bekort voorbeeld

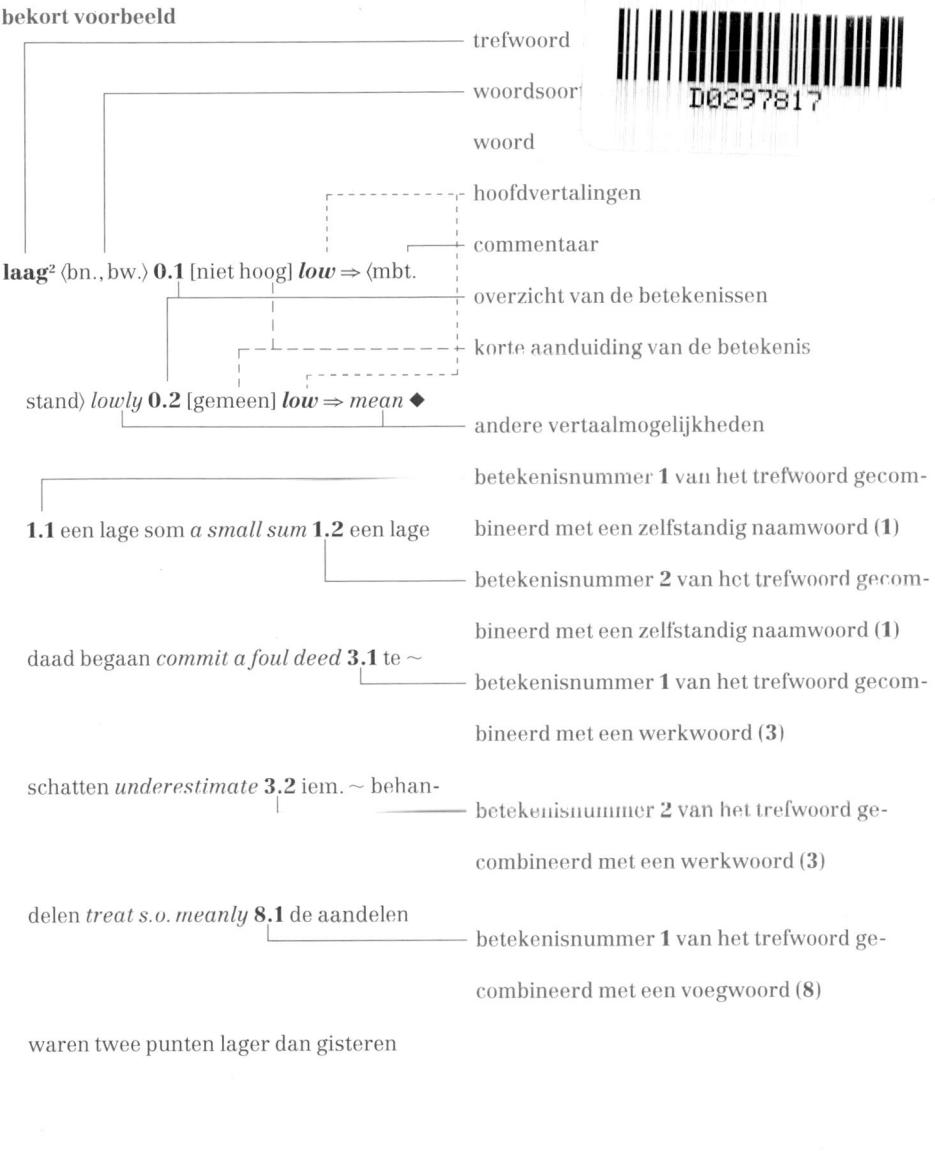

trefwoord

woordsoort

woord

hoofdvertalingen

commentaar

laag² ⟨bn., bw.⟩ **0.1** [niet hoog] *low* ⇒ ⟨mbt.

overzicht van de betekenissen

korte aanduiding van de betekenis

stand⟩ *lowly* **0.2** [gemeen] *low* ⇒ *mean* ◆

andere vertaalmogelijkheden

betekenisnummer **1** van het trefwoord gecom-

1.1 een lage som *a small sum* **1.2** een lage

bineerd met een zelfstandig naamwoord (**1**)

betekenisnummer **2** van het trefwoord gecom-

bineerd met een zelfstandig naamwoord (**1**)

daad begaan *commit a foul deed* **3.1** te ~

betekenisnummer **1** van het trefwoord gecom-

bineerd met een werkwoord (**3**)

schatten *underestimate* **3.2** iem. ~ behan-

betekenisnummer **2** van het trefwoord ge-

combineerd met een werkwoord (**3**)

delen *treat s.o. meanly* **8.1** de aandelen

betekenisnummer **1** van het trefwoord ge-

combineerd met een voegwoord (**8**)

waren twee punten lager dan gisteren

shares were two points down on yesterday

Handwoordenboek Nederlands - Engels

HANDWOORDENBOEKEN
VOOR HEDENDAAGS
TAALGEBRUIK

Hedendaags Nederlands

Frans - Nederlands
Nederlands - Frans

Duits - Nederlands
Nederlands - Duits

Spaans - Nederlands
Nederlands - Spaans

Zweeds - Nederlands
Nederlands - Zweeds

Engels - Nederlands

Nederlands - Engels

HANDWOORDENBOEK
NEDERLANDS-ENGELS

dr. M. Hannay

in samenwerking met
drs. M. H. M. Schrama

derde druk

Van Dale Lexicografie
Utrecht /Antwerpen

Vormgeving binnenwerk
Bern. C. van Bercum BNO

Ontwerp band en stofomslag
R. Buschman

Zetwerk
Gardata bv, Leersum

Druk
Koninklijke Wöhrmann bv, Zutphen

© Copyright 1988, 1996 Van Dale Lexicografie bv
Utrecht / Antwerpen

De naam *Van Dale*
is voor alle publicaties van Van Dale Lexicografie bv
als merknaam beschermd.

Ondanks alle aan de samenstelling van de tekst bestede zorg, kan
noch de redactie, noch de uitgever aansprakelijkheid aanvaarden voor eventuele schade die zou kunnen voortvloeien uit enige
fout die in deze uitgave zou kunnen voorkomen.

Dit woordenboek bevat enkele woorden die als handelsnaam of
merknaam worden gebruikt. Uit de opname van deze woorden
kan niet worden afgeleid dat afstand wordt gedaan van bepaalde
(eigendoms)rechten, dan wel dat Van Dale Lexicografie bv zulke
rechten miskent.

Bibliotheekgegevens
Hannay, M.
Van Dale handwoordenboek Nederlands - Engels / M. Hannay. -
Utrecht [etc.]: Van Dale Lexicografie. -
1e dr.: 1988, 2e dr.: 1994.
ISBN 90-6648-218-4 geb.
ISBN 90-6648-229-x (set E-N/N-E)
NUGI 503
Trefw.: Engelse taal; woordenboeken.
D/1997/0108/705
R.8218406

Hoofdredacteur:
dr. M. Hannay
Studierichting Engels
Vrije Universiteit, Amsterdam

Bureauredacteur:
drs. M. H. M. Schrama

Aan de eerste druk van dit woordenboek
werkten mee:

Eindredacteuren:
drs. A. P. A. Broeders
drs. A. J. Brugman
K. C. Cook B.A.
S. Massotty B.A.

Redacteuren:
drs. A. J. Brugman
L. S. Granger
drs. H. G. de Groot
P. J. E. Hyams M.A.
drs. M. E. Keizer
drs. J. Klerkx
S. Massotty B.A.
M. J. Scholz M.A.
drs. L. A. Wiemans

Overige medewerkers:
M. J. Bernstein B.A., M.MUS.
dr. G. L. Berry - Rogghe
drs. Th. S. J. G. Bögels
drs. M. W. Brassé
drs. M. A. A. Carbaat
drs. A. Dijkshoorn
M. Eijer
drs. W. A. van Klaveren
prof. dr. J. L. Mackenzie
drs. P. J. v. d. Paverd
Lic. M. A. de Roeck
A. M. Schwarz
dr. D. L. Stoker
R. M. Vismans M.A.

Een bijzonder woord van dank gaat naar
drs. M. Bresser en drs. F. Zwarthoed voor
hun bijdrage aan de tweede druk.

Inhoud

Woord vooraf

De eerste druk van dit woordenboek was ontleend aan het *Groot Woordenboek Nederlands-Engels*. Na het verschijnen van de tweede druk van het Groot Woordenboek, verscheen een, daarop gebaseerde, herziene druk van dit Handwoordenboek. Terwijl de derde druk van het Groot Woordenboek nog niet is verschenen, is er nu toch een derde druk van dit Handwoordenboek. Deze derde druk is dan ook op hoofdpunten identiek aan de tweede druk. Er zijn drie belangrijke verschillen:
- De spelling van het Nederlands is aangepast aan de nieuwe regels die in 1996 van kracht zijn geworden. De regels zijn toegepast volgens de interpretatie van de Van Dale redactieraad Spelling.
- Ongeveer vierhonderd trefwoorden zijn toegevoegd. In de meeste gevallen betreft het nieuwe termen voor nieuwe verschijnselen, waaronder **blauwhelm**, **dubbelklikken**, **ecotoerisme**, **kraslot**. Soms ook is een woord toegevoegd dat in de vorige druk eigenlijk niet had mogen ontbreken, zoals **zoektocht**, **belastingparadijs**.
  Er is in deze druk, op een enkele uitzondering na, niet geschrapt ten opzichte van de vorige. Het woordenboek is daardoor iets dikker geworden.
- Correcties zijn aangebracht, vaak als reactie op opmerkingen van gebruikers van het woordenboek die de moeite namen ons hun kritiek toe te sturen. We willen u graag uitnodigen om opmerkingen te maken. U kunt daarbij gebruik maken van ons antwoordnummer 4013, 3500 VB Utrecht. Vanuit Nederland is dat gratis.

De Handwoordenboeken van Van Dale zijn bedoeld en gemaakt voor Nederlandstalige gebruikers. Geregeld bereiken ons verzoeken van niet-Nederlandstaligen om aanpassingen die meer tegemoet komen aan hun informatiebehoefte, zoals het aanduiden van het lidwoord bij de vertalingen in het deel Engels-Nederlands en uitspraakweergave bij de trefwoorden in het deel Nederlands-Engels. Het ligt in de bedoeling om in de toekomst handreikingen te doen aan gebruikers met het Engels als moedertaal, maar in deze beperkt herziene druk lijkt het boek in dit opzicht nog sterk op de vorige druk.

De uitgever

Inleiding en gebruiksaanwijzing

Wat staat er in dit woordenboek?

Dit Handwoordenboek is tot stand gekomen op basis van het *Van Dale Groot woordenboek Nederlands-Engels*. Het bevat 49.036 ingangen, die zo geselecteerd zijn dat alle woorden en woordbetekenissen die in de gewone omgangstaal voorkomen, vermeld zijn. Allerlei specialistische, technische, zeldzame of verouderde termen en betekenissen zal men in dit woordenboek tevergeefs zoeken; daarvoor kan men terecht bij het *Groot woordenboek*. Daarentegen zal men vrijwel alles wat zonder nadere uitleg voorkomt in de media, in vrijetijdslectuur of in studieboeken wel hier aantreffen.

Wat is het doel van dit woordenboek?

Dit woordenboek wil het de gebruikers mogelijk maken voor alle gangbare Nederlandse woorden en uitdrukkingen adequate Engelse vertalingen te vinden. Daarbij is ervan uitgegaan dat de kennis van het Engels van die gebruikers (nog) tamelijk beperkt is. Om deze reden is besloten om het aanbieden van verscheidene vertaalmogelijkheden per woord of uitdrukking aanzienlijk te beperken: de keuze uit een aantal vaak even onbekende, maar zelden gelijkwaardige vertalingen zou in veel gevallen slechts tot complicaties en meer dan eens tot incorrect Engels aanleiding geven. Waar wel meer dan een vertaling wordt gegeven is vaak een nadere onderscheiding aangebracht door middel van labels die zo precies mogelijk aangeven om welke nuance het gaat. Alleen in gevallen waar verscheidene gelijkwaardige, dat wil zeggen in een bepaalde betekenis volledig synonieme vertalingen bestaan, worden die naast elkaar gepresenteerd.

Dit woordenboek stelt zich ook ten doel Engelse woorden en uitdrukkingen aan te bieden die in een zo breed mogelijk scala van Engelstalige contexten begrepen zullen worden. Hiervoor is uitgegaan van het Brits-Engels (en dus ook van de Brits-Engelse spelling), maar dan wel van het Engels dat ook door sprekers van het Amerikaans-Engels begrepen wordt. In een aantal gevallen is het echter zo dat een voor de hand liggende Brits-Engelse vertaling van een Nederlands woord, zelfs wanneer de vertaling in context aangeboden wordt, door een spreker van het Amerikaans-Engels niet begrepen wordt; het komt zelfs voor dat een Brits-Engels woord in het Amerikaans-Engels iets heel anders betekent, of een aanstootgevend karakter heeft. In al deze gevallen wordt zowel een Brits-Engelse als een Amerikaans-Engelse vertaling gegeven. Dit wordt weergegeven door of de onderscheiding BE/AE of de bovengeschreven letters B/A.
In weer andere gevallen hebben wij te maken met Brits-Engelse woorden die onder Amerikaanse sprekers niet erg bekend zijn en Amerikaans-Engelse equivalenten van die woorden die echter ook in het Brits-Engels voorkomen; in dit soort gevallen wordt het Amerikaans-Engelse woord als vertaling aangeboden, juist omwille van de algemene begrijpelijkheid die dit woordenboek nastreeft.

Spelling

In dit boek is de nieuwe spelling van het Nederlands gebruikt zoals die in 1996 verplicht is geworden in het onderwijs en in ambtelijke stukken in Nederland en Vlaanderen.

In 45 gevallen wijkt de spelling van een trefwoord af van die in de nieuwe *Woordenlijst Nederlandse taal* (Wdl.). Voor zover zulke verschillen betrekking hebben op ministeriële besluiten aangaande de spelling (en niet binnen de marges vallen waarbinnen die besluiten variatie toelaten) zijn de desbetreffende trefwoorden gemarkeerd met een sterretje. Dat ziet er bijvoorbeeld zo uit:

* **pierenbad** *(Wdl: pierebad)* **0.1** *paddling pool*

Volgorde van de ingangen

De ingangen zijn strikt alfabetisch geordend. Dat geldt ook voor letterwoorden als **havo** en **pvc** en afkortingen als **doka**. Deze staan steeds op de plaats die door het alfabetische principe bepaald wordt. Wel is het zo dat alleen die afkortingen als aparte ingang zijn opgenomen die als afkorting een eigen leven zijn gaan leiden in onze hedendaagse taal en waarvan men vaak in het gebruik vergeet dat het een afkorting betreft, bijvoorbeeld **AOW**. In andere gevallen is de afkorting gegeven bij het betreffende woord zelf, en alleen dan als er in het Engels een overeenkomstige afkorting bestaat; zo is **afd.** opgenomen onder **afdeling**, met de Engelse vertaling **dept.**

Woorden die dezelfde vorm hebben, maar tot verschillende woordsoorten behoren, worden in principe als aparte ingang opgenomen; deze worden voorzien van bovengeschreven volgnummers. Zo is **weer** zowel zelfstandig naamwoord als bijwoord. Dit staat als volgt aangegeven:

weer[1] ⟨het⟩ ...

weer[2] ⟨bw.⟩ ...

In gevallen waar twee van dergelijke woorden echter qua betekenis zeer nauw met elkaar verwant zijn, worden zij toch als één ingang gepresenteerd. Dit ziet er dan als volgt uit:

schuimrubber 0.1 ⟨bn. en zn.⟩ ...

Opbouw van de artikelen

De trefwoorden worden gevolgd door een overzicht van de vertaalmogelijkheden (0.1 ... 0.2 ... enz.). Bij woorden met meer dan één betekenis, wordt per betekenis kort aangegeven om welke betekenis het gaat; deze betekenisresumés staan tussen rechte haken, bijvoorbeeld **vertalen 0.1** [in een andere taal overbrengen] *translate* ... **0.2** [weergeven in een andere vorm] *translate, convert* ... In een aantal gevallen wordt in plaats van een vertaalmogelijkheid verwezen naar een voorbeeld; dit gebeurt wanneer een Nederlands woord zich niet zonder context laat vertalen in het Engels. Dit gebeurt als volgt:

klappen 0.2 [uiteenspringen, ontploffen] ⟨zie 1.2, 6.2, ¶.2⟩

Bij woorden die tot verschillende grammaticale ondercategorieën behoren, is een verdeling aangebracht die wordt aangegeven met Romeinse cijfers. Een werkwoord als **herinneren**, dat zowel overgankelijk gebruikt kan worden als wederkerend, krijgt de volgende onderverdeling:

herinneren I ⟨ov. ww.⟩ **0.1** [doen terugdenken aan] *remind* ...

II ⟨wk. ww.; zich ~⟩ **0.1** [nog weten] *remember* ...

De opbouw in elk van die onderverdelingen is verder gelijk aan die van enkelvoudige artikelen.

Na het 'dropje' (◆) komen de voorbeelden.

Grammatica

De grammaticale informatie betreffende de Nederlandse trefwoorden is tot een minimum beperkt. Deze wordt slechts verstrekt in gevallen waar die informatie nuttig is om woorden met gelijke vorm, maar behorend tot verschillende grammaticale (onder)categorieën, van elkaar te onderscheiden. Dat is het geval bij woorden met bovengeschreven volgnummers en bij woorden met een onderverdeling in Romeinse cijfers.

Wat betreft de Engelse vertalingen wordt beperkte grammaticale informatie gegeven met betrekking tot bepaalde constructiemogelijkheden. In gevallen waar dat duidelijk is, wordt deze informatie door middel van ronde haken bij het overzicht van de vertaalmogelijkheden gegeven; in andere gevallen wordt de informatie gegeven door middel van de voorbeelden na het 'dropje'.

Vertalingen

In de meeste gevallen was het mogelijk een goede vertaling per woord of betekenis te geven. Maar het kan ook voorkomen dat er geen echte vertaling bestaat. Soms, bijvoorbeeld wanneer een begrip in het Engels niet bestaat, wordt een omschrijving gegeven; deze staat dan tussen punthaken, bijvoorbeeld **havo 0.1** ⟨*school of higher general secondary education*⟩. In weer andere gevallen komt de gegeven vertaling niet geheel overeen met de Nederlandse betekenis. Het kan zijn dat er geen adequate vertaling op hetzelfde stijlniveau in het Engels bestaat of dat de door de Engelse term beschreven realiteit niet precies dezelfde is als die welke door de Nederlandse term wordt aangeduid. In de-

ze gevallen wordt de vertaling voorafgegaan door het 'ongeveer'-teken (±), bijvoorbeeld **oliebol** ... **0.1** [lekkernij] ± *doughnut ball*.

De opzoekcode

De voorbeelden na het 'dropje' (◆) worden voorafgegaan door een opzoekcode die het de gebruiker gemakkelijker maakt de gezochte uitdrukking te vinden. De opzoekcode bestaat steeds uit een cijfer, een punt en een cijfer, bv. **3.2**. Het *eerste cijfer* heeft betrekking op de *woordsoort* van het woord waarmee het opgezochte woord gecombineerd wordt. Hierbij hebben de getallen de volgende betekenis:

1. zelfstandig naamwoord
2. bijvoeglijk naamwoord
3. werkwoord
4. voornaamwoord
5. bijwoord
6. voorzetsel
7. lidwoord
8. voegwoord
9. tussenwerpsel.

Het *tweede cijfer* van de opzoekcode correspondeert met het *betekenisnummer* van het opgezochte woord. Zo staat bij **inleiden** onder **6.2** een spreker **bij** het publiek ~; dat wil zeggen dat betekenisnummer **0.2** van **inleiden** [introduceren] hier gecombineerd is met een voorzetsel (**bij** = woordsoort **6**). De opzoekcode maakt het mogelijk zeer snel na te gaan of bepaalde combinaties voorkomen. Alle gevallen waarin het ingangswoord voorkomt met een bijvoeglijk naamwoord staan zo achter een **2.**- en combinaties met een werkwoord zijn steeds achter een **3.**- te vinden. Voorbeelden met dezelfde opzoekcode zijn alfabetisch geordend op het combinatiewoord.

Enkele voorbeelden kunnen het systeem nog verder verduidelijken:

bloed 0.1 *blood* ◆ **3.1** geen ~ kunnen zien (betekenisnr. 1 gecombineerd met een werkwoord)

studeren II ... **0.2** [peinzen over] *think/ pore over* ... ◆ **6.2 op** dit probleem moet ik eerst nog eens ~ (betekenisnr. 2 gecombineerd met een voorzetsel)

laag² ... **0.1** [niet hoog] *low* ... ◆ **1.1** een lage som (betekenisnr. 1 gecombineerd met een zelfstandig naamwoord)

Als de betekenis van een uitdrukking niet terug te voeren is op één van de onderscheidingen in het overzicht van betekenissen, dan wordt er na de punt in de opzoekcode een 'vlag' (¶) gezet: omdat geen van de 'gewone' betekenissen van het zelfstandig naamwoord **laag** terug te vinden is in de uitdrukking 'de volle laag krijgen', staat deze achter **2.¶**.

Ook kan het voorkomen dat het onmogelijk is slechts één combinatiewoord aan te geven en soms is er helemaal geen combinatiewoord. In die gevallen wordt het *eerste* cijfer vervangen door een 'vlag':

haan 0.1 [dier] *cock* ... ◆ ...**¶.1** daar kraait geen ~ naar *no one will know a thing*

haar ... **0.2** [mv.; haardos] *hair* ... ◆ ...**¶.2** iem. de haren te berge doen rijzen *make s.o.'s hair stand on end*

Wanneer de beide hier genoemde gevallen zich tegelijk voordoen, dan vindt men ¶.¶:

klappen ... ◆ **¶.¶** uit de school ~ *tell tales (out of school)*

Uitdrukkingen en gezegden

Voor het opzoeken van uitdrukkingen en gezegden geldt het zgn. **1-2-3**-principe. Dit houdt in dat de bedoelde uitdrukkingen te vinden zijn bij

1. het (eerste) zelfstandige naamwoord of, als dat er niet is,
2. het (eerste) bijvoeglijke naamwoord of, als dat er niet is,
3. het (eerste) werkwoord.

Zo staat 'iets aan zijn laars lappen' onder **laars** (zelfstandig naamwoord), 'met man en muis vergaan' onder **man** (eerste zelfstandig naamwoord) en 'het moet al heel raar lopen als ...' onder **lopen** (werkwoord, er zijn geen zelfstandige of bijvoeglijke naamwoorden).

Ruimtebesparende maatregelen

De hoofdvertaling wordt na het 'dropje' vaak afgekort tot de beginletter met een punt. Dit gebeurt wanneer de hoofdvertaling geen vormverandering ondergaat en wanneer het ondubbelzinnig is waar die afgekorte vorm voor staat.

Spreekwoorden

De spreekwoorden zijn opgenomen onder het meest voor de hand liggende trefwoord. Ze zijn te herkennen aan de afkorting ⟨sprw.⟩ vóór het spreekwoord. Zo nodig zijn er vanuit andere trefwoorden verwijzingen opgenomen naar het trefwoord waar het spreekwoord behandeld wordt.

Symbolen

[...] tussen deze haken staat een korte
aanduiding van de betekenissen van
het trefwoord als dat trefwoord meer
dan één betekenis heeft

(...) bij het overzicht van de vertaalmogelijkheden van een woord geven ronde haken bepaalde constructiemogelijkheden van een Engelse vertaling
aan, in het bijzonder het vaste voorzetsel; in voorbeeldzinnen en hun
vertalingen geven ronde haken een
element aan dat ook weggelaten kan
worden

⟨...⟩ commentaar en afkortingen staan
tussen punthaken; er kan ook een in
het Engels gestelde verklaring (i.p.v.
een vertaling) tussen staan

/ 'of-teken': scheidt alternatieve delen
van een uitdrukking, te onderscheiden van een komma, die volledige alternatieven scheidt

⇒ dubbelschachtige pijl: scheidt een
hoofdvertaling van de bijbehorende
varianten

→ verwijst naar een andere ingang van
het woordenboek

* markeert een trefwoord waarvan de
spelling afwijkt van die in de *Woordenlijst Nederlandse taal* (1995)

◆ 'dropje': staat tussen het overzicht
van vertaalmogelijkheden en de
voorbeelden

~ tilde: staat in de plaats van het trefwoord (in voorbeelden)

¶ 'vlag': wordt gebruikt om aan te geven (a) dat de betekenis van een uitdrukking niet uit die van de samenstellende delen is af te leiden of (b)
dat het meest kenmerkende woord
uit de context van een trefwoord niet
kon worden bepaald. In geval (a) vervangt de vlag het tweede cijfer van
de opzoekcode, in geval (b) vervangt
hij het eerste cijfer

± geeft aan dat de overeenkomst tussen het Nederlands en het Engels
niet volledig is

B geeft aan dat een woord, uitdrukking
of constructie uitsluitend voorkomt
in het Brits-Engels

A geeft aan dat een woord, uitdrukking
of constructie uitsluitend voorkomt
in het Amerikaans-Engels

a̲ onderstreepte klinkers in het trefwoord hebben de klemtoon: a̲chter-
uitgang, achteru̲itgang

® 'registered trademark' wil zeggen
dat het woord in de geredigeerde betekenis is gedeponeerd als handelsmerk

Afkortingen

aanw.	aanwijzend
aardr.	aardrijkskunde
abstr.	abstract
adm.	administratie
AE	Amerikaans-Engels
afk.	afkorting
alg.	algemeen
Am.	Amerikaans
amb.	ambacht(elijk)
angl.	anglicaans(e Kerk)
arch.	archeologie
astrol.	astrologie
attr.	attributief
AZN	Algemeen Zuid-Nederlands
Barg.	Bargoens
BE	Brits-Engels
beh.	behalve
Belg.	(in) België, mbt. Belgische administratie
bep.	bepaald
bet.	betekenis(sen)
betr.	betrekkelijk
bez.	bezittelijk
bij uitbr.	bij uitbreiding
bijz.	bijzonder
bioch.	biochemie
biol.	biologie
bk.	beeldende kunst
bn.	bijvoeglijk naamwoord
boek.	boekwezen
bouwk.	bouwkunst
bv.	bijvoorbeeld
bw.	bijwoord
ca.	circa
coll.	collectief
com.	communicatie(media)
comp.	computer
concr.	concreet
cul.	culinaria, mbt. eten en drinken
dansk.	danskunst
deelw.	deelwoord
dicht.	dichterlijk
dierk.	dierkunde
dipl.	diplomatie
dmv.	door middel van
dram.	dramaturgie
druk.	drukwezen, drukkunst
ec.	economie
e.d.	en dergelijke
elek.	elektriciteit
Eng.	Engels
enk.	enkelvoud
enz.	enzovoort
euf.	eufemistisch, verzachtend, verbloemend
far.	farmacie
fig.	figuurlijk
fil.	filosofie
film.	film(kunde)
fin.	financiën
folk.	folklore
foto.	fotografie
g.	geen
GB	Groot-Brittannië
geldw.	geldwezen
geneal.	genealogie
geol.	geologie
gesch.	geschiedenis
gew.	gewestelijk
H.	heilige
hand.	handel
herald.	heraldiek
hoofdtelw.	hoofdtelwoord
hww.	hulpwerkwoord

iem.	iemand	onpers.	onpersoonlijk
ihb.	in het bijzonder	oorspr.	oorspronkelijk
incl.	inclusief	o.s.	oneself
ind.	industrie	ov.	overgankelijk
inf.	informeel	overtr.	overtreffend
ipv.	in plaats van		
iron.	ironisch	pej.	pejoratief, beledigend, in
itt.	in tegenstelling tot		ongunstige zin
ivm.	in verband met	pers.	persoonlijk
		plantk.	plantkunde
jud.	judaïsme, jodendom	pol.	politiek
jur.	juridisch, mbt. het recht	pred.	predikatief
		pregn.	pregnant
kind.	kindertaal	prot.	protestants
kww.	koppelwerkwoord	psych.	psychologie
landb.	landbouw	rangtelw.	rangtelwoord
landmeetk.	landmeetkunde	recl.	reclame
Lat.	Latijn	rel.	religie, mbt. godsdienst, kerk
lett.	letterlijk	r.-k.	rooms-katholiek
lidw.	lidwoord	Rom.	Romeins(e)
lit.	literatuur	ruim.	ruimtevaart
luchtv.	luchtvaart		
		samenst.	samenstelling
m.	mannelijk	scheep.	scheepvaart, scheepsbouw
mbt.	met betrekking tot	schei.	scheikunde
med.	medicijnen, geneeskunde	scherts.	schertsend
meteo.	meteorologie, mbt. het weer	school.	schoolwezen, onderwijs
mijnw.	mijnwezen	schr.	schrijftalig, zeer formeel
mil.	mbt. militaire zaken	sl.	slang
muz.	muziek	soc.	sociologie
mv.	meervoud	sold.	soldaten(taal)
myth.	mythologie	s.o.('s)	someone('s)
		sp.	spelling
nat.	natuurkunde	spoorw.	spoorwegen
Ned.	Nederland	sprw.	spreekwoord
nw.	naamwoord	stat.	statistiek
		ster.	sterrenkunde
o.a.	onder andere	sth.	something
o.m.	onder meer	stud.	studenten(taal)
onb.	onbepaald		
onb. w.	onbepaalde wijs		
oneig.	oneigenlijk		
ong.	ongeveer		
onov.	onovergankelijk		

taal.	taalkunde
tech.	techniek, technologie
teg.	tegenwoordig
telw.	telwoord
tgov.	tegenover
tov.	ten opzichte van
tw.	tussenwerpsel
USA	United States of America
v.	vrouwelijk
v.d.	van de
v.e.	van een
vergr.	vergrotend
verk.	verkorting
vero.	verouderd
verz.	verzekeringswezen
verz.n.	verzamelnaam
vgl.	vergelijk
v.h.	van het
vis.	visserij
vnl.	voornamelijk
vnw.	voornaamwoord
volt.	voltooid
vr.	vragend
vulg.	vulgair
vw.	voegwoord
vz.	voorzetsel
w.	wijs
wet.	wetenschappelijk
wisk.	wiskunde
wk.	wederkerend, wederkerig
ww.	werkwoord
wwb.	weg- en waterbouw
zeldz.	zeldzaam
zelfst.	zelfstandig
zn.	zelfstandig naamwoord

a

a 0.1 *a, A* ◆ 6.1 **van** ~ tot z kennen *know from A to Z/from beginning to end;* dat is **van** ~ tot z gelogen *that's a lie from beginning to end* ¶.1 ~ kleine/grote terts *A minor/major;* ⟨sprw.⟩ wie ~ zegt, moet ook b zeggen *in for a penny, in for a pound.*

à 0.1 [tussen 2 getallen] *(from ...) to* ⇒*or* 0.2 [per eenheid] *at (the rate of)* ◆ 1.2 5 meter ~ 6 gulden, is 30 gulden *5 metres at 6 guilders is 30 guilders* 7.1 2 ~ 3 maal *2 or 3 times;* er waren zo'n 10 ~ 15 personen *there were some 10 to 15 people.*

AA 0.1 [Anonieme Alcoholisten] ⟨*Alcoholics Anonymous*⟩ 0.2 [op Nederlandse hofauto's] ⟨*letters on numberplates of Dutch court cars*⟩.

Aagje ◆ 2.¶ nieuwsgierig ~ ⟨vnl. BE⟩ *Nos(e)y Parker.*

aaien 0.1 *stroke* ⇒⟨romantisch⟩ *caress,* ⟨hond, kat⟩ *pet* ◆ 6.1 zij aaide **over** zijn bol *she stroked/caressed him on the head.*

aak 0.1 *barge.*

aal 0.1 *eel* ◆ 8.1 zo glad als een ~ *(as) slippery as an e.*

aalbes 0.1 *currant* ◆ 2.1 rode/witte/zwarte ~sen *red/white currants, blackcurrants.*

aalbessenstruik 0.1 *currant.*

aalmoes 0.1 [gift aan een bedelaar] *alms* 0.2 [pej.; gift, gunst] *charity* ⇒⟨klein loon⟩ *pittance* ◆ 3.1 iem. een ~ geven *give s.o. a.* 3.2 van een ~ leven *live on c.* 5.2 wat hij kreeg was slechts een ~ *what he got was a mere pittance.*

aalmoezenier 0.1 *chaplain* ⇒⟨inf.⟩ *padre.*

aalscholver 0.1 *cormorant.*

aambeeld 0.1 *anvil.*

aambeien 0.1 *piles* ⇒⟨med.⟩ *haemorrhoids.*

aan¹ I ⟨bn.⟩ 0.1 [zich aan het lichaam bevindend] *on* 0.2 [zich tegen iets aan bevindend] *against* ⇒*on to* 0.3 [in werking, brandend] *on* 0.4 [aan de gang] *on* ◆ 1.1 een vrouw met een groene jurk ~ *a woman in a green dress* 3.3 de kachel is ~ *the stove is on* 3.4 het is weer dik - ~ tussen hen *it's on again between them* 5.¶ daar is niets van ~ *there's not a word of truth in that* 7.¶ daar is niets ~ ⟨gemakkelijk⟩ *there's nothing to it; (it's a) piece of cake;* ⟨saai⟩ *it's a waste of time;* ⟨niet stuk⟩ *there's nothing the matter with it;* **II** ⟨bw.⟩ 0.1 [na plaatsaanduidend bw.] ⟨vaak onvertaald, zie voorbeelden⟩ 0.2 [in samengestelde ww.] ⟨vaak onvertaald, zie voorbeelden⟩ 0.3 [op genoemde wijze] ⟨vaak onvertaald, zie voorbeelden⟩ 0.4 [+ wat] *about* ⇒*around, away* ◆ 3.2 stel je niet zo ~! *stop carrying on like that!* 4.4 ik rotzooi maar wat ~ *I'm just messing about* 5.1 daar heeft zij niets ~ *that's (of) no use to her;* daar zijn we nog niet ~ toe *we haven't got that far yet;* ⟨fig.⟩ zij weet niet waar zij ~ toe is *she doesn't know where she stands* 5.3 rustig ~! *calm down!, take it easy!* 5.¶ er goed/beroerd ~ toe zijn *be (doing) well, be in a bad way* 6.¶ **van** nu af ~ *from now on;* **van** voren af ~ *from the beginning;* **van** jongs af ~ *from childhood* ¶.¶ jij kunt ervan op ~ dat ... *you can count on it that ...*

aan² ⟨vz.⟩ 0.1 [mbt. een fysieke verbondenheid] *on* ⇒*at, by* 0.2 [mbt. een fig. verbondenheid] *by, with* 0.3 [bij wie een beweging aanduidend] *to* 0.4 [tengevolge van] *of, from* 0.5 [wat betreft] *of* 0.6 [in de macht van] *up to* ◆ 1.1

vruchten ~ de bomen *fruit on the trees;* ~ een krant werken *work on a newspaper;* Koen stond ~ het raam *Koen stood at the window* 1.2 dag ~ dag *day by day* 1.3 hij gooide het kopje ~ stukken *he smashed the cup (to pieces);* hij geeft les ~ de universiteit *he lectures at the university* 1.5 een tekort ~ kennis *a lack of knowledge* 1.¶ ~ de drank zijn *have taken to drink* 3.1 ~ zee/de kust/een gracht wonen *live by the sea/on the coast/on a canal* 3.2 doen ~ *do,* go in for 3.3 er is geen beginnen ~ *that's impossible;* ~ wal gaan *go ashore;* ~ het werk gaan ~ iets *go to work on sth.;* hoe kom je ~ dat spul? *how did you get hold of that stuff?* 3.4 sterven ~ een ziekte *die of a disease* 3.6 het is ~ mij ervoor te zorgen dat ... *it's up to me to see that ...;* dat ligt ~ haar ⟨haar fout⟩ *that's her fault* 3.¶ hij heeft het ~ zijn hart *he's got heart trouble;* hij is ~ het joggen *he's out jogging;* hij is ~ het strijken *he's (busy) ironing* 7.2 twee ~ twee *two by two* ¶.¶ ze zijn ~ vakantie toe *they could do with a holiday.*

aanbakken 0.1 *burn* ⇒*get burnt* ◆ 1.1 de aardappels zijn aangebakken *the potatoes got stuck to the pan.*

aanbeeld →*aambeeld.*

aanbellen 0.1 *ring (at the door/the doorbell)* ◆ 6.1 bij iem. ~ *ring s.o.'s doorbell.*

aanbesteden 0.1 *put out to tender;* ⟨aan iem.⟩ *contract out (to).*

aanbesteding 0.1 [handeling] *putting out to tender;* ⟨aan iem.⟩ *contracting-out* 0.2 [opdracht] *tender* ⇒⟨aan iem.⟩ *contract* ◆ 3.2 inschrijven bij/op een ~ *(submit a) tender for a contract* 6.2 in ~ uitvoeren *contract out.*

aanbetalen 0.1 *make a down payment* ◆ 6.1 heb je er iets op moeten ~? *did you have to make a down payment on it?*

aanbetaling 0.1 *down payment* ⇒⟨mbt. huurverkoop ook⟩ *deposit* ◆ 3.1 een ~ doen van 200 gulden *make a down payment of 200 guilders.*

aanbevelen 0.1 [de aandacht trachten op te wekken] *(re)commend* 0.2 [aanraden] *recommend* 0.3 [toevertrouwen] *commend* ◆ 3.2 voor suggesties houden wij ons aanbevolen *any suggestions will be gratefully received* 5.2 dat kan ik je warm ~ *I r. it warmly to you* 6.1 een plan in iemands aandacht ~ *commend a plan to s.o.'s attention.*

aanbevelenswaardig 0.1 *recommendable* ⇒*advisable* ◆ 5.1 dat boek is zeer ~ *that book can be recommended highly.*

aanbeveling 0.1 [(verklaring van) wat tot aanbeveling strekt] *recommendation* ⇒⟨persoon ook⟩ *reference* 0.2 [lijst van personen] *short list* ◆ 3.1 dat strekt hem tot ~ *that is to his credit/in his favour;* het verdient ~ om ... *it is advisable to ...*

aanbevelingsbrief 0.1 *letter of recommendation.*

aanbiddelijk 0.1 *adorable.*

aanbidden 0.1 [rel.] *worship* ⇒⟨vereren van heilige⟩ *venerate* 0.2 [fig.] *worship* ⇒⟨romantisch ook⟩ *adore* ◆ 1.2 Jan aanbad zijn vrouw *Jan worshipped/adored his wife.*

aanbidder, -ster 0.1 [rel.] *worshipper* 0.2 [bewonderaar] *admirer* ◆ 2.2 een stille ~ *a secret a.*

aanbidding 0.1 [verering als god] *worship* ⇒⟨heilige verering⟩ *veneration* 0.2 [eerbiedige bewondering] *worship;* ⟨romantisch ook⟩ *adoration* ◆ 1.1 de ~ van het Lam *the Adoration of the Lamb* 6.2 in stille ~ *in silent w./adoration.*

aanbieden I ⟨ov.ww.⟩ 0.1 [geven] *offer* ⇒*give* 0.2 [tegen een prijs/voorwaarde verkrijgbaar stellen] *offer* ◆ 1.1 iem. een diner ~ *take s.o. out to dinner;* iem. een geschenk ~ *present a gift to s.o.;* hulp/diensten ~ o. *help/services;* zijn

ontslag ~ *tender one's resignation;* zijn verontschuldigingen ~ *o. one's apologies* **1.2** de aandelen bleven aangeboden *the shares remained on offer;* personeel aangeboden *jobs wanted* **4.1** zich als vrijwilliger ~ *volunteer (one's services)* **6.1** aangeboden **door** ...*with the compliments of* ... **6.2** iets **te** koop/huur ~ *put sth. up for sale/rent;* **ter** overname aangeboden *(offered) for sale;*
II 〈wk.ww.; zich ~〉 **0.1** [zich voordoen] *offer/present o.s.* ♦ **1.1** er heeft zich een goede gelegenheid aangeboden *a good opportunity has presented itself.*

aanbieding 0.1 [hand., offerte] *special offer* ⇒*bargain* **0.2** [aanbod] *offer* ♦ **2.1** goedkope/speciale ~ *special offer/ bargain* **3.1** ~ en inwachten *call for/invite tenders* **3.2** iemands ~ afslaan *reject s.o.'s offer* **6.1** koffie is in de ~ deze week *coffee is on special offer this week, coffee's reduced this week.*

aanbiedingsprijs 〈geldw.〉 **0.1** *offer(ed) price.*

aanbinden ♦ **6.¶** de strijd **met/tegen** iem. ~ *join battle with s.o.*

aanblazen 0.1 *blow* ⇒〈wind enz.〉 *fan.*

aanblijven 0.1 *stay on* ♦ **8.1** zij blijft aan als minister *she's staying on as minister.*

aanblik 0.1 [het aanschouwen] *sight* ⇒*glance* **0.2** [wat gezien wordt] *sight* ⇒〈persoon〉 *appearance* ♦ **2.2** een troosteloze ~ opleveren *be a sorry sight, make a sorry spectacle;* geen vrolijke ~ bieden *not be a pleasant/* 〈ook scherts.〉 *pretty sight* **7.1** bij de eerste ~ *at first s./glance.*

aanbod 0.1 [het aanbieden] *supply* **0.2** [het zich voordoen] *number* ⇒*quantity, amount* **0.3** [het aangebodene] *offer* ♦ **1.1** vraag en ~ *s. and demand* **1.2** het ~ van auto's in de spitsuren is gegroeid *the n. of cars in the rush hour has increased* **3.3** iem. een ~ doen *make s.o. an o.;* zij nam het ~ aan *she accepted/took up the o.;* zij sloeg het ~ af *she rejected the o.*

aanboren 0.1 [door boren raken] *strike (while drilling)* **0.2** [een opening maken in] *tap* ♦ **1.1** 〈fig.〉 nieuwe belastingbronnen ~ *tap new sources of taxation;* olie ~ *strike oil* **1.2** een nieuw vat ~ *t. a new barrel.*

aanbouw 0.1 [handeling] *building* ⇒*construction* 〈gebouw, schip〉 **0.2** [resultaat] *extension* ⇒*annex* ♦ **6.1** dit huis is **in** ~ *this house is under construction* **6.2** een ~ **aan** een huis *an e./annex to a house.*

aanbouwen 0.1 *build on* ⇒*add* ♦ **1.1** een aangebouwde keuken *a built-on kitchen.*

aanbraden 0.1 *sear.*

aanbranden 0.1 [aankoeken] *burn (on)* 〈ook→**aanbrand**〉 ♦ **1.1** laat de aardappelen niet ~ *mind the potatoes don't burn.*

aanbreken I 〈onov.ww.〉 **0.1** [beginnen] *come* ⇒*break, dawn* 〈dag〉, *fall* 〈nacht〉 ♦ **1.1** het moment was aangebroken om afscheid te nemen *the moment had come to say goodbye* **7.1** bij het ~ v.d. dag/nacht *at daybreak/nightfall;*
II 〈ov.ww.〉 **0.1** [aanspreken] *break into* 〈voorraad〉 ⇒ *break (into)* 〈geld〉, *open (up)* 〈fles〉 ♦ **1.1** er staat nog een aangebroken fles *there's a bottle that's already been opened.*

aanbrengen 0.1 [in/toevoegen, plaatsen] *put in/on* ⇒*install, introduce* 〈veranderingen enz.〉, *apply* 〈lijm e.d.〉 **0.2** [aangeven] *inform on* 〈misdadiger〉; *report* 〈misdaad〉 **0.3** [werven] *bring in* ⇒*obtain* ♦ **1.1** verbeteringen ~ *make improvements* **1.2** een zaak ~ *report a matter* **6.1** een gat **in** de muur ~ *make a hole in the wall.*

aandacht 0.1 *attention* ⇒*notice* ♦ **3.1** iemands ~ afleiden *divert/distract s.o.'s attention;* 〈persoonlijke〉 ~ besteden

aan *give (personal) a. to;* ik dank u voor uw ~ *I thank you for your a.;* geen ~ hebben voor *have no thought for;* aan de/iemands ~ ontsnappen *escape (s.o.'s) notice;* alle ~ opeisen *try to be the centre of a.;* al zijn ~ richten op ...*focus all one's a. on ...;* (geen) ~ schenken aan *pay (no) a. to, take (no) notice of;* de/iemands ~ trekken *attract/catch (s.o.'s) attention, catch s.o.'s eye;* de ~ vestigen op/afleiden van *draw a. to, distract a. from* **6.1** onder de ~ komen/brengen **van** *come/bring to the a. of.*

aandachtig 0.1 *attentive* ⇒*intent* ♦ **1.1** een ~ e waarnemer *a close observer* **3.1** ~ luisteren *listen attentively/intently.*

aandeel 0.1 [deel van gemeenschappelijk bezit] *share* ⇒ *portion* **0.2** [bijdrage] *contribution* ⇒*part* **0.3** [geldw.; deel dat iem. bijdraagt] *share* **0.4** [geldw.; bewijs van aandeel] *share/*〈vnl. AE〉 *stock (certificate)* ♦ **2.2** een actief ~ hebben in iets *take an active part in sth.* **3.1** ~ hebben in een zaak/de winst *(have a) share in a business/the profits* **6.3** een maatschappij **op** aandelen *a share/stock company* **¶.4** ~ aan toonder *bearer share;* ~ op naam *nominative share, registered share.*

aandeelhouder 0.1 *shareholder.*

aandeelhoudersvergadering 0.1 *shareholders' meeting.*

aandelenkapitaal 0.1 *(issued) share capital;* 〈vnl. AE〉 *capital stock* ⇒*equity (capital).*

aandelenkoers 〈geldw.〉 **0.1** (meestal mv.) *share price.*

aandelenmarkt 〈geldw.〉 **0.1** *stock market.*

aandelenoptie 〈geldw.〉 **0.1** *share option* ⇒*equity option.*

aandelenpakket 0.1 *block of shares.*

aandelenuitgifte 0.1 *share issue.*

aandenken 0.1 [gedachtenis] *memory* ⇒*remembrance* **0.2** [voorwerp] *keepsake* ⇒*memento* ♦ **8.2** iets bewaren als ~ *keep sth. as a k.*

aandienen I 〈ov.ww.〉 **0.1** [aankondigen] *announce* ♦ **3.1** zich laten ~ *have o.s. announced;*
II 〈wk.ww.; zich ~〉 **0.1** [zich willen laten gelden] *present o.s. (as)* ⇒*put o.s. forward (as).*

aandikken 0.1 [dikker worden/maken] *thicken* **0.2** [mooier/erger voorstellen] *pile (it) on* ⇒*lay (it) on (thick).*

aandoen 0.1 [aantrekken] *put on* **0.2** [berokkenen] *do to, cause* **0.3** [een indruk geven] *strike as* **0.4** [bezoeken] *call (in) at* **0.5** [in werking stellen] *turn/put/switch on* ♦ **1.2** iem. een proces ~ *take s.o. to court;* iem. verdriet, onrecht ~ *cause s.o. grief, do s.o. an injustice* **1.1** een haven ~ *call (in) at a port* **2.3** het deed vreemd/ouderwets aan *it seemed strange/old-fashioned* **3.2** dat kun je haar niet ~! *you can't do that to her!*

aandoening 0.1 [ziekte] *disorder, complaint* **0.2** [emotie] *emotion* ⇒*feeling* ♦ **1.1** een lichte ~ v.d. luchtwegen *a touch of bronchitis* **6.2** met ~ naar iets kijken *be moved by the sight of sth.*

aandoenlijk 0.1 *moving* ⇒*touching,* 〈zielig〉 *pathetic* ♦ **3.1** iets ~ vertellen *tell sth. movingly* **4.1** ze had iets ~ s *there was sth. moving/touching about her.*

aandraaien 0.1 *tighten* ⇒*screw tighter.*

aandragen 0.1 *carry, bring (up/along/to)* ♦ **3.1** met iets komen ~/aangedragen 〈fig.〉 *come out with sth.*

aandrang 0.1 *urging* ⇒*instigation* ♦ **3.1** ~ uitoefenen op *exert pressure on* **6.1** op ~ van mijn vader doe ik het *I'm doing it at my father's u.*

aandraven ♦ **3.¶** 〈fig.〉 met dezelfde argumenten komen ~ *trot out the same old arguments.*

aandrijfas 0.1 *drive shaft.*

aandrijven I 〈onov.ww.〉 ♦ **3.¶** op een vlot komen ~ *be washed to the shore on a raft;*

II ⟨ov.ww.⟩ **0.1** [tech.] *drive* ♦ **6.1 door** een elektromotor aangedreven *driven by an electric motor.*

aandrijving 0.1 *drive.*

aandringen 0.1 [aansporen] *urge* **0.2** [met klem trachten gedaan te krijgen] *insist* ♦ **5.1** niet verder ~ *not press the point, not insist* **5.2** er sterk op - dat *strongly i. that* **6.1** bij iem. **op** hulp ~ *u. s.o. to help;* **op** ~ **van** *at the insistence/ the urgent request of* **6.2** ~ **op** iets *i. on sth.*

aandrukken 0.1 *push, press* ♦ **1.1** een deur ~ *push a door to/shut* **6.1** zij drukte het kind (stijf) **tegen** zich aan *she hugged/pressed the child (firmly) to her.*

aanduiden 0.1 [kenbaar maken] *indicate* **0.2** [blijk geven van] *indicate* ⇒*point to* **0.3** [betekenen] *denote* ⇒*designate* ♦ **5.1** iets nader ~ *specify sth. (in detail), indicate sth. more precisely;* niet nader aangeduid *unspecified* **8.1** iem. ~ als X *refer to s.o. as X.*

aanduiding 0.1 *indication* ⇒⟨aanwijzing⟩ *clue,* ⟨naam⟩ *designation* ♦ **2.1** zonder verdere ~en *without further specification.*

aandurven 0.1 [durven te ondernemen] *dare to (do)* **0.2** [zich opgewassen voelen tegen] *feel up to* ♦ **1.2** een taak ~ *feel up to a task* **4.1** het ~ om *dare/presume to* **5.1** ik durf het toch niet aan *I daren't risk it.*

aanduwen 0.1 *push (on).*

aandweilen 0.1 *mop.*

aaneen ⟨schr.⟩ **0.1** *together* ⇒⟨tijd⟩ *on end, at a time,* ⟨afstand ook⟩ *at a stretch* ♦ **1.1** maanden ~ *(for) months on end.*

aaneengeschakeld 0.1 *linked-up* ⇒*connected* ♦ **1.**¶ ⟨taal.⟩ ~e zinnen *coordinate sentences.*

aaneengesloten 0.1 *unbroken* ⇒*connected, continuous,* ⟨fig.⟩ *united.*

aaneengroeien 0.1 *grow together* ♦ **7.1** het ~ (van) *the union (of).*

aaneenschakelen ⟨fig.⟩ **0.1** *link up/together* ⇒*connect, join together,* ⟨treinen⟩ *couple.*

aaneenschakelend ⟨taal.⟩ **0.1** *coordinate(d)* ♦ **1.1** ~ voegwoord *coordinating conjunction, coordinator;* het ~ zinsverband *multiple coordination.*

aaneenschakeling 0.1 *chain* ⇒*succession, sequence* ♦ **6.1** een ~ **van** ongelukken *a c./sequence of accidents;* een ~ **van** gebeurtenissen *a sequence of events.*

aaneenschrijven 0.1 *write together* ⇒⟨2 woorden ook⟩ *write as one word,* (letters ook) *join* ♦ **5.1** niet ~ *write separately.*

aaneensluiten I ⟨wk.ww.; zich ~⟩ **0.1** [verbond sluiten] *join together* ⇒⟨firma, vakbond ook⟩ *merge,* ⟨fig. ook⟩ *join forces,* ⟨fig. ook⟩ *unite* ♦ **6.1** zich ~ **tot** *join together in;* **II** ⟨onov., ov.ww.⟩ **0.1** [strak tegen elkaar aan (doen) komen] *fit (together) well* ⇒*join (together) tightly.*

aanflitsen, aanfloepen 0.1 *flash on.*

aanfluiting 0.1 *mockery* ⇒*travesty* ♦ **3.1** dat is gewoon een ~ *that's an absolute m.* **6.1** een ~ **van** alle recht *a travesty of justice.*

aanfruiten ⟨cul.⟩ **0.1** *brown (lightly).*

aangaan I ⟨onov.ww.⟩ **0.1** [gaan in de richting van] *go (towards)* ⇒*head (for/towards)* **0.2** [een bezoek brengen] *call in* **0.3** [in werking treden] *go on* ⇒⟨verwarming/licht ook⟩ *switch on,* ⟨vuur, lucifer⟩ **0.4** [horen] ⟨zie ¶.4⟩ **0.5** [plantk.] *take (root)* ⇒*root* ♦ **1.5** de stekjes gaan goed aan *the cuttings are taking well* **6.1** **achter** iem./iets ~ ⟨lett.⟩ *chase s.o./sth. (up);* ⟨fig.⟩ *go after s.o., go for sth.;* **op** huis ~ *head for home* **6.2** **bij** een vriend ~ *call in at a friend's (house), drop in on a friend* ¶.4 het gaat niet aan dat ... *it won't do to ...;*

II ⟨ov.ww.⟩ **0.1** [beginnen met] *enter into* ⇒⟨schulden/huwelijk ook⟩ *contract* **0.2** [betreffen] *concern* **0.3** [ter harte gaan] *concern* ⇒*matter* ♦ **1.1** ⟨pol.⟩ een coalitie ~ met ... *enter into a coalition with ...;* een lening ~ *contract a loan* **4.2** dat gaat hem niets aan *that's none of his business;* voor allen die het aangaat *to whom it may c.;* wat mij aangaat *as far as I'm concerned* **4.3** wat gaat mij dat aan? *what has that got to do with me?*

aangaande 0.1 *regarding* ⇒*concerning, as far as ... is concerned* ♦ **1.1** ~ die kwestie is nog niets bekend ⟨ook⟩ *there's no news yet on that matter.*

aangapen 0.1 *gape (at)* ⇒*gawp/gawk at* ♦ **3.1** sta me niet zo dom aan te gapen! *stop gaping at me like an idiot!*

aangebonden ♦ **5.**¶ kort ~ zijn *be short-tempered;* kort ~ zijn tegen iem. *be short with s.o.*

aangeboren 0.1 [ingeboren] *innate* ⇒*inborn,* ⟨med.⟩ *congenital* **0.2** [door/met de geboorte verkregen] *inherent* ♦ **1.2** ~ rechten *i. rights, birthright.*

aangebrand 0.1 *burnt (on)* ⇒*scorched* ♦ **3.1** het eten smaakt ~ *the dinner tastes b.* **5.**¶ gauw ~ zijn *be touchy.*

aangedaan 0.1 [bewogen] *moved* ⇒*touched* **0.2** [door ziekte aangetast] *affected* ♦ **6.1** hij was **door** mijn woorden bijzonder ~ *he was particularly m. by what I said* **6.2** zijn longen **zijn** ~ *his lungs are a.*

aangeklaagde 0.1 *accused;* ⟨jur. ook⟩ *defendant.*

aangekomene ♦ **5.**¶ pas ~ *newcomer, new arrival.*

aangelegd 0.1 [in een vorm gebracht] *laid-out* ⇒*designed* **0.2** [aanleg hebbende voor] *-minded* ♦ **1.1** dit park is mij te veel aangelegd *this park is too formal for my liking* **5.2** artistiek ~ zijn *have an artistic bent;* commercieel/ernstig ~ *commercially/serious-m.;* kritisch ~ *critical(ly inclined).*

aangelegenheid 0.1 *affair* ⇒*business, matter* ♦ **2.1** financiële aangelegenheden *financial affairs/matters.*

aangenaam 0.1 *pleasant* ⇒⟨stem, beeld⟩ *pleasing,* ⟨omgeving ook⟩ *congenial* ♦ **2.1** ze was ~ verrast *she was pleasantly surprised* **3.1** het zou ons ~ zijn u te mogen vernemen *we should be pleased to hear from you* ¶.1 ~ ⟨met u kennis te maken⟩ *how do you do?; pleased to meet you;* het was me - *it was nice/a pleasure meeting you.*

aangenomen¹ ⟨bn.⟩ ♦ **1.**¶ een ~ *an adopted child;* hij reist onder een ~ naam *he is travelling under an assumed name;* ~ werk *contract work.*

aangenomen² ⟨vz.⟩ ♦ **8.**¶ ~ dat *assuming (that).*

aangepast 0.1 *(specially) adapted;* ⟨geestelijk ook⟩ *adjusted* ♦ **1.1** een ~e versie *an adapted version* **5.1** goed ~ zijn *be well-adapted/adjusted;* slecht ~ zijn *be poorly adapted/adjusted.*

aangeschoten 0.1 [beetje dronken] *under the influence* ⇒*tipsy* **0.2** [sport, vnl. voetbal] *unintentional* ♦ **1.2** ~ hands *u. hands.*

aangeschreven ♦ **5.**¶ hij staat goed/slecht aangeschreven *he's well/not well thought-of;* goed/slecht aangeschreven staan bij iem. *be in s.o.'s good/bad books.*

aangeslagen 0.1 [uit zijn evenwicht gebracht] *affected* ⇒⟨sterker⟩ *shaken* **0.2** [nat.] *excited* **0.3** [met aanslag bedekt] *steamed up, misted over* ♦ **1.1** de bokser maakte een ~ indruk *the boxer looked unsteady* **6.1** hij was ~ **door** het nieuws *he was shaken by the news.*

aangeslotene 0.1 ⟨ook comp.⟩ *affiliate* ⇒⟨telefoon⟩ *subscriber.*

aangestoken 0.1 *infected.*

aangetekend 0.1 *registered* ♦ **3.1** je moet die stukken ~ versturen *you must send those items by r. mail.*

aangetrouwd 0.1 *related by marriage* ♦ **1.1** ~e familie *in-laws.*

aangeven 0.1 [overhandigen] *hand* ⇒*pass* **0.2** [bekendmaken] *indicate* ⇒*declare* **0.3** [ter kennis brengen v.d. overheid] *report* ⇒*notify,* ⟨douane⟩ *declare* **0.4** [met tekens aanduiden] *indicate* ⇒*mark* **0.5** [sport]⟨voetbal⟩*feed;* ⟨volleybal⟩ *set* ♦ **1.2** de koers ~ *set the course;* ⟨fig.⟩ *point (out) the direction;* de trein vertrok op de aangegeven tijd *the train left on time* **1.3** een diefstal ~ *r. a theft (to the police);* een geboorte/huwelijk ~ *register a birth/marriage* **1.4** de thermometer geeft 30 graden aan *the thermometer is registering 30 degrees;* de maat ~ *beat time* **1.¶** de mode ~ *set the fashion* **3.3** hebt u nog iets aan te geven? *do you have anything (else) to declare?* **4.3** de dader heeft zichzelf aangegeven *the culprit turned himself in* **5.2** tenzij anders aangegeven *except where otherwise specified, unless stated otherwise;* nauwkeurig ~ *specify (in detail)* **5.4** kunt u ongeveer ~ waar het is? *can you i. approximately where it is?*

aangever 0.1 [iem. die aangeeft] *informant;* ⟨bij belasting⟩ *person submitting a/the declaration* **0.2** [ernstige partner in een komisch duo] *stooge* ♦ **¶.¶** ~tje *(welcome) opening, opportunity.*

aangewezen ♦ **1.¶** dit is niet de ~ methode *this is not the correct method;* de ~ persoon *the obvious person (for the job)* **6.¶** op iets ~ zijn *rely on sth.;* voor olie is ons land aangewezen op *...for oil our country is dependent on ...;* op zichzelf ~ zijn *be left to one's own devices.*

aangezicht 0.1 *face* ♦ **6.1** ⟨fig.⟩ in het ~ v.d. dood *in the f. of death, f. to f. with death;* van ~ tot ~ met iem. *f. to f. with s.o.*

aangezien 0.1 *since, as* ⇒*seeing (that).*

aangifte 0.1 *declaration* ⟨waarde, belasting, douane⟩; *report* ⟨misdaad⟩; *registration* ⟨bevolkingsregister⟩; *entry* ⟨wedstrijd⟩ ♦ **1.1** ~ inkomstenbelasting *income tax return* **3.1** ~ doen v.e. misdrijf *report a crime;* ⟨belasting⟩ ~ doen *make a declaration;* ~ doen van geboorte/huwelijk *register a birth/marriage;* bij diefstal wordt altijd ~ gedaan *shoplifters will be prosecuted.*

aangifteformulier 0.1 ⟨belasting⟩ *tax form, tax return;* ⟨douane⟩ *declaration;* ⟨geboorte, overlijden⟩ *registration form.*

aangifteplichtig ⟨fin.⟩ **0.1** *required to submit a tax declaration.*

aangrenzend 0.1 *adjoining* ⇒⟨ihb. huis/vertrek⟩ *adjacent,* ⟨naburig; land⟩ *neighbouring.*

aangrijnzen 0.1 *grin at* ⇒⟨fig.⟩ *stare in the face* ♦ **1.1** de dood grijnst hen aan *death stares them in the face.*

aangrijpen 0.1 [treffen] *grip;* ⟨emotioneel ook⟩ *move, make a deep impression on* **0.2** [met kracht aantasten] *seize* ⇒ *attack* **0.3** [beetpakken] *seize (at/upon)* ⇒*grip* ♦ **1.1** dit boek heeft me zeer aangegrepen *this book has made a deep impression on me;* dit soort situaties grijpt haar nogal aan *this sort of situation affects her a lot/*⟨sterker⟩ *takes its toll on her* **1.3** het aanbod ⟨gretig⟩ ~ *jump at the offer;* een gelegenheid met beide handen ~ *s. an opportunity with both hands* **6.2** door kou/angst aangegrepen *gripped by cold/fear.*

aangrijpend 0.1 *moving* ⇒*touching, poignant.*

aangrijpingspunt 0.1 *excuse, pretext* ♦ **3.1** ze zochten een ~ om tot actie over te gaan *they were looking for an e. to act.*

aangroei 0.1 *growth* ⇒*increase* ♦ **1.1** de ~ v.d. bevolking *the g./increase in the population.*

aangroeien 0.1 [toenemen] *grow* ⇒*increase* **0.2** [opnieuw groeien] *grow again* ♦ **1.1** de snel aangroeiende bevolking *the rapidly growing population* **3.2** doen ~ *regenerate* **6.1** ~ tot iets *g. into sth.*

aanhaken I ⟨onov.ww.⟩ **0.1** [doorgaan op het voorafgaande] *take it* ⟨enz.⟩ *up* ⇒*follow on (from)* ♦ **6.1** ik wilde graag even **bij** het zojuist gezegde ~ *I would like to add sth. here;* **II** ⟨ov.ww.⟩ **0.1** [met een haak vasthechten] *hook up/on (to)* ⇒*couple (to)* ⟨wagon⟩.

aanhalen I ⟨onov., ov.ww.⟩ **0.1** [liefkozen] *caress, fondle* ⟨mens⟩; *pet* ⟨dier⟩ **0.2** [citeren] *quote* ♦ **1.2** als voorbeeld/ bewijs ~ *q. as an example/as evidence* **5.2** een schrijver verkeerd ~ *misquote an author;* **II** ⟨ov.ww.⟩ **0.1** [naar zich toe trekken] *pull in;* ⟨touw⟩ *haul in* **0.2** [vaster trekken] *pull/draw tighter* ⇒*tighten* **0.3** [beginnen (ergens aan)] *let o.s. in for* ♦ **1.1** de teugels ~ *tighten the reins* **1.2** ⟨fig.⟩ de banden nauwer ~ ⟨met⟩ *strengthen the ties/bonds (with);* we moeten allemaal de buikriem ~ *we'll all have to tighten our belts;* ⟨scheep.⟩ de schoten ~ *haul home the sheets* **4.3** je weet niet wat je aanhaalt *you don't know what you're letting yourself in for.*

aanhalerig 0.1 *(over-)affectionate.*

aanhalig 0.1 *affectionate* ♦ **3.1** hij kon zeer ~ doen *he could be very a.*

aanhaling 0.1 *quotation* ⇒⟨inf.⟩ *quote* ♦ **2.1** verkeerde ~ *misquotation;* ⟨inf.⟩ *misquote.*

aanhalingsteken 0.1 *quotation mark* ⇒⟨inf.⟩ *quote,* ⟨BE ook⟩ *inverted comma* ⟨alle vertalingen voor zowel enkele als dubbele aanhalingstekens⟩ ♦ **3.1** ~s openen *quote, open inverted commas;* ~s sluiten *unquote, close inverted commas* **6.1** tussen ~s *in quotation marks/inverted commas.*

aanhang 0.1 *following;* ⟨partij enz.⟩ *supporters;* ⟨theorie⟩ *adherents* ♦ **2.1** over een grote ~ beschikken *have a large f.* **3.1** algemeen ~ vinden *find general support;* ⟨mening⟩ be (up)held; veel ~ vinden onder *find considerable support among, have a large f. among* **6.1** ⟨scherts.⟩ daar komt X met zijn ~ *here comes X with the wife and kids in tow.*

aanhangen I ⟨ov.ww.⟩ **0.1** [toegedaan zijn] *adhere to* ⇒*be attached to, support* ♦ **1.1** de Griekse beginselen ~ *be gay;* een geloof/partij ~ *adhere to a faith, support a party;* dit standpunt wordt door velen aangehangen *this point of view is held by many;* **II** ⟨onov.ww.⟩ **0.1** [hangende vast blijven zitten] *cling (to)* ♦ **1.1** spinazie koken met het ~ de water *cook spinach in its own water.*

aanhanger¹ ⟨de (m.)⟩, **-ster** ⟨de (v.)⟩ **0.1** *follower;* ⟨partij enz.⟩ *supporter;* ⟨theorie⟩ *adherent* ♦ **2.1** een vurig/ trouw ~ ⟨van⟩ *a(n) ardent/faithful s. (of).*

aanhanger² ⟨de (m.)⟩ **0.1** *trailer.*

aanhangig 0.1 *pending* ⇒⟨jur.⟩ *before the courts* ♦ **3.1** een kwestie ~ maken bij de autoriteiten *take a matter up with the authorities;* een zaak ~ maken voor de rechtbank *bring a case before the court.*

aanhangsel 0.1 *appendix* ♦ **6.1** een ~ bij een testament *a codicil to a will;* een ~ bij een polis *an a. to a policy.*

aanhangwagen 0.1 *trailer* ⟨ook van tram⟩.

aanhankelijk 0.1 *affectionate, devoted.*

aanhankelijkheid 0.1 *affection* ⇒*attachment, devotion* ♦ **3.1** iem. zijn ~ betonen *show one's attachment to s.o.*

aanharken 0.1 *rake.*

aanhebben 0.1 [aan het lijf hebben] *have on, be wearing* **0.2** [brandende hebben] *have on* ♦ **1.2** wij hebben de kachel al aan *we have already got the heater on.*

aanhechten 0.1 *attach* ⇒⟨met draad⟩ *fasten on,* ⟨plakken⟩ *affix, append* ⟨bijlage⟩.

aanhechting 0.1 *attachment* ⟨ook van spier⟩.

aanhef 0.1 [lezing, artikel] *opening words* ⇒*introduction,* ⟨brief⟩ *salutation.*

aanheffen 0.1 *start* ⇒*begin, break into* ⟨lied⟩, *raise* ⟨gejuich⟩.

aanhikken ⟨inf.⟩ **0.1** ⟨ergens tegen op zien⟩ *dread, fear, shrink (from)* ♦ **6.1** hij hikte erg tegen hot karwei aan *he dreaded the job greatly, he was not looking forward to the job at all.*

aanhollen ♦ **3.**¶ komen ~ / aangehold *come running along.*

aanhoren 0.1 [luisteren naar] *listen to* ⇒*hear* **0.2** [tot het einde toe horen] *hear out* **0.3** [opmaken uit de taal/spraak] *hear, tell* ♦ **1.2** iemands relaas geduldig ~ *listen patiently to s.o. 's story* **3.3** het is hem aan te horen, dat hij een vreemdeling is *you can t./h. that he is a foreigner.*

aanhouden I ⟨ov.ww.⟩ **0.1** [tegenhouden] *stop* ⇒⟨door politie⟩ *arrest, hold* ⟨vasthouden⟩ **0.2** [bij zich houden] *hold on to* ⇒*keep, continue* ⟨abonnement⟩, *stick to* ⟨methode⟩ **0.3** [uitstellen] *hold (over); adjourn* ⟨rechtszaak e.d.⟩ **0.4** [laten voortduren] *prolong* ⇒*keep up* ⟨vriendschap⟩, *hold* ⟨noot⟩, *sustain* ⟨noot⟩ **0.5** [aan het lijf houden] *keep on* **0.6** [aan de gang houden] *keep on/up* ⇒*leave on* ⟨radio, licht⟩, *keep going* ⟨vuur⟩ ♦ **1.1** een bekende ~ *s. an acquaintance (in the street);* een verdachte ~ *take a suspect into custody* **1.3** oon rechtszaak ~ *adjourn a case* **1.**¶ als je het recept aanhoudt, kan er niets misgaan *if you stick to the recipe, nothing can go wrong;*
II ⟨onov.ww.⟩ **0.1** [niet ophouden te doen] *keep/go on* ⇒*persist (in)* **0.2** [voortduren] *go on, continue; hold, last, keep up* ⟨ook van weer⟩ **0.3** [+ op] *keep* ⟨links of rechts⟩; *make/head (for)* ⟨bepaald dvel⟩; ⟨scheep.⟩ *bear down (on)* ♦ **3.1** blijven ~ *persevere, insist* **4.2** dat zal nog wel even ~ *that will last for a while (yet)* **5.1** je moet niet zo ~ *you shouldn't k. going on about it like that* **5.3** links/rechts ~ *keep to the left/right;* ⟨van richting veranderen⟩ *bear left/right* ¶**.1** ⟨sprw.⟩ de aanhouder wint *perseverance overcomes all things.*

aanhoudend 0.1 [zonder ophouden] *continuous, persistent* ⇒*constant, all the time* ⟨alleen bw.⟩ **0.2** [met geringe tussenpozen] *continual* ⇒*repeated, time and again* ⟨alleen bw.⟩, *always* ⟨alleen bw.⟩ ♦ **1.1** een ~e droogte *a prolonged period of drought* **1.2** ~e interrupties *repeated interruptions.*

aanhouding 0.1 [arrestatie] *arrest* **0.2** [uitstel van behandeling] *adjournment* ⇒*postponement* ♦ **3.1** verzoeken om iemands ~ *issue a warrant for s.o. 's arrest* **6.2** verzoek tot ~ v.e. proces *request the a. of a case.*

aanjagen 0.1 [veroorzaken bij] *fill with* **0.2** [feller aanstoken / aandrijven] *boost* ⇒*stoke up, supercharge* ⟨motor⟩ **0.3** [aansporen] *drive/push (on)* ♦ **1.1** iem. schrik ~ *terrify s.o.*

aanjager 0.1 [toestel dat aanjaagt] *booster* **0.2** [mbt. een motor] *supercharger* ⇒*luchtv.* ⟨compressor⟩.

aankaarten 0.1 *raise* ⇒*broach* ♦ **6.1** een zaak ~ **bij** *r. a matter with.*

aankakken ⟨inf.⟩ ♦ **3.**¶ komen ~ *come sauntering along/in.*

aankijken 0.1 [kijken naar] *look at* **0.2** [in beraad houden] *(wait and) see* ⇒*await further developments* ♦ **1.2** de zaak nog eens ~ *want to see, think the matter over* **4.1** elkaar veelbetekenend ~ *give each other a meaningful look* ¶**.1** het ~ niet waard *not worth looking at.*

aanklacht 0.1 *charge* ⟨ook geschrift⟩ ⇒⟨officieel⟩ *indictment, complaint* ♦ **3.1** een ~ indienen tegen iem. (bij) *lodge a complaint against s.o. (with);* de ~ werd ingetrokken *the charge was dropped* **6.1** ⟨fig.⟩ deze misstand is een ~ tegen de maatschappij *this abuse is an indictment of society.*

aanklagen 0.1 ⟨officieel⟩ *bring charges against* ⇒*lodge a complaint against* ♦ **6.1** iem. ~ *wegens* diefstal/moord *charge s.o. with theft/murder.*

aanklager, -klaagster 0.1 *accuser;* ⟨eiser in zaak⟩ *complainant;* ⟨jurist⟩ *plaintiff, prosecutor* ♦ **2.1** openbare ~ *Bpublic/Crown prosecutor.*

aanklampen 0.1 *stop* ⇒*buttonhole,* ⟨fig.⟩ *approach* ♦ **6.1** iem. ~ **om** hulp *approach s.o. for help.*

aankleden 0.1 [kleding aantrekken] *dress* ⇒*get dressed,* ⟨van kleren voorzien⟩ *clothe,* ⟨van kleren voorzien⟩ *fit out* **0.2** [versieren] *decorate, furnish* ⇒⟨inf.⟩ *do/fit up* ♦ **1.2** een kamer ~ *f. a room* **2.1** je moet die jongen warm ~ *you must wrap the boy up well* **4.1** zich ~ *get dressed.*

aankleding 0.1 [het aankleden v.e. kamer] *furnishing;* ⟨versiering v.e. kamer⟩ *decor, furnishings;* ⟨toneel⟩ *decor, setting).*

aanklikken ⟨comp.⟩ **0.1** *click (on).*

aankloppen 0.1 *knock (at the door)* ⇒⟨fig.⟩ *come knocking, appeal (to)* ♦ **5.1** ⟨fig.⟩ tevergeefs bij iem. ~ om hulp *appeal to s.o. for help in vain.*

aankloten ⟨inf.⟩ ♦ **5.**¶ maar wat ~ *mess about a bit, fart about a bit.*

aanknoeien ♦ **4.**¶ zij knoeiden maar wat aan *they were just fooling around.*

aanknopen I ⟨onov.ww.⟩ **0.1** [aansluiten] *tie in/link up (with)* ⇒*continue* ♦ **6.1** ~ **bij** het reeds eerder behandelde *link up/tie in with what has gone before;*
II ⟨ov.ww.⟩ **0.1** [vastknopen] *tie up/together* **0.2** [beginnen met] *enter into* ♦ **1.1** ⟨fig.⟩ we hebben er nog maar een dagje aangeknoopt *we're staying another day* **1.2** betrekkingen ~ met *establish relations with;* onderhandelingen ~ met *enter into negotiations with.*

aanknopingspunt 0.1 ⟨voor onderzoek⟩ *clue, lead;* ⟨als uitgangspunt⟩ *starting point;* ⟨tussen twee mensen⟩ *point of contact, thing in common.*

aankoeken 0.1 ⟨zich als een koek vastzetten⟩ *cake, stick* **0.2** [met een koeklaag bedekt worden] *be(come) caked/crusted (with)* ♦ **1.2** zo'n pan koekt snel aan *these pans stick easily.*

aankomen I ⟨onov.ww.⟩ **0.1** [arriveren] *arrive* ⇒*reach,* ⟨trein/boot ook⟩ *come/pull in,* ⟨sport⟩ *finish* **0.2** [het doel treffen] *hit hard* **0.3** [komen aanzetten] *come (with)* **0.4** [naderen] *come (along)* ⇒*approach* **0.5** [bij toeval aanraken] *touch, hit* ⇒*come up (against)* **0.6** [in gewicht toenemen] *put on weight* **0.7** [neerkomen] *come down (on), depend (on)* ♦ **1.2** de klap is hard aangekomen *the blow hit (him) hard;* ⟨fig.⟩ *it was a great blow to him* **3.1** de trein kan elk ogenblik ~ *the train is due in any moment* **3.4** ik zag het ~ *I could see it coming* **5.1** daar komt iem. aan *s.o. is coming* **5.3** en daar kom je nu pas mee aan? *and now you tell me!* **5.5** niet/nergens ~! *don't t.!, hands off!* **5.7** het er-op aan laten komen *let things come to a head* **5.**¶ er valt moeilijk aan te komen *it's difficult to come by* **6.3** je hoeft met dat plan **bij** hem niet aan te komen *it's no use going to him with that plan* **6.7** alles komt **op** hem aan *it all depends on him;* iets **op** het laatste ogenblik laten ~ *leave sth. to the last moment* **8.1** ⟨sport⟩ als derde ~ *come in third;*
II ⟨onpers.ww.⟩ **0.1** [gelden, betreffen] *come (down) (to)* ♦ **5.**¶ het komt er niet op aan *it doesn't matter;* als het erop aan komt *when it comes to the crunch* **6.1** als het **op** betalen aankomt *when it comes to paying;* waar het **op** aankomt *what really matters.*

aankomend 0.1 [nog niet volleerd] ⟨studerend⟩ *prospective, future;* ⟨onbedreven⟩ *budding;* ⟨leerjongen⟩ *apprentice, trainee* **0.2** [aanstaand] *next, coming* ♦ **1.1** een ~ actrice *a starlet, an up-and-coming actress;* een ~ leraar *a prospective/young teacher;* een ~ schrijver *a budding author.*

aankomst 0.1 *arrival* ⇒*coming (in)*, ⟨sport⟩ *finish(ing)*, ⟨vliegtuig⟩ *landing* ♦ 1.1 ⟨sport⟩ in volgorde van ~ *in (the) order of finishing* 6.1 bij ~ *on a.;* ~ **volgens** dienstregeling *…due in at …*

aankomsthal 0.1 *arrival(s) (hall)* ⇒⟨op vliegveld⟩ *arrival lounge*, ⟨gecombineerd met vertrekhal⟩ *(air) terminal.*

aankomsttijd 0.1 *hour of arrival* ♦ 6.1 ~ **volgens** dienstregeling *…scheduled arrival time …*

aankondigen 0.1 *announce* ♦ 1.1 een bezoeker ~ *a. in a visitor;* een huwelijk / sterfgeval ~ *a. a marriage / death;* de volgende plaat ~ *a. / introduce the next record* 3.1 ~ iets te zullen doen *a. that one will do sth.*

aankondiging 0.1 [handeling] *announcement* ⇒*notice,* ⟨teken⟩ *signal,* ⟨inluiding⟩ *foreboding,* ⟨plechtig⟩ *proclamation* 0.2 [bericht] *announcement* ⇒*notice, bulletin* ♦ 2.2 tot nadere ~ *until further notice.*

aankoop 0.1 [handeling] *buying* ⇒*purchase, purchasing, acquisition* 0.2 [het aangekochte] *purchase(s)* ⇒*acquisition* ♦ 2.2 grote aankopen doen *make large purchases.*

aankoopbeleid 0.1 *purchasing policy.*

aankoopsom 0.1 *purchase price.*

aankopen 0.1 *buy, purchase* ⇒*acquire.*

aankoppelen 0.1 *link up, attach* ⇒*hitch on, couple (up),* ⟨ruimtevaartuig⟩ *dock.*

aankrijgen 0.1 [aan het lichaam krijgen] *get on / into* 0.2 [aan de gang krijgen] *get going* 0.3 [als levering ontvangen] *receive, get / take in* ♦ 1.2 ik krijg de kachel niet aan *I can't get the stove to burn / light* 1.3 nieuwe voorraad ~ *r. / get (in) new stock(s).*

aankruipen 0.1 *cuddle up to / against.*

aankruisen 0.1 ᴮ*tick* ♦ 4.1 ~ wat van toepassing is *t. where appropriate.*

aankunnen 0.1 [opgewassen zijn tegen] *be a match for* ⇒ *(be able to) hold one's own against* 0.2 [berekend zijn voor] *be equal / up to* ⇒*be able to manage / cope with* ♦ 1.2 zij kon het werk niet aan *she couldn't cope (with the work)* 4.1 het alleen ~ *hold one's own* 6.¶ niet op iem. ~ *not be able to rely on s.o.* ¶.¶ kan ik ervan op aan, dat je komt? *can I rely on your coming?*

aanlanden 0.1 *land (up)* ⇒*arrive at* ♦ 4.1 waar zijn we nu aangeland? *where have we landed now?* ¶.1 voor we goed en wel waren aangeland *…hardly had we arrived …*

aanlandig ⟨scheep.⟩ 0.1 *onshore* ♦ 3.1 de wind is ~ *there is an o. wind.*

aanleg 0.1 [constructie] *construction, building* ⇒⟨weg ook⟩ *laying,* ⟨kanaal⟩ *digging,* ⟨stad, tuin⟩ *layout* 0.2 [begaafdheid]⟨kunstzinnig⟩ *talent;* ⟨zaken⟩ *aptitude* 0.3 [vatbaarheid] *tendency* ⇒*predisposition, inclination* 0.4 [geneigdheid] *tendency, bent, temperament* ♦ 3.2 ~ tonen voor talen *show an aptitude for languages* 6.1 in ~ *under c.;* ~ **van** elektriciteit *installation of electricity* 6.2 ~ **voor** muziek *a t. for music* 6.3 ~ **voor** griep *predisposition to the flu* 6.¶ in eerste ~ *in the first instance.*

aanleggen I ⟨ov.ww.⟩ 0.1 [aanbrengen tegen / om] *apply* 0.2 [doen overeenkomstig een doel] *contrive* ⇒*set / go about* 0.3 [bezig zijn tot stand te brengen] *construct, build* ⇒ ⟨straat ook⟩ *lay, dig* ⟨kanaal⟩, *lay out* ⟨park, tuin⟩, *install* ⟨voorzieningen⟩, *build up* ⟨voorraad⟩ ♦ 1.1 ⟨fig.⟩ een maatstaf ~ *a. a standard;* een verband ~ *dress (a wound), bandage* 1.3 een spoorweg / weg ~ *c. a railway / road;* een verzameling ~ *start a collection;* een vuur ~ *lay a fire;* een nieuwe wijk ~ *build a new* ᴮ*estate / * ᴬ*development* 3.2 het zó willen aan te leggen dat *…contrive it so that …* 5.2 het erop ~ dat / om *…set out to …;* hoe leg ik dat aan? *how do I go about this?* 6.2 het met de buurvrouw ~ *start carrying*

on with the woman next door; het **met** iem. ~ ⟨zich inlaten met⟩ *get involved with s.o.;* ⟨gemene zaak maken met⟩ *join forces with s.o.;*
II ⟨onov.ww.⟩ 0.1 [voor de wal komen]⟨vastleggen⟩ *moor, tie up;* ⟨aandoen⟩ *touch (at), berth* 0.2 [onderweg stilhouden] *stop (off);*
III ⟨onov., ov.ww.⟩ 0.1 [richten] *aim* ♦ ¶.1 leg aan! *take aim!*

aanleghaven, aanloophaven 0.1 *port of call.*

aanlegplaats 0.1 [mbt. vaartuigen] *landing stage / place* ⇒ *mooring place, berth* ⟨vast⟩ 0.2 [pleisterplaats langs de weg] *stopping place* ⇒⟨scherts.⟩ *port of call.*

aanlegsteiger 0.1 *jetty* ⇒*landing stage,* ⟨voor kleine vaartuigen⟩ *marina.*

aanleiding 0.1 *occasion* ⇒*reason, cause* ♦ 2.1 directe ~ *immediate cause* 3.1 er bestaat (geen) ~ om / tot *there is (no) reason for / to;* iem. (geen) ~ geven *give s.o. (no) cause;* ~ geven tot klachten *give cause for complaints;* ~ vinden in *find excuse in;* dit was voor ons ~ om *…this caused us to …;* ~ zijn / geven tot *give rise to* 6.1 bij de geringste ~ *at the slightest pretence;* **naar** ~ **van** *as a result of;* **naar** ~ **van** uw schrijven *in reply to your letter.*

aanlengen 0.1 *dilute;* ⟨knoeien⟩ *adulterate, doctor.*

aanleren 0.1 [leren] *learn* ⇒*acquire* 0.2 [onderwijzen] *teach* ♦ 1.1 slechte manieren ~ *acquire bad manners* 1.2 een hond kunstjes ~ *teach a dog tricks.*

aanleunen 0.1 *lean (against / towards)* ♦ 3.¶ zich iets laten ~ *put up with sth.;* zich iets niet laten ~ *not take sth. lying down.*

aanleunwoning 0.1 *sheltered accommodation.*

aanleveren 0.1 *deliver for shipment* ⟨lading⟩.

aanliggend 0.1 *adjacent* ⇒*adjoining* ♦ 1.1 ⟨wisk.⟩ ~ e hoek bij een zijde *adjacent angle of a side.*

aanlijnen 0.1 *leash* ♦ 3.1 aangelijnd houden *keep on the leash / lead.*

aanlokkelijk 0.1 *tempting* ⇒*alluring, attractive* ♦ 7.1 een weinig ~ vooruitzicht *a rather uninviting prospect.*

aanlokken 0.1 [fig.] *tempt* ⇒*allure, attract* 0.2 [aantrekken] *attract* ⇒*lure* ♦ 1.2 zo'n warenhuis lokt kopers aan *such a department store attracts many costumers* 4.1 het voorstel lokte hem erg aan *the proposition appealed to him very much.*

aanloop 0.1 [inleidende loop] *run-up* ⇒⟨luchtv.⟩ *take-off run* 0.2 [inleidende woorden] *introduction* ⇒*preamble* 0.3 [bezoek] *visitors, callers* ⇒⟨klanten⟩ *customers* ♦ 2.2 een lange ~ nemen *take a long time to come to the point* 3.1 een ~ nemen *take a run-up* 3.3 zij hebben altijd veel ~ *they always have lots of v.* 6.1 een sprong **met** / **zonder** ~ *a running / standing jump.*

aanloopfase 0.1 *start-up phase* ⇒*preparatory stage / phase.*

aanloopperiode 0.1 *introductory / initial / trial period* ⇒ ⟨mbt. product: tijd tussen concept en productie⟩ *lead time.*

aanlopen I ⟨onov.ww.⟩ 0.1 [in een richting gaan] *walk / come (towards);* ⟨bezoeken⟩ *drop by;* ⟨schip⟩ *sail (towards / for)* 0.2 [in zijn loop gestuit worden]⟨rem⟩ *rub, drag* 0.3 [genoemde kleur krijgen] *turn … (in the face)* ♦ 2.3 rood ~ *turn red in the face* 3.1 kom eens ~ *drop by some time;* die kat is komen ~ *that cat has strayed (in) here* 6.1 tegen iets ~ *walk into sth.;* ⟨fig.⟩ *chance / stumble on sth.;* zo is hij **tegen** zijn vrouw aangelopen *that's how he met his wife;*
II ⟨ov.ww.⟩ 0.1 [binnenlopen en afmeren] *call / dock at* ♦ 1.1 morgen wordt Antwerpen aangelopen *tomorrow we will call at Antwerp.*

aanmaak 0.1 *manufacture, production.*
aanmaakblokje 0.1 *firelighter.*
aanmaakhout 0.1 *kindling(-wood).*
aanmaakkosten 0.1 *manufacturing / production costs.*
aanmaken 0.1 [vervaardigen] *produce, manufacture* ⇒ *make* **0.2** [toebereiden] *mix* 〈verf, deeg〉; *prepare* 〈groenten〉 **0.3** [doen branden] *light* ◆ **1.2** sla ~ *dress a salad* **1.3** een vuur/de kachel ~ *l. a fire/the stove.*
aanmanen 0.1 [aansporen] *urge* **0.2** [sommeren] *order* ◆ **6.1 tot** voorzichtigheid ~ *u. caution* **6.2** iem. **tot** betaling ~ *demand payment from s.o.*
aanmaning 0.1 [woorden] *reminder* **0.2** [formulier] *reminder, warning notice* ◆ **2.1** een vriendelijke ~ *a gentle r.* **6.2** ~ **tot** betaling 〈eerste〉 *reminder;* 〈laatste〉 *final notice.*
aanmatigen 〈wk.ww.; zich ~〉 **0.1** *usurp, assume* 〈rechten〉; *presume* 〈oordeel〉 ◆ **1.1** zich een oordeel ~ *take it upon o.s. to pass judgement.*
aanmatigend 0.1 *presumptuous* ⇒*arrogant.*
aanmatiging 0.1 [onrechtmatige opeising] *usurpation* **0.2** [laatdunkende taal / daad] *arrogance* ⇒*pretentiousness.*
aanmelden I 〈ov.ww.〉 **0.1** [aandienen] *announce* ⇒*report* **0.2** [als kandidaat opgeven] *present* ⇒*enter / put forward (s.o.'s name), apply* 〈baan〉 ◆ **5.2** gegadigden kunnen zich schriftelijk / persoonlijk ~ bij *candidates may apply by letter / in person to* **6.1** bezoekers werden eerst **bij** de commandant aangemeld *visitors were first reported to the commandant;*
II 〈wk.ww.; zich ~〉 **0.1** [zich bekendmaken] *come forward* ⇒〈bij politie〉 *give o.s. up* ◆ **8.1** hij meldde zich als de schrijver van dat pamflet aan *he made himself known as the author of the pamphlet.*
aanmelding 0.1 [aandiening] *announcement* ⇒*notice, notification* **0.2** [kandidatuur]〈deelneming〉 *entry;* 〈baan〉 *application;* 〈toetreding〉 *enlistment, enrolment* **0.3** [registratie] *registration* ◆ **2.3** verplichte ~ van aidspatiënten *compulsory r. of AIDS cases* **3.2** de ~ is gesloten *applications will no longer be accepted.*
aanmeldingsformulier 0.1 〈voor deelneming〉 *registration form;* 〈voor baan〉 *application form.*
aanmeren 0.1 *moor* ⇒*tie up.*
aanmerkelijk 0.1 *considerable;* 〈merkbaar〉 *appreciable, marked, noticeable* ◆ **1.1** een ~ verschil met vroeger *a c. change from the past* **2.1** het gaat ~ beter *things have improved noticeably.*
aanmerken 0.1 [zeggen] *comment* ⇒*criticize* **0.2** [beschouwen] *regard (as)* ⇒*consider (as / to be)* ◆ **6.1** hij heeft altijd wat **op** iem. / iets aan te merken *he is forever finding fault with people / things;* **op** zijn gedrag valt niets aan te merken *his conduct is beyond reproach.*
aanmerking 0.1 *comment* ⇒*criticism, remark* ◆ **3.1** ~en maken / hebben (op) *find fault (with), criticize* **6.¶** in ~ nemen *consider;* **in** ~ komen **voor** *qualify for* 〈bv. van kosten, voor vergoeding〉; **in** ~ komen **voor** een betrekking *be eligible for a position;* alles **in** ~ genomen *all things considered;* **in** ~ genomen (dat) *considering (that).*
aanmeten 0.1 *take s.o.'s measurements for, measure s.o. for* ⇒〈fig.〉 *assume* ◆ **1.1** zich een nieuw kapsel laten ~ *change one's hairdo* **4.1** zich een pak laten ~ *have one's measurements taken for a suit, be measured for a suit;* 〈fig.〉 zich een beleefde houding ~ *assume a polite attitude, strike a polite pose.*
aanmodderen 〈inf.〉 **0.1** *muddle on* ◆ **4.1** maar wat ~ *mess around.*
aanmoedigen I 〈onov., ov.ww.〉 **0.1** [moed geven] *encour-*

age ⇒〈vnl. sport〉 *cheer on* ◆ **6.1** iem. **tot** iets ~ *e. s.o. to do sth.;*
II 〈ov.ww.〉 **0.1** [stimuleren] *encourage.*
aanmoediging 0.1 *encouragement* ⇒〈vnl. sport〉 *cheers* ◆ **6.1** onder ~ van het publiek *while the spectators cheered him / her / them on;* **zonder** ~ *unprompted.*
aanmoedigingsprijs 0.1 *incentive prize.*
aanmonsteren 0.1 [(in) dienst nemen] *sign on* ◆ **8.1** ~ als matroos *sign on as a sailor.*
aannaaien 0.1 *sew on.*
aannemelijk 0.1 [geloofwaardig] *plausible* **0.2** [aanvaardbaar] *acceptable* ⇒*reasonable* **0.3** [bevattelijk] *teachable* ◆ **1.1** niet ~ kunnen maken *fail to show;* een ~e verklaring geven voor iets *give a p. explanation for sth.* **1.2** tegen elk ~ bod *any reasonable offer accepted* **3.1** het is ~ dat ... *it is likely that ...*
aannemen 0.1 [aanpakken] *take* ⇒*accept,* 〈telefoon〉 *pick up,* 〈telefoon〉 *answer* **0.2** [accepteren] *accept* ⇒*take (on),* 〈wet〉 *pass,* 〈motie〉 *carry* **0.3** [zich eigen maken] *adopt* ⇒ *assume* **0.4** [geloven] *accept* ⇒*believe* **0.5** [veronderstellen] *assume* ⇒*suppose* 〈ook→**aangenomen²**〉 **0.6** [zich verbinden uit te voeren] *undertake* ⇒*contract for* **0.7** [in dienst nemen] *engage* ⇒*take on* **0.8** [zich ontfermen over] *adopt* ⇒*take up* **0.9** [als lid opnemen] *admit* ⇒*let in* 〈ook→**aangenomen¹**〉 ◆ **1.1** kan ik een boodschap ~? *can I take a message?* **1.2** een aanbod met beide handen ~ *jump at an offer;* een opdracht / voorstel ~ *a. a commission / proposal;* een wetsontwerp ~ *pass a bill* **1.3** een houding ~ *adopt an attitude;* zijn plannen namen vastere vorm aan *his plans began to take shape,* ernstige vormen ~ *become serious* **1.6** de bouw v.e. blok woningen ~ *contract for (the building of) a block of houses* **1.9** een kind ~ *adopt a child* **1.¶** 〈sport〉 een bal ~ *receive a ball* **3.5** naar men mag ~ *presumably* **5.4** stilzwijgend ~ *tacitly* **5.5** algemeen werd aangenomen dat ... *it was generally assumed that ...* **6.2** met algemene stemmen ~ *carry unanimously* **6.4** u kunt het wel **van** mij ~ *you can take it from me;* iets **voor** zoete koek ~ *swallow sth.* **6.7** iem. **op** proef ~ *appoint s.o. for a trial period* **8.5** als vaststaand / vanzelfsprekend ~ *take for granted;* laten we nu eens ~ dat ... *let's a. that ...*
aannemer 0.1 [bouwk., wwb.] *(building) contractor* ⇒ *builder.*
aanneming 0.1 [acceptatie] *acceptance* ⇒〈wet〉 *passage, carrying* 〈motie〉 **0.2** [veronderstelling] *assumption* ⇒ *supposition* **0.3** [mbt. werkzaamheden] *contracting* **0.4** [tewerkstelling] *employment* **0.5** [mbt. lid] *admission.*
aannemingssom 0.1 *contract sum* ⇒*sum contracted for.*
aanpak 0.1 *approach* ◆ **1.1** de ~ van dit probleem *the way to deal with this problem* **2.1** een heel eigen ~ *his / her* 〈enz.〉 *own personal a.*
aanpakken 0.1 [aanvatten] *take* ⇒*take / catch / get hold of* **0.2** [(zaak) ter hand nemen] *go / set about (it)* ⇒*deal with* 〈probleem〉, *handle* 〈probleem〉, *tackle* 〈probleem〉, *seize* 〈gelegenheid〉, *take* 〈gelegenheid〉 **0.3** [(persoon) onder handen nemen] *deal with* ⇒〈aanvallen〉 *attack,* 〈jur.〉 *proceed against* ◆ **1.1** een probleem ~ *tackle a problem* **4.2** alles ~ *take on anything;* hoe zullen we dat ~? *how shall we set about it?* **5.2** het anders ~ *go about it differently;* een zaak goed / verkeerd ~ *go the right / wrong way about a matter;* de zaken groots ~ *think big;* iem. ~ make o.s. useful* **5.3** iem. flink ~ *take a firm line with s.o., be tough on s.o.* **6.2** hij weet **van** ~ *he knows how to set about his work.*
aanpalend 0.1 *adjacent* ⇒*adjoining.*
aanpappen 〈inf.〉 **0.1** *chum / pal up (with)* ⇒〈versieren〉 *chat up,* 〈slijmen〉 *butter up (to)* ◆ **6.1** met iedereen ~ *take up with everybody.*

aanpassen I ⟨ov.ww.⟩ **0.1** [passen] *try/fit on* **0.2** [passend maken] *adapt (to)* ⇒*adjust/fit (to)* ◆ **1.1** een nieuwe jas ~ *try on a new coat* **1.2** de lonen zullen opnieuw aangepast worden *wages will be readjusted* **6.2** zijn kleding ~ **aan** de omstandigheden *adapt one's clothes to the circumstances;*
II ⟨wk.ww.; zich ~⟩ **0.1** [zich schikken] *adapt/adjust o.s. (to)* ◆ **5.1** zich gemakkelijk ~ *be adaptable, adjust easily.*

aanpassing 0.1 *adaptation (to)* ⇒*adjustment (to).*

aanpassingsproblemen 0.1 *problems of adaptation* ◆ **3.1** ~ hebben *have problems adapting.*

aanpassingsvermogen 0.1 *adaptability (to)* ⇒⟨ogen⟩ *accommodation.*

aanpezen ⟨inf.⟩ **0.1** [snel rijden] *race* **0.2** ⟨zie 5.2⟩ ◆ **5.2** hij moest nog flink ~ *he really had to slog away.*

aanplakbiljet 0.1 *poster* ⇒*bill.*

aanplakbord 0.1 *notice board;* ⟨reclame⟩ *boarding,* ^A*billboard.*

aanplakken 0.1 *affix* ⇒*paste (up), post (up)* ⟨aanplakbiljet⟩ ◆ **3.1** verboden aan te plakken *no billposting.*

aanplakzuil 0.1 *advertising column.*

aanplant 0.1 [handeling]⟨het planten⟩ *planting;* ⟨het kweken⟩ *cultivation;* ⟨bos⟩ *afforestation* **0.2** [het geplante] *plantings* ⇒*plants* ◆ **1.1** ~ van tarwe *wheat* c. **2.2** nieuwe/jonge ~ *new/young plantings.*

aanplanten 0.1 [kweken] *plant (out)* ⇒*cultivate, grow, afforest* ⟨bos⟩ **0.2** [door planten vergroten] *extend with new plantings.*

aanplanting →**aanplant.**

aanpoten ⟨inf.⟩ **0.1** [flink aanstappen] *stride (out)* **0.2** [flink voortgang maken] *hurry (up)* ⇒*slog away* ◆ **5.2** flink ~ *work like the devil.*

aanpraten 0.1 [aansmeren] *palm off on, talk into* **0.2** [op de mouw spelden] *put into s.o.'s head, kid into* ◆ **4.1** iem. iets ~ *talk s.o. into (doing) sth., palm sth. off on s.o.* **4.2** dat praat ze zichzelf gewoon aan *she just talks herself into believing it.*

aanprijzen 0.1 *recommend* ⇒*praise* ◆ **5.1** iets luid ~ *sing the praises of sth.*

aanpunten →**aanscherpen.**

aanraakbeeldscherm ⟨comp.⟩ **0.1** *touch-sensitive display unit.*

aanraakscherm ⟨comp.⟩ **0.1** *touch screen.*

aanraden 0.1 *advise* ⇒*recommend* ⟨product⟩, *suggest* ⟨plan⟩ ◆ **1.1** de dokter raadde hem rust aan *the doctor advised (him to take) rest* **5.1** iem. dringend ~ iets te doen *advise s.o. urgently to do sth.* **6.1** op ~ van *on the recommendation of.*

aanraken 0.1 [beroeren] *touch* **0.2** [in het voorbijgaan behandelen] *touch upon* ⇒*glance at* ◆ **1.2** hij raakte het onderwerp slechts even aan *he just touched upon the subject* **2.1** verboden aan te raken *(please) do not t./handle* **6.1** met geen vinger ~ *not lay a finger on.*

aanraking 0.1 [het aanraken/aangeraakt worden] *touch* **0.2** [contact, omgang] *contact* ⇒*touch* ◆ **2.1** de minste ~ doet de zieke pijn *the slightest t. hurts the patient* **6.2** in ~ met iem. komen *come into c. with s.o.;* **in** ~ brengen met *bring into c. with.*

aanrakingspunt 0.1 [ook fig.] *point of contact* ◆ **3.1** zij hadden geen ~en *they had nothing in common.*

aanranden 0.1 *assault* ◆ **1.1** een meisje ~ *sexually a. a girl* **6.1** iem. **in** zijn eer/zijn goede naam ~ *injure s.o.'s honour/reputation.*

aanrander, -randster 0.1 *assailant.*

aanranding 0.1 *(criminal) assault.*

aanrecht 0.1 *kitchen (sink) unit* ◆ **7.1** het enige recht v.e. vrouw is het ~ *women belong in the kitchen.*

aanrechtblad 0.1 *work(ing) top.*

aanreiken 0.1 *pass* ⇒*hand.*

aanrekenen 0.1 [de schuld geven van] *blame (for)* **0.2** [voor een bewezen dienst verplicht rekenen] *give credit (for)* ◆ **5.1** het iem. niet ~ *not blame s.o. for it* **8.2** het iem. als verdienste ~ *give s.o. credit for it.*

aanrennen 0.1 *run along/up* ◆ **3.1** er kwam een bode ~/ aangerend *a courier came running along.*

aanrichten 0.1 *cause* ⇒*bring about* ◆ **1.1** een bloedbad ~ (onder) *bring about a massacre (among);* grote verwoestingen ~ (bij) *create/wreak havoc (on).*

aanrijden I ⟨onov.ww.⟩ **0.1** [rijden in een richting] *drive/ride up* ◆ **6.1** bij iem.~ *pull up at s.o.'s house;* ~ **op** *drive/ride towards;*
II ⟨ov.ww.⟩ **0.1** [botsen tegen] *collide (with)* ⇒*crash (into), run into* ◆ **1.1** hij heeft een hond aangereden *he hit a dog* **6.1** tegen een muur ~ *run/crash into a wall.*

aanrijding 0.1 *collision* ⇒*crash* ◆ **3.1** een ~ hebben *be involved in a collision/crash* **6.1** een ~ **met** dodelijke afloop *a fatal collision/crash.*

aanrijgen 0.1 *string.*

aanroep 0.1 [handeling] *calling* **0.2** [woorden] *call.*

aanroepen 0.1 [door roepen de aandacht trekken van] *call* **0.2** [om hulp vragen] *call on/upon* ⇒⟨in gebed ook⟩ *invoke* ◆ **1.1** een taxi ~ *c./hail a taxi* **8.2** iem. als getuige ~ *call s.o. as a witness.*

aanroeping 0.1 *calling* ⇒⟨in gebed ook⟩ *invocation.*

aanroeren 0.1 [opzettelijk aanraken] *touch* **0.2** [oppervlakkig behandelen] *touch upon* ◆ **1.1** het eten was nauwelijks aangeroerd *the food had hardly been touched* **5.2** terloops iets ~ *mention sth. in passing.*

aanrollen ◆ **3.¶** komen ~/aangerold *come rolling along* **6.¶** ~ **tegen** *roll against.*

aanrommelen 0.1 *mess around* ◆ **4.1** ik rommel maar wat aan *I'm just messing around.*

aanrukken 0.1 [mil.] *march (on)* **0.2** [snel en dreigend naderen] *advance* ◆ **1.1** ⟨scherts.⟩ nog een fles laten ~ *have another bottle;* versterkingen laten ~ *move up reinforcements.*

aanschaf 0.1 *purchase* ⇒*buy, acquisition.*

aanschaffen 0.1 *purchase* ⇒*acquire* ◆ **4.1** zich ~ *purchase, acquire.*

aanschaffing 0.1 [het aanschaffen] *purchase* ⇒*purchasing, buy(ing), acquisition* **0.2** [wat is aangeschaft] *purchase* ⇒ *buy, acquisition* ◆ **2.2** nieuwe ~en *new purchases.*

aanschafkosten, aanschaffingskosten 0.1 *purchasing costs, cost(s) of acquisition* ⇒⟨van machine⟩ *initial costs,* ⟨boekhouden⟩ *historic(al) cost.*

aanscherpen, aanpunten 0.1 [weer scherp maken] *sharpen* **0.2** [fig.] *accentuate* ⇒*highlight* ◆ **1.2** tegenstellingen ~ *a. contrasts.*

aanschieten I ⟨ov.ww.⟩ **0.1** [haastig aantrekken] *slip into* ⇒ *throw on* **0.2** [licht verwonden] *hit* **0.3** [aanspreken] *buttonhole* ⇒*accost* ◆ **1.1** iets gemakkelijks ~ *slip on sth. comfortable* **1.2** een aangeschoten hert *a wounded deer* **¶.3** de eerste de beste ~ *b. the first person one comes across;*
II ⟨onov.ww.⟩ ◆ **3.¶** nieuwsgierig kwamen de jongens aangeschoten *the boys came rushing along inquisitively* **6.¶** ~ **op** *rush/dart at.*

aanschikken 0.1 [dichter bijeen gaan zitten] *come/draw closer together* **0.2** [zich aan tafel zetten] *sit down (to table).*

aanschoppen 0.1 *kick (against).*

aanschouwelijk I ⟨bn.⟩ **0.1** [zichtbaar, duidelijk voorgesteld] *clear* ⇒*illustrative, graphic* ◆ **3.1** iets ~ maken *illustrate sth.* ⟨met voorbeelden⟩; *demonstrate sth* ⟨met proeven⟩; **II** ⟨bw.⟩ **0.1** [zo dat men het voor zich ziet] *graphically* ◆ **3.1** iets ~ voorstellen *give a graphic representation of sth.*

aanschouwen 0.1 [zien] *behold* ⇒*see* **0.2** [aandachtig bekijken] *watch* ⇒*observe* ◆ **1.1** het levenslicht ~ *(first) see the light* **1.2** de natuur ~ *observe nature* **6.1** ten ~ van *in the sight of.*

aanschouwing 0.1 *observation* ◆ **6.1** uit eigen ~ *from one's own o.*

aanschrijven 0.1 *summon(s)* ⇒*order* ◆ **1.1** de gemeente zal de eigenaar ~ het dak te repareren *the local authorities will order the proprietor to repair the roof.*

aanschrijving 0.1 *order* ⇒*summons* ◆ **2.1** een ministeriële ~ *a ministerial o.*

aanschroeven 0.1 [met schroeven vastmaken] *screw down* **0.2** [vaster draaien] *screw tighter.*

aanschuiven I ⟨onov.ww.⟩ **0.1** [schuivend dichterbij komen] *shuffle along;* **II** ⟨ov.ww.⟩ **0.1** [schuivend dichterbij brengen] *draw/pull up* ◆ **1.1** een stoel ~ *draw up a chair.*

aansjokken ◆ **3.**¶ komen ~ / aangesjokt *come slouching along.*

aansjouwen I ⟨ov.ww.⟩ **0.1** [ergens heendragen] *bring/carry (along)* ⇒⟨slepend⟩ *drag/lug along;* **II** ⟨onov.ww.⟩ ◆ **3.**¶ komen ~ / aangesjouwd *come dragging along.*

aanslaan I ⟨ov.ww.⟩ **0.1** [snel en kort raken] *touch* ⇒*strike, hit* **0.2** [de waarde bepalen van] *estimate* ⇒*assess* ⟨onroerendgoedbelasting e.d.⟩, *tax* ⟨inkomstenbelasting e.d.⟩ ◆ **1.1** een toets/snaar ~ *strike a key, t. a string* **5.2** iem. hoog ~ ⟨waarderen⟩ *think highly of s.o.;* ⟨belasting⟩ *assess/tax s.o. at a high rate;* te hoog/laag ~ ⟨waarderen⟩ *over/underestimate;* ⟨belasting⟩ *assess/tax too high/low;* **II** ⟨onov.ww.⟩ **0.1** [mbt. een motor] *start* **0.2** [zich aan de oppervlakte vasthechten] *form a deposit* ⇒*build up* **0.3** [beslaan] *steam up, mist up/over* ⟨ruit⟩ **0.4** [goed ontvangen worden] *catch on* ⇒*be successful* **0.5** [wortel schieten] ⟨ook fig.⟩ *strike (root)* ⇒*take* ◆ **1.2** de rook slaat aan *smoke deposits are forming* **1.3** de ruiten slaan aan *the windows are getting steamed up* **6.4** dat plan is bij hen goed aangeslagen *that plan has caught on well with them.*

aanslag 0.1 [muz.] *touch* **0.2** [mbt. een typemachine] *touch* **0.3** [mbt. een vuurwapen] *ready* **0.4** [poging tot moord, aanval] *attempt* ⇒*attack, assault* **0.5** →**aanslagbiljet** **0.6** [laag die zich vastgezet heeft] *deposit; moisture* ⟨op ruit⟩ **0.7** [bedrag aan belasting] *assessment* ◆ **1.2** het aantal ~ en per minuut *the number of touches per minute* **2.1** een lichte/zware ~ *a light/heavy t.* **2.6** een vieze ~ op het plafond *a nasty (smoke) deposit on the ceiling* **2.7** een voorlopige/definitieve ~ *a provisional/final a.* **3.4** een ~ opeisen *claim responsibility for an attack* **6.3** met het geweer in de ~ *with one's rifle at the r.;* ⟨fig.⟩ met de pen in de ~ *with one's pen poised/at the r.* **6.4** een ~ op iemands leven plegen *make an attempt on s.o.'s life;* ⟨fig.⟩ een ~ doen op *encroach on* ⟨bv. iemands rechten⟩ **6.5** een ~ van ƒ 1000,- ontvangen *get assessed Dfl 1000,-.*

aanslagbiljet 0.1 *assessment (notice)* ⟨onroerendgoedbelasting e.d.⟩; *(income) tax return/form* ⟨inkomstenbelasting e.d.⟩.

aanslepen 0.1 [erbij halen] *drag in* **0.2** [in grote hoeveelheden aandragen] *get in (a lot of), stock up with/on* **0.3** [slepend voorttrekken] *drag along* ⟨over de schouder⟩

lug along ◆ **3.1** het bier viel niet aan te slepen *the beer couldn't be got fast enough.*

aanslibben 0.1 *form a deposit* ⇒⟨dichtslibben⟩ *silt up* ◆ **1.1** aangeslibd land *alluvium, alluvial land.*

aanslibbing 0.1 [het aanslibben] *deposit(ion)* **0.2** [aangeslibde grond] *alluvial deposit* ⇒⟨in vaargeul⟩ *silty depos it.*

aansluipen 0.1 *sneak along/up to* ◆ **3.1** komen ~ / aangeslopen *come sneaking along/up* **6.1** op een prooi ~ *steal up on a prey.*

aansluiten I ⟨ov.ww.⟩ **0.1** [verbinden] *connect* ⇒*join, link* **0.2** [doen sluiten zonder tussenruimte] *close* ⇒*link up* ◆ **1.1** een nieuwe abonnee ~ *c. a new subscriber* ⟨telefoon enz.⟩ **1.2** de geledenen ~ *c. the ranks;* **II** ⟨onov.ww.⟩ **0.1** [passen] *fit* ⇒*be tight-fitting* ⟨kleren⟩, ⟨harmoniëren⟩ *fit in (with),* ⟨harmoniëren⟩ *be in keeping (with)* **0.2** [mbt. personen] *close up* ◆ **1.1** die plank sluit niet aan *that board does not fit* **3.2** wilt u daar ~? *will you queue up there, please?* **6.1** deze weg sluit aan op de snelweg *this road links up with the motorway* ¶.2 ~! *close up!;* **III** ⟨wk.ww.; zich ~⟩ **0.1** [zich voegen bij] *join* ⇒*become a member of* **3.2** [partij/standpunt kiezen] *join (in)* ◆ **5.1** zij sluit zich niet gemakkelijk aan ⟨bij anderen⟩ *she does not easily mix* **6.2** zich bij de vorige spreker ~ *agree with the preceding speaker;* zich bij een partij ~ *join a party;* daar sluit ik me graag bij aan *I would like to second that.*

aansluitend 0.1 *next (to), following on (from), contiguous* ◆ ¶.1 ~ zou ik nog willen zeggen *in connection with that I would like to say.*

aansluiting 0.1 [het zich voegen bij iets/iem.] *joining* ⇒*association (with)* **0.2** [verkeer] *connection* **0.3** [het in verbinding gebracht worden] *connection* **0.4** [wat een verbinding tot stand brengt] *junction* ⇒*connection* ◆ **3.1** ~ vinden bij iem. / iets *join in with s.o. / sth.;* ⟨fig.⟩ ~ zoeken bij *seek contact with* **3.2** de ~ missen *miss the c.;* ⟨fig.⟩ *miss the boat* **3.4** ~ krijgen ⟨met⟩ ⟨telefoon⟩ *be put through* ⟨to⟩ **6.1** ~ van Spanje bij de EEG *Spain's entry (in)to the EEC* **6.3** ~ op het gasnet *c. to the gas mains* **6.**¶ in ~ aan / op *with reference to.*

aansluitingskosten 0.1 *connection charges.*

aansluitmogelijkheid ⟨elek.⟩ **0.1** *terminal.*

aansmeren 0.1 [te duur verkopen] *palm off (on)* **0.2** [met metselspecie/kalk] bestrijken] ⟨dun⟩ *skim;* ⟨dik⟩ *daub* ◆ **1.1** iem. een tweedehands auto ~ *palm a used car off on s.o.*

aansnijden 0.1 [de eerste snee maken in] *cut (into)* **0.2** [beginnen te bespreken] *broach* ⇒*bring up* ◆ **1.1** een aangesneden brood *a partly cut loaf (of bread).*

aanspannen I ⟨ov.ww.⟩ **0.1** [jur.] *institute* **0.2** [vastmaken aan de paarden] *hitch to* ◆ **1.1** een proces (tegen iem.) ~ *i. (legal) proceedings (against s.o.)* **1.2** de wagen ~ *hitch the horses to the wagon;* **II** ⟨onov., ov.ww.⟩ **0.1** [mbt. trekdieren] *hitch (up)* ◆ **1.1** ik zal (de paarden) ~ *I'll hitch up the horses.*

aanspeelbaar ⟨sport⟩ ◆ **5.**¶ goed ~ zijn *be available (to receive the ball).*

aanspelen ⟨sport⟩ **0.1** [balsport] *play to* ◆ **1.1** iem. de bal ~ *play the ball to s.o.*

aanspoelen I ⟨onov.ww.⟩ **0.1** [aan wal komen drijven] *wash ashore* ⇒*be washed ashore* ◆ **1.1** er is een lijk aangespoeld *a corpse has been washed ashore;* **II** ⟨ov.ww.⟩ **0.1** [op het strand werpen] *wash/drift ashore* ◆ **1.1** aangespoeld (wrak)hout *driftwood.*

aansporen 0.1 *urge (on)* ⇒*spur (on)* ⟨dieren⟩ ◆ **6.1** iem. tot iets ~ *urge s.o. to (do) sth.;* ⟨iets verkeerds⟩ *goad/egg s.o.*

into (doing) sth.; iem. ~ **tot** grotere inspanning *incite s.o. to greater efforts.*

aansporing 0.1 [handeling]⟨zie 6.1⟩ **0.2** [middel] *incentive* ♦ **6.1** op ~ van *with the encouragement of, urged by;* ⟨medeplichtigheid⟩ *aided and abetted by* **6.2** die beloning betekende een ~ **voor** hem *that reward was an i. to him.*

aanspraak 0.1 [gelegenheid om met iem. te spreken] *contacts* **0.2** [claim] *claim* ♦ **3.1** weinig ~ hebben *have few contacts* **3.2** geen ~ kunnen doen gelden (op iets) *not be able to lay any c. (to sth.);* ~ hebben op iets *have a c. to/on sth.;* ~ maken op iets *lay c. to sth.;* geen ~ maken op *make no c. to.*

aansprakelijk 0.1 *responsible (for)* ⇒⟨jur.⟩ *liable (for)* ♦ **3.1** zich voor iets ~ stellen *take responsibility for sth.;* iem. ~ stellen voor iets *hold s.o. r. for sth.*

aansprakelijkheid 0.1 [vervolgbaarheid] *liability (for)* **0.2** [verplichting om zich te verantwoorden] *responsibility* **0.3** [opzicht waarin men aansprakelijk is] *liability* ♦ **2.3** wettelijke ~ *(legal) l., l. in law* **6.3** ~ **tegenover** derden *third-party l.*

aansprakelijkheidsverzekering 0.1 *liability insurance.*

aanspreekbaar 0.1 *approachable.*

aanspreektitel 0.1 *term of address* ⇒*title.*

aanspreekvorm 0.1 *form of address.*

aanspreken I ⟨ov.ww.⟩ **0.1** [beginnen te gebruiken] *draw on* ⇒*break into* **0.2** [toespreken] *speak/talk to* ⇒*address* ♦ **1.1** zijn kapitaal ~ *break into one's capital;* een spaarrekening/voorraad ~ *start on/use a savings account/supply* **1.2** iem. (op straat) ~ *approach s.o. (in the street)* **3.2** ik voel mij niet aangesproken *it doesn't concern me* **5.2** iem. vriendelijk ~ *speak kindly to s.o.* **6.2** iem. **met** mevrouw/meneer ~ *address s.o. as madam/sir;* iem. **op** iets ~ *call s.o. to account for sth.;* iem. **over** zijn gedrag ~ *talk to s.o. about his conduct;*
II ⟨onov., ov.ww.⟩ **0.1** [in de smaak vallen bij] *appeal to.*

aanstaan 0.1 [op een kier staan] *be ajar* **0.2** [aangenaam zijn] *please* **0.3** [ingeschakeld zijn] *be running* ⟨motor⟩; *be (turned) on* ⟨radio enz.⟩ ♦ **4.2** zijn gezicht staat mij niet aan *I do not like the look of him.*

aanstaande¹ ⟨de⟩ **0.1** *fiancé* ⟨m.⟩, *fiancée* ⟨v.⟩.

aanstaande² ⟨bn.⟩ **0.1** [eerstkomend] *next* ⟨in de volgende week⟩; *this* ⟨deze week⟩ **0.2** [toekomstig]⟨te verwachten⟩ *(forth)coming;* ⟨komend⟩ *approaching* **0.3** [nabij in de tijd] *near* ♦ **1.1** ~ vrijdag *this Friday* **1.2** de ~ burgemeester *the prospective mayor;* ~ moeders *expectant mothers, mothers-to-be;* onze ~ schoonzoon *our future son-in-law* **3.3** ~ zijn *be at hand/n.;* ⟨dreigen⟩ *be imminent.*

aanstalten ♦ **3.¶** ~ maken om te vertrekken *get ready to leave;* geen ~ maken (om) *show no sign/intention (of).*

aanstampen 0.1 *tamp (down).*

aanstappen 0.1 *stride along/up* ♦ **3.1** komen ~ *come striding along/up* **6.1** kom als je in de stad bent eens **bij** mij ~ ⟨inf.⟩ *drop by some time when you are in town.*

aanstaren 0.1 *stare/gaze at* ♦ **6.1** iem. **met** open mond ~ *stare open-mouthed at s.o.;* gape at s.o. **¶.1** iem. vol bewondering ~ *gaze at s.o. admiringly.*

aanstekelijk 0.1 *infectious* ⇒*contagious, catching* ♦ **3.1** ~ lachen *laugh contagiously;* ⟨eigenschap⟩ *have a contagious laugh;* geeuwen werkt ~ *yawning is i.*

aansteken 0.1 [doen branden] *light* ⇒⟨vuur ook⟩ *kindle,* ⟨elektriciteit⟩ *turn/switch on* **0.2** [besmetten] *infect* ⇒*contaminate* ♦ **1.1** die brand is aangestoken *that fire was set deliberately;* een kaars ~ *light a candle* **4.2** ze steken elkaar aan ⟨fig.⟩ *they are a bad/good influence on one another* **6.1** de ene sigaret **met** de andere ~ *l. one cigarette from another.*

aansteker 0.1 *(cigarette) lighter.*

aanstellen I ⟨ov.ww.⟩ **0.1** [in dienst stellen/nemen] *appoint* ♦ **5.1** iem. vast ~ *appoint s.o. permanently* **6.1** iem. op proef ~ *place s.o. on probation;*
II ⟨wk.ww.⟩; zich ~⟩ **0.1** [zich op overdreven wijze uiten] *show off* ⇒*put on airs* ♦ **5.1** zich kinderachtig/belachelijk ~ *act childishly, make a fool of o.s.;* stel je niet aan! ⟨mbt. kinderachtigheid⟩ *act your age!, stop behaving like a child!;* ⟨mbt. overdrevenheid⟩ *stop playacting!*

aansteller, -ster 0.1 [mbt. overdreven gedrag] *poser* **0.2** [mbt. kinderachtig gedrag] *baby.*

aanstellerig I ⟨bn.⟩ **0.1** [geneigd zich aan te stellen] *affected* ⇒*theatrical* ♦ **1.1** een ~ mens *an a. person;*
II ⟨bw.⟩ **0.1** [op sterk overdreven wijze] *affectedly.*

aanstellerij 0.1 [overdreven gedrag] *affectation* ⇒*pose, showing off* **0.2** [kinderachtig gedrag] *childish behaviour* ♦ **5.1** het is maar ~ *it's only showing off* **6.2** is het nu uit met die ~? *are you quite finished?*

aanstelling 0.1 *appointment* ⇒⟨officier⟩ *commission* ♦ **2.1** een vaste/tijdelijke ~ hebben *have a permanent/temporary a.*

aansterken 0.1 *get stronger* ⇒*recuperate, regain one's strength* ♦ **3.1** iem. doen ~ *feed s.o. up, build up s.o.'s strength.*

aanstevenen 0.1 [aanvaren] *sail along* **0.2** [aanstappen] *stride along/up* ♦ **6.1** het schip stevende **op** de haven aan *the ship was heading for the port.*

aanstichten 0.1 *instigate* ⟨opstand enz.⟩; *cause* ⟨onheil⟩.

aanstichter, -ster 0.1 *instigator* ⇒*originator* ♦ **6.1** de ~ van alle kwaad *the source of all evil.*

aanstippen 0.1 [terloops vermelden] *mention briefly* ⇒*touch on* **0.2** [even aanraken] *touch* **0.3** [med.] *dab* **0.4** [met een stip aantekenen] *check/tick off* ♦ **6.3** ~ **met** jodium *d. with iodine.*

aanstoken 0.1 *stir up* ⇒*incite* ♦ **6.1** iem. ~ **tot** opstand/verzet *incite s.o. to rebellion/resistance.*

aanstoker, -stookster 0.1 *instigator.*

aanstonds 0.1 *directly* ⇒*immediately* ♦ **5.1** zo ~ *presently.*

aanstoot 0.1 *offence* ♦ **3.1** ~ geven *give o.;* ~ nemen aan *take o. at.*

aanstootgevend, aanstotelijk 0.1 *offensive* ⇒*objectionable,* ⟨sterker⟩ *scandalous,* ⟨sterker⟩ *shocking* ♦ **1.1** ~ gedrag *obnoxious behaviour;* ~e passages in een boek *offensive passages in a book.*

aanstormen 0.1 *rush* ⇒*storm* ♦ **1.1** de ~de troepen *the onrushing troops* **3.1** komen ~/aangestormd *come rushing along.*

aanstoten I ⟨onov.ww.⟩ **0.1** [botsen] *knock (against)* ⇒*bump (into)* ♦ **6.1** hij stootte **tegen** de tafel aan *he knocked against the table;*
II ⟨ov.ww.⟩ **0.1** [porren] *nudge* ♦ **1.1** zijn buurman ~ *n. one's neighbour.*

aanstrepen 0.1 *mark* ⇒*check/tick (off)* ♦ **1.1** een plaats in een boek ~ *m. a place in a book.*

aanstrijken 0.1 [door strijken bedekken] *brush (over)* ⟨met kwast⟩ ⇒*coat, plaster* **0.2** [door strijken doen ontbranden] *strike* ♦ **1.1** een muur ~ *plaster a wall.*

aanstrompelen ♦ **3.¶** komen ~/aangestrompeld *come hobbling along.*

aanstuiven 0.1 [aanstormen] *rush* ⇒*storm* **0.2** [naar een plaats toestuiven] *drift* ⇒*pile up* ♦ **1.2** de dijk is door aangestoven zand bedekt *the dike is covered with drifting sand* **3.1** komen ~/aangestoven *come rushing along/up.*

aansturen 0.1 [+ op;naar een punt richten] *head/make for* **0.2** [+ op;trachten te bereiken/verkrijgen] *aim for/at* ⇒

steer towards, ⟨bedoelen⟩ *drive at* ◆ **6.1 op** de wal ~ *head for shore* **6.2** ik zou niet weten waar hij **op** aanstuurt *I don't know what he's driving at.*

aansukkelen 0.1 *stagger* ~*stumble* ◆ **3.1** komen ~ / aangesukkeld *come staggering along/ up.*

aantal 0.1 *number* ◆ **1.1** een ~ jaren lang *for a n. of years;* een ~ personen kwam te laat *a n. of people were late* **2.1** een flink ~ boeken *quite a few books;* het totale ~ werkende vrouwen *the total n. of working women* **6.1 in** ~ overtreffen *outnumber.*

aantasten 0.1 [aanvreten] *affect* ⟨negatief, schadelijk⟩ ⇒ *harm, attack* **0.2** [aanvallen] *attack* ◆ **1.1** dit zuur tast metalen aan *this acid corrodes metals;* die geruchten tasten onze goede naam aan *those rumours tarnish our good name* **1.2** door een ziekte aangetast worden *be stricken with a disease* **6.2** iem. **in** zijn eer ~ *injure s.o.'s honour.*

aantasting 0.1 *adverse/ harmful effect (on), damage (to)* ⟨van milieu⟩ ⇒*infringement* ⟨van vrijheid⟩, *corrosion* ⟨van metaal⟩, *slur (on)* ⟨van iemands goede naam, reputatie⟩.

aantekenen I ⟨ov.ww.⟩ **0.1** [opschrijven] *take/make a note of* ⇒*note/write down, record,* ⟨bv. in register⟩ *register* ⟨ook→**aangetekend**⟩ **0.2** [vermelden] *comment, note* ⇒ *remark,* ⟨mbt. tekst- en literaire kritiek⟩ *annotate* ◆ **3.1** brieven laten ~ *have letters registered* **6.2** daarbij tekende hij aan, dat ... *he further observed that ...;* **II** ⟨onov.ww.⟩ **0.1** [zich in ondertrouw laten opnemen] ⟨gemeentehuis⟩ *give notice of marriage.*

aantekening 0.1 [het noteren] *noting* ⇒*making note* **0.2** [notitie] *note* **0.3** [noot] *note* ⇒*footnote, annotation* **0.4** [bijzondere vermelding] *endorsement* ⟨cheque, rijbewijs, diploma⟩ ⇒*registration* ◆ **3.1** ~ houden van iets *keep a note/a record of sth.* **3.2** ~en maken *take notes* **6.3** een uitgave van Erasmus met ~en *an annotated edition of Erasmus.*

aantijging 0.1 *imputation* ⇒*allegation.*

aantikken I ⟨onov.ww.⟩ **0.1** [oplopen] *mount/add up* **0.2** [tikken aan] *tap* ⟨aan deur/raam⟩ ⇒*knock* ◆ **5.1** dat tikt lekker aan *that's adding up nicely* ¶.¶ ⟨bij zwemmen⟩ zij tikte als eerste aan *she touched first;* **II** ⟨ov.ww.⟩ **0.1** [even aanraken] *tap* ⇒*touch* ◆ **1.1** ⟨voetbal⟩ iem. ~ *clip s.o.'s heels;* de pet ~ *tip one's cap.*

aantippen 0.1 *touch lightly.*

aantocht ◆ **6.¶ in** ~ zijn *be on the way.*

aantonen 0.1 [bewijzen] *demonstrate* ⇒*prove, show* **0.2** [aanwijzen] *demonstrate* ⇒*show, reveal* ⟨vnl. passief⟩ **0.3** [tot uitdrukking brengen] *show* ⇒*indicate* ◆ **1.2** de oorzaak v.d. narigheid ~ *show the cause of the misery* **5.1** er werd ruimschoots aangetoond dat ... *there was ample evidence that ...*

aantoonbaar 0.1 *demonstrable* ◆ **2.1** dat is ~ onjuist *that is patently incorrect* **5.1** deze vervalsing is gemakkelijk ~ *this falsification can easily be demonstrated.*

aantrappen I ⟨onov.ww.⟩ **0.1** [stevig(er) trappen] *pedal hard(er)* ◆ **3.1** met die wind is het ~ *you have to pedal hard(er) in this wind;* **II** ⟨ov.ww.⟩ **0.1** [door trappen doen aanslaan] *kick-start* ⟨motor e.d.⟩ **0.2** [door trappen aandrukken] *tread down* ⇒ *stamp in.*

aantreden 0.1 *fall in* ⇒*form into line* ◆ **1.¶** sinds het ~ v.h. kabinet *since the government took office* **3.1** de manschappen doen / laten ~ *fall the men in* ¶.1 op bevel ~ *fall in on command.*

aantreffen 0.1 [mbt. personen] *meet* ⇒*encounter, find* **0.2** [mbt. zaken] *find* ⇒*come across* ◆ **2.1** iem. dood ~ *find s.o. dead* **5.1** iem. niet thuis ~ *find s.o. out.*

aantrekkelijk 0.1 *attractive* ⇒*inviting* ⟨bv. aanbod⟩ ◆ **4.1** zij heeft niets ~s *she's (most) unattractive* **5.1** ik vind ze erg ~ *I find them very attractive* **7.1** weinig ~s bieden *offer little attraction.*

aantrekkelijkheid 0.1 [het aantrekkelijk zijn] *attractiveness* ⇒*appeal* **0.2** [wat aantrekkelijk is] *attraction* ~*appeal* ◆ **3.2** zijn ~ verliezen *lose its attraction.*

aantrekken I ⟨ov.ww.⟩ **0.1** [naar zich toetrekken] *attract* ⇒ *draw* **0.2** [vaster doen sluiten] *tighten* **0.3** [bekoren] *draw* ⇒*attract* **0.4** [aan zich verbinden] *attract* ⇒*draw* ⟨een menigte⟩ **0.5** [aandoen] *put on* ◆ **1.1** de aarde wordt door de zon aangetrokken *the earth gravitates towards the sun* **1.2** de buikriem ~ *t. one's belt* ⟨ook fig.⟩; een knoop ~ *draw a knot tighter* **1.4** nieuwe industrieën ~ *a. new industries;* nieuwe medewerkers ~ *take on/recruit new staff* **1.5** andere kleren ~ *change one's clothes* **3.3** zich aangetrokken voelen door/tot iem./iets *feel attracted to s.o./sth.* **4.3** dat trekt mij wel aan *that appeals to me* ¶.5 ik heb niets om aan te trekken *I have nothing to wear;* **II** ⟨wk.ww.; zich ~⟩ **0.1** [grote aandacht schenken aan] *be concerned about* ⇒*take seriously* ◆ **1.1** zich iemands lot ~ *concern o.s. about s.o.('s fate);* zich verwijten ~ *take reproaches to heart* **5.1** trek het je niet aan *don't let that worry you;* zich alles persoonlijk ~ *take everything personally* **6.1** zich niets ~ **van** *not care about;* ze scheen zich **van** de hele zaak niets aan te trekken *she seemed unconcerned about the whole affair;* **III** ⟨onov.ww.⟩ **0.1** [in een richting gaan] *head/make for* ⇒⟨troepen ook⟩ *advance* **0.2** [bijtrekken] *pick up* ⇒*improve* ⟨economie⟩ ◆ **1.2** de markt trekt aan *the market is picking up* **6.1** we trokken **op** huis aan *we headed for home.*

aantrekking 0.1 [nat.] *attraction* ⇒*gravitation* ⟨mbt. planeet⟩ **0.2** [fig.] *attraction* ⇒*appeal* ◆ **2.1** magnetische ~ *magnetic a.*

aantrekkingskracht 0.1 [nat.] *(force of) attraction* ⇒*gravitation(al) force* ⟨mbt. planeet⟩ **0.2** [fig.] *attraction* ⇒*appeal* ◆ **3.2** een grote ~ bezitten voor iem. *hold (a) great attraction for s.o.;* ~ uitoefenen op iem. *attract s.o.*

aanvaardbaar 0.1 *acceptable; plausible* ⟨argument, theorie⟩ ◆ **6.1** ~ **voor** *a. to.*

aanvaarden 0.1 [accepteren] *accept* ⇒*agree to, take* ⟨klap, tegenslag⟩ **0.2** [beginnen te doen] *begin* ⇒*set out on* ⟨reis⟩ **0.3** [op zich nemen] *accept* ⇒*assume* **0.4** [in ontvangst/gebruik nemen] *accept* ⇒*take possession of* ◆ **1.1** ik aanvaard uw aanbod *I accept your offer;* de consequenties ~ *take the consequences;* een voorstel ~ *accept a proposal* **1.2** een reis ~ *set out on a journey* **1.3** een functie ~ *accept a function;* de verantwoordelijkheid ~ *assume the responsibility* **1.4** gelieve mijn verontschuldigingen te ~ *please a. my apologies* **3.1** je zal dat moeten leren ~ *you will have to learn to accept it* **5.4** direct te ~ *with immediate possession;* leeg te ~ *vacant possession* **5.¶** dat wordt algemeen aanvaard *that is generally acknowledged.*

aanvaarding 0.1 [het in ontvangst/gebruik nemen] *(taking) possession* **0.2** [het zich schikken] *acceptance* **0.3** [het op zich nemen] *assumption* ⇒*acceptance* ◆ **1.1** ~ v.e. erfenis *acceptance of an inheritance* **1.3** ~ v.e. ambt *assumption of an office.*

aanval 0.1 [offensief] *attack* ⇒*assault, offensive* **0.2** [aandoening] *attack* ⇒*fit* **0.3** [sport] *attack;* ⟨op record⟩ *attempt (on)* ◆ **1.2** zij kreeg een ~ van koopwoede *she went on a shopping spree* ~ van koorts/kiespijn/woede *an a. of fever, a toothache, a fit of anger* **2.2** in een plotselinge ~ van woede *in a sudden burst of anger* **3.1** een ~ onder-

nemen / afslaan *make/beat off an attack;* tot de ~ overgaan *go onto the offensive* **6.1** in de ~ zijn / gaan *be on/go
onto the offensive* ¶**.1** de ~ is de beste verdediging *attack is
the best form of defence.*

aanvallen I ⟨onov., ov.ww.⟩ **0.1** [een aanval doen op] *attack*
⇒*assail, assault* ◆ **5.1** voortdurend ~ *always be on the attack* **6.1** de vijand **in** de rug / flank ~ *attack / take the enemy from the rear / in the flank;*
II ⟨ov.ww.⟩⟨fig.⟩ **0.1** [met woorden bestrijden] *attack* ⇒
challenge ◆ **1.1** een testament ~ *contest a will* **6.1** een politicus **over** zijn uitspraken ~ *a. a politician about his
statements;*
III ⟨onov.ww.⟩ **0.1** [afstormen op] *attack* ⇒*charge, fall/
set upon* ◆ **6.1** de vijand viel **op** de stad aan *the enemy at-
tacked the town;* (op het eten) ~ *a. (the food).*

aanvallend 0.1 [ook sport] *offensive* ⇒⟨negatief⟩ *aggressive*
◆ **1.1** ~ voetbal *attacking football* ¶**.1** ~ te werk gaan *act/
set about sth. aggressively.*

aanvaller, -ster 0.1 [aanvallende persoon / partij] *assailant*
⇒*attacker, aggressor* ⟨vnl. land⟩ **0.2** [sport] *attacker* ⇒
⟨voetbal⟩ *forward, striker.*

aanvalslinie 0.1 *advance guard* ⇒*vanguard.*

aanvalsplan 0.1 *plan of attack.*

aanvalswapen 0.1 *offensive weapon.*

aanvang ⟨schr.⟩ **0.1** *commencement* ◆ **1.1** ~ der voorstelling: 20.00 uur *curtain (up) at 20.00* **3.1** een ~ nemen *commence, open* **6.1 van** de ~ af *from the outset.*

aanvangen I ⟨ov.ww.⟩ **0.1** [begin maken met] *begin* ⇒*start,
commence* **0.2** [trachten / beginnen te doen] *do* ◆ **1.1** een
reis ~ *set out on a journey* **4.2** de brandweer kon niets
meer ~ *the fire brigade was helpless;* daar is niets mee aan
te vangen *it is hopeless/useless;*
II ⟨onov.ww.⟩ **0.1** [beginnen te gebeuren] *begin* ⇒*start,
commence* ◆ **1.1** de reis ving aan *the journey began.*

aanvangssalaris 0.1 *starting salary.*

aanvangstijd 0.1 *(scheduled) starting time.*

aanvankelijk I ⟨bw.⟩ **0.1** [in het begin] *initially* ⇒*at first, in/
at the beginning* ◆ **3.1** ~ won hij *at first he used to win;*
II ⟨bn.⟩ **0.1** [waarmee begonnen wordt] *initial* ⇒*original.*

aanvaren I ⟨ov.ww.⟩ **0.1** [varende in aanraking komen met]
run into ⇒*collide with* ◆ **1.1** een ander schip ~ *collide
with another ship;*
II ⟨onov.ww.⟩ **0.1** [in een richting varen] *sail* ◆ **6.1 op** iets
~ *steer/s. towards sth.*

aanvaring 0.1 *collision* ⇒*crash* ◆ **6.1 in** ~ komen met *come
into collision / collide with.*

aanvatten ⟨schr.⟩ **0.1** *seize (hold of)* ⇒*grasp* ◆ **1.1** een gelegenheid ~ *seize an opportunity.*

aanvechtbaar 0.1 *contestable* ⇒*disputable,* ⟨zwakker⟩ *debatable* ◆ **1.1** een ~ standpunt *a debatable point of view.*

aanvechten 0.1 [aanvallen] *assail* ⇒*attack* **0.2** [betwisten]
dispute ⇒*challenge* ◆ **1.2** een beslissing ~ *challenge a decision.*

aanvechting ⟨fig.⟩ **0.1** [aantasting, bestrijding] *contesting*
0.2 [onweerstaanbare neiging] *temptation* ⇒*impulse* ◆
1.1 de ~ v.e. vonnis *the c. of a sentence* **6.2** een ~ **van** (de)
slaap *an attack of sleepiness.*

aanvegen 0.1 *sweep* ⇒*sweep out* ⟨kamer⟩.

aanverwant 0.1 [door huwelijk verwant] *related by marriage* **0.2** [in nauwe betrekking staand] *related; allied* ◆
1.2 de geneeskunde en ~e vakken *medicine and r. professions.*

aanvliegen I ⟨ov.ww.⟩ **0.1** [vliegend naderen] *approach* ⇒
fly towards **0.2** [aanvallen] *fly at* ⇒*attack* **0.3** [luchtv.] *fly
(in/over)* ⇒*transport by air* ◆ **1.1** een vliegveld ~ *a. an*

airport **1.2** de hond vloog de man aan *the dog flew at the
man;*
II ⟨onov.ww.⟩ **0.1** [in een richting vliegen] *fly (towards)* ◆
3.1 ⟨fig.⟩ de ziekenauto kwam ~ / aangevlogen *the ambulance came flying along/up* **6.1 tegen** iets ~ *f. against sth.;*
⟨auto ook⟩ *crash into sth.*

aanvliegroute 0.1 *approach route.*

aanvoegend ◆ **1.**¶ ⟨taal.⟩ de ~e wijs *the subjunctive (mood).*

aanvoelen I ⟨ov.ww.⟩ **0.1** [tot zijn gevoel laten spreken] *feel*
⇒*sense* **0.2** [even aanraken] *feel* ◆ **1.1** iem. ~ *understand
s.o.;* ⟨sterker⟩ *empathize with s.o.;* een stemming ~ *sense
an atmosphere* **5.1** elkaar goed ~ *speak the same language;*
II ⟨onov.ww.⟩ **0.1** [het genoemde gevoel veroorzaken] *feel*
◆ **5.1** het voelt koud aan *it feels cold.*

aanvoer 0.1 [het naar de bestemde plaats brengen / gebracht worden] *supply* ⇒*delivery* **0.2** [het aangevoerde]
supply ⇒*arrival* ⟨import⟩, *delivery* **0.3** [buis, kanaal] *supply pipe* ◆ **1.2** de ~ van levensmiddelen *food supplies* **2.2**
wij verwachten nieuwe ~ *we are expecting new supplies*
2.3 de ~ is verstopt *the supply pipe is blocked.*

aanvoerbuis, -pijp 0.1 *feed/supply pipe* ⇒*service pipe*
⟨vnl. gas, water, enz.⟩.

aanvoerder, -ster 0.1 [leider] *leader* ⇒*captain* ⟨ook sport⟩
0.2 [iem. die de aanvoer regelt] *supplier.*

aanvoeren 0.1 [leiden] *lead* ⇒*command, captain* ⟨ook
sport⟩ **0.2** [met een vervoermiddel aanbrengen] *supply* ⇒
import ⟨uit buitenland⟩ **0.3** [als bewijs naar voren bren-
gen] *bring forward* ⇒*advance, produce* ⟨reden⟩, *argue* ◆
1.1 een leger ~ *command an army;* de stoet ~ *head the procession* **6.2** troepen werden **per** vliegtuig aangevoerd
troops were flown in **8.3** hij voerde aan dat ... *he argued
that ...*

aanvoerhaven 0.1 *port where ... is imported; fishing port*
⟨vis⟩ ◆ **1.1** Rotterdam is een ~ van olie *Rotterdam is an oil
port.*

aanvoering 0.1 *command* ⇒*leadership,* ⟨vnl. sport⟩ *cap-
taincy* ◆ **6.1 onder** ~ van *under the c./leadership of.*

aanvraag 0.1 [verzoek] *application* ⇒*request, inquiry* ⟨om
inlichtingen enz.⟩ **0.2** [bestelling] *request* ⇒*demand, order* ◆ **3.1** een ~ indienen *submit an application; file a petition* ⟨echtscheiding, faillissement⟩ **3.2** wij konden niet aan
alle aanvragen voldoen *we couldn't meet the demand* **6.1**
op ~ te vertonen *to be shown on demand;* ~ **voor** een uitkering *a. for social welfare payment* **6.2 op** ~ verkrijgbaar
available on r.

aanvraagformulier 0.1 *application (form)* ⇒*request slip*
⟨bibliotheek⟩.

aanvragen 0.1 [op officiële wijze verzoeken] *apply for* ⇒*request* **0.2** [verzoeken te mogen ontvangen] *request* ⇒*order* ◆ **1.1** echtscheiding ~ *seek a divorce;* ontslag ~ *apply
for permission to fire/make redundant;* een vergunning ~
take out/apply for a licence **1.2** vraag gratis folder aan
send for free brochure; informatie ~ over treinen in Engeland *inquire about trains in England;* een plaatje ~ voor
zijn jarige zusje *r. a record for one's sister's birthday* **1.**¶
een telefoongesprek ~ *place a call.*

aanvrager, -vraagster 0.1 *applicant* ⇒*caller* ⟨telefoon⟩,
⟨jur.⟩ *petitioner,* ⟨om inlichtingen⟩ *inquirer.*

aanvreten 0.1 [door vreten aantasten] *eat into, eat away
(at)* ⇒*gnaw (at)* **0.2** [aantasten] *eat into, eat away (at)* ⇒
erode ◆ **6.2** door roest aangevreten *corroded by rust.*

aanvullen 0.1 *complete* ⇒*finish, fill (up)* ◆ **1.1** een bedrag /
reserve ~ *make up an amount/a reserve;* de voorraad ~
replenish stocks; iemands woorden ~ *finish s.o.'s sentence*

for him/ her **5.1** zij vullen elkaar goed aan *they comple-ment each other well.*

aanvullend 0.1 *supplementary* ⇒*additional* ◆ **1.1** een ~e cursus *a follow-up course;* een - - pensioen *a s. pension.*

aanvulling 0.1 [handeling] *supplementing* ⇒*addition, completion* **0.2** [middel] *supplement* ⇒*addition* ◆ **6.1** in ~ op *supplementary to;* ter ~ van *to complete, as a supplement to.*

aanvuren (fig.) **0.1** [aanwakkeren] *fire* **0.2** [mbt. personen] *rouse* ⇒*incite* ◆ **1.1** iemands ijver ~ *f. s. o. 's zeal* **1.2** de troepen ~ *r. the troops.*

aanwaaien 0.1 [zonder moeite eigen worden] *come natu-rally to* **0.2** [door de wind aangevoerd worden] *blow about/along* ◆ **1.2** er waait hier veel zand aan *a lot of sand is blown up here* **3.**¶ kom nog eens ~ *drop in again some time* **4.1** alles waait hem zo maar aan *everything just falls into his lap.*

aanwakkeren I (onov.ww.) **0.1** [toenemen in kracht] *strengthen* ⇒*increase* ◆ **1.1** zijn verlangen wakkerde aan *his desire grew stronger;* **II** (ov.ww.) **0.1** [feller doen branden] *stir up* **0.2** [in kracht doen toenemen] *stimulate* ⇒*stir up* ◆ **1.1** het vuur ~ *fan the fire* **1.2** de kooplust ~ *stimulate buying.*

aanwas 0.1 *growth* ⇒*accretion* ◆ **1.1** de ~ v.d. bevolking *the g. in the population.*

aanwendbaar 0.1 *applicable.*

aanwenden 0.1 *apply* ⇒*use* ◆ **1.1** gemeenschapsgelden ten eigen bate ~ *divert public funds to one's own use;* zijn gezag/zijn invloed ~ *use one's authority, exert one's influence;* alle beschikbare middelen - *use all available means/resources.*

aanwending 0.1 *application* ⇒*use, exertion* (macht, kracht, geweld) *employment* (van middelen), *appropriation* (van geld) ◆ **2.1** verkeerde/onjuiste ~ *misuse; misappropriation* (van geld).

aanwennen (wk.ww.; zich ~) **0.1** *acquire the habit of* ◆ **1.1** zich slechte gewoonten ~ *get into bad habits;* zich kuren ~ *develop whims.*

aanwensel 0.1 *(bad) habit.*

aanwerven 0.1 [in dienst nemen] *recruit;* (mil. ook) *enlist* **0.2** [werven] *recruit* ⇒*bring in* ◆ **1.1** meer personeel ~ *r. on additional staff* **1.2** leden ~ *r. members.*

aanwezig 0.1 [mbt. personen] *present* **0.2** [mbt. zaken] *existing* ⇒(beschikbaar) *available* ◆ **1.2** de ~e mogelijkheden benutten *make use of the opportunities at hand* **3.1** de heer Jansen is niet ~ *Mr Jansen is not in/here;* ~ zijn bij *be p. at* **5.1** niet ~ *absent.*

aanwezige 0.1 *person present* ◆ **6.1** onder de ~n bevonden zich ... *those present included, among those present were ...*

aanwezigheid 0.1 [presentie] *presence* ⇒(vergadering, school ook) *attendance* **0.2** [het voorhanden zijn] *existence* ⇒*presence,* (beschikbaarheid) *availability* ◆ **1.2** de ~ van radioactiviteit aantonen *prove the presence of radioactivity* **2.1** uw ~ is niet noodzakelijk *your p./ attendance is not necessary/required* **6.1** in ~ van *in the p. of.*

aanwijsbaar 0.1 *demonstrable* ⇒*provable.*

aanwijsstok 0.1 *pointer.*

aanwijzen 0.1 [wijzen naar] *point to/out* ⇒*indicate, show* **0.2** [toewijzen] *designate* ⇒*assign, allocate* **0.3** [aangeven] *indicate* ⇒*point to, show* ◆ **1.1** een fout ~ *point out a mistake;* gasten hun plaats ~ *show guests to their seats* **1.2** een acteur ~ voor een rol *cast an actor for a part;* een erfgenaam ~ *d. an heir;* een gebied ~ voor de bouw van goedkope huizen *designate an area as a low-cost housing*

zone; een opvolger ~ *d. a successor* **1.3** de klok wijst de tijd aan *the clock shows the time.*

aanwijzend ◆ **1.**¶ (taal.) ~ voornaamwoord *demonstrative pronoun.*

aanwijzing 0.1 [indicatie] *indication* ⇒*sign, clue* **0.2** [inlichting] *instruction* ⇒*direction* ◆ **2.2** hij gaf nauwkeurige ~en *he gave precise instructions* **3.2** de ~en opvolgen *follow the directions* **4.1** elke ~ omtrent de moord ontbreekt *there is no clue whatever to the murder* **6.2** ~en voor het gebruik *directions for use* **7.1** er bestaat geen enkele ~ dat ... *there is no i. whatever that ...*

aanwinnen 0.1 *acquire* ◆ **1.1** land ~ *reclaim land.*

aanwinst 0.1 [het aanwinnen] *acquisition* **0.2** [het aangewonnene] *acquisition* ⇒*addition* **0.3** [voordeel, verbetering] *gain* ⇒*improvement, asset* ◆ **2.1** een mooie ~ voor het museum *a beautiful acquisition for the museum* **2.2** de jongste ~ *the latest acquisition* **6.3** de computer is een ~ voor ieder bedrijf *the computer is an asset in every business.*

aanwippen ◆ **6.**¶ bij iem. (komen) ~ *drop in on s.o.*

aanwrijven 0.1 [ten laste leggen] *impute* ⇒*blame* ◆ **4.1** iem. iets ~ *blame sth. on s.o.*

aanzakken (inf.) ◆ **3.**¶ daar komt hij eindelijk ~ *there he comes at last, slouching along.*

aanzeggen 0.1 *give notice (of)* (ook ontslag/huuropzegging) ◆ **1.1** een mogendheid de oorlog ~ *declare war on a power;* iem. de wacht ~ *issue a (serious) warning to s.o.* **4.**¶ men zou het hem niet ~ *you would not think it of him.*

aanzegging 0.1 *notice* ⇒*notification* ◆ **3.1** ~ doen/krijgen *give/receive notice.*

aanzet 0.1 *start* ⇒*initiative* ◆ **3.1** de (eerste) ~ geven tot iets *initiate sth., give the initial impetus to sth.*

aanzetten I (ov.ww.) **0.1** [vastmaken] *put on* ⇒*sew/stitch on* **0.2** [aansporen] *spur on* ⇒*urge, incite* **0.3** [in werking stellen] *start up* ⇒*turn on* **0.4** [meer nadruk geven] *accentuate* **0.5** [vaster doen zitten, aandrijven] *tighten* (schroef) ◆ **1.1** een mouw ~ *sew on/set in a sleeve* **1.3** de radio ~ *turn on the radio* **1.4** (dram.) een rol te sterk ~ *overplay a role* **6.2** iem. tot spoed ~ *urge s.o. to hurry;* iem. tot daden ~ *incite s.o. to action;* iem. tot diefstal ~ *incite s.o. to steal;* **II** (onov.ww.) **0.1** [dik maken] *make fat* ⇒*be fattening* **0.2** [aankoeken] *stick* ⇒*cake* ◆ **1.2** de ketel is aangezet *the kettle has become furred* **3.**¶ ergens laat komen ~ *turn up late somewhere;* met iets komen ~ *turn up with sth.;* (idee) come up with sth.; **III** (onov., ov.ww.) **0.1** [beginnen] *start* ⇒*begin,* (sport) *accelerate* ◆ **1.1** (een toon) ~ *produce a tone/note.*

aanzetting 0.1 [het meer nadruk geven] *accentuation, accenting* **0.2** [het aankoeken] *sticking; furring, scaling* (ketel) **0.3** [aangezette korst, bezinksel] *encrustation* ⇒*scale.*

aanzicht 0.1 *aspect* ⇒*look, view* ◆ **2.1** nu krijgt de zaak een ander ~ *that puts a different light on matters.*

aanzien¹ (het) **0.1** [het kijken naar] *looking (at)* ⇒*watching* **0.2** [aanblik] *look* ⇒*aspect, appearance* **0.3** [achting] *standing* ⇒*regard* ◆ **1.3** een man van ~ *a man of distinction* **2.1** dat is het ~ waard *that is worth watching/looking at* **3.2** iets een ander ~ geven *give sth. a different complexion;* van ~ veranderen *change in appearance* **6.1** ten ~ van *with regard/respect to;* zonder ~ des persoons *without respect of persons* **6.3** in ~ staan bij *be held in high regard by;* hij is sterk in ~ gestegen *his prestige has risen sharply.*

aanzien² (ov.ww.) **0.1** [kijken naar] *look at* ⇒*watch* **0.2** [toezien] *watch* ⇒*look on/at, see* **0.3** [beschouwen] *con-*

sider ⇒*regard* **0.4** [aan het uiterlijk zien] *see* ◆ **1.1** die film is niet om aan te zien *it's an awful film* **3.2** ik kon het niet langer ~ *I couldn't bear to watch it any longer;* ik wil het nog even ~ *I'll give it another week* **3.4** hij is 70 en het is hem wel aan te zien *he is 70 and he looks it;* naar het zich laat ~ *by the looks of it;* het laat zich ~ dat *it is likely that* **6.2** iets **met** lede ogen ~ *look on (sth.) sadly* **6.3** waar zie je mij **voor** aan? *what do you take me for?;* iem. **voor** een ander ~ *(mis)take s.o. for s.o. else* **6.¶** ik zie haar er best **voor** aan *I think she's quite capable of it.*

aanzienlijk 0.1 *considerable* ⇒*substantial* ◆ **1.1** ~ e schade ⟨ook⟩ *serious damage;* een ~ e verbetering *a substantial improvement* **3.1** de bustarieven zijn ~ gestegen *bus fares have risen sharply.*

aanzitten 0.1 *sit at (the) table* ◆ **6.1** ~ **aan** het banket *be a guest at the banquet* **7.1** de ~ den *the guests.*

aanzoek 0.1 *proposal* ◆ **3.1** een ~ afwijzen / aannemen *reject/accept a p.;* een ~ doen *propose.*

aanzoeken 0.1 [verzoeken] *apply (to)* ⇒*request* **0.2** [ten huwelijk vragen] *propose (to)* ◆ **6.1** hij is aangezocht **om** de leiding op zich te nemen *he has been invited to take over the management.*

aanzuiveren 0.1 *pay (off/back)* ⇒*settle (up)* ◆ **1.1** een tekort ~ *make up a deficit.*

aanzwellen 0.1 *swell (up/out)* ⇒*rise, build up,* ⟨fig.⟩ *snowball* ◆ **6.1** de wind zwol **tot** een orkaan aan *the wind reached gale force.*

aanzwemmen 0.1 *swim (towards/up)* ◆ **6.1** zij zwom snel **op** het keerpunt aan *she swam quickly towards the turn.*

aanzwengelen 0.1 [dmv. een zwengel in beweging brengen] *crank (up)* ⇒⟨motor ook⟩ *turn over* **0.2** [op gang brengen] *crank up* ◆ **1.2** de economie ~ *boost the economy.*

aap 0.1 (met staart; ook fig.) *monkey;* (mensaap) *ape* ◆ **6.¶ in** de ~ gelogeerd zijn *be in a fix;* een ~ **van** een jongen *a good-for-nothing;* ⟨klein kind⟩ *a (little) monkey;* **voor** ~ staan *look a right monkey;* iem. **voor** ~ zetten *make a monkey/laughing stock out of s.o.* **¶.¶** daar kwam de ~ uit de mouw *finally the truth came out.*

aapmens 0.1 *ape-man.*

aard 0.1 [mbt. personen] *nature* ⇒*disposition, character* **0.2** [mbt. abstracte zaken] *nature* ⇒*sort, kind* ◆ **2.1** zijn ware ~ tonen *show one's true character* **2.2** van allerlei ~ *of all kinds/sorts;* niets van dien ~ *nothing of the kind/sort;* iets van dien ~ *sth. of the sort;* het is niet van dien ~ dat *it is not such that;* dat is van voorbijgaande ~ *that is just a phase* **3.¶** hij werkt dat het een ~ heeft *he works with a vengeance* **6.1** een ~ je **naar** zijn vaartje *a chip off the old block;* verschillend **van** ~ ⟨ook⟩ *dissimilar* **6.2** uit de ~ der zaak *in the n. of things.*

aardappel 0.1 *potato* ◆ **2.1** hij praat of hij een hete ~ in zijn mond heeft ⟨bekakt praten⟩ *he talks with a plum in his mouth* **3.1** gekookte / gebakken ~ s *boiled/fried potatoes* **¶.1** ~ s in de schil *potatoes in their [B]jackets/[A]skins.*

aardappelkever 0.1 *potato/Colorado beetle.*
aardappelkroket 0.1 *potato croquette.*
aardappelmeel 0.1 *potato flour.*
aardappelmesje 0.1 *potato peeler.*
aardappelmoeheid 0.1 *potato sickness* ⇒*potato root eelworm (disease).*
aardappelneus 0.1 *bulbous nose.*
aardappelpuree 0.1 *mashed potato(es).*
aardappelrooier 0.1 *potato digger;* ⟨machine ook⟩ *potato harvester.*
aardappelschillertje, -schilmesje →*aardappelmesje.*
aardappelstamper 0.1 *potato masher.*

aardappelziekte 0.1 *potato disease.*
aardas 0.1 *earth's axis.*
aardbaan 0.1 *earth's orbit.*
aardbei 0.1 *strawberry.*
aardbeienijs 0.1 *strawberry ice cream.*
aardbeientijd 0.1 *strawberry season.*
aardbeving 0.1 *earthquake.*
aardbevingsgebied 0.1 *earthquake zone.*
aardbevingsgolf 0.1 *tidal wave.*
aardbewoner 0.1 *earthling* ⇒*earth dweller.*
aardbodem 0.1 *surface/face of the earth* ◆ **3.1** honderden mensen werden v.d. ~ weggevaagd *hundreds of people were wiped off the face of the earth.*
aardbol 0.1 [aarde] *earth* ⇒*world* **0.2** [globe] *globe.*
aarde 0.1 [wereld; aardbol als woonplaats] *earth* ⇒*world* **0.2** [aardbodem] *ground* ⇒*earth* **0.3** [grond] *earth* ⇒*soil* **0.4** [elek.] *earth* ◆ **1.1** van het goede der ~ genieten *enjoy the good things of life* **2.2** tactiek v.d. verschroeide ~ *scorched earth policy* **2.3** ⟨fig.⟩ dat zal bij haar niet in goede ~ vallen *she's not going to like that;* ⟨fig.⟩ het plan viel in goede ~ *the plan was well received* **3.3** de ~ vaststampen *pack the ground* **6.1** in een baan om de ~ *in orbit round the e.;* **op** ~ *on e., under the sun* **6.2** ⟨fig.⟩ **onder** de ~ liggen *be six feet under;* ⟨fig.⟩ **op** ~ zijn / verkeren *be among the living;* de ogen **ter** ~ slaan *cast one's eyes to the g.;* zich **ter** ~ werpen *throw o.s. to the g.*
aardedonker[1] (het) **0.1** *pitch-darkness.*
aardedonker[2] (bn.) **0.1** *pitch-dark.*
aarden[1] (bn.) **0.1** *earthen* ⇒*clay* ◆ **1.1** ~ potten *earthenware pots;* een ~ wal *an earth wall.*
aarden[2] I (onov.ww.) **0.1** [+ naar; de aard hebben van] *take after* ⇒*resemble* **0.2** [gedijen] *thrive* ◆ **3.2** zij kan hier niet ~ *she can't settle in here, she can't find her niche* **5.2** ik aard hier best *I fit in here, I feel at home here;* dit diertje aardt hier goed *this animal thrives here* **6.1** hij aardt **naar** zijn vader *he takes after his father;*
II (ov.ww.) **0.1** [tech.] *earth* ◆ **1.1** een toestel ~ *e. an appliance.*
aardewerk 0.1 *earthenware* ⇒*pottery* ◆ **1.1** een ~ schotel *an e. dish* **2.1** Delfts ~ *delftware.*
aardewerkfabriek 0.1 *pottery* ⇒*earthenware factory.*
aardgas 0.1 *natural gas.*
aardgasbaten ⟨ec.⟩ **0.1** *natural gas revenues.*
aardgasbel 0.1 *natural gas field.*
aardgasreserve 0.1 *natural gas reserves* ⟨mv.⟩.
aardgeest 0.1 [gnoom] *gnome* ⇒*dwarf.*
aardig I (bn.) **0.1** [vriendelijk] *nice* ⇒*friendly* **0.2** [bekoorlijk] *nice* ⇒*pretty* **0.3** [vrij groot] *fair* ⇒*nice* ◆ **1.2** het is een ~ e meid *she's a n. girl;* een ~ tuintje *a n. / pretty garden* **1.3** een ~ inkomen *a nice income;* een ~ poosje *quite a while;* een ~ e portie *a sizeable amount;* ⟨eten⟩ *a generous helping* **3.1** ⟨iron.⟩ wat doe je ~ *how charming you are!;* dat is ~ van je!, wat ~ van je! *how n. of you;*
II (bw.) **0.1** [behoorlijk] *nicely* ⇒*pretty, fairly* ◆ **2.1** het is ~ koud *it's pretty cold* **3.1** dat komt ~ in de richting *that's more like it;* het werk schiet ~ op *the work is coming along n.* **7.1** ~ wat geld *quite a bit/a nice bit of money;* ~ wat mensen *quite a few people* **¶.1** hij is ~ op weg om ... te worden *he is well on his way to becoming ...*
aardigheid 0.1 [plezier] *fun* ⇒*pleasure* **0.2** [grapje] *joke* ⇒ *game* **0.3** [geschenk] *small present* ◆ **3.1** ~ hebben in iets *enjoy sth., take pleasure in sth.;* ~ krijgen in iets *become interested in sth., (take a) fancy (to) sth.* **3.3** ik heb een ~ je meegebracht *I have brought a little present* **6.1** iets doen **voor** de ~ *do sth. for the f. of it* **7.1** er is geen ~ meer aan *it's no f. anymore.*

aarding 0.1 *earthing.*
aardkern 0.1 *earth's core.*
aardkluit 0.1 *clod/lump of earth.*
aardkorst 0.1 *earth's crust.*
aardkromming 0.1 *curvature of the earth.*
aardlaag 0.1 *layer (of the earth)* ⇒*stratum.*
aardleiding 0.1 *earth wire.*
aardlekschakelaar 0.1 *earth leakage circuit breaker.*
aardmannetje 0.1 *gnome.*
aardnoot 0.1 *peanut* ⇒*groundnut.*
aardnotenolie 0.1 *peanut oil.*
aardolie 0.1 *petroleum.*
aardoppervlak →**aardoppervlakte.**
aardoppervlak(te) 0.1 *surface of the earth* ⇒*earth's surface.*
aardrijk 0.1 *earth* ⇒*world.*
aardrijkskunde 0.1 *geography* ♦ **2.1** sociale ~ *human g.*
aardrijkskundig 0.1 *geographic(al)* ♦ **1.1** een ~ woordenboek *a geographical dictionary/index, a gazetteer.*
aardrijkskundige 0.1 *geographer.*
aards 0.1 [wereldlijk] *earthly* ⇒*worldly* **0.2** [mondain] *worldly* ⇒*earthly* ♦ **1.1** ~e machten *e. powers;* een ~ paradijs *paradise on earth;* ⟨fig.⟩ het ~e slijk *filthy lucre* **1.2** ~e genoegens *w. pleasures* **7.1** het ~e *all e. things.*
aardschok 0.1 [aardbeving] *earthquake* **0.2** [onverwachte gebeurtenis] *upheaval.*
aardstraling 0.1 *terrestrial radiation.*
aardvarken 0.1 *aardvark.*
aardverbinding ⟨tech.⟩ **0.1** *earth connection.*
aardverschuiving 0.1 *landslide.*
aardwetenschappen 0.1 *earth sciences.*
aardworm 0.1 *earthworm.*
aars 0.1 *arse.*
aartsbisdom 0.1 *archbishopric.*
aartsbisschop 0.1 *archbishop.*
aartsconservatief 0.1 *archconservative* ⇒*ultraconservative.*
aartsdom 0.1 *(as) stupid/ᴬdumb as they come* ⇒*incredibly stupid/ᴬdumb.*
aartsengel 0.1 *archangel.*
aartshertog 0.1 *archduke.*
aartshertogdom 0.1 *archduchy.*
aartshertogelijk 0.1 *archducal.*
aartshertogin 0.1 *archduchess.*
aartsleugenaar 0.1 *inveterate liar.*
aartslui 0.1 *bone idle.*
aartsvader 0.1 *patriarch.*
aartsvijand 0.1 [ook fig.] *arch-enemy.*
aarzelen 0.1 *hesitate* ♦ **3.1** ~ iets te doen *hesitate about doing sth.* **5.1** ik aarzel nog ⟨ook⟩ *I am still in doubt* **6.1** zonder ~ ⟨ook⟩ *readily* ⟨bereidwillig⟩.
aarzelend 0.1 *hesitant, hesitating* ♦ **3.1** iets ~ doen *do sth. hesitantly/reluctantly.*
aarzeling 0.1 *hesitancy* ⟨vnl. welfelachtigheid⟩ ⇒*hesitation* ⟨vnl. weifeling⟩, ⟨geaarzel⟩ *shilly-shallying,* ⟨twijfel⟩ *doubt* ♦ **6.1** na enige ~ *after some hesitation;* **zonder** ~ ⟨ook⟩ *readily, promptly.*
aas I ⟨het⟩ **0.1** [lokspijs] *bait* **0.2** [voedsel, prooi] *food* ⇒ ⟨roofdieren/vogels⟩ *prey* **0.3** [kreng] *carrion* ♦ **2.1** levend ~ *live b.* **3.1** van ~ voorzien *bait (the hook/trap);* **II** ⟨het, de⟩ **0.1** [kaartspel] *ace.*
aasdier →**aaseter.**
aaseter 0.1 *scavenger* ⇒*carrion eater/* ⟨vogel⟩ *bird.*
aasgier 0.1 [vogel] *Egyptian vulture* **0.2** [persoon] *vulture.*
abattoir 0.1 *abattoir* ⇒*slaughterhouse.*

abc 0.1 *ABC* ♦ **1.1** ⟨fig.⟩ het ~ v.e. wetenschap of kunst *the ABC of an art or science* **8.1** iets kennen als het ~ *know sth. backwards (and forwards), know sth. from a to z.*
ABC-eilanden 0.1 *Aruba, Bonaire and Curaçao.*
abces 0.1 *abscess.*
ABC-wapens 0.1 *ABC weapons* ⟨mv.⟩ /*armament* ⟨enk.⟩.
abdij 0.1 *abbey.*
abdis 0.1 *abbess.*
aberratie 0.1 [afwijking] *aberration* ⇒*deviation* **0.2** [ster.] *aberration* ♦ **2.1** ⟨nat.⟩ chromatische ~ *chromatic a.*
Abessijns 0.1 *Abyssinian* ♦ **1.1** ~e kat *A. cat.*
Abessinië 0.1 *Abyssinia.*
A-biljet 0.1 *standard (income) tax form.*
abituriënt 0.1 *matriculant* ⇒⟨GB⟩ *school leaver with A-levels.*
abject 0.1 *abject.*
ABN ⟨afk.⟩ **0.1** [Algemeen Beschaafd Nederlands] ⟨*Standard (Educated) Dutch*⟩.
abnormaal 0.1 [afwijkend v.d. norm] *abnormal;* ⟨ihb. mbt. gedrag⟩ *deviant, aberrant* **0.2** [afwijkend v.d. normale vorm] *abnormal* ⇒*deformed* **0.3** [geestelijk afwijkend] *subnormal* ♦ **1.2** een ~ groot hoofd *an abnormally large head* **3.3** hij is een beetje ~ *he is not quite normal.*
abnormaliteit 0.1 [afwijking v.h. normale] *abnormality;* ⟨ihb. mbt. gedrag⟩ *deviation, aberrance* **0.2** [geestelijke afwijking] *abnormality* **0.3** [afwijking v.d. normale vorm] *abnormality* ⇒*deformity.*
A-bom 0.1 *A-bomb.*
abominabel 0.1 *abominable* ⇒*appalling.*
abonnee 0.1 *subscriber (to)* ⟨krant, telefoon⟩; *season ticket holder* ⟨concertzaal⟩.
abonneenummer 0.1 *subscriber('s) number.*
abonneetelevisie 0.1 *pay television.*
abonnement 0.1 [het zich abonneren] *subscription (to)* ⟨krant⟩; *taking/buying a season ticket* ⟨trein, concertzaal⟩ **0.2** [kaart] *season ticket* ♦ **3.1** een ~ nemen op ... ⟨krant enz.⟩ *subscribe to ...;* een ~ opzeggen/vernieuwen ⟨krant enz.⟩ *cancel/renew a subscription.*
abonnementhouder, -houdster 0.1 *season ticket holder* ⟨trein, concertzaal⟩; *subscriber (to)* ⟨krant⟩.
abonnementskaart 0.1 *season ticket.*
abonnementsprijs 0.1 *subscription rate.*
abonneren I ⟨wk.ww.; zich ~⟩ **0.1** [zich als abonnee opgeven] *subscribe (to), take out a subscription (to)* ⟨weekof dagblad⟩; *buy a season ticket (for)* ⟨concertserie⟩; **II** ⟨ov.ww.⟩ **0.1** [een abonnement verstrekken] *sell a season ticket to* ♦ **5.1** ⟨fig.⟩ hij is erop geabonneerd *it's always happening to him.*
aborteren I ⟨onov., ov.ww.⟩ **0.1** [een zwangerschap onderbreken] *abort (a pregnancy)* ⇒*perform/carry out an abortion (on)* ♦ **3.1** zij liet zich ~ *she had an abortion;* **II** ⟨onov.ww.⟩ **0.1** [med.; een miskraam hebben] *abort* ⇒ *miscarry.*
aborteur, -teuse 0.1 *abortionist.*
abortief 0.1 [ook med.] *abortive.*
abortus 0.1 *abortion;* ⟨miskraam ook⟩ *miscarriage* ♦ **2.1** illegale ~ *illegal a.* **3.1** ~ plegen *perform an a.* ¶**.1** ~ provocatus *induced a.*
abortusbeweging 0.1 *pro-abortion movement.*
abortuskliniek 0.1 *abortion clinic.*
abortuspil 0.1 *abortion pill.*
abortusregeling 0.1 *abortion law.*
abortuswet 0.1 *Abortion Act.*
ABP ⟨afk.⟩ **0.1** [Algemeen Burgerlijk Pensioenfonds] ⟨*Nondenominational/National Civil Pension Fund*⟩.

abracadabra 0.1 *abracadabra* ◆ **3.¶** dat is ~ voor hem *that is double Dutch to him.*

abraham 0.1 *'Abraham biscuit'* ⟨*large fancy gingerbread man*⟩.

Abraham ◆ **3.¶** hij heeft ~ gezien *he won't see fifty again* ¶.¶ hij weet waar ~ de mosterd haalt *he has been around, there are no flies on him.*

abrikoos 0.1 *apricot* ◆ **¶.1** abrikozen op brandewijn *brandied apricots.*

abrupt 0.1 [plotseling] *abrupt* ⇒*sudden* **0.2** [hortend] *abrupt* ⇒*disjointed* ◆ **1.2** een ~e stijl *a disjointed style* **3.1** ~ halt houden *stop abruptly/suddenly.*

absent 0.1 [afwezig] *absent* **0.2** [verstrooid] *absent(-minded)* ◆ **7.1** de ~en aantekenen *take down the absentees.*

absentenlijst 0.1 *list of absentees.*

absentie 0.1 [afwezigheid] *absence* **0.2** [verstrooidheid] *absent-mindedness.*

absint 0.1 *absinth.*

absolutie 0.1 *absolution* ◆ **3.1** de ~ geven ⟨ook⟩ *absolve.*

absolutisme 0.1 *absolutism.*

absolutistisch 0.1 *absolutist.*

absoluut 0.1 *absolute* ⇒*perfect* ◆ **1.1** absolute alcohol *a./ pure alcohol;* ~ gehoor *perfect pitch;* ~ gezag *a. power;* op het absolute hoogtepunt van haar carrière *at the very height of her career* **2.1** dat is ~ onmogelijk *that's absolutely impossible;* ik ben (er) ~ zeker (van) dat ... ⟨ook⟩ *I'm positive/dead certain that ...* **3.1** ik wil het ~ weten *I'm determined to know* **5.1** ~ niet *absolutely not;* hij kan ~ niet autorijden *he can't drive to save his life* **7.1** ik heb ~ geen tijd *I simply have no time;* ⟨fil.⟩ het absolute *the a./Absolute* ¶.**1** weet je het zeker? ~! *are you sure? absolutely!*

absoluutheid 0.1 *absoluteness.*

absorberen 0.1 ⟨ook fig.⟩ *absorb* ◆ **1.1** ~d middel *absorbent, absorbing agent* **6.1** door iets geabsorbeerd zijn *be absorbed in sth.*

absorptie 0.1 *absorption* ◆ **1.1** ~ v.e. straling/geluid *a. of radiation/sound.*

absorptievermogen 0.1 ⟨mbt. gassen, vloeistoffen⟩ *absorptive power;* ⟨mbt. straling⟩ *absorptivity.*

abstinent 0.1 *abstinent;* ⟨matig⟩ *abstemious.*

abstinentieverschijnsel 0.1 *withdrawal symptom.*

abstract 0.1 *abstract* ◆ **1.1** ~e denkbeelden *a./theoretical ideas* **3.1** ~ redeneren *reason abstractly;* ~ schilderen *paint abstractly.*

abstractie 0.1 *abstraction.*

abstraheren 0.1 *abstract (from).*

absurd 0.1 *absurd* ⇒⟨dwaas⟩ *ridiculous,* ⟨dwaas⟩ *ludicrous* ◆ **1.1** ~ toneel *theatre of the a.*

absurdisme 0.1 *absurdism.*

absurdistisch 0.1 *absurdist.*

absurditeit 0.1 *absurdity;* ⟨dwaasheid⟩ *folly.*

abt 0.1 *abbot.*

abuis¹ ⟨de⟩ **0.1** *mistake* ◆ **3.1** ~ hebben *be mistaken* **6.1** per/bij ~ *by m.*

abuis² ⟨bn.⟩ **0.1** *mistaken* ◆ **3.1** u bent ~ ⟨u hebt het mis⟩ *you are m.*

abusief 0.1 *erroneous* ⇒*mistaken.*

abusievelijk 0.1 *mistakenly* ⇒*erroneously.*

acacia 0.1 [plantk.; geslacht] *Acacia* **0.2** [boom] *locust (tree)* ⇒*(false) acacia.*

academicus, -ca 0.1 *university/college graduate;* ⟨werkzaam aan universiteit⟩ *academic.*

academie 0.1 [genootschap] *academy* **0.2** [universiteit, hogeschool] *university* ⇒*college* **0.3** [gebouw] *academy (building)* ◆ **1.1** de Koninklijke Nederlandse Academie

van Wetenschappen *the Royal Netherlands Academy of Sciences* **2.2** de Koninklijke Militaire Academie te Breda *the Royal Military Academy at Breda;* pedagogische ~ *College of Education;* sociale ~ *College of Social Studies.*

academisch 0.1 [mbt. een universiteit/hogeschool] *academic* ⇒*university* **0.2** [bk.] *academic* **0.3** [theoretisch] *academic* ◆ **1.1** een ~e graad *a university degree;* ~ kwartiertje *±break between lectures;* de ~e wereld ⟨ook⟩ *academia;* ⟨mbt. laksheid, conformisme en vreedzaamheid⟩ *(the groves of) Academe;* het ~ ziekenhuis *the university/teaching hospital* **1.3** een ~e vraag *an a. question.*

acajou 0.1 *acajou* ⇒*African mahogany.*

acceleratie 0.1 *acceleration.*

acceleratievermogen 0.1 *acceleration.*

accelereren 0.1 *accelerate.*

accent 0.1 [klemtoon] *accent* ⇒*stress* ⟨ook fig.⟩ **0.2** [muz.] *accent* **0.3** [(klem)toonteken] *accent* ⇒⟨wisk.⟩ *prime* **0.4** [tongval] *accent(s)* **0.5** [toon, sfeer] *accent* ⇒*touch* ◆ **2.4** een sterk/licht Nijmeegs ~ *a broad/mild Nijmegen a.;* een sterk/licht ~ *a strong/slight a.* **3.1** het ~ hebben op de eerste lettergreep *have the a. on the first syllable;* het ~ leggen op *stress.*

accent aigu 0.1 *acute accent.*

accent circonflexe 0.1 *circumflex.*

accent grave 0.1 *grave accent.*

accentteken 0.1 *accent(-mark).*

accentueren 0.1 [de klemtoon leggen op] *accent(uate)* ⇒ *stress* **0.2** [fig.] *stress* ⇒*emphasize,* accentuate **0.3** [het accentteken plaatsen op] *accent.*

acceptabel 0.1 *acceptable.*

acceptatie 0.1 *acceptance* ⟨ook hand.⟩.

accepteren 0.1 *accept* ⇒*take* ◆ **1.1** ⟨hand.⟩ reclames ~ *allow/acknowledge claims;* een wissel ~ *a. a bill (of exchange)* **3.1** zijn gedrag kan ik niet ~ ⟨ook⟩ *I can't condone his behaviour.*

acceptgiro(kaart) 0.1 ⟨*pre-printed giro credit slip*⟩.

accessoire 0.1 *accessory.*

accident 0.1 [ongeluk] *misadventure* **0.2** [muz.; verhoging, verlaging] *accidental.*

accijns 0.1 *excise (duty/tax)* ◆ **3.1** accijnzen heffen (op) *charge excise (on).*

accijnsgoederen 0.1 *excisable goods.*

accijnskantoor 0.1 *Customs and Excise (Office).*

accijnsplichtig 0.1 *excisable.*

accijnsvrij 0.1 *free of excise tax.*

acclamatie ◆ **6.¶** bij ~ verkiezen *elect by acclamation;* bij ~ aannemen *pass by acclamation.*

acclimatisatie 0.1 *acclimatization.*

acclimatiseren 0.1 *acclimatize* ⇒*become acclimatized.*

accolade 0.1 [teken] *brace* ⇒*bracket* **0.2** [omarming] *accolade.*

accommodatie 0.1 [gemakken] *accommodation;* ⟨voorzieningen⟩ *facilities* **0.2** [aanpassing] *accommodation* ⟨ook mbt. het oog⟩ ◆ **6.1** er is ~ voor tien passagiers *there are facilities for ten passengers.*

accompagnement ⟨muz.⟩ **0.1** *accompaniment.*

accompagneren ⟨muz.⟩ **0.1** *accompany.*

accordeon 0.1 *accordion.*

accordeonist 0.1 *accordionist.*

accorderen I ⟨onov.ww.⟩ **0.1** [overeenstemmen] *agree* ⇒ ⟨onpers.⟩ *tally (with)* **0.2** [met elkaar overweg kunnen] *get on (with s.o.)* **0.3** [een vergelijk treffen] *reach agreement (with)* ⇒*come to terms (with)* **0.4** [muz.] *harmonize* ⇒*be in harmony (with);*

II ⟨ov.ww.⟩ **0.1** [vergelijken] *collate* ⇒*check (out/up)* ◆ **1.1** rekeningen ~ ⟨ook⟩ *balance accounts.*

accountant 0.1 *accountant* ⇒⟨rekeningcontroleur⟩ *auditor*.

accountantsonderzoek 0.1 *audit*.

accountantsverklaring 0.1 *auditors'/audit certificate*.

accrediteren 0.1 [erkennen] *acknowledge, recognize* 0.2 [krediet verschaffen] *(ac)credit* ⇒*give credit to* 0.3 [van geloofsbrieven voorzien] *accredit* ◆ 6.2 iem.~ **bij** een bank *give s.o. credit facilities at a bank*.

accreditief 0.1 [geldw.] *letter of credit*.

accu 0.1 *battery* ◆ 2.1 de ~ is leeg *the b. is dead;* ⟨fig.⟩ *he/she has run out of steam.*

acculader ⟨elek.⟩ 0.1 *battery charger*.

accumulatie 0.1 *accumulation* ◆ 1.1 ~ van kapitaal *a. of capital*.

accumulatief 0.1 *accumulative*.

accumuleren 0.1 *accumulate* ⇒*amass*.

accuraat 0.1 *accurate, precise* ⇒⟨zorgvuldig⟩ *meticulous* ◆ 3.1 ~ werken *work accurately*.

accuratesse 0.1 *accuracy, precision* ⇒⟨zorgvuldigheid⟩ *meticulousness*.

accusatief, accusativus ⟨taal.⟩ 0.1 *accusative (case)*.

aceton 0.1 *acetone*.

ach¹ ⟨het⟩ 0.1 *oh, ah*.

ach² ⟨tw.⟩ 0.1 *oh, ah* ⇒⟨bij smart ook⟩ *ow, ouch,* ⟨bij verzuchting of berusting ook⟩ *oh/ah well* ◆ 9.1 ~ jee *oh/dear, dear;* ~ wat, ik doe het gewoon! *oh who cares, I'll just do it!;* ~ zo! *I see!* ¶.1 ~, je kunt niet alles hebben! *oh well, you can't have everything!*

achilleshiel ⟨fig.⟩ 0.1 ⟨mbt. persoon⟩ *Achilles heel* ◆ 6.1 de ~ **in** het betoog *the weak point in the argument*.

achillespees 0.1 *Achilles tendon* ⇒⟨bij dieren ook⟩ *hamstring*.

achromatisch 0.1 [muz.] *achromatic*.

acht¹ ⟨de⟩ 0.1 [cijfer] *eight* 0.2 [speelkaart] *eight* 0.3 [roeiploeg] *eight* 0.4 [aandacht] *attention* ⇒*consideration* ⟨zorg⟩ ◆ 3.4 geeft ~! *a., 'shun!;* ~ slaan *op* ⟨aandacht⟩ *pay a. to;* ⟨zorg⟩ *take notice of* 6.4 zich **in** ~ nemen *take care (of o.s.);* **in** ~ nemen *observe, comply with* ⟨regels⟩; ⟨denken aan⟩ *consider, bear in mind;* ⟨letten op⟩ *heed*.

acht² ⟨telw.⟩ 0.1 *eight;* ⟨data⟩ *eighth* ◆ 1.1 nog ~ dagen *another eight days, eight more days* 6.1 iets **in** ~en breken *break sth. into eight pieces;* zij kwamen **met** hun ~en *eight of them came;* zij zijn **met** hun ~en *there are eight of them* ⟨ook→**drie**⟩.

achtarmig 0.1 *octopod* ◆ 7.1 ⟨dierk.⟩ de ~en *the octopods*.

achtbaan 0.1 *roller coaster*.

achteloos 0.1 [mbt. personen]⟨gedachteloos⟩ *careless, negligent;* ⟨onbedachtzaam⟩ *inconsiderate;* ⟨zorgeloos⟩ *casual;* ⟨onbekommerd⟩ *carefree* 0.2 [mbt. zaken] *careless* ⇒ *negligent, inconsiderate* ⟨daad⟩, *inadvertent* ⟨daad⟩ ◆ 1.2 een - - gebaar *a c./indifferent gesture;* hij heeft een achteloze manier van kleden *he dresses carelessly* 3.1 iets ~ afdoen *casually brush sth. off.*

achteloosheid 0.1 [onoplettendheid]⟨gebrek aan zorg⟩ *carelessness, negligence;* ⟨onbedachtzaamheid⟩ *inconsiderateness;* ⟨onoplettendheid⟩ *inattentiveness;* ⟨zorgeloosheid⟩ *casualness* 0.2 [achteloze handeling] *carelessness* ⇒*negligence.*

achten 0.1 [hoogschatten] *esteem, respect* 0.2 [menen] *consider* ⇒*think* ◆ 2.2 ⟨jur.⟩ iets (niet) bewezen ~ *hold sth. (not) proven;* ik acht het noodzakelijk om ...*I deem it necessary to ...;* de mogelijkheid uitgesloten ~ dat ...*rule out the possibility that* ... 3.¶ iedereen werd geacht het boek gelezen te hebben *everyone was expected to have read the book* 4.2 ik acht hem er best toe in staat ⟨ook⟩ *I*

wouldn't put it past him; zich wel in staat ~ tot iets *think/consider o.s. capable of sth.* ¶.2 iets beneden zich ~ *consider sth. beneath one.*

achtenswaardig 0.1 *respectable* ⇒*honourable.*

achter¹ ⟨bw.⟩ 0.1 [aan de achterkant] *behind* ⇒*at the rear/back* 0.2 [mbt. tijd] *slow* ⇒*behind(hand)* 0.3 [in achterstand] *behind(hand)* 0.4 [aan het eind]⟨zie 6.4⟩ ◆ 3.2 uw horloge loopt ~ *your watch is s.* 3.3 ik ben ~ met mijn werk *I am behind with my work;* ⟨sport⟩ ~ staan *be behind/trailing;* vier punten ~ staan *be four points down* 3.¶ ⟨voetbal⟩ de bal ging ~ *the ball went behind* 5.1 ⟨scheep.⟩ voor en ~ fore and aft 6.1 ~ **in** de tuin *at the bottom of the garden;* ~ **op** het schip *astern* 6.4 hij is ~ **in** de dertig *he is in his late thirties.*

achter² ⟨vz.⟩ 0.1 [mbt. plaats] *behind* ⇒*at the back/rear of* 0.2 [mbt. tijd] *after* ◆ 1.1 ~ zijn bureau/het stuur ⟨ook⟩ *at his desk/the wheel,* - - het huis *b./at the back of the house;* ⟨fig.⟩ ~ haar man(s rug) om *b. her husband's back;* zet een kruisje ~ je naam *put a tick against your name;* hij bleef ~ een spijker hangen *he got caught on a nail;* ~ zijn typemachine/computer *at his typewriter/computer* 3.¶ ~ iets komen *find out about sth.;* ⟨mbt. een raadsel⟩ *get to the bottom of sth.;* ~ lem. staan *stand behind s.o.,* - - iets staan *ap prove of sth., back sth.;* er zit/steekt meer ~ *there is more to it* 4.1 ~ je! *b. you!;* zij sloot de deur ~ mij *she shut the door b./after me;* het volk ~ zich hebben ⟨ook⟩ *have the support of the people* 4.2 ~ elkaar *one after the other, in succession, in a row* 5.¶ eindelijk ben ik er ~! ⟨mbt. een raadsel⟩ *at last I've got to the bottom of it;* ⟨heb ik er slag van⟩ *I've got the hang/knack of it at last;* ⟨inf.⟩ ben je er ook - ? *you're telling me!;* ⟨iron.⟩ *that was quick!*

achteraan 0.1 [aan de achterkant] *at the back, at/in the rear* 0.2 [achterheen] *after* ◆ 3.1 wij wandelden ~ *we were walking at the back* 6.1 ~ **in** de zaal *at the back of the hall.*

achteraandrijving 0.1 *rear wheel drive.*

achteraangaan 0.1 *go after* ◆ 5.1 ik zou er maar eens ~ *you'd better look into that, I'd go do sth. about it if I were you.*

achteraankomen 0.1 [de laatste zijn] *come last/at the back* 0.2 [te laat zijn, moeite geven] *dawdle* ◆ 3.1 wij komen wel achteraan *we'll follow on after.*

achteraanlopen 0.1 *walk on behind.*

achteraanzicht 0.1 *rear view.*

achteraanzitten 0.1 *go after.*

achteraf¹ ⟨het⟩, **achterafbuurt** ⟨de⟩ 0.1 *backwater* ⇒*out-of-the-way place.*

achteraf² ⟨bw.⟩ 0.1 [in het achterste gedeelte] *at the back, in/at the rear* ⇒⟨afgelegen⟩ *out of the way* 0.2 [later] *afterwards* ⇒*later (on),* ⟨+onvoltooid teg. tijd⟩ *now,* ⟨+onvoltooid teg. tijd⟩ *as it is* ◆ 3.1 hij houdt zich steeds ~ *he always keeps a low profile,* - - wonen *live in a backwater/in the middle of nowhere* 3.2 ~ bekeken zou ik zeggen dat ... *looking back I would say that ...;* ~ betalen ⟨ook⟩ *pay in arrear;* ~ gezien/beschouwd *in retrospect* ¶.2 ~ is het makkelijk praten *it is easy to be wise after the event;* ~ ben ik blij dat ...*now I'm glad that* ...

achteras 0.1 *rear axle.*

achterbak 0.1 *boot.*

achterbaks 0.1 *underhand* ⇒*sneaky* ◆ 3.1 zich ~ gedragen *behave in an underhand way, act sneakily.*

achterbaksheid 0.1 [daad, streek] *underhanded dealings* ⇒*chicanery* 0.2 [het achterbaks zijn] *underhandedness* ⇒*sneakiness, secretiveness.*

achterban 0.1 *supporters* ⇒⟨steun⟩ *backing,* ⟨mbt. politieke partij⟩ *grassroots support* ◆ 3.1 de ~ raadplegen *take the*

achterband - achterlijk

18

pulse of the (rank and file of the) party; ⟨fig.⟩ *consult one's colleagues;* ⟨levenspartner⟩ *talk to one's better half* ⟨enz.⟩.

achterband 0.1 *back tyre.*

achterbank 0.1 *back seat.*

achterblijven 0.1 [niet meekomen] *stay behind* ⇒*remain (behind)* **0.2** [achtergelaten worden] *be/get left (behind)* **0.3** [achter anderen blijven, ook fig.; ook bij wedstrijd] *lag behind, trail* **0.4** [het niet halen bij] *not be up to* **0.5** [blijven leven] *be left* **0.6** [niet meedoen] *miss out (on)* ♦ **3.6** toen iedereen trakteerde, wou hij niet ~ *when everyone else paid a round, he felt he had to follow suit* **6.3** ⟨fig.⟩ hij blijft **bij** zijn klasgenoten achter *he is lagging behind his classmates* **6.4** ~ **bij** de verwachtingen *fall short of expectations* **6.5** zij bleef achter **met** drie kinderen *she was left with three children.*

achterblijvende 0.1 *surviving relative.*

achterblijver, -blijfster 0.1 [iem. die blijft] *stay-behind* ⇒ ⟨die thuisblijft⟩ *stay-at-home* **0.2** [iem. die achteraankomt] *straggler* **0.3** [kind dat achterblijft] *slow developer* ⇒ *slow learner.*

achterbuurman, -vrouw 0.1 [hij/zij die achter iem. woont] *back(door) neighbour* **0.2** [hij/zij die achter iem. zit] *person behind.*

achterbuurt 0.1 *slum* ♦ **6.1** iem. **uit** de ~ *s.o. from the back streets.*

achterdeel 0.1 [achtergedeelte] *back/rear (part)* **0.2** [billen] *backside, rear end; hindquarters* ⟨dier⟩.

achterdek 0.1 *afterdeck* ⇒⟨achterplecht⟩ *poop (deck).*

achterdeur 0.1 *back door* ⟨ook fig.⟩ ⇒*rear door* ⟨auto⟩.

achterdocht 0.1 *suspicion* ♦ **3.1** ~ hebben/voelen *be/feel suspicious (of/about);* ~ koesteren *harbour suspicion(s), have one's suspicions;* hij begon ~ te krijgen *he began to get suspicious.*

achterdochtig 0.1 *suspicious.*

achtereen 0.1 *in succession* ⇒*on end* ♦ **1.1** het regende vier dagen ~ *it rained for four days on end/at a stretch/ together;* weken/dagen ~ *(for) weeks/days on end, week after week, day after day* **5.1** driemaal ~ won hij het kampioenschap *he won the championship three times in succession/in a row/running.*

achtereenvolgend 0.1 *successive* ⇒*consecutive.*

achtereenvolgens 0.1 *successively.*

achtereind 0.1 *rear end; hindquarters* ⟨dier⟩ ♦ **1.1** zo dom als het ~ v.e. varken *as thick as two planks.*

achterelkaar 0.1 *in succession* ⇒*consecutively* ♦ **1.1** wij hadden twee dagen ~ feest *we had a party two days running.*

achteren 0.1 *(the) back* ♦ **6.1** naar ~ gaan *go to the b.;* ⟨fig.⟩ *pay a visit;* verder **naar** ~ *further back(wards);* hij heeft ogen **van** ~ en van voren *he's got eyes in the b. of his head;* **van** ~ *from behind;* ⟨fig.⟩ iets **van** ~ naar voren kennen *know sth. backwards.*

achtergebleven 0.1 *backward* ⇒*underdeveloped* ♦ **1.1** ~ gebieden *b./underdeveloped areas.*

achtergedeelte 0.1 *back part.*

achtergevel 0.1 *back, rear;* ⟨bouwk.⟩ *rear elevation.*

achtergrond 0.1 *background* ♦ **1.1** de ~en v.e. conflict *the b. to/of a dispute;* de ~ v.e. schilderstuk *the b. to/of a painting* **2.1** hij mist een politieke ~ *he lacks any political b.* **6.¶** zich **op** de ~ houden *keep in the background.*

achtergrondfiguur 0.1 *background figure.*

achtergrondinformatie 0.1 *background (information).*

achtergrondkoor 0.1 *(vocal) backing (group).*

achtergrondmuziek 0.1 *background music.*

achterhaalbaar 0.1 *retrievable.*

achterhaald 0.1 *out of date* ♦ **1.1** ~e opvattingen *outmoded views.*

achterhalen 0.1 [inhalen] *overtake;* ⟨bereiken⟩ *catch up with* **0.2** [terugvinden] *retrieve* **0.3** [niet meer geldig zijn] *outdate* **0.4** [ontdekken] *find out* ♦ **1.1** de politie heeft de dief kunnen ~ *the police were able to catch up with/run down the thief* **1.2** die gegevens zijn niet meer te ~ *those facts/data can no longer be accessed/retrieved* **1.3** die opvatting is al lang achterhaald *that opinion/notion is long out of date* **1.4** het is vaak moeilijk de waarheid te ~ *it is often difficult to find out/get at the truth.*

achterham 0.1 *ham* ⇒⟨vnl. BE; gerookt of gezouten⟩ *gammon.*

achterheen 0.1 ♦ **3.¶** ergens ~ gaan *chase/follow sth. up;* ergens ~ zitten *keep onto sth.;* achter iem. heen zitten *keep onto s.o.*

achterhoede 0.1 [mil.] *rear(guard)* **0.2** [sport] *defence* **0.3** [het achteraan komend gedeelte v.e. gezelschap] *rear* ♦ **3.3** de ~ vormen *bring up the r.*

achterhoedegevecht 0.1 [mil.] *rearguard action* ⟨ook fig.⟩.

achterhoedespeler, -speelster 0.1 *defender* ⇒*back.*

achterhoofd 0.1 *back of the head* ♦ **6.1** ⟨fig.⟩ iets **in** zijn ~ hebben/houden *keep/have sth. at the back of one's mind* **6.¶** hij is niet **op** zijn ~ gevallen *he wasn't born yesterday, there's no flies on him.*

achterhouden 0.1 [verduisteren] *keep back, withhold* **0.2** [niet mededelen] *withhold* ⇒*conceal* **0.3** [nog niet geven/mededelen] *hold back* ♦ **1.2** inkomsten ~ *fail to declare income.*

achterhuis 0.1 [deel v.e. huis] *back (part) of the/a house* **0.2** [schuur, werkplaats] *outbuilding.*

achterin 0.1 *in the back/rear* ⇒⟨achteraan in⟩ *at the back/ rear* ♦ **3.1** ~ zitten/leggen *sit/put in the back.*

achteringang 0.1 *back/rear entrance* ⇒*backway.*

achterkamer 0.1 *back room.*

achterkant 0.1 *back* ⇒*rear (side), reverse (side)* ♦ **1.1** ⟨fig.⟩ de ~ v.h. gelijk *the other side of the picture/coin;* op de ~ v.h. papier *on the b. of the paper;* ⟨fig.⟩ de ~ van succes *the reverse side of success.*

achterklap 0.1 *backbiting.*

achterkleindochter 0.1 *great-granddaughter.*

achterkleinkind 0.1 *great-grandchild.*

achterkleinzoon 0.1 *great-grandson.*

achterklep 0.1 *lid of the boot* ⟨auto met koffer⟩; *hatchback, liftback* ⟨auto zonder koffer⟩; *tailboard* ⟨vrachtauto⟩.

achterland 0.1 *hinterland.*

achterlaten 0.1 *leave (behind)* ♦ **1.1** een bericht/boodschap ~ *l. a note/message, l. word;* een slechte indruk ~ bij iem. *leave s.o. with a poor/bad impression* **2.1** iem. verbaasd ~ *leave s.o. astounded* **7.1** de achtergelatenen *the survivors.*

achterlating 0.1 ♦ **6.¶** met ~ van/onder ~ van *leaving (behind).*

achterlicht 0.1 *back/rear light.*

achterliggen 0.1 *lie behind* ⇒⟨fig.⟩ *lag (behind)* ♦ **1.1** ⟨fig.⟩ ~ de reden *reason behind it;* drie ronden/lengten ~ *be three laps/lengths behind, be trailing by three laps/ lengths* **6.1** Kees ligt in ontwikkeling achter **bij** zijn leeftijdgenoten *Kees's development is lagging behind that of his peers/age-group.*

achterligger 0.1 *person/vehicle behind/following (one).*

achterlijf 0.1 [van dieren] *rump* **0.2** [van gelede dieren] *abdomen* **0.3** [van kleren] *back.*

achterlijk I ⟨bn.⟩ **0.1** [achter in ontwikkeling/groei] *backward* ⇒*(mentally) retarded* ♦ **1.1** het gewas is ~ door de droogte *growth is late/tardy/behind because of the drought;* dat land is ~ op politiek gebied *that country is politically b.* **5.1** hij is niet ~ *he's no fool;* **II** ⟨bw.⟩ **0.1** [idioot] *like a moron/idiot* ⇒⟨vnl. BE⟩ *daft* ◆ **3.1** doe niet zo ~ *don't be such a moron.*

achterlijkheid 0.1 *backwardness;* ⟨zwakzinnigheid⟩ *retardation.*

achterlijn 0.1 ⟨voetbal⟩ *by-line, goal line;* ⟨basketbal⟩ *end line.*

achterlopen 0.1 [mbt. uurwerken] *be slow* ⇒*lose time,* ⟨fig.; bv. van werkzaamheden⟩ *be/lag behind* **0.2** [mbt. personen] *be behind the times.*

achterna 0.1 [naderhand] *afterwards* ⇒*after the event* **0.2** [vnl. in samenst.; iem./iets volgend] *after* ⇒*behind.*

achternaam 0.1 ⟨vnl. BE⟩ *surname* ⇒*last/family name.*

achternagaan 0.1 *go after* ⇒*follow (behind)* ◆ **1.1** die jongen gaat zijn vader achterna ⟨fig.⟩ *that boy is following in his father's footsteps.*

achternalopen 0.1 [lopende volgen] *follow* ⇒*run/chase after* ⟨ook fig.⟩.

achternamiddag 0.1 [laatste deel v.d. middag] *late afternoon* **0.2** [verloren uurtje] *spare/odd hour/moment* ◆ **6.2** dat kan in een ~ worden gedaan *that can be done at any old time/odd moment.*

achternarijden 0.1 *follow* ⇒*drive after* ⟨auto⟩, *ride after* ⟨paard, fiets⟩.

achternasturen 0.1 *send after(wards)* ⇒*send on, forward* ⟨brieven⟩.

achternazitten 0.1 [achtervolgen] *chase* **0.2** [streng controleren] *keep an eye on* ◆ **1.1** de politie zit ons achterna *the police are after us/on our heels/on our tails.*

achterneef 0.1 ⟨zoon v.e. neef/nicht⟩ *second cousin; great-nephew* ⟨kind van oom/tantezegger⟩.

achternicht 0.1 ⟨dochter v.e. neef/nicht⟩ *second cousin; great-niece* ⟨kind van oom/tantezegger⟩.

achterom ⟨ook in samenst.⟩ **0.1** *round the back* ◆ **1.1** een blik ~ *a backward glance.*

achteromkijken 0.1 *look back* ⇒*look behind one.*

achterop 0.1 [aan de achterzijde op iets] *at/on the back;* ⟨scheep.⟩ *aft* **0.2** [achter] *behind* ◆ **3.1** spring maar ~! *jump on behind me!* **3.2** door mijn ziekte ben ik een jaar ~ *my illness has thrown me back a year;* ~ raken ⟨school, lopen enz.⟩ *drop b.;* ⟨werk, betaling⟩ *fall/get b.* **5.1** ⟨scheep.⟩ voor- en ~*fore and aft.*

achteropkomen 0.1 *come up alongside with* ⇒*catch up with.*

achterover ⟨ook in samenst.⟩ **0.1** *back(wards)* ⟨ook→**achteroverhellen**⟩ ◆ **3.1** hij viel ~ op de stenen *he fell back(wards) onto the stones.*

achteroverdrukken ⟨inf.⟩ **0.1** *pinch.*

achteroverhellen 0.1 *tilt, slope backwards.*

achteroverslaan I ⟨onov.ww.⟩ **0.1** [onverhoeds achteroververvallen] *fall down/over backwards* **0.2** [zeer verbaasd/ontsteld zijn] *stagger* ◆ **5.2** hij sloeg steil achterover toen ik dat zei *when I said that, he was absolutely staggered/flabbergasted;* **II** ⟨ov.ww.⟩ ⟨inf.⟩ **0.1** [snel opdrinken] *toss down/off* ◆ **1.1** er eentje ~ *have a quick one;* een fles rum ~ ⟨ook⟩ *sink a bottle of rum.*

achteroververvallen 0.1 [achterwaarts omvallen] *fall over backwards* ⇒*fall on one's back* **0.2** [van streek raken] *fall over backwards, be bowled over* ◆ **6.2** zij viel ⟨zowat⟩ achterover van verbazing *she was dumbfounded.*

achterpagina 0.1 *back page.*

achterpand 0.1 [mbt. een kledingstuk] *back* **0.2** [gebouw aan de achterkant] *back (premises).*

achterplaats 0.1 [achter een huis of gebouw] *courtyard* ⇒*backyard.*

achterplecht 0.1 *afterdeck.*

achterpoot 0.1 *hind leg.*

achterportier 0.1 *rear door.*

achterruit 0.1 *rear/back window.*

achterruitverwarming 0.1 *(rear window) demister* ◆ **6.1** met ~ *heated rear window.*

achterschip 0.1 [deel v.e. schip] *stern* **0.2** [achterste schip] *rear/last ship* ◆ **6.2** ⟨fig.⟩ in het ~ (ge)raken/zijn ⟨raken⟩ *come down in the world;* ⟨zijn⟩ *be down and out.*

achterspeler 0.1 *back.*

achterst 0.1 *back* ⇒*rear, hind(most)* ◆ **1.1** de ~e rijen *the b. rows.*

achterstaan 0.1 [onderdoen, achtergesteld worden] *be (put) behind* **0.2** [sport] *be behind* ◆ **1.2** twee punten ~ *be two points behind* **6.1** hij staat ver **bij** zijn klasgenoten achter *he is way behind his classmates.*

achterstallig 0.1 *back* ⇒*overdue, in arrears* ◆ **1.1** ~e huur *rent arrears, b. rent;* ~ onderhoud *overdue maintenance;* ~e schulden *outstanding debts* **3.1** ~ worden/zijn *become/be overdue* **7.1** het ~e *the arrears.*

achterstand 0.1 [het achterop zijn] *arrears* **0.2** [op afwerking wachtend werk] *backlog* **0.3** [het achterstallige] *arrears* ◆ **2.1** een culturele ~ *cultural deprivation;* ⟨ook sport⟩ een grote ~ hebben *be well down/behind* **3.1** de ~ inlopen *make up a.;* een ~ oplopen ⟨ook sport⟩ *fall behind;* ⟨sport⟩ de ploeg probeerde de ~ weg te werken *the team tried to draw level* **3.2** we proberen de ~ weg te werken *we are trying to eliminate the backlog* **6.1** ⟨psych.⟩ een ~ in ontwikkeling vertonen *be developmentally retarded;* ⟨sport⟩ de ploeg werd **op** ~ gezet *the team fell behind/ were down (in the game).*

achterstandsleerling 0.1 *special needs pupil.*

achterste I ⟨het⟩ **0.1** [het achtereinde] *back (part)* **0.2** [zitvlak] *backside* ⇒*rear (end)* ◆ **1.1** ⟨fig.⟩ niet het ~ van zijn tong laten zien *not speak one's true mind, not lay all one's cards on the table* **5.1** het ~ voor *backwards* **6.2** op zijn ~ vallen *fall on one's bottom;* ⟨fig.⟩ op zijn ~ liggen ⟨bedrijf enz.⟩ *be on its beam-ends;* **II** ⟨het, de⟩ **0.1** [mbt. plaats] *back one* ⇒*hindmost/rear-(most) one.*

achterstel 0.1 [van voertuig] *rear end* **0.2** [van dier] *hindquarters.*

achterstellen 0.1 [minder schatten] *rate lower/inferior* ⇒ ⟨zaken ook⟩ *subordinate (to)* **0.2** [minder bevoordelen] *slight* ⇒*neglect* ◆ **3.2** hij voelde zich achtergesteld *he felt discriminated against* **6.1** neven worden achtergesteld **bij** broers *cousins are considered less important than brothers.*

achterstelling 0.1 *neglect* ⇒⟨zaken ook⟩ *subordination,* ⟨persoon ook⟩ *slight,* ⟨persoon ook⟩ *discrimination* ◆ **6.1** met ~ van *discriminating against.*

achtersteven 0.1 [achterste gedeelte v.e. schip] *stern* **0.2** [scherts.; kont] *stern* ⇒*tail* ◆ **6.1** op de ~ *at/in the s.*

achtervoegen 0.1 *backwards.*

achterstuk 0.1 *back (part/piece).*

achtertuin 0.1 *back garden.*

achteruit[1] ⟨de⟩ **0.1** *reverse (gear)* ◆ **6.1** een auto in zijn ~ zetten *put a car into r.*

achteruit[2] ⟨bw.⟩ **0.1** [ook in samenst.; achterwaarts] *back(wards)* **0.2** [scheep.] *astern* ◆ **1.2** volle kracht ~! *full speed a.!* **5.1** ~ daar! *stand back there!*

achteruitboeren 0.1 [achteruitgaan in zaken] *go downhill.*

achteruitgaan 0.1 [achterwaarts gaan] *go back(wards)* ⇒

go astern ⟨schip⟩, *reverse* ⟨auto⟩, *back* ⟨auto⟩ **0.2** [fig.; verminderen] *decline* ⇒*get/grow worse*, ⟨gezondheid ook⟩ *fail* ♦ **1.1** de barometer gaat achteruit *the barometer is falling* **1.2** onze economie gaat achteruit *our economy is on the decline;* de toestand gaat achteruit *things are getting worse* **4.1** ga eens wat achteruit! *stand back a little!* **5.2** haar gezondheid gaat snel achteruit *her health is failing rapidly* **6.2** ik ben er per maand honderd gulden **op** achteruitgegaan *I am a hundred guilders worse off per month* ¶.**2** ze is achteruitgegaan ⟨ivm. ziekte⟩ *she has taken a turn for the worse.*

achteruitgang 0.1 *decline* ♦ **2.1** de huidige economische ~ *the present economic d.*

achteruitgang 0.1 *back/rear exit* ⇒*back door.*

achteruitkijkspiegel 0.1 *rearview mirror.*

achteruitkrabbelen ⟨fig.⟩ **0.1** *back out/down.*

achteruitlopen 0.1 [achterwaarts lopen] *walk backwards* ⇒⟨teruglopen⟩ *walk back* **0.2** [fig.] *decline* ♦ **1.1** de barometer loopt achteruit *the barometer is falling.*

achteruitmarcheren ⟨fig.⟩ →**achteruitlopen 0.2.**

achteruitrijden 0.1 *reverse (into)* ⇒*back (into)*, ⟨als passagier ook⟩ *sit facing backwards/the rear* ⟨in trein⟩.

achteruitrijlamp 0.1 *reversing light.*

achteruitslaan I ⟨onov.ww.⟩ **0.1** [mbt. rij/trekdieren] *kick (out)* **0.2** [scheep.] *reverse* ⇒*go astern* **0.3** [mbt. personen, tegenstribbelen] *resist kicking and screaming*; **II** ⟨ov.ww.⟩ **0.1** [door slaan achteruit brengen] *hit/beat back.*

achteruitsteken I ⟨onov.ww.⟩ **0.1** [in achterwaartse richting uitsteken] *stick out to the rear/backwards* ⇒*jut out/ protrude from the rear/behind* **0.2** [mbt. een auto] *reverse* ⇒*back;* **II** ⟨ov.ww.⟩ **0.1** [door steken naar achteren doen gaan] *thrust back.*

achteruitwijken 0.1 [naar achteren wijken] *back away; step/fall back* ⟨om plaats te maken⟩ **0.2** [zich terugtrekken] *back out/down.*

achteruitzetten 0.1 [meer naar achteren zetten] *set/put back* **0.2** [mbt. uurwerken] *put/set back* **0.3** [achteruit doen gaan] *set back* **0.4** [bij anderen laten achterstaan] *slight* ⇒*neglect* ♦ **1.3** die koorts zal de zieke ~ *the fever will set the patient back* **1.4** hij is al tweemaal achteruitgezet *he has already been passed over twice.*

achtervanger ⟨sport⟩ **0.1** *catcher.*

achtervoegen 0.1 *add* ⇒⟨taal.⟩ *(add a) suffix.*

achtervoegsel ⟨taal.⟩ **0.1** *suffix.*

achtervolgen 0.1 [meestal fig.] *follow* **0.2** [met vijandige bedoelingen volgen] *pursue* ⇒⟨vervolgen⟩ *persecute* ♦ **1.1** die gedachte achtervolgt mij *that thought haunts/obsesses me* **1.2** een moordenaar ~ *pursue a killer* **6.1** zij werden **door** pech achtervolgd *bad luck pursued them/dogged their footsteps.*

achtervolger, -volgster 0.1 *pursuer* ⟨ook wielersport⟩ ⇒ ⟨vervolger⟩ *persecutor.*

achtervolging 0.1 *pursuit* ⟨ook wielersport⟩ ⇒*chase*, ⟨vervolging⟩ *persecution* ♦ **3.1** de ~ inzetten *pursue, set off in pursuit (of).*

achtervolgingswaan(zin) 0.1 *persecution complex/mania.*

achterwaarts I ⟨bw.⟩ **0.1** [achteruit] *back(wards)* ♦ **1.1** een stap ~ *a step back(wards)*; **II** ⟨bn.⟩ **0.1** [naar achteren] *backward* ⇒*rearward* ♦ **1.1** een ~e beweging *a b. movement.*

achterwand 0.1 *back/rear wall.*

achterwege ♦ **3.**¶ een antwoord bleef ~ *an answer was not*

forthcoming; ~ blijven *not take place* ⟨gebeurtenis⟩; *remain undone* ⟨wat men had moeten doen⟩; ⟨weggelaten⟩ *be omitted; be withheld* ⟨toestemming enz.⟩; ~ laten *omit;* ⟨niet doen ook⟩ *leave undone;* niets ~ laten *leave nothing undone, leave no stone unturned.*

achterwerk 0.1 [zitvlak] *backside* ⇒*rear (end)* **0.2** [deel v.e. werk/toestel/boek] *back (part)* ♦ **2.1** met een zwaar ~ *broad in the beam.*

achterwiel 0.1 *back/rear wheel.*

achterwielaandrijving 0.1 *rear-wheel drive.*

achterzak 0.1 *back pocket.*

achterzijde 0.1 *back* ⇒*rear.*

achthoek 0.1 *octagon.*

achthoekig 0.1 *octagonal.*

achting 0.1 *regard* ⇒*esteem* ♦ **2.1** grote ~ genieten *be highly respected* **3.1** ~ voor iem. hebben *have respect for s.o.* **6.1** in ⟨iemands⟩ ~ dalen *come down in s.o.'s estimation;* in ⟨iemands⟩ ~ stijgen *go up in s.o.'s estimation.*

achtjarig 0.1 [acht jaren tellend] *eight-year-old* **0.2** [acht jaren durend] *eight-year* ♦ **1.1** het ~ bestaan v.h. bedrijf *the eighth anniversary of the firm;* een ~ kind, een ~e *an eight-year-old (child).*

achtmaal 0.1 *eight times.*

achtpotig 0.1 *octopod.*

achtste[1] ⟨bn.⟩ **0.1** *eighth* ♦ **1.1** een ~ liter *one eighth of a litre* **7.1** ⟨muz.⟩ een ~ ᴮ*a quaver*, ᴬ*an e. note.*

achtste[2] ⟨rangtelw.⟩ **0.1** *eighth* ♦ **7.1** u bent de ~ *you are the e.*

achttal 0.1 *(number of) eight* ⇒*set/group of eight*, ⟨vnl. musici⟩ *octet* ♦ **1.1** een ~ vliegtuigen *eight planes.*

achttien 0.1 *eighteen;* ⟨data⟩ *eighteenth* ⟨ook→**drie**⟩.

achttiende 0.1 *eighteenth.*

achttiende-eeuws 0.1 *eighteenth-century.*

achturig 0.1 *eight-hour* ♦ **1.1** de ~e werkdag *the e.-h. (working) day.*

achtvoud 0.1 [achtmaal zo groot iets] *eightfold* **0.2** [veelvoud van acht] *octuple.*

achtvoudig, achtdubbel 0.1 *eightfold* ⟨ook bw.⟩ ⇒⟨bn. ook⟩ *octuple.*

acne 0.1 *acne.*

acquisiteur 0.1 *canvasser* ⇒±*salesman.*

acquisitie 0.1 [het (ver)werven] *acquisition* ⇒*canvassing* ⟨klanten⟩ **0.2** [aanwinst] *acquisition.*

acquit ⟨biljart⟩ **0.1** *spot* ♦ **6.1** van ~ gaan *cue off.*

acrobaat, -bate 0.1 *acrobat.*

acrobatie 0.1 [kunst] *acrobatics* **0.2** [toer] *acrobatics* ⇒ *acrobatic feat* ♦ **2.2** ⟨fig.⟩ financiële ~ *financial acrobatics.*

acrobatiek 0.1 *acrobatics.*

acrobatisch 0.1 *acrobatic.*

acryl 0.1 *acrylic (fibre).*

acrylverf 0.1 *acrylic (paint).*

acrylvezel 0.1 *acrylic (fibre).*

acte de présence ♦ **3.**¶ ~ geven *put in an appearance.*

acteren 0.1 [toneelspelen] *act* ⇒*perform* **0.2** [doen alsof] *act.*

acteur, -trice 0.1 *actor, actress* ⇒*performer* ⟨m., v.⟩.

actie 0.1 [handeling, beweging] *action* ⇒*activity* **0.2** [beweging, campagne] *(protest) campaign* **0.3** [gevecht] *action* **0.4** [jur.] *(legal) action/proceedings* ♦ **1.1** ~ en reactie *action and reaction* **2.3** militaire ~ *action* **3.1** er zit geen ~ in dat toneelstuk *there's no action in that play* **3.2** ~ voeren ⟨eenmalig⟩ *hold a demonstration;* ~ voeren voor/tegen *campaign for/against* **6.1** in ~ komen *go into action.*

actiebereidheid 0.1 *readiness to take action* ⇒*militancy.*

actiecomité 0.1 *action committee/group.*

actief 0.1 *active* ⟨ook geldw.⟩ ⇒*busy,* ⟨energiek⟩ *energetic* ◆ **1.1** de actieve bevolking *the working population;* in actieve dienst *on a. duty;* ⟨mil.⟩ *on a. service;* ⟨geldw.⟩ actieve fondsen *a. securities/stocks;* een actieve handelsbalans *a favourable balance of trade;* een actieve kerel *a dynamic guy;* actieve schulden *outstanding debts* **1.¶** actieve handel *export (trade)* **2.¶** ⟨hand.⟩ ~ en passief *assets and liabilities* **3.1** iets ~ en passief steunen *support sth. (both) directly and indirectly.*

actiefilm 0.1 *action film.*

actiegroep 0.1 *action group/committee.*

actieleider 0.1 *campaign leader.*

actieradius 0.1 [bereik] *radius of action* ⇒*sphere of action* **0.2** [afstand af te leggen op 1 tank brandstof] *range.*

actieveling ⟨meestal scherts.⟩ **0.1** *live wire, hyperactive person.*

actievoerder, -ster 0.1 *campaigner, activist.*

activa 0.1 *assets* ◆ **1.1** ~ en passiva *assets and liabilities* **2.1** netto ~ *net assets;* vaste ~ *fixed assets;* vlottende ~ *current assets.*

activeren 0.1 *activate* **0.2** [boekhouden] *enter as asset* ◆ **1.2** geactiveerde kosten *capitalized/deferred costs;* geactiveerde posten *assets.*

activisme 0.1 *activism.*

activist, -e 0.1 *activist.*

activiteit 0.1 [werkzaamheid] *activity* **0.2** [het in werkelijke dienst zijn] *active service* **0.3** [radioactiviteit] *activity* ◆ **3.1** ~en ontplooien *undertake activities.*

actrice →*acteur.*

actualiseren 0.1 [actueel maken] *make topical* ⇒*bring into the news* **0.2** [maken tot iets feitelijks] *actualize* ⇒ *realize.*

actualiteit 0.1 [onderwerp v.h. ogenblik] *topical matter/subject* ⇒⟨gebeurtenis⟩ *current event,* ⟨mv. ook⟩ *news,* ⟨mv. ook⟩ *current affairs* **0.2** [het actueel zijn] *topicality* ◆ **1.2** de ~ v.e. kwestie *the t. of an issue.*

actualiteitenprogramma, -rubriek 0.1 *current affairs programme.*

actuaris 0.1 *actuary.*

actueel 0.1 [op het ogenblik bestaand] *current* **0.2** [aan de orde zijnd] *current* ⇒*topical* ◆ **1.2** een ~ onderwerp *a topical subject;* ⟨mv. ook⟩ *current affairs* **0.3** 'Macbeth' is nog steeds ~ *'Macbeth' is still relevant to our times.*

acupunctuur 0.1 *acupuncture.*

acuut I ⟨bn.⟩ **0.1** [dringend] *acute* ⇒*critical* **0.2** [plotseling opkomend] *acute* ◆ **1.1** ~ gevaar *a. danger* **1.2** acute ziekten *a. diseases;*

II ⟨bw.⟩ **0.1** [onmiddellijk] *immediately* ⇒*right away, at once.*

ad ◆ **1.¶** ~ vier procent *at four percent* **¶.¶** ~ absurdum *ad absurdum, to the point of absurdity.*

a/d ⟨afk.⟩ **0.1** [aan de] *on the* ⟨aan de zee⟩ ⇒*at the.*

A.D. ⟨afk.; Lat.⟩ **0.1** [anno Domini] *A.D.*

adagio 0.1 ⟨zn. en bw.⟩ *adagio.*

adagium 0.1 *adage* ⇒*proverb.*

Adam 0.1 *Adam.*

adamsappel 0.1 *Adam's apple.*

adamskostuum ⟨scherts.⟩ ◆ **6.¶ in** ~ *in one's birthday suit.*

adaptatie 0.1 [aanpassing] *adaptation* ⇒*adjustment.*

adapteren 0.1 [aanpassen] *adapt* ⇒*adjust* ◆ **1.1** een roman ~ *adapt a novel.*

addenda 0.1 *addenda.*

addendum 0.1 *addendum.*

adder 0.1 [slang] *viper* ⇒*adder* **0.2** [persoon] *viper* ⇒*snake (in the grass)* ◆ **3.1** ⟨fig.⟩ als door een ~ gebeten *as if stung (into action);* ⟨fig.⟩ er schuilt een ~ ⟨tje⟩ in / onder het gras

there's a snake in the grass, there's a catch in it somewhere.

adder(en)gebroed 0.1 [jonge adders] *brood/nest of vipers* **0.2** [scheldnaam] *(generation of) vipers.*

additioneel 0.1 *additional* ⇒*supplementary.*

adel 0.1 [adelstand] *nobility* ⇒*peerage* **0.2** [edele aard] *nobility* ◆ **6.1** hij is van ~ *he is a peer, he belongs to the n.;* met iem. van ~ trouwen *marry into the n.*

adelaar 0.1 *eagle.*

adelaarsblik 0.1 *imperial look* ⇒⟨scherpziend, gretig⟩ *eagle eye* ◆ **6.1** met ~ *eagle-eyed.*

adelaarsjong 0.1 *eaglet.*

adelborst 0.1 *midshipman* ◆ **¶.1** ~ tweede klas *naval cadet.*

adeldom 0.1 [het behoren tot de adel; edelen] *nobility* ⇒ *peerage* **0.2** [edele geaardheid] *nobility* ◆ **6.1** een brief van ~ *letters patent of n., a patent of n.*

adelen I ⟨ov.ww.⟩ **0.1** [in de adelstand verheffen] *ennoble* ⇒ *raise to the peerage;*

II ⟨onov., ov.ww.⟩ **0.1** [zedelijk verheffen] *ennoble* ⇒*elevate.*

adellijk 0.1 [v.d. adel] *noble* **0.2** [met de adel overeenstemmend] *noble* ⇒*genteel* **0.3** [mbt. vlees] *high* ⇒*gam(e)y* ◆ **1.1** van ~e afkomst *of noble birth;* ~ bloed *noble blood* **1.2** de ~e jicht *gout* **1.3** ~ wild *h. game.*

adelstand 0.1 *nobility* ⇒*peerage* ◆ **3.1** iem. in / tot de ~ verheffen *raise s.o. to the peerage.*

adem 0.1 *breath* ◆ **2.1** de laatste ~ uitblazen *breathe one's last;* ⟨fig.⟩ een spreker van lange ~ *a long-winded speaker;* slechte ~ *bad b.* **3.1** zijn ~ inhouden ⟨ook fig.⟩ *hold one's b.;* naar ~ happen *gasp for b.;* ~ scheppen *draw b.;* iemands (hete) ~ in de nek voelen *feel s.o. breathing down one's neck* **6.1 buiten** ~ zijn *be out of b.;* **in** één ~ *in the same b.;* **in** één ~ iets vertellen *say sth. without pausing for breath;* weer **op** ~ komen *catch one's b.* **7.1** ⟨sport⟩ zijn tweede ~ krijgen *get one's second wind.*

adembenemend 0.1 *breathtaking* ◆ **1.1** een ~ schouwspel *a b. scene* **2.1** ~ mooi *breathtakingly beautiful.*

ademen I ⟨onov.ww.⟩ **0.1** [ademhalen] *breathe* **0.2** [voelbaar zijn] *be in the air* ◆ **1.1** kunststof ademt niet *synthetics don't b.* **1.2** hier ademt een geest van liefde *a spirit of love is present here* **5.1** ruimer ~ ⟨fig.⟩ *b. more freely;* vrij - ⟨ook fig.⟩ *b. freely;*

II ⟨ov.ww.⟩ **0.1** [inademen] *breathe* ⇒*inhale* **0.2** [vervuld zijn van] *breathe* ⇒*be pervaded with* ◆ **1.1** de lucht die men hier ademt is verpest *the air one breathes here is poisoned* **1.2** zijn woorden ~ oprechtheid *his words are pervaded with honesty.*

ademhalen 0.1 *breathe* ◆ **3.1** weer adem kunnen halen *be able to b. again* **5.1** haal eens diep adem *take a deep breath;* ruimer ~ ⟨fig.⟩ *b. more freely.*

ademhaling 0.1 [het ademen] *breathing* ⇒*respiration* **0.2** [ademtocht] *breath* ◆ **2.1** kunstmatige ~ *artificial respiration;* een onrustige ~ *irregular b.*

ademhalingsapparaat 0.1 *respirator.*

ademloos 0.1 *breathless* ◆ **1.1** een ademloze stilte *a b. hush* **3.1** ~ toekijken *watch with bated breath.*

ademnood 0.1 *difficulty (in) breathing* ⇒⟨het zwaar ademen⟩ *laboured breathing, gasping* ◆ **6.1 in** ~ verkeren *be gasping for breath, find it difficult to breathe.*

adempauze 0.1 [rust na de uitademing] *breathing/respiratory pause* **0.2** [fig.] *breathing space.*

ademstoot 0.1 *gasp* ◆ **2.1** de laatste ~ *one's last g.*

ademtest 0.1 *breath test* ◆ **3.1** iem. de ~ afnemen *breathalyse s.o.*

ademtocht 0.1 *breath* ♦ **2.1** tot aan de laatste ~ *until one's dying b./day.*

adept 0.1 [volgeling] *adherent* **0.2** [ingewijde] *adept.*

adequaat 0.1 (geschikt) *proper, efficient, effective;* (net voldoende) *adequate* ♦ **3.1** ~ reageren *react properly/effectively.*

ader 0.1 [bloedvat] *vein* ⇒*blood vessel,* (slagader) *artery* **0.2** [waterdoorgang in de aardkorst] *vein* **0.3** [delfstoflaag] *vein* ⇒*lode* **0.4** [kronkelige streep] *vein* ♦ **2.4** wit marmer met blauwe ~en *white marble with blue veins* **3.1** een gesprongen ~ *a burst blood vessel* **6.1** (fig.) de liefde die in mijn ~en klopt *the love throbbing in my veins.*

aderlaten 0.1 *bleed* ⇒*let blood.*

aderlating 0.1 [bloedaftapping] *bleeding* ⇒*bloodletting* **0.2** [gevoelig verlies] *drain (on resources)* ♦ **2.2** een behoorlijke ~ (financieel) *a big hole in the budget.*

aderlijk 0.1 *venous* ♦ **1.1** ~ bloed *v. blood.*

aderverkalking 0.1 *arteriosclerosis* ⇒*hardening of the arteries.*

adhesie 0.1 [instemming] *adherence* **0.2** [nat.] *adhesion* ♦ **3.1** zijn ~ betuigen met *express one's approval of.*

adhesiebetuiging 0.1 *expression/declaration of approval/support.*

ad hoc 0.1 *ad hoc* ♦ **1.1** een ad-hocoplossing *an a. h. solution.*

adieu 0.1 *goodbye* ♦ **3.1** iem.~ zeggen *say g. to s.o.*

adjectief 0.1 *adjective.*

adjudant 0.1 [stafofficier] *adjutant, aide(-de-camp)* **0.2** [adjudant-onderofficier] ±*warrant-officer.*

adjunct 0.1 *adjunct* ⇒(in samenst. vnl.) *assistant,* (onder-) *deputy,* (onder-) *vice-* ♦ **1.1** adjunct-inspecteur *assistant inspector.*

adjunct-directeur 0.1 *assistant/deputy director/manager;* (school.) *deputy headmaster.*

administrateur, -trice 0.1 [iem. die administratie voert] *administrator* **0.2** [beheerder namens de eigenaar] *administrator* ⇒*manager, trustee* **0.3** [ambtenaar] *administrative officer* ⇒*administrator* ♦ **1.1** de ~ v.e. universiteit *the administrative director of a university;* (van inschrijvingsbureau) *the (university) registrar.*

administratie 0.1 [beheer] *administration* ⇒(bestuur) *management,* (boekhouding) *accounting,* (boekhouding) *accounts,* (kantoorwerk) *office work/duties,* (kantoorwerk) *clerical work,* (ook pej.) *paperwork* **0.2** [stukken] *records* ⇒(boekhouding) *accounts* **0.3** [gebouw, vertrek](afdeling) *administrative department;* (gebouw) *administrative building/offices* ⇒*clerical department,* (boekhouding) *accounts department* **0.4** [personen] *administration* ⇒(bestuur) *management* ♦ **3.1** de ~ voeren *do the administrative work;* (boekhouding) *keep the accounts* **6.3** hij zit op de ~ *he's in the administrative/clerical department.*

administratief 0.1 *administrative* ⇒(mbt. alg. kantoor/schrijfwerk) *clerical,* (mbt. bestuur) *managerial* ♦ **1.1** ~ personeel *a./clerical staff;* ~ werk *a./clerical work;* (ook pej.) *paperwork.*

administratiekantoor 0.1 *administrative/managerial office* ♦ **1.1** ~ van effecten *trust (office), voting trust.*

administratiekosten 0.1 *administrative costs* ⇒*service charge(s).*

administreren 0.1 *administer* (fondsen, vermogen); *manage* (onderneming); (boeken bijhouden) *keep accounts.*

admiraal 0.1 [persoon] *admiral* **0.2** →**admiraalsschip 0.3** →**admiraalvlinder.**

admiraalsschip 0.1 *admiral('s ship).*

admiraalvlinder 0.1 *(red) admiral.*

admiraliteit, admiraliteitscollege (gesch.) **0.1** *admiralty.*

adolescent 0.1 *adolescent.*

adolescentie 0.1 *adolescence.*

adonis 0.1 *Adonis.*

adopteren I (onov., ov.ww.) **0.1** [als kind aannemen] *adopt;* **II** (ov.ww.) **0.1** [onder zijn hoede nemen; aannemen] *adopt* ⇒*take up* ♦ **1.1** een idee ~ *a. an idea.*

adoptie 0.1 *adoption.*

adoptiefouders 0.1 *adoptive parents.*

adoptiekind 0.1 *adopted child.*

adoptieouder 0.1 *adoptive parent.*

adoratie 0.1 *adoration.*

adoreren 0.1 *adore.*

ad rem 0.1 *ad rem* ⇒*(straight/right) to the point* ♦ **5.1** ze is zeer ~ *she is quick(-witted).*

adrenaline 0.1 *adrenaline.*

adres 0.1 [woon-, verblijfplaats] *address* ⇒*(place of) residence* **0.2** [opschrift op enveloppe] *address* **0.3** [verzoekschrift] *address* ⇒*petition* **0.4** [comp.] *address* ♦ **1.3** een ~ van adhesie *a declaration of support* **2.1** weet je een goed ~ voor fotoartikelen? *do you know a good place for photographic materials?;* (fig.) je bent aan het juiste ~ *you've come to the right place;* (fig.) je bent bij hem/mij aan het verkeerde ~ *you've got the wrong man/person;* (met 'mij' ook) *you've come to the wrong place* **3.2** hij verhuisde en liet geen ~ achter *he moved and left no forwarding a.* **6.1** (fig.) die opmerking was **aan** het ~ van jouw zus *that remark was meant for your sister;* **per** ~ *care of;* (als afk.) *c/o.*

adresband 0.1 *wrapper.*

adresboek 0.1 *directory.*

adreskaartje 0.1 *(visiting) card* ⇒(in zakenwereld) *business card.*

adreslijst, adressenlijst 0.1 *list of addresses* ⇒(verzendlijst) *mailing list.*

adres(sen)bestand 0.1 *directory* ⇒(comp.) *address file.*

adresseren I (ov.ww.) **0.1** [v.e. adres voorzien] *address* ♦ **1.1** een brief vergeten te ~ *forget to a. a letter;* **II** (wk.ww.; zich ~) **0.1** [zich wenden] *address o.s. (to)* ⇒ *apply (to);* **III** (onov.ww.) **0.1** [een verzoekschrift indienen] *petition.*

adressering 0.1 [het adresseren] *addressing* **0.2** [adres] *address* **0.3** [comp.] *addressing.*

adresstrook 0.1 *address label.*

adreswijziging 0.1 *change of address* ♦ **3.1** ~en sturen *send change of address cards.*

Adriatisch 0.1 *Adriatic* ♦ **1.1** ~e Zee *A. Sea.*

adspirant →**aspirant.**

adstructie 0.1 (staving) *support, substantiation;* (toelichting) *elucidation, explanation* ♦ **6.1** ter ~ van mijn beweringen *in support of my allegations.*

adstrueren 0.1 (staven) *support, substantiate;* (toelichten) *elucidate, explain.*

adv (afk.) **0.1** [arbeidsduurverkorting] (*shorter working hours*).

advent (rel.) **0.1** *Advent.*

adverteerder, -ster 0.1 *advertiser.*

advertentie 0.1 *advertisement* ⇒(inf.) *ad(vert),* (aankondiging van huwelijk/overlijden/enz.) *notice,* (aankondiging van huwelijk/overlijden/enz.) *announcement* ♦ **2.1** de kleine ~s *the small ads* **3.1** een ~ plaatsen *put an advertisement in the paper(s).*

advertentieblad 0.1 *advertiser.*

advertentiebureau 0.1 *advertising agency.*

advertentiecampagne 0.1 *advertising campaign.*

advertentiekosten 0.1 *advertising charges/costs* ♦ 6.1 tegen ~ terug te bekomen *returnable upon reimbursement of advertising charges.*
advertentiepagina 0.1 *ads page* ⇒⟨rubrieksadvertenties⟩ *classified advertisements.*
adverteren I ⟨onov.ww.⟩ 0.1 [advertenties plaatsen] *advertise* ⇒⟨aankondigen⟩ *announce* ♦ 6.1 er wordt veel geadverteerd **voor** dat artikel *there is heavy advertising of that article;*
II ⟨ov.ww.⟩ 0.1 [openbaar bekendmaken] *publicize* ⇒*advertise,* ⟨aankondigen⟩ *announce* 0.2 [door advertenties aanprijzen] *advertise* ⇒⟨inf.⟩ *plug.*
advies 0.1 [raad] *advice* ⇒⟨jur.⟩ *recommendation* ♦ 3.1 ~ geven *give a.;* het ~ van deskundigen inwinnen over *obtain expert a. about;* iemands ~/adviezen (niet) opvolgen *(not) follow s.o.'s a.* 6.1 iem. **om** ~ vragen *ask s.o.'s a.;* **op** ~ v.d. dokter *on (the) doctor's a.;* **van** ~ dienen *give a. (to)* ¶.1 een ~ *a piece of a.; an opinion* ⟨v.e. deskundige⟩.
adviesbureau 0.1 *consultancy* ⇒⟨hand.⟩ *firm of consultants.*
adviescollege 0.1 *advisory board/panel.*
adviescommissie 0.1 *advisory committee/board/panel.*
adviesorgaan 0.1 *advisory/counselling body.*
adviesprijs 0.1 *recommended/suggested retail price.*
adviesraad 0.1 *advisory body.*
adviessnelheid 0.1 *recommended speed.*
adviseren 0.1 [als advies geven] *recommend* ⇒*advise (s.o.)* 0.2 [van advies dienen] *advise* ⇒*counsel* 0.3 [hand.] *advise* ⇒⟨kennisgeven⟩ *notify* ♦ 1.1 een ~de stem a *consultative voice* 6.2 ~ **tot** *recommend, advise.*
adviseur, -seuse 0.1 *adviser, advisor* ⇒*counsellor,* ⟨hand., med. ook⟩ *consultant* ♦ 2.1 rechtskundig ~ *legal a., lawyer;* ⟨BE ook⟩ *solicitor.*
advocaat, -cate 0.1 [jur.]⟨alg.⟩ *lawyer* ⇒⟨BE; pleiter voor hogere rechtbank⟩ *barrister,* ⟨BE; adviseur, pleiter voor lagere rechtbank⟩ *solicitor* 0.2 [pleiter] *advocate* ⇒*supporter* 0.3 [drank] *advocaat* ♦ 1.1 ⟨fig.⟩ de ~ v d. duivel *the devil's advocate* 3.1 een ~ nemen *engage a l.;* voor ~ studeren *study for the bar.*
advocaat-generaal 0.1 ±*ᴮSolicitor General.*
advocatencollectief 0.1 *law centre.*
advocatenkantoor 0.1 *lawyer's office* ⇒⟨BE ook⟩ *solicitor's office, firm of solicitors.*
advocatuur 0.1 *Bar* ⇒*legal profession* ♦ 2.1 de sociale ~ ±*legal aid lawyers.*
aërodynamisch 0.1 *aerodynamic.*
aëronautisch 0.1 *aeronautic(al).*
aërosol 0.1 *aerosol.*
aërostatisch 0.1 *aerostatic.*
af¹ ⟨het⟩ ♦ 6.¶ teruggaan **naar** ~ *go back to square one.*
af² I ⟨bw.⟩ 0.1 [mbt. een verwijdering] *off, away* 0.2 [+ van; mbt. het uitgangspunt] *from* 0.3 [mbt. een verwijderd/gescheiden zijn] *away, off* 0.4 [naar beneden] *down* 0.5 [mbt. een nadering] *to* ⇒⟨+ op⟩ *towards, up to* ♦ 1.3 hij is minister ~ *he has resigned as minister* 1.4 de rivier - d. *river;* de trap ~ d. *the stairs* 1.¶ ⟨dram.⟩ Hamlet ~ *exit Hamlet* 2.¶ goed/beter/slecht ~ zijn *have come off well/better/badly* 3.3 de nieuwigheid is er een beetje ~ *the novelty has worn off a bit;* ⟨fig.⟩ dat kan er niet ~ *that's beyond my* ⟨enz.⟩ *means, I* ⟨enz.⟩ *can't afford that* 3.¶ daar wil ik (van) ~ zijn *I wouldn't like to say* 5.1 ~ en aan *back and forth, to and fro;* mensen liepen ~ en aan *people came and went;* ~ en toe *(every) now and then* 5.3 de verf is er ~ *the paint has come o.;* ver ~ *a long way o.* 6.2 **van** die dag ~ *f. that day (on/onward(s));* **van** kind ~ / van jongs ~ (aan)

⟨ever⟩ *since I was* ⟨enz.⟩ *a child;* **van** de grond ~ *f. ground level* 6.3 hij woont een eindje **van** de weg ~ *he lives a little way a. from the road;* **van** iem. ~ zijn *be rid of s.o.;* u bent nog niet **van** me ~ *you haven't seen the last/back of me* 6.5 ze komen **op** ons ~ *they are coming towards us* 6.¶ **op** de minuut ~ *to the (very) minute;* ⟨stipt⟩ *on the dot, sharp;* **op** 't onbeleefde ~ *to the point of rudeness;* ik weet er niets **van** ~ *I don't know anything about it;* **van** voren ~ aan beginnen *start from scratch;* ⟨opnieuw⟩ *start all over again* ¶.1 klaar? ~! *get set! go!* ¶.4 ~! *(get) d.!;* ⟨tegen hond ook⟩ *d. boy/girl!;*
II ⟨bn.⟩ 0.1 [afgemat] *worn out;* ⟨inf.⟩ *(dead) beat* 0.2 [afgewerkt] *finished* ⇒*done, completed,* ⟨verzorgd⟩ *polished,* ⟨verzorgd⟩ *well-finished* 0.3 [uit]⟨toestel⟩ *off* 0.4 [spel] *out* ♦ 3.2 het werk is ~ *the work is done/f.;* de voorstelling was ~ *the performance was perfect* 3.4 je bent ~ *you're o.*
afasie 0.1 *aphasia.*
afbakenen 0.1 *mark out* ⇒*stake out* ⟨perceel⟩, *define* ⟨grens⟩, *demarcate* ⟨gebied, taak⟩, *mark off* ⟨met scheidslijn⟩ ♦ 1.1 een stuk land ~ *mark/stake out a piece of land;* ⟨fig.⟩ iemands macht ~ *circumscribe s.o.'s powers* 5.1 duidelijk afgebakend ⟨ook⟩ *clear-cut* ⟨plan, taak⟩.
afbakening 0.1 *marking out/off* ⇒*delineation* ♦ 1.1 de ~ van iemands werkterrein *the definition of s.o.'s job responsibilities.*
afbedelen 0.1 [afsmeken] *cadge* ⇒⟨verzoeken⟩ *beg (s.o.) for (sth.)/* ⟨daad⟩ *(sth.) of (s.o.)/* ⟨ding⟩ *(sth.) from (s.o.)* 0.2 [bietsen] *wheedle out of* ⇒*scrounge* 0.3 [bedelend aflopen] *go round begging for* ♦ 1.1 iem. een gunst ~ ⟨verkrijgen⟩ *c. a favour from s.o.;* ⟨verzoeken⟩ *beg a favour of s.o.*
afbeelden 0.1 [in beeld voorstellen] *depict, portray* ⇒*picture* 0.2 [beschrijven] *portray* ⇒*depict* ♦ 1.2 de wanhoop ~ *p. despair.*
afbeelding 0.1 [het afbeelden] *portrayal* ⇒*depiction* 0.2 [beeld] *picture* ⇒*image,* ⟨in boek⟩ *illustration,* ⟨in boek⟩ *figure* 0.3 [beschrijving] *portrayal* → *description* 0.4 [wisk.] *mapping* ♦ 1.2 ⟨in een boek⟩ lijst van ~en *table of illustrations.*
afbekken, afblaffen ⟨inf.⟩ 0.1 *snap at* ⇒*snarl/bark at* ♦ 1.1 iem. ~ ⟨ook⟩ *jump down s.o.'s throat, bite/snap s.o.'s head off.*
afbellen 0.1 [telefonisch afzeggen] *cancel (by telephone)* 0.2 [per telefoon langsgaan] *ring round* ♦ 1.2 hij belde de halve stad af om een taxi *he rang round half the city for a taxi.*
afbestellen 0.1 [mbt. zaken] *cancel (an order for)* ⇒⟨regelmatige bestelling ook⟩ *stop* 0.2 [mbt. personen] *cancel* ♦ 1.1 de melk/krant ~ *c. the milk/paper.*
afbetalen 0.1 [geheel voldoen] *pay off* ⟨persoon, schuld⟩; *pay for* ⟨goederen⟩ 0.2 [gedeelte betalen] *pay on account (for)* ⇒*make a (down) payment (on)* ♦ 1.1 het huis is helemaal afbetaald *the house is completely paid for* 6.2 ƒ100,- ~ **voor** de wagen *pay Dfl100 on account for the car, make a down payment of Dfl100 on the car.*
afbetaling 0.1 [betaling in termijnen] *hire purchase* ⇒*payment by instalment/in instalments,* ⟨inf.⟩ *h.p.* 0.2 [volledige voldoening] *payment* ♦ 6.1 **op** ~ *on hire purchase/ (the) h.p.*
afbetalingstermijn 0.1 *instalment* ⇒*term/period of repayment.*
afbeulen ⟨fig.⟩ 0.1 *work to death* ♦ 4.1 zich ~ *slave; work o.s. to death.*
afbijten I ⟨ov.ww.⟩ 0.1 [met de tanden afsnijden] *bite off* 0.2 [mbt. verf] *strip* ⇒*remove* 0.3 [door bijten van zich afhouden] *drive off with one's teeth/fangs;*
II ⟨onov.ww.⟩ ♦ 6.¶ **van** zich ~ *stick up for o.s.*

afbijtmiddel 0.1 *(paint) stripper/remover.*

afbikken 0.1 *chip off/away* ⟨steen, kalk⟩ ◆ 1.1 een muur ~ *chip a layer off a wall.*

afbinden 0.1 [med.] *tie off* ⇒*ligate* 0.2 [losbinden] *untie, undo* 0.3 [toebinden] *tie up* ◆ 1.1 een wrat ~ *remove a wart by ligature* 1.2 de schaatsen ~ *untie/undo one's skates.*

afbladderen 0.1 *flake (off)* ⇒*peel (off)* ◆ 1.1 de verf bladdert af *the paint is flaking/peeling off.*

afblaffen →**afbekken.**

afblazen I ⟨ov.ww.⟩ 0.1 [door blazen verwijderen] *blow off/away* ◆ 1.1 stof van de tafel ~ *blow the dust off the table;* **II** ⟨onov., ov.ww.⟩ 0.1 [mbt. een signaal]⟨onov.ww.⟩ *blow the whistle* ⇒⟨ov.ww.⟩ *whistle to start* ⟨beginsignaal⟩, *whistle to stop* ⟨eindsignaal⟩ ◆ 1.1 de scheidsrechter had al afgeblazen *the referee had already blown the whistle.*

afblijven 0.1 *keep off* ⇒*leave/let alone, keep/stay away (from)* ◆ 6.1 blijf van de koekjes af *leave the biscuits alone, stay away from the biscuits;* van iem. ~ ⟨ook fig.⟩ *leave s.o. alone* ¶.1 ~! ⟨met handen⟩ *don't touch!, hands off!*

afbluffen 0.1 *outbluff.*

afboeken 0.1 [volledig boeken] *enter up* 0.2 [overboeken] *transfer* 0.3 [als verlies boeken] *write off* ◆ 6.3 1 miljoen pond ~ op/van de ontwikkelingskosten *write off £1 m of the development costs.*

afboeking 0.1 [afsluiting van rekening] *closing* 0.2 [overboeking] *transfer* 0.3 [afschrijving] *writing/write off.*

afborstelen 0.1 [met een borstel wegnemen] *brush off/away* 0.2 [met een borstel reinigen] *brush (down)* ◆ 1.2 zijn kleren ~ *give one's clothes a brush.*

afbouwen 0.1 [geleidelijk beëindigen] *cut back/down (on)* ⇒*phase out* 0.2 [de bouw ten einde brengen] *complete, finish* ◆ 1.1 we zijn onze relatie aan het ~ *we are breaking it off.*

afbraak 0.1 [handeling] *demolition* ⇒*breaking up* ⟨van schip⟩ 0.2 [resultaat] *scrap* ⇒*rubble* ⟨van (bak)stenen⟩ ◆ 6.1 voor ~ verkopen *sell for d.* ⟨gebouw⟩; *sell for/as scrap* ⟨auto, schip⟩; huizen voor ~ *condemned houses.*

afbraakprijs 0.1 [sloopprijs] *scrap value* ⇒*demolition price* ⟨van gebouw⟩ 0.2 [zeer lage prijs] *knock-down price* ◆ 6.1 verkopen tegen ~ *sell at s. v.*

afbranden I ⟨onov.ww.⟩ 0.1 [door brand vernietigd worden] *burn down;* **II** ⟨ov.ww.⟩ 0.1 [door branden wegnemen] *burn off/away* 0.2 [door branden reinigen] *burn off* 0.3 [door brand vernietigen] *burn down* ◆ 1.1 een wrat ~ *cauterize a wart.*

afbreekbaar 0.1 *decomposable* ⇒*degradable,* ⟨biologisch⟩ *biodegradable* ◆ 1.1 biologisch afbreekbare wasmiddelen *biodegradable detergents.*

afbreekbaarheid 0.1 *decomposability* ⇒*degradability,* ⟨biologisch⟩ *biodegradability.*

afbreekstreepje 0.1 *hyphen.*

afbreken I ⟨onov.ww.⟩ 0.1 [(eraf) breken] *break off/away* ⇒⟨knappend⟩ *snap (off)* ◆ 1.1 de punt brak (v.d. stok) af *the end broke off (the stick);* **II** ⟨ov.ww.⟩ 0.1 [door breken scheiden] *break (off)* ⇒ ⟨knappend⟩ *snap (off)* 0.2 [plotseling doen ophouden] *break off* ⇒*interrupt, cut short* ⟨ook reis⟩ 0.3 [slopen] *pull down, demolish* ⇒*break/tear down* ⟨schutting e.d.⟩, ⟨aan stukken slaan⟩ *break up,* ⟨ontmantelen⟩ *dismantle,* ⟨ontmantelen⟩ *take apart, take down* ⟨tent⟩ 0.4 [fig.; afkraken] *heavily criticize* ◆ 1.1 een draad ~ *break a thread;* woorden ~ *break (off) words* 1.2 onderhandelingen ~ *break off negotiations;* de wedstrijd werd afgebroken *the game was stopped* 1.3 ⟨fig.⟩ de boel ~ *smash the place up* 1.4 iem. ~

slate s.o.; ~ de kritiek *scathing criticism* 6.1 een bloem van haar steel ~ *break a flower off its stalk;* **III** ⟨onov., ov.ww.⟩ 0.1 [schei.] *decompose* ⇒*degrade* ◆ 1.1 afvalstoffen worden in het lichaam afgebroken *waste-products are broken down in the body.*

afbrekingsteken 0.1 *hyphen.*

afbrengen 0.1 [mbt. een plaats] *get off* ⇒*move* 0.2 [mbt. een onderwerp] *put off* ◆ 5.¶ het er goed ~ *do well;* het er levend ~ *escape with one's life;* het er heelhuids ~ *come out of it unscathed* 6.1 ⟨fig.⟩ iem. van de goede weg/het rechte pad ~ *lead s.o. astray* 6.2 iem. van zijn onderwerp ~ *get s.o. off his subject;* ze zijn er niet van af te brengen *they can't be put off/deterred.*

afbreuk ◆ 3.¶ iem. ~ doen *do s.o. harm;* ~ doen aan *harm, damage;* het doet een beetje ~ aan het geheel *it does spoil the effect somewhat.*

afbrokkelen I ⟨onov.ww.⟩ 0.1 [in brokjes losgaan] *crumble (off/away)* ⇒*fragment* ◆ 1.1 het plafond brokkelt af *the ceiling is crumbling;* **II** ⟨ov.ww.⟩ 0.1 [in brokjes afbreken] *break bits/fragments off* ⇒*crumble off* ◆ 1.1 kruimels ~ *break crumbs off.*

afbuigen I ⟨onov.ww.⟩ 0.1 [een andere richting nemen] *turn off* ⇒*bear/branch off* ◆ 1.1 die spoorlijn buigt hier af *the railway line branches off here* 6.1 naar rechts ~ *bear (off to the) right;* **II** ⟨ov.ww.⟩ 0.1 [door buigen verwijderen] *bend off* 0.2 [neerwaarts buigen] *bend down.*

afchecken 0.1 *check (off) (against).*

afdak 0.1 [afhellend dak] *lean-to* 0.2 [vrijstaand dak] *lean-to* ⇒*shelter.*

afdalen 0.1 [mbt. personen] *go/come down, descend* 0.2 [mbt. zaken] *drop (down), descend* 0.3 [fig.] *descend, come down* ◆ 1.1 een berg ~ *go/come down a mountain* 6.1 in de mijn ~ *go down the pit/mine* 6.3 tot iem. ~ *come down/descend to s.o.'s level;* ⟨mbt. spreken, schrijven⟩ *talk/write down to s.o.*

afdaling 0.1 [het naar beneden gaan] *descent* 0.2 [skiën] *downhill.*

afdammen 0.1 *dam (up), block off* ⇒*stem.*

afdanken 0.1 [ontslaan] *dismiss* ⇒*disband* ⟨troepen⟩, *pension off* ⟨wegens ouderdom⟩ 0.2 [buiten gebruik stellen] *discard* ⇒*cast off/aside* ⟨kleren⟩, ⟨mbt. schip, machine⟩ *(send for) scrap* 0.3 [afwijzen] *turn away/down* ◆ 1.1 personeel ~ *pay off staff* 1.2 een auto ~ *get rid of a car.*

afdankertje 0.1 *cast-off* ⇒*hand-(me-)down.*

afdekken 0.1 [afruimen] *clear (the table)* 0.2 [bedekken] *cover (over/up)* 0.3 [bedekking afnemen van] *uncover* ◆ 1.2 een nieuwe bestrating ~ *grit new tarmac* 6.2 aardappelen met stro ~ *cover potatoes with straw.*

afdeling 0.1 [deel v.e. geheel] *department;* ⟨als afk.⟩ *dept.* ⇒ *division,* ⟨als afk.⟩ *div., section* ⟨van maatschappij⟩, *ward* ⟨van patiënten in ziekenhuis⟩ 0.2 [mil.] *division* ◆ 1.1 de ~ stoffen *the fabrics department;* de ~ Utrecht van onze vereniging *the Utrecht branch of our society* 6.1 op een ~ werken *work in a department* ¶.1 ~ niet-roken *no(n)-smoking compartment.*

afdelingsbestuur 0.1 *departmental/divisional/branch management/committee.*

afdelingschef 0.1 *department(al) manager* ⇒*department head.*

afdelven 0.1 *dig away* ◆ 1.1 afgedolven land *land dug away.*

afdingen 0.1 ⟨ov.ww.⟩ *bring/knock down;* ⟨onov.ww.⟩ *bargain/haggle (with s.o.)* ◆ 4.1 het lukte mij er iets af te dingen *I managed to get a bit (knocked) off (the price)* 6.1

25

〈fig.〉 daar valt niets **op** af te dingen 〈niets aan te veranderen〉 *that is not negotiable;* 〈uitstekend in orde〉 *that's fine as it is;* 〈fig.〉 er valt niets **op** hem af te dingen *there's nothing that can be said against him.*

afdoen 0.1 [afleggen] *take off* ⇒*remove* **0.2** [wegnemen] *take off* **0.3** [ten einde brengen]*finish, complete* ⇒*conclude* 〈zaak〉, 〈afhandelen〉 *deal with* **0.4** [betalen] *settle* ◆ **1.1** zijn hoed ~ *take off one's hat* **1.3** ik beschouw het onderwerp als afgedaan *I consider the matter closed;* die zaak is afgedaan *that business is over and done with* **1.4** de helft v.e. schuld ~ *s. half a debt* **4.3** daarmee is dat afgedaan *that is the end of that* **5.4** de schade onderhands ~ *s. the damages out of court* **6.2** 〈fig.〉 zijn armoede deed niets af **aan** zijn waardigheid *his poverty did not detract from his dignity;* 〈fig.〉 dat doet niets af **aan** het feit dat ... *that doesn't alter the fact that ...;* hij heeft voorgoed **bij** mij afgedaan *I'm through with him;* iets **van** de prijs ~ *knock a bit off the price, come down a bit (in price)* **6.3** iets ~ **met** een lachertje *laugh sth. off;* het laatste agendapunt werd **met** een paar woorden afgedaan *the last item on the agenda was disposed of in a few words.*

afdoend 0.1 [voldoende] *sufficient, adequate* ⇒〈doeltreffend〉 *effective* **0.2** [beslissend] *conclusive* ◆ **1.1** een ~ middel *an effective method* **1.2** een ~ bewijs *c. evidence* **3.2** dat is ~〈e〉 *that settles it.*

afdonderen I 〈onov.ww.〉 **0.1** [naar beneden storten/vallen] *roar down;*
II 〈ov.ww.〉 **0.1** [naar beneden gooien] *hurl down* ◆ **1.1** ik donder je de trappen af *I'll chuck you down the stairs.*

afdraaien I 〈onov.ww.〉 **0.1** [zijwaartse richting nemen] *turn off/away* ◆ **5.1** hier draait men rechts af *you turn right/turn off to the right here;*
II 〈ov.ww.〉 **0.1** [door draaien verwijderen] *turn (away)* ⇒ 〈afhouden〉 *turn away* **0.2** [door draaien afscheiden] *twist off* **0.3** [laten zien/horen] *play* 〈muziek〉; *show, run* 〈film〉 **0.4** [ongeïnteresseerd afwikkelen] *reel/rattle off* ◆ **1.1** zij draaide het hoofd af *she turned her head (away)* **1.2** de dop van een vulpen ~ *unscrew the cap of a fountain pen* **1.4** zijn les ~ *reel off one's lesson.*

afdracht 0.1 *payment* ⇒*contribution.*

afdragen 0.1 [naar beneden brengen] *carry down* **0.2** [door dragen afslijten] *wear out* **0.3** [overdragen] *make over, transfer, hand over, turn over* ◆ **1.1** wij moesten hem de trap ~ *we had to carry him downstairs* **1.2** afgedragen schoenen *worn-out shoes* **1.3** geld ~ *transfer money.*

afdragertje →**afdankertje.**

afdrijven I 〈onov.ww.〉 **0.1** [uit de koers drijven] *drift off* ⇒ 〈scheep.〉 *go adrift* **0.2** [wegdrijven] *disperse, blow over* **0.3** [stroomafwaarts drijven] *drift along/downstream* ◆ **1.2** de bui drijft af *the shower is blowing over* **1.3** de rivier ~ *drift down river;*
II 〈ov.ww.〉 **0.1** [door drijven verwijderen] *drive off/away, dispel* **0.2** [med.] *expel, abort* ◆ **1.2** een vrucht ~ *a. a foetus.*

afdrijving 〈med.〉 **0.1** *abortion* 〈van vrucht〉; *expulsion.*

afdrogen 0.1 [het vocht wegnemen (van)] *dry (up)* ⇒*wipe dry* 〈met doek〉 **0.2** [afranselen] *thrash* **0.3** [met groot verschil winnen van] *trounce* ◆ **1.1** zijn handen ~ *dry one's hands (on a towel)* **1.3** het team heeft de tegenstander met 6-0 afgedroogd *the team trounced the opposition 6-0* **4.1** zich ~ *dry o.s. (off).*

afdronk 0.1 *aftertaste* ◆ **2.1** de ~ is zeldzaam fluwelig *it has an unusually velvety a.*

afdroogdoek 0.1 *tea towel* ⇒*dish towel.*

afdruipen 0.1 [in druppels neervallen] *trickle/drip down* **0.2** [stil weggaan] *slink off/away, clear off* ◆ **1.1** de sentimentaliteit droop er(van) af *it oozed sentimentality* **3.1** de borden laten ~ *drain the dishes (dry).*

afdruiprek 0.1 *plate rack.*

afdruk 0.1 [handeling]〈drukken〉 *printing;* 〈kopieren〉 *copying* **0.2** [resultaat]〈indruk〉 *(foot/finger)print, imprint;* 〈afgietsel〉 *mould, cast;* 〈foto, ets, litho, houtsnede e.d.〉 *print* **0.3** [exemplaar van druk/plaatwerk] *copy* ◆ **2.3** gesigneerde ~ *signed c.* **3.2** de wielen lieten een ~ achter *the wheels left an impression.*

afdrukapparaat 〈comp.; foto.〉 **0.1** *printer.*

afdrukje 0.1 *(printed) copy.*

afdrukken 0.1 [in afbeelding overbrengen] *print (off)* ⇒〈kopiëren〉 *copy,* 〈kopiëren〉 *run off* **0.2** [in werking stellen] *press (the button)* ◆ **1.1** portretten ~ *print portraits* **1.2** een geweer ~ *pull the trigger, fire a gun* **1.¶** de scheidsrechter drukte 19 seconden af *the umpire clocked 19 seconds.*

afdrukpapier 0.1 [foto.] *printing paper* **0.2** [papier met over te brengen voorstelling] *transfer paper* ⇒*decal.*

afdruksel 0.1 *print* ⇒*impression, impress* 〈vnl. van zegels in was〉.

afduvelen 〈inf.〉 **I** 〈onov.ww.〉 **0.1** [afvallen] *take a header;*
II 〈ov.ww.〉 **0.1** [naar beneden gooien]*fling* ◆ **1.1** ik heb hem de trap afgeduveld *I flung him down the stairs.*

afduwen 0.1 *push/shove off.*

afdwalen 0.1 *stray (off) (from), go astray* ⇒〈fig. ook〉 *wander (off)* ◆ **1.1** afgedwaalde kogel *stray bullet* **6.1** 〈fig.〉 zijn gedachten dwaalden af **naar** haar *his thoughts wandered off to her;* 〈fig.〉 **van** zijn onderwerp ~ *stray from one's subject.*

afdwingen 0.1 [door dwang verkrijgen] *exact (from)* 〈gehoorzaamheid, betaling〉; *wring/wrest/extract (from)* 〈informatie〉; *extort (from)* 〈geld, belofte〉 **0.2** [onvermijdelijk opwekken bij] *command* 〈aandacht, respect〉 ◆ **1.1** iem. een bekentenis ~ *wring a confession from s.o.* **1.2** hij dwong bij iedereen respect af *he commanded everyone's respect.*

affaire 0.1 [zaak, aangelegenheid] *affair* ⇒〈liefdes-〉 *(love) affair,* 〈handelszaak〉 *business,* 〈transactie〉 *business,* 〈transactie〉 *deal,* 〈transactie〉 *transaction* **0.2** [rechts/politiezaak] *case* ◆ **2.1** nou, een mooie ~ *here's a fine kettle of fish!* **3.1** - s afsluiten *transact business.*

affectatie 0.1 *affectation.*

affectie 0.1 *affection* ◆ **6.1** ~ **voor** iem. hebben *feel a. for s.o.*

affectief 0.1 *affectionate* ◆ **1.1** affectieve woorden *a. words.*

affiche 0.1 *poster* ⇒〈theater〉 *(play)bill* ◆ **6.1** iem. **op** het ~ plaatsen *give s.o. a billing.*

afficheren 0.1 [aanplakken] *post (up)* **0.2** [fig.] *parade, advertise.*

affiliëren 0.1 *affiliate* ⇒*associate.*

affiniteit 0.1 [overeenkomst] *affinity* ⇒*resemblance* **0.2** [verwantschap] *affinity* ◆ **3.1** de Romaanse talen vertonen veel ~ *the Romance languages share many affinities (with each other)* **3.2** geen ~ hebben met *have no a. with.*

affirmatief 0.1 *affirmative.*

affirmeren 0.1 *affirm.*

affluiten 0.1 *blow the final whistle.*

affreus 0.1 *hideous* ⇒*horrible, horrid.*

afgaan I 〈onov.ww.〉 **0.1** [afdalen] *go down* ⇒*descend* **0.2** [+ op]〈lett.〉 *go/walk/step up to, make/head for;* 〈fig.〉 *rely/depend on* **0.3** [weggaan] *leave* ⇒*go off,* 〈opgeven〉 *give*

up, ⟨opgeven⟩ *drop* **0.4** [afgenomen worden v.e. geheel]
come off ⇒⟨van geld ook⟩ *be deducted* **0.5** [in werking gebracht worden] *go off* **0.6** [gedaan worden]⟨zie 5.6⟩ **0.7**
[een gek figuur slaan] *lose face, flop, fail* ♦ **1.1** de trap ~ *go
down the stairs* **1.4** daar gaat 10 % van af *10 % is taken off
that* **1.¶** op een gegeven moment gaat de aardigheid eraf
at a certain point the attraction wears off **3.5** een geweer
doen ~ *fire a rifle* **5.4** het vuil wil er niet ~ *the dirt won't
come off* **5.6** dat gaat hem gemakkelijk af *it comes easy/
easily to him* **6.2** op iem. ~ *go up to s.o.;* ~de **op** wat hij
zegt *judging by what he says;* **op** zijn gevoel ~ *play it by
ear* **6.3** van het toneel ~ *go off, l. the stage;* **van** school ~ *l.
school;* ik ga volgend jaar **van** hockey af *I'm giving up
hockey next year;*
II ⟨ov.ww.⟩ **0.1** [geheel/allemaal langsgaan] *go along the
line* ♦ **1.¶** hij ging de rij af *he went along the line.*
afgang 0.1 [hellende weg] *(downward) slope, downhill
road* **0.2** [gek figuur dat iem. slaat] *failure, flop.*
afgebroken 0.1 *broken* ♦ **1.1** ~ woorden *b. sentences.*
afgedaan ♦ **3.¶** ze had bij Jack afgedaan *Jack was through
with her.*
afgeknot 0.1 ⟨ook wisk.⟩ *truncate.*
afgeladen 0.1 [overvol] *(jam-)packed* ⇒ *crammed* **0.2**
[stomdronken] *tanked up, stewed* ♦ **1.1** het theater was ~
the theatre was packed.
afgelasten 0.1 *cancel* ⇒ *call/order off* ⟨staking⟩, ⟨sport⟩
postpone.
afgelasting 0.1 *cancellation.*
afgeleefd 0.1 *decrepit* ⇒ *worn with age* ♦ **1.1** een ~e grijsaard *a. old man.*
afgelegen 0.1 [niet nabij] *remote, far(-off/-away)* **0.2** [een-
zaam] *secluded, isolated* ♦ **1.1** een ~ dorp *a r./an out-of-
the-way village* **3.2** u woont hier erg ~ *you live here in a
very i./s. place.*
afgeleid 0.1 [met zijn aandacht weggetrokken] *diverted,
distracted* **0.2** [niet-oorspronkelijk] *derived* ⇒ *derivative*
♦ **1.2** ~ woord *derived word, derivative* **3.1** hij is gauw ~
he is easily distracted.
afgeleide ⟨wisk.⟩ ♦ **1.¶** de ~ v.e. functie *the derivative of a
function.*
afgelikt 0.1 ⟨lett.⟩ *licked (clean);* ⟨fig.⟩ *used.*
afgelopen¹ (bn.) **0.1** *last, past* ♦ **1.1** de ~ maanden hadden
wij geen woning *for the l. few months we haven't had anywhere to live;* de ~ tijd *recently;* de ~ weken *the p. weeks,
the l. few weeks.*
afgelopen² ⟨tw.⟩ ♦ **¶.¶** ~! *stop it!, that's enough!*
afgemat 0.1 *exhausted, wearied.*
afgemeten 0.1 [afgepast] *measured (off/out)* **0.2** [stijf] *formal, measured* ⇒ *stiff,* ⟨weloverwogen ook⟩ *deliberate* ♦
1.1 met ~ passen *with measured steps* **3.2** hij kan zo ~
spreken *he can be so formal in his words;* ⟨bedacht⟩ *he
chooses his words so deliberately.*
afgepast 0.1 [mbt. stoffen] *made-up* **0.2** [v.d. juiste maat]
measured (off/out) **0.3** [gedwongen, stijf] *measured* ⇒
formal, stiff.
afgepeigerd (inf.) **0.1** *worn out* ⇒ *exhausted.*
afgericht 0.1 *(well-)trained.*
afgerond 0.1 [zijn volle vorm hebbend] *(well-)rounded* **0.2**
[mbt. bedragen/getallen] *round* ♦ **1.1** het vormt een ~ geheel *it forms a complete whole.*
afgesloofd 0.1 *worn out* ⇒ *exhausted.*
afgesproken¹ (bn.) **0.1** *agreed* ⇒ *settled* ♦ **1.1** ~ werk *a put-
up job.*
afgesproken² ⟨tw.⟩ **0.1** *agreed* ⇒ *it's a deal, done.*
afgestampt 0.1 *packed* ⇒ *crowded* ⟨met mensen⟩ ♦ **2.1** ~
vol *p. (to capacity), chock-full.*

afgestompt 0.1 [stomp van geest] *dull(ed)* ⇒ *deadened* **0.2**
[niet puntig] *blunt* ⇒⟨mbt. bladeren⟩ *obtuse, rounded at
the tip/apex* ♦ **1.1** het is een ~e dronkaard *his mind has
been deadened by drink.*
afgestorven 0.1 *dead* ♦ **1.1** ~ delen *d. parts.*
afgestudeerde 0.1 *graduate.*
afgetakeld 0.1 *decrepit* ♦ **3.1** er ~ uitzien *look d.*
afgetobd 0.1 *worn out* ⇒ *weary* ♦ **3.1** er ~ uitzien *look worn
out.*
afgetrapt 0.1 *trodden-down* ⇒ *worn-out,* ⟨schoenen ook⟩
down-at-heel.
afgevaardigde 0.1 *delegate* ⇒ *representative,* ⟨volksverte-
genwoordiger ook⟩ *member (of parliament)* ♦ **2.1** de
geachte ~ *the honourable member.*
afgeven I ⟨onov.ww.⟩ **0.1** [kleurstof loslaten] *run* **0.2** [+ op]
run down ♦ **1.1** deze handschoenen geven af ⟨ook⟩ *these
gloves are not colourfast* **6.2** op iem./iets ~ *run s.o./sth.
down;*
II ⟨ov.ww.⟩ **0.1** [onvrijwillig geven] *hand over* ⇒ *give up*
0.2 [overhandigen] *hand in* ⟨stukken, kaart, telegram⟩ ⇒
deliver, leave ⟨boodschap, krant⟩ **0.3** [als bevoegde uitrei-
ken] *issue* ⟨paspoort, reisbiljet enz.⟩ **0.4** [verspreiden] *give
off* ⟨licht, warmte⟩ ♦ **1.1** hij weigerde zijn geld af te geven
he refused to part with his money **1.2** de bal ~ aan *pass
the ball to;* een pakje bij iem. ~ *leave a parcel with s.o.* **1.4**
de kachel geeft goed warmte af *the stove gives off a lot of
heat;*
III ⟨wk.ww.; zich ~⟩ **0.1** [zich inlaten] *take up (with)* ⇒ *associate (with)* ⟨iem.⟩ ♦ **6.1** je moet je niet met hem ~ *you
mustn't have anything to do with him;* zich ~ **met** vrouwen
play around with women.
afgewerkt 0.1 *used (up)* ⇒ *spent* ♦ **1.1** ~e lucht *stale air;* ~e
olie *used oil.*
afgewogen 0.1 *balanced* ♦ **1.1** ⟨fig.⟩ hij sprak in ~ termen
he spoke in measured terms.
afgezaagd ⟨fig.⟩ **0.1** *stale* ⟨grap⟩; *hackneyed* ⟨uitdrukking,
onderwerp⟩.
afgezant 0.1 *envoy* ⇒ *ambassador,* ⟨geheime afgezant⟩
emissary.
afgezien ♦ **6.¶** ~ van *besides, apart from;* ~ **van** de kosten/
moeite *apart from the cost/trouble.*
afgezonderd 0.1 [van andere(n) verwijderd] *isolated* ⇒ *cut
off, segregated* ⟨patiënten, gevangenen⟩, *remote* ⟨plaats⟩,
⟨bw.⟩ *in isolation/seclusion* **0.2** [eenzaam, stil] *solitary* ⇒
isolated, secluded ⟨leven, plaats⟩ ♦ **1.2** een ~e levenswijze
a solitary lifestyle **3.2** hij leefde ~ *he lived in seclusion/
isolation.*
Afghaan 0.1 *Afghan.*
Afghaans 0.1 *Afghan.*
Afghanistan 0.1 *Afghanistan.*
afgieten 0.1 [het vocht verwijderen van] *pour off* ⇒⟨door
vergiet ook⟩ *strain, drain* **0.2** [door gieten vormen] *cast* ♦
1.1 aardappels/groente ~ *drain potatoes, strain vegetables.*
afgietsel 0.1 [afbeeldsel] *cast* ⇒ *mould* **0.2** [afgegoten vocht]
vegetable water.
afgifte 0.1 *delivery* ⟨brief⟩; *issue* ⟨postzegel enz.⟩; *handing
in* ⟨aan loket enz.⟩ ♦ **6.1** tegen ~ v.h. reçu *on presentation
of the receipt.*
afglijden 0.1 [naar beneden glijden] *slide down* ⇒ *slip down*
0.2 [glijdend van iets af raken] *slide off* ⇒ *slip off* **0.3** [vlug
en stil afdalen] *glide down* ♦ **1.3** de trap ~ *slide down the
stairs* **6.1** ⟨fig.⟩ hij was steeds verder afgegleden **in** ... *he
had slid/slipped further and further into* ...
afgod 0.1 *idol* ⟨ook fig.⟩.

27

afgodendienaar, -nares 0.1 *idolater, idolatress* ⟨v.⟩.
afgoderij 0.1 *idolatry* ◆ 3.1 ~ plegen/bedrijven *practise idolatry, worship idols.*
afgodisch 0.1 [mbt. personen]*fanatical* ⇒*passionate* 0.2 [mbt. gemoedsaandoeningen/hartstochten] *idolatrous* ⇒ *blind* 0.3 [mbt. zaken] *idolatrous* ◆ 1.1 hij is een ~ vereerder van het toneel *he is a f./passionate admirer of the theatre* 1.2 ~e verering/liefde *blind veneration/love* 1.3 ~e plechtigheden *i. ceremonies.*
afgodsbeeld 0.1 *idol.*
afgooien 0.1 [naar beneden gooien] *throw down* ⇒⟨met kracht⟩*fling down* 0.2 [door met iets te gooien doen vallen] *throw down, let fall* 0.3 [haastig afdoen] *throw off* ⟨kleren e.d.⟩ ◆ 1.2 appels ~ *throw down apples* 5.1 pas op dat je het er niet afgooit *take care that you don't knock it off.*
afgraven 0.1 *dig up/off* ⇒⟨vlak maken⟩ *level* ◆ 1.1 een veenlaag ~ *cut peat.*
afgraving 0.1 [handeling] *digging up* ⇒*levelling* 0.2 [plaats] *quarry.*
afgrazen 0.1 [het gras afeten van] *graze bare* 0.2 [fig.] ±*exhaust* ◆ 1.2 een onderzoeksterrein ~ *e. an area of research.*
afgrendelen 0.1 ⟨fig.⟩ *seal/close off;* ⟨lett.⟩ *bolt up.*
afgrendeling 0.1 *sealing/closing off* ◆ 1.1 ~ v.e. gebied *sealing off an area.*
afgrijselijk I ⟨bn., bw.⟩ 0.1 [verschrikkelijk] *horrible, horrid* ⇒*atrocious* 0.2 [zeer lelijk] *hideous* ⇒*ghastly* ◆ 1.1 een ~e moord *a gruesome murder;*
II ⟨bw.⟩ 0.1 [ontzettend] *awfully, terribly* ⇒*frightfully, fearfully* ◆ 2.1 wat een ~ rot weer/smerige koffie *what foul weather, what revolting coffee.*
afgrijzen 0.1 *horror* ⇒*dread* ◆ 3.1 met ~ vervullen *horrify* 6.1 met ~ aan iets denken *think of sth. with h., be horrified by the thought of sth.*
afgrond 0.1 *abyss* ⇒*chasm* ◆ 6.1 iem. in de ~ storten ⟨fig.⟩ *destroy/*⟨financieel⟩ *ruin s.o.*
afgunst 0.1 *envy* ⇒*jealousy* ◆ 1.1 haar ring was een voorwerp van ~ voor haar vriendin *her ring was the e. of her friend.*
afgunstig 0.1 *envious* ⇒*jealous (of)* ◆ 1.1 ~e blikken *e. glances;* een ~ karakter *a jealous character.*
afgutsen 0.1 *stream/gush down.*
afhaalchinees 0.1 *Chinese takeaway.*
afhaalrestaurant 0.1 *takeaway (restaurant).*
afhaken I ⟨ov.ww.⟩ 0.1 [losmaken] *unhook* ⇒*unhitch, uncouple* 0.2 [haakwerk]*fasten off* ◆ 1.1 de wagons v.d. trein ~ *uncouple the carriages from the train;*
II ⟨onov.ww.⟩ 0.1 [stoppen, opgeven] *pull out* ⇒*drop out* ◆ 6.1 zelfs de meest trouwe fans van Stallone haakten af **bij** Rocky V *even Stallone's most faithful fans gave up after Rocky V.*
afhakken 0.1 *chop off* ⇒*cut off,* ⟨vnl. ledematen⟩ *sever.*
afhalen 0.1 [in ontvangst komen nemen] *collect* ⇒*call for* 0.2 [(iem.) ergens gaan halen] *collect* ⇒*meet* 0.3 [van zijn plaats verwijderen] *take away/down* ⇒*remove* 0.4 [van iets anders ontdoen]⟨zie 1.4⟩ ◆ 1.3 de was ~ *take down the washing* 1.4 bedden ~ *strip the beds;* bonen ~ *string beans;* de huid ~ *strip off the skin;* de schil van een banaan ~ *peel (the skin off) a banana* 3.2 ik kom je over een uur ~ *I'll pick you up in an hour* 6.2 iem. **van** de trein ~ *meet s.o. at the station* 6.3 ze hebben hem **van** de tribune afgehaald *they dragged him from the stands.*
afhameren 0.1 [voortvarend afhandelen] *rush through* ⇒ *deal with quickly* 0.2 [het woord ontnemen] *silence* ◆ 1.2

de agressieve spreker werd regelmatig afgehamerd *the aggressive speaker was frequently called to order.*
afhandelen 0.1 *settle* ⇒*conclude, deal with, dispose of* ◆ 1.1 de spreker handelde eerst de bezwaren af *the speaker dealt with the problems first.*
afhandeling 0.1 *settlement* ⇒*transaction.*
afhandig ◆ 3.¶ iem. iets ~ maken ⟨op slinkse wijze verkrijgen⟩ *trick s.o. out of sth.;* ⟨wegpakken⟩ *snatch sth. from s.o.*
afhangen I ⟨onov.ww.⟩ 0.1 [naar beneden hangen] *hang down* 0.2 [afhankelijk zijn] *depend (on)* ◆ 5.2 't zal ervan ~ *that depends;* hij danste alsof zijn leven ervan afhing *he danced for dear life/as though his life depended on it* 6.2 het hangt **van** het weer af *it depends on the weather;*
II ⟨ov.ww.⟩ 0.1 [losmaken en afnemen] *take down* 0.2 [mbt. deuren, ramen] *hang* ◆ 1.1 gordijnen ~ *take down curtains.*
afhankelijk 0.1 [steun behoevend] *dependent (on)* 0.2 [bepaald door iets anders]⟨in de vorm 'afhankelijk zijn van'⟩ *(be) dependent (on);* ⟨in de vorm 'afhankelijk van', los van de rest v.d. zin⟩ *depending (on)* ◆ 3.1 ik ben van niemand ~ *I am dependent on nobody; I depend on nobody* 3.2 de beslissing is ~ van het weer *the decision is dependent on/ depends on the weather* ¶.2 misschien ga ik, misschien niet, ~ van het weer *maybe I'll go, maybe I won't, depending on the weather;* ~ van wat er vanavond op tv komt, ga ik naar het feest of niet *depending on what's on TV tonight, I'll either go to the party or not.*
afhankelijkheid 0.1 *dependence* ◆ 2.1 onderlinge ~ *interdependence.*
afhechten 0.1 *fasten (off)* ⟨draad⟩ ⇒*cast off* ⟨hij breien⟩.
afhellen 0.1 *slant (down)* ⇒*slope (down).*
afhelpen 0.1 [ten einde toe helpen] *help down* ⟨v.d. trap af⟩ ⇒*help off* ⟨van trein/paard af⟩ 0.2 [bevrijden] *rid (of)* ⇒ *cure (of)* ⟨ziekte⟩ ◆ 6.2 ⟨iron.⟩ iem. **van** zijn geld ~ *relieve s.o. of his money.*
afhollen I ⟨onov.ww.⟩ 0.1 [naar beneden hollen] *charge/ rush/dash down;*
II ⟨ov.ww.⟩ 0.1 [hollend afleggen] *charge along/down.*
afhouden I ⟨onov.ww.⟩⟨scheep.⟩ 0.1 *sail fuller;*
II ⟨ov.ww.⟩ 0.1 [verwijderd houden] *keep off/out* 0.2 [aftrekken, inhouden] *keep back* ◆ 1.1 de boot ~ ⟨lett.⟩ *keep the boat away from the shore;* ⟨sport⟩ iem. (v.d. bal) ~ *screen/shield the ball;* de ogen niet kunnen ~ van iets *not be able to take/keep one's eyes off sth.* 1.2 een deel v.h. loon ~ *withhold a part of the wages* 6.1 ⟨fig.⟩ iem. **van** zijn werk ~ *keep s.o. from his work.*
afhouwen 0.1 *chop off* ⇒*hew off/away* ⟨takken⟩.
afhuren 0.1 *hire* ⇒*rent.*
afijn ⟨inf.⟩ 0.1 *so* ⇒*well.*
afjagen 0.1 *chase away* ◆ 6.1 jongens **van** de stoep ~ *chase boys from the doorstep.*
afjakkeren 0.1 [uitputten] *overwork* 0.2 [overhaast en slordig afmaken] *throw together* ⇒*knock off* 0.3 [met dolle snelheid afleggen] *tear (along)* ◆ 1.3 een weg/een grote afstand ~ *tear along a road, speed over a long distance.*
afkalven 0.1 ⟨mbt. oevers/gletsjers⟩ *cave in.*
afkammen 0.1 [door kammen reinigen] *comb* 0.2 [onbillijk bekritiseren] *run down* ⇒*tear (to pieces),* ⟨boek ook⟩ *slash (to shreds).*
afkappen 0.1 [door kappen scheiden] *chop/cut off* 0.2 [de buitenste delen weghalen] *cut off* ⇒*prune* ◆ 1.¶ een gesprek ~ *break off/cut short a conversation.*
afkatten ⟨inf.⟩ 0.1 *snap/snarl at.*
afkeer 0.1 *aversion (to)* ⇒*dislike (of/to)* ◆ 3.1 een ~ hebben/tonen *have/display an a. (to);* een ~ krijgen (van) *take a dislike (to).*

afkeren 0.1 [afwenden] *turn away/aside* ⇒*avert* **0.2** [afweren] *avert* ◆ **1.1** het hoofd/de ogen ~ *turn one's head away, avert one's eyes* **1.2** een stoot/gevaar ~ *ward off a blow, a. a danger* **6.1** zich ~ *van* iem. of iets *turn away from s.o. or sth.*

afkerig 0.1 *averse (to)* ◆ **6.1** ~ zijn *van* geweld *abhor/ loathe violence;* niet ~ zijn *van* iets *not be a. to sth.*

afketsen I ⟨onov.ww.⟩ **0.1** [afstuiten] *ricochet* ⟨kogel e.d.⟩ ⇒ *glance off* **0.2** [fig.] *fall through* ⇒*fail* ◆ **1.2** daarop is het plan afgeketst *that is what caused the plan to fail;* **II** ⟨ov.ww.⟩ **0.1** [doen afstuiten] *bounce off* **0.2** [fig.] *reject* ⇒*defeat* ⟨voorstel⟩, *frustrate* ⟨plannen⟩, *turn down* ⟨sollicitatie, voorstel⟩.

afkeuren 0.1 [ongeschikt verklaren] *reject* ⇒*turn down, declare unfit* **0.2** [veroordelen] *disapprove of* ⇒*condemn* ◆ **1.1** een dienstplichtige ~ *declare a conscript unfit (for military service)* **1.¶** een doelpunt ~ *disallow a goal* **6.1** hij is *voor* 70 % afgekeurd *he has a 70 % disability.*

afkeurend 0.1 *disapproving* ◆ **1.1** ~ e blik *a d. look, a look of disapproval;* een ~ oordeel *a condemnatory judgement* **3.1** ~ kijken (naar) *look disapproving(ly) (at), frown (at);* zich ~ uitlaten over iets *express one's disapproval of sth.*

afkeurenswaardig 0.1 *blameworthy* ⇒*objectionable* ◆ **1.1** zijn gedrag is zeer ~ *his behaviour is most objectionable.*

afkeuring 0.1 [het ongeschikt verklaren] *rejection (on medical grounds)* ⟨gezondheid⟩ **0.2** [het ongunstig beoordelen] *disapproval* ⇒*condemnation* ◆ **3.2** zijn ~ uitspreken over *express one's d. of.*

afkickcentrum 0.1 *drug rehabilitation centre.*

afkicken 0.1 *kick the habit* ⇒*dry out* ⟨drank⟩ ◆ **¶.1** hij is afgekickt *he has kicked the habit.*

afkijken I ⟨ov.ww.⟩ **0.1** [ongemerkt overnemen] *copy* ⇒⟨inf.; op school ook⟩ *crib* **0.2** [ten einde zien] *look down* **0.3** [ten einde toe bekijken] *see out/to the end* ◆ **1.3** we hebben die film niet afgekeken *we didn't see the film out;* **II** ⟨onov.ww.⟩ **0.1** [heimelijk overschrijven] *copy* ⇒⟨inf.; op school ook⟩ *crib* **0.2** [naar beneden kijken] *look down* ◆ **6.1** bij/*van* zijn buurman ~ *copy/crib from/off one's neighbour.*

afkijker 0.1 *imitator.*

afkleden 0.1 *be slimming* ◆ **1.1** een zwart kostuum kleedt af *a black suit is slimming.*

afkletsen 0.1 *chat* ⇒*chatter (away)* ◆ **4.1** ze hebben heel wat afgekletst *they have had a good (old) chat.*

afklimmen 0.1 *climb down.*

afkloppen 0.1 [van stof en vuil zuiveren] *dust down/off* ⇒ *shake out, beat* **0.2** [ongeluk bezweren] *knock on/*⟨BE vnl.⟩ *touch wood* ◆ **5.2** even ~! *touch wood!*

afkluiven 0.1 *gnaw off/on* ◆ **1.1** een been ~ *gnaw on a bone.*

afknabbelen 0.1 *nibble away/off* ⇒*pick (clean)* ◆ **1.1** de beentjes ~ *pick the bones clean.*

afknagen 0.1 [door knagen ontdoen van] *gnaw off* **0.2** [langzaam wegschuren] *eat away (at)* ⇒*erode* ◆ **1.2** de stroom knaagde de oever af *the current eroded the bank.*

afknappen I ⟨onov.ww.⟩ **0.1** [knappend gescheiden worden] *snap (off)* **0.2** [mbt. personen] *break down* ⇒*have a breakdown* ◆ **6.2** ⟨inf.⟩ ~ *op* iem./iets *get fed up with s.o./ sth.;* **II** ⟨ov.ww.⟩ **0.1** [met een knap afbreken] *snap (off) (off)* ◆ **1.1** hij heeft een stuk van het glas afgeknapt *he snapped off a piece of the glass.*

afknapper ⟨inf.⟩ **0.1** *letdown.*

afknijpen 0.1 [door knijpen ontdoen van] *pinch off* **0.2** [(zeer) hard aanpakken] *put through it* ⇒*put through the*

mill ◆ **1.1** een spijker met een nijptang ~ *pinch off a nail with pincers.*

afknippen 0.1 *cut (off)* ⇒⟨haar ook⟩ *trim.*

afknotten 0.1 *truncate* ⟨ook wisk.⟩; *pollard, poll* ⟨boom⟩.

afkoelen I ⟨onov.ww.⟩ **0.1** [koeler worden] *cool (off/down)* ⇒*chill* ◆ **1.1** ⟨fig.⟩ die liefde is afgekoeld *that romance has cooled off/down;* **II** ⟨ov.ww.⟩ **0.1** [koeler maken] *cool down/off* ⇒*chill* ⟨bv. wijn⟩, *refrigerate* ⟨in koelkast⟩ ◆ **3.1** iets laten ~ *leave sth. to cool* **4.1** dat zal hem wel ~ *that should cool him down* ⟨ook fig.⟩; ⟨fig. ook⟩ *that should calm him down.*

afkoeling 0.1 [het koeler worden, maken] *cooling (off/ down)* ⇒*chilling, refrigeration* ⟨in koelkast⟩ **0.2** [fig.] *cooling off.*

afkoelingsperiode 0.1 *cooling-off period.*

afkoken I ⟨onov.ww.⟩ **0.1** [mbt. aardappels] *boil to mush;* **II** ⟨ov.ww.⟩ **0.1** [door koken ontdoen van] *boil down* ⇒*boil off* ⟨water van iets⟩ ◆ **1.1** beenderen ~ *boil bones (for stock);* groenten ~ *boil vegetables down.*

afkoker 0.1 *mushy potato.*

afkomen 0.1 [zich verwijderen] *come off/away (from)* **0.2** [+ op; toegaan naar] *come up to/towards* **0.3** [afdalen] *come down* **0.4** [ontslagen, bevrijd raken] *get rid of* ⇒*be done/finished with* ⟨iets vervelends⟩, ⟨ontsnappen⟩ *get off/ away, get out of* ⟨uitnodiging, verplichting⟩ **0.5** [ten einde komen] *end* ⇒*conclude, be finished* **0.6** [afstammen] ⟨geslacht⟩ *be descended (from);* ⟨woord⟩ *be derived (from)* ◆ **1.3** een weg/een rivier ~ *come down a road/a river* **1.¶** wanneer komt die benoeming af? *when will that appointment come through?* **5.4** er gemakkelijk ~ *get off easily* **6.2** ⟨dreigend⟩ op iem. ~ *approach s.o. (menacingly);* de muggen komen *op* het licht af *mosquitoes are drawn/attracted to the light;* zij zag de auto recht **op** zich ~ *she saw the car heading straight for her/coming straight at her* **6.4** er **met** de schrik van ~ *get off with only a scare;* ik kon niet **van** hem ~ *I couldn't shake him off/get rid of him.*

afkomst 0.1 *descent* ⇒⟨afstamming⟩ *origin,* ⟨geboorte⟩ *birth,* ⟨woord⟩ *derivation* ◆ **2.1** van Franse ~ ⟨in Frankrijk geboren⟩ *French by birth;* ⟨van Franse ouders⟩ *of French extraction.*

afkomstig 0.1 [komende] *from* ⇒*coming/originating (from)* **0.2** [afgeleid] *originating (from)* ⇒*derived (from)* **0.3** [voortkomende] *originating* ⇒*coming (from)* **0.4** [toebehoord hebbende] *originating* ⇒*belonging* ◆ **6.1** ~ **uit** Frankrijk *of French origin* **6.2** dat woord is ~ **uit** het Engels *that word is derived/borrowed from English* **6.3** van wie is dat plan ~? *who is responsible for that plan?* **6.4** dit horloge is ~ **van** mijn vader *this watch belonged to my father.*

afkondigen 0.1 *proclaim* ⇒*give notice of, call* ⟨verkiezing⟩ ◆ **1.1** een wet ~ *promulgate a law.*

afkondiging 0.1 *proclamation* ⟨vrede, noodtoestand⟩ ⇒*notification* ⟨van voorgenomen huwelijk⟩, *declaration* ⟨staking, onafhankelijkheid⟩ ◆ **1.1** deze wet treedt in werking op de dag van haar ~ *this law takes immediate effect;* ~ v.d. huwelijksgeboden *publication of the marriage banns.*

afkoop 0.1 *buying off/out* ⇒⟨verz.⟩ *surrender* ◆ **6.1** ~ v.d. verzekering *upon surrender of the policy.*

afkoopbaar 0.1 *redeemable* ◆ **1.1** de dienstplicht was ~ *military service could be bought off.*

afkoopsom 0.1 *redemption money* ⇒*compensation, ransom.*

afkopen 0.1 *buy/purchase (from)* ⇒*buy off, redeem* ⟨verplichting⟩, ⟨loskopen⟩ *ransom* ◆ **1.1** een grondrente/hypotheek ~ *purchase a lease, redeem a mortgage;* een polis ~ *surrender a policy;* een vennoot ~ *buy out a partner.*

afkoppelen 0.1 *uncouple* ⟨wagon⟩; *disconnect* ⟨machine⟩.

afkorten 0.1 *shorten* ⇒⟨woorden ook⟩ *abbreviate, abridge* ⟨verhaal⟩ ◆ **1.1** een rede ~ *s. a speech* **6.1** ~ **tot** *abbreviate to.*

afkorting 0.1 *abbreviation;* ⟨als afk.⟩ *abbr(ev).* ⇒*shortening* ◆ **6.1** Tony is een ~ **van** Anthony *Tony is short for Anthony.*

afkrabben 0.1 [door krabben wegnemen] *scrape/scratch off/from* **0.2** [door krabben ontdoen van] *scrape* ◆ **1.1** een korstje v.e. wond ~ *scratch a scab off a wound.*

afkraken 0.1 *run down* ◆ **5.1** de criticus kraakte haar boek volledig af *the reviewer ran her book into the ground.*

afkrijgen 0.1 [eraf kunnen halen] *get off/out* **0.2** [kunnen voltooien] *get done/finished* ◆ **1.1** hij kreeg de vlek er niet af *he couldn't get the stain out* **1.2** het werk ~ *get the work done/finished.*

afkukelen ⟨inf.⟩ **0.1** *tumble/topple (off)* ◆ **6.1** het kind kukelde **van** de bank af *the child tumbled off the bench.*

afkunnen 0.1 *be able to get through/cope with* ◆ **4.1** ik kan het zonder jou wel af *I can manage (very well) without you.*

afkussen 0.1 [door kussen wegnemen/bijleggen] *kiss away* **0.2** [met kussen bedekken] *cover/smother with kisses* ◆ **3.2** laten we het ~ *let's kiss and be friends.*

aflaat ⟨r.-k.⟩ **0.1** *indulgence.*

afladen 0.1 [weg-/af-/uitnemen] *unload* **0.2** [van lading ontdoen] *unload* **0.3** [vol laden] *complete the loading of* ◆ **1.1** de koffers ~ *u. the suitcases* **1.3** afgeladen schepen *fully loaded ships.*

aflakken 0.1 *finish lacquering* ⇒*give the finishing coat.*

aflandig ⟨scheep.⟩ **0.1** *offshore.*

aflaten I ⟨onov.ww.⟩⟨schr.⟩ **0.1** [ophouden] *desist (from)* ⇒ *cease* ◆ **5.1** zij liet niet af haar waren aan te prijzen *she didn't cease advertising her goods;*
II ⟨ov.ww.⟩ **0.1** [bij het naar beneden gaan vergezellen] *show down* ◆ **1.1** ik zal je even de trap ~ *I'll show/let me show you down the stairs.*

aflebberen ⟨inf.⟩ **0.1** [aflikken] *lick off* **0.2** [afzoenen] *smooch, snog.*

afleggen 0.1 [afdoen] *take off* ⇒*lay down* ⟨wapens⟩ **0.2** [zich ontdoen van iets vervelends] *shed* **0.3** [verrichten] *make* ⟨verklaring⟩; *take* ⟨examen, eed⟩ **0.4** [ten einde volgen] *cover* **0.5** [mbt. een lijk] *lay out* ◆ **1.2** slechte gewoonten ~ *shake off bad habits;* een last ~ *lay aside a burden* **1.3** een bezoek ~ *pay a visit;* een examen ~ *sit for/take an exam(ination)* **1.4** 500 mijl per dag ~ *c. 500 miles a day* **4.¶** het ~ tegen iem. *be defeated by s.o.;* het (moeten) ~ tegen iem./iets op het gebied van iets *not to s.o./sth. on.*

afleggertje 0.1 *cast-off* ⇒⟨inf.⟩ *hand-me-down.*

afleidbaar 0.1 *derivable* ⇒⟨logisch afleidbaar⟩ *deducible* ◆ **1.1** de bliksem is ~ *lightning can be conducted.*

afleiden 0.1 [wegleiden] *lead/guide away (from)* ⇒*divert (from)* ⟨weg enz.⟩, *conduct* ⟨bliksem⟩ **0.2** [ontspanning brengen; storen] *divert* ⇒*distract* **0.3** [naar beneden leiden] *lead/guide down* **0.4** [de oorsprong verklaren] *trace back (to);* ⟨mbt. woorden⟩ *derive (from)* **0.5** [deduceren] *deduce (from)* ⇒*infer/gather (from)* ◆ **1.1** de stroom ~ *divert the stream* **1.3** iem. de trap ~ *lead s.o. down the stairs* **4.2** ik leidde hem af *I distracted him* **6.4** zij leiden hun geslacht af **van** Karel de Grote *they trace their ancestry back to Charlemagne;* spraak is afgeleid **van** spreken *'spraak' is derived from 'spreken'.*

afleiding 0.1 [het afleiden van water enz.] *diversion* **0.2** [ontspanning] *distraction* ⇒*diversion* **0.3** [taal.; afgeleid woord] *derivative* ◆ **3.2** ik heb echt ~ nodig *I really need*

sth. to take my mind off it/things; voor ~ zorgen *take one's mind off things.*

afleidingsmanoeuvre 0.1 *diversion* ⟨ook mil.⟩ ⇒*diversionary tactic/action.*

afleren 0.1 [zichzelf] *unlearn* ⇒*get out of (a habit)* **0.2** [een ander] *cure of* ⇒*break of* ◆ **1.1** het stotteren/roken ~ *overcome one's stammer, stop smoking* **3.2** ik zal je dat liegen wel ~ *I'll teach you not to lie* **¶.¶** nog eentje om het af te leren *one for the road.*

afleveren 0.1 *deliver* ⇒⟨produceren⟩ *turn out, produce* ◆ **1.1** de bestelling is op tijd afgeleverd *the order was delivered on time;* goede leerlingen ~ *turn out good pupils.*

aflevering 0.1 [bezorging] *delivery* **0.2** [radio, tv] *episode* **0.3** [boek.] *instalment* ⇒*number, issue* ⟨tijdschrift⟩ ◆ **6.1 bij** ~ betalen *cash on d.;* ⟨geschreven ook⟩ *C.O.D.*

afleveringsdatum 0.1 *delivery date* ⇒⟨waarop een taak klaar moet zijn⟩ *completion date.*

afleveringstermijn 0.1 *delivery date.*

aflezen 0.1 [uitlezen] *finish (reading)* **0.2** [ten einde toe voorlezen] *read out (the whole of)* **0.3** [mbt. meetwerktuigen] *read (off)* ◆ **1.1** hij wilde eerst de brief ~ *he first wanted to finish reading the letter* **1.2** een lijst/namen ~ *read out a list, call out names, call the names* **4.1** hij leest heel wat af *he reads a lot.*

aflikken 0.1 [door likken wegnemen] *lick off* **0.2** [door likken ontdoen van iets] *lick* **0.3** [afzoenen] *smooch* ◆ **1.2** zijn vingers/een lepel ~ *l. one's fingers/a spoon.*

afloop 0.1 [einde] *end* ⇒*close, expiration* ⟨termijn⟩ **0.2** [uitkomst, resultaat] *result* ⇒*outcome* ◆ **2.2** ongeluk met dodelijke ~ *fatal accident* **6.1 na** ~ v.d. voorstelling *after the performance.*

aflopen I ⟨onov.ww.⟩ **0.1** [+ op; zich begeven naar] *make for* **0.2** [ten einde lopen] *(come to an) end* ⇒*finish, expire* ⟨termijn, contract⟩ **0.3** [mbt. wekkers] *go off* **0.4** [wegstromen] *run/flow down* **0.5** [naar beneden lopen] *run/go/walk down* **0.6** [zich naar beneden uitstrekken] *slope (down/away)* **0.7** [ergens afgaan] *run off;* ⟨weglopen⟩ *leave* ◆ **1.2** de cursus is afgelopen *the course is finished, dit jaar loopt het huurcontract af *the lease expires this year;* en daar is de zaak mee afgelopen *and that's the end of the matter* **1.6** de weg loopt snel af *the road slopes down steeply* **3.7** een kabel laten ~ *run out a cable* **5.2** de operatie is goed afgelopen *the operation was successful;* het verhaal liep goed af *the story had a happy ending* **6.2** het loopt af **met** hem *he is sinking fast/is near the end* **6.7** niet **van** je plaats ~ *not l. your place* **8.4** ~ als een wekker ⟨fig.⟩ *rattle on (non-stop);*
II ⟨ov.ww.⟩ **0.1** [verslijten] *wear out* **0.2** [doorlopen] *tramp* ⟨land, straten⟩ **0.3** [ten einde toe doorlopen] *cover* ⇒*walk* ◆ **1.2** stad en land ~ om iets te vinden *search high and low to find sth.* **1.3** de universiteit ~ *go through university;* in hoeveel tijd kan men die weg ~? *how long does it take to walk it?*

aflopend ◆ **1.¶** een ~e weg *a downhill road;* het is een ~e zaak *we're fighting a losing battle;* de verkoop van frisbees is een ~e zaak *frisbee sales are falling off.*

aflosbaar ⟨geldw.⟩ **0.1** *redeemable.*

aflossen 0.1 [vervangen] *relieve* ⟨ihb. wacht⟩ ⇒*take (s.o.'s place)* **0.2** [terugbetalen] *pay off* ◆ **1.2** een bedrag op een lening ~ *pay off an amount of a loan;* een hypotheek/een schuld ~ *pay off a mortgage/a debt* **4.1** laten we elkaar ~ *let's take turns.*

aflossing 0.1 [het vervangen] *changing, change* **0.2** [het terugbetalen] *(re)payment* **0.3** [termijn; bedrag] *(re)payment (period)* ⇒*instalment* ◆ **1.1** de ~ v.d. wacht *the* *changing of the guard* **2.3** een maandelijkse/jaarlijkse~ *a monthly/an annual payment/instalment.*

aflossingstermijn 0.1 *term/period of (re)payment.*

afluisterapparatuur 0.1 *bugging devices;* ⟨telefoon⟩ *phone tapping equipment;* ⟨mbt. radio⟩ *monitoring equipment.*

afluisteren 0.1 [stiekem beluisteren] *eavesdrop (on)* ⇒*listen in to/on, monitor, (wire)tap* ⟨ihb. telefoongesprek⟩ **0.2** [beluisteren] *listen to* ◆ **1.1** iem.~ *e. on s.o.;* ⟨door politie⟩ *monitor s.o.;* een telefoongesprek ~ *listen in to a phone call* **3.1** afgeluisterd worden ⟨via telefoon⟩ *be tapped;* ⟨via microfoon enz.⟩ *be bugged.*

afluisterpraktijken 0.1 *monitoring operations;* ⟨telefoon⟩ *wiretapping.*

afmaaien 0.1 [langs de grond afsnijden] *mow* ⇒*cut, reap* ⟨gewas⟩ **0.2** [geheel en al maaien] *finish mowing/cutting.*

afmaken I ⟨ov.ww.⟩ **0.1** [een einde maken aan] *finish* ⇒ *complete* **0.2** [doden] *kill* **0.3** [vernietigend beoordelen, ongeloofwaardig maken] *demolish* ⇒*run down* ◆ **1.1** een gerecht op smaak ~ *season a dish to taste;* een werkje ~ *f./ complete a bit of work* **1.2** het zieke vee ~ *slaughter the diseased cattle* **1.3** de voorstelling werd door de critici afgemaakt *the performance was demolished by the critics* **1.¶** ⟨sport⟩ de bal met een smash ~ *kill the ball with a smash* **3.2** ze hebben de hond moeten laten ~ *they had to have the dog put down;* **II** ⟨wk.ww.; zich ~⟩ ◆ **6.¶** hij maakte er zich met een grap van af *he brushed it aside with a joke;* zich **van** iem. ~ *dispose of s.o.;* zich er wat al te gemakkelijk **van** ~ *shrug sth. off too lightly;* zich met een paar woorden **van** iets ~ *dismiss sth. in two words.*

afmaker 0.1 [iem. die vlug, beslist handelt] *go-getter* ⇒*fast mover* **0.2** [sport] *goal-scorer/-getter;* ⟨voetbal ook⟩ *finisher* **0.3** [slachter] *butcher* ⟨ook fig.⟩ ◆ **2.2** een kille ~ *a cold-blooded killer.*

afmars 0.1 *marching off.*

afmatten 0.1 *exhaust* ⇒*wear/tire out* ⟨ook→**afgemat**⟩ ◆ **1.1** zijn tegenstander ~ *wear one's opponent down* **4.1** zich ~ *exhaust o.s.*

afmattend 0.1 *tiring, exhausting* ⇒*fatiguing* ◆ **1.1** een ~ klimaat *a trying climate;* een ~e koorts *a debilitating fever.*

afmatting 0.1 *exhaustion* ⇒*fatigue* ◆ **6.1 van** ~ zakte hij ineen *he dropped from e.*

afmelden 0.1 *cancel* ◆ **4.1** zich ~ *check/sign (o.s.) out;* ⟨mil.⟩ *report off (duty).*

afmeren 0.1 *moor.*

afmeten 0.1 [opmeten] *measure (off)* **0.2** [schatten, beoordelen] *measure* ⇒*judge* **0.3** [mbt. stoffen] *measure (off)* **0.4** [toemeten] *measure (out)* ◆ **1.1** een tuin ~ *measure (out) a garden* **1.4** hij mat zijn woorden nauwkeurig af *he measured his words carefully* **6.2** de kwaliteit v.e. opleiding ~ **aan** het aantal geslaagden *judge the quality of a course from the number of passes.*

afmeting 0.1 [lengtemaat] *dimension* ⇒*proportion, size* **0.2** [het afmeten] *measuring (off)* ⇒*measurement* ◆ **1.1** de ~en v.d. kamer *the dimensions/size of the room* **3.1** enorme ~en aannemen *assume enormous proportions.*

afmieteren ⟨inf.⟩ **I** ⟨onov.ww.⟩ **0.1** [afvallen] *tumble down/ off* ◆ **6.1** hij is **van** de trap afgemieterd *he tumbled down the stairs;* **II** ⟨ov.ww.⟩ **0.1** [afgooien] *fling down.*

afmonsteren ⟨scheep.⟩ **I** ⟨onov.ww.⟩ **0.1** [ontslag nemen] *sign off;*

II ⟨ov.ww.⟩ **0.1** [uit de dienst ontslaan] *pay off* ⇒*discharge.*

afname 0.1 [het afnemen] *purchase* **0.2** [het afgenomen worden] *sale* **0.3** [het minder worden] *decline* ⇒*decrease* ◆ **1.3** de ~ v.d. groei/werkloosheid *the decline in the growth, the reduction in unemployment* **6.1 bij** ~ van 25 exemplaren *for quantities of 25, when 25 copies are ordered.*

afneembaar 0.1 *detachable* ⇒*removable, washable* ⟨afwasbaar⟩ ◆ **1.1** een auto met een ~ dak *a convertible.*

afnemen I ⟨ov.ww.⟩ **0.1** [v.e. plaats verwijderen] *take off/ away* ⇒*remove (from)* **0.2** [v.h. hoofd nemen] *take off* **0.3** [wegnemen] *remove* **0.4** [reinigen] *clean* **0.5** [afpakken] *deprive* **0.6** [laten afleggen] *hold* ⇒*administer* **0.7** [kopen] *buy* ⇒*purchase* **0.8** [kaartspel] *cut* ◆ **1.1** stof~ *dust* **1.2** zijn hoed ~ *take off one's hat;* ⟨als groet⟩ *raise one's hat* **1.3** iem. bloed ~ *take blood/a blood sample* **1.4** meubels ~ *dust furniture;* de tafel met een natte doek ~ *wipe (off) the table with a damp cloth* **1.5** ⟨school.⟩ een kind een mes ~ *confiscate a child's knife;* iem. zijn rijbewijs ~ *take away s.o.'s driving licence* **1.6** iem. de biecht ~ *hear s.o.'s confession* ⟨ook fig.⟩; iem. een eed ~ *administer an oath to s.o.; swear s.o. in* ⟨bv. getuige, nieuw lid, bij ambtsaanvaarding⟩; iem. een examen ~ *examine s.o.* **1.7** goederen ~ *purchase goods* **6.1** het kleed **van** de tafel ~ *take/remove the cloth from the table* **6.3** een gulden **van** het geld ~ *subtract a guilder* **6.4 met** zeep ~ *wash (down) with soap;* **II** ⟨onov.ww.⟩ **0.1** [verminderen] *decrease* ⇒*decline* **0.2** [korter/kleiner worden] *shorten* ◆ **1.1** onze belangstelling nam af *our interest faded;* bij ~de wind *with subsiding wind* **1.2** de maan neemt af *the moon is waning* **6.1** in gewicht ~ *lose weight.*

afnemer, -neemster 0.1 *buyer* ⇒*customer* ◆ **2.1** Duitsland is onze grootste ~ van snijbloemen *Germany is our largest customer for cut flowers.*

afneming 0.1 [het afnemen] ⟨zie 1.1⟩ **0.2** [vermindering] *decrease* ⇒*decline* **0.3** [bk., rel.] *descent (from the Cross)* ◆ **1.1** de ~ v.v.e. verhoor/examen *an interrogation/examination.*

afnokken ⟨inf.⟩ **0.1** *knock off.*

aforisme ⟨lit.⟩ **0.1** *aphorism.*

afpakken 0.1 *take (away), snatch (away)* ◆ **1.1** iem. een mes ~ *take away a knife from s.o.*

afpalen 0.1 [met palen afzetten] *stake out* ⇒*lay/mark out,* ⟨omheinen⟩ *fence (in/off/up)* **0.2** [fig.; afbakenen] *demarcate* ⇒*delineate,* ⟨beperken⟩ *delimit* ◆ **1.2** zijn onderzoeksveld ~ *define one's field of research.*

afpassen 0.1 [afmeten] *pace (out)* **0.2** [nauwkeurig afmeten] *measure (out)* ◆ **1.1** de breedte v.e. veld ~ *pace (out) the width of a field* **1.2** geld ~ *pay the exact amount.*

afpeigeren ⟨inf.⟩ **0.1** *wear out* ⇒*fag out* ⟨ook→**afgepeigerd**⟩ ◆ **4.1** zich ~ *fag/wear o.s. out.*

afpellen →**pellen.**

afperken 0.1 *stake/peg/mark out* ⇒*demarcate,* ⟨omheinen⟩ *fence in/off/up,* ⟨fig.⟩ *delineate,* ⟨fig.⟩ *define* ◆ **1.1** een terrein ~ *stake off a plot.*

afpersen 0.1 *extort/wring/force/wrest (from)* ◆ **1.1** iem. geld ~ *extort money from s.o.*

afperser 0.1 *blackmailer.*

afpersing 0.1 *extortion* ⇒⟨chantage⟩ *blackmail* ◆ **¶.1** zich aan ~ schuldig maken *commit blackmail.*

afpijnigen 0.1 *torment* ◆ **4.1** ik pijnigde mij af om het op te lossen *I racked my brains to solve it.*

afpikken 0.1 *pinch (from)* ◆ **6.1** een boek **van** iem.~ *pinch a book from s.o.*

afpingelen 0.1 *haggle* ◆ 3.1 proberen af te pingelen *try to beat down the price.*

afplakken 0.1 *tape up, cover with tape;* ⟨comp.⟩ *write-protect.*

afplatten 0.1 *flatten (off/out).*

afplatting 0.1 [handeling; resultaat] *flattening* 0.2 [deel v.e. bol] *flattened surface* ◆ 1.1 de ~ v.d. aarde *the f. of the earth('s surface).*

afplukken 0.1 [door plukken aftrekken] *pick* ⇒*pluck* 0.2 [voorzichtig aftrekken / afscheuren] *peel off* ◆ 1.1 de veren van gevogelte ~ *pluck the feathers from birds.*

afpoeieren ⟨inf.⟩ 0.1 *brush off* ⇒*put off* ◆ 3.1 laat je niet ~ *don't let yourself be put off.*

afpraten 0.1 [uit het hoofd praten] *talk out of* 0.2 [over veel zaken praten] *talk a lot* ◆ 4.2 wij hebben gisteren heel wat afgepraat *we talked quite a lot yesterday, we covered a lot of ground yesterday.*

afprijzen 0.1 *reduce* ⇒*mark down* ◆ 4.1 alles is afgeprijsd *everything is reduced (in price).*

afraden 0.1 *advise against* ◆ 4.1 (iem.) iets ~ *advise (s.o.) against (doing) sth.*

afraffelen 0.1 *rush (through)* ◆ 1.1 een gedicht ~ ⟨schrijven⟩ *dash off a poem;* ⟨voordragen⟩ *rattle off a poem;* zijn huiswerk ~ *rush (through) one's homework.*

aframmelen ⟨inf.⟩ 0.1 [pak slaag geven] *beat up* 0.2 →**afraffelen.**

aframmeling 0.1 *hiding, beating.*

afranselen 0.1 *beat (up)* ⇒*flog* ⟨als straf⟩, *cane* ⟨met rotting⟩, *belt* ⟨met riem⟩, *whip* ⟨met zweep⟩ ◆ 5.1 iem. duchtig ~ *give s.o. a good thrashing.*

afrasteren 0.1 *fence off/in/up.*

afrastering 0.1 [handeling] *fencing off/in/up* 0.2 [resultaat] *fencing* ⇒*fence, railings* ⟨mv.; van ijzer⟩.

afratelen 0.1 *rattle/reel off.*

afreageren 0.1 *work off/vent (one's emotions)* ⇒⟨onov.ww. ook⟩ *let off steam* ◆ 6.1 iets op iem. ~ *take sth. out on s.o.*

afreizen I ⟨onov.ww.⟩ 0.1 [vertrekken] *set off/out (for)* ⇒ *leave (for);* II ⟨ov.ww.⟩ 0.1 [geheel doorreizen] *travel all over* ⇒*tour* ⟨als bezoeker⟩ 0.2 [veel reizen] *travel (about/round)* ◆ 1.1 hij heeft alle musea afgereisd *he went round all the museums.*

afrekenen 0.1 *settle (up)* ⇒*settle/pay one's bill/account(s)* ◆ 1.1 ober, ~! *waiter, the bill please!* 6.1 ⟨fig.⟩ definitief met iem. ~ *get even with s.o.* 6.¶ **met** iem. of iets afgerekend hebben *be finished with s.o. or sth.*

afrekening 0.1 [het afrekenen] *payment* 0.2 [geschreven stuk] *receipt* ⇒*statement* ⟨van bank / giro⟩ ◆ 1.1 de dag der ~ *the day of reckoning* 3.1 ~ geschiedt op 1 mei *p. is due on May 1st;* ~ houden *settle up, settle accounts.*

afremmen I ⟨onov., ov.ww.⟩ 0.1 [snelheid verminderen] *slow down* ⇒*brake,* ⟨alleen ov.ww.⟩ *put the brake(s) on* ◆ 3.1 hij kon niet meer ~ *it was too late for him to brake* 6.1 **voor** een bocht ~ *slow down to take a curve;* II ⟨ov.ww.⟩⟨fig.⟩ 0.1 [afzwakken] *curb* ⇒*check* ◆ 1.1 de groei v.d. werkloosheid ~ *curb the growth in unemployment* 6.1 iem. **in** zijn enthousiasme ~ *curb s.o.'s enthusiasm.*

afrennen 0.1 [zich rennend verwijderen] *race/run off* 0.2 [met 'op'; tegemoet snellen] *race/run up to* 0.3 [naar een lagere plaats rennen] *race/run down* 1.1 de straat ~ *dash down the street* 3.2 op iem. af komen rennen *come running up to s.o.*

africhten 0.1 [dresseren] *train* 0.2 [afwenden] *avert, turn away* ◆ 1.1 valken ~ voor de jacht *t. falcons for hunting.*

afrijden I ⟨onov.ww.⟩ 0.1 [vertrekken] *drive off/away* ⇒ *ride off/away* ⟨te paard⟩, *leave* ⟨bus, trein⟩, *depart* ⟨bus, trein⟩ 0.2 [naar een lagere plaats rijden] *drive down* ⇒ *ride down* ⟨te paard⟩ 0.3 [rijexamen afleggen] *take/do one's driving test* ◆ 1.2 een heuvel ~ *ride/drive down a hill;* II ⟨ov.ww.⟩ 0.1 [ten einde doorrijden] *drive to the end of* ⇒ *ride to the end of* ⟨te paard⟩ 0.2 [dresseren] *break in* ⇒ ⟨beweging geven⟩ *exercise* 0.3 [afmatten] *ride/drive (too) hard* 0.4 [doen verliezen] *cut off (in an accident)* ⟨arm, been e.d.⟩ 0.5 [door veel/wild rijden doen slijten] *wear out* ◆ 1.1 de hele stad ~ *ride/drive all over town* 1.5 hij had de auto in drie jaar afgereden *he'd worn the car out in three years.*

Afrika 0.1 *Africa.*

Afrikaan 0.1 [bewoner van Afrika] *African* 0.2 →**Afrikaander.**

Afrikaander, Afrikaner 0.1 *Afrikaner* ⇒*Boer* ⟨oorspr. van Ned. afkomst⟩.

Afrikaans¹ ⟨het⟩ 0.1 *Afrikaans* ⇒*South African Dutch.*

Afrikaans² ⟨bn., bw.⟩ 0.1 [uit/van Afrika] *African* 0.2 [Zuid-Afrikaans] *South African.*

afrikaantje 0.1 *African marigold.*

afrit 0.1 [afslag] *exit* ⟨v.e. autoweg⟩ 0.2 [vertrek] *departure* ⇒*start* ⟨v.e. wedstrijd⟩ ◆ 1.1 op- en ~ten [B]*slip roads* 2.1 bij de volgende ~ *at the next e.*

afroep ◆ 6.¶ **op** ~ beschikbaar *available on demand;* ⟨mbt. persoon / dienst⟩ *on call;* **op** ~ verkopen *sell on demand/ order;* levering **op** ~ *delivery on demand/order, at buyer's option.*

afroepen 0.1 [tot zich roepen] *call (away)* 0.2 [(iem.) naar beneden roepen] *call (down)* 0.3 [één voor één opnoemen] *call out* ⇒*call off* ⟨namen, nummers⟩ ◆ 6.¶ iets **over** iem.~ *bring sth. down on s.o.('s head).*

afrollen I ⟨ov.ww.⟩ 0.1 [uiteenrollen] *unwind* ⟨vanaf een klos⟩; *unroll* ⟨een rol⟩ 0.2 [naar beneden rollen] *roll down* 0.3 [door oprollen wegnemen] *roll away* ⇒⟨ook naar boven⟩ *roll up* ⟨rolluik⟩ ◆ 1.1 een kaart ~ *unroll a map;* II ⟨onov.ww.⟩ 0.1 [zich ontrollen] *unwind, get unwound* ⇒ *unroll, get unrolled* 0.2 [naar beneden rollen] *roll down* ◆ 1.2 de heuvel ~ *roll down the hill.*

afromen 0.1 [room afscheppen van] *skim* 0.2 [fig.] *cream off* ◆ 1.2 de markt ~ *cream off the best students/scientists/players* ⟨enz.⟩; winst ~ *cream off profits.*

afronden 0.1 [rondmaken] *round (off)* 0.2 [afmaken] *wind up, round off* 0.3 [mbt. getallen / bedragen] *round off* ◆ 1.2 wilt u (uw betoog) ~? *would you like to wind up (what you have to say)?;* een afgerond geheel vormen *form a complete whole* 6.3 **naar** boven / beneden ~ *round up/ down;* een bedrag op hele guldens ~ *round off an amount to the nearest guilder.*

afronding 0.1 [het afronden] *winding up, rounding off* ⇒ *completion, conclusion* 0.2 [ronde vorm] *rounding (off)* ◆ 6.1 een werkstuk maken **ter** ~ van zijn studie *do a project in completion of one's study.*

afrossen 0.1 [aframmelen] *thrash* 0.2 [afrijden] *ride (too) hard* 0.3 [roskammen] *groom* ⇒*curry.*

afruimen 0.1 *clear (away)* ⇒*clear the table.*

afrukken I ⟨ov.ww.⟩ 0.1 [met een ruk lostrekken] *pull off/ away* 0.2 [met geweld af-/uitdoen] *tear/snatch off/ away* 0.3 [vulg.] *jerk/jack off, wank (off)* ◆ 1.3 een man ~ *jerk a man off* 4.3 zich ~ *(have a) wank, jerk off* 6.2 iem. de hoed **van** het hoofd ~ *tear/snatch the hat off s.o.'s head;* II ⟨onov.ww.⟩ 0.1 [zich verwijderen] *withdraw* 0.2 [met 'op'; oprukken] *advance on.*

afsabbelen 0.1 *chew (on).*

afschaduwing 0.1 [schaduwbeeld] *silhouette* ⇒*shadow* **0.2** [fig.] *rough outline* ⇒⟨weerspiegeling⟩ *reflection.*

afschaffen 0.1 *abolish* ⇒*do away with* ◆ **1.1** de doodstraf~ *a. capital punishment;* een rookverbod~ *lift a ban on smoking.*

afschaffing 0.1 *abolition* ◆ **1.1** de~v.d. slavernij *the a. of slavery.*

afschaven I ⟨ov.ww.⟩ **0.1** [gladschaven] *plane (down)* ⇒ *shave (off)* **0.2** [door sterke schuring wegnemen] *wear away* ⇒*graze* ⟨mbt. huid⟩, *skin* ⟨mbt. huid⟩ ◆ **1.2** het vel van zijn hand~ *skin/graze one's hand;* **II** ⟨onov.ww.⟩ **0.1** [door schaven verdwijnen] *wear off.*

afscheepgewicht ⟨hand.⟩ **0.1** *shipped/shipping weight.*

afscheepplaats ⟨hand.⟩ **0.1** *place of shipment/despatch/ loading.*

afscheid 0.1 [handeling] *parting, leaving* ⇒*farewell, departure* **0.2** [woorden] *farewell, good-bye* ◆ **3.1** van iem. ~ nemen *take leave of s.o.;* officieel~ nemen (van) *take formal leave (of)* **6.1 bij** zijn~ *when he leaves/left;* **tot/ten** ~ *in parting.*

afscheiden 0.1 [verwijderen] *separate* ⇒*divide (off),* detach, dissociate **0.2** [mbt. een ruimte, oppervlakte] *divide (off)* ⇒*partition off* **0.3** [produceren] *discharge* ⟨pus⟩; *secrete* ⟨vloeistof⟩ ◆ **1.2** een ruimte met een gordijn ~ *curtain off an area* **1.3** sommige bomen scheiden hars af *some trees secrete/produce resin* **4.1** zich ~ (van) *break away (from), break with;* ⟨uit elkaar gaan⟩ *part company.*

afscheiding 0.1 [handeling] *separation* ⇒⟨van partij ook⟩ *secession, schism* ⟨in kerk⟩, ⟨afbakening⟩ *demarcation* **0.2** [scheiding] *partition* ⇒⟨scheidslijn⟩ *dividing line* **0.3** [afgescheiden stof] *discharge* ⇒*secretion* ◆ **3.2** een ~ aanbrengen *put up a p.*

afscheidingsbeweging 0.1 *secession (movement)* ⇒*separatist movement.*

afscheidingsproduct 0.1 *secretion.*

afscheidsbrief 0.1 *farewell letter.*

afscheidscadeau, -geschenk 0.1 *farewell gift* ⇒*good-bye present.*

afscheidsfeest 0.1 [ter ere van iemands vertrek] *farewell party/celebration* **0.2** [laatste feestelijke bijeenkomst] *final/farewell celebration.*

afscheidsgroet 0.1 *good-bye* ⇒*farewell, parting gesture.*

afscheidstournee 0.1 *farewell tour.*

afscheidswoord 0.1 *farewell/parting word.*

afschepen 0.1 ⟨vaak met 'met'⟩ *fob/palm (sth.) off on (s.o.), fob (s.o.) off with (sth.)* ◆ **3.1** zij laat zich niet zo gemakkelijk ~ *she's not so easily put off;* zich niet laten ~ *not be fobbed off.*

afscheppen 0.1 *skim* ⇒⟨verwijderen⟩ *skim/take off.*

afscheren 0.1 [door scheren wegnemen] *shave (off)* ⟨haren⟩; *shear (off)* ⟨wol⟩ **0.2** [gelijk knippen] *trim* ⟨haag enz.⟩.

afschermen 0.1 *screen* ⇒⟨beschermen ook⟩ *protect (from),* ⟨elek. ook⟩ *shield* ◆ **1.1** ⟨sport⟩ de bal met het lichaam ~ *shield/screen the ball;* een kernreactor ~ *shield a nuclear reactor.*

afscheuren I ⟨ov.ww.⟩ **0.1** [aftrekken] *tear off* ◆ **1.1** het behang ~ *strip (off) the wallpaper* **5.1** hierlangs ~ *tear along the dotted line;* **II** ⟨onov.ww.⟩ **0.1** [losgaan door scheuren] *tear, get torn* ◆ **1.1** het gordijn begint boven af te scheuren *the curtain is beginning to t. at the top.*

afscheuring 0.1 [het afscheuren/afgescheurd worden] *tearing off/away* **0.2** [fig.] *split, rift* ⇒⟨kerk⟩ *schism.*

afschieten I ⟨ov.ww.⟩ **0.1** [afvuren] *fire (off)* ⇒⟨vuurwapen ook⟩ *discharge* **0.2** [door schieten wegnemen] *shoot off* **0.3** [doodschieten] *shoot* **0.4** [afscheiden dmv. een schot] *divide/partition off* ◆ **1.1** een geweer ~ *fire a gun* **1.3** wild ~ *s. game* **1.4** een kamertje met planken ~ *divide/partition off a room with boarding;* **II** ⟨onov.ww.⟩ **0.1** [zich snel verplaatsen] *shoot* **0.2** [losschieten] *slip off* ◆ **6.1** op iem./iets ~ *go dashing towards s.o./sth.*

afschilderen 0.1 [afbeelden] *paint* **0.2** [uitbeelden] *portray, depict* ◆ **5.2** je hoeft het niet mooier af te schilderen dan het is *you needn't paint a nicer picture of it than it really is* **8.2** iem.~ als *portray s.o. as, make s.o. out to be.*

afschildering 0.1 [geschilderde afbeelding] *picture* **0.2** [uitbeelding in woorden] *portrayal.*

afschilferen I ⟨onov.ww.⟩ **0.1** [in schilfers loslaten] *flake/ peel off* ◆ **1.1** mijn huid schilfert af *I'm peeling;* **II** ⟨ov.ww.⟩ **0.1** [v.d. buitenste laag ontdoen] *peel off.*

afschillen 0.1 [v.d. schil ontdoen] *peel* ⇒⟨met mes ook⟩ *pare* **0.2** [door schillen wegnemen] *peel off.*

afschminken 0.1 [van schmink ontdoen] *remove/take off make-up* **0.2** [het schminken voltooien] *finish making up.*

afschoppen 0.1 [door schoppen verwijderen/verjagen] *kick away/off* **0.2** [naar beneden schoppen] *kick down* ◆ **6.1** iem. **van** school ~ *kick s.o. out of school.*

afschrapen 0.1 [door schrapen verwijderen] *scrape off* **0.2** [door schrapen reinigen] *scrape* ◆ **1.2** beenderen ~ *s. bones.*

afschrappen 0.1 [door schrappen verwijderen] *scrape off* ⇒ ⟨afkrabben⟩ *scratch off* **0.2** [door schrappen reinigen] *scrape* ⇒*strip down* ⟨een deur⟩ **0.3** [doorstrepen] *cross off/out* ◆ **6.3** iem. **van** de lijst ~ *cross s.o. off the list.*

afschrift 0.1 *copy* ◆ **1.1** een ~ v.e. (lopende) rekening *a bank current account statement* **2.1** een gewaarmerkt ~ *a certified c.* **6.1** ⟨jur.⟩ **voor** ~ getekend door *c. certified correct by.*

afschrijven 0.1 [afboeken] *debit* **0.2** [schriftelijk afzeggen] *cancel* **0.3** [uit het hoofd zetten] *write off* **0.4** [afpennen] *do a lot of writing* **0.5** [de boekwaarde verlagen] *write down* ⇒⟨voor waardevermindering⟩ *write off (as depreciation)* **0.6** [schrappen] *write off* **0.7** [zich schrijvend ontdoen van] *write out of one's system* **0.8** [bouwk.] *mark off/out* ◆ **1.2** iem.~ *write s.o. a letter of rejection;* een vergadering ~ *c. a meeting* **1.3** die auto kun je wel ~ *you might as well write that car off* **1.6** onbare posten ~ *write off bad debts* **4.3** we hadden haar al afgeschreven *we had already written her off* **6.1** geld **van** een rekening ~ *withdraw money from an account* **6.7** zijn verleden **van** zich ~ *get the past out of one's system by writing about it.*

afschrijver 0.1 *withdrawal* ◆ **6.1** er zijn weer veel ~s **voor** deze wedstrijd *a lot of competitors have withdrawn from this race.*

afschrijving 0.1 [het afboeken] *debit* **0.2** [hand., ind.]⟨op vaste activa⟩ *depreciation* ⇒*write-down, write-off,* ⟨op immateriële activa⟩ *amortization* **0.3** [bewijs van afschrijving] *debit notice* **0.4** [afmelding] *(letter/notice of) cancellation* ◆ **1.3** een ~ van de bank *a d. n. from the bank* **2.2** technische ~ *d. for wear and tear;* verplichte ~ en *statutory write-downs* **6.2** voor ~ **op** de machines *for d. of the machines.*

afschrikken 0.1 [schrik aanjagen] *deter, put off* ⇒⟨wegjagen⟩ *frighten/scare off* **0.2** [tech.; mbt. metaal] *quench, chill* ◆ **1.1** zo'n benadering schrikt de mensen af *such an approach scares/puts people off* **3.1** hij liet zich door niets ~ *he was not to be put off/deterred.*

afschrikking 0.1 *deterrence.*
afschrikkingsmiddel 0.1 *deterrent.*
afschrikkingspolitiek 0.1 *policy of deterrence.*
afschrikkingswapen 0.1 *deterrent* ⇒⟨concr.⟩ *nuclear weapon.*
afschrikwekkend 0.1 *frightening* ⇒*prohibitive* ⟨prijzen⟩, *deterrent* ⟨middel⟩ ♦ **3.1** er ~ uitzien *look terrifying/horrifying.*
afschrobben 0.1 [door schrobben verwijderen] *scrub off* **0.2** [door schrobben reinigen] *scrub (down).*
afschroeven 0.1 *unscrew.*
afschudden I ⟨ov.ww.⟩ 0.1 [door schudden doen vallen] *shake off/down* **0.2** [zich ontdoen/bevrijden van] *shake off* ⇒*cast off* ⟨belemmeringen⟩ ♦ **6.1** appels van de boom ~ *shake (down) apples from the tree.* **6.2** een tegenstander van zich ~ *shake off an opponent;*
II ⟨wk.ww.;zich ~⟩ 0.1 [zich ontdoen van iets] *shake (off)* ♦ **1.1** de hond schudde zich af *the dog shook itself.*
afschuieren 0.1 [door schuieren wegnemen] *brush off* **0.2** [door schuieren reinigen] *brush (off)* ⇒⟨in neerwaartse richting⟩ *brush down.*
afschuimen 0.1 [afscheppen] *skim (off)* **0.2** [afzoeken] *scour, comb* ♦ **1.2** de stad ~ *c. the city.*
afschuiven I ⟨onov ww.⟩ 0.1 [verschuiven] *slide off* ⇒⟨wegglijden⟩ *slide away,* ⟨wegschuiven⟩ *shift/move away* ♦ **6.1** van het vuur ~ *shift/move away from the fire;* het kleed schoof van de tafel af *the cloth slipped off the table;*
II ⟨onov., ov.ww.⟩⟨inf.⟩ 0.1 [betalen] *fork out* ⇒*cough up* ♦ **5.1** flink ~ *fork out a great deal;*
III ⟨ov.ww.⟩ 0.1 [wegschuiven] *slide/shift/move away* ⇒ *push away* ⟨van zich⟩ **0.2** [van zich afzetten] *put away* ⟨gedachten⟩; *shirk* ⟨arbeid⟩ **0.3** [op een ander laten neerkomen] *pass (onto s.o.)* ♦ **6.3** de verantwoordelijkheid op een ander ~ *pass the buck,* zijn verantwoordelijkheid van zich ~ *shirk one's responsibility.*
afschuren 0.1 [door schuren verwijderen] *rub off* **0.2** [glad schuren] *rub down* ⇒*sand down* ⟨met schuurpapier⟩ **0.3** [mbt. een rivier e.d.] *erode.*
afschutten 0.1 [afscheiden] *partition/divide off* ⇒*fence in/off* ⟨met hek⟩ **0.2** [door schutsluizen afsluiten] *lock off.*
afschutting 0.1 [handeling] *partitioning off* ⇒*fencing off/in* **0.2** [middel] *partition* ⇒⟨hek⟩ *fence, fencing.*
afschuw 0.1 *horror* ⇒*disgust* ♦ **3.1** een ~ hebben van iets *loathe/detest sth.;* ~ wekken *horrify people* **6.1** met ~ *with disgust;* van ~ vervuld *horrified, appalled.*
afschuwelijk I ⟨bn., bw.⟩ 0.1 [afschuw (ver)wekkend] *horrible* **0.2** [ontzettend slecht/lelijk] *shocking, awful* ⇒*appalling* ♦ **1.2** ik heb een ~e dag gehad *I've had an awful day;* wat een ~ weer *what atrocious weather* **3.2** die rok staat je ~ *that dress looks awful on you;*
II ⟨bw.⟩⟨inf.⟩ 0.1 [enorm] *awfully* ⇒*frightfully* ♦ **2.1** ~ vervelend *a./dreadfully boring.*
afschuwwekkend 0.1 *horrific* ⇒*horrifying* ♦ **1.1** ~e beelden *horrifying pictures.*
afsjouwen 0.1 [naar beneden sjouwen] *lug/hump down* **0.2** [aflopen] *trudge, plod, traipse* ♦ **1.2** we hebben de hele stad afgesjouwd *we've traipsed all over town.*
afslaan I ⟨onov.ww.⟩ 0.1 [een andere richting nemen] *turn (off)* ⟨persoon, voertuig⟩; *branch off* ⟨weg⟩ **0.2** [mbt. motor e.d.] *cut out* ⇒*stall* ♦ **5.1** zie je die fietser daar links ~? *do you see where that cyclist is turning left?* **6.¶** van zich ~ *hit out;*
II ⟨ov.ww.⟩ 0.1 [door slaan verdrijven] *beat off* **0.2** [afwijzen] *turn down* ⟨aanbod⟩; *refuse, decline* ⟨uitnodiging⟩ **0.3** [wegslaan] *knock off* ⇒*flick off* ⟨bv. as van sigaret⟩ **0.4**

[in prijs verlagen] *reduce* ⇒*cut* **0.5** [doen wegspoelen] *wash away* ♦ **1.1** zijn kleren ~ *dust off one's clothes;* een thermometer ~ *shake down a thermometer;* de vijand/een aanval ~ *beat off the enemy/an attack* **1.4** de koffie is afgeslagen *coffee prices have been reduced* **1.5** de zee slaat de duinen af *the sea erodes the dunes* **5.2** nou, dat sla ik niet af ⟨als iets aangeboden wordt⟩ *I don't mind if I do* **6.3** de storm heeft een stuk van het dak afgeslagen *the storm has blown part of the roof off.*
afslachten 0.1 [slachten] *kill off* ⇒*slaughter* **0.2** [massaal doden] *slaughter* ⇒*massacre* **0.3** [meedogenloos beoordelen] *tear apart/to shreds.*
afslag 0.1 [afrit] *turn(ing)* ⇒⟨op autoweg⟩ *exit* **0.2** [vermindering] *reduction* ⟨prijs⟩ **0.3** [openbare verkoping; verkoopplaats] *Dutch auction* **0.4** [het wegspoelen] *erosion* ⇒*washing/wearing away* ♦ **1.3** ~ van vis *fish auction* **2.1** de volgende ~ rechts nemen *take the next turning on the right* **6.3** bij ~ veilen *sell by D. a.*
afslanken 0.1 [afvallen] *slim (down)* **0.2** [inkrimpen] *slim down* ⇒*trim down* ♦ **5.2** het bedrijf moet aanzienlijk ~ *the company has to slim down considerably.*
afslankingsoperatie 0.1 *slim-down* ⇒⟨vnl. AE⟩ *reduction.*
afslijpen 0.1 [door slijpen wegnemen] *grind (off/away)* **0.2** [door slijpen reinigen/gladmaken] *polish* ⟨bv. diamanten⟩ ⇒*sharpen* ♦ **1.1** de scherpe kanten v.e. prisma ~ *grind the sharp edges off a prism.*
afslijten I ⟨ov.ww.⟩ 0.1 [de buitenste delen doen verliezen] *wear (off/down)* ⇒*rub off/away* ♦ **1.1** zijn schoenen ~ *wear out his shoes,*
II ⟨onov.ww.⟩ 0.1 [de buitenste delen verliezen] *wear out/off/away* ♦ **1.1** door de golfslag slijten die oevers voortdurend af *the banks are continually being eroded by the waves,*
afsloven 0.1 *wear out* ⇒*slave* ♦ **1.1** zijn lichaam/brein ~ *work (one's fingers) to the bone, rack one's brains* **4.1** zich voor iets/iem. ~ *wear o.s. out for sth./s.o.*
afsluitbaar 0.1 *lockable* ♦ **1.1** dat geldkistje is ~ *that cash box can be locked.*
afsluitboom 0.1 *bar* ⇒*barrier.*
afsluitdijk 0.1 *dam* ⇒*causeway* ♦ **1.1** de ~ ⟨v.h. IJsselmeer⟩ *the IJsselmeer Dam.*
afsluiten 0.1 [ontoegankelijk maken] *close (off/up)* **0.2** [op slot doen] *lock (up)* ⇒*close* ⟨bus, fles enz.⟩ **0.3** [de toevoer verhinderen] *cut off* ⇒*shut/turn off* ⟨gas enz.⟩, *disconnect* **0.4** [tot stand brengen] *conclude* ⟨bv. contract⟩ ⇒*enter into* ⟨overeenkomst⟩, *negotiate* ⟨hypotheek⟩ **0.5** [een eind maken aan] *close* ⇒*conclude* **0.6** [verwijderd houden van] *cut off* ♦ **1.1** een weg ~ voor verkeer *close a road to traffic* **1.2** heb je de voordeur goed afgesloten? *have you locked the front door?* **1.3** de stroom ~ *cut off the electricity* **1.4** een levensverzekering ~ *take out a life insurance policy* **1.5** een (dienst)jaar ~ *close a year* **4.6** zich ~ *cut o.s. off* **6.5** ~ met een examen *round off with an examination* ⟨een studie⟩.
afsluiter 0.1 [opmerking] *clincher* **0.2** [toestel] *cutoff* ⇒*valve,* ⟨stroom⟩ *circuit breaker* ♦ **2.2** luchtdichte ~ *air(tight) seal.*
afsluiting 0.1 [het ontoegankelijk maken] *closing off/up* **0.2** [het op slot doen] *locking (up/away)* **0.3** [mbt. gas/water e.d.] *shut-off, cut-off* ⇒*disconnection* **0.4** [het tot stand brengen] *conclusion* **0.5** [het een eind maken aan] *closing* ⟨rekening⟩ ⇒*close* ⟨jaar⟩, *balancing* ⟨boek, jaar⟩ **0.6** [het zich afsluiten] *seclusion* ⇒*isolation* **0.7** [voorwerp] *barrier* ⇒*fence* ⟨hek⟩, *partition* ⟨tussenschot⟩, *dam* ⟨mbt. water⟩.

afsluitprovisie 0.1 *commission (on a mortgage).*
afsmeken 0.1 *beg* ⇒*implore* ♦ **1.1** iem. een vergeving ~ *b. (for) forgiveness.*
afsnauwen 0.1 *snap at* ⇒*snarl at* ♦ **1.1** iem. ~ ⟨ook⟩ *snap s.o.'s head off.*
afsnijden 0.1 [door snijden afscheiden] *cut off* **0.2** [doorsnijden] *cut* **0.3** [afsluiten, versperren] *cut off* **0.4** [afbreken, ontnemen] *cut (short)* ⇒*interrupt* ♦ **1.1** bloemen / een stuk touw ~ *cut flowers, cut off a piece of rope;* een stuk ~ ⟨vlees e.d.⟩ *c. a piece* **1.2** iem. de hals ~ *c. / slit s.o.'s throat* **1.4** de mogelijkheid tot iets ~ *remove the possibility of sth.;* iem. het woord ~ *interrupt s.o.* **1.¶** de bocht ~ *cut off the corner;* een stuk ~ ⟨kortere weg⟩ *take a short cut.*
afsnoepen 0.1 *steal* ♦ **1.1** iem. een kus ~ *s. a kiss from s.o.*
afsoppen 0.1 *soap off / down* ⇒*rinse down / off (with soap and water).*
afspeelapparatuur 0.1 *playback equipment* ⟨bandrecorder, cassettedeck⟩; *audio equipment* ⟨ook pick-up⟩.
afspeelbaar 0.1 *playable.*
afspelden 0.1 *pin* ⟨lap stof e.d.⟩.
afspelen I ⟨wk.ww.; zich~⟩ **0.1** [plaatsvinden] *happen* ⇒ *take place, occur* ♦ **1.1** waar heeft het ongeluk zich afgespeeld? *where did the accident take place / occur?;* **II** ⟨ov.ww.⟩ **0.1** [afdraaien] *play* ♦ **1.1** een bandje op een bandrecorder ~ *p. a tape on a tape recorder.*
afspeuren 0.1 [afzoeken] *search* **0.2** [spiedend afzien] *scan.*
afspiegelen I ⟨ov.ww.⟩ **0.1** [afschilderen] *depict* ⇒*portray* ♦ **8.1** men spiegelt hem af als een misdadiger *he is represented as a criminal;* **II** ⟨wk.ww.; zich~⟩ **0.1** [weerspiegeld worden] *be reflected* ⟨ook fig.⟩ ⇒*reflect, be mirrored.*
afspiegeling 0.1 *reflection* ⇒*mirror image* ♦ **2.1** ⟨fig.⟩ een zwakke ~ van *a faint r. of.*
afsplitsen I ⟨ov.ww.⟩ **0.1** [door splitsen afscheiden] *split off* ⟨ook elektronen⟩; **II** ⟨wk.ww.; zich~⟩ **0.1** [mbt. wegen / leidingen] *split (off)* ⇒*branch off* **0.2** [mbt. personen] *split off* ⇒*splinter off* ⟨vnl. groepen⟩, *secede* ⟨rel.⟩.
afspoelen I ⟨ov.ww.⟩ **0.1** [luchtig afwassen van] *rinse (off)* **0.2** [met water reinigen] *rinse (down / off)* ⇒*wash (down / off)* **0.3** [doen wegspoelen] *wash away* ♦ **6.2** het stof van zijn handen ~ *rinse the dust off one's hands* **6.3** de zee spoelt grote stukken van dit land af *the sea washes away large portions of this land;* **II** ⟨onov.ww.⟩ **0.1** [weggespoeld worden] *be washed away* ⇒*be eroded.*
afsponsen 0.1 [met een spons wegnemen] *sponge off* **0.2** [met een spons schoonmaken] *sponge down.*
afspraak 0.1 *appointment* ⟨met arts enz.⟩; *engagement* ⟨bv. voor zaken of sociaal⟩; ⟨overeenkomst⟩ *agreement* ♦ **3.1** een ~ maken *enter into an agreement* ⟨vnl. zakelijk⟩; een ~ maken / hebben bij de tandarts *make / have an appointment with the dentist;* een ~ nakomen, zich aan een ~ houden ⟨met iem.⟩ *keep an appointment;* ⟨overeenkomst⟩ *stick to an agreement* **6.1** spreekuur volgens ~ *consultation by appointment.*
afspraakje 0.1 *date.*
afspreken I ⟨ov.ww.⟩ **0.1** [bij overeenkomst vaststellen] *agree (on)* ⇒*arrange* ⟨ook→**afgesproken**⟩ ♦ **1.1** een plan ~ *agree on a plan* **3.1** dat is dus afgesproken *that's a deal, that's settled then;* ~ iets te zullen doen *agree to do sth.* **8.1** zoals afgesproken *as agreed (upon);* **II** ⟨onov.ww.⟩ **0.1** [een afspraak maken] *make an appointment.*

afspringen 0.1 [naar beneden springen] *jump down / off* ⇒ *spring down / off* **0.2** [wegspringen] *jump away (from / off)* **0.3** [+ op] *jump at / on* **0.4** [plotseling loslaten] *fly off* **0.5** [afgebroken worden] *fall through* ⟨koop, huwelijk⟩ ⇒ *break down* ⟨bv. onderhandelingen⟩ ♦ **1.4** de knoop sprong eraf *the button flew off;* de splinters sprongen eraf *the splinters flew off* **1.5** de koop is afgesprongen (op …) *the deal is off / has fallen through (because of …).*
afspuiten 0.1 [door spuiten verwijderen] *hose (off)* ⟨met slang⟩ ⇒*spray (off)* **0.2** [door spuiten reinigen] *hose (off / down)* ⇒*spray (off / down)* ♦ **1.2** de ramen ~ *hose down the windows* **6.1** het vuil van de ramen ~ *hose the dirt off the windows.*
afstaan I ⟨ov.ww.⟩ **0.1** [afstand doen van] *give up* ⇒*hand over* ⟨afdragen⟩ **0.2** [tijdelijk geven] *give up* ♦ **1.1** zijn plaats ~ ⟨bv. aan jongere collega⟩ *step down* **1.2** iem. zijn kamers ~ *give s.o. (the use of) one's rooms;* **II** ⟨onov.ww.⟩ **0.1** [verwijderd staan / zijn van] *stand away / back from* ♦ **5.1** ⟨fig.⟩ ver ~ v.d. werkelijkheid *be remote from reality.*
afstaand 0.1 *protruding* ⇒*prominent* ♦ **1.1** hij heeft ~e oren *his ears stick out.*
afstammeling 0.1 *descendant* ♦ **6.1** ~ in rechte lijn *direct d.*
afstammen 0.1 [mbt. personen / dieren] *descend (from)* **0.2** [mbt. woorden] *derive (from)* **0.3** [mbt. gebruiken / toestanden] *descend (from)* ⇒*stem (from)* ♦ **6.1** in de rechte lijn van iem. ~ *be a direct descendant of s.o.*
afstamming 0.1 [mbt. personen] *descent* **0.2** [mbt. een woord] *derivation* ♦ **2.1** van Italiaanse ~ *of Italian extraction.*
afstand 0.1 [distantie] *distance (to, from)* ⇒⟨tussenruimte ook⟩ *interval* **0.2** [het afstaan / opgeven] *renunciation* ♦ **3.1** een ~ afleggen *cover a d.;* ~ houden / bewaren *keep one's d.;* ⟨fig. ook⟩ *keep aloof;* ⟨fig.⟩ ~ nemen v.e. onderwerp *distance o.s. from a subject* **3.2** ~ doen van *renounce, disclaim;* ~ doen v.d. troon *abdicate, renounce the throne;* ~ doen van zijn bezit / vrijheid *part with one's possessions, give up one's freedom;* ~ doen v.e. kind *ten gunste v.d. vader cede a baby to the father;* hij heeft ~ gedaan van al zijn rechten *he has relinquished / ⟨schriftelijk⟩ signed away all his rights* **6.1** op ~ een ~ at a d.; ⟨fig.⟩ *distant, aloof;* iem. **op** een ~ houden ⟨fig. ook⟩ *keep s.o. at arm's length;* erg **op** een ~ zijn tegen iem. *be very standoffish to s.o.*
afstandelijk 0.1 *distant* ⇒*aloof.*
afstandsbediening 0.1 [handeling] *remote control* **0.2** [instrument] *remote control (unit).*
afstandsbesturing 0.1 *remote control.*
afstandsmaat 0.1 *linear measure.*
afstandsschot ⟨sport⟩ **0.1** *long shot.*
afstapje 0.1 *step* ♦ **3.1** denk om het ~ *mind the s.*
afstappen 0.1 [naar beneden stappen] *step down* ⇒*come down / off, dismount,* ⟨mbt. fiets⟩ *get off (one's bike)* **0.2** [vaak + op; stappen naar / van] *step up / down to* **0.3** [ophouden met] *leave* ⇒*drop* ♦ **1.1** de stoep ~ *come down the steps* **1.2** een weg komen ~ *march down the road* **6.3** van zijn onderwerp ~ *drop one's subject.*
afsteken I ⟨onov.ww.⟩ **0.1** [sterk uitkomen] *stand out* ♦ **6.1** gunstig ~ **bij** *compare favourably with;* die fabrieken steken lelijk af **tegen** het landschap *the factories stick out like a sore thumb against the landscape;* **II** ⟨ov.ww.⟩ **0.1** [doen ontbranden / afgaan] *let off* **0.2** [uitspreken] *deliver* **0.3** [door steken verwijderen] *cut off / away* **0.4** [afbakenen] *mark off / out* ♦ **1.1** een vuurwerk ~ *let off fireworks* **1.2** een speech ~ *d. / make a speech* **1.3**

35

graszoden ~ *cut sods (of turf);* een heideveld ~ *remove the turf.*

afstel 0.1 *cancellation.*

afstellen 0.1 [instellen] *adjust (to)* ⇒*set, tune (up)* ⟨motor⟩ **0.2** [opgeven] *cancel* ◆ **5.1** dat horloge is zuiver afgesteld *that watch has been set with precision.*

afstelling 0.1 *adjustment* ⇒⟨mbt. auto⟩ *tune-up.*

afstemknop 0.1 *tuning knob.*

afstemmen 0.1 [bij stemming verwerpen] *vote down* **0.2** [zuiver stemmen] *tune* **0.3** [com.] *tune (to)* ⇒⟨aanzetten⟩ *tune in (to)* **0.4** [in overeenstemming brengen] *tune (to)* ◆ **6.3** een radio op een zender ~ *tune a radio in to a station* **6.4** alle werkzaamheden zijn **op** elkaar afgestemd *all activities are geared to one another.*

afstemming 0.1 [het bij stemming verwerpen] *rejection* ⇒ *defeat.*

afstempelen 0.1 *stamp* ⇒*cancel, postmark* ◆ **1.1** een paspoort/kaartje ~ *s. a passport/ticket.*

afsterven 0.1 [mbt. lichaams/plantendelen] *die (off)* ⇒ ⟨plantk. ook⟩ *die back* **0.2** [overlijden] *die* ⇒*uitsterven* ⟨die out⟩ ◆ **4.¶** ik sterf het af van de kou *I'm freezing (to death).*

afstevenen 0.1 (+ op) *make for* ⇒*head for/towards.*

afstijgen 0.1 [naar beneden gaan] *descend* ⇒*come/go down* **0.2** [mbt. een rijdier] *dismount (from).*

afstoffen 0.1 *dust (off)* ◆ **1.1** de tafel ~ *dust the table.*

afstompen I ⟨onov., ov.ww.⟩ **0.1** [minder gevoelig maken] *dull* ⇒*numb* ◆ **1.1** het verdriet heeft zijn geest afgestompt *grief has numbed him,*
II ⟨onov.ww.⟩ **0.1** [minder gevoelig worden] *become blunt(ed)/numb* **0.2** [minder scherp worden] *become blunt* ◆ **6.1** door de eenzaamheid stompt hij af *loneliness is numbing him;*
III ⟨ov.ww.⟩ **0.1** [stomp maken] *blunt*

afstoppen 0.1 [opvullen] *fill* ⇒*stop* ⟨lek⟩, *block* ⟨tussenruimte⟩ **0.2** [sport] *block* ⇒*stop,* ⟨rugby⟩ *collar.*

afstormen 0.1 [naar beneden spoeden] *storm/charge down* **0.2** [+ op; toesnellen] *charge (at).*

afstotelijk →*afstotend.*

afstoten I ⟨ov.ww.⟩ **0.1** [door stoten verwijderen] *knock off* ⇒*break off* **0.2** [v.d. hand doen] *dispose of* ⇒*reject* ⟨verwerpen⟩, *hive off* ⟨bedrijfstakken⟩ **0.3** [biol.] *reject* ◆ **1.1** het hert stootte zijn gewei af *the deer shed its antlers* **1.2** arbeidsplaatsen ~ *cut jobs;* de poes stootte haar jong af *the cat rejected her young;* taken ~ *give up duties;*
II ⟨onov., ov.ww.⟩ **0.1** [onaangenaam aandoen] *repel* **0.2** [nat.] *repel* ◆ **1.1** zo'n onvriendelijke bejegening stoot af *such unfriendly treatment is off-putting;*
III ⟨onov.ww.⟩ **0.1** [afketsen] *ricochet* ⇒*bounce off* **0.2** [in een andere richting stoten] *thrust out* ⇒*lunge out.*

afstotend 0.1 *repulsive* ◆ **1.1** een ~ karakter *an obnoxious character.*

afstoting 0.1 [biol.] *rejection* **0.2** [nat.] *repulsion* **0.3** [het inboezemen van afkeer] *repugnance* **0.4** [het v.d. hand doen] *disposal* ⇒*rejection* ⟨verwerping⟩ ◆ **1.4** ~ van arbeidsplaatsen *cutting down on jobs.*

afstraffen 0.1 [bestraffen] *punish* ⟨ook sport⟩ **0.2** [de mantel uitvegen] *reprimand* ◆ **5.2** iem. eens duchtig ~ *give s.o. a good dressing down.*

afstralen I 0.1 [stralend uitgaan van] *radiate (from)* ⇒*shine (forth)* **0.2** [fig.] *radiate (from)* ◆ **6.2** de blijheid straalt van hem af *he was radiant with joy.*

afstraling 0.1 [het afstralen] *radiation* ⇒*shining* **0.2** [afspiegeling] *radiation* ⇒*reflection* ◆ **1.1** de ~ v.e. cv-ketel *heat given off by a central heating boiler.*

afstreek ⟨muz.⟩ **0.1** *downbow.*

afstrepen 0.1 *cross off.*

afstrijken 0.1 [mbt. lucifers] *strike* ⇒*light* **0.2** [door strijken verwijderen] *wipe off* ⇒*level (off)* ◆ **1.2** een afgestreken eetlepel *a level tablespoonful;* het mes op het brood ~ *wipe the knife (off) on the bread.*

afstropen 0.1 [door stropen verwijderen] *strip (off)* **0.2** [villen] *skin* **0.3** [stropend aflopen] *pillage* ⇒*ransack* ◆ **1.1** een haas de huid ~ *skin a hare* **1.3** enkele benden stroopten het platteland af *a few bands pillaged the countryside* **6.1** een drenkeling de kleren **van** het lijf ~ *strip the clothes off a drowned person.*

afstruinen 0.1 *comb* ⇒*scour* ⟨gebied e.d.⟩ ◆ **1.1** zij struint alle veilingen af *she combs all the auctions.*

afstudeeropdracht 0.1 *subject for final project* ⇒*±thesis subject.*

afstudeerrichting 0.1 *main subject.*

afstudeerscriptie 0.1 *(Master's) thesis.*

afstuderen I ⟨onov.ww.⟩ **0.1** [zijn studie voltooien (aan)] *graduate (from)* ⇒*complete/finish one's studies/training (at);*
II ⟨ov.ww.⟩ **0.1** [studeren] *study* ◆ **4.1** we hebben deze week heel wat afgestudeerd *we studied a lot this week.*

afstuiten 0.1 [afketsen] *rebound* **0.2** [met 'op'; niet doorgaan] *fall through* ⇒*be frustrated, fail* ◆ **6.1** de bal stuit af tegen de paal *the ball rebounds off the post* **6.2** het voorstel stuitte af **op** haar onverzettelijkheid *the proposal fell through owing to her intransigence.*

afstuiven 0.1 [zich snel begeven in bep. richting] *rush* ⇒ *dash* **0.2** [wegstuiven] *blow off* ⇒*be blown off* ◆ **1.1** het volk stoof (van) de markt af *the people scurried away from the marketplace* **6.1** de kinderen stoven **op** de snoepjes af *the children made (a beeline) for the sweets.*

afsturen en II ⟨onov., ov.ww.⟩ **0.1** [mbt. een vaartuig] *steer away* ◆ **6.1** hij stuurde (de boot) **van** de wal af *he steered away from the quay;*
II ⟨ov.ww.⟩ **0.1** [wegzenden] *send away* **0.2** [+ op; ergens heen zenden] *send (towards)* ◆ **6.1** van school ~ *expel from school* **6.2** een vaartuig op iets ~ *s. a ship towards sth.;* de hond **op** iem. ~ *set the dog on s.o.*

aftaaien ⟨inf.⟩ **0.1** *buzz off* ⇒*split.*

aftakelen 0.1 *go/run to seed* ⇒*go downhill* ◆ **3.1** hij begint al flink af te takelen *he really is starting to go downhill;* ⟨geestelijk⟩ *he's really starting to lose his faculties.*

aftakeling 0.1 *deterioration* ⇒*decline.*

aftakken 0.1 *branch (off)* ⇒*fork (off).*

aftakking 0.1 *branch* ⇒*fork.*

aftands 0.1 *long in the tooth* ⟨mbt. personen⟩; *broken down* ⟨mbt. dingen⟩ ◆ **1.1** een ~e piano *a worn-out/dilapidated piano.*

aftapkraan 0.1 *drain cock.*

aftappen 0.1 [laten leegvloeien] *draw off* ⇒*drain* **0.2** [mbt. hetgeen wegvloeit] *tap* **0.3** [med.] *tap* ⇒*drain* ⟨uit abces/wond⟩ ◆ **1.1** als het hard vriest, moet men de waterleiding ~ *when it freezes hard the water has to be drained from the water pipes* **1.2** de benzine ~ *siphon (off) the petrol;* ⟨fig.⟩ een telefoonlijn ~ *t. a telephone line* **1.3** iem. bloed ~ *take blood from s.o.*

aftasten 0.1 [tastend onderzoeken] *feel* ⇒*sense* **0.2** [fouilleren] *search* **0.3** [fig.] *feel/sound out* **0.4** [tech.] *scan* ⟨bv. met laserstraal⟩; *track, trace* ⟨van pick-upnaald⟩ ◆ **1.1** een oppervlak ~ *explore a surface with one's hands* **1.3** ~d onderzoek *exploratory research.*

afte ⟨med.⟩ **0.1** *aphtha.*

aftekenen I ⟨ov.ww.⟩ **0.1** [afbakenen (door omtrekken)] *outline* ⇒*mark off* **0.2** [nauwkeurig bepalen/nagaan] *define*

⇒*delineate* **0.3** [ondertekenen] *sign* ⇒*endorse* ⟨cheque, rekening⟩ **0.4** [aantekenen op een kaart] *register, record* ◆ **1.1** de plattegrond v.e. plein ~ *map out a (town) square* **1.3** papieren ~ *s. papers* **1.4** ik heb mijn practicum laten ~ *I've had lab sessions registered;* **II** ⟨wk.ww.; zich ~⟩ **0.1** [zichtbaar/merkbaar worden] *stand out* ⇒*become visible* ◆ **6.1** zich ~ **tegen** *stand out against.*

aftellen 0.1 [nauwkeurig uittellen] *count (out/off)* **0.2** [een naderend tijdstip afwachten] *count* ◆ **1.2** de dagen ~ *c. the days* **6.2** het ~ **voor** de lancering *the countdown for the launch.*

aftikken 0.1 [kind.] *tag (out)* **0.2** [door tikken verwijderen] *knock off* ⇒*tap off* ⟨met hamer e.d.⟩.

aftimmeren 0.1 *finish (off)* ◆ **6.1** dat jacht is **met** mahoniehout afgetimmerd *that yacht has a mahogany finish.*

aftiteling ⟨film, tv⟩ **0.1** *credit titles* ⇒*credits.*

aftobben I ⟨ov.ww.⟩ **0.1** [afmatten] *wear out* ⇒*weary* ⟨ook→ **afgetobd**⟩ ◆ **4.1** zich ~ met joggen *wear o.s. out jogging;* **II** ⟨onov.ww.⟩ **0.1** [moeite/zorgen hebben] *worry* ◆ **6.1** zij heeft wat afgetobd **met** dat kind *she has had her problems with that child.*

aftocht 0.1 *retreat* ◆ **3.1** iemands ~ dekken *cover s.o.'s retreat;* de ~ slaan/blazen ⟨fig.⟩ *beat a r.;* ⟨lett.⟩ *sound the r.*

aftoppen 0.1 *top* ◆ **1.1** ⟨fig.⟩ de salarissen ~ *level down salaries.*

aftopping 0.1 [het aftoppen] *topping* **0.2** [ec.] *levelling.*

aftrap ⟨sport⟩ **0.1** *kickoff* ◆ **3.1** de ~ doen *kick off* **6.1 bij** de ~ *at the k.*

aftrappen I ⟨onov.ww.⟩ **0.1** [sport] *kick off* ◆ **6.¶ van** zich ~ *kick right and left;* **II** ⟨wegtrappen⟩ *kick away/off* **0.2** [met een trap iets afbreken] *kick off* **0.3** [fietsend afleggen] *pedal away* **0.4** [verslijten] *wear out* ◆ **1.4** afgetrapte schoenen *down-at-heel shoes* **6.1** ⟨fig.⟩ hij is **van** school afgetrapt *he's been kicked out of school.*

aftreden 0.1 *resign (one's post)* ◆ **8.1** als president ~ *r. from the presidency.*

aftrek 0.1 [het verminderen] *deduction* **0.2** [bedrag] *deduction* ⇒⟨belasting ook⟩ *allowance* **0.3** [afname] *sale* ◆ **1.1** ~ van voorarrest *reduction in sentence for time already served* **3.3** ~ hebben/vinden *have/find a market, be in demand* **6.1 na** ~ van onkosten *less expenses.*

aftrekbaar 0.1 *deductible* ⇒*tax-deductible* ⟨voor de belasting⟩.

aftrekken I ⟨onov.ww.⟩ **0.1** [zich verwijderen] *withdraw* ⇒ *retreat;* **II** ⟨onov., ov.ww.⟩ **0.1** [rekenkundig] *subtract* **0.2** [afschieten] *fire* ⇒⟨onov.ww. ook⟩ *pull the trigger* ◆ **6.1** acht **van** veertien afgetrokken is zes *eight (subtracted) from fourteen is six;* **III** ⟨ov.ww.⟩ **0.1** [inhouden] *deduct* **0.2** [door trekken verwijderen] *pull off* **0.3** [afwenden, afhouden] *draw away* ⇒ ⟨aandacht ook⟩ *divert* **0.4** [seksueel bevredigen] *jerk/jack off* ⇒*wank (off)* **0.5** [villen] *strip* ◆ **1.5** een haas/paling ~ *strip a hare, skin an eel* **4.4** zich ~ *wank off* **6.2** ik zal de tafel wat **van** de kachel ~ *I'll pull the table away from the fire* **6.3** zijn ogen **van** iem./iets ~ *turn one's eyes away from s.o./sth.*

aftrekpost 0.1 *deduction* ⇒*tax-deductible item/expense, tax shelter.*

aftreksel 0.1 *extract* ◆ **2.1** een slap ~ *a weak infusion;* ⟨fig.⟩ *a (poor) apology/excuse (for);* ⟨fig.⟩ deze vertaling is een slap ~ v.h. origineel *this translation is a pale shadow of the original.*

aftreksom ⟨rekenkundig⟩ **0.1** *subtraction (sum).*

aftroeven I ⟨onov., ov.ww.⟩ **0.1** [kaartspel] *trump;* **II** ⟨ov.ww.⟩ **0.1** [te vlug af zijn] *score (points) off.*

aftroggelen 0.1 *wheedle out of* ⇒*coax/cajole out of* ◆ **3.1** iem. iets weten af te troggelen *succeed in wheedling sth. out of s.o.*

aftuigen 0.1 [afranselen] *beat up* ⇒*mug* **0.2** [mbt. trekdieren] *unharness* **0.3** [scheep.] *unrig.*

afturven 0.1 *tally up.*

afvaardigen 0.1 [met een opdracht] *send* **0.2** [als vertegenwoordiger] *delegate* ◆ **6.2** hij was **naar** de bondsvergadering afgevaardigd *he had been delegated to the association's meeting.*

afvaardiging 0.1 *delegation* ◆ **6.1** Nederlandse ~ **bij** *Dutch d. at.*

afvaart 0.1 *sailing* ⇒*departure* ◆ **1.1** dag/datum van ~ *sailing-date.*

afval I ⟨de⟩ **0.1** [het ontrouw worden] *defection* ⇒⟨vnl. mbt. godsdienst ook⟩ *apostasy;* **II** ⟨het, de⟩ **0.1** [nutteloze rest] *waste (matter)* ⇒⟨vuilnis⟩ *refuse,* ⟨vuilnis⟩ *rubbish* ◆ **2.1** radioactief ~ *radioactive waste* **3.1** verboden ~ te storten *no tipping.*

afvalbak 0.1 *litter bin/basket* ⇒⟨vuilnisbak⟩ *dustbin, rubbish bin.*

afvalbedrijf 0.1 *waste-/refuse-processing firm.*

afvalberg 0.1 *mountain of waste/refuse.*

afvalcontainer 0.1 *(refuse) container* ⇒⟨voor bouwmaterialen⟩ *skip.*

afvallen 0.1 [naar beneden vallen] *fall off/down* **0.2** [niet meer meetellen] *drop out* **0.3** [ontrouw worden] *abandon* **0.4** [afslanken] *lose weight* **0.5** [overschieten] *be left (over)* **0.6** [tegenvallen] *be disappointing* **0.7** [scheep.] *bear away* ◆ **1.1** de bladeren vallen af *the leaves are falling* **1.2** dat alternatief viel af *that alternative was dropped* **1.3** iem. ~ *desert/abandon s.o.* **1.4** ik ben één kilo afgevallen *I've lost a kilo* **1.6** die nasleep zal hun ~ *the aftermath will be more than they bargained for* **4.5** er zal voor jou ook nog wel iets ~ *there will be sth. in it for you as well.*

afvallig 0.1 [ontrouw] *unfaithful* ⇒⟨van godsdienst ook⟩ *lapsed,* ⟨van godsdienst ook⟩ *apostate* **0.2** [mbt. zeilvaartuigen] *leewardly* ◆ **6.1** ~ worden **van** een partij *desert a party.*

afvallige 0.1 *deserter* ⇒*renegade, apostate* ⟨van godsdienst⟩.

afvalproduct 0.1 *by-product* ⇒*waste product.*

afvalrace 0.1 *elimination race.*

afvalscheiding 0.1 *separation of waste/refuse.*

afvalstof 0.1 *waste product* ⇒⟨mv. ook⟩ *waste (matter)* ◆ **2.1** schadelijke ~fen *harmful waste.*

afvalverwerking 0.1 *treatment/processing of waste* ⇒ *waste disposal.*

afvalwater 0.1 *waste water.*

afvangen 0.1 *snatch from* ◆ **1.1** iem. een bal ~ *snatch the ball from under s.o.'s hands/nose.*

afvaren 0.1 [wegvaren] *sail* ⇒*depart* **0.2** [ergens heen varen] *sail (for)* **0.3** [stroomafwaarts varen] *sail down-(stream)* ◆ **1.1** de pont vaart daar af *the ferry sails/leaves from there* **1.3** wij voeren langzaam de rivier af *we sailed/floated slowly down the river* **3.2** af- en aanvaren *depart and arrive.*

afvegen 0.1 [door vegen reinigen] *wipe (off)* **0.2** [door vegen wegnemen] *wipe off* ⇒*brush/wipe away* ⟨tranen⟩ ◆ **1.1** de tafel ~ *w. (off) the table.*

afvlakken 0.1 [vlak maken] *level (off)* ⇒*smooth (down), plane* ⟨met schaaf⟩ **0.2** [mbt. spanningsverschillen] *smooth.*

afvloeien I ⟨onov.ww.⟩ **0.1** [mbt. personen] *be made redundant* ⇒*be laid off* ⟨tijdelijk⟩, *be retired early* ⟨via VUT⟩ **0.2** [wegvloeien] *flow off/away* **0.3** [naar beneden vloeien] *flow down;*
II ⟨ov.ww.⟩ **0.1** [met vloeipapier bestrijken] *blot.*

afvloeiing 0.1 [mbt. personeel] *release* ⇒*gradual dismissal/discharge, lay off* ⟨tijdelijk⟩ **0.2** [het wegvloeien] *drainage* ⇒*flowing/draining off/away* ◆ **1.1** ~ van 200 werknemers *200 redundancies.*

afvloeiingsregeling 0.1 *redundancy pay/scheme;* ⟨VUT⟩ *early retirement scheme/pay.*

afvoer 0.1 [vervoer naar elders] *transport* **0.2** [het afwaarts voeren] *drainage* **0.3** [pijp] *drain(pipe)* ⇒*outlet, exhaust (pipe)* ⟨voor gassen e.d.⟩, *flue* ⟨kachel⟩ ◆ **1.1** de ~ van goederen *t./removal of goods* **1.2** toe- en afvoer *supply and d.* **2.3** de ~ is verstopt *the drain is clogged.*

afvoerbuis 0.1 *discharge/outlet pipe* ⇒*drain(pipe)* ⟨in grond⟩, *waste pipe* ⟨riool⟩, *exhaust (pipe)* ⟨voor gassen e.d.⟩.

afvoeren 0.1 [naar elders (ver)voeren] *transport* ⇒*drain away/off* ⟨water⟩, *lead away* ⟨van zijn voorgenomen route af⟩ **0.2** [naar beneden/afwaarts voeren] *carry off/down* ⇒*lead down* **0.3** [schrappen] *remove* ◆ **1.2** kolen de Rijn ~ *transport coal down the Rhine* **6.1** dat pad voert u van de stad af *that path takes you away from the town* **6.3** iem. van de ledenlijst ~ *remove s.o. from the membership list.*

afvoerpijp →*afvoer* **0.3.**

afvragen ⟨wk.ww.; zich ~⟩ **0.1** *wonder* ⇒*ask o.s.,* ⟨betwijfelen ook⟩ *(be in) doubt (as to)* ◆ **4.1** ik vraag mij af, wie …*I w. who* … **8.1** ik vraag mij af of dat juist is *I w. if/whether that is correct.*

afvriezen 0.1 [door vriezen afsterven] *catch/be caught by the frost* **0.2** [door vriezen afvallen] *freeze off, be frozen off* ◆ **1.1** de bloesems zijn vannacht afgevroren *the blossoms caught the frost last night.*

afvuren 0.1 [afschieten] *fire* ⇒*let off, discharge, launch* ⟨raket⟩ **0.2** [uiten] *fire* ⇒*shoot* ◆ **6.2** vragen op iem.~ *f. questions at s.o.*

afwaaien I ⟨onov.ww.⟩ **0.1** [waaien in tegengestelde richting] *blow off* **0.2** [door de wind weggerukt worden] *blow off/away* **0.3** [naar beneden waaien] *blow off/down* ◆ **6.2** het schip was van zijn koers afgewaaid *the ship was blown off course* **6.3** er woei veel sneeuw van de bergtop af *a lot of snow blew off the mountain-top;*
II ⟨ov.ww.⟩ **0.1** [wegwaaien] *blow off.*

afwaarts I ⟨bw.⟩ **0.1** [van iets af] *away* **0.2** [naar omlaag] *down, downward(s)* **0.3** [stroomafwaarts] *down(stream);*
II ⟨bn.⟩ **0.1** [naar beneden gericht] *downward* ◆ **1.1** een ~e beweging *a d. movement.*

afwachten 0.1 *wait (for)* ⇒*await,* ⟨tegemoet zien⟩ *anticipate* ◆ **1.1** zijn beurt ~ *wait/take one's turn;* een nadere verklaring ~ *await (a) further explanation* **3.1** hij keek hem ~d aan *he looked at him expectantly;* we moeten maar ~ *we'll have to wait and see.*

afwachting 0.1 *expectation* ⇒⟨tegemoet zien⟩ *anticipation* ◆ **6.1** in ~ van uw antwoord (enz.) *we look forward to receiving your reply;* **in** ~ v.d. dingen die komen gaan *in e./anticipation of things to come.*

afwas 0.1 [vaat] *dishes* ⇒*washing-up* **0.2** [het afwassen] *doing/washing the dishes* ⇒*washing-up* ◆ **6.2** zij is **aan** de ~ *she's doing the dishes.*

afwasautomaat 0.1 *dishwasher* ⇒*washing-up machine.*

afwasbaar 0.1 *washable.*

afwasbak 0.1 *ᴮwashing-up bowl.*

afwasborstel 0.1 *dishwashing/washing-up brush.*

afwasmachine 0.1 *dishwasher* ⇒*washing-up machine.*

afwasmiddel 0.1 *washing-up liquid.*

afwassen I ⟨ov.ww.⟩ **0.1** [door wassen reinigen] *wash (up)* **0.2** [door wassen verwijderen] *wash off/away* ◆ **1.1** het gezicht ~ *wash one's face* **6.2** bloed **van** zijn handen ~ *wash blood from his hands;*
II ⟨onov.ww.⟩ **0.1** [de afwas doen] *do/wash the dishes.*

afwaswater 0.1 *dishwater.*

afwateren 0.1 *drain* ◆ **6.1** ~ op een rivier *d. into a river.*

afwatering 0.1 [het afvoeren van water] *drainage* **0.2** [inrichting] *drainage* ⇒*drains* ◆ **3.2** een gemetselde ~ *a brick drain.*

afwateringsbuis 0.1 *drain(pipe).*

afwateringskanaal 0.1 *drainage canal* ⇒*sluice.*

afweer 0.1 *defence.*

afweergeschut 0.1 *anti-aircraft guns.*

afweermechanisme 0.1 [med., psych.] *defence mechanism.*

afweermiddel 0.1 *preventive measure (against).*

afweerreactie 0.1 [med.] *immune response/reaction* **0.2** [psych.] *defensive reaction.*

afweerstof 0.1 *antibody.*

afweersysteem 0.1 *defence system* ⟨ook med.⟩.

afwegen 0.1 [nauwkeurig wegen] *weigh* **0.2** [overwegen] *weigh (up)* ⇒*consider* ◆ **1.2** de voor- en nadelen (tegen elkaar) ~ *weigh the pros and cons (against each other).*

afweken I ⟨ov.ww.⟩ **0.1** [week maken en verwijderen] *soak off* ⇒⟨met stoom⟩ *steam off.*
II ⟨onov.ww.⟩ **0.1** [week worden en loslaten] *come off* ⇒ *come unstuck/undone* ◆ **1.1** de pleister is afgeweekt *the plaster has come off.*

afwenden 0.1 [in een andere richting wenden] *turn away;* *aside* ⇒⟨blik/gedachten ook⟩ *avert* **0.2** [afweren] *avert* ⇒ *ward/stave off,* ⟨aanval ook⟩ *parry* ◆ **1.1** het hoofd/de ogen ~ *turn one's head/eyes away, look away* **6.1** de ogen niet ~ **van** iem./iets *not take one's eyes off s.o./sth.*

afwennen 0.1 *cure of* ⇒*break of,* ⟨vnl. zuigeling⟩ *wear (away) from* ◆ **1.1** iem. het roken/drinken proberen af te wennen *try to cure s.o. of smoking/drinking* **4.1** zich het gokken ~ *cure o.s. of gambling.*

afwentelen 0.1 *shift* ⇒*transfer* ◆ **6.1** de verantwoordelijkheid ~ **op** iem. anders *s. the responsibility on to s.o. else,* *transfer the responsibility to s.o. else;* kosten **op** iem. ~ *pass expenses on to s.o.*

afweren 0.1 [op een afstand houden] *keep off/away* ⇒*hold off,* ⟨fig.⟩ *fend/ward off* **0.2** [zich verzetten tegen] *ward/ fend off* ⇒*parry* ⟨vragen⟩ **0.3** [afslaan] *ward off* ◆ **1.1** nieuwsgierigen ~ *keep bystanders at a distance* **1.2** treurige gedachten ~ *ward off melancholy thoughts;* lastige vragen ~ *duck tricky questions* **1.3** een aanval/aanvaller ~ *repel an attack/attacker.*

afwerken 0.1 [de laatste hand leggen aan] *finish (off)* **0.2** [volbrengen] *finish (off)* ⇒*complete* ◆ **1.1** het ~ van houtwerk *woodwork finishing;* een opstel/roman ~ *add the finishing touches to an essay/novel* **1.2** een programma ~ *complete a programme* **3.1** ⟨fig.⟩ van ~ houden *like to f. what one has started* **4.2** heel wat ~ *get a lot of work done* **5.1** iets netjes/grondig ~ *make a thorough job of sth.*

afwerking 0.1 [handeling] *finish(ing)* ⇒*finishing touch* **0.2** [middel] *finish* ◆ **2.2** koperen ~ *brass f.* **6.1** dat team is slecht **in** de ~ *that team is bad at scoring.*

afwerpen 0.1 [afdoen] *throw off* **0.2** [van zich werpen] *throw away* ◆ **1.1** ⟨fig.⟩ een gevoel van ongerustheid niet van zich kunnen ~ *be unable to shake off a feeling of anx-*

iety; het masker ~ *drop one's mask;* veren/huid/hoorns ~ ⟨veren⟩ *moult;* ⟨huid/hoorns⟩ *shed one's skin/horns;* de wapens ~ *throw down one's weapons* **1.2** appels ~ *drop apples* **6.2** ⟨fig.⟩ alle verantwoordelijkheid **van** zich ~ *deny all responsibility.*

afweten ♦ 3.¶ het laten ~ ⟨het niet doen⟩ *fail, refuse to work;* ⟨niet op komen dagen⟩ *not show (up).*

afwezig 0.1 [absent] *absent* ⇒⟨weg⟩ *away,* ⟨weg⟩ *gone* **0.2** [verstrooid] *absent(-minded)* ⇒*preoccupied ♦* **1.2** ~e blikken *absent/far-away looks* **3.1** hij is op het ogenblik ~ *he's away at the moment.*

afwezige 0.1 *absentee ♦* **2.1** X was de grote ~ *X was conspicuous by his absence ¶.*1 de ~n hebben altijd ongelijk *those who are absent always get the blame.*

afwezigheid 0.1 [absentie] *absence* ⇒⟨jur. ook⟩ *nonappearance* ⟨van getuige⟩ **0.2** [verstrooidheid] *absent-mindedness* **0.3** [het ontbreken] *absence ♦* **1.2** in een ogenblik van ~ *in a forgetful moment, in a momentary fit of a.-m.* **6.1 gedurende/tijdens** iemands ~ *during s.o.'s absence;* **in/bij** ~ van *in the a. of;* ~ **met** verlof *leave (of a.).*

afwijken 0.1 [een andere richting nemen] *deviate (from)* ⟨ook fig.⟩ ⇒*depart (from)* ⟨onderwerp⟩, *diverge (from)* ⟨lijn e.d.⟩ **0.2** [niet overeenkomen] *differ* ⇒*deviate, vary, disagree (with)* ⟨persoon⟩ *♦* **3.1** doen ~ *divert, turn (away)* **6.1** ⟨fig.⟩ (in een betoog/verhaal) **van** de hoofdzaken ~ *drift away from the essentials;* ⟨fig.⟩ **van** de goede weg/het rechte pad ~ *deviate from the straight and narrow;* **van** de regel ~ *deviate from the rule.*

afwijkend 0.1 *different ♦* **1.1** ~ gedrag *abnormal behaviour;* ~e mening *d. opinion.*

afwijking 0.1 [het afwijken v.e. richting] *deviation* **0.2** [wat niet volgens de norm is] *defect* ⇒*abnormality, aberration* **0.3** [het niet-volgen v.e. regel, norm] *departure* **0.4** [verschil] *difference* ⇒*deviation ♦* **1.1** de ~ v.h. kompas *the declination of the compass* **2.2** een geestelijke ~ *a mental abnormality;* een lichamelijke ~ *a physical d.* **3.4** een (geringe) ~ vertonen van *differ (slightly) from* **6.3 in** ~ van de regel *as a d. from the rule.*

afwijzen 0.1 [niet toelaten] *not admit* ⇒*turn away* **0.2** [een graad/bevoegdheid niet toekennen] *fail* ⇒*reject* **0.3** [weigeren] *refuse* ⇒*decline, reject,* ⟨verwerpen⟩ *repudiate* **0.4** [jur.] *dismiss ♦* **1.1** een bezoeker ~ *turn away a visitor;* ⟨fig.⟩ als Turkije afgewezen wordt door de EG *if Turkey is rebuffed by the EC* **1.2** kandidaten ~ *f. candidates* **1.3** een ~de beschikking *a refusal;* geruchten ~ *disclaim rumours;* een verzoek ~ *refuse a request* **1.4** een ~d vonnis *dismissal* **3.3** ~d staan tegenover *be opposed to* **8.1** iem. als lid (v.e. vereniging) ~ *refuse s.o. membership (of an association)* **¶.2** afgewezen worden ⟨examen⟩ *fail.*

afwijzing 0.1 [het niet toelaten] *refusal* ⇒*rejection* **0.2** [het niet toekennen van graad/bevoegdheid] *failure* **0.3** [weigering] *refusal* ⇒*rejection,* ⟨verwerping⟩ *repudiation* **0.4** [jur.] *dismissal ♦* **3.1** alleen maar ~en ontvangen op zijn sollicitaties *encounter nothing but rejections to one's applications.*

afwikkelen 0.1 [afwinden] *unwind* ⇒*unroll* **0.2** [afhandelen] *complete* ⇒*settle ♦* **1.1** het papier v.e. pakje ~ *unwrap a package* **1.2** een contract/kwestie ~ *settle a contract/question;* een transactie ~ *c. a transaction.*

afwikkeling 0.1 *winding up* ⇒*settlement, completion* ⟨contract⟩ *♦* **1.1** de ~ v.e. faillissement *the completion of bankruptcy proceedings.*

afwimpelen 0.1 *not follow up, pass over* ⟨voorstel⟩; *find an excuse (not to accept)* ⟨uitnodiging⟩.

afwinden 0.1 *unwind ♦* **1.1** garen ~ *unwind yarn.*

afwisselen I ⟨ov.ww.⟩ **0.1** [beurtelings opvolgen] *alternate with* ⇒*take turns,* ⟨aflossen⟩ *relieve* **0.2** [variëren] *vary ♦* **1.1** de ene regenbui wisselde de andere af *one shower followed the other* **4.1** elkaar ~ *take turns* **6.2** zijn werk ~ **met** vermaak *alternate one's work with relaxation;* **II** ⟨onov.ww.⟩ **0.1** [beurtelings voorkomen] *alternate* **0.2** [telkens anders worden] *vary ♦* **6.1** hoogbouw wisselt hier af **met** laagbouw *here high-rise (building) alternates with low-rise.*

afwisselend I ⟨bn.⟩ **0.1** [elkaar vervangend/opvolgend] *alternate* **0.2** [gevarieerd] *varied ♦* **1.1** ~ rijm *alternating rhyme;* **II** ⟨bw.⟩ **0.1** [beurtelings] *alternately* ⇒*in turn.*

afwisseling 0.1 [opeenvolging] *alternation* **0.2** [variatie, verandering] *variety* ⇒*variation, change ♦* **2.2** een welkome ~ vormen *make a welcome change* **3.2** ~ vertonen *be varied* **6.2 voor** de ~ *for a change.*

afwissen ⟨schr.⟩ **0.1** *wipe (off) ♦* **1.1** zijn mond/voorhoofd ~ *wipe one's mouth, mop one's forehead;* ⟨fig.⟩ iemands tranen ~ *wipe away s.o.'s tears.*

afwrijven 0.1 *rub off* ⇒*polish* ⟨om te doen glimmen⟩ *♦* **1.1** de tafel ~ *polish (up) the table* **5.1** er ~ *rub off.*

afzadelen 0.1 *unsaddle.*

afzagen 0.1 *saw (off) ♦* **1.1** een tak v.e. boom ~ *saw a branch off a tree.*

afzakken 0.1 [afglijden] *come down* ⇒*slip/slide down* **0.2** [stroomafwaarts drijven] *drift down* **0.3** [slechter worden] *fall back* ⇒*slip/sink downwards ♦* **6.1** de smeltende sneeuw zakte **langs** het dak af *the melting snow slid down the roof* **6.2** ~ **met/voor** de stroom *go with the current.*

afzakkertje ⟨inf.⟩ **0.1** ⟨vóór vertrek/afscheid⟩ *one for the road;* ⟨voor het naar bed gaan⟩ *nightcap.*

afzeggen I ⟨ov.ww.⟩ **0.1** [meedelen dat iets niet doorgaat] *cancel* **0.2** [opzeggen] *cancel* **0.3** [verloochenen] *give up ♦* **1.1** een bezoeker ~ *put off a visitor;* een vergadering ~ *c. a meeting* **1.2** een abonnement ~ *c. a subscription;* **II** ⟨onov., ov.ww.⟩ **0.1** [meedelen dat men niet komt] *call off ♦* **1.1** onze gast heeft (het) afgezegd *our guest has called (it) off* **6.1** ~ **voor** een vergadering *send apologies for missing a meeting.*

afzeiken ⟨inf.⟩ **0.1** *put down* ⇒⟨vulg.⟩ *shit all over ♦* **3.1** zich niet laten ~ *not let o.s. be put down.*

afzenden 0.1 [verzenden] *send (off)* ⇒*forward, ship* ⟨per schip⟩ **0.2** [met een opdracht op pad sturen] *send (to) ♦* **1.1** goederen/brieven/berichten ~ *send goods/letters, dispatch news* **5.2** iem. erop ~ *send s.o. off on it* **6.2** iem. ~ **om** iets te halen *send s.o. to get sth.*

afzender, -ster 0.1 *sender* ⇒*shipper* ⟨goederen⟩ *♦ ¶.1* ~ ... ⟨achterop brief⟩ *from ...*

afzet 0.1 [het verkopen] *sale* ⇒*market* **0.2** [verkochte waren] *sales* **0.3** [het zich afzetten bij het springen] *take-off.*

afzetbaar 0.1 *removable ♦* **3.1** de rechterlijke macht is niet ~ *the judiciary cannot be removed from office.*

afzetbalk ⟨sport⟩ **0.1** *take-off board.*

afzetgebied 0.1 *market* ⇒*outlet ♦* **6.1 in** de ~en *in the trading/marketing/selling areas.*

afzetkosten 0.1 *sales costs.*

afzetmarkt 0.1 *market.*

afzetten I ⟨ov.ww.⟩ **0.1** [buiten werking stellen] *switch/turn off* ⟨radio, motor⟩ ⇒*disconnect* ⟨telefoon, alarm⟩ **0.2** [amputeren] *cut off* ⇒*amputate* **0.3** [oplichten] *cheat* ⇒*swindle, overcharge* ⟨klanten⟩ **0.4** [afscheiden] *enclose* ⇒*fence off/in, block/close off* ⟨toegangsweg⟩ **0.5** [van/tegen iets afduwen] *push off* **0.6** [uit zijn ambt ontzetten] *dismiss* ⇒*remove* **0.7** [laten uitstappen] *drop* ⇒*set/put* *down* **0.8** [omboorden] **set off** ⇒*trim* **0.9** [laten bezinken/ neerslaan] **deposit** ◆ **1.4** een bouwterrein ~ *fence off a building site;* de straat was afgezet met soldaten *the street was lined with soldiers* **1.5** een boot ~ *push off a boat* **1.6** een koning ~ *depose a king* **3.3** je moet je niet overal zo laten ~-! *don't pay through the nose for everything!* **4.5** zich ~ tegen (iets/iem.) *react against (sth./s.o.)* **4.9** het vuil zet zich tegen de wand af *the dirt forms a deposit on the wall* **5.7** een vriend thuis ~ *d. a friend at his home* **6.3** een klant **voor** tien gulden ~ *c. a customer out of ten guilders* **6.5** 〈voetbal〉 een speler **van** de bal ~ *gain possession (of the ball)* **6.8** een jas, afgezet **met** bont *a fur-trimmed coat* **6.¶** dat moet je **van** je af (kunnen) zetten *(you should be able to) get that out of your mind;* **II** 〈onov.ww.〉 **0.1** [snel afkomen] *come/rush (up to)* **0.2** [zich afzetten voor een sprong] *take off* ◆ **3.1** op iem. komen ~ *make/go for s.o.*

afzetter,-ster 0.1 *cheat* ⇒*swindler.*

afzetterij 0.1 *swindle* ⇒*cheat.*

afzetting 0.1 [amputatie] *amputation* **0.2** [ontslag] *dismissal* ⇒*removal, deposition* 〈koning, president〉 **0.3** [neerslag, bezinksel] *(sedimentary) deposit, sediment* **0.4** [omheining] *enclosure* ⇒*fence, cordon* 〈politie〉.

afzettingsgesteente 〈geol.〉 **0.1** *sedimentary rock.*

afzichtelijk 0.1 *hideous* ⇒*horrible* ◆ **1.1** ~e ellende/armoede *abject misery/poverty* **3.1** hij heeft iets ~s *there is sth. hideous about him.*

afzien I 〈onov.ww.〉 **0.1** [+ van]〈niet doorgaan met〉 *abandon* ⇒*give up,* 〈afstand doen van〉 *renounce* 〈bv. rechten〉 **0.2** [sport] *have a hard/tough time (of it)* ⇒*sweat it out* ◆ **3.1** iem. doen ~ van iets *make s.o. abandon sth.,* 〈ompraten〉 *talk s.o. out of sth.* **3.2** 〈fig.〉 dat wordt ~ *we'd better roll up our sleeves* **5.1** naderhand zagen ze er toch van af *afterwards they decided not to;* 〈afspraak ook〉 *afterwards they backed out (of it)* **6.1 van** rechtsvervolging ~ *decide not to prosecute;* **II** 〈ov.ww.〉 **0.1** [in zijn geheel overzien] *look across/ down/along/over* **0.2** [afkijken] *copy (from)* ◆ **1.1** een weg ~ *look down/along a road* **1.2** de kunst van iem. ~ *learn the skill from s.o* **6.¶** je kunt het nieuwe er niet **aan** ~ *you can't tell it's new by the look of it.*

afzienbaar 0.1 *surveyable* ⇒*manageable* ◆ **1.1** in/binnen afzienbare tijd *within the foreseeable/not too distant future.*

afzijdig 0.1 *aloof* ◆ **3.1** zich ~ houden van, ~ blijven van *keep a. from.*

afzoeken 0.1 *search* ⇒〈bos ook〉 *beat, scour* 〈streek〉 ◆ **1.1** de horizon ~ (met de blik) *scan the horizon (with one's eyes)* **4.1** alles ~ *look/search high and low.*

afzoenen 0.1 [door zoenen goedmaken, wegnemen] *kiss away* **0.2** [veelvuldig zoenen] *cover with kisses* ◆ **1.1** een ruzie ~ *kiss and make up* **4.1** het ~ *kiss and be friends (again)* **4.2** elkaar ~ *cover each other with kisses.*

afzonderen I 〈ov.ww.〉 **0.1** [op een afzonderlijke plaats zetten] *separate (from)* **0.2** [apart zetten en houden] *isolate* ⇒*place/set apart* **0.3** [met een schot afscheiden] *partition off* **0.4** [apart nemen voor een doel] *put/set aside* ◆ **1.2** zijn kinderen ~ *i. one's children* **1.4** een bedrag ~ *set aside an amount;* **II** 〈wk.ww.; zich ~〉 **0.1** [mbt. personen] *separate/seclude o.s. (from)* ⇒*retire/withdraw (from)* **0.2** [mbt. zaken] *separate (out)* ◆ **3.1** ik kan me nergens ~ *I can't find privacy anywhere* **6.1** zich **van** de wereld ~ *withdraw from the world.*

afzondering 0.1 *separation* ⇒*isolation, seclusion* ◆ **2.1** in strikte/strenge ~ *in strict isolation* **6.1** 〈jur.〉 gevangenisstraf **in** ~ ondergaan *serve one's sentence in solitary confinement.*

afzonderlijk I 〈bn.〉 **0.1** [op zichzelf staande/beschouwd] *separate* ⇒*individual, single* **0.2** [niet gezamenlijk gedaan/geuit] *private* ◆ **1.1** de keuze wordt aan ieder ~ kind overgelaten *the choice is left to each individual child* **1.2** ~ onderwijs *p. teaching;* **II** 〈bw.〉 **0.1** [alleen] *apart* ⇒*separately, singly, individually* ◆ **3.1** (met) iem. ~ spreken *speak to s.o. individually/ privately;* de kleintjes zitten ~ *the little ones are sitting a./ on their own.*

afzuigen 0.1 [door zuigen verwijderen] *suction (out)* ⇒ 〈tech.〉 *exhaust* **0.2** [seksueel bevredigen] *suck off* ⇒*go down on* ◆ **1.2** iem. ~ *suck s.o. off, give s.o. a blowjob.*

afzuigkap 0.1 *(cooker) hood* ⇒〈in fabriek〉 *exhaust hood.*

afzwaaien 〈mil.〉 **0.1** *be discharged.*

afzwakken I 〈ov.ww.〉 **0.1** [zwakker maken] *weaken* ◆ **1.1** een verklaring ~ *qualify a statement;* **II** 〈onov.ww.〉 **0.1** [zwakker worden, van wind] *subside* ⇒ *abate, decrease, slacken.*

afzwemmen 0.1 [stroomafwaarts zwemmen] *swim down* **0.2** [mbt. het zwemdiploma] *take the final swimming test* ◆ **1.1** hij wilde de rivier ~ *he wanted to swim down the river.*

afzwenken 0.1 *turn off.*

afzweren 0.1 *renounce* ⇒*forswear* ◆ **1.1** 〈fig.〉 de drank/het drinken ~ *swear off drink(ing);* zijn geloof/beginselen ~ *r. one's faith/principles;* 〈fig.〉 de wereld ~ *r. the world.*

agaat 0.1 *agate.*

agenda 0.1 [notitieboekje] *diary* **0.2** [lijst van te bespreken onderwerpen] *agenda* ◆ **6.2** op de ~ staan *be on the a.*

agendapunt 0.1 *agenda item, item on the agenda.*

agens 0.1 *agent.*

agent, agente 0.1 [politieagent] *policeman* 〈m.〉, *policewoman* 〈v.〉 ⇒〈BE ook〉 *constable* **0.2** [vertegenwoordiger] *agent* ◆ **1.1** oom ~ *bobby* **1.2** hoofdagenten en ~en *distributors and dealers* **2.1** een bereden ~ *a mounted policeman;* een stille ~, een ~ in burger *a plain-clothes policeman* **2.¶** een geheim ~ *a secret agent.*

agentschap 0.1 [betrekking] *agency* **0.2** [kantoor] *branch (office)* ◆ **1.1** hij heeft het ~ v.d. Volkskrant *he has the a. for the 'Volkskrant'.*

ageren 0.1 *agitate* ◆ **5.1** openlijk gaan ~ tegen *campaign openly against* **6.1 tegen** iem. ~ *(carry on/lead a) campaign against s.o.;* 〈jur.〉 *bring an action against s.o.* **¶.1** achter de schermen ~ *campaign behind the scenes.*

agglomeratie 0.1 [uitwendige aanzetting/opeenhoping] *agglomerate* ⇒*agglomeration* **0.2** [steden en voorsteden] *conurbation* ⇒*conglomerate.*

agglutinatie 0.1 *agglutination.*

agglutineren 0.1 *agglutinate.*

aggregaat 0.1 *aggregate.*

aggregatie 0.1 [samenvoeging] *aggregation* **0.2** [opneming in een lichaam/stand] *admission (to).*

aggregatietoestand 〈nat.〉 **0.1** *state of aggregation* ⇒ *physical condition/state.*

agio 〈hand., geldw.〉 **0.1** *premium* ⇒*agio* ◆ **3.1** 10 % ~ doen *be quoted at a p. of 10 per cent.*

agitatie 0.1 [opwinding] *agitation* ⇒*excitement* **0.2** [onrust] *agitation* ◆ **6.2** de ~ **onder** de bevolking nam snel toe *(the) a. among the population rapidly increased.*

agitator 0.1 *agitator.*

agiteren I 〈ov.ww.〉 **0.1** [in een staat van opwinding brengen] *agitate* ⇒*excite* ◆ **3.1** geagiteerd zijn *be agitated;* **II** 〈onov.ww.〉 **0.1** [onrust stoken] *agitate.*

agnost →**agnosticus.**
agnosticus 0.1 *agnostic.*
agogie 0.1 *social science relating to the promotion of personal, social and cultural welfare.*
agorafobie 0.1 *agoraphobia.*
agrariër 0.1 *farmer.*
agrarisch 0.1 [mbt. de landbouw(ers)] *agrarian* ⇒*agricultural, farming* 0.2 [mbt. het landbezit] *agrarian* ⇒*land-(ed)* ♦ **1.1** de ~e bevolking *the farming community;* ~e school *school of agriculture* **1.2** ~e belangen *landed interests;* ~e wetten *land laws.*
agressie 0.1 *aggression* ♦ **1.1** een daad van ~ *an act of a.* **3.1** ~ opwekken *provoke a.*
agressief 0.1 [aanvallend] *aggressive* 0.2 [een conflict riskerend] *aggressive* ⇒*militant* ♦ **1.1** (fig.) agressieve verkooptechniek *forceful marketing;* (inf.) *hard sell* **2.2** een agressieve politiek voeren *pursue an a. policy.*
agressiviteit 0.1 [het agressief zijn] *aggression* 0.2 [geneigdheid tot agressie] *aggressiveness.*
agressor 0.1 *aggressor.*
A-griep (med.) 0.1 *Asian flu.*
AGV (afk.; comp.) 0.1 [automatische gegevensverwerking] *A.D.P.*
ah 0.1 *ah, oh.*
aha 0.1 *aha.*
ahob (verkeer) 0.1 *(automatic) half-barrier level crossing.*
ahorn 0.1 *maple.*
ahum 0.1 *h'm.*
ai 0.1 (pijn) *ouch, ow;* (verdriet) *ah, oh* ♦ ¶.¶ ~!, dat was maar net mis *oops! that was a close shave.*
AI (afk.) 0.1 [artificiële intelligentie] *AI* 0.2 [Amnesty International] *AI.*
aidsdrager 0.1 *AIDS carrier.*
aidspatiënt 0.1 *AIDS patient.*
aidsremmer 0.1 *AIDS inhibitor.*
aidstest 0.1 *AIDS test.*
aidsvirus 0.1 *AIDS virus* ⇒*HIV-virus.*
aimabel 0.1 *amiable.*
aio (afk.) 0.1 [assistent in opleiding] *research assistant* ⇒ *assistant research fellow.*
air 0.1 *air, look* ⇒(verwaandheid) *airs,* (gedrag) *demeanour* ♦ **3.1** zich het ~ geven van *assume an air of;* een ~ hebben van ik-weet-het-wel *have a knowing air* **6.1** met het ~ van *with an air of.*
airconditioning 0.1 *air conditioning.*
aïs (muz.) 0.1 *A sharp.*
aju(us) (inf.) 0.1 *see you.*
akelig I (bn.) 0.1 [naar] *unpleasant, nasty* ⇒*dismal,* (weer ook) *dreary,* (weer ook) *bleak,* (spookachtig) *ghastly* 0.2 [onwel] *ill* ⇒*sick* 0.3 [onaangenaam in de omgang] *unpleasant, nasty* ♦ **1.1** een ~ gezicht/beeld *a n. sight/picture;* een ~ lachje *a grim smile;* een ~ verhaal *a ghastly story;* een ~ voorgevoel *a grim premonition;* ~ weer *n. weather* **6.2** ik word er ~ **van** *it turns my stomach;* ~ **van** de kiespijn *sick with toothache;*
  II (bw.) 0.1 [in hoge mate] *fantastically, amazingly* ♦ **2.1** ~ zoet *sickly sweet.*
Aken 0.1 *Aachen.*
akkefietje 0.1 [lastig werk] *chore* 0.2 [karweitje] *(little) job.*
akker 0.1 *field* ♦ **2.¶** het/iets op zijn dooie ~tje doen *take one's time (over it/sth.).*
akkerbouw 0.1 *(arable) farming* ⇒*agriculture.*
akkerland 0.1 *arable land* ⇒*plough land.*
akkevietje →**akkefietje.**
akkoord¹ (het) 0.1 [overeenkomst] *agreement, arrange-*
ment ⇒*settlement,* (koop) *bargain* 0.2 [jur.] *agreement* ⇒ *contract* 0.3 [muz.] *chord* ♦ **2.1** een stilzwijgend ~ *a tacit agreement* **2.3** een gebroken ~ *a broken c.* **3.1** een ~ aangaan/sluiten *come to an arrangment;* tot een ~ komen *reach an agreement* **6.1** (inf.) het **op** een ~ je gooien *strike a bargain.*
akkoord² (bn.) 0.1 *agreed* ♦ **3.1** ~ bevinden *find in order;* ~ gaan (met) *agree (to), be agreeable (to);* niet ~ gaan (met) *disagree (with).*
akoestiek 0.1 *acoustics* (ww. steeds mv.).
akoestisch 0.1 *acoustic* ♦ **1.1** een ~e gitaar *an a. guitar;* ~e signalen *a. signals.*
akoniet (plantk.) 0.1 *aconite.*
akte 0.1 [schriftelijk stuk](notariële) *deed;* (koop) *contract;* (oprichting) *charter* 0.2 [diploma, vergunning](diploma) *certificate, diploma;* (vergunning) *licence* 0.3 [dram., film.] *act* ♦ **1.1** (jur.) ~ van beschuldiging *(bill of) indictment;* ~ van geboorte/overlijden/huwelijk *birth/death/marriage certificate;* ~ van vennootschap/verkoop *d. of partnership/sale* **1.2** een m.o.-Frans ±*a secondary school teaching certificate in French* **3.1** een ~ opmaken *draw up a a.;* ~ opmaken van *make a record of* **3.¶** ~ nemen van iets *take note of sth.* **5.¶** waarvan ~! *objection/remark/*(enz.) *noted!*
aktetas 0.1 *briefcase.*
al¹ (bw.) 0.1 [tijd](in vragende zinnen) *yet;* (in bevestigende zinnen vaak onvertaald; (nu/toen) al) *already* 0.2 [versterking] *all* ♦ **1.1** ~ een hele tijd *for a long time now;* ~ enige tijd, ~ vanaf juli *for some time past/now, (ever) since July;* ik ben ~ een uur aan het roepen *I've been calling for the last hour* **2.1** dat is ~ oud *that's (a.) old* **2.¶** het is ~ laat/duur (enz.) genoeg *it is late/expensive* (enz.) *enough as it is* **3.1** dat dacht ik ~ *I thought so;* is zij er nu ~? (met klemtoon op nu) *is she here a.?;* is het nu ~ vier uur? *is it four (o'clock) a.?;* is Jan er ~? *is John here yet?* **3.¶** ik zie het hem ~ doen *I can (just) see him (doing it) now!;* je kunt ze ~ krijgen voor een tientje *you can buy them for as little as ten guilders;* hij sprak ~ lachend *he laughed as he spoke* **5.1** ik heb het altijd ~ geweten *I've known it all along;* hoe lang is hij ~ hier? *how long has he been here?;* dat wist zij toen ~ *she knew it even then* **5.2** dat alleen ~ *that alone;* zijn komst is ~ genoeg *just his coming is good enough;* ~ te snel/spoedig/voorzichtig (enz.) *(far/a.) too fast/soon/careful* (enz.); ze weten het maar ~ te goed *they know only too well;* hij had het toch ~ moeilijk *he had enough problems as it was* **5.¶** zij kwamen ~ nader en nader *they kept coming closer and closer (all the time);* je kunt er ~ of niet gebruik van maken *you can take it or leave it;* het ~ of niet slagen van ...*the success or otherwise of* ... **6.1** ~ **in** '82, ~ **voor** '82 *as early as '82, even before '82* **6.¶** daar heb je het ~ *there you are* **¶.¶** ~ naar gelang *depending on;* ze zei heel weinig, als ze ~ wat zei *she said very little, if anything;* dat lijkt er ~ meer op, dat is ~ beter *that's more like it.*
al² (onb.vnw.) 0.1 [mbt. de hele hoeveelheid/omvang] *all* ⇒ *whole* 0.2 [mbt. elk deel v.e. verzameling] *all (of)* ♦ **1.1** met ~ zijn macht *with a. his might;* ~ de moeite *a. our/their* (enz.) *trouble* **4.1** hij was één en ~ oor *he was a. ears;* het was één en ~ ellende op tv gisteren *there was nothing but misery on TV yesterday* **4.2** ~ wie *all those who* **6.1** ~ **met** ~ *a. in a.*
al³ (hoofdtelw.) 0.1 *all (of)* ⇒(alle afzonderlijke) *every, each* ♦ **1.1** ~ zijn gedachten *his every thought;* ~ de kinderen *all (of) the children.*
al⁴ (vw.) 0.1 *though, although* ⇒*even though/if* ♦ ¶.¶ ~ ben

41

ik arm, ik ben gelukkig *I may be poor, but I'm happy;* ~ zeg ik het zelf *even t. I say so myself;* het is duidelijk, ~ is het moeilijk *it is clear, if difficult;* ~ was het alleen maar omdat *if only because;* ook ~ is het erg *bad as it is/may be;* ik deed het niet, ~ kreeg ik een miljoen *I wouldn't do it for a million pounds.*

à la 0.1 *à la.*

alarm 0.1 *alarm* ◆ **2.1** groot ~ *full/red alert;* ⟨fig.⟩ loos ~ slaan *cry wolf;* loos/vals ~ *false a.;* een stil ~ *a silent a.* **3.1** ~ slaan/geven *give/sound the alarm.*

alarmcentrale 0.1 *emergency centre* ⇒*(general) emergency number.*

alarmeren 0.1 [door alarm oproepen] *alert* ⇒*call out* **0.2** [in opschudding brengen] *alarm* ◆ **1.1** de brandweer ~ *call (out) the fire brigade* **1.2** ~de berichten *disturbing reports.*

alarmfase 0.1 *(smog/*⟨enz.⟩*) alert* ◆ **3.1** de ~ is ingegaan *a smog/*⟨enz.⟩ *alert has been declared.*

alarminstallatie 0.1 *alarm (system/device/mechanism)* ⇒⟨tegen diefstal⟩ *burglar alarm,* ⟨tegen brand⟩ *fire alarm.*

alarmklok 0.1 *alarm bell* ⇒*tocsin* ◆ **3.1** ⟨fig.⟩ de ~ luiden *sound/raise the alarm.*

alarmlicht 0.1 *hazard warning light.*

alarmlichten, alarmverlichting 0.1 ⟨van auto⟩ *hazard warning lights.*

alarmnummer 0.1 *emergency number.*

alarmpistool 0.1 *alarm gun.*

alarmsignaal 0.1 *alarm* ⇒*alert.*

alarmtoestand 0.1 *(state of) emergency* ⇒*(general) alert* ◆ **3.1** de ~ afkondigen *give the alert, proclaim a state of emergency.*

Albanees 0.1 ⟨bn. en zn.⟩ *Albanian.*

Albanië 0.1 *Albania.*

albast 0.1 *alabaster.*

albasten 0.1 *alabaster* ⟨ook fig.⟩.

albatros 0.1 *albatross.*

albino 0.1 *albino.*

album 0.1 *album.*

alchemie 0.1 *alchemy.*

alchemist 0.1 *alchemist.*

alcohol 0.1 [ook schei.] *alcohol* ◆ **2.1** pure ~ *pure a.;* verslaafd aan ~ *addicted to a.* **6.1** een drankje zonder ~ *a non-alcoholic drink.*

alcoholcontrole 0.1 *alcohol testing* ⇒⟨een enkele test⟩ *alcohol test* ◆ **3.1** een ~ houden *test people/drivers/*⟨enz.⟩ *for alcohol.*

alcoholgebruik 0.1 *alcohol consumption.*

alcoholgehalte 0.1 *alcohol content/level* ◆ **6.1** met een ~ van 38 % *with a 38 % a. c.*

alcoholhoudend 0.1 *alcoholic* ◆ **1.1** ~e dranken *a. drinks.*

alcoholica I ⟨mv.⟩ **0.1** [alcoholische dranken] *spirits* ⇒*alcoholic liquor(s),* ⟨vnl. jur.⟩ *intoxicants;* **II** ⟨de⟩ **0.1** →*alcoholist.*

alcoholicus →*alcoholist.*

alcoholisch 0.1 *alcoholic* ◆ **1.1** ~e dranken *a. drinks* **5.1** een niet~ drankje *a non-a. drink;* sterk ~ *highly a.;* sterk ~e dranken *spirits.*

alcoholisme 0.1 *alcoholism.*

alcoholist, -e 0.1 *alcoholic.*

alcoholpromillage 0.1 *blood alcohol level/count.*

alcoholtest 0.1 *alcohol test* ⇒*breathalyzer test.*

alcoholvergunning 0.1 *licence (to sell alcohol)* ⇒*alcohol licence* ◆ **1.1** café met een ~ *licensed bar.*

alcoholverslaafde 0.1 *alcoholic.*

alcoholvrij 0.1 [geen alcohol bevattend] *non-alcoholic* ⇒

à la - algemeen

soft **0.2** [geen alcohol (meer) gebruikend] *dry* ◆ **1.1** ~e dranken *n.-a. beverages, soft drinks.*

alcomobilisme 0.1 *drink-driving.*

alcomobilist 0.1 *drink-driver.*

aldaar 0.1 *there* ⇒*at/of that place* ◆ **1.1** de bevolking ~ *the local population* **3.1** zie - *q.v.*

aldoor 0.1 *all along/the time* ◆ **3.1** zij dacht ~ dat ...*she kept thinking that ...;* hij praat ~ als ik wat zeggen wil *he always starts talking when I want to say sth.*

aldus 0.1 *thus, so* ◆ **1.1** ~ de minister *according to the minister* **3.1** hij stelde het ~ voor: ...*he presented it like this: ...*

alert 0.1 *alert* ◆ **6.1** ~ zijn op spelfouten *be on the a./lookout for spelling mistakes.*

alexandrijn ⟨lit.⟩ **0.1** *alexandrine.*

alfa ⟨school.⟩ **0.1** ±*languages,* ±*humanities,* ±*arts* ◆ **1.¶** ⟨fig.⟩ de ~ en omega van iets *the be-all and end-all of sth.* **2.¶** zij is een echte ~ *all her talents are on the arts side.*

alfabet 0.1 *alphabet* ◆ **1.1** alle letters v.h. ~ *all the letters in the a.* **6.1** de boeken staan op ~ *the books are arranged in alphabetical order.*

alfabetisch 0.1 *alphabetical* ◆ **1.1** een ~(e) gids/spoorboekje ⟨enz.⟩ *an ABC;* ⟨BE; stratengids ook⟩ *an A to Z;* in ~e volgorde *in a. order.*

alfabetiseren 0.1 [alfabetisch rangschikken] *alphabetize* **0.2** [leren lezen en schrijven] *teach (how) to read and write* ⇒*eliminate illiteracy in* ⟨land⟩.

alfabetisering 0.1 *teaching (people) how to read and write* ⇒*eliminating illiteracy (in)* ⟨land⟩ ◆ **2.1** de voortschrijdende ~ v.d. landen v.d. derde wereld *the increasing literacy rate in the Third World countries.*

alfabetiseringsproject 0.1 *(adult) literacy project/campaign.*

alfanumeriek ⟨comp.⟩ **0.1** *alphanumeric(al).*

alfawetenschap 0.1 *arts/humanities subject* ⇒*one of the liberal arts,* ⟨mv.⟩ *humanities,* ⟨mv.⟩ *liberal arts.*

alg(e) 0.1 *alga.*

algebra 0.1 *algebra* ◆ **3.1** ⟨fig.⟩ dat is ~ voor mij *that is all Greek to me.*

algebraïsch 0.1 *algebraic* ◆ **1.1** een ~e formule *an a. formula.*

algeheel 0.1 *complete* ⇒*total* ◆ **1.1** met algehele steun ⟨van allen⟩ *with full support;* ⟨van één persoon⟩ *with (my/your* ⟨enz.⟩*) wholehearted support;* tot algehele tevredenheid *to everyone's satisfaction.*

algemeen¹ ⟨het⟩ **0.1** [het geheel v.e. zaak/voorstelling] ⟨zie 6.1⟩ **0.2** [de mensen] *general public* ◆ **1.2** de Maatschappij tot Nut van het ~ *the Society for the Common Good* **6.1** in het ~ hebt u gelijk *broadly speaking, you're right;* zij zijn in het ~ betrouwbaar *they are mostly reliable;* in/over het ~ *by and large, in general.*

algemeen² ⟨bn., bw.⟩ **0.1** [publiek, gemeenschappelijk] *public, general* ⇒*common* **0.2** [voor alle gevallen geldig] *general, universal* **0.3** [het geheel betreffend] *general* **0.4** [onbepaald] *general(ized)* ⇒*broad* **0.5** [alledaags, veel voorkomend] *common* ◆ **1.1** in het ~ belang *in the p. interest;* Algemeen Beschaafd Nederlands *Standard Dutch;* voor ~ gebruik *for g. use;* met algemene instemming *by common consent;* ~ kies-, stemrecht *universal suffrage;* algemene middelen *p. funds;* de algemene overtuiging, het ~ gevoelen *the consensus;* met algemene stemmen *unanimously;* op ~ verzoek *by popular demand* **1.2** een algemene regel *a g. rule* **1.3** algemene begrippen *g. terms;* de Algemene Beschouwingen (over de begroting) *the Budget Debate;* algemene onkosten *overheads;* algemene ontwikkeling *g. knowledge;* een ~ overzicht *a g. survey;* in algemene zin *in a g. sense* **1.4** in algemene bewoordingen *in g. terms* **2.1** het is ~ bekend *it is common knowledge* **3.1** een ~ aanvaard feit *a generally accepted fact;* ~ beschouwd worden als *be (publicly) known as* **3.4** zich te ~ uitdrukken *make sweeping statements.*

algemeenheid 0.1 [generaliteit] *generality;* ⟨onnauwkeurigheid⟩ *indefiniteness* **0.2** [vaag gezegde] *commonplace* ⇒*generality* ◆ **3.2** hij maakt er zich met algemeenheden af *he takes refuge in commonplaces* **6.1** in zijn ~ is dat waar *broadly speaking, that is true.*

algenplaag 0.1 *plague of algae.*

Algerije 0.1 *Algeria.*

Algerijn 0.1 *Algerian.*

Algerijns 0.1 *Algerian.*

algoritme 0.1 *algorithm.*

alhier 0.1 *in/of this town/city* ◆ **1.1** het postkantoor ~ *the local post office* **3.1** te bevragen ~ *apply within.*

alhoewel 0.1 *although.*

alias 0.1 *alias, also/otherwise known as.*

alibi 0.1 *alibi* ⟨ook jur.⟩ ⇒*excuse* ◆ **3.1** iem. een ~ bezorgen/geven *cover up for s.o.*

alimentatie 0.1 [toelage] *maintenance allowance/money* ⇒⟨bij scheiding⟩ *alimony* **0.2** [levensonderhoud] *maintenance* ⇒*support.*

alimentatieplicht 0.1 *maintenance order* ⇒⟨bij scheiding⟩ *obligation to pay alimony.*

alinea 0.1 [tekstgedeelte] *paragraph* **0.2** [deel v.e. reglement] *paragraph* ⇒*(sub)section* ◆ **2.1** een nieuwe ~ beginnen *start a new p.* **7.2** artikel 42, 4e ~ *section 42, paragraph 4.*

alkaan ⟨schei.⟩ **0.1** *alkane.*

alkali ⟨schei.⟩ **0.1** *alkali.*

alkoof 0.1 *alcove.*

alla 0.1 [vooruit] *all right* ⇒*let's go* **0.2** [vooruit dan maar] *all right then.*

Allah 0.1 *Allah.*

allang 0.1 *for a long time* ⇒*a long time ago* ◆ **2.1** ik ben ~ blij dat je er bent *I'm pleased that you're here at all* **3.1** zij is de zestig ~ gepasseerd *she is past sixty;* ik weet ~ wat je van me wilt *I know full well what you want from me.*

alle¹ ⟨onb.vnw.⟩ **0.1** *all* ⇒*every, each* ◆ **1.1** met/uit ~ macht iets proberen *try one's utmost;* hij had ~ reden om *he had every reason to;* te ~ n tijde *at any time;* boven ~ twijfel *beyond a. doubt;* voor ~ zekerheid *just in case.*

alle² ⟨hoofdtelw.⟩ **0.1** *all* ⇒*every, each,* ⟨mbt. personen, zelfst.; ook⟩ *everyone,* ⟨mbt. personen, zelfst.; ook⟩ *everybody* ◆ **1.1** ~ bijzonderheden *the full details;* van ~ kanten *from a. sides;* in ~ r ogen *in the eyes of everybody;* in ~ opzichten *in a. respects* **3.1** ~ n gingen weer naar huis *everyone went home again* **4.1** het verbaasde ~ n die het hoorden *it surprised everyone who heard it;* hij is ons ~ r vriend *he is a friend to a. of us* **6.1** zij gingen met zijn ~ n *they went a. together;* geen **van** ~ n wist het *not one of them knew* **7.1** ~ twee haar oorbellen *both (of) her earrings* **¶.1** ~ n zonder uitzondering *everyone without exception.*

allebei 0.1 *both;* ⟨de een of de ander⟩ *either* ◆ **1.1** ~ de kinderen waren bang *both (of the) children were afraid* **5.1** het was ~ goed geweest *either would have been correct.*

alledaags 0.1 [dagelijks] *daily* ⇒*everyday* **0.2** [gewoon] *everyday* ◆ **1.1** de ~ e beslommeringen *day-to-day worries;* de kleine, ~ e dingen v.h. leven *the little everyday things of life* **1.2** een ~ gezicht *an undistinguished face;* ~ e taal *e. language* **4.2** dat is niet iets ~ *that's not an e. occurrence.*

alledaagsheid 0.1 [het alledaags zijn] *commonplace* **0.2** [mv.; banale gezegden/gevallen] *platitudes* ⇒*banalities.*

alledag ⟨inf.⟩ **0.1** *day-to-day* ⇒*everyday, daily* ◆ **3.1** het is ~ hetzelfde *it's the same old thing day in day out.*

alleen I ⟨bn., bw.⟩ **0.1** [zonder gezelschap, zonder hulp] *alone* ⇒*by o.s., on one's own* **0.2** [uitsluitend] *only* ⇒*alone* ◆ **1.1** vrouw/man ~ *single man/woman* **1.2** Jan ~ / ~ Jan heeft zijn werk gemaakt *o. Jan has done his work* **3.1** hij is graag ~ *he likes to be a./by himself;* het ~ klaarspelen *manage it a./on one's own;* ~ staan *be on one's own;* ⟨fig.⟩ in die opvatting staat zij ~ *in that opinion she is quite a.;* ⟨fig.⟩ dit geval staat niet ~ *this is not an isolated incident* **4.2** ik ~ wens u te spreken *I'm the o. one who wants to talk to you* **5.1** helemaal ~ *all/completely a.;* een kamer voor hem ~ *a room (all) to himself* **¶.2** ~ in het weekeinde geopend *o. open at weekends;*

II ⟨bw.⟩ **0.1** [slechts] *only* ⇒*merely, just* **0.2** [met dit voorbehoud] *only* ⇒*just, but* ◆ **3.1** je kunt daar ~ maar lopend komen *you can o. get there on foot* **5.1** de gedachte ~ al *the mere/very thought;* zijn toezegging ~ al was genoeg *his promise was enough in itself;* ~ al hierom *if only because of this;* ik wilde u ~ maar even spreken *I just wanted to talk to you;* al was het ~ maar om/omdat *if o. for (the fact that);* ~ maar aan zichzelf denken *o. think of o.s.;* niet ~ … maar ook *not o.... but also* **5.2** ~ al het feit dat …*the very/mere fact that …*

alleengebruik 0.1 *exclusive use.*

alleenheerschappij 0.1 *absolute power/monarchy/dictatorship* ⇒⟨fig.⟩ *monopoly* ◆ **3.1** de ~ voeren (over) *reign supreme (over).*

alleenheerser 0.1 *absolute sovereign/ruler/monarch* ⇒*autocrat.*

alleenrecht 0.1 *exclusive right(s).*

alleenspraak 0.1 *soliloquy* ⇒*monologue.*

alleenstaand 0.1 [apart staand] *detached* ⇒*single* **0.2** [afzonderlijk] *isolated* ⇒*unique* **0.3** [mbt. personen] *single* ◆ **1.1** een ~ e woning *a free-standing/*⟨vnl. BE⟩ *d. house* **1.2** een ~ geval *an i. case* **1.3** een ~ e ouder *a s. parent* **6.3** een dansavond **voor** ~ en *a singles' dance.*

alleenverdiener 0.1 *sole wage-earner* ⇒⟨belastingtechnisch⟩ *single-income household.*

alleenverkoop 0.1 *sole rights of sale* ⇒*sole selling/distribution rights.*

alleenvertegenwoordiger 0.1 *sole agent/representative.*

alleenvertoningsrecht 0.1 *sole exhibition rights.*

alleenwonend 0.1 *living alone.*

alleenzaligmakend 0.1 *one/only true* ⟨geloof, kerk⟩.

allegaartje 0.1 *mishmash* ⇒*hotchpotch.*

allegorie ⟨lit., bk.⟩ **0.1** *allegory.*

allegorisch 0.1 *allegorical* ◆ **1.1** ~ e poëzie *a. poetry.*

allehens ⟨scheep.⟩ ◆ **¶.¶** ~ aan dek *all hands on deck.*

alleluja 0.1 *alleluia* ⇒*hallelujah.*

allemaal¹ ⟨bw.⟩⟨inf.⟩ **0.1** *all* ⇒*only* ◆ **1.1** hij zag ~ sterretjes *a. he saw was little stars.*

allemaal² ⟨telw.⟩ **0.1** *all* ⇒⟨mensen⟩ *everybody, everyone,* ⟨dingen⟩ *everything* ◆ **1.1** beste van ~ *best of a.;* ~ onzin *a. nonsense* **4.1** ik hou van jullie ~ *I love you a.;* zoals jullie ~ *like a. of you* **5.1** ~ samen/tegelijk *a. together* **¶.1** wat is er ~ aan de hand? *what's going on?;* dat is ~ goed en wel *that's a. very well;* tot ziens ~ *goodbye everybody.*

allemachtig¹ I ⟨bn.⟩ **0.1** [geweldig groot] *colossal* ⇒*huge;*

II ⟨bw.⟩ **0.1** [geweldig] *amazingly* ◆ **2.1** een ~ groot huis *an a. big house.*

allemachtig² ⟨tw.⟩ **0.1** *good heavens* ◆ **1.1** (wel) God ~! *Good God!*

alleman ◆ **1.¶** Jan en ~ *one and all;* met Jan en ~ naar bed gaan *sleep around.*

allemansvriend 0.1 *everybody's friend.*

allen →**alle.**

allengs 0.1 *gradually* ⇒*by degrees.*

alleraardigst 0.1 *most/very charming* ⇒*nicest.*

allerbelangrijkst 0.1 *most important.*

allerbest 0.1 *very best* ◆ **1.1** zijn ~e vrienden *his very best friends* **6.1** op zijn ~ zijn *be at one's very best, be in (tip-)top form* **7.1** het ~ kun je eerst hem opbellen *the best thing to do is to ring him first;* ik wens je het ~e *I wish you all the best.*

allereerst 0.1 *first of all* ⇒*very first* ◆ **1.1** vanaf het ~e begin *from the very beginning* **3.1** hij zocht ~ zijn moeder op *the (very) first thing he did was look up his mother.*

allergeen 0.1 *allergen.*

allergie 0.1 *allergy.*

allergisch 0.1 *allergic (to)* ◆ **1.1** hooikoorts is een ~e ziekte *hay fever is an allergy* **6.1** hij is ~ **voor** tv-reclame *he is a. to TV commercials.*

allergrootst 0.1 *greatest/highest possible* ⇒*paramount* (belang).

allerhande[1] (het) 0.1 *assorted* [B]*biscuits/*[A]*cookies.*

allerhande[2] (bn.) 0.1 *all sorts/kinds (of).*

Allerheiligen 0.1 *All Saints' (Day).*

allerhoogst 0.1 *highest of all, very highest* (berg); *supreme, paramount* (belang); *maximum* (bedrag); *top* (functionaris) ◆ **1.1** v.h. ~e belang *of supreme/paramount importance;* het is de ~e tijd *it's high time.*

allerijl ◆ **6.¶** in ~ *with all speed, in great haste.*

allerkleinst 0.1 *smallest possible/of all* ◆ **7.1** een programma voor de ~en *a programme for the very little.*

allerlaatst 0.1 *last of all* ⇒*very last, very latest* ◆ **1.1** de ~e bus *the very last bus;* de ~e mode *the very latest style* **6.1** op het ~ *at the very last moment;* tot op het ~ *right up to the (very) end;* **voor** het ~ *for the very last time.*

allerlei 0.1 *all sorts/kinds of* ◆ **1.1** ~ werk *all sorts of work.*

allerliefst 0.1 [zeer liet] *(very) dearest/sweetest* 0.2 [liever dan iets anders] *more than anything* ◆ **1.1** een ~ kind *a very dear/sweet child* **3.1** zij ziet er ~ uit *she looks really sweet* **3.2** (het) - bleef ik thuis *I'd like most of all to stay home;* hij wil het ~ acteur worden *he wants more than anything to be an actor.*

allerminst I (bn.) 0.1 [geringst in aanzien] *least (of all)* 0.2 [geringst in aantal] *(very) least* ⇒*(very) slightest* ◆ **6.2** op zijn ~ *at the very least* **7.1** ik heb er niet het ~e op aan te merken *I don't have the slightest objection;* II (bw.) 0.1 [volstrekt niet] *not in the least* ◆ **3.1** dit had ik (wel het) ~ verwacht *I had not expected that in the least.*

Allerzielen 0.1 *All Souls' Day.*

alles[1] (het) 0.1 *everything* ◆ **4.1** jij bent mijn ~ *you are e. to me.*

alles[2] (onb.vnw.) 0.1 *everything* ⇒*all, anything* ◆ **3.1** hij heeft (van) ~ geprobeerd *he has tried e.;* is dat ~? (in winkel) *will that be all?;* dat is ~ *that's it/e.;* ik weet er ~ van *I know all about it* **4.1** ~ en iedereen *one and all;* (het is) ~ of niets *(it's) all or nothing;* hij vervloekt ~ wat Duits is *he hates e. German* **6.1** ~ op ~ zetten *go all out;* **van** ~ (en nog wat) *all sorts of things;* er is **van** ~ voldoende *there is enough of e.;* bijna **van** ~ heeft hij gedaan *he has done just about e.;* **vóór** ~ *above all* **¶.1** het heeft er ~ van dat *it looks (very much) as if;* ~ bij elkaar viel het mee *all in all/all things considered it was better than expected;* ~ op zijn tijd *all in due course/in good time.* →**einde.**

allesbehalve 0.1 *anything but* ◆ **1.1** het was ~ een succes *it was anything but a success* **2.1** ~ vriendelijk *anything but friendly.*

allesbrander 0.1 *multi-burner.*

alleseter 0.1 *omnivore.*

allesomvattend 0.1 *all-embracing* ⇒*comprehensive, universal.*

allesoverheersend 0.1 *overpowering* ◆ **1.1** een ~e smaak van knoflook *an o. taste of garlic.*

allesreiniger 0.1 *all-purpose cleaner.*

alleszins 0.1 *in every way* ⇒*completely* ◆ **2.1** zijn houding is ~ verklaarbaar *his behaviour can be accounted for entirely.*

alliantie 0.1 *alliance.*

allicht 0.1 [natuurlijk] *most probably/likely* ⇒*of course* 0.2 [op z'n minst] *at least* ◆ **3.1** Mary vermoedt ~ iets *Mary most probably suspects sth.* **3.2** je kunt toch ~ op die advertentie schrijven *you can at least reply to that ad* **¶.1** ja ~ *yes, of course.*

alligator 0.1 *alligator.*

all-in 0.1 *all-in(clusive)* ◆ **1.1** de ~ prijs *the inclusive/all-in price.*

alliteratie 0.1 *alliteration.*

allochtoon[1] (de) 0.1 *immigrant, foreigner.*

allochtoon[2] (bn.) 0.1 *foreign* ⇒*allochthonous.*

allooi 0.1 [fig] *worth* ~*sort* ◆ **2.1** poëzie van beter - *better-quality poetry;* v.h. laagste ~ *of the lowest sort.*

all-risk 0.1 *comprehensive* ◆ **3.1** ~ verzekerd zijn *have a c. policy.*

all-riskverzekering 0.1 *comprehensive insurance.*

allure 0.1 [mbt. personen] *air* ⇒*style* 0.2 [mbt. zaken] *style* ◆ **3.1** (de) ~s aannemen (van) *assume the a. of;* ~ hebben *have style* **6.1** iem. **van** ~ *a striking personality* **6.2** een gebouw **met** ~ *an imposing building.*

Alluvium 0.1 *Holocene.*

almaar 0.1 *constantly; continuously* →*all the time* ◆ **3.1** ~ om snoep vragende kinderen *children who are always asking for sweets.*

almacht 0.1 *omnipotence.*

almachtig 0.1 *almighty* ⇒*all-powerful* ◆ **1.1** de ~e minister-president *the all-powerful Prime Minister* **7.1** de Almachtige *the Almighty.*

almanak 0.1 *almanac.*

alom 0.1 *everywhere* ⇒*on all sides* ◆ **3.1** ~ gevreesd/bekend *generally feared/known.*

alomtegenwoordig 0.1 *omnipresent.*

alomvattend 0.1 *universal* →*comprehensive, all-embracing* ◆ **1.1** een ~e geest *a comprehensive mind.*

aloud 0.1 *ancient* ◆ **1.1** ~e gebruiken *time-honoured traditions.*

alp 0.1 *alp.*

alpenhoorn 0.1 *alpenhorn, alpine horn.*

alpenweide 0.1 *alpine meadow.*

alpien 0.1 *alpine* ◆ **1.1** ~e vegetatie *a. vegetation.*

alpineskiën 0.1 *alpine skiing* ⇒*downhill skiing.*

alpinisme 0.1 *alpinism* ⇒*mountaineering.*

alpinist 0.1 *alpinist* ⇒*mountaineer.*

alpino 0.1 *beret.*

alruin 0.1 *mandrake.*

als 0.1 [overeenkomst] *like* ⇒*as* 0.2 [inf.; verschil] *than, as* 0.3 [uitzondering] *as* 0.4 [wijze waarop iem., iets wordt voorgesteld] *as* ⇒*as if* 0.5 [hoedanigheid] *for* ⇒*as* 0.6 [gelijktijdigheid] *when* 0.7 [voorwaarde] *if* ⇒*as long as* 0.8 [verklaring] *as* ◆ **1.1** zich ~ een dame gedragen *behave l. a lady;* hetzelfde ~ ik *the same as me, just l. me;* ~ man as one (man) **1.5** poppen ~ geschenk *dolls f. presents;* ik heb die man nog ~ jongen gekend *I knew that man when he was still a boy;* hij staat bekend ~ een eerlijk man *he's* *known to be an honest man;* ~ vrienden uit elkaar gaan *part as friends* **2.1** dat is zo goed ~ duidelijk *that seems pretty clear;* hij is even groot ~ jij *he is as tall as you* **2.2** 〈oneig. gebruik〉 zij is knapper ~ haar vriend *she is prettier t. her friend* **2.3** het is nergens zo fijn ~ in Amsterdam *there's no place like Amsterdam* **2.8** hij werd, ~ oudste in jaren, de voorzitter *as the oldest he became chairman* **3.1** de brief luidt ~ volgt *the letter reads as follows* **3.5** dat werd ~ de beste oplossing beschouwd *that was considered the best solution* **4.5** ~ zodanig *as such* **5.6** telkens ~ wij elkaar tegenkomen keert hij zich af *whenever we meet, he turns away* **6.4** ~ **bij** toverslag veranderde alles *as if by magic everything changed* **7.5** zij kwam ~ zevende (aan) *she came in seventh* **¶.1** zowel in de stad ~ op het land *both in the city and in the country* **¶.4** ~ het ware *as it were* **¶.6** ze deed weinig maar ~ ze wat deed was het goed *she didn't do much but what she did do was good* **¶.7** ~ zij er niet geweest was *...if she had not been there ...;* ~ ze maar eens naar me wou glimlachen *...if she would only smile at me ...;* maar wat ~ het regent, ~ het nu eens regent? *but what if it rains?;* ~ het mogelijk is *if possible;* ~ ze al komen *if they come at all.*

alsjeblieft →**alstublieft.**

alsmaar 〈inf.〉 **0.1** *constantly* ⇒*all the time* ◆ **3.1** ~ praten *talk c.*

alsmede 0.1 *as well as.*

alsnog 0.1 *still* ⇒*yet* ◆ **3.1** je kunt ~ van studie veranderen *you can s. change your course.*

alsof 0.1 *as if* ◆ **3.1** je doet maar ~ *you're just pretending;* hij keek ~ hij mij niet begreep *he looked as if he didn't understand me;* ~ je niet beter wist! *as if you didn't know (any) better!*

alsook 0.1 *as well as* ⇒*and also.*

alstublieft[1] 〈bw.〉 **0.1** *please* ◆ **1.1** een ogenblikje ~ *just a minute, p.* **3.1** ga ~ niet op dit onderwerp door *p. drop the subject;* wees ~ rustig *p. be quiet* **¶.1** mag het raam misschien open, ~ *do you mind if we have a window open?*

alstublieft[2] 〈tw.〉 **0.1** [beleefdheidsuiting] *please;* 〈bij het aanreiken van iets〉 *here you are* (ook onvertaald) **0.2** [het toestaan v.e. verzoek] *by all means* **0.3** [verwondering] *well now* ⇒*that's quite something* ◆ **¶.1** ~, dat is dan ƒ6,50 *(thank you,) that will be Dfl6.50* **¶.¶** ~! wat heb ik u gezegd? *there now, what did I tell you?*

alt 〈muz.〉 **0.1** *alto.*

altaar 0.1 *altar* ◆ **3.1** 〈fig.〉 een vrouw naar het ~ geleiden/ voeren *lead a woman to the a.*

altaarstuk 0.1 *altarpiece.*

altblokfluit 0.1 *treble recorder.*

alter ego 0.1 *alter ego.*

alternatief[1] 〈het〉 **0.1** *alternative* ◆ **7.1** er is geen enkel ~ *there is no a.;* een keuze uit twee alternatieven *a choice of two alternatives* **8.1** als ~ *as an a.*

alternatief[2] 〈bn.〉 **0.1** [een keuze latend] *alternative* **0.2** [niet volgens de norm] *alternative* ◆ **1.1** alternatieve begroting *counter-budget* **1.2** alternatieve film-, theatercircuit *a. cinema/theatre;* de alternatieve scene *the counterculture;* op de alternatieve toer gaan *adopt an a. lifestyle.*

alternatieveling 0.1 *counterculturist* ⇒*member of the counterculture.*

altfluit 0.1 *alto/bass flute* ⇒〈blokfluit〉 *treble recorder.*

althans 0.1 *at least* ⇒*at any rate* ◆ **4.1** ik ~ denk er zo over *at any rate that's how I feel about it* **¶.1** hij is niet gekomen, ~ ik heb hem niet gezien *he hasn't come, at least I haven't seen him.*

altijd 0.1 [te allen tijde] *always* ⇒*forever* **0.2** [bij voortdu-**

rende herhaling] *always* ⇒*forever* **0.3** [in elk geval] *always* ◆ **3.1** hij zoekt ~ door *he just keeps on looking* **3.2** ik heb het ~ wel gedacht *I've a. thought so;* 〈sinds het begin v.e. bep. gebeuren〉 *I thought/*〈nog steeds〉 *I've thought so all along;* je kunt niet ~ winnen *you can't win them all* **3.3** wat je ook doet, je verliest ~ *no matter what you do, you a. lose* **5.1** bijna ~ *nearly a.;* wonen ze nog ~ in Almere? *are they still living in Almere?* **5.2** hij kwam ~ en eeuwig te laat *he was forever late;* niet ~ *not a.;* ~ en overal *whenever and wherever;* ~ weer *again and again* **6.1 voor** eens en ~ *once and for all* **8.1** hetzelfde als ~ *the same as a., the usual* **¶.1** ze ging ~ op woensdag winkelen *she used to shop/a. shopped on Wednesdays* **¶.3** iets is ~ nog beter dan niets *anything is better than nothing.*

altijddurend 0.1 *everlasting* ⇒*unending* ◆ **1.1** ~ e vete *never-ending feud.*

altijd part.

altpartij 0.1 *alto part.*

altruïsme 0.1 *altruism.*

altruïst 0.1 *altruist.*

altruïstisch 0.1 *altruistic.*

altsaxofoon 0.1 *alto saxophone.*

altviool 0.1 *viola.*

aluin 0.1 *alum.*

aluinsteen 0.1 *styptic (pencil).*

aluminium 〈alleen attr.〉 **0.1** 〈bn. en zn.〉 *aluminium.*

aluminiumfolie 0.1 *aluminium/tin foil.*

alvast 0.1 *meanwhile* ⇒*in the meantime* ◆ **3.1** jullie hadden ~ kunnen beginnen zonder mij *you could surely have started without me;* hier is ~ iets om mee te beginnen *here is sth. as a start.*

alvermogen 0.1 *omnipotence.*

alvermogend 0.1 *omnipotent.*

alvleesklier 0.1 *pancreas.*

alvorens 0.1 *before* ⇒*prior (to).*

alweer 0.1 *again* ⇒*once more* ◆ **1.1** het wordt ~ herfst *autumn has come round once more/a.;* het is nu ~ twaalf jaar geleden dat zij overleed *it is already twelve years since she died.*

alwetend 0.1 *omniscient* ⇒*all-knowing.*

alwetendheid 0.1 *omniscience.*

alzheimer 0.1 *Alzheimer's* ◆ **1.1** hij heeft ~ *he has Alzheimer's.*

alziend 0.1 *all-seeing.*

a.m. 〈Lat.; afk.〉 **0.1** [ante meridiem] *a.m.*

amalgaam 〈vaak in samenst.〉 **0.1** *amalgam.*

amandel 0.1 [noot, boom] *almond* **0.2** [klier] *tonsil* ◆ **2.1** gepelde ~ en *blanched almonds* **3.2** zijn ~ en laten wegnemen/knippen *have one's tonsils out.*

amandelbroodje 0.1 *almond-paste pastry.*

amandelolie 0.1 *almond oil.*

amandelontsteking 0.1 *tonsillitis.*

amandelsnippers 0.1 *almond flakes* ⇒*chopped almonds.*

amanuensis 0.1 *lab(oratory) assistant.*

amaryllis 0.1 *amaryllis.*

amateur 0.1 *amateur* ◆ **1.1** wedstrijd voor profs en ~ s *pro-am match.*

amateurclub 0.1 *amateur club.*

amateurfotograaf 0.1 *amateur photographer.*

amateurisme 0.1 *amateurism.*

amateuristisch 0.1 *amateurish* ◆ **1.1** ~ e sportbeoefening *amateur sports* **3.1** 〈pej.〉 dat is zeer ~ gedaan *that was done very amateurishly.*

amateurkoers 0.1 *amateur cycling race.*

amateurswerk 0.1 *amateurish work* ⇒*work of an amateur.*

amateurtoneel 0.1 *amateur theatre.*
amazone 0.1 [vrouwelijke ruiter] *horsewoman* 0.2 [myth.] ⟨ook fig.⟩ *Amazon.*
Amazone 0.1 [rivier] *Amazon.*
∗**amazonenzit** *(Wdl: amazonezit)* 0.1 *sidesaddle style* ◆ 6.1 **in** (de) ~ (rijden) *(ride) sidesaddle.*
ambacht 0.1 *trade* ⇒*(handi)craft* ◆ 2.1 demonstratie van oude~en *demonstration of old crafts* 3.1 het~uitoefenen van ...*practise the t. of*... 7.1 het is met hem twaalf~en, dertien ongelukken *he is a jack-of-all-trades and master of none* ¶.1 (sprw.) twaalf~en, dertien ongelukken *jack of all trades and master of none.*
ambachtelijk 0.1 *according to traditional methods* ◆ 1.1 op~e wijze bereid *prepared according to traditional methods.*
ambachtsman 0.1 *artisan* ⇒*craftsman.*
ambassade 0.1 *embassy.*
ambassaderaad 0.1 *counsellor (of an embassy).*
ambassadeur 0.1 *ambassador* ◆ 6.1 ⟨fig.⟩ een~**voor** de sport *an a. for sports.*
ambassadrice 0.1 [vrouwelijke ambassadeur] *ambassador* 0.2 [echtgenote v.e. ambassadeur] *ambassador's wife.*
amber 0.1 *amber* ◆ 2.1 grijze~*ambergris.*
amberboom 0.1 *sweet gum.*
ambiance 0.1 *ambiance.*
ambiëren 0.1 *aspire to* ◆ 1.1 een baan~*aspire to a job.*
ambigu 0.1 *ambiguous.*
ambiguïteit 0.1 *ambiguity.*
ambitie 0.1 *ambition* ◆ 3.1 zijn~s gingen uit naar een professoraat *his a. was to get a professorship* 6.1 een man van grote~/met~*a man with great ambitions.*
ambitieus 0.1 *ambitious* ◆ 1.1 ambitieuze plannen *a. plans.*
ambivalent 0.1 *ambivalent.*
ambivalentie 0.1 *ambivalence.*
Amboinees 0.1 ⟨bn. en zn.⟩ *Amboinese* ⇒*Moluccan.*
ambrosia 0.1 *ambrosia.*
ambt 0.1 *office* ◆ 1.1 het~van burgemeester *the o. of mayor* 3.1 een~aanvaarden *take up o.;* zijn~neerleggen *resign from o.;* een~uitoefenen *carry out one's duties.*
ambtelijk 0.1 *official* ◆ 1.1 ~e stijl *officialese, o. jargon;* ~e stukken *o. documents.*
ambteloos 0.1 *private* ◆ 1.1 een~burger *a p. citizen.*
ambtenaar, -nares 0.1 *official* ⇒*civil/public servant* ◆ 1.1 ~v d. burgerlijke stand *registrar,* ^*county clerk* 2.1 burgerlijk/civiel~*civil/public servant;* ⟨pej.⟩ hij is een echte~ *he is a typical bureaucrat* 3.1 ~zijn *work for the government* 6.1 ~van het Openbaar Ministerie *counsel for the prosecution.*
ambtenarenapparaat 0.1 *civil service.*
ambtenarenbond 0.1 *civil servants' union.*
ambtenarentaal ⟨pej.⟩ 0.1 *officialese.*
ambtenarij 0.1 [bureaucratie] *bureaucracy* ⇒*red tape* 0.2 [ambtenaren] *civil service.*
ambtgenoot 0.1 *colleague.*
ambtsaanvaarding 0.1 *accession to office, assumption of duties.*
ambtsdrager, -draagster 0.1 *office holder.*
ambtseed 0.1 *oath of office* ◆ 3.1 de~afleggen *be sworn in, take the oath of office.*
ambtsgebied 0.1 *district* ⇒⟨jur.⟩ *jurisdiction,* ⟨fig.⟩ *province.*
ambtsgeheim 0.1 [verplichte geheimhouding] *official secrecy* 0.2 [geheim te houden zaak] *official secret.*
ambtsgewaad 0.1 *official robes* ⇒*regalia.*
ambtshalve 0.1 *by virtue of one's office* ⇒*in one's official*

---

capacity ◆ 3.1 ~aangeslagen worden *be assessed officially;* ~kreeg hij daarmee te maken *he had to deal with that in his official capacity.*
ambtsjubileum 0.1 *jubilee.*
ambtsketen 0.1 *chain of office.*
ambtsovertreding 0.1 *misfeasance* ⇒*misconduct.*
ambtsperiode, ambtstermijn 0.1 *term of office/service* ◆ 3.1 zijn~loopt af *his term of office is drawing to a close* 6.1 ~van zeven jaar *seven-year term of office.*
ambtssteken 0.1 *badge/mark of office* ⇒⟨mv. ook⟩ *insignia (of office).*
ambtswege ◆ 6.¶ van~*officially, ex officio, by virtue of one's office.*
ambtswoning 0.1 *official residence.*
ambulance 0.1 *ambulance.*
ambulant 0.1 *ambulatory* ◆ 1.1 de~e handel *street trading;* ~hoofd v.e. school *headmaster who teaches no classes;* de~e patiënten *the a. patients.*
amen 0.1 *amen* ◆ 1.1 ⟨fig.⟩ ja en~(op iets) zeggen *bow to sth.*
amendement 0.1 *amendment* ◆ 1.1 de Tweede Kamer heeft het recht van~*the Lower House has the right of a.*
amenderen 0.1 *amend.*
Amerika 0.1 *America.*
Amerikaan 0.1 *American* ◆ 6.1 tot~naturaliseren *naturalize as an A.*
Amerikaans 0.1 ⟨bn. en zn.⟩ *American* ◆ 1.1 de~e burgeroorlog *the Civil War;* het~e congres *Congress;* ~e onafhankelijkheidsverklaring *Declaration of Independence;* ~e whiskey *bourbon, rye, corn whiskey* ¶.1 door en door/open-top~*A. through and through, all-American.*
Amerikaanse 0.1 *American (woman/girl).*
amerikanisering 0.1 *Americanization.*
amethist 0.1 *amethyst.*
ametrie 0.1 *dissymmetry.*
ameublement 0.1 *suite of furniture* ⇒*(bedroom,/dining-room) suite.*
amfetamine 0.1 *amphetamine.*
amfibie 0.1 *amphibian.*
amfibievoertuig 0.1 *amphibious vehicle.*
amfibisch 0.1 *amphibious* ⇒*amphibian* ◆ 1.1 ~e operatie *an amphibious operation.*
amfitheater 0.1 *amphitheatre.*
amicaal 0.1 *amicable* ⇒*friendly* ◆ 3.1 ~omgaan met iem. *be on friendly terms with s.o.* 5.1 hij is mij wat al te~*he is a little too familiar for my taste.*
aminozuur ⟨schei.⟩ 0.1 *amino acid.*
ammenooitniet (inf.) 0.1 *definitely not* ⇒*no way.*
ammonia 0.1 *ammonia (water).*
ammoniak 0.1 *ammonia.*
ammonium 0.1 *ammonium.*
ammunitie 0.1 *ammunition.*
amnesie 0.1 *amnesia.*
amnestie 0.1 *amnesty* ◆ 3.1 ~verlenen (aan) *grant an a. (to).*
amoebe 0.1 *amoeba.*
amok ◆ 3.¶ ~maken *run amok/amuck* ⟨ook fig.⟩; ⟨fig. ook⟩ *go berserk.*
Amor 0.1 *Cupid* ⇒*Eros.*
amoreel 0.1 *amoral.*
amorf 0.1 [nat.] *amorphous* ◆ 1.1 ~e toestand *amorphism.*
amoureus 0.1 *amorous* ◆ 1.1 amoureuze avonturen *a. adventures.*
ampel 0.1 *ample* ⇒*lengthy,* ⟨bw. ook⟩ *at great length* ◆ 1.1 na~e overweging *after ample consideration.*

amper 0.1 *scarcely* ⇒*barely, hardly* ◆ 3.1 ze had ~ leren lezen toen ze Shakespeare kocht *she had s. learned to read when she bought Shakespeare;* hij kon ~ schrijven *he could barely write.*

ampère 0.1 *ampere.*

ampersand 0.1 *ampersand.*

amplitude 0.1 *amplitude.*

ampul 0.1 *ampoule, ampul(e).*

amputatie 0.1 *amputation* ◆ 3.1 iem. die een ~ heeft ondergaan *amputee.*

amputeren 0.1 *amputate.*

amulet 0.1 *amulet.*

amusant 0.1 *amusing* ◆ 1.1 een ~ verhaal *an a. story* 3.1 iets ~ vinden *find sth. amusing/entertaining.*

amusement 0.1 *amusement* ⇒*entertainment* ◆ 3.1 die stad biedt niet veel ~ *that town doesn't offer much in the way of entertainment* 6.1 tot ~ v.d. aanwezigen *to the a. of those present.*

amusementsbedrijf 0.1 *entertainment industry* ⇒*show business.*

amusementshal 0.1 *amusement arcade.*

amusementsmuziek 0.1 *light music.*

amusementsprogramma 0.1 *light entertainment programme.*

amuseren I ⟨ov.ww.⟩ 0.1 [vermaken] *amuse* ⇒*entertain* ◆ 4.1 zijn grappen ~ me maar matig *I think his jokes aren't really very funny;*
II ⟨wk.ww.; zich.~⟩ 0.1 [zich vermaken] *amuse o.s.* ⇒*entertain/enjoy o.s.* ◆ 1.1 amuseer je je een beetje? *are you enjoying yourself?* 5.1 zich kostelijk/uitstekend ⟨enz.⟩ ~ *thoroughly enjoy o.s.*

amuzikaal 0.1 *unmusical* ⇒⟨geen muzikaal gehoor hebbend⟩ *tone-deaf.*

anaal 0.1 *anal.*

anabool ⟨med.⟩ 0.1 *anabolic* ◆ 1.1 anabole steroïden *a. steroids.*

anachronisme 0.1 *anachronism.*

anachronistisch 0.1 *anachronistic.*

analfabeet ⟨bn. en zn.⟩ *illiterate.*

analfabetisme 0.1 *illiteracy.*

analist, -e 0.1 [iem. die chemisch analyseert] *(chemical) analyst* ⇒*lab(oratory) technician* 0.2 [comp.] *analyst.*

analogie 0.1 *analogy* ◆ 6.1 bij ~ redeneren *reason by a.;* naar ~ van *by a. with.*

analoog 0.1 *analogous* 0.2 [tech.] *analogue* ◆ 1.1 een analoge redenering *an a. argument* 1.2 een analoge computer *an a. computer* 3.1 ~ redeneren *reason/think analogously;* ~ zijn (aan/met) *be a. to.*

analysator 0.1 *analyser.*

analyse 0.1 *analysis* ◆ 2.1 een kritische ~ (v.e. roman ⟨enz.⟩) *a critical a. (of a novel* ⟨enz.⟩*)* 6.¶ **in** ~ gaan/zijn *undergo/be under analysis.*

analyseerbaar 0.1 *analysable (into)* ◆ 1.1 gevoelens die niet verder ~ zijn *feelings which cannot be analysed further.*

analyseren 0.1 *analyse* ◆ 5.1 grondig ~ *a. thoroughly;* ⟨fig.⟩ *dissect.*

analyticus 0.1 *analyst.*

analytisch 0.1 *analytical* ◆ 1.1 ⟨wisk.⟩ ~e functie *a. function;* ~e meetkunde *a. geometry* 3.1 ~ denken *think analytically.*

ananas 0.1 *pineapple.*

anarchie 0.1 *anarchy.*

anarchisme 0.1 *anarchism.*

anarchist, -e 0.1 *anarchist.*

anarchistisch 0.1 *anarchist(ic)* ◆ 1.1 ~e woelingen *a. disturbances.*

anatomie 0.1 *anatomy.*

anatomisch 0.1 *anatomical.*

anatomiseren 0.1 [ook fig.] *anatomize* ⇒*dissect.*

anatoom 0.1 *anatomist.*

anciënniteit 0.1 *seniority* ◆ 2.1 (iem.) met hogere ~ *s.o. senior.*

Andalusië 0.1 *Andalusia.*

ander¹ ⟨bn.⟩ 0.1 [de/het tweede, niet dezelfde] *other* ⇒*another* 0.2 [zich onderscheidend] *different* ◆ 1.1 mijn ~e ik *my alter ego;* aan de ~e kant ⟨anderzijds⟩ *on the o. hand;* een ~e keer misschien! *maybe some o. time;* geen ~e keuze hebben dan ... *have no option but ...;* de ~e sekse, het ~e geslacht *the opposite sex;* (de) een of ~e voorbijganger *some passer-by;* met ~e woorden *in o. words* 1.2 dat is ~e koek ⟨iets anders⟩ *that's sth. else altogether;* ⟨beter, groter⟩ *that's more like it;* ik ben nu een ~ mens *I'm a d. man/woman now;* dat is een (ge)heel ~e zaak/kwestie *that's quite a d. matter, that's a d. matter altogether* 4.1 op de één of ~e manier/wijze *one way or another;* om de één of ~e reden *for some reason, for one reason or another.*

ander² ⟨onb.vnw.⟩ 0.1 [persoon] *another* ⇒⟨mv.⟩ *others* 0.2 [zaak] *another matter/thing* ⇒⟨mv.⟩ *other matters/things* ◆ 3.1 zeg het niet aan een ~ *don't tell a soul/anyone else* 4.1 de een of ~ *somebody, someone* 4.2 (het) een en ~ duidt erop dat ... *all these things indicate that ...;* je hebt het een en ~ nodig om te ... *you need a few things in order to ...;* hij moet het een of ~ vergeten zijn *he must have forgotten something or other* 5.1 sommigen wel, ~en niet *some do/are, some don't/aren't* 6.1 de één na de ~ *one after a., one by one;* wie? jij **onder** ~en! *who? you, for one* 6.2 **onder** ~e (o.a.) *among other things, including;* ⟨soms ook⟩ *e.g.* 7.1 als geen ~ *more than anybody else* 8.1 de ene of de ~e *(choose) one or the other* 8.2 of het één, of het ~! ⟨ook⟩ *you can't have it both ways.*

ander³ ⟨rangtelw.⟩ 0.1 *next* ⇒*other* ◆ 1.1 om de ~e dag *every other day, on alternative days;* de ~e week *(the) n. week.*

anderhalf 0.1 *one and a half* ◆ 1.1 ~ jaar *a year and a half;* ~ maal zoveel *half as much/many again;* ~ maal zo hoog *one and a half times as high;* ~ uur *an hour and a half* 1.¶ anderhalve man (en een paardenkop) *hardly anybody.*

andermaal 0.1 *again* ◆ 5.1 eenmaal, ~, derdemaal, verkocht *going, going, gone* ¶.1 een en ~ *once and a., more than once.*

anderman 0.1 *another (man)* ⇒⟨mv.⟩ *others, other people* ◆ 1.1 zich met ~s zaken bemoeien *interfere in other people's business.*

anders I ⟨bw.⟩ 0.1 [op een andere manier] *normally* ⇒*differently* 0.2 [op andere tijden] *normally* 0.3 [in andere omstandigheden] *otherwise* 0.4 [om een andere reden] *else* ⇒*otherwise* 0.5 [beperking, voorbehoud] *otherwise* ⇒*though* 0.6 [voor het overige] *otherwise* ⇒*else* ◆ 3.1 het ~ aanpakken *handle it differently;* ik denk er ~ over dan zij *I disagree with her there;* ~ gezegd, ... *in other words ...;* het is (met mij) ~ gegaan dan ik dacht *things turned out differently than I had expected;* het kan niet ~ dan dat ze ziek is *she must be ill;* hij kan niet ~ ⟨kan het niet laten⟩ *he can't help it;* ⟨moet wel⟩ *he has no choice;* ik kan niet ~ zeggen dan ... *all I can say is ...;* in jouw geval liggen de zaken ~ *in your case things are different* 3.2 ~ zit ik nu aan mijn bureau *n., I'd be sitting at my desk now* 3.6 wat kon ik ~ (doen) (dan ...)? *what else could I do (but ...)* 4.6 ~ niets? ⟨bv. in winkel⟩ *will that be all?* 5.1 (zo is het) en niet ~

that's the way it is; we doen het zo en niet ~ *we'll do it this way and no other* **5.3** als ik het zeg, ~ niet! *only if I say so* **5.4** waarom zou hij ~ zo koppig zijn? *why e. should he be so stubborn?* **5.¶** ergens ~ *somewhere else;* ga nergens ~ heen! *don't go anywhere else* **8.1** de zakenman, ~ dan de werknemer, moet aan winst denken *the businessman, unlike the employee, has to consider the profits* **8.2** net als ~ *the same as ever;* niet meer zo vaak als ~ *less often than usual* **¶.5** het is ~ geen gek idee *it's not a bad idea;* verwacht je regen? daar ziet het ~ niet naar uit *do you expect rain? it doesn't look like it, though;*
II ⟨bn.; alleen pred.⟩ **0.1** *different (from)* ◆ **1.1** iem./ niemand/ niets/ iets/ wat ~ *somebody/ nobody/ nothing/ something else* **3.1** mooi is ~ *it is not what I'd call beautiful* **4.1** nog iets ~? *anything else?;* over iets ~ beginnen (te praten) *change the subject;* er zit niets ~ op dan ... *there is nothing for it but to ...;* dat is heel wat ~ / iets heel ~ *that's quite a d. matter* **5.1** het is (nu eenmaal) niet ~ *that's (just) the way it is;* het is belachelijk maar het is niet ~ *it's ridiculous but there it is* **8.1** het kan niet ~ dan goed zijn *it can only be right;* niemand ~ dan hij *no one but him.*
andersdenkend 0.1 ⟨met afwijkende mening⟩ *dissident;* ⟨oneens⟩ *in disagreement* ⟨alleen pred.⟩.
andersdenkende 0.1 *dissenter, dissident.*
andersom 0.1 *the other way round.*
andersoortig 0.1 *different.*
anderstalige 0.1 ⟨in Nederlandse context⟩ *non-Dutch speaker;* ⟨in Britse context⟩ *non-English speaker.*
anderszins ⟨schr.⟩ **0.1** *otherwise* ◆ **8.1** en/ of ~ *and/or o.*
anderzijds 0.1 *on the other hand* ◆ **5.1** het is waar, maar ~ ... *it's true, but then again/ on the other hand ...*
andijvie 0.1 *endive.*
andreaskruis 0.1 *St. Andrew's cross.*
anekdote 0.1 *anecdote.*
anekdotisch 0.1 *anecdotal.*
anemoon 0.1 *anemone.*
anesthesie ⟨med.⟩ **0.1** *anaesthesia* ◆ **2.1** lokale / totale ~ *local/ general a.*
anesthesist ⟨med.⟩ **0.1** *anaesthetist.*
angel 0.1 *sting* ◆ **3.1** ⟨fig.⟩ de ~ uit iets halen *take the s. out of sth.*
Angelsaksisch 0.1 [Engels] ⟨bn. en zn.⟩ *English(-speaking)* **0.2** [v.d. Angelsaksen] *Anglo-Saxon.*
angina ⟨med.⟩ **0.1** [keelontsteking] *tonsillitis* **0.2** [angina pectoris] *angina (pectoris).*
anglicaan 0.1 *Anglican.*
anglicaans 0.1 *Anglican* ◆ **1.¶** de anglicaanse Kerk ⟨GB ook⟩ *the Church of England.*
anglicisme 0.1 *Anglicism.*
anglist, -e 0.1 *English specialist* ⇒*expert on/ student of English (language and literature), person with a degree in English.*
anglistiek 0.1 *English studies, (the study of) English language and literature.*
Anglo-Amerikaans 0.1 *Anglo-American.*
anglofiel 0.1 ⟨bn. en zn.⟩ *Anglophile.*
anglofobie 0.1 *Anglophobia.*
Angola 0.1 *Angola.*
Angolees[1] ⟨de (m.)⟩, **-ese** ⟨de (v.)⟩ **0.1** *Angolan.*
Angolees[2] ⟨bn.⟩ **0.1** *Angolan.*
angora 0.1 *angora cat/goat/rabbit.*
angorawol 0.1 *angora (wool).*
angst 0.1 *fear (of)* ⟨vaak mv.⟩ ⇒⟨angstig ontzag⟩ *dread, angst (of),* ⟨hevige angst⟩ *terror (of),* ⟨psych. meestal⟩ *anxiety* ◆ **2.1** overdreven ~ om de kinderen *over-anxiety for*

the children **3.1** ~ aanjagen *frighten;* ⟨sterker⟩ *terrify;* ~ hebben voor *be afraid/scared of* **6.1** uit ~ voor *for f. of;* verlamd van ~ *numb with f.* **¶.1** met ~ en beven (iets tegemoet zien) *(view/await sth.) with f. and trembling.*
angstaanjagend 0.1 *terrifying* ⇒*frightening.*
angsthaas 0.1 *scaredy-cat.*
angstig I ⟨bn.⟩ **0.1** [angst voelend, van angst getuigend] *anxious;* ⟨pred.⟩ *afraid* **0.2** [angst verwekkend, met angst gepaard gaand] *fearful* ⇒*anxious, terrifying* ◆ **1.1** een ~ e schreeuw *an a. cry* **1.2** ~ e gedachten *anxious thoughts;* het waren ~ e tijden *those were anxious times* **3.1** dat maakte mij ~ *that frightened me/made me afraid;*
II ⟨bw.⟩ **0.1** [op van angst getuigende wijze] *fearfully* ⇒ *anxiously* ◆ **2.1** ~ gespannen verwachting *anxious anticipation.*
angstkreet, angstschreeuw 0.1 *cry of fear/distress* ⇒ ⟨plotselinge schrik⟩ *startled cry.*
angstvallig 0.1 [pijnlijk nauwgezet] *scrupulous* ⇒*meticulous* **0.2** [bangelijk] *anxious* ⇒*nervous* ◆ **3.1** zij vermeed ~ alle vreemde woorden *she painstakingly avoided all foreign words* **3.2** ~ keek hij om *he glanced anxiously back.*
angstwekkend 0.1 *frightening* ⇒*terrifying, alarming.*
angstzweet 0.1 *cold sweat* ◆ **3.1** het ~ brak hem uit *he broke out in a c. s.*
anijs 0.1 [zaad] *aniseed* **0.2** [likeur] *anisette.*
anijsmelk 0.1 *aniseed milk.*
anijszaad 0.1 *aniseed.*
animatie ⟨film.⟩ **0.1** [tekeningen] *animation* **0.2** →**animatiefilm.**
animatiefilm 0.1 *(animated) cartoon, cartoon (film).*
animator, -trice 0.1 [gangmaker/-maakster] *driving force* ⟨mbt. gezelligheid enz.⟩ *life and soul of the party* **0.2** [iem. die animatiefilms maakt] *animator* ◆ **1.1** hij is de ~ v.d. actiegroep *he is the d. f. behind the action group.*
animeermeisje 0.1 *hostess.*
animeren 0.1 *liven up;* ⟨aanmoedigen⟩ *encourage (to)* ⇒ *stimulate (to),* ⟨ov.ww. ook⟩ *animate, enliven* ◆ **6.1** het verhaal animeert niet tot verder lezen *the story doesn't encourage one to read further.*
animo 0.1 [ondernemingslust] *zest (for), gusto (in)* **0.2** [lust tot kopen] *animation* ◆ **6.1** met ~ iets doen *do sth. with gusto* **7.2** ⟨hand.⟩ er was veel/ weinig ~ *business was brisk/slack.*
animositeit 0.1 *animosity (towards/against).*
anjer 0.1 *carnation.*
anker 0.1 [scheep.] *anchor* **0.2** [bouwk.] *anchor* ⇒*cramp (iron)* ◆ **3.1** ergens zijn ~ laten vallen / uitwerpen *drop a. somewhere;* het ~ lichten *raise (the) a.;* ⟨ook fig.⟩ *get under way* **6.1** voor ~ komen / gaan *anchor, come to/drop a.;* **voor** anker liggen *be anchored, lie/be at a.*
ankeren I ⟨onov.ww.⟩ **0.1** [voor anker gaan] *anchor* ⇒*come to/drop/cast anchor,* ⟨meren⟩ *moor* ◆ **5.1** ergens geankerd zijn ⟨ook fig.⟩ *be anchored (fast) somewhere;*
II ⟨ov.ww.⟩ **0.1** [voor anker leggen] *anchor* ⇒⟨meren⟩ *moor.*
ankerketting 0.1 *chain* ⇒*(anchor/ chain) cable.*
ankerplaats 0.1 *anchorage (berth/place).*
ankertros 0.1 *anchor mooring rope/cable* ⇒*anchor hawser,* ⟨scheep. ook⟩ *cable,* ⟨van luchtschip⟩ *guiderope.*
annalen 0.1 *annals.*
annex[1] ⟨bn.⟩ **0.1** *adjoining* ⇒*attached* ◆ **1.1** een huis met garage ~ *a house with adjoining garage.*
annex[2] ⟨vw.⟩ **0.1** *with/ and adjoining* ⇒*with/ and attached* ◆ **1.1** uitgeverij ~ drukkerij ⟨gebouw⟩ *publisher's and adjoining printer's;* ⟨firma⟩ *printer's and publisher's.*

annexatie 0.1 *annexation* ⇒*incorporation* ⟨vnl. mbt. gemeenten⟩.
annexen 0.1 *annexes* ◆ **1.1** de ~ v.e. verdrag *the a. to a treaty.*
annexeren 0.1 *annex* ⇒*incorporate* ⟨vnl. mbt. gemeenten⟩.
anno 0.1 *in the year* ◆ **7.1** ~ 1981 *in the year 1981* ¶.**1** ~ Domini *Anno Domini, A.D.*
annonce 0.1 *advertisement* ⇒⟨inf.⟩ *ad, announcement* ⟨vnl. van geboorten/huwelijken/sterfgevallen⟩ ◆ **2.1** kleine ~s *small ads.*
annonceren 0.1 [bekendmaken, aanbieden] *announce* ⇒ *advertise* ⟨ihb. reclame maken⟩ **0.2** [aandienen] *announce* ◆ **8.2** zich laten ~ als ⟨fig.⟩ *pass o.s. off as.*
annotatie 0.1 *annotation* ⇒*note,* ⟨voetnoot⟩ *footnote.*
annoteren 0.1 *annotate.*
annuïteit 0.1 *annuity* ◆ **2.**¶ aflopende ~en *terminable annuities.*
annuleren 0.1 *cancel* ⇒⟨jur.⟩ *void,* ⟨jur.⟩ *nullify* ◆ **1.1** een bestelling ~ *c. an order.*
annulering 0.1 *cancellation;* ⟨jur.⟩ *voiding; nullification* ◆ **1.1** ~ v.e. reservering *c. of a reservation.*
annuleringsverzekering 0.1 *cancellation insurance.*
anode ⟨nat.⟩ **0.1** *anode.*
anomalie 0.1 *anomaly.*
anoniem 0.1 *anonymous* ⇒*nameless,* ⟨incognito⟩ *incognito* ◆ **1.1** een ~e lasterbrief *a poison-pen letter* **1.**¶ de ~e massa *the anonymous/faceless masses.*
anonimiteit 0.1 *anonymity.*
anonymus 0.1 *anonymous.*
anorak 0.1 *anorak.*
anorexia nervosa 0.1 *anorexia nervosa.*
anorexiepatiënt 0.1 *anorectic, anorexic.*
anorganisch 0.1 [schei.] *inorganic* ◆ **1.1** ~e scheikunde *i. chemistry.*
ANP ⟨afk.⟩ **0.1** [Algemeen Nederlands Persbureau] ⟨*Dutch Press Agency*⟩.
anschluss 0.1 *contact* ◆ **3.1** geen ~ krijgen *not be able to make c. (with s.o.).*
ansicht(kaart) 0.1 *(picture) postcard.*
ansjovis 0.1 *anchovy.*
antagonisme 0.1 *antagonism* ⇒*opposition, conflict* ◆ **1.1** het ~ v.d. belangen *the conflict of interests.*
antagonist 0.1 *antagonist.*
antagonistisch 0.1 *antagonistic.*
Antarctica 0.1 *Antarctica.*
antarctis 0.1 *(the) Antarctic (Zone).*
antarctisch 0.1 *Antarctic.*
antecedent 0.1 [voorafgaand feit]⟨ook taal.⟩ *antecedent* ◆ **3.1** iemands ~en natrekken *look into s.o.'s past record.*
antecedentenonderzoek 0.1 ±*investigation* ⇒*security check.*
antecederen 0.1 *antecede* ⇒*precede.*
antedateren →**antidateren.**
antediluviaal, antediluviaans 0.1 *antediluvian.*
antenne 0.1 ⟨BE⟩ *aerial;* ⟨AE of tech.⟩ *antenna* ◆ **2.1** een gerichte ~ *a directional aerial.*
antennesysteem ⟨com.⟩ ◆ **2.**¶ centraal ~ *community aerial system;* ⟨op kleinere schaal⟩ *block/party aerial.*
anthologie 0.1 *anthology* ⇒⟨leesboek⟩ *reader.*
anti 0.1 *anti* ⟨ook pol.⟩.
anti- 0.1 *anti-* ◆ **1.1** anti-apartheid *anti-apartheid* **2.1** anti-Amerikaans *anti-American.*
anti-abortus- 0.1 *anti-abortion* ⇒*anti-choice, pro-life* ◆ **1.1** anti-abortusbeweging *anti-abortion movement.*
anti-autoritair 0.1 *anti-authoritarian.*

antibioticum 0.1 *antibiotic* ◆ **3.1** ik neem antibiotica *I'm taking antibiotics.*
antibiotisch 0.1 *antibiotic.*
antiblokkeersysteem 0.1 *anti-lock braking system.*
antichrist 0.1 [naam voor personen/personificaties] *antichrist* **0.2** [rel.] *Antichrist* ⇒*(the) Beast.*
anticipatie 0.1 [het vooruitgrijpen op een mogelijke situatie] *anticipation* **0.2** [jur.] *advancement of the date fixed for a hearing* **0.3** [geldw.] *anticipation.*
anticiperen 0.1 [op iets vooruitlopen] *anticipate* **0.2** [jur.] *exercise the right to advance the date fixed for a hearing* **0.3** [geldw.] *anticipate* ◆ **6.1** ~ op iets *a. sth.*
anticlimax 0.1 [ook lit.] *anticlimax.*
anticonceptie 0.1 *contraception* ⇒*birth control.*
anticonceptiemiddel 0.1 *contraceptive* ⇒*contraceptive device* ⟨ihb. niet de pil⟩.
anticonceptiepil 0.1 *contraceptive pill* ⇒*(the) Pill.*
antidateren 0.1 *antedate* ⇒*predate.*
antiek¹ ⟨het⟩ **0.1** *antiques* ⟨mv.⟩.
antiek² ** ⟨bn.⟩ **0.1 [oud, verouderd] *antique* ⇒*ancient* **0.2** [mbt. de Griekse en Romeinse Oudheid] *classical* ◆ **1.1** een ~ voorwerp *an antique* **1.2** ~e beschaving *c. civilization.*
antiekbeurs 0.1 *antique(s) fair.*
antiekwinkel 0.1 *antique shop* ⇒⟨pej. of iron.⟩ *junk shop.*
anti-fascistisch 0.1 *antifascist.*
antiheld 0.1 *antihero.*
anti-klerikaal 0.1 ⟨bn. en zn.⟩ *anticlerical.*
Antillen 0.1 *(the) Antilles* ◆ **2.1** de Nederlandse ~ *the Netherlands A.*
Antilliaan, -se 0.1 *Antillean.*
antilope 0.1 *antelope.*
antinucleair 0.1 *antinuclear* ◆ **1.1** ~e beweging *a. movement.*
antipathie 0.1 *antipathy (towards)* ◆ **1.1** sympathieën en ~ën *likes and dislikes* **6.1** een ~ **tegen** iem./iets krijgen *take a dislike to s.o./sth.*
antipropaganda 0.1 [gericht tegen andere propaganda] *counterpropaganda* **0.2** [met het tegenovergesteld effect] *negative propaganda.*
antiquaar 0.1 *antiquarian bookseller.*
antiquair 0.1 *antique dealer.*
antiquariaat 0.1 [handel] *antiquarian book trade* **0.2** [bedrijf] *antiquarian bookshop* ◆ **2.1** modern ~ *trade in remaindered books.*
antiquarisch I ⟨bn.⟩ **0.1** [mbt. voorwerpen uit vroeger tijd] *antiquarian* ⇒*antique* **0.2** [mbt. handel in oude boeken] *antiquarian;* **II** ⟨bw.⟩ **0.1** [bij een antiquair] *second-hand* ◆ **3.1** ~ kan men dat werk nog wel krijgen *one can still find that book s.-h.*
antiquiteit 0.1 [voorwerp/bouwwerk uit vroeger tijd]⟨alg.⟩ *antiquity* ⟨ook bouwwerk⟩; ⟨voorwerp⟩ *antique* **0.2** [mv.; gebruiken/instellingen uit de oudheid] *antiquities.*
anti-racistisch 0.1 *anti-racist.*
antiraketraket 0.1 *antimissile (missile).*
antireclame 0.1 ±*bad/negative publicity.*
anti-revolutionair 0.1 ⟨bn. en zn.⟩ *antirevolutionary.*
antisatellietwapen 0.1 *anti-satellite weapon.*
anti-semiet 0.1 *anti-Semite.*
anti-semitisch 0.1 *anti-Semitic.*
anti-semitisme 0.1 *anti-Semitism.*
antiseptisch 0.1 *antiseptic.*
antiserum 0.1 *antiserum.*
antislip 0.1 *antiskid* ⇒⟨autoband⟩ *nonskid.*

antistof 0.1 *antibody.*
antitankwapen 0.1 *antitank weapon.*
antithese 0.1 *antithesis.*
antivries, antivriesmiddel 0.1 *antifreeze.*
anti-zionisme 0.1 *anti-Zionism.*
antraciet I ⟨het, de⟩ 0.1 [steenkool] *anthracite (coal);*
II ⟨het⟩ 0.1 [kleur] *anthracite.*
antropocentrisch 0.1 *anthropocentric.*
antropologie 0.1 *anthropology* ◆ 2.1 culturele ~ *cultural a., ethnology.*
antropologisch 0.1 *anthropological.*
antropoloog, -loge 0.1 *anthropologist.*
antroposofie 0.1 *anthroposophy.*
antroposofisch 0.1 *anthroposophic.*
antroposoof, -sofe 0.1 *anthroposophist.*
Antwerpen 0.1 *Antwerp.*
antwoord 0.1 *answer* ⇒*reply* ◆ 1.1 in afwachting van uw ~ *awaiting your reply* 2.1 een afwijzend ~ *a negative a.;* een bevestigend ~ *an affirmative a.;* een positief ~ *a favourable a.* 3.1 zonder ~ af te wachten *without waiting for an a.;* ~ betaald, betaald ~ *reply-paid;* ~ geven op *reply to,* answer; een ~ geven *give an a.;* geen ~ geven *make no reply;* ~ verzoekt (bv. in uitnodiging) *RSVP* 6.1 in ~ op uw brief/ schrijven *in reply to your letter;* ten ~ krijgen *be told* 7.1 dat is geen ~ op mijn vraag *that doesn't answer my question.*
antwoordapparaat 0.1 *answering machine.*
antwoorden 0.1 *answer* ⇒*reply, respond* ◆ 5.1 bevestigend / positief ~ *a. in the affirmative;* brutaal ~ *talk back;* vinnig ~ *retort* 6.1 ik antwoord niet op zulke vragen *I don't a. such questions.*
antwoordenveloppe 0.1 *stamped addressed envelope;* ⟨als afk.⟩ *s.a.e.*
antwoordnummer 0.1 ±*freepost.*
anus 0.1 *anus.*
ANWB ⟨afk.⟩ 0.1 ±*Dutch* ᴮ*A.A. /* ᴬ*A.A.A.* ⟨*Royal Dutch Touring Club*⟩.
AOW 0.1 ⟨Algemene Ouderdomswet⟩ ⟨*general retirement pensions act*⟩ 0.2 [premie] ⟨*pension contribution*⟩ 0.3 [uitkering] ⟨*(old age) pension*⟩.
AOW'er 0.1 ᴺ*OAP (old age pensioner), senior citizen.*
Apache 0.1 *Apache.*
apart 0.1 [afzonderlijk] *separate* ⇒*apart* 0.2 [exclusief] *special, exclusive* 0.3 [anders, raar] *different, unusual* ◆ 1.1 een kamer ~ *a s. room* 1.2 zij vormen een klasse ~ *they are in a class of their own* 3.1 elk geval ~ behandelen *deal with each individual case;* iem. ~ nemen / spreken *take s.o. aside;* onderdelen ~ verkopen *sell parts separately;* de jongens en meisjes ~ zetten *separate the boys and girls* 4.3 hij ziet er wat ~ uit *he looks a bit unusual.*
apartheid 0.1 [rassenscheiding] *apartheid* 0.2 [het apart/ anders zijn] *distinctness.*
apartheidspolitiek 0.1 *apartheid (policy).*
apathie 0.1 *apathy.*
apathisch 0.1 *apathetic.*
apegapen ⟨inf.⟩ ◆ 6.¶ op ~ liggen *be at one's last gasp.*
apelazarus ⟨inf.⟩ ◆ 3.¶ zich het ~ werken *work like blazes.*
apenkop ⟨inf.⟩ 0.1 *monkey* ⇒*brat.*
Apennijnen 0.1 *Apennines.*
∗**apennootje** *(Wdl: apenootje)* 0.1 *monkey nut* ⇒*peanut.*
apenstaartje ⟨inf.⟩ 0.1 *'at' sign* ⇒*commercial 'at'.*
apentronie 0.1 *monkey face.*
aperitief 0.1 *aperitif.*
apert 0.1 *manifest* ⇒*patent* ◆ 1.1 een ~e leugen *a patent lie.*

apestoned 0.1 *caned.*
apetrots ⟨inf.⟩ 0.1 *proud as a peacock.*
apezuur ⟨inf.⟩ ◆ 3.¶ zich het ~ werken *work like blazes.*
apin 0.1 *female monkey / ape.*
APK-keuring 0.1 *motor vehicle test* ⇒ᴮ*M.O.T. test.*
A-ploeg ⟨sport⟩ 0.1 *A-team, first team.*
aplomb 0.1 *aplomb* ◆ 6.1 iets met veel ~ zeggen *state sth. without reservations.*
Apocalyps 0.1 *Apocalypse.*
apocalyptisch 0.1 *apocalyptic(al).*
apocrief 0.1 *apocryphal* ⟨ook fig.⟩ ◆ 1.1 de ~e boeken *the Apocrypha.*
apodictisch 0.1 [onweerlegbaar] *apodictic* 0.2 [met grote stelligheid] *categorical* ◆ 1.2 ~e uitspraken *c. statements.*
apolitiek 0.1 *apolitical.*
apollinisch 0.1 *Apollonian.*
apologetisch 0.1 *apologetic.*
apologie 0.1 [verdedigingsrede, verweerschrift] *apologia* ⇒ *apology* 0.2 [geschrift] *apologetic(s).*
apostel 0.1 *apostle* ◆ 1.1 een ~ v.d. vrije gedachte *an a. of free thought;* de Handelingen der Apostelen *(the) Acts (of the Apostles).*
a posteriori 0.1 *a posteriori.*
apostolaat 0.1 [activiteit v.d. kerk] *evangelization* ⇒*missionary work* 0.2 [werkzaamheid als apostel] *apostolate.*
apostolisch 0.1 [mbt. de apostelen] *apostolic* 0.2 [pauselijk] *apostolic* ⇒*papal* ◆ 1.1 de ~e geloofsbelijdenis *the Apostles' Creed* 1.2 de Apostolische Stoel *the Apostolic/Holy See;* een ~e (zend)brief *an a. letter.*
apostrof 0.1 *apostrophe.*
apotheek 0.1 [werkruimte, winkel] *pharmacy* ⟨werkruimte⟩; ⟨winkel⟩ ᴺ*chemist's (shop)* /ᴬ*drugstore;* 0.2 [geneesmiddelen] *pharmacy* ⇒*medicine chest.*
apotheker 0.1 *pharmacist;* ⟨ᴮᴱ ook⟩ *chemist* ◆ 6.1 voor ~ studeren *study pharmacy.*
apothekersassistent, -e 0.1 *pharmacist's assistant.*
apotheose 0.1 [slotscène] *grand finale* 0.2 [vergoding] *apotheosis* ◆ 3.1 een vuurwerk vormde de ~ v.d. zomerfeesten *a firework display formed the g.f. of the summer celebrations.*
apparaat 0.1 [toestel] *machine* ⇒*appliance, device, apparatus* ⟨voor wet. experiment⟩ 0.2 [personen en hulpmiddelen] *machine(ry)* ⇒*apparatus* ◆ 2.1 huishoudelijke apparaten *household appliances* 2.2 het ambtelijk ~ *the Civil Service;* het gerechtelijk ~ *the judicial system.*
apparatuur 0.1 *apparatus* ⇒*equipment, machinery, hardware* ⟨ook comp.⟩.
appartement 0.1 ᴮ*flat,* ᴬ*apartment* ◆ 2.1 een driekamerappartement *a 2-bedroom f.* 6.1 een ~ op de tweede verdieping *a second-floor f.;* een ~ voor zes personen *a f. accommodating six.*
appartementencomplex 0.1 *apartment block* ⇒⟨vnl. ᴬᴱ⟩ *condominium.*
appel 0.1 *apple* ◆ 1.1 ⟨fig.⟩ iets voor een ~ en een ei verkopen *sell sth. for a song* 1.¶ ⟨fig.⟩ zij is de ~ van zijn ogen *she is the apple of his eye* 2.1 ⟨fig.⟩ door de zure ~ heenbijten *grin and bear it* 3.1 ⟨fig.⟩ een ~tje met iem. te schillen hebben *have a bone to pick with s.o.* 6.1 ⟨fig.⟩ een ~tje voor de dorst bewaren *keep sth. for a rainy day* ¶.1 ⟨sprw.⟩ de ~ valt niet ver van de boom / stam *the apple never falls far from the tree.*
appel 0.1 [verzameling van alle aanwezige personen] *call* ⇒ ⟨naamafroeping⟩ *roll call,* ⟨mil. ook⟩ *parade* 0.2 [beroep] *appeal* ◆ 1.¶ het hof van ~ *the Court of Appeal* 3.1 ~ hou-

den *call the roll, take the roll call* **3.2** ~ aantekenen tegen een vonnis *lodge an a.* **6.1 op** het ~ ontbreken *be absent, fail to turn up* **6.2 in** ~ gaan *appeal;* ⟨sport⟩ een ~ **voor** hands *an a. for hands.*

appelbloesem I ⟨de⟩ **0.1** [bloesem v.d. appelboom] *apple blossom;* **II** ⟨het⟩ **0.1** [kleur] *apple blossom pink.*

appelboom 0.1 *apple tree.*

appelboor 0.1 *(apple) corer.*

appelflap 0.1 *apple turnover.*

appelflauwte 0.1 *swoon* ◆ **3.1** een ~ krijgen *go off in a s., swoon.*

appelgebak 0.1 ±*apple pie.*

appelleren 0.1 [appel aantekenen] *appeal* ⇒*lodge an appeal* **0.2** [sport] *appeal* **0.3** [een beroep doen op] *appeal (to)* ◆ **6.1** ~ **tegen** het vonnis v.e. rechtbank *a. against the judgement of a court* **6.2** ~ **voor** hands / buitenspel *a. for hands / offside* **6.3** stukken die ~ **aan** de gevoelens v.h. publiek *articles appealing to public sentiment.*

appelmoes 0.1 *applesauce.*

appelsap 0.1 *apple juice.*

appelstroop 0.1 *apple spread* ◆ **6.1** een boterham **met** ~ *an a. s. sandwich.*

appeltaart 0.1 *apple pie.*

appelwijn 0.1 *(apple) cider.*

appendix 0.1 *appendix.*

appetijtelijk 0.1 [smakelijk] *appetizing* ⇒*tasty* **0.2** [scherts.] *appetizing* ⇒*scrumptious* ◆ **3.1** die zalm ziet er ~ uit *that salmon looks delicious* **3.2** dat meisje ziet er ~ uit *that girl looks a. / scrumptious.*

applaudisseren 0.1 *applaud* ⇒*clap* ◆ **5.1** er werd langdurig geapplaudisseerd *there was a prolonged applause* **6.1** ~ **voor** iem. *applaud s.o.*

applaus 0.1 *applause* ⇒*clapping* ◆ **2.1** een daverend ~ *thunderous a.* **3.1** er ging een ovationeel ~ op *there was a burst of a. / an ovation;* veel ~ oogsten *earn much a.* **6.1** de motie werd **met** ~ begroet *the motion was received with a.;* een ~ je **voor** X! *let's give a big hand to X!*

appreciatie 0.1 [waardering] *appreciation* ⇒⟨erkentelijkheid ook⟩ *acknowledg(e)ment,* ⟨hoogachting ook⟩ *admiration,* ⟨hoogachting ook⟩ *esteem* **0.2** [beoordeling] *appraisal* **0.3** [hand.] *appreciation* ◆ **6.1** met veel ~ over iets spreken *speak highly of sth.*

appreciëren 0.1 [beoordelen] *appraise* **0.2** [waarderen] *appreciate* ⇒⟨dankbaar zijn ook⟩ *be grateful / thankful for,* ⟨hoogachten ook⟩ *value,* ⟨hoogachten ook⟩ *esteem* ◆ **3.2** hij zou dat wel weten te ~ *he would a. that.*

après-ski ⟨vaak attr.⟩ **0.1** *après-ski.*

april 0.1 *April* ◆ **7.1** één ~ *A. Fools' Day;* ⟨kind.⟩ één ~ (kikker in je bil)! *A. Fool!* ¶**.1** ~ doet wat hij wil *April is the cruellest month* ⟨ook→**januari**⟩

aprilgrap 0.1 *April Fool's joke.*

a priori 0.1 *a priori* ◆ **3.1** er ~ van uitgaan dat ... *presume a priori that ...*

apropos ◆ **6.**¶ **van** zijn ~ raken / zijn *be disconcerted / unnerved;* zich niet **van** zijn ~ laten brengen *keep one's head;* ⟨als eigenschap⟩ *be level-headed;* iem. **van** zijn ~ brengen *throw s.o. off balance, disconcert s.o.*

à propos 0.1 *apropos* ⇒*by the way, incidentally.*

aquaduct 0.1 *aqueduct.*

aqualong 0.1 *aqualung.*

aquamarijn 0.1 *aquamarine.*

aquaplaning 0.1 *aquaplaning* ⇒⟨slippen⟩ *skidding.*

aquarel 0.1 *water colour* ⇒*aquarelle.*

aquarelleren 0.1 *paint in water colours.*

aquarellist 0.1 *aquarellist* ⇒*water colourist.*

aquarium 0.1 *aquarium.*

arabesk 0.1 *arabesque.*

Arabië 0.1 *Arabia.*

Arabier 0.1 [staatsburger van Saoedi-Arabië] *Saudi (Arabian)* **0.2** [bewoner van Midden-Oosten / Oost-Afrika] *Arab.*

Arabisch 0.1 ⟨bn. en zn.⟩ *Arabic* ⟨taal, schrift, cijfers⟩; ⟨mbt. Arabië⟩ *Arabian; Arab* ⟨volk, cultuur⟩ ◆ **1.1** de Verenigde ~e Emiraten *the United Arab Emirates;* de ~e literatuur ⟨in het Arabisch⟩ *Arabic literature;* ⟨van / door Arabieren⟩ *Arab literature;* een ~e volbloed *a thoroughbred Arabian horse;* de ~e wereld *the Arab world* **6.1 in** het ~ *in Arabic.*

arachideolie ⟨cul.⟩ **0.1** *peanut oil.*

à raison ◆ **6.**¶ à raison **van** *on payment of.*

arbeid 0.1 [bezigheid, werkzaamheid] *labour* ⇒*work* **0.2** [nat.] *work* **0.3** [loonarbeiders] *labour* **0.4** [het tot stand gebrachte] *work* ◆ **1.1** de Dag v.d. Arbeid *Labour day;* ⟨ec.⟩ de factor ~ *the l. factor;* de Partij v.d. Arbeid *the Labour Party;* recht op ~ *right to work* **2.1** (on)geschoolde ~ *(un)skilled l. / work;* vrijwillige / gedwongen ~ *voluntary / forced l.* **3.1** ~ verrichten *labour, work;* ⟨nat.⟩ *do work* **6.1 aan** de ~ gaan *set to work;* **aan** de ~ zijn *be at work;* inkomen **uit** ~ *earnings* ¶**.1** ⟨sprw.⟩ ~ adelt *there is nobility in labour;* ⟨sprw.⟩ na gedane ~ is het goed rusten *when work is over rest is sweet.*

arbeiden 0.1 *labour* ⇒*work* ◆ **1.1** iem. uit de ~ de klasse *a member of the working class;* de ~ de klasse / stand *the working class(es).*

arbeider 0.1 [handarbeider] *worker* ⇒*workman* **0.2** [werknemer] *employee* ◆ **1.1** landarbeiders *agricultural labourers* **2.1** geschoolde ~s *skilled workers;* een los ~ *a casual labourer;* een ongeorganiseerde ~ *an unorganized worker;* ongeschoolde ~s *unskilled workers.*

arbeidersbeweging ⟨gesch.⟩ **0.1** *labour movement.*

arbeidersbuurt 0.1 *working-class neighbourhood.*

arbeidersgezin 0.1 *working-class family.*

arbeidersklasse 0.1 *working class(es)* ⇒*lower classes.*

arbeiderspartij 0.1 *Labour Party* ⇒*Socialist Party.*

arbeidsaanbod 0.1 *supply of labour* ⇒*labour market.*

arbeidsbemiddeling 0.1 *employment-finding* ◆ **1.1** bureau voor ~ ⟨particulier⟩ *employment agency.*

arbeidsbureau 0.1 *Employment Office* ⇒*job centre* ◆ **6.1** zich inschrijven **bij** het ~ *sign on at the E. O.*

arbeidsconflict 0.1 *labour dispute.*

arbeidscontract 0.1 *employment contract* ◆ **3.1** een ~ beëindigen / verbreken / verlengen *terminate / sever / extend an e. c.*

arbeidsethos 0.1 *work ethic.*

arbeidsinspectie 0.1 [toezicht] *labour / factory inspection* **0.2** [instelling] *labour / factory inspectorate* ◆ **1.2** de voorschriften v.d. ~ overtreden *violate occupational (health and) safety regulations.*

arbeidsintensief 0.1 *labour-intensive.*

arbeidsklimaat 0.1 *working climate.*

arbeidskosten 0.1 *cost of labour* ⇒*labour cost(s).*

arbeidskostenforfait 0.1 *flat rate allowance for work costs.*

arbeidskracht 0.1 [arbeider] *worker* ⇒⟨mv. ook⟩ *workmen* **0.2** [het vermogen om te werken] *power to work* ⇒*capacity for work* ◆ **1.1** het aantal ~en *the work force* **2.1** overtollige ~en *redundant / ^Asurplus workers;* een tijdelijke ~ *a temp(orary)* **6.1** een tekort / overschot **aan** ~en *a labour shortage / surplus.*

arbeidsloon 0.1 *wages* ⇒*labour (costs)* ◆ **2.1** door de hoge

51

arbeidslonen *due to high w.* ¶.1 geen ~ in rekening brengen *not charge for labour.*

arbeidsloos 0.1 [waarin niet gearbeid wordt] *free from work* **0.2** [niet door eigen arbeid verkregen] *unearned* ◆ **1.2** het ~ inkomen *u. income.*

arbeidsmarkt 0.1 *labour market* ⇒*job market* ◆ **6.1** de situatie **op** de ~ *the employment situation;* zijn kansen **op** de ~ vergroten *increase one's job opportunities.*

arbeidsmoraal 0.1 *work ethic.*

arbeidsomstandigheden 0.1 *working conditions.*

arbeidsongeschikt 0.1 *disabled* ⇒*unable to work* ◆ **5.1** gedeeltelijk ~ verklaard worden *be declared partially d.*

arbeidsongeschiktheid 0.1 *disability* ◆ **2.1** bij gehele of gedeeltelijke ~ *in case of full or partial d.*

arbeidsongeschiktheidsverzekering 0.1 *(industrial) disability insurance.*

arbeidsongeval 0.1 *industrial accident.*

arbeidsonrust 0.1 *industrial unrest* ⇒*labour unrest* ◆ **2.1** er heerst een toenemende ~ *there is increasing industrial unrest.*

arbeidsovereenkomst 0.1 *employment contract* ◆ **2.1** een collectieve ~ *a collective agreement;* een individuele ~ *an individual e. c.*

arbeidsplaats 0.1 *job* ◆ **3.1** nieuwe ~ en scheppen *create new jobs;* er zullen 20 ~ en verloren gaan *20 jobs will be lost.*

arbeidspool 0.1 *labour pool.*

arbeidsproces 0.1 [alles mbt. de maatschappelijke arbeid] *employment* **0.2** [handelingen waaruit producten ontstaan] *production process* ◆ **3.1** de mensen die niet aan het ~ deelnemen *the unemployed* **6.1** in het ~ worden opgenomen *be absorbed into e.*

arbeidsreserve 0.1 *surplus labour* ⇒*labour reserve* ◆ **6.1** de ~ **aan** vrouwelijke krachten *the surplus of female workers.*

arbeidsrust 0.1 *industrial peace.*

arbeidstijdverkorting 0.1 *reduction of working hours* ⇒ *shorter working week.*

arbeidstoeslag 0.1 *employment supplement.*

arbeidsverhouding 0.1 *industrial/labour relation* ◆ **2.1** de ~ en zijn er goed *labour relations are good there.*

arbeidsverleden 0.1 *employment history* ⇒*previous employment.*

arbeidsvermogen 0.1 [nat.] *energy* **0.2** [mbt. personen] *capacity for work* ◆ **1.1** de wet v.h. behoud v.h. ~ *the law of conservation of e.;* het ~ v.e. elektrische stroom *electrical e.*

arbeidsverzuim 0.1 *absenteeism.*

arbeidsvoorwaarde 0.1 *term/condition of employment* ◆ **2.1** secundaire ~ n *fringe benefits;* ⟨inf.⟩ *perks.*

arbeidsvreugde 0.1 *job satisfaction* ⇒*joy/pleasure in one's work* ◆ **3.1** weinig ~ kennen *take little pleasure in one's work.*

arbeidswet 0.1 *ᴮFactory Acts, ᴬLabor Law.*

arbeidzaam 0.1 *industrious* ⇒*hard-working* ◆ **1.1** een ~ leven leiden *lead an i. life.*

arbeidzaamheid 0.1 *industriousness, industry.*

arbiter 0.1 [sport] *referee* ⇒⟨vnl. bij tennis/honkbal/hockey/cricket⟩ *umpire* **0.2** [jur.] *arbitrator.*

arbitraal 0.1 *arbitral* ◆ **1.1** ⟨sport⟩ het arbitrale trio *the referee and linesmen.*

arbitrage 0.1 [sport] *refereeing* ⇒*umpiring* ⟨vnl. bij tennis/honkbal/hockey/cricket⟩ **0.2** [jur.] *arbitration* **0.3** [hand.] *arbitrage* ◆ **1.2** het Permanent Hof van Arbitrage *the Permanent Court of Arbitration* **3.2** de bonden willen ~ aanvragen *the unions want to go to a.*

arbeidsloos - arendsoog

arbitragecommissie 0.1 *arbitration committee.*

Arbitragehof 0.1 *court of arbitration.*

arbitragezaak 0.1 [geldw.] *arbitrage transaction* **0.2** [mbt. geschillen] *case for arbitration.*

arbitrair 0.1 *arbitrary* ◆ **3.1** ~ te werk gaan *act arbitrarily.*

arbitreren 0.1 [jur.] *arbitrate;* ⟨sport⟩ *referee* ⇒*umpire* ⟨vnl. bij tennis/honkbal/hockey/cricket⟩ **0.2** [hand.] *arbitrage* ◆ **1.1** een geschil ~ *arbitrate in a dispute;* een wedstrijd ~ *referee (a match).*

Arbowet 0.1 *(Dutch) Occupational Health ans Safety Act;* ⟨GB⟩ *Factories Act;* ⟨USA⟩ *±Labor Law.*

arcade 0.1 *arcade* ⇒*arch.*

Arcadia 0.1 *Arcadia.*

arcadisch 0.1 *Arcadian* ⇒⟨landelijk⟩ *pastoral.*

arceren 0.1 *shade* ⇒⟨tech.⟩ *hatch,* ⟨dubbel⟩ *crosshatch* ◆ **1.1** het gearceerde gedeelte *the shaded area.*

arcering 0.1 *shading* ⇒⟨tech.⟩ *hatching,* ⟨dubbel⟩ *crosshatching* ◆ **3.1** de ~ aanbrengen *put in the s./(cross)hatching.*

archaïsch 0.1 *archaic* ⇒⟨ouderwets⟩ *antiquated* ◆ **1.1** ⟨fig.⟩ zijn ~ ⟨aandoend⟩ taalgebruik *his archaic language.*

archaïsme 0.1 *archaism* ⇒*archaic expression.*

archaïstisch 0.1 *archaistic.*

archeologie 0.1 *archaeology.*

archeologisch 0.1 *archaeological* ◆ **1.1** ~ e opgravingen *a. excavation(s);* ⟨inf.⟩ *dig.*

archeoloog, -loge 0.1 *archaeologist.*

archetype 0.1 *archetype.*

archief 0.1 [verzameling geschreven stukken] *archives* ⟨mv.⟩ ⇒*records, files* ⟨bij bedrijf⟩ **0.2** [bewaarplaats] *archives* ⟨mv.⟩ ⇒⟨openbaar⟩ *record office,* ⟨registers, burgerlijke stand enz.⟩ *registry (office), files* ⟨bij bedrijf⟩ ◆ **6.1** moet dit **in** het ~? *do you want this filed (away)?* **6.2** iets **in** het ~ opbergen/bijzetten *file sth. (away).*

archiefbeelden ⟨film.⟩ **0.1** *archive films* ⇒⟨tv⟩ *library pictures.*

archiefkast 0.1 *filing cabinet.*

archiefstuk 0.1 *record* ⇒*file* ⟨bij bedrijf⟩.

archipel 0.1 *archipelago.*

architect 0.1 *architect* ◆ **1.1** ⟨fig.⟩ de ~ van zijn eigen ondergang *the a. of one's own downfall.*

architectenbureau 0.1 *architectural/architect's firm.*

architectonisch 0.1 *architectural* ◆ **1.1** de ~ e vormgeving *a. design.*

architectuur 0.1 [bouwkunst/stijl] *architecture* ⇒*building (style)* **0.2** [comp.] *architecture* ◆ **2.1** voorbeelden van moderne ~ *examples of modern a.* **6.¶ onder** ~ gebouwd *architect-designed.*

archivaris 0.1 *archivist* ⇒*keeper of the archives/records, registrar* ⟨van registers/burgerlijke stand enz.⟩*, filing clerk* ⟨bij bedrijf⟩.

Arctica 0.1 *the Arctic.*

arctisch 0.1 *arctic* ◆ **1.1** de ~ e cirkel *the Arctic Circle.*

Ardennen 0.1 *(the) Ardennes.*

are 0.1 *are* ◆ **7.1** één ~ is honderd vierkante meter *one a. is a hundred square metres.*

areligieus 0.1 *a-religious, non-religious.*

arena 0.1 [sport] *arena* ◆ **2.¶** ⟨fig.⟩ de politieke ~ (betreden) *(enter) the political arena.*

arend 0.1 *eagle.*

arendsblik 0.1 *±eagle('s)-eye(s).*

arendsneus 0.1 *hawk/hook(ed) nose* ⇒⟨euf.⟩ *aquiline nose.*

arendsoog 0.1 *eagle('s) eye(s)* ◆ **6.1 met** arendsogen rondloeren *watch with eagle eyes.*

argeloos 0.1 [naïef] *unsuspecting* ⇒*innocent* **0.2** [niets kwaads bedoelend] *innocent* ⇒*harmless* ♦ **1.1** een argeloze bezoeker *an u. visitor* **3.1** zij zag hen ~ aan *she looked at them innocently.*

argeloosheid 0.1 *innocence* ♦ **6.1** in zijn ~ verraadde hij het geheim *he betrayed the secret in all i.*

Argentijn, -se 0.1 *Argentine* ⇒*Argentinian.*

Argentinië 0.1 *Argentina.*

arglistig 0.1 *crafty, cunning* ♦ **1.1** een ~ volk *a cunning people.*

arglistigheid 0.1 *craftiness, cunning.*

argon ⟨schei.⟩ **0.1** *argon.*

argot 0.1 *argot, jargon, slang.*

argument 0.1 [ook wisk.] *argument* ♦ **1.1** de redelijkheid v.e.~ *the validity of an a.* **2.1** er zijn daarvoor goede ~en aan te voeren *there's a lot to be said for that;* een steekhoudend ~ *a watertight a.* **3.1** ~en aanvoeren voor/tegen iets *make (out) a case for/against sth.;* dat ~ gaat niet op *that a. won't stand up;* een ~ dat zowel voor als tegen kan worden gebruikt *a double-edged a.* **6.1** voor iemands ~en zwichten *be convinced by s.o.'s arguments;* ~en voor en tegen *pros and cons* **7.1** dat is geen ~ *that's no reason* ¶.1 zijn ~en kracht bijzetten *reinforce one's a.*

argumentatie 0.1 [bewijsvoering] *argumentation, reasoning* ⇒⟨opbouw⟩ *line of reasoning* **0.2** [aangevoerde bewijsgrond(en)] *argument* ♦ **2.2** een gebrekkige ~ *defective reasoning.*

argumenteren 0.1 [bewijsgronden aanvoeren, met argumenten staven] *argue* ⇒*reason* **0.2** [redetwisten] *argue* ⇒ *dispute* ♦ **6.1** ~ voor/tegen de kruisraketten *a. in favour of/against cruise missiles.*

argusogen ♦ **6.**¶ iets met ~ bekijken *look at sth. suspiciously.*

argwaan 0.1 *suspicion* ♦ **3.1** ~ koesteren tegen iem./omtrent iets *be suspicious of s.o./sth.;* ~ krijgen *grow suspicious;* de ~ opwekken van iem. *arouse s.o.'s suspicions.*

argwanend 0.1 *suspicious* ♦ **1.1** een ~e blik *a s. look* **3.1** iem.~ aankijken *look at s.o. suspiciously.*

aria 0.1 *aria.*

Ariër 0.1 *Aryan.*

ariërverklaring 0.1 *declaration of Aryan origin.*

Arisch 0.1 *Aryan.*

aristocraat 0.1 *aristocrat.*

aristocratie 0.1 *aristocracy.*

aristocratisch 0.1 *aristocratic* ♦ **4.1** hij heeft iets ~ *there's sth. a. about him.*

ark 0.1 [rel.] *Ark* **0.2** [woonschip] *houseboat* ♦ **1.1** de ~ van Noach *Noah's A.;* de ~ des verbonds *the A. of the Covenant.*

arm¹ (de) **0.1** [ledemaat] *arm* **0.2** [mouw] *arm* ⇒*sleeve* **0.3** [ledemaat bij dieren] *paw* **0.4** [leuning v.e. zitmeubel] *arm* **0.5** [afsplitsing v.e. rivier] *arm* ⇒*branch* ♦ **2.1** een gebroken ~ *a broken/fractured a.;* gespierde ~en *muscular arms;* ⟨fig.⟩ met open ~en ontvangen *receive/welcome with open arms* **3.1** hij sloeg zijn ~en om haar heen *he threw his arms around her;* zijn ~ uit de kom trekken *put one's shoulder out* **3.2** de ~ zit niet goed *the a. doesn't fit well* **6.1** zij liepen ~ in ~ *they walked a. in a.;* ⟨fig.⟩ iem. in de ~ nemen *call in s.o.* ⟨bv. politie⟩; *consult s.o.* ⟨advocaat/arts⟩; *engage s.o.;* met de ~en over elkaar zitten ⟨lett.⟩ *sit with arms folded;* ⟨fig.⟩ *take it easy.*

arm² (bn.) **0.1** [behoeftig, bezitloos] *poor* **0.2** [met 'aan'; het genoemde niet hebbend] *poor (in)* ⇒*lacking* **0.3** [schraal] *poor* ⇒⟨grond ook⟩ *barren* **0.4** [misdeeld, zielig] *poor* ⇒ *wretched* ♦ **1.1** de ~e landen *the p. countries* **1.4** het ~e

schaap *the p. thing/soul* **3.1** ik ben er twintig gulden ~er op geworden *it set me back twenty guilders;* het ~ hebben *be badly off;* ~ worden *be reduced to poverty* **6.2** ~ **aan** geld *lacking money* **7.1** de ~en en de rijken *the rich and the poor.*

armada 0.1 *armada.*

armatuur 0.1 *fitting* ⇒*bracket.*

armband 0.1 *bracelet.*

Armeens 0.1 ⟨bn. en zn.⟩ *Armenian* ♦ **1.1** de ~e kerk *the A. church.*

armelijk →*armoedig* **0.1.**

Armenië 0.1 *Armenia.*

Armeniër, Armeen 0.1 *Armenian.*

armenzorg 0.1 *poor relief.*

armetierig 0.1 →*armoedig* **0.1 0.2** [onaanzienlijk] *miserable* ⇒*paltry* ♦ **1.2** een ~e fooi *a m./paltry tip.*

armlastig 0.1 *poverty-stricken* ⇒*destitute* ♦ **7.1** de ~en *the destitute/needy.*

armlengte 0.1 *arm's length* ♦ **6.1** op ~ *at arm's length.*

armleuning, armlegger 0.1 *arm(rest).*

armoe ⟨inf.⟩ **0.1** *misery* ⇒*wretchedness* ♦ **6.**¶ van ~ ging ik maar naar bed *I couldn't think what to do so I went to bed.*

armoe(de) 0.1 *poverty* ⇒⟨sterker⟩ *destitution* ♦ **1.1** gebrek en ~ *p. and need/want* **2.1** geestelijke ~ *intellectual/spiritual p.;* schrijnende/bittere ~ *abject/grinding p.* **3.1** de ~ bestrijden *combat p.;* de ~ lenigen *relieve p.* **6.1** tot ~ brengen/vervallen *reduce/be reduced to p.* ¶.1 het is daar armoe troef *they are as poor as church mice.*

armoedegrens 0.1 *poverty line.*

armoedig 0.1 [haveloos] *poor* ⇒*shabby* ⟨kleding, woning, uiterlijk⟩ **0.2** [schraal] *poor* ⇒*barren* ⟨grond⟩ **0.3** [gezegd v.e. hoeveelheid/bedrag] *poor* ⇒*miserable, paltry* ⟨bv. fooi⟩ ♦ **1.1** een ~ leven leiden *live in poverty* **3.1** ~ gekleed *shabbily dressed;* dat staat zo ~ *that looks so shabby.*

armoedigheid 0.1 *poverty; shabbiness* ⟨kleren⟩.

armoedzaaier 0.1 *down-and-out(er)* ♦ **3.1** een ~ zijn *be down and out.*

armsgat 0.1 *armhole.*

armslag 0.1 *elbow room* ♦ **3.1** ⟨fig.⟩ na de salarisverhoging hebben wij wat meer ~ *the salary increase has given us more scope.*

armstoel 0.1 *armchair* ⇒*easy chair.*

armvol ♦ **1.**¶ een ~ hooi *an armful of hay.*

armzalig 0.1 →*armoedig* **0.1 0.2** [nietig] *poor* ⇒*paltry, miserable* **0.3** [zeer dom] *pathetic* ⇒*poor* ♦ **1.2** een ~ pensioentje *a meagre pension* **1.3** een ~ figuur slaan *cut a sorry figure.*

armzwaai 0.1 *wave* ⇒*gesture.*

aroma 0.1 *aroma* ⇒*flavour* ⟨ook smaak⟩ ♦ **2.1** koffie met een sterk ~ *highly flavoured coffee;* tabak met een zacht ~ *mild flavoured tobacco.*

aromaten 0.1 [schei.] *aromatics.*

aromatisch 0.1 *aromatic* ⇒*fragrant* ♦ **1.1** ~e middelen *a. substances.*

aromatiseren 0.1 *flavour* ⇒*aromatize.*

aronskelk 0.1 *arum* ♦ **2.1** witte ~ *a lily, calla (lily).*

arrangement 0.1 [schikking, regeling] *arrangement* ⇒ ⟨vorm⟩ *format,* ⟨rangschikking⟩ *order* **0.2** [muz.] *arrangement* ♦ **6.2** een ~ voor piano *a. for piano.*

arrangeren 0.1 [rangschikken] *arrange* ⇒⟨uitstallen⟩ *set out* **0.2** [schikkingen treffen] *arrange* ⇒⟨organiseren⟩ *organize, get up* **0.3** [muz.] *arrange* ⇒*score* ♦ **6.3** voor orkest ~ *orchestrate, score.*

arrangeur 0.1 *arranger.*

arrenslee 0.1 *horse-sleigh.*

arrest 0.1 [voorlopige vrijheidsberoving] *arrest* 〈ook krijgstuchtelijke straf〉 ⇒*detention*, 〈voorarrest〉 *custody* 0.2 [beslaglegging] *seizure* 0.3 [uitspraak van gerechtshof] *judgement* ⇒*decree* ◆ 1.1 huis van ~ *house of detention* 3.1 ~ hebben *be confined to one's quarters* 3.2 iets in ~ nemen *seize sth.* 6.1 iem. **in** ~ houden *detain s.o.;* iem. **in** ~ nemen *take s.o. into custody, arrest s.o.;* u staat **onder** ~ *you are under a.*

arrestant 0.1 *arrested man/woman* ⇒*detainee* 〈gedetineerde〉, 〈gevangene〉 *prisoner* ◆ 4.1 je bent mijn ~ *you are under/consider yourself under arrest.*

arrestatie 0.1 *arrest* ⇒〈beslaglegging〉 *seizure* ◆ 3.1 een ~ verrichten *make an a.*

arrestatiebevel 0.1 *arrest warrant* ◆ 6.1 er loopt een ~ tegen hem *there is a warrant out for his arrest.*

arrestatiebevoegdheid 0.1 *power of arrest.*

arrestatieteam 0.1 *±special squad.*

arresteren 0.1 [aanhouden] *arrest* ⇒*detain* 〈vasthouden〉 0.2 [beslag leggen op een persoon/zijn goederen] *arrest* 〈persoon; schip〉; *seize* 〈goederen〉 ◆ 3.1 iem. laten ~ *have s.o. arrested;* 〈in verzekerde bewaring〉 *give s.o. in(to) charge/custody.*

arriveren 0.1 *arrive* ◆ 3.1 〈fig.〉 hij is gearriveerd *he has made it.*

arrogant 0.1 *arrogant* ⇒〈uit de hoogte〉 *superior* ◆ 1.1 een ~e houding hebben *have a haughty manner.*

arrogantie 0.1 *arrogance.*

arrondissement 0.1 *district.*

arrondissementsrechtbank 0.1 *district court.*

arsenaal 0.1 *arsenal* ◆ 1.1 een ~ van bewijsgronden *an a. of proofs.*

arsenicum 0.1 *arsenic.*

arsenicumvergiftiging 0.1 *arsenic poisoning.*

artefact 0.1 *artefact, artifact.*

articulatie 0.1 *articulation.*

articuleren 0.1 *articulate* ⇒*enunciate* ◆ 5.1 goed/duidelijk ~ *a. well/distinctly;* slecht ~ *a. badly/poorly.*

artiest 0.1 *artist* ⇒*entertainer, performer* 〈vnl. zang en dans〉.

artiesteningang 0.1 *stage door.*

artiestennaam 0.1 *stage name.*

artikel 0.1 [deel v.e. geschrift] *article* 〈in reglement/verordening〉 ⇒〈jur. ook〉 *section, clause* 〈bv. in contract〉 0.2 [opstel, verhandeling] *article* ⇒*paper*, 〈in krant/magazine ook〉 *story* 0.3 [voorwerp van handel] *article* ⇒*item* ◆ 2.2 een redactioneel ~ *an editorial;* de krant wijdde er een speciaal ~ aan *the newspaper ran a feature on it* 2.3 huishoudelijke ~en *household goods/items;* medische ~en *medical supplies;* sanitaire ~en *sanitary ware* 7.1 ~ 80 v.d. Grondwet *section 80 of the constitution.*

artillerie 0.1 *artillery* ◆ 2.1 lichte/zware ~ *light/heavy a.*

artisjok 0.1 *artichoke.*

artistiek 0.1 *artistic* ◆ 1.1 een ~e zin voor verhoudingen *an a. feeling for proportions* 1.¶ de ~ leider 〈van toneelgezelschap〉 *the artistic director* 3.1 hij is ~ aangelegd *he is artistically inclined.*

artistiekeling 〈scherts., iron.〉 0.1 *arty type* ⇒*would-be artist.*

art nouveau 〈bk.〉 0.1 *art nouveau.*

arts 0.1 *doctor* ⇒*physician* ◆ 1.1 Artsen zonder Grenzen *Médecins sans Frontières* 2.1 vrouwelijke ~ *lady/woman d.* 3.1 zijn ~ raadplegen *consult one's d.*

artsenij 0.1 *medicine.*

Aruba 0.1 *Aruba.*

as 0.1 [spil] *axle* 〈vnl. van wielen〉 ⇒〈drijfas〉 *shaft* 0.2 [(denkbeeldige) lijn door het midden] *axis* 0.3 [wat rest na verbranding] *ashes* ⇒*ash* 〈van sigaret〉 0.4 [muz.] *A flat* ◆ 1.¶ de ~ Berlijn-Rome *the Berlin-Rome axis* 2.3 gloeiende ~ *(glowing) embers* 6.1 vervoer **per** ~ *road and rail transport* 6.2 om zijn ~ draaien *revolve on its a.* 6.3 een stad **in** de ~ leggen *reduce a city to ashes* ¶.3 〈spr w.〉 ~ is verbrande turf *if the sky falls, we shall catch larks.*

a.s. 〈afk.〉 0.1 [aanstaande] 〈*next*〉 ◆ 1.1 ~ maandag *next monday.*

asbak 0.1 *ashtray.*

asbest 0.1 〈bn. en zn.〉 *asbestos.*

asbestplaat 0.1 *asbestos sheet/board.*

asblond 0.1 *ash blond.*

asceet 0.1 *ascetic.*

ascendant 0.1 *ascendant.*

ascese 0.1 *asceticism.*

ascetisch 0.1 *ascetic* ◆ 1.1 een ~e levenswijze *an a. lifestyle.*

aseksueel 0.1 *asexual* ⇒*sexless.*

asemmer 0.1 [vuilemmer voor as] *ash bucket* 0.2 [vuilnisbak] *dustbin.*

asfalt 0.1 *asphalt* ◆ 6.1 hij smakte **tegen** het ~ *he fell (with a thud) on the a.*

asfalteren 0.1 *asphalt.*

asfaltjeugd 0.1 *inner city kids* ⇒*kids from the concrete jungle.*

asfaltweg 0.1 *asphalt road.*

asgrauw 0.1 *ashen* ◆ 3.1 zijn gezicht werd ~ *his face turned ashen.*

asiel 0.1 [bescherming v.d. staat/kerk] *asylum* ⇒*sanctuary* 〈vnl. rel.〉 0.2 [toevluchtsoord] *asylum* 0.3 [dierenasiel] *animal home/shelter;* 〈voor zwerfdieren〉 *pound* ◆ 2.1 politiek ~ vragen/krijgen/verlenen *seek/obtain/grant political a.*

asielaanvraag 0.1 *request for asylum.*

asielrecht 0.1 *right of asylum.*

asielzoeker 0.1 *asylum seeker.*

asielzoekerscentrum 0.1 *asylum seekers' centre.*

asjeblieft →*alstublieft.*

asjemenou 0.1 *oh dear!* ⇒*my goodness!*

aslade 0.1 *ashpan.*

aso¹ 〈de〉〈inf.〉 0.1 *antisocial (person).*

aso² 〈bn.〉〈inf.〉 0.1 *antisocial.*

asociaal 0.1 *antisocial* ⇒〈niet gezellig ook〉 *unsociable, asocial* 〈ook egoïstisch〉 ◆ 1.1 ~ gedrag *antisocial behaviour* 3.1 〈fig.〉 doe niet zo ~! *don't be so antisocial!*

aspect 0.1 [ook taal] *aspect* ◆ 1.1 we moeten alle ~en v.d. zaak bestuderen *we must consider every a. of the matter* 2.1 het perfectief ~ *the perfective a.*

asperge 0.1 *asparagus.*

aspergekop, aspergepunt 0.1 *asparagus tip.*

aspidistra 0.1 *aspidistra.*

aspirant 0.1 [iem. in opleiding] *trainee* ⇒*student* 0.2 [sport] *junior* 0.3 [kandidaat] *candidate* ◆ 6.2 hij speelt nog **bij** de ~en *he's still (playing) in the j. league.*

aspiratie 0.1 [mv.; eerzucht] *aspiration(s)* ⇒*ambition(s)* 0.2 [blaasklank] *aspiration* 0.3 [inademing] *inhalation* ◆ 2.1 hij heeft hoge ~s *he has great aspirations* 3.1 hij heeft ~s om voorzitter te worden *he aspires to be chairman.*

aspirientje 0.1 *aspirin (tablet).*

asregen 0.1 *ash rain.*

assemblage 0.1 *assembly* ⇒*assembling.*

assemblagebedrijf 〈ind.〉 0.1 *assembly plant.*

assemblee 0.1 *assembly.*

assembleren 0.1 *assemble* ◆ 1.1 auto's ~ *a. cars.*

assenkruis ⟨wisk.⟩ **0.1** *co-ordinate system.*
assenstelsel ⟨wisk.⟩ **0.1** *co-ordinate system.*
Assepoester 0.1 *Cinderella.*
assertief 0.1 *assertive* ◆ **1.1** ~ gedrag *a. behaviour.*
assertiviteit 0.1 *assertiveness.*
assertiviteitstraining 0.1 *assertiveness training.*
assimilatie 0.1 *assimilation* ◆ **1.1** ~ van minderheden *a. of minorities* **2.1** ~ bevorderende maatregelen *measures that further a.*
assimilatieproces 0.1 *assimilation process.*
assimileren 0.1 *assimilate* ◆ **4.1** zich ~ aan / met ⟨geïntegreerd worden⟩ *a. into;* ⟨zich gelijkmaken met⟩ *a. to.*
assistent, -tente 0.1 *assistant* ⇒ *aid, helper* ◆ **1.1** ~ v.e. hoogleraar *research assistant* **2.1** de voornaamste ~ *the senior assistant.*
assistentie 0.1 *assistance* ⇒ *aid, help* ◆ **3.1** ~ verlenen *give assistance;* de politie verzocht om ~ *the police asked for assistance.*
assistentschap 0.1 ⟨GB⟩ *registrarship;* ⟨USA⟩ *residency* ◆ **6.1** hij kreeg een ~ in de gynaecologie *he got a r. in gynaecology.*
assisteren 0.1 *assist* ⇒ *help, aid* ◆ **1.1** ~ d personeel *support staff, assistants.*
associatie 0.1 *association* ◆ **2.1** vrije ~ *free a.*
associatief 0.1 *associative* ◆ **3.1** ~ waarnemen *apperceive.*
associëren 0.1 *associate (with)* ◆ **1.1** gedachten ~ *a. thoughts* **4.¶** zich ~ met *associate with.*
assortiment 0.1 [hand.] *assortment* ⇒ *selection* **0.2** [boek.] *miscellaneous range* ◆ **2.1** een ruim / beperkt ~ hebben *have a broad / limited selection.*
assuradeur 0.1 *insurer* ⇒ *underwriter.*
assurantie 0.1 [overeenkomst] *insurance* **0.2** [maatschappij] *insurance company.*
assurantieagent 0.1 *insurance agent.*
assurantiekantoor 0.1 *insurance office.*
aster 0.1 *aster.*
asterisk 0.1 *asterisk* ◆ **6.1** een woord met een ~ aanduiden *asterisk a word, mark with an a.*
asteroïde 0.1 *asteroid.*
astma 0.1 *asthma* ◆ **3.1** ~ hebben *suffer from / have a.*
astma-aanval 0.1 *asthma attack.*
astmalijder, -lijdster, astmapatiënt 0.1 *asthma sufferer* ⇒ *asthmatic.*
astmatisch 0.1 *asthmatic.*
astraal 0.1 *astral* ◆ **1.1** het astrale lichaam *the a. body.*
astrakan 0.1 *astrakhan.*
astrologie 0.1 *astrology.*
astrologisch 0.1 *astrological.*
astroloog, -loge 0.1 *astrologer.*
astrometrie 0.1 *astrometry.*
astronaut, -e 0.1 *astronaut.*
astronavigatie 0.1 *astronavigation* ⇒ *celestial navigation.*
astronomie 0.1 *astronomy.*
astronomisch 0.1 [mbt. de sterrenkunde] *astronomical* **0.2** [onvoorstelbaar groot] *astronomic(al)* ◆ **1.1** ~ e horizon *celestial / true horizon;* ~ jaar *tropical / solar year;* ~ e kijker *a. telescope* **1.2** ~ e bedragen *a. amounts.*
astronoom 0.1 *astronomer.*
Aswoensdag 0.1 *Ash Wednesday.*
asymmetrie 0.1 *asymmetry.*
asymmetrisch 0.1 *asymmetric(al).*
asymptoot ⟨wisk.⟩ **0.1** *asymptote.*
asynchroon 0.1 *asynchronous* ◆ **3.1** het beeld en het geluid lopen ~ *the sound and pictures are not synchronized /* ⟨inf.⟩ *out of sync.*

ATB 0.1 *ATB.*
atechnisch 0.1 *untechnical* ◆ **1.1** een ~ e benadering v.d. problemen *an u. approach to the problems* **3.1** zich ~ opstellen *be u.*
atelier 0.1 *studio* ⟨van kunstenaar, fotograaf enz.⟩; ⟨werkplaats⟩ *workshop* ◆ **6.1** werken op een ~ *work in a studio.*
Atheens 0.1 *Athenian.*
atheïsme 0.1 *atheism.*
atheïst 0.1 *atheist.*
atheïstisch 0.1 *atheistic.*
athematisch 0.1 [muz.] *athematic.*
Athene 0.1 *Athens.*
atheneum 0.1 [Ned.] ±ᴮ *grammar /* ᴬ *high school* **0.2** [Belg.] ±ᴮ *secondary /* ᴬ *high school* ◆ **6.1** op het ~ zitten ±ᴮ *be at grammar school.*
à titre personnel 0.1 *not in an official capacity; in a personal capacity.*
Atlantisch 0.1 *Atlantic* ◆ **1.1** de ~ e Oceaan *the A. (Ocean).* het ~ Pact *the North A. Treaty.*
atlas 0.1 *atlas.*
atleet, -lete 0.1 *athlete.*
atletiek 0.1 *athletics.*
atletiekbaan 0.1 *(athletics) track.*
atletiekploeg 0.1 *athletics squad / team.*
atletiekwedstrijd 0.1 ᴮ *athletics meeting,* ᴬ *track meet.*
atletisch 0.1 *athletic* ◆ **1.1** ~ e oefeningen *a. training* **3.¶** ~ gebouwd *with an athletic build.*
atm. ⟨afk.⟩ **0.1** [atmosfeer] *atm.*
atmosfeer 0.1 [dampkring, druk, sfeer] *atmosphere* **0.2** [lucht waarin we ademen] *atmosphere* ⇒ *air* **0.3** [omgeving] *atmosphere* ⇒ *environment* ◆ **2.1** de hogere / lagere ~ *the upper / lower a.;* een verpeste ~ *a ruined a.* **2.2** werken in een bedorven ~ *work in a contaminated a.* **7.1** stoom van 4 ~ *steam at (a pressure of) 4 atmospheres.*
atmosferisch 0.1 *atmospheric* ◆ **1.1** ~ e druk *a. pressure;* ~ e storing *static interference, a. disturbance.*
atomair 0.1 [mbt. atomen] *atomic* **0.2** [mbt. atoomsplitsing] *atomic* ⇒ *nuclear* ◆ **1.1** ~ e verschijnselen *a. phenomena* **1.2** het ~ e tijdperk *the a. age.*
atonaal 0.1 [muz.] *atonal.*
atoom 0.1 *atom.*
atoomaanval 0.1 *nuclear attack.*
atoomafval 0.1 *nuclear waste.*
atoombom 0.1 *atom bomb* ⇒ *A-bomb.*
atoomcentrale 0.1 *nuclear (power) plant / power station.*
atoomduikboot 0.1 *nuclear submarine.*
atoomenergie 0.1 *nuclear energy* ◆ **1.1** vreedzaam gebruik van ~ *peaceful use(s) of n.e.*
atoomfysica 0.1 *nuclear physics.*
atoomgeleerde 0.1 *nuclear expert.*
atoomgetal ⟨nat.⟩ **0.1** *atomic number.*
atoomgewicht ⟨schei.⟩ **0.1** *atomic weight.*
atoomkern 0.1 *(atomic) nucleus.*
atoomkop 0.1 *nuclear warhead* ◆ **6.1** intercontinentale raketten met ~ pen *intercontinental nuclear missiles, intercontinental missiles with nuclear warheads.*
atoomkracht 0.1 *nuclear power.*
atoomoorlog 0.1 *nuclear war.*
atoompacifist, -e 0.1 *anti-nuclear /* ᴮ *CND supporter.*
atoomproef 0.1 *nuclear test.*
atoomschuilkelder 0.1 *fallout shelter.*
atoomsplitsing 0.1 *nuclear fission.*
atoomtijdperk 0.1 *atomic age.*
atoomwapen 0.1 *nuclear weapon.*
attaché 0.1 *attaché* ◆ **2.1** militair ~ *military a.*

attachékoffer 0.1 *attaché-case.*

attacheren 0.1 *attach (as attaché)* ◆ **6.1** geattacheerd zijn **aan** een ambassade *serve as attaché at an embassy, be an embassy attaché.*

attaque 0.1 [aanval] *attack* **0.2** [aanval v.e. ziekte] *attack* ⇒ *seizure* **0.3** [lichte beroerte] *stroke* ◆ **3.3** een ~ krijgen *have a s.*

attaqueren 0.1 *attack* ◆ **5.1** iem. fel ~ *attack s.o. viciously.*

attenderen 0.1 *point out* ⇒*draw attention to* ◆ **5.1** ik attendeer u erop dat ... *I draw your attention to (the fact that)* ...

attent 0.1 [met veel aandacht] *attentive* **0.2** [voorkomend] *considerate* ⇒*thoughtful* ◆ **3.1** iem.~ maken op iets *draw s.o.'s attention to sth.* **6.2** hij was altijd heel ~ **voor** hen *he was always very c. towards them.*

attentie 0.1 [daad / voorwerp] *attention* ⇒*mark of attention,* ⟨cadeau⟩ *present* **0.2** [aandacht] *attention* ◆ **2.1** ik heb een kleine ~ meegebracht *I've brought a small present* **6.2** ter ~ **van** *for the a. of;* ⟨als afk.: t.a.v.⟩ *attn.*

attest 0.1 *certificate* ⇒⟨jur.⟩ *affidavit* ⟨beëdigde verklaring⟩, ⟨jur.⟩ *attestation* ⟨getuigschrift⟩ ◆ **1.1** een ~ van goed gedrag *a c. of good behaviour, a testimonial.*

attractie 0.1 *attraction* ◆ **2.1** zij is de grootste ~ vanavond *she is the main a. this evening;* als speciale ~ hebben wij ... *as a special a. we have* ...

attractief 0.1 *attractive* ◆ **7.1** een weinig ~ programma *not a very a. programme.*

attractiepark 0.1 *amusement park.*

attribuut 0.1 *attribute* ◆ **1.1** baard en snor golden als attributen v.d. mannelijkheid *beard and moustache were seen as attributes of manliness.*

atv ⟨afk.⟩ **0.1** [arbeidstijdverkorting] ⟨*shorter working hours*⟩.

atv-dag ◆ **3.**¶ een ~ opnemen ⊥*take a day off.*

au 0.1 *ow, ouch.*

a.u.b. ⟨(oorspr.) afk.⟩ **0.1** [alstublieft] *please.*

aubade 0.1 *aubade* ◆ **3.1** een ~ brengen *perform an a.*

au bain-marie ⟨cul.⟩ **0.1** *in a bain-marie* ◆ **3.1** ~ verwarmen *cook in a bain-marie.*

aubergine 0.1 *aubergine* ⇒*eggplant.*

audiëntie 0.1 [gehoor] *audience* **0.2** [rechtszitting] *session, sitting* ◆ **1.2** de ~ v.d. rechtbank *the court session* **3.1** ~ geven / verlenen *grant an a. (to s.o.)* **6.1** op ~ gaan / zijn bij *have an a. with.*

audioapparatuur 0.1 *audio equipment.*

audiocassette 0.1 *audio cassette.*

audiorack 0.1 *stereo (system)* ⇒*music centre.*

audiotheek 0.1 *tape and record library.*

audiovisueel 0.1 *audio-visual* ◆ **1.1** audiovisuele middelen *a.-v. aids.*

auditie 0.1 *audition* ⇒*tryout,* ⟨film.⟩ *screen test* ◆ **3.1** een ~ doen *(do an) audition.*

auditief 0.1 *auditive* ⇒⟨vnl. med.⟩ *auditory* ◆ **1.1** ~ geheugen *an audile memory.*

auditorium 0.1 *auditorium.*

augurk 0.1 *gherkin* ⇒*pickle.*

augustijn 0.1 [kloosterling] *Augustinian.*

augustus 0.1 *August* ⟨ook→**januari**⟩.

aula 0.1 *auditorium.*

au pair¹ ⟨de⟩ **0.1** *au pair.*

au pair² ⟨bw.⟩ **0.1** *au pair* ◆ **3.1** ~ werken *work as an au pair.*

aura 0.1 *aura* ◆ **1.1** de ~ v.e. groot kunstenaar *the charisma of a great artist.*

aureool 0.1 [stralenkrans] *aureole, aureola* **0.2** [fig.] *aura* ◆ **3.2** het ~ wegnemen van *demystify.*

au sérieux 0.1 *seriously* ◆ **3.1** iem.~ nemen *take s.o. seriously.*

auspiciën ◆ **6.**¶ onder ~ van *under the auspices of, sponsored by.*

ausputzer ⟨sport⟩ **0.1** *sweeper.*

Australië 0.1 *Australia.*

Australiër, Australische 0.1 *Australian.*

Australisch 0.1 *Australian.*

auteur 0.1 *author* ⇒*writer.*

auteurschap 0.1 *authorship.*

auteursrecht 0.1 [recht v.d. maker] *copyright* **0.2** [opbrengst] *royalty* ⟨meestal mv.⟩ ◆ **1.1** overtreding v.h.~ *infringement of c.* **3.2** ~ en betalen *pay royalties.*

authenticiteit 0.1 *authenticity.*

authentiek 0.1 [overeenstemmend met het oorspronkelijke] *authentic* **0.2** [rechtsgeldig] *authentic* ⇒*legitimate,* ⟨jur. ook⟩ *(legally) valid* **0.3** [niet vervalst] *authentic* ⇒*genuine* **0.4** [betrouwbaar] *authentic* ⇒*reliable* **0.5** [eigen kenmerk dragend] *original* ◆ **1.1** een ~e tekst *an a. text* **1.3** een ~ kunstwerk *an original/a. work of art* **1.4** ~e berichten *authentic reports* **1.5** een ~ dichter *an o. poet.*

autistisch 0.1 *autistic.*

auto 0.1 *car* ◆ **1.1** oon · v.d. zaak *a company c.* **2.1** schone ~ ⟨met katalysator⟩ *clean c.* **6.1** in een ~ rijden *drive, go by c.;* het is 100 km met de ~ *it's 100 km by c. / road.*

autoband 0.1 *(car) tyre.*

autobiograaf 0.1 *autobiographer.*

autobiografie 0.1 *autobiography* ⇒⟨memoires⟩ *memoirs.*

autobiografisch 0.1 *autobiographical.*

autobom 0.1 *car bomb.*

autobotsing 0.1 *car crash.*

autobus 0.1 *bus* ⇒⟨BE; vnl. voor langere afstand ook⟩ *coach.*

autochtoon¹ ⟨de⟩ **0.1** *autochthon* ⇒*native.*

autochtoon² ⟨bn.⟩ **0.1** *autochthonous* ⇒*indigenous, native* ◆ **1.1** het autochtone ras *the indigenous race.*

autocoureur 0.1 *racing(-car) driver* ⇒*racecar driver.*

autocraat 0.1 *autocrat.*

autocratie 0.1 *autocracy.*

autocratisch 0.1 *autocratic.*

autodek 0.1 *car deck.*

autodidact 0.1 *autodidact* ⇒*self-taught / -educated man / woman* ◆ **3.1** ~ zijn *be self-taught.*

autodief 0.1 *car thief.*

autodiefstal 0.1 *car theft.*

autofabrikant 0.1 *car manufacturer.*

autogas 0.1 *L.P.G.*

autogordel 0.1 *seat / safety belt* ◆ **3.1** het dragen van ~s is verplicht *the wearing of seat belts is compulsory.*

autograaf 0.1 *autograph* ⇒*original manuscript.*

autohandel 0.1 ⟨zaak⟩ *car dealer's;* ⟨bedrijfstak⟩ *car trade.*

autohandelaar 0.1 *car dealer.*

auto-industrie 0.1 *car industry.*

autokaart 0.1 *road map* ⇒*road atlas* ⟨in boekvorm⟩.

autokerkhof 0.1 *junkyard, (used) car dump.*

autokeuring 0.1 ⟨GB⟩ *M.O.T.-test;* ⟨USA⟩ *(state) motor vehicle inspection.*

autokosten 0.1 *car expenses* ◆ **3.1** ~ vergoeden *refund c. e.*

automaat 0.1 [machine, persoon] *automaton* ⇒*robot* **0.2** [toestel werkend op een munt] *ᴮslot machine,* *ᴬvending machine; ticket machine* ⟨kaarten⟩ **0.3** [auto] *automatic* ◆ **6.2** munten in een ~ gooien *feed coins into a slot machine / vending machine.*

automatenhal 0.1 ±*amusement arcade.*

automatiek 0.1 *automat.*

automatisch 0.1 *automatic* ◆ **1.1** machtiging voor ~e afschrijving *standing order;* een ~e bevordering *an a. promotion;* ~e handelingen *a./mechanical gestures;* een ~e piloot *an a. pilot/autopilot;* ~ telefoonverkeer *direct dialling* **3.1** iets ~ doen *do sth. automatically;* ~ sluitende deuren *self-closing doors;* ~ verlengen *extend automatically.*

automatiseren 0.1 *automatize* ⇒*automate,* ⟨met computers⟩ *computerize* ◆ **1.1** een administratie ~ *computerize an accounting department.*

automatisering 0.1 *automation* ⇒*computerization* ◆ **6.1** de steeds verder gaande ~ **in** de industrie *the ever-increasing a./computerization in industry.*

automatiseringsdeskundige 0.1 *automation expert.*

automatisme 0.1 *automatic activity.*

automerk 0.1 *make of car.*

automobiel ⟨schr.⟩ **0.1** ⟨vnl. BE⟩ *motorcar* ⇒*automobile.*

automobilisme 0.1 *motoring.*

automobilist, -e 0.1 *motorist* ⇒*driver.*

automonteur 0.1 *car mechanic.*

autonomie 0.1 *autonomy* ⇒*self-government.*

autonoom 0.1 *autonomous* ◆ **1.1** de film als autonome kunst *film-making as an a. art.*

autonummer 0.1 *car number.*

auto-ongeluk 0.1 *car crash* ⇒*(road) accident* ◆ **6.1 bij** het ~ zijn drie mensen gewond geraakt *three people were injured in the c. c.*

autopapieren 0.1 *car (registration) papers.*

autopark 0.1 *fleet of cars/vehicles.*

autopech 0.1 *breakdown* ⇒*car trouble.*

autoped 0.1 *scooter.*

autoportier 0.1 *car door.*

autopsie 0.1 *autopsy* ◆ **3.1** ⟨een⟩ ~ verrichten (op) *perform an a. (up)on.*

autorace 0.1 *car race.*

autoradio 0.1 *car radio.*

autorijden 0.1 ⟨chaufferen⟩ *drive (a car);* ⟨tochtje maken⟩ *motor.*

autorijschool 0.1 *driving school.*

autorisatie 0.1 *authorization, sanction* ⇒⟨verleende bevoegdheid⟩ *authority* ◆ **1.1** de ~ v.d. regering verkrijgen om *be authorized by the government to.*

autoriseren 0.1 *authorize (to).*

autorit 0.1 *drive* ◆ **3.1** een ~(je) maken *go for a d.*

autoritair 0.1 *authoritarian* ◆ **1.1** een ~ iem. *an authoritarian* **3.¶** ~ geregeerde landen *countries with authoritarian governments.*

autoriteit 0.1 *authority* ◆ **2.1** civiele en militaire ~en *civil and military authorities;* de plaatselijke ~en *the local government* **6.1** met ~ spreken/optreden *speak/act authoritatively;* een ~ **op** het gebied van ... *an a. on ...*

autoruit 0.1 *car window* ⇒⟨voorruit⟩ *windscreen.*

autoshop 0.1 *car-parts shop.*

autoslaaptrein, autotrein 0.1 *car train.*

autosleutel 0.1 *car key.*

autosloperij 0.1 *breaker's yard* ⇒*wrecker's yard.*

autosnelweg 0.1 ᴮ*motorway.*

autospiegel 0.1 *car mirror.*

autosport 0.1 *motor sport* ⇒*motor/car racing.*

autospuiterij 0.1 *car respraying (shop/business).*

autotelefoon 0.1 *car (tele)phone.*

autotunnel 0.1 *road tunnel.*

autoverhuur 0.1 [bedrijf] *car hire/rental* **0.2** [handeling] *hiring/renting (of a car).*

autoverkeer 0.1 *car traffic.*

autovrij 0.1 *pedestrian* ⟨zone⟩.

autoweg 0.1 ᴮ*motorway.*

autowrak 0.1 *wreck.*

avance 0.1 *advance* ◆ **3.1** ~s maken (bij) *make overtures (to);* ⟨seksueel ook⟩ *make advances (to).*

avanceren ⟨hand.⟩ **0.1** [op voorschot geven] *advance.*

avant-garde 0.1 *avant-garde.*

avant-gardist 0.1 *avant-gardist.*

avant-gardistisch 0.1 *avant-garde.*

avant la lettre 0.1 *before the term existed.*

avenue 0.1 *avenue.*

averecht 0.1 *purl* ◆ **1.1** ~e steken *p. stitches* **3.1** één recht, één ~ breien *knit one, purl one.*

averechts I ⟨bw.⟩ **0.1** [achterstevoren] *back-to-front* ⇒*inside out, upside down* **0.2** [anders dan gehoopt/bedoeld] *(all) wrong* ◆ **3.1** ~ op een stoel zitten *sit backwards on a chair* **3.2** het valt ~ uit *it goes all wrong;*
II ⟨bn.⟩ **0.1** [misplaatst] *misplaced* ⇒*wrong* **0.2** [onjuist] *unsound* ⇒*contrary, wrong* ◆ **1.1** een ~e uitwerking hebben *have a contrary effect/the wrong effect.*

averij 0.1 [scheep.] *damage* ⇒⟨verz.⟩ *average* ◆ **3.1** zware ~ oplopen *sustain heavy d.* **6.1** ~ **aan** de machines aan boord *(a) breakdown in the engines on board.*

A-verpleging 0.1 *(general) nursing* ◆ **3.1** de ~ doen *train to be a nurse.*

aversie 0.1 *aversion* ◆ **6.1** ~ **tegen** iem./iets hebben *have an a. to a.to/sth.;* ~ krijgen *tegen take a dislike to.*

A4 0.1 [papierformaat] *A4* ⟨standard European-size paper⟩ ⇒±8½ × 11 **0.2** [vaak A4'tje; hoeveelheid tekst] *side of A4.*

A-viertje →**A4.**

avocado 0.1 *avocado.*

avond 0.1 *evening* ⇒*night* ◆ **1.1** in de loop v.d. ~ *during the e.;* met het vallen v.d. ~ *at nightfall* **2.1** de hele ~ *all e., the whole e.;* muzikale ~jes *musical evenings;* het is zijn vrije ~ *it is his night off* **3.1** ~je tv kijken/lezen *(spend) the e. watching TV/reading;* de ~ valt *night is falling* **4.1** alle ~en, iedere ~ *every e./night, nightly* **5.1** een ~je uit a *night/an e. out* **6.1** ~ **aan** ~ *nightly, night after night;* **bij** ~ in/during the e., *at night;* **tegen** de ~ *towards dark/the e.;* de ~ **voor** de grote wedstrijd *the eve of the big match* **¶.1** de ~ tevoren *(on) the previous e.;* 's ~s ~s *at night, in the e.;* van 's ochtends tot 's ~s *from dawn to dusk;* hij moet 's ~s altijd werken *he always works nights;* ⟨sprw.⟩ hoe later op de ~, hoe schoner het volk *the best guests always come late.*

avondblad 0.1 *evening paper.*

avondcursus 0.1 *evening classes.*

avonddienst 0.1 [godsdienstoefening] *evening service* **0.2** [werk] *evening shift;* ⟨in ziekenhuizen enz.⟩ *evening duty* ◆ **3.2** tweemaal per week heb ik ~ *twice a week I'm on evening duty.*

avondeten 0.1 *dinner, supper* ⇒*evening meal* ◆ **3.1** het ~ klaarmaken *get/prepare d./s.*

avondgebed 0.1 [gebed voor het slapen] *evening prayer* ⇒*bedtime prayer* **0.2** [avonddienst] *evening service.*

avondjapon, avondjurk 0.1 *evening gown/dress.*

avondkleding 0.1 *evening dress/wear.*

avondklok 0.1 *curfew* ◆ **3.1** een ~ instellen *impose a c.;* de ~ opheffen *lift the c.*

avondkrant →**avondblad.**

avondmaal 0.1 *dinner, supper* ◆ **2.1** het Laatste Avondmaal *the Last Supper* **8.1** brood en kaas als ~ gebruiken *have bread and cheese for s.*

Avondmaal ⟨prot.⟩ **0.1** *(Holy) Communion* ⇒*the Lord's Supper* ◆ **3.¶** deelnemen aan het ~ *take Holy Communion.*

avondmens 0.1 *night person* ⇒⟨inf.⟩ *night owl.*

avondonderwijs 0.1 *evening education.*

avondopleiding 0.1 *evening course* ◆ **3.1** een ~ volgen *take an e. c.*

avondprogramma 0.1 *evening programme.*
avondretour 0.1 *evening return* ⟨bestaat niet maar wordt wel begrepen⟩.
avondrood 0.1 *sunset (glow)* ⇒*evening glow.*
avondschemering 0.1 *(evening) twilight.*
avondschool 0.1 *night school* ⇒*evening classes* ⟨mv.⟩ ◆ **6.1** op een ~ zitten *go to n. s.*
avondspits 0.1 *evening rush-hour.*
avondtoilet 0.1 *evening dress* ◆ **6.1** dames en heren **in** ~ *ladies and gentlemen in e. d.*
avonduur ◆ **6.¶ in** de avonduren *in/during the evening.*
avondvoorstelling 0.1 *evening performance.*
avondvullend 0.1 *lasting the whole evening* ◆ **1.1** een ~ programma *a full evening's entertainment.*
avondwinkel 0.1 *late-night shop.*
avonturenfilm 0.1 *adventure film.*
avonturenroman 0.1 [roman met veel avonturen] *adventure story* **0.2** [genre] *picaresque novel.*
avonturier, -ster 0.1 [iem. die op avontuur uitgaat] *adventurer* ⟨m.; v.⟩ **0.2** [gelukzoeker] *adventurer* ⟨m.⟩, *adventuress* ⟨v.⟩.
avonturieren 0.1 [vrijbuiten] *freeboot* ⇒*be a freebooter* **0.2** [avontuur zoeken] *seek adventure.*
avontuur 0.1 [iets ongewoons] *adventure* **0.2** [riskante onderneming] *venture* **0.3** [geluk/kans] *luck* ⇒*chance* ◆ **1.3** het rad van ~ *the wheel of fortune* **2.1** een vreemd ~ beleven *have a strange a.* **3.1** avonturen vertellen *tell stories of a.* **3.2** niet van avonturen houden *not like risky ventures.*
avontuurlijk 0.1 [op avonturen belust] *adventurous* **0.2** [avonturen opleverend] *full of adventure* ⇒*exciting* **0.3** [gewaagd] *risky* ⇒*hazardous* ◆ **1.3** een ~e onderneming *a r. undertaking.*
avontuurtje 0.1 *affair* ◆ **3.1** een ~ hebben met ... *have an a. with ...*
A-weg 0.1 *A-road.*
axioma 0.1 *axiom* ◆ **8.1** iets als een ~ aannemen *take sth. as axiomatic.*
ayatollah 0.1 *ayatollah* ◆ **1.1** ~ Khomeiny *the a. Khomeiny.*
azalea 0.1 *azalea.*
azen 0.1 [mbt. personen] *have one's eye (on)* **0.2** [mbt. dieren] *prey (on)* ◆ **6.1** zij ~ op een fooitje *they have their eye on a tip.*
Azerbeidzjaan, -se 0.1 *Azerbaijani.*
Azerbeidzjaans 0.1 ⟨bn. en zn.⟩ *Azerbaijani.*
Azerbeidzjan 0.1 *Azerbaijan.*
Azeri 0.1 *Azeri.*
Aziaat, Aziatische 0.1 *Asian.*
Aziatisch 0.1 *Asian.*
Azië 0.1 *Asia.*
azijn 0.1 *vinegar* ◆ **8.1** zo zuur als ~ (kijken) *be sour-faced.*
azijnstel ◆ **1.¶** olie-en-azijnstelletje *oil-and-vinegar set.*
azijnzuur 0.1 *acetic acid.*
AZT ⟨afk.⟩ **0.1** [azidothymidine] *AZT.*
Azteeks 0.1 *Aztec.*
Azteken 0.1 *Aztecs.*
azuren 0.1 *azure.*
azuur 0.1 *azure.*

baai 0.1 *bay* ⇒⟨klein⟩ *cove, inlet,* ⟨diep en wijd⟩ *sound.*
baal 0.1 *bag, sack* ⇒⟨geperst⟩ *bale* ◆ **1.1** een ~ katoen *a bale of cotton;* een ~ rijst *a s. of rice* **3.¶** de balen hebben van iets *have had (more than) enough of sth.*
baaldag 0.1 [dag waarop men baalt van iets] *off-day* **0.2** [extra verlofdag] *±day off.*
baan 0.1 [betrekking] *job* **0.2** [aangelegde weg] *path* ⟨ook fig.⟩; ⟨rijstrook⟩ *lane* **0.3** [sport]⟨ren/wielerbaan⟩ *track;* ⟨tennis⟩ *court;* ⟨ijs⟩ *rink;* ⟨wedstrijdschaatsen⟩ *speed skating track;* ⟨ski⟩ *run, piste;* ⟨golf⟩ *course;* ⟨afgebakend deel⟩ *lane* **0.4** [route v.e. voortbewegend lichaam] *path* ⇒*trajectory,* ⟨ruim. ook⟩ *orbit* **0.5** [strook stof/behang] *length,* *width* **0.6** [luchtv.] *runway* ⇒⟨klein⟩ *landing strip* ◆ **2.1** een halve ~ hebben *work half-time;* een vaste ~ hebben *have a permanent j.* **2.2** (fig.) iets in goede banen leiden *steer sth. in the right direction;* ⟨fig.⟩ iets op de lange ~ schuiven *shelve sth.;* ruim/vrij ~ maken ⟨ook fig.⟩ *make way (for)* **2.3** wedstrijden op de lange/korte ~ *long-/short-distance races* **3.1** geen ~ hebben *be out of a j.;* zijn ~ opgeven *give up one's j.;* van ~ veranderen *change one's j.;* een ~ zoeken *look for a j.* **3.3** een paar ~tjes zwemmen *swim a few lengths* **3.4** een ~ om de aarde maken *orbit the earth* **6.2** ⟨fig.⟩ dat is **van** de ~ *that's off;* ⟨fig.⟩ ik wilde het **van** de ~ hebben *I wanted it over (and done)* with **7.3** starten in ~ drie *start in lane three.*
baanbrekend 0.1 *pioneering* ⇒*trail-blazing* ◆ **1.1** ~ werk verrichten *do p. work, break new ground.*
baanbreker 0.1 *pioneer* ⇒*trailblazer.*
baancommissaris 0.1 *track official.*
baanrecord (sport) **0.1** *track record.*
baansport 0.1 *track sport.*
baanvak ⟨spoorw.⟩ **0.1** *section (of track).*
baanwachter ⟨spoorw.⟩ **0.1** ⟨toezichthouder⟩ [B]*platelayer,* [A]*trackman;* ⟨bij spoorwegovergang⟩ *gatekeeper.*
baanwedstrijd 0.1 *track race.*
baar[1] ⟨de⟩ **0.1** [staaf edelmetaal] *ingot, bar* **0.2** [draagtoestel] ⟨draagbaar⟩ *litter, stretcher;* ⟨lijkbaar⟩ *bier* ◆ **1.1** een ~ goud *a gold b./i.*
baar[2] ⟨bn.⟩ ◆ **1.¶** ~ geld *(hard) cash.*
baard 0.1 [haar op de kin] *beard* **0.2** [dierk.] *beard* ⇒⟨van vis⟩ *barb(el),* ⟨van kat⟩ *whiskers* **0.3** [plantk.] *beard* ◆ **3.1** ⟨fig.⟩ hij krijgt de ~ in de keel *his voice is breaking;* zijn ~ laten staan *grow a b.*
baardaap 0.1 *beardie.*
baardgroei ◆ **3.¶** ~ hebben/krijgen *have/develop a beard.*
baardhaar 0.1 *beard hair.*
baardmannetje ⟨dierk.⟩ **0.1** *bearded tit.*
baarlijk 0.1 *utter* ⇒*rank* ◆ **1.1** ~e onzin *u. nonsense.*
baarmoeder 0.1 *womb* ⇒⟨med.⟩ *uterus* ◆ **6.1** bevruchting **buiten** de ~ *in vitro fertilization;* ⟨als afk.⟩ *IVF.*
baarmoederhals 0.1 *cervix.*
baarmoederhalskanker 0.1 *cervical cancer* ⇒*cancer of the cervix.*
baars 0.1 *perch* ⇒*bass.*
baas 0.1 [chef, leider] *boss* **0.2** [eigenaar v.e. zaak] *boss* ⇒ *owner* **0.3** [mbt. een huisdier] *owner* **0.4** [man, jongen] *fellow* ⇒*guy* ◆ **1.2** in de ~ zijn tijd *during the b.'s time* **2.1** eigen ~ zijn *be one's own master/b.* **2.4** een vriendelijke

oude ~ *a friendly old guy* **2.¶** het zo druk hebben als een klein ~je *be as busy as a bee* **3.1** iem. de ~ blijven *keep the upper hand over s.o.;* iem./iets gemakkelijk de ~ kunnen *easily get the better of s.o./sth.;* de moeilijkheden de ~ kunnen/zijn *cope with/deal with the problems;* de situatie/zijn gevoelens de ~ zijn *be in control of the situation/one's feelings;* de Japanners zijn ons de ~ op het gebied v.d. elektronica *the Japanese are ahead of us in electronics* **6.1** zijn vrouw is de ~ in huis *his wife wears the trousers* **¶.1** ⟨sprw.⟩ er is altijd ~ boven baas *every man may meet his match.*

baat 0.1 [nut, voordeel] *benefit* ⇒*advantage* ⟨ook→**bate**⟩ **0.2** [geldelijk voordeel] *profit(s)* ⇒*benefit* ⟨ook→**bate**⟩ **0.3** [lichamelijke vooruitgang] *benefit* ⇒⟨verlichting⟩ *relief* ◆ **1.2** de baten en lasten (v.e. bedrijf) *the assets and liabilities (of a firm)* **3.3** ~ vinden bij *benefit from* **6.1** de gelegenheid/het middel **te** ~ nemen *seize the opportunity.*

baatzuchtig 0.1 *self-interested* ⇒*self-seeking, selfish* ◆ **1.1** een ~ plan *a selfish plan.*

babbel 0.1 *chat* ◆ **2.1** hij heeft een vlotte ~ *he's a smooth talker* **3.1** ~s hebben *have a big mouth.*

babbelaar, -ster 0.1 *chatterbox* ◆ **2.1** die man is een gezellige ~ *he's a great one for a chat.*

babbelbox 0.1 *partyline.*

babbelen 0.1 [veel praten] *chatter* **0.2** [gezellig praten] *chat.*

babbellijn 0.1 *chat line.*

babbeltje 0.1 *chat* ◆ **3.1** een ~ maken met de nieuwe buurman *have a c. with the new neighbour.*

babbelziek 0.1 *talkative* ⇒⟨inf.⟩ *chatty.*

Babel 0.1 *Babel.*

babi pangang 0.1 *roast pork.*

baby 0.1 *baby* ◆ **3.1** een te vroeg geboren ~ *a premature b.* **6.1** een ~ **van** vier maanden *a four-month-old b.*

babybedje 0.1 *(baby's) cot/crib.*

babydoll 0.1 *baby-doll (nightdress).*

babyfoon 0.1 *baby alarm* ⇒*baby intercom.*

babykamer 0.1 *baby's bedroom.*

babykleertjes ⟨inf.⟩ **0.1** *baby clothes.*

Babylonisch 0.1 *Babylonian* ◆ **1.1** een ~e spraakverwarring *a (tower of) Babel.*

babysit, -ter 0.1 *(baby) sitter.*

babysitten 0.1 *(baby-)sit.*

babyuitzet 0.1 *layette.*

babyvoeding 0.1 *baby food.*

bacil 0.1 [staafvormige bacterie] *bacillus* **0.2** [bacterie] *bacillus* ⇒*bacterium,* ⟨inf.⟩ *germ,* ⟨inf.⟩ *bug.*

bacillendrager, -draagster 0.1 *carrier (of bacilli)* ⇒⟨inf.⟩ *germ carrier.*

backen I ⟨onov.ww.⟩⟨balspel⟩ **0.1** [als back spelen] *play back;*
II ⟨ov.ww.⟩ **0.1** [ook muz.] *back (up).*

backing 0.1 [ook muz.] *backing* ⇒*back-up.*

bacterie 0.1 *bacterium* ⇒*microbe.*

bacteriedodend 0.1 *bactericidal* ◆ **1.1** ~ middel *bactericide.*

bacteriedrager, -draagster 0.1 *carrier (of bacteria)* ⇒⟨inf.⟩ *germ carrier,* ⟨schr.⟩ *vector.*

bacterieel 0.1 *bacterial* ◆ **1.1** bacteriële infecties *b. infections.*

bacteriologie 0.1 *bacteriology.*

bacteriologisch 0.1 *bacteriological* ⇒*microbial* ◆ **1.1** ~e oorlogvoering *b./*⟨inf.⟩ *germ warfare.*

bacterioloog, -loge 0.1 *bacteriologist.*

bad 0.1 [badkuip; water] *bath* **0.2** [schei., tech.; ook in sa-

menst.] *bath* **0.3** [zwembad] *pool* **0.4** [geneeskrachtige bron] *spa* ⇒*health resort, baths* ◆ **3.1** het ~ laten vollopen *run the b.;* een ~ nemen *have a b.* **6.1** de baby **in** ~ doen *bath the baby;* kamer **met** ~ *room with b.*

badcel 0.1 *bath/shower cubicle/cabinet.*

baden I ⟨onov.ww.⟩ **0.1** [een bad nemen]⟨in kuip⟩ *bath,* ᴬ*bathe;* ⟨in zee⟩ *(go for a) swim, bathe* ⇒⟨inf.⟩ *take a dip* **0.2** [mbt. lichaamsvocht] *bathe (in)* ⇒*be bathed (in)* **0.3** [geheel gehuld zijn in] *be bathed/steeped (in)* **0.4** [een overvloed bezitten van] *roll (in)* ⇒*wallow/swim (in)* ◆ **6.2** ~ **in** het zweet *be bathed in sweat* **6.4** ~ **in** weelde ⟨ook⟩ *live in the lap of luxury;*
II ⟨ov.ww.⟩ **0.1** [een bad geven] *bath* ◆ **1.1** een kind ~ *b. a child;*
III ⟨wk.ww.; zich ~⟩ **0.1** [zich koesteren] *roll (in)* ⇒*wallow/swim (in).*

bader 0.1 *bather* ⇒*swimmer.*

badgast 0.1 *seaside visitor.*

badge 0.1 [speldje met naamkaartje] *(name) badge/tag* **0.2** [speldje met tekst/afbeelding] *badge* **0.3** [mil.] *badge* ⇒*insignia.*

badhanddoek 0.1 *bath towel.*

badhotel 0.1 *seaside hotel.*

badhuis 0.1 *bathhouse* ⟨ook sauna⟩ ⇒*(public) baths.*

badineren 0.1 *banter* ⇒*chaff* ◆ **1.1** op ~de toon *in a bantering tone (of voice).*

badjas, -mantel 0.1 *(bath)robe, bath(ing) wrap.*

badjuffrouw 0.1 *(woman/female) bath superintendent/attendant.*

badkamer 0.1 *bathroom.*

badkleding 0.1 *swimwear* ⇒*bathing wear/gear.*

badkuip 0.1 *bathtub* ⇒⟨BE ook⟩ *bath.*

badmeester 0.1 *bath superintendent/attendant, lifeguard.*

badmintonnen 0.1 *play badminton.*

badmuts 0.1 *bathing/swimming cap.*

badpak 0.1 *swimsuit* ⇒*bathing suit,* ⟨BE ook⟩ *swimming/bathing costume* ◆ **2.1** tweedelig ~ *two-piece s.*

badplaats 0.1 [aan zee] *bathing/seaside resort* **0.2** [met geneeskrachtige bronnen] *spa* ⇒*health resort.*

badschuim 0.1 *bath foam* ⇒*bubble bath.*

badslipper 0.1 *shower slipper.*

badstof 0.1 *towelling* ⇒*terry cloth/towelling.*

badtas 0.1 *beach bag* ⇒*swimming bag.*

badwater 0.1 *bath water.*

bagage 0.1 [reisgoed] *luggage;* ⟨AE vnl.⟩ *baggage* **0.2** [fig.] *baggage* ⇒⟨beschikbare kennis⟩ *stock-in-trade* ◆ **1.1** vier stuks ~ *four pieces of l.* **2.2** met weinig geestelijke ~ *lacking intellectual substance.*

bagagedepot 0.1 *left luggage (office),* ᴬ*baggage room.*

bagagedrager 0.1 *(luggage) carrier.*

bagagekluis 0.1 *(luggage/baggage) locker.*

bagagenet 0.1 *luggage rack.*

bagagereçu 0.1 ᴮ*luggage ticket,* ᴬ*baggage check.*

bagagerek 0.1 [bagagenet] *luggage rack* **0.2** [imperiaal] *roof rack.*

bagageruim 0.1 *luggage/baggage compartment.*

bagageruimte 0.1 *boot,* ᴬ*trunk* ◆ **1.1** een auto met een hoop ~ *a car with lots of luggage space.*

bagagewagen 0.1 [aanhangwagen] *trailer* **0.2** [wagon] ᴮ*luggage van,* ᴬ*baggage car* **0.3** [wagentje op perron/vliegveld] *luggage trolley.*

bagatel 0.1 [kleinigheid] *bagatelle* ⇒*trifle* **0.2** [kleine geldsom] *trifle.*

bagatelliseren 0.1 *trivialize* ⇒*play down.*

bagger 0.1 *mud;* ⟨opgehaald⟩ *dredgings* ♦ 3.1 ⟨fig.; inf.⟩ (zeven kleuren)~ schijten *shit a brick.*
baggeraar 0.1 *dredger.*
baggereiland 0.1 *floating dredge.*
baggeren I ⟨onov., ov.ww.⟩ 0.1 [ophalen] *dredge;* **II** ⟨onov.ww.⟩⟨inf.⟩ 0.1 [waden] *wade.*
baggerlaars 0.1 *wader* ⟨vnl. mv.⟩.
baggermachine, -molen 0.1 *dredge* ⇒*dredger, dredging machine.*
baggerschuit 0.1 *dredger* ⇒*dredge.*
baggerwerk 0.1 *dredging (work/operations).*
bah¹ ⟨het⟩ 0.1 *boo* ♦ 1.1 ⟨fig.⟩ zonder boe of~ te zeggen *without so much as a word;* hij zegt boe noch~ *he wouldn't say b. to a goose* 3.¶ ⟨kind.⟩~ doen *do a poo.*
bah² ⟨tw.⟩ 0.1 *ugh!, yuck!*
Bahama-eilanden, Bahama's 0.1 ⟨the⟩ *Bahamas.*
bahco 0.1 *adjustable spanner.*
baisse ⟨hand.⟩ 0.1 *fall in the price* ♦ ¶.1 speculant à la bear; à la - speculeren *bear the market, sell short.*
bajes ⟨inf.⟩ 0.1 *can* ⇒*cooler, jug* ⟨ook zonder lidw.⟩ ♦ 6.1 John zit in de~ wegens moord *John's in for murder.*
bajesklant ⟨inf.⟩ 0.1 *jailbird, gaolbird* ⇒*lag.*
bajonet 0.1 *bayonet* ♦ 2.1 een aanval met gevelde~ *a fixed-b. attack* 6.1 met de~ doorsteken *bayonet.*
bajonetsluiting 0.1 *bayonet catch.*
bak¹ ⟨de⟩ 0.1 [voorwerp om iets in te bergen] *(storage) bin;* ⟨reservoir⟩ *cistern, tank;* ⟨ondiep⟩ *tray;* ⟨nat.⟩ *vessel;* ⟨trog⟩ *trough;* ⟨etensbak⟩ *dish, bowl;* ⟨in auto⟩ *boot,* *^Atrunk;* ⟨kattenbak⟩ *tray* 0.2 [grap] *joke* 0.3 [gevangenis] *can* ⇒*jug, clink* 0.4 [kop (koffie)] *cup (of coffee)* 0.5 [auto] *big car* ♦ 2.1 een houten~ *a wooden dish* 2.2 een goede/ schuine~ *a good/dirty j.* 2.5 een Amerikaanse~ *a big American car* 2.¶ een volle~ *a full house* 3.2 een~ vertellen *crack a j.* 3.3 de~ ingaan *be clapped in jail* 6.1 ⟨fig.⟩ de regen komt **bij**~ ken uit de lucht *it's coming down in buckets;* een~ met planten *a tray of plants* 6.3 in de~ zitten *do time* 6.¶ **aan** de~ komen *get a job/⟨beurt⟩ turn.*
bak² ⟨hw.⟩⟨schoep.⟩ ♦ 3.¶~ liggen *have been laid back;* ~ staan *have been taken back.*
bakbeest 0.1 *colossus* ⇒*monster* ♦ 1.1 een~ v.e. hond *a monster of a dog,* een~ v.e. kast *a hulking great thing of a cupboard.*
bakblik 0.1 *baking tin* ⇒*cake tin* ⟨ook voor tulband⟩, ⟨rechthoekig⟩ *loaf tin,* ⟨bakplaat⟩ *baking sheet/tray* ♦ 3.1 het~ invetten *grease the b. t.*
bakboord 0.1 *port* ⇒*larboard* ♦ 6.1 naar~ draaien *port;* het schip ligt over~ *the ship is listing to p.*
bakeliet 0.1 *bakelite.*
bakelieten 0.1 *bakelite.*
baken 0.1 [scheep.] *beacon* ♦ 3.1 ⟨fig.⟩ de~s verzetten *change tack, set out a new course.*
bakermat 0.1 [plaats van oorsprong] *cradle* ⇒*origin, home* 0.2 [geboorteplaats] *birthplace* ♦ 1.1 de~ v.h. christendom/v.d. filmkunst *the c. of Christianity, the home of the cinema.*
bakerpraatje 0.1 *idle gossip.*
bakfiets 0.1 [driewieler] *carrier tricycle* 0.2 [fiets] *delivery bicycle* ⇒*carrier cycle.*
bakkebaard 0.1 *(side) whisker* ⇒⟨inf.⟩ *^Bsideboard,* ⟨op wang⟩ *mutton-chop,* ⟨op wang⟩ *muttonchop whisker.*
bakkeleien ⟨inf.⟩ 0.1 [ruzie maken] *squabble* ⇒*wrangle* 0.2 [vechten] *scuffle* ⇒*tussle.*
bakken I ⟨ov.ww.⟩ 0.1 [mbt. deeg/beslag] *bake* 0.2 [mbt. spijzen] *fry* ⇒⟨snel met weinig vet⟩ *sauté,* ⟨op een plaat⟩ *griddle,* ⟨frituren⟩ *deep-fry* 0.3 [mbt. klei] *bake* ⇒*fire* ♦ 1.1

---

vers gebakken brood *freshly baked bread* 1.2 friet~ *deep-fry chips;* een omelet~ *make an omelet* 4.1 hij bakt altijd zelf brood *he always bakes his own bread* 4.¶ ⟨inf.⟩ er niets van~ *make a complete mess of it;* **II** ⟨onov.ww.⟩ 0.1 [deegwaar bereiden] *bake* 0.2 [zonnebaden] *bake* ⇒*broil* 0.3 [inf.; mbt. school] *plough* ♦ 3.2 ik heb de hele middag liggen~ *I've been baking in the sun all afternoon.*
bakker 0.1 [beroep] *baker* 0.2 [winkel] *bakery* ⇒*baker's* ♦ 2.2 een warme~ *a fresh bakery* 6.¶ (dat is) **voor** de~ *that's settled.*
bakkerij 0.1 [plaats] *bakery* ⇒*baker's shop* 0.2 [vak] *baking trade/business.*
bakkersbedrijf 0.1 *baker's trade/business.*
bakkersknecht 0.1 ⟨in bakkerij⟩ *journeyman;* ⟨bezorger⟩ *baker's (rounds)man.*
bakkes ⟨inf.⟩ 0.1 [gezicht] *mug; phiz* 0.2 [mond] *kisser* ⇒*trap* ♦ 3.2 hou je~ *shut your trap/face* 6.1 iem. op zijn~ geven *give s.o. one in the kisser.*
bakkie ⟨inf.⟩ 0.1 [radiozendapparatuur] *rig* 0.2 [kopje (koffie)] *cup* ♦ 1.2 een~ troost *a c. of coffee.*
baklucht 0.1 *smell of frying.*
bakmeel 0.1 *self-raising flour.*
bakoven 0.1 *(baking) oven.*
bakpan 0.1 *frying pan.*
bakplaat 0.1 *baking sheet/tray.*
bakpoeder ⟨cul.⟩ 0.1 *baking powder.*
baksteen I ⟨de⟩ 0.1 [gebakken steen] *brick* ♦ 3.1 ⟨fig.⟩ het regent bakstenen *it's raining cats and dogs* 8.1 zinken als een~ *sink like a stone;* ⟨bij een examen⟩ zakken als een~ *fail utterly;* ⟨inf.⟩ do *abysmally;* ⟨fig.⟩ iem. laten vallen als een~ *drop s.o. like a hot brick/hot potato;* **II** ⟨het, de⟩ 0.1 [stof] *brick* ♦ 2.1 een uit rode opgetrokken gebouw *a red-brick house.*
bakstenen 0.1 *brick.*
bakvet 0.1 *(cooking/frying) fat.*
bakvis I ⟨de (v.)⟩ 0.1 [meisje] *teenage girl* ⇒*teenager, teenybopper;* **II** ⟨de (m.)⟩ 0.1 [vis om te bakken] *frying fish* ⇒*pan fish.*
bakvorm 0.1 *baking tin* ⇒*cake tin* ⟨ook voor tulband⟩, ⟨rechthoekig⟩ *loaf tin.*
bakzeilhalen 0.1 [terugkrabbelen] *back down* ⇒*climb down (from)* 0.2 [mbt. zeilen] *take in sail* ⇒*back the sails.*
bal I ⟨de⟩ 0.1 [sport] *ball* 0.2 [tot een ronde bol gevormde massa] *ball* 0.3 [gulden] *±quid* 0.4 [testikel] *ball* ⇒*nut* 0.5 [mbt. de hand/voet]⟨van voet⟩ *ball;* ⟨van hand⟩ *heel* 0.6 [persoon] *snob;* ⟨inf.⟩ *stuck-up person* ♦ 1.2 een~(letje) gehakt *a meatball* 1.¶ ⟨scheldnaam⟩~ gehakt *^Ameathead* 2.6 een rechtse~ *a conservative/right-wing snob* 3.1 de~ in eigen ploeg houden ⟨ook fig.⟩ *hold on to the b.;* ⟨fig.⟩ een~ letje over iets opgooien *put out feelers about sth.;* de~ terugkaatsen ⟨fig.⟩ *put the b. back in(to) the other person's* ⟨enz.⟩ *court;* elkaar de~ toespelen ⟨fig.⟩ *scratch each other's backs;* een~letje trappen *kick a b. (about)* 3.2 een~letje slaan *hit a b.* 3.3 hij verdient ongeveer 600~len per dag *he earns about 250 quid a day* 3.4 het is zo koud dat je~len eraf vriezen *it's cold enough to freeze the balls off a brass monkey* 3.6 het zijn (echte)~len *they think they're really sth.* 3.¶ de~len van iets begrijpen *not understand a damn thing about sth.* 6.1 **aan** de~ zijn *play the b.;* ⟨fig.⟩ *be on the b.;* **op** de~ spelen, niet op de man *play the b., not the man* 7.¶ geen~ uitvoeren *not do a (bloody) stroke (of work);* geen~ van iets snappen/weten *not understand/know a damn thing about sth.;* het kan me geen~ schelen *I couldn't care less* ¶.1 ⟨sprw.⟩ wie kaatst, moet de~ ver-

wachten *if you make a jest, you must take a jest* ¶.¶ ⟨inf.⟩ de ~len! *cheers!;*
II ⟨het⟩ **0.1** [danspartij] *ball; dance* ♦ **2.1** gekostumeerd ~ *fancy (dress) b*. **3.1** het is (er) weer ~ ⟨fig.⟩ *they're at it again.*

balanceren I ⟨onov.ww.⟩ **0.1** [zich in evenwicht houden] *balance* ♦ **6.1** ⟨fig.⟩ op de rand v.e. bankroet ~ *hover on the verge of bankruptcy;* ~ op de rand v.d. dood *hover between life and death;*
II ⟨ov.ww.⟩ **0.1** [tech.] *balance.*

balans 0.1 [weegwerktuig] *(pair of) scales* ⇒⟨wet.⟩ *balance* **0.2** [evenwicht] *balance* ⇒*equilibrium* **0.3** [tabellarisch overzicht] *balance sheet* ⇒*audit (report)* **0.4** [deel v.e. ophaalbrug] *bascule* ♦ **2.1** Romeinse ~ *steelyard* **2.3** een negatieve ~ hebben *be in the red;* positieve ~ *favourable balance* **3.1** ⟨fig.⟩ de ~ doen doorslaan *tip the scales* **3.3** de ~ opmaken *draw up the b.;* ⟨fig.⟩ *take stock (of sth.);* de ~ sluit niet *the books won't balance* **6.2** iets **in** ~ houden *keep sth. in b.;* **uit** ~ geraken *get out of b. / off b. /* ⟨fig. ook⟩ *out of one's stride.*

balanscijfers ⟨hand.⟩ **0.1** *balance sheet figures.*
balansrekening ⟨hand.⟩ **0.1** *making-up of (the) accounts.*
balbehandeling ⟨sport⟩ **0.1** *ball technique.*
balbeheersing 0.1 *ball control.*
balbezit ⟨sport⟩ ♦ **6.**¶ in ~ komen *get possession;* in ~ zijn *be in possession (of the ball);* op ~ spelen *play a possession game.*
balcontact ⟨sp.⟩ **0.1** *touch of the ball* ♦ **3.1** veel ~ hebben *see a lot of the ball.*
balcontrole ⟨sport⟩ **0.1** *ball control.*
baldadig 0.1 *rowdy* ⇒*boisterous.*
baldadigheid 0.1 [het baldadig zijn] *rowdiness* ⇒*boisterousness* **0.2** [daden van overmoed] *mischief* ♦ **6.1** uit ~ hadden ze de auto op zijn kant gezet *they had turned the car over on its side (just) for kicks.*
baldakijn 0.1 *canopy* ⇒*baldachin(o).*
balein 0.1 *(whale)bone* ⇒*rib, stiffener* ♦ **6.1** met ~en verstevigd ⟨ook⟩ *boned.*
balen ⟨inf.⟩ **0.1** *be fed up (with)* ⇒*be sick (and tired/to death) (of)* ♦ **5.1** ik baal ervan *I'm fed up with it;* stevig ~ *be fed up (to the back teeth)* **8.1** ~ als een stier *be sick to death of sth.*
balg 0.1 *bellows* ⇒*windbag.*
balie 0.1 [toonbank] *counter* ⇒*desk* ⟨ook receptie⟩ **0.2** [leuning] *railing* **0.3** [advocaten(stand)] *bar* **0.4** [rechtbank] *bar, bench* ⇒*law* ♦ **1.3** lid v.d. ~ zijn *be a member of the b.* **6.1** aan de ~ verstrekt men u graag alle informatie *you can obtain all the information you need at the desk.*
balie-employé 0.1 *counter/desk clerk* ⇒*receptionist.*
baliekluiver 0.1 *loafer.*
baljapon, -jurk 0.1 *ball dress.*
balk 0.1 [stuk hout/staal/beton] *beam* ⇒⟨metaal ook⟩ *girder,* ⟨in vloer/plafond ook⟩ *joist,* ⟨in dak ook⟩ *rafter,* ⟨hout ook⟩ *timber,* ⟨hout ook⟩ *balk* **0.2** [notenbalk] *stave* **0.3** [rechte band] *bar* ⟨ook herald.⟩ **0.4** [rangonderscheidingsteken] *chevron* ⇒⟨inf.⟩ *stripe* ♦ **6.**¶ het geld over de ~ gooien *spend money like water.*
Balkan 0.1 *(the) Balkans.*
balken 0.1 *bray* ⇒⟨bij uitbr. mbt. mensen⟩ *yell, scream, bawl.*
balkhout 0.1 *wood for beams.*
balkon 0.1 [uitbouw aan een huis] *balcony* **0.2** [rang van plaatsen] *balcony* ⇒*(dress) circle, gallery* **0.3** [mbt. openbaar vervoer] *platform* ♦ **6.1** op het ~ zitten *sit (out) on the b.* ¶.**2** ~ tweede rang *upper circle.*

balkondeur 0.1 *balcony door* ⇒⟨meestal mv.⟩ *French windows.*
balkspiraal ⟨ster.⟩ **0.1** *spiral nebula.*
ballade 0.1 *ballad.*
ballast 0.1 [scheep., spoorw.] ⟨ook mbt. een luchtballon⟩ *ballast* **0.2** [overbodige last] *lumber* ⇒*dead weight,* ⟨vnl. mbt. mensen⟩ *deadwood,* ⟨fig. ook⟩ *excess baggage* ♦ **3.1** ~ innemen *take on b.* **3.2** al die kennis is maar ~ *all that knowledge is just so much lumber* **6.1** in ~ varen/liggen *be in b.*
ballasten 0.1 *ballast.*
ballen I ⟨onov.ww.⟩ **0.1** [met de bal spelen] *play (with a) ball* **0.2** [tot een bal worden] *form/make a ball* ♦ **1.2** de sneeuw balt niet *the snow is no good for snowballs;*
II ⟨ov.ww.⟩ **0.1** [tot een bal vormen] *clench* ♦ **1.1** de vuist(en) ~ *c. one's fist(s).*
ballenjongen 0.1 *ball boy.*
ballentent 0.1 [uitgaansgelegenheid] *snooty/stuck-up/posh place* **0.2** [kermistent] *(cock)shy.*
ballerina 0.1 *ballerina* ⇒*ballet dancer/girl.*
ballet 0.1 *ballet* ♦ **2.1** modern/klassiek ~ *modern/classical b.;* het nationaal *the national b. (company)* **6.1** op ~ zitten *take b. lessons.*
balletdanser, -es 0.1 *(ballet) dancer* ⟨m., v.⟩.
balletgroep 0.1 *ballet (company).*
balletje-balletje 0.1 *shell game* ♦ **3.1** ~ spelen *play the s. g.*
balletmeester, -es 0.1 *ballet master/mistress.*
balletrokje 0.1 *ballet skirt* ⇒*tutu.*
balling 0.1 *exile* ⇒*deportee, outcast.*
ballingschap 0.1 *exile* ⇒*banishment* ♦ **2.1** de Babylonische ~ *the (Babylonian) Captivity;* vrijwillige ~ *voluntary e.* **6.1** in ~ gaan *go into e.*
ballingsoord 0.1 *place/country of exile.*
ballistiek 0.1 *ballistics.*
ballistisch 0.1 *ballistic* ♦ **1.1** ~e raket *b. missile.*
ballon 0.1 [meestal ballonnetje; dun zakje van rubber dat kan worden opgeblazen] *(toy) balloon* **0.2** [luchtballon] *(hot-air/gas-filled) balloon* ⇒⟨bestuurbare⟩ *dirigible (balloon),* ⟨omhulsel⟩ *envelope* **0.3** [euf.; meestal ballonnetje; condoom] *rubber* ⇒⟨BE ook⟩ *French letter* ♦ **3.1** ⟨fig.⟩ het ~netje doorprikken *burst the bubble;* een ~ opblazen *blow up a b.;* een ~netje oplaten *make a tentative proposal.*
ballonfok ⟨scheep.⟩ **0.1** *balloon sail, ballooner* ⇒*spinnaker.*
ballonvaarder, -ster 0.1 *balloonist, aeronaut.*
ballonvaart 0.1 ⟨het ballonvaren⟩ *ballooning;* ⟨tocht⟩ *trip by balloon, balloon ride.*
ballonvaren 0.1 *balloon.*
ballotage 0.1 *ballot, election.*
balorig 0.1 [onwillig] *contrary, refractory* ⇒*unmanageable, wayward* **0.2** [ontevreden] *peevish* ⇒*cross, sullen.*
balpen 0.1 *ball pen* ⇒*ballpoint (pen),* [superscript:B]*biro* ♦ **6.1** een met ~ geschreven brief *a letter (written) in biro.*
balsem 0.1 [geneesmiddel, parfumerie] *balm, balsam* ⇒*ointment, salve* **0.2** [fig.] *balsam, balm* ♦ **6.2** dat was ~ op de wond(e) *that was balm to the wound.*
balsemen 0.1 [geurig maken] *perfume* ⇒*scent, make fragrant* **0.2** [mbt. een lijk] *embalm* ⇒*mummify* **0.3** [lichaamspijn verzachten; smart lenigen] *salve* ⇒*soothe, alleviate.*
balspel 0.1 *ball game.*
baltechniek 0.1 *ball skill.*
Baltisch 0.1 *Baltic* ♦ **1.1** ~e Zee *Baltic (Sea), the Baltic.*

balts ⟨biol.⟩ **0.1** *display* ⇒*courtship.*
balustrade 0.1 *balustrade* ⇒*railing,* ⟨van trap⟩ *banister(s).*
balzaal 0.1 *ballroom.*
bamboe 0.1 *bamboo (cane/stem)* ⇒*cane.*
bamboespruit 0.1 *bamboo shoot.*
bami 0.1 *chow mein* ♦ **¶.1** ~ goreng *c. m., fried noodles.*
ban 0.1 [excommunicatie] *excommunication* ⇒*ban* **0.2** [betovering] *spell* ⇒*fascination* **0.3** [huwelijksafkondiging] *banns* **0.4** [gesch.; straf] *ban, sentence of outlawry* ♦ **3.1** de ~ uitspreken over *place under a ban* **3.3** de ~nen afroepen *publish the b. (of marriage)* **6.1** Luther werd in de ~ gedaan *Luther was excommunicated* **6.2** in de ~ van iets zijn/raken *be/fall under the s. of sth.* **6.4** in de ~ doen *ban.*
banaal 0.1 *banal* ⇒*trite* ♦ **1.1** een banale opmerking *a trite remark.*
banaan 0.1 *banana* ♦ **1.1** een tros bananen *a bunch of bananas.*
banaanstekker 0.1 *banana plug.*
banaliteit 0.1 [opmerking] *banality* ⇒*platitude, cliché, banal/trite remark,* ⟨vnl. mv.⟩ *triviality* **0.2** [hoedanigheid] *banality* ⇒*triteness, triviality.*
bananenboom 0.1 *banana (tree/palm/plant).*
bananenrepubliek 0.1 *banana republic.*
bananenschil 0.1 *banana peel/skin* ♦ **3.1** uitglijden over een ~ *slip on a b. s.*
bancair 0.1 *bank(ing)* ⇒*in/of/through the bank(s)* ♦ **1.1** ~ geldverkeer *monetary exchange via the banks.*
band¹ I ⟨de⟩ **0.1** [strook stof] *band* ⇒*ribbon, tape,* ⟨karate, judo⟩ *belt* **0.2** [ring om een wiel] *tyre* **0.3** [magneetband] *tape* **0.4** [transportband] *conveyor (belt)* **0.5** [nauwe betrekking] *bond* ⇒*link, alliance, association* **0.6** [boekband] *binding* ⇒*cover,* (boekdeel) *volume* **0.7** [com.] *(wave)band* ⇒*wave* **0.8** [wat rondom iets wordt bevestigd] *band* **0.9** [biljart] *cushion* →*klink* ♦ **1.5** ~en van vriendschap *ties of friendship* **2.1** een lekke ~ *a flat tyre, a puncture* **2.4** de lopende ~ *the conveyor belt* **2.5** nauwe ~en met het moederland onderhouden *maintain strong ties with one's mother country* **2.6** in kalfsleren/linnen/leren ⟨enz.⟩ ~ *calf-/cloth-/leather-* ⟨enz.⟩ *bound* **2.¶** aan de lopende ~ doelpunten scoren/rotopmerkingen maken *pile on scores, make scathing remarks all the time* **3.3** een ~ afspelen *play a t. back* **3.5** de ~en der vriendschap aanhalen *tighten the bonds of friendship;* geen enkele ~ meer hebben met zijn familie *have severed all connections with one's family;* de ~en verbreken *sever the ties* **6.3** iets op de ~ opnemen *tape sth.* **6.4** aan de ~ laten *work on the assembly line* **6.¶** iem. aan ~en leggen *restrain s.o.;* door de ~ on average; uit de ~ springen *get out of hand* **¶.7** 27 MC-band *citizen's band;*
II ⟨het⟩ **0.1** [lintvormig weefsel] *tape* ⇒⟨breed⟩ *ribbon,* ⟨smal⟩ *string,* ⟨hoed⟩ *band.*
band² ⟨de⟩⟨Eng.⟩ **0.1** *band* ⇒*orchestra,* ⟨popmuziek ook⟩ *group,* ⟨vnl. jazz, kleine groep⟩ *combo.*
bandage 0.1 [zwachtel, windsel] *bandage* **0.2** [breukband] *truss.*
bandana 0.1 *bandan(n)a.*
banddikte 0.1 *tyre's width* ♦ **6.1** ⟨sport⟩ met een ~ winnen *win by a t. w.*
bandeloos I ⟨bn.⟩ **0.1** [mbt. gemoedsuitingen/hartstochten] *unrestrained* ⇒*raging* **0.2** [mbt. personen] *lawless* ⇒ ⟨onordelijk⟩ *undisciplined, disorderly,* ⟨losbandig⟩ *wild,* ⟨losbandig⟩ *riotous;*
II ⟨bw.⟩ **0.1** [mbt. personen] *in an undisciplined/disorderly manner.*

balts - bankbediende

bandenlichter 0.1 *tyre lever.*
bandenpech 0.1 *tyre trouble* ⇒⟨lekke band⟩ *flat (tyre), puncture.*
bandenplak ⟨inf.⟩ **0.1** *rubber solution.*
bandenspanning 0.1 *tyre pressure.*
bandgeheugen ⟨comp.⟩ **0.1** *tape storage.*
bandiet 0.1 [misdadiger] *bandit* ⇒⟨struikrover⟩ *brigand* **0.2** [schavuit] *blackguard* ⇒*hooligan* ♦ **6.2** een ~ van een jongen *a young hooligan.*
banditisme 0.1 *banditry.*
bandje 0.1 [kleine band] *band* ⇒*strip, ribbon, string* **0.2** [magneetband] *tape* **0.3** [opname] *tape recording* **0.4** [schouderbandje] *strap* ♦ **3.2** een ~ afspelen *play a t.* **6.4** een bh zonder ~s *a strapless bra.*
bandleider¹ ⟨de⟩ **0.1** [leider van arbeiders] *assembly-line supervisor.*
bandleider² ⟨de⟩ **0.1** [muz.] *bandleader.*
bandlezer ⟨comp.⟩ **0.1** *tape reader.*
bandopname 0.1 *tape recording.*
bandplooibroek 0.1 *pleated trousers.*
bandponser ⟨comp.⟩ **0.1** *(paper)tape punch.*
bandrecorder 0.1 *tape recorder.*
bandsnelheid 0.1 *tape speed.*
banen →*weg.*
banenmarkt 0.1 *job fair.*
banenplan 0.1 *employment plan.*
bang 0.1 [vaak + voor; vrees voelend] *afraid (of)* ⟨alleen pred.⟩; *frightened (of)* ⇒*scared (of),* ⟨doodsbang⟩ *terrified (of)* **0.2** [angstig makend] *frightening* ⇒*anxious, scary* **0.3** [gauw angstig] *timid* ⇒*fearful* **0.4** [bezorgd] *afraid* ⇒ *anxious, apprehensive* ♦ **1.2** ~e dagen *anxious days;* ik heb een ~ voorgevoel *I have a foreboding (about it)* **1.3** ⟨inf.⟩ ~e schijter *fraid(y)-cat, scaredy-cat* **3.1** ~ maken *scare, frighten;* ~ zijn ⟨ook⟩ *have the jitters* **3.3** ~ uitgevallen zijn *be a mouse, be chicken-hearted* **3.4** ik ben ~ dat het niet lukt *I'm afraid it won't work;* wees daar maar niet ~ voor *don't worry about it* **6.1** ~ in het donker *a. of the dark.*
bangelijk 0.1 *timid* ⇒*fearful* ♦ **3.1** hij is ~ *he's easily frightened.*
bangerd, bangerik 0.1 *coward* ⇒*chicken.*
bangheid 0.1 [angst] *fear* ⇒*anxiety,* ⟨doodsangst⟩ *terror* **0.2** [het gauw angstig zijn] *timidity* ⇒*fearfulness.*
bangig 0.1 *anxious* ⇒*timid.*
bangigheid 0.1 *timidity* ⇒*nervousness, apprehension.*
bangmakerij 0.1 *intimidation* ⇒*browbeating,* ⟨bluf⟩ *bluff* ♦ **3.1** 't is maar ~ *it is only bluff.*
banier 0.1 *banner* ♦ **3.1** de ~ hoog houden ⟨fig.⟩ *keep the b. flying* **6.1** onder iemands ~ *under s.o.'s banner.*
banjeren ⟨inf.⟩ **0.1** *pace (up and down).*
banjo 0.1 *banjo.*
bank 0.1 [meubelstuk]⟨onbekleed⟩ *bench;* ⟨bekleed⟩ *couch, settee, sofa;* ⟨in voertuig⟩ *seat* **0.2** [instelling, gebouw, ook in samenst.] *bank* **0.3** [schoolbank] *desk* **0.4** [kerkbank] *pew* **0.5** [casino] *casino* **0.6** [werkbank] *(work)bench* **0.7** [zandbank] *bank* ⇒*shoal, reef* ♦ **1.2** bloedbank *blood b.;* een ~ van lening *a pawnshop* **3.2** ⟨spel⟩ de ~ laten springen *break the b.* **6.2** geld op de ~ hebben *have money in the b.;* op een ~ werken *work in a b.;* geld op de ~ zetten *deposit money in a b.* **6.3** ga in je ~ zitten *sit down at your d.* **6.6** aan de ~ werken *work at the bench* **6.¶** door de ~ (genomen) *on average.*
bankafschrift 0.1 *bank statement.*
bankbed 0.1 *sofa bed.*
bankbediende 0.1 *bank clerk/employee.*

bankberoving 0.1 *bank robbery.*
bankbiljet 0.1 *(bank) note* ⇒⟨mv. ook⟩ *paper currency.*
bankboekje 0.1 *bankbook.*
bankbrief ⟨geldw.⟩ **0.1** *bill.*
bankcheque 0.1 *bank cheque.*
bankdirecteur 0.1 *bank manager.*
bankemployé 0.1 *bank employee.*
banket 0.1 [diner] *banquet* ⇒*feast* **0.2** [gebak] ±*(almond) pastry* ♦ **3.1** een ~ geven/aanbieden *give a b.*
banketbakker 0.1 [persoon] *confectioner* ⇒*pastry cook* **0.2** →**banketbakkerij.**
banketbakkerij, banketwinkel 0.1 *confectionery* ⇒*patisserie, confectioner's (shop).*
banketletter 0.1 *(almond) pastry letter.*
banketstaaf 0.1 *(almond) pastry roll.*
bankfiliaal 0.1 *branch bank.*
bankgeheim 0.1 *bank(ing) secrecy.*
bankgiro 0.1 *bank giro.*
bankgirocentrale ⟨ec.⟩ **0.1** *bank giro centre* ⇒⟨GB⟩ *clearing house.*
bankhouder, -ster ⟨spel⟩ **0.1** *banker.*
bankier 0.1 [hoofd v.e. bank, ook spel] *banker* **0.2** [bank] *bank(er)* ♦ **3.2** wie is uw ~? *where do you bank?*
bankieren 0.1 *bank* ⟨ook als klant zaken doen bij een bank⟩ ⇒*act as banker.*
bankkluis 0.1 *(bank) vault/strong room* ⇒⟨voor cliënt⟩ *safe-deposit box.*
bankoverval 0.1 *bank holdup* ⇒*bank robbery.*
bankovervaller 0.1 *bank robber.*
bankoverzicht 0.1 *bank statement.*
bankpapier 0.1 *bank-paper* ⇒*banknotes.*
bankpas 0.1 *bank(er's) card.*
bankrekening 0.1 *bank account* ⟨ook bedrag op zo'n rekening⟩ ♦ **3.1** een ~ openen bij een bank *open an account with a bank* **6.1** geld op een ~ hebben *have money in a b. a.*
bankrekeningnummer, banknummer 0.1 *(bank) account number.*
bankroet¹ (het) **0.1** *bankruptcy* ♦ **1.1** ⟨fig.⟩ het ~ v.d. verzorgingsstaat *the b. of the welfare state* **2.1** frauduleus ~ *fraudulent b.* **3.1** hij heeft onze firma naar het ~ gevoerd *he has bankrupted our firm.*
bankroet² ⟨bn.; alleen pred.⟩ **0.1** *bankrupt* ⇒⟨inf.⟩ *broke, bust* ♦ **3.1** ~ gaan *go bankrupt; (go) bust.*
bankroof 0.1 *bank robbery.*
banksaldo 0.1 *bank balance.*
bankschroef 0.1 *(bench-)vice.*
bankspeler ⟨sport⟩ **0.1** *reserve, substitute (player).*
bankstel 0.1 *lounge suite.*
banktegoed 0.1 *bank balance.*
bankwerker 0.1 *(bench) fitter* ⇒*benchman.*
bankwezen 0.1 *banking.*
banneling, -e 0.1 *exile.*
bannen 0.1 [verdrijven] *exile (from)* ⇒*expel (from),* ⟨vnl. fig.⟩ *banish* **0.2** [door bezwering verdrijven] *exorcize* ♦ **1.1** ban de bom *ban the bomb* **1.2** de duivel ~ *e. the devil* **6.1** iets **uit** zijn geheugen ~ *efface sth. from one's memory, efface the memory of sth.*
banning 0.1 [verbanning] *exile* ⇒*expulsion, banishment* **0.2** [bezwering] *exorcism.*
bantamgewicht 0.1 *bantam(weight).*
banvloek 0.1 *anathema* ⇒*ban, curse* ♦ **3.1** de ~ over iem. uitspreken *anathematize s.o., fulminate a ban against s.o.*
bar¹ ⟨de⟩ **0.1** [hoge tafel met krukken; meubel voor de drankvoorraad] *bar* **0.2** [café; vertrek in een hotel] *bar* **0.3** [in samenst.] *bar* **0.4** [sport]⟨ballet⟩ *bar(re);* ⟨gymnastiek⟩

parallel bar ♦ **1.3** hakkenbar *heel b.* **6.1 aan** de ~ zitten *sit at the b.;* wie staat er **achter** de ~? *who's behind the b.?* **6.4** oefeningen **aan** de ~ *exercises at the bar.*
bar² **I** ⟨bn.⟩ **0.1** [kaal] *barren* **0.2** [koud] *severe* ⇒⟨klimaat ook⟩ *rigorous* **0.3** [grof] *rough* ⇒*gross* ♦ **1.2** ~ weer *s. weather;* een ~re winter *a s. winter* **2.¶** ~ en boos *really dreadful* **3.3** jij maakt het wat al te ~ *you are carrying things too far;* nu wordt het toch te ~! *this is going too far!; this is really getting a bit much!;* **II** ⟨bw.⟩ **0.1** [erg] *extremely* ⇒*awfully.*
barak 0.1 [tijdelijk woon-/werkverblijf] *shed* ⇒⟨ihb. mil.⟩ *hut, barracks* **0.2** [veldhospitaal] *emergency/field hospital* **0.3** [gebouw apart v.e. ziekenhuis] *isolation hospital.*
barakkenkamp 0.1 *hutted camp* ⇒⟨vnl. mil.⟩ *hutment.*
barbaar 0.1 *barbarian* ⟨lett. en fig.⟩.
barbaars 0.1 [onbeschaafd] *barbarian* ⇒*barbarous,* ⟨woest⟩ *barbaric,* ⟨woest⟩ *savage* **0.2** [wreed] *barbarous* ⇒ *barbaric* ♦ **1.1** een ~e gewoonte *a barbaric custom* **1.2** het slachtoffer was op ~e wijze verminkt *the victim had been barbarically mutilated.*
barbaarsheid 0.1 [het onbeschaafd zijn; onbeschaafde daad/toestand] *barbarism* **0.2** [wreedheid] *barbarity* ⇒ *barbarism* **0.3** [wrede daad/toestand] *barbarity* ⇒*atrocity, barbarism.*
barbecue 0.1 [toestel] *barbecue* **0.2** [gelegenheid] *barbecue (party).*
＊barbecueën *(Wdl: barbecuen)* **0.1** *barbecue.*
barbediende 0.1 *barman, barwoman.*
Barbertje ♦ **3.¶** ~ moet hangen *there must be a scapegoat.*
barbiepop 0.1 [pop] *Barbie doll* **0.2** [popperige vrouw] *Kewpie doll.*
barbier 0.1 *barber.*
barbituraat 0.1 *barbiturate* ⟨ook farmaceutisch product⟩.
bard 0.1 *bard.*
baren 0.1 [ter wereld brengen] *bear* ⇒*give birth to* **0.2** [veroorzaken] *cause* ♦ **1.2** dit baart mij kommer *this causes me trouble;* opzien ~ *c. a sensation.*
barensnood 0.1 *labour* ⇒⟨schr.⟩ *travail* ♦ **6.1** in ~ verkeren *be in l.*
barenswee 0.1 [pijnen voor het baren] *contraction* ⇒*(birth) pang,* ⟨mv. ook⟩ *labour pains* **0.2** [fig.] *throe.*
baret 0.1 [slappe muts] *cap* ⇒*beret,* ⟨voor kinderen ook⟩ *tam(-o'-shanter)* **0.2** [mil.] *(soldier's) beret* **0.3** [muts behorend bij de toga] *cap* ⇒⟨van geestelijke⟩ *biretta.*
Bargoens¹ (het) **0.1** [geheimtaal] *(thieves') slang* ⇒*argot* **0.2** [onverstaanbare taal] *jargon* ⇒⟨inf.⟩ *lingo.*
Bargoens² ⟨bn.⟩ **0.1** *slangy.*
barheid 0.1 [kaalheid] *barrenness* **0.2** [kou] *severity* ⇒ ⟨ontberingen⟩ *rigours.*
barhouder 0.1 *bar owner.*
baring 0.1 *(child)birth.*
bariton 0.1 [stem; blaasinstrument] *baritone* **0.2** [zangpartij] *baritone part* **0.3** [zanger] *baritone (singer).*
barium ⟨schei.⟩ **0.1** *barium.*
bariumpap 0.1 *barium meal.*
barjuffrouw 0.1 *barmaid.*
bark 0.1 [zeilschip] *barque* **0.2** [oud, slecht schip] *barge* ⇒ *tub.*
barkeeper, barman 0.1 *barman.*
barkruk 0.1 *bar stool.*
barmhartig 0.1 *merciful* ⇒⟨weldoend⟩ *charitable* ♦ **1.1** de ~e Samaritaan *the good Samaritan.*
barmhartigheid 0.1 *mercy* ⇒*clemency,* ⟨het weldoen⟩ *charitableness,* ⟨het weldoen⟩ *charity* ♦ **1.1** werken van ~ *works of mercy* **6.1 uit** ~ *out of charity.*

barnsteen 0.1 *amber.*

barok 0.1 ⟨zn. en bn.⟩ *baroque* ⟨ook fig.⟩.

barometer 0.1 *barometer* ⟨ook fig.⟩ ⇒*glass* ◆ **3.1** de ~ staat op mooi weer/storm *the b. is set fair/is pointing to storm;* ⟨fig.⟩ *things are looking good/bad;* de ~ stijgt/daalt *the b. is rising/falling.*

barometerstand 0.1 *barometric pressure* ◆ **2.1** bij hoge/lage ~ *at high/low b. p.*

baron 0.1 *baron* ◆ **1.1** meneer de ~ *his/your Lordship;* oliebaron *oil b.*

barones 0.1 *baroness* ◆ **1.1** mevrouw de ~ *her/your Ladyship.*

barracuda 0.1 *barracuda.*

barrage 0.1 [sport]⟨alg.⟩ *decider;* ⟨schermen⟩ *barrage;* ⟨paardensport ook⟩ *jump-off* **0.2** [versperring] *barrier* **0.3** [spervuur] *barrage* ⇒*curtain fire.*

barrel ◆ **6.¶** aan ~ en/~ s (slaan) *(smash) to smithereens.*

barrevoets 0.1 *barefoot* ⇒⟨bn. ook⟩ *barefooted.*

barricade 0.1 [straatversperring] *barricade* **0.2** [fig.] *barrier* ◆ **3.1** ~ n opwerpen *throw up barricades* **6.1** voor iets **op** de ~ gaan staan ⟨fig.⟩ *fight on the barricades for sth.*

barricaderen 0.1 *barricade* ⇒⟨deur ook⟩ *bar* ◆ **4.1** zich ~ *barricade o.s. in.*

barrière 0.1 *barrier* ◆ **2.1** zijn eisen bleken een onoverkomelijke ~ te vormen *his demands proved to constitute an insurmountable b.* **3.1** ~ s opwerpen *put up barriers.*

bars 0.1 *stern, grim* ⇒*forbidding* ⟨uiterlijk⟩, *harsh* ⟨stem⟩, *gruff* ⟨stem⟩.

barsheid 0.1 *sternness, grimness* ⇒*harshness, gruffness.*

barst 0.1 [scheur] *crack* ⇒⟨in huid⟩ *chap* **0.2** [inf.; + geen] *(not a) damn/thing/bit* ⟨zie verder 7.2⟩ ◆ **3.1** er komen ~ en in *it's cracking* **7.2** ik vond er geen ~ aan *±it was a complete waste of time;* het kan haar geen ~ schelen *she doesn't give a damn,* ik geloof er geen ~ van *I don't believe a word of it;* het helpt geen ~ *it's no bloody use.*

barsten 0.1 [scheuren, splijten] *crack* ⇒*split,* burst ⟨ook fig.⟩, ⟨huid ook⟩ *chap,* ⟨huid ook⟩ *get chapped* **0.2** [uit elkaar springen] *burst* ⇒*explode* ◆ **3.¶** ⟨inf.⟩ iem. laten ~ *leave s.o. in the lurch* **6.1** ⟨fig.; inf.⟩ zich **te** ~ eten *eat till one bursts;* ⟨fig.⟩ **tot** barstens toe vol *crammed, bursting at the seams* **6.¶** ⟨inf.⟩ zich **te** ~ lachen *split one's sides with laughter;* ⟨inf.⟩ het barst hier **van** de cafés *the place is full of pubs;* ⟨inf.⟩ hij barst **van** de poen *he is loaded (with dough)* **¶.¶** ⟨fig.⟩ barst! *damn!;* barst jij! *go to hell!;* liegen dat men barst *lie through one's teeth.*

barstensvol ◆ **3.¶** hij zit ~ ideeën *he is brimming over with ideas.*

Bartje(n)s ◆ **6.¶** volgens ~ *according to Cocker.*

bartype 0.1 *type who hangs around bars.*

bas 0.1 [hoofdstem in een muziekstuk, mannenstem] *bass* **0.2** [zanger, speler] *bass (singer/player)* ⇒⟨zanger ook, vnl. opera/solo⟩ *basso* **0.3** [contrabas] *double bass* ⇒*(contra)bass* **0.4** [basgitaar] *bass (guitar)* **0.5** [lagere partij] *secondo* ◆ **3.1** ~ zingen *sing b.* **3.3** ~ spelen *play the bass.*

basalt 0.1 *basalt.*

basalten 0.1 *basalt.*

basculebrug 0.1 *bascule bridge.*

base ⟨schei.⟩ **0.1** *base.*

baseballen 0.1 *play baseball.*

baseballpet 0.1 *baseball cap.*

baseren I ⟨ov.ww.⟩ **0.1** [doen steunen] *base (on)* ⇒*found (on)* ◆ **4.1** dat is daarop gebaseerd dat ...*that rests on ...;* **II** ⟨wk.ww.; zich ~⟩ **0.1** [steunen op, uitgaan van] *base o.s. on* ⇒*go on* ◆ **6.1** we hadden niets om ons **op** te ~ *we had nothing to go on.*

basgitaar 0.1 *bass (guitar).*

basilicum 0.1 *basil.*

basiliek 0.1 *basilica.*

basilisk 0.1 *basilisk.*

basinstrument 0.1 *bass instrument.*

basis 0.1 [grondslag, fundament] *basis* ⇒*foundation* **0.2** [hoofdbestanddeel] *base* ⇒*basis* **0.3** [mil.] *base* **0.4** [wisk.; grondvlak] *base* **0.5** [wisk.; grondgetal] *base* ◆ **2.1** op commerciële ~ *on business lines;* een wankele ~ *an unsound b.* **3.1** de ~ leggen voor iets *lay the foundation of sth.* **6.1** op ~ van *on the b. of* **6.2** een shampoo **op** ~ **van** natuurlijke bestanddelen *a shampoo with a base of natural ingredients* **6.¶** de mensen **aan** de ~ *the rank and file, the grass roots.*

basisbegrip 0.1 *basic concept.*

basisbeurs 0.1 *basic grant.*

basisch ⟨schei.⟩ **0.1** *alkaline* ⇒*basic* ◆ **1.1** ~ e zouten *basic salts* **3.1** ~ maken *basify;* ~ reageren *produce an a. reaction.*

basiscursus 0.1 *basic/elementary course.*

basisengels 0.1 *elementary/basic English.*

basisinkomen 0.1 [uitkering v.d. staat] *guaranteed minimum income* **0.2** [inkomen zonder toeslagen] *basic income.*

basiskennis 0.1 *rudiments* ⟨mv.⟩ ⇒*basic knowledge,* ⟨inf. vaak⟩ *basics* ◆ **3.1** doe eerst de ~ op *learn the basics first.*

basisloon 0.1 *basic wage.*

basisonderwijs 0.1 [lager onderwijs] *primary education* **0.2** [onderwijs in eerste beginselen] *elementary/basic instruction.*

basisopstelling ⟨sport⟩ **0.1** *(the team's) starting line-up.*

basispakket 0.1 *standard package.*

basisprijs ⟨hand.⟩ **0.1** *base price.*

basisprincipe 0.1 *basic principle.*

basissalaris 0.1 *basic salary.*

basisschool 0.1 *primary school.*

basisvoorziening 0.1 *basic facility.*

basisvorming 0.1 *basic (secondary school) curriculum.*

Baskenland 0.1 *the Basque Country.*

basketbal 0.1 *basketball.*

basketballen 0.1 *play basketball.*

basketbalspeler, -ster 0.1 *basketball player.*

Baskisch 0.1 *Basque.*

baspartij ⟨muz.⟩ **0.1** *bass (part).*

basreflexkast ⟨audio⟩ **0.1** *bass-reflex (loud)speaker.*

bassen 0.1 ⟨blaffen; snauwen⟩ *bark.*

basset 0.1 *basset (hound).*

bassin 0.1 [zwembad] *(swimming) pool* **0.2** [waterbekken, kom] *basin.*

bassist, -e 0.1 *bass player* ⇒⟨contrabas ook⟩ *bassist.*

bassleutel 0.1 [om de bassnaren te spannen] *bass peg* **0.2** [muzieksleutel] *bass clef.*

basstem 0.1 *bass (voice)* ⇒⟨muz.⟩ *bass part.*

bast 0.1 [schors] *bark* ⇒⟨schil, peul⟩ *husk* **0.2** [inf.; huid] *hide* ⇒*skin* **0.3** [inf.; buik, lichaam] *belly, paunch* **0.4** [weefsellaag tussen schors en hout] *bast* ◆ **2.2** hij heeft een lekker bruine ~ *he has a nicely tanned skin* **2.3** in zijn blote ~ *stripped to the waist* **6.2** op zijn ~ geven *give a hiding.*

basta 0.1 *stop!* ⇒*enough!* ◆ **5.1** en daarmee ~! *and there's an end to it!*

bastaard 0.1 [onwettig kind] *bastard* **0.2** [rasloos dier] *mongrel* **0.3** [door vermenging van verwante soorten ontstaan dier] *crossbreed* **0.4** [nieuwe plantenvorm] *hybrid* ⇒*crossbreed.*

bastaarderen ⟨biol.⟩ **0.1** *hybridize.*
bastaardhond 0.1 *mongrel.*
bastaardkind 0.1 *bastard (child)* ⇒*illegitimate child.*
bastaardvorm 0.1 [mengvorm] *hybrid* **0.2** [biol.] *cross* ⇒ ⟨plant ook⟩ *hybrid,* ⟨dier ook⟩ *crossbreed.*
bastaardwoord 0.1 *loan(-word).*
basterdsuiker 0.1 *soft brown sugar.*
bastion 0.1 *bastion.*
Bataaf 0.1 *Batavian.*
Bataafs 0.1 *Batavian* ♦ **1.1** de ~e Republiek *the B. Republic.*
bataljon 0.1 *battalion.*
Batavier 0.1 *Batavian.*
batch ⟨comp.⟩ **0.1** *batch* ♦ **6.1** dit programma draait **in** de ~ *this is a b. program.*
bate ♦ **6.¶ ten ~ van** *for the benefit of, on behalf of;* iets **ten** eigen ~ aanwenden *use for one's own benefit;* een inzameling **ten ~ van** Ethiopië *a collection for Ethiopia.*
baten 0.1 *avail* ♦ **5.1** wij zouden erbij gebaat zijn *it would prove very helpful to us;* het mocht niet ~ *it was of no avail;* baat het niet, dan schaadt het niet *it doesn't hurt to try.*
bathyscaaf 0.1 *bathyscaphe.*
batig ♦ **1.¶** ~ saldo *surplus, credit balance.*
batikken 0.1 *batik* ♦ **1.1** gebatikte stoffen *batiks.*
batterij 0.1 [toestel met daarin elektrische energie] *battery* **0.2** [mil.] *battery* **0.3** [groep gelijksoortige eenheden] *battery* ⇒*array* ♦ **1.3** een ~ schrijfmachines *a b. of typewriters* **2.1** lege ~ *dead b.* **6.1** die radio werkt **op** ~en *this radio runs on batteries.*
batterijkip 0.1 *battery hen.*
batterijoplader 0.1 *battery charger.*
bauxiet 0.1 *bauxite.*
Bavaria 0.1 *Bavaria.*
baviaan 0.1 [aap] *baboon* **0.2** [als scheldwoord] *baboon* ⇒ *ape, yahoo.*
bazaar 0.1 [oosterse marktplaats] *baza(a)r* **0.2** [verkoping voor een liefdadig doel] *baza(a)r* ⇒*(fancy)fair.*
bazelen 0.1 *drivel (on)* ⇒*waffle.*
bazen 0.1 *domineer (over)* ⇒⟨inf.⟩ *boss* ♦ **6.1 over** iem.~ *boss s.o. around.*
bazig 0.1 *overbearing* ⇒*domineering,* ⟨inf.⟩ *bossy,* ⟨schr.⟩ *imperious.*
bazin 0.1 [eigenaar v.e. huisdier] *mistress* **0.2** [vrouw des huizes] *lady of the house.*
bazuin 0.1 [soort trompet] *trumpet* **0.2** [schuiftrompet] *trombone.*
b.b.h.h. ⟨afk.⟩ **0.1** [bezigheden buitenshuis hebbende] ⟨*away all day*⟩.
B-biljet 0.1 ⟨*tax return*⟩.
beademen 0.1 [adem inblazen] *breathe air into* ⇒⟨med.⟩ *insufflate* **0.2** [behandelen met een beademingstoestel] *apply artificial respiration to* **0.3** [de adem laten gaan over] *breathe upon.*
beademing 0.1 [het inblazen van adem] *breathing of air into* ⇒⟨med.⟩ *insufflation* **0.2** [het behandelen met een beademingstoestel] *artificial respiration* **0.3** [over iets de adem laten gaan] *breathing (upon).*
beademingstoestel 0.1 *respirator.*
beambte 0.1 *functionary* ⇒⟨subordinate⟩ *official.*
beamen 0.1 *endorse, indorse* ⇒⟨het eens zijn met⟩ *agree (with)* ♦ **1.1** een bewering ~ *e. a claim* **¶.1** iets ten volle ~ *fully e. sth.*
beangstigen, beangsten 0.1 ⟨verontrusten⟩ *alarm;* ⟨bang maken⟩ *frighten.*
beangstigend 0.1 *frightening* ⇒⟨verontrustend⟩ *alarming.*

beantwoorden I ⟨onov.ww.⟩ **0.1** [voldoen] *answer* ⇒*meet, comply with* **0.2** [geheel overeenkomen met] *answer (to)* ♦ **1.1** beantwoorde liefde *requited love* **6.1 aan** een doel ~ *a. a purpose;* **aan** al de vereisten ~ *meet all the requirements;* niet ~ **aan** de verwachtingen *fall short of expectations;*
II ⟨ov.ww.⟩ **0.1** [antwoord geven op] *answer* ⇒⟨mbt. brief/ argument/rede ook⟩ *reply to* ⟨meestal niet mbt. vraag⟩, ⟨gevoelens ook⟩ *respond to,* ⟨gevoelens ook⟩ *reciprocate,* ⟨vergelden⟩ *retaliate* ♦ **1.1** ⟨fig.⟩ het vijandelijk vuur ~ *return the enemy's fire* **6.1** een belediging **met** stilzwijgen ~ *ignore an insult.*
beantwoording 0.1 [het voldoen] *fulfilment (of)* **0.2** [het overeenkomen] *correspondence (to)* ⇒⟨beschrijving⟩ *likeness (to)* **0.3** [het antwoord geven] *answering* ⇒*reply-ing/responding (to),* ⟨vergelding⟩ *retaliation* ♦ **6.3 ter ~ van** in *answer/reply to.*
beargumenteren 0.1 *substantiate* ♦ **1.1** een goed beargumenteerd betoog *a well-argued case;* een beargumenteerd voorstel *a substantiated proposal* **3.1** zijn standpunt kunnen ~ *be able to s. one's point of view.*
beatmuziek 0.1 *beat music.*
beautycase 0.1 *vanity case.*
bebakenen 0.1 *beacon* ⇒⟨met boeien⟩ *buoy.*
bebloed 0.1 *bloody* ⇒*blood-stained* ♦ **1.1** zijn gezicht was geheel ~ *his face was completely covered in blood;* ~e kleren *blood-stained clothes.*
beboeten 0.1 *fine* ♦ **3.1** beboet worden *be fined, incur a fine* **6.1** iem.~ **met** 100 gulden *fine s.o. 100 guilders.*
bebop 0.1 *bebop.*
bebossen 0.1 *(af)forest* ♦ **1.1** een beboste helling *a wooded slope;* bebost terrein *woodland.*
bebossing 0.1 [handeling] *afforestation* **0.2** [resultaat] *forest(s), wood(s).*
bebouwd 0.1 [met huizen bezet] *built-on* **0.2** [ontgonnen] *cultivated* ♦ **1.1** de ~e kom *the built-up area.*
bebouwen 0.1 [met gebouwen bezetten] *build on* **0.2** [met gewassen beplanten] *cultivate* ⇒*till, farm* ♦ **1.2** de grond ~ *till the land.*
bebouwing 0.1 [handeling, wijze] *building (on)* **0.2** [resultaat] *buildings* ♦ **2.1** open ~ *open-space development.*
becijferen 0.1 [door rekenen uitmaken] *calculate* ⇒⟨schatten⟩ *compute,* ⟨schatten⟩ *estimate* **0.2** [door cijfers aanwijzen] *figure* ♦ **3.1** de schade valt niet te ~ *it is impossible to calculate the damage.*
becijfering 0.1 [berekening] *calculation* ⇒⟨schatting⟩ *computation* **0.2** [het aangeven dmv. cijfers] *figuring* **0.3** [cijfers] *figures.*
becommentariëren 0.1 *comment (on).*
beconcurreren 0.1 *compete with* ♦ **4.1** de banken ~ elkaar scherp *there is fierce competition among the banks.*
bed 0.1 [slaapplaats; plaats in verpleeginrichting] *bed* **0.2** [plaats in tuin] *bed* ⟨bv. met bloemen⟩ **0.3** [leger van wild] *bed* ♦ **3.1** het ~ (moeten) houden *be confined to b.;* zijn ~je is gespreid ⟨fig.⟩ *he's got it made;* het ~ opmaken *make the b.* **6.1 aan** iemands ~ geroepen worden ⟨wegens ziekte⟩ *be called to s.o.'s bedside;* goed **in** ~ zijn *be good in b.;* **in/te** ~ liggen *lie/be in b.;* **naar** ~ gaan *go to b.;* **naar** ~ gaan met iem. *go to bed with s.o.;* ⟨fig.⟩ hij gaat ermee **naar** ~ en staat er weer mee op *he can't stop thinking about it;* met jan en alleman **naar** ~ gaan *sleep around;* **naar** ~ brengen, **in** ~ stoppen *put to b.;* bij het **naar** ~ gaan *at bedtime;* ontbijt **op** ~ krijgen *get breakfast in b.;* iem. **uit** ~ halen *drag s.o. out of b.;* ⟨fig.⟩ dat is ver **van** mijn ~ *that does not concern me.*
bedaagd 0.1 *elderly* ⇒⟨inf.⟩ *getting on (in years).*

bedaard 0.1 [onbewogen] *composed* ⇒*collected,* ⟨bezadigd⟩ *sedate* **0.2** [kalm, rustig] *calm, quiet* ♦ **3.2** ~ optreden *act calmly.*
bedaardheid 0.1 *composure* ⇒*calmness.* ⟨bezadigdheid⟩ *sedateness* ♦ **3.1** zijn ~ verliezen *lose one's composure.*
bedacht 0.1 [+ op; erop uit] *bent/intent (on)* **0.2** [voorbereid] *prepared (for)* ♦ **6.1** op voordeel ~ zijn *seek one's own advantage* **6.2** op zoveel verzet waren ze niet ~ geweest *they had not bargained for so much resistance.*
bedachtzaam 0.1 ⟨omzichtig⟩ *cautious, circumspect;* ⟨weloverwogen⟩ *deliberate* ♦ **5.1** heel ~ te werk gaan *act with great caution.*
bedachtzaamheid 0.1 *caution, circumspection; deliberation; guardedness.*
bedankbrief 0.1 [waarin men zijn dank betuigt] *letter of thanks* **0.2** [waarin men iets afwijst] *letter of refusal.*
bedanken I ⟨ov.ww.⟩ **0.1** [zijn dank betuigen] *thank* ♦ **6.1** iem. **voor** iets ~ *thank s.o. for sth.;*
II ⟨onov.ww.⟩ **0.1** [niet aannemen] *decline* ⇒*refuse* **0.2** [zijn lidmaatschap opzeggen] *resign* ♦ **3.1** mag ik ~? *no, thank you!* **6.1 voor** een betrekking ~ *d. a post* **8.2** ~ als lid v.e. commissie *r. one's membership of a committee.*
bedankje 0.1 [dankbetuiging] *thank-you* ⇒⟨brief⟩ *letter of thanks,* ⟨dankwoord⟩ *word of thanks* **0.2** [beleefde weigering] *refusal* ♦ **2.1** het is allicht een ~ waard *it won't hurt to say t.-y. for it* **3.1** er kon nauwelijks een ~ af! *(and) small thanks I/he* ⟨enz.⟩ *got (for it)!*
bedankt ⟨inf.⟩ **0.1** *thanks* ♦ **5.1** reuze ~ *t. a lot.*
bedaren 0.1 *quiet/calm down* ♦ **6.1** tot ~ komen *calm down;* iem. **tot** ~ brengen *calm/quiet(en) s.o. down.*
bedbank 0.1 *sofa bed.*
beddengoed 0.1 [lakens, slopen, dekens] *(bed)clothes* ⇒ *bedding* **0.2** [matras, kussen enz] *bedding.*
beddenlaken 0.1 *sheet.*
beddensprei 0.1 *bedspread.*
bedding 0.1 [watergeul] *bed* ⇒*channel* **0.2** [onderlaag voor zware dingen] *bed(ding)* ⇒*foundation,* ⟨artillerie⟩ *platform.*
bede 0.1 [smeekbede] *entreaty* ⇒*plea* **0.2** [gebed tot God] *prayer* ♦ **6.1** ~ om hulp *plea for help.*
bedeesd 0.1 *diffident* →*shy, timid* ♦ **1.1** een ~ stemmetje *a timid (little) voice.*
bedeesdheid 0.1 *diffidence* ⇒*shyness, timidity.*
bedehuis 0.1 *place/house of worship/prayer.*
bedekken 0.1 [aan het oog onttrekken] *cover* ⇒⟨toedekken⟩ *cover up,* ⟨geheel⟩ *cover over* **0.2** [fig.] *cover (up)* ⇒*hide* ♦ **5.1** geheel ~ met iets *c. in sth.* **6.1** met sneeuw bedekte bergen *snow-capped mountains.*
bedekking 0.1 *cover(ing).*
bedekt I ⟨bn.⟩ **0.1** [niet open] *covered* ⇒*overcast* ⟨lucht⟩;
II ⟨bn., bw.⟩ **0.1** [niet openlijk] *covert* ♦ **1.1** in ~e termen *in guarded terms;* ~e toespeling(en) *insinuation(s), innuendo(es).*
bedelaar 0.1 [iem. die aalmoezen vraagt] *beggar* **0.2** [iem. die/dier dat aanhoudend om iets vraagt] *cadger.*
bedelares 0.1 *beggar(woman).*
bedelarij 0.1 *begging.*
bedelarmband 0.1 *charm-bracelet.*
bedelbrief 0.1 *begging-letter.*
bedelen 0.1 *beg (for)* ♦ **6.1** om iets ~ *b. for sth.;* **uit** ~ gaan *go (out) begging.*
bedelen 0.1 [als zijn deel toewijzen] *endow* **0.2** [vaste uitdeling geven] *distribute charity to* ⇒⟨gesch.⟩ *bestow alms upon* ♦ **5.1** hij is rijk bedeeld *he is* ⟨getalenteerd⟩ *very gifted/*⟨rijk⟩ *well off;* iem. ruim ~ *give s.o. a generous share.*

bedeling 0.1 [handeling] *charity* **0.2** [plaats] *poorhouse* ⇒ *almshouse* ♦ **6.1** ik ben niet van de ~ *I am not a charitable institution;* van de ~ leven *live on c., be on the breadline.*
bedelorde 0.1 *mendicant order.*
bedelstaf 0.1 *beggar's staff* ♦ **6.1** die onderneming heeft hem **aan** de ~ gebracht *that venture has left him a pauper.*
bedeltje 0.1 *charm.*
bedelven 0.1 [geheel bedekken] *bury* ⇒⟨fig. ook⟩ *swamp* ⟨ook→**bedolven**⟩ **0.2** [overmannen] *overwhelm* ⟨ook→ *bedolven*⟩ ♦ **1.1** zij werden door het puin bedolven *they were buried under the rubble.*
bedenkelijk 0.1 [ongerustheid wekkend] *worrying* ⇒⟨twijfelachtig⟩ *dubious,* ⟨twijfelachtig⟩ *questionable,* ⟨kritiek⟩ *serious* **0.2** [nadenken/twijfel uitdrukkend] *doubtful* ⇒ *dubious* ♦ **1.1** een ~ geval *a w./serious case* **1.2** een ~ gezicht zetten *look doubtful* **3.1** dat ziet er ~ uit *that looks serious* **3.2** ~ het hoofd schudden *shake one's head in doubt.*
bedenken I ⟨ov.ww.⟩ **0.1** [denken over] *think (about)* ⇒*consider* **0.2** [uitdenken] *think of/up* ⇒*invent, devise* **0.3** [als geschenk doen toekomen aan] *remember* ♦ **4.1** bedenk, wat de gevolgen zullen zijn *t. what the consequences will be* **4.2** bedenk maar wat *just think sth. up* **5.3** iem. goed ~ *remember s.o. generously* **8.1** als men bedenkt, dat ... *considering (that) ...;*
II ⟨wk.ww.; zich ~⟩ **0.1** [nadenken over] *think (about)* ⇒ *consider* **0.2** [van gedachten veranderen] *think again* ⇒ *change one's mind, have second thoughts* ♦ **5.1** zij zal zich wel tweemaal ~ voordat ... *she'll think twice before ...* **6.1 zonder** zich te ~ *without a moment's thought* ¶**.1** ik hoop dat hij zich zal - *I hope he'll reconsider.*
bedenker 0.1 *deviser.*
bedenking 0.1 [bezwaar] *objection* **0.2** [het bedenken] *consideration* →*thought* ♦ **3.1** weinig ~en maken *have little o. (to)* **6.1** tegen iets ~en hebben *have objections to sth.*
bedenksel 0.1 ⟨pej.⟩ **0.1** *fabrication.*
bedenktijd 0.1 *time for reflection* ♦ **1.1** hij kreeg drie dagen ~ *he was given three days to think the matter over.*
bederf 0.1 [ontbinding] *decay* →*rot,* ⟨mbt. vlees ook⟩ *taint* **0.2** [verslechtering] *deterioration* ⇒*decay,* ⟨zedelijk ook⟩ *depravity,* ⟨zedelijk ook⟩ *taint* ♦ **1.2** het ~ v.d. zeden *moral decay* **2.1** aan ~ onderhevig *perishable.*
bederfelijk 0.1 *perishable* ♦ **1.1** ~e goederen *perishables.*
bederfwerend 0.1 *preservative* ⇒⟨med.⟩ *antiseptic* ♦ **1.1** ~e middelen *preservatives.*
bederven I ⟨onov.ww.⟩ **0.1** [tot bederf overgaan] *decay* ⇒ *rot, go bad/off,* ⟨mbt. vlees ook⟩ *taint* ⟨ook→**bedorven**⟩;
II ⟨ov.ww.⟩ **0.1** [verknoeien] *spoil* ♦ **1.1** de eetlust ~ *s. one's appetite;* dat kleed is totaal bedorven *that tablecloth is completely ruined;* iemands plezier ~ *spoil s.o.'s fun.*
bedevaart 0.1 *pilgrimage* ♦ **3.1** een ~ doen *make a p.*
bedevaartganger, -ster 0.1 *pilgrim.*
bedevaartplaats 0.1 *place of pilgrimage.*
bediende 0.1 [iem. in ondergeschikte betrekking] *employee* ⇒⟨kantoor ook⟩ *clerk,* ⟨winkel ook⟩ *assistant,* ⟨lift e.d.⟩ *attendant* **0.2** [iem. die persoonlijke/huiselijke diensten verricht] *servant* **0.3** [beambte] *official* ♦ **2.1** jongste ~ *junior clerk, office junior;* ⟨inf.⟩ *office boy* **6.1** ~ in een koffiehuis *waiter* ⟨m.⟩ */waitress* ⟨v.⟩ *in a coffee-shop* **7.1** eerste ~ *chief/senior clerk* **7.2** eerste ~ *butler.*
bedienen I ⟨ov.ww.⟩ **0.1** [dienen, helpen; ook mbt. de horeca] *serve* **0.2** [zorg dragen voor, doen functioneren] *operate* **0.3** [r.-k.] *administer extreme unction to* ⇒*give the last rites to* ♦ **1.1** het ~d personeel *the attendants* **1.2** de machine is eenvoudig te ~ *the machine is simple to o.* **3.3** be-

diend worden *be given the last rites* **6.1** iem. **op** zijn wenken ~ *wait on s.o. hand and foot* ¶**.1** aan tafel ~ *wait at (the) table;*
II ⟨wk.ww.; zich ~⟩ **0.1** [gebruiken] *use* ⇒*make use of* **0.2** [mbt. de spijzen] *help o.s. (to)* ◆ **5.2** bedien je gerust *please help yourself* **6.1** hij bediende zich **van** leugens *he availed himself of lies.*

bediening 0.1 [mbt. de horeca] *service* **0.2** [het doen functioneren] *operation* ⇒⟨mbt. auto⟩ *controls* **0.3** [ambt, kerkelijke functie] *office* **0.4** [r.-k.] *(administration of) extreme unction* ⇒*(giving of) the last rites* ◆ **1.2** de ~ v.e. apparaat *the o. of a machine* **2.1** een prompte ~ *prompt s.* **2.2** ⟨in lesauto⟩ dubbele ~ *dual controls* **5.1** al onze prijzen zijn inclusief ~ *all prices include s. (charges).*

bedieningsgeld 0.1 *service charge* ◆ **3.1** ~ berekenen *make a s. c.*

bedieningspaneel 0.1 *control panel* ⇒⟨in auto / boot / vliegtuig⟩ *dash(board),* ⟨comp.⟩ *console.*

bedijken 0.1 [met dijken omringen] *dike (in)* **0.2** [dijken leggen langs] *embank* **0.3** [met een dijk afsluiten] *dam up.*

bedijking 0.1 [handeling] *diking(-in)* ⇒*damming-up* **0.2** [dijken] *dikes* ⇒*embankment, dams* **0.3** [polder] *polder.*

bedillen 0.1 [aanmerkingen maken op] *find fault* ⇒⟨inf.; bevitten⟩ *nitpick, carp* **0.2** [zich teveel bemoeien met] *meddle (with)* ⇒*interfere (with)* ◆ **1.2** een alles ~ de overheid *an (ever-)interfering government* **3.1** ik laat mij niet ~ *I'm not having any nitpicking.*

bediller, bedilal, -ster 0.1 [vitter] *fault-finder* ⇒⟨inf.⟩ *nitpicker* **0.2** [iem. die alles wil regelen] *busybody* ⇒*meddler.*

bedilziek, bedillerig 0.1 [vitziek] *fault-finding* ⇒⟨inf.⟩ *nitpicking, carping* **0.2** [bemoeieziek] *meddling.*

bedilzucht 0.1 [vitzucht] *fault-finding* ⇒⟨inf.⟩ *nitpicking, carping* **0.2** [bemoeizucht] *meddling.*

beding 0.1 *condition* ⇒*stipulation* ◆ **1.1** ~ van rente *interest-subject to negotiation* **6.1 onder ~ van** *subject to;* ik wil het doen, **onder** één ~ *I'll do it on one c.;* **onder** geen ~ *under no circumstances.*

bedingen 0.1 *stipulate (for/that)* ⇒⟨eisen⟩ *insist on, require,* ⟨overeenkomen⟩ *agree (on)* ◆ **1.1** het bedongen loon *the agreed wages.*

bediscussiëren, bediscuteren 0.1 *discuss.*

bedisselen 0.1 *fix (up)* ◆ **3.1** hij heeft altijd wat te ~ *he's always fixing sth. up.*

bedlampje 0.1 ⟨naast bed⟩ *bedside lamp;* ⟨boven hoofdeinde⟩ *bedhead light.*

bedlegerig 0.1 *ill in bed* ⇒⟨chronisch⟩ *bedridden* ◆ **3.1** hij is al maanden ~ *he has been bedridden for months;* ~ worden *take to one's bed.*

bedoeïen 0.1 *Bed(o)uin.*

bedoelen 0.1 [met een woord aanduiden] *mean* ⇒⟨zinspelen op⟩ *refer* ⟨ook jur.⟩ */ allude to* **0.2** [met een bedoeling doen] *mean* ⇒*intend* ◆ **1.1** de bedoelde persoon *the person in question* **4.1** wat bedoel je? *what do you m.?;* ik begrijp niet wat je bedoelt *I don't see what you're getting at* **5.1** ik bedoel maar ... *as I said ...* **5.2** het was goed bedoeld *it was meant well;* het was niet kwaad bedoeld *no harm (was) meant;* niet-bedoelde neveneffecten *unintended side effects* **6.2** ~ **met** m. *by;* dit is bedoeld **voor** kinderen *this is intended for children* **8.2** het was als een grap bedoeld *it was meant as a joke.*

bedoeling 0.1 [doel] *intention* ⇒*aim, purpose, object* **0.2** [zin, strekking] *meaning* ⇒*drift* ⟨mbt. brief / toespraak⟩ **0.3** [voornemen] *intention* ⇒*plan* ◆ **1.2** de ~ van deze maatregel is dat ... *the object of this measure is that ...* **2.1**

de ~ was goed *the i. was good, it was meant well* **3.1** hij heeft er zo zijn ~ (en) mee *he has his own reasons for doing it;* dat was niet de ~ *that was not intended* **6.1 met** de ~ om te ... *with a view to (...ing);* **met** de beste ~ en *with the best of intentions* **6.3** het ligt in de ~ ... *it is the i. ...*

bedoening 0.1 [drukte] *to-do* ⇒*job, fuss* **0.2** [toestand] *affair* ⇒*business* **0.3** [inrichting, spullen] *things* ⇒*belongings* ◆ **2.1** het was een hele ~ *it was quite a business* **2.2** een rare ~ *a strange business* **2.3** ze staat met haar hele ~ op straat *she's been turned out of house and home with all her belongings.*

bedolven 0.1 [bedekt met] *covered (with)* **0.2** [overmand door] *snowed under (with)* ⇒*swamped (with)* **0.3** [begraven] *buried (under)* ◆ **6.1** die papieren lagen **onder** het stof ~ *the papers were covered with a layer of dust* **6.2** ~ **onder** het werk *snowed under with work, up to one's ears in work.*

bedompt 0.1 [benauwd] *stuffy* ⇒⟨kamer ook⟩ *airless,* ⟨lucht ook⟩ *stale* **0.2** [beslagen] *steamed (up)* ◆ **1.1** een ~ e atmosfeer *a stuffy / stale atmosphere.*

bedonderd ⟨inf.⟩ **0.1** [gek] *crazy* ⇒*mad* **0.2** [slecht] *rotten* ⇒*beastly* **0.3** [beroerd] *idle* ⇒*lazy* **0.4** [beteuterd] *nonplussed* ⇒*taken aback* ◆ **3.1** ben je (helemaal) ~? *are you (quite) c. / mad?* **3.2** hij ziet er ~ uit *he looks awful* **3.3** hij is nog te ~ om uit zijn ogen te kijken *he's too lazy to scratch himself* **3.4** ~ (staan) kijken *be nonplussed.*

bedonderen ⟨inf.⟩ **0.1** *cheat (on)* ⇒*trick,* ⟨met geld ook⟩ *swindle* ◆ **1.1** de boel ~ *mess things up.*

bedorven 0.1 *bad* ⇒*off,* ⟨vlees ook⟩ *tainted,* ⟨fig.⟩ *spoilt* ◆ **1.1** ~ eieren *b. eggs;* de melk is ~ *the milk has gone off;* dit worstje is ~ *this sausage is off.*

bedotten 0.1 *fool* ⇒*take in* ◆ **3.1** hij laat zich gauw ~ *he is easy to f.*

bedplassen 0.1 *bed-wetting.*

bedrading 0.1 [voorziening met draden] *wiring* **0.2** [draden v.e. toestel] *wiring* ⇒*circuit* ◆ **2.2** defecte ~ *faulty w.*

bedrag 0.1 [grootte v.e. geldsom] *amount* **0.2** [geldsom] *sum* ◆ **2.1** voor het exorbitante ~ van *1000* pond *to the tune of 1000 pounds;* openstaand ~ *unpaid a.* **2.2** er zijn grote ~ en voor uitgetrokken *large sums of money have been appropriated for it;* een rond ~ *a round s.;* een vast ~ *a fixed amount* **5.2** een ~ ineens *a lump s.* **6.1 tot** een ~ van, **ten** ~ **van** *amounting to.*

bedragen 0.1 *amount to* ⇒*number* ⟨aantal⟩, ⟨geld ook⟩ *come to* ◆ **1.1** de hoogte bedraagt *200* meter *the height measures 200 metres;* het bedraagt een grote som *a great sum is involved.*

bedrand 0.1 *edge of the bed.*

bedreigen 0.1 [dreigen kwaad te berokkenen] *threaten* **0.2** [gevaar vormen voor] *threaten* ⇒*endanger* **0.3** [als dreigement voorhouden] *threaten (with)* ◆ **1.1** bedreigde dier / plantensoorten *endangered species;* iem. ~ *threaten s.o.* **1.2** ⟨sport⟩ er was maar één deelneemster die haar eerste plaats nog kon ~ *there was only one competitor left to challenge her no. 1 position* **6.1** iem. **met** de dood ~ *t. to kill s.o.*

bedreiging 0.1 [handeling] *threat* **0.2** [datgene waardoor / waarmee gedreigd wordt] *threat (to)* ⇒*menace (to),* ⟨gevaar⟩ *danger (to)* ◆ **3.2** ~ en uiten *utter threats, threaten* **6.1** iets **onder** ~ verkrijgen *obtain sth. by threats;* **onder** ~ v.e. vuurwapen *at gun-point.*

bedremmeld 0.1 *bashful* ⇒*embarrassed.*

bedreven 0.1 *adept (at/in)* ⇒⟨vakkundig⟩ *proficient (at/in),* ⟨vakkundig⟩ *skilled (in),* ⟨vaardig⟩ *skilful (in),* ⟨goed op de hoogte⟩ *(well-)versed (in)* ◆ **5.1** niet ~ zijn in iets *be inexperienced at sth.*

bedrevenheid 0.1 *adeptness* ⇒*expertise, proficiency, skill* ♦ **2.1** grote ~ *virtuosity, expertise.*

bedriegen I ⟨ov.ww.⟩ **0.1** [misleiden] *deceive* ⇒*cheat,* ⟨oplichten⟩ *swindle* ⟨ook→**bedrogen**⟩ **0.2** [ontrouw zijn] *deceive* ⇒*cheat (on)* ⟨ook →**bedrogen**⟩ ♦ **1.1** als mijn ogen me niet ~ *if my eyes do not d. me* **4.1** zichzelf ~ *d./delude o.s.* **6.2** zij bedriegt haar man **met** een collega *she's being unfaithful to her husband by having an affair with a colleague;*
II ⟨onov.ww.⟩ **0.1** [misleidend zijn] *be deceptive* ♦ **3.1** hij hangt van liegen en ~ aan elkaar *he's a born liar and a cheat.*

bedrieger, bedriegal 0.1 *cheat* ⇒*fraud,* ⟨iem. die zich voor een ander uitgeeft⟩ *impostor,* ⟨oplichter⟩ *swindler* ♦ **2.1** hij is een geboren bedrieger *he's a born c.* **3.1** de ~ bedrogen *the c. hoist with his own petard.*

bedriegerij 0.1 [het bedriegen] *cheating* ⇒*trickery,* ⟨mbt. geld⟩ *fraud,* ⟨oplichterij⟩ *swindling* **0.2** [bedrieglijke handeling] *trick* ⇒*piece of trickery,* ⟨vnl. mbt. geld⟩ *fraud, swindle* ♦ **3.1** het is allemaal ~ *it's all a hoax.*

bedrieglijk 0.1 *deceptive* ⇒*false, deceitful* ⟨karakter⟩, *fraudulent* ⟨praktijken⟩ ♦ **1.1** een ~ beeld *a false picture;* dit licht is ~ *this light is deceptive;* een ~e rust *a deceptive tranquillity.*

bedrijf 0.1 [onderneming, zaak] *business, company* ⇒*enterprise, firm,* ⟨groot⟩ *concern,* ⟨landb.⟩ *farm* **0.2** [in samenst.] *business* **0.3** [akte] *act* **0.4** [werking] *operation* ⇒ *(working) order* ⟨mbt. apparaat⟩ **0.5** [beroepswerkzaamheid] *business* ⇒⟨handwerk, handel⟩ *trade,* ⟨handwerk ook⟩ *craft* ♦ **1.2** het uitgeversbedrijf *the printing b.* **2.1** gemengd ~ *mixed farm;* openbare bedrijven *public services* **3.5** een ~ uitoefenen *conduct a b.* **6.4 buiten** ~ zijn *be out of order* ⟨machine⟩, *be idle* ⟨fabriek⟩; **in** ~ stellen *put into operation;* ⟨machine ook⟩ *turn on;* ⟨fabriek ook⟩ *start* **6.¶ tussen/onder** de bedrijven door *as one goes along* **7.3** het eerste ~ *Act One.*

bedrijfsadministratie 0.1 *business administration* ⇒ ⟨boekhouding⟩ *business/industrial accountancy.*

bedrijfsarts 0.1 *company doctor.*

bedrijfsauto 0.1 *company car* ⇒⟨bestelwagen⟩ *tradesman's van.*

bedrijfsbezetting 0.1 *sit-in (strike)* ⇒*sit-down strike.*

bedrijfschap 0.1 *(wholly owned subsidiary) group* ♦ **2.1** licht ~ *associated companies.*

bedrijfsconcentratie 0.1 *integration* ⇒*agglomeration* ♦ **2.1** horizontale/verticale ~ *horizontal/vertical i.*

bedrijfscorrespondentie 0.1 *business correspondence.*

bedrijfscultuur 0.1 *corporate culture.*

bedrijfseconomie 0.1 *business economics* ⇒⟨ind.⟩ *industrial/*⟨landb.⟩ *farm economics.*

bedrijfseconoom 0.1 *business economist.*

bedrijfsgebouw 0.1 *industrial building* ♦ **1.1** ~en en -terreinen *company premises.*

bedrijfsgeneeskunde 0.1 *industrial medicine.*

bedrijfskapitaal 0.1 *working capital.*

bedrijfsklaar 0.1 *in working order* ⇒*ready for operation* ♦ **3.1** ~ maken *put into working order; fire up* ⟨smeltovens e.d.⟩.

bedrijfskleding 0.1 *industrial clothing.*

bedrijfsklimaat 0.1 *business climate.*

bedrijfskolom ⟨ec.⟩ **0.1** *industrial column.*

bedrijfskosten 0.1 *running costs* ⇒⟨landb. ook⟩ *farming costs* ♦ **2.1** algemene ~ *overheads.*

bedrijfskunde 0.1 *business administration* ⇒*management.*

bedrijfskundig 0.1 *managerial* ⇒⟨attr.⟩ *management, business,* ⟨na zn.⟩ *of management* ♦ **1.1** ~ ingenieur *industrial engineer.*

bedrijfsleider, -ster 0.1 *manager.*

bedrijfsleiding 0.1 *management* ⇒*board (of directors).*

bedrijfsleven 0.1 [praktisch economisch leven] *business* ⇒ *trade and industry* **0.2** [personen, bedrijven] *business community* ♦ **2.1** het particuliere ~ *private enterprise* **6.1** in het ~ gaan *go into b.*

bedrijfsongeval 0.1 *industrial accident* ♦ **¶.1** aanspraak maken op een uitkering op grond v.e.~ *claim industrial injuries benefit.*

bedrijfsorganisatie 0.1 [v.e. bedrijf] *industrial organization* ⇒*business organization, business/industrial planning* **0.2** [v.h. bedrijfsleven/een bedrijfstak] *industrial organization* ⇒*trading organization, works council* ♦ **1.1** bureau voor interne ~ *planning office.*

bedrijfspand 0.1 ⟨kantoor/winkel⟩ *business premises;* ⟨fabriek⟩ *industrial premises/building.*

bedrijfspensioen 0.1 *company pension.*

bedrijfsplan 0.1 *industrial/*⟨landb.⟩ *farming plan(ning).*

bedrijfspolitiek 0.1 *business policy* ⇒⟨specifiek⟩ *company/* ⟨handel⟩ *trading/*⟨landb.⟩ *farm(ing) policy.*

bedrijfspsychologie 0.1 *industrial psychology.*

bedrijfsresultaat 0.1 *trading results* ⇒⟨landb. ook⟩ *farm profits.*

bedrijfsruimte 0.1 *business accommodation* ⇒*factory/ manufacturing space.*

bedrijfssector 0.1 *branch of industry* ⇒*line of business,* ⟨landb.⟩ *branch of agriculture.*

bedrijfssluiting 0.1 *shut-down* ⇒*close-down.*

bedrijfsspionage 0.1 *industrial espionage/spying* ⇒⟨industrial⟩ *piracy.*

bedrijfstak 0.1 [onderdeel v.e. bedrijf] *department* ⇒*line (of business)* **0.2** [groep van bedrijven] *(branch of) industry* ⇒⟨branch of⟩ *trade/business.*

bedrijfsveiligheid 0.1 *industrial safety* ⇒*safety of operation* ⟨machines e.d.⟩.

bedrijfsvereniging 0.1 *industrial insurance board.*

bedrijfsvergunning 0.1 *business/operating licence* ⇒ ⟨handel⟩ *trade licence.*

bedrijfsverpleegkundige 0.1 *company nurse.*

bedrijfsvoering 0.1 *management.*

bedrijfszeker 0.1 *reliable.*

bedrijven 0.1 *commit* ⇒*perpetrate* ♦ **1.1** de liefde ~ *make love;* onheil ~ *perpetrate evil.*

bedrijvend ⟨taal.⟩ **0.1 ¶** de ~e vorm v.e. werkwoord *the active voice of a verb.*

bedrijvenpark 0.1 *industrial* [B]*estate/*[A]*park* ♦ **2.1** gevestigd in een nieuw ~ *with offices in a new industrial estate/ park.*

bedrijvig 0.1 [werkzaam] *active* ⇒*busy,* ⟨hard werkend⟩ *industrious,* ⟨altijd bezig⟩ *bustling* **0.2** [druk, levendig] *active* ⇒*busy* ♦ **1.1** een ~ type *an industrious type* **1.2** een ~e stad *a bustling town.*

bedrijvigheid 0.1 [het werkzaam zijn] *activity* ⇒*busyness, industriousness* **0.2** [drukte, levendigheid] *activity* ⇒*busyness, hustle and bustle* ♦ **2.2** koortsachtige ~ *feverish a.*

bedrinken ⟨wk.ww.; zich ~⟩ **0.1** *get drunk.*

bedroefd I ⟨bn.⟩ **0.1** [verdrietig] *sad (about)* ⇒*dejected,* ⟨van streek⟩ *upset/distressed (about);*
II ⟨bw.⟩ **0.1** [zeer] *deplorably* ⇒*distressingly* ♦ **2.1** een ~ klein beetje *precious little.*

bedroefdheid 0.1 *sadness* ⇒*sorrow, dejection, distress.*

bedroeven ⟨schr.⟩ **0.1** *sadden* ⇒*grieve* ♦ **5.1** diep ~ *deeply distress.*

bedroevend I ⟨bn.⟩ **0.1** [droefheid wekkend] *sad(dening)* ⇒ *depressing* **0.2** [armzalig] *pathetic* ⇒*pitiful* ◆ **1.2** ~e resultaten *pitiful results;* **II** ⟨bw.⟩ **0.1** [zeer] *pathetically* ⇒*miserably* ◆ **2.1** zijn werk is ~ slecht *his work is lamentably poor.*

bedrog 0.1 [bedriegerij] *deceit* ⇒*deception,* ⟨oplichting⟩ *fraud,* ⟨oplichting⟩ *swindle* **0.2** [bedrieglijke voorstelling] *deception* ⇒*delusion* ◆ **2.2** optisch ~ *optical illusions* **3.1** ~ plegen *cheat, swindle, deceive, commit fraud.*

bedrogen 0.1 *deceived* ⇒*duped* ◆ **3.1** ~ uitkomen *be disappointed.*

bedruipen 0.1 *sprinkle* ⇒*baste* ⟨vlees⟩ ◆ **4.**¶ zichzelf (kunnen) ~ *be able to pay one's way.*

bedrukken 0.1 *print* ⇒*inscribe* ◆ **1.1** bedrukte stoffen *printed materials, prints.*

bedrukt 0.1 *dejected* ⇒*down, low, depressed* ◆ **1.1** met een ~ gemoed *in low spirits;* een ~ gezicht zetten *put on a dejected face.*

bedruktheid 0.1 *dejection* ⇒*low spirits.*

bedrust 0.1 *bed rest* ◆ **3.1** ~ voorschrijven *prescribe b. r.*

bedscène 0.1 *bed(room) scene.*

bedtijd 0.1 *bedtime* ◆ **3.1** het werd ~ *it was b. / time for bed.*

beducht 0.1 *apprehensive* ⇒*anxious (for),* ⟨bang⟩ *afraid (of)* ◆ **6.1** ~ zijn *voor* gevaar *be afraid of danger;* ~ *voor* risico's *shy of taking risks.*

beduchtheid 0.1 *apprehension* ⇒*anxiety, fear.*

beduiden 0.1 [gebaren] *signal* ⇒*motion* **0.2** [betekenis hebben] *signify* ⇒*mean* **0.3** [voorspellen] *indicate* ⇒⟨schr.⟩ portend ⟨vnl. onheil⟩ ◆ **1.1** de agent beduidde mij te stoppen *the policeman signalled (to) me to stop* **1.3** dat beduidt niet veel goeds *that bodes little good* **3.2** die kwestie heeft weinig te ~ *the matter is of little consequence.*

beduidend 0.1 *significant* ⇒*important, considerable* ◆ **1.1** een ~e som *a considerable sum;* een ~ verschil *a marked difference* **2.1** ~ minder *considerably less.*

beduimelen 0.1 *thumb* ◆ **1.1** een beduimeld boek *a well-thumbed book.*

beduusd 0.1 *bewildered* ⇒*confused* ◆ **3.1** ~ kijken *look b., stare in bewilderment;* hij was helemaal ~ van die opmerking *he was completely taken aback by that remark* **5.1** een beetje ~ *(a little) disconcerted.*

beduveld ⟨inf.⟩ **0.1** *crazy* ⇒*daft* ◆ **3.1** ben je nou helemaal ~! *are you out of your mind!*

beduvelen ⟨inf.⟩ **0.1** *cheat (on)* ⇒*trick,* ⟨met geld ook⟩ *swindle.*

bedwang 0.1 *control* ⇒*restraint* ◆ **6.1** zich(zelf) niet langer in ~ (kunnen) houden *lose control (of o.s.);* iem. in ~ houden ⟨ook fig.⟩ *keep s.o. in check;* goed in ~ hebben *have well in hand.*

bedwateren 0.1 *bed-wetting.*

bedwelmd 0.1 [verdoofd] *stunned* ⇒*dazed, knocked out* ⟨ook door klap⟩ **0.2** [onder narcose] *anaesthetized* ⇒ *drugged* ◆ **6.1** door gas ~ *overcome by gas;* **door** alcohol ~ *intoxicated.*

bedwelmen 0.1 [het bewustzijn doen verliezen] *stun* ⇒ *daze, intoxicate* ⟨door alcohol⟩ **0.2** [zijn inzicht doen verliezen] *intoxicate* ◆ **1.1** ~de gassen *stupefying gases* **6.2** **door** roemzucht bedwelmd *intoxicated by ambition.*

bedwelming 0.1 [handeling] *stunning* ⇒⟨ook door alcohol⟩ *intoxicating* **0.2** [toestand] *intoxication* ⇒*daze, stupor.*

bedwingen 0.1 *suppress* ⇒*control, subdue,* ⟨gevoelens⟩ *restrain* ◆ **1.1** een brand ~ *bring/get a fire under control;* onlusten ~ *suppress disturbances;* zijn tranen ~ *hold back one's tears;* zijn woede ~ *restrain one's anger* **1.**¶ de natuur ~ *tame nature* **4.1** zich(zelf) ~ *restrain o.s.*

bedzeiltje 0.1 *rubber sheet.*

beëdigd 0.1 [mbt. personen] *sworn* ⇒*chartered* ⟨accountant, ingenieur, bibliothecaris, landmeter⟩ **0.2** [door een eed bekrachtigd] *sworn* ⇒*on oath* ◆ **1.1** ~ getuige *s. witness* **1.2** (niet) ~e getuigenissen *testimony (not) on oath;* een ~e vertaling *a certified translation.*

beëdigen 0.1 [eed afnemen] *swear (in)* ⇒*administer an oath to* **0.2** [door een eed bekrachtigen] *swear* ⇒*confirm on oath* ◆ **1.1** een ambtenaar ~ *swear an official into office;* een getuige ~ *swear (in) a witness.*

beëdiging 0.1 [bekrachtiging door een eed] *swearing* ⇒ *confirmation on oath* **0.2** [het afnemen v.e. eed] *swearing (in)* ⇒*administration of the oath* ◆ **1.2** de ~ v.d. nieuwe gemeenteraadsleden *the swearing in of the new councillors.*

beëindigen 0.1 [een einde maken aan] *end* ⇒*finish, terminate,* ⟨voltooien⟩ *complete* **0.2** [dmv. een overeenkomst tot een einde brengen] *end* ⇒*close* ⟨vergadering⟩, ⟨afbreken⟩ *discontinue, terminate* ⟨contract⟩ ◆ **1.1** een behandeling ~ *finish treatment;* een vriendschap ~ *break off a friendship* **1.2** een abonnement ~ *cancel a subscription.*

beëindiging 0.1 *end(ing)* ⇒*conclusion, termination, close.*

beek 0.1 *brook* ⇒*stream.*

beeld 0.1 [driedimensionale af-, uitbeelding] *statue* ⇒*sculpture* **0.2** [tweedimensionale afbeelding] *picture* ⇒*image, illustration* **0.3** [afbeelding dmv. een elektronisch apparaat] *picture* **0.4** [bijzonder mooi exemplaar] *picture* **0.5** [voorstelling door een beschrijving] *picture* ⇒*description* **0.6** [voorstelling in de geest] *image* ⇒*picture, idea* **0.7** [overdrachtelijke aanduiding] ⟨beeldspraak⟩ *figure (of speech), image* ⇒*metaphor,* ⟨vnl. lit.⟩ *simile* ◆ **1.2** ~ en v.e. voetbalwedstrijd *pictures of a football match* **2.1** een gegoten ~ *a cast (statue);* wassen ~en *wax(work) figures* **2.3** een scherp/wazig ~ *a sharp/blurred p.* **2.5** een globaal/ algemeen ~ *an overall p.;* een verkeerd ~ van iets hebben *have the wrong impression of sth.* **3.5** het ~ bepalen *set the scene;* iem. een ~ geven v.d. situatie *put s.o. in the p.;* een ~ schetsen *draw a p.* **3.6** zich een ~ van iets vormen *visualise sth.* **6.2** in ~ en geschrift *in words and pictures* **6.3** in ~ zijn/komen *be/come on (the screen);* in ~ brengen ⟨tv, film⟩ *show (a picture/pictures of)* **6.4** een ~ van een hoed *a p. of a hat.*

beeldbuis 0.1 [elektronenstraalbuis] *cathode-ray tube* **0.2** [televisietoestel] *screen* ⇒⟨inf.⟩ *box* ◆ **6.2** elke avond **voor** de ~ zitten *sit in front of the box every evening.*

beeldend 0.1 *plastic* ⇒*expressive* ◆ **1.1** het ~ vermogen v.e. schrijver *the expressive capacity of a writer.*

beeldenstorm 0.1 [fig.] *image breaking/destruction* **0.2** [het vernielen van kunstwerken] *iconoclasm.*

Beeldenstorm ⟨gesch.⟩ **0.1** *(16th-century) iconoclastic fury* ⇒*the 'breaking of the images'.*

beeldhouwen 0.1 *sculpture* ⇒*sculpt, carve* ⟨hout, ivoor enz.⟩.

beeldhouwer, -ster 0.1 *sculptor* ⟨m.⟩, *sculptress* ⟨v.⟩ ⇒ *woodcarver* ⟨hout⟩.

beeldhouwkunst 0.1 *sculpture* ◆ **2.1** de moderne/Griekse ~ *modern/Greek s.*

beeldhouwwerk 0.1 *sculpture* ⇒⟨in hout⟩ *carving.*

beeldig 0.1 *gorgeous* ⇒⟨pred. ook⟩ *as pretty as a picture* ◆ **1.1** het is een ~ hoedje *it's a g. / an adorable hat* **3.1** die jas staat je ~ *that coat looks g. on you.*

beeldinstelling 0.1 [wijze van instelling; handeling] *picture adjustment* **0.2** [knop] *picture adjustment (control).*

beeldmerk 0.1 *logo(type).*

beeldplaat 0.1 *videodisc.*

beeldpunt ⟨comp.⟩ **0.1** *pixel.*

beeldrijk 0.1 *rich in imagery* ⟨alleen pred.⟩ ⇒*metaphorical, ornate* ◆ **1.1** ~e taal *metaphorical language.*

beeldroman 0.1 *story in pictures* ⇒*comic (book)*, ⟨in krant⟩ *comic strip.*

beeldscherm 0.1 *(picture/viewing) screen* ⇒⟨tv ook⟩ *TV/ television screen*, ⟨comp.⟩ *display.*

beeldscherpte ⟨tech.⟩ **0.1** *definition.*

beeldschoon 0.1 *gorgeous* ⇒*(ravishingly/stunningly* ⟨enz.⟩ *) beautiful, stunning, ravishing*, ⟨voorwerp/eigenschap ook⟩ *exquisite.*

beeldsignaal 0.1 *video signal* ⇒*picture signal.*

beeldsnijkunst 0.1 *carving* ⇒*woodcarving* ⟨hout⟩.

beeldspraak 0.1 [abstr.] *metaphor* ⇒*imagery, metaphorical/figurative language* **0.2** [concr.] *metaphor* ⇒*image.*

beeldtelefoon 0.1 *videophone* ⇒*videotelephone.*

beeldverhaal 0.1 *comic strip.*

beeldverslag ⟨film, tv⟩ **0.1** *(film/TV) report.*

beeldverwerking ⟨comp.⟩ **0.1** *image processing.*

beeldvorming 0.1 *formation* ⟨ook tech.⟩ */creation of an/ the image* ⇒*conceptualization*, ⟨voorstelling bv. in de pers⟩ *representation, image* ◆ **3.1** bijdragen tot een bepaalde ~ *help to create a certain image.*

beeldzijde 0.1 *obverse* ⇒*face.*

beeltenis 0.1 [portret] *portrait* **0.2** [afbeelding] *likeness* ⇒ *effigy* ◆ **6.1** in ~ verbranden *burn in effigy.*

Beëlzebub 0.1 *Beelzebub.*

beemd 0.1 [vlak, waterrijk land] *meadow* ⇒*pasture* **0.2** [vlakke landstreek] *fields* ⟨mv.⟩ ⇒*pastureland.*

been 0.1 [lichaamsdeel mbt. de mens] *leg* ⇒⟨in uitdrukkingen vaak⟩ *foot* **0.2** [lichaamsdeel mbt. een dier] *leg* **0.3** [bot; stof waaruit botten bestaan] *bone* **0.4** [gebeente] *bones* ⟨mv.⟩ **0.5** [mbt. een kous; mbt. een voorwerp] *leg* **0.6** [wisk.] *side* ⇒*leg* ◆ **1.5** de benen v.e. passer *the legs of a pair of compasses* **1.6** de benen v.d. hoek *the sides of an angle* **2.1** ⟨fig.⟩ op zijn achterste benen gaan staan *be up in arms;* ⟨fig.⟩ op eigen benen staan *stand on one's own (two) feet;* een houten ~ *a wooden l.;* op het verkeerde ~ gezet worden ⟨sport⟩ *be wrong-footed;* ⟨fig.⟩ *be misled;* ⟨inf.; fig.⟩ *be sent barking up the wrong tree;* ⟨fig.⟩ hij is met het verkeerde ~ uit bed gestapt *he got out of bed on the wrong side;* ⟨fig.⟩ dat was tegen het zere ~ *that touched on a sore spot* **3.1** hij brak zijn ~ *he broke his l.;* ⟨fig.⟩ de benen nemen *(make a) run for it;* de benen strekken *stretch one's legs* **6.1** met de benen over elkaar *with one's legs crossed;* zich **op** de ~ houden ⟨ook fig.⟩ *keep going;* er was veel volk **op** de ~ *a great many people were about;* ik kan niet meer **op** mijn benen staan *I can't keep on my feet any longer;* een leger **op** de ~ brengen *raise an army;* **op** de ~ blijven *remain on one's feet;* weer **op** de ~ zijn *be up and about (again);* hij is al de hele dag **op** de ~ *he's been on his feet all day;* ⟨fig.⟩ dat hield me **op** de ~ *that's what kept me going;* stevig **op** zijn benen staan *be steady on one's legs;* goed **ter** ~ zijn *be a good walker* **7.1** met beide benen op de grond staan ⟨fig.⟩ *have one's feet firmly on the ground;* ⟨fig.⟩ hij staat al met één ~ in het graf *he has one foot in the grave;* ⟨fig.⟩ ik heb geen benen meer om op te staan *my feet are killing me;* ⟨fig.⟩ geen ~ hebben om op te staan *not have a l. to stand on* **7.¶** ergens geen ~ in zien *make no bones about sth.* **¶.1** zich de benen uit het lijf lopen *run one's legs off;* ⟨sprw.⟩ het zijn sterke benen die de weelde kunnen dragen *it is no easy matter to bear prosperity decently.*

beenachtig 0.1 *bony.*

beenbeschermer 0.1 *legguard* ⇒⟨voetbal⟩ *shinguard*, ⟨cricket⟩ *pad.*

---

beenbreuk 0.1 *(bone) fracture* ⇒*break*, ⟨aan het been⟩ *fracture of the leg* ◆ **2.1** gecompliceerde ~ *compound f. (of the leg).*

beendergestel 0.1 *skeleton* ⇒*bones.*

beenderlijm 0.1 *gelatine* ⇒*(animal) glue.*

beenfractuur 0.1 *bone fracture.*

beenhouwer ⟨AZN⟩ **0.1** *butcher.*

beenmerg 0.1 *bone marrow.*

beenmergontsteking 0.1 *osteomyelitis.*

beenruimte 0.1 *legroom.*

beentje 0.1 [klein been] *small/little leg* **0.2** [botje] *small bone* ⇒*bone splinter* ◆ **2.1** ⟨fig.⟩ zijn beste ~ voorzetten *put one's best foot forward;* ⟨mbt. gedrag⟩ *be on one's best behaviour* **3.1** iem.~ lichten ⟨ook fig.⟩ *trip s.o. up.*

beentumor 0.1 *bone tumour.*

beenvorming 0.1 *bone-formation* ⇒⟨med.⟩ *osteogenesis*, ⟨med.; ossificatie⟩ *ossification.*

beenwarmer 0.1 *leg warmer.*

beenweefsel 0.1 *bony tissue, bone.*

beer 0.1 [dier] *bear* ⇒⟨jong⟩ *(bear) cub* **0.2** [mannetjesvarken] *boar* **0.3** [grof gebouwd mens] *bear* ⇒⟨scherts.⟩ *monster*, ⟨pej.⟩ *hulking brute* **0.4** [uitwerpselen] *night soil* **0.5** [gemetselde waterkering] *dam* ⇒*weir* **0.6** [muurstut] *buttress* ⇒*abutment* ◆ **2.1** de Russische ~ ⟨Rusland⟩ *the (Russian) Bear* **2.¶** een ongelukte ~ *a lout* **6.3** een ~ van een vent *a (great) b. of a bloke* **8.1** sterk als een ~ *strong as an ox* **¶.¶** de ~ is los *the fat's in the fire.*

Beer ◆ **2.¶** Grote ~ *Great Bear, Ursa Major;* Kleine ~ *Little Bear, Ursa Minor.*

beerenburg 0.1 ⟨Frisian gin bitters⟩.

beerput 0.1 *cesspool* ⟨ook fig.⟩ ◆ **3.1** ⟨fig.⟩ de ~ opentrekken *blow the lid off.*

beest 0.1 [redeloos dier] *beast* ⟨ook in fabels⟩ ⇒*animal* **0.2** [huisdier] *animal* ⇒⟨lievelingsdier⟩ *pet*, ⟨grote viervoeter⟩ *beast*, ⟨mv.; vee⟩ *cattle*, ⟨mv.; vee⟩ *livestock* **0.3** [eng dier] *thing* ⇒⟨creepy-crawly⟩ **0.4** [persoon] *beast* ⇒*brute*, *animal* ◆ **2.4** een lui ~ zijn *be a lazy dog* **3.1** ⟨fig.⟩ het ~ je bij zijn naam noemen *call a spade a spade;* ⟨fig.⟩ de ~ uithangen *behave like a b.* **6.1** bij de ~ van *unspeakable* **6.4** een ~ van een kerel *a beast/brute (of a fellow)* **8.1** als een ~ like a b.; ⟨dom⟩ *brutishly;* ⟨wreed⟩ *brutally.*

beestachtig I ⟨bn., bw.⟩ **0.1** [als (van) een beest] *bestial* ⇒ ⟨wreed⟩ *brutal, savage*, ⟨dom⟩ *brutish* ◆ **1.1** een ~e moord *a bestial murder* **3.1** zich ~ gedragen *behave like a beast;* **II** ⟨bw.⟩ ⟨inf.⟩ **0.1** [verschrikkelijk] *beastly* ⇒*terribly* ◆ **2.1** het is ~ koud *it's freezing cold.*

beestachtigheid 0.1 [laagheid] *bestiality, beastliness* ⇒ *depravity*, ⟨wreedheid⟩ *brutality* **0.2** [beestachtige gedraging] *(act of) bestiality, depravity* ⇒⟨wreedheid⟩ *brutality.*

beestenboel ⟨inf.⟩ **0.1** [rommel] *pig-sty* ⇒*awful mess, hell of a mess* **0.2** [herrie] *racket* ⇒*hell of a noise* ◆ **3.1** er een ~ van maken *turn the place upside down.*

beestenstal 0.1 [stal voor het vee] *cowshed* **0.2** ›**beestenboel 0.1.**

beestenvoeder →**beestenvoer 0.1.**

beestenvoer 0.1 [veevoer] *cattle/animal feed, (animal) fodder* **0.2** [oneetbare kost] *pigswill* ⇒*garbage.*

beestenweer ⟨inf.⟩ **0.1** *beastly/rotten/lousy weather.*

beet 0.1 [daad van bijten] *bite* ⇒⟨van hond uit valsheid ook⟩ *snap*, ⟨van slang/spin ook⟩ *sting* **0.2** [afgebeten stuk] *bite* ⇒*bit, morsel* **0.3** [wond door bijten ontstaan] *bite* ◆ **6.2** een ~ van/uit een appel nemen *take a b. (out) of an apple.*

beethebben I ⟨ov.ww.⟩ **0.1** [vast hebben] *have (got) (a) hold of* **0.2** [bedriegen] *take in* ⇒*fool*, ⟨in de maling nemen⟩

make a fool of, ⟨bedriegen⟩ *cheat* ◆ **4.1** 'm ~ ⟨fig.⟩ *be tipsy,* *have had a few (too many)* **4.2** hij heeft haar beetgehad *he made a fool of her, he pulled her leg;* **II** ⟨onov.ww.⟩ **0.1** [vis.] *have a bite.*

beetje[1] ⟨het⟩ **0.1** *(little) bit, little* ◆ **1.1** een ~ Frans kennen *know a little (bit of) French;* het ~ geld dat hij heeft *what little money he has;* een ~ hoofdpijn *a slight headache, a bit of a headache;* een ~ suiker / melk graag *a little sugar / milk, please;* ⟨melk ook⟩ *a drop/spot of milk, please;* wil je nog een ~ wijn? *would you like some more wine?* **6.1** bij stukjes en **bij** ~s *bit by bit, little by little* ¶**.1** ⟨sprw.⟩ alle ~s helpen *every little helps.*

beetje[2] **I** ⟨bw.⟩ **0.1** [ietwat] *(a) (little) bit* ⇒*(a) little, rather* **0.2** [om aan te geven dat iets idioot is]⟨zie 7.2⟩ ◆ **4.1** dat is een ~ weinig *that's not very much;* hij zal kwaad zijn, en nog niet zo'n ~ ook *he's going to be more than a little angry!;* hij kon zo'n ~ koken *he could cook after a fashion* **7.1** een ~ vervelend zijn ⟨lastig⟩ *be a bit of a nuisance, be rather annoying;* ⟨saai⟩ *be rather boring, be a bit of a bore;* een ~ opschieten *hurry up a bit;* hij zat maar 'n ~ uit zijn neus te vreten *he just sat there picking his nose;* ⟨fig.⟩ *he was just lazing about* **7.2** ja zeg, ik ga daar een ~ tien kilometer omrijden voor jouw plezier *if you think I'm going to make a ten kilometre detour just to please you you've got another think coming;* **II** ⟨bn.⟩⟨inf.⟩ **0.1** [wat/ wie ook maar enigszins zo is]⟨zie 7.1⟩ ◆ **7.1** een ~ technicus verhelpt dat zo *anyone who calls himself a technician could fix that in a jiffy;* als hij maar een ~ automonteur was, zou hij dat kunnen maken *if he knew the slightest thing about cars he'd be able to fix it.*

beetnemen 0.1 →**beetpakken 0.2** [bij de neus nemen] *take in* ⇒*make a fool of,* ◆ **3.2** hij heeft zich laten ~ *he's let himself be taken in/ tricked* ¶**.2** je bent beetgenomen! *you've been had!*

beetpakken 0.1 *lay hold of* ⇒*get one's/ lay hands on.*

bef 0.1 [doek om de hals]⟨breed⟩ *jabot* ⇒⟨twee smalle, ge-scheiden slippen⟩ *bands* **0.2** [kraag] *jabot* ◆ **1.1** ~ en toga ±*bands and gown* **2.** ¶ de hond heeft een witte ~ *the dog has got a white chest.*

befaamd 0.1 [beroemd] *famous (for)* ⇒*renowned / noted (for)* **0.2** [berucht] *notorious (for).*

befaamdheid 0.1 *fame* ⇒*renown.*

beffen ⟨inf.⟩ **0.1** *eat (s.o.), French/tongue (s.o.)* ⇒*eat pussy.*

begaafd 0.1 [talentvol] *gifted* ⇒*talented* **0.2** [bedeeld met] *gifted (with)* ⇒*endowed (with)* ◆ **5.1** zwak ~ *feeble-mind-ed.*

begaafdheid 0.1 [het begaafd zijn] *talent* ⇒*ability,* ⟨intelli-gentie⟩ *intelligence,* ⟨genialiteit⟩ *genius* **0.2** [talent] *talent (for)* ⇒*gift (for).*

begaan[1] ⟨bn.⟩ **0.1** *sympathetic (towards)* ◆ **6.1** hij is ~ **met** haar lot *he is s. towards her, he sympathizes with her.*

begaan[2] **I** ⟨onov.ww.⟩ **0.1** [zijn gang gaan] *do as one likes/ pleases* ⇒⟨zijn zin krijgen⟩ *have one's (own) way,* ⟨zonder toezicht werken⟩ *carry on by o.s.,* ⟨zonder toezicht werken⟩ *get on with it* ◆ **3.1** iem. stil laten ~ *let s.o. do as he/she pleases;* ⟨op eigen wijze te werk laten gaan⟩ *give s.o. a free hand;* hij wilde haar zoenen en ze liet hem ~ *he wanted to kiss her and she let him;* **II** ⟨ov.ww.⟩ **0.1** [bedrijven] *commit* ⟨bv. moord, blunder⟩ ⇒⟨fouten ook⟩ *make* **0.2** [betreden] *walk on* ◆ **1.1** een blun-der/ flater ~ *c. a. blunder, blunder.*

begaanbaar 0.1 *passable* ⇒*negotiable, practicable* ◆ **5.1** slecht/ nauwelijks ~ *only passable with difficulty.*

begaanbaarheid 0.1 *passableness* ⇒*negotiability.*

begeerlijk 0.1 *desirable.*

begeerlijkheid 0.1 [bekoring] *attraction, allurement* **0.2** [wenselijkheid] *desirability* ⇒*attractiveness* **0.3** [heb-zucht] *covetousness* ⇒*avarice, greed(iness)* ◆ **1.1** de we-reld en haar begeerlijkheden *the world and its tempta-tions* **1.2** de ~ van de matigheid *the d. of temperance.*

begeerte 0.1 [het verlangen naar iets] *desire (for)* ⇒*wish (for), eagerness (for), craving (for)* **0.2** [wat begeerd wordt] *desire* ⇒*wish* ◆ **2.1** zinnelijke ~ *sensual desire;* ⟨mbt. sek-sualiteit ook⟩ *sexual desire* **3.2** iemands ~n inwilligen *ful-fil s.o.'s desires.*

begeesterd 0.1 *enthusiastic (about)* ⇒*inspired (by).*

begeesteren 0.1 *fill with enthusiasm, inspire.*

begeleiden 0.1 [vergezellen] *accompany* ⇒*escort* ⟨met eer-betoon/ bescherming⟩, *attend* ⟨als dienaar⟩, *chaperon(e)* ⟨meisje⟩, *convoy* ⟨schip⟩ **0.2** [met raad en daad bijstaan] *guide* ⇒*counsel, support,* ⟨bij studie ook⟩ *supervise,* ⟨bij studie ook⟩ *coach* **0.3** [samengaan met] *accompany* ⇒*go with* **0.4** [muz.] *accompany* ◆ **1.1** Lady L. begeleidde de Koningin *Lady L. attended the Queen* **6.4** zang begeleid **door** pianomuziek *singing to (a) piano accompaniment.*

begeleidend 0.1 *accompanying* ⇒*attendant* ◆ **1.1** ~e mu-ziek ⟨bij film / toneelstuk⟩ *incidental music;* met ~ schrijven *with a covering letter.*

begeleider, -ster 0.1 [iem. die vergezelt] *companion* ⇒*es-cort* ⟨met eerbetoon/ bescherming⟩, ⟨dienaar⟩ *attendant,* ⟨chaperonne⟩ *chaperon(e)* **0.2** [iem. die met raad en daad bijstaat] *guide* ⇒*counsellor,* ⟨bij studie ook⟩ *supervisor,* ⟨bij studie ook⟩ *coach* **0.3** [muz.] *accompanist* **0.4** [ster.] *companion (star)* ⇒⟨planeet⟩ *satellite* ◆ **2.3** haar vaste ~ op de piano *her regular (piano) a.*

begeleiding 0.1 [het vergezellen] *accompaniment, accom-panying* ⇒*escort(ing)* ⟨met eerbetoon/ bescherming⟩, *at-tendance* ⟨door dienaar⟩ **0.2** [het bijstaan] *guidance* ⇒*counselling, support,* ⟨bij studie ook⟩ *supervision,* ⟨bij stu-die ook⟩ *coaching* **0.3** [muz.] *accompaniment* **0.4** [kon-vooi] *convoy* ⇒*escort* ◆ **2.2** de ~ na de operatie was erg slecht *the follow-up care after the operation was very poor* **6.1** zonder ~ *unaccompanied, unattended, unescort-ed, unchaperoned* **6.2** werken **onder** ~ **van** ⟨mbt. studie⟩ *work under (the) supervision of* **6.3** zonder ~ *unaccompa-nied; a capella* ⟨zang⟩.

begenadigd 0.1 *gifted* ◆ **1.1** een ~ spreker / schilder *a g. speaker/ painter.*

begenadigen 0.1 [met bewijzen van genade begiftigen] *bless* **0.2** [gratie verlenen] *pardon* ⇒⟨amnestie verlenen⟩ *amnesty,* ⟨mbt. doodstraf ook⟩ *reprieve* ◆ ¶**.2** hij is bege-nadigd, men heeft hem begenadigd *he has been pardoned.*

begeren ⟨schr.⟩ **0.1** [sterk wensen]⟨ongemarkeerd⟩ *desire* ⇒*crave, wish (for), long for* **0.2** [verlangen te bezitten] *covet* ⇒⟨ongemarkeerd⟩ *desire* ◆ **1.2** alles wat zijn hartje maar kon ~ *all one could possibly wish for;* een vrouw ~ *desire a woman.*

begerenswaardig 0.1 *desirable* ⇒⟨mens ook⟩ *eligible, be-nijdenswaardig, enviable* ◆ **1.1** ~e vrijgezellen *eligible bachelors.*

begerig 0.1 [sterk verlangend] *desirous (of), longing (for)* ⇒*eager (for),* ⟨hartstochtelijk⟩ *passionate,* ⟨wellustig⟩ *lustful,* ⟨hongerig; ook fig.⟩ *hungry (for)* **0.2** [verlangend (veel) te bezitten] *avaricious* ⇒*covetous, greedy* ◆ **1.1** ~e blikken *hungry looks;* met een ~ oog iets volgen *follow sth. with ea-ger eyes.*

begerigheid 0.1 [sterk verlangend] *desire (for)* ⇒*eagerness (for),* ⟨seksueel⟩ *lust (for),* ⟨pej.⟩ *greed(iness) (for)* **0.2** [heb-zucht] *avarice, avariciousness* ⇒*covetousness, greed(i-ness).*

71

begeven I ⟨ov ww.⟩ **0.1** [kapotgaan] *break down* ⇒*fail,* ⟨instorten⟩ *collapse,* ⟨doorzakken, doorbreken⟩ *give way,* ⟨inf.⟩ *conk out* **0.2** [verlaten] *forsake* ⇒*leave, fail* ⟨kracht, hoop⟩ ◆ **1.1** de auto kan het elk ogenblik ~ *the car is liable to break down any minute* **1.2** zijn stem begaf hem *his voice broke;*
II ⟨wk.ww.; zich ~⟩ **0.1** [ergens heengaan] *proceed* ⇒*embark ((up)on)* ⟨reis, onderneming⟩, *adjourn (to)* ⟨naar andere kamer⟩ ◆ **6.1** zich in gevaar ~ *expose o.s. to danger;* zich **onder** de mensen ~ *mingle with other people;* zich **op** het slechte pad ~ *go astray* ¶**.1** zich op weg ~ (naar) *set out (for).*
begieten 0.1 *water.*
begiftigen ⟨schr.⟩ **0.1** *endow (with)* ⇒*present (with), invest (with)* ⟨ambt, ereteken, deugd⟩ ◆ **6.1** iem. **met** een ambt ~ *bestow an office (up)on s.o.*
begijn 0.1 *beguine.*
begijnhof 0.1 *beguinage.*
begillen ⟨wk.ww., zich ~⟩ **0.1** *split one's sides* ⇒*scream* ◆ **6.1** het was **om** je te ~ *it was a scream;* zich ~ **van** het lachen *split one's sides laughing, scream with laughter.*
begin¹ ⟨het⟩ **0.1** [allereerste deel/tijd] *beginning* ⇒*start,* ⟨schr.⟩ *commencement, outset* ⟨project⟩, *opening* ⟨boek, brief, wedstrijd, rede⟩ **0.2** [oorsprong] *beginning* ⇒*start* ◆ **1.1** het ~ v.e. brief *the beginning of a letter;* ~ mei *early in May/(in) the beginning of May;* het ~ van roodvonk *the onset of scarlet fever* **1.2** het prille ~ v.d. geschiedenis *the dawn(ing) of history* **2.1** een veelbelovend ~ *a promising start* **3.1** het ~ inluiden v.e. periode *mark the b. of a period;* dit is nog maar het ~ *this is only the b.;* het ~ is er *it's a start; the ice is broken* ⟨onderhandelingen e.d.⟩; een ~ maken met iets *begin/start sth.* **6.1** **aan/bij** het ~ *at the b./outset;* (weer) helemaal **bij** het ~ (moeten) beginnen *(have to) start at the b., (have to) start from scratch;* **in** het ~ *at the b./outset;* ⟨litt. later⟩ *at first, intially;* een boek **van** ~ tot eind lezen *read a book from cover to cover;* **van** (het) ~ tot (het) eind *from b. to end, from start to finish* **6.2** ⟨rel⟩ **in** den ~ne *in the b.* ¶**.1** een ~ zónder einde *an endless task;* ⟨sprw.⟩ alle ~ is moeilijk *all things are difficult before they are easy;* ⟨sprw.⟩ een goed ~ is het halve werk *well begun is half done.*
begin² ⟨bw.⟩ **0.1** *early* ◆ **1.1** sinds ~ februari *since e. February;* ~ juli *e. in July, at the beginning of July.*
begindatum 0.1 *commencing/starting date.*
beginfase 0.1 *opening* ⇒*initial phase, early stages* ⟨mv.⟩.
beginkapitaal 0.1 *starting capital.*
beginletter 0.1 [eerste letter v.e. woord] *initial letter* ⇒*first letter,* ⟨als afkorting naam⟩ *initial* **0.2** [eerste letter op een bladzijde] *initial letter.*
beginneling 0.1 *beginner* ⇒*novice* ◆ **6.1** dat is geen werk **voor** ~en *this is no job for beginners.*
beginnen I ⟨ov.ww.⟩ **0.1** [starten/openen] *begin* ⇒*start,* ⟨schr.⟩ *commence, open* ⟨toespraak, spel, onderhandelingen, brief⟩ **0.2** [gaan doen] *do* ◆ **1.1** een gesprek ~ *b./start a conversation;* een zaak ~ *start a business* **3.2** wat moet ik ~! *what am I to do?* **4.2** wat moet ik met hem ~? *what am I to do with him?* **6.2** er is niets meer **met** hem te ~ *he's hopeless/* ⟨lastig⟩ *unmanageable;*
II ⟨onov.ww.⟩ **0.1** [de eerste handeling verrichten; zich vanaf een punt uitstrekken] *begin* ⇒*start,* ⟨schr.⟩ *commence* **0.2** [als eerste iets doen] *begin* ⇒*start, open,* ⟨schr.⟩ *commence* **0.3** [aanvangen] *begin (to/-ing)* ⇒*start (to/-ing),* ⟨schr.⟩ *commence, set about (-ing)* **0.4** [zich bezighouden met] *begin* ⇒*start* **0.5** [+ over; gaan praten] *bring up* ⇒*broach, raise* ◆ **1.2** wit begint *white has the first*

---

begeven - begraven

move **1.3** een ~de hoofdpijn *the beginnings of a headache* **3.3** ~ te drinken/roken *start drinking/smoking;* laten we ~ ⟨ook⟩ *let's get started;* ⟨fig.⟩ het begint er op te lijken *that's more like it;* weer van voren af aan moeten ~ *be back to square one;* het begon te regenen *it began/started to rain* **5.2** begin maar! *go ahead!;* ⟨met vragen ook⟩ *fire away!* **5.3** daar kan ik niets mee ~ *that's (of) no use to me;* goed/slecht ~ *get off to a good/bad start;* opnieuw ~ *start (over) again; restart, recommence* ⟨werkzaamheden⟩; begin je weer (met dat gezeur)? *there you go again (with your nagging)!* **5.4** je weet niet waar je aan begint *you don't know what you are letting yourself in for;* ik begin er niet aan! *I wouldn't touch it with a barge-pole* **5.5** begin er nu niet wéér over *don't start that again* **5.**¶ daar kunnen we niet aan ~ *that's out of the question;* als je zó begint ... *if that's the way you feel about it ...* **6.3 bij** het begin ~ *b./start at the beginning;* hij begon **met** te zeggen ... *he began by saying ...;* **met** niets ~ *start from scratch* **6.4 aan** iets nieuws ~ *start sth. new;* hij begon **met** Frans *he took up French* **6.5 over** politiek ~ *bring up politics;* **over** iets anders ~ *change the subject* **6.**¶ het is haar **om** de erfenis begonnen *it's the inheritance she's after;* **om** te ~ ...*for a start ...* **7.4** er is geen ~ aan *why even start?* **¶.3** het begint donker te worden *it's getting dark* **¶.**¶ voor zichzelf ~ *start one's own business.*
beginner 0.1 *beginner* ◆ **1.1** beginnerscursus *beginners' course.*
beginperiode 0.1 *initial period.*
beginpunt 0.1 *starting point* ⇒*point of departure,* ⟨renbaan ook⟩ *starting post.*
beginsel 0.1 [grondbegrip] *principle* ⇒*rudiment* **0.2** [grondstelling] *principle* **0.3** [overtuiging] *principle* ◆ **1.1** de ~en v.d. algebra *the basic principles of algebra* **6.2 in** ~ *in p.,* ⟨theoretisch ook⟩ *in theory, theoretically;* ⟨gewoonlijk ook⟩ *normally* **6.3** volgens/naar een ~ handelen *act in accordance with a p.*
beginselprogramma 0.1 *manifesto* ⇒*political programme.*
beginselvast 0.1 *consistent* ⇒*firm of principle.*
beginselverklaring 0.1 *statement of principles* ⇒*declaration of principles/intent, manifesto* ⟨van partij⟩.
beginsignaal ⟨sport⟩ **0.1** *starting signal* ⟨meestal hoorbaar⟩; *starting whistle* ⟨schot⟩ *starting shot.*
beglazing 0.1 *glazing* ◆ **2.1** dubbele ~ *double g.*
begluren 0.1 *peep at* ⇒*spy on.*
begonia 0.1 *begonia.*
begoochelen 0.1 *delude* ◆ **6.1** ze liet zich **door** de illusie ~ *she was blinded by the illusion.*
begoocheling 0.1 [bedrog] *delusion* ⇒*deception, illusion* **0.2** [zelfbedrog] *self-delusion* ⇒*self-deception.*
begraafplaats 0.1 *cemetery* ⇒*graveyard, burial ground/place* ◆ **2.1** op de algemene ~ *in the public c.*
begrafenis 0.1 [plechtigheid; stoet] *funeral* **0.2** [handeling] *burial.*
begrafenisauto 0.1 *hearse.*
begrafenisgezicht 0.1 *gloomy/sombre face/look/expression* ◆ **3.1** trek niet zo'n ~ *don't look so deadly serious.*
begrafenisondernemer 0.1 *undertaker* ⇒*funeral director.*
begrafenisonderneming 0.1 *undertaker's (business)* ⇒ *funeral parlour.*
begrafenisstoet 0.1 *funeral procession.*
begraven 0.1 *bury* ◆ **1.1** de strijdbijl ~ *b. the hatchet* **2.1** dood en ~ zijn *be dead and gone* **3.1** ergens ~ liggen *be*

buried somewhere **4.1** zich in zijn boeken ~ *bury o.s. in one's books* **6.1** hij is **met** militaire eer ~ *he was buried with full military honours.*

begrensd 0.1 [binnen nauwe grenzen besloten] *limited* ⇒*finite, restricted* **0.2** [beperkt] *limited* ⇒*finite* ◆ **1.1** een ~e ruimte *a l. space* **1.2** de mogelijkheden zijn ~ *the possibilities are l.*

begrenzen 0.1 [de grens vormen van] *border* **0.2** [fig.] *define* **0.3** [beperken] *limit* ⇒*restrict* ◆ **1.2** een voorstel scherp ~ *sharply d. a proposal* **1.3** iemands macht ~ *restrict s.o.'s power* **6.1 door** de zee begrensd *bordered by the sea.*

begrijpelijk I ⟨bn.⟩ **0.1** [te begrijpen] *understandable* ⇒ *comprehensible, intelligible* **0.2** [verklaarbaar] *natural, obvious* ◆ **1.2** een ~e vergissing *an understandable mistake* **3.1** iem. iets ~ maken *make sth. clear to s.o.* **3.2** dat is nogal ~ *that's hardly surprising;* het is heel ~ dat hij bang is *it's only n. that he should be frightened;* **II** ⟨bw.⟩ **0.1** [op duidelijke wijze] *clearly* ⇒*comprehensibly.*

begrijpelijkerwijze 0.1 *understandably* ⇒*obviously, for obvious reasons.*

begrijpen 0.1 [met het verstand bevatten] *understand* ⇒ *comprehend, grasp* **0.2** [opvatten] *understand* ⇒*gather* **0.3** [omvatten; bevatten] *include* ◆ **1.1** hij begreep de wenk *he took the hint, he got the message* **3.1** dat kan ik ~ *I (can) u.* that **4.1** o, ik begrijp het *oh, I see;* ik begrijp er niets van *I don't u. it;* ⟨mbt. probleem⟩ *I can't make head or tail of it* **5.1** ik begrijp best dat ...*I quite u. that ...;* laten we dat goed ~ *let's get that clear;* dat begrijp ik niet helemaal *I don't quite u./follow that;* hij begrijpt het nog steeds niet ⟨mbt. verrassende gebeurtenis⟩ *he can't get over it;* begrijp je het/me nog? *are you still with me?* **5.2** begrijp me goed *don't get me wrong;* begrijp ik je goed? *do I u. you correctly?;* iem./iets verkeerd ~ *misunderstand s.o./sth.* **5.3** alles er in begrepen *everything included* **6.2** ik heb **uit** zijn woorden begrepen dat ...*I u./gather from what he says that ...* **6.¶** het niet **op** iem./iets begrepen hebben ⟨niet vertrouwen⟩ *distrust s.o./sth.;* ⟨een hekel hebben aan⟩ *dislike s.o./sth.;* ze hebben het **op** uw baan begrepen *they're after your job* **8.1** jullie zullen ~ dat ...*it will be clear to you that ...* **¶.1** dat laat je voortaan, begrepen! *I'll have no more of that, is that clear?/do you hear?;* als je begrijpt wat ik bedoel *if you see what I mean.*

begrijpend 0.1 *understanding* ◆ **1.1** een niet-begrijpende blik *a puzzled/an uncomprehending look.*

begrip 0.1 [besef, inzicht] *understanding* ⇒*comprehension, conception* **0.2** [denkbeeld; eenheid van denken, ook fil.] *concept* ⇒*idea, notion,* ⟨opvatting⟩ *conception* **0.3** [het willen/kunnen begrijpen van] *understanding, sympathy* ◆ **1.2** het ~ 'communicatie' *the concept of 'communication'* **2.1** voor een goed ~ v.d. zaak *for a clear u. of the matter* **2.2** de elementaire ~pen v.d. algebra *the basics of algebra;* verkeerde ~pen *misconceptions, erroneous ideas* **3.2** ⟨pregn.⟩ dat is een ~ *that is a household word* **3.3** ~ voor iets kunnen opbrengen *appreciate* ⟨problemen⟩; *have s. for, sympathize with* ⟨mening, moeilijkheden⟩; daar kan ik geen ~ voor opbrengen *I find that hard to understand* **5.3** ze was vol ~ *she was very understanding* **6.1 naar** westerse ~pen *by Western standards;* vlug **van** ~ *quick-witted* **6.2** zijn ~ **van** vrijheid *his idea of freedom* **7.1** geen ~ van tijd hebben *have no sense of time* **¶.1** dat gaat mijn ~ te boven *that is beyond me;* alle ~ te boven gaan *be beyond all comprehension.*

begripsverwarring 0.1 *confusion of ideas/concepts.*

begripvol 0.1 *understanding* ⇒*sympathetic.*

begroeid 0.1 *grown over (with)* ⇒*overgrown (with),* ⟨met bos⟩ *wooded* ◆ **6.1 met** onkruid ~ *overgrown with weeds;* met mos ~ *covered with moss; moss-covered* ⟨attr.⟩.

begroeien 0.1 *grow over (with)* ⇒*cover (with)* ◆ **6.1** zijn hele lichaam is **met** haar begroeid *his entire body is covered with hair.*

begroeiing 0.1 [het begroeien] *overgrowth* **0.2** [dat wat iets groeiend bedekt] *overgrowth* ⇒*covering* ◆ **2.2** lage ~ *low cover.*

begroeten 0.1 *greet* ⇒⟨roepend⟩ *hail,* ⟨met een handgebaar ook⟩ *salute* ◆ **4.1** elkaar ~ *exchange greetings* **6.1** het voorstel werd **met** applaus begroet *the proposal was greeted with applause* **8.1** iem.~ als de bevrijder *hail s.o. as the liberator.*

begroeting 0.1 *greeting* ⇒*salutation, salute.*

begrotelijk 0.1 *expensive* ⇒*dear.*

begroten 0.1 *estimate (at)* ⇒*cost (at)* ◆ **1.1** de kosten ~ *give an estimate of the costs;* de kosten v.h. gehele project worden begroot op 12 miljoen *the whole project is costed at 12 million.*

begroting 0.1 [berekening] *estimate* ⇒*budget* **0.2** [stukken] ⟨jaarstukken bedrijf/overheid⟩ *budget* ◆ **1.2** de ~ van Onderwijs *the Education Budget* **2.2** de ~ sluitend maken *balance the books* **3.1** een ~ maken *make an e.;* hij overschreed de ~ *he exceeded the budget* **6.1 binnen** de ~ blijven *keep within the budget* **6.2** een tekort **op** de ~ *a deficit on the b.*

begrotingsjaar 0.1 *financial/fiscal year.*

begrotingstekort 0.1 *budget deficit.*

begunstigde 0.1 *beneficiary* ⇒*payee* ⟨cheque⟩, ⟨kredietbrief ook⟩ *party accredited, remittee* ⟨overschrijving⟩, ⟨jur.; cessionair⟩ *transferee.*

begunstigen 0.1 [bevoordelen] *favour* ⇒⟨met klandizie⟩ *patronize,* ⟨met erfenis⟩ *benefit* **0.2** [bevorderen] *support* ⇒ *promote, patronize* ⟨kunst⟩ ◆ **1.1** vrienden ~ *f. friends.*

begunstiger, -stigster 0.1 *patron* ⇒*supporter, promoter* ◆ **1.1** ~ v.d. kunst *a patron of the arts.*

begunstiging 0.1 *favour* ⇒⟨bevordering⟩ *patronage, support,* ⟨tussen handelsstaten⟩ *preference,* ⟨tussen handelsstaten⟩ *preferential treatment,* ⟨voortrekkerij⟩ *favouritism.*

beha 0.1 *bra* ◆ **2.1** een voorgevormde ~ *a padded b.*

behaaglijk 0.1 [aangenaam] *pleasant* ⇒*comfortable* **0.2** [op zijn gemak] *comfortable* ⇒*relaxed* **0.3** [knus] *cosy* ⇒ *snug* ◆ **1.1** een ~ gevoel *a comfortable feeling* **3.2** zich ~ uitstrekken *stretch like a cat* **3.3** het ziet er hier ~ uit *this place looks comfortable.*

behaagziek 0.1 *coquettish* ⇒*flirtatious* ◆ **1.1** een ~ meisje *a coquette, a flirt.*

behaagzucht 0.1 *coquetry.*

behaard 0.1 *hairy.*

behagen[1] ⟨het⟩ **0.1** *pleasure* ⇒*delight* ◆ **3.1** ~ scheppen in *take* ⟨a⟩ *p./delight in.*

behagen[2] ⟨onov.ww.⟩ **0.1** *please* ◆ **1.1** als het Gode behaagt *God willing* **4.1** naar het u behaagt *as you p., at your pleasure.*

behalen 0.1 *gain* ⇒*obtain, achieve, score, win* ◆ **1.1** een hoog cijfer ~ *obtain a high mark;* een diploma ~ *obtain a certificate;* de overwinning ~ *be victorious;* 100 % winst ~ *make a 100 % profit* **6.1** daar is geen eer **aan** te ~ *that's not worth bothering with.*

behalve 0.1 [uitgezonderd] *except (for)* ⇒*but (for), with the exception of, excepting* **0.2** [naast] *besides* ⇒*in addition to* ◆ **1.1** ik lust alles ~ koolraap *I like everything except* swedes **1.2** ~ de voorzitter zijn er zeven leden *in addition to the chairman there are seven members* **4.1** ~ mij heeft hij geen enkele vriend *except for me he hasn't got a single friend* **8.1** ik weet er niets van, - dat ik er gisteren terloops over hoorde spreken *I don't know anything about it, except that I heard s.o. mention it in passing yesterday.*

behandelen 0.1 [omgaan met] *handle* ⇒*deal with, treat* **0.2** [uiteenzetten] *treat (of)* ⇒*discuss, deal with* **0.3** [afhandelen] *deal with* ⇒*attend to* **0.4** [bejegenen] *treat* ⇒*deal with/by* **0.5** [als arts verzorgen] *treat* ⇒⟨verplegen⟩ *nurse* **0.6** [jur.; berechten] *hear* ⇒⟨strafrecht vnl.⟩ *try* ◆ **1.2** een onderwerp ~ *discuss a subject* **1.3** dergelijke aangelegenheden behandelt de directeur zelf *the manager attends to such matters himself* **1.5** de ~ d geneesheer *the doctor in attendance;* een kwaal ~ *t. a complaint* **5.1** voorzichtig ~ *h. with care* **5.2** iets oppervlakkig ~ *deal summarily with sth.;* iets uitputtend ~ *go into sth.fully* **5.3** zaken verkeerd ~ *mismanage affairs* **5.4** eerlijk behandeld worden *be treated fairly,* de dieren werden goed behandeld *the animals were well looked after;* iem. oneerlijk ~ *do s.o. wrong;* iem. voorzichtig ~ *go easy with s.o.;* zo behandel je een dame toch niet! *that's no way to t. a lady* **5.5** iem. medisch ~ *give s.o. medical treatment* **6.5** hij werd behandeld **voor** een hartkwaal *he was treated for a heart condition* **8.4** iem. als een kind ~ *treat s.o. like a child.*

behandeling 0.1 [het omgaan met iets] *handling* ⇒*use, treatment, operation* ⟨machine⟩ **0.2** [het afhandelen] *handling* ⇒*management,* ⟨vergadering ook⟩ *consideration* **0.3** [geneeskundige verzorging] *treatment* ⇒*attendance, attention* **0.4** [uiteenzetting] *treatment* ⇒*discussion* **0.5** [bejegening] *treatment* ◆ **1.2** de ~ van dringende zaken *the transaction of urgent business* **2.1** de garantie vervalt bij ondeskundige ~ *the guarantee does not cover damage caused by improper use* **2.3** genoeglundige ~ medical (... **2.5** een rechtvaardige ~ ⟨ook⟩ *a fair deal* **6.2** een wetsontwerp **in** ~ nemen *discuss a bill;* in ~ nemen *deal with;* **in** ~ zijn *be under consideration* **6.3** zij staat **on** der ~ v.d. beroemdste specialisten *she is being treated by the most famous specialists;* zich **onder** ~ stellen *go to a doctor;* **onder** ~ zijn voor *be treated for.*

behandelkamer 0.1 *surgery.*

behang 0.1 *wallpaper* ◆ **2.1** afstripbaar ~ *adhesive w.* **3.1** ~ afstomen *steam off w.* **6.1** ⟨fig.⟩ door het ~ gaan *be driven up the wall;* ⟨uit wanhoop⟩ *be frantic with despair;* ⟨uit woede⟩ *blow one's top.*

behangen I ⟨onov., ov.ww.⟩ **0.1** [met behang bekleden] *(wall)paper (a room)* ⇒*hang (wallpaper)* ◆ **3.1** een kamer (opnieuw) ~ en schilderen *paint and re-paper a room;* **II** ⟨ov.ww.⟩ **0.1** [bedekken] *hang (with)* ⇒*drape (with)* ◆ **6.1** de wanden waren **met** vlaggen ~ *the walls were hung with flags.*

behanger 0.1 *paperhanger* ◆ **1.1** ~ en stoffeerder *upholsterer.*

behangerstafel 0.1 *pasting table.*

behappen ◆ **3.¶** dat kan ik niet in m'n eentje ~ *I can't handle that all at once on my own.*

beharing 0.1 *(growth of) hair* ◆ **1.1** de ~ v.d. schaamstreek *the hair in the pubic region.*

behartigen 0.1 *look after* ⇒*promote* ◆ **1.1** iemands belangen ~ *look after s.o.'s interests;* ik kan mijn eigen belangen wel ~ *I can manage my own affairs.*

behartiging 0.1 *promotion (of)* ⇒*protection (of)* ◆ **6.1** een organisatie **ter** ~ **van** de belangen v.d. consument *an organization for the protection of consumer interests.*

beheer 0.1 [het beheren van andermans eigendom] *man-*

agement ⇒⟨toezicht⟩ *control, supervision, stewardship* ⟨mbt. nalatenschap⟩, *guardianship* ⟨mbt. nalatenschap⟩ **0.2** [gezag] *administration* ⇒*rule* **0.3** [administratie, bestuur] *administration* ⇒*management* ◆ **1.1** voor het milieubeheer verantwoordelijk zijn *be responsible for the environment;* het ~ v.e. failliete onderneming *the administration of a bankrupt enterprise* **1.3** raad van ~ *board of directors* **2.1** een boek in eigen ~ uitgeven *publish a book on one's own;* (een) werk in eigen ~ laten uitvoeren *have one's own staff to do the work;* als gevolg v.s. slecht financieel ~ *owing to financial mismanagement* **2.2** dat eiland staat onder Engels ~ *that island is under British a.* **3.1** het ~ voeren *have managerial control, be in charge of/run the administration;* het ~ voeren over iemands nalatenschap *be guardian of s.o.'s estate;* het ~ voeren over iemands eigendom *hold s.o.'s property in trust* **6.1** de penningmeester heeft het ~ **over** de kas *the treasurer is in charge of the funds.*

beheerder 0.1 [exploitant] *manager* ⟨camping, kantine, filiaal⟩; *warden* ⟨jeugdherberg⟩ **0.2** [mbt. andermans eigendom] *administrator* ⇒*trustee* ⟨van failliete boedel⟩, *steward* ⟨van nalatenschap⟩, *guardian* ⟨van nalatenschap⟩ **0.3** [bewindvoerder] *administrator.*

beheersbaar 0.1 *controllable* ⇒*manageable* ◆ **3.1** de inflatie ~ maken *bring inflation under control.*

beheersen 0.1 [heersen over] *control* ⇒*govern, rule,* ⟨domineren⟩ *dominate* **0.2** [kennis hebben van] *have a (thorough) command of* **0.3** [feilloos kunnen uitvoeren] *have mastered* ◆ **1.1** die gedachte beheerst zijn leven *that thought dominates his life;* de Japanners ~ de markt *the Japanese dominate the market;* taxi's ~ het straatbeeld *taxis dominate the streets;* de toestand ~ *be in control of the situation* **1.2** zijn stof ~ *have a thorough command of one's subject matter;* een vreemde taal ~ *have a thorough command of a foreign language* **1.3** een bepaalde techniek ~ *have mastered a special technique* **3.1** hij kon zich nauwelijks ~ *he could barely c. himself;* je moet je gevoelens beter leren ~ *you should learn to c. your feelings more* **5.1** niet te ~ *uncontrollable, unmanageable.*

beheersing 0.1 *control* ⇒*command* ⟨ook van taal⟩, ⟨dominantie⟩ *domination,* ⟨dominantie⟩ *check* ◆ **1.1** de ~ v.d. natuur *the control over nature* **6.1** de ~ **over** zichzelf verliezen *lose one's self-control.*

beheerst 0.1 *collected* ⇒*composed,* ⟨evenwichtig⟩ *poised,* ⟨zichzelf meester⟩ *(self-)controlled,* ⟨zichzelf meester⟩ *(self-)restrained* ◆ **3.1** ~ boksen *box in a controlled way* **6.1** hij is zeer ~ *in zijn optreden his is very self-controlled.*

beheksen 0.1 ⟨ook fig.⟩ *bewitch* ⇒*cast a spell on.*

behelpen ⟨wk.ww.; zich ~⟩ **0.1** *manage* ⇒*make do* ◆ **3.1** hij moet zich erg ~ *he lives in straitened circumstances;* hij weet zich te ~ *he manages, he can m.,* ⟨financieel⟩ *he gets by* **5.1** zich zo goed mogelijk ~ (met iets) *make do (with sth.).*

behelzen 0.1 *contain* ⇒*include* ◆ **1.1** zolang we niet weten wat het plan behelst *as long as we don't know what the plan amounts to.*

behendig 0.1 ⟨handig⟩ *dexterous* ⇒*adroit,* ⟨vaardig⟩ *skilful,* ⟨bijdehand⟩ *clever,* ⟨bijdehand⟩ *smart* ◆ **1.1** een ~e jongen *a d. boy* **3.1** ~ klom ze achterop *she nimbly climbed up on the back.*

behendigheid 0.1 *dexterity* ⇒*agility, skill.*

behendigheidsspel 0.1 *game of skill.*

behept 0.1 *cursed (with)* ⇒-*ridden* ◆ **6.1** met ondeugden ~ *vice-ridden.*

beheren 0.1 [het beheer hebben over] *manage* ⇒*adminis-*

ter ⟨financiën⟩ **0.2** [leiden, exploiteren] *manage* ⇒*run* ◆
1.1 de financiën ~ *control the finances* **1.2** een bibliotheek
~ *run a library* **3.1** zijn vermogen door iem. laten ~ *let s.o.
manage one's estate.*

behoeden 0.1 [beschermen] *guard (from)* ⇒*keep/preserve
(from)* **0.2** [waken over] *guard* ⇒*watch over* ◆ **1.2** God be-
hoede ons *(may) God preserve us* **6.1** iem. voor gevaar ~
keep s.o. from danger.

behoedzaam 0.1 *cautious* ⇒*wary,* ⟨op zijn hoede⟩ *guarded*
◆ ¶.**1** ~ te werk gaan *proceed with caution.*

behoedzaamheid 0.1 *cautiousness* ⇒*wariness, care, caution.*

behoefte 0.1 [gemis] *need (of/for)* ⇒⟨vraag⟩ *demand (for)*
0.2 [ontlasting] *nature's call* **0.3** [benodigdheden] *necessities* ⇒*requirements* ◆ **2.1** in eigen ~ (kunnen) voorzien
be self-sufficient; een schreeuwende ~ aan arbeidsplaatsen *a crying n. for job opportunities* **2.3** de dagelijkse ~n
daily n. **3.1** in een ~ voorzien *meet a n.;* zodra de ~ zich
doet voelen *as soon as the n. makes itself felt;* een cursus
die voorziet in mijn ~ *a course that caters for my needs*
3.2 zijn ~ doen *relieve o.s.* **6.1** ~ hebben **aan** rust *have a n.
for quiet;* daar heb ik geen ~ **aan** *that's something I can do
without;* **naar** ~ *according to one's needs;* niet de minste ~
hebben **om** te reageren *not have the slightest n. to react.*

behoeftig 0.1 *needy* ⇒*destitute,* ⟨noodlijdend⟩ *distressed* ◆
1.1 in ~e omstandigheden geraken *find o.s. destitute.*

behoeve 0.1 ◆ 6.¶ ten ~ van *for the benefit of.*

behoeven I ⟨ov.ww.⟩ **0.1** [nodig hebben] *(be in) need (of)* ⇒
require ◆ **1.1** ondersteuning ~ *require support;* dit behoeft
enige toelichting *this requires some explanation;*
II ⟨onov.ww.⟩ ⟨schr.⟩ **0.1** [nodig zijn] *need.*

behoorlijk I ⟨bn.⟩ **0.1** [fatsoenlijk] *decent* ⇒*appropriate,
proper, fitting* **0.2** [voldoende] *adequate* ⇒*sufficient* **0.3**
[toonbaar] *decent* ⇒*respectable, presentable* **0.4** [tame-
lijk groot, flink] *considerable* ⇒*substantial* ◆ **1.1** ~ gedrag
good behaviour; producten van ~e kwaliteit *good quality
products* **1.4** dat is een ~ eind lopen *that's quite a distance
to walk;* met een ~ gangetje *at a reasonable pace;* een ~ kapitaal *substantial capital;* een heel ~ salaris *a decent salary* **3.3** die jas is nog heel ~ *that coat is still quite presentable;* dat ziet er heel ~ uit *that looks very reasonable* **5.1** dat
is heel ~ van ze *that's very d. of them* **5.4** een heel ~e kamer *quite a decent room;*
II ⟨bw.⟩ **0.1** [fatsoenlijk] *decently* ⇒*appropriately, properly, fittingly* **0.2** [in voldoende mate] *adequately* ⇒*sufficiently, enough* ⟨na bn./bw.⟩ **0.3** [nogal] *pretty* ⇒*quite*
0.4 [goed] *decently* ⇒*well (enough)* ◆ **3.1** gedraag je ~ *behave yourself;* we zijn niet eens ~ voorgesteld *we haven't
even been properly introduced* **3.3** ze zit zich weer eens ~
aan te stellen *she's being a real show-off again;* hij zit weer
~ te overdrijven *he's exaggerating all over the place again*
3.4 je kunt hier heel ~ eten *you can get a very decent meal
here* **7.3** ~ wat *a reasonable amount (of).*

behoren ⟨schr.⟩ **0.1** [toebehoren] *belong (to)* ⇒*be owned by*
0.2 [vereist worden] *require* ⇒*need, be necessary/need-
ed* **0.3** [betamen] *should* ⇒*ought (to)* **0.4** [onderdeel uitmaken van] *belong (to)* ⇒*go together/with* **0.5** [gerekend
worden] *belong* ⇒*be part of, be among* ◆ **3.3** jongeren ~
op te staan voor ouderen *young people s. stand up for older people* **5.4** een tafel met de daarbij ~de stoelen *a table
and the chairs that go together with it;* een groep waartoe
twee Nederlanders behoorden *a group which included two
Dutch people* **6.2 naar** ~ *as it should be, properly* **6.4** die
tafel behoort **bij** deze stoelen *that table goes with these
chairs;* **bij** elkaar ~ *go together;* dat behoort niet **tot** zijn

vakgebied *that's outside his field;* dat behoort niet **tot** de
competentie van dit hof *that is beyond the competence of
this court;* hij behoort **tot** de betere leerlingen *he is one of
the better pupils;* **tot** de rooms-katholieke kerk ~ *belong to
the Catholic church;* dat behoort niet **tot** mijn taak *that's
not part of my job* **6.5** dat behoort nu **tot** het verleden
that's past history; dat behoort **tot** de normale gang van
zaken *it's common practice.*

behoud 0.1 [het in stand houden/blijven] *preservation* ⇒
maintenance, conservation ⟨ook van natuur/monumen-
ten⟩ **0.2** [doorgaand bezit/genot] *retention* **0.3** [het in
goede staat houden] *preservation* ⇒*conservation, care*
0.4 [redding] *salvation* ◆ **6.1** het ~ **van** 2000 arbeidsplaatsen *the p. of 2000 jobs* **6.2** verlof **met** ~ **van** salaris
leave of absence on full pay; werken **met** ~ **van** uitkering
work while retaining unemployment benefit **6.3** goed onderhoud betekent het ~ **van** uw parketvloer *good maintenance insures the p. of your parquet floor.*

behouden¹ ⟨bn., bw.⟩ **0.1** *safe* ◆ **1.1** iem. (een) ~ reis wensen
wish s.o. a s. trip **3.1** hij is gelukkig ~ gebleven *luckily he is
unharmed* ¶.**1** iem. ~ aan land brengen *bring s.o. safely
ashore.*

behouden² ⟨ov.ww.⟩ **0.1** [niet verliezen] *preserve* ⇒*keep,
conserve* ⟨ook natuur/monumenten⟩, *retain* **0.2** [niet op-
geven] *maintain, keep* **0.3** [in leven houden] *save* ◆ **1.1**
zijn goede humeur ~ *keep smiling;* zijn zetel ~ *retain one's
seat* **1.2** zijn vorm ~ *k. fit* **1.3** zijn geloof heeft hem ~ *his
faith is what saved him.*

behoudend 0.1 *conservative* ◆ **1.1** de ~e vleugel v.d. partij
the c. section of the party.

behoudens 0.1 [met voorbehoud van] *subject to* **0.2** [behal-
ve] *except (for)* **0.3** [met behoud van] ⟨zie 1.3⟩ ◆ **1.1** ~
goedkeuring door de gemeenteraad *subject to the council's approval* **1.2** ~ enkele wijzigingen werd het plan
goedgekeurd *with a few alterations, the plan was approved* **1.3** ~ alle titels *titles and honours omitted.*

behoudzucht 0.1 *conservatism.*

behuild 1.¶ een ~ gezicht *a tear-stained face.*

behuisd 0.1 -housed ◆ **5.1** klein ~ zijn *live in a small house;*
slecht ~ zijn *be badly-housed.*

behuizing 0.1 ⟨woonruimte⟩ *housing* ⇒*accommodation,*
⟨woning⟩ *house,* ⟨woning⟩ *dwelling* ◆ **2.1** passende ~ zoeken *look for suitable accommodation.*

behulp ◆ 6.¶ met ~ **van** iem. *with the help of s.o.;* **met** ~ **van**
iets *with the help of sth.*

behulpzaam 0.1 *helpful* ◆ **3.1** zij is altijd ~ *she's always
ready to help* **6.1** iem. ~ zijn **bij** iets *be of help to s.o. in doing sth.;* **in/bij** iets ~ zijn *lend a (helping) hand with sth.*

beiaard ⟨AZN⟩ **0.1** *carillon.*

beiaardier 0.1 *carilloneur.*

beide 0.1 *both* ⇒*either (one),* ⟨twee⟩ *two* ◆ **1.1** het is in ons
~r belang *it's in the interest of both of us;* in jullie ~r belang *for both your sakes;* een opvallend verschil tussen hun
~ dochters *a striking difference between their two daughters;* in ~ gevallen *in either case/both cases;* je kunt het op
~ manieren doen *you can do it either way/both ways;* ons
~r vriend *our mutual friend* **3.1** ze kunnen het ~n gedaan
hebben *either of them could have done it;* ze zijn ~n getrouwd *they are both married, both (of them) are married*
4.1 wie van ~n kies je? *which of the two do you choose?;*
wij ~n *both of us, the two of us* **7.1** één van ~n heeft het gedaan *one of the two did it;* ze weten het geen van ~n *neither of them knows;* geen van ~n kandidaten *neither candidate.*

beiderlei 0.1 *both* ⇒*either* ◆ **1.1** van ~ kunne *of b. sexes/ei-
ther sex.*

beieren 0.1 [luiden] *chime* ⇒*ring* **0.2** [klokkenspel bespelen] *ring (the) bells* ⇒*play a/the carillon* **0.3** [schommelen] *dangle* ◆ **7.1** onder het ~ v.d. alarmklok *while/as the alarm bell was/is ringing.*
Beieren 0.1 *Bavaria.*
Beiers 0.1 *Bavarian.*
beige 0.1 ⟨zn. en bn.⟩ *beige.*
beignet 0.1 *fritter.*
beijveren ⟨wk.ww.; zich ~⟩ **0.1** *apply o.s. (to)* ⇒⟨sterker⟩ *exert o.s. (to)*, ⟨sterker⟩ *do one's best (to).*
beïnvloeden 0.1 *influence* ⇒*affect* ◆ **1.1** ⟨sport⟩ dat beïnvloedt zijn spel *that affects his game* **3.1** zich door iets laten ~ *be influenced by sth.* **5.1** gemakkelijk te ~ *impressionable, easily influenced;* de verkoop gunstig/nadelig ~ *have a positive/negative effect on sales.*
beïnvloeding ◆ **6.**¶ ~ *van* de jury *influencing the jury.*
Beiroet 0.1 *Beirut.*
beitel 0.1 *chisel.*
beitelen I ⟨onov., ov.ww.⟩ **0.1** [met de beitel werken/uithakken] *chisel;*
II ⟨ov.ww.⟩ **0.1** [houwen uit] *carve* ⇒*chisel* ◆ **6.1** een beeld ~ *uit* marmer *carve a sculpture out of marble.*
beits 0.1 [kleurstof] *stain* **0.2** [fixeermiddel] *mordant* ◆ **2.1** dekkende ~ *non-transparent s.*
beitsen 0.1 *stain.*
bejaard 0.1 *elderly* ⇒*aged, old* ◆ **1.1** een ~ echtpaar *an e. couple.*
bejaarde 0.1 *old/elderly man/woman* ⇒*senior citizen* ◆ ¶.1 de ~n *the elderly.*
bejaardenhelper, -ster, bejaardenhulp 0.1 *geriatric helper/assistant* ⇒⟨thuis⟩ *home help.*
bejaardenpas 0.1 *over sixties/60's plus pass* ⇒*senior citizen's pass.*
bejaarden(te)huis 0.1 *old people's home* ⇒*home for the elderly.*
bejaardenverzorger, -ster 0.1 *geriatric helper.*
bejaardenwoning 0.1 *old people's flat.*
bejaardenzorg 0.1 *care of the elderly/the old/of old people.*
bejegenen 0.1 *treat* ◆ **5.1** iem. onheus ~ *t. s.o. unfairly;* iem. welwillend ~ *t. s.o. kindly* **6.1** met smaad bejegend worden *suffer indignity.*
bejegening 0.1 *treatment* ◆ **2.1** hen allen viel dezelfde onheuse/onvriendelijke ~ ten deel *they all met with the same rebuff;* een smadelijke ~ *indignity* **3.1** een onaangename ~ ondergaan *suffer unpleasant t.*
bejubelen 0.1 *cheer* ⇒*applaud.*
bek 0.1 [snavel]⟨kort en stevig⟩ *beak;* ⟨anders, en ook van duiven⟩ *bill* **0.2** [muil] *snout, muzzle* **0.3** [mond] *mouth* ⇒ *trap, gob* **0.4** [gezicht] *mug* ◆ **2.3** een brutale ~ hebben *have a rough tongue;* een grote ~ hebben *have a big/loud m.* **3.3** ⟨inf.⟩ breek me de ~ niet open *you're telling me!;* hij deed geen ~ open *he never said a word;* ⟨inf.⟩ hou je grote ~ *shut up!* **3.4** (gekke) ~ken trekken *make (silly) faces* **6.4** iem. op zijn ~ geven *hit s.o. in the m.;* op zijn ~ gaan ⟨ook fig.⟩ *come a cropper.*
bekaaid ◆ **3.**¶ er ~ afkomen *come off badly, get the worst of it, get a raw deal.*
bekaf ⟨inf.⟩ **0.1** *done/all in* ⇒*dead tired.*
bekakt 0.1 *la-di-da* ⟨vnl. praten⟩ ⇒*toffee-nosed,* ⟨mbt. praten ook⟩ *posh* ◆ **1.1** een ~ ventje *a toffee-nosed twit.*
bekeerd 0.1 [tot het christendom/een overtuiging overgegaan] *converted* **0.2** [tot inkeer gekomen]⟨zie 3.2⟩ ◆ **3.2** hij is ~ *he has repented* **7.1** een ~e *a convert;* ⟨tot vorig geloof⟩ *a revert.*

bekeerling 0.1 *convert* ◆ **3.1** ~en maken ⟨ook fig.⟩ *make converts.*
bekeken I ⟨bn.⟩ **0.1** [uitgemaakt] *settled* **0.2** [uitgekauwd] *thrashed out* **0.3** [uitgekiend] *well-judged* ◆ **1.1** dat is een ~ zaak *that matter has been settled* **1.3** een ~ pass *a w.-j. pass;*
II ⟨bw.⟩ **0.1** [uitgekiend, handig] *deliberately* ⇒*deftly.*
bekend 0.1 [ter kennis gekomen] *known* **0.2** [kennis hebbende van] *familiar (with)* ⇒*acquainted (with)* **0.3** [door velen gekend] *well-known* ⇒*noted/known (for),* ⟨pej.⟩ *notorious (for)* **0.4** [niet vreemd] *familiar* ◆ **1.1** dit feit was mij ~ *I knew (of) this;* er zijn twee gevallen van hondsdolheid ~ *two cases of rabies have been recorded* **1.3** de feiten zijn ~ *the facts are w.-k.;* Italië speelt in de ~e kleuren *Italy is playing in its usual colours;* ~ e Nederlanders *Dutch celebrities;* de bekendste schrijvers *the best-known authors* **1.4** het bier in de ~ e beugelfles *the beer in the f. wire-stoppered bottle;* een ~ gezicht *a f. face* **3.1** het is algemeen ~ *it's common knowledge;* iets (als) ~ veronderstellen *take sth. to be common knowledge;* als dit bij de directie ~ wordt *if the management hears of this;* zodra het nieuws ~ wordt *as soon as the news gets out* **3.3** te goeder naam en faam ~ zijn *have a good reputation* **3.4** bent u hier ~? *do you know your way around here?;* u komt me ~ voor *haven't we met (somewhere) (before)?;* dat komt me ~ voor *that looks/sounds/seems f.* **4.1** voor zover mij ~ *as far as I know, to the best of my knowledge* **5.2** enigszins/oppervlakkig ~ zijn met de materie/iem. *have a nodding acquaintance with the subject/s.o.* **5.3** Einsteins naam is algemeen ~ *Einstein's name is a household word;* beter ~ als *better known as;* weinig ~e schrijvers *little-known/obscure authors;* wijd en zijd ~ zijn *be known far and wide* **5.4** ik ben hier (ook) niet ~ *I'm a stranger here (myself)* **6.1** Venetië is ~ om zijn schoonheid *Venice is k./noted for its beauty;* ambtenaren van wie algemeen ~ is dat ze corrupt zijn *civil servants generally k. to be corrupt* **6.2** gevraagd programmeur, ~ met Pascal *wanted: programmer with knowledge of PASCAL;* hij is ~ met de procedure *he's f. with the procedure* **6.3** ~ zijn onder de naam van *be known by the name of;* ~ van radio en TV *van radio en tv of radio and TV fame* **6.4** ~ zijn in Londen *know (one's way round) London* **8.1** zoals ~ *as is well-known* **8.3** het is ~ dat ...*it's w.-k. that ...*¶.1 voor zover ~ *as far as is k.*
bekende 0.1 *acquaintance* ⇒*friend* ◆ **1.1** hartelijke groeten aan alle vrienden en ~n *regards to all friends and acquaintances.*
bekendheid 0.1 [het bekend zijn met] *familiarity (with)* ⇒ *acquaintance (with), experience (of)* **0.2** [vermaardheid] *reputation* ⇒*name, fame* ◆ **3.2** grote ~ genieten *be widely known;* ~ krijgen *become (well-)known* **3.**¶ ~ geven aan iets *reveal sth.;* grote ~ aan iets geven *make sth. widely known* **6.1** ~ met ...strekt tot aanbeveling *experience of ...will be an asset.*
bekendmaken 0.1 [aankondigen] *announce* ⇒⟨schr.⟩ *give notice of,* ⟨officieel ook⟩ *proclaim* **0.2** [publiek maken] *publish* ⇒*make public/known* **0.3** [onthullen] *reveal* ⇒*disclose, divulge* **0.4** [vertrouwd maken] *familiarize (with)* ⇒ *acquaint* ◆ **1.2** de verkiezingsuitslag ~ *declare the results of the election* **4.3** zich ~ (aan) *make o.s. known (to).*
bekendmaking 0.1 [aankondiging] *announcement* ⇒ ⟨schr.⟩ *notice,* ⟨officieel ook⟩ *proclamation* **0.2** [publicatie] *publication* ⇒⟨in krant, op bord⟩ *notice,* ⟨van verkiezingsuitslag⟩ *declaration* **0.3** [onthulling] *revelation* ⇒*disclosure.*
bekendstaan 0.1 *be known (as)* ⇒*be known/reputed (to*

be), go by the name of ◆ **5.1** een goed ~de firma *a reputable firm;* gunstig/slecht ~ *have a good/bad reputation* **6.1** ~ **om** zijn gevoel voor humor *be noted for one's sense of humour.*

bekennen I ⟨onov., ov.ww.⟩ **0.1** [jur.] *confess* ⇒⟨voor het gerecht⟩ *plead guilty (to)* **0.2** [toegeven] *confess* ⇒*admit, acknowledge* ◆ **1.1** schuld ~ *admit one's guilt* **1.2** zijn ongelijk ~ *admit one is wrong;* schuld ~ *admit one's guilt* **5.1** volledig ~ *make a full confession* **5.2** je kunt beter eerlijk ~ *you'd better come clean;* ⟨kaartspel⟩ niet ~ *revoke;* openlijk ~ *make a public confession* **8.1** hij bekende dat hij medeplichtig was *he confessed to being involved in the crime* **8.2** ik moet (eerlijk) ~ dat *I must c. (that);*
II ⟨ov.ww.⟩ **0.1** [bespeuren] *see* ⇒*detect* ◆ **3.1** er is geen mens te ~ *there isn't a (living) soul (to be seen)* **5.1** hij was nergens te ~ *there was no sign/trace of him (anywhere).*

bekentenis 0.1 [het bekennen] *confession* ⇒*admission, acknowledgement* **0.2** [jur.] *confession* ⇒⟨voor het gerecht⟩ *plea of guilty* ◆ **2.2** een volledige ~ *a full c.* **3.2** een ~ afleggen/intrekken *make/withdraw a c.*

beker 0.1 [drinkgerei] *mug* ⇒*beaker,* ⟨sierlijk⟩ *goblet* **0.2** [sport] *cup* **0.3** [iets met de vorm v.e. beker] ⟨laboratorium⟩ *beaker;* ⟨dobbelstenen⟩ *dice-box;* ⟨ijs⟩ *tub* ◆ **2.1** een plastic ~tje *a plastic cup* **3.2** de ~ winnen *win the c.*

bekeren I ⟨ov.ww.⟩ **0.1** [tot een (andere) godsdienst doen overgaan] *convert* **0.2** [tot andere inzichten brengen] ⟨alg.⟩ *convert* ⇒⟨ten goede⟩ *reform;*
II ⟨wk.ww.; zich ~⟩ **0.1** [tot een (andere) godsdienst overgaan] *be converted* **0.2** [tot andere inzichten komen] *reform* ⟨misdadiger enz.⟩ ⇒*repent,* ⟨inf.⟩ *mend one's ways.*

bekerfinale 0.1 *cup final.*

bekering 0.1 [het (doen) overgaan tot een (andere) godsdienst] *conversion* **0.2** [het tot andere inzichten brengen/komen] ⟨van misdadiger enz.⟩ *reform.*

bekervoetbal 0.1 *cup competition.*

bekerwedstrijd 0.1 *cup tie/match.*

bekerwinnaar 0.1 *cup winner* ◆ **3.1** ~ worden *win the cup.*

bekeuren 0.1 *fine (on the spot)* ◆ **6.1** bekeurd worden **voor** te hard rijden *be fined for speeding.*

bekeuring 0.1 *(on-the-spot) fine, ticket* ◆ **3.1** iem. een ~ geven *fine s.o. (on the spot).*

bekijken 0.1 [bezichtigen] *look at* ⇒*examine* **0.2** [overwegen] *look at* ⇒*consider* **0.3** [klaarspelen] *(get) do(ne)* ⇒*sort out* **0.4** [opvatten] *see* ⇒*look at, consider, view* ◆ **1.1** de stad ~ *look round the town* **1.2** een zaak van alle kanten ~ *look at sth. from every angle* **4.3** het is zó bekeken *it'll only take a second/minute* **4.¶** het is bekeken! *that's (the end of) that;* het is bekeken met hem *he's had it;* je bekijkt het maar! *suit yourself!, be like that!* **5.1** iets vluchtig ~ *glance at sth.* **5.2** iedere aanvraag wordt afzonderlijk bekeken *each application will be considered separately;* iets nog eens goed ~ *take a closer look at sth.;* alles wel bekeken *all things considered* **5.4** hoe je het ook bekijkt *whichever way you look at it* **5.¶** goed bekeken! ⟨goed gedaan⟩ *well done!;* ⟨slim⟩ *good thinking!* **6.2** bekijk het eens **van** mijn kant *put yourself in my place* **6.4** je kunt die zaak **van** twee kanten ~ *you can view the matter from two angles* **¶.1** van dichtbij ~ *take a close(r) look at.*

bekijks ◆ **7.¶** veel ~ hebben *attract a great deal of attention.*

bekisting 0.1 [handeling] *framing* **0.2** [resultaat] *formwork* ⇒*shuttering.*

bekken¹ ⟨het⟩ **0.1** [ondiepe kom] *basin* **0.2** [biol.] *pelvis* **0.3** [muz.] *cymbal* **0.4** [kom, holte] *cavity* ⇒⟨nier⟩ *pelvis.*

bekken² ⟨onov.ww.⟩ ◆ **1.¶** Wolters Samson Kluwer bekt ge-

woon niet *Wolters Samson Kluwer just doesn't sound right.*

bekkenist 0.1 *cymbalist.*

bekkentrekken 0.1 *make/pull faces.*

beklaagde 0.1 *accused* ⇒*defendant,* ⟨gedetineerde ook⟩ *prisoner (at the bar).*

beklaagdenbank 0.1 *dock* ◆ **6.1** in de ~ moeten plaatsnemen ⟨ook fig.⟩ *land in the d.*

bekladden 0.1 [bevlekken] ⟨met inkt⟩ *blot;* ⟨met verf⟩ *daub; plaster* ⟨muur⟩ **0.2** [belasteren] *blacken* ⇒*sully, besmirch* ◆ **1.2** iemands goede naam ~ *drag s.o.'s name through the mud.*

beklag 0.1 *complaint* ◆ **3.1** zijn ~ doen/indienen (bij) *make a c. (to), lodge a c. (with).*

beklagen I ⟨ov.ww.⟩ **0.1** [medelijden uiten] *pity* **0.2** [weeklagen over] *lament* ⇒*bemoan* ◆ **3.1** je bent wel te ~ ⟨ook scherts.⟩ *my heart bleeds for you!, you poor thing!;*
II ⟨wk.ww.; zich ~⟩ **0.1** [een klacht indienen] *complain (to s.o.)* ⇒*make a complaint (to s.o.), lodge a complaint (with s.o.).*

beklagenswaardig 0.1 *pitiful* ⇒*lamentable* ◆ **1.1** een ~e figuur *a p. figure.*

beklant 0.1 *patronized* ◆ **1.1** een goed ~e zaak *a well-patronized store.*

bekleden 0.1 [bedekken] *cover* ⇒⟨met verf enz.⟩ *coat,* ⟨binnenkant⟩ *line,* ⟨lambriseren⟩ *wainscot,* ⟨lambriseren⟩ *panel,* ⟨voorzijde van muur ook⟩ *face,* ⟨meubelen ook⟩ *upholster* **0.2** [uitoefenen, bezetten] *hold* ⇒*occupy* **0.3** [opdragen] *invest* ⇒*entrust* ◆ **1.1** de trap ~ *carpet the stairs;* een wand ~ met jute *cover a wall with jute* **1.2** een functie ~ in het bestuur *h. office on the committee;* een hoge positie ~ *h. a high position;* ⟨ambtenaar⟩ *h. high office* **6.3** iem. **met** gezag ~ *invest s.o. with authority.*

bekleding 0.1 [resultaat] *covering* ⇒*coat(ing), lining, wainscot, panelling, facing, upholstery* **0.2** [handeling] *covering* ⇒*coating, lining, panelling, facing, upholstering* **0.3** [uitoefening] *tenure, holding* ◆ **2.1** metalen ~ *metal sheeting/*⟨omhulsel⟩ *sheathing.*

bekleed 0.1 *dressed* ⇒⟨schr.; fig.⟩ *clad* ◆ **1.¶** met nikkel ~ staal *nickel-clad steel* **6.1** met een toga ~ *wearing a toga.*

beklemd 0.1 [vast] *jammed, wedged* ⇒*stuck, trapped* **0.2** [benauwd, beangst] *heavy* ⇒*oppressed* ◆ **1.2** met een ~ gemoed *with a h. heart* **3.1** ~ raken tussen *get j./ stuck between.*

beklemmen 0.1 [vastklemmen] *jam* ⇒*wedge* **0.2** [benauwen] *oppress* ⇒*weigh (down) on.*

beklemmend 0.1 *oppressive* ⇒*heavy, depressing* ◆ **1.1** een ~ gevoel *a sinking feeling.*

beklemming 0.1 [med.] *constriction* ⇒*tightness* **0.2** [mbt. gemoed] *oppression* ⇒*sinking feeling, heaviness (of heart)* ◆ **6.1** last hebben van ~ **op** de borst *suffer from tightness of the chest.*

beklemtonen 0.1 [klemtoon leggen op] *stress* ⇒*accent(uate), emphasize* **0.2** [fig.] *stress* ⇒*emphasize, underline* ◆ **1.1** (on)beklemtoonde lettergrepen *(un)stressed syllables.*

beklijven 0.1 *sink in* ⇒*take root, leave a lasting impression.*

beklimmen 0.1 *climb* ⇒*ascend, scale* ◆ **1.1** een berg ~ *c. a mountain;* de kansel ~ *mount the pulpit.*

beklinken I ⟨ov.ww.⟩ **0.1** [vast afspreken] *settle* ⇒*clinch* **0.2** [met het glas klinken] *drink to* ◆ **1.1** de zaak is beklonken *the matter's settled;* ⟨inf.; hand.⟩ *the deal's sewn up;*
II ⟨onov.ww.⟩ **0.1** [inzakken] *settle* ◆ **1.1** ingedijkte gronden ~ *diked(-in) land settles.*

bekloppen 0.1 *sound* ⇒⟨med. vnl.⟩ *percuss.*

beknellen 0.1 *trap* ◆ **3.1** bekneld raken ⟨ook⟩ *get jammed/wedged;* door een botsing bekneld raken in een auto *be trapped in a car following a collision.*

beknibbelen 0.1 *cut back (on)* ⇒*skimp (on), stint (on)* ◆ **6.1** we moeten **op** deze post niet ~ *we mustn't skimp on this post;* **op** de lonen ~ *cut back on wages.*

beknopt 0.1 [kort, bondig] *brief(ly-worded)* ⇒*concise, succinct, terse* **0.2** [samengevat] *summarized* ⇒*abridged* ⟨boek⟩ ◆ **1.1** ⟨taal.⟩ ~e bijzin *reduced clause;* een ~ overzicht *a brief outline* **1.2** een ~e uitgave *an abridged edition* **3.1** iets ~ weergeven *reproduce sth. in brief.*

beknotten 0.1 *curtail* ⇒*cut short, restrict* ◆ **1.1** iemands vrijheid ~ *restrict s.o.'s freedom.*

bekocht 0.1 *cheated* ◆ **3.1** ~ zijn *have been taken for a ride* **6.1** daar ben je niet **aan** ~ *you've got a good bargain there.*

bekoelen 0.1 [koel(er) worden] *cool (off/down)* **0.2** [fig.] *cool (off)* ⇒*dampen* ◆ **1.2** haar enthousiasme is bekoeld *her enthusiasm is flagging;* dat heeft hun enthousiasme bekoeld/doen ~ *that's dampened their enthusiasm.*

bekogelen 0.1 *pelt* ⇒*bombard, pepper* ◆ **1.1** iem. met stenen/sneeuwballen ~ *pelt s.o. with stones/snowballs.*

bekokstoven 0.1 *cook up* ⇒*scheme, concoct* ◆ **6.1** wat ben je nu weer **aan** 't - ? *what are you cooking up now?*

bekomen I ⟨onov.ww.⟩ **0.1** [gevolgen hebben voor]⟨goed⟩ *agree with, suit;* ⟨slecht⟩ *disagree with* **0.2** [bijkomen] *recover, get over;* ⟨inf.; na flauwvallen⟩ *come round/to* ◆ **5.1** dat zal je slecht ~ *you'll be sorry (for that);* wel bekome het u! *±I hope you have enjoyed your meal* ⟨enz.⟩; ⟨iron.⟩ *good luck to you/him/her* ⟨enz.⟩ **6.2** van de (eerste) schrik ~ *get over the (initial) shock;*
II ⟨ov.ww.⟩ ⟨schr.⟩ **0.1** [krijgen] *receive* ⇒⟨verwerven⟩ *obtain,* ⟨letsel ook⟩ *sustain.*

bekommerd 0.1 *concerned/worried (about).*

bekommeren ⟨wk.ww.; zich ~⟩ **0.1** *worry/bother (about)* ⇒ *concern/trouble o.s. (with/about)* ◆ **5.1** daar heb ik me niet verder om bekommerd *I gave no further thought to it* **6.1** zonder zich **om** haar te ~ *without concerning himself about her.*

bekommernis ⟨schr.⟩ **0.1** *solicitude* ⇒*concern,* ⟨angst⟩ *distress.*

bekomst ◆ **3.**¶ zijn ~ van iets hebben *have had one's fill of sth.*

bekonkelen 0.1 *cook up* ⇒*plot, hatch* ⟨plan⟩.

bekoorlijk 0.1 *charming* ⇒*lovely,* ⟨verleidelijk⟩ *beguiling.*

bekoorlijkheid 0.1 *charm* ⇒*appeal.*

bekopen I ⟨ov.ww.⟩ **0.1** [boeten] *pay for* ◆ **5.1** hij heeft zijn misstap zwaar moeten ~ *he had to pay dearly for his error* **6.1** iets **met** de dood ~ *pay for sth. with one's life;*
II ⟨wk.ww.; zich ~⟩ **0.1** [+ aan; te veel betalen voor] *make a bad buy (with)* ⇒*get/be cheated (with),* ⟨inf.⟩ *get/be taken for a ride (with)* ◆ **6.1 aan** die auto heb je je mooi bekocht *you really got done over that car.*

bekoren 0.1 [aantrekken] *charm* ⇒*seduce, beguile* **0.2** [verleiden tot zonde] *tempt* ⇒*seduce* ◆ **3.1** zijn nieuwe boek kon mij niet ~ *his new book did not appeal to me;* ⟨inf.⟩ *I didn't go much on his new book.*

bekoring 0.1 [aantrekking] *charm(s)* ⇒*appeal,* ⟨verleidelijkheid⟩ *allure* **0.2** [verleiding tot het kwaad] *temptation* ◆ **3.1** zijn ~ verliezen *lose one's c.* **6.1 onder** iemands ~ komen *come under s.o.'s spell* **6.2** leid ons niet **in** ~ *lead us not into t.*

bekorten 0.1 *cut short* ⇒*shorten, curtail,* ⟨boek ook⟩ *abridge* ◆ **6.1** zijn reis **met** een week ~ *cut one's journey short by a week.*

---

bekostigen 0.1 *bear/defray the cost of* ⇒*pay for, fund* ◆ **3.1** ik kan dat niet ~ *I can't afford that.*

bekrachtigen 0.1 [officieel erkennen] *ratify* ⇒*confirm, pass* ⟨wet⟩, ⟨koninklijk⟩ *assent to* **0.2** [bevestigen] *confirm;* ⟨vonnis ook⟩ *uphold* ◆ **1.1** een testament ~ *authenticate a will* **3.1** ⟨mbt. wet⟩ bekrachtigd worden *be passed* ⟨door senaat enz.⟩; *receive (the royal) assent* ⟨door koning(in)⟩ **6.2** een verklaring **met** een eed ~ *c. a statement on oath.*

bekrachtiging 0.1 [wettiging] *ratification* ⇒*confirmation, authentication* ⟨testament⟩, *passing* ⟨wet⟩, ⟨koninklijk⟩ *assent* **0.2** [bevestiging] *confirmation;* ⟨vonnis⟩ *upholding* **0.3** [vnl. in samenst.; versterking v.e. uitgeoefende kracht] *servo-mechanism* ◆ **1.3** rem/stuurbekrachtiging *servo-assisted brakes, power steering.*

bekrassen 0.1 *scratch* ⇒⟨krabbelen op⟩ *scrawl on.*

bekritiseren 0.1 *criticise* ⇒*find fault with* ◆ **5.1** iem./iets scherp/fel ~ *heap criticism on s.o./sth.*

bekrompen 0.1 [kleingeestig] *narrow(-minded)* ⇒*petty, blinkered,* ⟨sterker⟩ *bigoted,* ⟨ouderwets⟩ *hidebound* **0.2** [niet ruim] *cramped* ⇒*confined* ◆ **1.1** ~ opvattingen *narrow views* **3.2** ~ wonen *live in cramped conditions.*

bekronen 0.1 [een prijs toekennen aan] *award a prize to* **0.2** [een goed einde geven aan] *crown* ⇒*top/round off* **0.3** [van boven bedekken] *crown* ◆ **1.1** een bekroond ontwerp *a (prize-/award-)winning design* **1.3** een kasteel bekroonde de heuvel *a castle crowned the hill* **6.2** zijn inspanningen werden **met** een goed rapport bekroond *his efforts were rewarded with a good report.*

bekroning 0.1 [toekenning v.e. prijs; toegekende prijs] *award* **0.2** [gelukkige voltooiing] *pinnacle* ⇒*acme* **0.3** [versierende top] *crown(ing)* ◆ **1.2** het eredoctoraat betekent de ~ van zijn levenswerk *his life's work has been crowned by this honorary degree.*

bekruipen 0.1 [mbt. gevoelens] *come over* ⇒*steal over* **0.2** [heimelijk naderen] *steal/creep up on* ◆ **1.1** het spijt me, maar nu bekruipt me toch het gevoel dat ... *I'm sorry, but I've got a sneaking feeling that ...;* als ik zoiets hoor bekruipt de lust om ... *when I hear sth. like that I feel like ...-ing.*

bekvechten 0.1 *argue* ⇒*bicker.*

bekwaam 0.1 [kundig] *competent* ⇒*capable, able, efficient* **0.2** [doelmatig, gepast] *due, appropriate* **0.3** [jur.; bevoegd] *competent (to)* ⇒*authorized (to)* ◆ **1.2** met bekwame spoed *with (all) d. despatch* **6.1** hij is zeer ~ **in** zijn vak *he is very competent in his field.*

bekwaamheid 0.1 [eigenschap] *competence* ⇒*(cap)ability, capacity, efficiency, skill* **0.2** [jur.; bevoegdheid] *competence* ⇒*authority.*

bekwamen ⟨ov.ww., wk.ww.; zich ~⟩ **0.1** *qualify* ⇒⟨wk.ww. ook⟩ *train (o.s.), study,* ⟨ov.ww. ook⟩ *train,* ⟨ov.ww. ook⟩ *teach* ◆ **5.1** zich verder ~ *undergo further training* **6.1** zich **in** iets ~ *train (o.s.) for sth.*

bel 0.1 [mbt. klank] *bell* ⇒⟨aan deur⟩ *chime, gong (bell),* ⟨inf.⟩ *ding-dong* **0.2** [gas/luchtbel] *bubble* **0.3** [groot glas] *(brandy) balloon* ⇒*snifter* ◆ **3.1** de ~ gaat *there's s.o. at the door;* ik laat de ~ driemaal overgaan *I'll let the phone ring three times;* de ~ luiden *ring the b.* **3.2** -len blazen *blow bubbles* **6.1 aan** de ~ trekken bij een instantie ⟨fig.⟩ *notify an organisation;* **aan** de ~ trekken ⟨fig.⟩ *sound the alarm;* **op** de ~ drukken *press the b.*

belabberd ⟨inf.⟩ **0.1** *rotten* ⇒*lousy, rough* ◆ **3.1** ik vind het ~ voor je *that's rough/tough on you;* ik voel me nogal ~ *I feel pretty rough/* ⟨vnl. mbt. kater⟩ *fragile.*

belachelijk 0.1 *ridiculous* ⇒*absurd, laughable, ludicrous* ◆ **1.1** dat ~e mens van hiernaast *that r. woman next door;*

weggaan voor een ~e prijs ⟨lage⟩ *go for a song* **2.1** op een ~ vroeg uur *at some ungodly hour* **3.1** doe niet zo ~ *stop making such a fool of yourself;* iem. ~ maken *make a fool of s.o.;* zich ~ maken *make a fool of o.s.*

beladen[1] ⟨bn.⟩ **0.1** *emotionally charged.*

beladen[2] ⟨ov.ww.⟩ **0.1** *load* ⟨ook fig.⟩ ⇒*burden* ◆ **5.1** een rijk ~ dis *a richly-laden table;* een te zwaar ~ wagen *an overloaded car.*

belagen 0.1 [zich verdringen rond] *beset* ⇒⟨sterker⟩ *besiege, beleaguer, corner* **0.2** [bedreigen] *menace* ⇒*endanger* ◆ **1.1** de minister werd belaagd door journalisten *the minister was cornered by the press.*

belager 0.1 *waylayer* ⇒*attacker.*

belanden 0.1 *land (up)* ⇒*end up/finish, find o.s.* ◆ **6.1** ~ bij *end up/finish at;* hij belandt nog eens in de gevangenis *he'll land up in jail (the way he's going);* (toevallig) in een café ~ *find o.s. in a pub;* waardoor hij in de gevangenis belandde *which landed him in prison.*

belang 0.1 [iets dat iem. raakt ivm. voordeel/voorspoed] *interest* ⇒*concern,* ⟨baat⟩ *good* **0.2** [belangstelling] *interest (in)* **0.3** [gewicht, waarde] *importance* ⇒*significance* ◆ **2.1** het algemeen ~ *the public i.;* het is in je eigen ~ *it's in your own i.;* tegengestelde ~ en hebben *have conflicting interests* **2.3** (een zaak) v.h. hoogste ~ *(a matter) of major concern;* een zaak van ondergeschikt ~ *a matter of minor i.* **3.1** iemands ~ en behartigen *look after s.o.'s interests;* ~(en) hebben in een bedrijf *have an i. in a company;* ~ bij iets hebben *have an i. in sth.;* hij heeft er alle ~ bij het te verzwijgen *he has every reason to keep it quiet;* iemands ~ en schaden/benadelen *harm/prejudice s.o.'s interests* **3.2** ~ stellen in *be interested/take an i. in* **3.3** veel ~ hechten aan iets *set great store by sth.* **6.1** in het ~ van uw gezondheid *for the sake of your health* **6.3** de presentatie is daarbij van groot ~ *the presentation matters greatly.*

belangeloos 0.1 [onbaatzuchtig] *unselfish* ⇒*selfless* **0.2** [gratis] *free of charge* ◆ **1.1** belangeloze hulp *help with no strings attached* **3.2** de artiesten zullen geheel ~ optreden *the performers will appear entirely free of charge.*

belangengroep, belangenorganisatie 0.1 *lobby* ⇒*pressure group.*

belangenspreiding 0.1 *spread of interests* ⇒⟨ec.⟩ *diversification.*

belangenstrijd, -tegenstelling 0.1 *conflict/clash of interests.*

belangenvereniging 0.1 *association* ⇒*pressure group, lobby.*

belanghebbend 0.1 *interested* ⇒*concerned* ◆ **1.1** ~ e partijen *i. parties, parties concerned.*

belanghebbende 0.1 *interested party* ⇒*party concerned.*

belangrijk I ⟨bn.⟩ **0.1** [van grote betekenis] *important* ⇒*significant* **0.2** [groot] *considerable* ⇒*substantial, major* ◆ **1.1** een ~ e dag *an i. day;* de ~ ste gebeurtenissen *the main/major events* **1.2** in ~ e mate *considerably, substantially* **3.1** zijn gezin ~ er vinden dan zijn carrière *put one's family before one's career;* ~ zijn *matter, be i.* **4.1** wel wat ~ ers te doen hebben *have more important things to do, have other fish to fry* **5.1** en wat nog ~ er is ... *and, more important(ly),* ... **6.1** ~ voor iem. *i. to s.o.;*

II ⟨bw.⟩ **0.1** [zeer veel] *considerably* ⇒*appreciably.*

belangrijkheid 0.1 *importance* ⇒*significance.*

belangstellend I ⟨bn.⟩ **0.1** [geïnteresseerd] *interested* ⇒ ⟨bezorgd⟩ *concerned* ◆ **3.1** ze waren heel ~ *they were very attentive;*

II ⟨bw.⟩ **0.1** [geïnteresseerd] *interestedly* ⇒*with interest,* ⟨bezorgd⟩ *with concern.*

belangstellende 0.1 *person interested* ⇒*interested party* ◆ **2.1** eventuele ~ n *anyone interested.*

belangstelling 0.1 *interest (in)* ◆ **1.1** blijken van ~ *signs of i.;* ⟨medelijden⟩ *expressions of concern;* wegens gebrek aan ~ *for lack of i.;* in het middelpunt v.d. ~ staan *be the centre of i.* **2.1** een man met een brede ~ *a man of wide interests* **3.1** toen zijn ~ eenmaal gewekt was *once his i. had been aroused;* ~ tonen voor iets *show (an) i. in sth.;* veel ~ trekken *attract a great deal of i.;* ~ voor iets verliezen *lose i. in sth.* **6.1** in de ~ staan *receive a lot of attention;* onder grote publieke ~ *amid great public i.;* uit ~ *out of i.;* voor dit artikel bestond grote ~ *there was great i. in this article* **7.1** geen ~ meer voor iets hebben *have lost i. in sth., no longer be interested in sth.;* daar heb ik geen ~ voor *I'm not interested in (that).*

belangwekkend 0.1 *interesting.*

belast 0.1 [als toegewezen taak hebbend] *responsible (for)* ⇒*in charge (of)* **0.2** [met een last bezwaard] *loaded (up/down)* ⇒*laden* ⟨ook fig. en in samenstellingen⟩ ◆ **3.2** ~ en beladen *heavily laden* **5.**¶ erfelijk ~ zijn *have a hereditary defect* **6.1** ~ zijn met *be r. for.*

belastbaar 0.1 [belast kunnende worden] *capable of carrying a load* **0.2** [waarvan belasting mag worden geheven] *taxable* ⇒*liable to tax* ◆ **1.2** ~ inkomen *t. income* **3.1** de vloer is ~ met 1000 kg/m³ *the floor has a load-bearing capacity of 1000 kg/m³.*

belasten 0.1 [gewichten plaatsen op] *load* **0.2** [als prestatie vergen van] *(place a) load (on)* **0.3** [opdracht geven] *make responsible (for)* ⇒*put in charge (of)* **0.4** [bezwaren met een verplichting] *burden, charge* ⇒*encumber* **0.5** [belasting leggen op] *tax* ⇒*charge duty on* ⟨douane⟩, *charge excise on* ⟨accijns⟩ ◆ **5.1** iets te zwaar ~ *overload sth.* **5.3** iem. te zwaar ~ *overtax s.o.* **6.3** iem. met een taak ~ *put s.o. in charge of a task* **6.5** ~/belast met btw *t./taxed with VAT.*

belastend 0.1 *aggravating* ⟨omstandigheden⟩; ⟨jur.⟩ *incriminating* ⟨bewijzen⟩; *damning, damaging* ⟨feiten, beweringen⟩.

belasteren 0.1 *slander* ⟨ook jur.⟩ ⇒*malign,* ⟨in geschrifte⟩ *libel.*

belasting 0.1 [druk door een last] *load* ⇒*stress* **0.2** [psychische druk] *burden, pressure* **0.3** [verplichte bijdrage aan de overheid] *tax(ation)* ⇒⟨plaatselijk, op onroerend goed; BE⟩ *rate(s)* **0.4** [bedrag] *tax* ⇒*rates* **0.5** [dienst] *tax authorities* ⇒±ᴮ*Inland Revenue,* ±ᴬ*IRS,* ±*Internal Revenue Service* **0.6** [genetica] *hereditary defect* ◆ **1.1** ⟨fig.⟩ ~ v.h. milieu met chemische producten *burdening of the environment with chemicals* **2.1** dode ~ *dead weight;* nuttige ~ *payload;* de maximaal toelaatbare ~ *the maximum permitted l.;* bij volle ~ *when fully laden* **2.2** de studie is een te grote ~ voor haar *studying is too much for her* **2.3** (in)directe ~ en *(in)direct taxes* **3.3** geen ~ betalen ⟨legaal ook⟩ *avoid tax;* ~ heffen *levy taxes;* ~ inhouden op het loon *deduct tax from s.o.'s wages;* ~ innen *collect tax(es);* ~ ontduiken *evade tax* **6.3** in de ~ aangeslagen worden *be assessed for tax* **6.5** hij werkt bij de ~ en *he works for the t.a.;* iem. van de ~ en *s.o. from the tax office.*

belastingaangifte 0.1 *tax return* ◆ **3.1** zijn ~ doen *make one's t. r.*

belastingaanslag 0.1 *tax assessment* ◆ **2.1** een voorlopige/definitieve ~ *a provisional/final t. a.*

belastingadviseur, -consulent 0.1 *tax consultant.*

belastingaftrek 0.1 *tax deduction* ⇒⟨BE ook⟩ *tax relief* ◆ **3.1** (geen) ~ genieten *(not) be entitled to tax deductions.*

belastingambtenaar 0.1 *tax officer/official.*

79

belastingbetaler 0.1 *taxpayer.*
belastingbiljet, -formulier 0.1 *tax (declaration) form* ⇒ *tax return* ◆ 3.1 zijn ~ invullen *fill in one's t.f.*
belastingdienst 0.1 *tax department* ⇒^B*Inland Revenue,* ^A*IRS,* ^A*Internal Revenue Service.*
belastingfraude 0.1 *tax fraud.*
belastinggelden 0.1 *tax money/revenues.*
belastinggids 0.1 *taxpayer's handbook/guide.*
belastinggroep 0.1 *tax bracket/group.*
belastingheffing (ec.) 0.1 *taxation* ⇒*levying of taxes.*
belastinginspecteur 0.1 *tax inspector.*
belastingjaar 0.1 *fiscal/tax year.*
belastingkantoor 0.1 *tax(-collection) office.*
belastingklimaat 0.1 *tax environment.*
belastingontduiking 0.1 *tax evasion/dodging.*
belastingontvanger 0.1 *collector of taxes.*
belastingparadijs 0.1 *tax haven.*
belastingplichtig 0.1 *liable to (pay) tax* ⇒*taxable.*
belastingplichtige 0.1 *taxpayer.*
belastingschijf 0.1 *tax(ation) bracket.*
belastingschuld 0.1 *(tax) arrears.*
belastingstelsel, -systeem 0.1 *tax system* ⇒*system of taxation.*
belastingtarief 0.1 *tax rate.*
belastingtechnisch 0.1 *taxational.*
belastingtelefoon 0.1 *taxline* ⇒*tax information service.*
belastingteruggave 0.1 *tax rebate.*
belastingverhoging 0.1 *tax increase.*
belastingverlaging 0.1 *tax reduction/cut* ⇒*cut in taxes.*
belastingvoordeel 0.1 *tax/fiscal advantage/benefit.*
belastingvrij 0.1 *tax-free* ⇒*duty-free/paid* ⟨van goederen⟩, *untaxed* ⟨van accijns⟩.
belatafeld→**belazerd** 0.1.
belazerd (inf.) 0.1 [gek] *crazy* 0.2 [erg slecht] *lousy* ◆ 3.1 ja, ik ben daar ~ *you must think I'm mad;* ben je ~! *you must be out of your mind!*
belazeren (inf.) 0.1 *cheat* ⇒*make a fool of* ◆ 3.1 ik laat me niet ~ *you won't catch me doing that!*
belbus 0.1 *call-up bus service.*
belcanto 0.1 *bel canto.*
beledigen 0.1 [kwetsen] *offend* ⇒⟨sterker⟩ *insult* 0.2 [in strijd zijn met] *offend* ◆ 1.1 (jur.) de beledigde partij *the injured party* 3.1 zich beledigd achten/voelen door *be/feel offended by* 5.1 gauw beledigd zijn *be quick to take offence* ¶.1 mevrouw was weer eens beledigd *Her Ladyship had gone off in a huff again.*
beledigend 0.1 *offensive (to)* ⇒*insulting/abusive (to).*
belediging 0.1 [kwetsing] *insult* ⇒*affront* 0.2 [beledigende uiting] *insult* ⇒*(piece of) abuse* 0.3 [jur.] *defamation (of character)* ◆ 2.1 een grove/zware ~ *a gross/serious i.* 3.1 een ~ moeten slikken/incasseren *have to swallow an i.* 6.3 ~ van een ambtenaar in functie *insulting behaviour towards an official* ⟨tgov. politieagent door arrestant ook⟩ *obstructing a police officer in the execution of his duty.*
beleefd 0.1 *polite* ⇒*courteous,* ⟨welgemanierd⟩ *well-mannered,* ⟨ook koel⟩ *civil* ◆ 1.1 een ~ bedankje *(a) p. acknowledgement/*⟨weigering⟩ *refusal* 3.1 het is niet meer dan ~ te ... *it's only common courtesy to ...;* wij verzoeken u ~ doch dringend ... *we urgently request you to ...;* ~ tegen iem. zijn *be p. to s.o.* 5.1 dat is niet ~ *that's bad manners/not p.;* hij had toch zo ~ kunnen zijn om ... *he could have had the (good) grace to ...*
beleefdheid 0.1 [welgemanierdheid] *politeness* ⇒*courtesy, courteousness, civility* 0.2 [uiting, handeling] *courtesy* ⇒*civility* ◆ 2.1 de burgerlijke ~ in acht nemen *show com-*

belastingbetaler - belenen

mon courtesy 3.¶ de vergoeding laat ik aan uw ~ over *I will leave the matter of compensation to your discretion* 6.1 iets doen uit ~ *do sth. out of p./courtesy.*
beleefdheidsbezoek 0.1 *courtesy call/visit.*
beleefdheidshalve 0.1 *out of politeness/courtesy.*
beleg 0.1 [belegering] *siege* 0.2 [broodbeleg] *(sandwich) filling* 0.3 [naaiwerk] *facing* ◆ 1.1 de staat van ~ afkondigen *declare martial law* 3.1 het ~ slaan (voor) *lay s. (to).*
belegen 0.1 *mature(d)* ⇒⟨kaas ook⟩ *ripe, seasoned* ⟨hout⟩, ⟨fig.⟩ *stale* ◆ 5.1 jong/licht ~ kaas *semi-mature(d) cheese.*
belegeraar 0.1 *besieger.*
belegeren 0.1 [mil.] *besiege* ⇒*lay siege to* 0.2 [fig.] *besiege.*
belegering 0.1 *siege.*
beleggen I ⟨onov., ov.ww.⟩ 0.1 [geldw.] *invest* ◆ 1.1 kapitaal/winst opnieuw ~ *reinvest capital, plough back profits* 6.1 in effecten ~ *i. in stocks and shares;*
II ⟨ov.ww.⟩ 0.1 [bijeenroepen] *convene* ⇒*call* 0.2 [bedekken] *cover* ⇒*fill, put meat* ⟨enz.⟩ *on* ⟨boterham⟩, *trim* ⟨japon⟩, *overlay* ⟨fineerhout, goud⟩ ◆ 1.1 een vergadering ~ *call a meeting* 1.2 belegde broodjes *(ham/cheese etc.) rolls.*
belegger 0.1 *investor.*
belegging 0.1 [geldw.] *investment* 0.2 [het beleggen v.e. oppervlak] *covering* ⇒*filling* ◆ 6.1 ~ op lange termijn *long-term i.*
beleggingsfonds 0.1 [instelling] *investment trust/fund* 0.2 [effecten] *±gilt-edged/government securities.*
beleggingsmaatschappij 0.1 *investment company.*
belegsel 0.1 *covering* ⇒*trimming* ⟨japon⟩, *facings* ⟨uniform⟩, *overlay* ⟨fineerhout, goud⟩.
beleid 0.1 [wijze van behandeling] *policy* ⟨vaak mv.⟩ 0.2 [overleg] *tact* ⇒*discretion* ◆ 1.1 het ~ van deze regering *the policies of this government* 2.1 verkeerd/slecht ~ *mismanagement* 3.1 flankerend ~ *flanking measures;* een ~ uitstippelen *set out a p.;* een ~ voeren *pursue a p.* 6.2 met ~ te werk gaan *handle things tactfully.*
beleidslijn 0.1 *(line of) policy.*
beleid(s)maker 0.1 *policymaker.*
beleidsmatig 0.1 (bn.) *policy;* ⟨bw.⟩ *In accordance with policy.*
beleidsnota 0.1 *policy document.*
beleidsombuiging 0.1 [wijziging van beleid] *policy review* ⇒*change in policy* 0.2 [bezuiniging] *cut(back).*
beleidsruimte 0.1 *scope for policymaking.*
beleidsvorming 0.1 *policymaking.*
belemmeren 0.1 *hinder* ⇒*hamper,* ⟨sterker⟩ *impede,* ⟨storend werken op⟩ *interfere with,* ⟨onmogelijk maken⟩ *obstruct,* ⟨onmogelijk maken⟩ *block* ◆ 1.1 de groei ~ van ⟨ook⟩ *stunt/check the growth of;* de rechtsgang ~ *obstruct the course of justice;* iem. het uitzicht ~ *obstruct/block s.o.'s view* 6.1 een ambtenaar ~ **in** de uitoefening van zijn ambt *obstruct an official in the exercise of his duty.*
belemmering 0.1 [handeling] *hindering* ⇒*impeding, interference, obstruction* 0.2 [middel] *hindrance* ⇒*impediment, interference, obstruction* ◆ 1.2 ~ v.d. groei *impediment to growth* 3.2 een ~ vormen voor *stand in the way of* 6.2 (jur.) *zonder* (enige) ~ *(beletsel) without let or hindrance* ¶.2 iem. ~ en in de weg leggen *put obstacles in s.o.'s way;* een ~ uit de weg ruimen *remove an obstacle.*
belendend 0.1 *adjoining* ⇒*adjacent, neighbouring* ◆ 1.1 de ~e percelen *the adjoining properties/*⟨gebouwen ook⟩ *premises.*
belenen 0.1 *pawn* ⟨goederen⟩; ⟨bij bank⟩ *borrow money on, raise a loan on* ◆ 1.1 effecten ~ *raise a loan on (the security of) stocks and shares.*

belerend 0.1 *pedantic.*

belet ⟨schr.⟩ ◆ **3.**¶ ~ geven *refuse to see s.o.;* ~ hebben *be otherwise engaged;* ~ krijgen *be refused an appointment;* ~ (laten) vragen *ask for an appointment.*

beletsel 0.1 [hindernis] *obstacle* ⇒*impediment* **0.2** [bezwaar] *hindrance* ⇒*impediment* ◆ **2.2** wettelijk ~ *legal impediment.*

beletten 0.1 *prevent (from)* ⇒*obstruct* ◆ **1.1** het belette hem het spreken *it made it impossible for him to speak;* iem. de toegang ~ *bar the way;* ⟨jur.⟩ de uitvoering v.e. vonnis ~ *obstruct the execution of a sentence* **3.1** iem. ~ iets te doen *p./keep s.o. from doing sth.*

beleven 0.1 [meemaken] *go through* ⇒*experience* **0.2** [lang genoeg leven om iets mee te maken] *live to see* **0.3** [leven in] *live in* ◆ **1.1** de meest spannende avonturen ~ *have the most exciting adventures;* plezier ~ aan *enjoy* **1.2** zijn tachtigste verjaardag ~ *live to see one's eightieth birthday,* live to be eighty **1.3** moeilijke tijden ~ *live in troubled times* **3.1** hier valt niets te ~ *there's nothing doing (a)round here;* nu zul je eens iets ~! *now you'll see sth.!,* watch this!; wat zullen we nu ~? *what's this supposed to mean?,* what do you think you're doing? **3.2** dat ik dit nog mag ~ *that I should live to see this!* **4.1** in Amsterdam, daar valt wat te ~ *Amsterdam, that's where the action is* **8.2** we zullen het nog ~ dat ...*next thing,...,* before we know it, ... ¶.**1** er is daar voor de kinderen van alles te ~ *it's a great place to take the kids.*

belevenis 0.1 *experience* ⇒*adventure.*

beleving 0.1 *perception.*

belevingswereld 0.1 *experience(s)* ⇒(perception of the) environment ◆ **3.1** het moet aansluiten bij de ~ v.d. leerlingen *it should be geared to the pupils' perception of their environment.*

belezen 0.1 *well-/widely-read* ⇒*literate.*

Belg 0.1 *Belgian* ◆ **3.1** hij is een ~ *he's (a) B.*

belgenmop 0.1 *Belgian joke* ⇒⟨GB⟩ *Irish*/⟨USA⟩ *Polish joke.*

België 0.1 *Belgium.*

Belgisch 0.1 *Belgian.*

Belgrado 0.1 *Belgrade.*

belhamel 0.1 [kind] *scamp* **0.2** [ram met bel] *bellwether.*

belichamen 0.1 *embody* ⇒⟨als persoon⟩ *personify.*

belichaming 0.1 *embodiment* ⇒⟨als persoon⟩ *personification.*

belichten 0.1 [licht laten vallen op] *illuminate* ⇒*light (up)* **0.2** [uiteenzetten] *discuss* ⇒*shed/throw light on* **0.3** [foto.] *expose* ◆ **1.2** een probleem van verschillende kanten ~ *discuss different aspects of a problem* **5.3** een opname te lang/kort ~ *overexpose/underexpose a shot.*

belichter 0.1 *lighting technician.*

belichting 0.1 [mbt. toneel/schilderij] *lighting* **0.2** [uiteenzetting] *elucidation* ⇒*clarification* **0.3** [foto.] *exposure.*

belichtingsmeter ⟨foto.⟩ **0.1** *exposure meter* ⇒*light meter.*

belichtingstechnicus 0.1 *lighting technician.*

belichtingstijd ⟨foto.⟩ **0.1** *exposure (time).*

believen[1] ⟨het⟩ **0.1** [welbehagen] *liking* ⇒*satisfaction* **0.2** [goeddunken] *discretion* ◆ **6.1** is alles naar ~? *is everything to your l.?* **6.2** ergens naar ~ gebruik van mogen maken *be free to do/use sth.;* suiker toevoegen naar ~ *add sugar to taste.*

believen[2] ⟨schr.⟩ **I** ⟨onov.ww.⟩ **0.1** [behagen aan] *please* ◆ **1.1** als het God belieft *God willing;* **II** ⟨ov.ww.⟩ **0.1** [willen hebben] *want* ⇒*desire* **0.2** [willen doen] *choose (to)* ⇒*prefer (to)* ◆ **1.1** belieft u een kop koffie? *would you like a cup of coffee?* **3.2** hij belieft dat in

twijfel te trekken *he chooses to doubt it* **4.1** wat belieft u? *(I beg your) pardon?*

belijden 0.1 [bekennen] *confess* ⇒*admit,* ⟨openlijk⟩ *avow* **0.2** [een geloof aanhangen] *profess* **0.3** [(geloofs)overtuiging uitdragen] *avow* ◆ **1.1** schuld ~ *c./admit (one's) guilt* **1.2** ~d lid v.e. kerk *practising member of a church* **6.3** iets met de mond ~ *pay lip-service to sth.*

belijdenis 0.1 [verklaring] *confession (of faith)* ⇒⟨als lidmaat⟩ *confirmation* **0.2** [leerstellingen] *creed* ⇒⟨kerkgenootschap⟩ *denomination* **0.3** [bekentenis] *confession* ◆ **3.1** ⟨fig.⟩ ik hoef hier geen ~ af te leggen *I don't need to make a confession of faith here;* ~ doen *be confirmed.*

belijder, -es 0.1 *adherent.*

belle ⟨sport⟩ **0.1** *decider* ⇒⟨schermen⟩ *barrage.*

bellen I ⟨onov.ww.⟩ **0.1** [aanbellen] *ring (the bell)* **0.2** [een signaal geven] *ring (a/the bell)* ⇒*sound a/the bell* ◆ **1.2** de fietser belde the cyclist rang *his bell* **3.1** er wordt gebeld! *there's a ring at the door;*
II ⟨onov., ov.ww.⟩ **0.1** [opbellen] *ring (up)* ⇒*call* ◆ **3.1** kan ik even ~? *may I use the (tele)phone?* **6.1** met iem. ~ *give s.o. a ring;*
III ⟨ov.ww.⟩ **0.1** [door een bel (iem.) roepen] *ring for.*

bellenblazen 0.1 *blow bubbles.*

belletje 0.1 [inf.; telefoontje] *buzz, call, ring* ◆ **3.**¶ ⟨kinderspel⟩ ~ trekken *ring the bell(s) and run away.*

bellettrie 0.1 *belles-lettres* ⇒*literature.*

beloeren 0.1 [loeren op] *watch (secretly)* **0.2** [bespieden] *spy on.*

belofte 0.1 *promise* ⇒⟨plechtig⟩ *pledge* ◆ **1.1** ~n van trouw *lovers' vows* **3.1** iem. aan zijn ~ houden *keep s.o. to his promise;* ⟨jur.⟩ een ~ afleggen (ipv. eed) *affirm;* iem. een ~ doen *make s.o. a promise;* dat houdt grote ~n in voor de toekomst *that promises well for the future;* zijn ~ nakomen tegenover iem. *keep/fulfil one's promise to s.o.;* zijn ~ (ver)breken *break one's promise* ¶.**1** ⟨sprw.⟩ ~ maakt schuld *promise is debt.*

belonen 0.1 [betalen] *pay* ⇒⟨vinder van verloren voorwerp enz.⟩ *reward* **0.2** [voldoening geven voor] *reward* ⇒*repay* ◆ **1.2** uw moeite zal dubbel en dwars beloond worden *your efforts will be amply rewarded.*

beloning 0.1 *reward* ⇒⟨loon⟩ *pay(ment)* ◆ **3.1** een ~ uitloven *offer a r.* **6.1** ter/als ~ ⟨van/voor⟩ *as a/in r. (for).*

beloop 0.1 *course* ⇒*way* ◆ **6.1** iets op zijn ~ laten *let sth. take its c.;* ⟨nalatig zijn ook⟩ *let things slide.*

belopen 0.1 [lopen over] *walk (along/up/down)* **0.2** [lopende afleggen] *walk* **0.3** [bedragen] *amount to* ⇒*total,* ⟨schade, schuld ook⟩ *run to* **0.4** [zich verbreiden over, door] *run* ◆ **1.4** een (met bloed) ~ oog *a bloodshot eye* **3.2** die afstand is in één dag niet te ~ *it's not a distance you can w. in one day* **6.3** het beloopt **over** de honderd gulden *it comes to over a hundred guilders.*

beloven 0.1 [toezeggen] *promise* ⇒⟨plechtig⟩ *vow,* ⟨plechtig⟩ *pledge* **0.2** [in het vooruitzicht stellen] *promise* ◆ **1.2** dat belooft niet veel goeds *that does not augur well* **3.2** het belooft een mooie dag te worden *it has all the signs of being a lovely day* **4.2** dat belooft wat! *(positief) that's promising!;* ⟨negatief⟩ *that spells trouble!* ¶.**2** het wordt flink aanpakken, dat beloof ik je *it's going to be hard work, I (can) p. you!*

beluisteren 0.1 [luisteren naar] *listen to;* ⟨omroep ook⟩ *listen in to* **0.2** [luisterend waarnemen] *hear* ⇒*overhear* **0.3** [afluisteren] *listen in on* ⇒⟨radio ook⟩ *monitor* ◆ **1.1** het programma is iedere zondag te ~ *the programme is broadcast every Sunday* **1.2** hij meende enige aarzeling te ~ in hun reacties *he seemed to detect some hesitation in their reactions.*

belust 0.1 ⟨+ op⟩ *bent (on)* ⇒*out (for)* ⟨wraak, sensatie⟩.

bemachtigen 0.1 [te pakken krijgen] *get hold of* ⇒*get/lay one's hands on* **0.2** [zich meester maken van] *seize* ⇒*capture, take (possession of), acquire* ⟨diploma enz.⟩ ◆ **1.1** een zitplaats ~ *secure a seat* **1.2** de troon (onrechtmatig) ~ *usurp the throne.*

bemalen 0.1 *drain.*

bemannen 0.1 *man* ⇒*staff,* ⟨schip ook⟩ *crew,* ⟨vesting ook⟩ *garrison* ◆ **1.1** een bemand ruimtevaartuig *a manned spacecraft* **1.1** onvoldoende bemand *undermanned, understaffed;* ⟨schip ook⟩ *below full complement.*

bemanning 0.1 [personeel] *crew;* ⟨schip ook⟩ *ship's company, complement;* ⟨vesting ook⟩ *garrison* **0.2** [het van personeel voorzien] *manning* ◆ **2.1** de voltallige ~ *(full) complement.*

bemanningslid 0.1 *crewman* ⇒*member of the crew, hand,* ⟨v.e. duikboot⟩ *submariner.*

bemerken 0.1 *notice* ⇒*note.*

bemesten 0.1 *manure* ⇒⟨ihb. anorganisch⟩ *fertilize, dress (with manure/fertilizer).*

bemesting 0.1 *manuring* ⇒⟨ihb. met kunstmest⟩ *fertilization.*

bemeten 0.1 *-sized* ⇒*of ... dimensions* ◆ **5.1** met drie uur is de tijd wat krap ~ *three hours is a bit on the short side;* een ruim ~ plaats *a spacious area.*

bemeubelen ⟨AZN⟩ **0.1** *furnish.*

bemiddelaar, -ster, -lares 0.1 [tussenpersoon] *intermediary* ⟨m., v.⟩ ⇒⟨mbt. geschil⟩ *mediator* ⟨m., v.⟩, ⟨v. ook⟩ *mediatrix,* ⟨internationaal ook⟩ *honest broker,* ⟨ambtelijk ook⟩ *arbitrator,* ⟨ambtelijk ook⟩ *conciliator,* ⟨ambtelijk ook⟩ *arbitration officer* ⟨m., v.⟩, ⟨inf.⟩ *go-between* **0.2** [mbt. een arbeidsbureau] *employment officer* ◆ **8.1** als ~ optreden *mediate, arbitrate, act as (a) mediator.*

bemiddelbaar 0.1 *employable.*

bemiddeld 0.1 *affluent* ⇒*well-to-do* ◆ **1.1** een ~ man *a man of means, a well-to-do man* **3.1** ~ zijn *be well-off.*

bemiddelen 0.1 *mediate* ⇒⟨ambtelijk ook⟩ *arbitrate* ◆ **3.1** ~d optreden (in) *act as a mediator/arbitrator (in).*

bemiddeling 0.1 *mediation* ⇒⟨ambtelijk ook⟩ *arbitration, conciliation* ◆ **3.1** de ~ inroepen van (een notaris) *appeal to (a notary);* ~ verlenen bij een verkoop *act as intermediary for a sale* **6.1** door ~ van *through (the agency of);* ⟨beleefd ook⟩ *through the kind offices of.*

bemiddelingsvoorstel 0.1 *compromise (proposal).*

bemind 0.1 *dear (to)* ⇒*(well- / much-)liked (by)* ◆ **3.1** door zijn charme maakte hij zich bij iedereen ~ ⟨ook⟩ *his charm endeared him to everyone;* zich ~ trachten te maken bij *try to ingratiate o.s. with.*

beminde 0.1 *beloved* ⇒*sweetheart.*

beminnelijk 0.1 *amiable* ⇒*engaging.*

beminnen ⟨schr.⟩ **0.1** ⟨ongemarkeerd⟩ *love* ⇒*hold dear.*

bemoederen 0.1 *mother.*

bemoedigen 0.1 *encourage* ⇒*hearten* ◆ **5.1** weinig ~d *discouraging, disheartening.*

bemoeial 0.1 *busybody.*

bemoeien ⟨wk.ww.; zich ~⟩ **0.1** [mbt. iets waar men niets mee te maken heeft] *meddle (in)* ⇒*interfere (in)* **0.2** [mbt. het in orde maken van iets] *deal with* ⇒*look after,* ⟨zich mengen in⟩ *step in* **0.3** [mbt. personen] *have (sth.) to do with (s.o.)* ◆ **5.1** bemoei je er niet mee! ⟨ook⟩ *stay out of this (will you?);* ik wil me er niet mee ~ maar ... *of course it's none of my business, but ...;* bemoei je niet overal mee! *mind your own business!;* waar bemoei je je eigenlijk mee? *what's that got to do with you?* **5.2** daar bemoei ik me niet mee *I don't want to get mixed up in that;* zich nergens mee

~ *keep well out of things/it* **6.3** ze bemoeit zich **met** niemand *she keeps herself (very much) to herself.*

bemoeienis, bemoeiing 0.1 [moeite] *pains* ⇒*trouble* **0.2** [betrokkenheid] *concern* ⇒*involvement* **0.3** [inmenging] *interference* ◆ **3.2** geen ~ hebben met *not be concerned with, have nothing to do with.*

bemoeilijken 0.1 *hamper* ⇒*hinder, impede* ⟨voortgang⟩, ⟨situatie ook⟩ *aggravate,* ⟨situatie ook⟩ *complicate.*

bemoeiziek 0.1 *interfering* ⇒*meddlesome* ◆ **3.1** ~ zijn *be a meddling (old) busybody.*

bemoeizucht 0.1 *meddlesomeness* ⇒*interference.*

benadelen 0.1 *harm* ⇒*put at a disadvantage, handicap,* ⟨jur.⟩ *prejudice* ⟨rechten⟩ ◆ **1.1** hierdoor wordt het bedrijf voor miljoenen benadeeld *this means a loss of millions to the firm* **3.1** zich benadeeld voelen *feel badly done by* **6.1** ⟨jur.⟩ iem. **in** zijn rechten ~ *infringe s.o.'s rights* **7.1** ⟨jur.⟩ de benadeelde *the injured party.*

benaderbaar 0.1 *approachable* ⇒*accessible.*

benaderen 0.1 [nader komen tot] *approach* ⇒⟨fig. ook⟩ *approximate to, come close to* **0.2** [zich wenden tot] *approach* ⇒*get in touch with* **0.3** [aanpakken] *approach* **0.4** [rekenkundig] *calculate/estimate (roughly)* ◆ **1.3** we moeten dit probleem anders ~ *we'll have to find another approach to this problem* **5.1** dicht ~ *come close to;* gemakkelijk/moeilijk te ~ *(un)approachable* **6.2** iem. ~ **over** een kwestie *approach s.o. on a matter* **6.4** een getal ~ **tot** in vijf decimalen *calculate a figure to five decimal places.*

benadering 0.1 [het nader komen] *approach* ⇒⟨fig. ook⟩ *approximation (to)* **0.2** [aanpak; het polsen van iem.] *approach* **0.3** [rekenkundig] *(rough) calculation* ⇒*(rough) estimate, approximation* ◆ **6.¶ bij** ~ *approximately, roughly.*

benadrukken 0.1 *emphasize* ⇒*stress, underline.*

benaming 0.1 *name* ⇒*designation* ◆ **2.1** een wettelijk beschermde ~ *a (legally) registered n.;* onjuiste/verkeerde ~ *misnomer.*

benard ⟨moeilijk⟩ *awkward;* ⟨gevaarlijk⟩ *perilous;* ⟨benauwend⟩ *distressing, distressful* ◆ **1.1** in ~e omstandigheden verkeren *find o.s./be in dire straits;* een ~e situatie *an awkward situation.*

benauwd I ⟨bn.⟩ **0.1** [belemmerd in de ademhaling] *short of breath* **0.2** [de ademhaling belemmerend] *close* ⇒*muggy,* ⟨onfris⟩ *stuffy* **0.3** [angstig] *anxious* ⇒*afraid* **0.4** [angstig makend] *upsetting* **0.5** [nauw] *narrow* ⇒*cramped* ◆ **1.2** een ~ gevoel op de borst *a tight feeling in one's chest* **1.3** een ~ gezichtje *an anxious expression* **1.5** een ~ hok *a poky little room* **3.3** het ~ krijgen *feel anxious;* **II** ⟨bw.⟩ **0.1** [de ademhaling belemmerend]⟨zie 2.1⟩ ◆ **2.1** ~ warm *close, muggy, oppressive.*

benauwdheid 0.1 [bemoeilijkte ademhaling] *tightness of the chest* **0.2** [bedomptheid] *closeness, stuffiness* **0.3** [angst] *fear, anxiety* **0.4** [nood] *distress.*

benauwen 0.1 [benauwd maken] *distress* ⇒*oppress* **0.2** [beklemmen] *weigh (down/heavily) on* ⟨bv. van verplichtingen⟩ ⇒*oppress* **0.3** [angstig maken] *scare* ⇒*frighten.*

benauwend →**benauwd.**

bende 0.1 [rommel] *mess* ⇒*shambles* **0.2** [groot aantal] *mass* ⇒⟨mbt. mensen/dieren⟩ *swarm, crowd,* ⟨mbt. dingen ook⟩ *heap,* ⟨mbt. dingen ook⟩ *pile* **0.3** [troep] *gang* ⇒⟨dieven ook⟩ *pack* ◆ **1.2** een ~ werk *a pile of work* **2.1** het is daar één grote ~! *it's a real shambles there!* **2.2** de hele ~ *the (whole) lot* **3.3** een ~ vormen *gang up.*

bendeleider 0.1 *gang leader.*

bendelid 0.1 *gangster* ⇒*hood(lum), mobster.*

beneden[1] ⟨bw.⟩ **0.1** *down* ⇒⟨ook schr.⟩ *below,* ⟨in huis⟩

downstairs, ⟨pagina⟩ *at the bottom* ◆ **3.1** ~ wonen *live on the ground floor* **6.1** iem. **naar** ~ halen ⟨afkraken⟩ *run s.o. down;* **naar** ~ komen ⟨langs trap enz.⟩ *come down(stairs);* ⟨vallen⟩ *fall down; crash* ⟨vliegtuig⟩; *collapse* ⟨muur, dak⟩; **naar** ~ gaan *go down(stairs);* ⟨met prijzen⟩ *lower; go/come down* ⟨prijzen⟩; **naar** ~ brengen *bring down;* ⟨kosten ook⟩ *reduce;* **naar** ~ halen *lower* ⟨vlag⟩; *bring down* ⟨vliegtuig⟩; de vijfde regel **van** ~ *the fifth line up, the fifth line from the bottom.*

beneden² ⟨vz.⟩ **0.1** *under* ⇒*below, beneath* ◆ **1.1** kinderen ~ de zes jaar *children under six (years of age);* ~ de verwachtingen blijven *fall short of expectations;* ~ de waarde verkopen *sell below value;* ~ mijn waardigheid *beneath my dignity;* ⟨scheep.⟩ ~ de wind *(to) leeward, downwind* **4.1** het ~ zich achten *consider it beneath one.*

benedenbuur 0.1 *downstairs neighbour.*

benedenkant 0.1 *bottom* ⇒*underside, underneath.*

benedenstad 0.1 *(old) town centre* ◆ **6.1** in de ~ *downtown.*

benedenste 0.1 *lowest* ⇒*bottom,* ⟨v.e. stapel ook⟩ *undermost.*

benedenverdieping 0.1 *ground floor* ⇒⟨lagere verdieping, bv. in winkel⟩ *lower floor.*

benedenwinds I ⟨bn.⟩ **0.1** [beneden de wind gelegen] *leeward* ◆ **1.¶** de Benedenwindse Eilanden *the Leeward Islands;*
II ⟨bw.⟩ **0.1** [aan de lijzijde] *to leeward.*

benedenwoning, benedenhuis 0.1 *ground-floor flat.*

benedictijn, benedictines 0.1 *Benedictine (monk/nun)* ⇒ *Black Monk.*

benefiet 0.1 *benefit.*

benefietvoorstelling 0.1 *benefit (performance/evening/night).*

benefietwedstrijd 0.1 *benefit (match).*

Benelux 0.1 *Benelux* ⇒*the Benelux countries.*

benemen 0.1 *take away (from)* ◆ **1.1** zich het leven ~ *take one's (own) life;* iem. de lust ~ (om) *spoil s.o.'s pleasure (in (doing) sth.);* iem. het uitzicht ~ *block s.o.'s view, deprive s.o. of his view.*

benen¹ ⟨bn.⟩ **0.1** *bone.*

benen² ⟨onov.ww.⟩ **0.1** *leg it* ⇒*hare* ◆ **5.1** heen en weer ~ *pace up and down/to and fro.*

benenwagen ⟨scherts.⟩ ◆ **6.¶** met de ~ gaan *take shanks's pony, hoof it.*

benepen 0.1 [bekrompen] *narrow-minded* ⇒*petty* **0.2** [benauwd, bang] *timid* ⇒*anxious* ◆ **1.2** hij zette een ~ gezicht *his face took on an anxious expression.*

benepenheid 0.1 [bekrompenheid] *narrow-mindedness* ⇒ *pettiness* **0.2** [bangheid] *timidity.*

benevelen 0.1 [bedwelmen] *cloud* ⇒*(be)fog* **0.2** [met nevel bedekken] *cover/obscure in clouds/mist* ◆ **1.1** de geest ~ *c. one's mind;* in benevelde toestand ⟨dronken⟩ *fuddled (with drink);* ⟨verstand⟩ *mixed up* **1.2** een benevelde lucht *a misty sky* **5.1** licht(elijk) beneveld ⟨inf.⟩ *tipsy, woozy.*

benevens ⟨schr.⟩ **0.1** *besides* ⇒*together with, in addition to.*

Bengaals 0.1 *Bengal* ⇒⟨vnl. mbt. inwoners/taal⟩ *Bengali* ◆ **1.1** ~e tijger *Bengal tiger.*

Bengalees 0.1 *Bengali.*

bengel 0.1 *(little) rascal, scamp* ⇒*(little) terror.*

bengelen 0.1 *dangle* ⇒*swing (to and fro)* ◆ **5.1** ⟨fig.⟩ ergens maar bij ~ *not really belong (to), feel a bit of an appendage.*

benieuwd 0.1 *curious* ◆ **3.1** ik ben ~ wat hij zal zeggen *I wonder what he'll say* **5.1** ze was erg ~ (te horen) wat hij ervan vond *she was dying to hear what he thought of it.*

benieuwen 0.1 *arouse curiosity* ◆ **8.1** het zal mij ~ of hij komt *I wonder if he'll come* ⟨ook iron.⟩.

benig 0.1 [(als) van been; vol been] *bony* **0.2** [met uitkomende beenderen] *bony* ⇒⟨vnl. mbt. gezicht⟩ *angular.*

benijden 0.1 *envy* ⇒*be envious/jealous (of)* ◆ **3.1** hij is niet te ~ *I don't e. him* **6.1** al onze vrienden ~ ons **om** ons huis *hour house is the envy of all our friends.*

benijdenswaardig 0.1 *enviable.*

benjamin 0.1 *Benjamin* ⇒*baby* ◆ **3.1** hij is de ~ thuis *he is the B. of the family.*

benodigd 0.1 *required, necessary* ⇒*wanted, requisite* ◆ **1.1** de ~e ingrediënten *the n. ingredients* **7.1** al het ~e *everything n.*

benodigdheden 0.1 *requirements, necessities* ⇒⟨vereisten⟩ *requisites.*

benoembaar 0.1 *eligible (for)* ⇒*qualified (for).*

benoemen 0.1 [aanstellen] *appoint* ⇒*assign (to), nominate* **0.2** [noemen] *name* ⇒*nominate* ◆ **5.1** vast benoemd zijn *have a permanent appointment, have tenure* **6.1** iem. **bij** een firma ~ *place s.o. with a firm;* iem. **tot** burgemeester ~ *appoint s.o. mayor;* iem. **tot** zijn erfgenaam ~ *make s.o. one's heir.*

benoeming 0.1 [handeling; keer, geval] *appointment* ⇒ *nomination* **0.2** [geschrift] *letter/notice of appointment* ◆ **3.1** een ~ aanvaarden *accept an a.* **6.1** ~ **in** een ambt *a. to a post;* **ter** ~ voordragen *propose s.o. for a.;* zijn ~ **tot** directeur *his a. as director.*

benoorden 0.1 *(to the) north of* ⇒*northward of.*

benul ⟨inf.⟩ **0.1** *notion, inkling, idea* ◆ **3.1** hij heeft er geen ⟨flauw⟩ ~ van *he hasn't (got) the foggiest idea.*

benutten 0.1 *utilize, make use of* ◆ **1.1** zijn kansen ~ *make the most of one's opportunities;* ⟨sport⟩ een strafschop ~ *score from a penalty* **5.1** ⟨sport⟩ een kans niet ~ *fail to score (a goal), fail to net the ball.*

benzeen 0.1 *benzene* ⇒*benzol(e).*

benzine 0.1 [B]*petrol,* [A]*gas(oline)* ◆ **2.1** gewone/normale ~ *two star p.;* superbenzine *super; four star p.* **6.1** zonder ~ komen te staan *run out of p.*

benzinebom 0.1 *petrol bomb; molotov cocktail.*

benzinedamp 0.1 *petrol fumes.*

benzinedop 0.1 *fuel cap.*

benzinemotor 0.1 *petrol engine* ⇒*internal combustion engine.*

benzinepomp 0.1 [toestel] *petrol pump* **0.2** [benzinestation] *petrol station* ⇒*filling station* **0.3** [brandstofpomp] *fuel pump.*

benzinepompbediende 0.1 *service station attendant.*

benzinestation →*benzinepomp* **0.2.**

benzinetank 0.1 *petrol tank* ⇒*fuel tank.*

beo 0.1 *myna(h) (bird).*

beoefenaar 0.1 *student* ⟨taal, kunst⟩; *practitioner* ⟨geneeskunde, kunst⟩ ◆ **1.1** het aantal ~s van deze sport *the number of people playing this game;* de ~s v.d. hengelsport ⟨ook⟩ *the angling fraternity;* een ~ v.d. letterkunde *a man of letters.*

beoefenen 0.1 [zich geregeld bezighouden met] *practise* ⇒ *pursue, follow, study,* ⟨inf.⟩ *go in for* **0.2** [in praktijk brengen] *cultivate* ⇒*put into practice* ◆ **1.1** een kunst/ambacht ~ *practise an art/a trade;* ⟨ambacht ook⟩ *ply a trade;* sport ~ *be a sportsman;* wetenschap ~ *be a scientist.*

beogen 0.1 *have in mind, aim at, intend* ⇒⟨overwegen⟩ *contemplate* ◆ **1.1** het beoogde resultaat *the desired result.*

beoordelaar 0.1 *judge, critic* ⇒⟨recensent⟩ *reviewer.*

beoordelen 0.1 [een oordeel vellen] *judge* ⇒*assess* **0.2**

[zich een oordeel vormen over] *judge* ⇒*assess, evaluate* ◆ **1.1** een boek ~ *criticize a book;* hoe beoordeel jij de situatie? *how do you view the situation?* **4.1** ik denk dat je dat het beste zelf kunt ~ *I think you're the best judge of that* **4.2** dat kan ik zelf wel ~! *I can j. for myself (, thank you very much)!* **5.1** iets positief/negatief ~ *judge sth. positively/negatively;* iem. streng ~ *judge s.o. harshly;* iem. verkeerd ~ *misjudge s.o.* **5.2** dat is moeilijk te ~ *that's hard to say;* dat kun je van hieraf niet ~ *it's hard to tell from here* **6.1** ~ op *j. on.*

beoordeling 0.1 *judg(e)ment* ⇒*assessment, evaluation,* ⟨school.⟩ *mark,* ⟨kritiek⟩ *review* ◆ **2.1** jaarlijkse ~ *annual evaluation* **6.1 bij** de ~ hiervan *in/when deciding this;* iem. iets **ter** ~ voorleggen *present sth. to s.o. for assessment.*

beoordelingsfout 0.1 *error of judg(e)ment* ⇒*misjudg(e)ment* ⟨van persoon⟩.

beoordelingsstaat 0.1 *(assessment) report.*

bepaald I ⟨bn.⟩ **0.1** [aangewezen] *particular, specific* **0.2** [vastgesteld] *specific* ⇒*fixed, set, specified,* ⟨willekeurig⟩ *given* **0.3** [een of ander, sommige] *certain* ⇒*particular* ◆ **1.1** doe je dat met een ~ doel? *are you doing that for any p. reason?;* heb je een ~ iemand in gedachten? *are you thinking of anyone in particular?* **1.2** het ~e uur ⟨ook⟩ *the appointed time* **1.3** ~e mensen *c. people;* om ~e redenen *for c. reasons* **4.¶** niets ~s *nothing definite* **5.2** vooraf ~ *predetermined;*
II ⟨bn., bw.⟩ **0.1** [beslist] *definite* ◆ **2.1** ~ lelijk *downright ugly;* het is ~ onjuist *it is definitely wrong;* hij was ~ vriendelijk *he was positively friendly* **5.1** het is ~ niet eenvoudig *it is by no means easy;* niet ~ slim *not particularly clever;* dat is niet ~ een compliment *that is not exactly a compliment* **7.1** het was ~ geen succes *it was anything but a success.*

bepaaldheid 0.1 [het onderscheiden zijn] *definition* **0.2** [juistheid, stelligheid] *definiteness, positiveness* ◆ **1.¶** ⟨taal.⟩ lidwoord van ~ *definite article.*

bepakken 0.1 *pack, load (up)* ◆ **3.1** bepakt en bezakt ±*with bag and baggage, all ready to go.*

bepakking 0.1 *pack* ⇒⟨mil.⟩ *(marching) kit* ◆ **2.1** ⟨mil.⟩ met volle ~ *in full (marching) kit.*

bepalen 0.1 [voorschrijven] *prescribe, lay down* ⇒*determine, stipulate* **0.2** [vaststellen] *determine* ⇒*ascertain* **0.3** [vastleggen aan] *fix (on)* ⇒⟨concentreren⟩ *concentrate (on)* **0.4** [taal.] *qualify, modify* ◆ **1.1** zijn keus ~ *make one's choice;* de rechtbank heeft bepaald dat ... *the court has decided that ...;* de wet bepaalt, dat ... *the law prescribes that ...* **1.2** u mag de dag zélf ~ *(you may) name the day;* het tempo ~ *set the pace* **4.2** dat bepaal ik zelf wel! *that's for me to decide* **5.1** vooraf/van tevoren ~ *predetermine* **5.2** zijn standpunt nader ~ *(further) define one's position* **6.1** de prijs werd bepaald **op** *f* 100,- *the price was set at 100 guilders* **6.2** de schade werd bepaald **op** *f* 1000,- *the damage was assessed at 1000 guilders;* dit is ~d **voor** het tarief *this determines the tariff* **6.3** zijn aandacht/gedachten ~ **bij/tot** iets *concentrate one's mind on sth.*

bepalend ⟨taal.⟩ **0.1** *modifying* ⇒*qualifying* ◆ **1.1** het ~ lidwoord *the definite article.*

bepaling 0.1 [omschrijving] *definition* **0.2** [voorschrift] *provision* ⇒*stipulation, regulation* **0.3** [beding] *condition* ⇒*stipulation,* ⟨mbt. contract ook⟩ *terms* ⟨mv.⟩ **0.4** [vaststelling] *determination* **0.5** [taal.] *adjunct* ⇒*modifier* ◆ **1.4** ~ v.h. soortelijk gewicht *d. of the specific gravity* **1.5** ~ van gesteldheid *predicative a.* **2.2** een wettelijke ~ *a legal p./ stipulation* **2.3** beperkende ~en *restrictions* **2.5** bijvoeglij-

ke/bijwoordelijke ~ *attributive/adverbial a.* **3.2** een ~ nakomen/naleven *comply with a regulation;* een ~ opleggen aan *impose a regulation on.*

bepantseren 0.1 *armour(plate).*

beperken I ⟨ov.ww.⟩ **0.1** [met een grens afsluiten] *limit, restrict* **0.2** [zekere maat niet laten overschrijden] *restrict (to), limit (to)* ⇒*confine (to), keep (to)* **0.3** [kleiner maken] *reduce, decrease* ⇒*restrict* ◆ **1.2** de uitgaven ~ *keep expenditure down* **1.3** de uitgaven ~ *reduce expenditure* **6.2** iem. **in** zijn vrijheid ~ *restrict s.o.'s freedom;* **tot** het minimum/zoveel mogelijk ~ *keep (down) to a minimum* **6.3 tot** het minimum ~ *reduce to a minimum, minimize;*
II ⟨wk.ww.;zich ~⟩ **0.1** [zich houden bij] *restrict/confine (o.s. to).*

beperkend 0.1 *restrictive* ⇒*limiting* ◆ **1.1** ~e maatregelen *r. measures;* ⟨inf.⟩ *clampdown.*

beperking 0.1 [het binnen bepaalde grenzen houden] *limitation, restriction* **0.2** [maat, grens] *limit(ation)* **0.3** [inkrimping] *reduction, curtailment* ⇒*cut(ting down), cutback* **0.4** [het begrenzen] *demarcation* ⇒*delimitation* ◆ **1.3** een ~ v.d. uitgaven *a cut (in expenditure)* **3.1** zich ~en opleggen *exercise restraint* **3.2** zijn ~en kennen *know one's limitations.*

beperkt 0.1 [geen volle vrijheid hebbend; niet ver reikend] *limited, restricted, confined* **0.2** [verminderd] *limited, restricted, reduced, confined* ◆ **1.2** ~e aansprakelijkheid *limited liability;* ~e bewegingsvrijheid *restricted freedom of movement;* een ~e keuze *a limited choice* **2.2** ~ houdbaar *perishable;* dat artikel is ~ leverbaar *that article is in short supply* **3.1** ~ blijven *tot be restricted to.*

beplakken 0.1 *cover/plaster with* ⇒⟨met posters ook⟩ *placard (with),* ⟨met behang⟩ *(wall-)paper (over).*

beplanten 0.1 *plant* ⇒⟨zaaien⟩ *sow (with)* ◆ **6.1** met bomen ~ *p. with trees;* ⟨bebossen⟩ *afforest;* land **met** tarwe beplant *land sown with wheat.*

beplanting 0.1 [handeling] *planting* **0.2** [gewassen] *planting, plants, crop(s)* ⇒⟨vnl. mbt. bomen/thee/koffie/suikerriet enz.⟩ *plantation,* ⟨bebossing⟩ *afforestation.*

bepleisteren 0.1 *plaster (over)* ⇒⟨berapen⟩ *render,* ⟨ruw bepleisteren⟩ *roughcast,* ⟨witten⟩ *stucco.*

bepleiten 0.1 *argue, plead, advocate, champion, urge* ◆ **1.1** iemands zaak ~ ⟨bij iem.⟩ *plead s.o.'s case (with s.o.).*

beploegen 0.1 *plough.*

bepotelen ⟨AZN⟩ **0.1** *paw* ⇒*finger.*

bepraten 0.1 [bespreken] *talk over/about, discuss* **0.2** [ompraten] *talk round/into, persuade* ◆ **1.2** iem. ~ (om) iets te doen *talk s.o. into doing sth.* **3.2** zich laten ~ *let o.s. be persuaded.*

beproefd 0.1 *(tried and) tested, (well-)tried* ⟨bv. methode⟩ ⇒*trusty* ◆ **1.1** een man van ~e trouw *a man of proven loyalty.*

beproeven 0.1 [op de proef stellen] *(put to the) test, try* **0.2** [testen] *test* ◆ **1.1** zijn geluk ~ *try one's luck* **1.2** apparatuur ~ *t. apparatus* **5.1** zwaar beproefd worden *be sorely tried.*

beproeving 0.1 [het op de proef stellen/gesteld worden] *testing* **0.2** [ongeluk] *ordeal, trial* **0.3** [proef] *trial, test* ◆ **2.2** zware ~en *terrible ordeals.*

beraad 0.1 [overleg] *consideration* ⇒*deliberation,* ⟨beraadslaging⟩ *consultation* ⟨vaak mv.⟩ **0.2** [gelegenheid] *opportunity/time to consider* ◆ **1.1** ⟨jur.⟩ het recht van ~ *the right to accept or to forgo a succession* **1.2** enige dagen ~ vragen *ask for a few days to consider* **2.1** na rijp ~ *after careful consideration* **6.1 in** ~ houden *keep under consideration;* iets **in** ~ nemen *consider sth.*

beraadslagen 0.1 *deliberate (upon), consider, discuss, confer* ◆ **6.1** met iem. **over** iets ~ *consult with s.o. about sth.*

beraadslaging 0.1 *deliberation, consideration, discussion, consultation.*

beraden ⟨wk.ww.; zich ~⟩ 0.1 [bij zichzelf overleggen] *consider, think over* 0.2 [zich bedenken] *reconsider, think better of (sth.), change one's mind* ◆ **6.1** zich ~ **over/op** *deliberate about.*

beramen 0.1 [ontwerpen] *devise, plan* 0.2 [begroten] *estimate, calculate* ◆ **1.1** een aanslag ~ *plot an attack* **1.2** de kosten van iets ~ *e. the cost of sth.*

beraming 0.1 [het ontwerpen, ontwerp] *planning, design* 0.2 [begroting] *estimate, calculation* ⇒⟨budgettaire raming⟩ *budget.*

berber 0.1 [kleed] *berber.*

Berber 0.1 [persoon] *Berber.*

berde ◆ **6.¶** iets **te** ~ brengen *bring up/raise a matter;* argumenten **te** ~ brengen *put forward arguments.*

berechten 0.1 [rechtspreken] *try* ⇒*court-martial* ⟨voor krijgsraad⟩, *adjudge* ⟨vnl. in civiele zaken⟩, *adjudicate* ⟨vnl. in civiele zaken⟩ 0.2 [AZN; laatste sacramenten toedienen] *administer the last rites (to s.o.).*

berechting 0.1 [het rechtspreken] *trial* ⇒⟨krijgsraad⟩ *court-martial,* ⟨uitspraak⟩ *judgement,* ⟨uitspraak⟩ *adjudication* 0.2 [AZN; toediening v.d. laatste sacramenten] *administration of the last sacraments/rites.*

beredderen 0.1 *arrange* ⇒*straighten out, put in order* ◆ **1.1** een boedel ~ *administer an estate;* thuis de boel ~ *manage the household.*

bereden 0.1 [te paard] *mounted* 0.2 [afgericht] *broken(-in)* ◆ **1.1** de ~ politie *the m. police* **1.2** een ~ paard *a b.(-i.) horse.*

beredeneerd 0.1 [met redenen omkleed/toegelicht] *(well-)reasoned* ⟨mening, conclusie⟩; *annotated* ⟨verslag⟩ 0.2 [zich door redenering latend leiden] *rational* ◆ **1.1** een ~ antwoord *give a (well-)reasoned answer.*

beredeneren 0.1 *argue, reason (out).*

beregenen ⟨landb.⟩ 0.1 *sprinkle;* ⟨uit vliegtuig⟩ *spray.*

beregoed 0.1 *brill(iant), terrific, great.*

bereid 0.1 [geen bezwaren hebbend] *prepared* ⇒*ready, willing* 0.2 [genegen te doen] *ready, willing* ⇒*disposed* 0.3 [gereedgemaakt] *ready, ready-made* ◆ **3.1** zich tot iets ~ verklaren *express one's willingness to do sth.* **5.2** ik ben gaarne ~ u te helpen *I shall be glad/pleased to help you* **6.2 tot** alles ~ zijn *be prepared to do anything.*

bereiden 0.1 [klaarmaken] *prepare, get ready* ⇒⟨mbt. eten ook⟩ *make, fix* 0.2 [voor iets geschikt maken] *prepare* ◆ **1.1** een maaltijd ~ *p. a meal;* ⟨fig.; vaak iron.⟩ iem. een hartelijke/warme ontvangst ~ *give s.o. a warm welcome;* ⟨fig.⟩ voor iem./iets de weg ~ *pave the way for s.o./sth.*

bereidheid 0.1 *readiness* ⇒*preparedness, willingness.*

bereiding 0.1 *preparation* ⇒*making,* ⟨vervaardigen⟩ *manufacture,* ⟨productie⟩ *production.*

bereidingswijze 0.1 *method of preparation* ⇒⟨vervaardiging⟩ *process/method of manufacture, manufacturing process, procedure.*

bereidverklaring 0.1 *declaration of willingness (to).*

bereidwillig 0.1 *obliging, willing* ⇒⟨hulpvaardig ook⟩ *helpful* ◆ **1.1** ~e hulp *ready help.*

bereidwilligheid 0.1 *willingness, obligingness* ⇒⟨hulpvaardigheid ook⟩ *helpfulness.*

bereik 0.1 [gebied dat bestreken kan worden] *reach* ⇒*range* 0.2 [meet-/frequentiegebied] *range* ◆ **2.1** geschut

met kort ~ *short-range artillery* **6.1 binnen** het ~ komen van *come within reach of;* het mes lag **binnen** zijn ~ *the knife lay within his reach;* **buiten** het ~ v.d. strafwet *beyond the reach of the law;* ⟨fig.⟩ dit blijft **buiten** het ~ v.d. meeste mensen ⟨te duur⟩ *that's beyond the pocket of most people;* ⟨te moeilijk⟩ *that is beyond most people;* hij was vlug **buiten** ~ *he was quickly out of range;* **buiten** (het) ~ van kinderen houden/bewaren *keep away from children.*

bereikbaar 0.1 *accessible* ⇒*attainable, within reach* ◆ **5.1** het hotel is gemakkelijk ~ vanaf het station *the hotel is within easy reach of the station;* is/bent u telefonisch bereikbaar? *can you be reached by phone?;* ⟨op het net aangesloten⟩ *are you on the phone?*

bereiken 0.1 [aankomen in] *reach* ⇒*arrive in/at, get to* 0.2 [komen tot] *reach* ⇒*achieve, attain, gain* 0.3 [contact krijgen met] *reach* ⇒*contact,* ⟨verbinding krijgen⟩ *get through (to)* 0.4 [mbt. een leeftijd] *live to* ◆ **1.1** een bestemming ~ *r. a destination* **1.2** zijn doel ~ *attain one's goal* **1.4** een hoge ouderdom ~ *live to a great age* **4.2** iets ~ in het leven *achieve sth. in life;* zo bereik je niets! *that won't get you anywhere* **5.1** het dorp is gemakkelijk te ~ met de trein *the village is easy to r. by train* **5.3** telefonisch te ~ zijn *be reachable by telephone;* ⟨zelf telefoon hebben⟩ *be on the (tele)phone* **7.2** met geld kan men alles ~ *money gets you everywhere* **8.2** hij kon ~ dat de vergadering uitgesteld werd *he was able to get the meeting postponed.*

bereisd 0.1 *much-/widely-travelled.*

bereizen 0.1 *travel (across/through), tour* ⇒*visit,* ⟨mbt. zee ook⟩ *navigate* ◆ **1.1** klanten ~ *visit/call on customers;* een land ~ *travel round a country.*

berekenbaar 0.1 *calculable.*

berekend 0.1 [geschikt voor]⟨mbt. dingen⟩ *meant/designed for, geared to;* ⟨vnl. mbt. mensen⟩ *equal/suited to* 0.2 [niet spontaan]⟨mbt. mensen⟩ *calculating;* ⟨mbt. zaken⟩ *calculated* ◆ **6.1** de zaal was **op** zo'n grote toeloop niet ~ *the hall was not designed to hold so many people;* **op** effect ~ *intended for effect;* hij is niet ~ **voor** zijn taak *he is not up to his job.*

berekenen 0.1 [door rekenen vaststellen] *calculate* ⇒*compute, determine, figure out,* ⟨optellen⟩ *add up* 0.2 [in rekening brengen] *charge* 0.3 [uit gegevens afleiden] *calculate, estimate* 0.4 [voor- en nadeel afwegen van] *calculate* ◆ **1.2** iem. de volle prijs ~ *charge s.o. the full price* **1.3** zijn kansen ~ *work out/e. one's chances* **6.1** ~ **over** calculate on ⟨bv. van rente⟩ **7.2** iem. te veel/weinig ~ *overcharge/undercharge s.o.*

berekenend 0.1 *calculating* ⇒*scheming* ◆ **1.1** een ~e egoïst *a c. egoist.*

berekening 0.1 [becijfering] *calculation* ⇒*computation* 0.2 [cijfers] *calculation* 0.3 [conclusie van overweging] *calculation, estimate, assessment* 0.4 [overweging van voor- en nadeel] *calculation, evaluation, assessment* ◆ **3.1** een ~ maken *make a calculation* **6.1 naar/volgens** een ruwe ~ *at a rough estimate* **6.3 naar** mijn ~ *according to my calculations* **6.4** een huwelijk **uit** ~ *a marriage of convenience* **¶.1** iemands ~ in de war sturen *upset s.o.'s calculations.*

berenjong 0.1 *bear cub.*

berenklauw ⟨plantk.⟩ 0.1 *hogweed, cow parsnip.*

berenmuts 0.1 *bearskin cap/hat* ⇒⟨mil.⟩ *bearskin* ⟨vnl. van Britse garderegimenten⟩, *busby* ⟨kolbak⟩.

beresterk 0.1 *(as) strong as a lion/an ox.*

berg 0.1 [verheffing v.d. aardoppervlakte] *mountain* ⇒*hill* ⟨heuvel⟩ 0.2 [grote hoeveelheid] *mound, pile* ◆ **1.1** ~en en dalen *mountains and valleys* **1.2** ~en geld *piles of money*

2.1 ⟨fig.⟩ iem. gouden ~en beloven *promise s.o. the moon*
3.1 ⟨fig.⟩ ~en verzetten *move mountains* **5.1** ~ op, ~ af *up hill and down dale* **6.1** ik zie er tegenop als **tegen** een ~ *I'm not looking forward to it one little bit.*
bergachtig 0.1 *mountainous, hilly.*
bergaf(waarts) 0.1 *downhill* ⟨ook fig.⟩.
bergamot 0.1 *bergamot (pear/orange).*
bergbeek 0.1 *mountain stream.*
bergbeklimmen 0.1 *mountaineering* ⇒*(rock-)climbing.*
bergbeklimmer, -ster 0.1 *mountaineer, (mountain-)climber* ⇒*rock-climber* ⟨specialist in het beklimmen van korte moeilijke routes⟩.
bergen I ⟨ov.ww.⟩ **0.1** [opbergen] *store* ⇒*put away, stow (away)* ⟨vnl. scheep.⟩ **0.2** [scheep.] *salvage* **0.3** [opnemen] *hold* ⇒*take, accommodate* **0.4** [in veiligheid brengen] *rescue, save* ⇒*shelter* ⟨personen en dieren⟩, *recover* ⟨wrakstukken, ruimtevaartuig⟩ ◆ **1.2** de beschadigde tanker is nog te ~ *the damaged tanker can still be salvaged* **1.3** dat schip kan veel lading ~ *that ship can take a large cargo* **6.1** mappen in een la ~ *put files away in a drawer;* **II** ⟨wk.ww.⟩ **0.1** [maken dat men wegkomt] *get out of harm's/the way* ⇒*take cover.*
berger 0.1 *salvage worker* ⇒ *salvager.*
berggeit 0.1 *chamois* ⟨gems⟩; *mountain goat* ⟨Oreamnos americanus⟩.
berggeld 0.1 *salvage (money/charges).*
berghelling 0.1 *mountain slope* ⇒*mountainside.*
berghok 0.1 *coalshed, coalhole* ⟨voor kolen⟩ ⇒*shed* ⟨schuur(tje)⟩, ⟨opslagkamer in huis⟩ *storeroom,* ⟨opslagkamer in huis⟩ *boxroom.*
berghut 0.1 *mountain/climbers' hut, mountain refuge* ⇒ ⟨in Alpen ook⟩ *Alpine hut, chalet.*
berging 0.1 [scheep.; het in veiligheid brengen] *salvage* ⇒ *recovery* **0.2** [bergruimte] *storeroom, boxroom; shed* ⟨schuur(tje)⟩.
bergingsmaatschappij 0.1 *salvage company.*
bergingsschip 0.1 *salvage vessel/ship.*
bergkam 0.1 *(mountain) ridge* ⇒*arête, knife-edge* ⟨zeer scherp⟩.
bergketen 0.1 *chain/range of mountains.*
bergkristal 0.1 *rock-crystal* ⇒*rhinestone.*
bergland 0.1 *mountain(ous) country, highlands, hill-country.*
berglucht 0.1 *mountain air.*
bergmassief 0.1 *(mountain) massif.*
bergmeubel 0.1 *(storage) cabinet.*
bergop 0.1 *uphill.*
bergpas 0.1 *(mountain) pass* ⇒⟨col⟩ *col.*
bergplaats 0.1 *storage (space)* ⇒*storeroom* ⟨in huis⟩, ⟨schuur(tje)⟩ *shed,* ⟨pakhuis⟩ *warehouse,* ⟨pakhuis⟩ *repository* ◆ **2.1** een geheime ~ in een schrijfbureau *a secret compartment in a writing-desk.*
bergrug 0.1 [bergkam] *(mountain) ridge* ⇒*arête, knife-edge* ⟨zeer scherp⟩ **0.2** [bergtop] *mountain top, summit.*
bergruimte 0.1 *storage (space/room)* ⇒⟨capaciteit⟩ *storage capacity.*
bergschoen 0.1 *mountaineering/climbing boot.*
bergsport 0.1 *mountaineering, (mountain) climbing* ⇒⟨in de Alpen/Himalaya enz. ook⟩ *alpinism,* ⟨het beklimmen van korte moeilijke routes⟩ *rock-climbing.*
bergstroom 0.1 *mountain torrent* ⇒⟨bergrivier⟩ *mountain stream.*
bergtop 0.1 *summit* ⇒*mountain top,* ⟨spits⟩ *peak,* ⟨spits⟩ *pinnacle.*
bergwand 0.1 *mountain side* ⇒*face of a mountain, mountain wall* ⟨verticaal⟩.

bergwei(de) 0.1 *mountain meadow.*
bergziekte 0.1 *altitude/mountain sickness.*
beriberi 0.1 *beriberi.*
bericht 0.1 *message* ⇒*notice, communication,* ⟨mbt. nieuwsberichten⟩ *report,* ⟨mbt. nieuwsberichten⟩ *news* ◆ **1.1** ~ van ontvangst sturen *send (an) acknowledgement of receipt;* ~ van verhindering *apology for absence* **2.1** binnenlandse/buitenlandse ~en *domestic/foreign news;* gemengde ~en *short news items;* een kort ~je *a short item;* volgens de laatste ~en *according to the latest reports;* tot nader ~ *until further notice;* nagekomen ~en ⟨kranten⟩ *stop press;* ⟨televisie⟩ *reports just in;* u krijgt telefonisch/schriftelijk ~ *you will be informed by telephone, you will receive written notice/notification* **3.1** ~ achterlaten dat *leave a m. that;* ik hoor daar alleen maar goede ~en over *I've heard nothing but good (reports) about it;* ~ krijgen *receive word;* uit Parijs kwam het ~ dat *from Paris it is reported that;* het ~ luidde dat *the m. said that;* ~ ontvangen (over) *receive word (about);* iem. ~ sturen (dat men verhinderd is) *send (s.o.) word (that one is unable to come)* ¶**.1** het ~ deed de ronde dat *the news got around that.*
berichten 0.1 *report* ⇒*send word, inform, advise, let know* ◆ **1.1** het persbureau bericht dat *the news agency reports that* **4.1** iem. iets ~ *inform s.o. of sth.* **6.1** ~ **over** de stand van zaken *r. on the current situation* **8.1** wij ~ u hierbij dat *we hereby inform you that.*
berichtgeving 0.1 *reporting, (news) coverage* ⇒*report(s)* ◆ **6.1** de ~ **uit/over** Zuid-Afrika is zeer gebrekkig *the (news) coverage from/of South Africa is very poor.*
berijdbaar 0.1 [mbt. wegen] *passable* **0.2** [mbt. rijdieren] *rid(e)able* ◆ **5.1** goed ~ zijn *be in good condition.*
berijden 0.1 [rijden op] *ride* ⟨paard e.d.⟩ **0.2** [rijden over] *ride (on)* ⇒*drive (on)* ◆ **1.1** een goed bereden paard *a well-broken-in horse* **5.2** een druk bereden weg *a much used/a busy road* **6.1** Hazelaar, bereden **door** Roos, won de race *Hazelaar, ridden by Roos, won the race.*
berijder 0.1 *rider* ⟨paard, (motor)fiets⟩; *horseman* ⟨paard⟩.
berijpt 0.1 [met rijp bedekt] *covered with (hoar-)frost* **0.2** [mbt. bladeren; met een fijn waas bedekt] *pruinose.*
berin 0.1 *she-bear* ⇒*female bear.*
berispen 0.1 [ongenoegen/afkeuring te kennen geven] *reprimand* ⇒*admonish* **0.2** [mbt. een autoriteit] *reprimand* ⇒*censure* ◆ **1.1** iem. ~ omdat hij te laat komt *r. s.o. for being late;* op ~de toon *in a reproving tone (of voice)* **1.2** hij is door het Medisch Tuchtcollege berispt *he was censured by the Medical Association.*
berisping 0.1 [uiting van ongenoegen, afkeuring] *reprimand* ⇒*reproof* **0.2** [mbt. een autoriteit] *reprimand* ⇒ *censure* ◆ **2.1** een milde/strenge ~ *a mild/sharp reprimand* **2.2** een officiële ~ krijgen *receive an official r.*
berk 0.1 *birch.*
Berlijn 0.1 *Berlin.*
berm 0.1 *verge* ⇒*roadside, shoulder* ◆ **2.1** zachte ~! *soft v.!*
bermlamp 0.1 *spotlight.*
bermprostitutie 0.1 *kerbside prostitution.*
bermtoerisme 0.1 *roadside picknicking.*
bermuda 0.1 *Bermuda shorts* ⇒*Bermudas.*
beroemd 0.1 *famous* ⇒*renowned,* ⟨gevierd⟩ *celebrated,* ⟨befaamd⟩ *famed* ◆ **1.1** ~e personen *celebrities, famous people* **3.1** het boek dat hem ~ zou maken ⟨ook⟩ *the book that was to bring him fame;* ~ worden *become famous, rise to fame* **6.1** ~ **om** *famous for.*
beroemdheid 0.1 [het beroemd zijn] *fame* ⇒*renown* **0.2** [beroemd persoon] *celebrity* ⇒*personality* ◆ **2.2** een plaatselijke ~ *a local c.*

beroemen ⟨wk.ww.; zich ~⟩ **0.1** *boast (about)* ⇒*take pride (in), pride o.s. ((up)on)* ◆ **5.1** Rotterdam beroemt zich erop dat het de grootste haven ter wereld is *Rotterdam prides itself on having the largest harbour in the world* **6.1** zich **op** zijn familie ~ *b. about one's family.*

beroep 0.1 [betrekking] *occupation* ⇒*profession* ⟨waar opleiding voor nodig is⟩, *vocation*, ⟨bedrijf, ambacht⟩ *trade*, ⟨zaak⟩ *business* **0.2** [verzoek om bijstand; jur.] *appeal* **0.3** [het roepen tot een waardigheid, ambt] *call* ◆ **1.1** in de uitoefening van zijn ~ *in the exercise of one's profession* **1.2** raad van ~ ⟨GB⟩ *Court of Appeal;* ⟨USA⟩ *Court of Appeals* **2.1** het oudste ~ ter wereld *the oldest profession;* vrij ~ *profession* **3.1** haar ~ is buschauffeur *she is a bus driver (by profession);* een ~ uitoefenen *have an o.* **3.2** een ~ doen op iem./iets *(make an) appeal to s.o./sth.* ⟨niet jur.⟩; ~ instellen tegen *lodge an a. against* **6.1** wat ben jij **van** ~? *what do you do for a living?;* **zonder** ~ *unemployed* **6.2** in ⟨hoger⟩ ~ gaan *appeal (to a higher court);* **in** ~ gaan bij ... tegen ... *lodge an a. with ... against ...;* **in** hoogste ~ veroordeeld *be sentenced on a.* **6.3 op** ~ preken *preach with a view to the pastorate* ¶.1 ~: geen *o.: none;* uit hoofde van zijn ~ *in one's professional capacity* ¶.2 ~ in cassatie *a. to the Supreme Court.*

beroepen I ⟨wk.ww.; zich ~⟩ **0.1** [autoriteit inroepen van] *call (upon)* ⇒*appeal (to), refer (to)* **0.2** [jur.] *appeal* ◆ **6.1** zich **op** iem./iets ~ *appeal to s.o./sth. (to support one's claim/argument);* zich **op** een clausule v.h. contract ~ *refer to a clause in the contract;*
II ⟨ov.ww.⟩ **0.1** [benoemen] *call* **0.2** [met de stem bereiken] *shout out to* ◆ **6.1** iem. als/tot predikant ~ **naar** *call s.o. as minister to.*

beroeps 0.1 *professional* ◆ **3.1** ~ worden ⟨sport⟩ *turn p.*

beroepsbevolking 0.1 [bevolking met een beroep] *employed/working population* ⇒*labour force* **0.2** [statistiek] *labour force.*

beroepsblind 0.1 *dulled by routine.*

beroepschrift ⟨jur.⟩ **0.1** *appeal.*

beroepscode 0.1 *professional code.*

beroepsdeformatie 0.1 ⟨psychische/lichamelijke afwijking⟩ *occupational disability* ⇒*job-related disability.*

beroepsgeheim 0.1 *professional secrecy* ◆ **3.1** het ~ schenden *violate one's professional secrecy* **6.1** gebonden zijn **door** het ~ *bound by professional secrecy.*

beroepsgoederenvervoer 0.1 *road transport and haulage.*

beroepsgroep 0.1 *professional group* ⇒*occupational group.*

beroepshalve 0.1 *by virtue of one's profession* ⇒*professionally, in one's professional capacity* ◆ **3.1** ik zie haar alleen nog ~ *I see her only professionally these days.*

beroepskeuze 0.1 *choice of (a) career/of profession* ◆ **1.1** bureau voor ~ *careers office* **6.1** begeleiding **bij** de ~ *careers counselling.*

beroepskeuzeadviseur 0.1 *careers adviser/(advisory) officer* ⇒*vocational guidance officer,* ⟨op school⟩ *careers master* ⟨m.⟩ */mistress* ⟨v.⟩.

beroepsklasse 0.1 [sociale klasse] *occupational group.*

beroepsleger 0.1 *regular/professional army.*

beroepsmatig 0.1 *by virtue of one's profession* ⇒*professionally.*

beroepsmilitair 0.1 *regular (soldier)* ⇒*professional soldier.*

beroepsonderwijs 0.1 *vocational training* ⇒*professional training* ◆ **2.1** lager/middelbaar/hoger ~ *technical and vocational training for 12-16 year-olds* ⟨lager⟩ */for 16-18 year-olds* ⟨middelbaar⟩ */for 18+* ⟨hoger⟩.

beroepsopleiding 0.1 *professional/vocational/occupational training.*

beroepsrenner 0.1 *professional cyclist.*

beroepsschool ⟨AZN⟩ **0.1** *technical school/college.*

beroepsspeler 0.1 [sport] *professional (player)* ⇒⟨inf.⟩ *pro* **0.2** [acteur] *professional actor.*

beroepstermijn ⟨jur.⟩ **0.1** *period for appeal.*

beroepsverbod 0.1 ⟨*prohibition to pursue one's profession*⟩ ◆ **3.1** een ~ instellen tegen iem. *ban s.o. from a profession.*

beroepsvoorlichting 0.1 *careers guidance.*

beroepszaak 0.1 *appeal case.*

beroerd 0.1 [naar] *miserable* ⇒*wretched, rotten* **0.2** [lamlendig] *lazy* ◆ **1.1** een ~e dag *a rotten day;* het is geen ~e vent *he isn't such a bad bloke* **3.1** het ging ~ *it went dreadfully;* ik vind het heel ~ maar ik kan niet komen *it's a rotten shame, but I can't come;* ik word er ~ van *it makes me sick;* hij ziet er ~ uit *he looks terrible;* er ~ aan toe zijn *be in a very bad way* **6.1** ~ van iets zijn *be shaken by sth.* **6.2** hij is nooit te ~ **om** mij te helpen *he's always willing to help me;* nog te ~ zijn **om** een poot uit te steken *be too damn l. to lift a finger* **7.1** het ~ e is dat *the rotten thing is that.*

beroeren 0.1 [even aanraken] *touch* ⇒*brush* **0.2** [verontrusten] *trouble* ⇒*agitate* **0.3** [mbt. water] *stir* ⇒*disturb.*

beroering 0.1 [onrust, opschudding] *trouble* ⇒*agitation, unrest,* ⟨commotie⟩ *commotion* **0.2** [het aanraken] *touch* ⇒*brushing* ◆ **2.1** maatschappelijke ~ *social unrest* **3.1** er ontstond enige ~ in de zaal *there was some commotion in the room* **6.1** het hele land was **in** ~ *the whole country was in turmoil.*

beroerte 0.1 *stroke* ◆ **3.1** door een ~ getroffen worden *have a s.* **3.**¶ ze kreeg bijna een ~ toen ze hem zag *she nearly had/threw a fit when she saw him;* zich een ⟨rol⟩ ~ lachen *laugh o.s. silly, fall about laughing;* zich een ~ schrikken *nearly have a heart attack.*

berokkenen 0.1 *cause* ◆ **1.1** iem. schade/leed ~ *cause s.o. harm/sorrow.*

berooid 0.1 *destitute* ⇒*penniless,* ⟨inf.⟩ *down and out* ◆ **2.1** arm en ~ rondzwerven *wander around penniless.*

berouw 0.1 *remorse* ⇒*contrition* ◆ **3.1** ~ hebben over/van *regret;* ~ tonen *show r.* ¶.1 ⟨sprw.⟩ het ~ komt altijd na de zonde *repentance always comes too late.*

berouwen 0.1 *regret* ⇒*rue, feel sorry for* ◆ **3.1** dit zal je ~ *you'll be sorry, you'll (live to) regret this.*

berouwvol 0.1 *contrite* ⇒*repentant.*

beroven 0.1 [door roof ontnemen] *rob* **0.2** [beschikking over iets doen missen; ontdoen van] *deprive of* ⇒*strip* ◆ **1.1** een bank ~ *r. a bank* **6.1** iem. ~ **van** iets *rob s.o. of sth.* **6.2** zich **van** het leven ~ *take one's own life;* iem. **van** zijn vrijheid ~ *deprive s.o. of his freedom.*

beroving 0.1 [handeling] *robbery* **0.2** [keer, geval] *robbery* ⇒*deprivation, stripping* ◆ ¶.1 een ~ op klaarlichte dag *daylight r.*

berucht 0.1 *notorious (for)* ⇒*infamous* ◆ **1.1** een ~ persoon *a n. person* **6.1** hij was ~ wegens zijn wreedheid *he was n. for his cruelty.*

berusten 0.1 [+ op; steunen op] *rest on* ⇒*be based/founded on* **0.2** [zich schikken in] *resign o.s. to* **0.3** [in bezit zijn van] *rest with* ⇒*be deposited with* ◆ **1.2** op ~de toon *in a resigned tone* **6.1** zijn reputatie berust **op** zijn romans *his reputation rests on his novels;* dit moet **op** een misverstand ~ *this must be due to a misunderstanding;* deze stelling berust nergens **op** *this proposition is groundless* **6.2** ~ **in** zijn lot *resign o.s. to one's fate* **6.3** de beslissing berust **bij** de directeur *the decision rests with the director;* de wetgevende macht berust **bij** het parlement *legislative power rests with parliament.*

berusting 0.1 *resignation* ⇒*acceptance, acquiescence* ◆ **2.1** in stille ~ *in quiet r.* **6.1 met** ~ zijn lot dragen *resign o.s. to one's fate.*

bes I ⟨de⟩ **0.1** [vrucht] *berry* ⇒⟨aalbes⟩ *currant* **0.2** [muz.] *B-flat;* **II** ⟨de (v.)⟩⟨meestal 'besje'⟩ **0.1** [oude vrouw] *old woman* ⇒ *(old) crone.*

beschaafd 0.1 [keurig, net] *cultured* ⇒*cultivated, refined, well-bred* **0.2** [niet meer in natuurstaat levend] *civilized* ◆ **1.1** een ~ gezicht *a refined face;* ~e manieren *refined manners* **1.2** de ~e wereld *the c. world.*

beschaafdheid 0.1 [welgemanierdheid] *politeness* ⇒*good manners* **0.2** [verfijning] *refinement* ⇒*culture, cultivation.*

beschaamd 0.1 [vervuld van schaamte] *ashamed, shamefaced* **0.2** [schuchter] *bashful* ◆ **1.1** met ~e kaken *shamefaced* **3.1** ~ het hoofd laten hangen *hang one's head in shame;* ~ zijn over *be a. of.*

beschadigd 0.1 *damaged.*

beschadigen 0.1 *damage* ◆ **5.1** licht/zwaar beschadigd *slightly/badly damaged* **6.1** door brand/regen beschadigde goederen *fire-/rain-damaged goods.*

beschadiging 0.1 *damage* ◆ **6.1** de ~ van ... d. (done) to ...

beschaduwen 0.1 *shade* ⇒*overshadow* ◆ **1.1** een beschaduwd plekje *a shady spot.*

beschamen 0.1 [tot schaamte brengen] *(put to) shame* **0.2** [teleurstellen] *disappoint* ⇒*betray* ⟨vertrouwen⟩ ◆ **1.2** iemands vertrouwen (niet) ~ *(not) betray s.o.'s confidence* **6.2** zij werden in hun verwachtingen beschaamd *they were disappointed in their expectations.*

beschamend 0.1 [teleurstellend] *shameful* ⇒*disgraceful* **0.2** [vernederend] *shameful* ⇒*humiliating, ignominious* ◆ **1.2** een ~e vertoning *a humiliating spectacle.*

beschaving 0.1 [toestand van beschaafdheid] *civilization* **0.2** [het beschaafd zijn] *culture* ⇒*refinement, polish* ◆ **2.1** sporen v.e. oude ~ *traces of an ancient c.;* de westerse ~ *Western c.* **2.2** innerlijke - *innate refinement* **3.2** iem. enige ~ bijbrengen *teach s.o. some manners.*

bescheid 0.1 [geschreven stuk] *document* ⇒*record* **0.2** [antwoord] *answer* ⇒*reply* **0.3** [ontbieding] *summons* ⇒*call* ◆ **2.1** echte ~ *authentic documents* **3.2** ~ geven *send word* **6.3** op uw ~ kom ik hier *I am here at your bidding.*

bescheiden 0.1 [niet aanmatigend] *modest* ⇒*unassuming* **0.2** [discreet] *discreet* **0.3** [niet groot] *modest* ⇒*unpretentious* ◆ **1.2** een ~ klopje op de deur *a d. knock at the door;* volgens mijn ~ mening *in my humble opinion* **1.3** een ~ optrekje *a m. little place;* op ~ voet/schaal speculeren *speculate on a m. scale* **3.1** zich ~ terugtrekken *withdraw discreetly.*

bescheidenheid 0.1 [het niet aanmatigend zijn] *modesty* ⇒ *unpretentiousness* **0.2** [beleefdheid] *politeness* ⇒*deference* **0.3** [geringheid] *modesty* **0.4** [discretie] *discretion* ◆ **2.1** valse ~ *false m.* **6.1** in alle ~ wil ik opmerken dat *with all due respect may I point out that.*

beschermeling, -e 0.1 [in bescherming genomen iem.] *ward* **0.2** [iem. die vooruitgeholpen wordt] *protégé* ⟨m.⟩, *protégée* ⟨v.⟩

beschermen 0.1 [behoeden] *protect* ⇒*shield, preserve, (safe)guard, shelter* **0.2** [bevorderen] *foster* ⇒*promote* ◆ **1.1** een beschermde diersoort *a protected species;* met een ~d gebaar *with a protective gesture;* een beschermd leventje *a sheltered life* **1.2** de schone kunsten ~ *patronize the arts* **6.1** iem. **tegen** zichzelf ~ *protect s.o. from himself;* ~ **tegen** (te felle zon/te harde wind) *screen from.*

beschermengel 0.1 *guardian angel* ⟨ook fig.⟩.

beschermer 0.1 [behoeder] *defender* ⇒*guardian, protector* **0.2** [begunstiger] *patron* ◆ **1.2** ~ van de kunst *p. of the arts.*

beschermheer, -vrouwe 0.1 ⟨ook eretitel⟩ *patron* ⟨m.⟩, *patroness* ⟨v.⟩ ⇒*protector* ⟨m.⟩, *protectress* ⟨v.⟩ ◆ **8.1** als ~ optreden *act as patron.*

beschermheerschap 0.1 *patronage* ◆ **6.1** onder (het) ~ van *under the p. of.*

beschermheilige ⟨rel.⟩ **0.1** *patron saint* ⟨m., v.⟩ ⇒*patron* ⟨m.⟩, *patroness* ⟨v.⟩ ◆ **3.1** zijn ~ aanroepen *call upon one's p. s.*

beschermhoes 0.1 *(protective) cover* ⇒*(record) sleeve* ⟨van plaat⟩.

bescherming 0.1 [hoede] *protection* ⇒*(safe)guarding, shelter, cover* **0.2** [begunstiging] *patronage* ◆ **1.1** Bescherming Burgerbevolking *Civil Defence;* de ~ v.d. mensenrechten/v.h. milieu *the safeguarding of human rights, the p. of the environment* **3.1** ~ bieden aan *offer p. to;* duinen bieden ~ tegen de zee *dunes are a defence against the sea* **3.2** de ~ genieten van *have the p. of* **6.1** iem. **in** ~ nemen *take s.o. under one's p./*⟨fig.⟩ *under one's wing;* **onder** ~ v.d. nacht *under cover of night/darkness;* **ter** ~ van *for the p. of.*

beschermingsfactor 0.1 *protection factor.*

beschermingsgraad ⟨comp.⟩ **0.1** *data privacy.*

beschermkap 0.1 *protective hood/cover* ⇒*shield, guard* ⟨van machine⟩.

beschermlaag 0.1 *protective layer/coating* ⇒*resist* ⟨tegen corrosie⟩, *pad(ding)* ⟨dik, zacht materiaal⟩.

bescheten ⟨inf.⟩ **0.1** [bekaaid; ongezond] *shitty* **0.2** [laf] *shit-scared, scared shitless* ◆ **3.1** er ~ uitzien *look like death warmed up* **5.2** te ~ zijn om ... *be too shit-scared to ...*

bescheuren ⟨wk.ww.; zich ~⟩⟨inf.⟩ **0.1** *split one's sides laughing* ◆ **6.1** de film was om je te ~ *the film was a scream.*

beschieten 0.1 [schieten op] *fire on/at* ⇒*shell, bombard, pelt* **0.2** [bekleden] *panel* ⇒*line* **0.3** [afsluiten] *close off* ⇒*plank, (weather)board* ◆ **1.1** iem. met stenen ~ *pelt s.o. with stones;* een vesting ~ *shell a fortress* **1.3** het dak ~ *weatherboard the roof* **6.2** met hout ~ *panel.*

beschieting 0.1 [het schieten] *bombardment* ⇒*firing* **0.2** [bekleding] *panelling* ⇒*lining, wainscot(t)ing.*

beschijnen 0.1 *shine (up)on* ⇒*light (up), spotlight* ◆ **6.1** door de zon beschenen *sunlit.*

beschikbaar 0.1 *available* ⇒*at one's disposal, free* ◆ **1.1** ~ kapitaal *liquid capital;* alle beschikbare middelen aanwenden *use all a. resources* **3.1** niet veel tijd voor iets ~ hebben *not have much time a. for sth.;* zich ~ houden *stand by;* zich ~ stellen *make o.s. available;* ~ stellen *make a.* **5.1** vrij ~ vanaf juni *a. from June (onwards).*

beschikbaarheid 0.1 *availability.*

beschikken 0.1 [+ over; bezitten] *have (control/disposal of)* ⇒*have at one's disposal* **0.2** [+ over; bestemming geven aan] *dispose of* ⇒*set aside* **0.3** [beslissen] *ordain* ◆ **5.3** afwijzend/gunstig ~ op een verzoek *grant/deny a request* **6.1** ~ **over** een groot vermogen *have substantial means;* **over** een meerderheid ~ *have a majority;* **over** genoeg tijd ~ *have enough time at one's disposal;* zodra wij ~ **over** de juiste gegevens *as soon as we have the correct data* **6.2** bij testament ~ **over** goederen *dispose of one's property by will;* **over** iemands lot ~ *determine s.o.'s fate;* vrij **over** iets kunnen ~ *be able to make free use of sth.;* ze kon zelf niet **over** het geld ~ *she did not have free disposal of her money.*

beschikking 0.1 [macht om over iets te beschikken] *disposition* ⇒*disposal* **0.2** [besluit] *order* ⇒*command, decision* ◆ **2.1** de vrije ~ hebben over *be free to use* **2.2** een afwijzende/gunstige ~ op het bezwaarschrift *a decision rejecting/granting the petition;* bij ministeriële/rechtelijke ~ *by ministerial/judicial o.;* een testamentaire ~ maken *make a testamentary disposition* **3.1** de ~ hebben over *possess;* de ~ krijgen over *acquire* **6.1** hij staat te mijner ~ *he is at my disposal/* ⟨vnl. iron.⟩ *command;* kranten liggen **ter** ~ in de leeszaal *newspapers are available in the reading room;* iets **ter** ~ stellen van iem. *place/put sth. at s.o.'s disposal;* (zich) **ter** ~ houden van *keep (o.s.) at the disposal of;* **ter** ~ gesteld v.d. regering *ordered to be detained during Her/His Majesty's pleasure;* **tot** zijn (onmiddellijke) ~ hebben *have at one's (immediate) disposal* **6.2 bij** ~ van *by o. of.*

beschikkingsrecht 0.1 [tot beslissing] *power of decision* **0.2** [tot vrije beschikking over] *power of disposal (of)* ⇒ *right to dispose of.*

beschilderen 0.1 *paint* ◆ **1.1** beschilderde ramen *stained glass windows* **6.1** met de hand beschilderd *hand painted.*

beschildering 0.1 *painting.*

beschimmeld 0.1 [met schimmel bedekt] *mouldy* ⇒*mildewy* **0.2** [oud en onfris] *mouldy* ⇒*musty* ◆ **1.1** ~ brood *mouldy bread* **1.2** ~e papieren *musty papers.*

beschimpen 0.1 *taunt* ⇒*jeer at.*

beschimping 0.1 *taunt(ing)* ⇒*jeering, abuse.*

beschoeiing 0.1 *facing* ⇒*campshed(ding), campsheeting* ⟨rivieroever⟩, *sheetpiling* ⟨rivieroever⟩, *timbering* ⟨mijn⟩.

beschonken 0.1 *inebriated* ◆ **1.1** in ~ toestand *under the influence (of alcohol/drink).*

beschoren 0.1 ⟨zie 1.1⟩ ◆ **1.1** het geluk was hem ~, dat …*it was his good fortune that …;* haar was slechts een kort leven ~ *she was granted only a short life;* dit harde lot is mij ~ *this harsh fate has fallen to me/has befallen me.*

beschot 0.1 [houten bekleedsel] *panel(ling)* ⇒*wainscot(ing)* **0.2** [afscheiding] *partition.*

beschouwelijk 0.1 *contemplative* ⇒*reflective.*

beschouwen 0.1 [beoordelen] *consider* ⇒*contemplate* **0.2** [houden voor] *consider* ⇒*regard as, look upon as* **0.3** [bekijken] *consider* ⇒*look at, view* ◆ **5.1** (alles) wel beschouwd *all things considered* **5.2** achteraf beschouwd *(looked at) in retrospect* **8.2** iets als zijn plicht ~ *c. sth. (as) one's duty;* als verloren ~ *give up (for lost);* ik beschouw dit als een eer *I regard this as an honour;* een brief als niet geschreven ~ *disregard a letter.*

beschouwend 0.1 *contemplative* ⇒*reflective* ◆ **1.1** de ~e orden *the c. orders.*

beschouwing 0.1 [beoordeling] *consideration* ⇒*view* **0.2** [geuite overweging] *opinion* ⇒*view* **0.3** [het gadeslaan] *observation* ⇒*contemplation* ◆ **2.1** bij nadere ~ *(up)on closer c.* **2.2** ⟨pol.⟩ de algemene ~en *general debate;* een korte/uitgebreide ~ wijden aan *discuss (sth.) briefly/extensively* **6.1** een punt **buiten** ~ laten *leave a point aside.*

beschrijven 0.1 [schrijven op] *write (on)* **0.2** [een voorstelling geven] *describe* ⇒*portray* **0.3** [opsommen] *draw up* ⇒*prepare* **0.4** [mbt. het beloop v.e. gebogen lijn] *describe* ⇒*trace* ◆ **1.3** de boedel ~ *draw up the inventory* **1.4** een baan om de aarde ~ *trace a path around the earth* **3.2** dat is met geen pen te ~ *it defies description* **4.¶** ⟨jur.⟩ er is niets beschreven *nothing has been put down in writing* **6.2** niet/moeilijk **te** ~ *indescribable* **¶.2** in 't kort ~ *d. briefly.*

beschrijving 0.1 [voorstelling in woorden] *description* ⇒ ⟨beeldend ook⟩ *depiction,* ⟨beknopt⟩ *sketch* **0.2** [opsomming v.d. bijzonderheden, kenmerken] *specification* ⇒ ⟨inventarisatie⟩ *inventory, account* ⟨van feiten/gebeurte-

nissen⟩ ◆ **1.2** ~ v.d. inboedel *inventory* **3.2** een ~ van iem. geven *give a description of s.o.* **¶.1** dat gaat alle ~ te boven *that defies description.*

beschroomd 0.1 *diffident* ⇒*timid.*

beschuit 0.1 *Dutch rusk* ⟨niet als collectivum⟩ ⇒*biscuit rusk, zwieback.*

beschuldigde 0.1 *accused* ⇒*defendant* ⟨gedaagde⟩.

beschuldigen 0.1 *accuse (of)* ⇒*charge (s.o. with sth.),* ⟨de schuld geven van⟩ *blame (s.o. for sth.)* ◆ **4.1** ik beschuldig niemand, maar …*I won't point a finger, but …;* zichzelf ~ *blame o.s.* **5.1** valselijk beschuldigd *wrongly/falsely accused* **6.1** beschuldigd worden **van** moord *be charged with/accused of murder* **¶.1** iem. in het openbaar ~ *accuse s.o. publicly;* ⟨aan de kaak stellen⟩ *denounce s.o.*

beschuldigend 0.1 *accusatory* ⇒*denunciatory,* ⟨wederzijds⟩ *recriminatory* ◆ **1.1** het ~e vingertje opheffen (tegen) *shake/wag one's finger (at).*

beschuldiging 0.1 [het beschuldigen, beschuldigd worden] *accusation* ⇒*imputation* **0.2** [aanklacht] *charge* ⇒*accusation,* ⟨tenlastelegging⟩ *indictment* ◆ **1.1** iem. in staat van ~ stellen (wegens) *indict s.o. (for)* **2.2** een valse/onbewezen ~ *a false/an unproven accusation* **3.2** ~en inbrengen tegen *bring charges against;* ~en uiten/doen *make charges/accusations* **6.2 onder/op** ~ van moord (gearresteerd) *(arrested) on a charge of murder.*

beschut 0.1 *sheltered* ⇒*protected* ◆ **1.1** een ~ leven *a s. life;* een ~ plekje *a s. spot.*

beschutten 0.1 [+ tegen; mbt. dreigend gevaar] *shelter (from)* ⇒*protect (from/against),* ⟨afschermen⟩ *shield (from)* **0.2** [mbt. iets ongewenst] *protect, shield, shelter* ◆ **6.2 tegen** wind en tocht beschut zijn *be sheltered from the wind.*

beschutting 0.1 *shelter* ⇒*protection* ◆ **3.1** (geen) ~ bieden *offer (no) protection* **6.1 onder** de ~ v.d. kust *under the lee of the coast;* ~ **tegen** de zon *protection from the sun.*

besef 0.1 [begrip] *understanding* ⇒*idea,* ⟨innerlijke overtuiging⟩ *sense* **0.2** [bewustzijn] *consciousness* ◆ **2.1** het groeiende ~ (dat)/(van) *the growing realization (that/of);* een vaag ~ *a vague idea/u.* ⟨van iemands bedoeling⟩; *a vague sense* ⟨van normen⟩; in het volle ~ van zijn verantwoordelijkheid *fully aware of his responsibility* **6.1 tot** het ~ komen dat *come to realize that.*

beseffen 0.1 *realize* ⇒*be aware (of),* ⟨bevatten⟩ *grasp,* ⟨zich bewust zijn⟩ *be conscious (of)* ◆ **3.1** ik begon te ~ dat *the realization dawned (up)on me that, it gradually came home to me that* **4.1** voor ik het besefte, had ik ja gezegd *before I knew it, I had said yes* **5.1** (iets) heel goed ~ *be only too aware of sth.* **¶.1** (iets) ten volle ~ *be fully aware (of sth.).*

besje →*bes II.*

beslaan I ⟨onov.ww.⟩ **0.1** [met een waas overtrokken worden] *mist up/over* ⇒*steam up/over, be(come) tarnished* ⟨chroom⟩, *be furred/coated* ⟨tong⟩ ◆ **1.1** toen ik binnenkwam, besloeg mijn bril *when I entered, my glasses steamed up;*
II ⟨ov.ww.⟩ **0.1** [bekleden]⟨met accessoires, hang-en-sluitwerk⟩ *fit* ⇒*tip* ⟨wandelstok⟩ **0.2** [mbt. paarden] *shoe* **0.3** [innemen] *take up* ⇒⟨woorden, tekst ook⟩ *run to* ◆ **1.3** deze kast beslaat de halve kamer *this cupboard takes up half the room* **6.1** een **met** zilver beslagen bijbel ⟨ook⟩ *a silver-clasped bible.*

beslag 0.1 [voor pannenkoeken enz.] *batter* **0.2** [metalen belegsel] *fitting(s)* ⇒⟨deur, venster⟩ *ironwork, metalwork,* ⟨sieraad⟩ *mounting,* ⟨sieraad⟩ *setting,* ⟨paard⟩ *shoe,* ⟨wandelstok⟩ *ferrule* **0.3** [gebruik, bezit] *possession* ⟨zie 3.3,

6.3) **0.4** [jur.] *attachment* ⇒⟨onder derden⟩ *garnishment order,* ⟨met inbeslagneming, ook⟩ *seizure, sequestration,* ⟨roerend goed⟩ *distress,* ⟨op schip in oorlogstijd⟩ *embargo* **0.5** [oeverbekleding] *mattress* ◆ **2.1** een dik ~ maken *make a thick b.* **2.2** een bijbel met gouden ~ *a bible with golden mount/*⟨sloten⟩ *clasps;* een kist met koperen ~ *a chest with brass fittings* **3.3** hij legde ~ op de derde plaats *he secured the third place;* ~ leggen op iets *take p. of sth.; occupy, secure* ⟨zitplaats⟩; ~ leggen op iem. *take up s.o.'s time* **3.4** ~ aanzeggen *serve with a writ of a./*⟨conservatoir⟩ *writ of sequestration;* ~ leggen op een deel van iemands salaris *attach part of s.o.'s earnings;* er werd ~ gelegd op het meubilair door de deurwaarder *the bailiff took possession of the furniture* **3.¶** een zaak haar ~ geven *bring a matter to a conclusion;* de zaak heeft voor juni haar ~ gekregen *the matter was settled before June* **6.3** iemands tijd **in** ~ nemen *take up s.o.'s time;* haar werk neemt haar helemaal **in** ~ ⟨altijd werkend⟩ *she is obsessed by her work;* ⟨geboeid⟩ *she is completely engrossed in her work;* deze kast neemt te veel ruimte **in** ~ *this cupboard takes up too much space;* **in** ~ genomen door *caught up in* ⟨dromerij⟩; *preoccupied with* ⟨de kinderen, zijn zorgen⟩; *absorbed in* ⟨klus, boek⟩; *engrossed in* ⟨boek⟩; het artikel neemt ruim vijf pagina's **in** ~ *the article runs to over five pages* **6.4** smokkelwaar **in** ~ nemen *confiscate contraband.*

beslaglegging ⟨jur.⟩ **0.1** *attachment* ⇒*seizure, distress (on)* ⟨ook→**beslag 0.4**⟩ ◆ **6.1** ~ **op** eigendom *a. of property.*

beslapen 0.1 *sleep on* ◆ **1.1** een niet ~ bed *a fresh bed.*

beslechten 0.1 [tot een oplossing/einde brengen] *settle* ⇒ *decide* **0.2** [vlak maken] *level* ◆ **1.1** laat haar de zaak tussen hen ~ *let her sort things out between them.*

beslechting 0.1 *settlement* ⇒⟨verzoening⟩ *conciliation* ◆ **1.1** de ~ van geschillen *the s. of differences.*

beslissen I ⟨onov.ww.⟩ **0.1** [een besluit nemen] *decide* ⇒*resolve* ◆ **3.1** hij kon maar niet ~ *he just couldn't make up his mind;* het lot laten ~ *let fate d.* **1.6** de commissie zal spoedig **over** deze zaak ~ *the committee will soon come to a decision in the matter* **¶.1** ten gunste/nadele van iem. ~ *d. in favour of/against s.o.;* het is aan u te ~ *the decision is yours;*

II ⟨ov.ww.⟩ **0.1** [een bepaalde uitkomst doen hebben; besluiten] *decide* ◆ **1.1** dit voorval zou de wedstrijd ~ *this incident was to d. the match;* de zaak is (allang) beslist *the matter has (long) been decided* **8.1** ~ of *d./resolve whether.*

beslissend 0.1 *decisive* ⇒*conclusive,* ⟨uiteindelijk⟩ *final,* ⟨belangrijkste⟩ *crucial* ◆ **1.1** het ~e doelpunt *the deciding goal;* op het ~e ogenblik *at the critical moment;* een ~e slag toedienen ⟨ook fig.⟩ *deal a d. blow;* in een ~ stadium zijn *have come to a crisis/head;* de voorzitter heeft een ~e stem *the chairman has the casting vote* **6.1** deze gebeurtenis was ~ **voor** zijn verdere leven *this event determined the course of the rest of his life.*

beslisser 0.1 ⟨zie 2.1⟩ ◆ **2.1** een aanbieding voor snelle ~s *an offer for people who can decide quickly.*

beslissing 0.1 [besluit] *decision* ⇒⟨uitspraak van bevoegd gezag ook⟩ *ruling* **0.2** [doorslag] *decision* ◆ **1.1** zich neerleggen bij een ~ v.d. scheidsrechter *abide by the referee's d.* **2.1** een gerechtelijke ~ *a judicial d.* **3.1** een ~ forceren *force a d./the issue;* de ~ is gevallen *the d. has been made/taken;* de ~ ligt bij ons *it's up to us;* een ~ nemen *make/ take a d.* **6.1 bij** zijn ~ blijven *keep to one's d.*

beslissingswedstrijd 0.1 *decider* ⇒*play-off.*

beslist I ⟨bn.⟩ **0.1** [ontegenzeglijk waar] *definite* **0.2** [niet weifelend] *decided* ⇒⟨vaak ongunstig⟩ *assertive* ◆ **1.1** een ~e leugen *a d./positive lie* **6.2** ~ **in** zijn antwoorden *sure of his answers;*

II ⟨bw.⟩ **0.1** [zeker] *certainly* ⇒*definitely* **0.2** [vastberaden] *definitely* ◆ **2.1** het is ~ waar *it is definitely true;* ⟨zeer waarschijnlijk⟩ *it is bound to be true* **3.1** ik geloof ~ dat ... *I definitely think that ...;* zij is het ~ *it is her all right;* ⟨zeer waarschijnlijk⟩ *it is bound to be her* **¶.1** komt hij echt? ~! *is he really coming? You bet!*

beslistheid 0.1 *decisiveness, determination, resolution* ◆ **6.1** met ~ optreden *act decisively.*

beslommering 0.1 *worry* ⇒*bother* ◆ **2.1** de dagelijkse ~en *the day-to-day worries* **3.1** vele ~en aan zijn hoofd hebben *have a lot on one's mind.*

besloten 0.1 [gesloten] *closed* ⇒*private* **0.2** [(vast) van plan] *resolved (to)* ⇒*firm, resolute* ◆ **1.1** in ~ kring *private(ly);* ~ testament *sealed will;* een ~ vergadering *a c. meeting;* in ~ zitting *in camera, behind c. doors* **3.2** ~ zijn iets te doen *be determined to do sth.*

beslotenheid 0.1 [het afgesloten zijn] *privacy* ⇒⟨afzondering⟩ *seclusion,* ⟨verborgenheid⟩ *secrecy,* ⟨ongunstiger⟩ *isolation,* ⟨beschutting⟩ *shelter* **0.2** [vastberadenheid] *resolution* ◆ **1.1** de ~ v.e. rusthuis *the sheltered environment of a nursing home* **6.1** in alle ~ iets doen ⟨ook⟩ *do sth. in secrecy;* in de ~ van zijn eigen kamer *in the seclusion of his own room.*

besluipen 0.1 *steal up on* ⇒*creep up on, stalk* ⟨wild⟩ ◆ **1.1** ⟨fig.⟩ de vrees besloop hen *(the) fear crept over them.*

besluit 0.1 [beslissing] *decision* ⇒*resolution, resolve* **0.2** [wat een einde aan iets maakt; conclusie] *conclusion* **0.3** [maatregel] *order* ⇒*decree* ◆ **1.1** de ~en v.e. vergadering *the resolutions of a meeting* **2.3** bij Koninklijk ~ *by Royal Decree* **3.1** ik heb mijn ~ genomen ⟨ook⟩ *my mind is made up;* een ~ nemen *take a decision;* mijn ~ staat vast *I'm quite determined* **6.1** een ~ **over** *a d./resolution about;* **tot** een ~ komen ⟨dat⟩ *come to/reach a decision (that);* een ~ **tot** uitgifte van aandelen *a d./resolution to issue shares* **6.2 tot** ~, wil ik opmerken *in c. I wish to remark;* **tot** ~ v.h. feest *to round off the party* **6.3** vastgesteld **bij** ~ van *laid down by order of.*

besluiteloos 0.1 *indecisive* ⇒*irresolute,* ⟨nog niet besloten⟩ *unresolved* ◆ **1.1** iem. met een ~ karakter *a feeble-minded person.*

besluiten I ⟨ov.ww.⟩ **0.1** [beëindigen] *conclude* ⇒*close, end* **0.2** [een besluit nemen] *decide* ⇒*resolve* **0.3** [omsluiten] *comprise* ⇒*include, contain* ◆ **1.2** de vergadering besloot het volgende/stappen te nemen *the meeting resolved as follows/to take steps* **3.3** het lag al in de opzet besloten *it was inherent in the plans* **6.1** een feest **met** een lied ~ *round off a party with a song* **8.2** de scheidsrechter besloot dat de wedstrijd niet door kon gaan *the referee decided to call off the match;*

II ⟨onov.ww.⟩ **0.1** [kiezen voor] *decide* ◆ **3.1** dit heeft ons ertegen doen ~ *this has decided us against it* **5.1** overhaast ~ *make a hasty decision.*

besluitvaardig 0.1 *decisive* ⇒*resolute.*

besluitvorming 0.1 *decision making* ⇒*decision process.*

besmeren 0.1 [bestrijken] *butter* ⟨brood met boter⟩; *daub* ⟨met verf⟩ **0.2** [bevuilen] *smear* ⇒*spread* ◆ **5.1** dik ~ met *spread thickly with, plaster with.*

besmet 0.1 [ziektekiemen dragend] *infected* ⇒*contaminated* **0.2** [bevuild] *tainted* ⇒*contaminated, polluted* ◆ **1.1** ~/niet langer ~ gebied ⟨mbt. veeziektes⟩ *infective/released area* **1.2** ⟨radioactief⟩ ~ gebied *contaminated area* **1.¶** ~te lading ⟨smokkelwaar⟩ *contraband;* ~ werk *blacked work* **3.¶** ~ verklaren *black.*

besmettelijk 0.1 [infectieus, ook fig.] *infectious* ⇒*contagious, catching* **0.2** [gemakkelijk bevuild kunnende worden] *(be) easily soiled* ◆ **1.1** een ~e ziekte *an i. disease* **3.1** ⟨scherts.⟩ ik ben niet ~ *it's not catching* **5.2** wit is erg ~ *white soon gets dirty.*

besmetten 0.1 [aansteken] *infect (with)* ⇒*contaminate (with)* **0.2** [fig.] *infect (with)* ⇒⟨ongunstiger⟩ *contaminate (with), corrupt* ⟨in morele zin⟩, *taint* ⟨in morele zin⟩ **0.3** [bevlekken] *taint* ⇒*soil* ◆ **3.1** met tyfus besmet worden ⟨door iem.⟩ *catch/contract typhus (from s.o.)* **6.2** ben jij nu ook al besmet **door** die nieuwe rage? *has the new craze infected you as well?*

besmetting 0.1 [infectie] *infection* ⇒*contagion* ⟨door aanraking⟩ **0.2** [ziektekiemen] *infection* ⇒*disease* ◆ **1.1** het gevaar voor ~ is nu geweken *the danger of i. is past* **2.1** radioactieve ~ *radioactive contamination* **3.2** ratten brengen de ~ over *rats communicate the i.*

besmettingsgevaar 0.1 *danger/risk of infection/contagion.*

besmeuren 0.1 *stain* ⇒*soil, daub, (be)smear* ⟨ook fig.⟩, *smirch* ⟨ook fig.⟩ ◆ **6.1 met** bloed besmeurde handen ⟨fig.⟩ *blood-stained hands.*

besmuikt 0.1 *sniggering* ⇒⟨steels⟩ *furtive* ◆ **1.1** een ~ lachje *a snigger.*

besneden 0.1 [door snijden gevormd] *carved* ⇒*chiselled* **0.2** [besnijdenis ontvangen hebbend] *circumcised* ◆ **5.1** een fijn ~ gezicht *a finely chiselled face.*

besneeuwd 0.1 *snowy* ⇒*snow-clad/covered, snow-capped* ⟨bergen⟩.

besnijden 0.1 [door snijden vormen] *carve* ⟨ivoor, hout enz.⟩ ⇒⟨stukjes afsnijden⟩ *whittle,* ⟨overtollige wegsnijden⟩ *trim* **0.2** [de voorhuid wegnemen] *circumcise* ◆ **1.1** een paardenhoef ~ *pare a horse's hoof* **1.2** een jongen laten ~ *have a boy circumcised.*

besnijdenis 0.1 *circumcision.*

besnoeien I ⟨ov.ww.⟩ **0.1** [inkorten] *trim (off/down)* ⇒*cut (down/back), curtail* **0.2** [door snoeien bewerken] *prune* ⇒*lop* ⟨bomen⟩, ⟨tot bepaalde vorm⟩ *trim,* ⟨tot bepaalde vorm⟩ *clip* ◆ **1.1** iemands macht ~ *curtail s.o.'s power;* uitgaven ~ *cut down (on) expenses;* **II** ⟨onov.ww.⟩ **0.1** [bezuinigen] *cut down (on)* ◆ **6.1 op** enkele posten ~ *cut a few posts.*

besnuffelen 0.1 [snuffelend onderzoeken] *sniff at* **0.2** [doorsnuffelen] *nose through.*

besodemieterd ⟨inf.⟩ **0.1** [dwaas] *mad* **0.2** [ontsteld] *flabbergasted* **0.3** [beroerd] *rotten* ⇒*crummy* ◆ **3.1** ben je nou helemaal ~? *you must be round the bloody bend* **3.3** hij is nog te ~ om dat te doen *he's too bloody-minded to do it.*

besodemieteren ⟨inf.⟩ **0.1** ⟨vnl. BE⟩ *bugger around/about* ⇒*mess around* ◆ **3.1** ik laat me niet nog een keer ~ *I won't be buggered around again.*

besogne 0.1 *affair* ◆ **3.1** veel ~s hebben *have a lot of things to attend to.*

bespannen 0.1 [overspannen] *stretch* ⇒*string* ⟨met snaren⟩ **0.2** [mbt. trekdieren] *harness (a horse to a cart)* ◆ **6.1** een viool **met** snaren ~ *string a violin* **6.2** een rijtuig **met** paarden ~ *put horses to a carriage.*

bespanning 0.1 [dat wat over/in iets gespannen is] *stringing* ⟨van racket⟩ **0.2** [trekdieren] *team (of)* ◆ **1.1** de ~ van mijn racket is niet strak genoeg *my racket is not strung tightly enough.*

besparen 0.1 [uitsparen] *save* **0.2** [niet belasten met] *spare* ⇒*save* ◆ **1.2** die moeite had u zich wel kunnen ~ *you could have spared yourself the trouble;* de rest zal ik je maar ~

I'll spare you the rest **3.2** daar ben ik voor bespaard gebleven *I have been spared that* **6.1** geld ~ **op** het onderhoud *s. on maintenance.*

besparing 0.1 [het uitsparen] *saving* ⇒*economy* **0.2** [het uitgespaarde] *saving(s)* ⇒*economies* ◆ **2.2** een belangrijke ~ op de uitgaven *an important money-saver.*

bespeelbaar ⟨sport, muz.⟩ **0.1** *playable* ◆ **1.1** het veld was niet ~ *the ground was unplayable* **3.¶** deze videoband is aan beide zijden ~ *this videotape is playable on both sides* **5.1** een gemakkelijk ~ instrument *an instrument that is easy to play.*

bespelen 0.1 [sport] *play on/in* ⟨veld⟩ **0.2** [muz.] *play (on)* **0.3** ⟨invloed uitoefenen op⟩ *manipulate* ⟨omstandigheden⟩; *play on* ⟨gevoelens⟩ ◆ **1.2** een viool ~ *play (on) a violin* **1.3** een gehoor ~ *play to an audience* **1.¶** een schouwburg ~ *play a theatre* **3.3** iem. weten te ~ *know how to manipulate s.o.*

bespeuren 0.1 *sense* ⇒*notice, perceive, find* ◆ **1.1** onenigheid ~ *s. discord;* onraad ~ *s. danger* **3.1** er is nog steeds geen verandering te ~ *there is still no noticeable change.*

bespieden 0.1 *spy (on)* ⇒*watch* ◆ **1.1** iemands doen en laten ~ *watch s.o.'s movements* **3.1** iem. laten ~ *have s.o. watched.*

bespiegelen 0.1 *reflect (on)* ⇒*contemplate* ◆ **1.1** de ~de wijsbegeerte *speculative philosophy.*

bespiegeling 0.1 *reflection (on)* ⇒*contemplation (of),* ⟨speculatie⟩ *speculation (on)* ◆ **2.1** onvruchtbare ~en *idle speculation(s)* **3.1** ~en houden over *speculate on.*

bespioneren 0.1 *spy on* ◆ **3.1** iem. laten ~ *have s.o. watched.*

bespoedigen 0.1 *accelerate* ⇒*speed up, expedite* ◆ **1.1** dit heeft zijn ondergang bespoedigd *this precipitated his downfall;* een ontwikkeling ~ *speed up a development.*

bespottelijk 0.1 *ridiculous* ⇒*absurd, ludicrous* ◆ **1.1** een ~ figuur slaan *(make o.s.) look r.* **3.1** zich ~ maken *make a fool of o.s., lay o.s. open to ridicule.*

bespotten 0.1 *ridicule* ⇒*mock, deride, scoff at.*

bespreekbaar 0.1 [onderwerp van bespreking] *debatable* ⇒⟨voor onderhandeling vatbaar⟩ *negotiable* **0.2** [waarover vrij gesproken kan worden] *debatable* ◆ **1.¶** bespreekbare plaatsen *bookable seats* **3.1** iets ~ maken ⟨ook⟩ *make sth. a subject of discussion* **6.2** homofilie is niet **voor** iedereen ~ *not everyone will discuss homosexuality.*

bespreken 0.1 [spreken over] *discuss* ⇒*talk about,* ⟨behandelen⟩ *consider* **0.2** [beoordelen] *discuss* ⇒*comment (up)on, examine, review* ⟨boek, film⟩ **0.3** [reserveren] *book* ⇒*reserve* ◆ **1.1** een probleem ~ *go into a problem* **1.3** een hotel ~ *b. a hotel;* kaartjes/plaatsen ~ *make reservations* **5.1** iets uitvoerig met iem. ~ *talk sth. over thoroughly with s.o.* **6.1** iets **onder** een drankje ~ *discuss sth. over a drink.*

bespreking 0.1 [het bespreken/besproken worden] *discussion* ⇒*talk* **0.2** [onderhandeling] *meeting* ⇒*conference, talks* **0.3** [recensie] *review* ⇒⟨beknopter⟩ *notice* **0.4** [het reserveren] *booking* ⇒*reservation* ◆ **1.1** de ~ v.e. wetsontwerp *the d. of a bill* **1.4** de ~ van plaatsen *the b./reservation of seats* **2.2** internationale ~en beginnen/openen over *begin/open international talks on;* voorlopige ~en *preliminary talks* **3.2** hij heeft nu een ~ *he is in a m. now* **6.1** morgen komt de zaak **in** ~ *the matter will be discussed tomorrow.*

besprenkelen 0.1 *sprinkle.*

bespringen 0.1 [springen op] *pounce on* ⇒*jump* **0.2** [onverhoeds aanvallen] *pounce on* ⇒⟨mil.⟩ *raid* ⟨dorp⟩, *assault* ⟨vesting⟩ **0.3** [dekken] *cover* ⇒*mount* **0.4** [springende bereiken] *jump* ◆ **1.1** de kat besprong de muis *the cat* pounced on the mouse **3.3** een merrie laten ~ *have a mare covered.*

besproeien 0.1 [sproeiend begieten] *sprinkle* ⇒⟨sproeiend doordrenken⟩ *perfuse* **0.2** [landb.] *irrigate* ⇒*spray* ⟨met insecticiden e.d.⟩, *water* ⟨met water⟩.

bespuiten 0.1 *spray (on)* ◆ **1.1** de plantjes ~ (met water) *spray the young plants (with water), water the young plants.*

bessenjenever, bessen 0.1 ±*blackcurrant gin.*

bessensap 0.1 ⟨rood⟩ *(red)currant juice;* ⟨zwart⟩ *blackcurrant juice.*

best[1] ⟨het⟩ ◆ **3.**¶ zijn ~ doen *do one's best;* zijn uiterste ~ doen *try as hard as one can* **6.**¶ op zijn ~ *at best;* hij is **op** zijn ~ *he is at his best;* ze is **op** haar ~ (gekleed) *she looks her best;* iets **ten** ~e geven *oblige the company with sth.;* give (a rendering of), render ⟨lied enz.⟩; **ten** ~e keren *turn to advantage;* een mening **ten** ~e geven *volunteer an opinion.*

best[2] **I** ⟨bn.⟩ **0.1** [overtr. trap van 'goed'] *best* ⇒*better, optimum* **0.2** [van uitstekende kwaliteit] *excellent* ⇒*very good* **0.3** [braaf] *good* ⇒*decent* **0.4** [mbt. instemming, onverschilligheid] *well* ⇒*all right* **0.5** [bij aanspreekwoorden] *dear* ⇒*good* ◆ **1.1** met de ~e bedoelingen *with the best of intentions;* ~e maatjes zijn met *be very thick with* **1.2** een ~ biertje *an e. beer* **1.3** het zijn ~e mensen *they are g. people* **1.5** beste Jan ⟨als briefaanhef⟩ *d. John* **2.1** je bent een bovenste ~e *you're fantastic* **3.4** alles ~ vinden *be easy* **4.4** (inf.) (het is) mij ~ *I don't mind* **5.1** Peter ziet er niet al te ~ uit *Peter is looking the worse for wear* **7.1** zij kwam als de ~e uit de bus *she came out best;* dat kan de ~e overkomen *that can happen to the best of us;* hij kan koken als de ~e *he can cook like the best of them;* op een na de ~e *the second best;* op twee na de ~e *the third best;* het ~e van iets hopen *hope for the best;* het ~e van iets maken *make the best of sth.;* het ~e ermee! *good luck!;* ⟨bij ziekte ook⟩ *best wishes!;* ik wens je het ~e ⟨bij afscheid/ziekte⟩ *all the best;* ⟨bij problemen⟩ *I wish you luck/well;* zo is het maar het ~e *it's better like this;* zij is er relatief het ~e aan toe *compared to the others, she has the best of it;* ik wil alleen het ~e v.h. -e *only the best is good enough for me* **7.**¶ de eerste, de ~e *anyone;* de eerste, de ~e die nu nog z'n mond opendoet, krijgt een dreun *the first person to open his mouth is in for it;* hij overnacht niet in het eerste het ~e hotel *he doesn't stay at just any (old) hotel;*

II ⟨bw.⟩ **0.1** [overtr. trap van 'goed'] *best* **0.2** [uitstekend] *fine* **0.3** [om ontkenning tegen te spreken; stellige overtuiging] *sure* **0.4** [afzwakking] *quite* **0.5** [erkenning] *really* **0.6** [mogelijkheid, waarschijnlijkheid] *possibly* ⇒*well* ◆ **2.4** het is ~ een goed boek *it's a (fairly) good book* **2.5** hij heeft het er ~ moeilijk mee *it's r. very difficult for him* **2.6** het is ~ mogelijk *it's quite possible* **3.1** je versterker doet het ook niet - meer *your amplifier isn't any too good these days;* jij kent hem het ~e *you know him b.* **3.2** ik heb me ~ geamuseerd *I thoroughly enjoyed myself;* ik kan me dat ~ voorstellen *I can very well imagine that* **3.3** je weet het ~ *you know perfectly well;* het zal ~ lukken *it's going to work out all right* **3.6** dat zou - kunnen *that's quite possible;* ze zou ~ willen ... *she wouldn't mind ...* **5.4** het is eigenlijk ~ wel een goede film *actually quite a reasonable film* ¶.2 komt hij niet? ~ ! *he's not coming? fine!;* wil je niet? mij ~! *not interested? it's your choice!/ if that's the way you want it!*

bestaan[1] ⟨het⟩ **0.1** [het er zijn; leven] *existence* **0.2** [broodwinning] *living* ⇒*livelihood* ◆ **1.1** het ~ van God *the e. of God;* de strijd om het ~ *the struggle for life* **1.2** een middel

---

van ~ zoeken *seek a livelihood* **2.1** die firma viert vandaag haar vijftigjarig ~ *that firm is celebrating its fiftieth anniversary today;* een zorgeloos ~ *a carefree (way of) life* **3.1** zijn ~ danken aan *owe one's e. to* **3.2** ergens een ~ in vinden *make a living out of.*

bestaan[2] **I** ⟨onov.ww.⟩ **0.1** [er zijn] *exist* ⇒*be (in existence)* **0.2** [inhouden] *consist (of)* ⇒*include,* ⟨opgebouwd zijn⟩ *be made up (of)* **0.3** [rondkomen] *live* **0.4** [mogelijk zijn] *be possible* ◆ **1.1** God bestaat *God exists;* laat daar geen misverstand over ~ *let there be no mistake about it* **3.1** onze liefde zal altijd blijven ~ *our love will live on forever;* ophouden te ~ *cease to e.* **5.1** de mooiste vrouw die er bestaat *the prettiest woman in the world;* al lang ~ *have existed for a long time* **5.4** dat bestaat niet *there's no such thing;* ⟨kan niet⟩ *(that's) impossible;* hoe bestaat het! *can you believe it!* **6.1** ~ sinds *date back to;* **voor** haar bestaat hij niet *to her, he does not e.* **6.2** dit werk bestaat **uit** drie delen *this work consists of three parts* **6.3** hij moet **van** zijn zaak ~ *he has to make a living out of his business;*

II ⟨ov.ww.⟩ **0.1** [wagen] *dare* ◆ **3.1** hij heeft het ~ mij op te zoeken *he had the nerve to visit me.*

bestaand 0.1 *existing, existent* ⇒*current* ◆ **1.1** een ~ geval *an existing case;* de ~e toestand *the existing situation* **5.1** niet-bestaand *non-existent* **7.1** de nieuwe wet is duidelijker dan de ~e *the new law is clearer than the existing one.*

bestaansminimum 0.1 *subsistence level* ◆ **6.1** beneden/ boven het ~ *below/above s. l.*

bestaansrecht 0.1 *right to exist* ⇒*rationale (of one's/its existence)* ◆ **3.1** geen ~ hebben *have no right to exist.*

bestand[1] ⟨het⟩ **0.1** [wapenstilstand] *truce* ⇒*armistice* **0.2** [verzameling (gegevens)] *file* ⇒⟨aanwezige exemplaren⟩ *stock,* ⟨om uit te putten⟩ *pool,* ⟨om uit te putten⟩ *fund.*

bestand[2] ⟨bn.⟩ ◆ **6.**¶ ~ zijn **tegen** *withstand, resist;* ⟨onkwetsbaar⟩ *be immune to;* **tegen** hitte ~ *heat-resistant;* **tegen** die behandeling was zij niet ~ *she couldn't stand up to that treatment.*

bestanddeel 0.1 *constituent, element* ⇒⟨onderdeel waaruit iets is opgebouwd⟩ *component (part),* ⟨ingrediënt⟩ *ingredient* ◆ **2.1** een aanzienlijk ~ v.d. bevolking *a considerable e. of the population.*

bestandsorganisatie ⟨comp.⟩ **0.1** *file organization.*

besteden 0.1 [inzetten voor een doel] *spend* ⇒*devote/give (to), employ for* **0.2** [mbt. tijd] *spend (on)* ⇒*devote (to)* **0.3** [mbt. geld] *spend (on)* ◆ **1.1** geen aandacht ~ aan *pay no attention to;* veel moeite ~ aan iets *take a lot of trouble over sth.;* zorg ~ aan (werk) *take care over (work)* **5.2** ik kan mijn tijd wel beter ~ *I have better things to do with my time* **5.3** het geld is goed/nuttig besteed *the money was well-spent/was put to good use* **6.**¶ zoiets is niet **aan** haar besteed *such things are lost/wasted on her.*

besteding 0.1 *spending.*

bestedingspolitiek 0.1 *spending policy.*

besteedbaar 0.1 *disposable* ◆ **1.1** het besteedbare inkomen *(real) d. income, income after tax.*

bestek 0.1 [eetgerei] *cutlery* **0.2** [beschrijving van uit te voeren werk] *specifications* **0.3** [beschrijving van maatregelen] *plan* ⇒*scheme* **0.4** [begrensde ruimte] *compass* ⇒ *scope* **0.5** [opzet] *plan* ⇒*scheme, scope* ◆ **2.1** (een) zilveren ~ *a set of silver c.* **2.4** iets in kort ~ uiteenzetten *explain sth. in brief* **6.2** volgens ~ gemaakt *made according to s.;* ⟨op schaal⟩ *made to scale* **6.4** binnen het ~ van drie jaar *in the space of three years* **6.5** binnen het ~ van dit boek *within the scope of this book.*

bestekbak 0.1 *cutlery tray/drawer.*

bestel 0.1 [bestaande ordening; personen, instellingen, regelingen vnl. in samenst.] *existing order* ⇒*establishment* **0.2** [regeling, bestuur] *ordainment* ⇒*disposition* ◆ **2.1** het heersende ~ *the establishment;* het maatschappelijk ~ *the social order.*

bestelauto 0.1 *delivery van* ⇒⟨open⟩ *pickup (truck).*

bestelbusje 0.1 *delivery van.*

besteldatum 0.1 [datum van order] *order date* ⇒*date of order(ing)* **0.2** [datum van aflevering] *delivery date.*

bestelen 0.1 *rob.*

bestelformulier, bestelbon 0.1 *order form* ⇒*order sheet, docket.*

bestellen 0.1 [laten komen] *order* ⇒*place an order (for), send for* ⟨ihb. personen⟩ **0.2** [aan huis bezorgen] *deliver* **0.3** [reserveren] *book; reserve* ◆ **1.1** een timmerman/een taxi ~ *send for a carpenter, call a taxi* **1.2** brieven ~ *d. letters* **1.3** ik wil voor morgen vijf stokbroden ~ *can I order five French loaves for tomorrow, please?* **3.1** zullen we al ~? *shall we o. now?* ⟨drank, eten e.d.⟩ **6.1** iets ~ *bij order sth. from.*

besteller 0.1 [bezorger] *delivery man; postman* ⟨brieven⟩; *messenger* ⟨telegrammen, expressestukken⟩ **0.2** [iem. die goederen laat komen] *customer* ◆ **1.2** de vracht komt voor rekening v.d. ~ *freight to be paid by the c.*

bestelling 0.1 [het thuisbezorgen] *delivery* **0.2** [order] *order* **0.3** [bestelde goederen] *order, goods on order, goods ordered* ◆ **3.2** een ~ doen bij/voor *place an o. with/for;* de ~ komen opnemen *come to take s.o.'s order, call for s.o.'s order* **3.3** ~en afleveren *deliver goods ordered* **6.2** in ~ zijn bij *be on o. from;* **op** ~ gemaakt *made to o.*

bestelwagen →**bestelauto.**

bestemmeling ⟨AZN⟩ **0.1** *addressee.*

bestemmen 0.1 [aanwijzen, bedoelen] *mean, intend;* ⟨geschikt maken⟩ *design* **0.2** [voorbestemmen] *destine* ◆ **1.1** het daarvoor bestemde hokje *the appropriate box;* ter bestemder tijd *in due time* **6.1** een stuk grond **voor** moestuin ~ *reserve a piece of ground for a kitchen-garden;* niet **voor** publicatie bestemd *not intended for publication;* deze opmerking is **voor** Jan bestemd *that remark was meant for John* **6.2 voor** het geluk bestemd zijn *be destined for happiness;* hij was bestemd **voor** de handel/voor dominee *he was destined to go into business/the church;* zij zijn **voor** elkaar bestemd *they were meant for each other.*

bestemming 0.1 [bedoeling] *intention, purpose* ⇒*allocation* ⟨gelden⟩ **0.2** [doel, eindpunt] *destination* **0.3** [levensdoel] *destiny* ⇒*lot,* ⟨levensstaak⟩ *vocation* ◆ **1.2** plaats van ~ *destination* **2.1** een andere ~ krijgen *have a change of use* **2.2** hij is met onbekende ~ vertrokken *he has gone without leaving a forwarding address* **3.1** ergens een ~ aan geven *put sth. to a specific use* **3.2** zijn ~ bereiken *reach one's d.* **3.3** zijn ~ vinden *find one's vocation* **6.2** reizigers **met** ~ Groningen moeten hier overstappen *passengers for Groningen, please change here.*

bestemmingsplan 0.1 *zoning plan/scheme.*

bestemmingsreserve ⟨ec.⟩ **0.1** *earmarked funds/reserves.*

bestemmingsverkeer 0.1 *local traffic* ◆ **6.1** alleen toegankelijk **voor** ~ *(for) local traffic only.*

bestempelen 0.1 [noemen] *label* ⇒⟨pej.⟩ *brand* **0.2** [een stempel drukken op] *stamp* ◆ **6.1** iets/iem. ~ **met** de naam van *label sth./s.o.* **as 8.1** het boek wordt als provocerend bestempeld *the book was labelled provocative.*

bestendig 0.1 [duurzaam] *durable* ⟨materialen⟩; *lasting, enduring* ⟨vrede, vriendschap⟩; *permanent* ⟨kleur⟩ **0.2** [niet veranderlijk] *stable, steady* **0.3** [in samenst.; bestand tegen] *-proof, -resistant* ◆ **1.1** ~e vrede *lasting*

peace **1.2** ~ weer *settled weather* **1.3** hittebestendig *heat-resistant;* roestbestendig *rust-proof.*

bestendigen 0.1 *continue* ⇒*make permanent, perpetuate* ⟨toestand⟩ ◆ **1.1** de voorlopige toestand wordt bestendigd *the provisional arrangement is made permanent.*

bestendigheid 0.1 [duurzaamheid] *durability* ⟨materialen⟩; *permanency* ⟨kleuren⟩ **0.2** [onveranderlijkheid] *stability* ⇒*constancy, steadiness.*

bestendiging 0.1 *continuation* ⇒*making (the arrangement) permanent, perpetuation* ⟨toestand⟩, *renewal* ⟨contract⟩.

besterven I ⟨onov.ww.⟩ **0.1** [sterven] *die* **0.2** [mbt. vlees] ±*hang* ◆ **1.2** bestorven vlees *well-hung meat* **3.1** dat ligt haar in de mond bestorven *that is constantly on her lips* **3.2** vlees laten ~ *h. meat* **6.1** het woord bestierf **op** zijn lippen *the word died on his lips;* **II** ⟨ov.ww.⟩ ◆ **4.¶** het ~ van schrik *die of fright;* het ~ v.h. lachen *die laughing, laugh o.s. to death.*

bestieren ⟨schr.⟩ **0.1** *govern, rule.*

bestijgen 0.1 [klimmen op] *mount* ⇒*ascend* ⟨troon⟩ **0.2** [mbt. een berg] *climb, ascend* ◆ **1.1** hij besteeg zijn paard *he mounted his horse.*

bestijging 0.1 [het klimmen op] *mounting* ⟨paard⟩ ⇒*ascent, accession (to)* ⟨troon⟩ **0.2** [mbt. berg] *climbing* ⇒*ascent, conquest* ⟨zeer hoge berg⟩.

bestoken 0.1 [aanvallen, beschieten] *harass, press* ⇒*shell, bomb(ard)* ⟨met bommen/granaten⟩, *barrage* ⟨met spervuur⟩ **0.2** [lastig vallen] *harass* ⇒*bombard, besiege* ◆ **1.1** de vijand ~ *h. the enemy* **3.2** hij werd van alle kanten bestookt *he was beleaguered from all sides* **6.2** iem. **met** vragen ~ *bombard s.o. with questions.*

bestormen 0.1 [storm lopen op, ook fig.] *storm* **0.2** [overladen] *bombard* ◆ **1.1** de demonstranten bestormden het politiebusje *the demonstrators stormed the police van;* een vesting ~ *s. a stronghold* **4.1** ⟨fig.⟩ allerlei herinneringen bestormden me *all sorts of memories rushed/crowded in upon me* **6.2** iem. **met** vragen ~ *bombard s.o. with questions.*

bestorming 0.1 [stormaanval] *storming, assault* **0.2** [het bestormd worden] *rush (for/on)* ⇒*run* ⟨van bank⟩.

bestorven 0.1 *orphaned* ⟨kind⟩; *widowed* ⟨partner⟩ ◆ **5.1** een jong ~ weduwe *a young widow.*

bestraffen 0.1 [straf doen ondergaan] *punish* **0.2** [berispen] *reprove, reprimand* **0.3** [straf geven voor] *punish* ◆ **3.2** iem.~d aankijken *give s.o. a look of reproof* **6.1** iem.~ **voor/wegens** *punish s.o. for.*

bestraffing 0.1 [het bestraffen/bestraft worden] *punishing* **0.2** [datgene waarin een straf bestaat] *punishment* ⇒*chastisement* **0.3** [het berispen/berispt worden] *reproving* ⇒*scolding* **0.4** [berisping] *rebuke* ⇒*scolding.*

bestralen 0.1 [stralen op iets werpen] *irradiate* ⇒*shine upon* ⟨zon⟩ **0.2** [med.] *give radiation treatment/radiotherapy* ◆ **1.2** de patiënt moet bestraald worden *the patient needs radiation treatment.*

bestraling 0.1 *irradiation* ⇒⟨als behandeling⟩ *radiotherapy, radiation treatment* ◆ **1.1** ~ v.e. tumor *i./radiation treatment of a tumour.*

bestraten 0.1 *pave* ⇒⟨verharden⟩ *surface,* ⟨met keien⟩ *cobble.*

bestrating 0.1 [handeling] *paving* ⇒⟨verharding⟩ *surfacing,* ⟨met keien⟩ *cobbling* **0.2** [materiaal] *pavement, paving* ⇒ *surface, cobbles.*

bestrijden 0.1 [betwisten] *dispute* ⇒*challenge, contest, oppose* ⟨plan⟩, *resist* ⟨plan⟩ **0.2** [tegengaan] *combat, fight* ⇒*counteract, control* ⟨plaag⟩ **0.3** [vechten tegen] *fight* ⇒

⟨niet fysiek ook⟩ *contend (with)* ♦ **1.1** een zienswijze ~ / de echtheid v.e. document ~ *challenge/d. a view/the genuineness of a document* **1.2** het alcoholisme ~ *combat alcoholism* **3.1** wie zou dat willen ~*? who would quarrel with that?* **4.3** elkaar op leven en dood ~ *be at one another's throats* **6.3** iem. **met** zijn eigen wapens ~ *give s.o. a taste of his own medicine.*

bestrijder 0.1 *opponent* ⇒*adversary.*

bestrijding 0.1 *fight, combat(ing)* ♦ **1.1** ~ van ongedierte *pest control.*

bestrijdingsmiddel 0.1 *pesticide* ⟨met name dieren⟩*; herbicide, weed killer* ⟨planten⟩*; fungicide* ⟨schimmels⟩.

bestrijken 0.1 [kunnen bereiken] *cover* **0.2** [kunnen beschieten] *cover* ⇒*have within range* **0.3** [besmeren] *spread* ⟨jam⟩; *coat* ⟨verf⟩; *smear* ⟨vet⟩ ♦ **1.1** deze oplage bestrijkt de hele regio *this edition covers the entire area* **1.2** vanaf dit punt kunnen we de hele vallei ~ *from this point we command the entire valley* **6.2** de straat ~ **met** een machinegeweer *have the street covered with a machine-gun.*

bestrooien 0.1 *sprinkle (with)* ⟨met korrels⟩; *cover/spread (with)* ⟨met mest⟩; *powder/dust (with)* ⟨met poeder⟩ ♦ **6.1** een graf bestrooid **met** bloemen *a grave strewn with flowers;* gladde wegen **met** zand / zout ~ *sand/salt icy roads.*

bestudeerd 0.1 *studied* ⇒*(carefully) composed, practised, contrived* ♦ **1.1** een ~e glimlach *a s. smile.*

bestuderen 0.1 [met aandacht lezen] *study* ⇒*pore over* **0.2** [een studie maken van] *study* ⇒*read up on,* [B]*revise* ⟨examenstof⟩, [A]*review* ⟨examenstof⟩ **0.3** [onderzoeken] *study* ⇒*investigate, explore* ♦ **1.1** iem. ~ *look s.o. over;* een niet vooraf bestudeerde tekst *an unseen text* **1.2** een nog niet bestudeerd gebied *a virgin field;* de middeleeuwse geschiedenis ~ *s. mediaeval history.*

bestuiven 0.1 *pollinate* ⟨bloemen⟩; *dust, powder* ⟨met meel/stof⟩.

besturen 0.1 [mbt. een voer- / vaartuig] *drive* ⇒*steer, navigate* **0.2** [mbt. een werktuig] *control, operate* **0.3** [leiden] *govern → administrate, manage, run* ♦ **1.1** een auto / tram ~ *d. a car/tram;* een schip / vliegtuig ~ *steer a ship, fly a plane* **1.2** een hijskraan ~ *o. a crane* **1.3** een stichting ~ *run an institution* **6.2** door de computer bestuurd *computer-operated.*

besturing 0.1 [stuurinrichting] *control(s)* ⇒*steering, drive* **0.2** [het besturen, wijze van besturen] *steering* **0.3** [het beheersen] *control* ⇒*operation* ♦ **2.1** een auto met dubbele ~ *a dual-control car* **2.2** automatische ~ *automatic pilot.*

besturingsorgaan ⟨comp.⟩ **0.1** *control unit.*

besturingssysteem ⟨comp.⟩ **0.1** *operating system.*

bestuur 0.1 [het leiden] *government, rule* ⟨van land⟩; *administration* ⟨van gemeente / ziekenhuis / school⟩; *management* ⟨van bedrijf⟩ **0.2** [gezag, regeringssysteem] *administration* ⇒*government, rule* ⟨van land⟩, *management* ⟨van bedrijf⟩ **0.3** [lichaam, college] *government* ⟨van land⟩; *council, corporation* ⟨van stad⟩; *(board of) governors* ⟨van school⟩; *(executive) committee* ⟨van vereniging⟩; *(board of) directors, management* ⟨van fabriek⟩; *board* ⟨van PTT / spoorwegen⟩ ♦ **1.1** de raad van ~ *the Board of Governors* ⟨van school⟩ */Directors* ⟨van bedrijf⟩ **2.1** slecht ~ *misgovernment, mismanagement* **2.3** het dagelijks ~ *the executive (committee)* **6.2** het land kwam **onder** Nederlands ~ *the country came under Dutch rule;* **tijdens** zijn ~ *during his a.* **6.3 in** het ~ zitten *be on the board (of directors/governors);* iem. **in** het ~ kiezen *elect s.o. to the board.*

bestuurbaar 0.1 [bestuurd kunnende worden] *controllable* ⇒*manageable, navigable* ⟨schip, vliegtuig⟩ **0.2** [geleid / geregeerd kunnende worden] *manageable* ⇒*governable* ♦ **5.1** gemakkelijk ~ zijn *be easy to steer/control;* niet meer ~ zijn *be out of control* **5.2** niet meer ~ zijn *be ungovernable.*

bestuurder 0.1 [chauffeur] *driver* ⟨van auto⟩; *pilot* ⟨van vliegtuig/ballon⟩; *operator* ⟨van grote machine⟩ **0.2** [iem. die bestuur voert] *administrator* ⇒*governor* ⟨van school⟩, *director* ⟨van bedrijf⟩, *manager* ⟨van bedrijf⟩, *ruler* ⟨van land⟩ **0.3** [directeur] *director, manager* ♦ **1.2** de ~s v.e. instelling *the governors/managers of an institution.*

bestuurlijk 0.1 *administrative* ⇒*governmental, managerial* ♦ **1.1** een ~ gewest *an a. area;* op ~ niveau *at managerial level.*

bestuursapparaat 0.1 *administrative machinery.*

bestuurservaring 0.1 *administrative/managerial experience.*

bestuursfunctie 0.1 [v.e. persoon] *position on the board/executive* **0.2** [v.e. bestuurslichaam] *administrative function* ♦ **2.1** een hoge ~ *a senior position on the board* **3.1** een ~ bekleden *be on the board/executive.*

bestuurskunde, bestuurswetenschap 0.1 *(science of) public/social administration.*

bestuurslid 0.1 *member of the Board (of Governors* ⟨van instelling⟩ */Directors* ⟨van bedrijf⟩ *); committee member* ⟨van vereniging⟩ ♦ **6.1 tot** ~ benoemen *appoint to the board* **8.1** als ~ bedanken *retire from the board.*

bestuursvergadering 0.1 *committee/board meeting.*

bestuursvorm 0.1 *form of administration/government.*

bestwil ♦ **6.¶** ik zeg het **om / voor** uw (eigen) ~ *I'm saying this for your own good.*

bèta I ⟨de⟩ **0.1** [school.] *science (side/subjects)* ♦ **3.1** ~ doen/kiezen *do/take s. (as a subject);*
II ⟨de (m.)⟩ **0.1** [leerling] *science student/pupil.*

bèta-afdeling 0.1 *science department.*

betaalautomaat 0.1 *±ticket machine.*

betaalbaar 0.1 [te betalen] *affordable* ⇒*reasonably priced* **0.2** [hand.] *payable* ♦ **1.1** kwaliteit voor een betaalbare prijs *quality at prices you can afford* **3.2** ~ stellen bij een bank *domicile/make p. at a bank* **6.1** voor iedereen ~ *which everybody can afford* **6.2** ~ **aan** toonder / op zicht *p. to bearer/at sight.*

betaalcheque 0.1 *(bank-)guaranteed cheque.*

betaald 0.1 [beroeps] *paid* ⇒*hired, professional* **0.2** [gekocht, gehuurd] *paid (for), hired* ♦ **1.1** ~ voetbal *professional soccer* **1.2** ~e moordenaars *h. killers* **1.¶** een zeer goed ~e baan *a highly-paid job* **3.¶** iem. iets ~ zetten *get even with s.o.;* iem. iets dubbel en dwars ~ zetten *return sth. to s.o. with interest.*

betaaldag 0.1 [dag van uitbetaling] *payday* **0.2** [hand.; vervaldag] *due date, maturity;* ⟨vaste geregelde datum⟩ *quarter/term day* ♦ **6.2** op de ~ *on the due date, at maturity.*

betaalkaart 0.1 ⟨giro⟩ *(guaranteed) giro cheque.*

betaalmiddel 0.1 *tender, currency* ⇒*circulating medium* ♦ **2.1** buitenlandse ~ en *foreign currency;* bankpapier is wettig ~ *banknotes are legal t.*

betaalpas 0.1 *cheque card.*

betaaltelevisie 0.1 *pay TV* ⇒*coin-in-the-slot television.*

betalen I ⟨onov., ov.ww.⟩ **0.1** [het verschuldigde doen toekomen] *pay* ⟨iem., een rekening⟩; *pay for* ⟨iets⟩ ⇒⟨na protest⟩ *pay up,* ⟨ten volle⟩ *pay off,* ⟨ten volle⟩ *settle* ⟨ook→**betaald**⟩ ♦ **1.1** het nog te ~ bedrag is ... *the amount still due is ...;* de chauffeur / de ober ~ *p. the driver/the waiter;* een deel v.d.

kosten ~ *share in the costs;* ieder zijn deel ~ *share and share alike;* de kosten ~ *bear the cost;* ~ de passagier *(fare-)paying passenger;* ⟨vnl. in taxi⟩ *fare;* te ~ saldo, (nog) te ~ *balance due;* zijn schulden (niet) ~ *(not) pay one's debts* **3.1** iem. te veel laten ~ *overcharge s.o.;* mag ik even ~? *could I have the bill, please?;* weigeren te ~, niet meer ~ ⟨rekeningen⟩ *repudiate/suspend payment* **4.1** en wij moeten alles maar ~ *and we have to foot the bill;* wie zal dit ~? *who's going to p. for this?* **5.1** contant ~ *p. (in) cash;* iets duur (moeten) ~ *p. dear for sth.;* wat heb je ervoor moeten ~ *what did they charge you for it?;* hoeveel krijgen zij ervoor betaald? *what's in it for them?;* goed ~ ⟨baas⟩ *p. well;* ⟨klanten⟩ *be good payers;* hij wilde niet ~ ⟨inf.⟩ *he wouldn't cough up;* die huizen zijn niet te ~ *the price of these houses is prohibitive;* slecht/te weinig ~ ⟨van baas⟩ *underpay;* vooruit te ~, vooraf ~ *payable in advance* **6.1** elkaar **met** gesloten beurzen ~ *settle on mutual terms;* **met** een cheque/met cheques ~ *p. by cheque;* **per** uur/stuk betaald worden *be paid by the hour, be on piece-work;* **uit** eigen portemonnee ~ *p. out of one's own pocket;* ieder **voor** zichzelf ~ ⟨inf.⟩ *go Dutch;* hier hoeft u niets **voor** te ~ *there is no charge (for this)* **¶.1** hier kun je alles kopen, als je maar betaalt *you can buy anything here, at a price;* **II** ⟨onov.ww.⟩ **0.1** [geld opleveren] *pay* ♦ **5.1** dit werk betaalt slecht *this work pays badly;* **III** ⟨ov.ww.⟩ **0.1** [bekopen] *pay for ⇒answer (with)* **0.2** [vergelden] *repay* ♦ **6.1** een roekeloosheid **met** zijn leven ~ *pay for a reckless act with one's life* **6.2** een weldaad **met** ondank ~ *r. generosity with ingratitude.*

betaler 0.1 *payer.*

betaling 0.1 *payment ⇒*⟨voor diensten⟩ *reward, remuneration,* ⟨van schulden⟩ *settlement* ♦ **1.1** bij gebrek aan ~ *in case of non-payment;* wijze van ~ *method of p.* **2.1** tegen contante ~ *cash (down)* **3.1** zijn ~ en staken *suspend one's payments* **6.1** ~ **bij** levering *p./cash on delivery;* ~ **in** termijnen *p. in instalments;* **tegen** ~ **van** on *p. of;* **tegen** ~ wil ik dat wel doen *for a (small) remuneration I'm willing to do it.*

betalingsbalans 0.1 *balance of payments* ♦ **6.1** een overschot/tekort **op** de ~ *a surplus/deficit in the balance of payments.*

betalingsbewijs 0.1 *receipt ⇒*⟨concr.⟩ *voucher,* ⟨abstr.⟩ *proof of payment.*

betalingsopdracht 0.1 *payment order.*

betalingstermijn 0.1 [termijn] *term of payment* **0.2** [bedrag] *instalment.*

betalingsverkeer 0.1 *money transfer ⇒payments.*

betalingsvoorwaarden 0.1 *terms of settlement.*

betamelijk 0.1 *decent ⇒fit(ting), seemly, proper* ♦ **1.1** een ~ gedrag *decorous behaviour.*

betamen 0.1 *become ⇒befit, be proper/becoming* ♦ **1.1** hij redde haar, zoals een echte held betaamt *he saved her like a true hero (should)* **4.1** dat is niet zoals het betaamt *that is unbecoming.*

betasten 0.1 *feel ⇒finger,* ⟨ongewenste intimiteit⟩ *feel up.*

bètawetenschappen 0.1 *the sciences.*

bête 0.1 *inane ⇒stupid* ♦ **3.1** iem. ~ aanstaren *stare stupidly at s.o.*

betegelen 0.1 *tile.*

betekenen 0.1 [de aanduiding in een woord zijn voor] *mean ⇒stand for* **0.2** [te kennen geven] *mean ⇒signify* **0.3** [een bep. waarde hebben] *mean ⇒count, matter* **0.4** [met zich meebrengen] *mean ⇒entail* **0.5** [jur.; bekendmaken] *serve* ♦ **1.4** dit betekende het einde van zijn theorie *this meant the end of his theory;* de bedrijfssluiting betekent

ontslag voor veertig mensen *the plant closure means the dismissal of forty people* **1.5** een vonnis/een dagvaarding ~ *s. a sentence/writ (upon s.o.)* **3.2** wat heeft dit te ~? ⟨afkeurend⟩ *what's the meaning of this?* **4.2** wat betekent NN? *what does N.N. stand for?;* al die drukte, wat moet dat allemaal ~? *what's all the fuss about?* **4.3** mijn auto betekent alles voor mij *my car means everything to me;* hij betekent iets/niet veel *he is somebody/(a) nobody;* het heeft niets te ~ *it doesn't matter;* niets ~ ⟨van wond/opmerkingen/prestaties enz.⟩ *be nothing;* hij/het betekent niets voor mij *he/it is nothing to me* **4.4** ⟨fig.⟩ hij weet niet wat ziek zijn betekent *he doesn't (even) know the meaning of the word illness* **5.3** het heeft niet veel te ~ *it is of little importance;* niet veel/weinig ~ *be of little importance* **6.4** wat betekent dat **voor** onze verhouding? *where does that leave us?* **7.3** die baan betekent veel voor haar *that job means a lot to her* **8.4** dat betekent nog niet dat ... *that does not m. that ...*

betekenis 0.1 [begrip/inhoud v.e. woord] *meaning ⇒sense* **0.2** [belang] *significance ⇒importance* ♦ **1.1** de ~ v.e. woord *the m. of a word* **2.1** aan iemands woorden een verkeerde ~ toeschrijven *misinterpret s.o.'s words* **2.2** van doorslaggevende ~ *of decisive importance* **3.2** ~ hechten aan *attach importance to;* alle ~ verliezen *lose all importance* **6.1** zonder ~ *meaningless* **6.2** van ~ zijn *be significant;* het is een stad van ~ geworden *it has become a town of some consequence;* **van** niet geringe ~ *of no mean importance;* niet **van** ~ zijn *count for little;* landbouw **van** enige ~ was er niet *there was no agriculture to speak of;* **zonder** ~, **van** geen/weinig ~ *insignificant.*

betengeling 0.1 *lathing.*

beter¹ ⟨het⟩ **0.1** *sth./anything better* ♦ **6.1** ik geef het **voor** ~ *I'll trade it in for sth. better* **¶.1** bij gebrek aan ~ *for want of anything better.*

beter² I ⟨bn.⟩ **0.1** [vergr. trap van 'goed'] *better* **0.2** [genezen; minder ziek] *better* **0.3** [een zeker niveau hebbend] *better (class of) ⇒superior* ♦ **1.2** de zieke is alleen een stuk ~ *the patient is much b.* **1.3** uit/v.d. ~ e kringen *upper-class;* ~ e kwaliteit (van) koffie *b.-quality coffee* **3.1** ik ben er niet ~ van/op geworden *I'm none the b. for it;* het is ~ dat je nu vertrekt *you'd b. leave now;* ze is ~ in wiskunde dan haar broer *she's b. at maths than her brother;* alles is ~ dan een bezoek aan haar *anything is preferable to visiting her;* dat is al ~ *that's more like it;* huilen maakt het er helemaal niet ~ op voor je *crying won't do you any good;* ~ maken *improve;* hij was ~ af zonder hun hulp *he'd be b. off without their help;* ergens ~ van worden *benefit from sth.;* ~ worden *improve;* er niet ~ op worden *deteriorate* ⟨smaak-, gezichtsvermogen⟩; daar wordt het niet ~ van *that will not make things any b.* **3.2** hij is weer helemaal ~ *he has completely recovered;* ~ maken, weer ~ maken *cure;* ~ worden, weer ~ worden *recover, get well again* **4.1** bij gebrek aan iets ~ s *for want of anything b.;* wel wat ~ s te doen hebben *have b. things to do* **¶.1** ⟨sprw.⟩ ~ laat dan nooit *b. late than never;* ⟨sprw.⟩ voorkomen is ~ dan genezen *prevention is b. than cure.* →**ei, vogel;**

II ⟨bw.⟩ **0.1** [vergr. trap van 'goed'] *better* **0.2** [anders] *better* ♦ **3.1** het ~ doen (dan een ander) *do b. than s.o. else;* hij kan zijn geld wel ~ gebruiken *he knows b. than to spend his money on that;* ~ gezegd *(or) rather;* je had ~ kunnen helpen, je had er ~ aan gedaan te helpen *you would have done b. to help;* het ~ hebben (dan vroeger/dan een ander) *be better off (than before/than s.o. else);* de leerling kon ~ the student could do b.;* om (des te) ~ te kunnen zien *(all) the b. to see;* jij kunt ~ je mond houden *you'd b. keep your* *mouth shut;* John tennist ~ dan ik *John is a b. tennis-player than me;* ⟨iron.⟩ het ~ weten *know best;* iets tegen ~ weten in doen *do sth. against one's b. judgement;* ze weten niet ~ of ...*for all they know* ... **3.2** jij weet wel ~ *you know b. than that;* hij weet nu wel ~ *he knows b. now* **5.1** des te ~ (voor ons) *so much the b. (for us);* hoe eerder hoe ~ *the sooner the b.* ¶**.1** de volgende keer ~ *b. luck next time.*

beteren I ⟨onov.ww.⟩ ◆ **1.**¶ aan de ~ de hand zijn *be on the mend, be getting better;* **II** ⟨wk.ww.; zich ~⟩ **0.1** [zich beter gaan gedragen] *mend one's ways* ◆ **3.1** ik zal me ~ *I will mend my ways.*

beterschap 0.1 [herstel van gezondheid] *recovery (of health)* **0.2** [verbetering van gedrag] *improvement* ◆ **3.1** ik wens u ~ *I wish you a speedy r.* **3.2** ~ beloven *promise to mend one's ways* ¶**.1** ~! *get well soon!*

beteugelen 0.1 *curb, check* ⇒*restrain* ◆ **1.1** zijn ongeduld ~ *control one's impatience;* een oproer ~ *suppress a riot.*

beteuterd 0.1 *taken aback* ⇒*dismayed* ◆ **1.1** met een ~ gezicht *with a look of dismay* **3.1** ~ kijken *look dismayed.*

betichten ⟨schr.⟩ **0.1** *accuse (of).*

betijen ◆ **3.**¶ ⟨mbt. personen⟩ laat hem maar ~ *leave him be;* ⟨mbt. zaken⟩ dat moet even ~ *it'll sort itself out.*

betimmeren en **0.1** ⟨met planken⟩ *board; panel* ⟨kamerwand⟩ ◆ **6.1** de badkamer **met** schrootjes ~ *panel the bathroom wall.*

betitelen 0.1 [noemen] *call* **0.2** [met een titel aanspreken] *address (as)* ⇒*title* ◆ **6.1** iem. **met** 'uilskuiken' ~ *call s.o. a nitwit* **8.1** iets als onzin ~ *label sth. nonsense.*

betoeterd ◆ **3.**¶ ben je ~? *have you gone out of your mind?*

betogen I ⟨onov.ww.⟩ **0.1** [demonstreren] *demonstrate* ⇒ *march* ◆ **6.1 voor** de vrede ~ *march/d. for peace;* **II** ⟨ov.ww.⟩ **0.1** [trachten aan te tonen] *argue* ⇒*contend* ◆ **8.1** de spreker betoogde dat ...*the speaker argued that ...;* met klem/nadruk ~ dat ...*stress the point that* ...

betoger 0.1 *demonstrator* ⇒*marcher.*

betoging 0.1 *demonstration* ⇒*march.*

betomen 0.1 *curb, check* ⇒*suppress* ◆ **1.1** zijn woede ~ *suppress one's anger.*

beton 0.1 *concrete* ◆ **2.1** gewapend ~ *reinforced c.* **3.1** ~ storten *pour c.* **6.1** niet **van** ~ zijn *not be made of wood.*

betonen I ⟨ov.ww.⟩ **0.1** [betuigen] *show* ⇒*display,* ⟨dankbaarheid/medeleven ook⟩ *extend* ◆ **1.1** iem. dankbaarheid ~ *s. s. o. gratitude;* wegens betoonde moed *for bravery;* **II** ⟨wk.ww.; zich ~⟩ **0.1** [zich doen kennen als] *show (o.s.)* ◆ **2.1** zich ongenegen ~ *s. no inclination (to).*

betonmolen 0.1 *concrete mixer.*

betonnen 0.1 *concrete.*

betonrock ⟨muz.⟩ **0.1** *heavy metal.*

betonrot 0.1 *decay of concrete.*

betoog 0.1 *argument* ⇒⟨pleidooi⟩ *plea* ◆ **3.1** het behoeft geen ~ (dat) *it goes without saying (that);* een ~ houden *argue.*

betoveren 0.1 [beheksen] *put/cast a spell on* ⇒*bewitch* **0.2** [bekoren] *enchant* ◆ **1.2** ~d uitzicht *magnificent view* **6.1** betoverd **door** haar ogen *bewitched by her eyes.*

betovergrootmoeder 0.1 *great-great-grandmother.*

betovergrootvader 0.1 *great-great-grandfather.*

betovering 0.1 [beheksing] *spell* ⇒*bewitchment* **0.2** [bekoring] *enchantment* ⇒*charm* ◆ **6.1** iem. **onder** zijn ~ brengen *cast a s. on s.o.*

betraand 0.1 *tear-filled* ⇒*tear-stained* ⟨gezicht⟩.

betrachten 0.1 *practise* ⇒*exercise, observe* ⟨geheimhouding⟩, *show* ⟨genade, terughoudendheid⟩ ◆ **1.1** enige gematigdheid/zuinigheid ~ *exercise some moderation/ economy.*

betrappen 0.1 *catch* ⇒*surprise* ◆ **4.1** zichzelf op iets ~ *catch o.s. doing sth.* **5.1** als ik je er nog een keer op betrap ...*if I c. you at it again* ... **6.1 op** heterdaad betrapt *caught redhanded.*

betreden ⟨schr.⟩ **0.1** [zich begeven op/in] *enter* **0.2** [bewandelen] *tread* ◆ **1.1** het is verboden dit terrein te ~ *no entry, keep out/off* **1.2** nieuw terrein/nieuwe paden ~ *break new/fresh ground, strike out upon new paths.*

betreffen 0.1 [aangaan] *concern* ⇒*regard* **0.2** [handelen over] *concern* ⇒*relate to* ◆ **1.1** waar het politiek betreft *when it comes to politics;* wanneer het vrienden betreft *where friends are concerned* **1.2** de eerste hoofdstukken ~ de voorgeschiedenis *the first chapters c. the previous history* **4.1** dit betreft jou *this concerns you;* wat mij betreft is het in orde *as far as I'm concerned it's all right;* wat dat betreft (heb je gelijk) *as far as that is concerned, (you're right);* wat betreft (je broer/voorstel ⟨enz.⟩) *with regard to (your brother/proposal* ⟨enz.⟩ *);* dit wat hen betreft, en nu wat betreft jullie *so much for them, and now you* ¶**.2** ⟨schr.; voor brief/memo⟩ Betreft: *Re:.*

betreffende 0.1 *concerning, regarding* ◆ **1.1** aanwijzingen ~ het onderhoud *instructions for maintenance*

betrekkelijk I ⟨bn.⟩ **0.1** [relatief] *relative* ⟨ook taal.⟩ ◆ **1.1** ~e begrippen *r. concepts;* ~ voornaamwoord *r. pronoun* **3.1** dat is ~ *that depends (on how you look at it);* alles is ~ *everything is r.;* **II** ⟨bw.⟩ **0.1** [nogal] *relatively* ⇒*comparatively* ◆ **2.1** alles gaat ~ good *things are going well, considering;* ~ goedkoop *r. cheap.*

betrekkelijkheid 0.1 *relativity.*

betrekken I ⟨ov.ww.⟩ **0.1** [erbij halen] *involve* ⇒*concern* **0.2** [zich vestigen in] *move into* ⇒*occupy, take up* ⟨kamp⟩ **0.3** [kopen bij] *obtain* ⇒*buy* ◆ **1.2** wanneer kunnen we het huis ~? *when can we move into the house?* **5.1** hij wenst er niet in betrokken te worden *he does not want to get involved;* zij deden alles zonder de anderen erin te ~ *they did everything without consulting the others* **5.2** onmiddellijk te ~ *immediate occupation* **6.1** betrokken **zijn bij** *be involved in;* niet betrokken zijn **bij** *have nothing to do with;* iets **in** zijn overweging ~ *take sth. into consideration;* de politie in de zaak ~ *bring in the police;* iem. tegen zijn zin ergens **in** ~ *drag s.o. into sth.* **6.3** hij betrekt alles **van** hen *he gets all he needs from them;* **II** ⟨onov.ww.⟩ **0.1** [mbt. de lucht] *become overcast/ cloudy, cloud over* **0.2** [somber worden] *cloud over, darken* ⟨gezicht⟩; *sadden, grow gloomy* ⟨stemming⟩.

betrekking 0.1 [baan] *post* ⇒*job, position,* ⟨ambtenaar ook⟩ *office* **0.2** [band, verhouding] *relation(ship)* **0.3** [verband] *relation, connection* ◆ **2.1** een ondergeschikte ~ *a subordinate position;* een openbare ~ *a public office* **2.2** diplomatieke ~ en *diplomatic relations;* goede ~ en onderhouden **met** *maintain good relations with* **3.1** een ~ bekleden *occupy a post;* iem. aan een ~ helpen *engage s.o., help s.o. find a job;* zijn ~ opzeggen *give notice* **3.2** nauwe ~ en met iem. onderhouden *maintain close ties/ connections with s.o.* **3.3** ~ hebben **op** *relate to, concern* **6.2 in** (geen) ~ staan **tot/met** iem. / iets *be (un)connected with s.o./sth.* **6.3 met** ~ **tot** *with regard/respect to.*

betreuren 0.1 [spijt/droefheid voelen over] *regret* ⇒*be sorry for,* ⟨sterker⟩ *deplore* **0.2** [treuren om] ~ van iem./iets] *mourn (for/over)* ⇒*be sorry for,* ⟨sterker⟩ *lament* ◆ **1.1** een vergissing ~ *r. a mistake* **1.2** het verlies van ...~ *mourn the loss of* ... **4.1** al betreur ik het ten zeerste *much to my regret* **8.1** het is (diep) te ~ dat ...*it is (most) regrettable that* ...; wij ~ het dat je niet kunt komen *we are sorry you cannot come.*

betreurenswaard(ig) 0.1 *regrettable* ⇒*sad,* ⟨sterker⟩ *deplorable,* ⟨sterker⟩ *lamentable.*

betrokken 0.1 [in iets gemoeid] *concerned* ⟨na zn.⟩ ⇒*involved* ⟨na zn.⟩ 0.2 [met wolken bedekt] *overcast* ⇒*cloudy* 0.3 [somber, treurig] *gloomy* ⇒*sad* 0.4 [van belang] *relevant* ◆ 1.1 de ~ ambtenaar *the official c.;* de ~ persoon *the person in question* 1.2 een ~ lucht *an o./a cloudy sky* 1.3 een ~ gezicht *a sad/g. face* 1.4 de ~ stukken *the r. documents* 5.1 zij is er emotioneel bij ~ ⟨ook⟩ *she has an emotional interest in this;* nauw ~ zijn bij *be closely associated with.*

betrokkene 0.1 [die ergens in betrokken is] *person concerned* 0.2 [hand.] *drawee* ◆ 2.1 de naaste ~n *the people most concerned;* ⟨familie⟩ *the next of kin* 7.1 alle (erbij) ~n *all those concerned.*

betrokkenheid 0.1 [geëngageerdheid] *involvement, commitment* ⇒*concern* 0.2 [bewolktheid] *cloudiness* 0.3 [somberheid] *gloom* ⇒*sadness* ◆ 2.1 politieke/maatschappelijke ~ *political/social commitment.*

betrouwbaar 0.1 [mbt. personen] *reliable* ⇒*trustworthy, dependable* 0.2 [mbt. inlichtingen/berichten] *reliable* ⇒*sound* 0.3 [mbt. zaken] *reliable* ⇒*dependable,* ⟨tech. ook⟩ *fail-safe* ◆ 1.2 uit betrouwbare bron *on good authority;* van betrouwbare zijde *from r. sources.*

betrouwbaarheid 0.1 *reliability* ⇒*dependability,* ⟨personen ook⟩ *trustworthiness* ◆ 2.1 politieke ~ *political r.* 3.1 zijn ~ laat te wensen over *he is not entirely reliable/trustworthy.*

betten 0.1 *bathe* ⇒*dab* ◆ 1.1 een wond ~ *dab a wound.*

betuigen 0.1 *express* ◆ 1.1 iem. zijn deelneming/medeleven ~ *e. one's condolences/sympathy to s.o.;* instemming ~ met *e. approval with.*

betuiging 0.1 *expression* ◆ 1.1 ~ van deelneming *e. of sympathy/condolence;* ~ en van instemming ontvangen *receive letters of support.*

betuttelen 0.1 *patronize.*

betutteling 0.1 *patronizing.*

betweter, -weetster 0.1 *pedant* ⇒*wiseacre.*

betweterig 0.1 *pedantic* ⇒*smartalecky.*

betwijfelen 0.1 *doubt* ⇒*(call in) question* ◆ 8.1 het valt niet te ~ dat ... *there can be no doubt that ...;* ik betwijfel, of ... *I d. whether ...;* het valt te ~ of ... *it is doubtful whether ...*

betwistbaar 0.1 [waarover getwist kan worden] *disputable* ⇒*debatable* 0.2 [twijfelachtig] *questionable* ◆ 1.1 een ~ punt *a moot point* 1.2 een betwistbare aanspraak *a q. claim.*

betwisten 0.1 [over het bezit strijden] *dispute* ⇒*contest* 0.2 [tegenspreken] *dispute* ⇒*contest, challenge* 0.3 [ontzeggen] *deny* ⇒*dispute* ◆ 1.1 de vijand de overwinning ~ *contest the enemy's victory* 1.2 de geldigheid wordt door de vakbond betwist *its validity is being challenged by the union* 1.3 iemands positie ~ *challenge/dispute s.o.'s position* 8.2 ik betwist niet, dat ... *I do not deny that ...*

beu ◆ 3.¶ het ~ worden alles steeds te moeten uitleggen *get tired of always having to explain everything;* iets ~ zijn *be sick of sth.*

beugel 0.1 [mbt. het gebit] *brace* 0.2 [metalen band/staaf] ⟨draagbeugel⟩ *brace;* ⟨stelbeugel⟩ *clamp;* ⟨bevestigingsbeugel⟩ *bracket* 0.3 [sluiting] *clasp* ◆ 1.3 de ~ v.e. stopfles *the c. of a stoppered bottle* 3.1 een ~ dragen *wear braces/a b.* 6.¶ dat kan niet door de ~ *that won't do;* in ~ s lopen *wear leg irons.*

beugel-bh 0.1 *underwired bra.*

beugelfles 0.1 *swing-top bottle.*

beugelzaag 0.1 *hacksaw.*

beuk I ⟨de (m.)⟩ 0.1 [loofboom] *beech* 0.2 [inf.; harde klap] *whang, thwack, thud* ◆ 2.1 groene/rode/bruine ~ *green/red/copper b.* 3.2 iem. een ~ verkopen *thump s.o.* 5.¶ de ~ erin! ⟨hard aan het werk gaan⟩ *go/get to it;* ⟨vnl. sport; tegenstander hard aanpakken⟩ *go for it/him/them;* de ~ erin zetten ⟨hard aan werk gaan⟩ *pound away at it;* ⟨tegenstander hard aanpakken⟩ *give him/them hell;*
II ⟨de⟩ 0.1 [bouwk.]⟨hoofdbeuk⟩ *nave;* ⟨zijbeuk⟩ *aisle.*

beuken¹ ⟨bn.⟩ 0.1 *beech.*

beuken² ⟨onov., ov.ww.⟩ 0.1 *batter* ⇒*pound,* ⟨golven ook⟩ *lash* ◆ 6.1 op/tegen iets ~ *hammer on sth., batter (away) at sth.*

beukenboom 0.1 *beech tree.*

beukenhout, beuken 0.1 *beech wood.*

beukennootje 0.1 *beechnut.*

beul 0.1 [scherprechter] *executioner* ⇒⟨ophangen ook⟩ *hangman* 0.2 [wreedaard] *tyrant* ⇒*brute* ◆ 8.¶ zo brutaal als de ~ *as bold as brass.*

beunhaas 0.1 [knoeier] *bungler* 0.2 [zwartwerker] *moonlighter.*

beunhazerij 0.1 [knoeiwerk] *bungling* 0.2 [zwartwerk] *moonlighting.*

beuren 0.1 *receive* ⇒*get (one's money)* ◆ 1.1 geld ~ *r. money.*

beurs¹ ⟨de⟩ 0.1 [studiebeurs] *scholarship* ⇒*grant* 0.2 [gebouw] *Stock Exchange* 0.3 [handel] *exchange* ⇒*market* 0.4 [vaak in samenst.; tentoonstelling] *fair* ⇒*show, exhibition* 0.5 [portemonnee] *purse* 0.6 [dierk.] *pouch* ◆ 1.4 antiekbeurs *antique(s) f.* 2.5 mensen met een minder goed gevulde ~ *people of modest means* 3.1 een ~ hebben, van een ~ studeren *have a grant;* een ~ krijgen *get a grant* 3.5 zijn ~ spekken *line one's p.* 6.3 op de ~, ter beurze *on the stock e.* 6.5 een aanslag op iemands ~ *a strain on s.o.'s resources.*

beurs² ⟨bn.⟩ 0.1 *overripe* ⇒*mushy* ◆ 3.¶ ⟨inf.⟩ iem. ~ slaan *beat s.o. to a pulp.*

beursagent 0.1 *stock broker.*

beursbericht 0.1 *stock market news/report/results.*

beursgang 0.1 *application for an official/a stock market quotation.*

beursgenoteerd 0.1 *quoted on the stock exchange.*

beurshandel 0.1 *(stock) exchange business/dealings.*

beursklimaat 0.1 *mood of the stock market* ⇒*financial climate.*

beurskoers →**beursnotering** 0.1.

beurskrach 0.1 *crash* ⇒*slump.*

beurslid 0.1 *member of the stock exchange.*

beursnotering 0.1 [koersen]⟨mbt. aandelen⟩ *quotation, share price;* ⟨wisselkoers⟩ *foreign exchange rate* 0.2 [prijscourant] *official/stock market list/quotation(s)* ◆ 3.2 geen ~ hebben *not be quoted on the stock exchange.*

beursovertval 0.1 *hostile takeover bid.*

beursstudent 0.1 *student on a grant, scholarship student.*

beursvloer ⟨fin.⟩ 0.1 *floor.*

beurswaarde 0.1 *market/quoted/stock exchange value.*

beurt 0.1 *turn* ◆ 2.1 een goede ~ maken *make a good impression;* een grote ~ ⟨auto⟩ *a big service;* een slechte ~ maken *put up a poor show* 3.1 ⟨vulg.⟩ iem. een ~ geven ⟨neuken⟩ *lay s.o.;* de kamer een grondige ~ geven *give the room a good cleaning* 4.1 jouw ~ ⟨spel⟩ *(it's) your t.* 6.1 hij is aan de ~ *it's his t., he's next;* hij scoorde acht in één ~ *he scored eight at one go;* om de ~ / om ~ en iets doen *take turns doing sth.;* om de ~ *in t.;* hij, op zijn ~, vond het maar niks *he for his part did not think* *much of it;* **te** ~ vallen *fall to s.o.'s lot/share;* **voor** zijn ~ gaan *jump the queue;* **voor** zijn ~ praten *jump the gun, talk out of turn;* **vóór** zijn ~, niet **op** zijn ~ *out of t.*

beurtelings 0.1 *alternately* ⇒*by turns, in turn* ◆ **3.1** ~ iets doen *do sth. in rotation;* het ~ warm en koud krijgen *go hot and cold (all over).*

beurtschipper 0.1 *bargeman assigned to regular service.*

beurtzang 0.1 *antiphonal singing* ⇒⟨kerk⟩ *versicles and responses.*

beuzelaar, -ster 0.1 [iem. die onzin vertelt] *twaddler* ⇒*drivel(l)er* **0.2** [iem. die zich met nietigheden ophoudt] *trifler.*

beuzelarij 0.1 [onbeduidend vertelsel] *twaddle* ⇒*drivel* **0.2** [nietigheid] *trifle* ◆ **3.2** zich met ~en ophouden *busy o.s. with trifles.*

beuzelen 0.1 [onzin vertellen] *drivel* ⇒*twaddle* **0.2** [zich met nietigheden bezighouden] *trifle.*

beuzelpraatje 0.1 *twaddle* ⇒*idle talk, drivel.*

bevaarbaar 0.1 *navigable* ◆ **5.1** een moeilijk bevaarbare rivier *a river difficult to navigate.*

bevallen 0.1 [baren] *give birth (to)* **0.2** [aanstaan] *please* ⇒ *suit,* ⟨voldoen⟩ *give satisfaction* ◆ **1.2** het leven hier bevalt mij *I like living here* **3.1** ze moet bijna/kan elk moment ~ *she is near her term, she could have the baby at any moment* **4.2** het bevalt mij niets dat *I'm not at all pleased that* **5.2** hoe is het u ~? *how did you like it?;* hoe bevalt het je op school? *how do you like school?* **6.1** zij is **van** een dochter ~ *she gave birth to a daughter.*

bevallig 0.1 *graceful* ⇒*charming* ◆ **1.1** een ~e houding *a g. posture.*

bevalligheid 0.1 *grace(fulness)* ⇒*charm.*

bevalling ◆ **0.1** *delivery* ⇒*childbirth* ◆ **2.1** ⟨fig.⟩ dat was een hele/zware ~ *that was some undertaking.*

bevallingsverlof 0.1 *maternity leave.*

bevangen 0.1 *seize* ⇒*overcome* ◆ **6.1** hij werd **door** angst ~ *he was panic-stricken;* hij werd plotseling ~ **door** een vreselijke gedachte *a terrible thought suddenly struck him,* **door** de warmte ~ *overcome by the heat.*

bevaren¹ ⟨bn.⟩ **0.1** *experienced* ⇒*able-bodied* ⟨matroos⟩.

bevaren² ⟨ov.ww.⟩ **0.1** [mbt. een schip] *navigate* ⟨rivier⟩ ⇒ *sail* ⟨zee⟩ **0.2** [mbt. de bemanning] *sail (on)* ◆ **1.2** hij heeft dat schip twintig jaar ~ *he has sailed on that ship for twenty years* **5.1** een druk ~ ⟨zee⟩route *a busy (sea) route.*

bevattelijk I ⟨bn., bw.⟩ **0.1** [duidelijk] *intelligible* ⇒*comprehensible* ◆ **1.1** een ~e uiteenzetting *a lucid explanation;* **II** ⟨bn.⟩ **0.1** [vlug van begrip] *intelligent* ⇒*bright* ◆ **1.1** een ~ kind *an i. child.*

bevatten 0.1 [inhouden] *contain* ⇒*hold* **0.2** [begrijpen] *comprehend* ⇒*understand* ◆ **1.1** dat boek bevat een schat aan informatie *that book is a mine of information;* deze bus bevat suiker *this tin contains sugar* **3.1** kunnen ~ ⟨van gebouw/ruimte⟩ *can hold* **3.2** iets nauwelijks kunnen ~ *be hardly able to grasp sth.* **5.2** niet te ~ *incomprehensible.*

bevattingsvermogen 0.1 *comprehension* ⇒*intellectual/mental grasp* ◆ **¶.1** zijn ~ te boven gaan *be beyond one's c.*

bevechten 0.1 [vechtend verkrijgen] *gain* ⇒*win* **0.2** [vechten tegen] *fight (against)* ⇒*combat* ◆ **1.1** de zege ~ *g. the victory* **1.2** de vijand ~*f. (against) the enemy* **5.1** de zwaar bevochten positie *the hard-won position.*

beveiligen 0.1 *protect* ⇒*secure,* ⟨fig. ook⟩ *safeguard* ◆ **1.1** een beveiligde overweg *a protected level crossing* **4.1** zich ~ tegen *protect o.s. from* **6.1 tegen** inbraak beveiligd *burglarproof.*

beveiliging 0.1 [handeling] *protection* ⇒*security,* ⟨fig. ook⟩ *safeguard(s)* **0.2** [middel] *safety/protective/security device* ◆ **6.1 ter** ~ **van** *for the p. of.*

beveiligingsapparatuur 0.1 *security system.*

beveiligingsbeambte 0.1 *security guard.*

beveiligingsdienst 0.1 *(private) security firm.*

beveiligingsfunctionaris 0.1 *security guard.*

bevel 0.1 [opdracht] *order* ⇒*command,* ⟨bevelschrift⟩ *warrant,* ⟨bevelschrift⟩ *writ* **0.2** [gezag] *command* ◆ **2.1** een rechterlijk ~ *an injunction* **3.1** (het) ~ geven tot/om *give the o. to;* (een) ~ is (een) ~ *orders are orders;* zijn ~en krijgen van/uit *take one's orders from;* ~en in ontvangst nemen/uitdelen *take/issue orders;* een ~ uitvoeren/opvolgen *carry out an o.* **3.2** het ~ op zich nemen *take/assume c.;* het ~ voeren over een leger *be in c. of an army* **5.1** tegen zijn uitdrukkelijk ~ in *against his express orders* **6.1** op ~ zijn ~ *at his command;* **op** ~ van de dokter *on doctor's orders* **6.2 onder** ~ **van** *under (the) c. of.*

bevelen I ⟨ov.ww.⟩ **0.1** [het bevel geven tot] *order* ⇒*command* ◆ **3.1** de dokter beval hem in bed te blijven *the doctor ordered him to stay in bed;* zij deed zoals haar was bevolen *she did as she had been told;* iem. ~ weg te gaan *order s.o. away;* **II** ⟨onov.ww.⟩ **0.1** [bevelen geven] *give orders* ⇒*be in command* ◆ **3.1** ze is gewend te ~ *she is used to giving orders.*

bevelend 0.1 *commanding* ⇒*peremptory* ◆ **1.1** op ~e toon *in a c. tone.*

bevelhebbend, bevelvoerend 0.1 *commanding* ⇒*in command.*

bevelhebber, bevelvoerder ⟨mil.⟩ **0.1** *commander* ⇒*commanding officer.*

bevelschrift 0.1 *warrant, writ* ◆ **6.1** ~ **tot** betaling *pay warrant;* ~ **tot** huiszoeking *search warrant;* een ~ **tot** aanhouding uitvaardigen *issue a warrant (against s.o.).*

beven 0.1 [rillen] *shake* ⇒*tremble, shiver,* ⟨mbt. stem⟩ *quiver,* ⟨mbt. stem⟩ *quaver* **0.2** [bang zijn] *tremble* ⇒*quake* ◆ **1.1** zijn handen beefden *his hands shook;* met bevende stem *in a quavering voice* **6.1** ~ **van** kou/angst *shiver with cold, tremble with fear* **6.2** ~ **bij** de gedachte *t. at the idea.*

bever 0.1 *beaver.*

beverig 0.1 *trembling* ⇒*shaking,* ⟨mbt. handschrift⟩ *shaky,* ⟨mbt. handschrift⟩ *wobbly* ◆ **1.1** met ~e stem *in a t./quavering voice* **3.1** ~ schrijven *write shakily.*

bevestigen 0.1 [vastmaken] *fix* ⇒*fasten, attach* **0.2** [als juist doen erkennen] *confirm* ⇒⟨met bewijs⟩ *corroborate* **0.3** [zeggen dat iets zo is] *affirm* ⇒*confirm* **0.4** [bekrachtigen] *confirm* ⇒*endorse* ◆ **1.2** mijn mening wordt hierdoor bevestigd *this bears out/confirms my opinion;* de uitzondering bevestigt de regel *the exception proves the rule;* een vonnis ~ *confirm a sentence* **1.3** de ontvangst ~ van *acknowledge receipt of* **1.4** de uitspraak werd in hoger beroep bevestigd *the judgement was upheld on appeal* **3.3** het gerucht ~ noch ontkennen *neither confirm nor deny the rumour* **5.4** niet bevestigd *unconfirmed;* ⟨officieus⟩ *unofficial* **6.2** iem. ~ in zijn mening *confirm s.o. in his opinion* **8.3** mijn vrouw kan u ~ dat ik thuis was *my wife can confirm that I was at home.*

bevestigend 0.1 *affirmative* ◆ **1.1** een ~ antwoord *an a. answer;* ⟨taal⟩ een ~e zin *an a. sentence* **3.1** hij antwoordde ~ *he answered in the affirmative.*

bevestiging 0.1 [het vastmaken] *fixing* ⇒*fastening, attachment* **0.2** [erkenning] *confirmation* ⇒⟨met bewijs⟩ *corroboration,* ⟨ontvangst van brief⟩ *acknowledgement* **0.3** [tgov. ontkenning] *affirmation* ⇒*confirmation* **0.4** [bekrachtiging] *confirmation* ⇒*endorsement* ◆ **3.2** ~ vinden in *be borne out/confirmed by* **6.2 ter** ~ van *in confirmation of.*

bevind ◆ **6.¶** naar ~ **van** zaken handelen *act as one thinks fit.*

bevinden I ⟨ov.ww.⟩ **0.1** [vaststellen, achten] *find* ◆ **2.1** gezien en goed bevonden *seen and approved* **5.1** schuldig ~ (aan een misdaad) *f. guilty (of a crime);* **II** ⟨wk.ww.; zich ~⟩ **0.1** [in een toestand zijn] *be ⇒find o.s.* **0.2** [aanwezig zijn] *be (situated/located)* ◆ **1.2** de zich in het pakje ~de monsters *the samples enclosed in the packet* **6.1** zich in gevaar ~ *be in danger;* zich in de mogelijkheid ~ *be in a position (to)* **6.2** zich te Amsterdam ~ *be in Amsterdam.*

bevinding 0.1 *finding* ⇒*result,* ⟨ervaring⟩ *experience,* ⟨slotsom⟩ *conclusion* ◆ **3.1** mijn ~ is (niet) dat ...*I (do not) find that ..., in my experience this is (not) ...;* tot de volgende ~ komen *arrive at the following conclusion* ¶.1 verslag doen van zijn ~en *report on one's findings.*

beving 0.1 [mbt. personen] *trembling* ⇒⟨van kou⟩ *shiver* **0.2** [mbt. zaken] *tremor.*

bevlekken 0.1 [besmetten] *soil* ⇒*stain, spot* **0.2** [fig.] *defile* ⇒*besmirch, sully* ◆ **1.2** een bevlekt geweten *a defiled conscience* **6.1** met bloed bevlekt *bloodstained.*

bevliegen 0.1 *fly* ◆ **5.1** een druk bevlogen route *a busy air route.*

bevlieging 0.1 *whim* ⇒*impulse* ◆ **3.1** hij kreeg een ~ om ... *the fancy took him to ..., he was seized by the w. to ...;* een ~ krijgen (om iets te doen) *get an impulse (to do sth.).*

bevloeien 0.1 *irrigate.*

bevloeiing 0.1 *irrigation.*

bevlogen 0.1 *animated* ⇒*inspired, enthusiastic* ◆ **1.1** een ~ partijlid *an enthusiastic party member.*

bevochtigen 0.1 *moisten* ⇒*wet, humidify* ⟨lucht⟩.

bevochtiger 0.1 [apparaat] *humidifier* ⟨van lucht⟩ **0.2** [middel] *wetting agent.*

bevoegd 0.1 [gerechtigd] *competent* ⇒*qualified, authorized* **0.2** [bekwaam] *competent* ⇒*qualified, licensed* ◆ **1.1** de ~e overheden/autoriteiten *the proper authorities;* ~e personen *authorized persons* **1.2** het is ons van ~e zijde medegedeeld *we have been informed on good authority* **3.1** ~ zijn ⟨leraar⟩ *be qualified* **6.1** ~ zijn om *have authority to.*

bevoegdheid 0.1 [recht tot uitoefenen] *competence* ⇒*qualification, authority, power,* ⟨jur.⟩ *jurisdiction* **0.2** [bekwaamheid] *competence* ⇒*qualification, licence* ◆ **1.1** de bevoegdheden v.d. burgemeester *the powers of the mayor* **2.1** ruime bevoegdheden hebben *enjoy wide powers* **2.2** iem. van erkende ~ op dit terrein *a person of repute in this field* **3.1** de ~ hebben om *have the power to;* iem. de ~ verlenen/geven om *grant s.o. (the) power to* **6.1** dat valt niet binnen/ligt buiten de ~ van *that is outside the c. of;* zonder ~ *unauthorized* ¶.1 zijn bevoegdheden te buiten gaan *exceed one's authority.*

bevolken 0.1 [van bewoners voorzien] *populate* ⇒*people* **0.2** [als bewoner leven op] *inhabit* ◆ **1.1** ⟨fig.⟩ een school~ *populate a school* **1.2** door wilde dieren bevolkt *inhabited by wild animals.*

bevolking 0.1 [populatie] *population* ⇒*inhabitants* **0.2** [dierk.] *population* **0.3** [bevolkingsbureau] *ᴮregister/registry office,* ᴬ*office of records* ◆ **2.1** de inheemse ~ *the native p.*

bevolkingscijfer 0.1 *population figure* ⇒*size of the population.*

bevolkingsdichtheid 0.1 *population density.*

bevolkingsgroei 0.1 *population growth* ⇒*increase/rise in population.*

bevolkingsgroep 0.1 *community* ⇒*section of the population.*

bevolkingsregister 0.1 *register (of births, deaths and marriages).*

bevolkingsvraagstuk 0.1 *population problem/issue.*

bevolkt 0.1 *populated* ◆ **5.1** te dichtbevolkt *over-populated;* een dicht/dunbevolkte streek *a densely/sparsely p. region.*

bevoogden 0.1 [zich te veel bemoeien met] *patronize (s.o.)* **0.2** [als voogd optreden over] *tutor* ◆ **3.1** hij doet altijd zo ~d tegen zijn vrouw *he is always so patronizing towards his wife.*

bevoordelen 0.1 *benefit* ⇒*favour* ◆ **1.1** familieleden ~ boven anderen *favour relatives above others.*

bevooroordeeld 0.1 *prejudiced* ⇒*bias(s)ed* ◆ **3.1** iem. ~ maken *prejudice/bias s.o.* **6.1** ~ zijn *tegen/voor* be *p./biased against/in favour of.*

bevoorraden 0.1 *provision* ⇒*supply, stock up.*

bevoorrechten 0.1 *privilege* ⇒*favour* ◆ **1.1** een bevoorrechte positie innemen *occupy a privileged position;* ⟨fig.⟩ de bevoorrechte standen *the privileged classes* **3.1** ⟨ec., jur.⟩ bevoorrecht zijn ⟨mbt. aandelen, obligaties, schulden⟩ *rank first* **5.1** de minder bevoorrechte klasse *the underprivileged.*

bevorderen 0.1 [de werking/ontwikkeling begunstigen] *promote* ⇒*further, advance,* ⟨helpen⟩ *boost, aid,* ⟨aanmoedigen⟩ *encourage, stimulate,* ⟨leiden tot⟩ *lead to, be conducive to* **0.2** [in rang verhogen] *promote* ⇒⟨school. ook⟩ *move up* ◆ **1.1** dat bevordert de bloedsomloop *that stimulates one's blood circulation;* de verkoop van iets ~ *boost the sale of sth., push sth.;* dat zou de zaak zeer kunnen ~ *that might do much to help the matter* **6.2** een leerling *naar* een hogere klas ~ *move a pupil up to a higher class;* hij werd tot kapitein bevorderd *he was promoted to (the rank of) captain.*

bevordering 0.1 [het vooruithelpen] *promotion* ⇒*advancement,* ⟨aanmoediging⟩ *encouragement,* ⟨aanmoediging⟩ *stimulation* **0.2** [verhoging in rang] *promotion* ◆ **6.1** ter ~ van *for the p. of* **6.2** ~ naar anciënniteit *p. by seniority* ¶.2 voor ~ in aanmerking komen *be eligible for p.*

bevorderlijk 0.1 *beneficial (to)* ⇒*conducive (to), good (for)* ◆ **6.1** ~ zijn voor *promote, further, advance,* ⟨helpen⟩ *boost, aid;* ⟨leiden tot⟩ *lead to, be conducive to* ⟨ook→bevorderen⟩.

bevrachten 0.1 [vracht laden in/op] *load* **0.2** [charteren] *charter* ◆ **5.1** de zwaar bevrachte wagen *the heavily loaded/laden van.*

bevragen ◆ **4.1** ¶ (dit is) te ~ bij ...*apply to ...;* hier/binnen te ~ *apply within.*

bevredigen 0.1 [geheel voldoen aan] *satisfy* ⇒⟨mbt. wensen/lusten ook⟩ *gratify,* ⟨mbt. verlangens, nukken ook⟩ *indulge* **0.2** [tot tevredenheid stemmen] *please* **0.3** [voldoen aan de seksuele begeerte] *satisfy* ◆ **1.1** zijn nieuwsgierigheid ~ *gratify one's curiosity* **4.3** zichzelf ~ *masturbate* **5.1** moeilijk te ~ *hard to please* **5.2** dat bevredigt mij allerminst *that does not s. me at all.*

bevredigend 0.1 *satisfactory* ⇒*satisfying,* ⟨aangenaam⟩ *gratifying,* ⟨aangenaam⟩ *pleasing,* ⟨behoorlijk⟩ *fair* ◆ **1.1** een ~e oplossing *a satisfactory solution* **5.1** een niet/weinig ~e oplossing *an unsatisfactory solution.*

bevrediging 0.1 *satisfaction* ⇒*fulfilment,* ⟨mbt. wensen/lusten ook⟩ *gratification* ◆ **2.1** seksuele ~ *sexual gratification* **3.1** ~ in iets vinden *find s. in sth.*

bevreemden 0.1 *surprise* ◆ **4.1** dat zal niemand ~ *that won't s. anybody;* het bevreemdt mij van haar *it surprises me in her.*

bevreemding 0.1 *surprise* ⇒*wonder(ment)* ◆ **3.1** zijn ~ te kennen geven *express one's s.;* het wekte zijn ~ *it surprised him.*

bevreesd 0.1 *afraid/apprehensive (* ⟨bang⟩ *of/*⟨bezorgd⟩ *for)* ⇒*fearful (of)* ◆ **3.1** zich ~ tonen voor *express one's fears for* **6.1** ~ **voor** straf *afraid of punishment;* ze is ~ **voor** de toekomst *she is afraid for the future.*
bevriend 0.1 *friendly (with)* ◆ **1.1** een ~e mogendheid *a f. nation/power;* van ~e zijde vernemen *hear from friends/ a friend* **3.1** ~ raken met iem. *become friends with s.o.* **5.1** goed ~ zijn (met iem.) *be close friends (with s.o.).*
bevriezen I ⟨onov.ww.⟩ **0.1** [in vaste toestand overgaan] *freeze (up/over)* ⇒*become/be frozen (up/over),* ⟨wet.⟩ *congeal* **0.2** [onder invloed van vorst veranderen] *freeze* **0.3** [met een dun ijslaagje bedekt worden] *frost (up/over)* ⇒*become frosted* **0.4** [fig.] *freeze (up)* ◆ **1.1** het water is bevroren *the water is frozen* **1.2** alle leidingen zijn bevroren *all the pipes are/have frozen (up)* **1.3** over de bevroren sneeuw lopen *walk over the frozen snow* **1.¶** zijn gezicht en vingers waren bevroren *his face and fingers were frostbitten* **5.2** ⟨fig.⟩ ik ben half bevroren *I'm frozen stiff* **6.2** ⟨fig.⟩ het is hier **om** te ~ *it's freezing in here* **¶.4** ze bevroor bij het horen van die opmerking *she froze at the remark;*
II ⟨ov.ww.⟩ **0.1** [in vaste toestand doen overgaan] *freeze* **0.2** [invriezen] *freeze* **0.3** [niet meer verhogen] *freeze* **0.4** [niet uitbetalen] *freeze* ⇒*block* ◆ **1.3** lonen ~ *f. wages;* de prijs ~ op ... *f. the price at ...* **1.4** bevroren tegoed *frozen assets.*
bevriezing 0.1 [het bevriezen] *freezing (over)* ⇒*frost, frostbite* **0.2** [stabilisatie] *freeze* ◆ **1.2** ~ v.h. aantal kernwapens *nuclear f.*
bevrijden 0.1 [vrij maken] *free (from)* →*liberate, release* ⟨gevangenen⟩, *set free* ⟨gevangenen⟩, ⟨redden⟩ *rescue,* ⟨maatschappelijk⟩ *emancipate* **0.2** [fig.] *free (from/of)* ⇒ *(get) rid of, relieve (from)* ⟨zorgen⟩ ◆ **1.1** een land ~ *f./liberate a country* **1.2** een bevrijd gevoel *a feeling of relief* **4.1** ook mannen moeten eerst zichzelf ~ *men too must liberate themselves first* **4.2** zich ~ van vooroordelen, bevrijd raken van vooroordelen *get rid of/rid o.s. of prejudices* **6.1** iem. **uit** zijn benarde positie ~ *rescue s.o. from a desperate position.*
bevrijder 0.1 *liberator.*
bevrijding 0.1 [het vrij maken/worden] *liberation* ⇒⟨van gevangenen ook⟩ *release,* ⟨redding⟩ *rescue,* ⟨maatschappelijk⟩ *emancipation* **0.2** [fig.] *relief* ◆ **1.2** een gevoel van ~ *a feeling of r.* **6.1** ~ **uit** slavernij *emancipation from slavery.*
bevrijdingsbeweging 0.1 *liberation movement.*
bevrijdingsdag 0.1 *liberation day.*
bevrijdingsleger 0.1 *liberation army.*
bevrijdingsoorlog 0.1 *war of liberation.*
bevroeden ⟨schr.⟩ **0.1** [vermoeden] *surmise* ⇒*divine* **0.2** [begrijpen] *comprehend* ⇒*realize* ◆ **3.1** dat had ik niet kunnen ~ *that's sth. I could never have expected* **5.2** om nauwelijks te ~ redenen *for almost incomprehensible reasons.*
bevruchten 0.1 *fertilize* ⇒⟨zwanger maken⟩ *impregnate,* ⟨insemineren⟩ *inseminate* ◆ **1.¶** ~de wisselwerking (tussen twee kunststromingen) *cross-fertilization (between two art movements).*
bevruchting 0.1 *fertilization* ⇒⟨bezwangering⟩ *impregnation,* ⟨inseminatie⟩ *insemination* ◆ **2.1** kunstmatige ~ *artificial insemination* **6.1** ~ **buiten** de baarmoeder *in vitro f.*
bevuilen 0.1 *soil, dirty, foul* ◆ **4.1** hij had zich bevuild *he had got himself into a mess.*
bewaarder 0.1 [vnl. in samenst.; iem. die iets/iem. bewaakt] *keeper* ⇒*guardian,* ⟨van gevangenen ook⟩ *jailor,* ⟨van gevangenen ook⟩ *warder,* ⟨van woning ook⟩ *caretaker* **0.2**

[iem. die iets in bewaring heeft] *keeper* ⇒⟨jur.; bewaarnemer⟩ *bailee,* ⟨beheerder⟩ *custodian,* ⟨sekwester⟩ *sequestrator* ◆ **1.1** ordebewaarder *k. of the peace.*
bewaarheiden 0.1 *confirm; verify* ⟨gerucht, vermoeden⟩ ⇒ *corroborate* ⟨verklaring⟩ ◆ **3.1** de voorspellingen/dromen zijn bewaarheid/hebben zich bewaarheid *the predictions/dreams have come true.*
bewaarplaats 0.1 *depository* ⇒*repository,* ⟨pakhuis⟩ *store- (house)* ◆ **2.1** een ondergrondse ~ *an underground d., a vault.*
bewaartijd ⟨comp.⟩ **0.1** *storage time.*
bewaken 0.1 *guard* ⇒*watch (over),* ⟨controleren⟩ *monitor,* ⟨fig.⟩ *watch,* ⟨fig.⟩ *mind* ◆ **1.1** het budget ~ *watch the budget;* een gevangene ~ *g. a prisoner;* een terrein ~ *g. (over) an area* **3.1** iem. laten ~ *put s.o. under surveillance* **5.1** zwaar/licht bewaakte gevangenis *maximum/minimum security prison.*
bewaker 0.1 [cipier] *guard* **0.2** [mbt. veiligheid] *security guard.*
bewaking 0.1 [beveiliging, surveillance] *guard(ing), watch- (ing), surveillance* ⇒*policing* ⟨van stad door politie⟩ **0.2** [het in het oog houden ook in samenst.] *control* ⇒*monitoring* ◆ **1.2** budgetbewaking *budgetary c.;* ~ van patiënten *intensive care* **6.1** **onder** strenge ~ staan *be kept under strict surveillance.*
bewakingsdienst 0.1 *(private) security service/firm* ⇒*security men/guards.*
bewandelen 0.1 [wandelen op] *walk (on/over)* **0.2** [fig.] *take/follow/steer a/the ... course* ◆ **1.2** de middenweg ~ *steer a middle course;* de officiële weg ~ *take the official line;* zij kunnen twee wegen ~ *two courses are open to them.*
bewapenen 0.1 *arm* ◆ **4.1** zich ~ *arm* **5.1** zwaar bewapend *heavily armed.*
bewapening 0.1 [het van wapens voorzien] *armament* ⇒ *arming* **0.2** [wapens] *armament, arms* ⇒*weaponry,* ⟨vnl. individueel⟩ *weapons* ◆ **1.1** beperking v.d. ~ *arms limitation.*
bewapeningswedloop 0.1 *arms race.*
bewaren 0.1 [niet wegdoen] *keep* ⇒*save,* ⟨grondstoffen ook⟩ *conserve* **0.2** [wegbergen] *keep* ⇒*store, stock (up)* ⟨voorraad⟩, *preserve, save* **0.3** [in acht nemen] *keep* **0.4** [niet verliezen, handhaven] *keep* ⇒*maintain* **0.5** [behoeden] *preserve/save (from)* ⇒*guard (from/against)* ◆ **1.1** tijdschriften ~ *k./save periodicals* **1.2** appels ~ *store apples;* een onderwerp tot/voor de volgende keer ~ *leave a topic for the next time* **1.3** afstand ~ *k. one's distance;* ⟨fig. ook⟩ *k. aloof* **1.4** zijn kalmte ~ *k. calm* **3.2** deze gebouwen/manuscripten zijn bewaard gebleven *these buildings/manuscripts have survived* **4.5** God bewaar me! *God forbid!* **5.2** vlees kun je moeilijk/niet lang ~ *meat does not k. long* **5.5** een goed bewaard geheim *a closely guarded secret* **6.2** ~ **voor** later *save up for a rainy day;* het lekkerste **voor** het laatst ~ *save the best piece for the end* **6.4** goede herinneringen ~ **aan** *retain happy memories of.*
bewaring 0.1 [het bewaren] *keeping* ⇒*care,* ⟨opslaan⟩ *storage,* ⟨opslaan⟩ *storing,* ⟨beheer⟩ *custody* **0.2** [opsluiting] *custody* ⇒*detention* **0.3** [handhaving] *keeping, preservation* ◆ **1.2** huis van ~ *house of detention* **2.1** in gerechtelijke ~ stellen *put into care* ⟨kinderen⟩ **2.2** verzekerde ~ *detention;* ⟨jur.⟩ in verzekerde ~ nemen *take into custody* **6.1** **in** ~ geven (aan/bij) *deposit (at/with)* ⟨bank⟩; *entrust (to), leave (with);* **in** ~ nemen *take into custody.*
beweegbaar 0.1 *mov(e)able* ◆ **1.1** beweegbare delen *moving parts.*

beweeglijk 0.1 [veel bewegend] *agile* ⇒*lively, active* **0.2** [gevoelig] *susceptible* **0.3** [beweegbaar] *movable* ◆ **1.1** een zeer ~ kind *a very active child.*

beweeglijkheid 0.1 *agility* ⇒*liveliness.*

beweegreden 0.1 *motive* ⇒⟨mv. ook⟩ *grounds* ◆ **1.1** de ~en van zijn gedrag *the motives underlying his behaviour.*

bewegen I ⟨ov.ww.⟩ **0.1** [in beweging brengen] *move* **0.2** [mbt. werktuigen] *move* ⇒*set/put in motion, run* ⟨motor, machine⟩ **0.3** [ontroeren] *move* ⇒*stir* ⟨ook→**bewogen**⟩ **0.4** [overhalen, aanzetten] *move* ⇒*induce/bring/get (s.o. to)* ◆ **1.2** de veer beweegt het uurwerk *the spring keeps the works in motion/running* **5.1** op en neer/heen en weer ~ *m. up and down/to and fro;* ⟨snel⟩ *bob; wag, waggle* ⟨lichaamsdeel⟩ **6.4** iem. **tot** iets ~ *get s.o. to do sth.;* **II** ⟨wk.ww.; zich ~⟩ **0.1** [in beweging zijn/komen] *move* ⇒*stir* **0.2** [omgang hebben met] *move (in)* ⇒*travel (in)* **0.3** [met een bep. onderwerp/terrein te maken hebben] *be engaged (in), be active (in (the field of))* ⟨mbt. personen⟩; *be concerned (with)* ⟨mbt. boek, film e.d.⟩ ◆ **3.1** ik kan me nauwelijks ~ *I can hardly m.* **5.1** u beweegt u te weinig *you don't get enough exercise* **6.2** hij beweegt zich in de hoogste kringen *he moves in the highest circles* **6.3** zij ~ zich **op** het gebied v.d. elektronica *they are active in the field of electronics;* **III** ⟨onov.ww.⟩ **0.1** [van plaats/stand veranderen] *move* ⇒*stir,* ⟨tech. ook⟩ *travel* ◆ **1.1** geen blad bewoog *not a leaf stirred;* ~de delen *moving parts* **5.1** niet~! *don't m.!* **6.1 in** een baan rond de aarde ~ *orbit the earth.*

beweging 0.1 [het bewegen] *movement* ⇒*move, motion,* ⟨gebaar⟩ *gesture,* ⟨lichaamsbeweging⟩ *exercise* **0.2** [het doen bewegen] *movement* ⇒*motion* **0.3** [ontwikkeling] *movement* ⇒*move* **0.4** [organisatie vaak in samenst.] *movement* **0.5** [aandrift]⟨zie 2.5⟩ **0.6** [beroering] *commotion* ⇒*stir* ◆ **1.4** de vredesbeweging *the peace m.* **2.1** een verkeerde ~ maken *make a wrong move* **2.2** de wagen reageert op de geringste ~ v.h. stuur *the car responds to the slightest movement of the wheel* **2.5** uit eigen ~ iets doen *do sth. of one's own accord* **3.1** er is geen ~ in te krijgen *it won't budge/move;* ~ nemen *get exercise* **6.1 in** ~ komen *begin to move;* ⟨actief worden ook⟩ *stir o.s.;* **in** ~ brengen, **in** ~ zetten *set in motion;* ⟨machines ook⟩ *start;* **in** één ~ *with one move;* **in** ~ blijven *keep moving* **6.3 in** ~ zijn *be moving/in motion* **6.6** de gemoederen **in** ~ weten te brengen *know how to stir people.*

bewegingloos 0.1 *motionless* ⇒*immobile, unmoving.*

bewegingsleer 0.1 *kinetics, kinematics* ⇒*motion study.*

bewegingsruimte 0.1 *room to move.*

bewegingsvrijheid 0.1 ⟨ook fig.⟩ *freedom of movement.*

bewegwijzering 0.1 *signposting.*

beweren 0.1 *claim* ⇒⟨betogen⟩ *contend, allege* ⟨iets onbewezens⟩ ◆ **3.1** durven te ~ dat *dare to claim that;* ik meen te mogen ~ dat ...*I submit that ...;* dat zou ik niet willen ~ *I wouldn't (go as far as to) say that;* zij beweerde onschuldig te zijn *she claimed to be innocent* **4.1** wat ik wil ~ is dat ... *the point I want to make is that ...;* dat is precies wat wij ~ *that's the very point we're making* **8.1** hij beweert dat hij niets gehoord heeft *he maintains that he did not hear anything;* met klem ~ dat *contend that;* er wordt beweerd dat hij erbij was *he is alleged to have been involved;* naar hij zelf beweert *by his own account, according to his (own) claim(s);* naar beweerd wordt/men beweert *reputedly, allegedly, supposedly.*

bewering 0.1 *assertion* ⇒⟨uitspraak⟩ *statement,* ⟨onbewezen⟩ *allegation,* ⟨aanvechtbaar⟩ *claim,* ⟨mening⟩ *contention* ◆ **3.1** bij zijn ~ blijven *stick to one's claim;* kun je deze ~ staven/hard maken? *can you substantiate this claim?*

bewerkelijk 0.1 *laborious* ⇒*elaborate* ⟨gerecht⟩ ◆ **1.1** een ~ huis *an inconvenient house* **3.1** ~ zijn *be hard to work/run* ⟨enz.⟩.

bewerken 0.1 [werk verrichten aan] *treat* ⇒*work* ⟨land, deeg⟩, *process* ⟨grondstoffen, gegevens⟩, *tool* ⟨steen⟩, *hammer* ⟨ijzer⟩, *beat* ⟨ijzer⟩, ⟨redigeren⟩ *edit,* ⟨herzien⟩ *rewrite,* ⟨herzien⟩ *revise,* ⟨omwerken⟩ *adapt* **0.2** [versieren] *work, tool* **0.3** [overreden] *work on* ⇒*manipulate* **0.4** [teweegbrengen] *bring about* ⇒*accomplish, work (out)* ◆ **1.1** een Frans boek voor het Nederlandse taalgebied ~ *adapt a French book for the Dutch reader;* de grond ~ *till the land/soil;* muziek voor orkest ~ *arrange music for orchestra* **1.2** bewerkt hout *worked wood* **1.3** kamerleden ~ *lobby M.P.'s;* de kiezers ~ *canvass the voters* **1.4** een gunstige afloop weten te ~ *bring about a happy ending* **3.4** hij trachtte te ~ dat zijn boek gepubliceerd werd *he tried to secure the publication of his book* **5.1** machinaal ~ *machine;* geheel opnieuw bewerkt door *completely revised by* **5.2** een prachtig bewerkte zilveren schaal *a handsomely wrought silver dish* **6.1** iem. **met** een mes ~ *set about s.o. with a knife;* ~ **tot** een film *adapt for the screen.*

bewerking 0.1 [handeling] *treatment* ⇒*cultivation* ⟨bodem⟩, *working* ⟨materiaal⟩, *tooling* ⟨materiaal⟩, *process-(ing)* ⟨voedsel, goederen⟩, *manufacturing* ⟨goederen⟩, ⟨redactie⟩ *editing* **0.2** [resultaat]⟨boek, tekst, film, toneel⟩ *adaptation, version;* ⟨muziek⟩ *arrangement;* ⟨voor orkest⟩ *orchestration;* ⟨herziene uitgave⟩ *revision;* ⟨redactie⟩ *edition* **0.3** [het beïnvloeden] *manipulation* ⇒*influencing, canvassing* ⟨klanten, kiezers⟩, *lobbying* ⟨kamerleden⟩ **0.4** [het met overleg/regels werken aan] *processing* ⟨gegevens⟩; ⟨wisk.⟩ *operation* ◆ **2.2** de Nederlandse ~ van dit boek *the Dutch v. of this book* **6.1** de derde druk is **in** ~ *the third printing/*⟨herbewerking⟩ *edition is in preparation* **6.2 in** een ~ voor koor en orkest *arranged for choir and orchestra;* ~ **voor** de film *adaptation for the screen* ⟨bv. roman⟩; ~ **voor** toneel *dramatization, adaptation for the stage* ⟨bv. roman⟩.

bewerkstelligen 0.1 *bring about/off* ⇒*effect, realize* ◆ **1.1** een ontmoeting/verzoening ~ *bring about a meeting/reconciliation.*

bewieroken 0.1 [in wierook hullen] *(in)cense* **0.2** [fig.] *adulate* ⇒*fawn on.*

bewijs 0.1 [feit, redenering] *proof* ⇒*evidence, demonstration* **0.2** [teken] *proof* ⇒*evidence, sign* **0.3** [schriftelijke verklaring, ook in samenst.] *proof* ⇒*certificate,* ⟨identiteit⟩ *card* ◆ **1.2** als ~ van erkentelijkheid *as a token of gratitude;* een ~ van moed *a sign of courage* **1.3** betalingsbewijs *p. of payment, receipt;* (je) v.d. dokter *doctor's certificate;* ~ van goed gedrag *certificate of good conduct/*⟨politie⟩ *of good character;* ~ van lidmaatschap *membership card;* ~ van storting/ontvangst *receipt;* ~ van toegang *admission ticket, pass* **2.1** niet het geringste ~ *not a shred of evidence;* ⟨jur.⟩ indirect~ *circumstantial evidence;* het overtuigende ~ van iets leveren *establish conclusive p. of sth.;* waterdicht ~ *solid evidence* **3.1** ⟨wisk.⟩ het ~ leveren v.e. stelling *prove a theorem;* het ~ leveren (dat/van) *produce evidence (that/of)* **3.3** een ~ afgeven *issue a certificate* **6.1** een bewering **met** bewijzen staven *substantiate a statement* **8.1** als ~ aanvoeren *quote (in evidence)* ⟨persoon, passage⟩; als ~ overleggen *produce in evidence* ¶.3 een ~ je ⟨bonnetje⟩ *a receipt.*

bewijsbaar 0.1 *demonstrable* ⇒*provable* ◆ **2.1** moeilijk ~ *hard to prove.*

bewijskracht 0.1 *evidential/probative value* ⇒⟨van stukken/feiten⟩ *value as evidence,* ⟨van argument/redenering⟩ *cogency* ◆ **3.1** ~ hebben *be admissible as evidence.*

bewijslast 0.1 *burden of proof* ♦ **3.1** de ~ rust op/ligt bij de eiser *the burden of proof rests with the plaintiff.*

bewijsmateriaal 0.1 *evidence* ⇒*proof* ♦ **3.1** geen/onvoldoende ~ hebben ⟨ook⟩ *have no case.*

bewijsstuk 0.1 *proof, evidence* ⇒⟨jur.⟩ *piece/item of evidence, exhibit.*

bewijsvoering 0.1 *argumentation* ⇒⟨wiskunde ook⟩ *demonstration.*

bewijzen 0.1 [aantonen dat iets zo is] *prove* ⇒*establish, demonstrate* **0.2** [betuigen, betonen] *render* ⇒*show, prove* ♦ **1.1** je hebt je gelijk bewezen ~ *you have proved your point;* iemands schuld ~ *prove s.o. guilty;* een stelling ~ *p. a proposition* **1.2** een dienst ~ *r. a service;* iem. een slechte dienst ~ *do s.o. a bad turn/a disservice* **4.¶** zichzelf moeten ~ *have to prove o.s.* **5.1** niet bewezen *unproved, unproven* **8.1** dit bewijst dat *this proves that;* bewijs maar dat het niet zo is *p. the contrary;* dit bewijst toch afdoende dat hij bekwaam is *this is sufficient proof of his competence.*

bewind 0.1 [bestuur, beheer] *government* ⇒*regime, rule* **0.2** [regerende macht] *administration* ⇒*government* ♦ **1.2** de val v.h.~ *the fall of the government* **2.1** militair ~ *military rule* **3.1** het ~ voeren over *govern, rule (over);* manage, administer ⟨goederen, zaak⟩ **6.1 aan** het ~ komen *come to power;* **aan** het ~ zijn/blijven *be/remain in power.*

bewindhebber 0.1 *administrator* ⇒*director, governor.*

bewindsman, -vrouw(e), bewindspersoon 0.1 *member of government/cabinet* ⇒*minister, secretary.*

bewindvoerder, -ster 0.1 [gezagdrager] *administrator* ⇒*director* **0.2** [beheerder] *manager* ⇒*director, administrator.*

bewogen 0.1 [ontroerd] *moved* ⇒*stirred, touched* **0.2** [vol gebeurtenissen] *stirring* ⇒*eventful, busy,* ⟨vnl. negatief⟩ *unsettled* **0.3** [vol emotie] *moving* ♦ **1.2** een ~ / weinig ~ middag *an eventful/uneventful afternoon* **1.3** een ~ stijl *an emotional style* **5.1** diep - zijn *be deeply m./touched;* sociaal ~ zijn *have a social conscience* **6.1 tot** tranen toe ~ *m. to tears.*

bewolking 0.1 *cloud(s)* ⇒*cloudiness* ♦ **2.1** laaghangende ~ *low cloud(s);* een zware/lichte ~ *heavy/light cloud.*

bewolkt 0.1 [betrokken] *cloudy* ⇒*overcast* **0.2** [fig.] *clouded* ⇒*overcast* ♦ **1.2** een ~ gezicht *a c. countenance* **5.1** zwaar ~ *with heavy clouds.*

bewonderaar, -ster 0.1 *admirer* ⇒⟨inf.⟩ *fan.*

bewonderen 0.1 *admire* ⇒*look up to* ♦ **3.1** iem.~d aankijken *look admiringly at s.o.* **6.1** iem.~ **om** zijn geduld *admire s.o. for his patience.*

bewonderenswaardig, -waard 0.1 *admirable* ⇒*wonderful, noble* ⟨daad⟩ ♦ **2.1** ze bleef~ kalm *she remained admirably calm.*

bewondering 0.1 *admiration* ⇒*wonder* ♦ **3.1** ~ afdwingen *win a.;* ~ koesteren voor *hold in great a.* **6.1 uit** ~ **voor** *in a. for;* grote ~ hebben **voor** iem. *have great a. for s.o.*

bewonen 0.1 *inhabit* ⟨land, eiland⟩; *occupy, live in* ⟨huis, kamer, gebouw⟩ ♦ **1.1** mijlen ver v.d. bewoonde wereld *miles away from civilization* **5.1** het huis is al jaren niet bewoond *the house has not been lived in for years.*

bewoner, -woonster 0.1 ⟨stad, land⟩ *inhabitant* ⇒⟨huis⟩ *occupant,* ⟨stad, tehuis, huis ook⟩ *resident* ♦ **1.1** ~ v.e. voorstad *suburbanite;* ~ van eigen woning *owner-occupier.*

bewonerscommissie 0.1 *residents' association (committee).*

bewoning 0.1 ⟨huis⟩ *occupation* ⇒*residence* ♦ **2.1** geschikt voor permanente ~ *suitable for permanent residence* **6.1** ongeschikt **voor** ~ *unfit for (human) habitation.*

bewoonbaar 0.1 ⟨streek⟩ *(in)habitable* ⇒⟨huis⟩ *liv(e)able* ♦ **5.1** het huis is niet ~ *the house is not fit to live in.*

bewoording 0.1 *wording* ⇒*phrasing,* ⟨mv.⟩ *terms* ♦ **2.1** iets in duidelijke ~ en te verstaan geven *express sth. in no uncertain terms;* (gesteld) in krachtige/warme ~ en *strongly worded; warmly expressed.*

bewust I ⟨bn.⟩ **0.1** [betreffend] *concerned* ⇒*involved* **0.2** [besef hebbend van, ook in samenst.] *aware* ⇒*conscious* **0.3** [door het bewustzijn gecontroleerd] *conscious* ⇒ *aware* **0.4** [in het bewustzijn aanwezig] *conscious* ♦ **1.1** op de/die ~e dag *on the day in question* **1.2** energiebewust *energy-conscious* **2.2** politiek ~ (worden) *(become) politically conscious* **4.2** voor zover ik mij ~ ben *to my knowledge* **6.2** zich ~ zijn **van** *be a./conscious of* ⟨verantwoordelijkheid⟩ */awake to* ⟨gevaar⟩; *appreciate;* zich ~ worden **van** *become a./conscious of;* zich **van** geen gevaar ~ *(quite) unaware of any danger* **8.2** ik ben me (er) niet ~ (van) dat ooit beweerd te hebben *I am unaware of having ever said that;*

II ⟨bn., bw.⟩ **0.1** [opzettelijk] *conscious* ⇒*knowing* ♦ **3.1** iets ~ doen *do sth. deliberately;* iem.~ navolgen *(consciously) follow in s.o.'s footsteps.*

bewusteloos 0.1 *unconscious* ⇒*senseless* ♦ **3.1** zich ~ drinken *drink o.s. senseless/into a stupor;* ~ raken *pass out;* iem.~ slaan *knock s.o. u.*

bewusteloosheid 0.1 *unconsciousness.*

bewustheid 0.1 [(bezit van vol) besef] *consciousness* ⇒ *awareness* ♦ **2.1** hij heeft dat met volle ~ gedaan *he did that in all c./in full awareness.*

bewustwording 0.1 *awakening (to)* ⇒*realization, becoming conscious/aware,* ⟨van eigen identiteit⟩ *consciousness-raising.*

bewustzijn 0.1 *consciousness* ⟨ook zintuiglijk⟩ ⇒*awareness* ♦ **2.1** het menselijk ~ *human c.;* het nationaal ~ *national c., sense of nationhood* **3.1** weer tot ~ komen *regain/recover c.;* ⟨ook fig.⟩ *come to one's senses;* zijn ~ verliezen *lose c.* **6.1 bij/tot** ~ brengen *bring round/to;* **buiten** ~ zijn *be unconscious.*

bewustzijnsverruimend 0.1 *mind-expanding, psychedelic.*

bezaaien 0.1 [met zaad bestrooien] *sow* **0.2** [overdekken met iets anders] *strew* ⇒*stud* ♦ **6.1** een veld met rogge ~ *s. a field of rye* **6.2** bezaaid **met** *strewn with* ⟨papier, bladeren enz.⟩; *studded with* ⟨licht, sterren, edelstenen⟩; *littered with* ⟨papier, rommel, speelgoed enz.⟩; *dotted with* ⟨bloemen⟩.

bezadigd 0.1 *steady, sedate* ⇒*sober(minded)* ♦ **1.1** een ~ persoon *a level-headed person* **3.1** ~(er) worden *settle down.*

bezatten ⟨wk.ww.; zich ~⟩⟨inf.⟩ **0.1** *get plastered* ⇒*hit the bottle.*

bezegelen 0.1 *seal* ♦ **1.1** bezegelde brieven *sealed letters;* een koop ~ *clinch a bargain;* het lot ~ van *s. the fate of;* een overeenkomst met een glas/borrel ~ *clinch a deal over a drink.*

bezem 0.1 *broom* ♦ **3.1** ⟨fig.⟩ ergens de ~ door halen *make a clean sweep (of sth.)* **¶.1** ⟨sprw.⟩ nieuwe ~s vegen schoon *new brooms sweep clean.*

bezemsteel 0.1 [steel v.e. bezem] ⟨ook van heks⟩ *broomstick* ⇒*broomhandle* **0.2** [persoon] *beanpole* ⇒*stick.*

bezeren I ⟨wk.ww.; zich ~⟩ **0.1** [zich pijn doen] *hurt o.s.* ⇒ *get hurt,* ⟨sterker⟩ *injure o.s.,* ⟨sterker⟩ *get injured;*
II ⟨ov.ww.⟩ **0.1** [pijn doen] *hurt* ⇒*bruise,* ⟨sterker⟩ *injure* ♦ **5.1** een babyhuidje is gauw bezeerd *a baby's skin is easily bruised.*

bezet - bezit

bezet 0.1 [mbt. een ruimte] *occupied* ⇒⟨plaats ook⟩ *taken* **0.2** [mbt. tijd] *taken up* ⇒*occupied, busy* **0.3** [mbt. personen] *engaged* ⇒*occupied, busy* **0.4** [mbt. een gebouw/gebied/land] *occupied* ◆ **1.1** alle plaatsen zijn ~ *all places are o./taken* **1.4** ~ gebied *o. territory* **1.¶** de lijn is ~ ⟨telefoon⟩ *the line is engaged* **3.2** mijn tijd is ~ *my time is taken up* **3.3** ik ben ~ *I am busy;* ben je vanavond ~? *are you doing anything this evening?* **5.1** geheel ~ ⟨trein, hotel⟩ *full (up)* **5.2** een druk ~ leven leiden *lead a busy life* **6.1 tot** de laatste plaats ~ *filled to capacity.*

bezeten 0.1 [boze geest in zich hebbend] *possessed (by)* **0.2** [dol op] *obsessed (by)* ◆ **6.1** ~ **van** de duivel *p. by the devil* **6.2 van** één gedachte ~ *o. by one idea;* ⟨pej.⟩ *with a one-track mind;* ~ zijn **van/door** *have an obsession about* **8.1** als een ~e tekeergaan *go berserk;* werken als een ~e *work like one p.*

bezetten 0.1 [mbt. een plaats/ruimte] *occupy* ⇒*take, fill* **0.2** [mbt. een gebied/gebouw/bedrijf] *occupy* **0.3** [bekleden] *occupy* ⇒*hold* **0.4** [mbt. tijd] *occupy* ⇒*take up, engage* **0.5** [muz., toneel] *man* ⇒*cast* ◆ **1.1** een belangrijke plaats ~ in *o. an important place in;* ⟨toneel, film⟩ *feature in;* het gezelschap bezette een hele rij stoelen *the party took up a whole row of seats* **1.3** een leerstoel ~ *hold a chair* **1.5** de rollen zijn goed bezet *the roles are well cast* **6.4** al zijn avonden zijn **met** lessen bezet *all his evenings are taken up with classes.*

bezetter 0.1 [mil.] *occupier(s)* ⇒*occupying force(s)* **0.2** [actievoerder] *(the) workers/students/*⟨enz.⟩ *occupying/who have taken over the building/*⟨enz.⟩.

bezetting 0.1 [het bezetten/bezet zijn] *occupation* ⇒⟨ambt⟩ *filling,* ⟨plaats⟩ *filling up,* ⟨personeel⟩ *complement* **0.2** [mbt. een gebouw] *occupation* ⇒*sit-in* **0.3** [mbt. een gebied] *occupation* **0.4** [muz., toneel]⟨toneel⟩ *cast;* ⟨orkest⟩ *strength* ◆ **2.1** de fabriek draait met een halve ~ *the factory is running on half its manpower;* met een volledige ~ van tachtig man ⟨ook toneel⟩ *with a full complement of eighty.*

bezettingsleger 0.1 *army of occupation* ⇒*occupying force(s).*

bezettoon 0.1 ᴮ*engaged signal/tone.*

bezichtigen 0.1 *(pay a) visit (to)* ⟨kasteel, kerk, museum⟩ ⇒ ⟨kasteel enz. ook⟩ *see,* ⟨stad/fabriek ook⟩ *tour, inspect* ⟨huis, fabriek⟩ ◆ **1.1** een huis ~ *view a house* **6.1 te** ~ *on view/show;* ⟨goederen ook⟩ *on display;* ⟨huis ook⟩ *open for inspection.*

bezichtiging 0.1 *visit* ⇒*view, inspection, tour* ◆ **6.1** alles ligt **ter** ~ *everything is available for inspection, everything is on show.*

bezield 0.1 [geestdriftig] *animated* ⇒*inspired* **0.2** [met een ziel] *alive, living.*

bezielen 0.1 [in geestdrift brengen] *inspire* ⇒*animate* **0.2** [aandrijven] *possess* ⇒*activate, inspire* ◆ **1.1** onder de ~de leiding van *under the inspiring leadership of* **3.1** bezield worden *become inspired* **3.2** wat kan hem toch bezield hebben om zo raar te doen? *what can have possessed him to act so strangely?* **4.2** wat bezielt je! *what has got into you!*

bezieling 0.1 *inspiration* ⇒*animation* ◆ **3.1** er ging geen enkele ~ vanuit *there was no spark in it* **6.1 met** ~ spreken *speak inspiringly.*

bezien 0.1 *see* ⇒*consider, look on* ◆ **5.1** achteraf ~ *looking back, in retrospect;* opnieuw ~, het nog eens ~ *reconsider (it)* **6.1** dat staat nog te ~ *that remains to be seen.*

bezienswaardig 0.1 *worth seeing.*

bezienswaardigheid 0.1 *place of interest/worth seeing* ⇒

sight ◆ **3.1** de bezienswaardigheden bezoeken *see the sights.*

bezig 0.1 [werkzaam] *busy (with/-ing)* ⇒*working (on),* ⟨ook in gedachten⟩ *occupied (with), engaged (in)* **0.2** [ijverig] *busy* ◆ **3.1** zij waren al ~ inlichtingen te winnen *they were b. making inquiries;* de wedstrijd is al ~ *the match has already started;* hij is ~ de grootste wielrenner van deze tijd te worden *he is (in the process of) becoming the greatest cyclist of our day;* ~ een opera te schrijven *b. composing an opera* **3.¶** ⟨pej.⟩ waar ben je eigenlijk mee ~! *what do you think you're up to?;* ⟨pej.⟩ hij is weer ~ *he's at it again* **5.1** druk ~ zijn *be b.;* als je er toch mee ~ bent *while you are at/about it* **6.1** met iem. ~ zijn *be engaged;* Hanny is altijd **met** zichzelf ~ *Hanny is such a self-centred person;* met andere dingen ~ zijn *be b. doing other things;* vreselijk lang **met** iets ~ zijn *be an awful long time over sth.*

bezigen ⟨schr.⟩ **0.1** *employ* ⇒*use* ◆ **1.1** verstandige taal ~ *talk sense.*

bezigheid 0.1 *activity* ⇒*occupation, work,* ⟨hobby ook⟩ *pursuit* ◆ **2.1** de dagelijkse bezigheden *daily pursuits/*⟨karweitjes⟩ *chores* **3.1** andere bezigheden hebben *have other work;* bezigheden buitenshuis hebbend ⟨in advertenties⟩ *away all day.*

bezighouden I ⟨ov.ww.⟩ **0.1** [de aandacht in beslag nemen] *occupy* ⇒*keep busy* **0.2** [werk verschaffen] *employ* ⇒*engage* ◆ **1.1** die problemen houden hem bezig *those problems are keeping him busy* **4.1** het houdt ons allemaal bezig *we are all interested in it/*⟨bezorgd⟩ *concerned about it* **5.1** iem. aangenaam ~ *entertain s.o.; keep s.o. amused* ⟨kinderen⟩ **¶.1** het houdt me bezig *it occupies my mind;* **II** ⟨wk.ww.; zich ~⟩ **0.1** [zich ophouden met] *occupy/busy o.s. with* ⇒*engage (o.s.) in* ◆ **6.1** zich **met** iem./iets ~ *occupy o.s. with s.o./sth.;* zich niet ~ **met** *be unconcerned with;* ik zal me vooral ~ **met** de volgende problemen *I will be chiefly concerned with the following problems.*

bezijden 0.1 *beside* ⇒*wide of* ◆ **1.1** ~ de waarheid *far from the truth.*

bezingen 0.1 *sing (about/of)* ⇒*sing the praises of.*

bezinken 0.1 [uit een vloeistof neerslaan] *settle (down)* ⇒ *sink (to the bottom)* **0.2** [helder worden door stilstaan] *clarify* ⇒*settle (out)* **0.3** [verwerkt worden] *sink in* ◆ **3.1** doen ~ ⟨schei.⟩ *precipitate* **3.2** wijn laten ~ *c. wine* **3.3** de stof laten ~ *digest the material.*

bezinking 0.1 *sedimentation* ⇒⟨schei.⟩ *precipitation.*

bezinksel 0.1 *sediment* ⇒*deposit, residue,* ⟨in koffie ook⟩ *dregs.*

bezinnen ⟨wk.ww.; zich ~⟩ **0.1** [nadenken] *contemplate* ⇒ *reflect (on)* **0.2** [van gedachten veranderen] *think better of it* ⇒*change one's mind* ◆ **5.1** zich nog eens ~ *think twice (about sth.)* **6.1** zich ~ **op** iets *reflect on sth.;* ⟨iets afwegen⟩ *count the cost* **¶.1** ⟨sprw.⟩ bezint eer ge begint *look before you leap.*

bezinning 0.1 [het zich bezinnen] *reflection* ⇒*contemplation* **0.2** [helder en rustig besef] *sense(s)* ◆ **3.2** tot ~ komen *come to one's senses, sober up;* iem. tot ~ brengen *bring s.o. to his senses.*

bezit 0.1 *possession* ⇒*property,* ⟨landgoed⟩ *estate* **0.2** [het bezitten] *possession* ◆ **2.2** collectief/gemeenschappelijk ~ *collective ownership;* in iemands ~ komen/raken *come into s.o.'s p.* **3.2** ~ nemen van *take p. of* **6.2** in het ~ van iets komen/zijn *come into/be in p. of sth.;* **in** ~ hebben/houden *have/keep in one's p.;* **in** ~ krijgen *come into/get p. of;* **in** openbaar ~ *in public ownership;* wij zijn in het ~ van uw brief *we are in receipt of your letter;* **in** zijn ~ trachten te krijgen *try to obtain;* weer **in** ~ krijgen *regain p.*

103

of; in het volle ~ van zijn geestvermogens *in full p. of one's mental faculties.*

bezittelijk ⟨taal.⟩ **0.1** *possessive* ◆ **1.1** ~ voornaamwoord *p. pronoun.*

bezitten 0.1 *possess* ⇒*own, have* ◆ **1.1** aandelen ~ *have shares;* geen cent ~ *be penniless;* de ~de klasse *the propertied class* **5.1** iets onvoldoende ~ ⟨moed, geld⟩ *be lacking in.*

bezitter, -ster 0.1 *owner* ⇒⟨aandelen, titel⟩ *holder, possessor,* ⟨huis, hotel⟩ *proprietor.*

bezitting 0.1 *property* ⇒*possession, belongings,* ⟨onroerend goed ook⟩ *estate* ◆ **2.1** persoonlijke ~en *personal belongings;* waardevolle ~en *valuables* **3.1** ~en hebben *own property.*

bezocht 0.1 [bezoek hebbend] *visited* ⇒*attended, frequented* **0.2** [beproefd] *afflicted* ⇒*stricken* ◆ **1.1** een veel/druk ~e plaats *a much-frequented place;* een druk ~e receptie *a busy reception* **1.2** een zwaar ~ gezin *a sorely a. family.*

bezoedelen 0.1 *defile, besmirch, sully* ⇒*stain* ◆ **1.1** iemands goede naam ~ *tarnish s.o.'s reputation.*

bezoek 0.1 [het bezoeken] *visit* ⇒⟨kort, formeel of zakelijk⟩ *call* **0.2** [personen] *visitor(s)* ⇒*guest(s), caller(s)* ◆ **2.1** een onverwacht ~ *a surprise v.* **3.1** iem. een kort ~ brengen *pay s.o. a brief v.* **3.2** ~ hebben/krijgen *have a visitor/visitors;* we kregen onverwacht ~ *we received unexpected guests;* op deze kamer mag je geen ~ ontvangen *no visitors are allowed in this room* **6.1** op ~ gaan bij iem. *pay s.o. a v.;* we komen morgen even op ~ *we'll drop by tomorrow;* hij komt hier voor een paar dagen op ~ *he's coming to stay for a few days;* op ~ vragen *invite* ¶**.1** Brussel is een ~ waard *Brussels is worth visiting.*

bezoekdag 0.1 *visiting day* ⟨ziekenhuis, gevangenis⟩.

bezoeken 0.1 *visit* ⇒*pay a visit to* ◆ **1.1** een school ~ *attend a school* **5.1** iem. onverwachts ~ *pay s.o. a surprise visit;* opnieuw/weer ~ *revisit.*

bezoeker 0.1 [gast] *visitor* ⇒*guest* **0.2** [iem. die iets gaat zien/horen] *visitor* ◆ **1.2** het aantal ~s viel tegen *the attendance was disappointing* **2.1** een onverwachte ~ *an unexpected guest, a surprise v.* **6.2** de ~s van het theater *visitors to the theatre.*

bezoeking 0.1 *trial* ◆ **3.1** het is een ~ als zo iets je overkomt *it's an ordeal if sth. like that happens to you.*

bezoekrecht 0.1 *visiting rights.*

bezoektijd, -uur 0.1 *visiting hours/time.*

bezoldigen 0.1 *pay (salary to)* ◆ **1.1** bezoldigd ambtenaar *paid official.*

bezoldiging 0.1 *pay, salary* ⇒⟨vnl. van geestelijken/academici⟩ *stipend* ◆ **3.1** een ~ toekennen aan *offer a remuneration to.*

bezondigen ⟨wk.ww.; zich ~⟩ **0.1** *be guilty of* ◆ **6.1** zich ~ aan dronkenschap *be guilty of drunkenness.*

bezonken 0.1 *(well-)considered, mature, thoughtful* ⟨oordeel⟩.

bezonnen 0.1 *sensible* ⇒*well thought out* ⟨mening, plan⟩, *level headed* ⟨persoon⟩ ◆ ¶**.1** ~ te werk gaan *act sensibly.*

bezopen ⟨inf.⟩ I ⟨bn.⟩ **0.1** [dronken] *sloshed* ⇒*plastered* ◆ **3.1** ~ zijn/raken *be/get s./plastered;* II ⟨bn., bw.⟩ **0.1** [onzinnig] *cracked* ◆ **1.1** een ~ idee *a crackpot idea* **3.1** ben je nou helemaal ~ *have you gone completely off your rocker?*

bezorgd 0.1 [zorgzaam] *concerned (for/about)* **0.2** [ongerust] *worried (about)* ◆ **1.1** de ~e moeder *the caring mother* **1.2** een ~ gezicht *a w. face* **3.2** men maakt zich ~ over ... *concern is felt about ...;* zich ~ maken over *worry about;* waarom zou je je ~ maken? *why worry?;* wees maar

bezittelijk - bezwaarlijk

niet ~ *don't worry* **6.2** ~ zijn over/om/voor iets *be w. about sth.*

bezorgdheid 0.1 *concern (for/about)* ⇒*worry* ◆ **1.1** er is geen reden tot ~ *there is no cause for c.* **2.1** het vervult ons met grote ~ *it causes us great anxiety* **3.1** ~ teweegbrengen *give reason for c.* **6.1** uit ~ voor haar kinderen *out of c. for her children.*

bezorgen 0.1 [verschaffen] *get* ⇒*provide* **0.2** [veroorzaken] *give* ⇒*cause* **0.3** [afleveren] *deliver* **0.4** [boek.] *edit* ⇒ ⟨herzien⟩ *revise* ◆ **1.1** het bezorgde haar wat afleiding *it took her mind off things;* iem. een baan ~ *get s.o. a job;* hij zal zichzelf nog een minderwaardigheidscomplex ~ *he'll give himself an inferiority complex;* zijn goede opleiding bezorgde hem een plaatsje bij ... *his good education secured him a place with ...;* iem./ zichzelf een slechte reputatie ~ *disgrace s.o./o.s.;* dat bezorgt ons heel wat extra werk *that lands us with a lot of extra work* **1.2** iem. een hoop last ~ *put s.o. to great inconvenience;* iem. verdriet ~ *cause s.o. sorrow* **1.3** goederen/boodschappen ~ *d. goods/ messages* **1.4** zevende uitgave, bezorgd door dr. A. B. *seventh edition, edited by dr. A. B.*

bezorger, -ster 0.1 *delivery man/woman/boy/girl* ⇒ ⟨van brief⟩ *bearer,* ⟨expediteur⟩ *forwarding agent.*

bezorging 0.1 *delivery* ◆ **6.1** ~ aan huis *home/door-to-door d.*

bezuiden 0.1 *(to the) south of.*

bezuinigen 0.1 *economize* ⇒*save* ◆ **5.1** drastisch ~ *cut down drastically* **6.1** 10 miljoen ~ op de onderwijsbegroting *cut the education budget by 10 million;* ~ op het eten *e. on food.*

bezuiniging 0.1 [handeling] *economy* ⇒*cut(back)* **0.2** [bedrag] *saving(s)* ⟨AE meestal mv.⟩ ◆ **6.1** ~ op de uitgaven *cutback in expenditure* **6.2** deze maatregelen leveren een ~ op van 250 miljoen *these measures yield a saving of 250 million.*

bezuinigingsbeleid 0.1 *austerity policy.*

bezuinigingscampagne 0.1 *economy drive.*

bezuinigingsmaatregel 0.1 *economy measure* ⇒⟨bestedingsbeperking⟩ *spending cut.*

bezulpen ⟨wk.ww.; zich ~⟩ ⟨vulg.⟩ **0.1** *get smashed/ sloshed/plastered.*

bezuren I ⟨ov.ww.⟩ **0.1** [bekopen] *pay for* ◆ **6.1** iets met de dood ~ *pay for sth. with one's life;* II ⟨onov.ww.⟩ **0.1** [opbreken] *regret* ◆ **4.1** dat zal je ~ *you'll r. that.*

bezwaar 0.1 [belemmering, nadeel] *drawback* **0.2** [bedenking] *objection* ⇒⟨gewetensbezwaar⟩ *scruple* ◆ **3.1** dit heeft het ~ dat ... *this has the d. that ...;* onoverkomelijke bezwaren met zich meebrengen/opleveren *present insurmountable obstacles;* op de volgende bezwaren stuiten *encounter the following obstacles* **3.2** ~ aantekenen (tegen iets) *lodge an o. (to sth.)/a complaint (against sth.);* als je er geen ~ tegen hebt, steek ik een sigaret op *if you don't mind, I'll light a cigarette;* ze maakte nogal ~ toen ik om opslag vroeg *she made a bit of a fuss when I asked for a rise* **6.2** ~/bezwaren tegen iets hebben/maken *raise an o./objections to sth., take exception to sth.;* zonder enig ~ *without any o.* **7.1** een beetje regen is toch geen ~ *a little rain is no problem, is it?* **7.2** een of twee kinderen geen ~ *one or two children acceptable.*

bezwaard 0.1 *troubled* ◆ **1.1** een ~ geweten *a t./an uneasy conscience* **3.1** zich ~ voelen iets te doen *have qualms about doing sth.;* daar hoef je je niet ~ over te voelen *you need have no qualms about that.*

bezwaarlijk I ⟨bn.⟩ **0.1** [lastig] *troublesome* ◆ **3.1** kan ik

blijven slapen of is dat ~? *can I stay overnight or is it inconvenient?;*
II ⟨bw.⟩ **0.1** [moeilijk] *with difficulty* ⇒⟨nauwelijks⟩ *scarcely, hardly* ◆ **3.1** dit kan ~ verboden worden *you can scarcely forbid this.*

bezwaarschrift 0.1 *(notice of) objection* ⟨ook jur.⟩ ⇒*protest, petition,* ⟨tegen belasting ook⟩ *appeal* ◆ **3.1** een ~ indienen *lodge an objection/appeal.*

bezwaren 0.1 *burden* ⇒⟨met hypotheek⟩ *encumber* ◆ **4.1** dat bezwaart mij te veel *I find that too inconvenient, I cannot afford that.*

bezwarend 0.1 *incriminating* ⇒*damaging* ◆ **1.1** ~e feiten *i. facts;* een ~e verklaring *a damaging statement.*

bezweet 0.1 *sweaty* ⇒*sweating* ◆ **1.1** een ~ gezicht *a sweaty face* **3.1** ik ben helemaal ~ *I'm covered in sweat/all sweaty.*

bezweren 0.1 [betogen, verklaren; (onder ede) bevestigen] *swear (to)* **0.2** [smeken] *implore* **0.3** [in zijn macht brengen, uitdrijven] *raise* ⇒⟨oproepen⟩ *invoke, conjure up* ⟨geest, duivel⟩, ⟨uitdrijven⟩ *exorcise* ⟨geest, duivel⟩ **0.4** [tijdig afwenden] *allay* ⟨vrees⟩; *avert* ⟨gevaar⟩ ◆ **1.4** een crisis ~ *avert a crisis* **3.2** hij bezwoer mij van dat plan af te zien *he implored me to give up that plan* **8.1** ze bezwoer mij dat ze onschuldig was *she swore to me that she was innocent.*

bezwering 0.1 [het bezweren]⟨betogen, onder eed bevestigen⟩ *swearing;* ⟨geesten uitdrijven⟩ *exorcism;* ⟨geest oproepen⟩ *conjuring;* ⟨afwenden⟩ *allaying* **0.2** [formule] *invocation.*

bezwijken 0.1 [niet meer bestand zijn tegen] *give (way/out)* **0.2** [toegeven, wijken] *succumb* ⇒*yield* **0.3** [sterven] *go under* ◆ **6.1** de vloer bezweek **onder** de last *the floor gave way under the load* **6.2 onder** een last ~ *collapse under a load* ⟨ook fig.⟩; **voor** de verleiding ~ *yield to/give in to the temptation* **6.3 aan** een ziekte ~ *succumb to a disease.*

B-film 0.1 *B-ⁿfilm.*

bh ⟨afk.⟩ **0.1** [bustehouder] *bra.*

bi ⟨afk.; inf.⟩ **0.1** [biseksueel] *bisexual.*

biatlon 0.1 *biathlon.*

bibberatie ⟨inf.⟩ **0.1** *(the) shivers* ◆ **3.1** de ~ krijgen van *get the shivers from.*

bibberen 0.1 *shiver/shake (with)* ◆ **6.1** ~ **van** angst/de kou *shake with fear, shiver with the cold.*

bibberig 0.1 *trembling* ⇒*shivering* ◆ **1.1** een ~ stemmetje *a quavering voice.*

bibliofiel 0.1 ⟨bn. en zn.⟩ *bibliophile.*

bibliofilie 0.1 *bibliophily.*

bibliograaf 0.1 *bibliographer.*

bibliografie 0.1 *bibliography.*

bibliografisch 0.1 *bibliographic(al).*

bibliomanie 0.1 *bibliomania.*

bibliothecaris, -resse 0.1 *librarian.*

bibliotheek 0.1 *library* ◆ **2.1** openbare ~ *public l.*

bicarbonaat 0.1 *bicarbonate.*

biceps 0.1 *biceps.*

bidden I ⟨onov., ov.ww.⟩ **0.1** [zich richten tot God] *pray* ⇒ ⟨onov.ww. ook⟩ *say one's prayers* **0.2** [smeken] *pray* ◆ **1.1** ⟨r.-k.⟩ de rozenkrans ~ *say the rosary* **3.2** ⟨met zwak volt. deelw.⟩ ik heb gebid en gesmeekt om medewerking *I have begged and pleaded for cooperation;* wat ik u ~ mag *I p. you* **6.1** vandaag wordt er gebeden **voor** de overledenen *today prayers are offered for the dead* **6.2 om** een gunst ~ *beg a favor* ¶**.1** ~ voor/na het eten *say grace;* **II** ⟨onov.ww.⟩ **0.1** [mbt. vogels] *hover.*

bidet 0.1 *bidet.*

bidprentje ⟨rel.⟩ **0.1** [heiligenprentje] *devotional picture* **0.2** [prentje ter nagedachtenis] *mortuary/obituary card.*

bie ⟨inf.⟩ **0.1** *great* ⇒*fantastic* ◆ **3.1** ik vond het niet zo ~ *I didn't think it was all that g.*

biecht 0.1 *confession* ◆ **3.1** iem. de ~ afnemen ⟨lett.⟩ *hear s.o.'s confession;* ⟨fig.⟩ *cross-examine s.o.;* (de) ~ horen *hear c.*

biechten 0.1 *confess* ⇒*go to confession* **0.2** [opbiechten] *confess.*

biechtgeheim ⟨r.-k.⟩ **0.1** *secret of the confessional.*

biechtstoel ⟨r.-k.⟩ **0.1** *confessional (box).*

biechtvader 0.1 *(father) confessor.*

bieden I ⟨ov.ww.⟩ **0.1** [toekenen, toesteken] *offer* ⟨bv. arm⟩ ⇒ *extend* **0.2** [opleveren, geven] *offer* ⇒*present* **0.3** [aanbieden] *offer* **0.4** [kaartspel] *bid* **0.5** [geldw.] *offer* ⇒*bid* ◆ **1.2** mogelijkheden ~ *open up possibilities;* de mogelijkheid ~ tot *o. the possibility of;* ⟨hardnekkig⟩ weerstand ~ ⟨aan⟩ *resist (stubbornly)* **3.3** ⟨fig.⟩ meer te ~ hebben *have more to o.* **6.4** het is jouw beurt **om te** ~ *it's your (turn to) bid now;*
II ⟨onov., ov.ww.⟩ **0.1** [een bod doen] *(make an) offer* ⇒ *(make a) bid* ◆ **1.1** ik bied er twintig gulden voor *I'll give you twenty guilders for it;* ⟨op veiling⟩ *I bid twenty guilders for it* **5.1** meer/minder ~ (dan de anderen) *outbid/underbid* **8.1** als eerste ~ *open the bidding.*

bieder 0.1 *bidder* ◆ **2.1** op één na hoogste ~ *second-highest b.*

biedprijs 0.1 *offer(ed) price.*

biefstuk 0.1 *steak* ◆ **1.1** ~ v.d. haas *fillet steak.*

biels 0.1 [spoorw.] *⁰(railway) sleeper,* *¹railroad tie.*

bier 0.1 [drank] *beer* **0.2** [glas bier] *beer* ◆ **2.1** donker ~ *stout, dark ale* **3.1** ~ tappen *draw/pull b.;* ⟨bier verkopen⟩ *serve b.* **3.2** een ~tje drinken *have a b.* **6.1** ~ **uit** de tap/van het vat *draught b.*

bierbrouwer 0.1 *beer brewer.*

bierbrouwerij 0.1 *brewery.*

bierbuik 0.1 *beer gut.*

bierflesje 0.1 *beer bottle.*

bierglas 0.1 *beer glass.*

bierkaai ◆ **6.¶** vechten **tegen** de ~ *fight a losing battle.*

bierpomp 0.1 *beer pump* ⇒*beerpull.*

bierpul 0.1 *beer mug* ⇒*tankard.*

bierviltje 0.1 *beer mat* ⇒*coaster.*

bierworstje 0.1 *±salami.*

bies 0.1 [boordsel] *piping* ⇒*border, edging* **0.2** [oevergewas] *rush* ◆ **2.1** met gouden biezen *with gold p.* **3.¶** zijn biezen pakken *pack one's bags, make o.s. scarce* **5.2** vol/begroeid met biezen *full of rushes.*

bieslook 0.1 *chives.*

biet 0.1 *beet* ◆ **2.1** gare ~jes *cooked beetroot* **4.¶** ⟨inf.⟩ mij een ~ *I don't give a darn* **8.1** zo rood als een ~ *as red as a beetroot.*

bietsen ⟨inf.⟩ **0.1** *scrounge* ⇒*cadge* ◆ **3.1** altijd (om) sigaretten lopen te ~ *always cadging cigarettes.*

bietser 0.1 *scrounger* ⇒*cadger.*

bietsuiker 0.1 *beet sugar.*

biezen¹ ⟨bn.⟩ **0.1** *rush* ◆ **1.1** een ~ zitting *a rush(-bottomed) seat.*

biezen² ⟨ov.ww.⟩ **0.1** *pipe* ⇒*braid, edge.*

biezenmat 0.1 *rush mat.*

big 0.1 *piglet* ⇒⟨kind.⟩ *piggy* ◆ **2.¶** Guinees ~getje *guinea pig.*

bigamie 0.1 *bigamy.*

bigamist 0.1 *bigamist.*

biggelen 0.1 *trickle* ♦ **6.1** tranen biggelden langs zijn wangen *tears trickled down his cheeks.*

biggen 0.1 *farrow, pig.*

bij[1] ⟨de⟩ **0.1** *(honey)bee.*

bij[2] **I** ⟨bn.⟩ **0.1** [bij kennis] *conscious* **0.2** [gelijk] *up-to-date* **0.3** [van alles op de hoogte] *up-to-date* ♦ **3.1** de bokser is nog niet ~ *the boxer hasn't come round yet* **3.2** de leerling is weer/nog niet ~ met de lessen *the pupil has now caught up/is still behind in his lessons;* ~ zijn met betalen *be up-to-date with payments* **3.3** (goed) ~ zijn *be (well) on top of things;* goed ~ zijn in een vak *be well up on a subject;* **II** ⟨bw.⟩ ♦ **5.¶** om en ~ *more or less, about.*

bij[3] ⟨vz.⟩ **0.1** [in de nabijheid van] *near (to)* ⇒*close (by/to)* **0.2** [mbt. een raken aan/bereiken] *at* ⇒*to* **0.3** [mbt. een niet verder gaan/een niet afwijken] *to* ⇒*with* **0.4** [in het bezit van, tijdens] *while* ⇒*during* **0.5** [mbt. een aanwezigheid] *at* **0.6** [mbt. een toevoeging] *along (with)* ⇒*with* **0.7** [mbt. een gebondenheid] *for* ⇒*with* **0.8** [mbt. een meevoeren] *with* ⇒*along* **0.9** [voor, in tegenwoordigheid van] *with* ⇒*to* **0.10** [aan, met] *by* **0.11** [gedurende, onder] *by* ⇒ *at* **0.12** [gelijktijdig met] *on* ⇒*at* **0.13** [in geval van] *in case of* ⇒*if* **0.14** [wegens] *by* ⇒*due to* **0.15** [door, voor, door middel van] *from* ⇒*by (means of)* **0.16** [in vergelijking met] *in comparison to* ⇒*as compared with* **0.17** [in de ogen van] *for* ⇒*in the eyes of* ♦ **1.1** ~ iem. gaan zitten *sit next to s.o.;* ~ het raam *close to/next to the window;* ~ het stadhuis *close to/near the town hall* **1.2** ~ een kruispunt komen *come to an intersection* **1.3** ~ een mening blijven *stick to an opinion;* alles blijft ~ het oude *everything stays the same* **1.4** ~ zijn dood *at his death* **1.5** zij was ~ haar tante *she was at her aunt's* **1.6** heb je iets ~ de koffie? *do you have anything to go with the coffee?* **1.7** ~ een baas werken *work for a boss;* dat is ~ de boeren zo de gewoonte *that is the custom with farmers;* ~ de marine *in the navy;* ~ Vondel *in Vondel* **1.9** inlichtingen ~ een loket inwinnen *request information at a window* **1.10** iem. ~ zijn kraag vatten *grab s.o. by his collar;* iem. ~ name kennen *know s.o. by name* **1.11** ~ het lezen v.d. krant *(when) reading the newspaper;* ~ het ontbijt *at breakfast;* ~ de derde poging *at the third attempt;* ~ mooi weer *when/if the weather is nice* **1.12** ~ je volgende bezoek *on your next visit;* ~ een glas wijn iets bespreken *discuss sth. over a glass of wine* **1.13** ~ ziekte/een sterfgeval *in case of illness/death* **1.14** ~ gebrek aan bewijs *due to lack of proof* **1.15** een kind ~ haar tweede man *a child by her second husband;* iets ~ (de) wet bepalen *establish sth. by law* **1.16** wat is hij nu ~ een dichter als Achterberg? *what is he in comparison to a poet like Achterberg?* **1.17** zij kan ~ de buren geen goed doen *she can do no good as far as the neighbours are concerned* **3.2** kan jij ~ de hoogste plank? *can you reach the top shelf?* **3.5** (fig.) er niet ~ zijn met zijn gedachten *have only half one's mind on it* **3.6** een kopje koffie is er tegenwoordig niet meer ~ *you don't even get a cup of coffee these days* **3.7** altijd ~ H. kopen *always shop at H's* **4.6** ~ elkaar zijn het er 20 *there are 20 altogether* **4.7** ~ ons *at our house; back home; in our country/family* **4.8** zij had haar dochter ~ zich *she had her daughter with her;* geen lucifers/geld ~ zich hebben *have no matches/money on one* **4.9** ~ hem kun je van alles verwachten *you can expect anything from him;* ~ zichzelf (denken/zeggen) *(think/say) to o.s.* **4.15** ~ dezen *hereby* **5.1** ik woon hier vlak ~ *I live nearby/close by* **5.2** er(gens) niet ~ kunnen ⟨fig.⟩ *not understand/get sth.* **5.3** het er niet ~ laten *not leave it at that;* we zullen het er maar ~ laten *let's leave it at that* **5.5** er niet ~ zijn *not be there/present;* er(gens) gauw ~ zijn

---

⟨fig.⟩ *respond quickly;* ⟨mbt. ziekte⟩ *catch (a disease) in time* **5.6** ⟨fig.⟩ dat is er niet ~ *that is out of the question* **7.1** ~ zessen *almost six (o'clock)* **7.17** de kamer is 6 ~ 5 *the room is 6 by 5* **¶.¶** je bent er ~ *gotcha!*

bijbaantje 0.1 *sideline* ⇒*job on the side* ♦ **3.1** een ~ hebben *moonlight.*

bijbedoeling 0.1 *double meaning* ⇒*ulterior motive* ♦ **3.1** een ~ met iets hebben *have an ulterior motive with sth.* **6.1** iets met een ~ zeggen *say sth. with a double meaning;* zonder ~ en *without any ulterior motive.*

bijbehorend 0.1 *accompanying* ⇒*matching* ♦ **1.1** een ~ boekdeel *a companion volume;* ~e onderdelen *accessories;* een jas met ~e sjaal *a coat with matching scarf.*

bijbel 0.1 [Heilige Schrift] *Bible* **0.2** [lijfboek] *bible* ♦ **1.2** de ~ v.d. communisten *the communists' b.* **6.1** dat staat in de ~ *it says so in the B.;* op de ~ zweren *swear an oath on the B.*

bijbelboek 0.1 *book of the Bible.*

bijbelgenootschap 0.1 *Bible society.*

bijbelkring 0.1 *Bible group/club.*

bijbellezing 0.1 *Bible/Scripture reading* ♦ **3.1** ~en houden *give Bible classes.*

bijbels 0.1 *biblical* ♦ **1.1** ~e geschiedenis *b. history;* het ~e land *the Holy Land.*

bijbelspreuk 0.1 *biblical proverb.*

bijbeltekst 0.1 *scriptural passage* ⇒*passage in the Bible.*

bijbelvast 0.1 *well-versed in the Scriptures/the Bible.*

bijbelverklaring 0.1 *(biblical) exegesis.*

bijbelvertaling 0.1 *translation of the Bible.*

bijbenen 0.1 [fig.] *keep pace/up (with)* ♦ **3.1** ik kan al deze ontwikkelingen niet ~ *I can't keep up with all these developments.*

bijbestellen 0.1 *reorder* ⇒*order a further/fresh supply (of).*

bijbetalen 0.1 *pay extra* ⇒*pay an additional/extra charge* ♦ **1.1** tien gulden ~ *pay an extra ten guilders.*

bijbetaling 0.1 *additional/extra payment* ♦ **6.1** tegen ~ *at an additional charge.*

bijbetekenis 0.1 *connotation* ⇒*secondary meaning* ♦ **2.1** dat woord heeft een ongunstige ~ *that word has a negative c.*

bijblijven 0.1 [gelijk blijven] *keep pace/up* **0.2** [in het geheugen blijven] *stick/stay in one's memory* ♦ **1.1** ik heb moeite om bij te blijven *I find it hard to keep up* **4.2** dat zal mij altijd ~ *that will stick in my mind forever.*

bijboeken 0.1 *post* ⇒*enter, write up.*

bijbouwen 0.1 *build on* ⇒*add (on)* ♦ **1.1** een paar kamers ~ *build/add on a couple of rooms* **5.1** er is flink bijgebouwd aan de school *considerable additions have been made to the school.*

bijbrengen 0.1 [leren] *impart (to)* ⇒*convey (to), instill (into)* **0.2** [weer tot bewustzijn brengen] *bring to/round* ♦ **1.1** iem. verkeerde dingen ~ *get s.o. into bad habits;* iem. bepaalde kennis ~ *impart (certain) knowledge to s.o.*

bijdehand 0.1 *bright* ⇒*sharp* ♦ **1.1** een ~ kind *a b. child.*

bijdetijds 0.1 *modern* ⇒*up-to-date.*

bijdoen 0.1 *add* ⇒*put in, increase* ⟨aanbod⟩ ♦ **1.1** er nog tien gulden ~ *a. ten guilders.*

bijdraaien 0.1 [mbt. personen] *come round* **0.2** [scheep.] *heave to* ♦ **3.1** iem. doen ~ *bring s.o. round* **3.2** de kapitein liet ~ *the captain had (the boat) heave to.*

bijdrage 0.1 [gave] *contribution* ⇒*offering* **0.2** [(letterkundig) geschrift/opstel] *contribution* ♦ **2.1** geldelijke ~ *financial c.;* een vrijwillige ~ *a donation* **3.1** een positieve/ waardevolle ~ leveren aan *make a positive/valuable c. to* **6.1** een ~ in de kosten *a c. towards the cost.*

bijdragen 0.1 *contribute* ⇒*add* ◆ **1.1** zijn steentje/het zijne ~ *do one's part/share* **3.1** ik wil gaarne iets ~ *I would like to c.* **7.1** veel/in hoge mate ~ tot *c./add greatly to.*

bijeen 0.1 *together* ◆ **3.1** de huizen staan dicht ~ *the houses are (built) close t.* **6.1** in vergadering ~ *assembled in a meeting.*

bijeenbehoren 0.1 *belong together.*

bijeenbinden 0.1 [boek.] *bind.*

bijeenblijven 0.1 *remain/stay together.*

bijeenbrengen 0.1 *bring/get together* ⇒*raise* ◆ **1.1** geld ~ *raise money;* met moeite geld ~ *scrape together some money.*

bijeendrijven 0.1 *round up* ⇒*herd/drive together* ◆ **1.1** de herder dreef de schapen bijeen *the shepherd herded the sheep together.*

bijeengaren ⟨schr.⟩ **0.1** *gather together* ⇒*amass* ⟨feiten, fortuin⟩.

bijeenhouden 0.1 *keep/hold together* ⇒*save* ◆ **1.1** zijn geld ~ *save one's money.*

bijeenkomen 0.1 [samenkomen] *meet* ⇒*assemble* **0.2** [bij elkaar passen] *match* ⟨bv. van kleuren⟩ ⇒*go with/together* ◆ **6.1** in grote getale ~ *gather in large numbers.*

bijeenkomst 0.1 [samenzijn, vergadering] *meeting* ⇒*gathering* **0.2** [bijeengekomen personen] *meeting* ⇒*assembly* ◆ **2.1** een drukke ~ *a crowded m.;* een politieke ~ *a political m.*

bijeenrapen 0.1 [oprapen en bijeendoen] *collect* **0.2** [zomaar bij elkaar brengen] *lump together* ⇒*assemble* **0.3** [met moeite verzamelen] *muster* ⇒*collect* ◆ **1.1** snippers papier ~ *gather up scraps of paper* **1.2** een bijeengeraapt zootje ⟨voorwerpen⟩ *a jumble;* ⟨mensen⟩ *a mixed bunch* **1.3** al zijn moed ~ *m./summon up one's courage.*

bijeenroepen 0.1 *call together* ⇒*convene* ◆ **1.1** het parlement ~ *summon Parliament;* (leden voor) een vergadering ~ *convene (members for) a meeting.*

bijeenscharrelen ⟨inf.⟩ **0.1** *scrape together* ⇒*scratch together/up* ◆ **1.1** met moeite zijn kostje ~ *scrape together a living;* een maaltijd ~ *scramble up a meal.*

bijeentrommelen ⟨inf.⟩ **0.1** *drum up.*

bijeenzijn 0.1 *be together/gathered* ◆ **1.1** de commissie is bijeengeweest *the commission has met;* het parlement is bijeen *Parliament is in session;* de vrienden zijn bijeen *the friends are together.*

bijeenzoeken 0.1 *collect* ⇒*gather* ◆ **1.1** zijn spullen ~ *c./gather one's things.*

bijenhouder 0.1 *beekeeper.*

bijenkoningin 0.1 *queen bee.*

bijenkorf 0.1 [ook fig.] *beehive* ⇒*hive.*

bijenteelt 0.1 *apiculture.*

bijenvolk 0.1 [bijen v.e. korf/stam] *hive* **0.2** [de bijen] *bees.*

bijenwas 0.1 *beeswax.*

bijenzwerm 0.1 *swarm of bees.*

bijfiguur 0.1 *minor/secondary figure/character* ⇒*supporting actor/actress* ⟨toneel⟩.

bijgaand 0.1 *enclosed* ◆ **1.1** zie ~ briefje *see accompanying note.*

bijgebouw 0.1 *annex(e)* ⇒*outbuilding.*

bijgedachte 0.1 [onwillekeurig opkomende voorstelling] *association* **0.2** [bijbedoeling] *ulterior motive/design* ◆ **6.2** zonder enige ~ toejuichen *applaud unreservedly.*

bijgeloof 0.1 *superstition.*

bijgelovig 0.1 *superstitious.*

bijgelovigheid 0.1 *superstition* ⇒*superstitiousness.*

bijgeluid 0.1 *noise* ⇒*background noise* ◆ **2.1** storende ~en *irritating background noise.*

bijgenaamd 0.1 *called* ⇒⟨mbt. spotnaam⟩ *nicknamed.*

bijgerecht 0.1 *side dish.*

bijgevolg 0.1 *as a result* ⇒*consequently.*

bijgieten 0.1 *add* ⇒*supplement* ⟨aanvullen⟩, *pour (some more …).*

bijhalen 0.1 *draw/bring near(er), bring (up) close(r)* ◆ **1.1** die verrekijker haalt goed bij *those binoculars bring it* ⟨enz.⟩ *(up) quite close.*

bijharken 0.1 *rake (up)* ◆ **1.1** een tuin ~ *r. a garden.*

bijhouden 0.1 [houden bij iets anders] *hold out/up* to **0.2** [gelijk blijven] *keep up (with)* ⇒*keep pace (with)* **0.3** [niet achter laten raken] *keep up to date* ◆ **1.1** houd je bord bij *hold out your plate* **1.2** een auto ~ *keep up with a car;* de literatuur ~ *keep up with the literature;* het onderwijs niet kunnen ~ *be unable to keep up at school* **1.3** een dagboek ~ *keep a diary;* zijn Frans ~ *keep up one's French;* de stand ~ *keep count/*⟨sport⟩ *the score.*

bijkans 0.1 *almost, nearly.*

bijkantoor 0.1 *branch (office)* ◆ **6.1** op het ~ in Leiden *at the Leiden branch.*

bijkeuken 0.1 *scullery.*

bijklank 0.1 *ring* ⇒⟨fig. ook⟩ *undertone,* ⟨bijbetekenis ook⟩ *connotation.*

bijkleuren I ⟨ov.ww.⟩ **0.1** *touch up (the colour of);* **II** ⟨onov.ww.⟩ **0.1** [wat kleur krijgen]⟨na ziekte⟩ *get a bit of colour back in one's cheeks;* ⟨in de zon⟩ *get a tan.*

bijknippen 0.1 *trim* ⇒*clip* ◆ **1.1** zijn haar wat laten ~ *have one's hair trimmed (a bit).*

bijkomen 0.1 [weer bij bewustzijn komen] *come to/round* **0.2** [op adem komen] *(re)gain (one's) breath* ⇒*recover (o.s.)* **0.3** [flinker/gezonder worden] *recover* ⇒*revive* ⟨opbloeien⟩ ◆ **3.1** doen ~ *bring to/round, revive* **5.2** ik moet eerst even ~ *I'll have to get my breath back first;* niet meer ~ ⟨v.h. lachen⟩ *be overcome (with laughter)* **5.3** zij is goed bijgekomen *she has made a good recovery.*

bijkomend 0.1 *additional* ⇒*incidental,* ⟨ondergeschikt⟩ *subordinate* ◆ **1.1** de dichtst ~ e maat *the nearest size;* ~e omstandigheden/onkosten *a. circumstances, a. expenses.*

bijkomstig 0.1 ⟨toevallig⟩ *accidental, incidental;* ⟨niet wezenlijk⟩ *inessential;* ⟨ondergeschikt⟩ *secondary, subordinate* ◆ **4.1** dat is iets ~s *that is a side issue, that is of secondary importance.*

bijkomstigheid 0.1 *incidental circumstance* ⟨meestal mv.⟩ ⇒*inessentials* ◆ **¶.1** wanneer we in het nieuwe huis trekken is maar een ~ *the date we move into the new home is of secondary consideration.*

bijl 0.1 *axe* ⇒⟨kleine bijl⟩ *hatchet* ◆ **2.1** ⟨fig.⟩ met de botte ~ *like a bull at the gate/in a china shop;* ⟨fig.⟩ er met de botte ~ (op) in hakken *lay into s.o., go about sth. in a heavy-handed way* **3.1** ⟨fig.⟩ ik heb al vaker met dat ~tje gehakt *I'm an old hand at that game* **3.¶** het ~tje erbij neerleggen *knock off, call it a day; call it quits* ⟨ook het opgeven⟩ **6.1** ⟨fig.⟩ (onherroepelijk) *voor* de ~ gaan *give in, capitulate.*

bijlage 0.1 *enclosure* ⇒*supplement* ⟨bij krant/tijdschrift⟩ ◆ **2.1** een losse ~ *a loose supplement.*

bijlange 0.¶ ~ 5.¶ ~ (na) niet *not nearly (so nice* ⟨enz.⟩ *).*

bijleggen I ⟨onov., ov.ww.⟩ **0.1** [bijbetalen] *contribute* ⇒*pay,* ⟨bijpassen⟩ *make up* ◆ **5.1** als ik het zo verkoop, moet ik erop ~ *if I sell it like this, I lose (money) on it;* **II** ⟨ov.ww.⟩ **0.1** [goedmaken] *settle* ◆ **1.1** een geschil ~ *s. a dispute* **4.1** het ~ *make up;* **III** ⟨onov.ww.⟩ **0.1** [scheep.] *lay to/by.*

bijles 0.1 *coaching* ⇒⟨AE ook⟩ *tutoring* ◆ **3.1** ~ Engels geven *coach in English.*

bijleveren 0.1 *supply ((sth.) in addition/extra)* ◆ **1.1** vervangingsonderdelen worden bijgeleverd *spare parts are (also) supplied.*

bijlichten 0.1 *light* ♦ **1.1** iem.~ *light s.o./s.o.'s way.*

bijmaan ⟨ster.⟩ **0.1** *paraselene* ⇒*mock moon.*

bijmaken 0.1 *make ((sth.) in addition/extra)* ♦ **3.1** dat onderdeel kan nog bijgemaakt worden *that part can be made specially.*

bijmengen 0.1 [toevoegen] *add* ⇒*mix in addition/in* **0.2** [bijmaken] *mix again* ⟨meer van hetzelfde⟩ ⇒*match* ⟨bijpassend iets⟩ ♦ **1.2** kunt u deze kleur voor me ~? *can you mix this colour for me again?*

bijna 0.1 *almost, nearly* ⇒⟨voor telwoorden enz. ook⟩ *close on,* ⟨in samenst.⟩ *near* ♦ **1.1** het is ~ tien uur ⟨ook⟩ *it is getting on for ten;* ~ zestig jaar ⟨ook⟩ *close on sixty* **2.1** ~ klaar *a./nearly ready* **4.1** ~ niets/niemand/nooit/geen *a. nothing/no-one/never/none;* ⟨ook⟩ *hardly anything/anyone/ever/any.*

bijnaam 0.1 [spotnaam] *nickname* **0.2** [toegevoegde naam] *epithet* ♦ **3.1** iem. de ~ X geven *nickname a person X* **3.2** Hendrik IV verdiende de ~ 'de Grote' *Henry IV earned himself the e. 'the Great'.*

bijna-botsing 0.1 *near-miss* ⇒*near-collision.*

bijnadoodervaring 0.1 *near-death experience.*

bijnier 0.1 *adrenal gland.*

bijou 0.1 *jewel* ⇒⟨van geringe waarde⟩ *trinket.*

bijouterie 0.1 *jewellery* ⟨geen mv.⟩ ⇒⟨van geringe waarde⟩ *trinkets.*

bijpassen 0.1 *pay* ⇒⟨aanzuiveren⟩ *make up (the difference)* ♦ **1.1** een gulden ~ ⟨ook⟩ *find a guilder.*

bijpassend 0.1 *matching* ⇒*to match* ⟨na zn.⟩ ♦ **1.1** een spijkerbroek met ~ jack *jeans and a jacket to match.*

bijpraten 0.1 *catch up (on news/gossip)* ♦ **5.1** we moeten weer eens ~ *we should have a good long talk soon.*

bijproduct 0.1 *by-product.*

bijpunten 0.1 ⟨mbt. haar⟩ *trim.*

bijrijder 0.1 *substitute driver* ⇒[B]*driver's mate,* ⟨in wedstrijden⟩ *co-driver.*

bijrol ⟨dram., lit.⟩ **0.1** *supporting role* ⟨ook fig.⟩.

bijschaven 0.1 [glad schaven] *plane (down)* **0.2** [fig.] *polish (up)* ♦ je mag je Frans wel eens ~ *your French needs a brush-up;* zijn stijl bijschaven *polish one's style.*

bijschenken 0.1 *pour* ⇒*fill up* ⟨glas⟩ ♦ **1.1** thee ~ *p. more tea.*

bijscholen 0.1 *give further training* ♦ **4.1** zich ~ *take a refresher course.*

bijscholing 0.1 *(extra) training.*

bijscholingscursus 0.1 *further training course.*

bijschrift 0.1 [onderschrift] *caption* ⇒*legend* **0.2** [kanttekening] *note.*

bijschrijven 0.1 *enter* ⇒*include* ♦ **1.1** rente ~ *e. interest* **6.1** op een lijst ~ *include in a list, list.*

bijschrijving 0.1 [het bijschrijven/-boeken] *entering (in the books)* **0.2** [het bijgeschrevene/bijgeboekte] *amount/item/*⟨enz.⟩ *entered.*

bijschuiven 0.1 *pull/draw (a chair) up (to the table).*

bijslaap ⟨schr.⟩ **0.1** [coïtus] *intercourse* **0.2** [persoon] *bedfellow.*

bijslag 0.1 [bijkomend voordeel] *bonus* ⇒*supplement* **0.2** [extra heffing] *extra charge.*

bijsluiter 0.1 *information/instruction leaflet, instructions (for use).*

bijsmaak 0.1 *taste* ♦ **2.1** een politieke ~ hebben *smack of politics* **3.1** een ~je hebben ⟨lett.⟩ *have a funny t.;* ⟨fig.⟩ *be a bit shady.*

bijspijkeren 0.1 [fig.; bijwerken] *brush up* **0.2** [door spijke-

ren herstellen] *nail back in place/up* **0.3** [bijbetalen] *make up (the deficit/difference)* ⇒*chip in (an amount)* ♦ **1.1** zijn kennis ~ *brush up one's knowledge;* een zwakke leerling ~ *bring a weak pupil up to standard.*

bijspringen 0.1 *support* ⇒*step in (for s.o.)* ♦ **3.1** vader moet nogal eens ~ *father has to step in every now and then.*

bijstaan I ⟨ov.ww.⟩ **0.1** [helpen] *assist* ⇒*aid* ♦ **6.1** iem.~ in de nood *stand by s.o. in their hour of need;*
II ⟨onov.ww.⟩ **0.1** [vaag herinnerd worden] *dimly recollect* **0.2** [nabij iets/iem. staan] *stand near (by)* ♦ **4.1** er staat me iets bij van een vergadering waar hij heen zou gaan *I seem to remember that he was to go to a meeting.*

bijstand 0.1 [financiële hulp] *assistance* ⇒⟨v.d. sociale dienst⟩ *social security* **0.2** [instantie] *Social Security* **0.3** [hulp, ondersteuning] *assistance* ⇒*aid* ♦ **2.1** bijzondere ~ *supplementary benefit* **2.3** geestelijke ~ *spiritual aid;* rechtskundige ~ ⟨rechtshulp⟩ *legal aid;* ⟨alg.⟩ *legal advice* **3.1** hij leeft van de ~ *he's on social security/the dole.*

bijstandsfraude 0.1 *social security fraud.*

bijstandsgezin 0.1 *family on social security.*

bijstandsmoeder 0.1 *mother on social security.*

bijstandsniveau 0.1 [B]*supplementary benefit level,* [A]*welfare level* ⇒⟨bestaansminimum⟩ *subsistence level* ♦ **6.1** hij zit net **boven** ~ *he lives just above subsistence level.*

bijstandsuitkering 0.1 *social security (payment).*

bijstandswet 0.1 *Social Security Act.*

bijstandtrekker 0.1 *person on social security.*

bijstellen 0.1 *(re-)adjust.*

bijstelling 0.1 [het in de juiste stand brengen] *(re-)adjustment* **0.2** [het aanpassen] *(re-)adjustment* **0.3** [taal.] *apposition.*

bijster I ⟨bn.⟩ ♦ **1.¶** het spoor ~ zijn *not be able to follow anymore;*
II ⟨bw.⟩ **0.1** [zeer] *unduly* ⟨niet iron.⟩ ⇒*(none) too* ⟨alleen negatief⟩ ♦ **2.1** de tuin is niet ~ groot *the garden is none too large*

bijstorten 0.1 [geldw., hand.] *pay (a supplement);* ⟨op aandelen⟩ *pay a call.*

bijsturen 0.1 [mbt. een schip/voertuig] *steer (away from/clear of/towards)* **0.2** [fig.] *steer away from/clear of* ⇒*adjust* ⟨plan, actie⟩.

bijt 0.1 *hole (in the ice).*

bijtanken 0.1 [nieuwe brandstof innemen] *refuel* **0.2** [fig.] *replenish one's reserves.*

bijtekenen I ⟨onov.ww.⟩ **0.1** [langer in dienst blijven] *renew a contract* ♦ **6.1** hij heeft (voor zes jaar) bijgetekend ⟨mil.⟩ *he has re-enlisted (for six years);*
II ⟨ov.ww.⟩ **0.1** [in een tekening bijwerken] *touch up.*

bijtellen 0.1 *add (to).*

bijten I ⟨onov.ww.⟩ **0.1** [de tanden in iets zetten] *bite* **0.2** [sterk prikkelen] *sting* ⇒*smart* **0.3** [schei.] *bite into* ⇒*be corrosive* ♦ **1.2** de wond bijt geweldig *the wound stings terribly* **6.1** in een appel ~ *b. an apple;* **van** zich af ~ *give as good as one gets, stick up for o.s.* **6.2** peper bijt **op** de tong *pepper burns the tongue* **6.3** het zuur bijt **in** de plaat *the acid bites into the plate;*
II ⟨onov., ov.ww.⟩ **0.1** [de tanden zetten in] *bite* ♦ **5.1** ik zal je heus niet ~ *I won't eat you;*
III ⟨ov.ww.⟩ **0.1** [door bijten in een toestand brengen] *bite* **0.2** [kortaf zeggen] *bite (at)* ⇒*snap (at)* ♦ **2.1** iets stuk ~ *bite sth. to pieces* **5.¶** elkaar niet ~ *be compatible, not be contradictory* ⟨bv. van opvattingen, ideeën⟩.

bijtend [wat bijt] *biting* **0.2** [invretend] *biting* ⇒*corrosive* **0.3** [hekelend] *biting* ⇒*caustic* ♦ **1.2** ~ middel *corrosive substance* **1.3** ~e spot *sarcasm* **3.3** ~ antwoorden *answer sharply.*

bijtijds 0.1 [vroegtijdig] *early* **0.2** [op tijd] *early* ⇒*(well) in advance* ♦ **3.2** ~ de nodige maatregelen nemen *take measures (well) in advance, take early measures.*

bijtrekken I ⟨onov.ww.⟩ **0.1** [zich herstellen] *straighten (out)* ⇒*improve* **0.2** [in een beter humeur komen] *come (a)round* ♦ **1.1** het weer trekt bij *the weather is improving;*
II ⟨ov.ww.⟩ **0.1** [naderbij trekken] *pull up* ⇒*draw up/near* ♦ **1.1** trek de tafel wat bij *pull the table a bit closer.*

bijvak 0.1 *subsidiary (subject).*

bijval 0.1 *approval* ⇒⟨steun⟩ *support* ♦ **2.1** die maatregel vond grote ~ *that measure was widely applauded* **3.1** algemeen ~ vinden *meet with general a.*

bijvallen 0.1 *agree (with)* ⇒*support* ⟨persoon, idee⟩ ♦ **4.1** velen vielen haar bij *many people took her side/sided with her.*

bijverdienen I ⟨ov.ww.⟩ **0.1** [extra verdienen] *have an additional income* ♦ **1.1** een paar pond ~ *earn a few pounds extra;*
II ⟨onov.ww.⟩ **0.1** [een extra inkomen inbrengen] *make some money on the side.*

bijverdienste 0.1 [extra verdienste] *extra earnings* ⇒*extra/additional income* **0.2** [aanvullende verdienste] *extra/supplementary income* ♦ **8.1** als ~ *as an extra.*

bijverschijnsel 0.1 *side effect.*

bijverven 0.1 *touch up* ⟨het beschadigde⟩;*finish off painting, paint* ⟨het nog niet geverfde⟩ ♦ **1.1** de deuren wat ~ *touch up the doors.*

bijverzekeren 0.1 *insure (additionally)* ♦ **6.1** zich ~ *voor* extra onkosten *insure o.s./take out additional insurance against extra expenses.*

bijvijlen 0.1 [door vijlen afwerken] *touch up* ⇒*(finish off with a) file* **0.2** [fig.] *touch up* ⇒*polish up* ♦ **1.2** een zin nog wat ~ *polish up a sentence.*

bijvoeding 0.1 *supplementary/additional feeding.*

bijvoegen 0.1 *add* ⇒⟨bijsluiten⟩ *enclose,* ⟨aanhechten⟩ *attach* ♦ **1.1** bijgevoegde cheque *enclosed cheque.*

bijvoeglijk ⟨taal.⟩ **I** ⟨bn.⟩ **0.1** [nader bepalend] *adjectival* ♦ **1.1** ~e bepaling *attributive adjunct;* ~ naamwoord *adjective;*
II ⟨bw.⟩ **0.1** [als bijvoeglijke bepaling] *attributively* ♦ **3.1** een ~ gebruikt voornaamwoord/telwoord *a pronoun/number used a.*

bijvoegsel 0.1 *supplement, addition* ⇒⟨bij boek⟩ *addendum* ♦ **2.1** het zaterdags ~ *the Saturday s.*

bijvoorbeeld 0.1 *for example* ⇒*for instance,* ⟨als afk.: bijv., b.v.⟩ *e.g.* ♦ **1.1** Jan, ~, heeft bezwaren *John, for one, objects.*

bijvullen 0.1 *top up (with)* ⇒⟨vol doen⟩ *fill up (with)* ♦ **1.1** een glas/tank ~ *top up/fill up a glass/tank.*

bijwerken 0.1 [gelijkbrengen, aanvullen] *improve* ⇒*catch up (on),* ⟨bij de tijd brengen⟩ *bring up to date,* ⟨bij de tijd brengen⟩ *update, coach* ⟨leerling⟩ **0.2** [netter afwerken] *touch up* ♦ **1.1** een dagboek ~ *bring a diary up to date;* nieuwe bijgewerkte druk *new updated edition.*

bijwerking 0.1 [bijkomende werking] *side effect* **0.2** [het bijwerken/gelijkbrengen] *catching up* ⇒*bringing up to date, updating, coaching* ⟨van leerling⟩ **0.3** [het afwerken] *touching up* ⇒*finishing touches.*

bijwijlen ⟨schr.⟩ **0.1** *on occasion.*

bijwonen 0.1 [opzettelijk] *attend* ⇒*be present at* **0.2** [zonder opzet] *witness* ♦ **1.1** de mis ~ *a./go to mass* **1.2** een opstootje ~ *w. a disturbance.*

bijwoord ⟨taal.⟩ **0.1** *adverb.*

bijwoordelijk ⟨taal.⟩ **0.1** *adverbial* ♦ **1.1** ~ gebruik *a. use* **3.1** ~ gebruikt *used adverbially.*

bijzaak 0.1 *side issue* ⇒*matter of secondary/minor importance, (minor) detail* ♦ **3.1** dat is ~! *that is irrelevant.*

bijzettafeltje 0.1 *occasional table.*

bijzetten 0.1 [plaatsen bij; toevoegen] *add* **0.2** [begraven] *inter* ⇒*bury* **0.3** [scheep.; mbt. zeilen] *set* ♦ **1.1** aan iets kracht ~ *lend weight to sth.*

bijziend 0.1 *short-sighted.*

bijziendheid 0.1 *short-sightedness.*

bijzijn 0.1 *presence* ♦ **6.1** in (het) ~ van *in the p. of.*

bijzin ⟨taal.⟩ **0.1** *subordinate clause* ⇒*(dependent) clause.*

bijzit 0.1 *concubine* ⇒*mistress.*

bijzitter 0.1 [toeluisterende examinator] *external/assistant/second examiner.*

bijzonder I ⟨bn.⟩ **0.1** [niet algemeen] *particular* **0.2** [ongewoon] *special* ⇒*unique* **0.3** [zonderling] *strange* ⇒*peculiar* **0.4** [zeer (groot)] *special* **0.5** [niet v.d. overheid] *private* **0.6** [zeer speciaal] *particular* ⇒*special* ♦ **1.1** de algemene en de ~e scheikunde *general and special chemistry* **1.2** een ~ kind *an exceptional child* **1.4** (een zaak) van ~ belang *(a matter) of extreme importance* **1.5** het ~ onderwijs *private education* ⟨op bijbelse grondslag⟩ *denominational education* **1.6** met ~e zorg *with p./special care* **3.3** hij was altijd een beetje ~ *he always was a bit peculiar* **4.2** het is niets ~s *it is nothing s.* **6.1** in het ~ *in p., especially;*
II ⟨bw.⟩ **0.1** [zeer, buitengewoon] *very (much)* **0.2** [vooral] *particularly* ⇒*in particular, especially* ♦ **2.1** het vreemdelingenbezoek is ~ sterk *tourism is particularly strong.*

bijzonderheid 0.1 [detail] *detail* ⇒*particular* ⟨meestal mv.⟩ **0.2** [bijzondere omstandigheid, eigenaardigheid] *special circumstance* ⇒*peculiarity* **0.3** [merkwaardigheid, bezienswaardigheid] *curiosity* ♦ **2.1** technische bijzonderheden *technical detail(s)* **3.2** er kwam nog een ~ bij *there was one other peculiarity.*

bikini 0.1 *bikini.*

bikkelhard 0.1 [erg hard] *(as) hard as rock* **0.2** [zeer hardvochtig] *very hard* ⇒*as hard as nails* ⟨alleen pred.⟩.

bikken 0.1 [hakken op] *chip (away)* **0.2** [inf.; eten] *(have some) grub* ♦ **5.2** lekker zitten te ~ *enjoy one's grub.*

bil 0.1 [deel v.h. zitvlak] *buttock* **0.2** [bovenbeen] *thigh* ♦ **2.1** dikke/blote ~len *a fat/bare bottom* **6.1** hij moet met de ~len bloot ⟨fig.⟩ *he's going to have to accept the consequences;* een ~len op/voor de ~len geven *smack a child's bottom* **6.¶** ⟨sl.⟩ *van* ~ gaan *have it off with s.o./together* **¶.1** ⟨sprw.⟩ wie zijn ~len brandt, moet op de blaren zitten *as you sow, so shall you reap.*

bilateraal 0.1 *bilateral* ♦ **1.1** een ~ akkoord *a b. agreement.*

biljard 0.1 *thousand billion(s).*

biljart 0.1 [spel] *billiards* **0.2** [tafel] *billiard table* ♦ **2.1** Amerikaans ~ *pool.*

biljartbal 0.1 *billiard ball* ♦ **8.1** ⟨scherts.⟩ zo kaal als een ~ *as bald as a coot.*

biljarten 0.1 *play billiards.*

biljarter 0.1 *billiards player.*

biljartkeu 0.1 *billiard cue.*

biljartlaken 0.1 *billiard cloth* ⇒*green baize.*

biljet 0.1 [stuk papier, kaartje] ⟨kaartje⟩ *ticket;* ⟨aankondiging⟩ *bill, poster* **0.2** [bankbiljet] *note* ♦ **6.2** een ~ van *f* 50,- *a 50-guilder n.*

biljoen 0.1 [miljoen miljoen] *trillion* **0.2** [miljard] *billion.*

billenkoek ⟨kind.⟩ **0.1** *smacking* ⇒*spanking* ♦ **3.1** pas op, of je krijgt ~ *just watch it, or I'll give you a spanking.*

billijk 0.1 [rechtvaardig en redelijk] *fair* ⇒*reasonable,* ⟨gematigd⟩ *moderate* **0.2** [rechtmatig] *legitimate* ♦ **1.1** een ~e prijs *a reasonable price* **1.2** ~e verwachtingen *l. expectations* **¶.1** dat is niet meer dan ~ *that is only f.*

billijken 0.1 *approve of* ⇒*appreciate* ◆ **3.1** dat kan ik niet~ *I can't accept that.*

billijkheid 0.1 *fairness* ⇒*reasonableness* ◆ **3.1** de~ eist dat ...*it is only fair/right that* ...

bilnaad 0.1 *anal cleft.*

bimbam 0.1 *ding-dong.*

binair 0.1 *binary* ◆ **1.1** ⟨wisk.⟩ een ~ cijfer/getal *a b. digit.*

binden I ⟨ov.ww.⟩ 0.1 [vastmaken/knopen] *tie (up)* ⇒*knot, bind, fasten, strap* ⟨met riem⟩ 0.2 [boeien] *tie (up)* 0.3 [fig.] *bind* ⇒*tie* 0.4 [in zijn vrijheid beperken] *bind* 0.5 [boek.] *bind* 0.6 [dik maken] *thicken* 0.7 [schei.] *combine with* ⇒*form a compound with* ◆ **1.2** iem. de handen ~ *tie s.o.'s hands* ⟨ook fig.⟩; ⟨fig.⟩ *tie s.o. down* **1.3** door de huwelijksband gebonden *bound by the ties of marriage* **1.4** door voorschriften gebonden zijn *be bound by regulations* 6.3 hij weet zijn personeel **aan** zich te ~ *he knows how to hold on to his staff;*
II ⟨wk.ww.; zich ~⟩ 0.1 [een verplichting op zich nemen] *commit o.s. (to)* ⇒*bind/pledge o.s.(to);*
III ⟨onov.ww.⟩ 0.1 [dik worden] *thicken* ⟨van saus⟩ 0.2 [fig.; een band smeden] *be a bond* ◆ **1.2** een gemeenschappelijke vijand bindt *a common enemy binds people together.*

bindend 0.1 *binding* ◆ **1.1** een ~ advies *b. advice* **3.1** ~ zijn/ ~e kracht hebben (tegenover) *be b. (upon), have b. effect (upon).*

binder ⟨boek.⟩ 0.1 *binder.*

binderij 0.1 *bindery.*

binding 0.1 [band tussen personen] *bond* →*tie* 0.2 [psych.] *relationship* ⇒⟨met een persoon⟩ *close bond* 0.3 [schei.] *combination* ⇒⟨kracht tussen atomen⟩ *bond.*

bindmiddel 0.1 *binding agent* ⇒*thickener,* ⟨cul.⟩ *thickening.*

bindtouw, bindgaren 0.1 *string* ⇒*twine.*

bindvlies ⟨med.⟩ 0.1 *conjunctiva* ◆ **6.1** van/mbt. het ~ *conjunctival.*

bindweefsel ⟨med.⟩ 0.1 *connective tissue.*

bindwerk 0.1 [boek.; handeling; resultaat] *binding* 0.2 [het opbinden van bloemen] +*wreath and bouquet making* ⇒ *floristry.*

bingo 0.1 *bingo.*

bingoën 0.1 *play bingo.*

bink ⟨inf.⟩ 0.1 *hunk* ◆ **2.1** een stoere ~ *a real h., a h. of a man* **3.1** de ~ uithangen *show off, play the tough guy.*

binnen¹ ⟨bw.⟩ 0.1 *inside* →*in,* ⟨in huis ook⟩ *indoors* ◆ **3.1** ~ blijven *stay indoors;* hij is ~ ⟨mbt. geld⟩ *he's got it made* **5.1** daar ~ *inside, in there* **6.1 naar** ~ gaan *go in/inside, enter;* ⟨inf.⟩ iets **naar** ~ slaan *bolt (down) sth.;* ⟨schrokken⟩ *wolf sth. down; knock back* ⟨borrel⟩; de deur gaat **naar** ~ open *the door opens inwards;* zich iets **te** ~ brengen *recall sth.;* het wil me niet **te** ~ schieten *I can't bring it to mind;* **van** ~ *(on the) inside* ¶.1 '~!' ⟨na kloppen⟩ *come in!*

binnen² ⟨vz.⟩ 0.1 [mbt. een ruimte] *inside, within* 0.2 [in minder tijd dan] *within* ⇒*inside (of)* ◆ **1.1** het ligt ~ mijn bereik ⟨ook fig.⟩ *it is w. my reach* **1.2** ~ een uur ben ik bij je *I'll be with you w. an hour.*

binnenbaan ⟨sport⟩ 0.1 [baan het dichtst bij het midden] *inside lane* 0.2 [overdekte baan] *indoor track;* ⟨tennis⟩ *indoor court.*

binnenbad 0.1 *indoor (swimming) pool.*

binnenband 0.1 *(inner) tube.*

binnenbekleding 0.1 *lining.*

binnenbocht 0.1 *inside bend; convex bank* ⟨van rivier⟩.

binnenbrand 0.1 *domestic/indoor fire.*

binnenbrengen 0.1 *bring in* ⇒*take/carry in* ◆ **1.1** het hooi ~ *gather in the hay.*

binnendijk 0.1 [niet meer aan het water gelegen] *inner dike* 0.2 [langs een binnenwater] *embankment.*

binnendijks 0.1 *(lying/situated) inside the dike(s)* ◆ **3.1** ~ gelegen gronden *land behind the dike(s).*

binnendoor ◆ **3.**¶~ gaan/rijden/lopen *take a back road;* loop maar even - *go through the house.*

binnendragen 0.1 *carry in(to).*

binnendringen 0.1 *penetrate (into)* ⇒*enter,* ⟨gewelddadig⟩ *break in(to),* ⟨gewelddadig⟩ *force one's way in(to)* ◆ **1.1** de menigte drong het gebouw binnen *the crowd forced its way into the building;* een land ~ *invade a country.*

binnendruppelen 0.1 ⟨ook fig.⟩ *trickle in(to)* ◆ **3.1** de bezoekers kwamen de zaal ~ *the audience came trickling into the auditorium.*

binnengaan 0.1 *enter* ⇒*go/walk in(to).*

binnengaats ⟨scheep.⟩ 0.1 *in port/the harbour* ◆ **3.1** ~ brengen *take/bring in.*

binnenglippen 0.1 *slip in(to).*

binnenhalen 0.1 [binnenbrengen, ook fig.] *get/bring/fetch in* ⇒*land* ⟨grote vis, belangrijke order⟩ 0.2 [aan boord halen] *pull/draw/haul in* ⟨netten⟩ ◆ **1.1** de oogst ~ *bring/gather in the harvest;* de was ~ *fetch/bring in the washing.*

binnenhaven 0.1 *inland harbour/* ⟨stad⟩ *port* ⇒⟨itt. buiten-haven⟩ *inner harbour.*

binnenhoek 0.1 *inner/inside corner.*

binnenhof 0.1 [binnenplaats] *(inner) court(yard).*

Binnenhof 0.1 [met bep. lidw.; gebouw] *the Binnenhof;* ⟨Ned. Parlement⟩ *the Dutch Parliament.*

binnenhouden 0.1 [binnenshuis houden] *keep in(doors)* 0.2 [niet uitspreken] *keep in/down* ◆ **1.**¶ zijn eten ~ *keep one's food down.*

binnenhuisarchitect 0.1 *interior designer (and decorator).*

binnenin 0.1 *inside* ◆ **3.1** de doos is ~ bekleed *the box is lined on the inside.*

binnenkant 0.1 *inside* ⇒*interior* ◆ **6.1 aan** de ~ op slot *locked on the inside.*

binnenkomen 0.1 [in een ruimte komen] *come/walk in(to)* ⇒*enter,* ⟨trein ook⟩ *arrive* 0.2 [in de haven komen] *come in(to)* ⇒*arrive* ◆ **1.1** ⟨fig.⟩ het geld komt van alle kanten binnen *money is coming in from all over the place;* de trein moet over een half uur ~ *the train is due (to arrive) in half an hour* **5.1** zij mocht niet ~ *she was not allowed (to come) in.*

binnenkomertje ⟨inf.⟩ 0.1 [aanloopje tot het eigenlijke onderwerp] *introduction* ⇒*introductory remarks* 0.2 [grappige introductie] *introductory/warming-up spiel* ⇒ *(comic) intro.*

binnenkomst 0.1 *entry* ⇒*entrance,* ⟨mbt. goederen/schepen/treinen⟩ *arrival,* ⟨mbt. geld/brief⟩ *receipt.*

binnenkort 0.1 *soon* ⇒*shortly, before (very) long* ◆ **3.1** zij wordt ~ zestig *she'll be sixty soon.*

binnenkrijgen 0.1 [in de maag krijgen] *get down* ⇒*swallow* 0.2 [ontvangen] *get* ⇒*obtain* ◆ **1.1** water ~ *swallow water* ⟨zwemmer⟩; *ship water* ⟨schip⟩.

binnenkruipen 0.1 *crawl/creep in(to).*

binnenland 0.1 [het inwendige v.e. land] *interior* ⇒*inland* 0.2 [land binnen de grenzen] *home* ◆ **1.1** de ~ van Afrika *the interior of Africa* **1.2** gasten uit binnen- en buitenland *guests from h. and abroad.*

binnenlands 0.1 *home* ⇒*internal, domestic* ◆ **1.1** ~ nieuws *h./national news;* ~e posttarieven *inland/domestic postal charges.*

binnenlaten 0.1 *let in(to)* ⇒*admit (to),* ⟨naar binnen geleiden ook⟩ *show/usher in(to).*

binnenlijn 〈com.〉 **0.1** *house line* ⇒*inside line.*
binnenlokken 0.1 *lure in(to).*
binnenloodsen 0.1 [scheep.] *pilot into port* **0.2** [fig.] *sneak in(to).*
binnenlopen 0.1 [ruimte inlopen] *go/walk in(to)* **0.2** [ruimte invloeien] *run in(to)* ⇒*pour in(to),* 〈langzaam〉 *seep in(to)* **0.3** [scheep.] *put in (at)* ◆ **1.1** de trein kwam het station ~ *the train drew into the station.*
binnenmarkt 0.1 *internal market* ⇒*single market.*
binnenmuur 0.1 *interior/inside wall.*
binnenoor 0.1 *inner ear.*
binnenopname 0.1 〈geluidsopname〉 *indoor/studio recording;* 〈foto〉 *indoor shot/photo(graph);* 〈film.〉 *indoor filming/shooting, indoor shot.*
binnenpagina 0.1 *inside page.*
binnenplaats 0.1 *(inner) court(yard)* ⇒*yard* 〈van fabriek〉.
binnenpretje 0.1 *private joke* ◆ **3.1** ~s hebben *chuckle to o.s., be secretly amused.*
binnenrijden 0.1 *draw/pull in* 〈trein〉; *drive in* 〈auto〉; *ride in* 〈ruiter〉.
binnenroepen 0.1 *call in(to).*
binnenscheepvaart 0.1 *inland navigation* ⇒〈bedrijfstak ook〉 *inland shipping.*
binnenschip 0.1 *inland/canal boat/barge;* 〈mv. ook〉 *inland/river craft.*
binnenschipper 0.1 *barge master.*
binnenschrijden 〈schr.〉 **0.1** *stride in(to).*
binnenshuis 0.1 *indoors* ⇒*inside, within doors* ◆ **1.1** samenscholingen ~ *indoor assembly.*
binnenskamers 0.1 *in the room;* 〈fig.〉 *privately, in private* ◆ **3.1** iets ~ houden *keep sth. private.*
binnenslands 0.1 *in the country* ⇒*at home.*
binnenslepen 0.1 *drag in(to).*
binnensluipen 0.1 *slip/creep in(to)* ⇒〈in het geniep〉 *sneak/steal in(to).*
binnensmokkelen 0.1 *smuggle in(to)* ◆ **1.1** wapens ~ in Ierland *smuggle/run arms into Ireland.*
binnensmonds 0.1 *inarticulately* ⇒*indistinctly,* 〈inf.〉 *under one's breath* ◆ **3.1** ~ praten *speak indistinctly, mumble;* ~ vloeken *swear under one's breath.*
binnensport 0.1 *indoor sport.*
binnenst 0.1 *in(ner) most.*
binnenstad 0.1 *town centre* ⇒*city centre* 〈van grote stad〉, *inner city* 〈vnl. armoedig〉.
binnenstappen 0.1 *walk (right) in(to)* ⇒*march in(to).*
binnenste 0.1 [het meest naar binnen gelegen deel] *inside* ⇒ *in(ner)most/inner part* **0.2** [gemoed, hart, geweten] *heart (of hearts)* ⇒*soul (of souls), inner self* ◆ **3.1** het ~ buiten keren *turn (everything) inside out;* 〈fig. ook〉 *turn the place upside down* **6.2** in zijn ~ had hij er spijt van *deep down (in his heart)/in his h. (of hearts) he regretted it.*
binnenstebuiten 0.1 *inside out* ⇒*wrong side out* ◆ **3.1** keer uw tas ~! *turn out your handbag!;* iets ~ keren *turn sth. inside out.*
binnenstormen, binnenstuiven 0.1 *storm in(to)* ⇒*tear/ rush/barge in(to).*
binnenstromen 0.1 〈ook fig.〉 *stream in(to)* ⇒*pour/flow in(to),* 〈krachtig ook〉 *rush/surge in(to)* ◆ **3.1** 〈fig.〉 het geld bleef ~ *the money kept pouring/rolling in.*
binnentreden 〈schr.〉 **0.1** *enter.*
binnentrekken 0.1 *march in(to)* ⇒*enter.*
binnenvaart 0.1 *inland navigation* ⇒〈bedrijfstak ook〉 *inland shipping.*
binnenvallen 0.1 *burst in(to)* ⇒*barge in(to), invade* 〈land〉 ◆ **3.1** bij iem. komen ~ *descend on s.o.*

binnenveld 〈honkbal〉 **0.1** *infield.*
binnenvelder 〈honkbal〉 **0.1** *infielder.*
binnenvering 0.1 *interior/inner spring.*
binnenverlichting 0.1 *interior light(ing).*
binnenvetter 0.1 *introvert* ◆ **3.1** hij is een ~ *he is a worrier, he keeps his feelings bottled up.*
binnenvliegen 0.1 〈ook fig.〉 *fly in(to).*
binnenwaarts I 〈bw.〉 **0.1** [naar binnen] *in(wards)* ◆ **3.1** de voeten ~ gekeerd *the feet turned inward(s);* **II** 〈bn.〉 **0.1** [naar binnen gericht] *inward.*
binnenwater 0.1 [rivier, kanaal] *inland waterway* ⇒*canal, river* **0.2** [polderwater] *polder water.*
binnenweg 0.1 *by-road* ⇒〈kortere weg〉 *short cut.*
binnenwerk 0.1 [werk binnenshuis] *indoor work* **0.2** [werk aan de binnenkant v.e. gebouw] *inside/interior work* **0.3** [inwendige delen] *mechanism* ⇒*works* 〈horloge〉 **0.4** [binnenbekleding] *lining* ⇒*inside/interior work* 〈auto〉.
binnenwippen 0.1 *drop in/by* ⇒*pop/nip in* ◆ **6.1** bij iem.~ *drop/pop in on s.o.*
binnenzak 0.1 *inside pocket.*
binnenzee 0.1 *inland sea.*
binnenzijde 0.1 *inside* ◆ **6.1** aan de ~ *on the i.*
bint 0.1 [balk] *beam* ⇒〈vloer-/plafondbalk〉 *joist,* 〈horizontale balk onder dakspanten〉 *tie/hammer beam,* 〈horizontale balk onder dakspanten〉 *ba(u)lk,* 〈schuine dakbalk〉 *rafter* **0.2** [spant] *truss.*
bintje 0.1 〈early summer potato〉.
biobak 0.1 *compost bin.*
biochemicus 0.1 *biochemist.*
biochemie 0.1 *biochemistry.*
bio-energetica 〈biol.〉 **0.1** *bioenergetics.*
biogas 0.1 *biogas.*
biograaf, -grafe 0.1 *biographer.*
biografie 0.1 *biography* ◆ **1.1** een ~ van Beethoven *a b. of Beethoven.*
biografisch 0.1 *biographic(al)* ◆ **1.1** ~ woordenboek *a b. dictionary, a 'who's who?'.*
bio-industrie 0.1 *factory farming* 〈veehouderij〉 ⇒*agribusiness* 〈industrietak〉.
biologeren 0.1 *mesmerize* ⇒*bewitch.*
biologie 0.1 *biology.*
biologisch 0.1 [mbt. de biologie; dmv. organische reacties] *biological* **0.2** [zonder chemicaliën] *biological* ⇒*organic* ◆ **1.1** ~e oorlogvoering *b./germ warfare;* ~ potentieel *biotic potential;* ~e preparaten *microscope slides* **2.1** ~ afbreekbaar *biodegradable* **3.2** ~ tuinieren *organic gardening.*
biologisch-dynamisch 〈landb.〉 **0.1** *biodynamic.*
bioloog, -loge 0.1 *biologist.*
biopsie 0.1 *biopsy.*
bioritme 0.1 *biorhythm.*
bios 〈kind.〉 **0.1** *flicks* ⇒*pictures.*
bioscoop 0.1 *cinema* ◆ **3.1** 〈inf.〉 een ~ je pikken *go to the pictures.*
bioscoopbon 0.1 *film voucher.*
bioscoopfilm 0.1 *(cinema)film.*
bioscoopreclame 0.1 *cinema advertising.*
biotechniek 〈biol., tech.〉 **0.1** *bionics.*
biotechnologie 〈biol., tech.〉 **0.1** *bioengineering* ⇒*biotechnology.*
biotoop 〈biol.〉 **0.1** *biotope.*
bips 〈kind.〉 **0.1** *bottom.*
Birma 0.1 *Burma.*
Birmaans 0.1 *Burmese.*
bis[1] 〈bw.〉 **0.1** [nog eens] *(once) again* ⇒*once more* **0.2** [na een telw.] *b* ◆ **7.2** artikel 65 ~ *section 65b.*

bis² ⟨tw.⟩ **0.1** *encore.*
bisamrat 0.1 *muskrat.*
biscuit 0.1 ᴮ*biscuit,* ᴬ*cookie.*
bisdom 0.1 *diocese* ⇒*bishopric.*
biseks →**biseksueel.**
biseksualiteit 0.1 *bisexuality.*
biseksueel 0.1 *bisexual.*
biskwietje 0.1 ᴮ*biscuit,* ᴬ*cookie.*
bisschop 0.1 *bishop* ⇒⟨verz.n. ook⟩ *episcopacy, episcopate.*
bisschoppelijk 0.1 *episcopal* ⇒*pontifical* ⟨mis⟩ ◆ **1.1** de ~e waardigheid *the episcopacy.*
bisschopsambt 0.1 *episcopacy* ⇒*episcopate, bishopric.*
bisschopsstaf 0.1 *(bishop's) crosier/zier* ⇒*crook.*
bisschopswijn 0.1 *mulled/spiced wine.*
bissectrice ⟨wisk.⟩ **0.1** *bisector.*
bistro 0.1 *bistro.*
bit I ⟨het⟩ **0.1** [mondstuk] *bit;*
II ⟨de⟩ **0.1** [comp.] *bit.*
bits 0.1 *snappish* ⇒*short(-spoken/-tempered)* ◆ **3.1** ~ antwoorden ⟨ook⟩ *answer sharply.*
bitsheid 0.1 *snappishness.*
bitter¹ ⟨het, de⟩ **0.1** [jenever] *(gin and) bitters* **0.2** [aromatisch extract] *essence* ◆ **3.1** een ~tje drinken *have a glass of (gin and) b.*
bitter² I ⟨bn.⟩ **0.1** [smaakgewaarwording] *bitter* **0.2** [bijtend] *bitter* **0.3** [zwaar te dragen] *bitter* **0.4** [scherp] *bitter* ⇒*acrid* **0.5** [gegriefd] *bitter* ⇒*sour* ◆ **1.1** ⟨fig.⟩ een ~e nasmaak hebben *leave a b. taste (in the mouth)* **1.2** - e kou *b. cold* **1.3** ~ e armoede *dire/grinding poverty;* doorgaan tot het ~e einde *go on to the b. end* **1.4** ~e spot *sarcasm* **1.5** ~e tranen wenen *cry bitter/salt tears* **3.5** ~ zei hij …*bitterly he said …;*
II ⟨bw.⟩ **0.1** [zeer] *extremely* ⇒*awfully* ◆ **2.1** ~ koud *bitterly cold;* ~ weinig *precious little.*
bitterbal 0.1 ⟨*type of croquette served as an appetizer*⟩.
bittergarnituur 0.1 *(assorted) appetizers.*
bitterheid 0.1 *bitterness.*
bitterkoekje 0.1 *(bitter) macaroon.*
bitterzoet¹ ⟨het⟩ ⟨plantk.⟩ **0.1** *bittersweet.*
bitterzoet² ⟨bn.⟩ **0.1** *bittersweet.*
bitumen 0.1 *bitumen.*
bitumineus 0.1 *bituminous* ◆ **1.1** bitumineuze bouwstoffen *b. materials.*
bivak 0.1 *bivouac* ◆ **3.1** ergens zijn ~ opslaan ⟨fig.⟩ *pitch one's tent somewhere.*
bivakkeren 0.1 [de nacht in de open lucht doorbrengen] *bivouac* **0.2** [voor korte tijd gevestigd zijn] *lodge* ⇒*stay* ◆ **6.2** hij heeft een tijdje **bij** ons gebivakkeerd *we put him up for a while.*
bivakmuts 0.1 *balaclava.*
bizar 0.1 *bizarre.*
bizon 0.1 *bison* ◆ **2.1** de Amerikaanse ~ *the buffalo;* de Europese ~ *the (European) b.*
blaadje 0.1 [klein blad] *leaf(let)* ⇒⟨papier⟩ *sheet/piece (of paper),* ⟨krant⟩ *paper,* ⟨dienblad⟩ *tray* **0.2** [plantk.]⟨van samengesteld blad⟩ *leaflet,*⟨bloem⟩ *petal* ◆ **2.¶** bij iem. in een goed ~ staan *be in s.o.'s good books.*
blaag 0.1 *brat.*
blaam 0.1 [afkeuring] *blame* **0.2** [smet] *slur, blot, stain* ⟨op iemands eer, goede naam⟩ ◆ **2.2** iem. van alle ~ zuiveren *clear/exonerate s.o.* **3.2** een ~ werpen op *cast a slur on* **7.1** hem treft geen ~ *he is not to blame.*
blaar 0.1 *blister* ◆ **3.1** een ~ doorprikken *prick a b.;*⟨fig.⟩ er komen blaren op de verf *blisters are beginning to appear on the paint* **6.1** hij kreeg door het roeien blaren **in/op** zijn handen *rowing raised blisters on his hands.*

blaarkop 0.1 *cow with a blaze* ⇒*cattle* ⟨mv.⟩ *with a blaze.*
blaas 0.1 [biol.] *bladder* ⇒*cyst* **0.2** [met gas gevulde holte] *bubble* **0.3** [blaar] *blister* ◆ **6.1** kou op de ~ *chill on the b.* **6.2** blazen in gegoten voorwerpen *bubbles in cast objects.*
blaasbalg 0.1 *(pair of) bellows.*
blaasinstrument 0.1 *wind instrument.*
blaasjeskruid 0.1 *bladderwort.*
blaaskaak 0.1 *bighead.*
blaaskwartet 0.1 *wind quartet.*
blaasmuziek 0.1 *music for wind instruments.*
blaasontsteking 0.1 *bladder infection* ⇒*cystitis.*
blaasorkest 0.1 *wind orchestra* ⇒⟨alleen koper⟩ *brass band.*
blaaspijp 0.1 [meestal -je; verkeer] *breathalyser* **0.2** [pijp om lucht door te blazen] *blowpipe* ⟨ook van glasblazer⟩.
blaasproef 0.1 *breathalyser test, breath test.*
blabla 0.1 [hol gepraat] *blah(-blah)* **0.2** [drukte om niets] *fuss.*
blackjack 0.1 *blackjack.*
blad 0.1 [plantk.] *leaf* ⇒*petal* ⟨bloem⟩ **0.2** [dienblad] *tray* **0.3** [vel papier] *sheet* ⇒*leaf, page* ⟨in boek⟩ **0.4** [krant] *(news)paper;*⟨tijdschrift⟩ *magazine* **0.5** [plat, breed (deel v.e.) voorwerp] *sheet* ⇒*top* ⟨tafel⟩, *leaf* ⟨uittrek-/inlegblad⟩, *blade* ⟨zaag, gras⟩ **0.6** [tandwiel] *sprocket (wheel)* ⟨van sportfiets⟩ ◆ **1.5** het ~ v.e. tafel *the top of a table, a tabletop* **2.3** zij is een onbeschreven ~ *she's young and innocent;* een onbeschreven ~ zijn ⟨ook⟩ *be an unknown quality* **3.¶** geen ~ voor de mond nemen *not mince one's words* **6.3** van het ~ zingen/spelen *sight-read* **8.1** hij is omgedraaid als een ~ aan een boom *he's changed/turned like a l. on a tree.*
bladaarde, bladgrond 0.1 *leaf mould.*
bladder 0.1 *blister* ⇒*bubble.*
bladderen 0.1 *blister* ⟨van verf⟩ ⇒*bubble,* ⟨losraken⟩ *flake,* ⟨losraken⟩ *peel.*
bladderig 0.1 *blistering* ⇒*bubbly,* ⟨losrakend⟩ *flaky.*
bladenman 0.1 *(news)paper boy/man.*
bladerdak 0.1 *(roof of) foliage* ◆ **2.1** een dicht ~ a *(roof of) dense foliage.*
bladerdeeg 0.1 *puff pastry/paste.*
bladeren 0.1 *thumb* ⇒*leaf* ◆ **6.1** in een boek ~ *t./leaf through a book.*
bladgoud 0.1 *gold leaf/foil.*
bladgroen ⟨plantk.⟩ **0.1** *chlorophyll.*
bladgroente 0.1 *leaf(y) vegetable(s)* ⇒*green vegetable(s).*
bladgrond →**bladaarde.**
bladluis 0.1 *plant louse* ⇒*aphid.*
bladmetaal 0.1 *sheet metal* ⇒⟨zeer dun⟩ *foil,* ⟨edelmetaal⟩ *leaf metal.*
bladmotief 0.1 *leaf pattern* ⇒*ornamental leaf.*
bladmuziek 0.1 *sheet music.*
bladplant 0.1 *foliage plant.*
bladselderie 0.1 *celery.*
bladspiegel ⟨boek.⟩ **0.1** *type page.*
bladsteel, -stengel ⟨plantk.⟩ **0.1** *leaf stalk.*
bladstil 0.1 *dead calm* ◆ **3.1** het was ~ *not a leaf stirred, it was dead calm.*
bladvorm 0.1 *shape of a leaf.*
bladvulling 0.1 *filler.*
bladwijzer 0.1 *bookmark(er).*
bladzijde 0.1 *page* ◆ **3.1** een ~ omslaan *turn a p.* **6.1** ik sloeg het boek open **op** ~ 58 *I opened the book at p. 58.*
blaffen 0.1 [mbt. honden] *bark* **0.2** [hard hoesten] *cough* **0.3** [tekeergaan] *bark (at)* ⇒*snap (at).*
blaffer 0.1 [sl.; revolver] *piece* **0.2** [hond] *barker* ⇒*yelper.*

blafhoest 0.1 *barking cough.*

blaken 0.1 [gloeiende hitte afgeven] *burn* ⇒*blaze* ⟨van zon⟩, ⟨schroeien⟩ *scorch* **0.2** [mbt. personen] *burn (with)* ⇒*glow (with)* ◆ **1.1** ~de hitte *scorching heat;* de zon blaakt *the sun is blazing down* **6.2** ~ van gezondheid *glow with health.*

blaker 0.1 *sconce.*

blakeren 0.1 *scorch* ⇒*burn* ◆ **1.1** (zwart) geblakerde muren *blackened walls.*

blamage 0.1 *disgrace.*

blameren 0.1 *blame* ⇒⟨te schande maken⟩ *discredit,* ⟨te schande maken⟩ *disgrace* ◆ **4.1** zich ~ *disgrace o.s., lose face.*

blancheren 0.1 *blanch.*

blanco 0.1 *blank* ◆ **1.1** een ~ stem *an abstention* **3.1** ~ stemmen *abstain from voting, turn in a b. ballot* **6.1** in ~ verkopen/kopen *sell/buy short.*

blancovolmacht 0.1 *blank power of attorney* ⇒⟨fig.⟩ *free hand, carte blanche.*

blank 0.1 [licht gekleurd, ongekleurd] *white* **0.2** [onbeschreven, onbedrukt] *blank* **0.3** [zuiver] *pure* **0.4** [onder water] *flooded* ◆ **1.1** het ~e duin *the w. dune;* ~ hout *natural wood;* het ~e ras *the w. race* **3.4** de kelder staat ~ *the cellar is f.* **3.¶** koperwerk ~ schuren *polish brassware ¶.¶** ⟨sport⟩ weggaan op 1.50 ~ *aim for 1.50 flat.*

blanke 0.1 *white (man/woman)* ◆ **¶.1** de ~n *the whites.*

blankheid 0.1 *whiteness* ⇒⟨mbt. huid ook⟩ *fairness.*

blankhouten 0.1 *whitewood.*

blasé 0.1 *blasé.*

blasfemie 0.1 *blasphemy.*

blaten 0.1 *bleat.*

blauw 0.1 [kleur, tint]⟨bn. en zn.⟩ *blue* **0.2** [donkerkleurig] *blue* ⇒*black, dark* ◆ **1.1** onder de ~e hemel slapen *sleep (out) in the open* **1.2** ~e kringen onder de ogen *dark rings under one's eyes;* iem. een ~ oog slaan *give s.o. a black eye;* een ~e plek a *bruise* **2.2** iem. bont en ~ slaan *beat s.o. black and blue* **3.2** de kamer stond ~ (v.d. rook) *the room was blue with smoke* **6.1** in het ~ gekleed *dressed in b.* **6.2** ~ van de kou *blue with cold.*

blauwachtig 0.1 *bluish.*

blauwbaard 0.1 *bluebeard.*

blauwbekken 0.1 *stand in the cold.*

blauwblauw ◆ **3.¶** iets (maar) ~ laten *let the matter rest.*

blauwdruk 0.1 *blueprint.*

blauwfilter ⟨foto.⟩ **0.1** *blue filter.*

blauwgrijs 0.1 *bluish grey/^gray* ⇒⟨donker; ook⟩ *slate grey,* ⟨licht; ook⟩ *battleship grey.*

blauwhelm 0.1 *blue helmet.*

blauwkous 0.1 *bluestocking.*

blauwsel 0.1 [poeder tegen vergelen] *blue* ⇒*blu(e)ing* **0.2** [blauwe kleurstof] *blue.*

blauwtje ◆ **3.¶** een ~ lopen *be turned down.*

blauwzuur 0.1 *hydrocyanic/prussic acid.*

blazen I ⟨onov.ww.⟩ **0.1** [krachtig uitademen] *blow* **0.2** [mbt. de wind] *blow* **0.3** [mbt. dieren] *blow* ⇒*snort* **0.4** [muz.] *blow* ⇒*sound* **0.5** [in het blaaspijpje blazen] *breathe into a breathalyser* ◆ **1.3** katten ~ als ze kwaad zijn *cats hiss when they are angry* **6.4 op** de trompet/de fluit/het fluitje/de hoorn ~ *sound the trumpet, play the flute, b. the whistle, play the horn;*
II ⟨ov.ww.⟩ **0.1** [laten horen] *blow* ⇒*sound* **0.2** [verwijderen door blazen] *blow* **0.3** [door blazen vervaardigd] *blow* ◆ **1.3** bellen ~ *b. bubbles* **3.¶** het is oppassen geblazen *we/you need to watch out* **6.2** stof **van** de tafel ~ *b. dust off/from the table.*

blazer¹ ⟨de⟩ **0.1** [iem. die een blaasinstrument bespeelt] *player of a wind instrument* ◆ **1.1** de ~s v.h. orkest *the wind section of the orchestra.*

blazer² ⟨de⟩⟨Eng.⟩ **0.1** [kort jasje] *blazer.*

blazoen 0.1 *blazon.*

bleek¹ ⟨de⟩ **0.1** [grasveld] *bleach(ing) ground/field/green* **0.2** [linnengoed] *washing* **0.3** [bleekwateroplossing] *bleach* **0.4** [het bleken van linnengoed] *bleach(ing).*

bleek² ⟨bn.⟩ **0.1** [mbt. personen] *pale* ⇒⟨vnl. ziekelijk⟩ *wan* **0.2** [zeer licht van kleur] *pale* ⇒*white* **0.3** [mat, flauw] *pale* ⇒*dim* ◆ **1.1** bleke wangen *p. cheeks* **1.2** ~ goud *white gold* **1.3** het bleke maanlicht *the p. moonlight* **3.1** ~ worden ⟨mbt. kleuren⟩ *fade;* ~ zien *look p./wan.*

bleekgezicht 0.1 *paleface.*

bleekheid 0.1 *paleness* ⇒⟨ihb. ziekelijke/onnatuurlijke kleur⟩ *pallor.*

bleekjes 0.1 [witjes] *palish* **0.2** [zwak] *weakish* ◆ **3.1** er ~ uitzien *look rather pale.*

bleekmiddel 0.1 *bleach* ⇒*bleaching agent.*

bleekneus 0.1 *pale person* ⇒*delicate/sickly-looking person.*

bleekscheet ⟨inf.; bel.⟩ **0.1** *paleface.*

bleekselderij 0.1 *celery.*

bleekwater 0.1 *Javel(le) water* ⇒*bleaching agent.*

blei 0.1 *white bream.*

bleken 0.1 *bleach* ⇒⟨landb.⟩ *blanch* ◆ **1.1** lakens ~ *bleach sheets.*

blender 0.1 *blender.*

blèren 0.1 [mbt. personen] *squall* ⇒*bawl* **0.2** [mbt. schapen] *bleat.*

bles I ⟨de⟩ **0.1** [witte plek] *blaze* ⇒*star;*
II ⟨de (m.)⟩ **0.1** [paard] *blazed horse* ⇒*horse with a blaze.*

blesseren 0.1 *injure* ⇒*hurt, wound* ⟨vnl. in gevecht/oorlog⟩.

blessure 0.1 *injury.*

blessuretijd ⟨sport⟩ **0.1** *injury time.*

bleu 0.1 [verlegen] *timid* ⇒*bashful* **0.2** [blauw] *light blue.*

bliep 0.1 *bleep.*

blieven 0.1 [lusten] *like* **0.2** [wensen] *please* ◆ **1.1** ik blief geen oesters *I don't l. oysters* **4.2** wat blieft u? *I beg your pardon?;* wa(t) blief? *come again.*

blij I ⟨bn.⟩ **0.1** [verheugd] *glad, happy* ⇒*pleased* **0.2** [tot vreugde stemmend] *happy* ⇒*joyful, joyous* **0.3** [fris, lustig] *gay, merry* ◆ **1.2** ~de gebeurtenis *the h. event* **3.1** iem. met iets ~ maken *please s.o. with sth.;* ik ben ~ u te zien *I'm g./pleased to see you* **5.1** daar ben ik ~ om *I'm pleased about it;* ⟨inf.⟩ ~ toe! *thank heavens!* **6.1** ~ zijn **met** iets *be pleased with sth.;* ~ zijn **voor** iem. *be h. for s.o.* **8.1** zo ~ als een kind *(as) pleased as Punch;*
II ⟨bn., bw.⟩ **0.1** [vrolijk] *cheerful* ⇒*merry* ◆ **1.1** een ~ gezicht *a c. face* **3.1** ~ lachen *laugh merrily.*

blijdschap 0.1 *joy, gladness* ⇒*cheer(fulness), happiness* ◆ **6.1** haar hart klopte van ~ *her heart pounded with j.*

blijf-van-mijn-lijfhuis 0.1 ±*home for battered wives* ⇒ *women's shelter.*

blijheid 0.1 *gladness, joy* ⇒*(good) cheer, happiness* ◆ **1.1** vrijheid, ~ *it is a free country.*

blijk 0.1 ⟨teken⟩ *mark, token;* ⟨bewijs⟩ *evidence* ◆ **3.1** hij gaf ~ een gezond oordeel te bezitten *he displayed sound judgment* **6.1** een ~ **van** vertrouwen *a t. of confidence;* ~ geven **van** belangstelling *show one's interest;* ~en **van** instemming/afkeuring *signs/expressions of approval/disapproval.*

blijkbaar I ⟨bn., bw.⟩ **0.1** [duidelijk] *evident* ⇒*obvious, clear* ◆ **3.1** hij heeft ~ te veel van zichzelf gevraagd *he has obviously overtaxed himself;*

II ⟨bw.⟩ **0.1** [kennelijk] *apparently, evidently* ◆ **3.1** hij heeft ~ geen tijd *a. he has not got time.*

blijken 0.1 *prove* ⇒*turn out* ◆ **1.1** het bleek een trucje te zijn *it turned out/proved to be a trick* **3.1** doen ~ van *show, express;* laten ~ *show;* hij liet er niets van ~ *he gave no sign of it;* ik liet niet ~ dat ik het door had *I did not let on that I knew;* ze liet duidelijk ~ dat she made it (abundantly) *clear that ...;* dat moet nog ~ *that remains to be seen* **4.1** het bleek mij/hem dat ...*it became clear to me/him that* ... **8.1** uit dit alles blijkt, dat ...*all this goes to show that ...;* het zal spoedig ~ of hij geschikt is *we shall soon find out if he is suitable.*

blijkens 0.1 *according to, as appears/is evident from* ⇒ *(as) witness* ◆ **1.1** ~ oude oorkonden ...*old documents show* ...

blijmoedig 0.1 *cheerful* ⇒*merry* ◆ **3.1** ~ zijn kruis dragen *bear one's cross with (good) cheer.*

blijspel 0.1 *comedy.*

blijven I ⟨onov.ww.⟩ **0.1** [voortgaan te bestaan] *remain* **0.2** [niet veranderen] *remain (-ing)* ⇒*stay (on), continue/ keep (-ing)* **0.3** [niet verder gaan] *be* ⇒*keep* **0.4** [sterven] *perish, be left/remain behind* ◆ **1.1** vrienden ~ *r. friends* **1.2** twee commissieleden ~, de rest neemt ontslag *two committee members are staying on, the rest are resigning* **2.1** het blijft altijd gevaarlijk *it is always/will always be dangerous* **2.2** het antwoord schuldig ~ *have no answer* **3.2** ~ leven/logeren/eten/wonen *stay alive/the night/ for dinner/on (in the house);* ~ wachten/hopen *go on waiting/hoping;* ik blijf werken *I'll go/keep on working;* ~ zitten/liggen *r. sitting/lying* **3.3** ~ staan ⟨stoppen⟩ *stand still, stop;* ⟨overeind blijven⟩ *remain standing;* ~ steken *get stuck;* ⟨onderhandelingen bv. ook⟩ *reach a stalemate;* het wil niet ~ zitten/op zijn plaats ~ *it won't stay put/in its place* **4.3** waar blijf je toch? *what's keeping you?;* waar blijf je nou met je bewijzen? *so where is your evidence?;* ⟨bij weerlegging⟩ *so much for all your evidence;* waar zijn wij gebleven? *where were we?;* waar is mijn portemonnee gebleven? *where has my purse got to?;* waar blijft het geld? *where does the money go?* **5.2** en daar blijft het bij! *and that's final!;* en daarbij bleef het *and that was it, and that ended the matter;* ik blijf erbij, dat ...*I still think that* ... **5.3** achterwege ~ ⟨niet geschieden⟩ *not happen;* ik blijf daarbuiten *I'll keep out of that;* blijf maar! *don't bother, I'll take/do it!* **6.2** blijft u even **aan** de lijn? *hold the line, please;* **bij** iets ~ *stick to sth.;* het bleef **bij** plannen *it never got beyond the planning stage;* blijf **bij** de reling vandaan *keep clear of the railings;* **bij** de tijd ~ *keep up with the times;* hij blijft **bij** zijn weigering *he persists in his refusal;* laat dit **onder** ons ~ *let this go no further;* je moet **op** het voetpad ~ *you have to keep to the footpath* **6.3** blijf **van** mijn lijf *keep your hands to yourself* **6.4** ergens **in** ~ *die, choke;* ⟨fig.⟩ *die (laughing/with fright* ⟨enz.⟩ *);* hij is **op** zee gebleven *he died at sea;*

II ⟨kww.⟩ **0.1** [niet ophouden te zijn] *remain* ⇒*stay* ◆ **1.1** het blijft de vraag of ...*the question remains whether* ... **2.1** beleefd ~ *r. polite;* ernstig/rustig ~ *r. serious, keep quiet;* deze appel blijft lang goed *this apple keeps well;* jong ~ *stay young;* het weer blijft mooi *the fine weather is holding.*

blijvend 0.1 *lasting* ⟨vrede, vriendschap⟩; ⟨waarde/herinnering ook⟩ *enduring; permanent* ⟨maatregel⟩ ⇒⟨duurzaam⟩ *durable* ◆ **1.1** van ~e aard *(of a) permanent (character);* een ~ e herinnering *a lasting/an abiding memory;* ~ invalide *crippled for life.*

blijver 0.1 [iem. die op dezelfde plaats blijft] *stayer* **0.2** [wat

in leven blijft] *s.o. who will live long* ◆ **3.2** dat kind is geen ~tje *the child is not long for this world.*

blik I ⟨de⟩ **0.1** [oogopslag] *look* ⇒⟨vluchtig⟩ *glance* **0.2** [uitdrukking] *look (in one's eyes)* ⇒*expression* **0.3** [vermogen om te zien] *eye(sight)* **0.4** [visie] *view* ⇒*outlook* ◆ **1.2** een ~ van verstandhouding *a knowing l./glance* **2.1** een vluchtige ~ werpen in/op iets *take a quick glance/l. at sth.* **2.3** een geoefende/scherpe ~ *a trained/sharp eye* **2.4** iem. met een brede/ruime ~ *s.o. with a broad outlook;* iem. met een vooruitziende ~ *a man/woman of foresight* **6.1** iem. **met** geen ~ verwaardigen *not deign to look at s.o.;*

II ⟨het⟩ **0.1** [plaatstaal] *tin(plate)* **0.2** [doos, bus] ᴮ*tin* ⟨voor conserven⟩ ⇒⟨trommel⟩ *tin, can* ⟨voor bier⟩, *canister* ⟨met deksel⟩ **0.3** [voorwerp om vuil op te vegen] *dustpan* ◆ **1.2** een ~ koekjes *a t. of biscuits* **6.1** in ~ *tinned.*

blikachtig 0.1 *tinny.*

blikconserven 0.1 ᴮ*tinned food.*

blikgroente 0.1 ᴮ*tinned vegetables.*

blikken¹ ⟨bn.⟩ **0.1** *tin* ◆ **1.1** ~ doosjes *t. boxes/canisters.*

blikken² ⟨ww.⟩ ◆ **3.¶** zonder ~ of blozen ⟨fig.⟩ *without batting an eyelid;*

II ⟨onov.ww.⟩⟨schr.⟩ **0.1** [kijken] *look* ⇒*cast an eye* ◆ **6.1** ~ **op/naar** *l. (down) on/at.*

blikkeren 0.1 *flash* ⇒*gleam.*

blikkerig 0.1 *tinny.*

blikopener 0.1 ᴮ*tin opener.*

blikschade 0.1 *damage to the bodywork* ◆ **3.1** er was alleen wat ~ *the car was only slightly dented.*

bliksem 0.1 [meteo.] *lightning* **0.2** [krachtterm] *deuce, devil* **0.3** [kerel, vent] *devil* **0.4** [+ geen] *damn(-all)* **0.5** [ondergang] *(rack and) ruin* ◆ **2.3** een arme ~ *a poor d.* **2.¶** ⟨inf.⟩ er als de gesmeerde ~ vandoor gaan *take off like greased lightning/like a bat out of hell;* hete ~ ⟨stoofgerecht van appelen en aardappelen⟩ *apples and potatoes served hot)* **3.1** als door de ~ getroffen *thunderstruck;* de ~ slaat in *l. strikes* **6.5** loop **naar** de ~ *go to hell;* **naar** de ~ gaan *go to pot;* wéér 1000 gulden **naar** de ~ *another 1000 guilders down the drain* **7.4** het interesseert hem geen ~ *he doesn't give/care a damn* **8.¶** als de ~ *on the double.*

bliksemactie 0.1 *hit-and-run operation, lightning operation/action/raid.*

bliksemafleider 0.1 [staaf] *lightning conductor* **0.2** [persoon] *lightning rod* ⇒*whipping-boy.*

bliksembezoek 0.1 *lightning visit.*

bliksemcarrière 0.1 *lightning career* ⇒*rapid/meteoric rise* ◆ **3.1** een ~ maken *rise rapidly.*

bliksemen I ⟨onov.ww.⟩ **0.1** [vuur schieten] *flash* ⇒*blaze* ◆ **1.1** ~de ogen *flashing eyes;*

II ⟨onpers.ww.⟩ **0.1** [lichten] ⟨zie 4.1⟩ ◆ **4.1** het heeft de hele nacht gebliksemd *there were flashes of lightning all night.*

bliksemflits 0.1 *(flash of) lightning, thunderbolt.*

bliksemslag 0.1 *stroke/bolt of lightning.*

bliksems I ⟨bn.⟩ **0.1** [zeer onedeugend] *devilish, infernal* ⇒ *damned, darned* ◆ **1.1** een stel ~e jongens *a bunch of little devils* **1.¶** de hele ~e boel *the whole lot;*

II ⟨bw.⟩ **0.1** [zeer] *damn(ed), dashed* ◆ **2.1** je weet ~ goed dat ...*you know damn(ed) well that* ...

bliksemschade 0.1 *damage caused by lightning.*

bliksemschicht 0.1 *thunderbolt* ⇒*flash/stroke/bolt of lightning.*

bliksemsnel 0.1 ⟨bn.⟩ *lightning;* ⟨bw.⟩ *at/with lightning speed* ⇒*quick as lightning, like greased lightning.*

bliksemstraal 0.1 [bliksemschicht] ⟨ook fig.⟩ *thunderbolt* ⇒ *flash/stroke/bolt of lightning* **0.2** [deugniet] *(little) devil/ rascal* ⇒*blighter.*

blikskaters 0.1 *damn!, hell('s bells)!, the devil!, what the deuce!*

blikslager 0.1 *tinsmith.*

blikvanger 0.1 *eye-catcher* ⇒*attention-getter.*

blikveld 0.1 *field of vision* ⇒*visual field,* ⟨fig.⟩ *horizon,* ⟨fig.⟩ *perspective.*

blikverruiming 0.1 *broadening/widening of one's out-look/horizon(s).*

blikvoer ⟨inf.⟩ 0.1 [B]*tinned food;* [A]*canned food.*

blind[1] ⟨het⟩ 0.1 *(window) shutter* ⇒*blind.*

blind[2] ⟨bn.⟩ 0.1 *blind* ◆ 1.1 een ~e man *a b. man* 3.1 ~ schaken *play blindfold chess;* ⟨fig.⟩ zich ~ staren (op) *concentrate too much on sth.;* ~ typen *touch-type;* ~ worden *go b.;* ⟨fig.⟩ ziende ~ zijn ⟨niet willen zien⟩ *be too b. to see;* ⟨niet kunnen zien⟩ *not be able to see for looking* 6.1 zij is **aan** één oog ~ *she is b. in one eye;* ik was ~ **voor** zijn gebreken *I was b. to his shortcomings.*

blinddoek 0.1 *blindfold.*

blinddoeken 0.1 [een doek voor de ogen binden] *blindfold* 0.2 [misleiden] *hoodwink.*

blinde 0.1 *blind person* ⇒*blind man* ⟨m.⟩, *blind woman* ⟨v.⟩ ◆ ¶.1 de ~n *the blind.*

blindedarm 0.1 *blind gut* ⇒*caecum,* ⟨wormvormig aanhangsel⟩ *appendix.*

blindedarmontsteking 0.1 ⟨van wormvormig aanhangsel⟩ *appendicitis* ⇒⟨van blindedarm zelf⟩ *typhlitis.*

blindelings 0.1 *blindly* ◆ 3.1 ~ de weg kunnen vinden *know the way blindfold;* ~ volgen ⟨zonder na te denken⟩ *follow b.*

blindemannetje 0.1 *blindman's buff* ◆ 3.1 ~ spelen *play blindman's buff.*

blindenbibliotheek 0.1 *library for the blind.*

blindengeleidehond 0.1 *guide dog (for the blind).*

blindeninstituut 0.1 *home/institute/institution for the blind.*

blindenstok 0.1 *white stick.*

blinderen 0.1 [bom-/kogelvrij maken] *armour* 0.2 [bekleden, aan het gezicht onttrekken] *clad* ⇒*face* ◆ 1.1 een geblindeerde trein/auto *an armoured train/car.*

blindering 0.1 [het bom-/kogelvrij maken] *armouring* 0.2 [middel] *armour (plate)* 0.3 [het bekleden/aan het gezicht onttrekken] *cladding* ⇒*facing* 0.4 [middel] *cladding.*

blindganger 0.1 *dud* ⇒*unexploded bomb/shell.*

blindgeboren 0.1 *born blind* ⇒*blind from birth.*

blindheid 0.1 *blindness* ◆ 6.1 ⟨fig.⟩ **met** ~ geslagen zijn *be (struck) blind.*

blindvaren 0.1 ⟨met 'op'⟩ *trust blindly* ◆ 6.1 ~ op iem./iets *trust s.o./sth. blindly.*

blindvliegen 0.1 *fly blind.*

blinken 0.1 *shine* ⇒*glisten, glitter* ◆ 1.1 in haar ogen blonken tranen *tears were glistening in her eyes* 4.1 alles blinkt er *everything is spotless/spic-and-span* ¶.1 ~d *shining, shiny, glittering; agleam* ⟨alleen pred.⟩.

blits[1] ⟨de⟩ ◆ 3.¶ de ~ maken *steal the show, make a good show.*

blits[2] ⟨bn., bw.⟩⟨inf.⟩ 0.1 *trendy* ⇒*neat* ◆ 1.1 ~e kleren *t. clothes.*

blocnote 0.1 *(writing) pad* ⇒*tablet.*

bloed 0.1 *blood* ◆ 1.1 mijn eigen vlees en ~ *my own flesh and b.* 2.1 ⟨fig.⟩ blauw ~ hebben *have blue b.;* ⟨fig.⟩ in koelen ~e *in cold b.;* iem. van koninklijken ~ *s.o. of the royal b.;* ⟨fig.⟩ dat zet kwaad ~ *that will create bad b.;* ⟨fig.⟩ wij moeten nieuw ~ in het bestuur hebben *we need new/fresh b. in the committee* 3.1 ⟨fig.⟩ iemands ~ (wel) kunnen drinken *hate s.o.'s guts;* ⟨fig.⟩ mijn ~ kookte *my b. boiled;* ~ vergieten *shed/spill b.;* ~ doen vloeien *draw b.;* er zal ~ vloeien *there will be bloodshed;* geen ~ kunnen zien *not be able to stand the sight of b.* 6.1 dat zit hem in het ~ *it's in his b.* ¶.1 ⟨fig.⟩ iem. het ~ onder de nagels vandaan halen *get under s.o.'s skin;* ⟨sprw.⟩ het ~ kruipt waar het niet gaan kan *breeding will out.*

bloedarmoede 0.1 *anaemia* ◆ 3.1 hij lijdt aan ~ *he's anaemic.*

bloedbad 0.1 *bloodbath* ◆ 3.1 een ~ aanrichten onder de inwoners *massacre the inhabitants.*

bloedband 0.1 *blood relationship* ⇒*blood-tie.*

bloedbank 0.1 *blood bank.*

bloedblaar 0.1 *blood blister.*

bloeddonor 0.1 *blood donor.*

bloeddoorlopen 0.1 *bloodshot.*

bloeddoping ⟨med., sport⟩ 0.1 *blood doping.*

bloeddorstig 0.1 *bloodthirsty.*

bloeddruk 0.1 *blood pressure* ◆ 2.1 hoge ~ *high b. p., hypertension;* lage ~ *low b. p., hypotension* 3.1 de ~ meten *take s.o.'s blood pressure.*

bloedeigen 0.1 *(very) own* ◆ 1.1 mijn ~ kind *my own child/flesh and blood.*

bloedeloos 0.1 [arm aan/zonder bloed]⟨zonder bloed⟩ *bloodless;* ⟨arm aan bloed⟩ *anaemic* 0.2 [lusteloos] *lifeless* ⇒*listless.*

bloeden 0.1 [bloed laten uitvloeien] *bleed* 0.2 [boeten] *pay* ◆ 5.2 hij zal ervoor ~ *he'll p. for this* 6.1 tot ~s toe *until it bleeds* 8.1 ~ als een rund *b. like a stuck pig.*

bloeder 0.1 *bleeder* ⇒*haemophiliac.*

bloederig 0.1 *bloody* ⇒*gory* ◆ 1.1 een ~e film *a gory film;* een ~e wond *a b./gory wound.*

bloederziekte 0.1 *haemophilia.*

bloedgang ⟨inf.⟩ ◆ 6.¶ met een ~ *at (a) breakneck speed.*

bloedgeld 0.1 [loon voor een misdaad] *blood money* 0.2 [karig loon] *starvation wages.*

bloedgroep 0.1 *blood group/type.*

bloedheet ⟨inf.⟩ 0.1 *sweltering (hot)* ⇒*boiling (hot).*

bloedhekel ◆ 3.¶ een ~ hebben aan iets/iem. *absolutely hate sth./s.o.*

bloedhond 0.1 *bloodhound.*

bloedig I ⟨bn.⟩ 0.1 [met bloed] *bloody* ⇒*gory* 0.2 [fig.] *bitter* ⇒*painful* ◆ 1.1 een ~e slag *a b./savage battle;* ~e wonden *b. wounds* 1.2 ~e ernst *deadly seriousness;* **II** ⟨bw.⟩ 0.1 [zeer hard] *very hard* ⇒*with all one's force* ◆ 3.1 zij moest er ~ voor werken *she had to sweat and toil.*

bloeding 0.1 *bleeding* ⇒⟨meestal hevig⟩ *haemorrhage* ◆ 2.1 een inwendige ~ *internal b., an internal haemorrhage.*

bloedje 0.1 *(poor) little thing/mite* ◆ 6.1 die ~s van kinderen *those poor little things.*

bloedkanker 0.1 *leukaemia.*

bloedkleurstof 0.1 *haemoglobin.*

bloedkoraal 0.1 *red coral.*

bloedlichaampje 0.1 *blood corpuscle/cell.*

bloedlink ⟨inf.⟩ 0.1 *highly dangerous.*

bloedmonster 0.1 *blood sample.*

bloedmooi ⟨inf.⟩ 0.1 *stunning* ⇒*dazzling, gorgeous.*

bloedneus 0.1 *bloody nose.*

bloedonderzoek 0.1 *blood test(s).*

bloedplaatje 0.1 *(blood) platelet* ⇒*thrombocyte.*

bloedplasma 0.1 *(blood) plasma.*

bloedprik 0.1 *blood sample.*

bloedproef 0.1 *blood test.*

bloedprop 0.1 *blood clot* ⇒*thrombus.*

bloedrood 0.1 *blood-red.*

bloedschande 0.1 *incest.*

115

bloedserum - blokje

bloedserum 0.1 *blood serum.*
bloedsinaasappel 0.1 *blood orange.*
bloedsomloop 0.1 *(blood) circulation.*
bloedspiegel 0.1 *level/concentration (of sth.) in the blood.*
bloedspoor 0.1 *trail of blood.*
bloedspuwing 0.1 *coughing up of blood.*
bloedstelpend 0.1 *haemostatic, styptic* ◆ **1.1** een ~ middel a *h./s. (agent).*
bloedstollend ⟨inf.⟩ 0.1 *blood-curdling.*
bloedstolling 0.1 *coagulation (of the blood).*
bloedstolsel 0.1 *blood clot.*
bloedsuikerspiegel ⟨med.⟩ 0.1 *blood sugar level.*
bloedtransfusie 0.1 *(blood) transfusion.*
bloeduitstorting 0.1 *extravasation (of blood).*
bloedvat 0.1 *blood vessel.*
bloedverdunnend ⟨med.⟩ 0.1 *blood-diluting.*
bloedvergieten 0.1 *bloodshed* ◆ **5.1** nodeloos ~ *needless b.* **6.1** een revolutie zonder ~ *a bloodless revolution.*
bloedvergiftiging 0.1 *blood poisoning.*
bloedverlies 0.1 *loss of blood.*
bloedverwant 0.1 *(blood) relation* ⇒*relative, kinsman* ⟨m.⟩, *kinswoman* ⟨v.⟩ ◆ **2.1** naaste ~en *close relatives, next of kin.*
bloedverwantschap 0.1 *(blood) relationship* ⇒*relation, kinship.*
bloedvlek 0.1 *bloodstain.*
bloedvorm ◆ **6.¶** ⟨sp.⟩ in een ~ verkeren *be on top form.*
bloedworst 0.1 *black/blood pudding.*
bloedwraak, bloedvete 0.1 *blood feud* ⇒*vendetta.*
bloedzuiger 0.1 ⟨ook fig.⟩ *leech* ⇒*bloodsucker.*
bloedzuiverend 0.1 *purifying/cleansing the blood* ⟨alleen pred.⟩.
bloei 0.1 ⟨plantk.; ook fig.⟩ *bloom* ⇒*flower(ing), blossoming* ⟨van vruchtbomen⟩ ◆ **1.1** ⟨fig.⟩ de ~ v.d. handel *the flourishing of commerce* **6.1** in ~ staan *be in bloom;* ⟨fig.⟩ iem. in de ~ van zijn leven *s.o. in the prime of (his) life.*
bloeien 0.1 ⟨in bloei staan⟩ *bloom* ⇒*flower, blossom* ⟨vruchtbomen⟩ 0.2 ⟨fig.⟩ *prosper* ⇒*flourish* ◆ **1.1** onze perzik bloeit in april *our peach tree blooms/blossoms in April* **1.2** het zakenleven bloeit *business is booming/thriving.*
bloeimaand 0.1 ⟨zie 1.1, 6.1⟩ ◆ **1.1** Mei is de ~ *May is the month when the blossom comes out* **6.1** in de ~ *in May, when the blossom is out.*
bloeiperiode, bloeitijd 0.1 ⟨plantk.⟩ *flowering time/season* 0.2 ⟨fig.⟩ *prime* ◆ **1.2** de ~ v.d. jeugd *the p./bloom of youth.*
bloeiwijze ⟨plantk.⟩ 0.1 *inflorescence.*
bloem 0.1 ⟨deel v.e. plant⟩ *flower* ⇒*bloom, blossom* 0.2 ⟨plant die bloemen draagt⟩ *flower* ⇒*flowering plant* 0.3 ⟨meel⟩ *flour* 0.4 ⟨schr.; puik, keur⟩ *flower* ◆ **1.1** een bos ~en a *bunch* ⟨opgemaakt⟩ *bouquet of flowers* **1.4** de ~ v.d. natie *the f. of the nation* **3.1** ⟨fig.⟩ de ~en staan op de ruiten *the windows are frosted over.*
bloembak 0.1 *flower box* ⇒⟨aan raam⟩ *window box, planter.*
bloembed 0.1 *flowerbed.*
bloemblad 0.1 *petal.*
bloembol 0.1 *bulb.*
bloembollencultuur, -teelt 0.1 *bulb-growing/cultivation.*
bloemencorso 0.1 *flower parade* ⇒*floral procession.*
bloemenhandelaar 0.1 *florist.*
bloemenkas 0.1 *hothouse/greenhouse for flowers.*
bloemenman 0.1 *flower seller.*
bloemenmarkt 0.1 *flower market.*

bloemenslinger 0.1 *garland* ⇒⟨Hawaï⟩ *lei.*
bloemenstalletje 0.1 *flower stand* ⇒*flower stall.*
bloementeelt 0.1 *floriculture* ⇒*cultivation of flowers.*
bloementuin 0.1 *flower garden.*
bloemenvaas 0.1 *(flower) vase.*
bloemenwinkel 0.1 *florist's (shop)* ⇒*flower shop.*
bloemetje 0.1 ⟨kleine bloem⟩ *(little) flower* 0.2 ⟨boeket⟩ *flowers* ⇒*nosegay* ◆ **1.¶** vertellen van/over de ~s en de bijtjes *tell (s.o.) about the birds and the bees* **3.2** een ~ meebrengen *bring (some) flowers* **3.¶** de ~s buiten zetten *paint the town red* **6.2** iem. in de ~s zetten ⟨fig.⟩ *treat s.o. like a king/queen.*
bloemig 0.1 *mushy, mealy* ⇒*floury* ◆ **1.1** ~e aardappelen *mushy potatoes.*
bloemist 0.1 *florist.*
bloemisterij 0.1 ⟨bedrijf⟩ *florist's business* ⇒⟨winkel⟩ *flower shop.*
bloemknop 0.1 *bud.*
bloemkool 0.1 *cauliflower.*
bloemkrans 0.1 *floral wreath.*
bloemkweker 0.1 *florist* ⇒*flower-grower.*
bloemkwekerij 0.1 ⟨bedrijf⟩ *nursery* ⇒*florist's (business)* 0.2 ⟨het kweken⟩ *floriculture* ⇒⟨ind.⟩ *flower-growing industry.*
bloemlezing 0.1 ⟨lit.⟩ *anthology* 0.2 ⟨verzameling andere zaken⟩ *collection.*
bloemperk 0.1 *flowerbed* ⇒*flower plot.*
bloempot 0.1 *flowerpot.*
bloemrijk 0.1 *flowery* ⟨ook fig.⟩ ◆ **1.1** ⟨fig.⟩ een ~e stijl a *f./ an ornate style.*
bloemschikken, bloemsierkunst 0.1 *(art of) flower arrangement* ⇒⟨Japans⟩ *ikebana.*
bloemsteel, -stengel 0.1 *flower stalk/stem.*
bloemstuk 0.1 ⟨sierlijk gerangschikte bloemen⟩ *bouquet* ⇒ *flower arrangement* 0.2 ⟨schilderij, tekening⟩ *flower piece.*
bloemzaad 0.1 *flower seed(s).*
bloes 0.1 ⟨vrouwen⟩ *blouse;* ⟨mannen⟩ *shirt.*
bloesem 0.1 ⟨bloem waaruit zich een vrucht ontwikkelt⟩ *blossom* ⇒*flower, bloom* 0.2 ⟨al de bloemen v.e. plant/boom⟩ *blossoms* ⇒*flowers* ◆ **6.2** in ~ staan/zijn *be in bloom/blossom.*
bloesemtak 0.1 *flowering sprig.*
bloezen 0.1 *blouse.*
blok 0.1 ⟨stuk hout⟩ *block* ⇒*chunk,* ⟨ruwe vorm⟩ *log* 0.2 ⟨stuk van ander materiaal⟩ *block* ⇒*chunk* 0.3 ⟨meetkundig lichaam⟩ *block* ⇒*cuboid, parallelpiped* 0.4 ⟨huizen⟩ *block* 0.5 ⟨vierkant, rechthoekig veld⟩ *block* ⇒*check* ⟨van stof⟩ 0.6 ⟨coalitie⟩ *bloc(k)* 0.7 ⟨periode⟩ *unit* 0.8 ⟨katrol⟩ *(pulley-)block* 0.9 ⟨spoorw.⟩ *block* 0.10 ⟨sport⟩ *block* ◆ **1.1** het ~ v.e. slager *the butcher's b.* **1.2** een ~ marmer a *b. of marble* **1.3** een doos met ~ken a *box of building blocks* **3.4** een ~je omlopen *walk around the b.* **6.¶** een ~ **aan** het been zijn voor iem. *be a millstone around s.o. 's neck;* **voor** het ~ komen te staan *have no options left;* iem. **voor** het ~ zetten *put a person on the spot* **7.7** de cursus wordt gegeven in drie ~ken van twee dagen *the course is given in three units of two days each* **8.2** ⟨fig.⟩ slapen als een ~ *sleep like a log.*
blokcursus 0.1 ±*intensive/crash course.*
blokdiagram ⟨vnl. comp.⟩ 0.1 *block diagram.*
blokfluit 0.1 *recorder.*
blokhuis 0.1 ⟨klein fort; huis van blokken⟩ *blockhouse.*
blokhut 0.1 *log cabin.*
blokje 0.1 *cube* ⇒*square* ⟨ook→**blok**⟩ ◆ **6.1** in ~s snijden *dice, cube.*

blokkade 0.1 *blockade* ◆ **3.1** een ~ opheffen *raise/lift a b.*

blokken ⟨inf.⟩ **0.1** *cram* ⇒*swot* ◆ **6.1** ~ **voor** een tentamen *c. for an examination.*

blokkendoos 0.1 [kinderspeelgoed] *box of (building) blocks* **0.2** [flatgebouw] ±*tower block.*

blokkeren I ⟨ov.ww.⟩ **0.1** [afsluiten] *blockade* ⇒*block* **0.2** [geldw.] *freeze* **0.3** [de beweging onmogelijk maken] *block* ⇒*jam, lock* **0.4** [veldsport] *block* ⇒*obstruct* **0.5** [volleybal] *block* ◆ **1.2** een cheque ~ *stop a cheque;* fondsen / effecten / een rekening ~ *f. securities/stocks/an account* **1.3** de remmen werden geblokkeerd *the brakes jammed;* **II** ⟨onov.ww.⟩ **0.1** [niet meer kunnen bewegen] *lock* ⇒*jam.*

blokletter 0.1 [schrijfletter] *block letter* ⇒*printing* **0.2** [druk.] *block letter* ◆ **6.1** met ~s opschrijven *print.*

blokschrift 0.1 *block writing/letters* ◆ **6.1** in ~ *in block letters;* ⟨op formulier ook⟩ *please print.*

blokuur 0.1 ±*double period/lesson.*

blokvorming 0.1 *formation of a/the bloc.*

blond 0.1 [mbt. haar] *blond* ⟨m. en v.⟩, *blonde* ⟨v.⟩ ⇒*fair* **0.2** [lichtkleurig] *golden* ◆ **1.2** ~ bier *lager;* de ~e duinen *the g. dunes.*

blonderen 0.1 *bleach* ⇒*peroxid(e).*

blondine, blondje 0.1 *blonde.*

bloot¹ ⟨het⟩ **0.1** *nudity.*

bloot² ⟨bn.⟩ **0.1** [naakt] *bare* ⇒*naked, nude* **0.2** [zonder hulpmiddel] *naked* ⇒*bare* **0.3** [zonder dek/bedekking] *bare* ⇒*open* **0.4** [enkel, louter] *mere* ⇒*bare* ◆ **1.1** blote armen *b. arms;* blote foto's *nude photographs;* op blote voeten lopen *go barefoot(ed)* **1.2** uit het/zijn blote hoofd spreken *speak ad-lib, speak extemporaneously;* met het blote oog iets waarnemen *observe sth. with the n. eye* **1.3** onder de blote hemel *in the open (air);* een blote jurk *a revealing dress;* een jurk met blote rug *a barebacked dress* **1.4** de blote feiten *the bare facts.*

blootgeven ⟨wk.ww.; zich ~⟩ **0.1** [zich blootstellen aan gevaar] *expose o.s.* **0.2** [zijn zwakheid laten blijken] *give o.s. away* ◆ **5.2** zich niet ~ *not commit o.s., be noncommittal.*

blootje ⟨inf.⟩ ◆ **6.¶ in** zijn ~ *in the nude.*

blootleggen 0.1 [vrij maken van bedekking] *lay open/bare* ⇒*expose* **0.2** [fig.] *lay open/bare* ⇒*reveal* ◆ **1.1** de fundamenten ~ *expose the foundations* **1.2** de feiten ~ *lay bare the facts.*

blootliggen 0.1 *lie open (to)* ⇒*be exposed (to).*

blootshoofds 0.1 *bareheaded.*

blootstaan 0.1 *be exposed (to)* ⇒⟨onderhevig zijn⟩ *be subject/open (to)* ◆ **6.1 aan** veel kritiek ~ *be exposed to a lot of criticism.*

blootstellen ⟨ov.ww., wk.ww.; zich ~⟩ **0.1** *expose (o.s.) (to)* ◆ **6.1** zich aan gevaar ~ *expose o.s. to danger.*

blootsvoets 0.1 *barefoot(ed)* ◆ **3.1** ~ lopen *go/walk barefoot(ed).*

blootwoelen ⟨wk.ww.; zich ~⟩ **0.1** *kick the covers/bedclothes off.*

blos 0.1 [gezonde kleur op de wangen; mbt. vruchten] *bloom* **0.2** [verhoogde gelaatskleur] *flush* ⟨van emotie, door koorts⟩; *blush* ⟨van verlegenheid⟩ ◆ **2.1** een gezonde ~ *a rosy complexion* **6.2** een ~ **van** schaamte *a blush of shame.*

blotebillengezicht ⟨inf.; scherts.⟩ **0.1** *moonface* ⇒*puddingface.*

blotevoetendokter 0.1 *barefoot doctor.*

blowen ⟨inf.⟩ **0.1** *smoke dope.*

blozen 0.1 [een blos hebben van gezondheid] *bloom (with)* **0.2** [rood in het gezicht worden] *flush (with)* ⟨van opwinding⟩; *blush (with)* ⟨van verlegenheid⟩ ◆ **3.1** er blozend

uitzien *look healthy* **3.2** iem. doen ~ *cause s.o. to blush* **5.2** diep ~ *blush deeply.*

blozend 0.1 *flushing* ⟨van opwinding⟩; *blushing* ⟨van verlegenheid⟩; *blooming, rosy* ⟨van gezondheid⟩ ◆ **1.1** met ~e wangen *with rosy cheeks, rosy-cheeked.*

blubber 0.1 [modder] *mud* **0.2** [speklaag van walvissen] *blubber.*

blubberig 0.1 *muddy.*

blueszanger, -es 0.1 *blues singer.*

bluf 0.1 [poging anderen te overdonderen] *bluff(ing)* **0.2** [grootspraak] *boast(ing)* ⇒*brag(ging), big talk* ◆ **2.¶** Haagse ~ *red currant whip.*

bluffen 0.1 *bluff* ⟨ook bij kaartspel⟩ ⇒⟨pochen⟩ *boast, brag, talk big.*

bluffer, -ster 0.1 *bluffer* ⇒*boaster, braggart.*

blufpoker 0.1 [spel]⟨kaartspel⟩ *brag,* ^*bluff poker* ⇒⟨dobbelspel⟩ *liar dice* **0.2** [grootspraak] *boasting* ⇒*bragging* ◆ **1.1** ⟨fig.⟩ hij speelde een partijtje ~ *he tried to brazen it out/ bluff his way out.*

blunder 0.1 *blunder.*

blunderen 0.1 *blunder* ⇒*make a blunder.*

blusapparaat 0.1 *fire extinguisher.*

blusboot 0.1 *fire-float.*

blusschuim 0.1 *foam.*

blussen 0.1 [uitdoven] *extinguish* ⇒*put out* **0.2** [fig.] *extinguish* **0.3** [tech.; koelen] *quench* ◆ **1.3** gloeiend ijzer ~ *q. glowing iron;* gebluste kalk *slaked lime.*

bluswater 0.1 *(fire extinguishing) water* ◆ **3.1** schade door ~ *water damage.*

blut 0.1 [geen geld hebbend] *broke* ⇒*skint* **0.2** [spel] alles verloren hebbend] *cleaned out* ◆ **3.2** iem. ~ spelen / maken *clean s.o. out* **5.1** volkomen ~ *stony(-broke), flat b.*

bluts 0.1 ⟨deuk⟩ *dent;* ⟨kneuzing⟩ *bruise.*

blutsen 0.1 ⟨deuken⟩ *dent;* ⟨kneuzen⟩ *bruise.*

bl(z). ⟨afk.⟩ **0.1** [bladzijde] *p.* ⟨enk.⟩; *pp.* ⟨mv.⟩.

bmr-prik 0.1 *MMR jab* ⇒*mumps, measles and rubella jab.*

BMX 0.1 *BMX.*

bnp ⟨afk.⟩ **0.1** [bruto nationaal product] *G.N.P.*

boa 0.1 *boa.*

boa constrictor 0.1 *boa constrictor.*

board 0.1 *hardboard* ⇒*(fibre)board.*

bobbel 0.1 [bolle verhevenheid] *bump* ⇒*lump* **0.2** [lucht/ gasbel] *bubble* ◆ **5.1** het papier zit vol ~s *the paper is full of wrinkles.*

bobbelen 0.1 *bubble.*

bobbelig 0.1 *bumpy* ⇒*lumpy* ⟨matras⟩.

bobo 0.1 *big shot, bigwig.*

boblee 0.1 *bob(sleigh).*

bobsleebaan 0.1 *bobsleigh run.*

bobsleeën ⟨sport⟩ **0.1** *bobsleigh.*

bochel 0.1 [kromme/hoge rug]⟨bult⟩ *hump;* ⟨kromme rug⟩ *hunchback* **0.2** [persoon] *hunchback.*

bocht I ⟨de⟩ **0.1** [buiging in een weg] *bend* ⇒*curve* **0.2** [buiging in een lijn] *curve* **0.3** [buiging v.e. kust] *bight* ⇒*bay* ◆ **2.1** een scherpe/ruime ~ *a sharp/wide b.* **2.2** zich in allerlei ~en wringen *try to wriggle one's way out of sth.* **3.1** een ~ te ruim/krap nemen *take a b. too wide/sharp* **6.1** uit de ~ vliegen *go off the road* **6.¶** Harry weer in de ~ hoor! *Harry is at it again!;* in de ~ springen ⟨mbt. touwtjespringen⟩ *jump in under/over the rope;* **II** ⟨het, de⟩ **0.1** [drank] *cheap rubbish.*

bochtig 0.1 *winding.*

bockbier 0.1 *bock(beer).*

bod 0.1 *offer* ⇒*bid* ⟨ihb. hand.⟩ ◆ **6.1** ⟨kaartspel⟩ wie is er **aan** ~? *whose bid (is it)?;* niet **aan** ~ komen ⟨fig.⟩ *not get a* *chance;* een ~ **op** iets doen *make a bid for sth.;* een ~ **tot** overneming *a take-over bid.*

bode 0.1 [boodschapper] *messenger* **0.2** [boodschapper van beroep] *messenger* ⇒⟨post⟩ *postman* ◆ **1.1** een ~ van slecht nieuws *a bearer of bad tidings* **1.2** de ~n v.h. stadhuis *the messengers of the townhall* **6.2 per** ~ verzenden *send by special m.*

bodega 0.1 *wine bar* ⇒*bodega.*

bodem 0.1 [grondvlak v.e. voorwerp] *bottom* ⇒⟨beschouwd als steun⟩ *base* **0.2** [grond onder het water] *bottom* ⇒⟨oppervlak⟩ *floor* **0.3** [grond v.d. aarde] *ground* ⇒*soil* **0.4** [natuurlijke oppervlakte v.d. grond] *soil* **0.5** [grondgebied] *territory* ⇒*soil* **0.6** [scheep.] *ship* ⇒*bottom* ◆ **2.1** een dubbele ~ *a double bottom;* ⟨fig.⟩ *a hidden meaning* **2.5** producten van eigen ~ *homegrown products* **3.1** ⟨fig.⟩ plannen de ~ inslaan *dash plans* **6.1** ⟨fig.⟩ iets **tot** de ~ uitzoeken *examine sth. down to the last detail* **6.2 op** de ~ van de zee *at the b. of the sea* **¶.1** ⟨fig.⟩ de ~ viel uit de markt *the bottom fell out of the market.*

bodemcultuur 0.1 *cultivation of the soil.*

bodemgesteldheid 0.1 *condition/composition of the soil* ⇒*soil conditions.*

bodemkoers ⟨hand.⟩ **0.1** *bottom* ◆ **3.1** de aandelen hebben de ~ bereikt *shares are at rock b.*

bodemloos 0.1 ⟨ook fig.⟩ *bottomless.*

bodemmonster 0.1 *soil sample.*

bodemonderzoek 0.1 *soil research* ⇒*soil testing,* ⟨van streek⟩ *soil survey,* ⟨mijnbouw⟩ *prospecting* ◆ **2.1** het oudheidkundig ~ *archaeological s. r.*

bodempensioen 0.1 *basic pension.*

bodempje 0.1 [restje] *little bit in the bottom.*

bodemprijs 0.1 *minimum price* ⇒*price floor.*

bodemprocedure 0.1 *standard procedure.*

bodemsanering 0.1 *soil sanitation* ⇒*soil cover reclamation,* ⟨bodemreiniging⟩ *soil decontamination.*

bodemschatten 0.1 *mineral resources.*

bodemverontreiniging, -vervuiling 0.1 *soil pollution* ⇒ *pollution of the ground/soil.*

bodemwater 0.1 *ground water.*

+**bodendienst** ⟨Wdl: bodedienst⟩ **0.1** *parcel delivery service.*

Bodenmeer 0.1 *Lake Constance.*

body 0.1 *body* ◆ **2.1** mijn hele ~ doet mij pijn *my whole b. hurts* **3.1** de wijn heeft geen ~ *the wine doesn't have any b.*

bodybuilder 0.1 *body-builder* ⇒*muscleman.*

boe 0.1 [om schrik aan te jagen] *boo* **0.2** [afkeuring, protest] *boo* **0.3** [geloei van koeien] *moo* ◆ **3.2** ~ roepen *boo, jeer* **9.¶** zonder ~ of bah te zeggen *without saying a word* **¶.3** ⟨kind.⟩ koetje ~ *moo-cow.*

Boedapest 0.1 *Budapest.*

Boeddha 0.1 *Buddha.*

boeddhisme 0.1 *Buddhism.*

boeddhist 0.1 *Buddhist.*

boeddhistisch 0.1 *Buddhist.*

boedel 0.1 [nalatenschap] *estate* **0.2** [inboedel] *property* ⇒ *household effects* ◆ **2.2** een failliete ~ *a bankrupt estate* **3.1** een ~ beheren/ scheiden *administer/distribute an e.*

boedelbeschrijving ⟨jur.⟩ **0.1** *inventory* ◆ **3.1** een ~ opmaken *draw up an i.*

boedelhuis 0.1 *auction house/hall.*

boedelscheiding 0.1 *division* ⟨mbt. erfenis⟩ *of the estate/* ⟨bij echtscheiding⟩ *of the joint/community property.*

boedelverdeling 0.1 *distribution* ⟨mbt. erfenis⟩ *of the estate/*⟨bij echtscheiding⟩ *of the joint/community property.*

boef 0.1 *scoundrel* ⇒*rascal* ◆ **2.1** ouwe ~! *old rascal!*

boefje 0.1 [kwajongen] *scamp* ⇒*(street) urchin* **0.2** [troetelnaam] *(old) scamp/rascal.*

boeg 0.1 [voorste gedeelte v.d. romp] *bow(s)* ⇒*prow* **0.2** [zijde v.h. voorschip]⟨aan stuurboord⟩ *starbord bow;* ⟨aan bakboord⟩ *port bow* **0.3** [sport; roeier] *bow(man)* ⇒*bow oar* **0.4** [van paard] *shoulders* ⇒*chest* ◆ **2.2** het schip over een andere ~ gooien *take another tack;* ⟨fig.⟩ het over een andere ~ gooien *change (one's) tack;* ⟨mbt. gesprek⟩ *change the subject* **6.1** ⟨fig.⟩ nog heel wat **voor** de ~ hebben *have a long way to go.*

boegbeeld ⟨scheep.⟩ **0.1** *figure head* ⟨ook fig.⟩.

boegeroep 0.1 *booing* ⇒*hooting* ◆ **6.1** hij moest **onder** ~ het podium verlaten *he was booed off the stage.*

boegspriet ⟨scheep.⟩ **0.1** *bowsprit.*

boei 0.1 [baken] *buoy* **0.2** [ankerboei] *buoy* ⇒*float* **0.3** [kluister] *chain* ⇒*handcuff* ◆ **6.3** iem. in de ~ en slaan *(hand)cuff s.o.,* slap the cuffs on s.o.* **8.1** een kop/ een kleur als een ~ *(a face) as red as a beetroot.*

boeien 0.1 [in boeien sluiten] *chain* ⇒*(hand)cuff* **0.2** [de aandacht vasthouden] *captivate* ⇒*fascinate* ◆ **3.2** het stuk kon ons niet (blijven) ~ *the play failed to hold our attention.*

boeiend 0.1 *fascinating* ⇒*gripping, captivating* ◆ **1.1** een ~ boek *a f. book.*

boeienkoning 0.1 *escape artist.*

boeier 0.1 *boyer* ◆ **2.1** een Friese ~ *a Frisian b.*

boek 0.1 *book* ◆ **1.1** het ~ Genesis *the Book of Genesis;* het ~ Gods, het Boek (der Boeken) *the (Good) Book* **2.1** een ingenaaid/ gebonden ~ *a sewn/bound b.;* ⟨fig.⟩ een open ~ zijn *be an open b.* **3.1** de ~ en bijhouden/ afsluiten/ controleren *keep/close/audit the books/accounts* **6.1** altijd met zijn neus **in** de ~ en zitten *always have one's nose in a b./be at one's books;* een ~ **over** a b. on; iets **te** ~ stellen *record sth.;* een post **te** ~ stellen/ in de ~ en inschrijven *book an entry;* ⟨fig.⟩ als eerlijk **te** ~ staan *be reputed to be an honest person* **6.¶** een ~ met stalen *a sample book.*

boekaankondiging 0.1 *announcement/notice (of a book).*

boekanier 0.1 *buccaneer.*

Boekarest 0.1 *Bucharest.*

boekband 0.1 *binding (of a book)* ⇒*(hard) cover.*

boekbespreking 0.1 *book review.*

boekbinden 0.1 *(book)binding.*

boekbinder, -ster 0.1 *(book)binder.*

boekbinderij 0.1 [bedrijf, werkplaats] *(book)bindery* ⇒ *(book)binder's* **0.2** [werk] *(book)binding.*

boekblok 0.1 *book* ⇒⟨boek.⟩ *book-block.*

boekdeel 0.1 *volume* ◆ **2.1** een geïllustreerd ~ *an illustrated v.* **3.1** ⟨fig.⟩ zo iets spreekt boekdelen *that speaks volumes.*

boekdruk 0.1 *letterpress (printing).*

boekdrukken 0.1 *printing (books).*

boekdrukker 0.1 *printer.*

boekdrukkerij 0.1 [werkplaats] *printing house/office* ⇒ *print shop* **0.2** [bedrijf, zaak] *printer's.*

boekdrukkunst 0.1 *(art of) printing* ⇒*typography.*

boeken 0.1 [te boek stellen] *book* ⇒*post, enter (up)* **0.2** [bespreken] *book* **0.3** [behalen] *achieve* ⇒*show* ◆ **1.2** passage ~ *b. (a) passage* **1.3** succes ~ *show success* **3.1** geboekt staan als ⟨fig.⟩ *be reputed to be* **6.1** een bedrag **op** iemands rekening ~ *charge* (aftrekken) / *credit* ⟨bijboeken⟩ *an amount to s.o.'s account.*

boekenbal 0.1 *literary ball.*

boekenbeurs 0.1 *book fair.*

boekenbon 0.1 *book token* ◆ **6.1** een ~ **van** 25 gulden *a b. t. for 25 guilders.*

boekenclub 0.1 *book club.*

boekenfonds 0.1 *book fund.*

boekengek 0.1 *s.o. who is crazy about books* ⇒*bibliomaniac* ⟨verzamelaar⟩.

boekenkast 0.1 *bookcase.*

boekenkennis 0.1 [boekenwijsheid] *book(ish) knowledge* ⇒*book learning* 0.2 [kennis van boeken] *knowledge of books.*

boekenlegger 0.1 *bookmark(er).*

boekenlijst 0.1 *(required) reading list* ⇒*book list.*

boekenmarkt 0.1 *book market.*

boekenonderzoek ⟨boekhouden⟩ 0.1 *audit(ing).*

boekenplank 0.1 *bookshelf.*

boekenrek 0.1 *bookshelf/shelves* ⇒*bookrack.*

boekenstalletje 0.1 *bookstall.*

boekensteun, boekenstut 0.1 *bookend.*

boekentaal 0.1 [literaire schrijftaal] *literary language* 0.2 [stijve taal] *bookish language.*

boekentas 0.1 *briefcase* ⇒*school bag, satchel* ⟨van schoolgaande kinderen⟩.

boekenweek 0.1 *book week.*

boekenwijsheid 0.1 *book learning* ⇒*theoretical knowledge,* ⟨pej.⟩ *armchair learning.*

boekenwurm 0.1 ⟨persoon⟩ *bookworm* 0.2 ⟨insect⟩ *bookworm.*

boekerij 0.1 *library.*

boeket 0.1 *bouquet* ⟨ook mbt. wijn⟩ ♦ ¶.1 een ~je *a posy/ nosegay.*

boeketreeks 0.1 *Mills and Boon's.*

boekhandel 0.1 [het uitgeven en verhandelen] *book trade/ business* 0.2 [winkel, zaak] [B]*bookshop* 0.3 [boekhandelaars] *booksellers.*

boekhandelaar 0.1 *bookseller.*

boekhouden[1] ⟨het⟩ 0.1 *bookkeeping* ⇒*accounting.*

boekhouden[2] ⟨onov.ww.⟩ 0.1 [administratief verwerken] *keep the books* ⇒*do the accounting, do/keep the accounts* 0.2 [stelselmatig aantekenen] *record.*

boekhouder, -ster 0.1 *accountant, bookkeeper.*

boekhouding 0.1 [administratieve verwerking] *accounting* ⇒*bookkeeping* 0.2 [afdeling] *accounting department/ section* ⇒*bookkeeping department/section, accounts department* ♦ 2.1 een dubbele ~ voeren *use double-entry bookkeeping* 3.1 de ~ doen *do the bookkeeping.*

boekhoudkundig 0.1 *accounting* ⇒*bookkeeping* ♦ 1.1 ⟨hand.⟩ ~e winst *book profit* 3.1 de machine is ~ afgeschreven *the machine has been written off (the books).*

boeking 0.1 [bespreking] *booking* ⇒*reservation* 0.2 [sport, vnl. voetbal] *booking* ⇒*caution* 0.3 [mbt. boekhouden] *entry* ♦ 3.2 een ~ krijgen *be booked.*

boekjaar ⟨hand.⟩ 0.1 *fiscal/financial year.*

boekje 0.1 [klein boek] *(small/little) book* ⇒*booklet* 0.2 [bundeltje] *book* ♦ 3.¶ een ~ over iem. opendoen *tell (s.o.) what sort of person s.o. really is* 6.1 met een ~ in een hoekje zitten *have a quiet read* 6.¶ buiten zijn ~ gaan *go beyond one's authority.*

boekmaag 0.1 *third stomach.*

boekomslag 0.1 *dust jacket/cover* ⇒*(book) jacket.*

boekrol 0.1 *scroll* ♦ 1.1 de ~len v.d. Dode Zee *the Dead Sea Scrolls.*

boekstaven 0.1 [opschrijven] *(put on) record* ⇒*set down* 0.2 [met stukken staven] *substantiate* ⇒*produce evidence/proof* ♦ 3.1 dat staat geboekstaafd *that has been noted/recorded.*

boekverbranding 0.1 *book burning.*

boekverkoper 0.1 *bookseller.*

boekvorm 0.1 *book form.*

boekwaarde 0.1 *book value* ⇒*balance sheet value* ♦ 6.1 tegen ~ *at b.v.*

boekweit 0.1 *buckwheat.*

boekwerk 0.1 *book* ⇒*work.*

boekwinkel 0.1 *bookshop.*

boel ⟨inf.⟩ 0.1 [de dingen] *things, matters* ⇒⟨ongunstig: rommel⟩ *mess* 0.2 [bedoening] *affair, business* ⇒*matter, situation* 0.3 [grote hoeveelheid] *a lot, heaps* ⇒*lots, loads* ♦ 2.2 er een dolle ~ van maken *make things into a madhouse;* de hele ~ kort en klein slaan *smash everything (in sight);* een mooie ~ *a fine mess;* het is er een saaie/dooie ~ *the place is dead* 3.1 de ~ belazeren *fiddle t.;* de ~ de ~ laten *leave t. as they are;* zijn ~tje pakken *pack one's t.;* hij kan zijn ~tje wel pakken *he can/might as well pack it in (now);* laat de ~ maar waaien *let t. take their own course* ¶.1 de ~ aan kant maken *straighten/tidy t. up.*

boem 0.1 *bang* ⇒*boom* ♦ ¶.1 pats-boem! *bang!, suddenly!*

boeman 0.1 *bog(e)yman* ♦ 3.1 de ~ spelen *play the ogre, act the b.*

boemel 0.1 [het boemelen/uitgaan] *binge, spree* ⇒*pub-crawl* 0.2 →**boemeltje** ♦ 6.1 aan de ~ gaan *go (out) on the town.*

boemelaar 0.1 *pub-crawler, boozer.*

boemelen 0.1 [stappen] *go/be out boozing* ⇒*go on a spree/ binge, pub-crawl* 0.2 [met de boemeltrein gaan] *take the slow train/local.*

boemeltje, boemeltrein 0.1 *slow train* ⇒*local.*

boemerang 0.1 *boomerang* ♦ 8.1 als een ~ werken *boomerang.*

boemerangeffect 0.1 *boomerang effect.*

boender 0.1 [werktuig om mee te boenen] *scrub(bing) brush* 0.2 [uitbrander] *dressing-down* ⇒*telling-off.*

boenen 0.1 [glanzend wrijven] *polish* 0.2 [schrobben] *scrub.*

boenwas 0.1 *polishing/furniture wax.*

boer 0.1 [landbouwer, veehouder] *farmer* ⇒⟨AE; mbt. vee ook⟩ *rancher* 0.2 [bewoner v.h. platteland] *country dweller/person* ⇒⟨pej.⟩ *provincial* 0.3 [lomp persoon] *boor* ⇒*(country) yokel/bumpkin* 0.4 [ontsnapping van gassen uit de maag] *burp* ⇒*belch* 0.5 [in samenst.] *man* 0.6 [speelkaart] *jack* ♦ 1.5 melkboer *milkman* 3.4 een ~ laten (vliegen) *burp, belch* 3.¶ de ~ opgaan *go on the road;* ⟨pol.⟩ go on tour ¶.1 ⟨sprw.⟩ wat de ~ niet kent dat vreet hij niet *some people don't trust anything they don't know* ¶.2 ⟨pej.⟩ een ~tje van buiten *a country cousin* ¶.3 een ~ op klompen *a country bumpkin, a real peasant* ¶.¶ lachen als een ~ die kiespijn heeft *laugh on the wrong side of one's face.*

Boer ⟨gesch.⟩ 0.1 *Boer.*

boerde ⟨lit.⟩ 0.1 *fabliau.*

boerderij 0.1 [boerenwoning] ⟨woning⟩ *farmhouse, ranchhouse;* ⟨woning en land⟩ *farm* 0.2 [bedrijf, nering] *farm.*

boeren 0.1 [het boerenbedrijf uitoefenen] *farm, run a farm* 0.2 [enig beroep/bedrijf uitoefenen] *manage one's affairs* 0.3 [gassen uit de maag lozen] *burp* ⇒*belch* 5.1 goed ~ *be a good farmer* 5.2 hij heeft goed/slecht geboerd dit jaar *he has done well/badly this year.*

boerenbedrijf 0.1 [beroep] *farming* ⇒*agriculture,* ⟨vnl. AE; mbt. vee⟩ *ranching* 0.2 [kleine boerenhofstede] *farm.*

boerenbedrog 0.1 *cheap swindle* ♦ 2.1 dat is je reinste ~ *that is absolute humbug.*

boerenbevolking 0.1 *farming/rural population.*

boerenbont 0.1 *checkered gingham.*

boerenbruiloft 0.1 *country wedding.*

boerendochter 0.1 [plattelandsmeisje] *country girl* ⇒⟨pej.⟩ *peasant girl* **0.2** [dochter van boer] *farmer's daughter.*

boerenerf 0.1 [grond met gebouwen] *farmstead* **0.2** [onbebouwde ruimte rondom een boerderij] *farmyard* ⇒⟨deel rond schuur⟩ *barnyard.*

boerenhoeve, -hofste(d)e 0.1 *farmstead* ⇒ *farmhouse.*

boerenjongen 0.1 [boerenzoon] *country boy* **0.2** [mv.; drank] *brandied raisins.*

boerenkaas 0.1 *farm cheese.*

boerenkapel 0.1 *(brass) band (dressed like farmers).*

boerenkiel 0.1 *peasant blouse.*

boerenkinkel ⟨inf.⟩ **0.1** *boor* ⇒ *clodhopper.*

boerenknecht 0.1 *(farm) hand.*

boerenkool 0.1 *kale.*

boerenleenbank 0.1 *agricultural cooperative / loan bank.*

boerenlul ⟨vulg.⟩ **0.1** *dirty bastard.*

boerenmeid 0.1 [dochter v.e. boer] *country girl* **0.2** [dienstmeid] *farm maid.*

Boerenoorlog 0.1 *Boer War.*

boerenpummel ⟨inf.⟩ **0.1** *yokel.*

boerenslimheid 0.1 [aangeboren slimheid] *foxiness* ⇒ *craftiness.* **0.2** [het gezonde verstand] *common sense.*

boerenstand 0.1 [maatschappelijke staat] *agrarian class* ⇒ ⟨kleine boeren en landarbeiders⟩ *peasantry* **0.2** [boeren] *farming community.*

boerentrien 0.1 *lumpish girl.*

boerenverstand 0.1 *horse sense* ◆ **6.1** daar kan ik niet bij met mijn ~ *that's beyond (simple folks like) me.*

boerenwagen 0.1 *cart.*

boerenwerk 0.1 *farmwork.*

boerenzoon 0.1 *farmer's son.*

boerin 0.1 [vrouw v.e. boer] *farmer's wife* **0.2** [vrouw met een boerenbedrijf] *woman farmer* **0.3** [vrouw v.h. platteland] *country woman* **0.4** [lompe vrouw] *lumpish woman.*

boernoes 0.1 *burnous.*

boers 0.1 [als (van) een boer] *rustic* ⇒⟨attr.⟩ *peasant* **0.2** [lomp, grof] *lumpish* ◆ **1.1** een ~ accent *a r. accent;* ~e manieren ⟨ook⟩ *countrified manners.*

boersheid 0.1 [het boers zijn] *rusticity* **0.2** [lompheid] *lumpishness.*

boertig 0.1 *farcical* ⇒⟨grof⟩ *coarse.*

boete 0.1 [geldstraf] *fine* **0.2** [rel.]⟨penitentie⟩ *penance;* ⟨genoegdoening⟩ *atonement* **0.3** [straf] *penalty* ◆ **1.3** schuld en ~ *crime and punishment* **3.1** een ~ krijgen van *f* 100 de *be fined 100 guilders;* iem. een ~ opleggen *fine s.o.;* iem. tot een ~ veroordelen *fine s.o.* **3.2** ~ doen *do p. (for sins)* **3.3** hij zal daarvoor ~ moeten doen *he will have to pay the p. (for it).*

boeteclausule 0.1 *penalty clause.*

boetedoening 0.1 *penance.*

boetekleed 0.1 *hair shirt* ◆ **3.1** het ~ aandoen ⟨ook fig.⟩ *put on the h. s.*

boeten I ⟨onov.ww.⟩ **0.1** [straf ondergaan] *pay ((the penalty / price) for)* ⇒⟨rel.⟩ *atone (for),* ⟨rel.⟩ *do penance (for)* ◆ **5.1** zwaar voor iets ~ *pay a heavy penalty for sth.* **6.1** daar zul je **voor** ~! *you'll pay for that!;* iem. **voor** iets laten ~ *make s.o. pay for sth.;*
II ⟨ov.ww.⟩ **0.1** [de straf ondergaan voor] *pay / suffer for* ⇒ ⟨rel.⟩ *expiate* **0.2** [herstellen] *mend* ⟨net⟩ ◆ **3.1** iem. iets doen / laten ~ *make s.o. pay for sth.*

boetepreek 0.1 *sermon* ◆ **3.1** een ~ houden *read (s.o.) a lecture.*

boetiek 0.1 *boutique.*

boetprediker 0.1 *preacher.*

boetseerklei 0.1 *modelling clay.*

boetseren I ⟨onov.ww.⟩ **0.1** [vorm geven aan kneedbaar materiaal] *model;*
II ⟨ov.ww.⟩ **0.1** [ook fig.; vormen uit kneedbaar materiaal] *mould.*

boetvaardig 0.1 *penitent* ⇒ *contrite* ⟨gezicht, woorden⟩, ⟨vol spijt⟩ *remorseful* ◆ **1.1** de ~e zondares *the repentant sinner.*

boetvaardigheid 0.1 *penitence* ⇒⟨spijt⟩ *remorse* ◆ **1.1** sacrament van ~ *sacrament of penance.*

boevenbende 0.1 *pack of thieves* ⟨ook fig.⟩.

boeventaal 0.1 *(thieves') slang.*

boevenwagen 0.1 ⟨BE⟩ *Black Maria* ⇒⟨AE⟩ *patrol wagon.*

boezem 0.1 [borst(en)] *bosom* ⇒ *breast* **0.2** [gemoed, hart] *bosom* ⇒ *heart* **0.3** [kring personen] *circle* **0.4** [ruimte tussen borst en kleding] *bosom* ◆ **2.1** een zware / flinke ~ hebben *be full-bosomed* **2.3** verdeeldheid in eigen ~ *strife among themselves / yourselves / ourselves* **6.1** iem. **aan** de ~ drukken *press s.o. to one's bosom / breast* **7.1** veel / weinig ~ hebben *be bosomy / flat-chested.*

boezemvriend, -in 0.1 *bosom friend.*

bof¹ ⟨de⟩ **0.1** [goed geluk] *(good) luck* **0.2** [ziekte] *mumps* ⟨mv.⟩ ◆ **3.2** de ~ hebben / krijgen *have / get m.* **4.1** wat een ~, dat ik hem nog thuis tref *I'm lucky / what l. to find him still at home.*

bof² ⟨tw.⟩ **0.1** *wham!, bam!, pow!*

boffen 0.1 *be lucky* ◆ **5.1** geweldig ~ (met iets) *be very lucky (with sth.);* zij ~ ook nooit eens *they are always unlucky / out of luck* ¶**.1** dat is ~ *that's a bit of luck.*

boffer 0.1 [persoon] *lucky dog* **0.2** [toevallig gelukje] *fluke.*

bofkont ⟨inf.⟩ **0.1** *lucky dog.*

bogen 0.1 *boast, pride o.s. ((up)on);* ⟨pochen⟩ *boast (of / about)* ◆ **6.1** deze stad kan ~ **op** een stadion *this town boasts a stadium.*

Boheems 0.1 *Bohemian.*

bohème 0.1 ⟨milieu⟩ *Bohemia;* ⟨levenswijze⟩ *Bohemianism.*

Bohemen 0.1 *Bohemia.*

bohémien 0.1 *Bohemian.*

boiler 0.1 *water heater* ⇒ *boiler.*

bok 0.1 [mannetje v.d. geit] *(male) goat* ⇒ *billy goat* **0.2** [mannetje van andere dieren]⟨herten, antilopen⟩ *buck* ⇒ ⟨herten, elanden⟩ *stag* **0.3** [draaggestel]⟨vnl. in samenst.⟩ *horse* ⇒ *rack,* ⟨biljart⟩ *bridge* **0.4** [hijswerktuig] *(hoisting) sheers* ⇒ *sheerlegs* **0.5** [gymnastiektoestel] *buck* **0.6** [zitplaats v.d. koetsier] *coach-box* ◆ **2.2** ⟨fig.⟩ een ouwe ~ ⟨geil⟩ *an old goat* **3.**¶ een ~ schieten / maken *blunder* **8.1** erop zitten als de ~ op de haverkist *jump at sth.* ¶**.1** ⟨sprw.⟩ een oude ~ lust nog wel een jong blaadje *old muck-hills will bloom.*

bokaal 0.1 [drinkbeker] *goblet* **0.2** [glazen kom / fles] *beaker.*

bok(je)springen ⟨spel⟩ **0.1** *(play) leapfrog.*

bokspringen ⟨sport⟩ **0.1** *(squat) vaulting* ⇒ *vaulting exercise.*

bokken 0.1 [nors zijn] *sulk* **0.2** [mbt. paarden] *buck* ◆ **3.1** hij loopt al twee dagen te ~ *he has been sulking for two days.*

bokkenpruik ◆ **3.**¶ de ~ ophebben *be in a bad mood.*

bokkensprong 0.1 *caper* ◆ **3.**¶ ⟨rare⟩ ~en maken *cut capers.*

bokkenwagen 0.1 *goat-cart.*

bokkig 0.1 *gruff* ⇒ *surly,* ⟨koppig⟩ *pigheaded.*

bokking 0.1 *smoked herring.*

boksbal 0.1 *punchball.*

boksbeugel 0.1 *knuckle-duster.*

boksen I ⟨onov.ww.⟩ **0.1** [sport] *box* **0.2** [scheep.] *sail into/ against the wind* ⇒*sail to windward* ◆ **6.1** ~ **tegen/met** *b. against/with;*
II ⟨ov.ww.⟩ ◆ **¶.¶** hoe heb je het voor elkaar kunnen ~? *how did you manage it?*

bokser ⟨sport⟩ **0.1** *boxer.*

boksersneus 0.1 *boxer's nose.*

bokshandschoen 0.1 *boxing glove.*

boksring 0.1 *boxing ring.*

bokssport 0.1 *boxing.*

bokswedstrijd 0.1 *boxing match* ⇒*(prize) fight.*

bol¹ ⟨de⟩ **0.1** [rond voorwerp] *ball* ⇒*bulb* ⟨van lamp/thermometer⟩ **0.2** [wisk.] *sphere* **0.3** [hoofd] *head* **0.4** [plantk.] *bulb* **0.5** [hemellichaam] *sphere* ◆ **2.1** de glazen ~ v.e. waarzegster *the crystal ball of a fortune-teller* **2.3** ⟨fig.⟩ een knappe ~ *a clever chap* **6.3** het hoog in de ~ hebben *have big ideas;* het is hem in zijn ~ geslagen *he's gone crazy/off his h./round the bend.*

bol² ⟨bn., bw.⟩ **0.1** *round* ◆ **1.1** een ~le lens *a convex lens* **3.1** ⟨fig.⟩ die recensie stond ~ v.d. vooroordelen *that review was full of prejudices* **¶.¶** hé, ~le! *hey, Fatso!*

bolder ⟨scheep.⟩ **0.1** *bitt.*

bolderkar 0.1 *(type of) cart.*

bolero 0.1 *bolero.*

bolgewas 0.1 *bulbous plant.*

bolhoed 0.1 *bowler (hat).*

bolide I ⟨de (v.)⟩ **0.1** [meteoor] *bolide;*
II ⟨de⟩ **0.1** [raceauto] *racing car.*

Bolivia 0.1 *Bolivia.*

Boliviaan, -se 0.1 *Bolivian.*

bolknak 0.1 *big/fat cigar, Havana.*

bolleboos 0.1 *clever clogs* ◆ **6.1** zij is een ~ **in** natuurkunde *she's very good at physics.*

bollen 0.1 *bulge* ⇒⟨zeilen ook⟩ *belly (out)* ◆ **1.1** die muur bolt *that wall is bulging* **3.1** doen ~ *bulge;* ⟨mbt. zeilen ook⟩ *belly.*

bollenkweker 0.1 *bulb grower.*

bollenkwekerij 0.1 *bulb farm.*

bollenstreek 0.1 *bulb(-growing) area.*

bollenteelt 0.1 *bulb-growing (industry).*

bollentijd 0.1 *bulb season.*

bollenveld 0.1 *bulb field* ◆ **2.1** bloeiende ~en *bulb fields in (full) bloom.*

bolletje 0.1 [kleine bol] *(little) ball* ⇒*globule* ⟨druppeltje⟩, *golf ball* ⟨van schrijfmachine⟩ **0.2** [broodje] *(soft) roll* ◆ **1.2** witte/bruine ~s *white/brown rolls.*

bolletjestrui ⟨sport⟩ **0.1** *spotted jersey.*

bolrond 0.1 [bolvormig] *spherical* **0.2** [min of meer bolvormig] *round* ◆ **1.2** een ~ gezicht *a chubby face.*

bolsjewiek 0.1 *Bolshevik.*

bolsjewisme 0.1 *Bolshevism.*

bolsjewist 0.1 *Bolshevist.*

bolsjewistisch 0.1 *Bolshevist(ic).*

bolstaand 0.1 *bulging* ◆ **1.1** een ~ conservenblikje *a b. can* **6.1** ⟨fig.⟩ een van leugens ~ artikel *an article full of lies.*

bolster 0.1 [mbt. noten] *shell* **0.2** [mbt. graan/peulvruchten] *hull* ⇒⟨graan ook⟩ *husk,* ⟨peulvruchten ook⟩ *pod* ◆ **2.1** ⟨fig.⟩ ruwe ~, blanke pit *a rough diamond.*

bolus 0.1 [gebak] *±Chelsea bun* **0.2** [drol] *turd.*

bolvormig 0.1 *spherical* ⇒*convex* ⟨vnl. mbt. lenzen⟩, *globular.*

bolwerk 0.1 *bulwark* ⇒⟨fig. ook⟩ *bastion, stronghold* ◆ **2.1** een conservatief ~ *a bulwark of conservatism.*

bolwerken 0.1 ⟨klaarspelen, tot stand brengen⟩ *manage, pull off;* ⟨uithouden⟩ *stick it out, hold one's own* ◆ **3.1** ze kan het niet meer ~ *it's too much for her* **4.1** het (kunnen) ~ *manage (it), pull it off; stick it out.*

bom 0.1 [met explosieven gevuld voorwerp] *bomb* **0.2** [grote hoeveelheid]⟨alg.⟩ *load, pile* ⇒⟨mbt. geld ook⟩ *bomb* ◆ **1.2** hij verdient een ~ duiten/geld *he's making a fortune* **2.1** een echte ~ ⟨tgov. dummy⟩ *a live b.* **2.¶** zure ~men *pickled gherkins* **3.1** met ~men bestoken *bomb* **3.¶** ⟨fig.⟩ de ~ is gebarsten *the bombshell's been dropped* **8.1** het bericht sloeg in als een ~ *everybody was dumbfounded by the news.*

BOM ⟨afk.⟩ **0.1** [bewust ongehuwde moeder] *(±bachelor mother).*

bomaanslag 0.1 *bomb attack* ⟨vnl. op specifieke mens(en)/doel⟩ ⇒*bombing* ⟨vnl. willekeurig⟩, *bomb outrage* ◆ **3.1** een ~ plegen (op) *carry out a b. a. (on)* **7.1** de vele ~en in Noord-Ierland *the many bombings in Northern Ireland.*

bomaanval 0.1 *air raid* ⇒*bombardment.*

bomalarm 0.1 *bomb alert* ⇒*air-raid warning* ⟨in oorlogstijd⟩, *bomb scare* ⟨niet in oorlogstijd⟩ ◆ **3.1** er is ~ op Schiphol *they are having a b. a. at Schiphol.*

bomauto 0.1 *booby-trapped car.*

bombardement 0.1 *bombardment* ◆ **2.1** een zwaar ~ uitvoeren *carry out a heavy b.*

bombarderen 0.1 [bommen werpen op] *bomb* ⇒⟨inf.⟩ *plaster,* ⟨inf.⟩ *pound* **0.2** [beschieten] *bombard* ⇒⟨met granaten ook⟩ *shell,* ⟨met tomaten ook⟩ *pelt* **0.3** [fig.] *bombard* ⇒ *shower* **0.4** [nat.] *bombard* ◆ **6.3** ze ~ ons hier met nota's *they shower us with memoranda here* **6.4** een kern met neutronen ~ *b. a nucleus with neutrons.*

bombardeur 0.1 *bomber.*

bombarie ⟨inf.⟩ **0.1** *fuss* ◆ **3.1** ~ maken/schoppen (over) *kick up a f. (about).*

bombast 0.1 *bombast* ⇒*fustian.*

bombastisch 0.1 *bombastic.*

bomberjack 0.1 *bomber jacket.*

bombrief 0.1 *letter bomb* ⇒*mail bomb.*

bomen ⟨inf.⟩ **0.1** *have a good long talk* ◆ **6.1** we hebben de hele nacht zitten ~ **over** *...we sat up all night talking about...*

bomexplosie 0.1 *bomb explosion.*

bomkrater, bomtrechter 0.1 *(bomb) crater.*

bommelding 0.1 *bomb alert* ⇒*bomb scare* ⟨niet in oorlogstijd⟩ ◆ **3.1** er is een ~ binnengekomen op Schiphol *they've had a b. a. at Schiphol.*

bommen ◆ **¶.¶** ⟨inf.⟩ (het) kan mij wat/niet ~! *(a) fat lot I care!*

bommenwerper 0.1 *bomber.*

bommoeder, -vrouw →BOM.

bompakket 0.1 *parcel bomb.*

bomschade 0.1 *bomb damage.*

bomtapijt 0.1 *carpet of bombs* ◆ **3.1** het leggen van een ~ *saturation bombing.*

bomvol 0.1 *chock-/cramfull* ⇒*packed* ◆ **1.1** een ~le zaal *a crammed/packed hall.*

bomvrij 0.1 *bombproof* ⇒⟨tegen granaten ook⟩ *shellproof* ◆ **1.1** een ~e schuilkelder *an air-raid shelter.*

bon 0.1 [formulier met het te betalen bedrag] *bill* ⇒⟨ontvangstbewijs ook⟩ *receipt,* ⟨van kasregister ook⟩ *cash register slip* **0.2** [waardebon] *voucher, coupon* ⇒⟨cadeaubon/boekenbon ook⟩ *token,* ⟨tegoedbon⟩ *credit slip,* ⟨sl.; vnl. consumptie/maaltijdbon⟩ *chit* **0.3** [bewijs van bekeuring] *ticket* ◆ **6.1** zonder ~ geen ruiling *goods can only be exchanged (up)on presentation of the receipt* **6.3** iem. op de ~ zetten/slingeren *give s.o. a t.* **6.¶** vlees ging op de ~ *meat was rationed.*

121

bonafide 0.1 *bona fide* ⇒*in good faith.*
bonboekje 0.1 *book of vouchers/coupons* ⇒⟨met distributiebonnen⟩ *ration book.*
bonbon 0.1 *chocolate* ⇒*bonbon* ◆ **1.1** een doos ~s *a box of chocolates* **2.1** gevulde ~s *chocolate creams.*
bond 0.1 [duurzame vereniging] *(con)federation* ⇒*confederacy, alliance, union* 0.2 [vereniging ter behartiging van belangen] *union* ⟨ook vakbond⟩ ⇒*association, society* ⟨ook in namen van vakbonden⟩, *alliance* 0.3 [vereniging tot verspreiding van denkbeelden] *society, association* ⇒ *league* 0.4 [bondgenootschap] *alliance* ⇒*pact, league* ◆ **1.2** de ~ van onderwijzers *the teachers' u.* **1.3** ~ van geheelonthouders *temperance society* **3.2** naar de ~ stappen *take sth. up with the u.*
bondgenoot 0.1 [staat/persoon met wie men een verdrag heeft] *ally* ⟨ook tijdelijk⟩ ⇒*confederate* 0.2 [iem. met hetzelfde doel] *ally* ⇒*confederate, partner, associate* ◆ **3.2** in iem. een ~ herkennen/begroeten *see/greet s.o. as an ally.*
bondgenootschap 0.1 [onderlinge betrekking van bondgenoten] *alliance* ⟨vaak tijdelijk⟩ ⇒*confederacy, (con)federation* 0.2 [verdrag] *alliance* ◆ **2.2** het Atlantisch ~ *the Atlantic Alliance* **3.2** een ~ aangaan/sluiten *enter into an a. (with).*
bondig 0.1 *concise, terse* ⇒*laconic,* ⟨kernachtig⟩ *pithy* ◆ **1.1** een ~ antwoord *a terse answer* **2.1** kort en ~*(briefly and) to the point;* ⟨iron.⟩ *short and sweet* **3.1** iets ~ uitdrukken *put sth. in a nutshell.*
bondigheid 0.1 *conciseness, terseness* ⇒⟨kernachtigheid⟩ *pithiness*
bondsbonze 0.1 *big shot, bigwig* ⇒⟨vakbond⟩ *union boss.*
bondscoach ⟨sport⟩ 0.1 *national coach.*
bondselftal ⟨sport⟩ 0.1 *national team.*
bondskanselarij 0.1 *Office of the Federal Chancellor* ⇒ *Federal Chance(lle)ry.*
bondskanselier 0.1 *Federal Chancellor.*
bondsploeg ⟨sport⟩ 0.1 *national team.*
bondspresident 0.1 *(Federal) President* ◆ **2.1** de Duitse ~ *the West German President.*
bondsregering 0.1 *federal government.*
Bondsrepubliek 0.1 *Federal Republic (of Germany)* ◆ **2.1** Duitse ~ *Federal Republic of Germany.*
bondsstaat 0.1 *(con)federation, federal/federated state.*
bondstrainer ⟨sport⟩ 0.1 *trainer of the national team.*
bonenkruid ⟨plantk.⟩ 0.1 *(summer) savory.*
bonensoep 0.1 *bean soup.*
bonenstaak 0.1 *beanpole* ⟨ook lett.⟩ ◆ **8.1** zo stijf als een ~ *as stiff as a rake.*
bongo ⟨muz.⟩ 0.1 *bongo (drum).*
bonificatie 0.1 *indemnification* ⇒⟨wielersport⟩ *time bonus.*
bonje ⟨inf.⟩ 0.1 *row* ◆ **3.1** ~ hebben *have a r.;* ~ maken *start a/kick up a r.*
bonjour 0.1 ⟨begroeting⟩ *good day/morning/afternoon* ⇒ ⟨afscheid⟩ *goodbye.*
bonjouren ⟨inf.⟩ ◆ **5.¶** iem. eruit ~ *throw s.o. out, get rid of s.o.;* ⟨uit horecabedrijf ook⟩ *bounce s.o.* ⟨door uitsmijter/portier⟩.
bonk 0.1 [groot stuk] *lump* 0.2 [lomp persoon] *lump* ◆ **1.1** een ~ klei *a l. of clay* **2.2** een ruwe/onverschillige ~ *a coarse/indifferent lout* **7.1** één ~ zenuwen *a bundle of nerves.*
bonkaart 0.1 *ration card.*
bonken 0.1 [hard aankomen tegen] *crash/bump (against/into)* 0.2 [hard slaan] *bang* ⇒*pound* ◆ **6.1** het schip bonkte tegen de rotsen *the ship crashed against the rocks* **6.2** op een deur ~ *b. on a door.*

bonkig 0.1 *scrawny.*
bonnefooi ◆ **6.¶** op de ~ ergens heen gaan *go somewhere on the off chance.*
bons 0.1 [geluid] *thud* ⇒*thump* 0.2 →*bonze* ◆ **3.¶** iem. de ~ geven *give s.o. the push;* ⟨omwille v.e. nieuwe vriend(in)⟩ *jilt s.o.;* de ~ krijgen *get the push;* ⟨omwille v.e. nieuwe vriend(in)⟩ *be jilted.*
bont[1] ⟨het⟩ 0.1 [pels] *fur* 0.2 [voorwerpen] *fur* ⟨vaak mv.⟩ ⇒ ⟨bontjas/mantel⟩ *fur coat* ◆ **3.2** ~ dragen *wear furs* **6.1** met ~ gevoerd *fur-lined.*
bont[2] ⟨bn., bw.⟩ 0.1 [meer-, veelkleurig] *multicoloured* ⇒ ⟨vnl. mbt. planten⟩ *variegated* 0.2 [gemengd] *colourful* ◆ **1.1** ~e kleuren *bright colours;* ⟨pej.⟩ *gaudy/garish colours;* de ~e coloured wash *1.2* een ~ gezelschap *a c. group of people;* ⟨pej.⟩ *a motley crew;* een ~ programma *a varied programme* **2.1** iem. ~ en blauw slaan *beat s.o. black and blue* **3.¶** het te ~ maken *go too far.*
bontgoed 0.1 [stoffen] *(cotton) prints* ⇒⟨was⟩ *coloured wash.*
bonthandel 0.1 *fur trade.*
bonthandelaar 0.1 *furrier.*
bontheid 0.1 [veelkleurigheid] *multicolouredness* 0.2 [gemengdheid] *variety* ⇒*colourfulness.*
bontjas, bontmantel 0.1 *fur coat.*
bontmuts 0.1 *fur cap/hat.*
bon ton 0.1 *good manners, the done thing* ⇒⟨mode⟩ *the fashion/style* ◆ **3.1** het is daar ~ om in jacquet te dineren *it's the done thing there to dress for dinner.*
bontwerker 0.1 *furrier, fur worker.*
bonus 0.1 *bonus* ⇒*premium.*
bonusuitgifte 0.1 *bonus issue* ⇒*scrip issue.*
bon-vivant 0.1 *bon vivant* ⇒*jovial fellow.*
bonze, bons 0.1 [invloedrijk persoon] *(big) boss.*
bonzen I ⟨onov.ww.⟩ 0.1 [beuken] *bang* ⇒*hammer* 0.2 [botsen] *bump/crash (against/into)* 0.3 [onstuimig kloppen] *pound* ◆ **1.3** met ~d hart *with (a) pounding heart* **6.1** op een deur ~ *b. on a door* **6.2** tegen iem. aan ~ *b. into s.o.;* **II** ⟨ov.ww.⟩ 0.1 [hevig kloppen/slaan] *bang* ⇒*hammer.*
boodschap 0.1 [artikel] *purchase* ⟨vaak mv.⟩ ⇒⟨mv. ook⟩ *(the) shopping* 0.2 [opdracht] *errand* ⇒⟨missie⟩ *mission* 0.3 [bericht; mededeling met een strekking] *message* ◆ **2.3** een nare ~ *an unpleasant m.* **2.¶** een grote ~ doen *do one's business;* een kleine ~ doen *spend a penny* ⟨naar de wc⟩ **1.3** ~ pen gaan doen *go (out) shopping* **3.3** kan ik de ~ aannemen/overbrengen? *can I take/give a m.?;* een ~ voor iem. achterlaten *leave a m. for s.o.;* een ~ krijgen *get a m.;* iemands ~ overbrengen *deliver a m. for s.o.* **3.¶** zwijgen is de ~ *mum's the word* **6.1** die kun je wel een ~ sturen ⟨fig.⟩ *you can leave things to him/her* **6.2** iem. met een ~ belasten *send s.o. on an e.* **6.3** een roman met een ~ *a novel with a m.* **7.¶** geen ~ aan iets/iem. hebben *not want to have anything to do with sth./s.o.*
boodschappendienst 0.1 *messenger service* ⇒⟨privéexpresbesteldienst, vaak op motoren⟩ *courier service.*
boodschappenjongen 0.1 *errand-boy* ⇒⟨bezorger ook⟩ *delivery boy.*
boodschappenlijstje 0.1 *shopping list.*
boodschappenmand 0.1 *shopping basket.*
boodschappentas 0.1 *shopping bag.*
boodschappenwagentje 0.1 *shopper, shopping cart.*
boodschapper 0.1 *messenger* ⇒⟨koerier⟩ *courier.*
boog 0.1 [schiettuig] *bow* 0.2 [bouwk.; gebogen constructie] *arch* ⇒⟨van brug ook⟩ *span* 0.3 [deel v.e. kromme lijn] *arc* ⇒⟨bocht⟩ *curve* ◆ **1.1** met pijl en ~ *with b. and arrow* **6.3** met een (grote) ~ om iets heenlopen *go out of one's way to*

avoid sth., give sth. a wide berth ¶.1 ⟨sprw.⟩ de ~ kan niet altijd gespannen zijn *a bow long bent at last waxes weak.*
boogballetje ⟨sport⟩ **0.1** *chip* ⇒⟨hoog⟩ *loft, lob.*
boogbrug 0.1 *arch(ed) bridge.*
booggraad ⟨wisk.⟩ **0.1** *degree (of arc).*
booglamp 0.1 *arc lamp/light.*
boogschieten 0.1 *archery.*
boogschutter 0.1 [persoon] *archer.*
Boogschutter ⟨astrol.⟩ **0.1** *Sagittarius.*
boogvormig 0.1 *arched.*
bookmaker 0.1 *bookmaker, bookie.*
boom 0.1 [gewas] *tree* **0.2** [voorwerp]⟨bezaans/laad/havenboom⟩ *boom;* ⟨afsluit/slagboom⟩ *bar, barrier, gate;* ⟨spoorboom⟩ *gate;* ⟨vaarboom⟩ *pole* **0.3** [tekening, diagram] *tree* ◆ **1.1** de ~ des levens *the t. of life;* een ~ v.e. vent *a strapping fellow* **3.2** een ~ sluiten/openen *lower/raise a barrier* **3.**¶ een ~ opzetten over iets *have a good long talk about sth.* **6.1** ze zien *door* de bomen het bos niet *they can't see the wood for the trees;*⟨fig.⟩ je kunt me de ~ **in** ⟨hoepel op⟩ *(you can) get lost;*⟨daar komt niets van⟩ *forget it* ¶.1 ⟨sprw.⟩ hoge bomen vangen veel wind *a great tree attracts the wind;*⟨sprw.⟩ oude bomen verplant men niet *remove an old tree and it will wither to death.*
boomchirurg 0.1 *tree surgeon.*
boomgaard 0.1 *orchard.*
boomgrens 0.1 *tree line* ⇒*timber line.*
boomklever 0.1 *nuthatch.*
boomkruiper 0.1 *short-toed tree creeper.*
boomkwekerij 0.1 [kunst, bedrijf] *tree cultivation* ⇒*arboriculture* **0.2** [zaak; plaats] *tree nursery.*
boomleeuwerik 0.1 *woodlark.*
boompieper 0.1 *tree pipit.*
boomschors 0.1 *(tree-)bark.*
boomstam 0.1 *(tree-)trunk.*
boomstronk 0.1 *tree-stump.*
boomtak 0.1 *branch, bough.*
boon 0.1 *bean* ◆ **2.1** bruine bonen ±*kidney beans;* witte bonen in tomatensaus ±*baked beans;* witte bonen *haricot beans* **6.**¶ in de bonen zijn *be (all) at sea.*
boontje ◆ **2.**¶ hij is (bepaald) geen heilig ~ *he's (certainly) no saint* **3.**¶⟨fig.⟩ hij kan zijn eigen ~s wel doppen *he can fight his own battles* ¶.¶ ⟨sprw.⟩ ~ komt om zijn loontje *he that mischief hatches, mischief catches.*
boor I ⟨de⟩ **0.1** [handboor]⟨omslagboor⟩ *brace;* ⟨omslagboor met boorijzer⟩ *brace and bit* **0.2** [boorijzer] *bit* **0.3** [boormachine] *drill* ⟨ook tandarts⟩;
II ⟨het⟩⟨schei.⟩ **0.1** [borium] *boron.*
boord 0.1 [afwerking aan een kledingstuk] *band* ⇒*trim* **0.2** [(losse) kraag] *collar* **0.3** [(lucht)vaartuig] *board* ◆ **2.1** elastische ~en *elastic bands* **2.2** een bloesje met een hoge ~ *a high-collared blouse;*⟨fig.⟩ witte ~en *white-collar workers* **6.3 aan** ~ gaan *go aboard/on b.;*⟨als passagier ook⟩ *embark;* het vliegtuig had 120 passagiers *aan* ~ *the plane had 120 passengers on b./aboard;* **aan** ~ v.h. schip gaan *board the ship;* **van** ~ gaan *disembark.*
boordband, boordlint 0.1 *band, trimming* ⇒*piping, galloon.*
boorden 0.1 [een boordsel naaien om/aan] *trim* **0.2** [als (met) een boord omgeven] *border* ⇒*run/stretch along* ◆ **1.1** een japon ~ *t. a dress.*
boordenknoop 0.1 *collar-stud.*
boordevol 0.1 *full/filled to overflowing* ⇒⟨glas ook⟩ *full to the brim,* ⟨zak ook⟩ *bulging,* ⟨bord ook⟩ *heaped,* ⟨vertrek ook⟩ *crammed (full),* ⟨vertrek ook⟩ *packed* ◆ **1.1** ~ nieuwe ideeën *bursting/*⟨boek⟩ *crammed with new ideas;* ~ mensen *packed with/crammed with people.*

boordgeschut 0.1 *guns* ⟨mv.⟩.
boordkanon 0.1 *gun.*
boordradio 0.1 *(ship's/aircraft) radio.*
boordschutter 0.1 *gunner.*
boordvrij ⟨hand.⟩ **0.1** *ex ship* ⇒*free on board, f.o.b.*
boordwerktuigkundige 0.1 *flight engineer.*
boordwijdte 0.1 *collar width.*
booreiland 0.1 *drilling rig/platform;* ⟨olie⟩ *oilrig.*
boorgat 0.1 *drill hole, borehole.*
boorinstallatie 0.1 *drilling rig* ⇒*drilling installation.*
boormachine 0.1 ⟨handboor⟩ *(electric) drill;* ⟨in fabriek enz.⟩ *drilling machine, drill press.*
boorplatform 0.1 *drilling rig/platform;* ⟨olie⟩ *oilrig.*
boortol 0.1 *electric hand-drill.*
boortoren 0.1 *derrick* ⇒*drilling rig.*
boorzalf 0.1 *boracic ointment.*
boos 0.1 [kwaad] *angry* ⇒⟨woedend⟩ *furious,* ⟨nijdig⟩ *cross* **0.2** [bars] *angry* ⇒*nasty, hostile,* ⟨minder erg⟩ *mean* **0.3** [kwaadwillig] *evil* ⇒*malicious, wicked* **0.4** [zedelijk verdorven] *evil* ⇒*foul, vile* **0.5** [kwaadaardig] *evil* ⇒*bad,* ⟨inf.⟩ *nasty, vicious* ⟨hond⟩ **0.6** [onstuimig] *bad* ⇒*rough* **0.7** [verderfelijk] *evil, wicked, corrupt, depraved* ◆ **1.1** een boze blik op iem. werpen *give s.o. an a. look;* in een boze bui *in a fit of anger* **1.2** hij liep met een boze kop de deur uit *he walked out in a huff* **1.3** met boze opzet *with malicious intent;* het was geen boze opzet *there was no harm intended;* boze tongen *e. tongues* **1.4** de boze geesten *e. spirits* **1.5** de boze wolf *the big bad wolf* **1.7** de boze gevolgen *the e. consequences* **3.1** ~ kijken (naar iem.) *scowl (at s.o.);* iem. ~ maken *make s.o. a.;* je moet niet ~ worden *don't be a.* **6.1** zich ~ maken **om** iets *get a. about sth.;* hij is ~ **op** zichzelf *he's a. at himself;* ~ worden **op** iem. *get a. at s.o.*
boosaardig 0.1 [kwaadaardig] *malignant* **0.2** [vijandig] *malicious* ⇒*vicious* ◆ **1.1** een ~e ziekte *a m. disease* **1.2** ~e laster *m. gossip* **3.2** ~ grommen *snarl viciously.*
boosdoener 0.1 [iem. die kwaad doet] *wrongdoer* **0.2** [scherts.; dader] *the villain (of the piece)* ⇒⟨schuldige⟩ *culprit* ◆ **3.2** wie is de ~ *who is the culprit?*
boosheid 0.1 *anger* ⇒⟨grote woede⟩ *fury* ◆ **3.1** zijn ~ ging over *his a. blew over.*
booswicht 0.1 *villain* ⇒*wretch.*
boot 0.1 [alg.; vaartuig] *boat* ⇒*vessel,* ⟨groot⟩ *steamer,* ⟨groot⟩ *ship* **0.2** [veerboot] *ferry* **0.3** [reddingsboot] *(life) boat* ◆ **3.1** de ~ afhouden ⟨fig.⟩ *play for time;*⟨zich aan zijn plicht onttrekken⟩ *shirk one's responsibilities/duties;* ⟨ontwijken⟩ *refuse to commit o.s., keep one's distance;* de ~ missen ⟨ook fig.⟩ *miss the b.* **6.1** met de ~ reizen *travel by b./sea;*⟨fig.⟩ studenten die **uit** de ~ vallen *students who drop out* **6.2** de ~ **naar** Engeland nemen *take the f./boat to England* **6.**¶ iem. **in** de ~ nemen *pull s.o.'s leg* ¶.1 de ~ is aan ⟨fig.⟩ *now there's (going to be) hell to pay.*
bootdienst 0.1 *boat/steamer service.*
booten 0.1 *boot.*
boothals 0.1 *boat neck* ◆ **6.1** een trui/jurk **met** een ~ *a boat-neck sweater/dress.*
boothuis 0.1 *boathouse.*
bootleg 0.1 *bootleg.*
bootlengte 0.1 *(boat's) length* ◆ **2.1** met een halve/volle ~ winnen *win by half a/a full length.*
bootreis 0.1 *voyage* ⇒⟨plezierreis⟩ *cruise.*
bootshaak 0.1 *boathook.*
bootsman, boots 0.1 *boatswain* ⇒*bo(')sun.*
boottocht 0.1 *boat trip/excursion.*
boottrein 0.1 *boat train.*

bootwerker 0.1 *docker* ⇒*dockhand.*

bord 0.1 [stuk vaatwerk] *plate* **0.2** [plaat met opschrift] *sign* ⇒*notice* **0.3** [schoolbord] *(black)board* **0.4** [speelbord] *board* **0.5** [mededelingenbord] *notice board* **0.6** [karton] *cardboard* ♦ **1.1** een ~ soep *a p. of soup* **2.1** platte en diepe ~ *dinner and soup plates* **3.2** de ~jes zijn verhangen ⟨fig.⟩ *the tables are turned, the boot is on the other leg* **3.¶** ⟨inf.⟩ een ~ voor zijn kop hebben *be thick-skinned* **6.1** ⟨fig.⟩ alle probleemgevallen komen **op** zijn ~je terecht *he ends up with all the difficult cases on his p.;* **van** een ~ eten *eat off a p.* **6.2** de hele route is **met** ~ en aangegeven *it's sign-posted all the way;* een ~je **op** de deur *a nameplate on the door* **7.4** ⟨schaakspel⟩ aan het eerste ~ zitten *be on first board.*

bordeaux I ⟨de⟩ **0.1** [wijn] *bordeaux* ⇒⟨rode⟩ *claret;* **II** ⟨het⟩ **0.1** [kleur] *wine.*

bordeel 0.1 *brothel* ⇒*whorehouse.*

bordeelhouder, -ster 0.1 *brothel keeper* ⟨m., v.⟩ ⇒*madam(e)* ⟨v.⟩.

bordenwarmer 0.1 *plate-warmer.*

bordenwasser 0.1 *dishwasher.*

bordenwisser 0.1 ⟨mbt. schoolbord⟩ *board duster;* ⟨mbt. whiteboard voor viltstiften⟩ *board wiper.*

bordes 0.1 ±*steps.*

bordpapier 0.1 *cardboard.*

bordspel 0.1 *board game.*

borduren 0.1 *embroider.*

borduurgaas 0.1 *embroidery canvas.*

borduurgaren 0.1 *embroidery thread.*

borduurnaald 0.1 *embroidery needle.*

borduurraam 0.1 *embroidery frame.*

borduursel 0.1 *embroidery.*

borduursteek 0.1 *embroidery stitch.*

borduurwerk 0.1 *embroidery.*

borduurzijde 0.1 *embroidery silk.*

boreling ⟨schr.⟩ **0.1** *baby* ⇒*infant.*

boren I ⟨ov.ww.⟩ **0.1** [met een boor maken] *bore* ⇒*drill* **0.2** [doorboren] *pierce* ⇒*perforate* **0.3** [uitboren] *bore (out)* ⟨hout⟩ ⇒*drill* ⟨metaal⟩ ♦ **1.1** gaten ~ *b./drill holes* **1.3** kiezen ~ *drill molars;*
II ⟨onov.ww.⟩ **0.1** [met een boor werken] *bore* ⇒*drill* **0.2** [door iets heen, in iets dringen] *pierce (into)* ⇒*penetrate (into)* ♦ **4.2** de kogel boorde zich in de muur *the bullet penetrated into the wall* **6.1** naar olie ~ *drill for oil.*

borg 0.1 [persoon] *surety* ⇒⟨mbt. gevangene⟩ *bail* **0.2** [onderpand] *security* ⇒⟨borgsom bij koop/huur⟩ *deposit* **0.3** [waarborg] *guarantee* ⇒*pledge* **0.4** [tech.] *keeper* ⇒*safety device* ♦ **2.2** geen voldoende ~ kunnen stellen *be unable to give sufficient s.* **3.1** ~ staan voor een betaling *stand s. for a payment;* ⟨fig.⟩ ~ staan voor iemands betrouwbaarheid *vouch for s.o.'s reliability;* zich ~ stellen voor een gevangene *stand bail for a prisoner* **3.3** onze voorbereiding staat ~ voor een vlekkeloos verloop *our preparation guarantees things will go smoothly.*

borgpen 0.1 *lock(ing) pin.*

borgsom 0.1 ⟨bij huur/koop⟩ *deposit; security (money)* ♦ **3.1** een ~ betalen *pay a d.*

borgstelling 0.1 [handeling] *suretyship* **0.2** [geldsom] *security (money)* ♦ **6.2** geld verstrekken **tegen** een ~ *lend money on security.*

borgtocht 0.1 ⟨jur.⟩ *bail* ⇒*recognizance* ♦ **6.1** op ~ vrijgelaten worden *be released on b.;* weigeren iem. **op** ~ vrij te laten *refuse b.;* iem. **op** ~ vrij krijgen *bail s.o. out.*

boring 0.1 *boring* ⇒*drilling* ♦ **3.1** ~en verrichten/doen *carry out drillings* **6.1** een ~ **naar** olie/gas *drilling for oil/gas.*

borium ⟨schei.⟩ **0.1** *boron.*

borrel 0.1 [glas sterkedrank] *drink* **0.2** [het drinken, gelegenheid] *drink* ⇒*get-together* ♦ **2.1** een stevige ~ lusten/drinken *be a heavy drinker* **3.1** een ~ nemen/pakken *have a d.* **3.2** een ~ geven/houden *have people round for a d.;* iem. voor een ~ uitnodigen *ask s.o. round/invite s.o. for a d.*

borrelen 0.1 [mbt. vloeistoffen] *bubble* ⇒*gurgle* ⟨mbt. geluid⟩ **0.2** [borrels drinken] *have a drink* **0.3** [bobbelend naar boven komen] *bubble (up).*

borrelglas 0.1 *shot glass.*

borrelhapje 0.1 *snack, appetizer.*

borrelnootje 0.1 *nut (to go with cocktails)* ⇒⟨als borrelhapje⟩ *cocktail snack.*

borrelpraat 0.1 *drivel.*

borreltijd, -uur 0.1 *cocktail time.*

borst I ⟨de⟩ **0.1** [mbt. mensen] ⟨borstkas⟩ *chest* **0.2** [mbt. dieren] *breast* ⟨paard⟩; *chest* ⟨hond⟩ **0.3** [mbt. vrouwen] *breast* ♦ **2.1** een platte/ronde/brede ~ hebben *be flat-/barrel-/broad-chested;* uit volle ~ zingen *sing at the top of one's voice* **2.3** zware ~en hebben *have a heavy bosom* **3.3** een kind de ~ geven *breast-feed a child* **5.1** ~ vooruit! *c. out! shoulders back!* **6.1** iem. **aan** de ~ drukken *clasp s.o. to one's bosom;* zich **op** de ~ slaan/kloppen ⟨zich beroemen⟩ *congratulate o.s.;* ⟨fig.⟩ dat stuit mij **tegen** de ~ *that goes against the grain;*
II ⟨de (m.)⟩ **0.1** [jongen] *lad* ⇒*youth* ♦ **2.1** een brave ~ *an honest brother.*

borstamputatie 0.1 *mastectomy.*

borstbeeld ⟨bk.⟩ **0.1** *bust* ⇒⟨op munt⟩ *effigy.*

borstbeen 0.1 *breastbone.*

borstcrawl 0.1 *(front) crawl.*

borstel 0.1 *brush* ⟨ook tech.⟩.

borstelen 0.1 *brush* ♦ **1.1** zijn haar kammen en ~ *b. and comb one's hair;* zijn kleren ~ *b. (down) one's clothes.*

borstelig 0.1 *bristly* ⇒*bushy* ♦ **1.1** ~ haar *bristly hair.*

borstelkop 0.1 *crew cut.*

borsthaar 0.1 *chest hair.*

borstholte 0.1 *thoracic/chest cavity.*

borsthoogte ♦ **6.¶** **op** ~ *breast-high, up to one's chest.*

borstkanker 0.1 *breast cancer.*

borstkas 0.1 *chest.*

borstkind 0.1 *breast-fed child.*

borstklier 0.1 *mammary gland.*

borstkwaal 0.1 *chest complaint.*

borstonderzoek 0.1 [onderzoek v.d. ademhalingsorganen] *chest examination* **0.2** [onderzoek v.d. borsten v.e. vrouw] *breast examination.*

borstplaat 0.1 ±*fondant.*

borstprothese 0.1 *artificial breast* ⇒*breast prosthesis.*

borstslag 0.1 ⟨schoolslag⟩ *breaststroke;* ⟨borstcrawl⟩ *(front) crawl.*

borstspier 0.1 *pectoral (muscle).*

borstvin 0.1 *pectoral (fin).*

borstvlies 0.1 *pleura.*

borstvliesontsteking 0.1 *pleurisy.*

borstvoeding 0.1 *breast-feeding* ♦ **3.1** een kind ~ geven *breast-feed a baby;* ~ krijgen *nurse, be breast-fed.*

borstwering 0.1 [muurtje, hekwerk] *parapet* ⇒⟨langs balkon⟩ *balustrade* **0.2** [deel v.e. vestingmuur] *parapet* ⇒*rampart.*

borstwijdte 0.1 *width of the chest* ⇒⟨mbt. kledingstuk⟩ *chest (measurement),* ⟨van dameskleding ook⟩ *bust (measurement).*

borstzak 0.1 *breast pocket.*

bos I ⟨de⟩ **0.1** [bundel] *bundle* ⇒⟨sleutels, radijs e.d.⟩ *bunch* ◆ **1.1** een ~ bloemen *a bouquet;* ⟨niet opgemaakt, zelf geplukt⟩ *a bunch of flowers;* een flinke ~ haar *a fine head of hair;* een ~ touw *a hank of rope* **6.1** in ~sen binden *bundle, tie up into bundles; bunch* ⟨bloemen⟩;
II ⟨het⟩ **0.1** [woud] *woods;* ⟨groot⟩ *forest* ◆ **1.1** een stuk ~ *a stretch of w.* **3.1** met ~ begroeide heuvels *wooded hills.*

bosbeheer 0.1 [alg.] *forestry* **0.2** [rijksdienst] *[B]Forestry Commission,* [A]*Forest Service.*

bosbes 0.1 *bilberry* ⇒⟨in USA vnl.⟩ *blueberry.*

bosbouw 0.1 *forestry* ⇒*silviculture.*

bosbrand 0.1 *forest fire* ⇒⟨aan de bosrand⟩ *brushfire.*

bosgebied 0.1 *woodland/wooded area.*

bosgrond 0.1 *woodland* ⇒⟨grondsoort⟩ *woodland soil.*

bosje 0.1 [bundeltje] *bundle* ⇒*bunch* ⟨sleutels, radijs e.d.⟩, ⟨haar, gras, wol⟩ *tuft,* ⟨haar/gras ook⟩ *wisp* **0.2** [klein woud] *grove* ⇒*coppice* **0.3** [bosachtig park] *wood* ⇒*park* **0.4** [struik] *bush* ⇒*shrub* ◆ **6.1** bij ~s *by the dozen.*

Bosjesman 0.1 *Bushman.*

bosneger 0.1 *maroon.*

Bosnië-Herzegovina 0.1 *Bosnia-Hercegovina.*

Bosnisch 0.1 *Bosnian.*

bospad 0.1 *wood-path* ⇒*forest path/trail.*

Bosporus 0.1 *Bosp(h)orus.*

bosrand 0.1 *edge of a/the wood.*

bosrijk 0.1 *woody.*

bosuil 0.1 *tawny owl.*

bosuitje 0.1 *spring onion.*

bosveen 0.1 *peat.*

bosvrucht 0.1 *forest fruit* ⇒*fruit of the forest.*

boswachter 0.1 *forester* ⇒⟨USA, Canada, Australië⟩ *(forest) ranger,* ⟨privé ook⟩ *gamekeeper,* ⟨privé ook⟩ *gamewarden.*

boswandeling 0.1 *walk in the forest/wood(s).*

bot[1] I ⟨de⟩ **0.1** [vis] *flounder* ⇒*flatfish* ◆ **3.¶** ⟨fig.⟩ ~ vangen *draw a blank, come away empty-handed;*
II ⟨het⟩ **0.1** [been] *bone* **0.2** [mv.; leden, lichaam] *bones* ◆ **3.1** men kan zijn ~ten tellen *you can count his ribs* **6.1** tot op het ~ verkleumd zijn *chilled to the b.*

bot[2] I ⟨bn.⟩ **0.1** [niet scherp] *blunt* ⇒*dull* ◆ **3.1** ~ maken *blunt (the point/edge* ⟨enz.⟩ *of);* ~ worden *become/get b.;*
II ⟨bn., bw.⟩ **0.1** [plomp, grof] *blunt* ⇒*curt* ◆ **1.1** een ~te opmerking *a b. remark* **3.1** iets ~ weigeren *refuse sth. flatly.*

botanicus 0.1 *botanist.*

botanie 0.1 *botany.*

botanisch 0.1 *botanic(al)* ◆ **1.1** een ~e tuin *botanic(al) garden(s).*

botaniseren 0.1 *botanize.*

botbreuk 0.1 *break* ⇒*broken bone* ◆ **2.1** open en gesloten ~en *open and closed fractures.*

boter 0.1 [zuivelproduct] *butter* **0.2** [margarine] *butter* ⇒ *margarine* ◆ **1.1** een klontje ~ *a pat/knob of b.* **1.¶** hij heeft ~ op zijn hoofd *listen who's talking* **4.1** ⟨fig.⟩ ~ bij de vis *cash on the nail;* dik met ~ besmeerd *thickly buttered* **8.1** ⟨vulg.; fig.⟩ zo geil als ~ *horny as hell.*

boterberg 0.1 *butter mountain.*

boterbloem 0.1 *buttercup.*

boterbriefje (inf.) **0.1** [B]*marriage lines* ⇒*marriage certificate.*

boteren 0.1 [smeren] *butter* **0.2** [gedijen, lukken] *work* ◆ **5.1** dik geboterd *thickly buttered, smothered in butter* **5.2** het wil tussen hen niet ~ *they can't get on* **¶.1** als jij ze snijdt, zal ik ze ~ *you slave and I'll b.*

boterham 0.1 [snee brood] *slice/piece of bread* **0.2** [broodmaaltijd] *sandwiches* **0.3** [levensonderhoud] *living, live-*

lihood **0.4** [sandwich] *sandwich* ◆ **2.1** ⟨pej.; fig.⟩ een afgelikte ~ *the town bike;* een belegde ~ *a sandwich;* een droge ~, een ~ met tevredenheid *a slice/piece of dry bread* **2.3** hij verdient een aardige/dikke ~ *he makes a decent living* **3.1** ~men snijden *slice bread* **3.3** zijn ~ verdienen met … *earn one's living by …* **6.1** ⟨fig.⟩ iets op zijn ~ krijgen *get sth. on one's plate* **6.4** een ~ met ham *a ham sandwich.*

boterhamtrommeltje 0.1 *sandwich/lunch box.*

boterhamworst 0.1 ±*luncheon meat.*

boter-kaas-en-eieren 0.1 [B]*noughts and crosses,* [A]*tic-tac-toe.*

boterkoek 0.1 *butter biscuit.*

boterletter 0.1 *(almond) pastry letter.*

botersaus 0.1 *butter sauce.*

boterstaaf 0.1 *(almond) pastry role.*

botervloot 0.1 *butter dish.*

botheid 0.1 [het stomp zijn] *bluntness* ⇒*dullness* ⟨vnl. mes, gereedschap e.d.⟩ **0.2** [grofheid] *bluntness* ⇒*gruffness.*

botje ◆ 6.¶ ~ bij ~ leggen *pool one's money, club together, chip in.*

botkanker 0.1 *bone cancer.*

botontkalking 0.1 *osteoporosis.*

botsautootje 0.1 *dodgem (car).*

botsen 0.1 [met een schok aankomen tegen] *collide (with)* ⇒ *bump/run into/against,* ⟨voertuigen ook⟩ *crash/smash into/against, run foul of* ⟨schepen⟩ **0.2** [fig.] *clash (with)* ◆ **1.2** ~de meningen *conflicting opinions* **6.1** twee wagens botsten **tegen** elkaar *two cars collided.*

botsing 0.1 [het botsen] *collision* ⇒*crash* ⟨vnl. van voertuigen⟩ **0.2** [fig.] *clash* ◆ **1.2** een ~ der meningen *a c. of opinions* **2.1** een frontale ~ *a head-on collision* **3.1** we hadden een ~ (met de auto) *we were in a (car) crash* **6.1** met elkaar **in** ~ komen *collide with one another, run into one another* **6.2** de stakers kwamen **in** ~ met de politie *the strikers clashed with the police.*

bottelen 0.1 *bottle.*

botten 0.1 *bud (out), put out buds.*

bottenkraker, -kraakster ⟨inf.⟩ **0.1** *bonesetter* ⇒*chiropractor, osteopath.*

botter 0.1 *smack* ⇒*fishing boat.*

botterik 0.1 *boor, lout.*

botulisme 0.1 *botulism.*

botvieren 0.1 *give (full/free) rein/vent (to)* ◆ **1.1** zijn hartstochten ~ *give free rein to one's passions* **6.1** dat moet je niet op haar ~ *you mustn't take it out on her.*

botweg 0.1 *bluntly* ⇒*flatly* ◆ **3.1** iets ~ ontkennen *flatly deny sth.;* iets ~ weigeren *flatly refuse sth.;* ⟨direct, zonder te overwegen⟩ *refuse out of hand.*

boud 0.1 *bold* ⇒*impudent* ◆ **1.1** een ~e/boute bewering *a b./an impudent assertion.*

bougie 0.1 *sparking plug.*

bougiesleutel 0.1 *(spark) plug spanner/wrench.*

bouillon 0.1 *broth* ⇒⟨als basis voor gerecht⟩ *stock* ◆ **1.1** een kop ~ drinken *drink a cup of b.* **2.1** heldere ~ *clear soup consommé.*

bouillonblokje 0.1 *beef cube;* ⟨om bouillon te maken als basis voor gerecht⟩ *stock cube.*

boulevard 0.1 [brede straat] *boulevard* ⇒⟨laan⟩ *avenue, esplanade* **0.2** [wandelweg langs de zee] *promenade* ⇒ *(sea-)front, esplanade.*

boulevardblad, -krant 0.1 ±*tabloid* ◆ **¶.1** de ~en *the tabloids.*

boulevardjournalistiek 0.1 *yellow/sensational journalism* ⇒⟨pej.⟩ *gutter journalism.*

boulevardpers 0.1 *yellow press* ⇒⟨pej.⟩ *gutter press.*

bourbon 0.1 *bourbon (whiskey)*.

bourgeois 0.1 ⟨zn., bn. en bw.⟩ *bourgeois*.

bourgeoisie 0.1 *bourgeoisie* ⇒*middle-class(es)*.

bourgogne 0.1 *burgundy*.

Bourgondiër 0.1 *Burgundian*.

bourgondisch 0.1 [uitbundig] *exuberant* ◆ 3.1 ~ tafelen *dine heartily*.

Bourgondisch 0.1 [van Bourgondië] *Burgundian* ◆ 1.1 ~e wijn *burgundy*.

bout 0.1 [schroefbout] *(screw) bolt* ⇒*pin* ⟨hout⟩ 0.2 [poot v.e. geslacht stuk vee/wild] *leg* ⇒*quarter*, ⟨van vogel ook⟩ *drumstick* ◆ 2.1 blinde ~en *blind bolts* 6.1 een ~ met moer *a nut and b.*

bouvier 0.1 *Bouvier des Flandres.*

bouw 0.1 [het bouwen] *building* ⇒*construction* 0.2 [bouwbedrijf] *building industry/trade* 0.3 [constructie] *structure* ⇒*construction, build* ⟨van dieren/mensen⟩ ◆ 1.3 ⟨fig.⟩ de ~ v.e. roman *the s. of a novel* 2.3 gedrongen ~ *stocky build* ⟨van mens⟩; dat huis heeft een vreemde ~ *that house is strangely built* 6.2 in de ~ werken *be in the building trade.*

bouwbedrijf 0.1 [tak v.h. economisch leven] *building industry/trade* ⇒*construction industry* 0.2 [bedrijf in deze sector] *construction firm* ⇒*builders.*

bouwcommissie 0.1 [commissie van toezicht] *building authority* 0.2 [commissie die een streekplan opstelt] *planning commission.*

bouwdoos 0.1 [blokkendoos] *box of building blocks* 0.2 [montagedoos] *(do-it-yourself) kit.*

bouwen I ⟨onov., ov.ww.⟩ 0.1 [construeren] *build* ⇒*construct*, ⟨oprichten⟩ *erect*, ⟨oprichten⟩ *put up* ◆ 1.1 een feestje ~ *give a party;* spoorwegen ~ *construct railways* 6.1 een theorie/zijn verwachting **op** iets ~ *base a theory/one's expectations on sth.;*
II ⟨onov.ww.⟩ 0.1 [+ op; zich verlaten op] *rely on* ⇒*depend/count on* ◆ 3.1 iem. waarop je kunt ~ *s.o. you can rely/depend on.*

bouw- en woningtoezicht 0.1 *building inspectorate* ⇒ *building control department.*

bouwer 0.1 *builder* ⇒ ⟨mbt. huizen ook⟩ *(building) contractor*, ⟨mbt. schepen⟩ *shipbuilder.*

bouwgrond 0.1 [bouwterrein] *building land* 0.2 [voor landbouw geschikt(e) (stuk) grond] *farmland* ⇒*farming/arable land* ◆ 1.1 een stuk ~ *a building lot.*

bouwjaar 0.1 *date of building/construction* ⟨mbt. gebouw⟩; *date/year of construction/manufacture* ⟨mbt. auto, machine enz.⟩ ◆ 7.1 te koop: auto ~ 1981 *for sale: 1981 car.*

bouwkeet 0.1 *site hut* ⇒⟨voor directie, opzichters enz.⟩ *site office(s).*

bouwkosten 0.1 *building costs* ⇒*construction costs, cost of building/construction.*

bouwkunde 0.1 *architecture* ◆ 2.1 burgerlijke ~ *civil engineering.*

bouwkundig 0.1 *architectural* ⇒*constructional, structural* ◆ 1.1 ~ ingenieur *structural engineer;* ~ tekenaar *(a.) draughtsman.*

bouwkundige 0.1 *architect* ⇒*construction(al)/structural engineer.*

bouwkunst 0.1 [het optrekken van bouwwerken] *building* ⇒*construction, architecture* 0.2 [architectuur] *architecture.*

bouwlening 0.1 *home loan.*

bouwmaatschappij 0.1 *development company* ⇒*building company.*

bouwmarkt 0.1 [B]*builder's merchant('s)*, [A]*lumberyard.*

bouwmateriaal 0.1 *building material* ⟨meestal mv.⟩.

bouwnijverheid 0.1 *building industry.*

bouwpakket 0.1 *(do-it-yourself) kit* ◆ 8.1 sommige auto's zijn verkrijgbaar als ~ *some cars are available as a kit.*

bouwplaat 0.1 [bouwkarton] *cut-out* 0.2 [bouwmateriaal] *wallboard.*

bouwplan 0.1 [volgens welk gebouwd wordt] *building plan(s)* 0.2 [van aanleg van straten en wijken] *development plan.*

bouwpremie 0.1 *building subsidy.*

bouwput 0.1 *(building) excavation.*

bouwrijp 0.1 *ready for building* ◆ 3.1 een terrein ~ maken *prepare a site (for building).*

bouwsel 0.1 *building* ⇒*structure.*

bouwsom 0.1 *(total) building cost(s).*

bouwsteen 0.1 [steen om mee te bouwen] *brick* 0.2 [blok uit een bouwdoos] *building block* 0.3 [comp.] *building block* ◆ 1.1 ⟨fig.⟩ de bouwstenen v.d. revolutie *the materials of the revolution.*

bouwstijl 0.1 *architectural style* ⇒*architecture* ◆ 2.1 de Byzantijnse ~ *Byzantine architecture.*

bouwstof 0.1 [bouwmateriaal] *building material* 0.2 [fig.] *material(s).*

bouwstop 0.1 *building freeze.*

bouwtekening ⟨bouwk.⟩ 0.1 *floor plan* ⇒*drawing(s).*

bouwterrein 0.1 [grond/terrein om op te bouwen] *building land* 0.2 [plaats/terrein waar gebouwd wordt] *building/construction site.*

bouwtijd 0.1 *construction time.*

bouwvak I ⟨het⟩ 0.1 [tot het bouwbedrijf behorend ambacht] *building/construction industry* ⇒*building trade;* II ⟨de⟩ 0.1 [vakantie van bouwvakkers] *construction industry holiday.*

bouwvakker, bouwvakarbeider 0.1 *construction worker.*

bouwval 0.1 *ruin.*

bouwvallig 0.1 *crumbling* ⇒*dilapidated, rickety* ⟨vnl. mbt. houten bouwsels zoals trappen, leuningen enz.⟩ ◆ 3.1 ~ worden ⟨ook⟩ *fall into ruin.*

bouwverbod 0.1 *building ban* ⇒*construction ban.*

bouwvergunning 0.1 *building/construction permit/licence.*

bouwwereld 0.1 *building industry.*

bouwwerk 0.1 *building* ⇒*structure, construction.*

boven[1] ⟨bw.⟩ 0.1 [op een hoger gelegen plaats] *above* ⇒*up* ⟨met ww. van richting⟩, *upstairs* ⟨in gebouw⟩ 0.2 [op de bovenverdieping] *upstairs* ⇒*up* ⟨met ww. van beweging⟩ 0.3 [op de hoogst gelegen plaats] *on top* 0.4 [aan de oppervlakte] *up* 0.5 [in het voorafgaande] *above* 0.6 [aan de winnende hand] *on top* ⇒*at the top/head* 0.7 [+ vz.] *on top* ⇒*at the top* ◆ 1.1 deze kant/dit ~! *this side/end up!* 3.1 ~ was het uitzicht fantastisch *the view from a./*⟨op hoogste punt⟩ *at the top was magnificent* 3.2 ⟨naar⟩ ~ brengen *take/carry up; bring back* ⟨herinneringen e.d.⟩; kom maar ~ *come on up;* woon je ~ of beneden? *do you live upstairs or down(stairs)?* 3.3 weer ~ komen *come up again* 3.5 zie ~ *see a.* 6.1 naar ~ gaan *go up;* ⟨trap ook⟩ *go upstairs;* de weg naar ~ *the way up;* naar ~ afronden *round up* 6.2 ik kom net van ~ *I've just come downstairs* 6.3 te ~ komen *get over;* dat gaat mijn verstand/begrip te ~ *that is beyond me;* ⟨te moeilijk ook⟩ *that's over my head;* het gaat elke beschrijving te ~ *it defies all description;* tot ~ aan toe *to the (very) top;* de vierde regel van ~ *the fourth line from the top;* hij zat van ~ tot beneden onder de modder *he was covered with mud from head to toe;* van ~ af voorschrijven *prescribe from above* **6.7** ~ **aan** de lijst staan *be at the top/head of the list;* ~ **op** elkaar stapelen *pile one on top of the other* **8.5** als ~ *as (stated) a.;* zoals ~ gezegd/aangehaald *as mentioned a./earlier (on).*

boven² ⟨vz.⟩ **0.1** [hoger dan] *above* ⇒⟨recht boven⟩ *over* **0.2** [verder dan] *above* ⇒*beyond* **0.3** [in rangorde hoger] *above* ⇒*over, superior to* **0.4** [een maat/hoeveelheid overtreffend] *over* ⇒*above, beyond* **0.5** [behalve] *over and above* ⇒*on top of* **0.6** [stroomopwaarts; ten noorden van] *above* ♦ **1.1** hij woont ~ een bakker *he lives over a baker;* ~ water komen ⟨lett.⟩ *surface, come up for air;* ⟨fig.⟩ *turn up* **1.2** dat gaat ~ mijn verstand *that is beyond me* **1.3** hij stelt zijn carrière ~ zijn gezin *he puts his career before his family;* ~ zijn stand trouwen *marry above o.s.* **1.4** niet ~ de begroting gaan *not exceed the budget;* kinderen ~ de drie jaar *children o. three;* ~ zijn stand leven *live beyond one's means;* ~ alle twijfel *beyond (a/all) doubt;* hij is ~ alle verdenking/kritiek verheven *he is above all suspicion/criticism;* tien graden ~ het vriespunt *ten degrees above freezing point* **1.5** hij verdient nog wel duizend gulden ~ zijn maandsalaris *he earns as much as a thousand guilders on top of his monthly salary* **1.6** Noord-Holland ~ het IJ *North-Holland a. the IJ;* Bonn ligt ~ Lobith *Bonn is a. Lobith* **3.1** ⟨fig.⟩ daar moet je ~ staan *you should be a. that sort of thing;* uitsteken ~ *rise above* **3.3** er gaat niets ~ Belgische friet *there's nothing like Belgian chips;* uitmunten ~ *excel* **3.4** ~ de tien seconden blijven *not get under ten seconds* **4.1** de flat ~ ons *the flat overhead* **4.3** veiligheid ~ alles *safety first.*

bovenaan 0.1 [aan het boveneinde] *at the top* **0.2** [in het bovenste gedeelte] *in/at the top* ♦ **3.1** ~ staan *be (at the) top.*

bovenaards 0.1 [boven de aardoppervlakte] *surface* ⇒*overhead* ⟨leiding⟩ **0.2** [goddelijk] *superterrestrial.*

bovenal 0.1 *above all* ♦ **1.1** hij is ~ een muzikant *above all things he is a musician* ¶.1 ~ zorg dragen voor iemands gezondheid *make s.o.'s health one's prime concern.*

bovenarm 0.1 *upper arm.*

bovenbeen 0.1 *upper leg* ⇒*thigh.*

bovenbesteding ⟨ec.⟩ **0.1** *overspending.*

bovenblad 0.1 *top.*

bovenblijven 0.1 *stay above water.*

bovenbouw 0.1 [bovenste gedeelte v.e. bouwwerk] *superstructure* **0.2** [school.] ⟨*last 2 or 3 classes of secondary school*⟩.

bovenbuur 0.1 *upstairs neighbour.*

bovendek 0.1 *upper deck* ⇒*main deck.*

bovendien 0.1 *moreover* ⇒*in addition, furthermore, besides* ♦ **3.1** deze oplossing heeft ~ nog het voordeel ... *this solution has the added advantage ...* **8.1** een verstandig, mooi en ~ nog rijk meisje *a sensible, beautiful girl, and rich at that* ¶.1 ~, hij is niet meerderjarig *besides, he's a minor.*

bovendrijven 0.1 *float* ♦ **3.1** komen ~ *f./rise to the surface, surface.*

bovendruk ⟨med.⟩ **0.1** *systolic pressure.*

boveneind(e) 0.1 *top* ⇒*upper/top end.*

bovengedeelte 0.1 *upper part* ⇒*top part.*

bovengenoemd 0.1 *above(-mentioned)* ⇒*mentioned/stated above* ⟨pred.⟩, ⟨jur.⟩ *(afore)said.*

bovengrens 0.1 *upper limit.*

bovengronds 0.1 *aboveground* ⇒*surface, overhead* ⟨leiding⟩ ♦ **1.1** een ~e kabel/geleiding *an overground/* ⟨hoger, van de grond af⟩ *overhead cable/wire;* een ~e kruising *a flyover.*

bovenhalen 0.1 *bring to the surface* ⇒*haul up.*

bovenhands 0.1 *overarm* ♦ **3.1** ~ gooien *throw overarm.*

bovenhouden 0.1 *keep up.*

bovenhuis 0.1 *upstairs flat.*

bovenin 0.1 *at the top* ⇒*on/up top.*

bovenkamer 0.1 *upstairs room.*

bovenkant 0.1 *top.*

bovenkast¹ ⟨de⟩⟨druk.⟩ **0.1** *upper case* ⇒*capital.*

bovenkast² ⟨bw.⟩⟨druk.⟩ **0.1** *in capitals* ♦ **3.1** dit moet ~ gezet worden *this must be set in capitals.*

bovenkleding 0.1 *outer clothes/clothing/garments, outerwear.*

bovenkomen 0.1 [aan de oppervlakte v.h. water komen] *come up* ⇒*come to the/break (the) surface, surface* **0.2** [op een hogere verdieping komen] *come up(stairs)* **0.3** [in iem. opwellen] *occur* ⇒*surface* ♦ **1.3** de oude vriendschapsgevoelens kwamen weer boven *the old feelings of friendship resurfaced* **3.2** laat hem ~! *show/send him up!*

bovenlaag 0.1 *upper layer* ⇒*upper(most)/surface layer, top coat* ⟨verf⟩ ♦ **1.1** de ~ v.d. maatschappij *the upper class.*

bovenlaken 0.1 *top sheet.*

bovenleiding 0.1 ⟨tram, trein⟩ *overhead (contact) wire.*

bovenlichaam, -lijf 0.1 *upper part of the body* ♦ **2.1** met ontbloot ~ *stripped to the waist.*

bovenliggen 0.1 [boven op iem. liggen] *lie on top* **0.2** [iem. de baas zijn] *dominate* ⇒*have the upper hand.*

bovenlip 0.1 *upper lip* ♦ **3.1** ⟨inf.⟩ je ruikt je ~ *you can smell yourself.*

bovenmaats 0.1 *oversize(d)* ⇒*outsize.*

bovenmate 0.1 *exceedingly.*

bovenmatig 0.1 *extreme* ⇒*excessive.*

bovenmenselijk 0.1 *superhuman* ♦ **1.1** ~e inspanning *s. effort.*

bovennatuurlijk 0.1 *supernatural* ♦ **7.1** het ~e *the s.*

bovenop 0.1 [op de bovenzijde] *on top* **0.2** [in orde] *on one's feet* ♦ **3.1** dat bedrag komt er nog ~ *that amount comes on top (of it);* ⟨fig.⟩ ergens ~ springen/zitten *pounce on sth.* **3.2** iem. er weer ~ brengen/helpen *put/get s.o. back on his feet;* ⟨na ziekte/moeilijke tijd ook⟩ *pull/bring s.o. through;* de zieke kwam er snel weer ~ *the patient made a quick recovery;* er weer ~ zijn *be back on one's feet;* ⟨zieke ook⟩ *have got over it;* ⟨mbt. moeilijkheden ook⟩ *be out of the wood.*

bovenst 0.1 *top* ⇒*topmost, upper(most)* ♦ **1.1** v.d. ~e plank *first class, blue ribbon;* de ~e verdieping ⟨ook fig.⟩ *the top storey.*

bovenstaand 0.1 *above* ⇒*above-mentioned* ♦ **1.1** ~ schema *the above diagram* **7.1** in het ~e *in the above.*

bovenstem ⟨muz.⟩ **0.1** *treble, soprano* ⇒*descant.*

bovenstrooms 0.1 *upstream.*

bovenstuk 0.1 *top* ⇒*top/upper part.*

boventoon ♦ **3.**¶ ⟨fig.⟩ de ~ voeren *play first fiddle, monopolize the conversation* ⟨persoon⟩; *predominate* ⟨gevoel⟩.

bovenuit 0.1 *above* ♦ **3.1** zijn stem klonk overal ~ *his voice could be heard a. everything;* overal ~ steken *rise/tower a. everything;* ⟨fig. ook⟩ *outshine everything.*

bovenverdieping 0.1 *upper storey* ⇒*upper floor,* ⟨bovenste⟩ *top floor/stor(e)y* ♦ **6.1** met drie ~en *four-storeyed;* naar/op de ~ *en upstairs.*

bovenvermeld →**bovengenoemd.**

bovenwinds ⟨scheep.⟩ **0.1** *windward.*

bovenwoning 0.1 *upstairs flat.*

bovenzijde →**bovenkant.**

bowl 0.1 *punch* ♦ **3.1** een ~ maken *mix a p.*

bowlen ⟨sport⟩ 0.1 *bowl* ◆ 3.1 gaan ~ *go bowling.*
bowling I ⟨het⟩ 0.1 [spel] *bowling (game);*
 II ⟨de⟩ 0.1 [gebouw] *bowling alley.*
bowlingbaan 0.1 *bowling alley.*
box 0.1 [speaker] *(loud)speaker* 0.2 [stalling voor één paard] *(loose) box* ⇒*stall* 0.3 [bergruimte] *storeroom* ⇒ *boxroom* 0.4 [voor kleine kinderen] *(play)pen.*
boxer 0.1 *boxer* ⟨hond⟩.
boxershort 0.1 *boxer shorts* ⟨mv.⟩.
boxpakje 0.1 *romper suit* ⇒*Babygro.*
boycot, -actie 0.1 *boycott* ◆ 6.1 de culturele ~ **tegen/van** Zuid-Afrika *the cultural b. against/of South Africa.*
boycotten 0.1 *boycott* ⇒⟨persoon/firma ook⟩ *freeze out* ◆ 1.1 goederen ~ *b. goods.*
boze ◆ 6.¶ het is **uit** den ~ ⟨zondig⟩ *it is wicked/sinful;* ⟨ontoelaatbaar⟩ *it is quite unacceptable.*
braadboter 0.1 *concentrated butter.*
braadlucht 0.1 *smell of frying* ⟨op vuur⟩; *smell of roasting* ⟨in oven⟩.
braadpan 0.1 *casserole* ⇒*Dutch oven.*
braadslee 0.1 *roasting tin* ⇒*roaster.*
braadspit 0.1 *(roasting) spit* ⇒⟨draaiend⟩ *turnspit.*
braadstuk 0.1 *roast* ⇒*roasting-joint,* ⟨gevogelte⟩ *roaster.*
braadvet 0.1 [om mee te braden] *cooking/frying fat* 0.2 [uitgebraden vet] *dripping.*
braadworst 0.1 [worst om te braden] *(frying) sausage* 0.2 [gebraden metworst] *German sausage, bratwurst.*
braaf 0.1 [rechtschapen] *good* ⇒*honest,* ⟨vaak iron.⟩ *respectable, decent* 0.2 [niets verkeerd doende] *good* ⇒*well-behaved, obedient* ◆ 1.1 een brave borst/ziel/vent *a g. soul* 3.2 zij deden ~ alles wat hun werd opgedragen *they obediently did all they were told.*
braafheid 0.1 *goodness* ⇒*decency, honesty,* ⟨soms iron.⟩ *respectability,* ⟨gehoorzaamheid ook⟩ *obedience.*
braak[1] ⟨de⟩ 0.1 *break-in* ⇒⟨gebouw ook⟩ *burglary, cracking* ⟨kluis⟩, *picking* ⟨slot⟩ ◆ 1.1 diefstal met ~ *breaking and entering, burglary.*
braak[2] ⟨bn.⟩ 0.1 [onbebouwd] *waste;* ⟨mbt. landbouw⟩ *fallow* 0.2 [fig.] *fallow* ⇒*undeveloped, unexplored* ◆ 3.1 ~ laten liggen *leave/lay f.;* ~ liggen *lie f./w.* 3.2 er ligt nog een heel terrein ~ voor je *there is still a wide (unexplored) field open to you.*
braakmiddel 0.1 *emetic.*
braaksel 0.1 *vomit.*
braam 0.1 [oneffen rand] *burr* 0.2 [bes] *blackberry* ◆ 3.2 bramen gaan plukken *go blackberrying.*
braamstruik 0.1 *blackberry (bush).*
Brabander 0.1 ⟨zie 3.1⟩ ◆ 3.1 ~ zijn *be from Brabant.*
Brabants 0.1 *Brabant.*
brabbelen 0.1 *babble* ⇒⟨langzaam, dromerig⟩ *maunder, talk baby-talk* ◆ 3.1 hij begint al wat te ~ *he's starting to b.*
brabbeltaal 0.1 *gibberish* ⇒*double Dutch, baby-talk.*
braden 0.1 [mbt. vlees/gevogelte] ⟨in oven, aan spit, bij open vuur⟩ *roast;* ⟨met vet op fornuis⟩ *fry;* ⟨in gesloten pan⟩ *pot-roast;* ⟨op rooster⟩ *grill* 0.2 [mbt. de zon] *roast* ⇒*bake* ◆ 1.1 gebraden gehakt *meatloaf;* een stuk gebraden kalfsvlees *a joint of roast veal* 3.2 in de zon liggen ~ *roast (o.s.) in the sun.*
braderie 0.1 *fair.*
brahmaan 0.1 *Brahman* ⇒*Brahmin.*
brahmaans 0.1 *Brahmanic(al).*
brahmanisme 0.1 *Brahmanism* ⇒*Brahminism.*
braille 0.1 *braille* ◆ 6.1 in ~ gedrukt *printed in b.*
brainstormen 0.1 *do some brainstorming.*

brak 0.1 *brackish* ◆ 1.1 ~ke grond *b. soil.*
braken I ⟨onov., ov.ww.⟩ 0.1 *vomit* ⇒*be sick, throw up, regurgitate* ◆ 1.1 bloed ~ *v. blood* ¶.1 ze heeft de hele keuken onder gebraakt *she was sick all over the kitchen;*
 II ⟨onov.ww.⟩ 0.1 [walgen] *loathe* ◆ 5.1 ik braak ervan *it makes me sick, it turns my stomach;* ⟨heb er genoeg van⟩ *I'm sick of it.*
brallen 0.1 *brag* ⇒*boast.*
brallerig 0.1 *blustering* ⇒*bragging.*
bramzeil ⟨scheep.⟩ 0.1 *topgallant (sail)* ◆ 3.1 de ~en bijzetten ⟨fig.⟩ *do one's utmost.*
brancard 0.1 *stretcher.*
branche 0.1 *branch* ⇒*department,* ⟨handel ook⟩ *line (of business),* ⟨handel ook⟩ *(branch of) trade* ◆ 3.1 dat is zijn ~ niet *that's not his department.*
branchevervaging 0.1 *diversification.*
brand 0.1 [vertering door vuur] *fire* 0.2 [geval van brand] *fire* ⇒⟨fel, uitslaand⟩ *blaze* 0.3 [problematische situatie] *fix* ⇒*scrape, predicament* 0.4 [het gloeien van lichaam(s-deel)] *inflammation* ⇒*burn(ing)* ⟨bij brandwond/zonnebrand⟩ ◆ 1.1 er is gevaar voor ~ *there is a f. hazard* 3.1 er is ~ uitgebroken *a f. has started;* ⟨mbt. sigaar/pijp⟩ er de ~ in steken *light up;* ~ stichten *commit arson* 3.2 de ~ is waarschijnlijk opzettelijk aangestoken *the f. was probably started on purpose* 6.1 in ~ staan *be on f.;* in ~ raken/vliegen *catch f., burst into flames;* ⟨ontbranden⟩ *ignite;* iets **in** ~ steken *set sth. on f., set f. to sth.* 6.3 iem. **uit** de ~ helpen *help s.o. out; bridge/tide s.o. over* ⟨bij geldnood⟩ ¶.1 er is ~! *(there's a) f.!* ¶.2 ~ meester *fire under control.*
brandalarm 0.1 *fire alarm/call* ⇒⟨stil alarm⟩ *silent alarm.*
brandbaar 0.1 *combustible* ⇒⟨licht ontvlambaar⟩ *(in)flammable* ◆ 3.1 benzine is zeer ~ *petrol is highly c./(in)flammable.*
brandbeveiliging 0.1 *fire protection.*
brandblaar 0.1 *blister.*
brandblusinstallatie 0.1 *sprinkler system.*
brandblusser 0.1 *(fire) extinguisher.*
brandbom 0.1 *fire bomb* ◆ 3.1 (een) ~(men) gooien naar *fire bomb.*
brandbrief 0.1 *dun* ⇒⟨niet financieel⟩ *pressing letter.*
branddeur 0.1 [nooduitgang] *fire exit* 0.2 [deur in een brandmuur] *fire door* ⇒*fireproof/fire-resistant door.*
branden I ⟨onov.ww.⟩ 0.1 [verbranden] *burn* ⇒*be on fire,* ⟨fel⟩ *blaze* 0.2 [licht/warmte uitstralen] *burn* 0.3 [smeulen] *burn* 0.4 [mbt. lichaamsdelen, ook fig.] *burn* ◆ 1.1 het gas brandt te hoog *the gas is too high* 1.2 de lamp brandt *the lamp is on;* de zon brandt *the sun is burning/blazing* 1.3 een ~de pijp/sigaar *a burning/lit pipe/cigar* 1.4 mijn hoofd brandt *my head is burning;* ⟨fig.⟩ ~d verlangen *burning desire;* ⟨fig.⟩ een ~d vraagstuk *a burning issue* 3.1 uit zichzelf beginnen te ~ *ignite spontaneously* 3.2 de kachel laten ~ *leave the (gas-)fire burning* 4.¶ het brandt niet ⟨fig.⟩ *there's no hurry/rush* 5.¶ ik ben er niet op gebrand *I'm not crazy about it* 6.2 dit stelletje brandt **op** hout *this stove burns wood* 6.4 cognac brandt in de keel *brandy burns the throat;* ⟨fig.⟩ ~ **van** nieuwsgierigheid/van verlangen *b. with curiosity/desire* ¶.¶ ze was het huis niet uit te ~ *there was no way of getting her out of the house;* hij is niet vooruit te ~ *you can't get him to shift;*
 II ⟨ov.ww.⟩ 0.1 [door vuur doen verteren] *burn* 0.2 [schroeien, dmv. vuur bewerken] *burn* ⇒*scald* ⟨aan heet water/stoom⟩, *roast* ⟨noten, koffie e.d.⟩, *distil* ⟨tot alcohol⟩ 0.3 [vastleggen] *burn* ⇒*brand* 0.4 [door vuur bezeren] *burn* ⇒*scorch, scald* ◆ 1.2 een gat in een kleed ~ *b. a hole in a carpet;* glas ~ *stain glass* 1.4 zijn tong ~ *b. one's*

brandend - breedtecirkel

tongue; zijn vingers / zich de vingers ~ ⟨fig.⟩ *b. one's fingers*
6.3 die gebeurtenis is **in** mijn herinnering gebrand *that event has been branded on my memory* **6.4** zich **aan** de kachel ~ *b. one's hand on the (gas-)fire.*

brandend ◆ **2.¶** ~ heet *burning hot;* ⟨vloeistof ook⟩ *scalding hot.*

brander 0.1 [uiteinde v.e. gasbuis] *burner* **0.2** [verwarmings / verlichtingstoestel] *burner* ⇒⟨lasapparaat⟩ *blowlamp, (blow)torch.*

branderig 0.1 [aan brand doend denken] *burnt* **0.2** [bijtend] *irritant* ⇒*caustic* **0.3** [ontsteking vertonend] *inflamed* ◆ **1.1** een ~e lucht *a b. smell* **1.2** ~ sap van planten *i. sap of plants* **1.3** een ~e wond *an i. wound.*

branderij 0.1 [werkplaats waar gebrand wordt] *roasting house* **0.2** [plaats waar gedistilleerd wordt] *distillery.*

brandewijn 0.1 *brandy.*

brandgang 0.1 ⟨in bos⟩ *fire lane, firebreak.*

brandgevaar 0.1 *fire hazard* ⇒*fire risk* ◆ **1.1** bestrijding van ~ *fire prevention* **6.1** maatregelen **tegen** ~ *fire precautions.*

brandgevaarlijk 0.1 *(in)flammable* ◆ **1.1** ~e stoffen *f. materials, fire risks.*

brandglas 0.1 *burning glass.*

brandhaard 0.1 *seat of a fire;* ⟨fig.⟩ *hotbed.*

brandhout 0.1 *firewood* ◆ **1.1** een stapel ~ *a woodpile* **3.1** dat is ~ ⟨fig.⟩ *that's junk.*

branding 0.1 *surf* ⇒⟨golven⟩ *breakers.*

brandkast 0.1 *safe.*

brandkastkraker 0.1 *safeblower / -breaker / -cracker.*

brandklok 0.1 *fire bell* ⇒*fire alarm.*

brandkluis 0.1 *strong room* ⇒*vault.*

brandladder 0.1 *escape ladder.*

brandlucht 0.1 *smell of burning.*

brandmeester 0.1 *chief fireman.*

brandmelding 0.1 *fire alarm.*

brandmerk 0.1 [ingebrand merk] *brand* **0.2** [fig.] *brand* ◆ **3.2** dat heeft een ~ op hem gedrukt *it has branded him (for life).*

brandmerken 0.1 [met een brandmerk tekenen] *brand* **0.2** [fig.] *brand* ⇒*mark* ◆ **2.2** iets als onzedelijk ~ *b. sth. (as) obscene.*

brandmuur 0.1 *fire(proof) wall.*

brandnetel 0.1 *nettle.*

brandoffer 0.1 *burnt offering.*

brandpreventie 0.1 *fire prevention.*

brandpunt 0.1 [focus] *focus* ⟨ook wisk.⟩ **0.2** [fig.; middelpunt] *centre* **1.2** Athene was een ~ van wetenschap *Athens was a c. of learning* **6.2** in het ~ v.d. belangstelling staan *be the c. of attention.*

brandschade 0.1 *damage by / due to fire* ⇒*fire damage* ◆ **3.1** tegen ~ verzekerd zijn *be insured against fire, have fire insurance* **6.1** ~ **aan** een woning *fire damage to a house.*

brandschatten 0.1 *pillage, plunder, loot.*

brandscherm 0.1 *fire wall* ⇒⟨in schouwburg⟩ *safety curtain.*

brandschilderen 0.1 *stain.*

brandschoon 0.1 [geheel schoon] *spotless* **0.2** [op wie / waarop niets aan te merken is] *spotless* ⇒*blameless* ◆ **3.2** de beklaagde bleek ~ *the accused turned out to be completely innocent.*

brandslang 0.1 *fire hose.*

brandspiritus 0.1 *methylated spirit(s).*

brandstapel 0.1 *stake* ⇒⟨voor lijkverbranding⟩ *funeral pyre* ◆ **6.1** op de ~ sterven *be burnt at the s.*

brandstichten 0.1 *commit arson.*

brandstichter, -ster 0.1 *arsonist.*

brandstichting 0.1 *arson* ◆ **6.1** schuldig **aan** ~ *guilty of a.*

brandstof 0.1 *fuel* ◆ **2.1** natuurlijke ~fen *natural fuels* **3.1** ~ innemen *fuel up;* nieuwe ~ innemen *refuel.*

brandstofbesparend 0.1 *fuel-saving.*

brandstofverbruik 0.1 *fuel consumption.*

brandtrap 0.1 *fire escape.*

branduur 0.1 *burning-hour.*

brandveilig 0.1 *fireproof.*

brandveiligheid 0.1 *fire safety.*

brandverzekering 0.1 *fire insurance.*

brandvrij 0.1 *fireproof* ◆ **1.1** ~e kluizen *f. vaults* **3.1** ~ maken *fireproof.*

brandwacht I ⟨de⟩ **0.1** [afdeling] *firemen on duty;* **II** ⟨de (m.)⟩ **0.1** [brandweerman in wachtdienst] *fireman on duty / call.*

brandweer 0.1 *fire brigade* ◆ **3.1** de ~ alarmeren *call (out) the f. b.*

brandweerauto 0.1 *fire engine.*

brandweercommandant 0.1 *(senior) fire officer.*

brandweerkazerne 0.1 *fire station.*

brandweerkorps 0.1 *fire brigade.*

brandweerman 0.1 *fireman.*

brandwond 0.1 *burn;* ⟨door vloeistof⟩ *scald* ◆ **3.1** met ~en overdekt *covered in burns.*

brandzalf 0.1 *ointment for burns (and scalds).*

branie 0.1 ⟨kranigheid⟩ *daring;* ⟨drukte⟩ *swagger(ing)* ◆ **3.1** ~ schoppen *show off, swagger.*

branieschopper 0.1 *show-off* ⇒*swaggerer.*

brasem 0.1 *bream.*

braspartij 0.1 *binge.*

brasserie 0.1 *brasserie.*

bravo 0.1 *bravo!* ⇒⟨overeenstemming⟩ *hear! hear!*

bravoure 0.1 *bravura* ◆ **6.1** vol / met veel ~ *dashing.*

Braziliaan, -se 0.1 *Brazilian.*

Braziliaans 0.1 *Brazilian.*

Brazilië 0.1 *Brazil.*

breakdancen 0.1 *break-dance.*

breakdown 0.1 *(nervous) breakdown.*

breed I ⟨bn.⟩ **0.1** [een bep. / grote breedte hebbend] *wide* ⇒ *broad* **0.2** [royaal] ⟨zie 3.2⟩ ◆ **1.1** met een brede glimlach *with a broad smile;* de kamer is 6 m lang en 5 m ~ *the room is 6 metres (long) by 5 metres (w.)* **3.1** breder worden / maken *broaden / widen (out)* **3.2** het niet ~ hebben *be poorly off;* het ~ hebben *be well off* **5.1** niet breder dan twee meter *not more than two metres w. / in width;* **II** ⟨bw.⟩ **0.1** [in de breedte] *widely* ⇒⟨kraag enz. ook⟩ *loosely* ⟨zie 3.2⟩ ◆ **3.1** een ~ omgeslagen kraag *a wide / loose collar* **3.2** ik hoop dat we het nu wat breder krijgen *I hope we're going to be a bit better off now;* ⟨fig.⟩ het ~ laten hangen *be a big spender;* ~ opgezet *broadly-based;* iets ~ uitmeten *lay sth. on thick* **¶.2** ⟨sprw.⟩ wie het ~ heeft, laat het ~ hangen *they that have a good store of butter may lay it thick on their bread.*

breedbeeldtelevisie 0.1 *wide-screen TV.*

breedgebouwd 0.1 *broad(ly-built), square-built.*

breedgeschouderd 0.1 *broad-shouldered.*

breedsprakig 0.1 *long-winded* ⇒*verbose* ◆ **1.1** een ~ verhaal *a l.-w. story.*

breedte 0.1 [afmeting] *width* ⇒*breadth* **0.2** [aardr.] *latitude* ◆ **6.1** in de ~ *breadthways;* **over** de hele ~ v.d. bladzijde *right across the w. of the page* **6.2** Rotterdam ligt **op** dezelfde ~ als ...*Rotterdam is on the same l. as ...*

breedtecirkel ⟨aardr.⟩ **0.1** *parallel (of latitude)* ◆ **6.1** bij de 49e ~ *at the 49th parallel.*

breedtegraad 0.1 *degree of latitude* ♦ 6.1 op de dertigste ~ *at the 30th degree of latitude/the 30th parallel.*
breedte-investering (ec.) 0.1 *capital widening.*
breeduit 0.1 [in zijn volle breedte] *spread (out)* 0.2 [onverholen] *out loud* ♦ 3.1 ~ gaan zitten *sprawl (on)* 3.2 ~ lachen *laugh out loud.*
breedvoerig 0.1 *detailed* ♦ 3.1 ~ bespreken *discuss at length.*
breekbaar 0.1 *fragile* ⇒〈broos〉 *brittle* ♦ ¶.1 voorzichtig! ~! *f.!, handle with care!*
breekijzer 0.1 *crowbar.*
breekpunt 0.1 *breaking point* 〈ook fig.〉.
breeuwen 〈scheep.〉 0.1 *caulk.*
breien 0.1 *knit* ♦ 1.1 gebreide kleding *knitwear* 5.1 één recht, één averecht(s) ~ *k. one, purl one.*
breigaren 0.1 *knitting yarn.*
breimachine 0.1 *knitting machine.*
brein 0.1 *brain* 〈ook fig.〉 ⇒〈fig. ook〉 *brains* ♦ 3.1 door iemands ~ spoken *cross s.o. 's mind* 6.1 〈fig.〉 het ~ zijn **achter** een project *be the brain(s) behind a project, mastermind a project.*
breinaald 0.1 *knitting needle.*
breipatroon 0.1 *knitting pattern.*
breisteek 0.1 *knitting stitch.*
breister 0.1 *knitter* ♦ ¶.1 (sprw.) de beste ~ laat wel eens een steek vallen *even the worthy Homer sometimes nods.*
breiwerk 0.1 *knitting* ♦ 3.1 een ~ opzetten *cast on.*
breken I 〈ov.ww.〉 0.1 [in stukken vaneenscheiden; een breuk doen oplopen] *break* ⇒〈med. ook〉 *fracture* 0.2 [een einde maken aan] *break* 0.3 [v.e. geheel scheiden] *break* 0.4 [de loop/duur storen] *break* ⇒〈licht〉 *refract* ♦ 1.1 iem. de benen ~ *break s.o. 's legs;* vaatwerk/zijn been ~ *b. crockery, b./fracture one's leg* 1.2 een record ~ *b. a record;* tovermacht/verzet ~ *b. a spell/resistance* 1.3 er een uurtje uit ~ *take an hour's break, b. (off) for an hour* 1.4 zo'n vrije dag breekt de week *a day off like this breaks up the week (nicely)* 6.1 iets in tweeën ~ *break sth. in two/in half;* **II** 〈onov.ww.〉 0.1 [stukgaan] *break* ⇒〈med. ook〉 *fracture* 0.2 [een doorgang/scheiding forceren] *break* ♦ 1.1 〈fig.〉 zijn hart brak *his heart broke* 5.1 plotseling ~ 〈van draad〉 *snap* 6.2 door/uit iets ~ *b. through/out of sth.;* 〈fig.〉 met iem. ~ *b. off (relations) with/*〈liefde〉 *b. up with s.o.;*〈fig.〉 met een gewoonte ~ *b. a habit.*
breking 0.1 *refraction* 0.2 [taal.] *breaking* ♦ 1.¶ 〈muz.〉 ~ van akkoorden *arpeggio.*
brekingshoek 0.1 *angle of refraction.*
brem 0.1 *broom.*
bremzout 0.1 *(as) salty as brine.*
brengen 0.1 [vervoeren naar]〈naar de spreker toe〉 *bring;* 〈v.d. spreker af〉 *take* 0.2 [begeleiden naar] *take* 0.3 [doen toekomen] *bring* ⇒*take, give,* 〈voor publiek〉 *perform,* 〈voor publiek〉 *present* 0.4 [in een toestand doen komen] *bring* ⇒*send, put* ♦ 1.2 ze bracht haar kinderen overal heen *she took her children everywhere* 1.3 iem. dank/hulde ~ *give s.o. thanks, pay s.o. tribute;* een lied ~ *perform a song;* in deze aflevering ~ wij drie reportages *in this week's/today's* (enz.) *programme we have/present three reports;* wat de tijd ons ~? *what will the future b. (us)?;* ~ zij dit jaar weer een toneelstuk? *will they be doing another play this year?* 3.1 de boodschappen laten ~ *have the shopping delivered* 5.4 iem. ertoe ~ dat hij ... /om ..., iem tot een daad ~ *drive s.o. to (sth.);* zich(zelf) ertoe ~ om ...*bring o.s. to ...;* wat bracht je ertoe het niet te doen? *what(ever) stopped you ((from) doing it)?;* wat bracht je ertoe het te doen? *what(ever) made you do it?* 5.¶ jawel! morgen ~ *not likely!;* het ver ~ *go far* 6.2 mensen (weer) **bij** elkaar ~ *bring/get people (back) together;* **naar** huis ~ *t. home;* een kind **naar** bed ~ *put a child to bed* 6.3 **naar** voren/in het midden ~ *bring up* 〈zaak〉; *put forward, come out with* 〈mening〉; **te** berde ~ *b. up, raise,* een zaak **voor** het gerecht ~ *take a matter to court* 6.4 iem. **aan** het twijfelen ~ *raise doubt(s) in s.o. 's mind;* iets **aan** de man ~ *sell sth.;* iem. **aan** het lachen ~ *make s.o. laugh;* het gesprek **op** een bepaald onderwerp ~ *b. the conversation round to a particular subject;* het gesprek **op** iets anders ~ *change the subject;* wie/wat heeft hem **op** dat idee gebracht? *who(ever)/what(ever) gave him that idea?;* **tot** elkaar ~ 〈tegenstanders〉 *b. (back) together;* het nooit en te nimmer **tot** iets ~ *never get anywhere* ¶.4 het voor elkaar ~ *fix things (up).*
bres 0.1 *breach* ⇒*hole* 〈ook fig.〉 ♦ 6.1 een ~ slaan **in** 〈ook fig.〉 *make a hole in;* voor iem. **op** de - staan/in de ~ springen *step into the b. for s.o.*
Bretagne 0.1 *Brittany.*
bretel 0.1 ᴮ*braces,* ᴬ*suspenders* 〈alleen mv.〉.
Bretons 0.1 *Breton.*
breuk 0.1 [het breken] *break(ing)* ⇒*breakage* 0.2 [plaats] *crack* ⇒*split, fault* 〈ook geol.〉 0.3 [med.; fractuur] *fracture* 0.4 [med.; uitzakking] *rupture* ⇒*hernia* 0.5 [het verbreken van betrekkingen] *rift* ⇒*breach* 0.6 [rekenkundig] *fraction* ♦ 2.3 een gecompliceerde ~ *a compound f.* 2.4 dubbele ~ *double hernia* 2.6 decimale/tiendelige ~ *decimal f.;* samengestelde ~ *complex/compound f.* 3.4 een ~ hebben/krijgen *have/get a hernia;* 〈fig.〉 zich een ~ lachen *split one's sides laughing;* zich een ~ aan iets tillen *(nearly) rupture o.s. lifting sth.* 3.6 repeterende ~ *recurring decimal* 6.5 een ~ veroorzaken **tussen** mensen *cause a r./split between people.*
breukband 0.1 *truss.*
brevet 0.1 *certificate* ⇒〈luchtv.〉 *licence* ♦ 1.1 〈iron.〉 een ~ van onbevoegdheid/onvermogen *a c. of incompetence;* een ~ van piloot *a pilot's licence.*
brevier 0.1 *breviary.*
bridgen 0.1 *play bridge.*
brief 0.1 *letter* ♦ 2.1 aangetekende ~ *registered l., recorded delivery (l.)* 3.1 een ~ ontvangen *receive a l.;* rondgaande ~ *circular (l.);* iem. een ~ schrijven *write s.o. u l.;* ~ volgt *l. follows* 6.1 per ~ *by l., in writing;* in antwoord op uw ~ **van** de 25e *in reply to your l. of the 25th.*
briefbom 0.1 *letter bomb.*
briefen 0.1 *brief.*
briefgeheim 0.1 *confidentiality of the mail(s).*
briefhoofd 0.1 *letterhead(ing)* ♦ 3.1 het ~ luidde ... *the letter was headed ...*
briefje 0.1 [los stukje papier] *note* 0.2 [bankbiljet] *note* ♦ 1.1 een ~ v.d. dokter *a n. from the doctor, a doctor's n.* 3.2 een ~ wisselen *change a n.* 6.1 dat geef ik je **op** een ~ *you can take it from me.*
briefkaart 0.1 *postcard.*
briefopener 0.1 *paperknife.*
briefpapier 0.1 *writing paper, stationery.*
briefroman 0.1 *epistolary novel.*
briefvorm 0.1 *letter form* ♦ 6.1 een roman in ~ *an epistolary novel.*
briefwisseling 0.1 *correspondence* ♦ 3.1 een ~ houden/voeren (met) *correspond (with).*
bries 0.1 *breeze* ♦ 2.1 een stevige ~ *a stiff b.*
briesen 0.1 [mbt. wilde dieren] *roar* 0.2 [mbt. paarden] *snort* ♦ 6.1 ~ **van** woede *r. with anger.*
brievenbesteller 0.1 *postman.*

brievenbus 0.1 [bus voor te verzenden brieven] *postbox* 0.2 [bus aan/bij een huis; opening bij/in huisdeur] *letterbox*, ᴬ*mailbox* 0.3 [rubriek] *postbox*.

brievenweger 0.1 *letter balance/scale(s)*.

brigade 0.1 [legerafdeling] *brigade* 0.2 [vaak in samenst.; groep met een opdracht/doel] *team* ◆ 1.2 reddingsbrigade *rescue t*.

brigadegeneraal 0.1 *brigadier*, ᴬ*brigadier general*.

brigadier 0.1 [ambtenaar v.d. gemeentepolitie] *police sergeant* 0.2 [klaar-over] *crossing guard*.

brij 0.1 [pap] *porridge* ⇒⟨dun⟩ *gruel* 0.2 [halfvloeibare stof] *pulp* ⇒*mush* ◆ 2.2 een kleverige ~ *goo*.

brik 0.1 [rijtuig] *brake, break* 0.2 [fiets] *bike* ◆ 2.1 een ouwe ~ *a(n old) heap*.

briket 0.1 *briquet(te)*.

bril 0.1 [montuur plus glazen, ook in samenst.] *(pair of) glasses* ⇒⟨dikke bril als bescherming⟩ *(pair of) goggles* 0.2 [zitting v.e. wc] *(toilet) seat* ◆ 1.1 zonnebril *sunglasses* 2.1 ⟨fig.⟩ alles door een donkere/roze ~ zien *take a gloomy/rosy view of everything* 3.1 zijn ~ erbij opzetten *take a closer look at sth.* 6.1 die man met een ~ op *that man wearing glasses;* lezen *zonder* ~ *read without glasses* 7.1 twee ~ len *two pairs of glasses*.

brildrager, -draagster ◆ 3.¶ hij/zij is ~ *he/she wears spectacles/glasses*.

briljant¹ ⟨de⟩ 0.1 *(cut) diamond*.

briljant² ⟨bn., bw.⟩ 0.1 *brilliant*.

briljanten 0.1 *diamond* ◆ 1.1 een ~ bruiloft *a d. wedding/anniversary*.

brillantine 0.1 *brilliantine*.

brillenglas 0.1 *(spectacle) lens*.

brillenjood ⟨bel.⟩ 0.1 *four-eyes*.

brillenkoker, -doos 0.1 *glasses case*.

brilmontuur 0.1 *glasses frame*.

brilslang 0.1 *(spectacled/Indian) cobra*.

brisantbom 0.1 *high-explosive bomb*.

brisantgranaat 0.1 *high-explosive shell*.

Brit, -se 0.1 *Briton*.

brits 0.1 *wooden bed*.

Brits 0.1 *British*.

broccoli 0.1 *broccoli*.

broche 0.1 *brooch*.

brochure 0.1 *pamphlet*.

brodeloos 0.1 *without means of support* ⇒*penniless* ◆ 3.1 iem. ~ maken *leave s.o. penniless*.

broedei 0.1 *hatching egg*.

broeden 0.1 ⟨mbt. vogels⟩ *brood* ◆ 1.1 onze kanarie broedt *our canary is brooding* 6.¶ hij zit *op* iets te ~ *he is working on sth.*

broeder 0.1 [broer] *brother* 0.2 [medemens] *brother* 0.3 [r.-k.] *brother* ⇒*friar* 0.4 [verpleger] *(male) nurse* ◆ 1.2 ben ik mijn ~ s hoeder? *am I my b. 's keeper?* 2.1 mijn oudste ~ *my eldest/oldest b.* 3.2 alle mensen zijn ~ s *all men are brothers* 6.¶ ⟨fig.⟩ een ~ *in* het kwaad *an accomplice*.

broederdienst 0.1 [dienst aan de naaste] *brotherly service* 0.2 [mil.] *brother's service* ◆ 3.1 elkaar een ~ bewijzen *do s.o. a kind turn* 6.2 vrijstelling *wegens* ~ *exemption owing to one's brother's military service*.

broederliefde 0.1 *brotherly love*.

broederlijk 0.1 *fraternal* ⇒*brotherly* ◆ 3.1 ~ met elkaar omgaan *fraternize with one another*.

broedermoord 0.1 *fratricide*.

broederschap 0.1 *brotherhood* ⇒*fraternity* ◆ 1.1 de ~ der notarissen *the fraternity of public notaries;* vrijheid, gelijkheid en ~ *liberty, equality and fraternity*.

broederstrijd, broedertwist 0.1 *internecine struggle*.

broedgebied 0.1 *breeding/nesting ground*.

broedhen 0.1 *broodhen* ⇒*sitter*.

broedmachine 0.1 *incubator* ⇒*brooder*.

broedplaats 0.1 ⟨ook fig.⟩ *breeding ground/place*.

broeds 0.1 *broody* ◆ 1.1 de kip is ~ ⟨ook⟩ *the hen wants to sit*.

broedsel 0.1 *brood* ⇒*hatch, fry* ⟨ihb. vissen⟩.

broedtijd 0.1 *breeding season*.

broei 0.1 *heating* ◆ 3.1 er zit ~ in de lucht *the air is sultry*.

broeibak 0.1 *cold/garden frame*.

broeien 0.1 [heet worden] *heat* ⇒*get heated/hot* 0.2 [zwoel zijn] *be sultry* ◆ 1.1 ~ d hooi *heated hay* 2.2 't is ~ d heet *it's boiling (hot)/sweltering* 4.¶ er broeit iets *there is sth. brewing*.

broeierig 0.1 [mbt. het weer] *sultry, sweltering* ⇒*muggy* 0.2 [zwoel] *sultry* ⇒*sensual*.

broeikas 0.1 *hothouse* ⇒*greenhouse*.

broeikaseffect 0.1 *greenhouse/hothouse effect*.

broeinest ⟨pej.; fig.⟩ 0.1 *hotbed* ◆ 6.1 een ~ *van* misdaad *a h. of crime*.

broek 0.1 ⟨lang⟩ *(pair of) trousers* ⇒⟨kort⟩ *shorts* ◆ 2.1 corduroy ~ *corduroy t., cords* 3.1 zijn vrouw heeft de ~ aan/draagt de ~ *his wife wears the t.* 6.1 ⟨fig.⟩ iem. **achter** de ~ zitten *keep s.o. on his toes;* het loopt hem dun **door** de ~ ⟨lett.⟩ *he has the trots/runs;* ⟨fig.⟩ *he's scared out of his pants;* hij heeft het **in** zijn ~ gedaan *he has wet his pants/shit himself;* het **in** zijn ~ doen *van* angst *(nearly) wet o.s.;* **in** zijn ~ schijten ⟨ook fig.⟩ *shit o.s.;* ⟨fig.⟩ *wet one's pants;* **voor** de ~/ op zijn ~ krijgen *be spanked;* **voor/op** de ~ geven *spank* 6.¶ een proces **aan** zijn ~ krijgen *get taken to court;* hij had een vette bekeuring **aan** zijn ~ *he had a heavy fine slapped on him*.

broekje 0.1 [kleine broek]⟨onderbroek⟩ *briefs;* ⟨slipje⟩ *panties, knickers* 0.2 [persoon] *whippersnapper*.

broekpak 0.1 *trouser suit*.

broekriem 0.1 *belt* ◆ 3.1 ⟨ook fig.⟩ de ~ aanhalen *tighten one's b.*

broekrok 0.1 *culottes*.

broeksband 0.1 *waistband*.

broekspijp 0.1 *(trouser-)leg* ◆ 2.1 omgeslagen ~ en *turnups*.

broekzak 0.1 *trouser(s) pocket* ◆ 8.1 iets kennen als zijn ~ *know sth. inside out/like the back of one's hand*.

broer 0.1 *brother* ◆ 2.1 een volle ~ *a full b.*

broertje 0.1 *little brother* ◆ 2.¶ een ~ dood aan iets hebben *hate sth., detest sth.*

brok 0.1 *piece* ⇒*fragment, chunk* ◆ 1.1 een ~ marmer *a p. of marble* 2.1 droge ~ ken *dry dog/cat food;* hapklare ~ ken *bite-size chunks* 3.1 ~ ken maken *smash things up;* ⟨fig.⟩ *mess things up* 6.1 hij had een ~ **in** zijn keel *he had a lump in his throat*.

brokaat 0.1 *brocade*.

brokkelen 0.1 *crumble*.

brokkelig 0.1 *crumbly* ⇒⟨bros⟩ *brittle*.

brokkenmaker, -maakster 0.1 *accident-prone person*.

brokkenpiloot 0.1 *hard-luck pilot*.

brokstuk 0.1 *(broken) fragment* ⇒*piece*, ⟨mv. ook⟩ *debris* ◆ 1.1 overal lagen ~ s v.h. vliegtuig *the debris of the plane was scattered all over*.

brom 0.1 *buzz* ⇒⟨in radio e.d.⟩ *hum*.

brombeer 0.1 *grumbler* ⇒*grump(y)*.

bromfiets 0.1 *moped*.

bromfietser 0.1 *moped rider/driver*.

bromfietshelm 0.1 *crash helmet (for a moped)* ⇒*moped helmet*.

brommen I ⟨onov., ov.ww.⟩ **0.1** [mompelen] *mutter* ♦ **6.1 in** zijn baard ~ *m. under one's breath;* **II** ⟨onov.ww.⟩ **0.1** [grommend geluid voortbrengen] *hum* ⟨insecten, motor, radio e.d.⟩ ⇒*growl* ⟨persoon, hond⟩ **0.2** [gevangen zitten] *do time* **0.3** [op een bromfiets rijden] *ride a moped* ♦ **1.2** hij zal zes weken moeten ~ *he will have to do six weeks.*
brommer 0.1 *moped.*
brompot 0.1 *grumbler* ⇒*grump(y).*
bromstem 0.1 *humming/low voice.*
bromtol 0.1 *hummingtop.*
bromvlieg 0.1 *bluebottle, blowfly.*
bron 0.1 [opwellend water] *well* ⇒*spring* **0.2** [oorsprong, oorzaak] *source* ⟨ook v.e. rivier⟩ ⇒*spring, cause* **0.3** [geschrift, persoon] *source* ⇒*authority* ♦ **1.2** ~nen van bestaan *means of existence* **2.1** geneeskrachtige ~ *medicinal spring;* hete ~ *hot springs* **2.3** hij heeft het uit betrouwbare ~ *he has it from a reliable s.;* een rijke/onuitputtelijke ~ van informatie *a mine of information* **3.2** die ~ is opgedroogd *that source has run dry* **6.2** een ~ **van** inkomsten *a source of income.*
bronbelasting ⟨geldw.⟩ **0.1** *tax on unearned income abroad.*
bronchiën 0.1 *bronchi.*
bronchitis 0.1 *bronchitis.*
bronnenmateriaal ⟨wet.⟩ **0.1** *source material.*
brons 0.1 ⟨bn. en zn.⟩ *bronze* ♦ **2.1** ze had een ~ getinte huid *her skin was bronzed* **6.1** uit ~ gegoten *cast from b.*
bronst 0.1 *rut* ⟨m. dier⟩; *heat* ⟨v. dier⟩.
bronstig 0.1 *rutting* ⟨m. dier⟩; *on heat* ⟨v. dier⟩.
bronstijd ⟨gesch.⟩ **0.1** *Bronze Age.*
bronstijd 0.1 *mating season.*
bronwater 0.1 ⟨uit bron⟩ *springwater;* ⟨in fles⟩ *mineral water.*
bronzen 0.1 *bronze* ♦ **1.1** een ~ medaille *a bronze (medal).*
brood 0.1 [voedsel] *bread* **0.2** [brood in een bep. vorm] *loaf (of bread)* **0.3** [kost, levensonderhoud] *living* **0.4** [boterhammen] *lunch* ♦ **1.2** een snee ~ *a slice of bread* **1.3** ~ en spelen *bread and circuses* **2.1** droog ~ eten ⟨fig.⟩ *be on the breadline;* ⟨lett.⟩ *eat dry b.;* daar is geen droog ~ mee te verdienen *you won't/wouldn't make a penny out of it;* wit/bruin ~ *white/brown b.* **2.3** het dagelijkse ~ bij elkaar scharrelen/verdienen *scrape a l.* **3.1** ⟨fig.⟩ ~ op de plank hebben *be able to make ends meet;* ⟨fig.⟩ iem. het ~ uit de mond nemen/stoten *take the b. out of s.o.'s mouth;* ongezuurd/eigengebakken ~ *unleavened/home-made b.* **3.3** zijn ~ verdienen (in/met) *make a l. (out of);* ergens (geen) ~ in zien *(not) see the point/good of sth.* **6.1** ⟨fig.⟩ de mens leeft niet **van/bij** ~ alleen *man does not live by b. alone* **6.4** ⟨fig.⟩ dat krijg ik alle dagen **op** mijn ~ *that is thrown in my face every day* **7.2** twee broden *two loaves (of bread).*
broodbeleg 0.1 *sandwich filling.*
brooddeeg 0.1 *(bread) dough.*
brooddieet 0.1 *bread diet.*
brooddronken 0.1 *exuberant.*
broodje 0.1 *(bread) roll* ⇒*bun* ♦ **1.1** een ~ (met) kaas *a cheese roll* **2.1** ⟨fig.⟩ als warme ~s verkocht worden/over de toonbank gaan/de winkel uitvliegen *go/sell like hot cakes;* ⟨fig.⟩ zoete ~s bakken bij iem. *butter s.o. up* ¶**.1** ~ gezond *a salad roll.*
broodjeszaak, -winkel 0.1 *sandwich bar.*
broodkorst 0.1 [korst van brood] *bread crust* **0.2** [stuk brood met korst] *crust (of a loaf).*
broodkruimel 0.1 *bread crumb.*
broodmaaltijd 0.1 *cold meal/lunch* ⇒*sandwiches.*

broodmager 0.1 *skinny* ⇒*bony.*
broodmand 0.1 *breadbasket.*
broodmes 0.1 *breadknife.*
broodnijd 0.1 *professional jealousy.*
broodnodig 0.1 *much-needed, badly needed* ⇒*highly necessary* ♦ **3.1** ik heb 't ~ *I need it badly.*
broodnuchter 0.1 *stonesober.*
broodplank 0.1 *breadboard.*
broodroof ♦ **3.**¶ ~ aan iem. plegen *take the bread out of s.o.'s mouth.*
broodrooster 0.1 *toaster.*
broodschrijver 0.1 *±hack.*
broodtrommel 0.1 [trommel om brood in te bewaren] *breadbin* **0.2** [lunchtrommel] *lunch box.*
broodwinner 0.1 *breadwinner.*
broodwinning 0.1 *livelihood* ♦ **2.1** het is een prima ~ *one can make a good l. out of it* **3.1** iem. zijn ~ ontnemen *take the bread out of s.o.'s mouth.*
broos 0.1 ⟨ook fig.⟩ *fragile* ⇒*delicate,* ⟨fig. ook⟩ *frail* ♦ **1.1** hun geluk was erg ~ *their happiness was very fragile;* ~ glas *fragile glass.*
broosheid 0.1 *fragility* ⇒*delicacy, frailness.*
bros 0.1 *brittle* ⇒*crisp(y)* ♦ **1.1** ~se beschuit *crisp rusks.*
brouwen I ⟨onov.ww.⟩ **0.1** [taal.] *burr (one's r's);* **II** ⟨ov.ww.⟩ **0.1** [mbt. bier] *brew* **0.2** [samenstellen] *brew* ⇒ *mix, concoct* ♦ **1.2** drankjes ~ *concoct potions* **5.**¶ hij heeft er niet veel van gebrouwen *he didn't make much of it.*
brouwer 0.1 [bierbrouwer] *brewer* **0.2** [taal.] *burrer* ⇒*s.o. who speaks with a burr.*
brouwerij 0.1 [bedrijf] *brewery* **0.2** [beroep, vak] *brewing.*
brouwsel 0.1 [hetgeen gebrouwen is] *brew(age)* **0.2** [zelfgemaakt drankje] *brew* ⇒*concoction* ♦ **2.2** slap ~ *dishwater.*
brr 0.1 *brr* ⟨bij kou⟩; *ugh* ⟨afschuw⟩.
brug 0.1 [verkeer] *bridge* **0.2** [gebitsprothese] *bridge(work)* **0.3** [sport; toestel] *parallel bars* **0.4** [scheep.] *bridge* ♦ **3.1** een ~ dichtgezet *close a b.;* een ~ opendraaien *open/raise a b.;* een ~ slaan/leggen over *bridge, span* **6.**¶ hij moet **over** de ~ komen *he has to deliver the goods.*
brugdek 0.1 *roadway.*
brugfunctie 0.1 *bridging function.*
Brugge 0.1 *Bruges.*
bruggenbouwer 0.1 *bridge builder/constructor.*
bruggenhoofd ⟨mil.⟩ **0.1** *bridgehead; beachhead* ⟨op strand⟩.
brugjaar 0.1 [overbruggingsjaar] *transitional year* **0.2** [jaar v.d. brugklas] *first class/year (of secondary school).*
brugklas 0.1 *first class/form (at secondary school).*
brugklasser 0.1 *first-former.*
brugleuning, -reling 0.1 *bridge railing* ⇒⟨van steen⟩ *parapet.*
Brugman ♦ **8.**¶ praten als ~ *±have the gift of the gab.*
brugwachter 0.1 *bridgeman.*
brui ♦ **3.**¶ er de ~ aan geven *chuck it (in).*
bruid 0.1 *bride* ♦ **2.1** de aanstaande ~ *the bride-to-be.*
bruidegom 0.1 *(bride)groom* ♦ **3.1** de ~ zijn *be the (future) b.*
bruidsboeket 0.1 *bridal bouquet.*
bruidsdagen 0.1 *(days leading up to wedding)* ♦ ¶**.1** de ~ zijn voorbij ⟨fig.⟩ *the honeymoon is over.*
bruidsjapon 0.1 *bridal gown, wedding dress.*
bruidsjonker 0.1 *pageboy.*
bruidsmeisje 0.1 *bridesmaid.*
bruidsnacht 0.1 *wedding night.*
bruidspaar 0.1 *bride and (bride)groom* ⇒*bridal couple.*

bruidsschat 0.1 *dowry.*

bruidssluier 0.1 [sluier v.d. bruid] *bridal veil* 0.2 [plantk.] *baby's-breath.*

bruidsstoet 0.1 *wedding/bridal procession.*

bruidssuite 0.1 *bridal suite.*

bruidstaart 0.1 *wedding cake.*

bruikbaar 0.1 *usable* ⇒⟨nuttig⟩ *useful, serviceable* ⟨machines, auto's enz.⟩, *employable* ⟨arbeidskracht⟩ ♦ **1.1** een bruikbare methode *a workable method* **5.1** niet erg ~ *not much use.*

bruikbaarheid 0.1 *utility, usefulness; employability.*

bruikleen 0.1 *loan* ♦ **6.1** iets in ~ hebben *have the l./use of sth.;* iets aan iem. in ~ geven *lend sth. to s.o.*

bruiloft 0.1 [trouwfeest] *wedding* 0.2 [gedenkfeest] *wedding (anniversary)* ♦ **2.2** koperen ~ ⟨*wedding after 12½ years*⟩; zilveren/gouden/diamanten/platina ~ *silver/golden/diamond/platinum w.(a.)* **3.1** ~ vieren *celebrate a w.* **6.1** op een ~ genodigd (zijn) *(be) invited to a w.*

bruiloftsmars 0.1 *wedding march.*

bruin¹ ⟨het⟩ 0.1 [kleur] *brown* 0.2 [brood] *brown (loaf)* ♦ **2.¶** oud ~ *±brown ale.*

bruin² ⟨bn., bw.⟩ 0.1 *brown* ♦ **1.1** een ~ café *±a pub* **1.¶** een ~ leven *an easy life* **3.1** ~ bakken/braden *brown;* ⟨aardappelen/uien ook⟩ *sauté;* zich ~ laten bakken *get a (sun)tan* **3.¶** wat bak je ze weer ~ *you're really going to town on it.* **Bruin** ♦ **3.¶** dat kan ~ niet trekken *that's beyond my pocket.*

bruinbrood 0.1 *brown bread.*

bruinen I ⟨ov.ww.⟩ 0.1 [bruin maken] *brown* ⟨ook cul.⟩ ⇒ ⟨door de zon⟩ *tan, bronze* ♦ **1.1** de zon heeft zijn vel gebruind *the sun has tanned his skin;* II ⟨onov.ww.⟩ 0.1 [bruin worden] *brown* ⇒*go/turn brown,* ⟨door de zon ook⟩ *tan,* ⟨door de zon ook⟩ *bronze* ♦ **3.1** hij begint al te ~ *he's already turning brown.*

bruinkool 0.1 *brown coal* ⇒*lignite.*

bruinogig 0.1 *brown-eyed.*

bruinvis 0.1 *porpoise.*

bruisen 0.1 *foam* ⇒*effervesce* ♦ **6.1** ⟨fig.⟩ ~ van geestdrift/energie *bubble with enthusiasm/energy.*

bruisend 0.1 *dazzling* ⟨v.e.feest⟩.

bruistablet 0.1 *effervescent tablet.*

brulaap 0.1 [mv.; apenfamilie] *New World monkeys* 0.2 [dier] *howler (monkey).*

brullen I ⟨onov.ww.⟩ 0.1 [mbt. dieren] *roar* 0.2 [hard schreeuwen] *roar* ⇒*bawl, howl* ♦ **3.2** de zaal/toehoorders doen ~ *set the hall/audience roaring* **6.2** ~ van het lachen *r./howl with laughter;* II ⟨ov.ww.⟩ 0.1 [brullend meedelen] *roar* ⇒*blare* ♦ **6.1** een dove iets in 't oor ~ *r. sth. into a deaf person's ear.*

brunchen 0.1 *have brunch* ⇒*brunch.*

brunette 0.1 *brunette.*

Brussel 0.1 *Brussels.*

Brusselaar, Brusselse 0.1 ⟨zie 3.1⟩ ♦ **3.1** ~ zijn *be/come from Brussels.*

Brussels 0.1 *Brussels* ♦ **1.1** ~e kant *B. lace.*

brutaal 0.1 [zonder respect] *insolent* ⇒⟨van kinderen⟩ *impudent, cheeky* 0.2 [vrijpostig] *bold* ⇒*forward* ♦ **1.1** een ~ antwoord *an insolent reply;* een ~ stukje *a piece of cheek* **1.2** een brutale opmerking *a forward remark* **3.1** ~ antwoorden *answer/talk back* **5.1** zij was zo ~ om ...*she had the cheek/nerve to* ... **8.2** hij is zo ~ als de beul *he is as b. as brass* **¶.2** ⟨sprw.⟩ de brutalen hebben de halve wereld *fortune favours the b.*

brutaalweg 0.1 ⟨zie 3.1⟩ ♦ **3.1** hij heeft het ~ gedaan *he was just insolent and went ahead and did it;* iem. ~ de waarheid zeggen *give s.o. a piece of one's mind.*

brutaliseren 0.1 *bully* ⇒*browbeat.*

brutaliteit 0.1 *cheek* ⇒*impudence* ♦ **3.1** hij heeft de ~ te zeggen dat ik lieg *he has the c./nerve to say that I'm lying.*

bruto 0.1 *gross* ⟨ook hand.⟩ ♦ **1.¶** ~ nationaal product *gross national product* **3.1** het concert heeft ~ ƒ 1100 opgebracht *the concert raised 1100 guilders g.*

brutogewicht 0.1 *gross weight.*

brutoloon 0.1 *gross income.*

brutosalaris 0.1 *gross salary.*

brutowinst 0.1 *gross profit.*

bruusk 0.1 *brusque* ⇒*abrupt, curt* ♦ **1.1** een ~ antwoord *an abrupt answer.*

bruuskeren 0.1 *snub* ⇒*brush off* ♦ **1.1** de zaak ~ *push the matter through.*

bruut¹ ⟨de⟩ 0.1 *brute* ⇒*bully.*

bruut² ⟨bn., bw.⟩ 0.1 *brute* ⇒*brutal* ⟨gruwelijk⟩ ♦ **1.1** ~ geweld *brute force.*

btw ⟨afk.⟩ 0.1 [belasting op de toegevoegde waarde] *VAT* ♦ **1.1** het hoge/lage btw-tarief *the high/low VAT rate.*

btw-plichtig 0.1 *liable to VAT.*

bubbelbad 0.1 [whirlpool] *whirlpool* ⇒*jacuzzi* 0.2 [schuimbad] *bubble bath.*

budget 0.1 *budget* ♦ **6.1** een aanslag op mijn ~ *an inroad on my b.*

budgetbewaking 0.1 *budgetary control.*

budgettair 0.1 *budgetary* ♦ **1.1** de ~e gelden *the b. funds* **2.1** ~ neutraal *not involving additional expenditure.*

budgetteren 0.1 *budget.*

budgettering 0.1 *budgeting.*

buffel 0.1 *buffalo.*

buffelen ⟨inf.⟩ 0.1 [gulzig eten] *wolf (down)* ⇒*gobble.*

buffer 0.1 [spoorw.] *buffer* 0.2 [comp.] *buffer* ♦ **8.1** ⟨fig.⟩ dat kind fungeert als ~ tussen zijn ouders *that child acts as a b. between his parents.*

buffervoorraad 0.1 *buffer stock.*

buffet 0.1 [meubelstuk] *sideboard* ⇒*buffet* 0.2 [wat verkrijgbaar is] *buffet* ♦ **2.2** koud ~ *cold b.*

bühne 0.1 *stage.*

bui 0.1 [periode van neerslag] *shower* ⇒*(short) storm* ⟨hevig, met onweer; vaak fig.⟩ 0.2 [humeur] *mood* ♦ **1.1** maartse ~en *April showers* **2.2** in een driftige ~ *in a fit of temper;* een energieke ~ *a burst of energy;* een kwade/goede ~ hebben *be in a bad/good m.* **3.1** de ~ laten overdrijven ⟨fig.⟩ *wait until the storm blows over;* schuilen voor een ~ *take shelter from a storm;* de ~ zien aankomen/zien hangen ⟨fig.⟩ *see the storm coming* **5.1** hier en daar een ~ *scattered showers.*

buidel 0.1 [beurs] *purse* 0.2 [huidplooi] *pouch.*

buideldier 0.1 *marsupial.*

buigbaar 0.1 *flexible* ⇒*pliable.*

buigen I ⟨ov.ww.⟩ 0.1 [doen krommen] *bend* ♦ **1.1** het hoofd ~ ⟨fig.⟩ *bow/submit (to)* **4.1** zich ~ *bend, bow* ⟨mensen, takken⟩; *curve, bend* ⟨rivier, weg⟩ **6.1** zich **over** de balustrade ~ *lean over the railing;* zich **over** een probleem ~ ⟨fig.⟩ *tackle a problem;* II ⟨onov.ww.⟩ 0.1 [een buiging maken] *bow* 0.2 [zich krommen] *bend (over)* ♦ **3.2** het is ~ of barsten ⟨fig.⟩ *it's b. or break* **5.2** plastic buigt gemakkelijk *plastic bends easily* **6.1** voor iem. ~ ⟨fig.⟩ *b./yield to s.o.'s will* **6.2** de weg buigt hier **naar** links *the road curves to the left here;* III ⟨onov., ov.ww.⟩ 0.1 [nat.] *diffract.*

buiging 0.1 [bocht] *bend* ⇒*curve* 0.2 [uiting van eerbied, groet] *bow* ⇒*curtsy* ⟨vrouwen⟩ 0.3 [taal.] *inflection* 0.4 [nat.] *diffraction* ♦ **3.1** de weg maakt hier een ~ *the road*

bends here **3.2** een ~ maken *bow* ⟨van man⟩; *curtsy* ⟨van vrouw⟩.
buigingsuitgang ⟨taal.⟩ **0.1** *inflection* ⇒*inflectional ending.*
buigzaam 0.1 [lenig]*flexible* ⇒*supple* **0.2** [zich gemakkelijk schikkend]*flexible* ⇒*adaptable, compliant* ◆ **1.2** een ~ karakter *a compliant disposition*.
buiig 0.1 *showery* ⇒*gusty.*
buik 0.1 [mbt. personen] *belly* ⇒*stomach*, ⟨onderste gedeelte⟩ *abdomen* **0.2** [mbt. dieren] *belly* ⇒*stomach* **0.3** [mbt. voorwerpen] *belly* ⇒*body, thickest part/section* **0.4** [nat.] *antinode* ◆ **1.3** de ~ v.e. schip *the belly of a ship* **2.1** een dikke ~ *a fat b./stomach;* ⟨fig.;inf.⟩ met een dikke ~ lopen ⟨zwanger⟩ *be expecting;* ⟨fig.⟩ er de ~ van vol hebben *be fed up (with it), be sick and tired (of it)* **3.1** zijn ~ inhouden *hold one's stomach in;* zijn ~ vasthouden v.h. lachen *hold one's sides with laughter* **6.1** ⟨fig.;inf.⟩ dat kun je **op** je ~ schrijven *no way.*
buikdans 0.1 *belly dance.*
buikdansen 0.1 *(do a) belly dance.*
buikdanseres 0.1 *belly dancer.*
buikgriep 0.1 *gastroenteritis.*
buikholte 0.1 *abdomen* ⇒*abdominal cavity.*
buikje 0.1 [dikke buik] *belly* ⇒ *paunch, (fat) gut* ◆ **3.1** een ~ krijgen *develop a paunch.*
buikkramp 0.1 *stomach/abdominal cramp.*
buiklanding 0.1 *belly landing.*
buikloop 0.1 *diarrhoea.*
buikpijn 0.1 *stomachache* ⇒*bellyache, abdominal pain* ◆ **3.1** ⟨fig.⟩ 't is om er ~ van te krijgen *it's enough to make you sick.*
buikriem 0.1 *belt* ◆ **3.1** zij zullen de ~ moeten aanhalen *they will have to tighten their belt(s).*
buikspier 0.1 *stomach muscle* ⇒*abdominal muscle.*
buikspieroefening 0.1 *stomach (muscle) exercise* ⇒*abdominal exercise.*
buikspreken 0.1 *ventriloquize* ⇒*throw one's voice* ◆ **7.1** het ~ *ventriloquism.*
buikspreker, -spreekster 0.1 *ventriloquist.*
buikvin ⟨dierk.⟩ **0.1** *pelvic fin;* ⟨buik- en aarsvin⟩ *ventral fin.*
buikvlies 0.1 *peritoneum.*
buikvliesontsteking 0.1 *peritonitis.*
buikwand 0.1 *abdominal wall.*
buil 0.1 [bult] *bump* ◆ **3.1** zich een ~ stoten *get a lump from bumping into sth.;* ⟨fig.⟩ daar kun je/zul je je geen ~ aan vallen *you can't go wrong with that.*
builenpest 0.1 *bubonic plague.*
buis 0.1 [koker, pijp] *tube* ⇒*pipe, tubing, valve* ⟨van radio e.d.⟩, *tube* ⟨van radio e.d.⟩ **0.2** [televisie] *box* ⇒*TV* ◆ **1.1** de buizen v.d. waterleiding *water pipes* **2.1** een glazen ~ *a glass tube* **3.1** buizen trekken/persen *make tubes* **6.2** op de ~ *on the box.*
buispost 0.1 *pneumatic dispatch.*
buisvormig 0.1 *tubular* ⇒*tubulate(d).*
buit 0.1 [wat men veroverd heeft] *booty* ⇒*spoils, loot* **0.2** [jachtbuit] *catch* ◆ **2.2** met een flinke ~ thuiskomen *come home with a big c.* **3.1** de ~ binnenhalen *haul in the loot;* iets ~ maken *capture sth.*
buitelen 0.1 *tumble* ⇒*somersault* ◆ **1.1** kopje ~ *turn somersaults.*
buiteling 0.1 *tumble* ◆ **3.1** een lelijke ~ maken *take a nasty t.*
buiten[1] ⟨het⟩ **0.1** *country place* ⇒*countryhouse.*
buiten[2] ⟨bw.⟩ **0.1** *outside* ⇒*out, outdoors* ◆ **1.1** een dagje ~ *a day in the country* **3.1** daar wil ik ~ blijven ⟨fig.⟩ *I want to stay out of that;* hij woont ~ *he lives in the country* **6.1**

naar ~ gaan ⟨buitenshuis⟩ *go outside/outdoors;* ⟨naar het platteland, de stad uit⟩ *go into the country/out of town;* ⟨scheep.⟩ *put to sea;* **naar** ~ brengen *take out* ⟨voorwerp⟩; *lead/show out* ⟨persoon⟩; **naar** ~ opengaan *open outwards;* hij ging zijn bevoegdheid **te** ~ *he exceeded his authority;* zich **te** ~ gaan (aan) *overindulge (in);* zich aan eten/drinken/roken **te** ~ gaan *eat/drink/smoke to excess;* **van** ~ *from/on the outside;* **van** ~ komen ⟨v.h. platteland⟩ *come from the country;* ⟨van buiten naar binnen⟩ *come from outside;* hulp/invloeden **van** ~ *outside help/influences;* een gedicht **van** ~ leren/kennen *learn/know a poem by heart.*
buiten[3] ⟨vz.⟩ **0.1** [uit] *outside* ⇒*beyond* **0.2** [niet betrokken bij] *out of* **0.3** [behalve] *except (for)* **0.4** [zonder] *without* ◆ **1.1** ~ het bereik van *out of reach of;* ~ gevaar *out of danger* **1.2** iets ~ beschouwing laten *leave sth. aside;* iem. ~ gevecht stellen *put s.o. out of action;* ~ werking/gebruik *out of order/use* **1.4** ~ kijf *beyond dispute;* 't is ~ mijn medeweten gebeurd *it happened w. my knowledge* **3.2** er ~ blijven *stay out of it;* zich ergens ~ houden *stay out of sth.;* hij staat ~ alles (neemt nergens deel aan) *he is always on the outside;* (is er niet bij betrokken) *he's not involved* **3.4** Ik kan er niet/moeilijk ~ *I cannot do w. it* **4.1** hij was ~ zichzelf van angst/woede *he was beside himself with fear/anger* **4.3** ~ hem bestaat niets voor haar *nothing exists for her except him* **4.4** hij heeft de zaak ~ mij om beslist *he decided the matter w. (consulting) me.*
buitenaards 0.1 *extraterrestrial* ◆ **1.1** een ~ wezen *an extraterrestrial, an alien.*
buitenaf 0.1 *outside* ⇒*external, from/on the outside* ◆ **3.1** ~ beginnen *start from/on the outside* **6.1** tussenkomst **van** ~ *o. interference;* zonder druk **van** ~ *without external pressure.*
buitenbaan ⟨sport⟩ **0.1** *outside lane.*
buitenbad 0.1 *open-air/outdoor pool.*
buitenband 0.1 *tyre.*
buitenbeentje 0.1 *odd man out* ⇒*outsider.*
buitenbocht 0.1 *outside curve/bend.*
buitenboordmotor 0.1 *outboard motor.*
buitendeur 0.1 *front door* ⇒*outside door.*
buitenechtelijk 0.1 *extramarital* ◆ **1.1** ~ kind *illegitimate child.*
buitengaats 0.1 *offshore.*
buitengemeen ⟨schr.⟩ **0.1** *exceptional* ⇒*extraordinary* ◆ **2.1** hij was ~ knap *he was exceptionally bright.*
buitengerechtelijk 0.1 *extrajudicial.*
buitengewoon I ⟨bn.⟩ **0.1** [v.h. gewone afwijkend] *special* ⇒*extra* **0.2** [boven het gewone uitstekend] *exceptional* ⇒*unusual* ◆ **1.1** ~ hoogleraar *extraordinary professor;* buitengewone omstandigheden/lasten *unusual circumstances, exceptional expenses* **1.2** buitengewone zorg aan iets besteden *devote special care to sth.* **4.2** iets ~s *sth. out of the ordinary;* niets ~s *nothing unusual;*
II ⟨bw.⟩ **0.1** [zeer] *extremely* ⇒*exceptionally* ◆ **2.1** 't is ~ heet *it is extremely hot* **3.1** ~ genieten *thoroughly enjoy sth./o.s.*
buitengrenzen 0.1 *external borders.*
buitenhuis 0.1 *country house.*
buitenissig ⟨inf.⟩ **0.1** *unusual* ⇒*eccentric.*
buitenissigheid 0.1 *uncommonness* ⇒*oddity, eccentricity.*
buitenkansje 0.1 *stroke/bit/piece of luck* ◆ **3.1** hij had een ~ *he had a windfall* ⟨geld⟩ */a bit of luck.*
buitenkant 0.1 [buitenzijde] *outside* ⇒*exterior* **0.2** [de buitenwijken] *outskirts* ⇒*outlying districts* ◆ **6.1** ⟨fig.⟩ het zit bij hem maar **aan** de ~ *it's only skin deep with him;* **aan** de

~ *on the o./surface;* **op** de ~ afgaan *judge by appearances* ¶.1 ⟨fig.⟩ het enige wat voor hem telt is de ~ *all that matters to him is the cosmetics.*

buitenkerkelijk 0.1 [buiten de kerk omgaande] *lay* ⇒*nondenominational* **0.2** [niet tot een kerkgenootschap behorend] *non-church.*

buitenkomen 0.1 *come outside/outdoors/out of doors.*

buitenland 0.1 *foreign country/countries* ◆ **6.1** in het ~ gemaakt *made abroad;* **naar** het ~ vertrekken/gaan *go abroad;* **van/uit** het ~ terugkeren *return/come back from abroad.*

buitenlander, -landse 0.1 *foreigner* ⇒*alien.*

buitenlands 0.1 [uit het buitenland] *foreign* **0.2** [het buitenland betreffend] *foreign* ⇒*international* ◆ **1.1** onze ~e afdelingen ⟨ook⟩ *our overseas offices;* ~e producten *f. products* **1.2** ~e dienst *Diplomatic Service;* een ~e reis *a trip abroad;* ~e schulden ⟨macro-economisch⟩ *foreign debts.*

buitenlaten 0.1 [buiten laten blijven] *leave out* **0.2** [uitlaten] *let/put out* ◆ **1.2** wil je de kat even ~? *would you let the cat out, please?*

buitenlucht 0.1 *open (air)* ⟨buitenshuis⟩; *country air* ⟨v.h. (platte)land⟩ ◆ **6.1** in de ~ slapen *sleep in the open.*

buitenmens 0.1 *outdoor(s)man* ⟨m.⟩, *outdoor(s)woman* ⟨v.⟩ ◆ **3.1** ik ben geen ~ *I'm not an o.*

buitenmodel 0.1 *non-standard* ⇒*out-size* ⟨kleren⟩, *special.*

buitenom 0.1 *around* ⇒*round the house/town* ⟨enz.⟩ ◆ **3.1** voor het toilet moet je ~ gaan *to go to the toilet you have to go round the back.*

buitenopname 0.1 *exterior* ⇒*outdoor shot/scene, shot(s) (taken) on location.*

buitenschools 0.1 *extracurricular* ⇒*extramural, outside of school* ⟨na zn.⟩ ◆ **1.1** ~e activiteiten *extracurricular activities.*

buitenshuis 0.1 *outside* ⇒*out(side) of the house, outdoors, out of doors* ◆ **3.1** ~ eten *eat out;* ~ werken *work outside the house;* ⟨mbt. werkende vrouw⟩ *work outside the home.*

buitensluiten 0.1 [niet binnenlaten] *shut out* ⟨ook kou, licht⟩ ⇒*lock out* **0.2** [niet laten meedoen] *leave/shut out* ⇒*exclude* ◆ **4.1** hij had zichzelf buitengesloten *he had locked himself out* **6.2** hij voelde zich *door* zijn klasgenoten buitengesloten *his classmates made him feel left out.*

buitenspel¹ ⟨het⟩⟨sport⟩ **0.1** *offside* ◆ **3.1** de scheidsrechter floot voor ~ *the referee whistled for o.*

buitenspel² ⟨bw.⟩⟨sport⟩ **0.1** *offside* ◆ **3.1** ⟨fig.⟩ hij werd ~ gezet *he was sidelined.*

buitenspeldoelpunt ⟨sport⟩ **0.1** *offside goal.*

buitenspelval ⟨sport⟩ **0.1** *offside trap* ◆ **3.1** de ~ openzetten *open (up) the o. t.*

buitensporig 0.1 *extravagant* ⇒*excessive, exorbitant, inordinate* ◆ **2.1** ~ hoge prijzen *exorbitant prices* **3.1** hij drinkt ~ *he drinks to excess.*

buitensporigheid 0.1 [het buitensporig zijn] *extravagance* ⇒*excessiveness* **0.2** [wat buitensporig is] *extravagance* ⇒ *excess.*

buitensport 0.1 *outdoor sports;* ⟨mbt. jagen/vissen⟩ *field sports.*

buitenst 0.1 *out(er)most* ⇒*exterior, outer.*

buitenstaan 0.1 *stand outside.*

buitenstaander 0.1 *outsider* ◆ **3.1** hij voelde zich een ~ *he felt like an o., he felt excluded/left out.*

buitentent 0.1 *fly* ⇒*flysheet.*

buitenveld ⟨cricket, honkbal⟩ **0.1** *outfield.*

buitenverblijf 0.1 *countryhouse* ⇒⟨groot⟩ *countryseat.*

buitenverlichting 0.1 *exterior lighting.*

buitenwaarts 0.1 *outward(s)* ◆ **1.1** een ~e beweging *an outward movement* **3.1** de voeten ~ zetten *turn one's feet/ toes out.*

buitenwacht 0.1 *outside world* ⇒*public, outsiders* ⟨mv.⟩ ◆ **6.1** iets *voor* de ~ verborgen houden *keep sth. from the public/from becoming public.*

buitenwereld 0.1 *public (at large)* ⇒*outside world* ◆ **3.1** afgesneden van de ~ *cut off from the outside world.*

buitenwijk 0.1 *suburb* ⇒⟨mv. ook⟩ *outskirts* ◆ **2.1** een armoedige ~ *a poor district;* de betere ~en *prosperous suburbs.*

buitenzetten 0.1 *put out(side).*

buitenzijde 0.1 *outside* ⇒*exterior,* ⟨fig. vnl.⟩ *surface* ◆ **1.1** de ~ v.e. stof *the right side of a material.*

buitmaken 0.1 *seize* ⇒*capture* ⟨schip⟩.

buizen ⟨AZN⟩ **0.1** [(laten) zakken] *fail* ⇒*be ploughed.*

buizennet 0.1 *piping, pipes* ⇒*mains* ◆ **1.1** het ~ v.d. waterleiding *the water mains.*

buizerd 0.1 *buzzard.*

bukken I ⟨onov.ww.⟩ **0.1** [voorover buigen] *stoop* ⇒⟨wegduiken⟩ *duck,* ⟨buigen⟩ *bend* **0.2** [+ voor; zwichten] *bow (to)* ⇒*bend (before)* ◆ **6.1** ⟨fig.⟩ hij gaat gebukt **onder** veel zorgen *he is weighed down by many worries;* **II** ⟨wk.ww.; zich ~⟩ **0.1** [voorover buigen] *stoop* ⇒*lean down.*

buks 0.1 *(short) rifle.*

bul 0.1 *degree certificate* ◆ **3.1** de ~ uitreiken *award the d. c.*

bulderen 0.1 *roar* ⇒*bellow* ◆ **1.1** met ~de stem iets bevelen *command sth. in a bellowing voice* **6.1** tegen iem. ~ *r./bellow at s.o.* **6.**¶ ~ **van** het lachen *roar with laughter.*

bulderstem 0.1 *booming voice* ⇒*roar.*

buldog 0.1 *bulldog.*

Bulgaar, -se 0.1 *Bulgarian.*

Bulgaars 0.1 *Bulgarian.*

Bulgarije 0.1 *Bulgaria.*

bulkartikelen 0.1 *bulk* ⇒*bulk(ed) goods.*

bulken ◆ **6.**¶ zij bulkt **van** het geld *she is rolling in money.*

bulkgoederen 0.1 *bulk goods.*

bullebak 0.1 *bully* ⇒*ogre* ◆ **3.1** de ~ spelen *act the b.*

bulletin 0.1 *bulletin* ⇒*report.*

bult 0.1 [buil] *lump* ⇒*bump* ⟨door stoten enz.⟩ **0.2** [bochel] *hunch* ⇒*hump* ◆ **3.2** ⟨fig.⟩ zich een ~ lachen *be in fits (of laughter)* **6.2** met een ~ *hunchbacked, humpbacked.*

bultenaar 0.1 *hunchback* ⇒*humpback.*

bulterriër 0.1 *bull terrier.*

bumper 0.1 *bumper* ◆ **6.1** ⟨fig.⟩ iem. **op** de ~ zitten *sit on s.o.'s tail.*

bundel 0.1 [bos] *bundle* ⇒*sheaf* ⟨papieren, pijlen, aren⟩ **0.2** [boekje] *collection* ⇒*volume,* ⟨verzamelwerk⟩ *compilation,* ⟨bloemlezing⟩ *anthology* ◆ **1.1** een ~ bankbiljetten *a roll of banknotes.*

bundelen 0.1 *bundle* ⇒*cluster, join* ⟨krachten⟩, *combine* ⟨krachten⟩, *compile* ⟨geschriften⟩, *collect* ⟨geschriften⟩ ◆ **1.1** ⟨fig.⟩ krachten ~ *join forces.*

bundeling 0.1 [mbt. krachten] *combining, combination* **0.2** [mbt. geschriften] *collection.*

bungalow 0.1 [vrijstaand huis] *bungalow* **0.2** [zomerhuisje] *(summer) cottage* ⇒*chalet.*

bungalowpark 0.1 *holiday park.*

bungalowtent 0.1 *family (frame) tent.*

bungeejumping 0.1 *bungee jumping.*

bungelen 0.1 *dangle* ⇒*hang* ◆ **6.1 aan** de galg ~ *swing from the gallows.*

bunker 0.1 *bunker* ⇒⟨schuilplaats⟩ *bomb/air raid shelter.*

bunkeren 0.1 *stuff o.s.*

bunzing 0.1 *polecat.*

bups (inf.) 0.1 *bunch* ◆ 2.1 ik geef *f*25 voor de hele ~ *I'll give 25 guilders for the whole lot.*

burcht 0.1 *castle* ⇒*fortress, citadel, stronghold* ◆ 1.1 ⟨fig.⟩ ~en v.h. kapitalisme *strongholds of capitalism.*

bureau 0.1 [schrijftafel] *(writing) desk* ⇒ᵇ*bureau* 0.2 [gebouw, afdeling, kantoor] *office* ⇒*bureau, department,* ⟨adviserend, bemiddelend⟩ *agency, (police) station* ◆ 6.2 ~ **voor** gevonden voorwerpen *lost property o.*

bureaucraat ⟨pej.⟩ 0.1 *bureaucrat.*

bureaucratie 0.1 *bureaucracy* ⇒*officialdom.*

bureaucratisch 0.1 *bureaucratic* ◆ 1.1 ~e rompslomp *red tape.*

bureaula 0.1 *(desk) drawer.*

bureaulamp 0.1 *desk lamp.*

bureauredacteur, -trice 0.1 *copy editor.*

bureaustoel 0.1 *office/desk chair.*

burengerucht ◆ 6.¶ een klacht over *- a complaint about the noise.*

burenhulp 0.1 *neighbourly assistance.*

burenruzie 0.1 *neighbourhood/neighbours' quarrel.*

burgemeester 0.1 *mayor* ⇒⟨Schotland⟩ *provost,* ⟨in grote Engelse/Schotse 'cities'⟩ *Lord Mayor,* ⟨in grote Engelse/Schotse 'cities'⟩ *Lord Provost* ◆ 1.1 ~ en wethouders *m. and aldermen;* ⟨gemeentebestuur⟩ *municipal executive* 2.1 vrouwelijke ~ *mayoress.*

burger 0.1 [inwoner v.e. gemeente] *citizen* 0.2 [lid v.d. bevolking] *civilian* 0.3 [burgerkleding]⟨politie⟩ *plain clothes;*⟨mil.⟩ *civilian clothes/dress* ◆ 1.2 militairen en ~s *soldiers and civilians* 1.¶ ~s en buitenlui/boeren *townspeople and countryfolk* 2.1 de eerste ~ *the mayor* 6.3 een agent in ~ *a plain-clothes policeman* ¶.¶ ⟨scherts.⟩ dat geeft een/de ~ moed *that's heartening.*

burgerbevolking 0.1 *civilian population* ◆ 1.1 Bescherming Burgerbevolking *Civil Defence (Corps).*

burgerij 0.1 ⟨gezamenlijke burgers⟩ *citizenry, citizens* ⟨mv.⟩; ⟨tgov. militairen⟩ *civilians* ⟨mv.⟩; ⟨gezeten burgerij⟩ *(petty) bourgeoisie, middle class(es);* ⟨het gewone volk⟩ *commonalty, commoners* ◆ 2.1 de kleine ~ *the petty bourgeoisie, the lower middle class(es).*

burgerkleding 0.1 ⟨politie⟩ *plain clothes;* ⟨mil.⟩ *civilian clothes/dress.*

burgerlijk 0.1 [tot de burgers behorend] *middle-class* ⇒ *bourgeois* 0.2 [pej.] *bourgeois* ⇒*conventional, middle-class,* ⟨vulgair⟩ *philistine,* ⟨kleinburgerlijk⟩ *smug* 0.3 [behorend bij de staatsburger] *civil* ⇒*civic* 0.4 [niet militair] *civil(ian)* ◆ 1.3 een ~ huwelijk *a civil marriage;* ~e ongehoorzaamheid *civil disobedience;* de ~e rechtspleging, het ~ wetboek *civil law, the Civil Code;* ~e staat *marital status;* (bureau v.d.) ~e stand *Registry of Births, Deaths and Marriages; Registry Office* 1.4 ~e en militaire autoriteiten *civilian and military authorities* 3.2 zich ~ gedragen *behave conventionally;* dat staat zo ~ *it looks so very conventional.*

burgerlijkheid 0.1 *bourgeois/middle-class mentality* ⇒ *small-mindedness.*

burgerluchtvaart 0.1 *civil aviation* (geen lidw.).

burgeroorlog 0.1 *civil war* ◆ 2.1 de Spaanse ~ *the Spanish Civil War.*

burgerplicht 0.1 *civic duty* ◆ 3.1 zijn ~en vervullen *discharge one's duties as a citizen.*

burgerrecht 0.1 *civil rights* ⟨mv.⟩ ◆ 3.1 het ~ verkrijgen/verbeuren/verliezen *obtain/forfeit/lose one's civil rights.*

burgerslachtoffer 0.1 *civilian casualty.*

burgerstand 0.1 *middle class* ⇒*bourgeoisie* ◆ 2.1 de kleine/deftige ~ *the lower/upper middle class.*

burgerwacht I ⟨de⟩ 0.1 [korps] *vigilante patrol;* **II** ⟨de (m.)⟩ 0.1 [persoon] *vigilante.*

burggraaf, -gravin 0.1 *viscount* ⟨m.⟩, *viscountess* ⟨v.⟩.

burlesk 0.1 *burlesque.*

burn(t)-outsyndroom 0.1 *burn-out syndrome.*

Burundi 0.1 *Burundi.*

bus 0.1 [autobus] *bus* ⇒⟨voor lange afstanden⟩ *coach* 0.2 [blikken doos] *tin;* ⟨grote bus⟩ *drum* 0.3 [doos/kastje met gleuf] *box* ◆ 1.2 een ~je thee *a t. of tea* 6.1 met de ~ gaan *go by b.* 6.3 ⟨fig.⟩ het komt in de ~ *it's all being/it will all be taken care of;* u krijgt de folders morgen in de ~ *you will get the brochures tomorrow in the post;* ik krijg het elke week in de ~ *I get it through the door every week;* een brief **in/op** de ~ doen *post a letter;* niemand weet wat er **uit** de ~ komt *nobody knows what the result will be* 8.¶ dat klopt als een ~ *exactly!* ¶.1 ~je *minibus;* ⟨bestelwagen⟩ *van.*

busbaan 0.1 *bus lane.*

buschauffeur, -feuse 0.1 *bus driver* ⇒*coach driver.*

busdienst 0.1 *bus service* ⇒⟨voor lange afstanden⟩ *coach service.*

bushalte 0.1 *bus stop* ⇒*coach stop.*

bush-bush 0.1 *back of beyond* ◆ 6.1 zij wonen ergens in de ~ ⟨bv, in de provincie, op het platteland⟩ *they live somewhere in the back of beyond.*

bushokje 0.1 *bus shelter.*

buskruit 0.1 *gunpowder* ◆ 3.1 ⟨fig.⟩ hij heeft het ~ niet uitgevonden *he's not one of the brightest, he's no Einstein.*

buslichting 0.1 *collection* ◆ 2.1 de laatste ~ is 's avonds om zes uur *the last c. is at 6 p.m.*

buslijn 0.1 *bus route.*

busonderneming 0.1 [bedrijf dat het openbaar vervoer verzorgt] *bus company* 0.2 [bedrijf dat autobussen verhuurt] ᵇ*coach hire firm/company.*

busreis 0.1 *bus journey/trip* ⇒*coach journey/trip.*

busstation 0.1 *bus station* ⇒*coach station.*

bustaxi 0.1 *minibus taxi/service.*

buste 0.1 [boezem] *bust* ⇒*bosom* 0.2 [borstbeeld] *bust* ◆ 2.1 een zware/volle ~ *a big/large bust/bosom.*

bustehouder 0.1 *brassiere* ⇒*bra.*

bustocht 0.1 *bus trip* ⇒*coach trip.*

busverbinding 0.1 *bus connection* ⇒*coach connection.*

butaan 0.1 *butane.*

butagas 0.1 *butane (gas).*

buts 0.1 *dent.*

butsen 0.1 *dent.*

button 0.1 *badge.*

buur 0.1 *neighbour* ◆ ¶.1 de buren *the (next-door) neighbours;* the people of neighbouring countries; ⟨sprw.⟩ beter een goede ~ dan een verre vriend *a good neighbour is worth more than a far friend.*

buurjongen 0.1 ⟨van hiernaast⟩ *boy next door;* ⟨vlak in de buurt⟩ *boy who lives nearby.*

buurland 0.1 *neighbouring country* ⇒*neighbour.*

buurman 0.1 *(next-door) neighbour* ⇒*man next door* ◆ ¶.1 ⟨sprw.⟩ al te goed is ~s gek *all lay load on a willing horse.*

buurmeisje 0.1 ⟨van hiernaast⟩ *girl next door;* ⟨vlak in de buurt⟩ *girl who lives nearby.*

buurt 0.1 [deel v.e. wijk] *neighbourhood* ⇒*area, district* 0.2 [bewoners] *neighbourhood* 0.3 [nabijheid] *neighbourhood* ◆ 2.1 rosse ~ *red-light district* 2.2 de hele ~ bij elkaar schreeuwen *shout the place down* 6.3 in de ~ v.h. station *near the station;* er was niemand in de ~ *there was nobody around;* een prijs in de ~ **van** vierduizend gulden *a price in the region of four thousand guilders;* **in/uit** de ~ wonen *live nearby/a distance away;* je kunt maar beter bij hem **uit** de ~ blijven *you're better off staying out of his way.*

buurtbewoner 0.1 *local resident.*

buurtcafé 0.1 *local (pub).*

buurtcentrum 0.1 *community centre.*

buurten 0.1 *visit the neighbours* ♦ 3.1 jullie moeten eens komen ~ *you must come round/over some time.*

buurthuis 0.1 *community centre.*

buurtkrant 0.1 *neighbourhood newsletter.*

buurtpreventie 0.1 *home watch* ⇒*neighbourhood watch.*

buurtschool 0.1 *local school.*

buurtvereniging 0.1 *residents' association.*

buurtvoorzieningen 0.1 *local amenities.*

buurtwacht 0.1 *neighbourhood watch.*

buurtwerk 0.1 *community work.*

buurtwerker, -ster 0.1 *community worker.*

buurtwinkel 0.1 *local shop.*

buurvrouw 0.1 *neighbour* ⇒*woman next door.*

BV ⟨afk.⟩ 0.1 [Besloten Vennootschap] *ᴮPLC, ᴬInc.*

BVD ⟨afk.⟩ 0.1 [Binnenlandse Veiligheidsdienst] ⟨*(Dutch) National Security Service*⟩ ⇒*Dutch Secret Service.*

B-verpleging 0.1 *psychiatric nursing.*

B-weg ⟨verkeer⟩ 0.1 *B-road.*

bypassoperatie 0.1 *bypass operation.*

Byzantijns 0.1 *Byzantine.*

C

ca. ⟨Lat.; afk.⟩ 0.1 [circa] *approx.* ⇒⟨ihb. bij data⟩ *ca.*

cabaret 0.1 *cabaret* ♦ 2.1 politiek ~ *political c.*

cabaretier, -tière 0.1 *cabaret performer* ⇒*cabaret artist(e).*

cabine 0.1 [bestuurdershokje] *cab(in)* 0.2 [passagiersruimte] *cabin* ⇒*(hall)mark* *car* 0.4 [hokje in talenlab/platenzaak enz.] *booth.*

cabriolet 0.1 *convertible* ⇒*drophead coupé.*

cacao 0.1 *cocoa* ⇒*(drinking) chocolate.*

cacaoboon 0.1 *cocoa bean* ⇒*cacao bean.*

cacaoboter 0.1 *cocoa butter* ⇒*cacao butter.*

cacaopoeder 0.1 *cocoa (powder).*

cachet 0.1 [distinctie] *distinction* ⇒*style* 0.2 [kenmerk] *stamp* ⇒*(hall)mark* ♦ 2.2 een persoonlijk ~ geven aan *give a personal touch to* 3.1 ~ geven aan iets *lend style to sth.*

cachot 0.1 *lockup* ⇒*(police) cell(s),* ⟨sl.⟩ *slammer, military prison* ♦ 6.1 in het ~ stoppen *lock up (in a cell).*

cactus 0.1 *cactus.*

CAD ⟨afk.⟩ 0.1 [Computer Assisted Design] *CAD.*

cadans 0.1 *cadence* ⇒*rhythm.*

cadeau 0.1 *present* ⇒*gift* ♦ 3.1 iem. iets ~ geven *give a person sth. as a p.;* boeken om ~ te geven *gift books;* ⟨iron.⟩ dat krijg je van me ~! *you can keep it!;* iets ~ krijgen ⟨ook fig.⟩ *get sth. for nothing* 5.1 ⟨euf.⟩ iets niet ~ geven *not give sth. away.*

cadeaubon 0.1 *gift voucher.*

cadens ⟨muz.⟩ 0.1 *cadence* ⟨serie akkoorden⟩; *cadenza* ⟨improvisatie⟩.

cadet 0.1 *cadet.*

cadmium ⟨schei.⟩ 0.1 *cadmium.*

café 0.1 ⟨met vergunning⟩ *café, cafe* ⇒⟨ʙᴇ; ongeveer⟩ *pub, bar,* ⟨zonder vergunning⟩ *café,* ⟨zonder vergunning⟩ *coffeeshop.*

cafébezoeker, -ster 0.1 *café-goer.*

caféhouder 0.1 *café proprietor;* ⟨zonder vergunning⟩ *café/ coffeeshop owner.*

cafeïne 0.1 *caffein(e).*

cafeïnevrij 0.1 *decaffeinated* ♦ 1.1 ~e koffie *d. coffee.*

café-restaurant 0.1 *restaurant* ⇒⟨zonder vergunning⟩ *café.*

cafetaria 0.1 *cafeteria* ⇒*snack bar.*

cafetariahouder, -ster 0.1 *cafeteria/snack-bar manager* ⟨m.⟩ */manageress* ⟨v.⟩.

caféterras 0.1 *café terrace.*

caissière 0.1 *cashier* ⇒*box-office girl* ⟨theater, bioscoop⟩.

caisson ⟨wwb.⟩ 0.1 *caisson.*

cake 0.1 *(madeira) cake.*

cakebeslag 0.1 *cake mixture.*

cakeblik 0.1 *cake tin.*

calamiteit 0.1 *calamity* ⇒*disaster.*

calcium ⟨schei.⟩ 0.1 *calcium.*

calciumfosfaat 0.1 *calcium phosphate.*

calculatie 0.1 *calculation* ⇒*computation,* ⟨hand.; achteraf⟩ *cost accounting,* ⟨vooraf⟩ *estimating.*

calculator 0.1 [persoon] *calculator* ⇒⟨hand.⟩ *cost accountant* 0.2 [machine] *calculator.*

calculeren 0.1 *calculate* ⇒*compute,* ⟨hand.⟩ *cost.*

caleidoscoop 0.1 *kaleidoscope.*
Californië 0.1 *California.*
call-optie ⟨ec.⟩ 0.1 *call option.*
calorie 0.1 *calorie.*
caloriearm 0.1 *low-calorie, low in calories.*
calorierijk 0.1 *high-calorie* ⇒*rich in calories* ⟨na zn.⟩ ◆ 1.1 een ~ dieet *a h.-c. diet.*
calvinisme 0.1 *Calvinism.*
calvinist 0.1 *Calvinist.*
calvinistisch 0.1 *Calvinistic(al), Calvinist.*
camaraderie 0.1 *comradeship* ⇒*camaraderie.*
cambio ⟨hand.⟩ 0.1 *(foreign) bill of exchange* ⇒*treasury bill.*
Cambodja 0.1 *Cambodia.*
Cambrium ⟨geol.⟩ 0.1 *Cambrian (period).*
camembert 0.1 *Camembert (cheese).*
camera 0.1 *camera* ◆ 2.1 verborgen ~ *hidden c.*
cameraploeg 0.1 *camera crew.*
camouflage 0.1 *camouflage* ⇒⟨fig.⟩ *cover, front.*
camoufleren 0.1 *camouflage* ⇒*cover up, disguise.*
campagne 0.1 [publieke actie] *campaign* ⇒*drive* 0.2 [veldtocht] *campaign* ◆ 3.1 ~ voeren (voor / tegen) *campaign (for / against).*
campagneleider, -ster 0.1 ⟨pol.⟩ *campaign manager.*
camper 0.1 *camper.*
camping 0.1 *camp(ing) site* ⇒*camp(ing)ground,* ⟨voor caravans⟩ [B]*caravan park,* ⟨voor caravans⟩ [A]*trailer park.*
campingbedje 0.1 *camp bed.*
campingwinkel 0.1 *camping shop.*
campus 0.1 *campus.*
Canada 0.1 *Canada.*
Canadees[1] ⟨de (m.)⟩, -dese ⟨de (v.)⟩ 0.1 *Canadian.*
Canadees[2] ⟨bn.⟩ 0.1 *Canadian.*
canaille 0.1 *rabble* ⇒*riff-raff.*
canapé 0.1 *sofa* ⇒*settee, couch.*
Canarische Eilanden 0.1 *(the) Canaries, (the) Canary Islands.*
canasta 0.1 *canasta.*
cancelen 0.1 *cancel* ⇒*annul.*
cannabis 0.1 *cannabis* ⇒*hemp, marijuana.*
canon 0.1 [muz.] *round* ⇒*canon* 0.2 [norm] *canon* 0.3 [kerkelijke leerstelling] *canon* ⇒*dogma* ◆ 6.1 in ~ zingen *sing in a r. / in canon.*
canoniek 0.1 [kerkrechtelijk] *canonical* 0.2 [normatief] *canonical* ⇒*authoritative, standard* ◆ 1.1 ~ recht *canon law* 1.2 dit is geen ~e spelling *this is not an accepted spelling.*
cantate 0.1 *cantata.*
cantharel 0.1 *chanterelle.*
canto 0.1 [muz.] *canto, cantus* 0.2 [lit.] *canto.*
canvas 0.1 *canvas* ⇒*tarpaulin* ◆ 6.1 tegen het ~ gaan *be knocked out.*
cao ⟨afk.⟩ 0.1 [collectieve arbeidsovereenkomst] ⟨*collective (labour) agreement*⟩ ◆ 2.1 meerjarige ~ 's afsluiten *sign long-term labour agreements.*
cao-onderhandelingen 0.1 *collective bargaining.*
cao-overleg 0.1 *collective bargaining.*
capabel 0.1 [bekwaam] *capable* ⇒⟨veelbelovend⟩ *able,* ⟨geschikt⟩ *competent,* ⟨bevoegd⟩ *qualified* 0.2 [in staat] *capable (of, of doing sth.)* ⇒*able (to)* ◆ 3.1 voor die functie leek hij uiterst ~ *he seemed more than qualified for the job* 5.1 hij is niet ~ om te rijden *he's in no shape to drive.*
capaciteit 0.1 [vermogen] *capacity* ⇒*power* 0.2 [bekwaamheid] *ability* ⇒*capability* ◆ 2.1 de fabriek werkt op volle ~ *the factory is operating at full c.* 2.2 geestelijke ~en *mental abilities, intellectual power* 6.1 een motor met kleine ~ *a low-powered engine.*

capitulatie 0.1 *capitulation* ⇒*surrender.*
capituleren 0.1 *capitulate* ⇒*surrender.*
cappuccino 0.1 *cappuccino.*
capriool ◆ 3.¶ capriolen uithalen *cut capers.*
capsule 0.1 [(omhulsel om) geneesmiddel(en)] *capsule* 0.2 [ruim.] *(space) capsule.*
capuchon 0.1 *hood* ◆ 3.1 zijn ~ opdoen / opzetten *pull on one's h.*
cara ⟨afk.⟩ 0.1 [chronische aspecifieke respiratorische aandoeningen] *CNSLD (Chronic Non Specific Lung Disease)* ⇒*COLD (Chronic Obstructive Lung Disease), COPD (Chronic Obstructive Pulmonary Disease).*
carambole ⟨biljart⟩ 0.1 *cannon* ◆ 3.1 een ~ maken *make a cannon.*
carapatiënt 0.1 *patient with CORD* ⟨chronic obstructive respiratory disorder⟩.
caravan 0.1 [B]*caravan,* [A]*trailer (home).*
carbidlamp 0.1 *carbide lamp* ⇒*acetylene lamp.*
carbolineum 0.1 *(coal-tar) creosote.*
carbon(papier) 0.1 *carbon (paper).*
Carboon ⟨geol.⟩ 0.1 *Carboniferous (period).*
carburator 0.1 *carburetter, carburettor.*
carcinoom 0.1 *carcinoma* ⇒*malignant tumour.*
cardiogram 0.1 *cardiogram.*
cardiologie 0.1 *cardiology.*
cardiologisch 0.1 *cardiologic(al).*
cardioloog, -loge 0.1 *cardiologist.*
cargadoor 0.1 *ship broker.*
Caribiër 0.1 *Caribbean.*
Caribisch 0.1 *Caribbean* ◆ 1.1 het ~ gebied *the Caribbean.*
cariës 0.1 *caries* ⇒*tooth decay.*
carillon 0.1 *carillon* ⇒*chimes* ◆ 1.1 het spelen v.h. ~ *the ringing of the bells.*
carnaval 0.1 *carnival (time).*
carnivoor 0.1 *carnivore.*
carpool 0.1 *car pool.*
carpoolen 0.1 *carpool.*
carré 0.1 *square* ⟨ook mil.⟩ ◆ 6.1 zich in ~ opstellen *form (into) a s., take up a s. formation.*
carrière 0.1 *career* ◆ 1.1 aan het begin / op het einde van zijn ~ *at the beginning / end of his c.* 3.1 ~ maken *make a c. for o.s.*
carrièrejager, -jaagster 0.1 *careerist* ⇒⟨v. ook⟩ *career girl/woman.*
carrosserie 0.1 *body* ⇒*bodywork.*
carte blanche 0.1 *carte blanche* ◆ 3.1 iem. ~ geven *give s.o. carte blanche.*
Carthaags 0.1 *Carthaginian* ◆ 1.1 ~e oorlogen *C. / Punic wars.*
Carthago 0.1 *Carthage.*
casanova 0.1 *Casanova.*
casco ⟨vaak attr.⟩ 0.1 [schip met uitrusting] *body* ⇒*vessel* 0.2 [scheepsromp, schip] *hull* 0.3 [romp] *body.*
cascowoning 0.1 *shell,* ±[A]*tract home.*
cash 0.1 ⟨bn. en zn.⟩ *cash* ◆ 3.1 wilt u ~ uitbetaald worden? *would you like to be paid in cash?*
cashewnoot 0.1 *cashew (nut).*
casino 0.1 *casino.*
cassatie ⟨jur.⟩ 0.1 *cassation* ⇒*annulment* ◆ 1.1 hof van ~ *court of c.*
casselerrib 0.1 *cured side of pork.*
cassette 0.1 [kistje] *box* ⇒*casket, coffer* ⟨juwelen⟩, *slip-case, money-box* ⟨geld⟩ 0.2 [voor tafelgerei] *canteen* ⇒*cutlery cabinet / tray, silverware case* 0.3 [voor geluidsband] *cassette* 0.4 [voor fotonegatieven en films] *cassette* ⇒*cartridge.*

casetteband 0.1 *cassette (tape)* ◆ **3.1** een ~je afspelen *play (back) a cassette.*
casettedeck 0.1 *cassette deck* ⇒*tape deck.*
casetterecorder 0.1 *cassette recorder* ⇒*tape recorder.*
cassis 0.1 *cassis* ⇒*black currant drink.*
castagnetten 0.1 *castanets.*
castraat 0.1 *castrated person/animal* ⇒*eunuch,* ⟨zanger⟩ *castrato,* ⟨paard⟩ *gelding.*
castratie 0.1 [ontmanning] *castration* ⇒*emasculation, gelding* ⟨paard⟩, *doctoring* ⟨mannelijk dier⟩ **0.2** [sterilisatie] *sterilisation* ⇒*vasectomy.*
castreren 0.1 *castrate* ⇒*neuter, doctor* ⟨dier⟩, *geld* ⟨paard⟩.
casu quo 0.1 *or ... (if any/as the case may be/where appropriate)* ◆ **1.1** ... voorwaarden ~ eisen *conditions and/ or requirements; conditions or, where appropriate, requirements* **6.¶ in** ~ *in that case, here.*
casus 0.1 *case* ⇒*instance* ◆ **¶.1** in casu *in this c.*
catacombe 0.1 ⟨mv.; in een stadion⟩ *catacombs.*
Catalaan 0.1 *Catalan.*
Catalaans 0.1 *Catalan* ⇒*Catalonian.*
catalogiseren 0.1 *catalogue* ⇒*record* ◆ **1.1** de nieuwe aanwinsten zijn nog niet gecatalogiseerd *the new acquisitions have not yet been catalogued.*
catalogus 0.1 *catalogue* ◆ **2.1** alfabetische ~ *alphabetical c.;* systematische ~ *classified/subject c.;* thematische ~ *thematic c.*
catalogusprijs 0.1 *list price* ◆ **3.1** de ~ hiervan is *ƒ5,- this is listed at Dƒl5.-.*
Catalonië 0.1 *Catalonia.*
catamaran 0.1 *catamaran.*
catastrofaal 0.1 *catastrophic* ⇒*disastrous* ◆ **1.1** catastrofale gevolgen *disastrous consequences.*
catastrofe 0.1 *catastrophe* ⇒*disaster.*
catechisatie 0.1 *confirmation classes.*
catechiseren 0.1 *catechize* ⇒*give confirmation classes.*
catechismus 0.1 *catechism.*
categoraal 0.1 *categorial* ◆ **1.1** categorale bonden *non-affiliated (craft) unions.*
categorie 0.1 *category* ⇒*classification,* ⟨mbt. leeftijd of inkomen⟩ *bracket* ◆ **3.1** in drie ~ën indelen *distinguish into three categories.*
categorisch 0.1 *categorical* ⇒*unconditional, absolute* ◆ **1.1** een ~ antwoord *a c. answer* **3.1** iets ~ weigeren *refuse sth. categorically.*
categoriseren 0.1 *categorize* ⇒*class.*
cateren 0.1 *cater (+ for)* ⇒*do the catering.*
cateringbedrijf 0.1 *catering firm* ⇒*caterer('s).*
catharsis 0.1 [loutering] *catharsis* ⇒*purification* **0.2** [lit.] *catharsis.*
✱catheter *(Wdl: katheter)* **0.1** *catheter* ◆ **3.1** een ~ inbrengen bij/in *catheterize.*
causaal 0.1 *causal* ⇒*causative* ◆ **1.1** ~ verband *causal connection.*
causaliteit 0.1 *causality.*
causerie 0.1 *causerie* ⇒*informal talk* ◆ **3.1** een ~ houden over Bredero *give a talk on Bredero.*
causeur 0.1 *talker.*
cavalerie 0.1 [ruiterij] *cavalry* ⇒*horse* **0.2** [legeronderdeel met tanks] *cavalry* ⇒*tanks* ◆ **2.2** zware/lichte ~ *heavy/ light c.*
cavalerist 0.1 *cavalryman.*
cavia 0.1 *guinea pig* ⇒*cavia.*
cayennepeper 0.1 *cayenne (pepper)* ⇒*red pepper.*
CBS ⟨afk.⟩ **0.1** [Centraal Bureau voor de Statistiek] ±[n]*CSO* ⟨*Central Statistical Office,* [A]*Census Bureau*⟩.

cc ⟨afk.⟩ **0.1** [kubieke centimeter] *cc.*
c.c. ⟨afk.⟩ **0.1** [kopie conform] ⟨*certified copy*⟩.
cd ⟨afk.⟩ **0.1** [compact disc] *CD.*
CD ⟨afk.⟩ **0.1** [Corps Diplomatique] *C.D.*
CDA ⟨afk.⟩ **0.1** [Christen-Democratisch Appel] *CDA* ⟨*Christian Democratic Appeal*⟩.
cd-i 0.1 [compact disc interactief] *CD-I.*
cd-i-speler 0.1 *CD-I-player.*
cd-romspeler 0.1 *CD-ROM drive* ⇒*CD-ROM player.*
cd-schijf 0.1 *compact disc* ⇒*CD.*
cd-single 0.1 *CD single.*
cd-speler 0.1 *CD player.*
cedeetje 0.1 *CD.*
ceder 0.1 *cedar.*
cedille 0.1 *cedilla.*
ceintuur 0.1 *belt* ⇒*waistband* ◆ **3.1** zijn ~ dichtgespen *buckle one's b.*
cel 0.1 [vertrek] *cell* ⟨klooster, gevangenis enz.⟩; *(call) box, booth* ⟨telefooncel⟩ **0.2** [biol.] *cell* ◆ **1.1** (fig.) hij heeft een jaar ~ gekregen *he has been given a year;* de ~len v.d. ter dood veroordeelden *the condemned cells,* [A]*death row* **2.2** ⟨inf.⟩ grijze ~len *grey matter* **3.1** in een ~ opsluiten *lock up in a c.*
celdeling 0.1 *fission* ⇒*cell division* ◆ **6.1** zich voortplanten door ~ *replicate.*
celebreren 0.1 *celebrate* ◆ **1.1** de mis ~ *c. mass.*
celesta ⟨muz.⟩ **0.1** *celesta, celeste.*
celgenoot 0.1 *fellow prisoner, cell mate.*
celgroei 0.1 *cell growth.*
celibaat 0.1 *celibacy.*
celibatair 0.1 *celibate* ⇒⟨voorstander van celibaat⟩ *celibatarian,* ⟨vrijgezel⟩ *bachelor.*
celleer 0.1 *cytology.*
cellist 0.1 *cellist.*
cello 0.1 *(violon)cello.*
cellofaan 0.1 *cellophane.*
cellulair 0.1 ⟨ook biol.⟩ *cellular.*
cellulitis 0.1 *cellulite.*
celluloid 0.1 ⟨bn. en zn.⟩ *celluloid.*
cellulose 0.1 *cellulose.*
Celsius ⟨nat.⟩ **0.1** *Celsius* ⇒*centigrade* ◆ **1.1** één graad ~ *one degree Celsius/centigrade.*
cement 0.1 [metselspecie] *cement* ⇒*mortar* **0.2** [stof] *cement.*
cementen 0.1 *cement* ⇒*made of cement.*
cementeren 0.1 *cement.*
cementfabriek 0.1 *cement factory/works.*
cementijzer 0.1 *ferro-concrete* ⇒*reinforced concrete.*
cementmolen 0.1 *cement mixer.*
censor 0.1 [ambtenaar] *censor* **0.2** [recensent] *reviewer* ⇒*critic* ◆ **¶.1** de ~ ⟨mbt. film ook⟩ *board of censors.*
censureren 0.1 *censor* ⇒⟨fig.⟩ *black out* ⟨nieuws, tv⟩.
censuur 0.1 [toezicht op publicaties] *censorship* **0.2** [veroordeling] *censure* ◆ **3.1** ~ toepassen op, aan de ~ onderwerpen *censor* **3.2** een ~ opheffen *lift a c.* **6.2** onder ~ staan *be censured.*
cent 0.1 [muntstuk] *cent* **0.2** [kleine waarde] ⟨inf.⟩ *penny, farthing, sou* **0.3** [vnl. mv.; geld] *money* ⇒*cash* ◆ **1.3** een paar ~en verdienen *earn a bit of m.* **2.1** je zou hem je laatste ~ geven *you'd give him your last penny* **2.2** hij heeft/ bezit geen rooie ~ *he hasn't got two half pennies to rub together, he hasn't got a p. to his name* **3.3** bulken van de ~en *roll in m.* **6.1** iem. tot op de ~ betalen *pay s.o. to the full* **6.3** hij is erg op de ~en *he's very careful with his m.;* niet **op** een ~ kijken *be generous, spare no expense;*

zonder een ~ zitten *be penniless* **7.1** deze sigaar kost tachtig ~ *this cigar costs eighty cents* **7.2** hij deugt voor geen ~ *he is a bad lot;* ik geef geen ~ meer voor zijn leven *I wouldn't give a penny for his life;* dat kan mij geen ~ schelen *I couldn't care less;* ik ben er geen ~ wijzer van geworden *I was none the wiser for it;* ik vertrouw hem voor geen ~ *I don't trust him an inch.*

centigraad 0.1 *centigrade.*

centigram 0.1 *centigramme.*

centiliter 0.1 *centilitre.*

centime 0.1 *centime.*

centimeter 0.1 [lengtemaat] *centimetre* **0.2** [meetlint] *(metric) tape measure* ♦ **2.1** een kubieke ~ *a cubic c.;* een vierkante ~ *a square c.*

centje (fig.) ♦ **2.**¶ hij heeft daarmee een aardig ~ verdiend *he has made a tidy sum out of it* **7.**¶ geen ~ pijn *no trouble at all.*

centraal 0.1 *central* ♦ **1.1** ~ antennesysteem *community aerial system;* (op kleinere schaal) *party aerial;* (fig.) een centrale figuur *a c./key figure;* de centrale regering *the c. government;* centrale verwarming hebben *have c. heating;* het centrale zenuwstelsel *the c. nervous system* **3.1** een ~ gelegen punt *a centrally situated point,* - staan *be at the centre;* de toestellen worden ~ bediend *the machines are operated from a c. point.*

centraalstation 0.1 *central station.*

centrale 0.1 [elek.] *power station* ⇒*powerhouse* **0.2** [telefonie] *(telephone) exchange* ⇒⟨van bedrijf⟩ *switchboard* **0.3** [vakbonden] *federation* ♦ **2.1** thermische ~ *thermal p. s.* **3.2** bel de ~ even *will you ring the operator please?*

centralisatie 0.1 *centralization* ⇒⟨ihb. van regering⟩ *unitarianism* ♦ **1.1** voorstander van ~ *centralist;* ⟨ihb. van regering⟩ *unitarian.*

centraliseren 0.1 *centralize.*

centralisme 0.1 *centralism* ⇒*unitarianism.*

centreren 0.1 *centre.*

centrifuge 0.1 *centrifuge* ⇒⟨voor was⟩ *spin-drier.*

centrifugeren 0.1 *centrifuge* ⇒*spin-dry* ⟨was⟩.

centrum 0.1 [middelpunt; plaats, instelling, gebouw] *centre* **0.2** [v.e. stad] *(town/city) centre* ♦ **1.1** in het ~ v.d. belangstelling staan *be the c. of attention;* ~ v.e. storm *eye of a storm* **2.1** ⟨pol.⟩ links/rechts v.h. ~ *left/right of c.;* toeristisch ~ *tourist c.* **2.2** het financieel ~ *the financial c.*

centrumspits (sport) **0.1** *centre forward* ⇒*striker.*

ceramiek →**keramiek.**

cerebraal 0.1 *cerebral.*

ceremonie 0.1 *ceremony* ♦ **3.1** veel ~ maken *stand on c.; make a fuss.*

ceremonieel 0.1 *ceremonial* ⇒*formal* ♦ **1.1** een ceremoniële ontvangst *a formal reception.*

ceremoniemeester 0.1 *Master of Ceremonies* ⇒⟨inf.⟩ *emcee,* ⟨bij bruiloft⟩ *best man.*

certificaat 0.1 *certificate* ♦ **2.1** ⟨geldw.⟩ tijdelijk ~ *scrip* **6.1** een ~ van onvermogen ⟨jur.⟩ *c. of insufficient means;* ⟨fig.⟩ *proof of incompetence;* ~ van aandeel *share c.;* een ~ van echtheid *c. of authenticity;* ~ van oorsprong *c. of origin.*

cervelaatworst 0.1 *saveloy* ⇒*cervelat.*

ces ⟨muz.⟩ **0.1** *C flat.*

cesium ⟨schei.⟩ **0.1** *caesium.*

Ceylon 0.1 *Ceylon* ⇒⟨staat⟩ *Sri Lanka.*

cfk ⟨afk.⟩ **0.1** [chloorfluorkoolwaterstof] *CFC.*

chagrijn 0.1 [stemming] *chagrin* ⇒*annoyance, vexation* **0.2** [persoon] *misery, sourpuss* ♦ **1.2** wat een stuk ~! *what a miserable sod!*

chagrijnig 0.1 *miserable* ⇒*grouchy* ♦ **3.1** doe niet zo ~ *stop being such a misery;* ~ zijn *sulk.*

chalet 0.1 *chalet* ⇒*Swiss cottage.*

chambreren 0.1 *bring (up) to room temperature, chambré* ⇒*take the chill off.*

champagne 0.1 *champagne.*

champignon 0.1 *mushroom.*

champignonkwekerij 0.1 *mushroom farm.*

chansonnier, -nière 0.1 *(cabaret) singer* ⇒*chansonnier.*

chantage 0.1 *blackmail.*

chanteren 0.1 *blackmail.*

chanteur 0.1 [iem. die chanteert] *blackmailer* **0.2** [zanger] *singer.*

chaoot 0.1 *scatterbrain.*

chaos 0.1 *chaos* ⇒*disorder, havoc* ♦ **3.1** er heerst ~ in het land *the country is in c.* **6.1** een ~ **aan/van** denkbeelden *a jumble of ideas;* orde in de ~ brengen *sort out the c.*

chaostheorie 0.1 *chaos theory.*

chaotisch 0.1 *chaotic.*

chaperon, -ronne 0.1 *chaperon(e)* ⇒⟨v. ook⟩ *duenna.*

chapiter 0.1 [hoofdstuk] *chapter* **0.2** [onderwerp van gesprek] *subject* ♦ **2.2** dat is een heel ander ~ *that is quite another story/kettle of fish* **3.2** van ~ veranderen *change the s.*

charge 0.1 *charge* ♦ **3.1** een ~ uitvoeren (met de wapenstok) *make a (baton) c.*

chargeren ⟨onov., ov.ww.⟩ **0.1** [(iets) overdrijven] *overdo, exaggerate (it)* ⇒*lay it on thick;* **II** ⟨onov.ww.⟩ **0.1** [aanvallen] *charge* ⇒*make a charge.*

charisma 0.1 *charisma.*

charitatief 0.1 *charitable* ♦ **1.1** charitatieve instelling *charity, c. institution.*

charlatan 0.1 *charlatan.*

charlatanerie 0.1 *charlatanism, charlatanry.*

charmant 0.1 *charming* ⇒*engaging, winning* ⟨glimlach⟩, *delightful, attractive* ♦ **1.1** een ~e jongeman *a c. young man;* een ~e verschijning *a c. person.*

charme 0.1 *charm* ♦ **6.1** de ~s van het buiten wonen *the attractions of living in the country;* **zonder** (enige) ~ *charmless, unprepossessing.*

charmeren 0.1 *charm* ⇒*enchant* ♦ **3.1** hij weet iedereen te ~ *he's a real charmer.*

charmeur 0.1 *charmer* ⇒⟨tgov. vrouwen ook⟩ *Prince Charming, ladies' man* ♦ **3.1** de ~ uithangen *turn on the charm;* ⟨tgov. vrouwen ook⟩ *play the gallant.*

charter 0.1 [vlucht] *charter flight* **0.2** [vliegtuig] *charter(ed) plane* **0.3** [oorkonde] *charter.*

charterdienst 0.1 *charter service.*

charteren 0.1 [afhuren en bevrachten] *charter* **0.2** [inschakelen] *enlist* ⇒*charter, commission.*

chartermaatschappij 0.1 *charter company.*

chartervliegtuig 0.1 *charter(ed) aircraft.*

chartervlucht 0.1 *charter flight.*

chassidisch 0.1 *Has(s)idic.*

chassidisme 0.1 *Has(s)idism.*

chassis 0.1 [raamwerk] *chassis* ⇒*frame* **0.2** [onderstel] *chassis* ⇒*subframe.*

chaufferen 0.1 *drive.*

chauffeur 0.1 *driver, chauffeur.*

chauvinisme 0.1 *chauvinism.*

chauvinist 0.1 *chauvinist.*

chauvinistisch 0.1 *chauvinist(ic)* ♦ **1.1** ~ lied *chauvinistic song;* ⟨inf.⟩ *flag-waver.*

checken 0.1 *check (up/out)* ⇒*verify.*

checklist 0.1 *checklist* ♦ **3.1** een ~ afwerken *go down/through a c.*

chef, -fin 0.1 [baas] *boss* ⇒*leader* ⟨van bende/delegatie⟩, *head* ⟨van organisatie/afdeling/school⟩, ⟨hoger geplaatste⟩ *chief*, ⟨hoger geplaatste⟩ *superior (officer)*, ⟨patroon⟩ *principal*, ⟨patroon⟩ *employer*, ⟨bedrijfsleider⟩ *manager*, ⟨stationschef⟩ *stationmaster* **0.2** [hoofd(-)] *chief* ⇒ *head, managing, principal* ♦ **1.1** ~ v.e. afdeling *head/manager of a department* ¶ **.1** ~ de clinique *±senior consultant, head of department;* ⟨sport⟩ ~ d'équipe *team manager;* ⟨sport⟩ ~ de mission *skipper/head of the delegation.*

chef-kok 0.1 *chef.*

chemicaliën 0.1 *chemicals* ⇒ *chemical products.*

chemicus, -ca 0.1 *chemist.*

chemie 0.1 *chemistry.*

chemisch 0.1 *chemical* ♦ **1.1** ~e industrie *c. industry;* ~ toilet *c. lavatory,* [B]*Elsan* **2.1** ~ afbreekbaar *degradable* **3.1** kleren ~ reinigen *dry-clean clothes.*

chemobak 0.1 *bin for chemical waste.*

chemokar 0.1 *chemical waste collector.*

chemokuur 0.1 *course of chemotherapy.*

chemotherapie 0.1 *chemotherapy.*

cheque 0.1 [B]*cheque* ⇒ *draft* ⟨tussen banken⟩ ♦ **2.1** een ongedekte ~ *a bad c.* **3.1** een ~ innen *cash a c.;* een ~ uitschrijven *write (out) a c.* **6.1** ~ **aan** toonder *c. to bearer;* met een/per ~ betalen *pay by c.*

chequeboek 0.1 *chequebook.*

cherubijn 0.1 *cherub.*

chevrons 0.1 *chevrons* ⇒ *stripes.*

chic[1] ⟨de⟩ **0.1** [modieuze verfijning] *chic* ⇒ *stylishness, elegance* **0.2** [mensen] *the smart set* ♦ **1.1** de ~ van haar kleding *the stylishness of her clothes.*

chic[2] ⟨bn., bw.⟩ **0.1** [getuigend van verfijning] *chic, stylish* ~ smart **0.2** [deftig] *chic* ⇒ *elegant, distinguished, fashionable* ⟨buurt⟩ ♦ **1.2** chique kennissen *smart friends* **3.1** ~ gekleed *stylishly dressed;* er ~ uitzien *look (very) smart.*

Chileen 0.1 *Chilean.*

Chileens 0.1 *Chilean.*

chili 0.1 [plant] *chilli* ⇒ *hot pepper* **0.2** [poeder, saus] *chilli (powder/sauce).*

Chili 0.1 *Chile.*

chimpansee 0.1 *chimpanzee* ⇒ ⟨inf.⟩ *chimp.*

China 0.1 *China.*

Chinees[1] **I** ⟨de⟩ **0.1** [iem. uit China] *Chinese* ⇒ *Chinaman,* ⟨bel.⟩ *chink* **0.2** [restaurant] *Chinese restaurant;* ⟨om mee te nemen⟩ *Chinese take-away* **0.3** [-je; het opsnuiven van heroïne]⟨zie 3.3⟩ ♦ **2.1** ⟨scherts.⟩ een rare ~ *a queer customer* **3.3** een ~je maken *chase the dragon* **6.2** bij de ~ gaan eten *go out for a Chinese to/eat out at a Chinese restaurant;* **II** ⟨het⟩ **0.1** [taal] *Chinese* **0.2** [onverstaanbare taal] *Greek* ⇒ *double Dutch* ♦ **3.2** dat is ~ voor mij *it's all G./double Dutch to me.*

Chinees[2] ⟨bn.⟩ **0.1** [(zoals) van/in/uit China] *Chinese* **0.2** [behorend tot de taal] *Chinese* ♦ **1.1** Chinese kool *C. cabbage;* Chinese Volksrepubliek *People's Republic of China;* Chinese wijk/buurt *Chinatown.*

Chinese 0.1 *Chinese (woman/girl).*

chinezen 0.1 *eat out at a Chinese restaurant.*

chip ⟨elektronica⟩ **0.1** [plaatje met elektronische schakelingen] *chip* ⇒ *integrated circuit* **0.2** [microprocessor] *chip* ⇒ *microprocessor.*

chipkaart 0.1 *smart card* ⇒ *intelligent card.*

chipknip 0.1 *smart card for small amounts.*

chips 0.1 [B]*(potato) crisps,* [A]*chips.*

chirurg 0.1 *surgeon.*

chirurgie 0.1 *surgery.*

chirurgisch 0.1 *surgical* ♦ **1.1** een ~e ingreep *a s. operation, surgery.*

chloor 0.1 [schei.] *chlorine* **0.2** [bleekpoeder] *chloride (of lime)* ⇒ *bleaching powder* **0.3** [oplossing van chloorkalk] *bleach.*

chloorhoudend 0.1 *chlorous.*

chloorwater 0.1 ⟨schei.⟩ *chlorine water; chlorinated water* ⟨in zwembad⟩.

chloride 0.1 *chloride.*

chloroform 0.1 *chloroform.*

chlorofyl 0.1 *chlorophyll.*

chocolaatje 0.1 *chocolate.*

chocola(de) 0.1 [versnapering] *chocolate* ⇒ ⟨BE; inf.⟩ *choc* **0.2** [drank] *(drinking) chocolate* ⇒ *cocoa* ♦ **1.2** een kop ~ *a cup of hot chocolate* **2.1** pure ~ *plain chocolate* **7.2** ik kan hier geen ~ van maken ⟨fig.⟩ *I can't make head or tail of it.*

chocoladehagelslag 0.1 *chocolate vermicelli* ⇒ *chocolate sprinkle.*

chocoladeletter 0.1 *chocolate letter.*

chocolademelk 0.1 *(drinking) chocolate* ⇒ *cocoa.*

chocoladepasta 0.1 *chocolate spread.*

chocoladepudding 0.1 *chocolate pudding.*

chocolaterie 0.1 *confectioners* ⇒ ⟨quality⟩ *chocolate shop.*

chocomel 0.1 *(drinking) chocolate.*

chocopasta 0.1 *chocolate spread.*

choke 0.1 *choke.*

choken 0.1 *choke* ⇒ *pull out the choke.*

cholera 0.1 *cholera.*

choleralijder, -ster 0.1 *cholera patient.*

choleriek ⟨AZN⟩ **0.1** *hot-/quick-tempered.*

cholerisch ⟨AZN⟩ **0.1** *choleric* ⇒ *bad-tempered.*

cholesterol 0.1 *cholesterol.*

cholesterolgehalte 0.1 *cholesterol level.*

choqueren 0.1 *shock* ⇒ *give offence* ♦ **3.1** gechoqueerd zijn ⟨door⟩ *be shocked (at/by).*

choreograaf, -grafe 0.1 *choreographer.*

choreograferen 0.1 *choreograph.*

choreografie 0.1 *choreography.*

chow-chow 0.1 *chow(-chow).*

christelijk I ⟨bn.⟩ **0.1** [mbt. het christendom/een christen] *Christian* **0.2** [inf.; fatsoenlijk] *decent, civilized* ♦ **1.1** ~e feestdagen *feastdays, holy days, public holidays;* ~ naastenliefde *C. love, charity;* ⟨barmhartigheid⟩ *compassion;* een ~e school *a protestant school* **1.2** op een ~ tijdstip *at a c./d. time of day* **3.1** hij is erg ~ *he is very orthodox* **3.2** dat ziet er tenminste ~ uit *that's more like it;* **II** ⟨bw.⟩ **0.1** [op een voor een christen passende wijze] *in a Christian fashion* **0.2** [inf.; fatsoenlijk] *decently* ♦ **3.2** ⟨fig.⟩ iem. ~ behandelen *treat s.o. decently.*

christelijkheid 0.1 *Christianity.*

christen 0.1 *Christian.*

christen-democraat 0.1 *Christian Democrat.*

christen-democratisch 0.1 *Christian Democratic.*

christendom 0.1 *Christianity* ♦ **3.1** het ~ aannemen *embrace C.*

christene ziele 0.1 *goodness gracious* ⇒ *crikey,* [A]*jeepers.*

christengemeente 0.1 *Christian congregation.*

christenheid 0.1 *Christendom.*

christenmens 0.1 [inf.; mens] *(living) soul, human being* **0.2** [een mens als christen] *Christian* ♦ **7.1** er is geen ~ te zien *there isn't a (living) soul to be seen.*

christenplicht 0.1 *Christian duty* ⇒ *(one's) duty as a Christian.*

christin 0.1 *Christian (woman).*

christoffel 0.1 *Saint Christopher (mascot).*

christus 0.1 *Jesus Christ* ⇒ *Jesus (wept), Christ (Almighty).*

141

Christus 0.1 *Christ* ♦ **1.1** Jezus ~ *Jesus C.* **6.¶ na** ~ *A.D., after Christ;* **voor** ~ *B.C., before Christ.*
Christusbeeld 0.1 *figure of Christ* ⇒*crucifix.*
christusdoorn 0.1 [sierplant] *crown of thorns* **0.2** [parkboom] *honey locust.*
chromatisch 0.1 [muz.] *chromatic* **0.2** [nat.] *chromatic* ♦ **1.1** ~e tekens *accidentals, c. signs;* de~e toonladder *the c. scale* **1.2** ~e aberratie *c. aberration.*
chromosoom 0.1 *chromosome* ♦ **1.1** deling v.e.~ *chromosomal division.*
chroniqueur 0.1 *chronicler.*
chronisch 0.1 [mbt. ziekten] *chronic* ⇒〈slepend〉 *lingering* **0.2** [aanhoudend] *chronic* ⇒*recurrent* ♦ **1.1** een ~ zieke *a chronically sick patient;* een ~e ziekte *a c. illness* **1.2** ~ geldgebrek *a c. lack of funds.*
chronologie 0.1 *chronology.*
chronologisch 0.1 *chronological* ♦ **1.1** in ~e volgorde plaatsen *arrange in c. order.*
chronometer 0.1 [stopwatch] *stopwatch* ⇒*chronograph* **0.2** [nauwkeurig uurwerk] *chronometer* **0.3** [metronoom] *metronome.*
chroom 0.1 [schei.] *chromium* ⇒〈ongemarkeerd〉 *chrome.*
chroomleer 0.1 *chrome leather.*
chroomstaal 0.1 *chrome steel.*
chrysant, chrysanthemum 0.1 *chrysanthemum.*
cicade 0.1 *cicada.*
cichorei 0.1 *chicory* ⇒〈plant ook〉 *succory.*
CID 〈afk.〉 **0.1** [Criminele Inlichtingendienst] *criminal investigation department.*
cider 0.1 *cider.*
cijfer 0.1 [teken] *figure* ⇒*numeral, digit, cipher* **0.2** [uitgedrukt getal] *figure, number* **0.3** [punt] *mark* ⇒*grade* ♦ **2.1** Romeinse ~s *Roman numerals* **2.2** officiële ~s *official figures;* 〈fig.〉 in de rode ~s staan *be in the red* **2.3** het hoogste ~ *the highest mark* **6.2** getallen die **in** de vijf ~s lopen *five-figure numbers* **7.1** twee ~s achter de komma *two decimal places.*
cijferaar 0.1 [berekenend persoon] *calculating/hardheaded person* ⇒*opportunist* **0.2** [(be)rekenaar] *arithmetician* ⇒*calculator* ♦ **2.2** hij is een vlugge ~ *he's very clever at figures.*
cijferen 0.1 〈op school〉 *do sums.*
cijferfout 0.1 *computing error* ⇒*error in calculation.*
cijferlijst 〈school.〉 **0.1** *list of marks* ⇒〈school〉 *report.*
cijfermateriaal 0.1 *figures* ⇒*numerical data.*
cijfermatig 0.1 *in figures.*
cijferschrift 0.1 *cipher* ⇒*code* ♦ **3.1** in ~ overbrengen *encipher, (en)code.*
cijferslot 0.1 *combination lock.*
cijferwerk 0.1 *arithmetic* ⇒*figures, reckoning.*
cijns 0.1 *levy, tax.*
cilinder 0.1 [koker] *cylinder* **0.2** [buis om de zuiger] *cylinder* **0.3** [hoed] *top hat* ⇒*topper.*
cilinderblok 0.1 *cylinder block.*
cilinderbureau 0.1 *roll-top desk.*
cilinderinhoud 0.1 *cylinder capacity.*
cilinderkop 0.1 *cylinder head.*
cilinderslot 0.1 *cylinder lock* ⇒*Yale/safety lock.*
cilindervormig 0.1 *cylindrical.*
cimbaal 0.1 *cymbal.*
cimbalist 0.1 *cymbalist.*
cineast 0.1 *film/movie maker* ⇒*film/movie director.*
cinefiel¹ 〈de〉 **0.1** *film enthusiast.*
cinefiel² 〈bn.〉 **0.1** *film-loving.*
cinema 0.1 *cinema.*

cinemascope 0.1 *cinemascope.*
cinematheek 0.1 *film library.*
cinematograaf 0.1 〈vnl. BE〉 *cinematograph.*
cinematografie 0.1 *cinematography.*
cipier 0.1 *warder* ⇒*jailer.*
cipres(senboom) 0.1 *cypress.*
circa 0.1 *approximately* ⇒*about.*
circonflexe →*circumflex.*
circuit 0.1 [sport] *circuit* ⇒*(race)track* **0.2** [rondgang] *circuit* ⇒*lap* **0.3** [kring van personen/instanties] *circuit* ⇒ *scene* **0.4** [stroomkring] *circuit* ♦ **2.3** het zwarte ~ *the black economy.*
circulair 0.1 [kringvormig] *circular* ⇒*round* **0.2** [rondgaand] *circular* ⇒*rotating.*
circulaire 0.1 *circular (letter)* ♦ **3.1** ~s zenden aan *send circulars to, circularize.*
circulatie 0.1 *circulation* ♦ **1.1** ~ van hete lucht *c. of hot air* **6.1** geld **in** ~ brengen *put money into c.*
circulatiebank 0.1 *bank of issue.*
circulatiestoornis 0.1 *circulatory disorder.*
circuleren 0.1 [rondgaan] *circulate* **0.2** [rondgezonden worden] *circulate* ⇒*distribute* **0.3** [in omloop zijn] *circulate* ⇒*be in circulation* ♦ **3.3** geruchten laten ~ *put about/c. rumours.*
circumcisie 〈med.〉 **0.1** *circumcision.*
circumflex 0.1 *circumflex (accent).*
circus 0.1 [publieke vermakelijkheid] *circus* **0.2** [wat aan een circus doet denken] *(travelling) circus* ⇒*fuss, to-do.*
cirkel 0.1 [wisk.] *circle* **0.2** [kring] *circle* ⇒*ring* ♦ **2.1** halve ~ *semicircle* **2.2** een vicieuze ~ *a vicious c.* **6.2** in een ~(tje) ronddraaien *circle, move/*〈fig.〉 *argue in a c., go round and round in circles.*
cirkelboog 0.1 *arc (of a circle).*
cirkeldiagram 0.1 *pie chart* ⇒*circle graph.*
cirkelen 0.1 *circle* ⇒*orbit* 〈satelliet〉, *wheel* 〈vogel〉.
cirkelgang 0.1 *cycle* ⇒*circular course, circle.*
cirkelomtrek 〈wisk.〉 **0.1** *circumference* ⇒*perimeter.*
cirkelredenering 0.1 *circular argument.*
cirkelvormig 0.1 *circular* ⇒*round.*
cirkelzaag 0.1 *circular saw.*
cirrose 〈med.〉 **0.1** *cirrhosis.*
cis 〈muz.〉 **0.1** *C sharp.*
ciseleren 0.1 [metalen voorwerpen bewerken] *chase* ⇒ *chisel* **0.2** 〈fig.; bewerken〉 *polish* ⇒*chisel, hone.*
cisterciënzer 0.1 *Cistercian* ♦ **1.1** een ~ monnik *a C. monk.*
citaat 0.1 〈letterlijke weergave〉 *quotation, quote;* 〈aanhaling, voorbeeldzin in woordenboek〉 *citation* ♦ **1.1** begin ~ *quote, open quotes;* einde ~ *unquote, close quotes* **2.1** een letterlijk ~ *a literal quotation.*
citadel 0.1 *citadel* ⇒*stronghold.*
citer 0.1 [instrument] *zither* **0.2** [symbool] *cither(n), cittern, cister, lyre.*
citeren 0.1 〈letterlijk weergeven〉 *quote;* 〈ter ondersteuning van betoog〉 *cite.*
citroen 0.1 [vrucht] *lemon* **0.2** [boom] *lemon tree.*
citroengeel 0.1 *lemon (yellow).*
citroenkruid 0.1 *southernwood* ⇒*lemon plant.*
citroenlimonade 0.1 〈drank〉 *lemonade, lemon drink* ⇒〈siroop〉 *lemon syrup,* 〈koolzuurhoudend〉 *lemon soda,* 〈koolzuurhoudend〉 *lemonade.*
citroenmelisse 0.1 *lemon balm.*
citroenpers 0.1 *lemon squeezer.*
citroensap 0.1 *(fresh) lemon juice.*
citroenschil 0.1 *lemon peel* ♦ **1.1** stukjes ~ 〈geschaafde〉 *shredded lemon rind;* 〈in drankje〉 *twist of lemon;* 〈cul.〉 *zest of lemon.*

citroentje 0.1 [kleine citroen] *small lemon* ⇒±*lime* 0.2 [glaasje jenever] *(glass of) lemon gin* 0.3 [vlinder] *brimstone (butterfly)*.

citroenvlinder 0.1 *brimstone butterfly*.

citroenzuur 0.1 *citric acid*.

citronella 0.1 *citronella (oil)*.

citruscultuur 0.1 *citrus (fruit) cultivation*.

citrusfruit 0.1 *citrus, citrus fruit*.

citruspers 0.1 *lemon squeezer*.

citrusvrucht 0.1 *citrus fruit*.

city 0.1 [B]*city centre*.

citybike 0.1 *city bike*.

cityvorming 0.1 *depopulation of city centres* ⇒*suburbanization*.

civet 0.1 *civet*.

civiel 0.1 [tot de burgerstand behorend] *civil* ⇒⟨itt. militair⟩ *civilian* 0.2 [burgerlijk] *civil* 0.3 [billijk] *reasonable* ⇒ *fair, moderate* 0.4 [behoorlijk] *civil* ⇒*polite* ♦ **1.1** ~e ambtenaren *civil servants* **1.2** het ~ recht *c. law* **1.3** een ~e prijs *a fair price* **3.4** iem.~ behandelen *treat s.o. politely* **6.1** een officier **in** ~ ⟨politie⟩ *plain-clothes officer;* ⟨mil.⟩ *officer in civilian clothes*.

civiel-ingenieur 0.1 *civil engineer*.

civielrechtelijk 0.1 *civil* ⇒⟨alleen pred.⟩ *pertaining to/according to civil law* ♦ **3.1** iem.~ vervolgen *bring a civil action against s.o.*

civilisatie 0.1 *civilization*.

civiliseren 0.1 *civilize*.

claim 0.1 *claim* ♦ **3.1** een ~ indienen (bij) *lodge a c. (with);* een (zware) ~ leggen op *make heavy demands on*.

claimen 0.1 [eisen] *(lay) claim (to)* ⇒*file/lodge a claim* 0.2 [beweren] *claim* ⇒*assert* ♦ **6.1** een bedrag ~ **bij** de verzekering *claim on one's insurance*.

claimrecht ⟨hand.⟩ 0.1 *right (to subscribe/apply)*.

clairvoyant 0.1 *clairvoyant*.

clan 0.1 *clan* ⇒*clique, coterie*.

clandestien 0.1 *clandestine; illicit* ⟨handel⟩ ♦ **1.1** ~e activiteiten ⟨voor de regering⟩ *c./undercover/* ⟨tegen de regering⟩ *underground activities;* een ~e zender *a pirate radio station* **3.1** ~ gestookte whisky *bootleg whisky, moonshine*.

classicisme 0.1 *classicism* ⇒*classicalism*.

classicistisch 0.1 *classical*.

classicus, -ca 0.1 *classicist* ⇒*classics scholar*.

classificatie 0.1 *classification* ⇒*ranking, rating*.

classificeerder 0.1 *ship's cleaner* ⇒*member of a (ship-)cleaning gang*.

classificeren 0.1 [ordenen] *classify* ⇒*class, rank* 0.2 [scheep.; schoonmaken] *clean*.

claustrofobie 0.1 *claustrophobia*.

claustrofobisch 0.1 *claustrophobic*.

clausule 0.1 [voorbehoud] *clause* ⇒*proviso, stipulation* 0.2 [einde v.e. zin] *clause* ♦ **3.1** een ~ opnemen in *build a c. into*.

clausuleren 0.1 *insert a clause (stipulating that ...)*.

claviger 0.1 *(school) caretaker* ⇒*concierge*.

claxon 0.1 *(motor) horn* ♦ **6.1 op** de ~ drukken *sound one's horn*.

claxonneren 0.1 *sound one's horn; hoot*.

clean 0.1 [schoon] *clean* ⇒*clinical* 0.2 [koel, emotieloos] *straight* ⇒*unsentimental, unemotional* 0.3 [vrij van drugs] *clean* ⇒*off (drugs)* 0.4 [met weinig radioactieve neerslag] *clean*.

clearing ⟨hand.⟩ 0.1 *clearance* ⇒*transfer*.

clematis 0.1 *clematis*.

clement 0.1 *lenient* ⇒*merciful* ♦ **3.1** iem.~ behandelen *treat s.o. leniently*.

clementie 0.1 *leniency* ⇒*mercy, clemency* ♦ **3.1** ~ betrachten *be lenient, show mercy*.

clerus 0.1 *clergy* ⇒*(the) cloth*.

cliché 0.1 [gemeenplaats] *cliché* 0.2 [druk.; plaat] *(stereotype/electrotype) plate* ⇒*block,* ⟨ook⟩ *cliché,* ⟨ook⟩ *standing type* 0.3 [negatief] *negative*.

clichématig 0.1 *cliché'd* ⇒*commonplace,* ⟨inf.⟩ *corny*.

clicheren 0.1 *stereotype, electrotype*.

cliënt 0.1 [persoon die gebruik maakt van diensten] *client* 0.2 [klant] *customer* ⇒*patron*.

clientèle 0.1 *clientele* ⇒*custom(ers)*.

climax 0.1 [hoogtepunt] *climax* 0.2 [stilistiek] *climax* ⇒ *pay-off, punch line* 0.3 [mbt. orgasme] *climax* ♦ **6.1 naar** een ~ toe werken *build (up) to a climax*.

clinch 0.1 [boksen] *clinch* 0.2 [fig.] *tussle* ♦ **6.2 in** de ~ liggen met iem. *be at loggerheads with s.o.*

clip 0.1 [papierklem] *paper clip* ⇒⟨groot⟩ *bulldog clip* 0.2 [bevestigingsmiddel voor platen] *fastener* 0.3 [sierspeld] *clip* ⇒*pin* 0.4 [videoclip] *(video)clip*.

clique ⟨pej.⟩ 0.1 *clique*.

clitoris 0.1 *clitoris*.

cloaca 0.1 *cloaca*.

clochard 0.1 *clochard* ⇒*tramp*.

clone →**kloon**.

closet 0.1 *lavatory* ⇒*toilet*.

closetborstel 0.1 *toilet brush*.

closetpapier 0.1 *toilet paper*.

closetpot 0.1 *lavatory pan*.

closetrol 0.1 *toilet roll*.

clou 0.1 *point* ⇒*essence,* ⟨van grap⟩ *punch line* ♦ **3.1** de ~ van iets niet snappen *miss the point (of sth.)*.

clown 0.1 ⟨ook fig.⟩ *clown* ⇒*buffoon* ♦ **3.1** de ~ uithangen *clown around*.

clownachtig 0.1 *clownisch* ⇒*comic(al)*.

clownerie 0.1 *clowning*.

clownesk 0.1 *clownish* ♦ **1.1** een ~ gebaar *a comic(al) gesture*.

club I ⟨de⟩ 0.1 [vereniging] *club* ⇒*society, association* 0.2 [groep vrienden] *crowd* ⇒*group, crew, gang,* ⟨inf.; pej.⟩ *clique, (in)crowd* 0.3 [sociëteit] *club* ⇒*chapter, union* 0.4 [sport; golfstok] *club;* **II** ⟨de (m.)⟩ 0.1 [fauteuil] *armchair* ⇒*easy chair*.

clubarts 0.1 *club doctor* ⇒*club medical officer*.

clubfauteuil 0.1 *armchair* ⇒*easy chair*.

clubgeest 0.1 *club spirit*.

clubgenoot, -note 0.1 *club mate* ⇒*fellow club member,* ⟨sport ook⟩ *teammate*.

clubhuis 0.1 [huis waarin een club zetelt] *club(house)* ⇒ ⟨vnl. BE; sportclub ook⟩ *pavilion* 0.2 [gebouw voor verschillende clubs] *community centre* ⇒⟨voor jeugd⟩ *youth centre*.

clubkas 0.1 *club funds*.

clublid 0.1 *club member*.

clubwedstrijd 0.1 *club competition tournament/match*.

cluster 0.1 *cluster*.

co 0.1 [coassistent] *assistant* ⇒±[B]*(assistant) houseman,* [A]*intern(e)* 0.2 [compagnon] *partner* ⇒*business associate*.

coach 0.1 [sport] *coach* ⇒*trainer,* ⟨begeleider bij opleiding ook⟩ *supervisor,* ⟨begeleider bij opleiding ook⟩ *tutor* 0.2 [personenauto] *coach* ⇒*two-door sedan* 0.3 [touringcar] *coach*.

coachen 0.1 [sport] *coach* ⇒*train* 0.2 [begeleiden] *coach* ⇒ *tutor* ⟨leerling⟩.

coaguleren I ⟨onov.ww.⟩ 0.1 [stremmen] *coagulate* ⇒*congeal, clot* 0.2 [schei.] *coagulate;*

143

II ⟨ov.ww.⟩⟨med.⟩ **0.1** [(mbt. een bloedvat) dichtschroeien] *cauterize.*
coalitie 0.1 *coalition* ◆ **7.1** de ~ *the c. partners.*
coalitiekabinet 0.1 *coalition cabinet.*
coalitiepartner 0.1 *coalition partner.*
coalitieregering 0.1 *coalition government.*
coassistent 0.1 *ᴮ(assistant) houseman,* ᴬ*intern(e).*
coassistentschap 0.1 *ᴮ(assistant) housemanship,* ᴬ*internship* ◆ **3.1** ~pen lopen *do one's h./i.*
coating 0.1 [het coaten] *coating* ⇒*cladding, covering* **0.2** [deklaag] *top coat* ⇒*finish(ing coat).*
coaxiaal 0.1 *coaxial.*
coaxkabel ⟨audio, video⟩ **0.1** *coaxial cable.*
cobra 0.1 *cobra.*
cocaïne 0.1 *cocaine* ◆ **3.1** ~ snuiven *snort/sniff c.*
cocaïneverslaving 0.1 *cocaine addiction* ⇒*cocainism.*
cochenille 0.1 *cochineal.*
cockerspaniël 0.1 *cocker spaniel.*
cockpit 0.1 *cockpit* ⟨ook van motorboot⟩ ⇒*flight deck* ⟨van lijnvliegtuig⟩.
cocktail 0.1 *cocktail* ⟨ook fig. en mbt. injectie⟩.
cocktailbar 0.1 *cocktail lounge.*
cocktailjurk 0.1 *cocktail dress.*
cocon 0.1 *cocoon* ⇒*pod* ⟨van zijderups⟩.
cocoonen 0.1 ±*spend quality time with one's family* ⇒ ⟨inf.⟩ *couch-potato.*
coda ⟨vnl. muz.⟩ **0.1** *coda.*
code 0.1 [stelsel van signalen] *code* **0.2** [geheimschrift] *code* ⇒*cipher, cypher* **0.3** [comp.] *code* **0.4** [wetboek] *code* ⇒ *body of law* **0.5** [voorschriften] *code* ⇒*regulations* ◆ **3.2** een ~ ontcijferen *crack a code* **6.1** volgens een bepaalde ~ met iem. omgaan *deal with s.o. according to certain rules (of conduct).*
codeerder 0.1 *cipher clerk* ⇒*(en)coder.*
codenaam 0.1 *code name.*
coderen 0.1 [in code omzetten] *(en)code* ⇒*encipher* 0.2 [v.e. code voorzien] *code* ⇒*allot a code to.*
codering 0.1 *coding, code.*
codetaal 0.1 *code (language).*
codetelegram 0.1 *code telegram.*
codeur 0.1 [iem. die gegevens in code overbrengt] *cipher clerk* ⇒*(en)coder* **0.2** [comp.] *coder.*
codewoord 0.1 *code word.*
codex 0.1 *codex.*
codicil 0.1 *codicil* ⇒⟨toevoegsel ook⟩ *rider.*
codificeren 0.1 *codify.*
coëfficiënt ⟨nat., wisk.⟩ **0.1** *coefficient.*
coëxistentie 0.1 *coexistence* ◆ **2.1** vreedzame ~ *peaceful c.*
coëxisteren 0.1 *coexist.*
coffeeshop 0.1 *coffee shop.*
cognaat 0.1 *cognate.*
cognac 0.1 *cognac.*
cognitief 0.1 *cognitive.*
cognossement ⟨hand.⟩ **0.1** *bill of lading* ⇒⟨vaak afgekort⟩ *B/L.*
cohabitatie 0.1 *copulation* ⇒⟨med.⟩ *coitus, sexual intercourse.*
cohabiteren 0.1 *copulate* ⇒*have sexual intercourse.*
coherent 0.1 *coherent* ⟨ook nat.⟩ ⇒⟨zonder innerlijke tegenspraak⟩ *consistent.*
coherentie 0.1 *coherence* ⇒⟨zonder innerlijke tegenspraak⟩ *consistency.*
cohesie 0.1 *cohesion* ⟨ook nat.⟩.
cohort 0.1 *cohort.*
coifferen 0.1 *style/dress s.o.'s hair.*

coiffeur, -euse 0.1 *hairdresser* ⇒*coiffeur,* ⟨voor mannen ook⟩ *barber.*
coiffure 0.1 *hairstyle* ⇒*hairdo* ⟨van vrouwen⟩, *haircut* ⟨van mannen⟩.
coïncidentie 0.1 *coincidence.*
coïncideren 0.1 *coincide.*
coïteren 0.1 *copulate* ⇒*have sexual intercourse.*
coïtus 0.1 *coitus* ⇒*coition, sexual intercourse* ◆ ¶.1 ~ interruptus *coitus interruptus.*
coke 0.1 [coca-cola] *coke* **0.2** [cocaïne] *coke* ⇒*snow.*
cokes 0.1 *coke* ◆ **1.1** een mud ~ ±*a hundredweight of c.*
col 0.1 [opstaande kraag] *rollneck* ⇒⟨BE ook⟩ *poloneck, turtleneck* **0.2** [bergpas] *col* ⇒*(mountain) pass.*
cola 0.1 *coke.*
cola-tic 0.1 ⟨bv.⟩ *rum/gin and coke.*
colbert(jasje) 0.1 *jacket* ⇒⟨van kostuum⟩ *suit-jacket.*
collaborateur 0.1 [iem. die met de vijand heult] *collaborator* ⇒*quisling* **0.2** [medewerker] *collaborator.*
collaboratie 0.1 *collaboration.*
collaboreren 0.1 [met vijand samenwerken] *collaborate* **0.2** [medewerken] *collaborate* ⇒*work together,* ⟨van twee of meer mensen ook⟩ *work as a team.*
collage 0.1 [bk.] *collage* ⇒*montage, paste-up.*
collectant 0.1 *collector* ⇒⟨anglicaanse Kerk ook⟩ *sidesman.*
collect call 0.1 ᴮ*reverse-charge call,* ᴬ*collect call.*
collecte 0.1 [inzameling] *collection* ⇒⟨in kerk ook⟩ *offertory,* ⟨BE; spontane, informele collecte⟩ *whip-round* **0.2** [ingezameld geld] *collection* ⇒⟨in kerk ook⟩ *offertory* **0.3** [gebed na Gloria] *Collect.*
collectebus 0.1 *collecting-box* ⇒⟨in kerk⟩ *offertory-box,* ⟨armenbus⟩ *poor box,* ⟨voor de zending⟩ *mission box.*
collecteren 0.1 [inzamelen] *collect, make a collection* ⇒⟨in kerk⟩ *take the collection,* ⟨onder de aanwezigen⟩ *take (up) a collection,* ⟨inf.; vnl. straatmuziek, demonstraties enz.⟩ *send the hat round* **0.2** [loten verkopen] *sell lottery/raffle tickets* ◆ ¶.1 langs de huizen ~ *make a house-to-house collection.*
collecteur, -trice 0.1 *collector.*
collectezak 0.1 *collection bag.*
collectezakje 0.1 *collection bag* ⇒*offertory bag.*
collectie 0.1 [verzameling] *collection* ⇒*show* **0.2** [groot aantal] *collection, accumulation* **0.3** [mode] *collection, range* ◆ **2.1** een fraaie ~ schilderijen *a fine c. of paintings.*
collectief¹ ⟨het⟩ **0.1** [verzamelnaam] *collective (noun)* **0.2** [gemeenschap] *collective, cooperative.*
collectief² ⟨bn., bw.⟩ **0.1** *collective* ⇒*corporate, joint, communal* ◆ **1.1** collectieve arbeidsovereenkomst *collective (wage) agreement;* collectieve druk/lastendruk *burden of social charges;* ~ eigendom *collective/joint ownership;* collectieve sector *public sector;* collectieve uitgaven *public expenditure* **3.1** ~ ontslag vragen/indienen *resign in a body.*
collectioneur 0.1 *collector.*
collectivisme 0.1 *collectivism* ⟨ook ec.⟩.
collectivist 0.1 *collectivist.*
collectiviteit 0.1 *collectivity.*
collega 0.1 *colleague* ⇒*associate,* ⟨vnl. mbt. handarbeider⟩ *workmate* ◆ **4.1** een van mijn ~'s *one of my colleagues;* ⟨minder formeel⟩ *s.o. I work with.*
college 0.1 [les]⟨alg.⟩ *(university) class* ⇒⟨hoorcollege⟩ *(formal) lecture* **0.2** [bestuurslichaam] *board* ⇒⟨mbt. kardinalen⟩ *college* **0.3** [school] *college* ◆ **1.2** ~ van bestuur ⟨van school/universiteit⟩ *Board of Governors,* ⟨USA⟩ *Regents;* ⟨van onderneming⟩ *Board of Directors;* het ~ van burgemeester en wethouders *the (City/Town) Council* **3.1** de ~ s

zijn weer begonnen *term has started again;* ~ geven (over) *lecture (on), give lectures (on);* ~ lopen *attend lectures.*

collegedictaat 0.1 [tijdens college gemaakt dictaat] *lecture notes* **0.2** [vóór een college verkrijgbaar overzicht] *summary/synopsis of a lecture.*

collegegeld 0.1 *(tuition) fees.*

collegejaar 0.1 *academic year.*

collegekaart 0.1 *student card* ⇒*(university) ID card.*

collegezaal 0.1 *lectureroom/*(groter) *theatre.*

collegiaal 0.1 [zoals onder collega's] *fraternal* ⇒*brotherly,* (kameraadschappelijk) *comradely* **0.2** [door een college geleid] *collegiate* ♦ **3.1** zich ~ opstellen *be a/behave like a good colleague.*

collegialiteit 0.1 *collegiality* ⇒*(good) fellowship,* (vnl. onder soldaten, vakbondsleden, socialisten) *comradeship.*

collie 0.1 *collie* ⇒(inf.) *Lassie (dog).*

collier 0.1 *necklace.*

collisie 0.1 [botsing] *collision* ⇒*clash* **0.2** [jur.; wetsconflict] *conflict of laws* ♦ **1.1** ~ van plichten *conflict of duties.*

collo 0.1 *package* ♦ **7.1** een zending van twintig colli *a delivery consisting of twenty packages.*

colloquium 0.1 [discussiecollege] *colloquium* ⇒*symposium* **0.2** [onderhoud, ook religieus] *colloquy* ♦ ¶.¶ ~ doctum ±*special entrance examination (for students without formal educational qualifications).*

colofon 0.1 *colophon.*

Colombia 0.1 *Colombia.*

Colombiaan 0.1 *Colombian.*

Colombiaans 0.1 *Colombian.*

colonnade 0.1 *colonnade* ⇒*portico.*

colonne 0.1 *column* ♦ **1.1** een ~ vrachtauto's *a c. of trucks* **7.**¶ de vijfde ~ *the fifth column.*

coloradokever 0.1 *Colorado (potato) beetle.*

coloratuur (muz.) **0.1** *coloratura.*

colorist 0.1 *colourist.*

colostrum 0.1 *colostrum;* (vnl. mbt. koe ook) *beestings, beastings.*

colportage 0.1 *canvassing* ⇒*vending,* (huis aan huis) *selling door-to-door,* (huis aan huis) *hawking.*

colporteren 0.1 (huis aan huis) *sell door-to-door, hawk.*

colporteur 0.1 *canvasser* ⇒(huis aan huis) *(door-to-door) salesman, hawker.*

colt 0.1 *Colt.*

coltrui 0.1 *rollneck (pullover/sweater)* ⇒(BE ook) *poloneck (pullover/sweater), turtleneck (pullover/sweater).*

coma 0.1 *coma* ♦ **6.1** in ~ liggen *be in (a) c.;* in (een) ~ raken *lapse into a c.;* uit een ~ bijkomen *come out of a c.*

comapatiënt 0.1 *cometose patient* ⇒*patient in coma.*

comateus 0.1 *comatose.*

combi 0.1 *estate car, station wagon.*

combikaart 0.1 *all-in-one/combined ticket* (train plus admission to an event).

combiketel 0.1 *combination boiler.*

combinatie 0.1 *combination* (ook type vrachtwagen) ⇒*association, union,* (naast elkaar geplaatst) *juxtaposition,* (syndicaat) *combine,* (syndicaat) *syndicate,* (ihb. illegaal/geheim syndicaat) *ring,* (mbt. kleding ook) *two-piece* ♦ **1.1** een ~ van factoren *a c. of factors.*

combinatiepil 0.1 *combined pill.*

combinatieslot 0.1 *combination lock.*

combinatietang 0.1 *combination pliers* ⇒(met isolatie) *electrician's pliers* ♦ **7.1** twee ~en *two pairs of c. p.*

combinatievermogen 0.1 *power(s) of combination* ⇒*deductive powers.*

combinatiewagen 0.1 *estate car, station wagon.*

combinatorisch 0.1 *combinatorial.*

combine 0.1 [landb.] *combine (harvester)* **0.2** [samenspanning] *combination* ⇒*combine.*

combineren I (onov.ww.) **0.1** [bij elkaar passen] *go (together), match* ♦ **1.1** de kleuren ~ niet *these colours don't go (together)/m., these colours clash;* **II** (ov.ww.) **0.1** [samenvoegen] *combine (with)* **0.2** [met elkaar in verband brengen] *associate (with)* ⇒*link (with)* ♦ **1.1** twee betrekkingen ~ *c. two posts.*

combo 0.1 *combo.*

comeback 0.1 *comeback* ♦ **3.1** een ~ maken *stage a c.*

comestibles 0.1 *delicatessen* ⇒*delicacies.*

comestibleswinkel 0.1 *delicatessen (shop).*

comfort 0.1 *comfort* (vaak mv.) ⇒*convenience* (vaak mv.) ♦ **2.1** voorzien van het meest moderne ~ *with all modern conveniences; with all mod cons.*

comfortabel 0.1 *comfortable* ♦ **1.1** een ~ huis *a c. house;* een ~e meerderheid *a c. majority.*

comité 0.1 *committee* ♦ **2.1** uitvoerend ~ *executive c.* **6.1** vergaderen in ~ (over het voorstel) *discuss (the proposal) in c./behind closed doors* ¶.1 en petit ~ *by a select c.*

commandant 0.1 [mil.] *commander* ⇒*commandant* (van vesting/kamp) **0.2** [mbt. de brandweer] *ᴮchief (fire) officer, (fire) chief.*

commanderen 0.1 [het bevel voeren (over)] *command* ⇒*be in command (of)* **0.2** [bevelen] *give orders* ⇒(pej.) *boss/order about* ♦ **1.2** commandeer je hond en blaf zelf *you needn't think you can order me about the place* **3.2** ze laat zich niet ~ *she won't be dictated to.*

commandeur 0.1 [rang bij ridderorden] *(knight) commander* **0.2** [rang bij de marine] *Commodore* **0.3** [chef van dienst] *head of department.*

commandeurskruis 0.1 *knight commander's cross.*

commanditair ♦ **1.**¶ ~ vennoot *ᴮsleeping partner, ᴬsilent partner, limited partner;* ~ vennootschap *limited partnership.*

commanditaris, commanditair 0.1 *ᴮsleeping partner, ᴬsilent partner* ⇒*limited partner.*

commando 0.1 [gezag] *command* **0.2** [order] *(word of) command, order;* (comp.) *command* **0.3** [selecte groep] *commando* **0.4** [soldaat] *commando* ♦ **3.1** het ~ voeren/hebben (over) *be in c. (of)* **6.2** iets op ~ doen *do sth. to o.;* huilen op ~ *cry at will.*

commandogroep 0.1 *command.*

commandotroepen 0.1 *commando troops, commando(e)s.*

commandovlag 0.1 [op de commandopost] *standard* ⇒*colours* **0.2** [op een oorlogsschip] *admiral's flag.*

commandowisseling 0.1 *change of command.*

commensurabel 0.1 *commensurable.*

commentaar 0.1 [toelichting] *comment(s)* ⇒*remark(s), observation(s),* (op teksten ook) *commentary (on)* **0.2** [kritiek] *(unfavourable) comment* ⇒*criticism* **0.3** [rechtstreeks verslag] *(running) commentary* ♦ **1.2** een hoop ~ krijgen *receive a lot of unfavourable comment* **3.1** ~ (op iets) geven/leveren *comment/make comments (on sth.)* **7.1** geen ~ *no comment.*

commentaarstem 0.1 *voice-over.*

commentariëren 0.1 *commentate on; annotate* (teksten).

commentator, -trice 0.1 *commentator.*

commercialiseren 0.1 *commercialize.*

commercie 0.1 *commerce* ⇒*trade.*

commercieel 0.1 *commercial* ♦ **1.1** commerciële radio en tv *c. radio and TV* **3.1** ~ gezien *commercially speaking, from a c. point of view* **5.1** op niet-commerciële basis *on a non-profit(-making) basis.*

commies 0.1 [titel van ambtenaren] *clerk* ⇒*administrative assistant* 0.2 [tolbeambte] *customs (and excise) officer* 0.3 [klerk] *clerk* ♦ 6.2 commiezen **te** water *(maritime) customs officers.*

commissariaat 0.1 [ambt] *commissionership* 0.2 [bureau] *commissioner's office* ♦ 3.1 een ~ bekleden bij een bedrijf *sit on the board of a company.*

commissaris 0.1 [gevolmachtigde] *commissioner* 〈vaak C-〉; *governor* 0.2 [toezichthouder op de directie] *commissioner* 0.3 [actief bestuurslid] *official, officer* ♦ 1.1 ~ v.d. Koningin *(Royal) Commissioner, governor; ±ᴮLord Lieutenant/±ᴬGovernor;* ~ van politie *ᴮChief Constable, Chief of Police, police commissioner* 1.2 raad van ~sen *board of commissioners* 1.3 〈geldw.〉 ~ voor de notering *officer of quotations.*

commissaris-generaal 0.1 *commissioner general* ⇒〈GB〉 *permanent undersecretary* 〈op ministerie〉.

commissie 0.1 [personen met bepaalde opdracht] *committee* ⇒*board, commission* 0.2 [hand.] *commission* 0.3 [loon] *commission* ⇒*factorage* 0.4 [bestelling] *order* 0.5 [comité] *committee, delegation* ♦ 1.1 ~ van beheer *management committee;* ~ van toezicht *supervisory/watchdog committee;* 〈school enz.〉 *board of visitors/governors* 2.1 de Europese Commissie *the European Commission* 3.1 een ~ instellen *appoint/set up/form a committee* 3.4 ~s opnemen *take orders* 6.1 in een ~ zitten *be on a committee* 6.2 goederen **in** ~ houden *hold goods in consignment;* boeken **in** ~ bestellen *order books on sale or return;* iets **in** ~ kopen/verkopen *buy/sell sth. on c.;* als ik lieg, dan lieg ik **in** ~ ±*I'm telling the truth as I've been told it* 6.5 een ~ **uit** de burgerij *a d. of citizens* ¶.1 ~ ad hoc *ad hoc committee.*

commissiebasis 0.1 *commission basis* ♦ 6.1 werken **op** ~ *work on a c. b.*

commissielid 0.1 *committee member.*

commissieloon 0.1 *commission.*

commissionair 0.1 *agent* ⇒*broker* ♦ 6.1 ~ **in** effecten *stockbroker.*

commode 0.1 *chest of drawers.*

commodore 0.1 *Commodore.*

commotie 0.1 *commotion* ⇒*consternation,* 〈inf.〉 *fuss,* 〈inf.〉 *rumpus* ♦ 3.1 ~ maken *cause a commotion, kick up a fuss.*

communautair 0.1 *communal* ⇒〈EEG〉 *Community* ♦ 1.1 ~e wetgeving *Community legislation.*

commune 0.1 *commune.*

communicant 〈rel.〉 0.1 [iem. die zijn eerste communie doet] *s.o. making his/her first Communion* 0.2 [iem. die ter communie gaat] *communicant.*

communicatie 0.1 *communication* ♦ 6.1 **in** ~ staan met *be in c. with.*

communicatief 0.1 *communicative* ⇒〈mededeelzaam ook〉 *talkative.*

communicatiemedia 0.1 *communications.*

communicatiemiddel 0.1 *means of communication.*

communicatieproces 0.1 *communication process.*

communicatiesatelliet 0.1 *communications satellite* ⇒ 〈afk.〉 *comsat.*

communicatiestoornis 0.1 *breakdown in communication(s).*

communiceren 0.1 [in verbinding staan] *communicate (with)* 0.2 [rel.] *communicate, receive (Holy) Communion* ♦ 1.1 ~de vaten *communicating vessels.*

communie 〈rel.〉 0.1 [het ontvangen van de eucharistie] *(Holy) Communion* 0.2 [(het nuttigen van die) hostie] *(Holy) Communion* ⇒*Host, Eucharist* ♦ 2.1 eerste/plechtige ~ *first/solemn C.* 6.1 te(r) ~ gaan *go to (Holy) C.*

communiebank 0.1 *communion rail(s).*

communiqué 0.1 *communiqué* ⇒*statement* ♦ 3.1 een ~ uitgeven *issue a c., put out a statement.*

communisme 0.1 *Communism.*

communist 0.1 *Communist.*

communistisch 0.1 *Communist* ♦ 1.1 de ~e partij *the C. party.*

compact 0.1 *compact* ♦ 1.1 een ~e massa *a c. mass, a dense crowd.*

compact disc 〈audio〉 0.1 *compact disc.*

compactdiscspeler 〈audio〉 0.1 *compact disc player.*

compactheid 0.1 *compactness* ⇒*density* ♦ 1.1 de ~ v.e. betoog *the terseness of an argument.*

compagnie 0.1 *company* ⇒〈vennootschap ook〉 *partnership* ♦ 1.1 een ~ infanterie *an infantry c.* 2.1 de Oost-Indische Compagnie *the Dutch East India Company* 6.1 **in** ~ handelen met *act in partnership with.*

compagnie(s)commandant 0.1 *company commander.*

compagnon 0.1 [handelsgenoot] *partner* ⇒*(business) associate* 0.2 [maat] *pal* ⇒*buddy, chum* ♦ 1.1 de ~ van iem. worden *go into partnership with s.o.*

compagnonschap 0.1 *partnership.*

compartiment 0.1 *compartment.*

compassie 0.1 *compassion.*

compatibel 0.1 *compatible* 〈ook mbt. computerapparatuur〉.

compatibiliteit 0.1 *compatibility.*

compendium 0.1 *compendium.*

compensatie 0.1 *compensation* ♦ 6.1 als ~ voor, ter ~ **van** *by way of c.*

compenseren 0.1 *compensate for* ⇒*counterbalance, make good, adjust* 〈kompas〉 ♦ 1.1 dit compenseert de nadelen *this outweighs the disadvantages;* een tekort ~ *make good a deficiency/deficit;* de ontvangsten ~ de uitgaven *the income covers the expenditure* 4.1 elkaar ~ *counterbalance each other, balance out.*

competent 0.1 [deskundig] *competent* ⇒*able, capable* 0.2 [tot handelen, oordelen bevoegd] *competent* ⇒*qualified, authorized,* 〈jur. ook〉 *cognizant* ♦ 5.2 dit hof is in deze kwestie niet ~ *this court is not competent to settle this matter* 6.1 hij is (niet) ~ **op** dat gebied *he is (not) competent in that field.*

competentie 0.1 [deskundigheid] *competence* 0.2 [bevoegdheid] *competence* ⇒*capacity,* 〈jur. ook〉 *cognizance,* 〈jur. ook〉 *competency* ♦ 3.2 dat behoort tot de ~ van dit hof *this belongs to the jurisdiction of this court;* behoort dit tot de ~ v.h. bestuur? *is this within the province of the committee?*

competentiegeschil 0.1 *dispute over areas of responsibility, demarcation dispute.*

competitie 0.1 *league.*

competitiewedstrijd 〈sport〉 0.1 *league match;* 〈voetbal〉 *league game.*

compilatie 0.1 *compilation.*

compileren 0.1 *compile.*

compleet 0.1 [volledig] *complete* 0.2 [volslagen] *complete* ⇒*total, utter* ♦ 1.1 toen was zijn geluk ~ *that completed his happiness* 1.2 complete onzin *utter/sheer nonsense* 3.2 ik was het ~ vergeten *I clean/completely forgot (it)* 5.1 deze jaargang is niet ~ *this volume is incomplete.*

complement 0.1 *complement.*

complementair 0.1 *complementary* ♦ 1.1 〈ec.〉 ~e goederen *c. goods;* ~e kleuren *c. colours.*

completeren 0.1 *complete* ⇒*make up.*

completering 0.1 *completion* ♦ 6.1 ter ~ **van** *by way of c.*

complex[1] ⟨het⟩ **0.1** [blok] *complex* ⇒*aggregate* **0.2** [psych.] *complex* **0.3** [schei.] *complex* ⇒*(coordination) compound* ◆ **1.1** een heel ~ van regels *a whole c./set of rules* **3.2** ~en hebben over iets *have a c. about sth.*

complex[2] ⟨bn.⟩ **0.1** *complex* ⇒*complicated, intricate* ◆ **1.1** een ~ probleem *a complex/knotty problem;* een ~ verschijnsel *a complex phenomenon.*

complexiteit 0.1 *complexity.*

complicatie 0.1 *complication* ◆ **3.1** bij die ziekte treden dikwijls ~s op *complications often arise with this disease.*

compliceren 0.1 *complicate* ◆ **1.1** ⟨med.⟩ een gecompliceerde breuk *a compound fracture.*

compliment 0.1 [lof] *compliment* **0.2** [beleefde begroeting] *compliment* ⇒⟨meestal mv.⟩ *regard, respect* **0.3** [mv.; vormelijkheid] *compliments* ⇒*ceremony* ◆ **1.2** de ~en van vader en of u even wilt komen *father sends his compliments and would you mind calling around* **3.1** iem. een/ zijn ~ maken over iets *pay s.o. a c. on sth., compliment s.o. on sth.;* naar een ~je vissen *fish for a c.* **3.2** doet u vooral mijn ~en aan uw vrouw *(do give) my regards to your wife.*

complimenteren 0.1 *compliment* ◆ **6.1** iem ~ met iets *compliment s.o. (up)on sth.*

complimenteus 0.1 *complimentary.*

complot 0.1 [samenzwering] *plot* **0.2** [samenzweerders] *conspiracy* ◆ **3.1** een ~ smeden *hatch a p., conspire* **6.2** er zaten zes man in het ~ *there were six people in the c.*

component 0.1 *component.*

componentenlijm 0.1 *two part epoxy adhesive* ⇒*chemical cure adhesive.*

componeren ⟨vnl. muz.⟩ **0.1** *compose.*

componist, -e ⟨vnl. muz.⟩ **0.1** *composer* ⇒*musician.*

composiet ⟨plantk.⟩ **0.1** *composite (plant).*

compositie 0.1 [muziekstuk] *composition* **0.2** [samengesteld woord] *compound (word)* **0.3** [ordening tot een geheel] *composition* ◆ **1.3** de ~ van een schilderij *the c. of a picture.*

compositiefoto 0.1 *composition photo.*

compositorisch 0.1 *compositional.*

compositum 0.1 [wat samengesteld is] *composite* **0.2** [taal.] *compound.*

compost 0.1 *compost.*

compostbak 0.1 *compost bin.*

composteren 0.1 *compost.*

composthoop 0.1 *compost heap.*

compote 0.1 *compote* ⇒*stewed fruit.*

compressie 0.1 *compression.*

compressieruimte 0.1 *compression chamber.*

compressor 0.1 *compressor.*

comprimeren 0.1 [samenpersen] *compress* ⇒*condense* **0.2** [bedwingen] *repress* ⇒*restrain* ◆ **1.1** een gecomprimeerd verslag *a condensed account.*

compromis 0.1 [jur.] *submission to arbitration* ⇒*arbitration agreement* **0.2** [tussenoplossing] *compromise* **0.3** [gesch.; verbond] *compromise* ◆ **3.2** een ~ aangaan/sluiten *come to/reach a c.*

compromitteren 0.1 *compromise* ◆ **6.1** zich met iets/iem. ~ *compromise o.s. with sth./s.o.*

compromitterend 0.1 *compromising* ⇒*incriminating* ◆ **1.1** een ~e situatie *a c. situation;* ~e verklaringen/papieren *incriminating statements/documents.*

comptabele 0.1 *(Government/Civil Service) accountant/ auditor.*

comptabiliteit 0.1 [rekenplichtigheid] *accountability* **0.2** [afdeling] *accountancy department* ⇒*accounts (department), audit office.*

computer 0.1 *computer* ◆ **6.1** gegevens invoeren in een ~ *feed data into a c.;* de loonadministratie op de ~ zetten *computerize the wages department.*

computerbestand 0.1 *computer file.*

computerblad 0.1 *computer magazine.*

computercrimineel 0.1 *hacker.*

computerdeskundige 0.1 *computer expert.*

computeren ⟨inf.⟩ **0.1** *be at/work on/play on the computer.*

computerfanaat 0.1 *computer fanatic* ⇒*computer freak.*

computerfraude 0.1 *computer fraud.*

computergeheugen 0.1 *computer memory* ⇒*(computer) storage* ◆ **6.1** gegevens opslaan in het ~ *store data in the computer.*

computergestuurd 0.1 *computer-controlled.*

computeriseren 0.1 [geschikt maken voor verwerking] *prepare for (automatic) processing* **0.2** [van computers voorzien] *computerize.*

computerisering 0.1 *computerization.*

computerkraak 0.1 *(a case of) hacking; hack* ⇒*computer break-in* ◆ **3.1** een ~ plegen *hack;* een ~ plegen met behulp v.e. telefoon *break into a computer by using a telephone.*

computerkraker 0.1 *hacker.*

computerkunde 0.1 *computer studies.*

computernetwerk 0.1 *computer network.*

computerondersteund 0.1 *computer-assisted* ⇒*computer-aided.*

computerprogramma 0.1 *computer program.*

computerprogrammeur 0.1 *computer programmer.*

computerspelletje 0.1 *computer game.*

computertaal 0.1 *computer language.*

computertechniek 0.1 *computer technology.*

computertijd 0.1 *machine time* ⇒*c.p.u. time, run time.*

computeruitdraai 0.1 *computer output* ⇒*computer printout.*

computerverwerking 0.1 *computer processing.*

computervirus 0.1 *computer virus.*

computerweduwe 0.1 *computer widow.*

con 0.1 *con* ◆ ¶**.1** ~ amore *with love.*

concaaf 0.1 *concave* ◆ **1.1** concave lenzen *c. lenses.*

concentraat 0.1 *concentrate* ⇒*extract.*

concentratie 0.1 *concentration* ◆ **1.1** ~ v.h. gezag *c. of authority* **3.1** zijn ~ verliezen *lose one's c.*

concentratiekamp 0.1 *concentration camp.*

concentratievermogen 0.1 *power(s) of concentration.*

concentreren ⟨ov.ww., wk.ww.; zich ~⟩ **0.1** [de aandacht richten] *concentrate (on)* **0.2** [verenigen in één punt] *concentrate* ⇒*centre,* ⟨troepen ook⟩ *mass,* ⟨sterker maken ook⟩ *strengthen* ◆ **1.2** een geconcentreerde oplossing *a concentrated solution* **4.1** zijn hoop concentreerde zich op *his hopes were pinned on.*

concentrisch 0.1 *concentric.*

concept 0.1 [ontwerp] *(rough/first) draft* ⇒*outline* **0.2** [wijsgerig begrip] *concept* ◆ **3.1** een ~ maken van *draft.*

conceptie 0.1 *conception.*

conceptkunst 0.1 *conceptual art.*

concept-nota 0.1 *draft proposal* ⇒⟨in Brits Parlement⟩ *Green Paper.*

concept-wet 0.1 *(draft) bill* ⇒*draft legislation.*

concern 0.1 *group.*

concert ⟨muz.⟩ **0.1** [uitvoering] *concert* ⇒⟨solo-instrument⟩ *recital* **0.2** [stuk] *concerto* ◆ **6.1** naar een ~ gaan *go to a c.* **6.2** ~ voor fluit *c. for flute.*

concerteren 0.1 [concert geven] *perform/give/do a concert* **0.2** [als solist spelen] *perform/play (solo)* ⇒*give a*

recital ◆ **6.1** het orkest concerteerde **onder** leiding van M. *the orchestra gave a concert conducted by M.*
concertganger 0.1 *concertgoer.*
concertgebouw 0.1 *concert hall.*
concertmeester 0.1 *(orchestra) leader* ⇒*concertmaster.*
concerto 0.1 *concerto.*
concertpodium 0.1 *concert platform.*
concertvleugel 0.1 *concert grand (piano).*
concertzaal 0.1 *concert hall* ⇒*auditorium.*
concessie 0.1 *concession* ⇒⟨vergunning ook⟩*franchise, licence* ◆ **3.1** ~s doen aan iem. *make concessions to s.o.;* ~ verlenen *grant a c./licence.*
concessief 0.1 *concessive.*
concessiehouder 0.1 *concessionaire; franchise holder.*
conciërge 0.1 *caretaker* ⇒*janitor, porter* ⟨vnl. ziekenhuis, hotel enz.⟩, *doorman* ⟨vnl. hotel⟩, *doorkeeper* ⟨vnl. hotel⟩.
concilie ⟨rel.⟩ **0.1** *council.*
concipiëren 0.1 *conceive* ⇒⟨ontwerpen ook⟩ *draft, plan.*
conclaaf 0.1 *conclave* ◆ **6.1** ze zijn **in** ~ bijeen *they are (sitting) in c.*
concluderen I ⟨ov.ww.⟩ **0.1** [besluiten] *conclude* ⇒*deduce* ◆ **3.1** wat kunnen we daaruit ~? *what can we c. from that?;*
II ⟨onov.ww.⟩⟨jur.⟩ **0.1** [tot een eis komen] *apply (for)* ⇒ *move (for/that),* ⟨laatste conclusie⟩ *close the pleading* ◆ **6.1 tot** invrijheidstelling ~ *demand discharge.*
conclusie 0.1 [slotsom] *conclusion* ⇒*deduction,* ⟨onderzoek, mv.⟩ *findings* **0.2** [jur.; gedingstuk van partijen] *pleading* ⇒*statement, motion* **0.3** [jur.; sluitrede] *final pleading* ◆ **1.2** ~ van eis (nemen) *(present) the statement of claim* **3.1** de ~ trekken *draw the c.*
concordaat 0.1 *concordat.*
concordant 0.1 [overeenstemmend] *concordant* ⇒*consonant* **0.2** [geol.] *concordant.*
concordantie 0.1 *concordance.*
concorderen 0.1 *concord* ⇒*harmonize.*
concours 0.1 *competition* ⇒*contest* ◆ **¶.1** ~ hippique *horse show, show jumping (competition).*
concreet 0.1 [als vorm voorstelbaar, werkelijk bestaand] *concrete* ⇒*material, real, actual, tangible* **0.2** [duidelijk] *concrete* ⇒*definite* ◆ **1.1** een ~ begrip *a c. term;* een ~ geval *a specific case* **1.2** concrete toezeggingen *definite promises* **3.2** zich ~ uitdrukken *express o.s. in concrete terms* **4.2** het overleg heeft niets ~s opgeleverd *the discussion did not result in anything c.*
concretiseren 0.1 *concretize* ⇒*make concrete* ⟨plannen⟩, *crystallize* ⟨ideeën⟩.
concretisering 0.1 *realization.*
concubinaat 0.1 *concubinage* ◆ **6.1 in** ~ leven *live as common law man and wife;* ⟨gesch.⟩ *live in c.*
concubine 0.1 *concubine.*
concurrent 0.1 [mededinger] *competitor* ⟨ook handel⟩ ⇒*rival* **0.2** [schuldeiser] *ordinary creditor.*
concurrentie 0.1 [wedijver] *competition* ⇒*contest, rivalry* **0.2** [de concurrenten] *competition* ◆ **2.1** scherpe ~ *keen competition* **3.1** iem. ~ aandoen *compete with s.o.;* ⟨hand.⟩ *sell in competition with s.o.*
concurrentiebeding 0.1 [mbt. werk tijdens de overeenkomst] *(contract/agreement in) restraint of trade* **0.2** [mbt. werk na de overeenkomst] *competition clause.*
concurrentiepositie 0.1 *competitive position* ⇒*competitiveness.*
concurrentieslag 0.1 *battle/struggle with one's competitor(s)* ⇒*commercial battle* ◆ **3.1** de ~ overleven *survive the competition.*

concurrentiestrijd 0.1 *competition* ⇒*rivalry* ◆ **2.1** in een bikkelharde ~ gewikkeld zijn met iem. *be engaged in cutthroat c. with s.o.*
concurrentievervalsing 0.1 *distortion of competition* ⇒ *unfair competition.*
concurreren 0.1 *compete* ◆ **3.1** andere merken eruit ~ *undercut other brands.*
concurrerend 0.1 *competitive* ⟨prijs⟩; *competing, rival* ⟨firma⟩; *clashing* ⟨belangen⟩ ◆ **3.1** zich ~ opstellen *adopt a competitive position.*
condens 0.1 *condensation* ⇒*condensate.*
condensatie 0.1 *condensation.*
condensatiestreep 0.1 *condensation trail, contrail* ⇒*vapour trail.*
condensatiewater, condenswater 0.1 *(water of) condensation.*
condensator 0.1 [toestel tot opeenhopen van elektrische lading] *capacitor* ⇒*condenser* **0.2** [toestel om stoom in water om te zetten] *(steam) condenser.*
condenseren 0.1 [doen verdichten] *condense* **0.2** [indampen] *condense* ⇒*boil down, evaporate* **0.3** [bekorten] *condense* ◆ **1.2** gecondenseerde melk *evaporated milk;* ⟨met suiker⟩ *condensed milk.*
conditie 0.1 [voorwaarde] *condition* ⇒*proviso,* ⟨mv. ook⟩ *terms* **0.2** [toestand] *condition* ⇒*state,* ⟨lichamelijk⟩ *form,* ⟨lichamelijk⟩ *shape* ◆ **2.2** in goede ~ zijn *be in good c.* ⟨zaken, gebouwen⟩; *be in good shape, be fit* ⟨personen, ihb. mbt. sport⟩ **3.1** een ~ stellen *make a c.* **6.1 onder/op** ~ dat *on (the) c. that* **7.2** je hebt geen ~ *you've got no stamina.*
conditietraining 0.1 *fitness training* ◆ **6.1 aan** ~ doen ⟨ook⟩ *work out.*
conditio 0.1 *condition* ⇒*term, provision* ◆ **¶.1** ~ tacita *implicit c.*
conditioneel 0.1 *conditional.*
conditioneren 0.1 *condition* ⇒⟨bedingen ook⟩ *stipulate.*
condoléance, condoleantie 0.1 *condolence* ⇒*sympathy* ◆ **3.1** zijn ~s aanbieden *offer one's condolences.*
condoleantiebezoek 0.1 *visit of condolence.*
condoleren 0.1 *offer one's condolences (to s.o.)* ◆ **6.1** gecondoleerd **met** je moeder *please accept my condolences on the death of your mother.*
condoom 0.1 *condom;* ⟨inf.⟩ *rubber.*
condor ⟨dierk.⟩ **0.1** *(Andean) condor.*
conducteur, -trice 0.1 *conductor* ⇒*ticket collector,* ⟨GB⟩ *guard* ⟨op trein⟩ ◆ **1.1** treinen/bussen zonder ~ *driver-only trains/buses.*
confectie 0.1 [kleding] *ready-to-wear clothes* **0.2** [het vervaardigen van kleding] *production of ready-to-wear clothing.*
confectie-industrie 0.1 *clothing industry* ⇒*clothing trade,* ⟨inf.⟩ *rag trade.*
confectiekleding 0.1 *ready-to-wear clothes.*
confectiemaat 0.1 *stock size.*
confederatie 0.1 *confederation* ⇒*confederacy.*
confedereren 0.1 *confederate.*
conference ⟨Fr⟩ **0.1** [voordracht] *(solo) act, (comic) monologue* **0.2** [praatje] *talk* **0.3** [conferentie] *conference.*
conferencier 0.1 *entertainer.*
conferentie 0.1 [beraadslaging] *conference* ⇒*meeting* **0.2** [toespraak] *talk* ◆ **6.1 in** ~ zijn *be in c.;* een ~ met advocaat *a consultation with a lawyer.*
conferentietafel 0.1 *conference table* ◆ **6.1** ⟨fig.⟩ **aan** de ~ gaan zitten *go to the c. t.*
confereren 0.1 *confer* ⇒*consult* ◆ **6.1** met iem. **over** iets ~ *confer with s.o. on sth.*

confessie 0.1 [schuldbekentenis] *confession* ⇒*admission* **0.2** [geloofsbelijdenis] *confession (of faith)* ⇒⟨overtuiging⟩ *religious denomination.*

confessioneel 0.1 [overeenkomstig een geloofsbelijdenis] *confessional* ⇒⟨ihb. mbt. onderwijs⟩ *denominational* **0.2** [orthodox] *orthodox* **0.3** [pol.] *confessional* ⇒*religious, denominational* ◆ **1.3** de confessionele partijen *the religious parties.*

confessionelen 0.1 [pol.] *(supporters of the) religious parties* **0.2** [de orthodoxen] *orthodox.*

confetti 0.1 *confetti.*

confidentie 0.1 *confidence* ⇒*trust* ◆ **3.1** ~s doen aan *confide in, share a c. with.*

confidentieel 0.1 *confidential* ⇒*(private and) confidential* ⟨op enveloppe⟩, ⟨jur.; gevrijwaard van gerechtelijke toetsen⟩ *privileged* ◆ **3.1** (iem.) iets ~ zeggen *tell (s.o.) sth. in confidence.*

configuratie 0.1 *configuration.*

confirmeren ⟨vnl. rel., hand.⟩ **0.1** *confirm.*

confiscatie 0.1 *confiscation* ⇒⟨algemener⟩ *seizure,* ⟨verbeurdverklaring⟩ *forfeiture.*

confisqueren 0.1 *confiscate* ⇒⟨jur.⟩ *sequester.*

confituren 0.1 *conserves.*

conflict 0.1 *conflict* ⇒*clash* ◆ **2.1** een innerlijk ~ *an inner conflict* **6.1** in ~ komen met *come into conflict with.*

conflicteren 0.1 *conflict* ◆ **1.1** ~de theorieën *conflicting theories* **6.1** die gegevens ~ **met** elkaar *the data are conflicting.*

conflictmodel 0.1 *strategy of confrontation.*

conflictsituatie 0.1 [toestand] *conflict situation* **0.2** [innerlijke strijd] *inner conflict.*

conform I ⟨bn., bw.⟩ **0.1** [overeenstemmend, overeenkomstig] *in accordance with* ◆ **1.1** ~ de eis *in accordance with the demand;*
II ⟨bw.⟩ **0.1** [in orde] *correct* ⇒*as agreed, in order* ◆ **3.1** een zaak ~ bevinden *find a matter c. / in order.*

conformeren I ⟨wk.ww.; zich ~⟩ **0.1** [zich voegen naar] *conform (to)* ⇒*comply (with)* ◆ **6.1** zich ~ **aan** de publieke opinie *bow to public opinion;*
II ⟨ov.ww.⟩ **0.1** [gelijkvormig maken] *conform.*

conformisme 0.1 *conformism.*

conformist 0.1 *conformist.*

conformistisch 0.1 *conformist.*

conformiteit 0.1 *conformity* ⇒*accordance.*

confrater 0.1 *colleague* ⇒*confrère.*

confrontatie 0.1 *confrontation.*

confronteren 0.1 [tgov. elkaar plaatsen] *confront (with)* ⇒ *face (with)* **0.2** [mbt. getuigen] *confront (with)* ⇒*bring face to face (with)* ◆ **6.1** met de werkelijkheid geconfronteerd worden *be confronted/faced with reality.*

confuus 0.1 [verward] *confused* ⇒*muddled* **0.2** [verlegen] *confused* ⇒*embarrassed* ◆ **3.2** hij werd er ~ van *he didn't know what to say.*

congé 0.1 [ontslag] *dismissal* ⇒*notice* **0.2** [verlof] *holiday, vacation* ⇒*leave, time off* ◆ **3.1** iem. zijn ~ geven *give s.o. his notice;* zijn ~ krijgen ⟨ontslagen worden⟩ *get dismissed; get the brush-off* ⟨mbt. minnaar⟩.

congenitaal 0.1 *congenital* ◆ **1.1** congenitale afwijking *c. anomaly, birth defect.*

congestie 0.1 *congestion.*

conglomeraat 0.1 [samenklontering] *conglomerate* ⇒*conglomeration* **0.2** [steenmassa] *conglomerate* ⇒*pudding stone.*

conglomeratie 0.1 *conglomeration.*

congregatie ⟨rel.⟩ **0.1** [vereniging van personen die geloften hebben afgelegd] *congregation* ⇒*order* **0.2** [kerkelijk goedgekeurde vereniging van leken] *congregation* ⇒*sodality* **0.3** [godsdienstoefeningen] *services (held by a congregation)* **0.4** [groep van kardinalen] *Congregation.*

congres 0.1 [samenkomst tot bespreking] *conference* ⇒ ⟨groot ook⟩ *congress* **0.2** [wetgevende vergadering] *congress* ◆ **2.2** het (Amerikaanse) Congres *(the United States) Congress.*

congrescentrum 0.1 *conference/congress centre.*

congresganger 0.1 *conference participant;* ⟨afgevaardigde⟩ *delegate to a conference.*

congresgebouw 0.1 *conference hall.*

congresseren 0.1 *hold a conference.*

congruent 0.1 *corresponding* ⇒⟨wisk.⟩ *congruent, congruous.*

congruentie 0.1 [overeenstemming] *correspondence* ⇒ *congruity* **0.2** [taal.] *concord, agreement* **0.3** [wisk.] *congruence.*

congrueren 0.1 [overeenstemmen] *correspond (to/with)* ⇒ *agree (with)* **0.2** [taal.] *agree* ◆ **6.2** onderwerp en persoonsvorm ~ **met** elkaar *subject and verb a. in person and number.*

conifeer 0.1 *conifer.*

conjunctie 0.1 *conjunction* ⟨ook taal.⟩.

conjunctief ⟨taal.⟩ **0.1** *subjunctive.*

conjunctureel 0.1 *cyclical* ⇒*economic, connected with/due to economic trends* ◆ **1.1** problemen van conjuncturele aard *cyclical problems, problems caused by fluctuations in the market* **3.1** ~ gezien was 1985 ... *viewed as a phase in the trade cycle, 1985 was ...*

conjunctuur 0.1 *economic situation* ⇒*market conditions, trade cycle* ◆ **2.1** hoge ~ *(cyclical) boom, booming economy;* lage ~ *recession, sluggish economy.*

conjunctuurbeweging 0.1 *cyclical movement, economic trend* ◆ **2.1** een opgaande ~ *an upward trend in trade.*

conjunctuurgevoelig 0.1 *cyclically sensitive* ⇒*sensitive to economic fluctuations.*

conjunctuurpolitiek 0.1 *anti- / counter-cyclical policy.*

connectie 0.1 [relatie] *connection* ⇒*link* **0.2** [invloedrijke betrekkingen] *connection* ⇒⟨persoon⟩ *contact (man)* ◆ **2.2** goede ~s hebben *be well connected* **3.2** hij heeft overal ~s *he has connections all over the place.*

connossement ⟶*cognossement.*

connotatie ⟨ook taal.⟩ **0.1** *connotation.*

corrector 0.1 [mbt. een middelbare school] ±*deputy headmaster* **0.2** [mbt. geestelijke instellingen] *vice-rector* **0.3** [mbt. een universiteit] *deputy vice-chancellor.*

consciëntieus 0.1 *conscientious* ⇒*scrupulous, painstaking* ◆ **3.1** ~ werken *(do one's) work conscientiously.*

consecratie ⟨rel.⟩ **0.1** *consecration.*

consecutief 0.1 *consecutive.*

consensus 0.1 *consensus* ◆ **3.1** een ~ bereiken *reach a c.*

consent 0.1 [hand.] *licence, permit* ◆ **1.1** ~ voor invoer/uitvoer *import/export licence.*

consequent 0.1 [logisch/noodzakelijk voortvloeiend] *logical* **0.2** [zichzelf gelijk blijvend] *consistent (with)* ◆ **3.1** ~ handelen *act logically, do the logical thing, be consistent* **3.2** je moet ~ blijven *you must be c.*

consequentie 0.1 [logisch/noodzakelijk gevolg] *implication, consequence* **0.2** [het trouw blijven aan beginselen] *consistency* ◆ **2.1** verregaande ~s *far-reaching consequences* **3.1** die ~ moet men aanvaarden *one has to take/accept/bear the consequences;* de ~s trekken *draw the obvious conclusion.*

conservatief¹ ⟨de⟩ **0.1** *conservative* ⇒⟨pol. ook⟩ *ᴮTory.*

conservatief - consultatiebureau

conservatief² 〈bn., bw.〉 **0.1** [behoudend] *conservative* **0.2** [pol.] *Conservative* ◆ **1.1** conservatieve krachten *c. forces* **1.2** de conservatieve partij 〈GB〉 *the C./Tory Party.*

conservatisme 0.1 *conservatism.*

conservator, -trice 0.1 *curator* 〈van museum〉 ⇒*keeper, custodian* 〈v.e. afdeling of collectie〉.

conservatorium 0.1 *academy of music* ⇒*conservatory.*

conserven 0.1 *canned/*ᴮ*tinned food(s)* ⇒*preserved food(s).*

conservenblik 0.1 [bus met geconserveerde producten] *can* ⇒ᴮ*tin (can)* **0.2** [autootje] *(old) jalop(p)y.*

conservenfabriek 0.1 *cannery* ⇒*canning/*〈ʙᴇ ook〉 *preserving/tinning factory, packing plant.*

conserveren 0.1 [in stand houden] *preserve* ⇒*conserve* **0.2** [voor bederf bewaren] *preserve* ⇒〈in blik〉 *can, *ᴮ*tin* ◆ **1.1** ~de tandheelkunde *conservative dentistry* **5.2** goed geconserveerd zijn *be well preserved.*

conservering 0.1 [het in stand houden] *preservation* 〈monumenten〉; *conservation* 〈natuur〉 **0.2** [het voor bederf bewaren] *preserving* ⇒〈in blik〉 *canning.*

conserveringsmiddel 0.1 *preservative.*

consideratie 0.1 *consideration* ⇒〈overweging ook〉 *factor,* 〈aanzien ook〉 *respect* ◆ **3.1** ~ tonen *show c. (for), be considerate (towards)* **6.1** iets in ~ nemen *take sth. into account, consider sth.; ~ met* iem. hebben *make allowances for s.o.;* iem. **met** ~ bejegenen *treat s.o. considerately;* 〈hoogachting〉 *treat s.o. with deference.*

considereren 0.1 [beschouwen] *consider* **0.2** [hoogachten] *esteem.*

consignatie 0.1 [hand.] *consignment* **0.2** [jur.] *consignation* ◆ **6.1** goederen **in** ~ geven *consign goods, give goods in c.*

consignatiegoederen 0.1 〈tov. consignatiegever〉 *goods sent on consignment;* 〈tov. consignatienemer〉 *goods received on consignment* ⇒〈boekhoudkundig〉 *outwards/inwards consignments.*

consigne 0.1 [opdracht] *orders* ⇒*instructions* **0.2** [wachtwoord] *password.*

consistent 0.1 [consequent] *consistent* **0.2** [vrij van innerlijke tegenspraak] *consistent* ⇒*sound.*

consistentie 0.1 *consistency.*

consistorie I 〈de〉 **0.1** [kamer] *consistory* ⇒*vestry;* **II** 〈het〉 **0.1** [rel.; raad] *consistory, vestry; ±parish council* **0.2** [rel.; vergadering] *consistory.*

console 〈amb.〉 **0.1** [draag-, kraagsteen] *console* ⇒*corbel* **0.2** [ondersteunend deel] *bracket* ⇒*support* **0.3** [tafeltje] *console (table)* **0.4** [comp.] *console.*

consolidatie 0.1 *consolidation.*

consolideren 0.1 [duurzaam maken] *consolidate* ⇒ *strengthen* **0.2** [mbt. geldwezen] *consolidate, fund* ◆ **1.2** geconsolideerde staatsschuld *consolidated annuities/stock* **4.1** zich ~ *consolidate, c. one's position.*

consorten 0.1 *confederates* ⇒*associates, buddies* ◆ **8.1** X en ~ *X and company, X and his pals.*

consortium 0.1 *consortium* ⇒*syndicate* ◆ **2.1** een internationaal ~ *an international c.*

constant 0.1 *constant* ⇒*steady, continuous,* 〈vrienden ook〉 *staunch,* 〈vrienden ook〉 *loyal* ◆ **1.1** een ~e grootheid/ waarde *a constant quantity/value;* ~ e kwaliteit *consistent quality;* ~e trouw *unswerving loyalty* **3.1** de toestand blijft ~ *the situation/*〈mbt. ziekte〉 *his condition remains stable/unchanged* ¶**.1** hij houdt me ~ voor de gek *he's forever pulling my leg/making a fool out of me.*

constante 0.1 *constant.*

constateren 0.1 [vaststellen] *establish* 〈een feit, de waarheid〉 ⇒*ascertain* 〈door onderzoek〉, *record* 〈door vermel-

ding〉, 〈ontdekken〉 *detect,* 〈bemerken〉 *observe* **0.2** [bevestigen] *verify* ⇒*confirm,* 〈schriftelijk ook〉 *certify* ◆ **1.1** de aanwezigheid van olie ~ *e. the presence of oil;* ik constateer slechts het feit (dat) *I'm merely stating the fact (that), all I'm saying is that* **1.2** de betaling wordt door een ontvangstbewijs geconstateerd *a receipt will be issued as proof of payment* **3.1** wij moeten helaas ~ dat *unfortunately it appears that.*

constatering 0.1 *observation* ⇒*establishment* 〈v.e. feit/de waarheid〉, *discovery, detection* 〈door onderzoek〉, 〈het noteren〉 *registration,* 〈bevestiging〉 *confirmation* ◆ **6.1** tot de ~ komen dat *come to the conclusion that.*

constellatie 0.1 [toestand] *state of affairs* ⇒*situation* **0.2** [onderlinge stand van hemellichamen] *configuration* **0.3** [groep sterren] *constellation* ◆ **2.1** de politieke ~ *the political situation.*

consternatie 0.1 *consternation* ⇒*alarm* ◆ **3.1** heel wat ~ geven *cause quite a stir; put the cat among the pigeons.*

constipatie 0.1 *constipation* ◆ **3.1** last hebben van ~ *be constipated.*

constituent 0.1 [onderdeel] *constituent* 〈ook taal.〉 ⇒*component part.*

constituerend 0.1 [mbt. tot een staatsregeling/grondwet] *constituent* **0.2** [mbt. tot de samenstelling van iets] *constituent* ⇒*component* ◆ **1.1** ~e vergadering *c. assembly* **1.2** ~e delen *c. parts.*

constitutie 0.1 [gestel] *constitution* ⇒*physique* **0.2** [grondwet] *constitution* **0.3** [wijze waarop iets samengesteld is] *constitution* ⇒*nature* **0.4** [inwerkingstelling] *constitution* ⇒*installation* ◆ **1.4** ~ van een commissie *installation of a committee* **2.1** een slechte ~ hebben *have a weak c.*

constitutioneel 0.1 *constitutional* 〈ook med.〉 ◆ **1.1** constitutionele monarchie *c. monarchy.*

constructeur 0.1 [ontwerper] *designer* ⇒*design engineer* **0.2** [bouwmeester] *constructor* ⇒*builder.*

constructie 0.1 [het construeren] *construction* ⇒〈het bouwen/maken〉 *building, erection,* 〈het ontwerpen〉 *design-(ing)* **0.2** [wijze van construeren] *construction* ⇒*design* **0.3** [wat door construeren ontstaat] *construction* ⇒*structure, building* **0.4** [taal.] *construction* ◆ **1.2** de ~ v.e. schip *the c./design of a ship.*

constructief 0.1 [opbouwend, vormend] *constructive* ⇒ *useful, positive* **0.2** [mbt. een constructie] *constructional* ⇒*structural* ◆ **1.2** constructieve details/delen *structural details/parts* ¶**.1** ~ te werk gaan *go about sth. in a c. way.*

constructiefout 0.1 〈in ontwerp〉 *design error, faulty design;* 〈in bouwwerk〉 *construction fault.*

construeren 0.1 [samenstellen] *construct* ⇒〈bouwen〉 *build, erect,* 〈ontwerpen〉 *design* **0.2** [wisk.] *construct* **0.3** [kunstmatig vormen] *hypothesize* **0.4** [taal.; mbt. zinnen] *construe* ◆ **1.1** een plan ~ *devise a plan.*

consul 0.1 [mbt. een vreemde regering] *consul* **0.2** [mbt. een vereniging] *area/local representative.*

consulaat 0.1 [bureau] *consulate* **0.2** [ambt] *consulate* ⇒ *consulship.*

consulent 0.1 [adviseur] *consultant* ⇒*adviser* **0.2** [voorlichter] *(government) adviser* ⇒*information officer.*

consul-generaal 0.1 *consul general.*

consult 0.1 [raadpleging, voorlichting] *consultation* ⇒*visit* 〈arts〉 **0.2** [overleg tussen artsen] *consultation* ◆ **2.1** gratis ~ geven *give free consultations.*

consultatie 0.1 *consultation* 〈ook jur.〉 ⇒*advice.*

consultatiebureau 0.1 *clinic* ⇒*health centre* ◆ **6.1** ~ **voor** zuigelingen *infant welfare centre, child health centre; well-baby c.; ~* **voor** geboorteregeling en seksualiteit *family-planning c.*

consulteren 0.1 [raadplegen] *consult* ⇒*seek professional advice* **0.2** [onderling overleg plegen] *confer* ⇒*discuss* ◆ **1.1** een arts ~ *c. a doctor;* een ~d geneesheer *a consulting physician.*

consument 0.1 *consumer.*

consumentenbeleid ⟨ec.⟩ **0.1** *consumer policy.*

consumentenbond, -vereniging 0.1 *consumers' organization.*

consumentengedrag 0.1 *consumer behaviour.*

consumentengids 0.1 *consumers' magazine.*

consumentenkrediet 0.1 *consumer credit.*

consumentenprijs 0.1 *retail price.*

consumentenvoorlichting 0.1 *consumer information.*

consumeren 0.1 [nuttigen, gebruiken] *consume* ⇒*eat, drink* **0.2** [ec.] *deplete* ⇒*exhaust.*

consumptie 0.1 [verbruik van goederen] *consumption* **0.2** [verbruik van levensmiddelen] *consumption* **0.3** [gemaakte vertering] *food, drink(s)* ⇒*refreshment(s)* ◆ **2.1** particuliere ~ *private c.* **3.3** drie ~s aangeboden krijgen *be offered three drinks* **6.1** ⟨hand.⟩ in ~ *duty paid* **6.2** (on)geschikt voor ~ *(un)fit for (human) c.* **6.**¶ **met** ~ spreken *spray s.o.*

consumptieartikel 0.1 ⟨vnl. mv.⟩ *consumable* ⇒⟨mv. ook⟩ *(basic) consumer goods.*

consumptiebon 0.1 *food voucher.*

consumptief 0.1 *consumptive* ◆ **1.1** consumptieve belastingen *consumption tax;* voor consumptieve doeleinden *(produced) for consumption purposes;* ~ krediet *consumer credit.*

consumptiegoederen 0.1 *consumer goods* ◆ **2.1** duurzame ~ *consumer durables.*

consumptieijs 0.1 *ice cream.*

consumptiemaatschappij 0.1 *consumer society.*

contact 0.1 [aanraking] *contact* **0.2** [com.] *contact* ⇒*connection* **0.3** [onderlinge communicatie] *contact* ⇒*touch* **0.4** [band, verstandhouding] *contact* ⇒*terms* **0.5** [persoon] *contact (man)* ⇒⟨relatie⟩ *connection* **0.6** [schakelaar] *contact* ⇒*switch,* ⟨van auto⟩ *ignition* ◆ **2.2** telefonisch ~ opnemen *get in touch by phone* **2.4** een goed ~ met iem. hebben *have a good relationship with s.o.* **3.2** het ~ is verbroken *we've been cut off* **3.3** nauw ~ houden met, nauwe ~en onderhouden met *keep in close touch with;* het dagelijks ~ onderhouden met *be daily in touch with, keep day-to-day contact with;* ~ opnemen met iem. (over iets) *contact s.o., get in touch with s.o. (about sth.)* **3.5** ~en hebben in bepaalde kringen *have connections in certain circles* **6.3** **in** ~ blijven met *keep in touch with;* iem. **in** ~ brengen met *put s.o. in c. / touch with* **6.6** het sleuteltje **in** het ~ steken *put the key in the ignition.*

contactadres 0.1 *contact address.*

contactadvertentie 0.1 *personal ad(vert), advert in the personal column.*

contactarm 0.1 *socially inhibited* ⟨eenzaam⟩ *socially isolated.*

contactarmoede 0.1 *contactual problems* ⇒*inability to make friends easily.*

contactavond 0.1 *social (evening)* ⇒*get-together.*

contactdoos 0.1 *socket;* ⟨in toestel⟩ *appliance inlet;* ⟨spanningsomschakelaar⟩ *adapter socket.*

contacteren 0.1 *contact.*

contactgestoord 0.1 *(severely) withdrawn* ⇒*socially handicapped.*

contactlens 0.1 *contact lens* ⇒⟨mv. ook; inf.⟩ *contacts.*

contactlijm 0.1 *contact adhesive.*

contactpersoon 0.1 [verbindingspersoon] *contact(man)* ⇒

⟨bron⟩ *source, informant,* ⟨binnen organisatie⟩ *focal point* **0.2** [mbt. een besmettelijke ziekte] *carrier.*

contactpunt 0.1 [punt] *point of contact, contact point* **0.2** [blokje metaal]⟨meestal mv.⟩ *(contact-breaker) point* ◆ **3.2** de ~en v.e. auto vernieuwen *replace the points in a car.*

contactsleutel 0.1 *ignition key.*

contactueel 0.1 *contactual* ◆ **1.1** goede contactuele eigenschappen bezitten *be able to get on well with others, have good communication skills* **2.1** ~ gestoord zijn *be (severely) withdrawn.*

container 0.1 [laadbak, voorraadvat] *container* **0.2** [afvalbak] *(rubbish) skip.*

containeroverslag 0.1 *transfer (from container to container).*

containerschip 0.1 *container ship.*

containervervoer 0.1 *containerization* ⇒*container transport.*

containerwagen 0.1 ⁿ*container lorry/truck.*

contaminatie 0.1 *contamination.*

contant 0.1 *cash* ⇒*ready* ◆ **1.1** korting voor ~e betaling *c. discount;* tegen ~e betaling *on c. payment;* ~ geld *ready money* **3.1** ~ betalen *pay in c., pay money down* ¶.**1** wij verkopen alleen à ~ *we do business on a c. basis only.*

contanten 0.1 *cash* ⇒*ready money, cash in hand* ◆ **1.1** gebrek aan ~ *shortage of cash, lack of funds* **6.1** honderd gulden **aan** ~ *a hundred guilders in cash;* hij drukt alles **in** ~ uit *he reduces everything to hard cash.*

contemplatief 0.1 *contemplative* ◆ **1.1** een contemplatieve orde *a c. order.*

content 0.1 *content (with)* ⇒*satisfied (with).*

contesteren 0.1 *contest* ⇒*question, dispute.*

context 0.1 [zinsverband, samenhang] *context* **0.2** [kader, situatie] *context* ⇒*framework, background* **0.3** [jur.] *wording* ⇒*terms (used)* ◆ **1.3** ~ der dagvaarding *w. of the summons* **2.2** je moet dat in de juiste ~ zien *you must view that in the proper c.*

contextueel 0.1 *contextual.*

continent 0.1 *continent.*

continentaal 0.1 *continental* ◆ **1.1** ⟨geol.⟩ continentale afzettingen *c. deposits;* het ~ plat *the c. shelf.*

contingent 0.1 [verplicht aandeel] *contingent* **0.2** [ec.; toegewezen aandeel] *quota* ⇒*share, proportion,* ⟨toewijzing⟩ *allocation,* ⟨toewijzing⟩ *allotment.*

contingenteren 0.1 *allocate by a quota system* ⇒*impose quotas (on/for)* ◆ **1.1** de invoer van vlees ~ *restrict the import of meat.*

contingentering 0.1 *quota restrictions* ⇒*quota system* ◆ **1.1** ~ van invoer *import restrictions* **3.1** tot ~ overgaan *introduce a quota.*

continu I ⟨bn.⟩ **0.1** [zonder onderbreking voortgaand] *continuous* ⇒⟨lijn⟩ *unbroken* ◆ **1.1** een ~e stroom mensen *a c. stream of people;* **II** ⟨bw.⟩ **0.1** [onafgebroken] *continuously* ◆ **3.1** hij loopt ~ te klagen *he is always complaining;* die machine werkt ~ *this machine runs c.*

continuarbeid 0.1 *shift work.*

continubedrijf 0.1 [bedrijf]⟨bedrijfstak⟩ *continuous industry* ⇒⟨bedrijf⟩ *continuous working plant* **0.2** [werkwijze] *continuous production/operation* ◆ **3.1** het hoogovenbedrijf is een ~ *blast furnaces operate on a 24-hour basis.*

continueren I ⟨ov.ww.⟩ **0.1** [voortzetten] *continue (with)* ⇒ *carry on (with)* **0.2** [handhaven] *continue* ⇒*retain* ◆ **1.2** het dienstverband wordt telkens voor een jaar gecontinueerd *tenure is renewable annually;*

II ⟨onov.ww.⟩ **0.1** [voortduren, doorgaan] *continue.*

continuering 0.1 *continuation.*

continuïteit 0.1 [samenhang] *continuity* **0.2** [voortgang] *continuation* ♦ **1.2** de ~ v.e. bedrijf verzekeren *ensure the c. of a company.*

continukrediet ⟨geldw.⟩ **0.1** *continuous credit.*

conto 0.1 *account* ♦ **6.1** ⟨fig.⟩ iets **op** iemands ~ schrijven *hold s.o. accountable for sth.* ¶.**1** a ~ *on a.*

contour 0.1 *contour.*

contra[1] ⟨het, bn., bw.⟩ **0.1** *contra* ⇒*con* ♦ **5.1** alle argumenten pro en ~ bekijken *consider all the arguments for and against.*

contra[2] ⟨vz.⟩ **0.1** *contra* ⇒*against,* ⟨vnl. jur.⟩ *versus,* ⟨afk.⟩ *v.,* ⟨afk.⟩ *vs.* ♦ **1.1** Smit ~ Smit *Smit versus Smit.*

contrabas 0.1 [instrument] *(double) bass.*

contrabassist 0.1 *(double-)bass player.*

contraceptie 0.1 *contraception* ♦ **3.1** ~ toepassen *practise c., use contraceptives.*

contraceptief 0.1 *contraceptive* ♦ **1.1** contraceptieve middelen *c. devices.*

contract 0.1 *contract* ⇒*agreement* ♦ **2.1** een lopend ~ *an (out)standing c.* **3.1** een ~ aangaan/(af)sluiten *enter into/ make a c.;* zijn ~ loopt af *his c. is running out;* een ~ opzeggen/verbreken *terminate/break a c.;* een ~ geldig/ongoldig verklaren *validate/invalidate a c.* **6.1** iem. aanstellen **op** een tweejarig ~ *appoint s.o. on a two-year c.;* **volgens** ~ *according to c.*

contractant 0.1 *contractant.*

contractbreuk 0.1 *breach of contract* ♦ **3.1** ~ plegen *commit a breach of contract, break one's contract.*

contracteren 0.1 [contract sluiten, bij contract overeenkomen] *contract* **0.2** [verbinden, engageren] *engage* ⇒⟨vnl. sport⟩ *sign (up/on)* ♦ **1.1** ~ de partijen *contracting parties;* de gecontracteerde prijs *the price contracted for, the contracted price.*

contractonderzoek 0.1 *contract research.*

contractueel 0.1 *contractual* ♦ **1.1** contractuele verplichting *c. obligation* **2.1** ~ verplicht zijn om *be under contract to* **3.1** ~ gebonden zijn aan *be bound by contract to;* iets ~ vastleggen *stipulate sth. in a contract.*

contradictie 0.1 *contradiction.*

contradictio in terminis 0.1 *contradiction in terms.*

contra-expertise 0.1 *countercheck* ⇒*verification, second opinion,* ⟨verz.⟩ *re-appraisal* ♦ **6.1** de renner werd ook **bij** de ~ positief bevonden *the result of the countercheck on the cyclist was also positive.*

contrafagot ⟨muz.⟩ **0.1** *contrabassoon* ⇒*double bassoon.*

contra-indicatie 0.1 *contraindication.*

contramine ♦ **6.**¶ hij is altijd **in** de ~ *he's a born moaner.*

contrapost ⟨adm.⟩ **0.1** *(per) contra (item/entry)* ⇒*cross-/ counter-entry.*

contrapunt ⟨muz.⟩ **0.1** *counterpoint* ♦ **3.1** ~ toevoegen aan *counterpoint* ⟨ww.⟩.

contrarevolutie 0.1 *counterrevolution.*

contraspionage 0.1 *counterespionage.*

contrast 0.1 *contrast* ♦ **2.1** een schreeuwend ~ *a glaring c.* **3.1** ⟨televisie⟩ het ~ bijstellen *(re)adjust the c.;* een (sterk) ~ vormen met *be in (marked) c. with* **6.1** in (schril) ~ staan met *contrast (sharply) with.*

contrastekker 0.1 *coupling socket* ⇒*connector.*

contrasteren 0.1 *be in contrast (with)* ♦ **1.1** ~ de kleuren *contrasting colours.*

contrastief 0.1 *contrastive* ⟨ook taal.⟩.

contrastvloeistof 0.1 *contrast fluid* ♦ **3.1** iem. ~ inspuiten *inject s.o. with a c.f.*

contrei ⟨meestal mv.⟩ **0.1** *parts* ⇒*regions* ♦ **6.1 in** die ~ en *in those parts.*

contribuant 0.1 *contributor.*

contributie 0.1 [periodieke vaste bijdrage] *subscription* ⟨als lid⟩; ⟨vrijwillig⟩ *contribution* **0.2** [bedrag daarvan] *(member's) subscription fee;* ⟨mv.⟩ *membership dues* ⟨als lid⟩; ⟨vrijwillig⟩ *contribution* ♦ **3.1** geen ~ meer betalen *stop (paying) one's s.*

controle 0.1 [inspectie] *check (on)* ⇒*checking, control,* ⟨toezicht ook⟩ *supervision (of/over), surveillance,* ⟨van gegevens ook⟩ *verification, inspection* ⟨op kwaliteit⟩, *examination* ⟨op kwaliteit⟩, ⟨med.⟩ *checkup,* ⟨med.⟩ *medical,* ⟨v.e. continu proces⟩ *monitoring,* ⟨boekhouden⟩ *audit(ing)* **0.2** [plaats] *control (point), checkpoint* ⇒*(ticket) gate* ⟨van toegangsbewijzen⟩ **0.3** [beheersing] *control* ♦ **1.1** ~ v.d. bagage *baggage check;* de ~ v.d. boekhouding *the audit of accounts/examination of the books* **2.1** sociale ~ *social control;* onder strenge/voortdurende ~ staan *be under strict/constant supervision* **6.1** zij staat nog steeds **onder** (medische) ~ *she is still under (medical) supervision;* we doen dat louter **ter** ~ *this is just a routine check* **6.2** zijn kaartje **aan** de ~ afgeven *hand in one's ticket at the gate;* hij kwam niet **door** de ~ *he didn't get through/in/out, he didn't get past the gate* **6.3** zijn reacties/een brand **onder** ~ hebben *have one's reactions/a fire under c.;* hij kon de bal niet **onder** ~ krijgen *he was not able to get the ball under c.;* zij heeft de situatie volledig **onder** ~ *she's in full command of the situation;* de ~ **over** het stuur verliezen *lose c. of the steering-wheel.*

controleerbaar 0.1 *verifiable* ♦ **1.1** een verder niet controleerbare bewering *an unverifiable statement.*

controlegroep ⟨statistiek⟩ **0.1** *control group.*

controlelampje 0.1 *pilot (lamp/light)* ⇒*warning light.*

controlepost, -station 0.1 *control (point), checkpoint.*

controleren 0.1 [toezicht houden] *supervise* ⇒*superintend, monitor* ⟨continu⟩ **0.2** [checken] *check (up/on)* ⇒*inspect, examine,* ⟨van gegevens ook⟩ *verify,* ⟨boekhouden⟩ *audit* **0.3** [beheersen] *control* ⇒*regulate* ♦ **1.1** ~ d geneesheer ±*medical officer* **1.2** de boeken ~ *audit the books/accounts;* geruchten/verklaringen ~ *check out rumours/ statements;* kaartjes ~ *inspect tickets* **1.3** de wedstrijd ~ *c. the match* **5.2** iets extra/dubbel ~ *double-check sth.*

controleur 0.1 [ambtenaar] *inspector* ⇒*controller, checker,* ⟨van kaartjes⟩ *ticket inspector/collector,* ⟨boekhouden⟩ *auditor,* ⟨boekhouden⟩ *controller* **0.2** [onderinspecteur] *controller* ♦ **1.2** ⟨AZN⟩ ~ der belastingen *inspector of taxes.*

controverse 0.1 *controversy.*

controversieel 0.1 *controversial.*

conveniëren 0.1 *be convenient (to/for)* ♦ **4.1** tenzij het u niet convenieert *unless it is inconvenient for you.*

convent 0.1 [samenkomst, vergadering] *convention* ⟨ook van kloostermonniken⟩ **0.2** [klooster] *monastery* ⟨monniken⟩; *convent* ⟨nonnen⟩.

conventie 0.1 *convention* ♦ **2.1** de sociale ~ s in acht nemen *observe the proper forms* **6.**¶ ⟨jur.⟩ iets **in** ~ *plaintiff's (statement of) claim* ¶.**1** in strijd met de ~ zijn *go against the accepted norm.*

conventioneel 0.1 *conventional* ♦ **1.1** er conventionele ideeën op nahouden *hold orthodox opinions.*

convergentie 0.1 *convergence* ⇒⟨lichtstralen ook⟩ *focalization.*

convergeren 0.1 *converge* ⇒⟨van lichtstralen ook⟩ *focus* **0.2** [wisk.] *converge* ♦ **1.1** ~ de lenzen *converging lenses* **2.2** ~ de reeksen *convergent series.*

conversatie 0.1 [gesprek] *conversation* ⇒*talk* **0.2** [wijze van spreken] *(gift for) conversation* ♦ **2.2** een levendige/ prettige ~ hebben *be a lively/pleasant talker.*

conversatieles 0.1 *conversation lesson.*

converseren 0.1 [gesprek voeren] *converse (with)* ⇒*engage in conversation (with)* **0.2** [omgang hebben] *associate (with)* ◆ **5.1** zij kan heel aardig ~ *she's quite a conversationalist* **6.1 met** de gasten ~ *make conversation with the guests.*

converteren 0.1 *convert ((in)to/from ... to ...)* ◆ **1.1** een polis ~ *c. a policy.*

convex 0.1 *convex.*

convocatie 0.1 [bijeenroeping] *convocation* **0.2** [convocatiebriefje] *notification (of a meeting)* ⇒*summons to a meeting.*

coöperatie 0.1 [samenwerking] *cooperation* ⇒*collaboration* **0.2** [vereniging] *cooperative (society).*

coöperatief 0.1 *cooperative* ◆ **1.1** we zoeken iem. met een coöperatieve instelling *we're looking for s.o. with a c. attitude/who can work with others;* coöperatieve winkelvereniging *c. wholesale society.*

coöpereren 0.1 *cooperate (with)* ⇒*collaborate (with).*

coöptatie 0.1 *co-op(ta)tion* ◆ **6.1** iem. **bij** ~ benoemen/toelaten *co-opt s.o., appoint s.o. by co-option.*

coöpteren 0.1 *co-opt.*

coördinaat ⟨wisk.⟩ **0.1** *co-ordinate* ◆ **7.1** tweede ~ *c., ordinate.*

coördinatenstelsel ⟨wisk.⟩ **0.1** *co-ordinate system.*

coördinatie 0.1 *co-ordination* ⟨ook taal.⟩.

coördinatievermogen 0.1 *(power of) co-ordination.*

coördinator, -trice 0.1 *co-ordinator.*

coördineren 0.1 *co-ordinate* ⇒*arrange, organize* ◆ **1.1** werkzaamheden ~ *supervise work.*

co-ouder 0.1 ⟨in Ned.⟩ *co-parent.*

co-ouderschap 0.1 *joint custody (of a child);* ⟨in Ned.⟩ *co-parentship.*

copieus 0.1 *copious, plentiful* ◆ **1.1** een ~ diner *a lavish dinner.*

copiloot 0.1 *copilot.*

copla 0.1 *copla.*

coproductie 0.1 *joint production, co-production* ◆ **6.1** in ~ met *in joint production with.*

coproliet 0.1 [versteende uitwerpselen] *coprolite* ⇒⟨ook med.⟩ *coprolith.*

copulatie 0.1 [paring] *copulation* ⇒*sexual intercourse* **0.2** [entwijze] *splice.*

copuleren I ⟨onov.ww.⟩ **0.1** [geslachtsgemeenschap hebben] *copulate* ⇒*have sexual intercourse;* **II** ⟨ov.ww.⟩ **0.1** [een wilde boom veredelen] *improve by splicing.*

copyright 0.1 *copyright* ◆ **3.1** op dat boek rust ~ *that book is copyright(ed), there is a c. on that book.*

copywriter 0.1 *(advertising) copywriter.*

Cordoba 0.1 *Cordoba, Cordova.*

cordon bleu 0.1 [kok] *cordon bleu cook/*⟨beroeps-⟩ *chef* **0.2** [vleesgerecht] [B]*escalope with ham and cheese,* [A]*veal cordon bleu.*

corduroy[1] ⟨het⟩ **0.1** *cord(uroy);* ⟨fijn⟩ *needlecord.*

corduroy[2] ⟨bn.⟩ **0.1** *cord(uroy)* ⇒*corded* ⟨stof⟩ ◆ **1.1** een ~ broek *corduroys, cords.*

Corinthe 0.1 *Corinth.*

Corinthisch 0.1 *Corinthian* ◆ **1.1** ~e zuil *C. column.*

cornedbeef 0.1 *corned beef* ⇒*bully (beef).*

corner 0.1 [sport] *corner* ⇒⟨hockey ook⟩ *corner hit,* ⟨voetbal ook⟩ *corner kick* **0.2** [hand.] *corner* ⇒*monopoly* ◆ **3.1** de bal ~ koppen/stompen *head/punch the ball over the goal line;* een ~ nemen *take a corner.*

cornervlag ⟨sport⟩ **0.1** *corner flag.*

Cornwall 0.1 *Cornwall* ◆ **1.1** inwoner van ~ *Cornishman* ⟨m.⟩; *Cornishwoman* ⟨v.⟩ **6.1 in/van/uit** ~ *Cornish.*

corporatie 0.1 *corporation* ⇒*corporate body.*

corporatief 0.1 *corporative* ◆ **1.1** de corporatieve staat *the corporate state.*

corps 0.1 *corps* ◆ **1.1** ~ de ballet *c. de ballet* ¶.1 ~ diplomatique *diplomatic c., c. diplomatique.*

corpsstudent, -e 0.1 *member of a student association.*

corpulent 0.1 *corpulent.*

corpus 0.1 [lichaam] *corpus* ⇒*body* **0.2** [jur., verzameling documenten] *corpus* ◆ ¶.2 ~ delicti *c. delicti;* ~ juris civilis *c. juris civilis, civil code.*

correct 0.1 [zonder fouten] *correct;* ⟨juist⟩ *right, exact* **0.2** [onberispelijk] *correct* ⇒*right, proper* ◆ **1.2** ~e houding *proper conduct/behaviour;* ~e kleding *suitable dress* **3.1** ~ antwoorden *get the answer(s) right, answer correctly* **3.2** zich ~ gedragen *behave with propriety/properly.*

correctheid 0.1 [juistheid, zuiverheid] *correctness* ⇒*precision* **0.2** [onberispelijkheid] *correctness* ⇒*propriety.*

correctie 0.1 [verbetering] *correction* ⇒⟨aanpassing⟩ *adjustment, revision* ⟨tekst⟩ **0.2** [mbt. schoolwerk/drukproeven] *correction* ⇒⟨school. ook⟩ *marking,* ⟨druk. ook⟩ *proofreading* **0.3** [correctiewerk] *correction* ⇒*correcting,* ⟨ihb. school.⟩ *marking* **0.4** [terechtwijzing] *reproof, reprimand* ◆ **1.2** ~ van drukproeven *c. of proofs, proofreading* **3.1** ~s aanbrengen *make corrections;* ⟨aanpassen⟩ *adjust, make adjustments* **3.2** ~ vervalt *stet.*

correctief 0.1 *corrective* ⇒⟨med.⟩ *curative.*

correctielak, -vloeistof 0.1 *correction/correcting fluid.*

correctieteken 0.1 *proofreader's/correction mark/sign.*

correctietoets 0.1 *correction key.*

correctievloeistof 0.1 *correction fluid.*

correctiewerk 0.1 *correction* ⇒*correcting,* ⟨ihb. school.⟩ *marking* ◆ **3.1** ik moet nog een hoop ~ doen *I still have a lot of correcting/marking to do.*

correctioneel 0.1 *correctional, corrective* ◆ **1.1** een correctionele inrichting *a reform school.*

corrector, -trice ⟨druk.⟩ **0.1** *proofreader.*

correlatie 0.1 *correlation* ◆ **2.1** een aantoonbare/hoge ~ *a demonstrable/high c.* **3.1** er bestaat geen ~ tussen geslacht en intelligentie *there is no c. between sex and intelligence.*

correlatiecoëfficiënt ⟨statistiek⟩ **0.1** *correlation coefficient.*

correlatief 0.1 *correlative.*

correleren 0.1 *correlate* ◆ **5.1** variabelen die hoog/laag ~ *variables with a high/low correlation.*

correspondent 0.1 *correspondent* ◆ **2.1** plaatselijk ~ *local c.* **4.1** van onze ~ in Parijs *from our Paris c.*

correspondentie 0.1 *correspondence* ◆ **2.1** een drukke ~ voeren *carry on a lively c.* **3.1** de ~ afbreken *break off all c.*

correspondentieadres 0.1 *postal/mailing address.*

correspondentievriend, -in 0.1 *pen friend.*

corresponderen 0.1 [beantwoorden aan, overeenstemmen met] *correspond (to/with)* ⇒*match/agree (with)* **0.2** [briefwisseling houden] *correspond (with)* ⇒*write (to)* ◆ **1.1** ~de steekproeven *linked samples* **6.2** druk **met** iem. ~ *maintain a lively correspondence with s.o.*

corridor 0.1 [gang] *corridor* ⇒*hall/passage(way)* **0.2** [strook land] *corridor.*

corrigeren 0.1 [verbeteren] *correct* ⇒⟨aanpassing⟩ *adjust, revise* ⟨tekst⟩ **0.2** [nakijken] *correct* ⇒⟨school. ook⟩ *mark,* ⟨druk. ook⟩ *proof)read* **0.3** [berispen] *correct* ⇒*reprove, reprimand* ◆ **1.1** werkloosheidscijfers ~ voor seizoensinvloeden *adjust unemployment figures for seasonal changes* **3.3** ~d optreden *take corrective measures.*

corroderen 0.1 *corrode* ⇒⟨wegknagen⟩ *gnaw (away)*.
corrosie 0.1 *corrosion*.
corrumperen 0.1 *corrupt* ⇒*pervert* ♦ 1.1 macht corrumpeert *power corrupts*.
corrupt 0.1 [verdorven] *corrupt* ⇒*dishonest* 0.2 [bedorven, vervalst] *corrupt* ⟨ook van tekst⟩ ⇒*rotten, perverted* ♦ 1.1 ~e praktijken *dishonest practices*.
corruptheid 0.1 *corruptness*.
corruptie 0.1 *corruption*.
corsage 0.1 [versiersel] *corsage* 0.2 [bovenstuk van een jurk] *corsage, bodice*.
corselet 0.1 *cors(e)let*.
Corsica 0.1 *Corsica*.
Corsicaan, -se 0.1 *Corsican*.
Corsicaans 0.1 *Corsican*.
corso 0.1 *pageant, parade* ⇒*procession*.
cortex ⟨med.⟩ 0.1 *cortex*.
corticosteroïde 0.1 *corticosteroid*.
corvee 0.1 [huishoudelijke werkzaamheden] *(household) chores;* ⟨mil.⟩ *fatigue (duty)* 0.2 [lastig / ondankbaar werk] *chore, drudgery* ♦ 3.1 ~ hebben *do the chores;* ⟨mil.⟩ *be (put) on fatigue (duty), do fatigues*.
coryfee 0.1 *star* ⇒*lion, celebrity*.
co-schap 0.1 ⟨in USA⟩ *internship* ♦ 3.1 ~pen lopen *do one's i.*
cosecans ⟨wisk.⟩ 0.1 *cosecant*.
cosinus ⟨wisk.⟩ 0.1 *cosine* ♦ ¶.1 ~ versus *versed c.*
cosmetica 0.1 *cosmetics*.
cosmetisch 0.1 *cosmetic* ♦ 1.1 de ~e industrie *the cosmetics industry*.
costumière 0.1 *costumier* ⇒⟨dram.⟩ *wardrobe mistress*.
cotangens ⟨wisk.⟩ 0.1 *cotangent*.
coterie 0.1 *coterie*.
couchette 0.1 *berth; couchette* ⟨in trein⟩.
coulant 0.1 [toegevend, gedienstig] *accommodating* ⇒ *obliging* 0.2 [gemakkelijk, soepel] *accommodating* ⇒*reasonable, fair* ♦ 1.2 een ~e houding *an a. attitude;* de ~e uitbetaling van het verzekerd bedrag *(the) prompt payment / settlement of the amount insured* 3.1 iem. ~ behandelen *be u. towards s.o., be obliging to s.o.*
coulisse 0.1 *(side) wing* ⟨vaak mv.⟩ ♦ 6.1 achter de ~n ⟨ook fig.⟩ *behind the scenes;* ⟨fig.⟩ hij heeft achter de ~n gekeken *he knows the ins and outs*.
counter 0.1 [sport] *counter(attack / move / stroke)* ⇒ ⟨schermen ook⟩ *riposte* 0.2 [toonbank] *counter* ♦ 6.1 op de ~ spelen *rely on the counterattack*.
counteren ⟨sport⟩ 0.1 *counter(attack)* ⇒⟨schermen ook⟩ *riposte*.
countertenor ⟨muz.⟩ 0.1 *countertenor*.
coup 0.1 [slag] *coup, stroke* 0.2 [staatsgreep] *coup (d'état)* ♦ 3.2 een ~ plegen *stage a coup*.
coupe 0.1 [snit, vorm] *cut* ⇒*style* ⟨van haar⟩ 0.2 [wijd glas] *coupe* 0.3 [ijsgerecht] *coupe* ♦ 2.1 je haar in een goede ~ laten knippen *get a nice haircut, have your hair styled well* ¶.3 ~ royale *±sundae*.
coupé 0.1 [treincoupé] *compartment* 0.2 [tweedeursauto] *coupé* ♦ 6.1 een ~ voor niet-rokers *a no smoking c.*
couperen 0.1 [afsnijden] *cut* 0.2 [kaartspel] *cut* 0.3 [gedeelten wegknippen] *cut, make cuts* 0.4 [versnijden] *dilute* ⟨wijn⟩ ♦ 1.1 een hond / paard ~ *dock a dog / horse's tail*.
coupe soleil 0.1 *highlights* ⟨mv.⟩.
couplet 0.1 *stanza* ⇒*verse*, ⟨tweeregelig⟩ *couplet*.
coupon 0.1 [lap stof] *remnant* 0.2 [rente / dividendbewijs] *coupon* 0.3 [toegangsbewijs] *ticket* ⇒*voucher* ♦ 2.2 verschenen / verjaarde ~ *due / lapsed c.* 3.2 ~s inruilen *redeem coupons*.

couponboekje 0.1 *coupon book, ticket book*.
couppoging 0.1 *attempted coup*.
coupure 0.1 [weglating v.e. gedeelte] *cut* ⇒*deletion* 0.2 [geldw.] *denomination* 0.3 [afsnijding] *(short) cut, cutting* ♦ 2.2 geld in kleine ~s *money of small denominations* 3.1 ~s aanbrengen in een film *cut a film, make cuts in a film*.
courant[1] ⟨het⟩ 0.1 *currency*.
courant[2] ⟨bn.⟩ 0.1 *current* ⟨ook geldw.⟩ ♦ 1.1 ~e fondsen *sal(e)able / marketable stocks;* het meest ~e model *the best-selling model;* ~e rente *running interest;* ~e schulden *c. debts;* ~e waren / artikelen *c. stock*.
coureur 0.1 ⟨wielrenner⟩ *(racing) cyclist;* ⟨motorracer⟩ *racing motorcyclist;* ⟨autoracer⟩ *racecar driver*.
courgette 0.1 *courgette*.
course ⟨sport⟩ 0.1 *race*.
courtage 0.1 *brokerage, (broker's) commission;* ⟨mbt. onroerend goed⟩ *estate agent's fees*.
couscous ⟨cul.⟩ 0.1 *couscous*.
coûte que coûte 0.1 *at all costs*.
couture 0.1 *couture, dressmaking* ♦ ¶.1 haute ~ *haute couture, high fashion*.
couturier 0.1 *couturier, (fashion) designer*.
couvert 0.1 [enveloppe] *cover* ⇒*envelope* 0.2 [eetgerei] *cover* ⇒*cutlery* ⟨messen, vorken, lepels⟩ ♦ 2.1 onder separaat ~ zenden *send separately / by separate post* 6.1 een geschenk onder ~ aanbieden / overhandigen *±present s.o. with a cheque* 6.2 diners van dertig gulden per ~ *dinners of thirty guilders each*.
couveuse 0.1 *incubator*.
couveusekind 0.1 *premature baby*.
cover 0.1 [hoes, omslag] *cover, (dust) jacket; sleeve* ⟨van grammofoonplaat⟩ 0.2 [coverversie] *cover (version), remake*.
coveren 0.1 [nieuwe versie maken; dekken] *cover* 0.2 [journalistiek verslaan] *cover* 0.3 [v.e. nieuw loopvlak voorzien] *retread* ♦ 1.1 dit nummer v.d. Stones is veel gecoverd *there have been plenty of cover versions of this Stones song*.
cowboy 0.1 *cowboy*.
cowboyfilm 0.1 *western* ⇒*cowboy film*.
coyote 0.1 *coyote*.
c.q. ⟨Lat.; afk.⟩ 0.1 [casu quo] *and / or* ⟨ook→*casu quo*⟩.
crashen 0.1 [bankroet gaan] *crash* ⇒*go bankrupt* 0.2 [botsen, te pletter storten] *crash* 0.3 [comp.] *crash* ♦ 1.2 het toestel crashte bij de landing *the plane crashed on landing*.
crawlen 0.1 *do the crawl*.
crawlslag 0.1 *(front) crawl*.
creatie 0.1 *creation* ⟨ook dram.⟩ ♦ 2.1 de nieuwste ~s van Dior *Dior's latest creations*.
creatief 0.1 *creative* ⇒*original, imaginative* ♦ 1.1 een creatieve geest *an inventive mind* 2.1 ~ bezig zijn *do c. work*.
creativiteit 0.1 [bk.] *creativity* ⇒*creativeness* 0.2 [voortplantingsvermogen] *fecundity* ♦ 3.1 ⟨fig.⟩ haar oplossingen getuigen van ~ *her solutions show creative talent*.
crèche 0.1 *crèche* ⇒*day-care centre, day nursery* ♦ 6.1 een kind op de ~ doen *place a child in a c.*
credit ⟨hand.⟩ 0.1 *credit* ♦ 1.1 debet en ~ *debit and c.* 3.1 zijn rekening ~ houden *keep one's account in c.;* zijn rekening ~ stellen *put / place one's account in c.* 6.1 voor ƒ 1000 in ~ staan *have a c. (balance) of 1000 guilders;* in het / iemands ~ boeken *enter to s.o.'s credit, credit s.o.'s account;* iets op iemands ~ schrijven ⟨ook fig.⟩ *put sth. to s.o.'s credit, credit s.o. with sth.*

creditcard ⟨geldw.⟩ **0.1** *credit card.*

crediteren 0.1 [op vertrouwen leveren/lenen] *give credit* **0.2** [op de creditzijde boeken] *credit* **0.3** [als tegoed bijschrijven] *credit* ◆ **1.3** iem.~ voor 1000 gulden *credit s.o.'s account with 1000 guilders.*

creditering 0.1 *credit entry.*

crediteur 0.1 *creditor* ⇒⟨mv.; boekhouden⟩ *accounts payable* ◆ **2.1** gedekte/gewone/preferente ~ *secured/ordinary/preferential c.*

crediteurenadministratie 0.1 *accounts payable.*

crediteurenbestand 0.1 *the creditors* ⇒*list of creditors.*

crediteurensaldo 0.1 *creditor balance.*

creditnota 0.1 *credit slip.*

creditpost 0.1 *credit item/entry* ⇒*item of credit, entry on the credit side, asset.*

creditsaldo 0.1 *credit balance.*

creditzijde 0.1 *credit side* ⟨ook fig.⟩.

credo 0.1 [geloofsbelijdenis] *credo* ⇒*creed* **0.2** [diepe overtuiging] *creed* **0.3** [deel van de mis] *Credo* ⇒*Creed* ◆ **2.2** iemands politiek ~ *s.o.'s political c.*

creëren 0.1 *create; raise* ⟨lening⟩ ◆ **1.1** werkgelegenheid ~ *c. employment.*

crematie 0.1 *cremation.*

crematorium 0.1 *crematorium.*

crème¹ ⟨de⟩ **0.1** [cosmetica] *cream* **0.2** [room; schuimachtige substantie] *cream* **0.3** [fondant, likeur] *crème* **0.4** [soep] *cream soup* ◆ **3.1** ~ op zijn gezicht smeren *rub c. on one's face* ¶.¶ ~ de la ~ *the crème de la crème.*

crème² ⟨het, bn.⟩ **0.1** ⟨zn. en bn.⟩ *cream* ◆ **1.1** een ~ japon a *c.(-coloured) dress* **6.1** zij was die avond in het ~ *she was wearing c. that evening.*

cremeren 0.1 *cremate.*

crèmespoeling 0.1 *hair conditioner.*

creolisering 0.1 ⟨ook taal.⟩ *creolization.*

creool, -se 0.1 *Creole.*

creools 0.1 ⟨bn. en zn.⟩ *creole.*

crêpe 0.1 [weefsel, soort rubber] *crepe, crape* **0.2** [flensje] *crêpe, crepe* ◆ ¶.1 ~ de Chine *crepe de Chine* ¶.2 ~s suzette *crêpes Suzette.*

crepeergeval 0.1 *desperate case.*

crêpepapier 0.1 *crepe paper.*

creperen ⟨inf.⟩ **0.1** [mbt. dieren; sterven] *die* **0.2** [ellendig omkomen] *die (miserably)* **0.3** [lijden] *suffer* ◆ **3.2** ze lieten haar gewoon ~ *they let her d. like a dog* **6.3** ~ van de pijn *be racked with pain.*

crescendo ⟨muz.⟩ **0.1** ⟨bw. en zn.⟩ *crescendo* ◆ **3.1** ⟨fig.⟩ het gaat weer ~ de laatste tijd *things have been going uphill again lately;* een passage ~ spelen *play a passage c.*

cretinisme 0.1 *cretinism.*

cricketen 0.1 *play cricket.*

crime 0.1 *disaster* ◆ **3.1** het is een ~ *it is a d.;* die zondagsrijders zijn een ~ *these Sunday drivers are a d.* ¶.¶ ~ passionnel *crime passionnel, crime of passion.*

criminaliteit 0.1 *criminality* ◆ **1.1** een toename v.d.~ *an increase in crime* **2.1** de lichte/kleine ~ *petty crime;* de zware ~ *capital crime/offences.*

crimineel¹ ⟨de⟩ **0.1** *criminal.*

crimineel² I ⟨bn.⟩ **0.1** *criminal* ◆ **1.1** ~ recht *c. law;* criminele sociologie *criminology;* een criminele zaak *a c. case* **3.¶** ik zou het ~ vinden als je kunt komen *it would be just great if you could come;*
  II ⟨bw.⟩ **0.1** [enorm] *horribly* ⇒*terribly, awfully* ⟨soms positief⟩ ◆ **2.1** het is ~ koud *it's wickedly cold.*

criminologie 0.1 *criminology.*

criminologisch 0.1 *criminological.*

criminoloog, -loge 0.1 *criminologist.*

crisis 0.1 *crisis* ◆ **1.1** de ~ v.d. jaren dertig ⟨ec.⟩ *the depression of the 1930s* **2.1** de economische ~ verergert *the economic c. is getting worse* **3.1** de ~ brak uit *the c. came/set in;* een ~ doormaken *go through a c.;* een ~ doorstaan *weather a c.* ¶.1 de ~ te boven komen/zijn ⟨ook fig.⟩ *pass the critical stage.*

crisiscentrum 0.1 *crisis centre.*

crisissituatie 0.1 *crisis situation* ⇒*crisis.*

crisistijd 0.1 *time of crisis* ⇒⟨ec.⟩ *depression,* ⟨geestelijk⟩ *time of stress* ◆ **6.1** in ~en *in times of crisis.*

criterium 0.1 [maatstaf] *criterion* **0.2** [wielersport] *criterium* ◆ **3.1** aan de criteria voldoen *meet the criteria;* een ~ vaststellen *lay down a c.*

criticus 0.1 [beoordelaar] *critic* ⇒*reviewer* **0.2** [vitter] *faultfinder* ◆ **2.1** een ongenadig ~ *a merciless c., a hatchet man* **3.1** door de critici toegejuicht worden *receive critical acclaim.*

Croesus 0.1 *Croesus* ◆ **8.1** hij is zo rijk als ~ *he is as wealthy as C.*

croissant 0.1 *croissant.*

croissanterie 0.1 *croissant shop.*

croque-monsieur ⟨AZN⟩ **0.1** *toasted ham and cheese sandwich.*

crossauto 0.1 *stock car* ⇒⟨voor demolitiecross⟩ *knockabout (car).*

crossbaan 0.1 ⟨voor het klassieke veldrijden⟩ *cyclo-cross course.*

crossen 0.1 [sport] *take part in a cross-country (event)* ⇒ ⟨atletiek ook⟩ *do cross-country, do autocross/rallycross* ⟨auto⟩, *do motocross* ⟨motorfiets⟩ **0.2** [scheuren] *tear about* ◆ ¶.2 hij crost heel wat af op die fiets *he's always tearing about on that bike of his.*

crosser 0.1 *cross-country racer.*

crossfiets 0.1 ⟨voor het klassieke veldrijden⟩ *cyclo-cross bike;* ⟨voor kinderen⟩ *BMX bike.*

crossmotorfiets 0.1 *cross-country motorcycle.*

croupier 0.1 *croupier.*

cru¹ ⟨de⟩ **0.1** *vintage* ◆ **2.1** wijnen v.d. beste ~ *'s the best vintages.*

cru² ⟨bn., bw.⟩ **0.1** [grof] *crude* ⇒*rude,* ⟨ongemanierd⟩ *rough* **0.2** [rauw] *blunt;* ⟨wreed⟩ *cruel* ◆ **3.1** dat klinkt ~ misschien/is een beetje~, maar ... *that sounds a bit harsh, but ...*

cruciaal 0.1 *crucial* ◆ **1.1** van ~ belang *of c./vital importance.*

crucifix 0.1 *crucifix.*

cruisen 0.1 *go for/on a cruise* ⇒*cruise.*

cruiseschip 0.1 *cruise ship.*

crux 0.1 *crux.*

cryochirurgie 0.1 *cryosurgery* ◆ **6.1** ~ met een wrat verwijderen *remove a wart by means of c.*

crypte 0.1 *crypt.*

cryptisch 0.1 *cryptic(al)* ⇒*obscure* ◆ **3.1** zich ~ uitdrukken *be cryptic.*

cryptogram 0.1 *cryptogram* ⇒⟨puzzel ook⟩ *cryptic (crossword)* ◆ **3.1** een ~ oplossen *do a cryptogram.*

cryptologie 0.1 *cryptography, cryptology.*

cryptologisch 0.1 *cryptographic, cryptological.*

c.s. ⟨afk.⟩ **0.1** [cum suis] *&/and co.*

c-sleutel 0.1 *C clef.*

CT-scan 0.1 *CAT-scan* ⇒*CT-scan.*

Cuba 0.1 *Cuba.*

Cubaan 0.1 *Cuban.*

Cubaans 0.1 *Cuban.*

culinair 0.1 *culinary.*

culmineren 0.1 ⟨fig.⟩ *culminate (in).*

cultiveren 0.1 [bebouwen] *cultivate* ⇒*till* **0.2** [beschaven, vormen] *cultivate* ⇒*improve* **0.3** [in stand houden] *cultivate* ⇒*foster* ◆ **1.1** ⟨scherts.⟩ een baard ~ *c. a beard* **1.2** gecultiveerde kringen *cultured/sophisticated circles;* zijn taal ~ *improve one's language* **1.3** gevoelens ~ *nurture feelings;* de vriendschap met iem. ~ *c. a friendship with s.o.*

cultureel 0.1 *cultural* ◆ **1.1** culturele antropologie *c. anthropology;* ~ centrum ⟨stad⟩ *centre of c. life, c. centre;* ⟨instelling⟩ *arts centre;* ~ werk *c. activities, social and creative activities.*

cultus 0.1 [godsverering] *cult* ◆ **1.1** de ~ v.h. discogebeuren *the disco cult* **3.1** rond haar persoon is een hele ~ ontstaan *she has turned into quite a cult, they've made quite a cult out of her.*

cultuur 0.1 [verbouw van gewassen] *culture* ⇒*cultivation* **0.2** [beschaving] *culture* ⇒*civilization* **0.3** [gekweekte bacteriën] *culture* ◆ **2.2** primitieve culturen *primitive cultures;* de westerse ~ *western civilization* **3.2** zich aanpassen aan een andere ~ ⟨ook⟩ *acculturate (o.s.)* **6.1** een stuk grond **in** ~ brengen *bring land into cultivation.*

cultuurbarbaar ⟨bel.⟩ **0.1** *Philistine.*

cultuurgeschiedenis 0.1 *history of civilization* ⇒*cultural history* ⟨van bep. land/volk⟩.

cultuurgrond 0.1 *arable land* ⇒*farmland,* ⟨in cultuur gebracht ook⟩ *cultivated land.*

cultuurpolitiek 0.1 *cultural (and educational) policy.*

cultuurvolk 0.1 *civilized people.*

cum laude 0.1 *with credit/distinction* ◆ **3.1** hij slaagde ~ *he passed with distinction; he got a first* ⟨GB; universiteit⟩.

cumulatie 0.1 *(ac)cumulation* ◆ **1.1** ~ van ambten *combination of offices;* ~ van straffen *cumulation of penalties.*

cumulatief 0.1 *cumulative* ◆ **1.1** een ~ register, een cumulatieve index *a c. register/index* **2.1** ⟨hand.⟩ ~ preferente aandelen *c. preference shares, c. preferred stock.*

cumuleren 0.1 *(ac)cumulate* ◆ **1.1** verschillende functies ~ *combine offices.*

cumulus ⟨meteo.⟩ **0.1** *cumulus (cloud).*

Cupido ⟨myth.⟩ **0.1** *Cupid, Eros.*

curaçao 0.1 *curaçao* ◆ **7.1** een ~tje *a (glass of) c.*

curatele ⟨jur.⟩ **0.1** *legal restraint* ⇒*receivership* ⟨bij faillissement⟩, ⟨minderjarige⟩ *wardship,* ⟨minderjarige⟩ *guardianship* ◆ **6.1** iem. onder ~ stellen *place s.o. under legal restraint;* ⟨fig.⟩ *keep tabs/a watch on s.o.;* onder ~ staan/gesteld zijn *be under legal restraint; be in receivership; be made a ward of court.*

curator, -trice 0.1 [beheerder, -ster] *curator* ⟨van museum⟩ **0.2** [jur.] *curator bonis/ad litem* ⟨van onder curatele gestelde⟩; *trustee in bankruptcy, (official) receiver* ⟨bij faillissement⟩ **0.3** [lid v.e. raad van toezicht] *(custodian) trustee* ◆ **1.1** de firma staat onder het beheer v.e. ~ *the firm is in receivership* **1.3** het college van ~en *the governing body, the board of governors/trustees.*

curettage 0.1 *curettage;* ⟨ihb. als vorm van abortus⟩ *dilatation and curettage, D and C.*

curetteren ⟨med.⟩ **0.1** *curette.*

curie ⟨r.-k.; vaak C-⟩ **0.1** *curia* ◆ **2.1** de diocesane ~ *the diocesan c.;* de pauselijke/roomse/Romeinse ~ *the papal/ Roman Curia.*

curieus 0.1 [merkwaardig] *curious* ⇒*strange* **0.2** [nieuwsgierig] *curious* ◆ **1.1** curieuze gewoonten *strange/odd habits* **3.1** ik vind het ~ *I find it strange.*

curiositeit 0.1 [merkwaardigheid] *curiosity* ⇒*oddity,*

strangeness **0.2** [curieus voorwerp] *curio(sity)* **0.3** [nieuwsgierigheid] *curiosity* ◆ **2.2** ... en andere ~ en ... *and other curiosities/curiosa.*

curiosum 0.1 *curiosity* ⇒*curio* ◆ **1.1** een winkeltje met antiek en curiosa *an antique and curiosity shop* ¶.1 curiosa *curiosa.*

curriculum 0.1 *curriculum* ◆ ¶.1 ~ vitae *curriculum vitae, c.v.*

cursief[1] ⟨de⟩ **0.1** *italic (type)* ⇒*cursive.*

cursief[2] ⟨bn., bw.⟩ **0.1** *italic* ⇒*italicized, cursive* ◆ **1.1** ~ schrift *italics* ⟨mv.⟩ **3.1** ~ drukken *italicize, print in italics.*

cursiefje 0.1 *(regular) column.*

cursiefletter 0.1 *italic letter* ⇒*cursive letter.*

cursist 0.1 *student.*

cursiveren 0.1 *italicize* ⇒*print/type in italics* ◆ ¶.1 ik cursiveer *my italics.*

cursivering 0.1 [druk.] *italicization* ⇒*printing in italics* **0.2** [cursief gedrukte passage] *passage in italics* ◆ **4.1** mijn ~, ~ van mij *italics mine, my italics.*

cursor ⟨comp.⟩ **0.1** *cursor.*

cursorisch 0.1 *cursory.*

cursus 0.1 [reeks van lessen] *course (of study/lectures)* **0.2** [leerjaar] *course* **0.3** [les] *class* ⇒*lesson* ◆ **2.1** zich voor een Franse ~ opgeven *sign up for a French c.;* een schriftelijke ~ *a correspondence c.* **3.1** een ~ geven ⟨over/in⟩ *give a c. on;* een ~ volgen ⟨bij iem.⟩ *take/follow a c. (with s.o.)* **6.1** op ~ gaan *take a c.*

cursusaanbod 0.1 *courses on offer* ⇒*course offering(s).*

cursusboek 0.1 *textbook* ⇒⟨vnl. voor beginners⟩ *course (book).*

cursusgeld 0.1 *course fee.*

cursusjaar 0.1 *year* ⇒⟨school⟩ *school year,* ⟨universiteit⟩ *academic year* ◆ **1.1** het begin/einde v.h. ~ *the beginning/ end of the y.*

cursusleider, -ster 0.1 *course instructor.*

cursuspakket 0.1 *course material.*

curve 0.1 *curve* ◆ **2.1** een stijgende/dalende/vlakke ~ *a(n) upward/downward/flat c.*

custard 0.1 *custard (powder).*

custardpudding 0.1 *(egg) custard.*

custos 0.1 *keeper* ⇒*custodian.*

cut ⟨film, video⟩ **0.1** [moment van overschakelen] *cut* **0.2** [het aan elkaar lassen van beelden] *cut(ting).*

cutter 0.1 [machine] *slicer* **0.2** [film, video; technicus] *cutter* ⇒*editor.*

cv ⟨afk.⟩ **0.1** [centrale verwarming] *CH, c.h.* **0.2** [curriculum vitae] *CV.*

CV ⟨afk.⟩ **0.1** [Commanditaire Vennootschap] *⟨Limited/Special Partnership⟩* **0.2** [coöperatieve vereniging] *co-op.*

CVE ⟨afk.; comp.⟩ **0.1** [centrale verwerkingseenheid] *CPU.*

cv-ketel 0.1 *central-heating boiler.*

CVSE ⟨afk.⟩ **0.1** [Conferentie voor Veiligheid en Samenwerking in Europa] *CSCE* ⟨Conference on Security and Cooperation in Europe⟩.

cyaankali 0.1 *potassium cyanide.*

cyanide 0.1 *cyanide.*

cybernetica 0.1 *cybernetics.*

cyclaam 0.1 *cyclamen.*

cyclisch 0.1 *cyclic(al)* ◆ **1.1** ~e bewegingen *cyclic movements;* ~ gedicht *cyclic poem;* ⟨schei.⟩ ~e verbindingen *cyclic compounds.*

cycloon 0.1 *cyclone* ⇒*hurricane.*

cycloop ⟨myth.⟩ **0.1** *Cyclops.*

cyclus 0.1 ⟨ook lit., muz.⟩ *cycle.*

cynicus 0.1 *cynic* ◆ **7.1** de cynici *the Cynics.*

cynisch 0.1 [sarcastisch] *cynical* **0.2** [volgens de leer der cynici] *Cynic* ◆ **1.1** ~e opmerkingen *c. remarks* **3.1** ~ lachen *laugh cynically.*
cynisme 0.1 [leer v.d. cynici] *Cynicism* **0.2** [cynische levensopvatting/uitlating] *cynicism.*
cypers ◆ **1.¶** ~e kat *tabby (cat).*
Cyprioot 0.1 *Cypriot.*
Cyprisch 0.1 *Cyprian, Cypriot.*
Cyprus 0.1 *Cyprus.*
cyrillisch 0.1 *Cyrillic* ◆ **1.1** ~ schrift *Cyrillic script.*
cyste 0.1 *cyst.*

daad 0.1 [verrichting] *act(ion)* ⇒*deed, activity* **0.2** [roemrijke verrichting] *deed* ⇒*feat* ◆ **1.1** een man v.d. ~ *a man of action* **2.1** iem. op heter ~ betrappen *catch s.o. red-handed;* een onbezonnen ~ *a rash deed/step, a heedless act* **3.1** een ~ (van naastenliefde ⟨enz.⟩) stellen *perform an act (of charity* ⟨enz.⟩ *); * een goede ~ verrichten *do a good deed* **¶.1** de ~ bij het woord voegen *suit the action to the word.*
daadkracht 0.1 *decisiveness, energy.*
daadkrachtig 0.1 *decisive* ◆ **3.1** ~ optreden tegen terroristen *take d. measures to counter terrorism.*
daadwerkelijk 0.1 *actual* ⇒*active, practical* ◆ **3.1** ~ hulp bieden aan iem. *actively assist s.o., offer s.o. material assistance.*
daags I ⟨bn.⟩ **0.1** [dagelijks] *daily* ⇒*everyday* **0.2** [iedere dag dienst doend] *everyday* ⇒*daily* ◆ **1.2** ~e kleren *e. clothes;*
II ⟨bw.⟩ **0.1** [per dag] *a/per day* ⇒*daily* **0.2** [op de dag] ⟨zie 5.2⟩ ◆ **5.1** tweemaal ~ *twice a day* **5.2** ~ daarna *the next day;* ~ tevoren *the day before.*
daalder 0.1 ⟨gesch.⟩ *thaler* ◆ **¶.1** ⟨fig.⟩ op de markt is uw gulden een ~ waard *your money goes farther at the market.*
daar¹ ⟨bw.⟩ **0.1** [ginds] *(over) there* **0.2** [om de aandacht op iets/iem. te vestigen] *(just/over/right) there* **0.3** [er] *there* ◆ **3.1** ~ moet je wezen *that's the place to be/where you want to be/where it's happening;* zie je dat huis ~ *(do you) see that house (over t.)?* **3.2** wel, wel, wie hebben we ~! Meneer Smit! *well, well, if it isn't Mr Smith!;* wie is ~? *who is it/t.?* **3.3** het einde is nog niet ~ *the end is not yet in sight;* het uur is ~ *the time has come* **3.¶** ze knikken en ~ blijft het bij *they just nod and that's it;* ik zal me ~ gek zijn! *I'm not that daft!* **6.1 tot** ~ *up to t.;* **van** ~ *from t.* **6.¶** dat is (nog) **tot** ~ aan toe *that is one thing (but ... is quite another)* **¶.¶** hij werkt snel, ~ niet van *he does work quickly, admittedly;* ~ zijn het kinderen voor *that's children for you.*
daar² ⟨vw.⟩ **0.1** *as, because* ⇒*since* ◆ **¶.1** ~ hij verhinderd was, heeft hij afgezegd *as/since he was unable to come, he cancelled the appointment.*
daaraan 0.1 [mbt. plaatselijke verbondenheid/aanraking] *on (to) it/*⟨mv.⟩ *them* **0.2** [mbt.fig. verbondenheid]⟨schr.⟩ *thereto, thereby* ◆ **2.2** de ~ verbonden kosten *the costs involved* **3.1** een rivier met de steden die ~ liggen *a river and the towns on it* **3.2** wat heb je ~ *what good is that.*
daarachter 0.1 [achter die plaats/plek] *behind (it/that/* ⟨mv.⟩ *them/there)* **0.2** [verderop] *beyond (it/that/them/ there)* **0.3** [achter die zaak/kwestie] *behind it/that/ them* ◆ **1.2** de duinen en de zee ~ *the dunes and the sea beyond (them)* **3.3** wat zou ~ steken? *I wonder what's behind it.*
daarbeneden 0.1 [beneden een plaats] *down there, below* **0.2** [onder een grens] *below, under* ◆ **1.2** kinderen van tien jaar en ~ *children aged ten and u.* **3.1** ~ ligt het dorp *down there is the village.*
daarbij 0.1 [bij dat] *with it/that;* ⟨mv.⟩ *with these/those* ⟨zie verder 3.1⟩ **0.2** [daarenboven] *besides* ⇒*moreover, furthermore* ◆ **3.1** ~ blijft het *that's how it is, we'll keep it like that* **3.2** ~ komt, dat ... *what's more ...*
daarbinnen 0.1 *in there, inside* ⇒*in it/that,* ⟨mv.⟩ *in these/ those* ◆ **3.1** ~ is het warm *it's warm in there.*

daarboven 0.1 *up there* ⇒*above it* ◆ **1.1** de voordeur en het balkon ~ *the front door and the balcony above it* **3.1** God is ~ *God is up there* ¶**.1** honderd gulden en ~ *a hundred guilders and over.*

daarbuiten 0.1 [ginds] *out (there), outside (it)* **0.2** [buiten die zaak] *out of it, outside* ◆ **3.2** jij moet ~ blijven *you must stay out of it.*

daardoor 0.1 [daar doorheen] *through it/that;* ⟨mv.⟩ *through these/those, through there* **0.2** [fig.]⟨daarom⟩ *therefore, so* ⇒*consequently,* ⟨door middel daarvan⟩ *by this/that means* ◆ **3.2** zij weigerde, en ~ gaf zij te kennen ...*she refused, and by doing so made it clear...;* ~ werd hij ziek *that is/was what made him ill, because of this/that he became ill.*

daarenboven 0.1 *besides* ⇒*moreover, furthermore* ◆ **2.1** hij is lui en nog brutaal ~ *he is lazy and cheeky into the bargain.*

daarentegen 0.1 *on the other hand* ◆ **1.1** hij is zeer radicaal, zijn broer ~ conservatief *he is a strong radical, his brother, on the other hand, is conservative.*

daareven →**daarnet.**

daarginder, daarginds 0.1 *over there.*

daarheen 0.1 *(to) there* ◆ **3.1** wij willen · *we want to go (over) there.*

daarin 0.1 [mbt. een plaats] *in there/it/*⟨mv.⟩ *those* **0.2** [mbt. een zaak/aangelegenheid] *in that* ◆ **2.2** hij is ~ handig *he is good at it* **3.2** u vergist u ~ *you are wrong there.*

daarlangs 0.1 *by/past/along there/that/*⟨mv.⟩ *those* ◆ **3.1** we kunnen beter ~ gaan *we had better go that way.*

daarlaten 0.1 *leave aside* ◆ **1.1** uitzonderingen daargelaten *apart from exceptions* **8.1** nog daargelaten of men dat wel wil *leaving aside the question of whether people want that.*

daarmee 0.1 *with/by that/it/*⟨mv.⟩ *those* ◆ **3.1** ~ kun je het vastzetten *you can fasten it with that/those* ¶**.1** en ~ uit! *and that's that/all there is to it!;* en ~ was zijn geluk compleet *and this/that made his happiness complete.*

daarna 0.1 *after(wards)* ⇒*next, then* ◆ **1.1** de dag ~ *the day after (that)* **5.1** snel/kort ~ *soon,/shortly after (that)* ¶**.1** eerst ... en ~ ... *first ... and then ...*

daarnaar 0.1 [naar die zaak] *at/to/for that/it/*⟨mv.⟩ *those* **0.2** [overeenkomstig die zaak] *accordingly, according to that/*⟨mv.⟩ *those* ◆ **3.2** ~ moet je handelen *you must act accordingly.*

daarnaast 0.1 [naast dat] *beside it, next to it* **0.2** [bovendien] *besides* ⇒*in addition (to this)* ◆ **3.1** ik zal eens ~ aanbellen *I'll try ringing next door* **3.2** ~ is hij nog brutaal ook *what's more he is cheeky (too).*

daarnet 0.1 *just now* ⇒*only a little while/a minute ago.*

daarom 0.1 [daaromheen] *around it* **0.2** [bijgevolg] *therefore, so* ⇒*because of this/that, for that reason* **0.3** [desondanks] *nevertheless* ◆ **3.2** hij wil het niet hebben, ~ doe ik het juist *he doesn't like it, and that's exactly why I do it* **3.3** het is ~ niet minder waar dat ...*that doesn't make it any less true that ...* **5.2** waarom niet? ~ niet! *why not? because (I say so)!/*⟨wanneer reden wel wordt aangegeven⟩ *that's why!*

daaromheen 0.1 *around it/*⟨mv.⟩ *them* ◆ **1.1** een tuin met een hek ~ *a garden with a fence around it.*

daaromtrent 0.1 [over die zaak] *about that* ⇒*concerning that* **0.2** [ongeveer] *thereabout(s)* ⇒*or so* **0.3** [in die omgeving] *thereabout(s), around there* ◆ **3.1** ik kan u ~ geen inlichtingen geven *I can't give you any information about that* **8.2** honderd gulden of ~ *a hundred guilders or t./so* **8.3** op het plein en ~ *in and around the square.*

daaronder 0.1 [beneden/onder dat] *under(neath) it/*⟨mv.⟩ *them* **0.2** [onder meer] *among them* ⇒*including* ◆ **3.1** ~ ligt het *it is underneath it.*

daarop 0.1 [mbt. die plaats] *(up)on/on top of that/*⟨mv.⟩ *those* **0.2** [mbt. dat onderwerp] *on/to that* **0.3** [vervolgens] *thereupon* ◆ **1.1** de tafel en het kleed ~ *the table and the cloth on top of it* **1.2** uw antwoord/reactie ~ *your reply/reaction (to that)* **1.3** de dag ~ *the next/following day, the day after (that)* **5.3** kort ~ *shortly afterwards, soon after (that).*

daaropvolgend 0.1 *next* ⇒*following* ◆ **1.1** hij kwam in juli en vertrok in juni ~ *he arrived in July and left the following June.*

daarover 0.1 [over die plaats] *on top of it* ⇒*on/over/above that* **0.2** [daaromtrent] *about that* ◆ **3.1** ~ lag een zeil *there was a tarpaulin on top of/over/across it* **5.2** genoeg ~ *enough said, enough of that.*

daarstraks →**daarnet.**

daartegen 0.1 [mbt. een plaats/positie] *against/next to it/*⟨mv.⟩ *them* **0.2** [mbt. die zaak/kwestie] *against it/*⟨mv.⟩ *them* ◆ **3.2** ~ bleven bezwaren bestaan *objections to it remained.*

daartegenaan 0.1 *(right) up against/(right) onto it/*⟨mv.⟩ *them* ◆ **3.1** onze schuur is ~ gebouwd *our shed is built up against/onto it.*

daartegenover 0.1 [tegenover die zaak] *opposite/facing it/*⟨mv.⟩ *them* **0.2** [daarentegen] *on the other hand, (but) then again ...* ◆ **1.1** de kerk met de pastorie ~ *the church with the vicarage opposite/facing it* **3.2** ~ staat dat dit systeem duurder is *(but) on the other hand this system costs more.*

daartoe 0.1 [voor dit/dat] *for/to that;* ⟨mv.⟩ *for/to these/those* **0.2** [voor dat doel] *for that (purpose)* ⇒*to that end* ◆ **2.2** ~ bevoegd/gemachtigd zijn *be qualified for it, be authorized to do it* **3.1** ~ heb ik geen tijd *I have no time for that;* ~ heeft het kunnen komen *it's come to this.*

daartussen 0.1 [mbt. een plaats/positie] *between/among them* **0.2** [mbt. die zaak/kwestie] *between them* ◆ **1.1** die twee ramen en de ruimte ~ *those two windows and the space between (them)* **1.2** wat is het verschil ~? *what's the difference (between them)?*

daaruit 0.1 [mbt. een plaats] *out of that/*⟨mv.⟩ *those* **0.2** [mbt. die zaak/kwestie] *from that* ◆ **3.1** het water spuit ~ *the water spurts out of it* **3.2** ~ kan men afleiden dat ... *from this it can be deduced that ...*

daarvan 0.1 [mbt. een plaats/positie] *from it/that/there* **0.2** [mbt. die zaak/kwestie] *from that* **0.3** [mbt. een hoeveelheid] *of it/that* ⇒*thereof* **0.4** [mbt. materiaal] *of it/that* ◆ **2.1** ver ~ verwijderd zijn *be far (removed)/a long way away from it* **3.4** ~ maakt men plastic *plastic is made of that, that is used for making plastic* **4.**¶ niets ~ *nothing of the sort.*

daarvandaan 0.1 [van die plaats af] *(away) from there, away (from it)* **0.2** [vandaar] *hence, therefore.*

daarvoor 0.1 [voor die plaats] *in front of it* ⇒*before that/*⟨mv.⟩ *those* **0.2** [voor die tijd] *before (that)* **0.3** [voor/t.b.v. die zaak] *for that (purpose)* **0.4** [in plaats van] *for it/*⟨mv.⟩ *them* **0.5** [wegens, vanwege] *that's why* ◆ **1.2** de week ~ *the week before (that), the previous week* **3.3** ~ heb ik geen tijd *I've no time for that* **3.4** ~ (in de plaats) heb ik een boek gekregen *I got a book instead* **3.5** ~ ben ik ook gekomen *that's what I've come for;* daar zijn het kinderen voor *that's children for you.*

daas¹ I ⟨de⟩⟨biol.⟩ **0.1** [steekvlieg] *horsefly;* **II** ⟨de (m.)⟩ **0.1** [persoon] *scatterbrain.*

daas² ⟨bn., bw.⟩ **0.1** *scatterbrained.*

dadaïsme 0.1 *Dada(ism).*

dadel 0.1 *date;* ⟨boom ook⟩ *date palm.*

dadelijk I (bw.) **0.1** [aanstonds] *immediately* ⇒*at once, right away* **0.2** [bepaald] *exactly* ⇒*precisely* **0.3** [straks] *directly* ⇒⟨BE ook⟩ *presently* ◆ **3.3** ik kom (zo) ~ bij u *I'll be right with you;* ~ wil je nog beweren dat ...*I suppose you'll say next that* ... **5.2** niet ~ mooi, maar toch wel aardig *not e. beautiful, but still nice* ¶**.1** kom je haast? ja, ~ *are you coming now? yes, just a minute;* **II** ⟨bn.⟩ **0.1** [onmiddellijk] *immediate* ⇒*direct.*

dadelpalm 0.1 *date palm.*

dadendrang 0.1 *dynamism* ⇒*drive, thirst for action,* ⟨onstuimigheid⟩ *impetuosity.*

dader 0.1 *perpetrator* ⇒*offender* ◆ **2.1** de vermoedelijke ~ *the suspect.*

dag¹ ⟨de⟩ **0.1** [dageraad] *day(break)* **0.2** [daglicht] *daylight* **0.3** [toestand/tijd dat de zon boven de horizon is] *day-(time)* **0.4** [etmaal] *day* **0.5** [tijdperk] *day(s)* ⇒*time* **0.6** [begroeting]⟨bij aankomst⟩ *hallo, hi (there);* ⟨bij vertrek⟩ *bye(-bye), goodbye* ◆ **1.3** het is een verschil (als) van ~ en nacht *they're as different as night and day;* ~ en nacht bereikbaar *available day and night* **1.4** de ~ des Heren *the Lord's Day;* iem. de ~ van zijn leven bezorgen *give s.o. the time of his life;* de ~ des oordeels *Judgement Day* **1.5** sedert jaar en ~ *for many years (now)* **2.3** bij klaarlichte ~ *in broad daylight* **2.4** halve/hele ~en werken *work half/full time;* de jongste ~ *the latter d.;* lange ~en maken *work long hours* **2.5** zijn laatste ~en slijten *end one's days;* de oude ~ komt met gebreken *infirmity comes with old age* **3.3** werken zo lang het ~ is ⟨fig.⟩ *work from dawn till dusk;* het is/wordt ~ *day is breaking* **3.4** er gaat geen ~ voorbij of ik denk aan jou *not a d. passes but I think of you;* ⟨fig.⟩ het is vandaag mijn ~ niet *it just isn't my d. (today);* wat is het voor ~? *what d. (of the week) is it?;* morgen komt er weer een ~ *tomorrow is another d.* **3.6** zeg maar ~ tegen het je handje ⟨kind.⟩ *wave bye-bye/goodbye;* ⟨fig.⟩ *you can kiss that goodbye* **4.5** dezer ~en ⟨komende dagen⟩ *in the next few/coming days;* ⟨recentelijk⟩ *in the last few/in recent days* **5.3** het is kort ~ *time is running out (fast), there is not much time (left);* het is morgen vroeg ~ *we must get up early/get an early start tomorrow* **5.4** ~ in, ~ uit *d. in d. out* **5.5** vandaag de ~ *nowadays, these days* **6.1** voor ~ en dauw op zijn/opstaan *be up/get up at the crack of dawn;* **voor ~** en dauw ⟨ook⟩ *before cockcrow/daybreak* **6.2** het misdrijf komt **aan** de ~ *the crime will come to light/come out;* veel moed **aan** de ~ leggen *show/display great courage;* **aan** de ~ treden *emerge, become apparent* ⟨bv. gebreken⟩; **voor** de ~ komen *come to light, surface, appear;* met iets **voor** de ~ komen ⟨een voorstel doen⟩ *come forward/up with sth.;* ⟨zich presenteren⟩ *come forward, present o.s.;* **voor** de ~ ermee! ⟨vertel eens⟩ *out with it!;* ⟨laat zien⟩ *show me!;* ⟨fig.⟩ zo kan ik niet **voor** de ~ komen *I can't show myself looking like this;* goed **voor** de ~ komen *make a good impression;* **voor** de ~ halen *bring to light, produce* **6.3 bij** ~ *by day* **6.4** ~ *op/na* ~ *d. by/after d.;* het wordt **met** de ~ slechter *it gets worse by the d.;* **om** de andere ~/de drie ~en *every other d., every three days;* **op** een ⟨goede/mooie⟩ ~ *one (fine) day;* **op** de ~ af *to a/the d.;* 24 uur **per** ~ *24 hours a d.;* **tot op** deze ~/de ~ van vandaag *to this (very) d.;* ik weet het nog als de ~ **van** gisteren *I remember as if it were only yesterday;* **van** ~ tot ~ *daily, from d. to d.;* **van** de ene ~ op de andere *from one d. to the next* **6.5 in** mijn ~en *in my day;* **in** de ~ en v.h. schrikbewind *during the reign of terror* **7.4** over veertien ~en *in*

two weeks' time; ⟨BE ook⟩ *in a fortnight* **8.2** dat is zo klaar als de ~ *that is as clear as day* ¶**.2** v.d.~ een nacht maken *turn day into night* ¶**.3** een gat in de ~ slapen *sleep well into the day* ¶**.5** ouden van ~en *the elderly.*

dag² ⟨tw.⟩ **0.1** ⟨als begroeting⟩ *hello, hi;* ⟨als afscheid⟩ *bye(-bye), goodbye* ◆ ¶**.1** dáág! *bye(-bye)!, bye then;* ⟨inf.⟩ ja, dáág! *forget it!*

dagafschrift 0.1 *daily statement (of account).*

dagblad 0.1 *(daily) newspaper* ⇒*(daily) paper.*

dagbladpers 0.1 *daily press.*

dagboek 0.1 [aantekeningenboek] *diary* ⇒*journal* **0.2** [scheepsjournaal] *(ship's) log(book)* ⇒*journal* ◆ **3.1** een ~ (bij)houden *keep a d.*

dagbouw 0.1 *opencast mining.*

dagchirurgie 0.1 *outpatient operation.*

dagdeel 0.1 ⟨alg.⟩ *daily period;* ⟨mbt. werk⟩ *shift* ⇒⟨ochtend⟩ *morning,* ⟨middag⟩ *afternoon,* ⟨avond⟩ *evening,* ⟨nacht⟩ *night* ◆ **7.1** een baan van vijf dagdelen per week *a job for five mornings* ⟨enz.⟩ *a/per week.*

dagdienst 0.1 [dienst bij dag] *daywork* ⇒*day duty, days,* ⟨ploeg⟩ *day shift* **0.2** [van boot] *day(time) service* ◆ **3.1** ~ hebben *be on days.*

dagdieven 0.1 *idle (away one's time)* ⇒*slack.*

dagdromen 0.1 *daydream.*

dagdromer 0.1 *daydreamer.*

dagelijks I ⟨bn.⟩ **0.1** [daags] *daily* ⇒⟨ster.⟩ *diurnal* **0.2** [gewoon] *everyday* ⇒*ordinary* ◆ **1.1** zijn ~e bezigheden *his daily routine;* voor ~ gebruik *for everyday use* **1.2** ~ bestuur *executive (committee);* in het ~ leven *in e. life;* dat is ~ werk voor hem *that's routine for him;* de ~e zorgen *e. worries;* **II** ⟨bw.⟩ **0.1** [elke dag] *daily, each day, every day* ◆ **3.1** dat doe ik ~ *I do that regularly;* dat komt ~ voor *it happens every day;* ~ van A naar B reizen *commute from A to B.*

dagen I ⟨onpers.ww.⟩ **0.1** [dag worden] *dawn* ◆ **3.1** ⟨fig.⟩ het begon mij te ~ *it began to d. on me* **6.1** het daagt **in** het oosten *the sun comes up in the east;* **II** ⟨onov.ww.⟩ **0.1** [aanbreken] *dawn* ⇒*break* ◆ **1.1** ⟨fig.⟩ een schone toekomst daagt *a bright future is in store;* **III** ⟨ov.ww.⟩ **0.1** [jur.] *summon(s)* ⇒*issue a summons against, subpoena* ⟨getuige⟩ ◆ ¶**.1** iem. voor het gerecht ~ *summon(s)/subpoena s.o.*

dagenlang I ⟨bn.⟩ **0.1** [enige dagen durend] *lasting (for) days;* **II** ⟨bw.⟩ **0.1** [gedurende enige dagen] *for days.*

dageraad 0.1 [morgenstond] *dawn, daybreak* ⇒*break of day* **0.2** [begin] *dawn(ing)* ◆ **1.2** de ~ v.d. vrijheid *the dawn of freedom* **3.1** de ~ brak aan *dawn broke/was breaking* **6.1** met de ~ *at dawn.*

daggemiddelde 0.1 *daily average.*

dagindeling 0.1 *schedule* ⇒*timetable, plan for the day.*

daging 0.1 *summoning; subpoenaing* ⟨van getuige⟩.

dagje 0.1 *day* ◆ **2.1** een ~ ouder worden *be getting on (a bit)* **5.1** een ~ buiten *a d. (out) in the country;* een ~ uit *a d. out;* een ~ uit gaan *go out for the d., have a d. out, make a d. of it;* een ~ vrij *a d. off (duty)* ¶**.1** dat was me het ~ wel! *what a d.!*

dagjesmensen 0.1 *(day) trippers* ⇒*excursionists.*

dagkaart 0.1 *day-ticket.*

dagkoers 0.1 ⟨wisselkoers⟩ *current rate (of exchange)* ◆ **6.1** tegen de ~ *at the current rate (of exchange).*

daglicht 0.1 *daylight;* ⟨vnl. fig.⟩ *light of day* ◆ **2.1** ⟨fig.⟩ de zaak kwam in een ander ~ te staan *that put a different complexion on the matter;* in een belachelijk/bespottelijk ~ stellen *(hold up to) ridicule;* in een zo gunstig mogelijk ~

159

stellen *show in the best possible light;* ⟨fig.⟩ bij iem. in een kwaad ~ staan *be in s.o.'s bad books;* ⟨fig.⟩ iem. in een kwaad ~ stellen *put s.o. in the wrong (with);* ⟨fig.⟩ iets in een verkeerd ~ stellen *misrepresent sth.;* in het volle ~ *in broad d.* **3.1** dat kan het ~ niet verdragen ⟨lett.⟩ *that can't tolerate d.;* ⟨fig.⟩ *that can't stand up to examination* **6.1 bij** ~ *by d.*

dagloner 0.1 *day labourer.*

dagloon 0.1 *daily wage* ⇒⟨het bedrag zelf⟩ *day's wages* ♦ **6.1 in** ~ werken *be paid by the day.*

dagmars 0.1 *day's march* ♦ **7.1** drie ~ en verwijderd zijn van ... *be three days' march away from ...*

dagonderwijs 0.1 *daytime education* ♦ **2.1** volledig ~ *full-time education.*

dagopleiding 0.1 *daytime course/study.*

dagopvang 0.1 *day nursery, day-care centre.*

dagorde 0.1 [volgorde van afhandeling] *schedule* **0.2** [agenda] *order of the day* ⇒*agenda.*

dagorder 0.1 [afkondiging van bevelen] *routine orders* **0.2** [bekendmaking v.h. militair gezag] *routine order* ⇒*order of the day* **0.3** [geldw.] *overnight order* ♦ **6.1 bij** ~ vermeld worden *be mentioned in general orders.*

dagpauwoog 0.1 *peacock butterfly.*

dagprijs 0.1 [hand.] *current (market) price* **0.2** [sport] *prize* ♦ **3.2** ⟨wielersport⟩ de ~ winnen ⟨±⟩ *win a stage, gain a stage victory* **6.1 tegen** ~ *at the current (market) price* **6.2 om** de ~ strijden *compete for the p.*

dagprogramma 0.1 *today's programme/show.*

dagregister 0.1 *daily register;* ⟨scheep.⟩ *(ship's) log.*

dagreis 0.1 *day's journey.*

dagrente ⟨geldw.⟩ **0.1** *current rate of interest.*

dagretour 0.1 *day return, day (return) ticket.*

dagschema 0.1 *(the) day's schedule.*

dagschotel 0.1 *plat du jour;* ⟨van vandaag⟩ *today's special.*

dagschuw 0.1 *averse to light* ⇒⟨med.⟩ *photophobic,* ⟨dierk.⟩ *lucifugous*

dagslot 0.1 *latch.*

dagsluiting 0.1 *epilogue.*

dagtaak 0.1 [dagelijks werk] *daily work* **0.2** [taak voor een dag] *day's work* ♦ **1.1** het is gewoon een deel van haar ~ *it's just part of her daily work* **2.2** een halve/gedeeltelijke ~ *a half-/part-time job* **3.2** daar heb ik een - aan *that is a full day's work/a full-time job.*

dagtekenen →**dateren II 0.1.**

dagtelevisie 0.1 *daytime television.*

dagteller 0.1 ⟨van auto⟩ *trip (mileage) recorder.*

dagtocht, -uitstap 0.1 *day trip* ♦ **3.1** een ~(je) maken *go on a d. t.*

dagvaarden 0.1 [jur.] *summon(s)* ⇒*issue a summons against, subpoena* ⟨getuige⟩ **0.2** [ter vergadering oproepen] *convene* ⇒*summon* ♦ **3.1** gedagvaard worden *be summon(s)ed (to appear in court); be subpoenaed* ⟨vnl. als getuige⟩.

dagvaarding ⟨jur.⟩ **0.1** *(writ of) summons, writ; subpoena* ⟨vnl. van getuige⟩ ♦ **3.1** iem. een ~ sturen/betekenen *serve a summons/writ on s.o.*

dagverblijf 0.1 [mbt. personen]⟨vertrek⟩ *day room* **0.2** [mbt. dieren] *outdoor enclosure, outside cage/pen* ♦ **1.1** een ~ voor kinderen *a day-care centre, a day nursery, a crèche.*

dagvergoeding 0.1 *per diem* ⇒*daily allowance.*

dagvers 0.1 *fresh daily.*

dagwacht 0.1 [wacht bij dag] *daytime watch* **0.2** [eerste wacht na de nacht] *morning watch.*

dagwerk 0.1 [dagelijks werk] *(daily) work* **0.2** [hoeveelheid

arbeid] *day's work* ♦ **3.¶** als ze die allemaal alleen moest nakijken had ze wel ~ *if she had to mark all those by herself, she'd have her work cut out (for her)/she'd be at it all day.*

dagzoom ⟨geol.⟩ **0.1** *(bed) outcrop(ping).*

dahlia 0.1 *dahlia.*

dak 0.1 *roof* ♦ **1.1** het ~ van de wereld *the r. of the world* **2.1** een gewelfd ~ *a vaulted r.;* auto met open ~ *convertible; soft-top;* een plat ~ *a flat r.;* een schuin/aflopend ~ *a pitched/sloping r.* **3.1** een ~ boven het hoofd hebben *have a r. over one's head* **6.1 onder** ~ komen *find accommodation/shelter;* hij is **onder** ~ ⟨lett.⟩ *he has found shelter;* ⟨fig.⟩ *he is settled/set up (for life);* **onder** één ~ wonen *live under one/the same r., live in the same house;* iem. tijdelijk **onder** ~ brengen *find temporary accommodation for s.o.;* toeristen **onder** ~ brengen *find accommodation for/house tourists;* iem./iets **op** zijn ~ schuiven *lay/put the blame on s.o.;* iem. **op** zijn ~ vallen *descend on s.o.;* het viel me koud **op** mijn ~ *I was quite unprepared for it, it gave me quite a turn/start;* iem. de politie **op** zijn ~ sturen *put the police on to s.o.;* hij kreeg (daarvoor) de politie **op** zijn ~ *he got the police down on him;* ⟨fig.⟩ iets **van** de ~ en verkondigen/schreeuwen *shout/proclaim sth. from the housetops/rooftops* **6.¶ uit** je ~ gaan *go crazy/out of one's mind* **¶.1** het gaat v.e. leien ~ je *it's plain sailing (all the way), it's as easy as falling off a log, it's a piece of cake;* ga nu maar gauw op het ~ zitten *you must be kidding!, tell it to the marines!*

dakbalk 0.1 *roof-beam.*

dakbedekking 0.1 *roofing material.*

dakdekker 0.1 *roofer* ⇒*thatcher* ⟨met riet⟩.

dakgoot 0.1 *gutter.*

dakisolatie 0.1 *roof/loft insulation.*

dakkamer 0.1 *attic, garret.*

dakkapel 0.1 *dormer (window).*

daklicht 0.1 *skylight.*

dakloos 0.1 *homeless;* ⟨alleen pred.⟩ *(left) without a roof over one's head* ♦ **3.1** honderden mensen raakten ~ *hundreds of people were made h.*

dakloze 0.1 *homeless person;* ⟨mv.⟩ *street people;* ⟨als groep⟩ *the homeless* ⇒⟨zwerver⟩ *vagrant.*

dakpan 0.1 *(roofing) tile.*

dakraam 0.1 *skylight* ⇒*attic/garret window.*

dakriet, dakstro 0.1 *thatch(ing).*

dakspar ⟨bouwk.⟩ **0.1** *rafter.*

dakterras 0.1 *terrace* ⇒*roof garden.*

daktuin 0.1 *roof garden.*

dakvenster 0.1 *dormer (window).*

dakwerk 0.1 *roof(ing)* ⇒*roof construction.*

dal 0.1 *valley;* ⟨vnl. BE⟩ *dale* ♦ **2.¶** het aardse/dit ondermaanse ~ *this earthly/mortal vale;* hij is door een diep ~ gegaan *he has had a very hard/rough time.*

dalen 0.1 [omlaag gaan] *descend, go/come down* ⇒*drop,* ⟨meetwaarde⟩ *fall* **0.2** [minder worden] *fall, go/come down* ⇒*drop,* ⟨waarde ook⟩ *decline,* ⟨waarde ook⟩ *decrease* **0.3** [mbt. geluiden] *drop* ⇒*fall, be lowered* ♦ **1.1** zich in ~ de lijn bewegen *be on the decline, show a downward tendency;* het vliegtuig daalt *the (air)plane is descending;* ⟨landt⟩ *the plane is landing* **1.2** de prijzen zijn een paar gulden gedaald *prices are down by a couple of guilders;* de koersen ~ *(the) prices are dropping/falling/are going down;* ⟨fig.⟩ *things are/business is going downhill* **5.2** de prijzen zijn sterk gedaald *prices have plummeted* **6.1** hij is zeer in mijn achting gedaald *he has gone down considerably in my estimation;* ⟨fig.⟩ in het graf ~ *sink into* *the/one's grave;* de temperatuur daalde **tot** beneden het vriespunt *the temperature fell below zero* **6.2** iets **in** waarde doen ~ *devalue sth.*

dalgrond 0.1 *reclaimed peatland.*

daling 0.1 [het naar beneden gaan] *descent* ⇒*fall(ing), drop* **0.2** [helling] *slope* ⇒*incline, descent, drop,* ⟨klein⟩ *dip* **0.3** [baisse] *decrease* ⇒*drop, slump* ◆ **1.1** ~ v.d. zeespiegel / het kwik / een vliegtuig *drop in the sea level; fall(ing) of the mercury/thermometer; descent of an aeroplane* **1.3** de ~ v.h. geboortecijfer *the fall in the birth rate* **2.1** een sterke ~ v.h. het ledenaantal *a considerable drop in the membership* **3.3** op ~ speculeren *speculate for a fall.*

dalmatiër 0.1 *Dalmatian.*

daluren 0.1 *off-peak hours.*

dalurenkaart ⟨spoorw.⟩ **0.1** *off-peak railcard.*

dam I ⟨de (m.)⟩ **0.1** [waterkering] *dam* **0.2** [toegang tot een weiland] *causeway* ◆ **3.1** een ~ leggen *build a d.;* ⟨fig.⟩ een ~ opwerpen tegen *stem the tide of, check (the progress of);* **II** ⟨de⟩ **0.1** [damsport] *king* ⇒*crowned man* ◆ **3.1** een ~ halen / maken *crown a man.*

damast 0.1 *damask.*

dambord 0.1 *draughtboard.*

damclub 0.1 *draughts club.*

dame 0.1 [vrouw] *lady* **0.2** [schaakspel, kaartspel] *queen* ◆ **3.1** zij is op-en-top een ~ *she's a l. to the (very) tips of her fingers, she's every inch a l.* **3.2** een ~ halen *queen a pawn* ¶.**1** niet waar (de) ~s bij zijn! *not in front of (the) ladies!, (not in) mixed company!*

damesachtig 0.1 ⟨bn.⟩ *ladylike;* ⟨bw.⟩ *in a ladylike manner.*

damesafdeling 0.1 *women's (wear) department.*

damesblad 0.1 *women's magazine.*

damesconfectie 0.1 *ladies'/women's wear/clothing* ◆ **1.1** op de afdeling ~ *in ladies' wear.*

damesenkel(spel) 0.1 *women's singles.*

damesfiets 0.1 *woman's bike;* ⟨vaak ook⟩ *girl's bike.*

dameskapper 0.1 [kapper] *ladies' hairdresser* **0.2** [kapsalon] *ladies' hairdresser's.*

dameskleding 0.1 *ladies'/women's wear/clothing.*

damesmode 0.1 [mode voor dames] *ladies' fashion* **0.2** [artikelen] *ladies' clothing* ◆ **1.2** afdeling ~ *ladies' fashions department.*

damesondergoed 0.1 *ladies' underwear.*

damesslipje 0.1 *(pair of) (women's) briefs* ⇒*(pair of) panties, (pair of)* ᴮ*knickers* ◆ **7.1** een ~ *a pair of briefs/undies.*

damestennis 0.1 *ladies'/women's tennis.*

damestoilet 0.1 *ladies' toilet.*

damesverband 0.1 *sanitary towels* ◆ **7.1** een ~je *a sanitary towel.*

dameszadel 0.1 *side-saddle* ⇒⟨van fiets⟩ *ladies' saddle.*

damhert 0.1 *fallow deer.*

damlijn ⟨sport⟩ **0.1** *back row.*

dammen 0.1 *play* ᴮ*draughts* ◆ **1.1** een potje / partijtje ~ *a game of draughts.*

dammer, -ster 0.1 ᴮ*draughts player.*

damp 0.1 [nevel, wasem]⟨wasem⟩ *steam, vapour* ⇒⟨nevel⟩ *mist* **0.2** [nat.] *vapour* **0.3** [rook] *smoke;* ⟨vaak mv.⟩ *fume* ◆ **1.1** de ~ v.e. kokende ketel *the s. from a boiling kettle* **2.3** schadelijke ~en *noxious fumes* **2.**¶ kwade ~en *noxious vapours.*

dampen 0.1 [damp afgeven] *steam* **0.2** [rook afgeven, roken] *smoke* ◆ **1.1** het paard stond te ~ *the horse was steaming;* ~de schotels *steaming dishes* **1.2** ~de schoorstenen *smoking chimneys* **3.2** hij zat weer flink te ~ *he was puffing away again for all he was worth.*

dampig 0.1 [op damp lijkend] *vaporous* ⇒*vapour-like* **0.2** [nevelig, rokerig]⟨nevelig⟩ *misty, steamy;* ⟨rokerig⟩ *smoky* **0.3** [mbt. paarden] *broken-winded.*

dampkap ⟨AZN⟩ **0.1** *cooker hood.*

dampkring 0.1 *(earth's) atmosphere.*

damplank ⟨wwb.⟩ **0.1** *sheet pile.*

damschijf, damsteen ⟨damsport⟩ **0.1** ᴮ*draught(sman).*

damspel 0.1 [spel] ᴮ*draughts* **0.2** [benodigdheden] *set of draughts.*

damsport 0.1 *(competition)* ᴮ*draughts.*

damwedstrijd 0.1 ᴮ*draughts match/competition.*

dan¹ ⟨bw.⟩ **0.1** [op dat tijdstip] *then* **0.2** [daarna, daarbij] *then* ⇒⟨daarbij⟩ *besides* **0.3** [bw. van voorwaarde] *then* ⟨meestal onvertaald⟩ **0.4** [modaal bw.] *then* ⟨zie voorbeelden⟩ ◆ **1.4** ⟨in elliptische vragen⟩ en je broer ~? *and what about your brother t.?* **3.1** morgen zijn we vrij, ~ gaan we uit *we have a day off tomorrow, so we're going out* **3.2** eerst werken, ~ spelen *business before pleasure* **3.3** als de trein niet rijdt, ~ kan ik niet komen *if the train isn't running I won't be able to come* **4.1** nu eens dit, ~ weer dat *first one thing, t. another* **4.4** wat ~ nog? *so what!* **5.2** hij heeft twee huizen in de stad en ~ nog één buiten *he has two houses in town and one in the country as well;* zelfs ~ / ~ nog gaat het niet *even so it won't work* **5.4** ⟨met tegenstellende kracht⟩ ook goed, ~ niet *all right, we won't t.;* al ~ niet ⟨+bn.⟩⟨bn.⟩ *or otherwise, whether* ⟨bn.⟩ *or not;* en ~ zeggen ze nog dat …*and still they say that …;* hij heeft niet gewerkt; hij is ~ ook gezakt *he didn't work, so not surprisingly he failed;* die schrijver had ~ toch maar veel succes *but that writer did have considerable success* **6.1 tot** ~ *till t.;* ⟨als afscheid⟩ *see you t.* **8.1** hij zei dat hij ~ en ~ zou komen *he said he'd come at such and such a time* **8.2** en ~? *and t. what?*

dan² ⟨vw.⟩ **0.1** [na een vergrotende trap] *than* **0.2** [na 'ander(s)'] *than, from* **0.3** [na een ontkennende zin] *but* ⇒*except* **0.4** [na 'te'] *to (do/be …), for (that)* **0.5** [of] *or* ◆ **1.2** een ander ~ hij heeft het me verteld *I heard it from s.o. other than him* **2.1** hij is groter ~ ik *he is bigger t. me* **4.3** hij heeft niemand ~ zijn moeder *he has no one but his mother* **5.5** al ~ niet geslepen *(whether) cut or not;* hij vroeg of hij morgen ~ wel overmorgen zou komen *he asked whether he should come tomorrow or the day after* **8.4** hij is te trots ~ dat hij zo iets zou aannemen *he is so proud that he would never accept such an offer.*

dancing 0.1 *dance hall.*

dandy 0.1 *dandy.*

danig 0.1 *soundly, thoroughly* ⇒*well* ◆ **3.1** hij heeft zich ~ verveeld *was bored stiff;* zich ~ vergissen *make a big mistake;* zich ~ weren *put up a good fight* ¶.**1** ~ in de knoei zitten *be in a terrible mess.*

dank 0.1 *thanks, gratitude* ◆ **1.1** de hemel zij ~ *thank heaven(s);* tegen wil en ~ *unwilling* **3.1** God ~ brengen *give t. to God;* iem. (grote) ~ verschuldigd zijn *owe many t. to s.o.* **5.1** duizendmaal ~ *t. a million* **6.1** iets **in** ~ aannemen / aanvaarden *accept sth. with t./g.;* iem. iets niet **in** ~ afnemen *not thank s.o. for sth.* **7.1** geen ~ *you're welcome* **8.1** als ~ voor alle goede zorgen *by way of t. for all you've done* ¶.**1** God(e) zij ~ *t. be to God;* ⟨gelukkig maar⟩ *thank God;* stank voor ~ krijgen *get not so much as a word of t. for one's pains;* bij voorbaat ~ *thank you in advance;* ⟨voor afsluiting van een brief⟩ *thanking you in advance.*

dankbaar 0.1 [erkentelijk] *grateful* ⇒*thankful* **0.2** [voldoening gevend] *rewarding* ⇒*grateful* ◆ **1.1** een ~ mens / hart *a g. person, a thankful heart* **1.2** een ~ onderwerp *a r. subject;* een dankbare taak *a r. task* **3.1** ik zou u zeer ~ zijn als …*I should be most g. to you/obliged if …*

dankbaarheid 0.1 *gratitude* ⇒*thankfulness* ◆ 6.1 veel reden **tot** ~ hebben we niet! *we have little to be thankful for!;* **uit** ~ voor *in appreciation of;* overlopen **van** ~ *be overflowing with g.*

dankbetuiging 0.1 *expression of gratitude;* ⟨schriftelijk⟩ *note/letter of thanks* ◆ 6.1 onder/met ~ *with thanks.*

danken I ⟨ov.ww.⟩ 0.1 [bedanken] *thank* 0.2 [verschuldigd zijn] *owe* ⇒*be indebted* ◆ 4.1 ja graag, dank je *yes, please, thank you;* nee, dank je *no, thanks* 5.1 dank u zeer/wel *thank you very much, many thanks* 6.1 niet(s) **te** ~ *not at all, you're welcome* 6.2 dit heb ik **aan** jou te ~ *I o. this to you;* ⟨negatief⟩ *I have you to thank for this;* waar heb ik dit **aan** te ~? *what have I done to deserve this?;* II ⟨onov.ww.⟩ 0.1 [afslaan] *decline (with thanks)* 0.2 [bidden] *say grace* ⇒*give thanks* ◆ 4.1 dank je feestelijk! *thanks a lot/bundle!* 5.2 heb je al gedankt? *have you said grace yet?* 6.1 daar dank ik (liever) **voor** *I'd rather not, thank you.*

dankwoord 0.1 *word(s) of thanks* ◆ 3.1 een ~ richten tot *extend a word of thanks to.*

dankzeggen 0.1 [bedanken] *thank* ⇒*express (one's) thanks* 0.2 [een dankgebed zeggen] *give thanks to;* ⟨bij maaltijd⟩ *say grace* ◆ 1.2 God ‑ *give thanks to God.*

dankzegging 0.1 [dankbetuiging] *word(s) of thanks* 0.2 [het zeggen v.e. dankgebed] *saying thanks;* ⟨bij maaltijd⟩ *saying grace* ◆ 2.1 dat is een ~ waard *that is sth. to be thankful for* 6.1 onder ~ voor bewezen diensten *with thanks for services rendered.*

dankzij 0.1 *thanks to.*

dans 0.1 *dance* ⇒⟨als kunstvorm ook⟩ *dancing* ◆ 2.1 de vijf de Hongaarse ~ van Brahms *Brahms' fifth Hungarian dance* 3.1 mag ik deze ~ van u? *may I have this dance, please?* 3.¶ de ~ ontspringen *get off scot-free* 6.1 iem. **ten** ~ vragen *ask s.o. to dance.*

dansen 0.1 *dance* ⟨ook fig.⟩ ◆ 1.1 de letters dansten voor mijn ogen *the letters danced before my eyes;* oon tango ‑ *(d. a/the) tango* 3.1 gaan ~ *go dancing;* uit ~ gaan *go (out) dancing* 6.1 ~ **op** (de) muziek/een plaat *d. to music/a record;* ~ **van** blijdschap *jump for joy.*

danser, -eres 0.1 *dancer.*

dansfeest 0.1 *dance.*

dansgroep 0.1 *dance group.*

dansje 0.1 *dance;* ⟨sprongetje⟩ *hop* ◆ 3.1 een ~ maken/wagen *(do a) dance.*

danskunst 0.1 *art of dance* ⇒*dancing,* ⟨vnl. modern⟩ *dance.*

dansmaat 0.1 [mbt. dansbewegingen] *step* 0.2 [deel v.e. muziekstuk] *bar* ◆ 2.1 een langzame/snelle ~ *a slow/quick s.*

dansorkest 0.1 *dance band.*

dansplaat 0.1 *dance(-music) record.*

dansschool 0.1 *dancing school* ⇒⟨onderwijsvorm⟩ *school of dancing.*

danstent 0.1 *disco.*

danstheater 0.1 [theater] *theatre of dance* ⇒*dance theatre* 0.2 [gezelschap] *dance company.*

dansvloer 0.1 *dance floor.*

danszaal 0.1 *dance hall* ⇒⟨in hotel⟩ *ballroom.*

dapper 0.1 [onverschrokken] *brave* ⇒*courageous* 0.2 [flink] *plucky* ⇒*tough* ◆ 1.1 een ~ man ⟨ook⟩ *a man of character* 3.1 ⟨iron.⟩ zich ~ houden *put a b. face on it;* zich ~ verdedigen *put up a b. fight* ¶.2 klein maar ~ *small but tough.*

dapperheid 0.1 *bravery* ⇒*courage.*

dar 0.1 *drone.*

Dardanellen 0.1 *Dardanelles.*

darm 0.1 [spijsverteringskanaal] *intestine* ⇒*bowel* 0.2 [mv.;

---

spijsverteringsstelsel] *intestines* ⇒*bowels* ◆ 2.1 blinde ~ *appendix;* dunne/dikke ~ *small/large i.;* twaalfvingerige ~ *duodenum* ¶.2 zijn ~ en zitten in de knoop ⟨kramp⟩ *he has a stomach ache;* ⟨verstopping⟩ *he's constipated.*

darmbloeding 0.1 *intestinal haemorrhage.*

darminfectie 0.1 *intestinal infection.*

darmkanaal 0.1 *intestinal canal.*

darmontsteking 0.1 *(gastro)enteritis.*

darmsnaar 0.1 *catgut.*

dartel 0.1 [speels] *playful* ⇒*frisky* 0.2 [wulps] *frisky* ⇒*flirtatious* ◆ 1.1 een ~ veulen *a frisky foal* 1.2 een ~ e grijsaard *a frisky old devil.*

dartelen 0.1 *romp* ⇒*frisk, frolic* ◆ 6.1 ⟨fig.⟩ *door het leven ~ waltz through life (without a care in the world);* het visje dartelt **in** het water *the fish darts (about) in the water;* de kinderen ~ **op** het veld *the children r. in the field.*

darts 0.1 *darts.*

darwinisme 0.1 *Darwinism.*

das I ⟨de (m.)⟩ 0.1 [zoogdier] *badger* 0.2 [dashond] *dachshund* ◆ 8.1 slapen als een ~ *sleep like a log;* II ⟨de⟩ 0.1 [stropdas] *tie* 0.2 [halsdoek] *scarf* ◆ ¶.2 dat deed hem de ~ om *that did for/finished him.*

dashboard 0.1 *dashboard.*

dashboardkastje 0.1 *glove compartment.*

daspeld 0.1 *tie-pin.*

dat¹ I ⟨aanw.vnw.⟩ 0.1 [zelfst.] *that* 0.2 [bijvoeglijk] *that* ◆ 1.2 ⟨afkeurend⟩ ~ gezanik/gezeur *that (awful) nagging/complaining;* ~ mens *that (dreadful) woman* 3.1 ben Ik ~? ⟨op foto⟩ *is t. me?;* zo, denk je ~? *is t. what you think?;* ~ doet maar! *some people!;* zij heeft ~ en ~ gezegd *she said such and such;* ~ is nog eens een man *there's a real man for you;* ⟨als tegenwerping⟩ ~ is te zeggen *t. is to say;* ~ is het hem nu juist *that's just it, that's the problem;* ziezo, ~ is/was ~ *right, that's t. (then), so much for t.;* nou, ~ is/was het dan *okay, that's t., t. was it;* ~ lijkt er meer op *that's more like it;* wat moet ~? *what's all this about?;* ⟨als verklaring⟩ ~ wil zeggen *t. is;* ⟨als afk.: d.w.z.⟩ *i.e.;* wat zou ~? *what of it?* 4.1 zij zoeken alleen ~ wat voordeel geeft *they only seek (whatever is to) their own advantage* 4.¶ ⟨met nadruk⟩ het is niet je ~ *it's not that great* 5.¶ ⟨met nadruk⟩ niet ~ bezitten *have nothing at all* 6.1 mijn boek en ~ **van** jullie *my book and yours;* II ⟨betr.vnw.⟩ 0.1 [beperkend] *that, which;* ⟨mbt. personen⟩ *that, who;* ⟨mbt. personen; 3e en 4e naamval en onmiddellijk na voorzetsels; schr.⟩ *whom;* ⟨in inf. stijl kan het betr. vnw. vervallen behalve wanneer het het onderwerp is van de betr. bijzin⟩ 0.2 [uitbreidend] *which;* ⟨mbt. personen⟩ *who;* ⟨mbt. personen; 3e en 4e naamval en onmiddellijk na voorzetsels; schr.⟩ *whom* ◆ 1.1 het bericht ~ hij mij bracht ...*the message (t./which) he brought me ...;* het bericht ~ mij gebracht werd ...*the message t./which was brought me ...;* het jongetje ~ ik een appel heb gegeven *the little boy (t./who) I gave an apple to;* het kind ~ net riep, is mijn zoon *the child t./who just called out is my son;* hier woont een meisje ~ ik vroeger kende *a girl (t./who) I used to know lives here* 1.2 het huis, ~ onlangs opgeknapt was, werd verkocht *the house, which had recently been done up, was sold.*

dat² ⟨vw.⟩ 0.1 [ter inleiding v.e. afhankelijke mededeling] *that* ⟨kan vaak vervallen⟩ 0.2 [mbt. graadaanduidend gevolg] ⟨zie ¶.2⟩ 0.3 [mbt. reden, oorzaak] *that, because* 0.4 [mbt. doel] *so that* 0.5 [mbt. beperking] *as far as* 0.6 [in uitroepen] ⟨zie ¶.6⟩ ◆ 1.1 zij kregen bericht ~ hij niet op tijd zou zijn *they got a message (to say) t. he would be late;* in plaats (van) ~ je me het vertelt ...*instead of telling me, you

...; de reden ~ hij niet komt is ...the reason (why) he's not coming is ...; uit vrees ~ *for fear t.* **3.1** ik denk ~ hij komt *I think (t.) he'll come* **5.4** doe het zo, ~ ik tevreden kan zijn *do it in such a way that I can be pleased with it* **6.1 behalve** ~ *except t.;* **met** ~ hij ... ⟨tijdens⟩ *just as he ...;* ⟨onmiddellijk erna⟩ *the moment (t.) he ...;* **zonder** ~ ik het wist *without me knowing* ¶.**2** het vriest ~ het kraakt *it's freezing (cold);* ⟨inf.⟩ je liegt ~ je barst! *you're a rotten liar;* zij zongen ~ het een (lieve) lust was *they sang with great gusto;* het regende ~ het goot *it was pouring (down);* hij vloekte ~ de honden er geen brood van lustten *he swore like a trooper* ¶.**3** hij is kwaad, ~ hij niet mee mag *he is angry t./ b. he can't come;* ben je ziek ~ je zo bleek ziet? *don't you feel well, you look so pale* ¶.**5** is ze handig, ~ u weet? *is she any good as far as you know?;* is hier ook een bioscoop? niet ~ ik weet *is there a cinema here? not that I know* ¶.**6** smerig ~ het er uit zag! *you should have seen how dirty it was!;* ~ mij nu juist zoiets moest overkomen! *that such a thing should happen to me right now!;* stommeling ~ je bent! *you stupid fool!*

data 0.1 [ook comp.] *data* **0.2** [mv.; van datum] *dates.*

databank 0.1 *data bank.*

datacommunicatie ⟨comp.⟩ **0.1** *data communication(s).*

datatypist, -e 0.1 *data processor.*

dateren I ⟨onov.ww.⟩ **0.1** [stammen uit een periode] *date (from)* ⇒*go back (to)* **0.2** [verouderde indruk maken] *date* ⇒*become dated* ◆ **1.2** een gedateerd toneelstuk *a dated play* **6.1** het huis dateert al **uit** de veertiende eeuw *the house goes all the way back to the fourteenth century;* de brief dateert **van** 6 juni *the letter is dated 6th June;* **II** ⟨ov.ww.⟩ **0.1** [van datum voorzien] *date* **0.2** [jaartal/ periode vaststellen] *date* ⇒*assign a date to* ◆ **1.1** een brief gedateerd (op) 6 juni *a letter dated June 6th* **1.2** kun je het schilderij ~? *can you put a date on the painting?*

datering 0.1 [dagtekening] *date* **0.2** [bepaling v.d. ouderdom] *dating* ◆ **6.1** betaling uiterlijk tien dagen **na** ~ van deze rekening *payment due within ten days of the invoice d.*

datgene 0.1 *what* ⇒*that which* ◆ **4.1** ~ wat je zegt, is waar *w. you say is true.*

datief ⟨taal.⟩ **0.1** *dative.*

dato 0.1 *date, dated* ◆ **6.1** drie weken **na** ~ *three weeks from date.*

dat-recorder, dat-speler 0.1 *DAT recorder.*

dattum ◆ **6.**¶ **van** ~ *you-know-what;* hij denkt alleen maar aan **van** ~ *he can only think of you-know-what.*

datum 0.1 *date* ⇒⟨tijd van oorsprong ook⟩ *time* ◆ **1.1** ~ po-stmerk *d. as postmark* **2.1** gebeurtenissen van recente ~ *events of recent d.* **3.1** een ~ afspreken *to arrange a d.;* de plaats en ~ vastleggen *fix the time and place* **6.1** op een nader te bepalen ~ *on a d. to be specified later;* **zonder** ~ *undated* ¶.**1** er staat geen ~ op *there is no d. on it.*

datumstempel 0.1 *date stamp.*

datzelfde 0.1 *the same (thing).*

dauw 0.1 [waterdamp] *dew* **0.2** [waas op vruchten/ bloemen] *bloom.*

dauwdruppel 0.1 *dewdrop.*

dauwtrappen 0.1 ±*taking a walk at dawn* ⟨Dutch folk ritual on certain days in spring).*

dauwworm 0.1 [larve] *larva of the horsefly* **0.2** [eczeem] *milk scab* ⇒⟨med.⟩ *infantile eczema.*

daveren 0.1 *thunder* ⇒*shake, roar,* ⟨weerklinken⟩ *resound* ◆ **3.1** doen ~ *shake, rock* **5.1** de vrachtwagen daverde voorbij *the truck thundered/ roared past* **6.1** de zaal daverde **van** het lachen *the hall rocked/ echoed with laughter.*

daverend 0.1 *resounding* ⟨ook fig.⟩; *thunderous* ◆ **1.1** een ~ applaus *t. applause;* een ~ feest *a roaring party;* onder ~ gelach *amidst/to roars of laughter;* een ~e hoofdpijn *a splitting headache;* een ~ succes *a r. success* **5.1** de test is niet ~ gemaakt *the test was not terribly well done.*

davidster 0.1 *Star of David.*

davit ⟨vaak mv.⟩⟨scheep.⟩ **0.1** *davit.*

dazen ⟨inf.⟩ **0.1** *prattle (away/on).*

dcc 0.1 [digital compact cassette] *DCC.*

DDR ⟨afk.; gesch.⟩ **0.1** ⟨Deutsche Demokratische Republik⟩ *GDR.*

de 0.1 [lidwoord] *the* **0.2** [(met nadruk) de beste in zijn soort] *thé* ◆ **1.1** eens in ~ week *once a week* **1.2** dat is dé man voor dat karwei *he is (just) the man for the job* **7.1** ze kosten twintig gulden ~ honderd *they are twenty guilders a hundred.*

dealen 0.1 *deal (in)* ⇒*push* ◆ **6.1** hij dealt **in** heroïne *he deals in/ pushes heroin.*

dealer 0.1 *dealer;* ⟨mbt. drugs ook⟩ *pusher.*

debacle 0.1 *disaster* ⇒⟨mislukking⟩ *failure,* ⟨ondergang⟩ *downfall,* ⟨ondergang⟩ *ruin* ◆ **2.1** een financieel ~ *a financial disaster.*

debat 0.1 *debate;* ⟨woordentwist ook⟩ *argument* ◆ **1.1** ⟨jur.⟩ voortzetting v.d. ~ *ten continuation of the proceedings;* ⟨na pauze⟩ *resumption of the proceedings* **3.1** een ~ houden over *hold a d. on;* een ~ leiden *lead/* ⟨als voorzitter⟩ *chair a d.;* ⟨pol.⟩ het ~ sluiten *closure the d.;* ⟨pol.⟩ voorstellen het ~ te sluiten *move the closure* **6.1** deelnemen **aan** een ~ *take part in a d.*

debatteren 0.1 *debate;* ⟨redetwisten⟩ *argue* ◆ **1.1** zij verstaat de kunst v.h. ~ *she is a skilled debater* **6.1** ~ **over** iets *d. sth.;* ⟨overleggen⟩ *deliberate about/upon sth.;* **over** die problemen valt niet te ~ *there's no point in arguing about such problems.*

debet¹ ⟨het⟩ **0.1** [boekhouden] *debit(s)* ⇒*debtor/debit side* **0.2** [schuldvorderingen] *debit(s)* ⇒*debt(s) payable* ◆ **1.1** ~ en credit *debit(s) and credit(s)* **6.1** een bedrag **in** ~ boeken *enter a sum to the debits.*

debet² ⟨bn.⟩ ◆ **3.**¶ u bent mij nog iets ~ *you still owe me sth.;* mijn rekening staat ~ *my account is overdrawn* ¶.¶ ⟨fig.⟩ hij is er ~ aan *it is his fault.*

debetbedrag 0.1 *debit (amount).*

debetnota 0.1 *debit note.*

debetpost 0.1 *debit entry.*

debetrente 0.1 *debit interest* ⇒⟨rentevoet⟩ *interest charged on debit balances,* ⟨rentevoet⟩ *debit interest rate.*

debetzijde 0.1 ⟨hand., adm.; linkerzijde⟩ *debit/debtor side* **0.2** [fig.; ongunstige zijde] *debit side.*

debiel¹ ⟨de⟩ **0.1** *mental defective* ⇒*moron,* ⟨scheldwoord ook⟩ *imbecile,* ⟨scheldwoord ook⟩ *cretin.*

debiel² ⟨bn., bw.⟩ **0.1** *mentally deficient* ⇒⟨scheldwoord ook⟩ *feeble-minded* ◆ **3.1** doe niet zo ~ *don't be such a cretin.*

debiteren 0.1 [als debet boeken] *debit* ⇒*charge* **0.2** [vertellen] *tell* ◆ **1.2** algemeenheden ~ *talk generalities;* geestigheden ~ *vent witticisms;* leugens ~ *t. lies* **6.1** iem. **voor** een zeker bedrag ~ *debit s.o. with an amount.*

debiteur 0.1 *debtor* ⇒⟨adm.⟩ *debt/account(s) receivable* ◆ **2.1** dubieuze ~en *doubtful debtors.*

debiteurenbestand 0.1 *the debtors* ⇒*list of debtors.*

debiteurenpost 0.1 *debit entry.*

debiteurensaldo 0.1 *balance of accounts receivable, net receivables.*

deblokkeren 0.1 [ontzetten] *clear* ⇒*lift the blockade (of)* ⟨haven, weg⟩ **0.2** [vrijgeven] *release* ⇒*unfreeze* ⟨krediet, rekening, goederen), *deblock* ⟨geldverkeer⟩ **0.3** [vrijmaken] *clear.*

debuggen 0.1 *debug.*

debutant 0.1 ⟨ook sport⟩ *novice;* ⟨club, bv. in eredivisie⟩ *newcomer.*

debutante 0.1 *débutante* →⟨inf.⟩ *deb.*

debuteren 0.1 ⟨ook sport⟩ *make one's debut;* ⟨club, bv. in eredivisie⟩ *be a newcomer* ⇒⟨meisje uit hogere stand⟩ *come out.*

debuut 0.1 ⟨ook dram., sport⟩ *debut* ⇒⟨meisje uit hogere stand⟩ *coming out,* ⟨in parlement⟩ *maiden speech* ◆ **3.1** zijn ~ maken *make one's d./first appearance.*

deca 0.1 *decaf.*

decaan 0.1 [deken, faculteitsvoorzitter] *dean* **0.2** [raadgever voor studenten/scholieren] *student counsellor.*

decadent 0.1 *decadent* ◆ **1.1** ~e kunst *d. art;* ⟨fin de siècle⟩ *(the) d. movement/decadents.*

decadentie 0.1 *decadence.*

decafeïne 0.1 *decaffeinated (coffee).*

decatlon ⟨sport⟩ **0.1** *decathlon.*

december 0.1 *December* ⟨ook→**januari**⟩.

decemberzegel ⟨Ned.⟩ **0.1** ±*(special issue) Christmas stamp.*

decennium 0.1 *decade.*

decentraal 0.1 *decentralized* ⇒*local* ◆ **1.1** ~ overleg *local consultations.*

decentralisatie 0.1 *decentralization* ⇒⟨vnl. bestuurlijke macht⟩ *deconcentration,* ⟨van voorzieningen⟩ *localization.*

decentraliseren 0.1 *decentralize* ⇒*deconcentrate* ⟨bestuurlijke macht⟩, *localize* ⟨voorzieningen⟩, *disperse* ⟨industrie⟩.

deceptie 0.1 ⟨teleurstelling⟩ *disappointment;* ⟨ontgoocheling⟩ *disillusionment.*

decibel 0.1 *decibel.*

decigram 0.1 *decigram.*

deciliter 0.1 *decilitre.*

decimaal[1] ⟨de⟩ **0.1** *decimal (place)* ◆ **2.1** repeterende decimalen *recurring decimals* **6.1 tot op** zes decimalen uitrekenen *calculate to six decimal places.*

decimaal[2] ⟨bn.⟩ **0.1** *decimal* ◆ **1.1** decimale breuk *d. fraction, decimal;* overgaan op het decimale muntstelsel *decimalize the currency, go d.;* ~ stelsel *d. system.*

decimaalpunt, -teken 0.1 *decimal point.*

decime ⟨muz.⟩ **0.1** *tenth.*

decimeren 0.1 *decimate* ◆ **1.1** de hongersnood decimeerde de bevolking *(the) famine decimated the population.*

decimeter 0.1 [lengtemaat] *decimetre* **0.2** [liniaaltje] *(metric) ruler.*

declamatie 0.1 [het voordragen] *declamation* ⇒*recitation* ⟨ihb. verzen⟩ **0.2** [hoogdravendheid] *(empty) rhetoric* ⇒ *(theatrical) ranting* **0.3** [voordracht] *declamation* ⇒*recitation* ⟨ihb. verzen⟩.

declameren 0.1 *declaim* ⇒*recite* ⟨ihb. verzen⟩, ⟨hoogdravend ook⟩ *rant.*

declaratie 0.1 [onkostenrekening, nota] ⟨onkostennota⟩ *expenses claim;* ⟨nota⟩ *account;* ⟨bij verzekering⟩ *claim (form)* **0.2** [aangifte van in- en uitvoer] *(customs) declaration* **0.3** [opgave voor belastingheffing] *declaration/statement of income* ⇒⟨formulier⟩ *tax return* **0.4** [verklaring] *declaration* ◆ **3.1** zijn ~ indienen *put in one's claim.*

declaratiebasis 0.1 *basis of reimbursement* ⇒*reimbursement regulations* ◆ **6.1** onkosten worden vergoed **op** ~ *expenses are reimbursable on presentation of a detailed account;* werken **op** ~ *do free-lance work, work on a free-lance basis.*

---

declareren 0.1 [declaratie indienen van] *declare/claim (expenses)* **0.2** [aangifte doen van] *declare* ⟨ook voor belasting⟩ ◆ **1.1** een bedrag/driehonderd gulden ~ *charge an amount/three hundred guilders* **1.2** zijn inkomsten ~ *d.* one's income **3.2** heeft u nog iets te ~? *have you anything to d.?*

decoderen 0.1 *decode.*

decodering 0.1 [het decoderen] *decoding* **0.2** [als vak] *cryptanalysis.*

decolleté 0.1 *low neckline* ⇒*decolletage* ◆ **6.1** een jurk met ~ *a low-cut dress.*

decompressie 0.1 [mbt. een explosiemotor; med.] *decompression* **0.2** [mbt. lucht-/gasdruk] *depressurization.*

decompressiekamer 0.1 *decompression chamber.*

deconfessionaliseren 0.1 ⟨onov.ww.⟩ *lose its denominational character;* ⟨ov.ww.⟩ *secularize* ◆ **1.1** een gedeconfessionaliseerde vakbond *a non-denominational union.*

decor 0.1 [toneeluitrusting] *décor* ⇒*scenery, setting(s), set,* ⟨film.⟩ *set* **0.2** [decorstuk] *piece of scenery* **0.3** [fig.; achtergrond] *background* ⇒*décor, setting* **0.4** [versiering] *décor* ⇒*design* ◆ **1.1** ~ en kostuums *scenery and costumes* **3.1** een ~ ontwerpen *design a set.*

decorateur, -trice 0.1 ⟨dram.⟩ *scene painter/artist;* ⟨ontwerper⟩ *(interior) decorator.*

decoratie 0.1 [het decoreren] *decoration* ⇒*adornment* **0.2** [decorstuk] *piece of scenery* **0.3** [tijdelijke versiering] *decoration* **0.4** [ordeteken] *decoration.*

decoratief 0.1 *decorative* ⇒*ornamental* ◆ **1.1** ⟨fig.⟩ een decoratieve figuur *a colourful character;* decoratieve kunst *d./ornamental art.*

decoratieschilder, -es 0.1 *ornamental painter.*

decorbouwer 0.1 *stage/set designer.*

decoreren 0.1 *decorate.*

decorontwerp 0.1 *set/scenery/scenic design.*

decorontwerper, -ster 0.1 *set/scene designer.*

decorum 0.1 *decorum* ◆ **3.1** het ~ in acht nemen *observe d.*

decorwisseling 0.1 *scene change.*

decoupeerzaag 0.1 *jigsaw.*

decreet 0.1 *decree* ◆ **3.1** een ~ uitvaardigen *issue a d.* **6.1 bij** ~ *by d.*

de dato 0.1 *dated, bearing the date* ⇒⟨in memo e.d.⟩ *date.*

deduceren 0.1 *infer (from)* ⇒⟨ov.ww. ook⟩ *deduce (from).*

deductie 0.1 *deduction.*

deductief 0.1 *deductive* ◆ **1.1** langs deductieve weg *by deduction* ⟨ook wisk.⟩ /*inference* ¶**.1** ~ te werk gaan *proceed deductively.*

deeg 0.1 [dooreengekneed mengsel] *dough* ⟨mbt. brood⟩; ⟨mbt. gebak⟩ *pastry* **0.2** [hengelsport] *bread* ⇒*bait.*

deegachtig 0.1 *doughy* ⇒*pasty.*

deegrol, deegroller 0.1 *rolling pin.*

deegwaren 0.1 *pasta.*

deel I ⟨het⟩ **0.1** [gedeelte] *part* ⇒*piece* **0.2** [aandeel] *share* **0.3** [boekdeel] *volume* ◆ **1.1** de delen v.e. eetservies *the pieces of a dinner service;* één ~ zwavel op één ~ salpeter *one part (of) sulphur to one part (of) saltpetre* **1.2** zijn ~ v.d. winst *his s. of the profits* **2.1** de edele delen *the vital parts;* voor een groot ~ *to a great extent;* voor het grootste ~ *for the most part* **3.1** ~ uitmaken van *be part of, belong to; be a member of* ⟨team⟩ **3.2** ~ aan iets hebben *have a s. in sth.;* zijn ~ inbrengen *do one's fair s.* **4.2** elk zijn ~ *to each his own* **6.1** een hoorspel **in** zeven delen *a seven-part radio play;* sonate **in** drie delen *a sonata in three movements;* **ten** dele *partly, in part* ¶**.2** part noch ~ aan iets hebben *have no s. in sth.;* het viel hem ten deel *it fell to him* ¶**.¶** in genen dele *by no means;*

II ⟨de⟩ **0.1** [planken vloer] *wooden floor* **0.2** [deel v.e. boerderij] ⟨overdekt⟩ *attached barn / stable;* ⟨niet overdekt⟩ *yard* **0.3** [dorsvloer] *threshing-floor.*

deelachtig 0.1 ⟨zie 3.1⟩ ◆ **3.1** iem. iets ~ maken *impart sth. to s.o.;* iets ~ worden *acquire / obtain / receive sth.;* ⟨mbt. geluk enz.⟩ *be blessed with sth.*

deelbaar 0.1 *divisible* ⟨ook wisk.⟩ ⇒⟨scheidbaar⟩ *separable* ◆ **1.1** ⟨wisk.⟩ deelbare getallen *d. numbers* **6.1** tien is ~ **door** twee *ten is d. by two.*

deelbaarheid 0.1 *divisibility* ⟨ook wisk.⟩ ⇒*separability.*

deelcertificaat 0.1 *credit* ⇒*pass (certificate).*

deelgebied 0.1 *(sub)sector* ⇒*branch.*

deelgemeente 0.1 *±borough* ⟨ihb. in Londen en New York⟩.

deelgenoot, -note 0.1 [iem. die met een ander iets deelt] *partner (in)* ⇒*companion (in)* **0.2** [compagnon] *partner* ⇒ *(business) associate* ◆ **3.1** iem. ~ maken v.e. geheim *confide a secret to s.o.*

deelhebber 0.1 ⟨in winst⟩ *participant* ⇒⟨in firma⟩ *(co-)partner,* ⟨in firma⟩ *(business) associate.*

deellijn 0.1 *dividing line;* ⟨wisk.⟩ *bisector.*

deelmarkt 0.1 *market segment.*

deelname →**deelneming.**

deelnemen 0.1 [meedoen] *participate (in)* ⇒*take part (in),* ⟨aanwezig zijn⟩ *attend, enter* ⟨wedstrijd⟩, *compete (in)* ⟨wedstrijd⟩, *join (in)* ⟨gesprek⟩ **0.2** [meevoelen] *sympathize (with)* ◆ **6.1 aan** een wedstrijd / optocht ~ *take part in a contest / parade;* ~ **aan** een examen *take an exam* **6.2 in** iemands droefheid ~ *s. with s.o. 's sorrow.*

deelnemend 0.1 [meelevend] *sympathetic* **0.2** [meedoend] *participating* ◆ **1.1** een ~e blik *a s. look* **1.2** de ~e landen v.d. EEG *the member countries of the EEC.*

deelnemer, -neemster 0.1 *participant;* ⟨aan congres ook⟩ *attendant; competitor, entrant* ⟨aan wedstrijd⟩; *contestant* ⟨aan prijsvraag⟩ ◆ **1.1** een beperkt aantal ~s *a limited number of participants* **6.1** ~ **aan** *participant in.*

deelneming 0.1 [participatie] *participation* ⇒*attendance, entry,* ⟨hand.⟩ *holding interest* **0.2** [medelijden] *sympathy* ⇒*condolence(s)* ⟨ihb. bij overlijden⟩ ◆ **2.1** bij voldoende ~ *if there are enough entries* ⟨enz.⟩ **3.2** zijn ~ betuigen *extend one's s.* **6.1** ~ **aan** een wedstrijd *taking part in a contest;* ⟨jur.⟩ ~ **aan** een strafbaar feit *complicity in an (indictable) offence;* ~ **aan** de winst *profit sharing.*

deelpacht 0.1 *ᴮmétayage.*

deelprobleem 0.1 *sub-problem* ⇒*part of the problem.*

deelrapport 0.1 *section (of a report).*

deelregering ⟨Belg.⟩ **0.1** *executive* ⇒*±regional government.*

deels 0.1 *partly* ⇒*part* ◆ **¶.1** ~ om die reden, ~ om een andere *partly for this reason, partly for another (one);* het leger bestaat ~ uit vrijwilligers, ~ uit dienstplichtigen *the army is part volunteers, part conscripts.*

deelsom ⟨wisk.⟩ **0.1** *division sum.*

deelstaat 0.1 *(federal) state.*

deelstaatverkiezing 0.1 *state elections.*

deelstudie 0.1 *monograph.*

deeltal ⟨wisk.⟩ **0.1** *dividend.*

deelteken 0.1 [wisk.] *division sign* **0.2** [trema] *diaeresis.*

deeltentamen 0.1 *±exam(ination)* ⇒⟨geschreven⟩ *paper,* ⟨mondeling⟩ *viva (voce).*

deeltijd 0.1 *part-time, half-time* ◆ **6.1** in ~ werken *work p.-t., be on h.-t.*

deeltijdarbeid, deelarbeid 0.1 *part-time work* ⇒⟨duobaan⟩ *worksharing.*

deeltijdbaan 0.1 *part-time job.*

deeltijddouder 0.1 *part-time parent.*

deeltijdstudie 0.1 *part-time course* ◆ **3.1** naast het werk een ~ volgen *study part-time in addition to working.*

deeltijdwerker, -ster 0.1 *part-timer.*

deeltje 0.1 [klein deel; hoeveelheid] *particle* **0.2** [klein boekdeel] *volume* ◆ **6.1** in kleine ~s *finely cut / powdered.*

deeltjesversneller 0.1 *particle accelerator.*

deelverzameling ⟨wisk.⟩ **0.1** *subset.*

deelwoord ⟨taal.⟩ **0.1** *participle* ◆ **2.1** het onvoltooid / tegenwoordig ~ *the present p.;* het voltooid / verleden ~ *the past p.*

deemoed 0.1 *humility* ⇒*meekness* ◆ **5.1** vol ~ *humbly, in all h.*

deemoedig 0.1 *humble* ⇒*meek* ◆ **1.1** een ~e blik *a hangdog look.*

deemoedigheid 0.1 *humility* ⇒*meekness.*

Deen, -se 0.1 *Dane;* ⟨v. ook⟩ *Danish woman.*

Deens 0.1 ⟨zn. en bn.⟩ *Danish* ◆ **2.1** ⟨meubelen⟩ modern ~ *D. modern.*

deerlijk I ⟨bn.⟩ **0.1** [deerniswekkend] *pitiful* ◆ **1.1** een ~ schouwspel *a sorry sight;* **II** ⟨bw.⟩ **0.1** [hevig] *badly* ⇒*sorely* ◆ **3.1** ~ toegetakeld zijn *be in a sorry state, be b. knocked about;* je vergist je ~ *you are profoundly mistaken.*

deernis 0.1 *pity* ⇒*compassion* ◆ **3.1** ~ hebben met *take p. on;* ~ wekken *arouse p.*

deerniswekkend 0.1 *pitiful* ◆ **1.1** in ~e toestand *in a p. state.*

defaitisme 0.1 *defeatism.*

defaitist 0.1 *defeatist.*

defaitistisch 0.1 *defeatist.*

defaultwaarde ⟨comp.⟩ **0.1** *default value.*

defect¹ 0.1 *fault, defect* ⟨in constructie⟩; ⟨onvolkomenheid⟩ *flaw* ◆ **2.1** mechanisch ~ *mechanical fault / defect;* ⟨storing⟩ *mechanical failure* **3.1** we hebben het ~ aan de machine kunnen verhelpen *we've managed to sort out the trouble with the engine.*

defect² ** ⟨bn.⟩ **0.1 *faulty* ⇒*defective,* ⟨alleen pred.⟩ *out of order,* ⟨beschadigd⟩ *damaged* ◆ **1.1** ⟨amb.⟩ een ~e letter *a damaged / broken character* **3.1** ~ raken *break down, become defective* **¶.1** ~ ⟨als opschrift⟩ *out of order.*

defectief 0.1 *defective* ⟨ook taal.⟩.

defensie 0.1 *defence* ◆ **1.1** de minister van ~ *the Minister of Defence;* ⟨GB⟩ *Secretary of State for Defence* **3.1** ⟨jur.⟩ ~ voeren *speak for the d.* **6.** ¶ ⟨fig.⟩ hij werkt op Defensie *he works for the M.o.D.*

defensieapparaat 0.1 *defence system.*

defensiebegroting 0.1 *defence budget.*

defensiebeleid ⟨pol.⟩ **0.1** *defence policy.*

defensief¹ ⟨het⟩ **0.1** *defensive* ◆ **6.1** in het ~ zijn *be on the d.;* iem. in het ~ dringen *force s.o. onto the d.*

defensief² ⟨bn., bw.⟩ **0.1** *defensive* ◆ **1.1** een ~ optreden *d. action* **3.1** zich ~ opstellen *take up a d. position.*

deficiënt 0.1 *deficient.*

deficiëntie 0.1 *deficiency.*

deficit 0.1 *deficit* ◆ **3.1** er is een ~ in de kas *the books show a d.*

defilé 0.1 *parade* ⇒⟨mil.⟩ *march-past,* ⟨mil.⟩ *defile* ◆ **3.1** het ~ afnemen *take the salute.*

defileren 0.1 *march / file past* ◆ **6.1** de troepen defileerden **voor** de koningin *the Queen took the salute.*

definiëren 0.1 *define* ◆ **5.1** moeilijk te ~ *hard to d.;* iets nader ~ *define sth. more closely, be more specific about sth.;* niet te ~ *indefinable.*

definitie 0.1 *definition* ◆ **6.1** per ~ *by d.*

definitief 0.1 *definitive* ⇒*final* ◆ **1.1** een definitieve benoeming *a permanent appointment;* nog geen definitieve keuze doen *keep one's options open;* een definitieve versie *a d. version;* (jur.) ~ vonnis *final judgment* **3.1** ~ verbreken *break off, sever* (relaties); *cancel, annul* (contract e.d.) **¶.1** aan iets ~ een einde maken *make an end to sth. once and for all;* een gerucht ~ uit de wereld helpen *quash a rumour.*

deflatie 0.1 [ec.] *deflation* ♦ **3.1** ~ veroorzaken *deflate.*

deflecteren 0.1 *deflect.*

deformatie 0.1 [ver/misvorming] *deformation* ⇒*disfigurement* **0.2** [vormverandering] *deformation* ⇒*distortion.*

deformeren 0.1 (misvormen) *deform* ⇒*disfigure,* (vervormen) *distort* ♦ **6.1** iets ~ tot *deform sth. to.*

deftig 0.1 [voornaam] *distinguished* ⇒*fashionable, stately* **0.2** [AZN; fatsoenlijk] *respectable* ♦ **1.1** een ~e buurt *a fashionable quarter;* van ~e familie *of good family, from a d. family;* een ~ gezicht *an aristocratic face;* de ~e kringen *the d./fashionable circles;* ~e mensen *d. people* **3.1** ~ doen *act grandly;* zich ~ kleden *dress stylishly/fashionably/elegantly;* ~ praten *talk with an upper-class accent;* (BE; inf.) *talk posh.*

deftigheid 0.1 [het deftig zijn] *fashionableness* ⇒*distinction, dignity* **0.2** [deftig persoon] (inf.; iron.) *swell* ♦ **¶.1** alle/de ~ overboord gooien *throw respectability overboard; dispense with the formalities.*

degelijk I (bn.) **0.1** [betrouwbaar] *reliable* ⇒*respectable, solid, sound* ♦ **1.1** een ~e firma *a reputable/respectable firm;* een ~ persoon *a respectable person;* **II** (bn., bw.) **0.1** [deugdelijk] *sound* ⇒*reliable, solid* ♦ **1.1** een ~ fabrikaat *a reliable product;* een ~e maaltijd *a substantial meal* **3.1** dat huis is ~ gebouwd *that house is solid;* **III** (bw.) **0.1** [danig] *thoroughly* ⇒*soundly, very much* ♦ **5.¶** wel ~ *really, actually, positively;* ik meen het wel ~ *I am quite serious* **¶.1** ik heb hem ~ onder handen genomen *I have given him a good talking to.*

degelijkheid 0.1 [deugdelijkheid] *soundness* ⇒ *thorough ness* **0.2** [betrouwbaarheid] *reliability* ⇒*solidity, respectability* ♦ **2.1** van Duitse ~ *Teutonic in its thoroughness.*

degen 0.1 *sword* ⇒(schermen) *foil* ♦ **3.1** de ~'s kruisen (met) *cross swords (with)* (ook fig.) **6.1** iem. aan de ~ rijgen *run one's s. through s.o.*

degene 0.1 (enk.) *he/she/the one;* (mv.) *those* ♦ **4.1** degene die ... *he/she/the one who ...*

degeneratie 0.1 *degeneration.*

degenereren 0.1 *degenerate.*

degenslikker 0.1 *sword swallower.*

degenstok 0.1 *sword cane/stick.*

degradatie 0.1 [verlaging in rang/klasse] (vnl. mil.) *demotion;* (vnl. sport) *relegation* **0.2** [ontzetting uit een waardigheid] *degradation.*

degradatieduel 0.1 *relegation match.*

degraderen I (ov.ww.) **0.1** [in rang/klasse verlagen] *degrade, downgrade (to)* ⇒(vnl. mil.) *demote (to),* (vnl. sport) *relegate (to)* **0.2** [uit een waardigheid ontzetten] *degrade;* **II** (onov.ww.) **0.1** [gedegradeerd worden] *be relegated (to)* ⇒*be downgraded (to).*

degressief 0.1 *degressive.*

deinen 0.1 [mbt. de waterspiegel] *heave* **0.2** [mbt. vaartuigen] *bob, roll* **0.3** [wiegen] *rock* ♦ **1.1** de zee deinde sterk *the sea surged wildly* **6.2** ~ op de golven *r./b. on the waves.*

deining 0.1 [golfbeweging] *swell* ⇒*roll* **0.2** [golvende beweging] *rocking motion* **0.3** [beroering] *commotion* ♦ **2.1** er staat een sterke ~ *the sea is swelling* **3.3** ~ veroorzaken *cause a stir.*

deinzen 0.1 *start back* ⇒*recoil (from), shrink (back).*

déjà vu 0.1 *déjà vu* ♦ **3.1** een ~ hebben *have the feeling of d. v.*

dejeuner 0.1 [lunch] *lunch(eon)* **0.2** [ontbijt] *breakfast* **0.3** [servies] *breakfast service.*

dek 0.1 [bedekking] *cover(ing)* **0.2** [kleed voor dieren] *cover* ⇒*horse cloth* (paard) **0.3** [scheepsvloer] *deck* **0.4** [beddengoed] *bedclothes* ♦ **6.3** aan ~ gaan *go on d.* **6.4** onder ~ kruipen *pull the b. up over one's head* **¶.3** alle hens aan ~ *all hands on d.*

dekbed 0.1 *(continental) quilt* ⇒*duvet.*

dekbedovertrek 0.1 *(continental) quilt cover* ⇒*duvet cover.*

dekblad 0.1 [blad dat iets afdekt] *cover (sheet/plate)* **0.2** [mbt. een sigaar] *wrapper.*

deken I (de (m.)) **0.1** [overste, hoofd] *dean* ♦ **1.1** ~ v.h. brouwersgilde *master of the brewers' company;* de ~ v.h. corps diplomatique *doyen of the diplomatic corps;* **II** (de) **0.1** [kleed] *blanket* ♦ **2.1** elektrische ~ *electric b.* **6.1** onder de ~s kruipen *pull the cover(s) over one's head;* (fig.) samen onder één ~ liggen (inf.) *be hand in glove.*

dekenaat (r.-k.) **0.1** *deanery.*

dekenkist 0.1 *blanket chest.*

dekhengst 0.1 (dier) *stud (horse)* ⇒(breeding) *stallion,* (persoon) *stud.*

dekken 0.1 [een voorwerp/laag leggen op] *cover* ⇒*coat* (deklaag) **0.2** [geheel bedekken] *cover* **0.3** [overeenstemmen met] *agree (with)* ⇒*correspond (with/to)* **0.4** [verbergen] *cover (up), hide* **0.5** [beschermen] *cover (for)* ⇒*protect* **0.6** [vergoeden] *cover, meet* **0.7** [bespringen, paren] *cover* ⇒*service* (merrie) **0.8** [sport] *cover* ⇒(voetbal ook) *mark* ♦ **1.1** de tafel ~ *set the table* **1.2** ~de verf *finishing paint* **1.5** iem. in de rug ~ *support s.o./stand up for s.o.;* de vlag dekt de lading *the flag covers the cargo* **1.6** deze cheque is niet gedekt *this cheque is not covered;* (fig.) iemands handelwijze/fouten ~ *sanction s.o.'s actions/mistakes;* de verzekering dekt de schade *the insurance covers the damage;* de inkomsten ~ de uitgaven *the receipts cover the expenses* **3.4** zich gedekt houden *keep a low profile* **3.6** gedekt zijn *be insured* (tegen verlies); *be covered* **4.3** die begrippen ~ elkaar *these concepts are completely analogous* **4.5** deze twee verdachten ~ elkaar *these two suspects are covering for each other;* zich ~ (ook mil.) *cover/protect o.s.;* (jacht) *hide o.s.;* (geldw.) *hedge one's positions* (in termijnhandel).

dekker 0.1 *roofer.*

dekking 0.1 [handeling] *covering* ⇒*coating* **0.2** [mil.] *cover* ⇒*shelter* **0.3** [bevruchting] *service* **0.4** [geldw.; metaal] *backing* **0.5** [geldw.; activa] *security* **0.6** [geldw.; mbt. cheques] *cover* **0.7** [geldw.; compensatie] *cover* **0.8** [zekerheid] *coverage* **0.9** [sport](voetbal) *marking; cover; guard* (boksen e.d.) ♦ **3.2** ~ zoeken *seek/take c. (from)* **6.2** onder ~ van de nacht *under c. of darkness* **6.3** ter ~ staan *be in s.* **6.6** zonder ~ *not covered, with insufficient funds* **6.7** ter ~ van de (on)kosten *to cover/meet/make up the expenses* **6.8** deze polis geeft ~ op inbraak *this policy offers c. against burglary.*

dekkingsfout (sport) **0.1** *failure to mark.*

dekkingspakket 0.1 *coverage (package).*

dekkingsplan 0.1 *financing scheme.*

dekkleed 0.1 [dekzeil] *cover, canvas* ⇒*tarpaulin* **0.2** [kleed voor een dier] *cover* ⇒*horse cloth* (paard).

deklaag 0.1 [verf] *finishing./top coat* **0.2** [gesteente] *overburden.*

deklading 0.1 *deck cargo.*

dekmantel ⟨fig.⟩ **0.1** *cover* ⇒*cloak,* ⟨ihb. mbt. misdadige praktijken⟩ *blind,* ⟨ihb. mbt. misdadige praktijken⟩ *front* ◆ **8.1** iem. / iets als ~ gebruiken *use s.o. / sth. as a front.*

deknaam 0.1 *pseudonym* ⇒*(pen) name.*

dekolonisatie 0.1 *decolonization.*

dekoloniseren 0.1 *decolonize.*

dekschaal 0.1 *covered dish.*

dekschild 0.1 *wing case / shield.*

dekschuit ⟨scheep.⟩ **0.1** *(flat-bottomed) boat.*

deksel 0.1 *lid* ⇒⟨fles ook⟩ *top,* ⟨ter afdekking / bescherming⟩ *cover* ◆ **¶.1** het ~ op zijn neus krijgen *get the door slammed in one's face;* ⟨fig.; inf.⟩ op ieder potje past een ~tje *every Jack will find his Jill.*

deksels¹ ⟨bn., bw.⟩⟨inf.⟩ **0.1** *damned* ⇒*confounded,* ⟨euf. voor damned⟩ *d-d,* ⟨euf. voor damned⟩ *dashed* ◆ **1.1** wat een ~e jongen *what a confounded boy* **2.1** dat is ~ mooi *that is dashed beautiful.*

deksels² ⟨tw.⟩⟨inf.⟩ **0.1** *what the devil* ⇒*confound it.*

deksteen 0.1 [steen] *covering stone / slab* **0.2** [steenlaag] *coping stone* ⇒*capstone* ◆ **¶.2** de dekstenen *the coping.*

dekstier 0.1 *breeding / stud bull.*

dekstoel 0.1 *deck chair.*

dekverf 0.1 [waterverf] *opaque water colour* **0.2** [verf waarmee wordt afgeschilderd] *scumble.*

dekzand 0.1 [geol.] *wind-borne sand deposit.*

dekzeil 0.1 *tarpaulin* ⇒*canvas.*

del 0.1 *slut* ⇒*tramp.*

delcredere ⟨hand.⟩ **0.1** *del credere.*

delegatie 0.1 *delegation.*

delegeren 0.1 *delegate.*

delen I ⟨onov., ov.ww.⟩ **0.1** [in delen splitsen] *divide* ⇒*split* **0.2** [verdelen] *share* ⇒*divide* **0.3** [mbt. rekenkunde] *divide* ⇒⟨school., als oefening⟩ *do division* ◆ **1.2** met iem. het bed ~ *s. the bed with s.o.;* het verschil ~ *split the difference* **3.2** u moet kiezen of ~ *you may take it or leave it* **4.1** bacteriën vermenigvuldigen zich door zich te ~ *bacteria multiply by division / fission* **5.2** eerlijk ~ *share and share alike;* samen ~ *go halves* **6.1** in tweeën ~ *d. in two;* ⟨sport⟩ de punten ~ *met draw with* **6.2** een kamer ~ *met s. a room with* **6.3** honderd ~ *door* tien *d. one hundred by ten;* **II** ⟨onov.ww.⟩ **0.1** [deelnemen] *share (in)* ⇒*participate (in)* ◆ **3.1** iem. in de winst laten ~ *let s.o. have a share in the profits;* iem. in zijn vreugde laten ~ *s. one's joy with s.o.;* **III** ⟨ov.ww.⟩ **0.1** [meevoelen] *share* ◆ **1.1** een mening ~ *s. an opinion.*

deler 0.1 [iem. die deelt] *divider* ⇒*sharer* **0.2** [wisk.] *divisor* ◆ **2.2** de (grootste) gemene ~ *the (greatest) common d.;* ⟨fig.⟩ *the common denominator.*

deleten ⟨comp.⟩ **0.1** *delete.*

deletie 0.1 *deletion.*

delfstof 0.1 *mineral* ◆ **3.1** ~fen winnen *extract minerals.*

Delfts 0.1 *delft* ◆ **1.¶** ~ blauw ⟨aardewerk⟩ *delft(ware);* ⟨kleur⟩ *delft blue.*

delgen 0.1 *pay off; redeem* ⟨lening, zonde⟩ ◆ **1.1** schulden ~ *pay off / settle debts;* een verlies ~ *make good a loss.*

delging 0.1 *payment* ⇒*settlement, redemption* ⟨lening, zonde⟩.

delibereren 0.1 *deliberate (over / (up)on);* ⟨discussiëren⟩ *debate* ◆ **5.1** na lang ~ werden zij het eens *they agreed after much debate.*

delicaat 0.1 *delicate.*

delicatesse 0.1 [lekkernij] *delicacy* **0.2** [kiesheid] *delicacy* ⇒*consideration.*

∗delicatessewinkel *(Wdl: delicatessenwinkel)* **0.1** *delicatessen.*

delict 0.1 *offence;* ⟨misdrijf ook⟩ *criminal offence.*

deling 0.1 [het scheiden in delen] *division* ⇒*fission* **0.2** [het verdelen] *partition* **0.3** [het delen (in)] *participation (in)* **0.4** [wisk.] *division.*

delinquent 0.1 *delinquent* ⇒*offender.*

delirium 0.1 *delirium* ◆ **¶.1** ~ tremens *d. tremens;* ⟨inf.⟩ *the D.T. 's.*

delta 0.1 [aardr.; rivierarmen] *delta* **0.2** [vleugel; vliegtuig] *delta wing.*

deltavliegen 0.1 *hang gliding.*

deltavlieger 0.1 *hang-glider.*

Deltawerken 0.1 *Delta works.*

delven I ⟨ov.ww.⟩ **0.1** [graven] *dig;* **II** ⟨ov.ww.⟩ **0.1** [uitspitten] *extract* ⟨steenkolen⟩ ◆ **1.1** keien / goud / grondstoffen ~ *quarry stone(s), mine gold / raw materials.*

demagogie 0.1 *demagogy* ⇒⟨pej. ook⟩ *demagoguery.*

demagogisch 0.1 *demagogic(al).*

demagoog 0.1 *demagogue.*

demarcatie 0.1 *demarcation.*

demarcatielijn 0.1 *line of demarcation.*

demarreren ⟨sport⟩ **0.1** *break away* ⇒*take a flyer.*

dement 0.1 *demented.*

dementeren I ⟨onov.ww.⟩ **0.1** [verkindsen] *grow / get demented;* **II** ⟨ov.ww.⟩ **0.1** [logenstraffen; ontkennen] *deny.*

dementie, dementia 0.1 *dementia* ◆ **¶.1** dementia senilis *senile d.*

demilitarisatie 0.1 *demilitarization.*

demilitariseren 0.1 *demilitarize* ◆ **1.1** gedemilitariseerde zone *demilitarized zone.*

demi-sec 0.1 *demi-sec.*

demissionair 0.1 *outgoing* ◆ **1.1** het kabinet is ~ *the cabinet has resigned.*

demobilisatie 0.1 *demobilization.*

demobiliseren 0.1 *demobilize* ⇒⟨inf.⟩ *demob.*

democraat, -crate 0.1 [aanhanger v.d. democratie] *democrat* **0.2** [lid v.e. democratische partij] *Democrat.*

democratie 0.1 [staatsvorm] *democracy* ⇒*self-government* **0.2** [staat] *democracy.*

democratisch 0.1 *democratic.*

democratiseren 0.1 *democratize.*

democratisering 0.1 *democratization.*

demografie 0.1 *demography.*

demografisch 0.1 *demographic.*

demon 0.1 [duivel] *demon* ⇒*devil, evil spirit* **0.2** [slechtaard] *demon* ⇒*devil, monster* ◆ **6.1** door een ~ bezeten zijn *be possessed by a demon.*

demonisch 0.1 *demoni(a)c* ⇒*satanic, devilish, fiendish, diabolic(al).*

demonstrant, -e 0.1 *demonstrator* ⇒*protester.*

demonstrateur, -trice 0.1 *demonstrator.*

demonstratie 0.1 [het aantonen van iets] *demonstration* ⇒*showing* **0.2** [pregn.; bewijs van kunnen] *demonstration* ⇒*display, show, exhibition* **0.3** [het vertonen] *demonstration* ⇒*display, show(ing), exhibition, presentation* **0.4** [betoging] *demonstration* ⇒*(protest) march* ◆ **1.3** ~ v.e. nieuw vliegtuigtype *demonstration of a new type of aeroplane* **3.2** een ~ van zijn kunnen geven *give a demonstration of one's ability* **6.4** een ~ **tegen** kernwapens *a d. against nuclear arms.*

demonstratief¹ ⟨het⟩ **0.1** *demonstrative (pronoun).*

demonstratief² ⟨bn., bw.⟩ **0.1** [taal.] *demonstrative* **0.2** [erop gericht de aandacht te trekken] *ostentatious* ⇒*demonstrative, showy* ◆ **1.2** een ~ machtsvertoon *an o. display of* *power;* zij liet op demonstratieve wijze haar ongenoegen blijken *she made no attempt to hide her displeasure.*

demonstratiemodel 0.1 *demonstration model.*

demonstratietoernooi 0.1 *demonstration tournament.*

demonstreren I ⟨ov.ww.⟩ **0.1** [aantonen] *demonstrate* ⇒ *show* **0.2** [icts in zijn working vertonen] *demonstrate* ⇒ *display, show, exhibit;* **II** ⟨onov.ww.⟩ **0.1** [een betoging houden] *demonstrate* ⇒ *march, protest* ◆ **6.1** ~ **tegen / voor** iets d. *against / in support of sth.*

demontabel →**demonteerbaar.**

demontage, demontering 0.1 [handeling] *dismantling, disassembling* ⇒*taking apart,* ⟨motor ook⟩ *stripping (down),* ⟨van onderdeel⟩ *removal,* ⟨van onderdeel⟩ *detaching,* ⟨van onderdeel⟩ *taking off,* ⟨bom⟩ *defusing,* ⟨bom⟩ *deactivating* **0.2** [keer] *dismantlement, disassembly* ⇒ ⟨motor ook⟩ *stripping (down),* ⟨onderdeel⟩ *removal, takedown,* ⟨bom⟩ *defusing,* ⟨bom⟩ *deactivation.*

demonteerbaar 0.1 *sectional* ⇒*removable, detachable* ⟨onderdeel⟩, *clastic* ⟨anatomisch model⟩ ◆ **5.1** gemakkelijk ~ *easily dismantled / disassembled;* ⟨meubels ook⟩ *knockdown.*

demonteren 0.1 [uit elkaar nemen]⟨geheel⟩ *disassemble, dismantle, take apart* ⇒*strip (down)* ⟨motor⟩, *take off* ⟨onderdeel⟩, *remove* ⟨onderdeel⟩, *detach* ⟨onderdeel⟩, ⟨vnl. passief⟩ *knock down* **0.2** [onbruikbaar maken] *deactivate* ⇒*defuse* ⟨bom⟩, *disarm* ◆ **1.2** zeemijnen ~ *deactivate / defuse mines.*

demoraliseren 0.1 [zedeloos maken] *demoralize* ⇒*corrupt* **0.2** [ontmoedigen] *demoralize* ⇒*discourage, dishearten.*

demotiveren 0.1 *remove / reduce (s.o.'s) motivation* ⇒ ⟨ov.ww. ook⟩ *discourage, dishearten.*

dempen 0.1 [dichtgooien] *fill (up / in)* ⇒*close / stop (up)* **0.2** [temperen] *subdue, tone down* ⟨kleuren⟩; *muffle, deaden* ⟨geluid⟩; *dim, shade* ⟨licht⟩; *cushion, buff* ⟨schok⟩ **0.3** [bedwingen] *quell, suppress* ⇒*subdue* **0.4** [nat.] *damp* ⇒*attenuate* ⟨elektrische trillingen⟩ **0.5** [muz.] *mute* ⇒*damp* ⟨pianosnaar⟩, *soft-pedal* ⟨piano⟩ ◆ **1.1** een sloot / gracht ~ *fill in a ditch / canal* **1.2** gedempt licht *subdued / dimmed / soft light;* met gedempte stem *in a low voice* **1.3** een oproer ~ *q. / crush a rebellion.*

demper 0.1 [mbt. kachels, ketels] *damper* **0.2** [muz.] *sordino* *mute* ⇒*sordino* **0.3** [in uitlaat] [B]*silencer,* [A]*muffler* **0.4** [van geweer] *silencer.*

demping 0.1 [het dichtgooien] *filling (in)* **0.2** [mbt. geluiden] *muffling, deadening* **0.3** [mbt. schokken] *cushioning* ⇒*buffing* **0.4** [nat.] *damping* ⇒*attenuation.*

den 0.1 *pine(-tree)* ⇒*fir* ◆ **8.1** zo slank als een ~ *as slim as a reed.*

denappel →**dennenappel.**

denaturaliseren 0.1 *denaturalize.*

denderen 0.1 *rumble, thunder* ⇒⟨snel⟩ *hurtle, roar,* ⟨trillen⟩ *rattle,* ⟨trillen⟩ *judder* ◆ **5.1** de trein denderde voorbij *the train thundered / roared past.*

denderend 0.1 *roaring* ⇒*raging, thunderous, tremendous* ⟨resultaat⟩, *overwhelming* ⟨resultaat⟩ ◆ **1.1** een ~ succes *a roaring / an overwhelming success.*

Denemarken 0.1 *Denmark.*

denier 0.1 *denier* ◆ **7.1** panty's van twintig ~ *twenty-d. tights.*

denigrerend 0.1 *disparaging* ⇒*belittling, denigratory* ◆ **3.1** ~ over iem. / iets spreken *speak disparagingly about s.o. / sth.*

denim 0.1 *denim.*

denivelleren 0.1 *reverse the equalization of incomes.*

denkbaar 0.1 *conceivable* ⇒*imaginable, possible* ◆ **1.1** met alle denkbare invloeden rekening houden *take into account all c. influences* **5.1** het is niet ~ dat *it is inconceivable that.*

denkbeeld 0.1 [idee] *concept* ⇒*idea, thought, notion,* ⟨ingewikkeld⟩ *conception* **0.2** [begrip] *notion* ⇒*concept, image* **0.3** [mening] *opinion* ⇒*idea, view* **0.4** [plan] *idea, plan* ⇒ *prospect, concept(ion)* ◆ **2.2** een verkeerd ~ hebben van *have a wrong conception / idea of* **2.3** hij houdt er verouderde ~ en op na *he has some antiquated ideas* **3.1** zich een ~ vormen van *form some idea of* **6.3** zijn ~ **omtrent** de politieke situatie *his o. / view of the political situation* **6.4** iem. op een ~ brengen *give s.o. an / the i.*

denkbeeldig 0.1 [slechts in het begrip bestaand] *notional* ⇒ *theoretical, hypothetical,* ⟨wisk.⟩ *imaginary* **0.2** [niet werkelijk] *imaginary* ⇒*illusory, unreal,* ⟨bedacht⟩ *fictitious, fanciful, fantastic(al)* ◆ **1.1** een ~ geval *a hypothetical case* **1.2** ~ e pijn *phantom pain;* ⟨hand.⟩ ~ e winst *fictitious / paper profit(s)* **5.2** het gevaar is niet ~ dat ...*there's a (very) real danger that ...*

denkelijk 0.1 [waarschijnlijk; vermoedelijk]⟨bn.⟩ *likely, probable;* ⟨bw.⟩ *probably* ◆ **3.1** ik kom ~ met de laatste trein *I'll probably come by the last train.*

denken I ⟨onov.ww.⟩ **0.1** [het verstand gebruiken] *think* ⇒ *consider, reflect, ponder* **0.2** [van plan zijn] *think of / about* ⇒*intend (to), plan (to)* ◆ **3.1** het doet ~ aan *it reminds one of ...;* dit doet sterk aan omkoperij ~ *this savours strongly of bribery;* ik zat net te ~ *I was just thinking;* waar zit je aan te ~? *what's on your mind?* **5.1** er anders over gaan ~ *change one's mind (about it);* denk er nog eens over *give it some more thought, think it over;* ik denk er niet aan *I wouldn't dream of it;* ik moet er niet aan ~ *I can't bear to t. about it;* denk er (maar eens) om! *don't forget!;* ik denk er net zo over *I feel just the same about it;* ik zal er aan ~ *I'll bear it in mind;* nu ik eraan denk *(now I) come to t. of it;* denk erom dat het niet weer gebeurt *mind that it doesn't occur again;* even ~, hoor *let me see;* hardop ~ t. *aloud;* min ~ over *take a dim view of* **5.2** ik denk erover met roken te stoppen *I'm thinking of giving up smoking;* wat denk je ervan? *how do you think of it?* **6.1** aan iets / iem. ~ t. / *be thinking of sth. / s.o.;* ik probeer er niet aan te ~ *I try to put it out of my mind;* laten we er niet meer aan ~ *let's forget about it;* ik moest er steeds maar aan ~ *I couldn't get it out of my head;* zonder te ~ aan het gevaar *without realizing the danger;* daar heb ik geen moment aan gedacht *that never (even) crossed my mind;* ⟨vergeten⟩ *I forgot all about it;* jij kan alleen maar aan geld ~ *all you can t. of is money;* daar ~ wij in de verste verte niet aan *nothing could be further from our thoughts;* hij dacht nooit aan zichzelf *he never thought of himself;* iem. aan het ~ zetten *set s.o. thinking;* ik dacht bij mezelf *I thought / said to myself;* ~ in geld *t. in terms of money;* denk om je hoofd *mind your head;* als je er goed over denkt, dan ...*when one comes to think of it, (then) ...;* er verschillend / anders over ~ *take a different view (of the matter);* zij denkt er nu anders over *she feels differently (now);* stof tot ~ geven *give (s.o.) food for thought;* dat had ik niet van hem gedacht *I should never have thought it of him* **6.2** ik denk er ernstig over om ...*I'm seriously thinking of ...* **7.¶** geen ~ aan! *it's out of the question!* **¶.1** dat geeft te ~ *that makes you t.;* **II** ⟨ov.ww.⟩ **0.1** [menen] *think* ⇒*be of the opinion, consider* **0.2** [vermoeden] *think* ⇒*suppose, expect, imagine* **0.3** [in aanmerking nemen] *think* ⇒*understand, imagine, appreciate, consider* **0.4** [van plan zijn] *think of / about* ⇒*in-*

tend, be going (to), plan ♦ **1.3** ik had Peter gedacht voor de hoofdrol *I had Peter in mind for the principal part* **3.1** ik weet niet wat ik ervan moet ~ *I don't know what to t.; zou je (dat) ~? (do) you (really) t. so?* **3.2** wat denk je daarmee te bereiken? *what do you hope to achieve by that?;* wie had dat kunnen ~ *who would have thought it?;* u moet niet ~ (dat) ... *you mustn't suppose/ t. (that) ...;* hij denkt te slagen *he expects to/ thinks he'll pass* **3.3** de beste arts die men zich maar kan ~ *the best (possible) doctor;* je moet maar ~ dat het slechts voor heel kort is *try to remember it is only for a short period* **3.4** wat denk je nu te doen? *what do you intend to do now?* **4.3** dat laat zich ~ *I can imagine* **5.1** wat denk je ervan? *what do you t. (about/ of it)?;* het zijne ervan ~ *have one's own ideas about it* **5.2** dat dacht ik al *I thought so;* denk dat maar niet *don't you believe it;* ik heb het altijd wel gedacht *I always thought so* **5.3** denk eens (aan) *imagine!, just t. of it!* **6.1** wat dacht je **van** een ijsje? *what would you say to an ice cream?* **8.2** ik zou ~ dat *I'm inclined to t. that* ¶**.1** dat dacht je maar, dat had je maar gedacht *that's what you t.!* ⟨klemtoon op 'you'⟩; ik dacht van wel/ van niet *I thought it was/ wasn't;* wie denk je wel dat je bent? *(just) who do you t. you are?;* wat denk je (eigenlijk) wel! *who do you t. you are?* ¶**.2** dacht ik het niet! *just as I thought!; ...,* denk ik *..., I think/ suppose* ¶**.3** ik dacht bij mezelf dat ... *I thougt/ said to myself that ...;* ik had zo gedacht ... als jij morgen eens naar B. ging *I was thinking ... if you went to B. tomorrow;*
III ⟨wk.ww.⟩; zich ~; met een bep. van gesteldheid⟩ **0.1** [peinzen] *think (o.s.), imagine* ♦ **2.1** zich suf ~ *rack one's brains* **6.1** denkt u zich eens **in** mijn positie *put yourself in my position.*
denkend 0.1 *thinking, rational, intelligent* ♦ **1.1** ~e wezens *intelligent beings* **5.1** helder ~ *clear-headed.*
denker 0.1 *thinker* ♦ **2.1** de grote ~s *the great thinkers.*
denkfout 0.1 *logical error* ⇒*error of reasoning, wrong inference.*
denkpatroon 0.1 *pattern of thought* ⇒*way of thinking.*
denkproces 0.1 *mental process.*
denkraam 0.1 [denkvermogen] *mental capacity* ⇒*brainpower* **0.2** [denkwijze, denkpatroon] *pattern of thought* ⇒ *way of thinking, frame of mind.*
denkrichting 0.1 *direction/ school of thought* ⇒*line of reasoning/ thought* ♦ **1.1** de ~ van Freud *Freud's thinking.*
denksport 0.1 [het zich bezighouden met raadsels/ puzzels] *puzzle/ problem solving* **0.2** [tak daarvan] *mind game* ♦ ¶**.1** zij is een echte denksportliefhebber *she loves puzzles and brain-teasers.*
denktank 0.1 *think tank.*
denktrant 0.1 *(line/ way of) thinking* ♦ **6.1** als je in die ~ doorredeneert ... *if you carry on reasoning along those lines, ...*
denkvermogen 0.1 *intellect* ⇒*mental capacity, reasoning power,* ⟨verstand⟩ *sense* ♦ **2.1** het logisch ~ *the capacity for logical thought.*
denkwereld 0.1 *(way of) thinking* ⇒*mental world, mentality* ♦ **6.1** zich **in** zijn ~ verplaatsen *enter into his way of t.*
denkwijze 0.1 [manier van denken] *way of thinking, mode of thought* **0.2** [opvatting] *(way of) thinking, mentality* ⇒ *mind, school of thought, view(s).*
dennen 0.1 *pine(wood).*
dennenappel 0.1 *pine cone* ⟨van grove den⟩;*fir cone* ⟨van spar⟩.
dennenboom →den.
dennenbos 0.1 *pine forest* ⇒⟨klein⟩ *pine wood.*
dennenhout 0.1 *fir(wood)* ⇒*pine(wood).*

dennennaald 0.1 *pine-needle.*
denotatie 0.1 *denotation* ⟨ook taal.⟩.
denuclearisatie 0.1 *denuclearization.*
denuderen 0.1 *denude* ⟨ook geol.⟩ ⇒*expose, strip.*
deodorant 0.1 *deodorant.*
deodorantroller 0.1 *roll-on (deodorant).*
Deo volente 0.1 *Deo volente, God willing.*
departement 0.1 [(gebouw van) ministerie] *department, ministry* **0.2** [provincie in Frankrijk] *department* **0.3** [afdeling v.e. vereniging] *department* ⇒*section, division* **0.4** [fig.; gebied] *department, province* ♦ **1.3** hoofd v.e.~ *head of a department* **4.4** dit behoort niet tot mijn ~ *that's not my d./ p.*
departementaal 0.1 *departmental.*
dependance 0.1 *annex(e)* ♦ **1.1** een ~ v.h. hotel *an a. to the hotel* **3.1** de universiteit heeft twee ~s *the university has two auxiliary branches.*
depersonalisatie 0.1 *depersonalization.*
depersonaliseren 0.1 *depersonalize.*
deplorabel 0.1 *deplorable* ⇒*lamentable.*
deponeren 0.1 [ergens neerleggen] *deposit* ⇒*place, put (down)* **0.2** [overleggen] *file, lodge* ⟨document⟩ **0.3** [in bewaring geven] *deposit* ⇒*lodge, bank* **0.4** [ter inschrijving aanbieden] *register* **0.5** [als getuige verklaren] *depose* ⇒ *testify* ♦ **1.1** hij deponeerde de notitie op het bureau *he placed the memo on the desk* **1.2** een voorstel ter griffie ~ ⟨fig.⟩ *shelve a proposal* **1.3** aandelen bij de bank ~ *d. shares with the bank* **5.4** wettig gedeponeerd handelsmerk *registered trademark.*
deportatie 0.1 [handeling]⟨verbanning⟩ *deportation;* ⟨naar strafkolonie⟩ *transportation* **0.2** [straf] *deportation, transportation* ♦ **1.1** de ~ van miljoenen joden naar concentratiekampen *the d. of millions of Jews to concentration camps.*
deporteren 0.1 ⟨verbannen⟩ *deport;* ⟨naar strafkolonie⟩ *transport* ♦ **7.1** een gedeporteerde *a deportee/ transportee.*
deporthandel ⟨hand.⟩ **0.1** *backwardation business.*
deposito 0.1 *deposit* ♦ **6.1** geld à/ in ~ geven (bij een bank) *deposit money (with a bank);* geld in ~ hebben *hold money on d.;* ~ **met/ zonder** opzegging *d. at notice/ on call.*
depositorekening ⟨geldw.⟩ **0.1** *deposit account.*
depositorente 0.1 *depositor's interest.*
depot 0.1 [bewaargeving] *deposit(ing)* ⇒*committing to safe keeping* **0.2** [iets in bewaring] *(goods on) deposit* ⇒*deposited goods/ documents* ⟨enz.⟩, ⟨hand.⟩ *(reserve) stock,* ⟨hand.⟩ *store* **0.3** [magazijn]⟨ook mil.⟩ *depot* ⇒*store,* ⟨hand. ook⟩ *warehouse,* ⟨hand. ook⟩ *repository,* ⟨bank⟩ *depository,* ⟨mil.; tijdelijk⟩ *dump* **0.4** [mbt. een handels- / fabrieksmerk] *registration* ♦ **1.3** een ~ van koopwaren *a goods depot* **6.1** bagage in ~ *left luggage* **6.2** ⟨geldw.⟩ in ~ gegeven stukken *securities/ documents deposited (with a bank);* ⟨geldw.⟩ **in** ~ hebben/ nemen *hold in depositary.*
depothouder, -ster 0.1 *depositary* ⇒⟨chef van depot⟩ *depot manager.*
deppen 0.1 *dab* ⇒⟨droogdeppen⟩ *pat (dry).*
depressie 0.1 [meteo.] *depression* ⇒*low* **0.2** [gedrukte gemoedsstemming] *depression* ⇒*low (spirits), melancholy,* ⟨med.⟩ *dysphoria,* ⟨inf.⟩ *blues* **0.3** [ec.] *depression* ⇒*recession, slump* ♦ **1.3** de ~ v.d. jaren dertig *the d. of the Thirties* **2.2** postnatale ~ *post-natal depression;* ⟨inf.⟩ *the baby blues.*
depressief 0.1 *depressed, depressive* ⇒*low, dejected,* ⟨inf.⟩ *blue.*
depressiviteit 0.1 [toestand] *depression* **0.2** [eigenschap] *depressive nature.*

depri 0.1 *down* ⇒*depressing, depressed* ⟨personen⟩ ◆ **3.1** zich ~ voelen *feel down/depressed.*
deprimeren 0.1 *depress* ⇒*deject,* ⟨beklemmen⟩ *oppress,* ⟨ontmoedigen⟩ *dishearten.*
deprimerend 0.1 *depressing* ⇒⟨vooruitzicht ook⟩ *bleak,* ⟨nieuws ook⟩ *dispiriting,* ⟨nieuws ook⟩ *disheartening,* ⟨beklemmend⟩ *oppressive.*
deprivatiseren ⟨pol.⟩ 0.1 *deprivatize.*
deputatie 0.1 *deputation* ⇒*delegation.*
der[1] ⟨bez.vnw.⟩ 0.1 ⟨haar⟩ *her;* ⟨hun⟩ *their.*
der[2] ⟨bw.⟩ 0.1 *thither* ⇒*there.*
der[3] ⟨lidw.⟩ 0.1 *of (the)* ◆ **1.1** de koning ~ koningen *the King of Kings.*
derailleren 0.1 ⟨ontsporen⟩ *be derailed* ⇒*go off the rails,* ⟨plotseling⟩ *jump the rails* 0.2 [v.d. wijs raken] *go off the rails* 0.3 [zich verspreken] *make a slip of the tongue.*
derailleur 0.1 *(derailleur) gears* ⟨mv.⟩.
derby 0.1 ⟨(voetbal)wedstrijd⟩ *local derby.*
derde[1] I ⟨het⟩ 0.1 [verdelingsgetal] *third* 0.2 [kaartspel] *run of three* ◆ **1.1** een ~ liter *a/one t. of a litre* 7.1 twee ~ v.d. kiezers *two thirds of the voters;* II ⟨de (m.)⟩ 0.1 [buitenstaander] *third party/person* ◆ **1.1** in aanwezigheid van ~n *in the presence of a third party* 6.1 aansprakelijkheid *jegens* ~n *third-party risk;* III ⟨de⟩ 0.1 [derde klas]⟨BE⟩ *third form* ◆ **6.1** in de ~ zitten *be in the third form.*
derde[2] ⟨rangtelw.⟩ 0.1 *third* ◆ **1.1** ⟨inf.⟩ het ~ been(tje) *the t. leg;* we hebben een ~ man nodig *we need a third;* de ~ mei *the third of May;* het Derde Rijk *the Third Reich.*
derdegraadsverbranding 0.1 *third-degree burn* ⇒*tertiary burn.*
derdemacht ⟨wisk.⟩ 0.1 *cube* ⇒*third power, power of three* ◆ **3.1** tot de ~ verheffen *cube, raise to the third power.*
derdemachtsvergelijking ⟨wisk.⟩ 0.1 *cubic equation.*
derdemachtswortel ⟨wisk.⟩ 0.1 *cube root* ◆ **3.1** de ~ trekken uit *extract the c. r. of/from.*
derderangs 0.1 *third-rate* ⇒*third-class.*
derde wereld 0.1 *Third World.*
derdewereldland 0.1 *Third World country.*
derdewereldwinkel 0.1 *Third-World shop* ⇒⟨GB⟩ ±*Oxfam shop.*
dereguleren 0.1 *deregulate.*
deren 0.1 [schaden] *harm* ⇒*damage, injure, hurt* 0.2 [verdriet doen] *hurt* ⇒*upset, pain* 0.3 [medelijden inboezemen] *concern* ⇒*matter (to), touch* ◆ **5.1** dat zal mij niet ~ *that won't hurt me* 5.2 hun afgunst deerde hem niet *their envy didn't bother him* 5.3 mij deert jouw ziekte niet *your illness is no concern of mine.*
dergelijk 0.1 *similar* ⇒*(the) like, such(like)* ◆ **1.1** wijn, bier en ~e' dranken *wine, beer and drinks of that sort* 4.1 iets ~s *sth. of the kind;* iets - s heb ik nog nooit meegemaakt *I have never experienced anything like it* 8.1 en ~e *and the like.*
derhalve 0.1 *therefore* ⇒ *so, accordingly, consequently.*
derivaat 0.1 *derivative* ⟨ook schei.⟩.
derivatie 0.1 [afleiding] *derivation* 0.2 [afwijking; ook mil.] *deviation* 0.3 [wat afgeleid is] *derivation* ⇒*derivative* 0.4 [afgeleide stof] *derivative.*
dermate 0.1 *so (much)* ⇒*to such an extent, such (that).*
dermatologie ⟨med.⟩ 0.1 *dermatology.*
derrie 0.1 [grondsoort] *peat* 0.2 [blubber] *muck* ⇒*goo* 0.3 [stront] *muck* ⇒*shit.*
derrière 0.1 *behind* ⇒*buttocks, bottom.*
dertien 0.1 *thirteen;* ⟨data⟩ *thirteenth* ◆ **1.**¶ hij is er nummer ~ *he is the odd man out* 3.1 ~ is een ongeluksgetal

depri - desinfecteren

thirteen is an unlucky number; hij wordt ~ vandaag *he is thirteen today* ¶.1 zo gaan er ~ in een dozijn *they are two a penny* ⟨ook→**drie**⟩.
dertiende 0.1 ⟨zn. en rangtelw.⟩ *thirteenth* ◆ **1.1** een ~ kilo *one t. of a kilo* 4.1 hij liep weg op zijn ~ *he ran away when he was thirteen* 7.1 Lodewijk de Dertiende *Louis the Thirteenth;* vandaag is het de ~ *today is the t.* ⟨ook→**derde**⟩.
dertig 0.1 *thirty;* ⟨data⟩ *thirtieth* ◆ **1.1** in de jaren ~ *in the Thirties* 3.1 vorige week is hij ~ geworden *he was/turned thirty last week* 6.1 hij is in de ~ *he is in his thirties;* zij is rond de ~ *she is thirtyish* ⟨ook→**drie**⟩.
dertiger 0.1 *s. o. in his/her thirties* ◆ **2.1** hij is een goede ~ *he is well into his thirties.*
dertigjarig 0.1 [dertig jaren durend] *thirty-year* 0.2 [dertig jaar oud] *thirty year old* ◆ **1.1** een ~ contract *a t.-y. contract;* de Dertigjarige Oorlog *The Thirty Years War* 7.2 een ~e *a thirty year old.*
dertigste 0.1 ⟨zn. en rangtelw.⟩ *thirtieth* ◆ **1.1** de ~ gele kaart v.h. seizoen *the t. yellow card of the season* 7.1 vandaag is het de ~ *today is the t.;* zes ~ is gelijk aan een vijfde *six thirtieths is one fifth.*
dertigtal 0.1 ⟨ongeveer dertig⟩ *about/approximately thirty;* ⟨dertig⟩ *thirty.*
derven 0.1 [ontberen] *lack* ⇒*be deprived of* 0.2 [mislopen] *lose* ⇒*miss* ◆ **1.2** inkomsten ~ *l. income.*
derving 0.1 *lack;* ⟨ook ec.⟩ *loss* ⇒*(de)privation.*
derwaarts ⟨schr.⟩ 0.1 *thither* ◆ **5.1** her- en ~ *hither and t.*
des[1] ⟨de⟩⟨muz.⟩ 0.1 *D flat.*
des[2] ⟨bw.⟩⟨vero., bek. in uitdrukkingen⟩ 0.1 *wherefore* ⇒*on that/which count* ◆ **5.**¶ ~ te beter *all the better;* het is ~ te gemakkelijker naarmate je minder nadenkt *the less you think about it, the easier it gets;* ~ te meer reden *all the more reason;* hoe meer mensen er komen, ~ te beter ik me voel *the more people come, the better I feel;* ~ te meer omdat *the more so because;* ik zal er ~ te beter om slapen *I will sleep (all) the better for it.*
des[3] ⟨lidw.⟩ 0.1 *of (the), (the)* … *'s* ◆ **1.1** de heer ~ huizes *the master of the house;* ⟨van landhuis, anders scherts ⟩ *the lord of the manor;* 's ochtends *in the morning.*
desalniettemin 0.1 *nevertheless, nonetheless.*
desastreus 0.1 *disastrous* ◆ **3.1** de wedstrijd verliep ~ *the match turned into a disaster.*
desbetreffend 0.1 *relevant* ⇒*appropriate, to that effect* ⟨woorden, daden⟩, ⟨betreffende een of elk v.e. aantal⟩ *respective* ◆ **1.1** de ~e afdelingen *the departments concerned/in question;* ~e maatregelen *appropriate measures.*
descendant ⟨astrol.⟩ 0.1 *descendant, descendent.*
desem 0.1 ⟨ook fig.⟩ *leaven.*
deserteren 0.1 [mil., scheep.; weglopen] *desert* 0.2 [overlopen] *defect (to)* ⇒*desert (to)* ◆ **6.1** uit het leger ~ *d. (the army).*
deserteur 0.1 *deserter.*
desertie 0.1 *desertion.*
desgevraagd 0.1 *if required/requested* ◆ **3.1** ~ deelde zij mee *on being asked, she declared.*
desgewenst 0.1 *if required/desired* ◆ **3.1** wij zouden, ~, die informatie kunnen verschaffen *we could supply that information if desired.*
desillusie 0.1 *disillusion* ⇒⟨inf.⟩ *letdown,* ⟨gemoedstoestand⟩ *disillusionment,* ⟨gemoedstoestand⟩ *disenchantment.*
desinfectans, desinfecteermiddel 0.1 *disinfectant.*
desinfecteren 0.1 *disinfect* ⇒*decontaminate* ⟨tegen gifgas/radioactiviteit⟩, ⟨uitroken⟩ *fumigate* ◆ **1.1** een huis ~ *disin-*

fect/fumigate a house; een wond ~ *disinfect/cleanse a wound.*

desinformatie 0.1 *disinformation.*

desintegratie 0.1 *disintegration* ⇒*decomposition.*

desintegreren 0.1 *disintegrate* ⇒*decompose.*

desinteresse 0.1 *lack of interest* ♦ ¶.1 blijk geven van ~ *show little interest.*

desinvesteren 0.1 *disinvest.*

desinvestering 0.1 *disinvestment.*

deskundig 0.1 *expert (in/at)* ⇒*professional* ♦ **1.1** een ~ advies/oordeel geven *give e. advice/an e. judgment;* een ~ onderzoek *an e. examination* **3.1** ik ben niet ter zake ~ *I'm no e. on these matters;* een zaak ~ beoordelen *judge a matter expertly* **6.1** zij is zeer ~ op het gebied van *she's an authority on.*

deskundige 0.1 *expert (in/at)* ⇒*authority (on), specialist (in),* ⟨bij examen⟩ *external examiner.*

deskundigheid 0.1 *expertise* ⇒*professionalism* ♦ **2.1** zijn grote ~ op dit gebied *his great e. in this field.*

desniettegenstaande 0.1 *nonetheless* ⇒*nevertheless.*

desnoods 0.1 [zo nodig] *if need be* ⇒*if necessary* **0.2** [in het uiterste geval] *in an emergency* ⇒⟨inf.⟩ *at a pinch* **0.3** [voor mijn part] *as far as I'm concerned.*

desolaat 0.1 [troosteloos] *desolate* ⇒*dismal, bleak* **0.2** [verlaten] *desolate* ⇒*forsaken, deserted* **0.3** [diepbedroefd] *desolate* ⇒*despondent, dejected* **0.4** [verwaarloosd] *desolate* ⇒*ruinous, dilapidated* ♦ **1.4** een desolate boedel *an abandoned estate.*

desondanks 0.1 *in spite of this/(all) that* ⇒*all the same, for all that, nevertheless* ♦ **3.1** ~ protesteerde hij niet *in spite of all that he did not protest* ¶.1 hij was vriendelijk maar ~ toch een schurk *he was friendly but a rogue all the same.*

desorganisatie 0.1 [ontbinding] *decomposition* ⇒*decay, disintegration* **0.2** [fig.; chaos] *disorganisation* ⇒*confusion, disarray,* ⟨inf.⟩ *muddle.*

desorganiseren 0.1 *disorganize* ⇒*disrupt.*

desoriëntatie 0.1 *disorientation.*

desoriënteren 0.1 *disorient(ate)* ♦ **3.1** gedesoriënteerd raken ⟨ook fig.⟩ *lose one's bearings, get disorient(at)ed.*

despoot 0.1 [dictator] *despot* ⇒*autocrat* **0.2** [heerszuchtig persoon] *despot* ⇒*tyrant* ♦ **2.1** een verlicht ~ *a benevolent d.*

despotisch 0.1 *despotic* ⇒*autocratic, tyrannical* ♦ **3.1** een ~ bestuurd land *a despotically governed country.*

despotisme 0.1 *despotism.*

dessert 0.1 *dessert* ⇒*sweet* ♦ **8.1** wat wil je als ~? *what would you like for d.*

dessin 0.1 *design* ⇒*pattern* ♦ **6.1** stoffen in gebloemde ~s *materials in floral designs.*

destijds 0.1 *at the/that time* ⇒*then, in those days* ♦ **1.1** ~ de hoofdstad v.h. land *the then capital* **3.1** de ~ genomen beslissing *the decision taken at the time;* toen wij het huis ~ huurden *at the time we rented the house.*

destil- →*distil-.*

destructie 0.1 *destruction.*

destructief 0.1 *destructive* ♦ **1.1** een destructieve natuur *a d. nature.*

deswege ⟨schr.⟩ **0.1** *hence, on that account* ⇒*therefore.*

detachement 0.1 *detachment* ⇒*contingent* ♦ **1.1** ⟨fig.⟩ een ~ schoonmakers *a clean-up crew.*

detacheren 0.1 [elders te werk stellen] *second* ⇒*send on secondment* **0.2** [mbt. een militair] *attach (to)* ⇒*second, post (to),* ⟨voor bep. taak⟩ *detail (to)* **0.3** [mbt. troepenonderdelen] *detach (to)* ⇒*quarter (in)* ♦ **6.3** de troepen wor-den nu **in** een andere stad gedetacheerd *the troops are now being quartered into another town.*

detail 0.1 [bijzonderheid] *detail* ⇒*particular,* ⟨mv.⟩ *specifics* **0.2** [kleinhandel] *retail* ♦ **6.1 in** ~s treden *go into detail;* iets **in** ~(s) bespreken *discuss sth. in d.;* ⟨iets⟩ **in** ~ onderzoeken *investigate (sth.) in d.;* **tot in** de ~s *in great detail;* zij heeft een goed oog **voor** ~s *she has a sharp eye for d.* ¶.2 verkoop en detail *r. trade.*

detailfoto 0.1 *close-up* ⇒*detail (picture),* ⟨bij grotere foto⟩ *inset,* ⟨vergroting van detail⟩ *blow-up,* ⟨mbt. microscoop⟩ *photomicrograph.*

detailhandel 0.1 *retail trade.*

detailkritiek 0.1 *detailed criticism* ⇒*minute criticism,* ⟨lit.⟩ *close reading.*

detailleren 0.1 *specify* ⇒*elaborate (on), detail,* ⟨op lijst⟩ *list,* ⟨op lijst⟩ *enumerate* ♦ **1.1** een gedetailleerde beschrijving/tekening *a detailed description/drawing.*

detaillist 0.1 *retailer.*

detailprijs 0.1 *retail price.*

detectiepoort 0.1 *security gate.*

detective 0.1 [persoon] *detective* **0.2** [verhaal] *detective novel* ⇒⟨inf.⟩ *whodunit* ♦ **2.1** particulier ~ *private d./investigator.*

detectiveverhaal →**detective 0.2.**

detentie ⟨jur.⟩ **0.1** [hechtenis] *detention* ⇒*arrest, custody* **0.2** [houderschap] *mediate/de facto possession, custody* ♦ **2.1** militaire ~ *military d.* **6.1 in** ~ ⟨ook⟩ *on remand.*

determinant 0.1 [determinerend element; ook wisk.] *determinant* **0.2** [bepalende factor] *determinant* ⇒*deciding factor.*

determinatie 0.1 *determination* ⇒*establishment,* ⟨plantk.⟩ *identification.*

determineren 0.1 [bepalen] *determine* ⇒*establish* **0.2** [biol.] *identify* ⇒*fingerprint* ⟨scheikundige stof⟩.

determinisme ⟨fil.⟩ **0.1** *determinism.*

deterministisch 0.1 *deterministic* ♦ **1.1** een ~e levensvisie *a d. view of life.*

detineren 0.1 *detain* ⇒*remand in custody* ♦ **6.1 in** Scheveningen gedetineerd zijn *be on remand in Scheveningen* (prison).

detoneren 0.1 [fig.; uit de toon vallen] *be out of tune* ⇒*clash* **0.2** [ontploffen] *detonate* ⇒*explode, blow up* ♦ **1.1** een detonerende figuur *an incongruous figure.*

deugd 0.1 [het zedelijk goed zijn] *virtuousness* ⇒*morality, chastity* ⟨vnl. mbt. vrouw⟩ **0.2** [eigenschap; iets goeds] *virtue* ⇒*merit* ♦ **1.1** in alle eer en ~ *in all decency* **2.2** ⟨rel.⟩ goddelijke/theologische ~en *Christian/divine virtues;* naastenliefde is de hoogste ~ *love of one's neighbour is the highest v.* ¶.¶ lieve ~ *goodness gracious* **3.**¶ dat doet me ~ *I'm pleased to hear it.*

deugdelijk I ⟨bn.⟩ **0.1** [aan alle vereisten voldoend] *sound* ⇒*reliable* ⟨mechanisme⟩, ⟨tgov. snel slijtend⟩ *durable* **0.2** [van goede kwaliteit] *sound* ⇒*good* **0.3** [gegrond] *sound* ⇒*valid, well-founded* ♦ **1.1** iets in ~e staat houden *maintain/keep sth. in good condition* **1.2** ~e spijzen *substantial food* **3.3** ~ verklaren *validate;*
II ⟨bw.⟩ **0.1** [goed] *well* ⇒*thoroughly* ♦ **3.1** zijn werk ~ verrichten *do one's job w./thoroughly.*

deugdelijkheid 0.1 [goede kwaliteit] *soundness* ⇒*good quality, reliability* ⟨van mechanisme⟩, ⟨tgov. snel slijtend⟩ *durability* **0.2** [gegrondheid] *soundness* ⇒*validity.*

deugdzaam 0.1 *virtuous* ⇒*good, upright, honest* ♦ **3.1** ~ leven *lead an honest life.*

deugdzaamheid 0.1 *virtuousness* ⇒*uprightness, honesty.*

deugen 0.1 [met ontkenning: niet braaf zijn] *be no good* ⇒

⟨vnl. personen⟩ *be good for nothing* **0.2** [met ontkenning: niet geschikt zijn] *be wrong/unsuitable/unfit* **0.3** [met ontkenning: niet in orde zijn] *be no good* ⇒*be bad* ⟨werk⟩, *not be right* ⟨berekening⟩, *not be valid* ⟨argument⟩ ◆ **1.3** die oplossing deugt niet *that's no solution* **3.1** die jongen heeft nooit willen ~ *that boy has always been a bad lot* **6.2** die man deugt niet **voor** zijn werk *that man's no good at his job;* nergens **voor** ~ *be no good for anything* ¶.**1** hij deugt voor geen cent *he's a thoroughly bad lot.*

deugniet 0.1 [ondeugende jongen] *rogue* ⇒*rascal, scoundrel* **0.2** [scherts.; rakker] *rascal* ⇒*scamp,* ⟨BE ook⟩ *scallywag* ◆ **2.1** een onverbeterlijke ~ *an incorrigible rogue* **2.2** jij, (kleine) ~ *you (little) rascal.*

deuk 0.1 [bluts] *dent* **0.2** [fig.; knauw] *blow* ⇒*shock* **0.3** [inf.; lachstuip] *fit* ◆ **2.2** zijn zelfvertrouwen heeft een flinke ~ gekregen *his self-confidence took a terrible knock* **5.1** die auto zit vol ~en *that car is covered in dents* **6.3** we lagen **in** een ~ *we were in stitches.*

deuken I ⟨ov.ww.⟩ **0.1** [deuken maken in] *dent* ⇒⟨fig.⟩ *damage* ◆ **1.1** een gedeukte hoed *a dented hat;* **II** ⟨onov.ww.⟩ **0.1** [deuken krijgen] *be dented.*

deun 0.1 [wijsje] *tune;* ⟨liedje⟩ *song, ditty* **0.2** [afgezaagde wijs] *well-worn tune* ◆ **2.1** het is het oude ~tje ⟨fig.⟩ *it's the same old story* **3.1** een ~tje fluiten *whistle a little t.* **4.2** hij zingt altijd dezelfde ~ ⟨fig.⟩ *he's always going on about the same thing* **7.**¶ ik zing geen twee ~tjes voor één cent ±*I'm not going to say the same thing twice.*

deuntje 0.1 *little* ⇒*bit* ◆ **3.1** hij ging een ~ huilen *he had a little cry.*

deur 0.1 *door* ◆ **2.1** voor een gesloten ~ komen *find no-one in;* met/achter gesloten ~en *in private;* ⟨jur.⟩ *in camera;* ⟨fig.⟩ open ~en intrappen *state the obvious;* een zitting met open ~en *a public session* **3.1** ⟨fig.⟩ de ~ voor iemands neus dichtdoen/gooien *shut/slam the d. in s.o.'s face;* de ~ achter zich dichttrekken *close the d. behind one;* hij is net de ~ uitgegaan *he's just gone out;* hij komt de ~ niet meer uit *she never goes out any more;* jij komt de ~ niet meer in *you shan't enter my house again;* met geld open je alle ~en *money opens any d./all doors;* ⟨fig.⟩ de ~ (wijd) openzetten voor knoeierijen *leave the d. (wide) open to corruption, open the d. (wide) to corruption;* ⟨fig.⟩ de ~en sluiten ⟨voorgoed stoppen⟩ *close down, fold up;* ⟨fig.⟩ bij ons staat de ~ altijd open *we keep open house;* iem. de ~ uit werken *get rid of s.o.;* iem. de ~ uitzetten/buiten de ~ zetten *turn s.o. out of the house;* ⟨fig.⟩ zij vliegen de ~ uit *they're selling like hot cakes;* iem. (het gat van) de ~ wijzen ⟨fig.⟩ *show s.o. the d.* **3.**¶ dat doet de ~ dicht *that does it, that's the limit/it* **5.1** hij is de ~ uit *he's gone out;* ⟨voorgoed⟩ *he's left home;* ik mag voorlopig de ~ niet uit *I'm confined to the house at the moment;* zijn de folders de ~ al uit⟨gegaan⟩? *have the leaflets been sent out yet?* **6.1 aan** de ~ kloppen *knock at/on the d.;* **aan** de ~ wordt niet gekocht *no hawkers!;* vroeger kwam de bakker bij ons **aan** de ~ *the baker used to call at the house;* er is iem. voor je **aan** de ~ geweest *there was s.o. at the d.;* ik heb wel een stok **achter** de ~ nodig *I (do) need an incentive;* **buiten** de ~ eten *eat out;* met iets **langs** de ~en gaan *sell sth. door-to-door;* **met** de ~en gooien *slam the doors;* ⟨fig.⟩ **met** de ~ in huis vallen *come straight to the point;* dat is niet bepaald **naast** de ~ *that isn't exactly on the doorstep;* zijn vinger kwam **tussen** de ~ *his finger got trapped in the d.;* de winter staat **voor** de ~ *winter is almost here;* veranderingen die **voor** de ~ staan *forthcoming changes* ¶.**1** ⟨fig.⟩ bij iem. de ~ plat lopen *be always running in and out;* daar is (het gat van) de ~! *there's the d.!*

deurbel 0.1 *doorbell.*
deurketting 0.1 *door-chain.*
deurknop 0.1 *doorknob.*
deurkruk, -klink 0.1 *doorhandle* ◆ **6.1** ⟨fig.⟩ hij kan uren met de ~ in zijn handen staan *he can stand and talk for hours.*
deurmat 0.1 *doormat* ◆ **6.1** iem. op de ~ laten staan ⟨fig.⟩ *keep s.o. standing on the doorstep.*
deuropening 0.1 *doorway.*
deurpost, -stijl 0.1 *doorpost* ⇒*(door)jamb.*
deurtelefoon 0.1 *intercom.*
deurvergrendeling ◆ **2.**¶ centrale ~ *central locking (system).*
deurwaarder 0.1 [gerechtelijk ambtenaar] *process-server, bailiff* ⇒⟨ordehandhaver in de rechtszaal⟩ *usher* **0.2** [belastingambtenaar] *bailiff* ◆ **3.1** een ~ sturen *serve a writ* **6.1** zijn vorderingen met een ~ halen *send in the bailiffs.*
deus ex machina 0.1 *deus ex machina.*
deuterium ⟨schei.⟩ **0.1** *deuterium.*
Deuteronomium ⟨rel.⟩ **0.1** *Deuteronomy.*
deux-pièces 0.1 *two-piece* ⇒⟨minder gebruikelijk⟩ *costume.*
devaluatie ⟨ook fig.⟩ **0.1** *devaluation.*
devalueren 0.1 ⟨geldw.⟩ *devalue;* ⟨fig.⟩ *become devalued* ◆ **1.1** de frank is 8 % gedevalueerd *the franc has been devalued by 8 %* **5.1** de betekenis v.h. festival is sterk gedevalueerd *the festival has become greatly devalued.*
deviatie 0.1 ⟨ook stor., nat., med.⟩ *deviation (from)* ⇒⟨van kompasnaald ook⟩ *deflection.*
devies 0.1 [zinspreuk] *motto* ⇒⟨herald. ook⟩ *device* **0.2** [inv.; waardepapieren] *(foreign) exchange* **0.3** [hand.; wissel] *bill of exchange* ◆ **1.1** 'Je maintiendrai' is het ~ v.h. Nederlandse wapen *'Je maintiendrai' is the m. on the Dutch coat of arms* **2.2** vreemde deviezen (geld) *foreign currency;* ⟨wisselwaarde⟩ *foreign exchange.*
deviezenhandel 0.1 *foreign exchange dealings/business.*
deviezeninstelling 0.1 *currency agency.*
deviezensmokkel 0.1 *currency smuggling.*
devoot 0.1 [vroom] *devout* ⇒*pious, reverent* **0.2** [geheel too gewijd] *devoted* ◆ **1.1** in een devote stemming zijn *be in a reverent mood.*
devotie ⟨rel.⟩ **0.1** [vroomheid] *devotion* ⇒*devoutness, piety* **0.2** [godsdienstige verering] *worship* ⇒*devotion* ◆ **6.2** ~ tot Maria *w. of the Virgin Mary.*
dextrose 0.1 *dextrose.*
deze 0.1 *this;* ⟨mv.⟩ *these;* ⟨zonder zn.⟩ *this one;* ⟨mv.⟩ *these (ones)* ◆ **1.1** een ~r dagen *one of these days;* aan ~ kant v.h. kanaal *on this side of the canal;* schrijver ~s *the present writer/author;* toonder ~s *bearer* **3.1** wil je ~ (hier)? *do you want this one?* **4.1** mocht ~ of gene er naar vragen *if anyone should ask;* bij ~ of gene gelegenheid *on some occasion or other;* ~ en gene heeft al geleid *various people have rung already* **6.1 bij** ~(n) meld ik u I *herewith inform you;* **bij** ~ verklaar ik de tentoonstelling voor geopend *I hereby declare the exhibition open;* **in** ~n *in this matter* **7.1** de twaalfde ~r *the twelfth of this month.*
dezelfde 0.1 *the same* ◆ **1.1** van ~ datum *of the same date;* allemaal van ~ kleur *all the same colour* **3.1** ik ben nog steeds ~ *I'm still the same;* wil je weer ~? *(would you like the) same again?* **5.1** op precies ~ dag *on the very same day* **7.1** een en ~ *one and t. s.;* er waren geen twee ~ *no two were alike* **8.1** deze is ~ als die *this one is the same as that one.*
dezerzijds 0.1 [van deze zijde] *on this/my/our side, on my/our part* ◆ **1.1** ~e bezwaren *objections from this*

quarter **3.1** ~ zijn er geen bezwaren te verwachten *there are no objections on my part.*

dhr. ⟨afk.⟩ **0.1** [niet alg.; de heer] *Mr.*

d.i. ⟨afk.⟩ **0.1** [dit/dat is] *i.e.*

dia 0.1 *slide* ⇒*transparency.*

di(a)- 0.1 *di(a)-.*

diabetes 0.1 *diabetes.*

diabeticus, -ca 0.1 *diabetic.*

diabolisch 0.1 *diabolic(al)* ⇒*devilish.*

diabolo 0.1 *diabolo.*

diachronie 0.1 *diachrony* ⟨ook taal.⟩.

diacones ⟨rel.⟩ **0.1** *deaconess.*

diaconie ⟨rel.⟩ **0.1** ±*church social welfare work.*

diadeem 0.1 [met edelgesteenten versierde hoofdband] *diadem* **0.2** [vrouwelijk haartooisel] *tiara.*

diafragma 0.1 [middenrif; tussenwand] *diaphragm* **0.2** [schermpje met verstelbare opening] *diaphragm* ⇒*stop* ◆ **2.2** klein/groot ~ *small/large aperture.*

diagenese ⟨geol.⟩ **0.1** *diagenesis.*

diagnose 0.1 ⟨ook fig.⟩ *diagnosis* ◆ **3.1** de ~ stellen *make a d., diagnose.*

diagnosticeren 0.1 *diagnose.*

diagnostisch 0.1 *diagnostic.*

diagonaal 0.1 ⟨zn., bn. en bw.⟩ *diagonal* ◆ **3.1** ⟨fig.⟩ een boek ~(sgewijs) lezen *skim through a book.*

diagonaalband 0.1 *cross-ply tyre.*

diagram 0.1 [schets] *diagram* **0.2** [grafische voorstelling] *diagram* ⇒*graph, chart* **0.3** [automatisch opgetekende voorstelling] *trace* ◆ **1.1** ⟨biol.⟩ het ~ v.e. bloem *the d. of a flower* **1.3** ~ v.d. polsslag *read-out of the pulse rate.*

diaken 0.1 *deacon.*

dialect 0.1 *dialect.*

dialectiek 0.1 [kennisleer; redeneerkunde] *dialectic(s)* **0.2** [discussievaardigheid] *dialectic skill* **0.3** [fil.] *dialectic(s)* ⟨meestal mv.⟩.

dialectisch I ⟨bn., bw.⟩ **0.1** [tot de dialectiek behorend, op dialectiek berustend]⟨ook fil.⟩ *dialectical* **0.2** [discussievaardig] *dialectic* ◆ **1.1** ~ materialisme *d. materialism;* ~e theologie *d. theology;*
II ⟨bn., bw.⟩ **0.1** [volgens een dialect] *dialectal* ⇒*regional* ◆ **3.1** dat woord komt alleen ~ voor *this word only occurs in dialect.*

dialoog 0.1 *dialogue.*

dialysator 0.1 *dialyser* ⇒⟨med.⟩ *haemodialyser, artificial kidney.*

dialyse 0.1 [scheiding van stoffen] *dialysis* **0.2** [med.] *(haemo)dialysis.*

diamant 0.1 *diamond* ◆ **2.1** ⟨fig.⟩ een ongeslepen ~ *a rough d.;* ruwe/geslepen ~ *rough/polished d.* **3.1** ~ slijpen *polish/cut a d.*

diamantair 0.1 *diamond merchant.*

diamanten 0.1 [van diamant; met diamanten bezet] *diamond* **0.2** [fig.; uiterst hard] *adamant(ine)* ◆ **1.1** een ~ broche *a d. brooch.*

diamantnaald 0.1 *diamond needle* ⇒*diamond (stylus).*

diamantslijper, -ster 0.1 *diamond cutter/polisher.*

diameter 0.1 *diameter* ⇒⟨van cilinder ook⟩ *bore* ◆ **1.1** het heeft een ~ van 2 centimeter *it is 2 centimetres in d.*

diametraal 0.1 *diametral* ⇒*diametric(al)* ⟨ook fig.⟩ ◆ **1.1** een diametrale doorsnede *a diametral (cross-)section* **5.1** ⟨fig.⟩ ze staan ~ tegenover elkaar *they are diametrically opposed (to each other), they are poles apart.*

diapresentatie 0.1 *slide presentation.*

diaprojector 0.1 *slide projector.*

diaraampje 0.1 *slide frame.*

diarree 0.1 *diarrhoea* ⇒⟨bij vee⟩ *scour* ◆ **3.1** ~ hebben *have d.*

diaspora 0.1 *Diaspora* ⇒*Dispersion.*

diatonisch ⟨muz.⟩ **0.1** *diatonic* ◆ **1.1** de ~e toonladder *the d. scale.*

dichotomie 0.1 *dichotomy.*

dicht I ⟨bn., bw.⟩ **0.1** [met weinig tussenruimte] *close* ⇒ *thick, dense, compact* ◆ **1.1** een gebied met een ~ e bevolking *a densely populated area;* een ~ bos *a dense wood;* in ~e drommen *in dense hordes;* ~e mist *thick/dense fog;* ⟨nat.⟩ goud is een ~e stof *gold is a dense substance* **2.1** ~ beschreven bladzijden *closely written pages* **3.1** ze zaten ~ opeengepakt *they sat tightly packed together* **6.1** ~ **op** elkaar wonen *live on top of one another;* zich ~ **tegen** iem. aanvlijen *cuddle up to s.o.;* ⟨in bed⟩ *snuggle up to s.o.;* ⟨fig.⟩ ~ er **tot** elkaar komen *come/draw closer (together);*
II ⟨bn.⟩ **0.1** [gesloten] *closed* ⇒*shut, drawn* ⟨gordijnen⟩, *off* ⟨kraan⟩ **0.2** [ondoordringbaar] *tight* **0.3** [fig.; niets loslatend] *close(-mouthed)* ⇒*close-/tight-lipped* ◆ **1.1** kop ~! ⟨inf.⟩ *shut up!;* mondje ~ ⟨inf.⟩ *mum's the word* **3.1** die is ~! ⟨iron.⟩ *that's what I call closing a door;* ik krijg mijn riem niet ~ *I can't fasten my belt;* mijn neus zit ~ *my nose is blocked up;* de afvoer zit ~ *the drain is blocked up;* de vijver zit ~ *the pond is frozen over;* het vliegveld zit ~ *the airport is fogbound* **8.3** zo ~ als een pot zijn *be as close as an oyster;*
III ⟨bw.⟩ **0.1** [op geringe afstand] *close (to)* ⇒*near* ◆ **5.1** we zijn er ~ aan toe geweest *we came close to doing it* **6.1** zijn ogen staan ~ **bij** elkaar *he has close-set eyes;* je bent er aardig ~ **bij** *you.are pretty near the mark;* zij waren ~ **bij** het doel *they were close to the goal;* ⟨fig. ook⟩ *they were nearly there;* hij woont ~ **in** de buurt *he lives near here;* ~ **onder** de kust varen *hug the shore;* iem. ~ **op** de hielen zitten *be close on s.o. 's heels.*

dichtbegroeid 0.1 *thick* ⇒*dense, thickly wooded* ◆ **1.1** ~ terrein *overgrown land.*

dichtbevolkt 0.1 *densely populated* ⇒⟨schr.⟩ *populous.*

dichtbij I ⟨bw.⟩ **0.1** [nabij] *close by* ⇒*near by, nearby* ◆ **3.1** hij woont hier ~ *he lives nearby* **6.1 van** ~ *from close up;* **van** ~ bekijken *take a close look;*
II ⟨bn.⟩⟨schr.⟩ **0.1** [nabijzijnd] *nearby* ◆ **1.1** ~e geluiden *n. noises.*

dichtbinden 0.1 *tie up.*

dichtbundel 0.1 *collection of poems* ⇒*book of poetry.*

dichtdoen 0.1 *close* ⇒*shut, draw* ⟨gordijnen⟩ ◆ **1.1** dat doet de deur dicht! *that clinches/settles it!;* geen oog ~ *not sleep a wink;* we zullen nog één keer een oogje ~ *we will turn a blind eye to it just one more time.*

dichtdraaien 0.1 *turn off* ⟨kraan⟩ ⇒*close* ⟨deksel⟩, *turn the key in* ⟨slot⟩.

dichten I ⟨onov.ww.⟩ **0.1** [verzen maken] *write poetry* ⇒ *compose verses* ◆ **5.1** hij kan goed ~ *he writes good verse;*
II ⟨ov.ww.⟩ **0.1** [in dichtvorm behandelen] *poeticize* ⇒*versify* **0.2** [dichtmaken] *stop (up)* ⇒*fill (up), seal* ⟨dijk⟩, *close* ⟨dijk⟩ ◆ **1.2** een gat ~ *stop a gap* ⟨ook fig.⟩; *mend a hole;* een lek ~ *stop a leak.*

dichter, -es 0.1 *poet;* ⟨v. ook⟩ *poetess.*

dichterbij 0.1 *nearer* ⇒*closer.*

dichterlijk 0.1 *poetic(al)* ◆ **1.1** een ~e natuur *a poetic nature;* ~e taal *poetic language;* ~e vrijheid *poetic licence* **3.1** iets ~ voorstellen *represent sth. poetically.*

dichterschap 0.1 [het dichter zijn] *life/work as a poet* **0.2** [poëtische aanleg] *poetic genius.*

dichtgaan 0.1 *close* ⇒*shut, fasten* ⟨kledingstuk⟩, ⟨met knopen⟩ *button, close up* ⟨wond⟩, *heal* ⟨wond⟩ ◆ **1.1** de deur gaat niet dicht *the door won't shut;* 's zomers gaat de fabriek twee weken dicht *in summer the factory shuts down for two weeks;* hoe gaat dit jasje dicht? *how does this jacket do up?;* mijn rok gaat niet dicht *my skirt won't meet;* op zaterdag gaan de winkels vroeg dicht *the shops close early on Saturdays.*

dichtgooien 0.1 [krachtig dichtdoen] *slam (to/shut)* ⟨deur, boek⟩ ⇒⟨deur ook⟩ *bang* **0.2** [dempen] *fill up/in* ⟨sloot⟩.

dichtgroeien 0.1 *close, heal (up)* ⟨wond⟩; *grow thick* ⟨bos⟩.

dichtheid 0.1 *density* ⟨ook nat.⟩ ⇒*thickness, compactness* ♦ **1.1** ~ van bevolking *population d.;* de ~ v.d. dampkringslucht bepalen *determine the d. of the atmospheric(al) air.*

dichthouden 0.1 *keep shut* ⇒*keep closed* ⟨ook winkels e.d.⟩ ♦ **1.1** zijn oren ~ *stop one's ears.*

dichting 0.1 *filling (up)* ⇒*sealing (up), closing* ⟨dijk⟩, *stopping up* ⟨gat⟩ ♦ **1.1** ~ v.e. lek/dijk *sealing a leak, closing a dike.*

dichtklappen 0.1 [krachtig dichtgaan/dichtdoen] *snap shut/to* ⟨deksel, boek, kleine deur⟩; *slam (shut)* ⟨huisdeur, raam⟩ **0.2** [mbt. personen]⟨inf.⟩ *clam up* ♦ **5.2** hij klapte volkomen dicht *he clammed up completely.*

dichtknijpen 0.1 *squeeze* ♦ **1.1** ⟨fig.⟩ hij mag zijn handen ~ *he can count himself lucky;* iem. de keel ~ *choke a person;* zijn neus ~ *pinch one's nose;* een oogje ~ voor iets *turn a blind eye to sth.*

dichtknopen 0.1 *button (up)* ⇒*fasten* ♦ **1.1** zijn jas ~ *button up one's coat.*

dichtkunst 0.1 *(art of) poetry.*

dichtmaken 0.1 *close* ⇒*fasten* ♦ **1.1** een brief ~ *c. a letter;* een kier/gat ~ *c. a chink/gap;* ⟨fig.⟩ *stop a gap.*

dichtnaaien 0.1 *sew up* ⇒*stitch up* ♦ **1.1** een wond ~ *stitch up a wound.*

dichtplakken 0.1 *seal (up)* ⟨brief⟩; *stick/gum down* ⟨omslag⟩; *close, stop* ⟨gat⟩.

dichtregel 0.1 *verse* ⇒*line of poetry.*

dichtschroeven 0.1 *screw down* ♦ **3.1** ⟨fig.⟩ zijn keel zat dichtgeschroefd *his throat was choked up.*

dichtschuiven 0.1 *slide to* ⇒*push to* ♦ **1.1** een gordijn ~ *draw a curtain.*

dichtslaan I ⟨onov.ww.⟩ **0.1** [krachtig dichtgaan] *slam shut* ⇒*bang shut* **0.2** [mbt. personen] *clam up;* **II** ⟨ov.ww.⟩ **0.1** [krachtig dichtdoen] *bang/slam (shut)* ⟨deur⟩ ⇒*snap shut* ⟨boek⟩ ♦ **1.1** de deur voor iemands neus ~ *slam the door in s.o.'s face.*

dichtslibben 0.1 *silt up* ⇒*become silted up.*

dichtsmijten 0.1 *slam (to/shut)* ⟨deur, boek⟩ ⇒⟨deur ook⟩ *bang.*

dichtspijkeren 0.1 *nail up/down* ⇒*board up* ♦ **1.1** een deksel ~ *nail down a lid;* een venster ~ *board up a window.*

dichtstbijzijnd 0.1 *nearest.*

dichtstijl 0.1 *poetic style.*

dichtstoppen 0.1 *stop (up)* ⇒⟨met allerlei materiaal⟩ *fill (up),* ⟨met een prop⟩ *plug (up)* ♦ **1.1** zijn oren ~ *plug one's ears.*

dichttimmeren →**dichtspijkeren.**

dichttrekken I ⟨onov.ww.⟩ **0.1** [met wolken of mist bedekt worden]⟨wolken⟩ *cloud over;* ⟨mist⟩ *grow foggy;* **II** ⟨ov.ww.⟩ **0.1** [sluiten door te trekken] *pull closed* ⇒⟨gordijnen ook⟩ *draw,* ⟨met ritssluiting⟩ *zip up* ♦ **1.1** de deur achter zich ~ *pull the door to behind one;* de gordijnen ~ ⟨ook⟩ *close the curtains.*

dichtvallen 0.1 *fall shut* ⇒*swing to, close* ⟨ogen⟩, *click shut* ⟨in het slot⟩ ♦ **1.1** de deur is net dichtgevallen *the door has just swung to.*

dichtvorm 0.1 *form/kind of poetry* ⇒*poetic form* ♦ **6.1** in ~ *in poetic form.*

---

dichtgooien - die

dichtvouwen 0.1 *fold up.*

dichtvriezen 0.1 *freeze (over/up)* ⇒*be frozen (up)* ⟨buizen⟩, *be frozen over* ⟨kanaal, meer, e.d.⟩.

dichtwerk 0.1 [gedichten] *poetical work* **0.2** [groot gedicht] *epic poem.*

dichtzitten 0.1 [afgesloten zijn] *be closed* ⇒*be blocked/locked* **0.2** [ontoegankelijk zijn] *be fogbound* ⟨vliegveld⟩; *be snowbound* ⟨wegen⟩; *be frozen over* ⟨rivier⟩ ♦ **1.1** mijn neus zit dicht *my nose is blocked (up)/stuffed up.*

dictaat 0.1 [aantekeningen] *(lecture) notes* **0.2** [schrift] *notebook* **0.3** [opgelegde voorwaarden] *diktat* **0.4** [het dicteren] *dictation* ♦ **3.1** ~ maken *take (down) notes* **3.4** een ~ opnemen *take (down) (a) d.*

dictafoon 0.1 *dictaphone.*

dictator 0.1 ⟨ook fig.⟩ *dictator.*

dictatoriaal 0.1 [als (van) een dictator] *dictatorial* **0.2** [fig.; gebiedend] *dictatoriul* ⇒*tyrannical* ♦ **1.1** een ~ bewind *a d. regime* **1.2** ~ gedrag *d. behaviour* **2.1** ~ geregeerde landen *dictatorially governed countries.*

dictatuur, dictatorschap ⟨ook fig.⟩ **0.1** *dictatorship* ♦ **1.1** ~ v.h. proletariaat *d. of the proletariat.*

dictee 0.1 *dictation* ♦ **3.1** een ~ geven *give a d. (exercise).*

dicteerapparaat 0.1 *dictating machine.*

dicteren I ⟨onov.ww.⟩ **0.1** [voorzeggen] *dictate;* **II** ⟨ov.ww.⟩ **0.1** [laten opschrijven] *dictate* **0.2** [ingeven] *dictate* ⇒*prompt* **0.3** [voorschrijven] *dictate* ⇒*prescribe* ♦ **1.3** een stad die de mode dicteert *a city that dictates the fashion;* een vrede - *d. a peace.*

dictie 0.1 *diction.*

didactiek 0.1 [onderwijskunde] *didactics* ⟨ook mbt. een bepaald vak⟩ ⇒*pedagogy, pedagogics.*

didactisch 0.1 *didactic* ♦ **1.1** ~ gedicht *didactic poem* **2.1** ~ verantwoord *didactically justified.*

die I ⟨aanw.vnw.⟩ **0.1** [om iem./iets aan te wijzen] *that;* ⟨mv.⟩ *those;* ⟨zonder zn.⟩ *that one;* ⟨mv.⟩ *those (ones)* **0.2** [als terugwijzing] *that;* ⟨mv.⟩ *those;* ⟨zonder zn.⟩ *that one;* ⟨mv.⟩ *those (ones)* ♦ **1.1** heb je ~ nieuwe film van Godard al gezien? *have you seen this new film by Godard?;* ~ grote of ~ kleine? *the big one or the small one?;* ~ stem van hem *that voice of his* **1.2** mijn boeken en ~ van mijn zus *my books and my sister's;* ~ griet is gek *she's a nutcase;* ~ tijd is voorbij *those times are over* **3.2** ken je ~? *do you know him/her?* **4.1** niet deze maar ~ (daar) *not this one, that one* **6.1** dat meisje met ~ groene jurk *that girl in the green dress* **6.2** wie? ~ met die lange haren *who? the one with the long hair;* ~ van mij/jou/hem/haar/ons/jullie/hen *mine/yours/his/hers/ours/yours/theirs;* ze draagt altijd *van* ~ korte rokjes *she always wears (those) short skirts;* ken je ~ van die Belg die ...*do you know the one about the Belgian who ...?;* dat zijn van ~ rare mensen *they're such odd people;* met alle gevolgen van ~n *with all that that en tails* **8.1** ~ en ~ *so and so, such and such;* op ~ en ~ dag *on such and such a day* ¶.2 ~ is goed *that's a good one;* het is een rare vent, ~ *he's a strange guy, Jan is;* o, ~! *oh, him/her!;* waar is je auto? ~ staat in de garage *where's your car? it's in the garage;* was Jan er ook? nee, ~ moest werken *was Jan there? no, he had to work;* ~ zit! *bullseye!, touché!* ¶.¶ ⟨inf.⟩ ha, ~ Jan *oh, here's Jan!;* ⟨inf.⟩ ~ Jan toch *that Jan!;* ⟨inf.⟩ ~ is gek *not bloody likely;* **II** ⟨bepaling aankondigend vnw.⟩ **0.1** *the* ♦ **4.1** met ~n verstande, dat *on t. understanding that;* hij heeft zijn werk gedaan met ~ nauwkeurigheid die je van hem mag verwachten *he has worked with t. accuracy one has come to expect from him;* **III** ⟨betr.vnw.⟩ **0.1** [antecedent nog niet geheel bekend] *that* ⇒⟨persoon ook⟩ *who,* ⟨als voorwerp ook⟩ *whom,* ⟨zaak ook⟩ *which,* ⟨zonder onderwerp vaak ook onvertaald⟩ **0.2** [antecedent bekend]⟨persoon⟩ *who;* ⟨als voorwerp ook⟩ *whom;* ⟨zaken⟩ *which* ◆ **1.1** de eerste ~ vertrok *the first (one) to leave;* de kleren ~ u besteld heeft *the clothes (that/which) you ordered;* de man ~ daar loopt, is mijn vader *the man (that's/who's) walking over there is my father;* de mensen ~ ik spreek, zijn heel vriendelijk *the people (who/that) I talk to are very nice* **1.2** zijn vrouw, ~ arts is, rijdt in een grote Volvo *his wife, who's a doctor, drives a big Volvo* **4.1** dezelfde ~ ik heb *the same one (as) I've got;* er is hier iemand ~ u wil spreken *there's somebody here (who/that) wants to see you;* niemand ~ het weet *nobody knows.*

dieet 0.1 *diet* ◆ **2.1** een streng ~ in acht nemen *follow a strict d.* **6.1** op ~ zijn *be on a d.*

dieetvoorschrift 0.1 *dietary rule.*

dief 0.1 [iem. die steelt] *thief* ⇒*robber* ⟨ihb. met geweld⟩, *burglar* ⟨met inbraak⟩ **0.2** [vezel v.e. kaarsenpit] *thief* **0.3** [plankt.] *sucker* ⟨waterloot⟩ ⇒*runner* ⟨aardbeiplanten e.d.⟩ ◆ **1.¶** 't is ~ en diefjesmaat ⟨het zijn dikke vrienden⟩ *they're as thick as thieves;* ⟨de een is al even erg als de ander⟩ *they're two of a kind;* ⟨kwade honden bijten elkaar niet⟩ *dog doesn't eat dog* **3.1** houdt de ~! *stop t.!;* de gelegenheid maakt de ~ *opportunity makes the t.* **6.1** hij is een ~ van eigen portemonnee *he robs/is robbing his own purse* **8.1** als een ~ in de nacht *like a t. in the night.*

diefachtig I ⟨bn.⟩ **0.1** [geneigd tot stelen] *thievish* ⇒*thieving* ◆ **1.1** een ~e natuur *a thievish nature.*
II ⟨bw.⟩ **0.1** [als een dief] *thievishly* ⇒*stealthily.*

diefje-met-verlos 0.1 *prisoner's base* ◆ **3.1** ~ spelen *play prisoner's base.*

diefstal 0.1 *theft* ⇒*robbery* ⟨ihb. met geweld⟩, *burglary* ⟨met inbraak⟩, ⟨jur.; vóór 1968⟩ *larceny* ◆ **2.1** kleine ~ *pilfering, petty t.* **3.1** een ~ begaan *commit a t.*

diegene 0.1 *he, she* ◆ **4.1** diegenen die *those who.*

dienaangaande 0.1 *as to that* ⇒*with respect to that,* on that subject ◆ **3.1** ~ berichten wij het volgende *with respect to that/on that subject we report the following.*

dienaar, dienares 0.1 *servant* ◆ **1.1** ~ v.h. gerecht *officer of the court;* ~ v.d. kroon *s./minister of the Crown* **2.1** uw gehoorzame, onderdanige ~ *your obedient s.*

dienblad 0.1 *(dinner-)tray* ⇒*(serving) tray,* ⟨kleiner⟩ *salver.*

diender ⟨iron.⟩ **0.1** *officer* ◆ **2.¶** een dooie ~ *a dull fellow/dog.*

dienen I ⟨onov.ww.⟩ **0.1** [geschikt, gunstig zijn voor] *serve* **0.2** [middel/werktuig zijn] *serve as/for* ⇒*be used as/for* **0.3** [behoren] *need* ⇒*should, ought to* **0.4** [jur.] *come up* ⇒*be down for hearing* **0.5** [mil.] *serve* ⇒*do one's military service* **0.6** [in dienst zijn] *serve* ⇒*be in (domestic) service* **0.7** [tafeldienen] *serve* ⇒*wait at table* ◆ **1.1** ijs en weder ~de *weather permitting* **1.2** vensters ~ om licht en lucht toe te laten *windows are used for letting in light and air* **1.4** wanneer dient die zaak voor de rechtbank? *when does this case come up in court?* **3.3** dat dient gezegd *that needs to be said;* u dient onmiddellijk te vertrekken *you are to leave immediately* **5.1** dat dient nergens toe *that is of no use* **6.2** die feiten ~ tot bewijs van zijn onschuld *those facts are evidence of his innocence* **6.6 bij** iem. gaan ~ *take service with s.o.* **8.2** als basis ~ voor *serve as a basis for;* dient dit als asbak? *is this what you use as an ashtray?;*
II ⟨ov.ww.⟩ **0.1** [werken voor] *serve* ⇒*attend (to),* minister **0.2** [zich wijden aan] *serve* **0.3** [van dienst zijn] *serve* ⇒ *help* **0.4** [bruikbaar zijn] *serve* ⇒*avail* **0.5** [geven]⟨zie 6.5⟩

◆ **1.1** men kan geen twee heren ~ *no man can s. two masters* **1.2** dat dient het algemeen belang *it is in the public interest* **1.3** gemak dient de mens *why do things the hard way?* **1.¶** de mis ~ *serve at mass* **3.3** waarmee kan ik u ~? *can I help you?;* ⟨in winkel⟩ *are you being served?;* hij was er niet mee gediend *that did not suit his purpose, he did not like that* **5.4** hij was er niet van gediend *he didn't want that* **6.5** iem. van advies ~ *give s.o. advice;* ⟨iem.⟩ **van** repliek ~ *come right back (at s.o.)* **6.¶ om** u te ~! *at your service!*

dienluik 0.1 *serving hatch.*

dienovereenkomstig 0.1 *accordingly* ◆ **3.1** ~ werd besloten *it was decided accordingly.*

diens ⟨schr.⟩ **0.1** *his.*

dienst 0.1 [het dienen (voor/door een openbare instelling)] *service* **0.2** [mil., rel.] *service* **0.3** [het verrichten van werkzaamheden] *duty* **0.4** [openbare instelling] *service* ⇒ *department* **0.5** [handeling waarmee men iem. van nut is] *service* ⇒*office* **0.6** [betrekking] *place* ⇒*position* ◆ **1.4** de ~ openbare werken *the public works department* **2.1** geheime ~ *secret s.;* gewone, buitengewone ~ *revenue/capital account* **2.2** in actieve ~ *on active s.* **2.3** vrij van ~ zijn *be off d.* **2.6** in vaste/tijdelijke ~ zijn *hold a permanent/temporary appointment* **3.2** ~ nemen, in ~ gaan *enlist, join the army* **3.3** ik heb morgen geen ~ *I am off d. tomorrow;* hij heeft van 8 tot 12 ~ *he is on duty from 8 till 12* **3.5** beloning voor bewezen ~en *reward for services rendered;* iem. een goede ~ bewijzen *do s.o. a good turn;* je kunt me een ~ bewijzen *you can do me a favour;* zijn ~en uitbreiden *extend one's services* **3.6** iem. de ~ opzeggen *give s.o. notice* **3.¶** ~ doen (als) *serve (as/for);* gooi dat niet weg, het kan nog wel eens ~ doen *don't throw that away, it might come in useful some day;* de ~ uitmaken *run the show, call the shots* **6.1** zich in ~ stellen van *place o.s. in the s. of;* in ~ treden ⟨zeer hoge positie aanvaarden⟩ *take up office;* ⟨gewoon beginnen⟩ *officially start one's job;* ik ben een maand geleden **in** ~ getreden bij Van Dale als redacteur *a month ago I joined Van Dale as an editor;* in ~ nemen *take on, engage* **6.2 in** ~ zijn *do one's military s.* **6.3** de lift is **buiten** ~ *the lift is out of order* **6.6** iem. in ~ hebben *employ s.o.;* in ~ zijn bij iem. *be in s.o.'s service;* in ~ v.e. bedrijf *in the pay of a company* **6.¶ in** ~ v.h. vaderland *in the service of the country;* **tot** uw ~ *you're welcome;* wij staan geheel **tot** uw ~ *we are entirely at your service;* iem. van ~ zijn met *be of service to s.o. with;* wat is er **van** uw ~? *what can I do for you?;* kan ik u **van** ~ zijn? *can I help you?;* ⟨in winkel ook⟩ *are you being served?* **7.3** ⟨op bus⟩ geen ~ *private* **¶.1** Dienst ⟨op enveloppe⟩⟨GB⟩ *O.H.M.S.;* ⟨USA⟩ on *U.S. Government Service* **¶.5** de ene ~ is de andere waard *one good turn deserves another.*

dienstbaar 0.1 [bevorderlijk voor] *instrumental (in)* ⇒*subservient (to)* **0.2** [dienend] *in service* ◆ **1.2** de dienstbare stand *the servant class, servants* **3.1** de omstandigheden ~ maken aan zijn plannen *make (the) circumstances subservient to one's plans* **3.2** ⟨fig.⟩ een volk ~ maken *subjugate a people.*

dienstbaarheid 0.1 [afhankelijke staat] *servitude* ⇒*bondage* **0.2** [hulpvaardigheid] *helpfulness* **0.3** [fig.; slavernij] *bondage* ◆ **1.1** het brood der ~ eten *eat the bread of bondage/s.*

dienstbetoon 0.1 *service(s) rendered* ⇒*rendering of service(s)* ◆ **2.1** wederzijds ~ *mutual service(s) rendered.*

dienstbetrekking 0.1 [verhouding] *employer-employee relationship, master-servant relationship* **0.2** [functie] *employment* ◆ **1.2** bij beëindiging van de ~ *on the termination of employment.*

175

dienstbode 0.1 *servant (girl)* ⇒*maid (servant).*

dienstdoend 0.1 *on duty* ⟨agent, wacht⟩; *in charge* ⟨officier, ambtenaar⟩; *officiating* ⟨geestelijke, scheidsrechter, ambtenaar bij ceremonie⟩; ⟨aan hof⟩ *in waiting;* ⟨waarnemend⟩ *acting* ◆ 1.1 de ~e arts *the doctor in attendance;* de ~e officier *the officer in charge;* ⟨tijdelijk⟩ *the duty officer.*

dienstencentrum 0.1 *social service centre* ⇒*welfare centre.*

dienstenpakket 0.1 *package of services.*

dienstensector ⟨ec.⟩ 0.1 *services sector* ⇒*service industries.*

dienster 0.1 *waitress.*

dienstgeheim 0.1 *official secret.*

diensthond 0.1 ⟨patrouillehond⟩ *patrol dog;* ⟨politiehond⟩ *police dog.*

dienstig 0.1 *useful, serviceable* ⇒*handy, convenient* ◆ 3.1 het ~ achten om *see fit to* 5.1 nergens ~ toe zijn *serve no u. purpose.*

dienstijver 0.1 *professional zeal, keenness on the job.*

dienstingang 0.1 *trade entrance.*

dienstjaar 0.1 ⟨jaar van dienst⟩ *year of service* ⇒⟨mv. ook⟩ *seniority* 0.2 [mbt. de werkzaamheid v.e. instelling] *working year;* ⟨financieel⟩ *financial year* ◆ 6.1 ouder in dienstjaren *senior* 7.1 hij heeft dertig dienstjaren *he has done thirty years' service.*

dienstklopper ⟨pej.⟩ 0.1 *martinet* ⇒*stickler for regulations.*

dienstklopperij ⟨pej.⟩ 0.1 *overzealousness* ⇒*stickling for regulations.*

dienstknecht ⟨schr.⟩ 0.1 *man(servant)* ⇒⟨ongemarkeerd⟩ *servant,* ⟨lijfknecht⟩ *valet,* ⟨mil.⟩ *batman.*

dienstlift 0.1 ⟨BE⟩ *service lift.*

dienstmededeling 0.1 *staff announcement* ◆ 3.1 hier volgt een ~ *this is a s. a.*

dienstmeisje 0.1 *maid(servant)* ⇒*housemaid.*

dienstplicht 0.1 *(compulsory) military service* ⇒*conscription,* ⟨GB ook⟩ *national service* ◆ 2.1 algemene ~ *general conscription;* ⟨USA⟩ *the draft;* vervangende ~ *alternative national service;* ⟨maatschappelijk⟩ *community service.*

dienstplichtig 0.1 *eligible for military service* ◆ 1.1 de ~e leeftijd bereiken *become of military age* 5.1 niet ~ ⟨ook⟩ *exempt from military service.*

dienstplichtige 0.1 *conscript.*

dienstregeling 0.1 *timetable* ◆ 2.1 volgens een vaste ~ *(according) to a set t.;* een vlucht met vaste ~ *a scheduled flight.*

dienstreis 0.1 *official journey/trip* ⇒*business/duty trip* ◆ 6.1 op ~ zijn *be travelling on duty/(official) business.*

dienstrooster 0.1 *(duty) roster/rota* ⇒*timetable* ◆ 3.1 een ~ opstellen *make up a roster.*

diensttijd 0.1 [werktijd] *(period/length of) service, term of office* ⟨mbt. loopbaan⟩; ⟨dienstjaren⟩ *seniority;* ⟨tijdens dag⟩ *duty/office hours* 0.2 [arbeidsjaren nodig voor ambtelijk pensioen] *pensionable service* 0.3 [militaire dienst] *(time in/period of) military service* ◆ 6.1 buiten/in ~ *when off/on duty* 6.3 in/gedurende zijn ~ *during his military service.*

dienstvaardig 0.1 *obliging* ⇒*helpful* ◆ 5.1 te ~ *officious, over-zealous.*

dienstvaardigheid 0.1 *obligingness* ⇒*helpfulness,* ⟨te groot⟩ *officiousness.*

dienstverband 0.1 *employment;* ⟨overeenkomst⟩ *work agreement, terms of employment* ◆ 1.1 bij beëindiging van het ~ *on termination of employment* 2.1 in los/vast ~ werken *be employed on a temporary/permanent basis* 3.1

---

dienstbode - diep

een ~ aangaan voor de duur van één jaar *accept a one-year appointment.*

dienstverlenend 0.1 ⟨attr.⟩ *service;* ⟨pred.⟩ *rendering a service* ◆ 1.1 de ~e sectoren *the service industries, the services.*

dienstverlener 0.1 *service provider.*

dienstverlening 0.1 [service] *service(s)* 0.2 [ec.] *provision of services* ◆ 2.1 op de klant afgestemde ~ *customer-related service.*

dienstvoorschrift 0.1 *official instruction/regulation/order.*

dienstweigeraar 0.1 *conscientious objector.*

dienstweigering 0.1 [mil.] *conscientious objection* ⇒*refusal of military service* 0.2 [weigering van opgedragen diensten] *wilful disobedience* ⇒*insubordination* ⟨ook mil.⟩.

dienstwillig 0.1 *willing* ⇒*keen/ready to serve.*

dientafeltje 0.1 *side/serving table.*

dientengevolge 0.1 *consequently* ⇒*as a consequence.*

dienwagentje 0.1 *(dinner-)waggon* ⇒⟨vnl. BE ook⟩ *serving-trolley.*

diep[1] ⟨het⟩ 0.1 [plaats waar het water diep is] *deep* ⇒*depth* ⟨meestal mv.⟩, *pool, trough* 0.2 [vaargeul] *channel* 0.3 [vaart] *canal.*

diep[2] I ⟨bn.⟩ 0.1 [intens] *deep* ⇒*profound* 0.2 [zich ver naar beneden/achteren uitstrekkend] *deep* 0.3 [mbt. geluiden] *deep* ◆ 1.1 met ~e eerbied *with d./profound respect;* ~ medelijden met iem. hebben *deeply sympathize with s.o.;* ~e minachting *profound contempt* 1.2 een ~ bord *a d./soup plate,* een ~ kast/kamer *a d. cupboard, a long room;* ⟨fig.⟩ er gaapt een ~e kloof tussen die twee *there is a d. rift between the two of them;* twee meter ~ *two metres d.;* het water is hier ~ *the water is d. here* 1.3 een ~e stem *a d. voice* 3.2 ~er maken ⟨kuil enz.⟩ *deepen;* ~er worden ⟨water waar men in zwemt⟩ *deepen* 7.2 het ~e *the d. end;* in het ~e gegooid worden *be thrown in at the d. end* ⟨ook fig.⟩; II ⟨bn., bw.⟩ 0.1 [ver naar binnen gaand/gelegen, ook fig.] *deep* ⇒⟨fig. ook⟩ *profound* 0.2 [ver naar achteren gelegen] *deep* 0.3 [mbt. kleuren] *deep* ◆ 1.1 een ~e duisternis *utter darkness;* in ~e gedachten/~ gepeins verzonken *(sunk) d. in thought;* een ~e indruk maken/achterlaten *make/leave a d. impression;* alles was in ~e rust *everything was utterly peaceful;* een ~e slaap *a d. sleep,* een ~ stilzwijgen bewaren *maintain complete silence;* in zijn ~ste wezen *in the depths of one's being;* een ~e zucht *a d. sigh* 1.2 ⟨fig.⟩ de ~ere oorzaak/zin *the deeper cause/meaning* 2.3 ~ blauw *d. blue* 3.1 ~ ademhalen *breathe deeply;* ⟨een keer⟩ *take a d. breath;* ~ in iets doordringen *penetrate sth. deeply;* ~ nadenken *think hard;* het zit niet erg ~ bij hem ⟨mbt. verdriet, geloof enz.⟩ *his sadness (belief etc.) doesn't go very deep* 6.1 ~ in zijn hart *d. (down) in one's heart;* ~ in het bos *in the depths of the forest* 7.1 uit het ~ste van zijn hart *from the bottom of one's heart;* tot in het ~ste van zijn ziel geroerd *moved to the depths of one's soul;* III ⟨bw.⟩ 0.1 [op/tot een plaats ver beneden iets] *deep(ly)* ⇒*low* 0.2 [zeer] *deeply* 0.3 [mbt. tijd] *deep* ⇒*far* ◆ 1.1 zes voet ~ onder de grond liggen *be six feet under(ground)* 2.2 ~ ongelukkig zijn *be d. unhappy;* het is ~ treurig *it's very distressing;* ⟨schandalig⟩ *it's outrageous;* hij is ~ verontwaardigd *he is d. indignant* 3.1 dat vooroordeel is ~ geworteld *it's a deep-rooted prejudice;* te ~ in het glaasje hebben gekeken *have had one too many;* deze boot ligt vier voet ~ *this ship draws four feet of water;* ⟨fig.⟩ iem. ~ vernederen *deeply humiliate s.o.;* ⟨fig.⟩ ~ zinken/vallen *sink low* 6.1 ~ **onder** de dekens kruipen *creep right down* *under the blankets* **6.2** ~ **in** de schulden zitten *be deep in debt* **6.3** tot~ **in** de 19e eeuw *until well into the 19th century;* tot~ **in** de nacht *deep into the night.*

diepbedroefd 0.1 *grieving* ⇒*deeply distressed, heartbroken* ◆ **1.1** de~e ouders ±*the bereaved parents.*

diepblauw 0.1 *deep blue.*

diepgaand I ⟨bn., bw.⟩ **0.1** [intens] *profound* ⇒*searching, in-depth,* ⟨essentieel⟩ *basic,* ⟨essentieel⟩ *fundamental* ◆ **1.1** ~e discussie *in-depth/deep discussion;* ~e hervormingen *fundamental reforms;* een~ onderzoek *an in-depth investigation* **3.1** iets~ onderzoeken *investigate sth. in depth;* **II** ⟨bn.⟩ **0.1** [diep in het water liggend] *deep-drawing, deep-draught(ed).*

diepgang 0.1 [scheep.] *draught* ⇒*gauge* **0.2** [fig.] *depth, profundity* ◆ **1.1** het vaartuig heeft een~ van 20 voet *the vessel draws/has a d. of 20 feet* **2.1** geladen~ *d. when loaded* **3.2** die roman heeft grote~ *that novel has great d.*

diepgeworteld 0.1 *ingrained* ⇒*deep-seated,* ⟨gewoonte⟩ *intrenched* ◆ **1.1** een~ wantrouwen *a deep distrust.*

diepgezonken 0.1 *base, low(-down);* ⟨na zn. of pred.⟩ *in the gutter, sunk low* ◆ **3.1** hij is wel~ *he has sunk low.*

diepgravend 0.1 *profound, thorough* ⇒⟨vraag ook⟩ *searching,* ⟨onderzoek ook⟩ *penetrating,* ⟨onderzoek ook⟩ *in-depth.*

diepliggend 0.1 *deep-set* ⟨ogen, ramen⟩; *deep-lying* ⟨schip, aderen⟩; ⟨fig.⟩ *deep-down.*

dieplood ⟨scheep.⟩ **0.1** *plumb line* ⇒*(sounding) lead.*

diepte 0.1 [het diep zijn] *depth* ⇒*profundity* **0.2** [plaats onder de oppervlakte] *depth(s)* **0.3** [plaats waar het water diep is/waar een bodeminzinking is] *trough, hollow* ⇒ ⟨alleen in water⟩ *pool, gulf* **0.4** [fig.] *depth(s), trough* ⇒ *abyss* ◆ **1.4** uit~n van ellende *from the depths of misery* **2.1** in de diepste~n v.d. aarde *deep in the bowels of the earth* **2.4** de diepste~n v.d. ziel *the very depths of the soul* **6.1** een schilderij **zonder**~ *a painting with no d.* **6.2** op een~ van honderd meter *at a depth of a hundred metres* **6.3** het dorp lag **in** de~ *the village lay in the h.;* ⟨ver beneden⟩ *the village lay far below.*

dieptebom 0.1 *depth charge.*

diepte-investering 0.1 *capital deepening* ⇒*capital-intensive investment.*

dieptelijn 0.1 *depth contour* ⇒*isobath.*

diepteonderzoek 0.1 *in-depth investigation/inquiry.*

dieptepass ⟨sport⟩ **0.1** *long ball.*

dieptepsychologie 0.1 *depth psychology.*

dieptepunt 0.1 [laagste punt] *low point, nadir* ⇒*(absolute) low* **0.2** [slechtste situatie] *all-time low; rock bottom* ⟨zonder lidw.⟩ ◆ **3.2** een (absoluut)~ bereiken *reach rock bottom* **6.2** een~ **in** een relatie *a low point in a relationship.*

dieptewerking 0.1 [effect van diepte] *depth (effect)* ⇒ *three-dimensional effect* **0.2** [in de diepte gaande werking] *(downward) penetration, penetrative effect.*

dieptreurig 0.1 [zeer teleurstellend] *(very) distressing* **0.2** [schandelijk] *disgraceful.*

diepvries 0.1 [het diepvriezen/-gevroren zijn] *deepfreeze* **0.2** [installatie] *deepfreeze, freezer* ◆ **6.2** vlees **uit** de~ *meat from the f.*

diepvriesgroente 0.1 *(deep-)frozen vegetables.*

diepvrieskast 0.1 *(upright) freezer.*

diepvriesmaaltijd 0.1 *freezer meal.*

diepvriesvak 0.1 *freezer (compartment).*

diepvriezen 0.1 *(deep)freeze.*

diepzeeduiken 0.1 *deep-sea diving.*

diepzeeduiker 0.1 *deep-sea diver.*

diepzeeonderzoek 0.1 *deep-sea exploration.*

diepzinnig 0.1 [diep denkend] *profound* ⇒*discerning* **0.2** [getuigend van diep denken] *profound* ⇒*pensive* **0.3** [met diepe zin] *profound* ⇒*meaningful* ◆ **1.2** een~e blik *a thoughtful/pensive look* **1.3** een~ betoog *a p. argument.*

diepzinnigheid 0.1 *profundity* ⇒*profoundness, depth.*

dier 0.1 [dierk.] *animal* ⇒*creature,* ⟨vaak rel., fabels⟩ *beast* **0.2** [vertederend/aantrekkelijk persoon] *pet, dear* ◆ **2.1** een onrein~ *an unclean a.;* redeloze/stomme~en *dumb animals* **2.2** lekker~! *hi sexy!;* ⟨iron.⟩ *charming (creature)!* **2.¶** een politiek~ *a political animal* **¶.¶** ieder~tje zijn pleziertje *each to his own.*

dierbaar 0.1 *dear* ⇒*(well-/much-)loved, beloved* ◆ **1.1** in dierbare nagedachtenis *in fond/loving memory;* ons~ vaderland *our beloved country;* verlies van een dierbare ±*bereavement, loss of a d.* one **3.1** zij die ons het meest~ zijn *our nearest and dearest.*

dierenarts 0.1 *ᵇveterinary surgeon* ⇒⟨inf.⟩ *vet.*

dierenasiel 0.1 *animal home/shelter.*

dierenbescherming 0.1 [streven] *animal protection* ⇒ *prevention of cruelty to animals* **0.2** [vereniging] *animal protection/humane society* ◆ **6.1** vereniging **voor**~ *society for the prevention of cruelty to animals;* ⟨GB⟩ *R.S.P.C.A.;* ⟨USA⟩ *S.P.C.A.*

dierenbeul 0.1 *a person who is cruel to animals.*

Dierenbevrijdingsfront 0.1 *Animal Liberation Front.*

dierendag 0.1 ±*animal/pets' day* ⟨4 oktober⟩.

dierenepos, dierensage 0.1 *beast epic.*

dierenfabel 0.1 *beast fable.*

dierenliefhebber, -ster 0.1 *animal lover;* ⟨activist⟩ *animal rights activist.*

dierenmishandeling 0.1 *cruelty to animals* ⇒*mistreatment of animals.*

dierenpension 0.1 *(boarding) kennel(s).*

dierenriem 0.1 *zodiac* ◆ **1.1** de tekens van de~ *the signs of the z.*

dierenrijk 0.1 *animal kingdom.*

dierentemmer 0.1 *animal trainer* ⇒*tamer of wild animals,* ⟨leeuwen⟩ *lion-tamer.*

dierentuin 0.1 *zoo* ⇒⟨schr.⟩ *zoological garden(s),* ⟨park⟩ *animal park.*

dierenverzorger 0.1 *animal keeper* ⇒*zoo-keeper* ⟨in dierentuin⟩.

dierenvriend 0.1 *animal lover.*

dierenwereld 0.1 *animal world.*

dierenwinkel 0.1 *pet shop.*

diergaarde ⟨schr.⟩ **0.1** *zoological garden.*

diergeneeskunde 0.1 *veterinary medicine.*

dierkunde 0.1 *zoology.*

dierkundig 0.1 *zoological.*

dierkundige 0.1 *zoologist.*

dierlijk I ⟨bn.⟩ **0.1** [aan het dier eigen] *animal* **0.2** [de mens als dier opgevat] *animal* ⇒⟨pej.⟩ *bestial,* ⟨redeloos⟩ *brute,* ⟨ruw⟩ *brutish* ◆ **1.1** de~e aard/natuur *a. nature;* ~ magnetisme *a. magnetism;* ⟨gesch.⟩ *mesmerism;* ~e vetten *a. fats;* ~e warmte *a. heat* **1.2** aan zijn~e lusten voldoen *satisfy one's bestial desires* **7.2** het~e in de mens *the a. in man;*

II ⟨bw.⟩ **0.1** [beestachtig] *bestially, brutishly.*

dierlijkheid 0.1 *bestiality* ⇒⟨pej.⟩ *brutishness, beastliness.*

dierproef 0.1 *animal experiment.*

diersoort 0.1 *animal species* ◆ **2.1** bedreigde~en *threatened species (of animals).*

dies¹ ⟨de⟩ **0.1** *foundation day* ⇒*founder's/founders' day* ◆ **1.1** de~ v.d. Leidse universiteit *Leiden University foundation day* **¶.1** ~ natalis *foundation day.*

dies² ⟨aanw.vnw.⟩ ◆ ¶.¶ en wat ~ meer zij *and so on (and so forth);* ⟨inf.⟩ *and suchlike.*

diesel I ⟨de⟩ **0.1** [olie] *diesel (oil/fuel)* ⇒⟨BE⟩ *derv* ◆ **6.1 op** ~ rijden *take diesel;* **II** ⟨de (v.)⟩ **0.1** [motor] *diesel (engine);* **III** ⟨de (m.)⟩ **0.1** [trein] *diesel (train).*

dieselmotor 0.1 *diesel engine.*

dieselolie 0.1 *diesel oil.*

dieseltrein 0.1 *diesel train, diesel-electric (train).*

diëtetiek 0.1 *dietetics.*

diëtisch 0.1 *dietetic(al)* ⇒⟨bn. ook⟩ *dietary.*

diëtist, -e 0.1 *dietician, dietitian.*

Diets 0.1 ⟨zn. en bn.⟩ *Middle Dutch* ⇒*medi(a)eval Dutch* ◆ **3.¶** iem. iets diets maken ⟨duidelijk maken⟩ *make sth. clear to s.o.;* ⟨wijsmaken⟩ *have s.o. on.*

dievegge 0.1 *thief* ⇒*robber, pilferer* ⟨op kleine schaal⟩, *shoplifter* ⟨in winkels⟩.

dievenbende 0.1 [groep dieven] *gang of thieves* **0.2** [rommel] *shambles* ⇒*mess.*

dievengilde 0.1 *light-fingered gentry.*

dievenklauw 0.1 *security lock.*

dieventaal 0.1 [taal v.d. onderwereld] *underworld slang* **0.2** [vaktaal] *jargon, cant.*

dievenwagen 0.1 *police van* ⇒⟨inf.⟩ *Black Maria.*

diezelfde 0.1 *the same* ⇒*this/that same.*

differentiaal ⟨wisk.⟩ **0.1** *differential.*

differentiaalquotiënt ⟨wisk.⟩ **0.1** *differential coefficient.*

differentiaalrekening ⟨wisk.⟩ **0.1** *differential calculus* ◆ **1.1** differentiaal- en integraalrekening *infinitesimal calculus.*

differentiaalvergelijking ⟨wisk.⟩ **0.1** *differential equation.*

differentiatie 0.1 [het uiteenlopen] *differentiation* ⇒*distinction* **0.2** [splitsing] *differentiation* ⇒*specialization* **0.3** [wisk.] *differentiation.*

differentieel 0.1 *differential* ⇒*differentiating, distinguishing.*

differentiëren I ⟨onov.ww.⟩ **0.1** [onderscheid aanbrengen] *differentiate (between)* ⇒*distinguish (between)* **0.2** [zich verschillend ontwikkelen] *differentiate* ⇒*specialize;* **II** ⟨onov., ov.ww.⟩ **0.1** [wisk.] *differentiate.*

diffusie ⟨nat.⟩ **0.1** [vermenging van vloeistoffen/gassen] *diffusion* ⇒*mixture* **0.2** [transport van moleculen] *diffusion* ⇒*pervasion* **0.3** [mbt. warmte/lichtstralen] *diffusion* ◆ **1.2** ~ van koolstof in ijzer *d. of carbon in iron.*

diffuus 0.1 [verspreid] *diffuse* ⟨ook nat.⟩ ⇒*scattered* **0.2** [mbt. een stijl] *desultory* ⇒*rambling, wordy, vague* ⟨onduidelijk⟩.

difterie, difteritis 0.1 *diphtheria.*

digestie 0.1 *digestion.*

digestief 0.1 *digestive* ⟨ook med.⟩ ⇒⟨med. ook⟩ *digestant, digester.*

diggelen, diggels 0.1 *shards* ⟨aardewerk, porselein⟩; *shivers, pieces, smithereens* ⟨ook mbt. andere stoffen⟩ ◆ **6.1 aan** ~ gooien/slaan *smash to smithereens.*

digitaal 0.1 *digital* ◆ **1.1** ~ horloge *d. watch* **3.1** ~ weergeven *digitize.*

digitaliseren ⟨comp.⟩ **0.1** *digit(al)ize.*

dignitaris 0.1 *dignitary* ◆ **2.1** de tegenwoordige ~ *the present incumbent.*

dij 0.1 *thigh* ⇒*ham* ⟨meestal mbt. vlees⟩ ◆ **2.1** stevige ~en *sturdy thighs* **6.1 op** zijn ~en slaan (van plezier) *slap one's thighs (in pleasure).*

dijbeen 0.1 *thighbone* ⇒⟨med.⟩ *femur.*

dijenkletser ⟨inf.⟩ **0.1** *side-splitter* ⇒*real scream.*

dijk 0.1 [dam] *bank* ⇒*embankment,* ⟨mbt. Nederland⟩ *dike,* ⟨mbt. Nederland⟩ *dyke* **0.2** [AZN; promenade langs strand] *front* ◆ **3.1** een ~ (aan)leggen *throw up a b./an embankment;* de ~en doorsteken *breach the banks* **6.¶** iem. **aan** de ~ zetten *fire s.o., lay s.o. off;* ⟨inf.⟩ *give s.o. the push, axe s.o.;* een ~ **van** een huis/salaris *a massive house/salary;* een ~ **van** een film/boek ⟨prachtig⟩ *a cracker of a film/book, a blockbuster (of a film/book).*

dijkbestuur 0.1 [bestuurscollege] *dike board/authority* **0.2** [toezicht op een dijk] *dike management.*

dijkbouw 0.1 *dike construction* ⇒*dike building.*

dijkbreuk, dijkdoorbraak 0.1 *giving way of a dike, breach in a dike.*

dijkgraaf 0.1 *dike grave* ⇒*dike reeve.*

dijkraad 0.1 [dijkbestuur] *dike board/authority* **0.2** [dijkheemraad] *member of a dike board.*

dijkverzwaring 0.1 *dike improvement.*

dijkwacht I ⟨de⟩ **0.1** [wacht op de dijk bij gevaar] *dike watch;* **II** ⟨de (m.)⟩ **0.1** [beambte] ±*dike warden/inspector.*

dijkwezen 0.1 ⟨*construction and maintenance of dikes; dikes and their management*⟩.

dijstuk 0.1 *leg.*

dik¹ ⟨het⟩ **0.1** [bezinksel] *grounds, dregs* **0.2** [dik gedeelte] *thick* ◆ **1.¶** een ~ en dun gaan *go through thick and thin;* iem. door ~ en dun volgen *support s.o./stand by s.o. through thick and thin/fair and foul.*

dik² ⟨bn.⟩ **0.1** [niet dun] *thick* ⟨ook mbt. vloeistoffen, voorwerpen⟩ **0.2** [van aanzienlijke omvang] *thick* ⇒*fat, bulky* **0.3** [gezet, corpulent] *fat* ⇒*stout, corpulent* **0.4** [opgezet, gezwollen] *swollen* ◆ **1.1** een ~ boek *a t./fat book;* een ~ke brij *pap* ⟨voedsel⟩; 10 cm ~ *10 cm t.;* de ~ke darm *the large intestine;* ze stonden tien rijen ~ *they stood ten (rows) deep;* een ~ke streep/lijn *a t./bold stroke/line;* een ~ke trui *a t. jumper* **1.2** een ~ke buik *a paunch;* ⟨fig.⟩ een ~ke portemonnee hebben *have a fat wallet* **1.3** een ~ke man *a f. man* **1.4** een ~ke keel *a s. throat;* ⟨gevoel⟩ *a sore throat;* ~ke vingers *plump fingers;* ⟨kort en dik⟩ *stubby fingers* **3.1** ~ worden *thicken, set, congeal* **3.3** die jurk maakt ~ *that dress makes you look f.;* ~ worden *grow f.;* zij heeft aanleg om ~ te worden *she puts on weight easily* **3.4** ~ worden *swell (up)* **3.¶** ~ doen *swank, swagger, boast;* zich ~ maken (over iets) *get worked up (about sth.);* **II** ⟨bn., bw.⟩ **0.1** [ruim, royaal] *thick* ⇒*ample, good* **0.2** [van relaties; hecht] *thick* ⇒*close, great* **0.3** [dicht] *thick* ⇒*heavy, dense* ◆ **1.1** een ~ uur *a good hour;* een ~ke voldoende *a (very) high mark* **1.2** ~ke maatjes zijn *be as t. as thieves;* ~ke vrienden zijn *be great/close friends* **1.3** een ~ke bos haar *a t. head of hair,* een ~ke mist *t. fog* **2.1** ⟨fig.⟩ in die handel zit een ~ belegde boterham *you can make a good living in that trade;* ~ tevreden (zijn) *(be) well-satisfied* **2.3** ⟨fig.⟩ niet ~ gezaaid *few and far between* **3.1** ~ verdiend *well-earned* **5.2** het is ~ aan tussen hen *they're as t. as thieves; they're pretty close* ⟨ook geliefden⟩ **6.1** hij is ~ **in** de zeventig *he is well into his seventies;* ~ **onder** het stof *t. with dust* **¶.1** dat komt ~ voor elkaar/mekaar *that'll work out fine;* het er ~ bovenop leggen *lay it on t.;* het ligt er ~ bovenop *it is quite obvious;* dat zit er ~ **in** *I wouldn't be surprised;* ~ in iets zitten *have plenty of sth.*

dikbuik 0.1 *potbelly.*

dikbuikig 0.1 *big-bellied, potbellied* ⇒*p(a)unchy.*

dikdoener 0.1 *braggart* ⇒*boaster, big-mouth.*

dikdoenerig 0.1 *braggart* ⇒*boastful, big-mouthed.*

dikdoenerij 0.1 *bragging* ⇒*boasting.*

dikheid 0.1 *thickness* ⇒*fatness, corpulence* ⟨mens⟩, ⟨dichtheid ook⟩ *density,* ⟨dichtheid ook⟩ *consistency.*

dikhuidig 0.1 [dik van huid] *pachyderm(at)ous* ⇒*thick-skinned* **0.2** [bot, stompzinnig] *thick-skinned.*

dikkedarmontsteking ⟨med.⟩ **0.1** *colitis* ⇒*colonitis.*

dikkerd 0.1 *fatty* ⇒*piggy, fatso* ◆ **2.1** dat is een gezellige ~ *he/she is round/fat and cuddly.*

dikkop 0.1 [iem. met een dikke kop] *person with a large head* **0.2** [stijfkop] *pigheaded person* ⇒*bonehead, fathead* **0.3** [kikvors] *tadpole* **0.4** [vlinder] *skipper.*

dikte 0.1 [het dik-zijn] *fatness* ⇒*thickness* **0.2** [afmeting] *thickness* ⇒*gauge* ⟨glas, metaal⟩, *girth* ⟨ronde voorwerpen⟩ **0.3** [dichtheid] *thickness* ⇒*density, consistency* ⟨vnl. vloeistoffen⟩ **0.4** [verdikking] *swelling* ⇒*lump* ◆ **1.2** de ~ v.e. boom *the girth of a tree* **1.3** de ~ v.d. mist *the t./density of the fog* **6.2** een ~ van *vier voet four feet thick* **6.4** een ~ aan een tak *a s./lump on a branch.*

dikwijls 0.1 *often* ⇒*frequently.*

dikzak ⟨scherts.⟩ **0.1** *fatty* ⇒*piggy, fatso.*

dildo 0.1 *dildo.*

dilemma 0.1 *dilemma* ◆ **6.1** voor een ~ staan *be in a d.;* iem. voor een ~ stellen *place s.o. in a d.*

dilettant, -e 0.1 *dilettante* ⇒*amateur.*

dilettantisch 0.1 ⟨bn.⟩ *dilettant(e)ish* ⇒*amateur, dilettante,* ⟨bw.⟩ *in a dilettante manner,* ⟨bw.⟩ *in an amateur way.*

dilettantisme 0.1 *dilettantism* ⇒*amateurism,* ⟨pej.⟩ *amateurishness.*

dille 0.1 [deel v.e. spade] *socket* **0.2** [plant, kruid] *dill.*

Diluvium 0.1 [Pleistoceen] *Diluvium* ⇒*Pleistocene.*

dimensie 0.1 [afmeting] *dimension* ⇒*measurement* **0.2** [fig.; betekenis] *dimension* ⇒*meaning* **0.3** [nat.] *dimension* **0.4** [element, aspect] *dimension* ⇒*perspective* ◆ **3.2** een nieuwe ~ toevoegen *add a new d.*

dimlicht 0.1 *dipped headlights.*

dimmen I ⟨onov., ov.ww.⟩ **0.1** [licht temperen] *dip (the headlights)* ⇒*shade;*
II ⟨onov.ww.⟩⟨inf.⟩ **0.1** [rustig aan doen] *cool it* ◆ ¶.1 effe ~, da's niet leuk meer *cool it, it's not funny any more.*

diner 0.1 [avondmaaltijd] *dinner* **0.2** [feestelijke, officiële maaltijd] *dinner (party)* ◆ **3.2** een ~ geven/aanbieden *give a dinner party* **6.1** aan het ~ at d.

dineren 0.1 *dine* ⇒*have dinner* ◆ **5.1** buitenshuis ~ *d. out* ¶.1 ~ à la carte *d. à la carte.*

ding 0.1 [voorwerp] *thing* ⇒*object,* ⟨apparaatje⟩ *gadget,* ⟨apparaatje⟩ *contraption* **0.2** [feit, gebeurtenis] *thing* ⇒*matter, affair* **0.3** [jonge vrouw] *thing* **0.4** [klein kind] *thing* ⇒*chit* ◆ **1.1** en (al) dat soort ~en *and (all) that sort of t.* **1.2** ~en v.d. dag *current affairs* **2.1** ik zou er een lief ~ voor geven om ...*I would give my right arm to ...;* een mooi ~, dat schuurtje *a nice job, that shed* **2.2** andere ~en te doen hebben *have other things to do;* doe geen gekke ~en *don't do anything foolish;* gewone/alledaagse ~en *trivial matters, commonplace things* **2.3** een brutaal ~ *a cheeky little t.;* een jong/aardig ~ *a young t., a nice/sweet little t.* **3.2** de ~en tegen elkaar afwegen *weigh up the pros and cons;* dat zijn zo van die ~en *that's just one of those things* **6.2** over die ~en spreekt men niet *one doesn't talk about such things* **7.2** een ~ is zeker, hij komt niet *one t. is certain, he is not coming;* er is maar één ~ op tegen *there is only one drawback/snag* ¶.2 de ~en bij hun naam noemen *call a spade a spade.*

dingen 0.1 [wedijveren] *compete* **0.2** [+ 'naar'; trachten te verkrijgen] *compete (for)* ⇒*strive (after/for)* **0.3** [afdingen] *bargain* ⇒*haggle* ◆ **6.2** naar de hand v.e. meisje ~ *court a girl.*

dinges ⟨inf.⟩ **0.1** *thingummy* ⇒⟨zaak ook⟩ *what-d'you-call-it, whatsit,* ⟨sl.⟩ *whatsis,* ⟨mbt. persoon ook⟩ *what's-his/her-name* ◆ **1.1** meneer Dinges *Mr what's-his-name/Thingummy.*

dinosaurus 0.1 *dinosaur.*

dinsdag 0.1 *Tuesday* ◆ **2.1** ⟨AZN⟩ vette ~ *Shrove T.;* ⟨AE⟩ *Mardi gras* ⟨ook→**maandag**⟩.

dinsdags I ⟨bn.⟩ **0.1** [van dinsdag] *Tuesday;*
II ⟨bw.⟩ **0.1** [op dinsdag] *on Tuesdays* ◆ **3.1** hij kwam gewoonlijk ~ *he used to come on Tuesdays.*

diocees 0.1 *diocese.*

diode 0.1 *diode* ◆ **2.1** halfgeleidende ~ *semi-conducting d.*

dioptrie 0.1 *dioptre* ◆ **6.1** een lens van één ~ *a one-d. lens.*

dioxide ⟨schei.⟩ **0.1** *dioxide.*

dioxine ⟨schei.⟩ **0.1** *dioxin.*

diploma 0.1 [bewijs v.e. examen] *diploma* ⇒*certificate* **0.2** [gesch.; officieel stuk] *diploma, charter* **0.3** [bewijsstuk v.e. onderscheiding] *diploma* ◆ **1.1** hij heeft het ~ boekhouden *he is a certificated bookkeeper* **2.1** in het bezit zijn van alle vereiste ~'s *have all the necessary bits of paper* **3.1** een ~ behalen *qualify, graduate;* ~'s uitreiken *present diplomas/certificates* **6.1** zonder ~'s *unqualified.*

diplomaat ⟨ook fig.⟩ **0.1** *diplomat* ⇒*diplomatist.*

diplomatenkoffertje, diplomatentas 0.1 *attaché case.*

diplomatie 0.1 [diplomatiek verkeer] *diplomacy* **0.2** [diplomaten] *diplomatic corps* ⇒*diplomats* **0.3** [omzichtigheid] *diplomacy* ⇒*tact* ◆ **3.3** ~ gebruiken *be diplomatic* **6.2** hij gaat in de ~ *he is going to enter the diplomatic service.*

diplomatiek¹ ⟨de⟩ **0.1** *diplomatics.*

diplomatiek² **⟨bn., bw.⟩ **0.1 [mbt. de diplomatie; gelijk aan het origineel] *diplomatic* **0.2** [omzichtig] *diplomatic* ⇒*tactful* ◆ **1.1** ~e betrekkingen onderhouden/verbreken *maintain/break off d. relations;* ~e onschendbaarheid *d. immunity;* ~e stappen ondernemen *take d. steps;* ~e vertegenwoordiger *envoy;* langs ~e weg *through d. channels;* ⟨ook fig.⟩ *by diplomacy* **1.2** een ~ antwoord *a d. answer* ¶.2 ~ te werk gaan *show great tact, be d.*

diplomeren 0.1 *certificate* ◆ **3.1** gediplomeerd zijn *be qualified/trained* **5.1** niet gediplomeerd *unqualified, untrained.*

dippen 0.1 *dip.*

dipsaus 0.1 *dip.*

direct I ⟨bn., bw.⟩ **0.1** [rechtstreeks] *direct* ⇒*immediate, straight* **0.2** [ogenblikkelijk] *prompt* ⇒*immediate* ◆ **1.1** ~e aandrijving *d. drive;* een ~ antwoord *a d./straight answer;* ⟨geldw.⟩ ~e belastingen *d. taxes;* zijn ~e chef *his immediate superior;* de ~e omgeving *the immediate vicinity;* de ~e oorzaak *the immediate cause;* ~e uitzending *live broadcast;* een ~e verbinding *a d. line;* ⟨trein⟩ *a through train;* iem. een ~e vraag stellen *ask s.o. outright* **1.2** ~e levering *prompt delivery* **2.2** ~ leverbaar *immediately available;* ⟨geldw.⟩ ~ opvraagbaar *(repayable) on demand* **3.2** kom ~ *come at once/straight away* **5.1** ~ al, al ~ *right from the beginning* **7.1** ⟨boksen⟩ een linkse/rechtse ~ *a straight left/right;*
II ⟨bw.⟩ **0.1** [zeer spoedig] *presently* ⇒⟨inf.⟩ *directly* ◆ **2.1** ik ben ~ klaar *I'll be ready in a minute* **5.** ¶ niet ~ vriendelijk *not exactly kind.*

directeur, -trice 0.1 ⟨zaak⟩ *manager* ⟨ook v.⟩, *manageress* ⟨v.⟩; ⟨NV⟩ *(managing) director;* ⟨school⟩ *(lady) principal;* *headmaster* ⟨m.⟩, *headmistress* ⟨v.⟩; ⟨ziekenhuis⟩ *superintendent, matron* ⟨v.⟩; ⟨gevangenis⟩ *governor* ◆ **1.1** ⟨iron.⟩ meneer de ~ *Mr Big Shot* **2.1** algemeen ~ *general manager.*

directeur-generaal 0.1 *director-general;* ⟨ministerie ook⟩ *deputy secretary* ◆ **1.1** de ~ v.d. PTT *postmaster general.*

directeurschap →**directoraat.**

directheid 0.1 *directness* ⇒*straightforwardness*, ⟨onbeleefd⟩ *bluntness.*

directie 0.1 [directeuren] *management* **0.2** [bureau] *secretariat* **0.3** [bestuur] *management* **0.4** [richting] *direction* ◆ **2.1** we hebben een nieuwe ~ *we're under new m.* **3.3** de ~ voeren *be the m.* **6.3** dat is onder zijn ~ gebeurd *that happened under his m.*

directief¹ ⟨het⟩ **0.1** *directive* ⇒*direction* ⟨meestal mv.⟩.

directief² ⟨bn.⟩ **0.1** *directive* ⇒*leading* ◆ **1.1** een directieve opmerking *a leading remark.*

directiekamer 0.1 *boardroom.*

directiekeet 0.1 *site office* ⇒*surveyor's house.*

directielid 0.1 *member of the board (of directors)* ⇒⟨fabrieken⟩ *management, member of the board of managers.*

directiesecretaris, -resse 0.1 *executive secretary.*

directoraat 0.1 ⟨zaak⟩ *managership; directorship* ◆ **3.1** het ~ neerleggen *resign from the board/as manager* ⟨zaak⟩; *resign as principal* ⟨school⟩; *resign as government* ⟨gevangenis⟩.

dirigeerstok 0.1 *baton.*

dirigent 0.1 *conductor;* ⟨van koor ook⟩ *choirmaster.*

dirigeren 0.1 [besturen] *conduct* ⟨orkest⟩; *control* ⟨groep mensen⟩ **0.2** [richten, zenden] *direct* ⇒*guide* ◆ **1.1** ⟨mil.⟩ --d officier van gezondheid *controlling medical officer* **1.2** hij dirigeerde het publiek de zaal uit *he directed the public out of the hall.*

dis I ⟨de (m.)⟩⟨schr.⟩ **0.1** [tafel] *table, board* **0.2** [maaltijd] *table* ⇒*fare* ◆ **2.2** een feestelijke ~ *festive fare* **6.1** zich aan de ~ zetten *sit down to the table;* **II** ⟨de⟩⟨muz.⟩ **0.1** [toon] *D sharp*

disagio ⟨geldw.⟩ **0.1** *discount.*

discant ⟨muz.⟩ **0.1** [hoge toon] *descant* ⇒*treble* ⟨piano⟩ **0.2** [sopraan] *treble voice.*

discipel 0.1 *disciple* ⇒*follower.*

disciplinair 0.1 *disciplinary* ◆ **1.1** ~e bepalingen *d. provisions;* een ~e maatregel *a d. measure;* ~e straf *d. punishment.*

discipline 0.1 *discipline* ◆ **2.1** een strenge ~ opleggen *enforce strict d.* **3.1** de ~ handhaven *maintain/keep up d.*

disco 0.1 [discotheek] *disco(theque)* **0.2** [muziek] *disco (music)* **0.3** [stijl] *disco* ⇒*gogo*

discomuziek 0.1 *disco (music).*

disconteren 0.1 *discount.*

discontinuïteit 0.1 *discontinuity* ⇒*intermittency.*

disconto ⟨hand.⟩ **0.1** *discount* ◆ **2.1** officieel ~ *bank rate, minimum lending rate;* particulier ~ *cash d.* **3.1** het ~ verhogen *raise/increase the (rate of) d.;* het ~ verlagen *lower/reduce the (rate of) d.* **6.1** in ~ nemen *buy at a d.;* in ~ geven *sell at a d.*

discontoverhoging 0.1 *increase in the discount rate.*

discontoverlaging 0.1 *reduction in the discount rate.*

discontovoet 0.1 *discount rate.*

discordantie 0.1 [het uiteenlopen] *discordance* ⇒*discrepancy, disagreement* **0.2** [geol.] *unconformity.*

discotheek 0.1 [verzameling grammofoonplaten] *record library/collection* **0.2** [instantie die grammofoonplaten uitleent] *record library* **0.3** [discobar] *discotheque.*

discount 0.1 [korting] *discount* **0.2** [winkel] *discount shop.*

discountprijs 0.1 *discount price* ◆ **6.1** bungalowtenten nu tegen discountprijzen *frame tents now at discount prices.*

discreet I ⟨bn., bw.⟩ **0.1** [kies] *discreet* ⇒*delicate, tactful* **0.2** [zacht] *discreet* ⇒*unobtrusive* ◆ **1.2** een ~ tikje op de kamerdeur *a d. tap on the door* **3.1** ~ de blik afwenden *look away discreetly;*

II ⟨bn.⟩ **0.1** [discretie vereisend] *delicate* ⇒*secret* ◆ **1.1** een discrete opdracht *a d. mission.*

discrepantie 0.1 *discrepancy.*

discretie 0.1 [kiesheid] *discretion* ⇒*tact* **0.2** [geheimhouding] *discretion* ⇒*secrecy* **0.3** [vrije beslissing] *discretion* ◆ **2.3** het verder optreden staat aan uw eigen ~ *further action is left to your own d.* **3.2** ~ gevraagd en verzekerd *d. assured.*

discretionair ⟨jur.⟩ **0.1** *discretionary* ◆ **1.1** ~e bevoegdheden/macht *d. power(s).*

discriminatie 0.1 [verwerpende onderscheiding] *discrimination* ⇒⟨rassen⟩ *segregation,* ⟨Z.-Afrika⟩ *apartheid* **0.2** [apartstelling] *discrimination* ⇒*differentiation* ◆ **2.2** positieve ~ van vrouwen *positive discrimination in favour of women.*

discrimineren 0.1 *discriminate (against)* ⇒⟨ov.ww. ook⟩ *segregate.*

discus 0.1 [werpschijf] *discus* **0.2** [voorwerp] *disc.*

discussie 0.1 *discussion* ⇒*debate* ◆ **1.1** (het) onderwerp van ~ (zijn) *(be) under discussion* **2.1** brede, maatschappelijke ~ *broad public debate;* een hevige/verhitte ~ *a heated discussion* **3.1** ⟨onder ingezonden stuk⟩ hiermee sluiten wij de ~ *the debate is now closed* **6.1** iets in ~ brengen *bring sth. under discussion;* met iem. in ~ treden *enter into a discussion with s.o.;* ~ over *debate about/on, discussion about/of;* **ter** ~ staan *be under discussion;* iets **ter** ~ stellen *bring sth. up for discussion;* ⟨mbt. besluit enz.⟩ *call sth. into question.*

discussieleider, -ster 0.1 *discussion leader.*

discussienota 0.1 *working paper.*

discussieprogramma 0.1 *discussion programme.*

discussiepunt 0.1 *subject of discussion/for debate.*

discussiëren, discuteren 0.1 *discuss* ⇒*debate, argue* ◆ **5.1** er werd druk gediscussieerd over de vraag ... *there was much discussion on the question ...* **6.1** met iem. over iets discuss *sth. with s.o.;* hier valt niet over te ~ *this is beyond debate/argument.*

discuswerpen 0.1 *discus throwing.*

discuswerper, -ster ⟨sport⟩ **0.1** *discus thrower.*

discutabel 0.1 *debatable* ⇒*dubious, disputable.*

disfunctioneren 0.1 *dysfunction, disfunction.*

disharmonie 0.1 *disharmony* ⇒*discord, disagreement.*

diskette ⟨comp.⟩ **0.1** *diskette* ⇒*floppy (disk).*

diskrediet 0.1 *discredit* ◆ **6.1** in ~ geraken *fall into d.;* iem. in ~ brengen *bring s.o. into discredit, discredit s.o. with.*

diskwalificatie 0.1 *disqualification.*

diskwalificeren 0.1 *disqualify* ⟨ook sport⟩.

✶**dislokatie** (Wdl: *dislocatie)* **0.1** *dislocation.*

dispensatie 0.1 *dispensation* ⇒*exemption* ◆ **3.1** ~ aanvragen *ask for exemption/a d.;* ~ verlenen (van) *grant d. (from).*

dispenseren 0.1 *exempt (from).*

display 0.1 [beeldscherm] *display, VDU* **0.2** [recl.] *display* **0.3** [reclamebord] *advertisement (board)* ⇒⟨BE⟩ *hoarding.*

disponibel 0.1 [beschikbaar] *available* ⟨ook hand.⟩ ⇒*at one's disposal* ◆ **3.1** iets ~ hebben/stellen *have/make sth. available.*

dispositie 0.1 [beschikking, inrichting] *disposition, disposal* ⇒*command* **0.2** [vatbaarheid] *disposition* ⇒*susceptibility* **0.3** [aanleg, vast gedragspatroon] *disposition* **0.4** [gemoedsstemming] *mood* ⇒ **3.1** ~s treffen *make arrangements.*

disproportioneel 0.1 *disproportional.*

disputeren 0.1 *dispute* ⇒*debate* ◆ **6.1** met iem. ~ *dispute/debate with s.o.;* over iets ~ *dispute/debate about sth.*

dispuut 0.1 [redetwist] *dispute* ⇒*controversy, debate* **0.2** [(studenten)vereniging] *debating society* ◆ **2.1** aanleiding geven tot heftige disputen *arouse a storm of controversy;* in een verwoed ~ gewikkeld zijn *be involved in a heated dispute* **6.1** een ~ **over** iets beginnen *enter into a debate about sth.*

dissel 0.1 [kleine bijl] *adze* **0.2** [verbindingsstang] *pole, shaft.*

dissen ⟨inf.⟩ **0.1** *diss.*

dissertatie 0.1 [proefschrift] *(doctoral) dissertation* ⇒ *(doctoral) thesis* **0.2** [verhandeling] *dissertation.*

dissident 0.1 ⟨zn. en bn.⟩ *dissident.*

dissonant¹ (de) **0.1** *dissonance, discord* ◆ **2.1** ⟨fig.⟩ die opmerking vormde een lelijke ~ *that remark provided a note of discord* **3.1** ⟨fig.⟩ er was geen ~ te horen *not a note of discord was heard.*

dissonant² (bn.) **0.1** *dissonant* ⇒*discordant.*

dissonantie 0.1 [onwelluidendheid] *dissonance* ⇒*disharmony* **0.2** [fig.; onverenigbaarheid] *dissonance* ⇒*discordance.*

distantie 0.1 [afstand] *distance* ⇒*remoteness* **0.2** [fig.; het zich onttrekken] *distance* ⇒*aloofness.*

distantiëren ⟨wk.ww.; zich ~⟩ **0.1** [afstand nemen] *distance* **0.2** [fig.] *distance* ⇒*dissociate* ◆ **6.2** zich ~ **van** *dissociate o.s. from.*

distel 0.1 *thistle.*

distillaat 0.1 *distillate.*

distillateur, distilleerder 0.1 *distiller.*

distillatie 0.1 *distillation.*

distilleerderij 0.1 *distillery.*

distilleertoestel 0.1 *distilling apparatus* ⇒*still.*

distilleren 0.1 [mbt. vloeistoffen / sterkedrank] *distil* **0.2** [fig.; afleiden] *deduce* ⇒*infer* ◆ **6.2** iets **uit** iemands woorden ~ *d. sth. from what s.o. says.*

distinctie 0.1 [onderscheid] *distinction* ⇒*difference* **0.2** [voornaamheid] *distinction* ⇒*style* ◆ **3.2** alle ~ missen *have no style.*

distinctief 0.1 *distinctive* ⇒*distinguishing.*

distribueren 0.1 *distribute* ⇒*dispense, hand out.*

distributeur 0.1 *distributor.*

distributie 0.1 [verdeling, verspreiding] *distribution* **0.2** [rantsoenering] *rationing* ◆ **1.1** ⟨ec.⟩ de ~ van goederen *the d. of goods* **1.2** de ~ van benzine afschaffen *deration petrol.*

distributiebedrijf 0.1 *distribution firm.*

distributiebon 0.1 *(distribution) coupon.*

distributiekaart 0.1 *ration card.*

district 0.1 [rechts- / ambtsgebied] *district* ⇒*county* **0.2** [kiesdistrict] *district* ⇒⟨GB⟩ *constituency.*

districtenstelsel 0.1 *constituency voting system.*

dit 0.1 *this;* ⟨mv.⟩ *these* ◆ **1.1** in ~ geval *in this case* **3.1** ~ zijn er drie *there are three here;* wat zijn ~? *what are these?* ¶.1 ~ is zeker …*this much is certain* …; als ~ het geval mocht zijn *if this should be the case.*

ditje ◆ **1.**¶ ~s en datjes *odds and ends, bits and pieces;* over ~s en datjes praten *talk about this and that, pass the time of day.*

ditmaal 0.1 *this time* ⇒*for once* ◆ **3.1** ~ loog hij eens niet *for once he wasn't lying.*

dito 0.1 *ditto* ◆ **1.1** Jan kreeg een uitbrander en Karel ~ *John was told off and so was Charles* ¶.1 ⟨pleonasme⟩ idem ~ *ditto;* bij mij idem ~ *d., that makes two of us.*

ditzelfde 0.1 *this same (thing)* ◆ **1.1** op ~ moment *at this very moment.*

diva 0.1 *diva.*

divan 0.1 *divan* ⇒*couch.*

divergeren 0.1 *diverge* ◆ **1.1** ~ de lens *divergent lens;* ⟨wisk.⟩ ~ de reeksen *divergent series.*

divers 0.1 [onderscheiden] *diverse* ⇒*various* **0.2** [ettelijke] *various, several.*

diversen 0.1 *sundries* ⇒*miscellaneous* ◆ ¶.1 ⟨boekhouden⟩ ~ en onvoorzien *s. and contingencies.*

diversiteit 0.1 *diversity* ⇒*variety.*

dividend 0.1 *dividend* ◆ **3.1** een ~ uitgekeerd krijgen *receive a d.;* het ~ uitkeren *pay the d.* **6.1** met / zonder ~ *with / without premium;* het ~ **over** 1986 *the d. for 1986.*

dividendbelasting 0.1 *tax on dividends.*

dividendbewijs 0.1 *dividend coupon.*

dividenduitkering 0.1 *distribution of dividends.*

divisie 0.1 [leger / vlootafdeling] *division* **0.2** [sport] *division, league, class* **0.3** [druk.; koppelteken] *hyphen* ◆ **7.2** promoveren / degraderen naar de tweede ~ *be promoted / relegated to the second d.*

dixielandmuziek 0.1 *dixieland (music / jazz).*

dizzy 0.1 *dizzy* ◆ **3.1** ik word ~ van die stortvloed aan informatie *there's such a torrent of information it makes me d.*

dktp-prik 0.1 *injection /* ⟨inf.⟩ *jab against diphteria, pertussis, tetanus and polio.*

DNA-onderzoek 0.1 *DNA-test.*

do 0.1 *do(h).*

dobbelaar, -ster 0.1 *dicer* ⇒*crapshooter.*

dobbelbeker 0.1 *dice cup / shaker.*

dobbelen 0.1 *dice, play (at) dice.*

dobbelspel 0.1 *dicing, game of dice.*

dobbelsteen 0.1 [spel] *dice* **0.2** [kubusvormig voorwerp] *dice* ⇒*cube* ◆ **6.1** met dobbelstenen gooien / spelen *throw the d., play d.* **6.2** in ~tjes gesneden vlees *diced meat.*

dobber 0.1 *float* ◆ **2.**¶ hij had er een zware ~ aan *he found it a tough job.*

dobberen 0.1 *float* ⇒*bob* ◆ **6.1** op het water ~ *bob up and down on the water.*

docent 0.1 *teacher, instructor* ◆ **6.1** ~ **aan** de universiteit *university lecturer.*

docentenkamer 0.1 *staff room.*

docentenkorps 0.1 *teaching staff.*

docentenvergadering 0.1 *staff meeting* ◆ **2.1** een algemene ~ houden *hold a full s. m.*

doceren 0.1 *teach* ⇒⟨universiteit⟩ *lecture* ◆ **1.1** iem. op ~ de toon toespreken *lecture s.o.* **6.1 aan** de universiteit ~ *t. / lecture at the university.*

doch ⟨schr.⟩ **0.1** ⟨ongemarkeerd⟩ *yet, but* ⇒*still* ◆ ¶.1 hij had haar gewaarschuwd, ~ zij wilde niet luisteren *he had warned her, y. she wouldn't listen.*

dochter 0.1 *daughter* ⇒*(little) girl.*

dochteronderneming, -maatschappij, -bedrijf 0.1 *subsidiary / daughter company.*

dociel 0.1 *docile* ⇒*tractable, submissive.*

doctor 0.1 *doctor* ⇒*Ph.D., D. Phil.* ◆ **6.1** ~ in de letteren / wis- en natuurkunde / muziekwetenschappen / wijsbegeerte *Doctor of Literature / Science / Music / Philosophy;* ⟨als (overkoepelende) term voor al deze ook⟩ *Doctor of Philosophy, Ph.D.;* ~ in de rechten / medicijnen / theologie *Doctor of Law / Medicine / Divinity / Theology.*

doctoraal¹ ⟨het⟩ **0.1** *Master's degree* ◆ **3.1** zijn ~ doen *do one's Master's.*

doctoraal² ⟨bn.⟩ **0.1** ±*Master's.*

doctoraalfase 0.1 *2nd, 3rd and 4th year.*

doctoraalstudent 0.1 *university student.*

doctoraat 0.1 ⟨graad⟩ *doctorate* ⇒*Ph.D.*

doctorandus 0.1 ±*Master of Arts, M.A.;* ⟨exacte wetenschappen⟩ *Master of Science, M.Sc.*

doctorsgraad, -titel 0.1 *doctorate* ⇒*Ph.D.* ♦ **3.1** de ~ behalen *get one's Ph.D.*

doctrinair 0.1 *doctrinal* ⇒*dogmatic* ♦ **1.1** een ~e opvatting *a doctrinal opinion.*

doctrine 0.1 *doctrine* ⇒*dogma.*

docudrama 0.1 *docudrama.*

document 0.1 *document* ⇒*paper* ♦ **2.1** officiële ~en *official documents.*

documentair 0.1 *documentary.*

documentaire 0.1 *documentary.*

documentatie 0.1 *documentation* ♦ **2.1** het werk berust op een omvangrijke ~ *the work is based on extensive d.*

documentatiecentrum 0.1 *documentation centre.*

documentatiemateriaal 0.1 *documentation.*

documenteren 0.1 [met bewijsstukken staven] *document* ⇒ *support with evidence* 0.2 [voorzien van documentatie] *document* ⇒*research* ♦ **1.1** een goed gedocumenteerd boek *a well-documented book* **4.2** hij heeft zich slecht gedocumenteerd *he has not researched the subject adequately.*

doddig 0.1 *cute, dinky, ducky* ⇒*sweet.*

dode 0.1 *dead man/woman/person, (the) deceased* ♦ **1.1** het totale aantal ~n en gewonden bij een ongeluk *the total number of casualties in an accident.*

dodelijk 0.1 [de dood veroorzakend] *deadly* ⇒*mortal, lethal, fatal* 0.2 [zeer hevig] *deadly* ⇒*mortal* 0.3 [als v.d. dood] *dead(ly)* ⇒*deathly, killing* ♦ **1.1** een ~ gif *a d./lethal poison;* een ~ ongeluk/ongeval met ~e afloop *a fatal accident,* een ~e wond *a fatal wound/injury;* een ~e ziekte *a fatal disease* **1.2** ~e concurrentie *cut-throat competition;* ~e ernst *d. earnest/seriousness;* ~e precisie *devastating accuracy;* in ~e verlegenheid *painfully embarrassed* **1.3** een ~e stilte *a deadly silence* **2.2** ~ vermoeid *dead beat, dead tired* **3.1** met zijn auto ~ verongelukken *be killed in a car accident* **3.2** ~ geschrokken *frightened to death.*

dodelijkheid 0.1 *deadliness* ⇒*lethality, fatality* ♦ **1.1** de ~ van dit gif berust op ... *the lethal effect of this poison is due to ...*

doden 0.1 *kill* ⇒⟨vermoorden ook⟩ *murder, slay* ♦ **1.1** mensen ~ *k. people;* ⟨fig.⟩ de tijd ~ *k. time.*

dodencel 0.1 *death cell* ⇒*condemned cell.*

dodencijfer 0.1 *number of deaths/casualties, death toll* ♦ **2.1** het officiële ~ *the official d. t.*

dodenherdenking 0.1 *commemoration of the dead* ⇒⟨GB⟩ *Remembrance Day/Sunday,* ⟨USA⟩ *Memorial Day.*

dodenlijst 0.1 ⟨na ramp/gevecht⟩ *list of the dead;* ⟨in jaaroverzicht⟩ *obituary list;* ⟨op monument⟩ *death roll.*

dodenmars 0.1 *funeral march.*

dodenmasker 0.1 *death mask.*

dodenrit 0.1 *suicidal drive/ride.*

dodensprong 0.1 *death-defying leap* ⇒*salto mortale.*

dodenstad 0.1 *necropolis.*

dodental 0.1 *number of deaths/casualties, death toll* ♦ **3.1** het ~ bedraagt ongeveer dertig *the number of deaths is about thirty.*

dodenwake 0.1 *(death)watch* ⇒*vigil, wake.*

dodenweg 0.1 *death trap* ⇒*hazardous (stretch of) road.*

doedelzak 0.1 *bagpipes* ♦ **6.1** op een ~ spelen *play the b.*

doe-het-zelfzaak 0.1 *do-it-yourself/D.I.Y. shop.*

doe-het-zelver 0.1 *do-it-yourselfer.*

doei, doeg ⟨inf.⟩ 0.1 *bye(-bye), cheerio, cheers.*

doek I ⟨het, de⟩ 0.1 [geweven stof] *cloth* ⇒*fabric* 0.2 [projectiescherm] *screen* 0.3 [schilderstuk, stuk linnen] *canvas* ⇒ *painting* 0.4 [toneelgordijn] *curtain* ⇒⟨achterdoek⟩ *back-*

cloth, ⟨brandscherm⟩ *safety curtain* ♦ **2.2** het witte ~ *the silver s.* **3.4** het ~ gaat op *the c. rises;* het ~ valt ⟨ook fig.⟩ *the c. falls/drops;* ⟨fig.; inf. ook⟩ *it's curtains;* **II** ⟨de⟩ 0.1 [stuk stof] *cloth* ♦ **2.1** een wollen ~ *a woollen c.* **6.1** hij had zijn arm in een ~ *he had his arm in a sling* **6.¶** iets uit de ~ en doen *disclose sth.*

doekje 0.1 *(piece of) cloth, rag* ⇒*tissue* ⟨van fijne stof⟩ ♦ **2.1** een open ~ ⟨krijgen⟩ *(have) a curtain call* **6.1** ⟨fig.⟩ een ~ voor het bloeden *mere eyewash* **7.1** ⟨fig.⟩ er geen ~s om winden *not beat about the bush, call a spade a spade.*

doel 0.1 [voorwerp waarop men schiet/mikt] *target* 0.2 [sport] *goal* ⇒⟨ijshockey⟩ *net* 0.3 [wat men wil bereiken, ook fig.] *target, purpose* ⇒*object(ive), aim, goal,* ⟨reisdoel⟩ *destination* ♦ **2.1** militaire ~en *military targets* **2.2** in eigen ~ schieten *score an own g.;* ⟨fig.⟩ *shoot o.s. in the foot;* missen voor open ~ *miss with an empty g.* **2.3** een gemeenschappelijk ~ nastreven *work towards a common goal;* het is voor een goed ~ *it's for a good cause* **3.3** zijn ~ bereiken *achieve one's aim;* zich een ~ stellen *set o.s. a t./ an objective;* zijn ~ voorbijstreven/schieten *overshoot the mark* **6.2** in het ~ staan *be in g.* **6.3** met het ~ om iets te doen *with a view to doing sth.;* met dit ~ voor ogen *with this (end) in view;* recht op zijn ~ afgaan *go straight to the point;* zich iets ten ~ stellen *make sth. one's aim; set o.s. a target of sth.* ⟨bv. bedrag/aantal⟩; ten ~ hebben *be aimed at* ¶.3 ⟨sprw.⟩ het ~ heiligt de middelen (niet) *the end justifies/does not justify the means.*

doelbewust 0.1 *determined* ⇒*resolute* ♦ **1.1** een ~e handeling/poging *a resolute act/attempt.*

doeleinde 0.1 [bedoeling] *purpose, aim* ⇒*design* 0.2 [bestemming] *end, aim, purpose* ⇒*destination* ♦ **6.2** voor eigen/privé ~n *for one's own/private ends;* voor alle/velerlei ~n geschikt *all-purpose, multi-purpose.*

doelen 0.1 *aim (at), refer (to), mean* ⇒*drive (at)* ♦ **6.1** waar ik op doel is dit *what I mean/am getting at is this;* op iets/ iem. ~ *refer to/mean sth./s.o.;* ⟨iets ook⟩ *aim/drive at sth.*

doelgebied 0.1 *goal area.*

doelgemiddelde 0.1 *goal average.*

doelgericht 0.1 *purposeful, purposive.*

doelgroep 0.1 *target group.*

doellat 0.1 *(cross)bar.*

doellijn 0.1 *goal line.*

doelloos 0.1 *aimless* ⇒*idle,* ⟨nutteloos⟩ *pointless* ♦ **1.1** een ~ leven *a meaningless life* **3.1** ~ voor zich uit zitten staren *stare idly into space.*

doelloosheid 0.1 *aimlessness* ⇒*idleness.*

doelman 0.1 *(goal)keeper* ⇒⟨inf.⟩ *goalie.*

doelmatig 0.1 *suitable* ⇒*appropriate, functional, efficient* ♦ **1.1** ~e werktuigen *efficient tools/implements* **3.1** het huis is zeer ~ ingericht *the house has been very functionally furnished.*

doelmatigheid 0.1 *suitability* ⇒*expediency, efficiency.*

doelpaal 0.1 *(goal) post.*

doelpunt 0.1 *goal* ⇒*score* ♦ **2.1** een eigen ~ *an own g.* **3.1** een ~ afkeuren *disallow a g.;* een ~ maken *kick/score a g.* **7.1** met twee ~en verschil verliezen/winnen *lose/win by two goals;* met twee ~en achterstaan/voorstaan *trail/ lead by two goals.*

doelschop, -trap 0.1 *goal kick.*

doelstelling 0.1 *aim, object(ive).*

doeltaal ⟨taal.⟩ 0.1 *target language.*

doeltreffend 0.1 *effective* ⇒*efficient* ♦ **1.1** ~e maatregelen *effective measures* **2.1** snel en ~ *fast and efficient.*

doeltreffendheid 0.1 *effectiveness* ⇒*efficiency.*

doelverdediger, -dedigster 0.1 *(goal) keeper* ⇒⟨inf.⟩ *goalie.*

doelwit 0.1 *target* ⇒*aim, object* ◆ **2.1** een dankbaar ~ vormen *make an easy victim/t.* **6.1** het ~ zijn **van** bespotting *be the object of ridicule.*

doem 0.1 *doom* ◆ **3.1** er rust een ~ op *it is doomed, there's a curse/jinx on it.*

doemdenken 0.1 *doom-mongering* ⇒*defeatism.*

doemdenker 0.1 *doom-monger* ⇒*defeatist.*

doemen 0.1 *doom* ⇒*destine* ◆ **3.1** ik ben gedoemd mijn leven in eenzaamheid te slijten *I am destined to live out my life in solitude* **6.1** die onderneming is **tot** mislukken gedoemd *that enterprise is doomed to failure.*

doen¹ ⟨het⟩ ◆ **1.¶** iemands ~ en laten *s.o.'s doings;* dat is geen manier van ~ *that's no way to behave* **2.¶** in goeden ~ zijn *be well off* **6.¶ uit** zijn gewone ~ zijn *not be one's normal self;* ergens mee **van** ~ hebben *have (sth.) to do with;* **voor** hun ~, …*for them,* …*;* …*, considering* **7.¶** dat is geen ~ *that can't be done.*

doen² **I** ⟨ov.ww.⟩ **0.1** [een handeling verrichten] *do* ⇒*make, take* **0.2** [ergens plaatsen] *put* **0.3** [laten ondergaan] *make, do* **0.4** [kosten, opbrengen] *do* ⇒*go for* **0.5** [schoonmaken] *do* ⇒*clean* **0.6** [bereizen, bezichtigen] *do* ⇒*visit* **0.7** [+ het; gewenste (uit)werking hebben] *work* **0.8** [+ onb. w.; laten] *make* ◆ **1.1** een oproep ~ *make an appeal;* een uitspraak ~ *pronounce (on);* uitspraak ~ *pass judgement;* doe mij maar een witte wijn *for me a white wine, I'll have a white wine* **1.3** iem. iets cadeau ~ *make s.o. a present of sth.;* dat doet me plezier *I'm glad about that;* iem. verdriet/pijn ~ *hurt s.o., cause s.o. grief/pain* **1.4** wat moet dat boek ~? *how much do you want for that book?* **1.5** de kamer ~ *d. the room* **1.6** die toeristen deden Europa in 7 dagen *those tourists did Europe in 7 days* **1.7** de remmen ~ het niet *the brakes don't work;* de tv doet het niet meer *the TV is out of order* **3.1** ik geef 't je te ~ *it's quite a job;* wat kom jij ~? *what do you want?;* iem. iets ~ toekomen *send s.o. sth.* **3.8** zich ~ gelden *make o.s. felt;* iem. iets ~ geloven *lead s.o. to believe sth.;* hij deed van zich spreken *he had people talking about him;* we weten wat ons te ~ staat *we know what (we are) to do* **3.¶** anders krijg je met mij te ~ *or else you'll come up against me;* dat moet je altijd ~ *that's something you should always do* **4.1** ze doet het erom *she does it on purpose;* zij deed niets dan praten *she did nothing but talk;* wat doet hij (voor de kost)? *what does he d. (for a living)?;* moet je wat ~? *do you have to go (somewhere)?* **4.3** het deed me niets *I couldn't have cared less;* die muziek doet me niets *I don't care for that music;* zo'n ervaring doet je wat *such an experience moves/gets you* **4.7** dat doet het hem *that makes all the difference* **4.¶** daar kan hij het mee ~ *he can put that in his pipe and smoke it* **5.1** er is niets tegen te ~ *nothing can be done (about it), there's nothing to be done;* hij heeft het meer gedaan *he has done it before;* zoiets doe je niet *you (just) don't do that (sort of thing)* **5.¶** er het zwijgen toe ~ *not say a word;* dat doet er niets toe *that's beside the point;* er niets aan kunnen ~ *not be able to help it;* kan ik er iets aan ~! *I can't help it!;* er is niets aan te ~ *there's nothing to do about it, it can't be helped* **6.1** veel/weinig **te** ~ hebben *have a lot/little to d.;* wat is hier **te** ~? *what's going on here?;* ik weet niet waar ze het **van** ~ *I don't know how they do it* **6.2** iets **in** zijn zak ~ *put sth. in one's pocket* **6.¶** met iem. **te** ~ hebben *feel sorry for s.o.;* het is hem **te** ~ om *he is out to (do sth.);* niets aan **te** ~ *can't be helped;* **te** niet ~ *undo, nullify* **¶.1** vergeet niet om …*Don't forget to* …*Will do* **¶.¶** zich aan iets te goed ~ *do (o.s.) well on sth.;* **II** ⟨onov.ww.⟩ **0.1** [zich gedragen, handelen] *do* ⇒*act, behave* **0.2** [bezig zijn met] *do, be* **0.3** [handel drijven] *do* ⇒

deal ◆ **5.1** je zou er beter aan ~ je mond te houden *you would d. better to say nothing;* gewichtig ~ *act important;* doe maar net of ik er niet ben *just pretend I am not here;* niet ~! *don't (d. that)!* **5.2** ik doe er twee uur over *it takes me two hours* **6.2 aan** sport ~ *do/take part in sport(s);* **aan** de lijn ~ *be dieting;* hij doet lang **over** dat boek *he is taking a long time over that book* **6.3** hij doet **in** textiel *he deals in textiel* **8.1** ~ alsof *pretend* **¶.1** je doet maar ⟨vaak iron.⟩ *go ahead, suit yourself;* ⟨sprw.⟩ doe wel en zie niet om! *do well and fear not.*

doener 0.1 *doer* ⇒*go-getter.*

doenlijk 0.1 *practicable* ⇒*feasible* ◆ **5.1** niet ~ *impracticable, infeasible.*

doerak 0.1 [gemeen mens] *scoundrel* **0.2** [stout kind] *rascal.*

doetje 0.1 *softy.*

doevakantie 0.1 *action holiday.*

doezelen 0.1 *doze.*

doezelig 0.1 *drowsy.*

dof I ⟨bn., bw.⟩ **0.1** [niet helder] *dim* ⇒*dull* **0.2** [mbt. geluiden] *dull* ⇒*muffled* ◆ **1.1** een ~fe gloed *a dim glow* **1.2** een ~fe knal/dreun *a muffled bang, a d. rumble* **1.¶** een ~fe pijn *a dull ache;* **II** ⟨bn.⟩ **0.1** [zonder glans] *dull* ⇒*mat(t)* ⟨verf, metaal⟩, ⟨aangeslagen⟩ *tarnished* ◆ **1.1** ~fe tinten *d./muted hues/tints* **3.1** ~ maken/worden *tarnish.*

doffer 0.1 *cock-pigeon.*

dofheid 0.1 [mbt. kleuren] *dullness* ⇒*dimness* **0.2** [mbt. geluiden] *dullness.*

dog 0.1 *mastiff* ◆ **2.1** Deense/Duitse ~ *Great Dane.*

dogma 0.1 *dogma.*

dogmaticus 0.1 *dogmatist* ⇒*doctrinarian.*

dogmatiek 0.1 *dogmatics* ⇒*dogmatic theology.*

dogmatisch 0.1 *dogmatic(al).*

dogmatiseren 0.1 *dogmatize* ⇒⟨ov.ww. ook⟩ *turn into a dogma.*

dogmatisme 0.1 *dogmatism.*

dok 0.1 *dock(yard)* ◆ **2.1** drijvend ~ *floating dock* **¶.1** de ~ken *the docks.*

doka ⟨foto.⟩ **0.1** *darkroom.*

dokgeld ⟨scheep.⟩ **0.1** *dock-dues* ⇒*dockage.*

dokken 0.1 *fork out* ⇒*cough up* ◆ **6.1** voor iets moeten ~ *have to fork out/cough up for sth.*

dokter, -es 0.1 *doctor* ⇒⟨huisarts⟩ *GP,* ⟨schr.⟩ *physician* ◆ **3.1** zijn ~ raadplegen *consult one's d.;* een ~ roepen/laten komen *send for/call in a d.* **3.¶** ⟨inf.⟩ ~tje spelen *play doctors and nurses* **6.1** ik moet **naar** de ~ *I have to go to the d.'s;* **voor** ~ studeren *study medicine.*

dokteren 0.1 *tinker (with/at)* ◆ **6.1 aan** iets ~ *t. with sth.*

doktersadvies 0.1 *doctor's advice* ⇒*medical advice* ◆ **6.1 op** ~ een poosje rust houden *take some rest on doctor's advice.*

doktersassistente 0.1 *(medical) receptionist.*

doktersbehandeling 0.1 *medical treatment* ◆ **6.1** onder ~ zijn *be under medical treatment.*

dokterspraktijk 0.1 *medical practice.*

doktersrecept 0.1 *(doctor's) prescription.*

doktersroman 0.1 *doctor novel.*

doktersverklaring, -attest, -briefje 0.1 *medical certificate* ⇒*doctor's certificate.*

doktersvoorschrift 0.1 *medical instructions* ⇒⟨inf.⟩ *doctor's orders* ◆ **6.1 op** ~ *on prescription;* verkrijgbaar **zonder** ~ *obtainable over the counter.*

dokwerker 0.1 *dockworker, docker.*

dol I ⟨bn., bw.⟩ **0.1** [krankzinnig] *mad* ⇒*crazy* **0.2** [onbezon-

nen] **mad** ⇒*wild, crazy* **0.3** [dwaas]*foolish, silly, daft* **0.4**
[verzot] **mad (about)** ⇒*crazy (about)* ◆ **1.2** een ~le Dries *a*
loony; een ~le vlucht *a wild chase* **1.3** ~le pret beleven/
hebben *have great fun* **3.1** het is om ~ van te worden *it's*
enough to drive you crazy **6.1** ~ **van** woede *hopping m.* **6.3**
~ **van** vreugde *wild/drunk with joy* **6.4** ~ **op** iets/iem. zijn
be m./crazy about sth./s.o. **7.2** door het ~le heen zijn *be*
beside o.s. with excitement/joy; door het ~le heen raken
go bonkers;
II ⟨bn.⟩ **0.1** [versleten] *worn* ⇒*slipping, stripped* **0.2** [mbt.
wijzers] *crazy* ⇒*whirling (round in circles)* **0.3** [mbt. hon-
den] *mad* ⇒*rabid* ◆ **1.1** die schroef is ~ *the screw is w./*
slipping **1.2** het kompas is ~ *the compass has gone c.*

dolblij 0.1 *overjoyed (about)* ◆ **3.1** ~ zijn met iets ⟨ook⟩ *be*
tickled pink with/as pleased as Punch about sth.

dolboord ⟨scheep.⟩ **0.1** *gunwale, gunnel.*

dolce ◆ ¶.¶ ⟨fig.⟩ ~ far niente *dolce far niente;* ~ vita *dolce vi-*
ta.

doldraaien I ⟨onov.ww.⟩ **0.1** [niet meer pakken] *(have)*
strip(ped) ⇒*slip* **0.2** [fig.]⟨ding⟩ *run away with itself;*
⟨persoon⟩ *go off the rails* ◆ **1.1** de schroef is dolgedraaid
the screw has slipped;
II ⟨ov ww.⟩ **0.1** [te ver doordraaien] *drive/push/turn too*
far ⇒*overload.*

doldriest 0.1 *foolhardy* ⇒*lunatic* ◆ **1.1** een ~e daad *an act*
of lunacy.

dolen 0.1 [dwalen] *wander (about)* **0.2** [zwerven] *roam* ⇒
wander.

dolenthousiast 0.1 *wild(ly enthusiastic) (about).*

dolfijn 0.1 *dolphin.*

dolfinarium 0.1 *dolphinarium.*

dolgelukkig 0.1 *deliriously happy* ⇒*in raptures.*

dolgraag 0.1 *with the greatest of pleasure* ◆ **3.1** iets ~
doen *love to do sth.;* iets ~ willen *want (to do) sth. very*
much ¶.1 ga je mee? *~ are you coming? I'd love to.*

dolheid 0.1 *madness* ⇒*lunacy, prank*

dolk 0.1 *dagger* ◆ **3.1** ⟨fig.⟩ iem. een ~ in de rug steken *stab*
s.o. in the back.

dolkomisch 0.1 *a scream.*

dolksteek, -stoot 0.1 ⟨stoot⟩ *stab;* ⟨wond⟩ *stab-wound.*

dollar 0.1 *dollar.*

dollarkoers 0.1 *dollar (exchange) rate* ⇒*(exchange) rate*
of the dollar.

dollarteken ◆ **6.**¶ ~s in de ogen hebben *[a]have a pound sign*
for a brain, see a lot of dollar signs in front of s.o.'s eyes.

dolleman 0.1 *madman* ⇒*lunatic* ◆ **8.1** hij reed als een ~ *he*
drove like a m.

dollemansrit 0.1 *crazy ride.*

dollen 0.1 *horse around* ⇒*lark about* ◆ **6.1** met iem. ~ *lark*
about with s.o.; ⟨inf.⟩ zonder ~ *seriously.*

dolletjes 0.1 *what a super idea!* ⇒*what fun!*

dolomiet ◆ **7.**¶ de Dolomieten *the Dolomites.*

dolverliefd ◆ **3.**¶ ~ zijn (op) *be mad/crazy about, be head*
over heels in love (with).

dom¹ ⟨de⟩ **0.1** *cathedral.*

dom² I ⟨bn., bw.⟩ **0.1** [met weinig verstand] *stupid* ⇒*simple.*
dumb **0.2** [onnozel] *silly* ⇒*daft* **0.3** [stomweg] *sheer* ⇒
pure ◆ **1.1** een ~me gozer *a stupid bugger* **1.2** een ~ antwoord *a s./stupid answer* **1.3** ~ geluk *s. luck, a fluke;* ~ geweld *brute force* **3.2** sta niet zo ~ te grijnzen! *wipe that s.*
grin off your face!; het zou ~ zijn om …*it would be foolish*
to … **5.2** wat ~ van mij! *how stupid/s. of me!* **8.1** zo ~ als
het achtereind v.e. varken *as thick as a brick;*
II ⟨bn.⟩ **0.1** [onwetend] *ignorant* ◆ **3.1** iem. ~ houden *keep*
s.o. in ignorance ¶.1 zich v.d. ~me houden *play i./(the) in-*
nocent.

dombo ⟨inf.⟩ **0.1** *dumbo.*

domein 0.1 [territorium] *domain* ⇒*territory* **0.2** [fig.; geestelijk gebied] *domain* ⇒*field* ◆ **1.2** het ~ v.d. kunst *the*
field of art **2.1** de koninklijke ~en *the royal domains.*

domheid 0.1 [het dom zijn] *stupidity* ⇒*idiocy* **0.2** [domme
streek] *stupid thing (to do)* ⇒*stupid error* ◆ **2.1** hij heeft
het aan zijn eigen ~ te danken *he has (only) his own s. to*
thank for that **3.2** een ~ begaan *do sth. stupid.*

domicilie 0.1 *domicile* ⇒*abode,* ⟨hand.⟩ *registered offices* ◆
3.1 ~ hebben/houden *be domiciled/resident.*

dominant¹ ⟨de⟩⟨muz.⟩ **0.1** *dominant.*

dominant² ⟨bn.⟩ **0.1** *dominant* ⇒*overriding.*

dominantie 0.1 *dominance.*

dominee, domina 0.1 [titel, aanspreekvorm] *minister* ⇒*Sir*
⟨m.⟩, *Madam* ⟨v.⟩, ⟨angl.⟩ *vicar,* ⟨angl.⟩ *Reverend,* ⟨inf.⟩ *pa-*
dre ⟨m.⟩ **0.2** [predikant(e)] *minister* ⟨m., v.⟩ ⇒*clergyman*
⟨m.⟩, *clergywoman* ⟨v.⟩, *preacher* ◆ **3.2** ~ worden *go into*
the ministry.

domineesvrouw 0.1 *clergyman's wife.*

domineren 0.1 *dominate* ◆ **1.1** een ~d karakter *a dominat-*
ing character; hij domineert zijn hele omgeving *he dom-*
inates everyone around him.

dominicaan 0.1 *Dominican* ⇒*Black Friar.*

dominicaans 0.1 *Dominican* ◆ **1.**¶ de Dominicaanse Republiek *the Dominican Republic.*

dominicaner 0.1 *Dominican* ◆ **1.1** ~ monnik *D. friar, Black*
Friar.

domino 0.1 *dominoes.*

domino-effect ⟨fig.⟩ **0.1** *domino effect.*

dominoën 0.1 *play dominoes.*

dominosteen 0.1 *domino.*

domkerk 0.1 *cathedral (church).*

dommekracht 0.1 [werktuig] *jack* ⇒*screw jack, jackscrew*
0.2 [dom log persoon] *(mindless) hulk* ◆ **3.2** het is een ~
he's all brawn and no brain.

dommelen 0.1 *doze* ⇒*drowse, be half asleep.*

dommelig 0.1 *drowsy* ⇒*half asleep.*

dommigheid 0.1 *act of stupidity.*

domoor, domkop, dommerik 0.1 *idiot* ⇒*fool, blockhead,*
dunce.

dompelen 0.1 ⟨ook fig.⟩ *plunge* ⇒*dip, immerse* ◆ **6.1** zijn
voeten **in** het water ~ *dip one's feet in the water;* iem. **in** ellende ~ *plunge s.o. into misery.*

domper ◆ **6.**¶ dit onverwachte bericht zette een ~ **op** de
feestvreugde *this unexpected news put a damper on the*
party.

dompteur 0.1 *animal trainer/tamer.*

domweg 0.1 *(quite) simply* ⇒*without a moment's thought,*
just ◆ **3.1** iets ~ overschrijven *(quite) simply copy sth.*

don, doña 0.1 *Don, Doña.*

donateur, donatrice 0.1 *donor* ⇒⟨van vereniging⟩ *contrib-*
utor, supporter, benefactor ◆ **1.1** leden en ~s *members*
and supporters.

donatie 0.1 *donation* ⇒*gift.*

Donau 0.1 *Danube.*

donder 0.1 [onweer] *thunder* **0.2** [lichaam] *carcass* ⇒⟨per-
soon⟩ *devil* **0.3** [als krachtterm] *hell, damn(ation)* ◆ **2.1**
een rollende, harde ~ *rolling, loud t.* **2.2** een arme ~ *a poor*
devil/bastard **3.3** daar kun je ~ op zeggen *you can bet*
your bottom dollar on that **6.2** iem. **op** zijn ~ geven *give*
s.o. a beating/; ⟨fig.⟩ *a good dressing-down;* **op** zijn ~ krijgen *get hell, get a roasting* **7.3** ik snap er geen ~ van *I*
haven't got a clue what you mean; het kan me geen ~ schelen *I don't give a damn about it.*

donderbeestje 0.1 *thrips.*

donderbui 0.1 *thunderstorm, thunder-shower.*

donderdag 0.1 *Thursday* ♦ 2.1 Witte Donderdag *Maundy T.* ⟨ook→**maandag**⟩.

donderdags I ⟨bn.⟩ 0.1 [van donderdag] *Thursday;* **II** ⟨bw.⟩ 0.1 [op donderdag] *on Thursdays.*

donderen I ⟨onpers.ww.⟩ 0.1 [onweren] *thunder;* **II** ⟨onov.ww.⟩ 0.1 [tieren en razen] *thunder away, bluster* 0.2 [vallen] *tumble (down)* ⇒*come crashing down* ♦ 1.1 een ~d applaus *thunderous applause* 5.¶ dat dondert niet *that doesn't matter* 6.2 naar beneden ~ *tumble/crash down;* **III** ⟨ov.ww.⟩ 0.1 [smijten] *chuck* ♦ 5.1 ik heb hem de deur uit gedonderd *I kicked him out (the door).*

donderjagen 0.1 *be a nuisance* ⇒*be a pain (in the ass)* ♦ 6.1 hij is weer aan 't ~ *he's being a nuisance again.*

donderpreek 0.1 *fire-and-brimstone sermon* ♦ 3.1 een ~ houden *preach fire and brimstone.*

donders ⟨inf.⟩ 0.1 *damn(ed)* ⇒⟨BE ook⟩ *bloody,* ⟨AE ook⟩ *goddam* ♦ 1.1 die ~e vent bedriegt me *that bloody fellow is cheating me* 5.1 je weet ~ goed …*you know damn(ed) well* …

donderslag 0.1 [donder v.e. bliksemstraal] *thunderclap* ⇒ *thunderbolt, roll/crack of thunder* 0.2 [fig.] *thunderbolt* ⇒ *bombshell* ♦ 2.1 een ratelende ~ *a rattling thunderclap* 6.2 als een ~ bij heldere hemel *like a bolt from the blue.*

donderspeech 0.1 *sermon* ♦ 3.1 een ~ houden *lay down the law.*

dondersteen, -straal 0.1 *rascal* ⇒*stinker* ♦ 2.1 't is een echte ~ *he's a proper r.*

donderstem 0.1 *thunderous voice.*

donderstralen ⟨inf.⟩ 0.1 [klieren] *be a pain* 0.2 [vallen] *crash* ♦ 6.2 hij donderstraalde van de trap af *he went crashing down the stairs.*

donderwolk 0.1 *thundercloud.*

doneren 0.1 *donate.*

donker¹ ⟨het, de⟩ 0.1 *dark(ness)* ⇒*gloom* ♦ 6.1 in het ~ *in the dark;* vóór (het/de) ~ thuis zijn *be home before dark.*

donker² I ⟨bn.⟩ 0.1 [duister] *dark* ⇒*gloomy* 0.2 [somber, droevig] *dark* ⇒*dismal, gloomy* 0.3 [niet licht van kleur] *dark* ⇒*dusky, swarthy* ⟨huid⟩ 0.4 [mbt. geluiden] *low(-pitched)* ⇒⟨stem ook⟩ *grave* ♦ 1.1 de ~e dagen voor Kerstmis *the d. days before Christmas;* een ~e lucht *a d./gloomy sky* 1.2 een ~e toekomst *a dismal future* 1.3 ~ bier *dark beer;* een ~e type *a dark-complexioned type* 1.4 een ~e stem *a low(-pitched) voice;* ⟨somber⟩ *a grave voice* 3.1 het wordt ~ *it's getting d.;* **II** ⟨bw.⟩ 0.1 [somber] *dismally* ⇒*gloomily* ♦ 3.1 de toekomst ~ inzien *take a gloomy view of the future.*

donkerblauw 0.1 *dark blue.*

donkerblond 0.1 *dark blonde*/⟨m. ook⟩ *blond.*

donkerbruin 0.1 *dark brown.*

donkerte 0.1 *dark(ness)* ⇒*gloom.*

donor 0.1 *donor.*

donorcodicil 0.1 *donor card.*

donorhart 0.1 *donor heart.*

dons 0.1 *down* ⇒*fuzz* ♦ 6.1 een dekbed gevuld met ~ *a down(-filled) quilt.*

donsdeken 0.1 ⟨op laken (en deken)⟩ *eiderdown* ⇒*(down) quilt,* ⟨ipv. laken en deken⟩ *duvet,* ⟨ipv. laken en deken⟩ *(continental) quilt.*

donshaar 0.1 *downy hair.*

donzen 0.1 *down(-filled)* ♦ 1.1 een ~ dekbed *a down(-filled) quilt.*

donzig 0.1 *downy* ⇒*fluffy* ♦ 1.1 ~e haartjes *d. hair.*

dood¹ ⟨de⟩ 0.1 [levenloosheid] *death* 0.2 [het sterven/eindi-

gen] *death* ⇒*end* ♦ 1.1 ~ en verderf zaaien *spread d. and destruction* 2.1 klinische ~ *clinical d.* 2.2 een gewelddadige/natuurlijke ~ sterven *die a violent/natural d.;* ⟨fig.⟩ een stille ~ sterven *die a slow d.;* een zachte/langzame ~ *a gentle/slow d.* 3.2 aan de ~ ontsnappen *escape d.;* dat is/wordt zijn ~ *that will be the d. of him;* de ~ vinden *meet one's d.* 5.2 de ~ nabij zijn *be close to d.* 6.2 met de ~ voor ogen *face to face with d.;* ten dode (toe) opgeschreven zijn *be doomed to die, be a dead man/woman;* iem. ter ~ veroordelen *condemn/sentence s.o. to d.;* iem. ter ~ brengen *put s.o. to d.;* tot de ~ ons scheidt *till d. us do part* 7.2 duizenden doden sterven ⟨in doodsangst zitten⟩ *(nearly) die a thousand deaths* 8.¶ ⟨zo bang⟩ als de ~ voor iets zijn *be scared to death of sth.* ¶.1 om de dooie ~ niet! *no way! not on your life!* ¶.2 ⟨sprw.⟩ de een zijn ~ is de ander zijn brood *one man's death is another man's breath.*

dood² ⟨bn.⟩ 0.1 [gestorven] *dead* ⇒*killed* 0.2 [fig.] *dead* ⇒ *extinct* 0.3 [als versterking]⟨zie 1.3⟩ ♦ 1.1 dode takken *d. branches* 1.2 een dooie boel *a dull affair, a d. place;* over het dode punt heen helpen *remove the deadlock;* ⟨fig.⟩ op een ~ spoor zitten *be at a d. end;* dode vingers *d. fingers;* een dode vulkaan *an extinct volcano* 1.3 in zijn dooie eentje *all alone;* op zijn dooie gemak *at one's leisure* 2.1 ~ of levend *d. or alive* 3.1 ~ en begraven *d. and buried;* ⟨fig.⟩ iem./zich ~ vervelen *be bored stiff;* hij was op slag ~ *he died/was killed instantly* 5.1 meer ~ dan levend *more d. than alive* 8.1 zo ~ als een pier *d. as a doornail, stone d.* ¶.1 hij is op sterven na ~ *he is dying: it's just a matter of time.*

doodbijten 0.1 *bite to death.*

doodbloeden 0.1 [sterven door bloedverlies] *bleed to death* 0.2 [fig.] *run down* ⇒*peter out* ♦ 3.2 een staking laten ~ *allow a strike to peter out.*

dooddoener 0.1 *unanswerable remark, bromide* ♦ 6.1 hij wist hem met een ~ af te schepen *he fobbed him off with a b.*

dooddrukken 0.1 *squeeze/crush to death* ⟨ook fig.⟩ ♦ 3.1 ⟨fig.⟩ de kleine winkels dreigen doodgedrukt te worden *small shops may find themselves squeezed out of existence.*

doodeenvoudig 0.1 *perfectly/quite simple* ♦ 3.1 je zegt ~ dat je geen tijd hebt *(quite) simply say you haven't got time.*

doodeng 0.1 *really scary* ♦ 3.1 ik vind het allemaal ~ *it really gives me the creeps.*

doodenkel 0.1 *occasional* ⇒*odd* ♦ 1.1 een ~e bezoeker *the odd visitor;* een ~e keer komt dat voor *it happens once in a blue moon.*

doodergeren ⟨wk.ww.; zich~⟩ 0.1 *be/get furious* ⇒*be/get really irritated* ♦ 6.1 ik erger me dood aan jou *you really make me furious, you drive me up the wall.*

doodernstig 0.1 *deadly serious* ⇒*solemn* ♦ 1.1 met een ~ gezicht *with a solemn expression (on one's face)* 3.1 iets ~ opmerken *make a comment in all seriousness.*

doodgaan 0.1 *die* ♦ 5.1 je zult er niet aan ~ *it won't kill you;* ⟨scherts.⟩ ik ga liever gewoon dood *I'd rather die* 6.1 van de honger ~ *starve to death.*

doodgeboren 0.1 *stillborn* ⟨ook fig.⟩ ♦ 1.1 het wetsvoorstel was een ~ kind *the bill was s.*

doodgemakkelijk 0.1 *quite/perfectly easy* ⇒⟨inf.⟩ *child's play, like taking candy from a baby.*

doodgewoon I ⟨bn., bw.⟩ 0.1 [zeer gewoon] *quite/perfectly common* ⇒*quite/perfectly ordinary* ♦ 4.1 iets ~s *sth. quite ordinary;* **II** ⟨bw.⟩ 0.1 [gewoonweg] *quite simply* ⇒*plain* ♦ 1.1 dat is ~ diefstal *that's plain stealing.*

doodgoed 0.1 *good to a fault* ♦ 3.1 hij is ~ *he wouldn't hurt a fly.*

doodgooien 0.1 [doden] *stone to death* 0.2 [fig.; overstelpen] *bombard* ⇒*swamp* ♦ 3.2 je wordt ermee doodgegooid *you get swamped with them.*

doodgraver 0.1 *gravedigger* ⇒*sexton.*

doodhongeren 0.1 ⟨ov. en onov.⟩ *starve to death* ⇒⟨onov.ww. ook⟩ *die of starvation.*

doodkalm, -gemoedereerd 0.1 *quite/perfectly calm/cool.*

doodkist 0.1 *coffin* ♦ 2.1 ⟨fig.⟩ een drijvende ~ *a floating c.*

doodklap 0.1 [dodelijke klap, oorzaak v.d. ondergang] *deathblow* ⇒*final blow, coup de grâce* 0.2 [zeer harde klap] *almighty blow* ♦ 3.2 iem. een ~ geven *give s.o. an almighty blow* 6.1 de ~ voor die fabriek *the d./final blow as far as the factory is concerned.*

doodknuppelen 0.1 *club to death.*

doodlachen ⟨wk.ww.; zich ~⟩ 0.1 *kill o.s. (laughing)* ⇒*split one's sides* ♦ 6.1 het is om je dood te lachen *it's a scream.*

doodleuk 0.1 *coolly* ⇒*blandly* ♦ 3.1 zij vertelde hem ~ dat zij al eerder getrouwd was geweest *she c. told him that she had been married before.*

doodlopen I ⟨onov.ww.⟩ 0.1 [niet verder gaan] *come to an end/a dead end* ⇒*peter out* 0.2 [fig.] *lead nowhere* ⇒ *lead to nothing* ♦ 1.1 ~d steegje *blind alley;* ~de straat *a dead end;* ~de weg *no through road* 1.2 al hun onderzoekingen liepen dood *all their investigations led nowhere;* II ⟨wk.ww.; zich ~⟩ 0.1 [zeer hard/lang lopen] *walk o.s. into the ground.*

doodmaken 0.1 [doden] *kill* 0.2 [vnl. voetbal] *trap, kill.*

doodmoe 0.1 *dead tired* ⇒*dead on one's feet, worn out* ♦ 6.1 ~ worden van dat lawaai *be worn out by the noise;* ~ worden van het sjouwen *wear o.s. out lugging things about.*

doodnormaal 0.1 *quite/perfectly normal.*

doodongelukkig 0.1 *utterly miserable.*

doodongerust 0.1 *worried to death* ⇒*worried sick.*

doodop 0.1 *worn out* ⇒*washed-out* ♦ 6.1 ~ van dat werk *worn out by the work.*

doodrijden 0.1 [in het verkeer] *run over and kill* 0.2 [door rijden doden/uitputten] *ride to death* ⟨ook fig.⟩ ♦ 1.2 een paard ~ *ride a horse to death* 4.1 zich ~ *get o.s. killed (in a crash).*

doods 0.1 [akelig] *deathly* ⇒*deathlike* 0.2 [zonder leven] *dead* ⇒*dead-and-alive* 0.3 [zonder kleur] *ashen* ♦ 1.1 een ~e stilte *a deathly silence* 1.2 een ~e buurt *a dead neighbourhood* 1.3 een ~ gelaat *an a. face* 3.2 wat is het hier ~ *it's really dead (around) here.*

doodsakte 0.1 *death certificate.*

doodsangst 0.1 [angst voor de dood] *fear of death/dying* 0.2 [grote angst] *agony* ⇒*mortal fear* ♦ 3.2 ~en uitstaan *be in mortal fear.*

doodsbang 0.1 ⟨i voor⟩ *terrified (of)* ⇒*scared to death* ♦ 3.1 iem.~ maken *terrify s.o.*

doodsbed 0.1 *deathbed.*

doodsbenauwd 0.1 [zo benauwd dat men bijna bezwijkt] *suffocating* ⇒*gasping for air* 0.2 ⇒*doodsbang.*

doodsbericht 0.1 *obituary* ⇒⟨alg.⟩ *news of s.o.'s death.*

doodsbleek 0.1 *deathly pale* ⇒*as white as a sheet.*

doodschamen ⟨wk.ww.; zich ~⟩ 0.1 *be terribly embarrassed.*

doodschieten 0.1 *shoot (dead)* ⇒*shoot and kill* ♦ 4.1 zichzelf ~ *shoot o.s.*

doodschop 0.1 *violent/nasty kick.*

doodschoppen 0.1 *kick to death* ♦ ¶.1 hij is het ~ niet waard *death's too good for him.*

doodschrikken ⟨wk.ww.; zich ~⟩ 0.1 *be scared to death* ♦ ¶.1 hij schrok zich dood *he was scared to death.*

doodserieus 0.1 *deadly serious* ⇒*solemn.*

doodseskader 0.1 *death squad.*

doodsgevaar 0.1 *deadly peril* ⇒*mortal danger* ♦ 6.1 in ~ zijn/verkeren *be in mortal danger.*

doodsheid 0.1 *deathliness.*

doodshemd 0.1 *shroud* ⇒*winding-sheet.*

doodshoofd, -kop 0.1 *skull.*

doodsimpel 0.1 *dead simple/easy* ⇒*child's play* ♦ 1.1 een ~ zaakje *an open-and-shut case.*

doodskleed 0.1 [lijkwade] *shroud* ⇒*winding-sheet* 0.2 [op doodkist] *pall.*

doodsklok 0.1 *death bell* ⇒*funeral bell,* ⟨schr.; ook fig.⟩ *death-knell* ♦ 3.1 de ~ over iets luiden *sound the death-knell of sth.*

doodskreet 0.1 *dying scream* ♦ 3.1 een ~ slaken *give a d. s.*

doodslaan 0.1 ⟨doden⟩ *kill* ⟨ook fig.⟩ ⇒⟨door herhaaldelijk slaan doden⟩ *beat to death,* ⟨met één slag⟩ *strike dead* ♦ 1.1 een vlieg ~ *swat a fly* 6.1 ⟨fig.⟩ iem. met argumenten ~ *silence s.o. with arguments* 8.1 al sla je me dood, ik zou het echt niet weten *for the life of me I don't know.*

doodslag 0.1 *manslaughter* ♦ 6.1 wegens ~ veroordeeld *convicted of m.*

doodsmak 0.1 *cropper* ♦ 3.1 een ~ maken *come a c.*

doodsnood 0.1 *throes of death.*

doodsoorzaak 0.1 *cause of death* ♦ 1.1 onderzoek naar de ~ van iem. *inquest on s.o.* 3.1 de ~ vaststellen *establish the cause of death.*

doodspuiten 0.1 [door spuiten doden] *give a fatal (over)-dose* 0.2 [landb.] *spray (with weedkiller)* ⇒*kill* ♦ 1.2 onkruid ~ *s./kill weeds* 4.1 de verslaafde heeft zich doodgespoten *the addict gave himself a fatal dose.*

doodsschrik 0.1 ⟨zie 3.1⟩ ♦ 3.1 iem. de ~ op het lijf jagen *give s.o. the fright of his life.*

doodssnik 0.1 *last gasp* ♦ 3.1 de ~ geven *give the last gasp.*

doodsstrijd 0.1 *death agony* ⇒*throes of death.*

doodsteek 0.1 [fig.; genadeslag] *coup de grâce* ⇒*final blow* 0.2 [fig.; pijnlijk, kwetsend feit] *stab to the heart* ♦ 3.1 dat gaf hem de ~ *that finished him off* 6.2 die opmerking was een ~ voor hem *that comment stabbed him to the heart.*

doodsteken 0.1 *stab to death* ⇒*stab and kill.*

doodstil 0.1 *deathly quiet/still;* ⟨bewegingloos⟩ *quite still;* ⟨zwijgend⟩ *dead silent* ♦ 3.1 hij bleef ~ zitten/staan *he didn't move a muscle;* het werd opeens ~ toen hij binnenkwam *there was a sudden hush when he came in.*

doodstraf 0.1 *death penalty* ⇒*capital punishment,* ⟨oordeel⟩ *death (sentence)* ♦ 3.1 de ~ krijgen *be sentenced to death;* hier staat de ~ op *this is punishable by death.*

doodsverachting 0.1 *contempt for death* ♦ 6.1 met ~ de vijand tegemoet treden *face the enemy with total contempt for death.*

doodsverlangen 0.1 *longing for death.*

doodsvijand 0.1 *mortal enemy* ⇒*arch-enemy* ♦ 3.1 zij zijn ~en (van elkaar) *they are arch-enemies.*

doodtij 0.1 *slack water.*

doodtrappen 0.1 *kick to death* ⇒⟨onder de voet⟩ *trample (to death).*

doodvallen 0.1 [een dodelijke val maken] *fall to one's death* 0.2 [vallen en doodblijven] *drop dead* ♦ 3.2 ik mag ~ als het niet waar is *if that isn't so may I be struck dead* ¶.2 val dood! *go to hell!*

doodverlegen 0.1 *at a loss* ⇒*at one's wits end* ♦ 6.1 om iets ~ zijn/zitten *be badly in need of sth.*

doodvermoeid - doorbranden

doodvermoeid →**doodmoe**.

doodvermoeiend 0.1 *exhausting* ⇒*wearying*.

doodverven ⟨fig.⟩ **0.1** [voorbestemmen] *tip* **0.2** [doen voorkomen] *label* ◆ **1.1** de gedoodverfde winnaar zijn *be the hot favourite* **8.2** iem. als reactionair ~ *label s.o. (as) reactionary*.

doodvonnis 0.1 [vonnis] *death sentence* ⇒*sentence of death* **0.2** [einde] *death sentence* ⇒*death-warrant* ◆ **3.1** het ~ voltrekken aan *execute, carry out the d. s. on* **3.2** je eigen ~ tekenen *sign your own death-warrant;* het ~ uitspreken / vellen over *pronounce / pass sentence of death on*.

doodvriezen 0.1 *freeze / be frozen to death* ◆ **¶.1** vriezen we dood dan vriezen we dood *we're just going to have to face it / go through with it*.

doodwerken ⟨wk.ww.; zich ~⟩ **0.1** *work o.s. to death* ⇒ *work o.s. into the ground* ◆ **3.1** zij moest zich bij hem ~ *she had to work her fingers to the bone for him*.

doodziek 0.1 [zwaar ziek] *critically ill* ⇒⟨dood volgt onvermijdelijk⟩ *terminally ill* **0.2** [fig.] *sick and tired* ◆ **3.1** je wordt ~ als je nu gaat zwemmen *you'll catch your death (of cold) if you go swimming now* **3.2** ik word ~ van die kat *I'm (getting) sick and tired of that cat*.

doodzonde 0.1 *a terrible pity;* ⟨verspilling⟩ *a terrible waste*.

doodzonde 0.1 [rel.] *mortal sin* **0.2** [onvergeeflijke fout] *mortal sin* ⇒*deadly sin* ◆ **7.1** de zeven ~n *the seven deadly sins*.

doodzwijgen 0.1 *hush up* ⇒*keep quiet* ◆ **1.1** we zullen deze zaak verder maar ~ *let's keep this quiet*.

doof 0.1 *deaf* ◆ **3.1** ik ben niet ~! *I'm not d.!;* ~ blijven voor *turn a d. ear to* **5.1** muzikaal ~ zijn *be tone-deaf;* Oost-Indisch ~ zijn *act / play d.* **6.1** ~ **aan** één oor *d. in one ear;* ~ zijn **voor** alle waarschuwingen *be d. to all warnings*.

doofheid 0.1 *deafness*.

doofpot 0.1 *extinguisher;* ⟨fig.⟩ *cover-up* ◆ **6.1** ⟨fig.⟩ die hele zaak is **in** de ~ (gestopt) *that whole business has been hushed up*.

doofstom 0.1 *deaf-and-dumb* ⇒*deaf-mute* ◆ **1.1** ~me kinderen *deaf-and-dumb children*.

doofstomme 0.1 *deaf-mute* ◆ **¶.1** de ~n *the d.-m.*

dooi 0.1 *thaw* ◆ **2.1** bij invallende ~ *if a t. sets in* **6.1** ⟨fig.⟩ een ~ **in** de betrekkingen tussen Oost en West *a t. in East-West relations*.

dooien 0.1 *thaw* ◆ **3.1** het begon te ~ *it began to t., the thaw set in*.

dooier 0.1 *(egg) yolk* ◆ **2.1** wilt u uw ei met een hele of een kapotte ~? *would you like your egg with the yolk whole or broken?*

doolhof ⟨ook fig.⟩ **0.1** *maze* ⇒*labyrinth* ◆ **1.1** een ~ van belastingwetten *a m. / jungle of fiscal legislation*.

doop 0.1 [rel.] *christening* ⇒*baptism* **0.2** [fig.; feestelijke inwijding] *inauguration* ⇒*christening* ◆ **1.2** de ~ v.e. schip *the naming of a ship* **3.1** de ~ ontvangen *be baptized* **6.1** een kind **ten** ~ houden *present a child at the font* **6.2** ⟨scheep.⟩ ~ **onder** de linie *(the ceremony of) crossing the line*.

doopakte, -attest, -attestatie 0.1 *certificate of baptism* ⇒ *baptismal certificate*.

doopbelofte 0.1 *baptismal vows* ◆ **3.1** de ~ hernieuwen *renew one's baptismal vows*.

doopboek 0.1 *register of baptisms* ⇒*baptismal register*.

doopceel ◆ **3.¶** iemands ~ lichten *bring out s.o. 's past*.

doopgetuige 0.1 *godparent*.

doopnaam 0.1 *baptismal name* ⇒*Christian name, given name* ◆ **8.1** iem. N. als ~ geven *christen s.o. N*.

doopplechtigheid 0.1 *christening ceremony* ◆ **3.1** de ~ voltrekken *perform the c. c.*

doopsel ⟨rel.⟩ **0.1** *baptism* ⇒*christening*.

doopsgezind 0.1 *Baptist;* ⟨ihb. Nederlands⟩ *Mennonite* ◆ **1.1** de Doopsgezinde Gemeenten *the M. communities*.

doopvont 0.1 *(baptismal) font*.

door¹ ⟨bw.⟩ **0.1** *through* ◆ **1.1** ik ben het boek ~ *I've finished the book;* de hele dag ~ *all day long, throughout the day;* de kast kan de deur niet ~ *the cupboard won't go t. the door;* zijn hele leven ~ *his whole life long, throughout his life* **3.1** mijn schoenen zijn ~ *my shoes are worn out* **5.1** ⟨fig.⟩ het kan ermee ~ *it's passable* **6.1** de tunnel gaat **onder** het water ~ *the tunnel passes under the water* **6.¶ tussen** de buien ~ *between showers* **8.¶** ik ben ~ en ~ nat / koud *I'm wet through (and through), I'm chilled to the bone;* zij kent het land ~ en ~ *she knows the country like the back of her hand;* ~ en ~ slecht *rotten to the core, thoroughly bad*.

door² ⟨vz.⟩ **0.1** [mbt. een zijde / ruimte / opening / doorgang] *through* **0.2** [mbt. een vermenging] *through* ⇒*into* **0.3** [middels] *by (means of)* **0.4** [vanwege] *because of* ⇒*owing to, by, with* **0.5** [in passieve zinnen] *by* ◆ **1.1** ~ heel Europa *throughout Europe;* ~ rood / oranje rijden *jump the light;* hij vertrok ~ de tuin *he left via / t. the garden* **1.2** zout ~ het eten doen *mix salt into the food* **1.4** ~ het slechte weer *because of / owing to the bad weather;* ~ ziekte verhinderd *prevented by illness from coming / attending / going* **1.5** zij werden ~ de menigte toegejuicht *they were cheered b. the crowd* **1.¶** ~ de jaren heen *over the years;* ~ de week *through the week* **3.3** ~ ijverig te werken, kun je je doel bereiken *you can reach your goal by working hard* **3.4** dat komt ~ jou *that's (all) because of you* **4.2** alles lag ~ elkaar *everything was in a mess* **4.3** ~ haar heb ik hem leren kennen *it was thanks to her that I met him* **4.5** ~ wie is het geschreven? *who was it written by?*

doorbakken 0.1 *well-done* ◆ **1.1** goed / niet goed ~ brood *well-baked / slack-baked bread*.

doorbellen 0.1 *pass on (by (tele)phone)* ⇒*phone through*.

doorberekenen 0.1 *pass on, on-charge* ◆ **6.1** de belastingverhoging **in** de prijzen ~ *pass on the tax increase to the customer*.

doorbetalen 0.1 *keep paying* ⇒*continue paying* ◆ **1.1** doorbetaalde vakantie *paid holiday*.

doorbijten ⟨onov.ww.⟩ **0.1** [met kracht bijten] *bite (hard)* **0.2** [voortgaan met bijten] *keep biting* ⇒*continue biting / to bite,* ⟨fig.⟩ *keep trying,* ⟨fig.⟩ *keep at it* ◆ **1.1** de hond beet niet door *the dog didn't bite hard* **5.2** even ~! *just grin and bear it!;*

II ⟨ov.ww.⟩ **0.1** [stukmaken, verdelen] *bite through*.

doorbijter 0.1 *trier; dogged person*.

doorbladeren 0.1 [bladerend doorlopen] *leaf through* ⇒ *glance through,* ⟨boek ook⟩ *thumb through* **0.2** [comp.] *page, browse* ◆ **1.1** de krant ~ *glance through the paper*.

doorborduren ◆ **6.¶ op** iets ~ ⟨fig.⟩ *enlarge on sth.*

doorboren 0.1 *drill (through)* ⇒*bore (a hole in), tunnel* ⟨berg⟩, ⟨met steekwapen⟩ *pierce,* ⟨met steekwapen⟩ *stab* ◆ **6.1** een met kogels doorboord lijk *a bullet-riddled corpse;* ⟨fig.⟩ iem. **met** zijn blikken ~ *transfix s.o. with one's looks*.

doorbraak 0.1 [het door-, stukbreken] *bursting* ⇒*collapse* **0.2** [het door een obstakel heenbreken] *breakthrough,* ⟨sport⟩ *break* ◆ **1.1** de ~ v.e. dijk *the b. of the dike* **1.2** ⟨fig.⟩ ~ v.e. politieke partij *the breakthrough of a political party* **2.2** een snelle ~ *a quick break* **3.2** een ~ forceren *force a breakthrough*.

doorbranden I ⟨onov.ww.⟩ **0.1** [voortgaan met branden] *keep burning* ⇒*continue burning / to burn* **0.2** [door en door branden] **burn through** ⇒*burn properly* **0.3** [stukgaan] **burn out** ◆ **1.3** een doorgebrande lamp *a burned-out (light) bulb* **3.2** de kachel wil niet ~ *the stove will not burn properly;* **II** ⟨ov.ww.⟩ **0.1** [in twee delen scheiden] **burn through** ◆ **1.1** de safedeur was doorgebrand *the door of the safe had been burned through.*

doorbreken 0.1 break (through) ⇒*burst (through), breach* ⟨ook fig.⟩ ◆ **1.1** de geluidsbarrière ~ *break the sound barrier;* ⟨fig.⟩ de sleur ~ *get out of the rut.*

doorbreken I ⟨onov.ww.⟩ **0.1** [stuk- / openbreken] **break (apart / in two)** ⇒*break up, burst* ⟨ook gezwel⟩, *perforate* ⟨zweer⟩ **0.2** [door iets heen breken] **break through** ⇒ *come through* **0.3** [opvallend op de voorgrond treden] **break through** ⇒*make it* ◆ **1.1** het gezwel brak door *the swelling burst/ruptured;* doorgebroken kamers *open-plan rooms* **1.2** de tandjes zullen snel ~ *the teeth will come through fast;* de zon zal spoedig -- *the sun will break through soon;* **II** ⟨ov.ww.⟩ **0.1** [in twee delen scheiden] **break (in two)** ⇒ ⟨stok ook⟩ *snap (in two).*

doorbrengen 0.1 spend ◆ **1.1** hoe heb je de middag doorgebracht? *how did you s. the afternoon?;* ergens de nacht ~ *s. the night/stay overnight somewhere* **6.1** de avond werd doorgebracht met dia's kijken *the evening was spent looking at slides.*

doorbuigen I ⟨onov.ww.⟩ **0.1** [bocht aannemen onder een last] **bend** ⇒*sag* **0.2** [buiging voortzetten] **bend further (over)** ⇒*bow deeper* ◆ **1.1** de vloer boog sterk door *the floor sagged badly* **1.2** die jongen kan wel dieper ~ *that boy must be able to bend further;* **II** ⟨ov.ww.⟩ **0.1** [door druk doen ombuigen] **bend.**

doordacht 0.1 well thought-out ⇒*well-considered* ◆ **5.1** het plan is goed ~ *the plan has been well thought-out.*

doordat 0.1 because (of the fact that) ⇒*owing to/as a result of/on account of the fact that), in that* ◆ ¶.1 ~ zo goen tijd had *owing to her having/to the fact that she had no time;* ~ er gebrek aan geld was *through lack of money;* ze lijken op elkaar ~ ze rood haar hebben *they are alike in that they have red hair.*

doordenken 0.1 reflect ⇒*think, consider* ◆ **5.1** als je even doordenkt/door had gedacht *if you think/had thought for a moment* **6.1** over/ op iets ~ *r. on/ think over sth.*

doordenker(tje) 0.1 ◆ **3.**¶ dat is een ~ *you have to think about that one, that's a deep one.*

doordeweeks 0.1 weekday ⇒*workaday* ◆ **1.1** ~e bezigheden *weekday activities;* op een ~e dag/avond *on a weekday/week-night.*

doordouwen I ⟨onov.ww.⟩ **0.1** [doorzetten] **keep trying** ⇒ *keep at it* **0.2** [verkeer] **insist on one's right of way;** **II** ⟨ov.ww.⟩ **0.1** [doordrukken] **push through** ⟨ook fig.⟩ ◆ **1.1** ⟨fig.⟩ zijn plannen ~ *push one's plans through.*

doordouwer 0.1 trier ⇒*stayer.*

doordraaien I ⟨onov.ww.⟩ **0.1** [verder draaien] **keep turning** ⇒*continue turning/to turn,* ⟨fig.⟩ *go on,* ⟨fig.⟩ *keep moving* **0.2** [doldraaien] **slip** ⇒*not bite,* ⟨niet⟩ *be stripped* ◆ **3.1** de motor laten ~ *keep the engine running/on;* **II** ⟨ov.ww.⟩ **0.1** [door iets heen laten gaan] **twist/put through 0.2** [mbt. groenten] **withdraw (from the market)** ◆ **1.1** ik zal er een schroef ~ *I'll put a screw in it.*

doordrammen 0.1 nag ⇒⟨inf.⟩ *go on* ◆ **5.1** wat dram jij door *you do go on!* **6.1** ~ **over** iets *keep harping on sth.*

doordrammer 0.1 nagger ⇒*pest.*

doordraven I ⟨onov.ww.⟩ **0.1** [ondoordacht doorredeneren] **rattle on 0.2** [verder draven] **keep trotting** ⇒*trot on* ◆ ¶.1 hij kan ook zó ~ *he does rattle on;*

II ⟨ov.ww.⟩ **0.1** [dravend gaan door] **trot through.**

doordraver, -draafster 0.1 ⟨doorprater⟩ *rattle;* ⟨overdrijver⟩ *fanatic.*

doordrenken 0.1 soak (through) ⇒*saturate, drench* ◆ **1.1** het water had het papier doordrenkt *the water had saturated the paper* **6.1** een **met** bloed doordrenkt shirt *a blood-soaked shirt.*

doordrijven I ⟨onov.ww.⟩ **0.1** [doorzetten] **push/force through** ⇒*enforce, impose* ◆ **1.1** zijn wil ~ *impose one's will* **5.1** iets te ver ~ *carry things too far;* **II** ⟨onov.ww.⟩ **0.1** [doorzeuren] **nag 0.2** [verder drijven] ⟨bep. kant op⟩ *float on/further;* ⟨niet zinken⟩ *go on floating* ◆ **3.1** je moet niet zo ~ *stop nagging!*

doordrijver, -drijfster 0.1 *headstrong person.*

doordringen 0.1 [penetreren] **penetrate** ⇒*permeate* ⟨vocht; ook fig.⟩ **0.2** [volkomen overtuigen] **persuade** ⇒*convince* ◆ **3.2** doordrongen zijn v.d. noodzaak ...*be convinced of the necessity of* ... **6.1** de lucht was doordrongen **van** rozengeur *the air was permeated by the perfume of roses.*

doordringen 0.1 penetrate ⇒⟨fig.⟩ *get through,* ⟨fig.⟩ *occur* ◆ **6.1** ~ **in** *penetrate; permeate, filter through* ⟨vocht⟩; ⟨fig.⟩ het drong niet **tot** hem door dat hij brutaal was *it didn't occur to him that he was being rude;* ⟨fig.⟩ niet **tot** iem. kunnen ~ *not be able to get through to s.o.;* **tot** de finale ~ *get through to/make it to/get to the finals;* ⟨fig.⟩ iets tot iem. laten ~ *get sth. across to s.o.;* ⟨fig.⟩ de ernst v.d. situatie drong plotseling **tot** hem door *he suddenly became aware how serious the situation was.*

doordringend 0.1 piercing, penetrating ⟨blik, kou, kreet⟩ ⇒ *pungent* ⟨geur⟩ ◆ **1.1** een ~e stem *a penetrating voice* **3.1** iem. ~ aankijken *give s.o. a piercing look.*

doordrukken 0.1 ⟨ook fig.⟩ **push/force through** ◆ **1.1** zijn eigen mening ~ *impose one's own view;* een plan ~ *push/ force a plan through.*

doordrukverpakking 0.1 *strip.*

dooreen 0.1 in a mess ⇒*in a jumble* ◆ **3.1** alles lag ~ *everything was lying in a jumble.*

dooreten 0.1 [voortgaan met eten] **carry on eating** ⇒*continue eating/to eat* **0.2** [voortmaken met eten] **eat up** ⟨one's food⟩ ◆ **5.2** eet eens even door! *eat up now!*

doorgaan I ⟨onov.ww.⟩ **0.1** [verder gaan] **go/walk on** ⇒ *continue* **0.2** [voortgaan met een handeling] **continue (-ing, with)** ⇒*go/carry on (-ing, with), persist (in/with),* proceed(with) **0.3** [voortduren] **continue** ⇒*go on, last* **0.4** [door een ruimte/opening gaan] **go/pass through** ⇒*pass* **0.5** [geschieden] **take place** ⇒*be held* **0.6** [ingaan op] **go into 0.7** [aangezien worden voor] **pass for** ⇒*pass o.s. off as,* ⟨zonder bedrog⟩ *be considered (as)* ◆ **1.5** het feest gaat door *the party is on* **3.2** hij bleef er maar over ~ *he just kept on about it* **3.5** iets laten ~ *allow sth. to take place;* iets niet laten ~ *cancel sth.* **5.5** niet ~ *be off* **6.1** deze trein gaat door tot Amsterdam *this train goes on to Amsterdam* **6.7** willen ~ **voor** iets/iem. *try to pass o.s. off as sth./s.o.;* zij gaat **voor** erg rijk door *she is said to be very rich* ¶.2 dat gaat in één moeite door *we can do that as well while we're about it;* **II** ⟨ov.ww.⟩ **0.1** [zich bewegen door] **go/pass through.**

doorgaand 0.1 through ◆ **1.1** een ~e trein *a t. train;* ~ verkeer *t. traffic;* geen ~ verkeer *no t. traffic.*

doorgaans 0.1 usually ⇒*as a rule.*

doorgang 0.1 [het doorgaan] **occurrence 0.2** [opening] **passage(way)** ⇒*way through,* ⟨tussen banken enz.⟩ *gangway,* ⟨kerk, vliegtuig⟩ *aisle* ◆ **2.2** ondergrondse ~ *underground passage;* verboden/ geen ~ ⟨voetpad⟩ *no right of way;* ⟨toegang⟩ *no entry;* vrije ~ *free passage;* ⟨pol.⟩ *safe-conduct* **3.1** (geen) ~ hebben *(not) take place.*

doorgangspost 0.1 *border checkpoint/station.*
doorgedraaid 0.1 *exhausted* ⇒*worn out.*
doorgeefluik 0.1 *(serving-)hatch;* ⟨fig.⟩ *intermediary, middleman;* ⟨spreekbuis⟩ *mouthpiece.*
doorgestoken →*kaart.*
doorgeven 0.1 [verder geven/laten rondgaan] *pass (on/round)* ⇒*hand on/round* **0.2** [overbrengen] *pass (on)* **0.3** [overdragen] *pass/hand on* ⇒*hand over* **0.4** [verder vertellen, bekendmaken] *pass on* ⇒*let (s.o.) know about* ♦ **1.1** geef de fles eens door *pass the bottle round/on* **1.3** die kennis is van vader op zoon doorgegeven *that knowledge has been handed down from father to son* **3.4** dat zal ik moeten ~ aan je baas *I will have to tell your boss about this* **6.2** een boodschap **aan** iem.~ *pass a message on to s.o.* ¶**.1** ~! *pass it on!*
doorgewinterd 0.1 *seasoned* ⇒*experienced.*
doorgronden 0.1 *fathom* ⇒*penetrate* ♦ **1.1** een geheim ~ *get to the bottom of a mystery;* die man is niet te ~ *that man is inscrutable* **5.1** moeilijk te ~ *difficult to f., unfathomable.*
doorhakken 0.1 *chop in half/in two* ⇒*split.*
doorhalen 0.1 *cross out* ⇒⟨schr.⟩ *delete* ♦ **1.1** een woord ~ *cross out/delete a word* ¶**.1** ~ wat niet van toepassing is *delete whichever is not/wherever not applicable.*
doorhaling 0.1 *deletion* ⇒⟨inf.⟩ *crossing-out.*
doorhebben ⟨inf.⟩ **0.1** *see (through)* ⇒*be on to* ♦ **1.1** ik heb die grap door *I get the joke;* iem.~ ⟨ook⟩ *have s.o. taped;* *figure s.o. out* **8.1** hij had het dadelijk door dat ... *he saw at once that ...*
doorheen 0.1 *through* ♦ **5.1** zich er ~ slaan *get t. (it) somehow or other;* er ~ breken/gaan ⟨enz.⟩ *break/go* ⟨enz.⟩ *t.*
doorkiesnummer 0.1 *direct-dialling number* ⇒*dial-direct number.*
doorkijk 0.1 [gelegenheid] *view (through)* **0.2** [opening] *spyhole.*
doorkijkbloes 0.1 *see-through blouse.*
doorkijken I ⟨onov.ww.⟩ **0.1** [door iets heen kijken/zichtbaar zijn] *look through* ♦ **6.1 tussen** de hoofden ~ *peer out among the heads;*
II ⟨ov.ww.⟩ **0.1** [beoordelen] *look through* ⇒*run through* ♦ **1.1** ik heb dat boek eens doorgekeken *I've glanced through that book.*
doorklinken I ⟨onov.ww.⟩ **0.1** [mbt. geluiden] *ring (out)* ⇒*ring through, resound* **0.2** [zich hoorbaar maken] *be heard* ⇒⟨fig.⟩ *be able to be heard (in)* ♦ **1.1** zijn kreet klinkt het hele huis door *his shout rings out/resounds through the whole house* **6.2** ⟨fig.⟩ de berusting die **uit** zijn woorden doorklinkt *the resignation that can be heard in his words;*
II ⟨ov.ww.⟩ **0.1** ⟨amb.; klinken⟩ *rivet* ⇒*nail.*
doorkneed 0.1 *seasoned* ⇒*experienced/well-versed (in)* ⟨wetenschap enz.⟩ ♦ **1.1** een ~ diplomaat *an experienced diplomat* **3.1** ~ zijn in ⟨ook⟩ *have a thorough grasp of.*
doorknippen 0.1 *cut through* ⇒*cut in half/in two.*
doorkomen 0.1 [zijn/haar weg nemen] *come through/past/by* ⇒*pass (through/by)* **0.2** [ten einde brengen] *get through (to the end)* ⇒*make it through* **0.3** [door iets heen dringen] *come/get through* **0.4** [waarneembaar worden] *come out* ⇒*show through/up* ♦ **1.1** de stoet moet hier ~ *the procession must come past here* **1.2** de dag ~ *make it through the day;* een examen ~ *get through an examination;* de tijd ~ *pass away the time* **1.3** de berichten die ~ zijn slecht *the reports coming through are bad;* de zon komt door *the sun is breaking through* **1.4** dat programma komt niet goed door *there is interference in that*

programme ¶**.2** er is geen ~ aan ⟨boek, werk enz.⟩ *there is no way I'm going to get this finished;* ⟨menigte⟩ *there's no way I'm going to get through.*
doorkrassen 0.1 *scratch out* ⇒*cross out.*
doorkrijgen 0.1 [gaan begrijpen] *see through* **0.2** [ontvangen] *get* ♦ **1.1** iem.~ *see through s.o.; figure s.o. out* **1.2** een bericht ~ *g. a message.*
doorkruisen 0.1 [rondtrekken door] *traverse* ⇒*roam, scour* ⟨op zoek⟩ **0.2** [fig.; dwarsbomen] *thwart* ♦ **1.1** hij heeft heel Frankrijk doorkruist *he has travelled all over France* **1.2** dat voorstel doorkruist mijn plannen *that proposal has thwarted my plans.*
doorkruising 0.1 *thwarting* ⟨van plannen⟩.
doorlaatpost 0.1 *checkpoint.*
doorlaten 0.1 *let through/pass* ⇒*allow through/to pass* ♦ **1.1** geen geluid ~ *be soundproof;* deze stof laat geen water door *this material is waterproof* **4.1** hier wordt niemand doorgelaten *no one is allowed through here.*
doorleren 0.1 *keep (on) studying* ⇒*continue with one's studies,* ⟨ihb.⟩ *stay on at school.*
doorlezen I ⟨onov.ww.⟩ **0.1** [voortgaan met lezen] *read on* ⇒ *continue reading/to read* ♦ ¶**.1** ~ op pag. 7 *turn to p. 7;*
II ⟨ov.ww.⟩ **0.1** [ten einde toe lezen] *read to the end* ♦ **5.1** iets zorgvuldig ~ *study sth.*
doorlichten 0.1 [fig.] *investigate* ⇒*screen* ⟨persoon⟩ **0.2** [met röntgenstralen onderzoeken] *X-ray* ⇒⟨schr.⟩ *radiograph* ♦ **1.1** een bedrijf ~ *i. a company* **4.2** zich laten ~ *have an X-ray (taken).*
doorlichting 0.1 [onderzoek met röntgenstralen] *X-ray (examination)* ⇒⟨schr.⟩ *radiograph(ic examination)* **0.2** [controlerend onderzoek] *investigation* ⇒⟨mbt. persoon⟩ *screening.*
doorliggen 0.1 *have/get bedsores* ♦ **1.1** doorgelegen plek *bedsore;* zijn rug is doorgelegen *he has (got) bedsores on his back* **3.1** om ~ te voorkomen *to prevent bedsores.*
doorlopen 0.1 [lopen door iets] *walk/go/pass through* **0.2** [verder lopen] *keep (on) walking/going/moving* ⇒*continue walking/moving/to walk/to move, walk/go/move on* **0.3** [mbt. kleuren] *run* **0.4** [niet onderbroken worden] *run on* ⇒*carry on through, continue,* ⟨nummers ook⟩ *be consecutive* **0.5** [sneller lopen] *hurry up* ♦ **1.3** het blauw is doorgelopen *the blue has run* **5.5** als we een beetje ~ halen we de bus nog *if we hurry up a bit we'll still catch the bus* **6.1** hij liep tussen de struiken door *he walked/went through the bushes* **6.2** ~ **met** een ziekte *keep going/on one's feet despite being ill* **6.4** de eetkamer loopt door **in** de keuken *the dining-room carries on through into the kitchen* ¶**.2** ~ a.u.b.! *move along now, please!*
doorlopen 0.1 [doorkruisen] *walk/go/pass through* **0.2** [volgen] *go/pass through* ⇒⟨afronden⟩ *complete* ⟨cursus⟩ **0.3** [vluchtig lezen] *run/glance through* ⇒ *pass through/complete every stage* **1.3** zijn aantekeningen nog even ~ *run/glance briefly through one's notes again.*
doorlopend 0.1 [ononderbroken] *continuous, continuing;* ⟨met onderbrekingen⟩ *continual;* ⟨opeenvolgend⟩ *consecutive* ♦ **1.1** een ~ verhaal *a continuous story;* een ~e voorstelling *a continuous performance* **2.1** hij is ~ dronken *he is constantly drunk.*
doorloper 0.1 ⟨mv.⟩ *safety speed-skates* ♦ **2.1** Friese ~s ±*Frisian skates.*
doormaken 0.1 *go/pass/live through* ⇒*experience, undergo* ♦ **1.1** een ontwikkeling ~ *undergo a development;* een moeilijke tijd ~ *have a hard time (of it).*
doormeten ⟨tech.⟩ **0.1** *test (for) continuity* ♦ **7.1** het ~ *continuity testing.*

doormidden 0.1 *in two* ⇒*in half* ◆ **3.1** iets ~ breken *break sth. in half;* iets ~ scheuren *tear sth. apart.*

doormodderen ⟨inf.⟩ **0.1** *muddle on* ◆ **3.1** hij blijft maar ~ *he just keeps muddling on.*

doorn 0.1 *thorn* ◆ **6.1** ⟨fig.⟩ dat is mij een ~ **in** het oog *that is a t. in my flesh;* ⟨lelijk gebouw enz.⟩ *an eyesore.*

doornat 0.1 *wet through* ⇒*soaked (through), drenched* ◆ **3.1** ~ worden *get soaked/wet through.*

doornemen 0.1 [bestuderen] *go through/over* **0.2** [bespreken] *go over* ◆ **1.1** de post ~ *go through the post* **5.1** een artikel vluchtig ~ *skim through an article* **6.2** iets met elkaar ~ *go over sth. together.*

Doornroosje 0.1 *Sleeping Beauty.*

doornstruik 0.1 *thorn-bush.*

doorploegen 0.1 *plough* ⇒⟨fig.⟩ *furrow* ◆ **1.1** ⟨fig.⟩ een doorploegd gezicht *a furrowed/lined face.*

doorploeteren 0.1 *plod/plough on.*

doorpraten I ⟨onov.ww.⟩ **0.1** [voortgaan met praten] *keep talking* ⇒*continue talking/to talk;* **II** ⟨ov.ww.⟩ **0.1** [grondig bespreken] *talk over/through* ⟨probleem, zaak⟩.

doorprikken 0.1 [door prikken openen] *burst* ⇒*prick, puncture* **0.2** [fig.; ontzenuwen] *burst* ⇒*prick* ◆ **1.1** een blaar ~ *b./prick a blister* **1.2** (de houding van) iem. ~ *see through s.o.*

doorregen 0.1 *streaked* ⇒*streaky* ⟨spek⟩, *marbled* ◆ **1.1** ~ (runder)lapjes *(marbled) braising steak.*

doorreis ◆ **6.¶** hij was op ~ (naar Rome) *he was passing through (on his way to Rome).*

doorreisvisum 0.1 *transit visa.*

doorreizen I ⟨onov.ww.⟩ **0.1** [zijn reis voortzetten] *continue one's journey* ⇒*continue travelling, proceed* ◆ **6.1** ze reist vandaag nog door naar A. *she is going on to A. today;* **II** ⟨onov., ov.ww.⟩ **0.1** [reizend doortrekken] *travel through* ◆ **1.1** ik heb heel Europa doorgereisd *I have travelled all over Europe.*

doorrijden 0.1 [doorgaan met rijden] *keep on/continue driving/riding* **0.2** [verder rijden] *drive/ride on* ⇒*proceed, continue* **0.3** [sneller rijden] *drive/ride faster* ⇒ *in crease speed* ◆ **5.3** als we wat ~, zijn we er in een uur *if we step on it, we will be there in an hour* **6.1** rijdt deze bus door naar het station? *does this bus go through to the sta tion?* **6.2** ~ **na** een aanrijding *fail to stop after an accident.*

doorrijhoogte 0.1 *clearance* ⇒*headway* ◆ **2.1** maximale ~ *maximum c.*

doorroeren 0.1 *stir in* ⇒*mix (in)* ◆ **5.1** daarna goed ~ *then stir in well.*

doorroesten 0.1 *rust through* ⇒*corrode* ◆ **1.1** mijn auto is helemaal doorgeroest *my car has/is completely rusted through.*

doorschemeren 0.1 [vaag zichtbaar zijn, schijnen] *shine through* ⇒*show through* **0.2** [enigermate kenbaar worden] *be hinted at* ⇒*be implied* ◆ **3.2** hij liet ~ dat hij trouwplannen had *he hinted that he was planning to marry.*

doorscheuren I ⟨ov.ww.⟩ **0.1** [stukscheuren] *tear up* ⇒⟨in tweeën⟩ *tear in half* ◆ **1.1** hij scheurde de brief door *he tore the letter up;* **II** ⟨onov.ww.⟩ **0.1** [stukgaan] *tear* ◆ **1.1** het papier scheurde door *the paper tore.*

doorschieten 0.1 [verder schieten] *shoot through/past* **0.2** [voortgaan met schieten] *keep shooting* ⇒*fire on* ◆ **1.1** de bal schoot door *the ball shot through/past;* ⟨plantk.⟩ doorgeschoten slaplanten *lettuce which has bolted.*

doorschijnen 0.1 [licht doorlaten] *be translucent* ⇒*be see-through* **0.2** [zichtbaar zijn] *show through* ⇒*shine through* ◆ **1.2** haar slipje schijnt door *her panties are showing (through her dress).*

doorschijnend 0.1 *translucent* ⇒*see-through* ⟨van kleding⟩, *transparent.*

doorschrappen 0.1 *cross out* ⇒*cross off, strike out* ◆ **1.1** iemands naam ~ *cross/strike out s.o.'s name.*

doorschrijfpapier 0.1 *self-copying paper.*

doorschuiven I ⟨ov.ww.⟩ **0.1** [doorgeven naar een ander] *pass on* ◆ **1.1** een karwei ~ *pass on a chore;* **II** ⟨onov.ww.⟩ **0.1** [verder/naar een andere plaats schuiven] *advance* ⇒*move up.*

doorseinen 0.1 *transmit* ⇒*relay, send* ◆ **1.1** een telegram ~ *send a telegram.*

doorsijpelen 0.1 [lekken] *seep through* ⇒*filter through* **0.2** [fig.; uitlekken] *filter through* ⇒*leak out* ◆ **1.1** het water sijpelt door de dijk *the water is seeping through the dike* **1.2** de informatie sijpelde langzaam door *the information slowly filtered through.*

doorslaan I ⟨onov.ww.⟩ **0.1** [voortgaan met slaan] *keep hitting* ⇒*continue hitting/to hit* **0.2** [ergens doorheen dringen] *come through* ⇒*ooze (out)* ⟨vloeistof⟩, *show through* ⟨inkt⟩ **0.3** [overhellen naar het grootste gewicht] *tip, dip* **0.4** [elek.] *blow* ⇒*melt, fuse* ⟨leiding⟩, *break down* ⟨isolatie⟩ **0.5** [bekennen] *talk* ◆ **1.2** de muur slaat door *the wall is damp* **1.3** de balans slaat door *the scale tips* **1.4** ⟨tech.⟩ de stop is doorgeslagen *the fuse has blown* **1.5** de verdachte sloeg door *the suspect talked;* **II** ⟨ov.ww.⟩ **0.1** [door slaan breken/delen] *break* ⇒*knock down* ⟨muur⟩ **0.2** [door slaan mengen, doorroeren] *beat (up)* ◆ **1.1** een muur ~ *knock down a wall* **1.2** eieren/deeg ~ *beat eggs, knead dough.*

doorslaand 0.1 *conclusive, decisive* ◆ **1.1** ~ bewijs *conclusive evidence;* een ~ succes *a resounding success.*

doorslag 0.1 [bet.doorslaan v.e. balans] *dlp* ⇒*tip* **0.2** [afschrift, kopie] *carbon (copy)* ⇒*duplicate* ◆ **3.1** dat gaf bij mij de ~ *that decided me;* ⟨fig.⟩ dat geeft de ~ *that settles it.*

doorslaggevend 0.1 *decisive* ◆ **1.1** van ~e betekenis hierbij was *the decisive factor here was;* van ~e betekenis/~ belang *of overriding importance.*

doorslapen 0.1 [verder slapen] *sleep on/through* **0.2** [slapend doorbrengen] *sleep through* ◆ **1.2** de dag ~ *sleep through the day.*

doorslijten 0.1 *wear through* ◆ **1.1** de broek is doorgesleten *the trousers are worn through.*

doorslikken 0.1 *swallow* ◆ **1.1** ik kan die pil niet ~ *I cannot s. this pill/tablet* **2.1** heel ~ *s. whole.*

doorsluizen 0.1 *channel* ⇒*funnel, divert.*

doorsmeerbeurt 0.1 *lubrication* ◆ **3.1** de auto een ~ geven *lubricate the car thoroughly.*

doorsmeren 0.1 *lubricate* ◆ **3.1** de auto laten ~ *have the car lubricated.*

doorsne(d)e 0.1 [tekening] *section* ⇒*cross-section, profile* **0.2** [middellijn] *diameter* **0.3** [gemiddeld] *average* ⇒*mean* ◆ **1.1** een ~ v.e. kubus maken *make a cross-section of a cube* **1.3** de doorsnee Nederlander *the a. Dutchman* **2.1** horizontale/verticale ~ *horizontal/vertical s.* **3.2** die bal heeft een ~ van 5 cm *this ball has a d. of 5 cm.*

doorsnijden 0.1 *cut* ⇒*sever,* ⟨in tweeën⟩ *cut in(to) two,* ⟨in tweeën⟩ *bisect* ◆ **1.1** ⟨fig.⟩ hij heeft de banden met zijn familie doorgesneden *he has severed/cut the ties with his family.*

doorsnuffelen 0.1 *rummage through* ⇒*nose through, search for* ◆ **1.1** het hele huis ~ *rummage through the whole house.*

doorspekken 0.1 *interlard (with)* ⇒*pepper/punctuate/ sprinkle (with)* ◆ **6.1** een toespraak doorspekt **met** grappen *a speech punctuated/peppered with jokes.*

doorspelen I ⟨onov.ww.⟩ **0.1** [doorgaan met spelen] *play on* ⇒*continue to play* ◆ **3.1** de scheidsrechter gebaarde door te spelen *the referee signalled for play to continue;* **II** ⟨ov.ww.⟩ **0.1** [aan iem. toespelen] *pass on* ⇒*leak* ◆ **1.1** een probleem ~ aan iem. anders *pass a problem on to s.o. else* **6.1** informatie **aan** een krant ~ *pass on information to a newspaper;* de bal ~ **naar** ... *pass (the ball) to ...*

doorspoelen 0.1 [door iets heen doen gaan] *wash down/ out/through* **0.2** [reinigen] ⟨leiding⟩ *flush out;* ⟨wc⟩ *flush* **0.3** [mbt. een geluids-/videoband] *wind on* ◆ **1.1** je eten ~ *wash down your food.*

doorspreken I ⟨onov.ww.⟩ **0.1** [doorgaan met spreken] *go on/continue speaking;* **II** ⟨ov.ww.⟩ **0.1** [grondig bespreken] *discuss* ⇒*go into (in depth)* ◆ **6.1** iets goed **met** iem. ~ *discuss sth. with s.o. thoroughly.*

doorstaan 0.1 *endure* ⇒*bear, (with)stand, come through* ◆ **1.1** een proef ~ *come through a test;* de tijd ~ *stand the test of time;* dat kan de toets der kritiek ~ *that can stand the test of criticism.*

doorstappen 0.1 [flink voortmaken met lopen] *walk briskly* ⇒*keep up a stiff pace* **0.2** [verder stappen] *walk on* ⇒ *keep going, walk/push/step along* ◆ **5.1** als we even ~ *if we hurry.*

doorsteken 0.1 *stab* ⇒*run through, pierce,* ⟨met mes⟩ *knife.*

doorsteken I ⟨ov.ww.⟩ **0.1** [een opening maken in] *pierce;* **II** ⟨onov.ww.⟩ **0.1** [de kortste weg nemen door] *take a short cut (through)* ⇒*cut across* ◆ **1.1** als we hier het bos ~ *if we take a short cut through the wood here;* we zijn de stad dwars doorgestoken *we cut right across the town.*

doorstoten 0.1 [voortgaan met stoten] *keep on/continue pushing* **0.2** [doordringen, oprukken] *advance* ⇒*push on/ through,* ⟨ergens doorheen⟩ *break/burst through* ◆ **6.2** ⟨fig.⟩ ~ **tot** de kern v.d. zaak *get to the heart of the matter.*

doorstralen 0.1 *irradiate.*

doorstrepen 0.1 *cross out* ⇒*delete, strike out/through.*

doorstromen 0.1 [mbt. het onderwijs] *move up/on* **0.2** [stromend door iets heen gaan] *flow (through)* ◆ **3.2** het verkeer vlotter laten ~ *let traffic flow more freely* **6.1** ~ **van** de lerarenopleiding **naar** de universiteit *move on from teacher training college to university.*

doorstroming 0.1 [mbt. het onderwijs] *moving up/on* **0.2** [mbt. bloed; ook verkeer] *flow* ⇒*circulation* ◆ **6.2** een vlottere ~ **van** het verkeer *the freer f. of traffic.*

doorstuderen 0.1 *continue (with) one's studies.*

doorsturen 0.1 *send on* ⇒⟨wegsturen⟩ *send away* ◆ **1.1** een brief ~ *forward a letter;* een patiënt naar een specialist ~ *refer a patient to a specialist.*

doortastend 0.1 *vigorous* ⇒*bold* ◆ **3.1** ~ optreden *act boldly/vigorously.*

doortastendheid 0.1 *vigorousness, promptness of action, boldness;* ⟨mbt. voorstel/maatregel⟩ *thoroughness.*

doortimmerd 0.1 *sound* ⇒*well-built* ◆ **1.1** ⟨fig.⟩ een goed ~ betoog *a sound/well constructed argument.*

doortocht 0.1 [het doortrekken] *crossing* ⇒*passage/way through* **0.1** [opening, weg] *passage* ⇒*thoroughfare* ◆ **2.2** vrije ~ eisen *demand free p.* **3.2** de ~ versperren *block the way through* **6.1** op ~ **naar** Griekenland *on the way through to Greece;* op ~ zijn *be passing through.*

doortrapt 0.1 [geraffineerd in het kwaad] *cunning* ⇒*crafty* **0.2** [door en door kwaad] *base* ⇒*villainous* ◆ **1.1** een ~e leugenaar *a cunning liar.*

doortraptheid 0.1 [geraffineerdheid in het kwaad] *cunning* ⇒*craft* **0.2** [kwaadheid] *baseness* ⇒*villainy.*

doortrekken 0.1 *impregnate* ⇒⟨vloeistof ook⟩ *soak,* ⟨vloeistof ook⟩ *saturate* ◆ **6.1** de maatschappij is doortrokken **van** corruptie *society is riddled with corruption.*

doortrekken I ⟨ov.ww.⟩ **0.1** [verlengen] *extend* ⇒*continue,* ⟨meetkunde⟩ *produce* **0.2** [mbt. toilet] *flush* ◆ **1.1** een lijn ~ ⟨fig.⟩ *follow the same line/course;* ⟨fig.⟩ een vergelijking ~ *carry a comparison (further)* **1.2** de wc ~ *f. the toilet;* **II** ⟨onov.ww.⟩ **0.1** [door iets heen reizen] *travel through* ⇒ *pass/journey through, roam* **0.2** [voortgaan met trekken] *continue to pull/draw, keep pulling/drawing* **0.3** [het toilet doorspoelen] *flush the toilet* ◆ **1.1** de verkiezingskaravaan trekt het hele land door *the election caravan is touring the entire country.*

doorvaart 0.1 *passage* ⇒*transit* ◆ **2.1** de noordwestelijke ~ *the North-West Passage.*

doorvechten 0.1 *keep/go on fighting, fight on* ◆ **6.1** tot het bittere einde/uiterste ~ *fight on to the bitter end.*

doorverbinden ⟨com.⟩ **0.1** *connect* ⇒⟨telefoon ook⟩ *put through (to)* ◆ **4.1** ik verbind u door *I'll put you through.*

doorvertellen 0.1 *pass on* ◆ **4.1** ik zal het niet ~ *I won't pass it on.*

doorverwijzen 0.1 *refer* ◆ **6.1** een patiënt ~ **naar** de specialist *r. a patient to a specialist.*

doorvoed 0.1 *well-fed.*

doorvoer 0.1 *transit.*

doorvoeren 0.1 [hand.] *forward/ship goods in transit* ⟨koopman⟩; *convey goods in transit* ⟨vervoerder⟩ **0.2** [uitvoering geven aan] *carry through/out* ⇒*go ahead with, implement* ⟨wet⟩, *enforce* ⟨wet⟩ ◆ **1.2** bezuinigingen ~ *implement cuts* **5.2** een vergelijking te ver ~ *push an analogy too far;* zij voerden het zover door, dat ... *they carried it through to such lengths that ...*

doorvoerhaven 0.1 *transit port.*

doorvoerrecht 0.1 *transit duty.*

doorvragen 0.1 *keep asking (questions), continue to ask/ asking (questions).*

doorwaadbaar ◆ **1.**¶ een doorwaadbare plaats *a ford.*

doorweekt 0.1 *wet through, soaked* ⇒*drenched* ◆ **1.1** haar kleren waren ~ *here clothes were soaked through.*

doorwerken I ⟨onov.ww.⟩ **0.1** [voortgaan met werken] *go/ keep on working, continue to work, work on* ⇒*work overtime* ⟨na werktijd⟩ **0.2** [voortgang maken met werk] *make headway* ⇒*get on (with the job)* **0.3** [invloed hebben (op)] *affect sth.* ⇒*make itself felt* ◆ **1.1** er werd dag en nacht doorgewerkt *they worked night and day* **1.3** zijn houding werkt door op anderen *his attitude has its effect on others* **3.2** je kunt hier nooit ~ *one can never get on with one's work here;* **II** ⟨ov.ww.⟩ **0.1** [ten einde toe bestuderen] *work (one's way) through* ⇒*get/go through* ◆ **1.1** een heleboel stukken door moeten werken *have to plough through a mass of documents.*

doorworstelen 0.1 *struggle through* ⇒*make one's way through,* ⟨fig. ook⟩ *wade/plough through* ◆ **1.1** een vervelend boek ~ *plough through a dull book* **4.1** zich door een menigte worstelen *force/elbow one's way through a crowd.*

doorwrocht 0.1 *well thought-out* ⇒*solid* ⟨bouwwerk⟩.

doorzagen I ⟨onov.ww.⟩ **0.1** [doorgaan met zagen] *keep sawing, continue to saw* **0.2** [vervelend blijven doorpraten] *keep/go/moan on (about sth.);* **II** ⟨ov.ww.⟩ **0.1** [in tweeën zagen] *saw (sth.) through* ⇒ *saw in two* ◆ **1.**¶ iem. over iets blijven ~ *force sth. down* *s.o.'s throat;* ⟨scherp ondervragen⟩ *give s.o. the third degree about sth.*

doorzakken 0.1 [een doorbuiging krijgen] *sag* ⇒*give (way)* **0.2** [sterkedrank drinken] *go on drinking/boozing* ⇒ *make a night of it* ◆ **1.1** de vloer zakte door *the floor sagged/gave way* **5.2** zeker weer lekker doorgezakt, hè? *been out on the town again, then?*

doorzetten I ⟨onov.ww.⟩ **0.1** [met meer kracht optreden] *become stronger/more intense* **0.2** [volharden] *persevere* ◆ **1.1** de weeën zetten door *the contractions are increasing (in intensity)* **5.2** nog even ~! *don't give up now!* **6.2** van ~ weten *not give up easily;* **II** ⟨ov.ww.⟩ **0.1** [doen voortgaan] *press/go ahead with* **0.2** [volledig uitvoeren] *go through with* ◆ **1.1** een besluit ~ *carry a decision through* **6.2** iets **tot** het einde toe ~ *see sth. through.*

doorzetter,-ster 0.1 *go-getter* ⇒*stayer.*

doorzettingsvermogen 0.1 *perseverance* ⇒*drive* ◆ **3.1** het ontbrak hem aan ~ *he lacked drive.*

doorzeuren 0.1 *harp on (about)* ⇒*nag* ⟨ook pijn⟩ ◆ **6.1** hij zeurt maar door **over** zijn kwalen *he never stops moaning about his aches and pains.*

doorzeven 0.1 *riddle* ◆ **6.1** iem. ~ **met** kogels *riddle s.o. with bullets.*

doorzichtig 0.1 [transparant] *transparent* ⇒*see-through* ⟨kledingstuk⟩ **0.2** [fig.] *transparent* ⇒*thin, obvious* ◆ **1.1** gewoon glas is ~, matglas doorschijnend *plain glass is t. frosted glass is translucent* **1.2** een ~ excuus a *t./thin excuse,* een ~e vermomming *a thin disguise.*

doorzichtigheid 0.1 *transparency* ⟨ook fig.⟩ ⇒*(trans)lucency.*

doorzien →**doorkijken.**

doorzien 0.1 *see through* ⇒*be on to* ⟨persoon⟩ ◆ **1.1** hij doorzag haar bedoelingen *he saw what she was up to* **2.1** gemakkelijk te ~ *transparent, obvious.*

doorzoeken 0.1 *search/go through* ⇒*ransack* ⟨grondig⟩ ◆ **1.1** het hele huis ~ op wapens *ransack/comb the house for weapons;* zijn zakken ~ *turn one's pockets (inside) out, go through one's pockets.*

doorzonkamer 0.1 *through lounge.*

doorzonwoning 0.1 *house/flat with a through lounge.*

doorzwikken 0.1 *sprain* ⇒*turn* ◆ **1.1** zijn enkel is doorgezwikt *he has a sprained ankle, he's sprained his ankle.*

doos 0.1 [voorwerp] *box* ⇒*case* ⟨wijn⟩ **0.2** [inf.; wc]⟨BE⟩ *loo;* ⟨AE⟩*john* ◆ **1.1** een ~ bonbons a *b. of chocolates* **2.1** een liedje uit de oude ~ *an old(-fashioned) song, a golden oldie;* ⟨luchtv.⟩ de zwarte ~ *the black b.* **6.2** op de ~ zitten *be in the loo.*

dop 0.1 [omhulsel] *shell* ⟨eieren, noten⟩; *pod, shuck* ⟨peulvruchten⟩; *husk* ⟨zaden, granen⟩ **0.2** [voorwerp] *cap* ⟨pen, flacon, tube⟩ ⇒*top* **0.3** [mv., ogen] *eyes* ◆ **1.2** de ~ v.e. ventiel a *valve cap* **6.3** kijk **uit** je ~pen! *watch where you're going!* **6.¶** een advocaat **in** de ~ *a budding lawyer.*

dope 0.1 *dope* ◆ **6.1** helemaal **onder** de ~ zitten *be stoned.*

dopen 0.1 [dompelen] *sop, dunk (in)* **0.2** [de doop toedienen] *baptize* ⇒*christen* **0.3** [een naam geven] *christen* ⇒ *baptize, name* ◆ **1.3** ik doop dit schip ...*I name this ship ...* **6.1** beschuit **in** melk ~ *s. rusks in milk;* zijn pen **in** de inkt ~ *dip one's pen in the ink* **6.2** iem. **tot** christen ~ *baptize s.o. (as) a Christian.*

doper 0.1 *baptizer* ◆ **1.1** Johannes de Doper *John the Baptist.*

doperwt 0.1 *green pea.*

dophei(de) 0.1 *heath(er).*

doping 0.1 *drug(s)* ◆ **1.1** betrapt op het gebruik van ~ *caught taking drugs* **3.1** iem. ~ toedienen *drug s.o.*

dopingcontrole ⟨sport⟩ **0.1** *dope test.*

doppen I ⟨ov.ww.⟩ **0.1** [pellen, schillen] *(un)shell* ⇒⟨bonen/erwten ook⟩ *pod, shuck, hull,* ⟨noot/ei ook⟩ *peel,* ⟨zaden, granen⟩ *(un)husk,* ⟨zaden, granen⟩ *hull;* **II** ⟨onov.ww.⟩⟨AZN⟩ **0.1** [stempelen als werkloze] *sign on (at the employment exchange);* ⟨werkloos zijn⟩ *be on the dole.*

dor 0.1 [schraal, verdord] *barren* ⇒*arid* **0.2** [mbt. planten] *withered* ◆ **1.1** een ~ heideveld a *b. heath* **1.2** ~re bladeren *w. leaves;* ~ hout *dead wood.*

dorheid 0.1 [droogte] *dryness* ⇒*aridity* **0.2** [onvruchtbaarheid] *barrenness* ⇒*aridity.*

Dorisch 0.1 *Doric.*

dorp 0.1 *village,* ^A*town* ◆ **2.1** het hele ~ weet het *it's all over town* **6.1** in een ~ wonen *live in a v.*

dorpel 0.1 *threshold* ⇒*doorstep.*

dorpeling 0.1 *villager* ⇒⟨mv. ook⟩ *village people.*

dorps 0.1 *rural* ⇒*countrified* ◆ **3.1** het is daar nog echt ~ *life is still very r. there.*

dorpsbewoner 0.1 *villager.*

dorpsgek 0.1 *village idiot.*

dorpshoofd 0.1 *village chief* ⇒*head of a/the village,* ⟨vnl. stamhoofd⟩ *headman.*

dorpshuis 0.1 [gemeentehuis] *Town Hall* **0.2** [cultureel centrum] *community centre.*

dorpsplein 0.1 *village green/square.*

dorpsstraat 0.1 *village street* ⇒⟨voornaamste⟩ *main street.*

dorsen 0.1 *thresh* ⇒*thrash.*

dorsmachine 0.1 *threshing-machine.*

dorst 0.1 *thirst* ◆ **3.1** ~ hebben *be thirsty;* zijn ~ lessen *quench one's t.;* ik verga van de ~ *I'm dying of t.*

dorsten 0.1 (+ naar) *thirst after* ⇒*hunger for* ◆ **6.1** naar bloed/wraak ~ *thirst after blood/revenge.*

dorstig 0.1 *thirsty* ⇒*parched* ◆ **3.1** dit weer maakt ~ *this weather gets one's thirst up.*

dorstlessend 0.1 *thirst-quenching.*

dorstlesser 0.1 *thirst-quencher.*

dorsvlegel 0.1 *flail.*

doseren 0.1 *dose* ◆ **5.1** een goed gedoseerd aanbod a *well-balanced variety.*

dosering 0.1 [afgemeten hoeveelheid] *quantity;* ⟨van geneesmiddel⟩ *dose, dosage* **0.2** [het doseren] *measurement (of quantity);* ⟨van geneesmiddel⟩ *measurement of (the) dose.*

dosis 0.1 ⟨med.⟩ *dose; measure* ◆ **2.1** een fatale ~ *a fatal d.;* een flinke ~ gezond verstand a *full m. of common sense;* een te grote ~ *an overdose.*

dossier 0.1 *file* ⇒*documents, records* ◆ **3.1** een ~ aanleggen van iets *place sth. on f.;* een ~ bijhouden van iets/iem. *keep a f. on sth./s.o.*

dot 0.1 [dot, pluk] *tuft* **0.2** [iets kleins, liefs] *darling* ⇒*(little) love, dream* ◆ **1.1** een flinke ~ slagroom a *dollop of cream;* een ~ watten a *wad of cotton* **1.¶** een ~ gas geven *step on it* **6.2** een ~ **van** een kind/hoedje a *little dream of a child/hat.*

dotatie 0.1 *donation.*

dotterbehandeling 0.1 *percutaneous angioplasty* ⇒*balloon angioplasty.*

dotterbloem 0.1 *marsh-marigold* ⇒*king-cup.*

dotteren ⟨med.⟩ **0.1** *perform percutaneous angioplasty on* ⇒*perform a balloon angioplasty on* ◆ **3.1** gedotterd worden *have percutaneous angioplasty.*

douane I ⟨de⟩ **0.1** [dienst] *customs* **0.2** [kantoor] *customs house* ◆ **6.1** door de ~ gaan *go through c.;* **II** ⟨de (m.)⟩ **0.1** [beambte] *customs officer.*

douanebeambte 0.1 *customs officer.*
douanekantoor 0.1 *customs office.*
douanepapieren 0.1 *customs documents.*
douanerechten 0.1 *customs duties.*
douanier 0.1 *customs officer.*
doublé 0.1 *gold-plated.*
doubleren I ⟨ov.ww.⟩ **0.1** [verdubbelen] *double;*
II ⟨onov., ov.ww.⟩ **0.1** [school.] *repeat (a class).*
doublet 0.1 *duplicate* ⇒*double.*
doubleur ⟨school.⟩ **0.1** ±*non-promoted pupil.*
doublure 0.1 [school.; het zittenblijven] *repeating (a class)*
0.2 [dubbel exemplaar] *duplicate (copy).*
douceurtje 0.1 *tip* ⇒*gratuity, douceur* ♦ **2.1** een aardig ~ *a nice windfall.*
douche 0.1 *shower* ♦ **2.1** ⟨fig.⟩ een koude ~ *a rude awakening;* ⟨fig.⟩ dat was een koude ~ voor ons *that brought us out of the clouds;* ⟨fig.⟩ als een koude ~ werken op *put a damper on* **3.1** een ~ nemen *take a s.* **6.1** ze staat **onder** de ~ *she's in the s.*
douchecel, -cabine 0.1 *shower (cubicle)* ⇒⟨met deur ook⟩ *shower cabinet,* ⟨zonder deur ook⟩ *shower stall.*
douchekop 0.1 *shower head.*
douchen 0.1 *shower* ⇒*take/have a shower.*
douw ⟨inf.⟩ **0.1** *shove* ⇒*push,* ⟨met elleboog⟩ *nudge.*
douwen ⟨inf.⟩ **0.1** *shove* ⇒*push, crowd* ⟨opzij⟩.
dove 0.1 *deaf person* ♦ **¶.1** (de) ~n *the deaf.*
dovemansoren ♦ **3.¶** dat is niet aan ~ gezegd *that did not fall on deaf ears.*
doven 0.1 [blussen, uitdoen] *extinguish* ⇒*put out, turn out/off* ⟨licht⟩ **0.2** [fig.] *extinguish* ⇒*kill* ♦ **1.1** een auto met gedoofde lichten *a car with no lights* **1.2** zijn enthousiasme is gedoofd *his enthusiasm has been dulled.*
dovenetel 0.1 *dead nettle* ⇒*blind nettle* ♦ **2.1** witte ~ *white dead nettle.*
doveninstituut 0.1 *institute for the deaf.*
doventelefoon 0.1 *telephone for the deaf.*
doventolk 0.1 *interpreter for the deaf.*
down 0.1 *down* ⇒*low* ♦ **3.¶** ~ gaan *fail, go down* ⟨van computer(systeem)⟩.
downloaden ⟨comp.⟩ **0.1** *download.*
downsyndroom 0.1 *Down's syndrome.*
dozijn 0.1 *dozen* ♦ **2.1** een half ~ *half a d.* **6.1** zo gaan er geen twaalf **in** een ~ *this is sth. special;* voordeliger **per** ~ *cheaper by the d.* **7.1** een ~ eieren *one dozen eggs.*
d'r¹ ⟨bez.vnw.⟩⟨inf.⟩ **0.1** *her.*
d'r² ⟨bw.⟩⟨inf.⟩ **0.1** *there* ♦ **5.1** ~ in en ~ uit *in and out.*
draad 0.1 [ineengedraaide vezels] *thread* ⇒*fibre* **0.2** [mbt. smeltbare stoffen] *wire* ⇒*filament* ⟨in lamp⟩ **0.3** [biol.; vezel] *fibre* ⇒*string* ⟨vlees, peulen⟩ **0.4** [samenhang, verband] *thread* **0.5** [mbt. schroeven] *thread* ♦ **1.4** de ~ v.e. gesprek *the t. of a conversation* **2.1** geen droge ~ aan zijn lichaam hebben *not have a stitch on one;* een rode ~ ⟨fig.⟩ *a thread* **3.4** de ~ weer opnemen *pick up the t.* **6.1 tot op** de ~ versleten *worn threadbare* **6.¶** hij is altijd **tegen** de ~ (in) *he's always cross-grained;* (met iets) **voor** de ~ komen *come out with sth.;* hup, **voor** de ~ ermee *come on, out with it* **¶.4** de ~ kwijt zijn *flounder* ⟨spreken⟩; *get one's wires crossed.*
draadje 0.1 [kleine/dunne draad] *thread* ⇒*strand, fibre* **0.2** [stukje draad] *wire* ⇒*piece of wiring* ♦ **2.1** ⟨fig.⟩ aan een zijden ~ hangen *hang by a t.* **3.1** ⟨fig.⟩ er zit een ~ los bij hem *he has a screw loose.*
draadloos ♦ **1.1** de draadloze omroep *the wireless;* draadloze telefoon *cellular (tele)phone, cellphone, mobile phone* **3.1** een ~ bestuurd schip *a remote controlled ship.*

draadnagel 0.1 *wire nail.*
draadomroep 0.1 *rediffusion* ⟨in GB merknaam⟩.
draadschaar 0.1 *wire cutter.*
draadversperring 0.1 *barbed-wire fence.*
draadvormig 0.1 *threadlike* ⇒⟨van metaaldraad⟩ *filamentary.*
draadwerk 0.1 *wire work/netting;* ⟨fijn, van goud enz.⟩ *filigree.*
draagbaar¹ ⟨de⟩ **0.1** *stretcher* ⇒*litter.*
draagbaar² ⟨bn.⟩ **0.1** [vervoerbaar] *portable* ⇒*transportable* **0.2** [mbt. kleding] *wearable* **0.3** [te verdragen] *bearable* ⇒*endurable* ♦ **1.1** een draagbare radio *a p. radio;* ⟨oneig.⟩ *a transistor radio;* draagbare telefoon *cellular (tele)phone, cellphone, mobile phone* **1.3** draagbare temperaturen *b. temperatures.*
draagdoek 0.1 *sling.*
draagkracht 0.1 *capacity, strength* ⇒⟨belasting⟩ *taxable/taxbearing capacity* ♦ **2.1** financiële ~ *financial strength/capacity/resources/means* **6.1 naar** ~ betalen *pay according to one's means* **¶.1** dat gaat mijn ~ te boven *that is beyond my means.*
draagkrachtbeginsel ⟨ec.⟩ **0.1** *ability-to-pay principle.*
draagkrachtig 0.1 *well-to-do* ⇒*well-off* ♦ **7.1** de minder ~en *the financially weak.*
draaglijk 0.1 *bearable* ⇒*endurable, tolerable.*
draagmoeder 0.1 *surrogate mother.*
draagraket 0.1 *booster, launcher.*
draagriem 0.1 *sling* ⇒⟨carrying⟩ *strap.*
draagstel 0.1 *frame.*
draagstoel 0.1 *sedan (chair)* ⇒*litter.*
draagtas 0.1 *carrier bag.*
draagverband 0.1 *sling* ♦ **3.1** een ~ aanleggen *put an arm in a sling.*
draagvermogen 0.1 [tech.; vermogen om te ondersteunen] *supporting power* ⟨vnl. bouwk.⟩ ⇒*lift* ⟨vliegtuig⟩ **0.2** [vermogen om te vervoeren] *carrying capacity.*
draagvlak 0.1 ⟨lett.⟩ *bearing surface* ⇒*basis, support* ⟨ook fig.⟩ ♦ **2.1** het maatschappelijk ~ v.e. wetsontwerp *the public support for a bill.*
draagvleugelboot 0.1 *hydrofoil* ♦ **6.1 per** ~ reizen *travel by h.*
draagwijdte 0.1 *range* ⇒⟨stem/luidspreker ook⟩ *carrying power,* ⟨fig. ook⟩ *scope,* ⟨fig. ook⟩ *bearing* ♦ **2.1** pas later drong de volle ~ van haar woorden tot hem door *only later did he understand all the implications of what she had said.*
draai 0.1 [wending, draaiing] *turn* ⇒*twist, bend* **0.2** [plaats waar iets draait/gebogen is] *turn(ing)* ⇒*bend, curve,* ⟨fig.⟩ *turning point* **0.3** [slag] *turn* ⇒*twist, screw* ⟨schroef⟩ ♦ **3.1** ⟨fig.⟩ een ~ aan iets geven *give sth. a twist/turn;* de weg maakt hier een ~ *the road bends here* **3.¶** hij kon zijn ~ niet vinden *he couldn't settle down* **6.1** een ~ **naar** links/rechts *a left/right turn;* een ~ **van** 180° maken *make an about-turn* **6.3** een ~ **om** de oren *a box on the ears;* iem. een ~ **om** de oren geven *box s.o.'s ears.*
draaibaar 0.1 *revolving* ⇒*rotating, swinging,* ⟨op pen⟩ *pivoted,* ⟨zwenkbaar⟩ *swivelling,* ⟨op scharnier⟩ *hinging* ♦ **1.1** een draaibare (bureau)stoel *a swivel chair* **3.1** het bovenstuk is ~ *bevestigd the top part is on a pivot.*
draaibank 0.1 *(turning/turner's) lathe* ⇒⟨van horlogemaker⟩ *(watchmaker's) lathe.*
draaiboek 0.1 [film, tv, radio] *script* ⇒⟨scenario⟩ *screenplay,* ⟨scenario⟩ *scenario* **0.2** [schema v.d. te volgen werkwijze] *scenario.*
draaibrug 0.1 *swingbridge.*

draaicirkel 0.1 *turning circle* ◆ 2.1 een auto met een kleine/grote ~ *a car with a small/large t. c.*

draaideur 0.1 *revolving door.*

draaien I ⟨ov.ww.⟩ 0.1 [keren] *turn (around)* ⇒⟨snel⟩ *twirl, spin,* ⟨om spoel⟩ *wind,* ⟨artillerie⟩ *traverse* 0.2 [andere richting geven aan] *turn (around)* ⇒ *swerve* 0.3 [doen ontstaan, draaiend bewerken] *roll* ⇒ *turn* ⟨op draaibank⟩ 0.4 [in een toestand brengen] *turn* 0.5 [telefoonnummer kiezen] *dial* 0.6 [comp.] *run* ⟨programma⟩ 0.7 [afspelen] *play* ◆ 1.3 een film ~ *shoot a film;* een sjekkie ~ *r. a cigarette* 1.4 een verhaal in elkaar ~ *throw a story together* 1.7 een film ~ *show a film;* een plaat ~ *p. a record* 1.¶ een nachtdienst ~ *work a night shift* 5.4 het gas hoger/lager ~ *t. the gas up/down* ¶.4 een deur op slot ~ *lock a door;* **II** ⟨onov.ww.⟩ 0.1 [zich rond een middelpunt bewegen] *turn (around)* ⇒ *revolve, rotate,* ⟨planeten⟩ *orbit,* ⟨om as⟩ *pivot,* ⟨snel, tollend⟩ *spin,* ⟨snel, tollend⟩ *gyrate,* ⟨snel, tollend⟩ *whirl* 0.2 [wenden] *turn* ⇒ *swerve* 0.3 [draaiend komen of gaan] *turn (one's way) into/out of* 0.4 [niet voor de waarheid uitkomen] *be evasive* 0.5 [vertoond worden] *be on/shown* 0.6 [klandizie aantrekken, omzetten] *work* ⇒ *run, do* 0.7 [aan de gang/in werking zijn] *run* ⇒ *work* ◆ 1.2 de wind draait *the wind is changing* 1.5 die film draait nog steeds *that film is still on* 1.7 met ~ de motor *with the engine running* 3.1 alles begint te ~ ⟨van misselijkheid⟩ *I'm beginning to feel sick/dizzy* 3.2 zit niet zo te ~! *stop fidgeting!* 3.7 de zaak ~ de houden *keep things going;* een programma laten ~ op de computer *r. a program on the computer* 5.1 een ~ de bal *a spinning ball* 5.3 ⟨fig.⟩ zich eruit ~ *wriggle out of it;* de auto draait de hoek om *the car is turning the corner* 5.4 er omheen ~ *evade the question* 5.7 het team draaide uitstekend *the team was functioning extremely well* 6.1 in het rond ~ *t./spin round;* de aarde draait **om** de zon *the earth revolves/orbits around the sun;* ⟨fig.⟩ alles draait **om** hem *everything revolves around him;* ⟨fig.⟩ daar draait het **om** *that's what it's all about* 6.2 met de ogen ~ *roll one's eyes;* de weg draaide scherp **naar** links *the road made a sharp turn to the left* 6.6 met winst/verlies ~ *w. at a profit/loss* 6.7 ~ **op** *r. on* ⟨besturingssysteem, programma⟩ 6.¶ **aan** de knoppen ~ *turn the knobs.*

draaier, -ster 0.1 *equivocator, prevaricator.*

draaierig 0.1 *dizzy* ◆ 3.1 ik voel me ~ /heb een ~ gevoel *I feel d.*

draaierij 0.1 [werkplaats] *turner's/turning shop* ⇒⟨fabriek⟩ *turning mill,* ⟨afdeling⟩ *turning department* 0.2 [fig.] *equivocating, twisting* ⇒ *beating about the bush, hedging.*

draaihek 0.1 *turnstile* ⇒ *swing gate.*

draaiing 0.1 *rotation* ⇒ *turning, revolution, turn* ⟨wenteling⟩ ◆ 6.1 de ~ **om** de zon *the revolution around the sun.*

draaikiepraam, draaivalraam 0.1 *top- and side-hinged window.*

draaikolk 0.1 *whirlpool* ◆ 6.1 in een ~ meegesleurd worden *be drawn into a w.*

draaikont ⟨inf.⟩ 0.1 [huichelachtig persoon] *twister* 0.2 [iem. die niet stil kan zitten] *fidget* ⇒ *s.o. with ants in his pants.*

draaikruk 0.1 *revolving stool.*

draaimolen 0.1 *merry-go-round* ◆ 6.1 een ritje in de ~ *ride on the merry-go-round.*

draaiorgel 0.1 *barrel organ* ⇒ *hand organ* ⟨draagbaar⟩ ◆ 3.1 de orgelman speelde zijn ~ *the organgrinder was grinding his b. o.*

draaipunt 0.1 *turning point* ⟨ook fig.⟩ ⇒ *centre of rotation, pivot.*

draaischijf 0.1 [pottenbakkersschijf] *potter's wheel* 0.2 [kiesschijf] *dial.*

draaispit 0.1 *(roasting-)spit* ◆ 6.1 **aan** het ~ *on the spit.*

draaistoel 0.1 *swivel/revolving chair.*

draaistroom ⟨elek.⟩ 0.1 *rotary/three-phase current.*

draaitafel 0.1 *turntable.*

draaitol 0.1 [iem. die niet stilzit] *fidget(er)* 0.2 [iem. die telkens van mening verandert] *weathercock* 0.3 [speelgoed] *(spinning) top.*

draak 0.1 [fabeldier] *dragon* 0.2 [persoon] *dragon* ⇒ *shrew, hag* 0.3 [melodrama] *melodrama* ◆ 1.2 een ~ v.e. mens *a fierce old d.* 2.3 een sentimentele ~ *a weepy, a tearjerker* 3.¶ de ~ steken met *poke fun at.*

drab 0.1 [bezinksel, droesem] *dregs* ⇒ *sediment* 0.2 [troebele, dikke vloeistof] *ooze.*

drabbig 0.1 *muddy* ◆ 1.1 een ~ e sloot *a m. ditch.*

drachme 0.1 *drachma.*

dracht 0.1 [het drachtig zijn] *gestation* ⇒ *pregnancy* ⟨mensen⟩ 0.2 [het dragen van kleren] *costume* ⇒ *dress* ◆ 2.2 de nationale/Friese ~ *(the) national/Frisian c.* 7.1 tien varkens van één ~ *ten piglets in one litter.*

drachtig 0.1 *with young* ⇒ *bearing* ◆ 3.1 ~ zijn *be with young/in calf* ⟨koe⟩ */in foal* ⟨paard⟩ */in lamb* ⟨schaap⟩ */in farrow* ⟨varken⟩.

drachttijd 0.1 *gestation (period).*

draconisch 0.1 *draconian* ⇒ *draconic* ◆ 1.1 ~ e straffen *draconian punishments.*

draderig 0.1 *stringy* ⟨vloeistof, vlees, bonen⟩.

draf 0.1 *trot* ◆ 2.1 in gestrekte ~ *at full t.;* in volle ~ *at full t.*

drafje 0.1 *trot* ◆ 6.1 op een ~ lopen *run along, trot;* op een ~ naar de winkels toe gaan *nip along to the shops.*

drafsport 0.1 *trotting* ◆ 3.1 de ~ beoefenen *take part in t. races.*

dragee 0.1 *coated tablet.*

dragen I ⟨ov.ww.⟩ 0.1 [ondersteunen] *support* ⇒ *bear, carry,* ⟨fig. ook⟩ *sustain* 0.2 [bij zich hebben] *carry* 0.3 [aan/op hebben] *wear* ⇒ *have on* 0.4 [voorzien zijn van] *bear* 0.5 [zwanger zijn van] *carry, be pregnant* 0.6 [op-/voortbrengen] *bear* ⇒ *yield* 0.7 [op zich nemen] *take* ⇒ *have* 0.8 [verduren] *bear* ⇒ *endure* ◆ 1.1 hij draagt het hele team *he carries the whole team* 1.3 een bril gaan ~ *take to spectacles;* geen stropdas/beha meer ~ *give up wearing a tie/bra* 1.4 de sporen ~ van *b. signs of* 1.7 de gevolgen ~ *t. the consequences* 1.8 de spanning was niet langer te ~ *the tension had become unbearable* 1.¶ op gedragen toon *in a solemn voice* 5.8 tegenslag moedig ~ *bear up against adversity* 6.2 iets **bij** zich ~ *have sth. on one* 6.3 die schoenen kun je niet **bij** de jurk ~ *those shoes don't go with that dress;* **II** ⟨onov.ww.⟩ 0.1 [steunen, gedragen worden] *rest on* ⇒ *be supported* 0.2 [zich over een afstand uitstrekken] *carry* ◆ 1.1 een ~ de balk *a supporting beam* 5.2 zijn stem draagt ver *his voice carries far* 5.¶ hij draagt links *he dresses left.*

drager¹ ⟨de (m.)⟩ 0.1 [iem. die draagt] *bearer* ⟨ook begrafenis⟩ ⇒ *carrier* ⟨ook van ziekte⟩, *porter* ⟨bagage⟩ 0.2 [iem. die het genoemde bezit] *bearer* ◆ 1.1 de ~ v.e. erfelijke ziekte *carrier of a disease* 4.2 ~ dezes *b. of this note/letter.*

drager² ⟨de (m.)⟩ 0.1 [voorwerp dat iets draagt, steunt] *support.*

dragon 0.1 *tarragon.*

drain 0.1 *drain* ⟨ook med.⟩ ⇒ ⟨landb.⟩ *drainpipe.*

draineren 0.1 *drain* ⇒ *underdrain.*

drakerig 0.1 *melodramatic.*

dralen ⟨schr.⟩ 0.1 *tarry* ⇒ *linger* ◆ 6.1 hij stemde **zonder** ~ toe *he agreed without hesitation.*

drama 0.1 [toneelstuk] *tragedy* ⇒ ⟨alg.⟩ *drama* 0.2 [toneel-

stukken v.e. land/periode] *drama* **0.3** [droevige gebeurtenis] *tragedy* ⇒*catastrophe* ◆ **2.1** de Griekse ~'s *the Greek tragedies* **2.2** het Nederlandse ~ *Dutch d.* **3.1** een ~ opvoeren *perform a t.* **3.3** een ~ van iets maken *make a drama of sth.*

dramatiek 0.1 [toneelkunst] *drama(tics)* ⇒*dramatic art* **0.2** [dramatische aard] *tragic nature.*

dramatisch 0.1 [mbt. het drama] *dramatic* **0.2** [aangrijpend]⟨rampzalig⟩ *tragic;* ⟨tot de verbeelding sprekend⟩ *dramatic;* ⟨overdreven⟩ *theatrical* ◆ **1.1** ~e effecten *theatrical effects;* ~e expressie *d. expression* **1.2** een ~ feit *a tragic fact* **3.2** doe niet zo ~ *don't make such a drama of it.*

dramatiseren 0.1 [voor het toneel behandelen] *dramatize* ⇒⟨roman ook⟩ *adapt for the stage* **0.2** [als iets dramatisch voorstellen] *dramatize* ⇒*emotionalize, make a drama of* ◆ **1.2** men moet de zaken niet ~ *one mustn't d. things.*

dramaturg 0.1 [toneelkenner] *theatre/drama expert* **0.2** [toneelschrijver] *dramatist, playwright* **0.3** [mbt. een toneelgezelschap] *dramaturge, dramaturgist.*

dramaturgie 0.1 *dramaturgy.*

drammen 0.1 *nag* ⇒*go on* ◆ **3.1** je moet niet zo ~, jij *you shouldn't go on so much.*

drammer 0.1 *nag.*

drammerig 0.1 *nagging* ⇒*insistent, tiresome* ◆ **1.1** een ~ kereltje *an insistent (little) fellow* **3.1** doe niet zo ~ *do stop nagging.*

drang 0.1 [opwelling, neiging] *urge* ⇒*instinct* **0.2** [het dringen] *pressure* ⇒*force* ◆ **2.1** een innerlijke ~ *an inner u.;* een sterke ~ naar liefde hebben *have a strong craving for love* **6.1** de ~ tot zelfbehoud *the survival instinct* **6.2** met zachte ~ *with gentle insistence.*

dranger 0.1 *door-closer.*

dranghek 0.1 *barrier* ◆ **3.1** ~ken plaatsen *put up barriers.*

drank 0.1 [drinkbaar vocht] *drink* ⇒⟨op menu⟩ *beverage* **0.2** [alcoholische drank] *drink* **0.3** [medicijn] *medicine* ◆ **1.1** spijs en ~ *food and d.* **2.2** alcoholhoudende ~en *alcoholic beverages* **3.2** de ~ laten staan *give up drinking* **6.2** aan de ~ raken *take to drink;* aan de ~ ⟨verslaafd⟩ zijn *be an alcoholic;* niet **tegen** ~ kunnen *not be able to hold one's d.*

drankbestrijding 0.1 [het tegengaan van drankmisbruik] *temperance movement* **0.2** [organisatie] *temperance society.*

drankgebruik 0.1 *consumption of alcohol* ⇒(inf.) *drinking* ◆ **2.1** overmatig ~ *excessive consumption of alcohol, excessive drinking;* ⟨wet.⟩ *alcohol abuse.*

drankje 0.1 [glaasje van drank] *drink* **0.2** [geneesmiddel] *medicine* ◆ **2.1** een laatste ~ (voor het weggaan) *one for the road* **3.1** een ~ klaarmaken *mix a d.* **3.2** een ~ voorschrijven *prescribe some m.* **6.1** iets **in** iemands ~ doen *dope s.o.'s drink* ⟨met medicijn⟩; *spike s.o.'s drink* ⟨met drank⟩.

dranklucht 0.1 *smell of alcohol* ◆ **2.1** er hing een sterke ~ *the place smelled strongly of alcohol.*

drankmeter 0.1 *breathalyser.*

drankmisbruik 0.1 *alcohol abuse.*

drankorgel ⟨inf.⟩ **0.1** *drunk(ard)* ⇒*hard drinker.*

drankprobleem 0.1 *alcohol/*⟨inf.⟩ *drinking problem.*

drankverbod 0.1 *prohibition (of liquor sales).*

drankvergunning 0.1 *liquor licence.*

drankwet 0.1 *licensing act.*

drankwinkel 0.1 *off-licence,* ᴬ*liquor store.*

drankzucht 0.1 *dipsomania* ⇒*addiction to drink, alcoholism.*

draperen 0.1 *drape* ◆ **6.1** een kleed **om** het beeld ~ *d. a cloth over the statue.*

drassig 0.1 *boggy* ⇒*swampy* ◆ **1.1** een ~ (voetbal)veld *a soggy pitch.*

drastisch 0.1 *drastic* ◆ **1.1** ~e maatregelen/hervormingen *d. measures/reforms* **3.1** de prijzen/belastingen ~ verlagen *slash prices/taxes.*

draven 0.1 [mbt. paarden] *trot* **0.2** [gehaast in de weer zijn] *hurry about* ◆ **3.1** een paard laten ~ *trot a horse* **3.2** hij loopt altijd te ~ voor zijn familie *he's always running errands for his family.*

draver 0.1 *trotter.*

draverij 0.1 *trotting race.*

dreef 0.1 [laan] *avenue* ⇒*lane* **0.2** [+ op; op gang] *in form* ⇒ *in one's stride* **0.3** [mv.; (fraaie) streek] *lush countryside* ◆ **6.2** iem. **op** ~ helpen *give s.o. a start;* niet **op** ~ zijn *be off form;* hij is aardig/goed/geweldig **op** ~ *he's in good/excellent/splendid form, he's at the top of his form.*

dreg 0.1 *drag* ⇒*grapnel, grappling iron/hook.*

dreggen 0.1 *drag* ◆ **6.1** in de rivier **naar** een drenkeling ~ *d. the river for the body of drowned person.*

dreigbrief 0.1 *threatening letter.*

dreigement 0.1 *threat* ◆ **2.1** loze ~en uiten *bluff* **3.1** ~en uiten tegen iem. *threaten s.o., utter threats against s.o.*

dreigen I ⟨onov.ww.⟩ **0.1** [bedreigend handelen/spreken] *threaten* ⇒*menace* **0.2** [gevaar lopen, op het punt staan] *threaten* ⇒*be in danger* ◆ **1.2** er ~ acties *industrial action is imminent* **3.2** de vergadering dreigt uit te lopen *the meeting threatens to go on longer than expected* **6.1** met (zijn) ontslag ~ ⟨door werknemer zelf⟩ *t. to resign;* **met** oorlog/geweld ~ *t. war/violence;* ~ **met** straf *t. punishment;* **II** ⟨ov.ww.⟩ **0.1** [in het vooruitzicht stellen] *threaten* ◆ **3.1** hij dreigde mij te ontslaan *he threatened to fire me.*

dreigend I ⟨bn., bw.⟩ **0.1** [dreiging uitdrukkend] *threatening* ⇒*ominous, menacing* ◆ **1.1** iem. een ~e blik toewerpen/~ aankijken *scowl at s.o.;* een ~e houding aannemen *adopt a t./menacing attitude;* **II** ⟨bn.⟩ **0.1** [op het punt staande te gebeuren] *imminent* ⇒ *impending, threatening* ◆ **1.1** een ~e staking voorkomen *prevent an imminent strike.*

dreiging 0.1 *threat* ⇒*menace* ◆ **3.1** er gaat geen ~ van uit *it does not pose a t.;* de ~ die uitgaat van kernwapens *the deterrent effect of nuclear weapons.*

dreinen 0.1 *whine* ⇒*snivel* ◆ **6.1** ~ om iets *w. for sth.*

dreinerig 0.1 *whining* ⇒*snivelling.*

drek 0.1 *dung* ⇒*muck,* ⟨mest⟩ *manure.*

drempel 0.1 [verhoging] *threshold* ⇒*doorstep* **0.2** [psych.] *threshold* ⇒*barrier* ◆ **3.1** ⟨fig.⟩ ergens een ~ inbouwen *put up a barrier* **6.1** ik zet er geen voet meer **over** de ~ *I shall never set foot in that house again.*

drempelverhogend 0.1 *inhibiting* ⇒⟨afschrikkend⟩ *deterrent* ◆ **3.1** de dreiging van wederzijdse vernietiging werkt ~ *the threat of mutual destruction has a deterrent effect.*

drempelverlagend 0.1 *making accessible* ⇒*breaking down barriers* ◆ **3.1** ~ werken *make accessible.*

drempelvrees 0.1 *initial resistance* ⇒*inhibition* ◆ **3.1** zijn ~ overwinnen *overcome one's inhibition/initial resistance.*

drenkeling, -e 0.1 *drowning person* ⇒⟨reeds verdronken⟩ *drowned body/person* ◆ **3.1** ~en redden *rescue people from drowning.*

drenken 0.1 *drench* ⇒*soak, saturate* ◆ **6.1** iets **in** alcohol ~ *d. sth. in alcohol.*

drentelen 0.1 *saunter* ⇒*stroll* ◆ **3.1** hij loopt steeds heen en weer te ~ *he keeps pacing up and down.*

drenzen 0.1 [dreinen] *whine* ⇒*snivel* **0.2** [zich op zeurderige wijze voordoen]⟨regen⟩ *drizzle;* ⟨geluid⟩ *whine, sound* ◆ **1.2** een ~de regen *(a) drizzle.*

drenzerig 0.1 [lastig, dwingerig] *whining* ⇒*petulant, sniv-elling* **0.2** [druilerig] *drizzling* ⇒*drizzly.*

dresseren 0.1 [mbt. dieren] *train* **0.2** [mbt. mensen] *train* ⇒ *drill* ◆ **1.2** een goed gedresseerde echtgenoot *a well-trained husband* **5.1** de dieren waren uitstekend gedresseerd *the animals were excellently trained.*

dresseur, -euse 0.1 *(animal) trainer.*

dressoir 0.1 *sideboard* ⇒*buffet.*

dressuur 0.1 *training* ⇒*drilling,* ⟨paarden⟩ *dressage,* ⟨paarden⟩ *schooling* ◆ **1.1** de eerste prijs bij het onderdeel ~ *first prize for dressage.*

dreumes 0.1 *toddler* ⇒*tot.*

dreun 0.1 [geluid, trilling] *boom* ⇒*rumble,* ⟨lang en eentonig⟩ *drone* **0.2** [eentonig ritme] *drone* ⇒⟨bij lezen⟩ *singsong, monotone* **0.3** [harde klap] *blow* ⇒*bang, thump* ◆ **2.1** er klonk een doffe ~ *there was a dull b./rumble* **3.3** iem. een ~ verkopen/geven *sock s.o. one.*

dreunen 0.1 [trillen met een eentonig, dof geluid] *hum* ⇒ *drone, rumble* **0.2** [dof en zwaar weerklinken] *boom* ⇒ *crash, thunder, roar* ◆ **1.1** het hele huis dreunt ervan *the whole house is rocking with it* **1.2** een ~de dondersslag *crashing thunder* **3.2** hij sloeg de deur ~d dicht *he slammed the door shut.*

dreutel 0.1 [kleuter] *tot* ⇒*toddler, nipper* **0.2** [onhandig mens] *bungler* ⇒*oaf, clown.*

drevel 0.1 *punch* ⇒⟨gatenmaker ook⟩ *piercer,* ⟨verzinker ook⟩ *drift.*

drevelen 0.1 *punch* ⇒⟨gaten maken ook⟩ *pierce,* ⟨spijkers ook⟩ *drift.*

dribbelen 0.1 [met kleine snelle passen lopen] *scurry* ⇒ *scuttle* **0.2** [sport] *dribble* ◆ **6.1** hot kind dribbelde **naar** de stoel *the child tottered to the chair.*

drie¹ (de) **0.1** *three* ◆ **3.¶** ik gooi ~ *I've thrown a three.*

drie² (telw.) **0.1** *three;* ⟨data⟩ *third* ◆ **1.1** ~ april (geschreven) *3 April;* ⟨gesproken⟩ *the third of April;* ~ uur *three o'clock* **6.1** een auto **in** z'n ~ zetten *put a car into third gear;* **met** ~ tegelijk *in threes, three at a time;* zij kwamen **met** hun ~ën *three of them came;* zij waren **met** hun ~ën *there were three of them;* het is **tegen** ~ën *it's almost three o'clock* **¶.1** ~ is teveel *three is a crowd;* met 3-0 verliezen *lose by three goals to nil;* ~ ~, 3-3 *three-all.*

driebaansweg 0.1 *three-lane road.*

driebanden(spel) ⟨biljart⟩ **0.1** *three-cushion billiards* ⇒ *three-cushions.*

driebladig ⟨plantk.⟩ **0.1** *trefoiled* ⇒*trifoliate(d), tripetalous, tripartite* ⟨blad⟩, *three-leaved* ⟨blad⟩.

driedaags 0.1 *three-day.*

driedelig 0.1 *tripartite* ⟨ook biol.⟩ ⇒*three-piece* ⟨kostuum⟩, *three-volume* ⟨boek⟩, *in three volumes* ⟨boek⟩, *three-part* ⟨feuilleton⟩, *in three parts* ⟨feuilleton⟩ ◆ **1.1** ⟨muz.⟩ een ~e maat *triple time.*

driedimensionaal 0.1 *three-dimensional* ⇒*tridimensional, three-D, 3-D.*

driedubbel 0.1 [drievoudig] *threefold* ⇒*triple* **0.2** [driemaal zo groot] *treble* ⇒*triple* **0.3** [als versterking] *out-and-out* ⇒*downright, utter* ◆ **1.2** een ~e hoeveelheid *three times the amount/quantity;* ⟨dosis⟩ *a triple dose* **3.1** hij kan het ~ betalen *he could pay for it three times over* **3.3** een ~ overgehaalde lul *a rotten bastard.*

drie-eenheid 0.1 *triad* ⇒*trinity, trine* ◆ **2.1** de heilige Drie-eenheid *the Holy Trinity.*

driehoek 0.1 ⟨ook wisk.⟩ *triangle* ◆ **6.1** de bomen staan in een ~ *the trees form a t.*

driehoekig 0.1 *triangular* ⟨ook wisk.⟩ ⇒*three-cornered.*

driehoekschakeling ⟨tech.⟩ **0.1** *delta connection.*

driehoeksverhouding 0.1 [mbt. mensen] *eternal triangle* ⇒*ménage à trois* **0.2** [hand., geldw.] *trilateral trading relations.*

driehonderd 0.1 *three hundred.*

driehoog 0.1 ᴮ*on the third floor,* ᴬ*on the fourth floor.*

driejarig 0.1 [drie jaar oud] *three-year-old* **0.2** ⟨drie jaar durend⟩ *three-year* ◆ **1.1** een ~ kind, een ~e *a three-year-old (child);* op ~e leeftijd *at the age of three* **1.2** een ~e cursus *a t.-y. course.*

driekamerwoning 0.1 *a three-roomed flat/house.*

driekantig 0.1 *triangular* ⇒*trilateral,* ⟨met 3 hoeken⟩ *three-cornered,* ⟨met 3 hoeken⟩ *trigonal* ◆ **1.1** een ~e hoed *a three-cornered hat.*

drieklank 0.1 [muz.] *triad* **0.2** [taal.] *thriphthong.*

driekleur 0.1 *tricolour* ◆ **2.1** de nationale ~ *the national flag.*

Driekoningen 0.1 *(feast of (the)) Epiphany* ⇒*Twelfth Day.*

driekwart 0.1 *three-quarter* ◆ **1.1** een ~ jurk *a t.-q. length dress;* ~ v.d. oogst *three-quarters of the harvest* **2.1** (voor) ~ leeg *three-parts empty;* (voor) ~ vol *three-quarters full.*

driekwartsmaat ⟨muz.⟩ **0.1** *three-four (time)* ◆ **6.1** een dans **in** ~ *a dance in t.-f. time.*

drieledig 0.1 *three-part* ⇒*threefold* ⟨doel⟩, *three-barrelled* ⟨vraag⟩.

drieling 0.1 [drie kinderen van dezelfde zwangerschap] *(set of) triplets* **0.2** [één kind v.e. drieling] *triplet* ◆ **1.1** de geboorte v.e. ~ *the birth of triplets* **3.2** zij is een ~ *she is one of triplets.*

drieluik 0.1 *triptych.*

driemaal 0.1 *three times* ⇒*thrice* ◆ **5.1** ~ zo veel/groot geworden *increased threefold* **6.1** ~ **per** week verschijnend *appearing three times a week* **¶.1** ⟨sprw.⟩ ~ is scheepsrecht *third time lucky.*

driemaandelijks 0.1 *quarterly* ⇒*three-monthly* ◆ **1.1** een ~ tijdschrift *a quarterly* **3.1** ~ verschijnen *appear quarterly.*

driemanschap 0.1 *trio, threesome* ⇒⟨regerend⟩ *triumvirate, troika.*

driemaster 0.1 *three-master.*

driepits(stel) 0.1 *cooker with three burners.*

drieploegenstelsel 0.1 *three-shift system.*

driepoot 0.1 *tripod.*

drieregelig 0.1 *three-line* ⇒*of three lines* ◆ **1.1** ~e strofe *t.-l. stanza, tercet.*

driesprong 0.1 [mbt. wegen] *three-forked road* **0.2** [paardensport] *triple jump* ◆ **6.1** ⟨fig.⟩ op een ~ staan *be at the crossroads.*

driest 0.1 *audacious* ⇒*bold,* ⟨roekeloos⟩ *reckless,* ⟨roekeloos⟩ *foolhardy* ◆ **3.1** ~ optreden *act rashly.*

driestheid 0.1 *audacity* ⇒*boldness.*

drietal 0.1 *threesome* ⇒*trio, triad* ◆ **1.1** een ~ mannen *about three men.*

drietand 0.1 [vork/staf met drie tanden] *trident* **0.2** [mestvork] *three-pronged, -tined fork* ◆ **1.1** de ~ van Neptunus *Neptune's t.*

drietjes 0.1 *the three of ...* ◆ **4.1** wij - *the three of us;* ⟨inf. ook⟩ *we three* **6.1** ze waren **met** z'n ~ *there were three of them;* ze kwamen **met** z'n ~ *three of them came.*

drietonner 0.1 *three-tonner.*

drietrapsraket 0.1 *three-stage rocket.*

drievoud 0.1 [grootheid, aantal] *treble* ⇒*triplicate* **0.2** [door drie deelbaar getal] *multiple of three* ◆ **6.1** een formulier **in** ~ opmaken *sign a form in triplicate;* **in** ~ opgemaakt *drawn up in triplicate.*

drievoudig I ⟨bn.⟩ **0.1** [driedubbel] *treble* ⇒*triple* ◆ **1.1** een

~ afschrift *a copy in triplicate* **7.1** we moesten het ~ e (bedrag) betalen *we had to pay three times as much;* **II** ⟨bw.⟩ **0.1** [op drie manieren] *in three ways.*

drievuldigheid →**drie-eenheid.**

driewaardig ⟨schei.⟩ **0.1** *trivalent* ⇒*tervalent.*

driewegstekker 0.1 *three-way plug.*

driewerf ♦ 1.¶ een ~ hoera (voor) *three cheers (for).*

driewieler 0.1 ⟨fiets⟩ *tricycle;* ⟨auto⟩ *three-wheel car.*

driezijdig 0.1 *three-sided* ⇒*triangular.*

driezitsbank 0.1 *three-seater settee.*

drift 0.1 [opwelling van woede] *(fit of) anger* ⇒*(hot) temper, rage* **0.2** [neiging, begeerte] *passion* ⇒*urge* **0.3** [het drijven] *drift ♦ 2.1* in dolle ~ *in a blind rage, in a raging passion* **3.2** zijn ~ en beteugelen *control one's urges* **6.1** in ~ ontsteken *fly into a rage* **6.3** het ijs is **op** ~ geraakt *the ice is drifting.*

driftbui 0.1 *fit/outburst of anger* ⇒*passion ♦ 2.1* hij kon vreselijke ~ en hebben *he could fly into terrible tempers.*

driftig I ⟨bn.⟩ **0.1** [vervuld van woede] *angry* ⇒*heated* **0.2** [opvliegend] *short-tempered ♦ 1.1* in een ~ e bui *in a fit of anger* **3.1** je moet je niet zo ~ maken *you must not lose your temper;* **II** ⟨bn., bw.⟩ **0.1** [waaruit woede spreekt] *angry* ⇒*hotheaded* **0.2** [heftig] *vehement* ⇒*heated ♦ 1.1* ~ e woorden *a. words* **3.1** ~ spreken *speak in anger* **3.2** hij stond ~ te gebaren *he was making v. gestures;* zij maakte ~ aantekeningen *she was busily taking notes.*

driftkikker, -kop 0.1 *hothead.*

drijfas 0.1 ⟨wiel⟩ *driving axle;* ⟨schroef, machine⟩ *drive, propeller shaft.*

drijfgas 0.1 *propellant.*

drijfhout 0.1 *driftwood;* ⟨wrakstukken⟩ *flotsam.*

drijfijs 0.1 *drift ice.*

drijfjacht 0.1 *drive* ⇒*battue,* ⟨fig., op persoon⟩ *manhunt ♦ 6.1* ⟨fig.⟩ een ~ houden **op** iem. *hunt s.o. down.*

drijfkaars 0.1 *floating candle.*

drijfkracht 0.1 [beweegkracht] *driving power* ⇒*motive power/force,* ⟨van schip ook⟩ *propelling force,* ⟨stuwkracht⟩ *drive* **0.2** [fig.] *driving force* ⇒*moving spirit ♦ 2.2* zij is de grote ~ v.d. vereniging *she is the driving force of the association* **3.1** van ~ voorzien *power.*

drijfnat 0.1 *soaking/sopping wet* ⇒*drenched, soaked ♦ 3.1* iem. ~ maken *drench/soak s.o.;* ~ zijn ⟨ook⟩ *be soaked to the skin.*

drijfriem 0.1 *(driving/transmission) belt.*

drijfstang 0.1 *connecting rod* ⇒*beam.*

drijfveer 0.1 *motive* ⇒*mainspring ♦ 6.1* de ~ tot een daad *the underlying motive for an act.*

drijfwiel 0.1 *drive/driving wheel* ⇒*driver.*

drijfzand 0.1 *quicksand(s) ♦ 6.1* in ~ wegzinken *sink into quicksand.*

drijven I ⟨onov.ww.⟩ **0.1** [aan de oppervlakte blijven] *float, drift* **0.2** [zweven] *float, drift* ⇒*glide* **0.3** [doornat zijn] *be soaked* ⇒⟨van schip⟩ *be waterlogged ♦ 1.2* wolken dreven voor de maan *clouds drifted across the moon* **1.3** de vloer dreef (v.h. water) *the floor was under water* **3.1** het pakje bleef ~ *the package remained afloat;* doen ~ *float;* een zaak ~ d houden ⟨fig.⟩ *keep the business afloat;* zich ~ de weten te houden ⟨ook fig.⟩ *manage to keep one's head above water* **6.1** ⟨fig.⟩ de zaak drijft **op** hem *everything rests on his shoulders;* ⟨fig.⟩ de onderneming drijft **op** orders v.h. rijk *governmental orders are the mainstay of the enterprise* **6.3** ~ van het zweet *be dripping with sweat;* **II** ⟨ov.ww.⟩ **0.1** [voor zich uit doen gaan] *drive* ⇒*push, move* **0.2** [fig.; bewegen tot] *drive* ⇒*push, compel* **0.3** [be-

drijven] *run* ⇒*conduct, manage* **0.4** [in beweging brengen] *drive* ⇒*propel* ⟨machine⟩, *operate* **0.5** [slaan] *drive ♦ 1.1* iem. op de vlucht ~ *force s.o. to flee;* de menigte uit elkaar ~ *break up the crowd;* de vijand uit het land ~ *d. the enemy out of the country* **1.2** iem. tot het uiterste ~ *push s.o. to the extreme;* iem. in het nauw/een hoek ~ *d. s.o. to the wall/ into a corner;* de zaak op de spits ~ *bring the matter to a head* **1.3** handel ~ met een land *trade with a country;* de spot met iem. ~ *make fun of s.o.;* een winkel ~ *r./manage a shop* **1.5** een paal de grond in ~ *d. a pile* ⟨heipaal⟩ */post* ⟨hek⟩ */stake* ⟨staak⟩ *into the ground* **6.2** door woede gedreven *driven by rage* **6.4** door stoom gedreven schepen *steam-driven/propelled ships;* de prijzen **naar** omhoog/ omlaag ~ *force prices up/down* **6.5** uit elkaar ~ ⟨ook fig.⟩ *d. a wedge between.*

drijvend 0.1 *floating, drifting* ⇒⟨predikatief ook⟩ *afloat ♦ 1.1* een ~ dok *a f. dock.*

drijver 0.1 [iem. die iets drijft] *driver, drover* ⟨van vee⟩ *beater* ⟨jacht⟩ **0.2** [voorwerp dat drijft] *float ♦ 1.2* ~ s v.e. watervliegtuig *floats of a seaplane.*

dril 0.1 *jelly.*

drilboor 0.1 *drill.*

drillen 0.1 *drill ♦ 1.1* een goed gedrilde troep *a well drilled troop* **6.1** gedrild **in** een vak *drilled in a subject.*

dringen I ⟨onov.ww.⟩ **0.1** [zich een weg banen] *push* ⇒*shove, penetrate* **0.2** [voorwaartse druk uitoefenen] *push* ⇒*press* **0.3** [druk doen gelden] *press* ⇒*urge, compel ♦ 1.3* de tijd dringt *time is short;* de zaak dringt nogal *the matter is rather urgent* **3.2** iedereen stond te duwen en te ~ *everyone was pushing and shoving* **6.1** hij drong **door** de menigte heen *he pushed/elbowed/forced his way through the crowd;* de menigte drong de zaal **in/uit** *the crowd pushed its way into/out of the hall;* **naar** voren ~ *push forward* **6.2** het zal wel ~ worden **om** een goede plaats *we'll probably have to fight for a good seat;* **II** ⟨ov.ww.⟩ **0.1** [door drukken verplaatsen] *push* ⇒*force* **0.2** [dwingen] *force* ⇒*compel ♦ 1.1* hij drong de man van zijn plaats *he pushed the man out of his place* **6.2** haar geweten drong haar **tot** spreken *her conscience forced her to speak.*

dringend I ⟨bn.⟩ **0.1** [urgent] *urgent* ⟨behoefte, telegram, verzoek⟩; *pressing* ⟨behoefte, bezigheden⟩; *acute, dire* ⟨nood⟩ **0.2** [met aandrang gedaan] *urgent* ⇒*earnest* ⟨verzoek⟩, *insistent, pressing ♦ 1.1* er is ~ behoefte/een ~ e behoefte aan geneesmiddelen *there is urgent need of medicines;* ~ e bezigheden *urgent/pressing business* **1.2** op ~ verzoek van *at the u. request of* **5.1** uiterst ~ *dire;* **II** ⟨bw.⟩ **0.1** [onmiddellijk] *urgently; acutely, direly* **0.2** [met aandrang] *insistently* ⇒*earnestly ♦ 2.1* dat is ~ noodzakelijk *that is absolutely essential* **3.1** ik moet u ~ spreken *I must speak to you immediately* **3.2** de situatie vraagt ~ om maatregelen *the situation urgently demands action ¶.1* ~ nodig hebben *be in urgent need of.*

drinkbaar 0.1 ⟨smakelijk⟩ *drinkable;* ⟨ongevaarlijk⟩ *potable ♦ 1.1* eetbare en drinkbare waren *edible and d. provisions.*

drinkbak 0.1 ⟨vee⟩ *water trough;* ⟨huisdieren, kippen⟩ *waterbowl.*

drinken[1] ⟨het⟩ **0.1** *drink(s)* ⇒*beverage ♦ 1.1* het eten en ~ is er goed *they have good food and drink there* **3.1** de zieke vroeg om ~ *the patient asked for sth. to drink.*

drinken[2] I ⟨onov., ov.ww.⟩ **0.1** [tot zich nemen] *drink* ⇒*sip* ⟨met kleine teugjes⟩ **0.2** [opzuigen] *soak (up) ♦ 1.1* geen alcohol ~ *be a non-drinker;* iem. vragen een borrel te komen ~ *invite s.o. for a drink;* een kop thee/koffie ~ *have a*

cup of tea/coffee **3.1** die koffie is niet te ~ *that coffee is undrinkable* **4.1** wat wil je ~?, wat drink jij? *what are you having?, what'll it be?* **6.1** op iemands gezondheid ~ *d./ pledge (to) s.o.'s health;* ik drink **op** ons succes *here's to our success!;* hier moet **op** gedronken worden *this calls for a toast* ¶**.1** je moet niet alles door elkaar ~ *don't mix your drinks;*
II 〈onov.ww.〉〈pregn.〉 **0.1** [alcohol drinken] *drink* ◆ **5.1** minder gaan ~ *d. less;* nooit ~ *be a teetotaller;* stevig ~ *d. heavily;* teveel ~ *drink (to excess);*
III 〈ov.ww.〉 **0.1** [in een toestand brengen] *drink* ◆ ¶**.1** iem. onder de tafel ~ *drink s.o. under the table;* zich dood ~ *drink o.s. to death.*

drinker 0.1 *drinker* ◆ **2.1** een matige ~ *a moderate d.*

drinkgelag 0.1 *drinking-bout* ⇒*binge.*

drinklied 0.1 *drinking song.*

drinkplaats 0.1 *watering place.*

drinkwater 0.1 *drinking-water* ⇒*potable water* ◆ **7.1** geen ~! 〈als waarschuwing〉 *unfit for drinking.*

drinkwaterbedrijf 0.1 *water company.*

drinkwatervoorziening 0.1 *(drinking-)water supply.*

drinkyoghurt 0.1 *drinking yoghurt.*

drive 〈comp.〉 **0.1** *diskdrive.*

drive-inwoning 0.1 〈vnl. reclametaal〉 *drive-in home; town house.*

droef 〈schr.〉 **0.1** *sad* ⇒*sorrowful, melancholy* ◆ **1.1** het is mijn droeve plicht *it is my sad duty.*

droefenis 〈schr.〉 **0.1** *sadness* ⇒*sorrow, grief.*

droefgeestig 0.1 *melancholy* ⇒*gloomy* ◆ **3.1** ~ voor zich uit staren *stare despondently.*

droefheid 0.1 *sorrow* ⇒*sadness, grief* ◆ **2.1** met grote vernamen wij ... *we heard with deep regret (of/that) ...*

droesem, droes 0.1 〈ook fig.〉 *dregs, lees* 〈van wijn〉 ⇒*sediment.*

droevig I 〈bn.〉 **0.1** [verdrietig] *sad, sorrowful, miserable* **0.2** [van droefheid getuigend] *sad* ⇒*melancholy* **0.3** [tot droefheid stemmend] *depressing* ⇒*saddening* ◆ **1.2** een ~e blik *a s./melancholy look* **1.3** een ~ lied *a sad/melancholy song* **7.3** het ~e v.h. geval is dat ... *the sad part/the tragedy of the case is that ...;*
II 〈bw.〉 **0.1** [op van droefheid getuigende wijze] *sadly* ⇒*dolefully, sorrowfully* **0.2** [bedroevend] *depressingly* ⇒*pathetically* ◆ **3.1** ~ kijkend *sad-faced* **3.2** het is ~ gesteld met hem *he's in a distressing situation;*
III 〈bn., bw.〉 **0.1** [bedroevend] *depressing* ⇒*miserable* ◆ **1.1** in ~e omstandigheden verkeren *be in miserable circumstances.*

droge 〈fig.〉 **0.1** [komiek] *dry one* **0.2** [droogstoppel] *dry(-as-dust) person.*

drogen I 〈onov.ww.〉 **0.1** [droog worden] *dry* ◆ **3.1** te ~ hangen *hang out to d.;*
II 〈ov.ww.〉 **0.1** [droog maken] *dry* ⇒*air,* 〈door vegen〉 *wipe* ◆ **1.1** zijn handen ~ (aan) *wipe/d. one's hands (on);* gedroogde vruchten *dried fruit* **3.1** iets laten ~ *leave sth. to d.*

droger 0.1 *drier.*

drogist 0.1 [verkoper] *chemist* **0.2** [winkel] *chemist's.*

drogisterij 0.1 *chemist's.*

drogreden 0.1 *fallacy* ⇒*sophism.*

drol 0.1 *turd.*

drollenvanger 〈scherts.〉 **0.1** *bags* ⇒*baggy trousers.*

drom 0.1 *crowd* ◆ **1.1** ~men mensen *crowds of people* **6.1** in ~men naar binnen/buiten stromen *come trooping in, go trooping out.*

dromedaris 0.1 *dromedary* ⇒*(Arabian) camel.*

dromen I 〈onov.ww.〉 **0.1** [een droom hebben; hopen op] *dream* **0.2** [mijmeren] *(day)dream* ⇒*muse* ◆ **5.1** ik heb naar gedroomd *I had a bad dream* **6.1** ik heb van je gedroomd *I dreamed about you;* ~ **van** een carrière als filmster *d. of becoming a film star;*
II 〈ov.ww.〉 **0.1** [tot inhoud van zijn droom hebben] *dream* **0.2** [in verbeelding beleven] *dream* ⇒*imagine* ◆ **1.2** ik kan dat boek wel ~ *I know that book like the back of my hand* **4.2** dat had je gedroomd! *forget about it!, no way!;* je hebt het zeker gedroomd *you must have been imagining things.*

dromer, droomster 0.1 *dreamer* ⇒*stargazer, rainbow chaser.*

dromerig I 〈bn.〉 **0.1** [geneigd te dromen] *dreamy* ⇒*faraway* **0.2** [v.d. aard v.e. droom] *dreamy* ⇒*dreamlike, illusory* ◆ **1.1** een ~ kind *a d. child* **1.2** een ~e sfeer *a dreamlike feeling;*
II 〈bw.〉 **0.1** [als iem. die droomt] *dreamily* ◆ **3.1** ~ uit zijn ogen kijken *gaze d., have a faraway look.*

drommel 0.1 [duivel] *devil* ⇒*dickens* **0.2** [beklagenswaardig persoon] *devil* ◆ **2.2** geef die arme ~ een gulden *give that poor d. a guilder* **6.**¶ zij is **om** de ~ niet bang *she's by no means afraid;* dat valt **om** de ~ niet mee *that'll be damned difficult* ¶.¶ om de ~ niet *not on your life.*

drommels I *darn(ed),* *[a]jolly* ⇒*confoundedly, awfully* ◆ **2.1** hij wist ~ goed wat ik bedoelde *he knew perfectly well what I meant.*

drommen 〈schr.〉 **0.1** *swarm* ◆ **5.1** de arbeiders dromden het terrein op *the workers swarmed onto the grounds.*

dronk 0.1 [keer dat men drinkt] *toast* **0.2** [het drinken] *drinking* ◆ **2.2** een kwade/goede ~ hebben *be a mean/happy drunk* **6.1** een ~ op iem./iets uitbrengen *toast s.o./sth.* **6.2** op ~ komen *age* 〈wijn〉.

dronken 0.1 *drunken* 〈attr.〉; *drunk* 〈pred.〉 ◆ **1.1** hij heeft het in een ~ bui gedaan *he did it in a drunken fit* **3.1** de wijn maakt hem ~ *the wine is making him drunk;* iem. ~ voeren *ply s.o. with liquor;* zij wordt al ~ van een glas sherry *she gets drunk/tipsy on just one glass of sherry* **6.1** 〈fig.〉 ~ **van** vreugde *drunk with joy.*

∗**dronkenlap** *(Wdl: dronkelap),* **dronkaard 0.1** *drunk(ard).*

∗**dronkenman** *(Wdl: dronkeman)* **0.1** *drunk.*

∗**dronkenmanspraat** *(Wdl: dronkemanspraat)* **0.1** *drunken talk.*

dronkenschap 0.1 *drunkenness* ⇒*intoxication, inebriety* ◆ **1.1** in kennelijke staat van ~ (verkeren) *(be) under the influence of drink.*

droog 0.1 [niet nat] *dry* ⇒*arid* 〈klimaat〉 **0.2** [ontdaan van/arm aan sappen] *dry* ⇒*dried out* **0.3** [mbt. opmerkingen] *dry* ⇒*wry* **0.4** [saai] *dry* ◆ **1.1** ik kreeg een droge mond *my mouth became d.* **1.2** een droge huid *a dry skin;* een droge keel hebben *have a dry throat* **2.1** hij zit hoog en ~ *he's sitting high and d.* **3.1** ~ bewaren, ~ houden! *store in a d. place!, keep d.!* **5.1** de inkt was nog niet ~ of ... *the ink was still wet when ...* **5.4** het is vreselijk droge kost/stof *it's terribly d. material* ¶.3 ~ uit de hoek komen *make a d. remark.*

droogautomaat 0.1 *drier, drying machine* ⇒*tumbler, tumble(r) drier.*

droogbloem 0.1 *dried flower.*

droogboeket 0.1 *bouquet of dried flowers.*

droogdoek 0.1 *tea towel.*

droogdok 0.1 *dry dock* ⇒*graving dock.*

droogdokmaatschappij 0.1 *dry-dock company.*

droogje ◆ **1.**¶ zijn natje en ~ op tijd krijgen *get one's food on the table three times a day* **6.**¶ op een ~ zitten *have nothing to drink.*

droogjes 0.1 *dryly* ⇒*wryly* ◆ 3.1 heel ~ iets opmerken *make a very wry/dry remark.*

droogkap 0.1 *(hair)drier (hood).*

droogkloot ⟨inf.⟩ 0.1 *bloody bore.*

droogkokend ◆ 1.¶ ~e aardappels *floury potatoes;* ~e rijst *instant rice.*

droogleggen 0.1 [droogmaken] *reclaim* ⇒⟨vnl. mbt. Nederland⟩ *impolder* 0.2 [alcoholverkoop verbieden] *make dry* ◆ 1.2 een drooggelegde/niet drooggelegde stad *a dry/wet city.*

drooglegging 0.1 [het droogmaken] *(land) reclamation* ⇒ ⟨vnl. mbt. Nederland⟩ *impoldering* 0.2 [instelling v.e. verbod op alcoholverkoop] *prohibition (of the sale of alcohol)* ◆ 1.1 de ~ v.d. Zuiderzee *the reclamation of the Zuider Zee.*

drooglijn 0.1 *(clothes-)line.*

droogmaken 0.1 *dry (off).*

droogmalen 0.1 *reclaim* ⇒*drain.*

droogmolen 0.1 *collapsible clothesline.*

droogrek 0.1 *drying rack* ⟨ook foto.⟩ ⇒*dish rack.*

droogstaan 0.1 [geen water meer hebben] *have run dry* ⇒ *be dry* 0.2 [geen alcohol meer drinken] *not drink any more, have stopped drinking* ⇒*be on the wagon* ◆ 1.1 de rivier staat droog *the river has run dry.*

droogstoppel 0.1 [saai iem.] *colourless person* ⇒*bore* 0.2 [iem. zonder hoger streven] *stick-in-the-mud.*

droogte 0.1 [het droog zijn] *dryness* ⇒*aridity* ⟨mbt. klimaat⟩ 0.2 [droog weer] *drought* ◆ 2.2 een langdurige ~ *a long d.*

droogtrommel 0.1 *drier* ⇒*drying machine, tumble(r) drier.*

droogvoer 0.1 *dry feed/fodder.*

droogweg →**droogjes.**

droogzwemmen 0.1 [zwemoefeningen maken] *practise swimming on (dry) land* 0.2 [oefenen in een leersituatie] *do a dry run.*

droom 0.1 *dream* ⇒⟨fantasie ook⟩ *fantasy* ◆ 1.1 het meisje van zijn dromen *the girl of his dreams* 2.1 een natte ~ *a wet d.;* dit overtreft mijn stoutste dromen *this goes beyond my wildest dreams* 6.¶ iem. **uit** de ~ helpen *disillusion/ disenchant s.o., open s.o. 's eyes;* **uit** de ~ ontwaken *wake up to it/to the fact* ¶.1 haar ~ ging in vervulling *her d. came true;* ⟨sprw.⟩ dromen zijn bedrog *dreams are lies.*

droombeeld 0.1 [voorstelling uit een droom] *image/vision from a dream* 0.2 [fantasiebeeld] *fantasy* ⇒*illusion, dream.*

droomprins 0.1 *Prince Charming.*

droomreis 0.1 *trip of one's dreams.*

droomvrouw 0.1 *dream woman.*

droomwereld 0.1 *dream world* ⇒*fantasy world, fool's paradise* ◆ 6.1 in een ~ leven/verkeren ⟨ook⟩ *be out of touch with reality;* ⟨inf.⟩ *have one's head in the clouds.*

drop 0.1 *liquorice* ◆ 2.1 Engelse ~ *l. all-sorts;* zoete/zoute ~ *sweet/salt(y) l.*

dropje 0.1 *piece of liquorice.*

droplul 0.1 *berk, jerk.*

droppen 0.1 [ergens afzetten] *drop off* 0.2 [uit een vliegtuig werpen] *(make a) drop* ◆ 1.2 gedropt voedsel *dropped/ air-lifted food.*

dropping 0.1 *drop.*

drops 0.1 ±*acid drop.*

dropwater 0.1 *liquorice water.*

drossen 0.1 *abscond* ⇒*desert* ⟨ook mil.⟩, ⟨mil.⟩ *go AWOL* ◆ 1.1 gedroste matrozen *deserters.*

drug 0.1 *drug* ⇒*narcotic* ◆ 3.1 ~s gebruiken *take drugs;* handelen in ~s, ~s verkopen *deal in/sell drugs* 6.1 handel **in** ~s *d. traffic(king).*

drugsbaron 0.1 *drug baron.*

drugsbeleid 0.1 *drug policy, policy on drugs.*

drugsbestrijding 0.1 *fight against drugs.*

drugsdealer 0.1 *(drug) dealer* ⇒⟨inf.⟩ *pusher.*

drugsgebruik 0.1 *use of drugs, drug abuse.*

drugsgebruiker 0.1 *drug user.*

drugshandel 0.1 *dealing (in drugs)* ⇒*drug trade.*

drugshandelaar 0.1 *drug trafficker* ⇒*drug dealer.*

drugskoerier 0.1 *(drugs) courier.*

drugssmokkel 0.1 *drug smuggling.*

drugsverslaafde 0.1 *drug addict* ⇒*junkie.*

drugsverslaving 0.1 *drug addiction* ⇒*dependence on drugs, drug dependence.*

druïde 0.1 *Druid.*

druif I ⟨de⟩ 0.1 *grape* ◆ 1.1 een tros druiven *a bunch of grapes* 2.1 witte/blauwe druiven *green/black grapes* 3.1 druiven plukken *pick grapes;* **II** ⟨de (m.)⟩⟨inf.⟩ ◆ 2.¶ een rare ~ *a weird one.*

druilerig 0.1 *drizzly* ⇒*overcast* ◆ 3.1 ~ worden *threaten to rain.*

druiloor 0.1 *mope(r).*

druilregen 0.1 *drizzle.*

druipen 0.1 *drip* ⇒*trickle* ◆ 1.1 mijn kleren dropen *my clothes were dripping wet* 6.1 het zweet droop **van** zijn voorhoofd *his forehead was dripping with sweat* 6.¶ de verwaandheid druipt **van** hem af *he's so full of himself.*

druiper 0.1 *the clap.*

druipkaars 0.1 *dripping candle.*

druipnat 0.1 *soaking wet* ⇒*soaked through* ◆ 3.1 ~ worden v.d. regen ⟨ook⟩ *get drenched in the rain.*

druiprek 0.1 *dish rack.*

druipsteen 0.1 ⟨hangend⟩ *stalactite;* ⟨op de bodem⟩ *stalagmite.*

druivenblad 0.1 *vine leaf.*

druivenoogst 0.1 *grape harvest* ⇒*vintage.*

druivenpers 0.1 *winepress, wine presser.*

druivenpit 0.1 *grapestone* ⇒*grape seed.*

druivenplukker, -ster 0.1 *grape picker.*

druivensap 0.1 *grape juice.*

druivensuiker 0.1 *grape sugar* ⇒*dextrose.*

druiventeelt 0.1 *grape growing* ⇒*viticulture.*

druk¹ ⟨de⟩ 0.1 [het duwen] *pressure* 0.2 [stuwende kracht] *pressure* 0.3 [pressie, aandrang] *pressure* ⇒⟨spanning⟩ *strain, stress* 0.4 [oplage] *edition* ◆ 1.¶ de ~ is van de ketel *the pressure is off* 2.2 zijwaartse/opwaartse ~ *lateral/ upwards p.* 2.4 een herziene ~ *a revised e.;* ⟨tweede,⟩ onveranderde ~ *second e.* 3.1 ~ uitoefenen (op) ⟨fig.⟩ *exert p. (on)* 3.2 de ~ verhoging (op), onder hogere ~ zetten *increase the p. (on);* de ~ verlagen *ease the p.* 6.1 een ~ **op** de knop is voldoende *just press the button* 6.3 iem. **onder** ~ zetten *put p. on s.o.;* **onder** de ~ der omstandigheden handelen *be forced by circumstances to do sth.* 6.¶ **in** ~ verschijnen *appear in print.*

druk² **I** ⟨bn.⟩ 0.1 [veel werk gevend] *busy* ⇒*demanding* 0.2 [veel te doen hebbend; bezet] *busy* ⇒*active* 0.3 [bedrijvig] *busy* ⇒*lively* 0.4 [intensief] *busy* 0.5 [luidruchtig] *active* ⇒*lively, boisterous* ◆ 1.1 een ~ke baan *a demanding job* 1.2 wegens ~ke bezigheden/werkzaamheden *owing to the pressure of work;* een ~ke straat *a b. street* 1.4 (een) ~ gebruik maken van *use frequently* 1.5 ~ke kinderen *boisterous children* 3.2 het ~ hebben *be b.* 3.5 zich ~ maken over iets *worry about sth.;* ⟨onnodig⟩ *make a fuss about sth.;* zich niet ~ maken *remain calm;* **II** ⟨bw.⟩ 0.1 [intensief] *busily* 0.2 [luidruchtig, opgewonden] **busily** ⇒*noisily, excitedly* ◆ **2.1**~ bezet *busy;* ~ bezig zijn (met iets) *be very busy (with/doing sth.)* **3.1** een ~ bezocht college *a well-attended lecture* **3.2** ~ praten *talk animatedly, excitedly;* ⟨als eigenschap⟩ *be (very) talkative* **¶.1** hij is ~ aan het werk *he is busy working;* ~ in de weer zijn *be on the go, bustle (about).*

drukdoenerij 0.1 *fussing, bustling.*

drukfout 0.1 *misprint* ⇒*printing error, erratum* ◆ **1.1** lijst van ~en *errata.*

drukinkt 0.1 *printer's/printing ink.*

drukken I ⟨onov.ww.⟩ **0.1** [duwen] *press* ⇒*push* **0.2** [als iets zwaars liggen op] *press* ⇒*weigh down* **0.3** [poepen]⟨kind.⟩ *do number two* ◆ **6.1** druk maar **op** dit knopje *just press this button* **6.2** zwaar **op** het geweten ~ *weigh heavily on one's conscience;* **II** ⟨ov.ww.⟩ **0.1** [aan een kracht onderwerpen] *push* ⇒ *press* **0.2** [iets in een toestand/orgens brengen] *push* ⇒ *force* **0.3** [omlaag brengen] *push down* **0.4** [druk.] *print* **0.5** [dmv. een stempel aanbrengen] *stamp* ⇒*impress* ◆ **1.1** iem. de hand ~ *shake s.o.'s hand, shake hands with s.o.* **1.3** de lonen/prijzen/kosten/onkosten ~ *keep down wages/prices/costs/expenses;* ⟨ec.⟩ de markt ~ *put pressure on the market* **1.4** 10.000 exemplaren ~ *p./run off 10,000 copies* **3.4** (niet) geschikt om gedrukt te worden *(un)printable* **5.2** een motie erdoor ~ *p. a motion through* **6.2** iem. geld **in** de hand ~ *press money into s.o.'s hand;* **in** elkaar ~ *press/crush together;* iem. **tegen** de muur ~ *pin s.o. against the wall;* iem. **tegen** zich aan drukken *hold s.o. close (to o.s.)* **¶.4** liegen of het gedrukt staat *lie through one's teeth;* **III** ⟨wk.ww.; zich ~⟩⟨inf.⟩ **0.1** [zich aan iets onttrekken] *dodge* ⇒*shirk* ◆ **¶.1** iem. die zich drukt *dodger, shirker.*

drukkend [zware last vormend] *oppressive* ⇒*heavy, burdensome* **0.2** [loom makend] *oppressive* ⇒⟨broeierig⟩ *sultry,* ⟨benauwd⟩ *close* ◆ **1.1** een ~e last *a heavy burden;* een ~e stilte *an o. silence* **1.2** een ~o hitte *an o. heat,* ⟨broeierig⟩ *a swelter;* ~ weer *close weather.*

drukker 0.1 [boek-/plaatdrukker] *printer* **0.2** [drukknop] *push button* ◆ **6.1** het boek moet morgen **naar** de - *the book has to go to the printer's tomorrow.*

drukkerij 0.1 [bedrijf] *printer* ⇒*printing office/business,* ⟨inf.⟩ *printer's* ◆ **2.1** kleine ~ *small printer.*

drukkersambacht 0.1 *printing profession/trade.*

drukketel 0.1 *autoclave.*

drukknoop 0.1 *ᴮpress-stud, press fastener* ⇒*ᴮpopper.*

drukknop 0.1 *push button.*

drukkosten 0.1 *printing costs.*

drukletter 0.1 [geschreven letter] *(block/printed) letter* **0.2** [letter waarmee gedrukt wordt] *type* ⇒*letter.*

drukmeter 0.1 *pressure gauge.*

drukmiddel 0.1 *lever.*

drukpatroon 0.1 *(printing) pattern.*

drukpers 0.1 [werktuig] *printing press* **0.2** [het drukken en verspreiden] *press* ◆ **1.2** de vrijheid van - *freedom of the p.*

drukplaat ⟨druk.⟩ **0.1** *printing plate.*

drukproef ⟨druk.⟩ **0.1** *proof* ⇒*galley (proof), printer's proof* ◆ **3.1** drukproeven corrigeren *correct the proofs.*

drukschakelaar 0.1 *switch* ⇒*(push) button.*

drukte 0.1 [veel bezigheden] *busyness* ⇒*pressure (of work)* **0.2** [leven, vertier] *bustle* ⇒*commotion, stir* **0.3** [veel ophef] *fuss* ⇒*ado* ◆ **1.1** een periode van grote ~ (in zaken) *a very busy time* **2.3** kouwe ~ *much ado about nothing* **3.3** (veel) ~ over/om/van iets maken *make a big fuss about/over sth.* **4.2** vanwaar al die ~? *what's all this (hustle and*

drukdoenerij - dubbel

b.) in aid of? **6.1** door de ~ heb ik de bestelling vergeten *it was so busy/hectic I forgot the order* **6.2** het was een ~ van je welste *there was a huge crowd, there were lots of people milling around;* de ~ **voor** Kerstmis *the Christmas rush* **6.3** (een hoop kouwe) ~ **om** niets (maken) *(make) a lot of fuss and bother about nothing.*

druktemaker, -schopper 0.1 *rowdy character.*

druktoets 0.1 *(push) button.*

druktoetstelefoon, druktoestel 0.1 *push-button telephone* ⇒*touch-tone telephone.*

drukverband 0.1 *compress(or)* ⇒*tourniquet.*

drukwerk 0.1 [poststuk] *printed matter* **0.2** [gedrukt stuk] *printed matter* ⇒*print* **0.3** [(opdracht tot) het drukken van iets] *printing* ◆ **3.3** wij nemen geen ~ meer aan *we're not taking on any more p.* **8.1** als ~ verzenden *send as p. m.*

drum 0.1 [slagwerk] *drum(s)* **0.2** [comp.] *drum.*

drumband 0.1 *drum band.*

drummachine ⟨muz.⟩ **0.1** *rhythm box.*

drummen 0.1 *drum* ⇒*play the drums.*

drummer, -ster 0.1 *drummer.*

drumstel 0.1 *drum set* ⇒*(set of) drums.*

druppel 0.1 [vochtdeeltje] *drop(let)* ⇒*bead* ⟨o.a. zweet⟩ **0.2** [kleine hoeveelheid] *drop* **0.3** [mv.; geneesmiddel] *drops* ◆ **1.1** ~s zweet *beads of sweat* **2.1** alles tot de laatste ~ opdrinken *drain to the (very) last drop* **6.1** ⟨fig.⟩ een ~ **op** een gloeiende plaat *(just) a drop in the ocean* **7.2** ik heb nog geen ~ gedronken *I haven't had a d. to drink (yet)* **¶.1** zij lijken op elkaar als twee ~s water *they are as like as two peas in a pod.*

druppelen, druppen I ⟨onov., ov.ww.⟩ **0.1** [(in) druppels laten vallen] *drip* ⇒*trickle, ooze* ◆ **6.1** iets **in** het oog ~ *put drops in one's eye;* **uit** de insnijdingen druppelt vocht *the incisions are oozing moisture;* **II** ⟨onpers.ww.⟩ **0.1** [zachtjes regenen] *drizzle.*

druppelflesje 0.1 *(eye) dropper* ⇒*dropping bottle.*

druppelinfuus ⟨med.⟩ **0.1** *drip* ◆ **6.1** aan een ~ liggen *be on a d.*

druppelsgewijs 0.1 [druppel voor druppel] *in drops* ⇒*drop by drop* **0.2** [fig.] *little by little* ⇒*bit by bit* ◆ **3.2** ~ kwamen de bezoekers binnen *the visitors trickled in.*

dtp-prik 0.1 ⟨med.⟩ *DTP injection;* ⟨dagelijkse taal⟩ *injection* ⟨inf.⟩ *jab against diphteria, tetanus and polio.*

D-trein 0.1 *(inter-city express with surcharge).*

duaal 0.1 *dual* ◆ **1.1** duale economie *d. economy.*

dualisme 0.1 *dualism* ⇒*duality.*

dualistisch 0.1 *dualist(ic).*

dualiteit 0.1 *duality.*

dubbel¹ I ⟨de⟩ **0.1** [stuntman/vrouw] *double* ⇒*stand-in;* **II** ⟨het⟩ **0.1** [tweede gelijk exemplaar] *duplicate* ◆ **3.1** hij verkocht zijn ~en *he sold his duplicates.*

dubbel² I ⟨bn.⟩ **0.1** [tweevoudig] *double* ⇒*duplicate, dual* **0.2** [tweemaal zo groot als gewoonlijk] *double (the size* ⟨enz.⟩ *)* ⇒*twice (as big* ⟨enz.⟩ *)* **0.3** [van tweeërlei aard] *double* ⇒*dual, two-fold* ◆ **1.1** ~e besturing/bediening *dual control(s);* een ~e bodem *a double/hidden meaning;* ~e controle *double check;* een ~e deur *a double door;* ~e exemplaren *duplicate copies;* een ~e naam *a double-barrelled name;* ~e ramen/beglazing *double windows/glazing;* een weg met ~e rijbaan *a two-lane road;* een lijn met ~ spoor *double-track line* **1.2** ~ bed *d. bed;* een ~ nummer *a d. number* **1.3** iem. met een ~ gezicht *a two-faced person;* een ~ leven leiden *lead a double life;* ⟨geldw.⟩ een ~e optie *a double option* **7.2** hij vroeg mij het ~e van de prijs *he wanted d. the price from me;*

II ⟨bw.⟩ **0.1** [in tweeën, twee keer] *double* ⇒*twice* **0.2** [tweemaal] *twice (as)* **0.3** [in tweemaal zo hoge mate] *doubly* ⇒*twice* ◆ **2.2** de vijand was ~ zo sterk *the enemy was twice as strong* **2.3** dat is ~ erg *that's twice as bad* **3.1** ik heb dat boek ~ *I have two copies of that book;* ~ liggen ⟨bv.v.h. lachen⟩ *be doubled up;* ~ parkeren *d. park(ing);* hij ziet ~ *he has d. vision, he sees d.* **5.3** hij verdient het ~ en dwars *he deserves more than his share, he deserves every bit of it;* quitte of ~? *double or quits?;* ~ zo duur/veel *twice as expensive/much;* ~ zo hard werken *work twice as hard.*

dubbelalbum 0.1 *double album* ⇒*double LP.*

dubbelboeking 0.1 *double booking.*

dubbel-cd 0.1 *double CD.*

dubbeldekker 0.1 [bus] *double deck(er) (bus)* **0.2** [trein] *double deck(er) (train)* **0.3** [vliegtuig] *biplane.*

dubbeldeks 0.1 ⟨zie 1.1⟩ ◆ **1.1** die veerboot is ~ *the ferry has two decks.*

dubbeldik 0.1 *double* ⇒*doubly thick, double thickness, two-ply* ◆ **1.1** ~ vensterglas *double (strength) (window) glass.*

dubbeldrank 0.1 ±*smoothie drink.*

dubbelepunt 0.1 *colon.*

dubbelfocusbril 0.1 *(pair of) bifocal glasses* ⇒⟨inf.⟩ *(pair of) bifocals.*

dubbelfout ⟨tennis⟩ **0.1** *double fault.*

dubbelganger, -gangster 0.1 *double* ⇒*look-alike, doppelgänger.*

dubbelgreep ⟨muz.⟩ **0.1** *double stopping* ◆ **6.1** in dubbelgrepen spelen *double stop.*

dubbelhartig 0.1 *two-faced* ⇒*double dealing* ◆ **1.1** een ~ mens *a two-faced person, a double dealer.*

dubbelklikken ⟨comp.⟩ **0.1** *double-click.*

dubbelleven ◆ **3.¶** een ~ leiden *lead a double life.*

dubbelloopsgeweer 0.1 *double-barrelled (shot)gun.*

dubbelnummer 0.1 *double issue.*

dubbelop 0.1 *double* ◆ **¶.1** nog een keer? dat is ~ *again? that's the second time/that's doing things all over again.*

dubbelparkeerder 0.1 *double parker.*

dubbelrol 0.1 *double role, twin rôles* ◆ **3.1** een ~ spelen *play a double role.*

dubbelslaan I ⟨ov.ww.⟩ **0.1** [omvouwen] *fold in two;* **II** ⟨onov.ww.⟩ **0.1** [doorbuigen] *double up* ◆ **¶.1** ⟨fig.⟩ ik sloeg dubbel toen ik dat hoorde *I doubled up when I heard that.*

dubbelslachtig 0.1 [ambivalent] *ambivalent* ◆ **1.1** ~e gevoelens *mixed/a. feelings.*

dubbelspel ⟨sport⟩ **0.1** [partij van twee tegen twee] *doubles* **0.2** [mbt. honkbal] *double play* ◆ **2.1** gemengd ~ *mixed d.*

dubbelspion 0.1 *double agent.*

dubbelspoor 0.1 *double track.*

dubbelstekker 0.1 *double plug.*

dubbeltje 0.1 [muntstukje] ⟨Ned.⟩ *ten-cent piece* **0.2** [mv.; geld] *pennies, pence* ⇒*money* ◆ **2.1** ⟨fig.⟩ je zou hem je laatste ~ toevertrouwen *you'd trust him with your last penny* **3.1** elk ~ tweemaal omkeren ⟨fig.⟩ *be tight-fisted;* ⟨fig.⟩ ze moesten elk ~ tweemaal omkeren *they didn't have two pennies to rub against each other;* ⟨fig.⟩ je weet nooit hoe een ~ kan rollen *you never can tell* **6.1** *voor* een ~ op de eerste rang/rij willen zitten ⟨fig.⟩ *want a champagne taste on a beer budget* **8.1** ⟨fig.⟩ zo plat als een ~ *(as) flat as a pancake* **¶.1** ⟨fig.⟩ het is een ~ op zijn kant *it's touch and go;* ⟨sprw.⟩ een ~ kan raar rollen *you never know your luck;* ⟨sprw.⟩ wie voor een ~ geboren is, wordt nooit een kwartje *if you are born poor you will remain poor all your life.*

dubbelvouwen 0.1 *fold in two* ⇒*bend double/in two* ◆ **3.1** dubbelgevouwen zitten/liggen *sit/lie all hunched up.*

dubbelzinnig 0.1 [voor twee uitleggingen vatbaar] *ambiguous* **0.2** [mbt. obscene toespelingen] *suggestive* ⇒*with a double meaning* ◆ **1.1** een ~ antwoord *an a./evasive answer* **1.2** ~e grappen/opmerkingen *jokes/remarks with a double meaning, suggestive remarks.*

dubbelzinnigheid 0.1 [ambiguïteit] *ambiguity* **0.2** [uitlating] *ambiguous remark* ⇒⟨met seksuele connotaties⟩ *suggestive remark.*

dubben 0.1 [piekeren] *brood* ⇒*ponder* **0.2** [weifelen] *hesitate (between/to)* ⇒*dither* ◆ **6.1** ~ over iets *b. about sth.*

dubieus 0.1 [twijfelachtig] *dubious* ⇒*doubtful* **0.2** [onbetrouwbaar] *dubious* ⇒*questionable* ◆ **1.1** een ~ geval *a dubious case* **1.2** dubieuze debiteuren *questionable debtors/lenders.*

dubio ◆ **1.¶** in ~ staan *be in two minds.*

duchten 0.1 *fear* ⇒*be afraid of* ◆ **3.1** geen gevaar te ~ hebben *to have nothing to f.*

duchtig 0.1 *thorough* ⇒*good,* ⟨als bw.⟩ *well, sound* ◆ **3.1** hij ging ~ tekeer *he really went at it;* zich ~ weren *exert o.s. to the utmost* **¶.1** er iem. ~ van langs geven *give s.o. a good thrashing.*

duel 0.1 *duel* ⇒*fight, single combat* ◆ **3.1** een ~ aangaan *(fight a) duel;* uitdagen tot een ~ *challenge (to a d.);* een ~ met iem. uitvechten *fight a d. with s.o.*

duelleren 0.1 *duel* ⇒*fight* ◆ **6.1** ~ op het pistool *d. with pistols.*

duet 0.1 *duet* ⇒*duo.*

duf 0.1 [bedompt] *musty* ⇒*stuffy, mouldy* **0.2** [fig.] *stuffy* ⇒*stale, mouldy* **0.3** [dom] *dull* ⇒*dim(-witted), befuddled* ◆ **1.2** ~fe boekenwijsheid *stuffy book knowledge* **1.3** ik stak met m'n ~fe hoofd plotseling de straat over *I must have been miles away-I walked straight out into the road* **3.1** het rook daar ~ *it smelled musty.*

duffel 0.1 *duffel.*

duffels 0.1 *duffel* ◆ **1.1** een ~e jas *a d. coat.*

dufheid 0.1 [bedomptheid] *mustiness* ⇒*stuffiness, mouldiness* **0.2** [fig.] *stuffiness* ⇒*staleness, mouldiness* **0.3** [domheid] *dullness* ⇒*denseness, dim-wittedness.*

duidelijk 0.1 [begrijpelijk] *clear(-cut)* ⇒*plain* **0.2** [goed waarneembaar] *clear* ⇒*distinct, plain* ◆ **1.1** een ~e beschrijving *a clear description;* zich in ~e bewoordingen/taal uitdrukken *speak plainly* **1.2** een ~e aanwijzing *a c. indication;* een ~ beeld *a c. picture;* ⟨fig.⟩ een ~ besef *a c. idea;* een ~e voorkeur hebben voor iets *have a distinct preference for sth.* **2.2** ~ zichtbaar/te merken zijn *be clearly visible/noticeable* **3.1** ik heb hem ~ gemaakt dat ... *I made it clear to him that ...;* je hebt je mening ~ genoeg gemaakt *you've made your point;* het is zonder meer ~ dat ...*it is entirely clear that ...;* ~ maken wat men bedoelt *make o.s. clear;* ~ zeggen waar het op staat *not mince one's words;* om ~ te zijn, om het maar eens ~ te zeggen *to put it (quite) plainly* **3.2** ~ uitkomen *stand out (clearly)* **¶.1** ⟨Ned.⟩ iem. iets ~ te verstaan geven *make sth. perfectly clear to s.o.*

duidelijkheid 0.1 [begrijpelijkheid] *clearness, clarity* ⇒*obviousness* **0.2** [waarneembaarheid] *clearness, clarity* ⇒*distinctness* ◆ **6.1** zijn antwoord liet *aan* ~ niets te wensen over *his answer was quite explicit;* voor de/alle ~ *(just) to be perfectly clear;* (so as) to leave no doubt.*

duidelijkheidshalve 0.1 *for clarity's sake/the sake of clarity.*

duiden I ⟨onov.ww.⟩ **0.1** [wijzen] *point (to/at)* **0.2** [aanwijzing geven, zijn] *point (to)* ⇒*indicate* ◆ **6.1** hij duidde *op* de onweerswolk *he pointed to the thundercloud;* ~ *op* het falen v.h. bestuur *draw attention to the failures of the* *board* **6.2** verschijnselen die **op** tuberculose ~ *symptoms that indicate tuberculosis;* **II** ⟨ov.ww.⟩ **0.1** [uitleggen] *interpret* ⇒*read* ♦ **5.1** iem. iets euvel ~ *resent s.o. for sth.*

duiding 0.1 *interpretation* ⇒*reading.*

duif I ⟨de⟩ **0.1** [vogel] *pigeon, dove* ♦ **1.1** vlucht duiven *loft of pigeons* **3.1** duiven houden / melken *keep / raise pigeons* **6.¶ onder** iemands duiven schieten *encroach upon / poach on s.o.'s territory;* **II** ⟨de (m.)⟩ **0.1** [pol.] *dove* ♦ **1.1** duiven en haviken *doves and hawks.*

duig ♦ **6.¶ in** ~en vallen ⟨fig.⟩ *fall to pieces;* **in** ~en doen vallen / slaan *stave (in), crush.*

duik 0.1 *dive, diving* ⇒*plunge* ♦ **3.1** een ~ nemen ⟨gaan zwemmen⟩ *take a dip* **6.1** een ~ in het verleden *an excursion into the past.*

duikbommenwerper 0.1 *dive bomber.*

duikboot 0.1 *submarine* ⇒⟨inf.⟩ *sub,* ⟨gesch.⟩ *U-boat.*

duikbril 0.1 *diving goggles.*

duikelaar ♦ **2.¶** hij is een slome ~ *he is a drip.*

duikelen 0.1 [over het hoofd buitelen] *(turn a) somersault* ⇒*go / turn head over heels, tumble* **0.2** [vallen] *(take a) tumble* ⇒*fall over / head over heels* **0.3** [dalen] *drop* ⇒*dive,* ⟨van koersen ook⟩ *plunge (downward)* ♦ **5.1** achterover / voorover ~ *do a backwards / forwards somersault* **6.2** hij is **uit** zijn bed geduikeld *he tumbled out of bed.*

duikeling 0.1 [buiteling] *somersault, roll* **0.2** [val] *fall, tumble.*

duiken 0.1 [zich onder het water begeven] *dive* ⇒*plunge, duck, go under,* ⟨onderzeeër ook⟩ *submerge* **0.2** [zich in iets verbergen] *duck (down / behind)* **0.3** [zich snel naar de grond begeven] *dive* ⇒*plunge* ♦ **5.3** snel / plotseling (doen) ~ ⟨vliegtuig, onderzeeër⟩ *crash dive* **6.1 naar** parels ~ *dive for pearls* **6.2** ⟨fig.⟩ **in** een onderwerp ~ *go (deeply) into a subject;* hij is **onder** de wol gedoken *he is huddled (up) under the blankets* **6.3 in** elkaar ~ *cower, huddle together;* ⟨sport⟩ **naar** een bal ~ *dive for / after a ball* **6.¶** deze winkelier duikt **onder** de adviesprijs *this shopkeeper undercuts the recommended retail price.*

duiker 0.1 [persoon] *diver* **0.2** [wwb.] *culvert.*

duikerhelm 0.1 *diving helmet.*

duikerklok 0.1 *diving bell.*

duikerpak 0.1 *wet suit* ⇒*diving suit.*

duikersziekte 0.1 *decompression sickness* ⇒*caisson disease,* ⟨inf.⟩ *the bends.*

duikmasker 0.1 *diving mask.*

duikplank 0.1 *diving board.*

duiksport 0.1 *diving.*

duiksprong 0.1 [snoekduik] *spring* ⇒*dive* **0.2** [atletiek] *dive.*

duiktoren 0.1 *diving tower.*

duikuitrusting 0.1 *diving equipment.*

duikvlucht 0.1 *(nose) dive* ⇒⟨met motor aan⟩ *power dive,* ⟨tolvlucht⟩ *spin, swoop* ⟨vogels⟩ ♦ **3.1** een ~ maken *(do a) nose dive.*

duim 0.1 [vinger] *thumb* ⇒⟨wet.⟩ *pollex* **0.2** [oude lengtemaat] *inch* ♦ **2.2** een ~ hoog / groot zijn *one i. high / tall* **2.¶** een dikke ~ hebben *have a vivid imagination* **3.1** de ~ opsteken *give the thumbs up* **6.1** onder de ~ houden / hebben ⟨fig.⟩ *keep / have under one's t.* **6.¶** ⟨fig.⟩ iets **uit** zijn ~ zuigen *dream sth. up.*

duimbreed 0.1 *inch* ♦ **7.1** geen ~ toegeven / wijken *not budge an i.*

duimdik, duimendik 0.1 *an inch deep / thick* ♦ **5.1** ⟨fig.⟩ het ligt er ~ (boven)op *it's as plain as the nose on your face.*

duimen 0.1 [om iem. iets goeds toe te wensen] *keep one's fingers crossed* **0.2** [duimzuigen] *suck one's thumb* ♦ **6.1** ik zal morgen **voor** je ~ *I'll keep my fingers crossed for you tomorrow.*

duimendraaien 0.1 [de duimen om elkaar (doen) draaien] *twiddle one's thumbs* **0.2** [nietsdoen] *twiddle one's thumbs.*

duimpje ♦ **2.¶** Klein Duimpje *Tom Thumb* **6.¶** iets **op** zijn ~ kennen *know sth. like the back of one's hand* ⟨stad e.d.⟩; *know sth. (off) by heart* ⟨les e.d.⟩.

duimschroef 0.1 *thumb screw* ♦ **3.1** (iem.) de duimschroeven aandraaien ⟨fig.⟩ *tighten the screws (on s.o.), put the heat on (s.o.).*

duimstok 0.1 *folding ruler.*

duimzuigen 0.1 [zuigen op de duim] *thumb sucking* **0.2** [fantaseren] *making things up.*

duin 0.1 [heuvel] *(sand) dune* ⇒*sand hill.*

duinafslag 0.1 *dune erosion* ⇒*dune abrasion.*

duinbeplanting 0.1 *(sand) dune plantation* ⇒⟨tegen verstuiving⟩ *(sand) dune fixation.*

duinenrij 0.1 *line of dunes.*

Duinkerken 0.1 *Dunkirk.*

duinpan 0.1 *dip / hollow (in the dunes).*

duister¹ ⟨het⟩ **0.1** *dark* ⇒*darkness* ♦ **6.1 in** het ~ zitten *sit / be sitting in the dark;* ⟨fig.⟩ **in** het ~ tasten *be in the dark;* ⟨fig.⟩ over de oorzaken v.h. misdrijf tast men **in** het ~ *the motive for the crime is a mystery;* ⟨fig.⟩ een sprong **in** het ~ *a leap in the dark.*

duister² ⟨bn., bw.⟩ **0.1** [donker] *dark* ⇒⟨somber⟩ *gloomy* **0.2** [fig.] ⟨onduidelijk⟩ *dark* ⇒*dim,* ⟨somber⟩ *black,* ⟨somber⟩ *bleak* **0.3** [louche] *shady* ⇒*dubious* ♦ **1.2** de ~e machten (v.h. kwaad) *the dark powers (of evil);* ⟨verdorven⟩ *the powers of darkness;* de ~e Middeleeuwen *The Dark Ages;* een ~e toekomst *an uncertain future;* a bleak future* **1.3** ~e praktijken *s. practices* **3.2** het is me nog even ~ *it is still a mystery to me.*

duisterheid 0.1 [onduidelijkheid] *darkness* ⇒*obscurity, vagueness* **0.2** [geheimzinnigheid] *darkness* ⇒*obscurity, mysteriousness* ♦ **1.1** de ~ v.e. redenering *the lack of clarity in a (line of) reasoning* **3.2** er zijn nog tal van duisterheden in deze zaak op te lossen *there are still quite a number of points to be cleared up.*

duisternis 0.1 [afwezigheid van licht, plaats zonder licht] *darkness* ⇒*dark* **0.2** [fig.] *darkness* ♦ **1.1** het invallen v.d. ~ *dusk, nightfall;* de vorst der ~ *the prince of darkness;* ⟨fig.⟩ werken v.d. ~ *deeds of darkness* **1.2** een tijdperk van ~ *a dark age* **2.1** in dichte / diepe ~ *in pitch-darkness* **6.1** in de ~ verdwijnen ⟨fig.⟩ *fall / sink into oblivion* **6.2** zich **in** ~ hullen *act mysterious(ly);* **in** ~ gehuld *shrouded in mystery.*

duit 0.1 [munt] *±farthing* ⇒*cent* **0.2** [geld] *penny* ⇒*cent* ♦ **1.2** het heeft een bom ~en gekost *it cost a fortune* **2.2** hij verdient er een aardige ~ aan *he makes a fair bit on it;* dat heeft hem een hele / flinke / lieve ~ gekost *that (will / must have) cost him a pretty p.* **6.2 op** de ~en zijn *be tight(-fisted) / stingy* **7.1** hij verdiende er geen rooie ~ aan *he didn't make a penny / cent on it* **¶.1** ⟨fig.⟩ ook een ~ in het zakje doen ⟨alg.⟩ *put in one's two cents worth;* ⟨mbt. geld⟩ *chip in.*

duitendief 0.1 *moneygrubber.*

Duits 0.1 ⟨zn. en bn.⟩ *German* ♦ **1.1** ~e degelijkheid / grondigheid *G. efficiency / thoroughness;* ~e mark *G. mark, deutschmark;* ~e Democratische Republiek *G. Democratic Republic;* ~ schrift *Gothic script* **1.¶** ~e biefstuk *±minced beef steak;* ~e herdershond *⟨*Alsatian;* ~e staander *German pointer.*

Duitse 0.1 *German woman/lady* ⇒⟨jongedame⟩ *German girl* ♦ **7.1** zij is een ~ *she is German.*
Duitser 0.1 *German.*
Duitsgezind 0.1 *pro-German* ⇒*Germanophil(e).*
Duitsland 0.1 *Germany* ♦ **1.1** Bondsrepubliek ~ *Federal Republic of G.*
Duitstalig 0.1 [Duits sprekend] *German-speaking* **0.2** [in het Duits gesteld] *German (language)* ♦ **1.2** een ~ tijdschrift *a G. (language) magazine.*
duivel 0.1 [geen mv.;Satan] *devil* **0.2** [duivelachtig wezen] *devil* ⇒*demon* ♦ **1.2** de ~ der ijdelheid *the curse of vanity* **3.1** de ~ bannen/bezweren/uitdrijven *exorcise/drive out the d.;* ⟨fig.⟩ de ~ hale je *to hell with you;* 't is of de ~ ermee speelt *you'd think the devil had a hand in it;* ⟨fig.⟩ hij is van de ~ bezeten *he's possessed (by/of the d.);* ⟨fig.⟩ dat mag de ~ weten *the d. only knows* **6.1** ⟨fig.⟩ **bij** de ~ te biecht gaan *consort with the enemy/d.;* ⟨fig.⟩ loop **naar** de ~ *go to hell;* ⟨fig.⟩ **om** de ~ niet *not on your life;* ⟨fig.⟩ hij is te dom om **voor** de ~ te dansen *he's as stupid as they come;* hij is **voor** de ~ nog niet bang *he's afraid of no one and nobody* **6.¶** wat/waar/wie **voor** de ~ *what/where/who the devil* **8.1** alsof de ~ hem op de hielen zat *as if the d. were at his heels* **¶.1** ⟨fig.⟩ hij is des ~s *he's furious/livid;* ⟨sprw.⟩ de ~ schijt altijd op de grootste hoop *the devil looks after his own;* ⟨sprw.⟩ als je van de ~ spreekt, trap je hem op zijn staart *talk of the devil and he's sure to appear.*
duivelachtig 0.1 *devilish* ⇒*diabolical, demonic.*
duivelbanner 0.1 *exorcist.*
duivelin 0.1 [vrouwelijke duivel] *she-devil* **0.2** [gewetenloze vrouw] *she-devil* ⇒*hellcat.*
du(i)vels¹ I ⟨bn.,bw.⟩ **0.1** [als (van) een duivel] *diabolic(al)* ⇒*devilish, demonic* **0.2** [woedend] *livid* ⇒*(raving) mad, furious* ♦ **1.1** een ~ genoegen *a wicked pleasure;* een ~ kabaal *a hell of a noise;* een ~e lach *a diabolical/demonic laugh;* een ~ plan *a diabolical plan* **3.2** het is om ~ van te worden *it's enough to vex a saint;*
II ⟨bw.⟩ **0.1** [enorm] *devilishly* ♦ **2.1** ~ aardig *frightfully/awfully nice;* dat is ~ ingewikkeld *that is d. complicated.*
du(i)vels² ⟨tw.⟩ **0.1** *the deuce* ⟨zie verder ¶.1⟩ ♦ **¶.1** (wel) (alle) ~! *damn it.*
duivelskunsten 0.1 *devilry* ⇒*sorcery, black magic.*
duivelskunstenaar, -nares 0.1 [handig mens] *wizard* **0.2** [magiër] *sorcerer* ⟨m.⟩, *sorceress* ⟨v.⟩ ⇒*wizard* ♦ **6.1** een ~ zijn in iets *be a w. at sth.*
duivelsstreek 0.1 *mean trick* ♦ **3.1** een ~ uithalen *play a mean trick.*
duivelstoejager →*duvelstoejager.*
duivelswerk 0.1 [moeilijke arbeid] *devilish work* ⇒*a hell of a job* **0.2** [werk (als) v.d. duivel] *devilish/diabolical work* ⇒*devil's work.*
duiveltje 0.1 *imp* ⇒*little devil.*
duivenhok 0.1 *dovecot(e).*
duivenmelker, -ster 0.1 [houder] *pigeon fancier;* ⟨van postduiven⟩ *pigeon flyer* **0.2** [handelaar] *pigeon breeder.*
duivensport 0.1 *pigeon racing.*
duiventil 0.1 [duivenhok] *dovecot(e)* ⇒*pigeon house* **0.2** [fig.;plaats,groep] *pigeonry* ♦ **¶.2** het is hier net een ~ *it's like Waterloo Station here.*
duizelen 0.1 [draaierig worden] *become dizzy* ⇒*reel* **0.2** [in een draaiende beweging zijn] *spin* ⇒*reel* ♦ **4.1** het duizelt mij *my head is spinning/swimming* **4.2** alles duizelde om mij heen *everything was spinning round me* **6.1** ik duizel/mijn hoofd duizelt **van** al die getallen *my brain is reeling from all those numbers.*
duizelig 0.1 *dizzy (with)* ⇒*giddy (with)* ♦ **3.1** de drukte maakte hem ~ *the crowds made his head spin.*

duizeligheid 0.1 *dizziness* ⇒*giddiness* ♦ **1.1** aanval van ~ *attack of d.*
duizeling 0.1 *dizziness* ⇒*dizzy spell,* ⟨med.⟩ *vertigo* ♦ **3.1** een ~ krijgen *have an attack of d.* **¶.1** soms last hebben van ~en *suffer from dizzy spells.*
duizelingwekkend 0.1 [duizelingen teweegbrengend] *dizzy* ⇒*giddy* **0.2** [enorm] *dizzy* ⇒*staggering* ♦ **1.2** ~e afstanden/hoogten/bedragen/vaart *enormous distances, d./giddy heights, staggering amounts/d. speed* **2.1** ~ steile bergen *d. mountains;* ~ steil/snel *breathtakingly steep/fast.*
duizend 0.1 [telw.] *(a/one) thousand* **0.2** [fig.;bijzonder veel] *a thousand* ⇒*thousands* ♦ **1.1** periode van ~ jaar *millennium, millenary;* het jaar ~ *the year t.;* ~ pond/dollar *a t. pounds/dollars* **1.2** ~ angsten uitstaan *endure a t. terrors;* aan ~ gevaren blootstaan *be exposed to a t. dangers;* ~en en nog eens ~en mensen *thousands and/upon thousands of people* **3.1** dat werk heeft (vele) ~en gekost *that work cost thousands* **6.1** ~ **tegen** één *a t. to one* **6.2** dat loopt **in** de ~en *that runs into thousands;* hij is er één **uit** ~(en) *he is one in a t.* **7.1** hij kent ~ en één moppen *he knows a t. and one jokes.*
duizend-en-een-nacht 0.1 *the Thousand and One Nights, the Arabian Nights* ♦ **1.1** de Vertellingen van duizend-en-een-nacht *Tales of a Thousand and One Nights, the Arabian Nights.*
duizendjarig 0.1 *thousand year (old)* ♦ **1.1** ~e periode *millenary, millennium;* ⟨rel.⟩ het ~ (vrede)rijk *the millennium, the thousand-year reign.*
duizendje 0.1 *thousand guilder note.*
duizendkoppig 0.1 *multitudinous* ♦ **1.1** een ~e menigte *a crowd of thousands.*
duizendmaal 0.1 [duizend keren] *a thousand times* **0.2** [fig.;zeer groot aantal keren] *a thousand (times)* ♦ **1.2** ~ dank/bedankt *a thousand thanks* **5.1** ~ zo veel *a thousand times more/as much.*
duizendpoot 0.1 [dier] *centipede* **0.2** [persoon] *jack-of-all-trades.*
duizendschoon 0.1 *sweet William.*
duizendste¹ ⟨bn.⟩ **0.1** *thousandth* ♦ **1.1** een ~ kilo *one t. of a kilo.*
duizendste² ⟨rangtelw.⟩ **0.1** *(one-)thousandth.*
duizendtal 0.1 [duizend personen/zaken] *thousand* **0.2** [mv.;cijfers] *thousands.*
duizendvoud¹ ⟨het⟩ **0.1** *(a) thousand.*
duizendvoud² ⟨bw.⟩ **0.1** *a thousand times.*
duizendvoudig I ⟨bn.⟩ **0.1** [uit duizend maal het grondbegrip/eenheid bestaand] *(a) thousand* **0.2** [zich duizend malen herhalend] *a thousand times* ♦ **1.2** een ~e weerkaatsing ±*reflected a thousand times, multiple reflection(s);*
II ⟨bn.,bw.⟩ **0.1** [duizendmaal] *(a) thousandfold* ⇒*a thousand times.*
dukaat 0.1 *ducat.*
dukdalf 0.1 *dolphin* ⇒*mooring post.*
dulden 0.1 [verdragen] *endure* ⇒*bear, put up with* **0.2** [toelaten] *tolerate* ⇒*permit, allow* ♦ **1.1** geen tegenspraak ~ *not bear being contradicted, tolerate no contradiction* **1.2** dergelijke overtredingen kunnen niet meer geduld worden *such offences can no longer be tolerated;* een voorzitter die geen tegenspraak duldt *a chairman who won't be contradicted* **¶.2** de oude directeur werd door zijn collega alleen nog geduld *the old director was now merely tolerated by his colleague.*
dumdumkogel 0.1 *dumdum (bullet).*

dummy 0.1 [model; pop] *dummy* **0.2** [kaartspel] *dummy* ⇒ board **0.3** [stroman, figurant] *figurehead* ⇒*puppet.*

dumpen 0.1 *dump* ◆ **7.1** het ~ in zee *ocean dumping.*

dumpprijs 0.1 *bulk-purchase price* ⇒⟨stuntprijs⟩ *clearance price.*

dun I ⟨bn.⟩ **0.1** [niet dik] *thin* ⇒⟨boom/stoel/lijn/taille ook⟩ *slender,* ⟨haar, stof ook⟩ *fine* **0.2** [zich tot een geringe hoogte over iets uitbreidend] *thin* ⇒*light, fine* **0.3** [niet dicht opeen] *thin* ⇒⟨haar/bevolking ook⟩ *sparse, light, fine, scant* **0.4** [zeer vloeibaar] *thin* ⇒*light, runny, watery* **0.5** [mbt. lijnen/schrifttekens] *thin* ⇒*light, narrow* **0.6** [kleingeestig] *small-minded* ⇒*mean, petty* ◆ **1.1** ~ne darm *small intestine;* een ~ laagje beschaving *a t. varnish/veneer of civilization;* een ~(ne) laag(je) *a thin layer;* ⟨poeder ook⟩ *dusting;* ⟨stof⟩ *film; veneer* ⟨ook fig.⟩; een ~ laagje ijs *a glaze of ice;* een ~ straaltje water *a (t.) trickle of water* **1.4** ~ne ontlasting hebben *have a watery/soft stool,* een ~ne stem ⟨fig.⟩ *a t./small voice* **1.¶** ⟨geldw.⟩ een ~ne markt *a thin/quiet market* **3.1** de lucht werd ~ner *the air became rarer;* ~ner (en ~ner) worden/maken *become/make thinner (and thinner);* ⟨slijten⟩ *wear thin;* ⟨sterk afnemen⟩ *become emaciated* **3.3** eerlijke mensen zijn ~ gezaaid *honest people are few and far between* **3.6** dat is ~ van hem *that is mean of him* **7.4** het ~ne v.h. brouwsel wordt weggegoten *the liquid of the mixture is poured off;*
II ⟨bw.⟩ **0.1** [op dunne wijze] *thinly* ⇒*sparsely, lightly,* ⟨kleingeestig⟩ *meanly* **0.2** [in dunne/vloeibare toestand] *thinly* ◆ **2.1** een ~ gesmeerde boterham *t. buttered bread* **3.1** zich te ~ kleden *dress too lightly.*

dunbevolkt 0.1 *thinly/sparsely populated.*

dundoek 0.1 *bunting.*

dunheid 0.1 *thinness* ⇒*fineness* ⟨haar, stof, glas⟩, *sparsity* ⟨bevolking, haar⟩, ⟨lucht ook⟩ *rarity* ◆ **1.1** de ~ v.h. boekje is een voordeel *the slimness of the book is an advantage.*

dunk 0.1 [mening] *opinion* **0.2** [basketbal] *dunk (shot)* ◆ **2.1** een geringe/lage/slechte ~ hebben van iem. *have a poor/low/bad o. of s.o.;* een goede/hoge ~ hebben van iem. *have a good/high o. of s.o.;* een hoge ~ van zichzelf hebben *have a high o. of o.s.*

dunken I ⟨onov.ww.⟩ **0.1** [voorkomen] *be of the opinion;* ⟨schr.⟩ *deem; hold the view, think* ◆ **4.1** me dunkt(t)! *I should say so!;* mij dunkt, dat …*it seems to me that …, I think that …;* ⟨vero.; beh. scherts.⟩ *methinks;* naar mij dunkt *in my opinion;*
II ⟨onov., ov.ww.⟩ **0.1** [basketbal] *dunk.*

dunne ◆ **6.¶** aan de ~ zijn *have the trots.*

dunnen 0.1 *thin (out/down/off)* ⇒⟨ov.ww. ook⟩ *emaciate* ⟨vnl. lichaam⟩ ◆ **1.1** een bos/bed groenten ~ *thin out a wood/a vegetable plot;* ziekte had de gelederen gedund *illness had depleted the ranks;* mijn haar begint te ~ *my hair is thinning.*

dunnetjes 0.1 [in/met een dunne laag] *thinly* ⇒*lightly* **0.2** [fig.; zuinig, matig] *thin(ly)* ⇒*poor(ly)* ◆ **3.1** men moet de waterverf er ~ op brengen *the watercolour has to be applied lightly* **3.2** iets nog eens ~ overdoen *go ahead and do it all over again.*

duo I ⟨het⟩ **0.1** [tweetal] *duo* ⇒*pair* **0.2** [duet] *duet* ⇒*duo* ◆ **3.1** (op de) ~ rijden *ride pillion;*
II ⟨de⟩ **0.1** [duozitting] *pillion (seat).*

duobaan 0.1 *shared job.*

duopassagier 0.1 *pillion passenger/rider* ◆ **3.1** ~ zijn *ride pillion.*

duozadel, duozitting 0.1 *pillion (seat/saddle).*

dupe 0.1 *victim* ⇒*dupe* ◆ **3.1** wie zal daar de ~ van zijn? *who will (be the one to) suffer?*

duperen 0.1 ⟨teleurstellen⟩ *let down, fail;* ⟨bedriegen⟩ *con* ◆ **3.1** gedupeerd zijn *be let down, be duped.*

duplexwoning 0.1 ±*maisonette.*

duplicaat 0.1 [afschrift] *duplicate (copy)* ⇒*transcript, facsimile* **0.2** [dubbelexemplaar] *duplicate.*

duplo ◆ **6.¶** in ~ *in duplicate;* akte/document in ~ *indenture.*

dur ⟨muz.⟩ **0.1** *major* ◆ **6.1** een stuk in ~ *a piece in a m. key.*

duren 0.1 [mbt. een tijdruimte] *last* ⇒*take* **0.2** [voortduren] *last, take* ⇒*continue, go on* ◆ **1.1** het duurt nog een jaar *it will take another year;* het heeft enige tijd geduurd *it has taken (quite) some time* **1.2** dat zal mijn tijd wel ~ *that will l. my time;* het duurde uren/eeuwen/een eeuwigheid *it lasted hours/ages/an eternity* **4.2** het duurt nog wel even (voor het zover is) *it will be/t. a while yet (before that happens)* **5.1** het zal nog lang ~ voor(dat) er vrede komt *it will be a long time before there is peace;* zijn slechte humeur duurt nooit lang *his bad temper is always short-lived* **5.2** het duurde eindeloos (lang) *it took ages/forever;* dat kan niet lang meer ~ *that cannot t./l. much longer* **6.1** de tentoonstelling duurt nog tot oktober *the exhibition runs until October* **8.2** zo lang als het duurt ⟨iron.⟩ *as long as it lasts.*

durend 0.1 *lasting* ⇒*continuing, extending* ◆ **5.1** langer ~ dan drie maanden *extending beyond three months.*

durf 0.1 *daring* ⇒⟨inf.⟩ *nerve, guts* ◆ **2.1** een plan dat van grote ~ getuigt *a plan which shows great d.* **6.1** iem. met ~ *s.o. with guts.*

durfal 0.1 *daredevil.*

durven 0.1 *dare* ⇒*venture (to/upon)* ◆ **3.1** ik durf zelfs (te) beweren dat …*I would even venture (to say) that …;* hij durft niet te komen *he does not d. (to) come;* je moet maar ~! *of all the nerve!, some/the cheek!;* zij durfde het hem niet (goed) te vragen *she hesitated to ask him;* dat zou ik niet ~ zeggen *I wouldn't d. to say that* **4.1** hij durft alles *he is game for everything;* hoe durf je! *how d. you!* **5.1** als het erop aan kwam durfde hij niet *when it came to the crunch;* dat durft hij vast niet *he wouldn't d. (to do that)* **8.1** kom eens hier (op) als je durft *I d. you!;* als je toch durft! *don't you d.!;* probeer maar als je durft! *try if you d.!* **¶.1** u/jij durft! ⟨ook iron.⟩ *you have a nerve!*

dus 0.1 *so* ⇒*therefore, then* ◆ **¶.1** ik kan ~ op je rekenen? *I can count on you then?*

dusdanig¹ ⟨aanw.vnw.⟩ **0.1** *such* ⇒*that sort of* ◆ **1.1** een ~e brutaliteit *s. (a) cheek.*

dusdanig² ⟨bw.⟩ **0.1** *so* ⇒*in such a way/manner,* ⟨dermate⟩ *to such an extent* ◆ **3.1** hij heeft zich ~ gecompromitteerd dat hij moet aftreden *he has compromised himself in such a way/to such an extent that he is forced to resign;* de zaak is ~ geregeld, dat …*the matter has been s. arranged that …*

dusver ◆ **6.¶** tot ~ *so far, up to now;* tot ~ is het/alles in orde *so far so good.*

dutje 0.1 *nap* ⇒*snooze, forty winks* ◆ **3.1** een ~ doen *have a n./snooze.*

dutten 0.1 [slapen] *(take a) nap* ⇒*snooze* **0.2** [suffen] *daydream* ⇒*have one's head in the clouds.*

duur¹ ⟨de⟩ **0.1** [tijdruimte die iets beslaat] *duration* ⇒*length,* ⟨mbt. apparatuur⟩ *life,* ⟨mbt. gevangenisstraf, ambt⟩ *term* **0.2** [tijd dat men het ergens uithoudt] ⟨zle 3.2⟩ ◆ **2.1** van korte ~ *short-lived;* het geschil is al van lange ~ *the dispute is of long standing;* voor onbepaalde ~ in staking gaan *strike for an indefinite period* **3.2** rust noch ~ hebben *be very restless* **6.1** op de lange ~ *in the long run, finally;* het leven is kort *van ~ life is short.*

duur² **I** ⟨bn.⟩ **0.1** [hoog van prijs] *expensive* ⇒*dear, costly*

0.2 [zwaarwegend, bindend] *solemn* **0.3** [gewichtig doend] *chic* ⇒⟨inf.⟩ *posh* ♦ **1.1** een dure aankoop *an e. buy;* dure gewoontes *e./luxurious habits;* een ~ hotel *an e./ plush hotel;* aan de dure kant *on the pricey side;* ⟨fig.⟩ dat was een dure les *that was a dearly earned lesson;* een dure tijd *a period/time of high prices;* dure vaklui *highly-paid craftsmen* **1.2** hij zwoer een dure eed *he swore a s. oath;* een dure plicht *a bounden duty* **1.3** dure mensen *c./ posh people;* hij gebruikt graag dure woorden *he likes to use big words* **3.1** die auto is ~ (in het gebruik) *that car is e. to run;* de stookolie wordt weer ~der *heating oil is going up again* **4.1** hoe ~ is die fiets? *how much is that bicycle?* **5.1** dat is te ~ voor mij/me te ~ *I can't afford it;* een te ~ artikel *an overpriced article;* ⟨inf.⟩ a *rip-off* ¶.**1** ergens ~ mee uit zijn *get a bad bargain;* **II** ⟨bw.⟩ **0.1** [voor/met veel geld] *expensively* ⇒*dearly* **0.2** [zo dat men er zeer door gebonden is] *greatly* ⇒*highly* **0.3** [gewichtig] *expensively* ⇒*with chic* ♦ **3.1** onze ~ betaalde/bevochten vrijheid *our dearly bought/hard-won freedom;* iets ~ betalen *pay a high price for sth.* ⟨ook fig.⟩; ⟨fig.⟩ *pay dearly for sth.;*⟨fig.⟩ ~ te staan komen *cost (s.o.) dearly* **3.2** aan iem.~ verplicht zijn *be g. indebted to s.o.* **3.3** ~ doen/praten/zich ~ voordoen *show off.*

duurdoenerij 0.1 *bluster* ⇒*swank.*
duurloop 0.1 *endurance race* ⇒*long-distance race.*
duursport 0.1 *endurance sport.*
duurte 0.1 *expensiveness* ⇒*costliness* ♦ **1.1** de ~ v.d. levensbehoeften *the high cost of living;* ⟨ec.⟩ schaarste en ~ (van goederen) *scarcity and high prices (of goods).*
duurtraining ⟨sport⟩ **0.1** *endurance training.*
duurzaam I ⟨bn.⟩ **0.1** [bestendig] *durable, hard-wearing* ⟨materialen⟩; *(long-)lasting, enduring* ⟨vrede, vriendschap, waarde⟩ ⇒*permanent* **0.2** [voortdurend] *permanent* ⇒*(long-)lasting* ♦ **1.1** een duurzame herinnering/ vrede *a lasting memory/peace;* duurzame kleuren *permanent/fast colours;* duurzame verbruiksgoederen *durable consumer goods* **1.2** voor ~ gebruik *for p. use;* **II** ⟨bw.⟩ **0.1** [langdurig] *permanently* ⇒*durably* ♦ **2.1** ~ gescheiden *divorced, permanently separated* **3.1** ~ standhouden *last long.*
duurzaamheid 0.1 *durability; endurance* ⇒*permanence,* ⟨van product⟩ *(useful/service) life,* ⟨van levensmiddelen⟩ *keeping quality.*
duvel 0.1 [persoon] *devil* ⇒*demon,* ⟨stakker⟩ *wretch* **0.2** [inf.; lichaam]⟨zie 6.2⟩ ♦ **2.1** een handige ~ *a handy/clever devil* **6.2** iem. op zijn ~ geven *give s.o. a good hiding;* op zijn ~ krijgen *be told off.*
duvels →duivels.
duvelstoejager 0.1 *factotum* ⇒*handyman,* ⟨sloof⟩ *drudge,* ⟨sloof⟩ *dogsbody* ♦ **3.1** ~ zijn bij een advocaat *devil for a barrister.*
duveltje 0.1 [bijdehand kind] *sharp little devil* ⇒⟨ondeugend⟩ *imp* **0.2** [poppetje]⟨zie 6.2, 8.2⟩ ♦ **6.2** een ~ in een doosje ⟨ook fig.⟩ *a jack-in-the-box* **8.2** als een ~ uit een doosje *like a bat out of hell.*
duw 0.1 *push* ⇒*shove,* ⟨zacht⟩ *nudge,* ⟨ihb. met scherp voorwerp⟩ *poke,* ⟨ihb. met scherp voorwerp⟩ *jab,* ⟨ihb. met scherp voorwerp⟩ *dig* ♦ **3.1** hij gaf me een ~ (met de elleboog) *he nudged me;* ⟨fig.⟩ de zaak een ~tje geven *help the matter along;* iem. een ~tje (omhoog/in de rug) geven ⟨fig.⟩ *give s.o. a boost;* een ~tje krijgen ⟨fig.⟩ *suffer a setback* **6.1** een ~tje in de goede richting ⟨fig.⟩ *a push in the right direction.*
duwboot 0.1 *push tug* ⇒*pusher (tug).*
duwen I ⟨ov.ww.⟩ **0.1** [voortbewegen] *push* ⇒⟨hardhandig⟩

shove, ⟨iets op wielen ook⟩ *wheel* **0.2** [ergens/in een toestand brengen] *push* ⇒*thrust, shove,* ⟨zacht⟩ *nudge* ♦ **1.1** een kinderwagen ~ *wheel/p. a pram* **5.1** heen en weer ~ *shove around* **5.2** iem. opzij ~ *p./elbow s.o. aside* **6.2** iem. iets **in** de hand ~ *thrust sth. into s.o.'s hand;* de gijzelaar werd **in** een auto geduwd *the hostage was hustled into a car;*
II ⟨onov.ww.⟩ **0.1** [druk uitoefenen op] *press* ⇒*push, jostle* ♦ **3.1** een ~de en dringende massa *a jostling crowd* **5.1** duw niet zo!, niet ~! *don't p. (me)!*
duvvaart 0.1 *push-towing* ⇒*pushing.*
dwaalleer 0.1 *heresy* ⇒*false doctrine.*
dwaallicht 0.1 [vlammetje] *will-o'-the-wisp* ⇒*wildfire* **0.2** [persoon] *false guide.*
dwaalspoor ⟨fig.⟩ **0.1** *wrong track* ⇒*false scent* ♦ **6.1** iem. op een ~ brengen *mislead/misguide s.o.;* ⟨op de verkeerde weg⟩ *lead s.o. astray; throw s.o. off the scent* ⟨achtervolger⟩; op een ~ raken/zijn *go/be on the wrong track;* ⟨honden⟩ *lose the scent; go astray* ⟨ook fig.⟩.
dwaalweg ⟨fig.⟩ **0.1** *wrong track* ♦ **6.1** iem. op een ~ brengen/leiden *lead s.o. astray.*
dwaas¹ ⟨de⟩ **0.1** *fool* ⇒*idiot, ass,* ⟨inf.⟩ *dope,* ⟨inf.⟩ *dummy,* ⟨inf.⟩ *nincompoop* ♦ **2.1** een verliefde ~ *a f. in love.*
dwaas² **I** ⟨bn.⟩ **0.1** *foolish* ⇒*silly, stupid* ♦ **1.1** wat een ~ gedoe! *what a silly business!;* een ~ idee/dwaze gedachte/ inval *a crazy idea;* de dwaze moeders *the mothers of the Plaza de Mayo;* een dwaze onderneming *a wild-goose chase;* dwaze streken uithalen *get up to silly/daft tricks;* dwaze wensen/hoop/dromen *idle wishes/hopes/dreams* **3.1** je zult toch zo ~ niet zijn *surely you won't be so f. (as to)* **5.1** hij was zo ~ het te verklappen *he was f. enough to give it away;*
II ⟨bw.⟩ **0.1** [op gekke/zotte wijze] *foolishly* ⇒*stupidly, crazily* ♦ **3.1** zich ~ aanstellen/gedragen *play the fool, make a fool of o.s.*
dwaasheid 0.1 [eigenschap, toestand] *foolishness* ⇒*folly, stupidity,* ⟨sterk⟩ *madness* **0.2** [handeling, uiting] *folly* ⇒*nonsense* ♦ **1.1** dat is het toppunt van ~ *it's the height of folly* **2.1** dat is je reinste ~ *that is sheer folly* **3.2** dwaasheden begaan *do stupid things* ¶.¶ ~! *ridiculous!*
dwalen 0.1 [dolen] *stray* ⇒*wander* **0.2** [zonder doel rondlopen] *wander* ⇒*roam* **0.3** [mbt. blikken/gedachten] *stray* ⇒*travel* **0.4** [fig.; zich vergissen] *err* ⇒*go astray* ♦ **6.1** hij dwaalde **door** de stad *he wandered round the town* **6.2** wij dwaalden twee uur **in** het bos *we roamed (through) the forest for two hours* **6.3** zijn blikken dwaalden **door** de grote kamer *his eyes travelled all over the big room.*
dwaling 0.1 [het dwalen] *deviation* ⇒*aberration* **0.2** [vergissing] *error* ⇒*mistake* **0.3** [afwijking v.h. goede pad] *digression* ⇒*deviation, error(s)* ♦ **1.3** de ~en van zijn jeugd *the errors of his youth* **2.2** een rechterlijke ~ *a miscarriage of justice.*
dwang 0.1 [machtsuitoefening] *compulsion, coercion* ⇒⟨geweld⟩ *force,* ⟨verplichting⟩ *obligation,* ⟨remmend⟩ *constraint,* ⟨druk⟩ *pressure,* ⟨jur.⟩ *duress* **0.2** [pathologisch verschijnsel] *obsession* ⇒*compulsion* ♦ **2.1** met zachte ~ *by persuasion* **3.1** ~ op iem. (uit)oefenen *bring pressure to bear on s.o.* **6.1** onder ~ *under duress/constraint/pressure; zonder* ~ *unconstrained, without obligation.*
dwangarbeid 0.1 *hard labour* ⇒*forced labour* ♦ **3.1** ~ verrichten *do hard labour.*
dwangarbeider, -ster 0.1 *convict.*
dwangbevel ⟨jur.⟩ **0.1** [mbt. belasting] *distress warrant* ⇒⟨alg.⟩ *(bailiff's) writ,* ⟨ongemarkeerd⟩ *injunction,* ⟨ongemarkeerd⟩ *enforcement order* ♦ **3.1** iem. een ~ betekenen *serve a writ on s.o.*

dwangbuis 0.1 ⟨ook fig.⟩ *straitjacket* ♦ **3.1** iem. een ~ aandoen *put s.o. in a s.*

dwangmaatregel 0.1 *coercive/compulsory measure* ⇒ *sanction.*

dwangmatig 0.1 ⟨tegen iemands wil⟩ *inexorable, relentless;* ⟨van binnenuit opgedrongen⟩ *compulsive* ♦ **3.1** - handelen *act compulsively.*

dwangmatigheid 0.1 *compulsiveness.*

dwangmiddel 0.1 *means/method of coercion.*

dwangneurose 0.1 *obsessive-compulsive neurosis.*

dwangsom 0.1 *penalty/damages (imposed on a daily basis in case of non-compliance).*

dwangvoorstelling 0.1 *obsession* ⇒ *idée fixe.*

dwarrelen 0.1 *whirl* ⟨snel⟩ ⇒ *twirl, swirl* ⟨ook snel⟩, *flutter* ⟨bladeren⟩, *eddy* ⟨vnl. water⟩ ♦ **1.1** ~ de bladeren *fluttering/swirling leaves;* de sneeuwvlokken ~ langs mijn raam *the snowflakes are whirling past my window.*

dwars 0.1 [in een richting loodrecht op een andere] *transverse* ⇒ *diagonal, crosswise* **0.2** [onhandelbaar] *cross-grained* ⇒ *contrary, intractable,* ⟨inf.⟩ *cussed* ♦ **1.1** een ~ e doorsnede *a cross-section/t. section;* ~ se strepen *diagonal lines/* ⟨op stof⟩ *stripes* **1.2** een ~ karakter *an intractable character* **3.1** - tegen iets ingaan *go right against sth.;* de balken liggen ~ *the beams lie crosswise;* de weg ~ oversteken *cross straight over the road* **5.1** ergens ~ doorheen gaan *go right through/across sth.* **6.1** ~ door het veld straight across the field; het ging ~ **door** mij **heen** *it cut me to the heart;* ⟨fig.⟩ ~ **door** iem. heen kijken *look straight through s.o.;* ~ **op** de golven liggen *lie across the waves;* de boom lag ~ **over** de weg *the tree lay right across the road.*

dwarsbalk 0.1 *tra(ns)verse beam, crossbeam;* ⟨van deur/ raam⟩ *transom, lintel* ♦ **1.1** de ~ v.e. letter *the cross of a letter.*

dwarsbomen 0.1 *thwart* ⟨plannen⟩ ⇒ *frustrate* ♦ **6.1** iem. ~ in iets *cross s.o. in sth.*

dwarsdoorsnede 0.1 *cross section* ⟨ook wisk.⟩ ⇒ *transverse section* ♦ **1.1** ⟨fig.⟩ een ~ van de populatie *a cross section of the population* **3.1** een ~ geven van *give a profile of.*

dwarsfluit 0.1 *flute.*

dwarshelling 0.1 [helling in dwarse richting] *transverse slope* ⇒ ⟨luchtv., wegen⟩ *bank, superelevation* ⟨van weg/ spoor⟩ **0.2** ⟨scheep.⟩ *side-launching yard.*

dwarshout 0.1 [dwars aangebracht hout] *crossbeam* ⇒ *cross-bracing,* ⟨van ladder⟩ *rung,* ⟨tussen stoelpoten e.d.⟩ *stretcher,* ⟨van raam⟩ *transom,* ⟨van raam⟩ *lintel* **0.2** [soort hout] *cross-grained wood.*

dwarslaesie ⟨med.⟩ **0.1** *spinal cord lesion* ⇒ ⟨het gevolg⟩ *paraplegia* ♦ **2.1** totale ~ *complete paraplegia.*

dwarslat 0.1 *cross-lath;* ⟨sport⟩ *crossbar.*

dwarsliggen 0.1 *be obstructive* ⇒ *be contrary, be a troublemaker.*

dwarsligger, dwarskop 0.1 [persoon] *obstructionist* ⇒ *troublemaker.*

dwarsschip, dwarsvleugel 0.1 *transept.*

dwarsstraat 0.1 *side-street* ♦ **3.1** ⟨fig.⟩ ik noem maar een ~ *just to give an example.*

dwarsstreep 0.1 *cross/transverse line;* ⟨op stof⟩ *cross/diagonal stripe;* ⟨druk.⟩ *serif;* ⟨dwarsbalk v.e. letter⟩ *cross.*

dwarszitten 0.1 *cross* ⇒ *thwart, hamper* ♦ **1.1** iem. ~ *frustrate s.o.('s plans)* **3.1** de opmerking bleef hem ~ *the remark rankled* **4.1** wat zit je dwars? *what's bugging you?*

dweepziek, dweepzuchtig 0.1 *fanatical;* ⟨verzot⟩ *infatuated.*

dweepzucht 0.1 *fanaticism;* ⟨in woorden uitgedrukt⟩ *effusion, rapture;* ⟨verzotheid⟩ *infatuation, hero-worship.*

dweil 0.1 [doek] *(floor-)cloth* ⇒ *rag,* ⟨op stok⟩ *mop,* ⟨mil., scheep. ook⟩ *swab* **0.2** [iem. die over straat sliert] *loafer;* ⟨dronkenlap⟩ *soak, boozer;* ⟨slappeling⟩ *drip* ♦ **8.2** zich voelen als een ~ *feel like a wet rag.*

dweilen I ⟨onov., ov.ww.⟩ **0.1** [schoonmaken] *mop (down)* ⇒ ⟨mil., scheep. ook⟩ *swab (down), mop (up)* ⟨vloeistof⟩ ♦ **¶.1** ⟨fig.⟩ dat is ~ met de kraan open *it's like swimming against the tide;*
II ⟨onov.ww.⟩ **0.1** [straatslijpen] *loaf (around)* ⇒ *knock/ hang about* **0.2** [van auto] *crawl* ♦ **¶.1** langs de straat ~ *knock about the streets.*

dwepen 0.1 [overdreven denkbeelden koesteren] *be fanatical (about)* ⇒ *rave (about)* **0.2** [grote bewondering hebben voor] *adore, idolize* ♦ **6.2** ze dweepte met die boeken/ Bach *she adored those books/idolized Bach.*

dweper, dweepster 0.1 [iem. die dweept] *fanatic* ⇒ ⟨rel.⟩ *zealot* **0.2** [aanhanger v.e. idee] *devotee* ⇒ *enthusiast,* ⟨ihb. sport⟩ *fan,* ⟨fanatiek⟩ *fanatic* ♦ **2.2** religieuze ~ *religionist* **6.1** een ~ **met** Joyce *a Joyce devotee.*

dweperig I ⟨bn.⟩ **0.1** [geneigd tot dwepen] *fanatic(al);* ⟨enthousiast⟩ *enthusiastic;*
II ⟨bw.⟩ **0.1** [op dweepzieke wijze] *fanatically* ⇒ *dotingly.*

dweperij 0.1 *zealotry* ⇒ *fanaticism,* ⟨enthousiasme⟩ *enthusiasm.*

dwerg 0.1 [in fabel] *gnome* ⇒ *dwarf, elf* **0.2** [klein mens] *dwarf* ⇒ *midge(t),* ⟨pej.⟩ *runt* **0.3** [klein voorwerp] *midget* ⇒ *dwarf, pygmy* **0.4** [fig.; iem. die machteloos staat] *dwarf* ⇒ *mouse* ♦ **6.4** een reus **onder** de ~ en *a giant among dwarfs* **7.1** Sneeuwwitje en de zeven ~ en *Snow White and the Seven Dwarfs.*

dwergpartij 0.1 *±splinter party.*

dwergvolk 0.1 ⟨in verhalen⟩ *dwarf people;* ⟨in Afrika⟩ *pygmies.*

dwingeland 0.1 [tiran] *tyrant* ⇒ *despot, dictator* **0.2** [iem. die anderen zijn wil oplegt] *bully* ⇒ *tyrant* ♦ **2.2** een kleine ~ *a little tyrant.*

dwingelandij 0.1 *tyranny* ⇒ *despotism, dictatorship.*

dwingen I ⟨onov.ww.⟩ **0.1** [ihb. van kinderen; zeuren] *whine (for)* **0.2** [door persing uit elkaar dreigen te gaan] *be forced apart;*
II ⟨ov.ww.⟩ **0.1** [noodzaken] *force* ⇒ *compel, oblige, coerce, make (s.o. do sth.)* **0.2** [met geweld brengen in] *force* ⇒ *push, drive* ♦ **1.1** iem. langs gerechtelijke weg ~ *coerce s.o. by legal means* **1.2** hij heeft de stop erin gedwongen *he has forced the plug in* **3.1** hij was wel gedwongen (om) te antwoorden *he was obliged to answer;* hij laat zich niet ~ *he won't be forced;* zoiets laat zich niet ~ *you can't force a thing like that;* iem. ~ een overhaast besluit te nemen *rush s.o. into making a hasty decision* **4.1** als hij niet wil, zullen we hem wel ~ *if he doesn't want to, we'll make him (do it);* de omstandigheden hebben mij gedwongen *circumstances have compelled me;* niets dwingt u daartoe *you are not obliged to do it;* zich gedwongen zien *be forced/compelled (to),* liefde laat zich niet ~ *love cannot be forced/constrained;* zichzelf moeten ~ (om) niet te schreeuwen/glimlachen *have to force o.s. not to scream/smile* **6.1** iem. ~ **tot** gehoorzaamheid *force s.o. to obey;* een vliegtuig ~ **tot** landen *f. a plane down;* iem. **tot** actie/handelen ~ *force s.o.'s hand.*

dwingend I ⟨bn.⟩ **0.1** [noodzakend, gebiedend] *compelling* ⇒ *compulsory* **0.2** → **dwingerig** ♦ **1.1** een ~ argument *a compelling argument;* ⟨jur.⟩ ~ recht *imperative law;* ~ e redenen *compelling reasons;*
II ⟨bw.⟩ **0.1** [op gebiedende wijze] *authoritatively* ♦ **3.1** iem. iets ~ voorschrijven *make sth. compulsory for s.o.*

dwingerig 0.1 *whining* ⇒*moaning.*
d.w.z. ⟨afk.⟩ **0.1** [dat wil zeggen] *i.e.*
dynamica 0.1 *dynamics.*
dynamiek 0.1 [(ritmische) bewogenheid, vaart] *dynamics* ⇒ *vitality, dynamism* **0.2** [muz.; leer] *dynamics.*
dynamiet 0.1 *dynamite* ♦ **1.1** een lading ~ *a blast (of d.)* **6.1** met ~ opblazen / vernielen *dynamite, blast, blow up.*
dynamisch 0.1 [mbt. de dynamica] *dynamic(al)* **0.2** [mbt. de dynamiek] *dynamic* **0.3** [waarin innerlijke beweging / bewogenheid overheerst] *dynamic* ⇒*energetic, forceful* ♦ **1.1** ~e druk / elektriciteit *dynamic pressure / electricity* **1.2** ~e tekens *d. marks / markings* **1.3** een ~e persoonlijkheid *a d. personality.*
dynamo 0.1 *dynamo* ⇒*generator.*
dynastie 0.1 *dynasty* ♦ **3.1** een ~ vestigen *found / begin a d.*
dysenterie ⟨med.⟩ **0.1** *dysentery.*
dyslectisch 0.1 *dyslexic.*
dyslexie 0.1 *dyslexia.*

e 0.1 *e, E* ♦ **2.1** E groot / klein *E major / minor.*
e.a. ⟨afk.⟩ **0.1** [en andere(n)] *et al.*
eau de cologne 0.1 *cologne, eau de Cologne.*
eau de toilette 0.1 *eau de toilette* ⇒*toilet water.*
eb 0.1 [het aflopen v.d. zee] *ebb(-tide)* ⇒*outgoing tide* **0.2** [laag getijde] *low tide* het is ~ *the tide is out* **6.2** bij ~ *at low tide, when the tide is out.*
ebbenhout, ebben 0.1 *ebony* ♦ **8.1** zwart als ~ *e.-black.*
ebbenhouten, ebben 0.1 *ebony.*
eboniet 0.1 *ebonite, vulcanite.*
ebonieten 0.1 *ebonite, vulcanite.*
ebstroom 0.1 *ebb current / tide.*
ecclesiastisch 0.1 *ecclesiastic.*
echec 0.1 *fiasco* ⇒*failure,* ⟨inf.⟩ *flop,* ⟨nederlaag bij stemming e.d.⟩ *defeat* ♦ **2.1** het was een groot ~ *it was a huge flop.*
echelon 0.1 [troepenafdeling] *echelon* **0.2** [niveau, rang] *echelon* ⇒*level.*
echo 0.1 [nagalm] *echo* ⇒*reverberation,* ⟨radar⟩ *blip* **0.2** [uiting die een andere herhaalt] *echo* **0.3** [muz.] *echo* ♦ **3.1** de ~ weerkaatste zijn stem *his voice was echoed* **3.2** iemands ~ zijn *echo s.o.'s words / opinions.*
echobeeld 0.1 *double image* ⇒*echo.*
echoën 0.1 ⟨onov.ww.⟩ *echo* ⇒*reverberate, resound, ring,* ⟨ov.ww.⟩ *echo.*
echofoon 0.1 *echo-sounder* ⇒*sonar.*
echogewelf 0.1 *echo vault.*
echogram 0.1 *ultrasound scan, echogram.*
echolalie ⟨med.⟩ **0.1** *echolalia.*
echolood 0.1 *echo-sounder* ⇒*Fathometer.*
echopeiling 0.1 *echo-sounding.*
echoput 0.1 *echoing well.*
echoscopie 0.1 *ultra-sound scan.*
echt¹ ⟨de⟩⟨schr.⟩ **0.1** *matrimony* ⇒*wedlock* ♦ **6.1** in de ~ verbonden worden *be joined in m.*
echt² **I** ⟨bn.⟩ **0.1** [zuiver, onvervalst] ⟨werkelijk, geen imitatie⟩ *real* ⇒*genuine,* ⟨handtekening, document⟩ *authentic,* ⟨waarlijk⟩ *true,* ⟨waarlijk⟩ *actual* **0.2** [bij uitnemendheid] *real* ⇒*regular, true(blue / born),* ⟨schr. of scherts.⟩ *veritable* **0.3** [wettig] *legitimate* ♦ **1.1** ~ gevoel / medelijden *genuine feelings / compassion;* ~ goud *r. / genuine gold;* een ~e vriend *a true / real friend* **1.2** het is een ~ schandaal *it's a real scandal;* het is nog niet de ~e zomer *it's not really summer yet* **1.3** ⟨jur.⟩ een ~ kind *a l. child* **3.1** voor ~ erkennen / verklaren *authenticate;* het zag er helemaal (als) ~ uit *it looked completely genuine* **7.2** dat is nog niet het ~e *it's not the real thing;*
II ⟨bw.⟩ **0.1** [werkelijk] *really* ⇒*truly, genuinely, honestly* **0.2** [inderdaad de genoemde hoedanigheid bezittend] *real, genuine(ly)* ♦ **2.1** dat is ~ Hollands *that's typically Dutch;* ~ (waar)! *honest!* **2.2** een ~ gouden horloge *a real gold watch* **3.2** het klinkt ~ *it rings true* **4.1** dat is ~ iets voor hem ⟨typisch voor hem⟩ *that's him all over;* ⟨daar houdt hij van⟩ *that's just his cup of tea* **5.1** ik heb het ~ niet gedaan *I honestly didn't do it.*
echtbreken 0.1 *commit adultery.*
echtbreker, -breekster 0.1 *adulterer* ⟨m.⟩, *adulteress* ⟨v.⟩.
echtbreuk 0.1 *adultery.*

echtelieden ⟨schr.⟩ **0.1** *spouses.*

echtelijk ⟨schr.⟩ **0.1** *conjugal* ⇒*marital* ◆ **1.1** de ~e rechten en plichten *c. rights and duties;* een ~e ruzie *a domestic quarrel;* de ~e staat *wedlock;* ~e trouw *c.fidelity;* de ~e woning verlaten *leave the marital home.*

echten ⟨schr.⟩ **0.1** *legitimate* ⇒*legitim(at)ize.*

echter 0.1 *however* ⇒*nevertheless, yet, but* ◆ **3.1** dat is ~ niet gebeurd *h., that did not happen.*

echtgenoot, -genote 0.1 *husband* ⟨m.⟩, *wife* ⟨v.⟩ ◆ **2.1** de aanstaande/toekomstige echtgenoten *the h. and w. to be;* een wettige ~ *a lawfully/wedded h./w.* **6.1** iem. **tot** ~ nemen *take s.o. as one's h./w.*

echtheid 0.1 [zuiverheid, onvervalstheid] *authenticity* ⇒ *genuineness* **0.2** [waarheid] *genuineness* ⇒*truth* **0.3** [wettigheid] *legitimacy* ◆ **3.1** de ~ bewijzen/vaststellen van iets *prove/ascertain the a. of sth.*

echtheidsgarantie 0.1 *certificate of authenticity.*

echtpaar 0.1 *married couple* ◆ **1.1** het ~ de Haan *Mr and Mrs de Haan.*

echtscheiding 0.1 *divorce* ◆ **3.1** hij stemde in ~ toe *he agreed to a d.;* zij weigerde in ~ toe te stemmen *she refused to give him a d.* **6.1** een verzoek **tot** ~ indienen *seek a d.*

echtscheidingsgrond 0.1 *ground for divorce.*

echtscheidingsprocedure 0.1 *divorce proceedings.*

echtverbintenis ⟨schr.⟩ **0.1** *marital union.*

eclatant 0.1 [schitterend] *glorious* ⇒*resounding* **0.2** [opzienbarend] *sensational* ⇒*spectacular* ◆ **1.1** een ~ succes *a resounding success* **1.2** ~e onthullingen *startling revelations.*

eclips 0.1 *eclipse.*

ecologie 0.1 [mbt. dieren en planten] *ecology* **0.2** [mbt. de mens] *human ecology.*

ecologisch 0.1 [mbt. de ecologie] *ecological* **0.2** [milieuvriendelijk] *ecological* ⇒⟨van landbouwmethoden⟩ *biological* ◆ **1.2** ~e landbouw *e./biological farming.*

ecoloog 0.1 *ecologist.*

econometrie 0.1 *econometry.*

econometrist 0.1 *econometrician, econometrist.*

economie 0.1 [staathuishoudkunde] *economics* ⇒*political economy* **0.2** [zuinigheid, bezuiniging] *economy* ⇒*frugality, thrift* **0.3** [staathuishoudkundig bestuur] *economy* ◆ **2.3** geïndustrialiseerde ~ *industrialized e.;* geleide ~ *planned e.;* vrije ~ *free-market e.*

economisch 0.1 [spaarzaam, zuinig] *economical* ⇒*frugal, thrifty* **0.2** [mbt. de staathuishoudkunde] *economic* ◆ **1.2** het ~ belang/de ~ aspecten v.h. uitgeversbedrijf *the economics of publishing;* Economische Hogeschool/Faculteit *School of Economics;* ⟨faculteit ook⟩ *Faculty/Department of Economics;* het ~ leven *the economy* **3.1** een ruimte ~ indelen *make e. use of the available space* **3.2** ~ achteruit gaan ⟨van bedrijf⟩ *go into financial decline;* ⟨van land⟩ *go into e. decline.*

econoom 0.1 *economist.*

ecosysteem 0.1 *ecosystem.*

ecotaks 0.1 *ecotax.*

ecotoerisme 0.1 *eco-tourism* ⇒*environmental tourism.*

ecru 0.1 *ecru* ⇒*light fawn.*

ectoderm ⟨biol.⟩ **0.1** *ectoderm, exoderm.*

ectopie ⟨med.⟩ **0.1** *ectopia.*

ectopisch ⟨med.⟩ **0.1** *ectopic.*

ectoplasma ⟨biol.⟩ **0.1** *exoplasm* ⇒*ectoplasm.*

ecu ⟨oorspr. afk.⟩ **0.1** [European currency unit] *ecu.*

Ecuador 0.1 *Ecuador.*

Ecuadoraan 0.1 *Ecuadorian.*

Ecuadoraans 0.1 *Ecuadorian.*

eczeem 0.1 *eczema.*

edammer, Edammer kaas 0.1 *Edam (cheese).*

edel 0.1 [van adel] *noble* ⇒*aristocratic* **0.2** [in zedelijk opzicht voortreffelijk] *noble* ⇒*magnanimous* **0.3** [voortreffelijk in zijn soort] *noble* ⇒*perfect, fine* **0.4** [mbt. bezigheden, kunsten] *noble* ⇒*gentle* ◆ **1.1** van ~(e) geboorte/ras *high-bred, high-born* **1.2** een ~ mens *a n. man* **1.3** de ~e delen *the private parts;* een ~ paard *a high-bred horse;* ~e trekken *n. features* **1.4** de ~e kunst ⟨bv. v.h. hengelen enz.⟩ *the n. art (of angling, etc.)* **3.2** dat is ~ van u *that's very n. of you* **4.1** ⟨schr.⟩ U Edele *Your Honour/Worship.*

edelachtbaar ◆ **1.¶** Edelachtbare Heren *My Lords* ¶.¶ ⟨aanspreektitel van o.a. rechter⟩ Edelachtbare *Your Honour.*

edele 0.1 *noble* ◆ **¶.1** de ~n *the nobility;* ⟨gesch.⟩ *the nobles.*

edelgas ⟨schei.⟩ **0.1** *inert gas.*

edelgesteente 0.1 *precious stone.*

edelhert 0.1 *red deer.*

edelman, edelvrouw 0.1 *noble* ⟨m., v.⟩ ⇒*nobleman, peer, gentleman* ⟨m.⟩, *noblewoman* ⟨v.⟩, *peeress* ⟨v.⟩, *lady* ⟨v.⟩, *gentlewoman* ⟨v.⟩.

edelmetaal 0.1 *precious metal.*

edelmoedig 0.1 *noble* ⇒*generous, magnanimous* ◆ **1.1** een ~ gebaar *a n. gesture* **3.1** ~ handelen *act with generosity;* iem. ~ vergeven *generously forgive s.o.*

edelmoedigheid 0.1 *generosity, magnanimity* ⇒*nobility,* ⟨vrijgevigheid; schr.⟩ *largesse* ◆ **4.1** zij is de ~ zelve *she is g. itself.*

edelsmeedkunst 0.1 *silversmith's/goldsmith's trade.*

edelsmid 0.1 *worker in precious metals* ⇒⟨goudsmid⟩ *goldsmith,* ⟨zilversmid⟩ *silversmith.*

edelsteen 0.1 *precious stone* ⇒*gem* ◆ **2.1** een valse ~ *an imitation stone/gem* **6.1** met edelstenen bezet/getooid *jewelled.*

edelweiss 0.1 *edelweiss.*

Eden 0.1 *Eden* ◆ **1.1** de Hof van ~ *the Garden of E.*

editen 0.1 *edit.*

editie 0.1 *edition* ⇒⟨van krant/weekblad ook⟩ *issue,* ⟨fig. ook⟩ *version* ◆ **2.1** een extra-editie *a special o./wowo.* een gebonden ~ *a hardback e.*

educatie 0.1 *education* ◆ **2.1** permanente ~ *continuous e.* **3.1** geen ~ genoten hebben *have (had) no education.*

educatief 0.1 *educational* ◆ **1.1** ~ speelgoed *e. toys.*

eed 0.1 *oath* ⇒*vow* ◆ **1.1** een ~ op het sterfbed *a dying o.;* een ~ van trouw aan de koning *an o. of allegiance to the king* **2.1** een plechtige ~ *a solemn o./vow* **3.1** iem. een ~ afnemen *administer an o. to s.o.;* ⟨van getuige ook⟩ *swear (a witness);* ⟨van ambtenaar⟩ *swear in (a public servant);* een ~ doen/afleggen/zweren *swear an o., swear;* een ~ herroepen/intrekken *unswear;* iem. onder ede horen *examine s.o. on o.;* iem. de ~ opleggen/laten afleggen *make s.o. take an o.;* de ~ weigeren *refuse to take the o.* **6.1 onder** ede staan *be under o.;* iets **onder** ede verklaren *declare sth. on o.,* ⟨vnl. schriftelijk⟩ *depose sth.;* een getuige **onder** ede *a sworn witness;* ik zou er een/geen ~ **op** willen doen *I could swear/not swear to it;* ~ **op** de bijbel *o. sworn on the Bible.*

eedaflegging 0.1 *taking an/the oath.*

eedafneming 0.1 *administration of an/the oath* ⇒⟨bij ambtsaanvaarding, nieuwe leden⟩ *swearing-in,* ⟨getuigen⟩ *swearing (of the oath).*

eedbreker, -breekster 0.1 *perjurer.*

eedbreuk 0.1 *perjury* ⇒*breach of oath, violation of one's oath* ◆ **3.1** ~ plegen *commit p.*

e.e.g. ⟨afk.; med.⟩ **0.1** [elektro-encefalogram] *E.E.G.*

EEG ⟨afk.⟩ **0.1** [Europese Economische Gemeenschap] *E.E.C.*

eega ⟨schr.⟩ **0.1** *spouse.*

eekhoorn 0.1 *squirrel* ♦ **2.1** een grijze/rode ~ *a grey/red s.*

eekhoorntjesbrood 0.1 *cep* ⇒*boletus.*

eelt 0.1 ⟨vnl. van plek⟩ *call(o)us;* ⟨alg.⟩ *hard skin* ♦ **3.1** ~ op zijn ziel hebben *be hardened.*

eeltig 0.1 *callous, callused.*

eeltknobbel 0.1 *call(o)us.*

een¹ ⟨de⟩ **0.1** *one* ♦ **2.1** ⟨dobbelspel⟩ dubbele ~ *two ones.*

een² ⟨bn.⟩ **0.1** *one* ♦ **1.1** van ~ grootte *(of) the same size* **3.1** zich ~ (ge)voelen met de natuur *be at o. with nature;* ~ maken *unite;* ~ worden *become o.* **6.1** ~ **met** *o. with.*

een³ ⟨onb.vnw.⟩ **0.1** *one* ♦ **3.1** hij gaf hem er ~ op de neus *he gave him o. on the nose;* er ~ laten vliegen *fart;* er ~ pakken/nemen/drinken *have a drink* **5.1** geef me er nog ~ *give me another (o.)/o. more* ¶**.1** je bent me er (ook) ~! *you are a nice o.!;* als er ~ is die het kan, dan is hij het *if anyone can do it, he can.*

een⁴ I ⟨hoofdtelw.; met klemtoon⟩ **0.1** *one* ♦ **1.1** het ~ en ander *this and that;* de/het ~ of ander *someone/something or other;* ik zal ~ en ander nog opzoeken *I'll check these things;* (noch) het ~ noch het ander *neither o. thing nor the other;* van de ~ naar de ander kijken *look from o. to the other;* van het ~ komt het ander *o. thing leads to another;* de ~ zegt dit, de andere dat *some (people) say one thing, some another;* op één dag in *o. day;* on the same day; op (de) ~ (of andere) dag *some/o. day;* ~ dezer dagen *o. of these days;* ~ keer is voldoende *once is enough* **3.1** elke stem is er ~ *every vote counts;* elke cent is er ~ *a penny saved is a penny earned;* elke cent is er ~ voor hem *he has to count his pennies* **4.1** ~ en dezelfde *o. and the same;* niet ~, geen ~ *not o., no o.* **5.1** de weg is ~ en al modder *the road is nothing but mud;* zij is ~ en al oor/oog/glimlach *she is all ears/eyes/smiles;* zij was ~ en al gastvrijheid *she was hospitality itself;* hij was ~ en al zenuwen *he was a bundle of nerves* **6.1** het is **bij** enen *it's almost o. (o'clock);* de op ~ na laatste, op ~ na de laatste *the last but o.;* de op ~ na beste, op ~ na de beste *the second best;* allen op ~ na *all except o.;* honderd **tegen** ~ *a hundred to o.;* ~ van tweeën *o. of two things;* ~ van beide(n) *o. of them;* ~ voor allen, allen **voor** ~ *all for o. and o. for all;* ~ **voor** ~ *o. by o., o. at a time* **7.1** (je moet kiezen) het ~ of het ander *you can't have it both ways* **8.1** als één man *as o. man;* op de ~ of andere wijze *o. way or another;* ~ of ander meisje *some girl or other;*

II ⟨rangtelw.; met klemtoon⟩ **0.1** *one* ⇒*first* ♦ **1.1** ~ april *April Fools' Day;*

III ⟨lidw.; zonder klemtoon⟩ **0.1** [onbepaald] *a;* ⟨voor klinker⟩ *an* **0.2** [categoriaal] *a* **0.3** [ongeveer] *a, some* **0.4** [in uitroepen] *a, some* ♦ **1.1** op ~ (goeie) dag *one (fine) day;* neem ~ Tedje van Es *take s.o. a Tedje van Es* **1.2** ~ walvis heeft longen *a whale has lungs* **1.3** over ~ dag of wat *in a few days* **1.4** ~ mensen dat er waren! *what a lot of people there were!* **4.4** wat ~ mooie bloemen! *what beautiful flowers!;* wat ~ mensen! *what a crowd!;* wat ~ idee! *what an idea!* **7.3** ~ duizend gulden *s. thousand guilders.*

eenakter 0.1 *one-act play.*

eenbaansweg 0.1 *single-lane road.*

eencellig 0.1 *unicellular, single-celled* ♦ **1.1** ~e organismen *s.-c. organisms.*

eend 0.1 [watervogel] *duck* ⇒⟨jong⟩ *duckling,* ⟨woerd⟩ *drake* **0.2** [auto] *(Citroën) 2 CV* ⇒*deux-chevaux* ♦ **2.1** ⟨fig.⟩ de gebraden ~ en vliegen hem in de mond *he has all the luck in the world;* ⟨fig.⟩ zich een vreemde ~ in de bijt voelen *feel the odd man out;* wilde ~ *mallard;* ⟨ihb. woerd⟩ *greenhead;*

zwarte/noordse ~ *common scoter* **2.2** (in) een (lelijke) ~ rijden *drive (in) a deux-chevaux.*

eendaags 0.1 *one-day* ⇒⟨kortstondig⟩ *ephemeral* ♦ **1.1** een ~ retour *a day return.*

eendagskuiken 0.1 *day-old chick.*

eendagsvlieg 0.1 ⟨fig.⟩ *flash in the pan* **0.2** [insect] *mayfly, dayfly.*

eendelig 0.1 *one-piece, one-part* ♦ **1.1** een ~ boekwerk *a one-volume work.*

eendenbek 0.1 [snavel v.e. eend] *duck's beak* **0.2** [med.; inf.; speculum] *duck's-bill.*

eendenbijt 0.1 *duck hole.*

eendenei 0.1 *duck egg.*

eendenjacht 0.1 *duck hunting/shooting* ♦ **2.1** de ~ is open *the duck season has begun.*

eendenkooi 0.1 *(duck) decoy.*

★**eendenkroos** *(Wdl: eendekroos)* **0.1** *duckweed.*

eendenkuiken 0.1 [jong v.e. eend] *duckling* **0.2** [sufferd] *goose* ⇒*silly,* ⟨sl.⟩ *dumb duck.*

eender I ⟨bn.⟩ **0.1** [de-/hetzelfde] *(the) same* ⇒⟨alleen pred.⟩ *alike, equal* ♦ **3.1** dat is mij ~ *that's all the same to me;* geen twee mensen zijn ~ *no two people are alike* **6.1** ~ van kleur *of the same colour;*

II ⟨bw.⟩ **0.1** [op dezelfde wijze] *alike* ⇒*equally* ♦ **3.1** zij zijn ~ gekleed *they are dressed a.*

eendje 0.1 [kleine/jonge eend] *duckling* **0.2** →*eend* **0.2** ♦ **2.1** jonge ~s *duck chicks;* het lelijke (jonge) ~ *the ugly d.*

eendracht 0.1 *harmony, concord* ♦ ¶**.1** ⟨sprw.⟩ ~ maakt macht, tweedracht breekt kracht *united we stand, divided we fall.*

eendrachtig 0.1 *united* ⇒*harmonious,* ⟨pred. en bw. ook⟩ *in concord* ♦ **3.1** ~ samenwerken *work hand in hand.*

eenduidig 0.1 *unequivocal* ⇒*unambiguous.*

eeneiig 0.1 *monovular, monozygotic* ♦ **1.1** een ~e tweeling *identical twins;* ⟨wet.⟩ *monovular/monozygotic twins.*

eengezinswoning 0.1 *single-family dwelling.*

eenheid 0.1 [overeenstemming, harmonie] *unity* ⇒*oneness,* ⟨gelijkvormigheid⟩ *uniformity* **0.2** [maat, hoeveelheid, grootheid] *unit* **0.3** [onderdeel dat een afgerond geheel vormt] *unit* ⇒*entity* ♦ **1.1** ~ van beginselen *unity of principles;* de ~ van lichaam en ziel *the unity of body and soul;* ~ van prijzen/afmetingen *uniformity of prices/measurements* **1.2** eenheden en tientallen *units and tens* **2.3** economische ~ *economic u.;* de mobiele ~ *riot police;* speciale ~ *task force* **3.1** de ~ herstellen/verbreken *restore/destroy unity* **3.3** een (hechte/gesloten) ~ vormen *form a (tight/closed) group* **6.1** een gevoel van ~ met de natuur *a feeling of oneness with nature* **7.1** de drie eenheden van Aristoteles *the dramatic unities.*

eenheidsprijs 0.1 [prijs per eenheid] *unit price, price per unit* **0.2** [prijs voor alle artikelen geldend] *uniform price.*

eenheidstarief 0.1 *flat rate.*

eenheidsworst 0.1 *sameness* ♦ **3.1** wordt de middenschool een ~? *will the comprehensive school lead to boring uniformity?*

eenhoevig ⟨dierk.⟩ **0.1** *single-hoofed, solidungulate* ♦ **7.1** de ~en *the solidungulates.*

eenhoofdig 0.1 *single-headed* ⇒⟨van staatsbestuur⟩ *monocratic* ♦ **1.1** een ~e regering *a monocracy.*

eenhoorn 0.1 [fabeldier] *unicorn* **0.2** [vis] *narwhal.*

eenhuizig ⟨plantk.⟩ **0.1** *monoecious.*

eenjarig 0.1 [één jaar oud] *one-year(-old)* ⇒⟨dierk.⟩ *yearling* **0.2** [één jaar durend] *one-year('s)* ⇒⟨plantk.⟩ *annual* ♦ **1.1** het ~ bestaan v.d. vereniging *the first anniversary of the society;* een ~ paard/veulen ⟨ook⟩ *hogg colt* **1.2** een ~e

plant *an annual* **7.1** de ~en *the one-year-olds;* ⟨dieren, ihb. (ren)paarden⟩ *yearlings.*
eenkamerwoning 0.1 *one-room flat.*
eenkennig 0.1 *shy* ♦ **3.1** niet ~ zijn *not be s.*
eenlettergrepig 0.1 *monosyllabic* ⇒⟨attr. ook⟩ *one-syllable.*
eenling 0.1 *(solitary) individual* ⇒*solitary, lone wolf, loner.*
eenmaal 0.1 ⟨één keer⟩ *once* ⇒*one time* **0.2** ⟨ooit, eens⟩⟨verleden⟩ *once;* ⟨toekomst⟩ *one day, someday* **0.3** [niets aan te veranderen] *just, simply* ♦ **3.2** als dat nu maar ~ gebeurd is ...*once that has happened ...;* als het ~ zover komt *if it ever comes to it;* ~ komt de tijd ...*(one day) the time will come* ... **3.3** dat is nu ~ zo *that's j. the way it is* **5.1** ~, andermaal, voor de derdemaal, verkocht *going, going, gone!* **5.3** ik houd nu ~ van hem *the fact is that I love him;* ik ben nu ~ zo *that's the way I am;* zo is het leven nu ·· *that's life;* er wordt nu ~ geroddeld *people will talk;* zo gaat het nu ~ *that's the way it goes;* het moet nu ~ gebeuren *it has to be done* ¶.1 als hij ~ op dreef is, houdt hij nooit meer op *once he gets started, there's no stopping him.*
eenmalig 0.1 *once-only, one-off* ♦ **1.1** een ~e aanbieding *a once-only offer;* voor·· gebruik *use only once, disposable;* een ~ optreden / concert *a single performance;* een ~e uitgave *a non-recurring expense;* ~e uitkering *non-recurrent allowance.*
eenmansactie 0.1 *one-man campaign* ⟨streven⟩; ⟨fel⟩ *one-man crusade;* *one-man operation* ⟨handeling⟩.
eenmansfractie ⟨pol.⟩ **0.1** *one-man faction.*
eenmanszaak 0.1 *one-man business.*
een-meifeest 0.1 *May Day (celebrations).*
eenmotorig 0.1 *single-engine(d).*
eenogig 0.1 *one-eyed.*
eenoog 0.1 *one-eyed person.*
eenoudergezin 0.1 *single-parent family.*
eenpansmaaltijd 0.1 *casserole, one-dish meal.*
eenparig 0.1 [eensgezind] *unanimous* ⇒⟨pred. en bw.⟩ *by common consent* **0.2** [zonder onderling verschil] *uniform, even* ♦ **1.1** met ~e stemmen *by u. vote, unanimously;* op ~ verzoek ⟨jur.⟩ *at the joint request (of)* **1.2** een ~e beweging *a u. motion* **3.1** een voorstel ~ aannemen *carry a proposal unanimously;* ~ werd besloten *it was decided by common consent* **3.2** ~ versnelde / vertraagde beweging *uniformly accelerated / decelerated movement.*
eenparigheid 0.1 [eensgezindheid] *unanimity* **0.2** [gelijkmatigheid] *uniformity, steadiness, evenness* ♦ **1.1** met ~ van stemmen *by unanimous vote, unanimously.*
eenpartijstaat 0.1 *one-party state.*
eenpersoonsbed 0.1 *single bed.*
eenpersoonsdeken 0.1 *single blanket.*
eenpersoonshuishouden 0.1 *single household.*
eenpersoonshut 0.1 *single(-berth) cabin.*
eenpersoonskamer 0.1 *single room* ⇒⟨inf.⟩ *single.*
eenpitsstel 0.1 *gas ring* ⇒*single-burner cooker.*
eenpolig 0.1 *single-pole.*
eenrichtingsverkeer 0.1 [verkeer] *one-way traffic* **0.2** [fig.] *one-way traffic* ♦ **1.1** straat met ~ *one-way street.*
eens I ⟨bw.⟩ **0.1** [eenmaal] *once* **0.2** [nog eenmaal] *twice* **0.3** [op zekere tijd]⟨toekomst⟩ *some/one day, sometime;* ⟨verleden⟩ *once* **0.4** [ter versterking]⟨zie 3.4, 5.4, ¶.4⟩ ♦ **2.3** de ~ beroemde pianist *the once famous pianist* **3.3** kom ~ langs *drop by sometime;* er was ~ *once upon a time there was;* Londen is niet meer wat het ~ was *London is not what it used to be* **3.4** denk ~ even (goed) na *just think (carefully);* het gebeurt nog al ~ dat *it does (sometimes)*

---

happen that; zeg, vertel me ~, Jan *tell me, Jan!;* waag het ~ *don't you dare;* wacht ~ *wait a minute;* je zult ~ zien wat er gebeurt *you'll see (what happens)* **5.1** voor ~ en altijd, ~ (en) voor al *o. and for all;* dat is ~ en nooit weer *o. is enough* **5.2** geef mij nog ~ zoveel, a.u.b. *would you give me t. as much / many,* · zo groot *t. as large / big* **5.3** ik heb de groenten nu ~ gestoomd *I steamed the vegetables for a change;* dat is weer ~ wat anders *that makes a change* **5.4** dat zou best ~ kunnen *that might well be the case;* ik spreek nog niet ~ over de rest *to say nothing of the rest;* niet ~ tijd hebben om *not even have the time to;* hij keek niet ~ *he did not even look;* nee en nog ~ nee *once and for all: no!;* nog ~ once more, (once) again; ⟨schr.⟩ *anew, afresh;* dat is nog ~ een flinke vent/mooie vrouw *(now) that's what I call a real man/a beautiful woman;* als we nu ~ ... *suppose we ..., how about ...?;* u zou wel ~ gelijk kunnen hebben *you could/might (well) be right;* wel ~ *once in a while,* sometimes **6.1** ~ in het uur *hourly, every hour;* ~ in de week / drie maanden *o. a week / every three months* **8.1** meer dan ~ *more than o.* ¶.1 ~ te meer *(all the) more so* ¶.4 je moet je ~ na laten kijken *you really should have a check-up;* ⟨iron.⟩ *you need your head examined;* kijk ~ aan! *just look at that!;*
II ⟨bn.⟩ **0.1** [van dezelfde mening] *agreed, in agreement* ♦ **3.1** het over de prijs ~ worden *agree on a/about the price;* het ~ worden *come to an agreement;* ⟨mbt. een mening⟩ *come to an understanding;* het erover ~ zijn, dat ...*agree that ...;* het ~ zijn *agree, be in agreement* **6.1** het ~ iem. ~ zijn *agree with s.o.;* het niet ~ zijn *met* iem. *disagree with s.o.;* het *met* zichzelf niet ~ kunnen worden *not be able to make up one's mind, be undecided;* het *op* sommige punten niet ~ kunnen worden *be unable to reach agreement on certain points.*
eensgezind 0.1 *unanimous* ⇒*united, concerted* ⟨acties, pogingen⟩, ⟨schr.⟩ *concordant* ♦ **1.1** een ~e houding aannemen *take an unanimous stand;* ~e pogingen *concerted efforts* **3.1** alle experts raden ~ het roken af *all experts are united in advising against smoking* **6.1** ~ *voor / tegen* iets zijn *be unanimously for / against sth.*
eensgezindheid 0.1 *unanimity* ⇒*unity, consensus, harmony, accord* ♦ **1.1** de ~ v.d. werkende klasse *the solidarity of the working class.*
eensklaps 0.1 *suddenly, all of a sudden.*
eenslachtig ⟨plantk.⟩ **0.1** *unisexual* ⇒⟨plantk. ook⟩ *diclinous* ⟨bloem⟩, *dioecious* ⟨plant⟩.
eensluidend 0.1 *identical (in content), uniform (with)* ⇒ *(exactly) corresponding, certified* ⟨afschrift⟩, *true* ⟨afschrift⟩ ♦ **1.1** tot een ~ oordeel komen *arrive at a u. judgment.*
eenstemmig 0.1 [unaniem] *unanimous* ⇒⟨pred. en bw.⟩ *by common assent/ consent* **0.2** [met één stem gezongen] *unison* ⇒*for one voice* ♦ **1.2** een ~ liedje *a song for one voice* **3.1** ~ verklaren dat ...*declare unanimously ...;* ~ werd hiertoe besloten *this was by common consent.*
eenstemmigheid 0.1 *unanimity* ⇒*(general) agreement, consensus,* ⟨eenparige stemmen⟩ *unanimous vote* ♦ **3.1** ·· bereiken *reach unanimous agreement;* hierover bestaat geen ~ *there is no consensus (of opinion) on this matter.*
centalig 0.1 *monolingual, unilingual.*
eentje¹ ⟨het⟩ **0.1** *a small (figure) one.*
eentje² ⟨onb.vnw.⟩ **0.1** [een v.d. genoemde soort] *one* **0.2** [+ in / op zijn; alleen] *(by) oneself, (on) one's own* ♦ **3.1** geef mij er ~ *give me o. (of those / them);* neem er nog ~ *have another (o. / glass)* **5.1** ben je of zo ~? *you're o. of those, are you?* **6.2** hij zat *in* zijn ~ *he was by himself* ¶.1 er ~ te veel op hebben *have had o. too many.*

eentonig 0.1 [monotoon] *monotonous* ⇒*monotone, monotonic* **0.2** [saai] *monotonous* ⇒*drab, dull* ◆ **1.1** ~ gezang *monotonic/monotone singing* **1.2** een ~ landschap *a m. landscape;* een ~ leven/bestaan leiden *lead a humdrum/dull existence;* ~ werk *tedious/m. work; drudgery.*

eentonigheid 0.1 *monotony, monotonousness* ⇒*drabness, humdrum, tedium.*

een-twee-drie 0.1 *just like that.*

een-tweetje (sport) **0.1** *one-two* ⇒⟨voetbal ook⟩ *wall pass.*

eenverdiener 0.1 *single wage-earner.*

eenvormig 0.1 [gelijkvormig] *uniform* ⇒*monomorphous, monomorphic* **0.2** [saai] *monotonous* ⇒*flat, dull, tedious.*

eenvormigheid 0.1 [gelijkvormigheid] *uniformity, uniformness* **0.2** [saaiheid] *monotony* ⇒*flatness, dullness.*

eenvoud 0.1 [simpelheid] *simplicity, simpleness* **0.2** [ongekunsteldheid] *simplicity* ⇒*plainness, artlessness* **0.3** [afwezigheid van praal] *simplicity* ⇒*unpretentiousness, plainness* **0.4** [argeloosheid] *simplicity* ⇒*straightforwardness, naïvety, innocence* ◆ **1.1** de ~ v.h. systeem *the simplicity of the system* **2.3** in alle ~ werd hij begraven *he was buried without ceremony* **6.4** hij zei dat **in** zijn ~ *he said that in his naïvety/innocence.*

eenvoudig I (bn.) **0.1** [niet samengesteld/ingewikkeld] *simple* ⇒*uncomplicated, plain* ⟨woorden, waarheid⟩, ⟨gemakkelijk⟩ *easy* **0.2** [zonder overdaad/pronk] *simple* ⇒*unpretentious, ordinary,* ⟨van maaltijd ook⟩ *frugal,* ⟨zeer eenvoudig⟩ *severe,* ⟨zeer eenvoudig⟩ *austere* **0.3** [bescheiden] *simple* ⇒*plain, ordinary, low(ly)* ⟨afkomst⟩, *humble* ⟨afkomst⟩, *modest, unpresuming, simple-hearted* ◆ **1.1** in ~e bewoordingen *in plain words* **3.1** dat is toch heel ~ *surely that's quite s.;* dat is het ~ste *that's the easiest way;* dat maakte de zaak stukken ~ er *that simplified matters considerably* **5.1** kinderlijk ~ *ridiculously s.;* ⟨inf.⟩ *foolproof;* zo ~ ligt dat niet *it's not that s.* **7.3** de ~ en van geest *simple(-hearted) souls* **8.1** zo ~ als wat *a piece of cake;*

II (bw.) **0.1** [op eenvoudige wijze] *simply* ⇒*plainly* **0.2** [zonder meer] *simply* ⇒*just* ◆ **3.1** hij kleedt zich ~ *he dresses s.;* zij leven ~ *they lead a simple life;* (al) te ~ voorstellen *(over)simplify* ¶.2 ik doe het ~ niet! *I s. won't do it!*

eenvoudigheid 0.1 *simplicity, simpleness* ⟨ook→**eenvoud**⟩.

eenvoudigweg 0.1 *simply* ⇒*just* ◆ **2.1** ik heb er ~ genoeg van *I have s. had enough of it;* ⟨inf.⟩ *I am s. fed up with it.*

eenwaardig 0.1 *monovalent, univalent* ⇒⟨schei. ook⟩ *monatomic* ◆ **1.1** natrium is een ~ element *sodium is a monad.*

eenwording 0.1 *unification* ⇒*integration, union,* ⟨pol. ook⟩ *federation,* ⟨pol. ook⟩ *alliance,* ⟨pol. ook⟩ *coalition,* ⟨dicht., rel. ook⟩ *communion* ◆ **2.1** mystieke ~ *mystic (comm)union.*

eenzaadlobbig (plantk.) **0.1** *monocotyledonous* ◆ **1.1** ~e plant *monocotyledon* **7.1** de ~ en *the monocotyledones, the monocotyledonae.*

eenzaam 0.1 [alleen] *solitary* ⇒*isolated, lonely, lone(some),* ⟨verlaten⟩ *desolate,* ⟨verlaten⟩ *forlorn* **0.2** [stil, afgelegen] *solitary* ⇒*isolated, lonely, secluded,* ⟨doods⟩ *desolate* **0.3** [zonder gezelschap verricht/doorgebracht] *solitary* ⇒*lonely, lone(some)* ◆ **1.1** ~ mens *lonely person* ⟨vindt het erg om alleen te zijn⟩; *loner* ⟨vindt het niet erg⟩ **1.2** eenzame wegen *lonely/unfrequented roads* **1.3** een ~ leven leiden *live a s. life* **6.1** hij bleef **in** zijn ouderdom ~ achter *he was left on his own in his old age.*

eenzaamheid 0.1 [afzondering, stilte] *solitude, solitariness, loneliness* ⇒⟨afzondering⟩ *isolation, retirement, seclusion* **0.2** [verlatenheid] *desolation* ⇒*loneliness* ◆ **3.1**

de ~ zoeken *seek privacy* **6.1** zijn leven **in** ~ slijten *spend one's life in solitude.*

eenzelvig 0.1 *self-contained* ⇒*retiring, solitary, introverted,* ⟨terughoudend⟩ *unsociable,* ⟨terughoudend⟩ *reserved* ◆ **1.1** een ~ mens *a loner;* ⟨inf.⟩ *a lone wolf; an introvert;* ⟨pej.⟩ *a bad mixer* ⟨in gezelschap⟩ **3.1** hij is erg ~ *he keeps (very much) to himself.*

eenzelvigheid 0.1 *self-containment* ⇒*introversion, solitariness,* ⟨terughoudendheid⟩ *unsociability,* ⟨terughoudendheid⟩ *reserve.*

eenzijdig 0.1 [met/aan één zijde] *one-sided, unilateral* ⇒⟨biol., plantk.⟩ *secund,* ⟨asymmetrisch ook⟩ *lopsided,* ⟨jur.⟩ *ex parte* **0.2** [partijdig, bevooroordeeld] *one-sided* ⇒*biased, partial* **0.3** [in slechts één richting gaand] *one-sided* ⇒*limited* ◆ **1.1** (jur.) een ~e akte *a deed poll* **1.3** een ~e ontwikkeling *a unidirectional development* **3.1** een verdrag ~ opzeggen *terminate a treaty unilaterally* **3.2** iets ~ voorstellen *give a o.-s./biased portrayal* **3.3** hij is erg ~ *he is very o.-s.*

eenzijdigheid 0.1 [partijdigheid, vooringenomenheid] *one-sidedness* ⇒*bias(edness), partiality* **0.2** [actie van één van beide partijen] *unilaterality* **0.3** [gebrek aan veelzijdigheid] *imbalance, one-sidedness.*

eer¹ (de) **0.1** [achting, roem] *honour* ⇒*respect* **0.2** [eerbetoon, hulde] *honour(s)* ⇒*credit* **0.3** [kuisheid] *honour* ⇒*virtue, modesty* ◆ **2.2** iem. de laatste ~ bewijzen *pay s.o. one's last respects* **3.1** de ~ aan zichzelf houden *take the honourable way out;* de ~ redden *save one's face* **3.2** zijn naam ~ aandoen *be a credit to one's family;* de tafel ~ aandoen *do justice to the meal;* er is geen ~ aan te behalen ⟨van iemand⟩ *good advice is thrown away on him;* ⟨van iets⟩ *little (credit) can be gained by it;* ~ behalen met *gain credit by;* de (over)winnaar ~ bewijzen *pay tribute to the winner;* de/geen ~ van iets hebben *receive credit/no credit for sth.;* hem komt alle ~ toe *he deserves all the credit;* er een ~ in stellen om *consider it an honour to;* het zal me een (grote/bijzondere) ~ zijn *I will be (greatly) honoured* **3.3** ze heeft haar ~ verloren *she lost her h./virtue* **5.1** het is mijn ~ te na *I have my pride* **6.1** **aan** u de ~ (om te beginnen) *you have the h. (of starting);* iets/het **aan** zijn ~ verplicht zijn *be h. bound;* **in** ~ en aanzien leven *be held in high esteem;* iem. **in** zijn ~ herstellen *clear s.o.'s name;* iets **in** ere herstellen ⟨principe⟩ *restore (a principle), reinstate (a custom);* iem. **in** ere houden *hold s.o.'s memory dear, cherish s.o.'s memory;* een dag/gebruik **in** ere houden *observe a (feast) day, keep up a custom;* iem. **in** zijn ~ (aan)tasten *hurt s.o.'s pride;* **naar** ~ en geweten antwoorden *answer to the best of one's knowledge;* **op** mijn (woord van) ~ *I give you my word (of h.)* **6.2** **te** zijner ere *in his honour;* **ter** ere **van** *in honour of (s.o./sth.);* dat strekt u niet **tot** ~ *that is not to your credit;* ⟨iron.⟩ **voor** de ~ bedanken *decline the honour* **6.3 in** (alle) ~ en deugd *in (all) h. and decency* ¶.2 ere zij God *glory to God;* ⟨sprw.⟩ ere wie ere toekomt *give credit where credit is due.*

eer² ⟨vw.⟩ **0.1** *before* ⇒⟨liever ... eer⟩ *(rather ...) than.*

eerbaar 0.1 *honourable* ⇒⟨kuis ook⟩ *virtuous, chaste* ◆ **1.1** eerbare bedoelingen *h. intentions.*

eerbaarheid 0.1 *virtue, chastity, modesty, decency* ◆ **1.1** aanranding van de ~ *indecent assault;* openbare schennis van de ~ *offence against public decency;* ⟨exhibitionisme⟩ *indecent exposure.*

eerbetoon 0.1 *(mark of) honour* ⇒*homage, accolade, tribute* ◆ **6.1** met veel ~ ontvangen *receive with full honours.*

eerbewijs 0.1 [uiterlijke blijk van verering] *(mark of) honour* ⇒*homage, accolade, tribute, commendation* **0.2** [mil.]

⟨vnl. mv.⟩ **honour** ◆ **2.2** iem. de militaire eerbewijzen brengen *bestow military honours upon s.o.*

eerbied 0.1 *respect* ⇒⟨achting⟩ *esteem, regard,* ⟨diepe eerbied⟩ *reverence,* ⟨diepe eerbied⟩ *veneration,* ⟨diepe eerbied⟩ *worship* ◆ **3.1** ~ afdwingen *command respect;* ~ betonen / betuigen / bewijzen aan *show respect for / toward(s);* iem. ~ verschuldigd zijn *owe s.o. respect* **6.1** uit ~ voor het leven *out of / in respect for life;* **uit** ~ voor zijn leeftijd *out of consideration for his age.*

eerbiedig 0.1 *respectful* ◆ **1.1** ⟨iron.⟩ op ~e afstand *at a r. distance* **3.1** iem. ~ groeten *greet s.o. respectfully.*

eerbiedigen 0.1 [eerbied voelen voor / bewijzen aan] *respect* ⇒*venerate, worship* **0.2** [respecteren] *respect* ⇒*regard,* ⟨naleven⟩ *observe* ◆ **1.1** God ~ *worship / honour God* **1.2** de mening van anderen ~ *respect the opinions of others;* iemands verdriet ~ *show consideration for s.o.'s grief;* de wetten ~ *obey the law.*

eerbiediging 0.1 *respect* ⇒*deference, observance.*

eerbiedwaardig 0.1 *respectable;* ⟨alleen pred.⟩ *commanding / worthy of respect* ⇒*venerable* ⟨oude man, baard, gebouwen⟩ *time-honoured* ⟨gebruiken⟩.

eerbiedwaardigheid 0.1 *venerability* ⇒*venerableness.*

eerdaags 0.1 *one of these days* ⇒*soon, before long.*

eerder¹ ⟨bn.⟩ **0.1** *earlier.*

eerder² ⟨bw.⟩ **0.1** [vroeger] *before (now), sooner, earlier* **0.2** [waarschijnlijker] *rather* ⇒*sooner,* ⟨inf.⟩ *more (likely),* ⟨inf.⟩ *in preference (to)* **0.3** [liever] *rather* ⇒*sooner* ◆ **3.1** ik heb u al eens ~ gezien *I have seen you (somewhere) before;* ~ vermeld / genoemd *mentioned before /* ⟨in tekst ook⟩ *above;* ⟨schr.⟩ *aforesaid, aforementioned* **3.2** ik zou ~ denken dat *I am more inclined to think that;* hij zal ~ liegen dan bekennen *he is more likely to lie than confess* **3.3** ik wil ~ sterven, dan dat doen *I'd r. die than do that* **4.1** hoe ~ hoe beter (liever) *the sooner the better* **5.1** op 21 juni en niet ~ *on 21 June and not before* **8.1** hij was er ~ dan ik *he was there earlier than I* **8.2** ~ meer dan minder *r. more than less.*

eergevoel 0.1 *(sense / feeling of) honour* ⇒*pride* ◆ **3.1** geen ~ hebben *have no sense of honour* **6.1** op iemands ~ werken *appeal to s.o.'s honour.*

eergisteren 0.1 *the day before yesterday.*

eerherstel 0.1 *rehabilitation.*

eerlang ⟨schr.⟩ **0.1** *before long, shortly.*

eerlijk I ⟨bn.⟩ **0.1** [oprecht] *honest* ⇒*fair, sincere* **0.2** [betrouwbaar] *honest* ⇒*true, genuine* **0.3** [gepast, fatsoenlijk] *fair* ⇒*square, honest* ◆ **1.1** ~e handel *fair trade / h. business;* een ~ karakter *an h. nature;* ~e motieven *honourable motives;* een ~e strijd *a clean fight* **1.2** een ~e zaak (handel) *a square deal* **1.3** iem. een ~e kans geven *give s.o. a f. chance;* ~ spel *f. play* **3.1** ~ is ~ *fair's fair;* laten we ~ zijn *let's be h.* **3.3** ~ blijven *go straight* **5.3** het is niet ~ *it's not f.* **6.1** ~ zijn **tegen(over)** iem. *be fair to s.o.* **8.2** zo ~ als goud *as h. as the day is long* ¶**.1** ⟨sprw.⟩ ~ duurt het langst *honesty is the best policy;*
II ⟨bw.⟩ **0.1** [naar waarheid] *sincerely;* ⟨openhartig⟩ *honestly* ⇒*frankly* **0.2** [werkelijk] *honestly* ⇒*really and truly* **0.3** [op gepaste / eervolle wijze] *fairly, squarely* ◆ **2.2** het is ~ waar *it is the honest / plain truth* **3.1** ~ gezegd *to be honest, (quite) h.;* ~ zeggen hoe men over iem. denkt *say frankly what one thinks of s.o.* **3.3** ~ delen! *fair shares!;* alles gaat er ~ toe *it is all fair and square;* ~ spelen *play fair;* ~ verdiend geld *hard-earned money;* ~ zijn brood verdienen *earn / make an honest living* ¶**.2** ik heb het niet gedaan, ~ (waar)! *h., I didn't do it!*

eerlijkheid 0.1 [oprechtheid] *honesty* ⇒*fairness, sincerity,*

eerbied - eersteklas-

⟨rechtschapenheid⟩ *probity,* ⟨openheid⟩ *candour* **0.2** [fatsoen] *honesty* ⇒*fairness, decency* ◆ **3.2** de ~ gebiedt me te erkennen dat *in all fairness I have to admit that.*

eerlijkheidshalve 0.1 *in fairness.*

eerloos 0.1 [zonder eer] *dishonourable* ⇒*inglorious* **0.2** [onterend] *dishonourable* ⇒*ignoble, disgraceful* ◆ **2.1** een eerloze daad *a d. action* **3.1** ~ sterven *die without glory.*

eerst 0.1 [voor alle anderen; voorafgaan aan iets anders] *first* **0.2** [in het begin] *first(ly), at first* **0.3** [pas] *not until* ◆ **2.2** ~ was hij verlegen, later niet meer *at first he was shy, but not so later* **3.1** je moet dat morgen het ~ doen *you must do that first thing tomorrow* **5.3** hij kan ~ morgen hier zijn *he cannot be here until tomorrow;* ~ toen hij sprak herkende ik hem *not until he spoke did I recognize him* **6.**¶ ik hoor dat **voor** het ~ *this is the first I've heard of it* **7.1** hij zag de brand het ~ *he was the first to see the fire* **8.2** het ziet er beter uit dan ~ *it looks better than (it did) at first* ¶**.1** (het) ~ aan de beurt zijn *be f. / next.*

eerstdaags →**eerdaags.**

eerste 0.1 *first* ⇒⟨voornaamste ook⟩ *chief, prime,* ⟨in hiërarchie⟩ *senior,* ⟨vroegste⟩ *earliest* ◆ **1.1** de ~ christenen *the early Christians,* de ~ vier dagen *(for) the next four days;* de ~ dagen ging het wel *the f. few days things were fine;* bij de ~ de beste gelegenheid *at the f. opportunity, at s.o.'s earliest convenience;* informatie uit de ~ hand *firsthand information;* ik zeg het voor de ~ en de laatste maal *I am saying this once and for all;* op de ~ pagina (boek) *on the f. page;* ⟨krant⟩ *on the front (page);* in / op de ~ plaats *in the f. place, firstly;* ⟨met nadruk⟩ *f. and foremost, f. of all,* de ~ tijd kan ik je niet komen bezoeken *I cannot visit you for a while;* ~ uitgaven *initial expenses / outlay* **3.1** de ~ die aankomt, krijgt de prijs *the f. to get there gets the prize;* één keer moet de ~ zijn *there's a f. time for everything* **6.1 in** de ~ (versnelling) *in f. / bottom gear;* ⟨sport⟩ hij **speelt** in het ~ *he plays in the first team;* ten ~ *first(ly), in the f. place,* ⟨om te beginnen⟩ *for one thing;* ⟨inf.⟩ *for a start;* op de ~ **van** de maand *on the f. (day) of the month;* **van** de ~ **tot** de laatste *from the f. (man) to the last (man)* **7.1** hij is niet de ~ de beste *he is not just anybody;* de ~ de beste zal het je zeggen *anyone will tell you that;* de ~ de beste dokter *the nearest doctor;* het ~ wat we zagen was ... *the f. thing we saw was ...;* dat is het ~ wat ik daarvan hoor *that's the f. I have heard of it.*

eerstedagenvelop 0.1 *first-day cover.*

eerstegraads 0.1 ⟨mbt. school⟩ *fully qualified;* ⟨mbt. verbranding⟩ *first-degree* ◆ **1.1** eerstegraads(les)bevoegdheid *Postgraduate teaching diploma;* eerstegraadsverbranding *first-degree burns.*

eerstehulppost 0.1 *(first-)aid post / station.*

eerstehulpverlening 0.1 *first aid.*

eerstejaars¹ ⟨de⟩ **0.1** *first-year (student).*

eerstejaars² ⟨bn.⟩ **0.1** *first-year* ◆ **1.1** een ~ student *a first-year (student).*

Eerste-Kamerfractie 0.1 *the liberal / socialist* (enz.) *party in the Upper Chamber / House (of the Dutch Parliament).*

Eerste-Kamerlid 0.1 *Member of the Upper Chamber / House (of the Dutch Parliament).*

eersteklas 0.1 [uitmuntend, voortreffelijk] *first-rate* ⇒*first-class* ◆ **1.1** ⟨iron.⟩ een ~ bedrieger / leugenaar *a first-rate cheat / liar.*

eersteklas- 0.1 [gebruikmakend v.d. duurste afdeling] *first-class* ◆ **1.1** een eersteklaspassagier *a f.-c. passenger;* een eersteklaspatiënt *a private patient.*

eersteklasser ⟨school.⟩ **0.1** *first-former.*

eerstelijns 0.1 ⟨zie 1.1⟩ ◆ **1.1** ~ gezondheidszorg *primary health care.*

eersteling 0.1 [eerstgeborene] *first-born* ⇒⟨mbt. dier⟩ *firstling* **0.2** [fig.; eerste voortbrengsel] *first-fruit(s)* ⇒*firstling* **0.3** [eerste vrucht] *first-fruits.*

eersterangs ⟨meestal in samenst.⟩ **0.1** *first-rate* ⇒*top-class.*

eerstgeboorterecht 0.1 *(right of) primogeniture* ⇒*birth-right.*

eerstgeboren 0.1 *first-born.*

eerstgenoemd 0.1 ⟨uit meer dan twee⟩ *first;* ⟨mbt. twee⟩ *former* ◆ **7.1** zwart, groen en blauw zijn mooie kleuren; de ~e is echter geen kleur *black, green and blue are nice colours; however the first one is not a colour.*

eerstkomend 0.1 *next* ⇒*coming* ◆ **1.1** ~e woensdag ⟨volgende week⟩ *n. Wednesday;* ⟨dezelfde week⟩ *coming Wednesday.*

eerstvolgend 0.1 *next* ◆ **1.1** de ~e trein *the n. train due;* in de ~e uren *in the n. few hours* **7.1** de ~e vijf jaar *the n. five years.*

eertijds 0.1 *formerly* ⇒*once (upon a time).*

eervol I ⟨bn.⟩ **0.1** [eer brengend] *honourable* ⇒*glorious, creditable* **0.2** [de eer niet te kort doend] *with honour* ⇒ *without loss of face* ◆ **1.1** een ~le betrekking *a position of great honour;* de ~le verliezers *the worthy losers* **1.2** een ~le vrede sluiten *conclude a peace with honour* **5.1** weinig ~ ⟨gedrag⟩ *dishonourable;* ⟨feiten⟩ *discreditable;* **II** ⟨bw.⟩ **0.1** [zo dat men er eer mee inlegt] *honourably* ⇒ *worthily, gloriously, creditably* ◆ **3.1** zich ~ gedragen / onderscheiden *conduct o.s. honourably, distinguish o.s.;* ~ vermeld worden *receive an honourable mention;* ⟨mil.⟩ *be mentioned in dispatches* ¶**.1** ~ uit de strijd komen *come through the battle with honour.*

eerwaard 0.1 *reverend* ⇒⟨voor naam⟩ *Reverend,* ⟨aartsdeken⟩ *Venerable* ◆ **1.1** de zeer ~e heer ⟨bisschop⟩ *the Right Reverend/*⟨deken, angl.⟩ *very Reverend Mr;* de ~e heer Brown ⟨rel.⟩ *the Reverend Father Brown;* ⟨angl.⟩ *the Reverend Mr Brown;* ~e moeder *Reverend Mother.*

eerwaarde 0.1 *Reverend.*

eerzaam 0.1 *respectable* ⇒*virtuous, decent, honest.*

eerzucht 0.1 *ambition* ⇒*aspirations.*

eerzuchtig 0.1 *ambitious* ⇒*aspiring.*

eetbaar 0.1 *edible* ⇒*fit for (human) consumption, fit to eat,* ⟨smakelijk⟩ *eatable,* ⟨smakelijk⟩ *palatable* ◆ **1.1** eetbare paddestoelen *(edible) mushrooms* **5.1** niet~ zijn *be inedible.*

eetcafé 0.1 *pub serving meals.*

eetgelegenheid 0.1 *place to eat.*

eetgerei 0.1 *cutlery* ⇒*tableware.*

eetgewoonte 0.1 *eating habit* ⇒⟨mbt. soort voedsel⟩ *diet.*

eethoek 0.1 [deel v.e. vertrek] *dinette* ⇒*dining recess* **0.2** [ameublement] *dinette* ⇒*dining-table and chairs.*

eethuis 0.1 *eating-house* ⇒*(small) restaurant.*

eetkamer 0.1 [kamer] *dining-room* ⇒⟨klein⟩ *dinette* **0.2** [ameublement] *dining-room furniture* ⇒*dining-table and chairs.*

eetkeuken 0.1 *kitchen-diner.*

eetlepel 0.1 *soupspoon* ⇒⟨voor dessert⟩ *dessertspoon,* ⟨als maat⟩ *tablespoon(ful).*

eetlust 0.1 *appetite* ◆ **2.1** hij heeft een buitensporige ~ *he has a ravenous a.* **3.1** iem. de ~ benemen *spoil s.o. 's a.;* de ~ opwekken *whet the a.*

eetlustopwekkend 0.1 *appetizing.*

eetmaal ⟨AZN⟩ **0.1** *meal* ⇒*dinner, supper.*

eetservies 0.1 *dinner service* ⇒*dinner set, tableware.*

eetstokje ⟨meestal mv.⟩ **0.1** *chopstick.*

eettafel 0.1 *dining-(room) table* ⇒*dinner table.*

eettent ⟨inf.⟩ **0.1** *snack bar* ⇒*café* ◆ **2.1** een goedkoop ~je *a cheap s. b. / café.*

eetverslaving 0.1 *food addiction* ⇒⟨med.⟩ *bulimia.*

eetwaar 0.1 *foodstuff(s)* ⇒*eatables, food* ◆ **2.1** fijne eetwaren *delicatessen.*

eetzaal 0.1 *dining-room/-hall* ⇒⟨voor personeel⟩ *canteen,* ⟨mil.⟩ *mess(room),* ⟨klooster, sommige scholen⟩ *refectory.*

eeuw 0.1 [tijdvak van honderd jaar] *century* **0.2** [lange tijd] *ages* ⇒*(donkey's) years, aeons* **0.3** [tijdperk] *age* ⇒*era, epoch* ◆ **1.1** in de loop der ~en *through the centuries/ages* **1.3** de ~ van Augustus *the age of Augustus* **2.2** het is ~en geleden dat ik van haar iets gehoord heb *I haven't heard from her for ages* **2.3** de gouden ~ *the golden a.* **3.2** dat heeft een ~ geduurd *that took ages* **6.1** Vlaanderen *door* de ~en heen *Flanders through the ages;* tot *in* de ~en der ~en *world without end* **7.1** in het Londen v.d. achttiende ~ *in eighteenth-c. London.*

eeuwenlang 0.1 ⟨bn.⟩ *age-long;* ⟨bw.⟩ *for centuries/ages* ◆ **5.1** al ~ *for ages/centuries.*

eeuwenoud 0.1 *age-old* ⇒*centuries-old* ◆ **1.1** ~e gebruiken *a.-o. customs.*

eeuwfeest 0.1 *centenary (celebration)* ◆ **7.1** het tweede ~ *the bi-centenary (celebrations).*

eeuwig I ⟨bn.⟩ **0.1** [altijddurend] *eternal* ⇒*everlasting, perennial, perpetual, never-ending* **0.2** [levenslang] *lifelong* ⇒*undying* **0.3** [telkens weer] *endless* ⇒*eternal, incessant, interminable, never-ending* ◆ **1.1** ten ~en dage *to all eternity;* een ~ graf *a plot held in perpetuity;* het ~e leven *eternal life;* ~e rente *interest in perpetuity;* de ~e slaap *the long sleep;* ~e sneeuw / ~ groen *perpetual snow; perennial green, evergreen;* de ~e stad *the Eternal City* **1.2** iem. tot ~e ballingschap veroordelen *send s.o. into permanent exile;* ~e vriendschap *undying/l. friendship* **1.3** een ~e optimist *an incorrigible optimist;* met zijn ~e sigaret in zijn mond *with the inevitable cigarette in his mouth;* **II** ⟨bw.⟩ **0.1** [voor altijd] *forever* ⇒*eternally, perpetually* **0.2** [steeds] *forever* ⇒*incessantly, endlessly, interminably, eternally* **0.3** [buitengewoon] ⟨zie 2.3⟩ ◆ **2.2** ~ jong *f. young* **2.3** het is ~ zonde *it's a thousand pities* **6.1** voor ~ verdoemd zijn *be damned to all eternity.*

eeuwigdurend 0.1 *perpetual* ⇒*everlasting,* ⟨pej.⟩ *interminable,* ⟨pej.⟩ *endless* ◆ **1.1** een ~e lening afsluiten *contract a loan in perpetuity.*

eeuwigheid 0.1 [tijdruimte zonder einde] *eternity* **0.2** [zeer lange tijd] *ages* ⇒*eternity,* ⟨inf.⟩ *donkey's years* **0.3** [het hiernamaals] *eternity* ⇒*the hereafter* ◆ **3.2** het leek wel een ~ te duren *it seemed to go on forever* **6.1** tot in ~ *for (all) e.* **6.2** ik heb je in geen ~ gezien *I haven't seen you for a.*

eeuwwisseling 0.1 *turn of the century* ◆ **6.1** rond de ~ *around the turn of the century.*

effect 0.1 [uitwerking] *effect* ⇒*result, outcome, consequence* **0.2** [indruk op het gemoed] *effect* **0.3** [sport] *spin* ⇒⟨biljarten ook⟩ *side* **0.4** [hoeveelheid arbeid per seconde verricht] *power* **0.5** [hand.] *stock* ⇒*share, security* ◆ **2.1** averechts / nadelig ~ hebben ⟨ook⟩ *be counterproductive;* een goedkoop ~ *a cheap e.;* nuttig ~ *beneficial e., effectiveness* **2.4** elektrisch ~ *electric p.;* nuttig ~ *effective p.* **3.1** weinig ~ hebben *have little e.;* ~ najagen, op ~ uit zijn *strain for e., play to the gallery* **3.2** zoiets heeft ~ *sth. like that works* **3.3** een bal ~ geven *put spin on a ball;* ⟨biljarten⟩ *put side / top/back spin on a ball* **6.1** op ~ berekend zijn *be calculated for e.* ¶**.5** ~en op naam *registered securities.*

effectbejag 0.1 *aiming at/straining after effect* ⇒⟨theatraal gedoe⟩ *theatrics,* ⟨sensatiezucht⟩ *sensationalism* ◆ **6.1 uit** ~ *for (the sake of) effect;* **zonder** ~ *without striving for effect.*

effectenbeurs 0.1 *stock exchange;* ⟨Parijs⟩ *Bourse;* ⟨New York⟩ *Wall Street.*

effectenbezit 0.1 *holding of securities/stocks.*

effectenhandel 0.1 ⟨het handelen⟩ *stockbroking, stockjobbing;* ⟨de handel⟩ *stock market, trade in (stocks and) shares.*

effectenhandelaar →**effectenmakelaar.**

effectenhuis 0.1 *stockbroking house* ◆ **1.1** het ~ Daiwa *the Daiwa Securities Company, Daiwa Securities.*

effectenkoers 0.1 *price of stocks* ⇒*Stock Market quotation,* ⟨mv. ook⟩ *stock prices.*

effectenmakelaar 0.1 *stockbroker.*

effectenmarkt 0.1 *stock market.*

effectennotering 0.1 *Stock Market quotation.*

effectief 0.1 [werkelijk] *real* ⇒*actual, effective, active* **0.2** [doeltreffend] *effective* ⇒*efficacious,* ⟨handelingen, beleid⟩ *effectual,* ⟨stijl, taalgebruik⟩ *trenchant* ◆ **1.1** in effectieve dienst ⟨mil.⟩ *on active service;* effectieve handel *effective trade;* effectieve vraag (ec.) *effective demand* **1.2** · vermogen *actual (horse)power,* brake horsepower **3.2** dat is niet ~ *that is ineffective.*

effectiviteit 0.1 *effectiveness.*

effen I ⟨bn., bw.⟩ **0.1** [vlak, glad] *even* ⇒*level, smooth* **0.2** [van één kleur] *plain* ⇒*uniform, solid, unpatterned, self-coloured* **0.3** [mbt. het gezicht] *impassive* ⇒*expressionless,* ⟨niet lachend⟩ *straight* **0.4** [mbt. de stem] *flat* ⇒*monotonous, even* ⟨toon⟩ ◆ **1.2** een ~ stof/kleed *a p. fabric/carpet* **2.2** ~ rood *solid red;*
II ⟨bw.⟩⟨inf.⟩ **0.1** [eventjes] *(for) a sec, a minute* **0.2** [net] *just* ⇒*slightly* ◆ **2.1** wees nou ~ stil *do be quiet for a minute* **3.1** als het ~ kan *if poss;* laat me eens ~ kijken *let's see, just a minute* **6.2** het is ~ **over** vieren *it's j. past four*

effenen 0.1 *level* ⇒*smooth, plane* ⟨met schaaf⟩ ◆ **1.1** ⟨fig.⟩ het pad/de weg ~ voor iem. *pave the way for s.o.*

effenheid 0.1 [vlakheid, gladheid] *evenness* ⇒*levelness, smoothness* **0.2** [mbt. stof] *plainness* **0.3** [mbt. het gelaat] *impassiveness* **0.4** [mbt. de stem] *flatness* ⇒*monotony,* ⟨mbt. toon⟩ *evenness.*

effentjes →**effen II.**

efficiencybeurs 0.1 *office/business efficiency fair.*

efficiënt 0.1 *efficient* ⇒*businesslike.*

efficiëntie 0.1 *efficiency.*

eg 0.1 *harrow.*

EG ⟨afk.⟩ **0.1** [Europese Gemeenschap] *E.E.C.* ⇒⟨zeldz.⟩ *E.C.*

egaal 0.1 *even* ⇒*level, smooth,* ⟨kleur e.d.⟩ *uniform,* ⟨kleur e.d.⟩ *solid* ◆ **1.1** ~ grijs *solid grey.*

egalisatie 0.1 ⟨hand.⟩ *equalization,* ⟨lonen, weg⟩ *levelling.*

egaliseren 0.1 *level* ⇒*equalize, smooth.*

egard 0.1 *respect* ⇒*consideration, regard* ◆ **6.1** iem. met ~s behandelen *treat s.o. with respect.*

Egeïsch 0.1 *Aegean* ◆ **1.1** ~e Zee *A. Sea.*

egel 0.1 *hedgehog.*

egelantier ⟨plantk.⟩ **0.1** *sweet-brier* ⇒*eglantine.*

eggen 0.1 *harrow* ⇒*brake.*

ego ⟨psych.⟩ **0.1** *ego* ◆ **3.1** zijn ~ kreeg een flinke deuk *he suffered a serious blow to his e.;* dat streelde haar ~ *it gave her an e.-boost.*

egocentrisch 0.1 ⟨bn.⟩ *egocentric* ⇒*self-centred,* ⟨bw.⟩ *in an egocentric/self-centred way.*

egocentrisme 0.1 *egocentricity* ⇒*self-centredness.*

egoïsme 0.1 *egoism* ⇒*selfishness.*

egoïst 0.1 *egoist.*

egoïstisch 0.1 *egoistic(al)* ⇒*selfish.*

egotrip 0.1 *ego-trip.*

egotrippen 0.1 *go on an ego trip.*

egotripper 0.1 *ego tripper.*

Egypte 0.1 *Egypt.*

Egyptenaar, Egyptische 0.1 *Egyptian.*

Egyptisch 0.1 [mbt. Egypte] *Egyptian.*

eh 0.1 ⟨ter aanduiding van aarzeling⟩ *er.*

EHBO ⟨afk.⟩ **0.1** [Eerste Hulp Bij Ongelukken] *first aid;* ⟨plek waar EHBO wordt gegeven⟩ *first aid post/station;* ⟨in ziekenhuis⟩ *emergency ward/department;* ⟨BE⟩ *casualty (ward).*

EHBO-diploma 0.1 *first-aid certificate.*

EHBO'er, -ster 0.1 *first-aider* ⇒⟨in GB lid van 'St. John's Ambulance Brigade', bij voetbalwedstrijden enz.⟩ *St. John's Ambulance man.*

ei 0.1 [biol.; eicel] *ovum, egg* **0.2** [mbt. vogels; iets met een eivorm] *egg* **0.3** [doetje] *softy* ⇒*soft touch, wet* ◆ **1.2** ⟨fig.⟩ dat is het ~ van Columbus *that's just the thing* **2.2** gepocheerde ~eren *poached eggs;* een hard ~ *a hard-boiled e.;* met rotte ~eren gooien (naar iem.) *throw rotten eggs (at s.o.);* ⟨fig.⟩ *sling mud (at s.o.);* verse ~eren *new-laid/fresh eggs;* een vuil ~ *an e. with a blood speck;* een zacht(gekookt) ~ *a soft-boiled e.;* ⟨fig.⟩ *a softy;* dat is voor haar een zacht(gekookt) ~tje *it's a piece of cake for her* **3.2** ⟨fig.⟩ dat is het hele ~eren eten *that's all there is to it;* ⟨fig.⟩ ~eren kiezen voor zijn geld *make the best of a bad job;* ⟨fig.⟩ als een kip die haar ~ niet kwijt kan *like a proper fidget;* een ~ leggen/uitbroeden *lay/hatch an e.* **6.2** ~eren met spek *bacon and eggs;* ⟨fig.⟩ **op** ~eren lopen *tread on eggs* **¶.2** ⟨fig.⟩ zijn ~ niet kwijt kunnen *not get one's chance;* ⟨sprw.⟩ beter een half ~ dan een lege dop *half a loaf is better than no bread/than none.*

eicel 0.1 *egg-cell* ⇒*ovum, female germ cell, female gamete.*

eideling 0.1 *cleavage* ⇒*segmentation.*

eiderdons 0.1 *eider(down).*

eidereend 0.1 *eider (duck).*

eierboer 0.1 *poulterer* ⇒*poultry/chicken farmer,* ⟨op kleine schaal⟩ *eggman.*

eierdooier, eidooier 0.1 *egg yolk.*

eierdop 0.1 [schaal rond het ei] *eggshell* **0.2** [eetgerei] *eggcup.*

eiereneten ◆ **2.¶** dat is nu het hele ~ *that's all there is to it.*

eierklopper, -klutser 0.1 ⟨garde⟩ *(egg) whisk;* ⟨roterende⟩ *eggbeater.*

eierkoek 0.1 *sponge (cake).*

eierkolen 0.1 *ovoids.*

eierlepeltje 0.1 *egg-spoon.*

eierpoeder 0.1 *egg powder.*

eierrek 0.1 *egg rack.*

eierschaal 0.1 *eggshell.*

eiersnijder 0.1 *egg slicer.*

eierstok ⟨med.⟩ **0.1** *ovary* ◆ **3.1** de~ken wegnemen *remove the ovaries.*

eierwarmer 0.1 *egg-cosy.*

eierwekker 0.1 *egg-timer.*

Eiffeltoren 0.1 *Eiffel Tower.*

eigeel¹ ⟨het⟩ **0.1** *egg yolk.*

eigeel² ⟨bn.⟩ **0.1** *buttercup yellow.*

eigen¹ ⟨het⟩⟨fig.⟩ **0.1** [inf.; + bez. vnw.] *myself, yourself, himself, herself, itself* ⟨enk.⟩; *ourselves, yourselves, themselves* ⟨mv.⟩ ◆ **6.1** ik dacht bij mijn ~ dat ...*I was thinking to myself...;* **op** zijn ~ gaan wonen *start living on one's own.*

eigen² ⟨bn.⟩ **0.1** [aan de betrokkene(n) toebehorend] *own* ⇒ ⟨privé⟩ *private*, ⟨persoonlijk⟩ *personal* **0.2** [uitgaand van iem. zelf] *own* **0.3** [kenmerkend] *typical, characteristic, individual* **0.4** [vertrouwd] *familiar* **0.5** [mbt. de streek, het land van herkomst] *own* ⇒*native, domestic* ◆ **1.1** een ~ bedrijf beginnen *start one's o. company;* voor ~ gebruik *for one's (o.) private use;* ~ geld *one's o. money;* ⟨bij loterij⟩ *stake;* ⟨bij hypotheek⟩ *deposit;* mensen met een ~ huis *people who own their o. house;* iets in ~ kring vieren *celebrate sth. privately;* ⟨sport⟩ voor ~ publiek spelen *play at home;* wij hebben ieder een ~ (slaap)kamer *we have separate (bed)rooms;* ~ weg *private road;* op een geheel ~ wijze *in my/your* ⟨enz.⟩ *very o. way;* het waren haar ~ woorden *those were her very words;* bemoei je met je ~ zaken *mind your o. business* **1.2** naar ~ zeggen *by one's o. account* **1.3** bier met een geheel ~ smaak *beer with a taste all of its own* **1.5** de situatie in ~ land *the domestic situation;* ~ producten *domestic products* **3.3** dat is hem ~ *that is typical of him;* ⟨inf.⟩ *that's him all over* **3.4** zich iets ~ maken *make o.s. familiar with sth.;* ⟨mbt. taal⟩ *master, pick up;* ⟨mbt. gewoonte⟩ *pick up, fall into, acquire* **4.3** met de hem ~ bescheidenheid *with his characteristic modesty* **5.1** een geheel ~ stijl ontwikkelen *develop a style all one's o.*

eigenaar, eigenares 0.1 *owner* ⇒⟨bezitter ook⟩ *possessor,* ⟨van waardepapieren e.d.⟩ *holder* ◆ **1.1** verandering van ~ *change of owner(ship)* **2.1** ⟨jur.⟩ blote ~ *bare/legal o.;* de rechtmatige ~ *the rightful o.* **6.1** deze auto is drie keer **van** ~ veranderd *this car changed hands three times.*

eigenaar-bewoner 0.1 *owner-occupier.*

eigenaardig I ⟨bn.⟩ **0.1** [eigen karakter hebbend] *singular* ⇒*peculiar, personal, idiosyncratic* **0.2** [euf.; vreemd] *peculiar* ⇒*strange, odd, curious* ◆ **1.1** een ~ gezegde/geval *a peculiar saying/singular case* **1.2** hij was een ~e jongen *he was a strange boy;* **II** ⟨bw.⟩ **0.1** [op bijzondere wijze] *peculiarly* ⇒*oddly* ◆ **3.1** hij kan zo ~ doen *he can behave so strangely.*

eigenaardigheid 0.1 [het eigenaardig zijn] *oddity* ⇒⟨vnl. van personen⟩ *individuality* **0.2** [bijzondere eigenschap] *peculiarity* ⇒*idiosyncrasy, oddity, characteristic* ◆ **3.2** hij heeft van die eigenaardigheden *he has such odd habits.*

eigenbelang 0.1 *self-interest* ⇒⟨opportunistisch⟩ *expediency* ◆ **3.1** alleen op ~ uit zijn *be driven purely by s.-i.* **6.1 uit** ~ handelen *act out of s.-i.*

eigendom I ⟨de⟩⟨jur.⟩ **0.1** [eigendomsrecht] *ownership* ⇒*title,* ⟨onroerend goed, onbeperkte duur⟩ *freehold,* ⟨onroerend goed; beperkte duur⟩ *leasehold* ◆ **2.1** iets in volle/vrije ~ bezitten *own sth. freehold* **6.1 in** ~ hebben *own (sth.);* **II** ⟨het⟩ **0.1** [bezit] *property* ⇒*possession,* ⟨mv.⟩ *belongings* **0.2** [onroerend goed] *property* ⇒⟨jur.⟩ *freehold estate, leasehold* ◆ **2.1** tot gemeenschappelijk ~ maken *make (sth.) common property* **2.2** gebouwde en ongebouwde ~men *land and buildings* **3.1** het ~ blijven/worden van *remain/become the property of* **4.1** dat boek is mijn ~ *that book belongs to me.*

eigendomsbeperking 0.1 *limitation of ownership.*

eigendomsbewijs 0.1 *title deed* ⇒*proof of ownership (to/of),* ⟨van auto⟩ *registration book,* ⟨effecten⟩ *security.*

eigendomsoverdracht 0.1 *transfer/* ⟨van vastgoed ook⟩ *conveyance of property* ⇒⟨eigendomsrecht⟩ *transfer of ownership.*

eigendomsrecht 0.1 *right(s) of ownership (in)* ⇒*title (to).*

eigendunk 0.1 *self-conceit* ⇒*self-importance, arrogance.*

eigene 0.1 *individuality* ⇒⟨zaken⟩ *characteristic feature/ flavour* ◆ **1.1** het ~ v.e. volk *the typical quality of a nation.*

eigengebakken ⟨inf.⟩ **0.1** *home-baked* ⇒*home-made* ◆ **1.1** ~ brood ⟨meestal⟩ *home-made bread.*

eigengemaakt ⟨inf.⟩ **0.1** *home-made.*

eigengereid 0.1 *headstrong* ⇒*self-willed* ◆ **1.1** een ~ jongetje *a h./an obstinate little boy.*

eigenhandig 0.1 *(made/done) with one's own hand(s)* ⇒ ⟨bw. ook⟩ *(do sth.) oneself, personally* ◆ **3.1** ~ geschreven ⟨sollicitatiebrief⟩ *in one's own handwriting;* een door de minister ~ geschreven brief *a personal letter from the Minister;* ⟨lett.⟩ *a letter in the Minister's own handwriting.*

eigenheid 0.1 [eigenaardigheid] *singularity* ⇒*characteristic property* **0.2** [eigen karakter] *individuality* ⇒*individual character.*

eigenheimer 0.1 ⟨kind of potato⟩.

eigenliefde 0.1 *amour-propre* ⇒*self-love.*

eigenlijk I ⟨bn.⟩ **0.1** [echt] *real* ⇒*actual, true, proper* ◆ **1.1** de ~e betekenis v.e. woord *the true meaning of a word;* een ~e breuk *a proper fraction;* het ~e Londen *London proper;* **II** ⟨bw.⟩ **0.1** [in werkelijkheid] *really* ⇒*in fact, exactly, actually* ◆ **3.1** u heeft ~ gelijk *you are right, r.;* ~ is de zaak deze *in fact the situation is this;* het is ~ een leugen *actually, it's a lie;* wat is een pacemaker ~? *what exactly is a pacemaker?;* daar kom ik ~ voor *that's what I've r. come for;* ~ mag ik je dat niet vertellen *actually, I'm not supposed to tell you;* wat moet hij hier ~ *what's he doing here?;* wat wil je nu ~? *just what are you driving at?;* ik wist ~ niet wat ik moest zeggen *I didn't quite know what to say* **5.1** ~ niet *not r./exactly.*

eigenmachtig 0.1 *self-willed* ⇒*self-opinionated* ◆ **1.1** een ~ optreden *a high-handed action* **3.1** ~ handelen ⟨op eigen gezag⟩ *act on one's own authority;* ⟨zonder machtiging⟩ *act without authorization.*

eigennaam ⟨taal.⟩ **0.1** *proper name.*

eigenroem ◆ **3.¶** ~ stinkt ⟨schr.⟩ *self-praise is no recommendation;* ⟨inf.⟩ *you shouldn't blow your own trumpet.*

eigenschap 0.1 *quality* ⇒*property* ⟨van stoffen, materialen; ook wisk.⟩ ◆ **2.1** zij heeft veel goede ~pen *she has many fine qualities;* zij heeft goede en slechte ~pen *she has good and bad points;* de goede ~pen ⟨van boek, paard, man⟩ *the qualities/strong points/strengths;* kenmerkende ~ *characteristic/distinguishing feature.*

eigensoortig 0.1 *(in) a class of its/her/his own.*

eigenste ⟨inf.⟩ **0.1** ⟨ongemarkeerd⟩ *selfsame* ⇒*the very same* ◆ **1.1** die ~ dag is hij vertrokken *he left the very same day.*

eigentijds 0.1 *contemporary* ⇒*modern.*

eigenwaan 0.1 *self-satisfaction* ⇒*conceitedness, egotism* ◆ **5.1** vol ~ *self-satisfied, (self-)conceited.*

eigenwaarde 0.1 *self-respect* ⇒*self-esteem* ◆ **1.1** gevoel van ~ *s.-r.*

eigenwijs 0.1 [verwaand] *cocky* ⇒*conceited, pigheaded,* ⟨betweterig⟩ *priggish,* ⟨(te) wijs voor zijn/haar leeftijd⟩ *precocious* **0.2** [grappig, afwijkend] *pert* ⇒⟨brutaal⟩ *saucy, cheeky* ◆ **1.1** ⟨inf.⟩ een eigenwijze drol *a smart alec(k);* een ~ figuur *a know-(it-)all;* wat een ~ kereltje *what a precocious child* **3.1** doe niet zo ~ *don't think you know it all.*

eigenwijsheid 0.1 [hoedanigheid] *pertness* ⇒*cocksureness* **0.2** [uitlating, handeling] *impertinence.*

eigenzinnig 0.1 *self-willed* ⇒⟨koppig⟩ *stubborn, obstinate,* ⟨onhandelbaar⟩ *unamenable,* ⟨onhandelbaar⟩ *wayward.*

eigenzinnigheid 0.1 *self-will* ⇒*wilfulness, obstinacy,* ⟨inf.⟩ *pigheadedness.*

eihoofd 0.1 [eivormig hoofd] *egg-shaped head* **0.2** [als scheldnaam] *egghead.*

eik 0.1 *oak (tree).*

eikel 0.1 [vrucht v.d. eikenboom; versiersel] *acorn* **0.2** [deel v.d. penis] *glans (penis)* **0.3** [kluns] *oaf.*

eikelen ⟨jeugd.⟩ **0.1** *mess about* ⇒*be a pain in the neck.*

eiken 0.1 ⟨bn. en zn.⟩ *oak(-wood)* ◆ **2.1** blank ~ *natural oak.*

eikenblad 0.1 *oak leaf.*

eikenbladsla 0.1 *oak leaf lettuce.*

eikenboom 0.1 *oak (tree).*

eikenbos 0.1 *oak wood* ⇒⟨klein⟩ *oak-grove.*

eikenhout 0.1 *oak(-wood).*

eiland 0.1 *island* ⇒⟨dicht.; klein; met bep. eigennamen⟩ *isle* ◆ **1.1** ⟨fig.⟩ ~jes van gras *islands of grass;* op het ~ Man / Wight *on the Isle of Man/Wight;* op het ~ Walcheren *on the island of Walcheren* **2.1** de Britse ~en *the British Isles;* een kunstmatig ~ *an artificial / a manmade island;* ⟨boor / werkeiland⟩ *a platform (at sea)* **6.1** ⟨fig.⟩ we zitten hier niet **op** een ~ *we are not the only people in the world;* **op** een ~ wonen *live on an island.*

eilandbewoner, -bewoonster 0.1 *islander* ⇒*island dweller.*

eilandengroep 0.1 *archipelago* ⇒*group of islands.*

eilander →**eilandbewoner.**

eilandgebied 0.1 *island group* ⇒⟨gebiedsdeel⟩ *island territory.*

eileider ⟨biol.⟩ **0.1** *Fallopian tube* ⇒⟨vnl. van vogels⟩ *oviduct.*

eind 0.1 [bepaalde afstand / lengte]⟨afstand⟩ *way, distance;* ⟨stuk⟩ *piece* **0.2** [het laatste gedeelte / stuk] *end* ⇒*extremity,* ⟨van toneelstuk / boek / verhaal / film ook⟩ *ending* ◆ **1.1** een ~ touw *a length of rope;* ⟨dun⟩ *a piece of string* **1.2** ~ mei *at the end of May;* hij woont aan het ~ v.d. wereld *he lives in the back of beyond* **2.1** het is een heel ~ *it's a long way;* ze zijn al een heel ~ op weg *they've already gone a long way;* het is nog een heel ~ *it's still a long way;* ⟨fig.⟩ aan het kortste / langste ~ trekken *get the worst/best of it;* wat een lang ~, die dochter van ons *she's a tall one, that daughter of ours;* op het (laatste) ~ rechte ~ *on the home / finishing stretch* **2.2** het andere ~ v.d. stad *the other end of the town* **2.¶** het bij het rechte ~ hebben *be right;* je hebt het bij het verkeerde ~ *you're mistaken, you've got hold of the wrong end of the stick* **3.1** daar kom ik een heel ~ mee *that will go a long way;* iem. een heel ~ tegemoet komen ⟨ook fig.⟩ *go a long way to meet s.o.* **5.1** dat is een heel ~ om *that's quite a bit out of the way;* ⟨fig.⟩ een ~ weg praten *go / rattle on* **6.1** een ~ **in** de 40 *well over / past 40;* de kosten bleven een heel ~ **onder** de raming *the costs were considerably less than the estimate* **6.2** op het ~ v.d. achttiende eeuw *towards the end of the eighteenth century.*

eindaccent 0.1 *final stress.*

eindafrekening 0.1 ⟨hand.⟩*final / last statement* ⟨bank, giro⟩;*final / last payment* ⟨het afrekenen⟩.

eindbedrag 0.1 *(sum) total* ⇒*total amount.*

eindbeslissing 0.1 *final decision.*

eindbestemming 0.1 *final destination* ⇒⟨halte⟩ *terminal.*

eindcijfer 0.1 *total figure* ⇒*grand total,* ⟨schoolrapport⟩ *final mark.*

eindconclusie 0.1 *final conclusion.*

eindcontrole 0.1 *final inspection.*

einddatum 0.1 *final date, deadline.*

einddiploma 0.1 *diploma* ⇒*certificate,* ⟨beroepsopleiding⟩ *certificate of qualification* ◆ **1.1** het ~ v.d. middelbare school behalen *get one's* [B]*GCSE's /* [A]*high school certificate.*

einddoel 0.1 ⟨doelstelling⟩ *(ultimate) goal;* ⟨eindbestemming⟩*final destination* ◆ **3.1** zijn ~ bereiken *attain one's (final) goal, achieve one's (ultimate) purpose;* ⟨na reis / transport⟩ *reach one's final destination.*

einde, eind 0.1 [plaats] *end* **0.2** [moment] *end* ⇒⟨van toneelstuk / boek / verhaal / film ook⟩ *ending, cessation* ⟨van vijandigheden⟩, *finish* ⟨van wedren / loop⟩ **0.3** [resultaat] *upshot, result, conclusion* ◆ **1.1** ⟨fig.⟩ aan het ~ v.d. rit *at the e. of the day* **1.2** ze bleef tot het ~ v.d. zomer ⟨ook⟩ *she stayed through the summer* **1.3** het ~ v.d. besprekingen was, dat ... *the result of the discussions was that ...;* het ~ v.h. liedje was, dat ... *the upshot (of the affair) / the end of it was, that ...* **2.2** een verhaal met een open ~ *an story with an open ending* **2.3** iets tot een goed ~ brengen *bring sth. to a favourable conclusion* **3.1** daar moet maar eens een ~ aan komen *something has to be done about it;* er komt geen ~ aan *there's no e. to it* **3.2** een ~ komen *meet one's end;* het was of er nooit een ~ aan zou komen *it seemed endless;* er kwam geen ~ aan *there was no end to them / it* ⟨enz.⟩; er een ~ aan maken *bring to an end, finish, conclude;* ⟨zelfmoord⟩ *do away with o.s.,* een ~ maken aan iets ⟨doen ophouden⟩ *put an end to sth.;* ⟨regelen, bv. mbt. staking / argument / ruzie⟩ *settle;* laten we er nu maar eens een ~ aan maken *let's finish off now;* het ~ nadert *the end is near* **6.2** ⟨fig.⟩ **aan** het eind van zijn Latijn zijn *be at the end of one's tether;* ⟨uitgeput ook⟩ *be shattered;* lelijk **aan** zijn ~ komen *come to meet a nasty end;* ik ben nog niet **aan** het ~ gekomen van mijn betoog *I have not yet finished my argument;* ik kom hiermee **aan** het ~ van mijn betoog *this brings me to the end of my argument;* ze loopt **op** haar / het ~ *she's near her time;* de wereld loopt **op** haar ~ *the world is coming to an end;* het loopt met hem **op** een ~ *he's nearing his end;* **op** het ~ v.d. middag *in the late afternoon;* **ten** ~ lopen *come to an end, draw to a close;* ⟨contract⟩ *expire;* mijn geduld loopt **ten** ~ *my patience is wearing thin;* **ten** ~ raad besloot hij ... *not knowing what else to do he decided to ...;* het jaar loopt langzaam **ten** ~ *we are coming to the end of the year;* **ten** ~ raad zijn *be at one's wits' end;* **tot** het ~ *toe to the very end;* van het begin **tot** het ~ *from beginning to end / start to finish,* **tot** het ~ der tijden *to the end of time;* wij moeten **tot** het ~ volhouden *we must see it through;* dat wordt een gebed / lied **zonder** ~ *we'll / you'll* ⟨enz.⟩ *never hear the last of it* **7.¶** dat is het einde! *that's fantastic!;* voor hem is Picasso het einde *he thinks Picasso is the tops / the cat's whiskers, he thinks the world of Picasso* **¶.1** daar kunnen we niet aan beginnen, dan is het ~ zoek *we mustn't start on that because there'd be no e. to it* **¶.2** ~ ⟨aan eind van film / boek⟩ *(the) end;* ⟨sprw.⟩ ~ goed, al goed *all's well that ends well;* ⟨sprw.⟩ aan alles komt een ~ *everything has an end.*

eindelijk 0.1 *finally* ⇒*at last, in the end* ◆ **3.1** kom je ~ *are you coming at last* **¶.1** daar heb je ze ~, daar zijn ze ~ *there they are at last;* hè, hè, ~! *at (long) last!*

eindeloos I ⟨bn., bw.⟩ **0.1** [oneindig] *endless* ⇒*infinite, interminable* **0.2** [nooit ophoudend] *endless* ⇒*perpetual, interminable, unending* **0.3** [prachtig] *superb* ⇒*wonderful, smashing* ◆ **1.1** de eindeloze ruimte *infinite space, infinity* **2.1** - ver *miles (and miles) away* **3.2** ~ zeuren *never stop moaning* **5.2** ik moest ~ lang wachten *I had to wait for ages;*

II ⟨bw.⟩ **0.1** [in de hoogste mate] *infinitely* ◆ **2.1** zij zijn ~ gelukkig *they are i. happy.*

eindeloosheid 0.1 [het eindeloos zijn] *endlessness* ⇒*infinity,* ⟨tijd⟩ *perpetuity* **0.2** [eindeloze ruimte] *infinity.*

einder 0.1 *horizon.*

eindexamen 0.1 *final exam* ◆ **3.1** ~ doen *take one's final exams* **6.1** voor zijn ~ slagen / zakken *pass / fail one's final exams.*

eindexamenkandidaat 0.1 [iem. die zich voorbereidt]

sixth-former, A-level candidate **0.2** [iem. die eindexamen doet] *examinee* ⇒*A-level candidate.*
eindexamenklas 0.1 *(upper) sixth form.*
eindexamenopgave 0.1 *final examination paper* ⇒⟨inf.⟩ *final (exam).*
eindexamenvak 0.1 *final examination subject* ⇒*school certificate subject.*
eindfactuur 0.1 *final invoice.*
eindfase 0.1 *final stage.*
eindgebruiker 0.1 *end user.*
eindgesprek 0.1 *final interview/session/talk.*
eindig 0.1 [een einde hebbende] *finite* **0.2** [beperkt] *limited* ◆ **1.1** ⟨wisk.⟩ ~e getallen/reeksen *f. numbers/progressions.*
eindigen I ⟨onov.ww.⟩ **0.1** [ophouden] *end* ⇒*finish, come to an end, stop* **0.2** [als einde hebben] *end* ⇒*finish, come to an end, terminate,* ⟨tijd ook⟩ *run out,* ⟨tijd ook⟩ *expire* ◆ **1.1** de zitting is geëindigd *the session has come to an end* **5.1** ~ waar men begonnen is *e. up where one started (from)* **6.1** de school eindigt **om** twaalf uur *school finishes at twelve o'clock* **6.2** de staaf eindigt **in** een punt *the bar ends in a point;* de ruzie eindigde **met** ...*the outcome of the quarrel was ...;* dit woord eindigt **op** een klinker *this word ends in a vowel* **8.¶** zij eindigde als eerste *she finished first;*
II ⟨ov.ww.⟩ **0.1** [ten einde brengen] *finish (off)* ⇒*end, bring to a close, terminate;*
III ⟨onov., ov.ww.⟩ **0.1** [besluiten, afronden] *end* ⇒*close, wind up* ◆ **3.1** ik moet nu ~ *I must finish now* **6.1** hij eindigde **met** te zeggen dat ...*he ended by saying that ...*
eindigheid 0.1 *finiteness* ◆ **1.1** de ~ van onze natuurlijke rijkdommen *the exhaustibility of our natural resources.*
eindje 0.1 [stukje, restantje] *piece* ⇒*bit* **0.2** [korte afstand] *little way* **0.3** [uiteinde] *(loose) end* ◆ **1.1** een ~ v.e. sigaar *a cigar butt/stub;* een ~ touw *a length of rope;* ⟨dun⟩ *a p. of string* **2.2** dat is een aardig ~ *that's quite a way* **3.2** de deur een ~ openlaten *leave the door ajar* ⟨op een kier⟩; *leave the door open a little (way)* **3.3** ⟨fig.⟩ de ~s met moeite aan elkaar kunnen knopen *be hardly able to make (both) ends meet* **3.¶** zijn ~ vasthouden *stick to one's guns* **5.2** een ~ verder *a bit further.*
eindklassement 0.1 *overall standings;* ⟨etappewedstrijd ook⟩ *General Classification (table).*
eindlijst 0.1 [lijst] *final list* **0.2** →**eindrapport 0.1.**
eindnotering 0.1 *closing price/quotation.*
eindoordeel 0.1 *final judgement/verdict* ⇒*final conclusion(s)* ⟨van commissie⟩.
eindproduct 0.1 *final/end product* ⇒⟨afgewerkt artikel⟩ *finished article,* ⟨resultaat ook⟩ *final/end result.*
eindpunt 0.1 *end* ⇒⟨mbt. bus enz.⟩ *terminus* ◆ **1.1** het ~ van zijn loopbaan bereiken *reach the end of one's career;* het ~ van onze wandeling *the end of our walk* **6.1** het ~ **van** lijn 8 *the terminus of (route/bus/tram) number 8.*
eindrangschikking 0.1 *overall standings.*
eindrapport 0.1 [school.] ⟨overgangsrapport⟩ *end-of-year report;* ⟨laatste schoolrapport⟩ *(school) leaving report* **0.2** [mbt. een onderzoek] *final report.*
eindredacteur, -trice 0.1 *±editor-in-chief.*
eindredactie 0.1 [laatste redactie] *final editing* **0.2** [afdeling] *editorial board.*
eindresultaat 0.1 *final/end result* ⇒⟨conclusie⟩ *conclusion,* ⟨eindbedrag, ook fig.⟩ *final total.*
eindrijm 0.1 *end rhyme.*
eindronde ⟨sport⟩ **0.1** *last/final round* ⇒*finals* ⟨mv.⟩ ◆ **6.1** zich **voor** de ~ plaatsen *qualify for the final round/the finals.*

eindsaldo 0.1 *final/closing balance.*
eindscore ⟨sport⟩ **0.1** *final score.*
eindsignaal 0.1 *final whistle* ⟨van wedstrijd⟩.
eindspel 0.1 *end-game.*
eindspurt, eindsprint 0.1 *final sprint* ◆ **3.1** een ~ inzetten *put on a f. s.*
eindstadium 0.1 *final stage* ⇒⟨ziekte⟩ *terminal stage.*
eindstand 0.1 *final score.*
eindstation 0.1 *terminal (station).*
eindstreep 0.1 *finish(ing line)* ◆ **3.1** de ~ bereiken/halen *finish;* de ~ niet halen ⟨fig.⟩ *not make it* **6.1** iem. **op** de ~ verslaan *beat s.o. at the post.*
eindstrijd 0.1 ⟨sport⟩ *final(s)* ⇒*final contest.*
eindterm 0.1 *final attainment level.*
eindtotaal 0.1 *grand total* ⇒*final total.*
einduitslag ⟨sport⟩ **0.1** *final results* ⇒⟨stand, puntentotaal⟩ *final score,* ⟨lijst van uitslagen⟩ *(list of) results* ◆ **3.1** de ~ luidt als volgt *the final results are as follows.*
eindverantwoordelijkheid 0.1 *final responsibility* ◆ **3.1** de ~ ligt bij u *you have the final responsibility, you are ultimately responsible.*
eindverslag 0.1 *final report.*
eindversterker 0.1 *power/output amplifier.*
eindvonnis 0.1 *final verdict* ⇒⟨echtscheiding⟩ *decree absolute.*
eindzege ⟨sport⟩ **0.1** [sport] *first place* **0.2** [mil.] *(final) victory* ◆ **3.1** de ~ behalen *be the overall winner.*
eirond 0.1 *oval* ⇒*ovoid.*
eis 0.1 [wat men verlangt alvorens tevreden te zijn] *requirement* ⇒*demand, claim* **0.2** [vordering krachtens recht of macht] *demand* ⇒*requirement* **0.3** [voorwaarde voor een tegenprestatie] *demand* ⇒*term* **0.4** [wat behoort krachtens normen/gedragsregels] *requirement* ⇒*need* **0.5** [jur.] *claim* ⇒*suit,* ⟨strafrecht⟩ *sentence demanded* ◆ **1.4** volgens de ~en v.d. betamelijkheid ...*decency requires (that) ...;* aan de ~en des tijds voldoen *conform to modern standards* **1.5** de ~ van het Openbaar Ministerie was vier jaar *the Prosecution demanded four years* **2.1** hoge ~en stellen aan iem. *place great demands on s.o.;* aan onze vertegenwoordigers stellen wij hoge ~en *our representatives have to meet stringent requirements* **3.1** aan de (gestelde) ~en voldoen *meet the requirements;* de ~ stellen dat ...*require that ...;* hij stelt geen ~en ⟨lett.⟩ *he makes no demands* **3.2** iemands ~en inwilligen *comply with s.o.'s demands;* zijn ~en matigen *moderate one's demands* **3.5** iem. zijn ~ ontzeggen *dismiss s.o.'s claim;* iem. zijn ~ toewijzen *allow s.o.'s claim* **6.1** de ~en moeten **aan** de strengste ~en **voldoen** *the brakes must comply with the strictest requirements* **6.5** tegen iem. een ~ **tot** schadevergoeding instellen *bring a c. for damages against s.o.* **¶.1** zijn ~en naar voren brengen *assert one's claims* **¶.3** akkoord gaan met iemands ~en *agree to s.o.'s demands.*
eisen 0.1 [verlangen] *demand* ⇒*require, claim* **0.2** [jur.] *demand* ⇒*sue for* **0.3** [tot voorwaarde hebben] *require* ◆ **1.1** dringend de aandacht ~ *clamour for attention;* genoegdoening ~ voor iets *d. satisfaction for sth.;* het ongeval eiste vier mensenlevens *the accident claimed four lives* **1.2** het Openbaar Ministerie eiste drie jaren *the Prosecution demanded three years;* schadevergoeding ~ *claim damages* **1.3** een losgeld voor iem. ~ *hold s.o. to ransom* **6.1** iets van iem. ~ *demand sth. from s.o.;* het eiste te veel **van** zijn krachten *it overtaxed his strength* **¶.2** iets in rechte ~ *sue for sth.*
eisenpakket 0.1 *list of demands* ◆ **3.1** iem. een ~ voorleggen *present s.o. with a list of demands.*

eiser, eiseres 0.1 [iem. die iets eist] *requirer* ⇒*claimer* **0.2** [jur.] *plaintiff* ⇒⟨mbt. echtscheiding⟩ *petitioner*, ⟨in strafzaak⟩ *prosecutor*, ⟨mbt. schadevergoeding⟩ *claimant*.

eitje 0.1 *(small) egg* ⇒⟨kiemcel⟩ *ovum* ◆ **2.1** ⟨fig.⟩ dat is voor hem een zachtgekookt ~ *that's a piece of cake to him;* een zacht ~ ⟨lett.⟩ *a soft-boiled egg;* ⟨fig.⟩ *a wally* **3.1** ~s loggen *lay eggs.*

eivol 0.1 *packed* ⇒⟨alleen predikatief⟩ *chockfull* ◆ **1.1** een ~le zaal *a p. room.*

eivorm 0.1 *oval.*

eivormig 0.1 *egg-shaped, oval.*

eiwit 0.1 [witte stof in een ei] *egg white* ⇒*white of an egg* **0.2** [proteïne] *protein* ⇒*albumin* ◆ **2.1** geklopt ~ *beaten e. w.* **2.2** dierlijk / plantaardig ~ *animal / vegetable p.*

eiwithoudend 0.1 *albuminous* ⇒*containing protein.*

eiwitrijk 0.1 *high-protein, rich in proteins.*

ejaculatie 0.1 *ejaculation.*

ejaculeren 0.1 *ejaculate.*

ekster 0.1 *magpie* ◆ **8.1** praten / klappen als een ~ *chatter like a m.*

eksteroog 0.1 *corn.*

el 0.1 [oude lengtemaat] *yard* ⟨Engelse el, 91 cm⟩; *ell* **0.2** [mootlat] *yardstick.*

elan 0.1 *zest* ⇒*élan* ◆ **6.1** met groot ~ *with great élan / z.;* ⟨zwier⟩ *with panache.*

eland 0.1 *elk* ⇒⟨Noord-Amerikaanse eland⟩ *moose.*

elasticiteit 0.1 *elasticity.*

elastiek¹ ⟨het⟩ **0.1** [gummi] *rubber* ⇒*elastic* **0.2** [geweven band] *elastic (band)* **0.3** [elastiekje van gummi] *rubber / elastic band.*

elastiek² ⟨bn.⟩ **0.1** *elastic.*

elastieken¹ ⟨bn.⟩ **0.1** *elastic.*

elastieken² ⟨onov.ww.⟩ **0.1** ±*jump-rope.*

elastiekje 0.1 *rubber / elastic band.*

elastiekspringen 0.1 *bungee jumping.*

elastisch 0.1 *elastic* ⇒⟨tred ook⟩ *springy,* ⟨spier, mens⟩ *supple* ◆ **1.1** ⟨fig.⟩ een ~ begrip *a fluid concept;* ⟨fig.⟩ ~e regels *flexible rules.*

elders 0.1 *elsewhere* ◆ **1.1** ik was met mijn gedachten ~ *my thoughts were e., I was far away* **3.1** goederen ~ betrekken *obtain goods e.;* zijn vakantie ~ doorbrengen *spend one's holidays somewhere else.*

eldorado ⟨fig.⟩ **0.1** *eldorado.*

electoraat 0.1 [kiezersvolk] *electorate* **0.2** [waardigheid van keurvorst, keurvorstendom] *electorate.*

elegant 0.1 *elegant* ⟨beweging, stijl, schrijver, manieren⟩ ⇒ *refined* ⟨mens, smaak⟩ ◆ **1.1** een ~e dame *a lady of refinement;* een ~e oplossing van een vraagstuk *an e. solution to a problem* **3.1** hij drukte zich ~ uit *he used an e. turn of phrase.*

elegantie 0.1 *elegance.*

elegie 0.1 [klaagdicht] *elegy* **0.2** [muz.] *elegy* ⇒⟨bij rouwplechtigheid⟩ *dirge.*

elektra 0.1 [aansluiting op het elektrisch net; verbruik] *electricity* **0.2** [artikelen] *electrical appliances.*

elektricien 0.1 *electrician.*

elektriciteit 0.1 *electricity* ◆ **3.1** ~ aanleggen *lay on e.;* de ~ is nog niet aangesloten *we aren't connected to the mains yet.*

elektriciteitsbedrijf 0.1 *electricity company.*

elektriciteitscentrale, elektriciteitsfabriek 0.1 *power station.*

elektriciteitskabel 0.1 *cable* ⇒*flex.*

elektriciteitsmeter 0.1 *electricity meter.*

elektriciteitsnet 0.1 *electricity grid.*

elektriciteitsrekening 0.1 *electricity bill.*

elektriciteitsstoring 0.1 *power failure.*

elektriciteitsverbruik 0.1 *consumption of electricity.*

elektriciteitsvoorziening 0.1 *electricity supply.*

elektrificeren 0.1 *electrify* ◆ **1.1** een spoorweg ~ *e. a railway.*

elektrisch 0.1 *electric(al)* ◆ **1.1** ~e apparaten *electrical appliances;* een ~e centrale *a power station;* de dampkring is ~ *the atmosphere is charged with electricity;* een ~e deken *an electric blanket;* ~e energie *power, electrical energy;* ~e installatie *electrical installation;* ~e spanning *voltage, tension;* de ~e stoel *the electric chair;* ~ veld *electric field* **2.1** ~ negatief / positief geladen *electronegative, electropositive* **3.1** ~ koken *cook with electricity;* dit toestel werkt ~ *this appliance uses electricity.*

elektriseren 0.1 [elektriciteit opwekken in] *electrify* **0.2** [elektrocuteren] *electrocute* **0.3** [fig.] *electrify.*

elektrocardiogram 0.1 *electrocardiogram.*

elektrocuteren 0.1 *electrocute.*

elektrocutie 0.1 *electrocution.*

elektrode 0.1 *electrode* ◆ **2.1** negatieve / positieve ~ *negative / positive e.*

elektro-encefalogram 0.1 *electroencephalogram.*

elektromagneet 0.1 *electromagnet.*

elektromagnetisch 0.1 *electromagnetic* ◆ **1.1** ~e schakelaar *solenoid switch.*

elektromagnetisme 0.1 *electromagnetism.*

elektrometer 0.1 *electrometer.*

elektromonteur 0.1 *electrical fitter* ⇒*electrician.*

elektromotor 0.1 *(electric) motor.*

elektromotorisch ◆ **1.¶** ~e kracht (EMK) *electromotive force (E.M.F.).*

elektron 0.1 [nat.] *electron* **0.2** [magnesiumlegering] *Elektron* ⟨handelsmerk⟩.

elektronenbuis 0.1 *electron tube* ⇒⟨met vacuüm⟩ *vacuum tube.*

elektronenkanon 0.1 *electron gun.*

elektronenmicroscoop 0.1 *electron microscope.*

elektronica 0.1 *electronics*

elektronicus 0.1 *electronic engineer.*

elektronisch 0.1 *electronic* ◆ **1.1** ~ brein *e. brain;* ~e muziek *e. music;* ~e post *e. mail, e-mail* **3.1** ~ winkelen *e. shopping, shopping by computer.*

elektroshock 0.1 *electroshock.*

elektrotechnicus 0.1 *electrical engineer.*

elektrotechniek 0.1 *electrical engineering.*

elektrotechnisch 0.1 *electrical* ◆ **1.1** ~ ingenieur *e. engineer.*

elektrotherapie 0.1 *electrotherapy.*

element 0.1 [gesch., schei., wisk.] *element* **0.2** [vormend (hoofd)bestanddeel] *element* ⇒*component* **0.3** [persoon] *element* **0.4** [bouwk.] *component* ⇒*element* **0.5** [mv.; weersomstandigheden] *elements* **0.6** [mbt. een pick-up] *cartridge* **0.7** [nat.; toestel] *cell* ◆ **2.1** ⟨schei.⟩ kunstmatige ~en *synthetic elements;* het natte ~ *the aqueous e., water* **2.2** een essentieel / onmisbaar ~ *an essential e.* **2.3** ongewenste ~en *undesirable elements* **2.4** een bank bestaande uit drie losse ~en *a couch consisting of three separate units* **2.6** een magnetodynamisch ~ *a magnetic c.* **3.5** de ~en trotseren *brave the e.* **6.5** de strijd tegen de ~en *the battle with the e.* **6.¶ in** zijn ~ zijn *be in one's element;* hij voelt zich helemaal **in** zijn ~ *he feels like a fish in the water.*

elementair 0.1 *elementary* ⟨ook nat.⟩ ⇒*fundamental, basic* ◆ **1.1** ~e behoeften *e. / basic needs;* ~e kennis *e. / basic* *knowledge;* een ~ onderdeel is zoek *a basic part is missing;* ⟨nat.⟩ ~ kwantum *unit quantity;* ~e wiskunde *e./basic mathematics* **1.¶** met ~e kracht *with elemental force* **6.1** ~ **voor** een goed resultaat *essential for a good result.*

elf¹ I ⟨de; -en⟩ **0.1** [sprookjesfiguur] *elf* ⇒*pixie* **0.2** [ijle geestengestalte] *shade* ⇒*spirit;* **II** ⟨de; elven⟩ **0.1** [cijferteken] *eleven* ◆ **6.1** de wijzers staan al bijna **op** de ~ *the hands are nearly on e.*

elf² ⟨telw.⟩ **0.1** *eleven;* ⟨data⟩ *eleventh* ◆ **6.1** het is **bij** elven *it's close on eleven* **7.1** de ~ van Oranje *the Dutch team* ⟨ook→**drie**⟩.

elfde 0.1 ⟨zn. en rangtelw.⟩ *eleventh* ◆ **1.1** ⟨fig.⟩ een ter ~r ure genomen beslissing *a last-minute decision, a decision taken at the eleventh hour* ⟨ook→**derde**⟩.

elfendertigst ⟨scherts.⟩ ◆ **1.¶** voor de ~e keer *for the umpteenth time* **6.¶** **op** zijn ~ *at a snail's pace.*

elfmeter ⟨sport⟩ **0.1** [strafschop] *penalty* **0.2** [penaltystip] *penalty spot* ◆ **3.1** een ~ benutten *score (from) a p.*

elfstedentocht 0.1 *1 1-city race* ⟨*skating marathon in Friesland*⟩.

elftal 0.1 [sport] *team* **0.2** [elf eenheden] *(set/group of) eleven* ◆ **2.1** het nationaal ~ *the national t.* **7.1** het eerste ~ *the first team;* het tweede ~ *the reserves.*

eliminatie 0.1 [verwijdering] *elimination* ⇒*removal* **0.2** [het doden] *elimination, liquidation.*

elimineren 0.1 [wegwerken] *eliminate* ⇒*remove* **0.2** [doden] *eliminate, liquidate* ◆ **5.1** geleidelijk ~ *gradually e., phase out.*

elitair 0.1 [eigen aan een elite] *elitist* **0.2** [voorbehouden aan een elite] *elite* ◆ **1.1** een ~e houding aannemen *behave snobbishly.*

elitarisme 0.1 *elitism.*

elite 0.1 *elite* ◆ **3.1** tot de ~ behoren *belong to the e.*

elitegroep, -korps 0.1 *elite (group).*

elitetroepen 0.1 *elite troops* ⇒⟨inf.⟩ *crack troops.*

elixer 0.1 *elixir.*

elk 0.1 [zelfst.; ieder uit een beperkt aantal] ⟨mbt. twee of meer⟩ *each (one);* ⟨mbt. meer dan twee; alle(n)⟩ *every one* **0.2** [zelfst.; ieder(een)] *everyone, everybody* **0.3** [bijvoeglijk] ⟨mbt. twee of meer⟩ *each;* ⟨mbt. meer dan twee; alle⟩ *every;* ⟨welke dan ook⟩ *any* ◆ **1.2** ~ het zijne geven *to each his own* **1.3** ze kunnen ~e dag komen *they can come any day;* ze komen ~e dag *they come every day;* aan ~e hand een tas *(with) a bag in each hand;* ~e keer dat hij komt *every time he comes* **6.1** van ~ vier (stuks) *four of each* **7.2** ~e tweede *every other one* **¶.2** er is daar voor ~ wat wils *there's something for everyone;* ~ voor zich *everyone for himself.*

elkaar 0.1 *each other, one another* ◆ **1.1** in ~s gezelschap *in each other's company* **3.1** ~ helpen *help each other;* zij lijken op ~ *they look like/resemble one another* **6.1** twee touwen **aan** ~ binden *tie two ropes together;* zij maakte het **achter** ~ af *she finished it in one go;* hij heeft een uur **achter** ~ gepraat *he went on talking for a whole hour;* **achter** ~ staan *stand one behind the other;* weken/uren **achter** ~ *for weeks/hours on end;* vier keer **achter** ~ *four times in a row;* drie boeken **achter** ~ uitlezen *read three books one after the other;* **bij** ~ ⟨optelsom⟩ *(all) together, in all;* ⟨in elkaars gezelschap⟩ *together;* **bij** ~ komen *meet, come together;* hij heeft ze niet allemaal **bij** ~ *he's got a screw loose;* alles **bij** ~ ⟨genomen⟩ *on the whole, all in all;* zij hebben 50 gulden **bij** ~ kunnen leggen *they were able to raise 50 guilders;* zoveel geld heb ik nooit **bij** ~ gezien *I've never seen so much money at once;* meer dan alle anderen **bij** ~ *more than all the others put together;* wij blij-

ven **bij** ~ *we stick/keep together;* de kinderen lopen **door** ~ *the children are running all over the place;* alles ligt **door** ~ *everything is mixed up/confused;* **door** ~ raken *get mixed up/confused;* hoe zit dat **in** ~ *how does it work?;* ⟨fig.⟩ *tell me all about it;* het verhaal zit goed/slecht **in** ~ *the story is well/badly thought out;* zij werden het **met** ~ eens *they came to an agreement;* ze hadden **met** ~ nog geen gulden *they didn't have a guilder between them;* ze kwamen enkele minuten **na** ~ binnen *they came in within a few minutes of each other/one another;* naast ~ zitten/ liggen/lopen *sit/lie/walk side by side;* getallen **onder** ~ zetten *write/place figures in columns;* zij moeten dat **onder** ~ maar uitmaken *they must sort that out amongst themselves;* we zijn toch **onder** ~ *after all we are by ourselves;* het zijn vrienden **onder** ~ *they are all friends (together);* **op** ~ liggen *lie one on top of the other;* dingen **tegen** ~ zetten/leggen/drukken *put/lay/press things together;* die groep is **uit** ~ gevallen *the group has split up;* die auto valt bijna (van ellende) **uit** ~ *that car is falling apart;* ze zijn **uit** ~ gegroeid *they (have) drifted apart;* ⟨personen of zaken⟩ (goed) **uit** ~ kunnen houden *be able to tell (people/things) apart;* **uit** ~ gaan ⟨gezelschap, commissie, jury⟩ *break up;* ⟨vrienden, echtgenoten⟩ *split up/break up;* ⟨menigte, betogers⟩ *disperse;* een machine **uit** ~ halen/nemen *strip down/dismantle a machine;* zij zijn familie **van** ~ *they are related;* zij hebben veel **van** ~ *they are very much alike;* hij heeft zijn zaakjes goed **voor** ~ *he's got things fixed;* iets niet **voor** ~ kunnen krijgen *not manage (to do) sth.;* het is **voor** ~ *it has been taken care of* **¶.1** ~ uit de weg gaan *avoid each other.*

elleboog 0.1 [kromming v.d. arm; deel v.e. mouw] *elbow* **0.2** [benedenarm met de elleboog] *forearm* **0.3** [rechthoekige ombuiging] *elbow* ⇒*knee* ◆ **3.2** zijn ellebogen gebruiken, met de ellebogen werken (lett. en fig.) *use one's elbows* **6.1** mijn trui is door **aan** de ellebogen *my sweater is (worn) through at the elbows;* ⟨fig.⟩ hij heeft het **achter** zijn ellebogen *he's a sly one* **6.2** ze moesten zich **met** de ellebogen een weg uit de winkel banen *they had to elbow their way out of the shop.*

ellende 0.1 [rampzalige toestand, omstandigheid; rampzalige ervaring] *misery* **0.2** [narigheid] *trouble* ⇒*bother* ◆ **1.1** poel van ~ *Slough of Despond* **2.1** het was een doffe ~ *it was an awful business* **3.2** dat geeft alleen maar (een hoop) ~ *that will only cause (a lot of) t.;* de ~ is, dat ... *the rotten thing is that ...* **4.1** wat een ~ *how awful/dreadful* **6.1 van** ~ wegkwijnen *waste away with m.;* ⟨inf.⟩ die auto valt **van** ~ uit elkaar *this car is falling apart;* zwart zien **van** ~ *look terribly down.*

ellendeling 0.1 *wretch* ⇒⟨schurk⟩ *scoundrel.*

ellendig I ⟨bn.⟩ **0.1** [rampzalig] *awful* ⇒*dreadful, miserable* **0.2** [beklagenswaardig, deerniswekkend] *wretched* ⇒ *miserable* **0.3** [zeer onaangenaam, vervelend] *awful* ⇒ *dreadful* **0.4** [onbetekenend] *measly, paltry* **0.5** [verachtelijk] *despicable, contemptible* ◆ **1.3** ik kan die ~e sommen niet maken *I can't do those a. sums* **1.4** een ~ honderd gulden *a hundred m. guilders* **1.5** ~e verraders *c./d. traitors* **3.1** ik voelde me ~ *I felt rotten;* **II** ⟨bw.⟩ **0.1** [op ellendige wijze] *awfully* ⇒*miserably* ◆ **3.1** wat gaat dat ~ *what a dismal affair.*

ellenlang 0.1 *lengthy* ⇒*long-winded, long drawn-out* ◆ **1.1** iem. ~e brieven schrijven *write someone incredibly long letters.*

ellips 0.1 [wisk.; ovaal] *ellipse* ⇒*oval* **0.2** [plaatsing, opstelling] *ellipse* ⇒*oval* **0.3** [taal.; weglating van woorden] *ellipsis.*

elliptisch 0.1 [ellipsvormig] *elliptic(al)* ⇒*oval* **0.2** [taal., lit.] *elliptic(al)* ◆ **1.¶** ~e functies *elliptic functions.*
elmsvuur 0.1 *Saint Elmo's fire.*
elpee 0.1 *L.P.*
els I ⟨de (m.)⟩ **0.1** [boom] *alder;*
  II ⟨de⟩⟨amb.⟩ **0.1** [gebogen priem] *(brad)awl* ◆ **8.1** zo scherp als een ~ *as sharp as a needle.*
Elysisch 0.1 *Elysian.*
Elysium 0.1 ⟨myth.; fig.⟩ *Elysium, Elysian fields.*
Elzas 0.1 *Alsace.*
Elzas-Lotharingen 0.1 *Alsace-Lorraine.*
Elzasser 0.1 *Alsatian.*
elzenhout 0.1 [hout v.d. els] *alder-wood* **0.2** [gewas van elzenbomen] *alder thicket.*
email 0.1 *enamel.*
e-mail 0.1 *e-mail.*
e-mailadres 0.1 *e-mail address.*
emaillen 0.1 *enamelled.*
emailleren 0.1 *enamel* ◆ **1.1** geëmailleerde pannen *enamel(led) pans, enamelware.*
emailleur 0.1 [iem. die emailleert] *enameller* **0.2** [kunstenaar] *enamellist.*
emancipatie 0.1 [streven naar gelijkgerechtigdheid] *emancipation* ⇒*liberation* **0.2** [gelijkstelling voor de wet] *emancipation* ⇒*equality of opportunity.*
emancipatiebeleid ⟨pol.⟩ **0.1** *equal opportunity policy.*
emancipatiebeweging 0.1 *emancipation movement* ⇒*liberation movement.*
emancipatiezaken 0.1 *matters concerning equal opportunity/women's affairs* ◆ **1.1** de staatssecretaris voor ~ ⟨Ned.⟩ *minister/*⟨GB⟩ *undersecretary for women's affairs.*
emanciperen I ⟨ov.ww., wk.ww.; zich ~⟩ **0.1** [(zich) vrij/zelfstandig maken] *emancipate* ⇒*liberate, (set) free;*
  II ⟨ov.ww.⟩ **0.1** [gelijkstellen voor de wet] *emancipate.*
emballage 0.1 *packing, packaging.*
embargo 0.1 [verbod aan de media] *embargo* **0.2** [hand.] *(trade) embargo* ⇒*ban, (trade) sanctions* ◆ **3.1** op deze stukken rust een ~ tot 20 juni a.s. *these documents are under e. until 20 June* **3.2** een ~ leggen op de wapenverkoop *impose an e. / a ban on the sale of armaments;* een ~ opheffen *lift an e.* **6.2** onder ~ leggen *place under e., embargo;* onder ~ liggen *be embargoed.*
embarkeren 0.1 *embark.*
embleem 0.1 *emblem.*
embolie ⟨med.⟩ **0.1** *embolism.*
embouchure ⟨muz.⟩ **0.1** [mondstuk] *embouchure* ⇒*mouthpiece* **0.2** [vaardigheid] *embouchure* ◆ **2.2** een goede ~ hebben *have a good e.*
embryo 0.1 *embryo.*
embryonaal 0.1 ⟨ook fig.⟩ *embryonic* ◆ **6.1** in embryonale toestand *in the embryo stage.*
emerald¹ ⟨het⟩ **0.1** *emerald.*
emerald² ⟨bn.⟩ **0.1** *emerald (green).*
emeritaat 0.1 *superannuation* ◆ **6.1** met ~ gaan *be given emeritus status.*
emeritus 0.1 ⟨bn. en zn.⟩ *emeritus* ◆ **1.1** een ~ hoogleraar *a professor e.;* een ~ predikant *a retired clergyman.*
emigrant 0.1 *emigrant.*
emigratie 0.1 *emigration.*
emigratiegolf 0.1 *wave of emigration.*
emigreren 0.1 *emigrate.*
eminent 0.1 *eminent* ◆ **1.1** een ~ geleerde *an e. scholar.*
eminentie 0.1 [voortreffelijkheid] *eminence* ⇒*distinction* **0.2** [titel] *eminence* ◆ **4.2** Zijne Eminentie *His Eminence.*
emir 0.1 *emir.*

emiraat 0.1 *emirate.*
emissie 0.1 *emission* ⇒⟨geldw.; hand.⟩ *issue* ◆ **3.1** een ~ waarborgen *underwrite an issue.*
emissiebank 0.1 *issuing house.*
emissiekoers 0.1 *price of issue.*
emissievoorwaarden 0.1 *terms of issue.*
emittent 0.1 *issuer* ⇒*issuing house.*
emitteren 0.1 *emit* ⇒⟨geldw.; hand.⟩ *issue.*
Emmaüsgangers 0.1 *men of Emmaus.*
emmentaler 0.1 *Emment(h)al(er).*
emmer 0.1 [vat met hengsel] *bucket* ⇒*pail* **0.2** [mbt. de inhoud] *bucket(ful)* ⇒*pail(ful)* ◆ **1.2** ⟨fig.⟩ dat kwam als een ~ koud water *that was like a cold shower* **2.2** met hele ~s tegelijk *by the bucketful/pailful* **3.¶** alsof je een ~ leeggooit *you'd say they have tons of it* **6.2** het geld komt er met ~s (vol) binnen *money is pouring in.*
emmeren ⟨inf.⟩ **0.1** *ya(c)k (on)* ◆ **3.1** lig toch niet te ~ *stop whining (on about that), quit yacking.*
emoe 0.1 *emu.*
emolumenten 0.1 *emoluments* ⇒*fringe benefits.*
emotie 0.1 *emotion* ⇒*feeling,* ⟨opwinding⟩ *excitement* ◆ **3.1** hij werd door zijn ~s overmand *his emotions got the better of him;* de ~s liepen hoog op *emotions were running high;* ~s losmaken *release emotions* **6.1** hij liet zich meeslepen door zijn ~s *he let his emotions run away with him;* ze stond te trillen van ~ *she was shaking with emotion* **¶**.1 zij liet haar ~s de vrije loop *she let herself go.*
emotieloos 0.1 *emotionless* ⇒*dispassionate.*
emotionaliteit 0.1 *sensitivity.*
emotioneel I ⟨bn.⟩ **0.1** [vatbaar voor emoties] *emotional* ⇒*sensitive* **0.2** [mbt. emoties] *emotional* ◆ **1.1** een emotionele benadering vermijden *avoid an e. approach, intellectualize* **3.1** hij is nog altijd veel te ~ *he is still much too e.* **3.2** een ~ geladen reactie *a reaction full of emotion;*
  II ⟨bw.⟩ **0.1** [vol emoties] *emotionally* ◆ **3.1** ~ reageren *react e.*
empathie 0.1 *empathy.*
empirestijl 0.1 *Empire style.*
empirisch 0.1 *empirical* ◆ **1.1** de ~e wetenschappen *the e. sciences.*
emplacement 0.1 *yard.*
emplooi 0.1 *employment* ◆ **6.1** zonder ⟨vast⟩ ~ *unemployed, out of work.*
employé 0.1 *employee.*
EMU 0.1 [Economische en Monetaire Unie] *EMU* ⟨Economic and Monetary Union⟩.
emulsie 0.1 *emulsion.*
en 0.1 [toevoeging] *and* ⇒⟨rekenkundig ook⟩ *plus* **0.2** [aanduiding v.e. nauwer verband] *and* ⇒⟨én … én⟩ *both (… and)* **0.3** [bij verrassing, teleurstelling; als inleiding op tegenstellend zinsverband] *and, but* ⇒*so* ◆ **1.2** én boete én gevangenisstraf krijgen *get both a fine and a prison sentence* **1.¶** er zijn deskundigen ~ deskundigen *there are experts and (then there are) experts* **3.¶** ~ maar kletsen *nothing but chatter* **4.3** ~ waarom doe je het niet? *so why don't you do it?* **5.1** ~ nu het verhaal *now for the story* **5.3** ~ toch *and still* **7.1** twee ~ twee is vier *two and two is four;* ⟨rekenkundig ook⟩ *two plus two is four* **8.¶** vind je het fijn? (nou) ~ of! *do you like it? I certainly do!, I'll say!* **9.3** nou ~? *so what?, and …?* **¶**.3 ~ ik heb het nog zo verboden *and I absolutely forbade it* **¶.¶** ~(, hoe gaat het ermee)? *well(, how's it going)?*
en bloc 0.1 *en bloc* ⇒*all together.*
enclave 0.1 *enclave.*
encycliek 0.1 *encyclical.*

encyclopedie 0.1 *encyclop(a)edia* ◆ 3.1 ⟨fig.⟩ die man is een wandelende ~ *that man is a walking e.*

encyclopedisch 0.1 *encyclop(a)edic.*

encyclopedist 0.1 *encyclop(a)edist.*

end →**einde.**

endeldarm 0.1 *rectum.*

endemie 0.1 *endemic (disease).*

endossant 0.1 *endorser.*

endossement ⟨hand.⟩ 0.1 *endorsement* ◆ ¶.1 ~ aan order *special e.*

endosseren 0.1 [hand.] *endorse* 0.2 [fig.] *pass on (to)* ⇒ *delegate (to).*

endotherm ⟨schei.⟩ ◆ 1.¶ ~e reactie *endothermic reaction.*

ene 0.1 *a, an* ⇒*one* ◆ 1.1 woont hier ~ Bertels? *does a (Mr/Ms) Bertels live here?*

enenmale ◆ 6.¶ (dat is) **ten** ~ onmogelijk *(that is) absolutely impossible.*

energie 0.1 [geestkracht] *energy* 0.2 [nat.; arbeidsvermogen] *energy* ⇒*power* ◆ 1.2 een onuitputtelijke bron van ~ *an inexhaustible source of e.* 3.1 overlopen van ~ *be bursting with e.* 6.1 zonder ~ *without (any) e., lethargic.*

energiearm 0.1 *energy-saving* ◆ 1.1 ~e woningen *e.-s. houses.*

energiebalans ⟨schei.⟩ 0.1 *energy balance/budget.*

energiebedrijf 0.1 [elektrische centrale] *power station* 0.2 [elektriciteitsbedrijf] *electricity company, power company.*

energiebeleid ⟨pol.⟩ 0.1 *energy policy.*

energiebesparend 0.1 *energy-saving* ⇒⟨ook⟩ *low-energy* ⟨v. lamp⟩ ◆ 1.1 ~e maatregelen treffen *take e.-s. measures.*

energiebesparing 0.1 *energy saving* ◆ 6.1 deze nieuwe motor levert een ~ **van** 25 % op *this new motor uses 25 % less energy.*

energiebewust 0.1 *energy-conscious.*

energiebron ⟨nat.⟩ 0.1 *energy/power source* ◆ 3.1 nieuwe ~nen aanboren *tap new sources of energy.*

energiecentrale 0.1 *power station.*

energiecrisis 0.1 *energy crisis.*

energieheffing 0.1 *environmental tax on energy.*

energiek 0.1 *energetic* ⇒*dynamic* ◆ 1.1 een ~ jongmens *an e. young person* 3.1 ~ optreden *take vigorous action.*

energiekosten 0.1 *energy costs.*

energienota 0.1 [rekening]⟨mbt. elektriciteit⟩ *electricity bill;* ⟨mbt. gas⟩ *gas bill* 0.2 [discussiestuk] *paper on energy;* ⟨pol.⟩ *energy green paper.*

energiepolitiek 0.1 *energy policy.*

energieverbruik 0.1 *energy consumption.*

energieverslindend, energievretend 0.1 *(very) wasteful of energy* ◆ 1.1 een ~e wasmachine *a washing-machine which wastes energy.*

energieverspilling 0.1 *waste of energy.*

energievoorziening 0.1 *energy/power supply.*

energiezuinig 0.1 *low-energy.*

enerverend 0.1 ⟨afmattend⟩ *tiring;* ⟨opwindend⟩ *exciting, nerve-racking.*

enerzijds 0.1 *on the one hand* ◆ 5.1 ~ ..., anderzijds ... *on the one hand ..., on the other (hand) ...*

en face 0.1 ⟨recht tegenover⟩ *directly opposite;* ⟨van portret⟩ *full face.*

enfant terrible 0.1 *enfant terrible.*

enfin 0.1 [kortom] *in short* 0.2 [afijn] *anyway* ◆ ¶.2 ~, het is nu eenmaal gebeurd *a., it's happened.*

eng 0.1 [griezelig] *scary, creepy* 0.2 [gering van wijdte/ruimte] *narrow* 0.3 [met weinig tussenruimte] *narrow* ⇒

close 0.4 [beperkt] *narrow* ⇒*narrow-minded* ◆ 1.1 een ~ beest *a nasty/c./scary animal; a creepy-crawly* ⟨vnl. (kruipend) insect/ongedierte⟩; een ~e man *a creep* 1.2 een ~e doorgang *a n. passage* 1.3 in de ~e familiekring *in the close family circle* 1.4 een ~e blik *a narrow outlook;* in ~ere zin *in the restricted sense* 3.1 wat doe je ~ *you're frightening/scaring me;* ik word er (helemaal) ~ van *it (really) gives me the creeps.*

engagement 0.1 [verbintenis] *engagement* ⇒*agreement, booking* ⟨van acteur⟩ 0.2 [maatschappelijke betrokkenheid] *commitment* ⇒*involvement* 0.3 [verloving] *engagement* ◆ 2.2 politiek ~ *political c.* 3.1 een ~ aangaan *enter into an agreement.*

engageren I ⟨ov.ww.⟩ 0.1 [aan zijn dienst verbinden] *engage* ◆ 6.1 een artiest **voor** een concert ~ *book an artist for a concert;* **II** ⟨wk.ww.; zich ~⟩ 0.1 [zich (als artiest) verbinden aan] *join* ⟨ensemble enz.⟩; *accept a booking* ⟨voor één concert⟩ 0.2 [zich verloven (met)] *get engaged (to).*

engel 0.1 *angel* ⟨ook fig.⟩ ◆ 1.1 de boodschap van de ~ *the a.'s tidings, the Annunciation;* de ~ der duisternis *the Prince of Darkness;* ⟨schr.⟩ een ~ Gods/des hemels *an a. of God/from heaven* 2.1 een gevallen/reddende ~ *a fallen/ministering a.* 3.1 ⟨inf.⟩ het was of er een ~tje op mijn tong pieste *it was fit for the gods* 6.1 ~en van kinderen *angelic children.*

engelachtig 0.1 *angelic(al)* ⇒*cherubic* ◆ 1.1 een ~ geduld *the patience of a saint* 2.1 zij was ~ lief *she was an angel/a treasure.*

Engeland 0.1 ⟨aardrijkskundig⟩ *England* ⇒⟨staatkundig⟩ *Britain.*

engelbewaarder 0.1 *guardian angel.*

engelenbak 0.1 *the gods, the gallery* ⟨alleen met bep. lidw.⟩.

engelengeduld 0.1 *patience of a saint.*

engelenhaar 0.1 *angel's hair.*

engelenkopje ⟨ook fig.⟩ 0.1 *cherub's head* ⇒⟨bk.⟩ *cherub* ⟨met vleugels⟩.

Engels¹ ⟨het⟩ 0.1 *English* ◆ 3.1 spreekt hij ~? *does he speak E.?* 6.1 iets van het Nederlands in het ~ vertalen *translate sth. from Dutch into E.*

Engels² ⟨bn.⟩ 0.1 *English* ◆ 1.1 hij is lid van de ~e Kerk *he is a member of the Church of England.*

Engels-Amerikaans 0.1 *Anglo-American, English-American.*

Engelse 0.1 *Englishwoman* ◆ 3.1 zij is een ~ *she is English.*

Engelsgezind 0.1 *Anglophile* ⇒*English-oriented.*

Engelsman 0.1 *Englishman* ◆ 3.1 hij is een ~ *he is English.*

Engelstalig 0.1 [in het Engels gesteld] *English-language, English* 0.2 [Engels sprekend] *English-speaking.*

engerd 0.1 *creep.*

enghartig 0.1 *narrow-minded.*

en gros 0.1 *wholesale* ◆ 3.1 ~ verkopen *sell (by) w.* ¶.1 ~ en en detail *w. and retail.*

engte 0.1 [nauwe doorgang] *narrow(s)* 0.2 [omstandigheid, eigenschap] *narrowness.*

enig¹ I ⟨bn.⟩ 0.1 [waarvan geen tweede is] *only* ⇒*sole* ◆ 1.1 ~ erfgenaam *sole heir;* dit was de ~e keer dat ... *this was the o. time/*⟨sterker⟩ *the one and only time that ...;* zijn ~ kind *his o. child* 6.1 ~ **in** zijn soort *the o. one of its kind* 7.1 hij is de ~e die het kan *he is the o. one who can do it;* het ~e wat ik kon zien was *all I could see was;* **II** ⟨bn., bw.⟩ 0.1 [leuk] *wonderful, marvellous, lovely* ◆ 1.1 een ~e vent *a great guy.*

enig² ⟨onb.vnw.⟩ 0.1 *some, any* ◆ 1.1 zich ~e moeite getroosten *go to some trouble;* ~e tegenslag *a slight set-back;* zonder ~e twijfel *without any doubt.*

enig[3] 〈hoofdtelw.〉 **0.1** [een zekere mate] *some* **0.2** [ook maar één] *any* ⇒*a single* **0.3** [een klein aantal] *some* ⇒*a few* **0.4** [ook maar de geringste] *any* ◆ **1.1** wij koesteren ~e hoop *we cherish s. hope* **1.2** zonder ~ incident *without a single incident* **1.3** er kwamen ~e bezoekers *a few visitors came* **1.4** zonder ~e moeite *without a. trouble.*

enigerlei 0.1 *any* ◆ **1.1** in ~ mate *to any extent;* op ~ wijze *in any way.*

enigermate 0.1 *somewhat* ⇒*to some extent.*

enigerwijs 0.1 *in some way (or other)* ⇒*in any way.*

eniggeboren 0.1 *only-begotten* ◆ **1.1** Jezus, Gods ~ zoon *Jesus, the o.-b. son of God.*

enigma 0.1 *enigma* ⇒*puzzle.*

enigst 〈inf.〉 **0.1** *(one and) only* ◆ **1.1** hij is ~ kind *he is an only child;* dat is de ~e mogelijkheid *that is the only way.*

enigszins 0.1 [enigermate] *somewhat, rather* **0.2** [op welke wijze dan ook] *at all, in any way* ◆ **2.1** hij was ~ gereserveerd *he was rather/somewhat reserved* **2.2** indien ~ mogelijk *if at all possible* **3.2** zodra ik maar ~ kan *as soon as I possibly can* **5.1** 〈iron.〉 wel ~ *(just) a little* ¶**.1** om daarvan ~ een idee te krijgen *to get some idea of it.*

enjambement 〈lit.〉 **0.1** *enjamb(e)ment.*

enkel[1] 〈de〉 **0.1** *ankle* ◆ **2.1** een verstuikte ~ *a sprained a.* **6.1** tot de ~s in de modder *ankle-deep in mud.*

enkel[2] **I** 〈bn.〉 **0.1** [niet dubbel/samengesteld] *single* ◆ **1.1** 〈hand.〉 ~ boekhouden *single-entry bookkeeping;* een stof van ~e breedte *a single-width material/cloth;* een kaartje ~e reis *single (ticket);* ~e rozen *s. roses;* een ~ slot *a s. lock;* een ~ spoor *a s. track;* 〈geldw.〉 de ~e standaard *s. standard;* **II** 〈bw.〉 **0.1** [niet dubbel] *singly* **0.2** [alleen] *only, just* ◆ **1.2** een bos van ~ beuken *a wood with o. beech-trees;* ik kon ~ medelijden hebben met haar *I could o. feel sorry for her* **3.2** hij doet het ~ voor zijn plezier *he o. does it for fun* **5.2** ik doe het ~ en alleen om jou *I'm doing it simply and solely for you.*

enkel[3] 〈hoofdtelw.〉 **0.1** [niet meer dan één] *sole, solitary* ⇒*single* **0.2** [een klein aantal] *a few* **0.3** [mv ; enige] *a few* ◆ **1.1** in één ~e klap *at one blow, at one fell swoop;* een ~e eenzame toeschouwer *a single solitary spectator* **1.2** in slechts ~e gevallen *in only a few cases;* een ~e keer zie ik hem wel eens *I do see him occasionally* **1.3** in ~e dagen *in a few days;* ~e opmerkingen maken *make a few remarks* **7.1** er is geen ~ gevaar *there is not the slightest danger;* geen ~e kans hebben *have no chance at all;* op geen ~e manier *(in) no way;* in geen ~ opzicht *in no respect;* van geen ~ belang *of no importance at all.*

enkelband 0.1 [biol.] *ankle ligament* **0.2** [sierbandje] *anklet* ◆ **3.1** zijn ~en scheuren *tear one's ankle ligaments.*

enkelgewricht 0.1 *ankle-joint.*

enkeling 0.1 *individual* ◆ **3.1** slechts een ~ weet hiervan *only one or two people know about this.*

enkelspel 0.1 *singles.*

enkelspoor 0.1 *single track.*

enkelsporig 0.1 *single-track.*

enkeltje 0.1 *single (ticket)* ◆ **1.1** ~ Maastricht *single to Maastricht.*

enkelvoud 〈taal.〉 **0.1** *singular* ◆ **6.1** dit werkwoord staat in het ~ *this verb is s.*

enkelvoudig 0.1 [slechts uit één deel bestaand] *simple* **0.2** [taal.; in het enkelvoud staand] *singular* **0.3** [taal.; niet samengesteld] *simple* ◆ **1.1** 〈biol.〉 ~ blad *s. leaf;* 〈jur.〉 ~e kamer *single chamber/judge* **1.2** een ~ onderwerp *a s. subject* **1.3** 〈taal.〉 een ~e zin *a s. sentence.*

enkelzijdig 0.1 *one-sided* ◆ **1.1** een ~e verlamming *a o.-s. paralysis* **2.1** een ~ beschrijfbare diskette *a single-sided diskette.*

en masse 0.1 *en masse.*

enorm I 〈bn.〉 **0.1** [bijzonder groot] *enormous* ⇒*huge* ◆ **1.1** ~e winsten *huge profits* **2.1** een ~ succes *an e. success;* **II** 〈bn., bw.〉 **0.1** [geweldig, ontzettend] *tremendous* ◆ **2.1** ~ belangrijk *extremely important;* ~ groot *gigantic, immense* **3.1** ze is ~ gegroeid *she has grown enormously.*

enormiteit 0.1 [grote stommiteit] *enormity* ⇒*(gross) blunder* **0.2** [overmatige grootte] *enormity, enormousness* ◆ **3.1** ~en debiteren *put one's foot in one's mouth.*

en plein public 0.1 *in public, publicly.*

enquête 0.1 [pol.; door overheidsinstantie] *inquiry* ⇒*investigation* **0.2** [onderzoek door ondervraging] *poll* ⇒*survey* **0.3** [jur.] *hearing* ◆ **2.1** parlementaire ~ *parliamentary inquiry* **3.2** een ~ houden naar *conduct/do/make a survey of* **6.2** een ~ onder Amsterdammers *a p./survey of residents of Amsterdam.*

enquêtecommissie 0.1 *committee/board of inquiry.*

enquêteformulier 0.1 *questionnaire* ◆ **3.1** een ~ invullen *fill in a q.*

enquêteren 0.1 [enquête instellen] *inquire* **0.2** [enquêtevragen stellen] *poll* ⇒*survey.*

enquêteur, -trice 0.1 *pollster.*

ensceneren 0.1 [in scène zetten] *stage, put on* **0.2** [op touw zetten] *stage(-manage).*

ensemble 0.1 [toneel-, muziekgezelschap] *ensemble* ⇒*company, troupe* **0.2** [het geheel, allen bijeen] *ensemble* **0.3** [muz.] *ensemble.*

ent 0.1 *graft.*

enten 0.1 *graft* 〈ook fig.〉 ◆ **1.1** bomen/vruchten ~ *graft trees/fruit* **6.1** een beschaving die geënt is op oudere *a civilization which is grafted onto an older one.*

entente 0.1 *entente.*

enter 0.1 *yearling.*

enteren I 〈onov., ov.ww.〉 **0.1** [een schip beklimmen om het te veroveren] *board;* **II** 〈ov.ww.〉 **0.1** [zich vastmaken aan] *grapple (with)* **0.2** [fig., aanklampen] *buttonhole.*

enterhaak 0.1 *grappling-iron/-hook.*

entertainen 0.1 *entertain.*

enthousiasme 0.1 *enthusiasm* ◆ **2.1** een jeugdig ~ *youthful e.* **3.1** branden van ~ *be burning with e.*

enthousiast[1] 〈de〉 **0.1** *enthusiast* ⇒*devotee.*

enthousiast[2] 〈bn., bw.〉 **0.1** *enthusiastic* ◆ **1.1** een ~ publiek *an e. audience;* een ~ voetballiefhebber *an e. football fan* **3.1** ~ op iets ingaan *take to sth. with enthusiasm;* iem. ~ maken voor iets *get s.o. enthusiastic about sth.* **5.1** laaiend/wild ~ zijn over iets *be wildly e. about sth.*

enthousiasteling 〈scherts.〉 **0.1** ±*fanatic, buff.*

entoderm 〈biol.〉 **0.1** *endoderm, entoderm.*

entourage 0.1 *entourage.*

entrecote 0.1 *entrecôte* ⇒*prime (fore)rib.*

entree 0.1 [ingang, toegang] *entrance* ⇒*entrance hall* **0.2** [recht om binnen te treden] *entry, entrance, admission* **0.3** [intrede] *entry, entrance* **0.4** [gerecht] *entrée* **0.5** [toegangsprijs] *admission* ◆ **2.2** vrij ~ *admission free, free entrance; no obligation to buy* 〈in winkels〉 **3.3** zijn ~ maken *enter, make one's entry into* 〈zaal enz.〉; *make one's entrance into* 〈politiek enz.〉 **3.5** ~ betalen *pay a.;* ~ heffen *charge for a.*

entreebiljet 0.1 *(admission) ticket.*

entreegeld 0.1 [te betalen geld] *admission charge* ⇒*entrance fee* 〈ook van vereniging〉 **0.2** [ook in mv.; ontvangen geld, recette]⟨van stadion⟩ *gate (money/receipts);* ⟨van theater⟩ *(box-office) takings.*

entreekaartje 0.1 *admission ticket.*

entreeprijs 0.1 *price of admission.*

entrepot 0.1 *entrepôt, bonded warehouse* ◆ **6.1** goederen **in** ~ plaatsen/opslaan *place goods in bond, put goods into bond;* **in** ~ verkopen *sell in bond/on bonded terms;* goederen **in** ~ *bonded goods, B/G;* **in** ~ liggen *be in bond;* levering **in/uit** ~ *delivery on bonded terms/duty paid.*

entresol 0.1 *entresol, mezzanine (floor).*

entropie ⟨nat.⟩ **0.1** *entropy.*

entstof 0.1 *inoculum* ⇒*inoculant, vaccine.*

E-nummer 0.1 *E Number.*

envelop(pe) 0.1 *envelope* ⇒⟨filatelie⟩ *cover* ◆ **2.1** een gefrankeerde ~ *a stamped e.;* in een open/gesloten ~ *in an unsealed/sealed e.*

enzovoorts 0.1 *et cetera* ⇒*and so on,* ⟨als afk.: enz.⟩ *etc.* ◆ ¶**.1** ~ ~ *et cetera, etcetera; and so on and so forth.*

enzym 0.1 *enzyme.*

Eoceen ⟨geol.⟩ **0.1** *Eocene.*

eon 0.1 [geol.] *eon* **0.2** [eeuwigheid] *eon.*

epaulet 0.1 *epaulet(te).*

epicentrum 0.1 *epicentre.*

epicurist 0.1 [genotzuchtig persoon] *epicure* ⇒*hedonist* **0.2** [iem. die verfijnde genoegens bemint] *epicure* ⇒*gourmet.*

epidemie 0.1 ⟨ook fig.⟩ *epidemic.*

epidemisch 0.1 *epidemic(al)* ◆ **1.1** een ~e ziekte *an epidemic (disease).*

epiek ⟨lit.⟩ **0.1** *epic (poetry).*

epigoon 0.1 *epigone.*

epigram 0.1 *epigram.*

epilepsie 0.1 *epilepsy.*

epilepticus, -ca 0.1 *epileptic.*

epileptisch 0.1 *epileptic* ◆ **1.1** een ~e aanval *an e. fit.*

epileren 0.1 *depilate.*

epiloog 0.1 *epilogue.*

episch 0.1 *epic* ◆ **1.1** een ~ gedicht/dichter *an epic (poem)/poet.*

episcopaal 0.1 *episcopal* ◆ **1.1** de Episcopale Kerk *the Anglican Church, the Church of England.*

episcopaat 0.1 [bisschoppelijke waardigheid; bisschoppen] *episcopate* ⇒*episcopacy* **0.2** [bisdom] *bishopric, diocese.*

episode 0.1 *episode* ◆ **2.1** een donkere ~ uit zijn leven *a dark period in his life.*

episodisch 0.1 *episodic.*

epistel 0.1 [brief v.d. apostelen] *Epistle* **0.2** [brief] *epistle* ⇒ *missive.*

epistemologie 0.1 *epistemology.*

epitheton 0.1 [lit.] *epithet* ⟨ook pej.⟩ **0.2** [biol.] *epithet* ◆ ¶**.1** ~ ornans *(Homeric) e., epitheton (ornans).*

epos 0.1 [heldendicht] *epic (poem)* ⇒*epos* **0.2** [fig.] *epic* ◆ **1.2** het ~ v.d. drooglegging v.d. Zuiderzee *the epic task of reclaiming the Zuyder Zee.*

equator 0.1 *equator.*

equatoriaal 0.1 *equatorial* ◆ **1.1** equatoriale winden *trade winds.*

equipe 0.1 *team.*

equivalent¹ ⟨het⟩ **0.1** *equivalent* ◆ **3.1** een ~ vinden voor *find an e. for.*

equivalent² ⟨bn.⟩ **0.1** *equivalent (to).*

er¹, d'r ⟨pers.vnw.⟩⟨inf.⟩ **0.1** *her* ◆ **3.1** ik heb ~ vaak gezien *I have often seen h.*

er² ⟨pers.vnw.⟩ **0.1** *of them* ◆ **3.1** ik heb ~ nog/nóg twee *I have got two left/more;* ik heb ~ geen (meer) *I haven't got any (left);* hij kocht ~ acht *he bought eight (of them);* er zijn ~ die …*there are those who …*

er³ ⟨bw.⟩ **0.1** [daar] *there* **0.2** [zonder aan een plaats te denken] *there* ⟨ook vaak onvertaald⟩ **0.3** [+ bw.]⟨zie 3.3 en 5.3⟩ ◆ **3.1** ik zal ~ even aanlopen *I'll just call in/look in/drop in;* dat boek is ~ niet *that book isn't t.;* wie waren ~? *who was/were t.?;* we zijn ~ ⟨op de bestemde plaats⟩ *here we are, we've arrived;* ⟨succes hebben⟩ *we have made/done it* **3.2** ~ gebeuren rare dingen *strange things (can) happen;* heeft ~ iem. gebeld? *did anybody call?;* wat is ~? *what is it?, what's the matter?;* is ~ iets? *is anything wrong/the matter?;* ~ is besloten, dat …*it has been decided that …;* ~ is geen ontsnappen aan *there's no way of escaping;* ~ is/zijn …*t. is/are …;* ~ was niemand te vinden *nobody could be found;* ~ werd hard gewerkt *they* ⟨enz.⟩ *worked hard;* ~ wordt hier een museum gebouwd *there's a museum being built here;* ~ wordt gezegd dat …*it is said that …;* ze zijn ~ nog niet ⟨uit de problemen⟩ *they are not yet out of the wood* **3.3** het ~ goed/slecht afbrengen *make a good/bad job of it;* ~ slecht/goed afkomen *get off badly/well* **5.3** ik zit ~ niet mee *it doesn't worry me* ¶**.2** ~ was eens een koning *once upon a time t. was a king.*

'er, der ⟨inf.⟩ **0.1** *their* ◆ **1.1** ze kregen op ~ gezicht *they got a licking.*

era 0.1 *era.*

eraan 0.1 *on (it), attached (to it)* ◆ **3.1** kijk eens naar het kaartje dat ~ zit *have a look at the card that's on it/attached to it* **3.¶** hij gaat ~ *his number is up;* de hele boel ging ~ *the whole lot was destroyed;* wat kan ik ~ doen? *what can I do about it?;* ik kom ~ *I'm on my way;* hij moet ~ *he's got it coming to him* ⟨straf⟩*; he's got to get down to it* ⟨werk, taak⟩.

erachter 0.1 *behind (it* ⟨enk.⟩ */them* ⟨mv.⟩) ◆ **1.1** het hek en de tuin ~ *the hedge and the garden behind (it)* **3.¶** ben je ~? *(have you) got it?;* ~ komen *find out, hit upon* ⟨plotseling⟩*; stumble on* ⟨toevallig⟩*;* ⟨begrijpen⟩ *realize.*

eraf 0.1 [verwijderd] *off (it* ⟨enk.⟩ */them* ⟨mv.⟩*)* **0.2** [bevrijd] *finished* ◆ **3.1** het knopje is ~ *the button has come o.;* ⟨fig.⟩ de aardigheid is ~ *the fun has gone out of it* **3.2** ~ zijn *be finished with, be rid of.*

erbarmelijk 0.1 [zeer gebrekkig] *pathetic* ⇒*wretched* **0.2** [medelijden opwekkend] *pathetic, pitiful* **0.3** [zeer hinderlijk] *awful, dreadful, terrible* ◆ **1.2** het gebouw was in een ~e toestand *the building was in a sorry state* **1.3** een ~ lawaai *an a./d./t. noise* **3.1** ~ ⟨slecht⟩ Duits spreken *speak wretched German.*

erbarmen¹ ⟨het⟩ **0.1** *compassion, pity* ◆ **3.1** met iem. ~ hebben *feel p. for s.o., commiserate with s.o.*

erbarmen² ⟨wk.ww.; zich ~⟩ **0.1** *take/(have) pity (on)* ◆ **6.1** ⟨iron.⟩ hij erbarmde zich over het laatste restje wijn *he rescued the last bit of wine;* ⟨ongemarkeerd⟩ *he finished/polished off the last bit of wine.*

erbij 0.1 [aanwezig] *there, included at/with* ⟨enz.⟩ *it* ⟨enk.⟩ */them* ⟨mv.⟩ **0.2** [tot het genoemde/bedoelde] *at/to/* ⟨enz.⟩ *it* ⟨enk.⟩ */them* ⟨mv.⟩ ◆ **3.1** is het supplement ~? *is the supplement with it?* **3.2** ik blijf ~ dat …*I still believe/maintain that …;* zout ~ doen *add salt;* ⟨fig.⟩ hoe kom je ~! *the very idea!, what can you be thinking of!;* het ~ laten *leave it (at that/there)* **3.¶** je bent ~ *your game/number is up;* het kan hem niet schelen hoe hij ~ loopt *he doesn't care what he looks like.*

erboven 0.1 *above, over (it* ⟨enk.⟩ */them* ⟨mv.⟩ *)* ◆ **3.1** hij staat ~ *he's above that, that's beneath him.*

erbovenop 0.1 *on (the) top* ⇒*on top of it/them/*⟨enz.⟩ ◆ **3.¶** ⟨fig.⟩ nu is hij ~ *he has got over it now;* ⟨van patiënt⟩ *he has pulled through;* ⟨financieel enz.⟩ *he is on his feet again.*

erdoor 0.1 [mbt. een plaats/tijd] *through it* ⟨enk.⟩ */them*

⟨mv.⟩ **0.2** [mbt. oorzaak] *by/because of it* ⟨enk.⟩ */them*
⟨mv.⟩ ◆ **3.1** al regent het nog zo hard, ik moet ~ *no matter how hard it's raining, I have to go out in it;* die saaie zondagen, hoe zijn we ~ gekomen? *those boring Sundays, however did we get through them?* **3.2** hij raakte zijn baan ~ kwijt *it cost him his job* **3.**¶ ik ben ~ ⟨geslaagd⟩ *I've passed;* ⟨heb niets meer in voorraad⟩ *I've got no more of it/them* ⟨enz.⟩ *left;* een motie ~ krijgen *get a motion through;* ik wil ~ *I'd like to get past/through.*
erdoorheen 0.1 *through* ⇒*through it* ⟨enk.⟩ */them* ⟨mv.⟩ / ⟨enz.⟩ ◆ **3.1** ik heb zoveel werk, ik weet niet hoe ik ~ moet komen *I have so much work I don't know how I'll get through it* **3.**¶ ~ zijn *be through (with).*
ere →**eer.**
ereambt 0.1 *honorary position.*
erebaantje 0.1 *honorary job.*
ereboog 0.1 *triumphal arch.*
ereburger 0.1 ⟨in Eng.⟩ *freeman* ⟨meestal gevolgd door 'of the city'⟩; ⟨buiten Eng.⟩ *honorary citizen* ◆ **3.1** iem. tot ~ maken *bestow the freedom of the city/honorary citizenship on s.o.*
erecode 0.1 *code of honour.*
erectie 0.1 *erection* ◆ **3.1** een ~ hebben/krijgen *have/get an e.*
eredienst 0.1 [kerkdienst] *worship* ⇒*service* **0.2** [fig.] *cult, religion* ◆ **3.1** de ~ bijwonen *attend w.*
eredivisie ⟨sport⟩ **0.1** ⟨BE⟩ *premier league.*
eredivisieclub 0.1 *premier league club.*
eredoctor 0.1 *honorary doctor.*
eredoctoraat 0.1 *honorary doctorate.*
eregalerij 0.1 [heldengalerij] *hall of fame* **0.2** [plaats voor topstukken] *place of honour.*
eregast 0.1 *guest of honour.*
erekruis 0.1 *cross of honour.*
erelid 0.1 *honorary member.*
erelidmaatschap 0.1 ⟨in Eng.⟩ *honorary freedom;* ⟨buiten Eng.⟩ *honorary membership* ◆ **1.1** hij kreeg het ~ v.d. vereniging *he was made honorary member of the society.*
ereloge 0.1 *royal/VIP box.*
eren 0.1 [eer(bied) bewijzen; een onderscheiding toekennen] *honour* **0.2** [hoger aanzien verlenen] *do credit* ◆ **1.1** de doden ~ *h. the dead; commemorate the dead* ⟨vieren⟩; God ~ *give praise to God* **1.2** een bescheidenheid die hem eert *a modesty which does him (great) credit.*
erepalm 0.1 *palm (of honour)* ◆ **3.1** iem. de ~ toekennen *award the palm (of honour) to s.o.*
ereplaats 0.1 *place of honour, honoured place* ◆ **3.1** een ~ innemen *have an honoured place.*
erepodium 0.1 *rostrum* ⇒*podium.*
erepoort 0.1 *triumphal arch.*
ereprijs ⟨plantk.⟩ **0.1** *speedwell* ⇒*veronica.*
ereronde 0.1 *lap of honour.*
eresaluut 0.1 *salute* ◆ **3.1** iem. een ~ brengen *salute s.o.*
ereschuld 0.1 *debt of honour.*
ereteken 0.1 *decoration* ⇒*badge/mark of honour.*
eretitel 0.1 *honorary title.*
eretribune 0.1 *seats of honour.*
erevoorzitter 0.1 *honorary chairman* ⇒*honorary chairwoman/chairperson.*
erevoorzitterschap 0.1 *honorary chairmanship* ◆ **3.1** het ~ bekleden *occupy the post of honorary chairman.*
erewacht 0.1 *guard of honour.*
erewoord 0.1 *word of honour* ⇒*parole* ⟨vnl. mbt. gevangenen⟩ ◆ **6.1** op mijn ~! *on my (word of) honour!;* iem. **op** ⟨zijn⟩ ~ vrijlaten *release s.o. on parole.*

erezaak 0.1 *matter of honour.*
erf 0.1 [huis met de erbij behorende grond] *property* **0.2** [grond(bezit)] *(farm) yard* ⇒*estate, grounds* ⟨vnl. landgoed⟩ ◆ **1.2** huis en ~ *property* **6.1** ieder is baas op eigen ~ *a man's home is his castle.*
erfdeel 0.1 *inheritance* ⇒*portion* ◆ **2.1** ⟨fig.⟩ het cultureel ~ *the cultural heritage;* het moederlijk ~ *maternal i.;* vaderlijk ~ *patrimony, paternal i.* **3.1** zijn ~ krijgen *come into one's i.*
erfelijk 0.1 *hereditary* ◆ **1.1** ~e eigenschappen *h. properties;* ~ recht/bezit *h. right/property* **2.1** hij is ~ belast *it runs in the family;* ~ bepaald zijn *be determined by heredity.*
erfelijkheid 0.1 [biol.] *heredity* **0.2** [het erfelijk zijn, worden] *hereditariness* ◆ **1.2** de ~ van de kroon *the h. of the crown.*
erfelijkheidsleer 0.1 *genetics.*
erfenis 0.1 [wat iem. erft] *inheritance* ⇒⟨meestal fig.⟩ *heritage* **0.2** [wat iem. nalaat] *legacy* ⇒*inheritance, estate* ⟨boedel⟩ **0.3** [vererving] *inheritance* **0.4** [wat men heeft overgenomen] *heritage* ◆ **1.4** ⟨schr.⟩ ~ der vaderen *national h.* **3.1** een ~ krijgen *be left an i./a legacy* **6.3** bij/door ~ verkregen *acquired by i.*
erfgenaam, -name 0.1 [mbt. een nalatenschap] *heir* ⟨m., v.⟩, *heiress* ⟨v.⟩ **0.2** [mbt. rechten/verplichtingen] *heir, successor* ◆ **1.2** ~ van Lord B. / van het landgoed *Lord B.'s h., h. to the estate* **2.1** natuurlijke erfgenamen *h. of the body;* een universeel ~ *universal/sole h.,* een wettelijke/wettige ~ *a lawful/legal/rightful h.* **3.1** iem. tot ~ benoemen/als ~ aanwijzen *appoint/make s.o. (one's) h.*
erfgoed 0.1 *inheritance* ◆ **2.1** onvervreemdbaar ~ *entail* **4.1** de hemel is ons ~ *heaven is our i.*
erflater, -laatster 0.1 *testator* ⟨m.⟩, *testatrix* ⟨v.⟩.
erflating 0.1 [het nalaten van bezit] *bequest* **0.2** [nagelaten bezit] *bequest, legacy.*
erfpacht 0.1 [gebruik van grond] *±long lease* **0.2** [vast geldbedrag] *ground rent* ⇒*rent charge* **0.3** [bij overlijden voortdurende pacht] *hereditary tenure* ◆ **6.1** grond in ~ hebben/nemen/afstaan *±hold/take/let land on a long lease.*
erfpachter 0.1 *long leaseholder, long-lease tenant.*
erfrecht 0.1 [samenstel van rechtsregels] *law of inheritance/succession* **0.2** [het recht om te erven] *right of inheritance/succession* ◆ **3.2** zijn ~ laten gelden *assert one's right of inheritance/succession.*
erfrechtelijk 0.1 *according to the law of inheritance/succession.*
erfrente 0.1 *(hereditary) rent-charge.*
erfschuld 0.1 *hereditary debt.*
erfstuk 0.1 *(family) heirloom.*
erfvredebreuk 0.1 *trespass(ing).*
erfzonde 0.1 [rel.] *original sin* **0.2** [fig.; ondeugd] *family weakness/trait.*
erg¹ ⟨het⟩ **0.1** [argwaan] *misgiving(s)* ⇒*notion* **0.2** [opzet] *(evil) intention(s)* ◆ **6.1** hij werd voortdurend bedrogen **zonder** er ~ in te hebben *he was constantly cheated without his realizing it* **6.2** ik deed/zei het **zonder** ~ *I did/said it unintentionally* **7.1** ⟨in verzwakte opvatting⟩ geen ~ in iets hebben *be unaware of sth.*
erg² I ⟨bn.⟩ **0.1** [onaangenaam; slecht, schandelijk; hevig] *bad* ◆ **1.1** in het ~ste geval *if (the) worst comes to (the) worst;* ~e honger hebben *be very/terribly hungry;* van de ~ste soort *of the (very) worst kind* **3.1** het middel is ~ er dan de kwaal *the cure is worse than the disease;* dat is niet ~, hoor *it's not serious;* is het ~ / vind je het ~ als ik er niet

ben? *do you mind if I'm not there?;* de toestand van de patiënt is weer ~er geworden *the patient's condition has become (even) more serious/critical;* het ~er maken dan het is *make it seem worse than it (really) is;* iets ~ vinden *think sth. is b.;* het wordt hoé langer hoe ~er *it gets worse the longer it goes on;* het had ~er kunnen zijn *it could have been (even) worse* **4.1** wat ~ voor je! *I feel so sorry for you!;* wat ~! *how awful/dreadful!;* zoiets ~s heb ik nog nooit meegemaakt *I've never been through anything that b.* **5.1** het is (zo) al ~ genoeg *it's b. enough as it is;* des te ~er *so much the worse;* zo ~ is het nu ook weer niet *it's not as b. as all that* **5.**¶ hij maakt het te ~ *he's going too far* **7.1** op het ~ste voorbereid zijn *be prepared for the worst* ¶**.1** het is meer dan ~ *it's absolutely terrible;*
II (bw.) **0.1** [zeer] *very* ◆ **2.1** ~ bang *awfully frightened;* een ~(e) grote/mooie *a v. big/beautiful one;* zijn toestand was ~ slecht *his condition was serious;* hij was niet ~ vriendelijk *he wasn't v. friendly* **3.1** heel ~ bedankt (ook iron.) *thanks a lot;* we hebben ~ gelachen *we laughed a lot;* het spijt me ~ *I'm v. sorry* **5.1** niet ~ waarschijnlijk *not v. likely;* heeft u lekker gegeten? Niet ~ *did you enjoy your meal? Not much;* hij ziet er ~ slecht uit *he looks awful/dreadful/terrible* ¶**.1** hij is er heel ~ aan toe *he's in a v. bad way.*

ergens 0.1 [waar dan ook] *somewhere, anywhere* **0.2** [op zekere plaats] *somewhere* **0.3** [in enig opzicht] *somehow* **0.4** [iets] *something* ◆ **3.1** heb je dat ooit ~ gehoord? *have you ever heard that anywhere?* **3.2** ik heb dat ~ gelezen *I've read that somewhere* **3.3** ik kan hem ~ toch wel waarderen *he has his good points* **5.1** ~ anders *somewhere else* **5.2** hier ~ moet het zijn *it must be somewhere here;* waar ~? *whereabouts?* **5.4** hij zocht ~ naar *he was looking for sth. (or other).*

ergeren I (ov.ww.) **0.1** [aanstoot geven] *annoy* ⇒*irritate* ◆ **4.1** het ergerde mij zeer dat ... *I was very annoyed that ...;* **II** (wk.ww.; zich ~) **0.1** [aanstoot nemen] *be/feel/get annoyed (at)* ⇒(ernstiger) *be shocked/scandalized,* (ernstiger) *take offence* ◆ **2.1** zich dood/wild ~ *be extremely annoyed* **5.1** mens, erger je niet *keep your shirt/hair on;* (spel) ᴮ*ludo* **6.1** hij ergert zich **aan** wat ik doe *he gets annoyed at what I do.*

ergerlijk 0.1 *annoying* ⇒*aggravating.*

ergernis 0.1 [toestand] *annoyance* ⇒*irritation* **0.2** [aanleiding] *annoyance* ⇒*nuisance* ◆ **1.1** een bron van ~ *an a., a nuisance* **3.1** ~ verwekken *cause a./a nuisance, be a nuisance;* (aanstoot) *give offence* **6.1 tot** (grote) ~ **van** de aanwezigen *to the (great) a. of those present.*

ergonomie 0.1 *ergonomics,* ᴬ*biotechnology* ⇒*human engineering.*

ergonomisch 0.1 *ergonomic,* ᴬ*biotechnological.*

ergotherapeut, -e 0.1 *occupational therapist.*

ergotherapie 0.1 *occupational therapy.*

erheen 0.1 *there* ◆ **3.1** ga je ~? *are you going there?*

erica (plantk.) **0.1** *erica* ⇒*heath.*

Eriemeer 0.1 *Lake Erie.*

erin 0.1 [in het genoemde/bedoelde] *in(to) it* (enk.) */them* (mv.) ⇒*(in) there* **0.2** [in bed] *in(to) (bed)* **0.3** [in huis] *inside* ◆ **3.1** ~ lopen (fig.) *walk right into it, fall for it;* ik zal ~ slagen *I will succeed* **3.2** ~ blijven *stay in bed;* ~ kruipen *crawl/creep in(to bed)* **3.3** kom ~! *come inside!*

erkend 0.1 [algemeen als zodanig ervaren] *recognized* ⇒*acknowledged* **0.2** [officieel toegelaten] *recognized* ⇒*acknowledged, authorized* (kantoor, beroep), *certified* (kantoor, beroep) ◆ **1.2** (algemeen) ~e feestdag *official/public holiday;* ~ loodgieter *qualified plumber;* een ~e methode

an approved method **2.2** een internationaal ~ diploma *an internationally r. certificate* **5.1** algemeen ~ *generally r.* **5.2** officieel ~ *officially r.*

erkennen 0.1 [inzien] *recognize* ⇒*acknowledge,* (toegeven) *admit,* (toegeven) *confess* **0.2** [als wettig/echt beschouwen/behandelen] *recognize* ⇒*acknowledge* **0.3** [zich dankbaar tonen voor] *acknowledge* ⇒*recognize* ◆ **1.1** zijn ongelijk ~ *admit to being (in the) wrong* **1.2** iets niet ~ *disown sth.* (verantwoordelijkheid, natuurlijk kind); (jur.) *reject/disallow sth.* (vordering); een natuurlijk kind ~ *acknowledge a natural child;* een regering ~ *r. a government;* het vaderschap niet ~ *deny paternity;* een vordering ~ *admit/r. a claim* (bij faillissement) **1.3** genoten weldaden ~ *a./recognize benefits enjoyed* **8.2** een document als echt ~ *r. a document as genuine;* iem. als zijn meerdere ~ *acknowledge s.o. as one's superior* ¶**.1** naar hij zelf erkent *by his own admission.*

erkenning 0.1 [inzicht] *recognition* ⇒*admission* **0.2** [waardering] *recognition* ⇒*acknowledgement* **0.3** [vnl. jur.; aanvaarding als rechtens bestaande] *recognition* ◆ **1.3** de ~ v.e. record *the r./ratification of a record* **3.2** weinig ~ vinden *meet with/receive little r.* **6.1 tot** de ~ komen dat ... *come to recognize that ...*

erkentelijk 0.1 *thankful* ⇒*grateful* ◆ **3.1** iem. ~ zijn voor iets (ook) *be obliged to s.o. for sth.*

erkentelijkheid 0.1 *appreciation* ⇒*gratitude* ◆ **1.1** een blijk van ~ *a token of a.* **6.1 uit** ~ voor zijn hulp *in recognition of his help.*

erkentenis 0.1 *recognition* ◆ **2.1** (jur.) de eigen ~ v.e. beklaagde *the defendant's own admission* **6.1 tot** ~ van zijn schuld/ongelijk komen *recognize one's guilt, realize that one is wrong.*

erker 0.1 *bay (window).*

erlangs 0.1 *past (it* (enk.) */them* (mv.) *)* ⇒*alongside (it* (enk.) */them* (mv.) *)* ◆ **1.1** een weg met bomen ~ *a road lined with trees* **3.1** wil je deze brief even op de bus doen als je ~ komt? *could you drop this letter in the (post-)box when you're passing?;* hij wil ~ *he wants to get past.*

ermee 0.1 *with it* (enk.) */them* (mv.) ◆ **3.1** hij bemoeide zich ~ *he concerned himself with it;* (ongunstig) *he interfered with it;* wat doen we ~? *what shall we do about/with it?;* je hebt jezelf ~ *you're the one who'll suffer;* je zit ~ *you're stuck with it* **5.**¶ het kan ~ door *it will do.*

erna 0.1 *afterwards* ⇒*after (it* (enk.) */them* (mv.) *), later* ◆ **1.1** de morgen ~ *the morning after* **3.1** dat komt ~ *that comes afterwards/later.*

ernaar 0.1 *to/towards/at it* (enk.) */them* (mv.) ◆ **3.1** ~ kijken/luisteren *look at/listen to it;* ~ verlangen *long for it* **3.**¶ dat is ~ *that is just about what one would expect;* hij maakt het ~ *he is asking for it.*

ernaast 0.1 [naast het genoemde] *beside/next to it* (enk.) */them* (mv.) **0.2** [mis] *off the mark* ◆ **1.1** de fabriek en de directeurswoning ~ *the factory and the manager's house next to it* **3.2** ~ zitten (fig.) *be wide of the mark.*

ernst 0.1 [(uiting van) stemming] *seriousness* ⇒*earnestness)* **0.2** [vastheid, gemeendheid] *seriousness* **0.3** [fig.; wat ernst teweegbrengt] *seriousness* ⇒*gravity* ◆ **1.3** de ~ v.h. leven inzien *take a serious view of life;* de ~ v.d. toestand inzien *recognize the s. of the situation* **2.2** het is bittere ~ *it is bitter earnest* **3.2** zal het hun toch ~ worden? *will they get serious?;* het werk wordt nu ~ voor hem *he will have to take work seriously from now on* **3.3** het wordt ~ met de bezuiniging *the cutbacks are getting serious* **6.1 in** volle ~ *in all s.;* dat meen je toch niet **in** ~ *you can't be serious* **6.2** iets **in** alle ~ overwegen *give sth. seri-*

ous consideration; het is mij volkomen ~ **met** dat plan *I am completely serious about this plan.*

ernstig I ⟨bn.⟩ **0.1** [van ernst vervuld; ernst opwekkend, niet licht op te vatten] *serious* ⇒*grave* **0.2** [werkelijk gemeend] *serious* ⇒*earnest, sincere* **0.3** [van ingrijpende aard] *serious* ⇒*severe, grave* ◆ **1.1** een ~ e fout *a s. mistake;* een ~ verwijt *a s. accusation;* een ~ woord met iem spreken *have a s. talk with s.o.* **1.2** dat is mijn ~ e overtuiging *that is my sincere conviction* **1.3** ~ e gevolgen hebben *have serious/grave consequences;* in ~ e moeilijkheden verkeren *be in serious difficulties/trouble;* ~ e verwondingen *serious injuries* **3.1** ~ blijven *remain s.;* de situatie wordt ~ *the situation is becoming s.* **3.3** dat is niet ~ *that's not serious;*
II ⟨bw.⟩ **0.1** [in/met/vol ernst; zwaar, danig] *seriously* ⇒ *gravely* **0.2** [serieus/werkelijk gemeend] *seriously* ⇒*earnestly, sincerely* ◆ **2.1** ~ gestoord *s. disturbed* **3.1** iem. ~ aanrekenen *hold sth. very much against s.o.;* ~ kijken *look serious/grave;* iem. ~ toespreken *have a serious talk with s.o.* **3.2** het ~ menen *be serious* ¶.**2** zich ~ zorgen maken (over iets) *be seriously worried (about sth.).*

eroderen 0.1 *erode.*

erogeen 0.1 *erogenous* ◆ **1.1** erogene zones *e. zones.*

erom 0.1 [eromheen] *around it* ⟨enk.⟩ */them* ⟨mv.⟩ ⇒*round (about) it* ⟨enk.⟩ */them* ⟨mv.⟩ **0.2** [mbt. verwisseling/ruil; mbt. een doel] *for it* ⟨enk.⟩ */them* ⟨mv.⟩ **0.3** [mbt. een object van denken/voelen]⟨zie 3.3⟩ **0.4** [mbt. een beweegreden] *for it* ⇒*on account of/because of it* ⟨enk.⟩ */them* ⟨mv.⟩ ◆ **1.1** een tuin met een schutting ~ *a garden enclosed by a fence* **3.2** wat geef je ~? *what will/would you give for it?;* ⟨fig.⟩ *what's it to you?;* als hij ~ vraagt *if he asks for it* **3.3** denk je ~? *you won't forget, will you?;* ik lach ~ *I couldn't care less* **3.4** ⟨pregn.⟩ hij doet het ~ ⟨altijd⟩ *he does it on purpose;* ⟨een keer⟩ *he's doing it on purpose* **3.¶** het gaat ~ dat ... *the thing is that ...*

eromheen 0.1 *around it* ⟨enk.⟩ */them* ⟨mv.⟩ ⇒*round (about) it* ⟨enk.⟩ */them* ⟨mv.⟩.

eronder 0.1 [onder het genoemde] *under it* ⟨enk.⟩ */them* ⟨mv.⟩ ⇒*underneath (it* ⟨enk.⟩ */them* ⟨mv.⟩ *), below it* ⟨enk.⟩ */them* ⟨mv.⟩ **0.2** [mbt. ondergeschiktheid/onderworpenheid]⟨zie 3.2⟩ **0.3** [ingedeeld bij het bedoelde] *there* **0.4** [mbt. een zich bevindend] *there, among them* **0.5** [mbt. een oorzakelijke betrekking] *as a result of/because of it* ⇒ *under it* ◆ **3.1** hij zat op een bank en zijn hond lag ~ *he sat on a bench and his dog lay underneath/under it* **3.2** hij heeft ze ~ *he has them under his thumb;* ⟨iem.⟩ ~ houden *hold (s.o.) down* **3.3** hoort dat ~? *does that belong t./in that category?* **3.4** zulke lopen ~ *you meet people like that* **3.5** hij lijdt ~ *he suffers from it.*

eronderdoor 0.1 *underneath it* ⟨enk.⟩ */them* ⟨mv.⟩ ◆ **3.1** ⟨fig.⟩ ~ gaan ⟨het afleggen⟩ *go to pieces;* ⟨failliet gaan⟩ *go bust.*

eronderop 0.1 *underneath (it* ⟨enk.⟩ */them* ⟨mv.⟩ *)* ⇒*at/on the bottom* ◆ **3.1** de gebruiksaanwijzing staat ~ *the instructions are at the bottom (of the box)* ⟨enz.⟩.

eronderuit 0.1 *out (from) under it* ⟨enk.⟩ */them* ⟨mv.⟩ ◆ **3.1** hij kroop ~ *he crept out from under it;* ⟨fig.⟩ ~ kunnen *get out of sth.*

erop 0.1 [op het genoemde] *on it* ⟨enk.⟩ */them* ⟨mv.⟩ **0.2** [mbt. een richting/beweging] *on(to) it* ⟨enk.⟩ */them* ⟨mv.⟩ **0.3** [mbt. een beweging naar boven] *up it* ⟨enk.⟩ */them* ⟨mv.⟩ **0.4** [mbt. een toevoeging] *to it* ⟨enk.⟩ */them* ⟨mv.⟩ ◆ **1.4** het vervolg ~ *the sequel to it* **1.¶** de dag ~ *the following day* **3.1** de naam staat ~ *the name is written on it* **3.2** ~ slaan *hit it, bang on it;* ⟨vechten⟩ *hit out* **3.3** ~ klimmen

climb up it; mount it ⟨paard⟩ **3.¶** ~ staan *insist on it;* het zit ~ *that's it (then)* **5.1** met alles ~ en eraan *with the works;* ⟨kleding e.d.⟩ *in full feather;* ⟨baby⟩ *with everything it should have;* ⟨fig.⟩ ~ of eronder *make or break* **5.¶** ~ los leven *live it up.*

eropaan 0.1 *to/towards it* ⟨enk.⟩ */them* ⟨mv.⟩ ◆ **3.¶** als het ~ komt *when it comes to the crunch;* u kunt ~/ u kunt ervan op aan *you can depend on it* **5.1** wij vlogen recht ~ *we flew directly towards it.*

eropaf 0.1 *to (it* ⟨enk.⟩ */them* ⟨mv.⟩ *)* ◆ **3.1** ~ gaan *go towards it;* ⟨fig.⟩ *rely/depend on it.*

eropin 0.1 *in(to)* ◆ **3.¶** ~ gaan *take it up, consider it.*

eropna ◆ **3.¶** ~ houden *keep* ⟨personeel, dieren, gezelschap⟩; ⟨personeel ook⟩ *employ;* ⟨fig.⟩ *hold, have, entertain* ⟨ideeën, vnl. merkwaardige⟩; een woordenboek ~ slaan *consult a dictionary.*

eropuit ◆ **3.¶** een dagje ~ gaan *go off/away for the day;* hij is ~ mij dwars te zitten *he is out to frustrate me.*

Eros ⟨myth.⟩ **0.1** *Eros.*

erosie ⟨geol.⟩ **0.1** *erosion.*

erotiek 0.1 [seks] *eroticism* **0.2** [psych.] *the erotic.*

erotisch 0.1 *erotic* ◆ **1.1** ~ e literatuur/kunst *e. literature/ art;* ⟨met de nadruk op seks⟩ *erotica.*

erover 0.1 [over het genoemde heen] *over/across it* ⟨enk.⟩ / *them* ⟨mv.⟩ **0.2** [mbt. een betrokken zijn bij] *over it* **0.3** [mbt. een onderwerp/mening] *about/of it* **0.4** [aan de andere zijde v.h. genoemde] *across (it* ⟨enk.⟩ */them* ⟨mv.⟩ *)* **0.5** [zo dat het over de rand gaat]⟨zie 3.5⟩ ◆ **3.1** het kleed dat ~ ligt *the cloth which covers it* **3.2** hij gaat ~ *he is in charge of it* **3.3** hoe denk je ~? *what do you think about it?* **3.4** eindelijk waren we ~ *at long last we were on the other side* **3.5** pas op, de melk gaat ~ *be careful, the milk is boiling over.*

eroverheen 0.1 [erover] *over/across it* ⟨enk.⟩ */them* ⟨mv.⟩ **0.2** [fig.; het genoemde te boven gekomen] *over it* ◆ **3.1** ⟨vulg.⟩ ~ gaan *screw, fuck* **3.2** het heeft lang geduurd eer ze ~ waren *it took them a long time to get over it.*

erratum 0.1 [(druk)fout] *erratum* **0.2** [mv.; lijst van drukfouten] *errata, erratum* ⇒*corrigendum.*

ertegen 0.1 [tegen het genoemde] *against/at it* ⟨enk.⟩ / *them* ⟨mv.⟩ **0.2** [contra] *against it* ⟨enk.⟩ */them* ⟨mv.⟩ *)* ◆ **3.1** hij gooide de bal ~ *he threw the ball at it* **3.2** ik ben ~ *I am against it;* -- vechten *fight (against)/oppose it* **3.¶** ~ kunnen *feel up to it;* ⟨kunnen verdragen ook⟩ *be able to put up with it.*

ertegenaan 0.1 *onto/against it* ⟨enk.⟩ */them* ⟨mv.⟩ ◆ **3.1** ~ lopen *run into it* **3.¶** ~ gaan *get down to it* ⟨werk⟩; *tackle it* ⟨onderwerp, probleem⟩; *get going* ⟨ook sport⟩.

ertegenin 0.1 *against it* ⟨enk.⟩ */them* ⟨mv.⟩ ◆ **3.1** ⟨fig.⟩ ~ gaan ⟨zich verzetten⟩ *go against it;* ⟨proberen tegen te gaan⟩ *refuse to put up with it.*

ertegenop 0.1 [omhoog tegen het genoemde] *up it* ⟨enk.⟩ / *them* ⟨mv.⟩ **0.2** [in tegengestelde richting] *against it* ⟨enk.⟩ */them* ⟨mv.⟩ ◆ **3.1** hij klom ~ *he climbed up (it);* ~ zien ⟨fig.⟩ *dread sth.* **3.2** ~ kunnen ⟨fig.⟩ *be able to cope with it* **3.¶** ~ rijden *bump into it.*

ertegenover 0.1 [aan de overkant v.h. genoemde] *opposite (to) it* ⟨enk.⟩ */them* ⟨mv.⟩ **0.2** [mbt. een tegenstelling] *against it* ⟨argument⟩; *towards it* ⟨gevoelens⟩ ◆ **1.1** het huis ~ *the house opposite* **3.2** ~ staat dat ... *on the other hand ...* **3.¶** hoe sta je ~? *where do you stand on that?*

ertoe 0.1 [mbt. een bestemming/besluit] *to* **0.2** [mbt. een behoren bij] *to (it* ⟨enk.⟩ */them* ⟨mv.⟩ *)* ◆ **1.1** de moed ~ hebben *have the nerve for it* **3.1** iem. ~ brengen om iets te doen *persuade s.o. to do sth.;* ~ komen *get round to it;* hoe kwam je~? *what made you do it?* **3.2** de vogels die ~ behoren *the birds which belong to it* **3.¶** ⟨inf.⟩ wat doet dat ~? *what has that got to do with it?*

erts 0.1 *ore* ◆ **3.1** ~ winnen *mine o.;* metaal uit ~ winnen *extract metal from o.*

ertsgebergte 0.1 *mineral rock.*

ertshoudend 0.1 *ore-bearing.*

ertslaag 0.1 *ore deposit, deposit of ore.*

ertsrijk 0.1 *rich in ore(s).*

ertswinning 0.1 *ore-mining, mining for ore.*

ertussen 0.1 [tussen twee zaken / tijdstippen enz.] *(in) between (it* ⟨enk.⟩ */them* ⟨mv.⟩ *)* **0.2** [te midden van / bij / onder meer zaken] *in the middle* ⇒*among(st) (other) things* ◆ **3.1** het lukte me niet ~ te komen ⟨fig.⟩ *I couldn't get a word in (edgewise);* het zit ~ *it is stuck in b.* **3.2** er zitten ~ die rot zijn *there are a few rotten ones among them.*

ertussendoor 0.1 [mbt. een doorgang] *through (it* ⟨enk.⟩ */ them* ⟨mv.⟩ *), between (it* ⟨enk.⟩ */them* ⟨mv.⟩ *)* **0.2** [mbt. een vermenging] *mixed in* **0.3** [mbt. een tussenvoeging in de tijd] *(in) between* ⇒*meanwhile* ◆ **3.2** een grapje ~ gooien *throw in the occasional joke* **3.3** dat kunnen wij wel even ~ doen *we can do that in the meantime* ⟨tussen twee andere dingen⟩; *we can do that as we go along* ⟨tijdens andere bezigheid⟩.

ertussenin 0.1 [tussen twee zaken / tijdstippen enz.] *(in) between (it* ⟨enk.⟩ */them* ⟨mv.⟩ *)* **0.2** [te midden van / bij / onder meer zaken] *in the middle* ⇒*among(st) (other) things* ◆ **3.1** hij is de oudste, zij is de jongste en ik zit ~ *he is the eldest, she is the youngest, and I come in between.*

ertussenuit 0.1 [naar buiten] *out (of it* ⟨enk.⟩ */ them* ⟨mv.⟩ *)* **0.2** [vrij, los] *out* ⇒*loose* ◆ **3.1** het papier dat ~ steekt *the piece of paper that is sticking o.* **3.2** een dagje ~ gaan / knijpen *slip off for the day.*

erudiet¹ ⟨de⟩ **0.1** *scholar.*

erudiet² ⟨bn.⟩ **0.1** *erudite.*

eruditie 0.1 *erudition.*

eruit 0.1 [naar buiten] *out* **0.2** [niet (meer) erin / erbij] *out* ⇒ *gone* **0.3** [ter aanduiding van oorsprong] *from / out of it* ◆ **3.1** iem. ~ gooien *throw s.o. out;* 's morgens moeite hebben om ~ te komen *have trouble getting out of bed in the morning;* hij moet eens een poosje ~ *he needs to get away (from it all) for a while* **3.2** ik ben ~ ⟨niet meer vertrouwd met⟩ *I have lost my touch, I am out of practice;* ⟨de draad kwijt⟩ *I have lost the thread;* ⟨heb het opgelost⟩ *I have got it;* ~ liggen *be out of favour;* ⟨sport⟩ *be eliminated* **3.3** de kosten ~ halen *recover the expenses;* je kunt ~ opmaken dat *you can gather from that that* **¶.1** eruit! *(get) out!*

eruitzien 0.1 [voorkomen hebbend] *look* **0.2** [de indruk wekken te] *look like / as if* **0.3** [vuil / onverzorgd zijn] *look a mess* **0.4** [zich laten aanzien] *look* ◆ **1.3** wat ziet de boel eruit! *what a mess this place looks!* **5.1** er goed / slecht / jong / oud uitzien *l. well / bad / young / old* **5.4** het ziet er slecht uit voor jullie *things are looking bad for you* **8.2** hij is niet zo dom als hij eruitziet *he's not as stupid as he looks.*

eruptie 0.1 *eruption.*

ervan 0.1 *from / of it* ⟨enk.⟩ */ them* ⟨mv.⟩ ◆ **1.1** dat is het aantrekkelijke ~ *that's what is so attractive about it;* de helft ~ *half of it / them / that* **3.1** de verbindingen die ~ afgeleid zijn *the combinations derived from it;* ik ben ~ overtuigd / ~ overtuigd dat *I am convinced of it / convinced that;* dat komt ~ ⟨fig.⟩ *that's what comes of it;* hij kan zich moeilijk ~ losmaken *he has trouble breaking free from it;* alles wat men ~ maken kan *all one can make of it;* hoeveel hij ook ~ nam, ... *no matter how much he took of it, ...;* ik schrok ~ *it*

gave me a fright;* de mensen spraken ~ *people talked about it;* wat vind je ~? *what do you think of it?;* de hele stad weet ~ *the whole town knows about it;* ~ weggaan / scheiden *depart / divorce;* ~ weten *know of it* **¶.** we kregen ~ langs *we were given what for.*

ervandaan 0.1 [weg van het genoemde] *away (from there)* **0.2** [verwijderd van het genoemde; afkomstig uit de genoemde plaats] *from there* ◆ **3.1** ga ~, het is gevaarlijk *get a. from there, it's dangerous* **3.2** hij woont dertig kilometer ~ *he lives twenty miles from there.*

ervandoor 0.1 *off* ◆ **3.1** met het geld ~ gaan *make o. with the cash;* zij ging ~ met een zeeman *she ran o. with a sailor;* nou, het is tijd, we moeten ~ *it is time for us to be o.* ⟨scherts.⟩ ~ gaan *be off.*

ervantussen ◆ **3.¶** ⟨scherts.⟩ ~ gaan *be off.*

ervaren¹ ⟨bn.⟩ **0.1** *experienced (in)* ⇒⟨handwerkslieden ook⟩ *skilled (in)* ◆ **1.1** ~ iemand gevraagd *e. person wanted* **6.1** op dat gebied ~ zijn *be e. in that field.*

ervaren² ⟨ov.ww.⟩ **0.1** [ondervinden] *experience* ⇒⟨gewaarworden⟩ *discover* **0.2** [vernemen] *learn* ◆ **8.1** hij heeft tot zijn verdriet moeten ~ dat ... *he has discovered to his sorrow that ...*

ervarenheid 0.1 *skill* ⇒*experience.*

ervaring 0.1 *experience* ◆ **2.1** uit eigen ~ *from personal e.;* dat is weer een ~ rijker *you can chalk that up to e.* **3.1** veel ~ hebben *be highly experienced;* ~ leert dat ..., uit ~ is gebleken dat ... *e. shows that ...;* ⟨de nodige⟩ ~ opdoen / missen *gain (the necessary) e., lack (the necessary) e.;* ~ en uitwisselen *compare notes;* ~ vereist *e. required* **6.1** uit ~ weten *know from e.*

ervaringsfeit 0.1 *empirical fact.*

ervaringswereld 0.1 *world of (one's) experience.*

erven¹ ⟨mv.⟩ **0.1** *heir(s)* ◆ **1.1** de ~ Janssens *the Janssens heirs.*

erven² I ⟨onov., ov.ww.⟩ **0.1** [door erfenis krijgen] *inherit* ⇒ *succeed to* ⟨troon⟩ ◆ **1.1** een fortuin / geld ~ *i. a fortune / money;* iets (van iem.) ~ *i. sth. (from s.o.);* II ⟨ov.ww.⟩ **0.1** [mbt. eigenschappen] *inherit* **0.2** [van een ander overnemen] *acquire* ◆ **1.1** zij heeft haar vaders uiterlijk geërfd *she has inherited her father's looks* **1.2** zij heeft haar vaders maniertjes geërfd *she has acquired her father's mannerisms.*

ervoor 0.1 [voor het genoemde / bedoelde] *in front (of it* ⟨enk.⟩ */them* ⟨mv.⟩ *)* **0.2** [voor het genoemde in volg- / rangorde] *before (it)* **0.3** [mbt. een bestemming / oorzaak; ten behoeve van] *for it* **0.4** [pro] *for it* ⇒*in favour (of it)* **0.5** [in de plaats van] *for it* ⟨enk.⟩ */them* ⟨mv.⟩ ⇒*instead (of it* ⟨enk.⟩ */them* ⟨mv.⟩ *)* ◆ **1.3** hij heeft geen gevoel ~ ⟨geen gevoelsvermogen bezittend⟩ *he has no feeling for it;* ⟨niet ontvankelijk⟩ *he is not sensitive to it* **3.2** dat was ~, niet erna *that was before, not after(wards)* **3.3** dat dient ~ om ... *that is for ..., that serves to ...;* hij moet ~ boeten *he will pay for it / this;* hij streed ~ om hun lot te verbeteren *he strove to improve their lot;* ~ zorgen dat ... *see to it that ...* **3.4** ik ben ~ *I am in favour of it* **3.5** ~ doorgaan *pass for (sth. else);* het ~ houden *take it for (sth. else);* wat krijg ik ~? *what will I get for it?* **3.¶** er alleen voor staan *be on one's own;* zoals de zaken ~ staan *as things stand.*

erwt 0.1 [zaad; plant] *pea* **0.2** [mv.; voedsel] *peas* ◆ **2.2** groene ~ en *green / garden peas.*

erwtensoep 0.1 *pea soup.*

erytrocyt 0.1 *erythrocyte.*

es I ⟨de (m.)⟩ **0.1** [boom] *ash;* **II** ⟨de⟩ **0.1** [muz.] *e-flat.*

escadrille 0.1 *flight.*

escalatie 0.1 *escalation.*

escaleren I ⟨onov.ww.⟩ **0.1** [het voorwerp worden van escalatie] *escalate* ⇒⟨prijzen ook⟩ *rocket*, ⟨prijzen ook⟩ *shoot up;*
II ⟨ov.ww.⟩ **0.1** [het voorwerp doen worden van escalatie] *(cause to) escalate* ⇒⟨prijzen ook⟩ *force up.*
escapade 0.1 *escapade.*
escargots ⟨cul.⟩ **0.1** *escargots.*
escorte 0.1 *escort.*
escorteren 0.1 *escort.*
esculaap 0.1 *staff of Aesculapius, Aesculapius' staff.*
esdoorn 0.1 *maple(-tree).*
eskader, eskadron 0.1 *squadron.*
eskimo 0.1 *Eskimo.*
eskimohond 0.1 *Eskimo dog* ⇒*husky.*
esoterisch 0.1 *esoteric.*
esp 0.1 *aspen.*
Esperanto 0.1 *Esperanto.*
esplanade 0.1 *esplanade* ⇒⟨exercitieplaats ook⟩ *parade ground.*
espressoapparaat, -machine 0.1 *espresso (machine).*
espressobar 0.1 *café, coffee bar.*
espresso(koffie) 0.1 *espresso.*
espressokopje 0.1 *demitasse.*
esprit 0.1 *wit* ♦ **1.¶** ~ de corps *esprit de corps.*
essence 0.1 [aftreksel] *essence* ⇒*extract* **0.2** [smaak-, geurstof] *essence* ⇒*perfume.*
essenhout 0.1 *ash (wood).*
essentialia 0.1 *essentials.*
essentie 0.1 *essence.*
essentieel 0.1 *essential* ♦ **1.1** van ~ belang *of vital importance;* een ~ verschil *a fundamental difference* **7.1** het essentiële v.d. zaak *the essence/crux of the matter.*
estafette, estafetteloop 0.1 *relay (race).*
estafetteploeg 0.1 *relay team.*
estafettestokje 0.1 *baton.*
ester ⟨schei.⟩ **0.1** *ester.*
estheet 0.1 *aesthete.*
esthetica 0.1 *aesthetics.*
estheticisme 0.1 *aestheticism.*
estheticus 0.1 *aesthetician.*
esthetisch 0.1 *aesthetic* ⇒⟨mbt. wetenschap der esthetica⟩ *aesthetical* ♦ **1.1** ~ gevoel *aesthetic sense* **1.¶** ~e chirurgie *cosmetic surgery.*
Estland 0.1 *Estonia.*
Est(lander) 0.1 *Estonian.*
Estlands 0.1 ⟨bn. en zn.⟩ *Estonian.*
ETA 0.1 *ETA.*
etablissement 0.1 [onderneming: hotel, café e.d.] *establishment* **0.2** [geheel van gebouwen] *institution* ⇒*complex.*
etage 0.1 [verdieping] *floor* ⇒*storey* **0.2** [laag] *layer* ⇒*level* ♦ **2.1** hij woont op een kleine ~ *he lives in a small flat* **7.1** op de eerste ~ *on the* [B]*first/*[A]*second floor;* een huis met twee ~s *a two-storeyed house.*
etagewoning 0.1 *flat.*
etalage 0.1 *shop-window* ⇒*display window* ♦ **1.1** het inrichten v.e.~ *window dressing* **3.1** ~s (gaan) kijken *(go) window-shopping* **6.1** in de ~ liggen *be on display (in the window).*
etalagepop 0.1 *(shop-window) dummy, mannequin.*
etaleren 0.1 [uitstallen] *display* **0.2** [verkondigen] *display* ⇒*show off* ♦ **1.2** zijn kennis ~ *exhibit one's knowledge.*
etaleur 0.1 *window-dresser.*
etalon 0.1 *standard (measure).*
etappe 0.1 [afstand tussen twee rustpunten] *stage* ⇒⟨laatste

ook⟩ *lap*, ⟨vliegreis ook⟩ *hop*, ⟨vliegreis ook⟩ *leg* **0.2** [sport] *stage* ⇒*leg.*
etappewinnaar ⟨sport⟩ **0.1** *stage winner.*
eten[1] ⟨het⟩ **0.1** [voedsel] *food* **0.2** [maaltijd] *meal* ⇒*dinner* ⟨middag of avond⟩ ♦ **1.1** hij laat zijn ~ en drinken ervoor staan ⟨fig.⟩ *it's his be-all and end-all* **2.1** hij houdt van lekker ~ *he is fond of good f.* **2.2** koud ~ *cold m., lunch;* warm ~ *hot m., dinner* **3.1** ~ en drinken meenemen *bring along sth. to eat and drink* **3.2** het ~ is opgediend/klaar *dinner is served/ready;* het ~ laten staan ⟨niet beginnen⟩ *leave one's food;* ⟨niet helemaal opeten⟩ *not finish one's food;* het ~ maken *make dinner* **6.2** wijn bij het ~ drinken *drink wine with a m.;* ik ben niet thuis met het ~ *I won't be home for dinner;* onder het ~ *during meals/the m., at dinner-(time);* nog een kik en je gaat zonder ~ naar bed *one more word out of you and you'll be packed off to bed without your dinner* **7.1** dat is geen ~ *that isn't fit to eat.*
eten[2] **I** ⟨onov., ov.ww.⟩ **0.1** *eat* ♦ **1.1** een hapje ~ *have a bite to e.* **3.1** hij begon er direct van te ~ *he fell to;* al gegeten en gedronken hebben ⟨fig.⟩ *have had more than one's fill;* te veel/te weinig te ~ geven *overfeed, underfeed,* het is te ~/ niet te ~ *it's edible/inedible, it tastes OK/awful;* ⟨fig.⟩ daar kan men niet van ~ *fair words butter no parsnips* **4.1** wat ~ we vandaag? *what's for dinner today?* **5.1** goed kunnen ~ *have a good hearty appetite;* je kunt hier lekker ~ *they serve good food here;* lekker gegeten? *enjoyed your meal?;* eet smakelijk *enjoy your meal;* te veel ~ *overeat (o.s.)* **¶.1** om op te ~ zijn *be/look good enough to e.;* eet ze *enjoy;*
II ⟨onov.ww.⟩ **0.1** [een maaltijd gebruiken] *eat* ⇒*dine* ♦ **3.1** blijf je (te) ~? *will you stay for dinner?;* wij zitten net te ~ *we've just sat down to dinner* **5.1** buitenshuis/buiten de deur ~ *e./dine out;* thuis ~ *e. in* **6.1** iem. te ~ vragen *ask s.o. to dinner;* iem. uit ~ gaan *go out for dinner;* iem. uit ~ nemen *take s.o. out to dinner;*
III ⟨ov.ww.⟩ **0.1** [door eten verkrijgen] *eat* ♦ **2.1** iem. arm ~ *eat s.o. out of house and home;* zijn bord leeg ~ *e. everything up;* zijn buikje rond ~ *e. one's fill* **¶.1** zich te barsten ~ *eat till one is fit to burst.*
etensbak 0.1 *trough* ⇒⟨voor huisdieren⟩ *food bowl.*
etenslucht 0.1 *smell of food.*
etensresten 0.1 *leftovers.*
etenstijd 0.1 [tijd om te gaan eten] *dinnertime* ⇒*time for dinner* **0.2** [tijd waarop men pleegt te eten] *dinnertime* ⇒*mealtime* ♦ **3.2** de ~en zijn veranderd *the mealtimes have been changed* **6.2** onder ~ *at d.*
etenswaar 0.1 *food* ⇒*comestibles.*
etentje 0.1 *dinner* ⇒*meal* ♦ **3.1** iem. voor een ~ uitnodigen *invite s.o. round for d.*
eter 0.1 [iem. die (van) iets eet] *eater* **0.2** [tafelgast] *dinner guest* ♦ **2.1** een flinke ~ zijn *be a big e., have a big appetite* **3.2** zij hebben ~s vandaag *they have people to dinner today* **5.1** een ~ erbij hebben *have another mouth to feed.*
ethaan 0.1 *ethane.*
ethanol 0.1 *ethanol* ⇒*ethyl alcohol.*
ether 0.1 [schei.] *ether* **0.2** [mbt. radiogolven] *air* ♦ **6.2** in de ~ zijn *be on the a.;* een piratenzender uit de ~ halen *take a pirate station off the a.*
etherisch 0.1 [ijl en ongrijpbaar] *ethereal* ⇒*delicate, spiritual* **0.2** [snel verdampend] *ethereal* ⇒*vaporous, volatile* **0.3** [hemels] *ethereal* ⇒*supernal* ♦ **1.1** een ~e verschijning *an e. presence* **1.2** ~e olie *essential oil.*
etherpiraat 0.1 *pirate* ⇒⟨station⟩ *pirate station,* ⟨zender⟩ *pirate radio/transmitter.*
etherreclame 0.1 *(radio/television) commercials.*
ethervervuiling 0.1 *pollution of the airwaves.*

ethica 0.1 *ethics* ⇒⟨systeem van normen⟩ *ethic.*
ethicus 0.1 *ethicist.*
ethiek ⟨fil., rel.⟩ 0.1 *ethics* ◆ 2.1 medische ~ *medical e.*
Ethiopië 0.1 *Ethiopia.*
Ethiopiër, -ische 0.1 *Ethiopian.*
Ethiopisch 0.1 *Ethiopian* ⇒⟨mbt. taal⟩ *Ethiopic.*
ethisch 0.1 *ethical* ⇒*moral.*
ethos 0.1 *ethos.*
etiket 0.1 *label* ⇒⟨prijs⟩ *ticket,* ⟨kaartje⟩ *tag,* ⟨zelfklevend⟩ *sticker* ◆ 3.1 ⟨fig.⟩ iem. een ~ opplakken *label s.o.*
etiketteren 0.1 *label.*
etiquette 0.1 *etiquette* ⇒*good manners/form* ◆ 6.1 het is niet volgens de ~ om ... *it is not e. to* ... ¶.1 de ~ in acht nemen *observe the proper forms.*
etmaal 0.1 *twenty-four hours(' period)* ◆ 6.1 binnen een ~ *within twenty-four hours.*
etnisch 0.1 *ethnic* ◆ 1.1 ~e minderheden *e. minorities.*
etnocentrisch 0.1 *ethnocentric.*
etnocentrisme 0.1 *ethnocentrism.*
etnologie 0.1 *ethnology.*
etnologisch 0.1 *ethnological.*
etnoloog, -loge 0.1 *ethnologist.*
ets 0.1 *etching.*
etsen 0.1 *etch* ◆ 6.1 ~ met de droge naald *e. with a dry point.*
etser 0.1 *etcher.*
etsgrond 0.1 *etching ground/varnish.*
etsnaald 0.1 *etching needle.*
etsplaat 0.1 *plate* ⇒⟨uit koper ook⟩ *copper plate.*
ettelijke 0.1 ⟨vele⟩ *innumerable* ⇒*dozens of* 0.2 ⟨enige⟩ *a number of* ◆ 1.1 ik heb het al ~ malen gezegd *if I've told you once, I've told you a hundred times.*
etter 0.1 ⟨med.⟩ *pus* 0.2 ⟨rotzak⟩ *pain in the neck* ⇒*creep* ◆ 1.1 ⟨fig.⟩ ~ en bloed zweten *sweat blood, be in a cold sweat* 3.2 hij is toch zo'n ~ *he's such a pain in the neck.*
etterbak →*etter* 0.2.
etterbuil 0.1 ⟨zwelling⟩ *abscess* 0.2 →*etter* 0.2.
etteren 0.1 ⟨etter afscheiden⟩*fester* ⇒*run* 0.2 ⟨klieren⟩ *be a pain in the neck* ⇒*bellyache* 0.3 ⟨zwoegen⟩ *slave* ◆ 1.1 een ~d gezwel *a festering abscess* 3.2 lig niet zo te ~ *don't be such a pain in the neck* 6.3 ik heb wel een dag met die rotklok zitten ~ *I've been slaving over this clock for about a day.*
ettergezwel 0.1 *gathering abscess.*
etterig 0.1 ⟨med.⟩*festering* ⇒*suppurating, running* 0.2 ⟨treiterig⟩ *obnoxious* ◆ 1.2 een ~ ventje *a creep.*
ettering 0.1 *suppuration* ⇒*discharge of pus.*
etude 0.1 *étude.*
etui 0.1 *case.*
etymologie ⟨taal.⟩ 0.1 *etymology* ◆ 3.1 de ~ geven/vaststellen van *etymologize.*
etymologisch 0.1 *etymological* ◆ 1.1 een ~ woordenboek *an e. dictionary.*
EU 0.1 ⟨Europese Unie⟩ *EU.*
eucalyptus 0.1 *eucalyptus (tree).*
eucharistie ⟨rel.⟩ 0.1 ⟨sacrament v.h. altaar⟩ *Eucharist* 0.2 ⟨eucharistieviering⟩ *Eucharist* ⇒*celebration of the Eucharist,* ⟨r.-k. vnl.⟩ *(the) Mass,* ⟨angl.⟩ *(Holy) Communion* ◆ 3.2 de ~ vieren *celebrate the E.*
eucharistieviering →*eucharistie* 0.2.
eufemisme 0.1 *euphemism* ◆ 3.1 ~n gebruiken (voor) *speak euphemistically.*
eufemistisch 0.1 *euphemistic.*
euforie 0.1 *euphoria.*
euforisch 0.1 *euphoric.*

Eufraat 0.1 *Euphrates.*
eunuch 0.1 *eunuch.*
Euratom 0.1 *Euratom.*
Eurazië 0.1 *Eurasia.*
Euraziër 0.1 *Eurasian.*
eureka 0.1 *eureka.*
euro ⟨geldw.⟩ 0.1 *Euro.*
Eurobank 0.1 *Eurobank.*
eurocentrisch 0.1 *Eurocentric.*
eurocheque 0.1 *Eurocheque.*
eurocommissie 0.1 *European Commission.*
eurocommunisme 0.1 *Eurocommunism.*
eurofles 0.1 *European standard half-litre bottle.*
euromarkt 0.1 ⟨landenorganisatie⟩ *(European) Common Market* 0.2 ⟨markt voor tegoed in Amerikaanse dollars⟩ *Euromarket.*
Europa 0.1 *Europe* ◆ 2.1 het oude ~ *the E. of old.*
europarlement 0.1 *European Parliament.*
europarlementariër, europarlementslid 0.1 *member of the European Parliament* ⇒*Euro-MP.*
Europeaan, Europese 0.1 *European.*
Europees 0.1 *European* ◆ 1.1 het Europese vasteland *the E. mainland;* ⟨tgov. Groot-Brittannië⟩ *the Continent* 3.1 ~ genormaliseerd *to E. standards.*
Europoort 0.1 *Europoort.*
euroverkiezingen 0.1 *Euro-elections.*
euroverpakking 0.1 *Eurocontainer.*
Eurovisie 0.1 *Eurovision.*
Eurovisiesongfestival 0.1 *Eurovision Song Contest.*
eustachiusbuis ⟨med.⟩ 0.1 *Eustachian tube.*
euthanasie 0.1 *euthanasia* ◆ 2.1 actieve/directe ~, passieve ~ *active e., passive e.* 3.1 ~ plegen *carry out e.*
euthanasiepil 0.1 *euthanasia pill.*
euthanasieverklaring 0.1 *living will.*
euvel[1] ⟨het⟩ 0.1 ⟨kwaal, gebrek⟩ *fault* ⇒*defect,* ⟨ziekte⟩ *ailment* 0.2 ⟨kwaad⟩ *evil* ◆ 3.1 een ~ verhelpen *remedy a f./ defect;* ⟨onrecht⟩ *redress a wrong.*
euvel[2] ⟨bn., bw.⟩ ◆ 1.¶ de ~e moed hebben om ... *have the nerve to* ... 3.¶ iem. iets ~ duiden *hold sth. against s.o.*
Eva 0.1 ⟨rel.⟩ *Eve* 0.2 ⟨vrouw⟩ *(daughter of) Eve.*
eva(atje) 0.1 *apron, pinafore.*
evacuatie 0.1 *evacuation.*
evacué 0.1 *evacuee.*
evacueren I ⟨onov.ww.⟩ 0.1 ⟨weggaan uit zijn woonplaats⟩ *be evacuated;* **II** ⟨ov.ww.⟩ 0.1 ⟨elders onderbrengen⟩ *evacuate* ◆ 6.1 de burgers uit de gevarenzone ~ *e. civilians from the danger zone.*
evakostuum ⟨scherts.⟩ 0.1 *her birthday suit.*
evaluatie 0.1 ⟨nabespreking⟩ *evaluation* ⇒*assessment* 0.2 ⟨waardeschatting/-bepaling⟩ *evaluation* 0.3 ⟨geldw.⟩ *setting of the exchange rate.*
evaluatieonderzoek 0.1 *evaluation* ⇒*evaluative survey/ assessment.*
evalueren 0.1 ⟨nabespreken⟩ *evaluate* ⇒*assess* 0.2 ⟨schatten (op)⟩ *value.*
evangelie 0.1 ⟨leer van Jezus Christus; leer die men aanhangt⟩ *gospel* 0.2 ⟨bijbelboek⟩ *Gospel* 0.3 ⟨vaststaande waarheid⟩ *gospel(-truth)* ◆ 1.2 het ~ van/naar Marcus *the G. according to St. Mark* 3.1 het ~ verkondigen *preach/ spread the g.* 3.3 omdat zij het zegt, is het nog geen ~ *just because she says so doesn't mean it's gospel.*
evangelieboek ⟨r.-k.⟩ 0.1 *evangelistary.*
evangelisatie 0.1 *evangelization.*
evangelisch 0.1 ⟨overeenkomstig het evangelie⟩ *evangelical* 0.2 ⟨protestant⟩ *Evangelical.*

evangeliseren 0.1 *evangelize.*
evangelist 0.1 *evangelist.*
even I ⟨bn.⟩ 0.1 [door twee deelbaar] *even* ◆ 6.1 op ~ zetten *bet on evens* 6.¶ het is mij om het ~ *it's all the same/all one to me;* om het ~ wat je doet *whatever you do;* om het ~ wie/welke *whoever/whichever, no matter who/which;*
II ⟨bw.⟩ 0.1 [in dezelfde/gelijke mate] *(just) as* 0.2 [als versterkende bevestiging] *just* 0.3 [een korte tijd] *just* ⇒ *(just) (for) a moment/while/bit* 0.4 [in korte tijd, met weinig moeite] *just* 0.5 [nauwelijks] *(only) just* ⇒*barely* 0.6 [een weinig] *just (a bit)* ◆ 2.1 ze zijn ~ groot *they're equally big;* in ~ grote aantallen/hoeveelheden *in equal numbers/quantities;* hij is ~ oud als ik *he is (just) as old as I am;* het is er nog altijd ~ rommelig *it's as untidy as ever* 2.2 dat is ~ mooi! *isn't that sth.!;* zij is altijd ~ opgewekt *she's always nice and cheerful* 2.6 dat is wel ~ vreemd *that's just a bit odd* 3.2 was (me) dat ~ lachen *what a laugh that was!* 3.3 het duurt nog wel ~ *It'll take a bit/while longer;* hoor eens ~ *(just) listen;* mag ik u ~ storen? *may I disturb you just for a moment?;* wacht eens ~ *just wait a moment;* eens ~ zien *let me see* 3.4 hij zou dat wel ~ doen *he'd take care of it* 3.5 iets ~ aanraken *(only) just touch sth.* 3.6 nog ~ doorzetten *go on for just a bit longer* 3.¶ als het maar éven kan *if it is at all possible* 5.2 een salaris van maar ~ drie ton *a salary of no less than Dfl300,000* 5.3 heel ~ *just for a second/minute;* ~ later/daarna *shortly afterwards* 5.6 je was net ~ te laat *you were just a bit too late;* dit moet toch ~ worden gezegd *this (just) needs to be said* 5.¶ als ze het maar ~ niet hoeven te doen, dan ... *if they can possibly manage without doing it, ...* 6.6 zij is ~ in/over de twintig *she is just in her twenties/over twenty* 8.1 hij is ~ slim als sterk *he is as clever as he is strong* ¶.¶ ho eens ~! *whoa!*
evenaar 0.1 *equator* ◆ 3.1 de ~ passeren *cross the e.*
evenals 0.1 *(just) like* ⇒*(just) as* ⟨vóór ww.⟩ ◆ 1.1 die man is ~ zijn vader een bekend acteur *that man is a famous actor like his father* 4.1 hun zaak ging failliet, ~ die van kleine ondernemers *their business went bankrupt, just like many other small businesses.*
evenaren 0.1 *equal* ⇒*(be a) match (for)* ◆ 5.1 niet te ~ *unequalled, unparalleled* 6.1 iem. in schoonheid ~ *e./rival s.o. in beauty.*
evenbeeld 0.1 *image* ◆ 6.1 zij is het ~ van haar moeder *she is the spitting image of her mother.*
eveneens 0.1 *also* ⇒*too, as well* ◆ 1.1 mijn vrouw heeft me verlaten, en mijn geluk ~ *my wife has deserted me, and so has my happiness.*
evenement 0.1 *event.*
evengoed 0.1 [evenzeer] *just as* 0.2 [met hetzelfde resultaat] *just as well* 0.3 [desondanks] *all the same* ⇒*just the same* ◆ 2.1 jij bent ~ schuldig als je broer *you are just as guilty as your brother* 3.2 je kunt dat ~ zo doen *you can just as well do it like this* ¶.3 ik weet van niets, maar word er ~ wel op aangekeken *I know nothing about it, but I am suspected all the same.*
evenhoevigen 0.1 *Artiodactyla.*
evenknie 0.1 *equal* ◆ 3.1 hij heeft zijn ~ gevonden *he has met his match.*
evenmin 0.1 *(just) as little as* ⇒*no(t any) more than,* ⟨voor ww. ook⟩ *neither, nor* ◆ 1.1 ik kom niet en mijn vrouw ~ *I am not coming and neither is my wife* 3.1 en ~ kon hij er wat aan doen *and he could not do anything about it either* 8.1 hij is ~ afgestudeerd als ik *we've neither of us graduated.*
evenredig 0.1 [in verhouding gelijk] *proportional (to)* ⇒

evangeliseren - evenwichtig

⟨beantwoordend⟩ *commensurate (with)* 0.2 [wisk.] *proportional (to)* ◆ 1.1 een ~ deel *a proportion;* ~ e vertegenwoordiging *p. representation* 3.1 ~ verdelen *divided up proportionally* 6.1 het loon is ~ aan de inspanning *the pay is in proportion to the effort* 6.2 omgekeerd ~ met *inversely p to.*
evenredigheid 0.1 *proportion* ◆ 6.1 in ~ met *in p. to.*
eventjes 0.1 [amper] *(only) just* ⇒*barely* 0.2 [een korte tijd] *(for) (just) a little while* ⇒*(for) (just) a moment, (for) a bit* 0.3 [met weinig tijd, moeite; een klein beetje] *just* ◆ 3.1 ~ aanraken *(only) just/barely touch* 3.2 wacht ~ *wait just a moment* 3.3 als je nu nog ~ doorredeneert, dan ... *if you just follow that line of reasoning through, ...;* laat mij dat nu ~ doen *just let me do that* 5.¶ het kostte maar ~ ƒ 1200 *it cost a mere 1200 guilders.*
eventualiteit 0.1 [mogelijkheid dat iets gebeurt] *possibility* 0.2 [iets dat mogelijk gebeuren kan] *contingency* ⇒*eventuality* ◆ 6.2 tegen ~ en gewaarborgd zijn *be guaranteed against any c.*
eventueel I ⟨bw.⟩ 0.1 [mogelijkerwijs] *possibly* ⇒*if necessary,* ⟨alternatieve mogelijkheden⟩ *alternatively* ◆ 1.1 alles ~ of ~ de helft *all of it,* or alternatively half 3.1 men kan ~ ook met een cheque betalen *payment by cheque is also possible;* ik zou ~ nog een maandje kunnen wachten *I could if necessary wait another month or so;* indien de dokter ~ mocht weigeren *in the event that the doctor refuses* ¶.1 wij zouden ~ bereid zijn om ... *we might be prepared to ...;* het ~ te veel betaalde krijgt u natuurlijk terug *you will of course be refunded any money paid in excess;* mocht dat ~ het geval zijn *should that prove to be the case;*
II ⟨bn.⟩ 0.1 [mogelijk] *any (possible)* ⇒*such ... as, potential* ⟨vaak ook onvertaald in het Engels⟩ ◆ 1.1 eventuele klachten indienen bij ... *(any) complaints should be lodged with ...;* eventuele klanten *prospective/potential customers;* bij eventuele moeilijkheden *if any problems arise;* eventuele onkosten kunt u declareren *you may declare any expenses;* verzekering tegen eventuele verliezen *insurance against accidental loss(es).*
evenveel 0.1 *(just) as much* ⇒⟨vóór zn.⟩ *just as, equally* ◆ 1.1 iedereen heeft er ~ recht op *everyone is equally entitled to it* 3.1 ieder krijgt ~ *everyone gets the same amount.*
evenvingerig 0.1 *cloven hoofed/footed.*
evenwaardig 0.1 *of equal value/quality/merit* ⇒*equivalent.*
evenwel 0.1 *however* ⇒*nevertheless, yet, still.*
evenwicht 0.1 [gelijk gewicht, ook fig.] *balance* 0.2 [schei.] *equilibrium* ◆ 1.1 het ~ der machten *the b. of power* 2.1 geestelijk ~ *mental b.;* ⟨nat.⟩ labiel/stabiel/onverschillig ~ *unstable/stable/neutral equilibrium;* wankel ~ *unsteady b.* 3.1 zijn ~ bewaren/verliezen *keep/lose one's b.;* ⟨fig.⟩ zijn ~ terugvinden *recover one's b.;* ⟨fig.⟩ het ~ verstoren *disturb/destroy the b.;* het juiste ~ vinden *achieve the right b.* 6.1 ⟨fig.⟩ de twee partijen houden elkaar in ~ *the two parties balance each other out;* met elkaar in ~ brengen *balance;* ⟨fig.⟩ *equate;* iets in ~ houden *keep sth. balanced;* in ~ staan/blijven *be/remain balanced;* in ~ zijn *be (well-)balanced/in equilibrium;* niet in ~ zijn *be unbalanced;* het ~ tussen *the b. between;* ⟨fig.⟩ iem. uit zijn ~ brengen *throw s.o. off b.* ¶.1 zijn ~ kwijt zijn/raken *have lost/lose one's b.*
evenwichtig I ⟨bn.⟩ 0.1 [stabiel] *(well-)balanced* ⇒*steady, stable* ◆ 1.1 een ~ e gemoedstoestand *a (well-)balanced state of mind;* een ~ e kerel *a level-headed fellow;*
II ⟨bw.⟩ 0.1 [harmonieus, regelmatig; gelijkelijk verdeeld in gewicht] *evenly* ⇒*equally, uniformly* ◆ 3.1 een vracht ~ verdelen *distribute a load evenly/equally.*

evenwichtigheid 0.1 *balance* ⇒*equilibrium, stability,* ⟨ook fig.⟩ *poise,* ⟨ook fig.⟩ *composure.*

evenwichtsbalk ⟨sport⟩ **0.1** *(balance) beam.*

evenwichtsgevoel 0.1 *sense of balance.*

evenwichtskunstenaar 0.1 *equilibrist* ⇒*tight-rope walker.*

evenwichtsorgaan 0.1 *organ of balance.*

evenwichtsstoornis 0.1 *disturbance of equilibrium.*

evenwijdig 0.1 *parallel (to/with)* ◆ **6.1** een lijn trekken ~ **aan** *draw a line p. to;* de weg loopt ~ **met** de spoorbaan *the road runs p. with the railway line.*

evenwijdigheid 0.1 *parallelism.*

evenzeer 0.1 [in even hoge mate] *(just) as much/as greatly (as)* **0.2** [eveneens] *likewise* ⇒*also* ◆ **8.1** zij wordt ~ bewonderd als gehaat *she is just as much admired as (she is) hated.*

evenzo 0.1 [op dezelfde wijze] *likewise* **0.2** [in even hoge mate] *(just) as* ◆ **8.2** ~ groot/rijk als *just as big/rich as.*

evenzogoed 0.1 [net zo goed] *just as well* ⇒*equally well* **0.2** [desondanks] *just/all the same* ⇒*nevertheless* ◆ **3.2** hij had er totaal geen zin in, ~ ging hij *he didn't feel like it at all, but he went all the same* **5.1** het had ~ mis kunnen gaan *it could just as well have gone wrong.*

everzwijn, ever 0.1 *wild boar.*

evident 0.1 *obvious* ⇒*(self-)evident,* ⟨bw. ook⟩ *clearly* ◆ **3.1** het is ~ dat … *it is o. that …, clearly …*

evolueren 0.1 *evolve.*

evolutie 0.1 *evolution.*

evolutietheorie 0.1 *theory of evolution.*

Evriet 0.1 *(Modern) Hebrew.*

ex¹ ⟨de⟩ **0.1** *ex* ⟨vroegere echtgeno(o)t(e)/verloofde/enz.⟩.

ex² ** ⟨vz.⟩ **0.1 [uit] *ex* **0.2** [jur.] *under* ⇒*by virtue of* ◆ **1.1** 100 ton maïs ~ triton *100 tonnes of maize ex Triton* **1.2** vordering ~ art. 3 *claim u. Sec. 3.*

exact I ⟨bn.⟩ **0.1** [zonder afwijking uitgevoerd] *exact* ⇒*precise* **0.2** [op wiskundige grondslag gebouwd] *exact* ◆ **1.2** ~ e wetenschappen *e. sciences;* **II** ⟨bw.⟩ **0.1** [zonder afwijking] *accurately* ⇒*precisely* **0.2** [op wiskundige grondslag] ±*scientifically.*

ex aequo 0.1 *joint* ◆ **1.1** Timman en Karpov eindigden ~ op de tweede plaats *T. and K. finished j. second.*

exalteren 0.1 *elate.*

examen 0.1 *exam(ination)* ◆ **2.1** een afsluitend ~ *a final e.;* mondeling/schriftelijk ~ *oral/written e.* **3.1** een ~ afleggen, ~ doen *take/sit an e.;* ~ afnemen *examine;* zijn ~ halen, voor zijn ~ slagen *pass one's e.;* het ~ zal worden afgenomen op de 18e *the e. will be held on the 18th* **6.1** hij moest het ~ **in/voor** drie vakken overdoen *he had to retake the e. in three subjects;* zakken **voor** een ~ *fail an e.*

examencommissie 0.1 *board of examiners.*

exameneis 0.1 *examination requirement.*

examengeld 0.1 *examination fee.*

examenkandidaat 0.1 *examinee, examination candidate.*

examenopgave 0.1 *examination paper* ⇒*examination questions* ◆ **3.1** een ~ maken *answer the e. p.*

examenstof 0.1 *syllabus* ◆ **3.1** behoren deze boeken tot de ~? *are these books on the syllabus?*

examentijd 0.1 *examination period.*

examenvak 0.1 *examination subject* ◆ **7.1** hij heeft zeven ~ken *he's taking seven subjects in his examination.*

examenvrees 0.1 *fear of exam(ination)s.*

examinator, -trice 0.1 *examiner.*

examineren 0.1 *examine* ◆ **5.1** mondeling ~ *e. orally* **6.1** iem. ~ **in** *examine s.o. on.*

excellent 0.1 *excellent* ⇒*splendid.*

excellentie 0.1 *Excellency* ◆ **4.1** Hare/Zijne Excellentie *Her/His E.*

excelleren 0.1 *excel.*

excentriciteit 0.1 *eccentricity.*

excentriek 0.1 *eccentric* ◆ **1.1** een ~ karakter *an e. character.*

excentriekeling ⟨scherts.⟩ **0.1** *eccentric* ⇒*crank, crackpot.*

exceptioneel 0.1 *exceptional.*

excerpt 0.1 *excerpt.*

exces 0.1 [buitensporigheid] *excess* ⇒⟨uitgaven⟩ *extravagance* **0.2** [overschrijding van de ambtsbevoegdheid] *excess* ◆ **6.1** zich **aan** ~sen te buiten gaan *commit excesses.*

excessief 0.1 *excessive* ⇒⟨uitgaven⟩ *extravagant,* ⟨prijs⟩ *exorbitant.*

exclave 0.1 *exclave.*

exclusief I ⟨bn.⟩ **0.1** [iem./iets anders uitsluitend; niet overal verkrijgbaar] *exclusive* ◆ **1.1** een exclusieve club *an e. club;* de exclusieve rechten v.d. verfilming *the e./sole film rights;* **II** ⟨bw.⟩ **0.1** [niet inbegrepen] *excluding;* ⟨als afk.: excl.⟩ *excl.* **0.2** [met uitsluiting van andere personen/zaken] *on an exclusive basis* ◆ **1.1** ~ btw ⟨BE⟩ *excluding VAT, plus VAT* **3.1** rechten ~ verkopen *sell exclusive rights.*

exclusiviteit 0.1 *exclusivity* ⇒*exclusiveness.*

excommunicatie 0.1 *excommunication.*

excommuniceren 0.1 *excommunicate.*

excrement 0.1 *excrement.*

excretie 0.1 *excretion.*

excursie 0.1 [uitstapje] *excursion* **0.2** [leer-/werkbezoek] *(study) visit;* ⟨buiten⟩ *field trip* ◆ **3.1** ~s organiseren *organize excursions* **6.2** op ~ gaan *go on a (study) visit.*

excuseren 0.1 *excuse* ⇒*pardon* ◆ **3.1** geëxcuseerd zijn *have an excuse* **4.1** Jack vraagt of we hem willen ~, hij voelt zich niet lekker *Jack asks if we can e. him, he's not feeling well;* wilt u mij even ~ *please e. me for a moment;* zich ~ voor *make one's excuses for* ¶**.1** ⟨inf.⟩ excuseer *sorry, beg your pardon.*

excuus 0.1 [verontschuldiging] *apology* **0.2** [reden van verontschuldiging] *excuse* ◆ **2.2** een goed ~ hebben *have a good e.;* een slap/mager ~ *a poor e.* **3.1** zijn excuses aanbieden *apologize* **3.2** dat geeft hun een ~ om te komen *that gives them an e. to come* **8.2** als ~ voerde hij aan dat *his e. was that.*

executeren I ⟨ov.ww.⟩ **0.1** [een vonnis voltrekken] *execute* ⇒*carry out* **0.2** [ter dood brengen] *execute;* **II** ⟨wk.ww.; zich ~⟩ **0.1** [effectenhandel] *declare o.s. insolvent.*

executeur 0.1 *executor* ⟨m.⟩; *executrix* ⟨v.⟩.

executeur-testamentair 0.1 *executor* ⟨m.⟩; *executrix* ⟨v.⟩.

executie 0.1 [strafvoltrekking] *execution* **0.2** [inbeslagneming] *execution* ⇒⟨van hypotheek⟩ *foreclosure* ◆ **1.1** uitstel van ~ *stay of e.* ⟨ook fig.⟩ **3.1** tot ~ overgaan *issue (a writ of) e.* **6.2** verkoop **bij** ~ *sale under distress.*

executiepeloton 0.1 *execution squad* ⇒*firing squad.*

executieve ⟨Belg.⟩ **0.1** *executive (body).*

executiewaarde 0.1 *liquidation value.*

exegeet 0.1 *exegete* ⇒*exegetist.*

exegese 0.1 *exegesis.*

exemplaar 0.1 [afzonderlijke zaak] *specimen* ⇒*sample* **0.2** [afdruk] *copy* **0.3** [mbt. personen] *specimen* ◆ **2.1** een mooi ~ *a fine specimen* **2.3** hij is me een mooi ~ *he's a fine s.* **7.1** eerste ~ *original* ¶**.2** ~ ter inzage *inspection c.*

exemplarisch 0.1 *exemplary.*

exerceren ⟨mil.⟩ **0.1** *drill* ⇒*exercise.*

exercitie 0.1 *exercise* ⇒*drill.*
exhibitie 0.1 *exhibition.*
exhibitionisme 0.1 *exhibitionism* ⇒⟨jur.⟩ *indecent exposure.*
exhibitionist 0.1 *exhibitionist.*
exhibitionistisch 0.1 *exhibitionistic* ◆ 3.1 ⟨psych.⟩ zich ~ gedragen *expose o.s.*
existentialisme 0.1 *existentialism.*
existentialist, -e 0.1 *existentialist.*
existentie 0.1 *existence.*
existentieel I ⟨bn.⟩ 0.1 [mbt. existentie] *existential;* **II** ⟨bw.⟩ 0.1 [uit een oogpunt van existentie] *existentially (speaking).*
existeren 0.1 *exist.*
ex-libris 0.1 *ex libris, bookplate.*
exodus 0.1 *exodus.*
ex officio 0.1 *ex officio.*
exogeen 0.1 *exogenous.*
exorbitant 0.1 *exorbitant* ◆ 1.1 ~e prijzen *e.*/⟨onbetaalbaar⟩ *prohibitive prices.*
exorciseren 0.1 *exorcize.*
exorcisme 0.1 *exorcism.*
exorcist 0.1 *exorcist.*
exotherm ⟨schei.⟩ ◆ 1.¶ ~e reactie *exothermic reaction.*
exotisch 0.1 *exotic.*
expanderen 0.1 *expand.*
expansie 0.1 *expansion.*
expansiedrang 0.1 *urge for expansion* ⇒*imperialism.*
expansief 0.1 *expansive;* ⟨ec.⟩ *expansionary* ◆ 1.1 expansieve kracht *expansive force.*
expansiepolitiek 0.1 *expansionist policy* ⇒*policy of expansion.*
expansiezucht 0.1 *expansionism.*
expediënt I ⟨de⟩ 0.1 [assistent v.e. bevrachter] *forwarding agent* 0.2 [autobevrachter] *car shipper;* **II** ⟨het⟩ 0.1 [uitweg] *expedient.*
expediteur 0.1 [vervoerder] *shipping/forwarding/dispatching agent* ⇒*shipper* ⟨vnl. per schip⟩, *carrier* 0.2 [sorteerder bij de PTT] *sorter.*
expeditie 0.1 [verzending van goederen] *dispatch* ⇒*shipping, forwarding* 0.2 [afdeling] *dispatch/shipping/forwarding department* 0.3 [(personen op) ontdekkingstocht] *expedition* 0.4 [inf.; onderneming] *venture* ⇒*undertaking* 0.5 [militaire actie] *expedition* 0.6 [afschrift v.e. vonnis e.d.] *(authenticated) copy* ◆ 2.1 voor een snelle ~ v.d. goederen zorgen *ensure that the goods are forwarded rapidly* 2.4 dat is een hele ~ *that's quite an undertaking* 6.2 hij zit/werkt op de ~ *he is in dispatch* 6.3 op ~ gaan (naar) *go on an e. (to)* 6.5 de ~ tegen Atjeh *the Atjeh e.*
expeditiebedrijf 0.1 *forwarding/shipping agency* ⇒ ⟨transportzaak⟩ *delivery company.*
expeditiekantoor 0.1 *forwarding/shipping office.*
experiment 0.1 *experiment* ◆ 3.1 een wetenschappelijk ~ uitvoeren (op) *perform a scientific e. (on).*
experimenteel 0.1 *experimental* ◆ 1.1 een experimentele methode *an e. method;* experimentele natuurkunde *e. physics;* in een ~ stadium verkeren *be in an e. stage* 3.1 de theorie werd ~ bewezen *the theory was proved by experiment.*
experimenteren 0.1 *experiment* ◆ 6.1 ~ met chemische stoffen *e. with chemicals;* ~ op mensen *e. on humans.*
expert 0.1 *expert* ⇒⟨schade-expert ook⟩ *assessor* ◆ 2.1 gerechtelijk ~ *court-appointed e.;* een medisch ~ *a medical e.* 6.1 ⟨scherts.⟩ een ~ zijn in het verzinnen van smoezen *be*

an e. at finding excuses; ~ zijn op een bepaald gebied *be an e. in a given field.*
expertise 0.1 [onderzoek] *(expert's) assessment* 0.2 [verslag] *(expert's) report* ◆ 2.1 een gerechtelijke ~ *an assessment by a court-appointed expert* 3.1 een ~ houden *make an (expert's) assessment.*
expertiserapport 0.1 *assessor's/valuer's/expert's report.*
expertsysteem 0.1 *expert system.*
explicatie 0.1 *explanation* ◆ 6.1 een ~ bij iets geven *give an e. of sth.*
expliciet 0.1 *explicit.*
expliciteren 0.1 *make (more) explicit.*
exploderen 0.1 *explode* ◆ 1.1 ~de stoffen *explosives.*
exploitabel 0.1 *exploitable* ⇒*paying, remunerative.*
exploitant 0.1 *operator, developer;* ⟨vergunninghouder⟩ *licensee;* ⟨eigenaar⟩ *proprietor, owner.*
exploitatie 0.1 [het exploiteren] *exploitation* ⇒⟨bouwterreinen enz.⟩ *development* 0.2 [uitbuiting] *exploitation* ◆ 1.1 de ~ van een mijn *the e./working of a mine* 1.2 de ~ van de arbeiders *the e. of the workers* 6.1 iets in ~ nemen/brengen *open/start sth. up;* in ~ zijn *be running/operating.*
exploitatiekosten 0.1 *running/operating costs.*
exploitatiemaatschappij 0.1 *operating/working company* ⇒⟨olievelden, bossen e.d.⟩ *development company,* ⟨vastgoed⟩ *land (and property) company.*
exploiteerbaar 0.1 *exploitable* ⇒*capable of being developed/worked.*
exploiteren 0.1 [winstgevend maken] *exploit* ⇒⟨bouwterreinen enz.⟩ *develop* 0.2 [uitbuiten] *exploit* ◆ 1.1 een stuk grond ~ *develop a plot of land* 1.2 een cliënt ~ *e. a client.*
exploratie 0.1 [verkenning] *exploration* 0.2 [opsporing van delfstoffen] *prospecting* ⇒*exploration.*
exploreren 0.1 [verkennen] *explore* 0.2 [op bodemschatten onderzoeken] *prospect* ⇒*explore.*
explosie 0.1 ⟨ook fig.⟩ *explosion.*
explosief¹ ⟨het, de⟩ 0.1 *explosive.*
explosief² ⟨bn., bw.⟩ 0.1 ⟨ook fig.⟩ *explosive* ◆ 1.1 explosieve stoffen *explosives.*
explosiegevaar 0.1 *danger/risk of explosion.*
explosiemotor 0.1 *internal-combustion engine.*
exponent 0.1 *exponent.*
export 0.1 *export* ◆ 6.1 goederen voor de ~ *goods for e.*
exportartikel 0.1 *export article.*
exportbepaling 0.1 *export regulation.*
exportbeperkingen 0.1 *export restrictions.*
exporteren 0.1 *export.*
exporteur 0.1 *exporter.*
exportfirma 0.1 *export firm/business/company* ⇒ ⟨scheep.⟩ *shipping firm/merchants'.*
exporthandel 0.1 *export trade.*
exportkrediet 0.1 *export credit* ◆ 3.1 ~ geven/krijgen *grant e. c., receive e. c.*
exportland 0.1 *exporting country* ⇒*country of export.*
exportorder 0.1 *export order, order for export* ⇒⟨scheep.⟩ *shipping order.*
exportoverschot 0.1 *export surplus.*
exportproduct 0.1 *export product.*
exportvergunning 0.1 *export permit.*
exposé 0.1 *account* ⇒*survey* ◆ 3.1 een ~ geven *give a talk/survey.*
exposeren 0.1 *exhibit* ⇒*display, show.*
expositie 0.1 [tentoonstelling] *exhibition* ⇒*exposition, show* 0.2 [uiteenzetting] *exposition* 0.3 [lit., muz.] *exposition.*

expositieruimte 0.1 *exhibition space* ⇒*show floor.*
expres[1] ⟨de⟩ **0.1** *express (train).*
expres[2] ⟨bw.⟩ **0.1** [met opzet] *on purpose* ⇒*deliberately* **0.2** [met de bepaalde bedoeling] *expressly* ⇒*for the express purpose (of)* ◆ **3.1** hij deed dat ~ *he did that on purpose* **3.2** ik kom ~ om hem te spreken *I have come specifically in order to speak to him.*
expresbrief 0.1 *express letter.*
expresse I ⟨de (v.)⟩ **0.1** [poststuk] *express (delivery);* **II** ⟨de (m.)⟩ **0.1** [bode] *special messenger, courier* ◆ **6.1** **per** ~ sturen *send sth. by s. m.*
expressebestelling 0.1 ⟨brief⟩ *express/special delivery;* ⟨goederen ook⟩ *delivery by special messenger(s).*
expressie 0.1 *expression.*
expressief 0.1 *expressive.*
expressievak 0.1 *(one of the) creative arts.*
expressionisme 0.1 *expressionism.*
expressionist 0.1 *expressionist.*
expressionistisch 0.1 *expressionist(ic)* ◆ **1.1** een ~ schilderij *an expressionist painting.*
expressiviteit 0.1 *expressiveness.*
exprestrein 0.1 *express (train).*
exquis 0.1 *exquisite.*
extase 0.1 *ecstasy* ⇒*rapture* ◆ **6.1** in ~ raken *go into ecstasies.*
ex-tempore 0.1 *extempore* ⇒*impromptu.*
extensief 0.1 *extensive* ⟨ook landb.⟩ ◆ **1.1** extensieve uitlegging v.e. wetsartikel *e. interpretation of a section of a law.*
exterieur[1] ⟨het⟩ **0.1** *exterior.*
exterieur[2] ⟨bn.⟩ **0.1** *exterior* ⇒*external, outside.*
extern 0.1 [uitwonend] *non-resident; living-out* ⟨personeel⟩ **0.2** [buiten iets liggend] *external* ⇒*outside* **0.3** [het uitwendige/de vorm betreffend] *external* **0.4** [naar buiten voerend] *outward* ⇒*external* ◆ **1.1** ~e leerlingen *day students, nonresidents;* ⟨vnl. BE⟩ *day pupils* **1.2** ~e oorzaken *outside/e. causes* **1.3** ~e kritiek *formal criticism* **1.4** een gebied met ~e afwatering *an area with external drainage.*
externen 0.1 *nonresidents;* ⟨scholieren⟩ *day students;* ⟨vnl. BE⟩ *day pupils.*
externering 0.1 *banishment* ⇒*exclusion.*
exterritoriaal 0.1 *ex(tra)territorial.*
exterritorialiteit 0.1 *ex(tra)territoriality.*
extra I ⟨bw.⟩ **0.1** [boven het gewone/normale] *extra* **0.2** [bijzonder] *(e)specially* ◆ **1.1** hij kreeg 20 gulden ~ *he got 20 guilders e.* **2.2** ~ grote maat *outsize, oversize;* ~ voordelig *on special offer* ¶**.2** de leerlingen hadden ~ hun best gedaan *the pupils had made a special effort;* **II** ⟨bn.⟩ **0.1** [nog een] *extra* ⇒*additional* ◆ **1.1** ~ belasting *surtax;* extra-dividend *bonus;* extra-editie, extranummer *special edition/issue;* er zijn geen ~ kosten aan verbonden *there are no extras (involved);* ~ moeite doen *take e. trouble* **4.1** iets ~'s *sth. e.*
extraatje 0.1 *bonus* ◆ **8.1** als ~ *for good measure, on the side, into the bargain.*
extract 0.1 [aftreksel] *extract* **0.2** [uittreksel] *extract* ⇒*excerpt.*
extractie 0.1 [med.] *extraction* **0.2** [het maken v.e. extract] *extraction* ⇒*excerption.*
extraheren 0.1 [med.] *extract* **0.2** [een uittreksel maken van] *extract* ⇒*excerpt.*
extraneus 0.1 *external candidate/student.*
extraordinair 0.1 *extraordinary* ⇒*out of the ordinary.*
extraparlementair 0.1 *without a parliamentary majority* ◆ **1.1** een ~ kabinet *a government without a parliamentary majority.*

extrapolatie 0.1 *extrapolation* ⇒*projection.*
extrapoleren 0.1 *extrapolate.*
extra's 0.1 [giften, inkomsten] *bonuses* ⇒⟨verdiensten ook⟩ *perquisites* **0.2** [uitgaven] *extras.*
extravagant 0.1 *extravagant.*
extravagantie 0.1 *extravagance.*
extravert[1] ⟨de⟩ **0.1** *extrovert.*
extravert[2] ⟨bn.⟩ **0.1** *extrovert(ed)* ⇒*outgoing.*
extreem I ⟨bn.⟩ **0.1** [uiterst] *extreme* ◆ **1.1** ~ nationalisme *e. nationalism* **4.1** niets ~s *nothing out of the way;* **II** ⟨bw.⟩ **0.1** [uiterst] *extremely* **0.2** [in de hoogste graad] *extremely* ⇒*ultra-, far* ◆ **2.2** ~ conservatief *e./ultra-conservative;* extreem-links *extreme left-wing;* een extreemrechtse regering *an ultra-right-wing government.*
extremisme 0.1 *extremism.*
extremist, -e 0.1 *extremist.*
extremistisch 0.1 [v.d. aard van extremisme] *extremist* **0.2** [van extremisten] *extremist* ⇒*fringe* ◆ **1.1** het ~e deel (v.e. groep) *the e. wing* **1.2** ~e groepe(ringe)n *e. groups.*
extremiteit 0.1 [verst afgelegen deel] *extremity* **0.2** [mv.; ledematen] *extremities.*
extrovert →**extravert.**
ezel[1] ⟨de (m.)⟩, **ezelin** ⟨de (v.)⟩ **0.1** [dier] *donkey;* ⟨wet.; rel.⟩ *ass* **0.2** [persoon] *numbskull* ◆ **1.1** die jongen lijkt Bileams ~ wel *that guy/[B]chap answers before he has even been asked* **8.1** zo koppig als een ~ *be as stubborn as a mule;* zo dom als een ~ *be a real numbskull* ¶**.1** ⟨sprw.⟩ een ~ stoot zich in 't gemeen niet tweemaal aan dezelfde steen *once bitten, twice shy.*
ezel[2] ⟨de (m.)⟩ **0.1** *easel.*
ezelachtig 0.1 [als (van) een ezel] *donkey-like* **0.2** [zeer dom] *asinine* ⇒*stupid.*
ezelsbruggetje 0.1 *memory aid, mnemonic.*
ezelsoor 0.1 [oor (als) v.e. ezel] *donkey's ear* **0.2** [omgekruld blad in een boek] *dog-ear* ◆ **3.2** ezelsoren maken in *make dog-ears in.*

fa ⟨muz.⟩ **0.1** *fa(h)*.
faalangst 0.1 *fear of failure*.
faam 0.1 [reputatie] *reputation* **0.2** [roem] *fame* ⇒*renown*
◆ **1.1** te goeder naam en ~ bekendstaan *be of good report*
2.2 grote ~ genieten *have/enjoy great f./renown*.
fabel 0.1 [moraliserende vertelling] *fable* **0.2** [verzinsel] *fable* ⇒*fairytale* ◆ **3.2** de jongen vertelt ~tjes *the boy is telling fairytales*.
fabelachtig 0.1 [ongelofelijk] *fantastic* ⇒*incredible* **0.2** [geweldig] *fantastic, fabulous* ◆ **1.1** een ~(e) geschiedenis/verhaal *a fabulous tale* **1.2** een ~ bedrag *a fantastic/fabulous amount*.
fabeldier 0.1 *mythical creature/animal/beast*.
fabricage, fabricatie 0.1 *manufacture* ⇒*production*.
fabricagekosten 0.1 ⟨alg.⟩ *(manufacturing) cost(s);* ⟨materiaal- en arbeidskosten⟩ *prime cost;* ⟨materiaal-, arbeids-, en overheadkosten⟩ *production cost*.
fabriceren 0.1 [bewerken, vervaardigen] *manufacture* ⇒*produce* **0.2** [in elkaar zetten] *make* ⇒*construct* **0.3** [verzinnen] *fabricate* ⇒*invent*.
fabriek 0.1 *factory* ◆ **2.1** een chemische ~ *a chemical plant* **6.1** op/in de ~ werken *work in/at a f.*
fabrieken ⟨inf.; scherts.⟩ **0.1** *knock together/up, run up* ◆ **1.1** van een laken een jurk ~ *fashion a dress from/out of a sheet*.
fabrieksarbeider, -beidster 0.1 *factory worker* ⟨m., v.⟩ ⇒ *female factory worker* ⟨v.⟩, ⟨ook pej.⟩ *factory girl*.
fabrieksartikel 0.1 *manufactured/factory(-made) product* ⇒⟨mv.⟩ *manufactured goods/products/articles* ⟨itt. handwerk⟩.
fabriekseigenaar 0.1 *factory owner*.
fabrieksfout 0.1 *manufacturing fault*.
fabrieksgebouw 0.1 *factory building*.
fabrieksgeheim 0.1 *trade secret* ⇒*manufacturing secret*.
fabriekshal 0.1 [gebouw] *factory (building)* **0.2** [ruimte] *workshop, shop floor*.
fabriekspoort 0.1 *factory gate(s)*.
fabrieksprijs 0.1 *factory price* ⇒*cost price* ◆ **6.1** tegen fabrieksprijzen uitverkopen *sell off at cost (price)*.
fabriekssluiting 0.1 *shut-down*.
fabrieksterrein 0.1 *factory site*.
fabrikaat 0.1 [product] *product* ⇒*article*, ⟨mv.⟩ *(manufactured) goods* **0.2** [voortbrenging, maaksel] *manufacture* ⇒ *make* ◆ **2.1** een nieuw ~ in de handel brengen *launch a new p.* **2.2** worst van eigen ~ *our own make of sausage;* ⟨van particulier⟩ *home-made sausage;* Nederlands ~ *Dutch make, made in Holland*.
fabrikant 0.1 *manufacturer* ⇒*producer,* ⟨eigenaar van fabriek⟩ *factory owner,* ⟨eigenaar van fabriek⟩ *industrialist* ◆ **1.1** ~ van vliegtuigen/oorlogstuig *aircraft/armaments m.*
fabuleus 0.1 *fantastic, fabulous*.
façade 0.1 *façade* ⇒*front* ◆ **3.1** een ~ optrekken *throw/put up a façade* **8.1** als ~ dienen (voor) *serve as a façade/front (for)*.
facelift 0.1 *face-lift* ◆ **3.1** ⟨fig.⟩ het bedrijf heeft een ~ ondergaan *the company has had a f.-l.*
facet 0.1 [aspect] *facet* ⇒*aspect* **0.2** [geslepen vlak] *facet* ◆

fa - faliekant

2.1 een ander ~ v.d. zaak belichten *throw/shed light upon another aspect of the matter* **6.2** in/met ~ten slijpen *facet, cut facets (on)*.
facetoog ⟨biol.⟩ **0.1** *compound eye*.
facilitair ◆ **1.**¶ ~ bedrijf *general and technical services company*.
faciliteit 0.1 [gemak, comfort] *facility* ⇒*convenience, amenity* **0.2** [mv.; Belg.; voorzieningen voor taalminderheden] *facilities* ◆ **2.1** van alle moderne ~en voorzien *be equipped with all modern conveniences*.
facsimile 0.1 *facsimile*.
factor 0.1 ⟨ook wisk.⟩ *factor* ◆ **1.1** een ~ van betekenis, een belangrijke ~ *an important f.* **2.1** alle ~en in rekening brengen *take all factors into account* **6.1** een getal in ~en ontbinden *resolve a number into factors, factorize a number*.
factoranalyse ⟨statistiek⟩ **0.1** *factor analysis*.
factureren 0.1 *invoice* ⇒*bill*.
factuur 0.1 *invoice* ⇒*bill* ◆ **1.1** betaling na ontvangst ~ *payment upon receipt of i.* **3.1** een ~ indienen/opmaken *present/make an i.* **6.1** ~ over i. *of* ¶**.1** pro-formafactuur *pro forma i.*
factuurboek 0.1 *invoice book*.
factuurnummer 0.1 *invoice number*.
facultatief 0.1 *optional* ⇒*elective* ◆ **1.1** een ~ leervak *an o. subject* **3.1** iets ~ stellen *make/render sth. o.*
faculteit 0.1 [hoofdafdeling aan een universiteit/hogeschool] *faculty* **0.2** [vermogen] *faculty* ⇒*power* ◆ **1.1** de ~ der rechtsgeleerdheid *the Law Faculty*.
faculteitsraad 0.1 *Faculty Board/Council*.
fagot 0.1 *bassoon*.
fagottist 0.1 *bassoonist* ⇒*bassoon player*.
Fahrenheit 0.1 *Fahrenheit* ◆ **1.1** 63 graden ~ *63 degrees F.*
failliet¹ I ⟨de⟩ **0.1** [persoon] *bankrupt;* **II** ⟨het⟩ **0.1** [volslagen mislukking] *failure* ⇒*collapse* ◆ **1.1** de devaluatie betekende het ~ van zijn politiek *the devaluation signified the collapse of his policy*.
failliet² ** ⟨bn., bw.⟩ **0.1 *bankrupt* ◆ **3.1** ~ gaan *go b., iem. ~ verklaren *declare s.o. bankrupt*.
faillietverklaring 0.1 *declaration of bankruptcy* ◆ **1.1** vonnis van ~ *adjudication order;* ⟨bedrijf⟩ *receiving order*.
faillissement 0.1 [toestand] *bankruptcy* **0.2** [het failliet gaan] *bankruptcy* ◆ **3.1** zijn ~ aanvragen *file one's petition (in b.)/b. petition;* het ~ uitspreken *issue an adjudication order*.
faillissementsaanvrage 0.1 *bankruptcy petition, petition in bankruptcy*.
fair 0.1 *fair* ◆ **3.1** ~ spelen *play f.*
fait accompli 0.1 *fait accompli*.
fakir 0.1 *fakir*.
fakkel 0.1 *torch* ◆ **1.1** ⟨fig.⟩ de ~ van de wetenschap hoog houden *hold high the t. of science*.
fakkeldrager 0.1 *torchbearer* ◆ **1.1** hij is de ~ van de onafhankelijkheid *he is the champion of independence*.
fakkeloptocht 0.1 *torchlight procession*.
falangisme 0.1 *Falangism*.
falangist 0.1 *Falangist*.
falanx 0.1 ⟨ook gesch.⟩ *phalanx*.
falen 0.1 [tekortschieten] *fail* ⇒⟨zich vergissen⟩ *make an error (of judgment)/a mistake* **0.2** [mislukken] *fail* ⇒*miss* ⟨schot⟩, *miscarry* ⟨plan⟩ ◆ **1.1** zijn krachten ~ *his strength is failing him* **6.2** zonder ~ *without fail, unfailingly*.
falie ⟨inf.⟩ ◆ **6.**¶ **op** zijn ~ krijgen/geven *be given/give (s.o.) a (good) thrashing*.
faliekant 0.1 *utterly* ⇒*completely* ◆ **5.1** ergens ~ tegen zijn

be u./totally opposed to sth. **6.1** er ~ **naast** zitten be way off target.

Falklandeilanden 0.1 Falkland Islands, Falklands.

fallisch 0.1 phallic.

fallocratie 0.1 phallocracy ⇒male chauvinism 〈houding〉 / domination 〈situatie〉.

fallus 0.1 phallus.

fallussymbool 0.1 phallic symbol.

falsaris 0.1 forger, falsifier.

falset 〈muz.〉 **0.1** falsetto.

falsetstem 0.1 falsetto.

falsificatie 0.1 [vervalsing] forgery, fake ⇒falsification **0.2** [falsifiëring] refutation.

falsificeren 0.1 [vervalsen] forge, fake ⇒〈geld ook〉 counterfeit, 〈boekhouding, feiten〉 falsify **0.2** [de onjuistheid aantonen van] refute.

falsifieerbaarheid 0.1 〈mbt. theorie〉 falsifiability.

falsifiëring 0.1 refutation.

fameus 0.1 [vermaard] famous, celebrated **0.2** [zeer groot] enormous, huge, fabulous **0.3** [iron.; veel besproken] famous ⇒much talked of ◆ **1.2** een ~ fortuin a huge/fabulous fortune.

familiaal 0.1 familial 〈ook med.〉 ⇒family.

familiair 0.1 [informeel] familiar ⇒〈intiem〉 close, intimate, 〈ongedwongen〉 informal, casual **0.2** [vrijpostig] (over-)familiar ⇒presumptuous ◆ **1.1** een ~e kerel a friendly guy/chap **5.2** doe niet zo ~ don't be so presumptuous **6.1** ~ **met** iem. omgaan be on intimate terms with s.o.

familiariteit 0.1 [ongedwongen omgang] familiarity ⇒ closeness, intimacy, informality **0.2** [vrijpostigheid] (over-)familiarity ⇒presumptuousness ◆ **3.2** zich ~ en veroorloven take liberties.

familie 0.1 [(huis)gezin] family **0.2** [geheel van bloedverwanten] family ⇒(blood)relations, relatives **0.3** [een of meer verwanten] relation, relative **0.4** [biol.] family ◆ **2.1** (fig.) het is één grote ~ they are one great big happy f.; de heilige ~ the Holy Family **2.2** dat komt in de beste ~s voor that can happen in the best of families; hij is van goede ~ he comes from a good f./background **2.3** wij zijn verre ~ (van elkaar) we are distant relatives **6.1** bij de ~ Jansen at the Jansens **6.3** het zit in de ~ it runs in the family; van je ~ moet je 't maar hebben 〈pej.〉 nice family I've (you've etc.) got.

familieaangelegenheid 0.1 family affair, domestic matter.

familieband 0.1 family ties ⇒sense of family.

familiebedrijf 0.1 family business/concern.

familiebericht 0.1 personal announcement ◆ ¶.1 ~ en (in de krant) the (notices of) births, deaths and marriages.

familiebetrekking 0.1 family connection/relation 〈persoon〉; relationship .

familiebezit 0.1 family property/estate 〈onroerend goed〉; family possessions 〈roerende goederen〉.

familiebezoek 0.1 [bezoek aan familie] visit to relatives **0.2** [bezoek van familie] visit from relatives.

familiegraf 0.1 family grave/tomb; 〈grafkelder〉 family vault.

familiekring 0.1 family/domestic circle.

familiekwaal 0.1 hereditary disease/illness ⇒〈ook fig.〉 (a disease) that runs in the family.

familielid 0.1 member of the family ⇒〈bloedverwant〉 relative, relation ◆ **2.1** zijn naaste familieleden his next of kin; een ver ~ a distant relative.

familieomstandigheden 0.1 family circumstances/affairs ◆ **6.1** wegens ~ niet aanwezig kunnen zijn not be able to be present owing to f. c.

familieportret 0.1 family portrait.

familiereünie, familiebijeenkomst 0.1 family reunion ⇒ family gathering.

familieroman 0.1 family saga.

familiestuk 0.1 [schilderij] family portrait **0.2** [erfstuk] family heirloom.

familietrek 0.1 [mbt. gedrag] family trait **0.2** [mbt. uiterlijk] family likeness.

familiezaak 0.1 [zaak die de familie aangaat] family affair/matter **0.2** [handelszaak] family business/concern.

familieziek 0.1 over-/excessively fond of one's relations.

fanaat¹ 〈de; vaak in samenst.〉 **0.1** fanatic ⇒〈ihb. mbt. religie, politiek〉 zealot ◆ **1.1** voetbalfanaat football f.

fanaat² 〈bn., bw.〉 **0.1** fanatical ⇒crazy, 〈ihb. mbt. religie, politiek〉 zealous, 〈extreem〉 rabid.

fanaticus →fanaat¹.

fanatiek 0.1 fanatical ⇒crazy, 〈ihb. mbt. religie, politiek〉 zealous ◆ **1.1** een ~ schaker a chess fanatic.

fanatiekeling 〈iron.〉 **0.1** fanatic.

fanatisme 0.1 fanaticism ⇒〈ihb. mbt. religie, politiek〉 zealotry ◆ **2.1** een blind ~ (a) blind f.

fancy-fair 0.1 bazaar ⇒jumble sale.

fanfare 0.1 [muziekkorps] brass band **0.2** [muziekstuk] flourish.

fantaseren I 〈onov.ww.〉 **0.1** [dromen, kletsen, onzin vertellen] fantasize (about) ⇒dream (about); **II** 〈ov.ww.〉 **0.1** [verzinnen] dream/make up ⇒imagine, invent ◆ **5.1** de verdachte fantaseerde van alles erbij the suspect made up all kinds of stories.

fantasie 0.1 [verbeeldingskracht] imagination ⇒〈speels, grillig〉 fancy **0.2** [verbeelding] imagination ⇒〈speels, grillig〉 fancy, 〈onwerkelijk〉 fantasy **0.3** [product v.d. verbeelding] fantasy ⇒(fanciful) idea, 〈verhaal〉 fabrication **0.4** [muz.] fantasia ⇒〈ook lit.〉 fantasy ◆ **3.3** dat is ~ that's pure fantasy **6.2** dat bestaat alleen in je ~ that's a figment of your i. **7.1** weinig ~ hebben have little i.

fantasieloos 0.1 unimaginative ⇒lacking in imagination.

fantasierijk 0.1 (highly) imaginative ⇒(highly) inventive.

fantasievol 0.1 (highly) imaginative.

fantast 0.1 dreamer, visionary ⇒storyteller, liar 〈leugenaar〉.

fantastisch¹ I 〈bn.〉 **0.1** [niet werkelijk] fantastic ⇒fanciful **0.2** [onwerkelijk mooi/goed enz.] fantastic ⇒marvellous ◆ **1.1** ~ e verhalen fanciful/wild stories; **II** 〈bw.〉 **0.1** [in de hoogste mate] fantastically ⇒terrifically ◆ **3.1** de nieuwe zaak loopt ~ the new shop is doing f. (well).

fantastisch² 〈tw.〉 **0.1** fantastic ⇒marvellous.

fantoom 0.1 [schrikwekkend droombeeld] phantom **0.2** [med.] manikin.

farao 0.1 pharaoh.

farce 0.1 [grap] farce **0.2** [vulsel] stuffing, forcemeat.

Farizeeën 0.1 Pharisees.

farizeeër 0.1 pharisee ⇒hypocrite.

farmaceut, -ceute 0.1 [apotheker(es)] pharmacist ⇒(dispensing) chemist **0.2** [student(e)] pharmacology student.

farmaceutica I 〈de〉 **0.1** [kunst v.d. geneesmiddelenbereiding] pharmacy ⇒pharmaceutics; **II** 〈het〉 **0.1** [producten] pharmaceutics ⇒pharmaceuticals.

farmaceutisch 0.1 pharmaceutic(al).

farmacie 0.1 [kennis v.d. geneesmiddelen] pharmacy ⇒ pharmaceutics **0.2** [apotheek] pharmacy ⇒chemist's (shop), 〈in ziekenhuis〉 dispensary.

farynx 0.1 pharynx.

fascinatie 0.1 *fascination.*
fascineren 0.1 *fascinate* ⇒*captivate* ◆ **1.1** een ~d boek *a fascinating book.*
fascisme 0.1 [politiek systeem] *Fascism* **0.2** [heerschappij] *fascism.*
fascist, -e 0.1 [lid v.d. fascistische partij] *Fascist* **0.2** [aanhanger v.h. fascisme] *fascist.*
fascistisch 0.1 *fascist.*
fascistoïde 0.1 *fascistic.*
fase 0.1 ⟨ook nat., schei.⟩ *phase* ◆ **6.1** in ~n *in phases.*
faseren 0.1 *phase.*
fasering 0.1 *phasing* ⇒*planning/organizing in phases.*
fastfood 0.1 *fast food.*
fat 0.1 *dandy* ⇒*fop.*
fataal 0.1 *fatal* ⇒⟨ziekte ook⟩ *terminal,* ⟨dosis⟩ *lethal,* ⟨wond⟩ *mortal* ◆ **1.1** een fatale afloop krijgen *end in disaster* **6.1** dat zou ~ zijn voor mijn reputatie *that would ruin my reputation.*
fatalisme 0.1 *fatalism.*
fatalist 0.1 *fatalist.*
fatalistisch 0.1 *fatalistic* ◆ **1.1** een ~ e levensbeschouwing *a f. outlook.*
fataliteit 0.1 *fatality* ⇒*calamity, disaster.*
fata morgana 0.1 *fata morgana* ⇒*mirage.*
fatsoen 0.1 [goede manieren] *decorum, decency, propriety* **0.2** [model] *shape* ⇒*form* ◆ **2.1** het burgerlijk ~ *common decency;* hij kan met goed ~ nog geen zaag vasthouden *he cannot even hold a saw properly* **3.1** geen enkel ~ hebben *lack all (basic) sense of propriety/decency;* hou je ~! *none of your cheek!, mind your manners!;* zijn ~ houden *behave (o.s.);* u zou het ~ moeten hebben te zwijgen *you might have the decency to keep quiet* **6.1** voor je ~ kun je niet weggaan *you can't very well leave* **6.2** uit zijn ~ liggen/zijn/gaan *be/have got out of s.*
fatsoeneren 0.1 *(re)model, shape* ⇒*fashion* ◆ **1.1** een kapsel ~ *tidy (s.o. 's) hair.*
fatsoenlijk 0.1 [net(jes)] *decent* ⟨persoon, gedrag⟩ ⇒*respectable* **0.2** [behoorlijk] *decent* ⟨inkomen, buurt⟩ ⇒*fair* ⟨kennis van iets⟩ ◆ **1.1** op een ~e manier aan de kost komen *make an honest living* **1.2** ⟨iron.⟩ je kunt hier geen ~e krant kopen *you can't even buy a d. paper in this place* **3.1** iets ~ vragen *ask sth. nicely;* zich ~ gedragen *behave (U.S.).*
fatsoenlijkheid 0.1 *decency* ⇒*respectability.*
fatsoenshalve 0.1 *for decency's sake, for the sake of/in all decency.*
fatsoensrakker 0.1 *(self-appointed) moral censor.*
fatsoensregels 0.1 *(rules of) etiquette* ⇒*decorum, social convention.*
fatterig, fattig 0.1 *dandyish, dandified* ⇒*foppish.*
fatterigheid 0.1 *dandyism* ⇒*foppery.*
fatum 0.1 *fate.*
fatwa 0.1 *fatwa.*
faun 0.1 *faun.*
fauna 0.1 *fauna* ◆ **1.1** de flora en ~ van Nederland *the flora and f. of the Netherlands.*
fauteuil 0.1 [armstoel] *armchair, easy chair* **0.2** [rang in theater]⟨beneden⟩ *(seat in the) stalls.*
faux pas 0.1 *indiscretion.*
faveur 0.1 *favour* ⇒⟨faveurtje⟩ *windfall* ◆ **6.¶** ten ~ e van *in favour of.*
favoriet¹ ⟨de⟩ **0.1** *favourite;* ⟨leerling⟩ *(teacher's) pet.*
favoriet² ⟨bn.⟩ **0.1** [meest geliefd] *favourite* ⟨persoon⟩ *favoured* **0.2** [als winnaar getipt] *favourite* ⇒*fancied.*
favoriete 0.1 *favourite.*
fax 0.1 *fax.*

faxen 0.1 *fax.*
faxmodem 0.1 *fax modem.*
faxnummer 0.1 *fax number.*
faxpost 0.1 *faxpost/mail.*
fazant 0.1 *pheasant.*
februari 0.1 *February* ⟨ook→**januari**⟩.
fecaliën 0.1 *faeces.*
feces 0.1 *faeces.*
federaal 0.1 *federal* ⟨staat, regering⟩.
federaliseren 0.1 *federalize* ⇒*(con)federate.*
federalisme 0.1 *federalism.*
federalist 0.1 *federalist.*
federalistisch 0.1 *federalist.*
federatie 0.1 *federation* ⇒*confederation.*
federatief 0.1 *federative.*
federeren 0.1 *federate.*
fee 0.1 *fairy* ⇒⟨lit.⟩ *fay* ◆ **2.1** de boze - *the bad/wicked fairy.*
feeëriek 0.1 *enchanting, magic(al), fairy-tale.*
feeks 0.1 [helleveeg] *shrew* ⇒*vixen* **0.2** [bijdehandje] *a shrewd/smart/sharp one* ◆ **2.2** een kleine ~ *a shrewd/smart little girl.*
feeling 0.1 *feel(ing)* ◆ **6.1** (geen) ~ hebben voor iets *have no/a feel(ing) for sth.*
feest 0.1 [fuif, partij] *party* **0.2** [festijn] *feast* ⇒*treat* **0.3** [viering] *celebration* ⇒⟨vnl. rel.⟩ *festival, feast,* ⟨vnl. mv.⟩ *festivity* ◆ **2.2** het ritje werd een waar ~ *the ride was a real treat* **3.1** een ~ je geven/bouwen *have a p.* **3.2** dat ~ gaat niet door *you can put that (idea) right out of your head.*
feestartikelen 0.1 *party goods/gadgets.*
feestavond 0.1 ⟨formeel⟩ *gala night;* ⟨informeel⟩ *social evening.*
feestcommissie 0.1 *organizing/social committee.*
feestdag 0.1 *holiday* ◆ **1.1** op zon- en feestdagen *on Sundays and public holidays* **2.1** christelijke ~en *Christian holy days/holidays,* nationale ~ *national holiday;* prettige ~en ⟨kerst⟩ *merry Xmas;* ⟨Pasen⟩ *happy Easter.*
feestelijk 0.1 *festive* ◆ **1.1** een ~ e jurk *a f. dress* **3.1** ~ voor de eer bedanken *decline with thanks* **3.¶** ⟨iron.⟩ dank je ~! *thanks a bundle!*
feestelijkheid 0.1 [feeststemming] *festivity* ⇒*festive spirit* **0.2** [festiviteit]⟨vnl. mv.⟩ *festivity, celebration.*
feesten 0.1 *celebrate* ⇒*make merry,* ⟨eten⟩ *feast.*
feestfiguur 0.1 *partygoer.*
feestganger 0.1 *partygoer* ⇒*guest.*
feestgedruis 0.1 *(sound(s) of) revelry/festivities* ⇒*party hubbub.*
feestgewoel 0.1 *party bustle.*
feestlied 0.1 *party song.*
feestmaal 0.1 [feestelijke maaltijd] *feast* ⇒⟨groots⟩ *banquet* **0.2** [heerlijk maal, festijn] *feast.*
feestmaand 0.1 ±*festive season.*
feestneus 0.1 [kunstneus] *false nose* **0.2** [persoon] *partygoer* ⇒⟨grapjas⟩ *buffoon.*
feestnummer 0.1 [iem. die graag feestviert] *merrymaker* ⇒*(keen) partygoer,* ⟨grapjas⟩ *buffoon* **0.2** [nummer v.e. blad/tijdschrift] *anniversary issue/number* ⇒*Christmas/holiday/*⟨enz.⟩ *issue* **0.3** [hoofdpersoon v.e. feest] *guest of honour.*
feestprogramma 0.1 *festival programme* ⇒*programme of events.*
feestrede 0.1 *(official) speech.*
feeststemming 0.1 [v.e. mens] *festive mood/spirit* **0.2** [sfeer] *festive atmosphere.*

feesttent 0.1 *marquee.*

feestvarken ⟨scherts.⟩ **0.1** ±*birthday boy/girl* ⟨van kinderen, of scherts.⟩ ◆ ¶.**1** wie is het~? *whose party/birthday/* ⟨enz.⟩ *is it?*

feestverlichting 0.1 *festive lighting.*

feestvierder, -vierster 0.1 [deelnemer aan een feest] *partygoer* ⇒⟨ook scherts.⟩ *merrymaker* **0.2** [fuifnummer] *partygoer.*

feestvieren 0.1 [feesten] *celebrate* **0.2** [gedenkdag vieren] *celebrate* ⇒*commemorate* ⟨gebeurtenis⟩, ⟨rel.⟩ *observe.*

feestviering 0.1 *celebration* ⇒*merry-making.*

feestvreugde 0.1 *festivity* ⇒*rejoicing, gaiety* ◆ **1.1** ter verhoging v.d.~ *to add to the gaiety/fun.*

feestzaal 0.1 *party/reception room/*⟨groter⟩ *hall;* ⟨voor maaltijden⟩ *banquet room/hall.*

feilbaar 0.1 *fallible* ⇒*liable to error.*

feilbaarheid 0.1 *fallibility.*

feilen ⟨schr.⟩ **0.1** *err.*

feilloos 0.1 ⟨geheugen, remedie⟩ *infallible;* ⟨oordeel⟩ *unerring;* ⟨regelmaat⟩ *unfailing;* ⟨zonder fouten⟩ *faultless, flawless* ◆ **3.1** ~ de weg terug vinden *find one's way back unerringly.*

feit 0.1 *fact* ⇒⟨gebeurtenis⟩ *circumstance,* ⟨nieuwsfeit⟩ *event* ◆ **2.1** een strafbaar ~ *a criminal offence;* een voldongen ~ *a fait accompli* **3.1** het is/blijft een ~ dat ... *it is a f. that, the f. is/remains that ...;* op ~en gebaseerd *based on fact;* de ~en spreken voor zichzelf *the facts speak for themselves* **6.1** ⟨fig.⟩ **achter** de ~en aanlopen *have been overtaken by events, not be up to date, be behind the times;* **in** ~e *in f., actually.*

feitelijk I ⟨bn.⟩ **0.1** [werkelijk] *actual* ◆ **1.1** de ~e macht *the de facto/real/actual power;* de ~e toestand *the a./true situation;*

II ⟨bw.⟩ **0.1** [in werkelijkheid] *actually* ⇒*practically* ◆ **3.1** ~ heeft hij ongelijk *in fact/actually he is wrong;* dat is ~ hetzelfde als ... *that is practically/virtually the same as ...*

feitelijkheid 0.1 [daad van geweld] *act of violence* **0.2** [feit] *(matter of) fact* **0.3** [het feitelijk zijn] *factuality, factualness* ◆ **1.3** de ~ v.e. gebeurtenis *the fact that an event actually did take place.*

feitenkennis 0.1 *knowledge of (the) facts, factual knowledge.*

feitenmateriaal 0.1 *factual material* ⇒*facts.*

fel 0.1 [de zintuigen sterk treffend] *fierce* ⟨hitte, wind, stralen⟩ ⇒*bitter* ⟨kou⟩, *sharp* ⟨pijn, vorst⟩, *bright* ⟨kleuren⟩, *vivid* ⟨kleuren⟩, *blazing* ⟨licht⟩, *glaring* ⟨licht⟩ **0.2** [hevig] *fierce* ⇒*sharp, keen* ⟨gevecht, competitie⟩, *violent* ⟨emotie⟩, *bitter* ⟨strijd⟩ **0.3** [vurig] *fierce* ⇒*fiery* ⟨temperament⟩, *vehement* ⟨protest⟩, *spirited* ⟨persoon⟩, *scathing* ⟨woorden, aanval⟩, *biting* ⟨woorden, aanval⟩ ◆ **1.2** een ~le brand *a blazing/raging fire* **2.1** een felroze jurk *a brilliant pink dress* **3.1** de zon schijnt ~ *the sun is blazing down* **6.3** ~ tegen iets zijn *be dead set against sth.* **6.**¶ dat kind is ~ **op** auto's *that child is (dead) keen on/mad about cars.*

felgekleurd 0.1 ⟨levendig⟩ *brightly coloured;* ⟨opzichtig, ordinair⟩ *garish, loud.*

felheid 0.1 [hevigheid] *fierceness* ⇒*intensity, violence* **0.2** [vurigheid] *fervour* ◆ **3.2** haar ~ verraste mij *her f. surprised me.*

felicitatie 0.1 *congratulation(s).*

feliciteren 0.1 *congratulate on* ◆ **2.1** hartelijk gefeliciteerd met *sincere best wishes on/for* **6.1** iem. ~ **met** iets *congratulate s.o. on sth.* ¶.**1** gefeliciteerd en nog vele jaren *happy birthday and many happy returns (of the day).*

femelaar, -ster 0.1 *(canting) hypocrite* ⇒*sanctimonious person.*

femelachtig 0.1 *sanctimonious* ⇒*hypocritical.*

femelarij 0.1 *cant(ing)* ⇒*sanctimoniousness.*

femelen 0.1 *cant* ⇒*talk cant.*

femininisatie, feminisatie ⟨g.mv.⟩ **0.1** *feminization.*

feminisering 0.1 *feminization.*

feminisme 0.1 *feminism* ⇒*Women's Liberation.*

feminist, -e 0.1 *feminist.*

feministisch 0.1 *feminist* ◆ **1.1** de ~e beweging *the f. movement, Women's Liberation.*

femme fatale 0.1 *femme fatale.*

feniks 0.1 ⟨ook myth.⟩ *ph(o)enix* ◆ **8.1** als een ~ uit zijn as herrijzen *rise like a p. from the ashes.*

fenomeen 0.1 *phenomenon.*

fenomenaal 0.1 *phenomenal.*

feodaal 0.1 *feudal* ◆ **1.1** in dat land heersen nog feodale toestanden *f. conditions still prevail in that country.*

feodalisme 0.1 *feudalism, feudal system.*

ferm 0.1 *firm* ⇒*resolute, vigorous* ⟨houding⟩, ⟨persoon⟩ *stout,* ⟨persoon⟩ *robust* ◆ **1.1** een ~ pak slaag *a sound beating;* ~e taal spreken *speak boldly, use hard language* **3.1** iem. ~ de waarheid zeggen *give s.o. a piece of one's mind.*

ferment 0.1 *ferment* ⇒*yeast* ⟨brood⟩, ⟨yoghurt⟩ *starter,* ⟨yoghurt⟩ *culture.*

fermentatie 0.1 [gisting] *fermentation* ⇒*fermenting* **0.2** [opschudding] *ferment* ⇒*agitation.*

fermenteren 0.1 *ferment* ⇒*leaven* ⟨cul.⟩, ⟨fig.⟩ *be in (a state of) ferment.*

ferryboot 0.1 *ferry (boat)* ⇒⟨voor auto's ook⟩ *car ferry.*

fertilisatie 0.1 *fertilization* ◆ ¶.**1** in vitro ~ *in vitro f.*

fertiliteit 0.1 *fertility* ⇒⟨in hoge mate⟩ *fecundity.*

fervent 0.1 *fervent* ⇒*ardent* ◆ **1.1** een ~ aanhanger v.h. katholicisme *a f. adherent of Catholicism;* een ~ bewonderaar *a f./an ardent admirer.*

fes ⟨muz.⟩ **0.1** *F flat.*

festijn 0.1 [feestmaal] *feast* ⇒*banquet* **0.2** [feest] *feast* ⇒*fête* **0.3** [iets plezierigs] *feast* ◆ **6.3** een waar ~ **voor** de kunstliefhebber *a real f./treat for art lovers.*

festival 0.1 *festival.*

festiviteit 0.1 [feestelijke gebeurtenis] *festivity* ⇒*celebration* **0.2** [onderdeel v.e. feestviering] *festivity* ⇒*festive activity.*

feta 0.1 *feta.*

fêteren 0.1 *fête* ⇒*lionize.*

fetisj 0.1 *fetish.*

fetisjisme 0.1 *fetishism.*

fetisjist 0.1 *fetishist.*

fetisjistisch 0.1 *fetishistic.*

feuilletee(deeg) 0.1 *puff/flaky pastry.*

feuilleton 0.1 *serial* ◆ **8.1** als ~ verschijnen *be serialized.*

feut ⟨stud.⟩ **0.1** ±*freshman.*

fez 0.1 *fez.*

fiasco 0.1 *fiasco* ⇒*disaster* ◆ **3.1** de hele onderneming werd een ~ *the whole business was one great disaster/f.*

fiat¹ ⟨het⟩ **0.1** *fiat* ⇒*authorization, sanction* ◆ **3.1** zijn ~ geven *authorize, sanction; give one's permission;* ~ krijgen *be given authorization/permission.*

fiat² ⟨tw.⟩ **0.1** *very well* ◆ **1.1** ⟨jur.⟩ ~ executie ±*writ of execution* **5.1** nu ~, ~ ermee *done!, that's a bargain/deal!*

fiatteren 0.1 *authorize* ⇒*attach/give one's fiat to,* ⟨geldw.⟩ *validate.*

fiber 0.1 *fibre.*

fiberglas 0.1 *fibreglass.*

fibroom ⟨med.⟩ **0.1** *fibroma.*

fiche 0.1 [schijfje bij spel e.d.] *counter* ⇒*token, chip* **0.2** [systeemkaart] *index/filing card* **0.3** [van vlooienspel] *tiddl(e)ywink.*

ficheren 0.1 *file* ⇒*card-index.*

fictie 0.1 *fiction* ⟨ook lit.⟩ ◆ **3.1** die planning berust op ~s *these plans are based on (pure) f.*

fictief 0.1 [denkbeeldig] *fictitious* ⇒*imaginary* **0.2** |jur.| *fictitious* ◆ **1.1** een ~ bedrag *an imaginary sum.*

fictionaliteit 0.1 *fictional nature/character.*

fictioneel 0.1 *fictional.*

ficus 0.1 *rubber plant.*

fideel 0.1 [trouw en hartelijk] *decent* ⇒*reliable, dependable* **0.2** [van een vrolijke gezelligheid] *jovial* ⇒*jolly* ◆ **1.1** een fidele kerel *a decent fellow.*

fideliteit 0.1 *joviality.*

fiduciair 0.1 *fiduciary* ◆ **1.1** ~ geld *f. money;* ~e lening *f. loan, unsecured loan.*

fiducie ⟨inf.⟩ **0.1** ⟨ongemarkeerd⟩ *faith* ⇒*confidence* ◆ **3.1** ik heb er weinig ~ in *I haven't got much f. in it.*

fiedel ⟨inf.⟩ **0.1** *fiddle.*

fiedelen ⟨inf.⟩ **0.1** *fiddle.*

fielt ⟨inf.⟩ **0.1** *blackguard* ⇒*cad.*

fieltachtig 0.1 *blackguardly* ⇒*despicable, caddish.*

fier 0.1 *proud* ◆ **1.1** een ~e houding ⟨voorkomen⟩ *a haughty bearing;* ⟨gedrag⟩ *a superior/p. attitude.*

fierheid 0.1 *pride.*

fiets 0.1 ⟨inf.⟩ *bike* ⇒*bicycle* ◆ **6.1** ⟨fig.⟩ wat heb ik nou **aan** m'n ~ ⟨hangen⟩? *hey, what's all this?;* we gaan **op** de ~, we nemen de ~ *we're going by bike;* **op** de ~ stappen/springen *get/jump on one's bike;* **van** zijn ~ afstappen *get off one's bike.*

fietsband 0.1 *bicycle tyre.*

fietsbel 0.1 *bicycle bell.*

fietsen 0.1 [op de fiets rijden] *ride (a bike/bicycle), cycle* **0.2** [zich per fiets begeven] *cycle* ⇒⟨inf.⟩ *bike* **0.3** [snel doorlopen] *run* ⇒*whip (through)* **0.4** [voor elkaar brengen/krijgen]⟨zie ¶.4⟩ ◆ **1.1** het is een uur ~ *it takes an hour (to get there) by bike* **3.¶** ga toch ~ *get on your bike* **5.¶** deze weg fietst lekker *this is a good road to cycle on;* deze fiets fietst licht *this bike is light to ride* **6.2** wij zijn **naar** Den Haag gefietst *we cycled to The Hague* **6.3** flets eens **door** de Gouden Gids *flip through the Yellow Pages* **¶.4** hoe heb je dat voor elkaar gefietst? *how (on earth) did you wangle that?*

fietsendief 0.1 *bicycle thief.*

fietsenhandelaar 0.1 *bicycle dealer.*

fiets(en)hok 0.1 *bicycle shed.*

fietsenmaker, -maakster 0.1 [fietsenreparateur] *(bi)cycle repairer/mender/*⟨m. ook⟩ *repairman* **0.2** [prutser] *tinkerer* ⇒*amateur.*

fiets(en)rek 0.1 [fietsrek] *bike/bicycle/cycle stand/rack* **0.2** [scherts.; ruimte tussen tanden] *±gappy teeth.*

fietsenstalling 0.1 *bike/bicycle/cycle shed.*

fietser 0.1 *(bi)cyclist.*

fietsketting 0.1 *bike/bicycle/cycle chain.*

fietskluis 0.1 *bike/bicycle locker.*

fietspad 0.1 *(bi)cycle track/path.*

fietspomp 0.1 *bicycle pump.*

fietsrally 0.1 *bike/bicycle/cycle rally.*

fietsroute 0.1 *(bi)cycle route.*

fietssleutel(tje) 0.1 *bicycle/cycle key.*

fietsslot 0.1 [gemonteerd slot] *bicycle/cycle lock* **0.2** [kabelslot] *(bicycle) padlock.*

fietsstrook 0.1 *bike/bicycle/cycle lane.*

fietstas 0.1 *saddle bag.*

fietstocht 0.1 *bike/bicycle/cycle ride/*⟨langer⟩ *trip/tour* ⇒*cycling trip/tour* ◆ **3.1** een ~(je) gaan maken *go for a (bi)cycle ride.*

fietsvakantie 0.1 *cycling/biking holiday.*

fietsvriendelijk 0.1 *pro-cycling/-bicycle* ◆ **1.1** een ~ land *a country with good facilities for cyclists.*

fietswiel 0.1 *bicycle/cycle wheel.*

fifty-fifty 0.1 *fifty-fifty* ◆ **1.1** de kansen zijn ~ dat hij niet komt *it's a fifty-fifty chance that he won't come* **3.1** ~ doen *split (sth.) fifty-fifty (with s.o.).*

figurant, figurante 0.1 [acteur] *extra* ⇒*walk-on* **0.2** [nietszeggend persoon] *nonentity* ⇒*(mere) cipher* **0.3** [niet aan de handeling deelnemend persoon] *nominal participant.*

figurantenrol 0.1 [dram.] *walk-on part;* ⟨film⟩ *part as an extra* **0.2** [onbelangrijke functie] *subordinate part/role* ◆ **3.1** een ~ toebedeeld krijgen ⟨fig.⟩ *be a mere onlooker.*

figuratief 0.1 [met beelden werkend, daaruit bestaand] *figurative* **0.2** [versierend] *decorative* ⇒*ornamental.*

figureren 0.1 [rol vervullen] *act* ⇒*perform* **0.2** [optreden als figurant] *be an extra* ⇒*have a walk-on part* ◆ **6.1** dit woord figureert niet **op** de lijst *this word does not appear on the list.*

figuur 0.1 ⟨ook bk.⟩ *figure* ⇒⟨persoonlijkheid ook⟩ *character, individual* ◆ **1.1** een ~tje van was *a wax figurine* **2.1** de centrale ~ *the central f.;* een gek ~ slaan *cut a foolish f.;* een goed ~ *a good f.;* een meetkundige ~ *a geometric f.;* ⟨patroon ook⟩ *a geometric pattern;* het is een saai ~ *he's/she's very dull;* vrije figuren bij het kunstschaatsen *free-style (skating)* **3.1** zijn ~ redden *save one's face;* geen gek ~ slaan naast *not come off badly compared with* **5.1** behang met figuren erop *patterned wallpaper* **6.1** met zijn ~ geen raad weten *not know where to put o.s.* **¶.1** wat is dat voor een ~? *what sort of person is that?*

figuurlijk 0.1 *figurative* ⇒⟨taal. ook⟩ *metaphorical* ◆ **3.1** ~ gesproken *metaphorically speaking;* je moet dat ~ opvatten *you mustn't take that literally*

figuurnaad 0.1 *dart* ⇒*tuck.*

figuuroefening ⟨sport, gymnastiek⟩ **0.1** *compulsory exercise.*

figuurtje 0.1 *figurine* ⇒*statuette.*

figuurzaag 0.1 *fretsaw* ⇒⟨machinaal⟩ *jigsaw.*

figuurzagen 0.1 *do fretwork* ⇒⟨machinaal⟩ *jigsaw.*

Fiji 0.1 *Fiji.*

Fiji-eilanden 0.1 *Fiji Islands.*

fijn¹ I ⟨bn.⟩ **0.1** [niet grof, zeer klein/dun/small] *fine* **0.2** [mbt. spijzen/dranken] *fine* **0.3** [mbt. kledingstukken/stoffen] *delicate* **0.4** [(van) eerste kwaliteit] *fine* **0.5** [zuiver, onvermengd] *fine* **0.6** [beschaafd] *fine* ⇒*smart* **0.7** [mbt. lichaamsdelen] *delicate* ◆ **1.1** ~e instrumenten *delicate instruments;* ~e sneeuw *f. snow* **1.2** de ~e keuken *f. cooking* **1.3** de ~e was *the d. wash;* ⟨inf.⟩ *delicates* **1.5** ~ goud *f. gold* **1.6** ⟨iron.⟩ een ~ meneer *a fancy gent(leman)* **1.7** een ~ figuurtje *a d./slim figure* **3.4** laten we het ~ houden *let's keep things friendly* **7.¶** het ~e van de zaak weten *know (all) the ins and outs of the matter;*

II ⟨bn., bw.⟩ **0.1** [aangenaam] *nice* ⇒*lovely, fine, great, grand* **0.2** [subtiel] *subtle* ⇒*fine* **0.3** [orthodox] *strict* ⇒⟨iron.⟩ *holy* ◆ **1.1** een ~e tijd *a good time;* een ~e vent *a fine fellow* **1.3** een ~ s. smile; een ~ neus *a fine/s. nose* **2.1** ons huis is ~ groot *our house is n. and big* **2.3** ze is ~ gereformeerd *she's a s. Protestant* **3.1** dat is ~! *that's great!;* ⟨inf.⟩ laat-ie-fijn-zijn! *I like it!* **7.3** de ~en *the godly (people)* **¶.1** nou, ~ is anders! *well, that's just great!*

fijn² ⟨tw.⟩ **0.1** *that's nice* ⇒*lovely* ◆ **¶.1** we gaan op vakantie, ~! *we're going on holiday, great!*

fijnbesnaard 0.1 *highly-strung* ⇒*delicate(ly balanced).*

fijngebouwd 0.1 *(of) slender (build), small-boned* ⇒*delicate,* ⟨van vrouwen ook⟩ *petite.*

fijngevoelig 0.1 [met fijn gevoel] *sensitive* 0.2 [tactvol] *tactful.*

fijngevoeligheid 0.1 [fijnbesnaardheid] *sensitivity* 0.2 [tact] *tact(fulness).*

fijnhakken 0.1 *chop/cut (up) fine(ly)* ⟨groenten enz.⟩; *mince, grind* ⟨vlees⟩.

fijnheid 0.1 *fineness* ⇒*delicacy.*

fijnknijpen 0.1 *crush* ⇒*squeeze/press (fine).*

fijnmaken 0.1 *crush/pound (fine)* ⇒*pulverize, break up.*

fijnmalen 0.1 *grind (up)* ⇒*crush.*

fijnproever 0.1 *connoisseur* ⇒⟨lett. ook⟩ *gourmet.*

fijnslaan 0.1 [door slaan fijnmaken] *crush* ⇒*pound* 0.2 [kort en klein slaan] *smash (up)* ⇒*bash to pieces.*

fijnsnijden 0.1 *cut fine(ly)* ⇒*slice thinly.*

fijnstampen 0.1 *crush* ⇒*pound, pulverize,* ⟨aardappels⟩ *mash.*

fijnte 0.1 *fineness* ◆ 1.1 de ~ v.d. draad *the gauge of the thread.*

fijntjes I ⟨bn.⟩ 0.1 [tenger, teer] *delicate* ⇒*slight,* ⟨mbt. vrouwen ook⟩ *petite,* ⟨mbt. vrouwen ook⟩ *dainty;* **II** ⟨bw.⟩ 0.1 [op een fijne wijze] *nicely* ⇒*neatly* 0.2 [op slimme wijze] *cleverly* ⇒*subtly* ◆ 3.1 ~ lachen *smile knowingly* 3.2 ~ opmerken *make a knowing remark.*

fijnwasmiddel 0.1 *detergent for delicates.*

fijnwrijven 0.1 *crush.*

fijnzinnig 0.1 *discerning* ⇒*discriminating, sensitive.*

fijt 0.1 *felon.*

fik ⟨inf.⟩ 0.1 [brand, vuur]⟨ongemarkeerd⟩ *fire* 0.2 →fikken¹ ◆ 6.1 in de ~ steken *set f. to;* in de ~ staan *be in flames.*

fikken¹ ⟨mv.⟩⟨inf.⟩ 0.1 *paws* ⇒*mitts* ◆ 6.1 blijf er met je ~ van af *(keep your) p. off.*

fikken² ⟨onov.ww.⟩⟨inf.⟩ 0.1 ⟨ongemarkeerd⟩ *burn.*

fikkie 0.1 [vuurtje]⟨ongemarkeerd⟩ *fire* ⇒*bonfire.*

Fikkie 0.1 [hond]⟨kind.⟩ *pooch* ⇒*doggy,* ⟨als naam⟩ *Fido,* ⟨als naam⟩ *Spot.*

fiks I ⟨bn.⟩ 0.1 [flink van gestalte] *sturdy* ⇒*strong* 0.2 [krachtig, stevig] *firm* ⇒*vigorous* 0.3 [gezond] *healthy* ⇒*strong, robust* ◆ 1.2 een ~e bui *a heavy shower;* een ~e rekening *a hefty bill;* een ~e verkoudheid *a heavy cold;* een ~e wandeling *a long walk;* **II** ⟨bw.⟩ 0.1 [op fikse/flinke wijze] *vigorously* ⇒*soundly, thoroughly* ◆ 3.1 hij kan ~ eten *he is a hearty eater.*

fiksen ⟨inf.⟩ 0.1 *fix (up)* ⇒*manage.*

filantroop 0.1 *philanthropist.*

filantropie 0.1 *philanthropy.*

filantropisch 0.1 *philanthropical.*

filatelie 0.1 *philately.*

filatelist, -e 0.1 *philatelist.*

file 0.1 *queue* ⇒⟨mensen ook⟩ *line, row,* ⟨auto's ook⟩ *traffic-jam,* ᴮ*tailback* ◆ 6.1 in een ~ staan/raken *be in/get in(to) a traffic-jam.*

filemelding 0.1 *traffic call/update* ⟨als item op de radio⟩ ◆ 3.1 er is een ~ binnengekomen *there is news of a tailback on the ...*

fileparkeren 0.1 *parallel parking.*

fileren 0.1 [van bot/graat ontdoen] *fillet* ⟨vis, vlees⟩ ⇒*debone* ⟨gevogelte, vlees⟩ 0.2 [kaartspel]⟨wegmoffelen⟩ *palm (off);* ⟨openleggen⟩ *discard a sequence.*

filet 0.1 *fillet* ◆ ¶.1 ~ américain *steak tartare.*

filevorming 0.1 *buildup (of traffic)* ◆ 1.1 ~ en vertraging *slow-moving traffic and delays.*

filharmonisch 0.1 *philharmonic* ◆ 1.1 een ~ orkest *a p. orchestra.*

filiaal¹ ⟨het⟩ 0.1 *branch* ⇒⟨van grootwinkelbedrijf⟩ *chain store.*

filiaal² ⟨bn.⟩ 0.1 *filial* ◆ 1.1 filiale band *f. ties.*

filiaalhouder, filiaalchef 0.1 *branch manager.*

filiatie 0.1 *filiation* ◆ 3.1 zijn ~ bewijzen *prove one's descent.*

filigraan, filigrein 0.1 *filigree, filagree.*

Filippijn, -se 0.1 *Filipino.*

Filippijnen 0.1 *(the) Philippines.*

Filippijns 0.1 *Philippine* ⇒*Filipino.*

Filippino 0.1 *Filipino.*

Filips 0.1 *Philip.*

filistijnen ◆ 6.¶ naar de ~ ᴮ*bust;* naar de ~ helpen ᴮ*bust.*

film 0.1 *film* ◆ 1.1 een ~ siliconen op de bougiekabels spuiten *spray a silicone f. on the leads* 2.1 een stomme ~ *a silent f./picture* 3.1 welke ~ draait er in die bioscoop? *what's on at the cinema?;* een ~(pje) ontwikkelen *develop a f.* 3.¶ het was compleet een ~ *his was thuis our place was a complete madhouse* 6.1 hij zit **bij** de ~ *he works in the f. business;* wij gaan **naar** de ~ *we're going to the cinema* ¶.1 een ~(pje) in de camera doen/uit de camera halen *load/ unload a camera.*

filmacademie 0.1 *film academy/school.*

filmacteur, -actrice 0.1 *film actor* ⟨m.⟩ */actress* ⟨v.⟩.

filmapparatuur 0.1 *film equipment.*

filmarchief 0.1 *film archives.*

filmbeeld 0.1 *(film) picture* ⇒*film image* ◆ 2.1 stilstaand ~ *still.*

filmbewerking 0.1 *film/screen version* ⇒*screen adaptation.*

filmbreedte 0.1 *film gauge.*

filmcamera, filmtoestel 0.1 ⟨smalfilm⟩ ᴮ*(cine)camera;* ⟨professioneel⟩ *(film)camera, motion-picture camera.*

filmcriticus 0.1 *film critic.*

filmdoek 0.1 *(film) screen.*

filmdruk ⟨ind.⟩ 0.1 *silk-screen process/printing.*

filmen 0.1 *film* ⇒*make/shoot (a film)* ◆ 6.1 niet te ~! ⟨fig.⟩ *unbelievable!*

filmer 0.1 *filmmaker.*

filmhuis 0.1 *art cinema* ⇒*cinema club.*

filmisch 0.1 *cinematic.*

filmjournaal 0.1 *news reel.*

filmkeuring 0.1 *film censorship* ⇒⟨commissie⟩ *film censorship board, board of film censors.*

filmkritiek 0.1 *film review.*

filmkunde 0.1 *film studies* ⟨mv.⟩.

filmkunst 0.1 [kunstonderdeel] *cinema(tography)* 0.2 [vaardigheid v.h. filmen] *(film) technique.*

filmmaker, -maakster 0.1 *filmmaker.*

filmmuziek 0.1 *soundtrack.*

filmopname 0.1 *shot* ⇒*sequence, take* ◆ 3.1 een ~ maken van *make/shoot a film of.*

filmploeg 0.1 *film crew.*

filmproducent 0.1 *film producer.*

filmprojector 0.1 ⟨smalfilm⟩ *(cine)projector;* ⟨professioneel⟩ *(film) projector.*

filmrechten 0.1 *film rights.*

filmregisseur, -regisseuse 0.1 *film director.*

filmrol 0.1 [rol als filmacteur/-actrice] *role/part in a film* 0.2 [filmband] *reel of film.*

filmrolletje 0.1 *(roll of) film.*

filmscript 0.1 *film script.*

filmster 0.1 *(film) star* ⇒*movie star.*

filmstudio 0.1 *(film) studio.*

filmtoestel →filmcamera.

239

filmverhuur 0.1 *film distribution, film distributors.*
filmversie 0.1 *film/screen/cinema version.*
filmvoorstelling 0.1 *film showing.*
filodeeg 0.1 *filo pastry.*
filologie 0.1 *philology.*
filologisch 0.1 *philological.*
filoloog 0.1 *philologist.*
filosoferen 0.1 *philosophize.*
filosofie 0.1 *philosophy* ◆ 1.1 de ~ van Kant *Kant's p.* 6.1 de ~ achter het nieuwe regeringsprogramma *the p. behind the new government programme.*
filosofisch 0.1 *philosophic(al)* ◆ 3.1 iets ~ opnemen *take things philosophically.*
filosoof 0.1 *philosopher;* ⟨vleesgerecht⟩ ±*shepherd's pie.*
filter 0.1 *filter* ⟨ook foto.⟩; ⟨(mondstuk v.e.) sigaret⟩ *filter (tip)* ◆ 6.1 sigaretten zonder ~ *non-filter cigarettes.*
filteren I ⟨ov.ww.⟩ 0.1 [doen doorsijpelen] *filter; percolate* ⟨koffie⟩;
II ⟨onov.ww.⟩ 0.1 [doorsijpelen] *filter through/into;* ⟨koffie⟩ *percolate (through)* ◆ 6.1 een flauw licht filterde door de gordijnen *a faint light filtered through the curtains.*
filterkoffie 0.1 *percolated coffee;* ⟨in restaurant⟩ *café filtre.*
filtersigaret 0.1 *filter (tip)* ⇒*filter-tipped cigarette.*
filterzakje 0.1 *(coffee) filter.*
filtreerdoek 0.1 *filtering/straining cloth.*
filtreerpapier 0.1 *filter paper.*
filtreren →filteren.
Fin, -se 0.1 *Finn* ⟨m.⟩, *Finnish woman/girl* ⟨v.⟩.
finaal 0.1 [uiteindelijk] *final* 0.2 [algeheel] *complete* ⇒*total* ◆ 1.1 de finale toewijzing *the f. allocation* 1.2 finale opruiming *clearance sale;* ⟨bij sluiting van zaak⟩ *closing-down sale* 3.2 ik ben het ~ vergeten *I clean forgot (it).*
finale 0.1 [muz.] *finale* 0.2 [sport] *final(s)* ◆ 3.2 de achtste-/kwart-/halve~ bereiken *reach the last sixteen/quarter finals/semifinal(s)* 6.2 in de ~ komen *get to the finals.*
finaleplaats 0.1 *place in the final.*
finalist, -e 0.1 *finalist.*
financieel 0.1 *financial* ◆ 1.1 ~ directeur *f. director/manager;* financiële middelen *f. means;* in financiële moeilijkheden komen *get into f. difficulties;* financiële ~ pagina *ᴮcity page;* de financiële wereld ⟨ook⟩ *the world of finance* 3.1 iem.~ steunen *support s.o. financially;* ⟨van instelling⟩ *give f. aid to s.o.*
financiën 0.1 [het openbare geldwezen] *finance* 0.2 [geldmiddelen] *finances* ⇒*funds* ◆ ¶.2 het staat er slecht voor met mijn ~ *my f. are in a bad state/condition/way.*
financier 0.1 [mbt. het beheer van geld] *financier* ⇒*manager* 0.2 [mbt. het verschaffen van geld] *financier* ⇒*backer* ⟨onderneming⟩, *promoter, sponsor* ⟨evenementen, media⟩ ◆ 2.2 grote ~s *big bankers.*
financieren 0.1 *finance* ⇒*fund, back* ⟨onderneming⟩.
financiering 0.1 *financing* ⇒*funding* ◆ 2.1 actieve ~ *investment financing;* monetaire ~ *(financing by) printing new money.*
financieringsbank 0.1 *finance company/house.*
financieringsbehoefte 0.1 *ᴮpublic sector borrowing requirement.*
financieringssaldo ⟨ec.⟩ 0.1 *balance of payments.*
financieringstekort 0.1 *financing deficit.*
financies →financiën.
fin de siècle 0.1 *fin de siècle.*
fineer 0.1 *veneer.*
fineerplaat 0.1 *sheet of veneer* ⇒*veneering.*
fineren 0.1 [met fineer beleggen] *veneer* 0.2 [in dunne laagjes op elkaar lijmen] *laminate.*

finesse 0.1 *nicety* ⇒*subtlety* ◆ 6.1 iets in ⟨de⟩ ~s kennen *know sth. inside out;* hij heeft het tot in de ~s uitgelegd *he explained it down to the minutest detail.*
fingeren 0.1 [doen alsof] *feign* ⇒*sham, stage* ⟨ensceneren⟩ 0.2 [verzinnen] *invent* ⇒*make/dream up* ◆ 1.1 een gefingeerde overval *a staged robbery* 1.2 een gefingeerde naam *a fictitious/assumed name.*
fini 0.1 *finished* ⇒⟨inf.⟩ *finito.*
finish 0.1 [sport; eindstreep] *finish* ⇒*finishing line* 0.2 [sport; laatste deel v.e. wedstrijd(baan)] *finish* 0.3 [afwerking, laklaag] *finish* ⇒*polish.*
finishen ⟨sport⟩ 0.1 *finish* ◆ 8.1 als tweede ~ *f. second, come (in) second.*
finishing touch 0.1 *finishing touch(es)* ⇒*finishing stroke(s), final touch* ◆ 3.1 die sjaal gaf de ~ aan haar pakje *that scarf lent the finishing touch to her suit.*
Finland 0.1 *Finland.*
Fins 0.1 ⟨bn. en zn.⟩ *Finnish.*
FIOD ⟨afk.⟩ 0.1 (Fiscale Inlichtingen- en Opsporingsdienst) ⟨*tax inspectors of the ᴮInland Revenue Service*⟩.
firma 0.1 [handelsnaam] *trading name* ⇒*firm (name),* ⟨als afk.: fa.⟩ *messrs* 0.2 [vennootschap met hoofdelijke aansprakelijkheid] *firm* ⇒*partnership* 0.3 [bedrijf, zaak] *firm* ⇒*company* ◆ 3.3 hij werd in de ~ opgenomen *he was taken/admitted into partnership* ¶.1 de ~ Smith & Jones *the firm of Smith and Jones;* ⟨briefaanhef⟩ *Messrs Smith and Jones.*
firmament ⟨schr.⟩ 0.1 *firmament.*
firmanaam 0.1 *company name.*
firmant 0.1 *(business) partner* ⇒*member of the firm.*
fis ⟨muz.⟩ 0.1 *F sharp.*
fiscaal 0.1 *fiscal* ⇒*tax(-)* ◆ 1.1 ~ loon *salary for tax purposes;* ~ recht *tax law* 2.1 ~ aftrekbaar *tax-deductible.*
fiscaalnummer 0.1 *tax identification number* ⇒⟨in USA⟩ *social security number.*
fiscalist 0.1 *tax specialist.*
fiscaliteit 0.1 [wetten en reglementen] *tax law/system* 0.2 [het onderworpen zijn aan belastingheffing] *taxability* ⇒⟨onroerend goed⟩ *rat(e)ability.*
fiscus 0.1 [staat als belastingheffer] *Treasury* ⇒*Exchequer* 0.2 [belastingdienst] *treasury* ⇒*(H.M.) Inland Revenue.*
fistel ⟨med.⟩ 0.1 *fistula.*
fit 0.1 *fit* ⇒⟨uitgerust⟩ *fresh* ◆ 5.1 niet ~ zijn *be out of condition;* ⟨niet lekker⟩ *be under the weather.*
fitness 0.1 *fitness training* ⇒*keep-fit exercises* ⟨mv.⟩ ◆ 6.1 aan ~ doen *do f. t., work out; go to a fitness centre.*
fitnesscentrum 0.1 *fitness/health club.*
fitter 0.1 *fitter* ⇒⟨gasleiding⟩ *gas fitter,* ⟨waterleiding⟩ *plumber.*
fitting 0.1 [mbt. gloeilampen]⟨waar men lamp indraait⟩ *socket;* ⟨van lamp zelf⟩ *screw(cap), fitting* 0.2 [mbt. buisleidingen] *fitting.*
fixatie 0.1 [het fixeren, vastlegging] *fixing* ⇒*determining* 0.2 [het gefixeerd zijn] *fixation* ⇒*obsession.*
fixeer ⟨foto.⟩ 0.1 *fixer* ⇒*fixative.*
fixeerbad 0.1 *fixing bath.*
fixeren 0.1 [onbeweeglijk bevestigen] *fix* ⇒*fasten* 0.2 [onuitwisbaar maken, ook foto.] *fix* 0.3 [voortdurend brutaalweg aankijken] *fix one's eyes/gaze on* ⇒*stare at* ◆ 1.3 een meisje ~ *fix a girl with one's eyes* 6.1 ⟨fig.⟩ op iem. gefixeerd zijn *be stuck on s.o.*
fjord 0.1 *fjord, fiord.*
flacon 0.1 [sierlijke fles] *bottle* ⇒*flask, flagon* ⟨wijn⟩ 0.2 [klein flesje] *bottle* ⇒*scent bottle* ⟨reukwater⟩.
fladderen 0.1 [onregelmatig vliegen] *flap about* ⇒⟨vogeltje,

vlinder) *flutter* **0.2** [heen en weer bewegen] *flutter* ⇒⟨vlag, zeil⟩ *flap*, ⟨haar⟩ *stream*, ⟨haar⟩ *flow* **0.3** [onbekommerd leven] *gallivant* ⇒*gad about* ◆ **5.3** hij fladdert maar wat (rond/aan) *he leads a free and easy life.*

flageolet 0.1 [fluit; orgelregister] *flageolet* **0.2** [flageolettoon] *flageolet tone.*

flagrant 0.1 *flagrant* ⇒*blatant* ◆ **1.1** een ~e leugen *a blatant lie.*

flair 0.1 *flair* ⇒*feel(ing) (for)* ◆ **6.1** hij heeft ~ **voor** zaken *he has got a head for business.*

flakkeren 0.1 *flicker* ⇒*flutter.*

flamberen ⟨cul.⟩ **0.1** *flambé.*

flamboyant ⟨fig.⟩ **0.1** *flamboyant.*

flamenco 0.1 *flamenco.*

flamingant 0.1 *supporter of the Flemish Movement* ⇒ *Flemish radical/militant.*

flamingo 0.1 *flamingo.*

flanel 0.1 [stof] *flannel* ⇒⟨katoen⟩ *flannelette* **0.2** [meestal verkleinwoord; ondergoed] *flannel shirt/singlet/vest.*

flanellen 0.1 *flannel* ◆ **1.1** een ~ pantalon *a pair of flannels.*

flaneren 0.1 *parade.*

flank 0.1 [zijde] *flank* ⇒*side* **0.2** [mil.] *flank* ◆ **6.1** vanuit/ in de ~ ⟨scheep.⟩ *broadside* **6.2** de vijand in de ~ aanvallen *attack the enemy in/on the f., take the enemy in f.*

flankeren I ⟨ov.ww.⟩ **0.1** [aanvullen met/laten vergezellen door] *flank* ◆ **6.1** links en rechts **door** een agent geflankeerd *flanked by two policemen;*
II ⟨onov., ov.ww.⟩ **0.1** [mil.] *flank* ⇒*cover.*

flankering 0.1 *flanking* ⇒*cover.*

flansen 0.1 ⟨+ in elkaar⟩ *knock/throw together* ⇒*concoct* ⟨verhaal⟩, *bang out* ⟨typewerk⟩, *rush/tear off* ⟨brief⟩, *whip/ rustle/scramble up* ⟨maaltijd⟩ ◆ **6.1** hij heeft dat boek haastig in elkaar geflanst *he knocked that book together in a hurry.*

flap 0.1 [deel v.e. boekomslag] *flap* **0.2** [gebakje] *turnover* **0.3** [geluid v.e. klap] *thud* ⇒*clap* **0.4** [bankbiljet] *(bank) note* **0.5** [stuk v.e. doek] *flap* **0.6** [aan een bord bevestigd vel papier] *flysheet* ◆ **1.5** de ~ v.h. grondzeil vasthouden *hold the f. of the groundsheet.*

flapdrol ⟨inf.⟩ **0.1** *wally.*

flaphoed 0.1 *slouch (hat).*

flapoor 0.1 *protruding ear* ⇒*elephant ear* ◆ **3.1** die jongen heeft flaporen *that boy's ears stick out.*

flappen 0.1 [neersmijten] *fling down* ⇒*bang/plump down* ◆ **5.¶** hij flapt er maar alles uit *he blurts out anything that comes into his head;* eruit ~ *blab(ber), blurt out.*

flappentap ⟨scherts.⟩ **0.1** *ᴮhole in the wall.*

flaptekst 0.1 *(jacket) blurb.*

flapuit 0.1 *blab(bermouth).*

flard 0.1 [afgescheurde lap] *shred* ⇒*tatter* **0.2** [los gedeelte] *fragment* ⇒⟨klein deeltje⟩ *scrap* ◆ **6.1 aan** ~ en scheuren *tear to shreds; maul* ⟨prooi⟩ **6.2** enkele ~ en **van** het gesprek *a few fragments/snatches of the conversation.*

flash 0.1 *flashlight.*

flat 0.1 [flatgebouw] *block of flats* ⇒⟨groter⟩ *block of apartments* **0.2** [appartement] *flat*, *ᴬapartment* **0.3** [damesschoen] *flat(tie)* ◆ **6.2** op een ~ *in a f.*

flatbewoner, -woonster 0.1 *flat/ᴬapartment-dweller.*

flater 0.1 *blunder* ⇒*howler* ◆ **3.1** een ~ slaan *make a b.*

flatgebouw →*flat* **0.1**.

flatteren I ⟨ov.ww.⟩ **0.1** [fraaier voorstellen] *flatter* **0.2** [volt. deelw.; vleien] *flatter* ◆ **1.1** een geflatteerde voorstelling van iets geven *paint a rosy picture of sth.* **3.2** zich geflatteerd voelen *feel flattered;*
II ⟨onov., ov.ww.⟩ **0.1** [iemands uiterlijk gunstig doen uit-

komen] *flatter* ⇒*suit* ◆ **1.1** die muts flatteert (je) *that bonnet suits you.*

flatteus 0.1 [flatterend] *becoming* ⇒*flattering* **0.2** [vleiend] *flattering.*

flatulentie 0.1 *flatulence.*

flauw 0.1 [niet hartig] *bland* ⇒*tasteless, washy* ⟨drank⟩, *watery* ⟨drank⟩ **0.2** [niet krachtig/sterk] *faint* ⇒*feeble, weak,* ⟨herinnering/licht ook⟩ *dim* **0.3** [niet geestig] *feeble* **0.4** [kinderachtig] *silly* ⇒⟨bang⟩ *chicken(-livered),* ⟨onsportief⟩ *unsporting,* ⟨onsportief⟩ *faint-hearted* **0.5** [niet sterk gebogen] *gentle* ⇒*slight* **0.6** [hand.] *dull* ⇒*flat, inactive* ◆ **1.1** ~e soep *tasteless soup* **1.2** ik heb geen ~ idee *I haven't the faintest idea* **1.3** een ~e grap *a f./comy/silly joke* **1.5** een ~e glooiing *a g. slope* **3.4** doe niet zo ~ *don't be (so) silly;* ⟨onsportief⟩ *don't be such a spoilsport!* **6.2** ~ **van** de honger *faint with hunger.*

flauwekul ⟨inf.⟩ **0.1** *rubbish* ⇒*nonsense.*

flauwerd, flauwerik 0.1 *silly/wet person* ⇒⟨bangerd⟩ *chicken,* ⟨onsportief⟩ *spoilsport,* ⟨onsportief⟩ *wet blanket.*

flauwheid 0.1 [hoedanigheid]⟨meligheid⟩ *silliness;* ⟨zwakte⟩ *weakness, faintness;* ⟨smakeloosheid⟩ *blandness* **0.2** [iets dat niet geestig is] *silly talk* ⇒*nonsense, inanity.*

flauwigheid 0.1 [flauwe smaak] *blandness* **0.2** →**flauwiteit.**

flauwiteit 0.1 *silly remark/comment* ⇒*corny/feeble/poor joke, inanity.*

flauwte 0.1 [katzwijm] *faint* ⇒*fainting fit* **0.2** [windstilte] *calm* ◆ **3.1** van een ~ bijkomen *come round/to.*

flauwtjes 0.1 *faint* ⇒⟨licht⟩ *dim,* ⟨smakeloos⟩ *bland,* ⟨zaken⟩ *dull,* ⟨melig⟩ *silly* ◆ **3.1** ~ glimlachen *smile weakly.*

flauwvallen 0.1 [bezwijmen] *faint* ⇒*pass out* **0.2** [fig.; in(een)zakken] *wilt* ◆ **6.1** ~ **van** de pijn *f. with the pain.*

flegma 0.1 *phlegm;* ⟨kalmte⟩ *composure.*

flegmaticus 0.1 *stoic.*

flegmatisch, flegmatiek 0.1 [onverstoorbaar kalm] *phlegmatic* ⇒*composed* **0.2** [pej.; ongevoelig] *phlegmatic* ⇒ *stolid.*

flemen 0.1 [vleitaal spreken] *cajole* ⇒*wheedle* **0.2** [pej.] *flatter* ⇒*blarney.*

flemer, fleemster 0.1 *cajoler* ⇒*wheedler.*

flemerij 0.1 [vleierij] *cajoling* ⇒*wheedling* **0.2** [geflikflooi] *flattery* ⇒*blarney.*

flens ⟨tech.⟩ **0.1** *flange.*

flensje 0.1 *crêpe.*

fles 0.1 [langwerpig vat] *bottle* ⇒⟨met brede hals⟩ *jar* **0.2** [inhoud] *bottle(ful)* ⇒*jar(ful)* **0.3** [nat.; vat bij proeven] *jar* ⇒*flask* ◆ **1.1** een ~ melk *a b. of milk;* een melkfles *a milk-b.* **2.3** Leidse ~ *Leyden j.* **3.1** de baby krijgt de ~ *the baby is b.-fed;* een ~ opentrekken *open a b.* **6.1** met de ~ grootgebracht *bottle-fed* **6.2** zij is behoorlijk **aan** de ~ *she's (really) hitting the bottle* **6.¶** op de ~ gaan *be ruined, go bust.*

flesopener 0.1 *bottle-opener.*

flessen 0.1 [afzetten] *con* ⇒*swindle* **0.2** [bedotten] *fool* ⇒ *take (s.o.) for a ride* ◆ **1.2** jij zit de zaak te ~ *you're pulling our leg.*

flessenborstel 0.1 *bottle-brush.*

flessenhals 0.1 [hals v.e. fles] *neck of a bottle* **0.2** [nauwe opening] *bottleneck.*

flessenmelk 0.1 [in flessen verkochte melk] *bottled milk* **0.2** [melk in een zuigfles] *formula.*

flessenrek 0.1 *bottle-rack.*

flessentrekker 0.1 *con man* ⇒*swindler.*

flessentrekkerij 0.1 *con (game)* ⇒*swindle.*

flessenwarmer 0.1 *bottle-warmer.*

flesvoeding 0.1 [voeding van baby's met een zuigfles] *bottle-feeding* **0.2** [babyvoeding] *ᴮbaby milk, ᴬformula.*

flets 0.1 [niet gezond] *pale* ⇒*wan* **0.2** [niet helder] *pale* ⇒ *dull* ♦ **2.2** ~e kleuren *p./faded/dull colours* **3.1** er ~ uitzien *look p./washed-out* **3.2** ~ uit zijn ogen kijken *have dull eyes.*

fletsheid 0.1 [bleekheid] *pallor* ⇒*wanness* **0.2** [vaalheid] *paleness* ⇒*dullness.*

fleur 0.1 [frisse glans] *bloom* ⇒*flower, blossom* **0.2** [kleurigheid] *colour* **0.3** (bloei(tijd)] *bloom* ⇒*flower* **0.4** [hengelsport] *(fishing-)rod, reel and line* ♦ **3.2** bloemen geven een kamer ~ *flowers cheer a room up* **6.3** in de ~ **van** zijn jeugd *in the b./flower of (one's) youth* ¶.¶ de fine ~ *the cream, the pick of the bunch.*

fleurig 0.1 [bloeiend] *blooming* **0.2** [vrolijk]⟨ook fig.⟩ *colourful* ⇒*cheerful.*

fleurigheid 0.1 [bloei] *bloom* **0.2** [vrolijkheid]⟨ook fig.⟩ *liveliness* ⇒*cheerfulness.*

flexibel 0.1 *flexible* ⇒*pliable*, ⟨fig. ook⟩ *supple*, ⟨fig. ook⟩ *elastic* ♦ **1.1** een ~ persoon *a f. person;* ~e werktijden *f. hours; flex(i)time.*

flexibiliseren 0.1 *make flexible/pliable.*

flexibiliteit 0.1 *flexibility* ⇒⟨fig. ook⟩ *elasticity.*

flexie ⟨taal.⟩ **0.1** *inflection.*

flexwerker 0.1 *flexiworker.*

flierefluiter 0.1 *loafer* ⇒*layabout*, ⟨nietsnut⟩ *good-for-nothing.*

flik 0.1 [chocolaatje] *chocolate drop* **0.2** [agent] *cop.*

flikflooien 0.1 [vleien] *coax* ⇒*wheedle, cajole* **0.2** [aanhalerig zijn] *pet* ⇒*cuddle.*

flikflooier, -ster 0.1 *coaxer* ⇒*wheedler, cajoler.*

flikflooierij 0.1 *coaxing* ⇒*wheedling, cajoling.*

flikken 0.1 *bring/pull off; get away with* ⟨iets ontoelaatbaars⟩ ♦ **4.1** dat moet je me niet meer ~ *don't you dare try that one on me again* **5.1** dat heeft hij netjes geflikt *he pulled that off all right.*

flikker 0.1 [homoseksuele man] [B]*poof(ter),* [A]*fag(ot),* ⟨verwijfd⟩ *fairy, queen* ⇒⟨positief⟩ *gay* **0.2** [gemeen persoon] *bastard* ⇒*son of a bitch* **0.3** [lijf] *hide* ♦ **6.3** iem. op zijn ~ geven *give s.o. a proper dressing-down* ⟨mondeling⟩ **7.**¶ hij heeft geen ~ uitgevoerd *he hasn't done a fucking/[B]bloody thing;* hij weet er geen ~ van *he doesn't know a damned thing;* het kan hem geen ~ schelen *he doesn't give a damn.*

flikkeren I ⟨onov.ww.⟩ **0.1** [flakkeren] *flicker* ⇒*twinkle,* ⟨elektrisch licht ook⟩ *blink* **0.2** [met onderbreking teruggekaatst worden] *glitter* ⇒*sparkle* **0.3** [vallen] *fall* ⇒*tumble* ♦ **1.1** het ~de licht v.e. kaars *the flickering light of a candle* **6.2** de zon flikkert **op** het water *the sun shimmers on the water* **6.3 van** de trap ~ *tumble down the stairs;* **II** ⟨ov.ww.⟩⟨inf.⟩ **0.1** [laten vallen] *hurl* ⇒*fling* ♦ **6.1** ze hebben hun afval **in** de gracht geflikkerd *they have dumped their rubbish in the canal.*

flikkering 0.1 [onrustig, kortstondig gevlam, gestraal] *flicker* ⇒*twinkle* **0.2** [fig.; glimp] *flicker* ⇒*glimmer.*

flikkerlicht 0.1 [flikkerend licht] *unsteady/flickering light* ⇒*flicker,* ⟨zwakjes⟩ *glimmer* **0.2** [met tussenpozen stralend licht] *flashing/blinking light* ⇒*intermittent light.*

flikkertent ⟨pej.⟩ **0.1** *gay bar.*

flink I ⟨bn.⟩ **0.1** [fors] *robust* ⇒*stout, sturdy* **0.2** [groot van afmeting, hoeveelheid] *considerable* ⇒*substantial* **0.3** [sterk van karakter] *firm;* ⟨dapper⟩ *plucky* ♦ **1.2** een ~e dosis *a stiff/generous dose;* een ~ pak slaag *a good hiding;* een ~e portie *a generous helping;* een ~e slok *a good mouthful;* een ~e wandeling *a good (long) walk* **1.3** een ~e meid *a big girl;* een ~e vent *a fine fellow;* een ~e werker *a hard worker* **3.3** zich ~ houden *put on a brave front/face;* nog ~ zijn ⟨van oude mensen⟩ *still be hale and hearty/going strong;*

II ⟨bw.⟩ **0.1** [in sterke mate] *considerably* ⇒*thoroughly, soundly* ♦ **3.1** ~ aanpakken *do one's share, work hard;* iets ~ bestrooien met *sprinkle sth. liberally with;* ~ doorstappen *step on it;* ~ optreden *act firmly, take a strong/firm line* **4.1** ~ wat mensen *quite a number of/quite a few peo ple* **5.1** iem. er ~ van langs geven *give s.o. what for;* er ~ tegenaan gaan *yo (at) it;* ~ zo! *that's the way!* **7.1** ~ wat verdienen *make good money.*

flinkerd 0.1 [flink persoon] *fine fellow* ⇒⟨fors⟩ *stocky fellow* **0.2** [iets dat flink/groot is in zijn soort] *big one* ⇒*sturdy one.*

flinkgebouwd 0.1 *strongly built* ⇒*strapping* ⟨jonge mensen⟩, *sturdy.*

flinkheid 0.1 [stevigheid] *sturdiness* **0.2** [moed] *courage* ⇒ *pluck(iness).*

flinkweg 0.1 *resolutely* ⇒*roundly* ♦ **3.1** iem. ~ de waarheid zeggen *tell s.o. straight (out).*

flinter 0.1 [dun schijfje] *wafer* ⇒*thin slice,* ⟨van hout⟩ *shaving* **0.2** [lap, reepje] *rag* ⇒*tatter,* ⟨zeer klein⟩ *shred.*

flinterdun 0.1 *wafer-thin* ⇒*filmy* ⟨stof⟩.

flippen 0.1 [ongunstig reageren op drugs] *freak out* **0.2** [afknappen, teleurgesteld zijn] *feel let down* ⇒*be disappointed* **0.3** [mislukken] *fail* ⇒*break down* ♦ **1.3** een geflipte onderwijzer *a failed teacher* **6.2** zij is op hem geflipt *she's fed up with him.*

flipper 0.1 [flipperkast] *pinball machine* **0.2** [bedieningsknop van 0.1] *button* **0.3** [mbt. drugsgebruiker] *tripper.*

flipperautomaat, flipperkast 0.1 *pinball machine.*

flipperen 0.1 *play pinball.*

flippo I ⟨de (m.)⟩⟨jeugd.⟩ **0.1** [raar persoon] *weirdo;* **II** ⟨de⟩ **0.1** [speelgoed] *pog* ⇒*tazo.*

flirt 0.1 [vrijblijvende hofmakerij] *flirtation* **0.2** [persoon] *flirt* ♦ **2.1** een onschuldige ~ *an innocent f.*

flirten 0.1 *flirt.*

flits 0.1 [foto.]⟨flitslamp⟩ *flash (bulb)* ⇒⟨flitslicht⟩ *flash(light)* **0.2** [bliksemschicht] *flash* ⇒*streak* **0.3** [glimp] *flash* ⇒ *split second* ⟨korte tijd⟩ **0.4** [fragment v.e. opname] *clip* ⇒ *flash* ♦ **1.4** ~en v.e. voetbalwedstrijd *highlights of a football match.*

flitsblokje 0.1 *flashcube.*

flitsen I ⟨onov.ww.⟩ **0.1** [zich snel voortbewegen] *flash* ⇒ *streak* **0.2** [kort, fel licht geven] *flash* **0.3** [streaken] *streak* ♦ **5.1** zij flitste voorbij *she flashed by;* **II** ⟨onov., ov.ww.⟩ **0.1** [foto.] *flash.*

flitsend 0.1 [modieus vlot] *stylish* ⇒*snappy, snazzy* **0.2** [wervelend] *brilliant* ⇒*dazzling, breathtaking* ♦ **1.1** een ~ nieuw pak *a flashy new suit;* een ~ uiterlijk *a stylish appearance* **1.2** een ~e show *a dazzling show.*

flitser 0.1 [flitslamp] *flash (bulb); flashgun* ⟨toestel⟩ **0.2** [streaker] *streaker.*

flitslamp 0.1 *flash (bulb).*

flitslicht ⟨foto.⟩ **0.1** *flash(light).*

flitstijd 0.1 *flash (time).*

flitstrein 0.1 *high speed train.*

flodder I ⟨de (m.)⟩ **0.1** ~ losse ~s *dummy/blank cartridges, blanks;* ⟨fig.⟩ *empty talk;* **II** ⟨de⟩ **0.1** [kledingstuk] *rag* ⇒⟨mv.⟩ *tatters,* ⟨loszittend, mv.⟩ *baggy/floppy clothes.*

flodderaar 0.1 *slob* ⇒*frump* ⟨vrouw⟩.

flodderbroek 0.1 *baggy/floppy trousers.*

flodderen 0.1 [mbt. kleren] *bag* ⇒*flap* **0.2** [knoeien] *mess (about)* ⇒*do sloppy/shoddy work.*

flodderig 0.1 [mbt. kleren] *baggy* ⇒*floppy, frumpy* ⟨vrouw⟩ **0.2** [knoeierig, slordig] *messy* ⇒*sloppy, shoddy* ♦ **3.1** wat zit die broek ~ *how b. those trousers are.*

flodderjurk 0.1 *sloppy dress.*

flodderwerk 0.1 *bungling* ⇒*messy/sloppy/shoddy (piece of) work.*

floep 0.1 ⟨zn. en tw.⟩ *pop* ⟨fles⟩ ⇒*flop, plop* ⟨plons⟩.

floepen 0.1 *slip* ⟨glijden⟩ ⇒*whip, lash* ◆ **6.1** de tak floepte **in** zijn gezicht *the branch whipped into his face;* het touw floepte **uit** haar handen *the rope slipped out of her hands.*

floers 0.1 [fig.; waas] *veil* ⇒*shroud* 0.2 [stof] *crepe, crêpe* ◆ **1.1** een ~ van tranen *a mist of tears.*

flonkeren 0.1 *twinkle* ⟨vnl. van ster⟩ ⇒*sparkle* ⟨vnl. van edelsteen⟩, *glitter* ⟨ook pej.⟩ ◆ **1.1** ~de ogen *sparkling/* ⟨pej.⟩ *glittering eyes.*

flonkering 0.1 *sparkle* ⇒*sparkling* ⟨vnl. van edelsteen⟩, *twinkling* ⟨vnl. van ster⟩.

flop →**floppy**.

floppen 0.1 *flop* ◆ **1.1** onze tournee is geflopt *our tour was a f.*

floppy, floppydisk ⟨comp.⟩ 0.1 *floppy disk, diskette.*

floppydrive ⟨comp.⟩ 0.1 *disk drive.*

flora 0.1 *flora.*

Florentijns 0.1 *Florentine* ◆ **1.1** ~e fles *Florence flask.*

floreren ⟨fig.⟩ 0.1 *flourish* ⇒*bloom, thrive* ◆ **1.1** de zaken ~ *business is flourishing.*

floret I ⟨het⟩ 0.1 [afvalzijde] *floss silk;* **II** ⟨het, de⟩ 0.1 [schermdegen] *foil* ⇒*fleuret(te).*

florettist 0.1 *foilsman.*

florijn 0.1 *florin* ⇒*guilder.*

florissant 0.1 *flourishing* ⇒*blooming, thriving, well* ⟨gezond⟩, *healthy* ⟨gezond⟩ ◆ **3.1** dat ziet er niet zo ~ uit *that doesn't look very good.*

floss 0.1 *floss.*

flossen 0.1 *floss one's teeth.*

flottielje ⟨mil., scheep.⟩ 0.1 *flotilla.*

flox 0.1 *phlox.*

fluctuatie 0.1 *fluctuation* ⇒⟨sterk⟩ *swing* ◆ **6.1** na enige ~s bleef de koers stabiel *after some f. the rate remained stable.*

fluctueren 0.1 *fluctuate.*

fluim 0.1 [uitgespuwd slijm, rochel] *phlegm.*

fluimen 0.1 *expectorate* ⇒*throw up phlegm.*

fluisteraar, -ster 0.1 *whisperer.*

fluisterasfalt 0.1 *porous-tar macadam* ⇒*noise-reducing surface.*

fluistercampagne 0.1 [ondergrondse propaganda-actie] *grapevine* 0.2 [heimelijke kwaadsprekerij] *whispering campaign.*

fluisteren 0.1 *whisper* ◆ **1.1** boze tongen ~ dat zij gaan scheiden *rumour has it that they are getting divorced;* zoete woordjes ~ *w. sweet nothings.*

fluisterstem 0.1 *whisper(ing voice)* ◆ **6.1** met een ~ iets zeggen *say sth. in a whisper.*

fluisterwal 0.1 *noise barrier.*

fluit 0.1 [blaasinstrument] *flute* ⇒⟨in drumkorps⟩ *fife* 0.2 [geluid] *whistle* 0.3 [vulg.; pik] *prick* ⇒*dick* 0.4 [drinkglas] *flute* ◆ **1.2** de ~ v.d. merel *the song of a blackbird* 7.¶ ⟨inf.⟩ het kan me geen ~ schelen *I don't give a hoot.*

fluitconcert 0.1 [concertstuk] *flute concerto* ⇒*concerto for flute,* ⟨uitvoering⟩ *flute recital/concert* 0.2 [(afkeurend) gefluit] *catcalls* ⇒*hissing* ◆ **3.2** op een ~ onthaald worden *be catcalled.*

fluiten I ⟨onov.ww.⟩ 0.1 [op een fluitje blazen, een signaal geven] *whistle* ⇒*blow a whistle* 0.2 [fluitinstrument bespelen] *play the flute* 0.3 [fluitend geluid voortbrengen] *whistle* ⇒⟨vogel, fluitketel⟩ *sing,* ⟨schip⟩ *pipe,* ⟨ter afkeu-

ring⟩ *hiss* ◆ **6.3** de kogels floten **om** mijn oren *bullets whistled past my ears;* **op** zijn vingers ~ *w. through one's fingers* ¶.3 ⟨fig.⟩ daar kun je naar ~ ⟨krijg je nooit⟩ *you can whistle for it;* ⟨zie je niet weer⟩ *you can kiss that goodbye;* **II** ⟨ov.ww.⟩ 0.1 [ten gehore brengen] *whistle* ⇒⟨op fluit⟩ *play,* ⟨vogel⟩ *sing* 0.2 [door fluiten tot zich roepen] *whistle* ◆ **1.1** een deuntje ~ *w. a tune;* **III** ⟨onov.⟩, ov.ww.⟩⟨sport⟩ 0.1 [als scheidsrechter leiden] *referee* ⇒*act as referee (in)* ◆ **1.1** Jan floot negen wedstrijden *John refereed nine matches.*

fluitenkruid 0.1 *cow parsley.*

fluiter 0.1 [persoon] *whistler* 0.2 [vogel] *wood-warbler.*

fluitist, -e 0.1 [fluitspeler] *flautist* ⇒*flute(-player)* 0.2 [scheidsrechter] *ref(eree).*

fluitje 0.1 [kleine fluit] *whistle* ⇒⟨van vogelvanger⟩ *bird-call* 0.2 [fluitsignaal] *whistle* ⇒*blow of a/the whistle,* ⟨op schip⟩ *pipe* ◆ **6.1** op een ~ blazen *blow a w.* ¶.¶ een ~ v.e. cent *a piece of cake.*

fluitketel 0.1 *singing teakettle.*

fluitmuziek 0.1 *flute music.*

fluitsignaal 0.1 *whistle(-signal).*

fluitspeler, -speelster 0.1 *flute-player.*

fluittoon 0.1 *whistle* ⇒*whistling,* ⟨radio⟩ *whine,* ⟨radio⟩ *interference,* ⟨kort⟩ *b(l)eep.*

fluor ⟨schei.⟩ 0.1 *fluorine.*

fluorbehandeling 0.1 *fluoride treatment.*

fluorescentie ⟨nat.⟩ 0.1 *fluorescence.*

fluoresceren 0.1 *fluoresce.*

fluorhoudend 0.1 *containing fluorine.*

fluoride 0.1 *fluoride.*

fluorideren 0.1 *fluoridate.*

fluoridering 0.1 *fluoridation.*

fluortablet 0.1 *fluoride tablet.*

flut ⟨inf.⟩ 0.1 *trashy* ◆ **3.1** ik vind het maar ~ *I think it's rubbish/(a piece of) trash.*

flut- ⟨inf.⟩ 0.1 *crummy* ◆ **1.1** een flutblaadje *a rag.*

fluweel 0.1 ⟨ook fig.⟩ *velvet* ◆ **6.1** ⟨fig.⟩ op ~ zitten *be in clover.*

fluweelachtig 0.1 *velvety.*

fluweelzacht 0.1 *soft as velvet* ◆ **1.1** haar ~e wangen *her soft/downy/velvety cheeks.*

fluwelen 0.1 *velvet* ⇒*velvety* ◆ **1.1** een ~ stem *a velvety/ soft voice.*

fluwelig 0.1 *velvety* ⇒⟨mbt. stem/smaak ook⟩ *mellow.*

flux ⟨nat.⟩ 0.1 *flux.*

FM ⟨afk.; radio⟩ 0.1 *FM* ⇒*VHF.*

fnuikend 0.1 *fatal* ⇒*destructive* ◆ **6.1** ~ voor *f. to.*

FNV ⟨afk.⟩ 0.1 [Federatie van Nederlandse Vakverenigingen] ±*TUC* ⟨(Dutch) Trades Union Congress⟩.

fobie ⟨med.⟩ 0.1 [vaak in samenst.] *phobia* ◆ **6.1** een ~ voor katten *a p. about cats.*

fobisch 0.1 *phobic.*

focus 0.1 *focal point* ⇒*focus.*

focussen 0.1 *focus* ⇒*bring into focus.*

foedraal 0.1 [etui] *case* ⇒⟨revolver⟩ *holster,* ⟨zwaard⟩ *sheath* 0.2 [overtrek, bekleedsel] *cover* ⇒⟨vaandel⟩ *sheath,* ⟨vislijn⟩ *holder.*

foefje 0.1 *trick* ⇒⟨uitvlucht⟩ *excuse,* ⟨uitvlucht⟩ *pretext* ◆ **3.1** de ~s kennen *know the tricks of the trade.*

foei 0.1 *naughty naughty!*

foeilelijk 0.1 *hideous* ⇒*ugly as sin.*

foelie ⟨cul.⟩ 0.1 *mace.*

foerageren 0.1 *forage.*

foerier 0.1 *quartermaster(-sergeant).*

foeteren ⟨inf.⟩ 0.1 *grumble* ⇒⟨razen⟩ *rage* ◆ **6.1** tegen iem. ~ *g. at s.o.*

foetsie ⟨inf.⟩ **0.1 gone** ⇒*vanished (into thin air)* ◆ **3.1** 't is ~ *it's g.*

foetus 0.1 fetus ◆ **2.1** een onvoldragen ~ *an immature f.*

foeyonghai ⟨cul.⟩ **0.1 shrimp foo yung omelet(te).**

foezelen 0.1 fiddle (with) ⇒⟨verkiezing⟩ *rig,* ⟨boekhouding⟩ *cook* ◆ **6.1 met** de prijzen ~ *f. with the prices.*

foezelig 0.1 ⟨mbt. persoon⟩ *crooked* ⇒⟨mbt. voorwerp⟩ *rigged, set up.*

föhn 0.1 [valwind] *föhn* **0.2** [haardroger] *blow-drier.*

föhnen 0.1 blow-dry.

fok I ⟨de⟩ **0.1** [scheep.] *jib* ⇒*foresail* **0.2** [bril] *specs;* **II** ⟨de (m.)⟩ **0.1** [teelt] *breeding* ⇒⟨grootbrengen⟩ *raising, rearing.*

fokdier 0.1 breeder.

fokhengst 0.1 (breeding) stallion.

fokken I ⟨ov.ww.⟩ **0.1** [aankweken, doen voorttelen] *breed* ⇒ ⟨grootbrengen⟩ *rear, raise;* **II** ⟨onov., ov.ww.⟩⟨inf.⟩ **0.1** [kinderen voortbrengen] *breed* ◆ **4.1** dat fokt maar raak *they breed like rabbits;* **III** ⟨onov.ww.⟩⟨inf.⟩ **0.1** [brillen] *wear specs.*

fokkenmaat 0.1 foremastman.

fokkenmast 0.1 foremast.

fokkenschoot 0.1 foresheet.

fokker, -ster 0.1 breeder ⇒⟨veefokker⟩ *stock-breeder, cattle-raiser,* ⟨mbt. huisdieren⟩ *fancier.*

fokkerij 0.1 [het fokken] *(cattle-)breeding/raising* ⇒⟨mbt. vee ook⟩ *(live)stock farming* **0.2** [bedrijf] *breeding farm* ⇒ *stock farm, pig farm* ⟨varkens⟩, *breeding kennel(s)* ⟨honden⟩, *stud farm* ⟨paarden⟩.

fokpaard 0.1 stud(horse) ⇒*stallion* ⟨m.⟩, *brood/breeding mare* ⟨v.⟩.

fokpremie 0.1 [premie op het fokken] *breeding bonus* **0.2** [inf.; kinderbijslag] *child benefit.*

fokstier 0.1 (breeding) bull.

fokzeil 0.1 foresail.

folder 0.1 leaflet ⇒*brochure, folder.*

foliant 0.1 folio (volume).

folie 0.1 (tin)foil.

folio 0.1 folio ◆ **6.1** een boek **in** ~ *a f. (edition).*

folioformaat 0.1 folio size ◆ **6.1 in/op** ~ *in folio.*

foliopapier 0.1 ⟨vnl. BE⟩ *foolscap.*

folklore 0.1 folklore.

folkloristisch 0.1 folkloric(istic).

follikel ⟨med.⟩ **0.1 follicle.**

follow-up 0.1 follow-up ⇒*sequel* ◆ **6.1** de ~ **van** een lp/roman the *f.-u. to an LP, the sequel to a novel.*

folteraar, -ster 0.1 torturer ⇒*tormentor.*

folterbank 0.1 rack.

folteren 0.1 torture ⇒*put to torture,* ⟨fig. ook⟩ *rack,* ⟨fig. ook⟩ *torment* ◆ **1.1** ⟨fig.⟩ een ~de onzekerheid *agonizing doubt/uncertainty;* ⟨fig.⟩ ~de pijnen *excruciating pains.*

foltering 0.1 torture, torment ⇒⟨fig. ook⟩ *agony.*

folterkamer 0.1 torture chamber.

fond 0.1 [grond] *bottom* **0.2** [achtergrond] *(back)ground* **0.3** [make-up] *foundation (cream)* ◆ **¶.1** au ~ heeft hij gelijk at *b./basically he's right.*

fondant 0.1 [suikergoed] *fondant* **0.2** [emailvoort] *flux.*

fonds 0.1 [kapitaal] *fund* (geld voor bepaald doel) ⇒*capital, resources, funds* ⟨mv., besteedbaar kapitaal⟩ **0.2** [vereniging] *fund* ⇒*trust* **0.3** [boek.] *(publisher's) list* **0.4** [effect, staatspapier] *stock* ⇒*security, share, holding* ⟨effectenbezit⟩ **0.5** [hand.] *funds* ⇒*cover, provision, security* ◆ **2.2** het Internationaal Monetair Fonds *the International Monetary Fund* **2.4** verhandelbaar ~ *negotiable stock* **3.1** van ~en voorzien *fund* **3.3** een ~ veilen *sell a (publisher's) list* **3.5** ~ bezorgen *provide/send cover.*

fondsgelden 0.1 funds ⇒*capital, resources.*

fondslijst ⟨boek.⟩ **0.1 (publisher's) list/catalogue.**

fondspatiënt 0.1 ±ᴺNHS patient.

fondstitel ⟨boek.⟩ **0.1 title on a (publisher's) list.**

fondue 0.1 fondue.

fonduen 0.1 eat/have fondue.

fonduestel, fondueset 0.1 fondue set.

foneem ⟨taal.⟩ **0.1 phoneme.**

foneticus 0.1 phonetician ⇒*phoneticist.*

fonetiek ⟨taal.⟩ **0.1 phonetics.**

fonetisch 0.1 phonetic ◆ **1.1** ~ schrift *p. script.*

fonkelen 0.1 [flonkeren, schitteren] *sparkle* ⇒*glitter, twinkle* ⟨sterren⟩ **0.2** [mbt. dranken] *sparkle* ⇒*effervesce* ◆ **6.1** zijn ogen fonkelden **van** pret/woede *his eyes twinkled with amusement/flashed with anger.*

fonkeling 0.1 sparkle ⇒*glitter, gleam.*

fonkelnieuw 0.1 brand-new.

fonologie ⟨taal.⟩ **0.1 phonology.**

fonologisch ⟨taal.⟩ **0.1 phonological.**

fontanel 0.1 fontanel(le) ◆ **2.1** grote/kleine ~ *anterior/posterior fontanelle.*

fontein 0.1 [(opspuitend water v.e.) kunstmatige springbron] *fountain* **0.2** [zaken die opspatten] *fountain* ⇒*jet* ◆ **1.2** een ~ van vuur *a jet of flame.*

fonteintje 0.1 [wasbakje] *washbasin* **0.2** [drinkflesje aan vogelkooien] *fountain.*

fooi 0.1 [drinkgeld] *tip* ⇒*gratuity* **0.2** [fig.; gering bedrag] *pittance* ⇒⟨mbt. salaris/loon⟩ *starvation wages* ◆ **3.1** iem. een ~ geven *tip s.o.* **3.2** die mensen verdienen maar een ~ *those people earn a mere p.* **7.1** geen ~en *no tips, please.*

fooienpot 0.1 box/bowl for tips.

foppen 0.1 fool ⇒*hoax, trick* ◆ **5.1** je hebt me lelijk gefopt *you've really taken me for a ride* **¶.1** gefopt! *had!*

fopperij 0.1 trickery ⇒⟨geval van bedrog⟩ *hoax.*

fopsigaar 0.1 trick cigar.

fopspeen 0.1 dummy (teat) ⇒*soother,* ᴬ*pacifier.*

force ◆ **¶.¶** ~ majeure *force majeure;* ⟨cognossement⟩ *Act of God.*

forceps ⟨med.⟩ **0.1 (pair of) forceps.**

forceren I ⟨ov.ww.⟩ **0.1** [doordrijven] *force* ⇒*enforce* ⟨maatregelen⟩ **0.2** [beschadigen door te veel kracht uit te oefenen] *force* ⇒*strain, overtax, overwork* **0.3** [door geweld openen] *force (open)* ◆ **1.1** de zaak ~ *f. the matter/issue, f./rush things* **1.2** een motor ~ *overtax an engine;* zijn stem ~ *(over)strain one's voice* **1.3** een slot ~ *f. a lock;* ⟨bij inbraak, met breekijzer⟩ ᴮ*jemmy a lock;* **II** ⟨wk.ww.; zich ~⟩ **0.1** [zich dwingen] *force o.s.* **0.2** [zich te veel inspannen] *force o.s.* ⇒*strain/overtax/overwork o.s.*

forel 0.1 trout.

forellenkwekerij 0.1 trout farm.

forens 0.1 commuter.

forensenverkeer 0.1 commuter traffic.

forenzen 0.1 commute.

forma ◆ **¶.¶** pro ~ *for form's sake; pro forma* ⟨rekening⟩; in optima ~ *in due form.*

formaat 0.1 size ⇒⟨boek/papier ook⟩ *format,* ⟨fig.⟩ *stature,* ⟨fig.⟩ *class* ◆ **2.1** een gangbaar ~ *a standard size* **6.1** ⟨fig.⟩ een politicus **van** ~ *a politician of stature.*

formaldehyde 0.1 formaldehyde.

formaliseren 0.1 formalize ⇒*standardize* ◆ **1.1** volgens een geformaliseerde methode te werk gaan *work according to a standardized method.*

formalisering 0.1 formalization ⇒*standardization.*

formalistisch 0.1 *formalistic.*

formaliteit 0.1 [uiterlijke vorm] *formality* ⇒*form* **0.2** [plichtpleging] *formality* ⇒*matter of form/routine* ♦ **3.1** de nodige ~en vervullen *go through the necessary formalities* **3.2** dit is zuiver een ~ *this is a purely a formality.*

formateur, -trice 0.1 ⟨*person charged with forming a new government*⟩.

formatie 0.1 [vorming, samenstelling] *formation* **0.2** [wijze van opstelling] *formation* **0.3** [legerafdeling] *unit* **0.4** [geol.] *formation* **0.5** [popgroep] *band* ⇒*group* ♦ **1.1** de ~ van het nieuwe kabinet *the f. of the new cabinet* **6.2** in ~ vliegen *fly in f.*

formatief 0.1 *formative.*

formatieplaats 0.1 *permanent function/position* ⇒*(full-time) post.*

formatievlucht ⟨luchtv.⟩ **0.1** *formation flight.*

formatteren 0.1 *format.*

formeel 0.1 *formal* ⇒⟨plechtig ook⟩ *official* ♦ **1.1** een ~ aanzoek/bevel *an official proposal/order;* een ~ bezwaar *an objection on the grounds of form* **1.¶** ⟨jur.⟩ het formele recht *procedural law* **3.1** ~ protest aantekenen *make an official protest;* ~ heeft u gelijk *technically speaking you are right* **3.¶** hij heeft het hem ~ geweigerd *he gave him a flat refusal.*

formeren 0.1 [vormen, samenstellen] *form* ⇒*create* **0.2** [scheppen] *form* ⇒*create, make* **0.3** [geestelijk vormen] *form* ⇒*shape* **0.4** [mil.] *form* ♦ **1.1** een drietal ~*f. a threesome;* een kabinet ~ *f. a government.*

formering 0.1 *formation* ⇒*creation.*

formica 0.1 ⟨zn. en bn.⟩ *formica.*

formidabel 0.1 *formidable* ⇒*tremendous* ♦ **1.1** een ~e krijgsmacht *a f. army.*

formule 0.1 ⟨ook schei., wisk.⟩ *formula* ⇒⟨sport⟩ *Formula* ♦ **1.1** de ~ van water is H₂O *the f. for water is H₂O* **2.1** een voor beide partijen aanvaardbare ~ *a f. agreeable to both parties;* een veel beproefde ~ *a (tried and) tested f.;* de geijkte ~s *the standard formulas.*

formuleren 0.1 *formulate* ⇒*phrase* ♦ **1.1** zijn gedachten ~ *put one's thoughts into words* **5.1** iets anders ~ *rephrase sth.;* hij formuleert slecht *he expresses himself badly.*

formulering 0.1 *formulation* ⇒*phrasing, wording,* ⟨van geschreven tekst ook⟩ *drafting* ♦ **2.1** de juiste ~ is als volgt *the correct wording is as follows;* een ongelukkige ~ *an unfortunate expression* **6.1** de ~ van een stelling *the f. of a proposition.*

formulewagen 0.1 *racing car, formula (racing) car.*

formulier 0.1 [stuk papier] *form* **0.2** [rel.] *service* ♦ **1.2** het ~ van het Avondmaal *the Communion s.* **3.1** een ~ invullen *fill in a f.* **6.1** de gegevens op een ~ *the data on a f.*

fornuis 0.1 [kooktoestel] ⁿ*cooker* **0.2** [stookinrichting] *furnace.*

fors 0.1 [stevig, zwaar, krachtig] *sturdy* ⇒⟨mens ook⟩ *robust, loud* ⟨stem⟩, *strong* ⟨stem⟩, *vigorous* ⟨taalgebruik⟩, *forceful* ⟨taalgebruik⟩, *massive* ⟨gebouw⟩, *heavy* ⟨nederlaag⟩ **0.2** [groot, niet te verwaarlozen] *substantial* ⇒*considerable* ♦ **1.1** een ~e kerel *a big fellow;* een ~e maatregel *a strong measure;* ⟨sterker⟩ *a sweeping measure* **1.2** een ~ bedrag *a s. sum* **2.1** ~ geschapen *solidly built;* ⟨inf.; mbt. mannelijke geslachtsdelen⟩ *well-hung* **3.2** de prijs van koffie is ~ gestegen *the price of coffee has risen sharply.*

forsgebouwd 0.1 *solidly built* ⇒*hefty.*

forsheid 0.1 *robustness* ⇒*sturdiness, strength.*

forsythia 0.1 *forsythia.*

fort 0.1 [vestingwerk] *fort(ress)* **0.2** [heuvel van zand] *sandcastle.*

fortificatie 0.1 *fortification.*

fortificeren 0.1 *fortify.*

fortuin I ⟨het⟩ **0.1** [geluk, voorspoed] *(good) fortune* ⇒ *(good) luck* **0.2** [kapitaal] *fortune* ♦ **3.1** ~ maken *strike (it) lucky;* zijn ~ zoeken *seek one's f.* **3.2** het heeft me een ~ gekost *it cost me a (small) f.;* ~ maken *make a f.;* **II** ⟨de⟩ **0.1** [fig.; het lot] *fortune* ⇒*chance, destiny* ♦ **3.1** de ~ lacht hem toe *f. smiles (up)on him.*

fortuinlijk 0.1 *fortunate* ⇒*lucky* ♦ **3.1** hij is niet ~ geweest *he has had bad luck.*

fortuinzoeker, -zoekster 0.1 *fortune hunter.*

forum 0.1 [paneldiscussie] *forum* ⇒*panel discussion* **0.2** [gezamenlijke geraadpleegde personen] *panel* **0.3** [gerechtsplaats] *forum* ♦ **1.2** iets aan een ~ van deskundigen voorleggen *submit sth. to a p. of experts* **1.3** ⟨fig.⟩ iets voor het ~ v.d. publieke opinie brengen *bring sth. before the court of public opinion.*

forumdiscussie 0.1 *forum* ⇒*panel discussion.*

fosfaat 0.1 *phosphate.*

fosfaatvrij 0.1 *phosphate-free;* ⟨reclametaal ook⟩ *no-phosphate.*

fosfor 0.1 *phosphorus.*

fosforesceren 0.1 *phosphoresce.*

fosforhoudend 0.1 *phosphoric* ⇒*phosphorous.*

fosforzuur ⟨schei.⟩ **0.1** *phosphoric acid.*

fossiel¹ ⟨het⟩ **0.1** [overblijfsel in versteende vorm] *fossil* **0.2** [fig.; persoon] *(old) fossil* ⇒*old fog(e)y* ♦ **2.2** een levend ~ *a living fossil.*

fossiel² ⟨bn.⟩ **0.1** *fossil* ⇒*fossilized* ♦ **1.1** ~e planten *fossilized plants.*

fossilisatie 0.1 ⟨ook fig.⟩ *fossilization.*

fossiliseren 0.1 [tot fossiel worden] *fossilize* ⇒*be fossilized* **0.2** [fig.; verstarren] *fossilize* ⇒*become fossilized.*

foto 0.1 *photograph* ⇒*picture,* ⟨inf.⟩ *photo* ♦ **3.1** ~'s nemen (van iem./iets) *take photographs/pictures/photos (of s.o./sth.)* **6.1** wil je niet op de ~? *don't you want to be in the picture?*

fotoalbum 0.1 ⟨inf.⟩ *photo album.*

fotoartikel 0.1 *photographic accessory/*⟨mv. ook⟩ *materials.*

fotoautomaat 0.1 *(passport-)photo booth.*

fotoboek 0.1 *book of photographs* ♦ **1.1** een ~ van misdadigers *photographic records.*

fotocamera 0.1 *camera.*

fotocel 0.1 *photocell* ⇒*photoelectric cell.*

fotoclub 0.1 *photography/camera club.*

fotocollage 0.1 *photomontage.*

foto-elektrisch 0.1 *photoelectric* ♦ **1.1** ~e cel *p. cell, photocell.*

fotofinish 0.1 *photo finish.*

fotogeniek 0.1 *photogenic.*

fotograaf 0.1 *photographer.*

fotograferen I ⟨onov., ov.ww.⟩ **0.1** [foto maken (van)] *photograph* ⇒*take a photograph (of)* ♦ **3.1** zich laten ~ *have one's photograph taken;* **II** ⟨onov.ww.⟩ **0.1** [als hobby de fotografie beoefenen] *take photographs* ♦ **5.1** zij fotografeert goed ⟨maakt goede foto's⟩ *she is a good photographer;* ⟨fotogeniek⟩ *she photographs well.*

fotografie 0.1 *photography.*

fotografiek 0.1 *photo-graphics.*

fotografisch 0.1 *photographic* ♦ **1.1** ⟨fig.⟩ een ~ geheugen *a p. memory;* ~ papier *p. (printing) paper;* ~e technieken *p. techniques* **3.1** iets ~ vastleggen *record/document sth. photographically.*

245

fotohandel 0.1 *photography/camera shop* ⇒*photographic dealer's/supplier's.*
fotohandelaar 0.1 *photographic dealer/supplier.*
fotojournalist 0.1 *photojournalist* ⇒*press photographer.*
fotokopie 0.1 *photocopy* ⇒*xerox* ◆ **3.1** een ~ maken van iets *photocopy sth.*
fotokopieerapparaat 0.1 *photocopier* ⇒*xerox(-machine).*
fotokopiëren 0.1 *photocopy* ⇒*xerox.*
fotolamp 0.1 *photographic lamp* ⇒*flood lamp, floodlight.*
fotomodel 0.1 *(photographic/photographer's) model* ⇒*covergirl.*
fotomontage 0.1 *photomontage* ⇒⟨resultaat ook⟩ *composite photograph/picture.*
foton ⟨nat.⟩ **0.1** *photon.*
fotopapier 0.1 *photographic paper.*
fotoreportage 0.1 *photo-reportage* ⇒*photoreport.*
fotorolletje 0.1 *(roll of) film.*
fotoserie 0.1 *series of photographs.*
fototas 0.1 *photo(graphic) case* ⇒*E.R.C.* ⟨ever ready case⟩.
fototechnisch 0.1 *phototechnical* ◆ **1.1** ~e dienst *aerial photography service.*
fototoestel 0.1 *camera.*
fototroop 0.1 *phototropic* ⇒⟨bij planten ook⟩ *heliotropic.*
fotowedstrijd 0.1 *photo(graphic) competition.*
fotozaak →*fotohandel.*
fotozetten 0.1 *filmsetting, photosetting.*
fouilleren 0.1 *search* ⇒⟨inf.⟩ *frisk* ◆ **3.1** gefouilleerd worden *be searched.*
fouillering 0.1 *(body) search.*
foundation 0.1 [lingerie] *foundation (garment)* **0.2** [crème] *foundation (cream).*
fournituren 0.1 ⟨garen, band, knopen enz.⟩ *haberdashery* ⇒⟨inf.⟩ *odds and ends.*
fourniturenzaak 0.1 *haberdashery, store selling odds and ends.*
fout¹ ⟨de⟩ **0.1** [gebrek, slechte eigenschap] *fault* ⇒*flaw, defect* **0.2** [verkeerde handeling] *mistake* ⇒*error,* ⟨overtreding bij sport⟩ *foul, fault* ⟨ihb. bij tennis, paardensport enz.⟩ **0.3** [onjuistheid in werk] *mistake* ⇒*error* ◆ **2.2** ⟨tennis⟩ dubbele ~ *double fault;* een medische ~ *medical malpractice,* menselijke ~ *human error;* de oude ~ maken *fall into the (same) old errors* **3.1** zijn ~ is dat ... *the trouble with him is that ...;* iem. op zijn ~en wijzen *point out s.o.'s faults;* ⟨op een beledigende manier; inf.⟩ *rub s.o.'s nose in it* **3.3** ~en maken *make mistakes* **6.1** niemand is *zonder* ~en *nobody's perfect* **6.2** in de ~ gaan *make a mistake;* ⟨inf.⟩ *slip up* **6.3** een ~ *in* een berekening *a miscalculation; zonder* ~en schrijven *spell correctly.*
fout² I ⟨bn., bw.⟩ **0.1** [mis(lukt)] *wrong* **0.2** [niet juist] *wrong* ⇒*incorrect, erroneous* ◆ **1.2** een ~ antwoord *a w. answer* **3.1** de boel ging ~ *the whole lot went w.* **3.2** wat is er ~ aan ...? *what's w. with ...?;* iets ~ rekenen *count sth. wrong;* II ⟨bn.⟩ **0.1** [heulend met de vijand] *collaborationist* ⇒ ⟨euf.⟩ *on the wrong side* ◆ **3.1** zij waren ~ in de oorlog *they crossed over in the war.*
foutief 0.1 *wrong* ⇒*incorrect, erroneous* ◆ **1.1** een ~ antwoord *a w. answer.*
foutlijn ⟨sport⟩ **0.1** ⟨honkbal⟩ *foul/base line.*
foutloos 0.1 *faultless* ⇒*perfect* ◆ **1.1** ⟨paardensport⟩ een ~ parcours *a clear round.*
foutmelding ⟨comp.⟩ **0.1** *error message.*
foutparkeren 0.1 *park illegally.*
foxtrotten 0.1 *foxtrot.*
foyer 0.1 *foyer.*
fraai 0.1 [mooi, schoon] *pretty* ⇒*fine* **0.2** [tot eer, lof strek-

fotohandel - frankeren

kend] *fine* ⇒*splendid* ◆ **1.1** een ~ exemplaar *a fine specimen/*⟨boek⟩ *copy;* ⟨iron.⟩ een ~e vertoning *a fine sight* **1.2** een ~e prestatie *a f. performance/achievement* **4.1** ⟨iron.⟩ dat is me ook wat ~s *(that's) a p. kettle of fish.*
fraaiheid 0.1 *prettiness* ⇒*fineness, loveliness.*
fractie 0.1 [onderdeel, deeltje] *fraction* **0.2** [pol.]⟨vertegenwoordigers v.e. partij⟩ *party;* ⟨groepering binnen partij⟩ *faction* ◆ **6.1** in een ~ v.e. seconde *in a f. of a second.*
fractiegenoot, -note ⟨pol.⟩ **0.1** ±*fellow (parliamentary) party-member* ⇒*ᴮfellow Conservative/Labour/*⟨enz.⟩ *MP,* ᴬ*fellow Republican/Democratic/*⟨enz.⟩ *representative.*
fractieleider ⟨pol.⟩ **0.1** ±*ᴮleader of the/a parliamentary party,* ±*ᴬfloor leader.*
fractielid ⟨pol.⟩ **0.1** ±*party member,* ±*member of a (political) party.*
fractievergadering ⟨pol.⟩ **0.1** ±*ᴮmeeting of a/the parliamentary party,* ±*ᴬcommittee meeting.*
fractievoorzitter, -ster ⟨pol.⟩ **0.1** ±*ᴮchairman* ⟨m.⟩ */chairwoman* ⟨v.⟩ *of a/the parliamentary party,* ±*ᴬfloor leader* ⇒⟨BE⟩ *Whip,* ⟨mbt. oppositie⟩ *Shadow Leader of the House,* ⟨AE⟩ *Senate/House Minority/Majority Leader.*
fractuur 0.1 *fracture* ◆ **2.1** een gecompliceerde ~ *a compound f.*
fragiel 0.1 *fragile* ⇒*frail.*
fragiliteit 0.1 *fragility.*
fragment 0.1 *fragment* ⇒*section* ◆ **3.1** hij droeg ~en voor uit Gorters Mei *he recited passages from Gorter's 'Mei'.*
fragmentarisch I ⟨bn.⟩ **0.1** [niet samenhangend] *fragmentary* ⇒*fragmented* ◆ **1.1** - e kennis *patchy knowledge;* een ~ verslag *a fragmented/sketchy account;* II ⟨bw.⟩ **0.1** [gedeeltelijk] *fragmentarily;* ⟨inf.⟩ *sketchily* ◆ **3.1** iets ~ behandelen *treat sth. sketchily.*
fragmenteren 0.1 *fragment* ⇒*split into fragments.*
framboos 0.1 *raspberry.*
frambozenjam 0.1 *raspberry jam.*
Française 0.1 *Frenchwoman.*
franchise 0.1 [verz.] *franchise.*
franchising 0.1 *franchise.*
franciscaan 0.1 *Franciscan* ⇒*Grey Friar,* ⟨ihb.⟩ *Minorite* ◆ ¶**.1** de franciscanen *the Franciscans.*
franciscaans 0.1 *Franciscan.*
franciscaner 0.1 *Franciscan* ◆ **1.1** een ~ monnik *a F. friar.*
franco 0.1 ⟨poststukken⟩ *prepaid, postage paid;* ⟨goederen⟩ *carriage paid* ⟨niet nader bepaald⟩; ⟨goederen⟩ *free ...* ⟨nader bepaald⟩ ◆ **1.1** ~ kosten *free of charge;* ~ vracht *carriage paid/free* **3.1** de zending is ~ *the shipment is free of charge;* iets ~ thuisbezorgen *deliver sth. domicile/domicilium* **5.1** niet ~ *carriage forward* ⟨vracht⟩; *postage extra* ⟨poststukken⟩.
francofiel 0.1 ⟨bn. en zn.⟩ *Francophil(e)* ⇒*Gallophile.*
francoprijs 0.1 *franco price.*
franje 0.1 [boord met draden] *fringe* ⇒*fringing* **0.2** [fig.; overbodige opsiering] *frill* ⇒*trimmings* ◆ **3.1** met ~(s) versieren *fringe* **6.2** zonder ⟨overbodige⟩ ~ *stripped of all its frills.*
frank¹ ⟨de⟩ **0.1** *franc.*
frank² ⟨bn., bw.⟩ **0.1** *frank* ⇒*candid* ◆ **2.1** ~ en vrij *free as air/a bird.*
frankeerkosten 0.1 *postage* ⟨van brief enz.⟩; *carriage* ⟨van goederen⟩.
frankeermachine 0.1 *ᴮfranking machine.*
frankeerzegel 0.1 *postage stamp.*
frankeren 0.1 ⟨concr., met machine⟩ *ᴮfrank,* ᴬ*meter;* ⟨concr., met postzegel⟩ *stamp* ⇒⟨betalen⟩ *prepay* ◆ **1.1**

een gefrankeerde enveloppe *a stamped envelope* **5.1** onvoldoende gefrankeerd *understamped;* ⟨op enveloppe⟩ *postage due* **8.1** ~ als brief *stamp at the letter post rate.*

frankering 0.1 ⟨concreet, met machine⟩ *^Bfranking,* ^A*metering;* ⟨concreet, met postzegel⟩ *stamping;* ⟨het betalen⟩ *prepayment* ◆ **3.1** de ~ is verhoogd *the postage has been increased.*

Frankfurt 0.1 *Frankfurt* ⇒*Frankfort.*

Frankisch 0.1 ⟨bn. en zn.⟩ *Frankish* ⇒⟨taal. ook⟩ *Franconian* ◆ **1.1** ⟨lit.⟩ ~e romans *Frankish romances.*

Frankrijk 0.1 *France.*

Frans¹ ⟨het⟩ **0.1** [taal] *French* ◆ **1.1** ⟨fig.⟩ daar is geen woord ~ bij *that is plain speaking* **6.1** in het ~ *in French.*

Frans² ⟨bn.⟩ **0.1** *French* ◆ **3.1** voorliefde voor (alles) wat ~ is *predilection for all things French* **7.1** de ~en *the French;* twee ~en *two French people; two Frenchmen* ⟨m.⟩.

Frans-Duits 0.1 *Franco-German.*

Fransgezind 0.1 *pro-French* ⇒*Francophile.*

franskiljon 0.1 *pro-French Fleming.*

Fransman 0.1 *Frenchman.*

fransoos ⟨pej.⟩ **0.1** *Frenchy* ⇒*Frog(gy).*

Franssprekend 0.1 *French-speaking* ⇒*Francophone.*

Franstalig 0.1 [het Frans als moedertaal/hoofdtaal bezigend] *French-speaking* ⇒*Francophone* **0.2** [in het Frans gesteld] *French* ⇒*French-language* ◆ **1.1** een ~e Canadees *a French-speaking Canadian.*

frappant 0.1 *striking* ⇒*remarkable* ◆ **1.1** een ~e gelijkenis *a s. resemblance* **3.1** hij lijkt~ op zijn moeder *he looks remarkably like his mother.*

frapperen 0.1 *strike* ◆ **4.1** wat mij altijd frappeert bij hem *what always strikes me about him.*

frase 0.1 [spreekwijze] *phrase* **0.2** [pej.] *hollow phrase* **0.3** [muz.] *phrase* ◆ **2.1** de geijkte ~ *the set p.* **2.2** het zijn holle ~n *that's just (idle/empty) talk.*

frasering ⟨muz.⟩ **0.1** *phrasing.*

frater 0.1 *friar, brother.*

fratsen 0.1 *antics* ⇒*pranks* ◆ **2.¶** rare ~ *strange quirks* **3.1** ~ maken *play pranks.*

fratsenmaker, -maakster 0.1 *buffoon, clown.*

fraude 0.1 *fraud* ⇒⟨malversatie⟩ *malversation,* ⟨verduistering⟩ *embezzlement,* ⟨verduistering⟩ *misappropriation (of funds)* ◆ **3.1** ~ plegen *commit f.;* ⟨mbt. een bep. geval⟩ *commit a f.*

fraudebestendig 0.1 *fraude-proof.*

frauderen 0.1 *commit fraud* ◆ **1.1** ~de employés *fraudulent employees.*

fraudeur 0.1 *fraud* ⇒*swindler.*

frauduleus 0.1 *fraudulent* ⇒⟨inf.⟩ *crooked* ◆ **1.1** ~ bankroet *f. bankruptcy.*

freak 0.1 [ook in samenst.; fanaat] *freak* ⇒*nut, fanatic, buff* **0.2** [iem. die zich vreemd gedraagt] *freak* ⇒*weirdo* ◆ **1.1** een filmfreak *a film buff.*

freelance 0.1 *freelance* ◆ **1.1** ~ medewerker *freelance(r)* **3.1** hij werkt ~ *he works f.*

freelancer 0.1 *freelance(r)* ◆ **8.1** als ~ werken *work freelance.*

frees 0.1 [ind.] *fraise* ⇒*(milling) cutter* **0.2** [landb.] *rotary cultivator/tiller.*

freesbank, -machine 0.1 *milling machine, miller.*

freewheelen 0.1 ⟨fig.⟩ *freewheel, coast (along).*

fregat 0.1 *frigate.*

frêle 0.1 *frail* ⇒*delicate.*

frequent 0.1 *frequent.*

frequenteren 0.1 *frequent, visit frequently, patronize* ⟨zaak, café enz.⟩; *associate with* ⟨iem.⟩.

frequentie 0.1 *frequency* ◆ **1.1** uit de frequentie van zijn bezoeken kun je afleiden dat *...from the f. of his visits you can deduce that ...;* de ~ van zijn hartslag *his pulse (rate)* **6.1** met toenemende ~ *with increasing f.*

frequentiebereik 0.1 *frequency range.*

fresco 0.1 *fresco* ◆ **¶.1** al ~, in ~ *in f.*

fresia 0.1 *freesia.*

fret I ⟨het⟩ **0.1** [dier] *ferret;*

II ⟨de⟩ **0.1** [amb.; schroefboor] *gimlet* **0.2** [mbt. snaarinstrumenten] *fret.*

fretloos 0.1 *unfretted* ⇒*fretless.*

fretzaag 0.1 *fretsaw.*

freudiaans 0.1 *Freudian* ◆ **1.1** een ~e vergissing/verspreking *a F. slip.*

freule 0.1 ±*gentlewoman, lady* ◆ **¶.1** ~ A. ±*the Honourable Miss A.*

frezen 0.1 [met de frees bewerken] *mill* **0.2** [landb.] *work with a/the rotary cultivator.*

fricandeau 0.1 *fricandeau.*

frictie 0.1 *friction.*

friemelaar ⟨inf.⟩ **0.1** *fidget.*

friemelen 0.1 *fiddle* ⇒*twiddle* ◆ **6.1** ~ aan/met *f. with.*

fries ⟨bouwk.⟩ **0.1** *frieze.*

Fries¹ I ⟨de⟩ **0.1** [persoon] *Fri(e)sian;*

II ⟨het⟩ **0.1** [taal] *Fri(e)sian.*

Fries² ⟨bn.⟩ **0.1** *Fri(e)sian* ◆ **1.1** een ~e klok *a Frisian clock;* ~ vee *Friesians,* ^A*Holsteins.*

Friese 0.1 *Frisian (woman).*

Friesland 0.1 *Friesland.*

friet, frieten 0.1 *^Bchips,* ^A*French fries* ◆ **1.1** een zakje/portie ~ *a bag/portion of c./French fries* **6.1** ~ mét/met mayonaise *c./French fries with/and mayonnaise* **¶.1** voor drie gulden ~ *three guildersworth of chips.*

frieten ⟨Belg.⟩ →**friet.**

frietje 0.1 *^Bchip,* ^A*French fry* ◆ **2.1** dunne ~s *^Bthin chips,* ^A*thin French fries.*

friettent, -kraam 0.1 *^Bfish and chips stand;* ±^B*chippy;* ±^A*hamburger joint.*

frigide 0.1 *frigid.*

frigiditeit 0.1 *frigidity.*

frik 0.1 ⟨AE⟩ *schoolmarm* ⟨v.⟩; ⟨BE, AE⟩ *schoolmaster* ⟨m.⟩, *schoolmistress* ⟨v.⟩; *schoolteacher.*

frikadel 0.1 *minced-meat hot dog.*

frikkerig 0.1 *schoolmasterish* ⟨van man⟩; *schoolmistressy.*

fris¹ ⟨het, de⟩ **0.1** *soft drink* ⇒⟨inf.⟩ *pop* ◆ **1.1** een glaasje ~ *a soft drink, a glass of pop.*

fris² ⟨bn.⟩ **0.1** [fit, gezond, vers] *fresh* ⇒⟨mbt. lichamelijke toestand ook⟩ *fit, lively* **0.2** [onbevangen] *fresh* **0.3** [niet benauw(en)d] *fresh* ⇒*airy, breezy* **0.4** [schoon, hygiënisch] *fresh* ⇒*clean* **0.5** [verfrissend] *refreshing* **0.6** [tamelijk koel] *fresh* ⇒*cool(ish), chilly* ◆ **1.1** ~se kleuren *f. colours;* met ~se moed *with f. heart;* ⟨scherts.⟩ met ~se tegenzin ±*not exactly bursting with enthusiasm* **1.2** een ~se kijk op de zaak hebben *have a f. view of the matter* **1.3** ~se lucht *f. air;* ⟨fig.⟩ dat is geen ~ zaakje *there's sth. fishy about that* **1.5** een ~ drankje *a r. drink* **1.6** een ~se bries *a f. breeze* **3.3** het ruikt hier niet ~ *it's stuffy (in) here* **3.4** de keuken ziet er niet zo ~ uit *the kitchen doesn't look very clean.*

frisdrank 0.1 *soft drink;* ⟨inf.⟩ *pop* ⟨zoet, met prik⟩.

frisheid 0.1 *freshness* ⇒⟨mbt. temperatuur ook⟩ *coolness, chilliness.*

frisjes 0.1 *chilly, nippy* ◆ **3.1** het is ~ vandaag *it's c. today.*

frites →**friet.**

friteuse 0.1 *deep fryer* ⇒⟨BE ook⟩ *chip pan.*
frituren 0.1 *deep-fry.*
frituur →**friettent.**
frituurpan 0.1 *deep frying pan* ⇒⟨elektrisch⟩ *deep fryer/ frier,* [8]*chip pan.*
frituurvet 0.1 *frying fat* ⇒*fat for deep-frying.*
frivoliteit 0.1 *frivolity.*
frlvool 0.1 *frivolous.*
frommelen I ⟨onov.ww.⟩ **0.1** [friemelen] *fiddle* ⇒*fumble* ♦ **6.1 aan** het tafelkleed ~ *fiddle with the tablecloth;* **II** ⟨ov.ww.⟩ **0.1** [verkreukelen] *crumple (up)* ⇒*rumple, crease* **0.2** [(weg)stoppen] *stuff away* ♦ **6.1** iets **in** elkaar ~ *crumple sth. up* **6.2** iets **onder** zijn kleren ~ *stuff sth. away under one's clothing.*
frons 0.1 [rimpel] *wrinkle* **0.2** [gelaatsuitdrukking] *frown* ⇒ ⟨boos, dreigend⟩ *scowl.*
fronsen 0.1 *frown* ⇒⟨boos, dreigend⟩ *scowl* ♦ **1.1** de wenkbrauwen ~ *frown; knot one's brow(s);* met gefronste wenkbrauwen *with a frown.*
front 0.1 [voorzijde, voorkant] *front* ⇒⟨van gebouw ook⟩ *façade* **0.2** [mil.; voorste gevechtslinie, gebied waar gevochten wordt] *front* ⇒⟨vnl. fig.⟩ *forefront* **0.3** [gesteven kledingstuk] *front* ⇒⟨halfhemdje ook⟩ *dick(e)y* **0.4** [meteo.] *front* ♦ **1.1** het ~ v.d. auto was beschadigd *the front of the car was damaged* **2.2** het vijandelijke/oostelijke ~ *the enemy/eastern front* **6.2 aan** het ~ sneuvelen *be killed at the front;* winnen **op** alle ~ en *win on all fronts* ⟨ook fig.⟩; **op** twee ~ en actief zijn *be active on two fronts.*
frontaal 0.1 *frontal* ⇒⟨mbt. botsingen, confrontaties ook⟩ *head-on, front* ⟨ingang⟩, *main* ⟨ingang⟩ ♦ **1.1** een frontale botsing *a frontal/head-on collision/crash* **3.1** ~ botsen *have a head-on collision.*
frontlijn, frontlinie 0.1 *front line.*
frontvorming ⟨meteo.⟩ **0.1** *frontogenesis.*
frou-frou® **0.1** ±*Viennese shortbread, ±wafer.*
fructose ⟨schei.⟩ **0.1** *fructose* ⇒*l(a)evulose.*
fruit 0.1 *fruit* ♦ **2.¶** Turks ~ *Turkish delight.*
fruitautomaat 0.1 *fruit/*[A]*slot machine* → ⟨inf.⟩ *one-armed bandit.*
fruitboom 0.1 *fruit tree* ⇒*fruiter.*
fruiten 0.1 *fry* ⇒*sauté* ♦ **1.1** vlees/uien ~ *f. meat/onions.*
fruithandel 0.1 [alg.] *fruit trade* **0.2** [zaak, winkel] *fruiterer's.*
fruithandelaar, -koopman 0.1 *fruiterer* ⟨winkelier⟩ ⇒*fruit merchant/trader/dealer* ⟨groothandelaar⟩.
fruitig 0.1 *fruity.*
fruitkweker, -teler 0.1 *fruit grower* ⇒*fruit farmer.*
fruitmand 0.1 *fruit basket.*
fruitmes 0.1 *fruit knife.*
fruitschaal 0.1 *fruit bowl/*⟨vlak⟩ *dish.*
fruitstalletje 0.1 *fruit stall* ⇒*fruit stand.*
fruitteelt 0.1 *fruit growing/farming/culture.*
fruitvlieg 0.1 *fruit fly.*
fruitwinkel 0.1 *fruit shop, fruiterer's (shop).*
frunniken 0.1 *fiddle* ♦ **6.1 aan** iem.~ *pull at s.o.*
frustraat 0.1 *frustrated person.*
frustratie 0.1 *frustration.*
frustreren 0.1 [teleurstellen] *frustrate* **0.2** [dwarsbomen] *frustrate* ⇒*thwart* ♦ **3.1** dat werkt ~d *that is frustrating.*
frutsel 0.1 *knick-knack, trinket.*
frutselen 0.1 *fiddle, tinker.*
frutselwerk 0.1 *fiddling, tinkering.*
f-sleutel ⟨muz.⟩ **0.1** *bass clef* ⇒*F clef.*
fuchsia 0.1 *fuchsia.*
fuga ⟨muz.⟩ **0.1** *fugue.*

fuif 0.1 *party* ⇒*bash* ♦ **3.1** een ~ geven/houden *have a p.*
fuifnummer 0.1 *partygoer, merrymaker* ♦ **3.1** het is een echt ~ *(s)he's quite a p.*
fuik, fuiknet 0.1 *fyke (net)* ⇒*hoop net,* ⟨fig.⟩ *snare,* ⟨fig.⟩ *trap* ♦ **3.1** een ~ uitzetten ⟨fig.⟩ *set/lay a trap* **6.1** ⟨fig.⟩ **in** de ~ lopen *walk into a/the trap.*
fuiven 0.1 [feestvieren] *have a party* ⇒*make merry* ♦ **6.1** we hebben **tot** diep in de nacht (door) gefuifd *the party went on into the small hours.*
fulltime 0.1 *full-time* ♦ **1.1** ~ prof *f.-t. professional.*
fulmineren 0.1 *fulminate* ♦ **6.1** zij fulmineerde **tegen** de pers *she fulminated against the press.*
functie 0.1 [taak] *position* ⇒*post, duties* **0.2** [werking, activiteit] *function* **0.3** [wisk.] *function* ♦ **3.1** zijn ~ aanvaarden *take up one's duties;* een hoge ~ bekleden *hold an important position;* zijn ~ neerleggen *resign one's position* **3.2** dit apparaatje vervult zeer zeker een ~ *this gadget definitely serves a useful purpose* **6.1 in** ~ treden/blijven/ zijn *take up/remain in/be in office* **6.3** x is een ~ **van** y *x is a f. of y.*
functieanalyse 0.1 *job analysis.*
functiebeoordeling, -waardering 0.1 *job evaluation/rating.*
functiebeschrijving 0.1 *job description* ⇒*job specification.*
functiestoornis 0.1 *functional disorder.*
functietoets 0.1 *function key.*
functionaris 0.1 *official* ⇒*functionary* ♦ **2.1** de nieuwe ~ *the new holder of the office/occupant of the position.*
functioneel 0.1 [een functie/taak hebbend] *functional* **0.2** [wisk., psych., taal.] *functional* ♦ **1.1** functionele vormgeving *f. design* **1.2** functionele grammatica *f. grammar.*
functioneren 0.1 [in functie zijn] *act* ⇒*function, serve* **0.2** [werken] *work* ⇒*function, perform* ♦ **5.2** niet/goed ~d ⟨machine⟩ *out of order, in working order;* de ontsteking functioneert slecht *the ignition is not working properly* **8.1** ~ als zitkamer *serve as a/ sitting room.*
fundament 0.1 [bouwk.; fundering] *foundation* **0.2** [fig.; grondslag] *foundation* ⇒*fundamental(s)* ♦ **1.2** de ~ en v.d welvaartsstaat *the foundations of the welfare state* **3.1** de ~ en leggen (voor) *lay the foundations (for).*
fundamentalist 0.1 *fundamentalist.*
fundamenteel 0.1 *fundamental* → *basic* ♦ **1.1** van ~ belang zijn voor *be of vital/f. importance to* **3.1** wij verschillen ~ van mening *we hold fundamentally different views.*
funderen 0.1 [(van) grondvesten (voorzien)] *found* ⇒*build* **0.2** [fig.] *found* ⇒*base, ground* ♦ **5.2** een goed gefundeerd artikel *a well-founded article;* een standpunt theoretisch ~ *give a sound theoretical basis for one's opinions* **6.1** huizen worden vaak **op** palen gefundeerd *houses are often built on piles.*
fundering 0.1 [grondslag] ⟨ook fig.⟩ *foundation(s)* ⇒⟨fig. ook⟩ *basis, groundwork* **0.2** [het funderen] *founding* ⇒ ⟨schuld⟩ *funding* ♦ **3.1** de ~ (en) leggen *lay the foundation(s).*
funest 0.1 *disastrous* ⇒*fatal* ♦ **1.1** een ~ e invloed hebben *have a d. influence* **6.1** de droogte is ~ **voor** de tuin *(the) drought is d. for the garden.*
fungeren 0.1 [de dienst verrichten van] *act as* ⇒*function as* **0.2** [in functie zijn] *be the present .../acting .../officiating ...* ♦ **1.2** de ~de president *the incumbent president* **8.1** zij fungeert voorlopig als voorzitster *she is acting chairwoman.*
fungibel ⟨ec.⟩ **0.1** *fungible* ♦ **1.1** ~ e zaken *fungibles, f. goods.*
furie 0.1 *fury* ⇒*shrew, hellcat* ♦ **8.1** tekeergaan als een ~ *go raving mad.*

furieus 0.1 *furious* ⇒*enraged.*
furore 0.1 *furore* ◆ **3.1** ~ maken *cause a f.;* ⟨rage⟩ *be(come) a craze;* ⟨mode⟩ *be all the rage;* ⟨dram.⟩ *bring the house down.*
fuseren 0.1 [samengaan (van bedrijven)] *merge (with)* ⇒*incorporate* **0.2** [nat.] *fuse (together)* ◆ **1.1** de twee maatschappijen zijn gefuseerd *the two companies have (been) merged.*
fusie 0.1 [het samengaan van bedrijven] *merger* **0.2** [nat.; versmelting] *fusion* ⇒*fusing* ◆ **3.1** een ~ aangaan (met) *merge (with).*
fusillade 0.1 *fusillade;* ⟨mil.⟩ *execution by shooting/firing squad.*
fusilleren 0.1 *bring before a/execute by firing-squad.*
fust 0.1 [houten vat] *cask* ⇒*barrel* **0.2** [verpakking] *pack-(ag)ing* ◆ **1.1** een ~ wijn *a c./barrel of wine* **2.2** leeg ~ *empty packaging;* ⟨inf.⟩ *empties* **6.1** uit het ~ tappen *draw from the wood.*
fut 0.1 *go* ⇒*energy, zip* ◆ **3.1** geen ~ hebben om iets te doen *not have the energy to do sth.* **5.1** de ~ is eruit bij hem *there's no more go in him.*
futiel 0.1 *futile.*
futiliteit 0.1 [nietigheid] *futility* **0.2** [onbeduidende zaak] *trifle* ⇒*futility.*
futloos 0.1 [toestand] *washed-out;* ⟨karakter⟩ *spineless* ◆ **3.1** zich ~ voelen *feel washed-out.*
futurisme 0.1 *futurism.*
futurist 0.1 *futurist.*
futuristisch 0.1 *futurist(ic).*
futurologie 0.1 *futurology.*
futurologisch 0.1 *futurological.*
futuroloog, -loge 0.1 *futurologist.*
fuut 0.1 *(great crested) grebe.*
fysica 0.1 *physics.*
fysicus 0.1 *physicist.*
fysiek 0.1 *physical* ◆ **1.1** (iem.) ~e schade berokkenen *cause p. damage (to s.o.);* ~e symptomen *p. symptoms/* ⟨zichtbaar⟩ *signs.*
fysiologie 0.1 *physiology* ◆ **1.1** de ~ v.d. mens *human p.*
fysiologisch 0.1 *physiological* ◆ **1.1** ~e verschijnselen *p. phenomena.*
fysioloog, -loge 0.1 *physiologist.*
fysiotherapeut 0.1 *physiotherapist.*
fysiotherapie 0.1 *physiotherapy.*
fysisch 0.1 *physical* ◆ **1.1** ~e geografie *p. geography;* ~ laboratorium *physics lab(oratory);* ~e therapie *physiotherapy.*

gaaf I ⟨bn.⟩ **0.1** [onbeschadigd] *whole, intact* ⇒*sound* ⟨hout, fruit, tanden enz.⟩, *perfect* ⟨techniek, kunstwerk enz.⟩, *flawless* ⟨techniek, kunstwerk enz.⟩, *undamaged* ⟨glas, postzegel enz.⟩ **0.2** [volledig] *complete* ⇒*full* **0.3** [ontzettend goed] *great, super* **0.4** [zuiver] *pure* ⇒*unblemished* ◆ **1.1** ~ porselein *i./undamaged porcelain* **1.2** een ~ gebit *a perfect set of teeth* **1.3** Connors speelde een gave partij *Connors played a g. game* **1.4** een ~ karakter *an unblemished character;*
II ⟨bw.⟩ **0.1** [geheel en al] *completely, entirely.*
gaafheid 0.1 *soundness* ⇒*integrity* ⟨van karakter⟩.
gaai 0.1 *jay* ◆ **2.1** Vlaamse ~ *jay.*
gaan I ⟨onov.ww.⟩ **0.1** [zich verplaatsen] *go* ⇒*move* **0.2** [vertrekken, weggaan] *go* ⇒*leave,* ⟨inf.⟩ *be off* **0.3** [zich begeven] *go* **0.4** [+ onb. w.; beginnen te] *go, be going to* **0.5** [in beweging zijn, functioneren] *go* ⇒*run* **0.6** [losraken] *come* **0.7** [plaatshebben] *go* ⇒*be, run* **0.8** [haalbaar / redelijk zijn] *be all right;* ⟨lukken⟩ *work* **0.9** [begrepen zijn in] *go* ⇒*fit* **0.10** [+ over; beheren] *run* ⇒*be in charge (of)* **0.11** [+ over; tot onderwerp hebben] *be (about)* ◆ **1.1** ⟨fig.⟩ er ~ allerlei geruchten *there are all kinds of rumours going around;* een uur ~s *an hour's walk* **1.2** ⟨fig.⟩ daar gaat je goede naam *that's your reputation gone;* hoe laat gaat de trein? *what time does the train g.?* **1.5** de telefoon gaat *the telephone is ringing* **1.9** er ~ 24 flesjes in een kratje *a crate holds 24 bottles* **3.2** ze zien hem liever ~ dan komen *they're glad to see the back of him;* ik moet (nu) ~ *I must g./be going/off (now)* **3.4** hij wil medicijnen ~ doen *he wants to do/study medicine;* ~ kijken *g. and (have a) look;* ~ liggen/staan/zitten *lie down, stand up, sit down;* ~ slapen *g. (off) to bed;* ga er maar eens aan staan *it's no picnic, it's not the easiest thing in the world;* ze ~ trouwen *they're getting married;* iets ~ waarderen *come to appreciate sth.;* ~ wandelen/zwemmen *go for a walk/swim, go walking/swimming* **3.8** dat zal niet ~ *it won't work;* ⟨kan niet⟩ *I'm afraid that's not on* **3.¶** zich laten ~ *let o.s. go* **5.1** ⟨sport⟩ diep ~ *g. deep;* een kopie gaat hierbij *a copy is attached/* ⟨bijgesloten⟩ *enclosed;* ⟨fig.⟩ hoe gaat dat liedje ook weer? *how does that song g. (again)?;* hé, waar ga jij naar toe? *where are you going?;* ⟨achterdochtig⟩ *where do you think you're going?;* het gaat niet zo best/slecht met de patiënt *the patient isn't doing so well/so badly* **5.2** ik ga ervandoor *I'm going/off* **5.3** ⟨fig.⟩ dat gaat mij te ver *I think that's going too far* **5.7** de zaken ~ goed *business is going well;* als alles goed gaat *if all goes well;* dat kon toch nooit goed ~ *that was bound to g. wrong;* hoe is het gegaan? *how was it? how did it/things g.?;* nou, dat ging zo *well, it was like this* **5.8** als het even gaat *if at all possible;* dat gaat zomaar niet *you can't just do that;* ik heb het al zo vaak geprobeerd, maar het gaat niet *I've tried it so often, but it won't work;* zo gaat het niet langer *things can't go on like this* **5.9** er ~ 5 volwassenen in *it'll take 5 adults* **5.10** daar ga ik niet over *that's not my responsibility* **5.11** waar gaat die film over? *what's that film about?* **5.¶** zijn verhaal gaat er wel in bij de stakers *his speech went down (well) with the strikers;* eraan ~ *have had it;* ⟨persoon ook⟩ *be (in) for it;* de verf ging eraf *the paint came off/* ⟨langzaam⟩ *wore off;* dit type gaat eruit *this model's on the way out;* opzij ~

give way to, make way for, go to one side; voor niemand opzij ~ *make way for no man, yield.*/*give way to no one;* ⟨zoek raken⟩ verloren ~ *get/be lost;* vreemd ~ *be unfaithful;* vrijuit ~ *get off;* daar ~ we weer *(t)here we go again* **6.1** ⟨fig.⟩ zijn gedachten **over** iets laten ~ *give a matter some thought;* ⟨fig.⟩ zijn oog/blik **over** iets laten ~ *run one's eye over sth.* **6.2** die twee ~ **uit** elkaar *those two are breaking up;* van tafel ~ *leave the table* **6.3** we ~ **aan** tafel! *lunch* ⟨enz.⟩ *food's ready!;* **aan** de kant ~ *move aside;* ⟨fig.⟩ er gaat niets **boven** ... *nothing beats ...;* zijn gezin gaat bij hem **boven** alles *his family comes first (with him);* zaken ~ **voor** het meisje *business before pleasure* **6.4 aan** het werk ~ *set to work* **6.6** die stop gaat niet **van** de fles *the stopper won't c. out of the bottle* **6.7** alles gaat **naar** wens *everything's as it should be* **6.9** er gaat een liter **in** die fles *that bottle will take a litre;* er ~ zes glazen **uit** een fles *you can get six glasses out of a bottle* **6.10** zij gaat **over** de typekamer *she's in charge of the typing-pool* **6.¶** in het zwart gekleed ~ *be dressed in black;* het gaat allemaal **langs** haar heen *it all goes (right) over her head,* **met** iem. ~ *go out with s.o.;* we hebben nog twee uur **te** ~ *we've got two hours to go* **¶.2** ik ga! *I'm going!;* ⟨inf.⟩ *I'm off!;* ga nu maar *off you g. now* **¶.4** ⟨iron.⟩ ik ga (me) daar een beetje in de rij staan *I am (definitely) not going to join that queue* **¶.¶** zich te buiten ~ **aan** *overindulge in;* om kort te ~ *to cut a long story short;*

II ⟨onpers.ww.⟩ **0.1** [gesteld zijn] *be* ⇒*go* **0.2** [geschieden] *be* ⇒*go, happen* **0.3** [+ om; te doen zijn] *be (about)* ◆ **5.1** het ga je goed *all the best;* hoe gaat het (met u)? *how are you?, how are things with you?;* hoe gaat het op het werk? *how's (your) work (going)?, how are things (going) at work?;* het gaat hem niet slecht *he's not doing badly* **5.2** het is toch nog gauw gegaan *things went pretty fast (after all);* je weet hoe dat gaat *you know how it is/things are/it goes;* zo gaat het nu altijd *it's always like that;* zo gaat dat in het leven *that's life* **5.3** daar gaat het niet om *that's not the point;* daar gaat het juist om *that's the whole point;* het gaat hem er alleen om dat ... *all (that) he's concerned about is that ...;* het gaat erom of ... *the point is whether ...* **6.3** het gaat **om** het principe *it's the principle that matters;* het gaat **om** je baan *your job is at stake;* het gaat hier **om** een nieuw type *we're talking about a new type* **6.¶** het gaat **tussen** jullie tweeën *the choice is between you two* **¶.1** het gaat **it**'s all right; it's OK.

gaande 0.1 [in beweging] *going* ⇒*running* **0.2** [aan de hand] *going on* →*up* ◆ **3.1** ~ houden *keep g.; hold, keep (alive);* een gesprek ~ houden *keep a conversation g.;* de zaken ~ houden *keep things g.* **3.2** ~ zijn *be going on/in progress.*

gaanderij 0.1 *gallery.*

gaandeweg 0.1 *gradually* ⇒⟨inf.⟩ *bit by bit, little by little* ◆ **3.1** ~ vonden zijn opvattingen ingang *his ideas g. came to be accepted.*

gaans 0.1 *walk* ◆ **1.1** nog geen tien minuten ~ van *within ten minutes w. of.*

gaap 0.1 *yawn.*

gaar 0.1 [mbt. spijzen] ⟨vnl. mbt. vlees, gebak, ovengerechten⟩ *done;* ⟨vnl. gekookt⟩ *cooked* **0.2** [geestelijk gezond] *all there* **0.3** [moe] *done* ⇒*tired (out)* ◆ **1.1** de aardappels zijn ~ *the potatoes are cooked/ready/d.;* het vlees is ~ /niet (helemaal) ~ /half ~ /goed ~ /precies ~ /(een beetje) te ~ *the meat is done/not (quite) done/(only) half done/well done/done to a turn/(slightly) overdone* **2.2** een halve gare *a fool/halfwit* **3.1** iets ~ /goed ~ /te ~ koken *cook sth./cook sth. well/overcook sth.* **6.3** ik ben helemaal ~ **van** die reis *that journey really did me in.*

---

gaarkeuken 0.1 *soup kitchen.*

gaarne ⟨schr.⟩ **0.1** [graag] *with pleasure* **0.2** [bereidwillig] *willingly* ⇒*readily* ◆ **3.2** ik beken het ~ *I w. admit.*

gaas 0.1 [weefsel] *gauze* ⇒⟨vitrage enz.⟩ *net(ting),* ⟨erg fijn en licht⟩ *gossamer* **0.2** [vlechtwerk van metaaldraad] *wire mesh* ⇒⟨grof⟩ *(wire) netting,* ⟨fijn⟩ *(wire) gauze* ◆ **1.2** het ~ v.e. hor *the wire gauze of a screen* **2.1** fijn/grof ~ *fine-meshed/large-meshed gauze.*

gaasachtig 0.1 *gauzy.*

gaasje 0.1 *piece of gauze* ◆ **3.1** leg een ~ op de wond *put a gauze dressing on the wound.*

gaatje 0.1 [klein gat] *(little/small) hole* ⇒⟨in luchtband⟩ *puncture* **0.2** [mogelijkheid] ⟨zie 3.2⟩ ◆ **3.2** ik zal eens kijken of ik voor u nog een ~ kan vinden *I'll see if I can fit you in;* als ik een ~ zie, kom ik *if I have the chance/half a chance I'll come* **6.1** ~s **in** de oren laten prikken *have/get one's ears pierced* **6.¶** die man heeft een ~ **in** zijn hoofd *that man is a bit cracked* **7.1** ik had geen ~s ⟨bij tandarts⟩ *I had no cavities.*

gabardine 0.1 *gabardine.*

gabber ⟨inf.⟩ **0.1** [persoon] *fellow* ⇒⟨vnl. BE⟩ *bloke,* ⟨vnl. AE⟩ *guy* **0.2** [kameraad] *mate, pal, chum, buddy* ◆ **2.1** een ra re ~ *a funny f./bloke.*

Gabon, Gabon 0.1 *Gabon.*

Gabonees 0.1 ⟨bn. en zn.⟩ *Gabonese.*

gade ⟨schr.⟩ **0.1** *spouse, consort.*

gadeslaan 0.1 [observeren] *observe, watch* **0.2** [aandachtig de ontwikkeling volgen van] *follow* ⇒*watch (closely)* **0.3** [in het oog houden] *watch* ⇒⟨inf.⟩ *keep an eye on* ◆ **6.2** iets met zorg ~ *follow sth. with concern.*

gading 0.1 [zin] *taste* **0.2** [wat iem. bevalt/gelegen komt] *liking, line* ◆ **6.1** was er iets van ~ bij? *was there anything you fancied there?* **6.2** hij kon niets van zijn ~ vinden *he couldn't find anything to his liking.*

gado-gado 0.1 *gado gado.*

gadsie, gadver, gadverdamme ⟨inf.⟩ **0.1** *yu(c)k.*

gadver 0.1 →*gadsie.*

gadverdamme, -derrie 0.1 *darn* ⇒*blast, drat,* ⟨sterker⟩ *damn.*

gaffel 0.1 [riek] *(two-pronged) fork* ⇒⟨voor het opsteken⟩ *pitchfork* **0.2** [scheep.; rondhout] *gaff.*

gage 0.1 *pay* ⇒⟨artiesten ook⟩ *fee, salary.*

gajes 0.1 *rabble, riffraff.*

gak 0.1 *honk.*

gakken 0.1 *cackle* ⇒*gaggle.*

gal 0.1 ⟨bij mensen⟩ *bile;* ⟨bij dieren⟩ *gall* ◆ **3.1** ⟨fig.⟩ zijn ~ spuwen *vent one's spleen (on)* **6.1** ⟨fig.⟩ zijn pen/zijn woorden in ~ dopen *dip one's pen in g.*

gala 0.1 [partij] *gala* **0.2** [kleding] *full dress* ⇒*ceremonial dress,* ⟨hofkleding⟩ *court dress* ◆ **6.2** in ~ zijn *be in full dress.*

gala-avond 0.1 *gala night.*

galabal 0.1 *grand ball* ⇒⟨hofbal⟩ *state ball.*

galabanket, -diner 0.1 *gala dinner;* ⟨hoffeest⟩ *state banquet.*

galachtig 0.1 *bilious.*

galakleding 0.1 *full dress, state/ceremonial dress* ⇒⟨hofkleding⟩ *court dress* ◆ **3.1** in ~ dineren *sit down to a formal banquet.*

galakostuum →*galakleding.*

galant 0.1 *chivalrous* ⇒*gallant* ◆ **1.1** ~e manieren *c. manners, elegant manners* **3.1** hij weet zich altijd ~ te gedragen *he always behaves gallantly.*

galanterie 0.1 *gallantry* ⇒*courtliness.*

galappel 0.1 *oak apple.*

gala-uniform 0.1 *full dress (uniform), dress uniform.*
galavoorstelling 0.1 *gala performance.*
galblaas 0.1 *gall bladder* ♦ 6.1 een operatie **aan** de ~ *a g. b. operation.*
galbult 0.1 *hive* ♦ 6.1 onder de ~en zitten *have hives.*
galei 0.1 ⟨ook druk.⟩ *galley* ♦ 3.1 iem. tot de ~en veroordelen *sentence s.o. to the galleys.*
galeislaaf, -boef 0.1 *galley slave.*
galerie 0.1 *gallery.*
galeriehouder, -ster 0.1 ⟨eigenaar⟩ *gallery owner;* ⟨exploitant⟩ *manager of a / the gallery.*
galerij 0.1 [gang buiten langs / door een gebouw] *gallery* ⇒ ⟨van flat⟩ *walkway,* ⟨winkelgalerij⟩ *(shopping-)arcade* 0.2 [museum / tentoonstellingszaal] *gallery* 0.3 [tribune, plaatsen] *gallery* 0.4 [mijnw.] *gallery* ⇒*heading, level* ♦ 6.1 ze woont bij mij **op** de ~ *she lives on the same level as me.*
galerijflat 0.1 *gallery / galleried flats.*
galerijwoning 0.1 *gallery flat.*
galg 0.1 [strafwerktuig] *gallows* 0.2 [doodstraf] *gallows* ⇒ *hanging* 0.3 [bretel]⟨alleen mv.⟩ [superscript]*braces,* [superscript]*suspenders* ♦ 3.1 aan de ~ ophangen *hang on the g.;* ~je spelen *play hangman* 3.2 daar staat de ~ op *it's a hanging offence* 6.1 hij groeit **voor** ~ en rad op *he'll come to no good.*
galgenaas 0.1 [schurk] *gallows bird, rogue* 0.2 [lijk v.e. gehangene] *(body of a) hanged person.*
galgenhumor 0.1 *gallows humour.*
galgenmaal 0.1 *last meal.*
Galicië 0.1 *Galicia.*
Galiciër 0.1 *Galician.*
Galilea 0.1 *Galilee* ♦ 1.1 het meer van ~ *Sea of G.*
Galileeër 0.1 *Galilean.*
galjoen 0.1 *galleon.*
Gallië 0.1 *Gaul.*
Galliër 0.1 *Gaul.*
gallisch ♦ 3.¶ ⟨inf.⟩ helemaal ~ van iets worden *get totally fed up with sth.*
Gallisch 0.1 *Gaulish; Gallic* ♦ 1.1 de ~e oorlog *the Gallic war;* de ~e taal *Gaulish.*
gallofiel 0.1 *Gallophil(e)* ⇒*Francophil(e).*
galm 0.1 [weerklinkende toon] *sound* ⇒⟨van klokken⟩ *peal-(ing)* 0.2 [volle klank] *booming voice / sound* 0.3 [klankweerkaatsing] *resonance;* ⟨van slechte akoestiek⟩ *echo* ♦ 1.1 de ~ v.e. hoorn *the s. of a horn* 2.2 de luide ~ van zijn stem *his booming voice* 4.3 wat een ~ heeft dit vertrek *this room has bad acoustics.*
galmen I ⟨onov.ww.⟩ 0.1 [luid klinken] *resound* ⇒*boom, peal* ⟨orgel, klok⟩ 0.2 [klankweerkaatsing voortbrengen] *resound* ⇒*echo, reverberate* 0.3 [als een galm voortgebracht worden] *(re-)echo* ⇒*resound* 0.4 [luid schreeuwen] *boom* ⇒*bellow* ♦ 1.1 de klokken ~ *the bells peal* 1.3 een ~d lied *a resounding song* 1.4 op ~de toon *booming, in a booming voice* 6.2 de gangen galmden **van** het geroep v.d. kinderen *the corridors resounded with the cries of the children;*
II ⟨ov.ww.⟩ 0.1 [luidkeels uitroepen, zingen] *boom* ⇒*bellow* 0.2 [met een volle klank produceren] *resound* ⇒*ring.*
galmgat 0.1 *belfry window.*
galnoot 0.1 *oak apple.*
galon 0.1 [lint-, koordvormig weefsel] *braid* ⇒*lace, facing, ribbon* 0.2 [band als belegsel] *braid* ⇒*binding, facing, piping, stripe* ⟨op broek⟩ ♦ 2.2 een lichtblauwe broek met een geel ~ *light blue trousers with yellow piping / a yellow stripe.*
galop 0.1 *gallop* ♦ 2.1 een korte ~ *a canter* 6.1 **in** ~ at *a g.;* **in** ~ overgaan *break into a g.*

galopperen 0.1 [in galop gaan] *gallop* 0.2 [zeer snel lopen] *gallop* ⇒*race* ♦ 3.1 een paard laten ~ *g. a horse.*
galsteen 0.1 *gallstone.*
galvanisatie 0.1 *galvanization.*
galvanisch 0.1 *galvanic* ♦ 1.1 ~e stroom / batterij *g. current, voltaic / g. battery* 3.1 metalen ~ overtrekken *galvanize metals.*
galvaniseren 0.1 [aan galvanische stroom onderwerpen] *galvanize* 0.2 [met een laag metaal bedekken] *electroplate* ♦ 1.2 gegalvaniseerd ijzerdraad *galvanized wire.*
galvanisme 0.1 *galvanism.*
galziekte 0.1 *bilious complaint.*
gambe, gamba 0.1 *viola da gamba* ⇒*gamba.*
gambiet 0.1 *gambit.*
gameet 0.1 *gamete.*
gamel 0.1 *mess tin.*
gamelan 0.1 *gamelan.*
gamma 0.1 [toonladder] *scale* 0.2 [geordende reeks] *gamut* ⇒*spectrum* ♦ 2.2 het hele ~ van menselijke ervaringen *the entire g. of human experience* 3.1 ⟨ook fig.⟩ het hele ~ doorlopen *cover the entire gamut.*
gammadeeltje 0.1 *gamma particle.*
gammastralen 0.1 *gamma rays* ⇒*gamma radiation.*
gammastraling 0.1 *gamma radiation.*
gammawetenschappen 0.1 *social sciences.*
gammel ⟨inf.⟩ 0.1 [oud en vervallen] *rickety* ⇒*wobbly, ramshackle, cranky, tottery* ⟨oude mensen⟩ 0.2 [lusteloos] *rickety* ⇒*shaky, faint* ♦ 1.1 een ~e constructie *a ramshackle construction* 3.2 ik ben een beetje ~ *I don't feel up to much.*
gang[superscript] (de) 0.1 [doorloop binnen een gebouw] *passage(way)* ⇒*corridor, hall(way)* 0.2 [pad] *passage(way);* ⟨tunnel⟩ *tunnel* 0.3 [manier van lopen] *walk* ⇒*gait* 0.4 [gedraging, handeling] *movement* ⟨altijd mv.⟩ ⇒*doing* ⟨altijd mv.⟩ 0.5 [beweging, werking] *movement* ⇒⟨snelheid⟩ *speed* 0.6 [geleidelijke voortgang / ontwikkeling] *course* ⇒*run* 0.7 [mbt. spijzen] *course* 0.8 [loop / tocht ergens heen] *trip* 0.9 [in samenst.]⟨zie 1.9⟩ ♦ 1.6 de ~ van zaken is als volgt *the procedure is as follows;* wij betreuren deze ~ van zaken *we regret this state of affairs;* de dagelijkse ~ van zaken *the daily routine;* verantwoordelijk zijn voor de goede ~ van zaken *be responsible for the smooth running of things;* de verdere ~ van zaken afwachten *await further developments* 1.9 gehoorgang *auditory duct / canal* 2.2 een ondergrondse ~ *an underground passage(way)* 2.3 herkenbaar aan zijn trage ~ *recognizable by his slow gait* 2.6 het feest is in volle ~ *the party is in full swing* 3.4 ga je ~ maar ⟨begin maar⟩ *(just/do) go ahead;* ⟨ga maar verder⟩ *(just/do) carry on;* ⟨na jou⟩ *after you;* zijn eigen ~ gaan *go one's own way;* iem. zijn ~ laten gaan ⟨ook⟩ *leave s.o. to his own devices;* iemands ~en nagaan *watch s.o.'s movements;* ⟨inf.⟩ *tail s.o.* 3.5 er ~ achter zetten *speed it up* 3.6 alles gaat weer zijn gewone ~ *everything's back to normal;* het leven hernam zijn gewone ~ *life resumed its normal c.* 6.5 kunnen we **aan** de ~ gaan? *can we get started?;* de was al **aan** de ~ *the lesson had already got going / (got) started;* een motor **aan** de ~ krijgen *get an engine going;* zo kan ik wel **aan** de ~ blijven! *at this rate I'm never going to get finished!;* de zaak **aan** de ~ houden *keep the business going;* goed **op** ~ komen ⟨ook fig.⟩ *get into one's stride;* een gesprek weer **op** ~ brengen *get a conversation going again;* iem. **op** ~ helpen *help s.o. to get going, give s.o. a start* 6.8 de (dagelijkse) ~ **naar** het werk *the (daily) t. to work* 7.7 het diner bestond uit vijf ~en ⟨ook⟩ *it was a five-course dinner.*

gang² ⟨de⟩⟨Eng.⟩ **0.1** [groep] *gang.*

gangbaar 0.1 [mbt. geld] *accepted, valld* ⇒*negotiable* **0.2** [mbt. woorden, taal] *current, contemporary* ⇒*common* **0.3** [mbt. koop-, handelswaren] *popular* **0.4** [mbt. gevoelens, denkbeelden] *prevailing* ⇒*common, fashionable* **0.5** [mbt. werkwijzen] *accepted* ⇒*usual* ◆ **1.1** gangbare munt *a. currency* **1.2** een gangbare uitdrukking *a common expression* **1.3** een gangbare maat *a common size* **1.4** de gangbare mening over deze kwestie *the p. opinion on this question* **1.5** een gangbare methode *an a. method* **5.2** een minder gangbare uitdrukking *an uncommon expression.*

gangbaarheid 0.1 [geldigheid] *(general) acceptance* **0.2** [het algemeen aanvaard zijn / toegepast worden] *commonness* ⇒*acceptance, prevalence* ◆ **1.1** de ~ van bankpapier *the a. of banknotes* **1.2** de ~ v.e. opvatting *the prevalence of a view;* de ~ v.e. uitdrukking *the c. of an expression.*

gangdeur 0.1 *door to hall(way) / corridor* ⇒*passage door.*

gangenstelsel 0.1 *complex / network / system of corridors* ◆ **2.1** een onderaards ~ *underground network.*

Ganges I *the (River) Ganges.*

gangetje 0.1 [snelheid] *pace* ⇒*rate* **0.2** [voortgang] ⟨zie 3.2⟩ **0.3** [nauwe doorgang] (steeg) *alley(way)* ⇒*passage(way),* ⟨gang⟩ *(narrow) corridor / passage* ◆ **2.1** een kalm ~ *an unhurried p.* **3.2** alles gaat z'n ~ *things are going all right.*

gangkast 0.1 *hall cupboard* ⇒*hall closet.*

gangmaker, -maakster 0.1 [iem. die de aanzet geeft tot feestvreugde] *(the) life and soul (of a party)* **0.2** [wielersport] *pacesetter, pacemaker* ⇒*pacer* ◆ **2.1** Jan is een echte ~ *Jan is always the life and soul of the party.*

gangmat 0.1 *hall mat, doormat.*

gangpad 0.1 *aisle.*

gangreen ⟨med.⟩ **0.1** *gangrene* ◆ **3.1** -- krijgen *get g.;* ⟨lichaamsdeel⟩ *become gangrenous.*

gangster 0.1 *gangster.*

gangsterbende 0.1 *gang (of criminals)* ⇒⟨sl.⟩ *mob.*

gangsterfilm 0.1 *gangster film.*

gans¹ ⟨de⟩ **0.1** [zwemvogel] *goose* **0.2** [onnozel persoon] *goose* ⇒*twit* ◆ **1.1** de sprookjes van Moeder de Gans *the (fairy) tales of Mother Goose* **2.1** een jonge ~ *a gosling* **2.2** een domme ~ *a silly g.*

gans² ⟨schr.⟩ **I** ⟨bn.⟩ **0.1** [geheel]⟨ongemarkeerd⟩ *entire* ⇒*all, whole* ◆ **1.1** de ~ e wereld *the e. / whole world;* **II** ⟨bw.⟩ **0.1** [volstrekt, geheel en al] *wholly* ⇒*entirely, completely* ◆ **1.1** hij was ~ dichter *he was completely wrapped up in his poetry.*

ganzenbord 0.1 *(game of) goose.*

ganzenborden 0.1 *play (the game of) goose.*

ganzenbout 0.1 *goose-leg.*

ganzenmars ⟨scherts.⟩ **0.1** [ongemarkeerd] *single file* ◆ **6.1** in ~ *in single file.*

ganzenpastei 0.1 *pâté de foie gras* ⇒*goose liver pâté.*

ganzenpen, -veer 0.1 *(goose) quill (pen).*

ganzenvoet ⟨plantk.⟩ **0.1** *goosefoot* ⟨mv. regelmatig⟩.

ganzerik I ⟨de (m.)⟩ **0.1** [mannetjesgans] *gander;* **II** ⟨de⟩ **0.1** [plantengeslacht] *cinquefoil, tormentil* ◆ **2.1** kruipende ~ *trailing t.*

gapen 0.1 [geeuwen] *yawn* **0.2** [met open mond staan staren] *gape* ⇒*gawk (at)* **0.3** [wijde opening hebben] *yawn* ⇒*gape* ◆ **1.3** een ~ de afgrond (ook fig.) *a yawning abyss;* er gaapt een diepe kloof tussen de twee partijen *there is a wide gap between the two parties;* een ~ de wond *a gaping wound* **3.1** ik zat voortdurend te ~ onder die film *I yawned my way through that film* **3.2** naar iets staan ~ *stand gaping at sth.* **6.1** ~ **van** verveling *y. with boredom.*

gaper 0.1 *(sign outside) chemist's shop.*

gappen ⟨inf.⟩ **0.1** *pinch* ⇒*swipe, lift, make off with* ◆ **1.1** ze hebben mijn fiets gegapt *they've (gone and) pinched my bike.*

garage 0.1 *garage* ◆ **6.1** de auto moet **naar** de ~ *the car has to go to the g.*

garagedeur 0.1 *garage door.*

garagehouder 0.1 ⟨eigenaar⟩ *garage owner;* ⟨exploitant⟩ *garage manager.*

garanderen 0.1 *guarantee* ⇒*warrant* ◆ **1.1** gegarandeerd echt goud *hallmarked gold* **2.1** gegarandeerd krimpvrij *guaranteed shrink resistant* **3.1** ik kan niet ~ dat je slaagt *I cannot g. that you will succeed* **4.1** dat garandeer ik je *I g. you that.*

garant 0.1 *guarantor* ⇒*guarantee underwriter* ⟨bv. van emissie⟩, ⟨jur.⟩ *surety* ◆ **3.1** ~ staan voor de schulden van zijn vrouw *stand surety for one's wife's debts;* zijn aanwezigheid staat ~ voor een gezellige avond *his presence ensures an enjoyable evening.*

garantie 0.1 *guarantee* ⇒*warranty* ◆ **2.1** levenslange ~ *lifetime g.* **3.1** ik geef je de ~ dat ... *I guarantee you that ...* **6.1** dat valt niet **onder** de ~ *that is not covered by the g.,* drie jaar garantie **op** iets krijgen *get a three year g. on sth.*

garantiebewijs, -certificaat, -kaart 0.1 *guarantee (card)* ⇒*warranty, certificate of guarantee.*

garantietermijn 0.1 *period / term of guarantee, warranty period* ◆ **3.1** de ~ is verlopen *the (period / term of) guarantee has expired.*

garantievoorwaarden 0.1 *guarantee conditions, terms of guarantee.*

garde I ⟨de⟩ **0.1** [lijfwacht, keurbende] *guard* **0.2** [keukengereedschap] *whisk* ⇒*beater* ◆ **2.1** de nationale ~ *the national g.* **2.¶** ⟨iemand van⟩ de oude ~ *(one / a member of) the Old Guard;* **II** ⟨de (m.)⟩ **0.1** [gardist] *guard* ◆ **2.1** revolutionaire ~n *revolutionary guards.*

garderobe 0.1 [kledingstukken] *wardrobe* **0.2** [vestiaire] *cloakroom* ◆ **2.1** een uitgebreide ~ bezitten *possess an extensive w.*

garderobejuffrouw 0.1 *cloakroom attendant, hatcheck girl.*

gareel 0.¶ ⟨fig.⟩ iem. (weer) **in** het ~ brengen *bring s.o. to heel, make s.o. toe the line;* ⟨fig.⟩ de boel **in** het ~ houden *keep the place under control;* **in** het ~ lopen / blijven *toe the line.*

garen 0.1 *thread, yarn* ◆ **1.1** een klosje ~ *a reel of t.;* een kluwen ~ *a ball of y.* **3.1** ⟨fig.⟩ met hem is het moeilijk ~ te spinnen *he is difficult to deal with;* ⟨fig.⟩ ~ spinnen bij *reap profit from.*

garen-en-bandwinkel 0.1 ⁿ*haberdashery.*

garenklos 0.1 *spool* ⇒*reel.*

garibaldi 0.1 ⁿ*bowler (hat),* ᴬ*derby.*

garnaal 0.1 *shrimp* ⇒⟨steur⟩ *prawn* ◆ **2.1** Noorse garnalen ⟨als gerecht⟩ *scampi* **3.1** garnalen eten *eat shrimp / prawns;* garnalen pellen *peel shrimps.*

garnalencocktail 0.1 *shrimp / prawn cocktail.*

garnalenvisserij 0.1 *shrimping, prawning* ⇒*shrimp / prawn fishing.*

garneersel →garnituur 0.1.

garneren 0.1 *garnish* ⟨vnl. gerechten⟩; *trim, decorate* ⟨kleding⟩ ◆ **1.1** een salade ~ met een schijfje tomaat *garnish a salad with a slice of tomato.*

garnering 0.1 ⟨mbt. gerechten⟩ *garnishing;* ⟨kleding⟩ *trimming, decoration* **0.2** →garnituur 0.1.

garnituur 0.1 [garneersel] *garnish(ing)* ⇒*trim(ming(s))* **0.2**

garnizoen - gastvoorstelling

[stel voorwerpen ter versiering] *accessories* ⟨mv.⟩ ⇒⟨stel⟩ *set,* ⟨stel⟩ *ensemble* **0.3** [keuze] *rate* ⇒*class* ◆ **1.1** een ~ van zijde *a silk trim* **2.2** zij droeg een prachtig diamanten ~ *she wore a magnificent set of diamonds* **7.3** van het tweede ~ *second r.*

garnizoen 0.1 *garrison* ◆ **3.1** ~ houden *be garrisoned (at/in).*

garnizoenscommandant 0.1 *garrison commander.*

garnizoensplaats, -stad 0.1 *garrison (town).*

gas 0.1 [stof in luchtvormige toestand] *gas* **0.2** [motorgas] *mixture* ⇒⟨inf.⟩ *gas* **0.3** [brandbaar mengsel] *gas* ⇒⟨voor auto's ihb.⟩ *LPG* **0.4** [gasfornuis] *gas (cooker/stove/oven)* ◆ **1.3** ~, water en elektra *g., water and electricity* **2.1** ⟨nat.⟩ een ideaal ~ *a(n) perfect/ideal g.;* vloeibaar ~ *liquid g.* **3.2** ~ geven *step on the gas;* ~ terugnemen ⟨lett.⟩ *throttle back;* ⟨fig.⟩ *go easy, take things easy;* ⟨beide⟩ *ease up* **3.3** het ~ opnemen *read the g.* **3.4** het ~ aansteken/uitdraaien *light/turn off the g.* **5.2** vol ~ de bocht door *(round the bend) at full speed* **5.4** het ~ hoger/lager draaien *turn up/down the g.* **6.2** de auto rijdt **op** ~ *the car runs on LPG* **6.3 op** ~ koken *cook with/by g.* **6.4** iets **op** het ~ zetten *put sth. on (the g.).*

gasaanleg 0.1 *gas fitting/installation.*

gasaansteker 0.1 *gas lighter.*

gasachtig 0.1 *gaseous* ⇒*gassy.*

gasafsluiting 0.1 *turning off/disconnecting the gas* ⇒⟨als strafmaatregel⟩ *cutting off the gas.*

gasbedrijf 0.1 ⟨productie⟩ *gasworks;* ⟨levering⟩ *gas company.*

gasbel 0.1 [in een vloeistof] *gas bubble/pocket* **0.2** [in de aardschors] *gas field/deposit.*

gasboiler 0.1 *gas boiler* ⇒*hot-water heater.*

gasbrander 0.1 [gaspit] *gas burner* **0.2** [toestel] *gas burner* ⇒*gas ring.*

gasbuis →*gasleiding.*

Gascogne 0.1 *Gascony.*

gasconstante ⟨nat.⟩ **0.1** *gas constant.*

gasdampen 0.1 *gas fumes/vapours.*

gasdicht 0.1 *gas-proof, gastight* ◆ **3.1** iets ~ afsluiten *make sth. gas-proof.*

gasdruk 0.1 *gas pressure.*

gasexplosie 0.1 *gas explosion.*

gasfabriek 0.1 *gasworks* ⇒*gas plant.*

gasfitter 0.1 *gas fitter;* ⟨tevens loodgieter⟩ *plumber.*

gasfles 0.1 *gas cylinder/cannister.*

gasfornuis 0.1 *gas cooker.*

gasgeiser 0.1 *gas water-heater/boiler* ⇒⟨BE ook⟩ *geyser.*

gashendel, gashendel 0.1 *throttle (lever).*

gaskachel, -haard 0.1 *gas heater/fire.*

gaskamer 0.1 *gas chamber* ⇒*gas oven, lethal chamber,* ⟨voor ongedierte⟩ *fumatorium,* ⟨voor ongedierte⟩ *fumigation chambre.*

gasketel 0.1 *gasholder* ⇒*gasometer.*

gaskomfoor 0.1 ⟨fornuis⟩ *gas cooker* ⇒⟨pit⟩ *gas ring.*

gaskraan 0.1 *gas tap* ◆ **3.1** de ~ open/dichtdraaien *turn on/off the g. (t.).*

gaslamp, -lantaarn 0.1 *gas lamp* ⇒*gaslight.*

gasleiding 0.1 *gas pipe(s)* ⇒⟨huisaansluiting⟩ *service pipe,* ⟨hoofdleiding⟩ *gas main(s)* ◆ **3.1** een ~ aanleggen *install gas.*

gaslek 0.1 *gas leak(age).*

gaslicht 0.1 *gaslight.*

gaslucht 0.1 *gas smell, smell of gas.*

gasmasker 0.1 *gas mask.*

gasmengsel 0.1 *gas mixture* ⇒*gas compound.*

gasmeter 0.1 *gasmeter.*

gasmotor 0.1 *gas engine/motor* ⇒*vapour engine.*

gasolie 0.1 *gas oil.*

gasoven 0.1 ⟨in keuken⟩ *gas oven.*

gaspatroon 0.1 *gas cartridge.*

gaspedaal 0.1 *accelerator (pedal)* ◆ **3.1** het ~ indrukken/intrappen *step on/press down the a.*

gaspijp 0.1 *gas pipe(-line)* ⇒*gas fitting.*

gaspit 0.1 [brander] *gas ring/burner* **0.2** [spits buisje] *gas burner/nozzle* **0.3** [gasvlam] *gas jet, gaslight.*

gasprijs 0.1 *gas price.*

gasrekening 0.1 *gas bill.*

gasslang 0.1 *gas hose/tube.*

gasstel 0.1 *gas ring/burner/range.*

gast 0.1 [logé, eter] *guest* ⇒*visitor* **0.2** [mbt. de horeca] *guest* ⇒*visitor, customer* **0.3** [sport; mv.] *guests* ⇒*visiting/guest team/players, visitors* **0.4** [inf.; persoon] *customer* ⇒*fellow* ◆ **2.1** ongenode ~en *uninvited guests;* ⟨inf.⟩ *gatecrashers* **2.2** vaste ~en ⟨hotel⟩ *regular guests;* ⟨restaurant, café⟩ *regular customers;* ⟨inf.⟩ *regulars* **2.4** wat een rare ~ ben je toch! *you're an odd c. indeed!* **3.1** ~en ontvangen *entertain (guests)* **3.4** die ~en zijn altijd te laat *that bunch are always late* **6.1** bij iem. **te** ~ zijn *be s.o.'s g.*

gastank 0.1 *gas tank.*

gastanker 0.1 *gas tanker.*

gastarbeid 0.1 *foreign labour.*

gastarbeider 0.1 *immigrant worker* ⇒*guest worker.*

gastarief 0.1 *gas rate/tariff.*

gastcollege 0.1 *guest lecture.*

gastdirigent 0.1 *guest conductor* ◆ **8.1** als ~ optreden *appear as g. c.*

gastdocent 0.1 *visiting lecturer.*

gastdocentschap 0.1 *visiting lectureship* ◆ **3.1** een ~ vervullen *be (a) visiting lecturer.*

gastenboek 0.1 [in een hotel] *hotel register* ⇒*visitors'/guest book* **0.2** [mbt. een instelling/receptie] ⟨begrafenis⟩ *(mourners'/attendants') register;* ⟨receptie, kerk enz.⟩ *visitors' book.*

gastgezin 0.1 [gezin dat tijdelijk gastvrijheid biedt] *host family* **0.2** [pleeggezin] *foster family.*

gastheer 0.1 [heer des huizes] *host* **0.2** [sport] *host* ⇒*home team/players/club* ◆ **8.1** als ~ optreden *act as h.*

gasthoogleraar 0.1 *visiting professor.*

gasthoogleraarschap 0.1 *visiting professorship.*

gasthuis 0.1 *hospital.*

gastland 0.1 *host country* ◆ **8.1** als ~ optreden voor het Eurovisie songfestival *host the Eurovision song contest.*

gastoestel 0.1 *gas appliance.*

gastoevoer 0.1 *gas supply* ◆ **3.1** de ~ afsluiten *cut/shut off the g. s.*

gastoptreden 0.1 *guest appearance/performance.*

gastouder 0.1 *host mother/father/*⟨mv.⟩ *family.*

gastritis ⟨med.⟩ **0.1** *gastritis.*

gastrol 0.1 *guest appearance* ◆ **3.1** een ~ spelen/vervullen *appear as guest artist.*

gastronomie 0.1 *gastronomy.*

gastronomisch 0.1 *gastronomic* ◆ **1.1** een ~ festijn *a g. feast.*

gastronoom 0.1 *gastronome* ⇒*gourmet.*

gastspeler 0.1 *visiting player.*

gastspreker, -spreekster 0.1 *guest speaker.*

gasturbine 0.1 *gas turbine.*

gastvoorstelling 0.1 *guest performance* ⇒*guest production* ◆ **3.1** een ~ geven *appear as a guest star.*

gastvrij 0.1 *hospitable* ⇒*welcoming* ◆ **1.1** een ~ onthaal vinden *receive a warm welcome* **3.1** iem. ~ onthalen *entertain s.o. well;* iem. ~ ontvangen/opnemen *extend a warm welcome to s.o.*

gastvrijheid 0.1 *hospitality* ◆ **3.1** bij iem. ~ genieten *enjoy s.o.'s hospitality* **6.1** bedankt **voor** de ~ *thank you for your h.*

gastvrouw 0.1 *hostess.*

gasuitlaat 0.1 *fume extractor.*

gasverbruik 0.1 *gas consumption.*

gasverbruiker 0.1 *gas consumer/user.*

gasverwarming 0.1 *gas heating* ⇒*gas-fired central heating* ◆ **6.1** met ~ *gas-heated.*

gasvlam 0.1 *gas flame* ⇒*gas jet.*

gasvormig 0.1 *gaseous* ⇒*gassy, gasiform.*

gasvorming 0.1 *gasification* ⇒*formation/generation of gas* ◆ **3.1** indien ~ optreedt *in the event of gas being formed.*

gasvrij 0.1 *gas free* ⇒*free of gas.*

gasvulling 0.1 *gas-filled cartridge.*

gaswolk 0.1 *gas cloud* ⇒*concentration of gas.*

gat 0.1 [door geweld/slijtage ontstane opening] *hole* ⇒*gap,* ⟨dijk, muur ook⟩ *breach* **0.2** [met opzet gemaakte opening] *hole* ⇒*gap, opening* **0.3** [uitholling] *hole* ⇒*cavity* **0.4** [afgelegen stadje/dorp] *hole* ⇒*dump* **0.5** [kont] *bottom* ⇒ *butt* **0.6** [mv.; ogen] ⟨zie 6.6⟩ **0.7** [verwonding] *cut* ⇒*gash* **0.8** [geldw.] *deficit* ◆ **1.2** iem. het ~ v.d. deur wijzen *show s.o. the door.* **1.3** een weg vol kuilen en ~en *a road full of potholes* **2.1** ⟨ster.⟩ zwart ~ *black h.* **2.5** hij liep in z'n blote ~ *he walked around (in the) nude* **3.1** een ~ dichten *stop a h./gap;* een ~ maken in *make a h. in (sth.)* **3.5** ⟨vulg.⟩ zijn ~ aan iem. afvegen *treat s.o. like shit;* ⟨vulg.⟩ iem. z'n ~ likken *lick s.o.'s arse/ᴬass, suck up to s.o.* **3.7** zij viel van ~ in haar hoofd *she fell and cut her head* **3.8** het ene ~ met het andere stoppen *rob Peter to pay Paul* **3.¶** ⟨sport⟩ er vielen steeds meer ~en in de verdediging *there were more and more gaps in the defence* **6.1** ⟨fig.⟩ een ~ **in** de lucht springen *jump for joy;* ⟨fig.⟩ een ~ **in** de dag slapen *sleep far into the day/oversleep for hours;* hij heeft een ~ **in** z'n hand ⟨fig.⟩ *he has a h. in his pocket;* een ~ **in** zijn/haar hand hebben ⟨fig. ook⟩ *spend money like water* **6.2** ⟨fig.⟩ een ~ **in** de markt ontdekken *discover a gap/h. in the market* **6.3** een ~ **in** je kies *a h./cavity in your tooth* **6.5** iem. (steeds) **achter** zijn luie ~ moeten zitten *(have to) breathe down s.o.'s neck, keep on at s.o.;* **op** z'n (luie) ~ zitten *sit (back) on one's ass;* ⟨fig.⟩ dat ligt **op** zijn ~ *that's on its last legs, that's had it* **6.6** iets **in** de ~en hebben *realize/be aware of sth.;* iem./iets **in** de ~ houden *keep an eye on s.o./ sth.;* niets **in** de ~en hebben *be quite unaware of anything;* iets **in** de ~en krijgen *realize/become aware of sth.;* ⟨inf.⟩ ᴬ*wise up (to);* hij kreeg in de ~en dat ...*he realized that ...;* **in** de ~en lopen *attract (too much) attention* **6.8** er is een ~ **van** enige tonnen *there is a d. of several hundred thousand* **7.2** ergens geen ~ meer in zien *not see any way ahead/out,* be up against a brick wall.

gatenkaas 0.1 *cheese with holes;* ⟨inf.⟩ *holey cheese.*

gatenplant 0.1 *Swiss cheese plant, monstera.*

gaullisme 0.1 *Gaullism.*

gaullist 0.1 *Gaullist.*

gauw I ⟨bn., bw.⟩ **0.1** [snel] *quick* ⇒*fast,* ⟨te snel⟩ *hasty* ◆ **1.1** ga zitten en ~ een beetje *sit down and hurry up about it!/ and make it snappy!* **3.1** ga nu maar ~ *off you go now!;* dat heb je ~ gedaan, dat is ~ *that was q. (work);* ik zal maar ~ even gaan *I'll just/'d better go quickly;* ik zou maar ~ een jurk aantrekken *(if I were you) I'd just slip into a dress* **5.1**

hij wist niet hoe ~ hij er vandoor moest gaan *he couldn't get away q. enough;* **II** ⟨bw.⟩ **0.1** [mbt. tijd] *soon* ⇒*before long* **0.2** [gemakkelijk] *easily* ◆ **2.2** ik ben niet ~ bang, maar ...*I'm not e. scared, but ...;* ~ vuil worden *get dirty e.* **3.1** dat zie ik niet ~ gebeuren *I can't see that happening s.;* ik merkte al ~ dat ...*I s. noticed that ...* **3.2** dat kost al ~ ƒ100 *that can e. cost 100 guilders* **3.¶** ⟨fig.⟩ kom/ga nou ~ *get away!* **5.1** hij had er al ~ genoeg van *he had s. had enough (of it);* hij zal nu wel ~ hier zijn *he won't be long now;* dat zou ik zo ~ niet weten *I couldn't say offhand* **5.2** die zal ik ook zo ~ niet meer uitnodigen *I won't invite him/her again* **8.¶** zo ~ ik iets weet, zal ik je bellen *as soon as I hear anything I'll ring you.*

gauwdief 0.1 *cunning/sly thief* ⇒⟨tasjesdief⟩ *snatcher,* ⟨zakkenroller⟩ *pickpocket.*

gauwigheid 0.1 *hurriedness* ⇒*hurry, haste* ◆ **6.1** in de ~ vergat hij haar te feliciteren *in his haste he forgot to congratulate her.*

gave 0.1 [geschenk] *gift* ⇒⟨gift⟩ *donation, endowment* **0.2** [talent] *gift* ⇒*talent* ◆ **2.1** hartelijk dank voor uw gulle ~n *many thanks for your generous gifts* **2.2** een man van grote ~n *a highly gifted man* **3.2** zij heeft de ~ goed te kunnen improviseren *she has the knack of improvisation.*

Gazastrook 0.1 *Gaza Strip.*

gazelle 0.1 *gazelle.*

gazen 0.1 *gauze* ⇒*net* ◆ **1.1** een ~ sluier *a net veil.*

gazeuse 0.1 *fizzy soft drink.*

gazon 0.1 *lawn.*

gazonsproeier 0.1 *lawn sprinkler.*

ge 0.1 ⟨dialect⟩ *you;* ⟨rel.⟩ *thou.*

geaard 0.1 [met de aarde verbonden] *earthed* **0.2** [met een bepaalde aard] *natured* ⇒*inclined, tempered* ◆ **1.1** een ~ stopcontact *an e. socket* **5.2** anders ~ *otherwise inclined.*

geaardheid 0.1 *disposition* ⇒*nature, inclination* ◆ **2.1** seksuele ~ *sexual inclination.*

geaarzel 0.1 *dithering* ◆ **3.1** hou op met dat ~ *stop dithering!*

geabonneerd ◆ **3.¶** ~ zijn (op) *have a subscription (to)* **6.¶** wij zijn ~ **op** de Times *we take the Times.*

geabonneerde 0.1 *subscriber.*

geaccepteerd 0.1 *accepted* ◆ **1.1** een ~ gebruik *an a. custom.*

geacht 0.1 *respected* ⇒*esteemed* ◆ **1.1** de ~e afgevaardigde de heer/mevrouw ...*the honourable member ...,* ᴬ*Congressman/woman;* Geachte Heer/Mevrouw *Dear Sir/ Madam;* ~e toehoorders/luisteraars *Ladies and Gentlemen* **3.1** algemeen ~ zijn *be held in general esteem.*

geaderd 0.1 *veined* ⇒*venous* ◆ **5.1** blauw ~ *blue-veined.*

geadopteerd 0.1 *adopted* ⇒*adoptive* ◆ **1.1** een ~ kind *an adopted child.*

geadresseerde 0.1 *addressee* ⇒⟨mbt. goederen⟩ *consignee.*

geaffecteerd 0.1 *affected* ⇒*mannered, la(h)-di-da(h)* ◆ **1.1** haar uitspraak is een beetje ~ *her speech is a bit la-di-da* **3.1** ~ spreken *talk posh.*

geagiteerd 0.1 *excited* ⇒*agitated, flushed* ◆ **1.1** ⟨hand.⟩ de markt was ~ *trade was nervous* **3.1** ~ zijn/raken *be agitated/e.*

geallieerden 0.1 *Allies.*

geamuseerd 0.1 *amused* ◆ **3.1** ~ naar iets kijken *watch sth. in amusement.*

geanimeerd 0.1 *animated* ⇒*lively, warm* ◆ **1.1** een ~ gesprek *an a./lively conversation.*

geankerd 0.1 *at anchor* ⇒*moored* ◆ **3.1** ~ liggen *lie at anchor.*

gearmd 0.1 [arm in arm] *arm in arm* ⇒*with arms linked/*

locked **0.2** [in samenst.] *-armed* ♦ **3.1** ~ gaan/lopen/ wandelen *walk arm in arm* **5.2** langgearmd *long-a.*

gearresteerde 0.1 *prisoner* ⇒*detainee, arrested person.*

gearriveerd ⟨vaak pej.⟩ **0.1** *settled* ⇒*well-to-do* ♦ **3.1** er ~ uitzien *look well-to-do.*

geavanceerd 0.1 [vooruitstrevend] *progressive* ⇒*advanced* **0.2** [het meest gevorderd] *advanced* ⇒*latest* ♦ **1.2** ~e technieken *a. techniques* **6.1** ~ in zijn denkbeelden *with p. ideas.*

GEB 0.1 [Gemeentelijk Energiebedrijf] ⟨*ᴮlocal gas and electricity board,* ᴬ*public utilities*⟩.

gebaand 0.1 *beaten* ⇒*levelled* ♦ **1.1** ⟨fig.⟩ ~e wegen gaan/ bewandelen *keep to/walk the b. track.*

gebaar 0.1 [beweging van lichaamsdelen] *gesture* ⇒*sign(al)* **0.2** [handeling] *gesture* ⇒*move* ♦ **1.1** expressie in woord en ~ *expression in word and g.* **2.1** sprekende gebaren *expressive gestures* **2.2** dat is alleen maar een symbolisch ~ *it's only a symbolic/token g.;* een vriendelijk ~ aan zijn adres *a g. of friendliness towards him* **6.1** door een ~ beduidde zij hem bij haar te komen *she motioned him to come over;* met gebaren iets duidelijk maken *signal/gesture sth.*

gebabbel 0.1 *chat(ter)* ⇒*babble.*

gebak 0.1 *pastry* ⇒*confectionery, cake(s)* ♦ **1.1** ~ van bladerdeeg *puff (p.)* **2.1** Moskovisch ~ ±*sponge cake;* vers ~ *fresh p./confectionery* **6.1** koffie met ~ *coffee and cake(s).*

gebakje 0.1 *(fancy) cake* ⇒*pastry* ♦ **2.1** Moskovisch ~ ±*madeleine* **3.1** op ~s trakteren *treat (s.o.) to cake(s).*

gebakken 0.1 ⟨in oven⟩ *baked;* ⟨in pan⟩ *fried* ♦ **1.1** ~ aardappelen/vis *fried potatoes/fish* **3.¶** het is/zit ~ *it's all (been) taken care of;* je zit (daar) ~ *you're sitting pretty, you've got it made.*

gebakschoteltje 0.1 *tea/side plate.*

gebakstel 0.1 *cake/tea plates.*

gebaren 0.1 *gesture* ⇒*gesticulate,* ⟨wenken⟩ *beckon,* ⟨om iets duidelijk te maken⟩ *signal,* ⟨om iets duidelijk te maken⟩ *motion* ♦ **6.1** met armen en benen ~ *gesticulate wildly* **¶.1** hij gebaarde me door te lopen *he waved me on.*

gebarentaal 0.1 *sign language* ♦ **6.1** zich in ~ uitdrukken *express o.s. through s.l.*

gebarsten 0.1 *cracked* ⇒⟨in stukken⟩ *broken* ♦ **1.1** ~ lippen *chapped lips;* ⟨fig.⟩ een ~ stem *a creaky voice.*

gebazel 0.1 *drivel(ling)* ⇒*gibberish.*

gebed 0.1 *prayer* ⇒*devotions,* ⟨aan tafel⟩ *grace* ♦ **2.1** stil ~ *silent p.* **3.1** hardop een ~ doen *pray out loud;* mijn ~en werden verhoord *my prayers were answered* **6.1** iem. in zijn ~ gedenken *remember s.o. in one's prayers;* een boek met ~en *a p. book;* het ~ vóór de maaltijd *(saying) grace* **¶.1** ⟨fig.⟩ dat is een ~ zonder einde *it's a never-ending story.*

gebedel 0.1 *begging.*

gebedenboek 0.1 *prayer book* ⇒⟨angl.⟩ *Book of Common Prayer.*

gebedsdienst 0.1 *prayer service.*

gebedsgenezer 0.1 *faith healer.*

gebedsgenezing 0.1 *faith healing.*

gebedskleed 0.1 *prayer rug.*

gebeente 0.1 [beendergestel] *bones* **0.2** [skelet] *skeleton* ♦ **6.1** zwaar van ~ *with heavy b.* **¶.1** wee je ~! *woe betide you!, don't you dare!*

gebeiteld ⟨inf.⟩ ♦ **3.¶** hij zit ~ *he's sitting pretty, he's got it made;* dat zit ~ *that's all been arranged.*

gebekt 0.1 *-billed, -beaked* ♦ **3.¶** (goed) ~ zijn *have the gift of the gab; have a ready wit.*

gebelgd →*verbolgen.*

gebergte 0.1 [groep van bergen] *mountains* **0.2** [bergketen] *mountain range* ⇒*chain of mountains* ♦ **2.1** ⟨geol.⟩ oud/ jong ~ *old/young m.* **2.2** het Karpatische ~ *the Carpathians/Carpathian Mountains.*

gebeten ♦ **6.¶** ~ zijn op iem. *bear a grudge against s.o.*

gebeuk 0.1 *battering* ⇒*beating,* ⟨ihb. golven⟩ *pounding* ♦ **6.1** de deur bezweek onder het ~ *the door gave way under the battering.*

gebeurde 0.1 *incident* ⇒*event* ♦ **6.1** hij wist zich niets van het ~ te herinneren *he couldn't remember anything of what had happened.*

gebeuren¹ ⟨het⟩ **0.1** *event* ⇒*incident, happening* ♦ **2.1** een eenmalig ~ *a unique e.;* een opmerkelijk ~ *a remarkable e.*

gebeuren² ⟨onov.ww.⟩ **0.1** [plaatsvinden] *happen* ⇒*occur, take place* **0.2** [gedaan worden] *be done* ⇒*happen* **0.3** [overkomen] *happen* ⇒*occur* ♦ **1.1** er is een ongeluk gebeurd *there's been an accident* **1.3** dat kan de beste ~ *it could h. to anyone* **3.1** dat moest wel ~ *it was bound to h.;* wat (er) ook ~ moge *come what may;* zij voelden dat er iets stond te ~ *there was a feeling of things about to h.* **3.2** er moet nog heel wat ~, voor het zo ver is *we have a long way to go yet;* wat moet er met die boeken ~? *what's to be done with these books?* **3.3** het zou u ook kunnen ~ *it could h. to you (too);* dat zal me niet meer ~ *I'm not going to let that h. again* **4.1** voor ze (goed) wist wat er gebeurde *(the) next thing she knew;* er gebeurt hier nooit iets *nothing ever happens here;* ⟨pregn.⟩ alsof er niets gebeurd was *as if nothing had happened;* wat gebeurd is, is gebeurd *what's done is done;* hij kwam kijken wat er gebeurde *he came to see what was going on* **4.3** het zal je ~! *imagine (sth. like that happening to you)!;* er kan niets (mee) ~ *nothing's going to h. (to it)* **4.¶** in A., dáár gebeurt het *in A., that's where it's at* **5.1** dat gebeurt niet meer, begrepen? *I won't have anymore of that, understand?;* een waar gebeurd feit *a historical fact* **5.2** maar het moet wel goed/voorzichtig ~ *but it must be done properly/with care;* het is zó gebeurd *it'll only take a second/minute* **6.1** wat is er met jou gebeurd? *what's happened to you?* **6.2** er moet nog het een en ander **aan** ~ *it needs a bit more work* **6.¶** het is met hem gebeurd *he's had it, he's done for* **¶.1** voor als er iets gebeurt *just in case;* het is net of het gisteren gebeurd is *it seems like yesterday* **¶.2** wat zij zegt, gebeurt ook *what she says, goes;* als het maar gebeurt *as long as it's done;* dat gebeurt wel meer *these things do happen.*

gebeurtenis 0.1 [voorval] *event* ⇒*occurrence, incident* **0.2** [evenement] *event* ♦ **2.1** dat is een belangrijke ~ *that's a major e.;* de belangrijkste ~ v.h. jaar *the e. of the year;* latere ~sen *later/subsequent events/developments;* een nationale ~ *an e. of national importance;* een onvoorziene ~ *an unforeseen occurrence/incident;* een plan voor onvoorziene ~sen *a contingency plan* **2.2** een eenmalige ~ *a unique occasion.*

gebied 0.1 [streek/land waarover men heerst] *territory* ⇒*domain* **0.2** [terrein] *area* ⇒*district, region* **0.3** [afdeling] *field* ⇒*department* **0.4** [grondgebied] *territory* ⇒*land* ♦ **1.1** het ~ der Romeinen *the Roman t.* **1.4** het ~ der Nederlanden *Dutch soil* **2.2** een groot ~ bestrijken *cover a large a.;* onderontwikkelde/achtergebleven ~en *underdeveloped/depressed areas/regions;* tot verboden ~ verklaren *declare (to be) a no-go a.* **2.3** op ecologisch ~ *in the f. of ecology;* vragen op financieel/fiscaal/juridisch/medisch ~ *financial/tax/legal/medical problems* **6.3** wij verkopen alles op het ~ van ...we *sell everything (which has) to do with ...;* er is hier niet veel **op** het ~ van amusement *there's little in the way of entertainment here;* het laatste snufje **op** het ~ van computers *the latest (thing) in computers.*

gebieden 0.1 [gelasten] *order* ⇒*dictate* **0.2** [mbt. onstoffelij-ke zaken] *compel* ⇒*necessitate* ◆ **1.2** het fatsoen gebiedt mij te zwijgen *decency compels me to remain silent;* doen wat je geweten / plicht gebiedt *follow one's conscience, do one's duty;* de zorgvuldigheid die in zulke gevallen gebo-den is *the care required in these cases* **3.1** iem.~ door te lopen *order s.o. to move on;* iem.~ te zwijgen *bind s.o. to secrecy.*

gebiedend 0.1 [mbt. woorden / gebaren] *authoritative* ⇒ *commanding,* ⟨geen tegenspraak duldend⟩ *peremptory,* ⟨aanmatigend⟩ *imperious* **0.2** [dwingend] *imperative* ⇒ *vital, compulsive* **0.3** [taal.] *imperative* ◆ **1.1** op ~e toon spreken *speak in a peremptory tone* **1.2** een ~ voorschrift *a binding instruction* **1.3** ~e wijs *i. mood, imperative* **3.1** ~ naar iets wijzen *gesture peremptorily at sth.*

gebiedsdeel 0.1 *territory* ◆ **2.1** de overzeese gebiedsdelen *the overseas territories.*

gebiedsuitbreiding 0.1 *territorial expansion/extension.*

gebiesd 0.1 *trimmed* ◆ **1.1** een met goud ~-e kraag *a collar t. with gold.*

gebint(e) 0.1 *truss.*

gebit 0.1 [tanden en kiezen] *(set of) teeth* **0.2** [kunstgebit] *(set of) dentures* ⇒*(set of) false teeth* ◆ **2.1** een goed ~ hebben *have a good set of t.;* een regelmatig / onregelma-tig / sterk ~ *regular/irregular/strong t.* **3.2** zij kreeg op haar twintigste een ~ *she had d. at twenty.*

gebitsbeschermer 0.1 *mouthpiece.*

gebitsverzorging 0.1 *dental care.*

geblaas 0.1 [het spelen op een blaasinstrument] *blaring* ⇒ *sounding* **0.2** [het blazen] *blowing* ⇒⟨hijgend⟩ *puffing,* ⟨kat, slang⟩ *hissing* ◆ **1.1** dat getoeter en ~ v.d. straatmuzi-kanten maakt me dol *the b. of that street band is driving me mad* **6.2** onder ~ en gesteun sleepte hij zijn last voort *puffing and panting he dragged on his load.*

gebladerte 0.1 *foliage* ⇒*leafage* ◆ **2.1** met dicht ~ *thick-leaved.*

geblaf 0.1 [handeling] *barking; baying* **0.2** [keer] *bark; yap.*

geblesseerd 0.1 ⟨vnl. sport⟩ *injured.*

geblesseerde 0.1 ⟨sport⟩ *injured player.*

geblindeerd 0.1 *shuttered, blocked out* ⟨raam⟩; *armoured* ⟨voertuig⟩.

gebloemd 0.1 *floral (patterned)* ⇒*flowered* ◆ **1.1** ~ behang *floral (patterned) wallpaper.*

geblokkeerd 0.1 [mbt. havens] *blockaded* ⇒⟨door ijs⟩ *ice-bound* **0.2** [mbt. wegen] *blocked* **0.3** [mbt. gelden] *blocked* ⇒*frozen* ◆ **1.3** een ~e rekening *a frozen account* **3.¶** de wielen raakten ~ *the wheels locked.*

geblokt 0.1 *chequered* ◆ **1.1** ~e servetten *c. serviettes.*

gebluf 0.1 *bragging* ⇒*bluffing.*

gebocheld 0.1 *hunchbacked* ⇒*humpbacked.*

gebochelde 0.1 *hunchback* ⇒*humpback* ◆ **1.1** de ~ v.d. No-tre-Dame *the hunchback of the Notre-Dame.*

gebod 0.1 *order* ⇒*command,* (jur.) *injunction* ◆ **1.1** ~en en verboden *(inf.) do's and don'ts* **3.1** een ~ uitvaardigen *is-sue an o. / injunction* **6.1** van God noch ~ weten *be godless;* ⟨ook⟩ *be a law unto o.s.* **7.1** de tien ~en *the Ten Command-ments* **7.¶** ⟨scherts.⟩ met zijn tien ~en eten *eat with one's fingers.*

geboefte 0.1 *riff-raff* ⇒*scum (of the earth).*

gebogen 0.1 *bent* ⇒*curved* ◆ **1.1** met ~ hoofd *with bowed head / head bowed;* een ~ rug *a crooked/b. back* **3.1** ~ lo-pen *walk with a stoop.*

gebonden 0.1 [niet vrij] *bound* ⇒*tied (up), committed* **0.2** [boek.] *bound* **0.3** [niet dun vloeibaar] *thick* ⇒*creamy* **0.4**

[muz.] *legato* ◆ **1.2** een ~ boek *a hardback* **1.3** ~ asperge-soep *cream of asparagus (soup)* **1.4** ~ noten ⟨in muziek-schrift⟩ *slurred notes;* ~ spel *legato* **2.1** niet contractueel ~ *not b. by contract* **6.1** aan handen en voeten ~ zijn *be b. hand and foot;* aan huis ~ *housebound;* niet aan regels ~ *not b. by rules;* niet aan een partij - *non-party;* ik ben niet aan tijd ~ *my time is my own.*

gebondenheid 0.1 [het onvrij-zijn] *lack of freedom / spare time* ⇒*restraint* **0.2** [verbondenheid] *consistency* ⇒ *alignment* **0.3** [mbt. soepen, sauzen] *thickness* ◆ **1.1** vrij-heid in ~ *freedom in restraint.*

geboorte 0.1 [het geboren worden] *birth* ⇒⟨med.⟩ *delivery* **0.2** [afkomst] *birth* ⇒*ancestry* ◆ **1.1** voor / na Christus' ~ *before/after (the b. of) Christ; B.C., A.D.* **2.2** iem. van aan-zienlijke / van lage ~ *a high-born/low-born person;* van twijfelachtige ~ *of doubtful ancestry / origin* **6.1** bij de ~ woog het kind ... *the child weighed ... at b.;* de moeder stierf bij de ~ v.h. kind *the mother died in childbirth;* (van) na de ~ *(post)natal;* een Limburger van ~ *a Limburger by b.;* vóór de ~ *antenatal, prenatal.*

geboorteaangifte 0.1 *registration of birth.*

geboorteakte 0.1 *birth-certificate, certificate of birth.*

geboortebeperking 0.1 [streven] *birth control* ⇒*family planning* **0.2** [middelen, methoden] *contraception* ⇒*fam-ily planning methods.*

geboortebewijs 0.1 *(copy of) birth-certificate.*

geboortecijfer 0.1 *birth rate* ⇒*natality* ◆ **1.1** een daling v.h.~ *a decline in the b. r.*

geboortedag 0.1 [verjaardag] *birthday* **0.2** [de dag van ie-mands geboorte] *birthday* ⇒*day of birth* ◆ **7.1** de hon-derdste / tweehonderdste ~ *the centenary / bicentenary of s.o.'s birth.*

geboortedaling 0.1 *decline in the birth rate.*

geboortedatum 0.1 *date of birth* ⇒*birth date.*

geboortedorp 0.1 *native village.*

geboortegolf 0.1 *baby boom.*

geboortehuis 0.1 *birthplace* ⇒*house of one's birth.*

geboortejaar 0.1 *year of birth.*

geboortekaartje 0.1 *birth announcement card.*

geboorteland 0.1 *native country* ⇒*country of origin* ◆ **1.1** zijn ~ België *his native Belgium.*

geboorteplaats 0.1 *place of birth* ⇒*birthplace.*

geboorteregister 0.1 *birth register* ⇒*register of births.*

geboortestad 0.1 *native city / town* ⇒*home town.*

geboortestreek 0.1 *native region / area.*

geboren 0.1 [gebaard] *born* **0.2** [al bij / door geboorte zijn-de] *born* ⇒*native* **0.3** [ontstaan] *born* ⇒*originated* ◆ **1.2** een ~ dichter *a b. poet;* een ~ Nederlander *a native Dutch-man;* mevrouw Jansen, geboren Smit *Mrs Jansen née Smit* **2.1** ergens ~ en getogen zijn *be b. and bred somewhere;* ik ben in Londen ~ en getogen *I'm a Londoner, b. and bred* **3.1** waar / wanneer bent u ~? *where/when were you b.?* **3.2** ~ zijn voor iets / om te *be destined/b. to* **5.1** een te vroeg ~ kind *a premature baby* **6.1** hij is In / te Almelo ~ *he was b. in Almelo* **6.3** de scheikunde is uit de alchemie ~ *chemistry had its origins in alchemy.*

geborgen 0.1 *safe* ⇒*secure* ◆ **3.1** zich ~ voelen *feel safe/ secure;* zich ~ weten *know o.s. (to be) / that one is safe.*

geborgenheid 0.1 *security* ⇒*safety.*

geborneerd 0.1 *narrow-minded, bigoted* ⟨karakter⟩; *nar-row* ⟨ideeën⟩.

geborrel 0.1 [het borrelen / opbruisen] *bubbling* ⇒*fizzing* **0.2** [het borrels drinken] *tippling* ⇒*have a drink* ◆ **3.2** om drie uur begint het ~ al *(the) drinks will be served from three o'clock.*

gebouw 0.1 [bouwwerk] *building* ⇒*structure, construction* **0.2** [het bouwen] *building* ⇒*construction (works)* ◆ **2.1** een groot/ruim ~ *a large/roomy b.;* een houten ~(tje) *a wooden structure* **6.1** in het ~ aanwezig *on the premises.*

gebouwd 0.1 〈ook in samenst.〉 *built* ⇒*constructed* ◆ **5.1** hij is fors/stevig ~ *he is well-b.;* mooi ~ zijn *have a fine figure, be well-proportioned.*

gebouwencomplex 0.1 *block/group of buildings.*

gebrabbel 0.1 *jabber* ⇒*gibberish,* 〈van kind〉 *prattle* ◆ **3.1** wat een ~ slaat hij uit *what a load of bull he's talking.*

gebral 0.1 *bragging.*

gebrand 0.1 *roasted* ⇒*burnt* ◆ **1.1** ~e amandelen *burnt/r. almonds* **3.**¶ erop ~ zijn te 〈gesteld op〉 *be keen/hot on;* 〈verlangend naar〉 *be dying to.*

gebrek 0.1 [tekort] *lack* ⇒*shortage, deficiency* **0.2** [armoede, gemis] *want* ⇒*need* **0.3** [kwaal] *ailment* ⇒*infirmity* **0.4** [geestelijke onvolkomenheid] *shortcoming* ⇒*weakness* **0.5** [mbt. zaken] *flaw* ⇒*fault, defect* ◆ **1.3** de ~en v.d. ouderdom *the ailments of old age* **1.5** de ~en v.e. gedicht opmerken *notice the flaws in a poem* **2.2** het nijpendste ~ *the most acute need* **3.1** groot ~ hebben aan *be greatly lacking in;* 〈sterker〉 *be in desperate need of;* ~ krijgen aan iets *run short of sth.* **3.2** ~ hebben/lijden *be in w./need, go short* **3.4** alle mensen hebben hun ~en *we all have our faults, no one's perfect* **3.5** een ~ verhelpen *correct a fault;* 〈ernstige〉 ~en vertonen 〈ook〉 *be (seriously) defective* **6.1** ~ aan personeel hebben *be short-handed;* ~ aan eetlust *loss of appetite;* bij ~ aan beter *for want of anything/sth. better* **6.**¶ in ~e blijven *fail (to do sth.);* 〈schulden te betalen〉 *(be in) default;* in ~e stellen *declare in default, hold/declare liable;* zonder ~en *flawless, faultless, perfect* **7.1** aan geld geen ~ *no l./shortage of money* ¶**.4** iem. zijn ~en onder de ogen brengen *point s.o.'s faults out to him.*

gebrekkig I 〈bn., bw.〉 **0.1** [met lichamelijke gebreken] *infirm* ⇒*ailing,* 〈dier ook〉 *lame* **0.2** [mbt. zaken] *faulty* ⇒*defective,* 〈ontoereikend〉 *inadequate,* 〈ontoereikend〉 *poor* ◆ **1.1** een ~ mens *an ailing person* **1.2** een ~ betoog/plan *an inadequate/a poor/f. argument/plan;* ~e huisvesting *poor/primitive housing;* een ~e kennis v.h. Engels *poor (knowledge of) English;* taal en stijl waren zeer ~ *language and style were very poor;*
II 〈bw.〉 **0.1** [op een gebrekkige wijze] *poorly* ⇒*inadequately,* 〈haperend〉 *haltingly* ◆ **3.1** een taal ~ spreken *speak a language p.;* zich ~ uitdrukken *express o.s. haltingly.*

gebrekkigheid 0.1 [mbt. personen] *infirmity* **0.2** [mbt. zaken] *defectiveness* ⇒*faultiness,* 〈ontoereikendheid〉 *inadequacy,* 〈ontoereikendheid〉 *imperfection.*

gebrild 0.1 *(be)spectacled.*

gebroeders 0.1 *brothers* ◆ **1.1** de ~ De Witt *the De Witt b.;* de ~ X, handelaren in wijnen *X Brothers/Bros., wine merchants.*

gebroken 0.1 [stuk] *broken;* 〈med.〉 *fractured* **0.2** [lichamelijk of geestelijk uitgeput] *broken* **0.3** [stamelend, gebrekkig] *broken* **0.4** [mbt. kleuren] *broken* **0.5** [onderbroken] *interrupted* ⇒*broken* ◆ **1.1** ~ lijn *b. line;* een ~ rib *a b./f. rib* **1.3** hij sprak haar in ~ Frans aan *he addressed her in b. French* **1.5** 〈muz.〉 ~ akkoorden *broken chords* **2.4** ~ wit *off-white* **3.2** zich ~ voelen *be a b. (wo)man.*

gebrom 0.1 [het brommen] *hum(ming)* ⇒〈van insecten enz.〉 *buzz(ing),* 〈van dieren〉 *growl(ing),* 〈van mensen, dieren ook〉 *grunt(ing),* 〈van vliegtuig enz.〉 *drone,* 〈van vliegtuig enz.〉 *droning* **0.2** [gemopper] *grumbling* ◆ **2.1** een goedkeurend ~ *a grunt of approval.*

gebronsd 0.1 *bronzed, (sun-)tanned.*

gebrouilleerd 0.1 *on bad terms* ◆ **6.1** met iem. ~ zijn *be on bad terms/have fallen out with s.o.*

gebruik 0.1 [het zich bedienen van iets] *use* ⇒*application,* 〈eten, drank〉 *consumption,* 〈pillen enz.〉 *taking* **0.2** [gewoonte] *custom* ⇒*habit* ◆ **1.1** het ~ van sterkedrank *(the) consumption of spirits;* het ~ van de tuin was hem toegestaan *he was allowed to use the garden* **1.2** de ~en v.e. land *the customs of a country* **2.1** voor algemeen ~ *for general u.;* voor eigen ~ *for personal u.;* alleen voor uitwendig ~ *for external u./application only* **2.2** het is een goed ~ dat ...... *is a good c.* **3.1** 〈geen〉 ~ van iets maken *(not) make u. of sth.;* van de gelegenheid ~ maken *take/seize the opportunity;* ~ maken van iets *use* a possibility; druk ~ maken van iets *use sth. a lot;* het juiste ~ maken van iets *put sth. to its proper u.* **6.1** in ~ hebben *have in u.;* meevallen in het ~ *be not so bad once you get used to him/her* 〈enz.〉; iets in ~ nemen/stellen *put/bring sth. into u.;* schudden voor het ~ *shake before u.* **6.2** buiten ~ zijn/raken *be out of use, fall into disuse;* in ~ zijn/komen/raken *be in/come into use.*

gebruikelijk 0.1 *usual* ⇒*customary,* 〈algemeen gebruikt〉 *common* ◆ **1.1** de ~e naam v.e. plant *the common name of a plant;* de ~e plichtplegingen *the u./customary ceremonies;* op de ~e wijze *in the u. way* **3.1** zoals (te doen) ~ is *as is customary* **6.1** het is ~ om ... *it is common practice to ...*

gebruiken I 〈ov.ww.〉 **0.1** [gebruik maken van] *use* ⇒*apply, take* 〈pillen enz.〉 **0.2** [nuttigen] *have* ⇒*take, consume* ◆ **1.1** de auto gebruikt veel brandstof *the car uses (up)/consumes a lot of fuel;* een geneesmiddel inwendig/uitwendig ~ *take/u. a medicine internally; u./apply a medicament/medication externally;* slaapmiddelen ~ *take sleeping pills/tablets;* zijn verstand ~ *u. one's common sense;* vork en mes ~ *u. a knife and fork* **1.2** gebruikt u suiker in de thee? *do you take sugar in your tea?* **3.1** dat kan ik net goed ~ *I could just u. that;* dat kan ik goed ~ *that comes in handy;* iets/iem. niet kunnen ~ *have no use for sth./s.o.* 〈ook fig.〉; ik zou best wat extra geld kunnen ~ *I could do with some extra money;* 〈fig.〉 slecht weer kunnen we niet ~ *we can do without bad weather;* zich gebruikt voelen *feel used;* iets/iem. weten te ~ *know how to use sth./s.o.* **4.2** wilt u ook iets ~? *can I get you anything?* **5.1** zijn tijd goed/slecht ~ *make good/bad use of one's time, put one's time to good/bad use;*
II 〈onov., ov.ww.〉 **0.1** [harddrugs innemen]〈onov.ww.〉 *be on/take drugs;* 〈ov.ww.〉 *be on, take.*

gebruiker 0.1 [iem. die iets gebruikt] *user;* 〈verbruiker〉 *consumer* **0.2** [drugsgebruiker] *drug taker, drugs user* ⇒ 〈verslaafde〉 *drug addict* ◆ **1.1** de ~s v.e. computer *computer users.*

gebruikersinterface 〈comp.〉 **0.1** *user interface.*

gebruikersonvriendelijk 0.1 *user-unfriendly.*

gebruikersvriendelijk 0.1 *user-friendly* ⇒*easy to use,* 〈handig〉 *convenient.*

gebruikmaking 0.1 *use; utilization* ◆ **6.1** met ~ van *(by) using.*

gebruiksaanwijzing 0.1 *directions/*〈mbt. toestel enz.〉 *instructions (for use)* ◆ **6.1** 〈iron.〉 dat is er een met een ~ 〈persoon〉 *you have to watch your step with him/her.*

gebruiksartikel 0.1 *consumer item/article* ⇒*item/article of everyday use.*

gebruiksgoederen 0.1 *consumer goods/durables/commodities.*

gebruiksvoorschrift 0.1 *user's/operating instructions;* 〈handleiding〉 *user's/owner's manual.*

gebruiksvoorwerp 0.1 〈gereedschap〉 *implement;* 〈toestel〉 *appliance;* 〈keukengerei enz.〉 *utensil.*

gebruikswaarde 0.1 *practical value.*

gebruind 0.1 *tanned* ⇒*sunburnt.*

gebruis 0.1 *roar(ing), seething* ⟨van waterval, bergstroom enz.⟩ ⇒⟨van koolzuurhoudende dranken⟩ *effervescence,* ⟨van koolzuurhoudende dranken⟩ *fizzing.*

gebrul 0.1 *roar(ing), howling* ◆ **2.1** het deed een luidruchtig ~ opgaan ⟨van het lachen ook⟩ *it drew loud roars of laughter.*

gebukt ◆ **3.**¶ ~ gaan onder zorgen *be weighed down/burdened with worries.*

gebulder 0.1 *boom(ing)* ⇒*roar(ing).*

gecharmeerd ◆ **6.**¶ **van** iem./iets ~ zijn *be taken with s.o./sth.*

geciviliseerd 0.1 *civilized.*

gecommitteerde 0.1 [gemachtigd toeziener] *examiner* **0.2** [gevolmachtigde] *delegate* ⇒*representative.*

gecompliceerd 0.1 *complicated* ⇒*involved* ◆ **1.1** een ~e breuk *a compound fracture;* een ~ geval *a c. case* **3.1** ~ maken *complicate.*

gecompliceerdheid 0.1 *complexity* ⇒*intricacy.*

geconcentreerd 0.1 [van sterk gehalte] *concentrated* **0.2** [ingespannen] *concentrated* ⇒*intent,* ⟨bw. ook⟩ *with concentration* ◆ **3.2** ~ werken *work with (great) concentration.*

geconserveerd 0.1 *preserved;* ⟨in blik ook⟩ *canned* ◆ **5.1** goed ~ zijn *be well-p.*

gecultiveerd 0.1 *cultivated* ⇒*cultured* ◆ **1.1** een ~e smaak *cultivated/cultured taste.*

gedaagde 0.1 *defendant* ⇒⟨bij echtscheidingsproces⟩ *respondent.*

gedaan 0.1 [geëindigd] *done* ⇒*finished, over* **0.2** [klaar] *done* ⇒*finished, over (with)* **0.3** [geldw.] *done* ◆ **3.1** het is met hem ~ *he's finished;* ⟨inf.⟩ *he's had it, he's done for;* dan is het ~ met de rust *then there won't be any peace and quiet* **3.2** ik kan alles van hem ~ krijgen *he'll do anything for me;* iets ~ krijgen *get sth. d.;* van iem. iets ~ krijgen *get sth. out of s.o.* **4.**¶ het is niks ~ met hem *he's a dead loss/ useless* **5.**¶ dat is niks ~ *it's no go.*

gedaante 0.1 *form* ⇒*figure, shape,* ⟨fig. vnl.⟩ *guise* ◆ **2.1** een andere ~ aannemen *take on another form/change (its) shape;* in menselijke ~ *in human form/shape;* zijn ware ~ tonen *show (o.s. in) one's true colours* **3.1** van ~ (doen) veranderen *change (one's/in) shape/form* **6.1 in/onder** de ~ van *in the shape/guise of.*

gedaanteverwisseling 0.1 *transformation* ⇒*metamorphosis* ◆ **3.1** een ~ ondergaan *be(come) transformed.*

gedachte 0.1 [het denken aan iets] *thought* **0.2** [denkbeeld] *thought* ⇒*idea* **0.3** [mening] *opinion* ⇒*view* **0.4** [voornemen, plan] *idea* ◆ **2.2** de achterliggende ~ is dat ... *the underlying idea/t. is that ...;* iemands innigste ~n *s.o.'s innermost thoughts;* een treffende/belangrijke ~ *a striking/ an important idea* **2.3** tot andere ~n komen *change one's mind;* iem. tot andere ~n brengen *make s.o. change his mind* **3.1** iemands ~n ergens van afleiden *take s.o.'s mind off sth.;* de ~ koesteren *entertain the t.;* zijn ~n de vrije loop laten *give one's thoughts free rein* **3.2** hij kan de ~ eraan niet van zich afzetten *he can't put the t./idea out of his head;* zijn ~n bij iets houden *keep one's mind on sth.;* de ~ niet kunnen verdragen dat ... *not be able to bear the t./bear to think that ...;* zijn ~n over iets laten gaan *turn one's mind to sth.* **5.2** de ~ alleen al ... *the very t./idea ...* **6.1** (diep) **in** ~n zijn *be deep in t.;* iets **in** ~n doen *do sth. absent-mindedly/with one's mind elsewhere;* iets **in** ~n houden *keep one's mind on sth.;* ⟨rekening houden met⟩ *bear sth. in mind* **6.2** zich verheugen bij de ~ **aan** iets *be*

---

delighted at the idea of sth.; ⟨zich verheugen op⟩ *look forward to sth.;* er niet bij zijn **met** zijn ~n *have one's mind on sth. else;* ⟨iem.⟩ **op** de ~ brengen *give (s.o.) the idea;* nooit **uit** iemands ~n zijn *never be out of s.o.'s mind;* **van** ~n wisselen *exchange ideas* **6.3 op** twee ~n hinken *be in two minds (about sth.)* **6.4** wij kwamen **op** de ~ om ... *it occurred to us to ...;* **van** ~n veranderen *change one's mind* **7.2** zijn eerste ~ was *his first t. was* ¶.2 zet die ~ (maar) uit je hoofd *(you can) put that idea out of your head.*

gedachteassociatie 0.1 *association of ideas.*

gedachtegang 0.1 *train/line of thought;* ⟨redenering⟩ *(line of) reasoning* ◆ **3.1** iemands ~ onderbreken *interrupt s.o.'s train of thought* **6.1** volgens deze ~ *according to this line of thought/of reasoning/of argument.*

gedachtelezen 0.1 *mind-reading* ⇒*telepathy.*

gedachtelezer 0.1 *mind-reader* ⇒*telepath(ist).*

gedachteloos 0.1 [onnadenkend] *unthinking* ⇒*thoughtless* **0.2** [werktuiglijk; zonder heldere gedachten] *absent(-minded)* ⇒*idle* ◆ **3.1** iem. ~ napraten *repeat s.o.'s words unthinkingly* **3.2** ~ in een boek bladeren *leaf absent-mindedly through a book.*

gedachteloosheid 0.1 ⟨lichtvaardigheid, onnadenkendheid⟩ *thoughtlessness* ⇒*lack of thought,* ⟨werktuiglijkheid, gebrek aan heldere gedachten⟩ *absent-mindedness.*

gedachtenis 0.1 [herinnering] *memory* ⇒*remembrance* **0.2** [voorwerp als aandenken] *keepsake* ⇒*memento, souvenir* ◆ **6.1 ter** ~ **van** iem./iets *in m./remembrance of s.o./sth.* **6.2** een ~ **aan** iets/iem. *a memento of sth./s.o.*

gedachtesprong 0.1 *mental leap/jump* ◆ **3.1** een ~ maken *make a mental leap/jump;* ⟨naar een heel ander onderwerp⟩ *go off at a tangent.*

gedachtestreep 0.1 *dash.*

gedachtewereld 0.1 *way of thinking* ⇒*realm of thought.*

gedachtewisseling 0.1 *exchange of ideas/thoughts;* ⟨meningen⟩ *views/opinions* ◆ **3.1** een ~ houden over *exchange ideas on.*

gedachtig ⟨schr.⟩ **0.1** *mindful* ◆ **6.1** (aan) iem. **in** zijn gebeden ~ zijn *remember s.o. in one's prayers.*

gedag ⟨inf.⟩ ◆ **3.**¶ ~ zeggen *say hello/goodbye.*

gedagvaarde 0.1 *person summon(s)ed.*

gedateerd 0.1 *(out)dated* ⇒*archaic.*

gedecideerd 0.1 *decisive* ⇒*resolute* ◆ **1.1** een ~ optreden *a resolute attitude* **3.1** iets ~ ontkennen/weigeren *deny/refuse sth.firmly.*

gedecideerdheid 0.1 *resolution* ⇒*resoluteness, decisiveness.*

gedecolleteerd 0.1 [met laag uitgesneden hals] *low-necked* ⇒*low-cut, décolleté* ◆ **1.1** een ~e jurk *a l.-n. dress.*

gedecoreerd 0.1 *decorated* ⇒*wearing/with decorations.*

gedeelte 0.1 *part* ⇒*section,* ⟨afbetaling enz.⟩ *instalment* ◆ **2.1** het bovenste/middelste/onderste/voorste/achterste ~ *the top/middle/bottom/front/back (part);* het grootste ~ v.h. jaar *most of the year* **6.1 voor** een ~ *partly.*

gedeeltelijk I ⟨bn.⟩ **0.1** [niet geheel] *partial* ◆ **1.1** een ~e vergoeding voor geleden schade *p. compensation for damage sustained;*

II ⟨bw.⟩ **0.1** [deels] *partly* ⇒*partially* ◆ **2.1** dat is slechts ~ waar *that is only partly/partially true* **8.1** geheel of ~ *wholly or partly/partially.*

gedegen 0.1 *thorough* ◆ **1.1** een ~ studie *a t. study.*

gedegradeerd 0.1 *demoted;* ⟨mil. ook⟩ *reduced in rank;* ⟨sport⟩ *relegated.*

gedeisd ⟨inf.⟩ **0.1** *quiet* ⇒*calm* ◆ **3.1** wil je je ~ houden! *will you keep q.!;* zich ~ houden *lie low.*

gedekt 0.1 [beschut] *covered* **0.2** [niet fel] *subdued* ⇒*sober*

0.3 [gevrijwaard tegen risico] *covered* ♦ **1.2** een ~e kleur/ tint *a subdued/sober colour/shade* **1.3** een ~e cheque *a c. cheque* **1.¶** een ~e tafel *a laid/set table* **3.1** zich ~ houden *lie low.*

gedelegeerde 0.1 *delegate* ⇒*representative* ♦ **6.1** een ~ bij de VN *a d. to the UN.*

gedemotiveerd 0.1 *demoralized* ⇒*dispirited* ♦ **3.1** ~ raken *lose one's motivation.*

gedempt 0.1 [niet fel/luid] *subdued* ⇒*faint,* ⟨stem ook, omfloerst⟩ *muffled,* ⟨stem ook, omfloerst⟩ *hushed* **0.2** [dichtgegooid] *filled-in* ♦ **1.1** op ~e toon *in a faint/muffled voice* **1.2** een ~e gracht *a f.-i. canal.*

gedenkboek 0.1 ⟨meestal fig.⟩ *memorial book* ⇒⟨fig.⟩ *annals* ⟨mv.⟩, *chronicle(s), record(s)* ♦ **1.1** het ~/de ~en der geschiedenis *the annals of history.*

gedenkdag 0.1 *anniversary* ♦ **1.1** de ~ v.d. wapenstilstand *Armistice Day.*

gedenken 0.1 [in gedachtenis houden] *commemorate;* ⟨testament⟩ *remember* **0.2** [nooit vergeten] *remember* ⇒ *think* ♦ **3.2** gedenk te sterven *r. you must die* **6.1** iem. in zijn testament/gebeden ~ *remember s.o. in one's will/prayers.*

gedenknaald 0.1 *obelisk* ⇒*memorial column.*

gedenkplaat 0.1 *commemorative plaque/*⟨steen ook⟩ *tablet.*

gedenkschrift 0.1 *commemorative text.*

gedenkspreuk 0.1 *motto* ⇒*maxim.*

gedenksteen 0.1 *memorial stone/*⟨plaat⟩ *tablet.*

gedenkteken 0.1 *memorial* ♦ **6.1** een ~ voor *a m. to.*

gedenkwaardig 0.1 *memorable* ♦ **1.1** een ~e gebeurtenis *a m. event.*

gedenkzuil 0.1 *memorial/commemorative column/pillar.*

gedeporteerde 0.1 *deportee.*

gedeprimeerd 0.1 *depressed.*

gedeputeerde ♦ **1.¶** Gedeputeerde Staten ±*the Provincial Executive.*

gedeputeerde 0.1 [afgevaardigde] *delegate* ⇒*representative* **0.2** [volksafgevaardigde] *member of parliament* **0.3** [lid van Gedeputeerde Staten] ±*member of the Provincial Executive.*

gedesillusioneerd 0.1 *disillusioned.*

gedetailleerd 0.1 ⟨bn.⟩ *detailed;* ⟨bw.⟩ *in detail* ♦ **1.1** een ~ verslag *a d. report* **5.1** zeer ~ *in great detail.*

gedetineerd 0.1 *detained* ⇒*arrested.*

gedetineerde 0.1 *prisoner.*

gedicht 0.1 ⟨ook fig.⟩ *poem* ⇒⟨mv. ook⟩ *poetry* ♦ **2.1** berijmd ~ *rhyme* **3.1** een ~ maken/voordragen/aan iem. opdragen *write/recite a poem, dedicate a poem to s.o.*

gedichtenbundel 0.1 *volume of poetry/verse* ⇒*collection of poems,* ⟨van verschillende dichters⟩ *anthology of poetry/verse.*

gediende 0.1 *veteran* ♦ **2.1** een oude ~ *a v. (soldier).*

gedienstig 0.1 *obliging* ⇒*helpful* ♦ **3.1** ~ hielp hij een handje *he obligingly gave/lent a hand* **5.1** al te ~ *officious;* ⟨slaafs⟩ *obsequious, servile.*

gedienstigheid 0.1 *attentiveness* ♦ **4.1** de ~ zelf zijn *be a. itself.*

gedierte 0.1 *animals* ⇒⟨ook rel.⟩ *beasts/creatures* ♦ **2.1** schadelijk ~ *vermin, pests.*

gedifferentieerd 0.1 *differentiated* ♦ **1.1** ~ onderwijs *individual tuition.*

gedijen 0.1 *thrive* ⇒*prosper, flourish* ♦ **3.1** doen ~ *make prosper/flourish/t.*

geding 0.1 [jur.] *(law)suit* ⇒*(legal) action, (legal) proceed-*

ings **0.2** [voorwerp van bespreking] *issue* ♦ **2.1** in kort ~ behandelen *discuss in summary proceedings* **3.1** een ~ aanspannen/beginnen tegen *institute proceedings against* **6.2** in het ~ zijn/komen *be at i.;* in het ~ brengen *bring into (the) discussion.*

gediplomeerd 0.1 *qualified* ⇒*certified,* ⟨verple(e)g(st)er ook⟩ *registered.*

gedisponeerd 0.1 *in ... form;* ⟨humeur⟩ *in a ... mood* ♦ **3.1** ik ben er vandaag niet toe ~ *I'm not in the mood for it today;* de solist scheen die avond niet ~ te zijn *that evening the soloist did not appear to be in good form* **5.1** slecht ~ *in bad form, in a bad mood.*

gedistilleerd¹ ⟨het⟩ **0.1** *spirits;* ⟨vnl. AE⟩ *liquor* ♦ **6.1** handel in ~ en wijnen *trade in wines and s.*

gedistilleerd² ⟨bn.⟩ **0.1** *distilled* ♦ **1.1** ~e dranken *spirits;* ⟨vnl. AE⟩ *liquor(s).*

gedistingeerd 0.1 *distinguished* ♦ **1.1** een ~ voorkomen *a d. appearance* **3.1** dat staat heel ~ *it looks most d.*

gedoe 0.1 [gehannes] *business* ⇒*stuff* **0.2** [drukte] *goings-on* ⇒*fuss* ♦ **2.1** dwaas/mal ~ *tomfoolery, goings-on;* opgewonden ~ *(a) carry-on, (a) fuss;* zenuwachtig ~ *fussing (about);* zinloos ~ *a farce* **3.2** het was me daar een ~ van je welste! *you should have seen the g.-o.!*

gedogen 0.1 *tolerate* ⇒*put up with, stand* ♦ **1.1** een aantal kamerleden gedoogt deze regering *some members of the house are tolerating this government.*

gedonder 0.1 [geluid v.d. donder/van kanonnen] *thunder(ing)* ⇒*rumble* **0.2** [narigheid] *trouble* ⇒*hassle* **0.3** [gezanik, geduvel] *messing about* ⇒*hassle* ♦ **3.1** het ~ weerklonk door het gebergte *the thunder rolled through the mountains* **3.2** daar kun je een hoop ~ mee krijgen *that can land you in a good deal of t.* **6.2** daar heb je het ~ in de glazen *that's put the cat among the pigeons* **7.3** denk erom, geen ~! *remember, no messing about!* **¶.3** is het ~ nu nog niet afgelopen! *that's enough messing about!*

gedonderjaag →**gedonder 0.3.**

gedoogzone 0.1 ⟨area of town where the authorities allow certain (illegal) activities to take place, esp. prostitution⟩ ⇒±*red-light district.*

gedraaf 0.1 *trotting (about)* ⇒*hurrying.*

gedraai 0.1 [het draaien] *turning* ⇒*twisting,* ⟨snel⟩ *spinning* **0.2** [het veranderen van mening/partij] *twisting* ⇒*swinging back and forth* **0.3** [het om de waarheid heendraaien] *beating about the bush* ♦ **1.1** het ~ v.e. wiel *the turning/spinning of a wheel* **1.2** het ~ en gekonkel in de politiek *political twisting and turning* **6.3** met ~ kom je er niet *you won't get anywhere by beating about the bush.*

gedraal 0.1 *lingering* ⇒*delay.*

gedrag 0.1 *behaviour* ⇒*conduct* ♦ **2.1** afwijkend ~ vertonen *display abnormal b.;* een bewijs van goed ~ *evidence of good b.;* ⟨getuigschrift⟩ *certificate of good character;* wegens slecht ~ *for bad b./misconduct* **3.1** iemands ~ billijken/prijzen/afkeuren *approve of/praise/disapprove of s.o.'s behaviour* **¶.1** daar sta je dan met je goeie ~ *so much for trying to help! that's all the thanks you get!*

gedragen¹ ⟨bn., bw.⟩ **0.1** [plechtstatig] *stately* ⇒*solemn* ♦ **1.1** op ~ toon *in a solemn voice;*
II ⟨bn.⟩ **0.1** [tweedehands] *worn.*

gedragen² ⟨wk.ww.; zich ~⟩ **0.1** *behave;* ⟨netjes ook⟩ *behave o.s.* ♦ **5.1** hij beloofde zich voortaan beter te zullen ~ *he promised to behave better in future;* zich goed/slecht ~ *behave well/badly;* zich niet/slecht ~ *misbehave (o.s.)* **¶.1** ⟨pregn.⟩ gedraag je! *behave (yourself)!*

gedragscode 0.1 *code of conduct.*

gedragslijn 0.1 *course (of action/behaviour)* ⇒*line of con-*

duct/action ♦ **3.1** een ~ volgen *follow on a course of action.*

gedragspatroon 0.1 *pattern of behaviour.*

gedragsregel 0.1 *rule of conduct/behaviour* ♦ **¶.1** ~s in acht nemen *abide by/observe rules of conduct.*

gedragstherapie ⟨psych.⟩ **0.1** *behaviour therapy.*

gedragswetenschappen 0.1 *behavioural sciences.*

gedrang 0.1 [het opeen/samendringen] *jostling* ⇒*pushing* **0.2** [menigte] *crowd* ⇒*throng* ♦ **2.1** er ontstond een geweldig ~ *people began j./pushing violently* **6.1** in het ~ komen ⟨lett.⟩ *end up/find o.s. in a crush;* ⟨fig.; van personen⟩ *get into a tight corner;* hierdoor is mijn andere werk in het ~ gekomen *as a result my other work may well suffer.*

gedresseerd 0.1 *trained* ⇒⟨kunstjes ook⟩ *performing* ♦ **1.1** een ~e hond *a performing dog.*

gedreun 0.1 ⟨van stemmen enz.⟩ *drone;* ⟨van kanonnen, golven enz.⟩ *roar, boom(ing);* ⟨van machine⟩ *thud, din.*

gedreven 0.1 *passionate* ⇒⟨ook pej.⟩ *fanatic(al)* ♦ **1.1** een ~ kunstenaar *s.o. who lives for his art.*

gedrevenheid 0.1 *passion* ⇒⟨ook pej.⟩ *fanaticism.*

gedrieën 0.1 *(the) three (of)* ♦ **3.1** zij zaten ~ op de bank *the three of them sat on the bench.*

gedrocht 0.1 *monster* ⇒*freak.*

gedrongen 0.1 *stocky* ♦ **1.1** een ~ gestalte *a s./thickset/squat figure.*

gedruis 0.1 *noise* ⇒⟨van machine ook⟩ *buzz(ing), hum(ming),* ⟨van water enz. ook⟩ *rushing.*

gedrukt 0.1 [mbt. boek enz.] *printed* **0.2** [hand.] *depressed* ⇒*dull* ♦ **1.2** de markt was ~ *the market was depressed.*

gedsie →*gadsie.*

geducht 0.1 [vreeswekkend] *formidable* ⇒*fearsome* **0.2** [hevig] *tremendous* →*terrible* ♦ **1.1** een ~e tegenstander *a formidable opponent* **1.2** een ~ pak slaag krijgen *take a terrible beating.*

geduld 0.1 *patience* ♦ **3.1** zijn ~ bewaren *remain patient;* ~ hebben met iem. *be patient with s.o.;* zijn ~ verliezen *lose (one's) p.* **5.1** even ~ a.u.b. *one moment, please* **6.1** veel van iemands ~ vergen, iemands ~ op de proef stellen *try s.o.'s patience* **¶.1** mijn ~ is op *I'm at the end of my p.*

geduldig 0.1 *patient* ♦ **3.1** ~ afwachten *wait patiently;* een ~ gedragen lijden *patiently borne suffering.*

gedupeerd 0.1 *duped.*

gedupeerde 0.1 *dupe* ⇒*victim.*

gedurende 0.1 *during* ⇒⟨een bep. tijd lang⟩ *for, over,* ⟨in de loop van⟩ *in the course of* ♦ **1.1** ~ de hele dag *all through the day;* hij heeft er ~ twee jaar gewoond *he lived there for two years;* ~ het hele jaar *throughout the year;* -- het onderzoek *d. the enquiry;* ~ de laatste drie weken *over the past three weeks.*

gedurfd 0.1 *daring* ⇒⟨uitdagend⟩ *provocative,* ⟨avontuurlijk⟩ *adventurous* ♦ **1.1** ~e kleding *d. attire;* een zeer ~ optreden *a highly provocative performance.*

gedurig →*voortdurend.*

geduvel →*gedonder* **0.2, 0.3.**

gedver →*gadsie.*

gedverderrie 0.1 *ugh!*

gedwee 0.1 *meek* ⇒*docile, humble* ♦ **3.1** zich ~ onderwerpen aan het noodlot *submit (meekly) to one's fate.*

gedweep 0.1 *fanaticism* ⇒⟨ook godsdienstig⟩ *exaggerated enthusiasm* ♦ **6.1** zijn ~ met de gedichten van Blake *his excessive enthusiasm for Blake's poems.*

gedwongen 0.1 [onvermijdelijk] *(en)forced* ⇒*compulsory, involuntary* **0.2** [gekunsteld] *forced* ⇒*strained* ♦ **1.1** ~ ontslag *compulsory redundancy;* een ~ verkoop *a forced sale* **1.2** een ~ glimlach *a f. smile* **2.2** hij sprak op een ~

vriendelijke toon *he spoke with affected friendliness* **¶.1** ~ ontslag nemen *be forced to resign.*

geëerd 0.1 *honoured* ⇒*esteemed,* ⟨eerbiedwaardig⟩ *venerable* ♦ **1.1** een algemeen ~ man *a man held in general esteem.*

geef ♦ **6.¶** dat is te ~! *it's a give-away!;* dat is ook niet te ~! *that's not exactly giving it away!*

geëigend 0.1 *appropriate* ⇒*right* ♦ **1.1** met de (daartoe) ~e middelen *using the a. means;* zij is daarvoor niet de ~e persoon *she's not the (right) person for that.*

geel¹ ⟨het⟩ **0.1** [kleur/verf(stof)] *yellow* **0.2** [gele kaart] *yellow card* ♦ **1.¶** het ~ v.e. ei *the yellow/yolk of an egg* **3.2** de scheidsrechter toonde hem het ~ *the referee showed him the y. c.* **6.1** zich in het ~ kleden *dress in y.;* ⟨sport⟩ (in de Ronde van Frankrijk) in het ~ rijden *be wearing the yellow jersey (in the Tour de France).*

geel² ⟨bn.⟩ **0.1** *yellow* ⇒*golden* ♦ **1.1** het gele gevaar *the y. peril;* ⟨sport⟩ gele kaart *y. card;* het gele ras *the y./mongoloid race* **2.1** zich groen en ~ ergeren (aan) *be terribly irritated (by)* **3.1** (groen en) ~ van nijd worden *turn green with envy.*

geelachtig 0.1 *yellowish* ⇒*yellowy.*

geelbruin 0.1 *yellowish brown* ⇒*amber.*

geëlektriseerd ⟨fig.⟩ **0.1** *electrified.*

geelgors 0.1 *yellowhammer.*

geelkoper 0.1 *brass.*

geeltje ⟨inf.⟩ **0.1** *25-guilder note,* ≈*fiver.*

geelzucht 0.1 *jaundice.*

geëmancipeerd 0.1 *liberated* ⇒*emancipated.*

geëmotioneerd 0.1 *emotional* ⇒⟨alleen pred.⟩ *touched, moved* ♦ **3.1** ~ spreken *speak with great emotion.*

geen I ⟨hoofdtelw.⟩ **0.1** [niet één enkele; niet de geringste hoeveelheid] *none;* (+ zn.) *not a/any;* ⟨vnl. schr.⟩ *no* ♦ **1.1** hij heeft ~ auto *he doesn't have a car;* ~ cent waard zijn *not be worth a penny;* ⟨inf.⟩ dat gaat je ~ donder aan *that's none of your damn business;* ~ geld meer hebben *have no money left;* hij heeft ~ geld *he doesn't have any/he has no money;* er zijn bijna ~ sigaretten meer *we're nearly out of cigarettes;* ~ wijn kunnen verdragen *not be able to take wine* **4.1** hij zwemt als ~ ander *he's second to none at swimming* **5.1** bijna ~ *almost none, hardly any* **6.1** ~ van die jongens/van allen/beiden *none of those lads, none of them, neither (of them);* ~ van die boeken/van alle/beide *none of those books, none of them, neither of them* **8.1** zo goed als ~ *practically none, few if any;*

II ⟨lidw.⟩ **0.1** [niet 'n] *not a;* ⟨vnl. schr.⟩ *no* **0.2** [als ontkenning zonder meer] *not a(ny);* ⟨vnl. schr.⟩ *no* ♦ **1.1** ~ groot geheim maken van *make no secret of* **1.2** hij spreekt ~ Engels *he doesn't know/speak (any) English;* dat is ~ Engels *that isn't English;* ze heet ~ Vanessa *her name isn't Vanessa* **3.2** van ~ wijken weten *not budge (an inch)* **5.1** nog ~ tien minuten later *not ten minutes later;* nog ~ twee jaar geleden *less than two years ago* **7.1** ~ enkele reden hebben om te *have no reason whatsoever to* **7.2** ~ één *not (a single) one.*

geëndosseerde 0.1 *endorsee.*

geeneens ⟨inf.⟩ **0.1** *not even* ⇒*not so much as.*

geënerveerd 0.1 *nervous* ⇒*excited, agitated.*

geëngageerd 0.1 *engagé* ⟨man⟩, *engagée* ⟨vrouw⟩ ⇒*committed.*

geenszins ⟨schr.⟩ **0.1** *by no means* ⇒*not at all* ♦ **3.1** ik wil dit ~ ontkennen *I have no wish to deny this.*

geep 0.1 *garfish.*

geest 0.1 [datgene in de mens wat denkt, voelt en wil] *mind* ⇒*consciousness* **0.2** [ziel] *soul* **0.3** [verstand; zetel v.d. gedachte] *mind* **0.4** [aard, karakter] *spirit* ⇒*character* **0.5** [God] *ghost, spirit* **0.6** [bezieling, stemming] *spirit* ⇒*atmosphere* ⟨v.e. plaats⟩ **0.7** [strekking] *spirit* ⇒*vein, intention* **0.8** [schim, verschijning] *ghost* ⇒*spirit* ◆ **1.3** de tegenwoordigheid van ~ hebben om *have the presence of m. to* **1.7** naar letter en ~ *in letter and s.* **2.3** een scherpe ~ *a vigorous/sharp m.* **2.5** de Heilige Geest *the Holy Ghost/ Spirit* **2.6** er heerst een goede ~ in het team *there's a great s. in the team* **2.8** een boze/kwade ~ *an evil spirit, a demon* **3.2** ⟨scherts.⟩ zijn auto gaf de ~ *his car gave up the ghost* **3.5** de ~ krijgen *be moved by the s.;* ⟨fig.⟩ *get inspiration* **6.3** daar speelt mij iets **door/voor** de ~ *I have sth. in m.;* **voor** de ~ staan *be in one's m.* ⟨bv. herinnering⟩; iets **voor** de ~ halen/roepen *call sth. to m.;* voedsel **voor/van** de ~ *food for thought* **6.4** jong **van** ~ zijn *be young in s./at heart* **6.7** dit stuk is **in** de ~ van Vondel geschreven *this play is written in a Vondelian vein* **6.8 aan** ~en geloven *believe in ghosts/spirits* **6.¶** zij zei iets **in** de ~ van: ...*she said sth. to the effect that* ... **¶.4** ⟨sprw.⟩ de ~ is gewillig, maar het vlees is zwak *the spirit is willing, but the flesh is weak.*

geestdodend 0.1 *stultifying* ⇒⟨eentonig⟩ *monotonous,* ⟨saai⟩ *dull* ◆ **1.1** ~ werk *drudgery.*

geestdrift 0.1 *enthusiasm* ⇒*passion,* ⟨ijver⟩ *zeal* ◆ **3.1** de ~ opwekken *arouse/stir up e.* **5.1** vol ~ *full of e.* **6.1 in** ~ geraken *become enthusiastic.*

geestdriftig 0.1 *enthusiastic* ⇒*passionate* ◆ **1.1** ~e toejuiching *e./rousing cheers* **3.1** hij was niet erg ~ *he showed little enthusiasm.*

geestelijk 0.1 [mentaal] *mental* ⇒*intellectual,* ⟨psychisch⟩ *psychological,* ⟨tgov. stoffelijk⟩ *spiritual* **0.2** [godsdienstig] *spiritual* **0.3** [kerkelijk] *ecclesiastic(al)* ⇒*clerical* ◆ **1.1** ~e aftakeling *m. deterioration;* ~e arbeid *intellectual work;* ~e armoede *intellectual poverty;* een ~ gehandicapte *a mentally handicapped person;* ~e inspanning *m. effort;* ~ onvolwaardig *mentally deficient;* ~ overwicht *intellectual superiority;* de ~e vader v.h. moderne socialisme *the spiritual father of modern socialism;* ~e vermogens *m. faculties* **1.2** ~e bijstand verlenen aan iem. *give s. assistance to s.o.;* ⟨rel.⟩ minister *to s.o.;* ~e liederen/gezangen *hymns, sacred songs;* iemands ~ *welzijn s.o.'s spiritual well-being/welfare* **1.3** een ~ ambt *an ecclesiastical/a clerical office* **2.1** ~ gestoord *mentally disturbed/deranged* **7.2** het ~e en het wereldlijke *the sacred and the profane.*

geestelijke 0.1 *clergyman* ⇒⟨prot.⟩ *minister,* ⟨vnl. r.-k.⟩ *priest* ◆ **3.1** ~ worden *enter the church/*⟨r.-k. ook⟩ *the priesthood/*⟨prot.⟩ *the ministry;* ⟨r.-k.⟩ *take holy orders.*

geestelijkheid 0.1 *clergy* ⇒⟨formeel⟩ *cloth* ◆ **2.1** de protestantse/roomse ~ *the Protestant/(Roman) Catholic clergy.*

geesteloos 0.1 *insipid* ⇒*vapid, dull, spiritless.*

geestenbezweerder 0.1 [uitdrijver] *exorcist* **0.2** [oproeper] *necromancer* ⇒*medium.*

geestenbezwering 0.1 [uitdrijving] *exorcism* **0.2** [oproeping] *necromancy* ⇒*conjuring up of spirits.*

geestesarbeid 0.1 *mental/intellectual work.*

geestesbeschaving 0.1 *culture* ⇒*civilization.*

geestesgaven 0.1 *intellectual gifts/power(s)* ⇒*mental power(s), intellectual ability.*

geestesgesteldheid 0.1 *state/frame of mind* ◆ **2.1** een sombere ~ *a gloomy state/frame of mind.*

geesteskind 0.1 *brainchild.*

geestesoog ◆ **6.¶** iets **voor** zijn ~ laten passeren *see sth. in one's mind's eye.*

geestesstoornis 0.1 *mental disorder/derangement* ◆ **3.1** aan ~(sen) lijden *be mentally disturbed.*

geestestoestand 0.1 *state of mind* ⇒*mental state* ◆ **4.1** haar ~ *the state of her mind.*

geesteswetenschappen 0.1 *humanities* ⇒*arts.*

geestesziek 0.1 *mentally ill* ⇒*insane* ◆ **1.1** een inrichting voor ~en *a mental home/hospital* **7.1** een ~e *a mentally ill person.*

geestgrond 0.1 ⟨*sandy soil between the dunes and the polder*⟩.

geestig 0.1 [gevat] *witty* **0.2** [vol humor, komisch] *witty* ⇒ *humorous, funny* ◆ **1.1** een ~ schrijver *a w. writer* **1.2** een ~e opmerking *a w./funny/humorous remark, a witticism* **3.1** ⟨iron.⟩ wat ben je weer ~ *very funny (, I don't think), what a wit!* **5.2** niet erg ~ zijn *not be particularly funny.*

geestigheid 0.1 [grapje] *witticism* ⇒*quip* **0.2** [esprit] *wit(tiness)* ⇒*humour(ousness)* ◆ **1.2** de ~ van Voltaire *Voltaire's wit* **2.1** goedkope/flauwe geestigheden uitkramen *tell cheap/pathetic jokes.*

geestkracht 0.1 *strength of mind* ⇒*fortitude* ◆ **¶.1** ~ aan de dag leggen *display (great) strength of mind.*

geestverheffend 0.1 *uplifting* ⇒*elevating* ◆ **1.1** een ~ schouwspel *an u. spectacle.*

geestverruimend 0.1 *mind-expanding* ⇒⟨mbt. drugs ook⟩ *hallucinogenic.*

geestverschijning 0.1 *apparition* ⇒*phantom, spectre, ghost.*

geestverwant 0.1 *kindred spirit/soul* ⇒⟨pol.⟩ *sympathizer* ◆ **2.1** zijn politieke ~en *his political sympathizers.*

geestverwantschap 0.1 *like-mindedness.*

geeuw 0.1 *yawn* ◆ **3.1** een ~ onderdrukken *suppress a y.*

geeuwen 0.1 *yawn* ◆ **6.1** ~ van slaap *y. from sleepiness.*

geëxalteerd 0.1 [overdreven] *exalted, overwrought* ⇒*exaggerated, overexcited* **0.2** [opgewonden] *exalted* ⇒*enraptured, in raptures, excited.*

gefingeerd 0.1 *fictitious* ⇒*fake(d),* ⟨geveinsd⟩ *feigned* ◆ **1.1** een ~(e) adres/naam *a fictitious address/name.*

geflatteerd 0.1 *flattering* ◆ **1.1** een ~ portret *a f. portrait;* de zaak ~ voorstellen *give a f. picture of the situation* **3.¶** zich ~ voelen *feel flattered.*

geflikflooi 0.1 *fawning* ⇒*wheedling,* ⟨seksueel⟩ *fondling,* ⟨seksueel⟩ *petting.*

geflikker ◆ **4.¶** is dat ~ nou afgelopen! *will you stop mucking about!*

geflirt 0.1 *flirtation(s), flirting.*

gefluister 0.1 *whisper(ing)(s)* ⇒*murmur.*

gefluit 0.1 *whistling;* ⟨van vogels⟩ *warbling, singing* ◆ **2.1** een langgerekt ~ laten horen *give a long whistle.*

geforceerd 0.1 *forced, contrived* ⇒*artificial* ◆ **1.1** een ~e glimlach *a f. smile;* een ~e stemming *a strained atmosphere;* ~e vriendelijkheid *artificial/f. friendliness.*

gefortuneerd 0.1 *moneyed, monied* ⇒*wealthy* ◆ **1.1** een ~ man *a man of means.*

gefrankeerd 0.1 *stamped* ◆ **1.1** een ~e enveloppe *a s. envelope.*

gefriemel 0.1 *fiddling* ⇒*fumbling* ◆ **6.1** hou op met dat ~ aan je haar *stop fiddling about with your hair.*

gefrustreerd 0.1 *frustrated.*

gefundeerd 0.1 *(well-)founded* ⇒*well-grounded* ◆ **5.1** een slecht ~e theorie *an ill-founded theory.*

gegadigde 0.1 ⟨mbt. vacature⟩ *applicant, candidate;* ⟨mbt. koop⟩ *prospective buyer;* ⟨belanghebbende⟩ *interested party* ◆ **3.1** ~n oproepen ⟨bij vacature⟩ *invite applications;* ⟨voor gesprek⟩ *call applicants up for an interview;* een ~ voor iets vinden *find a (potential) buyer for sth.*

gegarandeerd I ⟨bn., bw.⟩ **0.1** [waarvoor garantie gegeven is] *guaranteed* ◆ **1.1** ~e kwaliteit *g. quality;*

II ⟨bw.⟩⟨fig.⟩ **0.1** [stellig] *definitely* ♦ **3.1** dat gaat~mis *that's bound to go wrong.*

gegeneerd 0.1 *embarrassed* ⇒*ill-at-ease, uncomfortable.*

gegeven[1] ⟨het⟩ **0.1** [geval, feit] *data* ⟨enk. of mv.⟩; *datum* ⇒ *fact, information,* ⟨comp.⟩ *data,* ⟨comp.⟩ *entry,* ⟨comp.⟩ *item* **0.2** [onderwerp] *theme* ⇒*subject* **0.3** [wisk.] *given* ♦ **2.1** (gebrek aan) feitelijke ~s *(lack of) factual information/ facts;* nadere ~s *further information* **2.3** een vast~ *an invariable, a constant;* ⟨fig.⟩ *a constant factor* **3.1** ⟨comp.⟩ ~s opslaan/invoeren/opvragen *store/input/retrieve data* **3.2** het~ was onvoldoende uitgewerkt *the t. wasn't worked out sufficiently.*

gegeven[2] ⟨bn.⟩ **0.1** [bepaald] *given* ⇒*certain* **0.2** [zich voordoend] *given* **0.3** [wisk.] *given* ♦ **1.1** op een~ moment moet je toch kiezen *at some stage you'll have to choose anyway;* op een~ moment begin je je af te vragen *...there comes a time when you begin to wonder ...;* op een~ moment kan het je niets meer schelen *you reach a stage where you no longer care* **1.2** in de~ omstandigheden *in/ under the circumstances* **1.¶** zich aan zijn~ woord houden *keep/stick to one's word.*

gegevensbeheer 0.1 *data management* ♦ **1.1** de afdeling~ *the d. m. department.*

gegevensbeheerder 0.1 *data manager.*

gegevensverwerking 0.1 *data processing* ♦ **1.1** machine voor~ *computer, data processor.*

gegiechel 0.1 *giggle(s), giggling* ⇒⟨spottend⟩ *snigger(ing)* ♦ **2.1** onderdrukt~ *stifled giggling.*

gegijzelde 0.1 *hostage.*

gegil 0.1 *screaming, screams* ♦ **2.1** een doordringend~ laten horen *let out a piercing scream.*

gegniffel 0.1 *sniggering.*

gegoed 0.1 *well-to-do, well-off* ⇒*moneyed* ♦ **1.1** de~e burgerij *the upper middle class, the well-to-do/moneyed class.*

gegons 0.1 *buzz(ing), hum(ming);* ⟨vliegtuig⟩ *drone* ♦ **2.1** er was een druk~ van stemmen in de zaal *the hall was filled with an animated hum of voices.*

gegoochel 0.1 ⟨ook fig.⟩ *juggling* ⇒*hocus-pocus* ♦ **6.1**~ met cijfers *j. with figures.*

gegoten ♦ **8.¶** die jurk zit als~ *that dress fits you like a glove.*

gegriefd 0.1 *hurt* ⇒*offended* ♦ **3.1** zich~ voelen *feel h./offended.*

gegrinnik 0.1 *chuckle(s), chuckling* ⇒*grinning.*

gegroefd 0.1 *grooved* ⇒⟨gelaat⟩ *furrowed* ♦ **1.1** een~ gezicht *a furrowed face.*

gegrom 0.1 *growl(s), growling* ⇒*snarl(ing)* ♦ **2.1** een woest~ *a savage snarl.*

gegrond 0.1 *(well-)founded* ⇒*valid, legitimate* ♦ **1.1** om~e redenen *for valid reasons;* ~e vrees *reasonable fear.*

gehaaid ⟨inf.⟩ **0.1** *smart* ⇒*sharp.*

gehaast[1] ⟨het⟩ **0.1** *hurry(ing)* ⇒*haste* ♦ **3.1** dat was me een~ om bijtijds thuis te komen *did I have to hurry to be home in time!*

gehaast[2] ⟨bn., bw.⟩ **0.1** *hurried* ⇒*hasty, in a hurry* ♦ **3.1**~ eten/vertrekken *eat/leave in a hurry.*

gehaat 0.1 *hated* ⇒*hateful* ♦ **3.1** zich (bij iem.)~ maken *incur s o.'s hatred.*

gehakketak 0.1 *squabbling* ⇒*bickering.*

gehakt ⟨g.mv.⟩ **0.1** *minced meat* ⇒*mince* ♦ **1.1** bal~ ⟨lett.⟩ *meatball;* ⟨fig.⟩ ^*meatball.*

gehaktbal 0.1 *meatball.*

gehaktmolen 0.1 *(meat) mincer* ⇒*mincing machine.*

gehalte 0.1 [innerlijke waarde] *calibre* ⇒*quality* **0.2** [be-

gegeneerd - geheim

trekkelijke hoeveelheid] *content* ⇒*percentage, proportion* ♦ **2.1** een onderzoek van laag/hoog~ *low-/high-quality research* **2.2** een hoog/laag~ aan *a high/low c. of* **3.2** het~ bepalen (van) *assay, determine the percentage (of).*

gehandicapt 0.1 [invalide] *handicapped* ⇒⟨lichamelijk ook⟩ *disabled* **0.2** [onthand] *handicapped* ♦ **2.1** geestelijk~ *mentally h.* **3.2** zonder auto voel ik me~ *I feel lost without my car.*

gehandicapte 0.1 *handicapped person* ⇒⟨geestelijk⟩ *mentally handicapped person* ♦ **¶.1** de (lichamelijk)~n *the (physically) handicapped, the disabled.*

gehannes 0.1 *fumbling* ⇒*clumsiness.*

gehard 0.1 *tough* ⇒*hardened, seasoned* ♦ **6.1**~ tegen de kou *hardened against cold.*

gehardheid 0.1 *toughness* ⇒*hardiness.*

geharnast 0.1 [een harnas dragend] *armoured* ⇒*in armour* **0.2** [strijdbaar] *militant* ⇒*strong* ♦ **1.2** een~ betoog *a watertight argument.*

geharrewar 0.1 *squabble(s), bickering(s), squabbling* ⇒ *commotion.*

gehavend 0.1 *battered* ⇒*tattered* ♦ **1.1** wat is dat boek~ *isn't that book b./tattered* **3.1** er~ uitzien ⟨ook⟩ *look a sorry sight;* wat ziet hij er~ uit *doesn't he look bedraggled* **¶.1** ~ uit de strijd komen *come out the worse for wear.*

gehecht 0.1 *attached (to)* ⇒⟨sterker⟩ *devoted (to).*

gehechtheid 0.1 *attachment* ⇒⟨sterker⟩ *devotion.*

geheel[1] ⟨het⟩ **0.1** [eenheid] *whole* ⇒*entity, unit(y)* **0.2** [som der delen] *whole* ⇒*entirety* ♦ **2.1** ⟨wisk.⟩ het~ is gelijk aan de som van zijn delen *the w. equals the sum of its parts;* een samengesteld~ *a complex* **3.2** een~ vormen *constitute a w.* **6.1** hij mag de lening in haar~ terugbetalen *he can pay back the loan in a lump sum* **6.2** een verklaring in haar~ citeren *quote a statement in its entirety* **6.¶** hij zei in het~ niets *he said nothing at all/whatsoever;* **over** het~ genomen *on the whole.*

geheel[2] **I** ⟨bn.⟩⟨schr.⟩ **0.1** [waaraan niets/niemand ontbreekt] *entire, whole* ♦ **1.1** het gehele jaar door *all (the) year round;* door/over het gehele land *throughout the country;*

II ⟨bw.⟩ **0.1** [in elk opzicht, helemaal] *entirely* ⇒*fully, completely, totally* ♦ **2.1** ik voel mij een~ ander mens *I feel a different person altogether;* ik ben~ genezen *I have fully recovered;* ~ gewijzigd *completely changed; revised* **5.1**~ en al *e./fully;* ~ anders *completely/totally different;* niet~ *not quite/e./fully.*

geheelonthouder, -houdster 0.1 *teetotaller* ♦ **3.1**~ zijn *be a t.*

geheelonthouding 0.1 *total abstinence* ⇒*temperance.*

geheid 0.1 *certain* ⇒*sure* ♦ **1.1** dat wordt~ een succes *it's bound to be a success* **3.1** dat paard wint~ *that horse is a dead cert.*

geheiligd 0.1 [gewijd] *sacred* ⇒*holy, consecrated* **0.2** [als heilig vereerd] *hallowed, sacred.*

geheim[1] ⟨het⟩ **0.1** [het verborgen zijn] *secrecy* **0.2** [zaak die geheim is] *secret* **0.3** [mysterie] *mystery* ♦ **1.2** ⟨fig.⟩ het~ v.d. smid *the tricks of the trade* **1.3** de~en v.d. natuur *the mysteries of nature* **2.1** de operatie was in het diepste~ voorbereid *the operation had been prepared in all s.* **2.2** een groot~ *a big s.;* een publiek~ *an open s.* **3.2** een~ afluisteren/toevertrouwen/bewaren *overhear/confide/ keep a s.;* geen~ en hebben voor iem. *hold no secrets for s.o.;* ergens geen~ van maken *make no s. of sth.;* een~ verklappen *let the cat out of the bag* **3.¶** hij verstond het~ om met dieren om te gaan *he had a way with animals* **6.1** in het~ *secretly.*

geheim² I ⟨bn.⟩ **0.1** [verborgen gehouden] *secret* ⇒*hidden, concealed* **0.2** [in het verborgene plaatshebbend] *secret* ⇒ *clandestine* **0.3** [niet voor openbaring bestemd] *secret* ⇒ *classified, confidential, private* **0.4** [aan slechts weinigen bekend] *secret* **0.5** [in het verborgene werkzaam] *secret* ⇒*hidden, undercover* **0.6** [moeilijk te begrijpen] *secret* ⇒ *mysterious* ◆ **1.2** een ~e bijeenkomst *a s. meeting;* ~e stemming *s. vote, voting by s. ballot* **1.3** uiterst ~e documenten *top-s. documents* **1.4** een ~ telefoonnummer *an ex-directory telephone number* **1.5** de ~e politie/dienst *s. police/service* **3.1** dat moet ~ blijven *this must remain private/a secret;*
II ⟨bw.⟩ **0.1** [op geheime wijze] *secretly* ⇒*privately, mysteriously* ◆ **¶.1** alles ging ~ in zijn werk *everything was done in secret/in private.*

geheimhouden 0.1 *keep (a) secret/under cover* ◆ **5.1** iets diep ~ *not breathe a word about sth.*

geheimhouding 0.1 *secrecy* ⇒*confidentiality, privacy* ◆ **2.1** ⟨in advertenties⟩ strikte ~ verzekerd *in strictest confidence* **3.1** iem.~ opleggen *swear s.o. to s.;* ~ zweren *swear to keep sth. a secret.*

geheimhoudingsplicht 0.1 *pledge of secrecy* ⇒*duty/requirement of confidentiality* ◆ **3.1** iem.~ opleggen *swear s.o. to secrecy.*

geheimschrift 0.1 *(secret) code* ⇒*cipher* ◆ **6.1** een boodschap **in** ~ *a coded message.*

geheimtaal 0.1 *secret/private language.*

geheimzinnig I ⟨bn.⟩ **0.1** [met verborgen betekenis] *mysterious* ⇒*unexplained, cryptic* **0.2** [de indruk makend iets verborgens te bevatten] *mysterious* ⇒*uncanny* **0.3** [zijn identiteit en bedoelingen geheimhoudend] *secretive* ⇒ *mysterious* ◆ **1.1** een ~e mededeling *a m./cryptic message* **1.3** een ~e verschijning *a mysterious apparition;*
II ⟨bw.⟩ **0.1** [op geheimzinnige wijze] *mysteriously* ⇒*secretly* ◆ **3.1** erg ~ doen (over iets) *be very secretive (about sth.).*

geheimzinnigheid 0.1 [het heimelijk te werk gaan] *secrecy* ⇒*stealth* **0.2** [raadselachtigheid] *mysteriousness* ⇒*mystery.*

gehemelte 0.1 *palate* ⇒*roof of the mouth* ◆ **2.1** een gespleten ~ *a cleft p.*

geheugen 0.1 [herinneringsvermogen] *memory* **0.2** [geest als bewaarplaats van herinneringen] *memory* ⇒*mind* **0.3** [comp.] *memory* ⇒*storage* ◆ **2.1** een goed/sterk/zwak ~ *a good/clear/weak m.* **3.1** ⟨fig.⟩ zijn ~ pijnigen *rack one's brains* **3.2** iemands ~ opfrissen *refresh/jog s.o.'s memory* **6.1** kort van ~ zijn *have a short m.* **6.2** dat ligt nog vers **in** mijn ~ *it's still fresh in my memory/mind;* iets **in** het ~ prenten/stampen *memorize sth., commit sth. to memory;* iets/iem. **uit** zijn ~ bannen *banish sth./s.o. from one's mind* **8.1** een ~ als een zeef *a head/m. like a sieve;* een ~ als een olifant/een ijzeren pot *an m. like an elephant's* **¶.1** mijn ~ laat me (niet) in de steek *my m. is letting/doesn't let me down.*

geheugencapaciteit ⟨comp.⟩ **0.1** *storage capacity, memory space.*

geheugenchip ⟨comp.⟩ **0.1** *memory chip.*

geheugeneenheid ⟨comp.⟩ **0.1** *memory/storage unit.*

geheugenplaats ⟨comp.⟩ **0.1** *storage location.*

geheugensteuntje 0.1 *reminder* ⇒*prompt* ◆ **3.1** een ~ geven *prompt.*

geheugenstoornis 0.1 *memory defect* ⇒*defective memory.*

geheugenverlies 0.1 *amnesia* ⇒*loss of memory* ◆ **2.1** tijdelijk ~ *a black-out.*

gehijg 0.1 *panting* ⇒⟨zwaar⟩ *gasping.*

gehinnik 0.1 *neighing* ⇒*whinny(ing).*

gehoekt 0.1 *angular* ◆ **1.1** dat magere ~e gezicht *that lean, a. face.*

gehoest 0.1 *coughing, coughs.*

gehoor 0.1 [het horen] *(sense of) hearing* ⇒*audition* **0.2** [het vermogen om te horen] *(sense/power of) hearing* ⇒ *ear(s)* **0.3** [gewaarwording, geluid] *sound* ⇒⟨onaangenaam⟩ *noise* **0.4** [publiek] *audience* ⇒⟨in kerk⟩ *congregation* **0.5** [aandacht] *ear* ◆ **2.2** absoluut ~ *perfect pitch;* een goed/scherp/fijn ~ *a good/sharp sense of h.;* geen muzikaal ~ hebben *have no ear for music;* een zwak/slecht ~ *a poor/bad sense of h.* **2.4** een talrijk ~ *a large a.* **3.1** ~ krijgen *be heard* **3.5** ~ geven aan iem./iets *answer s.o.'s call;* ~ comply with sth. ⟨verzoek, wensen⟩; ~ krijgen *find a response;* geen ~ vinden *fall on deaf ears* **6.1 op** het ~ iets spelen *play sth. by ear;* iets **ten** gehore brengen *perform sth.* **6.2** geen in het ~ liggen *be easy on the ear* **7.1** ik krijg geen ~ *there's no reply/answer;* ⟨bij technisch probleem⟩ *I can't get through;* bij geen ~ *if there's no reply* **7.3** dat is geen ~! *that sounds terrible!*

gehoorapparaat 0.1 *hearing aid.*

gehoorgestoord 0.1 *hearing impaired* ⇒*hard of hearing, deaf.*

gehoororgaan 0.1 *ear* ⇒*auditory organ, organ of hearing.*

gehoorsafstand 0.1 *earshot* ⇒*hearing* ◆ **6.1** binnen/op ~ *within e.;* **buiten** ~ *out of e.*

gehoorzaal 0.1 [openbare zaal] *auditorium* ⇒*(concert)hall* **0.2** [auditorium] *auditorium* ⇒*lecture theatre/hall* **0.3** [audiëntiezaal] *audience room/chamber* ⇒⟨rechtbank⟩ *courtroom.*

gehoorzaam 0.1 *obedient* ◆ **6.1** ~ **aan** de wet *law-abiding.*

gehoorzaamheid 0.1 *obedience* ⇒*compliance, dutifulness* ◆ **6.1** ~ **aan** God/de wet *o. to God, compliance with the law.*

gehoorzamen 0.1 *obey* ⇒⟨wens, bevel ook⟩ *comply (with)* ◆ **1.1** zijn ouders ~ *o. one's parents* **5.1** iem. blind ~ *obey s.o. unquestioningly;* niet ~ *disobey.*

gehorig 0.1 *noisy* ⇒*thin-walled* ◆ **1.1** deze huizen zijn erg ~ *these houses have very thin walls.*

gehouden 0.1 *obliged (to)* ⇒*bound (to)* ◆ **3.1** zich ~ achten *feel o./bound to.*

gehucht 0.1 *hamlet* ⇒*settlement.*

gehuichel 0.1 *hypocrisy* ⇒*dissembling.*

gehuil 0.1 [het huilen] *crying* ⇒*wailing* **0.2** [fig.] *moaning* ⇒*howling* ◆ **1.2** het ~ van de wind *the m. of the wind* **2.1** een verdrietig ~ *a pitiful c.*

gehuisvest 0.1 *housed* ⇒*lodged* ◆ **5.1** goed/slecht ~ zijn *have good/bad housing.*

gehumeurd 0.1 *tempered* ⇒*humoured* ◆ **5.1** slecht/vrolijk/goed ~ zijn *be in a bad/cheerful/good mood.*

gehuwd ⟨schr.⟩ **0.1** ⟨ongemarkeerd⟩ *married* ◆ **5.1** gelukkig ~ zijn *be happily m.*

gehuwde 0.1 *married person.*

gei ⟨scheep.⟩ **0.1** *clew line* ⇒*clew garnet.*

geigerteller 0.1 *Geiger(-Müller) counter* ⇒*GM counter, Geiger.*

geijkt 0.1 *standard* ⇒*customary* ◆ **1.1** hij komt altijd met het ~e antwoord *he always comes up with the s. reply;* dat is de ~e term/uitdrukking daarvoor *that's the s. term/expression for it.*

geil¹ ⟨het⟩⟨inf.⟩ **0.1** *spunk* ⇒*come.*

geil² ⟨bn., bw.⟩⟨inf.⟩ **0.1** *randy, horny* ◆ **1.1** ~e beer/bok *h. bastard;* een ~e blik *a leer(ing look)* **3.1** ~ maken *turn/switch on;* ~ worden ⟨ook⟩ *get turned on* **8.1** zo ~ als boter *as r. as an old goat.*

geilaard 0.1 *lecher* ⇒*randy one*, ⟨ouder persoon⟩ *dirty old man*.

geilen op 0.1 *lust after*.

geilheid 0.1 *horniness* ⇒*randiness, lecherousness*.

geïmproviseerd 0.1 *improvised* ⇒*ad lib* ◆ **1.1** ⟨muz.⟩ ~ accompagnement *i. accompaniment*.

gein ⟨inf.⟩ **0.1** *fun* ⇒*merriment* ◆ **3.1** ~ hebben / maken / trappen *have f., make merry/f.* **6.1 voor** de~ *(just) for f.*

geinig ⟨inf.⟩ **0.1** *funny* ⇒*cute* ◆ **1.1** een ~e vent *a fun guy*.

geinponem ⟨inf.⟩ **0.1** *fun guy*.

geïnspireerd 0.1 ⟨bn.⟩ *inspired;* ⟨bw.⟩ *with (great) inspiration/feeling* ◆ **3.1** ~ raken door *be inspired by;* hij speelt die sonate ~ *he plays the sonata with great feeling*.

geïntegreerd 0.1 *integrated* ◆ **1.1** ⟨nat.⟩ ~e schakeling *i. circuit, IC*.

geïnteresseerd 0.1 *interested* ◆ **3.1** ~ toekijken *watch with interest* **6.1** overal in ~ zijn *be i. in a great many things*.

geïnterneerde 0.1 *inmate*.

geïnterviewde 0.1 *interviewee*.

geintje ⟨inf.⟩ **0.1** *joke* ⇒*prank, (wise)crack* ◆ **2.1** een rot ~ a dirty trick **3.1** ~s uithalen *play jokes, pull pranks;* het was maar een ~ *I was just kidding* **6.1** hij kon niet **tegen** een ~ *he couldn't take a j.*

geïrriteerd 0.1 ⟨bn.⟩ *irritated* ⇒*edgy,* ⟨bw.⟩ *in an irritated way* ◆ **3.1** ~ raken door iem. / iets *bc i. by s.o./sth.* **5.1** snel ~ *irritable*.

geiser 0.1 [waterverwarmingstoestel] *geyser* 0.2 [warme springbron] *geyser* ⇒*hot spring*.

geisha 0.1 *geisha*.

geit I ⟨de⟩ **0.1** [dier] *goat* ◆ **2.1** jong ~je *kid;* **II** ⟨de (v.)⟩ **0.1** [vrouwelijk dier] *she-goat* ⇒*nanny-goat*.

geiten 0.1 *be giggly, simper*.

geitenkaas 0.1 *goat's cheese*.

geitenmelk 0.1 *goat's milk*.

geitenwol 0.1 *goat's wool*.

geitenwollensokkentype 0.1 *open sandals and woolly socks type* ⇒*back-to-nature freak*.

gejaagd 0.1 *hurried* ⇒*agitated* ◆ **1.1** een ~ e blik in de ogen *a nervous look in one's eyes* **3.1** ~ spreken *talk agitatedly*.

gejakker 0.1 *hustling, hustle (and bustle)* ⇒⟨in auto⟩ *road-hogging*.

gejammer 0.1 *moaning* ⇒*wailing*.

gejank 0.1 *whining, whine* ⇒⟨zacht⟩ *whimper*.

gejoel 0.1 *shouting* ⇒*cheering, cheers,* ⟨afkeurend⟩ *jeering*.

gejouw 0.1 *hooting, booing* ⇒*boos, jeering* ◆ **2.1** er ging een luid ~ op *there were loud boos*.

gejubel 0.1 *cheers, cheering* ⇒*jubilation*.

gejuich 0.1 *cheer(ing)* ◆ **6.1 in** ~ uitbarsten *burst out cheering;* iem. **met** ~ ontvangen *receive s.o. with great acclaim*.

gek¹ ⟨de⟩ **0.1** [krankzinnige] *lunatic* ⇒⟨inf.⟩ *loon(y),* ⟨inf.⟩ *nut(case)* **0.2** [dwaas / onnozel / belachelijk persoon] *fool* ⇒ *idiot* **0.3** [komisch persoon] *clown* **0.4** [vaak in samenst.; iem. met een bijzondere voorkeur] ⟨zie 1.4⟩ ◆ **1.4** hij is een boekengek *he's book-mad/a book nut* **3.2** ik, zei de ~ *yours truly* **6.2** iem. **voor** de ~ houden *pull s.o.'s leg, make a fool of s.o.;* iem. **voor** ~ laten staan *make s.o. look a f.;* iem. **voor** ~ zetten *make a f. of s.o.* **6.3 voor** ~ lopen *look absurd/ridiculous* **6.¶** dat is toch **van** de ~ke *that's too crazy for words* **8.1** ⟨fig.⟩ ze repeteerden als ~ken *they rehearsed like mad;* ⟨fig.⟩ rijden als een ~ *ride/*⟨in auto⟩ *drive like a maniac* **¶.1** ⟨sprw.⟩ elke ~ heeft zijn gebrek *every man has his faults*.

gek² I ⟨bn.⟩ **0.1** [krankzinnig] *mad* ⇒*crazy (with), insane* **0.2** [onverstandig, dwaas] *mad* ⇒⟨milder⟩ *silly,* ⟨milder⟩ *stupid,* ⟨milder⟩ *foolish* **0.3** [vreemd, belachelijk] *crazy* ⇒*ri-*

diculous, ⟨met ontkenning ook⟩ *bad* **0.4** [zeer gesteld (op)] *fond (of)* ⇒*keen (on), mad (about), crazy (about)* ◆ **1.2** dat is geen ~ idee *that's not a bad idea* **1.3** een ~ figuur slaan *look ridiculous;* geen ~ figuur slaan *not look bad, make a good impression;* op de ~ste plaatsen / tijden *in the oddest./most unlikely places, at the oddest times/moments* **3.1** ben je nu helemaal ~ geworden! *have you gone out of your mind?, have you taken leave of your senses?;* je lijkt wel ~ *you must be m./crazy;* ⟨fig.⟩ het is om ~ van te worden *it is enough to drive you m./crazy/*⟨inf.⟩ *up the wall;* ~ zijn / worden *be/go m./crazy* **3.2** ben je ~! *you're/you must be kidding/joking;* hij is er ~ genoeg voor *he's m. enough to (do it), I wouldn't put it past him;* hij deed of hij ~ was *he pretended not to notice;* je zou wel ~ zijn als je het niet deed *you'd be silly/*⟨sterker⟩ *crazy/m. not to (do it)* **3.3** er ~ uitzien *look ridiculous* **4.2** ⟨inf.⟩ die is ~! *you must be kidding!* **5.1** hij is hartstikke ~ *he's (stark) raving m., he's (completely) nuts/crackers* **5.2** dat lijkt me niet ~ *that doesn't sound at all bad* **5.3** ~ genoeg *oddly/strangely enough;* niet ~, hè? *not bad, eh?;* dat is te ~ om los te lopen *that's too ridiculous for words* **6.1** ~ **van** angst *crazy with fear* **6.4** zij is ~ **met** die vent van haar *she's crazy about that guy of hers;* hij is ~ **op** die meid *he's crazy about that girl* **6.¶** ⟨inf.⟩ **te** ~, zeg! *wow, fantastic!* **7.3** het ~ke v.d. zaak / kwestie is *the funny thing is* **¶.2** het wordt hoe langer hoe ~ker *this is just getting worse (and worse);* **II** ⟨bw.⟩ **0.1** [op bespottelijke wijze] *silly* ⇒⟨met ontkenning ook⟩ *badly* **0.2** [+ niet] *(not) all that* ◆ **3.1** je kunt het zo ~ niet bedenken of hij heeft het wel *you name it, he's got it;* doe maar gewoon, dan doe je (al) ~ genoeg *just be your normal idiotic self;* doe niet zo ~ *don't act/be so s.;* ergens ~ van opkijken *really be surprised by sth.* **7.2** dat maakt niet zo ~ veel uit *that doesn't make all that much difference*.

gekakel 0.1 *cackle* ⇒*cackling*.

gekanker 0.1 *grouching* ⇒*grumbling*.

gekant ◆ **6.¶ tegen** iets ~ zijn *be set against/opposed to/down on sth*.

gekarteld 0.1 *serrated, milled* ⟨munt⟩ ◆ **1.1** geldstukken met ~e randen *coins with milled rims/edges*.

gekeperd 0.1 *twilled* ◆ **1.1** ~ katoen *cotton twill*.

gekerm 0.1 *moans, moaning* ⇒*groans*.

gekeuvel 0.1 *(chit-)chat, chatting*.

gekheid 0.1 [onverstand] *madness* ⇒*idiocy,* ⟨milder⟩ *silliness,* ⟨milder⟩ *stupidity,* ⟨BE ook⟩ *daftness* 0.2 [iets grappigs] *pleasantry* ⇒*joking, banter* ◆ **6.1 van** ~ niet weten wat men doen zal *do the silliest things* **6.2 uit** ~ *for the fun of it;* ⟨opmerking⟩ *in jest;* **zonder** ~ *seriously, no kidding* **¶.2** alle ~ op een stokje / terzijde *(all) joking apart*.

gekibbel 0.1 *squabbling* ⇒*bickering(s)*.

gekir 0.1 *cooing* ⇒*gurgle* ⟨baby⟩.

gekkekoeienziekte 0.1 *mad cow disease* ⇒⟨wet.⟩ *BSE*.

gekkengetal 0.1 ±*(number) eleven*.

gekkenhuis 0.1 [inrichting] *madhouse* ⇒*nut-house* 0.2 [fig.] *madhouse* ⇒*nut-house, bedlam* ◆ **6.2** wat is dat hier **voor** een ~ *what kind of a m. is this*.

gekkenwerk 0.1 *a mug's game* ⇒*drudgery* ◆ **3.1** dat is ~! *that's a mug's game/madness*.

gekkerd 0.1 *silly (thing/billy)*.

gekkigheid 0.1 *folly* ⇒*foolishness, madness* ◆ **6.1** ze weten **van** ~ niet wat ze moeten doen *they're (completely) at a loose end*.

geklaag 0.1 [gejammer] *lamentation* 0.2 [het klachten uiten] *complaining* ⇒*moaning* ◆ **6.2** ~ **over** slecht bestuur *c. about bad government*.

geklater 0.1 *splash(ing), splatter(ing)* ⇒*rattle* ⟨applaus⟩.

gekleed 0.1 [zijn kleren aan hebbend] *dressed* 0.2 [mbt. kleding] *formal* ⇒*smart, dressy* 0.3 [de voorgeschreven kleding dragend] *dressed for the occasion* ◆ 1.2 een geklede japon *a smart dress* 3.3 iedereen komt vanavond ~ *everyone is coming in evening dress tonight* 5.1 hij is keurig/netjes ~ *he is well-dressed;* hij is slecht/slordig ~ *he is badly d./a ragbag* 6.1 in het zwart ~ *d. in black.*

geklep 0.1 *endless chatter* ⟨van persoon⟩ ◆ 4.1 hou eens op met dat ~! *could you stop talking for a minute!*

geklepper 0.1 *clatter(ing), clip-clop.*

geklets 0.1 *chatter* ⇒*babble* ◆ 6.1 ~ in de ruimte *hot air.*

gekletter 0.1 *clatter(ing)* ⇒*(pitter-)patter, pelt* ⟨regen⟩.

gekleurd 0.1 [een bepaalde kleur hebbend] *coloured* 0.2 [fig.] *coloured* ⇒*colourful* ◆ 1.2 iets door een ~e bril zien *have a coloured view of sth.;* een ~e voorstelling van zaken *a biased version of the facts* 3.¶ er ~ op staan *look (pretty) silly.*

geklooi 0.1 *fooling around* ⇒*messing about.*

gekloot ⟨inf.⟩ 0.1 [geklungel] *messing/farting around* 0.2 [vervelend gedoe] *messing/pissing around.*

geklungel 0.1 *fiddling (about)* ⇒*bungling.*

geknars 0.1 *gnashing* ⟨ihb. tanden⟩ ⇒*grating, creak(ing)* ⟨scharnier, verroest ijzer⟩, *grind(ing)* ⟨wiel, remmen⟩.

geknecht 0.1 *oppressed* ⇒*enslaved* ◆ 1.1 een ~ volk *an o. people.*

geknetter 0.1 *crackle, crackling* ⇒*rattle.*

geknipt ◆ 1.¶ hij is er de ~e man voor *he is just the man* 6.¶ ergens voor ~ zijn *be cut out for sth.*

geknoei 0.1 [slordig werk] *mess(-up)* ⇒*botch(-up), bungling* 0.2 [gemors] *messing* 0.3 [het oneerlijk te werk gaan] *tampering/fiddling (with)* ⇒*fraud* ◆ 6.1 ~ aan een motor *tinkering with an engine* 6.2 ~ met water *splashing about with water* 6.3 ~ bij de verkiezingen *rigging in the elections.*

gekoeld 0.1 *cooled* ⇒⟨onder het vriespunt⟩ *frozen* ◆ 1.1 met lucht ~ *air-c.*

gekonkel 0.1 *scheming* ⇒*plotting.*

gekostumeerd 0.1 *fancy dress* ◆ 1.1 een ~ bal *a f. d. ball.*

gekrabbel 0.1 [gekrab] *scratching* 0.2 [geschrijf, schrift] *scribble, scribbling* ⇒⟨willekeurig⟩ *doodle,* ⟨willekeurig⟩ *doodling.*

gekras 0.1 [mbt. een scherp voorwerp] *scratch(ing)* ⇒ *scrape, scraping* 0.2 [mbt. vogels] *screech(ing)* 0.3 [slordige afbeelding] *scribble* ◆ 1.1 het ~ v.e. pen op het papier *the scratching of a pen on paper* 6.3 ~ met krijt op de muren *chalking on walls.*

gekrenkt 0.1 *hurt* ⇒*offended* ◆ 3.1 zich ~ voelen *take offence, be hurt.*

gekreukeld 0.1 *wrinkled* ⇒*wrinkly, (c)rumpled, creased* ◆ 1.1 een ~ overhemd *a creased/(c)rumpled shirt.*

gekreun 0.1 *groan(s), moan(s)* ⇒*groaning, moaning.*

gekriebel 0.1 [gekietel] *tickle, tickling* ⇒*itch(ing)* 0.2 [onduidelijk schrift] *scribble, scribbling* ⇒*scrawl.*

gekrijs 0.1 *scream(ing)* ⇒*screech(ing)* ⟨van vogel⟩ ◆ 1.1 het ~ v.d. zeemeeuwen *the crying of the seagulls.*

gekrioel 0.1 *swarming.*

gekromd 0.1 *bent* ⇒*curved* ⟨lijn⟩, *hooked* ⟨neus⟩, *aquiline* ⟨neus⟩ ◆ 1.1 met ~e rug *bent, with a b. back.*

gekruid 0.1 *spiced* ⇒*spicy, seasoned* ◆ 5.1 scherp ~ *highly seasoned.*

gekruist 0.1 [kruiselings over elkaar geplaatst] *crossed* 0.2 [ontstaan door kruising] *crossed* ⇒*cross-bred* ⟨dieren⟩, *cross-fertilized* ⟨planten⟩, *cross-pollinated* ⟨planten⟩ ◆ 1.1

met ~e benen *with legs c., cross-legged* 1.2 een ~ ras *a cross-breed* 1.¶ ⟨geldw.⟩ een ~e cheque *a crossed cheque.*

gekruld 0.1 *curly* ⇒*crinkly,* ⟨met krultang⟩ *curled,* ⟨met krultang⟩ *crimped* ◆ 1.1 ~ haar *curly hair.*

gekscherend 0.1 *joking* ⇒*bantering,* ⟨schr.⟩ *jesting* ◆ 3.1 ~ iets zeggen *say sth. jokingly/in joke/in jest/in fun.*

gekte ⟨inf.⟩ 0.1 *lunacy* ⇒*insanity.*

gekuch 0.1 *coughing* ⇒*hem(ming).*

gekuifd 0.1 [van een kuif voorzien] *crested* ⇒⟨vogel ook⟩ *tufted* 0.2 [plantk.] *tufted* ◆ 1.1 een fraai ~ hoofd *a beautiful head of hair.*

gekuist 0.1 [mbt. taal, stijl, smaak] *sober* ⇒*pure* 0.2 [mbt. geschriften, films] *expurgated* ⇒*edited, cut* ◆ 1.2 een ~e versie *an expurgated/edited version.*

gekunsteld 0.1 *artificial* ⇒*affected* ◆ 1.1 een ~e stijl *an artificial/affected style.*

gekwalificeerd 0.1 [gerechtigd] *qualified* ⇒*authorized* 0.2 [bekwaam] *qualified* ⇒*skilled* 0.3 [van betekenis] *qualified* ⇒*skilled, expert* ◆ 1.1 ~e personen *q. persons* 1.2 een ~ onderzoeker *a q. researcher* 1.3 ~e arbeid *skilled labour* 6.2 ~ om ... *q. to ...*

gekwebbel 0.1 *chatter* ⇒*cackling.*

gekweld 0.1 *tormented* ⇒*anguished* ◆ 1.1 een ~e gelaatsuitdrukking *a pained expression* 6.1 door gewetensnood/zijn geweten ~ *conscience-stricken/-smitten, haunted by one's conscience.*

gekwetst 0.1 [gewond] *hurt* ⇒*wounded, injured* 0.2 [beledigd] *hurt* ⇒*offended* ◆ 3.2 zich ~ voelen *take offence.*

gel 0.1 *gel* ⇒*jelly,* ⟨schei. ook⟩ *coacervate.*

gelaagd 0.1 *layered* ⇒*laminate(d), stratified* ◆ 1.1 ~ glas *safety/laminated glass.*

gelaat ⟨schr.⟩ 0.1 *countenance* ⇒*visage,* ⟨ongemarkeerd⟩ *face* ◆ 2.1 een bleek ~ *a pale c.*

gelaatskleur 0.1 *complexion* ◆ 2.1 een ongezonde ~ *an unhealthy c.*

gelaatstrekken 0.1 *features* ⇒*lineaments* ◆ 2.1 scherpe ~ *sharp/chiselled f.*

gelaatsuitdrukking 0.1 *expression* ⇒*look.*

gelach 0.1 *laughter* ⇒⟨in zichzelf⟩ *chuckling* ◆ 2.1 er klonk gesmoord ~ *the sound of stifled l. could be heard;* in luid ~ uitbarsten *burst out laughing.*

geladen 0.1 [van lading voorzien] *loaded* ⇒*charged* 0.2 [elektrische spanning dragend] *charged* 0.3 [op het punt van uitbarsten] *charged* ⇒*strained, tense, explosive* ◆ 1.1 een ~ geweer *a l. rifle* 1.3 een ~ atmosfeer/stemming *a c./strained/tense/an explosive atmosphere* 3.3 ⟨van personen⟩ hij kwam ~ aan de start *he was raring to go.*

gelag 0.1 [vertering] *food and drink* 0.2 [eet- en drinkpartij] *meal out* ◆ 2.¶ een hard ~ *a bad break* 3.1 het ~ betalen ⟨ook fig.⟩ *foot the bill.*

gelagkamer 0.1 *bar.*

gelakt 0.1 *varnished* ⇒*laquered, shellacked* ◆ 1.1 ~e nagels *v./polished nails.*

gelambriseerd ⟨amb.⟩ 0.1 *wainscoted* ⇒*panelled.*

gelang ◆ 6.¶ (al) naar ~ *as, according to;* ieder betaalt al naar ~ zijn inkomen *everyone pays according to his income;* naar ~ van omstandigheden *as circumstances require.*

gelasten 0.1 *order* ⇒*direct, instruct, charge* ◆ 3.1 iem. ~ het pand te ontruimen *order s.o. to vacate the premises.*

gelastigde 0.1 *delegate* ⇒*deputy, proxy.*

gelaten 0.1 *resigned* ⇒*uncomplaining, stoical* ◆ 1.1 een ~ houding/stemming *a r. attitude/mood* 3.1 iets ~ afwachten *be r. to the outcome of sth.*

gelatenheid 0.1 *resignation* ⇒*stoicism.*

gelatine 0.1 *gelatine* ⇒⟨opgelost⟩ *gel, jelly* ◆ **2**.1 plantaardige ~ *agar/-agar*).

gelatinepudding 0.1 *jelly* ⇒*gelatin(e)*, ^jello.

gelauwerd 0.1 [met lauweren versierd] *laurelled* ⇒*laureate* **0.2** [geroemd] *laureate* ◆ **1.2** een ~ dichter *a poet l.*

gelazer ⟨inf.⟩ **0.1** [moeilijkheden] *load of trouble* **0.2** [gezanik, gedoel *fuss* ◆ **3.1** daar heb je 't ~ *here we go;* daar krijg je ~ mee *that is going to get you into trouble.*

geld 0.1 [betaalmiddel] *money* ⇒*currency, cash* **0.2** [(geld)-middelen] *money* ⇒*cash, funds, resources* **0.3** [bedrag] *money* ⇒*amount, sum, price, rate* ◆ **1.1** je ~ of je leven *your m. or your life!* **1.2** een smak/hoop/berg ~ *bags/stacks of m.* **2.1** baar ~ *(hard) cash;* groot ~ *notes,* ^*bills;* het grote ~ *(the) big m.,* ^*megabucks;* klein ~ *(small) change;* papieren/gemunt ~ *paper m., notes,* ^*bills;* ⟨gemunt⟩ *coin(s), specie;* vals ~ *counterfeit (m.);* in/met vreemd ~ betalen *pay in foreign currency;* zwart ~ *undisclosed income, m. received under the counter* **2.2** het is weggegooid ~! *that's a (sheer) waste of m.* **2.3** grof ~ betalen voor iets *pay through the nose for sth.;* kinderen betalen half ~ *children half-price* **3.1** bulken van/zwemmen in het ~ *be loaded, be rolling in m. / it;* ~ drukken *print m.;* ⟨zijn⟩ ~ in het water gooien ⟨fig.⟩ *pour one's m. down the drain;* ⟨fig.⟩ het ~ groeit mij niet op de rug *I'm not made of m.;* ⟨fig.⟩ niet op ~ kijken *not watch the pennies;* ⟨fig.⟩ iem. ~ uit de zak kloppen *wheedle m. out of s.o.;* het ~ laten rollen *spend m. freely;* ~ moet rollen *you must keep m. moving;* ⟨fig.⟩ hij slaat overal ~ uit *he turns everything to good account;* smijten met ~ ⟨fig.⟩ *throw one's m. about/around;* ~ in iets steken *put m. into sth.;* ~ wisselen *change m.* **3.2** iem. ~ afpersen *extort m. from s.o.;* ~ hebben *be well-off;* geen ~ hebben *be broke;* zij heeft ~ van zichzelf *she has m. of her own;* ~ en misbruiken *misappropriate/misapply funds;* dat zal zijn ~ wel opbrengen *that will pay (for itself);* iem. die veel ~ uitgeeft *a big spender* **3.3** ik zal het ~ er gauw weer uit hebben *it will soon pay for itself* **5.3** niet goed? ~ terug *m. refunded/back if not satisfactory, m.-back guarantee* **6.1** de waarde is niet **in** ~ uit te drukken *you can't put a price on it;* waar **voor** zijn ~ krijgen *get value for m.* **6.2** goed **in** zijn ~ zitten *be well off;* **met** zijn ~ geen raad weten *have m. to burn;* mensen **met** ~ *moneyed people;* **zonder** ~ zitten *be out of pocket, be broke* **6.3** het is echt niet duur **voor** dat ~ *its a good buy;* **voor** geen ~ ter wereld *not for love or m.* **6.¶ voor** hetzelfde ~ was het goed afgelopen *it could just as easily have turned out all right* **7.3** (dat is) geen ~! *that's a bargain!* **8.1** ~ als water verdienen *earn big m. / a packet* **¶.1** (sprw.) ~ stinkt niet *money does not smell;* ⟨sprw.⟩ het ~ dat stom is, maakt recht wat krom is *a golden handshake is better than ten witnesses.*

geldauto 0.1 *^Securicor van,* ^*Brinks truck.*

geldautomaat 0.1 *cash dispenser* ⇒*cash point.*

geldautomaatpasje 0.1 *cashpoint card.*

geldbelegging 0.1 *investment.*

geldboete 0.1 *fine* ◆ **6.1** strafbaar met (een) ~ *punishable by f.*

geldbron 0.1 *source of money.*

geldbuidel 0.1 *pouch* ⇒*purse.*

geldeenheid 0.1 *unit of currency.*

geldelijk 0.1 *financial* ◆ **1.1** een ~ e schadeloosstelling *a compensation/an indemnification;* ~ e steun *f. support;* ~ vermogen *capital;* ~ voordeel uit iets behalen/genieten *gain pecuniary advantage from sth.* **3.1** iem./iets ~ steunen *support s.o./sth. financially.*

gelden I ⟨onov.ww.⟩ **0.1** [meetellen] *count* **0.2** [gewaardeerd worden] *count* ⇒*weigh* **0.3** [van kracht zijn] *apply* ⇒*ob-*

gelatine - geldmakerij

tain, go for **0.4** [betreffen] *concern* ◆ **1.1** die worp met de bal geldt niet *that throw doesn't c.* **1.3** de meeste stemmen ~ *the ayes have it;* deze wet geldt hier niet *that law doesn't a. here* **1.4** mijn opmerking geldt jouw vriend (bestemd voor) *my remark is meant for your friend;* ⟨heeft betrekking op⟩ *my remark concerns your friend* **3.2** de boycot deed zich ~ *the boycott took/started to take effect;* zijn rechten doen ~ *assert one's rights;* recht kunnen doen ~ op *be able to claim, be entitled to* **3.3** zich doen ~ *make o.s. felt;* ⟨pej.⟩ *throw one's weight about* **6.2** een vijf geldt **voor/als** onvoldoende *a five counts as a fail* **6.3** hetzelfde geldt **voor** hem *that goes for him too* **8.2** ~ als norm *be the standard;* dit document geldt niet als betaling *this document is not acceptable as payment;*

II ⟨ov.ww.⟩ **0.1** [betreffen] *concern* ◆ **1.1** het gold een zaak van gewicht *it was a matter of importance.*

geldend 0.1 *valid* ⇒*applicable, current* ◆ **1.1** de thans ~ e prijzen *current prices;* een algemeen ~ verbod *a general prohibition* **2.1** de algemeen ~ e opinie *the (generally) received opinion;* een algemeen ~ e regel *a universal (rule).*

Gelderland 0.1 *Gelderland.*

geldgebrek 0.1 *lack of money* ⇒*shortage/want of money,* ⟨op kapitaalmarkt⟩ *scarcity of money,* ⟨op kapitaalmarkt⟩ *pecuniary distress,* ⟨op kapitaalmarkt⟩ *financial difficulties* ◆ **2.1** met een groot ~ te kampen hebben *be hardpressed for money* **3.1** ~ hebben *be short of money.*

geldhandel 0.1 *banking (business);* ⟨vreemd geld ook⟩ *money/currency dealing.*

geldhandelaar 0.1 *banker* ⇒*financier,* ⟨mbt. vreemd geld⟩ *dealer,* ⟨mbt. vreemd geld⟩ *money changer.*

geldig 0.1 *valid* ⇒*legitimate,* ⟨niet verlopen⟩ *current* ◆ **1.1** ~ bewijsmateriaal *admissible evidence;* dat biljet is nog ~ *that ticket is still v.;* een ~ excuus *a v./legitimate excuse;* die wet is niet meer ~ *that law is no longer in force* **3.1** onze offerte blijft een week ~ *our offer stands/holds (good)/is open for one week;* dit wordt pas ~ vanaf 1 januari *this won't take effect until 1 January* **5.1** na 15 augustus is het kaartje niet meer ~ *the ticket expires after 15 August.*

geldigheid 0.1 *validity* ⇒*legitimacy, currency* ◆ **3.1** op ~ controleren *verify; examine, inspect* ⟨kaartjes⟩; de ~ v.d. verkiezingen wordt betwist *the v. of the elections being contested.*

geldigheidsduur 0.1 *(period of) validity* ⇒*life, duration* ⟨vergunning⟩.

geldigverklaring 0.1 *validation* ⇒*declaration of validity.*

gelding 0.1 *validity* ⇒*force* ◆ **3.1** die wet heeft zijn ~ verloren *that law has become ineffectual.*

geldingsdrang ⟨psych.⟩ **0.1** *assertiveness* ⇒*ambition.*

geldinzameling 0.1 *fund-raising.*

geldkas 0.1 *cashbox;* ⟨kasla⟩ *cash register, till.*

geldkist 0.1 *strongbox* ⇒*coffer, money chest, money box.*

geldkistje 0.1 *cash box.*

geldkoers 0.1 [rentestand] *interest rate* **0.2** [koers] *rate of exchange.*

geldkraan ◆ **3.¶** de ~ dichtdraaien *cut off funds;* ⟨mbt. subsidies⟩ *cut down on grants.*

geldkwestie 0.1 *question of money/finance* ⇒*money/financial matter* ◆ **3.1** het is een ~ *it's a question of money, it's all a matter of money/cash/pounds, shillings and pence.*

geldla(de) 0.1 *(cash) till* ⇒*cashdrawer.*

geldmagnaat 0.1 *(financial/money) tycoon* ⇒*magnate.*

geldmakerij 0.1 *money-making* ⇒⟨middel⟩ *money-maker,* ⟨bedrijf⟩ *money-making concern/business* ◆ **3.1** het is louter ~ van hem *he's only in it for the money.*

geldmarkt 0.1 [handel] *money-market* **0.2** [(effecten)-beurs] *stock exchange* ♦ **3.1** een beroep doen op de ~ *go to the money-market.*
geldmarktrente ⟨ec.⟩ **0.1** *money market interest rate.*
geldmiddelen 0.1 [inkomsten] *funds* ⇒*(financial) resources, (financial) means, income* **0.2** [toestand v.d. geldzaken] *finances* ⇒*financial situation* ♦ **3.1** de benodigde ~ ontbraken *the necessary funds were lacking* **6.1** hij was zonder ~ *he was out of funds.*
geldnood 0.1 *financial trouble/problems.*
geldomloop 0.1 *circulation of money.*
geldontwaarding 0.1 *monetary depreciation.*
geldprijs 0.1 [prijs uitgedrukt in geld] *mone(tar)y price* **0.2** [prijs die uit geld bestaat] *cash prize.*
geldsanering, geldzuivering 0.1 *currency/monetary reform.*
geldschieter 0.1 ⟨beroep⟩ *moneylender;* ⟨voor opzet bedrijf, uitvoering⟩ *(financial) backer* ⇒⟨van sport/cultuurevenement ook⟩ *sponsor.*
geldsom 0.1 *sum of money.*
geldsoort 0.1 *kind of money* ⇒*coin, (type of) currency* ♦ **2.1** vreemde ~ en *foreign currencies.*
geldstroom 0.1 *flow of money* ♦ **7.1** ⟨universiteit⟩ de eerste/tweede ~ *direct/indirect (government) funding.*
geldstuk 0.1 *coin.*
geldswaarde 0.1 *monetary value* ♦ **1.1** geld en ~ n *money and valuables.*
geldtransport 0.1 *money transport.*
gelduitvoer 0.1 *export of money.*
geldverkeer 0.1 *finance* ⇒*monetary transactions/dealings* ♦ **2.1** internationaal ~ *international transfer of capital.*
geldverlies 0.1 *loss of money* ⇒*financial loss.*
geldvernietiging 0.1 *destruction of money.*
geldverslindend 0.1 *costly* ⇒*expensive.*
geldverspilling 0.1 *waste of money* ⇒*extravagance, dissipation of funds.*
geldvoorraad 0.1 *money supply* ⇒⟨in zaak⟩ *cash in/on hand,* ⟨bij de banken⟩ *holding of cash.*
geldwereld 0.1 *world of finance.*
geldwezen 0.1 *finance* ⇒*monetary/financial system/matters, financial economy.*
geldwinning 0.1 *money-maker/-spinner* ⇒*money-making venture/business.*
geldwisselaar 0.1 *money-changer/dealer* ⇒*currency/(foreign) exchange dealer.*
geldwolf 0.1 *money-grubber.*
geldzaak 0.1 *matter of money* ⇒*financial/money matter* ♦ **3.1** zijn geldzaken beheren *manage one's financial matters.*
geldzorgen 0.1 *financial worries/problems* ⇒*money troubles.*
geldzucht 0.1 *avarice* ⇒*love of money.*
geldzuchtig 0.1 *avaricious* ⇒*money-mad/-grubbing.*
geldzuivering →*geldsanering.*
geleden 0.1 [op/vóór een tijdstip gebeurd] *ago* ⇒*back,* ⟨van een punt in het verleden gerekend⟩ *before,* ⟨van een punt in het verleden gerekend⟩ *previously,* ⟨van een punt in het verleden gerekend⟩ *earlier* **0.2** [voorbij] *over* ⇒*past, gone (by)* ♦ **1.1** het is een hele tijd ~, dat ...*it has been a long time since ...;* ik had het een week ~ nog gezegd *I had said so a week before;* het is donderdag drie weken ~ gebeurd *it happened three weeks a. this/last Thursday* **3.2** het leed is ~ *the suffering is o.* **5.1** niet lang ~, kort/pas ~ *not long a., the other day, only recently.*

gelederen →*gelid.*
geleding 0.1 [plaats van beweegbare verbinding] *joint* ⇒*articulation* **0.2** [elk deel v.e. geheel] *section* ⇒*part* **0.3** [groep personeelsleden] *section* ⇒*rank* ⟨in een hiërarchie⟩, *echelon* ⟨in een hiërarchie⟩ **0.4** [biol.; segment, lid] *segment* ⇒*ring* ♦ **1.1** de ~ en v.e. harnas *the joints of a suit of armour* **1.4** ⟨biol.⟩ de ~ en v.e. regenworm *the segments of an earthworm* **3.3** dit voorstel was door alle ~ en aanvaard *this proposal had been accepted by all areas of the work force/at all levels.*
geleed 0.1 *jointed* ⇒*articulate(d),* ⟨biol.⟩ *segmental,* ⟨biol.⟩ *segmentary,* ⟨biol.⟩ *ringed, sectional, indented* ⟨kust⟩ ♦ **1.1** een gelede bus *an articulated bus;* een ~ dier *an articulate animal;* een gelede pijp *a j. pipe/conduit;* een gelede radiator *a sectional radiator;* ⟨taal.⟩ een ~ woord *a (morphologically) complex word.*
geleedpotig 0.1 *arthropodal, arthropodous* ♦ **7.1** de ~ en *the Arthropoda.*
geleend 0.1 *borrowed* ♦ **1.1** ~ e moed/glans *b. courage/reflected glory.*
geleerd 0.1 [onderlegd; blijk gevend van kennis] *learned* ⇒⟨ihb. mbt. de alfawetenschappen⟩ *scholarly,* ⟨zeer geleerd⟩ *erudite,* ⟨wetenschappelijk⟩ *academic* **0.2** [ingewikkeld] *learned* ⇒*highbrow, bookish* ♦ **1.1** ~ e boeken *l./scholarly books;* een ~ schrijver *a man of letters;* de ~ e wereld ⟨ihb. mbt. de alfawetenschappen⟩ *the world of learning;* ⟨mbt. de bètawetenschappen⟩ *the world of science* **3.2** dat is mij te ~ *that's beyond me/a bit above my head.*
geleerde 0.1 *scholar* ⇒*man of learning,* ⟨bètawetenschapper⟩ *scientist,* ⟨alg. ook⟩ *savant,* ⟨vaak scherts.⟩ *pundit* ♦ **2.1** een groot ~ *a great scholar* ¶.**1** daarover zijn de ~ n het nog niet eens *authorities do not yet agree on that point.*
geleerdheid 0.1 [wijsheid] *learning* ⇒*scholarship, erudition* **0.2** [geleerde zaken] *(book-)learning* ⇒⟨pej.⟩ *pedantry, donnishness, bookishness* ♦ ¶.**2** zijn ~ ten toon spreiden *show off one's knowledge.*
gelegen 0.1 [liggend, gesitueerd] *situated* ⇒*lying,* ⟨jur. ook⟩ *situate* **0.2** [geschikt] *convenient* ⇒*opportune* ♦ **1.2** te ~ er tijd *at a c. time, at the proper time* **3.2** kom ik ~? *are you busy?, am I disturbing you?;* zijn bezoek kwam me niet erg ~ *he came at a rather inconvenient moment* **5.1** ⟨fig.⟩ het probleem is daarin ~ dat ...*the problem is that ...* **6.1** Rotterdam is ~ aan de Maas *Rotterdam is situated/lies on the Maas;* op het zuiden ~ *facing south* **6.**¶ er is (voor) mij veel **aan** ~ *it matters very much to me, it's of great importance to me;* zich **aan** iem. niets ~ laten liggen *show no interest in s.o.*
gelegenheid 0.1 [plaats mbt. haar geschiktheid] *place* ⇒*site* **0.2** [mogelijkheid, omstandigheid] *opportunity* ⇒*chance, facilities* ⟨voor bepaalde handeling of doel⟩, *provision* ⟨voor bepaalde handeling of doel⟩ **0.3** [reisgelegenheid] *means of conveyance/transport* ⇒*travelling facility* **0.4** [zaak waar men iets kan gebruiken] *place* ⇒±*restaurant, eating house* **0.5** [voorkomend geval] *occasion* ♦ **2.2** dat deed hij zomaar op eigen ~ *he did it off his own bat/unaided;* een gunstige ~ afwachten *wait for the right moment* **2.4** openbare gelegenheden *public places* **2.5** een feestelijke ~ *a festive o.* ¶.**1** hij is even naar een zekere ~ *he's just gone to wash his hands* **3.2** de ~ aangrijpen/waarnemen om ...*take advantage of/seize the o. to ...;* die streek biedt volop ~ voor fietstochten *that area offers ample o./facilities for cycling;* de ~ voorbij laten gaan *miss the chance/o., let the o. slip (by);* als de ~ zich voordoet *when the o. presents itself* **6.2 bij** ~ *later, when it's (more) convenient;* **bij** de eerste de beste ~ *at the first possible/available o.;* **in** de

~ zijn om ... *be able to, have the o. to ...;* er is ~ **om** te dansen/te slapen *there are dancing facilities/there is sleeping accommodation;* ik maak van de ~ gebruik om ...*I take this o. to* ... **6.3** ze gingen **op** eigen ~ naar huis *they went home separately* **6.4** laten we **in** die ~ iets drinken *let's have a drink in that bar* **6.5 bij** voorkomende ~ *if/when the o. arises;* **bij** zulke/bepaalde gelegenheden *on such/certain occasions;* **ter** ~ **van** *on the o. of;* **voor** de ~ droeg zij een feestjapon *she wore a gown for the o.* ¶**.2** de ~ te baat nemen *grasp/seize the o.;* ⟨sprw.⟩ de ~ maakt de dief *opportunity makes the thief.*

gelegenheidsdichter 0.1 *occasional poet.*

gelegenheidsdrinker, -drinkster 0.1 *occasional drinker.*

gelegenheidskleding 0.1 *formal/full dress.*

gelegenheidszegel 0.1 *special stamp* ⇒⟨ter herdenking⟩ *commemorative stamp.*

gelei 0.1 [gekookt sap van dierlijke stoffen] *gelatine* ⇒⟨gekruid⟩ *aspic* **0.2** [vnl. in samenst.; ingedikt sap van vruchten] *jelly* ⇒*preserve* **0.3** [dikke substantie] *jelly* ◆ **1.2** appelgelei *apple j.*

geleiachtig 0.1 *jelly-like* ⇒*gelatinous* ◆ **3.1** ~ (doen) worden *jellify.*

geleid 0.1 *guided* ⇒*planned* ◆ **1.1** ~e economie *planned economy;* ~e projectielen *g. missiles.*

geleide 0.1 [het vergezellen] *escort* ⇒⟨begeleiding ook⟩ *guidance,* ⟨gevolg ook⟩ *attendance,* ⟨bescherming ook⟩ *protection,* ⟨bewaking ook⟩ *guard* **0.2** [wie/wat begeleidt] *escort* ⇒⟨mbt. koopvaardijschepen in oorlogstijd⟩ *convoy,* ⟨gids⟩ *guide* ◆ **2.2** onder gewapend ~ *under armed e.* **3.2** ~ verlenen *escort* **6.1** onder iemands ~ *under s.o. 's protection/guidance, accompanied by s.o.;* ⟨fig.⟩ **ten** ~ *preface, foreword.*

gelei(de)brief 0.1 ⟨vrachtbrief⟩ *supply/consignment note;* ⟨douanepapier⟩ *permit;* ⟨vrijgeleide⟩ *safe-conduct.*

geleidehond 0.1 *guide-dog.*

geleidelijk 0.1 *gradual* ⇒⟨bw. ook⟩ *by degrees, by/in (gradual) stages* ◆ **1.1** een ~e overgang *a g. transition* **3.1** het rood gaat ~ in oranje over *the red (gradually) shades off into orange;* de kernwapens worden ~ teruggetrokken *the nuclear weapons are being withdrawn in stages;* het weer wordt ~ beter *the weather is gradually improving.*

geleidelijkheid 0.1 *gradualness* ◆ **1.1** langs lijnen van ~ *gradually, step by step, little by little.*

geleiden 0.1 [leiden] *guide* ⇒*conduct, accompany, lead,* ⟨mil.; vrouw⟩ *escort* **0.2** [nat.] *conduct* ⇒*transmit* ◆ **1.1** een blinde ~ *g. a blind person;* een onwillig paard ~ *lead a stubborn horse* **1.2** koper geleidt goed *copper is a good conductor* **6.1** iem. **aan** de hand ~ *lead s.o. by the hand.*

geleidend ⟨nat.⟩ **0.1** *conductive* ◆ **1.1** glas is niet ~ *glass is a non-conductor.*

geleider 0.1 [gids] *guide* ⇒*leader, conductor, chaperon(e)* ⟨meisje⟩, *escort* ⟨vrouw; gevangenen⟩ **0.2** [nat.] *conductor* ◆ **2.2** een slechte ~ *a poor/bad c.*

geleidewapen 0.1 *guided missile.*

geleiding 0.1 [nat.; het geleiden] *conduction* ⇒*conductivity* **0.2** [dat wat geleidt] *wire* ⇒*conductor, cable* ◆ **2.1** thermische ~ *thermal conductivity* **2.2** elektrische ~en *electric wires/wiring.*

geleidingsvermogen ⟨nat.⟩ **0.1** ⟨alg.⟩ *conductance* ⇒⟨specifiek⟩ *conductivity.*

geleidster 0.1 *guide* ⇒*attendant, conductress, chaperon(e)* ⟨meisje⟩.

geletterd 0.1 *lettered* ⇒*learned, literary* ◆ **1.1** een ~ man *a man of letters.*

geletterde 0.1 *man of letters/learning* ⇒*scholar.*

---

gelegenheidsdichter - gelijk

geleuter 0.1 [het aanhoudend leuteren] *waffle, waffling* ⇒ *drivel(ling)* **0.2** [onzinnig geschrijf of gepraat] *twaddle* ⇒ *bull(shit).*

gelezen 0.1 [door velen gelezen] *widely read* ⇒*much read* **0.2** [veelvuldig gelezen] *thumbed* ⇒*thumbmarked* **0.3** [r.- k.; niet gezongen] *low* ⟨mis⟩ ◆ **1.1** een ~ auteur *a w. r. author.*

gelid 0.1 [mil.] *rank* ⇒*file, order* **0.2** [mv., groep] *rank* ◆ **1.2** de gelederen v.d. liberalen *the ranks of the Liberals* **2.1** in gesloten geleederen ⟨mil.⟩ *in close order, in serried ranks;* in de voorste geleederen *in the front ranks/the forefront* **3.1** de geleederen sluiten *close the ranks;* ⟨fig.⟩ in maart kwam Jan onze geleederen versterken *in March John joined our ranks* **6.1** in het ~ staan *stand in line;* in het ~ blijven *keep r./ranks,* **uit** het ~ lopen *break r./ranks, fall out (of line);* ⟨fig. ook⟩ *step out of line.*

gelieerd 0.1 *allied (to)* ⇒⟨instituut, bedrijf ook⟩ *affiliated (with/to), related (to)* ⟨van familie⟩ ◆ **3.1** nauw ~ zijn met *be closely allied to.*

geliefd 0.1 [dierbaar] *beloved* ⇒*dear, well-liked* **0.2** [favoriet] *favourite* ⇒*cherished, pet* **0.3** [gewild] *favourite* ⇒ *popular* ◆ **1.1** ons innig ~ kind *our dearly loved/b. child* **1.2** zijn ~ onderwerp *his f. subject* **6.3** hij is niet erg ~ **bij** de leerlingen *he is not very popular with the pupils.*

geliefde 0.1 [beminde] *beloved* ⇒*darling* **0.2** [minnaar, minnares] *sweetheart;* ⟨man ook⟩ *lover* ◆ **3.2** zij waren ~n *they were lovers.*

geliefkoosd 0.1 *favourite* ⇒*pet, cherished* ◆ **1.1** zijn ~e idee *his hobby-horse.*

gelieven[1] ⟨mv.⟩ **0.1** *lovers.*

gelieven[2] ⟨ov.ww.⟩⟨vaak schr.⟩ **0.1** *please* ◆ **3.1** hierbij gelieve u aan te treffen ...*enclosed please find ...;* kandidaten ~ hun naam op te geven *candidates are requested/invited to state their names;* gelieve zo spoedig mogelijk te betalen *p. pay as soon as possible.*

gelig 0.1 *yellowish* ⇒*yellowy.*

gelijk[1] ⟨het⟩ **0.1** *right* ◆ **2.1** ⟨fig.⟩ het grootste ~ van de wereld hebben *be absolutely right* **3.1** iem. ~ geven *agree with s.o.;* daar heb je ~ aan/in *you are right there;* ~ heb je *right you are;* ⟨groot/volkomen⟩ ~ hebben *be (perfectly) right;* het ~ aan zijn kant hebben, in zijn ~ staan *be (in the) r.;* je moet niet altijd je ~ willen halen *you must learn to take no for an answer/*⟨inf.⟩ *to know when you're licked* **4.1** zijn ~ willen halen *want to have the last word* **6.1** iem. **in** het ~ stellen *declare/say that s.o. is right.*

gelijk[2] I ⟨bn.⟩ **0.1** [met elkaar overeenstemmend] *equal* ⇒ *the same* **0.2** [overeenkomend in rang/macht] *equal* ⇒ *equivalent* **0.3** [de juiste tijd aanwijzend] *right* **0.4** [vrij van oneffenheden] *even* ⇒*smooth, level* ◆ **1.1** twee mensen een ~e behandeling geven *treat two people equally/(in) the same (way);* ze zijn van ~e grootte *they are the same size/of a size;* het water staat op ~e hoogte met de kade *the water is level with the quay;* in ~e mate *to the same extent/degree,* ⟨sport⟩ ~ spel *a draw;* op ~e voet staan met *be on an e. footing/on a par with;* met ~e wapenen strijden *fight on e. terms;* op ~e wijze *in the same way, likewise* **1.2** een ~e strijd *an equal battle* **1.4** een ~ terrein *a level site* **3.1** het is mij ~ *it's all the same to me;* ⟨wisk.⟩ twee maal twee is ~ vier *two times two is four* **3.3** mijn horloge loopt ~ *my watch is r.* **3.4** met de grond ~ maken *level, raze (to the ground)* **6.1** ~ **aan** *e. to* **6.2** alle burgers zijn **voor** de wet ~ *all citizens are equal before the law* **7.2** ⟨tennis⟩ veertig ~ *deuce, forty all;*

II ⟨bw.⟩ **0.1** [op dezelfde manier] *likewise* ⇒*alike, in the same way/manner, similarly* **0.2** [gelijkelijk] *equally* **0.3** [op hetzelfde punt, even ver] *level* **0.4** [tegelijk] *simultaneously* ⇒*at the same time, at once* **0.5** [meteen] *at once* ⇒*straightaway, immediately,* ⟨zo meteen⟩ *in a minute* ◆ **3.1** zij zijn ~ gekleed *they are dressed alike/the same* **3.2** ~ (op)delen *share e.;* ⟨ov.⟩ *divide e.;* ~ spelen *draw* **3.4** de twee treinen kwamen ~ aan *the two trains came in s./at the same time* **3.5** ik kom ~ bij u *I'll be with you in a moment* **5.3** ~ op rijden/werken *keep up with each other.*

gelijkbenig ⟨wisk.⟩ **0.1** *isosceles* ◆ **1.1** ~ trapezium *i. trapezium.*

gelijkberechtiging 0.1 *(granting) equal rights* ⇒*emancipation.*

gelijke 0.1 *equal* ⇒*peer* ◆ **3.1** zijns ~ niet hebben/vinden *be unequalled* **4.1** iem. als zijn ~ behandelen *treat s.o. as an e.* **6.1** met zijn ~n omgaan *associate with one's equals;* zonder ~ *peerless.*

gelijkelijk 0.1 [in gelijke mate] *equally* ⇒*evenly* **0.2** [tegelijk] *simultaneously* ⇒*at once, at the same time* ◆ **3.1** ~ delen/verdelen ⟨ov.⟩ *divide equally.*

gelijken ⟨schr.⟩ **0.1** *resemble* ◆ **5.1** dat portret gelijkt goed *that portrait is a good likeness* **6.1** ~ op *r., look like, bear a resemblance/likeness to.*

gelijkend 0.1 *like* ⇒*similar* ◆ **5.1** een goed ~ portret *a good likeness.*

gelijkenis 0.1 [overeenkomst] *resemblance, similarity* ⇒ *likeness* **0.2** [rel.; parabel] *parable* ◆ **1.2** de ~ van de Verloren Zoon *the p. of the Prodigal Son* **2.1** een sterke ~ tussen moeder en dochter *a close/strong r./likeness between mother and daughter* **3.1** ~ vertonen met *bear (a) r. to.*

gelijkgerechtigd 0.1 *equal* ⇒*having equal rights, coequal* ⟨zakenpartners⟩ ◆ **1.1** ~e schuldeisers *ordinary creditors.*

gelijkgerechtigdheid 0.1 *equal rights/status.*

gelijkgericht 0.1 *common* ⇒*the same* ◆ **1.1** ~e belangen/belangstelling *c. interests.*

gelijkgesteld 0.1 *(made) equal (to)* ⇒*(put) on a par (with).*

gelijkgestemd 0.1 *like-minded* ⇒*of one/the same mind* ◆ **1.1** ~e geesten *kindred spirits.*

gelijkgezind 0.1 *like-minded* ⇒*of the same/one mind, of the same religion/faith* ⟨van hetzelfde geloof⟩ ◆ **1.1** een ~e ⟨pol.⟩ *a sympathizer;* ⟨rel.⟩ *a co-religionist, a fellow Catholic/Protestant* ⟨enz.⟩.

gelijkheid 0.1 [volkomen overeenkomst] *equality* **0.2** [wisk.] *equality* ⇒*equivalence* **0.3** [gelijkmatigheid] *evenness* **0.4** [effenheid] *evenness* ⇒*smoothness* ◆ **1.1** op voet van ~ met iem. omgaan *treat s.o. on equal terms;* vrijheid, ~ en broederschap *freedom, e. and brotherhood.*

gelijkknippen 0.1 [oneffenheden wegnemen] *trim* ⇒*pare* **0.2** [dezelfde vorm geven] *trim* ◆ **1.1** de heg ~ *t. the hedge.*

gelijkkomen 0.1 [op hetzelfde punt komen] *catch up (with)* ⇒*get abreast (of), draw level (with)* **0.2** [sport] *equalize* ⇒ *tie/level the score, draw level (with)* ◆ **6.1** in twee maanden was ik met hem gelijkgekomen *in two months I had caught up with him* **6.2** Ajax kwam gelijk met Feyenoord *Ajax drew level with Feyenoord.*

gelijkliggen 0.1 *be (on a) level* ⇒*lie flush* ◆ **1.1** de roeiers lagen na 100 meter gelijk *after 100 meters the rowers had drawn level.*

gelijklopen 0.1 [mbt. uurwerken] *be right* ⇒*keep (good) time, be correct with/by* ⟨met ander uurwerk⟩ **0.2** [dezelfde richting volgen] *run parallel (to)* **0.3** [dezelfde hoogte hebben] *be level* ⇒*be horizontal* ◆ **1.1** mijn horloge loopt gelijk *my watch is right/keeps good time* **6.2** de weg loopt gelijk met de rivier *the road runs parallel to the river.*

gelijkluidend 0.1 [gelijk van klank] *homophonic* **0.2** [van

gelijke strekking] *identical* **0.3** [conform het origineel] *identical* ⇒⟨mbt. afschriften, kopieën⟩ *true, verbatim, duplicate* ◆ **1.2** een ~ antwoord *an i. answer* **1.3** voor ~ afschrift *true copy.*

gelijkluidendheid 0.1 [mbt. klank] *homophony* **0.2** [mbt. strekking] *identity* ⇒*similarity* **0.3** [mbt. afschriften] *identity (in terms/text)* ⇒*conformity.*

gelijkmaken I ⟨onov.ww.⟩ **0.1** [sport] *equalize* ⇒*draw level, tie/level the score;*
II ⟨ov.ww.⟩ **0.1** [effenen] *level* ⇒*make even, smooth/even (out)* **0.2** [verschillen wegwerken] *equate, make even/equal* ⇒*even/level up, bring into line (with)* ◆ **1.1** een pad ~ *l. a path* **6.2** Britse regelingen ~ aan die van de EEG *bring British regulations into line with those of the E.E.C.*

gelijkmaker ⟨sport⟩ **0.1** *equalizer, a game-tying goal.*

gelijkmaking 0.1 [het effenen] *levelling* **0.2** [afkanting] *levelling.*

gelijkmatig 0.1 [voortdurend, overal gelijk] *even* ⇒*equal, constant,* ⟨acceleratie, grootte, beweging ook⟩ *uniform,* ⟨loop van machine, auto enz.⟩ *smooth,* ⟨loop van machine, auto enz.⟩ *regular* **0.2** [evenwichtig] *even-tempered* ⇒ *equable, composed* ◆ **1.1** een ~e druk *(a) steady pressure;* een ~ klimaat *an equable climate;* een ~e stijl *a consistent style* **1.2** een ~ karakter *a steady character* **3.1** ~ verdelen *distribute evenly.*

gelijkmatigheid 0.1 [constantheid] *evenness* ⇒*constancy, steadiness, smoothness, regularity* **0.2** [evenwichtigheid] *even(-tempered)ness* ⇒*composure.*

gelijkmoedig 0.1 *even-tempered* ⇒*placid,* ⟨bw.⟩ *with equanimity,* ⟨bw.⟩ *placidly* ◆ **3.1** iets ~ verdragen *bear sth. with equanimity.*

gelijkmoedigheid 0.1 *equanimity* ⇒*evenness of temper, equability, composure.*

gelijknamig 0.1 *of the same name* ⇒*homonymous* ◆ **1.1** deze film is gemaakt naar de ~e roman *this film is based on the novel of the same name.*

gelijkrichten 0.1 [dezelfde richting laten krijgen] *align* ⇒ *line up* **0.2** [in gelijkstroom veranderen] *rectify* ◆ **1.1** gelijkgerichte krachten *aligned forces.*

gelijkrichter ⟨elek.⟩ **0.1** [om een wisselstroom te veranderen] *rectifier* **0.2** [om accu's op te laden] *battery-charger.*

gelijkschakelen 0.1 *regard/treat as equal(s)/equally* ◆ **1.1** mannen en vrouwen ~ *give equal opportunities to men and women, treat men and women equally/the same.*

gelijkschakeling 0.1 *equal treatment.*

gelijkslachtig 0.1 [gelijksoortig] *homogeneous* **0.2** [van hetzelfde geslacht] *of the same gender.*

gelijksoortig 0.1 *similar, alike* ⇒*analogous* ◆ **1.1** ~e grootheden *like quantities.*

gelijksoortigheid 0.1 *similarity, likeness* ⇒*analogy, homogeneity.*

gelijkspel ⟨sport⟩ **0.1** ⟨(wedstrijd met) gelijke eindstand⟩ *draw* ⇒*tie(d game)* ◆ **¶.1** de wedstrijd eindigde in een 2-2 ~ *the match ended in a two-all d.*

gelijkspelen ⟨sport⟩ **0.1** *draw* ⇒*tie,* ⟨golf⟩ *halve* ◆ **6.1** met 0-0 ~ *draw nil all;* A. speelde gelijk **tegen** F. *A. drew with F.*

gelijkstaan 0.1 [overeenkomen] *be equal (to);* ⟨op hetzelfde neerkomen⟩ *be tantamount (to)* **0.2** [eenzelfde aantal punten hebben] *be level (with)* ⇒⟨inf.⟩ *be all-square (with)* ◆ **6.1** in rang ~ met hem *be equal to him in rank;* dat staat gelijk **met** een weigering *that is tantamount to a refusal* **6.2** ⟨sport⟩ **op** punten ~ *be level (pegging).*

gelijkstellen 0.1 *equate (with)* ⇒⟨van gelijke kwaliteit achten⟩ *put on a par/level (with),* ⟨gelijke rechten geven⟩ *give* *equal rights (to)* ◆ **6.1** iem. **met** een ander- ⟨van gelijke kwaliteit achten⟩ *put s.o. on a par with s.o. else;* ⟨gelijke rechten geven⟩ *give s.o. equal rights/the same rights as s.o. else;* zich **met** iem.~ *compare o.s. with s.o.;* de koopkracht v.e. dollar ~ **met** die v.e. gulden *compare the buying power of a dollar with that of a guilder;* **voor** de wet ~ *make equal before the law.*

gelijkstelling 0.1 *equalization* ⇒*equality, equal status,* ⟨voor de wet⟩ *emancipation* ◆ **1.1** de ~ van het bijzonder met het openbaar onderwijs *(the) equal treatment of private and state schools.*

gelijkstemmen 0.1 *tune (up)* ⟨van muziekinstrumenten⟩ ◆ **3.1** gelijkgestemd zijn *be in agreement.*

gelijkstroom 0.1 *direct current* ⇒⟨vaak afgekort tot⟩ *DC.*

gelijktijdig 0.1 *simultaneous* ⇒⟨bw. ook⟩ *at the same time* ◆ **1.1** ~e processen/ontwikkelingen *s. processes/developments* **3.1** ~ vertrekken *leave at the same time.*

gelijktijdigheid 0.1 *simultaneity.*

gelijktrekken 0.1 [rechttrekken] *straighten* **0.2** [de laagste gelijk maken aan de hoogste] *level (up)* ⇒*equalize* ◆ **1.1** een tafelkleed ~ *s. a tablecloth* **1.2** de lonen ~ *bring wages up to the same level.*

gelijkvloers 0.1 *on the ground/*⟨AE ook⟩ *first floor, at street level* ⟨predikatief gebruikt⟩; *ground-/*⟨AE ook⟩ *first-floor* ⟨bijvoeglijk gebruikt⟩ ◆ **1.1** ~e vertrekken *ground-floor rooms, rooms on the ground floor.*

gelijkvormig 0.1 *identical (in shape/form (to/with))* ⇒ ⟨ook wisk.⟩ *similar (in shape/form), uniform* ◆ **1.1** ⟨meetkunde⟩ ~e driehoeken *similar triangles* **6.1** ~ zijn **aan** *be identical in shape to/with.*

gelijkvormigheid 0.1 *identity (of shape), uniformity* ⇒ ⟨ook wisk.⟩ *similarity,* ⟨gelijkheid en gelijkvormigheid, wisk.⟩ *congruence.*

gelijkwaardig 0.1 *equal (to/in), equivalent (to)* ⇒*of the same value/quality (as), equally/evenly matched* ◆ **1.1** of een ~ diploma *or similar qualifications;* een ~e gesprekspartner *a worthy interlocutor;* twee ~e kandidaten *two candidates of equal merit.*

gelijkwaardigheid 0.1 *equivalence* ⇒*equality, par(ity).*

gelijkzetten 0.1 [mbt. uurwerken] *set (by)* **0.2** [op de juiste tijd zetten] *put right, set* ⇒⟨vnl. mil.⟩ *synchronize* ◆ **1.1** laten we onze horloges (met elkaar) ~ *let's synchronize (our) watches* **6.1** ik heb mijn horloge **met** de radio gelijkgezet *I have set my watch by the radio.*

gelijkzijdig ⟨wisk.⟩ **0.1** *equilateral* ◆ **1.1** een ~e driehoek *an e. triangle.*

gelijnd 0.1 *lined* ⇒⟨mbt. papier ook⟩ *ruled.*

gelikt 0.1 *licked* ⇒*polished,* ⟨gladjanusachtig⟩ *slick.*

gelinieerd 0.1 *lined* ⇒⟨mbt. papier ook⟩ *ruled* ◆ **1.1** ~ postpapier *ruled note-/writing-paper.*

geloei 0.1 [geluid van runderen]⟨koe⟩ *lowing, mooing;* ⟨stier⟩ *roaring* ⇒[fig.; gejoel] *howling* **0.3** [mbt. storm, vuur] *roaring* ⇒⟨wind ook⟩ *howling* **0.4** [misthoorn] *booming* **0.5** [sirene] *wailing.*

gelofte 0.1 *vow* ⇒*oath, pledge* ◆ **2.1** ⟨bij priesterwijding⟩ de drie plechtige ~n *the three solemn vows, (the) monastic vows, holy vows* **3.1** een ~ doen (om) *vow (to), take a v./an oath (to).*

geloken ⟨schr.⟩ **0.1** *closed, shut* ◆ **1.1** met ~ ogen *with eyes c.*

gelokt 0.1 *with locks/tresses (of hair);* ⟨in samenst.⟩ *-haired* ◆ **2.1** zwartgelokte schonen *raven-haired beauties.*

geloof 0.1 [vertrouwen in de waarheid van iets]*faith, belief* ⇒*trust* **0.2** [vertrouwen op God(s woord)]*faith* **0.3** [over-

---

gelijkstelling - geloven

tuiging] *belief* ⇒*conviction,* ⟨mbt. waarde of goedheid ook⟩ *faith* **0.4** [religie]*faith, religion* ⇒*creed, (religious) belief* **0.5** [vertrouwen van anderen, krediet] *trust* ◆ **1.2** ~, hoop en liefde *f., hope and charity* **2.1** een onvoorwaardelijk ~ in iem. hebben *have implicit f. in s.o.* **2.2** een vurig ~ in God *ardent f. in God* **2.3** een heilig ~ in de rede hebben *have a firm b. in reason* **2.4** het roomse ~ *the Roman Catholic f.;* het ware ~ *the true f., the Faith* **2.5** op goed ~ aannemen *accept/take on t./in good faith* **3.1** ergens ~ aan hechten *give/attach credence to sth., believe sth.* **3.4** zijn ~ belijden/verzaken/afzweren *profess/renounce/forswear one's f.* **6.3** het ~ **in** reïncarnatie *b. in reincarnation;* ~ **in** de mensheid hebben *have f. in humanity* **¶.2** een ~ dat bergen kan verzetten *a f. that can move mountains.*

geloofsbelijdenis 0.1 [mbt. de godsdienstige overtuiging] *profession/confession of faith* **0.2** [artikelen] *credo, creed* **0.3** [mbt. een staatkundige overtuiging] *creed, (political) testament/credo* ◆ **3.1** zijn ~ afleggen *(solemnly) profess one's faith.*

geloofsbrief 0.1 *credentials* ⇒⟨van gezant ook⟩ *Letters of Credence* ◆ **3.1** ⟨fig.⟩ naar iemands geloofsbrieven vragen *ask for/demand s.o.'s credentials.*

geloofsgemeenschap 0.1 *religious sect/community.*

geloofsgenoot 0.1 *co-religionist* ⇒*fellow believer* ◆ **2.1** politiek ~ *holder of the same political beliefs; political friend.*

geloofsleer 0.1 *religious doctrine, dogma* ⇒⟨r.-k. ook⟩ *doctrine of the faith,* ⟨wetenschap⟩ *dogmatics.*

geloofsleven 0.1 *religious life.*

geloofsovertuiging 0.1 *(religious) persuasion, faith* ◆ **5.1** ongeacht ~ *regardless of creed.*

geloofspunt 0.1 *point of doctrine* ⇒*dogma.*

geloofsverkondiging 0.1 *preaching (of)/proclamation of the faith.*

geloofsvervolging 0.1 *religious persecution.*

geloofsvrijheid 0.1 *religious freedom* ⇒*freedom of religion.*

geloofwaardig 0.1 *credible* ⟨verhaal, verslag⟩; *reliable* ⟨verslag, getuige⟩; *plausible, convincing* ◆ **1.1** ~e schrijvers *trustworthy/reliable writers* **3.1** haar verwondingen maakten haar verhaal ~ er *her wounds lent credibility to her story.*

geloofwaardigheid 0.1 *credibility* ⇒*reliability* ◆ **3.1** aan ~ inboeten *lose c., become less credible.*

geloop 0.1 *coming and going* ⇒*walking/*⟨hard⟩ *running (to and fro).*

geloven I ⟨onov.ww.⟩ **0.1** [+ in] *believe (in)* ⇒*have faith (in)* **0.2** [+ aan] *believe (in)* ◆ **5.2** je zult eraan moeten ~ ⟨het toch moeten doen⟩ *you'll (just) have to, you'd better face (up to) it;* ⟨moeten sterven⟩ *you've had it, your number is up* **6.1** ~ **in** God *b. in God;* **in** zichzelf ~ *b. in o.s.* **6.¶** ik geloof **van** wel *I think so;* ik geloof **van** niet *I don't think so, I think not;*

II ⟨ov.ww.⟩ **0.1** [vertrouwen stellen in; voor waar houden] *believe* ⇒*credit* **0.2** [menen] *think* ⇒*believe* ◆ **1.1** zijn ogen/oren niet kunnen/durven ~ *not dare to b. one's eyes/ears* **3.1** ⟨iron.⟩ kun je ~! *don't you b. it!;* je kunt me ~ of niet *b. it or not* **4.1** geloof dat maar *you take my word for it;* geloof je dat zelf? *come off it!* **4.¶** hij gelooft het wel *he is letting things slide;* ik geloof het verder wel *I think I'll pack it in* **5.1** geloof maar gerust dat ze er spijt van heeft *you can take it from me that she is sorry;* geloof dat maar niet! *don't you b. it!* **6.1** niet **te** ~! *incredible!* **¶.1** iem. op zijn woord ~ *take s.o. at his word;* ik geloof er niets van *I don't b. a (single) word of it* **¶.2** hij is het er, geloof ik, niet mee eens *I don't t. he agrees.*

gelovig 0.1 〈kerks, religieus〉 *religious;* 〈vroom〉 *pious;* 〈vast op God vertrouwend〉 *faithful* ♦ **1.1** een ~ christen *a faithful Christian* **3.1** ~ zijn *be religious, believe in God.*

gelovige 0.1 *believer* ⇒〈aanwezige bij godsdienst〉 *worshipper* ♦ **7.1** de (overleden) ~n *the faithful (departed).*

gelui 0.1 [handeling] *ringing* ⇒〈gebeier〉 *pealing, chiming,* 〈langzaam en regelmatig, vooral van doodsklok〉 *tolling* **0.2** [keer dat er geluid wordt] *ring* ⇒*peal, chime, toll.*

geluid 0.1 [nat.; trillende beweging] *sound* **0.2** [tonen, klank] *sound* ⇒〈vaak met negatieve bet.〉 *noise* **0.3** [toonkleur, timbre] *tone* ⇒*timbre, sound* **0.4** [klankregistratie] *sound* **0.5** [fig.; mening, oordeel] *note, voice* ♦ **1.1** (met) de snelheid v.h. ~ *(at) the speed of s.* **1.2** het ~ van krekels *the s. of crickets* **1.4** beeld en ~ synchroon laten lopen *synchronize vision and s.* **2.2** verdachte ~en *suspicious noises;* het ~ zachter zetten *turn down/lower the volume* **2.5** dat is een (heel) ander ~ *that is a (completely) different story;* een heel eigen ~ *a very individual voice;* een optimistisch/waarschuwend ~ laten horen *strike a note of optimism/warning* **3.2** ze kon geen ~ uitbrengen van emotie *she was speechless with emotion* **3.3** er zit in die viool een mooi ~ *that violin has a beautiful tone* ¶**.1** sneller dan het ~ *faster than s.;* 〈wet.〉 *supersonic.*

geluidarm 0.1 〈bv. motor〉 *noiseless.*

geluiddempend 0.1 *soundproof(ing)* ⇒*muffling* ♦ **1.1** ~ plafond *acoustic ceiling.*

geluiddemper 0.1 [mbt. wapens] *silencer* **0.2** [mbt. muziekinstrumenten] *mute* **0.3** [mbt. motor] *silencer.*

geluiddicht 0.1 *sound-proof* ♦ **3.1** ~ maken *sound-proof.*

geluidgevend 0.1 *sound-producing.*

geluidloos 0.1 [zonder geluid voort te brengen] *silent* ⇒ *soundless* **0.2** [zonder opzien te baren] *silent* ⇒*quiet.*

geluidsapparatuur 0.1 *sound/audio equipment.*

geluidsarchief 0.1 *sound archives* 〈mv.〉.

geluidsband 0.1 *(sound) recording tape, magnetic (recording) tape, audiotape* ♦ **3.1** iets op ~ opnemen *record sth. (on tape).*

geluidsbarrière 0.1 *sound barrier* ♦ **3.1** de ~ doorbreken *break the s. b.*

geluidscassette 0.1 *audio-cassette.*

geluidsdemper →geluiddemper.

geluidseffect 0.1 *sound effect.*

geluidsfilm 0.1 *sound-film* ⇒〈inf.〉 *talkie, talking picture.*

geluidsgolf 0.1 *sound wave* ⇒*sonic wave.*

geluidshinder 0.1 *noise nuisance* ♦ **1.1** de bestrijding van ~ *noise abatement/control.*

geluidsinstallatie 0.1 *sound (reproducing) equipment* ⇒ 〈stereo-, hifi-installatie thuis〉 *stereo,* 〈in stadion, zaal〉 *public address system.*

geluidsisolatie 0.1 *sound insulation* ⇒*sound proofing.*

geluidsisolerend →geluiddempend.

geluidskwaliteit 0.1 *sound quality* ⇒*reproduction.*

geluidsleer 0.1 *acoustics.*

geluidsmuur 0.1 *sound barrier.*

geluidsopname 0.1 *(sound-)recording* ⇒〈band ook〉 *audiotape.*

geluidsoverlast 0.1 *noise nuisance.*

geluidsscherm 0.1 *baffle board/plate.*

geluidssignaal 0.1 *sound signal* ⇒*audio signal.*

geluidssnelheid 0.1 *speed of sound.*

geluidssterkte 0.1 *sound intensity* ⇒〈radio/tv; muziekinstrument〉 *volume* ♦ **3.1** de ~ verminderen/opvoeren *lower/raise the volume.*

geluidstechnicus 0.1 *sound engineer/technician.*

geluidstechniek 〈film; tv; audio〉 **0.1** *sound (engineering)* ⇒ *acoustics.*

geluidstoren 0.1 *stereo/hi-fi stacking system* ⇒*music centre.*

geluidstrilling 0.1 *sound/acoustic vibration.*

geluidsvermogen 0.1 *(acoustic) capacity* ⇒*volume.*

geluidsvolume 0.1 *volume.*

geluidswal 0.1 *noise barrier.*

geluidsweergave 0.1 *sound reproduction* ♦ **2.1** een volkomen natuurgetrouwe ~ *perfect reproduction.*

geluidwerend 0.1 *soundproof(ing).*

geluidwering 0.1 *noise/sound-proof barrier.*

geluier 0.1 *idling* ⇒*lazing about.*

geluimd 0.1 *in a ... mood;* 〈in samenst.〉 *-tempered* ♦ **5.1** hij is goed/slecht ~ *he is in a good/bad mood/temper, he is good/bad-tempered.*

geluk 0.1 [gunstige loop van omstandigheden] *(good) luck* ⇒ *(good) fortune* **0.2** [aangename toestand, behaaglijk gevoel] *happiness* ⇒*good fortune,* 〈sterker〉 *joy* **0.3** [prettige toevalligheid, gebeurtenis] *lucky thing* ⇒*piece/bit of luck,* 〈meevaller, mazzel〉 *lucky break* ♦ **1.1** een kwestie van ~ *a matter of l.* **2.1** 〈fig.〉 niet voor het ~ geschapen zijn *not be meant to be happy;* op goed ~ (af) *on the off-chance, hoping for the best;* stom ~ hebben *be dead lucky* **2.2** aards ~ *worldly bliss* **2.3** met een beetje ~ *with a bit of luck* **3.1** zijn ~ beproeven *try one's l.;* dat brengt ~ *that will bring (good) l.;* ~ hebben *be lucky; be in l.;* als ze ~ heeft, haalt ze 't misschien *with (a bit of) l./if she's lucky she might make it;* iem. ~ toewensen *wish s.o. luck/happiness* **3.2** 〈iron.〉 ik wens je er veel ~ mee *much good may it do you* **3.3** het ~ hebben te fortunate/lucky enough (to);* dat is een ~ bij een ongeluk *it could have been a great deal worse;* het was zijn ~ dat hij zwemmen kon *it was lucky/a good job for him that he could swim* **4.3** dat was je ~ *that saved you* **6.1** door stom ~ *by pure chance/sheer l.;* ~ hebben in het spel/de liefde *be lucky at cards/in love;* hij mag van ~ spreken *he can count himself lucky, he can/may thank his lucky stars* **7.1** veel ~! *good l.!* **8.3** wat een ~ dat je thuis was *a lucky thing you were (at) home* ¶**.1** dat is meer ~ dan wijsheid *that is more (by) good l. than good judgement;* 〈gezegd wanneer een beginner of onkundige slaagt of wint〉 *(that's just) beginner's l.;* 〈sprw.〉 het ~ is met de dommen *fortune favours fools* ¶**.2** hij kon zijn ~ niet op *he couldn't get over it/was beside himself with joy* ¶**.3** een ~je *a stroke of (good) luck, a windfall, a godsend.*

gelukken →lukken.

gelukkig I 〈bn.〉 **0.1** [fortuinlijk] *lucky* ⇒*fortunate* **0.2** [gunstig, goed gekozen] *happy* ⇒*lucky,* 〈schr.〉 *felicitous* **0.3** [voorspoedig] *fortunate* ⇒〈in gelukwens vaak〉 *happy,* 〈geslaagd〉 *successful,* 〈geslaagd〉 *prosperous* **0.4** [geluk genietend] *happy* ⇒*fortunate* ♦ **1.1** de ~e eigenaar *the l. owner* **1.2** in niet erg ~e bewoordingen *in rather infelicitous terms;* onder een ~ gesternte geboren zijn *have been born under a lucky star;* een ~e keuze *a h./felicitous choice* **1.3** ~ kerstfeest/nieuwjaar *happy/merry Christmas, happy New Year* **1.4** een ~ paar *a h. couple* **3.4** zich/iem.~ prijzen *consider o.s./s.o. fortunate* **5.4** volmaakt ~ zijn *be perfectly h.;*

II 〈bw.〉 **0.1** [goed] *well* ⇒*happily* **0.2** [tot grote opluchting] *luckily* ⇒*fortunately, happily* **0.3** [blijk gevend dat men zijn geluk geniet] *happily* ♦ **3.1** zijn woorden ~ kiezen *choose one's words w.* **3.3** ze is ~ getrouwd *she's h. married* ¶**.2** ~ was het nog niet te laat *l./fortunately it wasn't too late;* ~! *thank goodness!*

gelukkige 0.1 〈iem. in staat van geluk〉 *happy man/woman;* 〈prijswinnaar〉 *lucky one, winner;* 〈bruid(egom)〉 *lucky man/girl* ♦ **3.1** tot de ~n behoren *be one of the lucky ones.*

gelukkigerwijs 0.1 *fortunately, happily, luckily.*
geluksdag 0.1 [dag die naar men meent geluk brengt] *lucky day* 0.2 [dag waarop iem. geluk ten deel valt] *happy day* ⇒*red-letter day* ♦ 4.1 het is vandaag (niet) mijn ~ *it's (not) my (lucky) day today.*
geluksgetal 0.1 *lucky number.*
gelukskind 0.1 *(spoilt) child of fortune, fortune's favourite* ⇒*Sunday's child,* ⟨inf.⟩ *lucky dog* ♦ 2.1 zij is een echt ~ *she has all the luck.*
geluksnummer 0.1 *lucky number.*
gelukspoppetje 0.1 *mascot.*
geluksspel 0.1 *game of chance.*
geluksteken 0.1 [gelukkig voorteken] *good omen* 0.2 [geluk brengend teken] *lucky sign.*
gelukstelegram 0.1 (bij feestelijke gelegenheid) *greetings telegram* ⇒⟨alg.⟩ *telegram of congratulation.*
gelukstreffer 0.1 *lucky shot* ⇒(geheel onverwachte treffer) *fluke,* ⟨fig.⟩ *stroke of luck.*
geluksvogel 0.1 *lucky devil, lucky dog* ♦ ¶.1 ~ die je bent! *(you) lucky so-and-so!*
gelukwens 0.1 [felicitatie] *congratulation* ⇒⟨verjaardag⟩ *birthday wish* 0.2 [papier] *congratulations* ♦ 4.1 mijn ~en (met) *(you have) (my) congratulations (on).*
gelukwensen 0.1 (+met) *congratulate (on)* ⇒*offer one's congratulations (on)* ♦ 4.1 zich(zelf) ~ met c. oneself on 6.1 iem. met zijn verjaardag ~ *wish s.o. many happy returns.*
gelukzalig 0.1 *blissful, blessed* ♦ 1.1 een ~e glimlach *a beatific smile.*
gelukzaligheid 0.1 [de hoogste trap van geluk] *bliss* ⇒*beatitude* 0.2 [iets dat gelukzalig maakt] *bliss* ♦ 2.1 de hemelse ~ *heavenly bliss;* in een toestand van uiterste ~ *in a state of euphoria.*
gelukzoeker, -zoekster 0.1 *fortune-hunter* ⟨m., v.⟩ ⇒*adventurer* ⟨m.⟩, *adventuress* ⟨v.⟩.
gelul ⟨vulg.⟩ 0.1 *(bull)shit, balls, crap* ♦ ¶.1 wat een ~ *what a load of (bull)shit.*
gemaakt 0.1 [voorgewend] *pretended* ⇒*sham* 0.2 [onnatuurlijk] *affected* ⇒*pretentious* ♦ 1.1 een ~e glimlach *an artificial/forced smile;* ~o vrolijkheid *p. gaiety* 3.2 ~ spreken *speak affectedly;* ±*speak with a plum in one's mouth.*
gemaaktheid 0.1 [onnatuurlijkheid] *affectation* ⇒*artificiality* 0.2 [onoprechtheid] *sham.*
gemaal I (de) 0.1 [echtgenoot] *consort* ⇒*spouse* ♦ 1.1 de Prins gemaal *the (Prince) Consort;*
II (het) 0.1 [inrichting tot bemalen]⟨machine⟩ *pumping-engine;* ⟨gebouw⟩ *pumping-station.*
gemaar 0.1 *(ifs and) buts* ♦ 7.1 geen ~ *but me no buts.*
gemachtigd 0.1 *competent.*
gemachtigde 0.1 *deputy* ⇒*authorized representative,* ⟨postwissel enz.⟩ *endorsee,* ⟨jur.⟩ *proxy,* ⟨jur. ook⟩ *attorney* ⟨vooral in rechtszaak⟩ ♦ 6.1 ⟨jur.⟩ *bij* ~(n) *by proxy/attorney.*
gemak 0.1 [aangename rust] *ease* ⇒*leisure* 0.2 [bedaardheid] *quiet* ⇒*calm* 0.3 [vermogen om iets zonder inspanning te verrichten] *ease* ⇒*facility* 0.4 [gerief] *comfort* ⇒ *convenience, amenity* 0.5 [toilet] *convenience* ⇒*lavatory* ♦ 3.1 hou je ~ ⟨word niet driftig⟩ *take it easy;* ⟨inf.⟩ *keep your hair on;* zijn ~ (ervan) nemen *take things easy* 3.4 van alle (moderne) ~ken voorzien *fitted (out) with all modern conveniences;* ⟨verkorting, in advertenties⟩ *with all mod cons* 6.1 op zijn ~ gesteld zijn *be fond of/like one's comforts* 6.2 iem. op zijn ~ stellen *put/set s.o. at ease;* op zijn (dooie) ~ *at (one's) leisure;* zich op zijn ~ voelen *feel at ease;* zich niet op zijn ~ voelen *feel ill at ease/awkward* 6.3 met (het grootste) ~ *with (the greatest of) e.;* ⟨inf.⟩ *with*

gelukkigerwijs - gemberkoekje

one's eyes shut, standing on one's head; **met** ~ winnen *win easily;* ⟨inf.⟩ *win hands down, have a walk-over;* ⟨vnl. mbt. paardenrennen⟩ *romp home;* **voor** het ~ *for convenience's sake, to make matters/things easy/easier.*
gemakkelijk I ⟨bn., bw.⟩ 0.1 [zonder moeite, niet moeilijk] *easy* 0.2 [gerieflijk] *comfortable* ⇒*convenient* ⟨regeling enz ⟩ ♦ 1.1 de ~ste weg kiezen *take the line of least resistance* 1.2 een ~e stoel ⟨soort stoel⟩ *an easy chair;* ⟨een die gemakkelijk zit⟩ *a comfortable chair* 3.1 dat gaat niet zo ~ *it's not as e. as that;* zij hebben het niet ~ *they don't have an e. time of it;* dat is ~er gezegd dan gedaan *that's easier said than done;* dat is ~ te leren *it's e. to learn;* ~ leren *learn easily;* dat maakt het er niet ~er op *that doesn't make things any easier;* het zichzelf ~ maken *make things e. for o.s.;* iets te ~ opnemen *not take sth. seriously enough;* jij hebt ~ praten! *it's all very well for you to talk!;* het werk valt hem ~ *the work comes e. to him* 3.2 ~ zitten *be comfortable;* ⟨kleren ook⟩ *be an easy fit* 4.2 iets ~s aantrekken *put on sth. comfortable* 8.1 zo ~ als wat *a piece of cake;*
II ⟨bn.⟩ 0.1 [mbt. personen] *easy* ⇒*easy-going* ♦ 1.1 ~e kinderen *children that/who are no trouble* 6.1 ~ **in** de omgang *easy to get on with;*
III ⟨bw.⟩ 0.1 [zeer wel mogelijk] *well* ⇒*easily* ♦ 3.1 er kunnen ~ nog mensen onder het puin liggen *there may w. be people under the rubble still.*
gemakkelijkheid 0.1 *ease* ⇒*comfort, easiness,* ⟨qua bediening⟩ *convenience.*
gemakshalve 0.1 *for convenience('s sake), for the sake of convenience* ♦ 3.1 laten we hem ~ Piet noemen *let's call him Piet for the sake of convenience.*
gemakzucht 0.1 *laziness* ♦ 6.1 uit (pure) ~ *out of (pure) l.*
gemakzuchtig 0.1 *lazy* ⇒*idle* ♦ 3.1 hij is erg~ ±*he takes things too easily.*
gemalin 0.1 *consort* ⇒*spouse.*
gemanierd 0.1 [(goede) manieren hebbend] *well-mannered* ⇒*polite* 0.2 [gekunsteld] *mannered* ⇒*affected* ♦ 4.2 hij heeft iets ~s *there's something affected about him.*
gemanierdheid 0.1 [mbt. manieren] *mannerliness* ⇒*good manners* 0.2 [gekunsteldheid] *mannerism* ⇒ *affectation.*
gemauléreerd 0.1 *mincing* ♦ 3.1 ~ praten *speak affectedly;* ±*speak with a plum/with marbles in one's mouth.*
gemanoeuvreer 0.1 *manoeuvrings* ⇒⟨tov. waarheid⟩ *prevarication.*
gemarchandeer 0.1 *haggling.*
gemarineerd 0.1 *marinaded* ⇒*pickled, soused.*
gemartel 0.1 [het martelen] *torturing* 0.2 [wrede behandeling] *tormenting* 0.3 [getob] ⟨zie 4.3⟩ ♦ 4.3 wat een ~! *it's sheer agony!*
gemaskerd 0.1 *masked* ♦ 1.1 een ~ bal *a m. ball.*
gematigd 0.1 *moderate* ⇒⟨mbt. woorden, termen ook⟩ *measured,* ⟨mbt. mensen ook⟩ *middle-of-the-road* ♦ 1.1 ~ leven *live moderately;* ~ optimisme *qualified optimism;* ~e politici *(political) moderates; middle-of-the-road politicians.*
gematigdheid 0.1 *moderation* ⇒⟨mbt. eisen⟩ *moderateness,* ⟨mbt. gedrag, leefstijl⟩ *sobriety,* ⟨mbt. gedrag, leefstijl⟩ *temperance* ♦ 6.1 zich met ~ over iets uitlaten *speak about sth. in moderate terms.*
gematteerd 0.1 [dof] *matt* ⇒⟨mbt. glas ook⟩ *frosted* 0.2 [mbt. sigaren] *powdered.*
gember 0.1 *ginger.*
gemberbier 0.1 *ginger ale.*
gemberkoek 0.1 *gingerbread.*
gemberkoekje 0.1 *gingerbiscuit.*

gemeen - gemêleerd

gemeen[1] ⟨het⟩ **0.1** *rabble* ⇒*hoi polloi.*

gemeen[2] **I** ⟨bn.⟩ **0.1** [slecht, vals] *nasty* ⇒⟨boosaardig⟩ *vicious, malicious*, ⟨laag, verachtelijk⟩ *low*, ⟨laag, verachtelijk⟩ *vile*, ⟨mbt. behandeling⟩ *shabby* **0.2** [gemeenschappelijk] *common* ⇒*joint* **0.3** [openbaar] *public* ⇒*general* **0.4** [ordinair] *common* ⇒*vulgar*, ⟨mbt. taal⟩ *offensive* ♦ **1.1** een gemene hoest *a nasty cough;* een gemene hond *a vicious dog;* ⟨sport⟩ een gemene overtreding *a dirty foul;* ⟨sport⟩ ~ spel *foul/dirty/rough play;* wat een ~ spul *what foul stuff;* een gemene streek *a dirty trick* **1.2** ⟨wisk.⟩ de (grootste) gemene deler *the highest c. factor/denominator;* ⟨wisk.⟩ het (kleinste) gemene veelvoud *the lowest c. multiple;* een gemene zaak met iem. maken *make c. cause with s.o.* **1.3** de gemene zaak *p./common interest* **1.4** gemene taal uitslaan *use foul/filthy language* **3.1** dat is ~ van je *that's a mean/rotten thing (for you) to do* **3.2** niets/veel met iem. ~ hebben *have nothing/a lot in common with s.o.;* **II** ⟨bw.⟩ **0.1** [op valse/verachtelijke wijze] *nastily* ⇒⟨boosaardig⟩ *viciously, maliciously*, ⟨mbt. behandeling⟩ *shabbily* **0.2** [heel erg] *awfully* ⇒*terribly* ♦ **2.2** het is ~ koud *it's a./ beastly cold* **3.1** iem. ~ behandelen *treat s.o. badly/shabbily;* ⟨inf.⟩ *give s.o. a raw deal.*

gemeend 0.1 *sincere.*

gemeengoed 0.1 *common/public property* ♦ **3.1** die denkbeelden zijn ~ geworden *those ideas have become widely/generally accepted.*

gemeenheid 0.1 [hoedanigheid] *nastiness, meanness* ⇒ ⟨boosaardigheid⟩ *viciousness, maliciousness*, ⟨kwaadaardigheid⟩ *wickedness* **0.2** [gemene streek/taal]⟨streek⟩ *mean/dirty/shabby trick;* ⟨obscene taal⟩ *foul/filthy language;* ⟨scheldwoorden⟩ *abuse.*

gemeenlijk 0.1 *as a rule* ⇒*generally.*

gemeenplaats 0.1 *commonplace, cliché* ⇒*platitude* ♦ **3.1** ~en debiteren ⟨inf.⟩ *trot out clichés.*

gemeenschap 0.1 [het gemeenschappelijk hebben] *community* **0.2** [geslachtsgemeenschap] *intercourse* **0.3** [mbt. personen, instellingen] *community* **0.4** [samenleving] *community* ♦ **1.1** ⟨jur.⟩ in ~ van goederen trouwen *have c. of property* **1.3** ⟨rel.⟩ de ~ der heiligen *the communion of saints* **1.4** op kosten v.d. ~ studeren *study at public expense* **2.3** de Europese Economische Gemeenschap *the European Economic Community* **3.2** ~ met iem. hebben *have i./relations with s.o.* **6.1** in ~ *jointly, communally.*

gemeenschappelijk I ⟨bn.⟩ **0.1** [aan meer dan één toebehorend] *common* ⇒*communal* **0.2** [gezamenlijk] *joint, common* ⇒⟨optreden⟩ *concerted*, ⟨optreden⟩ *united* **0.3** [tot meer dan één persoon in dezelfde betrekking staand] *mutual* ⇒*common* ♦ **1.1** een ~e kamer *a common room;* een ~e rekening *a joint account* **1.2** een ~e keuken *a communal kitchen;* in ~ overleg *by mutual agreement;* ~e pogingen *j. attempts* **1.3** onze ~e kennissen *our m. acquaintances;* **II** ⟨bw.⟩ **0.1** [met elkaar, samen] *jointly* ⇒*together* ♦ **3.1** iets ~ gebruiken *share sth.*

gemeenschappelijkheid 0.1 ⟨overeenkomstigheid⟩ *community, communality;* ⟨deelneming⟩ *mutuality, communion;* ⟨collectiviteit⟩ *collectivity.*

gemeenschapsgeld 0.1 *public funds/money.*

gemeenschapshuis 0.1 *community centre.*

gemeenschapsleven 0.1 *community life.*

gemeenschapsvoorziening 0.1 *municipal/city amenity* ♦ **3.1** privatiseren van ~en *privatize municipal facilities/services.*

gemeenschapszin, gemeenschapsgevoel 0.1 *community/public spirit.*

---

gemeente 0.1 [bestuurlijke eenheid]⟨in algemene zin⟩ *local authority/council;* ⟨afhankelijk van grootte/status⟩ *(urban/rural) district council* ⇒*metropolitan/town/parish council* **0.2** [grondgebied] *district* ⇒*borough, city, town, parish* **0.3** [volk] *community* **0.4** [de gelovigen v.e. kerkgenootschap]⟨op één plaats verenigd⟩ *congregation* ⇒ *parish*, ⟨kudde⟩ *flock* ♦ **1.2** de ~ Mook en Middelaar *the rural district of Mook and Middelaar;* de ~ Nijmegen *the city of Nijmegen* **2.4** de hervormde/lutherse ~ *the Reformed/Lutheran c.* **6.1** bij de ~ werken *work for the local council.*

gemeenteadministratie 0.1 *local government.*

gemeenteambtenaar 0.1 *local government official.*

gemeentearchief 0.1 *municipal archives* ⇒*local records*, ⟨gebouw⟩ *municipal record(s) office.*

gemeentebedrijf ♦ **¶.¶** de gemeentebedrijven *public works.*

gemeentebelasting 0.1 *(local) rates.*

gemeentebeleid 0.1 *council policy.*

gemeentebestuur 0.1 *district council* ⇒*local authority/authorities.*

gemeentebudget 0.1 *council budget.*

gemeentedienst 0.1 *local (authority) service* ♦ **6.1** in ~ zijn *work for the local authority, have a local government job.*

gemeentegarantie 0.1 *local authority (mortgage) guarantee.*

gemeentegrond 0.1 *council land.*

gemeentehuis 0.1 *local government offices* ⇒⟨in steden ook⟩ *town/city hall.*

gemeentekas 0.1 *civic chest.*

gemeentelid 0.1 *parishioner.*

gemeentelijk 0.1 *local authority, council* ⇒*community* ♦ **1.1** een ~e herindeling *a local government reorganization;* een ~ schrijven *a local authority circular;* het ~ vervoerbedrijf *the municipal/corporation/city transport company.*

gemeentepersoneel 0.1 *council employees.*

gemeentepils ⟨scherts.⟩ **0.1** *Adam's ale.*

gemeentepolitie 0.1 *city/metropolitan police* ⟨in Ned.⟩.

gemeenteraad 0.1 [college] *(local/town/city/parish* ⟨enz.⟩ *) council* **0.2** [vergadering] *council meeting, meeting of the council* ♦ **6.1** in de ~ zitten *be on the council* **6.2** het is in de ~ geweest *it was dealt with/discussed at a council meeting.*

gemeenteraadslid 0.1 *local councillor, member of the (local) council.*

gemeenteraadsverkiezing 0.1 *local election(s).*

gemeentereiniging 0.1 *environmental/public health department* ⇒*sanitation department.*

gemeentesecretarie 0.1 *office of the town clerk* ⇒*council offices.*

gemeentesecretaris 0.1 ±*town clerk.*

gemeenteverordening 0.1 *by(e)law.*

gemeentewapen 0.1 *municipal (coat of) arms* ⇒*town/city (coat of) arms.*

gemeentewerken 0.1 *public works (department).*

gemeentewoning 0.1 *council house/flat.*

gemeenzaam ⟨schr.⟩ **0.1** [vertrouwelijk] *familiar, intimate* **0.2** [taal.] *colloquial, informal* ♦ **1.2** een gemeenzame uitdrukking *a c. expression, a colloquialism.*

gemeenzaamheid 0.1 [vertrouwelijkheid] *familiarity* ⇒*intimacy* **0.2** [gemeenzame handeling] ⟨vnl. mv.⟩ *familiarity;* ⟨seksueel ook⟩ *intimacy.*

gemeier 0.1 *bother, fuss.*

gemekker 0.1 [het mekkeren] *bleating* **0.2** [gezeur] *grumbling.*

gemêleerd 0.1 *mixed* ⇒*blended* ♦ **1.1** een ~ gezelschap *a m. bunch/motley crowd of people.*

gemelijk 0.1 *peevish* ⇒*surly*, ⟨vnl. mbt. oude mensen⟩ *crotchety*, ⟨vnl. mbt. oude mensen⟩ *grumpy*.

gemelijkheid 0.1 *peevishness* ⇒*surliness*.

gemenebest 0.1 *commonwealth* ◆ **1.1** het Gemenebest van Onafhankelijke Staten *the Commonwealth of Independent States* **2.1** het Britse Gemenebest *the (British) Commonwealth (of Nations)*.

gemenerik 0.1 *nasty character / piece of work.*

gemengd 0.1 *mixed* ⇒⟨thee, whisky enz.⟩ *blended*, ⟨verscheiden, gevarieerd ook⟩ *miscellaneous*, ⟨mbt. koekjes, bonbons enz., ook⟩ *assorted* ◆ **1.1** ~e bebouwing *mixed high- and low-rise development;* een ~ bedrijf *a mixed farm;* van ~ bloed *of mixed blood / descent;* ⟨inf.; bel.⟩ *half-breed / -caste;* ⟨sport⟩ het ~ dubbel *the mixed doubles;* ~e gevoelens hebben (omtrent iets, iem.) *have mixed feelings (about sth., s.o.);* een ~ huwelijk *a mixed marriage;* een ~ koor *a mixed choir;* een ~e school ⟨voor jongens en meisjes⟩ *a mixed / co-educational school.*

gemenigheid 0.1 ⟨eigenschap⟩ *meanness, nastiness;* ⟨handeling⟩ *dirty / shabby trick* ⇒⟨taalgebruik⟩ *scurrility, bad language.*

gemerkt 0.1 *marked* ⇒⟨zakdoeken, briefpapier enz.⟩ *personalized, monogrammed.*

gemeubileerd 0.1 *furnished* ◆ **1.1** -e kamers te huur *f. rooms to let.*

gemiddeld I ⟨bn.⟩ **0.1** [het midden houdend] *average* **0.2** [doorsnee-] *average* ⇒*mean* ◆ **1.1** iem. van ~e grootte *s.o. of a. / medium height* **1.2** de -e hoeveelheid regen per jaar *the a. / mean annual rainfall;* de ~e lezer *the a. / general reader;*
II ⟨bw.⟩ **0.1** [dooreengenomen] *on average, an average (of)* ◆ **3.1** zij werkt ~ vier dagen per week *she works an average of four days a week.*

gemiddelde 0.1 *average* ⇒*mean* ◆ **2.1** rekenkundig ~ *arithmetic mean* **3.1** van een aantal bedragen het ~ nemen *take the a. of a number of amounts* **6.1** boven / onder het ~ *above / below (the) a. / the mean*

gemier 0.1 [geleuter] *fuss* **0.2** [geknoei] *muddle, mess* ⇒*fiddling (about).*

gemieter →**gemier 0.1.**

gemijmer 0.1 *reverie, musing* ⇒*daydreaming* ◆ **2.1** in ~ verzonken *lost in r.*

gemillimeterd ◆ **1.¶** ~ haar *(close-)cropped hair, a crew cut.*

gemis 0.1 [het niet bezitten van iets] *lack* ⇒*want*, ⟨mbt. het ontbreken van iets⟩ *absence*, ⟨mbt. het ontbreken van iets⟩ *deficiency* **0.2** [verlies] *loss* ◆ **6.1** bij ~ van *in the absence of, in default of, for want of;* in een ~ voorzien *supply a need* **6.2** zijn dood wordt als een groot ~ gevoeld *his death is felt as a great l.*

gemoed¹ ⟨het⟩ **0.1** [het binnenste v.d. mens] *mind* ⇒*heart* **0.2** [meestal scherts.; boezem] *bosom, bust* ◆ **2.1** de ~en raakten verhit *feelings started running high* **2.2** een vrouw met een flink ~ *a busty woman* **3.1** zijn ~ schoot vol *he was filled / overcome with emotion* **6.1** op iemands ~ werken *pluck (at) s.o. 's heart strings;* **tot** het ~ spreken *appeal to the feelings (of).*

gemoed² ⟨bn.⟩⟨in samenst.⟩ **0.1** *in ... spirits, ...-disposed, ... at heart, ...-humoured* ◆ **5.1** welgemoed *cheerful, in good spirits.*

gemoedelijk 0.1 *agreeable, pleasant* ⇒⟨mbt. mensen ook⟩ *amiable, easy-going* ◆ **1.1** een ~e sfeer *a cosy atmosphere* **3.1** het gaat daar ~ toe *they're such nice people there.*

gemoedelijkheid 0.1 *geniality* ⇒*good-naturedness, kindheartedness, amiability.*

gemoedsaandoening 0.1 *emotion.*

gemoedsbezwaar 0.1 *scruple.*

gemoedsgesteldheid 0.1 *frame / state of mind* ⇒*disposition.*

gemoedsleven 0.1 *inner life.*

gemoedsrust 0.1 *peace / tranquillity of mind* ⇒*inner peace / calm, equanimity, serenity* ◆ **3.1** iemands ~ verstoren *disturb s.o. 's peace of mind.*

gemoedstoestand 0.1 *state / frame of mind* ⇒*mood* ◆ **3.1** ik kan me haar ~ voorstellen *I can imagine how she feels.*

gemoeid ◆ **5.¶** alsof haar leven er mee ~ was *as if her life depended on it / were at stake;* er is een hele dag mee ~ *it will take a whole day;* daar is veel geld mee ~ *that involves a lot of money* **6.¶** de regering werd **in** de zaak ~ *the government was asked to step in / intervene in the matter.*

gemok 0.1 *sulking.*

gemompel 0.1 *muttering* ⇒*murmuring* ◆ **2.1** dat eeuwige ~ van hem *his eternal muttering;* een onderdrukt / goedkeurend ~ *a subdued / approving murmur.*

gemopper 0.1 *grumbling* ⇒*complaints, complaining.*

gemors 0.1 *messing (about / up)* ⇒*sloppiness, slovenliness.*

gemotiveerd 0.1 [beargumenteerd] *reasoned* ⇒*well-founded* **0.2** [motivatie bezittend] *motivated* ◆ **1.1** een uitvoerig ~ oordeel *a well-founded judgement;* die verandering in de tekst is niet ~ *that alteration in the text is unjustifiable* **1.2** een zeer ~e vrijwilliger *a highly m. volunteer.*

gemotoriseerd 0.1 *motorized* ⇒*self-driven*, ⟨mbt. kanonnen enz., ook⟩ *self-propelled* ◆ **1.1** ~ verkeer *m. / motor traffic.*

gems 0.1 *chamois.*

gemunt 0.1 *coined* ◆ **1.1** ~ geld *coin; specie* **6.¶** het **op** iem. gemunt hebben *have it in for s.o.;* zij heeft het **op** zijn geld ~ *she has designs on / she's after his money.*

gemurmel 0.1 [het murmelen] *babbling, murmuring, gurgling* **0.2** [gemompel] *murmur(ing), muttering* ⇒*buzz / hum of voices.*

gemutst ⟨fig.⟩ ◆ **5.¶** goed / slecht ~ zijn *be in a good / bad mood.*

gemzenleer, gemsleer 0.1 *chamois (leather)* ⇒⟨inf.⟩ *shammy (leather).*

gen ⟨biol.⟩ **0.1** *gene.*

genaamd 0.1 [de naam dragend van] *named, called* **0.2** [bijgenaamd] *(also) known as, alias* ⇒*going by the name of.*

genade 0.1 [gratie] *mercy* ⇒*grace*, ⟨kwartier⟩ *quarter* **0.2** [rel.] *grace* **0.3** [vergiffenis] *mercy, pardon, forgiveness* **0.4** [gunst(bewijs)] *favour* ◆ **2.1** Gods oneindige ~ *God's infinite m.* **2.¶** goeie / grote ~! *good(ness) gracious (me)!, bless my (heart and) soul!, my goodness!, good grief!* **3.1** geen ~ hebben met *have no m. on;* ~ voor recht laten gelden *temper justice with m.* **3.2** de ~ deelachtig zijn *partake of g.* **3.4** (geen) ~ vinden bij / in de ogen van iem *find (no) f. in the eyes / sight of s.o.* **6.3** aan iemands ~ overgeleverd zijn *be left to the tender mercies of s.o.;* **om** ~ smeken *beg for mercy;* **zonder** ~ *without mercy* **6.4** iem. (weer) **in** ~ aannemen *restore s.o. to favour.*

genadebrood ◆ **3.¶** ⟨fig.⟩ ~ eten *eat the bread of charity.*

genadeklap →**genadeslag.**

genadeloos 0.1 *merciless* ⇒*ruthless* ◆ **3.1** iem. ~ afstraffen *punish s.o. mercilessly / without mercy.*

genademiddel 0.1 ⟨middel om Gods genade te verwerven⟩ *means of grace* ◆ **1.¶** ⟨r.-k.⟩ de ~en van de Kerk ⟨van de stervenden⟩ *the last sacraments.*

genadeschot 0.1 *coup de grâce* ⇒*death blow.*

genadeslag 0.1 *coup de grâce* ⇒*death blow* ◆ **3.1** iem. de ~ geven *give s.o. the coup de grâce, finish s.o. off* **6.1** dat was de ~ **voor** zijn bedrijf *that was the final blow for his firm.*

genadig 0.1 [vol genade, vergevensgezind] *merciful* ⇒*gracious* **0.2** [mild] *lenient* ⇒*clement* ◆ **1.2** die examinator is ~ geweest *that examiner was l.;* een ~e straf *a light punishment* **3.2** er ~ (van) afkomen *get off/be let off lightly* ¶.1 God zij ons ~! *God/Lord have mercy (up)on us!*

genadigheid 0.1 *mercifulness, lenience.*

gênant 0.1 *embarrassing* ⇒*awkward* ◆ **3.1** haar gedrag was bepaald ~ *her behaviour was positively e.*

gendarme 0.1 *gendarme.*

gendarmerie 0.1 *gendarmerie.*

gene¹ →**geen.**

gene² (aanw.vnw.) **0.1** *that* ⇒*the other,* ⟨van twee⟩ *the former* ◆ **1.1** aan ~ zijde van *beyond* **4.1** deze of ~ *somebody (or other);* deze(n) en ~(n) *some (people).*

gêne 0.1 *embarrassment* ⇒*discomfiture, awkwardness* ◆ ¶.1 sans ~ *unashamedly.*

genealogie 0.1 *genealogy.*

genealogisch 0.1 *genealogical.*

genealoog 0.1 *genealogist.*

Geneefs 0.1 *Geneva(n)* ◆ **1.1** de ~e Conventie *the Geneva Convention.*

geneesbaar 0.1 *curable* ⇒*remediable, healable.*

geneesheer 0.1 *physician* ⇒*doctor* ◆ **3.1** de behandelende ~ *the doctor treating the case;* controlerend ~ *medical officer.*

geneesheer-directeur 0.1 *medical superintendent* ⇒*senior medical officer.*

geneeskracht 0.1 *healing/curative power.*

geneeskrachtig 0.1 *therapeutic* ⇒*healing* ◆ **1.1** ~e bronnen *medicinal/t. springs;* de ~e werking *the t. effect.*

geneeskunde 0.1 *medicine* ⇒*medical science* ◆ **2.1** interne ~ *internal medicine* **3.1** ~ studeren *study/read medicine* **6.1** een student in ~ *a medical student.*

geneeskundig 0.1 *medical* ⇒*medicinal, therapeutic* ◆ **1.1** ~(e) behandeling/onderzoek *medical treatment/examination;* de Gemeentelijke Geneeskundige Dienst (GGD) *Local/Public Health Authority;* alleen voor ~e doeleinden *for medical use only, for medicinal purposes only.*

geneeskundige 0.1 *physician* ⇒*medical practitioner.*

geneeslijk 0.1 *curable.*

geneesmiddel 0.1 *medicine* ⇒*drug, remedy* ◆ **2.1** rust is een uitstekend ~ *rest is an excellent cure* **3.1** een ~ innemen *take (a) m.;* een ~ voorschrijven *prescribe a m./drug* **6.1** een ~ tegen hoofdpijn *a remedy for a headache* ¶.1 een ~ dat de rijvaardigheid kan beïnvloeden *a drug which can affect one's driving.*

geneeswijze 0.1 *(form of) treatment* ⇒*therapy* ◆ **2.1** alternatieve ~ *alternative medicine.*

genegen 0.1 [bereid] *willing* ⇒*prepared* **0.2** [welwillend] *well-/favourably-disposed* ⇒*sympathetic* ◆ **3.2** iem. (niet) ~ zijn *(not) be favourably disposed towards s.o.* **6.1** hij is **tot** medewerking ~ *he is w. to cooperate.*

genegenheid 0.1 *affection* ⇒*fondness, attachment* ◆ **2.1** wederkerige ~ *mutual/reciprocal affection* **3.1** iemands ~ verwerven *win s.o.'s favour/regard/affection(s);* voor iem. ~ voelen *feel affection for s.o., be fond of s.o.*

geneigd 0.1 [neiging hebbend] *inclined* ⇒*apt, prone* **0.2** [neiging voelend] *inclined* ⇒*disposed* ◆ **3.2** ik ben ~ je te geloven *I am i. to believe you;* ik zou bijna ~ zijn dit te aanvaarden *I am almost tempted to accept this* **5.1** men is zo licht ~ te denken …*one is (so) easily i./apt to think …*

geneigdheid 0.1 *inclination* ⇒*tendency, propensity.*

generaal¹ ⟨de⟩ **0.1** *general.*

generaal² (bn.) **0.1** *general* ◆ **1.1** ⟨muz.⟩ een generale bas *(basso) continuo, thorough/g. bass;* de generale repetitie *(the) (full) dress-rehearsal;* de generale staf *the g. staff.*

generaal-majoor 0.1 *Major General.*

generaalsrang 0.1 [rang van generaal] *generalship* ⇒*rank of general* **0.2** [mv.; opperofficiersrangen] *highest ranking officers.*

generalisatie 0.1 *generalization* ⇒*sweeping statement* ◆ **3.1** in ~s vervallen *lapse into generalizations.*

generaliseren 0.1 *generalize.*

generatie 0.1 *generation* ◆ **2.1** een Amerikaan van de eerste/tweede ~ *a first-/second-g. American;* ⟨fig.⟩ de nieuwe ~ computers *the new g./breed of computers;* ⟨biol.⟩ spontane ~ *abiogenesis* **3.1** een ~ overslaan *skip a g.*

generatieconflict 0.1 *generation gap.*

generatiegenoot 0.1 *contemporary.*

generatiekloof 0.1 *generation gap.*

generator 0.1 [werktuig dat stroom opwekt] *generator* ⇒ *dynamo* **0.2** [toestel tot het verkrijgen van gas] *generator.*

generen ⟨wk.ww.; zich ~⟩ **0.1** [zich schamen] *be/feel embarrassed* ⇒*be/feel shy/awkward* ◆ **4.1** ik zou me dood ~ *I'd be mortified, I'd die (of shame)* **5.1** geneer je niet *don't be shy;*
II ⟨ov.ww.⟩ **0.1** [in verlegenheid brengen] *embarrass* ◆ **3.1** zich gegeneerd voelen *feel embarrassed/uncomfortable.*

genereren ⟨com., wisk., taal.⟩ **0.1** *generate.*

genereus 0.1 *generous* ⇒*magnanimous* ◆ **1.1** een ~ gebaar *a g. gesture.*

generlei 0.1 *no (… whatever/at all/whatsoever)* ◆ **1.1** van ~ waarde *of no value whatever;* op ~ wijze *in no way.*

geneselijk →**geneeslijk.**

Genesis 0.1 *Genesis.*

genetica 0.1 *genetics.*

genetisch 0.1 *genetic* ◆ **1.1** ~e manipulatie *g. engineering, gene splicing* **3.1** ~ bepaalde kenmerken *g. features.*

geneugte ⟨vaak iron., scherts.⟩ **0.1** *pleasure* ⇒*delight(s), joy* ◆ **1.1** de ~n des levens *the joys of life* **2.1** vleselijke ~n *animal/carnal pleasures.*

geneuzel 0.1 ⟨gesnuffel⟩ *nosing (into sth.)* ⇒⟨zoekend⟩ *rooting, rummaging,* ⟨pej.⟩ *prying.*

Genève 0.1 *Geneva* ◆ **1.1** het meer van ~ *Lake G.*

genever →**jenever.**

genezen I ⟨ov.ww.⟩ **0.1** [beter doen worden] *cure* ⟨patiënt⟩; *heal* ⟨wond⟩ ◆ **6.1** ⟨fig.⟩ daar ben ik helemaal **van** ~ *I am fully cured of that;*
II ⟨onov.ww.⟩ **0.1** [beter worden] *recover* ⇒*get well again, mend* ⟨bv. bot⟩, *heal* ⟨wond⟩ ◆ **6.1 van** een ziekte ~ *r. from an illness.*

genezing 0.1 *cure* ⇒*recovery* ⟨patiënt⟩, *healing* ⟨wond⟩.

genezingsproces 0.1 *recovery process* ⇒*healing (process).*

geniaal 0.1 [buitengewoon begaafd] *brilliant* ⇒*of genius* **0.2** [blijk gevend van genie] *brilliant* ⇒*ingenious* ◆ **1.1** een ~ kunstenaar *a highly-gifted/an inspired artist* **1.2** een geniale oplossing *an ingenious/b. solution;* een geniale vondst/zet *a stroke of genius.*

genialiteit 0.1 [begaafdheid met genie] *genius* ⇒*brilliance* **0.2** [het blijk geven van genie] *ingenuity* ⇒*brilliance.*

genie I ⟨de⟩ **0.1** [mil.] *military engineering* ◆ **1.1** het korps van de ~ *the Engineering Corps* **6.1** hij is **bij** de ~ *he is serving in the Engineering Corps, he is with the (Royal) Engineers;*
II ⟨het⟩ **0.1** [buitengewone begaafdheid] *genius* ⇒*brilliance* **0.2** [begaafd persoon] *genius* ⇒⟨inf.⟩ *wizard* ◆ **1.1** het ~ van Rembrandt *the g. of Rembrandt* **2.2** een groot ~ *an absolute g.*

genieofficier 0.1 *military engineer.*

geniep ◆ **6.**¶ in 't ~ *on the sly/quiet;* ⟨pej.⟩ *sneakily.*

geniepig 0.1 [stiekem] *sly, secretive* ⇒⟨bw. ook⟩ *on the sly/ quiet* **0.2** [gemeen] *sneaky* ◆ **1.1** op een ~e manier *on the sly* **1.2** een ~e streek *a s./dirty trick.*

geniesoldaat 0.1 *engineer* ⇒*sapper.*

genietbaar 0.1 *enjoyable.*

genieten I ⟨onov.ww.⟩ **0.1** [plezier beleven] *enjoy o.s.* ⇒ ⟨inf.⟩ *have fun/a good time, get a lot of pleasure (out of/ from)* ◆ **6.1** zij genoten van hun kind *they got a lot of pleasure out of their child;* van het leven/muziek ~ *enjoy life/music* ¶**.1** ik heb genoten! *I really enjoyed myself!;* **II** ⟨ov.ww.⟩ **0.1** [tot gebruik/voordeel ontvangen] *enjoy* ⇒ *have the advantage of* ◆ **1.1** hij genoot grote faam *he enjoyed great fame;* een goede gezondheid ~ *e. good health;* een goede opleiding genoten hebben *have received a good education* **3.**¶ hij is vandaag niet te ~ *he's unbearable/in a bad mood today.*

genieter, -ster 0.1 [genotzuchtige] *sensualist* ⇒*epicure(an)* **0.2** [mbt. pensioen/inkomen] *recipient, beneficiary* ◆ **2.1** hij is een echte ~ *he really knows how to enjoy life.*

genietroepen 0.1 *(Military/Royal) Engineers.*

genitaal 0.1 *genital.*

genitaliën 0.1 *genitals.*

genitief ⟨taal.⟩ **0.1** *genitive.*

genius 0.1 [beschermgeest] *genius* ⇒*genie* ◆ **2.1** hij is mijn goede ~ *he is my good genius;* de kwade ~ *the evil genius/ demon.*

genocide 0.1 *genocide.*

genodigde 0.1 *(invited) guest* ⇒*invitee* ◆ **6.1** alleen **voor** ~n *only for those invited* ¶**.1** alleen ~n hebben toegang *admission (is) by invitation only.*

genoeg¹ (bw.) **0.1** [in voldoende mate] *enough* ⇒*sufficiently* **0.2** [meer dan wenselijk/prettig] *enough* ◆ **2.1** ben ik duidelijk ~ geweest *have I made myself clear;* jammer ~ *regrettably, unfortunately;* oud en wijs ~ zijn *be old and wise e.;* hij is niet precies ~ *he is not precise e.;* men kan niet voorzichtig ~ zijn *one can't be too careful* **2.2** het is zo al erg ~ *it's bad e. as it is;* vreemd ~ *strangely e., strange to say* **3.1** dat kon niet ~ benadrukt worden *that could not be stressed/emphasized (often) e.*

genoeg² (telw.) **0.1** [voldoende] *enough* ⇒*plenty, sufficient,* ⟨net genoeg⟩ *adequate* **0.2** [meer dan wenselijk, prettig] *enough* ◆ **1.1** er is eten ~ *there is plenty of food;* plaats ~ *plenty of room;* ⟨inf.⟩ *bags of room;* tijd ~ hebben *have plenty of time* **1.2** er zijn al slachtoffers ~ *there are too many victims (as it is)* **3.1** heb je ~ gegeten? *have you had e. (to eat)?;* ik heb ~ aan een gekookt ei *a boiled egg will do for me;* hij kan er niet ~ van krijgen *he cannot get e. of it;* ik weet ~ *I've heard e.;* dat zegt ~ *that says e.* **3.2** er/ergens ~ van hebben/krijgen *have/get e. of it/sth.* **4.1** aan zichzelf ~ hebben *be self-sufficient;* ⟨mbt. problemen⟩ *have e. problems of one's own* **5.1** ~ hierover! *e. said!* **6.1** er is ~ **voor** allemaal *there is e. to go round* ¶**.1** er is meer dan ~ *there's e. and to spare* ¶**.2** er schoon ~ van hebben/krijgen *have had it up to here;* zo is het wel ~ *that will do.*

genoegdoening 0.1 [eerherstel] *satisfaction* **0.2** [schadeloosstelling] *redress* ⇒*compensation* ◆ **3.1** ~ van iem. eisen *demand s. of s.o.* **3.2** ~ van iem. eisen voor iets *claim r. from s.o. for sth.*

genoegen 0.1 [voldoening] *satisfaction* ⇒*gratification* **0.2** [plezier] *pleasure* ⇒*satisfaction* ◆ **1.1** met alle soorten van ~ *with p., gladly, I'd be delighted (to)* **2.2** het was geen onverdeeld ~ *it was a mixed blessing;* het was mij een waar ~ *I was delighted* **3.1** ~ nemen met iets *be satisfied with sth.* ⟨tweede keus⟩ *put up with sth.* ⟨minder kwaliteit, slechte omstandigheden⟩ **3.2** doe me een ~ en houd je

mond *do me a favour and shut up, I'll thank you to keep quiet;* iem. een ~ doen *do s.o. a favour, oblige s.o.;* dat doet mij (veel) ~ *I'm very pleased;* met wie heb ik het ~? *with whom do I have the p. (of speaking)?;* ergens ~ in scheppen *take p. in sth.;* (pej.) *gloat over sth.* **6.1** als het niet **naar** ~ is *if it is not satisfactory/to your s.* **6.2** met ~ ⟨beleefdheidsformule⟩ *with pleasure;* ⟨examen⟩ *clear pass, beta plus;* **tot** ~ *au revoir, I hope we meet again;* **tot** haar groot ~ *much to her p.*

genoeglijk 0.1 *enjoyable* ⇒*pleasant, agreeable* ◆ **3.1** zij zaten ~ bij elkaar *they were sitting happily together.*

genoegzaam 0.1 *sufficient* ⇒*satisfactory, enough,* ⟨net voldoende⟩ *adequate* ◆ **2.1** dat is toch ~ bekend *that is (surely) sufficiently well known, well enough known.*

genoegzaamheid 0.1 *sufficiency* ⇒*satisfaction.*

genoemd 0.1 *(above-)mentioned* ⇒*said* ◆ **1.1** (de) ~e heren *the gentlemen mentioned.*

genomen 0.1 *taken* in ⇒*fooled* ◆ **3.1** ik voel me behoorlijk ~ *I feel I've been had.*

genootschap 0.1 *society* ⇒*association, fellowship* ◆ **2.1** lid v.h. Historisch Genootschap *member of the Historical Society.*

genot 0.1 [het genieten] *enjoyment* ⇒*benefit, advantage* **0.2** [genoegen] *enjoyment* ⇒*pleasure, delight* **0.3** [jur.; gebruik] *use* ⇒⟨vruchtgebruik⟩ *usufruct* ◆ **1.1** (in) het ~ van zijn vrijheid *in possession of/enjoying one's freedom* **1.3** het ~ van zijn bezittingen hebben *have the use of one's possessions* **3.2** het is een (waar) ~ om haar te horen *it's a joy to hear her* **6.2** onder het ~ van een glas wijn *over a glass of wine.*

genotmiddel 0.1 *stimulant.*

genotziek 0.1 *pleasure-loving* ⇒*hedonistic.*

genotzoeker, -zoekster 0.1 *pleasure-seeker* ⇒*hedonist.*

genotzucht 0.1 *pleasure-seeking* ⇒*self-indulgence, hedonism.*

genotzuchtig 0.1 *pleasure-seeking* ⇒*self-indulgent, hedonistic.*

genre 0.1 ⟨ook bk.⟩ *genre* ◆ **2.1** het komische ~ *comedy.*

gent 0.1 *gander.*

Gent 0.1 *Ghent.*

gentherapie 0.1 *gene therapy.*

gentiaan 0.1 *gentian.*

Genua 0.1 *Genoa.*

genuanceerd 0.1 *subtle* ⇒⟨afgewogen⟩ *balanced,* ⟨met verschillen⟩ *variegated* ◆ **1.1** een ~e benadering *a s./ thoughtful approach* **3.1** een voorbeeld van ~ denken *an example of balanced thinking.*

genus ⟨taal.⟩ **0.1** *gender.*

geoefend 0.1 [ervaren] *experienced* ⇒*trained, drilled* **0.2** [zeer gevoelig] *refined* ◆ **1.1** een ~ zwemmer/pianist *an e./expert swimmer, an accomplished pianist* **1.2** een ~ gehoor *a trained ear.*

geoefendheid 0.1 *proficiency* ⇒*skill.*

geofysica 0.1 *geophysics.*

geograaf 0.1 *geographer.*

geografie 0.1 *geography.*

geografisch 0.1 *geographic(al)* ◆ **1.1** de ~e breedte/lengte *the geographical latitude/longitude.*

geolied 0.1 *oiled* ⇒⟨machinerie ook⟩ *lubricated* ◆ **1.1** ⟨fig.⟩ een goed ~ bedrijf *a well-oiled concern.*

geologie 0.1 *geology.*

geologisch 0.1 *geological* ◆ **1.1** een ~ tijdperk *a g. age.*

geoloog 0.1 *geologist.*

geometrie 0.1 *geometry.*

geometrisch 0.1 *geometric.*

geoorloofd 0.1 *permitted* ⇒*permissible* ◆ **1.1** een ~ middel *(a) lawful means/method;* met alle ~e en ongeoorloofde middelen *by fair means or foul.*

geopend 0.1 *open(ed)* ◆ **1.1** een ~ venster *an open window* **6.1** ~ **voor** het publiek *open to the public.*

geordend I ⟨bn., bw.⟩ **0.1** [waarin orde is] *(well-)ordered* ⇒ *regulated, orderly,* ⟨bw.⟩ *in an orderly manner* ◆ **1.1** een goed ~ bedrijf *a well-regulated business* **3.1** zich ~ bewegen *move/walk in an orderly manner;* **II** ⟨bn.⟩ **0.1** [in een orde opgenomen] *classified* ⇒*filed.*

georganiseerd 0.1 *organized;* ⟨bij een (vak)organisatie aangesloten ook⟩ *unionized* ◆ **1.1** een ~e reis *a package tour;* het ~ verzet *o. resistance.*

Georgië 0.1 *Georgia.*

Georgiër, -sche 0.1 *Georgian.*

Georgisch 0.1 ⟨bn. en zn.⟩ *Georgian.*

georiënteerd 0.1 *oriented* ⇒*orientated* ◆ **5.1** hij bleek goed/slecht ~ *he appeared to be well/badly oriented;* links ~ zijn *have leftist tendencies, be leftist* **6.1** de export was ~ op Europa *exports were oriented/directed towards Europe.*

geoutilleerd 0.1 *equipped* ⇒*furnished, fitted (out)* ◆ **2.1** een goed ~e keuken *a well e./well appointed kitchen.*

geouwehoer ⟨inf.⟩ **0.1** [vrijblijvend gepraat] *bull* ⇒*(idle) chat(ter)/gossip* **0.2** [gezeur] *harping/carrying on* ⇒ ⟨klagerig⟩ *moaning.*

gepaard 0.1 [in paren verdeeld] *paired* ⇒*in pairs/twos* **0.2** [vergezeld] *coupled (with)* ⇒*accompanied (by), attendant (on), attached (to)* ◆ **3.2** de risico's die daarmee ~ gaan *the risks involved;* macht en corruptie gaan vaak (met elkaar) ~ *power and corruption often go hand in hand* **6.2** dat gaat **met** grote kosten ~ *that involves considerable expense;* het ging met veel lawaai ~ *it was accompanied by a lot of noise;* de overlast die ~ gaat **met** een verbouwing *the nuisance associated with/connected with alterations.*

gepakt ◆ **2.¶** ~ en gezakt *ready for off, all ready to go.*

gepantserd 0.1 [geharnast] *armoured* ⇒*in armour* **0.2** [met een stevige bedekking] *armoured* ⇒*armour-plated/-clad* ◆ **1.1** ~e ruiterij *a. cavalry* **1.2** een ~ schip *an armour-plated/-clad vessel/ship* **6.2** ⟨fig.⟩ ~ **tegen** *steeled against.*

gepareld 0.1 *pearled* ⇒*beaded* ◆ **1.1** ~e gerst *pearl barley.*

geparenteerd 0.1 *related* ⇒*connected* ◆ **6.1** ~ zijn **aan** *be r. to.*

geparfumeerd 0.1 *perfumed* ⇒*scented* ◆ **1.1** ~e zeep *scented/fragrant soap.*

gepassioneerd 0.1 *passionate* ⇒*impassioned* ◆ **1.1** hij is een ~ schaakspeler *he is a p. chess-player* **6.1** ~ **voor** iets zijn *have a passion for sth.*

gepast 0.1 [fatsoenlijk, geschikt] *(be)fitting* ⇒*becoming, proper* **0.2** [in de verlangde hoeveelheid] *exact* ◆ **1.1** met ~e bescheidenheid antwoorden *answer with becoming/due modesty;* de ~e maatregelen nemen *take the appropriate measures* **1.2** met ~ geld betalen *pay the e. money, have the e. money ready* **5.1** dat is niet ~ *that is not done.*

gepeins 0.1 *musing(s)* ⇒*meditation(s), pondering* ◆ **6.1** in ~ verzonken (zijn) *(be) lost in thought.*

gepensioneerd 0.1 *retired* ⇒*pensioned-off, superannuated* ⟨ook fig.⟩.

gepensioneerde 0.1 *(old age) pensioner.*

gepeperd 0.1 [met (veel) peper bereid] *peppery* ⇒*peppered* **0.2** [fig.] *peppery* ⇒*spicy* ◆ **1.2** een ~e rekening *a steep bill;* ~e verhalen *spicy stories* **5.1** flink ~ *very peppery, highly seasoned.*

geperforeerd 0.1 *perforated* ⇒⟨biol. ook⟩ *perforate* ◆ **1.1** ~e bladen papier *sheets of perforated paper;* een ~e schelp *a perforate shell.*

gepeupel 0.1 *mob* ⇒*rabble, riff-raff* ◆ **1.1** er was een oploop van het ~ *a m. had gathered.*

gepeuter 0.1 [het peuteren] *fiddling* ⇒*picking* ⟨neus, tanden⟩ **0.2** [gepriegel] *tinkering (at/with)* ⇒*fiddling (with)* **0.3** [zeer klein schrift] *tiny writing* ◆ **6.1** schei uit met dat ~ **in** je neus *stop picking your nose.*

gepieker 0.1 [getob] *brooding* ⇒*worrying* **0.2** [ingespannen denken] *puzzling.*

gepiep 0.1 [geknars] *squeak(ing)* **0.2** [dierengeluid]⟨v.e. jonge vogel⟩ *peep(ing)* ⇒*chirp, cheep(ing),* ⟨v.e. muis⟩ *squeak(ing),* ⟨schril⟩ *squeal(ing),* ⟨van angst/pijn ook⟩ *screech(ing)* **0.3** [ademhaling] *wheeze, wheezing.*

gepikeerd 0.1 *piqued* ⇒*nettled* ◆ **3.1** ~ antwoorden *answer resentfully;* gauw ~ zijn *be touchy.*

gepikt ⟨inf.⟩ **0.1** *annoyed* ⇒*piqued* ◆ **3.1** in zijn kuif ~ zijn *be in a huff.*

gepingel 0.1 [het afdingen] *haggling* ⇒*bargaining* **0.2** [geluid]⟨tokkelinstrument⟩ *thrum(ming), twang(ing);* ⟨motor⟩ *pinking, knocking.*

geplaatst 0.1 [waarvoor een plaats gevonden is]⟨geldw.⟩ *subscribed* ⇒⟨alg.⟩ *placed* **0.2** [sport; naar de volgende ronde] *qualified* ⇒*qualifying* **0.3** [sport; rangorde bij tennis] *seeded* ◆ **1.1** ~ kapitaal *s. capital;* ⟨jur.⟩ niet-geplaatste schuldbrieven *non-s. debenture bonds* **1.2** de ~e clubs *the qualifying clubs* **5.3** niet ~ *unseeded.*

geplaveid 0.1 *paved.*

geploeter 0.1 [het geplas in water/modder] *splashing* **0.2** [gezwoeg] *drudgery* ⇒*toil(ing).*

gepoch 0.1 *boast(ing)* ⇒*bragging.*

gepocheerd 0.1 *poached.*

gepoft 0.1 [eetwaren] *roast* ⟨aardappelen, kastanjes⟩; *puffed* ⟨rijst, tarwe⟩ **0.2** [kleding]⟨kledingstuk⟩ *full* ⇒ ⟨mouw ook⟩ *puffed* ◆ **1.1** ~e maïs *popcorn.*

gepokt ◆ **2.¶** ~ en gemazeld zijn *be tried and tested; be an old hand/pro (at sth.).*

gepolariseerd ⟨nat.⟩ **0.1** *polarized.*

geporteerd ◆ **3.¶** ~ zijn voor iem./iets *be (very much) taken with s.o./sth.;* weinig ~ zijn voor iem./iets *take not much interest in s.o./sth.*

geportretteerde 0.1 *subject (of a/the portrait)* ⇒*(the) person portrayed.*

gepraat 0.1 [het praten] *talking* **0.2** [praatjes] *talk* ⇒*gossip, chat, (tittle-)tattle* ◆ **6.1** ~ **over** het werk *shoptalk* **7.2** hun huwelijk leidde tot veel ~ *their marriage caused a lot of talk.*

geprefabriceerd 0.1 *prefabricated* ⇒⟨inf.⟩ *prefab* ◆ **1.1** ~e betonelementen *precast concrete modules;* ~e woningen *prefabs, prefab houses.*

gepreoccupeerd 0.1 [vooringenomen] *biased/prepossessed in favour of* **0.2** [door gedachten in beslag genomen] *preoccupied with/by.*

gepresseerd 0.1 *pressed (for time)* ⇒*in a hurry.*

geprevel 0.1 *mumbling* ⇒*muttering.*

geprikkeld 0.1 *irritated* ⇒*irritable* ◆ **3.1** hij reageerde nogal ~ *he reacted rather irritably;* gauw ~ zijn *be huffish/huffy.*

gepromoveerd 0.1 [bevorderd] *promoted;* ⟨tot de doctorsgraad⟩ *admitted to the degree of doctor* **0.2** [de doctorsgraad bezittend] *having one's doctorate.*

geprononceerd I ⟨bn., bw.⟩ **0.1** [duidelijk uitkomend/sprekend] *pronounced* ⇒*marked, unmistakable* ◆ **1.1** een ~e mening hebben (over) *hold strong views on/about, feel strongly about;* ~e trekken *p. features;*

II ⟨bw.⟩ **0.1** [uitgesproken] *positively* ⇢*decidedly* ◆ **2.1** zij is ~ lelijk *she is p./downright ugly.*

geproportioneerd 0.1 *proportioned* ◆ **5.1** goed ~ *well-proportioned;* slecht ~ *badly p.*

gepruts 0.1 *mess(ing about)* ⇒*botch-up, fiddle, fiddling.*

gepruttel 0.1 [het pruttelend koken] *simmer(ing)* **0.2** [gemor, gemopper] *grumbling* ⇒*mutter(ing)* **0.3** [mbt. motor] ⟨onregelmatig⟩ *sputter(ing);* ⟨regelmatig⟩ *(soft) purr(ing).*

gepunt 0.1 *pointed* ◆ **1.1** ~e bladeren *lanceolate/attenuate leaves.*

gepunteerd ⟨muz.⟩ ◆ **1.¶** ~e noten *dotted notes.*

geraakt 0.1 [beledigd] *offended* ⇒*hurt* **0.2** [ontroerd] *moved* ⇒*touched* ◆ **5.2** snel ~ *touchy* **6.1** ~ zijn *over be o./ hurt by.*

geraamte 0.1 [skelet] *skeleton* **0.2** [fig.]⟨alg.⟩ *frame(-work)* ⇒⟨v.e. schip ook⟩ *carcass, shell,* ⟨v.e. vliegtuig ook⟩ *body (frame),* ⟨v.e. gebouw ook⟩ *shell* ◆ **2.1** ⟨fig.⟩ een wandelend/ levend ~ *a walking/living s.* **6.2** zonder ~ *frameless.*

geraas 0.1 [het telkens razen] *raging* **0.2** [kabaal, rumoer] *din, roar(ing)* ⇒*noise* ◆ **1.2** het ~ van machines/van de storm *the r. of machines/of the storm.*

geraaskal 0.1 *ravings.*

geradbraakt 0.1 [(zich) gebroken (voelend)] *shattered* ⇒ *exhausted, bushed* **0.2** [verknoeid] *broken* ◆ **1.2** ~ Frans *b. French.*

geraden 0.1 *advisable* ⇒*expedient* ◆ **3.1** het ~ vinden om ...*think it a. to* ... **3.¶** dat is je ~ ook! *you'd better!*

geraffineerd 0.1 [gezuiverd] *refined* **0.2** [verfijnd] *refined* ⇒*subtle* **0.3** [doortrapt] *crafty* ⇒*clever* ◆ **1.1** ~e suiker *r. sugar* **1.2** een ~ plan *an ingenious plan;* ~e smaak *r./sophisticated taste* **1.3** hij is een ~e vlegel *he is a clever sod.*

geraffineerdheid 0.1 [verfijning] *refinement* ⇒*subtlety, sophistication,* ⟨mbt. vakmanschap⟩ *workmanship,* ⟨mbt. vakmanschap⟩ *craftsmanship* **0.2** [doortraptheid] *craftiness* ⇒*cunning, cleverness.*

geraken ⟨schr.⟩ **0.1** *attain* ◆ **6.1** tot zijn fortuin ~ *a. one's fortune.*

geramd ◆ **3.¶** ~ zitten *have it good; be sitting pretty.*

gerammel 0.1 *rattle, rattling* ⇒*clank(ing) jingling, clatter(ing).*

gerand 0.1 *bordered* ⟨kleed, borden⟩; *edged* ⟨kant, kraag⟩.

geranium ⟨plantk.⟩ **0.1** *geranium.*

gerant 0.1 *manager.*

geraspt 0.1 *grated* ◆ **1.1** ~e kaas *g. cheese.*

geratel 0.1 [het ratelen] *rattle, rattling* ⇒*clatter* **0.2** [het snel spreken] *rattle, rattling* ⇒*chatter(ing).*

gerecht 0.1 [eten]⟨schotel⟩ *dish;* ⟨deel v.e. maaltijd⟩ *course* **0.2** [rechtbank] *court (of justice)* ⇒*court of law, law court, tribunal* **0.3** [personen die de justitie vertegenwoordigen] *judicial authorities* ⇒*(the) judiciary* ◆ **2.1** als volgende ~ hebben we ...*the next c. is* ... **6.2** voor het ~ gedaagd worden *be summoned (to appear in court);* voor het ~ verschijnen *appear in court;* iem. voor het ~ brengen *bring s.o. to court/to trial* **6.3** iem. aan het ~ overleveren *hand s.o. over to the judicial authorities.*

gerechtelijk I ⟨bn.⟩ **0.1** [van het gerecht uitgaand]*judicial* ⇒*legal, court* **0.2** [mbt. het gerecht]*forensic* ⇒*legal* **0.3** [voor het gerecht geschiedend]*judicial* ⇒*legal, court* ◆ **1.1** een ~ onderzoek instellen *set up a j. inquiry/investigation* **1.2** ~e geneeskunde *f. medicine* **1.3** ~e stappen ondernemen *take legal action/proceedings;* een ~ verhoor *a j./court hearing;* ~e vervolging *prosecution, (legal) proceedings;* een ~ vonnis *a judgment, a (j.) sentence, findings of a/the court;*
II ⟨bw.⟩ **0.1** [in recht] *legally* ⇒*judicially, by legal process*

◆ **3.1** iem. ~ vervolgen *take/institute (legal) proceedings against s.o.;* ⟨vanwege staat⟩ *prosecute s.o.*

gerechtigd 0.1 *authorized* ⇒⟨bevoegd⟩ *qualified, entitled,* ⟨jur.⟩ *empowered* ◆ **3.1** hij is ~ dat te doen *he is a. to do that.*

gerechtigde 0.1 *(duly) authorized/*⟨bevoegde⟩ *qualified person.*

gerechtigheid 0.1 *justice* ◆ **1.1** de ~ Gods *divine j.* **5.1** eindelijk ~ *j. at last!* **6.1** naar recht en ~ *rightfully, in j.*

gerechtsbode 0.1 *usher.*

gerechtsdeurwaarder →**deurwaarder.**

gerechtsgebouw 0.1 *court(house).*

gerechtshof 0.1 [rechterlijk college] *court (of justice)* **0.2** [gebouw] *court(house)* ◆ **2.1** Europees Gerechtshof *European Court of Justice;* Hoog Militair Gerechtshof ±*court-martial.*

gerechtskosten 0.1 [proceskosten] *(legal) costs* **0.2** [vacatiegelden] *(legal) fee(s).*

gerechtvaardigd 0.1 *justified* ⇒*warranted* ◆ **1.1** dat vind ik een ~e afwijzing *I think the refusal was j.;* ~e eisen *just/ legitimate claims;* ~e trots *justifiable pride.*

gerechtvaardigdheid 0.1 *justness* ⇒*justice, legitimacy.*

geredeneer 0.1 *arguing* ⇒*quibbling.*

gereed 0.1 [klaar voor een handeling] *(all) ready* **0.2** [klaar, af] *(all) ready* ⇒*finished* **0.3** [contant] *ready* ⇒*cash* ◆ **1.3** gerede betaling *cash payment;* ~ geld *r. cash.*

gereedheid 0.1 *readiness* ◆ **6.1** alles in ~ brengen/maken *get everything ready/in r.;* ⟨fig. ook⟩ *clear the decks for action.*

gereedhouden 0.1 *have ready/in readiness* ◆ **1.1** plaatsbewijzen ~, s.v.p.*(have your) tickets (ready,) please!* **4.1** zich ~ (voor) ⟨ook⟩ *stand by (for).*

gereedkomen 0.1 *be finished* ◆ **¶.1** op tijd ~ *be finished on time.*

gereedleggen 0.1 *put ready* ⇒*lay out, put by (for s.o.).*

gereedliggen 0.1 *be/lie ready* ⇒*be waiting* ◆ **1.1** de biljetten liggen voor u gereed *the tickets are waiting for you.*

gereedmaken 0.1 *make/get ready* ⇒*prepare* ◆ **4.1** zich ~ tot/voor iets *get ready/make/get o.s. ready for sth.* **6.1** voor gebruik ~ *make/get ready/prepare for use.*

gereedschap 0.1 [vaak in samenst.; uitrusting] *tools* ⇒ *equipment, apparatus,* ⟨keuken⟩ *utensils* **0.2** [bepaald werktuig]⟨zie 1.2⟩ ◆ **1.2** een stuk ~ *a tool, a piece of equipment* **3.1** schrijfgereedschap *writing implements/materials.*

gereedschapskist 0.1 *tool box/chest.*

gereedstaan 0.1 *be/stand ready* ⇒*be waiting,* ⟨persoon ook⟩ *stand by* ◆ **1.1** de auto staat gereed *the car is waiting* **6.1** ~ om iets te gaan doen *stand by to do sth.*

gereedzetten 0.1 *put ready* ⇒*lay/put out, put by.*

gereformeerd ⟨rel.⟩ **0.1** [rel.] *(Dutch) Reformed* **0.2** [volgens de calvinistische leer] *Calvinist* ◆ **1.1** van ~en huize *of (strict) R. upbringing.*

gereformeerde 0.1 *member of (a strict branch of) the Dutch Reformed Church.*

geregeld I ⟨bn., bw.⟩ **0.1** [regelmatig] *regular* ⇒*steady* ◆ **1.1** een ~e aanvoer *a constant/steady flow/supply* **3.1** hij komt ~ te laat *he is often/regularly late;*
II ⟨bn.⟩ **0.1** [geordend] *regular* **0.2** [ordelijk] *orderly* ⇒ *well-ordered,* ⟨leven ook⟩ *well-regulated* ◆ **1.1** ~e troepen *r. troops* **1.2** een ~ huishouden *an o./a well-ordered household;* een ~ leven gaan leiden *settle down, start keeping regular hours.*

gerei ⟨vaak als 2e lid in samenst.⟩ **0.1** *gear* ⇒*things,* ⟨vissen⟩ *tackle,* ⟨keuken⟩ *utensils, kit* ◆ **1.1** keukengerei *kitchen* *utensils;* scheergerei *shaving things / kit;* schrijfgerei *writing materials.*

gerekt 0.1 *lengthy* ⇒*long-drawn-out, long-winded.*

geremd ⟨psych.⟩ **0.1** *inhibited* ♦ **3.1** zich ~ voelen *feel i.*

geren I ⟨onov.ww.⟩ **0.1** [schuin lopen] *slant* ♦ **1.1** een ~de rok *a gored / flared skirt;* **II** ⟨ov.ww.⟩ **0.1** [schuin uitlopend afknippen] *gore* ⇒*insert a gore / gores.*

gerenommeerd 0.1 *renowned* ⇒*illustrious,* ⟨bedrijf⟩ *reputable,* ⟨bedrijf⟩ *well-established* ♦ **1.1** een ~ hotel / adres *a reputable hotel / address.*

gerepatrieerde 0.1 *repatriate.*

gereserveerd 0.1 [terughoudend] *reserved* ⇒*distant* **0.2** [besproken] *reserved, booked* ♦ **1.1** een ~e houding aannemen *keep one's distance;* ⟨(nog) niet meedoen⟩ *hold back, refuse to commit o.s.* **1.2** ~e plaatsen *r. seats.*

gerespecteerd 0.1 *respected.*

gereutel 0.1 *(death-)rattle.*

geriatrie 0.1 *geriatrics.*

geriatrisch 0.1 *geriatric* ♦ **1.1** patiënt op de ~e afdeling *g. (patient).*

gerib(bel)d 0.1 *ribbed;* ⟨stof ook⟩ *corded;* ⟨karton, plaatijzer enz.⟩ *corrugated* ♦ **1.1** ~ katoen *corduroy;* ~ papier *corrugated paper.*

gericht 0.1 [richting gegeven door te mikken] *directed (at / towards)* ⇒*aimed (at / towards),* ⟨microfoon enz.⟩ *directional* **0.2** [fig.; met een bepaalde intentie / opzet] *directed (at / towards)* ⇒*specific, (goal-)oriented* ⟨vaak ook onvertaald in het Engels⟩ ♦ **1.1** (niet) ~ schot *(un)aimed shot* **1.2** op de verkoop / toekomst ~e activiteiten *commercial / forward-looking activities;* ~ onderzoek *goal-oriented / targeted research;* ~e vragen *specific(ally chosen / selected) questions* **3.2** ~ zijn op ... *be directed / aimed at / towards ..., be ...-oriented* **6.2 op** het grote publiek ~ *aimed at the general public.*

gerichtheid 0.1 [oogmerk, intentie] *orientation* ⇒*bias* **0.2** [geaardheid, neiging] *tendencies* ⇒*leanings* ♦ **2.2** biseksuele ~ *bisexual t.*

gerief 0.1 [gemak, genot] *convenience(s)* ⇒*comfort(s),* ⟨schr.; ihb. mbt. een woonbuurt⟩ *amenity (value),* ⟨schr.; ihb. mbt. een woonbuurt⟩ *amenities* **0.2** [wat iem. prettig vindt] *pleasure* ⇒*comfort* ♦ **3.1** ~ hebben van *enjoy the convenience of, derive benefit from* **6.1 ten** gerieve **van** *for the convenience of* **6.2 aan** zijn ~ komen *find / seek sexual satisfaction.*

gerief(e)lijk 0.1 *comfortable* ♦ **3.1** ~ ingericht *comfortably furnished, with all mod cons.*

gerief(e)lijkheid 0.1 [het gemakkelijk zijn] *comfort* **0.2** [dat wat gemak oplevert] *convenience.*

gerieven ⟨schr.⟩ **0.1** *assist* ⇒*be of help / assistance (to), suit / meet the convenience of* ♦ **6.1 om** de klanten **te** ~ *to suit the customers.*

gerijpt 0.1 [mbt. gewassen, granen enz.] *ripe(ned)* **0.2** [fig.] *mature(d)* ♦ **1.1** (zon)gerijpte tomaten *(sun-)ripe(ned) tomatoes.*

gerimpeld 0.1 *wrinkled* ⇒*wrinkly,* ⟨verschrompeld⟩ *shrivelled, wizened* ♦ **1.1** een ~ voorhoofd *a furrowed brow.*

gering 0.1 [klein] *small* ⇒*little* **0.2** [onbeduidend] *petty* ⇒ *slight, minor,* ⟨schr.⟩ *scant* ♦ **1.1** een ~ aantal *a s. number;* (zeer) ~e kans *a (very) slim / slender / remote chance;* in ~e mate *to a limited / s. extent / degree* **1.2** een ~ bedrag *a p. / trifling sum;* een ~e dunk van iets / iem. hebben *have a low opinion of sth. / s.o.* **3.2** daar zou ik niet al te ~ over denken *I shouldn't make light of that, that's no small / laughing matter* **5.1** niet het ~ste bewijs *not a scrap of evidence* **5.2**

da's niet ~ *that's quite something* **6.2 bij / om** het minste of ~ste *at the slightest provocation, at the slightest excuse* **7.2** het (minste of) ~ste bracht haar al van haar stuk *the slightest thing upset her.*

geringschatten 0.1 *disparage.*

geringschattend 0.1 *disparaging* ⇒⟨mbt. personen ook⟩ *slighting* ♦ **1.1** een ~ oordeel over *a d. opinion of* **3.1** iem. ~ behandelen *treat s.o. disparagingly;* niet zo ~ doen *not be so d.;* zich ~ uitlaten over iets / iem. *be derogatory about sth. / s.o.*

geringschatting 0.1 *disdain* ⇒*disparagement* ♦ **1.1** blijk van ~ *slight* **6.1 met** ~ spreken over *speak disparagingly of.*

gerinkel 0.1 ⟨bel⟩ *ring(ing);* ⟨belletjes⟩ *tinkling;* ⟨bestek, kopjes, geld enz.⟩ *jingling, clink(ing);* ⟨kettingen⟩ *rattle, clank(ing);* ⟨sabel⟩ *rattle, rattling;* ⟨brekend glas / porselein⟩ *crash.*

geritsel 0.1 [zacht geluid] *rustling* ⇒*rustle* ♦ **1.1** het ~ v.e. muisje *the scuffling of a mouse;* het ~ van haar rokken *the rustle of her skirts.*

Germaan 0.1 [mv.; gesch.] *Germans* ⇒*Teutons* **0.2** [mv.; huidige volkeren] *Germanic / Teutonic peoples.*

Germaans 0.1 [mbt. de Germanen] *Germanic* ⇒*Teutonic* **0.2** [mbt. de Germaanse taal]⟨bn. en zn.⟩ *(Proto-)Germanic* ⇒*Teutonic.*

geroddel 0.1 *gossip(ing)* ⇒*talk.*

geroep 0.1 [het telkens roepen] *calling* ⇒*shouting, crying, calls, shouts, cries* **0.2** [keer dat iem. roept] *call* ⇒*shout, cry* ♦ **3.2** hij hoorde hun ~ niet *he did not hear them calling* **6.2 op** het ~ kwam iem. aanlopen *s.o. came running on hearing the cry.*

geroepen 0.1 *called* ♦ **3.1** je komt als ~ *you're just the person we need;* zich niet ~ voelen tot / om ... *not feel c. (upon) to ...;* ⟨rel.⟩ velen zijn ~ en weinigen zijn uitverkoren *many are c. but few are chosen.*

geroepene 0.1 *one with a calling.*

geroezemoes 0.1 *buzz(ing)* ⇒*hum* ♦ **2.1** een opgewonden ~ klonk op uit de menigte *the crowd buzzed with excitement* **6.1** ~ in de klas *the hum of voices in the classroom;* met al dat ~ kan ik jullie niet verstaan *I can't make out what you're saying over all the din.*

gerommel 0.1 [het rommelen, dof geluid] *rumbling* ⇒*rumble* **0.2** [het overhoophalen] *rummaging (about / around)* **0.3** [geknoei] *messing / fiddling about / around* ♦ **6.1** ~ in de buik *rumbling in one's stomach* **6.3** ⟨fig.⟩ ~ in de marge *tinkering;* ⟨fig.⟩ dat is toch maar ~ in de marge ⟨ook⟩ *it doesn't get to the heart of the matter.*

geronk 0.1 [zwaar rollend geluid] *droning* ⇒*drone,* ⟨luider⟩ *roar(ing)* **0.2** [zwaar gesnurk] *snoring.*

geronnen 0.1 *clotted* ⟨bloed⟩.

gerookt 0.1 *smoked* ⇒⟨haring ook⟩ *kippered* ♦ **1.1** een ~e haring *a s. herring;* ⟨gezouten⟩ *a kipper.*

geroutineerd 0.1 *experienced* ⇒*practised* ♦ **1.1** met een ~ gebaar *with a practised movement* **3.1** zij sprak ~ *she spoke in a practised manner.*

gerst 0.1 *barley* ♦ **2.1** geparelde ~ *pearl b.;* gepelde ~ *b. groats.*

gerst(e)korrel 0.1 [korrel van gerst] *grain of barley* ⇒*barleycorn* **0.2** [patroon in breisteek] *moss stitch* **0.3** [witte stof] *huckaback* **0.4** [klein gezwel] *sty(e).*

gerucht 0.1 [praatje in omloop] *rumour* **0.2** [voortgebracht geluid] *noise* ⇒*sound* ♦ **2.1** losse ~en *idle rumours* **2.2** bij het minste ~ *at the slightest n.* **3.1** er bereiken ons ~en dat ... *(unsubstantiated) reports are coming in that ...;* het ~ kwam van haar *the r. was started by her;* ~en ontzenuwen *squash rumours;* toen verspreidde zich het ~/ging het ~ rond dat ... *then the r. went round/it got about that ...;* het ~ wil/gaat dat ... *there is a r. that ...;* dat zijn maar ~ en *this is only hearsay, they are just rumours;* als de ~ en waar zijn dan ... *if what you hear is true, ...*

geruchtenmolen 0.1 *gossip factory* ⇒*grapevine.*

geruchtmakend 0.1 *controversial* ⇒*sensational* ◆ **1.1** een ~ interview *a c. interview;* een ~ e zaak ⟨ook⟩ *a cause célèbre.*

gerug(gen)steund 0.1 *supported (by)* ⇒*backed (up) (by).*

geruim 0.1 *considerable* ◆ **1.1** ~ e tijd *(some) c. time;* je wist het al ~ e tijd van tevoren *you knew well in advance.*

geruis 0.1 [het telkens ruisen] *rustling, rustle* ⇒⟨water, hart⟩ *murmur,* ⟨wind⟩ *whispering* **0.2** [(onduidelijk) geluid] *noise* **0.3** [ongewenst (bij)geluid] *noise.*

geruisloos 0.1 *noiseless* ⇒*silent,* ⟨fig.; bw.⟩ *quietly* ◆ **3.1** ⟨fig.⟩ het plan verdween ~ onder tafel *the plan was quietly dropped;* ⟨fig.⟩ ~ van het toneel verdwijnen *slip out of the picture.*

geruit 0.1 *check(ed)* ◆ **5.1** zwart-wit ~ e stof *black-and-white check(ed material).*

gerust I ⟨bn.⟩ **0.1** [kalm omdat men niet hoeft te vrezen] *easy* ⇒*at ease* ◆ **1.1** een ~ geweten/gemoed *an e./a clear conscience, an e. mind;* met een ~ hart de toekomst tegemoet zien *face the future with confidence* **3.1** ik ben niet ~ zolang zij niet thuis is *my mind won't be at rest until she's home;* (wees maar) ~, zij komt wel *rest assured that she's coming;* ⟨inf.⟩ *don't worry, she'll come;* wees daar maar ~ op *(you can) set your mind at rest about that;* ~ zijn op iets *feel confident about sth.;* niet ~ zijn op iets ⟨ook⟩ *feel uneasy about sth.;* U kunt ~ zijn *you can set your mind at rest* **5.1** ik ben er (helemaal) niet ~ op *I am not (at all) happy about it;*
II ⟨bw.⟩ **0.1** [zonder bezwaar] *safely* ⇒*with confidence, without any fear/problem* ◆ **3.1** je kunt het ~ aan haar overlaten *you can s. leave that to her;* je kunt het ~ aannemen als hij het zegt *you can rely on what he says;* ik durf ~ te zeggen dat .../die hond aan te raken *I don't hesitate to say that ..., I'm not afraid to touch that dog;* ga ~ je gang (do) go ahead!, *feel free to ...;* ~ eens langs *feel free to drop in;* dat had je ~ kunnen zeggen *it would have been perfectly all right for you to have said that;* je mag ~ bij mij komen wonen *you're welcome to come and live at my place;* vraag ~ om hulp *don't hesitate to ask for help;* je mag ~ weten ... *I don't mind telling you ...*

geruststellen 0.1 *reassure* ⇒*put/set (s.o.'s) mind/heart at rest* ◆ **4.1** stel u gerust *put your mind at rest.*

geruststellend 0.1 *reassuring* ◆ **1.1** het is een ~ idee dat ... *it's r. to know that ...;* op ~ e toon *in a r./soothing voice.*

geruststelling 0.1 *reassurance* ⇒*comfort,* ⟨opluchting⟩ *relief* ◆ **6.1** het was een hele ~ voor hun dat ... *it was a great comfort/relief to them that ...*

geruzie 0.1 *arguing* ⇒*quarrelling, bickering.*

ges ⟨muz.⟩ **0.1** *G flat.*

gesabbel 0.1 *sucking (at)* ⇒⟨mbt. vis⟩ *nibbling (at).*

gesar 0.1 *taunting* ⇒*baiting.*

geschakeerd 0.1 [bont] *multi-coloured/-hued* ⇒*parti-coloured,* ⟨kakelbont⟩ *variegated,* ⟨fig.⟩ *motley* **0.2** [mbt. kleur, in vele nuances] *gradated* **0.3** [met vlekkenpatroon] *mottled.*

geschal 0.1 *ringing sound* ⇒⟨van koperinstrument ook⟩ *flourish,* ⟨plots en fel⟩ *blast* ◆ **1.1** het ~ van trompetten en bazuinen *the blast/*⟨ter verwelkoming ook⟩ *flourish of trumpets.*

geschapen 0.1 [zeer voor iets geschikt] *born* ⇒*created,*

geruchtenmolen - geschikt

made **0.2** [gemaakt] *endowed* ◆ **5.2** ⟨inf.; mbt. man⟩ *fors* ~ *well-endowed;* ⟨inf.⟩ klein ~ zijn *be poorly e.;* ⟨inf.; mbt. vrouw⟩ *weelderig* ~ *well-endowed* **6.1** voor iets ~ zijn *be made for sth.*

gescharrel 0.1 [in grond] ⟨kippen enz.⟩ *scratching;* ⟨grotere dieren⟩ *grubbing* **0.2** [zoeken en snuffelen] *poking about* ⇒⟨in kast, lade vnl.⟩ *rummaging,* ⟨in tuin⟩ *pottering* **0.3** [om rond te komen] *scraping along* **0.4** [gesjacher] *hustling* **0.5** [met meisjes] *playing/messing about/around (with).*

geschater 0.1 *peals/roars of laughter.*

gescheiden 0.1 [verwijderd van elkaar] *separated* ⇒*apart* **0.2** [niet meer gehuwd] *divorced* ⇒*gezin/paar broken home, d. couple;* een ~ man *a d. man/divorcé;* een ~ vrouw *a divorcée/d. woman* **3.1** twee zaken strikt ~ houden *keep two things strictly separate;* ~ leven (van) *live apart (from).*

geschenk 0.1 *present* ⇒*gift* ◆ **1.1** ⟨fig.⟩ kinderen zijn een ~ van de hemel *children are heaven-sent* **6.1** iets ten ~ e krijgen *receive sth. as a p./gift;* iem. iets ten ~ e geven *make s.o. a p./gift of sth.;* ⟨fig.⟩ een ~ uit de hemel *a gift from the gods;* ⟨onverwacht ook⟩ *a godsend* **8.1** als ~ verpakken *gift-wrap.*

geschenkbon 0.1 *gift voucher/token.*

geschenkverpakking 0.1 *gift-wrapping* ◆ **6.1** in ~ *gift-wrapped.*

geschept 0.1 *hand-made* ◆ **1.1** ~ papier *h.-m. paper.*

geschetter 0.1 ⟨vnl. van koperinstrumenten⟩ *blare, flourish.*

geschieden ⟨schr.⟩ **0.1** [gebeuren] *occur* ⇒*take place, come about,* ⟨rel.⟩ *come to pass* **0.2** [overkomen] *befall* **0.3** [gedaan, verricht worden] *be done* ⇒⟨werk ook⟩ *be carried out,* ⟨transacties ook⟩ *be effected* ◆ **1.1** het kwaad was al geschied *the damage had already been done* **1.3** betaling zal ~ in drie termijnen *payment will be made in three instalments;* Uw wil geschiede *Thy will be done.* →*willen.*

geschiedenis 0.1 [verhaal] *tale* ⇒*story* **0.2** [geschiedwetenschap, les, boek] *history* **0.3** [toestand, zaak, affaire] *business* ⇒*matter, affair* ◆ **1.1** de ~ van Klein Duimpje *the tale of Tom Thumb* **1.2** de ~ van de mensheid *the h. of the human race* **2.1** dat is een andere ~ *that's another story* **2.2** de algemene/vaderlandse/oude/nieuwe ~ *general/national/ancient/modern h.* **2.3** een gekke/onaangename/oude/beroerde (enz.) ~ *a silly/an unfortunate/an old/a nasty/*⟨enz.⟩ *b./affair* **3.1** dat vermeldt de ~ niet *the story doesn't say* **3.2** wanneer hebben we ~? *when have we got h.?;* de ~ herhaalt zich *h. repeats itself;* de ~ ingaan als ... *go down in h. as ...;* ~ maken/schrijven *make/write h.* **6.2** in ~ vermeld worden *be on record, be recorded;* dat behoort tot de ~ *that is h.*

geschiedenisboek 0.1 *history book.*

geschiedkundig 0.1 *historical* ◆ **1.1** de ~ e waarde van dit boek is niet groot *this book is of/has little h. value.*

geschiedschrijver 0.1 *historian.*

geschiedvervalsing 0.1 *falsification/rewriting of history.*

geschift 0.1 [getikt] *cracked* ⇒*nuts* **0.2** [uiteengevallen] *curdled* ◆ **1.1** een beetje ~ *not all there* **1.2** ~ e melk *c. milk* **5.1** volkomen/goed ~ *completely round the bend.*

geschikt 0.1 [aangenaam in de omgang] *pleasant* ⇒*decent* **0.2** [met de juiste eigenschappen] *suitable* ⇒*fit, appropriate* ◆ **1.1** een ~ e kerel/meid *a good sort* **1.2** een ~ e kandidaat ⟨ook⟩ *an eligible candidate;* een ~ ogenblik *a convenient/s. moment;* is twee uur een ~ e tijd? *will two o'clock be convenient?* **2.2** uiterst ~ gelegen *most conveniently situated* **3.2** dit karweitje is precies voor hem ~ *this job is* *just right for him;* iets ~ maken voor *make sth. fit/s. for;* ~ zijn voor het doel *serve the purpose* **5.2** ze is zeer/uitstekend ~ voor verpleegster ⟨enz.⟩ *she will make an excellent nurse* ⟨enz.⟩ **6.2** dat boek is niet ~ **voor** kinderen *that book is not fit/s. for children;* niet ~ **voor** dit werk *unsuitable for this work;* ⟨niet⟩ ~ **voor** consumptie *(un)fit for human consumption.*

geschiktheid 0.1 [neiging, aanleg voor iets] *aptitude (for)* ⇒ *(cap)ability (at/in)* **0.2** [hoedanigheid van de juiste eigenschappen te bezitten] *suitability* ⇒ *fitness, appropriateness* ◆ **6.2 na/bij** gebleken ~ *if found suitable.*

geschil 0.1 *dispute* ⇒ *disagreement, quarrel* ◆ **3.1** een ~ bijleggen/beslechten *settle a dispute (with s.o.);* een ~ hebben (met iem.) *be in dispute (with s.o.).*

geschillencommissie 0.1 *conciliation/arbitration board.*

geschilpunt 0.1 *matter in dispute* ⇒ *point at issue, point of difference,* ⟨mv. ook⟩ *differences.*

geschimmeld 0.1 *grey.*

geschitter 0.1 *glitter* ⇒ *sparkle.*

geschoeid 0.1 *shod* ◆ **1.1** ~e karmelieten *calced Carmelites;* fijn ~e voetjes *well-shod feet.*

geschonden 0.1 *damaged* ⇒ *disfigured* ⟨gezicht⟩.

geschoold 0.1 *trained* ⇒ *skilled* ◆ **1.1** ~e arbeid *skilled work/labour;* ~ personeel *t./skilled staff;* een ~e zangeres *a t. singer.*

geschreeuw 0.1 *shouting* ⇒ *yelling, shouts, cries* ◆ **6.1** iem. met ~ overstemmen *shout s.o. down;* ⟨fig.⟩ het/hun ~ **om** *…the (out)cry/their cries for … ¶.1* ⟨sprw.⟩ veel ~ maar weinig wol *great boast, little roast.*

geschrei ⟨schr.⟩ **0.1** *weeping* ⇒ *wailing,* ⟨baby⟩ *crying.*

geschrift 0.1 [geschreven werk] *(piece of) writing* ⇒ *text, document* ◆ **2.1** de verzamelde ~en *the collected writings/works* **6.1 in** woord en ~ *orally and in w.;* een ~ **over** bouwkunst *a text on architecture* **6.¶ bij** ~e, **in** ~(e) *in writing, written;* valsheid **in** ~(e) plegen *commit forgery.*

geschrijf 0.1 *writing* ⇒ ⟨briefwisseling⟩ *correspondence,* ⟨pej.⟩ *scribbling* ◆ **1.1** ~ en gewrijf *a lively exchange (of letters/correspondence).*

geschubd 0.1 *scaly* ⇒ *scaled* ◆ **1.1** ~e hagedissen *scaly lizards;* een ~ pantser *a scale armour.*

geschut 0.1 *artillery* ◆ **1.1** een stuk ~ *a gun/cannon* **2.1** ⟨fig.⟩ zich van grof/zwaar ~ bedienen *bring up the heavy a.*

geschutvuur 0.1 *fire* ⇒ *gunfire.*

gesel 0.1 [strafwerktuig] *whip* **0.2** [fig.] *scourge* **0.3** [biol.] *flagellum* ◆ **1.2** Attila, de ~ Gods *Attila, the s. of God.*

geselaar 0.1 [iem. die zichzelf geselt] *flagellant* **0.2** [iem. die andermans gebreken hekelt] *scourge.*

geselen 0.1 [kastijden] *whip* ⇒ *flog,* ⟨psych.⟩ *flagellate* **0.2** [slaan op, beuken] *lash* **0.3** [vinnig hekelen] *lash* ⇒ *castigate* ◆ **1.2** storm en regen geselden de strandtenten *the beach tents were lashed by the wind and the rain* **5.3** de kritiek geselde hem onbarmhartig *the critics lashed him mercilessly.*

geseling 0.1 [tuchtiging] *whipping* ⇒ *flogging,* ⟨psych.⟩ *flagellation* **0.2** [fig.] *lashing.*

geselroede 0.1 [tuchtroede] *scourge* ⇒ *rod* **0.2** [fig.] *lash(ings)* ◆ **1.2** de ~ v.d. kritiek *the lashings of the critics.*

geselslag 0.1 [slag v.d. geselroede] *lash* **0.2** [scherp woord/gezegde] *lashing* ◆ **3.2** ~en uitdelen *give (s.o.) a (tongue-)l.*

geselstraf 0.1 *flogging, whipping* ⇒ *(the) lash, lashing.*

gesignaleerd 0.1 *observed;* ⟨aangegeven⟩ *mentioned, indicated, pointed out* ◆ **1.1** de al eerder door ons ~e fouten *the errors previously pointed out (by us).*

gesis 0.1 *hiss(ing);* ⟨gebruis⟩ *fizz(le)* ⇒ *sizzle.*

gesitueerd 0.1 [mbt. de maatschappelijke positie] *situated* ⇒ ⟨in samenst.⟩ *-off* ◆ **5.1** de beter ~e klassen *the more affluent classes;* goed ~ zijn *be well-off; have a good position.*

gesjacher 0.1 *bartering/haggling (over)* ⇒ ⟨knoeierige transacties⟩ *shady dealings.*

gesjoemel 0.1 *dirty tricks* ⇒ *hanky-panky.*

geslaagd 0.1 *successful* ◆ **1.1** een ~ feest/boek *a s. party/book, a success;* ⟨fig.⟩ een ~e vrouw *a success, a woman who has made it* **5.1** hij vindt de grap niet zo ~ *he finds the joke rather weak.*

geslaagde 0.1 *pass* ⇒ *successful candidate* ◆ **2.1** erg weinig ~n dit jaar *very few passes this year.*

geslacht¹ ⟨het⟩ **0.1** [stamhuis, familie] *family* ⇒ *line, house,* ⟨adellijk/vorstelijk ook⟩ *lineage* **0.2** [sekse] *sex* **0.3** [ras] *race* **0.4** [generatie] *generation* **0.5** [biol.] *genus* **0.6** [geslachtsorgaan] *genitals* ⟨mv.⟩ **0.7** [taal.] *gender* ◆ **1.1** het ~ der Oranjes, het ~ Oranje *the house of Orange* **1.5** het ~ van de muizen *the g. Mus* **2.1** van een voornaam ~ zijn *be of distinguished descent* **2.2** het andere/vrouwelijke ~ *the opposite s.; the female s., woman(kind/hood);* het zwakke/ schone ~ *the weaker/fair s.* **2.3** het menselijk ~ *the human r.* **6.1 uit** een nobel/vorstelijk ~ stammen *be of noble/royal descent* **6.4 van** ~ **op** ~ *from g. to g.*

geslacht² ⟨bn.⟩ **0.1** *slaughtered* ◆ **1.1** de prijs per kg ~ gewicht *the price per kilo of s. meat.*

geslachtelijk 0.1 [seksueel] *sexual* **0.2** [het geslacht betreffend] *(con)generic* ◆ **1.1** ~e gemeenschap *s. intercourse* **1.2** ~e verwantschap tussen planten *congeneric relationship between plants.*

geslachtloos 0.1 [niet in geslachten onderscheiden] *asexual* ⇒ *neuter* **0.2** [aseksueel] *sexless* ◆ **1.1** ~ dier, geslachtloze plant *neuter (animal/plant)* **1.2** ~ wezen *s. creature.*

geslachtsboom 0.1 [stamboom] *genealogical tree* ⇒ ⟨inf.⟩ *family tree,* ⟨adellijk⟩ *pedigree* **0.2** [geslachtsregister] *genealogical register.*

geslachtschromosoom 0.1 *sex chromosome.*

geslachtsdaad 0.1 *sex(ual) act* ⇒ ⟨med.⟩ *coitus.*

geslachtsdelen 0.1 *genitals* ⇒ *sex(ual)/genital organs,* ⟨med.⟩ *genitalia,* ⟨euf.⟩ *private parts.*

geslachtsdrift 0.1 *sex(ual) urge/drive* ◆ **3.1** een middel dat de ~ prikkelt *aphrodisiac.*

geslachtsgemeenschap 0.1 *sexual intercourse/relations, sex* ◆ **3.1** ~ hebben (met) *have sex(ual intercourse/relations) (with).*

geslachtshormoon 0.1 *sex hormone.*

geslachtskenmerk 0.1 *sexual characteristic.*

geslachtsnaam 0.1 [familie-/achternaam] *family name* ⇒ ⟨vnl. BE⟩ *surname* **0.2** [biol.] *generic name.*

geslachtsorgaan 0.1 *sex(ual)/genital organ* ⇒ ⟨mv. ook⟩ *genitals,* ⟨wet.⟩ *genitalia,* ⟨vrouw ook⟩ *pudenda,* ⟨man ook⟩ *member.*

geslachtsrijp 0.1 *sexually mature.*

geslachtsverandering 0.1 *sex change.*

geslachtsverhouding 0.1 *sex ratio.*

geslachtsverkeer 0.1 *sexual intercourse/relations, sex.*

geslachtsziekte 0.1 *venereal disease, V.D.* ◆ **1.1** kliniek voor ~n *venereal disease/V.D. clinic.*

geslagen 0.1 [slaag gehad hebbend] *beaten* **0.2** [geplet] *wrought* ⟨ijzer⟩; *beaten* ⟨goud, zilver⟩ ◆ **1.1** als een ~ hond kwam hij terug *he came back with his tail between his legs.*

geslepen 0.1 *sly* ⇒ *cunning, sharp* ◆ **1.1** een ~ kerel *a sly old fox.*

gesloof 0.1 *drudgery* ⇒ *toil(ing).*

gesloten 0.1 [niet geopend] *closed* ⇒*shut, drawn* ⟨gordijnen⟩ **0.2** [niet openhartig] *close(-mouthed)* ⇒*close-/ tight-lipped* **0.3** [zonder tussenruimte] *closed(-up)* ⇒*tight* **0.4** [tech.; ononderbroken] *closed* ♦ **1.1** een ~ beroep/ bedrijf *a c. profession/shop;* ⟨geldw.⟩ ~ bewaargeving/bewaarneming *sealed deposit;* met/achter ~ deuren *behind c. doors;* ⟨jur.⟩ *in camera;* een ~ geldkist/enveloppe/goederenwagon *a sealed chest/envelope/⁸goods wagon;* ⟨taal.⟩ een ~ klinker *a close(d) vowel;* ⟨jacht⟩ ~ tijd/seizoen *close(d) season;* ~ vragen *±yes-or-no questions* **1.2** dat kind is nogal ~ *that child doesn't say much (for him-/herself)* **1.3** in ~ gelederen/formatie *in close formation* **1.4** een ~ circuit *a c. circuit* **1.¶** een ~ gezicht *a blank/expressionless face* **3.1** de winkels zijn één dag in de week ~ *the shops are c. one day a week* **5.1** een hoog~ bloes *a high-necked blouse* **6.2** ~ zijn over *be secretive about.*
geslotenheid 0.1 *closeness* ⇒⟨zwijgzaamheid⟩ *reticence.*
gesmeed 0.1 *wrought* ⟨ijzer⟩; *beaten, hammered* ⟨edel metaal⟩.
gesmeerd 0.1 [bedekt/ingewreven met vet/boter] *greased, buttered* **0.2** [zonder moeilijkheid] *smoothly* ♦ **1.1** ~ broodjes *b. rolls* **3.2** ervoor zorgen dat het ~ gaat *make sure everything goes s.*
gesmoord 0.1 [onderdrukt] *stifled* ⇒*smothered* **0.2** [door smoren bereid] *braised* ♦ **6.2** in wijn ~ *b. in wine.*
gesnaard 0.1 *stringed* ♦ **1.1** een ~ instrument *a s. instrument.*
gesnater 0.1 [het snateren (van ganzen)] *gaggling* **0.2** [gebabbel] *cackle* ⇒*cackling, prattle.*
gesnauw 0.1 [het telkens snauwen] *snarling* ⇒*snapping* **0.2** [bitse/norse bejegening] *snarl.*
gesnopen ⟨scherts.⟩ **0.1** *got it* ⇒⟨als vraag ook⟩ *get it?, see?*
gesnotter ⟨inf.⟩ **0.1** [het snotteren] *snivelling* ⇒*snuffling* **0.2** [gegrien] *snivelling* ⇒*blubbering.*
gesodemieter ⟨inf.⟩ **0.1** *pissing around.*
gesorteerd 0.1 [in soorten bijeengevoegd] *sorted* **0.2** [keuze hebbend] *stocked* **3** [van diverse soorten] *assorted* ⇒ *mixed* ♦ **6.1** op maat ~ e artikelen *articles s. according to size* **6.2** hij is goed ~ **in** lederwaren *he has a good assortment/range of leather goods.*
gesp 0.1 [beugeltje] *buckle* ⇒*clasp* **0.2** [biol.] *clamp connection/cell* ♦ **1.1** de ~ van deze riem wil niet dicht *this belt won't buckle* **6.1 met** een ~ sluiten/vastzitten *buckle.*
gespannen 0.1 [strak getrokken] *tense(d)* ⇒*taut, bent* ⟨boog⟩ **0.2** [waarin een uitbarsting dreigt] *tense* ⇒ *strained,* ⟨persoon ook⟩ *nervous* **0.3** [(geestelijk) in beslag genomen] *intent* ♦ **1.1** ~ spieren *tensed muscles* **1.2** een ~ verhouding *strained relations;* te hoog ~ verwachtingen *exaggerated expectations;* ~ zenuwen *nerves on edge* **1.3** (met) ~ aandacht *(with) avid attention;* in ~ verwachting *with bated breath* **3.2** ~ luisteren *listen intently;* ~ worden *tense up* ⟨personen⟩; *tighten* ⟨touw enz.⟩; ~ zijn *be tense* **6.2 tot** het uiterste ~ *at full strain;* ⟨inf.; mbt. persoon⟩ *at the end of one's tether.*
gespartel 0.1 *floundering (about/around)* ⇒*thrashing (about/around),* ⟨om los te komen⟩ *struggling,* ⟨om los te komen⟩ *squirming.*
gespecialiseerd 0.1 *specialized;* ⟨+ in⟩ *specializing* ♦ **6.1** een **in** oncologie ~ e chirurg *a surgeon specializing in oncology.*
gespeend 0.1 ♦ **6.¶** ~ **van** *devoid of, utterly lacking (in).*
gespekt 0.1 *well-filled/-lined* ♦ **1.1** een ~ e beurs *a well-lined purse.*
gespen 0.1 *buckle* ⇒⟨met riem⟩ *strap.*
gespierd 0.1 [krachtig, sterk] *muscular* ⇒*(well-)muscled,*

brawny ⟨ook pej.⟩, *beefy* ⟨ook pej.⟩ **0.2** [mbt. de stijl] *vigorous* ⇒*forceful* ♦ **1.2** ~ e taal *forceful/v. language* **3.1** ~ zijn *be muscular/well-muscled.*
gespikkeld 0.1 *spotted* ⇒*speckled,* ⟨stof ook⟩ *dotted* ♦ **1.1** ~ e stof *polka-dot material* **5.1** een geel ~ e das *a yellow-spotted tie.*
gespin 0.1 *purr(ing).*
gespitst 0.1 [zich gespannen toeleggend] *keen* **0.2** [biol.] *pointed* ♦ **1.1** met ~ e oren *with one's ears pricked up,* all ears **6.1** ~ zijn op iets *be k. on sth.*
gespleten 0.1 [een spleet hebbend] *split* ⇒*cleft* ⟨ook mbt. bladeren⟩, *cloven* ⟨hoef⟩ **0.2** [psych.] *split* ♦ **1.1** dieren met ~ hoeven *cloven-hoofed animals;* een ~ verhemelte *a cleft palate.*
gespletenheid 0.1 [psych.] *split personality, schizophrenia* **0.2** [verdeeldheid] *split* ⇒*disunity.*
gespook 0.1 *prowling (about/around)* ♦ **¶.1** dat ~ tot laat in de nacht *all that prowling about in the middle of the night.*
gespoord 0.1 *spurred* ⟨ook biol.⟩.
gesprek 0.1 [mondeling onderhoud] *talk* ⇒⟨ook telefoon⟩ *conversation,* ⟨telefoon⟩ *call* **0.2** [overleg, bespreking] *discussion* ⇒*consultation* ♦ **1.1** het ~ v.d. dag zijn *be the t. of the town* **2.1** een goed ~ *a good t./discussion;* een persoonlijk ~ *a personal t./*⟨telefoon⟩ *call* **2.2** inleidende ~ ken *introductory talks* **3.1** een ~ aanvragen ⟨telefoon⟩ *place/*⟨voor later⟩ *book a call;* een ~ beëindigen ⟨ook telefoon⟩ *wind up a conversation;* het ~ brengen op *bring the conversation round to;* het ~ op iets anders brengen *change the subject;* het ~ ging over/kwam op *the conversation was about/turned to;* het ~ stokte *there was a silence;* een ~ voeren *hold a conversation;* het ~ voortzetten/ weer opvatten *continue/resume the conversation* **6.1** (het nummer is) **in** ~ *(the number's) engaged;* **in** ~ raken (met/ over) *get to talking (to/about);* druk **in** ~ zijn (met) *be busy talking (to)* **6.2 tot** een ~ trachten te komen *try to get a d. going* **¶.1** een ~ onder vier ogen *a private t.*
gesprekkosten 0.1 *call charge(s).*
gespreksavond 0.1 *discussion evening.*
gespreksgroep 0.1 *discussion group.*
gespreksleider 0.1 *panel chairman.*
gespreksonderwerp 0.1 *subject/topic of conversation* ⇒ *subject for discussion.*
gesprekspartner 0.1 *person one is/was/*⟨enz.⟩ *speaking to.*
gespreksronde 0.1 *round of talks/discussion.*
gespreksstof 0.1 *topic(s) of conversation* ⇒*subject(s) for discussion* ♦ **3.1** ~ leveren ⟨ook⟩ *give (people) sth. to talk about.*
gespreksthema 0.1 *topic of conversation* ⇒*subject for discussion.*
gesproken 0.1 *oral* ⇒*verbal, spoken* ⟨taal⟩.
gespuis 0.1 *rabble* ⇒*riffraff.*
gesputter 0.1 [het voortdurend sputteren] *sp(l)utter(ing)* **0.2** [het tegenstribbelen] *fuming.*
gestaag, gestadig 0.1 [zonder ophouden, voortdurend; bestendig] *steady* **0.2** [telkens herhaald] *continual* ⇒*constant* ♦ **1.1** de markt was ~ *the market was s.* **3.1** het aantal nam ~ toe *the number rose steadily.*
gestalte 0.1 [figuur] *figure* ⇒⟨lichaamsbouw⟩ *build* **0.2** [gedaante] *shape* ⇒*form* ♦ **2.1** fors van ~ *heavily-built;* klein van ~ *small in stature;* een slanke ~ *a slim f.* **3.¶** ~ geven (aan) *give shape (to);* ~ krijgen *take shape.*
gestamel 0.1 [het stamelen] *stammer(ing)* **0.2** [het gestamelde] *stammering(s).*

gestamp 0.1 ⟨van voeten⟩ *stamp(ing) (of feet);* ⟨fijnmaken⟩ *pound(ing), mash(ing).*

gestampt 0.1 *crushed* ⇒*pounded, mashed* ⟨aardappelen⟩.

gestand ♦ **3.**¶ zijn woord / belofte ~ doen *be as good as one's word.*

geste 0.1 ⟨ook fig.⟩ *gesture* ♦ **2.1** ⟨fig.⟩ een vriendelijke ~ *a friendly g.* **3.1** ⟨fig.⟩ een ~ doen *make a g.*

gesteente 0.1 *rock* ⇒*stone* ♦ **2.1** natuurlijk / vast ~ *live r.;* oliehoudend ~ *oil-bearing r.*

gestel 0.1 [lichamelijke constitutie] *constitution* **0.2** [samenstel van organen, vaak in samenst.] *system* ♦ **1.2** het zenuwgestel *the nervous s.* **2.1** een ijzeren / taai ~ hebben *have an iron / a tough c.* **6.1** gezond **van** ~ zijn *have a good c.*

gesteld I ⟨bn.⟩ **0.1** [in een bepaalde gesteldheid]⟨zie 2.1, 5.1, 6.1⟩ **0.2** [dol op] *keen (on)* ⇒*fond (of)* **0.3** [aangewezen] *appointed* ♦ **1.3** de boven ons ~e machten *the authorities set over us;* binnen de ~e tijd *within the time specified /* ⟨jur.⟩ *a.;* beantwoorden aan de ~e verwachtingen *come up to expectations* **2.1** met haar is het anders ~ *she's in a different position* **5.1** het is er droevig mee ~ *it's a sorry state of affairs* **5.2** zij zijn erop ~ (dat) *they would like it (if), they are set on (...-ing)* **6.1** hoe is het ~ **met** ...? *how's ...?, what's the news of ...?* **6.2** ~ zijn **op** iem. *be fond of /* ⟨vnl. romantisch⟩ *k. on s.o.;* erg **op** comfort ~ zijn *like one's comfort;* **II** ⟨bw.⟩ **0.1** [aangenomen] *suppose* ⇒*supposing, what if.*

gestelde 0.1 [dat wat beweerd is] *statement(s)* **0.2** [dat wat bewezen moet worden] *postulate* ♦ **5.1** het hiervoor ~ *the above / foregoing (statement(s)).*

gesteldheid 0.1 *state* ⇒*condition,* ⟨lichaam⟩ *constitution* ♦ **1.1** ⟨taal.⟩ bepaling van ~ *(object / subject) complement, predicative adjunct;* de ~ v.h. lichaam *physical condition.*

gestemd 0.1 *disposed* ⇒*in a / the mood* ♦ **2.1** hij is goed / gemelijk ~ *he's in a good / grumpy mood;* gunstig ~ *favourably d. (towards).*

gestemdheid 0.1 *mood.*

gesteriliseerd 0.1 *sterilized* ♦ **1.1** ~e melk *s. milk.*

gesternte 0.1 *star(s)* ♦ **2.1** onder een gelukkig ~ geboren *born under a lucky star;* dat heeft hij aan zijn goed ~ te danken *he can thank his lucky stars (for that);* onder een ongunstig ~ geboren *born under an unlucky star;* ⟨van onderneming⟩ *ill-starred.*

gesticht 0.1 *mental home / institution* ♦ **6.1** opsluiten **in** een ~ *put (away) in an institution;* ⟨jur.⟩ *institutionalize;* hij is rijp **voor** het ~ *he's certifiable.*

gesticuleren 0.1 *gesticulate.*

gestikt 0.1 *stitched* ♦ **1.1** een ~e deken *a quilt.*

gestippeld 0.1 [uit stippen bestaand] *dotted* **0.2** [met stippen bedekt] *spotted* ⇒*speckled,* ⟨stof ook⟩ *dotted* ♦ **1.1** een ~e lijn *a d. line* **1.2** ~e stof *polka-dot material.*

gestoei 0.1 *romp(ing).*

gestoffeerd 0.1 [mbt. meubels] *upholstered* **0.2** [mbt. vertrekken] *(fitted) with curtains and carpets* ♦ **1.2** ~e kamers te huur *semi-furnished rooms to let.*

gestommel 0.1 *thumping* ⇒*bumping.*

gestoomd 0.1 *steamed.*

gestoord 0.1 [waarin storing is] *faulty* ⇒*defective* **0.2** [psychotisch] *disturbed* ♦ **1.1** de radio is ~ *there is interference on the radio;* ⟨met opzet⟩ *the radio is being jammed* **3.2** ⟨fig.⟩ ergens ~ van worden *be sick to one's back teeth of sth.* **5.2** geestelijk ~ zijn *be mentally d.;* prettig ~ *slightly eccentric.*

gestopt 0.1 *darned* ♦ **1.1** ~ gat *darn;* ~e sokken *d. socks.*

gestotter 0.1 *stammer(ing)* ⇒*stutter(ing).*

gestreept 0.1 *striped* ♦ **1.1** ~e stoffen *s. / strip(e)y fabrics.*

gestrekt 0.1 *(out)stretched* ♦ **1.1** met ~e armen *with out-stretched arms.*

gestreng ⟨schr.⟩ **0.1** [streng] *strict* ⇒*severe* **0.2** [door regels bepaald, beheerst] *rigorous* ♦ **3.1** ~ oordelen *pass severe judgment (on);* ~ optreden *act severely.*

gestrest 0.1 *stressed (up to the eyeballs).*

gestroomlijnd 0.1 [met vloeiende lijnen, omtrekken] *streamlined* ⇒*aerodynamic* **0.2** [fig.] *streamlined* ♦ **1.1** een ~e carrosserie *a s. body.*

gestudeerd 0.1 *university-educated* ♦ **1.1** ~e personen *university-trained people.*

gestumper 0.1 *bungling.*

gesuikerd 0.1 *sugared* ⇒*sweetened* ♦ **1.1** ~e amandelen *sugared almonds.*

gesuis 0.1 ⟨van wind⟩ *sough(ing), murmur(ing);* ⟨van bladeren⟩ *rustling;* ⟨in oren⟩ *ringing, singing;* ⟨van uitstromend gas⟩ *whoosh.*

gesukkel 0.1 [ziekte] *ailing* **0.2** [met taak] *difficulties* ⇒ *trouble.*

getaand 0.1 [taankleurig] *tan* ⇒⟨door de zon⟩ *tanned* **0.2** [in taan gekookt] *tanned* ♦ **1.1** een ~ gezicht *a tanned face.*

getailleerd 0.1 *waisted* ⇒*cut in at the waist* ♦ **1.1** een ~e jas *a w. jacket.*

getal 0.1 *number* ⇒⟨voorstelling v.e. hoeveelheid ook⟩ *figure* ♦ **2.1** deelbaar / ondeelbaar / oneindig / onmeetbaar ~ *divisible / prime / infinite / irrational n.;* zij kwamen in groten ~e *they came in large numbers;* een heel ~ *a whole n.;* een imaginair / reëel / reciproque ~ *a(n) imaginary / real / reciprocal n.;* een rekenkundig / algebraïsch ~ *an arithmetic / algebraic n.;* een rond ~ *a round n. / figure;* om het ~ vol te maken *to make up (the) numbers* **3.1** in ~len uitdrukken *quantify* **6.1** drie in ~ *three in n.;* een ~ **van** drie cijfers *a three-digit / -figure n.*

getalenteerd 0.1 *talented.*

getallenkraker ⟨comp.⟩ **0.1** *number cruncher.*

getallensymboliek 0.1 *numerology.*

getalm 0.1 *lingering* ⇒*dawdling.*

getalsterkte 0.1 *numerical strength* ♦ **2.1** onze geringere / grotere ~ *our inferior / superior numbers* **6.1** door grotere ~ winnen *win by sheer weight of numbers.*

getalswaarde 0.1 *numerical value.*

getand 0.1 *toothed* ♦ **1.1** een ~e bergkam *a jagged ridge;* ⟨biol.⟩ ~e bladeren *dentate / serrate /* ⟨fijn⟩ *denticulate leaves;* ~e postzegels *perforated stamps.*

getapt 0.1 *popular (with)* ⇒*a favourite (with).*

geteerd 0.1 *tarred* ♦ **1.1** ~ papier *tarpaper;* ~ zeildoek *tarpaulin.*

geteisem 0.1 *riff-raff* ⇒*scum.*

getekend 0.1 [mbt. mensen] *marked* ⇒*branded* **0.2** [mbt. dieren] *marked* ⇒*with ... markings* **0.3** [met lijnen / groeven] *lined* ♦ **1.2** een fraai ~e kat *a cat with beautiful markings* **1.3** een door vermoeidheid / zorgen ~ gezicht *a fatigued / careworn face;* met sterk ~e trekken *sharp-featured* **3.1** John was ~ door de spanning *the strain left its mark upon John;* voor het leven ~ zijn *be m. for life.*

getemperd 0.1 *moderate* ⇒*subdued* ⟨licht⟩.

getier 0.1 *howl(ing)* ⇒*roar(ing)* ♦ **1.1** gevloek en ~ *cursing and swearing.*

getijde, getij 0.1 [tij] *tide* ⟨ook⇒**tij,** voor voorbeelden in deze bet.⟩ **0.2** [mv./r.-k.] *hours* ♦ **3.2** de getijden bidden *say divine office.*

∗getijdebeweging *(Wdl: getijdenbeweging)* **0.1** *tidal movement* ⇒*movement of the tides.*

getijdehaven 0.1 *tidal harbour / port / dock.*

getik 0.1 ⟨klok⟩ *tick(ing);* ⟨met vinger enz.⟩ *tapping;* ⟨van breinaalden⟩ *click(ing).*

getikt 0.1 [Idioot] *crazy* ⇒*cracked, nuts* **0.2** [getypt] *typed* ◆ **2.1** hij is compleet ~ *he's completely round the bend.*

getint 0.1 *tinted* ⇒*dark* ◆ **1.1** een bril met ~e glazen *dark/t. glasses.*

getintel 0.1 [het tintelen van kou] *tingling* **0.2** [geflonker] *twinkle, twinkling* ⇒*sparkle, sparkling.*

getiteld 0.1 ⟨boek, film enz.⟩ *entitled.*

getob 0.1 *worry(ing)* ⇒*brooding.*

getogen →*geboren.*

getokkel 0.1 [het tokkelen op snaarinstrumenten] *plucking of (the) strings;* ⟨zonder bep. melodie⟩ *strumming* **0.2** [muziek daarvan] *the sound of plucked strings* ⇒*guitar/ harp/* ⟨enz.⟩ *music,* ⟨zonder bep. melodie⟩ *strumming.*

getover 0.1 *magic (tricks)* ⇒⟨goochelen⟩ *conjuring (tricks)* ◆ **2.1** ⟨fig.⟩ het is een heel ~ *there's quite a knack to it.*

getraind 0.1 *trained* ◆ **5.1** een goed ~ lichaam hebben *have a well-t. body* **6.1** in iets ~ zijn *be t. in sth.*

getralied 0.1 *latticed* ⇒*grated,* ⟨om ontsnapping te voorkomen⟩ *barred,* ⟨mbt. planten⟩ *trellised* ◆ **1.1** een ~ hek *a railing;* ⟨van lift⟩ *a grille.*

getrapt 0.1 *multi-stage* ⟨raketten enz.⟩ ⇒*indirect* ⟨verkiezingen⟩ ◆ **1.1** ~e steekproeftrekking *m.-s. sampling.*

getreiter 0.1 *nagging.*

getreuzel 0.1 *dawdling* ⇒*dilly-dally(ing).*

getroffen 0.1 [door een schot geraakt] *hit* ⇒*struck* **0.2** [ontroerd] *moved (by)* ⇒*touched (by)* **0.3** [door een onheil aangetast] *stricken* ⇒*afflicted* ◆ **1.3** de ~ ouders *the s./* ⟨mbt. dood ook⟩ *bereaved parents* **3.1** ~ viel hij neer *he fell to the ground, h. by a bullet* **5.3** zwaar ~ zijn *be deeply grieved* **6.2** ik ben ~ **door** die reactie *I am m. by such a response* **6.3** door een zonnesteek/⟨als⟩ door de bliksem ~ *laid low by sunstroke, thunderstruck.*

getroffene 0.1 *victim* ◆ **1.1** de ~n v.d. watersnoodramp *the flood victims.*

getrokken 0.1 [door trekken gevormd] *drawn* **0.2** [mbt. vuurwapens/kanonnen] *rifled* ◆ **1.1** ~ ijzerdraad *d. wire* **1.2** met ~ loop *with a r. barrel* **1.¶** met ~ messen *with their knives drawn.*

getroost 0.1 *calm* ⇒*resigned* ◆ **3.1** hij wachtte ~ zijn lot af *he calmly awaited his fate*

getroosten ⟨wk.ww.; zich ~⟩ **0.1** *undergo* ⇒*suffer* ◆ **1.1** zich veel moeite ~ *take great pains;* zich (de) moeite ~ (om iets te doen) *take (the) trouble (to do sth.);* zich ontberingen ~ *suffer deprivation.*

getrouw I ⟨bn.⟩ **0.1** [nauwkeurig, betrouwbaar] *faithful* ⇒ *true* **0.2** [trouw] *faithful* ⇒*loyal* **0.3** [zich nauwgezet houdend aan] *faithful* ⇒*true* ◆ **1.1** een ~e kopie (zijn van) *(be) a f. copy (of);* een ~e vertaling/weergave *a f. translation/ representation* **3.3** zijn afspraak ~ blijven *be true to one's word;* **II** ⟨bw.⟩ **0.1** [met trouw/ijver] *faithfully* ⇒*loyally* ◆ **3.1** iem. ~ dienen *serve s.o. f.*

getrouwd 0.1 *married* ⇒⟨in samenst.⟩ *wed(ded)* ◆ **1.1** het ~e leven *m. life* **3.1** ⟨fig.⟩ zo zijn we niet ~ *that wasn't the/ our agreement;* ⟨fig.⟩ aan/met iets/iem. niet ~ zijn *not be tied to sth./s.o.* **5.1** het pas ~e stel *the newly-married couple, the newlyweds* **6.1** ⟨fig.⟩ hij is ~ **met** zijn werk *he's m. to his work.*

getrouwde 0.1 *married man* ⟨m.⟩ */woman* ⟨v.⟩ ◆ **1.1** ~n en ongetrouwden *the married and the single.*

getrouwe 0.1 *faithful follower/supporter/servant/* ⟨enz.⟩ ◆ **2.1** een oude ~ *an old retainer.*

getruukt 0.1 *wily, crafty* ⇒*tricky.*

getto 0.1 *ghetto.*

gettoblaster 0.1 *ghetto blaster.*

getuf 0.1 *chugging.*

getuige¹ I ⟨de⟩ **0.1** [persoon, ook jur.] *witness* ◆ **1.¶** getuige van Jehova *Jehovah's Witness* **3.1** een ~ oproepen *call a w.* **4.1** God is mijn ~ dat ik de waarheid spreek *as God is my w., I am speaking the truth* **6.1** ~n **bij** een huwelijk *witnesses at a wedding;* niet **door** een ~ ondertekend *unwitnessed;* ~ zijn **van** *witness;* zij was ~ **van** hun geluk *she was w. to their happiness* **8.1** als ~ verklaren/bevestigen/ ondertekenen *witness;* als ~ toelaten *admit to give evidence* **¶.1** ~ à charge *w. for the prosecution;* ⟨BE ook⟩ *crown w.;* ~ à decharge *w. for the defence;* **II** ⟨het⟩ **0.1** [getuigenis] *(character) reference* **0.2** [zaak/ omstandigheid die tot bewijs strekt] *evidence* ◆ **2.1** iem. van goede ~n voorzien *give s.o. good references* **6.2** ten ~ (waar)van in *witness (where)of;* ⟨stille⟩ ~n zijn **van** ...*bear witness/attest to ...*

getuige² ** ⟨vz.⟩ **0.1 *witness* ◆ **1.1** ~ de grote belangstelling is dat zeer populair *judging by the considerable amount of interest, that is very popular;* ~ het feit dat *w. the fact that.*

getuige-deskundige 0.1 *expert witness.*

getuigen I ⟨onov.ww.⟩ **0.1** [verklaring afleggen] *give evidence/testimony* ⇒*testify (to)* **0.2** [spreken in het nadeel/ voordeel van] *speak* **0.3** [tonen, blijk geven] *bear evidence/ a sign (of)* ⇒*show, indicate* ◆ **3.1** weigeren te ~ *refuse to give evidence* **6.1** naar waarheid ~ *truthfully say;* ~ **tegen/voor** iem. *give evidence against/for s.o.;* **van** iets kunnen ~ *be able to testify to sth.* **6.2** als getuigd **voor/ tegen** haar *everything speaks in her favour/against her* **6.3** die daad getuigt **van** moed *that act shows courage;* het zou **van** slechte smaak/weinig kennis ⟨enz.⟩ ~ als *it would be bad taste/it would be a sign of ignorance if ...;* **II** ⟨ov.ww.⟩ **0.1** [als getuige verklaren/bevestigen] *testify (to)* ⇒*bear witness (to)* ◆ **4.1** iedereen kan dat ~ *everyone can t. to this* **8.1** ~ dat men iets gezien heeft *t. to having seen sth,*

getuigenbank 0.1 *witness box/stand.*

getuigenis 0.1 [kenteken, bewijs] *evidence* **0.2** [verklaring] *testimony* ⇒*evidence, statement* ◆ **3.2** ~ afleggen *van testify to;* schriftelijk/een valse ~ afleggen *testify in writing, give false evidence;* iemands ~ afnemen *take s.o.'s evidence* **6.2** naar/volgens/op ~ van *on the t. of.*

getuigenverhoor 0.1 *hearing/examination of witnesses* ◆ **3.1** een ~ afnemen *examine (the) witnesses* **6.1** uit de getuigenverhoren blijkt ...*after hearing all the evidence it appears that ...*

getuigenverklaring 0.1 *testimony* ⇒*deposition.*

getuigschrift 0.1 *certificate* ⇒⟨rapport⟩ *report,* ⟨personeel⟩ *reference* ◆ **1.1** ~ van bekwaamheid *c. of competence* **2.1** iem. met uitstekende ~en *s.o. with excellent qualifications/* ⟨dienstbode enz.⟩ *references.*

getuit 0.1 ⟨met tuit⟩ *spouted* ⇒⟨van lippen⟩ *pursed.*

getweeën ⟨schr. of AZN⟩ **0.1** *(the) two (of ...)* ◆ **4.1** wij ~ *the two of us, we two.*

geul 0.1 [diep gedeelte v.e. vaarwater, doorvaart] *channel* **0.2** [greppel, goot] *trench* ⇒*ditch, gully* **0.3** [gleuf in vaste lichamen] *groove.*

geur 0.1 *smell* ⇒⟨aangenaam⟩ *perfume,* ⟨aangenaam⟩ *scent,* ⟨aangenaam⟩ *aroma* ◆ **1.1** een ~ van heiligheid *an odour of sanctity;* ⟨fig.⟩ iets in ~en en kleuren vertellen *give all the (gory) details of sth.* **3.1** de ~ opsnuiven van *sniff, scent;* een kwalijke ~ verspreiden/afgeven *give off an unpleasant smell.*

geuren ⟨schr.⟩ **0.1** [geur verspreiden] *smell (of)* **0.2** [pron-

geurig - gevecht

ken] *flaunt* ◆ **6.1 naar** koffie ~ *s. of coffee* **6.2 met** zijn kennis ~*f. one's knowledge.*

geurig 0.1 *fragrant* ⇒*sweet-smelling* ◆ **1.1** ~e bloemen *f. flowers;* ~e frambozen *sweet-smelling raspberries;* een ~e sigaar *an aromatic cigar.*

geurigheid 0.1 *fragrance* ⇒*sweet smell.*

geurloos 0.1 *odourless* ⇒⟨opzettelijk ook) *odour-free.*

geurtje 0.1 [luchtje] *smell* **0.2** [parfum] *scent, perfume* ◆ **3.1** hij heeft altijd zulke ~s bij zich *he always smells* **3.2** iem. een ~ cadeau geven *give s.o. some s.*

geurvreter 0.1 ⟨in schoen) *odour-eater.*

geus 0.1 [gesch.] *Beggar* **0.2** [aanhanger v.h. protestantisme] *Protestant.*

gevaar 0.1 [kans op onheil/nadeel] *danger* ⇒*risk* **0.2** [hachelijke toestand] *danger* **0.3** [risico] *risk* ◆ **2.1** het gele/rode ~ *the yellow/red peril* **3.1** zich aan gevaren bloot stellen *expose o.s. to dangers;* er dreigt ~ *d. threatens, there is d.;* hij is een ~ op de weg *he's a menace on the roads;* ~ lopen *be in d.;* zorg ervoor dat ze geen ~ lopen *keep them out of harm's way;* het ~ trotseren *defy d.;* ~ vermoeden/ruiken/bespeuren *sense/scent d.;* ~ vormen/opleveren (voor) *be a d. (to)* **3.2** het ~ is geweken *all clear* **3.3** het ~ lopen te/dat *run the r. of/that* **6.1 in** ~ zijn/verkeren *be in d.;* **met** ~ **voor** eigen leven *at (the) risk of one's life;* **met** groot ~ **voor** *at great risk to;* hij is een ~ **voor** de maatschappij *he is a public menace;* ~ **voor** brand/infectie *fire hazard; risk of infection;* het is niet **zonder** ~ *it is not without its dangers* **6.2** de zieke is **buiten** ~ *the patient is out of d.;* iem./iets **in** ~ brengen *endanger s.o./sth.* **6.3 op** (het) ~ af *at (the) r. of;* iets doen **op** het ~ af *risk/chance (doing) sth., take a chance on (doing) sth.* **7.1** er is geen ~ bij *there is no d.* **8.1** er bestaat (het) ~ dat *there is a risk that* ¶**.1** pas op, ~! *beware, d.!*

gevaarlijk I ⟨bn.) **0.1** [mbt. zaken] *dangerous* ⇒*hazardous, risky* **0.2** [mbt. personen] *dangerous* ◆ **1.1** ~(e) gebied/plek *danger area/spot;* een ~e kruising *d. crossroads;* ⟨sport) ~ spel *d. play;* een ~ spelletje spelen *play a d. game, play with fire;* zich op ~ terrein begeven *tread on thin ice* **2.1** een ~ uitziend mes *a d.-looking knife* **6.1** ~ zijn **voor** *be a danger to* **7.1** het ~e *the danger;*
II (bw.) **0.1** [zó dat er gevaar bij is/ontstaat] *dangerously* ◆ **2.1** ~ ziek zijn *be d. ill.*

gevaarsbord 0.1 *danger/warning sign.*

gevaarsignaal 0.1 *danger signal.*

gevaarte 0.1 *monster* ⇒*colossus* ◆ **4.1** wat een ~! *what a m./whopper!*

geval 0.1 [voorval] *case* ⇒*affair* **0.2** [omstandigheden waarin iem. verkeert] *circumstances* ⇒*position* **0.3** [omstandigheid] *case* ⇒*circumstances* **0.4** [vreemd voorwerp] *affair* ⇒*thing,* ⟨tech. ook) *contraption,* ⟨tech. ook) *device* **0.5** [toeval] *chance* ⇒*luck* ◆ **1.3** een ~ van cholera *a case of cholera* **2.1** een lastig ~ *an awkward c.* **2.3** ernstige/lichte ~len ⟨zieken, misdadigers) *serious/minor cases;* in het gunstigste ~ *at best;* ⟨scherts.) hij is een hopeloos ~ *he's a hopeless case;* typisch ~ *typical instance;* in het uiterste ~ *at worst, if (the) worst comes to (the) worst* **2.4** het hele ~ lag uit elkaar *the whole contraption was in pieces* **3.1** neem het ~ Jansen *take the Jansen affair* **3.2** dat is met hem ook het ~, hij zit met hetzelfde ~ *he's in the same position, it's the same with him* **3.3** als dit het ~ is *if such is the case* **3.5** wat wil nou het ~? *guess what, what do you think about this?;* het ~ wilde *as luck would have it* **4.2** in uw ~ zou ik het nooit doen *in your position I'd never do that* **6.1 van** ~ **tot** ~ *c. by c.* **6.3** ik doe het **in** geen ~ *I won't do it on any account/under any circumstances;* **in** dat ~ *in*

---

that case; zelfs **in** dat ~ *even then/so;* **in** beide/de meeste ~len *in either case; in most cases;* **in** elk/ieder ~ *anyway, anyhow;* **in** ~ **van** oorlog/brand/ziekte *in the event of war/fire/illness;* **in** negen v.d. tien ~len *nine times out of ten;* **in** voorkomende ~len *as the occasion arises;* **in** welk ~ *in which case;* **in** enkele ~len *in some cases;* **voor** het ~ dat *(just) in case.*

gevallen 0.1 *fallen* ◆ **1.1** een ~ vrouw *a f. woman* **7.1** de ~en ⟨soldaten) *the soldiers killed in action;* ⟨burgers) *the dead;* ⟨schr.) *the fallen.*

gevalletje 0.1 *affair* ⇒*thing(amajig)* ◆ **2.1** wat een raar ~ *what a strange-looking contraption* **5.1** wilt u ook zo'n ~? *would you like one of these thing(amajig)s too?*

gevangen 0.1 *caught* ⇒*captive,* ⟨in gevangenis) *imprisoned.*

gevangene 0.1 [gevangen genomen persoon] *prisoner* ⇒*arrested person/man/woman,* ⟨niet door politie) *captive* **0.2** [gedetineerde] *prisoner* ⇒*convict* ◆ **2.2** politieke ~n *political prisoners* **3.1** u bent mijn ~ *you are under arrest;* de ~n uitleveren *turn over the prisoners.*

gevangen(en)kamp 0.1 *prison camp.*

gevangenhouden 0.1 *imprison* ⇒*keep in confinement/prison/custody.*

gevangenhouding 0.1 *imprisonment* ⇒*detention, confinement.*

gevangenis, gevang 0.1 [gebouw] *prison* ⇒*jail* **0.2** [gevangenisstraf] *(im)prison(ment)* ⇒*prison/jail (sentence)* ◆ **1.2** er met twee maanden ~ van afkomen *get off with a two-month prison sentence* **3.1** de ~ ingaan *go to p./jail;* iem. uit de ~ ontslaan *release s.o. from p./jail* **6.1** in de ~ zitten *be in p./jail;* daarvoor kan je in de ~ komen *you can go to p./jail for that;* hij heeft tien jaar **in** de ~ gezeten *he's served ten years in p./jail.*

gevangeniskleren 0.1 *prison clothes.*

gevangenisoproer, gevangenisopstand 0.1 *prison riot.*

gevangenisstraf 0.1 *imprisonment* ⇒*prison/jail sentence, prison term* ◆ **1.1** tot één jaar ~ veroordeeld worden *be sentenced to one year's i.;* tien maanden ~ *ten months' i.* **2.1** levenslange ~ *life i.* **3.1** een ~ uitzitten *serve a prison sentence.*

gevangeniswezen 0.1 *prison system* ⇒*prisons.*

gevangennemen, gevangenmaken 0.1 *arrest* ⇒⟨ook mil.) *capture, take prisoner/captive* ◆ **2.1** opnieuw ~ *recapture.*

gevangenneming 0.1 *arrest* ⇒⟨ook mil.) *capture.*

gevangenschap 0.1 *captivity* ⇒*imprisonment* ◆ **6.1** in ~ *in prison, imprisoned, captive;* dieren in ~ *animals in c.*

gevangenzetten 0.1 *imprison* ⇒*jail.*

gevangenzetting 0.1 *imprisonment.*

gevangenzitten 0.1 *be in prison/jail.*

gevarendriehoek 0.1 *warning/emergency triangle* ⇒⟨±) ^*flares.*

gevarengeld, gevarentoeslag 0.1 *danger money.*

gevarenzone 0.1 *danger zone/area* ◆ **6.1** uit de ~ *out of the d.a./*⟨fig. ook) *the wood(s).*

gevarieerd 0.1 *varied.*

gevat 0.1 [ad rem, geestig] *quick(-witted)* ⇒*sharp* **0.2** [blijk gevend van gevatheid] *quick* ⇒*ready* ◆ **1.2** een ~ antwoord *a ready/q. answer;* een ~te opmerking *an apt comment.*

gevatheid 0.1 *quick-wittedness* ⇒*sharpness, ready wit.*

gevecht 0.1 [mil.] *fight(ing)* ⇒*combat* **0.2** [tussen personen/dieren] *fight(ing)* ⇒*struggle* ◆ **2.1** een bloedig ~ *a bloody fight* **3.1** het ~ staken/beginnen *cease/open combat* **3.2** een eerlijk ~ leveren *make a clean fight of it* **6.1** iem. bui-

ten ~ stellen *put s.o. out of action;* een ~ **van** man **tegen** man *man-to-man combat* **6.2 in** hevig ~ gewikkeld (met) *in close combat (with);* een ~ **op** leven en dood *a life-or-death struggle.*
gevechtseenheid 0.1 *fighting unit.*
gevechtservaring 0.1 *fighting / combat experience* ⇒*action* ♦ **3.1** heb je ~? *have you seen action / been in action?*
gevechtshandeling 0.1 *action;* (mv.) *hostilities.*
gevechtsklaar 0.1 *ready for battle / action* ⇒(inzetbaar) *operational* ♦ **3.1** een schip ~ maken *clear a ship for action;* het materieel werd ~ gehouden *the equipment was kept in combat readiness.*
gevechtspak (mil.) **0.1** *battle dress.*
gevechtspiloot, gevechtsvlieger 0.1 *fighter pilot.*
gevechtstenue 0.1 *battledress* ⇒*battle- / combat-gear.*
gevechtsterrein 0.1 *combat / battle area* ⇒*battleground.*
gevechtsuitrusting 0.1 *combat equipment* ⇒(van soldaat) *battle gear / kit.*
gevechtswaarde 0.1 *fighting power* ⇒(van troepen) *effectiveness.*
gevechtszone 0.1 *battle / combat zone / area.*
gevederd (schr.) **0.1** *feathered* ♦ **1.1** onze ~e vrienden *our f. friends.*
gevederte (schr.) **0.1** *plumage* ⇒*feathers.*
geveinsd 0.1 *pretended* ⇒*feigned* ♦ **1.1** zijn excuus klinkt ~ *his excuse rings hollow;* met ~e nederigheid *with false modesty.*
gevel 0.1 [voormuur] *(house)front* ⇒*façade* **0.2** [buitenmuur] *outside / outer wall* ♦ **2.1** terugspringende ~ *setback.*
gevelkachel 0.1 *gas heater / stove (mounted against the outside wall).*
gevellijst 0.1 *cornice.*
gevelsteen 0.1 [gedenksteen] *(memorial) tablet* ⇒*plaque* **0.2** [mooie haksteen] *facing brick.*
geveltoerist 0.1 *cat burglar.*
geveltop 0.1 *gable.*
geven I (onov., ov.ww.) **0.1** [schenken; toebrengen; toekennen; ook fig.] *give* ⇒(geld ook) *donate,* (aanreiken ook) *hand* ♦ **1.1** Engels / geschiedenis ~ *teach English / history;* dat geeft een gemiddelde van 20 *you get an average of 20;* geef mij maar een glaasje wijn *I'll have a glass of wine;* geef mij maar Parijs *give me Paris (any day);* kunt u me de secretaresse even ~? *would you please let me talk to the secretary?;* hij gaf zich de tijd niet om te eten *he didn't take time to eat;* je zou hem geen vijftig ~ *you'd never think he was fifty;* kun je me het zout ~? *can / could you g. / pass / hand me the salt?* **3.1** dat verhaal geeft te denken *that story makes you think;* (kaartspel) wie moet er ~? *who's deal is it?;* weten te ~ en te nemen *know how to g. and take* **3.** ik geef het je te doen *it's no picnic, it's not the easiest thing in the world* **4.1** hij wilde het me niet ~ (ook) *he wouldn't let me have it;* ik zou heel wat willen ~ om te weten ... *I'd g. a lot to know ...;* zich helemaal aan iets ~ *give o.s. entirely (over) to sth.; throw o.s. right into sth.* (werk enz.) **4.** zich helemaal ~, alles ~ *give it everything one's got* **5.1** dan geef ik er nog een autoradio bij *I'll throw in a car radio too;* iets er aan ~ *g. sth. up;* geef hier dat geld *g. me that money;* iem. ervan langs ~ *let s.o. have it;* (kaartspel) er is verkeerd gegeven *there's been a misdeal* **6.1** daar geef ik geen cent / geen barst **om** *I couldn't care less / couldn't g. a damn about that* **6.** (sport) de bal werd **uit** gegeven *the ball was given out* **¶.1** het is zaliger te ~ dan te ontvangen *it is better to g. than to receive;* het was hem niet gegeven, zijn vader nog levend te zien *it was not (to be)*

given to him to see his father alive again; geef op! *(come on,)* hand *it over!;* de dokter geeft er wel wat voor *the doctor will have sth. for it* **¶.** hij gaf niet thuis (niet meewerken) *he wouldn't play ball;* (niet reageren) *he appeared not to notice / not to hear (me* (enz.) *), he didn't bite;*
II (onov.ww.) **0.1** [gesteld zijn op] *be fond of* **0.2** [erg / hinderlijk zijn] *matter* ♦ **4.2** wat geeft het? *what does it m.?, who cares?;* dat geeft niks *it doesn't m. a bit / at all* **5.2** dat geeft niet, hoor *it doesn't m., it's all right* **5.** het geeft niet welke *it doesn't matter which* **6.1** hij gaf veel om zijn dochter *he was very fond of his daughter;* niets / geen cent **om** iem. / iets ~ *not care a thing about s.o. / sth.*
gever 0.1 *giver* ⇒*donor,* (kaartspel) *dealer* ♦ **¶.1** (kaartspel) wie is de ~? *whose deal is it?*
gevest 0.1 *(sword) hilt.*
gevestigd 0.1 [vaststaand] *established* ⇒*settled* **0.2** [sinds lange tijd bestaand] *(long- / old-)established* ⇒*long-standing* ♦ **1.1** een ~e mening *a fixed / firm opinion;* een ~e reputatie *a(n) (well-)established reputation;* (geldw.) een ~e schuld *a funded debt* **1.2** ~e belangen *vested interests;* de ~e macht *the Establishment / powers that be;* een ~e naam *an old name;* de ~e orde *the e. order;* een ~e zaak *a(n) (well-)established business;* (fig.) *a going concern.*
gevierd 0.1 *celebrated* ♦ **1.1** een ~ dichter *a c. poet.*
gevit 0.1 *fault-finding* ⇒*carping.*
gevlamd 0.1 *flamed* ♦ **1.1** fraai ~ hout *beautifully grained wood;* ~ satijn *moiré.*
gevleid 0.1 *flattered* ♦ **3.1** zich ~ voelen *feel f.*
gevlekt 0.1 *spotted* ⇒*specked,* (vuil) *stained,* (bont gevlekt) *mottled.*
gevleugeld 0.1 *winged* ♦ **1.1** ~e mier *ant-fly;* het ~e paard *the w. horse*
gevlij ♦ **6.¶** (bij) iem. **in** het ~ proberen te komen *butter s.o. up;* erin slagen (bij) iem. **in** het ~ te komen *manage to get into s.o.'s good books.*
gevlogen 0.1 *flown* ⇒*gone* ♦ **1.1** de vogel is ~ *the bird has f. (the coop).*
gevoeg (schr.) ♦ **3.¶** zijn ~ doen *relieve o.s.*
gevoegd (jur.) ♦ **1.¶** ~e partij *party joined as co-plaintiff / co-defendant;* als ~e partij optreden *join as party to an action.*
gevoeglijk 0.1 *properly* ⇒*suitably, decently* ♦ **3.1** hiermee zouden wij ~ kunnen eindigen *this seems a fitting way to end the proceedings.*
gevoeglijkheid 0.1 *propriety* ⇒*decency.*
gevoel 0.1 [als zintuig] *touch* ⇒*feel(ing)* **0.2** [lichamelijke gewaarwording] *feeling* ⇒*sensation* **0.3** [innerlijke gewaarwording] *feeling* ⇒*sense* **0.4** [vatbaarheid voor emoties] *feeling(s)* ⇒*emotion(s)* **0.5** [besef] *sense (of)* ⇒*feeling (for)* **0.6** [gevoeligheid, sentiment] *feeling* ♦ **1.6** geen greintje ~ hebben *not have a spark of f.* **2.2** een brandend ~ in de maag *a burning sensation in one's stomach;* ik vind het wel een lekker ~ *I like the f.* **2.3** een goed / rot ~ over iets hebben *feel good / bad about sth.;* ik heb zo'n raar ~ van binnen *I've got such an odd f. inside* **3.2** ik heb geen ~ meer in mijn vinger *my finger's gone numb, I've got no f. left in my finger* **3.3** hij kon zich niet aan het ~ onttrekken dat ... *he couldn't help feeling that ...;* het ~ hebben dat ... *have a / the f. that ..., feel that ...;* het ~ hebben erbij te horen *feel one belongs;* ik ken dat ~ *I know the f.;* ken jij het ~ door iedereen uitgelachen te worden? *do you know what it feels like to be a laughing stock?;* plotseling / steeds vaker het ~ krijgen dat ... *suddenly feel / get the f. / feel more and more that ...* **3.4** het ~ spreekt bij haar sterker dan het verstand *she lets her heart rule her head* **6.1 op** het ~ af *by*

feel/touch **6.3** wat voor ~ is het **om** 80 te zijn? *how does it feel to be 80?* **6.4 op** zijn ~ afgaan *play it by ear;* **op** iemands ~ werken *work on s.o.'s feelings* **6.5** iemands ~ **van** eigenwaarde *s.o.'s self-respect;* ~ **voor** schoonheid hebben *have a s. of beauty;* ~/geen ~ **voor** verhoudingen/humor hebben *have a/no s. of proportion/humour* **6.6** hij las de verzen **met** ~ voor *he read the verses with f.* **8.2** een ~ hebben alsof je valt *feel as if you're falling.*

gevoelen¹ ⟨het⟩⟨vnl. schr.⟩ **0.1** [emotie] *feeling* ⇒*emotion* **0.2** [gezindheid] *feeling* ⇒*sentiment* **0.3** [oordeel, mening] *feeling* ⇒*opinion* ◆ **1.2** ~s van spijt *feelings of regret* **2.1** vriendelijke ~s voor/jegens iem. koesteren *entertain friendly feelings towards s.o.* **2.3** gemengde ~s *mixed feelings;* zijn boek werd met gemengde ~s ontvangen *his book met with a mixed reception* **3.1** zijn ~s opkroppen *bottle up one's feelings;* zijn ~s tonen *show one's feelings;* zijn diepste ~s uiten *(lay) bare one's soul* **3.3** iemands ~s delen mbt./omtrent *share s.o.'s sentiments on.*

gevoelen² →**voelen.**

gevoelig I ⟨bn.⟩ **0.1** [reagerend op indrukken/gewaarwordingen] *sensitive (to)* ⇒⟨voor pijn⟩ *sore, tender,* ⟨allergisch⟩ *allergic (to)* **0.2** [ontvankelijk] *sensitive (to)* ⇒*susceptible (to),* ⟨lichtgeraakt⟩ *touchy* **0.3** [duidelijk voelbaar] *tender* ⇒*sore* **0.4** [lichtgevoelig] *(light-)sensitive* ⇒*sensitized* **0.5** [mbt. instrumenten] *delicate* ⇒*sensitive* ◆ **1.1** ⟨fig.⟩ iem. op zijn ~e plek raken *touch (s.o. in) a tender/sore spot;* een ~ zenuwgestel *weak nerves* **1.2** een ~ mens *a sensitive person* **1.3** een ~e klap *a sore blow;* haar ego kreeg een ~e knauw *her ego got badly bruised;* een ~ onderwerp vermijden *avoid a touchy/sore subject* **3.1** erg ~ zijn *be very sensitive* **5.1** overdreven ~ zijn *be over-sensitive* **6.1** ~ **voor** stof *allergic to dust* **6.2** ~ **van** aard zijn *have a sensitive nature;* ik ben zeer ~ **voor** uw bereidwilligheid *I greatly appreciate your willingness;* ~ **voor** poëzie zijn *be susceptible to poetry;*
II ⟨bw.⟩ **0.1** [op heftige wijze] *smartly* ⇒*sorely, sharply* **0.2** [met veel gevoel] *sensitively* ⇒*with (great) feeling* ◆ **3.1** dat doet ~ pijn *that really hurts* **3.2** dat is heel ~ gezegd *that was put very delicately.*

gevoeligheid 0.1 [vatbaarheid voor indrukken, aandoenlijkheid] *sensitivity (to)* ⇒*susceptibility (to)* **0.2** [mbt. instrumenten] *sensitivity* ⇒*delicacy* **0.3** [prikkelbaarheid] *touchiness* ⇒*soreness* **0.4** [mbt. film] *sensitivity* ◆ **1.2** de ~ v.h. gehoor *the s. of the ear* **2.1** een ziekelijke ~ voor kou *a pathological sensitivity to cold.*

gevoelloos I ⟨bn.⟩ **0.1** [levenloos] *numb* **0.2** [hardvochtig] *insensitive (to)* ⇒*unfeeling* ◆ **1.1** het been was ~ *the leg was n.* **1.2** een ~ mens *an unfeeling person* **3.1** ~ maken ⟨voor pijn⟩ *anaesthetize;*
II ⟨bw.⟩ **0.1** [hardvochtig] *unfeelingly* ⇒*heartlessly* ◆ **3.1** hij spotte ~ met ons leed *he callously mocked our suffering.*

gevoelloosheid 0.1 [levenloosheid] *numbness* **0.2** [hardvochtigheid] *insensitivity* ⇒*callousness.*

gevoelsarm 0.1 *insensitive.*

gevoelsleven 0.1 *emotional/inner life.*

gevoelsmatig 0.1 *instinctive* ◆ **3.1** iem.~ afwijzen *reject s.o. instinctively.*

gevoelsmens 0.1 *man/woman of feeling* ⇒*feeling/emotional person,* ⟨sterk⟩ *sentimentalist.*

gevoelstoestand 0.1 *state of mind* ⇒*emotional state.*

gevoelswaarde 0.1 [affectiewaarde] *sentimental/emotional value* **0.2** [taal.] *connotation.*

gevoelszaak 0.1 *emotional matter* ⇒*matter of sentiment,* ⟨kwestie van aanvoelen⟩ *matter of feeling.*

---

gevoelvol 0.1 *feeling* ⇒*intense, sensitive* ◆ **1.1** een ~ dichter *a sensitive poet;* op ~le toon *feelingly.*

gevoerd 0.1 *lined* ◆ **1.1** ~e enveloppen *l. envelopes* **6.1** met bont ~ *fur-lined.*

gevogelte 0.1 *poultry* ⇒*fowl* ◆ **1.1** wild en ~ *game and p.* **3.1** ~ schoonmaken *dress p.*

gevolg 0.1 [wat uit iets volgt]⟨vaak ongunstig⟩ *consequence* ⇒⟨vaak gunstig⟩ *result,* ⟨uitwerking⟩ *effect,* ⟨uitwerking⟩ *outcome,* ⟨goed⟩ *success* **0.2** [personen die iem. begeleiden] *retinue* **0.3** [wisk.] *corollary* ◆ **2.1** financiële ~en *financial implications;* met goed ~ examen doen *pass an exam;* iets doen met goed ~ *do sth. successfully* **3.1** de ~en aanvaarden *accept the consequences;* ~ geven aan een uitnodiging *accept an invitation;* ⟨jur.⟩ geen ~ geven aan een zaak *not take a matter (in)to court;* aan een besluit ~ geven *carry out a decision;* ~ gevend aan de oproep *in response to the appeal;* ~ geven/gevend aan een bevel *obey/in obedience to an order;* ~ geven/gevend aan een opdracht *carry out/according to instructions;* die zaak zal nog ~en hebben *we haven't heard the last of this (matter);* geen ~en hebben *have no effect;* (geen) nadelige ~en hebben voor iem. *have (no) adverse effects on s.o.;* geen nadelige ~en van iets ondervinden *suffer no ill effects from sth.;* voor de ~en opdraaien *pay the penalty (of)* **6.1** met alle ~en van dien *with all its consequences;* ten ~e/tot ~ hebben *result in;* de ~en ondervinden van *suffer the consequences of;* het ~ zijn van *be the result of;* de ~en zijn **voor** jou(w rekening) *you must take the consequences* **6.2 zonder** ~ *unattended* **8.1** met als ~, met het ~ dat *resulting in, with the result that.*

gevolgaanduidend 0.1 *conclusive* ⇒⟨taal.⟩ *illative, consecutive.*

gevolgtrekking 0.1 *conclusion* ⇒*deduction, inference* ◆ **2.1** overhaaste ~en maken *jump to conclusions* **3.1** zijn ~en maken *draw one's own conclusions;* een ~ maken uit *draw a c. from.*

gevolmachtigd 0.1 *authorized, having (full) power of attorney* ⇒⟨vnl. pol.⟩ *plenipotentiary* ◆ **1.1** een ~ persoon *an authorized person.*

gevolmachtigde ⟨jur.⟩ **0.1** *authorized agent/representative.*

gevorderd 0.1 *advanced* ◆ **1.1** iem. van ~e leeftijd *a person of an a. age;* wegens het ~e uur *because of the late hour* **6.1** alleen voor ~en *for a. students only;* een cursus **voor** ~en *an a. course.*

gevorkt 0.1 ⟨ook plantk.⟩ *forked* ⇒*bifurcated* ◆ **1.1** een ~e drijfstang *a f. connecting rod.*

gevormd 0.1 [met een bepaalde vorm] *-formed* ⇒*(-)shaped* **0.2** [volledig ontwikkeld] *fully formed* **0.3** [r.-k.] *confirmed* ◆ **1.2** een ~ karakter *a fully developed character* **5.1** een stel fraai ~e benen *a pair of shapely legs;* een goed ~e neus *a regular nose* **5.3** niet ~ *unconfirmed.*

gevraagd 0.1 *in demand* ◆ **1.1** een ~ artikel *an article that is much/greatly in demand* **5.1** niet zeer ~ *not much sought-after.*

gevreesd 0.1 *dreaded* ◆ **1.1** een ~ criticus *a feared critic.*

gevrij 0.1 *cuddling, petting, necking* ⇒⟨incl. geslachtsgemeenschap⟩ *love-making.*

gevuld 0.1 [mollig, dik] *full* ⇒*plump* **0.2** [van binnen volgemaakt] *stuffed* ⇒*filled* ◆ **1.1** een ~e boezem *a f. bosom* **1.2** een ~e kies *a filled tooth;* ~e tomaten *s. tomatoes* **5.2** een goed ~e beurs *a heavy/well lined purse.*

gewaad 0.1 *garment, attire* ⇒*robe, gown* ◆ **2.1** een lang ~ *a long gown/robe.*

gewaagd 0.1 [gevaarlijk] *hazardous* ⇒*risky* **0.2** [gedurfd, pikant] *daring* ⇒*suggestive* ♦ **1.1** een ~e sprong *a daring leap* **1.2** een ~e hak *a suggestive joke;* een ~ japon *a d. dress;* een ~e stelling *a d./bold proposition;* een ~e toespeling *a suggestive remark, an innuendo* ¶.¶ aan elkaar ~ zijn *be well matched.*

gewaagdheid 0.1 [gewaagd iets, dubbelzinnige uiting] *innuendo* **0.2** [hoedanigheid] *daring.*

gewaarworden 0.1 [zien] *perceive* ⇒*notice* **0.2** [merken, beseffen] *sense* ⇒*become aware of,* ⟨te weten komen⟩ *find out* **0.3** [ervaren]*feel* ⇒*sense* ♦ **1.3** hij zal mijn wraak ~ *he shall f. my vengeance* **4.3** dat zal je ~! ⟨vnl. als AZN gebruikelijk⟩ *you'll soon find out.*

gewaarwording 0.1 *perception* ⟨ogen, oren⟩; *sensation* ⟨anderszins⟩ ♦ **2.1** een onaangename ~ *an unpleasant s./ experience.*

gewag 0.1 *mention (of)* ♦ **3.1** ~ maken van *mention, make m. of.*

gewagen 0.1 ⟨+ van⟩ *mention* ⇒*make mention (of).*

gewapend 0.1 [met wapens] *armed* **0.2** [met bijzondere versterking] *reinforced* **0.3** [fig.; versterkt, voorbereid] *armed* ⇒*protected* ♦ **1.1** een ~e overval *an a. robbery;* ~ verzet *a. resistance;* ~e vrede *a. peace* **1.2** ~ beton *r. concrete* **3.1** hij was van top tot teen / tot de tanden ~ *he was a. to the teeth* **6.1** ⟨fig.; scherts.⟩ **met** een fototoestel ~ *a. with a camera* **6.3** ~ zijn **tegen** de kou *be protected against the cold.*

gewas 0.1 [bepaalde plant] *plant* **0.2** [gekweekte planten, vruchten] *crop(s)* **0.3** [al wat er groeit aan planten] *growth* ⇒*vegetation* ♦ **2.1** uitheemse ~sen *exotic plants* **2.2** groenten van eigen ~ *home-grown vegetables;* koude ~sen *outdoor crop(s).*

gewassen 0.1 *washed* ♦ **1.1** een ~ tekening *a wash drawing.*

gewast 0.1 *waxed* ♦ **1.1** - linnen *wax cloth, oilcloth.*

gewatteerd 0.1 *quilted* ♦ **1.1** een ~e deken *a quilt,* ᴮa *duvet.*

gewauwel 0.1 *drivel.*

geweeklaag 0.1 *wail(ing)* ⇒*lamentation(s).*

geween 0.1 *weeping.*

geweer 0.1 [vuurwapen] *rifle* ⇒*gun* **0.2** [jacht; schutter] *gun* ♦ **2.1** een enkel / dubbelloops ~ *a single/double-barrelled r.* **3.1** een ~ aanleggen *aim a r./gun;* ⟨fig.⟩ naar het ~ grijpen *take up arms;* presenteer ~! *present arms!* **6.**¶ in het ~ zijn/komen ⟨fig.⟩ *be up in/take up arms.*

geweerhaakt 0.1 *barbed.*

geweerschot 0.1 *rifleshot* ⇒*(gun)shot,* ⟨afstand⟩ *(rifle-)- range* ♦ **3.1** hij kreeg een ~ in de arm *he was shot in the arm.*

geweervuur 0.1 *gunfire.*

gewei 0.1 *antlers* ♦ **3.1** het hert werpt zijn ~ af *the deer sheds its a.*

geweidragend 0.1 *antlered.*

geweifel 0.1 ⟨aarzeling⟩ *hesitation, wavering;* ⟨besluiteloosheid⟩ *indecision.*

geweld 0.1 *violence* ⇒*force,* ⟨grote kracht ook⟩ *strength* ♦ **1.1** het ~ v.d. storm *the v. of the storm* **2.1** grof ~ *brute force / strength;* psychisch ~ *mental cruelty* **3.1** zichzelf ~ aandoen ⟨zich beheersen⟩ *restrain o.s.;* ⟨zich inspannen⟩ *force o.s.;* ⟨zijn principes verloochenen⟩ *act contrary to one's principles;* de waarheid ~ aandoen *stretch the truth;* ~ gebruiken (tegen) *use force / v. (against)* **6.1** ⟨jur.⟩ bedreiging **met** ~ (tegen personen) *threats of v.;* zich **met** ~ toegang verschaffen *force one's way in;* ⟨inbreker ook⟩ *force an entry;* iem. **met** ~ verwijderen *remove s.o. by force* **6.**¶ hij wilde **met** alle ~ naar huis *he wanted to go home at all costs.*

gewelddaad 0.1 *(act of) violence* ♦ **2.1** openlijke gewelddaden *open v.*

gewelddadig 0.1 [geweld plegend] *violent* **0.2** [met geweld gebeurend] *violent* ⇒*forcible* ♦ **1.1** een ~e groepering *a v. organization* **1.2** een ~e dood sterven *die a violent death, come to a violent end;* op ~e wijze *violently* **3.2** ~ openbreken *open by force, force open.*

geweldenaar 0.1 [inf.; sterk of zeer bekwaam persoon] *superman* ⇒⟨bekwaam ook⟩ *whiz (kid)* **0.2** [dwingeland, tiran] *tyrant* ⇒*bully.*

geweldig 0.1 [enorm, reusachtig] *tremendous* ⇒*enormous* **0.2** [bijzonder goed / fijn] *terrific* ⇒*fantastic, wonderful* **0.3** [heftig, onstuimig, hevig] *tremendous* ⇒*terrible* ♦ **1.1** een ~ applaus *thunderous applause;* een ~ bedrag ⟨ook⟩ *a huge sum;* een ~e eetlust ⟨ook⟩ *a huge appetite* **1.2** je feestje was ~ ⟨ook⟩ *your party was really sth.;* een ~e meid ⟨ook⟩ *a smashing girl* **1.3** een ~e schok ⟨ook⟩ *a mighty shock* **3.1** zich ~ inspannen *take great pains, go to great lengths* **3.2** je hebt me ~ geholpen *you've been a great help;* hij is ~ ⟨ook⟩ *he's a great guy;* die jurk staat haar ~ *that dress looks smashing on her;* ik vind het ~ ⟨ook⟩ *I think it's great;* hij zingt ~ *he sings wonderfully* ¶.2 ~! *great!, terrific!*

geweldloos 0.1 *nonviolent* ♦ **1.1** ~ verzet *peaceful resistance.*

geweldloosheid 0.1 *nonviolence.*

geweldpleging 0.1 *(act of) violence* ⇒⟨jur. ook⟩ *assault and battery* ♦ **2.1** openbare ~ ±*(street) vandalism and violence.*

geweldsmisdrijf 0.1 *violent crime.*

geweldspiraal 0.1 *spiral of violence.*

geweldsuitbarsting 0.1 *outburst of violence.*

gewelf 0.1 [holgebogen zoldering] *vault(ing)* ⇒*arch* **0.2** [ruimte, vertrek] *vault* ♦ **2.2** een onderaards ~ *a subterranean v.*

gewelfd 0.1 [met een gewelf (geconstrueerd)] *vaulted* ⇒ *arched* **0.2** [gebogen van lijn / vlak] *curved* ⇒*domed* ♦ **1.1** een ~e gang *a v. corridor* **3.2** een ~ voorhoofd *a domed forehead.*

gewend 0.1 *used (to)* ⇒*accustomed (to),* ⟨gewoon⟩ *in the habit (of), inured (to)* ⟨iets onaangenaams⟩ ♦ **3.1** ik ben dat rumoer wel ~ *I'm u./accustomed to that racket;* ~ raken aan zijn nieuwe woonplaats *settle down in one's new residence;* dat zijn we niet van hem ~ *that's not like him at all/ quite unlike him!*

gewennen ⟨schr.⟩ **I** ⟨onov.ww.⟩ **0.1** [gewoon worden / raken] *get used to* ⇒*grow accustomed to, become inured to* ⟨iets onaangenaams⟩ **0.2** [zich thuis gaan voelen] *settle down;* **II** ⟨ov.ww.⟩ **0.1** [gewoon maken] *get / make used (to)* ⇒*accustom (to), inure (to)* ⟨iets onaangenaams⟩ ♦ **6.1** hij wil zich ~ **om** vroeg op te staan *he wants to get used to getting up early.*

gewenning 0.1 ⟨ook med.⟩ *habituation.*

gewenst 0.1 [door een wens bepaald] *desired* ⇒*chosen* **0.2** [waarnaar verlangd wordt / is] *desired* ⇒*wished for* **0.3** [wenselijk] *desirable* ⇒*advisable* ♦ **1.2** het ~e gevolg *the d. effect* **3.3** hij achtte het niet ~ het gesprek langer voort te zetten *he deemed it inadvisable to continue the conversation.*

geweldveld ⟨biol.⟩ **0.1** *vertebrate* ♦ **1.1** de ~e dieren *the vertebrates.*

gewest 0.1 [landstreek, oord, bestuurseenheid] *district, region* **0.2** [gedeelte v.e. land / provincie] *province* ⇒*county* **0.3** [afdeling v.e. vereniging / departement] *district* ♦ **2.2** overzeese ~en *overseas territories.*

gewestelijk 0.1 [regionaal] *regional* ⇒*provincial* **0.2** [dialectisch] *local* ⇒*dialectal* ◆ **1.1** ~ arbeidsbureau *ᴮdistrict employment exchange;* de Gewestelijke Staten *the r. council* **1.2** een ~e uitdrukking *a regional expression.*

gewestvorming 0.1 *formation of/division into districts* ⇒ *regionalization.*

geweten 0.1 *conscience* ◆ **1.1** vrijheid van ~ *freedom/liberty of c.* **2.1** een goed/rustig/zuiver ~ hebben *have a good/ easy/clear c.;* een kwaad/slecht ~ hebben *have a bad/ guilty/uneasy c.* **3.1** zijn ~ in slaap sussen/wiegen *ease/ salve one's c.* **6.1** gekweld **door** zijn ~ *c.-stricken;* iets niet **met** zijn ~ in overeenstemming kunnen brengen *be unable to square sth. with one's c.;* **naar** eer en ~ *in good c.;* veel **op** zijn ~ hebben *have a lot to answer for* ¶**.1** mijn ~ begon te spreken *my c. was roused.*

gewetenloos 0.1 *unscrupulous* ⇒*unprincipled* ◆ **1.1** een ~ mens *an unscrupulous person;* ⟨pej.⟩ *a moral bankrupt;* gewetenloze plichtsverzaking *unscrupulous shirking.*

gewetenloosheid 0.1 *unscrupulousness* ⇒*lack of principle/scruples.*

gewetensangst 0.1 *agony/anguish of conscience* ⇒ *pangs/twinges of conscience,* ⟨pangs of⟩ *remorse.*

gewetensbezwaar 0.1 *scruple* ⇒*conscientious objection* ◆ **6.1 zonder** ~ *without s./a qualm* ¶**.1** vrijstelling van dienstplicht op grond van gewetensbezwaren *exemption from military service on grounds of conscience.*

gewetensbezwaarde 0.1 *conscientious objector, c.o.*

gewetensconflict 0.1 *moral conflict.*

gewetenskwestie →**gewetenszaak.**

gewetensnood 0.1 *moral dilemma.*

gewetensvol 0.1 *conscientious* ⇒*scrupulous,* ⟨werken ook⟩ *painstaking.*

gewetensvraag 0.1 ⟨zie 3.1⟩ ◆ **3.1** waar was je gisteravond - of is dat een ~? *where were you last night - or would you rather not say?/- or is that a rude question?;* dat is een ~ *that's quite a question.*

gewetensvrijheid 0.1 *freedom of conscience.*

gewetenswroeging 0.1 *pangs/twinges of conscience* ⇒ ⟨pangs of⟩ *remorse* ◆ **6.1** gekweld **door** ~ *conscience-stricken.*

gewetenszaak 0.1 *matter of conscience* ⇒*moral question* ◆ **3.1** van iets geen ~ maken *have no qualms about sth.*

gewettigd 0.1 [legitiem, gerechtvaardigd] *legitimate* ⇒*justified,* ⟨bewering⟩ *well-founded* **0.2** [geëcht] *legitimated* ◆ **1.2** een ~ kind *a l. child.*

gewezen 0.1 *former* ⇒*ex-.*

gewicht 0.1 *weight* ⇒⟨belang ook⟩ *importance* ◆ **1.1** het ~ der jaren *the burden of the years;* in alle maten en ~en *in all shapes and sizes;* maten en ~en *weights and measures* **2.1** zaken v.h. grootste ~ *matters of the utmost importance;* ⟨nat.⟩ soortelijk/specifiek ~ *specific gravity* **3.1** ~ geven/bijzetten aan iets *lend w. to sth.;* weinig ~ aan iets hechten *attach little importance to;* het heeft een ~ van twee kg *it weighs two kilograms;* op zijn ~ letten *watch one's w.* **5.1** beneden/boven het ~ *under w., over w.* **6.1** een persoon **van** ~ *a person of consequence* **7.1** ⟨fig.⟩ veel/ weinig ~ in de schaal leggen *carry much/little w.* ¶**.1** ⟨fig.⟩ zijn ~ in goud waard zijn *be worth one's w. in gold.*

gewichtheffen 0.1 *weightlifting.*

gewichtheffer, -ster 0.1 *weight lifter.*

gewichtig I ⟨bn.⟩ **0.1** [belangrijk] *weighty* ⇒*important,* ⟨ernstig⟩ *grave* ◆ **1.1** een ~e dag *an eventful/*⟨pej.⟩ *fateful day;* ~e gebeurtenissen *important events;* hij zette een ~ gezicht *he put on a grave face;* een ~ vraagstuk *a w./ momentous question;*

II ⟨bw.⟩ **0.1** [met een sterk besef van eigen belangrijkheid] *(self-)importantly* ⇒*pompously* ◆ **3.1** ~ doen *act important.*

gewichtigdoenerij 0.1 *self-importance* ⇒*pomposity.*

gewichtigheid 0.1 [belangrijkheid, gewicht] *weight* ⇒*importance,* ⟨ernst⟩ *gravity* **0.2** [air van gewichtig te zijn] *(self-)importance* ⇒*pomposity* **0.3** [scherts.; gewichtig persoon] *milord* ◆ **2.2** hij antwoordde met grote ~ *he answered with great pomposity.*

gewichtloosheid 0.1 *weightlessness* ⇒*zero-gravity* ◆ **1.1** in een toestand van ~ verkeren *be in a condition of w./ at zero-gravity.*

gewichtsklasse ⟨sport⟩ **0.1** *weight* ◆ **2.1** ingedeeld bij de zwaarste ~ *classified as a heavyweight.*

gewichtstraining 0.1 *weight training.*

gewichtsverlies 0.1 *loss of weight.*

gewiekst 0.1 *shrewd* ⇒*smart* ◆ **1.1** een ~e vent *a dodger, a sharp hand.*

gewiekstheid 0.1 *shrewdness* ⇒*smartness.*

gewijd 0.1 [geheiligd] *sacred* ⇒*holy* **0.2** [wat gezegend is] *consecrated* ⇒*holy* **0.3** [met de liturgie in verband staand] *sacred* ⇒*devotional* **0.4** [een wijding ontvangen hebbend] *ordained* ◆ **1.1** de ~e band v.h. huwelijk *the holy bond(s) of matrimony* **1.2** ~e aarde/grond *c. ground;* ~ water *holy water* **1.3** ~e muziek *s. music* **1.4** een ~ priester *an o. priest.*

gewild I ⟨bn.⟩ **0.1** [in trek] *sought-after* ⇒*popular, in demand* ⟨ook hand.⟩ ◆ **3.1** in gezelschap is hij zeer ~ *his company is much sought after;*

II ⟨bn., bw.⟩ **0.1** [geforceerd] *studied* ⇒*affected, forced* ◆ **2.1** iem. ~ vriendelijk begroeten *greet s.o. with s. friendliness.*

gewillig I ⟨bn.⟩ **0.1** [bereidwillig] *willing* ⇒⟨volgzaam⟩ *docile,* ⟨gehoorzaam⟩ *obedient* **0.2** [niet afgedwongen] *willing* ⇒*ready* ◆ **1.1** ~ haar *manag(e)able hair* **1.2** een ~ oor lenen aan iem. *lend a ready ear to s.o.* **3.1** zich ~ tonen *show (one's) willingness;*

II ⟨bw.⟩ **0.1** [zonder verzet] *willingly* ⇒*readily, voluntarily* ◆ **3.1** hij ging ~ mee *he came along w.*

gewimperd 0.1 *having eyelashes.*

gewin 0.1 *gain* ⇒*profit,* ⟨pej.⟩ *lucre* ◆ **2.1** vuil/vuig ~ *filthy lucre* **6.1 om** het ~ *for profit.*

gewis I ⟨bn.⟩ **0.1** [onontkoombaar, vaststaand] *certain* ⇒ *sure* ◆ **1.1** een ~se dood *c. death* **2.1** zeker en ~ *positive, dead c.;*

II ⟨bw.⟩⟨schr.⟩ **0.1** [stellig] *for sure* ⇒*indeed.*

gewoel 0.1 [het voortdurend woelen] *tossing (and turning)* ⇒⟨gespartel⟩ *struggling* **0.2** [het dooreenwoelen (van een menigte)] *bustling* **0.3** [menigte] *bustle* **0.4** [onrustige beweging] *bustle* ⇒*hustle.*

gewogen 0.1 *weighted* ◆ **1.1** ~ gemiddelde *w. average.*

gewond 0.1 *injured* ⇒*wounded* ⟨ihb. door wapen⟩, ⟨inf.⟩ *hurt* ◆ **3.1** ~ raken *be/get i.* **5.1** licht/zwaar/dodelijk ~ *slightly/seriously/fatally i.* **6.1** ~ **aan** het been *i./wounded in the leg.*

gewonde 0.1 *injured/wounded person* ⇒*casualty* ◆ ¶**.1** de ~n *the injured.*

gewonnen ◆ **3.**¶ zich ~ geven *admit defeat.*

gewoon I ⟨bn.⟩ **0.1** [waaraan men gewend is] *usual* ⇒*regular, customary* **0.2** [gebruikelijk] *usual* ⇒*regular, ordinary* **0.3** [van de meest bekende soort] *common* **0.4** [volgens de regelmatige orde] *regular* ⇒*ordinary* **0.5** [niet opvallend, alledaags] *ordinary* ⇒*common(place), plain* **0.6** [gewend aan, vertrouwd met] *used to* ⇒*accustomed to* ◆ **1.1** in zijn gewone doen zijn *be o.s.;* zijn gewone gang gaan *go about one's business* **1.2** de gewone betekenis v.e. woord *the u. meaning of a word;* de gewone gang van zaken *the u. course (of events)/procedure* **1.3** gewone aandelen *ordinary shares* **1.4** ~ hoogleraar *(full) professor* **1.5** het gewone leven *everyday life;* de gewone man/burger *the o./common man, the average citizen;* een ~ mens *an o./average person;* ~ soldaat *a private;* het gewone volk *the common people;* ⟨pej.⟩ *the common herd;* de gewoonste zaak ter wereld *a very usual thing* **3.4** dat is ~ *that's natural* **3.6** ik ben het zo ~ *that's what I'm used to;* dat was men van hem niet ~ *that was unlike him* **4.5** radio is nu iets heel ~s *radio is sth. very o./nothing special these days;* **II** ⟨bw.⟩ **0.1** [op de gebruikelijke wijze] *normally* **0.2** [in de gebruikelijke mate] *normally* ⇒*ordinarily, usually* **0.3** [ronduit gezegd] *simply* ⇒*just* **0.4** [zonder meer] *just* ⇒ *simply* ♦ **2.3** ~ heerlijk *s. delightful* **3.1** doe maar ~ *(do) act normal(ly), behave yourself;* ga alsjeblieft ~ zitten *just sit down, won't you?* **3.4** hij heet ~ Smith *he's j. plain Smith;* zij praatte er heel ~ over *she was very casual about it* **5.3** het is ~ niet te eten *it is s. inedible.*

gewoonlijk 0.1 *usually* ⇒*normally* ♦ **3.1** wij eten ~ om vijf uur *we u./normally have dinner at five* **8.1** als ~ kwam ze te laat *as usual, she was late.*

gewoonte 0.1 [gebruik] *custom* ⇒*practice* **0.2** [wat men gewoon is te doen] *habit* ⇒*custom* **0.3** [aanwensel] *habit* ⇒ *practice* ♦ **1.2** de macht der ~ *the force of h.* **2.3** een goede/lastige ~ *a good/bad h.* **3.1** het is niet de ~ te …*it is not customary to …* **3.2** dat is anders mijn ~ niet *I don't usually do that;* een ~ maken van *make a h. of* **3.3** de ~ aannemen iedereen Sir te noemen ⟨bewust⟩ *get into/;* ⟨onbewust⟩ *fall into the h. of calling everyone Sir;* een ~ afleren *break (o.s. of) a h.* **6.2** tegen zijn ~ *contrary to his h./usual practice;* hij doet het uit (louter) ~ *he does it out of (sheer) h.* **6.3** hij heeft de ~ om *he has a h./way of.*

gewoontedier 0.1 *creature of habit.*

gewoontegetrouw 0.1 *as usual.*

gewoontemens →gewoontedier.

gewoonterecht 0.1 *customary law* ⇒*unwritten law.*

gewoontevorming 0.1 *habit formation.*

gewoontjes 0.1 *ordinary* ⇒*common* ♦ **5.1** het is er allemaal maar heel ~ *it's all very plain and simple there.*

gewoonweg 0.1 [als iets gewoons] *just like that* **0.2** [ronduit, bepaald] *simply* ⇒*just* ♦ **2.2** uw handschrift is ~ onleesbaar *your handwriting is s./downright illegible.*

geworteld 0.1 ⟨ook fig.⟩ *rooted* ♦ **5.1** een vast ~ vooroordeel *a firmly r./ingrained prejudice.*

gewraakt ⟨jur.⟩ **0.1** *challenged, out of court* ♦ **1.1** de ~e passage *the c. passage, the passage declared out of court.*

gewricht 0.1 ⟨med., plantk.⟩ *joint* ⇒*articulation* ♦ **6.1** hij heeft pijn in zijn ~en *his joints ache;* met ~ *articulate(d), jointed.*

gewrichtsband 0.1 *ligament.*

gewrichtsknobbel 0.1 *joint* ⇒*knuckle* ⟨vingers⟩.

gewrichtsontsteking 0.1 *arthritis* ⇒*inflammation of the joints.*

gewrichtsreuma(tiek) 0.1 ⟨acuut⟩ *rheumatic fever;* ⟨chronisch⟩ *rheumatoid arthritis.*

gewriemel 0.1 [het telkens door elkaar krioelen] *swarming* ⇒*wriggling* **0.2** [onrustige bedrijvigheid van mensen] *jostle* **0.3** [gepeuter aan iets] *fiddling (with).*

gewrocht 0.1 *monstrosity* ⇒*monster.*

gewrongen 0.1 [(opzettelijk) verdraaid] *distorted* **0.2** [niet ongedwongen] *forced* **0.3** [gezocht, onnatuurlijk] *laboured* ⇒*contrived* ♦ **1.1** dat is met een ~ hand geschre-

ven *that is written in a cramped/*⟨opzettelijk⟩ *disguised hand* **1.2** een ~ antwoord *a f./contrived answer* **1.3** een ~ redenering *l./contrived reasoning.*

gezaag 0.1 [gezeur] *harping on* ⇒*nagging* **0.2** [het krassen op een strijkinstrument] *scraping* ⇒*sawing (away).*

gezaagd ⟨plantk.⟩ **0.1** *serrate(d).*

gezag 0.1 [machtsbevoegdheid] *authority* ⇒*power,* ⟨mil.⟩ *command, rule* ⟨over land⟩, *dominion* ⟨over land⟩ **0.2** [overheid] *authority* ⇒*authorities* **0.3** [geestelijk overwicht] *authority* ⇒*weight* ♦ **2.1** op eigen ~ *on one's own a.;* ouderlijk ~ *parental a.;* het wettig ~ over een kind *the legal custody of a child* **2.2** het bevoegd ~ *the competent authorities;* het hoogste ~ *the highest authorities* **3.1** het ~ handhaven *maintain a.;* het ~ voeren over *be in command of* **3.3** (veel/weinig) ~ hebben *have (great/little) a.; have (great/no) influence* ⟨onder collega's⟩; *carry (much/little) weight* ⟨woord⟩ **6.3** met ~ optreden *act firmly;* met ~ spreken *speak with a.;* iets op iemands (goed) ~ aannemen *take sth. on s.o.'s a./word;* op ~ van *on the a. of;* een man van ~ *op dit gebied an a. in this field* ¶**.1** een volk aan zijn ~ onderwerpen *subject a people to one's rule.*

gezagdrager, -draagster 0.1 *person in charge/authority* ⇒⟨mv.⟩ *authorities.*

gezaghebbend 0.1 [met gezag bekleed] *authorized* ⇒*in authority* **0.2** [overwicht/gewicht hebbend] *authoritative* ⇒ *influential* ♦ **1.2** iets vernemen uit ~e bron *have sth. on good authority, learn sth. from a reliable source;* een ~ schrijver *a leading writer;* het meest ~e werk over dit onderwerp *the definitive book on this subject.*

gezaghebber 0.1 *person in charge/authority* ⇒⟨mv.⟩ *authorities.*

gezagscrisis 0.1 *breakdown of authority* ⇒*political crisis* ⟨mbt. regering⟩.

gezagsgetrouw 0.1 *law-abiding.*

gezagvoerder, -ster 0.1 [door een regering met gezag bekleed persoon] *person in charge/authority* **0.2** [bevelhebber op een schip] *captain* ⟨kleinere boot⟩ *skipper* **0.3** [bevelhebber van vliegtuig] *captain.*

gezakt →gepakt.

gezalfde 0.1 *anointed* ♦ **1.1** de ~ des Heren *the Lord's Anointed.*

gezamenlijk I ⟨bw.⟩ **0.1** [samen, met elkaar] *together* ♦ **3.1** ~ reizen *travel t.;* **II** ⟨bn.⟩ **0.1** [alle] *complete* ⇒*whole* **0.2** [gemeenschappelijk] *collective* ⇒*combined, united, joint* ♦ **1.1** de ~e werken v.e. schrijver *the c./collected works of an author* **1.2** de ~e eigenaars *the joint owners;* met ~e krachten *with united forces.*

gezang 0.1 [het (geluid van) zingen] *song* ⇒*singing* **0.2** [zangstuk, lied] *song* ⇒*hymn* ⟨rel.⟩ ♦ **1.1** het ~ v.d. vogels *the singing of the birds* **1.2** psalmen en ~en *psalms and hymns.*

gezangboek, gezangbundel 0.1 *hymnal* ⇒*hymnbook.*

gezanik 0.1 [gezeur] *nagging* ⇒*moaning* **0.2** [hinderlijk gedoe] *trouble* ⇒*bother* ♦ **1.2** dat geeft een hoop ~ *that causes a lot of trouble.*

gezant 0.1 [afgevaardigde van vorst/staat] *envoy* ⇒*ambassador,* ⟨alg.⟩ *representative,* ⟨alg.⟩ *delegate* **0.2** [diplomatiek ambtenaar] *envoy* **0.3** [rel.; boodschapper] *messenger* ♦ **2.1** de Franse ~ in Engeland *the French ambassador in England* **3.1** ~en afvaardigen *send envoys.*

gezantschap 0.1 [staatkundige zending; gezant(en) met toegevoegde personen] *mission* ⇒⟨alg.⟩ *delegation* **0.2** [ambassade (personen/gebouw)] *embassy* ⇒*legation* **0.3** [ambt van gezant] *envoyship* ♦ **4.2** ons ~ te Parijs *our e. in Paris.*

gezapig 0.1 *sluggish* ◆ 1.1 een ~ mens *a lethargic person.*
gezegde 0.1 [uitdrukking] *saying* ⇒*proverb* 0.2 [wat iem. zegt] *saying* ⇒⟨mv. ook⟩ *talk* 0.3 [taal.] *predicate* ◆ 2.1 een bekend ~ *a well-known s./proverb* 2.2 wat zijn dat voor malle ~n *what kind of silly talk is that?* 2.3 naamwoordelijk ~ *nominal p.*
gezegdezin ⟨taal.⟩ 0.1 *subject complement clause.*
gezegend 0.1 *blessed* ⇒⟨bw.; gelukkig, voorspoedig⟩ *fortunately,* ⟨gelukkig, voorspoedig⟩ *luckily* ◆ 1.1 ⟨flink eind⟩ het is een ~ eind *it's a blooming long way;* in de ~e ouderdom van tachtig jaren *at the ripe old age of eighty* 3.1 ⟨iron.⟩ daar ben je (mooi) mee ~ *I wish you joy (of it);* daar ben je ~ van afgekomen *you got off lightly.*
gezeggen ◆ 3.¶ hij laat zich niets ~ *he won't take orders.*
gezeglijk 0.1 *reasonable* ⇒*obedient* ◆ 1.1 het kind is heel ~ *the child is very obedient.*
gezeik ⟨vulg.⟩ 0.1 *(load of) crap* ⇒*bull(shit),* ⟨geklets⟩ *yackety-yack* ◆ ¶.1 ik moet dat ~ niet *don't give me that crap/ bullshit.*
gezel 0.1 [makker, reisgenoot] *companion* 0.2 [gesch., amb.] *mate* 0.3 [handwerksman] *journeyman* ⇒*workman,* ⟨assistent⟩ *mate* 0.4 [amb.; titel] *craftsman* ⇒ *tradesman.*
gezellig 0.1 [omgang aangenaam makend] *enjoyable* ⇒ *pleasant, sociable* ⟨van persoon⟩, *companionable* ⟨van persoon⟩ 0.2 [aangenaam voor het verblijf] *pleasant* ⇒*enjoyable, comfortable,* ⟨knus⟩ *cosy* 0.3 [aardig, vlot] *companionable* ⇒*nice* 0.4 [neiging hebbend om met anderen te verkeren] *social* ◆ 1.1 een ~e avond/babbel *a(n) pleasant/e. evening/chat;* een ~ mens *a sociable person;* een ~e prater *an entertaining talker;* een ~ uurtje *a pleasant/e. time* 1.2 een ~ hoekje *a snug/cosy corner* 1.3 een ~e brief *a nice letter* 3.2 een kamer ~ maken *make a room cosy/ snug* ⟨knus⟩; *cheer/brighten a room up* ⟨met bloemen/sprekende kleuren⟩ 3.3 ~ kletsen *chat away pleasantly.*
gezelligheid 0.1 [genoeglijk samenzijn] *sociability* ⇒*companionableness* 0.2 [prettige atmosfeer] *cosiness* ⇒*snugness* ◆ 3.1 hij houdt van ~ *he is fond of company, he is a sociable person* 6.1 voor de ~ meedoen *join in for (the sake of) company.*
gezelligheidsdier, gezelligheidsmens ⟨inf.⟩ 0.1 *companionable/ chummy sort/type* ⇒*convivialist, sociable/ companiable person.*
gezelligheidsvereniging 0.1 *social club.*
gezellin 0.1 ⟨ook fig.⟩ *companion* ⇒*partner, mate.*
gezelschap 0.1 [het samenzijn met anderen] *company* ⇒ *companionship* 0.2 [personen waarmee men samen is] *company* ⇒*society* 0.3 [aantal personen die bijeen zijn] *company* ⇒*party* 0.4 [in samenst.; vereniging] *company* ⇒*troupe* ⟨toneel⟩ ◆ 1.3 de clown v.h.~ *the clown of the c.;* het middelpunt v.h.~ *the life and soul of the party, the centre of attraction* 2.2 in goed ~ zijn ⟨ook fig.⟩ *be in good c.* 2.3 een gemengd ~ *a mixed c.* 3.1 iem.~ houden *keep s.o. company* 3.2 dat is geen ~ voor u *that is not the (right) sort of c. for you* 3.3 hij heeft ~ aan zijn hond *his dog keeps him c.* 6.1 in ~ van *in the company of;* in ~ *in company* 6.3 zich bij het ~ voegen *join the party.*
gezelschapsdame 0.1 *(lady-)companion* ◆ 6.1 ~ bij *(lady-)c. to.*
gezelschapsspel 0.1 *party game.*
gezemel 0.1 *nagging* ⇒*moaning.*
gezet 0.1 [bepaald] *set* ⇒*regular* 0.2 [dik] *stout* ⇒*heavy-(set)* ◆ 1.1 op ~te tijden *at s. /regular times.*
gezeten 0.1 [met een vaste woonplaats] *settled* 0.2 [welgesteld] *substantial* ◆ 1.1 een ~ bevolking *a s. population*

1.2 een ~ burger, de ~ burgerij *a solid citizen; the prosperous middle class.*
gezetheid 0.1 [zwaarlijvigheid] *stoutness* ⇒*heaviness* 0.2 [regelmaat, ernst] *application* ⇒*diligence.*
gezeur 0.1 *moaning* ⇒*nagging,* ⟨gedoe⟩ *fuss(ing),* ⟨gedoe⟩ *bother* ◆ 2.1 hou nu eens op met dat eeuwige ~! *(do) for goodness' sake stop m. all the time!*
gezever 0.1 *drivel.*
gezicht 0.1 [het zien] *sight* 0.2 [(object van) gewaarwording] *sight* 0.3 [gelaat] *face* 0.4 [gelaatsuitdrukking] *face* ⇒*expression, look(s)* 0.5 [uiterlijk] *face* 0.6 [gezichtsvermogen] *(eye)sight* 0.7 [uitzicht] *view* ⇒*sight* ◆ 2.2 een vreselijk ~ *a gruesome s.* 2.3 een lief ~ *a sweet f.* 2.4 hij zette een lang/zuur ~ *he pulled a long f./he grimaced;* een stalen ~ *a stony f.;* met een verwaand ~ *with a conceited air;* ⟨fig.⟩ zijn ware ~ tonen *show o.s. (in one's true colours)* 2.5 een organisatie een ander ~ geven *give an organisation a new look;* een eigen ~ hebben *have its own special character* 3.3 ergens zijn ~ laten zien *show one's f., put in an appearance* 3.4 zijn ~ betrok *his f. clouded over/fell;* een ~ zetten alsof *look as if* 3.¶ zijn ~ redden *save face;* zijn ~ verliezen *lose face* 6.1 liefde op het eerste ~ *love at first s.* 6.2 voor het ~ een kleedje over iets leggen *put a cloth over sth. for appearance's sake* 6.3 de zon schijnt mij in het ~ *the sun is shining in my f./eyes;* iets in iemands ~ zeggen, iets (recht) in zijn ~ zeggen *say sth. (straight) to s.o.'s f.;* iem. in zijn ~ uitlachen *laugh in s.o.'s f.;* 't was alsof ik een klap in 't ~ kreeg *it was like being hit in the f.;* iem. op zijn ~ geven/slaan *punch/slap s.o.'s f.;* iem. van ~ kennen *know s.o. by sight* 6.4 ik zag aan zijn ~ dat *I could tell by (the look on) his f. that* 6.7 aan het ~ onttrekken *conceal;* een ~ op Londen *a v. of London;* uit het ~ verdwijnen *disappear from sight* 7.2 dat is geen ~! *that is hideous* ¶.1 het ~ in de plooi houden *keep a straight face.*
gezichtsafstand 0.1 [ideale oogafstand] *focusing distance* 0.2 [afstand waarop iets waarneembaar is] *view* ⇒*sight* 0.3 [afstand waarop men waarneemt] *seeing distance* ⇒ *range of vision* ◆ 6.1 iets op ~ houden *hold sth. at focusing distance* 6.2 zich op ~ bevinden *be within sight.*
gezichtsbedrog 0.1 *optical illusion.*
gezichtshoek 0.1 [door stralen gevormde hoek] *optical angle* 0.2 [oogpunt] *angle* ⇒*point of view* ◆ 6.2 als je het vanuit deze ~ bekijkt *if you consider it from this angle.*
gezichtspunt 0.1 *point of view* ⇒*angle* ◆ 2.¶ een heel nieuw ~ *an entirely fresh/new perspective/viewpoint/ angle.*
gezichtsscherpte 0.1 *sharpness of sight* ⇒*visual acuity.*
gezichtsveld 0.1 [mbt. de ogen] *field/range of vision* ⇒ *sight* 0.2 [mbt. optische instrumenten] *range* ◆ 2.2 een kijker met een groot ~ *wide-angle binoculars* 6.1 buiten iemands ~ liggen/vallen ⟨fig.⟩ *be beyond s.o.'s range.*
gezichtsverlies 0.1 [verlies v.h. gezichtsvermogen] *loss of (eye)sight* 0.2 [verlies v.h. prestige] *loss of face* ◆ 3.2 ~ lijden *lose face.*
gezichtsvermogen 0.1 *(eye)sight* ◆ 3.1 het ~ verloren hebben *have lost one's (eye)sight.*
gezien¹ ⟨bn.⟩ 0.1 [geacht] *esteemed* ⇒*respected,* ⟨populair⟩ *popular* 0.2 [na kennisneming bekrachtigd] *seen (by me)* ⇒*endorsed* ◆ 1.1 een ~ man *an e./respected man* 2.2 ~ en goedgekeurd *seen and approved* 6.2 een stuk voor ~ tekenen *endorse a document* 6.¶ het voor ~ houden *pack it in.*
gezien² ⟨vz.⟩ 0.1 *in view of* ◆ 1.1 ~ zijn slechte gezondheid *given/in view of his poor health.*
gezin 0.1 *family* ◆ 2.1 een vakantie voor het hele ~ ⟨ook⟩ *a f. holiday;* een onvolledig ~ *a single-/one-parent f.* 3.1 een ~ stichten *start a f.* 6.1 een ~ met kleine kinderen *a young f.*

gezind 0.1 *(pre)disposed (to(wards))* ⇒*inclined (to)* ◆ **5.1** hij is democratisch ~ *he believes in democracy;* iem. gunstig ~ zijn *be kindly disposed to(wards) s.o.;* iem. vijandig ~ zijn *be hostile toward s.o.* **gezindheid 0.1** [innerlijke houding] *inclination* ⇒*disposition* **0.2** [politieke partij] *political persuasion* **0.3** [geloofsovertuiging] *conviction* ⇒*persuasion* ◆ **2.1** hun vijandige ~ jegens *their hostility towards.*

gezindte 0.1 *denomination* ⇒*sect.*

gezinsbedrijf 0.1 *family business.*

gezinsbudget 0.1 *family budget* ⇒*housekeeping (money).*

gezinsfles 0.1 *jumbo/king-size(d) bottle.*

gezinshoofd 0.1 *head of the family.*

gezinshulp 0.1 [hulpverlening] *home help* **0.2** [persoon] *home help* ⇒^A*homemaker.*

gezinsleven 0.1 *family life.*

gezinslid 0.1 *member of the family* ⇒*family member.*

gezinsplanning 0.1 *family planning.*

gezinssituatie 0.1 *family situation.*

gezinsuitbreiding 0.1 *addition to the family.*

gezinsverband 0.1 [relatie tussen de leden v.e. gezin] *family relation(s)* **0.2** [het gezin als verband] *family* ◆ **6.2** in ~ op vakantie gaan *go on holiday with the whole/entire family.*

gezinsverpakking 0.1 *family(-size(d)) pack(age)* ⇒*king-size(d)/jumbo pack(age).*

gezinsverzorger, -zorgster 0.1 *home help.*

gezinsverzorging 0.1 *home help.*

gezinswagen 0.1 *family car.*

gezinszorg 0.1 [zorg die het gezin meebrengt] *domestic care/worries* **0.2** [gereglementeerde zorg] *home help.*

gezocht 0.1 [gekunsteld] *strained, contrived* ⇒*forced,* ⟨vergezocht⟩ *far-fetched* **0.2** [opzettelijk bedacht] *fabricated* **0.3** [in trek] *sought-after* ⇒*in demand, popular* ◆ **1.1** ~e beeldspraak *(be)laboured/far-fetched imagery;* ~e geestigheden *s./forced witticisms* **1.2** een ~ excuus *a f. excuse* **1.3** een ~ boek *a s.-a./popular book.*

gezoem 0.1 *buzz(ing)* ⇒⟨door snelle beweging veroorzaakt⟩ *whirr(ing).*

gezond I ⟨bn., bw.⟩ **0.1** [niet ziek] *healthy* ⇒*sound, well* ⟨alleen pred.⟩ **0.2** [heilzaam] *healthy* **0,3** [onbedorven, helder] *sound* ⇒*good* ◆ **1.1** ⟨fig.⟩ een ~ bedrijf *a h./sound business;* een ~e geest in een ~ lichaam *a sound mind in a sound body;* een ~e kleur hebben *have a h./rosy complexion* **1.2** een ~ klimaat *a h. climate;* een ~e slaap *a good/refreshing sleep* **1.3** ~e humor *a healthy sense of humour;* een ~e kijk hebben op *have s. ideas about;* ~ verstand *common sense* **3.1** ~ blijven *keep fit, stay h.;* hij is niet ~ *he is not h./well;* weer ~ maken *restore to health, make well;* ⟨bedrijf⟩ *restore to a h. state* **8.1** zo ~ als een vis *as fit as a fiddle.*

II ⟨bn.⟩ **0.1** [valide] *able-bodied* ⇒*fit* **0.2** [kloek, stevig] *robust* **0.3** [mbt. zaken] *sound* ⇒*good* ◆ **1.2** ~e wangen *rosy cheeks* **1.3** een ~e vrucht *a s. fruit* **2.1** ~ en wel *safe and sound* **6.2** ~ van lijf en leden *able-bodied, sound in life and limb.*

gezondheid¹ ⟨de⟩ **0.1** [toestand van optimaal welzijn] *health* **0.2** [lichaamsgesteldheid] *health* **0.3** [heilzaamheid] *healthiness* ◆ **1.1** een toonbeeld van ~ *the (very) picture of h.* **2.1** de openbare ~ *public h.* **2.2** een goede ~ genieten *be in/enjoy good h.* **3.1** blaken van ~ *bloom/burst with h.* **3.2** naar iemands ~ vragen *inquire after s.o.('s h.)* **6.1** op uw ~! *here's to you/your h.!, cheers!;* ⟨een glas wijn⟩ op iemands ~ drinken *drink (to) s.o.'s health;* dat is schadelijk **voor** de ~ *that is bad for one's h.* ¶**.2** zijn ~ gaat achteruit *his h. is failing.*

gezondheid² ⟨tw.⟩ **0.1** *(God) bless you!*

gezondheidsattest 0.1 *certificate of good health.*

gezondheidsdienst 0.1 *(public) health service.*

gezondheidsleer 0.1 *hygiene.*

gezondheidsmaatregel 0.1 *sanitary measure.*

gezondheidsorganisatie 0.1 *health organization.*

Gezondheidsraad 0.1 *(National) Health Council.*

gezondheidsredenen 0.1 *health reasons, reasons/considerations of health* ◆ **6.1** om ~ naar het platteland verhuizen *move to the country for h. r./for one's health.*

gezondheidstoestand 0.1 *state of health* ⇒⟨algemene toestand⟩ *health,* ⟨v.e. bevolking ook⟩ *state of public health* ◆ **1.1** de ~ v.d. patiënt is uitstekend *the patient's health is excellent.*

gezondheidsverklaring 0.1 *health certificate.*

gezondheidswet 0.1 *Public Health Act.*

gezondheidszorg 0.1 [zorg voor de gezondheid] *health care, medical care* **0.2** [instanties, maatregelen] *health service(s)* ⇒⟨in GB⟩ *National Health Service* ◆ **6.2** in de ~ werken *work in the public health sector;* ⟨in GB ook⟩ *work for the National Health Service.*

gezondmaking 0.1 *healing, curing* ⇒⟨mbt. bedrijf, financiën⟩ *reorganization* ◆ **1.1** de ~ van de financiën *financial reorganization.*

gezouten 0.1 [gepekeld] *salt(ed), salty* **0.2** [fig.] *salty* ⇒*saucy* ◆ **1.1** ~ spek *salted bacon;* ~ vis *salt fish* **1.2** ~ taal *saucy language.*

gezusters 0.1 *sisters* ◆ **1.1** de ~ De Roeck *the De Roeck sisters.*

gezwam ⟨inf.⟩ **0.1** *drivel, hot air* ◆ ¶**.1** in de ruimte *loose talk.*

gezwel 0.1 [plaatselijke ziekelijke opzetting] *swelling* **0.2** [woekering v.e. weefsel] *growth* ⇒*tumour* ◆ **2.2** een goedaardig ~ *a benign tumour;* een kwaadaardig ~ *a malignant tumour.*

gezwets 0.1 [geklets] *drivel, rubbish* **0.2** [grootspraak] *bragging, boasting (talk).*

gezwind ⟨schr.⟩ **0.1** [vlug, snel] *swift* ⇒*rapid* ◆ **1.1** iets met ~e spoed regelen *arrange sth. with the utmost haste.*

gezwoeg 0.1 ⟨hard⟩ *toil(ing);* ⟨eentonig⟩ *drudgery.*

gezwollen 0.1 [mbt. lichaamsdelen] *swollen* **0.2** [mbt. muzikale tonen] *sonorous* **0.3** [mbt. stijl] *inflated, high-flown* ◆ **1.1** ~ voeten *s. feet* **1.3** ~ taalgebruik *i./high-flown language.*

gezworen 0.1 ⟨ook fig.⟩ *sworn* ◆ **1.1** ~ kameraden *s. friends;* ~ trouw *s. allegiance;* ~ vijanden *s. enemies.*

gezworene ⟨jur.⟩ **0.1** *juror* ◆ **1.1** rechtbank van ~n *jury.*

gft-afval 0.1 ±*organic waste.*

gft-container 0.1 *bin for organic waste.*

GG en GD ⟨afk.⟩ **0.1** [Gemeentelijke Geneeskundige en Gezondheidsdienst]⟨GB⟩ ±*Area Health Authority.*

GHB ⟨afk.⟩ **0.1** [gammahydroxyboterzuur] *GHB* ⟨pepdrankje, drug⟩.

gids 0.1 [persoon] *guide;* ⟨raadsman ook⟩ *mentor* **0.2** [boek, leidraad] *guide(book)* ⇒⟨handleiding, handboek⟩ *handbook, manual* **0.3** [vrouwelijke padvinder]⟨BE⟩ *(Girl) Guide;* ⟨AE⟩ *Girl Scout* **0.4** [telefoongids] *(telephone) directory, telephone book* ◆ **2.4** de gouden/gele ~ *the yellow pages* **3.1** iemands ~ zijn *be s.o.'s g./mentor* **6.2** ~ **voor** Arnhem en omstreken *guide(book) to Arnhem and district.*

gidsen 0.1 *guide.*

gidsfossiel ⟨geol.⟩ **0.1** *guide/index fossil.*

giebel 0.1 *giggler.*

giechel 0.1 [giebel] *giggler* **0.2** [grote neus] *conk, beak.*

giechelen, giebelen 0.1 *giggle, titter* ⇒⟨grinniken⟩ *snigger.*

giek 0.1 [scheep.] *boom* 0.2 [boom v.e. kraan] *jib, boom* 0.3 [roeiboot] *gig.*

gier I ⟨de (m.)⟩ 0.1 [roofvogel] *vulture* 0.2 [roofzuchtig mens] *vulture* ⇒*shark;* II ⟨de⟩ 0.1 [mest(vocht)] *liquid manure.*

gierbak 0.1 *slurry pit.*

gieren 0.1 [brullen, loeien] *shriek* ⇒*scream, screech* 0.2 [razend voortgaan] *scream* ⇒*screech* 0.3 [landb.] *(spread (liquid)) manure* ♦ 1.1 met ~ de banden/remmen *with screeching tyres/brakes* 6.1 de wind giert **om** het huis *the wind howls around the house;* ~ **van** het lachen *shriek with laughter* 6.2 ⟨fig.⟩ de zenuwen ~ **door** mijn keel *I feel like a cat on ᴴhot bricks.*

gierig 0.1 *miserly, stingy.*

gierigaard 0.1 *miser, skinflint.*

gierigheid 0.1 *miserliness, stinginess.*

gierkar 0.1 *muckspreader.*

gierput, gierkuil 0.1 *slurry pit.*

gierst 0.1 *millet.*

gierstkorrel 0.1 [korrel van gierst] *grain of millet* 0.2 [med.] *sty.*

gierwagen 0.1 *muck cart.*

gierzwaluw 0.1 *swift.*

gietbeton 0.1 *pouring concrete.*

gietbui 0.1 *downpour, heavy shower.*

gieten I ⟨ov.ww.⟩ 0.1 [vocht laten stromen, schenken] *pour* 0.2 [in een vorm laten stromen] *cast* ⟨vnl. metalen⟩*;found* ⟨klokken, glas⟩; *mould* ⟨vnl. plastic, kaarsen enz.⟩ ⇒⟨in metalen gietvorm⟩ *die-cast* 0.3 [besproeien] *water* ♦ 1.2 ⟨fig.⟩ zijn gedachten in een bep. vorm ~ *couch one's thoughts in a particular form;* een gegoten kachel *a cast-iron stove* 6.1 **naar** binnen ~ *knock back* 8.2 die kleren zitten als gegoten *his clothes fit (him) like a glove;* II ⟨onpers.ww.⟩ 0.1 [stortregenen] *pour (down)* ♦ 4.1 het giet, het regent dat het giet *it's pouring (down), it's raining cats and dogs.*

gieter 0.1 [gietemmer] *watering can* 0.2 [persoon] *founder, caster* 0.3 [werktuig om water te scheppen] *bailer* ♦ 8.1 afgaan als een ~ *look a real idiot.*

gieterij 0.1 [handeling] *founding, casting* 0.2 [bedrijf, werkplaats] *foundry.*

gietijzer 0.1 *cast iron* ⇒⟨onbewerkt⟩ *pig/crude/foundry iron.*

gietijzeren 0.1 *cast-iron.*

gietsel 0.1 [gegoten voorwerp] *casting* ⇒⟨met gebruik van metalen mal⟩ *die-casting* 0.2 [vloeibaar gemaakte stof] *pour.*

gietstaal 0.1 *cast/crucible steel.*

gietvorm 0.1 *mould* ⇒⟨matrijs⟩ *matrix,* ⟨uit metaal⟩ *die.*

gietwerk 0.1 [het gieten] *casting, moulding* 0.2 [gegoten voorwerpen] *cast/moulded work.*

gif 0.1 *poison* ⇒⟨van dieren en fig.⟩ *venom,* ⟨plantaardige/dierlijke gifstof⟩ *toxin* ♦ 2.1 een snel/een langzaam werkend ~ *a quick-acting/slow p.*

gifangel 0.1 *(venomous) sting.*

gifbeker 0.1 *poisoned cup.*

gifbelt 0.1 *(illegal) dump for poisonous/toxic wastes.*

gifgas 0.1 *poison(ous) gas.*

gifgroen 0.1 *bilious/fluorescent green.*

gifgrond 0.1 *polluted land.*

gifkikker 0.1 *vicious bastard* ⟨m.⟩ */bitch* ⟨v.⟩.

gifklier 0.1 *poison/venom gland.*

giflozing 0.1 *dumping of toxic waste.*

gifmenger, -ster 0.1 *poisoner* ⟨m., v.⟩.

giframp 0.1 *pollution disaster.*

gifschandaal 0.1 *pollution scandal.*

gifschip 0.1 *toxic waste vessel/ship.*

gifslang 0.1 *poisonous snake.*

gifstorting 0.1 *dumping of toxic waste.*

gifstortplaats 0.1 *toxic waste dump.*

gift 0.1 [geschenk] *gift* ⇒⟨van donateur⟩ *donation, contribution* ♦ 3.1 ~ en worden ingewacht bij de penningmeester *donations will be gratefully received by the treasurer* 5.1 een ~ ineens *a donation in the form of a lump sum* ¶.1 ⟨jur.⟩ ~ en van hand tot hand *gifts by manual delivery.*

giftand 0.1 *poison fang.*

giftig 0.1 [met vergiftigde bestanddelen] *poisonous* ⇒⟨van dieren ook⟩ *venomous,* ⟨in toxicologie⟩ *toxic* 0.2 [mbt. mensen] *venomous* ⇒*vicious,* ⟨aanval⟩ *vitriolic* ♦ 1.1 ~ e planten/dampen *p. plants/fumes;* ~ e slangen *p. snakes;* een ~ e tong *a vicious tongue* 1.2 ~ e woorden *vitriolic words* 3.2 toen hij dat hoorde, werd hij ~ *when he heard that he turned vicious.*

gifvrij 0.1 *non-toxic, non-poisonous* ♦ 1.1 ~ e viltstiften *non-toxic felt-tip pens.*

gifwijk 0.1 ⟨*residential area containing illegally dumped toxic waste*⟩.

gifwolk 0.1 *toxic cloud.*

gigant 0.1 [reusachtige persoon/zaak, ook in samenst.] *giant* 0.2 [myth.] *Titan* ♦ 1.1 een oliegigant *an oil g.* 6.1 een ~ **van** een bedrijf *a gigantic company.*

gigantisch 0.1 *gigantic* ⇒*huge* ♦ 1.1 ~ e hoeveelheden *g. quantities.*

gigolo 0.1 *gigolo.*

gij ⟨schr.⟩ 0.1 *thou* ♦ 3.1 ⟨rel.⟩ ~ zult niet doden *thou shalt not kill.*

gijpen ⟨scheep.⟩ 0.1 *jib.*

Gijs ♦ 2.¶ een holle bolle ~ *a fatso, a bucket of lard.*

gijzelaar, -ster 0.1 [gegijzelde] *hostage* 0.2 →*gijzelhouder.*

gijzelen 0.1 [iem. als onderpand nemen/vastzetten] *take hostage* ⇒⟨voor losgeld⟩ *kidnap,* ⟨kapen⟩ *hijack* 0.2 [jur.] *imprison (* ⟨wegens schuld⟩ *for debt/*⟨wegens weerspannigheid⟩ *for contempt)* 0.3 [iem. als gijzelaar vasthouden] *hold hostage.*

gijzelhouder 0.1 *kidnapper* ⇒⟨kaper⟩ *hijacker.*

gijzeling 0.1 [het gijzelen] *taking of hostages* ⇒⟨voor losgeld⟩ *kidnapping,* ⟨kaping⟩ *hijack(ing)* 0.2 [jur.] *imprisonment (for debt/contempt)* 0.3 [het gegijzeld zijn] *hostageship* ♦ 6.1 iem. **in** ~ houden *hold s.o. hostage* 6.2 iem. **in** ~ nemen *imprison s.o. for debt/contempt.*

gijzelingsactie 0.1 *(act of) kidnapping/*⟨kaping⟩ *hijacking.*

gijzelnemer 0.1 *kidnapper;* ⟨kaper⟩ *hijacker.*

gil 0.1 [schreeuw]⟨vnl. mbt. pijn of angst; ook mbt. vreugde, sirene⟩ *scream* ⇒⟨vnl. mbt. krijsen, gieren; ook mbt. remmen⟩ *screech,* ⟨vnl. mbt. varkens, kinderen; ook mbt. vreugde, opgewondenheid⟩ *squeal,* ⟨vnl. mbt. schril gekrijs; ook mbt. stoomfluiten en lachen⟩ *shriek* ♦ 1.1 zij gaf een ~ van blijdschap *she squealed with joy* 3.1 als je me nodig hebt, geef dan even een ~ *if you need me just give (me) a shout.*

gilde 0.1 [ook gesch.] *guild* ♦ 1.1 het ~ der advocaten *the legal fraternity;* het slagersgilde *the butchers' g.*

∗gildemeester *(Wdl: gildenmeester)* ⟨gesch.⟩ 0.1 *guild master.*

∗gildeproef *(Wdl: gildenproef)* ⟨gesch.⟩ 0.1 [(het vervaardigen van een) meesterstuk] *(preparation of a/one's) masterpiece.*

gillen I ⟨onov.ww.⟩ 0.1 [mbt. personen/dieren]⟨vnl. pijn of angst; ook vreugde, lachen〉 *scream* ⇒〈ihb. krijsen, gieren〉 *screech*, 〈vnl. varkens, kinderen; ook vreugde, opgewondenheid〉 *squeal*, 〈vnl. schril krijsen; lachen〉 *shriek* **0.2** [mbt. zaken〉〈trein, sirene, machine〉 *scream;* 〈remmen〉 *screech* ♦ **3.2** de ambulance stoof~d voorbij *the ambulance raced past with its siren screaming* **6.1** het is om te ~ *it's a (perfect) scream* **8.1** ~ als een mager varken *squeal like a (stuck) pig;* II 〈ov.ww.〉 **0.1** [schreeuwen] *scream* ⇒*yell.*

giller 〈inf.〉 **0.1** *scream* ⇒〈ihb. domme blunder in taalgebruik〉 *howler* ♦ **3.1** het is een ~ *what a s.!*

gillerig 0.1 [geneigd tot gillen] *screamy, screechy* ⇒〈attr. ook〉 *screech-* **0.2** [als gillen] *scream-like.*

gin 0.1 *gin.*

ginder 0.1 *over there* ⇒〈mbt. hoger/lager gelegen plaats〉 *up/down there* ♦ **3.1** hij woont~ in het dal *he lives down there in the valley* **5.1** 〈vooral als uitroep〉 wel hier en ~ *well I'll be (darned).*

ginds 0.1 [ginder] *over there* ⇒〈mbt. hoger/lager gelegen plaats〉 *up/down there* **0.2** [(aan) die (kant), dat] *the/that … over there* ⇒〈mbt. hoger/lager gelegen plaats〉 *the/that … up/down there* ♦ **3.1** wie loopt daar ~? *who's that over there?*

ginnegappen 0.1 *giggle* ⇒*snigger* ♦ **3.1** wat zitten jullie weer te ~ *(just) what are you sniggering about?*

ginseng 0.1 *ginseng.*

gin-tonic 0.1 *gin and tonic.*

gips 0.1 [pleister] *plaster (of Paris)* **0.2** [afgietsel] *plaster cast* **0.3** [gipsverband] *(plaster) cast* ♦ **3.1** ~ aanmaken *mix plaster (of Paris)* **3.2** er zijn ~en van die beelden gemaakt *plaster casts have been made of those sculptures* **6.1** zij vervaardigt eerst een model **uit** ~ *she first makes a plaster (of Paris) model* **6.3** zijn been zit in het ~ *his leg is in a cast.*

gipsafdruk 0.1 *plaster cast.*

gipsbeeld 0.1 *plaster figure/figurine* ⇒*plaster statue(tte).*

gipsbeen 0.1 *leg in a cast.*

gipsen¹ 〈bn.〉 **0.1** *plaster* ♦ **1.1** een ~ been *a leg in a cast;* een ~ masker *a p. mask;* 〈van dode〉 *a death mask.*

gipsen² 〈ov.ww.〉 **0.1** [met gips bestrijken] *plaster* **0.2** [med.] *put in a cast* ♦ **3.1** het plafond laten ~ *have the ceiling plastered.*

gipskruid 0.1 *gypsophila, soap root.*

gipsmodel 0.1 *plaster model* ⇒〈afgietsel〉 *plaster cast.*

gipsplaat 0.1 *plasterboard.*

gipsverband 〈med.〉 **0.1** *(plaster) cast* ♦ **6.1** zijn been zit in een ~ *his leg is in a c.*

gipsy 0.1 *gipsy.*

giraal 0.1 [mbt. de giro] *giro* **0.2** [geschiedend door girooverschrijving] *by giro* ♦ **1.1** ~ geld *money of account, transferable money* **1.2** girale betaling *payment by giro.*

giraf(fe) 0.1 *giraffe.*

giraffehals, giraffenek 0.1 *giraffe('s) neck.*

gireren 0.1 *pay/transfer by giro.*

giro 0.1 [girodienst] *giro* ⇒〈GB〉 *National Girobank* **0.2** [girorekening] *Giro account* **0.3** [giroafrekening] *Giro statement* **0.4** [overschrijving] *transfer by bank/Giro* ⇒*bank/Giro transfer* ♦ **6.2** storten op de ~ *deposit into a/one's G. a.*

giroafrekening 0.1 *Giro statement.*

girobank 0.1 *transfer/clearing bank* ⇒*Giro bank.*

girobetaalkaart 0.1 *Giro cheque.*

girocheque 0.1 *Giro cheque.*

girodienst 0.1 〈GB〉 *National Girobank.*

girokaart 0.1 *Giro transfer slip.*

girokantoor 0.1 〈GB〉 *National Girobank.*

giromaat 0.1 (±) *cash dispenser, cashpoint* ⇒ᴬ*automatic/automated teller (machine).*

giromaatpas 0.1 *cashpoint card.*

gironummer 0.1 *Giro(bank) (account) number* ♦ **6.1** storten **op** ~ ooo *deposit into/transfer to G. n. ooo.*

girootje 〈geldw.〉 **0.1** *Giro (cheque).*

giro-overschrijving 0.1 [het overboeken] *Giro transfer, payment by Giro;* 〈via bank〉 *bank transfer* **0.2** [bedrag] *sum paid by Giro.*

giropas 0.1 *(Giro cheque) guarantee card.*

girorekening 0.1 〈GB〉 *Giro/Girobank account.*

giro(rekening)houder 0.1 *Giro account holder.*

girostrookje 0.1 *Giro slip.*

giroverkeer 0.1 *Giro transfer/transactions* ⇒〈alg.〉 *clearing transactions.*

gis¹ 〈de〉〈muz.〉 **0.1** *G sharp.*

gis² 〈bn.〉 **0.1** *smart, bright, canny, sharp* ⇒〈vnl. BE; sl.〉 *fly* ♦ **1.1** dat is een heel ~ ventje *he's a smart cookie/a fly boy.*

gispen 〈schr.〉 **0.1** *censure* ⇒*denounce, decry, scarify, castigate.*

gissen 0.1 *guess (at)* ⇒*estimate* ♦ **3.1** haar reactie laat zich slechts ~ *her reaction can only be guessed at* **6.1** ~ **naar** de oorzaak *g. at the cause.*

gissing 0.1 *guess;* 〈mv. ook〉 *guesswork, speculation* ♦ **3.1** er worden daaromtrent allerlei ~en gemaakt *conjecture is rife about that matter;* dit zijn allemaal (maar) ~en *this is all/just/mere/pure/sheer guesswork.*

gist 0.1 *yeast* ♦ **2.1** droge ~ *dried y.*

gisten 0.1 [ook fig.] *ferment* ♦ **1.1** de gemoederen waren aan het ~ *feelings were in a state of ferment* **3.1** laten/doen ~ *f.*

gisteren 0.1 *yesterday* ♦ **6.1** ik herinner het me nog als de dag van ~ *I remember it as if it were y.;* 〈fig.; scherts.〉 hij is niet van ~ *he wasn't born y.;* de krant van ~ *y.'s paper;* ~ vóór/over een week/een week geleden *y. week, a week from y.*

gister(en)avond 0.1 *last night.*

gister(en)middag 0.1 *yesterday afternoon.*

gister(en)morgen, -ochtend 0.1 *yesterday morning.*

gister(en)nacht 0.1 *last night.*

gisting 0.1 [fermentatie] *fermentation* ⇒*ferment,* 〈het bruisen〉 *effervescence* **0.2** [fig.] *(state of) ferment* ♦ **2.1** alcoholische ~ *alcoholic fermentation.*

gistingsproces 0.1 *fermentation process.*

gistvlokken 0.1 *yeast flakes.*

git 0.1 *jet.*

gitaar 0.1 *guitar* ♦ **2.1** elektrische/akoestische ~ *electric/acoustic g.*

gitaarspel 0.1 *guitar-playing.*

gitarist 0.1 *guitarist* ⇒*guitar-player* 〈niet mbt. klassieke muziek〉.

gitzwart 0.1 *jet-black.*

glaasje 0.1 [stukje glas] *(small) glass* ⇒〈van microscoop〉 *slide* **0.2** [glas drank] *drop, drink* ♦ **3.2** (wat) te diep in het ~ gekeken hebben *have had one too many;* een ~ op hebben *have had a few* ¶.2 ~ op, laat je rijden *don't drink and drive.*

glacé I 〈het〉 **0.1** [geglansd leer] *glazed leather;* II 〈de〉 **0.1** →**glacéhandschoen.**

glacéhandschoen 0.1 *kid glove.*

glacépapier 0.1 *glazed paper.*

glaceren 0.1 [glanzend maken] *glaze* **0.2** [bk.] *glaze* ⇒〈schilderij ook〉 *varnish* **0.3** [mbt. gebak] *glacé, glaze* ⇒〈niet doorzichtig〉 *ice, frost* **0.4** [mbt. vruchten] *candy* ⇒

glacé ◆ **1.3** amandelen ~ *sugar / glaze almonds* **1.4** gegla-
ceerde kersen *glacé cherries.*
glad I ⟨bn.⟩ **0.1** [glibberig] *slippery* ⇒⟨door ijs, ijzel ook⟩ *icy*
 0.2 [fig.; gewiekst] *slippery, slick* **0.3** [met een effen / glan-
zend oppervlak] *shiny* ⇒⟨gepolijst⟩ *polished,* ⟨glanzend⟩
 glossy ⟨vnl. stof / verf / papier / foto⟩ **0.4** [egaal, effen]
 smooth ⇒*even,* ⟨zonder uitsteeksels⟩ *flush* ◆ **1.2** een ~ de
jongen *a smooth operator* **1.4** ~ de banden *bald tyres;* een
~ beslag *a s. mixture;* een ~ de kin *a clean-shaven chin /
face;* een ~ de (gouden) ring *a plain (gold) ring;* een ~ voorhoofd *a s. brow* **3.1** 't is ~ op de wegen *the roads are s.* **3.3**
die jas wordt ~ aan de ellebogen *this jacket is getting shiny
at the elbows* **3.¶** dat is nogal ~! *that is (pretty) obvious;*
II ⟨bn., bw.⟩ **0.1** [vlug] *smooth* ◆ **1.1** hij heeft een ~ de tong
⟨meestal pej.⟩ *he has a glib tongue* **3.1** dat gaat hem ~ af
he's got the hang of it; ⟨als aangeboren⟩ *it comes easy to
him;*
III ⟨bw.⟩ **0.1** [geheel] *quite* ⇒*totally / utterly* ◆ **2.1** je hebt
het ~ mis *you are absolutely / totally wrong* **3.1** ik ben het
~ vergeten *I clean forgot (it).*
gladaf **0.1** *flatly* ◆ **3.1** hij weigerde het ~ *he f. refused.*
gladakker **0.1** [smeerlap] *scoundrel* **0.2** →*gladjanus.*
gladgeschoren **0.1** *clean-shaven* ◆ **1.1** een ~ gezicht *a c.-s.
face;* ⟨scherts.⟩ *a face as smooth as a baby's bottom.*
gladharig **0.1** *smooth-haired* ⇒⟨glanzend⟩ *sleek-haired.*
gladheid **0.1** [glibberigheid] *slipperiness* ⇒⟨door ijs, ijzel⟩
 iciness **0.2** [gewiekstheid] *slickness* **0.3** [glanzigheid]
 shine ⇒⟨door polijsten⟩ *polish,* ⟨glans vnl. mbt. stof / verf /
papier⟩ *gloss(iness)* **0.4** [vlakheid] *smoothness* ⇒⟨kaalheid⟩
 baldness ◆ **1.1** ~ op de wegen *icy patches on the roads.*
gladhout **0.1** *(French-)polished wood.*
gladiator ⟨gesch.⟩ **0.1** *gladiator.*
gladiool **0.1** *gladiolus.*
gladjanus, gladjakker **0.1** *smooth operator / customer.*
gladjes **0.1** [nogal glibberig] *(a bit / rather) slippery* ⇒⟨door
ijs, ijzel ook⟩ *(a bit / rather) icy,* ⟨door olie / vet⟩ *(a bit / rather) greasy* **0.2** [gewiekst] *(a bit / rather) slippery / slick*
 0.3 [gemakkelijk] *quite smoothly* ◆ **3.1** 't is ~ op straat
it's a bit slippery out.
gladmaken **0.1** [gelijk / effen maken] *smooth(en)* ⇒*even,*
⟨polijsten⟩ *polish* **0.2** [glanzig / glimmend maken] *glaze*
 0.3 [vereffenen, aanzuiveren] *balance* ◆ **1.3** een rekening
~ *b. an account.*
gladscheren **0.1** *shave (clean).*
gladschuren **0.1** *sand (down)* ⇒⟨met schuurpapier ook⟩
 sandpaper.
gladstrijken **0.1** *smooth (out / down)* ⇒⟨met strijkijzer, ook
fig.⟩ *iron (out),* ⟨foto.⟩ *squeegee* ⟨afdruk⟩ ◆ **1.1** zijn kleren ~
 smooth down one's clothes; ⟨fig.⟩ moeilijkheden ~ *iron out
difficulties;* ⟨van vogel⟩ zijn veren ~ *one's preen feathers.*
gladweg ◆ **3.¶** ~ vergeten *clean forget.*
glans **0.1** [uitstraling, schijnsel] *glow* **0.2** [spiegelende re-
flectie] *gleam* ⇒*lustre, gloss* ⟨van foto, verf⟩, ⟨mbt. zijde,
haren enz.⟩ *sheen* **0.3** [praal] *splendour, brilliance* **0.4**
[eikel (van penis / clitoris)] *glans* **0.5** [poetsmiddel] *polish*
◆ **1.2** een felle ~ *a glare; a strong / glaring light;* de ~ van
gepoetste schoenen *the shine of polished shoes* **2.2** P. geeft
uw meubelen een fraaie ~ *P. gives your furniture a beautiful shine;* er kwam een zachte ~ op haar gelaat *a soft radiance came over her face* **3.1** het lampje verspreidde een
flauwe ~ *the lamp gave a faint g.* **3.2** iets van zijn ~ beroven *take the shine off sth.;* zijn ~ verliezen *become dull;*
⟨metalen⟩ *tarnish* **3.3** ~ geven / verlenen / bijzetten aan
add lustre to **6.2** zonder (enige) ~ *drab* **6.3** met ~ *with flying colours;* ⟨iron.⟩ **met** ~ zakken *fail brilliantly.*

glansloos **0.1** *dull* ⇒*lacklustre.*
glansmiddel **0.1** *polish* ⇒*brightener.*
glanspapier **0.1** *glazed paper.*
glansperiode **0.1** *heyday* ⇒*golden age.*
glansrijk **0.1** *splendid* ⇒*brilliant,* ⟨roemrijk ook⟩ *glorious* ◆
 1.1 een ~ e overwinning *a g. victory* ⟨ihb. mbt. veldslag of
sportwedstrijd⟩; *a brilliant success* **3.1** de vergelijking ~
doorstaan *compare very favourably with* **¶.1** hij is de
moeilijkheden ~ te boven gekomen *he surmounted his difficulties magnificently.*
glansrol **0.1** *star part / role.*
glansverf **0.1** *gloss (paint).*
glanzen ⟨onov.ww.⟩ **0.1** [glimmen, blinken] *gleam* ⇒*shine*
 0.2 [stralen] *shine* ⇒*glow,* ⟨mbt. sterren ook⟩ *twinkle* ◆ **1.1**
⟨foto.⟩ ~ d papier *glossy / high-gloss paper* **1.2** ~ d haar
 glossy / sleek hair **6.1** ⟨fig.⟩ zijn gezicht glansde **van** blijdschap *his face lit up / shone with joy;*
II ⟨ov.ww.⟩ **0.1** [doen glimmen] *polish* ⇒⟨mbt. stof, leer,
papier⟩ *glaze,* ⟨mbt. foto⟩ *gloss* ◆ **1.1** metaal / katoen ~ *bur-
nish metal / glaze cotton.*
glanzig **0.1** *shiny, shining* ⇒*glossy.*
glas **0.1** *glass* ⇒⟨ruit⟩ *(window-)pane* ◆ **1.1** een ~ bier *a
(glass of) beer* **2.1** dubbel ~ *double glazing;* geslepen ~ *cut
g.;* gewapend ~ *armoured g.;* ⟨draadglas⟩ *wired g.;* mat ~
 frosted g. **3.1** ~ blazen *blow g.;* laten we het ~ heffen op ...
let's drink to ...; zijn eigen glazen ingooien / inslaan ⟨fig.⟩
cut one's own throat; ⟨in een woedebui⟩ *cut off one's nose
to spite one's face;* de glazen wassen *clean / wash the windows* **6.1** wijn **per** ~ *wine by the g.* **8.1** de zaak is zo helder
als ~ *the matter is crystal-clear* **¶.1** ~ in lood *leaded g.;*
⟨gekleurd⟩ *stained g.*
glasachtig **0.1** *glassy, glasslike.*
glasbak **0.1** *bottle bank.*
glasblazen **0.1** *glassblowing.*
glasblazer **0.1** *glassblower.*
glasblazerij **0.1** [bedrijf, werkplaats] *glassworks* **0.2** [het
glasblazen] *glass blowing.*
glascultuur **0.1** *cultivation under glass.*
glasdraad I ⟨het, de⟩ **0.1** [dun uitgetrokken glas] *glass fibre;
fibreglass;*
II ⟨de⟩ **0.1** [voorwerp, draad] *glass filament / fibre.*
glasfabriek **0.1** *glassworks.*
glasfiber →*glasvezel.*
glasgordijn **0.1** *net / lace curtain.*
glasgroen **0.1** *bottle green* ⇒*glass green.*
glashandel **0.1** [handel in glas] *glass trade* **0.2** [winkel]
 glazier's (shop).
glashard I ⟨bn.⟩ **0.1** [zeer hard] *as hard as rock* ⇒*rock-
hard;*
II ⟨bn., bw.⟩ **0.1** [onbewogen] *unfeeling* ◆ **3.1** hij ontkende
~ *he flatly denied.*
glashelder **0.1** *crystal-clear* ⟨ook fig.⟩ ⇒⟨mbt. stem⟩ *as
clear as a bell* ◆ **3.1** hij zette de zaak ~ uiteen *he gave a
crystal-clear explanation of the matter;* ~ zingen *sing like
a nightingale.*
glas-in-loodraam **0.1** *leaded window* ⇒⟨gebrandschil-
derd⟩ *stained-glass window.*
glasoog **0.1** [kunstoog] *glass eye* **0.2** [mbt. een paard] *wall-
eye.*
glasparel **0.1** [valse parel] *artificial pearl* **0.2** [glazen bol-
letje] *glass bead.*
glasplaat **0.1** *sheet of glass* ⇒⟨bewerkt⟩ *glass plate,* ⟨als ta-
felblad⟩ *glass top.*
glasraam **0.1** [raamwerk van een ruit] *window frame* **0.2**
[gebrandschilderd raam] *stained-glass window.*

glasschade 0.1 *broken windows/glass* ◆ **1.1** verzekering tegen ~ *glass insurance.*

glasscherf 0.1 [stuk glas] *piece of broken glass* ⇒⟨heel dun⟩ *splinter of glass.*

glasschilder 0.1 *stained-glass artist.*

glasservies 0.1 *set of glasses.*

glassnijder 0.1 *glass cutter.*

glasteelt →**glascultuur.**

glastuinbouw →**glascultuur.**

glastuinder 0.1 *glasshouse/greenhouse grower* ⇒⟨in tuin⟩ *greenhouse gardener,* ⟨bedrijf⟩ *glasshouse/greenhouse market gardener.*

glasverzekering 0.1 *glass insurance.*

glasvezel 0.1 [stofnaam] *glass fibre, fibreglass* **0.2** [één filament] *glass fibre/filament.*

glasvezelkabel 0.1 *fibre optic cable.*

glaswerk 0.1 [voorwerpen] *glass(ware)* **0.2** [ruiten] *glazing.*

glaswol 0.1 *glass wool.*

glaszuiver 0.1 *perfectly in tune* ⇒⟨mbt. stem ook⟩ *(as) clear as a bell.*

glazen 0.1 [van glas] *glass* ⇒⟨van ruiten voorzien⟩ *glazed* **0.2** [glazig] *glossy* ◆ **1.1** een ~ deur *a glass door;* ~ kast *glass case;* een ~ oog *a glass eye.*

glazenkast 0.1 *china cupboard/cabinet.*

glazenwasser 0.1 [persoon] *window-cleaner* **0.2** [bezem, boender] *brush and pole* **0.3** [grote libel] *dragonfly.*

glazig 0.1 [glasachtig] *glassy* **0.2** [mbt. ogen] *glassy, glazed* **0.3** [mbt. aardappelen] *waxy* ◆ **3.1** de uien ~ laten worden *sauté the onions.*

glazuren 0.1 *glaze* ⇒⟨met email(lak)⟩ *enamel* ◆ **1.1** geglazuurd aardewerk *glazed pottery.*

glazuur(sel) 0.1 [glasachtige, glinsterende laag] *glaze, glazing* ⇒⟨email(lak)⟩ *enamel* **0.2** [mbt. de tanden] *enamel* **0.3** [mengsel van poedersuiker en water] *icing.*

gletsjer 0.1 *glacier* ◆ **3.1** door ~s uitgeschuurd *glaciated.*

gletsjerdal 0.1 *glaciated valley* ⇒*U-shaped valley.*

gletsjerrivier 0.1 *glacier river.*

gletsjerspleet 0.1 *crevasse.*

gleuf 0.1 [sleuf, groef] *groove* ⇒⟨van automaat, schroefkop⟩ *slot,* ⟨brievenbus⟩ *slit,* ⟨in zuilen⟩ *flute* **0.2** [greppel, spleet] *trench, ditch* ⇒⟨in rotsen, als gevolg van aardbeving⟩ *fissure* **0.3** [vulg.; vagina] *slit* ⇒*cunt.*

glibberen 0.1 [herhaaldelijk uitglijden] *slither* ⇒*slip, slide* **0.2** [glijdend voortschuiven] *slither* ◆ **6.1** hij glibberde over het modderige pad *he slithered along the muddy path.*

glibberig 0.1 [glad en week] *slippery* ⇒*slithery,* ⟨slijmerig⟩ *slimy,* ⟨door vet⟩ *greasy* **0.2** [louche] *shady* ⇒*slimy* ◆ **1.1** ~e straten *slippery streets;* ⟨fig.⟩ zich op ~ terrein bevinden *have got onto a tricky subject.*

glijbaan 0.1 [baan op ijs/sneeuw] *slide* **0.2** [baan waarlangs men naar beneden kan glijden] *slide* ⇒*chute,* ⟨in zwembad ook⟩ *chute-the-chute.*

glijden 0.1 [zich langs een oppervlak voortbewegen] *slide* ⇒*glide* **0.2** [slippen, glippen] *slip* ⇒*slide* **0.3** [naar beneden schuiven, afzakken] *slide* ⇒*slip* ◆ **1.1** baantje ~ *slide (on a track)* **1.2** de ladder glijdt weg *the ladder is slipping (away)* **1.1** ⟨fig.⟩ een schaduw gleed *langs* de muur *a shadow passed over the wall;* de slee gleed over het ijs *the sleigh was gliding over the ice;* zijn hand gleed over de balustrade *he passed his hand over the banisters* **6.2** het boek was uit haar handen gegleden *the book had slipped from her hands* **6.3** hij liet het geld in zijn zak ~ *he slipped the money into his pocket;* de mantel gleed van haar

schouders *the cloak slipped off her shoulders;* zich van de trap laten ~ *slide downstairs.*

glijdend 0.1 *sliding* ⇒*flexible* ◆ **1.1** een ~e belastingschaal *a s. tax scale;* ~e werktijden *[n]flexitime; flexible working hours.*

glijmiddel 0.1 *lubricant.*

glijvlak 0.1 *sliding surface.*

glijvlucht 0.1 [mbt. vogels] *gliding flight* **0.2** [mbt. vliegtuigen] *glide.*

glimlach 0.1 *smile* ⇒⟨breed⟩ *grin* ◆ **2.1** een brede/stralende/innemende ~ *a broad/radiant/engaging s.* **3.1** er verscheen een ~ op zijn gelaat *he began to smile* **6.1** met/ zonder een ~ *smiling(ly), unsmiling(ly).*

glimlachen 0.1 *smile* ⇒⟨breed⟩ *grin* ◆ **3.1** blijven ~ *keep (on) smiling* **6.1** ik glimlachte *bij* de gedachte dat ... *the thought that ... made me s.; naar/tegen* iem. ~ *s. at s.o.*

glimmen 0.1 [gloeien] *glow* ⇒*shine* **0.2** [blinken] *shine* ⇒ *gleam* **0.3** [schitteren] *shine* ⇒*glitter* **0.4** [zichtbaar genieten] *glow* ⇒*shine, sparkle* ⟨ogen⟩ ◆ **1.2** ~de knopen *shiny buttons* **6.3** zijn oogjes glommen van blijdschap *his eyes shone with pleasure* **6.4** hij glimt van trots *he is glowing with pride* **8.2** de tafel glimt als een spiegel *the ta ble shines like a mirror.*

glimp 0.1 *glimpse* ◆ **1.1** een ~je hoop *a gleam of hope* **3.1** ⟨fig.⟩ een ~ van iem. opvangen/zien *catch a g. of s.o.*

glimworm, glimkever 0.1 *glowworm* ⇒*firefly.*

glinsteren 0.1 [schitteren, blinken] *glitter* ⇒*sparkle, glisten* ⟨vocht⟩ **0.2** [mbt. de ogen] *shine* ⇒*gleam, sparkle* ◆ **1.2** met ~de ogen luisteren *listen with eyes aglow.*

glinsterend 0.1 [schitterend, blinkend] *glittering* ⇒*sparkling, glistening* ⟨vocht⟩ **0.2** [glinstering veroorzakend] *sparkling* ⇒*gleaming* ◆ **1.1** ~ zand *glittering sand* **1.2** ~e zonnestralen *s. rays of the sun.*

glinstering 0.1 [het glinsteren, glans] *shine* ⇒*sparkle, gleam(ing)* **0.2** [iets dat glinstert] *sparkle* ◆ **1.1** de ~ v.h. goud/de ogen *the gleam of gold, the sparkle in the eyes.*

glippen 0.1 [glippen, wegglijden] *slip* ⇒*slide* **0.2** [voortglijden, voortschieten] *slide* **0.3** [ontglijden, ontschieten] *slip* ⇒*drop* ◆ **6.2** langs iem. heen ~ *slip/sneak/steal past s.o.; naar* buiten ~ *sneak/steal out* **6.3** het geld glipt hem *door* de vingers *money slips through his fingers;* hij liet het glas uit de handen ~ *he let the glass s from his hands.*

glit 0.1 *litharge* ⇒*lead monoxide.*

glitter 0.1 [iets dat glittert] *glitter* **0.2** [schittering, fonkeling] *glitter* ⇒*sparkle* ◆ **6.1** een bloes *met* ~ *a sequined blouse.*

globaal 0.1 *rough* ⇒*broad* ◆ **1.1** globale cijfers *r. figures;* een ~ onderscheid *a broad distinction;* een ~ overzicht geven *give a broad outline* **3.1** ~ genomen/gesproken moet ze rekenen op 25 gulden *roughly speaking, it'll come to about 25 guilders.*

globalisering 0.1 *globalization.*

globe 0.1 *globe.*

gloed 0.1 [hitte, warmte] *glow* ⇒⟨fel⟩ *blaze* **0.2** [fig.] *ardour* ⇒*fervour* **0.3** [schijnsel] *glow* ⇒⟨fel⟩ *glare, blush* ⟨wangen⟩ ◆ **1.3** we zagen de ~ van de brand *we saw the glare of the fire;* de vuurrode ~ v.e. robijn *the fiery g. of a ruby* **2.1** de felle ~ van het brandende huis *the fierce heat of the burning house* **6.1** in ~ zetten/staan *set/be aglow* **6.2** met ~ spreken *speak with fervour.*

gloednieuw 0.1 *brand-new.*

gloedvol 0.1 *glowing* ⇒*fervent* ◆ **1.1** hij hield een ~ betoog *he gave a g. speech;* in ~e bewoordingen *in g. terms.*

gloeidraad 0.1 ⟨in lamp⟩ *(incandescent) filament.*

gloeien 0.1 [door verhitting stralen] *glow* ⇒*shine, burn* **0.2**

gloeiend - godloochenaar

266

[zonder vlam branden] **smoulder** ⇒glow **0.3** [zeer warm zijn] **be red-/white-hot** ⇒glow ◆ **6.1** ⟨fig.⟩ ~ **van** liefde *blaze/be aglow with love* **6.3** het zand gloeit **onder** onze voeten *the sand burns beneath our feet.*

gloeiend 0.1 [tot gloeiens toe verhit] **glowing** ⇒red-/white-hot **0.2** [brandend heet] **red-/white-hot** ⇒scalding/boiling/piping hot ⟨vloeistof⟩, scorching ⟨weer⟩ **0.3** [mbt. kleuren] **glowing 0.4** [hartstochtelijk] **glowing** ⇒fervent **0.5** [in hoge mate]⟨citaatvoorbeelden⟩ ◆ **1.1** een ~e spijker *a mere pinpoint of light* **1.3** een ~e blos *a feverish blush;* ~e wangen *g. cheeks* **1.4** ~e blikken/bewoordingen *fiery glances, passionate words;* een ~e hekel aan iem. hebben *hate s.o.'s guts* **2.5** het er ~mee eens zijn *agree wholeheartedly* **5.2** het was ~ heet vandaag *today was a scorcher* **5.5** je bent er ~ bij *you're in for it now,* (I) *caught you red-handed, gotcha!* **6.2** ~ **van** koorts *burning with fever.*

gloeihitte 0.1 *burning/scorching/stifling heat.*
gloeilamp 0.1 *(light) bulb.*
gloeilicht 0.1 *incandescent light.*
glooien 0.1 *slope* ⇒slant ◆ **1.1** de weg glooide een beetje *the road sloped gently.*
glooiend 0.1 ⟨bn.⟩ *sloping* ⇒slanted, rolling ⟨landschap⟩, ⟨bw.⟩ *in a slope, slantwise, slantways.*
glooiing 0.1 [helling] *slope* ⇒slant **0.2** [talud] *bank.*
gloren 0.1 [glimmen] *shine* ⇒glow **0.2** [zacht schijnsel geven] *gleam* ⇒glimmer ◆ **1.1** er gloorde geen sprankje vuur in de haard *there was not one spark of fire in the hearth* **3.2** de ochtend begon te ~ *day was breaking/dawning.*
gloria 0.1 [rel.; lofzang in de mis] *gloria* **0.2** [glorie] *glory* ◆ **6.2** lang zullen ze leven in de ~! ⟨op verjaardag, liedje als volgt⟩ *Happy Birthday to you, Happy Birthday to you, Happy Birthday Dear ..., Happy Birthday to you.*
glorie 0.1 *glory* ⇒⟨rel.⟩ *gloria* ⟨aureool⟩ ◆ **2.1** Hollands ~ *the pride of Holland;* vergane ~ *past g.* **3.1** ~ zij de Vader *g. be to the Father* **6.1** in volle/in al zijn ~ *in all its g.*
glorierijk 0.1 *glorious.*
glorietijd 0.1 *heyday* ⇒golden age ◆ **6.1** in zijn/haar ~ *in his/her h.*
glorieus 0.1 *glorious.*
glorificatie 0.1 *glorification.*
glossarium 0.1 *glossary.*
glos(se) 0.1 *gloss* ⇒⟨commentaar ook⟩ *comment(ary), annotation.*
glottisslag ⟨taal.⟩ **0.1** *glottal stop.*
glucose 0.1 *glucose* ⇒grape sugar.
gluiper(d) 0.1 *shifty character.*
gluiperig 0.1 *shifty* ⇒sneaky ◆ **3.1** hij kijkt ~ uit zijn ogen *he has a shifty look in his eyes.*
glunderen 0.1 *beam* ⇒shine ◆ **6.1** ~ **van** blijdschap *radiate joy;* ~ **van** trots *b. with pride.*
gluren 0.1 *peep* ⇒peek ◆ **6.1** om een hoekje ~ *peep/peek round a corner;* de rode daken gluurden **uit** het groen *the red roofs peeped out from among the green.*
gluton 0.1 *gelatin* ⇒gluten.
gluurder 0.1 *peeping Tom.*
glycerine 0.1 *glycerin(e).*
glycol 0.1 *glycol.*
gniffelen 0.1 *snigger* ⇒chuckle.
gnoe 0.1 *gnu.*
gnoom 0.1 *gnome.*
gnuiven 0.1 *gloat (over)* ⇒chuckle, ⟨luidruchtig⟩ *chortle.*
goal 0.1 *goal* ◆ **3.1** een ~ maken *score a g.* **6.1** in de ~ staan *be in g., be the goalkeeper.*
god, godin 0.1 [(bij polytheïstische volkeren) godheid] *god* ⟨m.⟩; *goddess* ⟨v.⟩ **0.2** [fil.] *god* **0.3** [godenbeeld] *god* ⇒idol

0.4 [mens, zaak] *god* ◆ **2.3** een houten ~ *a wooden idol/g.* **2.4** een jonge ~ *a Greek/young g.;* de mindere ~en *the small fry, the lesser gods* **6.1** zich **aan** ~ noch gebod storen *go one's own way* ¶**.1** de ~en zijn ons gunstig gezind *the gods are with us.*
God, godin 0.1 [de Schepper] *God* ◆ **1.1** bij de gratie ~s *by the grace of G.;* ~ de Heer *the Lord G.;* het lam ~s *the Lamb (of God);* in ~s naam! *for God's/goodness' sake!;* ⟨fig.⟩ ~s water over ~s akker laten lopen *let things take/run their (natural) course* **3.1** hij mag ~ wel (op zijn blote knietjes) danken *he can thank his lucky stars;* zo (waarlijk) helpe mij ~ (almachtig) *so help me G.;* in ~ geloven *believe in G.;* ~ mag weten waar hij is *G. (alone) knows where he is;* zijn hoop op ~ vestigen *place one's hope in G.;* ~ sta me bij *G. help me;* ~ weet hoe ze daar terecht zijn gekomen! *G./the Lord knows how they got there!;* als ~ het wil *G. willing* **6.1** ik zou het **bij** ~ niet weten *for the life of me, I don't know;* **van** ~ en iedereen verlaten *godforsaken;* ieder voor zich en ~ **voor** ons allen *every man for himself and the devil take the hindmost* **8.1** leven als ~ in Frankrijk *live the life of Riley* ¶**.1** ~ betere het! *G. help us!;* oh *G. (no)!;* ~ zij met ons *G. be with us;* ~e zij dank *thank G./heavens;* ~ allemachtig!, ~ nog an toe! *Christ (almighty)!*
godallemachtig 0.1 *(good) God Almighty* ⇒by God.
godbetert ⟨inf.⟩ **0.1** [uitroep van verontwaardiging] *bloody hell.*
goddank 0.1 *thank God/goodness.*
goddelijk 0.1 *divine* ◆ **1.1** de ~e deugden *the theological virtues;* ~e muziek *heavenly music;* door ~e openbaring *by d. revelation;* de ~e voorzienigheid *(d.) providence;* wat een ~ weer *such glorious weather!;* ~e wezens *deities, godlike beings;* het ~ Woord *the Word of God.*
goddelijkheid 0.1 [goddelijke natuur] *godhead* ⇒divinity **0.2** [goddelijke oorsprong] *divinity* ⇒divine nature/origin **0.3** [goddelijke schoonheid/heerlijkheid] *heavenliness* ◆ **1.2** de ~ van de H. Schrift *the divine origin of Scripture.*
goddeloos I ⟨bn.⟩ **0.1** [aan geen god(en) gelovend] *irreligious* ⇒godless **0.2** [diep verdorven] *wicked* ◆ **1.1** een ~ mens *an i. person* **1.2** een goddeloze stad *a w. town;* **II** ⟨bn., bw.⟩ **0.1** [zondig] *wicked* ⇒godless, sinful **0.2** [enorm, ontzettend] *unholy* ⇒ungodly ◆ **1.1** een ~ leven leiden *lead a life of vice* **1.2** wat een ~ lawaai! *what an unholy racket!* **3.1** ~ handelen *act wickedly.*
goddeloosheid 0.1 [ongodsdienstigheid, verdorvenheid] *godlessness* ⇒⟨verdorvenheid⟩ *wickedness,* ⟨verdorvenheid⟩ *sin(fulness)* **0.2** [zondige daad] *wickedness* ⇒sin.
goddomme ⟨vulg.⟩ **0.1** *(god)damn it, goddammit.*
godenbeeld 0.1 *idol* ⇒image of a god.
godendom 0.1 *pantheon.*
godendrank 0.1 *nectar.*
godenspijs 0.1 [spijs van de goden] *ambrosia* **0.2** [overheerlijk eten] *food for the gods.*
godgans ⟨inf.⟩ **0.1** *whole blessed.*
godgeklaagd ⟨inf.⟩ **0.1** *disgraceful* ⇒crying to (high) heaven ◆ **3.1** 't is ~, zo snel als de prijzen stijgen *it's an outrage the way prices are rising.*
godgeleerde 0.1 *theologian* ⇒divine.
godgeleerdheid 0.1 *theology* ⇒divinity.
godheid 0.1 [goddelijk wezen] *deity* ⇒god(head) **0.2** [goddelijkheid] *godhead* ⇒divinity ◆ **1.2** de ~ van Jezus loochenen *deny the divinity of Jesus* **7.1** de Godheid *the Godhead.*
godlasterend 0.1 *blasphemous.*
godloochenaar, -nares 0.1 *atheist* ⟨m., v.⟩.

godonterend 0.1 *blasphemous* ⇒*sacrilegious.*
godsamme 0.1 *dammit.*
godsbewijs 0.1 *argument/proof for the existence of God.*
godsdienst 0.1 [leerstellingen, plechtigheden] *religion* 0.2 [het dienen v.e. god] *(divine) worship* ♦ 1.2 vrijheid van ~ *freedom of religion, religious freedom* 2.1 de christelijke ~ *the Christian r., Christianity* 3.1 een andere ~ aannemen *convert/be converted to another r./faith.*
godsdienstfanaat 0.1 *religious fanatic.*
godsdiensthaat 0.1 *(religious) hatred/intolerance.*
godsdienstig 0.1 [god dienend] *religious* ⇒*devout* 0.2 [mbt. de godsdienst] *religious* ♦ 1.1 ~e lectuur *devotional literature;* hij heeft een ~e moeder *he has a r. mother* 1.2 dat mag niet volgens hun ~e overtuiging *their r. convictions don't allow it;* een ~e samenkomst *a r. service/assembly, worship* 3.1 deugdzaam en ~ leven *live virtuously and devoutly.*
godsdienstigheid 0.1 *piety, devoutness.*
godsdienstoefening 0.1 [het verrichten van/deelnemen aan plechtigheden] *religious practice* ⇒*practice of religion* 0.2 [kerkdienst] *(religious/divine) service* ⇒*worship.*
godsdienstonderwijs 0.1 *religious education/instruction* ⇒*catechism.*
godsdienstoorlog 0.1 *religious war.*
godsdienstplechtigheid 0.1 *religious ceremony/rite.*
godsdienstvrijheid 0.1 *freedom of religion/worship* ⇒*religious freedom.*
godsdienstwaanzin 0.1 *religious mania.*
godsdienstwetenschap 0.1 *religious studies.*
godsgebouw 0.1 [tempel, kerk] *place of worship* ⇒*house of God* 0.2 [fig.; de kerk van Christus] *(the) Church.*
godsgemeente 0.1 *God's church/people* ⇒*the Church.*
godsgenadig I ⟨bn.⟩ 0.1 [heel] *whole blessed/(god) damned* 0.2 [geducht, flink] *merciless* ♦ 1.2 een ~ pak slaag *a m. beating;*
II ⟨bw.⟩ 0.1 [zeer] *goddam* ⇒*bloody.*
godsgericht 0.1 [oordeel van God] *(divine) judgement* 0.2 [plaag/bezoeking van Godswege] *(God's) judgement* 0.3 [gesch.; godsoordeel] *trial by ordeal.*
godsgeschenk 0.1 [geschenk van de goden/God] *gift of/from God/the gods* ⇒*God's gift* 0.2 [fig.; groot geluk, dankbaar bezit] *godsend* ⇒*blessing.*
godsgruwelijk 0.1 *God-awful* ⇒*(god) damned* ♦ 1.1 ik heb er een ~e hekel aan *it really gets my goat.*
godshuis 0.1 [kerk, tempel] *house of God* ⇒*place of worship* 0.2 [liefdadigheidsinstelling] *hospice* ⇒⟨armenhuis⟩ *almshouse.*
godslasteraar, -lasteraarster 0.1 *blasphemer.*
godslastering 0.1 [blasfemie] *blasphemy* 0.2 [vloekwoord] *profanity.*
godslasterlijk 0.1 *blasphemous* ♦ 1.1 er ~e taal uitslaan (over) *blaspheme (about).*
godsliederlijk 0.1 [in hoge mate liederlijk] *debauched* 0.2 [allerverschrikkelijkst] *excruciatingly* ⇒*appallingly* ♦ 1.1 ~e taal *obscene/foul language* 2.2 ~ gemeen *utterly revolting.*
godsmogelijk 0.1 ⟨zie ¶.1⟩ ♦ ¶.1 hoe is het nu toch ~ *how in God's name/in the name of God is it possible.*
godsnaam ♦ 6.¶ **in** ~ *in the name of God* ⟨onder aanroeping van Gods hulp⟩; *in God's name!, for God's/heaven's sake;* word toch **in** ~ wakker *wake up for God's/Christ's sake;* hoe is het **in** ~ mogelijk *how on earth/in God's name is it possible;* wat heb je **in** ~ gedaan? *what the hell/in the name of God have you done/been doing?*

godsonmogelijk 0.1 ⟨bn.⟩ *out of the question;* ⟨bw. ook⟩ *no way* ♦ 3.1 ik kan ~ zo vroeg klaar zijn *there's no way I'll be ready so early.*
godsoordeel 0.1 *trial by ordeal.*
godsverering 0.1 *worship of God/a god.*
godsvertrouwen 0.1 *trust/faith in God* ⇒*faith.*
godsvolk 0.1 [gelovigen] *the people of God, God's (chosen) people* 0.2 [jodendom] *the chosen (people).*
godsvrucht 0.1 *godliness* ⇒*devoutness.*
Godswege ♦ 6.¶ van ~ *(by) divine (providence).*
godswil ♦ 6.¶ om ~ *for (the love of) God; for God's/Christ's/ heaven's sake!;* hoe is het om ~ mogelijk? *how on earth is it possible?*
godswonder 0.1 *(divine) miracle* ♦ 3.1 het is een ~ dat hij nog leeft *it's a miracle that he's still alive.*
godswoord 0.1 *word of God* ⇒*God's word.*
godver 0.1 *damn it.*
godverdomme 0.1 *(God) damn (it)* ⇒*goddamn(ed).*
godvergeten I ⟨bn.⟩ 0.1 [goddeloos, slecht] *wicked* 0.2 [zeer eenzaam] *godforsaken* ♦ 1.1 ~ onrecht *rank injustice* 1.2 in een of ander ~ gat *in some g. hole;*
II ⟨bw.⟩⟨inf.⟩ 0.1 [in zeer hoge mate, gruwelijk] *damned* ♦ 2.1 die jongen is zo ~ stom *that boy is so (god)damned/ bloody stupid.*
godverlaten 0.1 *godforsaken* ⟨vnl. mbt. plaats⟩ ⇒*wretched* ⟨mens⟩ ♦ 1.1 een ~ oord *a g. place, a hole.*
godvrezend 0.1 *God-fearing.*
godzalig, godvruchtig 0.1 *godly* ⇒*devout* ♦ 1.1 een ~e blik in de ogen *a look of bliss in one's eyes;* een ~e levenswandel *a God-fearing/pious life(style).*
goed¹ ⟨het; g.mv.⟩ 0.1 [wat goed is] *good* 0.2 [gezamenlijke goederen/artikelen] *goods* ⇒*ware(s)* 0.3 [bezit] *goods* ⇒ *property,* (boedel, nalatenschap, landbezit, landgoed) *estate* 0.4 [één of meer voorwerpen, materiaal] *stuff* ⇒*things* 0.5 [kleding] *clothes* 0.6 [textiel] *material, fabric* ⇒*cloth* ♦ 1.1 ~ en kwaad *g. and evil, right and wrong* 2.3 gestolen ~ *stolen g./property;* onroerend ~ *real estate;* roerend ~ *personal property/effects* 2.4 ⟨fig.⟩ is het kleine ~ al naar bed? *have the kids/little ones gone to bed yet?* 2.5 zij heeft haar gooie ~ aan *she's got her Sunday best on;* schoon ~ *aantrekken put on clean c.* 2.6 wit/bont ~ *white/coloured wash; whites, coloureds* 3.1 dat zal hem ~ doen *that'll do him g., it'll be g. for him;* hij meende er ~ aan te doen *he meant well by it, he did it for the best;* ik denk dat je daar ~ aan gedaan hebt *I think you did the right thing* 3.6 het ~ hangt te drogen *the washing is hanging up to dry* 7.1 hij kan geen ~ meer doen *he can't do a thing right;* daar zul je de zaak geen ~ mee doen *you won't do things any g. if you do that;* er is bij hem geen ~ te doen *there's no pleasing him* ¶.3 ⟨sprw.⟩ gestolen ~ gedijt niet *ill-gotten gains never prosper.*
goed² I ⟨bn., bw.⟩ 0.1 [juist] ⟨bn.⟩ *good;* ⟨bw.⟩ *well* ⇒*right, correct* 0.2 [voortreffelijk] ⟨bn.⟩ *good;* ⟨bw.⟩ *well* 0.3 [geschikt] *good* 0.4 [gunstig] *good* ⇒*fine* 0.5 [deugdzaam] *good* 0.6 [behoorlijk] ⟨bw.⟩ *well* ♦ 1.1 alle berekeningen zijn ~ *all the calculations are correct* 1.6 ik heb er ~ geld mee verdiend *I've made a pretty penny/done well out of it;* een ~ jaar geleden *well over a year ago;* hij is een ~e veertiger *he is in his forties;* ⟨scherts.⟩ *he is (on) the wrong side of forty* 1.¶ op een ~ ogenblik merk je dat ...*there comes a time when you notice that* ... 2.2 ~ katholiek zijn *be a g. Catholic* 2.6 hij was ~ nijdig *he was really annoyed* 3.1 hij bedoelt/meent het ~ *he means well;* ik begrijp niet ~ ...*I don't quite/really understand* ...; begrijp me ~ *don't get me wrong, make no mistake (about it);* als ik 't ~ heb *if*

I'm not mistaken; ⟨iron.⟩ is het nou ~? *satisfied?;* ⟨mbt. fooi⟩ zo is 't ~ *(you can) keep the change;* als je ~ kijkt *if you look closely;* dat komt wel weer ~ *it'll turn out all right;* het ~ opnemen *take it well;* ik vind dat niet ~ ⟨keur het niet goed⟩ *I don't think that's a g. idea;* ⟨ben het er niet mee eens⟩ *I don't agree;* ⟨inf.⟩ dat zit wel ~ *that's all right, don't worry about it* **3.2** dat doet het altijd ~ *that always works (well);* ~ gedaan, jochie! *well done, kid!;* wij hebben het ~ *we're well off/all right;* we hebben het nog nooit zo ~ gehad *we've never had it so g.;* hou je ~! *look after yourself!, take care (of yourself)!;* dat kan ze erg ~ *she is very g. at it;* je kunt ~ zien dat … *it is obvious that …;* ⟨heel⟩ ~ Engels spreken *speak English (very) well, speak (very) g. English;* die jas staat je ~ *that coat suits you/looks g. on you;* er ~ uitzien ⟨aantrekkelijk⟩ *look g.;* ⟨gezond⟩ *look well;* ik wens je alle ~s *all the very best;* ⟨iron.⟩ nee, nou wordt ie ~! *that's rich!* **3.3** ik weet het ~ gemaakt … *I know, this is what we'll do;* zich ~ houden *control o.s.;* ⟨niet lachen ook⟩ *keep a straight face;* ⟨na persoonlijk verlies⟩ *bear up (well);* de soep is niet ~ meer *the soup has gone off;* het is mij ~ *I don't mind, it's all right by me;* het zal wel ergens ~ voor zijn *it must be of some use, there must be some reason for it;* ik zal het ~ met je maken *we can make a deal* **3.4** zich te ~ doen aan *feast on, tuck into;* dat komt ~ uit *that's (very) convenient;* hij maakt het ~ *he's doing well/all right;* ⟨fig.⟩ hij staat er ~ voor *his prospects are g.* **3.6** het betaalt ~ *it pays well;* hij kan nog niet eens ~ schrijven *he can't even write properly;* het er ~ van nemen *lead the good life* **3.¶** dat was maar ~ ook *it was just as well* **5.1** net ~! *serve(s) you/him/them* ⟨enz.⟩ *right!;* niet ~ geld terug *money-back guarantee;* het is ook nooit ~ bij hem *nothing's ever g. enough for him;* het is ook nooit ~ *I give up; you're never satisfied, are you;* precies ~ *just/exactly right;* alles ~ en wel maar … *that's all very well but …* **5.2** ~ zo! *good!, that's right!;* ⟨als compliment⟩ *well done!, that's the way!* **5.3** daar is de verzekering ~ voor *the insurance will cover it;* kort en ~ ⟨kortom⟩ *to cut a long story short;* ook ~ *very well, all right;* wie weet waar het ~ voor is *you never know what will come out of it* **5.4** dat geld heb ik nog van hem te ~ *he still owes me that money;* de rest hou je nog te ~ *I'll owe you the rest;* ik heb nog vier vakantiedagen te ~ *I've still got four holidays owing to me/outstanding;* dat heb je nog van me te ~ ⟨belofte⟩ *I (still) owe you one;* ⟨dreigement⟩ *you've got it coming (to you);* dat hebben we nog te ~ *that's still in store for us;* zo ~ en zo kwaad als het gaat *as best I/you/he can* **5.6** hij zat ~ fout *he was totally wrong;* toen ik ~ en wel in bed lag *when I finally/at last got into bed;* ik was net ~ en wel thuis of … *I'd only just come in/got home when …* **5.¶** maar ~ *(well) anyway;* we hadden het net zo ~ niet kunnen doen *we might/could just as well not have done it* **6.2** zij is ~ in wiskunde *she is g. at mathematics* **6.3** waar is dat ~ voor? *what g. will that do?;* ~ voor één consumptie *valid for one drink/meal/snack;* hij is ~ **voor** een paar ton *he is worth a few hundred thousand* **6.4** dat is ~ **om** te weten *that's a g. thing to know;* een verandering **ten** ~e *a change for the better;* de opbrengst komt **ten** ~e v.h. Rode Kruis *the proceeds go to the Red Cross;* het komt zijn prestaties niet **ten** ~e *it doesn't help his performance;* hou me **ten** ~e *don't hold it against me* **6.6** ~ **bij** zijn *be clever* **7.2** alles ~? *(is) everything all right?;* dat is een goeie! *that's a g. one!;* dat is te veel van het ~e *that is too much of a g. thing* **7.3** hij heeft er niet veel ~s geleerd *it hasn't done him much g.* **7.5** nu ~ en moeten onder de kwaden lijden *the innocent will suffer* **8.4** het is maar ~ dat … *it's a g. thing that …;* ~ dat er politie is *where would we be*

without the police?; ~ dat je 't zegt *that reminds me;* ~ dat ik 't weet *thanks for telling me* **8.¶** zo ~ als niets *next to nothing, hardly anything;* zo ~ als nieuw *as good as new;* dat is zo ~ als zeker *that is virtually/almost certain;* zo ~ als onmogelijk *virtually/well-nigh impossible;* zo ~ als niemand *hardly anybody* **¶.4** dat is maar ~ ook! *and a g. thing too!;*
II ⟨bn.⟩ **0.1** [vriendelijk] *good* ⇒⟨aardig⟩ *kind, nice* **0.2** [gezond] *well* ⇒*fine* ♦ **1.1** het komt uit een ~ hart *it's well-meant* **3.1** ik ben wel ~ maar niet gek *I'm not as stupid as you think;* ik voel me heel ~ *I feel fine/great;* zou u zo ~ willen zijn … *would/could you please …, would you be so kind as to …, do/would you mind …* **3.2** daar word ik niet ~ van ⟨ook fig.⟩ *that makes me (feel) sick* **5.1** hij was te ~ voor deze wereld *he was too g. for this world* **6.2** ben je wel ~ **bij** je hoofd? *are you crazy?*

goedaardig I ⟨bn., bw.⟩ **0.1** [goedig, vriendelijk] *good-natured* ⇒*kind-hearted* ♦ **1.1** een ~e hond *a g.-n. dog;*
II ⟨bn.⟩ **0.1** [med.] *benign* ⟨tumor⟩.

goedaardigheid 0.1 *good nature* ⇒*kind-heartedness.*

goeddeels 0.1 *largely* ⇒*for the most part.*

goeddoen 0.1 [weldoen] *do good* **0.2** [aangenaam aandoen] *do good* ⇒*help* ♦ **1.2** zo'n glas water doet goed ±*I needed that!* **5.2** de berglucht zal hem enorm veel ~ *the mountain air will do him a world of good.*

goeddunken 0.1 *pleasure* ⇒*discretion* ♦ **6.1** naar/volgens ⟨eigen⟩ ~ handelen *act on one's own discretion.*

goedemiddag 0.1 *good afternoon* ♦ **3.1** iem. ~ wensen/zeggen *wish s.o. g. a.*

goedemorgen 0.1 *good morning.*

goedenacht 0.1 *good night.*

goedenavond 0.1 [begroetingsformule] *good evening* **0.2** [afscheidsgroet] *good night.*

goederen 0.1 [artikelen, waren] *goods* ⇒⟨ec.⟩ *commodities,* ⟨koopwaar ook⟩ *merchandise* **0.2** [bezittingen] *goods* ⇒*property* ♦ **1.1** een partij ~ *a consignment of g./merchandise* **2.2** onroerende ~ *real estate;* roerende ~ *personal property/effects* **3.1** ~ laden/lossen *load/unload g.*

goederendepot 0.1 *goods depot;* ⟨voor bagage⟩ [B]*left luggage (office),* [A]*checkroom.*

goederenlift 0.1 [B]*goods lift,* [A]*service elevator.*

goederentrein 0.1 [B]*goods/*[A]*freight train.*

goederenverkeer 0.1 *movement of* [B]*goods/*[A]*freight* ⇒⟨vervoer⟩ ~ [B]*goods/*[A]*freight transport.*

goederenvervoer 0.1 [transport] *transport(ation) of goods* ⇒⟨zeevervoer⟩ *shipment of goods* **0.2** [bedrijfstak] [B]*goods traffic,* [A]*freight transport/trade.*

goederenvoorraad 0.1 *stock (in hand)* ⇒*goods in stock.*

goederenwagen 0.1 [vrachtauto] [B]*lorry,* [A]*truck* **0.2** [trein-(wagon)] [B]*goods van/waggon,* [A]*freight car.*

goederenwagon →goederenwagen **0.2.**

goedgebekt 0.1 *eloquent, fluent* ♦ **3.1** ~ zijn *have the gift of the gab, be a good talker.*

goedgeefs 0.1 *generous* ⇒*liberal.*

goedgeefsheid 0.1 *generosity, liberality.*

goedgehumeurd, -gemutst 0.1 *good-humoured/-natured.*

goedgelovig 0.1 *credulous* ⇒*gullible.*

goedgelovigheid 0.1 *credulity* ⇒*gullibility.*

goedgeluimd 0.1 *good-natured/-humoured* ⇒*in good/high spirits* ⟨alleen pred.⟩.

goedgezind 0.1 *well-meaning* ⇒*benevolent* ♦ **3.1** iem. ~ zijn *be well-disposed towards s.o.*

goedheid 0.1 [braafheid, rechtschapenheid] *goodness* **0.2** [zachtheid] *gentleness* **0.3** [toegeeflijkheid] *benevolence*

⇒*indulgence* ◆ **1.1** ~ van hart *goodheartedness* **4.1** hij is de ~ zelve *he is g. personified.*

goedhouden 0.1 *keep* ◆ **5.1** pompoenen kun je maandenlang ~ *pumpkins will k. for months.*

goedig 0.1 ⟨zachtaardig⟩ *gentle* ⇒⟨inschikkelijk⟩ *meek.*

goedje 0.1 *stuff* ◆ **2.1** het is (een) gevaarlijk ~ *it's dangerous s.*

goedkeuren 0.1 [verklaren dat iem./iets goed is] *approve (of)* ⇒*pass* ⟨als geschikt⟩ **0.2** [ermee instemmen] *approve, adopt* ⟨plan⟩; *ratify* ⟨verdrag⟩ ◆ **1.1** een wetsvoorstel ~ *pass a bill* **1.2** uw gedrag is niet goed te keuren *your conduct is unacceptable* **3.1** gezien en goedgekeurd *seen and approved;* ⟨med.⟩ goedgekeurd worden ⟨inf.⟩ *pass one's medical.*

goedkeurend 0.1 *approving* ⇒*favourable* ◆ **1.1** een ~ knikje/gemompel *a nod/murmur of approval;* een ~ oordeel over iets uitspreken *pass a favourable judgement on sth.* **3.1** ~ knikken/glimlachen *nod/smile (one's) approval.*

goedkeuring 0.1 [het goedkeuren/goedgekeurd worden] *approval* ⇒*consent* **0.2** [betuiging van tevredenheid] *approval* ◆ **2.1** Koninklijke ~ *royal assent* **3.1** zijn ~ geven *give one's consent/a.;* zijn ~ onthouden (aan) *withhold one's consent (to);* ~ wegdragen *meet with a.* **6.1** ter ~ voorleggen *submit for a.*

goedkoop I ⟨bn., bw.⟩ **0.1** [voordelig] *cheap* ⇒*inexpensive* ◆ **1.1** goedkope benzine *cut-price* ᴮ*petrol/*ᴬ*gas;* ~ tarief *c. rate;* ⟨vanwege seizoen/tijd v.d. dag⟩ *off-peak tariff* **3.1** er ~ afkomen *get off cheap(ly)* ¶**.1** ⟨sprw.⟩ ~ is duurkoop *best is cheapest;* **II** ⟨bn.⟩ **0.1** [fig.; van weinig waarde] *cheap* ◆ **1.1** een ~ argument *a c. argument;* een goedkope grap *a c. joke;* goedkope wijn *c. wine.*

goedlachs 0.1 *cheery.*

goedlopend 0.1 [mbt. zinnen] *well written* **0.2** [mbt. winkel, handel] *successful.*

goedmaken 0.1 [mbt. bedreven kwaad/verkeerde handelingen] *make up/amends for* **0.2** [mbt. een gebrek/tekortkoming] *make up for* ⇒*compensate (for)* **0.3** [mbt. onkosten/uitgaven] *cover* ⇒*make good* ◆ **1.2** zijn fouten ~ *redeem one's errors* **1.3** een verlies ~ *make good a loss* **6.1** iets weer ~ bij iem. *make amends to s.o. for sth.*

goedmoedig 0.1 *good-natured/-humoured.*

goedpraten 0.1 *explain away* ⇒*justify,* ⟨vergoelijken⟩ *gloss over* ◆ **1.1** die handelwijze is (valt) nooit goed te praten *those actions can never be justified.*

goedschiks 0.1 *willingly* ◆ **5.1** ~ of kwaadschiks *willing(ly) or unwilling(ly).*

goedvinden¹ ⟨het⟩ **0.1** *permission* ⇒*consent,* ⟨instemming⟩ *agreement* ◆ **2.1** met wederzijds/onderling ~ *by mutual consent* **6.1** met/zonder uw ~ *with/without your p.*

goedvinden² ⟨ov.ww.⟩ **0.1** [goedkeuren] *approve (of)* ⇒*consent (to)* **0.2** [dienstig/nuttig achten] *see fit, think proper* ◆ ¶**.1** als jij het goedvindt *if you agree;* vindt je vader dat goed? *does your father a. of this?*

goedzak 0.1 *kind soul.*

goeroe 0.1 *guru.*

gok 0.1 [het gokken] *gamble* **0.2** [waagstuk] *gamble* **0.3** [grote neus] *conk* ◆ **3.1** een ~ doen naar *(make a) guess at;* zullen we een ~ je doen/wagen? *shall we have a go at it?*

gokautomaat 0.1 *gambling/slot machine.*

gokbaas 0.1 *gambling/casino operator.*

gokhuis 0.1 *gambling joint.*

gokken 0.1 [spelen om geld] *gamble* ⇒*(place a) bet (on)* **0.2** [speculeren] *gamble* ◆ **5.2** ik gok erop dat we om zes uur thuis zijn *my guess is we'll be home by six* **6.1** ~ op een paard *(place a) bet on a horse.*

---

goedhouden - goochem

gokker, -ster 0.1 *gambler.*

gokpaleis 0.1 *casino.*

gokspel 0.1 *game of chance* ⇒*gambling (game).*

gokverslaafde 0.1 *gambling addict.*

gokverslaving 0.1 *gambling addiction.*

golf¹ ⟨de⟩ **0.1** [verheffing v d. waterspiegel] *wave* **0.2** [baai] *gulf, bay* **0.3** [nat.] *wave* **0.4** [straal v.e. vloeistof] *stream* ⇒*flood* **0.5** [toeneming in het voorkomen] *wave* ⇒*surge* **0.6** [mv.; zee] *waves* ◆ **1.2** de ~ van Napels *the Bay of Naples* **1.4** ⟨fig.⟩ een ~ van kritiek/verontwaardiging *a flood of criticism, a wave of indignation* **1.5** een ~ van geweld *a w. of violence* **2.1** ⟨verkeer⟩ een groene ~ *phased traffic lights* **2.3** ⟨com.⟩ korte ~ *short w.;* ⟨com.⟩ lange ~ *long w.* **6.1** met de golven meedeinen *ride on the waves.*

golf² ⟨het⟩⟨Eng.⟩ **0.1** [balspel] *golf.*

golfbaan 0.1 *golf course/links.*

golfbad 0.1 *swimming pool with a wave machine.*

golfband ⟨com., nat.⟩ **0.1** *waveband.*

golfbeweging 0.1 [mbt. zee] *wave motion* ⇒*waves* **0.2** [fig.] *wave-like motion/movement* ⇒*fluctuation.*

golfbreker 0.1 *breakwater.*

golfen 0.1 *play golf.*

golflengte 0.1 ⟨com., nat.⟩ *wavelength* ◆ **6.1** (niet) op dezelfde ~ zitten ⟨ook fig.⟩ *(not) be on the same w.*

golfplaat 0.1 *corrugated sheet.*

golfslag 0.1 *surge* ⇒*swell* ◆ **2.1** sterke ~ *heavy sea, strong swell.*

golfslagbad 0.1 *surf pool.*

golfstok 0.1 *golf club.*

Golfstroom 0.1 *Gulf Stream.*

golfterrein, -veld 0.1 *golf course/links.*

golven 0.1 [rijzend en dalend oppervlak vertonen] *undulate* ⇒*wave, heave* ⟨water, menigte⟩, *surge* ⟨water, menigte⟩ **0.2** [met/(als) in golven stromen] *gush* ⇒*flow* ◆ **1.1** de wind deed het water ~ *the wind ruffled the surface of the water* **6.2** het bloed golfde uit haar mond *(the) blood gushed from her mouth.*

golvend 0.1 [rijzend en dalend] *undulating* ⇒*wavy* **0.2** [in een golflijn] *wavy* ◆ **1.1** een ~e beweging *an u. motion* **1.2** ~ haar *w. hair;* een ~ terrein *rolling terrain.*

gom I ⟨het⟩ **0.1** [vlakgom]⟨vnl. ᴮᴱ⟩ *rubber;* ⟨vnl. ᴬᴱ⟩ *eraser;* **II** ⟨het, de⟩ **0.1** [boomhars] *gum (resin)* ◆ **2.1** Arabische ~ *gum arabic; gum.*

gondel 0.1 *gondola.*

gong 0.1 *gong* ◆ **3.1** op de ~ slaan *beat the g.*

goniometrie 0.1 *goniometry.*

gonorroe 0.1 *gonorrhoea.*

gonzen 0.1 *buzz* ⇒*hum* ⟨ook machine⟩ ◆ **4.1** het gonst v.d. geruchten *there are rumours buzzing about* **6.1** ~ van de bedrijvigheid *hum/b. with activity.*

goochelaar 0.1 *conjurer* ⇒*magician.*

goochelarij 0.1 [het goochelen, ook fig.] *magic* ⇒*conjuring* **0.2** [goocheltoer] *conjuring/magic trick.*

goochelen 0.1 [toveren] *conjure* ⇒*do/perform (conjuring/magic) tricks* **0.2** [handig/bedrieglijk met iets omspringen] *juggle (with)* ◆ **6.1** ~ met kaarten *do/perform card tricks* **6.2** ~ met cijfers *j. with figures.*

goochelkunst 0.1 [bedrevenheid] *art of conjuring/magic* **0.2** [goocheltoer] *conjuring/magic trick* ◆ **3.2** ~jes doen *do conjuring tricks.*

goocheltoer 0.1 *conjuring/magic trick* ◆ **3.1** ~en uithalen met cijfers *juggle with figures.*

goocheltruc 0.1 *conjuring/magic trick.*

goochem ⟨inf.⟩ **0.1** *smart* ⇒*crafty,* ⟨geslepen⟩ *sly,* ⟨geslepen⟩ *cunning.*

gooi 0.1 *throw* ⇒*toss* ◆ **6.1** ⟨fig.⟩ een ~ **naar** iets doen *have a shot/stab at sth.;* ⟨raden⟩ *have/make a guess at sth.;* ⟨fig.⟩ een ~ doen **naar** het presidentschap *make a bid for the Presidency.*

gooien 0.1 *throw* ⇒*toss,* ⟨met geweld⟩ *fling/hurl (at)* ◆ **5.1** geld ertegenaan ~ *spend a lot of money on (sth.);* iem. eruit ~ *throw s.o. out;* ⟨ontslaan⟩ *give s.o. the boot* **6.1 door** elkaar ~ ⟨ook fig.⟩ *mix/jumble up;* **met** de deur ~ *slam the door;* **met** rotte eieren ~ naar iem. *pelt s.o. with rotten eggs;* **om** iets ~ *toss for sth.*

gooi-en-smijtfilm 0.1 *slapstick film.*

goor 0.1 [groezelig] *filthy* ⇒*foul* **0.2** [mbt. eten/drinken] *bad* ⇒*rancid* ◆ **1.1** ⟨fig.⟩ gore taal uitslaan *use filthy language* **3.2** ~ smaken/ruiken *taste/smell revolting.*

goot 0.1 [afvoerbuis] *wastepipe* ⇒*drain(pipe),* ⟨dakgoot⟩ *gutter,* ⟨fabriek⟩ *chute* **0.2** [afvoerkanaal] *gutter* ⇒*drain* ◆ **6.2** ⟨fig.⟩ **in** de ~ terechtkomen *end up in the g.;* ⟨fig.⟩ iem. **uit** de ~ halen *drag s.o. (up) out of the g.*

gootsteen 0.1 *(kitchen) sink* ◆ **6.1** iets **in/door** de ~ spoelen *pour sth. down the sink.*

gootsteenbakje 0.1 *sink tidy.*

gootsteenontstopper 0.1 *plunger* ⇒⟨inf.⟩ *plumber's helper.*

gordel 0.1 [riem, ceintuur] *belt* **0.2** [middel] *belt* **0.3** [ster.] *(Orion's) belt* ◆ **2.1** een leren ~ *a leather b.*

gordelroos 0.1 *shingles.*

gordijn 0.1 *curtain* ◆ **2.1** ⟨fig.⟩ achter het IJzeren Gordijn *behind the Iron Curtain* **3.1** het ~ gaat op/valt *the c. rises/falls;* de ~en open/dichttrekken *draw the curtains.*

gordijnrail 0.1 *curtain rail/track.*

gording ⟨bouwk.⟩ **0.1** *purlin.*

gorgelen 0.1 *gargle.*

gorgonzola 0.1 *Gorgonzola (cheese).*

gorilla 0.1 *gorilla.*

gort 0.1 [gepelde gerst] *pearl barley* **0.2** [gebroken gerst] *groats.*

gortig ◆ **3.¶** hij maakt het al te ~ *he's going too far;* dat is (me) al te ~ *it's too much (for me), it's more than I can take.*

GOS ⟨afk.⟩ **0.1** [Gemenebest van Onafhankelijke Staten] *CIS* ⟨Commonwealth of Independent States⟩.

Goten 0.1 *Goths.*

gotiek 0.1 [de bouwstijl] *Gothic* **0.2** [stijl, cultuur] *(the) Gothic age* ◆ **2.1** de vroege/late/hoge ~ *Early/Late/High G.*

gotisch ⟨bouwk., druk.⟩ **0.1** *Gothic* ◆ **1.1** ~ schrift *G. script.*
Gotisch 0.1 ⟨zn. en bn.⟩ *Gothic.*

gotspe 0.1 *(c)hutzpa(h)* ⇒*audacity, cheek, nerve.*

goud[1] ⟨het⟩ **0.1** *gold* ◆ **2.1** 14 karaats ~ *14-carat g.* **5.1** zulke kennis is ~ waard *such knowledge is invaluable* **6.1** ~ **op** snee *gilt-edged;* **voor** geen ~ *not for all the tea in China;* ik zou me daar **voor** geen ~ vertonen *I wouldn't be seen dead there* **¶.1** ⟨sprw.⟩ het is niet alles ~ wat er blinkt *all that glitters is not gold.*

goud[2] ⟨bn.⟩ **0.1** *gold* ◆ **1.1** een ~ randje *a gold rim/edge.*

goudagio ⟨geldw.⟩ **0.1** *gold premium.*

goudblok ⟨geldw.⟩ **0.1** *gold bloc.*

goudbruin 0.1 *golden brown.*

goudeerlijk 0.1 *honest through and through* ⟨alleen pred.⟩.

gouden 0.1 [van goud] *gold* ⇒⟨vnl. fig.⟩ *golden* **0.2** [goudkleurig] *golden* **0.3** [mbt. een tijdperk] *golden* **0.4** [mbt. een jubileum/bruiloft] *golden* ◆ **1.1** een ~ ring *a gold ring.*

goudhaantje ⟨dierk.⟩ **0.1** *goldcrest.*

goudklomp 0.1 *gold nugget.*

goudkoorts 0.1 *gold fever.*

goudkust 0.1 [straat, woonwijk] *gold coast.*
Goudkust 0.1 [streek] *Gold Coast.*

goudmarkt 0.1 [handel in goud] *gold trade* **0.2** [prijsbeweging van het goud] *gold market.*

goudmijn 0.1 ⟨ook fig.⟩ *gold mine* ◆ **3.1** dat boek is een ~ voor wie citaten zoekt *that book is a g.m. for quotations;* een ~ ontdekken ⟨fig.⟩ *strike oil.*

goudprijs 0.1 *gold price; price of gold.*

goudreserve 0.1 *gold reserve.*

Gouds 0.1 *(from) Gouda* ◆ **1.1** ~e kaas *Gouda (cheese).*

goudsbloem 0.1 *marigold.*

goudsmid 0.1 *goldsmith.*

goudstaaf 0.1 *gold bar.*

goudstuk 0.1 *gold coin.*

goudvink 0.1 *bullfinch.*

goudvis 0.1 *goldfish.*

goudvoorraad 0.1 *gold stock(s).*

goudzoeker, -zoekster 0.1 *gold digger.*

goulash 0.1 *goulash.*

gourmetstel 0.1 *gourmet/raclette set.*

gourmetten 0.1 ±*have a fondue Bourguignonne.*

gouvernante 0.1 *governess* ⇒⟨inf. ook⟩ *nanny.*

gouverneur 0.1 *governor.*

gouverneur-generaal 0.1 *governor-general.*

gouverneurschap 0.1 *governorship* ⇒*office of/term as governor.*

gozer ⟨inf.⟩ **0.1** *guy* ⇒⟨vnl. BE⟩ *bloke* ◆ **2.1** een leuke ~ *a nice g.;* een rare ~ *a strange fellow; a weird g.*

graad 0.1 *degree* ⇒⟨mil.⟩ *rank* ◆ **2.1** een academische ~ *a university/an academic d.;* de vader is pedant, maar de zoon is het nog een ~ je erger *the father is conceited, but the son is even worse* **3.1** een ~ halen *graduate, get one's d.* **7.1** 18° Celsius *18 degrees Celsius;* een draai van 180 graden maken *make a 180-degree turn;* temperaturen boven de dertig graden *temperatures in the nineties;* verwanten in de eerste/tweede ~ *relatives once/twice removed;* tien graden onder nul *ten degrees below zero.*

graadmeter 0.1 ⟨ook fig.⟩ *gauge* ⇒*indicator* ⟨van markttendensen⟩.

graaf 0.1 *count* ⇒⟨GB⟩ *earl.*

graafmachine 0.1 *excavator.*

graafschap 0.1 *county.*

graag 0.1 [gaarne] *gladly, with pleasure* **0.2** [zonder tegenstreven] *willingly* ⇒*readily* ◆ **1.1** twee cola's, ~! *two cokes please!* **3.1** ~ gedaan *you're welcome;* ik heb (niet) ~ dat je ... *I would/don't like you to ...;* ik wil je ~ helpen *I'll be glad to help (you);* hij overdrijft ~ *he likes to lay it on a bit* **3.2** zij praat niet ~ over die tijd *she dislikes talking about that time;* dat wil ik ~ geloven *I can quite believe that, I'm not surprised* **4.1** hoe ~ ik het ook zou doen *much as I would like to do it* **5.1** ~ of niet *take it or leave it;* zij doet het (maar) al te ~ *she'd be/is only too happy to do it* **¶.1** (heel) ~! *(okay) thank you very much!, yes please!*

graaien 0.1 *grope about/around* ⇒*rummage about/around* ◆ **6.1** ~ naar iets *rummage about for sth.*

graal 0.1 *the (Holy) Grail* ◆ **2.1** het zoeken naar de heilige ~ *the quest for the H. G.*

graalroman 0.1 *Grail romance.*

graan 0.1 *grain;* ⟨BE ook⟩ *corn.*

graanbeurs 0.1 *grain/*⟨BE ook⟩ *corn exchange.*

graanhandel 0.1 *grain trade.*

graanhandelaar, -ster 0.1 *grain/*⟨BE ook⟩ *corn merchant.*

graanoogst 0.1 *grain/*⟨BE ook⟩ *corn crop/harvest.*

graanprijs 0.1 *grain price.*

graantje ◆ **3.¶** ⟨fig.⟩ een ~ meepikken *get one's share, get a piece of the pie.*

graat 0.1 [been(tje) van een vis] *(fish) bone* 0.2 [geraamte van een vis] *bones* ⟨mv.⟩ ◆ **3.1** de graten halen uit *bone* **6.2 van** de ~ vallen *be faint with hunger.*

grabbel ◆ **6.¶** zijn goede naam **te** ~ gooien *throw away one's reputation.*

grabbelen 0.1 *rummage (about/around)* ⇒*grope (about/around)* ◆ **6.1** de kinderen ~ **naar** de pepernoten *the children scramble/are scrambling for the ginger nuts.*

grabbelton 0.1 [B]*lucky dip,* [A]*grab bag.*

gracht 0.1 ⟨in stad⟩ *canal;* ⟨rondom vesting⟩ *moat* ◆ **6.1 aan** de Amsterdamse ~en *along/on the Amsterdam canals;* **op** een ~ wonen *live on a canal.*

grachtenhuis, -pand 0.1 *canal house.*

gracieus 0.1 *graceful, elegant* ◆ **1.1** gracieuze bewegingen *g. movements;* een ~ meisje *a g. girl.*

gradatie 0.1 [trapsgewijs verloop] *gradation* 0.2 [graad] *degree* ⇒*level.*

gradueel 0.1 [bij opklimming/daling] *gradual* 0.2 [mbt. de graad/mate] *of/in degree* ⇒*gradual* ◆ **1.2** er is slechts een ~ verschil *there is only a difference of degree.*

graf 0.1 [ruimte waarin iem. begraven wordt/ligt] *grave* ⇒ *tomb* 0.2 [laatste rustplaats] *grave* 0.3 [fig.; het einde] *grave* ◆ **1.1** ⟨fig.⟩ aan gene zijde van het ~ *beyond the g.* **2.1** zijn eigen ~ graven ⟨ook fig.⟩ *dig one's own g.* **3.1** uit het ~ opstaan *arise from the g.* **6.1** iem. het ~ in prijzen *praise s.o. to the skies;* zij zou zich in haar ~ omkeren *she would turn in her g.* **6.2** een geheim in het ~ meenemen *take a secret (with one) to the g.* **8.¶** ⟨fig.⟩ zwijgen als het ~ *be quiet/silent as the grave.*

grafheuvel 0.1 *(burial) mound.*

grafiek 0.1 [schrijf/tekenkunst] *graphic art, graphics* 0.2 [prenten] *prints* 0.3 [statistiek; grafische voorstelling] *graph* ⇒*diagram* ◆ **1.2** een veiling van boeken en ~ *an auction of books and p.* **6.3** iets **in** ~ brengen *plot sth., make a g. of sth.*

grafiet 0.1 *graphite.*

grafisch 0.1 *graphic* ◆ **1.1** de ~e industrie *the printing industry;* ~ kunstenaar *g. artist;* een ~ ontwerper *a g. designer;* een ~e voorstelling *a graph.*

grafkamer 0.1 *burial chamber.*

grafkelder 0.1 ⟨voor één dode⟩ *tomb,* ⟨voor meerdere doden⟩ *vault, crypt.*

grafkrans 0.1 ⟨bij begrafenis⟩ *(funeral) wreath;* ⟨bij herdenking⟩ *memorial wreath.*

grafkuil 0.1 *burial pit.*

grafmonument 0.1 *monument* ⇒⟨steen, zerk⟩ *memorial stone.*

grafrede 0.1 *funeral oration* ◆ **3.1** een ~ houden *make/deliver a f.o.*

grafschennis 0.1 *desecration of graves.*

grafschrift 0.1 *epitaph.*

grafsteen 0.1 *tombstone.*

grafstem 0.1 *sepulchral voice.*

graftombe 0.1 *tomb, sepulchre.*

grafzerk 0.1 *tombstone.*

gram I ⟨het, de⟩ 0.1 [gewichtseenheid] *gram* ◆ **7.1** vijf ~ kinine *five grams of quinine;*
II ⟨de⟩ ◆ **3.¶** zijn ~ halen *get one's own back, get even (with).*

grammatica 0.1 [spraakkunst] *grammar* 0.2 [boek] *grammar (book)* ◆ **1.1** de regels van de ~ *the rules of g.*

grammaticaal 0.1 *grammatical* ◆ **2.1** die zin is ~ juist *that sentence is grammatically correct.*

grammaticus 0.1 *grammarian.*

grammofoon 0.1 *gramophone.*

grammofoonnaald 0.1 ⟨moderne⟩ *stylus.*

grammofoonplaat 0.1 *(gramophone/phonograph) record* ◆ **3.1** een ~ maken *make a r.*

granaat 0.1 *grenade* ⇒*shell* ⟨artillerie⟩ ◆ **3.1** de stelling werd bestookt met granaten *the position was shelled.*

granaatappel 0.1 *pomegranate.*

granaatscherf 0.1 *piece of shrapnel* ⇒*shell fragment,* ⟨mv.⟩ *shrapnel.*

granaatvuur 0.1 *shellfire* ◆ **2.1** onder zwaar ~ liggen *be under heavy s.*

grandioos 0.1 *monumental* ⇒*mighty* ◆ **1.1** een grandioze prestatie *a first-rate achievement* **3.1** het is ~ mislukt *it was a monumental failure;* het ~ voor iem. verpesten *louse things up for s.o. in a big way.*

graniet 0.1 *granite* ◆ **1.1** een blok ~ *a block of g.*

granieten 0.1 *granite* ◆ **1.1** een ~ aanrecht *a g. draining-board.*

grap 0.1 [mop] *joke* ⇒*gag* 0.2 [iets vermakelijks] *joke* ⇒ *laugh* ◆ **2.2** een flauwe ~ *a feeble/poor j.* **3.1** ergens een ~ van maken *make a mockery/j. of sth.;* ~pen vertellen *tell/crack jokes* **3.2** een ~ met iem. uithalen *play a j. on s.o.;* ik zie daar de ~ niet van in *I don't get it/the j.* **5.2** de ~ is eraf *it has got/gone beyond a j.* **6.2** ze kan wel **tegen** een ~ *she can take a j.;* ze zei het maar **voor** de ~ *she was only joking;* **voor** de ~ *for fun/a laugh.*

grapefruit 0.1 *grapefruit.*

grapjas →**grappenmaker.**

grapje 0.1 *(little) joke* ◆ **3.1** het leven is geen ~ *life is no j.;* maak er maar een ~ van ⟨lett.⟩ *just treat it as a j.;* ⟨terechtwijzing⟩ *this is no laughing matter;* ze maakte maar een ~ *she was only joking* **6.1** iets **met** een ~ afdoen *shrug sth. off with a j., laugh sth. off;* kun je niet **tegen** een ~? *can't you take a j.?*

grapjurk →**grappenmaker.**

grappenmaker, -maakster 0.1 *joker, comedian.*

grappenmakerij 0.1 [het maken van grappen] *joking* ⇒ *banter* 0.2 [iets hinderlijks/ergerlijks] *mischief* ⇒*playing the fool* **3.2** schei nu maar uit met die ~ *now just stop playing the fool.*

grappig 0.1 [mbt. personen] *funny* ⇒*amusing* 0.2 [mbt. zaken] *funny* ⇒*comical, amusing,* ⟨opzettelijk⟩ *humorous* 0.3 [aardig om te zien] *cute* ◆ **1.2** 't was een ~ gezicht *it was a f./comical sight;* een ~e opmerking *a humorous remark;* een ~ voorval *an amusing incident* **3.1** zij probeerden ~ te zijn ⟨ook iron.⟩ *they were trying to be f.* **3.2** ik neem aan dat je dat ~ vindt *I suppose you think that's f.* **5.2** wat is daar nou zo ~ aan? *what's so f. about that?* **7.2** het ~ is ... *the f. thing is ...*

gras 0.1 *grass* ◆ **3.1** verboden het ~ te betreden *keep off the g.;* het ~ maaien *mow the lawn;* ⟨BE ook⟩ *cut the grass;* ⟨fig.⟩ iem. het ~ voor de voeten wegmaaien *take the ground from under s.o.'s feet* **7.1** ⟨fig.⟩ er geen ~ over laten groeien *lose no time (over it/in doing it).*

grasbaan 0.1 ⟨renbaan⟩ *grass track;* ⟨tennisbaan⟩ *grass court.*

grasduinen 0.1 *browse (through)* ◆ **3.1** hij zit weer in die kist met boeken te ~ *he is browsing through that chest of books again.*

grasetend 0.1 *herbivorous.*

grasgrond, -land 0.1 [voor grasteelt geschikte grond] *land for grass* ⇒⟨om op te grazen⟩ *pastureland* 0.2 [met gras begroeide grond] *grassland, meadow* ⇒⟨om op te grazen⟩ *pasture.*

grasklokje 0.1 *harebell.*

grasmaaien 0.1 *mowing (the lawn).*

grasmaaier 0.1 ⟨voor grasperk⟩ *(lawn) mower.*
grasmaand 0.1 *April.*
grasmat 0.1 *grass, turf* ⇒⟨vliegveld⟩ *grass strip,* ⟨sportveld⟩ *field* ♦ **2.1** de ~ lag er prachtig bij *the grass looked fantastic.*
grasmus 0.1 *whitethroat.*
grasperk 0.1 *lawn.*
graspieper 0.1 *meadow pipit.*
grassoort 0.1 *(type of) grass.*
graspriet 0.1 *blade of grass.*
grassproeier 0.1 *lawn sprinkler.*
grastoernooi 0.1 *tournament on grass, grass tournament.*
grasveld 0.1 *field (of grass)* ♦ ¶.1 ~je *patch of grass, lawn.*
grasvlakte 0.1 *grassy plain.*
graszaad 0.1 *grass seed.*
graszode 0.1 *turf* ⇒*sod.*
gratie 0.1 [bevalligheid] *grace* **0.2** [gunst] *favour* **0.3** [genade] *mercy* **0.4** [kwijtschelding] *pardon* ♦ **1.3** koning bij de ~ Gods *King by the grace of God* **1.4** een verzoek om ~ indienen *petition for mercy/a p.* **3.4** ~ krijgen *be pardoned;* ~ verlenen (aan iem.) *show (s.o.) mercy;* ⟨voor doodstraf⟩ *grant (s.o.) a reprieve;* ~ vragen *ask for mercy* **6.2** uit de ~ raken / zijn *lose/be out of f.;* bij iem. **uit** de ~ raken *fall out of f. with s.o.*
gratieverlening ⟨jur.⟩ **0.1** *pardon.*
gratieverzoek 0.1 *petition for (a) pardon/*⟨mbt. de doodstraf⟩ *(a) reprieve* ♦ **3.1** een ~ indienen *enter a petition for a p./r.*
gratificatie 0.1 *gratuity* ⇒*bonus.*
gratis 0.1 *free (of charge)* ♦ **1.1** ~ consumptie *f. / complimentary drink;* ~ entree *f. admission/entry* **2.1** het boek is ~ verkrijgbaar *the book is available f. (of charge)* **3.1** iets er ~ bij krijgen *get something thrown in (for f.)* ¶.1 ~ en voor niks *gratis, absolutely f.;* ~ met de bus mee mogen *be allowed to travel f. on the bus(es).*
gratuit 0.1 *uncalled for.*
grauw¹ I ⟨het⟩ **0.1** [gepeupel] *mob, rabble* ⇒⟨mv.⟩ *masses;* **II** ⟨de⟩ **0.1** [snauw] *snarl* ♦ **1.1** een ~ en een snauw *a snap and a snarl.*
grauw² ⟨bn.⟩ **0.1** [vaal van tint] *(ash-)grey, ashen* **0.2** [groezelig] *grubby* ⇒*grimy* ♦ **1.1** ⟨fig.⟩ het ~e bestaan *the drab existence;* een ~e lucht *a g. / leaden sky;* de ~e massa *the faceless masses* **3.1** ~ zien *look a.*
grauwbruin 0.1 *dun* ⇒*dull/greyish brown.*
grauwen 0.1 *snarl* ⇒*growl,* ⟨kortaf⟩ *snap* ♦ **6.1** grauw niet zo **tegen** me *don't snarl at me like that.*
grauwheid 0.1 *greyness* ⇒*drabness.*
grauwsluier 0.1 [grijs waas] *haze* **0.2** [nevel, ook fig.] *mist, fog.*
graveerder, -ster 0.1 *engraver.*
graveerkunst 0.1 *(art of) engraving.*
gravel 0.1 *gravel* ♦ **6.1** hij speelt liever **op** ~ dan op gras *he prefers (playing on) clay to (playing on) grass.*
gravelbaan 0.1 *clay court.*
gravelspecialist 0.1 *gravel specialist.*
graven 0.1 [met graafwerktuig (een opening) delven] *dig* ⇒ ⟨op grote schaal⟩ *excavate,* ⟨fig., om iets te zoeken⟩ *delve,* ⟨naar delfstoffen onder de grond⟩ *mine* **0.2** [met handen / snuit enz. (de grond) loswroeten] *dig* ⇒⟨van dieren, insecten ook⟩ *burrow* ♦ **1.1** een kuil / put ~ *dig a hole, sink a well;* een tunnel ~ *dig a tunnel, tunnel* **6.1** ⟨fig.⟩ **in** iemands verleden ~ *delve into s.o.'s past.*
graver 0.1 *digger* ⇒*excavator.*
graveren 0.1 ⟨ook bk.⟩ *engrave* ♦ **1.1** versierd met fraai ge-graveerde prenten *illustrated with beautifully engraved prints* **3.1** een naam in glas laten ~ *have a name engraved on glass.*
graveur 0.1 *engraver.*
gravin 0.1 *countess.*
gravure 0.1 *engraving* ⇒*print.*
grazen 0.1 *graze* ⇒*(be at) pasture* ♦ **3.1** het vee laten ~ *let the cattle g., put the cattle to pasture* **6.¶ te** ~ genomen worden *be had, be taken in;* iem. **te** ~ nemen ⟨bedotten⟩ *take s.o. for a ride, take s.o. in;* ⟨pak slaag geven⟩ *give s.o. a beating.*
greenpoint 0.1 *telepoint.*
Greenwichtijd 0.1 *Greenwich Mean Time, G.M.T.*
greep I ⟨de (m.)⟩ **0.1** [het grijpen, grijpende beweging] *grasp, grip* ⇒*grab* **0.2** [onopzettelijke keuze] *random selection/choice* ♦ **2.1** een ijzeren ~ *an iron grip* **3.1** een ~ doen naar ⟨reiken⟩ *reach for;* ⟨proberen⟩ *make a grab for;* ⟨vastgrijpen⟩ *clutch at;* ~ krijgen op iets *get a grip on sth.;* hij begon de ~ op zijn volgelingen te verliezen *he began to lose his hold on his followers* **3.2** doe maar een ~ ⟨ook⟩ *take your pick;* een ~ doen uit de mogelijkheden *pick at random from the various possibilities* **6.1** ⟨fig.⟩ **in** de ~ v.d. angst *seized with/by fear;* ⟨fig.⟩ Europa **in** de ~ van de winter *Europe in the grip of winter;* vast **in** zijn ~ hebben *have firmly in one's grasp;* ⟨fig.⟩ een ~ **naar** de macht *a grab for power;* **II** ⟨de⟩ **0.1** [hoeveelheid] *handful* **0.2** [handvat, heft] *handle* ⇒*butt* ⟨van geweer⟩.
gregoriaans 0.1 *Gregorian* ♦ **1.1** ~e kerkgezangen *G. chant.*
greintje ⟨vaak voorafgegaan door 'geen'⟩ **0.1** *(not) a bit (of)* ♦ **1.1** geen ~ hoop *not a ray of hope;* geen ~ gezond verstand *not a grain of common sense.*
grenadier 0.1 *grenadier.*
grendel 0.1 *bolt* ♦ **1.1** achter slot en ~ zitten *be under lock and key;* achter slot en ~ zetten ⟨veilig opbergen⟩ *put under lock and key;* ⟨in gevangenis⟩ *put behind bars.*
grendelen 0.1 *bolt.*
grenen 0.1 *pine(wood)* ⇒⟨vnl. BE⟩ *deal.*
grenenhout 0.1 *pine(wood)* ⇒⟨vnl. BE⟩ *deal.*
grens 0.1 ⟨rand;staatsgrens⟩ *border;* ⟨rand; scheidingslijn⟩ *boundary;* ⟨limiet⟩ *limit* ⇒⟨perken ook⟩ *bounds* ⟨mv.⟩ ♦ **1.1** op de ~ van leven en dood *on the verge of life and death* **2.1** de Duitse ~ *the German border* **3.1** ⟨fig.⟩ geen grenzen kennen *know no bounds;* ⟨fig.⟩ we moeten ergens een ~ trekken *we have to draw the line somewhere;* ⟨fig.⟩ er zijn grenzen! *there is a limit!* **6.1 aan** de ~ *at the border;* ⟨fig.⟩ **binnen** de grenzen van het mogelijke *within the bounds of possibility;* ⟨fig.⟩ **binnen** de grenzen van zijn mogelijkheden blijven *keep within the limits of one's capabilities;* ⟨fig.⟩ **binnen** redelijke grenzen *within reason;* iem. **over** de grenzen zetten *deport s.o.;* de ~ **tussen** Nederland en Duitsland *The Dutch-German border/frontier.*
grensbewaker 0.1 *border guard.*
grensbewaking 0.1 *guarding of the frontier.*
grensbewoner, -bewoonster 0.1 *inhabitant of the border area.*
grensconflict 0.1 *border conflict* ⇒⟨afzonderlijk incident⟩ *border incident/clash.*
grenscontrole 0.1 *border/customs check* ⇒⟨inf.⟩ *customs.*
grensdocument 0.1 *travel document* ⇒⟨mbt. douane⟩ *customs papers* ⟨mv.⟩.
grensgebied 0.1 [landstreek] *border region* **0.2** [fig.] *borderline* ⇒*grey area,* ⟨randgebied⟩ *fringe (area)* ♦ **6.2** het ~ **tussen** spreektaal en Bargoens *the b. between colloquial speech and slang* ¶.1 een ~ *border r. / territory.*

grensgeval 0.1 *borderline case.*
grenskantoor 0.1 *(border) customs post/office.*
grenslijn 0.1 *boundary line* ⇒⟨fig.⟩ *dividing line.*
grensoorlog 0.1 *border war.*
grensoverschrijdend 0.1 ⟨zie 1.1⟩ ♦ **1.1** ~e conflicten *cross-border conflicts;* ~ vervoer *international transport.*
grensplaats 0.1 *border town.*
grenspost, -overgang 0.1 *border crossing(-point).*
grensrechter ⟨sport⟩ **0.1** *linesman* ⟨voetbal⟩; *line judge* ⟨tennis⟩.
grensrivier 0.1 *boundary/border river.*
grensstation 0.1 *border/frontier station.*
grensstreek 0.1 *border region.*
grensverleggend 0.1 *pushing back frontiers, opening up new horizons* ⟨na zn.⟩ ♦ **1.1** een ~ onderzoek ⟨ook⟩ *an investigation breaking new ground.*
grenswaarde 0.1 ⟨ec.⟩ *marginal value;* ⟨tech.⟩ *limit, limiting value.*
grenswacht 0.1 *border patrol.*
grenswisselkantoor 0.1 *border exchange office.*
grenzeloos 0.1 *infinite* ⇒*boundless* ♦ **1.1** een grenzeloze ambitie bezitten *be filled with boundless ambition;* in iem. een ~ vertrouwen stellen *place i. trust in s.o.*
grenzen 0.1 [tegenaan gelegen zijn] *border (on)* ⇒⟨grenzen aan⟩ *be adjacent to* **0.2** [fig.] *border/verge (on)* ⇒⟨grenzen aan⟩ *approach* ♦ **6.1** hun tuinen ~ aan elkaar *their gardens border on one another/are adjacent to one another* **6.2** dat grenst aan het ongelofelijke *that verges on the incredible;* met aan zekerheid grenzende waarschijnlijkheid *in all probability/likelihood.*
greppel 0.1 *channel* ⇒⟨meestal diep⟩ *trench,* ⟨meestal diep⟩ *ditch.*
gretig 0.1 *eager* ⇒⟨begerig⟩ *greedy* ♦ **1.1** een ~e blik *an e. look* **3.1** ergens ~ op ingaan *react eagerly to sth.;* ⟨kans⟩ *jump at sth.;* hij tastte ~ toe *he tucked in greedily* ¶**.1** ~ gebruik maken van *make full use of;* ~ aftrek vinden *be snapped up.*
gretigheid 0.1 *eagerness* ♦ **6.1** met ~ op het eten aanvallen *tuck into the meal with alacrity, dig in.*
grief 0.1 [bezwaar] *objection (to)* ⇒*complaint (about)* **0.2** [reden tot ontevredenheid] *grievance* ♦ **2.2** een persoonlijke ~ *a personal g./grudge* **3.1** grieven uiten *raise objections.*
Griek, -se 0.1 *Greek.*
Griekenland 0.1 *Greece.*
Grieks¹ (het) **0.1** *Greek.*
Grieks² ⟨bn.⟩ **0.1** *Greek* ⇒⟨bk. ook⟩ *Grecian* ♦ **1.1** de ~e beschaving *Greek civilization;* ~e ij *Y.*
griendhout 0.1 *wicker* ⇒⟨wilgentenen⟩ *osier(s).*
grienen ⟨inf.⟩ **0.1** *snivel* ⇒*blub(ber).*
griep 0.1 *(the) flu* ⇒⟨verkoudheid⟩ *(a) cold* ♦ **3.1** ~ hebben/krijgen *have got/get (the) f./a cold;* ~ oplopen *catch the f.* ¶**.1** ⟨inf.⟩ een ~je *a touch of f.*
griepepidemie 0.1 *influenza/*⟨inf.⟩*flu epidemic.*
grieperig 0.1 *ill with flu* (na zn. of predikatief) ♦ **3.1** ik ben wat ~ *I've got u touch of flu.*
griesmeel 0.1 ⟨vnl. BE⟩ *semolina.*
griesmeelpudding 0.1 ⟨vnl. BE⟩ *semolina pudding.*
griet 0.1 [inf.; meid] *bird, chick* ⇒*doll* ♦ **2.1** een leuk ~je *a nice(-looking) c.*
grieven 0.1 *hurt* ⇒*offend,* ⟨alleen in lijdende vorm⟩ *aggrieve* ♦ **3.1** zich gegriefd voelen *feel aggrieved* **5.1** hij heeft mij diep gegriefd *he has hurt me deeply.*
grievend 0.1 *hurtful* ⇒*offensive* ♦ **1.1** een ~e opmerking *a cutting remark;* ~e woorden *h. words.*

griezel 0.1 *ogre* ⇒*terror,* ⟨persoon⟩ *creep,* ⟨persoon⟩ *weirdo.*
griezelen 0.1 *shudder, shiver* ⇒*get the creeps* ♦ **5.1** ik griezel ervan *it gives me the shivers/shudders/creeps* **6.1** het is om van te ~ *it is enough to give you the creeps.*
griezelfilm 0.1 *horror film.*
griezelig 0.1 *gruesome* ⇒*creepy* ♦ **1.1** een ~ gezicht *a g. sight;* een ~e kreet *a spine-chilling cry.*
griezelverhaal 0.1 *horror story.*
grif 0.1 *ready* ⇒⟨vaardig⟩ *adept,* ⟨vlug⟩ *rapid,* ⟨vlug⟩ *prompt* ♦ **3.1** ik geef ~ toe dat ...*I readily admit to ... (-ing);* zij stemde ~ toe *she readily agreed* ¶**.1** ~ van de hand gaan ⟨verkocht worden⟩ *sell like hot cakes.*
griffel 0.1 *slate-pencil* ♦ **6.1** een tien met een ~ krijgen ⟨ook fig.⟩ *get ten out of ten (and a bonus mark).*
griffen 0.1 [griffelen] *engrave; inscribe (on)* ⟨woorden⟩ **0.2** [fig.] *engrave* ⇒*stamp* ♦ **1.1** er waren letters in gegrift *there were letters inscribed on it* **6.2** die gebeurtenis is onuitwisbaar in zijn geheugen gegrift *that event is indelibly printed in on his memory.*
griffie 0.1 ±*registry* ⇒⟨government⟩ *secretariat, registry* ⟨rechtbank⟩, *clerk of the court's office* ⟨rechtbank⟩ ♦ **2.1** de Provinciale ~ in Utrecht *the provincial r. in Utrecht.*
griffier 0.1 [secretaris] ±*registrar* ⇒*clerk* **0.2** [chef van de griffie] ±*registrar* ⟨Int. Hof van Justitie, Europees Hof van Justitie⟩; *clerk of the court* ⟨rechtbank⟩.
grijns 0.1 *grin* ⇒*smirk,* ⟨boosaardig⟩ *sneer* ♦ **2.1** een brede ~ *a broad g.* **3.1** er kwam een akelige ~ op zijn gezicht *a wicked g. came over his face.*
grijnzen 0.1 [vals lachen] *smirk, sneer* **0.2** [breed lachen] *grin* ♦ **3.2** sta niet zo dom te --! *wipe that silly grin off your face!* **5.2** breed ~ *g. from ear to ear.*
grijpen I ⟨ov.ww.⟩ **0.1** [beetpakken] *grab (hold of)* ⇒*seize, grasp,* ⟨met een ruk⟩ *snatch* **0.2** [meesleuren] *drag (along)* ♦ **1.1** de dief werd gegrepen *the thief was nabbed;* hij greep zijn kans *he grabbed/seized his chance* **6.1** ⟨fig.⟩ door iets gegrepen zijn *be (deeply) affected/moved by sth.;* voor het ~ liggen *be there for the taking;* iets voor het ~ hebben *have sth. for the asking;*
II ⟨onov.ww.⟩ **0.1** [een grijpende beweging maken] *grab* ⇒ ⟨hand uitstrekken⟩ *reach (for)* ♦ **1.1** ⟨fig.⟩ de brand grijpt om zich heen *the fire is spreading* **5.1** ernaast ~ ⟨lett.⟩ *miss (it);* ⟨fig.⟩ *miss out (on it);* ⟨fig.⟩ dat is te hoog gegrepen *that is aiming too high* **6.1** naar iets ~ *reach/make a grab for sth.;* naar de fles ~ *reach for/turn to the bottle.*
grijper 0.1 *grab* ⇒*bucket* ⟨grijperbak⟩, ⟨van robot⟩ *gripper.*
grijpgraag 0.1 *grabby, grasping* ♦ **1.1** grijpgrage kinderhandjes *children's itchy/grabby little fingers.*
grijpstuiver 0.1 [klein bedrag] ±*odd penny* **0.2** [mv.; handen, vingers] *paws, mitts* ♦ **6.1** ik heb het voor een ~ gekocht *I bought it for a song.*
grijs 0.1 [kleur, tint]⟨bn. en zn.⟩ *grey* **0.2** [met grijs haar] *grey(-haired)* **0.3** [zeer oud] *ancient* ♦ **1.1** een grijze dag ⟨betrokken⟩ *an overcast day* **1.3** in een ~ verleden *in the dim and distant past* **1.**¶ ⟨ec.⟩ het grijze circuit *the grey market/circuit* **3.1** hij wordt al aardig ~ *he is turning a nice g.* **3.**¶ een plaat ~ draaien *wear a record out;* ⟨bij pluggen⟩ *play a record ad nauseam* **6.1** zij was in 't ~ *she was in g.*
grijsaard 0.1 *old man* ⇒*greybeard.*
grijsblauw 0.1 *grey(ish) blue.*
grijzen 0.1 *turn grey* ♦ **3.1** zijn haar begint al te ~ *his hair is already starting to turn grey.*
gril 0.1 [bevlieging, kuur] *whim, fancy* ♦ **3.1** aan al iemands ~len toegeven *pander to all s.o.'s whims.*
grill 0.1 *grill* ♦ **6.1** kip van de ~ *grilled/barbecue(d) chicken.*

grillen 0.1 [braden] *grill* ♦ **1.1** gegrild vlees *grilled meat.*

grillig 0.1 [onvoorzien, wispelturig] *whimsical, fanciful* ⇒ *capricious* **0.2** [onregelmatig van vorm] *±freakish, fantastic* ♦ **1.1** een ~ humeur hebben *be moody* **2.1** ~ weer *changeable weather.*

grilligheid 0.1 [veranderlijkheid] *capriciousness, whimsicality* ⇒ *fickleness* **0.2** [onregelmatigheid] *fancifulness* ⇒ *freakishness* (natuur) ♦ **1.2** de ~ van een gebouw *the irregular shape of a building.*

grimas 0.1 *grimace* ♦ **3.1** ~ sen maken (tegen) *make/pull faces (at).*

grime (dram.) **0.1** *make-up, greasepaint.*

grimeren 0.1 *make up* ♦ **4.1** zich ~ *make o.s. up.*

grimeur 0.1 *make-up artist.*

grimmig 0.1 [toornig, woedend] *furious* ⇒ *irate* **0.2** [fel, boosaardig] *fierce* ⇒ *forbidding* ♦ **1.1** een ~ e blik *a f. look* **1.2** een ~ e kou *a severe cold* **3.1** hij zag mij ~ aan *he looked at me angrily.*

grind (verz.n.) **0.1** *gravel* ⇒ (grover) *shingle* ♦ **2.1** fijn en grof ~ *sharp sand and shingle.*

grindgroeve, -kuil 0.1 *gravel pit.*

grindgrond 0.1 *gravel bank(s)* ⇒ *stretch of gravel.*

grindpad 0.1 *gravel(led) path.*

grindweg 0.1 *gravel(led) road.*

grinniken 0.1 *chuckle* ⇒ (sluw of pej.) *snigger* ♦ **3.1** zit niet zo dom te ~! *stop that silly sniggering!* **6.1** ~ van plezier *c./chortle with glee.*

grint → **grind.**

grip 0.1 *grip* ⇒ (van wielen ook) *traction* ♦ **3.1** ~ hebben op (ook fig.) *have a g. on;* geen ~ op iets kunnen krijgen (fig.) *not be able to come to grips with sth.*

grissen 0.1 *snatch* ⇒ *grab* ♦ **6.1** hij griste mij het potlood **uit** handen *he snatched the pencil out of my hands.*

gritstralen 0.1 *sandblast.*

grizzlybeer 0.1 *grizzly (bear).*

groef 0.1 *groove* ⇒ *furrow,* (gleuf) *slot* ♦ **1.1** de groeven v.e. grammofoonplaat *the grooves in a gramophone record* **2.1** (fig.) de zorg had diepe groeven in haar voorhoofd getekend *worry had deeply furrowed/lined her brow* **6.1** een pilaar **met** groeven *a fluted pillar.*

groei 0.1 [het groeien] *growth* ⇒ *development* **0.2** [toename] *growth* ⇒ *increase,* (uitbreiding) *expansion* ♦ **2.2** de snelle ~ van het bedrijf *the rapid g./expansion of the company* **6.1** een broek die **op** de ~ gemaakt is *trousers which allow for g.*

groeibeleid 0.1 *policy of growth.*

groeicapaciteit 0.1 *growth potential.*

groeien 0.1 [mbt. levende wezens/organen] *grow* ⇒ *develop* **0.2** [mbt. gewassen] *grow* **0.3** [toenemen] *grow* ⇒ *increase* ♦ **1.3** ~ d ongeduld *increasing impatience* **3.1** zijn baard/haar laten ~ *g. a beard/one's hair* **4.1** wat ben je gegroeid *how you've grown!* **6.1** (fig.) **naar** elkaar toe ~ *g. closer to one another;* **uit** zijn kleren ~ *outgrow/g. out of one's clothes* **6.2** het geld groeit mij niet **op** de rug *I am not made of money;* (fig.) er zal een goede lerares **uit** haar ~ *she will make a good teacher.*

groeihormoon 0.1 *growth hormone.*

groeihypotheek 0.1 *graduated payment mortgage.*

groeikern 0.1 *centre of urban growth/development/expansion.*

groeimarkt (hand.) **0.1** *growth market.*

groeimiddel 0.1 *growth substance/regulator* ⇒ (voor planten) *auxin.*

groeipercentage 0.1 *percentage of growth.*

groeipijn 0.1 *growing pains.*

groeiproces 0.1 *growth (process).*

groeisector (hand.) **0.1** *growth sector.*

groeistof → **groeimiddel.**

groeistuip 0.1 (ook fig.) *growing pains* (mv.).

groen¹ (het) **0.1** [kleur] *green* **0.2** [loof] *green* ⇒ *greenery,* (bladeren ook) *foliage* ♦ **3.2** wilt U er ook wat ~ bij? (mbt. bloemen) *would you like some greenery?* **6.1** ze was in het ~ (gekleed) *she was (dressed) in g.*

groen² (bn.) **0.1** *green* (ook mbt. politiek) ♦ **1.1** de bomen worden ~ *the trees are turning g.;* de ~ en *the Green Party, the Greens;* die peren zijn nog ~ *the pears are still g.* **2.1** ~ en geel worden van nijd *go g. with envy* **6.1** het signaal sprong **op** ~ *the signal changed to g.*

groenblauw 0.1 *greenish blue, peacock blue.*

groenblijvend 0.1 *evergreen.*

groengebied, -gordel 0.1 *green belt.*

groenheid 0.1 *greenness.*

groenig 0.1 *greenish.*

Groenland 0.1 *Greenland.*

Groenlander, -landse 0.1 *Greenlander.*

Groenlands 0.1 *Greenland(ic)* ♦ **1.1** de ~ e taal *Greenlandic.*

groenling (dierk.) **0.1** *greenfinch.*

groenstrook 0.1 [groengordel] *green belt* ⇒ *green space/area* **0.2** [middenberm] *grass/centre strip.*

groente 0.1 *vegetable* ♦ **1.1** vlees en twee verschillende soorten ~ *meat and two vegetables* **2.1** ingemaakte/gedroogde ~ ᴮ*tinned/*ᴬ*canned vegetables, dehydrated vegetables;* zelfgekweekte ~ n *home-grown vegetables* **3.1** zijn eigen ~ verbouwen *grow one's own vegetables.*

groenteboer 0.1 [verkoper] *greengrocer* **0.2** [winkel] *greengrocer's (shop).*

groenteburger 0.1 *veggieburger.*

groentekweker 0.1 *(vegetable) grower* ⇒ ᴮ*market gardener,* ᴬ*truck farmer.*

groentelade 0.1 (in koelkast) *crisper (compartment).*

groenteman → **groenteboer.**

groentesnijder 0.1 *vegetable grater/shredder.*

groentesoep 0.1 *vegetable soup.*

groentetuin 0.1 *vegetable garden.*

groentewinkel 0.1 *greengrocer's (shop).*

groentijd (stud.) **0.1** *freshman year.*

groentje 0.1 *greenhorn* ⇒ (BE; op school) *new boy/girl,* (student) *freshman,* (mil.) *new recruit.*

groenvoe(de)r 0.1 *soilage, green crop/fodder* ♦ **3.1** ~ geven *soil.*

groenvoorziening 0.1 *green space/area* ⇒ (mbt. planologie) *open space planning.*

groep 0.1 [verzameling] *group;* (van toeristen/reizigers) *party;* (van bomen/huizen enz. ook) *cluster* **0.2** [onderverdeling, vaak in samenst.] *group* ♦ **1.1** een grote ~ v.d. bevolking *a large section of the population;* een grote ~ kiezers *a large body of voters;* een ~ wolven *a pack of wolves* **1.2** leeftijdsgroep *age g./bracket* **6.1** **in** ~ jes van vijf of zes *in groups of five or six;* we gingen **in** een ~ rond de gids staan *we formed a g. round the guide;* **in** ~ jes van twee/ in kleine ~ jes kwamen ze naar buiten *they came out in twos/in small groups* **6.2** (zachte sector) iets **in** de ~ gooien *throw sth. out to the g.*

groeperen I (ov.ww.) **0.1** [rangschikken] *group* ♦ **5.1** anders/opnieuw ~ *regroup;*
II (wk.ww.; zich ~) **0.1** [zich om iem./iets heen plaatsen] *cluster (round)* ⇒ *gather (round),* (dicht bij elkaar) *huddle (round)* **0.2** [zich tot een groep aaneensluiten] *group (together)* ⇒ *form a group.*

groepering 0.1 *grouping* ⇒⟨pol. ook⟩ *faction* ♦ 2.1 politieke ~en *political groupings, (political) factions.*

groepsbelang ♦ 2.¶ allerlei ~en speelden een rol *all sorts of sectional interests were involved* 6.¶ **uit** ~ in the interests *of the group.*

groepscommandant 0.1 ᴮ*section/*ᴬ*squad leader.*

groepsfoto 0.1 *group photo(graph).*

groepsgeest 0.1 *team spirit.*

groepsgesprek 0.1 [in een groep gevoerd gesprek] *group conversation* 0.2 [telefoongesprek v.e. groep] *conference call.*

groepsleider 0.1 *group leader.*

groepsportret 0.1 *group portrait.*

groepsreis 0.1 *group travel.*

groepsseks 0.1 *group sex.*

groepstarief 0.1 *group rate.*

groepsverband 0.1 ⟨zie 6.1⟩ ♦ 6.1 in ~ ⟨mbt. één groep⟩ *in a group/team;* ⟨mbt. meerdere groepen⟩ *in groups/teams;* werken **in** ~ *work as a team.*

groepswerk 0.1 *teamwork.*

groet 0.1 *greeting* ⇒⟨vnl. mil.⟩ *salute* ♦ 2.1 een korte ~ tot afscheid *a parting word;* een laatste ~ brengen *pay one's last respects (to);* militaire ~ *(military) salute;* met vriendelijke ~en *with kind regards* 3.1 doe hem de ~en van mij *give him my best wishes;* ⟨minder formeel⟩ *say hello to him for me;* de ~en doen *give s.o.'s regards to s.o.;* je moet de ~en van haar hebben. O, doe haar de ~en terug *she sends (you) her regards/love. Oh, the same to her;* iemands ~en overbrengen *pass on regards* ¶.1 de ~en! ⟨afscheidsgroet⟩ *see you!;* ⟨vergeet het maar⟩ *not on your life!, no way!*

groeten 0.1 [gedagzeggen] *greet* ⇒*say hello* 0.2 [mil.] *salute* ♦ 1.2 het vaandel/de vlag ~ *s. the colours/flag* 3.1 vader laat u ~ *father sends (you) his regards/love;* wees gegroet *Hail Mary* 5.1 hij groette mij vriendelijk *he greeted me in a friendly way* ¶.1 in het voorbijgaan ~ *g. in passing.*

groeve 0.1 [ruimte waaruit een delfstof gewonnen wordt] *quarry* 0.2 [grafkuil] *grave* ♦ 2.1 een open ~ *an open-pit.*

groeven 0.1 *groove* ♦ 6.1 de zorg had diepe rimpels in zijn voorhoofd gegroefd *worry had deeply furrowed/lined his brow.*

groezelig 0.1 [niet schoon] *grubby, grimy* ⇒⟨stof, kleren ook⟩ *dingy* 0.2 [vaal van kleur] *dingy* ⇒*sallow* ⟨huid⟩ ♦ 1.2 een ~e kleur *a sallow complexion.*

grof 0.1 [groot van stuk] *coarse* ⇒⟨fors⟩ *hefty* 0.2 [ruw bewerkt] *coarse, rough* ⇒*crude* 0.3 [bijzonder erg] *gross* ⇒⟨bel.⟩ *rude* ♦ 1.2 grove gelaatstrekken *coarse features;* ⟨fig.⟩ een eerste, grove indeling *a first, r. division;* grove suiker ⟨ongeraffineerd⟩ *unrefined sugar;* ⟨kristalsuiker⟩ *granulated sugar* 1.3 een grove fout *a glaring error;* een grove tegenstelling *a glaring contrast* 3.2 iets ~ schetsen ⟨lett.⟩ *make a sketch of sth.;* ⟨fig. ook⟩ *sketch sth. in broad outlines* 3.3 zich ~ vergissen *make a glaring error;* hij werd ~ *he became abusive;* je hoeft niet meteen ~ te worden *there's no need to be rude.*

grofgebouwd 0.1 *heavily-built.*

grofheid 0.1 [het grof-zijn] ⟨alg.⟩ *coarseness* ⇒⟨onbeleefdheid, vulgariteit⟩ *rudeness,* ⟨ruwheid, eenvoud⟩ *roughness,* ⟨krasheid⟩ *grossness* 0.2 [iets grofs, onbeschofte uitlating] *rude remark* ⇒*abuse* ♦ 2.1 zo'n ~ kan niet door de beugel *such c. (just) will not do* 3.2 zij zeiden elkaar allerlei grofheden *they said all sorts of rude/nasty things to one another.*

grofkorrelig 0.1 *coarse-grain* ⟨slijpsteen, structuur⟩; *coarse-grained* ⟨film, breukvlak⟩.

grofsmederij 0.1 *blacksmith's (shop)* ⇒⟨fabriek⟩ *ironworks.*

grofweg 0.1 *roughly* ⇒*about* ♦ 3.1 dat kost je ~ drieduizend gulden ⟨ook⟩ *that will cost you in the region of three thousand guilders.*

grog 0.1 *grog, (hot) toddy.*

grol ♦ 1.¶ hij zit vol grappen en ~len *he's a real joker/bag of laughs.*

grom 0.1 *growl* ⇒*snarl* ♦ 3.1 een ~ als/tot antwoord krijgen *be answered with a snarl.*

grommen I ⟨onov.ww.⟩ 0.1 [dof, brommend geluid maken] *growl* ⇒*snarl* ♦ 6.1 de hond begon **tegen** mij te ~ *the dog began to g. at me;* **II** ⟨onov., ov.ww.⟩ 0.1 [(iets) morrend zeggen, brommen] *grumble* ⇒*mutter* ♦ ¶.1 hij gromde iets onduidelijks *he muttered something indistinct.*

grond 0.1 [aardoppervlak] *ground* ⇒⟨land⟩ *land* 0.2 [stof waaruit het aardoppervlak bestaat] *ground* ⇒⟨aarde⟩ *earth* 0.3 [vlak waarop men gaat] *ground* ⇒⟨binnen⟩ *floor* 0.4 [bodem onder water] *bottom* 0.5 [basis] *ground* ⇒ *foundation, basis* 0.6 [diepste, onderste deel] *bottom* ⇒ ⟨wezen, kern⟩ *essence* ♦ 1.1 er zit een flink stuk ~ bij het huis *the house has considerable grounds;* een stuk ~ *a plot of land* 1.5 er zit een ~ van waarheid in *there's an element of truth in it* 2.1 braakliggende ~ *waste land* 2.2 ⟨scherts.⟩ een kunstenaar v.d. koude ~ *a third-rate/would-be artist, an artist of sorts;* schrale/onvruchtbare ~ *barren/poor soil;* vaste ~ onder de voeten hebben ⟨ook fig.⟩ *be on firm/solid ground* 2.3 de begane ~ *the g. floor;* ⟨ᴬᴱ⟩ *the first floor;* toen de ~ hem te heet onder de voeten werd *when things got too hot for him* 2.5 goede ~ hebben iets aan te nemen *have good grounds/reason for sth.;* op medische ~en *for medical reasons, on medical grounds* 3.2 gewijde ~ *consecrated g.* 3.5 ~ en aanvoeren voor *advance arguments for;* die bewering mist alle ~ *that assertion is without (any) foundation/is groundless* 5.2 ⟨fig.⟩ een stuk de ~ in schrijven *pull a work to pieces;* iem. nog verder de ~ in trappen *kick s.o. when he's down* 5.3 ⟨fig.⟩ iem./iets de ~ in prijzen *praise s.o./sth. to the skies* 5.4 ⟨fig.⟩ iemands plannen de grond in boren *pull/tear s.o.'s plans to pieces;* ⟨fig.⟩ iom. de ~ in boren *crush s.o.;* ⟨(ernstig) bekritiseren⟩ *crucify s.o., tear/pull s.o. to pieces/shreds* 6.1 ⟨luchtv.⟩ **aan** de ~ blijven *be grounded;* laag **bij** de ~ ⟨fig.⟩ *commonplace, pedestrian, trite;* iets **met** de ~ gelijk maken *raze sth. to the g.;* ⟨ook fig.⟩ *demolish sth.;* iem. **tegen** de ~ slaan *knock s.o. flat;* **tegen** de ~ gaan *fall down;* ⟨scherts.⟩ een rij huizen **uit** de ~ stampen *throw up a row of houses;* niet **van** de ~ komen ⟨luchtv., ook fig.⟩ *not get off the g.;* ⟨fig.⟩ zij heeft haar bedrijf **van** de ~ af opgebouwd *she built up her firm up from scratch* 6.3 als **aan** de ~ genageld staan *be rooted to the spot;* ⟨fig.⟩ ik had wel **door** de ~ kunnen gaan *I wanted the g. to open up and swallow me;* **door** de ~ (kunnen) gaan/zinken van schaamte *not know where to put o.s. for embarrassment;* **op** de ~ zitten *sit on the g./floor* 6.4 ⟨fig.⟩ **aan** de ~ zitten ⟨financieel⟩ *be on the rocks;* ⟨fig.⟩ finaal **aan** de ~ zitten ⟨ihb. financieel⟩ *be at rock-bottom;* ⟨scheep.⟩ **aan** de ~ lopen/raken *run aground;* **te** ~e gaan ⟨fig.⟩ *be ruined;* ⟨fig.⟩ iem./iets **te** ~e richten *ruin s.o./sth.;* zichzelf **te** ~e richten *dig one's own grave* 6.5 **op** ~ van zijn huidskleur *because of/on account of his colour;* **op** ~ van artikel 26 *on the basis of/by virtue of section 26;* **op** ~ waarvan *on the basis of which;* **op** ~ v.h. feit dat ... *on the basis of/by reason of the fact that ...* 6.6 in de ~ v.d. zaak *at bottom, basically;* dat komt **uit** de ~ van zijn hart *that comes from the b. of his heart* ¶.1 ⟨fig.⟩ iets v.d.~ krijgen *get sth. off the g.*

grondbedrijf 0.1 *development company.*

grondbeginsel 0.1 [principe, uitgangspunt] *(basic/fundamental) principle* ⇒⟨dogma⟩ *tenet* **0.2** [mv.; eerste regels, hoofdpunten] *(basic/fundamental) principles* ⇒*fundamentals* ♦ **1.1** de ~ en van het protestantisme *the basic tenets of Protestantism* **1.2** hij kent niet eens de (eerste) ~ en van de muziek *he doesn't even know the rudiments of music.*

grondbegrip 0.1 *basic concept.*

grondbelasting 0.1 *land tax.*

grondbestanddeel 0.1 *basic ingredient/constituent.*

grondbetekenis 0.1 [oorspronkelijke betekenis] *original meaning* **0.2** [hoofdbetekenis] *primary/main meaning.*

grondbewerking 0.1 *tillage* ⇒*cultivation.*

grondbezit 0.1 [grondeigendom] *landownership, ownership of land* **0.2** [erf] *landed property* ⇒*(landed/real) estate* ♦ **2.1** gemeenschappelijk ~ *common ownership of land* **3.2** zijn ~ was met hypotheek bezwaard *his property/land was mortgaged.*

grondbezitter, -ster 0.1 *landowner* ♦ **2.1** kleine ~ *small l.*

grondboring 0.1 *soil drilling* ⇒⟨proefboring⟩ *test drilling/boring* ♦ **3.1** ~ en verrichten *carry out sample borings.*

grondeigenaar, -nares 0.1 [eigenaar van een stuk grond] *(ground) landlord* **0.2** →**grondbezitter.**

grondeigenschap 0.1 [axioma] *axiom* **0.2** [mbt. stoffen] *fundamental property.*

grondel ⟨dierk.⟩ **0.1** *goby* ⇒⟨ihb.⟩ *gudgeon.*

grondloos 0.1 *groundless, unfounded.*

gronden 0.1 [vestigen, baseren] *found* ⇒⟨baseren ook⟩ *base (on),* ⟨mbt. opinie, hoop ook⟩ *ground (on)* **0.2** [bk.; eerste verflaag aanbrengen] *prime* ♦ **6.1** een eis ~ op *base a claim on.*

grondexploitatie 0.1 *land development.*

grondgebied 0.1 ⟨ook fig.⟩ *territory* ⇒*soil* ⟨vnl. v.e. staat⟩ ♦ **2.1** vreemd ~ *foreign t./soil.*

grondgebruik 0.1 *land use/utilization* ♦ **1.1** hervorming v.h. ~ *land reform.*

grondgedachte 0.1 *basic/underlying/fundamental idea/principle* ♦ **3.1** de ~ uiteenzetten van iets *explain the basic principles of sth.*

grondgetal →**grondtal.**

grondig 0.1 [niet oppervlakkig] *thorough* ⇒⟨mbt. verandering ook⟩ *radical* **0.2** [deugdelijk] *sound* ⇒*valid* ♦ **1.1** een ~ e hekel aan iem./iets hebben *loathe s.o./sth., dislike s.o./sth. intensely;* een ~ onderzoek verrichten *make a t./searching examination* **3.1** iets ~ bespreken *talk sth. out/through;* een huis ~ doorzoeken *search a house thoroughly;* iets ~ onderzoeken *examine sth. thoroughly, get to the bottom of sth.;* zich ~ voorbereiden *prepare o.s. thoroughly.*

grondigheid 0.1 *thoroughness* ⇒⟨deugdelijkheid⟩ *soundness, validity.*

grondlaag 0.1 [onderste laag] *bottom/first layer* **0.2** [grondverf] *undercoat* ♦ **3.2** een ~ aanbrengen op *apply a u. to.*

grondlegger 0.1 *founder* ⇒*(founding) father* ⟨m.⟩.

grondlegging 0.1 *foundation, establishment.*

grondonderzoek 0.1 *soil testing/analysis.*

grondonteigening 0.1 *expropriation of land.*

grondoorzaak 0.1 *basic/underlying/primary cause.*

grondpacht 0.1 *ground rent.*

grondpersoneel 0.1 *ground crew.*

grondpolitiek 0.1 *land(-use) policy.*

grondprijs 0.1 *land price* ♦ **3.1** de grondprijzen stijgen *land prices are rising.*

grondrecht 0.1 [recht(sinstellingen) waarop het overige recht steunt] *basic law* **0.2** [mensenrechten] *basic right.*

grondregel 0.1 [hoofdregel] *basic/fundamental rule* **0.2** [principe] *(basic/fundamental) principle* ♦ **2.1** als belangrijkste ~ op reis geldt, dat men ... *the basic rule when travelling is to ...*

grondslag 0.1 [fig.] *basis* ⇒*foundation(s)* ♦ **2.1** op coöperatieve/niet-commerciële ~ *on a cooperative/non-commercial b.;* een vereniging op gereformeerde ~ *an association based on Calvinist principles* **3.1** de ~/~ en leggen tot/van/voor iets *lay the foundation(s) of/for sth.* **6.1** aan het verhaal ligt een ware gebeurtenis **ten** ~ *the story is based on a true event;* **ten** ~ liggen aan ⟨iets negatiefs⟩ *lie/be at the bottom of;* ⟨neutraal⟩ *underlie.*

grondsoort 0.1 *(type/kind of) soil.*

grondspeculatie 0.1 *land speculation.*

grondstelling 0.1 [fundamentele stelling v.e. leer] *(fundamental) principle* **0.2** [stel-, grondregel] *(basic) rule/principle.*

grondstewardess 0.1 *ground* [B]*hostess/*[A]*stewardess.*

grondstof 0.1 *raw material* ⇒⟨landb. ook⟩ *raw produce* ♦ **1.1** vlas is de ~ van linnen *flax is the raw material for (making) linen* **1.¶** meel, boter en eieren zijn de ~ fen van het meeste gebak *flour, butter and eggs are the ingredients of most pastry.*

grondtal ⟨wisk.⟩ **0.1** *base.*

grondtoon 0.1 [nat.] *fundamental* **0.2** [muz.; laagste toon v.e. akkoord] *fundamental, root* **0.3** [muz.; toon waarvan de schaal de grondslag vormt] *tonic, keynote.*

grondverf 0.1 ⟨ook bk.⟩ *primer* ♦ **6.1** in de ~ staan *be undercoated;* iets in de ~ zetten *apply (a) primer to sth.*

grondverschuiving 0.1 *landslide.*

grondverven 0.1 *prime* ⇒*apply (a) primer to.*

grondvest 0.1 *foundation* ♦ **6.1** ⟨fig.⟩ een rijk op zijn ~ en doen schudden *shake/rock the foundations of an empire;* op zijn ~ en wankelen/schudden *shake to its foundations.*

grondvesten 0.1 [funderen] *lay the foundations of* **0.2** [fig.] *found* ⇒⟨baseren ook⟩ *base (on)* ♦ **1.2** een onafhankelijke staat ~ *f./establish an independent state* **6.2** op/in iets gegrondvest zijn *be based on sth.*

grondvester 0.1 *founder* ⇒*(founding) father.*

grondvesting 0.1 [het grondvesten] *foundation* ⇒*establishment* **0.2** [grondslag] *foundation* ⇒*basis.*

grondvlak 0.1 ⟨wisk.⟩ *base.*

grondwater 0.1 *groundwater* ♦ **2.1** opstijgend ~ *rising damp* ⟨in kelder enz.⟩.

grondwaterspiegel 0.1 *water table* ⇒*groundwater level.*

grondwaterstand 0.1 *groundwater level.*

grondwerk 0.1 *groundwork* ⟨ook sport; ook fig.⟩ ♦ **3.1** ~ doen/verrichten *do the g.*

grondwerker 0.1 *excavation worker* ⇒*digger.*

grondwet 0.1 *constitution* ♦ **6.1** in strijd met de ~ *unconstitutional.*

grondwetsartikel 0.1 *article/section of the constitution.*

grondwetswijziging 0.1 *amendment to the constitution* ⇒*constitutional amendment.*

grondwettelijk 0.1 *constitutional* ♦ **1.1** een ~ e monarchie *a c. monarchy.*

grondzeil 0.1 *ground sheet.*

Groninger 0.1 ⟨zie 3.1⟩ ♦ **3.1** hij is een ~ *he is/comes from Groningen.*

groot I ⟨bn.⟩ **0.1** [van meer dan gemiddelde afmeting] *big* ⇒ *large,* ⟨muz.⟩ *major* **0.2** [lang] *big* ⟨vaak kind⟩ ⇒*tall* **0.3** [ouder] *big* ⇒⟨volwassen⟩ *grown-up* **0.4** [de genoemde afmeting hebbend] ~ in size **0.5** [uitgebreid] *great* **0.6** [belangrijk] *great* **0.7** [intens] *great* **0.8** [uitmuntend] *great* ♦ **1.1** in D ~ *in (the key of) D major;* een veel te grote jas *a*

jacket which is much too b./large; een tamelijk grote ka-mer *quite a b./large room;* de kans is ~ dat ... *there's a good chance that ...;* de kans is niet ~ dat ... *there's not much of a chance that ...;* een zo ~ mogelijk stuk *as b./ large a piece as possible* **1.3** zij heeft al grote kinderen *she's (already) got grown-up children;* de grote mensen *the grown-ups* **1.4** het stuk land is twee hectare ~ *that piece of land is two hectares in area;* het tekort is tien mil-joen ~ *the size of the deficit is ten million(s)* **1.5** een ~ ge-zin *a large family;* een grote hoeveelheid geld *a large amount of money;* Groot Londen *Greater London* **1.6** een grote weg *a major/main road,* a highway **1.7** iem. ~ ver-driet doen *hurt s.o. deeply;* tot mijn grote verrassing/spijt ⟨ook⟩ *much to my surprise/regret;* daar ben ik een ~ voor-stander van *I'm all in favour of it* **2.1** dat is de grootst mo-gelijke onzin *that is utter/absolute nonsense* **2.3** voor ~ en klein *for young and old* **3.1** groter gaan wonen *move (in)to a bigger house* **3.2** wat ben jij ~ geworden! *how you've grown!;* hij wordt groter dan zijn vader *he's going to be taller than his father* **3.3** als ik ~ ben, word ik pop-zanger *I'm going to be a pop singer when I grow up* **3.¶** zich ~ houden *keep a stiff upper lip, keep up appearances* **5.3** daar ben je te ~ voor *you're too b. for that (sort of thing)* **5.4** ⟨inf.⟩ hoe ~ is de schade? *what is the extent of the damage?;* ⟨inf.⟩ *what's the damage?* **5.5** een steeds groter aantal *–an increasing/a growing number* **7.1** op één na de grootste *the next to largest* **7.2** de grootste v.d. twee *the bigger of the two;* de grootste v.d. drie *the biggest of the three* **7.5** hij doet alles in het ~ *he does everything on a big/large scale;* in het ~ inkopen/verkopen *buy/sell in bulk* **7.8** Karel de Grote *Charlemagne* **8.2** hij is 5 cm groter dan zij *he is 5 cm taller than she is* **8.4** twee keer zo ~ als deze kamer *twice as big as this room;*
II ⟨bw.⟩ **0.1** [op grote wijze]⟨zie 1.1⟩ ◆ **1.1** je hebt ~ gelijk! *you are quite/perfectly right!*
grootaandeelhouder 0.1 *large shareholder/*⟨vnl. AE⟩ *stockholder.*
grootbeeld 0.1 *large screen (television).*
grootboek 0.1 *ledger* ⇒⟨van aandeelhouders ook⟩ *register.*
grootbrengen 0.1 *bring up* ⇒*raise* ◆ **1.1** een kind ~ *bring up/raise a child;* kinderen ~ *raise a family* **6.1** een kind met de fles ~ *bottle-feed a child.*
Groot-Brittannië 0.1 *Great Britain.*
grootdoen 0.1 *swagger* ⇒*put on airs.*
grootdoenerij 0.1 *swagger(ing)* ⇒*boasting.*
grootgrondbezit 0.1 *large(-scale) landownership.*
grootgrondbezitter 0.1 *large landowner.*
groothandel 0.1 [onderneming] *wholesaler's* ⇒*wholesale business* **0.2** [handelsvorm] *wholesale trade* ◆ **3.2** hij drijft ~ in suiker *he sells sugar wholesale* **6.1** (iets) bij de ~ kopen *buy (sth.) wholesale.*
groothandelaar 0.1 *wholesaler* ◆ **6.1** ~ in wijnen/kruide-nierswaren *wholesale wine merchant/grocer.*
groothandelsprijs 0.1 *wholesale price* ◆ **6.1** voor groot-handelsprijzen *at wholesale (prices).*
groothartig 0.1 *magnanimous* ⇒*generous.*
grootheid 0.1 [nat., wisk.] *quantity* ⇒*(veranderlijke) varia-ble* **0.2** [belangrijk personage] *celebrity* ⇒*man/woman of consequence* ◆ **2.1** veranderlijke en onveranderlijke grootheden *variables and constants* **2.2** (iron.) een onbe-kende ~ *an unknown quantity* **7.2** alle grootheden uit de filmwereld waren aanwezig *all the film celebrities were there.*
grootheidswaan(zin) 0.1 *megalomania* ◆ **1.1** lijder aan ~ *megalomaniac.*

groothertog, -vorst 0.1 *grand duke.*
groothertogdom, -vorstendom 0.1 *grand duchy.*
groothertogin, -vorstin 0.1 ⟨gemalin⟩ *grand duchess;* ⟨we-duwe⟩ *dowager (grand duchess).*
groothoeklens 0.1 *wide-angle lens.*
groothouden (wk.ww.; zich ~) **0.1** [zich flink gedragen] *bear up (well/bravely)* **0.2** [doen alsof men zich iets niet aantrekt] *keep up appearances* ⇒*keep a stiff upper lip.*
grootindustrieel 0.1 *captain of industry* ⇒*major industri-alist.*
grootje ◆ **4.¶** (vertel dat maar aan) je ~!, maak dat je ~ wijs! *pull the other one!* **6.¶** iets naar zijn ~ helpen *wreck sth.*
grootkapitaal¹ ⟨het⟩ **0.1** *big business* ⇒*(the world of) high finance,* ⟨mbt. personen⟩ *the big capitalists.*
grootkapitaal² ⟨bn.⟩⟨druk.⟩ ◆ **3.¶** ~ gezet *set in large capi-tals.*
grootmacht 0.1 *superpower.*
grootmaken 0.1 *make great* ◆ **1.1** de handel heeft Neder-land grootgemaakt *trade made Holland great.*
grootmama 0.1 *grandmam(m)a.*
grootmeester 0.1 [mbt. schaakspel/damspel] *Grandmas-ter* **0.2** [toonaangevend persoon op bep. gebied] *(great/ past) master* ◆ **6.2** ⟨fig.⟩ een waar ~ in iets zijn *be a (past) master at sth.*
grootmetaal 0.1 *iron and steel industry.*
grootmoeder 0.1 *grandmother* ◆ **6.1** mijn ~ van vaderszij-de/van moederszijde *my paternal/maternal g.*
grootmoedig 0.1 *magnanimous* ⇒*generous,* ⟨van gebaar/ daad⟩ *handsome,* ⟨van gebaar/daad⟩ *grand* ◆ **3.1** dat was erg ~ van hem *that was very noble of him.*
grootmoedigheid 0.1 *magnanimity* ⇒*generosity.*
grootouders 0.1 *grandparents* ◆ **6.1** zijn ~ van vaders/ moederszijde *his paternal/maternal g.*
grootpapa 0.1 *grandpa(pa).*
groots 0.1 [prachtig] *grand* ⇒*magnificent, majestic* **0.2** [in-drukwekkend] *spectacular* ⇒*large-scale, ambitious* ⟨plan, idee⟩ ◆ **3.2** het ~ aanpakken *go about it on a large scale;* (inf.) *think big;* ~ opgezette produktie *large-scale production.*
grootschalig 0.1 *large-scale* ⇒⟨ambitieus⟩ *ambitious* ◆ **1.1** ~ onderzoek *l.-s. investigation* **3.1** iets ~ aanpakken *go about sth. on a large scale.*
grootscheeps 0.1 *large-scale, great* ⇒*massive,* ⟨met inzet van alle krachten⟩ *full-scale,* (met inzet van alle krachten) *all-out* ◆ **1.1** een ~e aanval *a massive/an all-out attack* **3.1** een actie ~ opzetten *mount a full-scale operation.*
grootsheid 0.1 *grandeur* ⇒*magnificence.*
grootspraak 0.1 [opschepperij] *boast(ing)* **0.2** [overdrij-ving] *hyperbole* ⇒*overstatement* ◆ **3.2** de schrijver ver-valt dikwijls tot ~ *the author frequently resorts to h.* **6.1** waar blijf je nu met al je ~! *where's all your boasting now?*
grootsprakerig 0.1 *boastful* ⇒*grandiloquent.*
grootsteeds 0.1 ⟨bn.⟩ *metropolitan* ⇒*big-city* ◆ **1.1** het ~e leven *city life.*
grootte 0.1 *size* ◆ **1.1** de kamer heeft een ~ van ... *the room measures ...* **2.1** van behoorlijke/middelmatige ⟨enz.⟩ ~ ⟨ook⟩ *fair-/medium-sized* ⟨enz.⟩; onder de normale ~ *un-dersize(d);* van verschillende ~ *differing in s.;* een model op ware ~ *a life-size model* **6.1** in de orde van ~ *in the order of;* ⟨inf.; mbt. geld⟩ *to the tune of;* ter ~ van *the s. of;* iem. van mijn ~ *s.o. my (own) s.*
grootvader 0.1 *grandfather* ◆ **6.1** ~ van moeders-/vaders-zijde *maternal/paternal grandfather.*
grootvaderlijk 0.1 *grandfatherly.*
grootverbruik 0.1 *large-scale consumption.*

grootverbruiker 0.1 *large-scale/bulk consumer.*
grootwinkelbedrijf 0.1 *chain (store (business)).*
grootzeil ⟨scheep.⟩ 0.1 *mainsail.*
gros 0.1 [merendeel] *majority, larger part* 0.2 [twaalf dozijn] *gross* ♦ 1.1 het ~ v.d. mensen *the m./bulk of the people* 6.2 per ~ *by the g.*
grossier 0.1 *wholesaler* ♦ 6.1 ~ in tabaksartikelen/levensmiddelen *wholesale tobacconist/grocer.*
grossieren 0.1 *(sell) wholesale* ♦ 6.1 hij grossierde in titels *he collected titles by the dozen.*
grossiersprijs 0.1 *trade/wholesale price* ♦ 6.1 tegen ~ verkopen ⟨ook⟩ *sell wholesale.*
grosso modo 0.1 *roughly (speaking).*
grot 0.1 *cave* ♦ 3.1 ~ten onderzoeken *explore caves* 5.1 vol/met ~ten *cavernous.*
grotbewoner, -woonster 0.1 *cave-dweller.*
grote 0.1 *number two, big job* ♦ 3.1 hij heeft een ~ in zijn broek gedaan *he's done a big job in his pants.*
groten 0.1 [oudere kinderen] *(the) older children* 0.2 [machthebbers] *upper ten* ♦ 1.2 de ~ der aarde *the great of the earth.*
grotendeels 0.1 *largely* ♦ 3.1 het ongeluk is ~ zijn eigen schuld *the accident was l. his own fault.*
grotesk 0.1 *grotesque* ♦ 1.1 een ~e figuur *a g. figure;* ~e ideeën *absurd ideas.*
grotonderzoek 0.1 *spel(a)eology* ⇒*caving.*
grotschildering 0.1 *cave painting.*
grotwoning 0.1 *cave dwelling.*
groupie 0.1 *groupie.*
gruis ⟨verz.n.⟩ 0.1 ⟨zand, stenen⟩ *grit* ♦ 6.1 aan/in/tot ~ slaan *smash (in)to smithereens.*
grut 0.1 *toddlers* ⇒*small/young fry* ♦ 2.1 klein ~ *little t., small fry* 2.¶ ⟨kleine dingen⟩ klein ~ *small fry.*
grutten 0.1 [boekweitgort] *groats* ⇒*grits* 0.2 [gort] *pearl barley, barley groats.*
grutto 0.1 *black-tailed godwit.*
gruwel 0.1 *horror* ♦ 3.1 het is mij een ~ *it is abhorrent to me.*
gruweldaad 0.1 *atrocity* ♦ 3.1 gruweldaden bedrijven *commit atrocities.*
gruwelen →*gruwen.*
gruwelijk 0.1 [afschuwwekkend] *horrible* ⇒*gruesome* 0.2 [geweldig] *terrible* ⇒*enormous* ♦ 1.1 een ~e misdaad ⟨ook⟩ *an atrocity* 1.2 een ~e hekel aan iem. hebben *hate s.o.'s guts* 3.2 iem. ~ vervelen ⟨inf.⟩ *bore the pants off s.o.;* zich ~ vervelen *be bored stiff/to death.*
gruwelkamer 0.1 *chamber of horrors.*
gruwelverhaal 0.1 *horror story.*
gruwen 0.1 *be horrified (by)* ♦ 6.1 ik gruw bij de gedachte aan al die ellende *I'm horrified by the thought of all this misery;* ergens van ~ *abhor sth.*
gruyère(kaas) 0.1 *gruyère (cheese).*
gruzelementen 0.1 *smithereens* ♦ 6.1 iets aan ~ slaan *smash sth. (in)to s.;* aan/in ~ liggen/vallen/gaan *have fallen/fall to pieces.*
g-sleutel ⟨muz.⟩ 0.1 *G clef, Treble clef.*
Guatemala 0.1 *Guatemala.*
guerrilla 0.1 [vorm van strijd] *guer(r)illa (warfare)* 0.2 → **guerrillastrijder.**
guerrillaoorlog 0.1 *guer(r)illa war(fare).*
guerrillastrijder, -strijdster 0.1 *guer(r)illa (fighter), guerrillero.*
guerrillatroepen 0.1 *guer(r)illa troops.*
guillotine 0.1 *guillotine.*
Guinees 0.1 *Guinean.*

guirlande 0.1 *festoon* ⇒*garland.*
guit 0.1 *rogue* ♦ 2.1 die kleine ~ *that little r./rascal.*
guitig 0.1 *roguish* ⇒*mischievous* ♦ 1.1 hij heeft zo'n ~ gezicht *he has such a r. face* 3.1 hij kijkt zo ~ *he has such a mischievous look in his eyes.*
guitigheid 0.1 *roguishness.*
gul I ⟨bn., bw.⟩ 0.1 [hartelijk, ongedwongen] *cordial* 0.2 [openhartig, ronduit] *frank* ♦ 1.1 een ~le lach *a hearty laugh* 1.2 zijn ~le bekentenis deed mij goed *his f. confession did me good* 3.1 ~ aangeboden, ~ aangenomen *I won't say no to that;*
II ⟨bn.⟩ 0.1 [vrijgevig] *generous* ♦ 1.1 met ~le hand (geven) *(give) generously* 6.1 ~ zijn met iets *be liberal with sth.*
gulden¹ ⟨de⟩ 0.1 [munt] *(Dutch) guilder, florin;* ⟨als afk.: *f*⟩ *Dfl;* ⟨ISO⟩ *NLG* 0.2 [bedrag] *guilders, florins* ♦ 2.1 in harde ~s *in (hard) cash* 2.2 dat is 200 ~ waard *that's worth 200 guilders* 3.1 de ~ staat sterk *the guilder is strong* 7.2 dat kost drie ~ twintig *that's three guilders (and) twenty (cents).*
gulden² ⟨bn.⟩ 0.1 [gouden] *gold(en)* 0.2 [fig.; heerlijk, voortreffelijk] *golden* ♦ 1.1 het Gulden Vlies *the Golden Fleece* 1.2 de ~ middenweg kiezen/nemen *strike the g. mean/happy medium.*
gulheid 0.1 [vrijgevigheid] *generosity* 0.2 [openhartigheid] *frankness* 0.3 [hartelijkheid] *cordiality.*
gulp 0.1 [voorsluiting in een broek] *fly (front)* ⇒⟨ritssluiting⟩ *zip* 0.2 [dikke straal] *gush* ♦ 3.1 zijn ~ dichtdoen *do up one's fly;* je ~ staat open *your fly is open.*
gulpen 0.1 *gush* ♦ 6.1 het bloed gulpte uit de wond *blood gushed from the wound.*
gulzig 0.1 *greedy* ♦ 1.1 met ~e blikken *with g. eyes* 3.1 ~ naar binnen werken/opschrokken *wolf down, glut o.s. (with);* wees niet zo ~ *don't be so g.*
gulzigaard 0.1 *glutton.*
gulzigheid 0.1 *greed(iness).*
gummetje 0.1 *rubber,* ᴬ*eraser.*
gummi 0.1 ⟨in samenst.⟩ *rubber* ♦ 1.1 gummihandschoen *r. glove.*
gummiknuppel, -stok 0.1 *baton,* ᴬ*club.*
gunnen 0.1 [verlenen, toestaan] *grant* 0.2 [zonder nijd, spijt zien dat een ander iets heeft, ontvangt] *not begrudge* ♦ 1.1 iem. een blik op iets ~ *let s.o. have a look at sth.;* iem. de eer ~ *give s.o. credit;* iem. een paar minuten/woorden ~ *spare s.o. a few minutes/words;* zich geen rust ~ *give o.s. no rest;* zijn benen wat rust ~ *take the weight off one's legs;* hij gunde zich de tijd niet om te eten *he did not allow himself time to eat;* het woord ~ aan de volgende spreker *give the floor to the following speaker* 1.2 iem. het brood in de mond niet ~ *begrudge s.o. the bread he eats* 4.2 het is je van harte gegund *you're quite welcome to it* 5.1 het was hem niet gegund haar nog te zien *he was not to see her again.*
gunst¹ ⟨de⟩ 0.1 *favour* ♦ 3.1 iem. een ~ bewijzen *do s.o. a f.;* dingen naar de ~ en v.e. vrouw *court the favours of a woman;* naar de ~ v.h. publiek/de kiezers dingen *bid for the public's/voters' f.;* iem. (om) een ~ vragen *ask a f. of s.o.* 6.1 bij iem. in de ~ komen/zijn *find f./be in f. with s.o.;* ⟨inf.⟩ *get/be on the right side of s.o.;* bij iem. in de ~ proberen te komen *curry s.o.'s f.;* ⟨inf.⟩ *butter up to s.o.;* uit de ~ raken/zijn *fall/be out of f. with s.o.;* ⟨inf.⟩ *get into/be in s.o.'s bad books* 6.¶ ten ~e van *in (the) favour of; to the credit of* ⟨ook bankoverschrijvingen⟩; *on behalf of;* te gelden komen *ten ~e van …the money benefits …;* ten ~e van iem. spreken *speak (out) in favour of s.o.*

gunst² ⟨tw.⟩ **0.1** *(my) goodness* ◆ ¶.1 ~, wat heb jij daar! *goodness (me), what have you got there!*

gunstig 0.1 [welwillend] *favourable* ⇒*kind* **0.2** [tot nut, baat] *favourable* ⇒*advantageous* **0.3** [aangenaam] *favourable* ⇒*agreeable* ◆ **1.1** het lot was mij ~ (gezind) *fate was kind to me* **1.2** een ~e gelegenheid *a good/f. opportunity;* in het ~ste geval, onder de ~ste omstandigheden *at best;* een ~ jaar *a good/*⟨financieel⟩ *profitable year;* een ~e kritiek / veel ~e publiciteit krijgen *receive positive reviews/a lot of good publicity;* in een ~e positie, op een ~e plek ⟨alg.⟩ *favourably situated;* ⟨makkelijk te bereiken⟩ *convenient(ly situated);* met ~e uitslag *with a f./satisfactory result;* ~e voordelen *f./hopeful signs* **2.3** ~ bekend staan *have a good reputation* **3.1** hij is mij ~ gezind *he is favourably disposed towards me;* ~ oordelen over *give a f. judgement on;* ~ staan tegenover *sympathize with* **3.2** een ~ gekozen tijdstip *an opportune moment;* het laat zich ~ aanzien *the situation looks f./hopeful;* ~ uitpakken *work out well;* iets ~er voorstellen dan het is *show sth. off to its advantage* **6.2** ~ voor ... *f./good for ...*

gut 0.1 *bleak* ⟨wind, dag, avond, klimaat⟩ ⇒⟨met storm⟩ *rough,* ⟨met storm⟩ *wild* ⟨dag, nacht, weer⟩, *cutting* ⟨wind⟩.

gym I ⟨de⟩ **0.1** [gymnastiek(les)] *gym;* **II** ⟨het⟩ **0.1** [gymnasium] ±ᴮ*grammar school,* ᴬ*high school* ⇒⟨in Ned. enz.⟩ *gymnasium* ◆ **6.1** Jan zit op het ~ *Jan is at (the) grammar school.*

gymmen 0.1 [gymnastiek beoefenen] *do gym(nastics)* **0.2** [gymnastiekles hebben] *have gym.*

gymnasiast 0.1 ±ᴮ*grammar-school pupil,* ᴬ*high-school student* ⇒⟨in Ned. enz.⟩ *gymnasium pupil / student.*

gymnasium 0.1 ±ᴮ*grammar school,* ᴬ*high school* ⇒⟨in Ned. enz.⟩ *gymnasium.*

gymnast 0.1 *gymnast.*

gymnastiek 0.1 *gymnastics* ◆ **6.1** naar ~ gaan, op ~ zijn *go to/be at g., attend keep-fit classes.*

gymnastieklokaal 0.1 *gym* ⇒*gymnasium.*

gym(nastiek)pakje 0.1 *leotard* ⇒*tunic.*

gym(nastiek)schoen →**gympie.**

gymnastiekvereniging 0.1 *gymnastic club.*

gymnastisch 0.1 *gymnastic* ◆ **1.1** ~e oefeningen *g. exercises;* ⟨ochtendgymnastiek⟩ *keep-fit exercises.*

gympie ⟨inf.⟩ **0.1** *gym shoe.*

gynaecologie 0.1 *gynaecology.*

gynaecologisch 0.1 *gynaecological.*

gynaecoloog 0.1 *gynaecologist.*

G7 ⟨pol.⟩ **0.1** *G-7.*

---

h

h 0.1 *h, H, aitch* ◆ **3.1** de ~ weglaten *drop one's h's.*

ha 0.1 [als uitroep] *ah!* **0.2** [manier om lachen uit te drukken] *ha* ◆ ¶.1 ~! dat dacht je maar! *aha! that's what you thought* ¶.2 ~, ~, die is goed! *ha, ha, that's (a) good (one)!*

haag 0.1 [heg] *hedge(row)* **0.2** [personen / zaken op een rij] *row* ◆ **2.1** een dichte ~ *a thick h.* **3.2** een ~ vormen *form a line/r.* ¶.1 ⟨als plaatsnaam⟩ Den Haag *the Hague.*

haagbeuk 0.1 *hornbeam.*

haagdoorn 0.1 *hawthorn.*

Haags¹ ⟨het⟩ **0.1** *Hague dialect / accent.*

Haags² ⟨bn.⟩ **0.1** [van / uit 's-Gravenhage] *Hague* **0.2** [de schijn ophoudend] *la-di-da* ◆ **1.1** de ~e school *the H. School* **1.2** ~e bluf *bluster;* ⟨nagerecht⟩ ±*blackcurrant fool;* een ~ kopje *a half cup.*

haagwinde 0.1 *bindweed.*

haai 0.1 *shark* ◆ **6.1** ⟨fig.⟩ naar de ~en gaan *go west / down the drain / up the spout.*

haaibaai 0.1 *shrew.*

haaienvinnensoep 0.1 *shark-fin soup.*

haak 0.1 *hook* ◆ **1.1** ⟨fig.⟩ er zitten veel haken en ogen aan *it's a tricky business* **6.1** ⟨scherts.⟩ schoon **aan** de ~ *in the altogether/nude;* z'n jas maar **aan** de ~ hangen *just hang one's coat on the h.;* ⟨fig.⟩ een vrijer / een rijke man **aan** de ~ slaan *hook (o.s.) a suitor/a rich man;* ⟨fig.⟩ ze liet zich gemakkelijk **aan** de ~ slaan *she let herself be hooked easily;* ⟨hand.⟩ vrij **in** de haken *free on board, f.o.b.* **6.**¶ dat is niet **in** de ~ *that's not quite right;* daar is iets niet **in** de ~ *there's sth. fishy about that;* en toen gooide ze de hoorn **op** de ~ *and then she slammed the phone down;* de hoorn **van** de ~ nemen / op de ~ leggen *take the receiver off the hook / replace the receiver.*

haakgaren 0.1 *crochet yarn / thread.*

haakje 0.1 [teken] *bracket* ⇒*parenthesis* **0.2** [kleine haak] *hook* ⟨ihb. voor kleding⟩ ◆ **2.1** ronde en vierkante ~s *round and square brackets* **3.1** ~ openen / sluiten *open/close (the) brackets* **6.1** tussen ~s plaatsen / zetten *put in brackets;* **tussen** ~s staan *be in brackets;* **tussen** (twee) ~s ⟨ook fig.⟩ ⟨lett.⟩ *in brackets;* ⟨fig.⟩ *incidentally, by the way* **6.2** deze jurk gaat van achteren **met** ~s dicht *this dress hooks up at the back.*

haaknaald, -pen 0.1 *crochet hook / needle.*

haakneus 0.1 *hooknose.*

haakpatroon 0.1 *crochet pattern.*

haaks 0.1 [rechthoekig] *square(d)* **0.2** [in orde] *square(d) up* ◆ **3.1** ~ staan op *be at right angles to;* ⟨fig.⟩ *be at odds with* **3.2** hou je ~ *(keep your) chin up.*

haaksteek 0.1 *crochet stitch.*

haakster 0.1 *crocheter.*

haakvormig 0.1 *hook-shaped.*

haakwerk 0.1 *crochet (work), crocheting.*

haal 0.1 [ruk, teug] *tug* ⇒*pull* **0.2** [slag] *wallop* ⇒*crack* **0.3** [trek met pen of schrijfpen] *stroke* ◆ **2.1** met een flinke ~ trok hij het schip aan de wal *with a good t. he pulled the boat ashore;* hij deed een flinke ~ aan zijn pijp *he drew deeply on his pipe* **3.2** hij gaf hem een ~ *he gave him a crack* **6.3** **met** één ~ v.d. pen *with one s. of the pen* **6.**¶ **aan** de ~ gaan *take to one's heels;* **aan** de ~ gaan met *run off with.*

haalbaar 0.1 *attainable* ⇒*feasible* ♦ **1.1** dat is geen ~ voorstel *that's not a realistic proposition.*
haalbaarheid 0.1 *feasibility.*
haalbaarheidsonderzoek 0.1 *feasibility study.*
haan 0.1 [dier] *cock* **0.2** [windwijzer] *(weather)cock/vane* **0.3** [mbt. vuurwapens] *cock* ♦ **1.1** vóór het kraaien van de ~ *before cock-crow* **3.1** zijn ~ moet altijd koning kraaien *he always wants things his own way* **3.3** de ~ spannen/overhalen *cock the gun* ¶.**1** daar kraait geen ~ naar *no one will know a thing.*
haangewicht ⟨AZN; sport⟩ **0.1** *bantamweight.*
haantje 0.1 *young cock;* ⟨cul.⟩ *chicken.*
haantje-de-voorste 0.1 *bell-wether* ⇒*ringleader* ♦ **3.1** ~ zijn *be (the) cock of the walk.*
haar¹ I ⟨het, de⟩ **0.1** [haarvezel] *hair* **0.2** [mv.; haardos] *hair* **0.3** [nagenoeg niets] *hair* ⇒*trifle* ♦ **2.1** ⟨fig.⟩ zijn wilde haren kwijtraken *sow one's wild oats, settle down* **2.2** ⟨fig.⟩ ik heb er grijze haren van gekregen *it has turned my h.* grey **3.1** zich de haren uit het hoofd trekken *tear one's h., kick o.s.* **3.3** het scheelde geen ~ *that was a near thing;* het scheelde maar een ~ of ik had haar geraakt *I just missed hitting her* **5.3** op een ~ na *very nearly* **6.1** iets **met** de haren erbij slepen/trekken *drag sth. in (by the head and shoulders)* **6.2** elkaar **in** de haren vliegen *fly at each other, be at each other's throats;* iem. **tegen** de haren instrijken *rub s.o. up the wrong way* **7.1** geen ~ op m'n hoofd die eraan denkt *I would not dream of it;* iem. geen ~ krenken *not touch a h. of s.o.'s head* **7.3** geen ~ beter zijn *not be a whit/one bit better* **8.1** berouw/spijt hebben als haren op z'n hoofd *feel as sorry as could be* ¶.**2** iem. de haren te berge doen rijzen *make s.o.'s hair stand on end;* m'n haren rezen te berge (van schrik) *my h. stood on end (with fear);*
II ⟨het⟩ ⟨verz.n.⟩ **0.1** [al de lichaamsharen] *hair* **0.2** [het hoofdhaar] *hair* ♦ **1.1** met huid en ~ verslinden *swallow whole* **2.2** met lang/kort/⟨enz.⟩ ~ *long-/short-/*⟨enz.⟩ *haired* **3.2** z'n ~ kammen/borstelen *comb/brush one's h.;* z'n ~ laten knippen *have a haircut;* z'n ~ verven *dye one's h.* **6.1** ⟨fig.⟩ ~ **op** de tanden hebben *have a sharp tongue* **6.2** goed **in** z'n ~ zitten *have a thick head of h.;* ⟨fig.⟩ iem. **in** het ~ zitten *be at loggerheads with s.o.*
haar² I ⟨pers.vnw.⟩ **0.1** *her;* ⟨van dier/ding vnl.⟩ *it* ♦ **1.1** vrienden van ~ *friends of hers* **3.1** hij gaf het ~ *he gave it to h.* **6.1** die van ~ is wit *hers is white;*
II ⟨bez.vnw.; v. enk.⟩ **0.1** *her;* ⟨van dieren/dingen vnl.⟩ *its* ♦ **1.1** Els ~ schoenen *Elsie's shoes* **7.1** zij doet het hare *she does her share.*
haarbal 0.1 *hair ball.*
haarband 0.1 *hair-ribbon.*
haarborstel 0.1 *hair brush.*
haarbos 0.1 *mop/shock of hair* ♦ **2.1** een wilde/verwarde ~ *a tangle of hair.*
haarbreed ♦ **7.**¶ hij week geen ~ *he did not give an inch;* het scheelde geen ~ *it was a hairbreadth escape.*
haarcrème 0.1 *hair cream.*
haard 0.1 [kachel] *(solid fuel/slow-combustion) stove* **0.2** [open haard] *hearth* **0.3** [amb.] *furnace* **0.4** [fig.; middelpunt] *centre* ⇒*source* ♦ **1.2** huis en ~ *h. and home* **1.4** een ~ van besmetting *a focus of infection* **2.2** een open ~ *a fireplace* **3.2** de ~ aansteken *light the fire* **6.2** bij de ~ *by/at the fireside* ¶.**1** ⟨sprw.⟩ eigen ~ is goud waard *there's no place like home.*
haardos 0.1 *(head of) hair* ♦ **2.1** een dichte/volle ~ *a thick head of hair.*
haardracht 0.1 *hair style.*
haardroger 0.1 *(hair) drier.*

haardscherm 0.1 *fire-screen.*
haardstel 0.1 *fire-irons.*
haardvuur 0.1 *(hearth-)fire* ♦ **2.1** open ~ *open fire.*
haarfijn I ⟨bn.⟩ **0.1** [zo fijn/dun als een haar] *as fine as a hair* ⇒⟨fig. ook⟩ *minute,* ⟨fig.⟩ *subtle* ♦ **1.1** een ~ onderscheid *a subtle distinction;*
II ⟨bw.⟩ **0.1** [minutieus] *minutely* ♦ **3.1** iets ~ uitleggen *explain sth. in great detail;* iets ~ weten *know sth. inside out.*
haarföhn 0.1 *(hair) drier.*
haargrens 0.1 *hair line.*
haargroei 0.1 *hair growth* ♦ **3.1** dit haarwater bevordert de ~ *this hair lotion stimulates h. g.*
haargroeimiddel 0.1 *hair-restorer.*
haarinplant 0.1 *hair implantation* ♦ **2.1** een dikke ~ *thickset hair, a dense/thick growth of hair.*
haarkam 0.1 *(hair-)comb.*
haarkloven 0.1 [muggenziften] *split hairs* **0.2** [kibbelen] *quibble.*
haarklover 0.1 *hairsplitter* ⇒⟨inf.⟩ *nitpicker.*
haarkloverij 0.1 [muggenzifterij] *hairsplitting* ⇒⟨inf.⟩ *nitpicking* **0.2** [gekibbel] *quibbling.*
haarknippen 0.1 *haircutting* ♦ ¶.**1** ~ ƒ 10,- *haircut Dfl 10.*
haarkruller 0.1 *(hair) curling iron(s);* ⟨krulspeld⟩ *curler.*
haarkrulset 0.1 *(set of) heated rollers.*
haarlak, -spray 0.1 *hair spray.*
haarlint 0.1 *hair-ribbon.*
haarlok 0.1 *lock (of hair).*
haarmiddel 0.1 *hair tonic.*
haarmode 0.1 *hair fashion.*
haarnetje 0.1 *hairnet.*
haarscheiding 0.1 ᴮ*parting/*ᴬ*part (of the hair).*
haarscherp 0.1 *very sharp* ⇒*exact* ⟨beschrijving, weergave⟩, *very fine* ⟨onderscheid⟩, *razor-sharp* ⟨verstand⟩ ♦ **1.1** een ~ e definitie/indeling *a crystal-clear definition/clear-cut division;* ~ e negatieven *pinpoint-sharp negatives.*
haarscheurtje 0.1 *hairline crack.*
haarspeld 0.1 [sierspeld] *hair slide,* ᴬ*hair clasp* **0.2** [voorwerpje om haar bijeen te houden] *hairpin.*
haarspeldbocht 0.1 *hairpin (bend/curve)* ♦ **2.1** een weg vol ~ en ⟨ook⟩ *a winding road.*
haarspoeling 0.1 *hair colouring.*
haarspray →haarlak.
haarstijl 0.1 *hair style* ⇒⟨vrouw⟩ *hair do.*
haarstukje 0.1 *hairpiece.*
haartje 0.1 ♦ **2.**¶ ben je een ~ bedonderd/betoeterd? *have you gone off your rocker?* **3.**¶ het scheelde maar een ~ *that was a near thing* ⟨ook→**haar**⟩.
haartransplantatie 0.1 *hair transplant.*
haaruitval 0.1 *hair loss.*
haarversteviger 0.1 *setting-lotion.*
haarverzorging 0.1 *hair care.*
haarvlecht, -streng 0.1 *plait (of hair)* ⇒*braid (of hair).*
haarwater 0.1 *(hair) lotion* ⇒*hair wash.*
haarwortel 0.1 [med.] *hair-root* **0.2** [plantk.] *root-hair* ♦ **3.1** de ~ s masseren *massage the hair-roots.*
haas I ⟨de⟩ **0.1** [mals vlees van hoge kwaliteit] *fillet* **0.2** [sport] *pacemaker* ♦ **1.1** een biefstuk v.d. ~ *fillet steak;*
II ⟨het, de⟩ **0.1** [dier; vlees v.e. haas] *hare* **0.2** [lafaard] *coward* ♦ **3.2** wat ben jij een (bange) ~! *what a mouse you are!* **3.**¶ het ~ je zijn ⟨inf.⟩ *be for it* **8.1** er als een ~ vandoor gaan *take to one's heels* ¶.¶ mijn naam is ~ *search me.*
haasje-over 0.1 ♦ **3.**¶ ~ springen *(play) leapfrog.*
haaskarbonade 0.1 *loin chop.*
haast¹ ⟨de⟩ **0.1** [(te grote) snelheid] *haste* **0.2** [noodzaak/drang om snel te werk te gaan] *hurry* ♦ **2.1** in grote ~ *in a*

great hurry **3.1** ~ maken *hurry up;* geen ~ maken met betalen *be in no hurry to pay;* ~ maken met *speed up* ⟨productie⟩; *hurry up* ⟨maaltijd⟩; ~ zetten achter iets *hurry sth.* *up* **3.2** ~ hebben *be in a h.* ⟨van personen⟩; die brief heeft ~ *that letter cannot wait;* dat heeft geen ~ *there is no rush* **5.2** er is ~ bij *the matter is urgent;* waarom zo'n ~? *what's the rush?* **6.1** in de(r) ~ iets vergeten *forget sth. in the rush;* in der ~ genomen beslissingen *hasty decisions.*

haast² ⟨bw.⟩ **0.1** [bijna] *almost, nearly* ⇒⟨in negatieve context⟩ *hardly* **0.2** [spoedig] *soon* ◆ **3.1** men zou ~ denken dat ... *one would a. think that ...;* hij durfde ~ niet te komen *he hardly dared (to) come;* hij was ~ gevallen *he n. fell;* ik zou ~ willen dat ... *I half wish that ...* **3.2** het wordt ~ weer lente *spring will be here s., spring is not far off* **4.1** ~ niets *hardly anything* **5.1** ~ niet *hardly;* ~ nooit *scarcely ever.*

haasten I ⟨wk.ww.; zich ~⟩ **0.1** [zich spoeden] *hurry* ⇒⟨inf.⟩ *hurry up* ◆ **3.1** we hoeven ons niet te ~ *there's no need to hurry,* als je die trein wil halen zul je je moeten ~ *if you want to catch that train you'll have to hurry up* **5.1** haast je maar niet! *don't hurry!, take your time!* **6.1 zonder** zich te ~ *unhurried(ly)* **¶.1** haastje-repje oversteken/iets doen *nip across, do sth. double quick;* **II** ⟨onov., ov.ww.⟩ **0.1** [opzwepen] *hurry* ◆ **3.1** ik laat me niet ~ *I'm not going to be hurried;* je moet me niet zo ~, dan kan ik niet werken *don't rush me, or I won't be able to work.*

haastig 0.1 *hasty* ◆ **3.1** je bent wat te ~ geweest ⟨ook⟩ *you've been a bit rash* **5.1** niet zo ~! *(go) easy!*

haastklus 0.1 *rush job.*

haastwerk 0.1 [in haast verricht werk] *hasty/rushed work* **0.2** [work waar haast bij is] *urgent/pressing work.*

haat 0.1 *hatred* ⇒*hate* ◆ **1.1** het is altijd ~ en nijd tussen die twee *they are continually at each other's throats* **2.1** blinde ~ *blind hate;* iem. een diepe ~ toedragen *hate s.o. deeply* **3.1** ~ zaaien *stir up hatred* **6.1 uit** ~ handelen *act out of hate.*

haatdragend 0.1 *resentful* ⇒*spiteful* ◆ **3.1** niet ~ zijn *bear no malice.*

haatgevoel 0.1 *(feeling of) hatred* ⇒*grudge* ◆ **3.1** diepe ~ons koesteren *harbour (feelings of) deep hatred;* iem. ~ens toedragen *have a grudge against s.o.*

haat-liefdeverhouding 0.1 *love-hate relationship.*

habbekra(t)s ⟨inf.⟩ **0.1** *(mere) trifle* ◆ **6.1 voor** een ~ *for a song.*

habijt 0.1 *habit* ◆ **6.1 in** ~ *wearing a h.*

habitat ⟨biol.⟩ **0.1** *habitat.*

hachee 0.1 *hash.*

hachelijk 0.1 *precarious; dicey* ◆ **1.1** zich in een ~e positie bevinden *be in a serious predicament;* ⟨inf.⟩ *be in a fix;* zich uit een ~e situatie redden *get o.s. out of a tricky situation.*

hachje 0.1 *skin* ◆ **2.1** alleen aan zijn eigen ~ denken *only think of o.s.* **3.1** zijn ~ wagen/redden *risk/save one's s.* **6.1** hij is bang voor zijn ~ *he fears for his life.*

hacken 0.1 *hack.*

Hades 0.1 *Hades.*

hagedis 0.1 *lizard.*

hagel 0.1 [vorm van neerslag; ook fig.] *hail* **0.2** [munitie] *(lead/ball) shot* ◆ **1.1** er zit ~ in de lucht *it looks like h.* **1.2** een schot ~ *a shower of shot* **3.1** de ~ kletterde op het dak *h. rattled on the roof.*

hagelbui 0.1 *hailstorm.*

hagelen 0.1 *hail* ◆ **1.1** het hagelde kogels op de vijand *shot rained down on the enemy;* de stenen hagelden om ons heen *stones were raining down* **6.1** ik hoor het op de ruiten ~ *I can hear the hail against the windowpanes.*

hagelschade 0.1 *hail damage* ⇒*damage (caused/done) by hail* ◆ **6.1** een verzekering tegen ~ *hail(storm) insurance.*

hagelslag 0.1 ⟨chocolade⟩ *chocolate confetti/sprinkles* ◆ **6.1** een boterham met ~ *a slice of bread with chocolate confetti.*

hagelsteen 0.1 *hailstone* ◆ **8.1** hagelstenen zo groot als duiveneieren *hailstones as big as golf balls.*

hagelwit 0.1 *(as) white as snow* ◆ **1.1** ~te tanden *pearly white teeth.*

haha 0.1 *ha ha* ⟨ook spottend⟩.

haiku 0.1 *haiku.*

hak I ⟨de⟩ **0.1** [hiel; verhoging onder schoeisel] *heel* ◆ **2.1** schoenen met hoge ~ken *high-heeled shoes;* schoenen met lage ~ken *flat-heeled shoes* **3.1** ik moet (nieuwe) ~ken onder mijn schoenen laten zetten *I must have my shoes heeled* **6.1** ⟨fig.⟩ met de ~ken over de sloot slagen *pass by the skin of one's teeth;* **II** ⟨de (m.)⟩ **0.1** [slag met een bijl; kerf door hakken ontstaan] *cut* ◆ **1.1** nog een paar ~ken met de bijl en het is door *a few more blows and it'll be done* **3.¶** iem. een ~ zetten *play s.o. a nasty trick* **6.1** er is een hele ~ uit de tafel *there is quite a chunk out of the table* **6.¶** iem. / iets op de ~ nemen *ridicule s.o./sth.;* van de ~ op de tak springen *skip from one subject to another.*

hakballetje ⟨sport⟩ **0.1** *backheel.*

hakbijl 0.1 *hatchet* ⇒⟨slagers⟩ *(butcher's) cleaver.*

hakblok 0.1 *chopping-block* ⇒⟨slagers ook⟩ *butcher's block.*

haken I ⟨onov.ww.⟩ **0.1** [met een haak grijpen/blijven vastzitten] *catch* **0.2** [aan een haak blijven hangen] *catch* ◆ **3.2** hij bleef met zijn jas aan een spijker ~ *he caught his coat on a nail* **6.1** de doorns haakten in de vacht v.d. schapen *the thorns caught in the fleece of the sheep;* **II** ⟨onov., ov.ww.⟩ **0.1** [mbt. handwerken] *crochet;* **III** ⟨ov.ww.⟩ **0.1** [aan een haak bevestigen] *hook (up)* ◆ **¶.¶** iem. (pootje) ~ *trip s.o. (up).*

hakenkruis 0.1 *swastika.*

hakhout 0.1 *coppice (wood), copse (wood).*

hakkelen 0.1 *stammer (out)* ⇒*stumble (over one's words)* ◆ **3.1** hij stond te ~ *he stumbled over his words;* zich ~d verontschuldigen *stumble through an apology.*

hakken I ⟨onov.ww.⟩ **0.1** [houwen] *hack (at)* **0.2** [onbesuisd inhakken] *hack/bash/slash away (at)* ◆ **5.2** ⟨fig.⟩ dat hakt erin *that costs a packet;* **II** ⟨ov.ww.⟩ **0.1** [in kleine stukken verdelen] *chop (up)* **0.2** [afhakken] *cut (off/away)* **0.3** [uithakken] *cut (out)* ◆ **1.1** hout ~ *chop wood* **1.2** een dode tak uit de boom ~ *cut off a dead branch from the tree* **1.3** een bijt in het ijs ~ *cut a hole in the ice* **2.1** uien fijn ~ *chop up onions* **6.1** in stukken/stukjes ~ *cut/chop (up).*

hakkenbar 0.1 *heel bar.*

hakker 0.1 *hacker, cutter* ⇒⟨bomen⟩ *lumberjack.*

hakketakken 0.1 [vitten] *pick (on/at)* ⇒⟨voortdurend⟩ *nag* **0.2** [kibbelen] *bicker* ◆ **3.1** hij ligt altijd op mij te ~ *he is always picking at me.*

hakmes 0.1 [kapmes] *chopper* ⇒*machete* **0.2** [keukengereedschap] *chopping knife.*

hal 0.1 [zeer hoge ingang] *(entrance) hall* ⇒⟨hotel⟩ *(main) lobby,* ⟨theater⟩ *foyer* **0.2** [zaal waar koopwaar wordt geveild/verkocht] *(covered) market* **0.3** [ook in samenst.; hoge zaal] *hall(way)* **0.4** [klein vertrek achter een huisdeur] *hall(way)* ◆ **1.3** sporthal *sports hall, gym* **6.1 in** de ~ v.h. hotel *in the hotel lobby/lounge/foyer.*

halen 0.1 [naar zich toe/naar boven trekken] *pull* ⇒*drag*

⟨over de grond⟩ **0.2** [ergens vandaan halen] *fetch* ⇒*get*
0.3 [ontbieden] *fetch* ⇒*go for* **0.4** [bemachtigen] *get* ⇒
take ⟨een graad⟩, *pass* ⟨een examen⟩ **0.5** [erin slagen te bereiken] *reach* ⇒*catch* ⟨trein enz.⟩, *get* ⟨hoge noten⟩, ⟨het halen⟩ *make*, ⟨bij iets/iemand⟩ *compare*, ⟨overleven⟩ *pull through* ♦ **1.2** haal voor hem een glas bier! *get him a (glass of) beer!*; de post ~ *collect the mail*; wordt je zuster gehaald? *is anybody coming for your sister?* **1.3** de dokter ~ *go for the doctor*; hulp/de politie ~ *go for help/the police* **1.4** goede/slechte cijfers ~ *g. good/bad marks*; de eerste prijs ~ *take first prize*; maar net een voldoende ~ voor zijn opstellen *scrape through in essay writing* **1.5** mijn auto haalt nog net de 120 km *my car just manages 75 miles an hour*; dat haal ik niet *I won't make it*; hij heeft de finish niet gehaald *he did not make it to the finish*; de post ~ *be in time for the post*; zijn negentigste verjaardag ~ *live to be ninety* **3.2** ik zal het gaan ~ *I'll go and get it*; ik zal je morgen komen ~ *I'll come for you tomorrow* **3.3** iem./iets laten ~ *send for s.o./sth.*; iem. iets laten ~ *send s.o. for sth.* **4.5** de nieuwe dokter haalt het niet bij de oude *the new doctor isn't a patch on the old one*; ik denk niet dat hij ⟨zieke⟩ het zal ~ *I don't think he will pull through* **5.1** ervan alles bij ~ *drag in everything (but the kitchen sink)*; ik kan er mijn kosten niet uit ~ *it doesn't cover my expenses*; iem. erin ~ *drag s.o. in*; eruit ~ wat erin zit *get the most out of sth.*; eruit ~ wat eruit te ~ is *take all one can get*; overhoop ~ *turn upside down*; waar haal ik het geld vandaan? *where shall I find the money?* **5.4** waar haalt hij het vandaan *where does he g. it from*; ⟨iron.⟩ *where does he g. these ideas from* **5.5** hun kandidaat heeft het nog net gehaald *their candidate scraped through* **6.1** alles **naar** zich toe ~ ⟨ook fig.⟩ *grab everything, get one's hands on everything one can*; de vlag **naar** beneden ~ *lower the flag*; een vliegtuig **naar** beneden ~ *(bring) down an aeroplane*; vechters **uit** elkaar ~ *seperate the fighters*; zijn zakdoek **uit** zijn zak ~ *pull out one's handkerchief*; er zo veel mogelijk **uit** ~ *make the most of*; iem. **uit** zijn concentratie ~ *break s.o.'s concentration*; geld **van** de bank ~ *(with)draw money from the bank*; **voor** zich ~ ⟨fig.⟩ *visualize, imagine* **6.2** hij haalt zijn boodschappen **bij** de supermarkt *he does his shopping at the supermarket*; een muur **tegen** de grond ~ *pull down a wall*; iem. **van** de trein ~ *meet s.o. at the station* **6.5** bier haalt het niet **bij** wijn *beer cannot compare with wine*; daar haalt niets (het) **bij** *nothing can touch/beat it*; hij haalt (het) niet **bij** haar *he's nowhere near as good as her* **6.¶** je haalt twee zaken **door** elkaar *you are mixing up two things*; iem. **naar** beneden ~ *belittle s.o.*; vlekken ~ **uit** iets *remove stains from sth.* **7.2** drie ~ twee betalen *two for the price of one* **¶.2** iets te voorschijn/voor de dag ~ *produce sth.*

half¹ ⟨de⟩ **0.1** *half* ♦ **7.1** twee halven maken een heel *two halves make a whole.*

half² I ⟨bn.⟩ **0.1** [de helft zijnde] *half* **0.2** [voor een (groot) deel; niet helemaal] *half* **0.3** [mbt. het punt waar de andere helft begint] *halfway up/down/along/through* ♦ **1.1** een halve appel *h. an apple*; een halve cirkel *a semicircle*; halve dagen werken *work h. time*; een halve fles *h. a bottle*; ⟨een kleine fles ook⟩ *a h. bottle*; voor ~ geld/tegen de halve prijs *(for/at) h. price*; vier en een halve mijl *four and a h. miles*; ⟨hand.⟩ voor halve rekening *on joint account*; de klok slaat hele en halve uren *the clock strikes the (full) hours and the h. hours* **1.2** het meisje is een halve jongen *the girl is a regular tomboy*; geen halve maatregelen *no h. measures*; de halve stad spreekt ervan *h. the town is talking about it*; iets met een ~ woord aanduiden *(barely) hint*

at sth.; hij hoeft maar een ~ woord te zeggen *h. a word is enough* **1.3** ik ga ~ april *I'm going in mid-April*; er is een bus telkens om vier minuten vóór het halve uur/vóór ~ *there is a bus every four minutes to the half hour* **1.¶** een halve gare *a fool/halfwit/*ᴮ*twit* **7.3** het is ~ elf *it is half (past) ten*; het is vijf voor ~ elf *it is twenty-five past ten;* **II** ⟨bw.⟩ **0.1** [voor de helft] *half* ⇒*halfway* **0.2** [voor een deel] *half* ♦ **2.1** een glas ~ vol schenken *pour half a glass;* het hek is ~ wit en ~ groen geverfd *the fence is painted half white, half green* **2.2** met het raam ~ dicht *with the window halfway down/open*; de deur stond ~ open *the door was ajar* **3.1** je weet niet ~ hoe erg het is *little do you know how serious it is* **3.2** ik kan het maar ~ geloven *I can hardly believe it*; ~ lachend, ~ huilend *torn between laughing and crying*; iets maar ~ verstaan *understand only h. of it* **5.1** mijn werk is ~ af *my work is half done*; ~ zo groot als ik *half as tall as me* **8.1** ~ tot iets besloten zijn *have more or less decided*; iem. iets ~ en ~ beloven *half promise s.o. sth.*; ik ben er ~ en ~ van op de hoogte *I have not yet been fully informed*; ~ en ~/~ om ~ *half and half.*

halfbakken 0.1 *half-baked* ⇒⟨persoon⟩ *half-witted* ♦ **3.1** hij deed alles maar ~ *he did everything in a h.-b. way.*

halfblind 0.1 *half-blind.*

halfbloed 0.1 ⟨bn. en zn.⟩ *half-breed.*

halfbroer 0.1 *half-brother.*

halfdonker 0.1 *semidarkness.*

halfdonker 0.1 *dim.*

halfdood ⟨fig.⟩ **0.1** *half-dead* ♦ **3.1** ze sloegen hem ~ *they beat him within an inch of his life* **6.1** ~ van angst/vermoeidheid *h.-d. with fear/fatigue.*

halfduister 0.1 *semidarkness* ⇒*twilight* ♦ **6.1** in het ~ *in the s./twilight/dusk.*

halfduister 0.1 *half-dark.*

halfedelsteen 0.1 *semiprecious stone.*

halffabrikaat 0.1 *semimanufactured product.*

halfgaar 0.1 [niet helemaal gaar] *half-done* **0.2** [getikt] *half-witted* ⇒*half-crazy* ♦ **1.1** die aardappels zijn ~ *the potatoes are h.-d.*

halfgek 0.1 *half-witted* ⇒*half-crazy.*

halfgeleider ⟨tech.⟩ **0.1** *semiconductor* ⇒⟨in samenst., bijvoeglijk ook⟩ *solid-state.*

halfgeopend →**halfopen.**

halfgesloten 0.1 *half-closed* ♦ **1.1** met ~ ogen *with the eyes h.-c.*

halfgod 0.1 [myth.] *demigod* **0.2** [mens met buitengewone gaven] *demigod* ⇒⟨iron.⟩ *superman.*

halfhartig 0.1 *half-hearted.*

halfhoog 0.1 *half(-length)* ♦ **1.1** halfhoge laarzen *half boots.*

halfjaar 0.1 *six months* ⇒*half a year* ♦ **1.1** een ~ huur *six months' rent* **6.1** per ~ betalen *pay twice a year.*

halfjaarlijks 0.1 *half-yearly* ⟨ook bw.⟩ ⇒*biannual*, ⟨bw. ook⟩ *every six months* ♦ **1.1** te betalen in ~e termijnen *payable in biannual instalments.*

halfje 0.1 *half a glass/pint* ⟨enz.⟩ ♦ **1.1** een ~ wit(tebrood) *a half loaf of white (bread).*

halfklinker ⟨taal.⟩ **0.1** *semivowel.*

halflang 0.1 *half-long* ♦ **1.1** ~e rokken *mid-length skirts.*

halfleeg 0.1 *half-empty.*

halfleren 0.1 *(in) half leather* ♦ **1.1** een boek, gebonden in ~ *a book bound in h. l.*

halflinnen¹ ⟨het⟩ **0.1** *half-linen, cotton-linen.*

halflinnen² ⟨bn.⟩ **0.1** *(in) half cloth* ♦ **1.1** een boek, gebonden in ~ band *a book bound in h. c.*

halfluid 0.1 〈bn.〉 *muffled* 〈geluid〉; 〈bn.〉 *hushed, subdued* 〈stem〉; 〈bw.〉 *in a low voice* ◆ **3.1** iets ~ zeggen 〈onduidelijk〉 *mumble sth.; say sth.* 〈bescheiden, nederig〉 *in a subdued voice.*

halfmaandelijks 0.1 〈bn., bw.〉 *bimonthly, half-monthly;* 〈bw. ook〉 *twice a month;* 〈vnl. BE〉 *every fortnight* ◆ **1.1** een ~ tijdschrift 〈vnl. BE〉 *a fortnightly.*

halfnaakt 0.1 *half-naked.*

halfom ◆ **1.¶** een broodje ~ *a liver and salt beef sandwich/roll.*

half-om-half 0.1 *(mixed) beef and pork mince.*

halfopen, -geopend 0.1 *half-open* ⇒*ajar* 〈deur〉 ◆ **1.1** met ~ mond bleef hij mij aanstaren *he stood gaping at me.*

halfpension 0.1 *half board.*

halfrijm 0.1 *half-rhyme.*

halfrijp 0.1 [nog niet voldoende rijp] *half-ripe* **0.2** [pej.; nog niet helemaal volwassen] *green* ⇒〈pred.〉 *(still) wet behind the ears.*

halfrond 〈aardr.〉 **0.1** *hemisphere* ◆ **2.1** het noordelijk/zuidelijk ~ *the Northern/Southern Hemisphere.*

halfslachtig 0.1 *half-hearted* ⇒*half* ◆ **1.1** een ~ antwoord *a half answer;* ~ e maatregelen *halfway measures.*

halfslachtigheid 0.1 *half-heartedness* ⇒*indecision.*

halfstok 0.1 *half-mast* ◆ **3.1** de vlaggen hingen ~ *the flags were (flying/flown) at h.-m.*

halftijds 0.1 *half-time, part-time* ◆ **1.1** een ~ baan *a h.-t. job* **3.1** ~ werken *work h.-t.*

halfuur 0.1 *half (an) hour* ◆ **6.1** ik kom over een ~tje bij je / *will be at your place in about half an hour('s time).*

halfvergeten 0.1 *half-forgotten* ◆ **1.1** ~ gebeurtenissen weer oprakelen *dredge up h.-f. events.*

halfvet 0.1 [met weinig vet] *low-fat* **0.2** [druk.] *semibold.*

halfvol 0.1 [voor de helft gevuld] *half-full* **0.2** [met minder vet] *low-fat* ◆ **3.1** een glas ~ doen *fill a glass h.-f.*

halfvolwassen, halfwassen 0.1 *half-grown.*

halfweg¹ 〈bw.〉 **0.1** *halfway* ◆ **3.1** ik kwam hem ~ tegen / *met him h.*

halfweg² 〈vz.〉 **0.1** *halfway* ◆ **1.1** ~ Utrecht en Amersfoort heeft hij een huis gekocht *he has bought a house h. between Utrecht and Amersfoort.*

halfzacht 0.1 [zachtgekookt] *soft-boiled* **0.2** [dwaas] *soft-headed* ⇒〈inf.〉 *soft (in the head)* **0.3** [slap] *wishy-washy.*

halfzuster 0.1 *half sister.*

halfzwaargewicht 〈sport〉 **0.1** *light heavyweight* 〈ook persoon〉.

halleluja 0.1 *alleluia* ⇒*halleluja(h).*

hallelujastemming 0.1 *ecstatic/elated mood* ⇒*ecstasy.*

hallo 0.1 *hello, hallo, hullo* ◆ **¶.1** 〈hé,〉 ~ *hello there!;* ~ , Londen, hoort u mij? *come in, London!;* ~ , met wie spreek ik? *hello, who is speaking, please?*

hallucinatie 0.1 *hallucination* ◆ **3.1** hij heeft/krijgt ~s *he is having hallucinations.*

hallucineren 0.1 *hallucinate* ⇒*hear/see things.*

halm 0.1 *stalk* ⇒〈van gras ook〉 *blade.*

halma 0.1 *halma.*

halo 0.1 *halo;* 〈rond de maan bij een zonsverduistering〉 *corona.*

halogeen 〈schei.〉 **0.1** *halogen.*

halogeenlamp 0.1 *halogen lamp.*

hals 0.1 [deel v.h. lichaam/v.e. voorwerp] *neck* **0.2** [keel] *throat* **0.3** [nek] *nape* **0.4** [mbt. kledingstukken] *neck-(line)* ◆ **1.1** de ~ v.e. gitaar *the n. of a guitar* **2.4** een japon met laag uitgesneden ~ *a low-necked dress* **2.¶** 't is een onnozele ~ *he/she is a simple soul* **3.1** iem. de ~ afsnijden *cut s.o.'s throat* **6.1** iem. **om** de ~ vallen/vliegen *throw*

halfluid - ham

one's arms round s.o.'s neck **6.3** 〈fig.〉 zich moeilijkheden/problemen **op** de ~ halen *saddle o.s. with troubles/problems;* weet je wat hij zich nu **op** de ~ gehaald heeft? *do you know what he's let himself in for now?;* hij heeft het zichzelf **op** de ~ gehaald *he has brought it on himself* **¶.¶** zich ~ over kop in iets storten *rush into sth.;* ~ over kop verliefd worden *fall head over heels in love;* ~ over kop vertrekken *rush off;* ~ over kop op de vlucht slaan *take to one's heels.*

halsader 〈med.〉 **0.1** *jugular (vein).*

halsband 0.1 [sieraad] *necklace* **0.2** [mbt. dieren] *collar.*

halsbrekend 0.1 *daredevil* ◆ **1.1** ~ e toeren verrichten *carry out d. feats.*

halsdoek 0.1 *scarf.*

halsgewricht 〈med.〉 **0.1** *neck-joint.*

halsketting 0.1 [sieraad] *necklace* **0.2** [mbt. vee] *collar.*

halslengte 〈sport〉 **0.1** *neck* ◆ **6.1** het paard won met één ~ *the horse won by a n.*

halsmisdaad 0.1 *capital crime/offence.*

halsopening 0.1 *neck.*

halsoverkop 0.1 *in a hurry/rush* ⇒*headlong* 〈vallen〉, *head-over-heels* 〈vallen〉 ◆ **3.1** ~ naar het ziekenhuis gebracht worden *be rushed to hospital;* ~ de trap af komen *come tumbling downstairs;* ~ trouwen *get married in a hurry;* ~ vertrekken *leave in a hurry.*

halsslagader 0.1 *carotid (artery).*

halssnoer 0.1 *necklace.*

halsstarrig 0.1 *obstinate* ⇒*stubborn* ◆ **3.1** hij bleef ~ ontkennen *he kept on stubbornly denying it.*

halster 0.1 *halter.*

halswervel 〈med.〉 **0.1** *cervical vertebra.*

halswijdte 0.1 *collar-size.*

halszaak 0.1 *capital crime/offence* ◆ **3.1** ik maak er geen ~ van *I won't treat it as a crime.*

halt¹ I 〈het〉 **0.1** 〈kreet〉 *stop* ◆ **3.1** iem./de inflatie een ~ toeroepen *stop s.o./check inflation;* het terrorisme een ~ toeroepen *put a s. to terrorism;*

II 〈de〉 **0.1** [onderbreking in het voortgaan] *halt* ◆ **3.1** ~ doen houden *halt;* ~ houden, ~ maken *halt.*

halt² 〈tw.〉 **0.1** *halt!, stop!, wait!* ◆ **¶.1** ~, of ik schiet! *stop or I'll fire/shoot!*

halte 0.1 *stop* ◆ **2.1** bij de volgende/laatste ~ uitstappen *get off at the next s./the terminus* **6.1** ~ **op** verzoek *request stop* **7.1** twee ~s verder moet ik eruit *I have to get off in two stops.*

halter 0.1 〈kort〉 *dumb-bell;* 〈lang〉 *bar-bell.*

halvarine 0.1 *low-fat margarine.*

halvemaan 0.1 [schijngestalte v.d. maan] *half-moon* **0.2** [sikkelvormig teken] *crescent* ◆ **2.2** de Rode Halvemaan *the Red Crescent.*

halveren 0.1 [in tweeën delen] *divide into halves* **0.2** [tot op de helft verminderen] *halve* ◆ **1.1** ik zal die appel maar ~ *I'll cut that apple in half* **1.2** zijn inkomen is gehalveerd *his income has been halved.*

halvering 0.1 *halving.*

halveringstijd 〈nat.〉 **0.1** *half-life.*

halverwege¹ 〈bw.〉 **0.1** [halfweg] *halfway* **0.2** [midden in wat men bezig is te doen] *halfway (through)* ◆ **3.1** ~ terugkeren *go back when you've gone h.;* we zijn nu ~ *we are h. now* **3.2** ~ blijven steken in een boek *get stuck halfway through a book* **6.1** ~ **tussen** Utrecht en Arnhem *h. between Utrecht and Arnhem.*

halverwege² 〈vz.〉 **0.1** *halfway* ◆ **1.1** ~ de trap bleef hij steken *he got struck h. up/down the stairs.*

halvezool 0.1 〈persoon〉 *half-wit, cretin.*

ham 0.1 *ham* ◆ **1.1** een broodje ~ 〈broodje〉 *a ham roll;* 〈twee

sneetjes brood⟩ *a ham sandwich;* een plakje ~ *a slice of h.*
2.1 gerookte ~ *gammon, smoked h.;* rauwe ~ *uncooked h.*

hamburger 0.1 *hamburger, beefburger* ◆ **6.1** ~ met kaas *cheeseburger.*

hamer 0.1 *hammer* ⇒⟨houten⟩ *mallet* ◆ **6.1** ⟨fig.⟩ iets **onder** de ~ brengen *bring sth. under the h., put sth. up to auction;* **onder** de ~ komen *come/go under the h.*

hameren 0.1 *hammer* ◆ **1.1** de bokser hamerde zijn tegenstander op het hoofd *the boxer rained blows on his opponent's head* **5.1** iets bij iem. erin ~ *hammer sth. into s.o.* **6.1** dat bericht hamerde voortdurend **door** mijn hoofd *the message kept ringing in my ears;* ⟨fig.⟩ altijd **op** iets/hetzelfde ~ *always keep harping on sth.;* ⟨fig.⟩ er bij iem. **op** blijven ~ *keep going on at s.o. about sth.*

hamerslag 0.1 [het slaan] *hammering* **0.2** [slag] *hammerblow* ◆ **6.2** iets **bij** ~ verkopen *auction sth.*

hamerstuk 0.1 *formality* ◆ **8.1** het voorstel werd als ~ afgedaan *the proposal was dealt with as a f.*

hamerteen 0.1 *hammertoe.*

hamlap 0.1 *pork steak.*

hammondorgel 0.1 *Hammond organ.*

hamster 0.1 *hamster.*

hamsteraar, -ster 0.1 *hoarder.*

hamsteren 0.1 *hoard (up)* ◆ **1.1** koffie ~ *hoard (up) coffee.*

hamvraag 0.1 *key question.*

hand 0.1 [lichaamsdeel] *hand* **0.2** [handschrift, stijl] *hand* ⇒ *(hand)writing* **0.3** [fig.; kant] *hand* ⇒*side* ◆ **1.1** op ~en en voeten kruipen *crawl on all fours;* zich met ~en en voeten verweren ⟨fig.⟩ *defend o.s. tooth and nail;* aan/met ~en en voeten gebonden zijn ⟨ook fig.⟩ *be tied h. and foot* **2.1** in andere ~en komen *change hands;* blote ~en *bare hands;* die zaak is in goede/slechte ~en *that matter is in good/ bad hands;* in goede/verkeerde ~en vallen ⟨fig.⟩ *fall into the right/wrong hands;* ⟨fig.⟩ gouden ~en hebben *be good with one's hands;* ⟨fig.⟩ met harde ~ opvoeden *bring up the hard way;* iem. de helpende ~ bieden *lend s.o. a (helping) h.;* ⟨fig.⟩ bevelen van hoger ~ *orders from above;* ⟨fig.⟩ de laatste ~ aan iets leggen *put the finishing touches to sth.;* niet met lege ~en komen *not come empty-handed;* ⟨fig.⟩ uit de losse ~ *roughly, in an improvised way;* ⟨fig.⟩ iets uit de losse ~ doen *do sth. off the cuff;* iets met vaste ~ doen *do sth. with a sure touch;* ⟨fig.⟩ met vaste/krachtige ~ regeren *rule with a firm/iron h.;* hij is in veilige ~en *he is in safe hands;* (de) ~en vol werk geven *give s.o. no end of work/trouble;* de ~en vol hebben aan iem./iets *have one's hands full with s.o./sth.;* hij heeft de ~en meer dan vol *he has enough/too much on his plate;* dat kost ~en vol geld *that costs lots of money;* iets aan vreemde ~en toevertrouwen *entrust sth. to strangers;* hij heeft de ~en niet vrij *he does not have a free h.;* ⟨fig.⟩ iem. de vrije ~ laten *give s.o. a free h.;* ⟨fig.⟩ de vrije ~ hebben/krijgen *have/acquire a free h.;* ergens zijn ~en niet aan vuil willen maken *refuse to soil one's hands with sth.;* ⟨fig.⟩ met zachte ~ *with a light touch* **2.3** de zieke is aan de beterende ~ *the patient is on the mend/getting better;* aan mijn rechter/linker ~ *on my right/left (h./side);* aan de winnende ~ zijn *be winning* **3.1** de ~en van iem. aftrekken ⟨fig.⟩ *wash one's hands of s.o.;* hij mag zijn ~en dichtknijpen ⟨fig.⟩ *he may call himself lucky;* ⟨fig.⟩ ik draai er mijn ~ niet voor om ⟨ik heb er geen moeite mee⟩ *I think nothing of it;* ⟨het kan me niet schelen⟩ *I don't care a rap (for it);* iem. de ~ drukken/geven/schudden *give s.o. one's h., shake hands with s.o.;* dan kunnen we elkaar de ~ geven *we're in the same boat;* elkaar de ~ geven ⟨om kring te vormen⟩ *link hands;* de ~ in iets hebben ⟨fig.⟩ *have a h. in sth.;* ⟨fig.⟩ iem. de ~ boven het hoofd hou-

den ⟨aan zijn kant staan⟩ *stand by s.o.;* ⟨iem. beschermen die iets misdaan heeft⟩ *protect s.o.;* ergens streng de ~ aan houden ⟨regel, voorschrift⟩ *adhere strictly to sth.;* de ~ en ineenslaan ⟨van verbazing⟩ *clasp/throw up one's hands;* ⟨fig.⟩ join *hands/forces;* mijn ~en jeuken ⟨fig.⟩ *I'm itching to give (s.o.) a good hiding;* ⟨fig.⟩ de ~ en op elkaar krijgen *earn/get applause;* ⟨fig.⟩ de ~ op iets/iem. leggen *lay hands on s.o./sth.;* iemands ~ lezen *read s.o.'s palm;* de ~ lichten met het reglement *disregard the regulations;* de ~ ophouden ⟨fig.⟩ *hold out one's h. for a tip; beg;* elkaar de ~ reiken *hold out a h. to each other* ⟨ook fig.⟩; ⟨fig.⟩ *reach out to each other;* ~en schudden *shake hands;* ⟨fig.⟩ de ~ aan zichzelf slaan *take one's own life;* hij steekt geen/nooit een ~ uit *he never does a stroke of work;* zijn ~en uit de mouwen steken ⟨fig.⟩ *put one's shoulder to the wheel;* ⟨fig.⟩ de ~ in eigen boezem steken *acknowledge blame;* de ~ over het hart strijken ⟨fig.⟩ *be lenient/soft-hearted;* hij kan zijn ~en niet thuishouden *he can't keep his hands to himself;* zijn ~ uitsteken ⟨in het verkeer⟩ *indicate;* ⟨fig.⟩ zijn ~en in onschuld wassen *have clean hands;* daar wordt vaak de ~ mee gelicht *that is often skimped/not taken seriously* **5.1** ⟨mijn⟩ ~ erop! *you have/here's my hand on it!;* ~en omhoog! ⟨of ik schiet⟩ *hands up!/*⟨inf.⟩ *stick 'em up! (or I'll shoot);* ~en thuis! *hands off!* **6.1** ⟨fig.⟩ iets **aan** de ~ hebben ⟨met iets bezig zijn⟩ *have sth. going/on;* ⟨bij iets betrokken zijn⟩ *be involved in sth.;* ⟨hand.⟩ goederen die **aan** de ~ blijven *goods that are left on one's hands;* ⟨fig.⟩ iem. iets **aan** de ~ doen *get s.o. sth.;* **aan** de ~ van deze berekeningen *on the basis of these calculations;* iem. een middel **aan** de ~ doen tegen huiduitslag *put s.o. on to a good remedy for a rash;* niks **aan** de ~! *there's nothing the matter;* **aan** de ~ van deze ervaringen concludeer ik … *in view of these experiences I conclude …;* iets **achter** de ~ hebben ⟨fig.⟩ *have sth. to fall back on;* ⟨heimelijk⟩ *have sth. up one's sleeve;* iets **achter** de ~ houden ⟨fig.⟩ *keep sth. in reserve;* wat geld **achter** de ~ houden *keep some money for a rainy day;* ik heb mijn gummetje altijd vlak **bij** de ~ *I always have my rubber near at h.;* zo iets heb ik wel meer **bij** de ~ gehad ⟨fig.⟩ *I am an old h. at this;* **in** de ~en klappen *clap one's hands;* goed/gemakkelijk **in** de ~ liggen ⟨stuk gereedschap⟩ *have a handy grip;* ⟨boek⟩ *be nice to hold;* iem. in ~en vallen ⟨fig.⟩ *fall into the hands of s.o.;* iem. iets **in** ~en spelen *put sth. s.o.'s way;* iem. iets **in** de ~ duwen/stoppen *slip/thrust sth. into s.o.'s hands;* ⟨fig.⟩ *palm/fob s.o. off with sth.;* ⟨fig.⟩ een auto goed **in** de ~ hebben *have a good control of a car;* ⟨fig.⟩ iets **in** de ~ hebben *have sth. under control;* ⟨fig.⟩ iets zelf **in** de ~ hebben *have sth. in one's own hands;* een bewijs **in** ~en hebben *have evidence;* het onderzoek is **in** ~ van N. *the investigation is being conducted by N.;* de markt **in** ~en hebben *control/have control of the market;* de politie heeft de zaak nu **in** ~en *the police have the case in h.;* iets **in** ~en krijgen *get hold of sth.;* ⟨toevallig⟩ *chance on sth.;* de macht **in** ~en hebben *have power;* de toestand **in** ~en hebben *have the situation in h.;* **in** ~en vallen v.d. politie/de vijand *fall into the hands of the police/enemy;* ~ **in** ~ gaan *met* ⟨ook fig.⟩ *go h. in h. with* ⟨ook fig.⟩; ⟨fig.⟩ **met** de ~en in het haar zitten *be at one's wits' end;* ⟨fig.⟩ iets **met** beide ~en aangrijpen *jump at sth.;* ⟨aanbod, gelegenheid ook⟩ *seize (upon) sth.;* zich **met** ~en tand verzetten ⟨fig.⟩ *fight tooth and nail;* **met** de ~ wassen ⟨tgov. in de machine⟩ *wash by h.;* **met** de ~ gemaakt/geschreven *hand-made/handwritten;* ⟨fig.⟩ **met** de ~ op het hart iets verklaren *swear to sth. faithfully;* ⟨fig.⟩ iem. **naar** zijn ~ zetten *force/mould/bend s.o. to one's will, manage s.o., twist s.o. round one's (little) finger;* ⟨fig.⟩ hij zet alles **naar** zijn ~ *he has it all his own way;* iets **om** ~en hebben *have sth. to do;* ⟨fig.⟩ iets **onder** ~en hebben *be at work on sth.;* ⟨fig.⟩ iem. **onder** ~en nemen *take s.o. in h. / to task;* iem. **op** de ~en kijken ⟨fig.⟩ *breathe down s.o.'s neck;* iem. **op** (de) ~en dragen ⟨fig.⟩ *worship/idolize s.o.;* ~ **over** ~ toenemen *increase h. over fist, gain ground rapidly;* iem. iets **ter** ~ stellen *hand sth. (over) to s.o.;* iets **ter** ~ nemen *take sth. up, take sth. in h., undertake sth.;* ⟨fig.⟩ iets **uit** ~en geven *part with sth.;* er komt niets **uit** zijn ~en *he doesn't get anything done;* **uit** de ~ lopen *get out of h.;* ⟨fig.⟩ ik heb die informatie **uit** de eerste ~ *I have this information at first h.;* iem. het werk **uit** (de) ~en nemen *take work off s.o.'s hands;* iets **van** de ~ doen *sell / part with / dispose of sth.;* **van** ~ **tot** ~ gaan *be passed from h. to h.;* goed / duur **van** de ~ gaan *sell well / at high prices* ⟨van koopwaren⟩; dat ligt **voor** de ~ ⟨fig.⟩ *that speaks for itself;* dat is de meest **voor** de ~ liggende conclusie *that is the most obvious conclusion* **6.2** een brief **van** dezelfde ~ *a letter from the same hand;* een verhaal van de ~ **van** *a story (written) by* **6.3** ⟨fig.⟩ iem. **op** zijn ~ hebben / krijgen *have / get s.o. on one's side* **6.**¶ wat is er daar **aan** de ~? *what's going on there?;* ⟨fig.⟩ alsof er niets **aan** de ~ was *as if nothing had happened / was wrong;* er is iets **aan** de ~ *there's sth. the matter / up;* iets / iem. **in** de ~ werken *encourage sth. / s.o.;* ⟨iets ook⟩ *make for sth.;* ⟨iem. ook⟩ *play into s.o.'s hands;* elkaar **in** de ~ werken ⟨van dingen / situaties⟩ *reinforce one another;* ⟨van personen⟩ zwaar **op** de ~ zijn *be heavy / ponderous;* **op** ~en zijn *be (near) at hand / imminent / forthcoming;* **van** de ~ in de tand leven *live from hand to mouth;* een verzoek / voorstel **van** de ~ wijzen *refuse a request* ⟨verzoek⟩; *turn down a proposal* ⟨voorstel⟩ **7.1** geen ~ voor iem. / iets uitsteken *not lift a finger for s.o. / sth.;* hij heeft er geen ~ naar uitgestoken ⟨niets aan gedaan⟩ *he hasn't done a stroke of work on it;* ⟨niets van gegeten⟩ *he hasn't touched it;* geen ~ voor ogen kunnen zien ⟨fig.⟩ *not be able to see one's h. in front of one('s face);* ⟨inf.⟩ hij zien twee ~en op één buik ⟨fig.⟩ *they are h. in glove;* ik heb maar twee - en! *I have only (got) one pair of hands!* ¶.1 ⟨fig.⟩ - en te kort komen *not have enough hands;* ⟨sprw.⟩ vele ~en maken licht werk *many hands make light work.*

handappel 0.1 *eating apple* ⟹*dessert apple, eater.*
handarbeid →**handenarbeid.**
handarbeider 0.1 *(manual) labourer.*
handbagage 0.1 *hand-luggage.*
handbal 0.1 *handball.*
handballen 0.1 *play handball* ◆ **1.1** een partijtje ~ *play a game of handball.*
handbediening 0.1 ⟨zie 6.1⟩ ◆ **6.1** met ~ *hand-operated.*
handbereik ◆ **6.**¶ **buiten** ~ *beyond one's / out of reach;* **onder / in / binnen** ~ *within (one's / arm's) reach.*
handbeweging 0.1 *movement of the hand* ⟹⟨gebaar ook⟩ *gesture.*
handbijl 0.1 *hatchet.*
handboei 0.1 *handcuffs* ⟨meestal mv.⟩ ◆ **3.1** iem. de ~en omdoen *handcuff s.o.*
handboek 0.1 [beknopte verhandeling] *handbook* 0.2 [naslagwerk] *reference book* ◆ **6.1** ~ **voor** de letterkunde *companion / guide to literature.*
handboog 0.1 *longbow.*
handboogschutter, -es 0.1 *archer.*
handboor 0.1 *hand drill.*
handbreed 0.1 *hand('s-)breath* ◆ **7.1** geen ~ wijken *not give an inch* ⟨ook fig.⟩.
handcrème 0.1 *handcream.*
handdoek 0.1 *towel* ◆ **3.1** de ~ in de ring werpen ⟨ook fig.⟩ *throw in the t.*

handdoek(en)rekje 0.1 *towel rack.*
handdruk 0.1 *handshake* ◆ **2.1** ⟨fig.⟩ een gouden ~ *a golden h.*
handel 0.1 [het kopen en verkopen; handelsverkeer] *trade* ⟹ *business* 0.2 [handelswaar] *merchandise* ⟹*goods* 0.3 [vaak in samenst.; onderneming die handel drijft] *business* ⟹⟨winkel⟩ *shop* ◆ **1.3** boekhandel *bookshop;* ⟨het handelen in boeken⟩ *the book trade* **1.**¶ iemands ~ en wandel nagaan *investigate s.o.'s conduct* **2.1** binnenlandse ~ *domestic t.;* buitenlandse ~ *foreign commerce / t.;* een levendige ~ *brisk t.;* vrije ~ *free t.;* zwarte ~ *black market;* zwarte ~ drijven in *profiteer in* **2.2** ⟨fig.⟩ hij bracht de hele ~ mee *he brought everything but the kitchen sink* **3.1** de ~ bloeit / kwijnt *business is flourishing / declining;* ~ drijven (met / op) *do business (with)* **6.1** de ~ **in** graan *the corn-trade;* **in** de ~ gaan *go into business;* ~ **in** verdovende middelen *drug trafficking;* **in** de ~ komen *come on(to) the market;* **in** de ~ zijn / zitten ⟨personen⟩ *be in business;* iets **in** de ~ brengen *put sth. on(to) the market;* een boek **uit** de ~ nemen *take a book off the market.*
handelaar 0.1 *trader* ⟹⟨mbt. groothandel, handel op buitenland⟩ *merchant, dealer* ⟨in bepaald artikel⟩, ⟨pej.⟩ *trafficker* ◆ **6.1** een ~ **in** tweedehandsboeken *a second-hand bookseller.*
handelbaar 0.1 [gemakkelijk te hanteren] *handy* ⟹*easy to manage / handle* ⟨iets zwaars / groots⟩, *manoeuvrable* ⟨auto, schip⟩ 0.2 [mbt. stoffen] *workable* ⟹⟨buigzaam⟩ *flexible, manageable* ⟨haar⟩ 0.3 [mbt. personen / dieren] *manageable* ⟹*(com)pliant.*
handelbaarheid 0.1 [gemakkelijke hanteerbaarheid] *handiness* ⟹*manageability, ease of handling, manoeuvrability* 0.2 [mbt. stoffen] *workability* ⟹⟨buigzaam⟩ *flexibility* 0.3 [mbt. personen / dieren] *manageability* ⟹*(com)pliancy.*
handeldrijven 0.1 *trading* ⟹⟨pej.⟩ *trafficking.*
handelen 0.1 [handel drijven] *trade* ⟹*do / transact business,* ⟨pej.⟩ *traffic* 0.2 [daad verrichten] *act* 0.3 [behandelen] *treat (of)* ⟹*deal (with)* ◆ **1.2** vrijheid van ~ *freedom of action* **3.2** - d optreden *take action* **5.2** consequent - *be consistent;* hij dacht juist / verstandig te ~ *he thought he was doing the right thing;* we moeten snel ~ *we must take prompt action* **6.1** hij handelt **in** drugs *he traffics in drugs;* ⟨sl.⟩ *he pushes drugs;* onze firma handelt vooral **op** Engeland *our firm trades principally with England* **6.2** ik zal **naar** eer en geweten ~ *I shall a. in all conscience* **6.3** de redevoering zal ~ **over** de sterrenkunde *the speech will deal with astronomy* ¶.2 ~ *overeenkomstig / in overeenkomst met zijn principes live up to one's principles;* zonder aanzien des persoons ~ *be no respecter of persons.*
handeling 0.1 [daad] *act* ⟹*deed* 0.2 [verslag v.e. vergadering] *proceedings* ⟹*report* 0.3 [lit.] *action, plot* ◆ **1.2** Handelingen v.d. Tweede Kamer der Staten-Generaal ±*Proceedings of the Dutch Lower House of the States-General* **1.3** de plaats van ~ *the scene (of the a.)* **2.2** parlementaire ~en *parliamentary proceedings* **3.1** ~en verrichten *perform actions.*
handelmaatschappij 0.1 *trading / commercial company.*
handelsaangelegenheid 0.1 *business affair.*
handelsagent 0.1 *commercial agent.*
handelsakkoord 0.1 *trade agreement.*
handelsartikel 0.1 *commodity* ⟹⟨mv. ook⟩ *goods,* ⟨mv. ook⟩ *merchandise.*
handelsattaché 0.1 *commercial attaché* ⟹*trade commissioner.*
handelsbalans ⟨ec.⟩ 0.1 *balance of trade* ◆ **2.1** een actieve ~ *an active balance of trade;* een passieve ~ *a passive balance of trade.*

handelsbank 0.1 *commercial/trade bank* ⇒⟨voor buitenlandse handel⟩ *foreign trade bank.*

handelsbelang 0.1 *business interest.*

handelsbetrekkingen 0.1 *trade/commercial relations* ◆ 3.1 ~ onderhouden met iem. *maintain trade/commercial relations with s.o.*

handelsbeurs 0.1 *commodity/produce exchange.*

handelscentrum 0.1 *trade centre.*

handelsconflict 0.1 *trade conflict/disagreement.*

handelscorrespondent 0.1 *business correspondent.*

handelscorrespondentie 0.1 *commercial/business correspondence* ◆ 6.1 een cursus in ~ *a course in commercial/business correspondence.*

handelsdelegatie 0.1 *trade delegation/mission.*

handelseditie 0.1 *commercial edition.*

handelsembargo 0.1 *trade embargo.*

handelsfirma 0.1 *business/commercial firm.*

handelsgeest 0.1 *spirit of commerce* ◆ 3.1 ~ bezitten ⟨zakeninstinct⟩ *have a good business instinct, have a good head for business.*

handelsgoederen 0.1 *commodities.*

handelshaven 0.1 *trading/commercial port.*

handelsingenieur (Belg.) 0.1 *commercial engineer* ⟨Belgian university degree⟩.

handelskantoor 0.1 *business office.*

handelskapitaal 0.1 *trading capital* ⇒*business capital.*

handelskennis 0.1 *knowledge of commerce/business.*

handelskrediet 0.1 *commercial credit.*

handelsmaatschappij →**handelmaatschappij.**

handelsmerk 0.1 *trademark* ⇒⟨benaming⟩ *brand name* ◆ 2.1 gedeponeerd ~ *registered t.*

handelsmissie 0.1 *trade mission/delegation.*

handelsonderneming 0.1 *commercial/business enterprise.*

handelsovereenkomst 0.1 *trade agreement.*

handelsoverschot 0.1 *trade surplus.*

handelspartner 0.1 *business/trading partner.*

handelspolitiek[1] ⟨de⟩ 0.1 *commercial/trade policy.*

handelspolitiek[2] ⟨bn.⟩ 0.1 *relating to trade/commercial policy* ◆ 1.1 een ~ doel *a commercial aim.*

handelsproduct 0.1 *commercial product/item.*

handelsrecht 0.1 *commercial law.*

handelsrekenen 0.1 *commercial arithmetic.*

handelsrelatie 0.1 [persoon] *correspondent; business acquaintance* 0.2 →**handelsbetrekkingen.**

handelstekort 0.1 *trade deficit.*

handelstransactie 0.1 *business transaction* ⇒⟨mv. ook⟩ *business dealings.*

handelsverdrag 0.1 *commercial treaty/contract* ⇒*trade agreement.*

handelsverkeer 0.1 *trade* ⇒*business.*

handelsvloot 0.1 *merchant navy.*

handelsvrijheid 0.1 *freedom of trade.*

handelswaar 0.1 *commodity* ⇒*article,* ⟨niet-telbaar⟩ *merchandise,* ⟨enkel mv.⟩ *goods.*

handelswaarde 0.1 *commercial value.*

handeltje 0.1 [het verhandelen] *deal* 0.2 [goederen] *lot.*

handelwijze 0.1 [wijze van handelen] *procedure* ⇒*course (of action)* 0.2 [gedrag] *conduct* ⇒*behaviour* ◆ 3.1 een ~ volgen *follow a course of action.*

handenarbeid 0.1 [met de handen verricht werk] *manual labour/work* 0.2 [bezigheden mbt. de handvaardigheid] *hand(i)craft* ⇒*industrial art, manual training.*

handenbinder 0.1 *tie* ◆ 3.1 kleine kinderen zijn ~s *little children are a tie.*

hand- en spandiensten 0.1 *assistance, services* ◆ 3.1 ~ verrichten *lend a helping hand.*

handenwringend 0.1 *wringing one's hands* ⇒⟨fig.⟩ *beside o.s. with sorrow/despair, imploring.*

handgebaar 0.1 *gesture.*

handgeklap 0.1 *clapping* ⇒*applause* ◆ 2.1 traag ~ *slow handclapping.*

handgeknoopt 0.1 *hand-knotted.*

handgeld 0.1 *earnest (money).*

handgemeen[1] ⟨het⟩ 0.1 *(hand-to-hand) fight* ⇒*scuffle.*

handgemeen[2] ⟨bn.⟩ ◆ 3.¶ ~ raken *come to blows.*

handgranaat 0.1 *(hand) grenade.*

handgreep I ⟨de⟩ 0.1 [handvat] *handle* ⇒*grip* ⟨van stuur/camera⟩, ⟨trapleuning⟩ *handrail;*
II ⟨de (m.)⟩ 0.1 [handigheid] *method of operation* 0.2 [listige handeling] *trick* ◆ 1.1 de handgrepen v.h. geweer *manual (exercise).*

handhaven I ⟨ov.ww.⟩ 0.1 [in stand houden] *maintain* ⇒ ⟨kwaliteit, peil ook⟩ *keep up,* ⟨orde ook⟩ *keep,* ⟨orde ook⟩ *preserve, uphold* ⟨een traditie, de wet, een besluit⟩, *enforce* ⟨een reglement, verbod⟩ 0.2 [niet terugnemen] *maintain* ⇒*stand by,* ⟨niet ontslaan⟩ *retain,* ⟨niet ontslaan⟩ *keep on* ⟨personeel⟩ ◆ 1.1 de orde ~ *maintain order* 1.2 zijn bezwaren ~ *stand by one's objections;*
II ⟨wk.ww.; zich ~⟩ 0.1 [zich staande houden] *hold one's own* ◆ 5.1 vele kleine ondernemers konden zich moeilijk ~ *many small businessmen found it hard to hold their own.*

handhaving 0.1 *maintenance* ⇒⟨in stand houden⟩ *upholding, enforcement* ⟨van een wet, verbod⟩.

handicap 0.1 ⟨ook sport⟩ *handicap* ◆ 2.1 een ernstige ~ *a serious h.* 6.1 speciale voorzieningen voor mensen **met** een ~ *special facilities for the disabled.*

handicaprace 0.1 *handicap (race).*

handig 0.1 [behendig] *skilful* ⇒⟨vaardig met de handen⟩ *dexterous, handy* ⟨ihb. mbt. een manusje-van-alles⟩ 0.2 [gewiekst] *clever* 0.3 [gemakkelijk te hanteren] *handy* ◆ 1.3 zo'n ding is heel ~ in huis *a thing like that comes in very h. in the home;* een ~ formaat *a h. size* 3.1 iets ~ doen *do sth. dexterously;* het ~ spelen/aanpakken *play it smart* 3.2 hij legde het ~ aan *he set about it cleverly* 6.1 ~ in/met iets zijn *be good/handy at sth.*

handigheid 0.1 [behendigheid] *skill* 0.2 [foefje] *knack* 0.3 [hanteerbaarheid] *handiness* ◆ 1.1 het is allemaal een kwestie van ~ *it's all a matter of s.*

handje 0.1 *hand(shake)* ◆ 3.1 ~s geven *shake hands* 3.¶ ergens een ~ van hebben *have a tendency to do sth.;* een ~ helpen *give/lend a (helping) hand; give s.o. a boost* ⟨om over iets heen te klimmen⟩; de ~s laten wapperen *get busy* 6.1 schoon in 't ~ *net; after deductions* ⟨mbt. loon(zakje)⟩ 6.¶ hij is van het ~ ⟨homofiel⟩ *he is one of them* ¶.¶ ⟨inf.⟩ ~ contantje betalen *pay cash on the nail.*

handjeklap 0.1 *clapping hands* ⇒*striking of a bargain* ◆ 3.¶ ~ spelen met *be hand in glove with.*

handjevol 0.1 *(a mere/only a) handful* ◆ 1.1 een ~ mensen *a mere h. of people.*

handkar 0.1 *handcart.*

handkracht 0.1 *manual/hand power* ◆ 3.1 ~ gebruiken *use manpower.*

handkus 0.1 [kus op de hand] *kiss on the hand* 0.2 [kushand] *hand(-blown) kiss* ◆ 3.1 iem. een ~ geven *kiss s.o.'s hand* 3.2 iem. ~jes geven *blow/throw kisses to s.o.*

handlanger, -langster 0.1 [medeplichtige] *accomplice* 0.2 [helper] *assistant* ⇒⟨pej.⟩ *dogsbody.*

handleiding 0.1 [hulp(middel)] *manual* ⇒*handbook,* ⟨studieboek) *textbook* **0.2** [gebruiksaanwijzing] *manual* ⇒*directions/instructions (for use)* ◆ **2.2** een volledige ~ *full instructions.*

handlezen 0.1 *palmistry* ⇒*palm-reading.*

handlezer 0.1 *palmist* ⇒*palm reader.*

handlijn 0.1 *line in the hand.*

handmatig 0.1 *manual.*

handomdraai ◆ **6.¶ in** een ~ *in (less than) no time.*

handoplegger 0.1 *layer on of hands* ⇒⟨genezer ook⟩ *faith healer.*

handoplegging 0.1 *laying on of hands* ⇒⟨genezing ook⟩ *faith healing.*

handopsteken 0.1 *show of hands* ◆ **6.1 met/bij** ~ stemmen *vote by show of hands.*

handpalm 0.1 *palm (of the hand).*

handpeer 0.1 *eating pear.*

handreiking 0.1 [hulp] *help(ing hand)* ⇒*assistance* **0.2** [het toereiken van de hand] *reaching/extending one's hand* ◆ **2.1** dit was al een hele ~ voor haar *even this was a great help/of great assistance to her.*

handrem 0.1 *handbrake* ◆ **3.1** de ~ afzetten *release the h.*

handrug 0.1 *back of the/one's hand.*

hands ⟨sport⟩ **0.1** *hands* ⇒*handling (the ball), handball* ◆ **2.1** aangeschoten ~ *unintentional hands* **3.1** ~ maken *handle the ball.*

handschoen 0.1 *glove* ◆ **1.1** een paar ~ en *a pair of gloves* **2.1** iem. met zijden/fluwelen ~ en aanpakken *handle s.o. with kid/velvet gloves* **3.1** ⟨fig.⟩ de ~ opnemen *take up the gauntlet, accept the challenge;* ⟨fig.⟩ iem. de ~ toewerpen *throw/fling down the gauntlet.* **6.1** ⟨fig.⟩ **met** de ~ trouwen *marry by proxy.*

handschoen(en)kastje 0.1 *glove compartment.*

handschrift 0.1 [eigenhandig schrift, manier van schrijven] *handwriting* **0.2** [geschreven tekst, kopij] *manuscript* ◆ **2.1** een duidelijk/onleesbaar/verdraaid ~ *good/legible h., illegible h., disguised h.* **6.2** een bundel gedichten **in** ~ *a collection of poems in m.*

handslag 0.1 *slapping of hands, hand-slapping* ⇒⟨fig.⟩ *handshake* ◆ **6.1** iets **op** ~ verkopen *sell sth. by slapping hands.*

handspiegel 0.1 *hand-mirror.*

handspier 0.1 *hand muscle.*

handstand 0.1 *handstand* ◆ **3.1** een ~ doen *do a h.*

handtas 0.1 *(hand)bag.*

handtastelijk 0.1 [handgemeen] *(physically) violent* **0.2** [vrijpostig aanrakend] *free* ⇒*(over-)familiar* **0.3** [fig.; tastbaar] *tangible* ◆ **1.3** een ~ bewijs *t. evidence* **3.1** ~ worden *become/get v.* **3.2** ~ worden *get intimate, paw s.o.;* ⟨vulg.⟩ *feel s.o. up.*

handtastelijkheid 0.1 [handgemeen] *(physical) violence* **0.2** [vrijpostige aanraking] *pawing* **0.3** [fig.; tastbaarheid] *tangibility* ◆ **3.1** het kwam tot handtastelijkheden *a fight broke out, a scuffle started.*

handtekening 0.1 [signatuur] *signature* ⇒*autograph* ⟨ihb. van beroemdheden⟩ **0.2** [tekening] *freehand drawing* ◆ **3.1** zijn ~ onder iets plaatsen *sign sth., put one's s. on sth.*

handtekeningenactie 0.1 *petition.*

handtekeningenverzamelaar 0.1 *autograph hunter.*

handvaardigheid 0.1 [behendigheid] *manual skill* ⇒*dexterity* **0.2** [schoolvak] *(handi)craft(s).*

handvat 0.1 *handle* ⇒⟨van zwaard, steekmes⟩ *hilt,* ⟨van geweer⟩ *butt* ◆ **1.1** het ~ v.e. koffer *the handle of a suitcase* **8.1** ⟨fig.⟩ iets dat als ~ dient *sth. that serves as a handle.*

handveger 0.1 *(hand)brush.*

handlezen - hangen

handvest 0.1 *charter* ◆ **1.1** het ~ v.d. Verenigde Naties *the United Nations' c.*

handvol 0.1 *handful* ◆ **1.1** een ~ mensen *a (mere) h. of people;* een ~ noten/zout *a h. of nuts/salt* **1.¶** het heeft me een ~ geld gekost *it cost me an arm and a leg.*

handwarm 0.1 *lukewarm.*

handwerk 0.1 [wat met de hand gemaakt is] *handiwork* **0.2** [borduur-/brei-/haakwerk] *needlework;* ⟨borduurwerk ook⟩ *embroidery;* ⟨breiwerk⟩ *knitting;* ⟨haakwerk⟩ *crochet(ing)* **0.3** [handarbeid] *manual work* ⇒⟨ihb. als beroep⟩ *trade* **0.4** [mv.; naaldvakken] *needlework* ◆ **3.1** dit tapijt is ~ *this carpet is handmade.*

handwerken 0.1 ⟨naaien, borduren⟩ *do needlework;* ⟨borduren ook⟩ *embroider.*

handwerkje 0.1 ⟨naaiwerk, borduurwerk⟩ *needlework;* ⟨borduurwerk ook⟩ *embroidery* ◆ **6.1** met een ~ bezig zijn *do some n./embroidery.*

handwerksman 0.1 *(handi)craftsman* ⇒*artisan.*

handwijzer 0.1 *finger post.*

handwoordenboek 0.1 *concise dictionary.*

handwortel 0.1 *wrist.*

handwortelbeentje 0.1 *wrist-bone.*

handzaag 0.1 *handsaw.*

handzaam 0.1 [praktisch] *handy* **0.2** [handelbaar] *manageable* ◆ **1.1** in ~ formaat *handy-size(d).*

handzetter ⟨amb.⟩ **0.1** *hand typesetter/compositor.*

hanenbalk ⟨amb.⟩ **0.1** *collar beam* ◆ **6.1** hij woont **onder** de ~ *en he lives up in the garret.*

hanengekraai 0.1 *crowing of a cock.*

hanengevecht 0.1 *cockfight* ⇒⟨sport⟩ *cockfighting.*

hanenkam 0.1 [kam v.e. haan] *(cocks)comb* **0.2** [kapsel] *Mohawk haircut.*

hanenpoot 0.1 *scrawl* ⇒*scribble* ◆ **3.1** hanenpoten schrijven *scrawl, scribble.*

hang 0.1 ⟨voorliefde⟩ *bent (for)* ⇒*leaning (toward)* ◆ **6.1** zij heeft een sterke ~ **naar** luxe *she has a strong craving for luxury;* de ~ **naar** vrijheid *the longing/itch for freedom.*

hangaar 0.1 *hangar.*

hangbrug 0.1 *suspension bridge.*

hangbuik 0.1 *potbelly.*

hangen I ⟨onov.ww.⟩ **0.1** [neerwaarts gestrekt/boven de grond gehouden worden] *hang* **0.2** [in neerwaartse richting afwijken] *hang* ⇒⟨slap hangen⟩ *sag, droop,* ⟨bloemen ook⟩ *wilt* **0.3** [met een bocht verlopen] *sag* **0.4** [overhellen] *lean (over)* ⇒*hang (over),* ⟨mbt. lusteloze persoon⟩ *loll,* ⟨mbt. lusteloze persoon⟩ *slouch,* ⟨niets doen⟩ *hang around* **0.5** [tot straf opgehangen zijn] *hang* ⇒*be hanged* **0.6** [vast (blijven) zitten] *stick/cling (to)* ⇒⟨met kleding⟩ *be stuck (in)* **0.7** [zweven] *hang* **0.8** [onbeslist zijn] *hang* ⇒*be up in the air/undecided* **0.9** [verlangen] *crave (for); cling (to)* ⟨tradities⟩; *be (very) attached (to)* ⟨persoon, ding⟩ ◆ **1.1** zijn haren hingen hem voor de ogen *his hair was hanging in his eyes* **1.2** de hond liet zijn staart ~ *the dog hung his tail* **1.8** de rechtbank voor welke de zaak hangt *the court before which the case is pending* **2.1** de zeilen ~ slap *the sails are slack/hanging (loose)* **2.3** het koord hangt slap *the rope is sagging/slack* **3.3** de teugels laten ~ *loosen/drop the reins* **3.5** ⟨fig.⟩ ik mag ~ als het niet waar is *I'll be hanged/damned if it isn't true;* ⟨fig.⟩ tussen ~ en wurgen *between the devil and the deep blue sea* **3.6** ⟨fig.⟩ blijven ~ *linger/stay/hang (on);* ⟨onvrijwillig⟩ *get hung up/stuck;* er is niet veel van mijn Latijn blijven ~ *very little of my Latin has stuck* **3.7** ik zie de bui al ~ *I can see the storm clouds gathering* **3.¶** hij zal moeten ~ *he's in for it/for the high jump* **4.6** de naald blijft ~ *the needle is stuck*

4.8 het hangt erom *it's up in the air* **5.1** het schilderij hangt scheef *the painting is (hanging) crooked;* zijn kamer hangt vol posters *his room is hung with posters* **5.7** de wolken ~ laag *the clouds are (hanging) low* **6.1** ⟨fig.⟩ uren **aan** de telefoon ~ *be (stuck) on the telephone for hours;* de sleutel hangt **aan** de spijker *the key is (hanging) on the nail;* **aan** het plafond ~ *h./swing/be suspended from the ceiling;* **aan** het spit ~ *be on the spit* **6.4** hij hangt ieder weekend **aan/in** de bar *he hangs out* [B]*at the pub/in bars every weekend;* hij hing **op** zijn stoel *he lay slouched/ sprawled in a chair, he lolled in his chair;* hang niet zo te-**gen** die kast *stop leaning against the cupboard* **6.5** met ~ en wurgen *by the skin of one's teeth* **6.6** ⟨fig.⟩ hij hangt erg **aan** zijn oudste zoon *he's very fond of/attached to his eld-est son;* ⟨fig.⟩ ze ~ erg **aan** elkaar *they are devoted to/ wrapped up in each other;* ze bleef met haar japon **aan** een spijker ~ *her dress caught/snagged on a nail;* zij hangt al-tijd **om** hem heen *she's always hanging/hovering about him;* hij bleef in de vierde klas ~ **op** zijn wiskunde *he was kept down in the fourth form because of his maths* **6.9** **naar** iets ~ (en verlangen) *crave (for) sth., have a longing/ craving for sth.* ¶**.5** daarvoor zal hij ~! *he'll h./swing for it!* ¶**.¶** hij hangt *he's lumbered/stuck (with it);*
II ⟨ov.ww.⟩ **0.1** [bevestigen] *hang (up)* **0.2** [mbt. personen, ophangen] *hang* ♦ **5.1** de was buiten ~ *h. out the washing (to dry)* **6.1** zijn jas **aan** de kapstok ~ *h. one's coat on the peg.*

hangend 0.1 [niet staand] *hanging* ⇒⟨slap⟩ *drooping* **0.2** [onbeslist] *pending* ⇒⟨onopgelost⟩ *outstanding,* ⟨slepen-de⟩ *dragging on* **0.3** [plantk.] *pendulous* ♦ **1.1** ⟨gesch.⟩ de ~e tuinen van Babylon *the h. gardens of Babylon* **1.2** de onderhandelingen zijn nog ~ e *(the) negotiations are still under way/going on;* het proces is ~ *the case is p.*
hangende 0.1 *pending* ♦ **1.1** ~ het onderzoek *p. the inquiry.*
hang-en-sluitwerk 0.1 *hinges and locks.*
hanger 0.1 [datgene waaraan/waarin iets hangt] *(clothes/ coat) hanger* **0.2** [iets dat hangt]⟨aan halssnoer⟩ *pen-dant, pendent;* ⟨aan oren⟩ *pendant/drop earring* ♦ **1.2** ~s v.e. kandelaar *the lustres/drops of a chandelier.*
hangerig 0.1 *listless, drooping, limp* ♦ **3.1** ~ worden/ma-ken *become/make listless, (make) wilt.*
hangijzer 0.1 *pot-hanger* ♦ **2.1** ⟨fig.⟩ een heet ~ *a contro-versial issue, hot potato.*
hangkast 0.1 *wardrobe.*
hangklok 0.1 *wall clock.*
hanglamp 0.1 *hanging lamp.*
hang-legkast 0.1 *(fitted) wardrobe.*
hangmap 0.1 *suspension file.*
hangmat 0.1 *hammock.*
hangoor I ⟨de⟩ **0.1** [dier] *lop-ear* **0.2** [persoon] *dummy, dope;*
II ⟨het⟩ **0.1** [neerhangende oorschelp] *floppy/drooping ear* ⇒⟨alleen mv.⟩ *lop-ears.*
hangpartij ⟨schaakspel⟩ **0.1** *adjourned game.*
hangplant 0.1 *hanging plant.*
hangslot 0.1 *padlock.*
hangsnor 0.1 *drooping moustache.*
hangtiet 0.1 *hanging/drooping/sagging tit.*
hangwang 0.1 *baggy cheek/jowl* ⟨meestal mv.⟩.
hangwerk 0.1 [constructie, waarbij een balk aan hangstijlen wordt opgehangen] *suspended structure* **0.2** [samenstel om iets aan/in te hangen] *hanger* ♦ **8.2** hang-en-sluit-werk *hinges and locks.*
hanig 0.1 [wellustig] *macho* ⇒⟨sl.; geil⟩ *horny* **0.2** [vinnig] *quarrelsome.*

hannes 0.1 *oaf* ⇒*dolt.*
hannesen (inf.) **0.1** [stuntelen] *mess about/around* ⇒ ⟨knoeien⟩ *make a mess (of sth.)* **0.2** [lummelen] *hang/laze around/about* ♦ **3.1** wat zit je toch te ~ *you're making a real mess of it.*
Hans 0.1 *Jack* ♦ **1.**¶ ~ en Grietje *Hansel and Gretel* **2.**¶ dom-me ~ *Simple Simon.*
hansop 0.1 *sleeping suit.*
hansworst 0.1 [persoon] *buffoon, clown* ⇒⟨harlekijn⟩ *har-lequin* **0.2** [pop] *jumping jack.*
hanteerbaar 0.1 *manageable* ♦ **5.1** gemakkelijk ~ *easy to handle/manage;* moeilijk ~ *unwieldy, difficult/awkward to handle, unmanageable.*
hanteren 0.1 [omgaan met] *handle* ⇒*operate, employ,* ⟨schr.⟩ *ply* ⟨bv. instrument, wapen⟩ *wield* ⟨bv. pen, wapen⟩ **0.2** [in de hand nemen] *manage* ⇒⟨manoeuvreren⟩ *ma-noeuvre* ♦ **1.1** de botte bijl ~ ⟨fig.⟩ *take heavy-handed measures* **3.1** een ... goed weten te ~ *be handy with a ...* **5.1** gemakkelijk te ~ *easy to h./manage;* moeilijk te ~ *un-wieldy, difficult/awkward to h., unmanageable.*
hap 0.1 [beet] *bite* ⇒⟨met snavel⟩ *peck* **0.2** [afgehapt stuk] *bite* ⇒*mouthful* **0.3** [stuk] *bit* ⇒*chunk* ♦ **1.3** een ~ en een snap *a smattering* **2.2** ik heb trek in een warme ~ *I feel like a bite of sth. hot/a hot snack* **2.3** de oude ~ *the old guard* ⟨ook mil.⟩ **3.2** een ~ nemen *take a b./mouthful* **6.1** in één ~ was het op *it was gone in one/in a single b.* **6.3** dat is een (hele) ~ *uit* mijn inkomen *that's quite a slice (out) of my income* **6.**¶ **in** een ~ en een snap *in a jiffy* **7.2** je hebt nog geen ~ gegeten *you haven't even touched your plate.*
haperen 0.1 [blijven steken] *stick, get stuck* **0.2** [mankeren] *have sth. wrong/the matter with o.s.* ⇒*be out of order* ♦ **1.1** de conversatie haperde *the conversation flagged;* mijn pen hapert *my pen's acting up;* zijn stem haperde *his voice faltered/wavered* **5.2** dat hapert er nog maar aan *that's all I/we* ⟨enz.⟩ *need(ed)* **6.2** er hapert iets **aan** de motor *there's sth. wrong with the engine.*
hapering 0.1 ⟨o.a. van stem/adem/machine⟩ *catch;* ⟨sto-ring⟩ *hitch;* ⟨bij het spreken⟩ *hesitation;* ⟨stem/geluid⟩ *wobble.*
hapje 0.1 [kleine hoeveelheid] *bite, mouthful* **0.2** [bijge-recht] *snack, bite to eat* ⇒⟨hors-d'oeuvre⟩ *hors d'oeuvre, appetizer* ♦ **3.1** ⟨kind.⟩ ~s doen *eat your din-din;* een ~ eten *have/get a bite to eat, have a snack;* wil je ook een ~ mee-eten? *would you like to join us (for a bite/meal)?* **3.2** voor (lekkere) ~s zorgen *serve refreshments.*
hapjespan 0.1 *frying pan* ⇒*sauté pan.*
hapklaar 0.1 *ready-to-eat* ♦ **1.1** hapklare brokken *bite-size chunks;* de stof in hapklare brokken aanbieden *present the subject matter in easily digestible chunks.*
happen I ⟨onov.ww.⟩ **0.1** [met de mond grijpen] *bite (at)* ⇒ *snap (at)* **0.2** [gretige beet doen] *bite (into), take a bite (out of)* **0.3** [ernstig reageren] *take ... seriously* ⇒⟨mbt. plagen/provoceren⟩ *take the bait* ♦ **5.3** hij hapt niet/hij wou niet ~ *he did/would not take the bait;* hap toch niet zo! *don't take everything so seriously!* **6.1 naar** lucht ~ *gasp for air;*
II ⟨onov., ov.ww.⟩ **0.1** [gretig eten] *take a bite.*
happig 0.1 *keen (on), eager (for)* ♦ **5.1** ik ben er niet ~ op *I'm none too k./not very k. on it.*
happy 0.1 *happy* ♦ **3.1** zich niet ~ voelen *not feel h.;* ergens (niet) ~ mee zijn *(not) be h. with sth.* ¶**.1** ~ end *h. ending.*
hapsnap 0.1 *uncoordinated* ⇒*incoherent, arbitrary, ran-dom, bitty* ♦ **1.1** ~ beleid *ad hoc policy* **3.1** iets ~ lezen *skim through by/in fits and starts sth.*

haptonomie 0.1 *haptonomy.*

harakiri 0.1 *hara-kiri.*

hard I ⟨bn.⟩ **0.1** [niet zacht/week] *hard* ⇒⟨vast, stevig ook⟩ *firm,* ⟨vast, dicht, solide ook⟩ *solid* **0.2** [niet meegevend] *stiff* ⇒*rigid* **0.3** [moeilijk te verduren, onbetwistbaar] *hard* **0.4** [hevig, krachtig] *hard* ⇒⟨luid ook⟩ *loud* **0.5** [hardvochtig, ongevoelig] *hard* ⇒⟨ruw, wrang, wreed ook⟩ *harsh* **0.6** [onaangenaam mbt. zintuiglijke waarneming] *harsh* ⇒⟨mbt. kleuren ook⟩ *garish* ◆ **1.1** een ~e bank ⟨op school, in trein⟩ *a h. seat;* een ~ ei *a hard(-boiled) egg* **1.2** ⟨fig.⟩ ~e afspraken *firm agreements;* ~ leer *s. leather;* een ~e schijf ⟨comp.⟩ *a hard disk* **1.3** ~e bewijzen *firm proof, h. evidence;* ~e cijfers *h. figures;* ~e gegevens/feiten *h./ concrete data/facts;* een ~e politiek *a tough policy;* het was een ~e slag voor haar *it was a heavy/bitter blow for her;* 't zijn ~e tijden *these are h./trying times;* een ~e waarheid *a harsh/stern truth* **1.4** ~e muziek *loud music;* met een ~e stem spreken *speak in a h. voice;* een ~e strijd *a h./tough fight;* ~e wind *strong/stiff wind* **1.5** ~e acties *hard action;* een ~e les *a hard/tough lesson;* ~e maatregelen *harsh measures;* een ~ oordeel/vonnis *a harsh judgement/severe sentence* **1.6** ~e klanken/lijnen *h. sounds/ lines;* ~e trekken *h. features* **1.¶** ~e valuta *hard currency;* ~ water *hard water* **3.1** ⟨fig.⟩ een bewering ~ maken *substantiate a claim;* ~ worden *harden, become h.;* ⟨mbt. cement, lijm, gelei enz.⟩ *set* **3.3** het ~ hebben *have a h. time of it;* ⟨tijdelijk ook⟩ *be in a tight corner/spot;* zo iets is wel ~/valt ~ *that sort of thing is certainly h./rough;* 't valt me ~ het oude huis te verlaten *it's h. for me/it's a great wrench to leave our old house* **3.5** ~ van aard zijn *be hard-hearted* **6.1** het gaat er ~ tegen ~ *the gloves are off* **6.5** hij is ~ voor zijn vrouw *he is hard on his wife;*

II ⟨bw.⟩ **0.1** [op onzachte wijze, hevig; met inspanning] *hard* **0.2** [luid] *loudly* **0.3** [snel] *fast* ⇒ *quickly* **0.4** [meedogenloos] *hard, harshly* **0.5** [onaangenaam] *harshly* ⇒⟨mbt. kleuren ook⟩ *garishly* ◆ **2.5** een ~ groene deur *a bright green door* **3.1** ~ lachen *laugh heartily;* ~ liggen/ neerkomen *lie h., come down h.;* een band ~ oppompen *pump a tire up h.;* het regent/waait ~ *it's raining/blowing h.;* ⟨ook⟩ *it's raining heavily;* ~ studeren/werken *study/ work h.;* het ~ te verduren hebben *have a h. time of it;* ⟨tijdelijk⟩ *be in a tight corner/spot;* ~ vriezen *freeze h.* **3.2** niet zo ~ praten! *keep your voice down!;* ~er spreken! *speak up!;* zeg dat maar niet te ~ *don't speak too soon;* de tv ~er zetten *turn up the TV* **3.3** ~ achteruitgaan *deteriorate rapidly/f.;* ~ lopen/rijden *walk/drive f.;* te ~ rijden *drive/ride too f., speed* **3.4** iem. ~ aanpakken *be hard on s.o.;* ~ toeslaan *strike hard* ⟨ook fig.⟩ **5.1** hij ging er nogal ~ tegenaan *he went at it rather h.* **6.1** om het ~st roepen *shout at the top of one's voice* **¶.1** zijn rust ~ nodig hebben *sorely/badly need one's/a rest;* dit onderdeel is ~ aan vervanging toe *this part is in urgent need of replacement/ badly needs to be replaced.*

hardblauw 0.1 *±bright blue.*

hardboard 0.1 *(standard) hardboard.*

harddisk 0.1 *hard disk.*

harddraven[1] ⟨het⟩ **0.1** *trotting;* ⟨alg.⟩ *harness racing* ⇒ ⟨voor telgangers⟩ *pacing.*

harddraven[2] ⟨onov.ww.⟩ **0.1** *trot;* ⟨in de telgang⟩ *pace.*

harddraver 0.1 [paard] *standardbred* ⇒⟨draver⟩ *trotter, trotting-horse,* ⟨telganger⟩ *pacer* **0.2** [persoon] *high-flyer* **0.3** [jockey] *driver.*

harddraverij 0.1 [het harddraven] *harness (horse) racing;* ⟨voor dravers⟩ *trotting* ⇒⟨voor telgangers⟩ *pacing* **0.2** [een wedloop van harddravende paarden] *harness race;*

---

haptonomie - haren

⟨voor dravers⟩ *trotting-race* ⇒⟨voor telgangers⟩ *pacing-race.*

harden I ⟨onov.ww.⟩ **0.1** [drogen] *harden, become hard* ⇒ ⟨mbt. vloeistoffen⟩ *dry,* ⟨mbt. cement, gelatine enz.⟩ *set;* **II** ⟨ov.ww.⟩ **0.1** [hard maken] *harden* ⇒⟨temperen⟩ *temper* **0.2** [mbt. het lichaam] *toughen (up)* **0.3** [uithouden] *bear, stand* ⇒⟨inf.⟩ *take, stick* ◆ **1.2** hij is gehard door weer en wind *he has been hardened/seasoned by wind and weather* **3.3** deze hitte is niet te ~ *this heat is unbearable* **4.2** zich ~ tegen iets *toughen o.s. up/harden o.s. to stand sth.* **4.3** ⟨scherts.⟩ hij kan het in die betrekking best ~ *he's not so badly off in that job.*

harder 0.1 *grey mullet.*

hardgebakken 0.1 *crispy* ⇒*crusty.*

hardgeel 0.1 *screaming yellow* ⟨schel⟩ ⇒±*bright yellow.*

hardgekookt 0.1 *hard-boiled.*

hardgroen 0.1 *±bright green.*

hardhandig 0.1 *hard-handed* ⇒*rough,* ⟨onnodig hard/ wreed⟩ *heavy-handed* ◆ **3.1** iem.~ aanpakken *seize s.o. roughly;* ⟨inf.⟩ *strong-arm s.o.;* ~ optreden *take hard-handed/harsh/drastic action, use strong-arm tactics.*

hardheid 0.1 *hardness* ⇒⟨taaiheid, ruwheid ook⟩ *toughness* ⟨ook fig.⟩, ⟨wreedheid, hardvochtigheid, scherpheid⟩ *harshness,* ⟨soliditeit, dichtheid⟩ *solidity* ⟨ook fig.⟩ ◆ **1.1** de ~ van metalen/water *the hardness of metals/water;* de ~ v.h. politieoptreden *the severity/brutality of the police actions.*

hardheidsgraad 0.1 *(degree of) hardness.*

hardhoofdig 0.1 *obstinate, stubborn* ⇒*headstrong.*

hardhorend 0.1 *hard of hearing.*

hardhout 0.1 *hardwood.*

hardleers 0.1 [moeilijk lerend] *dense, slow* ⇒*±thick(-skulled)* **0.2** [eigenwijs] *headstrong, stubborn.*

hardlijvig 0.1 *constipated.*

hardlijvigheid 0.1 *constipation.*

hardlopen 0.1 [om het hardst lopen] *race, run a race* **0.2** [snel en lang achtereen lopen] *run.*

hardloper, -loopster 0.1 [iem. die hard loopt] *runner* ⟨ook paard⟩ **0.2** [goed verkopend artikel] *goer* **0.3** ⟨fig.; vluggerd⟩ *a fast one* ◆ **7.3** 't is geen ~ *he/she is a bit slow* **¶.1** ⟨sprw.⟩ ~s zijn doodlopers *it is the pace that kills.*

hardloperij 0.1 *running.*

hardmaken 0.1 *prove* ⇒*substantiate* ⟨beschuldiging, aanklacht⟩.

hardnekkig 0.1 *stubborn, obstinate* ⇒⟨mbt. geruchten/regen/pijn/pogingen ook⟩ *persistent* ◆ **1.1** een ~ gerucht *a persistent s. rumour;* een ~ stilzwijgen *a s. silence;* ~e tegenstand *s./stiff resistance* **3.1** ~ ontkennen *persistently deny;* ~ volhouden *stubbornly insist, persist.*

hardnekkigheid 0.1 *obstinacy* ⇒*stubbornness.*

hardop 0.1 *aloud, out loud* ◆ **3.1** ~ denken/lachen *think/ laugh a./out loud;* hij praat ~ in zijn slaap *he talks (a.) in his sleep;* iets ~ zeggen *say sth. out loud;* dat mag je niet ~ zeggen *you shouldn't say that in public.*

hardrijden ⟨sport⟩ **0.1** *race* ⇒⟨schaatsen⟩ *speed-skate.*

hardrijder, -rijdster 0.1 *racer* ⇒⟨schaatser⟩ *speedskater,* ⟨wielrenner⟩ *racing cyclist.*

hardrood 0.1 *bright red.*

hardvochtig 0.1 *hard(-hearted)* ⇒⟨ruw, gevoelloos⟩ *callous,* ⟨ruw, gevoelloos⟩ *unfeeling,* ⟨ruw, genadeloos⟩ *harsh* ◆ **3.1** ~ optreden *act harshly.*

harem 0.1 *harem.*

haren[1] ⟨bn.⟩ **0.1** *hair.*

haren[2] I ⟨onov.ww.⟩ **0.1** [haar verliezen] *lose (one's) hair* ⇒ ⟨mbt. dieren⟩ *shed (one's hair)* ◆ **1.1** de kat haart *the cat is shedding;*

harentwege - hart

II ⟨ov.ww.⟩⟨landb.⟩ **0.1** [scherpen] *whet, sharpen.*

harentwege ⟨schr.⟩ **0.1** [namens haar] *on her behalf* **0.2** [wat haar betreft] *as for her, as far as she is/was* ⟨enz.⟩ *concerned* ◆ **3.1** ik heb u ~ een boodschap te doen *I have a message for you on her behalf* **3.2** ~ kon hij gaan *as far as she was concerned he could go.*

harentwil(le) ⟨schr.⟩ ◆ **6.¶** om ~ ⟨ongemarkeerd⟩ *for her sake.*

harerzijds 0.1 *on her part.*

harig 0.1 *hairy* ⇒⟨bontachtig⟩ *furry.*

haring 0.1 [vis] *herring* ⇒*kipper* ⟨gedroogde/gerookte (zoute) haring⟩ **0.2** [mbt. tenten] *tent peg/stake* ◆ **1.1** ⟨fig.⟩ ik zal er ~ of kuit van hebben *I'll get to the bottom of it, I'll find out how matters stand;* een school ~en *a school/shoal of h.* **2.1** een gedroogde/⟨AZN⟩ droge ~ *a kipper/kippered h.;* nieuwe/zure ~ *new/pickled h.* **3.1** naar ~ schieten *cast the herring nets* **8.1** als ~(en) in een ton *(packed) like sardines.*

haringgrond 0.1 *herring ground.*

haringkaken 0.1 *gutting of herring(s).*

haringnet 0.1 *herring net.*

haringtijd 0.1 *herring season.*

haringvaart 0.1 *herring fishing.*

haringvangst 0.1 *herring fishing* ⇒⟨vangst in een seizoen/van één keer⟩ *herring catch.*

haringvisserij 0.1 *herring fishing (industry).*

haringvloot 0.1 *herring fleet.*

hark 0.1 [tuingereedschap] *rake* **0.2** [persoon] *stick* ◆ **6.2** een ~ **van** een meisje *a gawky girl* **8.1** zo stijf als een ~ *as stiff as a poker.*

harken I ⟨onov.ww.⟩ **0.1** [met de hark werken] *rake;* **II** ⟨ov.ww.⟩ **0.1** [met een hark bijeenbrengen] *rake (up/together)* ◆ **1.1** het grindpad ~ *r. the gravel (path).*

harkerig 0.1 *stiff, wooden.*

harlekijn 0.1 [toneelfiguur] *harlequin* **0.2** [pop] *jumping jack* **0.3** [grappenmaker] *clown.*

harmonica 0.1 [accordeon] *accordion* **0.2** [mondharmonica] *harmonica.*

harmonicaspeler, -speelster 0.1 *harmonica player* ⇒*accordion player, accordionist.*

harmonicawand 0.1 *folding partition* ⇒*accordion wall.*

harmonie 0.1 [overeenstemming] *harmony* ⇒*concord, agreement* **0.2** [muz.] *harmony* **0.3** [muziekvereniging] *(brass)band* ◆ **1.2** de ~ der sferen *the h./music of the spheres* **6.1** in/niet in ~ zijn met *be in/out of h./keeping with.*

harmoniegezelschap, -kapel, -orkest 0.1 *(brass) band.*

harmonieleer ⟨muz.⟩ **0.1** *(theory of) harmony.*

harmoniemodel 0.1 *conflict avoidance strategy* ◆ **3.1** het ~ hanteren *adopt a strategy of conflict avoidance.*

harmoniëren 0.1 *harmonize (with)* ⇒⟨bij elkaar passen mbt. kleur⟩ *blend (in) (with)* ◆ **6.1** ze ~ niet **met** elkaar *they don't h.*

harmonieus 0.1 *harmonious* ⇒*melodious* ◆ **1.1** een harmonieuze stem *a h./pleasant voice.*

harmonisatie 0.1 *harmonization* ⇒⟨fig. ook⟩ *bringing into harmony/line* ◆ **1.1** ~ van de huurprijzen *rationalization/bringing into line of rents.*

harmonisch 0.1 [blijk gevend van harmonie] *harmonic* **0.2** [kalm] *harmonious* **0.3** [welluidend] *harmonious* ⇒*melodious* ◆ **1.1** ⟨wisk., nat.⟩ ~e analyse *h. analysis;* een ~ geheel vormen *blend (in)/go well (together);* ~e tonen *harmonics, h. tones* **3.1** ~ met iem. samenwerken *work in harmony with s.o.*

harmoniseren I ⟨onov.ww.⟩ **0.1** →*harmoniëren;* **II** ⟨ov.ww.⟩ **0.1** [harmonisch maken] *harmonize.*

harmonium 0.1 *harmonium.*

harnas ⟨gesch.⟩ **0.1** *(suit of) armour* ◆ **6.1** in het ~ sterven *die in harness;* iem. tegen zich in het ~ jagen *put s.o.'s back up;* iem. tegen een ander in het ~ jagen *set s.o. against another person.*

harp 0.1 *harp* ◆ **3.1** de ~ slaan *strike the h./lyre.*

harpij 0.1 *harpy.*

harpist, harpspeler, harpiste 0.1 *harpist, harp player.*

harpoen 0.1 *harpoon* ◆ **3.1** de ~ schieten/werpen *shoot/cast the h.*

harpoeneren 0.1 *harpoon.*

harpoengeweer 0.1 *harpoon gun.*

harrewarren 0.1 *squabble, bicker* ◆ **6.1** ze liggen altijd met elkaar te ~ *they are always quarreling/bickering;* we hoeven niet **over** de details te ~ *we don't have to quibble about the details.*

hars 0.1 *resin* ⇒⟨vioolhars⟩ *rosin.*

harsachtig 0.1 [op hars lijkend, naar hars ruikend] *resinous* **0.2** [hars producerend] *resiniferous.*

harses ⟨inf.⟩ **0.1** *nut, skull* ◆ **3.1** gebruik je ~! *use your loaf/noddle!;* hou je ~! *shut your trap!* **6.1** hoe haal je het **in** je ~ *how did you get that idea in that fat s. of yours?;* iem. een dreun **voor** z'n ~ geven *clobber s.o.*

harsolie 0.1 *resin oil.*

hart 0.1 [spier, hartstreek; innerlijk gemoed] *heart* **0.2** [gezindheid, vriendschap] *heart* **0.3** [moed] *heart* ⇒*nerve* **0.4** [als voedsel; iets met hartvorm] *heart* **0.5** [midden, kern] *heart* ⇒*centre* ◆ **1.1** ⟨fig.⟩ een ~ van goud/steen hebben *have a h. of gold/stone;* in de grond van mijn ~ *in my h. of hearts;* uit de grond van zijn ~ *from the bottom of one's h.;* hij is een jager in ~ en nieren *he is a hunter in h. and soul;* de stem van zijn ~ volgen *follow (the voice of) one's h.;* met hart en ziel *with all one's h., with h. and soul;* zich met ~ en ziel wijden aan iets *put one's h. and soul into sth., devote one's h. and soul to sth.* **2.1** met een gerust ~ *with an easy mind;* het komt uit een goed ~ *it's meant well;* het heilig ~ *the Sacred Heart;* een zwak ~ hebben *have a weak h.* **2.2** iem. een goed ~ toedragen *be kindly disposed towards s.o.;* iem. geen kwaad ~ toedragen *bear s.o. no ill will;* iets een warm ~ toedragen *be well disposed towards sth.* **2.¶** van ganser ~e *with all my/his/⟨enz.⟩ heart;* iets van ganser ~e doen *do sth. wholeheartedly;* het ging niet van ganser ~e *it was only halfhearted* **3.1** ⟨fig.⟩ met bloedend ~ *with a bleeding h.;* iemands ~ breken *break s.o.'s heart;* ⟨fig.⟩ het ~ op de juiste plaats hebben *have one's h. in the right place;* ⟨fig.⟩ ik hield mijn ~ vast *my h. missed a beat, my h. was in my mouth;* ⟨fig.⟩ je houdt je ~ vast bij de gedachte dat *it's just too awful to think what might happen if;* met kloppend ~ *with pounding h.;* ⟨fig.⟩ het ~ klopte hem in de keel *his h. was in his throat/mouth;* ⟨fig.⟩ zijn ~ ligt hem op de tong *he wears his h. on his sleeve;* je kunt je ~ ophalen *you can enjoy it to your h.'s content;* haar ~ stond even stil/sloeg over *her h. missed a beat;* zijn ~ uitstorten *pour out/unburden/open one's h. (to s.o.);* zijn ~ aan iets verliezen hebben *have lost one's h. to s.o.;* zijn ~ aan iets verpanden *lose one's h. to sth.* **3.2** ~ voor een zaak hebben *have one's h. in a matter;* de ~en v.d. mensen veroveren *capture people's hearts* **3.3** heb het ~ eens! *don't you dare!, just you try it!;* iem. ~ onder de riem steken *hearten s.o., buck s.o. up;* het ~ zonk hem in de schoenen *he lost h., his h. sank into his boots* **6.1** het **aan** het ~ hebben *have a h. condition;* iem. na **aan** het ~ liggen *be very dear to s.o. heart;* het gaat mij toch **aan** het ~ *it really touches me;* dat gaat hem **aan** het ~ *it (really) hurts/grieves him;* ⟨diep⟩ **in** zijn hart hield hij nog steeds van haar *in his h. (of hearts) he still loved her;* dat is een man **naar** mijn ~ *he's a man after my h.;* ⟨fig.⟩ iem. **op** het ~ trappen *trample on s.o.'s feelings;* iets **op** zijn ~ hebben *have sth. on one's mind;* iem. iets **op** het ~ drukken *impress sth. on s.o. ('s mind);* zeg maar wat je **op** het ~ hebt *get it off your chest;* het ~ **op** de tong hebben/dragen *wear one's h.* on one's sleeve; met de hand **over** het ~ strijken *show mercy;* **van** zijn ~ geen moordkuil maken *make no disguise of one's feelings;* dat moet mij toch **van** het ~ *I just have to get this off my chest* **6.3** de schrik sloeg hem **om** het ~ *his h. missed a beat/was in his mouth* **6.5** in het ~(je) v.d. stad wonen *live in the h./centre of the city* **6.¶** iets niet **over** zijn ~ kunnen verkrijgen *not find it in one's heart to do sth.;* iets **ter** ~e nemen *take sth. to heart;* dat gaat mij zeer **ter** ~e *I have that very much at heart;* **van** ~e gefeliciteerd *my warmest congratulations;* hij deed het, maar het ging niet **van** ~e *he did it, but his heart wasn't in it* **¶.1** ⟨sprw.⟩ waar het ~ van vol is, loopt de mond van over *what the heart thinks, the tongue speaks.*

hartaandoening 0.1 *heart condition* ⇒⟨inf.⟩ *heart-trouble* ◆ **3.1** hij heeft een ~ *he has a heart condition.*

hartaanval 0.1 *heart attack.*

hartader 0.1 *coronary artery/vein* ⇒*aorta,* ⟨fig.⟩ *artery* ◆ **1.1** een ~ van het verkeer *a traffic artery.*

hartbeklemming 0.1 *angina* ⇒⟨fig.⟩ *agony (of mind).*

harthewaking 0.1 *coronary care.*

hartboezem ⟨med.⟩ **0.1** *auricle* ◆ **2.1** de rechter/linker~ *the right/left a.*

hartbrekend 0.1 *heartbreaking* ⇒⟨sterker⟩ *heart-rending.*

hartchirurg 0.1 *cardiac/heart surgeon.*

hartchirurgie 0.1 *cardiac/heart surgery* ◆ **2.1** open ~ *open-heart surgery.*

hartelijk I ⟨bn.⟩ **0.1** ⟨innig, welgemeend⟩ *hearty, warm* **0.2** [mbt. personen] *warm-/open-hearted* ⇒*cordial* ◆ **1.1** ~ dank voor ... *many thanks for ...;* met ~e groeten *with kind regards;* ~e groeten aan je vrouw *remember me/kind regards to your wife;* een ~e ontvangst *a w. reception, a h. welcome* **3.2** ~ tegen iem. zijn *be friendly towards s.o.;* **II** ⟨bw.⟩ **0.1** [van hai te] *heartily, warmly* **0.2** [oprecht, gul] *heartily* ◆ **1.1** ik heet u allen ~ welkom *I (wish to) extend a warm welcome to you all* **3.1** ~ bedankt voor ... *thank you kindly/very much for ...;* ⟨iron.⟩ daar dank ik ~ voor *thank you very much* ⟨nadruk op very⟩; *not for me;* ~ gefeliciteerd *hearty/sincere congratulations* **3.2** ~ lachen *laugh h.*

hartelijkheid 0.1 [het hartelijk zijn] *cordiality, warm/open-heartedness* **0.2** [bejegening] *cordiality, hospitality.*

harteloos 0.1 *heartless* ⇒⟨wreed⟩ *cruel.*

harten 0.1 *hearts* ⇒⟨attr.⟩ *of hearts* ◆ **1.1** hartenaas/heer/tien/vrouw *ace/king/ten/queen of hearts;* hartenboer *jack/knave of h.;* ~ is troef *h. are trumps.*

hartenbreker, -ster 0.1 *heartbreaker.*

hartendief(je) 0.1 *darling, sweetheart.*

hartenjagen 0.1 *play hearts* ◆ **7.1** het ~ *hearts.*

hartenkreet 0.1 *heartfelt cry* ◆ **3.1** een ~ slaken *let out a h. c.*

hartenleed 0.1 *(heartfelt) grief/sorrow.*

∗hartenlust *(Wdl:* hartelust) ◆ **6.¶** naar ~ *to one's heart's content;* de kinderen zongen **naar** ~ *the children sang their hearts out.*

hart- en vaatziekten 0.1 *cardiovascular diseases.*

hartenwens 0.1 *heart's desire, fondest wish* ◆ **6.1** het gaat **naar** ~ *it's going splendidly.*

hartgrondig 0.1 *whole-hearted, heartfelt* ⇒*hearty,* ⟨bw. ook⟩ *from the bottom of one's heart* ◆ **2.1** een ~e hekel aan

hartaandoening - hartstocht

iem./iets hebben *detest s.o./sth. from the bottom of one's heart* **3.1** ze verveelden zich ~ *they were dreadfully bored.*

hartig 0.1 [pittig] *tasty* ⇒⟨goed gekruid⟩ *well-seasoned,* ⟨pikant⟩ *highly-seasoned,* ⟨stevig⟩ *hearty* **0.2** [zout] *salt(y)* ◆ **4.2** ik heb trek in iets ~s *I feel like a snack.*

hartigheid 0.1 [het hartig zijn] *savouriness* **0.2** [dat wat hartig is] *"savoury (dish)* ⇒⟨beleg⟩ *savoury topping/filling* ◆ **1.2** ~ op brood *open sandwich* **6.2** hartigheden **bij** de borrel *snacks with the drinks.*

hartinfarct 0.1 *coronary.*

hartje 0.1 [klein hart; hartvormig iets] *(little) heart* **0.2** [het binnenste] *heart* ⇒*centre* **0.3** [vleinaam] *sweetheart* ⇒ *darling* ◆ **1.2** ~ winter/zomer *the dead of winter, the height of summer* **2.1** hij heeft een grote mond, maar een klein ~ *he's not all what he makes out to be* **6.2** in het ~ v.d. stad *in the h./centre of the city* **¶.1** hij heeft alles wat zijn ~ begeert *he has everything he could possibly wish for;* ⟨mbt. luxe/weelde ook⟩ *he is living in the lap of luxury.*

hartkamer ⟨med.⟩ **0.1** *ventricle (of the heart)* ◆ **2.1** linker/rechter ~ *left/right v.*

hartklacht 0.1 *heart complaint/condition* ◆ **3.1** ~en hebben *have a heart condition.*

hartklep ⟨med.⟩ **0.1** *heart valve, valve (of the heart).*

hartklopping 0.1 *palpitation (of the heart)* ⇒⟨mv.; med.⟩ *tachycardia* ◆ **3.1** ik kreeg er ~en van *it gave me palpitations.*

hartkramp 0.1 *spasm of the heart, angina.*

hartkransslagader 0.1 *coronary artery.*

hartkwaal 0.1 *heart condition/ailment.*

hartlijn 0.1 ⟨bouwk.⟩ *centre line, (central) axis.*

hart-longmachine 0.1 *heart-lung machine.*

hartmassage 0.1 *heart massage* ⇒*heart resuscitation* ◆ **1.1** uitwendige/inwendige ~ *external/internal h. m./* ⟨med.⟩ *cardiac compression.*

hartoperatie 0.1 *heart operation/surgery.*

hartpatiënt 0.1 *cardiac patient* ◆ **3.1** ~ zijn *have a heart condition.*

hartritmestoornis 0.1 *cardiac arrythmia.*

hartroerend 0.1 *moving, touching* ⇒⟨sterker⟩ *heartbreaking/rending,* ⟨meelijwekkend⟩ *pathetic* ◆ **1.1** een ~ afscheid *a m./t./heartbreaking farewell;* het is een ~ gezicht *it is a pathetic sight.*

hartsgeheim 0.1 *(most) intimate secret* ⟨vaak mv.⟩ ◆ **3.1** iem. zijn ~en toevertrouwen *confide one's most intimate secrets to s.o.*

hartslag 0.1 [klop v.h. hart] *heartbeat* **0.2** [polsslag] *heartbeat, pulse* ⇒⟨snelheid v.d. hartslag⟩ *heart rate* ◆ **1.2** ⟨fig.⟩ de ~ v.d. stad *the h. of the city* **3.2** de ~ opnemen van iem. *take s.o.'s pulse.*

hartspecialist 0.1 *heart specialist.*

hartspier 0.1 *heart muscle* ⇒⟨med.⟩ *myocardium.*

hartstikke ⟨inf.⟩ **0.1** *awfully, terribly, fantastically* ⇒⟨helemaal⟩ *completely* ◆ **2.1** ~ dood *as dead as a doornail;* ~ gek ⟨lett.⟩ *stark raving mad;* ⟨fig.⟩ *crazy;* ~ goed *fantastic, terrific, smashing;* hij kan ~ goed zingen *he's a fantastic/terrific singer;* ~ leuk *really nice* **3.1** ~ bedankt! *thanks awfully/ever so much.*

hartstilstand 0.1 *cardiac arrest* ◆ **3.1** ⟨fig.⟩ ik kreeg bijna een ~ *I nearly died.*

hartstimulator 0.1 *pacemaker.*

hartstocht 0.1 *passion* ⇒*emotion* ⟨vnl. mv.⟩ ◆ **3.1** zijn ~en bedwingen/beteugelen *bridle one's passions;* de ~en laaiden hoog op *feelings were running high* **6.1** zich **door** zijn ~en laten meeslepen *let o.s. be swayed by emotion;* hij heeft een ~ **voor** de muziek *he has a p. for music.*

hartstochtelijk I ⟨bn.⟩ **0.1** [onderhevig aan hartstochten] *passionate* ⇒*emotional,* ⟨snel opgewonden⟩ *excitable* ◆ **1.1** een ~ man *a p./excitable man;* **II** ⟨bn., bw.⟩ **0.1** [vurig, met hartstocht, gedreven] *passionate* ⇒*ardent, fervent* ◆ **1.1** hij is een ~ jager/golfer/skiër *he is an ardent hunter/golfer/skier;* een ~e liefde *a passion, a fervent/an ardent love;* een ~ liefhebber zijn van ... *be a fervent/an enthusiastic lover of* ... **2.1** ~ verliefd *passionately in love* **3.1** iets ~ bestrijden/aanhangen *oppose/ support sth. fanatically.*

hartstreek 0.1 *heart region, region of the heart.*

hartsvriend, -in 0.1 *bosom friend* ⟨m., v.⟩ ⇒*dear/good/ close friend* ⟨m., v.⟩.

harttransplantatie 0.1 *heart transplant (operation).*

hartverlamming 0.1 *heart failure* ◆ **6.1** hij is **aan** een ~ gestorven *he died of h. f.*

hartveroverend 0.1 *enchanting, entrancing.*

hartverscheurend 0.1 *heartbreaking/rending* ◆ **1.1** een ~e kreet *a heartrending cry* **3.1** ~ snikken *sob one's heart out.*

hartversterkend 0.1 ⟨opwekkend⟩ *stimulating, invigorating;* ⟨bemoedigend⟩ *heartwarming.*

hartversterkertje 0.1 ⟨borrel⟩ *bracer, pick-me-up.*

hartversterking 0.1 ⟨borrel⟩ *bracer, pick-me-up;* ⟨bemoediging⟩ *tonic.*

hartverwarmend 0.1 *heartwarming.*

hartvormig 0.1 *heart-shaped* ◆ **1.1** ~e bladen *cordate leaves.*

hartzakje 0.1 *pericardium.*

hartzeer 0.1 *heartache, heartbreak, anguish* ⇒*(heartfelt) grief* ◆ **3.1** ~ van iets hebben *break one's heart over sth.* **6.1** van ~ sterven *die of a broken heart.*

hasj 0.1 *hash.*

hasjhond 0.1 *sniffer dog.*

hasjiesj 0.1 *hashish.*

hasjroker 0.1 *hashish smoker.*

hasjvangst 0.1 *hash catch/haul* ◆ **3.1** de politie heeft een grote ~ gedaan *the police have seized a large amount of hash.*

haspel 0.1 *reel* ⇒⟨spoel⟩ *spool.*

haspelen I ⟨onov.ww.⟩ **0.1** [stuntelen] *bungle, blunder;* **II** ⟨ov.ww.⟩ **0.1** [tot een warboel maken] *mix up, jumble (up)* **0.2** [met de haspel opwinden] *reel (in), wind (up)* ◆ ¶.1 alles door elkaar ~ *jumble everything up.*

hat-eenheid 0.1 ⟨*apartment for single people or two-person households*⟩.

hatelijk 0.1 [haat opwekkend] *hateful* ⇒*nasty* **0.2** [opzettelijk grievend] *nasty* ⇒*spiteful, snide* ⟨vnl. mbt. opmerkingen⟩ ◆ **1.2** ~e opmerkingen maken *make n./spiteful remarks* **3.2** ~ doen/zijn tegen iem. *be n. to s.o.;* ~ lachen *laugh nastily/spitefully;* ~ worden *turn/get n.*

hatelijkheid 0.1 [opmerking] *nasty/spiteful/snide remark* ⇒*gibe, (nasty) quip/crack* **0.2** [hoedanigheid] *nastiness* ⇒*spitefulness* ◆ **3.1** hatelijkheden debiteren/ spuien *make nasty/spiteful remarks.*

haten 0.1 *hate.*

hatsiekadee 0.1 *(wh)oops* ◆ ¶.1 ~, daar ging de ruit *crash, that was the window.*

hatsjie 0.1 *a(t)choo.*

hattrick ⟨sport⟩ **0.1** *hat trick.*

hausse 0.1 [geldw., hand.] *boom* ⇒*rise* **0.2** [opleving] *boom, boost* ◆ **2.1** een wilde ~ aan de beurs *a sudden b. on the stock market* **6.2** een ~ **in** de scheepsbouw *a boom in shipbuilding* ¶.1 à la ~ speculeren *speculate for a rise.*

hautain 0.1 *haughty* ◆ **1.1** een ~e houding *a h. air* **4.1** hij

heeft iets ~s (over zich) *he has an air of arrogance (about him).*

haute couture 0.1 *haute couture* ⇒*high fashion.*

haute cuisine ⟨cul.⟩ **0.1** *haute cuisine.*

havanna 0.1 *Havana (cigar).*

have 0.1 *property* ⇒*goods* ◆ **1.1** ~ en goed verliezen *lose everything/all one's got* **2.1** levende ~ *live stock;* liggende/ tilbare ~ *immovable/mov(e)able property.*

haveloos 0.1 [sjofel] *shabby, scruffy* ⇒⟨mbt. huis, meubels, auto enz. ook⟩ *delapidated* **0.2** [berooid, arm] *shabby, beggarly* ⇒⟨van mens⟩ *down and out* ◆ **3.1** wat ziet hij er ~ uit *how scruffy he looks.*

haven 0.1 *harbour* ⇒⟨grote haven ook⟩ *port,* ⟨fig.; toevluchtsoord⟩ *(safe) haven* ◆ **1.1** de ~ van Antwerpen *the port/harbour of Antwerp;* de ~ van Harlingen *Harlingen harbour;* ~ van herkomst ⟨van goederen⟩ *port of origin;* ⟨thuishaven van schip⟩ *home port* **2.1** een open ~ *an open access harbour/port;* ⟨fig.⟩ een veilige ~ vinden *find refuge* **3.1** een ~ binnenvallen/binnenlopen/aandoen *put into a port* **6.1 in** (het zicht van) de ~ schipbreuk lijden/vergaan ⟨fig.⟩ *come to grief at the last minute.*

havenaccommodatie 0.1 *port accommodation.*

havenarbeider, havenwerker 0.1 *dockworker.*

havenbeambte 0.1 *port official.*

havenbedrijf 0.1 ⟨inrichting⟩ *harbour/port installations;* ⟨bedrijfstak⟩ *dock industry.*

havendam 0.1 *jetty* ⇒⟨vnl. waar schepen aanleggen⟩ *pier.*

havendienst 0.1 *harbour service.*

havenfaciliteiten 0.1 *harbour facilities.*

havengebied 0.1 *harbour/dock area.*

havengebouw 0.1 *harbour master's office.*

havengeld 0.1 *harbour/port dues.*

havenhoofd 0.1 *mole, jetty, pier.*

havenkraan 0.1 *wharf/dock(-side)/harbour crane.*

havenkwartier 0.1 *harbour/dock area.*

havenloods 0.1 *harbour pilot.*

havenmeester 0.1 *harbour master* ⇒*airport manager* ⟨van vliegveld⟩.

havenplaats 0.1 *port* ⇒*seaport (town)* ⟨aan zee⟩.

havenpolitie 0.1 *harbour police.*

havenrecht 0.1 *port/harbour dues/charges.*

havenstad 0.1 *port* ⇒*seaport (town)* ⟨aan zee⟩.

havenstaking 0.1 *dock strike.*

havenwerken 0.1 *harbour works* ⇒⟨havengebied⟩ *docks.*

havenwerker →**havenarbeider.**

haver 0.1 [plantengeslacht] *oat* **0.2** [voedsel] *oats* ◆ **2.1** gewone/wilde ~ *common/wild oat* **3.1** ~ verbouwen *grow oats* **6.**¶ iem. kennen *know s.o. inside out.*

haverklap ◆ **6.**¶ **om** de ~ (ieder ogenblik) *every other minute, continually;* (bij de geringste aanleiding) *at the drop of a hat.*

haverkorrel 0.1 *oat grain.*

havermout 0.1 [gepelde haver] *rolled oats* ⇒*oatmeal* **0.2** [pap] ᴮ*(oatmeal) porridge.*

haverstro 0.1 *oat straw.*

haverzak 0.1 *fodder bag* ⇒*feedbag,* ⟨van paarden⟩ *nosebag.*

havik 0.1 [vogel] *goshawk* **0.2** [begerig mens] *vulture* **0.3** [pol.; oorlogszuchtig mens] *hawk.*

haviksneus 0.1 *hooked nose* ⇒*hooknose.*

haviksoog 0.1 *hawkeye.*

havo ⟨afk.⟩ **0.1** [hoger algemeen voortgezet onderwijs] ⟨*school of higher general secondary education*⟩.

hazardspel 0.1 *game of hazard/chance.*

hazelaar 0.1 *hazel.*

hazelnoot I ⟨de (m.)⟩ **0.1** [struik] *hazel;* **II** ⟨de⟩ **0.1** [noot] *hazelnut.*

hazelnootreep 0.1 *bar of hazelnut (chocolate)* ⇒*bar of chocolate with hazelnuts.*

***hazendistel** ⟨Wdl: hazedistel⟩ **0.1** *hare's lettuce* ⇒*sow/ milk thistle.*

hazenhart 0.1 *chicken* ◆ **3.**¶ een ~ hebben *be chicken-hearted.*

hazenlip 0.1 *harelip.*

hazenpad ◆ **3.**¶ ⟨fig.⟩ het ~ kiezen *take to one's heels.*

hazenrug 0.1 *saddle of hare.*

hazenslaapje ⟨fig.⟩ **0.1** *catnap.*

hazewind 0.1 *greyhound.*

hbo ⟨afk.⟩ **0.1** [hoger beroepsonderwijs] ⟨*(School of) Higher Vocational Education*⟩.

H-bom 0.1 *H-bomb.*

hé 0.1 [uitroep om de aandacht te trekken, of van verwondering]⟨aanroep⟩ *hey!;* ⟨verbazing⟩ *oh (really)?* **0.2** [uitroep achter een ongeduldige of schampere vraag] *eh?, what?* ◆ ¶.1 ~, kom eens hier *hey (you)!, come here!;* ~, is dat waar? *oh (really), is that true?* ¶.2 wat wil je nou eigenlijk, ~? *(so) what do you want, eh?*

hè 0.1 [uiting van pijn/bewondering enz.]⟨onprettig⟩ *oh (dear);* ⟨prettig⟩ *ah* **0.2** [uitroep om te kennen te geven dat men een bevestigend oordeel verwacht] *right?, eh?, isn't it?* ⟨zie ook ¶.2⟩ ◆ ¶.1 ~, dat doet zeer! *oh/ouch, that hurts!;* ~, blij dat ik zit! *whew/phew, ylad I can take the weight off my feet!;* ~ ja!/nee! *ah yes!, oh no!* ¶.2 mooi, ~? *lovely, isn't it?;* dat wist je niet, ~? *you didn't know that, did you?;* lekker weertje, ~? *nice day, isn't it?*

headbangen 0.1 *headbanging.*

heao ⟨afk.⟩ **0.1** [hoger economisch en administratief onderwijs] ⟨*School/Institute for Business Administration and Economics*⟩.

hebbeding 0.1 *thingummy, thingy* ⇒*gadget.*

hebbelijk I ⟨bn.⟩ **0.1** [door gewoonte of karakter eigen] *characteristic* ◆ **1.1** een ~e gewoonte hebben om ... *have a way of ...;*
II ⟨bn., bw.⟩ **0.1** [fatsoenlijk] *decent, proper* ◆ **3.1** zich ~ gedragen *behave decently/properly.*

hebbelijkheid 0.1 *habit* ◆ **1.1** iemands hebbelijkheden *s.o.'s (funny/annoying) ways, s.o.'s idiosyncrasies* **3.1** de ~ hebben van/om ... *have the (nasty) h. of*

hebben I ⟨ov,ww⟩ **0.1** [bezitten] *have (got)* ⇒*own* **0.2** [getroffen zijn door] *have, be* **0.3** [in genoemde omstandigheden verkeren] *have, be* **0.4** [(gevoelens) koesteren] *have* ⇒ *be* **0.5** [beschikken over] *have (got)* **0.6** [krijgen] *have* **0.7** [deelachtig worden] *have* ⇒*get* **0.8** [mbt. iets dat gedaan kan/moet worden] *have* **0.9** [aantreffen] *be, have* **0.10** [in genoemde toestand houden] *have* ⇒*hold* **0.11** [verdragen] *stand, take* **0.12** [+ aan; nut ondervinden van] *be of use (to)* ◆ **1.1** heb jij een auto? *have you got a car?;* ze heeft een boetiekje/reclamebureau *she has a boutique/an advertising agency;* iemands hele ~ en houden *all s.o.'s belongings* **1.2** verdriet ~ *be sad* **1.3** ik hoop dat je mooi weer hebt *I hope you'll h. good weather/the weather will be fine* **1.4** geduld ~ *be patient* **1.5** ze ~ de dief *they've caught the thief* **1.6** die pantoffels heb ik van mijn vrouw *I got those slippers from my wife;* ik heb al veel plezier gehad van mijn nieuwe p.c. *my new pc has given me a lot of pleasure* **1.7** die les ~ we al gehad *we've already done that lesson;* ik heb nooit Spaans geleerd *I've never learned Spanish;* ik moet nog een tientje van hem ~ *he still owes me ten guilders* **2.3** het koud/warm ~ *be cold/hot* **3.1** iets moeten ~ *need sth.;* iets willen ~ *want sth.* **3.2** ik wil het niet ~ ⟨verbieden⟩ *I won't have it* **3.5** hoe wilt u het ~? *how would you like it?* ⟨bv. bij bank, mbt. geld⟩ **3.7** ⟨bel.⟩ wat moet je

(van me) ~? *what do you want (from me)?;* ik moet er niets van ~ *I want nothing to do with it* **3.8** je hebt alleen maar te luisteren *all you h. to do is to listen;* (het) met iem. te doen ~ *be/feel sorry for s.o.;* dagelijks met iem. te doen ~ *see s.o. every day* **3.10** nu kom je waar ik je ~ wil *now you're coming to where I want you to be;* zo wil ik het ~ *that's how I want it;* iets (gedaan) willen ~ *want (to see) sth. done* **3.11** hij kan veel/niet veel ~ *he can take a lot, he can't take much* **3.**¶ ⟨sport⟩ die had je makkelijk kunnen ~ *that one should have been yours* ⟨mbt. bal terugslaan/stoppen enz.⟩; ik moest je net ~ *you're just the person I want/have been looking for;* moet je net Freek ~ *you can imagine Freek's reaction!* **4.2** wat heb je? *what's the matter/wrong with you?;* wat heb je toch? *what's come over you?* **4.3** hoe heb ik het nu met je? *what's up with you?;* ik wist niet hoe ik het had *I didn't know what to make of it;* hoe heb je het gehad? *did you h. a good time?, how did you get on?* **4.4** ~ jullie wel eens wat met elkaar? *is there anything between you?* **4.5** ze heeft het helemaal *she's really got it* **4.6** ik heb het *I've got it* **4.9** daar zullen we/zul je het ~ *there we go;* daar heb je het al *I told you so;* je hebt/men heeft ook groene *there are/you get green ones as well;* wat zullen we nu ~ *hey, what's this?* **4.**¶ daar heb je hem weer! *there he is again;* ⟨afkeurend⟩ *oh no, not him again!* **5.1** het heeft er veel van dat ... *it looks very much as if ...* **5.7** dat heb je ervan *that's what you get* **5.9** ⟨kijk eens⟩ wie we daar ~ *look who's here!* **5.10** daar heb ik je *(I've) got you there;* ik heb hem zover *I've managed to persuade him* **5.**¶ iedereen heeft het erover *everybody's talking about it;* hij had het niet meer *it was all just too much for him;* wel heb ik ooit! *well, I never!* **6.1** iets **bij** zich ~ *be carrying sth., have sth. with one;* iets vrolijks **over** zich ~ *make a cheerful impression, have a certain cheer;* van wie heeft hij dat? *who/where has he got that from?;* veel **van** iem. /iets ~ *look very much/be very like s.o./sth.;* ik heb het niet **van** mezelf *I haven't thought/dreamt that up myself* **6.2** iets **aan** de voet ~ *have sth. wrong with one's foot/foot trouble* **6.4** hij heeft iets **tegen** mij *he has grudge against me* **6.6** van wie heb je dat? *who told/gave you that?* **6.12** je weet niet wat je aan hem hebt *you never know where you are with him;* ⟨iron.⟩ nou, daar heb ik veel aan! *oh, a (fat) lot of good that will do me;* nu weten we tenminste wat we **aan** elkaar ~ *at least now we know where we stand;* wat heb je **aan** een mooie auto als je niet kunt rijden? *what's the use of a beautiful car if you can't drive?* **6.**¶ ik heb het niet **op** hem *I don't like/trust him;* ik zal het er met hem **over** ~ *I'll talk to him about it;* ik weet niet waar je het **over** hebt *I don't know what you're talking about;* daar heb ik het straks nog **over** *I'll come (back) to that later on/in a moment;* nu we het daar toch **over** ~ *now that you mention it ...;* daar wil ik het nu niet meer **over** ~ *I won't go into that now;* ik heb het **tegen** jou *I'm talking to you* **8.**¶ iem. als vriend ~ *be friends with s.o.* ¶.4 hij heeft er niets op tegen *he has no objections* ¶.7 zo, dat hebben we ook weer gehad *well, that's that* ¶.10 een klap van heb ik jou daar *a stunning blow/mighty thump;*
II ⟨hww.⟩ **0.1** [ter aanduiding van de voltooide tijd bij ww.] *have* ◆ **3.1** gelachen dat we ~ *did we h. a laugh!;* had ik dat maar geweten *if (only) I had known (that);* had dat maar gezegd *if only you'd told me (that);* ik heb met hem op school gezeten *I went to school with him;* hij had gezwommen *he had been swimming.*

hebberig 0.1 *greedy* ◆ **3.1** hij is nogal ~ van aard *he's somewhat of a money-grubber.*

hebberigheid 0.1 *greed(iness).*

hebbes ⟨inf.⟩ **0.1** ⟨iem.⟩ *got you, gotcha!;* ⟨iets⟩ *got it.*
Hebreeër 0.1 *Hebrew.*
Hebreeuws 0.1 ⟨zn. en bn.⟩ *Hebrew* ◆ **3.1** ⟨fig.⟩ dat is ~ voor mij *it's (all) Greek to me.*
Hebriden 0.1 *Hebrides.*
hebzucht 0.1 *greed* ⇒*avarice.*
hebzuchtig 0.1 *greedy* ⇒*avaricious.*
hecht 0.1 [solide, vast] *solid* ⇒*strong, sound* **0.2** [fig.] *strong* ⇒*tight,* ⟨saamhorig⟩ *tightly-/close(ly)-knit* ◆ **1.1** het rust op ~ e grondslagen *it is built on solid foundations* ⟨ook fig.⟩ **1.2** een ~ e familieband *a close-knit family, strong family ties;* een ~ e vriendschap *a close friendship.*
hechten I ⟨ov.ww.⟩ **0.1** [med.] *suture* ⇒⟨inf.⟩ *stitch/sew up* **0.2** [vastmaken] *attach, fasten* ⇒*(af)fix* **0.3** [toekennen] *attach* ◆ **1.1** een wond ~ *suture/sew up a wound* **1.2** een prijskaartje aan iets ~ *attach a price tag to sth.* **1.3** geloof aan iets ~ *give credit/credence to sth., credit sth.;* waarde/belang aan iets ~ *a. (a certain)value/importance to sth.;*
II ⟨onov.ww.⟩ **0.1** [vast blijven zitten] *adhere* ⇒*stick* **0.2** [waarde toekennen aan] *be attached/devoted (to)* ⇒*adhere (to)* ◆ **1.1** die pleister hecht niet *this band-aid won't stick* **6.2 aan** iets/iem. gehecht zijn *be attached to sth./s.o.;* hij hecht zeer **aan** traditie/vormen *he clings strongly to tradition/the proprieties;*
III ⟨wk.ww.; zich ~⟩ **0.1** [zich vastzetten] *become attached* ⇒*cling* **0.2** [gesteld raken op] *become attached* ◆ **6.2** hij hecht zich gemakkelijk **aan** mensen *he gets attached to people easily.*
hechtenis 0.1 [verzekerde bewaring als maatregel] *custody* ⇒*detention* **0.2** [als straf] *imprisonment* ⇒*prison* ◆ **1.2** iem. tot twaalf dagen ~ veroordelen *sentence s.o. to twelve days i.* **2.1** preventieve/voorlopige ~ *preventive c., detention on remand* **6.1** iem. **in** ~ nemen *take s.o. into c.;* iem. **in** ~ houden *detain s.o.*
hechtheid 0.1 [stevigheid] *solidity* ⇒*strength, soundness* **0.2** [fig.] *durability* ⇒*strength, closeness.*
hechting ⟨med.⟩ **0.1** [handeling] *suture* ⇒*suturing* **0.2** [materiaal] *suture(s)* ⇒*stitches* ◆ **3.2** de ~ en verwijderen *take out the stitches.*
hechtpleister 0.1 *adhesive/sticking plaster* ⇒ᴮ*elastoplast,* ᴬ*band-aid.*
hectare 0.1 *hectare.*
hectisch 0.1 *hectic* ◆ **1.1** een ~ e periode *a h. period/time.*
hectogram 0.1 *hectogram(me).*
hectoliter 0.1 *hectolitre.*
hectometer 0.1 *hectometre.*
heden¹ ⟨het⟩ **0.1** *present (day).*
heden² ⟨bw.⟩⟨schr.⟩ **0.1** ⟨ongemarkeerd⟩ *today* ⇒*now-(adays), at present* ◆ **6.1 tot op** ~ *up to/up till/until now, to date;* **vanaf/met** ingang van ~ *as of today* ¶**.1** ~ ten dage, op ~ *nowadays, these days, today.*
hedendaags 0.1 *contemporary* ⇒*present-day* ◆ **1.1** woordenboeken voor ~ taalgebruik *dictionaries of current usage.*
hedonisme 0.1 *hedonism.*
hedonist 0.1 *hedonist.*
hedonistisch 0.1 *hedonistic.*
heek 0.1 *hake.*
heel I ⟨bn.⟩ **0.1** [gaaf] *intact* ⇒*whole,* ⟨mbt. kledingstukken ook⟩ *decent* **0.2** [niet in stukken] *whole* **0.3** [volledig] *whole* ⇒*entire, all* **0.4** [groot] *quite a/some* ◆ **1.1** een paar hele kousen *a decent/whole pair of stockings* **1.2** hele peper *w. pepper(corn)* **1.3** zij werkt hele dagen *she works full time;* ~ Engeland *all England, the w. of England;* hele getallen *w. numbers, integers;* een ~ jaar *a w. year;*

⟨geringschattend⟩ ik zou me met die hele jongen niet inlaten *I'd stay away from that guy;* over ~ het land *throughout the country/land;* ~ zijn leven *his w. life;* de hele tijd *the w. time* **1.4** een ~ besluit *a big decision;* ze is een hele dame geworden *she's become quite a (young) lady;* hij is een ~ eind in de tachtig *he is well into his eighties;* het is een ~ eind (weg) *it's a good way (off);* een hele som *(quite) a large sum of money;* een hele tijd *quite some time;* dat is een ~ verhaal *that's a long story* **3.1** niets ~ laten aan ⟨fig.⟩ *tear to shreds* **3.2** iets weer ~ maken *fix/repair sth.;*
II ⟨bw.⟩ **0.1** [zeer] *very (much)* ⇒*really* **0.2** [geheel en al] *completely, entirely* ⇒*wholly* **0.3** [volstrekt] *at all* ◆ **2.1** dat is ~ gewoon *that's common enough/quite normal;* een ~ grote neus *a very large nose;* een ~ klein beetje *a tiny bit* **4.1** dat heeft ~ wat gekost *that cost a pretty penny;* dat kostte ~ wat moeite *that took a great deal of effort* **5.1** je weet het ~ goed! *you know perfectly well!;* ~ vaak *very often/frequently;* ~ weinig waard zijn *be of/have very little value* **5.2** dat is iets ~ anders *that's a different story altogether;* ik weet het ~ zeker *I'm absolutely positive* **5.3** ~ niet *not at all* **7.1** ~ veel *a great deal of, a great many* ¶**.1** ~ in de verte *way in the distance;* ~ af en toe *once in a great while.*
heelal 0.1 *universe.*
heelbaar 0.1 *curable* ⇒*healable.*
heelhuids 0.1 *unharmed, unscathed* ⇒*whole* ◆ **3.1** er ~ (van) afkomen *escape unharmed;* hij kwam er ~ doorheen *he came through unscathed/without a scratch;* ~ terugkomen *return safe and sound.*
heelkruid ⟨plantk.⟩ **0.1** [geneeskrachtige plant] *healing herb, medicinal herb* ⇒*selfheal, allheal, heal-all* **0.2** [Sanicula europaea] *sanicle.*
heelkunde 0.1 *surgery.*
heelkundig 0.1 *surgical* ⇒*operative* ◆ **1.1** onder ~ e behandeling zijn *undergo s. treatment.*
heelmeester ⟨gesch.⟩ **0.1** *surgeon* ◆ ¶**.1** ⟨sprw.⟩ zachte ~ s maken stinkende wonden *desperate diseases require desperate remedies.*
heemraad 0.1 *member of a polder/dike board.*
heemraadschap 0.1 [college] *polder/dike board* **0.2** [ambt] *membership in a polder/dike board* **0.3** [gebied] *polder (district).*
heemtuin, -park 0.1 *botanical garden.*
heen 0.1 [weg] *gone* ⇒*away* **0.2** [op de heenweg] *(on the way/going) out(ward)* **0.3** [in een bep. richting]⟨zie 5.3⟩ **0.4** [ter versterking]⟨zie 6.4⟩ ◆ **3.2** wie rijdt er ~? *who's going to drive (us) there?* **5.1** ⟨fig.⟩ ver ~ zijn *be far g.;* ~ en weer lopen *walk/pace up and down/back and forth;* ⟨fig.⟩ na lang ~ en weer praten *after considerable discussion* **5.2** ~ en terug ⟨reizen⟩ *there and back* **5.3** je kunt daar niet ~ *you cannot go there;* ergens/nergens ~ gaan *be going somewhere/nowhere;* waar wil je ~? ⟨fig.⟩ *what are you driving at?;* waar moet dat ~? ⟨fig.⟩ *where will it (all) end?* **6.4 door** elkaar ~ praten *all talk at the same time;* ik ben helemaal **door** mijn voorraad ~ *I've run right through my stock;* **door** de jaren ~ *over/through the years;* **langs** elkaar ~ praten *talk at cross-purposes;* je kunt niet **om** hem ~ *you can't ignore him;* **over** de teleurstelling ~ zijn *have got over one's disappointment* ¶**.2** ~ neem ik de tram, terug loop ik *I'll take the tram going (out) and then walk back.*
heen- en terugreis 0.1 *round trip.*
heen-en-weer ⟨inf.⟩ ◆ **3.**¶ krijg (nou) het ~ ⟨verbazing⟩ *well, I'll be damned;* ⟨ergernis⟩ *get lost, up yours;* ik krijg er het ~ van *it gets on my nerves.*

heengaan[1] ⟨het⟩ **0.1** [dood] *passing away* ⇒*demise* **0.2** [vertrek] *departure* ◆ **6.1 bij** zijn ~ *upon his demise.*
heengaan[2] ⟨onov.ww.⟩ **0.1** [vertrekken] *depart* ⇒*leave* **0.2** [sterven] *pass away* **0.3** [voorbijgaan] *be taken up (with)* ◆ **5.2** vredig ~ *pass away peacefully* **5.¶** ⟨fig.⟩ waar gaat dat heen? *where will it all end?*
heenkomen ◆ **2.¶** een goed - zoeken *seek shelter.*
heenreis 0.1 *way there, outward journey, journey out;* ⟨scheep.⟩ *voyage out, outward passage* ◆ **6.1** het schip was op de ~ *the ship was outward bound/on the way out.*
heenrit 0.1 *drive/ride/way there.*
heenvlucht 0.1 *outward flight.*
heenweg 0.1 *way there/out.*
heer 0.1 [ook in samenst.; mannelijk persoon] *man* **0.2** [als beleefdheidstitel] *Mr* ⟨gevolgd door naam⟩; *Sir* ⟨zonder naam⟩; ⟨mv.⟩ *gentlemen* **0.3** [beschaafde man] *gentleman* **0.4** [God] *Lord* **0.5** [aanzienlijk man] *gentleman* **0.6** [meester, gebieder] *lord* ⇒*master* **0.7** [kaartspel] *king* ◆ **1.1** het team v.d. heren *the men's team* **1.2** (mijne) dames en heren! *ladies and gentlemen!* **1.4** God de ~ / de Here God *the L. God* **1.6** de ~ des huizes *the master of the house;* ergens ~ en meester zijn *hold absolute sway somewhere;* zijn eigen ~ en meester zijn *be one's own boss* **2.2** Weledele/Geachte Heer *Dear Sir* **2.5** ⟨fig.⟩ de grote ~ uithangen *play the g./grand seigneur;* de hoge heren *the top brass, the bigwigs* **2.6** ⟨inf.⟩ de/mijn oude ~ *the/my old man* **3.4** als de Heer het wil *God/the L. willing* **4.5** ⟨iron.⟩ deze ~ *this worthy g.*
heerlijk 0.1 [aangenaam] *delightful* ⇒*lovely, wonderful,* ⟨schitterend⟩ *splendid* **0.2** [lekker] *delicious* ◆ **1.1** het is een ~ gevoel *it feels great;* het was een ~e tijd ⟨ook⟩ *we had the time of our lives;* een ~e zomeravond *a lovely/magnificent summer evening* **1.2** een ~ maal *a d. meal* **2.1** het is ~ warm *it's lovely and warm* **3.1** dat vind ik ~! *I love it!;* dat zou ~ zijn! *that would be wonderful* **3.2** dat smaakt ~ *that is/tastes d.*
heerlijkheid 0.1 [mv.; lekkernij] *delicacies* ⇒*delicious things (to eat),* ⟨vaak scherts.⟩ *dainties* **0.2** [gelukzaligheid] *bliss* **0.3** [pracht] *glory* **0.4** [gebied waaraan een titel en rechten verbonden zijn] *manor, domain* ◆ **1.3** de ~ der sterren *the splendour of the stars* **2.2** de eeuwige/hemelse ~ *eternal/heavenly glory/b.*
heeroom ⟨rel.⟩ **0.1** *uncle in orders* ⇒*reverend uncle.*
heerschaar ⟨schr.⟩ **0.1** *host* ◆ **1.1** Heer der heerscharen *Lord (God) of Hosts.*
heerschap 0.1 [figuur] *gent* ⇒*fellow* **0.2** [gesch.; het heer zijn] *seigniory* ⇒*lordship* ◆ **2.1** een fraai/vreemd/vervelend ~ *a precious fellow/an oddball/an awkward customer.*
heerschappij 0.1 *dominion* ⇒*mastery, rule* ◆ **2.1** onder vreemde ~ *subject to/under foreign rule* **6.1** onder ~ van iem. staan/komen *be dominated by s.o.;* hij voert ~ over vele volkeren *he rules over many peoples.*
heersen 0.1 [regeren] *rule (over)* ⇒⟨mbt. vorst(in)⟩ *reign* **0.2** [de overhand hebben] *dominate* **0.3** [voorkomen] *be* ⇒*be prevalent* ◆ **1.3** er heerst griep *there's a lot of flu about/a flu epidemic;* er heerste een grote hongersnood *there was a great famine;* er heerst een nieuwe rage *there is a new craze/rage;* er heerste rijkdom en voorspoed *wealth and prosperity reigned* **3.1** verdeel en heers *divide and rule* **6.1** God heerst over al het geschapene *God rules all creation.*
heersend 0.1 *ruling* ⇒*prevailing* ◆ **1.1** de ~e klassen *the r. class(es);* de ~e mode *the current fashion;* de ~e opvatting *the prevailing view.*

heengaan - heg

heerser, heerseres 0.1 *ruler* ◆ **6.1** ~ over ... *r. of ...*
heerszucht 0.1 *lust/thirst for power.*
heerszuchtig 0.1 *domineering.*
heertje 0.1 [iron.; persoon] *fellow* **0.2** [fat(je)] *dandy* ◆ **2.1** een driftig/ongemakkelijk ~ *a quick-tempered/troublesome f./little man* **3.¶** het ~ zijn ⟨er netjes uitzien⟩ *look like a real gentleman;* ⟨van alle zorg bevrijd⟩ *have it made;* ⟨in zijn nopjes⟩ *be in fine feather.*
hees 0.1 *hoarse* ◆ **1.1** een hese keel *a sore throat;* met een hese stem spreken *speak in a hoarse/*⟨minder sterk⟩ *husky voice* **3.1** ik ben ~ *I'm h.*
heesheid 0.1 *hoarseness* ⇒⟨minder sterk⟩ *huskiness.*
heester 0.1 *shrub.*
heet I ⟨bn., bw.⟩ **0.1** [zeer warm] *hot* **0.2** [hevig] *hot* ⇒*heated* ⟨discussie⟩, *fiery* ⟨drift⟩ ◆ **1.1** een hete adem *a fiery breath* ⟨ook fig.⟩; ~ water *h. water* **3.1** het ~ hebben *be h.* **3.2** het ging er ~ toe *things got pretty hot/heated* **5.1** gloeiend ~ *burning/red h.; sweltering* ⟨weer⟩ **6.1** in het ~st v.d. strijd *in the thick/heat of the battle;*
II ⟨bn.⟩ **0.1** [brandend gevoel veroorzakend] *hot* ⇒⟨scherp ook⟩ *spicy* **0.2** [hitsig] *hot* ⇒*horny* ◆ **1.1** hete kost *spicy food* **1.2** een hete meid *hot stuff.*
heetbloedig 0.1 [opvliegend] *quick-/hot-tempered* **0.2** [hitsig] *hot* ⇒*horny.*
heetgebakerd 0.1 *hot-/quick-tempered.*
heethoofd 0.1 *hot-head.*
heethoofdig 0.1 *hot-headed.*
heetwaterverwarming 0.1 *hot-water heating.*
hefboom 0.1 *lever.*
hefbrug 0.1 [brug over een scheepvaartweg] *lift bridge* **0.2** [platform om auto's op te onderzoeken] *(hydraulic) ramp/lift.*
heffen 0.1 [omhoog brengen] *lift* ⇒*raise* **0.2** [vorderen, opleggen] *levy* ⇒*impose* ◆ **1.1** de armen/handen ten hemel ~ *throw up one's arms/hands;* het glas ~ *raise one's glass (to), drink (to);* de vuisten ~ *raise one's fists* **1.2** belasting/schoolgeld/boete/rente ~ *l. taxes/charge school fees/impose a fine/charge interest.*
heffing 0.1 [het heffen] *lifting* ⇒*raising* **0.2** [het vorderen] *levy(ing)* **0.3** [gevorderd bedrag] *levy* ⇒*charge* ◆ **3.2** afzien van ~ van belasting *exempt from taxes/taxation* **3.3** met een ~ belasten *impose a l. on, levy tax on.*
hefschroefvliegtuig 0.1 *helicopter.*
heft 0.1 *handle* ⇒*haft* ⟨van gereedschap⟩, *hilt* ⟨van zwaard⟩ ◆ **3.1** het ~ uit handen geven *hand over control/the reins;* het ~ in handen nemen/hebben/houden *take/be in/remain in control/power/command.*
heftig 0.1 [onstuimig] *violent* ⇒⟨aanval ook⟩ *fierce,* ⟨driftig⟩ *furious* **0.2** [hevig] *fierce* ⇒*furious, violent, intense* ⟨gevoelens⟩, *severe* ⟨pijn, ziekte⟩, *heated* ⟨ruzie, debat⟩, *passionate* ⟨ruzie, debat⟩ ◆ **1.1** ~e gebaren *furious gestures;* in ~e toorn ontsteken *infuriated* **1.2** een ~ onweer *a violent thunderstorm* **3.1** ~ spreken *speak hotly* **3.2** ~ protesteren *protest violently/fiercely;* het voorstel wordt ~ bestreden *it is a hotly debated proposal, the proposal is (coming) up against fierce opposition* **¶.2** ~ te keer gaan tegen iets/iem. *tear into sth./s.o.*
heftigheid 0.1 [onstuimigheid, hartstocht] *violence* ⇒*fierceness* ⟨van karakter/protest⟩ **0.2** [hevigheid] *fierceness* ⇒*violence* ⟨van onweer⟩, *severeness* ⟨van pijn/ziekte⟩, *heat* ⟨van ruzie/debat⟩.
heftruck 0.1 *fork-lift truck.*
hefvermogen 0.1 *lift* ⇒*lifting power/capacity.*
hefwerktuig 0.1 *lifting device* ⇒*hoist(ing apparatus).*
heg 0.1 *hedge* ◆ **1.¶** ergens ~ noch steg weten *be a complete stranger somewhere* **3.1** de ~ snoeien *trim/clip the h.*

hegemonie 0.1 *hegemony.*

heggenschaar 0.1 *hedgeshears.*

hei →**heide.**

heibel 〈inf.〉 **0.1** [herrie] *row* ⇒*racket* **0.2** [onenigheid] *row* ◆ **3.1** ~ maken *kick up a row/fuss* **3.2** ~ krijgen met iem. *have trouble with s.o.*

heiblok 0.1 *ram(mer)* ⇒*monkey(ram).*

heide 0.1 [met heidekruid begroeide zandgrond] *heath* **0.2** [heidekruid] *heather* ⇒*heath.*

heidegrond 0.1 *heathland.*

heiden, heidin 0.1 *heathen* ⇒*pagan* ◆ **3.1** 〈fig.〉 aan de ~ en overgeleverd zijn *be abandoned to the tender mercies of s.o.*

heidendom 0.1 [(on)geloof] *heathendom* ⇒*paganism* **0.2** [volkeren] *heathendom* ⇒*heathen.*

heidens 0.1 [als (van) de heidenen, niet-christelijk] *heathen* ⇒*pagan* **0.2** [enorm]〈slecht〉 *atrocious, abominable; infernal* 〈lawaai〉; *rotten* 〈karwei〉 ◆ **1.1** ~ e gebruiken *h./ pagan customs;* de ~ e volken *the pagans/heathens* **1.2** een ~ karwei 〈ook〉 *a devil of a job.*

heien 0.1 *drive/ram (piles)* ◆ **1.1** palen in de grond ~ *d./r. piles into the ground* **5.1** 〈fig.〉 de leerstof erin ~ *hammer the subject matter home.*

heiig 0.1 *hazy.*

heikel 0.1 *tricky* ◆ **1.1** een ~ e kwestie *a tricky business/ problem.*

heikneuter 0.1 〈scherts.; pej. ook〉 *yokel* ⇒*(country) bumpkin.*

heil 0.1 [welzijn] *welfare* ⇒*well-being* **0.2** [voordeel] *good* **0.3** [behoudenis] *safety* ⇒*salvation* **0.4** [rel.] *salvation* ⇒ *(spiritual) welfare* ◆ **1.1** voor het ~ van de staat zorgen *take care of the welfare of the state* **1.4** voor het ~ van zijn ziel zorgen *take care of the salvation/welfare of one's soul* **3.3** zijn ~ in de vlucht zoeken *seek safety in flight* **7.2** ik zie er geen ~ in *I do not see the point of it;* ik verwacht geen ~ van deze maatregelen *I don't expect any g. to come of these measures.*

Heiland 0.1 [Messias] *Saviour* **0.2** [redder] *saviour.*

heilbot 0.1 *halibut.*

heildronk 0.1 *toast* ◆ **3.1** een ~ uitbrengen (op iem.) *drink a t. (to s.o.).*

heilgymnastiek 0.1 *remedial gymnastics* ⇒*physiotherapy.*

heilig I 〈bn.〉〈rel.〉 **0.1** [mbt. God/Christus/personen] *holy* **0.2** [mbt. de dienst/een plaats] *holy* ⇒*sacred* ◆ **1.1** de Heilige God *the Holy Lord* **1.2** het ~ getal *the sacred number;* het Heilige Land *the Holy Land;* de ~ e Mis *Holy Mass;* de ~ e stad *the Holy City* **3.1** iem. ~ verklaren *canonize s.o.* **3.2** de zondag ~ houden *observe the Lord's Day* **6.1** 〈fig.〉 hij is een boef, maar nog ~ **bij** zijn broer vergeleken *he is a crook, but a saint compared with his brother* **7.2** het ~ e der ~ en *the h. of holies;* **II** 〈bn., bw.〉 **0.1** [vroom] *holy* ⇒*saintly* **0.2** [eerbied(waardig)] *sacred* ⇒*holy* **0.3** [oprecht, echt, zeker] *sacred* ⇒ *solemn,* 〈zeker〉 *firm,* 〈diep〉 *profound,* 〈diep〉 *great* ◆ **1.2** de ~ e band v.h. huwelijk *the holy bond of matrimony;* een ~ ontzag voor iem. hebben *stand in great awe of s.o.* **1.3** ~ e eerbied *great/profound respect;* het is mij ~ e ernst *I am dead(ly) serious;* ik was in de ~ e overtuiging dat zij nog leefde *I was firmly convinced that she was still alive;* het is de ~ e waarheid *it is gospel truth* **3.2** de nagedachtenis van haar moeder bewaarde zij ~ *she cherished the memory of her mother;* hem is niets ~ *nothing is sacred to him* **3.3** iets ~ beloven *promise sth. solemnly;* ik heb het me ~ voorgenomen (om …) *I am firmly determined (to …)* ¶.**3** je kunt er ~ van op aan *you can be dead sure (of that).*

heiligdom 0.1 [plaats] *sanctuary* **0.2** [voorwerp] *relic* ◆ **3.1** 〈fig.〉 zijn bibliotheek is zijn ~ *his library is his (inner) sanctum.*

heilige 0.1 *saint* ◆ **1.1** de gemeenschap der ~ n *the communion of saints* **3.1** hij is ook geen ~ *he is no s.* **8.1** met een gezicht als van een ~ *with a saintly face.*

heiligen 0.1 [wijden] *consecrate* **0.2** [van zonden reinigen, louteren] *sanctify* ⇒*purify* **0.3** [wijden aan] *dedicate (to)* **0.4** [eren] *hallow* ◆ **1.4** Uw naam worde geheiligd *hallowed be thy name* **4.1** zich ~ *sanctify o.s.*

heiligenbeeld 0.1 *image of a saint* ⇒*holy figure/picture.*

heiligenleven 0.1 *life/story of a saint.*

heiligheid 0.1 *holiness* ⇒*sanctity, saintliness* 〈mbt. een persoon〉, *sainthood* 〈mbt. een persoon〉 ◆ **1.1** de ~ Gods *the h. of God;* de ~ v.h. huwelijk *the sanctity of marriage* **4.1** Zijne Heiligheid *His Holiness.*

heiliging 0.1 [wijding] *consecration* **0.2** [reiniging van zonden] *sanctification* ⇒*purification* **0.3** [viering] *observance.*

heiligschenner 0.1 *profaner* ⇒*desecrator.*

heiligschennis 0.1 *sacrilege* ⇒*desecration* ◆ **3.1** ~ plegen *commit s.*

heiligverklaring 0.1 *canonization.*

heilloos 0.1 [goddeloos] *sinful* ⇒*wicked* **0.2** [geen geluk brengend] *fatal* ⇒*disastrous* ◆ **1.1** een heilloze daad *a wicked deed* **1.2** een heilloze onderneming *a disastrous undertaking.*

heilsofficier 0.1 *officer in the Salvation Army* ⇒*Salvationist.*

heilsoldaat 0.1 *soldier in the Salvation Army* ⇒*Salvationist.*

heilstaat 0.1 *ideal state* ⇒*utopia.*

heilwens 0.1 *congratulation(s).*

heilzaam 0.1 [geneeskrachtig, gezond (makend)] *curative* ⇒ *healing,* 〈gezond〉 *wholesome,* 〈gezond〉 *healthful* **0.2** [tot heil/baat strekkende] *salutary* ⇒*beneficial* ◆ **1.1** een ~ middel *a remedy* **1.2** dat is een heilzame les voor hem *that is a s. lesson for him;* een heilzame werking/invloed hebben *have a beneficial effect/influence.*

heilzaamheid 0.1 [mbt. gezondheid] *wholesomeness* **0.2** [mbt. heil/baat] *beneficial effect/influence.*

heimachine 0.1 *pile driver.*

heimelijk 0.1 *secret* ⇒〈van bijeenkomst, organisatie ook〉 *clandestine,* 〈van blik, beweging ook〉 *surreptitious, sneaking* 〈vermoeden, verlangen〉 ◆ **1.1** een ~ genoegen *a secret pleasure;* ~ e jaloezie *covert jealousy* **3.1** ergens ~ binnendringen *break into (a house) surreptitiously;* doe niet zo ~ *don't be so secretive/furtive.*

heimwee 0.1 *homesickness* ◆ **3.1** ik kreeg ~ (naar) *I got/ became homesick (for)* **6.1** zij had ~ **naar** huis *she was homesick.*

Hein 0.1 *Harry* ◆ **2.**¶ magere ~ *the Grim Reaper.*

heinde ◆ **5.**¶ van ~ en verre *from far and near/wide.*

heipaal 0.1 *pile.*

heisa[1] 〈de〉〈inf.〉 **0.1** [drukte] *to-do* ⇒*fuss* **0.2** [gedoe] *business* ◆ **2.2** verhuizen is een hele ~ *moving is such a drag* **3.1** maak toch niet zo'n ~ *don't make such a fuss.*

heisa[2] 〈tw.〉 **0.1** *whoop(ee)* ◆ **9.1** hopsa ~ *(wh)oops-a-daisy.*

heitje 〈inf.〉 ◆ **6.**¶ een ~ **voor** een karweitje 〈BE〉 *a bob a job.*

heiwerk 0.1 [het heien] *piling* ⇒*pile-driving* **0.2** [ingeslagen palen] *piling* ⇒*piles.*

hek 0.1 [omheining, afscheiding] *fence* ⇒*barrier* 〈versperring〉, *(choir-)screen* 〈in kerk〉 **0.2** [draaibare afsluiting] *gate* ⇒〈klein hekje〉 *wicket(-gate)* **0.3** [scheep.] *stern* ◆ **3.2** het ~ sluiten *close the g.* ¶.**1** nu is het ~ van de dam *now it's every man for himself, there's no stopping him/them now.*

hekel 0.1 *hackle* ◆ **2.¶** ik heb een gruwelijke ~ aan koken *I detest cooking* **3.¶** een ~ aan iem./iets hebben *hate s.o./ sth.* **6.1** 〈fig.〉 iem./iets over de ~ halen *censure/criticize s.o./sth. mercilessly;* 〈in gedicht〉 *satirize/lampoon s.o./ sth.*

hekeldicht 0.1 *satire.*

hekeldichter, -dichteres 0.1 *satirist.*

hekelen 0.1 [bekritiseren] *criticize* ⇒*denounce* **0.2** [mbt. vlas] *hackle* ⇒*comb.*

hekelrijm 0.1 *epigram.*

hek(ken)sluiter ◆ **3.¶** ~ zijn *be/come last, bring up the rear.*

heklicht 〈scheep.〉 **0.1** *sternlight.*

heks I 〈de (m.)〉 **0.1** [iem. die met toverij omgaat] *witch;* **II** 〈de (v.)〉 **0.1** [feeks] *shrew* **0.2** [lelijke vrouw] *witch.*

heksen 0.1 *practise witchcraft* ◆ **¶.1** ik kan niet ~ *I can't work miracles, I've only got two hands.*

heksenbezem 0.1 *witches'-broom.*

heksenjacht 0.1 [heksenvervolging] *witch hunt;* 〈handeling〉 *witch-hunting* **0.2** [fig.; hetze] *witch hunt.*

heksenketel 0.1 [ketel v.e. heks] *witches'-cauldron* **0.2** [warboel] *bedlam, pandemonium.*

heksenkring 0.1 *fairy ring.*

heksenproces 〈gesch.〉 **0.1** *witch trial.*

heksentoer 0.1 *tough/ticklish/complicated job* ◆ **3.1** het is een ~ hem te spreken te krijgen *it's a devil of a job to get hold of him* **7.1** dat is geen ~ *it's as easy as pie.*

hekserij 0.1 *sorcery, witchcraft.*

hekwerk 0.1 [raster(ing)] *fencing* ⇒*railings* 〈van ijzer〉 **0.2** [scheep.] *stern.*

hel¹ 〈de〉 **0.1** *hell* ◆ **1.1** 〈fig.〉 een ~ van vuur *an inferno* **3.1** 〈fig.〉 de ~ is er losgebroken *all h. has broken loose;* zijn leven was een ~ op aarde *his life was (a) h. (up)on earth* **6.1** in de ~ komen *go to h.;* loop naar de ~! *go to h./blazes!;* iem. naar de ~ wensen *wish s.o. to h.;* 〈fig.〉 iem. het leven tot een ~ maken *make s.o.'s life (a) h.* **8.1** het stinkt er als de ~ *it stinks to high heaven.*

hel² 〈bn., bw.〉 **0.1** [schel] *shrill* ⇒*piercing* **0.2** [fel] *vivid* ⇒ *bright* ◆ **1.1** een ~ geluid *a s./piercing sound/noise* **1.2** een ~ le gloed *a blaze* **2.2** ~ rood *glaring/bright red;* de kamer was ~ verlicht *the room was a blaze of light.*

hela 0.1 *hey.*

helaas¹ 〈bw.〉 **0.1** *unfortunately* ◆ **3.1** ~ kunnen wij u niet helpen *I'm afraid we can't help you* **5.1** ~ wel *I'm afraid so.*

helaas² 〈tw.〉 **0.1** *alas* ◆ **¶.1** ~, het is niet anders *a., that's the way it is.*

helblauw 0.1 *bright blue.*

held 0.1 *hero* ◆ **1.¶** de ~ v.d. dag *the hero of the hour* **2.¶** hij voelt zich weer een hele ~ *he's back on his feet and raring to go* **6.¶** hij is geen ~ in het rekenen *he is bad/no good at figures* **¶.1** een ~ op sokken *a funk.*

heldendaad 0.1 *heroic deed/feat* ⇒*act of heroism/valour,* 〈vaak iron.〉 *exploit.*

heldendicht 0.1 *heroic/epic poem* ⇒*epic.*

heldendood 0.1 *heroic death* ⇒*hero's death* ◆ **3.1** de ~ sterven *die a hero, die a hero's death.*

heldenmoed 0.1 *heroism* ⇒*valour.*

heldenrol 0.1 *hero's part/rôle.*

helder 0.1 [mbt. geluid] *clear* **0.2** [mbt. licht/kleur] *bright* ⇒ 〈mbt. licht ook〉 *clear* **0.3** [onbewolkt] *clear* ⇒*bright* **0.4** [transparant] *clear* **0.5** [met goed verstand] *bright* ⇒〈helder van geest〉 *clear(-headed), lucid* **0.6** [duidelijk] *clear* ⇒ *lucid* ◆ **1.1** een ~e stem/lach *a c. voice/a ringing laugh* **1.2** 〈fig.〉 iets in een ~ licht plaatsen *put sth. in a clear light;*

~e ogen *b. eyes* **1.3** een ~e hemel *a c. sky;* bij ~ weer *in c. weather* **1.4** ~e soep *c. soup* **1.6** een ~ betoog *a c. argument* **2.2** ~ wit/~ groen *brilliant white/bright green* **3.6** iets ~ inzien *see sth. clearly* **8.4** zo ~ als kristal/glas *as c. as crystal, crystal-clear.*

helderheid 0.1 [mbt. geluid] *clearness, clarity* **0.2** [mbt. licht/kleur] *brightness* ⇒〈mbt. licht ook〉 *clearness,* 〈mbt. licht ook〉 *vividness,* 〈ster.〉 *luminosity,* 〈ster.〉 *magnitude* **0.3** [onbewolktheid] *clearness* ⇒*brightness* **0.4** [transparantheid] *clearness* **0.5** [mbt. verstand] *brightness* ⇒ *clarity,* 〈helderheid van geest〉 *clear-headedness,* 〈helderheid van geest〉 *lucidity* **0.6** [duidelijkheid] *clarity* ⇒*lucidity* ◆ **3.6** ~ brengen in iets *clarify sth.*

helderziende 0.1 *clairvoyant* ◆ **3.1** ik ben toch geen ~ *I'm not a mindreader.*

helderziendheid 0.1 *clairvoyance* ⇒*second sight.*

heldhaftig 0.1 *heroic* ⇒*valiant.*

heldhaftigheid 0.1 *heroism* ⇒*valour.*

heldin 0.1 *heroine* ◆ **1.1** de ~ van het boek *the h. of the book.*

heleboel 0.1 *(quite) a lot* ⇒*a whole lot,* 〈inf.〉 *lots* ◆ **7.1** dat gaat je een ~ kosten 〈inf.〉 *that'll cost you piles (of money);* een ~ mensen zouden het niet met je eens zijn *an awful lot of people wouldn't agree with you;* ik heb er een ~ van *I've got a lot of them.*

helemaal 0.1 [geheel en al] *completely* ⇒*entirely* **0.2** [mbt. een plaatsaanduiding]〈mbt. plaats〉 *right;* 〈mbt. afstand〉 *all the way* ◆ **2.1** ik heb het ~ alleen gedaan *I did it all by myself;* ~ nat zijn *be wet through, be drenched/soaked* **3.1** ben je nu ~? *are you c. out of your mind?;* hij draaide zich ~ om *he turned c./right round;* die speler heeft het ~ *that player has really got what it takes;* dat is het ~ *that's the works;* een boek ~ lezen *read a book from cover to cover/ right to the end;* zij waren ~ weg van het concert *they were wild/crazy about the concert;* dit huis was het ~ voor ons *this house was just what we wanted* **4.1** ~ niets *nothing at all;* het kan mij ~ niets schelen *I couldn't care less* **5.1** ~ niet *absolutely not;* niet ~ juist *not quite correct;* ik ben nog niet ~ overtuigd *I'm not altogether convinced yet;* ~ opnieuw moeten beginnen *have to start all over again* **5.2** ~ bovenaan *r. at the top* **6.1** ~ in het begin *right at the (very) beginning/start;* de bruid was ~ in het wit *the bride was all in white* **6.2** ~ aan het eind v.d. zaal *r. at the back of/at the far end of the hall;* ~ in het noorden *way up in the North;* ~ tot het eind(e) *r. to the (very) end;* dat pakje komt ~ uit Amerika *that parcel has come all the way from America* **7.1** ik heb ~ geen zin *I don't feel like it at all.*

helen I 〈onov.ww.〉 **0.1** [genezen] *heal* ◆ **1.1** de wond heelt langzaam *the wound is healing slowly;* **II** 〈ov.ww.〉 **0.1** [jur.] *receive* ⇒〈sl.〉 *fence* **0.2** [genezen] *heal.*

heler 0.1 *receiver* ⇒〈sl.〉 *fence.*

helft 0.1 *half* ◆ **2.1** 〈fig.〉 mijn betere ~ *my better h.;* de grootste ~ *the bigger/greater h.* **3.1** ieder de - betalen *pay h. each, go halves, go Dutch;* de ~ is gelogen *h. of it is lies* **5.1** meer dan de ~ *more than h.;* de ~ meer *h. as much/ many again;* de ~ minder *h. as much/many;* de ~ te veel *fifty per cent too much/many* **6.1** op/over de ~ zijn *be halfway/more than halfway through;* tegen/voor de ~ v.d. prijs *at/for h. the price;* de ~ van tien is vijf *h. of ten is five;* de fles is voor de ~ gevuld *the bottle is h. full* **7.1** de tweede ~ v.e. wedstrijd *the second h. of a match.*

helikopter 0.1 *helicopter* ⇒〈inf.〉 *chopper.*

helikopterdek 0.1 *helicopter landing platform.*

heling 0.1 [het genezen] *healing* **0.2** [mbt. gestolen goed] *receiving* ⇒〈sl.〉 *fencing.*

helium 0.1 *helium.*
helix 0.1 *helix.*
Helleen 0.1 *Hellene.*
Helleens 0.1 *Hellenic.*
hellen 0.1 [afwijken van de loodlijn] *slope* ⇒*lean (over),*
slant 0.2 [schuin aflopen] *slope* ♦ 1.1 de muur helt naar
links *the wall slopes/leans to the left* 1.2 ⟨nat.⟩ een ~d
vlak *an inclined plane* 5.1 achterover ~ *lean backward(s);*
⟨schip⟩ *tilt up;* voorover ~ *lean forward(s);* ⟨schip⟩ *dip up;*
dat schip helt zwaar *that ship is heeling over badly* ⟨bij
wind, ongelijke belasting⟩; *that ship is listing badly* ⟨bij lek,
werkende lading⟩.
hellenisme ⟨gesch.⟩ 0.1 *Hellenism.*
helleveeg 0.1 *shrew* ⇒*hellcat.*
hellevuur 0.1 *hell-fire* ♦ 6.1 in het ~ branden *burn in hell.*
helling 0.1 [talud] *slope* ⇒*incline, hill* 0.2 [glooiing] *slope* ⇒
incline ⟨mbt. weg ook⟩ *ramp,* ⟨hellingsgraad van (spoor)-
weg⟩ *gradient* 0.3 [het overhellen] *inclination* ⟨ook ster.⟩
⇒⟨mbt. schip⟩ *list* 0.4 [scheep.] *slip(s)* ♦ 1.3 de ~ v.d.
aardas *the i. of the earth's axis* 2.1 een steile ~ *a steep s.;*
⟨mbt. weg⟩ *a steep incline* 6.2 een ~ *van* 30° *a gradient of
30°* 6.4 ⟨fig.⟩ dat plan kwam op de ~ te staan *that plan was
under review again.*
hellingproef 0.1 *hill-start.*
hellingshoek 0.1 *angle of inclination* ⇒⟨mbt. weg⟩ *gradient,* ⟨mbt. dak⟩ *pitch.*
helm I ⟨de (m.)⟩ 0.1 [hoofddeksel] *helmet* ⇒⟨sport, werk
ook⟩ *hard hat* 0.2 [vlies] *caul* ♦ 6.2 met de ~ geboren *born
with a c.;*
II ⟨de⟩ 0.1 [duinplant] *marram (grass).*
helmbloem ⟨plantk.⟩ 0.1 [plantengeslacht] *fumitory* ⇒*cory-
dalis* 0.2 [monnikskap] *monkshood.*
helmgras 0.1 *marram (grass).*
helmknop 0.1 [plantk.] *anther.*
helmplicht ⟨Ned.⟩ 0.1 ⟨zie 1.1⟩ ♦ 1.1 motorrijders hebben ~
motorcyclists are required by law to wear a helmet.
helmstok ⟨scheep.⟩ 0.1 *tiller* ⇒*helm.*
help ♦ 2.¶ lieve ~, goeie ~! *oh, dear!, good heavens!*
helpdesk 0.1 *help desk.*
helpen 0.1 [bijstaan] *help* ⇒*aid* 0.2 [verzorgen] *attend to*
⟨zieke, gewonde⟩ 0.3 [assisteren] *help* ⇒*assist* 0.4 [zijn
dienst verlenen] *help (out)* 0.5 [behulpzaam, werkzaam
zijn tot verbetering] *help* 0.6 [baten] *help* 0.7 [bedienen]
help ⇒*serve* 0.8 [castreren, steriliseren] *fix* ♦ 1.2 welke
specialist heeft u geholpen? *which specialist did you see/
have?* 1.3 iem. een handje ~ *give/lend s.o. a hand* 3.2 u
wordt morgen geholpen ⟨in ziekenhuis⟩ *you are having
your operation tomorrow* 3.3 iem. iets ~ dragen *help s.o.
(to) carry sth.;* ik help het je hopen *I'll keep my fingers
crossed for you;* als ik jullie kan ~ ... *if I can h./be of assistance to you,* ... 3.4 jammeren helpt niet ⟨ook⟩ *it's no use
moaning* 3.5 hij is niet te ~ *he is beyond help;* ik kan het
niet ~, maar ik vind het verkeerd *I can't help feeling it's
wrong;* kan ik 't ~ dat hij zich zo gedraagt? ⟨ook⟩ *is it my
fault if he behaves like that?* 3.7 kan ik u ~? *can I h. you?*
3.8 wij hebben onze kat laten ~ *we have had our cat neu-
tered/fixed* 4.3 help me eraan denken, wil je? *remind me,
will you?* 4.6 ik deed mijn best, maar het hielp niet(s) ⟨ook⟩
I did my best, but it was (of) no use; wat helpt het? *what
good would it do?, what's the use?* 5.3 ze helpt me uitstekend *she's a great help to me* 5.4 ik zal hem er wel door ~
I'll see him through it; iem. ergens vanaf ~ *help s.o. get rid
of sth.* 5.6 die vitaminen hielpen echt *those vitamins really did the trick;* protesteren zal heus niet ~ *protesting
won't do any good* 5.7 wordt u al geholpen? *are you being

served? 6.1 kun je mij **aan** honderd gulden ~? *can you let
me have a hundred guilders?* 6.3 ~ **bij** een operatie *assist
at an operation;* iem. **uit/in** zijn jas ~ *help s.o. out of/into
his coat* 6.4 iem. **aan** een baan ~ *get s.o. fixed up with a
job;* iem. **aan** iets ~ *help s.o. get sth.;* iem. **op** weg/op dreef
~ *help s.o. get going/started;* iem. weer **op** de been ~, iem.
er weer bovenop ~ *put/set s.o. back on his feet again;*
iem./een dier **uit** zijn lijden ~ *put s.o./an animal out of
his/its misery* 6.6 dat helpt **tegen** hoofdpijn *that's good
for a headache* ¶.1 help! help! *help! help!*
helper, helpster 0.1 *helper* ⇒*assistant.*
hels 0.1 [uit/van/zoals in de hel] *infernal* 0.2 [woedend] *furious* ⇒*livid* ♦ 1.1 een ~ karwei *a/the devil of a job;* een ~
lawaai/kabaal *an i. din/noise* 1.¶ een ~e machine *an infernal machine* 3.2 het is om ~ van te worden *it's absolutely infuriating/maddening.*
hem 0.1 *him;* ⟨van dier/ding vnl.⟩ *it* ♦ 3.1 zij opende de brief
en las ~ *she opened the letter and read it* 3.¶ zij was ~, nu
ben jij ~ *she was it, now you're it* 6.1 dit boek is **van** ~ *this
book is his;* vrienden **van** ~ *friends of his* ¶.¶ daar zit het ~
niet (in) *that's not the reason;* dat is het ~ nu juist, daar
gaat het ~ om *that's just it/the point.*
hematologie 0.1 *haematology.*
hematoom 0.1 *haematoma.*
hemd 0.1 [onderkledingstuk] [B]*vest,* [A]*undershirt* ⇒⟨als bo-
venkleding⟩ *T-shirt* 0.2 [overhemd] *shirt* ♦ 3.1 ⟨fig.⟩ iem.
het ~ van zijn lijf/gat vragen *want to know everything
(from s.o.);* ⟨lastig⟩ *pester s.o. (with questions)* 3.2 zijn ~ in
zijn broek stoppen *tuck one's s. into one's trousers* 6.1
⟨fig.⟩ hij heeft geen ~ **aan** het lijf *he hasn't got a shirt to his
back;* **in** zijn ~ staan ⟨fig.; beroofd⟩ *be stripped of every-
thing/cleaned out;* ⟨fig.; voor gek⟩ *look a fool/foolish;* ⟨lett.⟩
be in one's v./u.; ⟨fig.⟩ iem. **in** zijn ~ zetten *make s.o. look a
fool/foolish;* ⟨fig.⟩ iem. tot **op** het ~ uitschudden/uitkleden
take the shirt off s.o.'s back, clean s.o. out; **tot op** het ~ nat
zijn *be soaked to the skin* ¶.1 ⟨sprw.⟩ het ~ is nader dan de
rok *near is my shirt, but nearer is my skin.*
hemdsboord 0.1 *shirt-collar.*
hemdsmouw 0.1 *shirt-sleeve* ♦ 6.1 in ⟨zijn⟩ ~en *in one's
shirt-sleeves.*
hemel 0.1 [uitspansel] *heaven(s)* ⇒*sky* 0.2 [zichtbaar deel
v.d. hemel] *sky* 0.3 [verblijf v.d. goden/van God] *heaven*
0.4 [oord/toestand van gelukzaligheid] *heaven* 0.5 [God,
goden] *Heaven* 0.6 [overkapping] *canopy* ♦ 1.1 ⟨fig.⟩ hij
heeft er ~ en aarde om bewogen *he moved heaven and
earth for it;* het scheen of ~ en aarde zouden vergaan *it
was as if the end of the world had come;* tussen ~ en aarde
zweven *be (left) in suspense, be unsure* 1.5 in 's ~s naam,
in ⟨'s⟩ hemelsnaam *for H.'s sake;* wat heb je hem in 's ~s
naam aangedaan? *what on earth did you do to him?;* wan-
neer/hoe in 's ~s naam? *whenever?, however?* 2.1 onder
de blote ~ slapen *sleep in the open (air)* 2.2 een heldere/
bedekte/blauwe/grauwe/bewolkte ~ *a clear/overcast/
blue/grey/cloudy s.* 2.5 lieve/goeie ~, mijn ~ *Heavens
above, good(ness) gracious* 3.4 hij heeft de ~ verdiend *he
deserves a place in h.* 3.5 de ~ beware me *H. forbid;* je mag
de ~ wel danken *you can thank your lucky stars;* de ~ sta
je bij *H. help you* 5.1 ⟨fig.⟩ iem./iets de ~ in prijzen *praise
s.o./sth. to the skies* 6.1 de zon staat al hoog **aan** de ~ *the
sun is already high in the sky* 6.3 Onze Vader die **in** de
~en zijt *Our Father who/which art in h.* 6.4 **in** de ~ ko-
men/zijn *go to/be in h.;* **ten** ~ varen *ascend into h.* 6.5 je
bent ⟨als⟩ **door** de ~ gezonden *you are a sight for sore eyes*
6.¶ dat is **ten** ~ schreiend *that is a crying shame* 7.3 ⟨fig.⟩
hij was in de zevende ~ *he was in seventh h.*

hemelbed 0.1 *canopy/four-poster bed.*
hemelbestormer 0.1 [myth.] *Titan* 0.2 [iem. met revolutionaire denkbeelden] *(romantic) idealist.*
hemelbewoner, -bewoonster 0.1 *celestial.*
hemelhoog 0.1 *sky-high* ⇒*towering,* ⟨bw.⟩ *high into the sky*
◆ 1.1 hemelhoge bergen *lofty mountains* 3.1 iem. ~ prijzen *praise s.o. to the skies;* ~ uittorenen/uitsteken boven de anderen *stand head and shoulders above the rest.*
hemellichaam 0.1 *heavenly/celestial body.*
hemellicht 0.1 [licht aan/van de hemel] *heavenly light* 0.2 [lichtend hemellichaam] *luminary.*
hemelpoort 0.1 *heavenly gate.*
hemelrijk 0.1 *Kingdom of heaven.*
hemels I ⟨bn.⟩ 0.1 [te vinden in de hemel, tot het luchtruim behorend] *heavenly* ⇒*celestial* 0.2 [uit de hemel afkomstig] *heavenly* ◆ 1.2 een ~e gave *a gift from heaven;*
II ⟨bn., bw.⟩ 0.1 [goddelijk] *divine* ⇒*heavenly* ◆ 3.1 het smaakt ~ *it tastes d., it's out of this world* 3.¶ ~ kijken *look sublimely/blissfully happy.*
hemelsblauw¹ ⟨het⟩ 0.1 *sky blue.*
hemelsblauw² ⟨bn.⟩ 0.1 *sky-blue.*
hemelsbreed 0.1 [zeer groot, wijd] *vast* ⇒*enormous* 0.2 [in rechte lijn gemeten] *as the crow flies* ⇒*in a straight line*
◆ 1.1 (er is) een ~ verschil (tussen) *(there is) a world of difference (between)* 3.1 ~ verschillen *be poles apart.*
hemeltergend 0.1 *outrageous* ⇒*appalling* ◆ 3.1 het is ~ *it's a crying shame.*
hemeltje, hemeltjelief 0.1 *gracious me, goodness gracious.*
Hemelvaart 0.1 *Ascension.*
hemelvaartsdag 0.1 *Ascension Day.*
hemelvuur ⟨schr.⟩ 0.1 ⟨ongemarkeerd⟩ *lightning.*
hemelwaarts ⟨schr.⟩ 0.1 *heavenward(s).*
hemelwater ⟨schr.⟩ 0.1 ⟨ongemarkeerd⟩ *rain(-water);* ⟨tech.⟩ *precipitation.*
hemisfeer 0.1 *hemisphere.*
hemofilie 0.1 *haemophilia.*
hen¹ ⟨de⟩ 0.1 *hen* ◆ ¶.1 ~netje *pullet.*
hen² ⟨pers.vnw.⟩ 0.1 *them* ◆ 3.1 hij gaf het ~ *he gave it to t.*
6.1 droevig was het lot van ~ die bleven *sad was the fate of those who stayed;* dit boek is van ~ *this book is theirs;* vrienden van ~ *friends of theirs.*
hendel 0.1 [Eng.] *handle, lever* ◆ 3.1 een ~ overhalen/verzetten *pull/throw a h./l.*
Hendrik 0.1 *Henry* ◆ 2.¶ een brave ~ *a goody-goody.*
Henegouwen 0.1 *Hainault.*
hengel 0.1 *fishing rod/pole* ◆ 3.1 zijn ~ uitwerpen *cast (one's fishing line).*
hengelaar, -ster 0.1 *angler.*
hengelen 0.1 [vissen, ook fig.] *angle* ⇒*fish* 0.2 [rondhangen] *hang about/around* ◆ 3.2 thuis blijven ~ *hang about the house* 6.1 naar een baantje ~ *fish/a. for a job;* ~ naar een man *set one's cap at a man.*
hengelsnoer 0.1 *fishing line.*
hengelsport 0.1 *angling* ⇒*fishing.*
hengelwedstrijd 0.1 *fishing match.*
hengsel 0.1 [beugel] *handle* 0.2 [scharnier] *hinge* ◆ 6.2 een deur uit zijn ~s lichten *lift a door off its hinges.*
hengst 0.1 [mannelijk paard] *stallion* ⇒*(dekhengst) stud (horse)* 0.2 [oplawaai] *thump* ◆ 3.2 iem. een ~ verkopen *thump s.o.*
hengsten I ⟨onov.ww.⟩ 0.1 [hard slaan] *thump* 0.2 [hard studeren] *cram* ◆ 3.2 hij zit te ~ voor zijn examen *he is cramming for his exam* 6.1 sta niet zo op die deur te ~ *don't t./bash on the door like that;*

II ⟨ov.ww.⟩ 0.1 [dekken] *cover* ◆ 3.1 een merrie laten ~ *put a mare out to stud.*
hengstenbal ⟨inf.; scherts.⟩ 0.1 *stag party.*
hengstig 0.1 *in/on heat.*
henna 0.1 *henna.*
hennengat 0.1 [ronde opening in de scheepshuid] *rudder hole* 0.2 [achterste gedeelte in een officierssloep] *helm port.*
hennep 0.1 [plant] *hemp* ⇒*cannabis* 0.2 [vezels] *hemp.*
hennepplant 0.1 *hemp/cannabis (plant).*
hennepzaad 0.1 *hempseed.*
hens ◆ 7.¶ alle ~ aan dek! *all hands on deck.*
hepatitis 0.1 *hepatitis.*
her¹ →**herexamen.**
her² ⟨bw.⟩ 0.1 [hierheen] *hither* ⇒*here* 0.2 [sedert] *ago* ◆ 5.1 ~ en der ⟨overal⟩ *here and there;* ⟨naar alle kanten⟩ *hither and thither* 6.1 van hot naar ~ reizen *travel here, there and everywhere* ¶.2 dit is al van jaren ~ de gewoonte *this is a long-standing custom;* van ouds ~ *of old.*
herademen 0.1 *breathe again* ⇒*breathe (more) freely.*
herademing ⟨fig.⟩ 0.1 *relief.*
heraldiek¹ ⟨de⟩ 0.1 *heraldry.*
heraldiek² ⟨bn.⟩ 0.1 *heraldic* ◆ 1.1 de ~e kleuren *the h. colours.*
heraut 0.1 *herald.*
herbarist 0.1 *herbalist.*
herbarium 0.1 *herbarium.*
herbeleggen 0.1 *reinvest.*
herbelegging 0.1 *reinvestment.*
herbenoembaar 0.1 *eligible for reappointment.*
herbenoemen 0.1 *reappoint.*
herberg 0.1 [logement] *inn* 0.2 [kroeg] *tavern* ⇒*public house,* ⟨inf.⟩ *pub.*
herbergen 0.1 [huisvesten; tot verblijf dienen] *accommodate* ⇒*house, harbour* ⟨vluchteling⟩ 0.2 [bevatten] *contain* ⇒*hold* ◆ 1.1 ik kan zoveel mensen niet ~ *I cannot a./take so many people;* de zaal kan 2000 mensen ~ *the hall seats 2000 people.*
herbergier, -ster 0.1 *innkeeper* ⇒*landlord* ⟨m.⟩, *landlady* ⟨v.⟩.
herbewapenen 0.1 *rearm* ◆ 4.1 onder Hitler herbewapende Duitsland zich *under Hitler Germany rearmed.*
herbewapening 0.1 *rearmament.*
herbezinnen ⟨wk.ww.; zich ~⟩ 0.1 *reconsider* ⇒*review* ◆ 6.1 het parlement herbezint zich op/over de bezuinigingsvoorstellen *Parliament is reviewing the proposed expenditure cuts.*
herbivoor 0.1 *herbivore* ◆ ¶.1 de herbivoren ⟨als groep⟩ *the herbivora.*
herboren 0.1 *reborn* ⇒*born again* ◆ 3.1 ⟨fig.⟩ wij voelden ons (als) ~ *we felt reborn.*
hercules ⟨fig.⟩ 0.1 *Hercules.*
herculesarbeid, -werk 0.1 *Herculean task.*
herdenken 0.1 [de herinnering vieren] *commemorate* 0.2 [in herinnering brengen] *recall* 0.3 [zich weer in gedachten brengen] *recall (to mind)* ⇒*remember* ◆ 1.1 de wapenstilstand ~ *c. the armistice* 1.3 zij herdacht het gebeurde *she recalled the event.*
herdenking 0.1 *commemoration* ◆ 6.1 ter ~ van *in c. of, to commemorate.*
herdenkingsbijeenkomst 0.1 *commemoration/memorial service.*
herdenkingsdag 0.1 *commemoration day* ⇒⟨dodenherdenking⟩ ᴮ*remembrance/*ᴬ*memorial day* ◆ 2.1 nationale ~en *national days of commemoration.*

herdenkingsdienst 0.1 *memorial service.*
herdenkingsplechtigheid 0.1 *commemorative/memorial ceremony.*
herder 0.1 [bewaker, hoeder] *cowherd* ⟨koeien⟩; *shepherd* ⟨schapen⟩ **0.2** [geestelijke leidsman] *shepherd, pastor* **0.3** →**herdershond** ◆ **2.2** de Goede Herder *the Good Shepherd.*
herderin 0.1 *shepherdess.*
herderlijk 0.1 *pastoral* ◆ **1.1** ⟨fig.⟩ een ~e raadgeving *p. advice* **3.¶** iem.~ vermanen/toespreken *admonish/address s.o. like a kind uncle.*
herdersfluit 0.1 *shepherd's pipe.*
herdershond 0.1 ⟨alg.⟩ *sheepdog;* ⟨Duitse herdershond⟩ *[B]Alsatian, [A]German shepherd (dog);* ⟨Schotse herdershond⟩ *Shetland sheepdog, sheltie.*
herdersjongen 0.1 *shepherd('s) boy.*
herderspoëzie ⟨lit.⟩ **0.1** *pastoral poetry.*
herdersroman 0.1 *pastoral romance.*
herdersstaf 0.1 [herdersstok] *shepherd's crook* **0.2** [bisschopsstaf] *crosier.*
herderstasje ⟨plantk.⟩ **0.1** *shepherd's purse.*
herdopen 0.1 [omdopen] *rename* **0.2** [wederdopen] *rebaptize.*
herdruk 0.1 [nieuwe oplage]⟨gewijzigd⟩ *(new) edition;* ⟨ongewijzigd⟩ *reprint* **0.2** [exemplaar] *(new) impression* **0.3** [het opnieuw drukken] *reprint(ing)* ◆ **3.1** zijn romans hebben verschillende ~ken beleefd *his novels have run into several editions* **6.3** het boek is **in**~ *the book is being reprinted.*
herdrukken 0.1 *reprint.*
heremiet 0.1 [kluizenaar, ook fig.] *hermit* **0.2** [kreeft] *hermit (crab).*
herenafdeling 0.1 *men's (wear) department.*
herenakkoord 0.1 *gentlemen's agreement.*
herenboer 0.1 *gentleman farmer.*
herenconfectie 0.1 *men's wear.*
herendubbel ⟨sport⟩ **0.1** *men's doubles.*
herenenkelspel 0.1 *men's singles.*
herenfiets 0.1 *men's bicycle.*
herenhuis 0.1 ⟨groot woonhuis in stad; ook scherts.⟩ *mansion.*
herenigen 0.1 [weer bijeenbrengen] *reunite* ⇒*reunify* ⟨kerk, land⟩ **0.2** [verzoenen] *reconcile* ◆ **1.1** de dood herenigde hen *death reunited them.*
hereniging 0.1 [het opnieuw bijeenbrengen, -komen] *reunification* ⇒*reunion* **0.2** [verzoening] *reconciliation* ◆ **1.1** de ~ van Duitsland *the reunification of Germany.*
herenkapper 0.1 *barber* ⇒*men's hairdresser.*
herenkleding 0.1 *men's wear* ⇒*men's clothes/clothing.*
herenleventje 0.1 *life of a gentleman* ◆ **3.1** een ~ leiden *live like a prince.*
herenmode 0.1 [mode van herenkleding] *men's fashion* **0.2** [artikelen; herenafdeling] *men's wear.*
herenondergoed 0.1 *men's underwear.*
herenploeg 0.1 *men's team.*
herentoilet 0.1 *men's toilet/lavatory.*
herexamen 0.1 *re-examination* ◆ **6.1** hij heeft een ~ **voor** Frans *he has to take the French exam again.*
herformuleren 0.1 *reformulate* ⇒*rephrase.*
herfst 0.1 *autumn* ◆ **1.1** ⟨fig.⟩ de ~ v.h. leven *the a. of (one's) life* **6.1** in de ~ *in (the) a.*
herfstachtig 0.1 *autumnal.*
herfstblad 0.1 *autumn leaf.*
herfstbos 0.1 *autumnal wood/[A]woods.*
herfstcollectie 0.1 *autumn collection.*

herfstdag 0.1 *autumn day.*
herfstdraad 0.1 *(thread of) gossamer.*
herfstig 0.1 *autumnal.*
herfstkleur 0.1 ⟨vnl. mv.⟩ *autumn(al) colour.*
herfsttij 0.1 ⟨ook fig.⟩ *autumn* ◆ **1.1** ~ der Middeleeuwen *(the) waning of the Middle Ages.*
herfsttijloos 0.1 *autumn crocus* ⇒*meadow saffron.*
herfstvakantie 0.1 *[B]autumn half-term (holiday), [A]fall/mid-term break.*
herfstweer 0.1 *autumn(al) weather.*
hergeboorte 0.1 *rebirth* ⇒*regeneration.*
hergebruik 0.1 [het opnieuw gebruiken] *reuse* **0.2** [recycling] *recycling.*
herhaalbaar 0.1 *repeatable* ⇒*reproducible* ◆ **1.1** een niet ~ experiment *a non-reproducible experiment.*
herhaald 0.1 *repeated* ◆ **1.1** een ~e aanmaning/aanzegging *a second demand, a repeat announcement;* ~e malen *repeatedly;* ~e pogingen doen *make r. attempts.*
herhaaldelijk 0.1 *repeatedly* ◆ **3.1** hij is ~ gewaarschuwd *he has been r. warned;* dat komt ~ voor *that happens time and again.*
herhalen I ⟨ov.ww.⟩ **0.1** [opnieuw doen] *repeat* ⇒*redo,* ⟨mbt. leerstof⟩ *[B]revise,* ⟨mbt. leerstof⟩ *[A]review* **0.2** [opnieuw zeggen; nazeggen] *repeat* ◆ **1.1** een tv-programma ~ *repeat/rerun a television programme* **3.2** zo'n opmerking laat zich niet ~ / is te erg om te ~ *that kind of remark can't/shouldn't be repeated* **¶.2** iets in het kort ~ *summarize sth.;*
II ⟨wk.ww.; zich ~⟩ **0.1** [terugkomen] *repeat o.s.* ⇒*recur* ⟨thema, gebeurtenis⟩ **0.2** [in herhaling vervallen] *repeat o.s.* ◆ **1.1** de geschiedenis herhaalt zich *history repeats itself.*
herhaling 0.1 [het nogmaals plaatsvinden] *recurrence* ⇒*repetition,* ⟨mbt. tv-beelden⟩ *replay,* ⟨mbt. radio/tv-programma⟩ *rerun,* ⟨mbt. radio/tv-programma⟩ *repeat* **0.2** [het nogmaals doen/zeggen] *repetition* ⇒*reiteration,* ⟨mbt. leerstof⟩ *[B]revision, [A]review* **0.3** [oefening]⟨mbt. leerstof⟩ *[B]revision/[A]review (exercise);* ⟨mil.⟩ *retraining (exercise)* ◆ **1.1** ⟨jur.⟩ ~ van misdrijf *recidivism* **2.1** dat is volgens mij voor ~ vatbaar *I wouldn't mind repeating the experience, I reckon that's worth doing again;* (niet) voor ~ vatbaar zijn *(not) bear repetition/repeating* **3.2** in ~ en vervallen *repeat o.s.* **6.1** bij ~ *repeatedly;* **bij** ~ volgt inbeslagname v.h. rijbewijs *a further offence will lead to confiscation of the driving licence* **6.3** ⟨mil.⟩ **op** ~ zijn *be on retraining exercises.*
herhalingscursus 0.1 *refresher course.*
herhalingsles 0.1 *[B]revision/[A]review lesson.*
herhalingsoefening 0.1 ⟨mbt. leerstof⟩ *[B]revision/[A]review exercise;* ⟨mil.⟩ *retraining exercise.*
herhalingsteken ⟨muz.⟩ **0.1** *repeat (mark).*
herijken 0.1 *regauge* ⇒*recalibrate.*
herindelen 0.1 *redivide* ⇒*regroup.*
herindeling 0.1 *redivision* ⇒*regrouping.*
herinneren I ⟨ov.ww.⟩ **0.1** [doen terugdenken aan] *remind* ⇒*recall* **0.2** [attenderen op] *remind* ⇒⟨tot betaling⟩ *dun* ◆ **5.2** herinner mij eraan dat ...*r. me that/to* ... **6.1** die geur herinnerde mij **aan** mijn jeugd *that smell reminded me of my youth;*
II ⟨wk.ww.; zich ~⟩ **0.1** [nog weten] *remember* ⇒*recall* **0.2** [ingegeven krijgen] *remember* ⇒*be reminded* ◆ **3.1** kun je je die Ier nog ~? *do you remember that Irishman?* **3.2** ze wist zich niets meer te ~ *her mind was a blank* **5.1** als ik (het) me goed herinner *if I remember correctly/rightly, if my memory serves me well;* zich iets vaag ~ *have a vague*

recollection of sth. **5.2** nu herinner ik het me weer *it (all) comes back to me now* **8.2** ik herinner me opeens dat ...*I am suddenly reminded that ...* **¶.1** voor zover ik mij herinner *as far as I can remember.*

herinnering 0.1 [het herinneren] *recollection* ⇒*remembrance* **0.2** [vermogen tot herinneren, geheugen] *memory* **0.3** [bijgebleven indruk, beeld] *memory* ⇒*reminiscence* **0.4** [zaak, voorwerp] *souvenir* ⇒*reminder* **0.5** [datgene waarmee iem. herinnerd wordt] *reminder* ♦ **2.3** droevige / gelukkige ~en hebben aan zijn jeugd *have sad / happy memories of one's youth;* oude ~en ophalen *reminisce* **3.3** ik heb van / aan die gebeurtenis geen enkele ~ *I haven't the slightest recollection of the event;* de ~ leeft voort *m. lingers on;* ~en oproepen aan / van *bring back memories of, call to mind* **6.1** iets **in** ~ brengen *recall sth., call sth. to mind* **6.2** iets **in** zijn ~ voor zich zien *see sth. before one* **6.3** hij zal **in** de ~ blijven voortleven *he will live on in m.;* **ter** ~ aan *in m. of* **6.4** als een ~ **aan** ons / Amsterdam *as a reminder of us / a s. of Amsterdam* **7.5** een tweede ~ van de bibliotheek *a second r. from the library.*

herinneringsvermogen 0.1 *(faculty of) memory.*

herinterpreteren 0.1 *reinterpret.*

herintreden 0.1 *return to work* ♦ **1.1** ~de vrouwen *women returners.*

herintredend 0.1 ⟨zie 1.1⟩ ♦ **1.1** een ~e vrouw *a returner.*

herintreder, -treedster 0.1 *(woman) returner.*

herinventarisatie 0.1 *reinventory.*

herinvoering 0.1 *reintroduction.*

herkansing 0.1 [sport]⟨roeien⟩ *repêchage;* ⟨wielersport⟩ *extra heat* **0.2** →**herexamen** ♦ **6.1** in / via de ~ plaatste zij zich alsnog *she managed to qualify in the r.*

herkauwen I ⟨onov., ov.ww.⟩ **0.1** [nog eens kauwen] *ruminate* ⇒*chew the cud·* **II** ⟨ov.ww.⟩ **0.1** [fig.] *go / keep on about* ♦ **1.1** de zaak is nu wel genoeg herkauwd *the matter has really been worked into the ground.*

herkauwer 0.1 *ruminant.*

herkenbaar 0.1 *recognizable* ♦ **1.1** een herkenbare situatie *a familiar situation* **6.1** de mannetjes zijn ~ **aan** hun fellere kleuren *the males can be recognized / identified by their vivid colours.*

herkennen 0.1 [weer (terug)kennen] *recognize* **0.2** [onderscheiden] *recognize* ⇒*identify* ♦ **1.1** een stem ~ *r. a voice* **1.2** ik kan de man die ik zoek ~ *I shall (be able to) r. / spot the man I am looking for* **4.1** een film waarin iedereen zich kan ~ *a film everyone can identify with* **6.1** ik herkende hem aan zijn manier van lopen *I recognized him by his walk* **8.2** iem. ~ als de dader *identify s.o. as the culprit.*

herkenning 0.1 *recognition* ⇒*identification* ♦ **2.1** u hoeft niet bang te zijn voor ~ *you needn't be afraid of being recognized.*

herkenningsmelodie 0.1 *(signature) tune* ⇒*theme song.*

herkenningsteken 0.1 *distinguishing / identifying mark* ♦ **3.1** van ~s voorzien *marked for identification* **8.1** als ~ droeg hij een anjer *he wore a carnation so that he would be recognized.*

herkeuren 0.1 *re-examine* ⇒*reinspect.*

herkeuring 0.1 *re-examination* ⇒*reinspection* ♦ **3.1** ~ aanvragen *apply for re-examination.*

herkiesbaar 0.1 *eligible for re-election* ♦ **3.1** zich niet ~ stellen *not stand for re-election.*

herkiezen 0.1 *re-elect* ⇒*return to office* ♦ **5.1** niet herkozen worden (voor het parlement) *lose one's seat.*

herkomst 0.1 *origin* ⇒*source* ♦ **1.1** bron van ~ *source of supply;* haven van ~ ⟨thuishaven⟩ *home port, port of regis-*

---

herinnering - heroverweging

try; ⟨haven van vertrek⟩ *port of departure;* het land van ~ *the country of o.* ⟨ook mbt. personen⟩ **2.1** van Britse ~ ⟨goederen⟩ *made in Britain;* ⟨persoon⟩ *of British extraction / descent.*

herkrijgen 0.1 *regain* ⇒*recover* ♦ **1.1** zijn gezichtsvermogen ~ *regain / recover one's eyesight,* zijn rechten ~ *regain one's rights.*

herleidbaar 0.1 *reducible (to)* ⇒*convertible (into).*

herleiden 0.1 *reduce (to)* ⇒*convert (into)* ♦ **1.1** ⟨wisk.⟩ een breuk / een algebraïsche formule ~ *r. a fraction, r. / simplify an algebraic formula* **6.1** kilo's **tot** ponden ~ *convert kilos into pounds;* het hele probleem laat zich gemakkelijk ~ **tot** ... *the whole problem can be easily reduced to ...*

herleiding 0.1 *conversion* ⇒*reduction.*

herleven 0.1 *revive* ⇒⟨opnieuw belichaamd worden⟩ *live again* ♦ **1.1** een herleefde belangstelling voor *a revival of interest in;* ~d fascisme *resurgent fascism* **3.1** de lentezon deed de natuur ~ *the spring sunshine brought nature back to life* **6.1** de ouders ~ **in** hun kinderen *parents live again in their children.*

herleving 0.1 *revival* ⇒*resurgence.*

herlezen 0.1 *reread* ♦ **6.1** bij het ~ van zijn opstel *on re-reading his essay.*

hermafrodiet¹ ⟨de⟩ **0.1** *hermaphrodite.*

hermafrodiet² ⟨bn.⟩ **0.1** *hermaphrodite, hermaphroditic.*

hermandad ♦ **2.¶** ⟨scherts.⟩ de (heilige) ~ *the police /* ⟨inf.⟩ *law.*

hermelijn 0.1 *ermine* ⟨ook bont⟩.

hermeneutiek 0.1 *hermeneutics.*

hermetisch 0.1 *hermetic* ♦ **2.1** ~ gesloten *hermetically sealed.*

hernemen I ⟨ov.ww.⟩ **0.1** [herwinnen] *recapture* ⇒*retake,* ⟨hervatten⟩ *resume,* ⟨hervatten⟩ *regain* ♦ **1.1** het leven herneemt zijn gewone gang *life resumed its normal course;* **II** ⟨onov.ww.⟩ **0.1** [het spreken voortzetten] *resume* ⇒*go on.*

hernia ⟨med.⟩ **0.1** [uitstulping v.e. tussenwervelschijf] *slipped disc* **0.2** [ingewandsbreuk] *hernia.*

hernieuwen 0.1 *renew* ♦ **1.1** een hernieuwde belangstelling voor rock-'n-roll *a renewed interest in rock 'n' roll;* met hernieuwde kracht *with renewed strength;* een hernieuwde poging wagen / ondernemen *make a renewed attempt.*

heroïek¹ ⟨de⟩ **0.1** *heroism.*

heroïek² ⟨bn., bw.⟩ **0.1** *heroic.*

heroïne 0.1 *heroin.*

heroïnehandel 0.1 *heroin trade.*

heroïnehoer 0.1 *heroin / junkie prostitute.*

heroïnehond 0.1 *sniffer dog.*

heroïnespuit 0.1 ⟨inf.⟩ *fix, shot.*

heroïnevangst 0.1 *heroin catch / haul.*

heroïsch 0.1 *heroic.*

herontdekken 0.1 *rediscover.*

heropenen 0.1 *reopen* ⟨winkel, discussie⟩.

heropening 0.1 *reopening* ♦ **6.1** na ~ van de vergadering *after r. the meeting.*

heropvoeding 0.1 *re-education.*

heroriënteren 0.1 *reorient(ate).*

heros 0.1 *hero* ⇒*demigod.*

heroveren 0.1 *reconquer, recapture* ⟨gebied, stad, fort⟩ ⇒*retake* ⟨stad⟩*, regain* ♦ **1.1** hij wilde zijn oude plaats ~ *he wanted to regain his old seat / place;* het verloren terrein op de vijand ~ *recover the lost ground from the enemy.*

herovering 0.1 *recapture.*

heroverwegen 0.1 *reconsider* ⇒*rethink.*

heroverweging 0.1 *reconsideration* ♦ **6.1** iets **in** ~ nemen *reconsider sth.*

herpes ⟨med.⟩ **0.1** *herpes* ♦ ¶**.1** ~ simplex *h. simplex*.

herplaatsing 0.1 ⟨terugzetting⟩ *replacement* ⇒⟨mbt. functie⟩ *reappointment*.

herrie 0.1 [lawaai] *noise* ⇒*din, racket* **0.2** [drukte] *bustle* ⟨in stad⟩ ⇒⟨wanorde⟩ *commotion, turmoil,* ⟨koude drukte⟩ *fuss* **0.3** [ruzie] *row* ♦ **3.1** maak niet zo'n ~ *don't make such a racket* **3.2** ~ schoppen *make trouble, raise hell* **3.3** ~ met iem. krijgen *quarrel/fall out with s.o.*

herriemaker, -schopper 0.1 *troublemaker* ⇒*rowdy*.

herrijzen 0.1 *rise again* ♦ **6.1** hij is als uit de dood herrezen *it is as if he has come back from the dead*.

herrijzenis 0.1 ⟨rel.⟩ *ressurrection*.

herroepelijk, herroepbaar 0.1 *revocable* ⇒*repealable, rescindable*.

herroepen 0.1 *revoke* ⟨besluit, order, wet, belofte⟩ ⇒*repeal* ⟨wet, maatregel⟩, *rescind* ⟨besluit, wet, contract⟩, *retract* ⟨verklaring, belofte⟩, *reverse* ⟨order, besluit⟩, *countermand* ⟨bevel⟩ ♦ **1.1** zij heeft haar woorden ~ *she retracted her words*.

herscheppen 0.1 [veranderen] *transform* ⇒*convert* **0.2** [verjongen] *rejuvenate* ⇒*re-create* ♦ **8.2** ze kwam als herschapen uit de sauna *she came out of the sauna a new person/rejuvenated*.

herschepping 0.1 [gedaanteverandering] *transformation* ⇒*conversion* **0.2** [het opnieuw tot leven doen komen] *rejuvenation* ⇒*re-creation*.

herschikken 0.1 *rearrange* ⇒*redeploy* ⟨troepen⟩, *reshuffle* ⟨regering⟩.

herschikking 0.1 *rearrangement* ⇒*redeployment, reshuffle*.

herscholen 0.1 *retrain* ♦ **3.1** zich laten ~ *retrain*.

herscholing 0.1 *(vocational) retraining*.

herschrijven 0.1 *rewrite*.

hersenarbeid 0.1 *brainwork*.

hersenbloeding 0.1 *cerebral/brain haemorrhage*.

hersenbreker 0.1 *brainteaser/twister*.

hersendood¹ ⟨de⟩ **0.1** *brain/cerebral death*.

hersendood² ⟨bn.⟩ **0.1** *brain dead*.

hersenen 0.1 [orgaan] *brain;* ⟨cul.⟩ *brains* **0.2** [schedel] *skull* ♦ **2.1** de grote en de kleine ~ *the cerebrum and the cerebellum*.

hersenfunctie 0.1 *brain/cerebral function*.

hersengymnastiek 0.1 ⟨puzzels e.d.⟩ *puzzle(s), brain-teaser(s);* ⟨training⟩ *mental/intellectual training/exercise*.

hersenhelft 0.1 *(cerebral) hemisphere* ⇒*half of the brain*.

hersenholte 0.1 [holte v.d. schedel] *cerebral/brain cavity* **0.2** [holte in de grote hersenen] *ventricle*.

herseninfarct 0.1 *cerebral infarction* ⇒*CVA, cerebrovascular accident*.

hersenklier 0.1 *pineal gland*.

hersenkronkel 0.1 ⟨fig.⟩ *strange idea*.

hersenkwab 0.1 *lobe of the brain*.

hersenletsel 0.1 *brain damage*.

hersenloos 0.1 *brainless* ♦ **1.1** hersenloze politici *b. politicians*.

hersenonderzoek 0.1 *brain research* ⇒*brain tests*.

hersenontsteking 0.1 *encephalitis*.

hersenpan 0.1 *brainpan* ♦ **3.1** iemands ~ inslaan *beat s.o.'s brains out, brain s.o.*

hersens 0.1 [verstand] *brain(s)* **0.2** [schedel] *skull* ♦ **1.1** een goed stel ~ hebben *have a good head on one's shoulders* **3.1** zijn ~ (af)pijnigen (over) *rack one's brains (about);* het drong niet tot zijn ~ door dat *it didn't occur to him that;* gebruik toch je ~! *use your head!* **3.2** iem. de ~ inslaan *beat s.o.'s brains out, brain s.o.* **6.1** hoe haal je het in

je ~! *have you gone off your rocker/taken leave of your senses?;* dat zullen ze wel **uit** hun ~ laten *they won't be so silly (as) to do that*.

hersenschim 0.1 *chim(a)era* ⇒*fantasy* ♦ **3.1** ~ men najagen *chase a shadow*.

hersenschors 0.1 *cerebral cortex*.

hersenschudding 0.1 *concussion* ♦ **2.1** met een lichte/zware ~ *with a light/severe c.* **3.1** een ~ hebben *suffer from c.*

hersenspinsel 0.1 [hersenschim] *chim(a)era* ⇒*fantasy* **0.2** [verzinsel] *concoction*.

hersenspoeling 0.1 *brainwashing*.

hersenstam 0.1 *brainstem*.

hersentumor 0.1 *brain tumour*.

hersenvlies 0.1 *cerebral membrane* ♦ **2.1** het harde/zachte ~ *dura/pia mater*.

hersenvliesontsteking 0.1 *meningitis*.

hersenwerk 0.1 *brain/headwork* ⇒*mental effort(s)*.

herstel 0.1 [het weer gezond worden] *recovery* ⟨gezondheid, economie⟩ ⇒*recuperation, convalescence* ⟨gezondheid⟩, ⟨hand.⟩ *rally* **0.2** [reparatie] *repair* ⇒*mending, rectification* ⟨fout⟩, *correction* ⟨fout⟩, ⟨restauratie⟩ *restoration* **0.3** [het weer instellen] *restoration* ⟨monarchie, orde⟩ **0.4** [vergoeding] *reparation* ⟨oorlogsschade⟩ ⇒*redress* ⟨grief⟩, *compensation* ⟨schade⟩ **0.5** [het weer plaatsen] *reinstatement* ⇒*re-establishment* ♦ **1.1** ⟨hand.⟩ het ~ v.d. dollar *the rallying of the dollar;* het ~ v.d. economie *the recovery of the economy;* voor ~ van zijn gezondheid *to recuperate/convalesce* **1.3** ~ v.d. onderlinge betrekkingen *re-establishment of relations* **1.4** ~ van grieven *redress (of grievances)* **2.1** hopen op een spoedig ~ *hope for a speedy recovery* **6.1** ⟨hand.⟩ de beurs is **in** ~ *the Stock Exchange is rallying* **6.5** ~ **in** het ambt *reinstatement in office*.

herstelbaar 0.1 *reparable* ⟨schade, verlies⟩ ⇒*repairable, restorable*.

herstelbetaling 0.1 *reparation* ⟨oorlogsschade⟩ ⇒*compensation*.

herstellen I ⟨ov.ww.⟩ **0.1** [repareren] *repair* ⇒*mend,* ⟨restaureren⟩ *restore* **0.2** [mbt. wat verstoord is] *restore* ⟨orde, monarchie⟩ ⇒*re-establish* ⟨orde⟩ **0.3** [goedmaken] *right, repair* ⟨onrecht, misstand⟩ ⇒*rectify, correct* ⟨fout⟩, *retrieve* ⟨verlies⟩ **0.4** [weer in de vorige toestand brengen] *reinstate* ⇒*re-establish* ♦ **1.1** het dak/een jas ~ *mend the roof/a jacket* **1.2** de vrede/de rust ~ *restore peace/quiet* **1.3** een fout/een onrecht ~ *correct a mistake, right a wrong;* de schade ~ *repair the damage* **6.4** alles werd **in** de oude staat hersteld *everything was restored to its original state;* **in** de ouderlijke macht ~ *restore to parental power* ¶**.3** de Heer Blaak, herstel: Braak *Mr Blaak, correction: Braak;*
II ⟨onov.ww.⟩ **0.1** [weer gezond worden] *recover* ⇒*recuperate* ♦ **3.1** ~de zijn *be convalescent* **5.1** ze is weer geheel hersteld *she has made a complete recovery* **6.1** snel/goed ~ van een ziekte *recover quickly/well from an illness;*
III ⟨wk.ww.; zich ~⟩ **0.1** [mbt. zaken] *rally* ⇒*recover* **0.2** [mbt. personen] *recover (o.s.)* ⇒*rally* ♦ **1.1** de dollar herstelde zich (snel) *the dollar rallied (quickly)*.

hersteller 0.1 [mbt. een toestand] *restorer* **0.2** [reparateur, vnl. in samenst.] *repairer, repairman*.

herstellingsoord 0.1 *convalescent/nursing home* ⇒*sanatorium*.

herstellingsteken ⟨muz.⟩ **0.1** *natural (sign)*.

herstellingsvermogen 0.1 *recuperative power, power of recovery*.

herstellingswerk 0.1 *repair/*⟨restauratie⟩ *restoration work* ⇒*repairs*.

herstelperiode 0.1 [ec.] *reconstruction period* ⇒*period of recovery.*

herstelplan 0.1 *recovery plan* ◆ **2.1** het economisch ~ *the economic r. p.*

herstelwerkzaamheden 0.1 *repairs* ◆ **6.1** gesloten wegens ~ *closed for r.*

herstemming 0.1 *second ballot* ◆ **6.1** onze kandidaat komt in ~ *our candidate is through to the s. b.*

herstructureren 0.1 *restructure.*

herstructurering 0.1 *restructuring.*

hert 0.1 *deer* ⇒⟨ihb. edelhert⟩ *red deer.*

hertenbout 0.1 *haunch of venison.*

hertenkamp 0.1 *deer park* ⇒*deer forest.*

hertog 0.1 *duke.*

hertogdom 0.1 *duchy* ⇒*dukedom.*

hertogelijk 0.1 *ducal.*

hertogin 0.1 *duchess.*

hertrouwen 0.1 *remarry* ⇒*marry again.*

hertz 0.1 *hertz.*

heruitgave 0.1 *reissue.*

heruitzenden 0.1 [verder zenden] *relay* **0.2** [opnieuw uitzenden] *rebroadcast* ⇒⟨tv-programma ook⟩ *rerun.*

heruitzending 0.1 [het verder uitzenden] *relay* **0.2** [het opnieuw uitzenden] *rebroadcast* ⇒*rerun, repeat*

hervatten 0.1 *resume* ⇒*continue* ◆ **1.1** laten wij ons gesprek ~ *let us r. (our discussion);* onderhandelingen ~ *r. / reopen negotiations;* het werk ~ *r. work.*

hervatting 0.1 *resumption* ⇒*continuation.*

herverdelen 0.1 *redistribute* ⟨rijkdom, inkomen⟩ ⇒*reorganize* ⟨werk, functies⟩, ⟨pol., kaartspel⟩ *reshuffle* ◆ **1.1** de regeringsportefeuilles ~ *reshuffle the Cabinet.*

herverdeling 0.1 *redistribution* ⇒*reorganization, reshuffle.*

herverkaveling 0.1 *reallocation / redistribution (of land).*

herverkiezing 0.1 *re-election.*

herverwerking 0.1 *reprocessing.*

hervinden 0.1 *recover* ⇒*regain, find again.*

hervormd 0.1 [van vorm veranderd] *reformed* **0.2** [rel.] *Reformed* ⟨tgov. andere protestantse kerken⟩; *Protestant* ⟨tgov. katholicisme⟩ ◆ **1.2** de hervormde Kerk *the R, Church;* een ~ predikant *a P. minister* **3.2** hij is ~ *he is (a) Protestant.*

hervormde 0.1 ⟨alg.⟩ *Protestant* ⇒⟨ihb.⟩ *member of the Dutch Reformed Church.*

hervormen 0.1 *reform* ◆ **1.1** de maatschappij willen ~ *want to r. society;* het onderwijs ~ *r. education.*

hervormer 0.1 *reformer.*

hervorming 0.1 [het hervormen] *reformation* **0.2** [reorganisatie] *reform* ◆ **2.2** sociale ~en doorvoeren *carry out social reforms.*

Hervorming 0.1 [de Reformatie] *Reformation* **0.2** [het protestantisme] *Protestantism.*

hervormingsbeweging 0.1 *reform movement.*

hervormingsgezind 0.1 *reformist* ⇒*reform-minded* ◆ **7.1** een ~e *a reformist.*

hervormingsmaatregel 0.1 *reform measure.*

hervormingsplan 0.1 *plan for reform.*

herwaarderen 0.1 *revalue* ⟨valuta⟩ ⇒⟨taxeren; fig.⟩ *reassess.*

herwaardering 0.1 *revaluation* ⇒*reassessment.*

herwaarts ⟨schr.⟩ **0.1** *hither* ◆ **5.1** zij liepen ~ en derwaarts *they walked h. and thither.*

herwinnen I ⟨ov.ww.⟩ **0.1** [heroveren] *recover* ⇒*regain, win back* **0.2** ⟨zie 6.2⟩ ◆ **1.1** verloren terrein ~ *recover lost ground* **6.2** papier ~ **uit** oude kranten *recycle old newspapers;*

II ⟨wk.ww.; zich ~⟩ **0.1** [zijn kalmte herkrijgen] *recover (o.s.).*

herzien 0.1 [nauwkeurig bekijken] *revise* **0.2** [na heroverweging wijzigen] *revise* ⇒*review* ◆ **1.1** een nieuwe, ~e uitgave *a new, revised edition* **1.2** een beslissing ~ *reconsider a decision;* een wet ~ *revise a law.*

herziening 0.1 [het herzien] *revision* **0.2** [wijziging] *revision* ⇒*review* ◆ **1.2** de ~ van de grondwet *the amendment of the constitution;* ~ van de lonen *the (re)adjustment of wages.*

hes 0.1 *smock* ⇒*blouse.*

hesp 0.1 [deel v.e. ham] *hock* **0.2** [AZN; ham] *ham* ⇒⟨gerookt, gezouten, rauw⟩ *gammon.*

het¹ I ⟨pers.vnw.⟩ **0.1** [onzijdig naamwoord] *it* ◆ **3.1** ik denk / hoop ~ *I think / hope so;* ~ ging allemaal goed *it all / things went well;* wie is ~? ben jij ~? ja, ik ben ~ *who is it? is that you? yes, it's me;* zij was ~ die ...*it was she who ...;* ik weet ~ *I know;* als jij ~ zegt *if you say so;* ~ zijn Engelsen *they're English* **¶.1** het kind heeft honger, geef ~ een boterham *the child is hungry, give him / her a sandwich;* ~ waren moeilijke dagen *they were hard times;*

II ⟨onb.vnw.⟩ **0.1** [loos onderwerp / lijdend voorwerp] *it* **0.2** [geslachtsgemeenschap] *it* ◆ **3.1** de machine doet ~ *the machine works;* hoe gaat ~? ~ gaat *how are you? I'm all right / O.K.;* wat geeft ~, wat zou ~ *what does it matter, who cares;* morgen is ~ zaterdag *tomorrow is Saturday;* ~ regent *it's raining* **3.2** ~ doen *do it* **¶.1** ~ zij zo *so be it;* ~ voorzichtig aandoen ⟨bij bepaalde handeling⟩ *go about it carefully;* ⟨altijd⟩ *be careful.*

het² I ⟨lidw.⟩ **0.1** [bepalend onzijdig lidwoord] *the* **0.2** [het beste / belangrijkste] *the* ⟨met nadruk⟩ **0.3** [in de overtreffende trap] *the* ⟨vaak onvertaald⟩ ◆ **1.1** dat kost drie gulden ~ kilo *that costs three guilders a / per kilo;* in ~ zwart gekleed *dressed in black* **1.2** Nederland is ~ land v.d. tulpen *Holland is the country for tulips* **2.3** die vind ik ~ leukst *that's the one I like best* **3.1** ~ roken *smoking* **5.3** zij was er ~ eerst *she was there first.*

heteluchtmotor 0.1 *hot-air engine.*

heteluchtoven 0.1 *hot-air oven.*

heteluchtverwarming 0.1 *hot-air heating (system).*

heten I ⟨onov.ww.⟩ **0.1** [de naam dragen] *be called / named* **0.2** [met een naam aangeduid worden] *be called / named* **0.3** [doorgaan voor] *be called* ⇒*be said / reported to be* ◆ **1.1** een jongen, David geheten *a boy called David;* hij heet Jan en hoe heet jij? *his name is John, and what's yours?* **1.2** het boek heet ...*the book is called ...* **1.3** moet dat een hoed ~? *is that what you call a hat?* **4.3** naar het heette uit geloofsovertuiging *under the pretence of religious conviction* **4.¶** Jan een driftkop? wat heet! *Jan a hothead? that's putting it mildly!* **5.1** hoe heet hij / zij ook al weer? *what's his / her name again?;* zij kwam met hoe heet hij ook weer *she came with what's-his-name* **5.2** hoe heet dat?, hoe heet dat in het Zweeds? *what is that called?, what is that in Swedish? / the Swedish for that?* **6.1** hij heet **naar** zijn vader *he is called / named after his father* **8.3** het heet dat ...*it is said that ...;*

II ⟨ov.ww.⟩ **0.1** [met nadruk zeggen] *bid* **0.2** [schr.; betitelen als] ⟨ongemarkeerd⟩ *call* **0.3** [met een bepaalde naam aanduiden] *call* ◆ **2.1** ik heet u welkom *I b. you welcome* **4.2** zich gelukkig ~ *count o.s. lucky* **4.3** zoals het heet *as the phrase / saying goes.*

heterdaad ◆ **6.¶** iem. **op** ~ betrappen *catch s.o. in the act, catch s.o. red-handed.*

hetero →**heterofiel, heteroseksueel.**

heterofiel 0.1 ⟨bn. en zn.⟩ *heterosexual.*

heterofilie 0.1 *heterosexuality.*
heterogeen 0.1 *heterogeneous.*
heterogeniteit 0.1 *heterogeneity* ⇒*heterogeneousness.*
heteroseksualiteit 0.1 *heterosexuality.*
heteroseksueel 0.1 ⟨bn. en zn.⟩ *heterosexual.*
hetgeen ⟨schr.⟩ **I** ⟨aanw.vnw.⟩ 0.1 [datgene wat] *that which* ⇒*what* ◆ ¶.1 ik blijf bij ~ ik gezegd heb *I stand by what I said;*
II ⟨betr.vnw.⟩ 0.1 [wat]⟨ongemarkeerd⟩ *which* ◆ ¶.1 hij kon niet komen, ~ hij betreurde *he could not come, w. he regretted.*
hetwelk ⟨schr.⟩ 0.1 ⟨ongemarkeerd⟩ *which.*
hetze 0.1 *witch hunt* ⇒⟨laster⟩ *mud-slinging,* ⟨in krant⟩ *smear campaign* ◆ 3.1 een ~ voeren tegen *conduct a w. h./ smear campaign against.*
hetzelfde 0.1 *the same* ◆ 1.1 ~ huis *the same house* 3.1 wie zou niet ~ doen? *who wouldn't (do the same)?;* het is/blijft mij ~ *it's all the same to me;* het komt op ~ neer *it comes to the same thing* 5.1 precies ~ *exactly the same* ⟨bn.⟩; *one and the same thing* ⟨zn.⟩. 6.1 (van) ~ *(the) same to you.*
hetzij 0.1 ⟨nevenschikkend⟩ *either;* ⟨onderschikkend⟩ *whether* ⟨hoe dan ook⟩ ◆ 2.1 ~ warm of koud *e. hot or cold* ¶.1 ~ hij wil of niet *whether he wants to or not.*
heug ◆ 1.¶ tegen ~ en meug *reluctantly.*
heugen 0.1 *be remembered* ◆ 4.1 ik zal hem iets geven dat hem zal ~ *I'll give him sth. to remember me by;* ik kan het me niet ~ *I can't remember;* het heugt mij nog als de dag van gisteren *I remember it as clearly as if it were yesterday.*
heuglijk 0.1 [verheugend] *happy* ⇒*glad, joyful* 0.2 [gedenkwaardig] *memorable* ◆ 1.1 een ~e gebeurtenis *a h./joyful event;* het ~e nieuws *the good/h. news, the glad tidings* 1.2 een ~e dag *a m./red-letter day.*
heulen 0.1 *collaborate* ⇒*be in league with* ◆ 6.1 met de vijand ~ *c./be in league with the enemy.*
heup 0.1 [lichaamsdeel] *hip* 0.2 [mv.; het zichtbare gedeelte] *hips* ⇒*haunches* ⟨dier of pej.⟩ ◆ 2.2 breed in de ~en zijn *be broad-hipped/broad in the beam* 6.¶ als hij het **op** zijn ~en krijgt, is het in drie dagen af/berg je dan maar *once he get's going, it'll be finished in three days/you'd better keep out of his way.*
heupbeen 0.1 *hipbone.*
heupbroek 0.1 *hipsters.*
heupfles 0.1 *hip flask.*
heupgewricht 0.1 *hip joint.*
heuptasje 0.1 *bum bag* ⇒*belt bag.*
heupwiegen 0.1 *sway/wiggle one's hips* ◆ 3.1 ~d liep hij langs *he came swinging along.*
heupwijdte 0.1 *hip measurement.*
heupworp ⟨judo⟩ 0.1 *hip throw* ⇒*hiplock,* ⟨vrije stijl worstelen ook⟩ *(cross-)buttock.*
heus 0.1 [echt] *real* ⇒*true* 0.2 [beleefd] *courteous* ⇒*polite* ◆ 2.1 het is ~ waar *it's the honest truth* 3.2 iem. ~ bejegenen *treat s.o. with the proper respect* 5.1 ~ niet! *not at all!, certainly not!;* ⟨scherts.⟩ maar niet ~! *but not really!;* hij doet het ~ niet/wel *he is sure (not) to do that.*
heuvel 0.1 *hill* ⇒⟨klein⟩ *hillock,* ⟨opgeworpen ook⟩ *mound* ◆ 2.1 een lastig ~tje *a steep climb* 6.1 tegen een ~ **op** fietsen *cycle uphill.*
heuvelachtig, heuvelig 0.1 *hilly.*
heuvelland(schap) 0.1 *hills* ⇒*hilly country.*
heuvelrug 0.1 [bovenrand v.e. heuvel] *ridge* ⇒*crest (of a hill)* 0.2 [reeks heuvels] *range (of hills)* ⇒*chain (of hills).*
heuveltje 0.1 *hillock.*
hevel 0.1 *siphon* ⇒*syphon.*

hevelen 0.1 *siphon* ⇒*syphon.*
hevig I ⟨bn.⟩ 0.1 [mbt. de zintuigen] *violent* ⇒*intense* 0.2 [mbt. personen of uitingen] *violent* ⇒*vehement, fierce* ◆ 1.1 ~e angst *acute terror;* een ~e brand *a raging fire;* een ~e discussie *a vehement discussion;* een ~e knal *a tremendous bang;* een ~e koorts *a raging fever;* ~e pijnen *v./ severe pains* 1.2 onder ~ protest *under strong/vehement protest;* ~e uitvallen *violent outbursts;*
II ⟨bw.⟩ 0.1 [in hoge mate] *violently* ⇒*fiercely, intensely* ◆ 2.1 hij was ~ verontwaardigd *he was highly indignant* 3.1 ~ bloeden *bleed profusely;* zij snikte ~ *she cried her eyes out;* ~ verlangen naar *yearn/ache for* ¶.1 ~ tekeer gaan *rant (and rage).*
hevigheid 0.1 *violence* ⇒*vehemence, intensity, fierceness, acuteness* ◆ 1.1 de ~ v.d. koorts *the intensity of the fever* 2.1 in alle ~ *with great intensity* 6.1 de wind nam **in** ~ toe/ af *the wind rose/fell.*
Hezbollah 0.1 *Hezbollah.*
hiaat 0.1 *gap* ⇒*hiatus* ◆ 3.1 een ~ vullen *bridge/fill a g.* 6.1 een ~ **in** zijn kennis *a g. in one's knowledge.*
hibiscus 0.1 *hibiscus.*
hiel 0.1 *heel* ◆ 2.1 schoenen met een open ~ *open-heeled shoes* 3.1 ⟨fig.⟩ de ~en lichten *take to one's heels;* ⟨fig.⟩ iemands ~en likken *lick s.o.'s boots* 6.1 iem. **op** de ~en zitten *be (close) on s.o.'s heels, breathe down s.o.'s neck;* **op** de ~en gezeten door de politie *with the police hot on one's trail, with the police in hot pursuit;* hij volgt haar overal **op** de ~en *he dogs her steps.*
hielenlikker, -ster 0.1 *bootlick(er)* ⇒*toady.*
hiep 0.1 *hip* ◆ 3.1 laten we even ~, ~, hoera roepen voor de jarige *let's have three cheers for the birthday boy/girl* ¶.1 ~, ~, ~, hoera! *h., h., hurray!;* ~ hoi! *whoopee!*
hier 0.1 [op/naar deze plaats; wanneer de spreker iets overhandigt] *here* 0.2 [als voornaamwoordelijk bijwoord] *this* ◆ 1.1 dit meisje ~ *this girl, this girl h.;* ~ de VPRO *this is the VPRO* 3.1 ik ben ~ nieuw *I'm new h.;* breng dat boek even ~ *just bring that book over h.;* wat/wie hebben we ~! *Hello, hello, hello!, look what's/who's h.;* ~ is het gebeurd *this is where it happened;* hij is ~ ⟨gek⟩ *he's nuts;* ~ is de krant *h. 's the newspaper;* kom eens ~! *come h.!;* ~ staat dat ...*it says h. that ...;* ⟨fig.⟩ ~ zweeg de spreker stil *h. the speaker paused* 3.2 ~ zit kopij in *this will make good copy* 5.1 ~ en daar *h. and there;* ~ of daar vinden wij wel wat *we'll find sth. somewhere or other;* ~ en hiernamaals *in this world and the next* 5.2 ~ moet je het mee doen *you'll have to make do with this* 6.1 tot ~ toe (en niet verder) *up to h. (and no further);* het zit me **tot** ~ *I've had it up to here;* hij is niet **van** ~ *he isn't from here these parts;* **van** ~ naar Londen *from h. to London* ¶.1 ~ in de buurt *round h., in the neighbourhood.*
hieraan 0.1 *to this* ⇒*at/on/by/from this* ◆ 3.1 ~ valt niet te twijfelen *there is no doubt about this.*
hierachter 0.1 *behind this* ⇒⟨tijd⟩ *after this,* ⟨in boek; schr.⟩ *here(in)after* ◆ 3.1 ~ ligt een grote tuin *there is a large garden at the back;* ⟨fig.⟩ wat steekt ~ *what's behind this?*
hiërarchie 0.1 *hierarchy.*
hiërarchisch 0.1 *hierarchic(al).*
hierbeneden 0.1 *down here* ◆ 3.1 ~ is de kelder *down here is the cellar.*
hierbij 0.1 *at this* ⇒*with this,* ⟨in brief⟩ *herewith, hereby* ◆ 3.1 ~ bericht ik u, dat ... *I hereby inform you that ...;* ~ komt nog dat hij ... *in addition (to this), he ...;* ik zal het ~ laten *I will leave it at that;* ~ verklaar ik de Spelen voor geopend *I hereby declare the Games opened.*
hierbinnen 0.1 *in here* ⇒*inside.*

335

hierboven 0.1 [boven deze plaats] *up here* ⇒⟨verwijzing in tekst⟩ *above*, ⟨verwijzing in tekst⟩ *aforesaid* 0.2 [in de hemel] *on high* ◆ 3.1 zoals ~ vermeld *as mentioned above;* ~ woont een officier *an officer lives upstairs.*
hierbuiten 0.1 *outside.*
hierdoor 0.1 [door deze zaak] *through here* ⇒*through this, by doing so* 0.2 [dientengevolge] *because of this* ◆ 3.1 ~ wil hij ervoor zorgen dat ... *by doing so he wants to ensure that* ... 3.2 ~ werd ik opgehouden *this held me up* 5.2 juist ~ werd ik opgehouden *this is what held me up.*
hierheen 0.1 *(over) here* ⇒*this way,* ⟨schr.⟩ *hither* ◆ 1.1 op de weg ~ *on the way here* 3.1 hij kwam helemaal ~ om ... *he came all this way* ... 5.1 ~, graag *(step) this way please* ¶.1 ~! *come here!*
hierin 0.1 *in here* ⇒*within,* ⟨niet plaatsbepaling⟩ *in this,* ⟨schr.⟩ *herein* ◆ 3.1 ~ kun je alles vinden *you can find everything in here* ¶.1 ⟨fig.⟩ ~ heeft zij gelijk *she is right about this.*
hierlangs 0.1 *past here* ⇒*along/by here* ◆ 3.1 zij komt alle dagen ~ *she passes this way every day.*
hiermee 0.1 *with this* ⇒*by this,* ⟨in brief⟩ *herewith* ◆ 1.1 in verband ~ *in this connection* 3.1 ~ delen wij u mee dat ... *we herewith inform you that* ...; wat moet ik ~ doen? *what am I to do with this?*
hierna 0.1 [tijd] *after this* ⇒⟨schr.⟩ *hereafter* 0.2 [plaats] *below* ⇒⟨vnl. jur.⟩ *hereinafter* ◆ 1.1 de dag ~ *the day after (this)* 3.2 in de ~ opgesomde gevallen *in the undermentioned cases.*
hiernaast 0.1 ⟨mbt. woning⟩ *next door* ⇒⟨anders⟩ *alongside* ◆ 1.1 de illustratie op de bladzijde ~ *the illustration on the facing page;* de grafiek ~ *the diagram alongside* 3.1 ~ hebben ze ook kleurentelevisie *the next-door neighbours also have colour television.*
hiernamaals 0.1 *hereafter* ⇒*next world, (great) beyond.*
hiëroglief 0.1 *hieroglyph* ⇒⟨mv. ook⟩ *hieroglyphics.*
hierom 0.1 [om deze zaak] *(a)round this* 0.2 [om deze reden] *because of this* ⇒*for this reason* ◆ 3.1 dat ringetje moet ~ *that ring belongs around this* 3.2 ~ blijf ik thuis *this is why I'm staying home.*
hieromheen 0.1 *(a)round this* ◆ 3.1 ~ loopt een gracht *a canal runs all around here.*
hieromtrent 0.1 [hier in de buurt] *around here* ⇒*hereabouts* 0.2 [omtrent deze zaak] *about this* ⇒*with regard to/concerning this, on this subject* ◆ 3.2 kunt u mij ~ inlichten? *can you inform me about this matter?*
hieronder 0.1 [onder deze plaats] *under here* ⇒*underneath, below* 0.2 [verderop] *below* 0.3 [onder het genoemde] *by this* 0.4 [zich erbij bevindend] *among these* ◆ 1.2 de ~ genoemde *the undermentioned* 3.1 ~ zijn de kelders *under here there are the cellars* 3.2 zoals ~ aangegeven *as stated b.* 3.3 ~ versta ik ... *by this I understand* ... 3.4 ~ zijn veel personen van naam *among them there are many people of note.*
hierop 0.1 [op de genoemde/op deze zaak] *(up)on this* 0.2 [hierna] *after this* ⇒*then,* ⟨schr.⟩ *hereupon* ◆ 3.1 het komt ~ neer *it comes down to this,* ~ stond een kruis *a cross stood here* 3.2 ~ kwamen wij in een bos *we then went into a forest.*
hierover 0.1 [over het genoemde] *over this* 0.2 [aangaande het genoemde] *about this* ⇒*regarding this, on this* ◆ 3.2 ~ zullen wij u z.s.m. informeren *we shall inform you hereof at the earliest possible date* 7.2 genoeg ~ *enough of this matter.*
hiertegen 0.1 *against this* ◆ 3.1 ik wil mij ~ niet verzetten *I do not want to oppose this.*

hierboven - hilarisch

hiertegenover 0.1 [tegenover deze plaats] *opposite* ⇒⟨gebouw ook⟩ *across the street, over the way* 0.2 [tegenover deze zaak] *against this* ◆ 3.1 hij woont ~ *he lives across the street* 3.2 ~ staat, dat ... *on the other hand,* ...
hiertoe 0.1 [tot deze plaats] *(up to) here* 0.2 [tot het genoemde] *to this* ⇒*for this* 0.3 [voor dit doel] *for this purpose* ⇒*to this end* ◆ 3.2 wat heeft u ~ gebracht? *what made you do this?* 6.1 tot ~ *so far, up to now.*
hiertussen 0.1 *(in) between* ⇒*between these/them,* ⟨hieronder⟩ *among these/them* ◆ 3.1 ~ bevond zich ook zijn rijbewijs *his driving licence was also among them.*
hieruit 0.1 [uit deze plaats] *out of here* 0.2 [uit het genoemde] *from this* ◆ 3.2 ~ volgt, dat ... *it follows (from this) that* ... 6.1 van ~ vertrekken *depart from here.*
hiervan 0.1 *of this* ◆ 3.1 ~ ben ik overspannen geraakt *this is what caused my breakdown.*
hiervandaan 0.1 *from here* ⇒*away* ◆ 1.1 het is tien minuten ~ *it's ten minutes from here.*
hiervoor 0.1 [vóór het genoemde] *in front (of this)* ⇒*before this* ⟨tijd; fig.⟩ 0.2 [wat betreft het genoemde] *of this* 0.3 [tot dit doel] *for this purpose* ⇒*to this end* 0.4 [in ruil voor het genoemde] *(in exchange/return) for this* ◆ 3.2 ~ behoeft u niet te vrezen *you needn't be afraid of this* 3.3 ~ is het noodzakelijk dat ... *for this to happen it is necessary that* ... 3.4 (in ruil) ~ krijg je heel wat *you get quite a bit in return for this.*
hierzo ⟨inf.⟩ 0.1 *here.*
hifi 0.1 *hi-fi* ⇒*high fidelity.*
hifi-installatie 0.1 *hi-fi (set).*
high 0.1 *high (on)* ⇒*stoned/spaced out (on).*
hij[1] ⟨de⟩ 0.1 *he* ◆ 3.1 het is een ~ *it's a he.*
hij[2] ⟨pers.vnw.⟩ 0.1 *he* ⇒⟨op voorwerp slaand⟩ *it* ◆ 3.1 iedereen is trots op het werk dat ~ zelf doet *everyone is proud of the work they do themselves;* ~ is het *it's him;* ⟨schr.⟩ *it is he;* ~ staat scheef, die toren *it's leaning, that tower* 4.1 ~ daar *him over there;* ~ die ..., *he who ..., whoever* ...
hijgen 0.1 [hoorbaar ademhalen] *pant* ⇒*gasp* 0.2 [mbt. een machine] *pant* ⇒*puff* 0.3 ⟨schr., met 'naar'⟩; sterk verlangen] *yearn (for)* →*long/thirst (for)* ◆ 1.1 zijn borst hijgde *his chest heaved* 3.1 puffend en ~d *puffing and blowing* 6.1 hij hijgde van vermoeidheid *he gasped/panted with exhaustion.*
hijger 0.1 *heavy breather* ◆ 3.1 ik had weer een ~ vandaag *I had another obscene phone-call today.*
hijs 0.1 *hoist(ing)* ⇒*heave, haul* ◆ 2.1 ⟨fig.⟩ 't is een hele ~ *it's quite a haul.*
hijsbalk 0.1 ±*hoisting hook.*
hijsblok 0.1 *pulley block.*
hijsen I ⟨ov.ww.⟩ 0.1 [naar boven trekken] *hoist* ⇒*lift* 0.2 [met moeite naar boven brengen] *haul* ⇒*heave* ◆ 1.1 een kist naar boven ~ ⟨beneden staand⟩ *hoist up a crate; haul up a crate* ⟨boven staand⟩; de vlag (in top) ~ *hoist/run up the flag* 6.2 ⟨fig.⟩ iem. in een jas ~ *help s.o. into his coat;* zich uit een stoel ~ *heave o.s. out of a chair;* II ⟨onov., ov.ww.⟩ 0.1 [(veel) drinken] *booze* ◆ 5.1 stevig ~ *have a booze-up.*
hijskraan 0.1 *(hoisting-)crane.*
hijsvermogen 0.1 *lifting capacity.*
hijswerktuig 0.1 *hoist* ⇒*lifting tackle.*
hik 0.1 [samentrekking v.h. middenrif] *hiccup* 0.2 [reeks daarvan] *hiccups* ◆ 3.2 ik heb de ~ *I've got the h.;* krijg de ~! *get lost!*
hikken 0.1 *hiccup* ◆ 6.¶ ⟨inf.⟩ tegen iets aan ~ *not look forward to sth., shy ink from sth.*
hilarisch 0.1 *hilarious* ⇒*merry* ◆ 1.1 een ~ gelach *merry laughter.*

hilariteit 0.1 *hilarity* ⇒*mirth* ◆ **2.1** onder algemene ~ *amidst general h.* **3.1** (grote) ~ veroorzaken *cause (great) merriment.*

Himalaya 0.1 *(the) Himalayas.*

hinde 0.1 *hind* ⇒⟨damhert⟩ *doe.*

hinder 0.1 *nuisance* ⇒*bother,* ⟨belemmering⟩ *hindrance,* ⟨belemmering⟩ *obstacle* ◆ **3.1** het verkeer ondervindt veel ~ van de sneeuw *traffic is severely disrupted by the snow;* hij ondervond ~ van luidruchtige buren *he was bothered by noisy neighbours.*

hinderen 0.1 [belemmeren in de bewegingsvrijheid] *impede* ⇒*hamper, obstruct* **0.2** [bezwaarlijk zijn] *matter* **0.3** [storen] *bother* ⇒*interfere with* **0.4** [dwarszitten, irriteren] *bother* ⇒*annoy,* ⟨bezorgd maken⟩ *worry,* ⟨bezorgd maken⟩ *distress* ◆ **1.3** al dit gepraat hindert de zieke *the patient is finding all his talking a strain* **1.4** de lage zon hindert de automobilisten *the low sun is a nuisance to motorists;* allerlei dingen ~ hem *there are all sorts of things bothering/worrying him* **4.2** wat hindert dat nu? *what's the odds?, what does that m.?* **4.3** hindert het u als ik rook? *do you mind if I smoke?* **6.1** zijn lange jas hinderde hem **bij** het lopen *his long coat got in his way as he walked* **6.3** iem.~ **bij/in** zijn werk *hinder s.o. in one's work.*

hinderlaag 0.1 *ambush* ⇒⟨fig. ook⟩ *trap* ◆ **6.1** de vijand **in** een ~ lokken *lure the enemy into an a.;* **in** een ~ vallen *walk into an a.;* **in** (een) ~ liggen, zich **in** ~ leggen *lie in wait.*

hinderlijk I ⟨bn.⟩ **0.1** [irritant] *annoying* ⇒*irritating* **0.2** [storend] *objectionable* ⇒*disturbing* **0.3** [onbehaaglijk] *unpleasant* ⇒*disagreeable* **0.4** [belemmerend] *inconvenient* ◆ **1.1** hij heeft de ~e gewoonte om ... *he has an a. habit of ...* **1.3** de warmte is niet ~ *the heat is not u.* **5.2** het geluid is niet ~ (voor anderen) *the noise is not disturbing (to others)* **6.4** die bepaling is ~ **voor** de handel *that regulation is an impediment to trade;* **II** ⟨bw.⟩ **0.1** [ergerlijk] *annoyingly* ⇒*blatantly.*

hindernis 0.1 *obstacle* ⇒*barrier,* ⟨fig. ook⟩ *hindrance,* ⟨fig. ook⟩ *impediment* ◆ **3.1** een ~ nemen *negotiate an o.* ⟨ook fig.⟩; *leap a hurdle* ¶**.1** ⟨fig.⟩ ~sen uit de weg ruimen *clear away obstacles.*

hindernisbaan 0.1 [sport] *obstacle course, steeplechase course* **0.2** [mil.] *assault course.*

hindernisloop ⟨sport⟩ **0.1** *steeplechase.*

hinderpaal 0.1 *obstacle* ⇒*impediment* ◆ **3.1** een ~ vormen voor ... *constitute a stumbling block/an o. to ...*

hinderwet 0.1 ±*Nuisance Act.*

hinderwetvergunning 0.1 ±*licence under the Nuisance Act.*

hindoe 0.1 [aanhanger v.h. hindoeïsme] *Hindu.*

Hindoe 0.1 [bewoner] *Hindu.*

hindoeïsme 0.1 *Hinduism.*

Hindoestaan, -staanse 0.1 *Hindu(stani).*

hinkelbaan, hink(e)baan 0.1 *hopscotch squares.*

hinkelen 0.1 *hop* ⇒⟨op hinkelbaan⟩ *play hopscotch.*

hinkelspel 0.1 *hopscotch.*

hinken 0.1 [mank lopen] *limp* ⇒*have a limp, walk with a limp, hobble* **0.2** [hinkelen] *hop* ◆ **4.1** ⟨fig.⟩ dat hinkt *it doesn't sound right.*

hinkepoot ⟨pej.⟩ **0.1** *peg leg.*

hink-stap-sprong 0.1 *triple jump* ⇒*hop, step and jump.*

hinniken 0.1 [mbt. paarden] *neigh* ⇒*whinny* **0.2** [lachen] *bray (with laughter).*

hint 0.1 *hint* ⇒*tip(-off), pointer* ◆ **2.1** een goeie ~ *a good tip* **3.1** (iem.) een ~ geven *drop (s.o.) a h.*

hip 0.1 *hip* ⇒*trendy* ◆ **1.1** ~pe kleren *trendy clothes;* een ~pe vogel *a trendy.*

hippelen 0.1 *hop.*

hippie 0.1 *hippie* ⇒*flower child.*

hippisch 0.1 *equestrian.*

hippocratisch 0.1 *Hippocratic* ◆ **1.1** de ~e eed *the H. oath.*

historicus, -ca 0.1 *historian* ⇒*student of history.*

historie 0.1 [verleden; geschiedverhaal] *history* **0.2** [verhaal] *story* ⇒*anecdote* **0.3** [affaire] *affair* ⇒*business* ◆ **2.2** een vermakelijke ~ *an amusing s.* **2.3** het is een rare ~ *it is a strange a./business* **2.**¶ natuurlijke ~ *natural history.*

historisch I ⟨bn.⟩ **0.1** [van historische betekenis] *historic* **0.2** [met geschiedkundige achtergrond] *historical* ⇒*period* **0.3** [werkelijk gebeurd] *historical* ⇒*true* ◆ **1.1** wij beleven een ~ moment *we are witnessing a h. moment* **1.2** een ~ monument *an ancient monument;* een ~e roman *a h. novel* **3.3** dat is ~ *that's a h. fact/a true story;* **II** ⟨bn., bw.⟩ **0.1** [mbt. opeenvolging in de tijd; mbt. de bestudering v.d. geschiedenis] *historical* ◆ **1.1** de ~e ontwikkeling *the h. development, the development in time* **3.1** iets ~ bewijzen *prove sth. by means of h. research;* dat is ~ gegroeid *that is a result of h. factors.*

hit I ⟨de (m.)⟩ **0.1** [muz.; tophit] *hit (record)* **0.2** [paard] *cob* ⇒⟨ihb.⟩ *(Shetland) pony* ◆ **3.1** een ~ hebben (met het nummer 'Relax') *have a h. (with the song 'Relax');* **II** ⟨de (v.)⟩ **0.1** [dienstmeisje] *maid* ⇒⟨pej.⟩ *skivvy.*

hitgevoelig 0.1 *with hit potential* ◆ **1.1** een ~ nummer *a potential hit.*

Hitlergroet 0.1 *Hitler/Nazi salute.*

hitlijst, hitparade 0.1 *chart(s), hit parade.*

hitsig 0.1 [vurig] *hot-blooded* **0.2** [geil] *hot* ⇒⟨mensen ook⟩ *randy,* ⟨mensen ook⟩ *horny.*

hitte 0.1 *heat* ⟨ook fig.⟩ ◆ **2.1** een moordende/gloeiende/drukkende ~ *murderous/boiling/stifling h.* **6.1** door de ~ bevangen *overcome by the h.*

hittebestendig 0.1 *heat-resistant* ⇒*heat-proof.*

hittegolf 0.1 *heat wave.*

hiv ⟨afk.⟩ **0.1** [human immunodeficiency virus] *HIV.*

hiv-virus 0.1 *HIV virus.*

hm 0.1 [brommend geluid] *(a)hem* **0.2** [uiting van twijfel] *hmm, h'm* ⇒*hum, um.*

ho 0.1 [om te laten ophouden] *stop* ⇒⟨bij inschenken⟩ *when!,* ⟨tegen paard⟩ *whoa* **0.2** [terechtwijzing] *come on!, that's not fair!* ◆ **3.1** ⟨inf.⟩ zeg maar '~' *say when* **5.1** ~ maar! *all right, that's enough* **5.**¶ het ene feestje na het andere, maar werken ~ maar *one party after another, but when it comes to doing some work, forget it!/nothing doing!* **9.1** ~ nou! *hold your horses!* ¶**.2** ~, ~! nu overdrijf je *come on! now you're exaggerating.*

hobbel 0.1 *bump* ◆ **5.1** vol ~s en bobbels *full of bumps (and potholes).*

hobbelen 0.1 [schuddend voortgaan] *bump* ⇒*jolt, lurch* **0.2** [schommelend/schuddend op en neer gaan]⟨schommelend⟩ *rock;* ⟨schuddend⟩ *bump/bounce up and down* **0.3** [hobbelig zijn] *be bumpy* ◆ **1.3** de weg hobbelt hier nogal *the road is rather bumpy here* **6.1** het beestje hobbelde **achter** ons **aan** *the creature came trailing (along) behind us* **6.2** ~ **op** een hobbelpaard *ride (on) a rocking horse.*

hobbelig 0.1 *bumpy* ⇒*irregular* ◆ **1.1** ~ ijs *hummocky ice;* een ~e weg *a b. road.*

hobbelpaard 0.1 *rocking horse* ◆ **6.1** op een ~ zitten/rijden *ride (on) a r. h.*

hobbezak 0.1 [kledingstuk] ⟨jurk, jas⟩ *sack;* ⟨broek⟩ *baggy pants* **0.2** [persoon]⟨een te ruime broek dragend⟩ *baggy pants* ⇒⟨mbt. vrouw⟩ *frump.*

hobbybeurs 0.1 *DIY exhibition/fair.*
hobbyisme 0.1 [het beoefenen v.e. hobby] *indulging in a hobby* **0.2** [amateurisme] *dilettantism, amateurism.*
hobbyruimte 0.1 *hobbyroom, workroom.*
hobo ⟨muz.⟩ **0.1** *oboe.*
hoboïst 0.1 *oboist* ⇒⟨lid van orkest⟩ *oboe.*
hockey 0.1 *hockey.*
hockeyen 0.1 *play hockey.*
hocus pocus 0.1 [toverformule] *hocus-pocus* ⇒*abracadabra, hey presto* ◆ ¶.1 ∼ (pilatus) pas *hey presto!*
hocus-pocus 0.1 [tovenarij] *hocus-pocus* ⇒*jiggery-pokery,* ⟨geheimzinnig gepraat⟩ *mumbo jumbo* ◆ **2.1** er komt allerlei ∼ bij te pas *it involves a lot of h.-p./mumbo jumbo.*
hoe 0.1 [op welke wijze; in welke graad/mate] *how* **0.2** [waarom; waardoor] *how* **0.3** [hoedanig] *how* **0.4** [welk(e)] *what* **0.5** [met welke naam] *what* ◆ **2.1** je kunt wel nagaan ∼ blij zij was *you can imagine h. happy she was;* ∼ eerder ∼ liever/beter *the sooner the better,* het gaat ∼ langer ∼ beter *it is getting better all the time;* ∼ ouder ze wordt, des te minder ziet ze/∼ minder ze ziet *the older she gets, the less she sees;* ∼ ver bent u? *h. are you getting on?* **3.1** ∼ fietst zij naar school? *which way does she cycle to school?;* hij wist niet ∼ hij het had *he didn't know what had come over him;* ∼ is het (toch/in hemelsnaam) mogelijk? *well I never!, well I'll be blowed!;* ∼ moet dat nu verder? *where do we go from here?;* ∼ dat met jou moet, als het echt gevaarlijk wordt ...*what is to become of you when things get really dangerous ...;* hij vertelde, ∼ zij één voor één te voorschijn kwamen *he related h. they came out one by one* **3.2** ∼ kom je erbij? *h. can you think such a thing?;* ik weet niet ∼ het komt *I don't know why (this is happening),* ∼ komt het dat je zo laat bent? ⟨inf.⟩ *h. come you're so late?* **3.3** ∼ is het weer? *what is the weather like?, h.'s the weather?;* ∼ vind je mijn kamer? *h. do you like my room?* **3.4** ∼ is uw naam? *w. is your name?* **3.5** ∼ noemen jullie de baby? *w. are you going to call the baby?* **4.1** zij wil nu wel eens weten ∼ of wat *she wants to know where she stands* **5.1** het wordt ∼ langer ∼ moeilijker *it's getting increasingly difficult;* ∼ dan ook *anyway, anyhow; no matter h.;* ⟨op welke wijze ook⟩ *by hook or by crook;* ⟨wat er ook gebeurt⟩ *no matter what;* ∼ het ook zij *be that as it may, in any event;* ∼ vreemd het ook lijkt, ∼ duur het ook is *strange as it may seem, expensive though it is* **5.2** ∼zo?, ∼ dat zo? *h./ what do you mean?, why do you ask?* **5.5** kunst, kitsch of ∼ je het ook maar noemen wilt *art, kitsch, or whatever you want to call it* **7.1** het ∼ en waarom *the whys and the wherefores;* het ∼ en het wat *what's what, the ins and outs* **8.1** niet meer weten ∼ of wat *not know which way to turn* **8.**¶ zij danste, en ∼! *she danced, and how!*
hoed 0.1 [hoofddeksel] *hat* **0.2** [wat op een hoed lijkt] *cap* ⟨van paddestoel, orgelpijp⟩ ◆ **1.1** ⟨fig.⟩ van de ∼ en de rand weten *know what's what* **2.1** een hoge ∼ *a top h.* **3.1** de ∼ afnemen *take off one's h.;* zijn ∼ afzetten *remove one's h.;* de ∼ diep in de ogen zetten *pull one's h. down over one's eyes* **5.1** ⟨fig.⟩ ∼ af voor dit besluit *hats off to this decision* **6.1** met de ∼ in de hand *h./⟨fig.⟩ cap in hand;* ⟨fig.⟩ iets **uit** zijn ∼ toveren *conjure sth. out of a h.* ¶.1 (sprw.) met de ∼ in de hand komt men door het hele land *courtesy opens all doors.*
hoedanigheid 0.1 [aard] *quality* **0.2** [functie] *capacity* **0.3** [eigenschap] *quality* ⇒*trait* ◆ **6.2** in de ∼ **van** getuige *in one's c. as witness.*
hoede 0.1 [bescherming] *care* ⇒*protection,* ⟨voogdij⟩ *custody,* ⟨voogdij⟩ *charge,* ⟨mbt. zaak⟩ *(safe) keeping* **0.2** [behoedzaamheid] *guard* ◆ **3.1** ik vertrouw haar aan jouw ∼

toe *I place her in your care* **6.1** iem. **onder** zijn ∼ nemen *take a person under one's wing* **6.2 op** zijn ∼ zijn (voor) *be on the alert (for)/on one's g. (against);* niet **op** zijn ∼ (zijn) *(be) off g.*
hoeden I ⟨ov.ww.⟩ **0.1** [(vee) bewaken] *tend* ⇒*keep watch over, look after* ◆ **1.1** een kudde ∼ *t. a herd* ⟨vee⟩; *t. a flock* ⟨schapen, ganzen⟩;
II ⟨wk.ww.; zich ∼⟩ **0.1** [met 'voor'; zich in acht nemen] *guard (against)* ⇒*beware (of), be on one's guard (against)* ◆ **6.1** hoedt u **voor** te grote uitvoerigheid *beware of going into too much detail.*
hoedendoos 0.1 *hatbox* ⇒⟨dames ook⟩ *bandbox.*
hoedenmaker, -maakster 0.1 *hatter* ⇒⟨dameshoeden ook⟩ *milliner.*
hoedenplank 0.1 *shelf* ⇒⟨auto⟩ *rear/parcel/back shelf.*
hoedenspeld 0.1 *hatpin.*
hoedenwinkel 0.1 *hat/hatter's shop* ⇒⟨dameshoeden ook⟩ *milliner's (shop).*
hoeder, hoedster 0.1 [bewaker, meestal in samenst.] *herd* **0.2** [bescherm(st)er] *guardian* ⇒*keeper* ◆ **1.1** schapenhoeder *shepherd* **1.2** ben ik mijns broeders ∼? *am I my brother's keeper?*
hoedje 0.1 *(little) hat* ⇒*kiss-me-quick* ◆ **3.**¶ zich een ∼ schrikken *(nearly) jump out of one's skin* **6.1** ⟨fig.⟩ **onder** één ∼ spelen met *be in league with;* ⟨fig.⟩ **onder** een ∼ te vangen zijn *be subdued.*
hoef 0.1 *hoof* ⇒⟨dierk.⟩ *ungula* ◆ **2.1** gespleten en ongespleten hoeven *cloven and solid hoofs.*
hoefblad 0.1 ⟨groot⟩ *butterbur;* ⟨klein⟩ *coltsfoot.*
hoefgetrappel 0.1 *pounding/*⟨op harde grond⟩ *clatter of hoofs, hoofbeat(s)* ◆ **3.1** ik hoorde ∼ *I heard the sound of hoofs.*
hoefhamer 0.1 *shoeing hammer.*
hoefijzer 0.1 [gebogen ijzeren reep] *(horse)shoe* ⇒⟨rondom gesloten⟩ *bar shoe,* ⟨voor renpaard⟩ *plate* **0.2** [iets met de vorm v.e. hoefijzer] *horseshoe* ◆ **3.1** een ∼ verliezen *lose a shoe.*
hoefmagneet 0.1 *horseshoe magnet.*
hoefnagel 0.1 *horseshoe nail* ⇒⟨ijzingel⟩ *rough.*
hoefslag 0.1 [slag(en) met de hoef, geluid] *hoofbeat* **0.2** [spoor] *(horse)track.*
hoefsmid 0.1 *farrier* ⇒*blacksmith,* ⟨mbt. renpaarden ook⟩ *plater.*
hoegenaamd 0.1 [in welk opzicht ook, nagenoeg, vrijwel, helemaal, volstrekt] *at all, absolutely, completely* **0.2** [met 'niet' of 'geen'; niet noemenswaardig, nauwelijks] *hardly, scarcely* ◆ **4.1** er is ∼ niets van waar *it is completely untrue* **4.2** er is ∼ niets van waar *there is h. a word of truth in it* **7.1** er is ∼ geen twijfel *there's not the slightest (shadow of a) doubt.*
hoek 0.1 [wisk.] *angle* **0.2** [deel v.e. ruimte/vertrek] *corner* **0.3** [hand.] *pit* **0.4** [verborgen plaats] *nook* ⟨ook hoekje⟩ **0.5** [windstreek] *quarter* ⇒*point of the compass* **0.6** [uitstekende puntige zijde/kant] *corner* ⟨van tafel, oog, mond, straat enz.⟩ **0.7** ⟨landtong, kaap⟩ *point, head* **0.8** [boksen] *hook* ◆ **1.1** ∼ van inval/uitval *a. of incidence/reflection* **1.2** iem. alle ∼en van de kamer laten zien ⟨fig.⟩ *beat the living daylights out of s.o.* **1.7** Hoek (van Holland) *the Hook (of Holland)* **2.1** ⟨fig.⟩ iets vanuit de juiste/een andere ∼ bekijken *look at sth. from the right/from a different a.;* in een rechte ∼ *at a right a.;* een scherpe/een stompe ∼ *an acute/ obtuse a.* **2.5** de wind zat in de goede/verkeerde ∼ *the wind was in the right/wrong q.* **2.8** linkse/rechtse ∼ op de kaak *left/right h. to the jaw* **2.**¶ dode ∼ *blind spot* **3.6** de ∼ omslaan *turn the c.* **6.1** die lijnen snijden elkaar **onder** een

~ van 45° *those lines meet at an a. of 45°* **6.2** zich niet **in** een ~ laten drukken *not let o.s. be pushed around;* in de ~ staan/zetten *stand/put in the c.* **6.3** de ~ **in** oliewaarden verwerven *corner the oil market* **6.4** zij zochten **in** alle ~en en gaten *they searched (in) every n. and cranny;* raak **uit** de ~ komen *come out with a telling remark* **6.5** hij zit **in** de ~ waar de slagen vallen 〈fig.〉 *he's having a hard time of it;* 〈fig.〉 nu weet ik **uit** wat voor ~ de wind waait *now I know how things stand;* 〈fig.〉 **uit** die ~ valt niets te verwachten *nothing can be expected from that q.* **6.6** (vlak) **om** de ~ (van de straat) *(just) round/around the c.;* 〈fig.〉 daarbij komen allerlei problemen **om** de ~ kijken *that involves all kinds of problems;* de bakker **op** de ~ *the baker's on the c.;* het vijfde huis **van** de ~ *the fifth house from the c.*

hoekbank 0.1 *corner seat.*

hoekhuis 0.1 *corner house* 〈op hoek v.e. straat〉; *end house* 〈v.e. huizenrij〉.

hoekig 0.1 [met veel/scherpe hoeken] *angular* ⇒〈mbt. gezicht〉 *craggy, rugged,* 〈mbt. rotsen enz.〉 *jagged,* 〈mbt. karakter/persoonlijkheid〉 *difficult,* 〈mbt. karakter/persoonlijkheid〉 *awkward* **0.2** [stuntelig] *awkward* ◆ **1.1** een ~ gelaat *a sharp-featured/hatchet face.*

hoekje 0.1 [deel van ruimte/vertrek; van tafel/straat e.d.] *corner* **0.2** [plekje] *nook* **0.3** [afgebroken/afgescheurd stukje] *chip* 〈uit bord/steen e.d.〉; *scrap* 〈papier〉 ◆ **2.2** een rustig/gezellig ~ *a quiet/cosy n./corner* **3.**¶ het ~ omgaan *kick the bucket, snuff it* ¶**.3** een bord waar een ~ uit is *a chipped plate.*

hoekkast 0.1 *corner cupboard* ⇒〈kabinet〉 *corner cabinet.*

hoekman 〈geldw.〉 **0.1** *(stock)jobber* ⇒*specialist* ◆ **6.1** de ~ voor KLM-aandelen *the jobber for KLM shares.*

hoekmeter 0.1 [gradenboog] *protractor* **0.2** [landmeetk.] 〈astrolabium〉 *astrolabe;* 〈goniometer〉 *goniometer;* 〈sextant〉 *sextant;* 〈kwadrant〉 *quadrant;* 〈theodoliet〉 *theodolite.*

hoekpand 0.1 *corner premises/property.*

hoekpilaar 0.1 *corner pillar/column* ⇒〈fig.〉 *cornerstone, linchpin.*

hoekplaats 0.1 *corner seat.*

hoekpunt 〈wisk.〉 **0.1** *vertex* ⇒*angular point.*

hoekschop 〈sport〉 **0.1** *corner (kick).*

hoeksnelheid 〈nat.〉 **0.1** *angular velocity.*

hoekspiegel 0.1 [spiegel in een hoek] *corner mirror* **0.2** [landmeetk.] *surveyor's square.*

hoekstandig 〈plantk.〉 **0.1** *axillary* ◆ **1.1** ~e bloemen *a. flowers.*

hoeksteek 〈textiel〉 **0.1** *corner stitch.*

hoeksteen 0.1 [steen op een hoek] *cornerstone* ⇒*headstone* **0.2** [fig.] *cornerstone* ⇒*keystone, linchpin,* 〈van persoon ook〉 *pillar* ◆ **1.2** het gezin als de ~ v.d. samenleving beschouwen *regard the family as the c. of society.*

hoektand 0.1 *canine (tooth), eyetooth, dogtooth* ⇒*fang* 〈van wolf/slang〉, *tusk* 〈van paard〉.

hoekverbinding 0.1 *corner joint.*

hoekversnelling 〈nat.〉 **0.1** *angular acceleration.*

hoekvlag 〈sport〉 **0.1** *corner flag.*

hoekvormig 0.1 *angular.*

hoekwoning 0.1 *corner house* ⇒*end house (of a terrace).*

hoekworp 〈handbal, waterpolo〉 **0.1** *corner (throw).*

hoela 0.1 *hula(-hula)* ◆ **6.**¶ 〈inf.〉 **aan** m'n ~! *not likely/on your life!*

hoelang 0.1 *how long* ◆ **6.1 tot** ~ blijft hij weg? *how long will he be away?*

hoen 0.1 [kip] *hen, chicken* ⇒〈mv. ook〉 *poultry, (domestic) fowl* **0.2** [mv.; familie] *fowl;* 〈dierk.〉 *Phasianidae.*

hoenderei 0.1 *hen's egg, chicken's egg.*

hoenderfokkerij 0.1 *poultry farm* ⇒*hennery.*

hoenderhok 0.1 *hencoop, henhouse* ⇒*poultry-house.*

hoenderpark 0.1 *poultry farm.*

hoenderpest 0.1 *fowl pest* ⇒*fowl plague, roup.*

hoentje 0.1 [kleine kip] *chicken* ⇒〈kuikentje〉 *chick,* 〈beginnende legkip〉 *pullet* **0.2** [kleine patrijs] *chick(en)* ◆ **8.1** zo fris als een ~ *as chirpy as a cricket.*

hoepel 0.1 *hoop* ⇒*ring,* 〈om wagenwiel〉 *tyre* ◆ **8.1** zo krom als een ~ *as bent as a corkscrew.*

hoepelen 0.1 *play with a hoop* ⇒*trundle/bowl a hoop,* 〈mbt. hoelahoep〉 *hulahoop.*

hoepelrok 0.1 *hoop skirt* ⇒〈crinoline〉 *crinoline,* 〈hoepelpetticoat〉 *hoop petticoat.*

hoepla 0.1 〈bij ongecontroleerde beweging, bv. val〉 *whoops, oops(-a-daisy);* 〈bij gecontroleerde beweging, bv. sprong〉 *ups-a-daisy, here we go.*

hoepsa(sa) 0.1 *ups-a-daisy.*

hoer 0.1 [prostituee] *whore* **0.2** [verachtelijke vrouw] *whore, bitch* ◆ **3.1** de ~ spelen, zich als een ~ gedragen *act like a w.* **6.1** voor ~ zitten *be on the game.*

hoera¹ 〈het〉 **0.1** *hurray, hooray, hurrah* ⇒*yippee* ◆ **2.1** een donderend ~ *a rousing cheer* **3.1** ~ roepen (voor) *cheer (on).* ,

hoera² 〈tw.〉 **0.1** *hurray, hooray, hurrah* ◆ **6.1** ~ voor de revolutie *long live the revolution;* 〈ook〉 *up the revolution!*

hoerachtig 0.1 *whorish* ⇒*sluttish, tarty* ◆ **3.1** zich ~ kleden *dress like a tart.*

hoerageroep 0.1 *cheers, hoorahs.*

hoerastemming 0.1 *jubilant mood* ◆ **6.1** in een ~ verkeren *be over the moon/on top of the world.*

hoeren →**hoereren.**

hoerenhuis 0.1 *whorehouse;* 〈vero. of scherts.〉 *bawdy-house.*

hoerenjong, hoerenkind 0.1 [oneerlijk/listig persoon] *bastard, son of a bitch* **0.2** [onwettig kind] *bastard* **0.3** [druk.] *widow.*

hoerenkast 0.1 *whorehouse.*

hoerenloper 0.1 *whore-hopper.*

hoerenmadam 0.1 *madam(e).*

hoereren 0.1 *whore* ⇒*fornicate, go to/visit prostitutes.*

hoerig 0.1 *whorish* ⇒*sluttish, tarty* ◆ **3.1** die jurk/make-up maakt je erg hoerig *that dress/make-up makes you look like a (French) whore/tart.*

hoes 0.1 *cover(ing)* ⇒〈voor plaat〉 *(record) sleeve,* 〈stoflaken voor stoel ook〉 *dust cover/sheet.*

hoeslaken 0.1 *fitted sheet.*

hoest 0.1 *cough* ◆ **2.1** een droge/schorre ~ *a dry/hoarse c.* **3.1** ik heb de ~/een lelijke ~ *I've got a c./a nasty c.*

hoestbonbon 0.1 *cough drop.*

hoestbui 0.1 *fit of coughing, coughing fit* ◆ **2.1** zij kreeg een hevige ~ *she had a bad fit of coughing.*

hoestdrank 0.1 *cough mixture.*

hoestdruppels 0.1 *cough drops.*

hoestekst 0.1 *sleeve note(s).*

hoesten I 〈onov.ww.〉 **0.1** [de hoest hebben] *cough* **0.2** [kuchen] *cough* ⇒*clear one's throat* 〈de keel schrapen〉; **II** 〈ov.ww.〉 **0.1** [bij een hoestaanval opgeven] *cough (up/out)* ◆ **1.1** bloed ~ *c. (up) blood* ¶**.1** zijn longen uit zijn lijf ~ *cough one's head off.*

hoestmiddel 0.1 *cough medicine, (cough) linctus* ⇒〈med.〉 *antitussive, cough suppressant.*

hoestsiroop 0.1 *cough syrup* ⇒*(cough) linctus.*

hoeststillend 0.1 *anti-tussive, cough-supprissant.*

hoesttablet 0.1 *cough drop/lozenge/pastille.*

hoeve 0.1 *farm(stead)* ⇒⟨alleen woning van hoeve⟩ *farmhouse, homestead.*

hoeveel 0.1 *how much/many* ◆ **1.1** ~ appelen zijn er? *how many apples are there?;* ~ geld heb je bij je? *how much money do you have on you?;* ~ tegenspoed hij ook heeft ... *however much bad luck he has* ... **3.1** ~ is het? *how much (is it)?;* ⟨scherts.⟩ *what's the damage?;* ~ is vier plus vier? *what do four and four make?, how much is four plus four?;* ~ staat het/er? ⟨bij wedstrijd⟩ *what's the score?;* zeg maar ~ ⟨melk in de koffie enz.⟩ *say when* **6.1 met** hoevelen waren jullie? *how many of you were there?*

hoeveelheid 0.1 [aantal] *amount* ⇒*quantity,* ⟨volume⟩ *volume* **0.2** [portie, dosis] *quantity* ⇒*amount,* ⟨dosis⟩ *dose* ◆ **2.1** een grote/kleine ~ a *large/small a./quantity* **2.2** dit middel moet bij kleine hoeveelheden gebruikt worden *this medicine must be taken in small doses;* een zekere ~ water a *certain amount of water.*

hoeveelste 0.1 [mbt. een rangorde]⟨zie 1.1, 3.1⟩ **0.2** [mbt. een verhouding] *what part* ◆ **1.1** de ~ juli ben je jarig? *when in July is your birthday?;* voor de ~ keer vraag ik het je nu? *how many times have I asked you?* **1.2** het ~ deel van een liter is 10 cm³? *what fraction of a litre is 10cc?* **3.1** de ~ hebben we/is het vandaag? *what day of the month is it today?, what's the date today?*

hoeven I ⟨ov.ww.⟩ **0.1** [moeten] *need (to)* ⇒*have to* ◆ **3.1** dat had je niet ~ (te) doen *you didn't need/have to do that, there was no need for you to do that;* ⟨bij ontvangst van geschenk⟩ *you shouldn't have (done that);* je hoeft niet zo'n keel op te zetten *you don't n. to/there's no need to yell;* daar hoef je niet bang voor te zijn *you needn't worry about that* **4.1** jij hoeft niets? ⟨drankje, gebakje⟩ *are you all right (for a drink/cake etc.)?* **5.1** ik hoef niet zo nodig *I'm not very interested/keen;* **II** ⟨onov.ww.⟩ **0.1** [nodig zijn] *matter* ⇒*be necessary* ◆ **4.1** het had niet gehoeven *you didn't have to do that, you shouldn't have done that;* het mag wel, maar het hoeft niet *you can but you don't have to* **6.1** ⟨inf.⟩ **van/voor** mij hoeft het niet *I'd sooner not.*

hoever(re) 0.1 *how far;* ⟨tot op welke hoogte⟩ **to what extent** ◆ **6.1 in** hoeverre hij gelijk heeft, weet ik niet *I don't know to what extent he's right.*

hoewel 0.1 [ofschoon] *(al)though, even though* **0.2** [bij twijfel] *although* ⇒*however* ◆ **¶.1** ~ het pas maart is, zijn de bomen al groen *even though it's only March the trees are already in leaf* **¶.2** ze gelooft niet in spoken, ~ ... *she doesn't believe in ghosts, but then again ...*

hoezee 0.1 *hurrah.*

hoezeer¹ ⟨bw.⟩ **0.1** *how much* ◆ **3.1** ik kan je niet zeggen ~ het mij spijt *I can't tell you how much I regret it.*

hoezeer² ⟨vw.⟩ **0.1** [meestal met 'ook'] *however much, much as/though* ◆ **5.1** ~ ik hem ook waardeer, dit kan ik niet goedkeuren *much as I admire him I can't approve of this.*

hoezo 0.1 *what/how do you mean?, in what way/respect?* ◆ **¶.1** ⟨scherts.⟩ ~ crisis? *crisis? what crisis?*

hof I ⟨het⟩ **0.1** [omgeving v.e. vorst; gerechtshof; eerbiedige opwachting] *court* **0.2** [hofhouding] *court* ⇒*royal household* ◆ **1.1** het ~ van appel/cassatie *the c. of appeal/cassation* **3.1** iem. het ~ maken *pay c. to s.o.; court* ⟨mbt. vrouw⟩ **6.1** hij heeft vele relaties **aan** het ~ *he has numerous contacts at c.;*

II ⟨de⟩ **0.1** [tuin] *garden* ⇒⟨binnenhof⟩ *court(yard),* ⟨binnenhof/binnenplaats⟩ *quad(rangle)* ⟨bv. van universiteitsgebouwen in Oxford/Cambridge⟩ ◆ **1.1** ⟨rel.⟩ de ~ van Eden *the Garden of Eden.*

hofarts 0.1 *royal doctor, court physician* ⇒⟨in GB ook⟩ *King's/Queen's Doctor.*

hofceremonieel 0.1 *court ceremonial/protocol.*

hofdame 0.1 ⟨BE⟩ *lady-in-waiting* ⇒⟨BE ook⟩ *lady-of-the-bedchamber,* ⟨ongehuwd⟩ *maid of honour.*

hoffelijk 0.1 *courteous* ⇒⟨beleefd⟩ *polite,* ⟨hoofs⟩ *courtly.*

hoffelijkheid 0.1 [het hoffelijk zijn] *courtesy* **0.2** [uiting, vorm] *(act of) courtesy* ⇒*courteous act(ion)* ◆ **6.1 uit** ~ (voor) *out of c. (to).*

hofgebruik 0.1 *court etiquette.*

hofhouding 0.1 *(royal) household* ⇒*court.*

hofje 0.1 [om een binnenplein gelegen huisjes] *±(court of) almshouses* **0.2** [gemeenschappelijke binnenplaats/tuin] *courtyard* **0.3** [kleine tuin] *garden.*

hofkapel 0.1 [kerkje] *court chapel* **0.2** [korps muzikanten] *court chapel* ⇒⟨van koning⟩ *royal chapel,* ⟨GB⟩ *Chapel Royal.*

hofkring 0.1 *court(ly) circle.*

hofleven 0.1 *court(ly) life* ⇒*life at court.*

hofleverancier 0.1 *purveyor to the Royal Household/to His/Her Majesty the King/Queen, Royal Warrant Holder* ◆ **3.1** iem. tot ~ aanstellen *issue a Royal Warrant to s.o.* **6.1** Hyams en Zn., ~ **van** wijn/auto's ⟨enz.⟩ *Hyams and Son, (by Appointment) Purveyor of Wines/Motors* ⟨enz.⟩ *to H.M. the Queen.*

hofmeester, -es 0.1 *steward* ⟨m.⟩*, stewardess* ⟨v.⟩.

hofnar 0.1 *court jester* ⇒*fool.*

hofstede 0.1 *homestead, farm(stead)* ⇒⟨groot⟩ *manor.*

hoge 0.1 [duikplank] *high (diving) board* **0.2** [gewichtig persoon] *high-up* ⇒⟨inf.⟩ *big noise/shot.*

hogedrukgebied 0.1 *high-pressure area, anticyclone.*

hogedrukpan 0.1 *pressure cooker.*

hogedrukspuit 0.1 *high-pressure paint spray.*

hogelijk →*hooglijk.*

hogepriester 0.1 *high priest.*

hogerhand ◆ **1.¶** op bevel van ~ *by order of the authorities* **6.¶ van** ~ ⟨ook iron.⟩ *by the powers that be; from above/on high.*

Hogerhuis 0.1 *House of Lords* ⇒*Upper House.*

hogerop 0.1 [naar een hogere stand; in hoger beroep] *higher up* **0.2** [stroomopwaarts] *upstream* ◆ **3.1** hij wil ~ *he wants to get on;* 't ~ zoeken *take it higher up.*

hogeschool 0.1 [academie] *college (of advanced/higher education), polytechnic* ⇒*academy, school* **0.2** [dressuur van paarden] *high school (riding), dressage* ⇒*haute école* ◆ **2.1** Economische ~ *School of Economics;* Technische ~ *College/Institute of Technology;* ⟨BE ook⟩ *Polytechnic (College).*

hogesnelheidslijn 0.1 *high-speed rail link.*

hogesnelheidstrein 0.1 *high-speed train.*

hogetonenluidspreker 0.1 *tweeter.*

hoi 0.1 ⟨als begroeting⟩ *hi, hello;* ⟨om aandacht te trekken⟩ *hey* ⇒⟨uiting van vreugde⟩ *hurray,* ⟨uiting van vreugde⟩ *whoopee.*

hok 0.1 [ruimte voor opslag/berging]⟨schuurtje⟩ *shed;* ⟨(berg)kast, bergruimte⟩ *closet, storeroom;* ⟨voor kolen⟩ *coal-shed;* ⟨keet⟩ *hut* **0.2** [verblijf voor dieren] *pen* ⇒ *(dog-)kennel* ⟨hond⟩, *(pig-)sty* ⟨varken⟩, *(rabbit-)hutch* ⟨konijnen⟩, *dovecot(e)* ⟨duiven⟩, *hen-house/ coop* ⟨kippen⟩ **0.3** [krot] *dump* ⇒*hole* ◆ **2.2** uit een goed ~ zijn *come/be from a good* ⟨paarden⟩ *stable* ⟨honden, katten, enz.⟩ *litter.*

hokje 0.1 [cabine]⟨verkeer⟩ *cabin; (sentry-)box* ⟨schildwacht⟩; ⟨kleedhokje⟩ *cubicle;* ⟨kamertje⟩ *cubby hole;* ⟨stemhokje, in platenwinkel enz.⟩ *booth* **0.2** [afdeling] *compartment* ⇒⟨in bureau, voor brieven⟩ *pigeon-hole*

⟨ook fig.⟩, ⟨op formulier/speelbord⟩ *square*, ⟨op formulier ook⟩ *box* ◆ **3.2** het~ aankruisen/invullen *put a tick against* **6.2** iem. in een ~ zetten ⟨fig.⟩ *pigeon-hole s.o.*; in ~s verdelen *compartmentalize*.

hokjesgeest, hokjesmentaliteit 0.1 *parochialism* ⇒*narrow/petty-mindedness*.

hokken 0.1 [op één plek blijven] *stay (put)* **0.2** [samenwonen (met)] *shack up (with)* ◆ **5.1** hij hokt altijd thuis *he sits at home all day* **5.2** zij hokken samen *they are shacking up (together)*.

hokk(er)ig 0.1 *poky* ◆ **1.1** een ~ huis *a p. little house*.

hokvast 0.1 *home-loving* ⇒*stay-at-home*, ⟨vnl. mbt. duiven⟩ *homing* ◆ **1.1** de Hollander is nogal ~ *a Dutchman is fond of his own fireside*.

hol[1] I ⟨het⟩ **0.1** [grot] *cave* ⇒*cavern, grotto* **0.2** [verblijf/schuilplaats v.e. dier] *hole* ⟨ook van vos⟩ ⇒*lair, den* ⟨vnl. van grote carnivoren⟩, *burrow* ⟨van konijn⟩, *lodge* ⟨van bever⟩, ⟨van vos, das ook⟩ *earth* **0.3** [bergplaats] *hole* ⇒⟨van dieren, rovers enz.⟩ *haunt, hangout* **0.4** [scheepsruim] ⟨romp⟩ *hull;* ⟨ruim⟩ *hold* **0.5** [vulg.; achterste] *arse* ⇒*bum* ◆ **2.1** ⟨fig.⟩ een donker~ ⟨kamer⟩ *a dark hole* **3.2** zijn~ in-vluchten *go to ground/earth* **6.1** deze volksstam woonde **in**~en *this tribe lived in caves/were cave-dwellers* **6.2** zich wagen **in** het~ v.d. leeuw ⟨fig.⟩ *beard/brave the lion in his den;* de vijand **in** zijn ~ opzoeken *venture into the lion's den* **7.¶**⟨vulg.⟩ het kan hem geen ~ schelen *he doesn't give a damn;*

II ⟨de⟩ **0.1** [het hollen]⟨zie 6.1⟩ ◆ **6.1** op~ slaan ⟨paard⟩ *bolt;* ⟨kudde⟩ *stampede; run wild/amuck* ⟨ook fig.⟩; ⟨fig.⟩ *run riot;* een **op**~ geslagen paard *a runaway (horse);* zijn verbeelding was **op**~ geslagen *his imagination had run away with him*.

hol[2] ⟨bn., bw.⟩ **0.1** [niet massief] *hollow* **0.2** [niet bol] *hollow* ⇒⟨concaaf⟩ *concave*, ⟨tech. ook⟩ *female* ⟨ontvangend⟩, *sunken* ⟨weg, ogen, wangen⟩, ⟨blik⟩ *gaunt* **0.3** [waar niets inzit, ook fig.] *hollow* ⇒*empty* ⟨ook belofte/woorden, maag⟩, *gaunt* ⟨vertrek⟩, *cavernous* ⟨vertrek⟩, ⟨belofte ook⟩ *idle* **0.4** [mbt. geluiden] *hollow* ⇒*cavernous* ◆ **1.1** ⟨med.⟩ de ~le aders *venae cavae* **1.2** ~le weg *sunken road, cutting* **1.3** ⟨fig.⟩ ~le woorden/frasen ⟨ook⟩ *mere rhetoric* **1.¶** ~le stempel *female die* **3.2** een ~ geslepen brillenglas *a concave lens* **3.4** ~ klinken *sound h./empty* **3.¶** de zee staat ~ *the sea is (very) rough* **7.2** het ~le v.d. hand/v.d. voet *the h. of the hand, the arch of the foot* **7.¶** in het ~st v.d. nacht *at dead of night*.

hola 0.1 ⟨om aandacht te trekken⟩ *hallo;* ⟨om tegen te houden/tot matiging aan te sporen⟩ *hang/hold on (a minute);* ⟨inf.⟩ *half a tick, wait a sec* ◆ **.¶.1** ~ vriend, dat gaat zo maar niet *hold/hang on mate, you can't do that*.

holbewoner 0.1 [persoon] *cave-dweller* ⇒*troglodyte, caveman* **0.2** [dier] *troglodyte, cave animal*.

holderdebolder 0.1 ⟨val mbt. personen⟩ *head over heels;* ⟨val mbt. voorwerpen⟩ *higgledy-piggledy;* ⟨zeer snelle beweging⟩ *helter-skelter, hurry-scurry* ◆ **3.1** alles vloog ~ de trap af *everything fell higgledy-piggledy down the stairs*.

holheid 0.1 [het hol zijn] *hollowness* ⇒⟨concaafheid⟩ *concavity* **0.2** [onbeduidendheid] *emptiness*.

Holland 0.1 [Noord- en Zuid-Holland] *Holland* **0.2** [Nederland] *Holland* ⇒*the Netherlands* ◆ **.¶.¶** dat is ~ op zijn smalst *how petty(-minded) can you get!; that's typical Dutch narrow-mindedness*.

Hollander, Hollandse 0.1 [bewoner van Noord- of Zuid-Holland] *inhabitant of North/South Holland* **0.2** [bewoner van Nederland] *Dutchman, Dutchwoman* **0.3** [schip]

Dutchman ⇒*Hollander* ◆ **2.¶** de Vliegende ~ *the Flying Dutchman* **¶.2** de ~s *the Dutch, the people of Holland*.

Hollands[1] ⟨het⟩ **0.1** *(High) Dutch* ◆ **2.1** ⟨inf.⟩ iem. in goed ~ iets zeggen *tell s.o. straight, not mince one's words with s.o.*

Hollands[2] ⟨bn.⟩ **0.1** [v.h. gewest Holland] *from (the province of) North/South Holland* **0.2** [Nederlands] *Dutch* ⇒*Netherlands* ◆ **1.2** ~e nieuwe *D./salted herring;* de ~e schilderschool *the D. School (of painting);* ⟨er uitzien als⟩ ~ welvaren *look like a million dollars*.

hollen 0.1 [mbt. paarden] *bolt, run away* **0.2** [rennen] *run* ⇒*race* ◆ **3.2** ⟨fig.⟩ het is met hem ~ of stilstaan *it's always all or nothing with him* **5.2** ⟨fig.⟩ de zieke/zaak holt achteruit *the patient/business is rapidly going downhill* **6.2** achter iem. aan ~ *run after s.o.;* van het ene karwei naar het andere ~ *run/dash from one chore to the next*.

hollend 0.1 *racing, galloping* ◆ **1.1** ~e inflatie *g. inflation* **3.1** de zieke/de zaak gaat ~ achteruit *the patient/business is rapidly going downhill*.

holletje ◆ **6.¶** op een ~ *at a run/gallop*.

holocaust 0.1 *holocaust*.

Holoceen ⟨geol.⟩ **0.1** *Holocene* ⇒*Recent*.

hologig 0.1 *hollow-eyed* ⇒⟨uitgemergeld⟩ *gaunt*, ⟨van zorg enz.⟩ *haggard*.

holografie ⟨foto.⟩ **0.1** *holography*.

hologram 0.1 *hologram*.

holster 0.1 *holster*.

holte 0.1 [lege ruimte] *cavity* ⇒*hollow, hole*, ⟨nis⟩ *niche* **0.2** [uitholling, kom] *hollow* ⇒⟨van oog/gewrichtsholte⟩ *socket*, ⟨kuil(tje)⟩ *pit*, ⟨van elleboog⟩ *crook* **0.3** [diepte] *draught* ⇒*depth*.

holwangig 0.1 *hollow-cheeked* ⇒*gaunt*.

holwoning 0.1 *cave dwelling* ⇒⟨in kuil⟩ *pit dwelling*.

hom 0.1 [klier, teelvocht] *milt* ⇒⟨klier ook⟩ *soft roe* **0.2** [mannetjesvis] *milter* ◆ **6.1** ⟨fig.⟩ **met** ~ en kuit *bones and all, whole*.

homeopaat 0.1 *homoeopath*.

homeopathie 0.1 *homoeopathy*.

homeopathisch 0.1 *homoeopathic* ◆ **1.1** de ~e geneeswijze *h. medicine*.

homepage ⟨comp.⟩ **0.1** *home page*.

homerisch 0.1 *Homeric* ◆ **1.1** een ~ gelach *H. laughter;* een ~e strijd *an H./heroic struggle*.

Homerus 0.1 *Homer*.

hometrainer 0.1 *home trainer*.

hommage 0.1 *homage* ◆ **3.1** een ~ brengen aan iem. *do/pay h. to s.o.*

hommel 0.1 *bumblebee*.

hommeles ◆ **3.¶** ~ hebben (met) *have a row (with);* 't is weer ~ (tussen hen) *they are at each other's throats/at it again*.

homo[1] ⟨de⟩ **0.1** [mens] *homo* **0.2** [homoseksueel] *gay;* ⟨verwijfd⟩ *fairy, queen* ◆ **¶.1** ⟨biol.⟩ ~ sapiens *h. sapiens*.

homo[2] ⟨bn.⟩ **0.1** *gay* ⇒*homosexual*.

homobar 0.1 *gay bar*.

homobeweging 0.1 *gay (rights) movement;* ⟨militant⟩ *Gay Power*.

homo-erotiek 0.1 *homoeroticism*.

homofiel 0.1 ⟨zn. en bn.⟩ *homosexual*.

homofilie 0.1 *homosexuality*.

homofonie 0.1 *homophony* ⇒⟨muz. ook⟩ *monophony*.

homogeen 0.1 *homogeneous* ⇒*uniform* ◆ **1.1** een homogene massa *a h. mass;* een homogene ploeg *a well-balanced team*.

homogeniseren 0.1 *homogenize*.

homogeniteit 0.1 *homogeneity.*
homohaat 0.1 *homophobia.*
homohuwelijk 0.1 *gay marriage* ⇒*(gay) blessing.*
homoloog 0.1 *homologous.*
homoniem 〈taal.〉 **0.1** *homonym.*
homopaar 0.1 *gay couple.*
homoseksualiteit 0.1 *homosexuality* ⇒〈mbt. vrouwen
ook〉 *lesbianism.*
homoseksueel 0.1 〈zn. en bn.〉 *homosexual.*
homp 0.1 *chunk* ⇒〈groot〉 *hunk, huge lump* ♦ **1.1** een ~
brood *a c./hunk of bread.*
hond 0.1 [huisdier] *dog* ⇒〈jachthond〉 *hound* **0.2** [scheld-
woord] *dog* ⇒*cur* ♦ **2.1** 〈fig.〉 hij is (altijd) de gebeten ~ *he
always gets the blame, he can never do anything right;* er
uitzien als een geslagen ~ *have one's tail between one's
legs;* een staande ~ *a pointer* **2.2** ondankbare ~! *ungrateful swine!;* stomme ~ *stupid fool/idiot* **2.¶** 〈med.〉 rodehond *German measles* **3.1** daar zouden de ~en geen brood
van lusten *even a d. would turn up its nose at that;* pas op/
wacht u voor de ~ *beware of the d.;* ~ en niet toegelaten *no
dogs (allowed);* de ~ uitlaten *take the d. (out) for a walk; let
the d. out;* 〈fig.〉 de ~ in de pot vinden *have to go without
one's dinner* **6.1** ~en **aan** de lijn! *dogs must be kept on the
leash!* **7.1** 〈fig.〉 geen ~ *not a soul, nobody* **8.1** zo moe zijn
als een ~ *be d.-tired;* hij was zo ziek als een ~ *he was as
sick as a d./cat* **¶.1** 〈sprw.〉 men moet geen slapende ~en
wakker maken *let sleeping dogs lie;* 〈sprw.〉 blaffende ~-en
bijten niet *barking dogs don't bite;* 〈sprw.〉 als twee ~en
vechten om een been, loopt de derde ermee heen *two dogs
fight for a bone, and a third runs away with it;* ~ in de goot!
dogs use the gutter.
hondenasiel 0.1 *dogs' home.*
hondenbaan 0.1 *lousy/rotten/awful job.*
hondenbeet 0.1 *dogbite.*
hondenbelasting 0.1 *dog-licence (fee).*
hondenbezitter, -ster 0.1 *dog owner.*
hondenbrokken 0.1 *dry dog food* 〈enk.〉.
hondenfluitje 0.1 *dog whistle.*
hondenhok 0.1 [verblijf v.e. waakhond] *(dog) kennel* **0.2**
[slecht verblijf] *dump.*
hondenjong 0.1 *pup(py).*
hondenleven 0.1 *dog's life* ♦ **3.1** hij heeft een ~ *he leads a
d. l.*
hondenliefhebber 0.1 *dog lover.*
hondenlijn 0.1 *lead, leash.*
hondenlul 〈vulg.〉 **0.1** *prick.*
hondenogen 0.1 *dog's eyes* ⇒*dog(gy) eyes* ♦ **2.1** hij keek
haar met zijn trouwe ~ aan *he looked at her with the trusting eyes of a dog.*
hondenpenning 0.1 [belastingpenning] *dog license disc*
0.2 [mil.] *dog tag.*
hondenpension 0.1 *(boarding) kennel(s).*
hondenpoep 0.1 *dog dirt* ⇒〈vulg.〉 *dogshit.*
hondenpoepschopje, hondenpoepschep 0.1 *poop scoop* ⇒
pooper scooper.
hondenras 0.1 *breed of dog.*
hondenren 0.1 *dog/greyhound race.*
hondensalon 0.1 *dog/doggy trimming parlour.*
hondenstamboek 0.1 *dog pedigree.*
hondenteek 0.1 *dog tick.*
hondententoonstelling 0.1 *dog show.*
hondentoilet 0.1 *dogs' toilet.*
hondentrimmer, -ster 0.1 *canine beautician.*
hondentrouw 0.1 *doglike devotion.*
hondenvoer 0.1 *dog food.*

hondenwacht 〈scheep.〉 **0.1** *middle watch* ⇒*graveyard
watch.*
hondenweer 0.1 *foul/filthy weather.*
hondenziekte 0.1 *(canine) distemper.*
honderd¹ 〈het〉 **0.1** [honderd stuks] *hundred* **0.2** [mv.; hon-
derdtal] *hundred(s)* ♦ **1.2** ~en jaren/keren *hundreds of
years/times* **2.2** enige ~en (boeken) *a few hundred (books)*
6.2 zij sneuvelden **bij** ~en *they died in their hundreds;* zijn
verlies loopt in de ~en *his losses run into the hundreds* **6.¶**
alles loopt **in** het ~ *everything is going haywire;* de boel **in**
het ~ sturen *mess things up;* **in** het ~ laten lopen *upset*
〈plan, vergadering〉; 〈sl.〉 *cock up.*
honderd² 〈telw.〉 **0.1** *hundred* ♦ **1.1** een bankbiljet van ~
gulden *a h.-guilder (bank)note;* in geen ~ jaar! *not on your
(sweet) life, not in a million years!;* het jaar ~ *the year one
h.;* dat heb ik nu al (minstens) ~ keer gezegd *(if I've said it
once) I've said it a h. times;* de ~ meter (sprint) *the h.
metres (sprint);* een paar ~ boeken *a few h. books;* ik voel
me niet helemaal ~ procent *I'm not feeling too bright;* ~
procent zeker zijn (van) *be absolutely positive* **3.1** die
wordt nog ~ *he'll live to be a h.* **6.1** er zijn er **over** de ~
there are more than a h.; hij loopt **tegen** de ~ (jaar) *he's
getting on for a h.;* een meisje **uit** ~ *a girl in a million.*
honderdduizend 0.1 *a/one hundred thousand* ♦ **1.1** de
schade loopt in de ~en guldens *the damage runs into six
figures;* 〈enige〉 ~en (mensen) *(some) hundreds of thousands (of people)* **7.1** de ~ winnen ±*draw first prize (in the
Dutch State Lottery).*
honderdjarig 0.1 [honderd jaar oud/durende] *hundred-
year-old* **0.2** [om de eeuw plaatsvindend] *centenary* ♦
1.1 het ~ bestaan vieren *celebrate the hundredth anniver-
sary/the centenary;* de Honderdjarige Oorlog *the
Hundred Years' War.*
honderdjarige 0.1 *centenarian.*
honderdje 0.1 *hundred-guilder note.*
honderdmaal 0.1 *a hundred times* ♦ **2.1** dat is ~ beter
that's a hundred times better **3.1** dat heb ik je nu al ~ gezegd *(if I've told you once,) I've told you a hundred times.*
honderdste 0.1 〈zn. en rangtelw.〉 *hundredth* ♦ **1.1** het ~
deel *the (one) h. part, a h.;* ik probeer het nu al voor de ~
maal *I've tried it a hundred times.*
honderdtal 0.1 *(a/one) hundred* ⇒*century* ♦ **1.1** een ~ platen *about a h. records* **6.1** bij ~len *in their hundreds.*
honderduit 0.1 **3.¶** ~ praten *talk nineteen to the dozen.*
honderdvoud 0.1 *multiple of one hundred* ⇒*centuple* ♦
6.1 in ~ *in centuplicate/hundredfold.*
hondje 0.1 *doggy* ⇒*little dog,* 〈kind.〉 *bowwow* ♦ **2.1** een
jong ~ *a pup(py)* **6.1 op** zijn ~s zwemmen *(swim) dog paddle, swim like a dog* **8.1** als een ~ iem. achterna lopen *run
after s.o. like a dog* **¶.1** 〈sprw.〉 er zijn meer ~s die Fikkie
heten *there's more than one Jack at the fair.*
honds 0.1 *despicable* ⇒*shameful, scandalous* ♦ **3.1** iem. ~
behandelen *treat s.o. like dirt.*
hondsberoerd 0.1 *sick as a dog.*
hondsbrutaal 0.1 *brazen* ⇒*shameless, bloody cheeky* ♦ **3.1**
die kinderen zijn werkelijk ~ *those kids are incredibly
cheeky.*
hondsdagen 0.1 *dog days.*
hondsdol 0.1 *rabid, mad* ⇒〈med.〉 *hydrophobic.*
hondsdolheid 0.1 *rabies* ⇒*hydrophobia* ♦ **6.1** inenting tegen ~ *r. shot.*
hondsdraf 0.1 *ground ivy.*
hondsmoe 0.1 *dog-tired* ⇒*tired to death.*
Honduras 0.1 *Honduras.*
Hondurees 0.1 〈zn. en bn.〉 *Honduran.*

honen 0.1 [smaden] *deride* ⇒*scoff (at)* **0.2** [glad slijpen] *hone.*

honend 0.1 *derisive* ⇒*sneering* ◆ **3.1** hij lachte ~ *he laughed derisively;* ..., zei hij ~ ..., *he sneered.*

Hongaar, -se 0.1 *Hungarian.*

Hongaars 0.1 (bn. en zn.) *Hungarian.*

Hongarije 0.1 *Hungary.*

honger 0.1 [eetlust] *appetite* ⇒*hunger* **0.2** [begeerte] *lust* ⇒ *appetite,* (fig.) *hunger* ◆ **2.1** een razende ~ *raging hunger* **3.1** ik heb toch een ~! *am I hungry!;* ~ hebben *be/feel hungry;* ~ lijden *go hungry, starve;* zijn ~ stillen *satisfy one's a.* **6.1** ik rammel / verga **van** de ~ *I'm starving;* **van** ~ sterven (fig.) *be dying for sth. to eat;* (lett.) *die of hunger, starve to death* **6.2** ~ **naar** geld en goed *greed* **8.1** ik heb een ~ als een paard *I'm so hungry I could eat a horse.*

hongerdieet 0.1 *starvation diet.*

hongerdood 0.1 *death by/from starvation* ◆ **3.1** de ~ sterven *starve to death.*

hongeren 0.1 [honger lijden] *starve* **0.2** [met 'naar'; sterk verlangen] *hunger (for)* ⇒*be hungry (for), crave (for).*

hongerig 0.1 [honger hebbend] *hungry;* (veel) *famished;* (beetje) *peckish* **0.2** [verlangend] *hungry* ⇒*eager.*

hongerkuur 0.1 *starvation/fasting cure/therapy* ◆ **3.1** een ~ ondergaan *take a s. c.*

hongerlijder, -lijdster 0.1 [iem. die altijd honger heeft] *glutton, pig* **0.2** [iem. met een zeer gering inkomen] *s.o. on the breadline* ◆ **8.1** hij ziet eruit als een ~ *he has a starved/famished look.*

hongerloon 0.1 *pittance* ⇒*subsistence/starvation wages* ◆ **3.1** een ~ tje hebben *work for a p.*

hongeroedeem 0.1 *hunger oedema.*

hongersnood 0.1 *famine* ⇒*starvation,* (schaarste) *dearth* ◆ **3.1** in al die landen heerst ~ *there is a f. in all these countries.*

hongerstaker 0.1 *hunger striker.*

hongerstaking 0.1 *hunger strike* ◆ **6.1** in ~ (gaan / zijn) *(go/be) on (a) h. s.*

honing 0.1 [door bijen bereide stof] *honey* **0.2** [bloemvocht] *nectar* ◆ **3.1** (fig.) iem. ~ om de mond smeren *butter s.o. up* **8.1** zo zoet als ~ *as sweet as h.*

honingbij 0.1 *honeybee.*

honingbloem 0.1 *honeyflower.*

honingdrank 0.1 *mead.*

honingklaver 0.1 *melilot* ⇒*sweet clover.*

honingkleur 0.1 *honey(-colour).*

honingkliertje (plantk.) **0.1** *nectary* ⇒*honey gland.*

honingpot 0.1 *honey pot/jar.*

honingraat 0.1 *honeycomb.*

honingsmaak 0.1 *honey flavour* ⇒*taste of honey* ◆ **6.1 met** ~ *honey-flavour(ed).*

honingzoet 0.1 *honey-sweet* ⇒*honeyed, sweet as honey,* (vnl. fig.) *mellifluous* ◆ **1.1** op ~ e toon *with honeyed tongue.*

honk 0.1 [kinderspel] *home (base)* **0.2** [sport] *base* **0.3** [thuis] *home* ◆ **3.2** een ~ stelen *steal a b.* **6.3** van ~ zijn *be away from h.* **7.2** het eerste ~ bereiken *get to first b.*

honkbal (sport) **0.1** *baseball.*

honkbalknuppel 0.1 *(baseball) bat.*

honkballen (sport) **0.1** *play baseball.*

honkballer (sport) **0.1** *baseball player.*

honkloper, -loopster (sport) **0.1** *baserunner.*

honkman (sport) **0.1** *baseman.*

honkslag (sport) **0.1** *(one-)base hit* ⇒*single, one-bagger.*

honneurs 0.1 [eerbewijzen] *honours* **0.2** [kaartspel] *honour cards* ◆ **3.1** de ~ waarnemen *do the h.*

honorabel 0.1 *honourable* ⇒*admirable.*

honorair ◆ **1.**¶ een ~ ambt *an honorary post;* een ~ lid *an honorary member.*

honorarium 0.1 (dokter, advocaat) *fee;* (commissarissen) *remuneration;* (salaris) *salary;* (van boekverkoop) *royalty* ⇒*honorarium.*

honoreren 0.1 [honorarium geven voor] *pay* ⇒*remunerate,* (advocaat ook) *fee* **0.2** [als geldig erkennen] *honour* ⇒*give due protection/ honour, recognize* (diploma) ◆ **6.1** (fig.) een opstel **met** een zeven ~ *give/award an essay seven out of ten.*

honoris causa 0.1 *honorary* ◆ **1.1** hij is tot doctor ~ bevorderd *he has been given an h. doctorate.*

hoofd 0.1 [lichaamsdeel] *head* **0.2** [als zetel v.h. verstand, de wil] *head* ⇒*mind, brain(s)* **0.3** [persoon] *head* **0.4** [het bovenste, hoogste gedeelte] (tafel) *head, top;* (brief e.d.) *head* **0.5** [het voorste gedeelte] *head* ⇒*front, vanguard* **0.6** [(van personen) leider, meerdere] *head* ⇒*chief, leader,* (school) *principal (teacher),* (school) *headmaster* (m.), *headmistress* (v.) **0.7** [in samenst.; (van zaken) (het) de voornaamste] *main* ⇒*chief* ◆ **1.7** hoofdbureau *head/m. office;* hoofdingang *m. entrance* **2.1** met gebogen ~ *with h. bowed;* een ~ groter / kleiner zijn (dan) *be a h. taller/shorter (than);* met een kaal / rood ~ *bald-headed/red-faced;* met opgeheven ~ (fig.) *with h. held high;* (fig.) een zwaar / een hard ~ in iets hebben *have grave doubts about sth.* **2.2** uit het blote ~ spreken *speak ad lib/off the cuff* **2.4** (boekhouden) iets onder een apart ~ boeken *book sth. under a separate heading* **3.1** (fig.) iets het ~ bieden *stand/face up to sth.* (moeilijkheden); *meet, defy* (concurrentie, aanvallen); het ~ buigen (fig.) *bow one's h., give in/submit (to);* (fig.) iemands ~ eisen (aftreden / val) *demand s.o. 's h.;* het ~ in de nek gooien (lett.) *fling/throw/toss back one's h.;* (fig.) *bristle/bridle up;* (fig.) het ~ laten hangen *hang one's h., be downcast;* (fig.) het ~ niet laten hangen *hold one's h. high;* hij heeft zijn ~ gestoten (fig.) *he has been put in his place;* het ~ boven water houden (fig.) *keep one's h. above water;* (fig.) het ~ in de schoot leggen *give up the fight;* het ~ schudden bij / over *shake one's h. at/over;* (fig.) de ~ en bij elkaar steken *put one's heads together;* (fig.) zijn ~ eronder durven verwedden *stake one's life (on)* **3.2** (fig.) zich het ~ (niet) over iets breken *(not) rack one's brains over sth.;* zijn ~ gebruiken (nadenken) *use one's h.;* (fig.) het ~ er niet bij hebben *have one's mind on other things;* (fig.) het ~ loopt mij om *my h. is reeling;* (fig.) mijn ~ staat er niet naar *I'm not in the mood for it;* (fig.) het ~ verliezen / niet verliezen *lose/keep one's h.* **3.3** we moeten de ~ en tellen *we must count heads* **6.1** wat hangt ons nu weer **boven** het ~? (fig.) *what's hanging over our heads now?, what's in store for us now?;* (fig.) het werk is hem **boven** het ~ gegroeid *he can't cope with his work anymore;* (fig.) hij groeit mij **boven** het ~ *he's leaving me behind/standing;* heb je geen ogen **in** je ~! *can't you look where you're going?;* licht / zwaar **in** het ~ zijn *be light-headed, have a heavy h.;* (ook fig.) **met** zijn ~ tegen de muur knallen / lopen *bang one's h. against the wall;* (fig.) **met** zijn ~ in de wolken lopen *have one's h. in the clouds;* (gelukkig zijn) *walk on air;* iem. een verwijt **naar** het ~ slingeren *hurl a reproach at s.o.('s h.);* (fig.) het succes is hem **naar** het ~ gestegen *success has gone to his h.;* (fig.) hij kreeg van alles **naar** zijn ~ (fig.) *he had all kinds of abuse thrown at him;* een beloning **op** iemands ~ zetten *put a price on s.o.'s h.;* men kon er wel **over** de ~ en lopen *it was choc-a-bloc with people;* iets **over** het ~ zien (fig.) *overlook sth.;* (fig.) dat moet je maar **over** het ~ zien *let that go by;* iem. **voor** het ~ ~

stoten *offend s.o.* **6.2** hij heeft veel **aan** zijn ~ *he has a lot of things on his mind;* je bent niet goed **bij** je ~! *you're out of your (tiny) mind;* dat is mij **door** het ~ gegaan / geschoten *it slipped my mind;* zich iets **in** het ~ zetten *get sth. in(to) one's h.;* hoe haalt hij het **in** zijn ~? *where does he get such an idea?;* zij kreeg het **in** haar ~ om *she took it into her h. to;* zoiets komt niet **in** mijn ~ op *it would never enter my h. / mind to do such a thing;* feiten **in** zijn ~ stampen *cram;* de drank stijgt hem **naar** het ~ *the drink is going to his h.;* iets **uit** het ~ kennen *learn sth. by heart / rote;* ik zal die gekheid wel **uit** mijn ~ laten *I know better than to do sth. crazy like that;* iem. iets **uit** zijn ~ praten *talk s.o. out of sth.;* dat zou ik maar **uit** mijn ~ zetten *I'd forget it if I were you;* **uit** het ~ spelen / zingen *play / sing from memory* **6.3 per** ~ *per h. / capita;* **per** ~ v.d. bevolking *per h. of (the) population* **6.5** hij ging **aan** het ~ v.d. troepen *he was at the h. of the troops;* (fig.) hij stelde zich **aan** het ~ v.d. beweging *he assumed the leadership of the movement;* **aan** het ~ staan van *be at the h. of;* ⟨leger⟩ *be in command of;* ⟨bedrijf, departement⟩ *be in charge of* **6.¶ uit** ~e van *by reason of* ⟨het weer, zijn leeftijd⟩; *by virtue of* ⟨zijn ambt⟩; **uit** ~e van zijn functie van / als *in his capacity as* **8.1** een ~ hebben als een boei *have a face as red as a beetroot* **¶ .2** ⟨fig.⟩ iem. het ~ op hol brengen *turn s.o.'s h.;* het ~ koel houden *keep one's h., stay level-headed* **¶ .3** (sprw.) zoveel ~en, zoveel zinnen *so many men, so many opinions.*

hoofdafdeling 0.1 *(main) department / section / division.*

hoofdagent 0.1 [politieagent] *senior police officer* **0.2** [vertegenwoordiger] *main / principal agent, distributor.*

hoofdagentschap 0.1 [hand.; taak] *main agency, distributorship.*

hoofdambtenaar 0.1 *senior / chief / principal officer / official.*

hoofdartikel 0.1 [redactioneel stuk] *editorial* ⇒ *leading article* **0.2** [hand.] *main item / line, leading article.*

hoofdas 0.1 [voornaamste as] *main axle* **0.2** [wisk.] *main axis.*

hoofdband 0.1 *headband.*

hoofdbedrijf ⟨hand.⟩ **0.1** *main (line of) business, main occupation.*

hoofdbestanddeel 0.1 *main ingredient.*

hoofdbestuur 0.1 ⟨vereniging⟩ *executive / central board / committee;* ⟨bedrijf⟩ *board (of directors).*

hoofdbewoner, -woonster 0.1 *main tenant.*

hoofdbreken 0.1 *thinking* ♦ **3.1** dat zal mij heel wat ~(s) kosten *I shall have to rack my brains over that.*

hoofdbureau 0.1 *head / main office; headquarters* ♦ **1.1** ~ van politie *police headquarters.*

hoofdcommissaris 0.1 *(chief) superintendent (of police); commissioner.*

hoofddeksel 0.1 *headgear;* ⟨mv. ook⟩ *headwear.*

hoofddirectory ⟨comp.⟩ **0.1** *main directory.*

hoofddocent 0.1 *senior lecturer* ⟨universiteit⟩.

hoofddoek 0.1 *(head)scarf.*

hoofdeind(e) 0.1 *head.*

hoofdelijk 0.1 ⟨belasting⟩ *poll;* ⟨stemmen⟩ *by call / division* ♦ **1.1** ~e omslag *poll tax;* zonder ~e stemming aangenomen worden ⟨parlement⟩ *±be carried without a division.*

hoofdfiguur 0.1 *leading figure.*

hoofdfilm 0.1 *feature (film).*

hoofdgebouw 0.1 *main building.*

hoofdgedachte 0.1 *principal idea* ⇒ *main line of thought.*

hoofdgerecht 0.1 *main course / dish.*

hoofdhuid 0.1 *scalp.*

hoofdingang 0.1 *main entrance.*

hoofdinspecteur, -trice 0.1 *chief inspector* ⇒ ⟨van volksgezondheid⟩ *chief medical officer,* ⟨van belasting⟩ *inspector general* ♦ **1.1** ~ van politie *chief inspector.*

hoofdkantoor 0.1 *head / main office* ⇒ *headquarters.*

hoofdkenmerk 0.1 *main characteristic.*

hoofdknik 0.1 *nod.*

hoofdkraan 0.1 ⟨vnl. BE⟩ *mains (tap)* ♦ **3.1** de ~ dichtdraaien *turn off (the gas, enz.) at the mains.*

hoofdkussen 0.1 *pillow.*

hoofdkwartier 0.1 ⟨ook mil.⟩ *headquarters* ♦ **6.1** in het ~ *at h.*

hoofdleiding 0.1 ⟨vnl. BE⟩ *mains (supply).*

hoofdletsel 0.1 *head injury.*

hoofdletter 0.1 *capital (letter)* ♦ **6.1** in ~s *in capitals;* kunst met een ~ *art with a capital letter.*

hoofdlijn 0.1 *outline* ⇒ *main line* ♦ **3.1** de ~en aangeven van iets in **6.1** iets **in** ~en aangeven *outline sth.;* iets **in** ~en kennen *know the basic idea of sth.*

hoofdluis 0.1 *head louse.*

hoofdmaaltijd 0.1 *main meal.*

hoofdmacht ⟨mil.⟩ **0.1** *main body / force.*

hoofdman 0.1 [mil.] *captain* ⇒ *chief,* ⟨gesch.⟩ *centurion* **0.2** [v.e. partij / beweging] *leader.*

hoofdmenu 0.1 *main menu.*

hoofdmoot ⟨fig.⟩ **0.1** *principal part.*

hoofdmotief 0.1 [beweegreden] *primary motive* **0.2** [muz., lit.] *principal motif.*

hoofdofficier 0.1 *field officer.*

hoofdonderwerp 0.1 *main theme.*

hoofdonderwijzer, -wijzeres 0.1 ⟨vnl. BE⟩ *headmaster* ⟨m.⟩; *headmistress* ⟨v.⟩.

hoofdoorzaak 0.1 *main cause.*

hoofdpersoon 0.1 *principal person* ⇒ ⟨in boek, toneel enz. ook⟩ *main character.*

hoofdpijn 0.1 *headache* ♦ **2.1** barstende / schele ~ *splitting h.* **3.1** ze had ~ *she had a h.;* ik krijg er ~ van *it gives me a h.*

hoofdpostkantoor 0.1 *main / central post office.*

hoofdprijs 0.1 *first prize.*

hoofdpunt 0.1 *main / chief / most essential point* ♦ **1.1** de ~en v.h. nieuws *the (news) headlines.*

hoofdredacteur, -trice 0.1 *editor (in chief).*

hoofdredactie 0.1 [de hoofdredacteuren] *chief editors* **0.2** [functie] *chief editorship.*

hoofdregel 0.1 [grondregel] *general / basic rule* **0.2** [druk.] *headline.*

hoofdrekenen 0.1 *mental arithmetic.*

hoofdrol 0.1 *leading part* ⇒ ⟨als persoon⟩ *leading man* ⟨m.⟩, *leading lady* ⟨v.⟩ ♦ **3.1** een ~ hebben / spelen (in) *have a leading part (in), feature as a star (in);* de ~ spelen *play the leading part, be the leading man / lady* **3.¶** ⟨fig.⟩ de ~ spelen *play first fiddle* **6.1** een film met X. in de ~ *a film starring / featuring X.*

hoofdrolspeler, -speelster 0.1 *leading man* ⟨m.⟩; *leading lady* ⟨v.⟩ ⇒ ⟨ster⟩ *star* ⟨m., v.⟩, ⟨fig.⟩ *main figure* ♦ **6.1** de ~ in een politiek drama *the main figure in a political drama.*

hoofdroos 0.1 *dandruff.*

hoofdschakelaar 0.1 *main switch.*

hoofdschotel 0.1 [gerecht] *main dish* **0.2** [fig.] *main item* ♦ **3.2** de ~ vormen van het programma *be the main item of the programme.*

hoofdschuldige 0.1 *chief offender* ⇒ *main culprit.*

hoofdslagader 0.1 *aorta.*

hoofdstad 0.1 *capital (city)* ⇒ ⟨v.e. provincie⟩ *provincial capital.*

hoofdstedelijk 0.1 *metropolitan.*

hoofdstel 0.1 *bridle.*

hoofdsteun 0.1 *head rest.*

hoofdstraat 0.1 *ᴮhigh street* ⟨vaak als benaming van oude hoofdstraat in dorp/stadje⟩; *main street* ⟨tgov. zijstraten⟩.

hoofdstudie 0.1 *main subject.*

hoofdstuk 0.1 *chapter* ◆ **2.1** ⟨fig.⟩ dat is een ~ apart *that is a matter to be discussed separately* **3.1** ⟨fig.⟩ een ~ afsluiten *close a c.* **6.1** een ~ **uit** dit boek *a c. from this book.*

hoofdtak 0.1 ⟨ook hand.⟩ *main branch.*

hoofdtelwoord 0.1 *cardinal number.*

hoofdthema 0.1 *main theme* ⇒⟨muz.⟩ *principal theme.*

hoofdtribune 0.1 *grandstand.*

hoofduitgang 0.1 *main exit.*

hoofdvak 0.1 *main subject* ◆ **8.1** zij heeft taalkunde als ~ *her main subject is linguistics.*

hoofdverpleegkundige, -verpleger, -verpleegster 0.1 *charge nurse.*

hoofdwas 0.1 *main washcycle.*

hoofdweg 0.1 *main road.*

hoofdwond 0.1 *head wound/injury.*

hoofdzaak 0.1 *main point/thing* ⇒⟨mv.⟩ *essentials* ◆ **3.1** ~ is, dat we slagen *what matters is that we succeed;* zich tot de hoofdzaken beperken *confine o.s. to the main issues/ facts* **6.1** in ~ ben ik het met u eens *I basically agree with you;* dat is **in** ~ juist *that is, for the most part, correct.*

hoofdzakelijk 0.1 *mainly.*

hoofdzin ⟨taal.⟩ **0.1** *main sentence/clause.*

hoofdzonde ⟨rel.⟩ **0.1** *cardinal sin* ◆ **7.1** de zeven ~n *the seven cardinal/deadly sins.*

hoofdzuster 0.1 *charge nurse.*

hoofs 0.1 *courtly* ◆ **1.1** de ~e minne/liefde *c. love.*

hoog¹ ⟨het⟩ **0.1** *high* ◆ **1.1** bij ~ en laag zweren *swear by all that is holy* **1.¶** bij ~ en laag volhouden/blijven beweren *stand firm, stick to one's guns/opinion.*

hoog² ⟨bn., bw.⟩ **0.1** [niet laag] *high* ⇒*tall* **0.2** [zover reikend als in de bepaling genoemd wordt] *high* **0.3** [vergevorderd in een rang-/volgorde] *high* **0.4** [boven een bepaalde norm/maat] *high* ⇒⟨muz.; te hoog⟩ *sharp* ◆ **1.1** een hoge bal *a h. ball;* ⟨golf⟩ *chip (shot)* ⟨korte, hoge slag⟩; een hoge C *a h./top C;* hoge gebouwen *h./tall buildings;* de ~ste verdieping *the top floor* **1.2** de honderd meter hoge toren *the hundred-metre h. tower;* een stapel van drie voet ~ *a three-foot h. pile* **1.3** de hoge adel *the leading aristocracy; the h. nobility* ⟨graven en hertogen, maar niet baronnen⟩; een hoge ambtenaar *a senior official;* naar een hogere klas overgaan *move up/be moved up to a higher class;* een hoge waarde hebben *have a h. value, be (very) valuable* **1.4** zij had een hoge kleur *she had a h. colour, her face flushed;* Shell aandelen waren 10 punten hoger *Shell shares were 10 points higher/gained 10 points;* een ~ stemmetje/geluid *a high-pitched voice/sound* **3.1** dat paard staat ~ op de benen *that horse has (got) long legs/is tall;* het water staat ~ *the water is h.;* ⟨het is vloed⟩ *it's h. tide* **3.4** iem. ~ aanslaan ⟨fig.⟩ *have a h. opinion of/think highly of s.o.;* hoger gaan dan duizend gulden *go above/beyond a thousand guilders;* ⟨bieden ook⟩ *bid more than a thousand guilders;* ⟨fig.⟩ te ~ grijpen *aim too h.;* iets ~ houden *honour sth.; keep up sth.* ⟨vnl. traditie⟩; de twist liep ~ op *the quarrel became heated;* ~ opgeven van iem. *praise s.o.;* iets ~ opnemen *take sth. seriously;* de verwarming staat ~ *the heating is on h.;* het zit hem ~ *it rankles him* **5.1** wij zitten hier ~ en droog ⟨fig.⟩ *we're h. and dry here* **5.¶** hij was gezien bij ~ en laag *he was liked by everyone;* je kunt ~ of laag springen maar ik doe het toch niet *I'm not going to do*

it whatever you do/say **6.1** ~ **in** de lucht/bergen *h. up in the air/mountains* **7.2** hij woont drie ~ *he lives on the* ᴮ*third/*ᴬ*second floor* **8.4** 10 % hoger dan vorig jaar *10 % higher than/up on last year;* de temperatuur mag niet hoger zijn dan 60° *the temperature must not go above/ exceed 60°;* de prijzen zijn 1000 gulden en hoger *prices start at 1000 guilders.*

hoogachten 0.1 *esteem/respect highly* ◆ **¶.1** ~d ⟨bij Dear Sir⟩ *yours faithfully;* ⟨bij Dear Mr Smith⟩ *yours sincerely.*

hoogachting 0.1 *esteem* ⇒*respect* ◆ **2.1** verblijven wij met de meeste ~ *we remain yours faithfully/sincerely.*

hoogbegaafd 0.1 *highly gifted.*

hoogbejaard 0.1 *very old.*

hoogblond 0.1 *blond, fair.*

hoogbouw 0.1 *high-rise building(s)/flats.*

hoogconjunctuur 0.1 *(period of) boom* ◆ **1.1** dat kan alleen in een tijd van ~ *this is only possible when the economy is booming.*

hoogdravend 0.1 *high-flown* ◆ **1.1** een ~e rede *a grandiloquent speech;* (op) een ~e toon *in a rhetorical manner.*

*Hoog-Duits *(Wdl: Hoogduits)* **0.1** ⟨bn. en zn.⟩ *(standard) German* ⇒⟨taal.⟩ *High German.*

hooggaand 0.1 [hoog golvend] *heavy* ⇒*(running) high* **0.2** [hooglopend] *violent* ⇒*flaming* ◆ **1.2** zij hebben (een) ~e ruzie *they are having a v. quarrel.*

hooggeacht 0.1 *highly esteemed* ◆ **1.1** ~e heer ⟨aanhef brief⟩ *Dear Sir.*

hooggebergte 0.1 *high mountains.*

hooggeëerd 0.1 *highly honoured* ◆ **1.1** ~ publiek! *Ladies and Gentlemen!*

hooggekwalificeerd 0.1 *highly qualified.*

hooggeleerd 0.1 ⟨zie 1.1⟩ ◆ **1.1** de ~e heer/ professor X. ⟨titel⟩ *Professor X.*

hooggelegen 0.1 *high* ◆ **1.1** een ~ oord in de Rocky Mountains *a place high up in the Rocky Mountains.*

hooggeplaatst 0.1 *highly placed* ◆ **1.1** ~e personen *highly placed persons.*

hooggerechtshof 0.1 *Supreme Court.*

hooggeschoold 0.1 *highly skilled.*

hooggespannen →*verwachting.*

hoogglanslak 0.1 *high-gloss paint.*

hooghartig 0.1 *haughty* ◆ **1.1** een ~e houding aannemen *assume a h./proud attitude* **3.1** ~ antwoorden *answer haughtily.*

hooghartigheid 0.1 *haughtiness.*

hoogheemraadschap →*heemraadschap.*

hoogheid 0.1 *highness* ◆ **4.1** Hare/Zijne (Koninklijke) Hoogheid *Her/His (Royal) Highness.*

hoogland 0.1 *highland* ◆ **2.1** de Schotse Hooglanden *the Scottish Highlands.*

hoogleraar 0.1 *professor* ◆ **2.1** buitengewoon ~ *extraordinary p.;* gewoon ~ *(full) p.* **6.1** hij is benoemd tot ~ **in** de informatica *he has been appointed p. of computer science.*

hoogleraarschap 0.1 *professorship* ◆ **3.1** het ~ bekleden *hold a p.*

Hooglied 0.1 *Song of Songs.*

hooglijk 0.1 *highly* ◆ **2.1** ~ verbaasd zijn *be h. suprised.*

hooglopend 0.1 *violent* ◆ **1.1** zij hebben ~e ruzie *they are having a v. quarrel.*

hoogmis ⟨rel.⟩ **0.1** *high mass.*

hoogmoed 0.1 *pride* ◆ **¶.1** ⟨sprw.⟩ ~ komt ten val *pride goes before a fall.*

hoogmoedig 0.1 *proud* ⇒*haughty, arrogant.*

hoogmoedswaan(zin) 0.1 *megalomania.*

hoognodig 0.1 *highly necessary* ⇒*much/urgently needed*

◆ **3.**1 het is ~ dat er een onderzoek ingesteld wordt *an investigation is urgently needed/highly necessary;* hij moest ~ (naar het toilet) *he was dying to go;* er moet ~ iets gebeuren/gedaan worden *sth. urgently needs to be done* **7.**1 hij doet/koopt alleen het ~ e/hoogstnodige *he only does/buys the bare necessities.*

hoogoven 0.1 *blast furnace.*

hoogpolig 0.1 *deep-pile.*

hoogrendementsketel 0.1 *high efficiency boiler.*

hoogrood 0.1 *bright/deep red, scarlet* ◆ **1.**1 een hoogrode kleur krijgen *turn s., go b. r.*

hoogseizoen 0.1 *high season* ◆ **6.**1 buiten het ~ *out of season;* in/tijdens het ~ *in/during the high season.*

hoogspanning 0.1 *high tension/voltage* ◆ **6.**1 ⟨fig.⟩ onder ~ staan *be under stress.*

hoogspanningskabel 0.1 *high-voltage/-tension cable* ⇒ *power (transmission) line.*

hoogspanningsmast ⟨elek.⟩ 0.1 *power pylon.*

hoogspringen 0.1 *high jump(ing).*

hoogspringer, -ster 0.1 *high-jumper.*

hoogst[1] ⟨het⟩ 0.1 [bovenkant, top] *top* ⇒ *highest* 0.2 [het meeste/uiterst mogelijke] *utmost* ◆ **6.**2 op zijn ~ *at its height/highest* ⟨op het hoogste punt⟩; *at (the) most/the utmost* ⟨maximaal⟩; je krijgt op zijn ~ wat strafwerk *at the very worst you'll be given some lines;* ten ~ e *highly, greatly* ⟨ten zeerste⟩; *not exceeding, at (the) most* ⟨maximaal⟩.

hoogst[2] ⟨bw.⟩ 0.1 *highly* ⇒ *extremely* ◆ **2.**1 ~ ongebruikelijk *h./extremely unusual;* ~ (on)waarschijnlijk *h. (un)likely* **5.**1 ~ zelden *extremely rarely, very seldom.*

hoogstaand 0.1 *high-minded* ⇒ *(high-)principled, edifying* ⟨aangelegenheid⟩ ◆ **1.**1 het was geen ~ schouwspel *it was a rather unedifying spectacle.*

hoogstandje 0.1 *tour de force* ◆ **2.**1 een intellectueel ~ *an intellectual tour de force.*

hoogstbiedende 0.1 *highest bidder.*

hoogsteigen ⇒ persoon.

hoogstens 0.1 [ten hoogste] *at the/at (the very) most* ⇒ up to, no(t) more than 0.2 [in het ergste geval] *at worst* 0.3 [in het gunstigste geval] *at best* ◆ **3.**2 ~ kan hij u de deur wijzen *the worst he can do is show you the door* **7.**1 ~ twaalf *twelve at the (very) most, no(t) more than twelve;* bedragen van ~ zestig gulden *amounts (of) up to sixty guilders.*

hoogstnodig 0.1 *absolutely/strictly necessary* ◆ **1.**1 de ~ e reparaties *the most urgent repairs* **7.**1 alleen het ~ e meebrengen *only bring the bare necessities.*

hoogstpersoonlijk 0.1 *in person* ⇒ *personally.*

hoogstwaarschijnlijk 0.1 *most likely/probable* ⇒ ⟨bw. ook⟩ *in all probability* ◆ **3.**1 ~ komt hij niet *most likely/probably he won't come.*

hoogte 0.1 [verticale afmeting] *height* 0.2 [afstand] *height* ⇒ ⟨peil, niveau⟩ *level* 0.3 [vrije ruimte boven iets anders] *height* 0.4 [mbt. klanken] *pitch* 0.5 [wisk.] *height* 0.6 [aardr.] *level* ⇒ ⟨latitude⟩ *latitude,* ⟨mbt. hemellichaam⟩ *elevation,* ⟨mbt. hemellichaam⟩ *altitude* ◆ **1.**1 de ~ v.d. kamer *the h. of the room* **1.**2 de ~ v.d. waterspiegel *the water level* **1.**5 lengte, breedte en ~ *length, breadth and h.* **2.**2 op gelijke ~ met de vloer *level/flush with the floor;* op geringe/grote ~ vliegen *fly at (a) high/low altitude* **2.**3 ⟨fig.⟩ zich op eenzame ~ bevinden *be unique;* op gelijke ~ staan met *be (on a) level with;* ⟨fig. ook⟩ *be on a par with* **2.**4 tonen van gelijke ~ *notes of the same p.* **3.**1 een ~ bereiken van *reach a h./level of;* ⟨boom, plant, dier ook⟩ *grow to a h. of* **3.**3 de ~ ingaan *go up, rise;* ⟨vliegtuig ook⟩ *ascend* **4.**2 ⟨fig.⟩ tot op zekere ~ hebt u gelijk *to some/a certain extent you're right;* ⟨fig.⟩ Nederland is leuk tot op zekere ~ *Hol-*

hoogoven - hoogzwanger

land is nice as/so far as it goes **6.**2 op een ~ van 7000 m *at a h./an altitude of 7000 m.;* ter ~ van **van** zijn schouders *at shoulder h.* **6.**3 ⟨fig.⟩ de prijzen gingen de ~ in *prices went up/rose;* ⟨sterker⟩ *prices rocketed/soared;* ⟨fig.⟩ iem. in de ~ steken *praise s.o. to the skies;* ⟨fig.⟩ **uit** de ~ doen tegen iem. *treat s.o. high-handedly;* ⟨fig.⟩ hij deed erg **uit** de ~ *he was acting very superior* **6.**6 de vloot kruiste ter ~ **van** Texel *the fleet was cruising off Texel;* er staat een file ter ~ **van** Woerden *there is a ^traffic jam near Woerden* **6.**¶ zich van iets **op** de ~ stellen *acquaint o.s. with sth.;* iem. **op** de ~ brengen/stellen *acquaint s.o. with sth., inform s.o. about/of sth.;* ⟨inf.⟩ *fill s.o. in on sth.;* iem. **op** de ~ houden *keep s.o. informed (of things);* ⟨inf.⟩ *keep s.o. posted;* **op** de ~ blijven *keep o.s. informed;* ⟨inf.⟩ *keep in touch;* volledig van iets **op** de ~ zijn *be well informed about/acquainted with sth.;* ⟨inf.⟩ *be well up on sth.;* slecht **op** de ~ zijn *be ill-informed;* ⟨inf.⟩ *out of touch;* indien u verhinderd bent wordt u verzocht ons hiervan **op** de ~ te stellen *please let us know if you are unable to come* **7.**¶ ik kan geen ~ van hem krijgen *I don't understand him;* ⟨inf.⟩ *I can't figure him out.*

hoogtegrens ⟨luchtv.⟩ 0.1 *ceiling.*

hoogtelijn ⟨wisk.⟩ 0.1 *altitude.*

hoogtemeter 0.1 *altimeter.*

hoogtepunt 0.1 [fig.] *height* ⇒ *peak, highlight* 0.2 [wisk.] *orthocentre* ◆ **1.**1 het ~ v.d. avond ⟨ook⟩ *the highlight of the evening* **2.**1 de dollar steeg tot een nieuw ~ *the dollar rose to a new high* **3.**1 zijn/haar ~ bereiken in *culminate in;* naar een ~ voeren, een ~ doen bereiken *bring to a climax/peak* **6.**1 een ~ **in** de moderne schilderkunst a *high point/a milestone in modern painting;* **op** het (absolute) ~ van zijn roem/carrière *at the (very) h./pinnacle of his fame, at the (very) h./apex of his career;* hij is **over** zijn ~ heen *he is over the hill.*

hoogterecord 0.1 *record height* ⇒ ⟨inf.⟩ *all-time high,* ⟨luchtv.⟩ *altitude record.*

hoogtetraining 0.1 *altitude training.*

hoogteverschil 0.1 *difference in height/level/altitude* ◆ **3.**1 een ~ van 300 meter overbruggen *bridge a 300 metre difference in height/altitude/a 300 metre gap.*

hoogtevrees 0.1 *fear of heights* ⇒ ⟨med.⟩ *acrophobia* ◆ **1.**1 last/geen last van ~ hebben *have a fear/no fear of heights.*

hoogtezon 0.1 *sun lamp* ◆ **6.**1 onder de ~ liggen *lie under the s. l.*

hoogtij 0.1 *heyday* ◆ **3.**1 ~ vieren *be/run rampant.*

hoogtijdag 0.1 *feast(day)* ◆ **6.**1 ⟨fig.⟩ het zijn ~ en **voor** de sportliefhebbers *this week* ⟨enz.⟩ *is a feast/treat for sports fans.*

hooguit 0.1 *at the/at (the very) most* ◆ **7.**1 ~ twintig boeken *at most/no(t) more than twenty books.*

hoogverraad 0.1 *high treason.*

hoogvlakte ⟨aardr.⟩ 0.1 *plateau.*

hoogvlieger ⟨fig.⟩ 0.1 *high-flier;* ⟨inf.⟩ *whizz kid* ◆ **7.**1 't is geen ~ *he's no genius/whizz kid.*

hoogwaardig 0.1 [van hoge waarde] *high-quality* ⇒ ⟨ind. ook⟩ *high-grade* 0.2 [r.-k.] *eminent* ◆ **1.**1 ~ erts/staal *high-grade ore/steel* **1.**2 (Zijne) Hoogwaardige Excellentie ⟨bisschop, aartsbisschop⟩ *(His) Excellency;* ⟨kardinaal⟩ *(His) Eminence.*

hoogwaardigheidsbekleder 0.1 *dignitary.*

hoogwater 0.1 [ogenblik dat de vloed op zijn hoogst is] *high tide* 0.2 [hoge waterstand] *high water* ◆ **3.**1 het is/wordt ~ *the tide is in/is coming in* **6.**1 bij/met ~ *at high tide.*

hoogwerker 0.1 *tower waggon.*

hoogzwanger 0.1 *in the last months of pregnancy* ⟨alleen pred.⟩.

hooi 0.1 *hay* ◆ **3.1** het ~ binnenhalen *bring in the h.;* ~ winnen *make h.* **6.1 in** het ~ slapen *sleep in the h.* **6.¶ te** ~ en te gras *haphazardly, in snatches* **7.1** te veel ~ op zijn vork nemen ⟨fig.⟩ *bite off more than one can chew.*

hooiberg 0.1 *haystack.*

hooien 0.1 *make hay.*

hooikist 0.1 *haybox.*

hooikoorts 0.1 *hay fever* ◆ **3.1** (veel last van) ~ hebben *have/get h.f. (badly).*

hooiland 0.1 *meadowland* ⇒⟨met hooi erop⟩ *hayfields* ◆ **8.1** land als ~ gebruiken *put land under hay.*

hooimijt 0.1 *haystack.*

hooischelf 0.1 *haystack.*

hooischuur 0.1 *(hay-)barn.*

hooitijd 0.1 *haymaking time.*

hooivork 0.1 *pitchfork.*

hooiwagen 0.1 [wagen] *haycart* ⇒*hay-wagon* 0.2 [spinachtig dier] *daddy long-legs.*

hooizolder 0.1 *hayloft.*

hoon 0.1 *scorn* ⇒*derision.*

hoongelach 0.1 *jeering* ⇒*jeers* ◆ **3.1** op ~ onthalen *greet with jeers/with howls of derision.*

hoop I ⟨de (m.)⟩ **0.1** [opeenhoping] *heap* ⇒*pile* **0.2** [(mbt. zaken) grote hoeveelheid] *great/good deal* ⇒*lot* **0.3** [geordende stapel] *pile* **0.4** [uitwerpselen]⟨inf.⟩ *business* **0.5** [(mbt. personen en dieren) menigte] *crowd* ⇒⟨inf.⟩ *bunch* ◆ **1.1** een ~ stenen/zand *a h./pile of stones/sand* **1.2** een ~/hopen brieven *a pile/piles of letters;* een ~ gelul *a load of bull(shit);* een ~ leugens *a pack of lies;* er is van de week een ~ water gevallen *it has rained a lot this week* **2.2** het gaat hier niet van de grote ~ *money doesn't grow on trees, you know!;* een hele ~ (boeken) *a good many (books);* ⟨boeken⟩ *a whole pile of books* **3.2** ik heb nog een ~ te doen *I've still got a lot/lots/tons to do;* dat kost een ~ (geld) *that'll cost a packet* **3.4** het kind heeft een ~(je) gedaan *the child has done its b.* **6.1 op** een ~(je) vegen *sweep (together) into a h./pile;* **op** een ~ leggen *pile/stack up;* je kunt niet alles/iedereen **op** één ~ gooien ⟨fig.⟩ *you can't lump everything/everyone together* **6.¶ op** een ~ staan *be crowded/huddled together;* **te** ~ lopen *gather/flock together;*
II ⟨de⟩ **0.1** [verwachting] *hope* ◆ **2.1** ⟨fig.⟩ ze is mijn enige/laatste ~ *she's my only/last h.;* goede ~ hebben *have high hopes, be hopeful;* nog/geen/goede ~ hebben (op iets) *still have hopes/have no h./have every h. (of sth.);* ijdele ~ *vain h.;* (als uitroep) *some hope!;* hij had een/de stille ~ dat …*he silently/secretly hoped that …;* valse ~ wekken *raise false hopes* **3.1** ~ geven *give/offer h.;* weer ~ geven *restore one's hopes;* zolang er leven is, is er ~ *while there's life there's h.;* al onze ~ is op u gevestigd *we place all our h. in you;* ~ koesteren *entertain/cherish a h.;* weer/nieuwe ~ krijgen *regain h.;* de/alle ~ laten varen *abandon (all) h.;* de ~ opgeven/verliezen dat …*give up/lose h. that …;* ~ opvatten *take courage;* de ~ uitspreken, dat …*express the h. that …;* zijn ~ op iem./iets vestigen *pin one's hopes on/place one's hope in s.o./sth.* **6.1 in** de ~ dat … *in the h./in hopes that …;* **in** de ~ dat ik u spoedig weerzie *in the h. of seeing/hoping to see you soon;* **op** ~ van zegen *in (good) h., …and hope/hoping for the best;* niet veel ~ hebben **op** een geslaagde afloop *have little h./not be very hopeful of success;* weinig ~ **op** verandering geven *bring little promise/hold out little h. of change;* **tussen** ~ en vrees leven *be poised between h. and fear* **7.1** er is geen ~ meer *there is no longer any h., it's hopeless;* geen/weinig/alle ~ geven dat *hold out no/little/every h. that* **¶.1** de ~ de bodem inslaan/in rook doen vervliegen *dash/shatter one's hopes;* ⟨sprw.⟩ ~ doet leven *hope keeps man alive.*

hoopgevend 0.1 *hopeful* ⇒⟨veelbelovend ook⟩ *promising* ◆ **1.1** dat is een ~ teken *that is a h. sign.*

hoopvol 0.1 *hopeful* ⇒⟨veelbelovend ook⟩ *promising* ◆ **3.1** iem. ~ stemmen *put s.o. in a h. mood;* ze waren zeer ~ gestemd *they were in a very h. mood;* de toekomst zag er niet erg ~ uit *the future did not look very h.*

hoor[1] ⟨de⟩ ◆ **1.¶** het (recht van) ~ en wederhoor toepassen *listen to/hear both sides/the other side (of the argument).*

hoor[2] ⟨tw.⟩ **0.1** ⟨meestal onvertaald; zie ¶.1⟩ 't was fijn ~! *it was really great;* ja, ~, ik kom! *yes, I'm coming;* goed, ~, doe dat maar! *fine, go ahead!;* niet vergeten, ~! *don't forget now!;* leuk ~! *very funny!;* hij is erg aardig, ~! *he's really nice!;* ik dacht dat jij zou helpen, maar nee, ~ *I thought you'd help, but oh no!;* ik jou geld lenen? nee ~ *me, lend you money? no way.*

hoorapparaat 0.1 *hearing aid.*

hoorbaar 0.1 *audible* ◆ **1.1** een hoorbare stilte *an a. silence* **3.1** mijn hart klopte ~ *my heart was beating audibly;* zijn stem was tot achterin ~ *his voice carried to the back;* zich ~ maken *make o.s. heard* **5.1** duidelijk ~ zijn *be clearly a.;* haar Engelse accent is nog goed ~ *you can still hear her English accent.*

hoorcollege 0.1 *(formal) lecture.*

hoorn I ⟨de⟩ **0.1** [uitsteeksel aan de kop] *horn* ⟨ook mbt. slak, insect⟩ **0.2** [mbt. een telefoon] *receiver* **0.3** [blaasinstrument] *horn* ◆ **1.¶** de ~ des overvloeds *the horn of plenty* **3.2** de ~ erop gooien *slam the r./*⟨inf.⟩ *phone down;* de ~ neerleggen *put the r. down;* de ~ van de haak nemen *lift the r.* **6.1** de stier nam hem **op** zijn ~s *the bull tossed him (on his horns);*
II ⟨het⟩ **0.1** *horn* ◆ **6.1** een heft **van** ~ *a h. handle.*

hoornblazer 0.1 *horn player.*

hoorndol 0.1 *nuts, crazy* ◆ **3.1** hij werd ~ van het lawaai *the noise drove him n./c.*

hoorndrager 0.1 *deceived husband* ⇒(vero.) *cuckold.*

hoornen 0.1 *horn* ◆ **1.1** bril met een ~ montuur *horn-rimmed glasses.*

hoorngeschal 0.1 *sound of horns.*

hoornist 0.1 *horn player* ⇒⟨mv.; in orkest ook⟩ *horns, horn section.*

hoornlaag 0.1 *epidermis* ⇒*cuticle.*

hoornvlies 0.1 *cornea.*

hoorspel 0.1 *radio play.*

hoorzitting 0.1 *hearing* ◆ **2.1** een openbare ~ houden *hold a public h.*

hoos 0.1 *whirlwind.*

hoosbui 0.1 *heavy shower, downpour.*

hop[1] ⟨de⟩ **0.1** [klimplant] *hop(plant)* **0.2** [vruchtkegels van die plant] *hops.*

hop[2] ⟨tw.⟩ **0.1** *come on!;* ⟨dansen⟩ *on your feet!* ◆ **¶.1** ~, paardje, ~ *giddy-up.*

hopelijk 0.1 *I/let's hope* ⇒⟨inf.⟩ *hopefully* ◆ **3.1** ~ komt hij morgen *I hope/let's hope he's coming tomorrow* **5.1** ~ niet/wel! *I/let's/hope so/not!*

hopeloos 0.1 *hopeless* ⇒*desperate* ◆ **2.1** het gaat ~ langzaam *it's going painfully slowly;* hij is ~ verliefd op *he's hopelessly/desperately in love with* **3.1** je bent ~ *you're h.;* de situatie is ~ *the situation is h./desperate* **¶.1** er ~ voor staan *be past praying for.*

hopen I (ov.ww.) **0.1** [wensen] *hope (for)* **0.2** [verwachten] *hope* **0.3** [opstapelen] *pile (up)* ◆ **3.1** dat is niet te ~ *I/let's h. not;* het is te ~ *I/let's h. so;* het is te ~ dat hij komt *it is to be hoped that he's coming* **3.2** blijven ~ *keep (on) hoping;* ik hoop je daar te zien *I h. to see you there;* dat zou ik ~ *I should h. so* **4.1** ik hoop het voor je *I h. so for your sake* **6.1**

ik hoop **van** wel/van niet *I h. so/not* **6.3 op** elkaar gehoopt *heaped/*⟨mensen⟩ *huddled together* **8.1** ik hoop dat het goed met u gaat *I h. you are well;* ik hoop wel dat … *I do h. that …;* men hoopt dat … *it is hoped that …* **¶.1** tegen beter weten in (blijven) ~ *h. against hope;*
II ⟨onov.ww.⟩ **0.1** [van hoop vervuld zijn] *hope (for)* **0.2** [zijn vertrouwen stellen op] *hope (in)* ◆ **6.1** half~d **op** … *half hoping (for)* … **6.2** ~ **op** God *h. in God, trust in God.*
hopman 0.1 *scoutmaster.*
hopsa(sa) 0.1 ⟨tegen kind⟩ *upsy-daisy, up you go.*
hor 0.1 *screen* ◆ **6.1** ~ren **voor/in** ramen zetten *fit screens in windows.*
horde 0.1 [troep] *horde* **0.2** [nomadenstam] *horde* **0.3** [sport]⟨ook fig.⟩ *hurdle* ◆ **1.3** de 400 meter ~n voor mannen *the men's 400-metre hurdles* **2.1** de hele ~ komt hierheen *the whole h. is coming here* **3.3** ⟨fig.⟩ de laatste ~ nemen *pass the final h.;* een ~ nemen *clear a h.* ⟨ook fig.⟩ **6.2 in** ~n rondtrekken *travel in hordes.*
hordeloop ⟨sport⟩ **0.1** *hurdle race.*
hordelopen ⟨sport⟩ **0.1** *hurdle.*
hordeloper, -loopster ⟨sport⟩ **0.1** *hurdler.*
horeca 0.1 *(hotel and) catering (industry)* ◆ **6.1** hij werkt **in** de ~ *he works in the catering industry.*
horen I ⟨ov.ww.⟩ **0.1** [met het gehoor waarnemen] *hear* **0.2** [luisteren naar] *listen to* ⇒⟨vnl. jur.⟩ *hear* ⟨ook mbt. biecht⟩ ◆ **3.1** we hoorden de baby huilen *we heard the baby crying;* het is wel te ~ dat je verkouden bent *you can h. that you've got a cold;* nu kun je het me vertellen, hij kan ons niet meer ~ *you can tell me now, he is out of earshot;* zo mag ik het ~ *that's what I like to h.;* zijn naam ~ noemen *h. one's name mentioned;* ik heb het alleen van ~ zeggen *I only have it on hearsay;* ik hoor het hem nog zeggen *I can still h. him saying it;* wij hoorden zingen/schreeuwen ⟨enz.⟩ *we heard singing/shouting* ⟨enz.⟩ **4.1** zichzelf graag ~ praten *like to hear o.s. talk* **5.1** hij deed alsof hij het niet hoorde *he pretended not to h. (it);* hoor je het wel! ⟨mbt. schreeuwen⟩ *you don't need to shout!;* ⟨mbt. herhaling⟩ *I heard you the first time* **6.1** ik kon **aan** zijn stem ~ dat hij zenuwachtig was *I could tell by his voice that he was nervous;* ze kromp ineen **bij** het ~ van zijn stem *she winced at the sound of his voice;*
II ⟨onov.ww.⟩ **0.1** [geluiden kunnen waarnemen] *hear* **0.2** [zijn plaats hebben] *belong* **0.3** [gepast zijn]⟨zie 3.3, 5.3, 6.3, 8.3⟩ **0.4** [toebehoren] *belong (to)* ◆ **3.1** het was een leven dat ~ en zien je verging *the noise was fit to wake the dead* **3.3** dat hoor je te weten *you should/ought to know that* **4.3** voor wat hoort wat *you scratch my back and I'll scratch yours* **5.1** hij hoort slecht *he is hard of hearing* **5.2** iem. het gevoel geven dat hij erbij hoort *give s.o. a sense of belonging;* wij ~ hier niet *we don't b. here;* de kopjes ~ hier *the cups go here* **5.3** ze weet niet hoe het hoort *she doesn't know how to behave;* je hoort niet te fluisteren in gezelschap *you shouldn't whisper in company;* dat hoort niet *it's not done;* dat hoort zo *that's how it should be;* en zo hoort het ook *and that's how it should be too;* ze weten niet beter of het hoort zo *they don't know any better* **6.2 bij** elkaar ~ *b. together;* hij hoort niet **bij/tot** de vlugsten *he's not one of the fastest* **6.3** dat hoort er zo **bij** ⟨het is lastig maar niet te vermijden⟩ *it's all in a day's work* **6.4** dit huis hoort **aan** mijn vader *this house belongs to my father* **8.3** dat is niet zoals het hoort *that's not good manners* **¶.1** ⟨sprw.⟩ wie niet ~ wil, moet voelen *he who will not listen to advice must suffer for it;*
III ⟨onov., ov.ww.⟩ **0.1** [vernemen] *hear* ⇒*be told, get to know* **0.2** [in aanmerking nemen] *listen (to)* ◆ **3.1** ik kreeg

te ~ dat het zo niet langer kon *I've been told that it can't go on like that;* wij kregen heel wat te ~ ⟨mbt. kritiek⟩ *we were given a hard time of it;* laat eens iets van je ~ *keep in touch;* laat zijn vrouw het maar niet ~ *don't let his wife (get to) know (about it);* hij heeft niets van zich laten ~ *he hasn't been in touch;* dat moet je dan nog jaren ~ *you'll never h. the last/end of it;* ik moet altijd ~ dat ik vergeetachtig ben *I'm constantly being told that I'm forgetful;* zij wil geen kwaad van hem ~ *she won't h. a word said against him;* zij wil geen nee ~ *she won't take no for an answer;* hij vertelde het aan iedereen die het maar ~ wilde *he told it to anyone who would listen* **3.2** moet je ~! *just (you) listen (here);* moet je ~ wie het zegt! ⟨iron.⟩ *look who's talking!* **3.2** ik wist niet wat ik hoorde *I could hardly believe my ears* **4.2** moet je hem ~!, hoor hem! *(just) listen to him!;* als je hem hoort zou je denken dat *(from) the way he talks you'd think that* **5.1** toevallig ~ *overhear* **5.2** hoor eens *listen, (I) say* **6.1 bij** het- · van het nieuws *on hearing the news;* hij wilde er niets meer **over** ~ *he didn't want to h. any more about it;* daar heb ik nooit **van** gehoord *I've never heard of it;* daarna hebben we niets meer **van** hem gehoord *that was the last we heard from him;* u hoort nog **van** ons ⟨neutraal⟩ *you'll be hearing from us;* ⟨als bedreiging⟩ *you've not heard the last of this;* daar hoor je nog meer **van** *you've not heard the last of this;* ik hoor daar niets dan goeds **van** hem *I've heard nothing but good of him;* nou hoor je het ook eens **van** een ander *so I'm not the only one who says so;* dat hoor ik **voor** het eerst *that's the first I've heard of it* **¶.1** zo te ~ gaat het goed met hem *it sounds like he's doing well;* ik hoor het nog wel *let me know (about it).*
horige ⟨gesch.⟩ **0.1** *serf.*
horizon 0.1 ⟨ook fig.⟩ *horizon* ◆ **3.1** zijn ~ verruimen/uitbreiden *broaden one's horizons* **6.1 aan** de ~ *on the h.;* de zon verdwijnt **achter** de ~ *the sun disappears below the h.*
horizontaal 0.1 ⟨ook fig.⟩ *horizontal;* (in kruiswoordraadsel) *across* ◆ **1.1** flat in ~ eigendom *owner-occupied flat;* een horizontale lijn *a h. (line);* verticale en horizontale lijnen ⟨ook⟩ *lines down and across* **3.1** ~ hangen *hang level.*
horloge 0.1 *watch* ◆ **2.1** een staand ~ *a grandfather clock* **3.1** zijn ~/hun ~s gelijkzetten *set one's w. right, synchronize their watches;* je ~ loopt vijf minuten voor/achter *your w. is five minutes fast/slow* **6.1 op** zijn ~ kijken *look at one's w.*
horlogebandje 0.1 *watchband/strap.*
horlogeketting 0.1 *watch chain.*
horlogemaker 0.1 *watchmaker.*
hormonaal 0.1 *hormonal.*
hormoon 0.1 *hormone.*
hormoonbehandeling 0.1 *hormone treatment.*
horoscoop 0.1 *horoscope* ◆ **3.1** een ~ trekken/opmaken *cast a h.*
horrelvoet 0.1 *clubfoot.*
horrorfilm 0.1 *horror film.*
hors-d'oeuvre 0.1 *hors d'oeuvre.*
horst ⟨geol.⟩ **0.1** *horst.*
hort 0.1 *jerk* ◆ **5.¶** weer de ~ op zijn *be off again* **6.1** het gaat met ~en en stoten *it goes in fits and starts;* met ~en en stoten tot stilstand komen *jerk to a halt;* met ~en en stoten spreken *speak haltingly.*
horten 0.1 [schokken] *jerk* **0.2** [haperend spreken] *falter* ◆ **3.1** wij kwamen ~d en stotend vooruit/tot stilstand *we jerked along/to a halt* **3.2** ~d spreken *speak haltingly.*
hortensia 0.1 *hydrangea.*
hortus (botanicus) 0.1 *botanical garden(s).*
horzel 0.1 [vlieg] *warble fly* **0.2** [soort wesp] *hornet.*

hosanna 0.1 *hosanna.*

hospes 0.1 [kamerverhuurder] *landlord* 0.2 [gastheer] *host.*

hospik ⟨mil.⟩ 0.1 *medical orderly.*

hospita 0.1 [kamerverhuurster] *landlady* 0.2 [gastvrouw] *hostess.*

hospitaal →**ziekenhuis.**

hospitant 0.1 *student teacher.*

hospiteren 0.1 *do one's teaching practice.*

hossen 0.1 *jig/leap about (arm in arm)* ♦ 1.1 een ~ de massa *a crowd of singing and dancing people, a crowd of people swaying back and forth.*

hostie ⟨rel.⟩ 0.1 *host* ♦ 2.1 de heilige ~ *the sacred h., the Eucharist.*

hot ♦ 6.¶ ⟨fig.⟩ *van* ~ naar haar lopen/rennen *run from pillar to post.*

hotel 0.1 *hotel* ♦ 3.1 een ~ hebben *run a h.* 6.1 in een ~ logeren *stay in/at a h.;* aankomen **in** een ~ *check in at a h.;* vertrekken **uit** een ~ *check out of a h.*

hotelaccommodatie 0.1 *hotel accommodation* ⟨AE meestal mv.⟩.

hotelbedrijf 0.1 ⟨bedrijfstak⟩ *hotel business/industry.*

hoteldebotel ⟨inf.⟩ 0.1 [stapelgek] *round the bend* ⇒⟨van streek⟩ *in a state* 0.2 [verrukt van] *crazy* ♦ 3.1 zij raakte helemaal ~ toen ... *she got into an absolute state when ...* 6.1 ik word ~ **van** die vent *that guy's driving me round the bend* 6.2 ze is ~ **van** hem *she's c. about him.*

hotelhouder, -houdster 0.1 *hotelkeeper.*

hotelkamer 0.1 *hotel room.*

hotelketen 0.1 *hotel chain.*

hotel-restaurant 0.1 *hotel (with public restaurant).*

hotelschool 0.1 *hotel and catering school* ♦ 2.1 hogere ~ *hotel management school.*

Hottentot 0.1 *Hottentot.*

houdbaar 0.1 [bewaard kunnende worden] *not perishable* 0.2 [verdedigbaar] *tenable* 0.3 [draaglijk] *bearable* ♦ 1.1 houdbare levensmiddelen *non-perishables* 1.2 die bewering is niet ~ *that assertion is not t.;* ⟨sport⟩ een ~ schot *a stoppable/savable shot* 5.1 beperkt houdbare levensmiddelen *perishables* 5.3 de toestand thuis is niet langer ~ *the situation at home is no longer b.* 6.1 ten minste ~ **tot** *best before.*

houdbaarheid 0.1 *tenability* ⟨van bewering/vesting⟩; *shelf/storage life* ⟨van levensmiddelen/chemicaliën⟩ ♦ 2.1 een beperkte/lange ~ hebben *be perishable/non-perishable.*

houden I ⟨ov.ww.⟩ 0.1 [behouden] *keep* 0.2 [vast-, tegenhouden] *hold* 0.3 [niet laten vallen] *hold* 0.4 [tot zijn gebruik, genoegen in huis hebben; ook mbt. personeel] *keep* 0.5 [niet opgeven, niet verlaten] *hold, keep* 0.6 [niet schenden, niet verbreken] *keep* ⟨woord, belofte⟩ 0.7 [in een (toe)stand laten blijven] *keep* 0.8 [onderhouden] *keep;* ⟨feestdag naleven ook⟩ *celebrate* 0.9 [geven; tot stand brengen] *hold* ⇒⟨organiseren⟩ *organize,* ⟨geven⟩ *give* 0.10 [beheren] *keep* 0.11 [+ voor; achten] *take to be* ⇒*consider to be/as* 0.12 [uithouden] *take* ⇒*stand* ♦ 1.1 zijn geur/kleur/smaak ~ *k. its aroma/colour/taste* 1.4 kippen/duiven ~ *k. hens/pigeons* 1.5 een bruggenhoofd ~ *h. a bridgehead* 1.7 de armen langs het lichaam ~ *k. one's arms close to one's body;* de blik op iets gericht ~ *k. looking at sth.* 1.8 contact met iem.~ *k. in touch with s.o.;* orde ~ *k. order* 1.9 een lezing ~ *give/deliver a lecture;* uitverkoop ~ *h./have a sale* 1.10 (een) café/winkel ~ *k./run a café/shop* 2.7 laten we het gezellig ~ *let's k. it/things nice;* ik zal het kort ~ *I'll k. it short;* de prijzen laag ~ *k. prices down/low;* laten we

het netjes ~ *let's k. it clean* 3.1 je mag het ~ *you can k./have it* 3.2 ⟨sport⟩ die had hij gemakkelijk kunnen ~ *he could have easily stopped that one;* hij was niet te ~ *there was no stopping him* 3.3 ik kon hem niet meer ~ *I could no longer h. him* 4.12 het was er niet om te houden van de hitte *the heat was unbearable* 5.3 de balk hield het niet *the beam couldn't take the weight; the beam gave way* 5.5 rechts ~ *k. (to the) right* 5.7 iem. eronder ~ *keep s.o. down;* hij kan er niets in ~ *he can't k. anything down;* ~ zo! ⟨zo doorgaan⟩ *k. it up* 5.12 ik hou het niet meer *I can't t./stand it any more* 5.¶ laten we het daar maar op ~ *let's leave it at that;* ik hou(d) het erop dat hij onschuldig is *I consider him (to be) innocent* 6.1 iets **voor** zichzelf ~ *keep sth. for o.s.* 6.7 iem. **aan** het werk/aan de praat ~ *keep s.o. busy/talking;* ergens een lucifer **bij** ~ *put a match to sth.;* hij kon er zijn gedachten niet **bij** ~ *he couldn't k. his mind on it;* iets **tegen** het licht ~ *hold sth. up to the light;* iem. **tegen** zich aan ~ *clasp s.o. to o.s.;* iem. **van** zijn werk ~ *keep s.o. from his/her work;* ⟨fig.⟩ iets **vóór** zich ~ *keep sth. to o.s.;* hou je commentaar maar **vóór** je *k. your remarks to yourself* 6.11 ik houd het **voor** bewezen *I consider it (to have been) proved;* iets **voor** gezien ~ *leave it at that, call it a day;* iem. **voor** zijn broer ~ *mistake s.o. for his brother;* waar hou je me voor? *what do you take me for?* 6.¶ het **bij** frisdrank ~ *stick to soft drinks;* het **met** iem. ~ ⟨onder één hoedje spelen⟩ *be in with s.o.;* ⟨mbt. seksuele relatie⟩ *be carrying on with s.o.;* we ~ het **op** de 15e *let's make it the 15th, then;* ik hou het **op** Ajax *I'm backing Ajax* 7.2 er was geen ~ meer aan *it could no longer be stopped* ¶.4 vreemde ideeën/gewoonten erop na ~ *have funny ideas/habits;* wat voor politieke ideeën houdt hij erop na? *what are his political ideas?* ¶.7 twee mensen/zaken niet uit elkaar kunnen ~ *not be able to tell two people/things apart;* ik kon hun namen niet uit elkaar ~ *I kept getting their names mixed up;*

II ⟨onov.ww.⟩ 0.1 [+ van; liefhebben] *love* 0.2 [+ van; geven om] *like* ⇒*care for* 0.3 [niet loslaten] *hold* ⇒⟨mbt. lijm ook⟩ *stick* 0.4 [het niet begeven] *hold* ♦ 1.3 het anker houdt *the anchor is holding (firm);* die knoop houdt niet *that knot won't h.;* de verf houdt niet *the paint won't stick/is peeling* 1.4 het ijs houdt nog niet *the ice isn't yet strong enough to h. your/one's/his* ⟨enz.⟩ *weight* 6.1 wij ~ **van** elkaar *we l. each other;* veel van iem. ~ *love s.o. a lot/very much;* **van** iem. gaan ~ *fall in love with s.o.* 6.2 niet **van** dansen/cognac ~ *not l. dancing/cognac;* hij houdt wel **van** een grapje *he likes a bit of joke;* zij houdt niet **van** dat soort grapjes *she doesn't l. those kinds of jokes;* hij houdt niet zo **van** feestjes/toespraken *he's not (much of a) one for parties/speeches;* ik hou meer **van** bier dan **van** wijn *I prefer beer to wine;*

III ⟨wk.ww.; zich ~⟩ 0.1 [+ aan; niet afwijken van] *keep to* ⟨regels, dieet, verdrag, termijn, programma, afspraak⟩; *adhere to* ⟨overeenkomst, instructies⟩; *abide by* ⟨beslissing, vonnis⟩; *comply with, observe* ⟨regels, voorwaarden, regel van de wet⟩ 0.2 [blijven] *keep* 0.3 [schijn aannemen] *pretend to be* ♦ 2.2 zich goed ~ ⟨niet lachen⟩ *k. a straight face;* ⟨zich niet door emoties laten overmannen⟩ *bear up well;* hij kon zich niet goed ~ *he couldn't help laughing/crying* 2.3 zich dom ~/slapend ~ *pretend to be deaf/asleep* 3.¶ hij wist niet hoe hij zich moest ~ *he didn't know what to do/how to behave* 5.2 ik zou me er maar buiten ~ *I'd k. out of it (if I were you);* hou je erbuiten! *(you) k. out of it!* ¶.1 weten waaraan men zich te ~ heeft *know what one has to do.*

houder ⟨vaak in samenst.⟩ 0.1 [bezitter] *holder* ⟨van reke-

349

ning, vergunning, kaart, titel⟩ ⇒*bearer* ⟨van paspoort, brief⟩ **0.2** [jur.] *keeper* ⇒*holder* ⟨bv. huurder⟩ **0.3** [beheerder] *keeper* ⇒*manager,* ⟨eigenaar⟩ *proprietor* **0.4** [om iets in te bewaren] *holder* ⇒*container* **0.5** [om iets mee vast te klemmen] *holder* ◆ **1.1** een aandeel/recordhouder *a shareholder/record-h.* **1.3** caféhouder *owner of a café* **1.4** gashouder *gasometer* **1.5** penhouder *penholder.*

houdgreep 0.1 *hold* ◆ **6.1** iem. in de ~ hebben/houden ⟨ook fig.⟩ *have s.o. in a h.;* iem. in de ~ nemen *put s.o. in u h.*

houding 0.1 [stand] *position* ⇒*pose* **0.2** [gespeeld gedrag] *pose* ⇒*air* **0.3** [gedrag(slijn)] *attitude* ⇒*manner* ◆ **2.1** een onbevallige ~ *an ungraceful pose;* in een ongemakkelijke ~ *in an uncomfortable position;* in zittende ~ *in a sitting position* **2.3** een afwachtende ~ aannemen *wait and see* **3.2** zich een ~ aanmeten *give o.s. airs;* de ~ aannemen van/ alsof ... *adopt the air of ...;* zich een ~ geven *conceal one's uneasiness;* zich geen ~ weten te geven *feel awkward* **3.3** zijn ~ bepalen tot *decide on one's a. to;* zijn ~ herzien *revise one's a.* **6.1** ⟨mil.⟩ in de ~! *(stand to) attention!;* ⟨mil.⟩ in de ~ staan/springen/gaan staan *stand/jump/come to attention;* in een andere ~ gaan liggen/zitten *assume a different position* **6.3** uit zijn ~ maak ik op dat ...*from his manner I understand that ...*

houdster 0.1 [bezitster] *holder* ⇒*bearer* ⟨houder⟩ **0.2** [beheerster] *keeper* ⇒*manageress,* ⟨eigenares⟩ *proprietress.*

house, housemuziek 0.1 *house (music).*

housen 0.1 *dance to house (music)* ⇒*go to a houseparty.*

houseparty 0.1 *house party.*

hout 0.1 [stof waaruit bomen bestaan] *wood* **0.2** [muz.] *woodwind* ⇒*woods* ◆ **1.1** een lading/stuk ~ *a load/piece of w.* **2.1** ⟨fig.⟩ van dik ~ zaagt men planken ⟨mbt. overdrijven⟩ *he/she* ⟨enz.⟩ *is laying it on thick,* ⟨mbt. botheid⟩ *not very subtle, is he/she* ⟨enz.⟩; ⟨fig.⟩ hij is uit het goede ~ gesneden *he is made of the right stuff* **2.¶** vloeibaar ~ *plastic wood* **3.1** ~ hakken/zagen *chop/saw w.;* ~ sprokkelen *gather w.* **3.¶** die redenering snijdt geen ~ *that line of reasoning will not wash* **6.1** ⟨fig.⟩ uit hetzelfde ~ gesneden zijn *be cast in the same mould.*

houtbewerker 0.1 *woodworker.*

houtblok 0.1 *wood block, log* ⟨ihb. als brandhout⟩.

houtboor 0.1 ⟨snel⟩ *drill;* ⟨langzaam⟩ *(brace and) bit;* ⟨boorstuk⟩ *bit.*

houtconstructie 0.1 *wood construction.*

houtduif 0.1 *wood pigeon.*

houten 0.1 *wooden.*

houterig 0.1 *wooden* ◆ **1.1** ~e bewegingen *w. movements* **3.1** zich ~ bewegen *move woodenly.*

houtgravure 0.1 [het graveren in hout] *wood engraving* ⇒*woodcutting* **0.2** [(afdruk v.e.) gegraveerde houten plaat] *woodcut* ⇒*wood engraving.*

houthakken 0.1 [bomen omhakken] *tree felling;* ⟨houtjes hakken⟩ *chopping wood.*

houthakker 0.1 *lumberjack.*

houthakkersbijl 0.1 *broadaxe* ⇒*woodman's/felling axe.*

houthandel 0.1 [winkel] *timber/lumber yard* **0.2** [de handel in hout] *timber trade.*

houthandelaar 0.1 *timber/lumber merchant.*

houtindustrie 0.1 *wood industry.*

houtje 0.1 [stukje hout] *(small) piece of wood* **0.2** [klerenhanger] *coat-hanger* ◆ **2.¶** iets op eigen ~ doen *do sth. on one's own (initiative);* op eigen ~ naar Engeland vertrekken *go off to England all by o.s.* **6.¶** op een ~ bijten *have difficulty keeping body and soul together.*

houtje-touwtjejas 0.1 *duffle coat.*

houtkachel 0.1 *wood-burning stove.*

houtlijm 0.1 *woodworker's/joiner's/wood glue.*

houtmolm 0.1 *mouldered wood;* ⟨droogrot⟩ *dry rot.*

houtnerf 0.1 *wood grain.*

houtpulp 0.1 *wood pulp.*

houtschroef 0.1 *wood screw.*

houtskool 0.1 *charcoal* ◆ **6.1** met ~ schetsen *sketch in c.;* op ~ roosteren *barbecue.*

houtskooltekening 0.1 *charcoal (drawing/sketch).*

houtsnede 0.1 *woodcut.*

houtsnijkunst 0.1 *woodcutting* ⇒*wood engraving.*

houtsnijwerk 0.1 *wood carving.*

houtsnip 0.1 *woodcock.*

houtsoort 0.1 *(kind/type of) wood* ◆ **2.1** tropische ~en *tropical woods.*

houtvester 0.1 *(forest) ranger.*

houtvesterij 0.1 *forestry.*

houtvezel 0.1 *wood fibre.*

houtvrij 0.1 *wood-free.*

houtvuur 0.1 *wood/log fire.*

houtwal 0.1 *wooded bank.*

houtwaren 0.1 [voorwerpen] *wooden articles* **0.2** [hout] *timber.*

houtwerk 0.1 [houten delen v.e. gebouw/voorwerp] *woodwork* **0.2** [constructie van hout] *timberwork* ⇒*wood(en) construction.*

houtwol 0.1 *woodwool.*

houtworm 0.1 *woodworm.*

houtzagerij 0.1 *sawmill.*

houvast 0.1 *hold, grip* ◆ **3.1** iem. ~ bieden ⟨ook fig.⟩ *give s.o. sth. to hold on to;* niet veel/geen enkel ~ geven *provides little/no h.;* nergens ~ aan hebben ⟨fig.⟩ *have nothing to go by/on;* ~ zoeken ⟨ook fig.⟩ *look for sth. to hold on to* **7.1** dit berichtje biedt ons enig/weinig ~ *this item gives us sth./ nothing to go on.*

houw 0.1 *gash* ⇒*slash* ◆ **3.1** iemand een ~ geven *gash s.o.*

houwdegen 0.1 *broadsword.*

houweel 0.1 *pickaxe.*

houwen I ⟨ov.ww.⟩ **0.1** [delen] *chop* ⇒*hack* **0.2** [omhakken] *chop down* **0.3** [door hakken vormen] *hew* ⇒*carve* ◆ **1.2** bomen ~ *fell trees* **1.3** steen ~ *h. stone* **6.1** iets in stukken ~ *c./hack sth. to pieces* **6.3** uit marmer gehouwen *carved out of marble* **6.¶** er op in ~ *lay about one;* op iets in ~ *hack away at sth.;*

II ⟨onov.ww.⟩ **0.1** [hakken] *chop.*

hovaardig 0.1 *proud, haughty.*

hoveling, hovelinge 0.1 *courtier.*

hovenier 0.1 *gardener.*

hozen I ⟨onov., ov.ww.⟩ **0.1** [(water) uit een vaartuig scheppen] *bail (out);*

II ⟨onpers.ww.⟩ **0.1** [stortregenen] *pour down* ◆ **4.1** het hoost *it's pouring.*

hr-ketel 0.1 [hoogrendementsketel] *high efficiency boiler.*

HSL ⟨afk.⟩ **0.1** [hogesnelheidslijn] *high speed rail link.*

hts ⟨afk.⟩ **0.1** [hogere technische school] ⟨*Technical College*⟩.

hu 0.1 [uitroep van afschuw] *ugh, yuk* **0.2** [uitroep om aan te sporen, te laten stoppen]⟨vort⟩ *gee (up);* ⟨stoppen⟩ *whoa.*

hufter ⟨inf.⟩ **0.1** *shithead* ⇒*asshole.*

hufterig 0.1 *loutish* ◆ **1.1** ~ gedrag *l. behaviour* **3.1** zich ~ opstellen *act like a lout; be bad-mannered.*

hugenoot 0.1 *Huguenot.*

huichelaar, -ster 0.1 *hypocrite.*

huichelachtig 0.1 *hypocritical.*

huichelarij 0.1 *hypocrisy.*

huichelen I ⟨onov.ww.⟩ **0.1** [zich beter voordoen dan men is] *play the hypocrite;*

II ⟨ov.ww.⟩ **0.1** [veinzen] *feign* ⇒*sham* ◆ **1.1** gehuichelde woorden *hypocritical words*.

huid 0.1 [vel] *skin* **0.2** [afgestroopt vel]⟨grote dieren⟩ *hide;* ⟨kleine dieren⟩ *skin* ◆ **1.1** iets met ~ en haar opeten *eat up every scrap of sth*. **2.1** ⟨fig.⟩ hij heeft een dikke ~ *he is thick-skinned;* met een donkere/lichte ~ *dark-/fair-skinned* **2.2** gedroogde/gelooide ~ *dried/tanned h*. **3.1** de ~ afstropen *skin;* om zijn ~ te redden *to save his s.;* ⟨fig.⟩ zijn ~ duur verkopen *fight to the bitter end, sell one's life dearly* **3.2** de ~ verkopen voor de beer geschoten is *count one's chickens before they're hatched* **5.1** ⟨fig.⟩ iem. de ~ vol schelden *call s.o. everything under the sun* **6.1** ⟨fig.⟩ **in** iemands ~ kruipen *put o.s. in s.o. else's shoes/place;* ⟨fig.⟩ iem. **op** zijn ~ zitten *keep after s.o.;* **tot op** de ~ nat worden *get soaked to the s*.

huidaandoening 0.1 *skin disorder*.

huidarts 0.1 *dermatologist*.

huidcrème 0.1 *skin cream*.

huidig 0.1 *present* ⇒*current* ◆ **1.1** de ~e kampioen/huurder *the reigning champion, the p. tenant;* de ~ economische toestand *the current economic situation*.

huidkanker 0.1 *skin cancer*.

huidkleur 0.1 *skin colour* ⇒⟨mbt. gezicht⟩ *complexion*.

huidplooi 0.1 *skin crease* ⇒*fold of the skin*.

huidschilfer 0.1 *scale, flake of skin*.

huidskleur 0.1 *skin colour*.

huidspecialist 0.1 *skin specialist* ⇒*dermatologist*.

huidtransplantatie 0.1 *skin-grafting/transplantation*.

huiduitslag 0.1 *rash* ◆ **3.1** ~ hebben/krijgen *have/develop a r*.

huidverzorging 0.1 *skin care*.

huidziekte 0.1 *skin disease* ◆ **1.1** leer der ~n *dermatology*.

huif 0.1 *hood* ⇒*tilt*.

huifkar 0.1 *covered wagon*.

huig 0.1 *uvula*.

huilbui 0.1 *crying fit* ◆ **3.1** ~en hebben *be weepy*.

huilebalk 0.1 *crybaby*.

huilen 0.1 [mbt. mensen] *cry* ⇒⟨pej.⟩ *howl, whine, snivel* **0.2** [janken, loeien] *howl* ⟨ook wind⟩ ◆ **1.2** de hond huilt *the dog is howling* **3.1** gaan ~, in ~ uitbarsten *start to c., burst into tears;* ze kon wel ~ *she could have cried* **5.1** eens goed ~ zou je goed doen *have a good cry, it'll do you good;* half lachend, half ~d *between laughing and crying* **6.1** het is **om** te ~ *it's enough to make you c.;* ~ **om** iets *c. about sth.;* ~ **van** blijdschap/pijn *c. with joy/pain* **¶.1** het ~ stond hem nader dan het lachen *he was close to tears*.

huilerig 0.1 *tearful* ⇒⟨inf.⟩ *weepy* ◆ **1.1** op ~e toon *tearfully*.

huilpartij 0.1 *crying binge/jag* ◆ **3.1** op een ~ uitdraaien *end in tears*.

huis 0.1 [gebouw (als woning)] *house* **0.2** [huisgezin] *home* **0.3** [(vorstelijk) geslacht] *House* ◆ **1.1** ~ van bewaring *h. of detention;* ~ en haard *hearth and home;* het ~ des Heren *the h. of God* **1.3** het Huis van Oranje *the H. of Orange* **2.1** het ~ alleen hebben *have the h. to o.s.;* ~ een eigen ~ hebben *own one's own h.;* halfvrijstaand ~ ⟨vnl. BE⟩ *semi-detached;* ^duplex;⟨fig.⟩ dan is het ~ te klein *then all hell will break loose;* open ~ houden *have an open* ^day/^house; een uitverkocht ~ *a full h.;* een ~ vol hebben *have a houseful* **2.3** van goeden huize komen ⟨van goede familie⟩ *be of good birth;* ⟨erg goed zijn⟩ *have what it takes;* het Koninklijk ~ *the Royal Family* **3.1** hij doet in/bezit huizen *he deals in/owns property;* ⟨fig.⟩ er is geen ~ met hem te houden *he is impossible;* het ouderlijk ~ verlaten, uit ~ gaan *leave home* **6.1** ~ **aan** ~ ⟨verkopen⟩ *(sell) door-to-door;* **aan** ~ gebonden *housebound, tied to one's h.;* bezorging **aan** ~ *home delivery;* om wat dichter **bij** ~ te blijven ⟨fig.⟩ *to take an example close(r) to home;* dicht **bij** ~ *near home;* een ~ **in** een rij *a* ^Bterraced/^Arow h.; ~ **in** de stad *town h.;* iem. **in** ~ hebben/nemen *have a/take in a lodger;* **in** ~ (moeten) blijven ⟨van zieke⟩ *(have to) stay indoors;* **in** ~ is het veel warmer *it's much warmer inside;* pantoffels voor **in** ~ *slippers for indoors;* heel wat **in** ~ hebben ⟨fig.⟩ *have a lot going for one;* niets **in** ~ hebben *have no food/drinks in the h.;* ik ga/moet **naar** ~ *I'm off, I must be getting back/home;* mee **naar** ~ nemen *take home;* **naar** ~ sturen *send home;* ⟨arbeiders ook⟩ *lay off;* ⟨patiënten⟩ *discharge;* ⟨soldaten⟩ *demobilize;* een meisje **naar** ~ brengen *see/take/walk a girl home;* iem. **naar** ~ zetten *turn s.o. out (of his h.);* nu de kinderen het ~ **uit** zijn *now that the children have all left;* een ~ **van** drie verdiepingen *a three-storeyed h.;* ik kom **van** ~ *I have come from home;* dan zijn we nog verder **van** ~ ⟨fig.⟩ *then we will be even worse off, that's not going to get us anywhere;* ⟨op kosten⟩ **van** het ~ ⟨van de zaak⟩ *on the h.;* tuin vóór het ~ *front garden* **6.2** ⟨fig.⟩ het is niet om over **naar** ~ te schrijven *it is nothing to write h. about;* ⟨fig.⟩ **van** ~ uit *originally, by birth;* **van** ~ weglopen *run away from h*. **7.1** twee huizen onder één kap ⟨vnl. BE⟩ *semi-detached houses;* ^duplexes; een tweede ~ *a second home* **¶.1** Lauriergracht 78 huis *Bground floor flat/*^first-floor apartment, 78 Lauriergracht.

huis-aan-huisblad 0.1 *free local paper*.

huis-aan-huisverkoop 0.1 *door-to-door sales(manship)/selling*.

huisadres 0.1 *home address*.

huisarrest 0.1 *house arrest* ◆ **3.1** ~ hebben ⟨jur.⟩ *be under h. a.;* ⟨mbt. kinderen⟩ *be kept in*.

huisarts 0.1 *family doctor* ⇒⟨schr.⟩ *general practitioner,* ⟨inf.⟩ *GP*.

huisbaas 0.1 *landlord* ⟨m.⟩; *landlady* ⟨v.⟩.

huisbewaarder, -ster 0.1 *caretaker*.

huisbezoek 0.1 *house call* ◆ **3.1** ~en afleggen *visit at home* **6.1** op ~ gaan/zijn *go/be visiting*.

huiscomputer 0.1 *home computer*.

huisdealer 0.1 *licenced dealer in soft drugs*.

huisdeur 0.1 *front door*.

huisdier 0.1 *pet* ◆ **8.1** een kat als ~ hebben *have a cat as a pet*.

huiseigenaar, -nares 0.1 *home-owner* ⇒⟨verhuurder⟩ *landlord* ⟨m.⟩, *landlady* ⟨v.⟩.

huiselijk 0.1 [mbt. huisgezin/huishouden] *domestic* ⇒ ⟨attr.⟩ *home,* ⟨mbt. familie ook⟩ *family* **0.2** [intiem] *home-like* ⇒⟨inf.⟩ *hom(e)y* **0.3** [graag thuis zijnd] *home-loving* ◆ **1.1** ~e beslommeringen *d. worries;* ~ geluk *d. happiness* **1.2** een ~ dineetje *a nice cosy dinner* **1.3** een ~ type *a h.-l. type*.

huiselijkheid 0.1 *hominess*.

huisgenoot, -genote 0.1 ⟨medebewoner⟩ *housemate;* ⟨gezinslid⟩ *member of the family*.

huisgezin 0.1 *family* ◆ **6.1** in elk ~ *in every household;* **voor** het hele ~ *for the whole f*.

huishoudbeurs 0.1 *Bideal home exhibition*.

huishoudboekje 0.1 *housekeeping book* ◆ **3.1** een ~ bijhouden *keep a h. b*.

huishoudelijk 0.1 [mbt. de huishouding] *domestic* ⇒*household* **0.2** [met aanleg voor het huishouden] *domestic* ◆ **1.1** ~e apparaten *home appliances;* ~e artikelen *household goods;* voor ~ gebruik *for household use;* ~e uitgaven *housekeeping expenses;* ~ werk/karweitje *household work/chore* **2.2** (niet) ~ aangelegd *(not) d*.

huishouden¹ ⟨het⟩ **0.1** [huishouding] *housekeeping* **0.2** [persoon of groep personen] *household* **0.3** [wanordelijke troep] *shambles* ◆ **1.3** cen ~ van Jan Steen *an absolute s.* **2.2** woningen voor een- en tweepersoons ~s *houses for single people and couples* **3.1** het ~ doen *run the house, do the housekeeping;* ⟨vnl. voor iem. anders⟩ *keep house* **6.1** ze is erg goed in het ~ *she's a very good housekeeper.*

huishouden² **I** ⟨onov.ww.⟩ **0.1** [tekeergaan] *carry on* ⇒⟨ook van wind, storm e.d.⟩ *wreak havoc (in/among)* ◆ **6.1** de voetbalsupporters hebben weer verschrikkelijk huisgehouden in de binnenstad van A. *the football fans went on the rampage again in A. 's city centre;* **II** ⟨ww.⟩ **0.1** [de huishouding doen] *run the home/house* ⇒⟨vnl. voor iem. anders⟩ *keep house.*

huishoudfolie **0.1** *cling film.*

huishoudgeld **0.1** *housekeeping (money).*

huishoudhulp **0.1** ⟨persoon⟩ *domestic help;* ⟨apparaat⟩ *domestic appliance.*

huishouding **0.1** [regeling v.h. huishouden] *housekeeping* ⇒⟨mbt. staat⟩ *economy* **0.2** [bewoners v.e. huis] *household* ◆ **3.1** een gemeenschappelijke ~ voeren *have a joint household* **6.1** een hulp in de ~ *a home help.*

huishoudjam **0.1** ±*factory-made jam.*

huishoudkunde **0.1** *home economics.*

huishoudschool **0.1** *domestic science school.*

huishoudster **0.1** *housekeeper.*

huishuur **0.1** *rent.*

huisje **0.1** [klein huis] *bungalow* ⇒*cottage, small/little house* **0.2** [wachthuisje] *shelter* ◆ **1.1** een ~ aan zee *a cottage by the sea* **1.¶** ⟨fig.⟩ ~, boompje, beestje *suburban bliss, marital bliss in the suburbs;* ⟨pej.⟩ *a boring suburban existence* **2.¶** een heilig ~ *a sacred cow* **¶.1** ⟨sprw.⟩ ieder ~ heeft zijn kruisje *every man has his cross to bear.*

huisjesmelker **0.1** *slum landlord.*

huisjesslak **0.1** *snail.*

huiskamer **0.1** *living room.*

huisknecht **0.1** *manservant.*

huisman **0.1** *househusband.*

huismeester **0.1** *caretaker* ⇒*warden.*

huismerk **0.1** *own/generic brand* ◆ **2.1** wij hebben ook wijn van ons eigen ~ *we also have our own brand of wine.*

huismiddel(tje) **0.1** [geneesmiddel] *home remedy* **0.2** ⟨fig.; redmiddel⟩ *panacea.*

huismoeder **0.1** *housewife* ⇒*mother.*

huismus **0.1** [vogel] *house sparrow* **0.2** [persoon] *stay-at-home* ⇒*homebody* ◆ **3.2** een ~ zijn ⟨ook⟩ *keep (o.s.) to o.s.*

huisnummer **0.1** *number (of a/the house).*

huisraad **0.1** *household goods/effects* ⇒⟨meubels⟩ *(household) furniture* ◆ **1.1** stuk ~ *piece of furniture* **3.1** al het ~ werd vernield *the entire contents of the house were destroyed.*

huisregels **0.1** *house rules* ⇒⟨van drukkerij mbt. spelling⟩ *house style.*

huisschilder **0.1** *house painter.*

huissleutel **0.1** *latchkey* ⇒*front-door key.*

huissloof **0.1** *household drudge.*

huisspin **0.1** *house spider.*

huisstijl **0.1** *house style.*

huistelefoon **0.1** *internal telephone (system).*

huistiran **0.1** *household tyrant.*

huis-, tuin- en keuken- **0.1** *household* ◆ **1.1** een boormachine voor huis-, tuin- en keukengebruik *a drill for use around the house;* een huis-, tuin- en keukenmiddeltje tegen griep *a h. remedy for flu;* een huis-, tuin- en keukenroman *an ordinary novel.*

huisvader **0.1** *family man, father (of the family).*

huisvergadering **0.1** *house meeting.*

huisvesten **0.1** ⟨tijdelijk⟩ *find/provide accommodation (for), accommodate* ⇒⟨definitief⟩ *house* ◆ **6.1** er zijn in dat pand 10 mensen gehuisvest *that building houses 10 people.*

huisvesting **0.1** [het verschaffen van verblijf] *housing* **0.2** [verblijf] *accommodation* ◆ **2.2** geschikte ~ zoeken *look for suitable a.* **3.2** ~ bieden aan *offer a. to;* ergens ~ vinden *find a. somewhere.*

huisvestingsbureau **0.1** *(city) housing department.*

huisvestingsvraagstuk **0.1** *housing problem.*

huisvlieg **0.1** *housefly.*

huisvlijt **0.1** *home industry/crafts.*

huisvredebreuk (jur.) **0.1** *unlawful entry, trespass.*

huisvriend, huisvriendin **0.1** *family friend, friend of the family.*

huisvrouw **0.1** [verzorgt huishouding] *housewife* **0.2** [echtgenote] *wife.*

huisvuil **0.1** *household refuse* ◆ **1.1** het ophalen van ~ *refuse collection.*

huisvuilzak **0.1** *dustbin liner.*

huiswaarts **0.1** *homeward(s)* ◆ **3.1** ~ keren *head for home.*

huiswerk **0.1** [schoolwerk] *homework* **0.2** [werk in huis] *housework* ◆ **3.1** zijn ~ niet gedaan hebben *not have done one's h.;* ~ maken *do one's h.;* ~ opgeven *assign h.*

huiswijn **0.1** *house wine.*

huiszoeking **0.1** *(house) search* ◆ **1.1** bevel(schrift) tot ~ *search warrant* **3.1** ~ bij iem. doen *search s.o. 's house;* ⟨inf.⟩ *turn over s.o. 's house.*

huiszwaluw **0.1** *house martin.*

huiveren **0.1** [beven]⟨van kou⟩ *shiver;* ⟨van angst enz.⟩ *shudder, tremble* **0.2** [terugschrikken] *recoil/shrink (from)* ◆ **3.1** doen ~ *make s.o. shiver/shudder;* ⟨met afschuw/walging⟩ *make s.o. 's flesh creep* **6.1** ~ van de kou *shiver with cold* **6.2** ik ~ bij de gedachte *I shudder at the thought.*

huiverig **0.1** [terugdeinzend, aarzelend] *hesitant, wary* **0.2** [rillerig] *shivery* ◆ **3.2** ~ zijn *have the shivers* **5.1** ik ben er nogal ~ voor *I feel hesitant about (doing) it.*

huivering **0.1** *shiver* ⇒*shudder* ◆ **3.1** er voer een lichte ~ door haar lichaam *a shiver went through her body.*

huiveringwekkend **0.1** *horrible, horrifying* ⇒*terrifying, hair-raising.*

huizen **0.1** [wonen] *live* **0.2** [aanwezig zijn] *be (present)* ◆ **1.1** er ~ ratten in de schuur *there are rats in the shed* **6.2** er huist onrust in zijn binnenste *deep down inside he is uneasy.*

huizenbezit **0.1** ⟨het bezit⟩ *property;* ⟨het bezitten⟩ *ownership of houses.*

huizenblok **0.1** *row of houses.*

huizenbouw **0.1** *house-building, housing construction.*

huizenhoog **0.1** *towering* ◆ **1.1** huizenhoge favoriet *(red-)-hot favourite;* huizenhoge golven *mountainous waves* **3.1** ~ tegen iem. opzien *look up to s.o., put s.o. on a pedestal;* ~ uitsteken boven de concurrentie *tower above/be miles ahead of the competition.*

huizenmarkt **0.1** *housing market.*

hulde **0.1** ⟨eerbetoon⟩ *homage;* ⟨lof⟩ *tribute* ◆ **3.1** iem.~ brengen/bewijzen *pay h./t. to s.o.* **6.1** ~ aan deze vrouw! *all honour to her!* **¶.1** hulde! *bravo!*

huldebetoon **0.1** *homage.*

huldeblijk **0.1** *tribute.*

huldigen **0.1** [hulde bewijzen] *honour* ⇒*pay tribute (to)* **0.2** [erkennen] *hold* ◆ **1.1** een jubilaris ~ *celebrate s.o. 's jubilee* **1.2** een standpunt ~ *h. a point of view.*

huldiging 0.1 [het huldigen, gehuldigd worden] *homage, tribute* **0.2** [inhuldiging] *inauguration, installation.*

hulk 0.1 *hulk.*

hullen I ⟨ov.ww.⟩ **0.1** [omhullen met] *wrap (up) in* ⇒⟨fig. ook⟩ *veil/cloak (in)* ♦ **6.1 in** nevelen gehuld zijn *be shrouded/veiled in mist;* hij was **in** een deken gehuld *he was wrapped (up) in a blanket;* **II** ⟨wk.ww.; zich ~⟩ **0.1** [zich omhullen met] *wrap o.s. ((up) in)* ⇒⟨fig. ook⟩ *veil/cloak/shroud o.s. (in)* ♦ **6.1** ⟨fig.⟩ zich **in** stilzwijgen ~ *veil o.s. in silence.*

hulp 0.1 [daad] *help* ⇒*assistance* **0.2** [persoon] *helper* ⇒ *assistant* **0.3** [middel] *help* ⇒*aid* ♦ **1.1** ~ en bijstand *aid and assistance* **2.1** medische ~ *medical assistance* **3.1** de reddingsboot hield zich gereed om ~ te verlenen *the lifeboat was standing by (to render emergency assistance);* ~ vragen *ask for h./assistance* **6.1 om** ~ roepen *call (out) for h.;* iem. **te** ~ komen *come to s.o.'s aid;* **te** ~ snellen/schieten *hasten to help/assist;* ⟨redden⟩ *come to the rescue (of);* iem. **te** ~ roepen *call for s.o.'s help;* iets zonder ~ doen *do sth. without anybody's h.* **6.2** ~ **in** de huishouding *home help* **7.1** eerste ~ (bij ongelukken) *first aid.*

hulpactie 0.1 *relief action/measures.*

hulpbehoevend 0.1 *in need of/needing/requiring help* ⇒ ⟨ziek⟩ *invalid,* ⟨oud/gebrekkig⟩ *infirm,* ⟨arm⟩ *needy* ♦ **1.1** zij verzorgt haar ~ e moeder *she looks after her invalid mother* **7.1** de ~ en *the needy/infirm.*

hulpbron 0.1 *resource* ♦ **2.1** de natuurlijke ~ nen v.e. land *the natural resources of a country.*

hulpdienst 0.1 *auxiliary service(s)* ⇒⟨nooddienst⟩ *emergency service(s)* ♦ **2.1** telefonische ~ *helpline.*

hulpeloos 0.1 *helpless* ♦ **3.1** ~ staan tegenover een ramp *be h. in the face of a disaster.*

hulpexpeditie 0.1 *relief expedition.*

hulpgeroep 0.1 *(a) cry/call for help.*

hulpgoederen 0.1 *aid* ⇒*aid supplies.*

hulpje 0.1 [persoon] *help* ⇒⟨dienstmeisje/meid ook⟩ *maid* **0.2** [toestel] *appliance* ⇒⟨snufje, apparaatje⟩ *gadget* ♦ **2.2** elektrische ~ s in de keuken *electrical gadgets in the kitchen* **6.1** een ~ **voor** de kinderen *s.o. to look after the children.*

hulpkracht 0.1 [persoon die bij iets assisteert] *helper* **0.2** [tijdelijke kracht] *temporary worker.*

hulpkreet 0.1 *cry for help.*

hulplijn 0.1 [muz.] *ledger line* **0.2** [wisk.] *construction line.*

hulpmiddel 0.1 [om een doel sneller te bereiken] *aid, help, means* ⇒⟨gereedschap⟩ *tool* **0.2** [dat uitkomst brengt] *expedient, remedy* ⇒⟨noodoplossing⟩ *makeshift* **0.3** [hulpbron] *resource* ♦ **2.1** audiovisuele ~ en *audio-visual aids;* een laatste ~ *a last resort* **2.3** geen financiële ~ en meer hebben *have no more financial resources.*

hulporganisatie 0.1 *relief organization.*

hulppost 0.1 *aid station* ⟨ook bij marathon⟩ ⇒⟨EHBO-post⟩ *first-aid post* ♦ **1.1** een ~ v.h. Rode Kruis *a Red-Cross first-aid post* **2.1** een medische ~ *an aid station.*

hulpprogramma 0.1 *aid programme* ⇒⟨reddingsprogramma⟩ *rescue programme.*

hulpsignaal 0.1 *signal for help* ⇒⟨noodsignaal⟩ *signal* ♦ **3.1** een ~ geven *signal for help.*

hulpstuk 0.1 *accessory, attachment* ⇒⟨vnl. elek., gas⟩ *fitting.*

hulptroepen 0.1 *auxiliary troops/forces* ⇒⟨versterkingen⟩ *reinforcements.*

hulpvaardig 0.1 *helpful* ♦ **5.1** niet ~ *unhelpful.*

hulpverlener, -leenster 0.1 *social worker.*

hulpverlening 0.1 [het verlenen van hulp] *assistance, aid* ⇒⟨vnl. bij ramp/hongersnood enz.⟩ *relief* **0.2** [geïnstitutionaliseerde zorg] *assistance* ♦ **2.1** de internationale ~ komt langzaam op gang *international aid/relief is slowly getting under way.*

hulpwerkwoord ⟨taal.⟩ **0.1** *auxiliary (verb)* ♦ **6.1** ~ en van tijd *tense auxiliaries;* ~ en **van** de lijdende vorm *passive auxiliaries;* ~ en **van** wijze, modale ~ en *modal auxiliaries.*

huls 0.1 [koker, omhulsel] *case, cover, container* **0.2** [mil.] *cartridge case, shell* ♦ **2.2** lege ~ *empty cartridge/shell.*

hulst 0.1 *holly.*

hulsttak 0.1 *holly spray/sprig.*

hum 0.1 *humour, temper, mood* ♦ **6.1** hij is **uit** zijn ~ *he's in a bad humour/mood, he's out of sorts.*

humaan 0.1 *humane* ♦ **3.1** hij heeft mij ~ behandeld *he treated me humanely.*

humaniora 0.1 [Griekse en Latijnse taal- en letterkunde] *classics, humanities* **0.2** [Belg.; soort middelbaar onderwijs] ±*grammar school.*

humanisme 0.1 *humanism.*

humanist 0.1 *humanist.*

humanistisch 0.1 *humanist(ic)* ♦ **1.1** het Humanistisch Verbond *the Humanist Society.*

humanitair 0.1 *humanitarian* ♦ **1.1** ~ recht *h. rights.*

humeur 0.1 [stemming] *humour, temper, mood* **0.2** [goede luim] *good humour/temper/mood* ♦ **2.1** in een bijzonder goed/prima ~ zijn *be in a very good mood;* in een goed/slecht ~ zijn *be in a good/bad mood* **6.2 in/uit** zijn ~ zijn *be in a good/bad mood;* dat bracht hem **uit** zijn ~ *that put him in a bad mood;* iem. **uit** zijn ~ brengen *put s.o. in a bad mood.*

humeurig 0.1 *moody* ♦ **3.1** ze is erg ~ *she is very m.*

hummel 0.1 *toddler, (tiny) tot* ♦ **2.1** een kleine ~ *a (little) toddler.*

hummen 0.1 *(a)hem.*

humor 0.1 *humour* ♦ **1.1** de ~ v.d. situatie *the h. of the situation* **2.1** zwarte ~ *black h.* **3.1** er de ~ (niet) van inzien *(not) (be able to) see the joke (of it)* **6.1** gevoel **voor** ~ *sense of h.*

humoreske 0.1 ⟨muz.⟩ *humoresque.*

humorist 0.1 *humorist* ⇒⟨komiek⟩ *comic.*

humoristisch 0.1 *humorous* ♦ **1.1** een ~ e opmerking *a h. remark* **3.1** iets ~ inkleden *put sth. in a h. way.*

humorloos 0.1 *humourless* ⇒⟨mbt. mensen ook⟩ *lacking/without a sense of humour.*

humus 0.1 *humus.*

humusgrond 0.1 *hum(o)us soil.*

hun I ⟨pers.vnw.⟩ **0.1** [indirecte objectsvorm] *them* **0.2** [inf.; directe objectsvorm] *them* ♦ **3.1** ik zal het ~ geven *I'll give it (to) t.* **3.2** heb je ~ al geroepen? *have you already called t.?;* **II** ⟨bez.vnw.⟩ **0.1** *their* ♦ **1.1** ~ kinderen *t. children* **3.1** één van ~ vrienden *a friend of theirs* **7.1** dat zijn onze boeken niet, maar de ~ ne *those are not our books but theirs.*

hunebed 0.1 *megalith(ic tomb/monument/grave).*

hunkeren 0.1 *hanker (after/for)* ⇒*yearn (for/after), long (for/after)* ♦ **6.1 naar** vrijheid ~ *yearn for/long for freedom;* **naar** liefde ~ *yearn for love;* **naar** een bakje koffie ~ *be dying for a cup of coffee.*

hunnerzijds ⟨schr.⟩ **0.1** *for/on their part, as far as they are concerned* ♦ **¶.1** ~ is er geen bezwaar tegen *they have no objection to it.*

hup 0.1 [aanmoedigingskreet] *come on, go (to it)* **0.2** [aansporing, commando] *hup, oops-a-daisy;* ⟨mbt. trekken/tillen van iets zwaars⟩ *heave (ho)!* ♦ **1.1** ~ Oxford ~! *come on Oxford!* **7.2** een, twee, … ~! *one, two, … up you go!*

huppeldepup 0.1 *what's-his-/her* ⟨enz.⟩ *-name.*
huppelen 0.1 *hop* ⇒*skip, frolic* ◆ 6.1 de lammen ın de weide *the lambs are gambol· g in the meadow.*
hupsaken ...
hupen 0.1 [mbt. een zaak] *rent;* ⟨mbt. schip/bus/vliegtuig⟩ *charter* 0.2 [mbt. een persoon] *hire, take on* ◆ 1.1 een auto ~ *r. a car;* een huis ~ *r. a house;* kamers ~ *live in rooms* 1.2 een kok ~ *hire/take on a cook.*
hurken[1] ⟨mv.⟩ ◆ 6.¶ **op** zijn ~ (gaan) zitten *squat (on one's haunches/down).*
hurken[2] ⟨onov.ww.⟩ 0.1 *squat (on one's haunches/down)* ◆ 3.1 zij zaten gehurkt op de grond *they were squatting on the ground.*
hurksprong 0.1 *squat jump.*
hurkzit 0.1 *crouch* ⇒*squat.*
husselen →**hutselen.**
hut 0.1 [primitieve woning] *hut* 0.2 [scheep.] *cabin* ⇒⟨luxehut⟩ *stateroom* ◆ 2.1 een lemen ~ *a mud h.* 6.2 een ~ **voor** twee personen *a two-berth c.*
hutbewoner, -woonster 0.1 *hut-dweller.*
hutje ◆ 6.¶ ~ **bij** mutje leggen *club together.*
hutkoffer 0.1 *cabin trunk.*
hutselen 0.1 *mix (up)* ⇒*shake (up),* ⟨mbt. kaarten⟩ *shuffle* ◆ 1.1 dominostenen door elkaar ~ *shuffle dominoes;* zaken door elkaar ~ ⟨fig.⟩ *mix things up.*
hutspot 0.1 [gerecht] *hot(ch)-pot(ch)* 0.2 [fig.; mengelmoes] *hotch-potch.*
Hüttenkäse® 0.1 *cottage cheese.*
huur 0.1 [het huren, verbintenis] *rent;* ⟨pacht⟩ *lease* 0.2 [prijs] *rent* ◆ 2.1 achterstallige ~ *r. in arrears, back r.;* kale ~ *basic r.* 3.1 de ~ gaat met november in *the tenancy commences on the first of November;* iem. de ~ opzeggen *give s.o. notice (to leave/quit)* 3.2 hij betaalt *f*800,- ~ voor dit huis *he pays 800 guilders r. for this house* 6.1 dit huis is te ~ *this house is* [B]*to let/*[A]*is for r.;* een huis te ~ zetten *put a house up for r.*
huurachterstand 0.1 *arrears of rent* ⇒⟨de som zelf ook⟩ *rent in arrears, back rent* ◆ 3.1 hij heeft een ~ van *f*1000,- *he owes 1000 guilders rent.*
huurauto 0.1 *rented car* ⇒⟨BE ook⟩ *hire(d) car.*
huurbeleid 0.1 *rent(s) policy.*
huurbescherming 0.1 *rent protection/control* ◆ 3.1 ~ genieten ⟨GB⟩ *be protected by the Rent Act, have a controlled rent.*
huurcommissie 0.1 *rent tribunal.*
huurcontract, -akte 0.1 *rental agreement* ⇒⟨onroerende goederen ook⟩ *lease* ◆ 3.1 een ~ aangaan *sign a lease;* een ~ opzeggen *terminate a lease.*
huurder 0.1 *renter* ⇒⟨mbt. onroerend goed ook⟩ *tenant,* ⟨BE; mbt. auto⟩ *hirer* ◆ 2.1 de huidige ~s *the sitting tenants.*
huurflat 0.1 *rented flat/*[A]*apartment.*
huurhuis 0.1 *rented house.*
huurkoop 0.1 *instalment buying* ⇒⟨BE ook⟩ *hire purchase (system)* ◆ 6.1 iets in ~ hebben *have sth. on the installment plan/on hire purchase.*
huurlast 0.1 *rent* ◆ 2.1 op hoge ~en zitten *be paying a high r.*
huurleger 0.1 *army of mercenaries.*
huurling 0.1 *hireling* ⇒⟨huursoldaat⟩ *mercenary.*
huurmoordenaar 0.1 *(hired) assassin* ⇒⟨sl.⟩ *hitman.*
huuropbrengst 0.1 *rental (income).*
huurovereenkomst →**huurcontract.**
huurprijs 0.1 *rent* ⇒⟨van auto, tv enz.⟩ *rental (price)* ◆ 1.1 de ~ van dit huis is *f*1000,- *the r. of this house is 1000 guilders.*

huur ...uld 0.1 *rent arrears, arrears of rent* ◆ 3.1 de ~ bedraagt *f*5000,- *the r. a. amount to Dfl5000;* ~ hebben *owe rent.*
huursoldaat 0.1 *mercenary.*
huursom 0.1 *rent* ⇒⟨auto, tv enz. vnl.⟩ *rental (price).*
huurstaking 0.1 *rent strike.*
huursubsidie 0.1 *rent subsidy.*
huurtermijn 0.1 *instalment* ⇒*tenancy (period).*
huurtroepen 0.1 *mercenary troops/forces.*
huurverhoging 0.1 *rent increase.*
huurverlaging 0.1 *rent reduction.*
huurwaarde 0.1 *rental value.*
huurwaardeforfait ⟨ec.⟩ 0.1 ±*rateable value.*
huurwet 0.1 *Rent Act.*
huurwoning 0.1 *rented house/flat.*
huwbaar 0.1 *marriageable* ◆ 1.1 de huwbare leeftijd bereiken *reach m. age.*
huwelijk 0.1 [echtverbintenis] *marriage* 0.2 [plechtigheid] *marriage* ⇒*wedding* 0.3 [toestand] *marriage* ⇒*matrimony* ◆ 1.1 ontbinding v.e. ~ *dissolution of a m.* 2.1 gemengd ~ *mixed m.;* een gemengd ~ aangaan *intermarry;* een verkeerd/ongeschikt ~ (aangaan) *(make) a bad match;* een wettig ~ *a lawful m.* 2.2 een burgerlijk ~ *a civil wedding;* ⟨GB ook⟩ *a registry-office wedding;* een kerkelijk ~ *a church wedding* 2.3 een vrij/open ~ *an open marriage* 3.1 een ~ (kerkelijk) afkondigen *publish the banns;* een ~ inzegenen *perform a m. service;* een ~ sluiten/aangaan met *get married to* 3.2 een ~ voltrekken *perform a m. service, celebrate a m.;* het ~ voltrekken tussen X en Y *marry X and Y* 6.1 ~ **bij** volmacht/met de handschoen *m. by proxy;* een kind, **buiten** ~ geboren *a child born out of wedlock;* zijn ~ **met** hen in. to; een meisje ~ *vragen propose to a girl;* een ~ **uit** liefde/uit berekening *a love match, a m. of convenience* 6.2 **in** het ~ treden met *enter into matrimony with;* marry 6.3 zijn ~ **met** *his marriage with.*
huwelijks 0.1 *marital* ⇒*married* ◆ 1.1 ~e voorwaarden *marriage settlement/articles.*
huwelijksaangifte 0.1 *notice/notification of (intended) marriage* ◆ 3.1 ~ doen *give notice of (an intended) marriage.*
huwelijksaankondiging 0.1 *wedding announcement* ⇒ ⟨aan uitgenodigde gasten⟩ *wedding invitation.*
huwelijksaanzoek 0.1 *proposal (of marriage)* ◆ 3.1 een ~ doen *propose (to s.o.);* een ~ krijgen *receive a proposal (of marriage).*
huwelijksadvertentie 0.1 ⟨inf.⟩ *(ad in the) lonely hearts column.*
huwelijksakte 0.1 *marriage certificate.*
huwelijksbeletsel 0.1 *impediment to (a) marriage.*
huwelijksbelofte 0.1 *marriage vow.*
huwelijksbemiddeling 0.1 ±*matchmaking* ⇒⟨per computer⟩ ±*computer dating* ◆ 1.1 bureau voor ~ *marriage bureau.*
huwelijksbootje ◆ 6.¶ in het ~ stappen *get married;* ⟨inf.⟩ *tie the knot.*
huwelijksbureau 0.1 *marriage bureau.*
huwelijkscontract 0.1 [overeenkomst aangaande huwelijkse voorwaarden] *marriage settlement/articles* 0.2 [huwelijk als een overeenkomst beschouwd] *marriage contract.*
huwelijksfeest 0.1 *wedding party.*
huwelijksgeschenk 0.1 *wedding present/gift.*
huwelijksinzegening 0.1 *solemnization/consecration of (a) marriage* ⇒*wedding ceremony/service* ◆ 3.1 de ~ vindt plaats op/zal geschieden door *the wedding will take place on, the marriage service will be conducted by.*

huwelijkskandidaat 0.1 *possible partner, potential husband/wife* ◆ 2.1 hij/zij zou een uitstekende ~ zijn *he/she would be an excellent match.*
huwelijksleven 0.1 *married life* ⇒*marriage.*
huwelijksmis 0.1 *nuptial mass.*
huwelijksmoeilijkheden 0.1 *marital problems.*
huwelijksnacht 0.1 *wedding night* ◆ 7.1 de eerste ~ *the w. n.*
huwelijksovereenkomst →**huwelijkscontract.**
huwelijksplechtigheid 0.1 *wedding* ⇒*marriage/wedding ceremony.*
huwelijkspremie ⟨AZN⟩ 0.1 *marriage bonus.*
huwelijksreis 0.1 *honeymoon (trip)* ◆ 6.1 op ~ gaan *(go/leave on (one's)) honeymoon;* zij zijn op ~ *they are on (their) h.*
huwelijkstrouw 0.1 *conjugal/marital fidelity.*
huwelijksvoltrekking 0.1 *celebration of (a) marriage* ⇒ *wedding.*
huwelijksvoorwaarden 0.1 *marriage settlement/articles* ◆ 6.1 trouwen met/zonder ~ *marry with/without a marriage settlement/articles.*
huwen ⟨schr.⟩ 0.1 ⟨ongemarkeerd⟩ *marry, be/get married (to)* ⇒⟨lit. of krantentaal⟩ *wed.*
huzaar ⟨gesch.⟩ 0.1 *hussar.*
huzarensalade 0.1 ±*Russian salad.*
huzarenstukje 0.1 *daring act* ◆ 3.1 een ~ uithalen *pull off a difficult feat.*
hyacint 0.1 *hyacinth.*
hybride 0.1 *hybrid* ⇒*cross.*
hydraulica ⟨nat.⟩ 0.1 *hydraulics.*
hydraulisch 0.1 *hydraulic* ◆ 1.1 ~e kracht *h. power;* ~e pers/remmen *h. press/brakes.*
hydrocultuur 0.1 *hydroponics* ⇒*aquiculture.*
hydrodynamica ⟨nat.⟩ 0.1 *hydrodynamics.*
hydrometer 0.1 [vochtweger] *hydrometer* 0.2 [snelheidsmeter van stromend water] *water-flow meter.*
hydrometrie 0.1 *hydrometry.*
hydrosfeer 0.1 *hydrosphere.*
hydrostatica ⟨nat.⟩ 0.1 *hydrostatics.*
hydrotherapie ⟨med.⟩ 0.1 *hydrotherapy.*
hydrothermaal ⟨geol.⟩ 0.1 *hydrothermal.*
hydroxide ⟨schei.⟩ 0.1 *hydroxide.*
hyena 0.1 *hy(a)ena.*
hyetometer 0.1 *hyetometer* ⇒*pluviometer, ombrometer, rain gauge/*[A]*gage.*
hygiëne 0.1 *hygiene* ◆ 2.1 persoonlijke/intieme ~ *personal h.*
hygiënisch I ⟨bn.⟩ 0.1 [conform de gezondheidsleer] *hygienic* ⇒*sanitary* ◆ 1.1 ~e omstandigheden *sanitary conditions;* ~e voorschriften *h./sanitary regulations;* **II** ⟨bn., bw.⟩ 0.1 [zindelijk, proper] *hygienic* ◆ 2.1 ~ verpakt *hygienically packed/wrapped* ¶.1 ~ te werk gaan *be h.*
hygrometer 0.1 *hygrometer.*
hymen 0.1 *hymen.*
hymne 0.1 *hymn.*
hyper- 0.1 *hyper-* ⇒*ultra-, super-.*
hyperactief 0.1 *hyperactive.*
hyperbolisch 0.1 ⟨ook lit.⟩ *hyperbolic(al).*
hyperbool 0.1 [wisk.] *hyperbola* 0.2 [lit.] *hyperbole* ◆ 2.1 gelijkzijdige ~ *equilateral h.*
hypermarkt 0.1 [B]*hypermarket.*
hypermodern 0.1 *ultramodern* ⇒⟨modieus ook⟩ *super-fashionable* ◆ 1.1 een ~ interieur *an u. interior.*
hypernerveus 0.1 *extremely nervous/tense* ⇒*jittery.*

hypertensie ⟨med.⟩ 0.1 *hypertension* ⇒⟨ongemarkeerd⟩ *high blood pressure.*
hyperventilatie 0.1 *hyperventilation.*
hyperventileren 0.1 *hyperventilate.*
hypnose 0.1 *hypnosis* ◆ 6.1 iem. onder ~ brengen *put s.o. under h.;* onder ~ zijn/verkeren *be under h.*
hypnotisch 0.1 *hypnotic* ◆ 1.1 ~e blik *h. gaze;* ~e toestand *state of hypnosis.*
hypnotiseren 0.1 [in hypnotische toestand brengen] *hypnotize* 0.2 [fig.] *mesmerize* ◆ 1.2 zijn woorden hadden een ~d effect *his words had a hypnotic effect* 3.2 de hele zaal zat gehypnotiseerd toe te kijken *the whole audience sat spellbound/mesmerized.*
hypnotiseur 0.1 *hypnotist* ⇒⟨therapeut⟩ *hypnotherapist.*
hypochonder 0.1 *hypochondriac.*
hypochondrie 0.1 *hypochondria.*
hypochondrisch 0.1 *hypochondriac.*
hypocriet[1] ⟨de⟩ 0.1 *hypocrite.*
hypocriet[2] ⟨bn., bw.⟩ 0.1 *hypocritical* ⇒⟨onoprecht⟩ *insincere.*
hypocrisie 0.1 *hypocrisy.*
hypofyse 0.1 *pituitary (gland).*
hypotensie ⟨med.⟩ 0.1 *hypotension* ⇒⟨ongemarkeerd⟩ *low blood pressure.*
hypotenusa ⟨wisk.⟩ 0.1 *hypotenuse.*
hypotheek 0.1 *mortgage* ◆ 3.1 een ~ aflossen *pay off a m.;* een ~ afsluiten *take out a m.;* een ~ nemen op een huis *take out a m. on a house;* een ~ verlenen/verstrekken *grant a m.* 6.1 met een (zware/drukkende) ~ belast *(heavily) mortgaged.*
hypotheekakte 0.1 *mortgage deed.*
hypotheekbank 0.1 *mortgage company* ⇒±[B]*building society.*
hypotheeknemer 0.1 *mortgagee* ⇒*loanholder, encumbrancer.*
hypotheekrente 0.1 *mortgage (interest)* ⇒*interest on one's mortgage.*
hypotheekverzekering 0.1 *mortgage insurance.*
hypothermie ⟨med.⟩ 0.1 *hypothermia.*
hypothese 0.1 *hypothesis* ◆ 3.1 een ~ opstellen *formulate a h.* 8.1 als ~ aannemen *accept as a h.*
hypothetisch 0.1 *hypothetical* ◆ 3.1 ~ gesproken *hypothetically speaking.*
hystericus, -ca 0.1 *hysteric(al person).*
hysterie 0.1 *hysteria.*
hysterisch 0.1 *hysterical* ◆ 1.1 ~ gekrijs *h. screams;* ~e toevallen/aanvallen (krijgen) *(go into/have) (fits of) hysterics* 3.1 doe niet zo ~! *don't be so/get h.!;* ~ worden *go into/have hysterics, become/get h.*

i →puntje.
ia 0.1 *heehaw.*
Iberisch 0.1 *Iberian* ♦ 1.1 het ~ schiereiland *the I. peninsula.*
ib(id). ⟨afk.⟩ 0.1 [ibidem] *ib(id).*
ibis 0.1 *ibis.*
iconoclast 0.1 *iconoclast.*
icoon 0.1 *icon.*
ideaal[1] ⟨het⟩ 0.1 [modelbeeld] *ideal* 0.2 [streven] *ideal* ⇒ *ambition* ♦ 1.2 het ~ van zijn jeugd was arts te worden *the ambition of his youth was to become a doctor* 3.2 een ~ nastreven *pursue an i./ambition;* een ~ verwezenlijken *realize an i./ambition, make a dream come true* 6.1 zich iem. tot ~ stellen *take s.o. as a model* 6.2 zich tot ~ stellen om eens een roman te schrijven *have the ambition to write a novel.*
ideaal[2] ⟨bn., bw.⟩ 0.1 *ideal* ⇒*perfect* ♦ 1.1 onder ideale omstandigheden *under i. circumstances;* filosoferen over de ideale staat *philosophize about the i. state;* een ~ voorbeeld van iets *a perfect example of sth.*
ideaalbeeld 0.1 *ideal(ized) picture/image.*
idealiseren 0.1 [beter voorstellen] *idealize* ⇒*glamorize* 0.2 [bk.] *idealize.*
idealisering 0.1 [verheerlijking] *idealization* ⇒*glamorization* 0.2 [bk.] *idealization.*
idealisme 0.1 *idealism.*
idealist 0.1 *idealist.*
idealistisch 0.1 *idealistic* ♦ 1.1 ~e bedoelingen *i. intentions/aims;* een ~e levensopvatting *an i. outlook on life.*
idealiter 0.1 *ideally.*
idee 0.1 [gedachtevoorstelling] *idea* 0.2 [ideaal, streven] *idea* 0.3 [begrip] *idea* ⇒*notion, concept(ion)* 0.4 [mening] *idea* ⇒*view* 0.5 [ingeving] *idea* 0.6 [ontwerp] *idea* ♦ 2.3 een globaal ~ *a broad/general i.* 2.4 een man met bekrompen ~ën *a narrow-minded man;* er extreme ~ën op na houden *hold extreme opinions* 2.5 een goed ~ *a good i.;* ik heb zo'n vaag ~ *I have a vague i.* 2.6 grootse ~ën hebben *think big;* een uitgewerkt ~ *an elaborate scheme* 3.1 een ~ overnemen *borrow an i.;* zich een ~ vormen van iets *form an i. of sth.* 3.3 ik had er geen ~ van dat hij getrouwd was *I had no i. he was married;* ik heb geen (flauw) ~ *I have no i., I haven't the faintest i.* 3.4 van ~ veranderen *change one's mind* 3.5 ik heb een ~ *I've got an i.;* het ~ kwam bij haar op *the i. came to her, it occurred to her* 4.1 wat een ~! het ~ (alleen al)! *what an i.!, the (very) i.!* 5.4 helemaal mijn ~! *just what I was thinking!* 6.4 naar mijn ~ *in my opinion, to my mind* 6.5 op een ~ komen *think of sth., hit upon an i.;* iem. op een ~ brengen *put an i. into s.o.'s head, give s.o. an i.;* zij kwam op het ~ om *she hit upon the i. of;* hoe kwam zij op het ~? *how did she come up with the i.?* 7.3 je hebt geen ~ hoe vervelend dat is *you have no i. how annoying that is* 8.3 ik heb zo'n/zo het ~ dat *I rather have the i. that* ¶.3 om een ~ te geven *to give an i.* ¶.5 iem. een ~ aan de hand doen *suggest sth. to s.o.*
ideëel 0.1 [denkbeeldig] *ideal* 0.2 [gericht op de verwezenlijking van een idee] *idealistic* ♦ 1.2 ideële reclame *non-commercial advertising.*
ideeënbus 0.1 *suggestion box.*

i - iemand

idee-fixe 0.1 [dwanggedachte] *obsession* ⇒*fixed idea* 0.2 [muz.] *idée fixe.*
idem 0.1 *ditto* ⇒*idem* ♦ ¶.1 ⟨scherts.⟩ ~ dito *same here.*
identiek 0.1 *identical (with/to)* ♦ 1.1 een ~e tweeling *i. twins.*
identificatie 0.1 *identification.*
identificatieplicht 0.1 *obligation to carry ID papers.*
identificeren 0.1 *identify* ♦ 4.1 zich ~ *i. o.s., prove one's identity;* zich ~ met *i. (o.s.) with.*
identiteit 0.1 [persoonsgelijkheid] *identity* 0.2 [specifiek karakter] *identity* ⇒*character* ♦ 3.1 zijn ~ bewijzen *prove one's i.;* de ~ vaststellen van *establish the i. of.*
identiteitsbewijs, -kaart 0.1 *identity/*⟨inf.⟩ *ID card* ⇒ *identification (card).*
identiteitscrisis 0.1 *identity crisis.*
identiteitspapieren 0.1 *identity/identification papers.*
ideologie 0.1 *ideology.*
ideologisch 0.1 *ideological* ♦ 1.1 ~e beïnvloeding *indoctrination;* een ~ conflict *an i. conflict.*
idiolect 0.1 *idiolect.*
idiomatisch 0.1 *idiomatic* ♦ 1.1 ~e uitdrukkingen *idioms, i. expressions.*
idioom 0.1 *idiom.*
idioot[1] ⟨de⟩ 0.1 [geesteszieke] *idiot* 0.2 [als scheldwoord] *idiot* ⇒*fool* 0.3 [iem. met overdreven aandacht voor iets]⟨als tweede deel in samenst.⟩ *freak* ⇒*nut* ♦ 2.2 een volslagen ~ *an absolute fool/i.* 8.2 zich als een ~ gedragen *make a(n) (perfect) i./fool of o.s.*
idioot[2] ⟨bn., bw.⟩ 0.1 [zwakzinnig] *idiotic* 0.2 [bespottelijk] *idiotic* ⇒*foolish* ♦ 3.2 doe niet zo ~ *don't be such a fool/an idiot.*
idioterie 0.1 *idiocy* ⇒*foolishness.*
idiotie 0.1 [zwakzinnigheid] *idiocy* 0.2 [dwaasheid] *idiocy* ⇒*foolishness.*
ID-kaart 0.1 *ID* ⇒*ID card.*
idolaat 0.1 *idolatrous* ♦ 6.1 ~ van iem./iets zijn *be infatuated with s.o./sth.*
idool 0.1 ⟨ook fig.⟩ *idol.*
idylle 0.1 *idyll(l).*
idyllisch 0.1 *idyllic* ♦ 1.1 een ~ verhaal *an i. story* 2.1 ~ gelegen *idyllically situated.*
ie ⟨inf.⟩ 0.1 *he* ⇒⟨ding⟩ *it.*
iebel ⟨inf.⟩ 0.1 *edgy* ♦ 3.1 je wordt ~ van die vent/die herrie *that guy/racket sets my teeth on edge.*
ieder 0.1 [bijvoeglijk]⟨tezamen; meer dan twee⟩ *every;* ⟨afzonderlijk; twee of meer⟩ *each;* ⟨welk dan ook⟩ *any* 0.2 [zelfst.] *everyone, everybody; each (one); anyone, anybody* ♦ 1.1 het kan ~e dag afgelopen zijn *it may be over any day (now);* werkelijk ~e dag *every single day;* ze komt ~e dag *she comes every day;* in ~e hand *in each hand* 1.2 het is ~s belang *it is in everyone's interest;* tot ~s verbazing *to everyone's surprise* 3.2 we kregen ~ honderd gulden *we received one hundred guilders each, each of us/we each received one hundred guilders* 6.2 ~ van ons *each of us, every one of us* ¶.2 ~ voor zich *every man for himself.*
iedereen 0.1 *everyone, everybody, all;* ⟨wie dan ook⟩ *anybody, anyone* ♦ 3.1 jij bent niet ~ *you're not just anybody;* ~ een hand geven *shake everyone's hand;* ~ spreekt erover *everyone is talking about it* 6.1 genoeg voor ~ *enough for everybody.*
iel 0.1 *thin* ⇒*puny* ♦ 1.1 een ~ mannetje *a scrawny/puny fellow.*
iemand 0.1 [deze of gene] *someone* ⇒*somebody,* ⟨in ontkennende/neutraal vragende zinnen⟩ *anyone,* ⟨in ontkennende/neutraal vragende zinnen⟩ *anybody* 0.2 [persoon(lijk-

heid)] *someone* ⇒*somebody, person* ◆ **2.2** een onbeduidend ~ *a nobody;* een sympathiek ~ *a likable person* **3.1** is daar ~? *is anybody there?;* hij is niet zomaar ~ *he's not just anybody;* hij wilde niet dat ~ het wist *he didn't want anyone to know* **4.1** hij is niet ~ die makkelijk opgeeft *he is not one to give up easily;* ~, die zo rijk is *someone so rich;* zij maakte de indruk van ~ die *she gave the impression of being someone/a woman who* **5.1** ~ anders *someone else;* zo ~ doet dat niet *someone like that wouldn't do such a thing* **6.1** is er ~ **onder** u, die *is there anyone here who;* ~ **van** het publiek/het personeel *a member of the audience/ the staff.*

iep 0.1 *elm.*

Ier 0.1 *Irishman* ◆ **7.1** tien ~en *ten Irishmen* ¶**.1** de ~en *the Irish.*

Ierland 0.1 [eiland] *Ireland;* ⟨lit.⟩ *Erin* **0.2** [republiek] *Republic of Ireland.*

Iers 0.1 ⟨bn. en zn.⟩ *Irish.*

Ierse 0.1 *Irishwoman.*

iets¹ ⟨het⟩ **0.1** *something* ◆ **2.1** een mysterieus ~ *something mysterious, a mysterious something;* dat is een vervelend ~ *that is a nuisance.*

iets² ⟨bw.⟩ **0.1** *a bit/little* ⇒*slightly* ◆ **3.1** als zij er ~ om gaf *if she cared at all* **5.1** we moeten ~ vroeger weggaan *we must leave a bit/slightly earlier.*

iets³ ⟨onb.vnw.⟩ **0.1** [enig ding] *something* ⇒⟨in ontkennende/neutraal vragende zinnen⟩ *anything* **0.2** [een ding in meer bepaalde opvatting] *something* ⇒⟨in ontkennende/ neutraal vragende zinnen⟩ *anything* **0.3** [een beetje] *something* ⇒*a little/bit* **0.4** [heel wat] *something* ⇒*quite a bit* **0.5** [zaak, persoon van betekenis] *something* ⇒⟨persoon ook⟩ *somebody* ◆ **2.2** zijn houding heeft ~ brutaals *there is a touch of insolence in his manner;* ~ lekkers/ moois *something tasty/beautiful* **3.1** wij hebben met kerst voor 't laatst ~ van haar gehoord *we last heard from her at Christmas;* hij heeft ~ ⟨ondefinieerbare kwaliteit⟩ *he has something about him;* ⟨irritatie⟩ *something's bothering him;* ⟨ziekte⟩ *something's the matter with him* **3.2** ze heeft ~ met hem *she's got something going with him;* als er ~ is dat ik haat *if there's one thing I hate;* daar zit ~ in *there's something in/to that* **3.3** ~ van iem. (weg) hebben *be rather like s.o.* **3.4** zij kan ~ *she's good* **3.5** dat wil zeker wel ~ zeggen *that is saying a good deal* **4.2** ~ dergelijks *something like that/of the sort* **5.2** dat is ~ anders *that's something else/different;* ⟨fig.⟩ *that's another/a different matter;* en dan (is er) nog ~ *and another thing;* ik hoorde zo ~ *I was told as much, I heard something to that effect;* zo ~ heb ik nog nooit gezien *I have never seen anything like it;* er is ook nog zo ~ als *there is such a thing as;* zo ~ doet men niet *that's not done;* 'Bedoel je X?' 'Zo ~, ja' *'Do you mean X?' 'Something like that'* **6.2** ⟨echt⟩ ~ **voor** jou (het zal je aanstaan; ook scherts.) *that would suit you, that's (right) up your street;* ⟨van jou te verwachten⟩ *that's just like you* ¶**.3** beter ~ dan niets *something is better than nothing.*

ietsje 0.1 *a bit (of)* ⇒*a little* ◆ **2.1** een ~ beter *a little bit better;* een ~ te gaar *a tiny bit/* ⟨inf.⟩ *wee bit overdone.*

ietsjes 0.1 *a bit/little* ⇒*slightly* ◆ **5.1** zij was er ~ eerder *she was just a bit earlier.*

ietwat 0.1 *somewhat* ⇒*slightly* ◆ **2.1** de zieke is ~ beter *the patient is somewhat/slightly better.*

iglo 0.1 *igloo.*

ijdel 0.1 [behaagziek; verwaand] *vain* ⇒*conceited* **0.2** [zonder enige grond] *vain* ◆ **1.1** ~ vertoon *showing off* **1.2** ~e hoop *v. hope.*

ijdelheid 0.1 [pronkzucht] *vanity* **0.2** [verwaandheid] *vanity* ⇒*conceit* ◆ **2.1** gekrenkte ~ *injured v./pride* **3.2** het streelde zijn ~ *it flattered his v.*

ijdeltuit 0.1 [iem. die erg ijdel is] *vain creature* **0.2** [iem. die met zichzelf ingenomen is] *conceited/stuck-up person.*

ijken 0.1 [merken] *calibrate* **0.2** ⇒*geijkt* ◆ **1.1** een thermometer ~ *c. a thermometer.*

ijkwezen 0.1 [alles wat met ijken in verband staat] *the inspection of weights and measures* **0.2** [rijksinstelling] *(the department of) weights and measures.*

ijl¹ ⟨de⟩⟨schr.⟩ **0.1** *haste* ◆ **6.1** in allerijl *in great h.*

ijl² ⟨bn.⟩ **0.1** [van geringe dichtheid] *rarefied* **0.2** [enigszins duizelig] *lightheaded* ◆ **1.1** ~e lucht *thin/r. air* **3.2** ik ben zo ~ in mijn hoofd *I am so l.*

ijlbode 0.1 *courier* ⇒*express messenger.*

ijlen 0.1 [haasten] *hasten* **0.2** [verward spreken door koorts] *be delirious* ⇒*ramble,* ⟨wild⟩ *rave* **0.3** [onzin uitslaan] *rave* ◆ **4.3** ⟨inf.⟩ je ijlt! *you're talking nonsense!*

ijlings 0.1 *in great haste* ⇒*with all speed* ◆ **3.1** iem. ~ naar het ziekenhuis brengen *rush s.o. to hospital.*

ijltempo 0.1 *top speed* ⇒*great haste* ◆ **6.1** in ~ *at top speed, in great haste.*

ijs 0.1 [bevroren water(oppervlak)] *ice* **0.2** [lekkernij] *ice cream* ◆ **1.¶** ~ en weder dienende *(wind and) weather permitting* **2.1** ⟨ook fig.⟩ zich op glad ~ bevinden/begeven *skate on thin i.* **3.1** het ~ breken ⟨ook fig.⟩ *break the i.;* het ~ houdt (nog niet) *the i. is (not yet) thick enough (to bear one's weight);* de haven was door ~ gesloten *the port was icebound/closed off by i.* **6.1** ⟨fig.⟩ (goed) beslagen **ten** ~ komen *have done one's homework;* ik drink m'n whisky **zonder** ~ of water *I drink my whisky straight.*

ijsafzetting 0.1 *icing up/over* ⇒⟨vliegtuig⟩ *ice accretion.*

ijsbaan 0.1 *skating rink* ⇒*ice(-skating) rink.*

ijsbeer 0.1 *polar bear.*

ijsberen 0.1 *pace up and down* ◆ **3.1** hij liep te ~ door zijn kamer *he paced up and down the room.*

ijsberg 0.1 *iceberg.*

ijs(berg)sla 0.1 *iceberg lettuce.*

ijsbloemen 0.1 *frostwork.*

ijsblokje 0.1 *ice cube.*

ijsbreker 0.1 *icebreaker.*

ijsclub 0.1 *skating club.*

ijsco 0.1 *ice cream (cone).*

ijscoman 0.1 *ice-cream man.*

ijselijk 0.1 [afgrijselijk] *hideous* ⇒*dreadful* **0.2** [hevig] *dreadful* ⇒*terrible* ◆ **1.1** een ~e gil *a blood-curdling scream* **2.2** ~ koud *freezing cold.*

ijsemmer 0.1 *ice bucket.*

ijsfabriek 0.1 *ice factory* ⇒⟨consumptieijs⟩ *ice-cream factory.*

ijsgang 0.1 *floating ice.*

ijsheilige 0.1 ⟨lett.⟩ *Ice Saint;* ⟨mv.⟩ ⟨fig.⟩ *late spring.*

ijshockey 0.1 *ice hockey.*

ijshoorntje 0.1 *ice-cream cone.*

ijsje 0.1 *ice cream (cone).*

ijskap 0.1 *ice cap.*

ijskar 0.1 *ice-cream cart.*

ijskast 0.1 *fridge;* ⟨iets formeler⟩ *refrigerator* ◆ **6.1** iets in de ~ zetten/bergen *put sth. in the f.;* ⟨fig.⟩ *shelve sth., put sth. on ice.*

ijsklomp 0.1 *lump of ice* ⇒⟨gevoelloos iemand⟩ *iceberg* ◆ **3.1** ik ben net een ~ *I'm frozen stiff.*

ijskoud 0.1 [zo koud als ijs] *ice-cold* ⇒*icy(-cold)* **0.2** [fig.] *icy* ⇒*(as) cold as ice* ◆ **1.1** een ~e wind *an icy wind* **1.2** een ~e ontvangst *an i. welcome* **3.2** hij bleef ~ zitten *he sat there* *as cool as a cucumber;* het laat mij ~ *it leaves me stone cold;* ze zetten je ~ op straat *they turn you out into the streets without batting an eyelid* **7.2** 't is een ijskouwe *he's a cold fish.*

ijslaag 0.1 *layer of ice.*

IJsland 0.1 *Iceland.*

IJslander 0.1 *Icelander.*

IJslands 0.1 *Icelandic.*

ijslepeltje 0.1 *ice-cream spoon.*

ijslolly 0.1 ᴮ*ice lolly,* ᴬ*popsicle.*

ijsmachine 0.1 [(mbt. kunstijs)] *ice machine* **0.2** [(mbt. consumptieijs)] *ice-cream maker.*

ijsmuts 0.1 ±*woolly hat.*

ijspegel 0.1 *icicle.*

ijspret 0.1 *fun on the ice.*

ijssalon 0.1 *ice-cream parlour.*

ijsschep 0.1 *ice-cream scoop.*

ijsschots 0.1 *(ice) floe.*

ijssla →**ijsbergsla.**

ijssurfen 0.1 *ice-surfing.*

ijstaart 0.1 *ice-cream cake.*

ijstijd 0.1 *ice age* ⇒*glacial period/epoch.*

ijsvlakte 0.1 *ice sheet/field* ⇒*expanse of ice.*

ijsvogel 0.1 *kingfisher.*

ijsvorming 0.1 (luchtv.) *icing up.*

ijsvrij¹ ⟨het⟩ **0.1** *day(s) off to go skating* ♦ **3.1** ~ hebben van school *have (got) the day off from school to go skating.*

ijsvrij² ⟨bn.⟩ **0.1** *clear of ice* ⇒*free from ice* ♦ **1.1** een ~ e haven *an ice-free port* **3.1** ~ zijn *be clear of ice.*

ijswafel 0.1 *(ice-cream) wafer.*

ijswater 0.1 *ice water.*

ijszee 0.1 *frozen sea/ocean* ♦ **2.1** de Noordelijke/Zuidelijke IJszee *the Arctic/Antarctic Ocean.*

ijszeilen 0.1 *ice-boating.*

ijver 0.1 [vlijt] *diligence* **0.2** [geestdrift] *zeal* ⇒*fervour* ♦ **2.1** onverdroten ~ *sheer hard work* **2.2** blinde ~ *blind fanaticism* **5.1** zich vol ~ van zijn taak kwijten *apply o.s. diligently to one's task* **6.1** zich met ~ toeleggen op *apply o.s. diligently to sth.*

ijveren 0.1 *devote o.s. (to)* ⇒*work (for)* ♦ **6.1** voor iets ~ *work hard for.*

ijverig 0.1 [vlijtig] *diligent* **0.2** [fervent] *zealous* ♦ **1.1** een ~ scholier *an industrious/a d. pupil* **3.1** mijn dood ~ onderzoek *painstaking inquiries were made;* ~ werken aan zijn taak *apply o.s. to one's task* **5.2** al te ~ *overzealous.*

ijzel 0.1 (op wegen) *black ice.*

ijzelen 0.1 *freeze over* ♦ **7.1** het ijzelt *it is freezing over.*

ijzen 0.1 *shudder* ⇒*shiver* ♦ **6.1** ~ bij de gedachte *shudder at the thought;* ~ van/voor iets *shudder at sth.*

ijzer 0.1 *iron* ♦ **2.¶** oud ~ *scrap (iron)* **3.1** ⟨fig.⟩ men kan geen ~ met handen breken *one can't do the impossible;* ⟨fig.⟩ meer ~ s in het vuur hebben *have several irons in the fire;* ⟨fig.⟩ de ~ s onderbinden *put one's skates on;* ~ smeden/ gieten *forge/cast i.* **6.1** iem. in de ~ s slaan *handcuff s.o.* **¶.1** ⟨sprw.⟩ men kan geen ~ met handen breken *you cannot get a quart into a pint pot;* ⟨sprw.⟩ men moet het ~ smeden als het heet is *strike while the iron is hot.*

ijzerbeslag 0.1 *iron mount(ing)* ⟨sier⟩ ⇒*iron bands/binding* ⟨om kist⟩, *iron studs* ⟨spijkerkoppen⟩.

ijzerdraad 0.1 *(iron) wire.*

ijzeren 0.1 [van ijzer] *iron* **0.2** [fig.; zeer sterk] *iron* **0.3** [fig.; onvermurwbaar] *iron* ⇒⟨pred.⟩ *of stone/steel* ♦ **1.1** een ~ staaf *an i. rod* **1.2** een ~ gezondheid/maag *an i. constitution, a strong stomach* **1.3** een ~ wil *an i. will.*

ijzererts 0.1 *iron ore.*

ijzergieterij 0.1 *iron foundry* ⇒*iron works.*

ijzerhandel 0.1 [winkel] *hardware store* **0.2** [handel in ijzerwaren] *hardware trade.*

ijzerhoudend 0.1 *ferriferous* ⇒*ferrous.*

ijzerindustrie 0.1 *iron industry.*

ijzersmelterij 0.1 *iron foundry.*

ijzersterk 0.1 *iron* ⇒*cast-iron* ♦ **1.1** hij kwam met ~ e argumenten *he produced very strong arguments;* een ~ gestel *an i. constitution;* een ~ e grap *a classic (joke)* **3.1** zij is ~ *she has an iron constitution* ⟨gezond⟩; *she's as strong as an ox* ⟨krachtig⟩.

ijzertijdperk 0.1 *Iron Age.*

ijzervreter 0.1 [gehard militair] *warhorse* **0.2** [iem. die moeilijkheden niet schuwt] *fire-eater.*

ijzerwaren 0.1 *hardware.*

ijzerwerk 0.1 *ironwork.*

ijzerwinkel 0.1 *hardware store.*

ijzerzaag 0.1 *metal saw* ⇒*hacksaw* ⟨met beugel⟩.

ijzig 0.1 [ijskoud] *icy* ⇒*freezing* **0.2** [fig.] *icy* ♦ **1.1** ~ e wind/ weersomstandigheden *an i. wind, i./freezing weather conditions* **1.2** een ~ e blik *an i. stare;* ~ e kalmte *steely composure.*

ijzingwekkend 0.1 *horrifying* ⇒*gruesome* ♦ **1.1** een ~ e gil *a bloodcurdling scream.*

ik¹ ⟨hot⟩ **0.1** *self;* ⟨psych.⟩ *ego* ♦ **2.1** iemands betere ~ *s.o.'s better s.;* een beroep doen op iemands betere ~ *appeal to s.o.'s finer feelings;* zijn eigen ~ *one's own s.* **7.1** m'n tweede ~ *my other s.*

ik² ⟨pers.vnw.⟩ **0.1** *I* ♦ **2.1** arme ~ *poor me* **3.1** ~ ben er ook nog! *don't forget me!;* ~ ben het *it's me;* als ~ er niet geweest was ... *if it hadn't been for me* ... **4.1** wie, ~? *who, me?;* ~ zelf *(I) myself* **6.1** ~ voor mij *I for one* **8.1** ze is beter dan ~ *she's better than I am* **¶.1** (inf.) ikke, ikke en de rest kan stikken *it's always me, me, me.*

ik-figuur 0.1 *first-person narrator.*

ik-generatie 0.1 *me-generation.*

ik-roman 0.1 *first-person novel.*

ik-tijdperk 0.1 ⟨inf.⟩ *me-generation.*

ik-vorm 0.1 *first person* ♦ **6.1** in de ~ geschreven *written in the first person.*

Ilias 0.1 *Iliad.*

illegaal 0.1 [onwettig] *illegal* **0.2** [strijdend tegen overweldiger] *underground* ♦ **1.1** een illegale abortus *an i. abortion;* illegale gifstortingen *i. dumping of toxic waste* **1.2** ~ werk *u. work* **3.1** zich ~ vestigen *squat.*

illegaliteit 0.1 [onwettigheid] *illegality* **0.2** [(personen betrokken bij) illegaal werk] *resistance (movement)* ⇒*underground (movement).*

illusie 0.1 [droombeeld] *illusion* ⇒*(pipe-)dream, delusion* ⟨als slachtoffer het niet doorziet⟩ **0.2** [kunstmatige voorstelling; zinsbegoocheling] *illusion* ♦ **2.1** een ~ armer zijn *be disillusioned* **3.1** iem. geen ~ s laten omtrent *leave s.o. under no i. as to;* maakt u zich (daarover) geen ~ s *you need have no illusions (about that);* zich ~ s maken over *labour under a delusion about* ⟨zonder het te weten⟩ **3.2** een ~ verstoren/wekken *shatter/create an i.*

illusionisme 0.1 [leer, opvatting] *illusionism* **0.2** [goochelkunst] *conjuring.*

illusionist 0.1 *conjurer.*

illuster 0.1 *illustrious.*

illustratie 0.1 *illustration* ♦ **6.1** ter ~ van *to illustrate;* ter ~ liet hij er een paar zien *by way of i./for (the purpose of) i., he displayed a few.*

illustratief 0.1 *illustrative* ♦ **1.1** illustratieve voorbeelden *i. examples.*

illustrator 0.1 *illustrator.*

illustreren 0.1 [van afbeeldingen voorzien] *illustrate* **0.2** [toelichten] *illustrate* ⇒*exemplify* ⟨met voorbeeld⟩ ◆ **1.1** geïllustreerde bladen *colour magazines* **5.2** een zaak duidelijk ~ *provide a clear illustration of sth.;* dat werd treffend geïllustreerd door ...⟨ook⟩ *a striking case in point was ...*

imaginair 0.1 *imaginary* ◆ **1.1** een ~ getal *an i. (number).*

imago 0.1 *image.*

imam 0.1 *imam.*

imbeciel 0.1 ⟨zn., bn. en bw.⟩ *imbecile.*

imbeciliteit 0.1 *imbecility.*

IMF ⟨afk.⟩ **0.1** [Internationaal Monetair Fonds] *IMF.*

imitatie 0.1 [nabootsing] *imitation* ⇒*copying,* ⟨persoon ook⟩ *impersonation* **0.2** [het nagemaakte] *imitation* ⇒ *copy,* ⟨persoon ook⟩ *impersonation* ◆ **2.2** een slechte ~ *a poor/bad imitation* **3.1** een perfecte ~ geven van Thatcher *do a perfect imitation of Thatcher.*

imitator 0.1 [navolger] *imitator* **0.2** [nabootser] *imitator* ⇒ *impersonator.*

imiteren 0.1 *imitate* ⇒*copy,* ⟨persoon ook⟩ *impersonate.*

imker 0.1 *bee-keeper.*

imkerskap 0.1 *bee-keeper's hood.*

immens 0.1 *immense.*

immer 0.1 *ever* ◆ **2.1** het ~ aanwezige gevaar *the ever-present danger.*

immers 0.1 [toch] *after all* **0.2** [namelijk] *for* ⇒*since* ◆ **¶.1** hij komt ~ morgen *after all, he's coming tomorrow; he's coming tomorrow, isn't he?;* dat kon hij ~ niet weten! *how was he to know?* **¶.2** eet die vis niet, de mogelijkheid bestaat ~ dat je er ziek van wordt *don't eat that fish, f. there is a possibility that it will make you ill;* Jan is ~ geen onhebbelijk mens *it isn't as if Jan's a rude sort of person.*

immigrant 0.1 *immigrant.*

immigratie 0.1 *immigration.*

immigratiebeperking 0.1 *immigration restriction/control.*

immigratiedienst 0.1 *immigration service.*

immigreren 0.1 *immigrate.*

immoreel 0.1 *immoral.*

immuniteit 0.1 *immunity* ◆ **2.1** parlementaire/diplomatieke ~ *parliamentary/diplomatic i.* **6.1** ~ **tegen/voor** ziektes *i. to diseases.*

immuun 0.1 *immune* ◆ **3.1** iem. ~ maken tegen/voor ziektes *immunize s.o. against diseases,* render *s.o. immune to diseases* **6.1** ~ **voor** DDT *resistant to DDT;* ~ **voor** kritiek *i. to criticism.*

immuunreactie ⟨med.⟩ **0.1** *immunoreaction* ⇒*immune response/reaction.*

immuunsysteem ⟨med.⟩ **0.1** *immune system.*

impact 0.1 *impact.*

impasse 0.1 *impasse* ⇒*deadlock* ◆ **6.1** in een ~ raken *reach an i.;* zich in een ~ bevinden *be in an i.;* ⟨zaken⟩ *be in a deadlock;* de onderhandelingen raakten in een ~ ⟨ook⟩ *the negotiations became bogged down;* de onderhandelingen uit de ~ halen *overcome the deadlock in the negotiations.*

imperatief 0.1 [gebiedende wijs] *imperative (mood)* **0.2** [middel om iem. te dwingen] *incentive.*

imperfect 0.1 *imperfect.*

imperiaal 0.1 *roof rack.*

imperialisme 0.1 *imperialism.*

imperialist 0.1 *imperialist.*

imperialistisch 0.1 *imperialist(ic).*

imperium 0.1 *empire* ◆ **2.1** ⟨fig.⟩ een industrieel ~ *an industrial e.*

impertinent 0.1 *impertinent* ◆ **1.1** ~ gedrag *impertinence;* ~e opmerkingen *i. remarks.*

implantaat ⟨med.⟩ **0.1** *implant.*

implicatie 0.1 *implication* ◆ **2.1** dit heeft politieke ~s *this has political implications* **6.1** **bij** ~ *by i.*

impliceren 0.1 *imply* ◆ **8.1** dat impliceert dat hij ervan op de hoogte was *that implies that he knew of it.*

impliciet 0.1 *implicit* ◆ **3.1** iets ~ bedoelen *imply sth.;* dat is ~ door hem erkend *that has been implicitly acknowledged by him.*

implosie 0.1 *implosion.*

imponeren 0.1 *impress* ⇒⟨ontzag inboezemen⟩ *overawe* ◆ **1.1** een ~ de figuur *an impressive/imposing figure* **3.1** laat je niet ~ door die deftige omgeving *don't be overawed by the grand surroundings.*

impopulair 0.1 *unpopular.*

impopulariteit 0.1 *unpopularity.*

import 0.1 [invoer van koopwaren] *import(ation)* **0.2** [ingevoerde koopwaar] *import(s)* **0.3** [pej.; fig.] *foreign elements/customs/ideas/products* ⟨enz.⟩ ◆ **1.1** de ~ van fruit en groente *the i. of fruit and vegetables* **3.2** de ~ moet de export niet overtreffen *imports should not exceed exports* **3.3** in deze wijk woont bijna allemaal ~ *there are hardly any locals (left) in this neighbourhood.*

importantie 0.1 *importance* ◆ **2.1** een zaak van de grootste ~ *a matter of the greatest i.*

importeren 0.1 *import.*

importeur 0.1 *importer.*

importgoederen 0.1 *imports.*

imposant 0.1 *impressive* ◆ **1.1** een ~e rij titels *an i. list of titles.*

impotent 0.1 *impotent* ◆ **3.1** ~ maken *make i.*

impotentie 0.1 *impotence.*

impregneren 0.1 *impregnate* ◆ **6.1** hout **met** creosootolie ~ *i. wood with creosote.*

impresario 0.1 *impresario.*

impressie 0.1 *impression* ◆ **2.1** een goede ~ maken *make a good i.*

impressionisme 0.1 *impressionism.*

impressionist 0.1 *impressionist.*

impressionistisch 0.1 [zoals bij het impressionisme] *impressionistic* **0.2** [van de impressionisten] *impressionist.*

improductief 0.1 *unproductive.*

impromptu 0.1 *impromptu performance/speech* ⇒⟨muziekstuk⟩ *impromptu.*

improvisatie 0.1 ⟨ook muz.⟩ *improvisation.*

improvisatorisch 0.1 *improvisatory; improvisational* ⇒ *impromptu.*

improviseren 0.1 [onvoorbereid een voordracht houden] *improvise* ⇒*give an impromptu speech/performance* **0.2** [met beschikbare middelen werken] *improvise* **0.3** [muz.] *improvise* ⇒⟨vnl. jazz ook⟩ *jam* ◆ **1.2** een geïmproviseerde slaapplaats *an improvised/a makeshift bed* **1.3** een begeleiding ~ (bij) *i. an accompaniment (to).*

impuls 0.1 [fig.; prikkel] *impulse* ⇒*impetus* **0.2** [opwelling] *impulse* ⇒*urge* **0.3** [nat.] *linear momentum* ◆ **2.1** een nieuwe ~ krijgen *receive a new impetus* **6.2** hij handelde in een ~ *he acted on (an) i.*

impulsief 0.1 *impulsive* ⇒*impetuous* ◆ **1.1** een impulsieve beslissing *a(n) impulsive/snap/spur-of-the-moment decision;* ~ gedrag *impulsive behaviour, impulsiveness* **3.1** iets ~ doen *do sth. on (an) impulse/on the spur of the moment;* zich ~ gedragen *act impulsively.*

impulsmoment ⟨nat.⟩ **0.1** *angular momentum, moment of momentum.*

in¹ I ⟨bw.⟩ **0.1** [van richting] *in* ⇒*into, inside* **0.?** [van tijd] *in* **0.3** [van plaats / toestand] *in* ⇒*inside* **0.4** [als versterking van 'tegen'] ⟨zie b.4⟩ ◆ **1.2** dag ~ dag uit *day in (and) day out* **3.1** dat wil er bij mij niet ~ ⟨fig.⟩ *I find that hard to believe* **5.1** ergens ~ en uit lopen *run in and out of a place* **6.3** tussen twee huizen ~ *(in) between two houses* **6.4** tegen alle verwachtingen ~ *contrary to all expectations;* tegen het verbod ~ *in defiance of the ban;* **II** ⟨bn.⟩ **0.1** [binnen] *in* **0.2** [populair] *in* ◆ **1.1** de bal was ~ *the ball was in* **3.2** lange rokken waren / raakten ~ *long skirts were / came in.*

in² ⟨vz.⟩ **0.1** [mbt. een plaats] *in* ⇒*at* **0.2** [mbt. een richting] *into* **0.3** [mbt. een tijdsduur / tijdstip] *in, at* ⇒⟨tijdsduur⟩ *during* **0.4** [mbt. een hoeveelheid / omvang] *in* **0.5** [mbt. een mate / graad / snelheid] *in* **0.6** [mbt. een toestand / omstandigheden] *in* **0.7** [mbt. een verandering / gevolg] *in* ⇒ *to, into* ◆ **1.1** een vertegenwoordiger ~ het bestuur *a representative on the board;* puistjes ~ het gezicht *pimples on one's face;* hij is ~ huis *he's inside;* ~ heel het land *throughout / all over the country;* hij is nog nooit ~ Londen geweest *he's never been to London;* hij woont ~ de stad *he lives in town;* ~ heel de stad *in the whole / entire town;* ~ 'The King's Arms' logeren *stay at 'The King's Arms';* hij zat niet ~ die trein / dat vliegtuig *he wasn't on that train / plane* **1.2** ~ de hoogte kijken *look up;* hij is de stad ~ *he has gone to / into town* **1.3** ~ het begin *at the beginning;* diep ~ de nacht *deep into the night;* een keer ~ de week *once a week* **1.4** ~ drie delen *in three parts /* ⟨boek⟩ *volumes;* er gaan 100 cm ~ een meter *there are 100 centimetres to a metre;* twee meter ~ omtrek *two metres in circumference;* ~ de twintig *twenty-odd, twenty-something;* ⟨leeftijd⟩ *in one's twenties* **1.5** ~ hoge mate *highly; greatly, to a (high) degree;* ~ een rustig tempo *at an easy pace* **1.6** hij wil ~ de elektronica *he wants to go into electronics;* ~ het Japans vertalen *translate into Japanese;* handelen ~ koffie *deal in coffee;* professor ~ de natuurkunde *professor of physics;* ~ slaap *asleep;* zij is goed ~ wiskunde *she's good at mathematics* **3.7** uitbarsten ~ gelach *burst into laughter* **7.3** ~ 1994 *in 1994* **7.4** ~ tweeën snijden *cut in two.*

inacceptabel 0.1 *unacceptable.*

inaccuraat 0.1 *inaccurate.*

inachtneming 0.1 [oplettendheid] *regard* ⇒*consideration* **0.2** [nakoming] *regard* ⇒*observance* ◆ **6.1** met ~ van de moeilijke omstandigheden *considering the difficult circumstances;* met ~ van uw goede raad *mindful of your good advice* **6.2** met ~ van de voorschriften *in compliance with the regulations;* verkopen met ~ van de voorwaarden *sell subject to the conditions ...*

inactief 0.1 *inactive* ⇒⟨ongewenst⟩ *idle.*

inademen 0.1 *inhale* ⇒*breathe in* ◆ **1.1** frisse lucht ~ *take a breath of fresh air* **5.1** diep ~ *take a deep breath.*

inademing 0.1 *inhalation* ⇒*(intake of) breath.*

inadequaat 0.1 *inadequate* ⇒⟨voor taak⟩ *incompetent.*

inauguratie 0.1 [inwijding, intrede als hoogleraar] *inauguration* **0.2** [intreerede] *inaugural (lecture / speech).*

inaugureel ⟨alleen attr.⟩ **0.1** *inaugural* ◆ **1.1** een inaugurele rede *an i. speech.*

inbaar 0.1 *collectible* ⇒⟨inwisselbaar⟩ *cashable,* ⟨schuld⟩ *recoverable,* ⟨belasting, contributie⟩ *leviable* ◆ **3.1** de heffing wordt vanaf 1 januari ~ *this tax will be levied from 1 January.*

inbakken 0.1 *bake in* ◆ **1.1** ⟨fig.⟩ conflicten zijn bij een dergelijke regeling ingebakken *conflicts are inherent in such an arrangement;* ⟨fig.⟩ die gewoonte zit er bij hem nu eenmaal ingebakken *it's become an ingrained habit with him.*

inbedden 0.1 *(em)bed* ◆ **6.1** ⟨fig.⟩ ingebed in de bossen *nestling among the woods.*

inbedrijfstelling 0.1 *commencement of operation(s)* ⇒ ⟨inf.⟩ *start-up.*

inbeelden ⟨wk.ww.; zich ~⟩ **0.1** [als werkelijk bestaand voorstellen] *imagine* **0.2** [verbeelding hebben] *fancy o.s.* ◆ **1.1** een ingebeelde ziekte *an imaginary illness* **8.1** zij beeldt zich in dat ... *she's got hold of the idea that ...* ¶.1 dat beeld je je maar in *that's just your imagination* ¶.2 wat beeldt hij zich wel in? *who does he think he is?*

inbeelding 0.1 [visioen] *imagination* **0.2** [verbeelding] *conceit* ◆ **3.1** je bent niet ziek, het is maar ~ *you're not ill, it's just (your) imagination* **3.2** wat heeft die man een ~ *that man really thinks the world of himself.*

inbegrepen ⟨pred.⟩ **0.1** *included* ⇒*including* ◆ **1.1** bediening ~ *service included* **3.1** in de prijs is het vervoer ~ *transport is included in the price* **4.1** alles ~ *including everything, inclusive;* een prijs waar alles ~ is *an all-in / inclusive price* **5.1** verpakking niet ~ *packaging extra / not included.*

inbegrip 0.1 ◆ **6.**¶ met ~ van *including.*

inbelpunt ⟨comp.⟩ **0.1** *dial-up access (account).*

inbeslagneming 0.1 *seizure* ⇒⟨roerende goederen⟩ *confiscation.*

inbewaringstelling 0.1 *arrest* ⇒*taking into custody* ◆ **1.1** ~ van verdachten *a. of suspects, taking suspects into custody.*

inbezitneming 0.1 *taking possession of* ◆ **1.1** de ~ van de veroverde gebieden *the occupation of the captured territories* **2.1** ⟨jur.⟩ wederrechtelijke ~ *illegal appropriation.*

inbijten 0.1 *bite* ⇒*burn* ◆ **1.1** pas op, dit zuur bijt in *careful, that acid can give you a burn* **6.1** ~ op / in *bite / burn into.*

inbinden I ⟨onov., ov.ww.⟩ **0.1** [bedwingen] *restrain* ⇒*(keep in) check* ◆ **3.1** moeten ~ *be forced to back down* **4.1** zich ~ *r. o.s.;*
II ⟨ov.ww.⟩ **0.1** [boek.] *bind* **0.2** [met iets omgeven] *bind* ⇒ *tie up.*

inblazen I ⟨onov.ww.⟩ **0.1** [door blazen inkomen] *blow in(to)* ◆ **1.1** de wind blies de schoorsteen in *the wind blew down the chimney;*
II ⟨ov.ww.⟩ **0.1** [door blazen doen komen in, ook fig.] *blow into* ⇒⟨fig.⟩ *breathe into* ◆ **1.1** iets nieuw leven ~ *breathe new life into sth.;* iem. moed ~ *infuse s.o. with courage.*

inblikken I ⟨ov.ww.⟩ **0.1** [in blik conserveren] *can* ⇒*tin* **0.2** [muziek / geluiden vastleggen] *can* ◆ **1.1** ingeblikte groente *canned /* ⟨Br⟩ *tinned vegetables;*
II ⟨onov.ww.⟩ **0.1** [de blik keren in / naar] *look into* ◆ **1.1** de toekomst ~ *look / gaze into the future.*

inboedel 0.1 *moveables, furniture, furnishings;* ⟨verz.⟩ *home contents* ◆ **3.1** een ~ verzekeren *insure one's house against fire and theft.*

inboedelverzekering 0.1 *fire and theft insurance.*

inboeken 0.1 *book* ⇒*enter* ◆ **1.1** de rekeningen ~ *enter the invoices into the books.*

inboeten 0.1 *lose* ◆ **1.1** hij boette er zijn betrekking bij in *it cost him his position* **6.1** aan kracht ~ *l. strength.*

inboezemen 0.1 *inspire* ◆ **1.1** iem. eerbied / vertrouwen ~ *inspire / instil respect / confidence in s.o.;* iem. ontzag / vrees ~ *inspire / fill s.o. with awe.*

inboorling 0.1 *native* ⇒*aboriginal* ⟨vnl. van Australië⟩.

inboren I ⟨ov.ww.⟩ **0.1** [een gat maken in] *drill into* ⇒*bore into;*
II ⟨onov.ww.⟩ **0.1** [doordringen in] *penetrate* ◆ **1.1** de kogel boorde een heel eind de grond in *the bullet penetrated deep into the ground.*

inborst 0.1 *disposition* ♦ 2.1 hij heeft een zachtzinnige ~ *he has a gentle d.*

inbouw 0.1 *building-in* ⇒*installation.*

inbouwen 0.1 ⟨ook fig.⟩ *build in* ♦ 1.1 ⟨fig.⟩ ze hebben mijn auto ingebouwd *my car has been completely boxed in;* een radio met ingebouwde luidspreker *a radio with a built-in speaker;* die toren is ingebouwd *that tower is an integral part of the building;* veiligheidsmaatregelen ~ *build in safety measures.*

inbouwkeuken 0.1 *built-in kitchen.*

inbraak 0.1 [handeling] *breaking in* ⇒*burglary* 0.2 [keer] *break-in* ⇒*burglary* ♦ 1.1 ⟨jur.⟩ ~ en insluiping *breaking and entering* 3.1 ~ plegen in *break into, burgle* 6.1 beveiligd **tegen** ~ *burglarproof.*

inbraakbeveiliging 0.1 *alarm/security system.*

inbraakpoging 0.1 *attempted burglary.*

inbraakpreventie 0.1 *prevention of burglary.*

inbraakverzekering 0.1 *theft insurance.*

inbranden 0.1 [merkteken aanbrengen] *brand* 0.2 [fotografisch vastleggen] *burn in(to)* ♦ 1.1 een ingebrand merk *a brand* 1.2 letters in hout ~ *burn letters into wood.*

inbreken 0.1 *break in(to) (a house)* ⇒*burgle (a house)* ♦ 1.1 ~ in een computerbestand *break into a computer system, hack;* de dieven hebben hier ingebroken *there has been a burglary here;* ⟨binnengedrongen⟩ *this is where the burglars broke in* 6.1 er is alweer **bij** ons ingebroken *our house has been broken into/burgled again.*

inbreker, -breekster 0.1 *burglar;* ⟨in computer⟩ *hacker.*

inbreng 0.1 [financiële bijdrage] *contribution* 0.2 [aandeel] *contribution* 0.3 [het naar binnen brengen] *insertion* ♦ 6.1 de ~ van een vennoot **in** een zaak *the capital contributed by a partner in a business* 6.2 hij heeft weinig ~ **in** de discussie *he contributes little to the discussion.*

inbrengen 0.1 [naar binnen brengen] *bring in(to)* ⇒*insert* ⟨thermometer, muntstuk⟩, *inject* ⟨inspuiten⟩ 0.2 [voorstellen] *contribute* 0.3 [aanvoeren] *bring (forward)* 0.4 [afstaan voor de handelszaak; meebrengen in een huwelijk] *bring in* ⇒*contribute* ♦ 1.1 het ~ van een spiraaltje *the insertion of an IUD* 1.2 een alternatief ~ *suggest an alternative* 1.3 bezwaren ~ tegen *raise objections to* 1.4 kapitaal ~ in een zaak *put capital into a business* 4.2 heel wat in te brengen hebben ⟨veel invloed⟩ *pull considerable weight;* ⟨veel suggesties⟩ *have a good deal to c.;* niets in te brengen hebben ⟨geen invloed⟩ *have no say;* ⟨geen suggesties⟩ *have nothing to c.* 6.3 wat hebt u **tegen** die beschuldiging in te brengen? *what do you have to say to these charges?;* daar is/valt niets **tegen** in te brengen *there is nothing to be said against this* 7.3 daar is veel tegen in te brengen *that is open to many objections.*

inbreuk ⟨fig.⟩ 0.1 *infringement* ⇒*violation* ♦ 3.1 ~ maken op iemands rechten *infringe/violate s.o.'s rights* 6.1 een ~ **op** de privacy *an invasion of (one's) privacy.*

inburgeren 0.1 [mbt. personen] *naturalize* ⇒*settle down/ in* 0.2 [mbt. zaken] *naturalize* ⇒*become current* ♦ 1.2 die gewoonte is hier goed ingeburgerd *that custom has been generally adopted here* 5.1 hij is hier al aardig ingeburgerd *he's already quite at home here* 6.1 **in** een nieuwe omgeving ingeburgerd raken *settle down in new surroundings.*

inbusbout 0.1 *Allen screw.*

inbussleutel 0.1 *Allen key.*

Inca 0.1 *Inca.*

incalculeren 0.1 *calculate in* ♦ 5.1 niet goed ~ *miscalculate.*

incapabel 0.1 *incompetent.*

incarnatie 0.1 *incarnation.*

incasseren 0.1 [innen] *collect* ⇒*cash (in)* ⟨verzilveren⟩ 0.2 [opvangen] *accept* ⇒*take* ♦ 1.2 een belediging kunnen ~ *be able to take an insult;* hij moest al de klachten ~ *he was on the receiving end of all the complaints;* klappen ~ *take a beating.*

incasseringsvermogen 0.1 *stamina* ♦ 3.1 hij heeft een groot ~ ⟨sport⟩ *he can take a lot.*

incasso 0.1 *collection* ♦ 3.1 ~ 's bezorgen, zich met ~ 's belasten *make collections* ⟨bank⟩; *undertake the c. of accounts* ⟨incassobureau⟩.

incassobureau 0.1 *collection agency.*

incassotarief 0.1 *collection fee.*

in casu 0.1 *in this case.*

incest 0.1 *incest.*

incheckbalie 0.1 *check-in counter/desk.*

inchecken 0.1 *check in.*

incident 0.1 *incident* ♦ 3.1 het ~ is gesloten *the matter is closed* 6.1 **zonder** ~ en verlopen *pass without incident.*

incidenteel 0.1 *incidental* ⇒*occasional* ♦ 1.1 een ~ bezoekje *an occasional visit;* ⟨toevallig⟩ *a chance visit;* incidentele gevallen *random occurrences* 3.1 dit verschijnsel doet zich ~ **voor** *this phenomenon occurs occasionally.*

incisie 0.1 *incision.*

incluis 0.1 *included.*

inclusief 0.1 *including;* ⟨als afk.: incl.⟩ *incl.* ⇒*inclusive (of)* ♦ 1.1 vijf gulden, ~ btw *five guilders, including V.A.T.;* de prijs is ~ btw *the price includes V.A.T.;* 45 gulden ~ ⟨bedieningsgeld⟩ *45 guilders, including service.*

incognito 0.1 *incognito* ♦ 3.1 hij reist ~ *he is travelling i.* 5.1 strikt ~ *strictly i.*

incoherent 0.1 *incoherent.*

incompetent 0.1 *incompetent.*

incompetentie 0.1 *incompetence.*

incompleet 0.1 *incomplete* ♦ 1.1 de vergadering was ~ *the meeting was not fully attended;* ⟨geen quorum⟩ *there wasn't a quorum (at the meeting).*

in concreto 0.1 *in the concrete* ⇒*in this particular case.*

inconsequent 0.1 *inconsistent.*

inconsequentie 0.1 *inconsistency.*

inconsistent 0.1 ⟨weinig samenhangend⟩ *inconsistent* ⇒*incoherent,* ⟨onvast⟩ *unstable.*

incontinent 0.1 *incontinent.*

incorporeren 0.1 *incorporate.*

incorrect 0.1 *incorrect* ♦ 1.1 ~ taalgebruik ⟨in tekst⟩ *misusage* 3.1 ~ citeren *misquote;* zich ~ gedragen tegenover iem. *behave incorrectly towards s.o.*

incourant 0.1 *unsalable* ⇒*unmarketable* ♦ 1.1 ~e artikelen *unsalable articles;* ~e maten *off-sizes.*

incubatie 0.1 *incubation.*

incubatietijd 0.1 *incubation period.*

indachtig 0.1 *mindful (of)* ⇒*heedful (of)* ♦ 3.1 ⟨aan⟩ iets/ iem. ~ zijn *bear sth./s.o. in mind* 5.1 iets niet ~ zijn *be heedless of sth.*

indammen 0.1 [tussen dijken insluiten] *dam (up)* 0.2 [fig.] *contain* ♦ 1.2 een conflict ~ *keep a conflict under control;* iemands enthousiasme ~ *stem s.o.'s enthusiasm.*

indekken ⟨wk.ww.; zich ~⟩ 0.1 *cover o.s. (against)* ♦ 6.1 zich ~ **tegen** de inflatie *hedge against inflation.*

indelen 0.1 [rangschikken] *divide* ⇒*order, class(ify)* 0.2 [onderbrengen bij] *group* ⇒*class(ify)* ♦ 1.1 zijn dag ~ *plan one's day* 5.1 opnieuw ~ *rearrange, reclassify* 6.1 zijn klanten in vier groepen ~ *classify one's customers into four groups* 6.2 hij werd **bij** de gevorderden ingedeeld *he was placed in the advanced group.*

indeling 0.1 *division* ⇒*arrangement, classification, lay-out* ⟨van tuin, gebouw⟩ ◆ **2.1** een alfabetische ~ *an alphabetical arrangement* **6.1** een ~ **in** categorieën *a d. into categories;* de ~ v.e. gebied **in** districten *the d. of a region into districts.*

indenken ⟨wk.ww.; zich ~⟩ **0.1** *imagine* ◆ **3.1** je kunt je niet ~ hoe woedend ik was *you cannot i. how angry I was* **4.1** denk je dat eens even in *i. that!* **6.1** zich in iemands situatie ~ *put o.s. in s.o. 's place/shoes* **8.1** ik kan mij ~ dat *I can i./understand that.*

inderdaad 0.1 *indeed* ⇒⟨werkelijk⟩ *really,* ⟨zoals verwacht⟩ *sure enough* ◆ **3.1** ik heb dat ~ gezegd, maar ... *I did say that, but ...;* het lijkt er ~ op dat het helpt *it really does seem to help;* ze voorspelden regen, en ~ later regende het *they forecast rain and, sure enough, it rained later on ¶.1* ~, ik ken zulke mensen *I certainly do know people like that;* dat is ~ het geval *that is indeed the case;* ~, dat dacht ik nu ook! *exactly, that's what I thought, too!*

inderhaast 0.1 *hurriedly* ◆ **3.1** iets ~ afmaken *finish sth. in a hurry;* ze had ~ haar portemonnee vergeten *in her haste she had forgotten her purse.*

indertijd 0.1 *at the time* ◆ **3.1** toen ik dat ~ beloofde ... *at the time I promised that ...* ¶.1 dit hotel was ~ een school *at one time this hotel was a school;* hij was ~ een goede voetballer *in his day he was a good football player;* ~ was zij ... ⟨ook⟩ *she used to be ...*

indeuken I ⟨onov.ww.⟩ **0.1** [een deuk krijgen] *be dented;* **II** ⟨ov.ww.⟩ **0.1** [een deuk maken (in)] *dent.*

index 0.1 [inhoudsopgave] *index* **0.2** [verhoudingscijfer] *index* **0.3** [r.-k.; zwarte lijst] *Index* ◆ **6.3** deze werken zijn op de ~ geplaatst *these works have been put on the I.*

indexatie, indexering 0.1 ⟨ook geldw.⟩ *indexing.*

indexcijfer 0.1 *index number.*

indexeren 0.1 ⟨ook geldw.⟩ *index* ◆ **1.1** geïndexeerd loon *index-linked wages* **3.1** het boek is slecht geïndexeerd *the book has been badly indexed* **6.1** het is geïndexeerd **onder** 'Europa' *it has been indexed under 'Europe'.*

indexlening ⟨geldw.⟩ **0.1** *index-linked loan.*

India 0.1 *India.*

indiaan 0.1 *(American) Indian* ◆ **2.1** Amerikaanse ~ *American I.*

indiaans 0.1 *Indian.*

indiaanse 0.1 *Indian (woman).*

Indiaas 0.1 *Indian.*

indianenverhaal 0.1 [verhaal over indianen] *story about (cowboys and) Indians* **0.2** [ongeloofwaardig verhaal] *tall story.*

indicatie 0.1 *indication* ◆ **2.1** op medische ~ *on medical grounds* **6.1** ter ~ *as an i.*

indicatief ⟨taal.⟩ **0.1** [aantonende wijs] *indicative (mood)* **0.2** [vorm(en) daarvan] *indicative* ◆ **6.1** dit werkwoord staat **in** de ~ *this verb is in the i.*

Indië 0.1 ⟨gesch.⟩ *the Dutch East Indies;* ⟨India⟩ *India.*

indien 0.1 *if* ⇒*in case,* ⟨verondersteld dat⟩ *supposing* ◆ **5.1** ~ al mocht blijken dat er onderdelen ontbreken *should parts prove to be missing;* ~ niet *if not;* ⟨om niet te zeggen⟩ *not to say.*

indienen 0.1 *submit* ◆ **6.1** een rapport ~ **bij** s. / *present a report to*

indiening 0.1 *submission* ⇒*filing.*

indienstneming 0.1 *engagement* ⇒*hiring* ⟨knecht, losse arbeider⟩.

indiensttreding 0.1 *taking up one's duties* ⇒*commencement of employment.*

Indiër, Indische 0.1 [bewoner van India] *Indian* **0.2** [bewo-

ner van voormalig Nederlands-Indië] *inhabitant of the former Dutch East Indies.*

indigestie 0.1 *indigestion.*

indigo 0.1 *indigo.*

indijken 0.1 *dike (in)* ⇒*reclaim* ⟨land⟩ ◆ **1.1** een polder ~ *dike (in) a polder.*

indikken 0.1 *thicken* ◆ **1.1** ingedikt vruchtensap *concentrated fruit juice.*

indirect 0.1 *indirect* ⇒⟨spreken ook⟩ *roundabout* ◆ **1.1** op ~e manier *in a(n) i. / roundabout way;* ⟨sport⟩ ~e vrije trap *i. free kick;* ~e verlichting *i. / concealed lighting;* ~ verzekerde *secondary insured (party)* **3.1** iem. ~ bij iets betrekken *involve s.o. in sth. indirectly.*

Indisch¹ ⟨het⟩ **0.1** ⟨*Dutch with a heavy Indonesian influence*⟩.

Indisch² ⟨bn.⟩ **0.1** [mbt. het voormalig Nederlands-Indië] *of the former Dutch East Indies* **0.2** [mbt. (Voor-)Indië] *(East) Indian* ◆ **1.2** de ~e archipel *the Malay Archipelago;* Indisch-Engels *Anglo-Indian;* de ~e Oceaan *the Indian Ocean.*

indiscreet 0.1 *indiscreet* ⇒⟨spreken ook⟩ *roundabout* ◆ **3.1** zonder ~ te zijn *without being i.*

indiscretie 0.1 *indiscretion.*

individu 0.1 *individual* ⇒⟨pej. ook⟩ *person* ◆ **2.1** hij was een raar ~ *he was a strange/odd character.*

individualiseren 0.1 *individualize* ◆ **1.1** geïndividualiseerd onderwijs *personal tuition.*

individualisering 0.1 *individualization.*

individualisme 0.1 *individualism.*

individualist 0.1 *individualist.*

individualistisch 0.1 *individualistic.*

individualiteit 0.1 *individuality* ⇒*personality.*

individueel I ⟨bn.⟩ **0.1** [ieder afzonderlijk persoon betreffend] *individual* **0.2** [persoonlijk] *individual* ⇒*particular* ◆ **1.1** individuele verantwoordelijkheid *i. responsibility* **1.2** individuele afwijkingen *i. defects;* **II** ⟨bw.⟩ **0.1** [afzonderlijk] *individually* ⇒*singly* ◆ **3.1** ~ optreden *act alone/on one's own* **4.1** ieder van ons - *each of us individually.*

indo 0.1 *Eurasian; Indo.*

indoctrinatie 0.1 *indoctrination.*

indoctrineren 0.1 *indoctrinate.*

*Indo-Europeaan** ⟨Wdl: Indo-europeaan⟩ 0.1 *Eurasian.*

*Indo-Europees¹** ⟨Wdl: Indo-europees⟩ ⟨het⟩ **0.1** *Indo-European.*

*Indo-Europees²** ⟨Wdl: Indo-europees⟩ ⟨bn.⟩ **0.1** [mbt. personen] *Eurasian* **0.2** [mbt. talen] *Indo-European.*

indommelen 0.1 ⟨ook fig.⟩ *doze off.*

indompelen 0.1 *immerse (in)* ⇒⟨kort/gedeeltelijk⟩ *dip (into).*

Indonesië 0.1 *Indonesia.*

Indonesiër 0.1 *Indonesian.*

Indonesisch 0.1 *Indonesian.*

indooratletiek 0.1 *indoor athletics.*

indopen 0.1 *dip (in).*

indraaien I ⟨onov.ww.⟩ **0.1** [draaiend in iets terecht komen] *turn in(to)* ◆ **1.1** de auto draaide de straat in *the car turned into the street;* **II** ⟨ov.ww.⟩ **0.1** [door draaien in iets brengen] *screw in(to)* **0.2** [met een draai terecht laten komen] *turn in(to)* ◆ **1.1** een schroef ~ *drive/screw in a screw* **4.2** ⟨fig.⟩ zich ergens ~ *worm one's way into a place.*

indrammen ⟨inf.⟩ **0.1** *drum into* ⇒*ram down (s.o.'s) throat.*

indrijven 0.1 *drive in(to)* ◆ **1.1** een wig ~ *drive a wedge in.*

indringen I ⟨onov.ww.⟩ **0.1** [binnendringen] *penetrate (in-*

to) ⇒*intrude (into)*, *break (into)* 〈gewelddadig〉, *soak (into)* 〈vloeistof〉, *pry (into)* 〈andermans zaken〉;
II 〈ov.ww.〉 **0.1** [indrijven] *push into;*
III (wk.ww.; zich ~) **0.1** [zich opdringen] *thrust o.s. in(to)*
◆ **6.1** zich **bij** iem.~ *intrude on s.o.*

indringend 0.1 *penetrating* ◆ **1.1** een ~e blik *a p. gaze;* een ~e geur *a p. smell;* een ~e reportage *a p./probing report.*

indringer 0.1 [iem. die zich met geweld toegang verschaft] *intruder* ⇒*trespasser* **0.2** [iem. die zich ergens een positie veroverd heeft] *intruder* ⇒*interloper* **0.3** [iem. die zich in een gezelschap indringt] *intruder* ⇒*gatecrasher* 〈feestje〉.

indrinken 0.1 *drink in* ◆ **1.1** zich moed ~ *take Dutch courage;* iemands woorden ~ *lap up s.o.'s words.*

indrogen 0.1 *dry in* ◆ ¶**.1** veeg het gauw af, voor het indroogt *wipe it off quickly before it dries in.*

indruisen 0.1 〈tegen〉 *go against* ⇒*conflict with* ◆ **6.1** dat druist **tegen** de waarheid in *this conflicts with the truth;* dat druist lijnrecht in **tegen** zijn vaders wens 〈ook〉 *this flies in the face of his father's wishes.*

indruk 0.1 [gewaarwording] *impression* ⇒〈sfeer〉 *air,* 〈idee〉 *idea* **0.2** [merk] *impression* ⇒〈im〉*print* ◆ **2.1** (een) diepe/grote ~ maken *make a deep impression;* een eenzame ~ maken *have an air of loneliness;* een goede/slechte ~ achterlaten *leave a good/bad impression;* een onuitwisbare ~ *an indelible impression;* een vage ~ van iets *a vague impression of sth.;* een valse/verkeerde ~ geven *give a false/wrong impression* **3.1** ik kon niet aan de ~ ontkomen dat *I could not escape the impression that;* dat geeft/wekt de ~ ...*that gives/creates the impression that ...;* ik heb de ~ dat *I am under/I have the impression that, I gather that;* ik kreeg de ~ dat *I got the impression that;* een ~ van iets krijgen *get an impression of sth.;* iets doen om ~ te maken *do sth. to make an impression/for effect* **6.1** onder de ~ komen/raken van *be impressed by/with;* vatbaar **voor** ~ken *impressionable* **6.2** op de sneeuw waren ~ken van vogelpootjes zichtbaar *in the snow the prints/imprints of birds' feet were visible* **7.1** weinig ~ maken op iem. *make little impression on s.o.*

indrukken 0.1 [verbrijzelen, induwen] *crush* **0.2** [door drukken als vorm achterlaten] *impress* ⇒*imprint* **0.3** [door drukken naar binnen brengen] *push in* ⇒*press* ◆ **1.1** een ruit ~ *push a pane of glass out/in* **1.3** een knop ~ *press a button.*

indrukwekkend 0.1 *impressive* ◆ **1.1** een ~e betoging *an i. demonstration;* een ~ schouwspel *an i. scene;* een ~e toespraak *an i. speech* **3.1** er ~ uitzien *look i.* **7.1** het ~e van ... *the impressiveness of ...*

indrupp(el)en I 〈onov.ww.〉 **0.1** [druppelsgewijs inlopen] *dribble in;*
II 〈ov.ww.〉 **0.1** [druppelsgewijs inbrengen] *pour in drop by drop.*

in dubio ◆ **3.**¶ ~ staan *be in doubt.*

induceren 0.1 [afleiden] *induce* **0.2** [nat.] *induct* ⇒*induce* ◆ **1.2** geïnduceerde stromen *induced currents;* ~de stromen *inductive currents.*

inductie 0.1 [wijze van redeneren] *induction* **0.2** [nat.] *induction* ⇒*inductance.*

inductiekookplaat 0.1 *induction cooktop.*

induiken 0.1 [duikend in iets gaan] *dive in(to)* **0.2** [zich verdiepen in] *plunge in(to)* ◆ **1.1** 〈inf.〉 zijn nest/de koffer ~ *turn in, hit the sack* **1.2** een materie ~ *submerge o.s. in a subject;* 〈korte tijd〉 *plunge (o.s.) into a subject* **5.2** ergens dieper ~ *delve deeper into sth.*

industrialiseren 0.1 *industrialize* ◆ **1.1** de geïndustrialiseerde landen *the industrialized countries.*

industrialisering 0.1 *industrialization* ⇒*industrial development.*

industrie 0.1 [nijverheid] *(manufacturing) industry* **0.2** [tak van nijverheid, ook in samenst.] *sector/branch (of industry), industry* **0.3** [onderneming, vnl. in samenst.] *industry* ⇒*sector* ◆ **2.1** de zware ~ *heavy i.* **2.2** de vleesverwerkende ~ *the meat-processing i.* **2.3** 〈pej.〉 dat is een hele ~ geworden *that has become a whole i.*

industriearbeider 0.1 *industrial worker.*

industriebeleid 0.1 *industrial policy.*

industriebond 0.1 *industrial union.*

industrieel¹ 〈de〉 **0.1** *industrialist.*

industrieel² 〈bn.〉 **0.1** *industrial* ◆ **1.1** industriële aandelen/fondsen *i. shares/stocks;* 〈effecten〉 *i. securities;* industriële bouw *prefabricated building;* voor ~ gebruik *for i. use;* industriële onderneming *i. enterprise* **3.1** ~ ontwerpen *design engineering.*

industriegebied 0.1 〈streek〉 *industrial area;* 〈binnen gemeente〉 *industrial ᴮestate/ᴬpark* ⇒〈BE ook〉 *trading estate.*

industrieland 0.1 *industrialized nation/country.*

industriepolitiek 〈ec.〉 **0.1** *industrial policy.*

industrieproduct 0.1 *industrial product.*

industriestad 0.1 *industrial/manufacturing town.*

industrietak 0.1 *branch of industry.*

industrieterrein 0.1 *industrial zone/ᴮestate/ᴬpark.*

indutten 0.1 *doze off* ⇒〈inf.〉 *nod off.*

induwen 0.1 [door duwen naar binnen brengen] *push in(to)* **0.2** [door duwen stukmaken] *push in* ◆ **1.2** in het gedrang zijn heel wat ruiten ingeduwd *a lot of windows got pushed in in the scramble.*

ineen 0.1 [in elkaar] *together* **0.2** [dichter naar elkaar toe] *(closer) together.*

ineengedoken 0.1 *crouched* ⇒*hunched (up)* ◆ **3.1** hij zat ~ in een hoekje *he was crouching in a corner* **6.1** ~ **over** zijn werk *hunched over his work.*

ineengrijpen 0.1 *interlock, (inter)connect.*

ineenkrimpen 0.1 [zich samentrekken] *curl/double up* ⇒〈fig.〉*flinch* **0.2** [heftig aangedaan worden] *tighten* ◆ **1.2** als ik dat zie, krimpt mijn hart ineen *my heart sinks whenever I see that* **3.1** de klap deed hem ~ *the punch doubled him up* **6.1** ~ onder beledigende opmerkingen *writhe under insulting comments;* ~ **van** de pijn *wince with (the) pain;* ~ **van** angst *cringe in/shrink with fear.*

ineens 0.1 [tegelijk] *(all) at once* **0.2** [abrupt] *all at once/of a sudden, suddenly* ◆ **1.1** bij betaling ~ krijg je korting *you get a discount for cash payment* **3.2** iem.~ aanvliegen *jump on s.o./down s.o.'s throat;* hij begon ~ te huilen 〈ook〉 *he burst into tears;* hij kwam ~ op mij af *he suddenly went for me;* zoiets verander je niet (zomaar) ~ *that kind of thing can't be changed overnight/at the drop of a hat;* hij vertelde het ons ~ wel *suddenly he did tell us* **5.2** zomaar ~ *just like that, overnight;* 〈vertellen〉 *off-hand.*

ineenschrompelen 0.1 *shrivel (up)* ⇒*shrink, dwindle* 〈markt, winsten〉.

ineenschuiven 0.1 *telescope* ⇒*slide into each other.*

ineenslaan ◆ **1.**¶ de handen ~ 〈van verbazing〉 *throw up one's hands;* 〈fig.〉*join hands/forces.*

ineenstorten 0.1 *collapse* ◆ **1.1** 〈fig.〉 de huizenmarkt stortte ineen *the housing market collapsed.*

ineenvloeien 0.1 *flow together* ⇒*merge* 〈kleuren〉.

ineenzakken 0.1 [ineenstorten] *collapse;* 〈van grond〉 *cave in* **0.2** [flauwvallen] *collapse.*

ineffectief 0.1 *ineffective* ⇒*inefficient* 〈methode enz.〉.

inefficiënt 0.1 *inefficient* ◆ **3.1** ~ bezig zijn *be working inefficiently.*

inenten 0.1 *vaccinate, inoculate* ◆ **6.1** iem.~ **tegen** cholera *vaccinate s.o. against cholera.*
inenting 0.1 *vaccination, inoculation* ◆ **6.1** ~ **tegen** de cholera *v. against cholera.*
inentingsbewijs, -briefje 0.1 *vaccination certificate.*
inert 0.1 *inert.*
inertie 0.1 *inertia.*
in extenso 0.1 *in extenso, in full* ◆ **3.1** iets ~ weergeven *give a full account of sth.*
infaam 0.1 *infamous, shameful.*
infanterie ⟨mil.⟩ **0.1** *infantry* ◆ **1.1** een regiment ~ *an i. regiment* **2.1** lichte ~ *light i.*
infantiel 0.1 [kinderachtig] *infantile;* ⟨bw.⟩ *like an infant* **0.2** [stom, achterlijk] *babyish* ◆ **3.2** doe niet zo ~ *stop acting like a baby.*
infarct 0.1 *infarct(ion);* ⟨van hart⟩ *heart attack.*
infecteren 0.1 *infect* ◆ **3.1** de wond is geïnfecteerd *the wound is infected* **6.1** ⟨fig.⟩ iem.~ **met** verwerpelijke ideeën *i. s.o. with reprehensible ideas.*
infectie 0.1 *infection.*
infectiegevaar 0.1 *risk of infection.*
infectieziekte 0.1 *infectious disease.*
inferieur¹ ⟨de⟩ **0.1** *inferior.*
inferieur² ⟨bn.⟩ **0.1** [minderwaardig] *inferior* ⇒*low-grade* **0.2** [ondergeschikt] *inferior, subordinate* ◆ **1.1** van ~ e kwaliteit *of poor/i. quality;* een ~ product *an i./a second-rate product* **1.2** een ~ e betrekking *a s. position* **6.1** ~ **aan** *secondary to.*
inferioriteit 0.1 *inferiority.*
inferno 0.1 *inferno.*
infiltrant 0.1 *infiltrator.*
infiltratie 0.1 *infiltration.*
infiltreren 0.1 *infiltrate* ◆ **6.1** ~ **in** een beweging *i. (into) a movement.*
inflatie 0.1 ⟨geldw.⟩ *inflation* ◆ **1.1** vermindering van ~ *disinflation.*
inflatiebestrijding 0.1 *fighting inflation,*
inflatiepercentage 0.1 *inflation rate.*
inflatiepolitiek 0.1 *anti-inflation policy.*
inflatoir 0.1 *inflationary* ◆ **1.1** ~ e krachten *i. forces.*
inflexibel 0.1 *inflexible.*
influenza 0.1 *influenza.*
influisteren 0.1 [fluisterend zeggen] *whisper (in s.o.'s ear)* **0.2** [met arglistige bedoeling meedelen] *suggest* ◆ **1.1** ⟨fig.⟩ mijn geweten fluistert me in dat ...*my conscience tells me that ...*
info ⟨inf.⟩ **0.1** *info.*
infobalie 0.1 *info desk.*
infolijn 0.1 *info line.*
informaliteit 0.1 *informality.*
informant 0.1 *informant.*
informateur ⟨pol.⟩ **0.1** *politician who investigates on behalf of the crown, whether a proposed cabinet formation will succeed.*
informatica 0.1 *computer science.*
informaticus 0.1 *computer scientist.*
informatie 0.1 [wat als bericht/gegeven iem./iets bereikt] *information* ⇒⟨mbt. computers enz.⟩ *data,* ⟨inf.⟩ *material* **0.2** [inlichtingen] *information* ⇒⟨geheim⟩ *intelligence* **0.3** [het verschaffen van kennis/inzicht] *information* ◆ **1.1** een overstelpende hoeveelheid ~ *an overwhelming amount of i.* **2.1** nuttige/waardevolle ~ *useful/valuable i.* **2.2** om nadere ~ verzoeken *request further information;* nadere ~⟨s⟩ is/(zijn) te verkrijgen bij ...*further information can be obtained from ...;* verkeerde ~ *misinformation;*

vertrouwelijke ~ *confidential information* **3.2** ~ geven/ verschaffen (over iem./iets) *give/provide information (about/on s.o./sth.);* ~⟨s⟩ inwinnen (bij ...) *make inquiries (of ...), obtain information (from ...)* **6.3 ter** ~ *for your i.*
informatiebalie 0.1 *information counter/desk.*
informatiebank ⟨comp.⟩ **0.1** *data bank.*
informatiedrager 0.1 *data carrier.*
informatief 0.1 [tot voorlichting dienend] *exploratory* **0.2** [veel informatie bevattend] *informative* ◆ **1.1** een ~ gesprek *an e. talk* **1.2** een ~ artikel *an i. article.*
informatielijn 0.1 *information line.*
informatieoverdracht 0.1 *data transmission* ⇒*transfer of information.*
informatieplicht 0.1 *obligation to provide information.*
informatierecht 0.1 *right to information/to be informed* ◆ **1.1** het ~ v.d. ondernemingsraad *the works council's right to information/to be informed.*
informatiesnelweg 0.1 *information highway.*
informatiestop 0.1 *information blackout.*
informatiesysteem ⟨comp.⟩ **0.1** *data system.*
informatietechnologie 0.1 *information technology* ⇒ ⟨afk.⟩ *I.T.*
informatietijdperk 0.1 *information era.*
informatieverwerking ⟨tech.⟩ **0.1** *data processing/handling.*
Informatiseringsbank 0.1 ±ᴮ*student loan company* ⟨student grant bank⟩.
informeel 0.1 [onvormelijk] *informal* ⇒⟨taal ook⟩ *colloquial,* ⟨wijze⟩ *casual* **0.2** [vrijblijvend] *informal* ⇒*unofficial* ◆ **1.1** een ~ etentje *a quiet dinner party;* een informele ontvangst *an i. reception* **1.2** informele besprekingen *i. talks.*
informeren I ⟨onov.ww.⟩ **0.1** [inlichtingen inwinnen] *in-/ enquire* ⇒*ask* ◆ **5.1** ik heb ernaar geïnformeerd *I have made inquiries about it;* ~ hoe iem. het maakt *ask how s.o. is doing* **6.1** ~ **bij** iem. *ask s.o.;* **naar** iemands gezondheid ~ *ask/inquire after s.o.'s health;* **naar** de prijs/de aanvangstijden ~ *in-/enquire about the price/opening times* ¶**.1** informeer eens waar je wezen moet *find out where you have to be;*
II ⟨ov.ww.⟩ **0.1** [inlichten] *inform* ◆ **4.1** zij heeft zich daarover terdege geïnformeerd *she has made a thorough inquiry into it* **5.1** verkeerd ~ *misinform.*
infotainment 0.1 *infotainment.*
infotelefoon 0.1 *info line.*
infrarood 0.1 *infrared* ◆ **1.1** een infrarode lamp *an i. lamp.*
infrastructuur 0.1 *infrastructure* ◆ **1.1** de ~ v.e. streek *the regional i.*
infuus ⟨med.⟩ **0.1** *drip.*
ingaan 0.1 [binnengaan] *go in(to)* **0.2** [komen in] *go/come in(to)* ⇒*enter* **0.3** [aandacht besteden aan] *examine* ⇒*go into* **0.4** [positief reageren] *agree with/to* ⇒*comply with* **0.5** [beginnen] *take effect* ◆ **1.1** een deur ~ *go through a door* **1.2** wij gingen de duinen verder in *we went further into the dunes;* op de geschiedenis ~ als ...*go down in history as ...;* zijn vijftigste jaar ~ ⟨van persoon, krant enz.⟩ *enter one's fiftieth year;* een weg ~ *turn into a road* **1.5** mijn nieuwe baan gaat volgende week in *I start my new job next week;* de huur gaat de eerste van de maand in *the rent will run from the first of the month;* de regeling gaat 1 juli in *the regulation is effective as of July 1st;* de verlaging is al ingegaan *the decrease is already in effect* **5.3** nader ~ op een kwestie *e. a matter further* **5** ¶⟨inf.⟩ er wel ~ *go down well* **6.3** uitgebreid ~ **op** *consider at length;* niet ~ **op** (een vraag/probleem) *take no notice of (a question/prob-*

lem); hij ging er niet **op** in *he let it pass* ⟨rotopmerking⟩; niet ~ **op** iemands bezwaren *brush aside s.o.'s objections;* er dieper **op** ~ *go more deeply into it;* niet verder **op** een zaak ~ *let a matter drop;* ik ging er maar niet verder **op** in *I didn't pursue the matter* **6.4** ~ **op** een verzoek *comply with a request;* **op** een uitnodiging/weddenschap ~ *accept an invitation/a bet;* niet ~ **op** (een verzoek/suggestie) *refuse a request, not fall in with a suggestion;* **op** een aanbod ~ *accept an offer* **6.¶** ~ **tegen** *run counter to;* rechtstreeks ~ **tegen** *cut (clean) across* ⟨persoon⟩; *fly in the face of* ⟨opinie, wensen⟩.

ingaand ◆ **1.¶** in- en uitgaande rechten *import and export duty.*

ingang 0.1 [opening] *entrance, entry* ⇒*doorway,* ⟨fig.⟩ *connection,* ⟨fig.⟩ *contact* ⟨(contactpersoon) bij organisatie e.d.⟩ **0.2** [mbt. informatie] *entry* **0.3** [toegang] *entrance, entry* **0.4** [aanvang] *commencement* ◆ **2.1** een nauwe/wijde ~ *a narrow/wide entrance* **3.1** het station heeft twee ~en *the station has two entrances* **3.3** iets ~ doen vinden *get sth. accepted;* ⟨product⟩ *introduce sth.;* ~ vinden *find acceptance;* de nieuwe ideeën vonden gemakkelijk ~ bij het publiek *the new ideas found a ready reception with the public* **6.4** met ~ van heden/ 1 april *as of today/April 1st;* **met** onmiddellijke ~ *to take effect at once.*

ingebakken (inf.) **0.1** *ingrained* ⇒*deep-seated* ◆ **1.1** een ~ gewoonte *an i. habit.*

ingebeeld 0.1 [imaginair] *imaginary* **0.2** [verwaand] *conceited* ◆ **1.1** ~e kwalen *i. complaints* **1.2** een ~e kwast *a pompous ass.*

ingebonden 0.1 *bound* ◆ **1.1** een ~ boek *a b. book.*

ingeboren 0.1 *innate, inborn* ◆ **1.1** de liefde tot zijn land is ieder ~ *love of one's country is inborn in everybody.*

ingebouwd 0.1 *built-in* ◆ **1.1** een ~e kast *a b.-i. cupboard.*

ingebrand 0.1 (fig.) *ingrained;* ⟨lett.⟩ *burnt-in* ◆ **6.1** dat staat er **bij** mij ingebrand *that is i. in me.*

ingebrekestelling 0.1 *proof of default* ◆ **6.1 na** ~ **van** de debiteur *after serving notice upon the debtor.*

ingebruikneming 0.1 ⟨van nieuwe producten enz.⟩ *introduction* ⇒⟨van pand⟩ *occupation* ◆ **6.1 na** ~ **van** de nieuwe machine *after the new machine came into use.*

ingeburgerd 0.1 [als burger opgenomen] *naturalized* **0.2** [algemeen aanvaard] *established* ◆ **1.2** een ~e uitdrukking *an e. expression* **3.2** ~ raken *take hold.*

ingehouden 0.1 [mbt. emotie] *restrained* **0.2** [mbt. kracht] *subdued* **0.3** [mbt. adem] *bated.*

ingelegd 0.1 [uit ingepaste stukjes bestaand] *inlaid* **0.2** [ingemaakt] *preserved* ◆ **1.2** ~e augurken/haring *pickled gherkins/herring;* ~e vruchten *p. fruit(s)* **6.1** hout **met** zilver ~ *wood i. with silver.*

ingemaakt 0.1 *preserved* ◆ **1.1** ~e groenten/vruchten *p. vegetables/fruit;* ~e haring *pickled herring.*

ingenaaid 0.1 *stitched.*

ingenieur 0.1 *engineer* ◆ **3.1** ~ zijn, als ~ werkzaam zijn *be an i.e., work as an e.*

ingenieus 0.1 *ingenious* ◆ **1.1** een ingenieuze uitvinding *an i. invention.*

ingenomen 0.1 [+ met] *pleased/satisfied (with)* **0.2** [+ tegen] *unfavourably disposed (towards)* ⇒*dissatisfied (with)* ◆ **6.1** met zichzelf ~ zijn *be p. with o.s.;* ⟨overdreven⟩ *be conceited.*

ingenomenheid 0.1 *satisfaction* ⇒⟨tegen iem./iets⟩ *dissatisfaction* ◆ **3.1** zijn ~ betuigen met *express s. with* **6.1** ~ **met** zichzelf *(self-)satisfaction;* ~ **tegen** *unfavourable disposition towards.*

ingesloten 0.1 [bijgaand] *enclosed* **0.2** [ingebouwd] *en-*

closed ⇒⟨tuin⟩ *walled* ◆ **1.1** de ~ brief *the e. letter* **1.2** door land ~ *landlocked;* door de zee ~ *surrounded by the sea* **3.2** je zit hier erg ~ *you're really shut in here.*

ingespannen 0.1 [geconcentreerd] *intensive* ⇒*intense* **0.2** [met inspanning geschiedend] *strenuous* ◆ **1.2** na drie dagen van ~ arbeid *after three s. days* **2.2** ~ bezig zijn *be hard at it* **3.1** ~ luisteren *listen intently;* ~ nadenken *ponder deeply.*

ingesprekstoon 0.1 *engaged signal.*

ingesteld ◆ **6.¶ op** iem./iets ~ zijn *have adjusted to s.o./sth.*

ingetogen 0.1 *modest* ◆ **1.1** een ~ leven leiden *lead a quiet life;* ~ stemming *subdued mood* **5.1** overdreven ~ *prudish.*

ingeval 0.1 *in case* ◆ **¶.1** ~ u iets overkomt ... *in case anything happens to you ...*

ingevallen 0.1 *hollow, sunken* ⟨wangen, ogen⟩.

ingeven 0.1 *inspire* ◆ **4.1** doe wat uw hart u ingeeft *follow the dictates of your heart* **6.1** maatregelen, ingegeven **door** angst *measures dictated by fear.*

ingeving 0.1 *inspiration* ⇒*intuition* ◆ **2.1** een plotselinge ~ *a flash of inspiration, a sudden hunch* **3.1** een ~ krijgen *have a flash of inspiration/a brainwave* ⟨goed idee⟩; *have a hunch* ⟨intuïtie⟩; de ~en van zijn hart volgen *follow the dictates of one's heart* **¶.1** aan een ~ gehoor geven/weerstand bieden *yield to/resist an impulse.*

ingevoerd 0.1 *informed* ◆ **6.1** hij is in deze materie goed ~ *he is well-informed about this subject.*

ingevolge ⟨schr.⟩ **0.1** *in accordance with* ⇒*under* ⟨op grond van⟩, *by virtue of* ⟨op grond van⟩ ◆ **1.1** ~ uw instructies handelen *act in accordance with your instructions;* ~ uw verzoek *in accordance with your request;* ~ de wet *in accordance with the law.*

ingevroren 0.1 *icebound* ⟨haven, schip⟩; *frozen* ⟨voedsel⟩.

ingewanden 0.1 [inwendige delen v.h. lichaam] *intestines* **0.2** [het binnenste] *bowels* ◆ **1.2** de ~ v.d. aarde *the b. of the earth* **3.1** de ~ verwijderen ⟨ook⟩ *disembowel.*

ingewandsstoornis 0.1 *intestinal disorder.*

ingewijd 0.1 *initiated (in)* ⇒⟨alle kneepjes wetend⟩ *adept (at),* ⟨op de hoogte van⟩ *privy (to).*

ingewijde 0.1 *initiate* ⇒⟨fig. ook⟩ *insider, adept* ⟨die alle kneepjes weet⟩ ◆ **3.1** tot de ~n behoren *be in the know* **6.1** alleen **voor** ~n *for insiders only.*

ingewikkeld 0.1 *complicated* ◆ **1.1** een ~e manier van vertellen *a roundabout way of telling sth.;* een ~ proces *a complex/c. process;* een ~e techniek *a sophisticated technique* **3.1** ~ maken *complicate.*

ingeworteld 0.1 *deep-rooted* ◆ **1.1** een ~e gewoonte *an unshakeable habit;* een ~ vooroordeel *a d.-r. prejudice.*

ingezet 0.1 *set-in* ⟨van mouwen⟩.

ingezetene 0.1 *resident* ⇒*inhabitant* ◆ **1.1** ~n v.e. gemeente *residents of a district;* ~n v.e. provincie *inhabitants of a province;* ~n v.e. staat *residents of a state.*

ingezonden 0.1 *sent in* ◆ **1.1** ~ mededelingen *advertisements;* ~ stukken *letters to the editor.*

ingezonken 0.1 *sunken* ⇒*hollow* ◆ **1.1** ~ ogen *s./hollow eyes.*

ingieten 0.1 *pour in(to)* ⇒⟨fig.⟩ *instil.*

ingoed 0.1 *very kind/good, excellent* ⇒*sterling, noble* ◆ **1.1** het is een in- en ~ mens *(s)he's a thoroughly/exceedingly kind person.*

ingooi ⟨sport⟩ **0.1** *throw-in.*

ingooien I ⟨ov.ww.⟩ **0.1** [gooiend binnen doen komen] *throw in(to)* **0.2** [door een worp breken] *smash* ◆ **1.1** iem. een cel ~ *throw s.o. into a cell* **1.2** de ruiten ~ *s. the windows;*

II ⟨onov.ww.⟩ **0.1** [sport] *throw in.*

ingraven 0.1 *bury* ◆ **4.1** zich (in de grond) ~ *dig (o.s.) in* ⟨soldaat⟩; *burrow* ⟨konijn⟩.

ingraveren 0.1 *engrave* ◆ **1.1** een ingegraveerde naam *an engraved name.*

ingrediënt ⟨ook fig.⟩ **0.1** *ingredient.*

ingreep 0.1 *intervention* ⇒⟨pej.⟩ *interference* ◆ **2.1** een chirurgische ~ *an operation* **6.1 bij** één ~ is men gezakt voor het rijexamen *you fail your driving test if the examiner has to take over the controls at any point.*

ingrijpen 0.1 [zich bemoeien met, sterk merkbaar zijn] *interfere* **0.2** [optreden] *intervene* **0.3** [tech.] *mesh* ◆ **5.2** nog niet ~, zich van ~ onthouden *refrain from action;* onmiddellijk / dadelijk ~ *take instant/immediate action* **6.1** dat grijpt diep in in het maatschappelijk leven *that makes deep inroads on social life.*

ingrijpend 0.1 *radical* ◆ **1.1** ~e bezuinigingen *drastic/far-reaching cutbacks;* een ~e operatie *a major operation* **3.1** ~ veranderen *change radically.*

ingroeien 0.1 *grow in(to)* ◆ **1.1** een ~de nagel *an ingrowing (toe)nail;* een ingegroeide nagel *an ingrown nail.*

inhaalmanoeuvre 0.1 *overtaking manoeuvre.*

inhaalstrook 0.1 *overtaking lane.*

inhaalverbod 0.1 *overtaking prohibition* ⇒⟨bord⟩ *no overtaking.*

inhaken 0.1 [+ op; aanknopen bij] *take up* **0.2** [de arm steken door andermans arm] *link arms* ◆ **6.1** de spreker haakte in op een opmerking uit de zaal *the speaker took up a remark from the audience.*

inhakken I ⟨ov.ww.⟩ **0.1** [door hakken aanbrengen] *cut (in-(to))* **0.2** [al hakkend inslaan] *break down* ◆ **1.2** de deur ~ *break down the door;*
II ⟨onov.ww.⟩ **0.1** [+ op; met woede aanvallen] *pitch into* ◆ **5.¶** dat hakt er flink in *that makes a considerable hole in my pocket* **6.1** de politie hakte (geducht) in op de betogers *the police laid into the demonstrators.*

inhalen I ⟨ov.ww.⟩ **0.1** [verwelkomen] *welcome* **0.2** [intrekken] *draw/take in* ⇒*haul in* ⟨iets zwaars⟩ **0.3** [(weer) bereiken] *catch up with* ⇒⟨én voor bijrennen⟩ *outrun* **0.4** [alsnog doen / maken] *make up (for)* ⇒*recover* ⟨verlies⟩ **0.5** [binnenbrengen] *bring in* ◆ **1.1** de burgemeester ~ *w the mayor* **1.2** de netten ~ *haul in the nets* **1.3** iem. langzaam maar zeker ~ *slowly but surely gain (up)on s.o.* **1.4** zijn achterstand ~ *make up one's arrears;* de verloren tijd ~ *make up for lost time;* de afgelaste wedstrijd op zaterdag ~ *reschedule the cancelled game for Saturday;* het werk dat is blijven liggen moet ik nog ~ *I still have to catch up on the unfinished work;*
II ⟨onov.ww.⟩ ⟨verkeer⟩ **0.1** [voorbijgaan] *overtake* ⇒ *pass* ◆ **1.1** een vrachtwagen ~ *a lorry* **3.1** je mag hier niet ~ *overtaking is not allowed here.*

inhaleren 0.1 ⟨ov. en onov.ww.⟩ *inhale;* ⟨alleen ov.ww.⟩ *draw in.*

inhalig 0.1 *greedy* ◆ **1.1** een ~ persoon ⟨ook⟩ *a hog.*

inhaligheid 0.1 *greed.*

inham 0.1 *bay* ⇒*cove.*

inhameren 0.1 [mbt. spijker] *drive/hammer (into)* **0.2** [fig.; erin stampen] *hammer/beat sth. into s.o.'s head.*

inhechtenisneming 0.1 *arrest* ◆ **1.1** een bevel tot ~ tegen iem. *a warrant for s.o.'s arrest.*

inheems 0.1 *native* ⇒*home* (geproduceerd in het binnenland) ◆ **1.1** een ~ gebruik *a n. custom;* ~e planten *indigenous plants;* ~e producten *home-made products; home-grown products* (gewas); ~e volkeren *n. peoples;* die ziekte is in dat land ~ *that disease is endemic in that country.*

inherent 0.1 *inherent (in).*

---

ingraven - initieel

inhoud 0.1 [grootte] *content* ⇒*capacity* **0.2** [volume] *content* ⇒*volume* **0.3** [dat waarmee iets gevuld is] *contents* **0.4** [dat waarover iets handelt] *content(s)* **0.5** [overzicht] *(table of) contents* **0.6** [betekenis] *import* ◆ **1.3** de ~ van iemands zakken *the c. of s.o.'s pocket* **1.4** de ~ v.e. boek *the content(s) of a book;* vorm en ~ *form and content* **2.1** van geringe ~ *of small capacity* **2.2** kubieke ~ *volume* **2.4** van (ongeveer) gelijke ~ *to (about) the same effect;* korte ~ *summary;* een telegram met de volgende ~ *a telegram to the following effect* **2.6** een nieuwe ~ geven aan *give a new meaning to* **6.3** een portemonnee **met** ~ *a purse with money in it.*

inhoudelijk 0.1 *with respect to/concerning content* ◆ **1.1** ~e opmerkingen *remarks with respect to content.*

inhouden I ⟨ov.ww.⟩ **0.1** [bedwingen, beheersen] *restrain* ⇒ *hold (in/back)* **0.2** [niet uitbetalen, innemen] *deduct* **0.3** [bevatten] *contain* ⇒*hold* **0.4** [behelzen] *involve* ⇒*mean* **0.5** [ingetrokken houden] *hold in* ◆ **1.1** de adem ~ *hold one's breath;* hij schreef op ingehouden toon *he wrote in a subdued tone;* zijn vaart ~ *slow down* **1.2** een zeker percentage van het loon ~ *deduct/⟨mbt. belasting⟩ withhold a certain percentage of the wages* **1.4** ik wist wat de brief inhield *I knew the content(s) of the letter* **1.5** zijn buik ~ *hold one's stomach in* **1.¶** een paspoort ~ *withhold a passport* **4.1** hij kan (er) niets meer ~ ⟨voedsel⟩ *he can't keep anything down* **4.4** zijn beloften houden niets in *his promises are meaningless* **¶.4** Taal en Bedrijf, wat houdt dat eigenlijk in? *'Language and Business Studies', what does that involve actually?;* oppassen op kleine kinderen houdt ook in dat je veel luiers verwisselt *looking after small children involves/means changing lots of nappies;* wat houdt dit in voor onze klanten? *what does this mean for our customers?;*
II ⟨wk.ww.; zich ~⟩ **0.1** [zich bedwingen] *control o.s.* ◆ **4.1** zij kon zich niet langer ~ en barstte in tranen uit *she broke down and cried* **6.1** zich ~ **om** niet in lachen uit te barsten *keep a straight face.*

inhouding 0.1 [handeling] *deduction* ⇒⟨mbt. belasting/premies⟩ *withholding* **0.2** [bedrag] *deduction* ⇒⟨mbt. belasting/premies⟩ *amount withheld* ◆ **6.1** onder ~ **van** *(while) deducting.*

inhoudsbepaling 0.1 [het berekenen v.d. inhoud] *determination of the content/volume* **0.2** [bepaling v.d. inhoud v e. term] *definition.*

inhoudsmaat 0.1 *measure of capacity/volume* ◆ **6.1** ~ voor droge/natte waren *dry/liquid measure.*

inhoudsopgave 0.1 *(table of) contents* ◆ **2.1** een alfabetische ~ *an index.*

inhuldigen 0.1 *inaugurate* ◆ **1.1** een burgemeester ~ *i. a mayor.*

inhuldiging 0.1 *inauguration.*

inhuldigingsplechtigheid 0.1 *inauguration ceremony.*

inhuren 0.1 *engage* ◆ **6.1 voor** die klus kunnen we iem. ~ *we can hire s.o. to do the job;* ⟨inf.⟩ daar ben ik niet **voor** ingehuurd *I'm not paid to do that.*

initiaal 0.1 *initial.*

initiatie 0.1 *initiation.*

initiatief 0.1 *initiative* ⇒⟨als eigenschap⟩ *enterprise* ◆ **2.1** op eigen ~ *on one's own i.;* het particulier ~ *private enterprise* **3.1** het ~ nemen *take the i.;* het ~ nemen *take the first step towards* **6.1** op ~ **van** *on the i. of* **¶.1** gebrek aan ~ hebben *lack i.*

initiatiefnemer, -neemster 0.1 *initiator.*

initiatiefrijk 0.1 *enterprising.*

initieel 0.1 *initial* ◆ **1.1** ⟨ec.⟩ initiële kosten *i. costs.*

initiëren 0.1 [inwijden] *initiate (into)* **0.2** [invoeren] *initi-ate* ◆ **1.2** een nieuwe stijl ~ *start (off) a new style.*

injecteren 0.1 ⟨ook fig.⟩ *inject.*

injectie 0.1 [prik] *injection* ⇒⟨inf.⟩ *shot* **0.2** [materiële hulp/stimulering] *injection* **0.3** [mbt. brandstof] *fuel injection* ◆ **2.1** een onderhuidse ~ *a hypodermic i.* **2.2** een financiële ~ *a financial i./boost* **3.1** een ~ geven/krijgen *give s.o./get an i./a shot* **3.2** de economie een ~ geven *give the economy a shot in the arm.*

injectiemotor 0.1 *fuel-injection engine.*

injectienaald 0.1 *(hypodermic) needle.*

injectiespuit(je) 0.1 *hypodermic (syringe).*

inkapselen 0.1 *encase;* ⟨in een capsule/bolster⟩ *encapsu-late* ◆ **3.1** ⟨fig.⟩ ze hebben zich door de politici laten ~ *they have been hedged in by the politicians* **6.1** ⟨fig.⟩ hij zit hele-maal ingekapseld in zijn eigen denkwereld *he is complete-ly wrapped up in his own thoughts.*

inkeer 0.1 *repentance* ◆ **6.1** tot ~ komen *repent;* iem. tot ~ brengen *get s.o. to repent.*

inkepen 0.1 *notch* ⇒⟨langwerpig⟩ *score,* ⟨diep⟩ *groove.*

inkeping 0.1 *notch* ⇒⟨langwerpig⟩ *score,* ⟨diep⟩ *groove* ◆ **3.1** een ~ maken in *cut a n. in, notch.*

inkeren ◆ **6.¶** het deed haar tot zichzelf ~ *it turned her in upon herself.*

inkerven 0.1 [kerven snijden in] *notch* ⇒⟨langwerpig⟩ *score,* ⟨diep⟩ *groove* **0.2** [kervend insnijden] *carve (in(to)/on)* ◆ **1.2** initialen diep in het hout ingekorven *initials carved deep into the wood.*

inkijk 0.1 [het naar binnen kijken] *looking (in)* **0.2** [gele-genheid om in iets te kijken] *view (of the inside);* ⟨oneig.; bij jurk⟩ *cleavage* ◆ **3.2** ~ hebben *be exposing o.s.* **6.1** vi-trage tegen de ~ *(net) curtains to prevent people from looking in.*

inkijken I ⟨onov.ww.⟩ **0.1** [naar binnen kijken; kijken in iets] *look in* ◆ **1.1** de wereld ~ met ogen vol pret *look out into the world with twinkling eyes;* **II** ⟨ov.ww.⟩ **0.1** [vluchtig kennis nemen van de inhoud] *take a look at* ◆ **5.1** vluchtig/even ~ *glance at.*

inkjetprinter 0.1 *inkjet printer.*

inklapbaar 0.1 *folding.*

inklappen I ⟨onov.ww.⟩ **0.1** [mentaal instorten] *break down* ◆ **¶.1** na een druk weekend ~ *break down/collapse after a busy weekend;* **II** ⟨ov.ww.⟩ **0.1** [naar binnen vouwen] *fold in/up* ◆ **1.1** de poten van een klaptafel ~ *fold up the legs of a folding ta-ble.*

inklaren 0.1 ⟨ook scheep.⟩ *clear (inwards)* ◆ **1.1** ingeklaar-de bagage *cleared baggage;* een schip ~ *clear (in) a ship.*

inklaring 0.1 ⟨ook scheep.⟩ *clearance* ◆ **1.1** bewijs van ~ *clearance certificate* **6.1 bij** de ~ *at Customs clearance.*

inkleden 0.1 *frame* ⇒*put* ◆ **1.1** hij wist zijn smoes aardig in te kleden *he managed to make his excuse sound pretty plausible;* hoe zal ik mijn verzoek ~? *how shall I put my request?*

inklemmen 0.1 *stick/jam in* ⇒⟨met klem⟩ *clamp* ◆ **6.1** in-geklemd in de file *stuck in the (traffic) jam.*

inkleuren 0.1 *colour* ◆ **1.1** een gebied ~ *c. an area (on the map).*

inklinken 0.1 ⟨lager worden⟩ *settle, bed down* ⇒⟨vast wor-den⟩ *set.*

inknippen 0.1 [knippend maken] *cut/snip/clip out* **0.2** [med.] *carry out/perform an episiotomy* ◆ **1.1** knoops-gaten ~ *cut out buttonholes.*

inknipping ⟨med.⟩ **0.1** *episiotomy.*

inkoken 0.1 *boil down* ◆ **1.1** de saus is ingekookt *the sauce down.*

inkomen¹ ⟨het⟩ **0.1** *income* ⇒*revenue* ⟨grote instellingen⟩ ◆ **2.1** het belastbaar ~ *the taxable i.;* een groep met een laag ~ *a low-i. group;* een modaal ~ *an average i.;* iem. met een vast ~ *s.o. with a fixed i.* **3.1** zijn ~ voor de belasting opge-ven *do one's tax returns* **6.1** ~ **uit** arbeid *earnings, wages;* ~ **uit** vermogen *i. from capital.*

inkomen² ⟨onov.ww.⟩ **0.1** [binnenkomen] *enter* ⇒*come in-(to)* **0.2** [in/aangebracht worden] *come in* ◆ **1.1** de stad ~ e. the town **1.2** er komt weinig geld in *there is little money coming in;* ingekomen stukken/brieven/mededelingen ⟨enz.⟩ *incoming correspondence/letters/messages* **3.¶** daar kan ik ~ *I (can) appreciate that, I quite understand that* **5.1** ⟨fig.⟩ zij begint er juist in te komen *she's just be-ginning to get the hang of it* **5.¶** daar komt niets van in *that's out of the question.*

inkomensgrens 0.1 *income limit.*

inkomensheffing ⟨Ned.⟩ **0.1** ⁿ*income tax and national in-surance levy.*

inkomensklasse, inkomensgroep 0.1 *income bracket.*

inkomensnivellering 0.1 *levelling (of incomes).*

inkomensonderzoek 0.1 *means test.*

inkomensverdeling 0.1 *distribution of incomes.*

inkomgeld ⟨AZN⟩ **0.1** *admission (charge)* ⇒*entrance fee.*

inkomst 0.1 [intocht] *entry, entrance* **0.2** [mv.; wat aan geld ontvangen wordt] ⟨loon⟩ *income, earnings; revenue(s)* ⟨bij grote instellingen⟩ ◆ **1.2** ~en en uitgaven *receipts and ex-penditure(s)* **3.2** zijn ~ en zijn belangrijk gestegen *his earnings have gone up considerably* **6.2** ~en **uit** beleggin-gen *unearned income.*

inkomstenbelasting 0.1 *income tax.*

inkoop 0.1 *purchase, purchasing* ⇒*buying* ◆ **1.1** in- en ver-koop van tweedehands goederen ⟨opschrift⟩ *secondhand goods bought and sold* **3.1** inkopen doen *go shopping* **6.1** hij is belast **met** de ~ *he is in charge of purchasing.*

inkoopprijs 0.1 *cost price* ◆ **6.1** iets **beneden/onder** de ~ verkopen *sell sth. below cost price.*

inkoopsom 0.1 *sum required to buy o.s. into a firm/to buy in years of service for one's pension/for admission into a home.*

inkopen 0.1 [kopen (met het doel te verkopen)] *buy, pur-chase* **0.2** [rechten verwerven] *purchase* ◆ **4.2** zich ~ ⟨in een zaak/genootschap⟩ *buy o.s. into a company/society* **¶.1** in het groot ~ *buy in bulk.*

inkoper, -koopster 0.1 *buyer, purchasing agent.*

inkoppen ⟨sport⟩ **0.1** *head (the ball) in(to the goal)* ◆ **1.1** de bal werd ingekopt *the ball was headed in.*

inkorten 0.1 [korter maken, bekorten] *shorten* ⇒*cut down* **0.2** [verminderen] *reduce, cut (down/back)* ⟨termijn, uit-kering⟩; *curtail* ⟨macht⟩ ◆ **1.1** takken ~ *cut back branches;* een verhaal ~ *s./cut down a story* **1.2** iemands straftijd ~ *reduce s.o.'s term (of imprisonment).*

inkrassen 0.1 *scratch in* ◆ **1.1** ingekraste initialen *initials scratched on/*⟨dieper⟩ *carved in.*

inkrimpen I ⟨onov.ww.⟩ **0.1** [zich samentrekken] *shrink* ⟨stof⟩ **0.2** [afnemen] *be reduced* ⇒*shrink* ⟨in formaat⟩, *get/grow shorter* ⟨in duur⟩ ◆ **1.1** dit materiaal zal nog ~ *this material will s.;* **II** ⟨ov.ww.⟩ **0.1** [kleiner maken] *reduce* ⇒*cut (down/back (on))* ◆ **1.1** het personeel ~ *cut back/down (on) one's staff.*

inkrimping 0.1 [samentrekking] *shrinking/shrinkage* ⟨stof⟩ **0.2** [vermindering] *reduction* ⇒*cut(s)* ⟨uitgaven⟩.

inkt 0.1 *ink* ◆ **2.1** Oost-Indische ~ *India(n) i.* **6.1** met ~ schrijven *write in i.* **8.1** zo zwart als ~ *pitch-black.*

inkten 0.1 *ink (up)*.
inktfles 0.1 *ink bottle*.
inktgom 0.1 *ink eraser*.
inktlap 0.1 *penwiper*.
inktpatroon 0.1 *(ink) cartridge*.
inktpot 0.1 *inkpot*.
inktstel 0.1 *inkstand*.
inktvis ⟨dierk.⟩ 0,1 ⟨achtarmig⟩ *octopus;* ⟨tienarmig⟩ *squid*.
Inktvlek 0.1 *inkblot*.
inktzwam 0.1 *inky cap*.
inktzwart 0.1 *ink-black* ⇒*pitch-black*.
inkuilen 0.1 ⟨vnl. mbt. groenvoer⟩ *ensile, ensilage, silo;* ⟨vnl. mbt. aardappelen⟩ *(store in a) pit;* [n]*clamp*.
inkwakken ⟨inf.⟩ 0.1 *chuck*.
inkwartieren 0.1 [mil.] *billet (with/on)* 0.2 [logies verschaffen] *lodge* ◆ 3.1 ingekwartierd worden *be billeted* 6.1 soldaten ~ bij *b. troops on*.
inkwartiering 0.1 *billet(ing)*.
inlaat 0.1 *inlet* ⇒*intake*.
inladen 0.1 [bevrachten] *load* 0.2 [zich volstoppen] *stuff o.s.*
inlander, -landse 0.1 *native*.
inlands 0.1 *native* ⇒⟨mbt. eigen land⟩ *internal, domestic, homegrown* ◆ 1.1 ~e gewassen *n. indigenous crops;* ⟨in eigen land⟩ *homegrown crops;* ~ recht *local (customary) law;* ⟨mbt. kolonies⟩ *colonial law* 7.1 een ~e *a n. woman*.
inlas 0.1 [las] *weld* 0.2 [ingevoegd stuk] *insertion* ⇒⟨in krant⟩ *stop-press news*.
inlassen 0.1 [invoegen] *insert* 0.2 [met een las invoegen] *let in* ◆ 1.1 een trein ~ *put on an extra train*.
inlaten I ⟨onov., ov.ww.⟩ 0.1 [binnenlaten] *let/allow in* ⇒ *admit* 0.2 [in laten stromen] *let in;* II ⟨wk.ww.; zich ~⟩ 0.1 [zich bemoeien] *meddle (with/in)* ⇒*concern o.s. (with)* ◆ 5.1 daar kun je je beter niet mee ~ *that is best left alone* 6.1 met zulke kleinigheden laat ik mij niet in *I won't concern myself with such trivialities;* zich ~ met dergelijke mensen *associate with such people;* zich met politiek ~ *m. in politics;* zich met niemand ~ *keep (o.s.) to o.s.*
inleg 0.1 [het inleggen van geld] *deposit(ing)* 0.2 [inzet] ⟨bank⟩ *deposit;* ⟨weddenschap⟩ *stake* 0.3 [zoom] *hem* ⇒ *tuck, seam*.
inlegblad 0.1 [inlegvel] *insert* 0.2 [los tafelblad] *(table) leaf*.
inlegeren 0.1 *billet* ⇒*quarter*.
inlegcring 0.1 *billeting* ⇒*quartering*.
inleggeld 0.1 *deposit* ⇒⟨weddenschap, aandelen⟩ *stake*.
inleggen 0.1 [geld inbrengen] *deposit* ⇒⟨bij weddenschap/spel⟩ *stake,* ⟨in firma⟩ *invest* 0.2 [mbt. kledingstuk] *take in* 0.3 [in/binnen/tussen iets leggen] *put/throw in/down* 0.4 [conserveren] *preserve* ⇒⟨in zuur⟩ *pickle* 0.5 [anders gekleurde stukjes inzetten] *inlay* ⇒*set* ◆ 1.1 spaargelden ~ *d. savings* 6.5 met diamanten ingelegde broche *a brooch set with diamonds*.
inlegger, -legster 0.1 [iem. die inlegt] *depositor*.
inlegkapitaal 0.1 *invested capital*.
inlegkruisje 0.1 *pantyliner*.
inlegluier 0.1 *disposable nappy*.
inlegvel 0.1 *insert*.
inlegwerk 0.1 *inlay, inlaid work*.
inlegzool 0.1 *insole, innersole*.
inleiden 0.1 [binnenleiden] *lead/usher in* 0.2 [introduceren] *introduce* 0.3 [voorlopig behandelen] *introduce* ⇒ *preface* 0.4 [ingang doen vinden] *introduce* ⇒*initiate* ◆ 1.1.¶ een bevalling ~ *induce labour/a pregnant woman* 6.2

een spreker **bij** het publiek ~ *i. a speaker to an audience* 6.3 zijn toespraak **met** enkele opmerkingen ~ *i./preface one's talk with a few remarks*.
inleidend 0.1 *introductory* ⇒⟨opmerkingen ook⟩ *opening,* ⟨werkzaamheden⟩ *preliminary* ◆ 1.1 een ~ artikel *an i./a lead-in article;* een ~e cursus *an i. course, a survey;* een ~ praatje *an i. talk*.
inleider, -leidster 0.1 *speaker*.
inleiding 0.1 [woorden vóór het eigenlijke onderwerp] *introductory/opening remarks* ⇒*preamble* 0.2 [voorwoord, introductie] *introduction* ⇒*preface, foreword* 0.3 [causerie] *speech* ⇒*address* 0.4 [voorbereiding tot kennis/begrip van iets] *introduction* 0.5 [het binnenleiden] *introducing* ⇒*introduction* ◆ 3.3 een ~ houden over iets *present a paper on sth.* 6.1 dat verhaal was de ~ tot haar verzoek *that story just served to prepare me for her request* 6.2 ~ tot/in/op *i. to*.
inlelijk 0.1 *hideous*.
inleven ⟨wk.ww.; zich ~⟩ 0.1 *put/imagine o.s. (in)* ⇒*empathize (with)* ◆ 6.1 zich in een situatie/rol ~ *imagine o.s. in a situation/a part*.
inleveren I ⟨ov.ww.⟩ 0.1 [(verplicht) doen toekomen aan iem.] *hand in* ⇒*turn in,* ⟨onder dwang⟩ *surrender,* ⟨onder dwang⟩ *give up* ◆ 1.1 boeken/een verslag ~ (bij) *hand/turn in books/a report (to);* een verzoekschrift ~ (bij) *submit a request (to);* wapens ~ *surrender arms;* II ⟨onov., ov.ww.⟩ 0.1 [afstand doen van koopkracht] *give up* ◆ 1.1 loon voor werk ~ *sacrifice pay for more jobs*.
inlevingsvermogen 0.1 *empathy*.
inlezen I ⟨wk.ww.; zich ~⟩ 0.1 [door lezen thuis raken in een vakgebied] *read up (on);* II ⟨onov., ov.ww.⟩ 0.1 [comp.] *read in* ◆ 1.1 gegevens ~ *read in data*.
inlichten 0.1 *inform* ◆ 1.1 goed ingelichte mensen *well-informed people* 5.1 verkeerd ~ *misinform* 6.1 ~ omtrent *i. about*.
inlichting 0.1 [informatie] *(piece of) information* 0.2 [mv.; informatiedienst] ⟨voorlichting⟩ *information (office)* ⇒*inquiries,* ⟨spionage⟩ *intelligence (service)* 0.3 [het inlichten] *information* ◆ 2.1 voor nadere ~en *for further i.* 3.1 ~en verstrekken *give i.;* ~en vragen/inwinnen *make inquiries, ask for i.*
inlichtingendienst 0.1 [informatiedienst] *information/inquiries office* 0.2 [geheime dienst] *intelligence (service)* ⇒*secret service* ◆ 2.1 militaire ~ *military intelligence*.
inlijsten 0.1 *frame*.
inlijven 0.1 [mbt. personen] *incorporate (in/with)* ⇒⟨rekruten⟩ *draft* 0.2 [mbt. grondgebied] *annex* 0.3 [mbt. zaken] *incorporate* ⇒*merge*.
inloggen ⟨comp.⟩ 0.1 *log on, log in (on)*.
inloodsen 0.1 *pilot in* ⇒⟨fig. ook⟩ *steer in*.
inloop 0.1 [handeling] *entering, walking in* ⇒*entrance* 0.2 [plaats] *open house*.
inloopspreekuur 0.1 *office hours*.
inlopen I ⟨onov.ww.⟩ 0.1 [lopend ingaan] *walk/step into* ⇒ ⟨gebouw⟩ *enter,* ⟨straat⟩ *turn into* 0.2 [invaren] *put/run/sail into* 0.3 [inhalen] *catch up* 0.4 [met vaart en kracht afkomen (op)] *run/head into* ◆ 1.2 de haven ~ *put into port* 3.1 ergens in- en uitlopen *walk in and out (of)* somewhere 5.1 ⟨fig.⟩ zij zal daar niet ~ *she won't fall for that* 6.1 bij iem. ~ *drop in on s.o.* 6.3 op iem. ~ *catch up on s.o.* 6.¶ die beide meningen lopen lijnrecht **tegen** elkaar in *these two opinions are diametrically opposed,* II ⟨ov.ww.⟩ 0.1 [schoenen/kleding gemakkelijker doen zitten] *wear in* 0.2 [vuil in huis brengen] *track in* 0.3 [door

lopen breken] *kick in* **0.4** [inhalen] *make up* ◆ **1.2** ingelopen vuil *tracked-in dirt* **1.3** een deur/ruit ~ *kick down/in a door, knock in a window* **1.4** achterstand ~ *make up arrears* **4.¶** ⟨sport⟩ zich ~ *warm up.*

inlossen 0.1 ⟨belofte⟩ *redeem* ⇒⟨schuld⟩ *(re-)pay,* ⟨pand⟩ *take out of pawn.*

inloten 0.1 *draw a place (by lot)* ⇒⟨mil.⟩ *±be drafted* ◆ **6.1** hij is ingeloot **voor** medicijnen *he has drawn a place at the school of medicine.*

inluiden 0.1 [door klokgelui aankondigen] *ring in* **0.2** [iets nieuws/het begin aankondigen] *herald* ◆ **1.2** een nieuw tijdperk ~ *usher in/mark a new era.*

inmaak 0.1 [handeling] *preservation* **0.2** [resultaat] *preserve.*

inmaakfles 0.1 *preserving bottle.*

inmaken I ⟨onov., ov.ww.⟩ **0.1** [wecken] *preserve* ⇒⟨in zuur ook⟩ *pickle,* ⟨met suiker ook⟩ *conserve;*
II ⟨ov.ww.⟩ **0.1** [fig.; sport] *slaughter* ⇒*butcher* ◆ **6.1** ze werden ingemaakt met 7-o *they were slaughtered 7-0.*

in memoriam 0.1 *in memoriam.*

inmengen I ⟨wk.ww.; zich ~⟩ **0.1** [zich bemoeien] *interfere (in/with);*
II ⟨ov.ww.⟩ **0.1** [door mengen in-, bijdoen] *mix in (with).*

inmenging 0.1 *interference (in/with)* ◆ **6.1** ~ in de binnenlandse aangelegenheden v.e. land *i. in a country's internal affairs.*

inmetselen 0.1 [door metselen invoegen] *brick in* ⇒*build in(to)* **0.2** [met metselwerk omringen] *brick/wall up/in* ◆ **1.1** een ingemetseld bad *a built-in bath* **5.2** hij werd levend ingemetseld *he was walled in alive.*

inmiddels 0.1 *meanwhile* ⇒*in the meantime* ◆ **3.1** dat is ~ bevestigd *this has since/now been confirmed;* hij was ~ opnieuw getrouwd *he had remarried by then/in the meantime;* zij weet het ~ ook *she's heard about it as well by now.*

innaaien 0.1 [naaiend sluiten in] *sew/stitch in(to)* **0.2** [boek.] *stitch* ⇒*sew* ◆ **1.2** ingenaaid boek *sewn book.*

inname 0.1 [verovering] *capture* **0.2** [inzameling] *collection.*

in natura 0.1 *in kind* ◆ **3.1** betalen ~ *pay in kind.*

innemen 0.1 [mbt. geneesmiddelen] *take* **0.2** [mbt. een plaatsruimte] *take (up)* ⇒*occupy* ⟨ook post enz.⟩ **0.3** [veroveren] *take* ⇒*capture* **0.4** [vertrouwen, genegenheid winnen] *captivate* ⇒*charm* **0.5** [binnenhalen] *bring/take in* **0.6** [aan boord nemen] *take on* **0.7** [inkorten] *take up* ⟨korter⟩ */in* ⟨nauwer⟩ **0.8** [verzamelen] *collect* ◆ **1.2** veel plaats ~ *take up/occupy a lot of room;* zijn plaats ~ *t. one's seat;* een belangrijke plaats ~ *hold/occupy an important position; feature (conspicuously);* ⟨fig.⟩ een post gaan ~ *take up a post;* ⟨fig.⟩ het standpunt ~ *t. the view* **1.5** de zeilen ~ *furl the sails* **1.6** het schip moet brandstof/water ~ *the ship has to take in fuel/water* **1.7** een jurk van voren/achteren ~ *take a dress in/up at the front/back* **6.1** iets **tegen** reisziekte ~ *take sth. for travel sickness;* ⟨iron.⟩ hij is goed **van** ~ *he's fond of his food/drink* **6.4** iem. **tegen** zich ~ *antagonize s.o.;* iem. **voor** zich ~ *win s.o.'s sympathy.*

innemend 0.1 *captivating* ⇒*engaging, winning* ◆ **1.1** met een ~e glimlach *with an engaging/a winning smile;* hij is een erg ~ iemand *he really has a way with him;* een ~ uiterlijk *an engaging appearance.*

innemendheid 0.1 *charm* ⇒*winning manner/ways.*

innen 0.1 *collect* ⟨ook belastingen, schulden⟩ ⇒*cash* ⟨cheque⟩ ◆ **1.1** contributies ~ *collect contributions.*

innerlijk¹ ⟨het⟩ **0.1** *(one's) inner self/nature* ◆ **1.1** het ~ v.d. mens *the inner self/man.*

innerlijk² ⟨bn., bw.⟩ **0.1** [zich bevindend in de geest] *inner* **0.2** [wat in het wezen ligt] *intrinsic* ⇒*inherent* ◆ **1.1** ~e rust *i. calm;* ~e strijd *i. struggle* **1.2** ~e beschaving *inherent refinement;* ~ samenhang *intrinsic connection;* ~e waarde *intrinsic value* **2.¶** ~ overtuigd *convinced deepdown.*

innestelen ⟨wk.ww.; zich ~⟩ **0.1** [zich ergens vestigen] *become rooted/implanted* **0.2** [mbt. eicel] *become implanted.*

innig 0.1 [diep] *profound* ⇒*deep(est),* ⟨bw.⟩ *(most) deeply* **0.2** [warm, waar] *ardent* ⇒*fervent* **0.3** [intiem] *close* ⇒ *deep, intimate* ◆ **1.1** iemands ~ste gedachten *s.o.'s innermost thoughts;* dat is mijn ~e overtuiging *it is my p. conviction;* het is haar ~e wens *it is her fervent wish* **1.2** een ~e kus *an a. kiss* **1.3** ~e vriendschap *deep friendship* **3.2** iem. ~ liefhebben *love s.o. very dearly.*

innigheid 0.1 *closeness* ⇒*intimacy,* ⟨diepte⟩ *depth,* ⟨warmte⟩ *ardour,* ⟨warmte⟩ *fervour.*

inning I ⟨de (v.)⟩ **0.1** [invordering] *collection* ⟨ook belastingen, schulden⟩ ⇒*cashing* ⟨cheque⟩;
II ⟨de (m.)⟩ **0.1** [sport] ⟨cricket⟩ *innings;* ⟨honkbal⟩ *inning.*

innovatie 0.1 *innovation.*

innoveren 0.1 *innovate* ◆ **3.1** ~ ~d werken *introduce innovations.*

inofficieel 0.1 *unofficial.*

in optima forma 0.1 [in de vereiste vorm] *in the proper form/manner* **0.2** [in de beste vorm] *(in) perfect (condition).*

inpakken I ⟨ov.ww.⟩ **0.1** [in een koffer bergen] *pack (up)* **0.2** [tot een pak maken] *pack up;* ⟨in papier enz.⟩ *wrap (up)* **0.3** [in dikke kleren/doeken hullen] *wrap up* **0.4** [inpalmen] *win over* **0.5** [verslaan] *trounce;* ⟨inf.⟩ *walk all over* ◆ **1.1** een koffer ~ *pack a suitcase* **1.2** een postpakket ~ *wrap up a parcel* **1.3** een kind warm ~ *wrap a child up warmly* **3.4** zich laten ~ door iem./iets *let o.s. be taken in by s.o./sth.* **3.5** zich laten ~ *come off badly;*
II ⟨onov.ww.⟩ **0.1** [ophouden] *pack in* ◆ **3.1** hij kan wel ~ *he may as well pack it in;* ~ en wegwezen *pack up and go, get packing.*

inpakpapier 0.1 *wrapping paper.*

inpalmen 0.1 [voor zich winnen] *charm* ⇒*win over,* ⟨bedrog⟩ *take in* **0.2** [toe-eigenen] *grab* ⇒⟨geld ook⟩ *pocket* ◆ **1.1** iem. ~ *win s.o. over;* ⟨door vleierij⟩ *get round s.o.;* ⟨bedriegen⟩ *take s.o. in* **3.1** zich door iem. laten ~ *get taken in (by s.o.).*

inpassen 0.1 *fit in.*

inpekelen 0.1 *pickle* ⇒*salt (down).*

inpeperen 0.1 [met peper bestrooien, (vaak fig.) betaald zetten] *pepper* ⇒⟨fig.⟩ *get even with (s.o.) (for)* **0.2** [zeer duidelijk maken] *make (s.o.) understand sth. (good and proper)* ◆ **4.1** dat zal ik hem ~ *I'll get even with him, I'll fix him.*

inperken 0.1 *restrict* ⇒*curtail* ◆ **1.1** de uitgaven ~ *r./curtail expenditure(s).*

in petto 0.1 *in reserve/store* ◆ **3.1** ik heb voor jou nog iets ~ *I've got sth. else in store for you.*

inpikken 0.1 [pakken] *grab* ⇒*snap up,* ⟨stelen⟩ *pinch* **0.2** [aanleggen] *fix (up)* ⇒⟨inf.⟩ *wangle* ◆ **1.1** iemands plaats ~ *grab s.o.'s seat* **3.1** alles proberen in te pikken *try to hog everything* **5.2** dat heb je handig ingepikt *you fixed/wangled that neatly.*

inplakken 0.1 *stick/glue/paste in.*

inplanten 0.1 [in de grond zetten] *plant* **0.2** [op het hart drukken] *instil in(to), implant (in)* **0.3** [med.] *implant* ⇒ *insert* ◆ **1.2** iem. de liefde voor de waarheid ~ *instil the love of the truth into s.o.*

inplanting 0.1 [handeling, toestand] *(inv)planting* ⇒*implantation*, ⟨med. ook⟩ *insertion*.
inpluggen ⟨audio⟩ **0.1** *plug in*.
inpolderen 0.1 *drain* ⇒*impolder* ⟨vnl. mbt. Nederland⟩.
inpoldering 0.1 [handeling] *(land) reclamation* ⇒*impoldering* ⟨vnl. mbt. Nederland⟩ **0.2** [resultaat] *(piece of) reclaimed land* ⇒*polder* ⟨vnl. mbt. Nederland⟩.
inpompen 0.1 [iem. iets leren] *drill/drum in(to)* **0.2** [dmv. een pomp inbrengen] *pump in(to)* ♦ **6.1** ik heb het er **bij** hem moeten ~ *I had to drill it into him.*
inpraten I ⟨ov.ww.⟩ **0.1** [overreden] *talk (s.o.) into (sth.)* ♦ **6.1** op iem. ~ *work on s.o.;*
II ⟨onov.ww.⟩ **0.1** [zichzelf verraden] *give o.s. away* ♦ **5.1** hij heeft zich er lelijk ingepraat *he has talked himself into a real corner.*
inprenten 0.1 *impress ((up)on)* ⇒*instil (in(to))*, ⟨in geheugen⟩ *imprint* ♦ **4.1** zich iets (goed) ~ *get sth. (firmly) into one's head* **5.1** dat heb ik hem terdege ingeprent *I really drummed it into him.*
inquisitie 0.1 [onderzoek naar misdrijven] *(Government) inquiry* **0.2** [rechtbank; ketterjacht] *inquisition.*
inramen 0.1 *frame* ♦ **1.1** dia's ~ *mount slides.*
inregenen 0.1 *rain in* ♦ **4.1** het regent hier in *the rain's coming in.*
inrekenen 0.1 [in bewaring brengen] *pull in;* ⟨meer mensen ook⟩ *round up* **0.2** [incalculeren] *count in* ⇒*include.*
inrichten 0.1 [iets in orde brengen] *arrange* ⇒*organize* **0.2** [gereed maken voor gebruik/bewoning] *equip* ⇒⟨meubelen⟩ *furnish*, ⟨inf.⟩ *fix up* **0.3** [regelen, ordenen] *arrange* ⇒ *organize*, ⟨inf.⟩ *fix* ♦ **1.2** zij hebben hun huis laten ~ *they've had their house furnished* **1.3** zijn leven op een bepaalde manier ~ *organize/a. one's life in a certain way* **4.2** zich ~ *set up house*, *settle in* **5.2** een compleet ingerichte keuken *a fully-equipped kitchen;* een modern ingerichte woning *a modern house* **6.2** ergens speciaal **voor** ingericht zijn *be specially fixed up/equipped for sth.* **8.2** een vertrek was ingericht als wachtkamer *one room was made into a waiting room*
inrichting 0.1 [aankleding] *design;* ⟨indeling ook⟩ *layout* **0.2** [niet-commerciële instelling] *institute*, *institution* **0.3** [gesticht] *institution* **0.4** [wijze van organisatie] *organization* ⇒ *arrangement*, ⟨inf.⟩ *set-up* ♦ **1.1** de ~ v.e. huis *the d./interior of a house* **1.4** de ~ v.d. staat *the o. of the State* **6.3** iem. in een ~ plaatsen / opnemen *put s.o. in an i.*, *institutionalize s.o.*, in een ~ zitten *be in an i.*
inrijden I ⟨onov.ww.⟩ **0.1** [naar binnen rijden] *ride in(to);* ⟨auto⟩ *drive in(to)* **0.2** [rijdend raken] *run/drive in* ⇒ *collide (with)* ♦ **1.1** hij reed de straat in *he turned into the street* **6.2** de auto's reden **op** elkaar in *the cars ran into each other;*
II ⟨ov.ww.⟩ **0.1** [rijdend binnenbrengen] *ride in(to);* ⟨auto⟩ *drive in(to)* **0.2** [geschikt maken voor gebruik] ⟨auto⟩ *run in;* ⟨paard, schaatsen⟩ *break in* ♦ **4.2** ik ben hem nog aan het ~ *I'm still running (it) in.*
inrijperiode 0.1 *running-in period.*
inrit 0.1 [plaats] *entry* ⇒*entrance* **0.2** [oprijlaan] *drive-(way)* **0.3** [het inrijden] *entry* ♦ **7.3** geen ~ *no entry.*
inroepen 0.1 *call in/(up)on* ⇒*enlist*, *invoke* ♦ **1.1** iemands hulp ~ *enlist s.o.'s help.*
inroesten 0.1 *rust* ♦ **1.¶** ingeroeste vooroordelen *(deeply) ingrained/deep-rooted prejudices.*
inroosteren ⟨school.⟩ **0.1** *schedule* ♦ **1.1** vrije dagen ~ *s. some days off.*
inruil 0.1 [het inwisselen] *exchange* **0.2** [inlevering van een oud product] *trade-in* ⇒*ᵇpart exchange* ♦ **6.2** ƒ2000,- **bij**

~ **van** uw oude auto *2,000 guilders in part exchange for your old car.*
inruilauto 0.1 *trade-in (car).*
inruilen 0.1 [inwisselen] *exchange* **0.2** [een oud product inleveren] *trade in* ⇒*ᵇpart-exchange* **0.3** [door ruiling verkrijgen] *exchange* ⇒⟨inf.⟩ *swap* ♦ **1.1** goud ~ *cash in gold* ⟨tegen geld⟩; *trade in gold* ⟨tegen iets anders⟩ **1.2** een auto ~ *trade in a car* **6.3** de prijscompensatie ~ **voor** nieuwe arbeidsplaatsen *sacrifice wage indexing for new jobs.*
inruilobject 0.1 *trade-in/ᵇpart-exchange item/article* ⇒ ⟨inf.⟩ *trade-in.*
inruilpremie 0.1 *trade-in/ᵇpart-exchange bonus.*
inruilwaarde 0.1 *trade-in/ᵇpart-exchange value.*
inruimen 0.1 *clear (out)* ♦ **1.1** een kamer ~ *clear out a room;* voor iem. een plaats ~ *make room for s.o.*
inrukken 0.1 [binnenrukken] *march in(to)* ⇒*enter* **0.2** [in de kwartieren terugkeren] *dismiss* ⇒*withdraw* ♦ **1.1** de vijand is de stad ingerukt *the enemy entered the town* **1.2** de brandweer kon spoedig weer ~ *the fire brigade was soon able to withdraw* **3.2** ⟨fig.⟩ ik kon weer ~ *I was able to clear off again* **9.2** ingerukt mars! *dismiss!*
inschakelen 0.1 [tech.] *switch on* ⇒*connect* ⟨circuit⟩ **0.2** [doen meewerken] *call/bring in* ⇒*involve* ♦ **1.1** de stroom ~ *switch/turn on the current* **1.2** een adviesbureau ~ (bij) *call in a firm of consultants (to);* zijn invloedrijke vrienden ~ *pull strings.*
inschalen 0.1 *put on a/the scale* ♦ **5.1** iem. te laag/te hoog ~ *put s.o. too low/too high on the scale.*
inschatten 0.1 *estimate* ⇒*assess* ♦ **5.1** iets te laag/te hoog ~ *underestimate/overestimate sth.;* iem. verkeerd ~ *misjudge s.o.*
inschenken 0.1 *pour (out)* ♦ **1.1** iem. een drankje ~ *pour s.o. a drink;* zijn glas ~ *fill one's glass* **3.1** wat mag ik u ~? *what would you like to drink?*
inschepen 0.1 *embark* ♦ **4.1** zich ~ e., *go aboard/on board.*
inscheping 0.1 *embarkation.*
inscheuren 0.1 *tear* ♦ **1.1** mijn nagel is ingescheurd *my nail is torn* **6.1** ~ **bij** de bevalling *suffer tearing during childbirth.*
inschieten I ⟨ov.ww.⟩ **0.1** [iets van betekenis kwijtraken] *lose* **0.2** [verbrijzelen] *smash* **0.3** [wapens e.d. testen, het afschieten voorbereiden] *find the range of* ♦ **1.2** een ruit ~ *s./shatter a window* **1.3** geweren/kanonnen ~ *find the gun range* **5.1** er honderd gulden bij ~ *l. a hundred guilders on it;* zijn leven erbij ~ *l. one's life (doing sth.);*
II ⟨onov.ww.⟩ **0.1** [mislopen] *fall through* **0.2** [vallen in] *land in* ⇒*go/fall in(to)* **0.3** [ergens snel binnengaan] *shoot in(to)* ♦ **1.3** een zijstraat ~ *shoot into a sidestreet* **5.1** mijn lunch zal er wel bij ~ *that's my lunch down the drain/gone by the wayside;*
III ⟨onov., ov.ww.⟩⟨sport⟩ **0.1** [inspelen] *warm up* **0.2** [in het doel schieten]⟨onov.ww.⟩ *score;* ⟨ov.ww.⟩ *shoot into the net* ♦ **4.1** zich ~ *warm up*, *knock the ball about* **5.2** ⟨de bal⟩ keihard/onhoudbaar ~ *rocket the ball into the net.*
inschikkelijk 0.1 *accommodating* ⇒*obliging*, *willing (to please).*
inschikkelijkheid 0.1 *obligingness* ⇒*willingness (to please).*
inschikken 0.1 *move up* ⇒*move/sit closer (together).*
inschoppen 0.1 [naar binnen schoppen, ook fig.] *kick in(to)* **0.2** [door schoppen breken] *kick in/down* ♦ **1.2** de deur ~ *kick the door in/down.*
inschrijfformulier 0.1 *registration form* ⇒⟨wedstrijd ook⟩ *entry form*, ⟨onderwijs⟩ *enrolment form* ♦ **3.1** een ~ invullen *fill in a registration form.*

inschrijfgeld 0.1 *registration fee* ⇒⟨wedstrijd ook⟩ *entry fee,* ⟨onderwijs⟩ *enrolment fee.*

inschrijven I ⟨onov.ww.⟩ 0.1 [zich verbinden tot het betalen van een bedrag] *subscribe* 0.2 [opgeven voor welke prijs men wil leveren] *bid* ⇒*submit a bid* 0.3 [intekenen (op)] *sign up (for)* ◆ 1.3 er werd voor 1 miljard ingeschreven op de staatslening *subscriptions to the government loan amounted to 1,000 million* 5.2 hoog/laag ~ *submit a high/low bid* 6.1 de donateurs schrijven in voor ƒ25,- *the donors put their names down for 25 guilders;*
II ⟨ov.ww.⟩ 0.1 [mbt. zaken] *register* ⇒*record* 0.2 [mbt. personen] *register* ⇒⟨wedstrijd ook⟩ *enter,* ⟨onderwijs⟩ *enrol,* ⟨inf.⟩ *sign up* ◆ 1.1 is deze post al ingeschreven? *has this mail been registered yet?* 1.2 een deelnemer/lid ~ *r./ sign up a participant/member;* het aantal ingeschreven studenten *the number of students enrolled* 4.2 zich (laten) ~ *sign up, r. (o.s.);* zich als student ~ *enrol as a student;* zich ~ bij het arbeidsbureau ⁿ*sign on at the Employment Exchange* 6.2 men kan zich ~ **bij** het secretariaat *you can sign up at the office.*

inschrijving 0.1 [het opnemen in een register] *registration* ⇒⟨wedstrijd⟩ *entry,* ⟨onderwijs⟩ *enrolment* 0.2 [intekening] *subscription* ⇒⟨aanbesteding⟩ *bid* ◆ 1.1 het aantal ~en voor de cursus *the number of enrolments for the course* 3.2 een ~ openen *call for bids/tenders;* de ~ sluit op 1 mei *the offer closes on 1 May* 6.2 verkopen **bij** ~ *sell by subscription.*

inschrijvingsformulier 0.1 ⟨mbt. een aanbesteding⟩ *bid* ⇒⟨mbt. aandelen/obligaties⟩ *application form,* ⟨mbt. onderwijs⟩ *enrolment form.*

inschuifbaar 0.1 *collapsible* ⇒⟨telescopisch⟩ *telescopic,* ⟨deur⟩ *sliding.*

inschuiftafel 0.1 *extending table* ⇒*table with leaves.*

inschuiven I ⟨ov.ww.⟩ 0.1 [naar binnen schuiven] *push/ slide in* 0.2 [opschuiven] *push/move up/along* ◆ 1.2 de stoelen nog wat ~ *push/move the chairs up/along a bit further;*
II ⟨onov.ww.⟩ 0.1 [met een schuivende beweging binnengaan] *slide/slip in(to)* ⇒⟨steels⟩ *sidle in(to)* ◆ 1.1 aarzelend de kamer ~ *sidle hesitantly into the room.*

inscriptie 0.1 *inscription* ⇒⟨op munt/medaille⟩ *legend* ◆ 6.1 een pen met ~ *an inscribed pen.*

insect 0.1 *insect* ◆ 2.1 schadelijke ~en *insect pests.*

insectenbeet 0.1 *insect bite.*

insectenbestrijding 0.1 *insect/pest control.*

insecteneters 0.1 *insectivores* ⇒*insectivora* ⟨orde⟩.

insectenkenner 0.1 *entomologist.*

insectenkunde 0.1 *entomology.*

insectenplaag 0.1 *plague of insects.*

insectenpoeder 0.1 *insect powder.*

insecticide 0.1 *insecticide.*

inseinen ⟨inf.⟩ 0.1 *tip off.*

inseminatie 0.1 *insemination* ◆ 2.1 kunstmatige ~ *artificial i.*

insemineren 0.1 *(artificially) inseminate.*

insgelijks 0.1 *likewise* ⇒⟨bij wensen⟩ *(and) the same to you.*

insigne 0.1 *badge* ⇒⟨ambtelijk, mv.⟩ *insignia.*

insinuatie 0.1 [bedekte aantijging] *insinuation* 0.2 [gerechtelijke aanzegging] *summons, warrant, writ.*

insinueren 0.1 [op een bedekte manier aantijgen] *insinuate* 0.2 [gerechtelijk aanzeggen] *serve a writ/summons/ warrant on.*

inslaan I ⟨ov.ww.⟩ 0.1 [door slaan breken] *smash (in)* ⇒ *beat (in)* 0.2 [in voorraad nemen] *stock (up on/with)* 0.3 [indrijven] *drive in;* ⟨spijker ook⟩ *hammer in* 0.4 [aan-

brengen in] *stamp in/on* 0.5 [nuttigen] *knock back* ⟨drank⟩; *tuck/put away* ⟨eten⟩ ◆ 1.1 iem. de hersens ~ *bash/beat s.o.'s brains in;* een ruit ~ *smash a window* 1.2 drank ~ *stock up on liquor* 3.5 hij kan nogal wat ~ *he can really knock it back;*
II ⟨onov.ww.⟩ 0.1 [een richting nemen] *take* ⇒*turn into* ⟨vnl. straat⟩ 0.2 [met een slag in iets doordringen] *strike* ⇒ *hit* 0.3 [fig.] *strike home* ⇒*go down well* ◆ 1.1 (fig.) een verkeerde weg ~ *take the wrong path/turning, go the wrong way;* nieuwe wegen ~ *break new ground, blaze a (new) trail* 1.2 de bliksem is hier ingeslagen *lightning has struck here* 1.3 die opmerking sloeg in *the comment struck home;* zijn nieuwe plaat sloeg enorm in *his new record was a smash hit* 6.2 op iem. blijven ~ *hit s.o. repeatedly* 8.3 het nieuws sloeg in als een bom *the news came as a bombshell;*
III ⟨onov., ov.ww.⟩ 0.1 [inspelen] *practise* ⇒*warm up* ◆ 6.1 bij het ~ *during practice.*

inslag 0.1 [inweefsel] *weft* ⇒*woof* 0.2 [het met een slag doordringen] *impact* 0.3 [mbt. waren] *stock, store* 0.4 [strekking, tendens] *streak* ⟨persoon⟩; *slant, bias* ⟨informatie⟩ ◆ 1.2 de ~ van meteorieten *the i. of meteorites* 2.4 een artikel met een duidelijk commerciële ~ *an article with an obvious commercial b./slant (to it);* een partij met een fascistische ~ *a party with fascist leanings.*

inslapen 0.1 [indutten] *fall asleep* ⇒*drop off/go to sleep* 0.2 [sterven] *fall asleep* ⇒*pass away/on* ◆ 3.2 jonge katjes laten ~ *have kittens put to sleep/put down.*

inslikken 0.1 *swallow* ◆ 1.1 een opmerking ~ *bite back a remark;* woorden/klanken ~ *s. words/sounds.*

insluimeren 0.1 [onvast in slaap vallen] *doze off* 0.2 [overlijden] *fall asleep* ⇒*pass away/on.*

insluipen 0.1 [ongemerkt indringen] *steal/creep/sneak (one's way) in* 0.2 [fig.] *creep in* ◆ 1.2 er is een kleine fout ingeslopen *a small error has crept in.*

insluiper 0.1 *sneak thief* ⇒*intruder.*

insluiten 0.1 [bijsluiten] *enclose* 0.2 [omgeven, omsingelen] *surround* ⇒*enclose* 0.3 [opsluiten] *shut/* ⟨op slot⟩ *lock in;* ⟨wet.⟩ *enclose, entrap, encase* ◆ 1.1 een antwoordformulier ~ *e. an answer form* 1.2 het plein wordt geheel ingesloten door kantoorflats *the square is completely surrounded by office blocks* 3.3 de inbreker liet zich ~ *the burglar let himself be shut/locked in* 6.3 in een vloeistof ingesloten gasbellen *gas bubbles entrapped in a liquid.*

insluiting 0.1 [omsingeling] *surrounding* 0.2 [het bijsluiten] *enclosure.*

insluizen 0.1 *pass in.*

insmeren ⟨ov.ww., wk.ww.; zich ~⟩ 0.1 ⟨ov.ww.⟩ *rub (with)* ⇒⟨met ...⟩ *put ... on,* ⟨wk.ww.⟩ *put oil on* ◆ 1.1 zal ik even je rug insmeren? *shall I put some oil on your back?* 4.1 zich ~ met bodylotion *rub o.s. with body lotion.*

insneeuwen I ⟨onpers.ww.⟩ 0.1 [naar binnen sneeuwen]⟨zie 6.1⟩ ◆ 6.1 het sneeuwt in **op** zolder *the snow's coming into the attic/coming in through the roof;*
II ⟨onov.ww.⟩ 0.1 [door sneeuw ingesloten worden] *snow in* ◆ 1.1 de trein/het dorp was ingesneeuwd *the train/village was snowed in.*

insnijden 0.1 [een snee maken in] *cut into* ⇒⟨med.⟩ *lance* 0.2 [door snijden aanbrengen in] *carve (on)* ⇒*cut (into)* ◆ 1.1 de bast v.e. boom ~ *cut into the bark of a tree;* een wond ~ *make an incision in a wound.*

insnijding 0.1 *cut, incision* ⇒*indentation* ⟨ihb. kust, blad⟩.

insnoeren 0.1 *constrict, make narrower/tighter;* ⟨inrijgen⟩ *lace (up)* ◆ 4.1 zich ~ *lace o.s. up.*

insolvent 0.1 *insolvent.*

insolventie 0.1 *insolvency* ◆ **1.1** de boedel verkeert in staat van -- *the estate is bankrupt.*

inspannen 0.1 [zijn kracht aanwenden] *use;* ⟨krachten ook⟩ *exert* **0.2** [mbt. trekdieren] *harness* **0.3** [mbt. voertuigen] *harness the horses* ◆ **1.1** zijn hersens ~ *use one's brain;* al zijn krachten ~ *make every effort;* zijn ogen -- *strain one's eyes* **1.2** een paard ~ *harness a horse (to a cart* ⟨enz.⟩ *)* **4.1** zich ~ voor iets/iem. *make an effort for sth./s.o.;* zich moeten ~ om wakker te blijven *have to struggle to stay awake.*

inspannend 0.1 ⟨fysiek⟩ *strenuous, laborious;* ⟨geestelijk⟩ *exacting* ◆ **1.1** ~e arbeid *strenuous/exacting work* **6.1** dat is zeer ~ **voor** de ogen *that strains the eyes.*

inspanning 0.1 [het aanwenden van kracht] *effort* ⇒*exertion,* ⟨overmatig⟩ *strain* **0.2** [het voor de wagen spannen] *harnessing* ◆ **1.1** met een laatste ~ van zijn krachten *with a final/with one last effort* **2.1** uitrusten na een langdurige ~ *rest from prolonged exertions* **3.1** een ~ belonen *reward effort;* zich veel ~ getroosten, een zware ~ leveren *put in a great effort;* dat kost ~ *it's an effort/a strain;* veel ~ vergen *require a great deal of effort;* u moet elke ~ vermijden *you must avoid exertion of any kind* **6.1 met** ~ **van** alle krachten *with a supreme effort.*

in spe 0.1 *future, prospective* ◆ **1.1** zijn schoondochter ~ *his f./p. daughter-in-law.*

inspecteren 0.1 ⟨ov.ww.⟩ **0.1** [controleren] *inspect* ⇒*examine, survey* **0.2** [monsteren] *inspect* ◆ **1.1** de slaapzalen ~ *i. the dormitories* **1.2** de troepen ~ *i./review the troops;* **II** ⟨onov.ww.⟩ **0.1** [inspectie houden] *inspect.*

inspecteur, -trice 0.1 *inspector* ⇒*examiner* ◆ **1.1** ~ van politie *police i.;* ~ v.d. volksgezondheid *public health i./officer* **6.1** ~ **bij** een verzekeringsmaatschappij *insurance surveyor/i.;* ~ **bij** de belastingen *tax i.*

inspecteur-generaal 0.1 *inspector general.*

inspectie 0.1 [controle] *inspection* ⇒*examination, survey* **0.2** [med.] *examination* **0.3** [wapenschouwing] *inspection* ⇒*review* **0.4** [dienst v.h. opzicht/toezicht; ambtsgebied v.e. inspecteur] *inspectorate.*

inspectiebezoek 0.1 *inspector's visit* ⇒*tour of inspection.*

inspelen I ⟨onov., ov.ww.⟩ **0.1** [sport] *practise* ⇒*warm up* ◆ **4.1** zich ~ p., *knock the ball around* **6.1** goed **op** elkaar ingespeeld zijn *make/be a good team;* ⟨fig. ook⟩ *be on the same wavelength;* **II** ⟨onov.ww.⟩ **0.1** [vooruitlopen op] *anticipate* **0.2** [reageren op] *go along with* ⇒⟨handig⟩ *capitalize on, take advantage of,* ⟨begrip hebben voor⟩ *feel for* ◆ **6.1** ~ **op** wat komen gaat *a. what is coming* **6.2** ~ **op** een behoefte/rage *take advantage of a need/craze.*

inspiciënt 0.1 ⟨toneel⟩ *stage manager;* ⟨radio, tv⟩ *property man.*

inspiratie 0.1 *inspiration* ◆ **3.1** ~ opdoen uit/ontlenen aan *be inspired by, draw i. from.*

inspirator 0.1 *(source of) inspiration.*

inspireren 0.1 [bezielen] *inspire* **0.2** [modelleren naar] *base (on)* ◆ **1.1** geïnspireerd worden door iets/iem. *be inspired by/draw one's inspiration from sth./s.o.;* een geïnspireerd kunstenaar *an inspired artist* **6.2** een film geïnspireerd **op** de gelijknamige roman *a film based on the book of the same name.*

inspirerend 0.1 *inspiring* ◆ **3.1** ~ werken *be i., inspire.*

inspraak 0.1 *participation* ⇒*involvement,* ⟨inf.⟩ *say (in sth.)* ◆ **3.1** ~ eisen *insist on (having) one's say;* ~ hebben bij een zaak *have a say in a matter.*

inspreken 0.1 [inboezemen] *talk (sth.) into (s.o.)* **0.2** [spreken in] *record* ◆ **1.2** het bandmateriaal is ingesproken

door twee Amerikanen *the tape material was recorded by two Americans;* u kunt nu uw boodschap ~ *you may leave/r. your message now.*

inspringen 0.1 [invallen] *stand in* **0.2** [zich meer naar binnen uitstrekken] *be set back* **0.3** [boek.] *be indented* **0.4** [met een sprong inkomen] *jump/leap in(to)* **0.5** [inhaken op] *jump/leap on(to)* ⇒*seize (up)on* ◆ **1.2** de gevel springt daar wat in *that part of the housefront is slightly set back* **1.3** deze regel moet een beetje ~ *this line needs to be indented slightly* **6.1 voor** een collega ~ *stand in for a colleague* **6.5 op** een nieuwe markt ~ *break into a new market.*

inspringend 0.1 *receding* ⇒*set back, indented* ⟨regel⟩ ◆ **1.1** ⟨bouwk.⟩ een ~ muur *a recessed wall.*

inspuiten I ⟨onov.ww.⟩ **0.1** [naar binnen spuiten] *squirt/gush in(to)* ◆ **1.1** het water spoot de kamer in *the water gushed into the room;* **II** ⟨ov.ww.⟩ **0.1** [(vloeistof) met een spuit inbrengen] *inject* ⇒⟨mbt. drugs ook⟩ *fix* ◆ **1.1** heroïne ~ *have a fix* **6.1** serum **bij** iem. ~ *inject s.o. with a serum.*

inspuiting 0.1 *injection* ⇒⟨inf.⟩ *shot.*

instaan 0.1 ⟨verantwoordelijk zijn⟩ *answer, be answerable/responsible;* ⟨gai anderen⟩ *guarantee, vouch* ◆ **6.1** als je niet ophoudt, sta ik **voor** mezelf niet in *if you don't stop that, you'll have to answer for the consequences;* ik sta niet **voor** de gevolgen in *I can't answer for the consequences;* ~ **voor** de juistheid v.e. bericht *vouch for the correctness of a report;* **voor** iem. ~ *vouch for s.o.*

instabiel 0.1 *unstable.*

instabiliteit 0.1 *instability.*

installateur 0.1 *fitter* ⇒*installer,* ⟨elek.⟩ *electrician* ◆ **2.1** erkend ~ *registered f./installer/electrician.*

installatie 0.1 [audio] *stereo* **0.2** [het plaatsen van technische toestellen] *installation* **0.3** [technische toestellen] *installation, plant* ⇒*equipment, machinery, fittings* ⟨sanitair, e.d.⟩ **0.4** [inauguratie] *installation* ⇒*inauguration* ◆ **1.4** bij de ~ v.d. commissie *at the committee's inaugural meeting* **2.3** elektrische ~s *electrical equipment.*

installatiekosten 0.1 *installation costs.*

installeren 0.1 [voor het gebruik gereedmaken] *install* **0.2** [meubileren en stofferen] *furnish; fit up* **0.3** [plaatsen, vestigen] *install* ⇒*settle* **0.4** [inaugureren] *install, inaugurate* ◆ **1.1** een wasmachine ~ *i. a washing machine* **4.3** ⟨scherts.⟩ zich uitgebreid ~ *make o.s. at home;* zich voor de tv ~ *settle down in front of the TV* **8.4** iem. als lid ~ *initiate s.o. as a member* **¶.2** zodra je geïnstalleerd bent *as soon as you're settled in.*

instampen 0.1 [door stampen indrijven] *ram/pound in* **0.2** [met moeite leren] *drum* ⇒*drill* ◆ **1.1** ⟨fig.⟩ iem. de grond ~ ⟨inf.⟩ *put s.o. down;* de straatstenen dieper ~ *ram down the paving stones* **1.2** er een rijtje woorden ~ *drum in a list of words.*

instandhouding 0.1 *upkeep, maintenance* ⟨gebouwen, dijken⟩; *conservation, preservation* ⟨natuur, monumenten⟩ ◆ **1.1** ~ van de bestaande orde/van tradities *maintaining the established order, preserving tradition;* ~ v.d. soort *preservation of the species.*

instantie 0.1 [orgaan] *body* ⇒*authority* **0.2** [jur.] *instance* ◆ **2.1** de betrokken ~s op de hoogte brengen *inform the authorities concerned;* de bevoegde ~ *the authorities;* de officiële ~s *official bodies* **6.2** ⟨fig.⟩ **in** laatste ~ *in the last resort;* ⟨uiteindelijk⟩ *in the final analysis;* rechtspraak **in** eerste ~ *court of first i.;* ⟨fig.⟩ **in** eerste ~ dachten we dat het waar was *initially we thought it was true;* ⟨fig.⟩ zij kwamen pas **in** tweede ~ in aanmerking *they could only be considered at a later stage.*

instappen 0.1 [mbt. een voertuig] *get in* ⟨auto, trein⟩; *get on* ⟨bus⟩; *board* ⟨vliegtuig⟩ **0.2** [binnenstappen] *enter* **0.3** [meedoen aan] *join (in on)* ⇒*get in (on)* ◆ **1.2** een winkel ~ *e. a shop* **5.1** achteraan ~ (in de trein, bus) *get on at the back.*

insteekkaart ⟨comp.⟩ **0.1** *expansion board* ⟨bij processor- of geheugenuitbreiding⟩ ⇒*interface card* ⟨bij andere uitbreidingen⟩.

insteken I ⟨ov.ww.⟩ **0.1** [ergens in steken] *put in* ◆ **1.1** je kunt je auto er achteruit ~ *you can back/reverse your car into it;* een draad ~ *thread a needle;* de stekker ~ *plug in, put in the plug;* **II** ⟨onov., ov.ww.⟩ **0.1** [een arm geven] *link arms* **0.2** [mbt. breien] *insert* ◆ **6.1 bij** elkaar ~ *link arms.*

instellen 0.1 [oprichten, invoeren] *establish* ⇒*create* **0.2** [beginnen] *set up* ⇒*start* **0.3** [(voor gebruik) geschikt maken] *adjust* ⇒*focus* ⟨lenzen⟩, *tune* ⟨radio, motor⟩ **0.4** [AZN; eerste bod erop] *open the bidding for* ◆ **1.1** een avondklok ~ *impose a curfew;* een commissie ~ *set up a committee;* een traditie ~ *found a tradition* **1.2** een onderzoek ~ *start an investigation;* een vervolging tegen iem. ~ *bring an action against s.o.* **1.3** een camera (scherp) ~ *focus a camera* **4.3** ⟨fig.⟩ zich ~ op *prepare (o.s.) for* **5.3** de tv is niet goed ingesteld *the TV needs re-tuning;* ⟨fig.⟩ zakelijk ingesteld zijn *have a businesslike attitude* **6.3** ⟨fig.⟩ ergens niet **op** ingesteld zijn *be unprepared for sth.;* ⟨fig.⟩ helemaal **op** toeristen ingesteld zijn *be entirely geared towards tourism.*

instelling 0.1 [het instellen] *establishment, creation* ⟨instituut⟩; *focus(s)ing* ⟨lens⟩; *tuning* ⟨radio, motor⟩ **0.2** [organisatie, instituut] *institute, institution* **0.3** [mentaliteit] *attitude* ⇒*mentality* ◆ **2.2** een liefdadige ~ *a charitable institution* **2.3** (niet) de juiste ~ voor iets hebben *(not) have the right mentality for sth.;* een negatieve ~ *a negative a./ mentality;* een zakelijke ~ hebben *have a businesslike a./ mentality.*

instemmen 0.1 *agree (with/to)* ⇒*endorse, concur (with)* ⟨mening⟩, *approve* ⟨plan⟩, *assent to* ⟨plan⟩, *accept* ⟨wetsvoorstel⟩ ◆ **6.1** geheel **met** iem. ~ *be in complete agreement with s.o.;* **met** iemands bezwaren ~ *support s.o.'s objections.*

instemmend 0.1 *assenting* ⇒*approving* ◆ **1.1** er ging een ~ gemompel op *there was a murmur of approval* **3.1** ~ knikken *nod in approval.*

instemming 0.1 *approval* ◆ **1.1** hij knikte ten teken van ~ *he nodded his a.* **2.1** met algemene ~ *by common consent* **3.1** zijn ~ betuigen (met iets/aan iem.) *express one's a. (of sth./to s.o.);* iemands ~ hebben *have s.o.'s consent/a.;* zijn voorstel vond veel ~ bij de andere leden *his proposition met with the a. of the other members* **6.1** iets **met** ~ vernemen/begroeten *hear/greet sth. with a.;* **met** ~ **van** *with the a. of.*

instigatie 0.1 *instigation* ◆ **6.1 op** ~ **van** *at the i. of.*

instinct 0.1 *instinct* ◆ **1.1** het ~ van dieren *animal i.* **2.1** de laagste ~en bij iem. wakker roepen *bring out s.o.'s basest instincts* **6.1 bij** ~ *instinctively;* het ~ **tot** zelfbehoud *the i. for self-preservation.*

instinctief 0.1 *instinctive* ◆ **1.1** een instinctieve beweging *an i. movement.*

instinctmatig 0.1 *instinctive* ◆ **1.1** zij voelde een ~e afkeer voor hem *she disliked him instinctively;* een ~e handeling *an i. action* **3.1** ~ handelen *act on one's instinct(s).*

instinken (inf.) **0.1** [in de val lopen] *fall for (it)* **0.2** [opgelicht worden] *be had* ◆ **3.1** iem. ergens laten ~ *take s.o. in* **6.2** zij is er **voor** ƒ300 ingestonken *she was had for Dfl300,-.*

instinker 0.1 *tricky question.*

institutionaliseren I ⟨onov.ww.⟩ **0.1** [worden tot een officiële instelling] *become institutionalized* ⇒*become an institution;* **II** ⟨ov.ww.⟩ **0.1** [tot een officiële instelling/formele regeling maken] *institutionalize.*

institutionalisering 0.1 *institutionalization.*

institutioneel 0.1 *institutional* ◆ **1.1** institutionele beleggers *i./corporate investors.*

instituut 0.1 [instelling] *institution* ⇒*institute* **0.2** [genootschap] *institute* ⇒*institution* **0.3** [instelling van onderwijs/verpleging] *institute* **0.4** [kostschool] *boarding school* ◆ **1.1** het ~ v.h. huwelijk *the institution of marriage* **1.2** het Koninklijk ~ van Ingenieurs *the Royal Institute of Engineers* **2.3** het biologisch ~ *the biological i.;* ⟨binnen universiteit⟩ *the biology department* **6.3** het ~ **voor** gehoorgestoorden *the i. for the deaf.*

instoppen 0.1 [induwen] *put in* ⇒⟨opvullen⟩ *stuff/cram in* **0.2** [toedekken] *tuck in* ⟨bed⟩ ⇒*wrap (up)* ⟨kleding⟩ ◆ **1.1** je moet er een gulden ~ *you have to put in/insert a guilder* **5.2** iem. lekker ~ *tuck s.o. in nice and warm.*

instorten I ⟨onov., ov.ww.⟩ **0.1** [met geweld (doen) instromen] *pour (into);* **II** ⟨onov.ww.⟩ **0.1** [neerstorten] *collapse* ⇒*fall/come down* ⟨gebouw, brug e.d.⟩, *cave in* ⟨kuil, oever⟩ **0.2** [een inzinking krijgen] *collapse* ⇒*break down* ◆ **1.1** ⟨fig.⟩ de huizenmarkt is ingestort *the housing market has collapsed;* haar hele wereld was ingestort *her whole world had collapsed* **1.2** de patiënt stortte weer in *the patient had/suffered a relapse* **6.1** de zaak staat **op** ~ *the business is about to collapse* **6.2 op** ~ staan *be about to collapse/to have a nervous breakdown.*

instorting 0.1 *collapse* ⟨gebouw⟩ ⇒*breakdown* ⟨ziekte⟩, *caving/cave-in* ⟨aarde, oever⟩.

instructeur, -trice 0.1 *instructor.*

instructie 0.1 [onderwijs] *instruction* **0.2** [aanwijzing] *instruction* ⇒*order* **0.3** [jur.] *preliminary inquiry/investigation* ◆ **1.3** de rechter van ~ *[B]the examining magistrate;* ⟨bij moordzaken⟩ *the coroner* **2.2** strenge ~s hebben *have strict orders* **3.2** iem. ~s geven *instruct s.o., give s.o. instructions/orders;* ik heb ~(s) om niemand binnen te laten *I have instructions/have been instructed to let no one in;* de ~s opvolgen *follow instructions, obey orders.*

instructieboekje 0.1 *workbook.*

instructief 0.1 *instructive* ⇒*informative, illuminating, educative.*

instrueren 0.1 [onderrichten; instructie(s) geven] *instruct* **0.2** [jur.] *prepare (for trial)* ◆ **1.1** de kinderen waren duidelijk goed geïnstrueerd *the children were obviously well-primed* **5.1** iem. verkeerd ~ *misdirect s.o.*

instrument 0.1 [apparaat] *instrument* **0.2** [(hulp)middel] *instrument* ⇒*tool,* ⟨fig.⟩ *agent* **0.3** [muziekinstrument] *(musical) instrument* ◆ **2.1** gevoelige ~en ⟨gevoelig voor invloeden⟩ *delicate instruments;* ⟨nauwkeurig⟩ *sensitive instruments* **2.2** een enquête is een bruikbaar ~ *a questionnaire is a useful tool* **3.1** ~en aflezen *read instruments/dials* **3.3** een ~ bespelen *play an i.*

instrumentaal 0.1 *instrumental* ◆ **1.1** een ~ nummer *an instrumental.*

instrumentalist ⟨muz.⟩ **0.1** *instrumentalist.*

instrumentarium 0.1 *(set of) instruments* ⇒⟨med.⟩ *instrumentarium.*

instrumentatie 0.1 [muz.] *instrumentation* ⇒*orchestration* **0.2** [tech.] *instrumentation.*

instrumenteren ⟨muz.⟩ **0.1** *instrument, orchestrate.*

373

instrumentmaker - interessegebied

instrumentmaker 0.1 *instrument maker.*

instuderen 0.1 *practise* ⇒*learn* ◆ 1.1 een muziekstuk ~ *p. a piece of music;* een rol ~ *learn a part.*

instuif 0.1 [fuif] *informal party/gathering* 0.2 [vorm van jeugdwerk] *open (youth) centre.*

instuiven 0.1 [naar binnen stuiven] *get in* ⟨bv. zand⟩ 0.2 [mbt. personen] *rush/dash in(to)* ◆ 1.2 zij stoof de kamer in *she rushed/dashed into the room.*

instulping 0.1 ⟨biol., med.⟩ *invagination; intussusception* ⟨van darm⟩.

insturen 0.1 [inzenden] *send in* ⇒*submit* 0.2 [naar binnen sturen] *steer into; sail into* ⟨schip⟩ 0.3 [zenden naar een plaats] *send into* ◆ 1.1 een formulier ~ *send in a form* 1.2 een schip de haven ~ *steer/sail a ship into the harbour* 1.3 iem. de dood ~ *send s.o. to his/her death;* een bericht de wereld ~ *launch a rumour.*

insubordinatie 0.1 *insubordination* ◆ 3.1 ~ plegen *commit (an act of) i.*

insuffen 0.1 *doze* ⇒*drowse* ◆ 6.1 ~ boven een boek *drowse over a book.*

insulair 0.1 *insular.*

insuline ⟨med.⟩ 0.1 *insulin.*

intact 0.1 *intact* ◆ 1.1 iets ~ laten *leave sth. i./as it is;* die oude molen is nog geheel ~ *that old mill is still in perfect condition.*

intake 0.1 *register* ◆ 3.1 de ~ doen *register a patient.*

intakegesprek 0.1 *exploratory interview.*

inteelt 0.1 *inbreeding.*

integendeel 0.1 *on the contrary* ◆ ¶.1 ik lui? ~! *me lazy? quite the contrary!*

integer 0.1 *upright* ⇒*honest.*

integraal[1] ⟨de⟩ 0.1 [wisk.] *integral* 0.2 [cc.]⟨±⟩ *Netherlands 2½% Government Inscribed Stock* ◆ 3.1 de ~ berekenen van *calculate the i. of, integrate.*

integraal[2] ⟨bn., bw.⟩ 0.1 *integral* ⇒*complete* ◆ 1.1 integrale betaling *payment in full;* een integrale uitvoering *a performance of the full work* 3.1 een tekst ~ uitgeven *publish a complete/unabridged edition of a text.*

integraalhelm 0.1 *regulation (crash-)helmet.*

integraalrekening ⟨wisk.⟩ 0.1 *integral calculus.*

integratie 0.1 *integration* ⟨ook ec.⟩ ◆ 1.1 de ~ van minderheden in de maatschappij *the i. of minority groups in society* 2.1 de Europese ~ *(the) European unification.*

integratiebeleid 0.1 *integration policy* ◆ 3.1 een actief ~ voeren *pursue an active i. p.*

integreren 0.1 ⟨ook wisk.⟩ *integrate* ◆ 1.1 ⟨ec.⟩ geïntegreerd bedrijf *integrated company;* een ~d (bestand)deel uitmaken van iets *be/form an integral part of sth.*

integriteit 0.1 *integrity* ◆ 3.1 zijn ~ bewaren *preserve/ maintain one's i.* ¶.1 iemands ~ in twijfel trekken *doubt s.o.'s integrity.*

intekenen I ⟨onov.ww.⟩ 0.1 [subscriberen] *subscribe* ⇒*sign up* ◆ 6.1 ~ op iets *s. to sth.;* ~ voor een som van ƒ100 *s./ put one's name down for Dfl100;* **II** ⟨ov.ww.⟩ 0.1 [inschrijven] *register* ⇒*enter* 0.2 [tekenend aanbrengen] *sketch/draw in;* ⟨op kaart⟩ *plot* ◆ 6.1 een aanstaand bruidspaar ~ in het register *±issue a marriage licence to a couple.*

intekenlijst 0.1 *signing-up list.*

intekenprijs 0.1 *subscription price.*

intellect 0.1 [(persoon mbt. zijn) verstand] *intellect* 0.2 [de intellectuelen] *intelligentsia* ⟨ww. ook mv.⟩.

intellectueel[1] ⟨de⟩ 0.1 [iem. met hoge ontwikkeling] *intellectual* 0.2 [mv.; intelligentsia] *intelligentsia* ⟨ww. ook mv.⟩.

intellectueel[2] ⟨bn., bw.⟩ 0.1 *intellectual* ◆ 1.1 intellectuele arbeid *brainwork;* intellectuele ontwikkeling *i./mental development;* intellectuele vorming *i. training/education* 2.1 ~ begaafd *intelligent, intellectually gifted.*

intelligent 0.1 *intelligent* ⇒*bright, wise* ⟨beslissing e.d.⟩ ◆ 1.1 een ~ gezicht *an i. face* 5.1 buitengewoon ~ *extremely bright.*

intelligentie 0.1 *intelligence* ◆ 2.1 kunstmatige ~ *artificial i.;* sociale ~ *social insight.*

intelligentiequotiënt 0.1 *intelligence quotient, IQ.*

intelligentietest, -onderzoek 0.1 *intelligence test.*

intelligentsia 0.1 *intelligentsia.*

intendant 0.1 [ambtenaar] *intendant* ⇒⟨paleis⟩ *house steward,* ⟨theater⟩ *manager* 0.2 [mil.] *quartermaster* ⇒ *supply officer.*

intens 0.1 *intense* ⇒*acute* ⟨zorgen⟩ ◆ 1.1 ~e afkeer *i./fierce dislike;* een ~ verlangen/plezier *an i. desire/joy* 2.1 ~ gelukkig/vervelend *intensely happy/annoying* 3.1 ~ genieten *enjoy immensely.*

intensief 0.1 *intensive* ◆ 1.1 een intensieve campagne *an i. campaign;* ~ contact onderhouden *keep in close contact;* ~ gebruik maken van iets *use sth. intensively;* intensieve veehouderij *factory farming.*

intensiteit 0.1 *intensity* ⇒*intenseness* ◆ 2.1 grote ~ *high intensity.*

intensive care ⟨med.⟩ 0.1 [verpleging] *intensive care* 0.2 [afdeling] *intensive care (unit), ICU* ◆ 6.1 op de ~ liggen *be in i. c.*

intensiveren 0.1 *intensify.*

intentie 0.1 *intention* ⇒*purpose* ◆ 3.1 de ~ hebben om *intend to* 6.1 ⟨r.-k.⟩ een mis opdragen tot zekere ~ *celebrate mass for a particular i.*

intentieverklaring 0.1 *declaration of intent.*

intentioneel 0.1 *intentional* ⇒⟨alleen pred.⟩ *on purpose.*

interactie 0.1 *interaction.*

interactief ⟨comp.⟩ 0.1 *interactive* ◆ 3.1 ~ werken *work interactively.*

interbellum 0.1 *interbellum period* ⇒*period between (two) wars.*

interceptie 0.1 *interception.*

intercitylijn 0.1 *intercity line.*

intercity(trein) 0.1 [2]*intercity train* ◆ 3.1 de ~ nemen *go by intercity (train).*

intercom 0.1 *intercom* ◆ 6.1 iets over de ~ omroepen *announce sth. over/on the i.*

intercontinentaal 0.1 *intercontinental.*

intercultureel 0.1 *intercultural.*

interdisciplinair 0.1 *interdisciplinary.*

interen 0.1 ⟨onov.ww.⟩ *eat into (one's capital);* ⟨ov.ww.⟩ *use up* ◆ 6.1 ~ op zijn spaargeld *eat into one's savings.*

interessant I ⟨bn., bw.⟩ 0.1 [boeiend] *interesting* ◆ 7.1 het ~e is … *the i. thing is …;* **II** ⟨bn.⟩ 0.1 [mbt. personen] *interesting* 0.2 [de indruk gevend van belangrijkheid] *important* ⇒*interesting* 0.3 [voordelig] *advantageous* ⇒*profitable* ◆ 3.2 ~ willen zijn *show off* 6.3 dit zaakje is niet ~ voor ons *this isn't a good/ profitable deal for us.*

interesse 0.1 *interest* ◆ 2.1 een brede ~ hebben *have wide interests* 3.1 allerlei/weinig ~ hebben *have many/few interests;* het heeft haar ~ niet *it does not interest her;* ~ tonen voor iem. *show i. in s.o.;* zijn ~ voor iets verliezen *lose i. (in sth.);* iemands ~ weten te wekken voor iets *arouse s.o.'s interest in sth.* 5.1 vol ~ zijn *be highly interested.*

interessegebied, -sfeer 0.1 *field/sphere of interest* ⇒*line*

◆ **6.1** dat valt **buiten/binnen** zijn ~ *that is out of/in his line.*

interesseren I ⟨ov.ww.⟩ **0.1** [nieuwsgierig maken] *interest* ◆ **4.1** het zal je misschien ~ te horen *...you may be interested to hear ..., it may i. you to hear ...;* wie het gedaan heeft interesseert me niet *I am not interested in who did it* **5.1** dat interesseert me niet ⟨ook⟩ *I don't care* **6.1** zij wist hem te ~ **voor** een avondje uit *she was able to i. him in a night out;* **II** ⟨wk.ww.; zich ~⟩ **0.1** [belangstelling tonen voor] *be interested* ⇒*interest o.s.* ◆ **4.1** zich voor iets gaan ~ *become interested in sth.*

interest 0.1 *interest* ◆ **3.1** ~ geven *yield i.* **6.1** ~ op ~ *(at) compound i.;* geld **op** ~ uitzetten *put out money at i.*

interfacultair 0.1 [mbt. een interfaculteit] *of/from the combined/joint faculty* **0.2** [mbt. faculteiten onderling] *interfaculty.*

interfaculteit 0.1 *combined/joined faculty* ◆ **1.1** de ~ van aardrijkskunde en prehistorie *the joint faculty of geography and prehistory.*

interferentie 0.1 *interference.*

interfereren 0.1 *interfere* ⇒*intervene.*

intergouvernementeel 0.1 *intergovernmental.*

interieur 0.1 [het inwendige] *interior* ⇒*inside* **0.2** [bk.] *interior* ◆ **2.1** een smakeloos ~ *a tasteless interior.*

interim I ⟨het⟩ **0.1** [tussentijd] *interim* **0.2** [AZN; tussentijds ambt] *temporary job/post* ◆ ¶.1 minister ad ~ *interim minister;* de directeur ad ~ *the acting manager;* **II** ⟨de⟩ **0.1** [tijdelijke werkkracht] *temporary (employee).*

interimaandeel ⟨hand.⟩ **0.1** *scrip.*

interimadvies 0.1 *interim advice.*

interimbestuur 0.1 *interim government.*

interimdividend ⟨hand.⟩ **0.1** *interim dividend.*

interimrapport 0.1 *interim report.*

interimregering 0.1 *caretaker/interim/provisional government.*

interkerkelijk 0.1 *interdenominational* ◆ **1.1** het Interkerkelijk Vredesberaad (IKV) *the Interdenominational Peace Council/Forum.*

interland, interlandwedstrijd ⟨sport⟩ **0.1** *international (match)* ⇒*test match* ⟨cricket⟩ ◆ **3.1** zijn eerste ~ spelen *play one's first international match;* ⟨vnl. voetbal⟩ *receive one's first cap* **7.1** tien ~ s op zijn naam hebben staan ⟨vnl. voetbal⟩ *have ten caps, have been capped ten times.*

interlinie ⟨druk.⟩ **0.1** [metalen plaatje] *lead* **0.2** [ruimte tussen opeenvolgende regels] *spacing* ◆ **6.2** zonder ~ typen *type in single s., single-space.*

interliniëren 0.1 *leave spaces/spacing in* ⇒⟨druk.⟩ *lead (matter).*

interlokaal 0.1 ⟨mbt. telefoongesprekken⟩ *trunk* ◆ **1.1** een ~ gesprek *a t./long-distance call.*

intermediair 0.1 ⟨zn. en bn.⟩ *intermediary* ◆ **1.1** ~ onderwijs *remedial teaching.*

intermezzo 0.1 *intermezzo* ⇒⟨fig.⟩ *interlude.*

intern 0.1 [inwonend] *resident* **0.2** [mbt. een staat, organisatie] *internal* ⇒*domestic* **0.3** [mbt. het lichaam] *internal* ◆ **1.1** ~ e leerlingen *boarders;* ~ e patiënten *in-patients* **1.2** ~ e aangelegenheden *i./domestic affairs;* uitsluitend voor ~ gebruik *for private use only, confidential* **1.3** ~ e geneeskunde *i. medicine* **3.1** ⟨school.⟩ was je daar ~? *were you a boarder?* **6.3 op** (de afdeling) ~ e (geneeskunde) liggen *be in the i. medicine ward.*

internaat 0.1 *boarding school.*

internationaal 0.1 *international* ◆ **1.1** een discussie op ~ niveau voeren *carry on a discussion at an i. level;* het ~

verkeer/privaatrecht *i. traffic/civil law* **3.1** ~ werken *operate internationally/on an i. basis.*

international 0.1 [hand.; aandeel] *international (stock)* **0.2** [hand.; concern] *international/multinational company.*

Internationale 0.1 *International.*

internationaliseren 0.1 *internationalize.*

internationalisering 0.1 *internationalization.*

internationalisme 0.1 *internationalism* ◆ **1.1** aanhanger v.h. ~ *internationalist.*

interneren 0.1 *intern.*

internering 0.1 *internment.*

interneringskamp 0.1 *internment camp.*

internetten 0.1 *surf the Net.*

internist 0.1 *internist.*

interpellatie 0.1 *interpellation* ⇒⟨in GB⟩ *questioning* ◆ **1.1** ⟨pol.⟩ recht van ~ *right of i.*

interpelleren 0.1 [zich met een interpellatie richten tot] *interpellate* ⇒⟨in GB⟩ *question* **0.2** [om opheldering vragen] *demand an explanation from.*

interplanetair 0.1 *interplanetary.*

interpolatie 0.1 ⟨ook wisk.⟩ *interpolation.*

interpoleren 0.1 *interpolate* ⇒*insert.*

interpretatie 0.1 [uitlegging] *interpretation* ⇒*reading,* ⟨explicatie⟩ *explication* **0.2** [vertolking] *interpretation* ◆ **2.1** foute/verkeerde ~ *misinterpretation* **3.1** zijn eigen ~ aan iets geven *put one's own i. on sth.*

interpreteren 0.1 *interpret* ◆ **1.1** een muziekstuk ~ *i. a piece of music;* hoe zou jij deze passage ~? *how would you i. this passage?*

interpunctie 0.1 *punctuation* ◆ **3.1** ~ aanbrengen in een tekst *punctuate a text.*

interregnum 0.1 *interregnum.*

interrumperen 0.1 *interrupt* ◆ **6.1** ~ met lastige vragen ⟨ook⟩ *heckle.*

interruptie 0.1 *interruption.*

interval 0.1 ⟨ook muz.⟩ *interval.*

intervaltraining 0.1 *interval training.*

interveniëren 0.1 *intervene.*

interventie 0.1 *intervention* ◆ **6.1** de Russische ~ in Afghanistan *the Russian i. in Afghanistan.*

interview 0.1 *interview* ◆ **3.1** iem. een ~ afnemen *interview s.o.;* een ~ (weg)geven *give an i.*

interviewen 0.1 *interview.*

interviewer, -viewster 0.1 *interviewer.*

intiem 0.1 [persoonlijk, zeer vertrouwelijk] *intimate* **0.2** [seksueel] *intimate* **0.3** [gezellig, knus] *cosy* ◆ **1.1** haar ~ ste gedachten *her most i. thoughts;* een ~ gesprek *an i. conversation;* in ~ e kring *with one's closest friends* **3.1** zij gaan nogal ~ met elkaar om *they are on quite i. terms (with one another)* **6.2** ~ zijn met iem. *be i. with s.o.*

intikken 0.1 [inslaan] *smash, break* ⟨ruit⟩ **0.2** [intypen] *type in* **0.3** [intoetsen] *key in* ⇒*ring up* ⟨kassa⟩ **0.4** [naar binnen plaatsen, deponeren in] *tap in(to)* ◆ **1.4** ⟨sport⟩ de bal (het doel) ~ *flick the ball in(to the net)/home.*

intimidatie 0.1 *intimidation.*

intimideren 0.1 *intimidate* ◆ **3.1** zich niet laten ~ door iem. *refuse to be intimidated by s.o.*

intimiteit 0.1 [het intiem zijn] *intimacy* ⇒*familiarity* **0.2** [vrijpostige handeling] *intimacy* ⇒⟨ongewenst⟩ *liberty* **0.3** [mv.; vertrouwelijke mededelingen] *intimacies* **0.4** [vertrouwde sfeer] *intimacy* ⇒*cosiness* ◆ **2.2** ongewenste ~ en *sexual harassment* **3.2** zich ~ en veroorloven *take liberties.*

intocht 0.1 *entry* ◆ **3.1** zijn ~ houden *make one's e. into.*

intoetsen ⟨comp.⟩ **0.1** *key in* ⇒*enter.*

intolerant 0.1 *intolerant* ♦ **6.1** ~ **tegenover** buitenlanders *i. of foreigners.*

intomen 0.1 [van personen/emoties] *curb, restrain, check* **0.2** [mbt. rij/trekdier] *curb, rein in, check, restrain* ♦ **1.1** zijn geestdrift ~ *curb one's enthusiasm.*

intonatie 0.1 [stembuiging] *intonation* **0.2** [muz.; het juist stemmen] *tuning.*

intoneren 0.1 [een bep. stembuiging volgen] *intone* **0.2** [muz.; juist stemmen] *tune.*

intoxicatie 0.1 [vergiftiging] *poisoning* **0.2** [bedwelming] *intoxication.*

intramuraal 0.1 *intramural* ♦ **1.1** intramurale gezondheidszorg ±*hospital health care.*

intramusculair 0.1 *intramuscular.*

intransitief ⟨taal.⟩ **0.1** [zn., bn., bw.] *intransitive* ♦ **1.1** een ~ werkwoord *an i. verb.*

intrappen 0.1 [trappend breken/forceren] *kick in/down* **0.2** [door trappen ergens in brengen] *kick in(to)* **0.3** [inlopen/stampen] *tread in* ⟨kruimels, aarde⟩ ⇒⟨aarde ook⟩ *tread/stamp/trample down* ♦ **1.1** de deur ~ *kick the door in/down.*

intraveneus 0.1 *intravenous* ♦ **3.1** ~ inspuiten *inject intravenously.*

intrede 0.1 [binnenkomst] *entry* ⇒⟨opneming⟩ *reception* **0.2** [ambtsaanvaarding] *inauguration* **0.3** [het in gebruik komen] *appearance* ⇒*advent* **0.4** [aanvang] *commencement* ⇒*coming* **0.5** [debuut] *entry* ⇒*entrée* ♦ **3.2** zijn ~ doen *take up office* ⟨ambtenaar⟩; *deliver one's inaugural lecture* ⟨professor⟩; *preach one's first sermon* ⟨dominee⟩ **3.3** voordat de fiets zijn ~ deed *before the advent of the bicycle* **3.4** zijn ~ doen ⟨van winter enz.⟩ *set in* **3.5** zijn ~ doen in de wereld der grote cineasten *make one's entry as one of the great film-makers.*

intreden 0.1 [binnengaan in/door] *enter (upon/into)* **0.2** [in een orde treden] *enter a convent/order/monastery* **0.3** [mbt. tijdruimten] *set in* ⇒*begin, commence* **0.4** [mbt. toestanden] *set in* ⇒*occur, take effect* ♦ **1.1** ⟨fig.⟩ de maatschappij ~ *enter into society* **1.4** de dood trad spoedig in *death occurred soon afterwards.*

intreegeld 0.1 *admission (fee)* ⇒*entrance fee.*

intrek 0.1 *residence* ♦ **3.1** bij iem. zijn ~ nemen *move in with s.o.*

intrekbaar 0.1 *retractable* ⟨landingsgestel, antenne⟩; *retractile* ⟨kattennagels⟩; *withdrawable, revocable* ⟨vergunning⟩.

intrekken I ⟨onov.ww.⟩ **0.1** [gaan inwonen (bij)] *move in (with)* **0.2** [binnentrekken] *enter* ⇒*move/march into* **0.3** [opgezogen worden door] *be absorbed* ⇒*soak in* **0.4** [krimpen] *shrink* ♦ **1.1** een klooster ~ *enter a convent* **1.2** de betogers trokken de binnenstad in *the demonstrators marched into the city centre* **1.3** de verf moet nog ~ *the paint must soak in first* **6.1** bij zijn vriendin ~ *move in with one's girlfriend;*
II ⟨ov.ww.⟩ **0.1** [achteruit/naar binnen brengen] *draw in/ up* ⇒*retract* **0.2** [terugnemen, afschaffen] *withdraw* ⇒ *cancel* ⟨opdracht⟩, *abolish* ⟨rechten⟩, *drop* ⟨aanklacht⟩, *repeal* ⟨wet⟩ **0.3** [mil.] *withdraw* **0.4** [(vocht) in zich opnemen] *soak up, absorb* ♦ **1.1** zijn benen/de voelhoorns ~ *draw up one's legs; draw in its feelers;* een touw ~ *pull/ haul in a rope* **1.2** een belofte ~ *go back on a promise;* een benoeming (weer) ~ *cancel an appointment;* een toelage ~ *discontinue an allowance;* een vergunning tijdelijk ~ *w./ suspend a licence;* een verlof ~ *cancel leave;* een wetsvoorstel ~ *w. a bill;* zijn woorden ~ *take back one's words;* ⟨inf.⟩ *eat one's words.*

---

intrekking 0.1 [herroeping, afschaffing] *withdrawal* ⟨plan⟩ ⇒*abolition* ⟨bv. doodstraf⟩, *cancellation* ⟨afspraak⟩, *repeal* ⟨wet⟩ **0.2** [inzuiging] *absorption* **0.3** [samentrekking] *retraction.*

intrigant, -ante 0.1 *intriguer* ⇒*intrigant* ⟨m.⟩, *intrigante* ⟨v.⟩.

intrige 0.1 [complot] *intrigue* **0.2** [verwikkeling, plot] *plot.*

intrigeren 0.1 [konkelen, samenzweren] *plot* ⇒*scheme* **0.2** [boeien] *intrigue* ⇒*fascinate* ♦ **1.1** een ~d persoon *a scheming person* **4.2** dat gedicht intrigeert mij *that poem intrigues me.*

intrinsiek 0.1 *intrinsic* ⇒*inherent* ♦ **1.1** de ~e waarde (van munten) *the intrinsic value (of coins).*

intro 0.1 *intro.*

introducé, -ducee 0.1 *guest* ⇒*friend* ♦ **1.1** avond voor ~s *g. night.*

introduceren 0.1 [inleiden, voorstellen] *introduce* ⇒⟨in vereniging⟩ *induct,* ⟨in vereniging⟩ *initiate* **0.2** [invoeren] *introduce* ⇒⟨geleidelijk⟩ *phase in* ♦ **1.2** een artikel ~ *write an introduction to an article* **6.1** iem. ~ **bij** de vereniging *present s.o. to the society.*

introductie 0.1 [bemiddeling] *introduction* ⇒*presentation* **0.2** [middel] *introduction* ⇒*letter of introduction/recommendation* **0.3** [muz.] *introduction* **0.4** [het in zwang/op de markt brengen] *introduction* ⇒*launching* **0.5** [geldw.] *introduction* ⇒⟨nieuw aandeel⟩ *new listing* ♦ **3.2** deze actrice behoeft geen (nadere) ~ *this actress needs no further i.;* iem. een ~ meegeven *give s.o. a letter of introduction.*

introductiedag 0.1 *orientation day.*

introductieprijs 0.1 *introductory price.*

introductieweek 0.1 *orientation week.*

introspectie 0.1 *introspection.*

introuwen 0.1 *move in with (s.o.) (after one's wedding)* ♦ **6.1** de jongelui trouwen **bij** ons in *the newlyweds are moving in with us.*

introvert¹ ⟨de⟩ **0.1** *introvert.*

introvert² ⟨bn.⟩ **0.1** *introverted.*

intrusie ⟨vnl. geol.⟩ **0.1** *intrusion.*

intuïmen ⟨inf.⟩ **0.1** *go/fall for* ♦ **5.1** er/ergens ~ *fall for it/ sth.*

intuïtie 0.1 *intuition* ⇒*instinct* ♦ **3.1** op zijn ~ afgaan *act on one's intuition* **6.1** bij ~ wist hij wat hij moest doen *he knew instinctively what to do.*

intuïtief 0.1 *intuitive* ⇒*instinctive* ♦ **3.1** ~ aanvoelen *know intuitively* **5.1** ~ juist reageren *do the right thing instinctively.*

intussen 0.1 [inmiddels] *meanwhile* ⇒*in the meantime* **0.2** [desondanks] *nevertheless* ⇒*yet* ♦ **3.1** het eten was ~ koud geworden *m. the dinner had gone cold* ¶**.2** het vriest, maar ~ loopt zij nog zonder jas! *it's freezing, and yet she's walking about without a coat.*

intypen 0.1 *type in, enter.*

inundatie 0.1 [het onder water zetten] *inundation* ⇒*flooding* **0.2** [terrein] *flooded area* **0.3** [water] *flood water.*

inval 0.1 [invasie] *raid* ⇒*invasion* **0.2** [ingeving, idee] *(bright) idea* **0.3** [(plotseling) begin] *setting in* ⟨vorst, dooi⟩ ♦ **2.2** een gezellige/geniale ~ *a flash of wit; a brainwave* **2.¶** het lijkt daar wel de zoete ~ *it's always open house there* **3.1** een ~ doen in *raid* ⟨gebouw⟩; *invade* ⟨land⟩.

invalide¹ ⟨de⟩ **0.1** *invalid* ⇒*disabled/handicapped person,* ⟨mv.⟩ *disabled* ♦ **2.1** een blijvend ~ *a chronic i.*

invalide² ⟨bn.⟩ **0.1** [gehandicapt] *invalid* ⇒*handicapped, disabled* ⟨ihb. soldaten en arbeiders⟩ **0.2** [jur.] *invalid* ⇒ *null (and void)* ♦ **2.1** gedeeltelijk ~ *partially disabled.*

invalidenwagentje 0.1 *invalid chair* ⇒*wheelchair.*

invaliditeit 0.1 [het invalide zijn] *invalidity* ⇒*disablement* **0.2** [arbeidsongeschiktheid] *incapacity (for work)* ⇒*disablement* **0.3** [jur.] *invalidity.*

invaliditeitsuitkering 0.1 *disablement benefit.*

invallen 0.1 [naar binnen vallen, in iets vallen] *enter* ⇒ *drop/fall in(to)* **0.2** [binnenvallen] *raid* ⇒*invade* **0.3** [(plotseling) beginnen] *set in* ⟨vorst, lente⟩ ⇒*fall* ⟨stilte, nacht⟩, *close in* ⟨nacht, winter⟩ **0.4** [vervangen] *stand in (for)* ⇒*(act as a) substitute (for)* **0.5** [te binnen schieten] *occur to* **0.6** [in de rede vallen] *interrupt* **0.7** [muz.] *join in* **0.8** [instorten, inzakken] *fall/come down* ⇒*collapse* ◆ **1.3** de dooi is ingevallen *it has started to thaw;* bij het ~ v.d. nacht *at nightfall* **1.8** ingevallen wangen *hollow/ sunken cheeks* **6.4** voor de keeper ~ *stand in for the goalkeeper.*

invaller, -valster 0.1 [plaatsvervanger]⟨ook sport⟩ *substitute* ⇒*replacement* **0.2** [iem. die een inval doet] *invader* ⇒ *raider.*

invalshoek 0.1 [hoek van inval]⟨van licht⟩ *angle of incidence;* ⟨van projectiel⟩ *angle/line of descent* **0.2** [gezichtshoek] *(line of) approach* ⇒*point of view* ◆ **2.2** dit onderzoek heeft een brede ~ *this research has a wide angle/scope.*

invalsweg 0.1 [grote straat die aansluit op een rijksweg] *approach road* **0.2** [bij een inval gevolgde weg] *invasion route.*

invasie 0.1 [vijandelijke inval] *invasion* ⇒*raid* **0.2** [massale intocht] *invasion* ⇒*flood* ◆ **1.2** een ~ van toeristen *a tourist i.*

inventaris 0.1 [lijst van aanwezige voorwerpen] *inventory* ⇒*list (of contents)* **0.2** [hand.] *inventory* ⇒*statement of assets and liabilities* **0.3** [jur.; lijst van dossierstukken] *bordereau* **0.4** [aanwezige voorwerpen / goederen] *stock (in trade)* ⇒*inventory,* ⟨van gebouw⟩*fittings,* ⟨van huis⟩ *furniture* ◆ **3.2** de ~ opmaken ⟨ook fig.⟩ *take stock;* de ~ opmaken van iets ⟨ook⟩ *inventory sth.;* jaarlijks de ~ opmaken *do annual stock-taking, do an annual stocktake;* de ~ opmaken v.e. archief *calendar archives.*

inventarisatie 0.1 ⟨ook fig.⟩ *stock-taking* ⇒*making/drawing up an inventory.*

inventariseren 0.1 [inventaris opmaken van] *(make an) inventory* ⇒*take stock (of), draw up a statement of assets and liabilities* **0.2** [lijst opmaken van wat men aantreft] *list* ⇒*inventory* ◆ **1.2** de problemen ~ *l. the problems.*

inventief 0.1 *inventive* ⇒*ingenious.*

inventiviteit 0.1 *inventiveness* ⇒*ingenuity.*

inversie 0.1 *inversion* ⟨ook taal., muz., wisk., schei.⟩.

inverzekeringstelling 0.1 *(taking into) custody.*

investeerder 0.1 *investor.*

investeren 0.1 *invest* ⟨ook fig.⟩ ◆ **6.1** geld in een onderneming ~ *i. money in a business (venture);* tijd ~ in iets *i. time in sth.*

investering 0.1 [handeling] *investing* ⇒*investment* **0.2** [wat geïnvesteerd wordt / is] *investment.*

investeringsbank 0.1 *investment bank.*

investeringsklimaat 0.1 *climate for investment.*

investeringskosten 0.1 ⟨in bedrijf⟩ *capital outlay.*

invetten 0.1 *grease.*

invitatie 0.1 *invitation.*

inviteren 0.1 *invite* ◆ **6.1** we waren geïnviteerd **voor** het diner *we were invited to dinner* **6.**¶ **op** iets ~ *angle for sth.*

in-vitrofertilisatie 0.1 *in vitro fertilization.*

invliegen I ⟨onov.ww.⟩ **0.1** [zich vliegend begeven in/naar] *fly into* ◆ **1.1** de dampkring ~ *enter the earth's atmosphere* **5.**¶ er ~ *be had/fooled;*

II ⟨ov.ww.⟩ **0.1** [testen] *test-fly* ⇒⟨de eerste kilometers maken met⟩ *break in.*

invlieger 0.1 *test pilot.*

invloed 0.1 *influence* ⟨ook nat.⟩ ◆ **2.1** een goede / verkeerde ~ hebben *have a good/bad i.;* grote ~ hebben op *carry much weight with;* dit beleid heeft grote ~ op de resultaten *this policy strongly influences the results* **3.1** zijn ~ laten gelden / aanwenden *exert/use one's i.;* weinig / geen ~ ondervinden van *be hardly affected/unaffected by;* ~ uitoefenen op iem. *influence s.o.* **6.1** ⟨pregn.⟩ rijden **onder** ~ *drive under the i.;* **onder** de ~ **van** *under the i. of;* onder iemands ~ staan *be influenced by s.o.;* een man **van** ~ *an influential man.*

invloedrijk 0.1 *influential* ◆ **1.1** een ~ man *an i. man, a man of influence.*

invocatie 0.1 *invocation.*

invoegen I ⟨ov.ww.⟩ **0.1** [inlassen] *insert (into)* **0.2** [mbt. metselwerk] *point* **0.3** [met een voeg verbinden] *join* ⟨planken⟩ ◆ **6.1** tussen de regels ~ *i. between the lines;* **II** ⟨onov.ww.⟩ **0.1** [verkeer] *join the traffic* ⇒*filter in,* ⟨op verkeersborden⟩ *merge* ◆ **5.1** gevaarlijk ~ *cut in.*

invoegstrook 0.1 *acceleration lane* ⇒⟨BE oneig. ook⟩ *slip road.*

invoelbaar 0.1 *understandable.*

invoelen 0.1 *feel.*

invoer 0.1 [het invoeren] *import* **0.2** [goederen] *imports* **0.3** [comp.] *input.*

invoerbelasting 0.1 *import duty.*

invoerbeperking 0.1 *import restriction.*

invoeren 0.1 [importeren] *import* **0.2** [instellen; introduceren] *introduce* **0.3** [meestal tech.; ergens inbrengen] *introduce* ⇒*feed in(to), lead in,* ⟨comp.⟩ *enter, input (to), read in(to)* ⟨van band / schijf naar computer⟩ **0.4** [ten tonele voeren] *present* ◆ **1.2** een wet ~ *i. a law* **1.3** koude lucht ~ *introduce cold air;* de stroom / een draad ~ *lead electricity/a wire in* **5.2** geleidelijk ~ *phase in* **6.3** papier **in** een kopieermachine ~ *feed paper into a copier.*

invoerhandel 0.1 *import trade.*

invoerheffing 0.1 *levy on imports.*

invoering 0.1 [het in werking stellen; introductie; het inbrengen] *introduction* ⇒⟨comp.⟩ *input* **0.2** [het importeren] *import(ation).*

invoerrecht 0.1 *import duty* ◆ **2.1** vrij van ~ en *duty-free.*

invoertarief 0.1 *import tariff/duty.*

invoerverbod 0.1 *import ban.*

invoervergunning 0.1 *import licence/permit.*

invorderbaar 0.1 *collectable* ⇒⟨jur.⟩ *recoverable,* ⟨belasting ook⟩ *leviable.*

invorderen 0.1 [betaling eisen van] *demand payment of* ⇒ *claim (payment of)* **0.2** [innen] *collect* ⇒⟨jur.⟩ *recover,* ⟨belasting ook⟩ *levy.*

invordering 0.1 *collection* ⇒⟨jur.⟩ *recovery,* ⟨belasting ook⟩ *levy.*

invorderingskosten 0.1 *collection charges.*

invreten I ⟨onov.ww.⟩ **0.1** [inbijten] *corrode* ⇒⟨zuren ook⟩ *bite, erode* ⟨land⟩, ⟨ook fig.⟩ *gnaw (at)* ◆ **1.1** roest vreet in *rust corrodes/is corrosive;* **II** ⟨ov.ww.⟩ **0.1** [door zijn inwerking verteren] *eat away, eat into* ⇒⟨zuur ook⟩ *bite into* ◆ **1.1** ingevreten ijzerwerk *corroded/rusty ironwork.*

invriezen I ⟨onov.ww.⟩ **0.1** [in een vaarwater vast komen te zitten] *be frozen in/up* ◆ **3.1** wij zijn ingevroren *we're frozen in;* **II** ⟨ov.ww.⟩ **0.1** [mbt. conserveren] *freeze* ◆ **5.1** kun je aardbeien goed ~? *do strawberries f. well?*

invrijheidstelling 0.1 *release.*

invullen 0.1 [wat ontbreekt erbij schrijven] *fill in* ⇒*mark* ⟨stembiljet⟩ **0.2** [(een leeg vlak) vullen] *fill up* ⇒⟨fig.; van beleid, plan⟩ *flesh out* **0.3** [voegen] *point* ◆ **1.1** belastingbiljetten ~ *fill in tax returns;* hij vulde de naam 'Jansen' in *he put himself down as 'Jansen'* **5.1** vul maar in ⟨fig.⟩ *and so on/forth.*

invulling 0.1 [het invullen] *filling-in* **0.2** [interpretatie] *interpretation* ◆ **3.2** een geheel eigen ~ geven aan een opdracht *give a task a highly personal i.*

invuloefening 0.1 *blanks exercise.*

inwaaien I ⟨onov.ww.⟩ **0.1** [stukwaaien] *be blown in* ◆ **1.1** de ruiten zijn ingewaaid *the windows were blown in;* **II** ⟨onpers.ww.⟩ **0.1** [mbt. de wind] *blow in* ◆ **5.1** het waait hier nogal in *quite a draught comes in here.*

inwaarts I ⟨bn.⟩ **0.1** [naar binnen gericht] *inward;* **II** ⟨bw.⟩ **0.1** [naar binnen] *inward(s).*

inweken 0.1 *soak* ◆ **3.1** de was laten ~ *s. the washing.*

inwendig 0.1 *internal* ⇒*inner,* ⟨in zichzelf⟩ *inside* ◆ **1.1** ⟨nat.⟩ ~e energie *latent energy;* ~e kneuzingen *internal bruising;* ⟨scherts.⟩ de ~e mens versterken *fortify the inner man/*⟨zeldz.⟩ *woman;* ~e wrok koesteren *bear a grudge deep down* **1.¶** ⟨taal.⟩ ~ voorwerp *cognate object* **3.1** ~ moest ik lachen *I had to laugh to myself.*

inwerken I ⟨ov.ww.⟩ **0.1** [in een materie thuis laten worden] *break in* **0.2** [indrukken, indrijven] *work in(to)* **0.3** [aanbrengen in] *work in(to)* ⇒*fit/piece in(to)* ◆ **1.2** een paal ~ in de harde grond *drive a pile into the hard ground* **1.3** ingewerkte motieven *inwrought patterns* **6.1** hij is (in die functie) nog niet ingewerkt *he hasn't settled in(to that job) yet;* **II** ⟨onov.ww.⟩ **0.1** [+ op; (uit)werking hebben op] *act on* ⇒ *affect, corrode* ⟨zuur⟩ ◆ **6.1** een film op zich laten ~ *let a film sink in;* op elkaar ~ *interact;* ongunstig ~ op *affect unfavourably.*

inwerking 0.1 *action* ⇒*effect* ◆ **6.1** de ~ van het ene op het andere *the effect of one on the other.*

inwerkingtreding 0.1 *coming into force/operation* ⇒*taking effect* ◆ **1.1** de datum van ~ *the date of commencement.*

inwerktijd, inwerkperiode 0.1 *training period.*

inwerpen I ⟨ov.ww.⟩ **0.1** [ingooien, stukgooien] *break* ⇒ *smash* **0.2** [naar binnen werpen] *throw in* ⇒*insert* ⟨munt in automaat⟩ **0.3** [+ tegen; inbrengen tegen] *raise an objection (to)* ◆ **6.3** hier is niets tegen in te werpen *there is nothing to be said against this;* **II** ⟨onov., ov.ww.⟩ **0.1** [sport] *throw in.*

inweven 0.1 *weave in(to)* ⟨ook fig.⟩ ◆ **1.1** bloemen ~ *weave in flowers* **6.1** anekdotes in zijn rede ~ *weave/work anecdotes into one's speech.*

inwijden 0.1 [plechtig in gebruik nemen] *inaugurate* ⇒*dedicate, consecrate* ⟨kerk⟩ **0.2** [deelgenoot maken] *initiate* ◆ **1.1** een huis ~ *give a house-warming (party)* **6.2** iem. ~ in de kunst van iets *initiate s.o. into the art of sth.;* iem.~ in een geheim *let s.o. into a secret.*

inwijding 0.1 [plechtige ingebruikneming] *inauguration* ⇒ *dedication, consecration* ⟨kerk⟩ **0.2** [mbt. personen] *initiation.*

inwijdingsfeest 0.1 *inauguration* ⇒*consecratory ceremony* ⟨kerk⟩, *housewarming* ⟨huis in gebruik nemen⟩, *initiation party* ⟨personen⟩.

inwijdingsrede 0.1 *inaugural address.*

inwikkelen 0.1 *wrap (up).*

inwilligen 0.1 *grant* ⇒*comply with* ◆ **1.1** hij heeft mijn verzoek ingewilligd *he has granted my request.*

---

invrijheidstelling - inzet

inwinnen 0.1 *obtain* ⇒*gather* ◆ **1.1** het advies ~ van *o./ seek the advice of;* ik zal informatie ~ *I shall gather information.*

inwisselbaar 0.1 *exchangeable* ⇒⟨cheques/waardepapieren ook⟩ *convertible, redeemable* ⟨coupons⟩.

inwisselen 0.1 *exchange* ⇒*convert* ⟨in goud/dollars⟩, *cash* ⟨cheque⟩, *change* ⟨valuta⟩, *redeem* ⟨coupons⟩ ◆ **6.1** ~ voor/tegen *e. for, change into.*

inwonen 0.1 *live* ⇒*live in* ⟨bediende, stagiair(e)⟩ ◆ **1.1** de man woonde al jaren in *the man had been a lodger for years* **6.1** bij zijn ouders ~ *live with one's parents.*

inwonend 0.1 [in een huis] *resident* ⇒*living in* ⟨bediende⟩, *living as a member of the household* **0.2** [in een gebied] *resident* ◆ **1.1** ~ arts *r. (doctor);* ~e kinderen *children living at home.*

inwoner 0.1 *inhabitant* ⇒*resident.*

inwonertal, inwoneraantal 0.1 *population.*

inworp 0.1 [handeling] *throwing in* ⇒*insertion* ⟨geld in automaat⟩ **0.2** [wat ingeworpen wordt] *money inserted* ⟨geld in automaat⟩ **0.3** [sport] *throw-in* ◆ **3.2** de ~ is drie gulden *insert three guilders.*

inwrijven 0.1 [in/op/aanbrengen] *rub in(to)* **0.2** [hevig verwijten] *rub in(to)* ◆ **4.2** dat zal ik hem eens ~ *I'll rub his nose in it* **6.1** een vloer met was ~ *wax a floor.*

inzaaien 0.1 [uitzaaien] *sow* **0.2** [met iets bezaaien] *sow* ⇒ *seed* **0.3** [tussen ander gewas zaaien] *sow (sth.) between (sth.)* ◆ **1.2** een gazon ~ *seed a lawn* **6.2** met gras ~ *sow grass on.*

inzage 0.1 *inspection* ⇒*perusal* ◆ **3.1** ~ vragen *demand access, ask leave to inspect* **6.1** een boek ter ~ ontvangen *receive a book on approval;* **ter** ~ *for i.;* de notulen liggen **ter** ~ *the minutes are available (for perusal);* een exemplaar **ter** ~ *an i. copy.*

inzake 0.1 *concerning* ⇒*with regard to* ◆ **1.1** ~ uw verdere opmerkingen, verwijzen wij u naar ... *as far as your other remarks are concerned, we refer you to ...;* zijn standpunt ~ het racisme *his attitude towards racism.*

inzakken 0.1 [door zijn gewicht dringen in] *sag* ⇒*settle* **0.2** [invallen] *collapse* ⇒*give way* ⟨vloer, grond⟩ **0.3** [hand.] *collapse* ⇒*slump* **0.4** [mbt. personen] *relapse* ◆ **1.2** de grond zakte onder ons in *the ground gave away beneath us.*

inzamelen 0.1 [ophalen, collecteren] *collect* ⇒⟨geld ook⟩ *raise* **0.2** [oogsten, vergaren] *gather (in)* ◆ **1.1** geld ~ (voor) *raise money/funds (for);* ⟨op kleine schaal⟩ *pass round the hat (for)* **1.2** honing ~ *collect honey.*

inzameling 0.1 *collection* ⇒*(in)gathering* ⟨oogst⟩ ◆ **3.1** een ~ houden *make a c.;* ⟨op kleine schaal⟩ *pass round the hat.*

inzamelingsactie 0.1 *collection* ⇒⟨geld vnl.⟩ *(fund-raising) drive.*

inzegenen 0.1 *consecrate* ⇒⟨kerkgebouw ook⟩ *dedicate, solemnize* ⟨huwelijk⟩, *celebrate* ⟨huwelijk⟩.

inzegening 0.1 *consecration* ⇒⟨kerkgebouw ook⟩ *dedication, solemnization* ⟨huwelijk⟩, *celebration* ⟨huwelijk⟩.

inzenden 0.1 [binnen een ruimte/plaats zenden] *send in(to)* **0.2** [insturen, indienen] *send in* ⇒*submit, contribute* ⟨stuk in krant⟩ ◆ **1.1** iem. de wereld ~ *send s.o. out into the world* **6.2** goederen ~ **voor** een tentoonstelling *send in goods for an exhibition.*

inzending 0.1 [handeling] *submission* ⇒*contribution* ⟨stuk in krant⟩ **0.2** [het ingezondene] *entry; contribution;* ⟨op tentoonstelling⟩ *exhibit.*

inzepen 0.1 *soap;* ⟨bij scheren⟩ *lather* ◆ **4.1** we zullen hem even ~ ⟨fig.⟩ *we'll rub his face in the snow.*

inzet 0.1 [inspanning] *effort* **0.2** [tekening, foto] *inset* **0.3**

[spel; inleg] *stake* ⇒*bet* **0.4** [dat wat op het spel staat, waar het om gaat]⟨zie 3.4, 6.4⟩ **0.5** [eerste bod]⟨gevraagd⟩ *starting price;* ⟨gedaan⟩ *opening bid* **0.6** [muz.] *attack* ⇒ *entry* ◆ **2.1** geheel door eigen ~ *entirely by one's own efforts;* de spelers vochten met enorme ~ *the players gave it all they'd got* **3.3** de ~ verhogen *raise the stakes* **3.4** zijn ~ verliezen *lose everything that was at stake;* ontwapening werd de ~ v.d. verkiezing *disarmament became the main issue in the elections* **6.4** met ~ van alles *staking everything.*

inzetbaar 0.1 *usable* ⇒⟨beschikbaar⟩ *available* ◆ **3.1** op verschillende fronten ~ zijn *be versatile.*

inzetbaarheid 0.1 *availability* ⇒*usability.*

inzetten I ⟨ov.ww.⟩ **0.1** [aanbrengen in/tussen] *put in* ⇒*set* ⟨edelsteen⟩ **0.2** [beginnen te doen] *start* ⇒*launch* **0.3** [in actie laten komen] *bring into action* **0.4** [op zijn plaats zetten] *set* ⟨gebroken ledemaat⟩ ⇒*set up* ◆ **1.1** een ruit ~ *put in a pane of glass* **1.2** de aanval ~ *go onto the attack;* de achtervolging ~ *set off in pursuit;* er de pas ~ *walk at a brisk pace* **1.3** troepen ~ *bring troops into action, deploy troops;*
II ⟨onov., ov.ww.⟩ **0.1** [spel] *stake* ⇒*bet* **0.2** [mbt. een veiling] *start* **0.3** [muz.] *start* ⇒⟨met instrumenten ook⟩ *strike up* ◆ **1.1** ik zet een gulden in *I bet a guilder* **1.3** het orkest zette (een wals) in *the band struck up (a waltz)* **2.3** te hoog/te laag ~ *start too low/high* **6.1** zijn geld ~ op (rood) *s./put one's money on (red)* **6.2** de veilingmeester zette in op vijftig gulden *the auctioneer started the bidding at fifty guilders;*
III ⟨onov.ww.⟩ **0.1** [beginnen] *set in* ◆ **1.1** de winter zet stevig in *winter is really setting in;*
IV ⟨wk.ww.; zich ~⟩ **0.1** [zijn best doen] *do one's best* ◆ **6.1** zich voor een zaak ~ *devote o.s. to a cause.*

inzicht 0.1 [begrip, visie] *insight* ⇒*understanding* **0.2** [opvatting, mening] *view* ⇒*opinion* **0.3** [moreel besef]⟨zie 3.3⟩ ◆ **2.1** een beter ~ krijgen in *gain an i. into;* een goed ~ hebben in *have a sound grasp of;* technisch ~ hebben *have an understanding of technical matters;* zakelijk ~ *business acumen* **2.2** naar eigen ~ handelen *act at one's own discretion* **3.3** tot ~ komen *see the light* **6.2** naar zijn ~ *in his v./opinion* **7.1** geen ~ hebben *lack i./understanding.*

inzichtelijk 0.1 ⟨alleen ná zn.⟩ *providing/allowing/requiring insight (into).*

inzien¹ ⟨het⟩ ◆ **2.¶** bij nader ~ geef ik hem gelijk *on (further) consideration I agree with him* **4.¶** mijns/ons ~s *in my/our opinion.*

inzien² ⟨ov.ww.⟩ **0.1** [een blik in iets slaan] *have a look at* **0.2** [beseffen] *see* ⇒*recognize* **0.3** [houden voor] *take a ... view of* ⇒*consider* ◆ **1.1** stukken ~ *examine documents* **1.2** het geestige van iets ~ *s. the funny side of sth.;* de noodzaak gaan ~ van *come to recognize the necessity of* **2.3** de dokter ziet het ernstig in *the doctor considers the case very serious* **5.1** een boek vluchtig ~ *leaf through a book* **5.2** dat zie ik niet in *I don't s. that* **5.3** ik zie het somber in *I'm pessimistic about that.*

inzinking 0.1 [instorting, depressie] *breakdown* **0.2** [hand.; achteruitgang] *slump* ⇒*depression, recession* ⟨economie⟩ **0.3** [het (weg)zakken in] *sinking* ⇒⟨in water⟩ *submersion* **0.4** [plaats] *depression* ⇒*dip* ◆ **2.1** ik had een kleine ~ *it was one of my off moments.*

inzitten 0.1 [zitten in iets] *sit in* **0.2** [+ over; bezorgd zijn] *worry about/over* ◆ **5.1** ⟨fig.⟩ dat zit er niet in *there's no chance of that* **6.2** hij zit over die kwestie in *he's worried about that matter.*

inzittende 0.1 *occupant* ⇒*passenger.*

inzoomen 0.1 *zoom in (on).*

inzouten 0.1 *salt (down)* ◆ **1.1** vlees ~ *salt (down) meat.*

inzwachtelen 0.1 *bandage* ⇒*swathe.*

ion 0.1 *ion.*

ionisatie 0.1 *ionization.*

Ionisch¹ ⟨het⟩ **0.1** *Ionic.*

Ionisch² ⟨bn.⟩ **0.1** *Ionic* ⇒*Ionian* ◆ **1.1** ~ e stijl *Ionic order.*

ioniseren 0.1 *ionize.*

ipso facto 0.1 *ipso facto.*

IQ 0.1 *I.Q.*

Iraaks 0.1 *Iraqi.*

Iraans 0.1 *Iranian.*

Irak 0.1 *Iraq.*

Irakees, Iraakse 0.1 *Iraqi.*

Iran 0.1 *Iran.*

Iraniër 0.1 *Iranian.*

iridium ⟨schei.⟩ **0.1** *iridium.*

iris 0.1 [plant; vlies in het oog] *iris* **0.2** [regenboog] *rainbow.*

iriscopie 0.1 *iridology.*

iriscopist 0.1 *iridologist.*

ironie 0.1 *irony* ◆ **6.1** hij zei dat met lichte ~ *he said it with a touch of i.*

ironisch 0.1 *ironic(al)* ◆ **1.1** ~ e opmerkingen *ironic remarks* **3.1** ~ glimlachen *smile ironically* **5.1** ~ genoeg werd hij gearresteerd door zijn beste vriend *ironically, he was arrested by his best friend.*

irrationeel 0.1 *irrational.*

irreëel 0.1 *unreal* ⇒*imaginary.*

irrelevant 0.1 *irrelevant* ◆ **3.1** dat is ~ *that's beside the point.*

irrigatie 0.1 [kunstmatige bevloeiing] *irrigation* **0.2** [med.; uitspoeling]⟨van wond⟩ *irrigation;* ⟨van de schede⟩ *douche;* ⟨van de dikke darm⟩ *enema.*

irrigatiekanaal 0.1 *irrigation channel/canal.*

irrigeren 0.1 ⟨landb., med.⟩ *irrigate.*

irritant 0.1 *irritating* ⇒*annoying,* ⟨v.e. substantie⟩ *irritant,* ⟨v.e. substantie⟩ *irritative* ◆ **1.1** wat een ~ mannetje! *he's a real pain (in the neck)!*

irritatie 0.1 *irritation.*

irriteren 0.1 [ergeren] *irritate* ⇒*annoy* **0.2** [sterk prikkelen] *irritate* ◆ **1.2** die zeep irriteert de huid *this soap causes irritation of the skin* **4.1** het irriteert mij *that's getting on my nerves.*

ISBN ⟨afk.⟩ **0.1** [internationaal standaardboeknummer] *ISBN.*

ischias 0.1 *sciatica.*

islam 0.1 *Islam.*

islamiet 0.1 *Islamite.*

islamitisch 0.1 *Islamic.*

isobaar 0.1 *isobar.*

isolatie 0.1 [afzondering, isolement] *isolation* **0.2** [mbt. kou/geluid/elektriciteit; ook materiaal] *insulation.*

isolatieband 0.1 *insulating tape.*

isolatielaag 0.1 *insulating/insulation layer.*

isolatiemateriaal 0.1 ⟨elek.⟩ *insulating material, insulant;* ⟨tegen warmteverlies, om cv-buizen, boiler e.d.⟩ *lagging.*

isoleercel 0.1 *isolation cell* ⇒⟨voor psychiatrische patiënten ook⟩ *padded cell.*

isolement 0.1 *isolation.*

isoleren I ⟨ov.ww.⟩ **0.1** [afzonderen] *isolate* ⇒⟨mbt. zieken ook⟩ *quarantine,* ⟨door storm, overstroming, sneeuw ook⟩ *cut off* ◆ **1.1** iem. ~ ⟨in quarantaine⟩ *i./quarantine s.o.;* ⟨in sociaal isolement⟩ *cut s.o.* **4.1** hij isoleert zich te veel *he isolates himself too much;*

379

II ⟨onov., ov.ww.⟩ **0.1** [van afscherming voorzien tegen kou e.d.] *insulate (from/against)* ♦ **1.1** geïsoleerd elektriciteitsdraad *insulated (electric) wire.*

isolering 0.1 [afzondering, isolement] *isolation (from)* **0.2** [afscherming tegen kou, geluid] *insulation (from/ against)* **0.3** [materiaal; ook mbt. elektriciteit] *insulation.*

isomeer ⟨nat., schei.⟩ **0.1** *isomer.*

isotherm 0.1 ⟨meteo.; nat.⟩ *isotherm.*

isotoop ⟨nat.⟩ **0.1** *isotope.*

Israël 0.1 *Israel.*

Israëli 0.1 *Israeli.*

Israëliet ⟨bijb.⟩ **0.1** *Israelite.*

Israëlisch[1] ⟨het⟩ **0.1** *(modern) Hebrew.*

Israëlisch[2] ⟨bn.⟩ **0.1** *Israeli.*

Israëlitisch ⟨bijb.⟩ **0.1** *Israelite.*

issue 0.1 *issue* ♦ **2.1** een hot ~ *a burning i.*

Italiaan, -se 0.1 *Italian.*

Italiaans 0.1 ⟨bn. en zn.⟩ *Italian* ♦ **1.1** het ~ boekhouden *double-entry bookkeeping.*

Italië 0.1 *Italy.*

item[1] ⟨het⟩ **0.1** [nieuwsbericht, onderwerp] *item* ⇒*news item* **0.2** [punt, post] *item* ♦ **2.1** een hot ~ *a burning issue.*

item[2] ⟨bw.⟩ **0.1** *item* ⇒*the same, ditto.*

ivf ⟨afk.⟩ **0.1** [in-vitrofertilisatie] *IVF.*

i.v.o. ⟨afk.⟩ **0.1** [individueel voortgezet onderwijs] ⟨*Indi vidual Secondary Education*⟩.

ivoor 0.1 [materiaal] *ivory* **0.2** [kleur] *ivory* ⇒*cream* ♦ **2.1** bewerkt ~ *carved i.;* ⟨fig.; gesch.⟩ zwart ~ *black i.*

ivoorkleurig 0.1 *ivory(-coloured).*

Ivoorkust 0.1 *Ivory Coast.*

ivoren 0.1 *ivory.*

Ivriet 0.1 *(modern) Hebrew.*

ja[1] ⟨het⟩ **0.1** *yes* ⇒⟨bij stemprocedures ook⟩ *yea,* ⟨scheep.⟩ *ay ay* ♦ **3.1** nee heb je, ~ kun je krijgen *nothing ventured, nothing gained* **4.1** zijn ~ tegen mijn nee *it's his word against mine* **6.1** de vraag met ~ beantwoorden *answer in the affirmative.*

ja[2] ⟨tw.⟩ **0.1** [mbt. bevestiging/toestemming] *yes* ⇒⟨inf.⟩ *yeah,* ⟨bevestiging, inwilliging ook⟩ *all right,* ⟨bevestiging, inwilliging ook⟩ *OK,* ⟨bij stemprocedures ook⟩ *yea* **0.2** [mbt. berusting/toegeving] *oh, well* **0.3** [als aanknoping] *oh, yes* **0.4** [als versterking] *yes* ⇒*indeed* **0.5** [mbt. verwondering/verbazing] *really* ⇒*indeed* **0.6** [mbt. ergernis/ ongeduld] *well* ♦ **3.1** ~ knikken *nod* **8.1** en zo ~ *and if so* **8.2** het is niet geweldig, maar ~, wat wil je? *it's not fantastic, but then what do you expect?;* ~, maar ... *yes, but ...;* het is niet leuk, maar ~ *it's no joke, but there it is* **9.1** ~ en amen zeggen *agree with everything (that is said);* geen ~ en geen nee zeggen *not commit o.s. (one way or the other);* ⟨weifelen⟩ *shilly-shally;* heeft zij dat gezegd?, ~ zeker! / o ~! *did she say that? oh yes!* **9.2** nou ~, als ze van hem houdt *(oh) well, if she loves him;* wel ~, lach er maar om *go on, laugh* **¶.1** ~! ⟨na klop op de deur⟩ *come in!;* kan ik binnenkomen? ~ *may I come in? yes, you may* **¶.2** ⟨iron.⟩ ~, ~, eerst zulke verhalen en nu ... *well, well, first all this big talk and now ...* **¶.3** o ~, nu ik je toch spreek ... *oh, yes, by the way ...* **¶.4** ~ nog mooier, hij wilde niet meer naar huis *what's more/worse, he didn't want to go home any more* **¶.5** o ~? *oh yes/*⟨ook iron.⟩ *(oh) really?;* je zei het net zelf! ~? *you just said so yourself! did I?* **¶.6** doe me een lol, ~! *knock it off, will you!* **¶.¶** ~! ⟨ik kom eraan⟩ *coming!*

jaagpad 0.1 *tow path* ⇒*towing-path.*

jaap ⟨inf.⟩ **0.1** *cut* ⇒⟨diep⟩ *gash,* ⟨lang⟩ *slash* ♦ **3.1** iem. een ~ geven *cut/gash/slash s.o.*

jaar 0.1 *year* ♦ **1.1** ~ en dag *a y. and a day;* sinds ~ en dag *for years (and years);* ⟨inf.⟩ *for donkey's years;* een paar ~ geleden *a few years ago* **2.1** een dik ~ *a good y.;* een half ~ *half a y.;* in zijn jonge jaren *in his youth;* een klein ~ *a little under a y.;* in latere jaren *in later years;* het lopend ~ *the present y.;* volgend ~ *next y.;* in vroeger jaren *in years gone by* **3.1** het is nu zes ~ ⟨geleden⟩ dat *it has been six years now since;* hij kreeg drie ~ *he was sent down for three years* ⟨gevangenisstraf⟩ **5.1** ik lig al jaren in het ziekenhuis *I have been in hospital for years;* het hele ~ door *all (the) y. round;* ~ in, ~ uit *y. after y.* **6.1** door de jaren heen *through the years;* ⟨fig.⟩ ik doe het in geen honderd ~ *you won't catch me doing it;* in het ~ onzes Heren 1990 *in the y. of our Lord 1990;* in de afgelopen tien ~ *in the past ten years;* in de laatste paar ~, de laatste jaren *in the last few years, in recent years;* met de jaren werd het beter *over the years things got better;* om de vier ~ *every four years;* om de twee ~ *every other y.;* op jaren zijn *be well on in years;* ~ op ~ *y. after y.;* over vijf ~ *five years from now;* vandaag over een ~ *a y. from today;* per ~ *yearly, a y.;* ⟨geldzaken ook⟩ *per annum/y.;* jong van jaren *young in years;* een kind van zes ~ *a six-year-old (child);* van 't ~ komt het er niet meer van *we won't get round to it this y.;* de auto van het ~ *the car of the y.;* iets van ~ tot ~ uitstellen *put sth. off y. after y.;* een wijn van het ~ 1979 *a wine of 1979 vintage;* een vriend van jaren her/terug *a friend of* *many years' standing;* **vanaf** zijn derde ~ *from the age of three (onwards);* hij is groot **voor** zijn jaren *he's big for his age* **7.1** van het ~ nul *from the y. dot;* de jaren tachtig/negentig *the eighties/nineties;* verleden week dinsdag is ze twaalf ~ geworden *she was twelve last Tuesday;* (en) nog vele jaren *many happy returns (of the day);* de jaren zestig *the Sixties* **8.1** jaren en jaren *years and years.*

jaarabonnement 0.1 *annual subscription* ⇒*year's subscription* ⟨voor een jaar⟩, *annual season ticket* ⟨trein e.d.⟩.

jaarbalans ⟨hand., geldw.⟩ **0.1** *annual balance sheet.*

jaarbasis ◆ **6.¶** **op** ~ *on a yearly basis.*

jaarbeurs 0.1 [tentoonstelling] *(annual) fair* ⇒*trade fair* **0.2** [gebouw] *exhibition centre.*

jaarboek 0.1 [kroniek; almanak] *yearbook* ⇒*annual* **0.2** [mv.; annalen] *annals* ⇒*chronicles* ◆ **2.1** meteorologisch ~ *almanac(k).*

jaarcijfer 0.1 ⟨mv.⟩ *annual returns.*

jaarcontract 0.1 *annual contract* ⇒*annual lease* ⟨van huur⟩.

jaarfeest 0.1 *anniversary* ⇒*annual celebration,* ⟨geboortefeest⟩ *birthday.*

jaargang 0.1 [alle afleveringen v.e. periodiek werk] *volume* ⇒*year (of publication)* **0.2** [al die afleveringen bij elkaar] *volume* ⇒*set, series* ◆ **2.1** oude ~en *back volumes/*⟨van krant⟩ *file(s)* **2.2** een ingebonden ~ v.e. tijdschrift *a bound v. of a periodical* **7.1** de derde ~ ontbreekt *v. three is missing.*

jaargeld 0.1 *annuity* ⇒*annual allowance,* ⟨ouderen, weduwen; wegens bewezen diensten⟩ *pension* ◆ **3.1** iem. een ~ toekennen/uitkeren *grant s.o. an annuity;* ⟨pensioen⟩ *pension s.o.*

jaargenoot, -genote 0.1 [medeleerling] *classmate* **0.2** [medestudent] *fellow student* **0.3** [leeftijdgenoot] *contemporary.*

jaargetijde 0.1 *season.*

jaarinkomen 0.1 *annual income.*

jaarkaart 0.1 ⟨trein e.d.⟩ *annual season ticket.*

jaarlijks 0.1 [ieder jaar (weer)] *annual* ⇒*yearly,* ⟨bw. ook⟩ *every year,* ⟨bw. ook⟩ *once a year* **0.2** [per jaar, over het gehele jaar] *annual* ⇒*yearly,* ⟨over het gehele jaar ook⟩ *over the year,* ⟨geldzaken ook⟩ *per annum/year* ◆ **1.2** een ~ inkomen *an a. income* **3.1** dit feest wordt ~ gevierd *this celebration takes place every year.*

jaarloon 0.1 *annual pay.*

jaarmarkt 0.1 *(annual) fair.*

jaaroverzicht 0.1 *annual survey* ⇒*annual report.*

jaarrente 0.1 *annuity.*

jaarring 0.1 *annual ring* ⇒*growth/tree ring.*

jaarsalaris 0.1 *annual salary.*

jaartal 0.1 [getal v.h. jaar] *year* ⇒*date* **0.2** [mv.; tabel van gebeurtenissen] *(historical) dates* ◆ **3.1** er staat geen ~ in het boek *the book has no date in it* **3.2** ~len opschrijven/leren *take down/learn dates.*

jaartelling 0.1 *era* ◆ **2.1** de christelijke ~ *the Christian e.*

jaarvergadering 0.1 *annual meeting* ◆ **2.1** algemene ~ *annual general meeting;* ⟨afk.⟩ *AGM.*

jaarverslag 0.1 *annual report.*

jaarwinst 0.1 *annual profit(s).*

jaarwisseling 0.1 *turn of the year* ◆ **2.1** goede/prettige ~! *happy New Year!*

JAC ⟨afk.⟩ **0.1** [Jongerenadviescentrum] ⟨*Young People's Advisory Centre*⟩.

jacht I ⟨het⟩ **0.1** [zeilboot; motorjacht] *yacht;*
II ⟨de⟩ **0.1** [het jagen] *hunting* ⇒⟨op klein wild⟩ *shooting* **0.2** [jachtpartij] *hunt* ⇒⟨op klein wild⟩ *shoot* **0.3** [jachttijd]

(open) season **0.4** [achtervolging] *hunt* ⇒*chase* **0.5** [het nastreven] *hunt* ⇒*pursuit* **0.6** [jachtterrein] *hunt(ing ground)* ⇒⟨voor klein wild⟩ *shooting ground* ◆ **2.1** korte ~ *shooting;* lange ~ *coursing* **2.2** een goede ~ hebben *have a good run* **2.3** de ~ is open *the hunting season has opened;* ⟨op vluchteling⟩ *the hunt is on* **3.1** ~ maken op *hunt* ⟨wild⟩; *shoot* ⟨klein wild⟩; *hunt (for)* ⟨persoon⟩; *pursue* ⟨eer, rijkdom⟩; ⟨van roofdier⟩ *hunt, prey on* **3.4** ~ maken op een man/een vrouw *be after a man/a woman;* ~ maken op oorlogsmisdadigers *hunt down war criminals* **6.1** op ~ gaan *go (out) h.; go (out) shooting* ⟨klein wild⟩; ⟨van roofdier⟩ *go h., prowl* **6.4** de ~ **met** de camera *the great picture h.;* op ~ zijn naar iets *be on the h. for sth.* **6.5** ~ **naar** roem *pursuit of fame* **6.¶** ⟨hand.⟩ de ~ **op** goud *the run on gold.*

jachtakte 0.1 *hunting licence* ⇒⟨klein wild⟩ *shooting licence.*

jachtclub 0.1 *yacht-club* ⇒*sailing club.*

jachten I ⟨ov.ww.⟩ **0.1** [haasten] *hurry* ⇒*rush* ◆ **4.1** jacht hem niet zo *don't keep after him like that;*
II ⟨onov.ww.⟩ **0.1** [zich haasten] *hurry* ⇒*rush* **0.2** [mbt. wolken] *fleet* ◆ **3.1** ze loopt de hele tijd te ~ en te jagen *she has been hustling and bustling all the time.*

jachtgebied 0.1 *hunt(ing ground)* ⇒⟨voor klein wild⟩ *shoot(ing),* ⟨voor klein wild⟩ *shooting ground,* ⟨fig.⟩ *field (of interest).*

jachtgeweer 0.1 *shotgun* ⇒*sporting-gun/rifle.*

jachtgrond 0.1 *hunt(ing ground);* ⟨voor klein wild⟩ *shoot-(ing), shooting ground.*

jachthaven 0.1 *yacht-basin* ⇒⟨aan zee ook⟩ *marina.*

jachthond 0.1 *hound* ◆ **1.1** een troep ~en *a pack of hounds.*

jachthoorn 0.1 *hunting horn.*

jachtig 0.1 *hurried* ⇒*hectic* ◆ **1.1** de ~e tijd voor Kerstmis *the (hustle and) bustle before Christmas.*

jachtluipaard 0.1 *cheetah.*

jachtopziener, jachtopzichter 0.1 *game warden.*

jachtpartij 0.1 *hunt(ing-party);* ⟨met geweren⟩ *shoot(ing-party).*

jachtschotel 0.1 ±*hotpot.*

jachtseizoen 0.1 *hunting/shooting season.*

jachtverbod 0.1 *prohibition of hunting/shooting.*

jachtvergunning →*jachtakte.*

jachtvliegtuig 0.1 *fighter.*

jachtvogel 0.1 *bird of prey trained to hunt small game.*

jack 0.1 *jacket* ⇒*coat.*

jacket 0.1 [mbt. boeken] *(dust) jacket* **0.2** [mbt. het gebit] *crown.*

jackpot 0.1 *jackpot.*

Jacobus 0.1 *James* ⇒⟨heilige⟩ *St. James.*

jacquet 0.1 *morning coat* ⇒⟨inf.⟩ *tails,* ⟨dames⟩ *jacket* ◆ **6.1 in** ~ *in morning dress;* ⟨inf.⟩ *in tails.*

jacuzzi 0.1 *jacuzzi.*

jade 0.1 *jade.*

jagen I ⟨ov.ww.⟩ **0.1** [(wild) vervolgen] *hunt; hunt for;* ⟨mbt. klein wild⟩ *shoot* **0.2** [drijven] *drive* ⇒⟨in uitdrukkingen vaak⟩ *put,* ⟨snel⟩ *race,* ⟨snel⟩ *rush* **0.3** [nalopen] *chase* **0.4** [dwingen tot snel(ler) gaan] *drive (on)* ⇒*rush* ◆ **5.2** zijn geld erdoor ~ *go through one's money (fast);* prijzen omhoog/omlaag ~ *d. prices up/down;* uiteen ~ *scatter* **6.2** zich een kogel **door** het hoofd ~ *put a bullet through one's head;* die wet werd **door** de Tweede Kamer gejaagd *the law was rushed through parliament;* iem. **op** kosten ~ *put s.o. to (great) expense;* **van** school ~ *expel from school* **¶.2** voor zich uit ~ *d. before one;*
II ⟨onov.ww.⟩ **0.1** [op jacht zijn] *hunt* ⇒⟨met geweer⟩ *shoot* **0.2** [rusteloos streven] *pursue* **0.3** [snel gaan] *race*

◆ **1.3** zijn pols jaagt *his pulse is racing* **6.1 op** patrijs ~ *h. partridge, go (out) partridge-shooting* **6.2 naar** roem ~ *pursue fame;* **op** effect ~ *be after effects* **6.3** de wolken joegen **voorbij** *the clouds scudded past.*
jager 0.1 [iem. die op jacht gaat] *hunter* **0.2** [soldaat] *rifleman* **0.3** [jachtvliegtuig] *fighter* **0.4** [bepaald schip] *hunter* **0.5** [vogel] *skua* ◆ **2.1** een slechte ~ *a poor shot.*
jagerslatijn 0.1 *sportsman's yarn(s)* ⇒⟨inf.⟩ *story / stories about the one that got away.*
jagerstas 0.1 *game bag.*
jaguar 0.1 *jaguar.*
Jahwe(h) 0.1 *Yahweh.*
jak 0.1 [bloesachtig kledingstuk] *smock* **0.2** [kort jasje] *jacket.*
jakhals 0.1 [roofdier] *jackal* **0.2** [scheldwoord] ⟨lafaard⟩ *yellow-belly;* ⟨minder sterk⟩ *chicken* ◆ **8.1** ze vielen als jakhalzen aan op het eten *they set about the food like locusts.*
jakkeren I ⟨ov.ww.⟩ **0.1** →**afjakkeren;**
II ⟨onov.ww.⟩ **0.1** [onbehoorlijk hard rijden / lopen / werken] ⟨rijden⟩ *ride hard;* ⟨lopen⟩ *rush along.*
jakkes 0.1 *ugh!* ⇒*bah!, pooh!*
jaknikken 0.1 *nod (agreement).*
jaknikker 0.1 [persoon] *yes-man* ⟨m.⟩ **0.2** [(olie)pomp] *nodding donkey (pump).*
Jakob 0.1 *James* ⇒*Jacob* ◆ **2.1** de ware ~ *Mister Right.*
jakobijn 0.1 *Jacobin.*
jakobsladder 0.1 [rel.] *Jacob's ladder* **0.2** [werktuig] *Jacob's ladder, bucket elevator.*
jakobsschelp 0.1 *scallop.*
jaloers 0.1 [afgunstig] *jealous (of)* ⇒*envious (of)* **0.2** [mbt. liefde] *jealous (of)* ◆ **3.1** iem.~ maken *make s.o.j. / envious* **6.1** Jan was ~ **op** de mooie tekening van Piet *Jan was j. / envious of Piet's beautiful drawing;* hij heeft een huis waar iedereen ~ **op** is *his house is the envy of the neighbourhood.*
jaloersheid →**jaloezie 0.1.**
jaloezie 0.1 [jaloersheid] *envy;* ⟨mbt. liefde ook⟩ *jealousy* **0.2** [zonnescherm] *(Venetian) blind* ◆ **3.2** de ~ ⟨Venetian⟩ *blind(s)* neerlaten *let the (Venetian) blind(s) down* **6.1** verteerd worden **door / van** ~ *be eaten up with j. / e.;* **uit** ~ *out of j. / e.*
jalousie de métier 0.1 *professional jealousy.*
jam 0.1 *jam* ◆ **1.1** een potje ~ *a jar of j.* **2.1** zelfgemaakte ~ *home-made j.*
Jamaica 0.1 *Jamaica.*
Jamaicaan, se 0.1 *Jamaican* ⟨m.⟩; *Jamaican woman* ⟨v.⟩.
Jamaicaans 0.1 *Jamaican.*
jambe ⟨lit.⟩ **0.1** [versvoet] *iamb(us)* **0.2** [dichtstuk / regel] *piece / line of iambic verse.*
jambisch 0.1 *iambic.*
jammen 0.1 *gig* ⇒*jam.*
jammer¹ ⟨bn.⟩ **0.1** *a pity* ⇒*a shame* ◆ **3.1** het is ~ dat …*it's a p. / shame that …;* ⟨inf.⟩ *too bad that …;* al vind ik het erg ~ *much to my regret* **5.1** ~ genoeg *unfortunately;* wat ~! *what a p.! / shame!* **6.1** dat is dan ~ voor hem ⟨iron.⟩ *that's his hard luck;* ⟨meevoelend⟩ *that's hard on him;* hij vond het ~ **voor** me *he felt sorry for me;* het is erg ~ **voor** hem *it's very hard / ⟨inf.⟩ tough on him.*
jammer² ⟨tw.⟩ **0.1** *(a) pity* ⇒*too bad, bad luck* ◆ **9.1** ~ dan! *oh well, too bad!* ¶**.1** ~, hij is net weg *(a) p. / bad luck, he's just left.*
jammeren 0.1 *moan* ⇒⟨schr.⟩ *lament* ◆ **6.1** ~ **om / over** zijn ongeluk *m. about one's misfortune.*
jammerklacht 0.1 *lament(ation)* ⇒⟨bij begrafenis⟩ *wailing.*

jager - jarig

Jammerkreet 0.1 *wail* ⇒*cry of pain / anguish* ◆ **3.1** een ~ laten horen *give a cry of pain / anguish.*
jammerlijk 0.1 *pitiful* ⇒*miserable,* ⟨bedroevend slecht⟩ *pathetic* ◆ **1.1** een ~ gehuil *pitiful weeping;* op ~e toon *in a pitiful tone;* op een ~e wijze om het leven komen *die a miserable death* **3.1** ~ mislukken *fail miserably.*
jampot 0.1 *jam jar.*
Jan 0.1 *John* ◆ **1.1** een ~ Lul / Joker *a stupid prick;* ⟨sterker⟩ *a moron;* ~ Modaal *Mr Average Income;* ~ Rap en zijn maat *ragtag and bobtail;* ~ Soldaat ±*Tommy,* ⁿ*GI Joe* **4.1** ~ en alleman *every Tom, Dick and Harry* **6.1** ~ **met** de pet *the (average / ordinary) man in the street* **6.**¶ ⟨weer⟩ **boven** ~ zijn *be out of the wood / over the hump.*
janboel 0.1 *shambles* ⇒*mess* ◆ **2.1** 't is hier een echte ~ *it's a real s. (in) here.*
janboerenfluitjes ◆ **6.**¶ **op** zijn ~ *in a slapdash way.*
jandoedel 0.1 *nitwit.*
janhagel I ⟨de⟩ **0.1** [koekje] *Nice biscuit;*
II ⟨het⟩ **0.1** [het gepeupel] *riffraff* ⇒*hoi polloi,* ⟨inf.⟩ *ragtag and bobtail.*
jan-in-de-zak 0.1 ±*plum duff.*
janken 0.1 [klaaglijk schreeuwen (van honden / vossen)] *whine* **0.2** [schreeuwen / huilen (vnl. van kinderen)] *whine, howl* ⇒⟨inf.⟩ *blubber* ◆ **3.2** ze kon wel ~ *she was almost in tears* **6.2** ~ **om** niets *cry about nothing.*
janker(d) 0.1 *whiner, grizzler* ⇒⟨klager⟩ *moaner.*
jankerig 0.1 *whining, whiny* ⇒⟨klagend⟩ *moaning.*
Janklaassen 0.1 *Punch* ◆ **1.1** ~ en Katrijn / Trijn *Punch and Judy.*
janmaat 0.1 *bluejacket.*
janplezier 0.1 *break, brake, wagonette* ⇒⟨rijtuig; alg.⟩ *(horse-drawn) carriage.*
jansalie 0.1 *drip, nincompoop.*
jantje 0.1 *bluejacket* ◆ **3.**¶ (een) Jantje lacht Jantje huilt *he / she('s s.o. who) 'll be crying one minute and laughing the next.*
jantje-van-leiden ◆ **6.**¶ zich **met** een ~ ergens van afmaken *talk one's way out of sth.;* ⟨niet ernstig opvatten⟩ *make light of sth.;* ⟨slordig doen⟩ *skimp sth.*
januari 0.1 *January* ◆ **7.1** 1 / 2 / 3 / 4 -- ⟨geschreven⟩ *1 / 2 / 3 / 4 January;* ⟨gesproken⟩ *the first / second / third / fourth of January.*
jan-van-gent 0.1 *gannet.*
jap ⟨pej.⟩ **0.1** *Jap.*
Japan 0.1 *Japan.*
japanner 0.1 [alleen met hoofdletter; man uit Japan] *Japanese* **0.2** [inf.; auto uit Japan] *Japanese car.*
Japans 0.1 ⟨bn. en zn.⟩ *Japanese* ◆ **1.1** de ~e Zee *the Sea of Japan.*
Japanse 0.1 *Japanese woman.*
japon 0.1 *dress;* ⟨lange (avond)japon⟩ *gown* ◆ **2.1** een eenvoudige / een geklede ~ *a simple / an elegant d.*
jappenkamp 0.1 *Japanese (POW) camp.*
jarenlang 0.1 *many years';* ⟨bw.⟩ *for years and years* ◆ **1.1** een ~ vriendschap *a friendship of many years' standing* **3.1** hij heeft ~ zijn plicht trouw vervuld *he faithfully carried out his duty for years.*
jargon 0.1 [vak / groepstaal] *jargon;* ⟨scherts., in samenst.⟩ *-ese* **0.2** [brabbeltaal] *gibberish* ⇒*gobbledygook* ◆ **1.1** het ~ v.d. rechtsgeleerden *legal j.* **2.1** ambtelijk ~ *officialese.*
jarig 0.1 [zijn verjaardag vierend] ⟨zie 1.1, 3.1⟩ **0.2** [één jaar oud] ⟨zie 1.1⟩ *one year old;* ⟨voor zn.⟩ *(one-)year-old* ◆ **1.1** de ~e Job / Jet *the birthday boy / girl* **1.2** een ~ kalf *a yearling calf* **3.1** ⟨fig.; inf.⟩ (als dat gebeurt) dan ben je nog niet ~ *it won't be the happiest day of your life;* ik ben vandaag ~ *it's my birthday today.*

jarige 0.1 *person whose birthday it is;* ⟨inf.⟩ *birthday boy/ girl.*
jarretel(le) 0.1 ᴮ*suspender,* ᴬ*garter.*
jarretel(le)gordel 0.1 ᴮ*suspender belt,* ᴬ*garter belt.*
jas 0.1 [mantel] *coat* 0.2 [deel v.e. kostuum] *jacket* ♦ 1.2 ~, broek en vest *j., trousers and waistcoat* 2.¶ in een nieuw ~je steken *give/get a face-lift* 3.1 zijn/haar ~ aantrekken/uitdoen *put on/take off one's c.* 6.1 ⟨fig.⟩ iem. **aan** zijn ~(je) trekken *buttonhole s.o.;* iem. **in/uit** zijn ~ helpen *help s.o. into/out of his c.*
jasbeschermer 0.1 *dress guard.*
jasje 0.1 [kleine jas] *(short/little) coat* 0.2 [colbertjas] *jacket* ♦ 3.1 ⟨fig.⟩ hij heeft een ~ uitgetrokken *he's lost a few pounds.*
jasmijn 0.1 *jasmine.*
jaspand 0.1 *coat tail.*
jaspis 0.1 *jasper.*
jassen 0.1 [kaartspel] *play (a game of) 'jas'* 0.2 [schillen] *peel* ♦ 1.2 piepers ~ *do some spud-bashing.*
jasses 0.1 *ugh!*
jaszak 0.1 *jacket/coat pocket.*
jat ⟨inf.⟩ 0.1 *paw* ♦ 6.1 je blijft er met je ~ten vanaf *(keep your) paws off!*
jatten ⟨inf.⟩ 0.1 *pinch* ⇒*nick* ♦ 1.1 geld ~ *p. money.*
jatter ⟨inf.⟩ 0.1 *pincher; filcher, pilferer.*
Java 0.1 *Java.*
Javaan, -se 0.1 *Javan(ese)* ⟨m.⟩; *Javanese woman* ⟨v.⟩.
Javaans 0.1 *Javan(ese)* ♦ 1.1 ~e thee *Java tea.*
jawel 0.1 *(oh) yes* ⇒⟨beleefde instemming⟩ *certainly* ♦ ¶.1 ~, hij doet het wel degelijk *sure/oh yes, he'll do it all right!;* ~ meneer *certainly sir;* en/maar ~ hoor! *and/but sure enough!*
jawoord 0.1 ⟨alg.⟩ *consent* ⇒±*'I will'* ⟨tijdens huwelijksceremonie⟩ ♦ 3.1 elkaar het ~ geven *say 'I will' to one another;* (iem.) het ~ geven *say yes (to s.o.).*
jazz 0.1 *jazz.*
jazzmuziek 0.1 *jazz (music).*
je I ⟨pers.vnw.⟩ 0.1 [niet-nadrukkelijke vorm van 'jij', 'jou' en 'jullie'] *you* ♦ 3.1 jullie zouden ~ moeten schamen *you ought to be ashamed of yourselves;*
II ⟨onb.vnw.⟩ 0.1 [men] *you* ♦ 3.1 zo iets doe ~ niet *you don't do things like that;* ~ hebt van die mensen *that kind of people exist;* ⟨als uitdrukking van ongenoegen⟩ *some people …!;*
III ⟨bez.vnw.⟩ 0.1 [niet-nadrukkelijke vorm van 'jouw'] *your* 0.2 [de/het beste] *the very best, first class* 0.3 [onb. bez. vnw.]⟨zie 1.3, ¶.3⟩ ♦ 1.1 één van ~ vrienden *a friend of yours* 1.3 dat is ~ ware *that's the stuff!* ¶.2 jé van hét *it, the thing* ¶.3 ⟨expletief⟩ van ~ hela, hola ±*with a hey and a ho!*
jee 0.1 *Lord!* ⇒*blimey!* ♦ ¶.1 o ~, nou zullen we het hebben *oh L., now we're in for it;* ~, nee *L., no!*
jegens ⟨schr.⟩ 0.1 *towards* ♦ 1.1 vriendelijk ~ mensen zijn *be kind to(wards) people;* diep wantrouwen koesteren ~ iem. *have a deep distrust of s.o.*
Jehova 0.1 *Jehovah* ♦ 1.1 ~'s getuigen *J.'s Witnesses.*
jekker 0.1 *reefer* ⇒⟨van officier⟩ *British warm,* ⟨van matroos⟩ *monkey jacket,* ⟨van werkman⟩ *donkey jacket.*
Jemen 0.1 *(the) Yemen.*
Jemenitisch 0.1 *Yemenite.*
jeminee 0.1 *Lord!* ⇒*blimey!*
jen ⟨inf.⟩ 0.1 *joke* ⇒⟨inf.⟩ *giggle* ♦ 6.1 **voor** de ~ *for a laugh, for fun.*
jenever 0.1 *Dutch gin, jenever* ♦ 2.1 jonge/oude ~ *young/matured gin.*

jeneverbes 0.1 [bes v.d. jeneverstruik] *juniper berry* 0.2 [jeneverstruik] *juniper (bush).*
jeneverstoker 0.1 *gin distiller.*
jeneverstruik 0.1 *juniper (bush).*
jengelen 0.1 [dreinen] *whine* ⇒*moan* 0.2 [eentonig klinken] *drone* ⇒*twang* ♦ 6.1 om iets ~ *cry/w. for sth.* 6.2 ~ **op** een gitaar *twang (away) on a guitar.*
jennen 0.1 *badger* ⇒*pester,* ⟨inf.⟩ *be on s.o.'s back.*
jeremiëren 0.1 *lament* ⇒*complain,* ⟨inf.⟩ *moan,* ⟨inf.⟩ *whine.*
Jeruzalem 0.1 *Jerusalem* ♦ 2.1 ⟨fig.⟩ het hemelse ~ *the New J.*
jet 0.1 *jet (plane).*
Jet 0.1 *Jet, Harriet* ♦ 2.1 de jarige ~ *the birthday girl* 6.¶ 'm van jet(je) geven *give all one's got.*
jetski® 0.1 *jet-ski.*
jeu 0.1 *gusto; relish* ♦ 6.1 iets met veel ~ vertellen *tell sth. with g./great r.* ¶.1 de ~ is eraf *the gloss has gone off (it)/ worn off.*
jeu de boules 0.1 *boule* ⇒*(lawn) bowling* ⟨Engelse versie⟩.
jeugd 0.1 [hoedanigheid; tijdperk] *youth* 0.2 [personen] *youth* ⇒*young people* ♦ 1.2 de baldadigheid v.d. ~ *the wantonness of youth* 2.1 in zijn prille ~ *in one's early y.* 2.2 de studerende ~ *young students* 7.1 de tweede ~ *(in) the prime of (one's) life* ¶.2 de ~ van tegenwoordig *young people nowadays;* ⟨sprw.⟩ wie de ~ heeft, heeft de toekomst *the hand that rocks the cradle rules the world.*
jeugdafdeling 0.1 *young people's section.*
jeugdbende 0.1 *gang of youths.*
jeugdbeweging 0.1 *youth movement.*
jeugdblad 0.1 *magazine for young people.*
jeugdboek 0.1 *book for young people/adults.*
jeugdcentrum 0.1 *youth club/centre.*
jeugdcriminaliteit 0.1 *juvenile delinquency.*
jeugdgevangenis 0.1 *detention centre; borstal (institution).*
jeugdherberg 0.1 *youth hostel* ♦ 6.1 hij trekt/reist van ~ naar ~ *he's hostelling.*
jeugdherinnering 0.1 *reminiscence of childhood* ⇒*childhood memory.*
jeugdig I ⟨bn.⟩ 0.1 [jong, nog niet lang bestaand] *youthful* ⇒*young(ish)* 0.2 [eigenschappen v.d. jeugd vertonend] *youthful* ⇒*young* ♦ 1.1 een programma voor ~e kijkers *a programme for younger viewers;* op ~e leeftijd *at an early/* ⟨heel jong⟩ *a tender age* 6.2 ~ van hart *young at heart;*
II ⟨bn., bw.⟩ 0.1 [zoals bij de jeugd hoort/past] *youthful* ⇒*young* ♦ 1.1 met ~e overmoed *with the presumptuousness of youth.*
jeugdigheid 0.1 [hoedanigheid] *youth(fulness)* 0.2 [eigenschap] *(piece of) youthful behaviour.*
jeugdjournaal 0.1 *news for young people.*
jeugdliefde 0.1 *youthful/adolescent love* ⇒*calf-love,* ⟨persoon⟩ *love(r)s of one's youth* ♦ 3.1 zij is een van zijn ~s *she's one of his old loves.*
jeugdloon 0.1 *juvenile wage.*
jeugdpuistjes 0.1 *acne* ⇒⟨inf.⟩ *spots/pimples.*
jeugdsentiment 0.1 *memories of (one's) youth* ⇒*nostalgia for one's youth.*
jeugdvriend, -in 0.1 *old (girl) friend.*
jeugdwerk 0.1 [uit de jeugd daterend werk] *(very) early work* 0.2 [vormingswerk en cultureel werk] *youth work.*
jeugdwerker, -ster 0.1 *youth worker.*
jeugdwerkloosheid 0.1 *youth unemployment.*
jeugdzaken 0.1 *juvenile/young people's affairs* ⇒⟨in titel vaak⟩ *youth.*
jeugdzonde 0.1 *sin(s) of one's youth.*

jeuk 0.1 *itch(ing)* ♦ 3.1 ik heb overal ~ *I'm itching all over.*
jeuken 0.1 *itch* ⟨ook fig.⟩ ♦ 1.1 mijn handen ~ om hem een pak slaag te geven *I'm (just) itching to give him a good thrashing;* een ~de uitslag *an itchy rash.*
jeukerig 0.1 [jeukend] *scratchy* 0.2 [jeuk voelend] *itchy.*
jeukpoeder 0.1 *itching-powder.*
je-weet-wel 0.1 ⟨mbt. personen⟩ *what's-his-name;* ⟨mbt. zaken⟩ *you know ...*
je welste →welste.
jezelf 0.1 *yourself* ♦ 6.1 kijk naar ~ *look at yourself;* koop wat snoep voor ~ *buy yourself some sweets.*
jezuïet 0.1 [lid v.e. geestelijke orde] *Jesuit* 0.2 [pej.] *Jesuit; intriguer* ⇒*schemer.*
jezuïetenstreek 0.1 *rotten/nasty trick.*
jezus 0.1 *Jesus (Christ)* ⇒*Christ (Almighty)* ♦ ¶.1 jezusmina! *Christ in Heaven!;* allejezus mooi *beautiful as Christ knows what.*
Jezus 0.1 *Jesus* ♦ 1.1 ~ Christus *J. Christ;* de Heer ~ *(the) Lord J.*
jicht 0.1 [stofwisselingsziekte] *gout* 0.2 [soort van kramp] *cramp.*
Jiddisch 0.1 ⟨bn. en zn.⟩ *Yiddish.*
jihad 0.1 *jihad.*
jij 0.1 *you* ♦ 3.1 wat kom ~ doen? *what are you doing here?* 5.1 zeg, ~ daar! *hey, you!;* ~ hier? *look who's here?*
jijen 0.1 ±*be/get on first-name terms (with s.o.)* ⇒⟨alg.⟩ *be/get familiar (with s.o.)* ♦ 3.1 ~ en jouen *be on familiar/ first-name terms (with s.o.).*
jioe-jitsoe 0.1 *ji(u)ujitsu.*
jippie ⟨inf.⟩ 0.1 *yippee.*
job 0.1 *job* ♦ ¶.1 hij heeft een fulltime ~ *he has a full-time j.*
Job 0.1 *Job* ♦ 8.1 zo arm als ~ *as poor as a church mouse;* hij is zo geduldig als ~ *he has the patience of J.*
jobsgeduld 0.1 *patience of Job* ♦ 6.1 met (waar) ~ *with the patience of Job.*
jobstijding 0.1 *bad tidings* ⟨mv.⟩ ⇒*bad news.*
joch ⟨inf.⟩ 0.1 *lad* ⇒⟨aanspreekvorm⟩ *son.*
jochie ⟨inf.⟩ 0.1 *(little) lad* ⇒⟨aanspreekvorm⟩ *sonny.*
jockey 0.1 *jockey* ⇒⟨inf.⟩ *jock.*
jodelen 0.1 *yodel.*
jodenbuurt 0.1 *Jewish quarter.*
jodendom 0.1 [volk] *Jewry* ⇒*Jews* 0.2 [godsdienst] *Judaism.*
jodenhaat 0.1 *anti-Semitism.*
jodenhater 0.1 *Jew-hater* ⇒*anti-semite.*
jodenneus ⟨inf.⟩ 0.1 ⟨ongemarkeerd⟩ *Jewish nose.*
jodenster 0.1 *Star of David.*
jodenstreek ⟨inf.⟩ 0.1 *dirty trick.*
jodenvervolging 0.1 *persecution of the Jews* ⇒⟨in Oost-Europese landen⟩ *pogrom.*
jodide ⟨schei.⟩ 0.1 *iodide.*
jodin 0.1 *Jewess.*
jodium ⟨schei.⟩ 0.1 *iodine.*
jodiumtinctuur ⟨med.⟩ 0.1 *tincture of iodine.*
Joegoslaaf, -slavïer, Joegoslavische 0.1 *Yugoslav(ian).*
Joegoslavië 0.1 *Yugoslavia.*
Joegoslavisch 0.1 *Yugoslav(ian).*
joehoe 0.1 *yoo-hoo*
jockel ⟨inf.⟩ 0.1 *whopper* ♦ 1.1 wat een ~ v.e. huis! *what a whacking great house!*
joelen 0.1 [luidkeels zijn enthousiasme of afkeuring uiten] *whoop* ⇒*roar* 0.2 [gieren] *howl* ♦ 1.1 ~de kinderen *screaming/shouting children;* een ~de menigte *a roaring crowd.*
joep 0.1 ⟨bij inspanning⟩ *hup* ♦ ¶.1 ~, daar gaat ie *hup, there it goes.*

joepie 0.1 *whoopee, yippee.*
joetje ⟨inf.⟩ 0.1 *tenner.*
jofel ⟨inf.⟩ 0.1 *great* ♦ 1.1 een ~ plekje *a super spot;* een ~e vent *a g. guy.*
joggen ⟨sport⟩ 0.1 *jog.*
joggingpak 0.1 *track-suit.*
joh ⟨inf.⟩ 0.1 *you* ♦ ¶.1 hé ~, kijk een beetje uit *hey (y.), watch out;* kop op, ~ *(come on) cheer up, (old boy/girl).*
Johannes ⟨rel.⟩ 0.1 *John* ♦ 1.1 ~ de Doper *John the Baptist.*
joint 0.1 *joint* ⇒*stick* ♦ 3.1 een ~ draaien *roll a j.*
jojo 0.1 *yo-yo.*
joker ⟨kaartspel⟩ 0.1 *joker* ♦ 6.¶ voor ~ staan *look foolish.*
jokeren ⟨kaartspel⟩ 0.1 ⟨*card game in which the joker is important*⟩.
jokkebrok ⟨kind.⟩ 0.1 *(little) fibber.*
jokken ⟨kind.⟩ 0.1 *fib* ⇒*tell a fib.*
jol 0.1 *yawl* ⇒⟨klein⟩ *dinghy.*
jolig 0.1 *jolly* ♦ 1.1 een ~e stemming *a j./merry atmosphere.*
joligheid 0.1 *jollity* ⇒*merriment.*
Jona(s) ⟨rel.⟩ 0.1 *Jonah* ♦ 8.1 hij zit te kijken als ~ in de walvis *he looks scared out of his wits.*
jonassen 0.1 *toss in the air.*
jong[1] ⟨het⟩ 0.1 [pasgeboren dier] *young (one)* ⇒⟨hond⟩ *puppy)* 0.2 [jongen, meisje] *kid* ⇒*child* ♦ 1.1 een vogel en zijn ~ *a bird and its young* 2.2 lekker ~! *little darling!*
jong[2] ⟨bn.⟩ 0.1 [nog niet lang bestaand/geleefd hebbend, (nog) niet oud] *young* 0.2 [(als) v.e. jeugdig persoon] *young* 0.3 [later komend in de tijd] *recent* 0.4 [nieuw, vers] *young* ⇒*new, immature* ♦ 1.1 de dag is nog ~ *the day is still y.;* de ~e doctor *the newly-graduated Ph.D.;* dat was in mijn ~e jaren *that was in my young(er) days;* op ~e leeftijd *at an early age;* ~ en oud *y. and old;* het ~e paar *the y. couple* 1.2 ~e benen hebben *have y. legs* 1.3 de ~ste berichten *the latest news;* van ~e datum *of r. date* 1.4 ~e kaas *y. / immature cheese* 3.1 jij bent toch ook ~ geweest *you were y. yourself once* 3.2 zich ~ kleden *dress y./ youthfully* 3.3 zij is de ~ste (van de twee) *she's the young er (one);* zij is de ~ste van de drie *she's the youngest of the three* 6.1 van ~s af *(right) from childhood;* ~ van geest *y. at heart* (sprw.) ~ geleerd, is oud gedaan *who learns young, forgets not when he is old.*
jonge 0.1 *gosh; (oh) boy; (oh) my* ♦ ¶.1 ~ ~, wat is dat mooi! *gosh/boy/my, that's beautiful!;* ⟨iron.⟩ ~ ~ ~, wat gaat het hier weer snel! *boy oh boy/my oh my that's really top speed!*
jongedame ⟨schr.⟩ 0.1 *young lady* ♦ ¶.1 ⟨iron.⟩ zeg eens, ~, een beetje kalm daar! *now, young lady, that's enough of that!*
jongeheer 0.1 [jongen, jongeman] *young gentleman* 0.2 [penis] *willie, John Thomas.*
jongelui 0.1 *youngsters* ⇒*young people,* ⟨m., vnl. pej.⟩ *youths.*
jongeman 0.1 *young man.*
jongen[1] ⟨de⟩ 0,1 [kind v.h. mannelijk geslacht, zoon] *boy* 0.2 [adolescent] *boy* ⇒*youth, lad* 0.3 [volwassen mannelijk persoon] *boy* ⇒*lad, guy* 0.4 [mv.; jongen(s) en/of meisje(s)]⟨kinderen⟩ *kids;* ⟨jongens, mannen; BE⟩ *lads, chaps;* ⟨alg.⟩ *folks, guys* 0.5 [vrijer] *boyfriend* ♦ 1.1 is het een ~ of een meisje? *is it a b. or a girl?* 1.3 ~s v.d. gestampte pot *guys made of the right stuff* 2.1 daar is hij maar een kleine ~ bij *he's nothing in comparison* 2.2 onze dochter is een echte ~ *our daughter is a real tomboy* 2.3 een gladde ~ [a] *a wide b.;* kom, ouwe ~ *come on, old b./chap;* een zware ~ *a tough (guy)/toughie* 4.3 onze ~s hebben zich dapper ge-

weerd *our boys put up a brave defence* **4.4** zijn dat jouw ~s? *are those your kids?* ¶.4 gaan jullie mee, ~s? *are you coming, you lot?*

jongen[2] ⟨onov.ww.⟩ **0.1** *give birth, drop (their) young, bear young; litter* ⟨mbt. hond / kat / vos enz.⟩ ◆ **1.1** onze kat heeft vandaag gejongd *our cat has had kittens today.*

jongensachtig 0.1 *boyish* ◆ **3.1** zich ~ gedragen *behave like a boy.*

jongensboek 0.1 *boys' book.*

jongensgek 0.1 *proper / regular flirt* ◆ **3.1** ze is een ~ *she's boy-crazy.*

jongenskop 0.1 [jongenshoofd] *boy's head* **0.2** [haardracht] *boyish hair style.*

jongensnaam 0.1 *boy's name.*

jongensschool 0.1 *boys' school.*

jongensstreek 0.1 *boyish prank / trick.*

jongere 0.1 *young person* ◆ **2.1** werkende ~n *working youngsters* ¶.1 de ~n *young people / persons.*

jongerenblad 0.1 *magazine for the young.*

jongerencentrum 0.1 *±youth centre.*

jongerenpaspoort ◆ **2.**¶ cultureel ~ ⟨±⟩ *youth discount card for cultural events.*

jongerenwerk 0.1 *youth work.*

jongerenwerker, -werkster 0.1 *youth worker.*

jonggehuwd 0.1 *newly-married* ⇒⟨inf.⟩ *newly-wed.*

jonggestorven 0.1 *untimely deceased* ◆ **2.1** de ~ dichter Perk *the poet Perk, who died young.*

jongleren 0.1 *juggle* ◆ **6.1** ⟨fig.⟩ ~ met woorden / met cijfers *conjure with words, j. with figures.*

jongleur 0.1 *juggler* ⇒*acrobat.*

jongmens 0.1 *young man.*

jongstleden 0.1 *last* ◆ **1.1** de 14e ~ ⟨dezer⟩ *the 14th of this month;* ~ woensdag, woensdag ~ l. *Wednesday.*

jonk 0.1 *junk.*

jonker 0.1 *nobleman* ⇒⟨landedelman⟩ *squire.*

jonkheer 0.1 *esquire.*

jonkie ⟨inf.⟩ **0.1** *little / young one.*

jonkvrouw 0.1 [titel] *±Lady* ⇒⟨aanspreekvorm⟩ Ma'am **0.2** [schr.; huwbare jonge vrouw] *maid(en)* ◆ **2.2** o schone ~ *oh fair m. / damsel.*

jood I ⟨de⟩ **0.1** [iem. die tot het joodse volk behoort / het joodse geloof aanhangt] *Jew* **0.2** [afzetter, woekeraar] *jew* ◆ **2.1** een gedoopte ~ *a Christian J.;* de Wandelende Jood *the Wandering J.;* **II** ⟨het⟩ **0.1** [schei.] *iodine.*

joods[1] ⟨het⟩ **0.1** *Jewish (way of speaking).*

joods[2] ⟨bn., bw.⟩ **0.1** *Jewish* ⇒*Judaic* ◆ **1.1** het ~e geloof *the Jewish faith, Judaism;* het ~e volk *the Jews, the Jewish people;* ⟨rel.⟩ *Israelites, Hebrews.*

Joost 0.1 *Justus* ◆ **3.**¶ ~ mag het weten *God knows, search me.*

jopper 0.1 *pea jacket; donkey jacket* ⟨korte duffelse jas⟩.

Jordaan 0.1 *(the river) Jordan.*

Jordaans 0.1 *Jordanian.*

Jordanië 0.1 *Jordan.*

Jordaniër, Jordaanse 0.1 *Jordanian.*

Joris 0.1 *George* ◆ ¶.1 ~ Goedbloed *softy, goody-goody.*

jota 0.1 *iota* ◆ **7.**¶ hij snapt er geen ~ van *he doesn't understand the first thing about it.*

jou 0.1 *you* ◆ **3.1** ~ moet ik hebben *you're just the person I need* **6.1** is dit boek van ~? *is this book yours?* ¶.1 een kabaal van heb ik ~ *daar a terrific din.*

journaal 0.1 [vertoning / bespreking van nieuws en actualiteiten] ⟨tv, radio⟩ *news, newscast;* ⟨bioscoop⟩ *newsreel* **0.2** [dagboek] *journal* ⇒*diary* **0.3** [boek met reisaanteke-

ningen] *log(book)* **0.4** [hoofdboek v.e. boekhoudkundige administratie] *journal* ◆ **6.1** het ~ van 8 uur *the 8 o'clock news.*

journaaluitzending 0.1 *news broadcast.*

journalist, -liste 0.1 *journalist* ⟨m., v.⟩.

journalistiek[1] ⟨de⟩ **0.1** *journalism* ◆ **6.1** in de ~ gaan *go into j.*

journalistiek[2] ⟨bn., bw.⟩ **0.1** *journalistic* ◆ **1.1** een ~e loopbaan *a career in journalism;* een ~e stijl *journalese.*

jouw 0.1 *your* ◆ **1.1** is dat ~ werk? *is that your work?* **7.1** dat potlood is het ~e *that pencil is yours.*

jouwen 0.1 *jeer* ⇒*boo.*

joviaal 0.1 *jovial* ◆ **1.1** een joviale kerel *a j. / very friendly chap;* een joviale toon *a j. / genial tone.*

joyriden 0.1 *joyride.*

joystick 0.1 [hendel, met name v.e. computerspel] *joystick* **0.2** [penis] *joy-stick, (joy) knob.*

Jozef ⟨rel.⟩ **0.1** *Joseph* ◆ **2.**¶ de ware ~ *Mr Right.*

jubel ⟨schr.⟩ **0.1** *(cries of) jubilation.*

jubelen 0.1 *shout with joy* ⇒*be jubilant* ◆ **1.1** de ~ de menigte *the cheering crowd* **6.1** van vreugde ~ *shout with happiness / joy.*

jubeljaar ⟨r.-k. en jud.⟩ **0.1** *jubilee;* ⟨r.-k. ook⟩ *Holy Year.*

jubelkreet 0.1 *shout of joy / jubilation* ⇒*cry of delight.*

jubelstemming 0.1 *jubilant mood.*

jubeltenen ⟨scherts.⟩ **0.1** ⟨ongemarkeerd⟩ *upturned toes.*

jubilaris, jubilaresse 0.1 [iem. die een jubileum viert] *±person celebrating his / her jubilee / anniversary* **0.2** [feestvarken] *±person in whose honour a party / reception is being held.*

jubileren 0.1 *celebrate one's jubilee / anniversary.*

jubileum 0.1 ⟨mbt. belangrijke persoon / instelling⟩ *jubilee;* ⟨alg.⟩ *anniversary* ◆ **2.1** 60-jarig ~ *diamond j.,* 60th a.; gouden ~ *golden j.,* 50th a.; zilveren ~ *silver j.,* 25th a. **3.1** een ~ vieren *celebrate a j. / an a.*

jubileumjaar 0.1 *jubilee year.*

jubileumuitgave 0.1 [boek] *jubilee volume / edition* **0.2** [tijdschrift] *jubilee number / issue.*

juchtleer 0.1 *Russia (leather).*

judaïsme 0.1 [jodendom] *Judaism* **0.2** [joodse uitdrukking] *hebraism.*

judas 0.1 [verraderlijk mens] *Judas* **0.2** [kweller] *pest* ⇒ *tease.*

Judas 0.1 *Judas.*

judaskus 0.1 *Judas kiss.*

judasloon 0.1 *bloodmoney.*

judaspenning ⟨plantk.⟩ **0.1** *honesty* ⇒*satinflower.*

judassen 0.1 *needle* ⇒*tease* ◆ **1.1** hij kan niet anders dan zijn zusje ~ *he just has to tease / annoy his sister.*

judicium 0.1 [jur.; vonnis] *judg(e)ment* ⇒*sentence* **0.2** [universiteit; oordeel mbt. examens] *(degree) class(ification)* ⇒*(examination / degree) result, class(ification).*

judoën ⟨sport⟩ **0.1** *practise judo, be a judoka.*

juf ⟨inf.⟩ **0.1** [(school)juffrouw] ⟨ongemarkeerd⟩ *teacher* ⇒ ⟨aanspreekvorm⟩ *Miss* **0.2** ⟨jonge (pedante) vrouw⟩ *(proper little) madam / miss(y).*

juffer 0.1 [dame] *damsel* ⇒*lady* **0.2** [libel] *dragonfly.*

juffershondje 0.1 *lapdog* ◆ **8.1** beven als een ~ *shake like a jelly / leaf.*

juffertje 0.1 ⟨iron.⟩ *young lady; missy, madam* ◆ ¶.¶ juffertje-in-'t-groen *love-in-a-mist.*

juffrouw 0.1 [ongehuwde vrouw] *Miss* ⇒*madam* ⟨beide ook als aanspreekvorm⟩ **0.2** [kinderjuffrouw, onderwijzeres] ⟨onderwijzeres⟩ *teacher* ⇒⟨kindermeisje⟩ *nurse(maid), nanny,* ⟨gouvernante⟩ *governess* **0.3** [inf.; vrouw] *lady* ◆

2.3 een aardige ~ *a nice l.* ¶.1 goedemiddag, ~ *good afternoon, Miss/Madam/Ma'am.*

Jugendstil ⟨bk.⟩ **0.1** *Jugendstil.*

juichen 0.1 *shout with joy* ⇒*be jubilant* ◆ **1.1** de menigte juichte toen het doelpunt werd gemaakt *the crowd cheered when the goal was scored* **5.1** niet te vroeg ~ *one mustn't speak too soon* **6.1** er is nog geen reden **tot** ~ *there is no cause for jubilation.*

juichkreet 0.1 *shout of joy/jubilation* ⇒*cry of delight.*

juist I ⟨bn., bw ⟩ **0.1** [waar, gegrond] *right* ⇒*correct* **0.2** [adequaat, geschikt] *right* ⇒*proper* **0.3** [correct] *correct* **0.4** [gerechtvaardigd, billijk] *just* ⇒*fair* ◆ **1.1** de ~e tijd *the r./correct time* **1.2** het ~e bedrag overmaken *make over the r. amount;* precies op het ~e ogenblik *at the r./proper moment* **1.3** in de ~e positie *in (the right) position;* is dit de ~e spelling? *is this the right spelling?* **1.4** een ~e beloning *a j./fair reward* **3.3** ~ handelen *act correctly* ¶.1 ~! *exactly!;*

II ⟨bw.⟩ **0.1** [precies; met name] *just, exactly, of all times/ places/people/* ⟨enz.⟩; ⟨in tegenstellingen⟩ *no, on the contrary* **0.2** [zoëven] *just* ◆ **1.1** ze bedoelde ~ het tegendeel *she meant just the opposite* **2.1** gelukkig? ik ben ~ diepbedroefd! *happy? no, I'm terribly sad!* **3.2** ik zei het ~ *I j. said it* **5.1** daar zit nu ~ de fout *that's precisely where the mistake lies;* daarom ~ *that's exactly why;* ⟨klagend⟩ waarom ~ hier? *why here (of all places)?;* de bal ging ~ naast *the ball just missed;* ~ nu komen ze hun geld terugvragen *now of all times they come asking for their money back;* ~ nu moeten we zien door te zetten *now is precisely the time when we have to push on* **6.1** ~ **op** dat ogenblik kwam zij binnen *just/right at that moment she came in* ¶.1 dat is het (hem nu) ~! *that's (just) it!*

juistheid 0.1 *correctness* ⇒*accuracy,* ⟨waarheid⟩ *truth,* ⟨stiptheid⟩ *preciseness,* ⟨toepasselijkheid⟩ *appropriateness* ◆ **3.1** de ~ nagaan van *verify the c./accuracy/truth of.*

jujube 0.1 *jujube.*

juk 0.1 *yoke* ◆ **1.1** een ~ ossen *a y./team of oxen* **3.1** ⟨fig.⟩ het ~ afwerpen *cast/throw off the y.* **6.1** in het ~ spannen *(put to the) yoke. harness;* ⟨fig.⟩ **onder** het ~ brengen *bring under the y.*

jukbeen ⟨med.⟩ **0.1** *cheekbone* ◆ **2.1** uitstekende ~deren *high/prominent cheekbones.*

juli 0.1 *July* ⟨ook→**Januari**⟩.

julienne 0.1 *julienne.*

jullie I ⟨pers.vnw.⟩ **0.1** *you* ◆ **3.1** ~ hebben gelijk *you're right;*

II ⟨bez.vnw.⟩ **0.1** *your* ◆ **6.1** is die auto **van** ~? *is that car yours?*

jungle 0.1 [wildernis] *jungle* **0.2** [fig.] *jungle* ⇒*mish-mash* ◆ **6.2** een ~ **van** verordeningen *a mish-mash of regulations.*

juni 0.1 *June* ⟨ook→**januari**⟩.

junior[1] ⟨de⟩ **0.1** *junior* ◆ **3.1** de ~en hebben de senioren verslagen *the juniors beat the seniors.*

junior[2] ⟨bn.⟩ **0.1** *junior* ◆ **1.1** mevrouw M. Hemels ~ *Mrs M. Hemels Jnr.*

junk 0.1 [persoon] *junkie, junky* **0.2** [heroïne] *junk* ⇒ *smack.*

junkie 0.1 *junkie.*

junta 0.1 *junta.*

jureren 0.1 *adjudicate.*

jurering 0.1 *adjudication.*

juridisch 0.1 *legal* ⇒⟨attr.⟩ *law* ◆ **1.1** ~ adviseur *legal adviser;* ~e bijstand *legal aid;* ~e gronden/bezwaren *legal grounds/objections.*

---

jurisdictie 0.1 [rechtspraak, rechtsmacht] *jurisdiction* ⇒ ⟨rechtsmacht ook⟩ *competence* **0.2** [rechtsgebied] *(territorial) jurisdiction* ◆ **2.1** geestelijke/wereldlijke ~ *ecclesiastical/secular j.* **3.1** ~ hebben *have j. (over)* **6.1** zaken brengen **onder** de ~ v.e. rechtbank *bring cases within the competence of a court* **6.2** de ~ v.d. kantonrechter **in** strafzaken *the j. of the local/regional judge in criminal cases.*

jurisprudentie 0.1 *jurisprudence* ◆ **3.1** deze beslissing levert ~ voor gelijkwaardige zaken *this decision provides a precedent for similar cases.*

jurist, -e 0.1 [rechtsgeleerde] *jurist* ⇒*lawyer* **0.2** [student] *law student* ◆ **3.2** ~ zijn *study/read law, read/study for the Bar.*

jurk 0.1 *dress* ◆ **2.1** een blote ~ *a revealing d.*

jury 0.1 [commissie van beoordeling] *jury* ⇒*panel (of judges/adjudicators)* **0.2** [jur.] *jury* ◆ **6.1 in** de ~ zitten *be on the j.*

jurylid 0.1 ⟨jur.⟩ *member of the jury* ⇒⟨commissie⟩ *judge,* ⟨commissie⟩ *adjudicator,* ⟨commissie⟩ *member of the jury.*

juryrapport 0.1 *jury's/judges' report.*

jus 0.1 *gravy.*

jusblokje 0.1 *oxo cube* ⇒*bouillon cube.*

jus d'orange 0.1 *orange juice.*

juskom 0.1 *gravy boat/dish.*

juslepel 0.1 *gravy spoon.*

justeren 0.1 [(een instrument) juist stellen] *adjust* **0.2** [controleren en tot de juiste maat brengen] *adjust* ⇒⟨ijken⟩ *gauge* **0.3** [comp., druk.] *justify.*

Justitia 0.1 *Justice* ◆ **1.1** Vrouwe ~ *the figure/symbol of J.*

justitie 0.1 [rechtspraak; rechtswezen] *justice* **0.2** [rechterlijke macht] *judiciary* ⇒⟨inf.⟩ *the law,* ⟨inf.⟩ *the police* ◆ **1.1** minister van ~ *Minister of Justice, Justice Minister;* officier van ~ *public prosecutor;* het paleis van ~ *the Palace of Justice, the law court(s)* **1.2** de zaak in de handen van (de) ~ geven *take the matter to court* **6.2 met** ~ in aanraking komen *come into conflict with the law.*

justitieel 0.1 *judicial* ◆ **1.1** een ~ onderzoek *a j. inquiry/investigation.*

Jut ◆ **1.**¶ ~ en Jul *an odd couple;* de kop van ~ *try-your-strength machine.*

jute 0.1 ⟨zn. en bn.⟩ *jute* ⇒*burlap.*

jutezak 0.1 *gunny(sack).*

Jutland 0.1 *Jutland.*

Jutlander 0.1 *Jute.*

jutten 0.1 *comb the beach.*

***juttepeer** (Wdl: juttenpeer) **0.1** *yat-pear.*

jutter 0.1 *beachcomber.*

juut 0.1 ⟨inf.⟩ *cop(per).*

juveniel 0.1 *juvenile.*

juweel 0.1 [geslepen edelgesteente, vooral diamant] *jewel* ⇒ *gem* **0.2** [mv.; kostbaarheden] *jewellery* **0.3** [iets dat/iem. die uitmunt] *gem* ◆ **1.3** een ~tje van siersmeedkunst *a splendid example of metalwork;* een ~ v.e. vrouw *a g. of a woman.*

juwelen 0.1 *jewelled* ◆ **1.1** een ~ armband *a j. bracelet.*

juwelenkistje 0.1 *jewel case/box.*

juwelier, -ster 0.1 *jeweller.*

juwelierswinkel 0.1 *jeweller's (shop).*

juxtapositie 0.1 *juxtaposition.*

k

K ⟨afk.⟩ **0.1** [1024 bytes] *K* ♦ **7.1** een computer van 256 ~ *a 256K computer*.
ka 0.1 *witch* ♦ **2.1** een vreselijke ~ *a real w*. **2.¶** een bijdehante ~ *a forward lass*.
kaaiman 0.1 [geslacht van krokodillen] *caiman* **0.2** [de eigenlijke krokodil] *crocodile* **0.3** [mv.; familie v.d. alligators] *alligator*.
kaak 0.1 [beendergestel, boven / onderkaak] *jaw* **0.2** [wang] *cheek* ♦ **2.2** met beschaamde / rode kaken *shamefaced-(ly); with a red face* **6.¶** ⟨fig.⟩ iets **aan** de ~ stellen *expose / denounce sth*. **¶.1** kaken op elkaar! *keep your mouth shut!;* ⟨fig.⟩ zijn kaken stijf op elkaar houden *refuse to say a word*.
kaakbeen 0.1 *jawbone*.
kaakchirurg 0.1 *oral / dental surgeon*.
kaakfractuur 0.1 *broken / fractured jaw*.
kaakgewricht 0.1 *jaw* ⇒*maxillary joint,* ⟨dieren ook⟩ *mandibular joint*.
kaakholte ⟨med.⟩ **0.1** *maxillary sinus*.
kaakje 0.1 *biscuit*.
kaakontsteking 0.1 *inflammation of the jaw*.
kaakslag 0.1 [slag op de wang] *slap in the face* ⇒⟨met vuist⟩ *punch in the face* **0.2** [belediging] *slap in the face (of)*.
kaal 0.1 [haarloos] *bald* **0.2** [geplukt] *featherless* **0.3** [afgesleten] *(thread)bare* **0.4** [ontbladerd; onbegroeid] *bare* **0.5** [onbedekt] *bare* **0.6** [arm] *penniless* **0.7** [schraal] *meagre* ♦ **1.1** een ~ hoofd hebben *be b.(-headed)* **1.3** een kale plek *a (thread)bare spot* **1.5** een kale deur *a stripped door;* ⟨fig.⟩ de kale huur *the basic rent* **1.6** een kale neet *a p. wretch* **3.1** ~ worden *go b*. **3.4** ~ gevreten weiden *close-cropped pastures;* de bomen worden ~ *the trees are losing their leaves* **3.6** iem. ~ plukken *squeeze s.o. dry* **8.1** zo ~ als een biljartbal / knikker zijn *be (as) b. as a coot / an egg*.
kaalheid 0.1 [afwezigheid van haren] *baldness* **0.2** [armoede)] *poverty* **0.3** [zonder versiering] *bareness* **0.4** [onbegroeidheid] *bareness*.
kaalhoofdig 0.1 *bald(-headed)*.
kaalknippen 0.1 *shave bald*.
kaalkop ⟨inf.⟩ **0.1** *baldy*.
kaalplukken ⟨inf.⟩ **0.1** *squeeze (s.o.) dry*.
kaalslag 0.1 [landb.; het vellen van alle bomen] *deforestation* **0.2** [kale plek in bos] *clearing*.
kaaltjes 0.1 *meagre*.
kaan 0.1 [stukje uitgebraden vet] *dripping* **0.2** [stukje hardgebakken spek] *crackling*.
kaap 0.1 *cape* ♦ **3.1** een ~ ronden *round a c*. **¶.1** ~ de Goede Hoop *Cape of Good Hope;* de Kaap *the Cape;* Kaap Hoorn *Cape Horn, the Horn*.
Kaapstad 0.1 *Cape Town*.
Kaapverdië, Kaapverdische Eilanden 0.1 *Cape Verde*.
Kaapverdische Eilanden 0.1 *Cape Verde Islands*.
kaar I ⟨het, de⟩ **0.1** [viskaar] *creel;*
II ⟨het⟩ **0.1** [bak zonder bodem] *(feeding) hopper*.
kaarden 0.1 *card* ♦ **1.1** wol ~ *c. / tease / comb wool*.
kaars 0.1 [ronde staaf van stearine / was] *candle* **0.2** [kaarsvormig voorwerp] *candle* ♦ **1.2** de ~ v.e. kastanje *a horsechestnut c*. **3.1** de ~ aansteken *light the c*. **6.1** ⟨fig.⟩ zo iem.

moet je **met** een ~ je zoeken *people like that are like gold dust* **8.1** zo recht als een ~ *(as) straight as an arrow;* ⟨rechtop⟩ *bolt upright*.
kaarsenmaker 0.1 *candle maker*.
kaarsenpit 0.1 *wick*.
kaarslicht 0.1 *candlelight* ♦ **6.1 bij** ~ dineren *dine by c*.
kaarsrecht 0.1 *dead straight;* ⟨rechtop⟩ *bolt upright* ♦ **3.1** ~ lopen / staan *walk / stand bolt upright*.
kaarsvet 0.1 *candle-grease*.
kaart 0.1 [speelkaart] *card* **0.2** [toebedeelde speelkaarten] *cards* ⇒*hand* **0.3** [stuk met gegevens] *card;* ⟨spijskaart⟩ *menu* **0.4** [toegangskaart] *ticket* **0.5** [ansichtkaart] *card* **0.6** [blad met voorstelling v.d. aarde / hemel] *map;* ⟨zee, weer⟩ *chart* ♦ **1.1** een spel ~ en *a pack of cards* **2.2** ⟨fig.⟩ dat is doorgestoken ~ *it's been arranged behind our backs, it's rigged; it's a frame up* ⟨gearrangeerde beschuldiging⟩; ⟨fig.⟩ dat is geen haalbare ~ *it's not a viable proposition, it's not practicable / workable;* ⟨fig.⟩ open ~ spelen *put all one's cards on the table* **2.3** de gele / rode ~ krijgen *be shown the yellow / red c.;* groene ~ *[B]green c*. **3.1** ⟨fig.⟩ iem. de ~ leggen *read s.o.'s cards;* zijn ~ en op tafel leggen *put all one's cards on the table* ⟨ook fig.⟩; de ~ en zijn geschud ⟨fig.⟩ *the die is cast, decisions have been made* **6.1** ⟨fig.⟩ alles **op** één ~ zetten *put all one's eggs in one basket* **6.2** ⟨fig.⟩ iem. **in** de ~ laten kijken *see through s.o.;* ⟨fig.⟩ zich **in** de ~ laten kijken *show one's cards / hand;* ⟨fig.⟩ iem. **in** de ~ spelen *play into s.o.'s hands;* ⟨fig.⟩ zich niet **in** de ~ laten kijken *play one's cards close to one's chest* **6.4** in ~ ~ brengen *map; chart* ⟨zee⟩; die plaats staat niet **op** de ~ *that place isn't on the m*. **6.¶ van** de ~ zijn *be (all) at sea;* ⟨van streek⟩ *be upset* **¶.3** mag ik de ~ van u *may I have the menu, please?*
kaartcel 0.1 *phonecard telephone kiosk*.
kaarten 0.1 *play cards* ♦ **6.1** ~ om geld *play cards for money*.
kaartenbak 0.1 *card-tray*.
kaartenhuis ♦ **8.¶** instorten als een ~ *collapse like a house of cards*.
kaarter, kaartster 0.1 *card player*.
kaartje 0.1 [visitekaartje] *(visiting / ⟨zakenlieden⟩ business) card* **0.2** [toegangskaartje, plaatsbewijs] *ticket* ♦ **1.1** zijn ~ afgeven / achterlaten *leave one's c*. **3.¶** een ~ leggen / maken *have a game of cards* **6.2** een ~ **voor** de bioscoop *a t. for the cinema*.
kaartjesknipper 0.1 *ticket collector* ⇒⟨instrument⟩ *ticket punch*.
kaartlegger, -legster 0.1 *fortune teller*.
kaartlezen 0.1 *read maps*.
kaartlezer 0.1 [persoon] *map-reader* **0.2** [comp.] *(punched) card reader*.
kaartponser ⟨comp.⟩ **0.1** *card punch*.
kaartspel 0.1 [het kaartspelen] *card playing* ⇒⟨inf.⟩ *cards* **0.2** [spel met kaarten] *card game* **0.3** [een spel kaarten] *pack of cards* ♦ **6.1** geld verliezen **bij** het ~ *lose money at cards*.
kaartsysteem 0.1 *card index*.
kaarttelefoon 0.1 *card phone*.
kaartverkoop 0.1 *ticket sales* ♦ **6.1** ~ **aan** de zaal *tickets on sale at the door*.
kaas 0.1 *cheese* ♦ **2.1** belegen ~ *matured c.;* geraspte ~ *grated c.;* jonge ~ *new c.;* oude ~ *fully mature c*. **3.1** ⟨fig.⟩ hij heeft er geen ~ van gegeten *he doesn't know the first thing about it;* ⟨fig.⟩ zich de ~ niet van het brood laten eten *be able to stand up for o.s*.
kaasboer 0.1 [handelaar in kaas] *cheesemonger* **0.2** [boer die vooral kaas maakt] *cheese maker*.

kaasdoek 0.1 *cheesecloth.*
kaasfabriek 0.1 *cheese factory.*
kaasfondue 0.1 *cheese fondue.*
kaasfonduen 0.1 *have cheese fondue.*
kaaslinnen →**kaasdoek.**
kaasmaker 0.1 *cheese maker.*
kaasmarkt 0.1 *cheese market.*
kaassaus 0.1 *cheese sauce.*
kaasschaaf 0.1 *cheeseslicer.*
kaassoort 0.1 *type of cheese.*
kaassoufflé 0.1 *cheese soufflé.*
kaasstolp 0.1 *cheese cover.*
kaastaart 0.1 *±quiche.*
kaatsen 0.1 *bounce.* →**bal.**
kabaal 0.1 *racket* ⇒*row* ♦ **3.1** ~ maken *make a racket.*
kabaalmaker 0.1 *rowdy* ⇒*troublemaker.*
kabbala 0.1 *ca(b)bala.*
kabbelen 0.1 *lap;* ⟨ook fig.⟩ *ripple, babble, murmur* ♦ **1.1**
⟨fig.⟩ het gesprek kabbelt maar voort *the conversation babbles on;* ~d water *rippling/*⟨geluid⟩ *murmuring water.*
kabel 0.1 [dik touw; staaldraad; ankertouw] *cable* **0.2** [geleidingsdraad] *wire* ⇒⟨dikker⟩ *cable* **0.3** [kabeltelevisie] *cable television* ♦ **2.2** eenaderige / meeraderige ~ *single-core/multi-core cable* **6.1** het schip sloeg los van de ~s *the ship parted its moorings* **6.3** deze wijk zit nog niet op de ~ *this area doesn't receive c. t. yet.*
kabelaansluiting 0.1 *connection to cable TV.*
kabelabonnee 0.1 *subscriber to cable television.*
kabelbaan 0.1 *funicular (railway)* ⇒*cable-lift.*
kabelbrug 0.1 *(suspended) rope bridge.*
kabeldraad 0.1 *strand.*
kabelexploitant 0.1 *operator of a cable TV system.*
kabeljauw 0.1 *cod(fish).*
kabeljauwfilet 0.1 *fillet of cod.*
kabelkrant 0.1 *cable TV information service.*
kabellengte 0.1 [lengte v.e. kabel] *length of a / the cable*
0.2 [afstandsmaat] *±cable (length)* ♦ **7.2** op drie ~n afstand van *±(at a distance of) three cables from.*
kabelnet 0.1 [kabeltelevisienet] *cable television network*
0.2 [stelsel van kabels] *cable system/network* ♦ **6.1** aangesloten zijn op het ~ *receive cable television.*
kabelslot 0.1 *bicycle lock with a cable.*
kabeltelevisie 0.1 *cable television.*
kabeltouw 0.1 [ankertouw] *cable* **0.2** [zwaar touw] *cable* ⇒ ⟨scheep. ook⟩ *hawser* **0.3** [staaldraadtouw] *steel cable* ♦ **8.2** aderen als ~en *bulging veins.*
kabeltrui 0.1 *cable sweater.*
kabinet 0.1 [regering] *cabinet* ⇒*government* **0.2** [ambtelijk bureau] *office,* **bureau 0.3** [meubelstuk] *cabinet* **0.4** [verzameling; vertrek daarvoor]⟨vertrek⟩ *gallery;* ⟨verzameling⟩ *collection* ♦ **1.1** het ~ Lubbers *the Lubbers c./government* **1.4** een ~ van schilderijen / penningen *a collection of paintings/coins* **1.¶** het ~ der Koningin *the Queen's Cabinet* **2.1** een nationaal ~ *a government of national unity* **3.1** opdracht krijgen om een ~ te vormen *be instructed to form a government/a c.*
kabinetsbeleid 0.1 *cabinet policy.*
kabinetsberaad 0.1 *cabinet meeting.*
kabinetsbeslissing 0.1 *cabinet('s) decision.*
kabinetsbesluit 0.1 *cabinet decision.*
kabinetscrisis 0.1 [val v.h. kabinet] *fall of the government*
0.2 [ministeriële crisis] *cabinet / ministerial crisis.*
kabinetsformateur 0.1 *person charged with forming a*
new government ♦ **3.1** … is tot ~ benoemd … *has been asked to form a (new) government / cabinet.*

kabinetswijziging 0.1 *cabinet change* ⇒⟨bij het vervangen van meerdere mensen⟩ *cabinet reshuffle.*
kabinetszitting 0.1 *cabinet meeting.*
kabouter 0.1 [sprookjesfiguur] *gnome* ⇒*pixie,* ⟨mv. ook⟩ *little people* **0.2** [klein kind] *dwarf, imp* **0.3** [vrouwelijke padvinder] *Brownie* ♦ **3.1** dat hebben de ~tjes gedaan *it must have been the fairies / little people.*
kachel¹ ⟨de⟩ **0.1** *stove;* ⟨elektrisch, gas⟩ *heater, fire;* ⟨haard⟩ *fire* ♦ **3.1** ⟨fig.⟩ met iem. de ~ aanmaken *wipe the floor with s.o.* **6.1** achter de ~ blijven *stay (at) home;* ⟨pej.⟩ *be stuck at home.*
kachel² ⟨bn.⟩⟨inf.⟩ **0.1** *tight, loaded.*
kachelen 0.1 *potter about.*
kachelpijp 0.1 [pijp van een kachel] *stovepipe* **0.2** [hoge hoed] *stovepipe hat.*
kadaster 0.1 [openbaar register] *±land register* **0.2** [kantoor] *±land registry* ♦ **6.1** in het ~ opnemen *enter in the l. r.*
kadaver 0.1 ⟨kreng⟩ *(dead) body, carrion;* ⟨lijk⟩ *corpse;* ⟨med. ook⟩ *cadaver.*
kade 0.1 *quay, wharf* ♦ **6.1** het schip ligt aan de ~ *the ship lies by the quay(side)/w.;* een ligplaats aan de ~ *a berth;* aanleggen / meren / vastleggen aan de ~ *moor alongside the q.;* lossen aan de ~ *unload onto the q./w., land.*
kademuur 0.1 [om walkanten te beschermen] *quay-wall* ⇒ *embankment.*
kader 0.1 [omlijsting] *frame(work)* ⇒⟨mbt. zetsel⟩ *box* **0.2** [staf] *executives* **0.3** [mil.] *officers and N.C.O.'s* **0.4** [biljart] *baulk lines* ♦ **3.1** ⟨fig.⟩ in welk ~ moet ik dat plaatsen? *where does that come in/fit in?* **6.1** ⟨fig.⟩ buiten het ~ van *outside the scope of;* ⟨fig.⟩ in het ~ van *within the framework/scope of, as part of.*
kaderlid 0.1 *executive;* ⟨mil.⟩ *officer* ⟨officier⟩; *N.C.O.* ⟨onderofficier⟩.
kaderopleiding 0.1 ⟨mil.⟩ *cadre training;* ⟨bedrijfsleven⟩ *executive/management training.*
kaderschool 0.1 *school for officers and N.C.O.'s.*
kaderwet 0.1 *basic/general law.*
kadetje 0.1 *(bread) roll.*
kadi 0.1 *cadi.*
kaduuk ⟨inf.⟩ **0.1** *broken;* ⟨stoel enz. ook⟩ *rickety;* ⟨tv⟩ *on the blink.*
kaf 0.1 [hulzen van korenaren] *chaff* ♦ **3.1** het ~ van het koren scheiden ⟨fig.⟩ *separate the wheat from the c.;* het ~ uit het koren wannen *winnow the c. (out) from the grain* **6.1** ⟨fig.⟩ er is veel ~ onder het koren *there's a lot of dead wood.*
kaffer ⟨inf.⟩ **0.1** [lomperik] *boor* ⇒*lout* **0.2** [stommeling] *blockhead* ⇒*nitwit.*
Kaffer 0.1 [Bantoeneger] *Kaffir.*
kafferen 0.1 *let rip/fly (at).*
kaft 0.1 [omslag] *cover* **0.2** [beschermend papier] *jacket* ♦ **2.1** met harde ~ *hard-back/-bound/-cover(ed).*
kaftan 0.1 *caftan.*
kaften 0.1 *cover* ⇒⟨met losse stofomslag⟩ *put a jacket on.*
kaftpapier 0.1 *wrapping-paper* ⇒*brown paper.*
Kaïn 0.1 *Cain.*
kajak 0.1 *kayak.*
kajuit 0.1 *saloon.*
kak ⟨inf.⟩ **0.1** [poep] *shit* ⇒*crap* **0.2** [bluf, drukte] *swank* ⇒ *(fancy) airs* ♦ **2.2** kale/kouwe ~ s., la-di-da *behaviour.*
kakel, kakelaar(ster) 0.1 [persoon] *chatterer* ⇒*chatterbox* **0.2** [het gekakel] *cackle* ⇒*chatter.*
kakelbont 0.1 [met veel kleuren] *gaudy* ⇒*garish* **0.2** [fig.; overladen] *gaudy* ⇒*flashy.*

kakelen 0.1 *cackle;* ⟨fig. ook⟩ *chatter.*

kakelvers 0.1 *farm-fresh.*

kaketoe 0.1 *cockatoo.*

kaki I ⟨het⟩ 0.1 [grauwgele katoenen stof] *khaki;*
II ⟨de⟩ 0.1 [vrucht] *kaki* ⇒*Japanese persimmon.*

kakken ⟨inf.⟩ 0.1 *crap* ⇒*shit* ♦ 6.1 ⟨fig.⟩ iem. **te** ~ zetten
make s.o. look like a jerk/⟨BE ook⟩ *look a berk.*

kakker(d) ⟨inf.⟩ 0.1 [bekrompen persoon] *narrow-minded
bastard* 0.2 [bekakt persoon] *pompous bastard* 0.3 [ban-
gerd] *chicken.*

kakkerlak 0.1 *cockroach.*

kakmadam ⟨inf.⟩ 0.1 *stuck-up woman;* ⟨opgedirkt⟩ *tarted-
up woman.*

kakofonie 0.1 *cacophony* ♦ 1.1 een ~ van stemmen *a c. of
voices.*

kal(e)bas 0.1 *gourd* ⇒*calabash, pumpkin.*

kalen I ⟨onov.ww.⟩ 0.1 [kaal beginnen te worden] *be balding* ♦ 1.1 een ~de man *a balding man;*
II ⟨ov.ww.⟩⟨scheep.⟩ 0.1 [onttakelen] *unrig.*

kalender 0.1 *calendar* ♦ 2.1 de Gregoriaanse/Juliaanse/
republikeinse/Romeinse/joodse ~ *the Gregorian/Julian/
Revolutionary/Roman/Jewish c.;* kerkelijke ~ *ecclesiasti-
cal/church c.*

kalenderjaar 0.1 *calendar year.*

kalf 0.1 [dier] *calf* ⟨ook van hert, walvis enz.⟩ 0.2 [bouwk.]
lintel ⇒⟨van raam⟩ *transom,* ⟨dwarsbalk⟩ *crossbeam* ♦
2.1 het gemeste ~ slachten *kill the fatted c.;* ⟨fig.⟩ het gouden ~ aanbidden *worship the golden c.;* een nuchter ~
⟨pasgeboren⟩ *a newborn c.* 3.1 een ~ krijgen *calve* ¶.1
⟨sprw.⟩ als het ~ verdronken is, dempt men de put *it's too
late to lock the stable door after the horse has bolted.*

kalfsbiefstuk 0.1 *veal steak.*

kalfsborst 0.1 *breast of veal.*

kalfsgehakt 0.1 *minced veal.*

kalfslapje 0.1 *veal steak.*

kalfsleer 0.1 *calf* ⇒*calfskin.*

kalfsoester 0.1 *veal escalope.*

kalfsvlees 0.1 *veal.*

kali 0.1 [schei.]⟨kalium⟩ *potassium, potash;* ⟨kaliumhy-
droxide⟩ *potassium hydroxide, (caustic) potash* 0.2
[landb.] *potash.*

kaliber 0.1 [middellijn] *calibre* ⇒*bore* 0.2 [soort, aard; ook
mbt. personen] *calibre* ♦ 2.1 een stuk geschut van groot ~
a large-bore weapon 3.1 het ~ bepalen van *gauge* 4.2 zij
zijn van hetzelfde ~ *they are of the same c.;* ⟨inf.⟩ *they are
birds of a feather.*

kalief 0.1 *caliph.*

kalium 0.1 *potassium* ⇒*potash.*

kalk 0.1 [ongebluste kalk] *(quick)lime* 0.2 [gebluste kalk]
slaked lime 0.3 [metselspecie] *(lime) mortar* 0.4 [specie
om mee te pleisteren] *plaster* ⇒⟨om mee te witten⟩ *whitewash* 0.5 [geol.] *limestone* 0.6 [schei.] *calcium* ♦ 2.1 ma-
gere/vette ~ *lean/fat l.* 3.1 ~ branden *burn lime* 6.6 met ~
bemesten *lime.*

kalkaanslag 0.1 *scale* ⇒*fur* ♦ 3.1 ~ verwijderen uit *descale.*

kalkei 0.1 [in kalk bewaard ei] *egg preserved in lime* ⇒
pickled egg 0.2 [uit kalk gemaakt ei] *plaster egg.*

kalken 0.1 [met kalk bewerken] *lime* ⟨grond, huid⟩; ⟨pleiste-
ren⟩ *plaster;* ⟨witten⟩ *whitewash, limewash;* ⟨ruw pleiste-
ren⟩ *roughcast* 0.2 [slordig en snel schrijven] *scribble* 0.3
[(opschriften) op muren aanbrengen] *chalk* ♦ 5.2 tien vel-
letjes vol ~ *s. ten sheets.*

kalkgebrek 0.1 ⟨med.⟩ *calcium deficiency;* ⟨in grond⟩ *deficiency in lime.*

kalkgroeve 0.1 *limestone quarry.*

kalkgrond 0.1 *calcareous soil* ⇒*limy soil.*

kalkhoudend 0.1 *calcareous* ⇒*calciferous,* ⟨water⟩ *hard* ♦
1.1 een ~e bodem *a limy soil, calcareous/calciferous soil.*

kalklaag 0.1 [geol.] *limestone stratum/layer* ⇒*limestone
deposit* 0.2 [op muur enz.] *coat of whitewash, plaster
rendering.*

kalkoen 0.1 [hoenderachtige vogel] *turkey* ♦ 2.1 een jonge
~ *a t. poult* 8.1 rood worden als een ~ *go/turn purple in
the face.*

kalkoven 0.1 *limekiln.*

kalksteen 0.1 *limestone.*

kalligraferen I ⟨ov.ww.⟩ 0.1 [in schoonschrift opstellen]
write in calligraphy/fine handwriting ♦ 1.1 een gekalli-
grafeerde oorkonde *a calligraphic document;*
II ⟨onov.ww.⟩ 0.1 [schoonschrijven] *practise calligraphy/
penmanship.*

kalligrafie 0.1 [schoonschrijfkunst] *calligraphy* ⇒*penmanship* 0.2 [fraai geschreven stuk] *piece of calligraphy.*

kalm 0.1 [(mbt. het gemoed) niet opgewonden] *calm* ⇒*cool,
composed* 0.2 [niet gejaagd] *calm* ⇒*peaceful, quiet* 0.3
[mbt. de natuur] *calm* ⇒*still, tranquil* ♦ 1.2 met een ~
gangetje *at an easy pace* 1.3 een ~e overtocht *a smooth
crossing* 1.¶ ⟨ec.⟩ een ~e beurs *a quiet/dull (stock) market*
3.1 iets ~ opnemen *take sth. calmly;* ~ worden *calm
(down)* 4.1 ~ jij! *(will you) be quiet!* 5.2 ~ aan! ⟨gemoed⟩
calm down!; ⟨tempo⟩ *take it easy!, easy does it!;* ⟨woede;
sl.⟩ *steady on!;* ~ aan doen met *go easy on.*

kalmeren I ⟨onov.ww.⟩ 0.1 [kalm worden] *calm (down);*
II ⟨ov.ww.⟩ 0.1 [kalm maken] *calm (down)* ⇒*soothe, tran-
quillize* ♦ 1.1 een ~d effect *a calming/soothing/tranquil-
lizing effect;* de opgewonden gemoederen ~ *calm/soothe
tempers* 3.1 ~d werken op *have a calming/soothing/
tranquillizing effect on.*

kalmeringsmiddel 0.1 *sedative* ⇒*tranquillizer.*

kalmpjes 0.1 [onbewogen; niet gejaagd] *calmly* 0.2 [onge-
stoord] *calmly* ⇒*quietly* ♦ 3.1 iets ~ kunnen aanzien/op-
nemen *take sth. c., remain unruffled* 3.2 ~ leven *live a
quiet life* 5.1 ~ aan! ⟨tempo⟩ *easy does it!*

kalmte 0.1 [bedaardheid] *calm(ness)* ⇒*composure,* ⟨inf.⟩
cool 0.2 [staat van rust] *calm(ness)* ⇒*tranquillity, quiet-
ness* 0.3 [onverstoorbaarheid] *calm* ⇒*composure* ♦ 2.1
ijzige ~ *icy calm* 3.1 zijn ~ bewaren *keep one's head/com-
posure/self-control/cool* 3.3 ik hervond mijn ~ *I recovered my composure* 6.1 iem. **tot** ~ brengen *calm s.o.
(down).*

kalot 0.1 [mutsje van rooms-katholieke priesters] *calotte* ⇒
skull-cap 0.2 [alpinopetje] *beret.*

kalven 0.1 [een kalf werpen] *calve* 0.2 [afbrokkelen] *break
off* ⟨grond⟩; *calve* ⟨ijsberg, gletsjer⟩.

kalverbox 0.1 *calf pen.*

kalverliefde 0.1 *calf love, puppy love.*

kam 0.1 [toiletgereedschap; haarspeld] *comb* 0.2 [uitwas op
kop]⟨van hoenders⟩ *comb;* ⟨van hoenders, andere vogels,
hagedissen, helm⟩ *crest* 0.3 [aantal bananen aan een tros]
hand (of bananas) 0.4 [bergkam] *crest* ⇒*ridge* 0.5
[muz.] *bridge* 0.6 [weefkam] *reed* ⇒*sley* ♦ 2.1 ⟨fig.⟩ iets
met de fijne ~ reinigen/ordenen/nagaan *go over sth. with
a fine-tooth comb* 3.1 een ~ door het haar halen *run a c.
through one's hair* 6.1 ⟨fig.⟩ je moet niet alles/iedereen
over één ~ scheren *don't generalise* 6.2 ⟨fig.⟩ iem. **in** de ~
zitten/pikken *needle s.o.*

kameel 0.1 *camel.*

kameelhaar 0.1 [haar van kamelen] *camel('s) hair* 0.2
[mohair] *camelhair.*

kameleon 0.1 *chameleon.*

kamer 0.1 [vertrek] *room* ⇒⟨klein⟩ *closet,* ⟨voor speciale doeleinden⟩ *chamber* **0.2** [huurkamer] *room* ⇒*apartment* **0.3** [afdeling v.e. wetgevend lichaam] *chamber, house* **0.4** [vereniging van personen] *chamber* ⇒*board,* ⟨jur.⟩ *court* **0.5** [med] *chamber* ⇒*cavity,* ⟨hart⟩ *ventricle* ♦ **1.3** ⟨Belg.⟩ Kamer van Volksvertegenwoordigers *Chamber of Deputies* **1.4** de Kamer van Koophandel en Fabrieken *the Chamber of Commerce* **1.5** de ~s v.h. hart zijn de hartboezem en de hartkamer *the chambers of the heart are the atrium and the ventricle* **2.1** het kleinste ~tje *'the smallest r.';* mooie/beste ~ *(front) parlour, front r.* **2.4** ⟨jur.⟩ enkelvoudige ~ *judge in chambers* **3.2** een ~ delen ⟨in hotel⟩ *share a r.;* ⟨inf.⟩ ~s verhuren ⟨aan studenten⟩ *take in lodgers* **3.3** de Kamer ontbinden/bijeenroepen *dissolve/convoke the House/Chamber* **6.1** op mijn ~ *in my r.* **6.2** ~ met ontbijt *Bed and Breakfast, B & B;* hij woont op ~s *he is/lives in lodgings/rooms/*⟨inf.⟩ *digs;* op ~s gaan wonen *move into lodgings/rooms/*⟨inf.⟩ *digs* **6.3** in beide Kamers *in both Houses (of Parliament)* **6.4** ⟨jur.⟩ de ~ voor strafzaken *the criminal court* **7.3** de Eerste Kamer *the (Dutch) Upper Chamber/House;* ⟨in GB⟩ *the (House of) Lords, the Upper House;* ⟨in USA⟩ *the Senate;* de Tweede Kamer *the (Dutch) Lower Chamber/House;* ⟨in GB⟩ *the (House of) Commons;* ⟨in USA⟩ *the House (of Representatives).*

kameraad 0.1 [makker] *comrade, companion* ⇒⟨inf.⟩ *mate, pal, buddy* **0.2** [pol.] *comrade* ♦ **2.1** gezworen kameraden zijn *be sworn friends;* hij is mijn vaste ~ *he is my buddy.*

kameraadschap 0.1 *companionship, (good-)fellowship* ⇒ *camaraderie.*

kameraadschappelijk 0.1 *companionable* ⇒*friendly,* ⟨inf.⟩ *chummy,* ⟨inf.⟩ *pally,* ⟨inf.⟩ *mat(e)y* ♦ **3.1** ~ met elkaar omgaan *fraternize with s.o.;* ⟨inf.⟩ *be pally/mat(e)y with s.o.*

kamerantenne 0.1 *indoor aerial.*

kamerarrest ⟨mil.⟩ **0.1** *confinement to barracks/one's room* ♦ **3.1** ⟨fig.⟩ ~ hebben *be confined to one's room.*

kamerbewoner, -woonster 0.1 *lodger; paying guest.*

kamerbreed 0.1 [mbt. breedte] *wall-to-wall* **0.2** [ruim] *vast* ♦ **1.1** ~ tapijt *wall-to-wall carpet(ing)* **1.2** een kamerbrede meerderheid *an overwhelming majority.*

kamerdebat 0.1 *parliamentary/*⟨in USA⟩ *congressional debate.*

kamerdienaar 0.1 *valet* ⇒⟨plechtig⟩ *chamberlain.*

kamerfractie 0.1 *parliamentary party.*

kamergeleerde 0.1 *armchair scholar.*

kamergenoot 0.1 *roommate.*

kamerhuur 0.1 [huurprijs] *(room)rent.*

kamerjas 0.1 *dressing gown.*

kamerlid 0.1 *Member of Parliament* ⇒*M.P.* ♦ **6.1** het ~ voor de PvdA, het PvdA-kamerlid …*the PvdA Member of Parliament/M.P.…*

kamerlidmaatschap 0.1 *membership of the (Dutch) parliament.*

kamermeerderheid 0.1 *parliamentary majority.*

kamermeisje 0.1 *chambermaid.*

kamermuziek 0.1 *chamber music* ⇒⟨uitvoering⟩ *chamber concert.*

Kameroen 0.1 *Cameroon.*

Kameroens 0.1 *Cameroonian.*

kamerplant 0.1 *houseplant, indoor plant.*

kamerscherm 0.1 *(folding) screen.*

kamertemperatuur 0.1 [ook schei., nat.] *room temperature.*

kamerverhuurbureau 0.1 *accommodation office/agency.*

---

kamerverkiezing 0.1 *parliamentary/*⟨in USA⟩ *congressional elections.*

kamervoorzitter 0.1 *chairman/president of the House (of Parliament)* ⇒⟨in Engeland⟩ ±*Speaker* ⟨vnl. van 2e Kamer/House of Commons⟩, *Lord Chancellor* ⟨1e Kamer/House of Lords⟩.

kamerzetel 0.1 *seat* ♦ **3.1** zijn ~ opgeven *resign one's s.*

kamerzitting 0.1 *session of Parliament* ⟨in USA⟩ *Congress.*

kamfer 0.1 *camphor.*

kamgaren 0.1 [garen] *worsted (yarn)* **0.2** [stof]⟨zn. en bn.⟩ *worsted.*

kamikaze(piloot) 0.1 *kamikaze* ⇒*suicide pilot.*

kamille 0.1 [plantengeslacht] *camomile* **0.2** [aftreksel] *camomile extract* ♦ **2.1** stinkende ~ *stinking mayweed/ c.;* wilde ~ *corn c.*

kamillethee 0.1 *camomile tea.*

kammen 0.1 *comb* ♦ **1.1** een kind ~ *c. a child's hair;* wol ~ *c./tease wool* **4.1** zich ~ *c. (one's hair).*

kamp I ⟨het⟩ **0.1** [verblijfplaats; partij] *camp* ♦ **3.1** het ~ afbreken *strike/break c.;* een ~ betrekken *go into c.;* het ~ opslaan *pitch c./the tents;*
II ⟨de⟩ **0.1** [strijd] *combat* ⇒*struggle, battle* **0.2** [wedstrijd] *match* ⇒⟨vechtsport⟩ *fight* ♦ **3.1** een ~ voeren *fight a battle.*

kampbeul 0.1 *camp executioner.*

kampcommandant 0.1 *camp commander.*

kampeerboerderij 0.1 *farmyard campsite.*

kampeerbus 0.1 *camper (bus/van).*

kampeerder, -ster 0.1 *camper.*

kampeerkaart 0.1 *camping card.*

kampeerterrein 0.1 *camp(ing) site* ⇒⟨voor caravans⟩ *caravan park/site.*

kampeeruitrusting 0.1 *camping equipment.*

kampeerwagen 0.1 [aanhangwagen] *caravan* **0.2** [kampeerauto] *camper.*

kampement 0.1 *camp, encampment* ⇒⟨van barakken, kazerne⟩ *barracks.*

kampen ⟨schr ⟩ **0.1** *contend (with)* ⇒*combat/struggle/ fight/wrestle (with)* ♦ **6.1** te ~ hebben met moeilijkheden *have to contend with difficulties;* met tegenslag te ~ hebben *have to cope with setbacks.*

kamperen 0.1 [tijdelijk verblijf opslaan] *camp (out), encamp* ⇒*pitch (one's) tents, bivouac* **0.2** [een tocht ondernemen] *camp (out)* ♦ **3.1** gaan ~ *go camping* **5.1** vrij/bij de boer ~ *c. wild/on a farm.*

kamperfoelie 0.1 *honeysuckle* ♦ **2.1** wilde ~ *wild h., woodbine.*

kampioen 0.1 [sport; winnaar] *champion; titleholder* **0.2** [voorvechter] *champion (of)* ⇒*advocate (of)* ♦ **1.2** ~ van de vrijheid zijn *be the/a c. of liberty* **6.1** hij is ~ op de schaats *he is the skating c.*

kampioenschap 0.1 [wedstrijd] *championship* ⇒*contest, competition, tournament* **0.2** [hoedanigheid] *championship* ⇒*title.*

kampioenstitel 0.1 *(champion's) title.*

kampong 0.1 *kampong* ⇒*compound.*

Kampuchea 0.1 *Kampuchea.*

kampvuur 0.1 *campfire* ⇒⟨wachtvuur⟩ *watchfire.*

kan 0.1 [vaatwerk] *jug* **0.2** [oosterse stijl] *khan* ♦ **1.1** een ~ koffie/stroop *a j. of coffee/syrup;* ⟨fig.⟩ de zaak is in ~nen en kruiken *it's in the bag/all settled* **6.1** ⟨fig.⟩ het onderste uit de ~ willen hebben *want to have one's cake and eat it.*

Kanaak 0.1 *Kanaka.*

kanaal 0.1 [kunstmatige waterweg] *canal* ⇒*channel* **0.2**

[natuurlijke zee-engte] *channel* **0.3** [weg, middel] *chan-nel* **0.4** [radio, tv] *channel* **0.5** [pijp] *channel* ⇒*duct* **0.6** [med.] *channel, canal* ⇒*duct*, ⟨spijsvertering⟩ *tract* ◆ **2.3** langs diplomatieke kanalen *through diplomatic channels* ¶**.2** Het Kanaal *the (English) Channel.*

Kanaaleilanden 0.1 *(the) Channel Islands/Isles.*

kanaalkiezer ⟨com.⟩ **0.1** *programme/channel selector.*

Kanaaltunnel 0.1 *Channel tunnel.*

Kanaalzwemmer, -ster 0.1 *cross-Channel swimmer.*

Kanaän 0.1 *Canaan* ◆ **1.1** de tale ~s ⟨pej.⟩ *pious/sanctimonious talk.*

kanaliseren 0.1 [fig.; in zekere banen leiden] *channel* **0.2** [van kanalen voorzien] *canalize.*

kanarie 0.1 *canary (bird)* ◆ **2.1** Europese ~ *serin.*

kanariegeel 0.1 ⟨bn. en zn.⟩ *canary yellow.*

kanariepietje 0.1 *canary (cockbird).*

kandelaar 0.1 *candlestick* ⇒*candleholder* ◆ **2.1** een zevenarmige ~ *a menorah.*

kandelaber 0.1 *candelabrum; candelabra.*

kandidaat, -date 0.1 [gegadigde] *candidate* ⇒⟨sollicitant⟩ *applicant*, ⟨voorgedragen kandidaat⟩ *nominee* **0.2** [iem. die zich voor een examen aanmeldt] *candidate* ⇒*examinee* **0.3** [drager van de laagste academische graad] *candidate* ⇒±*bachelor of arts/science/law* ◆ **3.1** zich ~ stellen (voor) *run (for), stand (for);* ⟨iem.⟩ ~ stellen *nominate/put forward (s.o.)* **6.1** hij is ~ **voor** de gemeenteraad *he's standing for the municipal council.*

kandidaatsexamen, kandidaats 0.1 ±*first university examination/degree* ⇒*bachelors degree.*

kandidatenlijst 0.1 *list of candidates.*

kandidatuur 0.1 *candidature* ⇒*candidacy, nomination* ◆ **3.1** zijn ~ intrekken *withdraw (one's nomination) as a candidate.*

kandij 0.1 *candy.*

kandijsuiker 0.1 *(sugar) candy.*

kaneel 0.1 *cinnamon* ◆ **1.1** een pijpje ~ *a stick of c.*

kaneelpijp, kaneelstokje 0.1 *cinnamon stick* ⇒*stick of cinnamon.*

kangoeroe 0.1 *kangaroo* ⇒⟨kleine soort⟩ *wallaby.*

kanis ⟨inf.⟩ **0.1** [kop] *block* ⇒*pate, noggin* **0.2** [bek] *trap* ⇒ ⟨sl.⟩ *gob* ◆ **2.1** een kale ~ *a bald pate* **3.2** hou je ~! *shut your t./gob* **6.1** iem. een dreun **voor** zijn ~ geven *let s.o. have one on the kisser.*

kanjer 0.1 [iem. die voortreffelijk is in iets] *wizard;* ⟨inf.⟩ *humdinger, whiz kid;* ⟨sport⟩ *star (player)* **0.2** [knots] *whopper* ⇒*colossus* **0.3** [sport] *(a) real beauty* ⇒*scorcher* ◆ **6.2** een ~ **van** een vis/appel *a whopping fish/apple, a whopper.*

kanker 0.1 [ziekte] *cancer* ⇒⟨med.⟩ *carcinoma* **0.2** [fig.] *cancer* ⇒*canker* **0.3** [ziekte bij dieren/planten/bomen] *canker* ⇒*cankerous growth* ◆ **3.1** aan ~ doodgaan *die of cancer;* ~ hebben *have cancer;* aan ~ lijden *suffer from cancer* **3.3** door ~ aangevreten *cankerous.*

kankeraar 0.1 *grouser* ⇒*grumbler,* ⟨inf.⟩ *bellyacher.*

kankerbestrijding 0.1 *fight against cancer* ⇒*cancer control,* ⟨campagne⟩ *anti-cancer campaign.*

kankeren 0.1 [mopperen] *grouse* ⇒*grumble, gripe,* ⟨sl.⟩ *bellyache* ◆ **6.1** ~ **op** de maatschappij *grouse about society.*

kankergezwel 0.1 *cancerous tumour/growth* ◆ **2.1** hard ~ *scirrhus.*

kankerlijer ⟨inf.⟩ **0.1** *rotten bastard* ⇒*asshole.*

kankeronderzoek 0.1 *cancer research.*

kankerpatiënt, -e 0.1 *cancer patient.*

kankerpit ⟨inf.⟩ **0.1** *bellyacher* ⇒*Jeremiah.*

kankerspecialist 0.1 *cancer specialist* ⇒*oncologist.*

kankerverwekkend 0.1 *carcinogenic.*

kankerzooi ⟨inf.⟩ ◆ **2.**¶ de hele ~ *the whole bloody mess.*

kannibaal 0.1 [menseneter] *cannibal* ⇒*man-eater* **0.2** [woesteling] *cannibal* ⇒*savage.*

kannibalisme 0.1 *cannibalism.*

kano 0.1 [bootje] *canoe* **0.2** [gebakje] *almond boat.*

kanoën 0.1 *canoe.*

kanon 0.1 [vuurwapen] *gun* ⇒*cannon* **0.2** [persoon, kopstuk] *big shot* ⇒*big name* **0.3** [sport] *fast shot* ◆ **2.2** de economische en politieke ~s *the economic and political big shots* **3.1** als de ~nen spreken *in time of war* **6.1** ⟨fig.⟩ met een ~ op een mug/vlieg schieten *crack a nut with a sledgehammer.*

kanongebulder 0.1 *booming/thunder of cannons/guns.*

kanonnade 0.1 [het schieten met kanonnen] *cannonade* ⇒ *barrage* **0.2** [geschutvuur] *cannonade* ⇒*volley.*

kanonnenvlees, kanonnenvoer 0.1 *cannon fodder.*

kanonnier 0.1 *gunner* ⇒*cannoneer/nier.*

kanonschot 0.1 [schot met een kanon] *gun/cannonshot* **0.2** [sport] *terrific/cannonball shot* ⇒⟨inf.⟩ *sizzler.*

kanonskogel 0.1 [kogel uit een kanon] *cannonball/shot* ⇒ *projectile* **0.2** [sport] *cannonball* ⇒*bullet.*

kanonvuur 0.1 *gunfire* ⇒*cannonade/cannonry.*

kanovaarder, -vaarster 0.1 *canoeist.*

kanovaren 0.1 *canoe.*

kans 0.1 [mogelijkheid] *chance* ⇒*possibility, opportunity,* ⟨op iets onaangenaams⟩ *liability,* ⟨op iets onaangenaams⟩ *risk* **0.2** [gunstige gelegenheid] *opportunity, chance* ⇒ *break, opening* ◆ **1.1** vijftig procent ~ *even chances* **2.1** ⟨inf.⟩ (een) dikke ~ dat ...*a good c. that ...;* hun ~en zijn gelijk *it's a toss-up between them;* bijna gelijke ~en *short odds;* een goede ~ maken voor de benoeming *be well in the running for the appointment;* de ~ is groot dat ...*the odds are that ...* **2.2** gelijke ~en voor iedereen *equal opportunities for everyone* **3.1** zijn ~en ten volle benutten/waarnemen *make the most of one's opportunities;* hij heeft een goede/veel ~ te winnen *he stands/has a good c. of winning;* de ~en keren *the tide/his luck is turning;* de ~en doen keren *turn the tide;* de ~ lopen *run the risk;* een/geen ~ maken *op stand a/no c. of (sth./doing sth.);* de ~en staan erg goed/slecht voor hem *his chances are very good/poor;* hij zag zijn ~en stijgen *he saw his chances multiply;* ik zie er wel ~ toe *I think I can manage it;* ~ zien te ontkomen *manage to escape* **3.2** zijn ~en aangrijpen/ waarnemen *seize the opportunity;* zijn ~ afwachten *await one's chances;* een gemiste ~ *a lost/missed opportunity;* de ~ is verkeken *you've had your c./opportunity* **3.**¶ een ~(je) wagen *give it a try* **4.1** je hebt alle ~ dat *there's every chance that* **6.1** er is ~ **op** regen *there's a c. of rain;* ~ **van** slagen hebben *have a c. of success* **6.2** de ~ **van** zijn leven *the c. of a/his lifetime* **7.1** daar is geen ~ op *that's unlikely;* morgen is er meer ~ *there'll be a better c. tomorrow;* je hebt de meeste ~ het in Van Dale te vinden *you're most likely to find it in Van Dale;* ⟨inf.⟩ weinig ~! *not much chance!* ¶**.1** de ~ is honderd tegen één *the odds/chances are a hundred to one* ¶**.2** geen schijn van ~ *not a c. in the world.*

kansarm 0.1 *underprivileged* ⇒*deprived.*

kans(be)rekening 0.1 [het berekenen van een kans] *calculation of probability* **0.2** [wisk., stat.] *theory of probability, probability calculus;* ⟨aparte som⟩ *calculation of probability.*

kansel 0.1 *pulpit* ◆ **3.1** ⟨fig.⟩ de ~ verlaten *step down (as a minister).*

kanselier 0.1 *chancellor.*

kanshebber 0.1 *likely candidate/winner* ♦ 6.1 de grootste ~ **op/voor** de 5000 meter *the favourite to win the 5000 metres;* ~ zijn **voor** *...be in line for ...*

kansloos 0.1 *prospectless* ⇒*losing* ♦ 5.1 volkomen ~ zijn *not have a (snowball's) chance in hell* 6.1 hij was ~ **tegen** hem *he didn't stand a chance against him.*

kansrijk 0.1 [kans op succes hebbend] *likely* ⟨kandidaat⟩ ⇒ *favourable* 0.2 [kans hebbend om in de maatschappij te slagen] *privileged.*

kansspel 0.1 *game of chance* ♦ 1.1 de wet op de ~en *the law concerning games of chance.*

kant 0.1 [weefsel] *lace* 0.2 [rand, zijkant] *edge, side;* ⟨kantlijn⟩ *margin* 0.3 [oever] *bank* ⇒*edge* 0.4 [grensvlak van een lichaam] *side* ⇒*face, surface,* ⟨fig.⟩ *aspect,* ⟨fig.⟩ *facet,* ⟨fig.⟩ *angle,* ⟨fig.⟩ *view* 0.5 [smalle zijvlak] *side* ⇒*end, edge* 0.6 [plaats waar twee vlakken samenkomen] *edge* 0.7 [richting] *way, direction* 0.8 [plaatsbepaling mbt. een scheidslijn; helft v.h. lichaam] *side* 0.9 [deel/uiteinde van een gebied/lichaam] *side, end* 0.10 [partij, kamp] *side, part(y)* 0.11 [mbt. verwantschap] *side* ♦ 1.3 ⟨fig.⟩ dat raakt ~ noch wal *that's neither here nor there* 1.4 ⟨fig.⟩ dat is één ~ v.d. zaak *that's (only) one side of the matter* 1.11 familie van vaders/moeders ~ *relatives on one's father's/mother's s.* 2.1 Brussels ~ *Brussels l.;* gekloste ~ *bobbin l.* 2.4 zich van zijn goede ~ laten zien *show one's good side;* de goede ~ v.e. zaak *the positive side of sth.;* iemands sterke/zwakke ~en s.o. 's *strong/weak points;* de vlakke ~ v.e. plank *the face of a plank;* ⟨fig.⟩ alles van de zonnige ~ bekijken *see the bright side of everything* 2.5 de smalle ~ v e. plank *the edge of a plank* 2.6 de scherpe ~en/~jes van iets afnemen *tone sth. down (a bit);* scherpe ~ *(cutting) e.; bezel* ⟨van beitel⟩ 2.7 ik keek net de andere ~ uit *I was just looking the other w.;* het gaat met hem de goede ~ op *he's improving;* ⟨na ziekte⟩ *he is on the mend;* het gaat met hem de verkeerde ~ op *he's going to the bad;* ⟨bij ziekte⟩ *he's taken a turn for the worse* 2.8 aan de andere ~ v.d. rivier *on the other s. of the river* 2.9 aan de andere ~ v.h. graf *beyond the grave* 2 ¶ aan de hoge/lage ~ *rather high/low* ⟨bv. van prijzen⟩; hij is aan de kleine ~ *he is on the short side;* van de verkeerde ~ zijn *be of the other persuasion* 3.1 opengewerkte ~ *openwork l.;* de ~ v.d. sterkste kiezen *side with the winning party* 4.4 ⟨fig.⟩ de zaak aan/van alle ~en bekijken *look at the matter from all sides* 4.7 ⟨fig.⟩ je kunt met mij alle ~en op *I'm game for anything;* ⟨fig.⟩ zijn kan nog alle ~en op *she has kept her options open;* deze ~ op, alstublieft *this w., please;* ⟨inf.⟩ we komen binnenkort jullie ~ op *we'll be coming your w. soon;* ⟨fig.⟩ ik weet niet welke ~ dit opgaat *I don't know what this is coming to* 4.¶ wij van onze ~ *(we) for our part* 6.2 aan de ~ v.d. weg staan *stand by the side of the road;* **aan** de ~! *step aside!;* ⟨fig.⟩ zet je zorgen **aan** de ~ *forget your troubles;* **aan** de ~ gaan rijden *pull in;* **aan** de ~ gaan staan *stand/step aside;* zijn auto **aan** de ~ zetten *pull up/over;* ⟨fig.⟩ iem. **aan** de ~ zetten *push s.o. out;* ⟨inf.⟩ *give s.o. the push/shove;* **aan** de ~ v.d. weg *at the side of the road, by the roadside;* **langs** de ~ blijven staan *stay on the sideline(s)* 6.3 het schip ligt **aan/voor** de ~ *the ship is moored/berthed;* **naar** de ~ komen *swim ashore;* **op** de ~ klimmen *climb ashore;* iem. **van** de ~ afduwen *push s.o. in* 6.4 ⟨fig.⟩ aan de ene ~ wel, aan de andere ~ niet *on the one hand yes, on the other (hand), no;* yes and no 6.5 iets **op** zijn ~ zetten *put sth. on its s.* 6.7 dat is de ~ van Haarlem op *that's out towards Haarlem, that's out Haarlem w.;* **van** alle ~en *left and right, on all sides* 6.10 ik sta **aan** jouw ~ *I'm on your s.;* iem. **aan** zijn ~ krijgen *win s.o. over to one's s.;* **van** die ~ hebben we niets te

---

vrezen *we have nothing to fear from that quarter;* de liefde kan niet **van** één ~ komen *love must be a two-sided affair;* dat hoor je **van** alle ~en *that's what you hear on all sides;* wantrouwen **van** de ~ v.d. bevolking *distrust on the part of the public* 6.¶ iets **aan** ~ maken *tidy sth. up;* iets niet **over** zijn ~ laten gaan *not take sth. (lying down);* zich/iem. **van** ~ maken *do o.s./s.o. in, do away with o.s./s.o.* 7.7 geen ~ meer op kunnen *have nowhere (left) to go* 7.¶ ⟨inf.⟩ dat klopt van geen ~en *that's all/completely wrong* ¶.4 deze ~ boven *this s. up.*

kanteel 0.1 [deel van oude stads- en burchtmuren] *merlon* 0.2 [mv.; de hele muurbekroning] *battlement(s)* 0.3 [trans] *battlement* ⇒*gallery* ♦ 6.1 met kantelen *battlemented, crenellated.*

kantelen I ⟨ov.ww.⟩ 0.1 [over een kant wenden] *cant* ⇒*tilt, tip (over/to one side), turn over* ♦ 1.1 ⟨scheep.⟩ een schip ~ *careen a ship;* een zware steen ~ *turn over a heavy stone* 5.1 niet ~! *this side up!;* II ⟨onov.ww.⟩ 0.1 [over een kant omvallen] *topple/turn over* 0.2 [kapseizen] *capsize* ♦ 1.1 pas op, die kist gaat ~ *look out, that crate is going to topple.*

kantelraam 0.1 *swing/cantilever window.*

kanten 0.1 *(of) lace* ⇒*lac(c)y* ♦ 1.1 een ~ kraagje *a lace collar.*

kant-en-klaar 0.1 *ready-made, instant* ⟨voedsel⟩; *ready-to-wear, off the peg* ⟨kleding⟩ ⇒⟨gereed voor gebruik⟩ *ready-to-use, ready for use* ♦ 1.1 een ~ geleverde fabriek *a turnkey factory;* geen kant-en-klare oplossing hebben *have no cut-and-dried solution/no quick and easy answer.*

kantine 0.1 *canteen.*

kantinebeheerder 0.1 ⟨mil.⟩ *canteen manager;* ⟨in scholen, bedrijven e.d. ook⟩ *cafeteria manager/supervisor.*

kantje 0.1 [uiterste rand] *edge* ⇒*verge* 0.2 [bladzijde] *page* ⇒*side* 0.3 [kantwerkje] *piece of lacework* 0.4 [vers ingelegde ton haring] *±cran* ♦ 1.1 ⟨fig.⟩ het was ~ boord *it was a close shave/touch and go* 2.1 ⟨fig.⟩ de scherpe ~s van iets afhalen *take the e. off sth.* 3.¶ er de ~s aflopen *cut corners* 6.1 ⟨fig.⟩ dat was op het ~ af *that was a near thing/close shave;* ⟨fig.⟩ op het ~ (af) slagen ⟨voor een examen⟩ *scrape through (an exam)* 6.2 een opstel **van** drie ~s *a three-page essay* 6.3 met ~s ⟨bv. lingerie⟩ *frilly.*

kantklossen 0.1 *make bobbin lace.*

kantlijn 0.1 [lijn op een blad papier] *margin (line)* 0.2 [marge] *margin* ♦ 6.1 iets in de ~ schrijven *write sth. in the m.*

kanton 0.1 *canton* ⇒*district.*

kantongerecht 0.1 [rechtscollege] *cantonal court* ⇒⟨Engeland⟩ *±magistrates' court,* ⟨Schotland⟩ *±district court,* ⟨USA⟩ *±municipal/police/Justice of the Peace court* 0.2 [gebouw] *cantonal court(-house).*

kantonrechter 0.1 *cantonal judge* ⇒⟨GB⟩ *magistrate, J.P.,* ⟨USA⟩ *Justice of the Peace.*

kantoor 0.1 *office* ♦ 3.1 ~ houden in Noordeinde *have offices in Noordeinde* 6.1 na ~ een borrel pakken *have a drink after o. hours;* **naar** ~ gaan *go to the o.;* hij is **op** zijn ~ *he is in his o.;* overdag ben ik **op** (mijn) ~ *I am at the o. in the daytime;* **op** ~ werken *work in an o.;* **ten** kantore v.d. bank *at the offices of the bank.*

kantoorbaan 0.1 *office/clerical job.*

kantoorbehoeften 0.1 *office supplies/equipment/materials.*

kantoorboekhandel 0.1 *office stationer's.*

kantoorervaring 0.1 *office/clerical experience.*

kantoorflat 0.1 *tall office block.*

kantoorgebouw 0.1 *office block/building.*

kantoorpand 0.1 *office premises* ⟨mv.⟩ ⇒⟨groot⟩ *office block.*

kantoorpersoneel 0.1 *office staff/employees/workers.*

kantoorruimte 0.1 *office space.*

kantooruren, kantoortijd 0.1 *office hours* ⇒⟨voor personeel ook⟩ *working hours,* ⟨voor publiek ook⟩ *business hours* ♦ **6.1 buiten** (de) (normale) ~ *outside ordinary business hours;* **tijdens** (de) ~ *during business hours/o. h.*

kantoorwerk 0.1 *office/clerical work.*

kantorencentrum 0.1 *business district/centre.*

kanttekening 0.1 [kleine opmerking] *(short/marginal) comment* **0.2** [aantekening in de marge] *marginal note* ⇒ ⟨mv. ook⟩ *marginalia* **0.3** [verklarende aantekening] *annotation* ⇒*marginal note, gloss* ♦ **3.1** ~en plaatsen bij iets *give a short comment on sth.* **6.2** ~en **in** een verslag *marginal notes in a report.*

kantwerk 0.1 *lace(work).*

kantwerkster 0.1 *lace-worker/-maker.*

kanunnik 0.1 *canon.*

kap 0.1 [hoofddeksel voor vrouwen] *cap;* ⟨van non⟩ *wimple* **0.2** [capuchon; ook van monnikspij] *hood* **0.3** [bedekking] *hood* ⟨auto, kinderwagen⟩; ⟨motorkap van auto⟩ *bonnet,* ᴬ*hood; coping* ⟨van muur⟩; *gauntlet* ⟨van handschoen⟩ ♦ **1.3** het ~ je v.h. brood *the heel of the loaf;* de ~ v.e. huis *roof timbers;* de ~ v.e. molen *the cap of a windmill* **2.3** een auto met open ~ *an open-topped car;* met openschuivende ~ *with a sliding roof;* een auto met vaste/opvouwbare ~ *a car with a fixed/folding roof* **6.2** ⟨AZN⟩ **op** iemands ~ ⟨fig.⟩ at s.o.'s *expense;* ⟨AZN⟩ alles komt **op** zijn ~ (neer) *everything is laid at his door* **6.3** twee (huizen) **onder** één ~ *two semi-detached houses;* ⟨mbt. tot één huis⟩ *a semi-detached house.*

kapbal ⟨(tafel)tennis⟩ **0.1** *chop, cut shot.*

kapel 0.1 [bedehuisje; deel van de kerk] *chapel* **0.2** [dakvenster] *dormer (window)* **0.3** [muziekgezelschap] *band* **0.4** [dagvlinder] *butterfly.*

kapelaan ⟨rel.⟩ **0.1** [hulppriester] *curate* ⇒*assistant priest* **0.2** [huisgeestelijke] *chaplain.*

kapelmeester 0.1 *bandmaster.*

kapen 0.1 [(een voertuig) overmeesteren en de inzittenden gijzelen] *hijack* **0.2** [inf.; gappen] *pinch* ⇒*sneak.*

kaper 0.1 [terrorist] *hijacker* **0.2** [gesch.] *privateer* ♦ **6.2** ⟨fig.⟩ er zijn ~ s **op** de kust *we've got plenty of competitors.*

kapgewelf 0.1 *vaulted roof.*

kaping 0.1 *hijack(ing).*

kapitaal¹ I ⟨het⟩ **0.1** [aanzienlijke som geld] *fortune* **0.2** [vermogen] *capital* **0.3** [ec.; fonds voor onderneming; productiefactor] *capital* ♦ **1.3** arbeid en ~ *capital and labour* **2.2** commanditair ~ *c. brought in;* dood ~ *dead c./ money;* geplaatst ~ *issued/subscribed c.;* gestort ~ *paid c.;* risicodragend ~ *venture c.* **2.3** maatschappelijk ~ *nominal/share c.* **3.3** het ~ beheren van *control the c. of;* ~ verschaffen, van ~ voorzien *finance* **6.1** een ~ **aan** boeken *a (small) f. in books* **6.2 van** zijn ~ teren *live on one's c.;* **II** ⟨de⟩ **0.1** [hoofdletter] *capital (letter)* ♦ **2.1** cursieve kapitalen *italicized capitals* **6.1 in** kapitalen *in capital letters.*

kapitaal² ⟨bn.⟩ **0.1** [v.d. eerste/grootste soort] *capital* ⇒*substantial* **0.2** [voortreffelijk] *excellent* ⇒*first-rate, capital* **0.3** [aan het hoofd staand] *capital* ♦ **1.1** een kapitale fout *a c. error* **1.2** een kapitale grap *a capital joke;* een kapitale kerel *a capital fellow;* ⟨inf.⟩ *a trump* **1.3** de kapitale som *the c. sum.*

kapitaalaanwas 0.1 *capital growth.*

kapitaalbehoefte 0.1 *capital demand.*

kapitaalbelegging 0.1 *capital investment.*

kapitaalbezit 0.1 *capital holding(s).*

kapitaalgoederen 0.1 *capital goods* ⇒*investment goods.*

kapitaalkrachtig 0.1 *wealthy* ⇒*substantial* ♦ **1.1** een ~e firma *a substantial company;* ~e mensen *people with capital.*

kapitaalrekening 0.1 *capital account.*

kapitaalstroom ⟨ec.⟩ **0.1** [toevloed] *influx/inflow of capital* **0.2** [kringloop] *capital flow.*

kapitaalverkeer 0.1 *movement/circulation/exchange of capital.*

kapitaalverlies 0.1 *loss of capital.*

kapitaalvernietiging 0.1 *destruction of capital.*

kapitaalverschaffer 0.1 *financier.*

kapitaalvlucht 0.1 *flight of capital.*

kapitalisme 0.1 *capitalism.*

kapitalist, -e 0.1 *capitalist.*

kapitalistisch 0.1 *capitalist(ic)* ♦ **1.1** de ~e landen *capitalist countries.*

kapiteel ⟨bouwk.⟩ **0.1** *capital.*

kapitein 0.1 [scheepsgezagvoerder] *captain; skipper* ⟨van klein schip⟩ **0.2** [mil.] *captain* ♦ **1.2** ~ v.d. infanterie *infantry c.* **6.1** ~ zijn **van/op** skipper **6.2** ~ **bij** de generale staf/de luchtmacht *officer on the general staff, wing commander* **7.1** ⟨fig.⟩ er kunnen geen twee ~ s zijn op één schip *you can't have two captains on one ship.*

kapittel 0.1 [hoofdstuk v.e. boek] *chapter* **0.2** [vergadering van kloosterlingen/kanunniken] *chapter.*

kapittelen 0.1 *read (s.o.) a lecture* ⇒*lecture (s.o.).*

kapje 0.1 [kleine kap] *cap* **0.2** [stukje van een brood] *heel* ⇒ *crust.*

kaplaars 0.1 *top boot* ⇒*jackboot.*

kapmantel 0.1 [bij het kappen] *hairdressing cape* **0.2** [mantel met kap] *hooded cloak.*

kapmes 0.1 *chopping-knife;* ⟨slagersmes⟩ *cleaver;* ⟨machete⟩ *machete.*

kapoen 0.1 *capon.*

kapok 0.1 [zaadpluis] *kapok* **0.2** [boomgewas] *kapok/silk-cotton trees.*

kapot 0.1 [niet meer heel] *broken* ⇒*in bits* **0.2** [niet meer functionerend] *broken* ⇒*broken down* ⟨auto⟩ **0.3** [doodmoe] *beat* ⇒*worn out* **0.4** [ontzet] *cut up* ⇒*broken(-hearted)* **0.5** [verrukt] *wild* ⇒*crazy* **0.6** [dood] *kaput* ⇒*done for* ♦ **1.1** die jas is ~ *that coat is torn;* dat kopje is ~ *that cup is b./cracked;* ⟨fig.⟩ mijn leven is ~ *my life is in pieces;* het raam was ~ *the window was broken/smashed* **1.2** de radio is ~ *the radio is broken;* de sigarettenautomaat is ~ *the cigarette machine is out of order* **3.3** zich ~ lachen *split one's sides with laughter;* zich ~ vervelen *be bored stiff/to tears;* zich ~ werken *work one's fingers to the bone;* ~ zitten *be dead tired* **5.5** ik ben er niet ~ van *I'm not mad/w. about it* **6.3** ~ **van** vermoeidheid *worn out, exhausted;* ~ **van** verdriet *broken(-hearted) with grief* **6.4** hij was ~ **van** dat ongeluk *he went to pieces after the accident;* ergens ~ **van** zijn *be (all) c. u. about sth.* **¶1.1** dat boek is niet ~ te krijgen ⟨fig.⟩ *that book is a classic* **¶1.3** hij is niet ~ te krijgen *he's a tough one/cookie.*

kapotgaan 0.1 [stukgaan] *break* ⇒*fall apart, break down* ⟨auto, machine⟩ **0.2** [doodgaan] *pop off* ⇒*kick the bucket* ♦ **1.1** je broek gaat (nu al) kapot *your trousers are already worn* **6.1** zijn zaak/huwelijk is **aan** de drank kapotgegaan *liquor was the downfall of his business/marriage.*

kapotje ⟨inf.⟩ **0.1** *rubber* ⇒*French letter.*

kapotmaken 0.1 [stukmaken] *break (up)* ⇒*destroy, wreck,* *ruin* **0.2** [doodmaken] *do (s.o.) in* ◆ **1.1** met die stuntprijzen maken ze de hele handel kapot *such price slashing will ruin the entire trade;* een goed huwelijk ~ *ruin/wreck a good marriage.*

kapotslaan 0.1 [kapotmaken] *smash* ⇒*break (up)* **0.2** [doodslaan] *do (s.o.) in.*

kapotvallen 0.1 *fall to pieces* ⇒*(fall and) break/smash.*

kappen I ⟨ov.ww.⟩ **0.1** [het hoofdhaar opmaken] *do one's/s.o.'s hair* **0.2** [omhouwen] *cut down* ⇒*chop down, fell* **0.3** [in stukken verdelen] *chop (up)* ⇒*cut up* **0.4** [door hakken doen ontstaan] *cut* ⇒*hew* ◆ **1.2** bomen ~ *cut down/fell trees;* de kabel ~ *cut the cable* **1.4** klompen ~ *hew/c. out clogs/wooden shoes* **3.1** zich laten ~ *have one's hair done* **6.3** een stok in tweeën ~ *chop a stick in two;* **II** ⟨onov.ww.⟩ **0.1** [hakken] *chop* ⇒*cut* **0.2** [inf.; ophouden, breken met] *quit* ⇒*leave/knock off.* ⟨breken met⟩ *break off* **0.3** [vnl. (tafel)tennis] *chop, cut* ◆ **5.2** ik kap er mee *I'm knocking off* **6.2 met** iem. ~ *break off with s.o.*

kapper, -ster 0.1 ⟨dames en heren⟩ *hairdresser, hairstylist* ⟨v., m.⟩; ⟨heren⟩ *barber* ⟨m.⟩.

kappertjes 0.1 *capers.*

kapsalon 0.1 *hairdresser's* ⇒⟨voor heren ook⟩ *barbershop.*

kapseizen 0.1 *capsize* ⇒*keel over.*

kapsel 0.1 [wijze van haardracht] *hairstyle* ⇒*haircut* **0.2** [het opgemaakte haar] *hairdo* **0.3** [biol.] *capsule* ◆ *2.1* een kort kapsel *a short hairstyle* **2.3** het abces was door een sterk · omgeven *the abcess was thickly encapsulated* **3.2** haar ~ ging los *her hair(do) came undone.*

kapsones ⟨inf.⟩ **0.1** ⟨zie 3.1⟩ ◆ **3.1** ~ hebben *be full of o.s.;* te veel ~ krijgen *be cocky.*

kapspant ⟨amb.⟩ **0.1** *truss.*

kapspiegel 0.1 *dressing-table mirror.*

kapstok 0.1 [meubel/plank voor kledingstukken]⟨staand⟩ *hallstand, hatstand;* ⟨aan de muur⟩ *hatrack, coathooks* ⟨mv.⟩ **0.2** [fig.; aanknopingspunt]⟨zie 8.2⟩ ◆ **8.2** iets als ~ gebruiken *use sth. as a steppingstone.*

kaptafel 0.1 *dressing table.*

kapucijn 0.1 [bedelmonnik] *Capuchin* **0.2** [duif] *capuchin pigeon.*

kapucijner[1] ⟨de⟩ **0.1** ±*marrowfat (pea).*

kapucijner[2] ⟨bn.⟩ **0.1** *Capuchin* ◆ **1.1** een ~ non/klooster *a C. nun/convent.*

kar 0.1 [voertuig op twee wielen] *cart* ⇒*barrow* **0.2** [inf.; auto] *car* **0.3** [hoeveelheid] *cartload* ◆ **1.3** een ~ zand/grind *a c. of sand/gravel* **2.2** een oude ~ ⟨BE⟩ *a banger;* ⟨AE⟩ *a clunker* **3.1** de ~ trekken ⟨fig.⟩ *do the dirty work.*

karaat 0.1 *carat* ◆ **7.1** achttienkaraats goud *eighteen-carat gold.*

karabijn 0.1 *carbine.*

karaf 0.1 *carafe* ⇒*decanter.*

karakter 0.1 [aard, inborst] *character* ⇒*nature* **0.2** [krachtige persoonlijkheid] *character* ⇒*personality, spirit* **0.3** [wezen, aard] *character* ⇒*nature, quality* **0.4** [het kenmerkende van iets] *character* **0.5** [letter, figuur] *character* ⇒*symbol* ◆ **2.1** een avontuurlijk ~ hebben *have an adventurous nature;* hij heeft een slap ~ *he is spineless;* iem. met een sterk ~ *s.o. with (great) strength of c.* **2.3** van een tijdelijk/blijvend · · zijn *be temporary/permanent (in nature)* **2.5** algebraïsche ~s *algebraic symbols;* Chinese ~s *Chinese characters* **3.2** ~ tonen *show c./spirit* **3.4** zijn eigen ~ bewaren *retain one's individuality* **6.2** zonder ~ *without c./backbone* **6.4** een nieuwbouwwijk zonder ~ *a new housing estate with no c.*

karaktereigenschap 0.1 *character trait.*

karakteriseren 0.1 *characterize* ◆ **1.1** een gebeurtenis ~ *c./describe an incident.*

karakteristiek[1] ⟨de⟩ **0.1** [schildering v.h. kenmerkende] *characterization* ⇒*description.*

karakteristiek[2] ⟨bn.⟩ **0.1** *characteristic (of)* ⇒*typical (of)* ◆ **1.1** een ~ e geur *a c./distinctive smell;* ~ e trekken *c. features, characteristics.*

karakterloos 0.1 [zonder persoonlijkheid, daarvan blijk gevend] *characterless* ⇒*insipid* **0.2** [zonder eigen karakter] *characterless* ⇒*without character/individuality, bland* ◆ **1.1** karakterloze slapheid *insipidness* **1.2** ~ woordgebruik *colourless use of words.*

karakterschets 0.1 *character sketch* ⇒*profile.*

karaktertrek 0.1 *characteristic* ⇒*feature, trait.*

karaktervol 0.1 *full of/with character* ⇒*distinctive, individual.*

karaktervorming 0.1 *character formation* ⇒*formation of character, character building.*

karamel 0.1 [gebrande suiker] *caramel* **0.2** [snoepje] *caramel* ⇒*toffee.*

karaoke 0.1 *karaoke.*

karate 0.1 *karate.*

karavaan 0.1 [groep reizigers op hun tocht] *caravan* ⇒ *train* **0.2** [troep] *retinue* ⇒*troop* ◆ **2.2** hij kwam met de hele ~ bij ons eten *he brought the whole troup along to dinner.*

karbonade 0.1 *chop* ⇒*cutlet.*

kardinaal[1] ⟨de⟩⟨rel.⟩ **0.1** *cardinal.*

kardinaal[2] ⟨bn.⟩ **0.1** *cardinal* ⇒*chief, principal* ◆ **1.1** de vier kardinale deugden *the four cardinal virtues;* de kardinale getallen *the cardinal numbers;* het kardinale punt *the crucial point, the crux of the matter.*

kardinaalshoed 0.1 *cardinal's hat* ◆ **3.1** de ~ ontvangen *be raised to the purple.*

kardinaalsmuts ⟨plantk.⟩ **0.1** *spindle tree.*

Karel 0.1 *Charles* ⇒⟨bijnaam⟩ *Charlie, Chuck* ◆ **1.1** ~ de Grote *Charlemagne;* ~ de Stoute/de Kale *Charles the Bold/the Bald.*

Karelroman 0.1 *Carolingian romance.*

karig I ⟨bn.⟩ **0.1** [gierig] *sparing* ⇒*mean, frugal* **0.2** [schraal] *meagre* ⇒*scant(y), frugal* **0.3** [weinig talrijk] *scant(y)* ⇒*sparse* ◆ **1.2** een ~ maal *a frugal meal* **1.3** ~ e gegevens *scant information* **6.1** ~ zijn met woorden *be s. of words;* **II** ⟨bw.⟩ **0.1** [niet royaal] *sparingly* ⇒*frugally* ◆ **1.1** ~ gebruik maken van *make sparing use of* **3.1** ~ bedeeld zijn *be poorly endowed (with).*

karikaturaal 0.1 *caricatural.*

karikaturiseren 0.1 *caricature.*

karikatuur 0.1 *caricature* ◆ **3.1** een ~ maken van *caricature.*

karkas 0.1 [geraamte] *carcass* ⇒⟨gebouw ook⟩ *skeleton, shell* **0.2** [gebrekkig gestel] *carcass.*

karma 0.1 *karma.*

karmeliet 0.1 *Carmelite* ⇒*White Friar.*

karmijn 0.1 *carmine.*

karn 0.1 *milk churn.*

karnemelk 0.1 *buttermilk.*

karnen 0.1 *churn* ◆ **1.1** boter ~ *c. butter;* melk/room ~ *c. milk/cream.*

Karolingisch 0.1 *Carolingian.*

karos 0.1 *coach* ⇒*(state) carriage.*

karper 0.1 *carp.*

karpet 0.1 *rug.*

karren 0.1 [rijden] *ride* ⇒⟨inf.⟩ *trundle, drive* **0.2** [fietsen] *bike; cycle.*

karrenspoor 0.1 *cart track.*

karrenvracht 0.1 *cartload* ◆ **6.1 bij/met** ~en *by the c.*
karrenwiel 0.1 *cartwheel.*
karretje 0.1 [wagentje] *(little) cart* ⇒*car, trap* ⟨rijtuigje⟩, ⟨in supermarkt; BE⟩ *trolley, soapbox* ⟨van kinderen⟩ **0.2** [fiets] *bike* ◆ **6.1** ⟨fig.⟩ zich **voor** iemands ~ laten spannen *dance to s.o. else's tune;* ⟨fig.⟩ iem. **voor** zijn ~ spannen *get s.o. to do one's dirty work.*
kartel 0.1 *serration* ⇒*notch.*
kartel 0.1 [hand.] *cartel* ⇒*trust* ◆ **3.1** een ~ vormen/oprichten, zich aansluiten tot een ~ *form a c.*
kartelen 0.1 [kerven] *serrate* ⇒*notch,* ⟨munten ook⟩ *mill* **0.2** [bk.] *grain* ◆ **1.1** gekartelde randen van munten *milled edges of coins.*
kartelmes 0.1 *serrated knife.*
kartelrand 0.1 [mbt. muntstukken] *milled edge* **0.2** [mbt. brei-/haakwerk] *zigzag edge.*
kartelschaar 0.1 *pinking shears* ⇒*pinking scissors.*
kartelvorming 0.1 *formation of a trust cartel/of trusts/ cartels.*
kartering 0.1 *mapping* ◆ **6.1** ~ **uit** de lucht *aerial survey.*
karton 0.1 [(stuk) bordpapier] *cardboard* **0.2** [doos, verpakking] *carton* ⇒*cardboard box* ◆ **2.1** gegolfd ~ *corrugated c.* **6.2** melk **in** ~ *milk in a carton.*
kartonnen 0.1 *cardboard* ◆ **1.1** een ~ bekertje *a paper cup;* een ~ kaft *a hard back/cover.*
kartuizer 0.1 ⟨zn. en bn.⟩ *Carthusian.*
karwats 0.1 *(riding) crop* ⇒*(riding) whip* ◆ **6.1** met de ~ slaan *(horse)whip.*
karwei 0.1 [werk/taak v.e. ambachtsman] *job* ⇒*work* **0.2** [tijdelijk werk, klusje] *job* ⇒*odd job, chore* **0.3** [zwaar, veelomvattend werk] *job* ⇒*task, chore* ◆ **2.2** een huishoudelijk ~tje *a (household) chore;* een makkelijk ~(tje) *a snap, a cinch* **2.3** dat is een heel ~ *that's a tough j.;* een heidens ~ *a devil/hell of a j.* **6.1** de loodgieter is **op** ~ *the plumber is (out) on a j.* **6.2** dat is net een ~tje **voor** jou *that's just the j. for you.*
karwij 0.1 [plant] *caraway* **0.2** [specerij, geneesmiddel] *caraway (seed).*
karwijzaad 0.1 *caraway seed.*
kas 0.1 [broeikas] *greenhouse; hothouse, hotbed* **0.2** [kassa] *cashdesk* ⇒*cashier's office* **0.3** [bergplaats voor geld] *cashbox* ⇒*moneybox* **0.4** [contanten] *cash* ⇒*fund(s)* **0.5** [omhulsel] *case* ⇒*casing* **0.6** [holte waarin iets gevat is] *socket* ⟨bv. oog, tand⟩ ◆ **1.5** de ~ van een horloge, orgel *watch-case, organ-case* **2.1** koude ~ *cold frame;* warme ~ *hothouse* **2.4** de kleine ~ *petty c.* **3.4** de ~ beheren/houden *manage/keep the c.;* de ~ klopt/sluit *the c. balances;* de ~ opmaken *make up the c. (account)* **6.3** 25 gulden **in** ~ hebben *have 25 guilders in hand* **6.4** goed **bij** ~ zijn *have plenty of c./money;* krap/slecht **bij** ~ zitten *be short of c./ money;* hij is er **met** de ~ vandoor gegaan *he has run off with the c.* **6.6** zijn ogen puilen **uit** de (hun) ~sen *his eyes are popping out (of their sockets).*
kasbediende 0.1 *teller* ⇒*cashier,* ⟨mbt. loon⟩ *pay clerk.*
kasboek 0.1 *cash book* ⇒*account(s) book* ◆ **3.1** het ~ bijhouden *keep the books.*
kascheque 0.1 *giro cheque.*
kasfruit 0.1 *hothouse fruit.*
kasgroente 0.1 *greenhouse vegetables.*
kasjmier 0.1 *cashmere.*
kaskraker →*kassucces.*
Kaspische Zee 0.1 *Caspian Sea.*
kasplant 0.1 ⟨ook fig.⟩ *hothouse plant.*
kasrekening ⟨boekhouden⟩ 0.1 *cash account.*
kassa 0.1 [telmachine] *cash register* ⇒*till* **0.2** [plaats waar

men betaalt] *cash desk; checkout* ⟨supermarkt⟩; *box/ booking office* ⟨schouwburg, bioscoop⟩ ◆ **3.1** de ~ opmaken *cash up* **6.2 per** ~ *net cash.*
kassabon 0.1 *receipt* ⇒*sales slip,* ⟨vnl. BE⟩ *docket.*
kassaldo 0.1 *cash balance.*
kassei 0.1 [straatkei] *cobble(stone)* ⇒*paving stone* **0.2** [steenweg] *cobbled road.*
kassier 0.1 [iem. die een kas beheert] *cashier* ⇒⟨bank ook⟩ *teller* **0.2** [persoon/firma wie men gelden toevertrouwt] *banker.*
kassiewijle ⟨inf.⟩ 0.1 ⟨zie 3.1⟩ ◆ **3.1** ~ gaan *pop off, kick the bucket;* hij is ~ *he's kicked the bucket.*
kasstelsel ⟨boekhouden⟩ 0.1 *accounts system/method* ⇒ *accounting.*
kasstroom ⟨ec.⟩ 0.1 *cash flow.*
kasstuk 0.1 [boekhouden] *voucher.*
kassucces 0.1 *box-office success/hit.*
kast 0.1 [meubel] *cupboard* ⇒*closet* ⟨vnl. vaste kast⟩, *wardrobe* ⟨kleren⟩, *cabinet* ⟨ihb. voor sierspulletjes⟩ **0.2** [afsluitbaar deel van een meubel] *compartment* **0.3** [ombouw] *case* ⇒*cabinet* **0.4** [groot gebouw, voer-/vaartuig] *barracks, barn* ⟨huis⟩; ⟨lelijk ook⟩ *monstrosity; tub* ⟨schip⟩ *tank, rattle-trap* ⟨voertuig⟩ **0.5** [Barg.; gevangenis] ⟨inf.⟩ *can* ⇒*clink* ◆ **2.1** vaste ~en *built-in cupboards* **6.1** iem. **op** de ~ jagen/krijgen ⟨fig.⟩ *get a rise out of s.o.;* ⟨fig.⟩ alles **uit** de ~ halen *pull out all the stops* **6.4** een ~ **van** een huis *a barn of a house* **6.5** ⟨inf.⟩ **in** de ~ zitten *be in the can, be doing time.*
kastanje I ⟨de⟩ ⟨boom en vrucht⟩ 0.1 [paardenkastanje] *horse chestnut* **0.2** [tamme kastanje] *(Spanish/sweet) chestnut* ◆ **2.2** gepofte/geglaceerde ~s *roast chestnuts, marrons glacés* ¶.2 iem. de ~s uit het vuur halen ⟨fig.⟩ *get s.o. to do one's dirty work (for one);* ⟨fig.⟩ de ~s voor een ander uit het vuur halen/slepen *do s.o. else's dirty work;*
II ⟨het⟩ 0.1 [hout] *chestnut.*
kastanjeboom 0.1 *chestnut (tree).*
kastanjebruin 0.1 *chestnut* ⇒*auburn* ◆ **1.1** ~ haar *c./auburn hair;* een ~ paard *a bay (horse).*
kastdeur 0.1 *cupboard/cabinet door.*
kaste 0.1 *caste.*
kasteel 0.1 [slot; burcht] *castle* **0.2** [schaakstuk] *castle* ⇒ *rook* **0.3** [landhuis] *castle* ⇒*manor (house), mansion* ◆ **2.1** een middeleeuws ~ *a medieval c.* **6.1** een ~ **van** een huis *a real mansion.*
kasteelheer, -vrouwe 0.1 *lord of the castle/manor* ⇒*chatelain* ⟨m.⟩, *chatelaine* ⟨v.⟩.
kastekort 0.1 *deficit.*
kastelein, -se, -es 0.1 *innkeeper* ⇒[a]*publican, landlord* ⟨m.⟩, *landlady* ⟨v.⟩.
kastenwand 0.1 *wall units.*
*★**kastestelsel** *(Wdl: kastenstelsel)* 0.1 *caste system.*
kastijden 0.1 *chastise* ⇒*castigate, punish.*
kastijding 0.1 *chastisement* ⇒*castigation,* ⟨inf.⟩ *dressing down* ◆ **3.1** iem. een ~ toedienen *chastise s.o.*
kastje 0.1 [kleine kast] *cupboard* ⇒*locker* **0.2** [televisietoestel] *box* ◆ **3.2** de hele avond ~ kijken *watch the b. all evening* **5.**¶ poppetje gezien? ~ dicht *now you see it, now you don't* **6.1 van** het ~ naar de muur gestuurd worden ⟨fig.⟩ *be sent/driven from pillar to post.*
kastplank 0.1 *cupboard shelf.*
kastruimte 0.1 *cupboard space.*
kasverkeer 0.1 *cash transactions/dealings* ⟨mv.⟩.
kat 0.1 [huisdier; snibbig meisje] *cat* **0.2** [mv.; de katachtigen] *cats* ⇒*felines* **0.3** [snauw] *snarl* ◆ **1.1** ⟨fig.⟩ leven als

~ en hond *be like cat and dog* **1.¶** ik ben er voor de ~ z'n kut geweest! *what a fucking waste of time that was!* **2.1** de Gelaarsde Kat *Puss-in-Boots;* een valse ~ *a bitch;* er uitzien als een verzopen ~ *look like a drowned rat* **2.2** de wilde ~ European wildcat **3.1** ⟨fig.⟩ de ~ uit de boom kijken *wait to see which way the wind blows;* ⟨fig.⟩ de ~ in het donker knijpen *saint it in public, sin it in secret;* een ~ komt altijd op haar poten terecht *a c. has nine lives;* ⟨fig.⟩ maak dat de ~ wijs *pull the other one;* ⟨fig.⟩ de ~ bij het spek zetten/op het spek binden *leave/set the fox to watch the geese* **3.3** iem. een ~ geven *snarl/snap at s.o.;* ⟨inf.⟩ *bite s.o.'s head off* **6.1** een ~ **in** de zak kopen ⟨fig.⟩ *buy a pig in a poke* **8.1** ⟨fig.⟩ zich voelen als een ~ in een vreemd pakhuis *feel like a fish out of water, feel out of place;* als een ~ in het nauw *like a cornered rat* **¶.1** ⟨fig.⟩ de ~ de bel aanbinden *bell the c.;* ⟨inf.⟩ ~ in het bakkie *it's child's play/a piece of cake;* ⟨sprw.⟩ als de ~ van huis is, dansen de muizen op tafel *when the cat's away the mice will play.*

katachtig 0.1 [als een kat] *catlike* **0.2** [tot de katachtigen behorend] *feline.*

katalysator 0.1 [schei.; ook fig.] *catalyst* ⇒*catalytic agent* **0.2** [mbt. auto] *(catalytic) converter.*

katalyseren ⟨schei.⟩ **0.1** *catalyse.*

katapult 0.1 *catapult* ◆ **6.1** met een ~ afschieten *catapult.*

katenspek 0.1 ±*smoked bacon.*

kater 0.1 [mannetje v.d. kat] *tomcat* **0.2** [na alcoholgebruik] *hangover* **0.3** [ontgoocheling] *disillusionment* ◆ **2.1** een gesneden ~ *a castrated t.* **2.3** een morele ~ *moral qualms.*

katern 0.1 [aantal gevouwen vellen] *quire* ⇒*gathering.*

katheder 0.1 [spreekgestoelte] *lectern* **0.2** [bisschopszetel in een kathedraal] *bishop's throne.*

kathedraal¹ ⟨de⟩⟨rel.⟩ **0.1** [domkerk] *cathedral* **0.2** [groot kerkgebouw] *large church.*

kathedraal² ⟨bn.⟩⟨rel.⟩ **0.1** *cathedral* ◆ **1.1** kathedrale basiliek *c. basilica.*

kathode ⟨nat.⟩ **0.1** *cathode.*

kathodestraalbuis ⟨nat.⟩ **0.1** *cathode ray tube.*

katholicisme 0.1 *(Roman) Catholicism* ◆ **3.1** ⟨zich⟩ bekeren tot het ~ *convert to (R.) C.*

katholiek¹ ⟨de⟩ **0.1** *(Roman) Catholic.*

katholiek² ⟨bn.⟩ **0.1** [rooms] *(Roman) Catholic* **0.2** [algemeen] *catholic* ◆ **1.2** de heilige ~ e kerk *the holy c. church* **3.1** ~ worden *become (a) C.*

katje 0.1 [jonge/kleine kat] *kitten* **0.2** [bloeiwijze] *catkin* ◆ **7.1** ⟨fig.⟩ zij is geen ~ om zonder handschoenen aan te pakken *she is not to be trifled with* **¶.1** in het donker zijn alle ~ s grauw *all cats are grey at night.*

katoen 0.1 *cotton* ◆ **2.1** ruwe/gezuiverde ~ *raw/refined c.;* ⟨ruw ook⟩ *cotton wool* **6.1** een draad **van** ~ *c. thread* **6.¶** 'm **van** ~ geven *give it all one has got;* iem. **van** ~ geven *let s.o. have it.*

katoenen 0.1 *cotton* ◆ **1.1** ~ stoffen *c. fabrics.*

katoengaren 0.1 *cotton yarn.*

katoenindustrie 0.1 *cotton industry.*

katoenplant 0.1 *cotton plant.*

katoenplantage 0.1 *cotton plantation.*

katoenpluk 0.1 *cotton picking.*

katoenspinnerij 0.1 *cotton mill.*

katoentje 0.1 [weefsel] *cotton (fabric)* **0.2** [jurk] *cotton dress* **0.3** [pit] *(oil) wick* ◆ **6.1** hij handelt **in** ~ s *he deals in cotton.*

katrol 0.1 [hengelsport] *(fishing) reel* **0.2** [hijsblok] *pulley* ◆ **2.2** vaste/losse/dubbele ~ *fixed/loose/double p.*

kattebelletje 0.1 [briefje] *(scribbled) note, memo.*

katten 0.1 *snap/snarl (at)* ◆ **6.1** ~ **tegen/op** iem. *bite s.o.'s head off.*

katachtig - keel

kattenbak 0.1 [bak waarin een kat haar behoefte doet] *cat('s) box* **0.2** [bagageruimte van personenauto] *ᴮdick(e)y seat,* ᴬ*rumble seat.*

kattenbakkorrels 0.1 *cat litter.*

kattenbelletje 0.1 [belletje] *cat bell.*

kattendarm 0.1 [darm v.e. kat] *cat intestine/gut* **0.2** [snaar] *catgut.*

kattengat 0.1 [smalle doorgang] *alley(way)* **0.2** [kattenluikje] *cat door* **0.3** [nauwe doorvaart] *narrow passage.*

kattengejank 0.1 [gemiauw] *me(o)wing* ⇒*caterwauling* ⟨van krolse kat⟩ **0.2** [scherts.; slecht vioolspel] *scraping.*

kattenkop 0.1 [de kop v.e. kat] *cat's head* **0.2** [kattige vrouw] *cat* ⇒*bitch.*

kattenkwaad 0.1 *mischief* ◆ **3.1** ~ uithalen *get into m.;* waarschuw de kinderen dat zij geen ~ uithalen *warn the children to keep out of m.*

kattenluik 0.1 *cat flap.*

kattenmepper 0.1 *cat snatcher/thief.*

kattenoog 0.1 [oog (als) v.e. kat; halfedelgesteente] *cat's eye* ⇒*cat eye* **0.2** [lichtreflector op de weg] *cat's eye* ◆ **3.1** katnenogen hebben *have eyes like a cat.*

kattenpis 0.1 *cat piss* ◆ **7.1** ⟨fig.⟩ dat is geen ~ *no kidding;* ⟨veel geld⟩ *that's not to be sneezed at.*

kattensprong 0.1 [sprong] *cat's leap* **0.2** [dwaze handeling] *caper* **0.3** [korte afstand] *stone's throw* ◆ **3.2** ~ en maken *cut capers.*

kattenstaart 0.1 [staart van een kat] *cat's tail* **0.2** [plant] *purple loosestrife* ⇒*spiked loosestrife.*

kattenwasje 0.1 [heel klein wasje] *small wash* **0.2** [haastige wassing] *quick wash* ⇒*lick and a promise.*

katterig 0.1 [licht ziek/verkouden] *under the weather* **0.2** [een kater hebbend] *hung over* ◆ **1.1** een ~ gevoel hebben, ~ zijn *feel under the weather.*

kattig 0.1 *catty* ◆ **3.1** doe niet zo ~ *don't be so c.*

katvis 0.1 [karpervis] *catfish* **0.2** [klein visje] ±*tiddler* ⇒ ⟨mv. ook⟩ *fry.*

katzwijm 0.1 *faint* ◆ **6.1** in ~ liggen *have fainted;* in ~ vallen *faint.*

Kaukasiër 0.1 *Caucasian.*

Kaukasisch 0.1 *Caucasian.*

kauw 0.1 *jackdaw.*

kauwen 0.1 *chew* ◆ **1.1** het eten ~ *c. one's food* **6.1** op een potlood ~ *c. (on) a pencil.*

kauwgom 0.1 *chewing gum.*

kavel 0.1 [perceel waarin land verdeeld wordt] *lot* ⇒*parcel, plot* **0.2** [deel v.e. partij goederen/nalatenschap] *lot* ⇒*parcel* ⟨goederen⟩, *share* ⟨nalatenschap⟩, *portion* ⟨nalatenschap⟩.

kavelen 0.1 *parcel (out); divide, apportion* ⟨nalatenschap⟩.

kaviaar 0.1 *caviar(e).*

Kazak 0.1 *Kazakh.*

Kazaks 0.1 ⟨bn. en zn.⟩ *Kazakh.*

Kazakstan 0.1 *Kazakhstan.*

kazemat 0.1 *casemate* ⇒*bunker, pillbox.*

kazerne 0.1 [complex voor soldaten/brandweer/marechaussee] *barrack(s)* ⟨mil.⟩; *station* ⟨brandweer, marechaussee⟩ **0.2** [pej.; blok woningen] *barrack(s)* ⇒*tenement house* ◆ **¶.1** een ~ *a barracks.*

kB ⟨afk.; comp.⟩ **0.1** [kilobyte] *K, KB.*

kebab 0.1 *kebab.*

keel 0.1 *throat* ◆ **2.1** een dikke/ontstoken ~ hebben *have a swollen/sore t.;* een droge ~ hebben ⟨ook fig.⟩ *have a dry t.* **3.1** iem. de ~ afsnijden ⟨ook fig.⟩ *cut s.o.'s throat;* iem. de ~ dichtknijpen *throttle s.o.;* ⟨fig.⟩ het hangt me (mijlen ver) de ~ uit *I've had it up to here, I'm fed up with it;* zijn ~ schra-

pen *clear one's t.* **3.¶** een ~ opzetten *start yelling;* ⟨fig.⟩
carry on ⟨tekeergaan tegen iets⟩ **6.1** dat krijg ik niet **door**
mijn ~ *I couldn't eat that to save my life;* het hart bonsde
hem **in** de ~ *his heart leapt into his mouth;* iem. **naar** de ~
vliegen *go for s.o.'s throat.*

keelaandoening 0.1 *throat trouble.*

keelamandel 0.1 *tonsil.*

keelarts 0.1 *throat specialist* ⇒*laryngologist* ◆ **1.1** keel-,
neus- en oorarts *ear, nose and throat/E.N.T. specialist.*

keelgat 0.1 *gullet* ◆ **2.1** in het verkeerde ~ schieten *go down
the wrong way;* ⟨fig.⟩ *not go down very well (with s.o.).*

keelgeluid 0.1 [geluid v.e. keelklank] *guttural/throaty
sound* **0.2** [ongearticuleerd stemgeluid] *noise in the
throat.*

keelholte 0.1 *pharynx.*

keelklank 0.1 [diep uit de keel klinkende klank] *guttural/
throaty sound* **0.2** [taal.] *guttural (sound)* ◆ **3.1** ~en uitstoten *let out guttural/throaty sounds.*

keelontsteking 0.1 *laryngitis* ⇒*sore throat* ◆ **3.1** een ~
hebben *have l./a sore throat.*

keelpijn 0.1 *sore throat* ◆ **3.1** ~ hebben *have a sore throat.*

keepen 0.1 *be in/keep goal.*

keeper 0.1 *(goal)keeper* ⇒⟨inf.⟩ *goalie.*

keer 0.1 [maal] *time* **0.2** [wending] *turn* ◆ **2.1** een dooden-
kele ~ *once in a blue moon;* het is de eerste ~ dat ik het zie
this is the first t. I have seen it; een enkele ~ *once or twice;*
geen enkele ~ *not once;* voor de laatste ~ *for the last t.;* volgende ~ beter! *better luck next t.!;* de vorige/laatste ~ dat
hij hier was *when he was last here, (the) last t. he was here*
2.2 de zaken namen een goede/gunstige ~ *things took a
favourable t.* **2.¶** in/binnen de kortste keren *in no time (at
all)* **3.1** nu moet je toch eens een ~ ophouden *and now it's
about t. you stopped* **4.1** (op) een andere ~ *another t.;* deze
(ene) ~ hield iedereen nu eens zijn mond *for once everybody kept quiet;* nou vooruit, voor deze ~ dan! *all right
then, but just this once!;* de ene ~ (is het) dit, de andere ~
dat *now it's this and then it's that* **5.1** nog een ~(tje) *(once)
again, once more* **6.1** ~ **op** ~ *t. after t., t. and again;* **per** ~ a
t. **7.1** anderhalf ~ zoveel *half as much/many again;* (op)
een ~ *one day;* een ~ te veel *once too often;* dat is één ~ en
nooit meer *never again;* één enkele ~, slechts één ~ *only
once;* één ~ moet de eerste zijn *there is a first t. for everything;* (het lukte hem) in één ~ *(he did it) in one go;* we hebben alles in één ~ betaald *we paid for everything outright;*
(meteen) de eerste ~ al *right off;* negen van de tien ~ *nine
times out of ten;* dat heb ik nu al tien/honderd ~ gehoord
*I've already heard that I don't know how many times/a
hundred times;* twee ~ *twice;* twee ~ twee is vier *two times
two is four* ⟨tafel⟩; dat zal me geen tweede ~ gebeuren! *I'll
make sure that doesn't happen again;* voor mijn part is hij
twintig ~ burgemeester *he can be mayor twenty times
over for all I care;* de zoveelste ~ *the umpteenth t.*

keerdam 0.1 *weir* ⇒*barrage.*

keerkring 0.1 *tropic* ◆ **6.1** onder/**tussen** de ~en *in the
tropics.*

keerpunt 0.1 ⟨ook fig.⟩ *turning point* ◆ **3.1** ⟨zwemmen⟩ het
~ goed nemen *turn well* **6.1** een ~ **in** zijn leven *a t. p. in his
life.*

keerzijde 0.1 *other side* ⇒⟨munt, medaille ook⟩ *reverse* ◆
1.1 de ~ v.d. medaille ⟨fig.⟩ *the other side of the coin* **3.1** alles heeft zijn ~ *nothing is perfect* **6.1 op** de ~ ⟨bv. van blad-
zijde⟩ *overleaf.*

keet 0.1 [loods] *hut* ⇒*shed* **0.2** [herrie] *racket* ⇒*din* ◆ **3.2** ~
schoppen/trappen ⟨de boel op stelten zetten⟩ *go on a ram-
page, make a mess;* ⟨herrie maken⟩ *make a r.* **6.1** de bouw-

vakkers schuilden **in** de ~ *the construction workers sheltered in the h.*

keffen 0.1 *yap.*

keffertje 0.1 *yapper.*

kegel 0.1 [wisk.] *cone* **0.2** [sport]⟨kegelspel; met negen ke-
gels⟩ *ninepin* ⇒⟨BE ook⟩ *skittle* ⟨ook→**bowling**, met tien
kegels⟩ **0.3** [alcohol walm]⟨zie 6.3⟩ ◆ **3.2** de ~s opzetten
set up the pins/skittles **6.3 met** een ~ thuiskomen *come
home reeking of alcohol/drink.*

kegelbaan 0.1 ⟨kegelspel⟩ *skittle alley* ⟨ook→**bowlingbaan**, met tien kegels⟩.

kegelen I ⟨onov.ww.⟩ **0.1** [het kegelspel spelen]⟨negen ke-
gels⟩ *play skittles/ninepins* ⟨ook→**bowlen**, met tien ke-
gels⟩ **0.2** [vallen] *crash* ◆ **6.2** de vaas kegelde **op** de grond
the vase crashed to the floor;
II ⟨ov.ww.⟩⟨fig.⟩ **0.1** [ergens af/uit gooien] *throw out.*

kegelsnede ⟨wisk.⟩ **0.1** *conic (section)* ◆ **4.1** de leer der ~n
conics.

kegelspel 0.1 [het spelen, wijze van spelen]⟨met negen ke-
gels⟩ *(game of) skittles/ninepins* ⟨ook→**bowling**, met
tien kegels⟩.

kegelvormig 0.1 *conical* ⇒*cone-shaped.*

kegelvrucht ⟨plantk.⟩ **0.1** *cone* ⇒*strobilus.*

kei 0.1 [rolsteen] *boulder* **0.2** [kassei] *cobble(-stone)* **0.3**
[persoon]⟨zie 3.3⟩ ◆ **3.3** Jan is een ~ in wiskunde *John is a
wizard at maths* **6.2 met** ~en bestraat *cobbled;* ⟨fig.⟩ **op** de
~en komen te staan *be out on one's ear;* ⟨fig.⟩ **op** de ~en
staan *be out of a job.*

keihard 0.1 [zeer hard] *rock-hard, hard* ⇒*as hard as rock*
⟨alleen pred.⟩ **0.2** [onaandoenlijk] *hard, tough* **0.3** [zeer
luid]⟨zie 3.3⟩ ◆ **1.1** ⟨sport⟩ een ~e bal *a h./powerful ball, a
bullet;* die schoot is ~ *that putty is as hard as rock* **1.2** ~e
feiten *h. facts;* ~e onderhandelingen *h. bargaining* **3.1** ~
weghollen *run away at full pelt/speed* **3.2** zich ~ opstellen
take a firm/strong line; het ~ spelen *go all out, play to win;*
(iem.) ~ zeggen waar het op staat *give it to s.o. straight* **3.3**
~ schreeuwen *shout at the top of one's voice;* de radio
stond ~ aan *the radio was on full blast/was blaring away*
7.2 hij is een ~e ⟨uiterst zakelijk⟩ *he's a h./t. one, he's as
hard as nails;* ⟨hij kan veel pijn verdragen⟩ *he's tough.*

keileem ⟨geol.⟩ **0.1** *boulder clay.*

keilen I ⟨onov., ov.ww.⟩ **0.1** [kiskassen] *skim/skip stones;*
⟨alleen onov.ww.⟩ *play (at) ducks and drakes;*
II ⟨ov.ww.⟩ **0.1** [werpen] *hurl* ⇒*chuck* ◆ **¶.1** iem. de deur
uit ~ *chuck s.o. out.*

keizer 0.1 *emperor* ⟨met naam erbij met hoofdletter⟩ ◆ **1.1**
spelen om des ~s baard *play for fun/love;* ~ Karel *Charles
the Fifth* **¶.1** ⟨rel.⟩ geef de ~ wat des ~s is *render unto Caesar the things that are Caesar's.*

keizerin 0.1 *empress* ⟨met naam erbij met hoofdletter⟩ ◆
1.1 keizerin-weduwe *empress dowager.*

keizerlijk 0.1 *imperial* ◆ **1.1** Zijne Keizerlijke Majesteit *His
Imperial Majesty.*

keizerrijk 0.1 *empire.*

keizerskroon 0.1 *imperial crown.*

keizersnede 0.1 *Caesarean/Caesarian (section).*

kelder 0.1 [deel v.e. gebouw] *cellar* ⇒*basement*, ⟨kluis, be-
waarplaats⟩ *vault* ⟨vnl. mbt. bank/museum⟩ **0.2** [wijn-
voorraad] *cellar* ◆ **2.2** zijn ~s is goed voorzien *he has a
well-stocked c.* **6.1 in** de ~ opslaan/bergen *store in the c.*

kelderdeur 0.1 *cellar door.*

kelderen 0.1 [sterk in waarde dalen] *plummet* ⇒*tumble* **0.2**
[zinken] *go to the bottom* ⇒*sink* ◆ **1.1** de aandelen ~
shares are plummeting; de markt is gekelderd ⟨ook⟩ *the
bottom has dropped/fallen out of the market.*

keldergat 0.1 [luchtopening] *air hole* ⇒⟨venster⟩ *cellar window* 0.2 [toegang tot een kelder] *trapdoor* ⇒*coal-hole* ⟨van kolenkelder⟩.

kelderkamer 0.1 ⟨in kelderverdieping⟩ *basement room;* ⟨boven kelder⟩ *room over the cellar.*

kelderlucht 0.1 ±*damp/musty smell.*

kelderluik 0.1 *trapdoor (to a cellar).*

keldertrap 0.1 *cellar stairs.*

kelderverdieping 0.1 *basement.*

kelderwoning 0.1 *basement ᴮflat/*⟨vnl. ᴀᴇ⟩ *apartment.*

kelen 0.1 [de keel afsnijden] *cut s.o. 's/sth. 's throat* ⇒*stick* ⟨varkens⟩ 0.2 [wurgen] *strangle, throttle.*

kelk 0.1 [drinkglas] *goblet* 0.2 [bloem(kroon)] *calyx.*

kelner, -in 0.1 *waiter* ⟨m.⟩; *waitress* ⟨v.⟩ ♦ **7.1** eerste ~ *head waiter.*

Kelten 0.1 *Celts.*

Keltisch 0.1 ⟨bn. en zn.⟩ *Celtic.*

Kelvin 0.1 *Kelvin.*

KEMA ⟨afk.⟩ 0.1 [(instituut voor) Keuring van Electrotechnische Materialen te Arnhem] ⟨*Dutch quality-control institute for electrical materials and appliances*⟩.

KEMA-keur 0.1 *quality-control label.*

kemphaan 0.1 *fighting cock* ⇒*gamecock* ♦ **8.1** vechten als kemphanen *fight like fighting cocks;* ze stonden als kemphanen tegenover elkaar *they were at daggers drawn.*

kenau 0.1 *battle-axe* ⇒*virago.*

kenbaar 0.1 [te herkennen] *recognizable, distinguishable* 0.2 [waarvan men kennis kan verkrijgen] *knowable* 0.3 [bekend] *known* ♦ **1.2** kenbare waarheden *k./cognizable truths* **3.1** ~ maken dat *let it be known that* **3.3** zijn bedoelingen ~ maken *make k. one's intentions;* iem. iets ~ maken *make sth. k. to s.o.* **6.1** zij zijn ~ **aan** *they can be identified/recognized by.*

kengetal 0.1 *ᴮdialling code, ᴬarea code, prefix.*

Kenia 0.1 *Kenya.*

Keniaan, -se 0.1 *Kenyan.*

Keniaans 0.1 *Kenyan.*

kenmerk 0.1 [kenteken] *(identifying) mark* ⇒⟨waarborgstempel⟩ *hallmark* ⟨ook fig.⟩, ⟨in brief⟩ *reference,* ⟨als afk.⟩ *ref* 0.2 [symptoom] *symptom* 0.3 [karaktertrek] *(distinguishing) characteristic/feature* ⇒ *stamp* ♦ **1.2** de ~en van ondervoeding *the symptoms of undernourishment* **2.3** een typisch ~ van *a typical feature/peculiarity of* **3.1** de ~en dragen van *bear the mark(s)/stamp of;* van een ~ voorzien *mark* **4.1** ons ~ 42/RE 312 *our ref 42/RE 312* **6.1** zonder bijzondere ~en *without any distinguishing features.*

kenmerken 0.1 [karakteriseren] *characterize, mark, typify, distinguish* 0.2 [merken] *mark* ♦ **1.2** alle boeken zijn door een stempel gekenmerkt *all the books are marked with a stamp* **4.1** deze woorden ~ hem *these words are characteristic/typical of him;* onze eeuw kenmerkt zich door geestelijke verwarring *our century is characterized by spiritual confusion.*

kenmerkend 0.1 (+ voor) *characteristic (of)* ⇒*typical (of),* ⟨specifiek⟩ *specific (to)* ♦ **1.1** ~e eigenschappen *distinctive characteristics* **7.1** het ~e hiervan is, dat ... *the distinctive/c. feature of this is that ...*

kennel 0.1 *kennel.*

kennelijk I ⟨bn.⟩ 0.1 [waarneembaar] *evident* ⇒*apparent,* ⟨duidelijk⟩ *clear,* ⟨duidelijk⟩ *obvious,* ⟨onmiskenbaar⟩ *unmistakable* ♦ **1.1** met ~ genoegen *with unmistakable pleasure;*

II ⟨bw.⟩ 0.1 [klaarblijkelijk] *evidently* ⇒*clearly, obviously* ♦ **3.1** het is ~ zonder opzet gedaan *it was obviously done unintentionally.*

kennen 0.1 [bekend zijn met] *know* ⇒*be acquainted with* 0.2 [geleerd hebben] *know* 0.3 [+ in; raadplegen] *consult* 0.4 [herkennen] *recognize, know* ♦ **1.1** betere dagen gekend hebben *have seen better days;* ik wil eerst de feiten ~ *first I want to k. the facts;* geen gevaar ~ *be oblivious to danger;* ik kent Jan toch wel! *you must k. John!;* geen medelijden ~ *k. no pity;* geen schaamte ~ *have no shame;* de Engelse wet kent dat onderscheid niet *English law does not make that distinction;* geen zorgen ~ *be carefree* **1.2** een taal ~ *k./speak a language;* zijn vak ~ *k. one's job* ⟨ook fig.⟩ **3.1** zich doen ~ als *prove/show o.s. to be;* ⟨fig.⟩ laat je niet ~! *give 'em hell!;* zich van zijn beste kant laten ~ *show o.s. at one's best;* ⟨fig.⟩ hij wilde zich niet laten ~ en deed toch mee *he didn't want to be thought badly of and joined in;* iem. leren ~ *get to know s.o., make s.o. 's acquaintance;* elkaar (beter) leren ~ *become/get (better) acquainted, get to k. each other (better)* **4.1** dat ~ we ⟨alg.⟩ *we k. all about that;* ⟨Iron.⟩ *we've heard that one before;* ken je deze al? *have you heard this one?;* ik ken haar al jaren *I've known her for years;* zo ken ik je helemaal niet *I've never known you like this before;* sinds ik jou ken ...*since I met you ...* **4.2** ons kent ons *we know what to expect* **5.1** dan ken je me nog niet *you haven't seen anything yet;* dat ~ we hier niet *we don't have that sort of thing here* **6.1** iem. **van** gezicht/van naam ~ *know s.o. 's face/s.o. by name* **6.3** ik ben in deze zaak niet gekend *I haven't been consulted in this matter* **6.¶** te ~ geven dat ...*indicate that ...;* een wens te ~ geven *express a desire;* zijdelings te ~ geven *intimate, hint* **8.1** hij kent de omgeving als zijn broekzak *he knows the area like the back of his hand* **¶.1** iem. door en door ~ *know s.o. inside out* **¶.2** iets van buiten/uit zijn hoofd ~ *know sth. by heart.*

kenner 0.1 [ook in samenst.; fijnproever] *connoisseur* 0.2 [deskundige] *authority (on), expert (on)* ⇒⟨geleerde in geesteswetenschappen ook⟩ *scholar* ♦ **1.1** een kunstkenner *an art c.* **2.2** een groot ~ v h. sanskriet *a great Sanskrit scholar.*

kennersblik 0.1 *expert('s) eye* ⇒*eye of a connoisseur/an expert.*

kennis I ⟨de (v.)⟩ 0.1 [het weten, bekendheid (met)] *knowledge (of)* ⇒⟨mbt. mensen⟩ *acquaintance (with)* 0.2 [besef, bewustzijn] *consciousness* 0.3 [wat men geleerd heeft] *knowledge* ⇒⟨informatie⟩ *information,* ⟨geleerdheid, wetenschappelijke kennis⟩ *learning* ⟨ihb. mbt. de alfawetenschappen⟩, ⟨technische kennis ook⟩ *know-how* 0.4 [verstand] ⟨zie ¶.4⟩ ♦ **2.3** een grondige ~ v.h. Latijn hebben *have a thorough knowledge of Latin;* parate ~ *ready knowledge* **3.1** ~ geven van iets *give notice of/announce sth.;* zonder (vooraf) ~ te geven *without (prior) notice;* ~ nemen van iets *take note of sth.* **6.1** iem. van iets **in** ~ stellen *inform/notify s.o. of sth.;* mensen met elkaar **in** ~ brengen *introduce people to each other;* **met** ~ van zaken expertly **6.2** zij is weer **bij** ~ gekomen *she has regained c., she has come round;* **buiten** ~ zijn/raken *be unconscious, lose c.* **¶.1** ⟨sprw.⟩ ~ is macht *knowledge is power* **¶.4** dat gaat mijn ~ te boven *that's beyond me;*

II ⟨de (m.)⟩ 0.1 [bekende] *acquaintance* ♦ **1.1** hij heeft veel vrienden en ~sen *he has a lot of friends and acquaintances* **2.1** een oppervlakkige ~ *a casual a.*

kennisbank ⟨comp.⟩ 0.1 *knowledge bank, data bank.*

kennisgeving 0.1 [mededeling] *notification* ⇒*notice* 0.2 [geschrift] *announcement* ⇒*notice* ♦ **2.1** tot nadere ~ *until further notice;* schriftelijke ~ *written notification* **6.1** iets **voor** ~ aannemen *(take) note (of) sth.;* afwezig zonder ~ *absent without notification.*

kennisleer 0.1 *theory of knowledge* ⇒*epistemology.*

kennismaken 0.1 [zich voorstellen] *get acquainted (with), meet* ⇒*get to know, be introduced* 0.2 [de eerste beginselen leren kennen] *be introduced (to), get/become acquainted (with)* ◆ 2.1 aangenaam kennis te maken! *pleased to m. you* 3.2 iem. laten ~ met ...*introduce s.o. to* ...5.1 persoonlijk met iem.~ *get to know s.o. personally* ¶.1 hebben jullie al kennis gemaakt? *have you two met (before)?*

kennismaking 0.1 [begin van omgang met iem.] *acquaintance* 0.2 [het bekend worden met iets] *introduction (to)* ◆ 2.1 bij nadere~ *(up)on further/closer a.* 3.1 de ~ hernieuwen/voortzetten *renew/continue the a.;* ~ zoeken met iem. *seek the a. of s.o.* 6.2 de eerste ~ met het sanskriet *i. to Sanskrit;* speciale aanbieding **ter** ~ *special introductory offer.*

kennisneming 0.1 *examination, inspection* ⇒*perusal* ◆ 6.1 **na** ~ **van** (de inhoud van) de brief *after reading the letter;* **ter** ~ *for your information;* exemplaar **ter** ~ *inspection/complimentary copy.*

kennisoverdracht 0.1 *transfer of knowledge.*

kennissenkring 0.1 *(circle of) acquaintances* ◆ 2.1 een grote~ hebben *have a wide circle of acquaintances* 3.1 behoren tot de~ van ...*be an acquaintance of*...

kenschetsen 0.1 [karakteriseren] *characterize* ⇒⟨schetsen⟩ *sketch* 0.2 [in zijn aard/hoedanigheid laten zien] *characterize* ⇒*typify, be characteristic/typical of* ◆ 1.2 dat kenschetst de gehele man *that is characteristic/typical of him.*

kenteken 0.1 *distinguishing mark* ⟨ook lichamelijk⟩ ⇒ [B]*registration number,* [A]*license number* ⟨van auto⟩ ◆ 1.1 de ~en v.e. ziekte *the symptoms of an illness* 2.1 grijs ~ *commercial registration (number (plate)/document)* 3.1 de ~en van iets dragen *bear (all) the marks of sth.*

kentekenbewijs 0.1 ±*(vehicle) registration certificate* ⇒ ⟨BE⟩ *logbook.*

kentekenplaat 0.1 [B]*number/*[A]*license plate.*

kenteren 0.1 [veranderen] *turn* ⇒⟨op het keerpunt zijn⟩ *be turning,* ⟨omlopen, mbt. wind⟩ *shift* 0.2 [omslaan] *turn over, overturn* ⇒⟨kapseizen⟩ *capsize* ◆ 1.1 het tij kentert *the tide is turning* ⟨ook fig.⟩ 1.2 het schip kentert *the ship capsizes.*

kentering 0.1 ⟨ook fig.⟩ *turn* ⇒*(sudden/drastic) change* ◆ 3.1 er trad een ~ in *the tide turned, a change set in* 6.1 er komt een ~ **in** de publieke opinie *the tide of public opinion is turning.*

keper I ⟨de⟩ 0.1 [weefpatroon] *twill (weave)* ◆ 6.¶ **op** de~ beschouwen *examine/scrutinize (sth.) closely;* **op** de~ beschouwd *on close(r) inspection/analysis;* ⟨uiteindelijk⟩ *in the final analysis;* **II** ⟨het⟩ 0.1 [geweven stof] *twill, drill.*

keramiek 0.1 [pottenbakkerskunst] *ceramics* 0.2 [producten] *ceramics* ⇒*pottery.*

kerel 0.1 [(forse) man] *(big) fellow/guy* ⇒⟨BE ook⟩ *(big) chap/bloke,* ⟨vocatief⟩ *(old) man* 0.2 [mannetjesputter] *he-man* ◆ 2.1 een aardige ~ *a nice f./bloke/chap/g.;* dat jongetje is een echte ~ geworden *that little lad has turned into a fine f.* 2.2 een echte ~ *a real h.-m.* 3.2 kom naar buiten als je een ~ bent *come outside if you're man enough;* wees een ~ *be a man.*

keren I ⟨onov.ww.⟩ 0.1 [omkeren] *turn (round)* ⇒⟨wind⟩ *shift* 0.2 [veranderen (van loop)] *turn* 0.3 [teruggaan] *turn (back)* ⇒*return* ◆ 3.1 het getijde doen ~ *t. the tide* ⟨ook fig.⟩; ~ verboden *no U-turn* 3.¶ in zichzelf gekeerd zijn *be introverted/withdrawn* 5.1 ⟨mil.⟩ rechtsom keert *right turn* 6.¶ **in** zichzelf ~ *turn in upon o.s., withdraw into o.s.;*

II ⟨ov.ww.⟩ 0.1 [omdraaien] *turn* 0.2 [toewenden] *turn (towards)* 0.3 [doen omwenden] *turn (back)* ⇒⟨tegenhouden⟩ *stem* ◆ 1.3 het water ~ *stem the (flow of) water* 3.3 het kwaad is niet meer te ~ *the evil cannot be averted;* **III** ⟨wk.ww.; zich ~⟩ 0.1 [zich omdraaien] *turn (round)* 0.2 [zich in een richting wenden] *turn* ◆ 3.1 zich ergens niet kunnen wenden of ~ *not have room to move* 6.2 zich ~ **tegen** iem. *t. against s.o.;* ⟨aanvallen⟩ *t. on s.o.;* zich **ten** goede ~ ⟨goed aflopen⟩ *t. out well;* ⟨(iets) beter worden⟩ *take a turn for the better;* zich ~ **tot** iem. *t. to s.o.*

kerf 0.1 *notch* ⇒*nick,* ⟨groef⟩ *groove.*

kerfstok ◆ 6.¶ heel wat **op** zijn ~ hebben *have a lot to answer for;* ik wil dat niet **op** mijn ~ hebben *I won't be made responsible for that;* niets **op** zijn ~ hebben *have a clean slate/record.*

kerk 0.1 [kerkgebouw] *church* 0.2 [gemeenschap van alle christenen] *church* 0.3 [kerkgenootschap] *church* ⇒*denomination* 0.4 [kerkdienst] *church* ⇒*(divine) service/worship,* ⟨mis⟩ *mass* ◆ 2.2 de strijdende ~ *the c. militant* 2.3 de hervormde Kerk *the Reformed Church* 3.1 ⟨fig.⟩ vóór het zingen de ~ uitgaan *pull out in time, withdraw* 3.3 tot welke ~ behoor je? *what is your religion?* 5.4 als de ~ uit is, na de ~ *after c.* 6.1 in de ~ trouwen *get married in church, have a church wedding;* ⟨geregeld⟩ **naar** de ~ gaan *be a regular churchgoer* 6.4 te ~/ter ~e gaan *go to/attend c.*

kerkbank 0.1 *pew.*

kerkbezoek 0.1 *church attendance* ⇒*churchgoing* ◆ 2.1 het teruglopend ~ *the decline in church attendance.*

kerkblad 0.1 *church newsletter.*

kerkboek 0.1 [boek] *prayer book* 0.2 [kerkelijk register] *church register.*

kerkdienst 0.1 *(divine) service* ⇒*church,* ⟨mis⟩ *mass* ◆ 3.1 een ~ bijwonen *go to church.*

kerkelijk I ⟨bn.⟩ 0.1 [tot een kerk in betrekking staand, aan een kerk toebehorend] *church, ecclesiastical* 0.2 [bij een kerk in gebruik] *church* ⇒*ecclesiastical,* ⟨religieus⟩ *religious,* ⟨klerikaal⟩ *clerical* [van een kerk uitgaand] *church* ⇒*ecclesiastical,* ⟨religieus⟩ *religious,* ⟨mbt. recht⟩ *canon* 0.4 [aangesloten bij een kerkgenootschap] *churchgoing* ⟨meestal niet pred.⟩ ◆ 1.1 een ~ ambt *an e. office;* ⟨predikantsplaats⟩ *incumbency* 1.2 ~e feesten *church/religious festivals;* ~e liederen/muziek *hymns, sacred music* 1.3 ~e begrafenis *Christian burial;* op ~e grondslag *on religious principles;* een ~ huwelijk *a church wedding;* ~ en burgerlijk recht *canon law and civil law* 3.4 is die man ook ~? *is he a churchgoer?* 5.4 niet ~ *non-churchgoing* ⟨persoon⟩; *secular* ⟨groep⟩;

II ⟨bw.⟩ 0.1 [volgens de gebruiken v.e. kerk] *religiously* 0.2 [vanwege een kerk]⟨zie 3.2⟩ ◆ 3.1 een huwelijk ~ inzegenen *consecrate a marriage (in church)* 3.2 ~ goedgekeurd *with the approval of the church.*

kerkenraad 0.1 [vergadering] *church council meeting* 0.2 [college] *church council.*

kerkenzakje 0.1 *offertory bag* ◆ 3.1 rondgaan met het ~ *take (up) the collection.*

kerker ⟨schr.⟩ 0.1 *dungeon* ⇒⟨ongemarkeerd⟩ *prison,* ⟨ongemarkeerd⟩ *jail.*

kerkgang 0.1 *churchgoing* ⇒*church attendance.*

kerkganger, -gangster 0.1 *churchgoer* ◆ 2.1 een trouw ~ *a regular c.*

kerkgenootschap 0.1 *denomination* ⇒*(religious) community.*

kerkgezang 0.1 [het zingen in de kerk] *singing in church* 0.2 [lied] *hymn* ◆ 2.2 gregoriaans ~ *Gregorian chant.*

kerkhof 0.1 *churchyard* ⇒*graveyard* ◆ **6.1** op het ~ liggen *be dead and buried;* ⟨fig.⟩ de dader ligt **op** het ~ *there's no trace of the culprit.*

kerkklok 0.1 [luiklok v.e. kerk] *church bell* **0.2** [torenuurwerk] *church clock* ◆ **3.1** de ~ken luiden *ring the church bells.*

kerkkoor 0.1 [bouwk.] *choir* ⇒*chancel* **0.2** [zangkoor] *church choir.*

kerkmuziek 0.1 *church music* ⇒*sacred/religious music.*

kerkorgel 0.1 *church organ.*

kerkplein 0.1 ±*village square* ⇒±*village green* ⟨dorpsweide/veld⟩ ◆ **6.1** op het ~ *in the village square, on the village green.*

kerks 0.1 *churchgoing* ⟨meestal niet pred.⟩ ⇒⟨godsdienstig, religieus⟩ *religious* ◆ **3.1** zij is niet ~ *she is not a churchgoer.*

kerkschip 0.1 *nave.*

kerktijd 0.1 [tijd en duur v.d. kerkdienst] *church (service)* **0.2** [tijd om zich naar de kerk te begeven] *time to go to church* ◆ **3.2** het is ~ *it is time to go to church* **6.1** onder ~ *during c.*

kerktoren 0.1 [toren v.e. kerk] *church tower* ⇒⟨spitse toren, torenspits⟩ *steeple, spire* **0.2** [klok] *church clock* ◆ **3.2** de ~ slaat elf *the c. c. is striking eleven.*

kerkuil 0.1 *barn owl.*

kerkvolk 0.1 *congregation* ⇒*churchgoers.*

kerkzakje →kerkenzakje.

kerkzang →kerkgezang.

kermen I ⟨onov.ww.⟩ **0.1** [uiting geven aan lichamelijk leed] *moan, groan* **0.2** [jammeren] *moan* ⇒⟨jengelen⟩ *whine,* ⟨(wee)klagen⟩ *wail* ◆ **3.2** bij het minste of geringste begint hij al te ~ *he starts moaning at the slightest little thing;* **II** ⟨ov.ww.⟩ **0.1** [klaaglijk kreunend zeggen] *whine* ◆ **8.1** de verrader kermde dat hij onschuldig was *the traitor whined that he was innocent.*

kermis 0.1 [evenement met attracties] *fair* **0.2** [terrein] *fairground* **0.3** [gezellige drukte] *uproar, bustle* ◆ **2.1** ⟨fig.⟩ v.e. koude ~ thuiskomen *have a rude awakening* **3.1** ⟨fig.⟩ het is niet alle dagen ~ *Christmas comes but once a year* **6.3** het was daar een ~ **met** al die kinderen *the place was in an u. with all those children there.*

kermisattractie 0.1 *fairground attraction.*

kermisgast, -klant 0.1 *showman.*

kermistent 0.1 *(fairground) booth, fairground attraction* ⇒⟨grote tent⟩ *marquee.*

kermisterrein 0.1 *fair ground(s).*

kermisvolk 0.1 [kunstenmakers] *show people* **0.2** [bezoekers] *fairground crowd/visitors.*

kermit 0.1 *telepoint phone.*

kern 0.1 [binnenste] *core* ⇒⟨van hout/boom⟩ *heart,* ⟨van stengel⟩ *pith* **0.2** [binnenste van zaad of pit] *kernel* ⟨met omhulsel⟩ ⇒⟨van kers/avocado/perzik enz.⟩ *stone* **0.3** [fig.] *core* ⇒*heart, essence* **0.4** [nat.] *nucleus* **0.5** [plaats, dorp, ook in samenst.] *centre* **0.6** [in samenst.; belangrijkste, hoofd-] *central* ◆ **1.1** de ~ v.d. aarde *the earth's c.* **1.3** de ~ v.h. probleem *the heart/essence of the problem* **1.5** plattelandskern *rural c.* **1.6** kernidee *c./main/basic idea* **2.3** de harde ~ v.e. terroristengroep *the hard c. of a terrorist group* **6.3** in de ~ van de zaak *in essence,* tot de ~ v.e. zaak doordringen *get (down) to the (very) root of an issue;* dat bevat een ~ **van** waarheid *that has an element/a grain of truth (in it).*

kernaandrijving 0.1 *nuclear propulsion* ◆ **6.1** een onderzeeeër **met** ~ *a nuclear(-powered) submarine.*

kernachtig 0.1 *pithy* ⇒*concise, terse* ◆ **1.1** een ~ gezegde *a p. saying.*

kernafval 0.1 *nuclear waste.*

kernbewapening 0.1 *nuclear armament.*

kerncentrale 0.1 *nuclear/atomic power station* ⇒*nuclear/atomic plant.*

kernenergie 0.1 *nuclear/atomic energy.*

kernexplosie 0.1 *nuclear explosion.*

kernfusie 0.1 *nuclear fusion.*

kernfysica 0.1 *nuclear/atomic physics.*

kernfysicus 0.1 *nuclear/atomic physicist.*

kerngedachte 0.1 *central/main/basic idea.*

kerngezond 0.1 ⟨mbt. mensen⟩ *perfectly healthy, in perfect health* ⇒⟨inf.⟩ *as fit as a fiddle,* ⟨mbt. zaken⟩ *perfectly/thoroughly sound.*

kerninstallatie 0.1 *nuclear facility.*

kernkabinet 0.1 *inner cabinet.*

kernkop 0.1 *(nuclear/atomic) warhead* ◆ **6.1** een raket met drie ~pen *a missile with three atomic warheads.*

kernlading 0.1 [nat.] *nuclear charge* **0.2** [lading v.e. kernbom] *nuclear warhead/payload.*

kernmogendheid 0.1 *nuclear/atomic power.*

kernonderzeeër 0.1 *nuclear submarine.*

kernonderzoek 0.1 *nuclear/atomic research.*

kernongeval 0.1 *nuclear accident.*

kernoorlog 0.1 *nuclear war.*

kernploeg ⟨sport⟩ **0.1** *squad.*

kernproef 0.1 *nuclear/atomic test.*

kernraket 0.1 *nuclear missile.*

kernramp 0.1 *nuclear disaster.*

kernreactie 0.1 *nuclear reaction.*

kernreactor 0.1 *(nuclear/atomic) reactor.*

kernsplijtstof 0.1 *nuclear fuel.*

kernstop 0.1 *nuclear freeze* ⇒⟨mbt. kernproeven⟩ *nuclear test ban.*

kernstopverdrag 0.1 *nonproliferation treaty* ⇒⟨mbt. kernproeven⟩ *(nuclear) test ban treaty.*

kernvraag 0.1 *key question.*

kernwapen 0.1 *nuclear/atomic weapon* ◆ **4.1** alle ~s de wereld uit! *ban nuclear weapons!*

kernwapenverdrag 0.1 *nuclear arms treaty.*

kern(wapen)vrij 0.1 *nuclear-free* ⇒⟨kernvrij gemaakt; ook⟩ *denuclearized* ◆ **1.1** ~e zone *n.-f. zone.*

kernwetenschap →kernfysica.

kerosine 0.1 *kerosene, kerosine.*

kerrie 0.1 *curry* ⇒⟨poeder⟩ *curry powder.*

kers 0.1 *cherry.*

kersenbloesem 0.1 *cherry blossom.*

kersenbonbon 0.1 *cherry liqueur chocolate.*

kersenboom 0.1 *cherry tree.*

kersenlikeur 0.1 *cherry liqueur.*

kersenpit 0.1 [pit v.e. kers] *cherry stone* **0.2** [kop] *nut* ⇒ *noddle.*

kersentijd 0.1 *cherry season* ◆ **6.1** in de ~ *in the c. s., when cherries are in season.*

kerst 0.1 *Christmas* ◆ **2.1** een witte ~ *a white C.* **3.1** ~ vieren *celebrate C.* **6.1** met de ~ kom ik naar huis *I'll be home for C.*

kerstavond 0.1 *evening of Christmas Eve.*

kerstboodschap 0.1 [kerstevangelie] *Christmas message, the Nativity* **0.2** [boodschap aan het volk] *Christmas message.*

kerstboom 0.1 *Christmas tree* ◆ **3.1** de ~ optuigen *decorate the C. t.*

kerstdag 0.1 [de 25e december] *Christmas Day* **0.2** [een van de dagen v.h. kerstfeest] ⟨zie 2.2, 6.2, 7.2⟩ ◆ **2.2** prettige ~en! *Merry Christmas!;* ⟨op kaarten ook⟩ *Season's*

Greetings! **6.2 tijdens** de ~en *during Christmas, on Christmas Day* **7.2** eerste ~ *Christmas Day;* tweede ~ ⟨GB⟩ *Boxing Day.*
kerstdienst 0.1 *Christmas service.*
kerstdiner 0.1 *Christmas dinner.*
kerstdrukte 0.1 *Christmas rush.*
kerstenen 0.1 *christianize* ⇒*convert.*
kerstfeest 0.1 *(feast/festival of) Christmas* ◆ **2.1** zalig, gelukkig~! *Merry C.!, Season's Greetings!*
kerstgeschenk 0.1 *Christmas present/gift.*
kerstgratificatie 0.1 *Christmas bonus.*
kerstgroet 0.1 *Season's greetings* ⟨mv.⟩.
kerstkaart 0.1 *Christmas card.*
kerstkrans 0.1 *(almond) pastry ring.*
kerstlied 0.1 *(Christmas) carol.*
kerstman 0.1 *Santa (Claus),* ᴮ*Father Christmas.*
Kerstmis 0.1 *Christmas* ◆ **2.1** prettige ~! *Merry C.!* **3.1** ~ vieren *celebrate C.*
kerstnacht 0.1 *Christmas night.*
kerstnachtmis 0.1 *Midnight Mass.*
kerstomaat 0.1 *cherry tomato.*
kerstpakket 0.1 *Christmas hamper/box.*
kerststal 0.1 *crib.*
kerststol 0.1 *(Christmas) stollen.*
kerststuk(je) 0.1 [bloemstukje] *Christmas bouquet* **0.2** [kerstspel] *Nativity play.*
kerstvakantie 0.1 *Christmas vacation/*ᴮ*holiday(s).*
kerstverhaal 0.1 *Christmas story.*
kerstverlichting 0.1 *Christmas lights/illuminations.*
kerstversiering 0.1 *Christmas decorations* ⟨mv.⟩.
kerstviering 0.1 *Christmas service.*
kerstwake 0.1 *Christmas vigil.*
kerstzegel 0.1 *Christmas stamp.*
kersvers 0.1 [geheel vers] *(quite) fresh/new* ⇒(mbt. boek) *hot from the press,* ⟨mbt. nieuws/gerucht/tip⟩ *red-hot* ◆ **1.1** ~e eieren *new-laid eggs* **6.1** het komt zo ~ **uit** de winkel *it is f./straight from the shop.*
kervel 0.1 *chervil.*
kerven I ⟨onov.ww.⟩ **0.1** [snijden] *gouge (out)* ⇒*cut* ◆ **6.1** de jongen kerfde met zijn mes **in** het hout *the boy was gouging the wood with his knife;*
II ⟨ov.ww.⟩ **0.1** [inkepen] *notch, nick* ⇒*cut,* ⟨mbt. groef/lijn⟩ *score* **0.2** [uitsnijden] *carve (out)* ⇒*cut (out)* ◆ **1.2** zij kerfden hun naam in de boom *they carved their names in the tree.*
ketchup 0.1 *ketchup.*
ketel 0.1 [metalen vat] *kettle* ⇒⟨grote pot⟩ *cauldron,* ⟨in distilleerderij⟩ *still* **0.2** [stoomketel] *boiler* ◆ **1.2** de druk is v.d.~ ⟨fig.⟩ *the pressure's off;* de ~ v.d. verwarming is kapot *the (central-heating) b. is out of order* **3.1** de ~ opzetten (voor de thee) *put the k. on (for tea).*
ketelsteen 0.1 *(boiler) scale* ◆ **3.1** ~ verwijderen *descale.*
keten 0.1 [mv.; gevangenschap, gebondenheid] *chains* **0.2** [zware ketting] *chain* **0.3** [reeks, rij] *chain* ⇒*series* **0.4** [schei., tech.] *chain* ◆ **2.2** een dubbele ~ *a double c.* **6.2 in** de ~en slaan/klinken *throw into chains* **6.3** een ~ **van** snackbars *a c. of snackbars.*
ketenen 0.1 [aan een keten bevestigen] *chain (up)* **0.2** [boeien] *fetter* ⇒*shackle.*
ketjap 0.1 *soy sauce.*
ketsen 0.1 [afstuiten] *glance off* ⇒*ricochet (off)* **0.2** [niet afgaan] *misfire* ⇒*fail to go off* ◆ **1.2** het geweer ketste *the gun misfired* **6.1** het grind ketste **tegen** de achterruit v.d. auto *the gravel glanced off the rear window of the car.*
ketter 0.1 *heretic* ◆ **8.¶** vloeken als een ~ *swear like a*

trooper; roken als een ~ *smoke like a chimney;* zuipen als een ~ *drink like a fish.*
ketterij 0.1 *heresy.*
ketting 0.1 [keten] *chain* ⇒⟨boei⟩ *fetter* **0.2** [mbt. weefsels] *warp* ◆ **1.1** de ~ v.e. fiets *the c. of a bicycle* **6.1 aan** de ~ leggen (mbt. dier) *chain up;* ⟨mbt. schip⟩ *(hold under) arrest;* doe de deur **op** de ~ *put the c. on the door.*
kettingbotsing 0.1 *multiple collision/(car) crash* ⇒*pile-up.*
kettingbrief 0.1 *chain letter.*
kettingbrug 0.1 *chain(-suspension) bridge.*
kettingformulier 0.1 *fanfold form.*
kettingkast 0.1 *chain guard.*
kettingpapier 0.1 *fanfold paper.*
kettingreactie ⟨nat., schei.⟩ **0.1** *chain reaction* ◆ **3.1** een ~ teweegbrengen *set off/start a c. r.*
kettingregel ⟨wisk.⟩ **0.1** *chain rule.*
kettingroker, -rookster 0.1 *chain smoker.*
kettingslot 0.1 *chain lock.*
kettingzaag 0.1 *chain saw.*
keu 0.1 *(billiard) cue.*
keuken 0.1 [vertrek] *kitchen* **0.2** [kookkunst] *(art of) cooking; cuisine* **0.3** [eten] *cooking* ◆ **2.1** een volledig ingerichte ~ *a fully fitted k.;* een open ~ *an open k.* **2.2** de Franse ~ *French cooking/cuisine* **2.3** een koude ~ *cold dishes;* ⟨koud buffet⟩ *cold buffet.*
keukenblok 0.1 *kitchen unit.*
keukendeur 0.1 *kitchen door.*
keukengerei 0.1 *kitchen/cooking utensils.*
keukenhulp 0.1 [persoon] *kitchen help* ⇒⟨keukenmeisje⟩ *kitchen/scullery maid,* ⟨bordenwasser⟩ *dishwasher* **0.2** [apparaat] *food processor.*
keukenkast 0.1 *kitchen cabinet/cupboard.*
keukenkruiden 0.1 *spices.*
keukenmachine 0.1 *food processor.*
keukenmeid 0.1 *kitchen maid* ◆ **2.¶** gillende ~ ±*whizzbang, squib.*
keukenpapier 0.1 *kitchen paper.*
keukenprinses 0.1 ⟨scherts.⟩ *queen of the kitchen.*
keukenraam 0.1 *kitchen window.*
keukenrol 0.1 *kitchen roll.*
keukentafel 0.1 *kitchen table.*
keukentrap 0.1 *stepladder.*
keukenwekker 0.1 *kitchen timer.*
keukenzout 0.1 *cooking/table salt.*
Keulen 0.1 *Cologne* ◆ **6.1** ⟨fig.⟩ het **in** ~ horen donderen *be (utterly) astounded/astonished.*
Keuls 0.1 *Cologne* ◆ **1.1** ~ aardewerk *C. ware.*
keur 0.1 [stempelmerk] *hallmark* **0.2** [selectie] *choice (selection)* ◆ **6.2** een ~ **van** lekkernijen *a c. s. of delicacies.*
keurder 0.1 [keurmeester] *sampler* ⇒*tester,* ⟨mbt. thee/whisky/wijn enz.⟩ *taster,* ⟨bij wedstrijden⟩ *judge* **0.2** [fijnproever] *connoisseur* ⇒*judge.*
keuren 0.1 *test* ⇒*assay* ⟨edelmetalen⟩, *inspect* ⟨eetwaren, dieren⟩, ⟨monsteren, ook voedsel⟩ *sample,* ⟨mbt. thee/whisky/wijn enz.⟩ *taste,* ⟨medisch⟩ *examine* ◆ **1.1** iem. geen blik waardig ~ *not deign to look at s.o.;* films ~ *censor films* **6.1 voor** militaire dienst gekeurd worden *have a medical (examination) for military service.*
keurig I ⟨bn.⟩ **0.1** [net, netjes] *neat* ⇒*tidy* **0.2** [smaakvol] *smart* ⇒*nice* **0.3** [zeer goed] *fine* ⇒*choice* ◆ **1.1** ~e manieren *exquisite manners* **1.2** een ~ handschrift/~e bloes *a neat hand/nice blouse* **1.3** een ~ rapport/opstel *a f. report/essay* **3.1** er ~ uitzien *look n. (and tidy)/smart;*
II ⟨bw.⟩ **0.1** [fijntjes] *nicely* ⇒⟨netjes⟩ *neatly,* ⟨bijdehand,

slim⟩ *smartly*, ⟨bijdehand, slim⟩ *cleverly* ♦ **3.1** dat heb je ~ gedaan *you've done that nicely* **3.¶** ~ getrouwd *respectably married* **5.¶** ~ netjes gekleed *properly dressed* **¶.1** ~! *well done!*

keuring 0.1 [het keuren/gekeurd worden] *testing* ⇒⟨mbt. edelmetalen⟩ *assaying*, ⟨mbt. eetwaren/dieren⟩ *inspection*, ⟨monsteren, ook mbt. voedsel⟩ *sampling*, ⟨mbt. thee/whisky/wijn enz.⟩ *tasting*, ⟨medisch⟩ *examination* **0.2** [onderzoek] *test* ⇒⟨mbt. edelmetalen⟩ *assay*, ⟨mbt. eetwaren/dieren⟩ *inspection*, ⟨medisch⟩ *examination* ♦ **2.2** een medische ~ *a medical (examination)* **6.1** ~ **van** films *film censorship* **6.¶** ~ **boven** de 18 *Adults only*.

keuringsarts 0.1 *medical examiner*.

keuringscommissie 0.1 ⟨film.⟩ *board of (film) censors*.

keuringsdienst 0.1 *inspection service* ♦ **1.1** ~ van waren *commodity inspection department*.

keuringsstation 0.1 *car inspection centre*.

keurkorps, -troepen 0.1 *crack troops* ⇒⟨regiment⟩ *crack regiment*.

keurmeester 0.1 *inspector* ⇒*sampler*, ⟨mbt. edelmetalen⟩ *assay-master*, ⟨mbt. edelmetalen⟩ *assayer*, ⟨iem. die iets test⟩ *tester*.

keurmerk 0.1 *hallmark* ⇒⟨kwaliteitsmerk ook⟩ *quality mark*.

keurslijf 0.1 *straitjacket* ♦ **1.1** het ~ van allerlei regels *the s. of all sorts of regulations* **6.1 in** een ~ zitten ⟨fig.⟩ *have one's hands tied;* iem. **in** een ~ dwingen *straitjacket s.o.*

keus 0.1 [het kiezen] *choice* ⇒*selection* **0.2** [mogelijkheid om te kiezen] *choice* ⇒*option, alternative* **0.3** [wat gekozen wordt] *choice* ⇒*selection* **0.4** [sortering] *choice* ⇒*assortment* ♦ **2.1** een makkelijke ~ *an easy c.* **2.4** een grote ~ *a large c./assortment, a wide range* **3.2** iem. de ~ laten *give s.o. the c.* **3.3** heeft u uw ~ al bepaald? *have you made your c.?;* zijn ~ laten vallen op *decide upon, choose* **3.4** een uitgebreide ~ bieden *offer a wide selection* **5.3** er is volop ~ *there's a lot to choose from* **6.1 naar** ~ *as desired; optional* ⟨bv. bijgerechten⟩; **uit** vrije ~ *of one's own free will* **6.2 aan** u de ~ *the c. is yours;* vrij zijn **in** de ~ van zijn huisarts *be free to choose one's doctor;* een ~ hebben **tussen** *have a c. from/between;* een ~ maken **uit** *choose/select from;* iem. **voor** de ~ stellen *give s.o. the c.* **6.3** de vrouw **van** zijn ~ *the woman of his c.* **7.2** de agent had geen (andere) ~ *the policeman had no (other) c./alternative* **7.3** hij kan maar geen ~ doen/maken *he can't make up his mind* **¶.1** ⟨hand.⟩ in kopers ~ *buyer's option*.

keutel 0.1 *droppings* ⟨mv.⟩ ⇒⟨van dier, klein⟩ *pellet*.

keuterboer 0.1 ᴮ*smallholder*, ᴬ*dirt farmer*.

keuvelaar, -ster 0.1 *chatterer, talker*.

keuvelen 0.1 [gezellig praten] *(have a) chat, talk* **0.2** [kind] *babble, prattle*.

keuze →keus.

keuzemenu 0.1 [cul.] *set menu* ⇒*fixed price menu* **0.2** [comp.] *menu*.

keuzemogelijkheid 0.1 *option* ⇒*choice*.

keuzepakket 0.1 *options* ⟨mv.⟩ ⇒*choice of subjects/courses*.

keuzevak 0.1 *option* ⇒*optional subject/course*.

kever 0.1 [insect] *beetle* **0.2** [auto] *Beetle*.

keynesiaans ⟨ec.⟩ **0.1** *Keynesian*.

kezen ⟨vulg.⟩ **0.1** *hump* ⇒*screw*.

Khmer ♦ **2.¶** de Rode ~ *the Khmer Rouge*.

KI ⟨afk.⟩ **0.1** [kunstmatige inseminatie] *AI*.

kibbelaar, -ster 0.1 *squabbler* ⇒*quibbler*.

kibbelen 0.1 *bicker* ~ *squabble*.

kibbelpartij 0.1 *squabble*.

---

kibboets 0.1 *kibbutz*.

kickboksen 0.1 *kickboxing*.

kickbokser 0.1 *kickboxer*.

kicken 0.1 *get a kick (out of)* ♦ **6.1** zij kickt op artikelen uit de jaren vijftig *she gets a kick out of fifties stuff*.

kidnappen 0.1 *kidnap*.

kidnapper 0.1 *kidnapper*.

kiekeboe 0.1 *peekaboo!* ♦ **3.¶** je speelt ~ met me ⟨fig.⟩ *you're not levelling with me;* ~ spelen ⟨lett.⟩ *play peekaboo*.

kieken 0.1 *snap* ⇒*take a snapshot of* ♦ **1.1** de hele familie ~ *take a snapshot of the whole family*.

kiekendief 0.1 *harrier*.

kiekje 0.1 *snap(shot)* ♦ **3.1** een ~ nemen (van) *take a s. (of)*.

kiel 0.1 [kledingstuk] *smock* **0.2** [scheep.] *keel* ♦ **3.2** met de ~ over de grond schuren *graze the bottom (with one's k.)*.

kiele-kiele ♦ **3.¶** het was ~ *it was touch and go*.

kielhalen 0.1 *keelhaul*.

kielzog 0.1 [kielwater] *wake* ⇒*wash* **0.2** [voorbeeld] *wake* ⇒*track(s)* ♦ **6.1** in iemands ~ varen *follow in s.o.'s wake* **6.2** in het ~ v.h. expressionisme *in the w. of impressionism*.

kielzwaard ⟨scheep.⟩ **0.1** *centreboard*.

kiem 0.1 [eerste beginsel] *germ* ⇒*seed* **0.2** [beginsel v.e. organisme] *germ* ⇒*embryo* **0.3** [nat., schei.] *seed* ♦ **1.1** de ~ en v.h. verzet *the seeds of rebellion* **3.1** de ~ leggen van *sow the seeds of* **6.1 in** de ~ smoren *nip in the bud*.

kiemen 0.1 [ontkiemen] *germinate* **0.2** [uit de kiem opgroeien] *come up* ⇒*sprout*.

kiemkracht ⟨biol.⟩ **0.1** *germinative power/capacity*.

kiemvrij 0.1 *germfree* ♦ **3.1** iets ~ maken *sterilize sth.*

kien I ⟨bn., bw.⟩ **0.1** [pienter] *sharp* ⇒*keen* ♦ **5.1** zij is zeer ~ *she's as sharp as a needle;* **II** ⟨bn.⟩ ♦ **6.¶** ~ **op** *keen on*.

kienspel 0.1 *bingo, lotto*, ᴬ*keno*.

kiepauto 0.1 *tip up truck*.

kiepen I ⟨onov.ww.⟩ **0.1** [kantelen] *topple* ⇒*tumble* ♦ **6.1** het glas is **van** de tafel gekiept *the glass toppled/tumbled off the table;* **II** ⟨ov.ww.⟩ **0.1** [doen omslaan] *tip over* ⇒*topple (over)* **0.2** [neergooien] *dump* ♦ **1.1** hij heeft alles in de tuin gekiept *he tipped the lot into the garden* **6.2** iets **op** de grond ~ *d. sth. on the ground*.

kieperen ⟨inf.⟩ I ⟨onov.ww.⟩ **0.1** [tuimelen] *tumble* ⇒*topple* ♦ **6.1** hij kieperde **van** de stoel *he tumbled off the chair;* **II** ⟨ov.ww.⟩ **0.1** [gooien] *dump* ♦ **5.1** ze kieperde het hele zaakje weg *she threw out the lot*.

kiepkar 0.1 [vrachtauto] *tip up truck* ⇒⟨meestal kleiner, met bak voor⟩ *dump(er) truck* **0.2** [karretje] *tip/dump cart*.

kier 0.1 *chink* ⟨ook van gordijnen⟩ →*slit*, ⟨metselwerk, planken⟩ *crack* ♦ **6.1** door een ~ v.d. schutting *through a crack in the fence;* de deur **op** een ~ zetten ⟨fig.⟩ *leave the question/door open;* **op** een ~ staan/zetten *be/leave ajar*.

kierewiet 0.1 *mad* ⇒*crazy, stark-raving mad*.

kies¹ ⟨de⟩ **0.1** *molar* ⇒*back tooth* ♦ **2.1** ⟨fig.⟩ dat kan ik wel in mijn holle ~ stoppen *I shan't get fat on that;* een holle/rotte ~ *a hollow/decayed tooth* **3.1** ⟨fig.⟩ zijn kiezen op elkaar houden *keep mum;* een ~ trekken *pull out/extract a m./tooth;* ⟨fig.⟩ de kiezen op elkaar zetten *grit/clench one's teeth*.

kies² ⟨bn.⟩ **0.1** [kieskeurig] *fastidious* ⇒*particular* **0.2** [fatsoenlijk] *considerate* ⇒*decent* **0.3** [delicaat] *delicate* ⟨taak, opdracht⟩ ⇒*discreet* ⟨gedrag⟩ ♦ **3.2** zo ~ zijn om *have the delicacy to* **6.1** niet ~ zijn **in** de keuze van zijn middelen *not be particular in one's methods*.

kiesbevoegdheid →**kiesgerechtigdheid.**
kiesbriefje ⟨AZN⟩ **0.1** [stembriefje] *ballot* **0.2** [oproeping om te kiezen] *polling card.*
kiesdeler 0.1 *quota.*
kiesdistrict 0.1 *electoral district, constituency.*
kiesdrempel 0.1 *electoral threshold* ♦ **3.1** de ~ niet halen/halen *(fail to) reach the electoral threshold;* de ~ verhogen/verlagen *raise/lower the electoral threshold.*
kiesgerechtigd 0.1 *entitled to vote* ♦ **1.1** ~e burgers *enfranchised citizens;* ~ e leden *voting members.*
kiesgerechtigdheid 0.1 *eligibility to vote.*
kiesheid 0.1 [gevoeligheid] *delicacy* ⇒*consideration* **0.2** [kieskeurigheid] *fastidiousness* ♦ **3.1** van ~ getuigen *show consideration.*
kieskeurig 0.1 *choosy* ⇒*fussy,* ⟨fijne smaak⟩ *fastidious,* ⟨moeilijk te voldoen⟩ *particular* ♦ **3.1** we kunnen niet ~ zijn *we can't afford to pick and choose, beggars can't be choosers;* (al) te ~ zijn *be overparticular* **6.1** niet ~ **in** de keuze van zijn middelen zijn *not be particular/fussy about one's methods;* ~ **op** het eten zijn *be a fussy eater.*
kieskeurigheid 0.1 *fastidiousness* ⇒*(over)nicety, discrimination, particularity* ♦ **6.1** zij koos haar vrienden **met** grote ~ *she chose her friends very carefully.*
kieskring 0.1 *electoral district, constituency.*
kiesman 0.1 *elector.*
kiespijn 0.1 *toothache* ♦ **3.1** ~ hebben *have a t.;* lachen als een boer met ~ *laugh sourly* **8.1** ik kan hem missen als ~ *I need him like I need a hole in the head.*
kiesrecht 0.1 *suffrage, right to vote, (the) vote* ♦ **2.1** actief/passief ~ bezitten *be entitled to vote, be eligible for election;* algemeen ~ *universal s.* **3.1** het ~ bezitten/krijgen *have/be given the vote, be enfranchised;* het ~ ontnemen *disenfranchise;* het ~ verlenen *grant the right to vote* ¶.1 gebruik maken van het ~ *exercise one's right to vote.*
kiesschijf 0.1 *dial.*
kiesstelsel, kiessysteem ⟨pol.⟩ **0.1** *electoral system.*
kiestoon ⟨com.⟩ **0.1** *dialling tone.*
kieswet 0.1 *electoral law.*
kietelen 0.1 ⟨ook fig.⟩ *tickle* ♦ **1.1** de das kietelde (hem) in de nek *the scarf tickled his neck* **6.1** iem. **onder** de kin/voet ~ *tickle s.o.'s chin/the sole of s.o.'s foot.*
kieuw 0.1 *gill.*
kieviet 0.1 *lapwing* ⇒*peewit* ♦ **8.1** lopen/zo vlug zijn als een ~ *run like the wind.*
kievietsei 0.1 *plover's egg.*
kiezel I ⟨de⟩ **0.1** [kiezelsteen] *pebble(stone);* **II** ⟨het⟩ **0.1** [grind] *gravel* ⇒⟨op strand⟩ *shingle* **0.2** [schei.] *silicon.*
kiezelgesteente 0.1 *siliceous rock.*
kiezelpad 0.1 *gravel(led)/pebbled path.*
kiezelsteen 0.1 *pebble(stone).*
kiezelstrand 0.1 *shingle* ⇒*pebble beach.*
kiezen I ⟨onov.ww.⟩ **0.1** [een keus doen] *choose* ⇒*decide* **0.2** [stemmen] *vote* ♦ **3.1** het is/je moet ~ of delen *you can't have it both ways;* ik kon niet ~ ⟨had geen keus⟩ *I had no choice;* ⟨kon geen keuze maken⟩ *I couldn't decide;* je kunt/moet ~ (uit/of ... of ...) *you will have to c./decide (between/whether ... or ...);* er valt weinig (aan) te ~ *there's little to c. (between them)* **3.2** jullie mogen ~ *you are entitled to v.* **4.1** een baan die ze niet zelf gekozen had *a job not of her own choosing* **5.1** ik had goed gekozen *I had made the right choice/decision;* zorgvuldig ~ *pick and c.* **6.1** ~ tussen *c. between* **uit** drie kandidaten ~ *you can c. from three candidates;* zij kozen **voor** de vrijheid *they chose freedom;* je hebt het **voor** het ~ *the choice*

---

is yours **6.2 voor** een vrouwelijke kandidaat ~ *v. for a woman candidate;*
II ⟨ov.ww.⟩ **0.1** [zijn voorkeur bepalen voor] *choose* ⇒*select, pick (out)* **0.2** [door te stemmen zijn voorkeur bepalen voor] *vote (for)* ⇒*elect* ⟨president, parlement⟩ **0.3** [verkiezen] *choose, elect* ♦ **1.1** een beroep ~ *c. a profession;* partij ~ *take sides;* geen partij ~ *not take sides;* partij ~ voor/tegen *side with/against;* een richting ~ *take a course;* zijn woorden goed ~ *c./weigh one's words with care* **1.3** een kandidaat ~ *cast one's vote for a candidate;* gekozen leden *elected members* **1.¶** een nummer ~ *dial a number* **3.2** gekozen worden (in/voor het parlement) *be elected (to parliament)* **5.1** slecht/ongelukkig gekozen ogenblik *inopportune moment* **5.3** de nieuw gekozen president *the president-elect* **6.1** iem. **tot** vriend ~ *choose s.o. for a friend* **6.2** iem. **in** het bestuur ~ *elect s.o. to the board* **6.3** iem. **tot** president/afgevaardigde ~ *elect s.o. president/as a representative.*
kiezer 0.1 *voter* ⇒*constituent,* ⟨mv.⟩ *electorate* ♦ **2.1** zwevende ~ *floating v.* **3.1** de ~s raadplegen, naar de ~s gaan ⟨ook⟩ *go to the country.*
kift ⟨inf.⟩ ♦ **¶.¶** dat is de ~ *sour grapes!*
kiften 0.1 *quarrel* ⇒*bicker.*
kijf ♦ **6.¶** dat staat **buiten** ~ *that is beyond dispute.*
kijfziek 0.1 *quarrelsome* ⇒*argumentative.*
kijk 0.1 [het bekijken] *view(ing)* **0.2** [visie, mening] *view* ⇒*outlook,* ⟨inzicht⟩ *insight* ♦ **2.2** een andere ~ krijgen op *get a different perspective/outlook on;* een juiste ~ op iets hebben *see sth. in the right perspective* **3.2** ik begin er ~ op te krijgen *I'm beginning to understand (it)* **6.1** te ~ zitten *be on view/show;* ⟨fig.⟩ iem. **te** ~ zetten *expose s.o.;* met iets **te** ~ lopen *parade sth.;* ⟨fig.⟩ **te** ~ staan *be shown up/in a bad light* **6.2** ~ **op** iets hebben *have a good eye for sth.;* jouw ~ **op** het probleem/leven *your v. of the matter/outlook on life;* geen ~ **op** iets hebben *be no judge of sth.* **6.¶** ⟨inf.⟩ **tot** ~ *see you (later)!*
kijkcijfer 0.1 *rating* ♦ **2.1** een programma met zeer hoge ~s *a programme with very high ratings.*
kijkdag 0.1 *view day* ⇒⟨voor genodigden⟩ *private viewing,* ⟨voor pers⟩ *press preview.*
kijkdichtheid 0.1 *ratings* ⟨mv.⟩.
kijkdoos 0.1 *peep-show.*
kijken I ⟨onov.ww.⟩ **0.1** [de ogen gebruiken] *look* ⇒*see* **0.2** [zoeken] *look* ⇒*search* **0.3** [zich vertonen] *look* ⇒*appear* ♦ **2.3** bang ~ *l. frightened* **3.1** ga eens ~ wie er is *go and see who's there;* we zullen eens gaan ~ *let's go and see/have a look;* laat haar even ~ *let her have a look;* daar sta ik van te ~ *well I'll be!;* ⟨fig.⟩ staan te ~ van niets *not be surprised by anything;* je staat toch even raar te ~, als je fiets weg is *it does take you aback to discover your bike is gone;* daar stond ze van te ~ *that came as a surprise to her;* hij is wezen ~ *he's had a look (around)* **3.¶** voor zo'n examen komt heel wat ~ *an exam like that is no piece of cake;* laat eens ~, wat hebben we nodig *let's see, what do we need* **5.1** kijk eens aan! *l. at that now!, well I'll be!;* kijk eens wie we daar hebben *l. who's here!;* kijk nou eens wat je gedaan hebt *l. what you've done;* ik zal er eens naar ~ *I'll have a look at it;* ik moet er eens naar laten ~ *I must have it seen to/looked at;* even (naar boven/beneden) ~ *glance (up/down);* goed ~ *watch closely;* ik wist niet hoe ik moest ~ *I didn't know which way to l.;* ⟨straal⟩ langs iem. heen ~ *l. straight through s.o.;* niet ~! *don't l.!, l. the other way!;* ik zal nog eens ~ ⟨fig.⟩ *I'll think about it, I/we'll see* **5.¶** niet zo nauw ~ *not be particular* **6.1 naar** rechts ~ *l. to the right;* ⟨fig.⟩ **naar** iets/iem. ~ *have a look at/see about sth./*

s.o.;⟨fig.⟩ laat **naar** je ~ *you should get your head examined;* kijk **naar** jezelf! *l. who's talking!;* ~ **naar** *l. at* ⟨schilderij⟩; *watch* ⟨film⟩; ⟨omzien naar⟩ *l. out for;* ⟨verzorgen⟩ *l. after;* ⟨in orde maken⟩ *l. / see to;* ⟨fig.⟩ zij ~ niet **op** geld / een paar gulden *money is no object with them;* **uit** het raam ~ *l. out (of) the window;* **uit** zijn ogen / doppen ~ *watch what one is doing;* kijk **voor** je ⟨niet naar mij⟩ *don't l.;* ⟨waar je loopt⟩ *l. where you're going* **6.2** ⟨fig.⟩ wij ~ niet **op** vijf minuten *five minutes is neither here nor there* **8.1** hij keek of hij water zag branden *he looked flabbergasted* **8.2** we zullen ~ of dat verhaal klopt *we shall see whether that story checks out;* ik keek of je er was *I (just) came to see if you're in* **¶.1** even de andere kant op ~ *look the other way;* **II** ⟨ov.ww.⟩ **0.1** [bekijken] *look at* ⇒*watch* ◆ **1.1** plaatjes ~ *look at (the) pictures* **3.1** etalages gaan ~ *go window-shopping* **4.1** kijk haar eens (lachen) *look at her (laughing).*

kijk- en luistergeld 0.1 *radio and television licence fee.*

kijker¹ ⟨de (m.)⟩, **-ster** ⟨de (v.)⟩ **0.1** *spectator* ⇒*onlooker,* ⟨tv⟩ *viewer* ◆ **2.1** deze film is niet geschikt voor jeugdige ~s *this film is not suitable for younger viewers.*

kijker² ⟨de (m.)⟩ **0.1** [verrekijker] ⟨dubbel⟩ *binoculars;* ⟨theater⟩ *opera-glass(es)* **0.2** [mv.; ⟨kinder⟩ogen] *eyes* ⇒*peepers* ◆ **2.2** Jantje met zijn blauwe ~s *little Johnny blue-eyes* **6.2** iets / iem. in de ~(s) hebben *see / ⟨fig.⟩ see through sth. / s.o.*

kijkgat 0.1 *spyhole* ⇒*peephole.*

kijkgedrag ⟨tv⟩ **0.1** *viewing habits.*

kijkgeld 0.1 *television licence fee.*

kijkgenot 0.1 *viewing pleasure* ⇒*entertainment (value)* ◆ **3.1** wij wensen u veel ~ *we hope you will enjoy our programme(s).*

kijkje 0.1 *(quick) look* ⇒*glance* ◆ **3.1** de politie zal een ~ nemen *the police will have a l.;* ⟨fig.⟩ ergens een ~ nemen *have a l. somewhere* **6.1** een ~ **achter** de schermen *a glimpse behind the scenes;* een ~ **achter** de schermen nemen *peep behind the scenes, get an inside view.*

kijkonderzoek ⟨tv⟩ **0.1** *audience survey.*

kijkoperatie 0.1 *exploratory operation.*

kijven 0.1 *scold (at)* ⇒*quarrel with.*

kik 0.1 *sound* ◆ **2.1** hij gaf geen ~ *there wasn't a sound* ⟨inf.⟩ *peep out of him;* zonder een ~ *to geven without a sound.*

kikken ◆ **3.¶** ik hoef maar te ~ en hij komt *he is at my beck and call;* je hoeft maar te ~ en het gebeurt *you only have to say the word (and it happens).*

kikker 0.1 *frog* ◆ **2.1** ⟨fig.⟩ een koele / koude ~ *a cold fish;* ⟨fig.⟩ een opgeblazen ~ *a windbag* **6.1** ⟨fig.⟩ een ~ in zijn keel hebben *have a f. in one's throat.*

kikkerbad 0.1 *wading pool.*

kikkerbilletje 0.1 *frog's leg.*

kikkerdril 0.1 *frogspawn* ⇒*frog's eggs.*

kikkererwt 0.1 *chickpea.*

kikkervisje 0.1 *tadpole.*

kikvors 0.1 *frog.*

kikvorsman 0.1 *frogman.*

kil 0.1 ⟨ook fig.⟩ *chilly* ⇒*cold* ◆ **3.1** ~ geweigerd worden *meet with a cold refusal;* dat voelt ~ aan *it's cold to the touch.*

kilheid 0.1 *chill(iness)* ⇒*cold(ness).*

kilo 0.1 *kilo* ◆ **1.1** een ~ suiker *a k. of sugar* **3.1** ik ben heel wat ~otjes aangekomen / afgevallen *I have gained / lost several pounds;* de jockey weegt 60 ~ *the jockey weighs (in at) 60 kilos.*

kilogram 0.1 *kilogram(me).*

kilohertz 0.1 *kilohertz.*

kilometer 0.1 *kilometre* ◆ **1.1** op een ~ afstand *at a dis-*

---

tance of one k., at a k.'s distance **2.1** de file was ~s lang *there was a line of cars stretching for miles* **3.1** ~s vreten *burn up the road, speed* **6.1** 90 ~ **per** uur rijden *drive at 90 kilometres an hour.*

kilometerpaal 0.1 *kilometre marker / stone.*

kilometerstand 0.1 *mileage.*

kilometerteller 0.1 ᴮ*mil(e)ometer,* ᴬ*odometer.*

kilometervergoeding 0.1 *mileage (allowance).*

kilowatt 0.1 *kilowatt.*

kilowattuur 0.1 *kilowatt-hour.*

kilte 0.1 *chill(iness).*

kim 0.1 [horizon] *horizon* **0.2** [uitstekende rand] *rim* ◆ **6.1** de zon verrijst **aan** de ~ *the sun appears on the h.*

kimono 0.1 *kimono.*

kin 0.1 *chin* ◆ **2.1** een dubbele ~ *a double c.* **6.1** tot **aan** de ~ reiken / staan *come up to s.o.'s chin;* iem. **onder** de ~ strijken *chuck s.o. under the c.;* met de hand **onder** de ~ *with one's c. cupped in one's hand.*

kind 0.1 [jong mens, baby] *child* ⇒⟨zeer jong ook⟩ *baby* **0.2** [zoon, dochter] *child* **0.3** [meisje] *child, girl* **0.4** [fig.; voortbrengsel] *child* ◆ **1.1** ⟨fig.⟩ een ~ v.h. land ⟨m.⟩ *a son of the soil* **1.2** ~ noch kraai hebben *have no one (in the world);* met zijn vrouw en ~eren *with his wife and children / and family* **1.4** een ~ van zijn tijd zijn *be a c. of one's time* **1.¶** het ~ van de rekening zijn *be the loser* **2.1** ⟨fig.⟩ een doodgeboren ~ *a non-starter;* nog een groot ~ zijn *be a big baby;* een gezin met kleine ~eren *a young family;* een ongeboren ~ *an unborn c.* **2.¶** mijn lieve ~, je weet toch wel beter *for goodness' sake, you should know better* **3.1** daar ben ik een ~ bij *I'm not a patch on him* ⟨enz.⟩; een ~ halen *deliver a c.;* een ~ hebben bij / van *have a c. by;* dat kan een ~ begrijpen *a(ny) c. can see that;* ⟨fig.⟩ een ~ kan de was doen *that's c.'s play, it's as simple as ABC;* ⟨scherts.⟩ ik mag een ~ krijgen als het niet waar is *otherwise I'll eat my hat, ... or I'm a Dutchman;* een ~ krijgen van iets / iem. ⟨fig.; inf.⟩ *be fed up with sth. / s.o.;* zij kan geen ~eren meer krijgen *she can't have any more children;* ⟨wegens leeftijd⟩ *she's past childbearing age;* een ~ krijgen *have a baby;* ⟨inf.⟩ een ~ maken *make a baby;* ⟨fig.⟩ het ~ bij zijn naam noemen *call a spade a spade;* ~ eren opvoeden *bring up children;* een ~ verwachten *be expecting (a baby)* **3.2** geen ~eren hebben *not have any children, be childless;* hebt u ~eren? *do you have a family / children?* **3.3** het ~ trouwde veel te jong *the poor girl / child married far too young* **4.3** ⟨pej.⟩ dat ~ van hiernaast *that g. next door* **6.1** ~eren **beneden** de zes / van zes en ouder / boven de zes *children under six / of six and over / from six years up;* een ~ **van** zes jaar *a c. of six, a six-year-old (c.)* **7.1** geen ~ (meer) zijn *not be a c. (any longer);* je hebt er geen ~ aan *he's no trouble at all* **8.1** blij / gelukkig als een ~ *(as) happy as can be* **8.2** als ⟨eigen⟩ ~ aannemen *adopt as a c.* **¶.1** van ~ af aan, van ~s af aan *since / from childhood, since I / he* ⟨enz.⟩ *was a c.* **¶.2** ergens ⟨als⟩ ~ aan huis zijn *be one of the family;* ⟨mbt. huizen enz.⟩ *have the run of the place.*

kinderachtig 0.1 [als van / voor een kind] *childlike* ⇒*child(ren)'s* ⟨ook kleren enz.⟩ **0.2** [pej.] *childish* ◆ **1.1** de beloning is niet ~ *the reward is nothing to sneeze at* **1.2** een ~e handelwijze *c. behaviour* **3.2** zich ~ aanstellen *act like a child;* doe niet zo ~ *grow up!, don't be such a baby!* **5.1** ⟨fig.⟩ dat is niet ~ *that's a tall order, that'll take some doing;* dat boek is te ~ voor zo'n grote jongen *that book is too young for a boy of his age* **6.2** niet ~ **in** iets zijn *not stint on sth.*

kinderachtigheid 0.1 [hoedanigheid] *childishness* **0.2** [handelwijze] *childish behaviour.*

kinderafdeling 0.1 [in een winkel] *children's department* 0.2 [in een leeszaal/ziekenhuis]⟨leeszaal⟩ *children's section;* ⟨ziekenhuis⟩ *paediatric ward.*

kinderarbeid 0.1 *child labour.*

kinderarts 0.1 *paediatrician.*

kinderbed 0.1 *child's bed* ⇒⟨van baby⟩ *cot.*

kinderbescherming 0.1 *child welfare* ♦ 1.1 Raad voor de Kinderbescherming *Child Welfare Council.*

kinderbijslag 0.1 *family allowance* ⇒⟨BE ook⟩ *child benefit.*

kinderboek 0.1 *children's book.*

kinderboerderij 0.1 *children's farm.*

kinderdagverblijf 0.1 ᴮ*crèche; day care centre.*

kinder(en)bedtijd 0.1 [tijd waarop kinderen naar bed gaan] *bedtime* ⇒*time (for children) to go to bed* 0.2 [laat nachtelijk uur] *past bedtime* ⇒*time (all) little children were in bed.*

kinderfeest 0.1 *children's party.*

kinderfiets 0.1 *child's/children's bicycle* ⇒⟨driewieler⟩ *tricycle.*

kindergeneeskunde 0.1 *paediatrics.*

kinderhand 0.1 *child(ren)'s hand.*

kinderhandel 0.1 *trade in children.*

kinderhoofdjes 0.1 ⟨bestrating⟩ *cobbles, cobblestones.*

kinderjaren 0.1 *childhood (years)* ⇒*infancy* ⟨ook fig.⟩ ♦ 1.1 ⟨fig.⟩ de ~ v.d. meteorologie *the infancy of meteorology* 4.1 mijn eerste ~ *my earliest c.* 6.1 ik woon hier al **sinds** mijn ~ *I've lived here since I was a child.*

kinderjuffrouw 0.1 *nurse(maid)* ⇒*nanny.*

kinderkamer 0.1 *nursery.*

kinderkleding 0.1 *children's clothes* ⇒⟨in winkels ook⟩ *children's wear.*

kinderkoor 0.1 *children's choir.*

kinderkorting 0.1 *reduction for children.*

kinderlied 0.1 *children's song* ⇒*song for children.*

kinderliefde 0.1 [liefde voor de kinderen] *love of (one's) children* 0.2 [liefde v.d. kinderen] *(a) child's/children's love* 0.3 [kinderlijke verliefdheid] *childhood crush* ⇒ ⟨persoon ook⟩ *childhood flame.*

kinderlijk 0.1 *childlike* ⇒⟨pej. ook⟩ *childish* ♦ 1.1 een ~e oogopslag *a childlike glance;* ~ vertrouwen *childlike trust* 2.1 een woordenboek maken is ~ *eenvoudig putting a dictionary together is child's play* 4.1 de onderwijzeres heeft iets ~s *there is sth. childlike about the teacher.*

kinderlokker 0.1 *child molester.*

kinderloos 0.1 *childless* ♦ 1.1 een ~ echtpaar/huwelijk *a c. couple/marriage* 3.1 hun huwelijk is ~ gebleven *their marriage was (a) c. (one);* ~ sterven *die c./*⟨jur.⟩ *without issue.*

kindermaat 0.1 *children's size.*

kindermeisje 0.1 *nurse(maid)* ⇒*nanny.*

kindermishandeling 0.1 *child abuse.*

kindermoord 0.1 *child-murder* ⇒*murder of a child/of children,* ⟨jur.⟩ *infanticide.*

kindermoordenaar 0.1 *child-/baby-killer.*

kinderoppas 0.1 [babysit] *baby sitter* ⇒⟨BE ook⟩ *child minder* 0.2 →**kinderopvang.**

kinderopvang 0.1 *(day) nursery; day care centre* ⇒⟨vnl. BE ook⟩ *crèche.*

kinderopvanghuis 0.1 *children's shelter.*

kinderpolitie 0.1 *juvenile police.*

kinderporno 0.1 *child pornography.*

kinderpostzegel 0.1 *stamp sold to benefit children.*

kinderprogramma 0.1 *children's programme.*

kinderpsychologie 0.1 *child psychology.*

kinderpsycholoog 0.1 *child psychologist.*

kinderrechter 0.1 ±*magistrate of/in a juvenile court.*

kinderrijk 0.1 *(blessed) with many children* ♦ 1.1 een ~ gezin *a large family.*

kinderrijm(pje) 0.1 *nursery rhyme.*

kinderroof 0.1 *kidnapping.*

kinderschoen 0.1 *child(ren)'s shoe* ♦ 6.1 ⟨fig.⟩ nog in de ~en staan/steken *still be in one's infancy.*

kinderspeelgoed 0.1 *children's toys* ♦ 1.1 een stuk ~ *a child's toy.*

kinderspeelplaats 0.1 *children's playground.*

kinderspel 0.1 [het spelen van kinderen] *children's games* ⇒⟨fig.⟩ *child's play* 0.2 [spel dat kinderen spelen] *children's game* ♦ 3.1 dat is maar ~ voor hem *this is (mere) child's play/a piece of cake to him;* het is geen ~ *this is not exactly a piece of cake.*

kindersterfte 0.1 *child/*⟨zeer jong⟩ *infant mortality.*

kinderstoel 0.1 *highchair.*

kindertaal 0.1 *child language.*

kindertal 0.1 *number of children* ♦ 2.1 het gemiddelde ~ per gezin *the average number of children per family.*

kindertelefoon 0.1 [speelgoed] *toy telephone* 0.2 [hulp- en informatiedienst] *children's helpline* ⇒ᴮ*childline.*

kindertijd 0.1 *childhood (days).*

kindertuigje 0.1 *baby harness.*

kinderverlamming 0.1 *polio.*

kinderverzorging 0.1 *child care.*

kinderverzorgster 0.1 *(qualified) child care worker.*

kindervriend 0.1 *children's friend* ⇒*child-lover.*

kinderwagen 0.1 *baby buggy* ⇒⟨vnl. BE⟩ *pram* ♦ 6.1 achter de ~ lopen *wheel/push the b. b./pram (along).*

kinderwerk 0.1 [beuzelarij] *fiddling about* ⇒*pottering* 0.2 [werk dat een kind kan doen] *child(ren)'s work* ⇒*work for a child/for children* ♦ 3.1 dat is maar ~ *you can't call that (proper) work* 3.2 dat is geen ~ *that's no work for a child.*

kinderzegel →**kinderpostzegel.**

kinderziekte 0.1 *childhood/children's disease/illness* ⇒ ⟨mv.; fig.⟩ *teething troubles, growing pains* ♦ 1.1 ⟨fig.⟩ de ~n v.e. uitvinding enz. *the teething troubles of an invention etc.* ¶1.1 ⟨fig.⟩ de ~n (nog niet) te boven zijn *still have teething troubles.*

kinderzitje 0.1 *baby/child's seat.*

kinds 0.1 *senile* ⇒*in one's second childhood* ♦ 3.1 ~ worden/zijn *get/be s.*

kindsbeen ♦ 6.¶ van ~ (af) *from childhood (on), since childhood;* ik ken hem **van** ~ af *I've known him since childhood.*

kindsheid 0.1 [eerste jeugd, ook fig.] *childhood* ⇒*infancy* ⟨ook fig.⟩ 0.2 [seniliteit] *second childhood* ♦ 7.1 eerste ~ *early c.*

kindveilig 0.1 *childproof.*

kindvrouwtje 0.1 *child wife.*

kinetisch 0.1 *kinetic* ♦ 1.1 ⟨nat.⟩ ~e energie *k. energy.*

kinine 0.1 *quinine.*

kink ⟨scheep.⟩ 0.1 *kink* ⇒*hitch* ⟨ook fig.⟩ ♦ 6.1 ⟨fig.⟩ er kwam een ~ in de kabel *there was a hitch.*

kinkhoest 0.1 *whooping cough.*

kinnebak 0.1 [onderkaak] *lower jaw* ⇒*jawbone* 0.2 [mv.; kaken] *jaws.*

kiosk 0.1 *kiosk* ⇒⟨voor kranten, boeken ook⟩ *newspaper/book stand.*

kip 0.1 [hen] *chicken* ⇒*hen* 0.2 [mv.; hoenders] *chickens* ⇒ *poultry* 0.3 [voedsel] *chicken* 0.4 [inf.; politie(agent)] *cop* ♦ 1.1 wat was er het eerst: de ~ of het ei? *which came first, the c. or the egg?* 3.2 ~pen fokken *rear chickens;* ~pen houden *keep poultry/chickens* **6.1** ⟨fig.⟩ de ~ **met** de gouden eieren slachten *kill the goose that lays the golden eggs* **7.1** ⟨fig.⟩ er was geen ~ te zien/te bekennen *there wasn't a (living) soul (to be seen)*; ⟨fig.⟩ er kwam geen ~ *not a soul turned up* **8.1** praten/redeneren als een ~ zonder kop *talk through one's hat* **8.2** er als de ~pen bij zijn *be there like a flash.*

kipfilet 0.1 *chicken breast(s).*

kiplekker 0.1 *as fit as a fiddle* ◆ **3.1** ik voel me ~ *I feel as fit as a fiddle.*

kippenboer 0.1 *chicken/poultry farmer.*

kippenborst 0.1 [borst v.e. kip] *chicken breast* **0.2** [misvorming v.d. borstkas] *pigeon breast* ◆ **6.2** met een ~, een ~ hebbend *pigeon-breasted.*

kippenboutje 0.1 *drumstick.*

kippenei 0.1 *chicken's egg.*

kippenfokkerij 0.1 [het fokken] *chicken/poultry farming* **0.2** [bedrijf] *chicken/poultry farm.*

kippengaas 0.1 *chicken wire.*

kippenhok 0.1 [verblijf voor kippen] *chicken coop* ⇒*henhouse* **0.2** [armzalige woning] *(rabbit) hutch* ⇒*poky hole.*

kippenlever 0.1 *chicken liver.*

kippenren 0.1 *chicken run.*

kippensoep 0.1 *chicken soup.*

kippenvel 0.1 *goose flesh/pimples* ◆ **3.1** ik krijg er ~ van *it makes my flesh creep/my skin crawl.*

kippig 0.1 *short-/near-sighted.*

Kirgies, -gische 0.1 *Kirghiz.*

Kirgizië 0.1 *Kirghizistan.*

Kirgizisch 0.1 ⟨bn. en zn ⟩ *Kirghiz.*

kirren 0.1 [mbt. duiven] *coo* **0.2** [opgewonden lacherige geluidjes maken] *coo*; ⟨baby⟩ *gurgle.*

kirsch 0.1 *kirsch.*

kissebissen 0.1 *squabble* ⇒*bicker.*

kist 0.1 [meubel om voorwerpen op te bergen] *chest* **0.2** [doodkist] *coffin* **0.3** [voorwerp om zaken in te bergen/te vervoeren] *box* ⇒*case* ⟨voor viool enz.⟩, *crate* ⟨voor fruit enz.⟩ **0.4** [vliegtuig] *crate* ◆ **1.3** een ~ fruit *a crate of fruit* **6.3** in ~en verpakt *boxed, crated.*

kisten I ⟨onov.ww.⟩ **0.1** [beplanking voor betonwerk maken] *put in/place a form/forms/formwork;* **II** ⟨ov.ww.⟩ **0.1** [in de doodskist leggen] *lay in a/the coffin* ◆ **3.1** ⟨fig.; inf.⟩ laat je niet ~ *don't let them walk all over you.*

kistje 0.1 *box* ⇒*case* ◆ **1.1** een ~ sigaren *a b. of cigars* ¶.1 een EHBO-kistje *a first-aid b./kit.*

kit I ⟨de⟩ **0.1** [kolenkit] *(coal-)scuttle* ⇒*hod* **0.2** [sl.; politie] *(the) fuzz;* **II** ⟨het, de⟩ **0.1** [kleef-/bindmiddel] *cement* ⇒*glue, sealant.*

kitmiddel 0.1 *waterproof cement/glue.*

kits ⟨inf.⟩ **0.1** *O.K.* ⇒*all right, alright* ◆ **1.1** alles ~? *how's things?, everything O.K./all right?*

kitsch 0.1 *kitsch.*

kitscherig 0.1 *kitschy* ◆ **3.1** een huis ~ inrichten *furnish one's house in a k. style.*

kittelaar 0.1 *clitoris.*

kittig 0.1 *spirited* ◆ **1.1** een ~ ding/meisje *a spirited young thing/girl.*

kiwi 0.1 *kiwi.*

klaaglied 0.1 *lament(ation)* ◆ **3.1** ~eren zingen *sing songs of lamentation.*

klaaglijk 0.1 *plaintive* ⇒*piteous.*

Klaagmuur 0.1 *Wailing Wall.*

klaagstem 0.1 *plaintive/whining voice* ⇒*wail(ing voice).*

---

kipfilet - klaarstaan

klaagzang 0.1 *lament(ation)* ◆ **3.1** een ~ aanheffen *raise one's voice in complaint.*

klaar 0.1 [mbt. zien] *clear* **0.2** [zuiver, onvermengd] *pure* **0.3** [duidelijk] *clear* **0.4** [gereed] *ready* **0.5** [af] *finished* ⇒ *done* ◆ **1.3** klare nonsens *pure nonsense* **2.**¶ ~ wakker *wide awake* **3.4** ben je ~? ⟨om te beginnen/te gaan enz.⟩ *are you ready?;* alles ~ hebben voor een feest *have everything r. for a party;* iets ~ houden *keep sth. r.* **3.5** ben je ~? ⟨met werk enz.⟩ *have/are you f./⟨inf.⟩ done;* ik ben zo ~ *I won't be a minute/second;* ~ is Kees *(and) Bob's your uncle!, (and) there you are!;* het gebouw is bijna ~ *the building is almost f.;* dat is (ook weer) ~ *(well,) that's that/done;* een lexicograaf is eigenlijk nooit ~ *a lexicographer's work is never done;* zo goed als ~ zijn *be just about/pretty well f.* **6.4** de boot is ~ **voor** vertrek *the boat is r. to sail;* ~ **voor** de strijd *r. for action;* ~ **voor** gebruik *ready-to-use, ready for use;* ⟨huis enz.⟩ *ready for occupation* **6.5** met iem./iets nog niet ~ zijn *not yet be f. with s.o./sth.;* we zijn ~ **met** eten/opruimen *we've f. eating/clearing up;* **met** haar zul je gauw ~ zijn *she won't take you long* **8.1** ⟨fig.⟩ ~ als een klontje *as plain as the nose on your face* **8.4** ~ terwijl u wacht *r. while you wait* ¶.4 ⟨sport⟩ ~? af! *r., get set, go!*

klaarblijkelijk 0.1 *evident* ⇒*obvious* ◆ **1.1** ~e bezwaren *e. drawbacks* **2.1** dat is ~ verkeerd *that is obviously wrong* ¶.1 ~ had niemand haar dat verteld *obviously/evidently no one had told her.*

klaarheid 0.1 [duidelijkheid] *clarity* **0.2** [helderheid mbt. inzicht] *clarity* ⇒*lucidity* ◆ **3.1** ~ (proberen te) brengen in een zaak *(try to) throw/shed light on a matter* **6.1** iets tot ~ brengen *throw/shed light on sth., clear up sth.* **6.2** we zijn nog niet tot ~ gekomen *we are not yet clear (in our minds) about this.*

klaarkomen 0.1 [gereedkomen] *(be) finish(ed)* ⇒*complete,* ⟨oplossing vinden⟩ *settle things* **0.2** [orgasme krijgen] *come* ◆ **5.2** tegelijk ~ *c. together* **6.1** op tijd **met** zijn werk ~ *finish/complete one's work on time;* **met** iem. ~ *settle things/get things settled with s.o.*

klaarkrijgen 0.1 [afkrijgen] *get finished/done* **0.2** [voor elkaar krijgen] *get done* ⇒*fix (up)* ◆ **4.2** hoe heb je dat klaargekregen? *how did you manage to get that done/ fixed (up)?*

klaarleggen 0.1 *put ready* ⇒⟨kleren ook⟩ *lay out* ◆ **1.1** ⟨sport⟩ de bal ~ voor een doeltrap *set up/place the ball for a goal kick;* ik zal het boek ~ *I'll put the book ready.*

klaarlicht 1.¶ op ~e dag *in broad daylight.*

klaarliggen 0.1 *be ready* ◆ **3.1** iets hebben ~ *have sth. ready* **4.1** alles ligt klaar *everything's ready.*

klaarmaken 0.1 [voorbereiden, in gereedheid brengen] *get ready* ⇒*prepare* **0.2** [(toe)bereiden] *make* ⇒⟨eten ook⟩ *get ready, prepare,* ⟨warm eten ook⟩ *cook* **0.3** [presteren] *do* ⇒*manage* ◆ **1.1** de tafel ~ *lay the table* **1.2** brood ~ *m. some/the sandwiches;* het ontbijt ~ *m. breakfast, get breakfast ready;* een slaatje/drankje ~ *m./mix a salad/ drink* **3.3** ik denk niet dat je dat kunt ~ *I don't think you can manage that* **4.1** zich ~ *get (o.s.) ready;* ⟨voor de aanval enz.⟩ *make ready (to attack ⟨enz.⟩)* **6.1** iem. ~ **voor** een examen *prepare s.o. for an exam* **7.3** niet veel ~ *not be up to much.*

klaar-over 0.1 *member of the school crossing patrol* ⇒⟨BE ook⟩ *lollipop man/woman/boy/girl.*

klaarspelen 0.1 *manage (to do)* ⇒⟨inf.⟩ *pull off* ◆ **4.1** hoe heb je dat klaargespeeld? *how did you manage (to do) that/manage to pull that off?* **5.1** zij zal het heus wel ~ *I'm sure she'll manage.*

klaarstaan 0.1 [(mbt. personen) gereedstaan] *be ready* ⇒*be* *waiting,* ⟨militair enz.⟩ *stand by* **0.2** [gereedgezet zijn] *be* **ready** ⇒*be waiting* ◆ **1.2** het eten staat klaar *lunch/dinner is ready* **6.1** altijd **met** zijn mening ~ *always have sth.* *to say;* iets te gauw **met** zijn vuisten ~ *be a little too ready with one's fists;* altijd **met** kritiek ~ *always be ready to criticize;* altijd **voor** iem.~ *always be around/there for s.o.;* zij moet altijd **voor** hem ~ *he expects her to be at his beck and call* **6.2** er stonden drie ambulances klaar **voor** noodgevallen *three ambulances were standing by for emergencies.*

klaarstomen 0.1 *cram* ◆ **6.1** iem. **voor** een examen ~ *cram s.o. for an exam.*

klaarte 0.1 *clarity* ⇒*clearness.*

klaarwakker 0.1 *wide awake* ⇒⟨fig.⟩ *(on the) alert.*

klaarzetten 0.1 *put ready/out* ⇒*set out* ◆ **1.1** het ontbijt~ *put breakfast on the table* **6.1** een **stoel voor** iem.~ *put a chair out for s.o.;* de flessen ~ **voor** de melkboer *put out the bottles for the milkman.*

klaas 0.1 *guy* ⇒⟨BE ook⟩ *chap* ◆ **2.1** een houten/een stijve ~ *a dry (old) stick.*

Klaas 0.1 *Nicholas* ◆ **1.1** Jan, Piet en ~ *Tom, Dick and Harry;* ~ Vaak *the sandman.*

klacht 0.1 [uiting van ontevredenheid] *complaint* **0.2** [jur.] *complaint* ⇒⟨civielrechtelijk⟩ *action,* ⟨civielrechtelijk⟩ *suit,* ⟨strafrechtelijk⟩ *charge* **0.3** [grief, grond tot klagen] *complaint* ⇒⟨med. ook⟩ *symptom* **0.4** [uiting van smart] *lament* ⇒*complaint* ◆ **1.3** wat zijn de ~en van de patiënt? *what are the patient's symptoms?* **3.1** zijn ~en uiten *air one's grievances* **3.2** een ~ indienen bij de politie *report sth. to the police;* een ~ indienen tegen iem. *bring an action against s.o.* **3.3** ~en behandelen *deal with complaints;* en, wat zijn de ~en? *what seems to be the matter?*

klachtenboek 0.1 *complaint book.*

klachtenbureau 0.1 *complaints department.*

klachtenlijn 0.1 *complaints service.*

klad I ⟨het⟩ **0.1** [voorlopige vorm] *(rough) draft* ◆ **6.1** een brief **in** (het) ~ schrijven *draft a letter;* **II** ⟨de⟩ **0.1** [vuil, vlek] *stain* ⇒*(dirty) mark, blot* ⟨inkt⟩, *smudge* ⟨olie enz.⟩ **0.2** [laster] *slur* ⇒*stain* **0.3** [bederf in de prijzen]⟨zie 3.3⟩ ◆ **3.3** de ~ is in de huizenmarkt gekomen *the bottom's fallen out of the house market;* de ~ komt erin *business is falling off/is going through a rough patch* **6.¶** iem. **bij** zijn/de~den krijgen/grijpen ⟨fig.⟩ *catch/grab hold of s.o.*

kladblaadje 0.1 *(piece of) scrap paper.*

kladblok 0.1 *scribbling-pad.*

kladden I ⟨onov.ww.⟩ **0.1** [knoeien] *be messy* ⇒*make stains/smudges/blots* ⟨inkt⟩ **0.2** [vlekken geven] *blot* ◆ **1.2** het papier kladt *the paper blots;* **II** ⟨ov.ww.⟩ **0.1** [als een klad aanbrengen op] *daub* **0.2** [slordig neerschrijven] *scribble* ⇒*scrawl* **0.3** [slecht, slordig schilderen] *daub.*

kladderaar 0.1 *smudger* ⇒*dauber* ⟨met verf⟩.

kladderen 0.1 [voortdurend kladden] *make blots/smudges* ⟨enz.⟩ **0.2** [slecht schilderen] *daub.*

kladje 0.1 *(rough) draft;* ⟨kladblaadje⟩ *(piece of) scrap paper* ◆ **3.1** een ~ maken *make a (rough) draft.*

kladpapier 0.1 *scrap paper* ◆ **¶.1** een ~tje *a piece of s. p.*

kladschrift 0.1 ᴮ*rough(-copy) book,* ᴬ*scratch pad.*

kladversie 0.1 *rough version/copy.*

kladwerk 0.1 [knoeiwerk] *messy/shoddy work* **0.2** [schoolwerk] *rough work.*

klagen I ⟨onov.ww.⟩ **0.1** [droefheid/pijn te kennen geven] *complain* **0.2** [jur.] *complain* ◆ **1.1** de zieke klaagt de hele dag *the patient complains all day long* **3.1** ik heb niet te ~ *I*

can't c., I'm not complaining; jij hebt niets te ~ *you're in no position to c., you've got nothing to c. about;* je hoeft niet bij mij te komen ~ *don't come complaining to me;* hij loopt altijd te ~ *he's always complaining;* ⟨euf.⟩ ik mag niet ~ *I can't c.* **6.1** geen reden **tot** ~ hebben *have no cause for complaint;* **II** ⟨ov.ww.⟩ **0.1** [als klacht uiten] *complain (of)* ◆ **¶.1** het is God geklaagd *it's appalling.*

klagend 0.1 *plaintive* ◆ **1.1** op ~e toon *in a p. tone (of voice).*

klager, klaagster 0.1 [iem. die klaagt] *complainer* **0.2** [iem. die zijn beklag doet] *complainant* **0.3** [jur.] *plaintiff.*

klagerig 0.1 [geneigd tot klagen] *complaining* **0.2** [klagend] *plaintive* ◆ **1.2** op ~e toon *in a p. tone (of voice).*

klakkeloos 0.1 [zonder overweging] *unthinking* ⇒⟨onkritisch⟩ *indiscriminate,* ⟨zonder reden⟩ *groundless* **0.2** [onverwachts] *unexpected* ⇒*sudden* ◆ **3.1** iets ~ aannemen *accept sth. unthinkingly;* ⟨inf.⟩ *fall for sth.;* iem.~ beschuldigen *accuse s.o. wildly;* iets ~ overnemen *copy sth. indiscriminately.*

klam 0.1 *clammy* ⇒*damp* ◆ **1.1** zijn voorhoofd was ~ van het zweet *his forehead was c. with sweat;* het ~me zweet breekt me uit ⟨fig.⟩ *I'm in a cold sweat.*

klamboe 0.1 *mosquito net.*

klamheid 0.1 *clamminess* ⇒*dampness.*

klampen I ⟨onov.ww.⟩ **0.1** [klitten, kleven] *cling* ◆ **6.1** de sneeuw klampt **aan** de schoenen *the snow clings to one's shoes;* **II** ⟨ov.ww.⟩ **0.1** [(vast)klemmen] *clasp* ⇒*cling* ◆ **6.1** iem. **tegen** zich aan ~ *clasp s.o. to o.s.*

klandizie 0.1 [klanten] *clientele* ⇒*customers* **0.2** [betrekking als klant] *custom* ◆ **2.1** zich in een toenemende ~ kunnen verheugen *enjoy an increasing number of customers/a growing clientele* **3.1** (veel) ~ hebben/krijgen/trekken *have/attract (plenty of) customers/trade* **3.2** iem. met de ~ begunstigen *give one's c. to s.o.*

klank 0.1 *sound* ◆ **1.1** de ~ van een viool *the s./tone of a violin* **2.1** haar stem had een eigenaardige ~ *there was a peculiar ring to her voice;* ⟨fig.⟩ zijn naam heeft een goede ~ *he has a good name/reputation;* dat woord heeft een lelijke ~ *that word has an ugly ring to it;* vreemde/uitheemse ~en *foreign sounds;* de piano heeft een warme ~ *the piano has a warm tone.*

klankbord 0.1 [paneel voor een luidspreker] *baffle(-board)* **0.2** [klankbodem, galmbord] *sounding board* ◆ **3.2** ⟨fig.⟩ een ~ vormen *act as a s. b. (for).*

klankdemper 0.1 *muffler* ⟨piano⟩ ⇒*mute* ⟨viool, trompet enz.⟩.

klankkast 0.1 *sound box* ⇒*body.*

klankkleur 0.1 *timbre* ⇒*tone (colour).*

klankleer 0.1 ⟨taal.⟩ **0.1** *phonetics, phonology* ◆ **2.1** de Engelse ~ *English phonetics and phonology.*

klankloos 0.1 *toneless* ◆ **1.1** zij antwoordde met klankloze stem *she answered tonelessly.*

klanknabootsing 0.1 ⟨taal.⟩ **0.1** *onomatopoeia.*

klankrijk 0.1 *sonorous* ⇒*rich.*

klankverschuiving 0.1 ⟨taal.⟩ **0.1** *sound shift.*

klankvol 0.1 *sonorous* ⇒*rich* ◆ **1.1** een ~le stem *a s. voice.*

klant 0.1 [cliënt] *customer* ⇒*client, guest* ⟨in horeca⟩ **0.2** [persoon, kerel] *customer* ⇒*character* ◆ **2.1** een goede ~ *a good customer;* een vaste ~ *a regular (customer)* **2.2** hij is nogal een ruwe ~ *he's a rough customer* **3.1** ergens ~ zijn *be a customer (of)* **¶.1** de ~ is koning *the customer is always right.*

klantenbestand 0.1 [klantenregister] *list of customers/clients* **0.2** [de klanten v.e. zaak] *customers, clients* ⇒*clientele.*

klantenbinding 0.1 *customer relations* ♦ **3.1** aan ~ doen *work at c.r.*

klantenkring 0.1 *customers, clientele.*

klantenpas 0.1 *loyalty card* ⇒ *charge card.*

klantenservice 0.1 [B]*after-sales/*[A]*customer service* ⇒ *service department.*

klantenwerving 0.1 *canvassing for custom(ers)* ⇒ ⟨reclame⟩ *advertising for custom(ers).*

klantgericht 0.1 *customer-oriented.*

klantvriendelijk 0.1 *customer-friendly.*

klap 0.1 [geluid] *bang* ⇒ *crash, crack* ⟨van zweep⟩ **0.2** [slag, tik] *slap* ⇒ *smack* **0.3** [fig.] *blow* ♦ **1.2** ⟨fig.⟩ een ~ v.d. molen gehad hebben *have a screw loose (somewhere)* **2.2** er vielen rake ~ pen *the blows fell thick and fast;* rake ~ pen uitdelen aan *rain blows upon* **2.3** een zware ~ toebrengen aan *deal (s.o.) a heavy b.* **3.2** iem. een ~ geven *hit s.o.;* een kind ~ pen geven *spank a child;* de eerste ~ ⟨pen⟩ opvangen ⟨fig.⟩ *bear the brunt (of s.o.'s anger);* er kunnen wel eens ~ pen vallen *it may come to blows* **3.3** een (lelijke) ~ krijgen *receive/be dealt an ugly b.* **6.1** met een ~ dichtslaan *slam (shut)* **6.2** een ~ in het gezicht (krijgen) ⟨ook fig.⟩ *(get) a slap/smack in the face;* ⟨fig.⟩ in één ~ *at one go, in one fell swoop;* iem. een ~ **om** de oren geven *box s.o.'s ears;* iem. een ~ **op** zijn achterste geven *smack s.o.'s bottom* **7.¶** geen ~ pen geven *not do a stroke of work/lift a finger;* je hebt er geen ~ aan *it's useless/no good;* ik vind er geen ~ aan *I don't like it one bit;* daar schiet je geen ~ mee op *that won't do you any good;* dat kan me geen ~ schelen *I couldn't care less about that* **¶.1** ⟨fig.⟩ de ~ op de vuurpijl *the grand finale;* ⟨fig.⟩ als ~ op de vuurpijl *to crown/top it all* **¶.2** ⟨sprw.⟩ de eerste ~ is een daalder waard *the first blow is half the battle.*

klapband 0.1 *blowout* ⇒ *flat* ♦ **3.1** een ~ krijgen *have a b., get a flat.*

klapbes 0.1 *gooseberry.*

klapdeur 0.1 [deur die vanzelf dichtslaat] *spring-loaded door* ⇒ *self-closing door* **0.2** [doordraaiende deur] *swing door* **0.3** [mv.; saloondeuren] *swing doors.*

klapkauwgom 0.1 *bubble gum.*

klaplopen 0.1 *sponge (on/off)* ⇒ *scrounge.*

klaploper, -loopster 0.1 *sponger* ⇒ *scrounger.*

klappen 0.1 [klappend geluid maken met de handen] *clap* **0.2** [uiteenspringen, ontploffen]⟨zie 1.2, 6.2, ¶.2⟩ **0.3** [klappond geluid geven/maken] *clap* ⇒ ⟨vleugels ook⟩ *flap, slam* ⟨ihb. deur⟩ ♦ **1.2** de voorband is geklapt *the front tyre has burst* **1.3** het ~ v.d. zweep kennen *know the ropes* **5.1** er werd bijna niet/lang geklapt *there was hardly any/was lengthy applause* **6.1** voor iem. ~ *applaud s.o.* **6.2** uit elkaar ~ *burst* **6.3** in de handen ~ *clap (one's hands)* **¶.2** in elkaar ~ *collapse* ⟨ook fig.⟩; ⟨fig.⟩ *crack up* **¶.¶** uit de school ~ *tell tales (out of school).*

klapper 0.1 [register] *index* ⇒ *file* **0.2** [ringband] *folder* ⇒ *file* **0.3** [uitschieter] *smash* ⇒ *hit* ♦ **3.3** een (financiële) ~ maken *hit the jackpot;* ergens een ~ mee maken *score a hit with sth.*

klapperboom 0.1 *coconut tree/palm.*

klapperen 0.1 [mbt. geluid] *bang, rattle* ⇒ *chatter* ⟨tanden⟩ **0.2** [mbt. beweging] *flap* ⇒ *flutter* ♦ **1.1** het zeil klappert *the sail is flapping.*

klapperpistool 0.1 *cap pistol/gun.*

klappertanden 0.1 ±*shiver* ♦ **3.1** hij stond te ~ *his teeth were chattering* **6.1** ~ van de kou *s. with cold.*

klappertje 0.1 *cap.*

klapraam 0.1 *cantilever window.*

klaproos 0.1 *poppy.*

---

klapsigaar 0.1 *trick cigar.*

klapstoel 0.1 *folding chair* ⇒ *tip-up/theatre seat* ⟨in theater/bioscoop⟩.

klapstuk 0.1 [stuk rundvlees] *rib of beef* **0.2** [hoogtepunt] *pièce de résistance* ⇒ *crowning touch.*

klaptafel 0.1 [mbt. de poten] *folding table* **0.2** [mbt. het blad] *drop-leaf table.*

klapwieken 0.1 *flap (one's/its wings)* ⇒ *flutter.*

klapzoen 0.1 *smack(er).*

klare 0.1 *(glass of) jenever/Dutch gin* ♦ **2.1** een glaasje oude/jonge ~ *a glass of old/young j.*

klaren 0.1 [in orde maken] *settle* ⇒ *manage* ♦ **3.1** kan hij dat alleen ~? *can he manage that alone?*

klarinet 0.1 *clarinet.*

klarinettist 0.1 *clarinettist.*

klas 0.1 [leslokaal] *classroom* **0.2** [leerlingen] *class* **0.3** [leerjaar] [B]*form,* [A]*grade* **0.4** [afdeling met verschil in prijs en comfort] *class* **0.5** [rang, stand] *class* ⇒ ⟨sport⟩ *league,* ⟨sport⟩ *division* **0.6** [kwaliteit] *class* ⇒ *grade* ♦ **1.2** de beste/laatste v.d. ~ zijn *be (at the) top/bottom of the c.* **2.3** lagere/hogere ~ sen [B]*junior/senior forms,* [A]*lower/higher grades* **3.1** de ~ uitgestuurd worden *be sent out of the (class)room* **6.2** bij iem. in de ~ zitten *be in the same c. as s.o.;* leerling **uit** de tweede ~ [B]*second-former,* [A]*second grader;* ⟨fig.⟩ **voor** de ~ staan *teach* **6.5** ⟨sport⟩ in de tweede ~ spelen *play in the second division;* **in** ~ sen verdelen *classify, divide into classes;* ⟨sport⟩ **naar** een lagere ~ overgaan *be relegated to a lower division* **7.3** in de vierde ~ zitten *be in the fourth f.* **7.4** een kaartje eerste ~ *a first-class ticket;* tweede ~ reizen *travel second c.* **7.6** alles eerste ~! *all top quality!;* tweede ~ *second-class.*

klasgenoot, -note 0.1 *classmate.*

klaslokaal 0.1 *classroom.*

klasse 0.1 [groepering v.d. bevolking] *class* **0.2** [categorie] *class* ⇒ *league* **0.3** [hoog niveau] *class* ♦ **2.1** de lagere ~ n *the lower classes* **2.2** een ~ beter zijn/spelen dan *outclass, be a c./cut above* **2.3** ⟨inf.⟩ dat is grote ~! *that's first-rate!* **3.1** de bezittende/werkende ~ *the propertied/working classes* **3.3** ~ hebben *have (a touch of) c.* **6.3** van ~ *top-class, classy.*

*★**klassebewustzijn** (Wdl: klassenbewustzijn) **0.1** class-consciousness.*

*★**klassehaat** (Wdl: klassenhaat) **0.1** class hatred.*

*★**klassejustitie** (Wdl: klassenjustitie) **0.1** class justice* ♦ **1.1** een ernstige vorm van ~ *a serious form/instance of c.j.*

klasseloos 0.1 *classless.*

*★**klassemaatschappij** (Wdl: klassenmaatschappij) **0.1** class society.*

klassement 0.1 *list of rankings/ratings* ⇒ ⟨sport⟩ *league table* ♦ **2.1** het algemeen ~ *overall classification* **6.1** hij staat **bovenaan** (in) het ~ *he is (at the) top of the list/league (table).*

klassenavond 0.1 *class party.*

klassenboek 0.1 [B]*class/form register,* [A]*roll book.*

klassenleraar, -lerares 0.1 [B]*form/class teacher,* [A]*homeroom teacher.*

klassenvertegenwoordiger, -ster 0.1 [school] *class representative/spokesman.*

klasseren I ⟨ov.ww.⟩ **0.1** [in een klasse onderbrengen, geordend opbergen] *classify;* **II** ⟨wk.ww.; zich ~⟩ **0.1** [sport] *qualify* ⇒ *rank* ♦ **6.1** zich ~ **voor** de finale *q. for the final(s)* **9.1** zich als eerste ~ *come first.*

klassering 0.1 *classification* ⇒ ⟨in rang⟩ *placing* ♦ **2.1** een hogere ~ zit er niet in *there's no chance of a higher placing.*

∗klassestrijd *(Wdl: klassenstrijd)* **0.1** *class struggle/war-(fare).*

∗klassetegenstelling *(Wdl: klassentegenstelling)* **0.1** *class difference* ◆ **3.1** de ~en verscherpen *class differences are growing more apparent.*

klassevertegenwoordiger, -ster 0.1 [mbt. een sociale klasse] *class representative.*

klassewerk 0.1 *super/brilliant work.*

klassiek I ⟨bn.⟩ **0.1** [mbt. de Griekse/Romeinse Oudheid] *classical* **0.2** [voorbeeldig in zijn soort] *classic* ◆ **1.1** de ~e letteren *c. literature; classics* ⟨studie⟩; de ~e Oudheid *c. antiquity* **1.2** een ~ voorbeeld *a c. example* **3.2** die film/dat boek is nu ~ *that film/book has become a classic;* **II** ⟨bn., bw.⟩ **0.1** [(als) van vroeger] *classic(al)* ⇒*traditional* ◆ **1.1** een ~ begin *a standard opener* ⟨toespraak, gesprek, voorstelling⟩; ~e meubelen *period furniture;* ~e muziek *classical music* **3.1** een probleem ~ oplossen *solve a problem in a traditional way.*

klassieker 0.1 *classic* ⟨boek e.d.; ook sportevenement⟩.

klassikaal 0.1 ⟨attr.⟩ *class* ⇒⟨attr.⟩ *group* ◆ **1.1** een klassikale bespreking *a c. discussion;* ~ onderwijs *c./group teaching* **3.1** iets ~ behandelen *deal with sth. in c.*

klateren 0.1 *splash* ⟨water⟩ ⇒*gurgle* ⟨bv. stroom⟩ ◆ **1.1** een ~de fontein *a splashing fountain;* ⟨fig.⟩ een ~de lach *a loud laugh.*

klatergoud 0.1 [fig.] *tinsel* ⇒*gilt* ◆ **¶.1** niets dan ~ *only sham.*

klauteren 0.1 *clamber* ⇒*scramble* ◆ **6.1** in een boom ~ *climb a tree;* over banken heen ~ *c. over seats.*

klauw 0.1 [nagel van roofdieren] *claw* ⇒⟨roofvogel⟩ *talon* **0.2** [poot v.e. roofdier] *paw* ⇒*claw* **0.3** [hand v.e. mens] *claw* ⇒*paw,* ⟨vnl. mv.⟩ *clutch(es)* ◆ **6.3** blijf met je ~en van mijn auto af *keep your paws off my car;* iem. redden uit de ~en van de dood *rescue s.o. from the jaws of death;* uit de ~en lopen *get out of hand/control.*

klauwen 0.1 [de klauwen uitslaan] *claw* **0.2** [met de klauw als instrument werken] *claw* ◆ **6.¶** over het ijs ~ ±*use a short, catlike stride.*

klauwhamer 0.1 *claw hammer.*

klauwier 0.1 [haakvormig voorwerp] *hook* **0.2** [plantk.] *tendril* **0.3** [vogel] *shrike.*

klavecimbel 0.1 *harpsichord* ⇒*(clavi)cembalo.*

klavecinist 0.1 *harpsichordist.*

klaver 0.1 [plantengeslacht] *clover* **0.2** [hierop lijkende gewassen] *trefoil* ⇒*wood sorrel* **0.3** →**klaveren.**

klaverblad 0.1 ⟨ook verkeer⟩ *cloverleaf.*

klaveren 0.1 *clubs* ⇒⟨attr.⟩ *of clubs* ◆ **1.1** klaveren aas/heer/tien/vrouw *ace/king/ten/queen of clubs;* klaver(en)boer *jack/knave of c.* **7.1** één ~ *one club.*

klaverjassen 0.1 *play (Klaber)jass.*

klavertjevier 0.1 *four-leaf clover.*

klavier 0.1 [toetsenbord] *keyboard* **0.2** [piano, vleugel] *piano(forte).*

klavierinstrument 0.1 *keyboard instrument.*

kledder¹ ⟨de⟩ **0.1** *spatter* ◆ **1.1** een ~ water *a splash of water.*

kledder² ⟨bn.⟩ **0.1** *soaking.*

kledder³ ⟨tw.⟩ **0.1** *splash!* ◆ **¶.1** pats! ~! *splish! splash!*

kledderen 0.1 [met een natte slag tegen iets (aan) komen] *splash* ⇒*spatter* **0.2** [kliederen] *slop.*

kleddernat ⟨inf.⟩ **0.1** *soaking (wet)* ⟨vnl. van dingen⟩; *soaked* ⟨van mensen en dingen⟩.

kleden 0.1 [aankleden] *dress* ⇒*clothe* **0.2** [verwoorden, weergeven] *clothe* **0.3** [(van kledingstukken) een bepaald effect hebben] *suit* ◆ **1.1** die couturier kleedt de koningin

al jaren *that designer has been dressing the queen for years* **1.3** dat pakje kleedt Sophia goed *that suit suits/becomes Sophia well* **3.1** ⟨pregn.⟩ zich weten te ~ *know how to d., have a good dress sense* **4.1** zich ~ voor het diner *d. for dinner* **5.1** de best geklede vrouw *the best dressed woman.*

klederdracht 0.1 *(traditional/national) costume/dress.*

kledij 0.1 *attire.*

kleding 0.1 [het kleden, be-/omkleden, inkleding] *dressing* **0.2** [kleren] *clothing* ⇒*clothes, garments* ◆ **3.2** sportieve, gemakkelijk zittende ~ *casual wear, leisure wear* **6.2** ~ naar maat *(clothing) made to measure.*

kledingbedrijf 0.1 *clothing firm/business.*

kledingstuk 0.1 *garment* ⇒*article of clothing.*

kledingverhuur 0.1 *dress rental/*ᵃ*hire.*

kledingzaak 0.1 *clothes/dress shop.*

kledingzak 0.1 *clothes bag.*

kleed 0.1 [tapijt, vloerkleed] *carpet, rug* ⇒⟨tafel⟩ *tablecloth* **0.2** [kledingstuk voor mannen, ambtsgewaad] *robe, garment* ◆ **2.1** een kanten ~je *a lace doily.*

kleedgeld 0.1 *dress/clothing allowance.*

kleedhokje 0.1 *changing cubicle.*

kleedkamer 0.1 [in het theater] *dressing room* **0.2** [sport] *changing room* ◆ **6.2** een speler naar de ~ sturen *send a player off.*

kleedster 0.1 *dresser.*

kleefband 0.1 *adhesive tape.*

kleefkracht 0.1 *adhesive strength.*

kleefmiddel 0.1 *adhesive* ⇒*glue.*

kleefpleister 0.1 *(sticking) plaster.*

kleefstof 0.1 *gluten;* ⟨lijm⟩ *adhesive.*

kleerborstel 0.1 *clothes brush.*

kleerhaak 0.1 *clothes/coat hook* ⇒*peg.*

kleerhanger 0.1 [knaapje] *coat/clothes hanger* **0.2** [kapstok] *hatstand.*

kleerkast 0.1 *wardrobe.*

kleermaker 0.1 [tailleur] *tailor* ⇒⟨mbt. dameskleding⟩ *dressmaker* **0.2** [iem. die een kleermakerszaak heeft] *tailor.*

kleermakerij 0.1 [handeling] *tailoring* ⇒*dressmaking* **0.2** [bedrijf, atelier] *tailor's, clothing firm/business.*

kleermakerskrijt 0.1 *tailor's chalk.*

kleermakerszit ◆ **6.¶** in ~ zitten *sit cross-legged.*

kleerscheuren ◆ **6.¶** er zonder ~ afkomen ⟨financieel ook⟩ *escape unscathed/unhurt;* ⟨zonder straf⟩ *get off scot free.*

kleertjes 0.1 *(baby/doll)clothes.*

klef 0.1 [kleverig, plakkend] *sticky* ⇒*gooey,* ⟨brood⟩ *doughy* **0.2** [klam] *sticky* ⇒*clammy* **0.3** [hinderlijk aanhalig] *clinging.*

klei 0.1 *clay* ◆ **2.1** vette/zware ~ *rich/heavy c.* **6.1** ⟨fig.⟩ uit de ~ getrokken zijn *be a yokel, be crude/unpolished.*

kleiachtig 0.1 *clayey* ⇒*clayish* ◆ **1.1** ~e grond/laag *clayey soil/stratum.*

kleiduif 0.1 *clay pigeon.*

kleiduivenschieten 0.1 *skeet(-shooting)* ⇒*clay-pigeon shooting.*

kleien¹ ⟨bn.⟩ **0.1** *clay.*

kleien² ⟨onov., ov.ww.⟩ **0.1** *work clay.*

kleigrond 0.1 [grondsoort] *clay(ey) soil* **0.2** [stuk grond] *clay ground.*

kleilaag 0.1 *clay layer/stratum.*

kleimasker 0.1 *mud pack.*

klein¹ ⟨het⟩ **0.1** *small* ◆ **1.1** ~ en groot was op de been *all sorts of people were about* **6.1** in het ~ verkopen *retail, sell (by) retail;* de wereld in het ~ *the world in a nutshell/*

in miniature; **in** het ~ beginnen *begin/start in a small way/on a small scale;* een Marilyn Monroe **in** het ~ *a mini Marilyn Monroe.*

klein[2] **I** ⟨bn.⟩ **0.1** [van minder dan gemiddelde afmeting] *small* ⇒⟨met emotionele ondertoon⟩ *little* **0.2** [jong] *little* ⇒*young* **0.3** [gering in aantal/hoeveelheid] *small* **0.4** [minder in waarde/stand] *small* ⇒*minor* **0.5** [niet voornaam/groots] *small* **0.6** [niet helemaal] *little* **0.7** [bang, bekrompen] *small(-minded)* ⇒*petty* ◆ **1.1** een ~ eindje *a short distance/little way;* een kop ~ er dan ...*a head shorter than ...;* te ~ e schoenen *tight shoes, shoes that are too s.* **1.2** ~ e kinderen worden groot *young children grow into men and woman* **1.3** een ~ beetje *a little bit* **1.4** een ~ e eter *a poor eater* **1.5** ⟨fig.⟩ op ~ e voet leven *live on a modest/s. scale* **1.7** met een ~ stemmetje *in a timid/small voice* **2.1** hij is ~ gebouwd *he is short (in stature)* **3.1** ⟨fig.⟩ iem.~ houden *keep s.o. down;* ⟨fig.⟩ iem.~ krijgen *cut s.o. down to size;* ⟨fig.⟩ zich ~ voelen *feel s.;* ⟨fig.⟩ ~ worden *shrink* **3.4** hebt u het niet ~ er? *have you got nothing smaller?* **5.2** daar is hij nog te ~ voor *he is still too young for that* **6.1** ~ van stuk of *s. stature/build;* zij is ~ **voor** haar leeftijd *she is s. for her age* **6.7** ~ **van** geest *petty, narrow-minded* **7.6** een ~ e drie kilometer *close on three kilometres* **8.1** ~ maar dapper *s. but tough/game;* ~ maar fijn *good things come in s. packages* ¶**.1** ⟨sprw.⟩ wie 't ~ e niet eert, is het grote niet weerd *he that will not stop for a pin will never be worth a pound;* **II** ⟨bw.⟩ **0.1** [op kleine wijze] *small* ◆ **3.1** ~ schrijven *write s.*

Klein-Azië 0.1 *Asia Minor.*

kleinbedrijf ⟨collectief⟩ **0.1** *small(-scale) business.*

kleinbeeldcamera 0.1 *35-mm camera* ⇒*miniature camera.*

kleinbehuisd 0.1 *cramped (for space).*

kleinburgerlijk 0.1 *lower middle class* ⇒*petty bourgeois,* ⟨geestelijk bekrompen⟩ *narrow-minded.*

kleindochter 0.1 *granddaughter.*

Kleinduimpje 0.1 *Tom Thumb.*

kleine 0.1 *little one.*

kleineren 0.1 *belittle* ◆ **1.1** een ~ de opmerking *a belittling/put-down remark.*

kleingeestig 0.1 [niet ruim en breed denkend] *narrow-minded* ⇒*small-minded* **0.2** [bekrompen, kleinzielig] *petty* ⇒*narrow-minded* ◆ **1.2** een ~ mannetje *a narrow-/small-minded little man.*

kleingeld 0.1 *(small) change* ◆ **6.1** een gulden **aan** ~ *a guilder in change.*

kleinhandel 0.1 *retail trade.*

kleinhandelaar 0.1 *retailer.*

kleinhandelsprijs 0.1 *retail price* ◆ **6.1** tegen kleinhandelsprijzen *at retail (price(s)).*

kleinheid 0.1 *smallness* ⇒⟨vnl. fig.⟩ *littleness.*

kleinigheid 0.1 [klein geschenk/voorwerp] *little thing* **0.2** [zaak van weinig belang] *small matter/affair* ⇒*trifle* **0.3** [geringe geldsom] *trifle* ⇒*trifling sum* ◆ **3.1** ik heb een ~ je meegebracht *I have brought you a little something* **3.2** dat is voor hem maar een ~ *that is nothing to him* **7.2** dat is geen ~! *that is no small matter.*

kleinkind 0.1 *grandchild.*

kleinkrijgen 0.1 *bring (s.o.) to his knees* ⇒*subdue* ◆ **5.1** hij is niet klein te krijgen *he is indomitable/is not to be intimidated.*

kleinkunst 0.1 *cabaret.*

kleinkunstenaar, -kunstenares 0.1 *cabaret artist(e)* ⇒ *variety artist(e).*

kleinmaken I ⟨ov.ww.⟩ **0.1** [fijnmaken, in stukken slaan] *cut small* ⇒*cut up;* **II** ⟨wk.ww.; zich ~⟩ **0.1** [zich deemoedig/nederig tonen/voordoen] *humble o.s.* **0.2** [proberen om niet op te vallen] *make o.s. small.*

kleinood 0.1 [bijou] *jewel* ⇒*gem, bijou* **0.2** [iets waaraan men veel waarde hecht]⟨mv.⟩ *valuables.*

kleinschalig 0.1 *small-scale.*

kleinsnijden 0.1 *cut up (into small pieces).*

kleinsteeds 0.1 *provincial, suburban* ⇒*small-town* ◆ **1.1** ~ e gewoonten *small-town habits.*

kleintje 0.1 [klein persoon] *small/short one* ⇒⟨inf.; roepnaam⟩ *shorty* **0.2** [jong kind/dier] *little one* ⇒⟨kind⟩ *baby* **0.3** [klein voorwerp] *small/little thing* ⇒*trifle* **0.4** [iets van weinig waarde, klein bedrag] *trifle* ◆ **1.3** een ~ pils *a small glass of beer* **3.2** ze heeft pas een ~ gekregen *she has just had a baby* **6.4 op** de ~ s letten *watch one's pennies* **6.¶** hij is **voor** geen ~ vervaard *he is not easily frightened/alarmed.*

kleintjes I ⟨bn.⟩ **0.1** [klein en zwak] *puny* **0.2** [petieterig] *tiny;* **II** ⟨bw.⟩ **0.1** [armetierig] *miserably* **0.2** [deemoedig] *humbly.*

kleinvee 0.1 *small (live) stock.*

kleinverbruik 0.1 *small-scale/private consumption.*

kleinverbruiker 0.1 *small-scale/private consumer.*

kleinzerig 0.1 [angstig voor pijn] *frightened of pain* **0.2** [lichtgeraakt] *touchy* ⇒*oversensitive.*

kleinzerigheid 0.1 [angst voor pijn] *fear of pain* **0.2** [lichtgeraaktheid] *touchiness* ⇒*oversensitiveness.*

kleinzielig 0.1 *petty* ⇒*small-/narrow-minded.*

kleinzoon 0.1 *grandson.*

kleistreek 0.1 *clay(ey) region/area.*

kleitablet 0.1 *clay tablet.*

klem[1] ⟨de⟩ **0.1** [knellende greep] *grip* **0.2** [moeilijke omstandigheden] *predicament* ⇒⟨inf.⟩ *fix* **0.3** [aandrang, nadruk] *emphasis* ⇒*stress* **0.4** [toestel om te vangen] *trap* **0.5** [knijper, paperclip] *clip* ◆ **6.1** zijn vinger zit in de ~ *his finger is jammed* **6.2** in die ~ zitten *be in a fix* **6.3** met ~ spreken *speak with great e./emphatically;* met ~ beweren dat ...*contend that ...;* iets met ~ (van redenen) betogen *argue with forceful arguments/forcibly.*

klem[2] ⟨bn.⟩ **0.1** *jammed* ⇒*stuck* ◆ **3.1** hij heeft zich ~ gepraat *he has talked himself into a corner;* hij zat ~ in het gat *he got stuck in the hole;* ~ zetten *jam.*

klemmen I ⟨ov.ww.⟩ **0.1** [vastzetten, knijpen] *clasp* ⇒*press* ◆ **6.1** een kind **tegen** zich aan/in zijn armen ~ *c. a child in one's arms;* een vinger(s) **tussen** de deur ~ *jam one's finger(s) in the door;* **II** ⟨onov.ww.⟩ **0.1** [knellend vastzitten] *stick* ⇒*jam* **0.2** [overtuigen, dwingen] *be conclusive/convincing* **0.3** [benauwen] *oppress.*

klemmend 0.1 [overtuigend] *convincing* ⇒*conclusive* **0.2** [benauwend] *oppressive* ◆ **1.2** een ~ e vraag *a weighty question.*

klempraten 0.1 *corner.*

klemtoon 0.1 [accent] *stress* **0.2** [eigen nadruk in een woord] *stress* ⇒*accent* **0.3** [fig.] *emphasis* ⇒*stress* ◆ **3.1** de ~ verkeerd leggen *stress wrongly, use the wrong s.* **3.2** de ~ ligt op de eerste lettergreep *the s./accent is on the first syllable* **3.3** de ~ leggen op iets *lay stress on sth., emphasize/stress sth.*

klemvast 0.1 [zeer vast] *jammed* ⇒*stuck* **0.2** [balsport]⟨zie 3.2, 5.2⟩ ◆ **3.2** M. heeft de bal ~ *M. has the bal safely in his hands* **5.2** M. is niet erg ~ *M. doesn't have a particularly safe pair of hands.*

klep I ⟨de (m.)⟩ **0.1** [een keer kleppen] *peal* ⇒*toll* ◆ **6.1 bij** de eerste ~ *on the first p./toll;* **II** ⟨de⟩ **0.1** [klepper] *rattle* **0.2** [deksel, sluitstuk] *lid* ⇒⟨bv. pomp, machine⟩ *valve,* ⟨blaasinstrument⟩ *key* **0.3** [med.] *valve* **0.4** [beweegbaar luik/schot] *flap* ⇒⟨veerboot⟩ *ramp* **0.5** [overslaande sluiting] ⟨jaszak, enveloppe enz.⟩ *flap* ⇒ ⟨broek⟩ *fly* **0.6** [deel v.e. hoofddeksel] *bill* ⇒*visor* **0.7** [inf.; mond] *trap* **0.8** [kletskous] *chatterbox* ◆ **1.2** de ~ v.e. kan *the l. of a jug;* de ~pen v.e. motor afstellen *adjust the valves of an engine* **1.4** de ~ v.e. mand/brievenbus *the f. of a basket/letterbox* **2.6** een groene ~ tegen het licht *a green visor against the light* **3.7** hou je ~ dicht! *shut up!, shut your trap!*

klepel 0.1 *clapper.*

klepelen 0.1 *toll* ⇒*peal.*

kleppen 0.1 [kort, helder geluid laten maken] *clack* **0.2** [babbelen] *chatter* **0.3** [mbt. een klok] *peal* ⇒*toll* **0.4** [heen en weer gaande bewegingen maken] *flap* **0.5** [snateren] *clatter* ◆ **1.1** het deksel klept op de kan *the lid is clacking on the jug* **3.4** er staat een deur te ~ *there's a door banging.*

klepper 0.1 [voorwerp] *rattle* **0.2** [houten sandaal] *clog* ◆ ¶.1 ~s *castanets.*

klepperen 0.1 [klepperend geluid voortbrengen] *clatter* ⇒ *rattle* **0.2** [heen en weer gaan] *flap* **0.3** [met kleppers spelen] *rattle* ◆ **1.1** de deur kleppert *the door rattles* **6.2** met de vleugels ~ *f./clap its wings.*

kleptomaan 0.1 *klepto/cleptomaniac.*

klere ⟨vulg.⟩ ◆ **1.**¶ die ~school *that fucking school* **3.**¶ krijg de ~! *fuck you!*

klerelijer ⟨vulg.⟩ **0.1** *(filthy) bastard.*

kleren 0.1 *clothes* ◆ **2.1** andere/schone ~ aantrekken *change (into sth. else/clean c.);* zijn beste ~ *one's (Sunday) best;* ⟨fig.⟩ dat gaat je niet in je koude/kouwe ~ zitten *a thing like that gets you/leaves its mark* **3.1** zijn ~ aandoen *get dressed, put on one's c.;* zijn ~ uittrekken *undress* **6.1 in** zijn ~ schieten *throw/fling one's c. on;* ik ben sinds gisteren niet uit de ~ geweest *I haven't seen my bed since yesterday;* ze gaat vlot *uit* de ~ ⟨fig.⟩ *she's an easy lay* ¶.1 ⟨sprw.⟩ ~ maken de man *apparel makes the man.*

kleren- →**kleer-.**

klerewerk 0.1 *ᴮbloody job/work* ⇒*shit work.*

klerewijf ⟨vulg.⟩ **0.1** *fucking cow, bitch.*

klerezooi 0.1 *ᴮbloody mess* ◆ **2.1** de hele ~ *the whole fucking mess.*

klerikaal 0.1 *clerical* ◆ **1.1** de klerikale partijen *the c. parties.*

klerk 0.1 [bediende] *clerk* ⇒⟨pej.⟩ *pen-pusher* **0.2** [rang] *clerk.*

klessebes ⟨inf.⟩ **0.1** *chatterbox* ⇒*gossip.*

klessebessen 0.1 *chatter* ⇒*gossip* ◆ **3.1** ze zaten maar te ~ *they were gossiping away.*

klets¹ I ⟨de⟩ **0.1** [kletspraat] *rubbish* ⇒*tattle* **0.2** [slag] ⟨op het hoofd⟩ *crack;* ⟨in het gezicht⟩ *slap;* ⟨op de dijen⟩ *smack;* ⟨op het achterste⟩ *spank* **0.3** [kwak, scheut] *splash* ◆ **1.3** een ~ water *a s. of water* **3.1** dat is maar ~ *that is r., that's just nonsense;* **II** ⟨de (m.)⟩ **0.1** [persoon] *chatterer* ⇒*gossip.*

klets² ⟨bn.⟩ →**kletsnat.**

klets³ ⟨tw.⟩ **0.1** [geluidsnabootsing] *bang!, smack!, slap!* **0.2** [uitdrukking bij onverwachte gebeurtenis] *bang!, smack!* ◆ ¶.2 ~! daar lag hij *smack! and there he lay.*

kletsbui 0.1 [plensbui] *downpour* **0.2** [praatgrage stemming] *chatty/gossipy mood.*

kletsen I ⟨onov.ww.⟩ **0.1** [praten] *chatter* **0.2** [met, onder elkaar babbelen] *chat* **0.3** [roddelen] *gossip* **0.4** [onzin ver-

kopen] *talk nonsense/rubbish* ⇒*babble* **0.5** [het geluid 'klets' laten horen] *splash* ◆ **1.5** de klompen ~ in het slijk *the clogs s. in the mud* **3.3** laat ze maar ~ *let them g./talk* **4.4** hij kletst maar wat *he is just talking nonsense/babbling* **4.5** hij sloeg op de dijen dat hij kletste *he smacked his thighs* **5.2** gezellig ~ *have a good chat;* **II** ⟨ov.ww.⟩ **0.1** [met een kletsend geluid werpen] *splash* **0.2** [hard gooien/slaan] *slap* ⇒⟨op de dijen⟩ *smack,* ⟨op het achterste⟩ *spank* ◆ **6.1** een klont boter **in** de pan ~ *dash a pat of butter into the frying pan.*

kletser 0.1 [praatziek persoon] *chatterbox* ⇒*gossip* **0.2** [kwaadspreker] *scandalmonger* **0.3** [iem. die onzin uitslaat] *twaddler.*

kletskoek 0.1 *nonsense* ⇒*twaddle* ◆ ¶.1 wat een ~! *stuff and n.!*

kletskop 0.1 [koekje] *±ginger snap* **0.2** [kletskous] *chatterbox.*

kletskous 0.1 *chatterbox* ◆ **2.1** een echte ~ *a regular c.*

kletsmeier, kletsmajoor 0.1 *twaddler* ⇒*gossipmonger.*

kletsnat 0.1 *soaking (wet).*

kletspraat 0.1 [prietpraat] *twaddle* ⇒*small talk* **0.2** [roddel] *gossip* **0.3** [onzin, gezwam] *nonsense* ⇒*rubbish.*

kletspraatje 0.1 [beuzelpraatje] *twaddle* ⇒*small talk* **0.2** [roddel] *gossip* ◆ **3.2** stoor je niet aan ~s *don't listen to g., take no notice of g.*

kletstante 0.1 *chatterbox.*

kletsverhaal 0.1 [onzin] *rubbish* ⇒*nonsense* **0.2** [roddel] *gossip.*

kletteren 0.1 *clash, clang* ⟨wapens⟩; *patter* ⟨regen⟩; *rattle* ⟨hagel⟩ ◆ **6.1** de borden kletterden **op** de grond *the plates crashed to the floor.*

kleumen 0.1 *be half frozen.*

kleunen ⟨inf.⟩ **0.1** [harde slagen geven] *hit out hard* **0.2** [vechten] *fight* ◆ **5.1** ernaast ~ ⟨fig.⟩ *be wide of the mark.*

kleur 0.1 [eigenschap; bestanddeel van licht; verf/kleurstof] *colour* **0.2** [gelaatskleur] *complexion* **0.3** [kaartspel] *suit* **0.4** [partij, politieke mening] *persuasion* **0.5** [bk.] *colouring* ⇒*colouration* ◆ **1.1** wat voor ~ ogen heeft ze? *what c. are her eyes?* **2.1** ze hebben (allemaal) dezelfde ~ *they're (all) the same c./one c.;* primaire ~en *primary colours* **2.2** een gezonde ~ hebben *have a healthy c./colour* **3.1** ⟨fig.⟩ ~ geven aan een verhaal *lend c. to a story;* die ~en vloeken (met elkaar) *those colours clash (with each other)* **3.2** een ~ hebben van opwinding *be flushed with excitement;* een ~ krijgen *flush, blush;* de ~ trok weg uit zijn gezicht *he turned pale;* van ~ ~ verschieten *change colour* **3.3** ~ bekennen ⟨lett.⟩ *follow s.;* ⟨fig.⟩ *show one's colours, have the courage of one's convictions* **3.4** welke ~ heeft dit dagblad? *where does this paper stand politically?* **4.1** welke ~ heeft het? *what c. is it?* **8.2** een ~ als een boei hebben *be as red as a beetroot.*

kleurboek 0.1 *colouring book.*

kleurcontrast 0.1 *colour contrast.*

kleurdoos 0.1 *paint box.*

kleurecht, kleurvast 0.1 *colourfast* ◆ **5.1** gegarandeerd ~ *fast colours.*

kleuren I ⟨onov.ww.⟩ **0.1** [kleur aannemen] *colour* **0.2** [blozen] *blush* **0.3** [passen bij] *match* ◆ **6.2** hij kleurde **tot** achter zijn oren *he blushed to the roots of his hair, he blushed deeply* **6.3** dat kleurt er niet **bij/niet bij** je rok *that doesn't m./m. your skirt;* **II** ⟨ov.ww.⟩ **0.1** [kleur geven aan] *(give) colour* **0.2** [overdrijven] *overstate* **0.3** [laten blozen] *blush* ⇒*give colour* ◆ **1.2** een gekleurde versie v.d. feiten *a coloured version of the facts* **1.3** een lichte blos kleurde haar wangen *a light blush/flush gave colour to her cheeks;*

411

III ⟨onov., ov.ww.⟩ **0.1** [verven] *colour* ⇒*paint, dye* ⟨stoffen enz.⟩, *tint* ⟨vnl. haar⟩.

kleurenblind 0.1 *colour-blind.*

kleurenblindheid 0.1 *colour-blindness.*

kleurencombinatie 0.1 *colour combination* ⇒⟨in kamer⟩ *colour scheme.*

kleurencontrast 0.1 *colour contrast.*

kleurendia 0.1 *colour slide.*

kleurendruk 0.1 *colour printing* ◆ **6.1** in ∼ (uitgevoerd) *(printed) in colour.*

kleurenfilm 0.1 *colour film.*

kleurenfoto 0.1 *colour photo(graph)* ⇒*colour picture.*

kleurenkopieerapparaat 0.1 *colour copier.*

kleurenopname 0.1 [handeling] *colour photography* **0.2** [resultaat] *colour photo(graph)* ⇒*colour picture.*

kleurenpracht 0.1 *magnificent display of colour* ◆ **2.1** de uitbundige ∼ v.d. herfst *the rich colouring of autumn.*

kleurenprinter 0.1 *colour printer.*

kleurentelevisie 0.1 *colour television.*

kleurentoestel 0.1 *colour (TV) set.*

kleurfilter 0.1 *colour filter.*

kleurgevoel 0.1 *feeling for colour* ⇒*colour sense.*

kleurig 0.1 [kleurrijk; levendig] *colourful* **0.2** [de juiste kleur vertonend] *with a full colour* ⇒*full-coloured* ◆ **1.1** iets op ∼e wijze vertellen *give a c. account of sth.*

kleuring 0.1 *colouring.*

kleurkatern 0.1 ±*colour supplement.*

kleurkrijt 0.1 *coloured chalk.*

kleurling 0.1 *coloured (person* ⟨mv. people⟩ */man/woman* ⟨enz.⟩ *)* ◆ **6.1** de ∼en in Zuid-Afrika *the coloureds in South Africa.*

kleurlingenvraagstuk 0.1 *colour problem.*

kleurloos 0.1 [zonder kleur] *colourless* ⇒*clear* **0.2** [vaal, bleek] *colourless* ⇒*pale* **0.3** [saai] *colourless* ⇒*dull* **0.4** [pol.] *uncommitted* ⇒*neutral* ◆ **1.3** een ∼ figuur *a c./drab figure* **1.4** een ∼ dagblad *an a newspaper.*

kleurplaat 0.1 *colouring picture.*

kleurpotlood 0.1 *coloured pencil* ⇒*(coloured) crayon.*

kleurrijk 0.1 ⟨ook fig.⟩ *colourful* ◆ **5.1** iets ∼ beschrijven *give a c. description of sth.*

kleurschakering 0.1 [van een kleur] *hue* ⇒⟨lichtere schakering⟩ *tint,* ⟨donkere schakering⟩ *shade,* ⟨kleurovergang⟩ *gradation,* ⟨subtiel⟩ *nuance* **0.2** [van twee of meer kleuren] *range of colouring.*

kleurshampoo 0.1 *colour rinse shampoo.*

kleurspoeling 0.1 *colour rinse* ◆ **3.1** (haar) een ∼ geven *give one's hair a colour rinse.*

kleurstelling 0.1 *colour combination/scheme.*

kleurstof 0.1 [organische stof om iets te kleuren] *colour* ⇒ ⟨voor textiel⟩ *dye,* ⟨voor levensmiddelen⟩ *colouring (matter)* **0.2** [pigment] *pigment* ◆ **3.1** (chemische) ∼fen toevoegen *add colouring matters.*

kleurtje 0.1 [kleur] *colour* **0.2** [blosje] *colour* ⇒⟨van koorts, wind enz.⟩ *flush,* ⟨van verlegenheid ook⟩ *blush* **0.3** [mv., kleurpotlood] *coloured pencils* ⇒⟨krijtjes⟩ *crayons* ◆ **2.2** een verdacht ∼ *a feverish flush* **3.1** een deur een ∼ geven *paint a door.*

kleurvast →**kleurecht.**

kleurverandering 0.1 [kleurwisseling] *change of/in colour* **0.2** [pol.] *change of/in political allegiance.*

kleurversteviger 0.1 *(colour) rinse.*

kleuter 0.1 *pre-schooler in a nursery class* ⇒ᴬ*kindergartner,* ⟨alg., vaag⟩ *young child* ◆ **8.1** ⟨pej.⟩ zich als een ∼ gedragen *behave like a two-year-old.*

kleuterbad 0.1 [badkuipje] *children's bath* **0.2** [(deel van) een zwembad] *paddling/wading pool.*

kleuterklas 0.1 *nursery class* ◆ **3.1** ⟨pej.⟩ jullie lijken wel een ∼je *you're carrying on like five-year-olds.*

kleuterleidster 0.1 ᴮ*nursery school teacher,* ᴬ*kindergarten teacher.*

kleuterschool 0.1 ᴮ*nursery school,* ᴬ*kindergarten.*

kleven 0.1 [vast blijven zitten] *stick (to)* ⇒*cling (to)* **0.2** [fig.] *stick* **0.3** [kleverig zijn] *be sticky* ◆ **1.3** mijn handen ∼ *my hands are sticky* **3.1** blijven ∼ *stay on* **5.1** er kleeft bloed aan ⟨fig.⟩ *it is tainted with blood* **5.2** er ∼ nog enige gebreken aan *it still has certain shortcomings* **6.1** zijn overhemd kleefde **aan** zijn rug *his shirt stuck/clung to his back.*

kleverig 0.1 *sticky* ◆ **1.1** een ∼ goedje *s. stuff;* ⟨pej.⟩ *a s. mess;* ⟨sl.; pej.⟩ *a gooey mess;* ⟨fig.⟩ een ∼e kerel *a slimy character.*

kleverigheid 0.1 *stickiness;* ⟨fig.⟩ *sliminess.*

kliederboel 0.1 *mess.*

kliederen 0.1 *make a mess* ⇒*mess about/around.*

kliederig 0.1 *messy* ⇒⟨modderig⟩ *muddy.*

kliek 0.1 *clique* ◆ **3.1** een ∼ vormen *form a c.*

kliekje 0.1 *leftover(s)* ◆ **1.1** er is een ∼ spaghetti voor vanavond *there's some leftover spaghetti for tonight.*

kliekjesdag 0.1 *leftover day* ◆ **3.1** vandaag is het ∼ *today we're having/eating leftovers.*

klier I ⟨de⟩ **0.1** [orgaan; cel(groep)] *gland* ◆ **2.1** opgezette ∼en hebben *have swollen glands;*
II ⟨de (m.)⟩⟨fig.; inf.⟩ **0.1** [vervelend mens] *pain in the neck.*

klieren ⟨inf.⟩ **0.1** *be a pest/pain in the neck.*

klierig ⟨inf.⟩ ◆ **3.¶** doe niet zo ∼ *don't be such a pest/pain in the neck.*

klieven 0.1 *cleave* ◆ **1.1** hout/ diamant ∼ *c. wood, cut diamond.*

klif 0.1 *cliff.*

klik¹ ⟨de⟩ **0.1** *click* ◆ **3.1** het slot gaf een ∼ *the lock clicked.*

klik² ⟨tw.⟩ **0.1** *click.*

klikken 0.1 ['klik' laten horen] *click* **0.2** [verklikken] *tell (on s.o.)* ⇒⟨inf.⟩ *snitch (on), blab* **0.3** [eensgezind zijn, samen gaan] *click, hit it off* ⟨met pers. subject⟩ ◆ **5.2** je mag niet ∼ *don't t. tales, don't snitch* **6.1** ⟨comp.⟩ ∼ **op** *c. on* **6.3** het klikte meteen **tussen** hen *they hit it off immediately, it clicked immediately between them.*

klikker, -ster 0.1 *telltale* ⇒⟨inf.⟩ *snitch.*

klikklak 0.1 *click-clack.*

klikspaan 0.1 *telltale.*

klim 0.1 *climb* ◆ **2.1** dat was een hele ∼ *that was quite a/ (quite) some c.*

klimaat 0.1 ⟨ook fig.⟩ *climate* ◆ **2.1** ⟨fig.⟩ een vijandig ∼ *a hostile c.;* een zacht/ guur ∼ *a gentle/rigorous c.*

klimaatbeheersing 0.1 *air conditioning.*

klimaatregeling 0.1 *air conditioning.*

klimaatschommeling 0.1 *climatic change/variation.*

klimatologisch 0.1 *climatic* ⇒*climatological* ◆ **1.1** ∼e veranderingen *climatic changes.*

klimmen 0.1 [klauteren] *climb (up/down)* ⇒*clamber (about)* **0.2** [rijdend/ fietsend een berg opgaan] *climb* **0.3** [omhoog gaan] *climb* ⟨van plant, zon; ook fig.⟩ **0.4** [toenemen, vermeerderen] *climb* ⇒*rise* ◆ **1.1** het is twee uur ∼ *it is a two-hour climb* **1.4** met ∼de belangstelling/ aandacht *with growing/mounting interest* **6.1** in een boom ∼ *climb (up) a tree;* **over** stoelen en tafels ∼ *clamber over chairs and tables;* **uit** een raam ∼ *climb out of a window* **6.3** ⟨fig.⟩ in rang ∼ *rise in rank* **6.4** met het ∼ der jaren *with advancing years.*

klimmer 0.1 *climber.*

klimnet ⟨gymnastiek⟩ **0.1** *climbing net.*

klimop 0.1 *ivy* ◆ **6.1 met** ~ begroeid *covered with i.*

klimpaal 0.1 *climbing pole.*

klimpartij 0.1 *climb.*

klimplant 0.1 *climber, climbing plant* ⇒*creeper.*

klimrek 0.1 [gymnastiek] *wall bars* **0.2** [klimtoestel voor kinderen] *climbing frame.*

klimroos 0.1 *rambler (rose).*

klimtocht 0.1 *climb* ⇒⟨hoge berg⟩ *climbing expedition.*

klimtouw 0.1 *climbing rope.*

kling 0.1 [lemmet] *blade* **0.2** [wapen] *sword* ◆ **6.2** ⟨fig.⟩ de vijand **over** de ~ jagen *put the enemy to the s.*

klingelen 0.1 *tinkle* ⇒*jingle.*

kliniek 0.1 *clinic.*

klinisch 0.1 [mbt. een kliniek] *clinical* **0.2** [mbt. ziekteverschijnselen] *clinical* ⇒*clinico-* **0.3** [kil, koel] *clinical* ⇒ ⟨van blik/waarneming ook⟩ *analytical* ◆ **1.2** een ~ psycholoog *a clinical psychologist* **1.3** een ~e aankleding *(a) c. interior* **2.2** ~ dood zijn *be clinically dead.*

klink 0.1 [deurkruk] *(door)handle* **0.2** [deel v.e. deurslot] *latch* **0.3** [pal] *catch* ◆ **6.2** de deur is **op** de ~ *the door is on the l.;* **op/van** de ~ doen *latch/unlatch (the door).*

klinken I ⟨onov.ww.⟩ **0.1** [luiden, galmen] *sound* ⇒⟨luid en klaar⟩ *resound,* ⟨rinkelen⟩ *clink,* ⟨rinkelen⟩ *ring* **0.2** [fig.; van zich doen spreken] *resound* **0.3** [toeschijnen, voorkomen] *sound* ⇒*ring* **0.4** [toasten] *drink (a toast) (to s.o./ sth.)* ⇒*toast (s.o./sth.)* ◆ **1.2** een ~de naam *a famous/ outstanding/big name* **2.3** die naam klinkt (me) bekend (in de oren) *that name sounds familiar (to me)* **5.3** hun stemmen ~ goed bij elkaar *their voices blend well with each other;* dat klinkt verdacht *that sounds fishy* **6.4** met elkaar ~ *(drink a) toast* **8.3** het klonk hem als muziek in de oren *it was music to his ears;* **II** ⟨ov.ww.⟩ **0.1** [vastklinken, vastsmeden] *rivet* **0.2** [vastnagelen] *nail* ◆ **3.1** ⟨fig.⟩ het zit geklonken *that's settled.*

klinker 0.1 [spraakgeluid] *vowel* **0.2** [hardgebakken steen] *clinker* ◆ **2.1** een stomme ~ *a silent v.*

klinkklaar 0.1 *plain, pure* ⟨van goud, boter enz.⟩ ◆ **1.1** dat is klinkklare onzin *that's sheer nonsense.*

klinknagel 0.1 *rivet.*

klip 0.1 [steile rots] *rock* ⇒⟨hoog⟩ *cliff* **0.2** [fig.] *obstacle* ◆ **2.1** blinde ~ *sunken/submerged rock* **6.1 op** een ~ lopen *strike a r.;* **tussen** de ~pen door zeilen *steer clear of the rocks;* ⟨fig.⟩ *steer clear of trouble* **6.2** hun huwelijk is **op** de ~pen gelopen *their marriage is on the rocks* **6.¶ tegen** de ~pen op liegen *lie shamelessly.*

klipgeit 0.1 *chamois.*

klipper 0.1 *clipper.*

klis 0.1 [plant] *burdock* **0.2** [stekelige knop v.h. klissenkruid] *bur(r)* **0.3** [knoop, klit]⟨vnl. van haar⟩ *tangle* ⇒*knot* ◆ **8.2** hij hangt aan je als een ~ *he clings (to you) like a leech.*

klit →**klis.**

klitten 0.1 [klit(ten) vormen] *become/get entangled* **0.2** [kleven] *stick* ◆ **6.2 aan** iem.~ *s. to s.o. (like a leech);* **aan** elkaar ~ *hang/s. together.*

klit(ten)band 0.1 *Velcro* ◆ **6.1** deze schoenen sluiten **met** ~ *these shoes fasten with V.*

KLM ⟨afk.⟩ **0.1** [Koninklijke Luchtvaart Maatschappij] *KLM (Royal Dutch Airlines).*

klodder 0.1 ⟨vnl. verf⟩ *daub;* ⟨vnl. bloed⟩ *clot; blob* ◆ **1.1** een ~ mayonaise *a dollop of mayonnaise;* een ~ verf *a d. of paint.*

klodderen 0.1 [knoeien] *mess (about/around)* **0.2** [slordig/dik schilderen] *daub* ◆ **6.2 met** verf ~ op het doek *d. the canvas with paint.*

kloek¹ ⟨de⟩ **0.1** *brood(y) hen.*

kloek² **I** ⟨bn.⟩ **0.1** [groot/flink van lichaamsbouw] *stout* ⇒ *sturdy, strapping* **0.2** [omvangrijk van afmetingen] *big, substantial* **0.3** [wakker, alert] *keen* ⇒*sharp* ◆ **1.2** een werk in drie ~e delen *a work in three s. volumes* **6.3** ~ **van** verstand zijn *have a k. mind;* **II** ⟨bn., bw.⟩ **0.1** [dapper, moedig] *brave* ⇒*bold* ◆ **1.1** een ~ besluit nemen *take a brave decision.*

kloffie ⟨inf.⟩ **0.1** *rags, togs* ◆ **2.1** in zijn ouwe ~ *in his old t.*

klojo ⟨inf.⟩ **0.1** *jerk.*

klok¹ ⟨de⟩ **0.1** [bel] *bell* **0.2** [uurwerk] *clock* **0.3** [klokslag] *stroke* **0.4** [duikerklok] *bell* **0.5** [glazen stolp] *bell jar* **0.6** [meter, teller] *timer* ⇒⟨in samenst.⟩ *-meter* ◆ **1.2** ⟨fig.⟩ een man van de ~ *a punctual man* **2.1** ⟨fig.⟩ iets aan de grote ~ hangen *broadcast sth.;* ⟨geheimen ook⟩ *wash one's dirty linen in public* **2.2** een staande ~ *a grandfather c.* **3.1** ⟨fig.⟩ het klinkt als een ~ *it sounds superb/magnificent;* ⟨fig. ook⟩ *that's perfect;* ⟨duidelijk⟩ *that's crystal clear* **3.2** ⟨fig.⟩ daar kun je de ~ op gelijkzetten *you can set your watch by it;* hij kan nog geen ~ kijken *he can't tell (the) time yet;* de ~ loopt voor/achter/gelijk *the c. is (running) fast/slow/on time;* de ~ opwinden *wind the c.;* de ~ slaat (zes uur) *the c. strikes (six o'clock);* de ~ staat stil *the c. has stopped;* de ~ terugzetten ⟨ook fig.⟩ *put the c. back* **5.2** de ~ rond slapen *sleep (a)round the c.* **5.6** de auto is het ~je rond *the car has gone around the clock* **6.2** ⟨sport; ook fig.⟩ een race **tegen** de ~ *a race against the c., a time trial;* ⟨fig.⟩ **tegen** de ~ werken *work against time* **6.3 rond** de ~ van tien tien *around ten (o'clock)* **¶.2** met de ~ mee *clockwise;* tegen de ~ in *anticlockwise,* ^*counterclockwise;* het is allemaal sport wat de ~ slaat bij hem *he eats, drinks, and sleeps sport;* het is allemaal werken wat de ~ slaat *working is the order of the day* **¶.3** op de ~ af *right to the minute.*

klok² ⟨tw.⟩ **0.1** *glug.*

klokgaaf 0.1 *sound as a bell.*

klokgelui 0.1 [het luiden] *bell ringing/chiming* ⇒⟨voor doden⟩ *bell tolling* **0.2** [geluid, gebeier] *ringing* ⇒*chiming, chime.*

klokgevel 0.1 *Dutch gable.*

klokhuis 0.1 *core.*

klokje 0.1 [plant] *bellflower, campanula* **0.2** [horloge] *watch* ◆ **1.¶** ⟨fig.⟩ het ~ van gehoorzaamheid *time for all good children (to go to bed)* **¶.¶** ⟨sprw.⟩ zoals het ~ thuis tikt, tikt het nergens *there's no place like home.*

klokke ◆ **7.¶** ~ tien (uur) *ten o'clock on the dot/sharp.*

klokken I ⟨onov.ww.⟩ **0.1** [werktijden laten vastleggen] *clock (on/off)* **0.2** ['klok' laten horen] *cluck* ⟨kip⟩ **0.3** [als een klok uitstaan/vallen] *flare* ◆ **1.3** ~de rokken *flared skirts;* **II** ⟨onov., ov.ww.⟩ ⟨sport⟩ **0.1** [de tijd opnemen] *time* ⇒ *clock* ◆ **5.1** elektronisch geklokt *electronically timed* **¶.1** met de hand geklokt *timed by hand/with a stopwatch.*

klokkengieterij 0.1 *bell-foundry.*

klokkenist, -e 0.1 *carillon player.*

klokkenluider, -luidster 0.1 *bell-ringer.*

klokkenmaker, -maakster 0.1 *clockmaker.*

klokkenspel 0.1 [carillon, beiaard] *carillon* ⇒*chimes* **0.2** [slaginstrument] *glockenspiel* **0.3** [geluid van klokken] *ringing/chiming of bells* **0.4** [het bespelen] *carillon playing* ⇒*bell-ringing.*

klokkentoren 0.1 *clock/bell tower.*

klokradio 0.1 *clock radio.*

klokrok 0.1 *flared skirt.*

klokslag 0.1 [het slaan] *striking of the clock* **0.2** [keer] *stroke of the clock* ◆ **7.1** ~ vier uur *on/at the stroke of four.*

413

klokuur 0.1 *hour according to the clock.*

klomp 0.1 [houten schoeisel] *Bclog*, *Awooden shoe* 0.2 [kluit, klont] *clod* ⇒*lump* 0.3 [troep, massa] *bunch* ♦ 1.2 een ~ aarde *a lump of earth* 3.1 (fig.) nu breekt mijn ~! *well, I'm blowed!* 6.1 ⟨fig.⟩ dat kun je **op** je ~en aanvoelen *that sticks out a mile.*

klompendans 0.1 *clog dance.*

klompenmaker, -maakster 0.1 *clog/Awooden shoe maker.*

klompenmakerij 0.1 *clog/Awooden shoe factory/shop.*

klompvoet 0.1 *clubfoot.*

klonen 0.1 *clone.*

klont 0.1 [kleine samenhangende massa] *lump* ⇒*dab* 0.2 [samenplakkend stukje] *lump* ⇒*clot* ♦ 1.1 een ~ boter *a pat of butter* 5.2 de saus is/zit vol ~en *the sauce is full of lumps/is lumpy.*

klonter 0.1 [klont mbt. een vloeistof] *clot* 0.2 [klont van modder/klei] *clod* ⇒*lump.*

klonteren 0.1 *lump, become/get lumpy; clot* ⟨bloed⟩; *curdle* ⟨melk⟩.

klonterig 0.1 *lumpy.*

klontje 0.1 [kleine klont] *lump* ⇒*dab, pat* ⟨boter⟩ 0.2 [blokje suiker] *sugar lump/cube* ♦ 8.¶ zo klaar als een ~ *as plain as the nose on your face.*

klontjessuiker 0.1 *lump/cube sugar.*

kloof 0.1 [spleet, barst] *split* 0.2 [ravijn] *crevice* ⇒*chasm, cleft* 0.3 (fig.) *gap* ⇒*gulf* ♦ 6.1 kloven **in** de lippen/in de handen *chapped lips/hands* 6.3 de ~ **tussen** arm een rijk *the gap between rich and poor.*

klooien (inf.) 0.1 [stuntelen, prutsen] *bungle* ⇒*screw up* 0.2 [luieren, rondhangen] *hang about/around* ⇒*screw about/around* 0.3 [donderjagen] *monkey (about/around).*

kloon 0.1 *clone.*

klooster 0.1 *monastery* ⟨mannen⟩; *convent, nunnery* ⟨vrouwen⟩; *cloister* ♦ 6.1 in een ~ gaan/treden *go into/enter a monastery/convent.*

kloosterbroeder 0.1 *monk* ⇒⟨medebewoner⟩ *lay brother.*

kloostercel 0.1 *monastery/convent cell/cubicle.*

kloostergang 0.1 *cloister* ⟨om de binnenhof⟩ ⇒*ambulatory.*

kloostergelofte 0.1 *(monastic) vows* ♦ 3.1 zijn · afleggen *take one's v., profess.*

kloostergemeenschap 0.1 *monastic/convent community.*

kloosterkerk 0.1 *monastery/convent church.*

kloosterleven 0.1 [het leven in een klooster] *monastic/convent life* 0.2 [afgezonderd leven] *cloistered life.*

kloosterlijk 0.1 [het klooster betreffend] *cloistral* ⇒*monastic, conventual* 0.2 [stil] *cloister-like, cloistered* ⇒*monastery-like, convent-like.*

kloosterling, -e 0.1 *religious* ⇒*monk* ⟨m.⟩, *nun* ⟨v.⟩.

kloosterorde 0.1 *monastic/convent(ual) order.*

kloosteroverste, -moeder 0.1 *abbot* ⟨m.⟩; *abbess* ⟨v.⟩ ⇒ *Mother Superior.*

kloosterregel 0.1 *monastic rule.*

kloosterschool 0.1 *convent school.*

kloostertafel 0.1 *refectory table.*

kloostertuin 0.1 *monastery/convent garden.*

kloosterzuster 0.1 *nun* ⇒⟨medebewoonster⟩ *lay sister.*

kloot ⟨vulg.⟩ 0.1 *ball* ♦ 1.¶ het is kloten van de bok *it isn't worth shit/a toss* 3.¶ hij kan me kloten kussen *he can kiss my arse/Aass!, balls to him!* 6.1 iem. **voor** zijn kloten schoppen *kick s.o. in the balls* 6.¶ **naar** de kloten zijn *be screwed/fucked up* ⟨geld⟩ 7.¶ dat kan me geen ~ schelen *I don't give a shit/fuck.*

---

klokuur - kluchtig

klootjesvolk ⟨pej.⟩ 0.1 *the bourgeois.*

klootzak 0.1 [vulg.; persoon] *bastard* ⇒*son-of-a-bitch* 0.2 [balzak] *scrotum* ♦ 2.1 vuile ~ *dirty b.!*

klop¹ ⟨de⟩ 0.1 [slag] *knock* 0.2 [mbt. hart] *beat(ing)* 0.3 [inf.; slaag] *lick(ing)* ♦ 3.3 ~ krijgen *get licked* 6.1 een ~ op de deur *a k. on the door.*

klop² ⟨tw.⟩ 0.1 *knock* ♦ 3.1 ~, ~ ging het op de deur *there was a k. k. at the door.*

klopboor 0.1 *hammer drill.*

klopgeest 0.1 *poltergeist.*

klopjacht 0.1 *round-up* ⇒⟨mbt. dieren ook⟩ *drive* ♦ 3.1 een ~ houden op *round up, hunt down.*

kloppen I ⟨onov.ww.⟩ 0.1 [hoorbaar op/tegen iets slaan] *knock (at/on)* ⇒⟨zacht⟩ *tap* 0.2 [mbt. de hartspier] *beat* ⇒ *throb* 0.3 [overeenkomen, passen] *agree* ♦ 1.2 met ~d hart *with one's heart racing/pounding;* vol verwachting klopt ons hart *our hearts pound with anticipation;* ~de pijn *throbbing pain* 1.3 er klopt hier iets niet *there is sth. wrong here* 3.2 het hart sneller doen ~ *make one's heart b. faster* 4.3 dat klopt *that's right* 6.1 ~ **tegen** een muur *k./tap on wall;* binnen **zonder** ~ *enter without knocking* 6.3 dat klopt **met** de feiten *that agrees/tallies with the facts* ¶.1 er wordt geklopt *there's a knock at the door;*

II ⟨ov.ww.⟩ 0.1 [een slag geven] *knock* ⇒⟨zacht⟩ *tap* 0.2 [door slaan in een andere toestand brengen] *beat* 0.3 [verslaan, overwinnen] *beat* 0.4 [opkloppen] *beat (up)* ⇒*whip (up)* ♦ 1.2 eieren ~ *b./whisk eggs;* het kleed ~ *b. the carpet* 6.1 iem. **op** de rug/schouder ~ (fig.) *pat s.o. on the back;* de dokter klopte de patiënt **op** de borst *the doctor palpitated the patient's chest* 6.2 de as **van** de sigaar ~ *knock the ash from the cigar* 6.3 hij werd geklopt **op** de 200 m *he was beaten in the 200 m.*

klopper 0.1 [persoon] *knocker* ⇒⟨tegen raam⟩ *window-tapper,* ⟨van jacht⟩ *beater* 0.2 [iets dat of waarmee men klopt] *beater* ⇒⟨van deur⟩ *knocker,* ⟨mattenklopper⟩ *(carpet-)-beater.*

klopsignaal 0.1 *knock;* ⟨spiritualisme⟩ *rap.*

klos 0.1 [kort en breed stukje hout] *chock* ⇒*block* 0.2 [spoel] *bobbin* ⇒*reel* ♦ 1.2 ~ je garen *Breel of cotton,* Aspool of thread 3.¶ (inf.) de ~ zijn *be the fall guy.*

klossen I ⟨onov.ww.⟩ 0.1 [de voeten niet optillen] *clump* ⇒ *stump;*

II ⟨ov.ww.⟩ 0.1 [op een spoel winden] *wind* ⇒*reel* 0.2 [met klossen vervaardigen] *work/make with bobbins* ♦ 1.1 garen ~ *w. (up) yarn.*

klote ⟨vulg.⟩ 0.1 [vaak in samenst.] *bloody awful* ⇒*shitty, fucking (awful)* ♦ 1.1 kloteweer *shitty weather, bloody awful weather;* een klotewijf *a (fucking) bitch* 3.1 zich ~ voelen *feel shitty* 5.1 dat is zwaar ~ *that's really bloody awful.*

kloten ⟨vulg.⟩ 0.1 [prutsen] *screw/fuck about/around* 0.2 [zeuren] *whine.*

kloterig ⟨vulg.⟩ 0.1 [ellendig, waardeloos] *rotten* ⇒*shitty, crappy* 0.2 [onhandig, prutserig] *bungling* 0.3 [zeurderig] *whining.*

klots 0.1 *click, slosh.*

klotsen 0.1 [het geluid 'klots' laten horen] *slosh* ⇒*splash* 0.2 [biljart] *click* ♦ 6.2 de ballen ~ **tegen** elkaar *the balls c. (against each other)* ⟨zachtjes⟩ *kiss.*

kloven I ⟨ov.ww.⟩ 0.1 [splijten, klieven] *split* ⟨ook hout⟩ ⇒ *cleave, cut* ⟨diamanten⟩;

II ⟨onov.ww.⟩ 0.1 [splijten, zich laten kloven] *split* ♦ 5.1 dit hout klooft slecht *this wood doesn't s. easily.*

klucht 0.1 *farce.*

kluchtig 0.1 *farcical.*

kluif 0.1 [stuk been / bot] *knuckle(bone)* **0.2** [zwaar werk] *big / tough job* ◆ **2.2** dat is een hele ~ *that's quite a job;* daar zal hij een hele ~ aan hebben *that will be a hard nut for him to crack.*

kluis 0.1 *safe* ⇒*safe-deposit box* ⟨bank⟩.

kluisdeur 0.1 *safe door.*

kluister 0.1 *shackle(s)* ⇒*fetter(s)* ◆ **6.1** iem. in de ~s slaan *shackle s.o.*

kluisteren 0.1 [boeien] *shackle* **0.2** [fig.] *chain* ⇒*bind* ◆ **6.2 aan** het ziekbed gekluisterd *confined to one's sickbed;* **aan** de radio gekluisterd *glued to the radio.*

kluit 0.1 [brok, klont] *lump* ⇒*clod* **0.2** [klomp aarde rond de wortels] *ball of earth / soil* **0.3** [hoop, menigte] *bunch* ◆ **1.3** een ~ mensen *a b. of people* **6.1** ⟨fig.⟩ iem. met een ~je in het riet sturen *send s.o. off none the wiser;* ⟨fig.⟩ zich niet **met** een ~je in het riet laten sturen *not let o.s. be put off by fair words / be given the brush-off;* ⟨fig.⟩ **op** een ~je zitten *squeeze together, be bunched up;* ⟨fig.⟩ hij is flink **uit** de ~en gewassen *he's a strapping lad.*

kluiven 0.1 [de eetbare delen van iets afhalen] *gnaw* **0.2** [zuigen, sabbelen] *suck* ⇒*chew* ◆ **6.1 op** een bot ~ *g. a bone* **6.2 op** zijn pen ~ *chew (on) one's pen.*

kluiver ⟨scheep.⟩ **0.1** *jib.*

kluizenaar, -ster 0.1 *hermit* ⇒*recluse.*

kluizenaarsbestaan, -leven 0.1 *hermit's / solitary life* ◆ **3.1** een ~ leiden *lead the life of a hermit / recluse, lead a solitary life.*

klunen 0.1 *walk (on skates).*

klungel, klungelaar, -aarster 0.1 *clumsy oaf.*

klungelen 0.1 [prutsen, knoeien] *bungle* ⇒*botch (up)* **0.2** [rondhangen] *dawdle, (dilly-)dally* ◆ **¶.2** hij klungelt maar wat aan *he's just dawdling.*

klungelig 0.1 *clumsy.*

kluns ⟨inf.⟩ **0.1** *clumsy oaf.*

klunzen ⟨inf.⟩ **0.1** *bungle* ⇒*botch* ◆ **3.1** wat zit je toch te ~ *what a mess you're making of it.*

klus ⟨inf.⟩ **0.1** [zwaar karwei] *big / tough job* **0.2** [licht / eenvoudig werk] *small job* ⇒*chore* ◆ **2.1** er een hele ~ aan hebben *have quite a job* **2.2** ik heb een leuk ~je voor je *I have a nice little job for you* **3.2** ~jes opknappen / klaren *do odd jobs.*

klusjesman 0.1 *handyman.*

klussen 0.1 [zwart bijverdienen] *moonlight* **0.2** [klusjes verrichten] *do odd jobs.*

klusser 0.1 *odd-jobman.*

kluts ◆ **2.¶** de ~ kwijt zijn / raken *be lost / confused;* ⟨v.d. zenuwen / schrik⟩ *be shaken / rattled.*

klutsen 0.1 *beat (up).*

kluut 0.1 *avocet.*

kluwen 0.1 [knot] *ball* **0.2** [fig.] *tangle* ⇒*jumble* ◆ **1.2** een ~ mensen *a jumble of people.*

klysma 0.1 *enema.*

knaagdier 0.1 *rodent.*

knaak ⟨inf.⟩ **0.1** *two guilders and fifty cents* ◆ **3.1** het kostte een paar knaken *it cost a few ⁿguilders / ᴬbucks.*

knaap 0.1 [jongen] *boy* ⇒⟨vnl. BE⟩ *lad* **0.2** [pej.; persoon] *fellow* ⇒*guy* **0.3** [kanjer] *whopper* **0.4** [meestal knaapje; klerenhanger] *coat / clothes hanger* ◆ **2.1** een stevige ~ *a sturdy lad* **3.2** wat moet die ~ hier *what's that guy doing around here.*

knabbelen 0.1 *nibble (on)* ⇒*munch (on)* ◆ **6.1 aan** een stukje kaas / op een koekje ~ *n. a piece of cheese, munch (on) a biscuit.*

knabbeltje 0.1 *nibble(s)* ⇒*snack.*

knäckebröd 0.1 *crispbread* ⇒*knäckebröd.*

knagen I ⟨onov.ww.⟩ **0.1** [met de tanden bijten in] *gnaw* ⇒*eat* **0.2** [fig.] *gnaw* ⇒*eat* ◆ **1.2** een ~d geweten *pangs of conscience, a troubled conscience;* een ~de honger *gnawing hunger, pangs of hunger;* ~de pijn *nagging pain* **6.1 aan** een been ~ *g. a bone* **6.2** het verdriet knaagde **aan** zijn hart *sorrow was eating his heart away;* **II** ⟨ov.ww.⟩ **0.1** [een gat door knagen doen ontstaan] *gnaw through* ⇒*eat through.*

knak¹ ⟨de⟩ **0.1** [geluid; breuk] *crack* ⇒*snap* **0.2** [fig.; beschadiging, knauw] *blow* ◆ **2.2** een geduchte ~ krijgen *receive quite a b.*

knak² ⟨tw.⟩ **0.1** *crack* ⇒*snap.*

knakken I ⟨onov.ww.⟩ **0.1** [een knak krijgen] *snap* ⇒*break* **0.2** [het geluid 'knak' laten horen] *crack* ⇒*snap* ◆ **1.1** pas op, die bloem knakt bijna *be careful, that flower will break / snap off;* **II** ⟨ov.ww.⟩ **0.1** [met een knak breken] *snap* ⇒*crack* **0.2** [fig.] *break* ⇒*cripple* ⟨bedrijf⟩ ◆ **1.2** dat ongeluk heeft hem geknakt *that misfortune has broken him.*

knakker ⟨inf.⟩ **0.1** *character* ◆ **2.1** een rare ~ *a queer customer / fish.*

knakworst 0.1 ±*frankfurter.*

knal¹ ⟨de⟩ **0.1** *bang* ⇒*pop,* ⟨donder, applaus⟩ *clap* ◆ **1.1** de ~ v.e. champagnekurk *the pop of a champagne cork* **2.1** met een luide ~ *with a big b.*

knal² ⟨bn.; meestal in samenst.⟩ **0.1** [geweldig, reuze] *smashing* ⇒*great* **0.2** [van kleuren; fel] *loud* ⇒*garish* ◆ **1.1** een knalfeest *a s. party* **1.2** knalgeel / groen / rood *bright yellow / green / red.*

knaldemper →*knalpot.*

knalfuif ⟨inf.⟩ **0.1** *wild party* ⇒*bash,* ᴬ*wingding.*

knalgas ⟨schei.⟩ **0.1** *oxyhydrogen.*

knalgeel 0.1 *bright / vivid yellow.*

knallen 0.1 [een knal geven] *bang* ⇒*crack* ⟨zweep, geweer⟩, *pop* ⟨kurk⟩ **0.2** [met een knal raken] *bang* ⇒*crash* ◆ **1.1** er knalden geweerschoten *gunshots rang out* **6.2** hij is **op** een boom geknald *he crashed / smashed into a tree* **¶.1** er **op** los *fire away (at sth.).*

knaller ◆ **1.¶** een ~ v.e. feest *a riot of a party.*

knalpot 0.1 ⁿ*silencer,* ᴬ*muffler.*

knalprijs 0.1 *amazing / stunning price.*

knalrood 0.1 *bright / fire-engine red.*

knap¹ ⟨de⟩ **0.1** *crack* ⇒*snap.*

knap² I ⟨bn., bw.⟩ **0.1** [mooi] *good-looking* ⇒*handsome* ⟨vnl. man⟩, *pretty* ⟨vnl. vrouw⟩ **0.2** [intelligent] *clever* ⇒*bright* **0.3** [bekwaam] *smart, capable* ⇒*clever,* ⟨mbt. handwerk⟩ *handy* **0.4** [flink / vrij groot] *pretty* / ⁿ*jolly good / big* ◆ **1.1** een ~pe verschijning *a (good-)looker* **1.2** een ~pe kop *a brain, a whiz(z) kid* **1.3** een ~ stuk werk *a clever / s. piece of work;* **II** ⟨bw.⟩ **0.1** [tamelijk] *pretty* ⇒ⁿ*jolly* **0.2** [op bekwame wijze] *cleverly* ⇒*well* **0.3** [netjes] *neatly* ◆ **2.1** 't wordt al ~ donker *it's getting p. dark already* **3.2** dat heb je ~ gedaan *you have made a good job of that* **3.3** zij is altijd ~ gekleed ⟨inf. ook⟩ *she's a nifty dresser.*

knap³ ⟨tw.⟩ **0.1** *snap* ⇒*crack.*

knapheid 0.1 [schoonheid] *handsomeness* ⇒*prettiness* **0.2** [intelligentie] *cleverness* **0.3** [bekwaamheid] *ability, capability* ⇒*handiness.*

knappen 0.1 [korte plofjes laten horen] *crackle* ⟨vnl. vuur⟩ ⇒*crack, snap* **0.2** [breken] *crack* ⇒*snap* ⟨touw⟩ ◆ **3.2** ik hoorde het glas ~ *I heard the glass* ⟨barsten⟩ *c. /* ⟨breken⟩ *snap.*

knapperd 0.1 [intelligent iem.] *brain* ⇒*whiz(z) kid* **0.2** [schoonheid] ⟨iron. ook⟩ *beauty* ◆ **4.1** ⟨tegen kind⟩ wat (ben jij) een ~! *aren't you clever!* **4.2** ⟨iron.⟩ wat een ~! *he/she's no beauty;* ⟨van vrouw ook⟩ *she's no beauty queen.*

knapperen 0.1 *crackle* ⟨vnl. vuur⟩ ⇒*crack, snap.*

knapperig 0.1 *crisp* ⟨bv. sla, groente⟩ ⇒*crunchy* ⟨bv. koekje, appel⟩, *brittle* ⟨hout⟩, *crusty* ⟨brood⟩.

knapzak 0.1 *knapsack.*

knar ⟨inf.⟩ **0.1** [oud mens]⟨man⟩ *old fogey, (old) geezer;* ⟨vrouw⟩ *(old) crone, old bag* **0.2** [hoofd] *nut* ⇒*noodle* **0.3** [gierigaard] *skinflint.*

knarsen, knersen 0.1 *crunch* ◆ **1.1** de deur knarst in haar scharnieren *the door creaks/squeaks on its hinges;* het grind knarste onder onze voeten *the gravel crunched under our feet* **6.1** met de tanden ~ *grind one's teeth.*

knarsetanden 0.1 ⟨ook fig.⟩ *grind one's teeth.*

knauw 0.1 [harde beet] *bite* **0.2** [fig.; knak] *blow* ◆ **2.2** zijn gezondheid heeft een lelijke ~ gekregen *his health took a severe b./was severely impaired.*

knauwen 0.1 [sterk kauwen] *gnaw (at)* ⇒*chew,* ⟨luidruchtig⟩ *crunch (on)* **0.2** [mbt. spreken] ±*drawl.*

knecht 0.1 [bediende, hulp] *servant* ⇒⟨op boerderij⟩ *farmhand* **0.2** [wielersport] *helper* ◆ **3.1** ik ben je ~je niet *I'm not your s./slave.*

knechten 0.1 *subjugate* ⇒*enslave* ◆ **3.1** ik laat me niet ~ *I am no one's servant/slave.*

kneden 0.1 [door drukken/knijpen bewerken/week maken] *knead* ⇒*mould* **0.2** [vormen, boetseren] *mould* ◆ **1.1** was ~ *mould wax* **1.2** poppetjes van deeg ~ *m. dough into figures.*

kneedbaar 0.1 [makkelijk gekneed kunnende worden] *kneadable, workable* **0.2** [fig.; handelbaar] *pliable* ◆ **3.2** iem. ~ maken *make s.o. putty in one's hands.*

kneedbaarheid 0.1 ⟨ook fig.⟩ *pliability.*

kneedbom 0.1 *plastic bomb.*

kneedmachine 0.1 *kneading machine* ⇒*dough mixer.*

kneep 0.1 [daad van knijpen] *pinch* **0.2** [indruk van knijpen] *pinch (mark)* **0.3** [fig.; kunstgreep] *knack* ◆ **1.3** de ~jes v.h. vak kennen *know the tricks of the trade* **3.2** de knepen staan nog in mijn arm *I've still got the pinch marks on my arm* **3.3** daar zit (hem) de ~ ⟨de essentie⟩ *that is the crux of the matter;* ⟨de moeilijkheid⟩ *that is the catch* **6.1** een ~je in de wangen *a p. on the cheek.*

knekel 0.1 *bone.*

knekelhuis 0.1 *charnel house.*

knel[1] ⟨de⟩ **0.1** [knelling, klem] *catch* **0.2** [benauwdheid, nood] *fix* ⇒*jam* ◆ **6.1** mijn vinger zit in de ~ *my finger is stuck/caught* **6.2** in de ~ zitten *be in a f./jam.*

knel[2] ⟨bn.⟩ **0.1** *stuck* ⇒*caught* ◆ **3.1** ~ zitten/raken *be/get s./caught.*

knellen I ⟨ov.ww.⟩ **0.1** [stevig drukken/vasthouden] *squeeze* ⇒*press* ◆ **6.1** iem. in de armen ~ *press s.o. tightly to o.s., hug s.o. tightly;*
II ⟨onov.ww.⟩ **0.1** [door drukken pijn veroorzaken] *squeeze* ⇒*pinch* ⟨bv. schoenen, kleding⟩ ◆ **1.1** ⟨fig.⟩ het ~de juk v.d. dictatuur *the heavy yoke of a dictator.*

knelpunt 0.1 *bottleneck.*

knerpen 0.1 *crunch* ⟨bv. sneeuw⟩ ⇒*grate* ⟨geluid⟩.

knersen →**knarsen.**

knetter, knettergek ⟨inf.⟩ **0.1** *nuts, (stark staring/^raving) mad* ◆ **3.1** ⟨ook⟩ je wordt -- van dit werk *this work drives you round the bend/up the wall.*

knetteren 0.1 *crackle* ⟨vuur, radio⟩; *sputter* ⟨motor, vlam⟩ ◆ **1.¶** ⟨fig.⟩ een ~de vloek *a thundering curse.*

kneu ⟨dierk.⟩ **0.1** *linnet.*

kneukel 0.1 *knuckle.*

kneus 0.1 [persoon]⟨gehandicapte⟩ *cripple;* ⟨die niet mee

kan⟩ *failure* **0.2** [gebruiksartikel] *old crock/wreck* ⟨vnl. auto⟩ ⇒⟨tweede keus⟩ *reject* **0.3** [vrucht, ei] *bruised fruit, cracked egg.*

kneuswond 0.1 *bruise.*

kneuteren 0.1 *have a cosy chat.*

kneuterig 0.1 *snug* ⇒*cosy.*

kneuterigheid 0.1 *cosiness.*

kneuzen 0.1 [mbt. lichaamsdelen] *bruise* **0.2** [aan de oppervlakte beschadigen] *bruise* ⟨fruit⟩; *crack* ⟨ei⟩; *crush* ⟨zaad⟩.

kneuzing 0.1 [kwetsing] *injury* **0.2** [onderhuidse beschadiging] *bruise, bruising* ◆ **2.2** inwendige ~en oplopen *sustain internal bruising.*

knevel 0.1 [snor] *moustache* ⇒⟨vaak scherts.; kat ook⟩ *whiskers* **0.2** [staafje, stokje] *clamp* ⇒*brace* **0.3** [mondprop] *gag.*

knevelarij 0.1 *extortion.*

knevelen 0.1 [boeien] *tie down/up* ⇒⟨met mondprop⟩ *gag* **0.2** [aan banden leggen] *muzzle* ⇒*gag* **0.3** [afpersen] *extort* ◆ **1.2** de pers ~ *silence/gag the press.*

knibbelaar, -ster 0.1 *haggler* ⇒⟨vrek⟩ *penny pincher.*

knibbelen 0.1 *haggle* ◆ **6.1** ~ op alle uitgaven *be penny-pinching.*

knickerbocker 0.1 *(a pair of) knickerbockers.*

knie 0.1 *knee* ⇒⟨(iets met) rechthoekige ombuiging ook⟩ *elbow* ◆ **2.1** God danken op zijn blote ~ën *thank God on bended knees;* met knikkende/trillende ~ën *with trembling/shaking knees;* de ~ën zijn versleten *the knees are worn* **6.1** ⟨fig.⟩ door ~ën gaan ⟨opgeven⟩ *give in;* ⟨zich onderwerpen⟩ *buckle under;* een ~ **in** een kachelpijp *an elbow in a stove-pipe;* ⟨fig.⟩ iets **onder** de ~ krijgen *master sth., get the hang/knack of sth.;* hij sloeg zich **op** de ~ën van pret *he slapped his thigh with mirth;* iem. **op** de ~ën brengen/dwingen *bring/force s.o. to his knees;* ⟨pregn.⟩ iem. **over** de ~ leggen *put s.o. across one's k.;* een rok **tot op** de ~ *a knee-length skirt.*

knieband 0.1 [beschermingsband] *knee protector/supporter* **0.2** [anat.; kniepees] *hamstring.*

kniebeschermer 0.1 *knee pad.*

kniebroek 0.1 *knee breeches.*

kniebuiging 0.1 [handeling] *kneeling* ⇒⟨rel.⟩ *genuflection* **0.2** [gymnastische oefening] *knee bend* ◆ **3.1** een ~ maken voor iem. *curts(e)y to s.o.*

kniegewricht 0.1 *knee joint.*

knieholte 0.1 *hollow/back of the knee.*

kniehoogte 0.1 *knee-height* ◆ **6.1** tot op ~ *up to the knees, to k.-h.*

kniekous 0.1 *knee sock.*

knielaars 0.1 *knee-length boot.*

knielbankje 0.1 *kneeling bench* ⇒*prie-dieu.*

knielen 0.1 *kneel* ⇒*genuflect* ⟨vnl. in kerk⟩ ◆ **1.1** een ~de houding *a kneeling position.*

knielengte 0.1 *knee length.*

knieling 0.1 *kneeling* ⇒*genuflection* ⟨vnl. in kerk⟩.

kniereflex ⟨med.⟩ **0.1** *knee reflex* ⇒*knee jerk,* ⟨med. ook⟩ *patellar reflex.*

knieschijf 0.1 *kneecap.*

kniesoor 0.1 *moper* ⇒*grumbler* ◆ **¶.1** een ~ die daarop let *details, details.*

kniestuk 0.1 [kniebeschermer] *knee pad* **0.2** [verbindings-/steunstuk] *knee(piece)* ⇒*elbow(-piece),* ⟨pijp⟩ *knee-pipe.*

knietje 0.1 [kleine knie] *(little) knee* **0.2** [duw met de knie] *knee* ◆ **3.1** ~ vrijen, ~s geven *play footsie* **3.2** iem. een ~ geven *knee s.o.*

knieval 0.1 *genuflection* ◆ **3.1** een ~ doen voor iem. ⟨ook fig.⟩ *fall on one's knees before s.o.*

kniezen 0.1 *moan (about)* ⇒*grumble (about)* ◆ **3.1** (ergens over) zitten te ~ *mope.*

kniezer 0.1 *moaner* ⇒*grumbler.*

knijp ⟨inf.⟩ **0.1** ᴮ*pub* ◆ **6.¶** in de ~ zitten ⟨in verlegenheid⟩ *be in a fix/jam;* ⟨in angst⟩ *have the wind up.*

knijpen I ⟨onov., ov.ww.⟩ **0.1** [druk uitoefenen op iemands vel/een lichaamsdeel] *pinch* ⇒*tweak* ⟨bv. neus als liefkozing⟩ ◆ **4.¶** ⟨inf.⟩ 'm ~ *have the wind up* **5.1** (iem.) gemeen ~ *give (s.o.) a nasty pinch;*
II ⟨onov.ww.⟩ **0.1** [druk uitoefenen door samenpersing] *press* ⇒*squeeze* ◆ **5.¶** ⟨inf.⟩ ertussenuit ~ *slip off/away/ out (unnoticed);*
III ⟨ov.ww.⟩ **0.1** [door knijpen verplaatsen] *squeeze* ◆ **6.1** tandpasta *uit* de tube ~ *s. toothpaste from the tube.*

knijper 0.1 *(clothes) peg* ⇒*clip* ⟨mbt. papier e.d.⟩, *pincer* ⟨van kreeft⟩.

knijpkat 0.1 ᴮ*dyno torch.*

knijptang 0.1 *pincers.*

knik 0.1 [gedeeltelijke breuk/knak] *crack* ⇒*kink* ⟨in slang e.d.⟩ **0.2** [uitwijking/buiging v.e. staaf] *buckle* **0.3** [richtingsverandering in een lijn/oppervlak] *twist* ⇒*kink* **0.4** [buiging v.h. hoofd] *nod* ◆ **2.4** een goedkeurend ~je *a n. of approval* **3.1** die steel heeft een ~ *that stem is broken* **6.3** een ~ *in* de rijweg *a dip in the road.*

knikkebollen 0.1 *nod.*

knikken I ⟨onov.ww.⟩ **0.1** [half breken, knakken] *crack* ⇒ *snap* **0.2** [doorbuigen] *bend* ⇒*buckle* **0.3** [het hoofd op en neer laten gaan] *nod* **0.4** [tech.; zijdelings uitbuigen onder druk] *buckle* ◆ **1.1** de bloemen zijn geknikt *the flowers are bent* **1.2** met ~d hoofd *with nodding head;* zijn knieën knikten *his knees shook* ⟨van angst⟩ /*buckled* ⟨van zwakte⟩ **5.3** goedkeurend ~ *n. one's approval;* ja ~ *n. (assent);*
II ⟨ov.ww.⟩ **0.1** [een knik maken in] *bend; twist.*

knikker 0.1 [speelballetje] *marble* **0.2** [klein hard balletje] *ball* **0.3** [inf.; hoofd] *nut* ◆ **2.3** een kale ~ *a bald dome/ pate* **5.1** (fig.) het is niet *om* de ~s, maar *om* (het recht van) het spel *it's not winning that counts (but taking part);* ⟨niet uit op zijn eigen voordeel⟩ *we're/I'm not in this for the money* **6.¶** er is toch niets *aan* de ~? *there's nothing wrong/the matter, is there?*

knikkeren I ⟨onov.ww.⟩ **0.1** [met knikkers spelen] *play/ shoot marbles* ◆ **6.1** ik heb nog *met* hem geknikkerd ⟨fig.⟩ ±*I knew him when he was in short pants;*
II ⟨ov.ww.⟩⟨inf.⟩ **0.1** [verwijderen] *kick/chuck out* ◆ **6.1** ze hebben hem *uit* de raad geknikkerd *they have chucked him off the council.*

knikkerspel 0.1 *(game of) marbles.*

knikkerzak 0.1 *marbles pouch/bag.*

knip¹ I ⟨de (m.)⟩ **0.1** [geluid] *snip* ⇒*click,* snap **0.2** [beweging] *snap* ⟨ihb. met vinger en duim⟩ ⇒*snip* ⟨met schaar⟩ **0.3** [snee, gaatje] *(punch-)hole* ⇒*clip* ◆ **3.3** de conducteur gaf een ~ in het kaartje *the conductor punched a hole in the ticket* **6.2** ⟨fig.⟩ hij is geen ~ *voor* de neus waard *he's not worth a button/a straw;*
II ⟨de⟩ **0.1** [sluiting met een veer] *snap* ⟨sieraden, beurs⟩ ⇒ *(spring) catch* ⟨sieraden, deur, paraplu⟩, *clasp* ⟨sieraden, boek⟩ **0.2** [plat grendeltje] *catch* **0.3** [verende knijper/ klem] *peg* ⇒*clip* **0.4** [portemonnee] *purse* ◆ **6.2** doe de ~ *op* de deur ⟨om af te sluiten⟩ *put the c. on the door;* ⟨om deur open te houden⟩ *put the door on the latch.*

knip² ⟨tw.⟩ **0.1** *snip* ⟨schaar⟩ ⇒*snap* ⟨beugel, sluiting⟩.

knipbeurs 0.1 *purse.*

knipgaatje 0.1 *punch-hole.*

knipkaart 0.1 *season ticket (in which holes are punched).*

knipmes 0.1 *clasp knife* ⇒⟨groot⟩ *jackknife* ◆ **¶.1** buigen als een ~ *bow and scrape, grovel.*

knipogen 0.1 [knipoogjes geven] *wink* **0.2** [met de ogen knippen] *blink.*

knipoog 0.1 *wink* ◆ **3.1** hij gaf mij een ~ *he winked at me.*

knippatroon 0.1 *paper pattern.*

knippen I ⟨ov.ww.⟩ **0.1** [afknippen] *cut (off/out)* **0.2** [de vereiste vorm geven] *cut* **0.3** [knippen geven (in iets)] *cut* ⇒ *punch* ◆ **1.1** de heg ~ *clip/trim the hedge;* zijn nagels ~ *c./ clip one's nails* **1.2** figuren ~ *c. out figures;* een rok uit een lap stof ~ *c. a skirt from/out of a length of cloth* **1.3** kaartjes ~ *punch/*⟨knipepingen⟩ *clip tickets* **3.1** zich laten ~ *have one's hair c., have a haircut* **5.1** met kort geknipt haar *with hair c. short* **6.1** in die film is flink geknipt *that film has been severely c.;*
II ⟨onov.ww.⟩ **0.1** [snijden met een schaar] *cut* ⇒*snip* **0.2** [van een schaar] *cut* **0.3** [het geluid 'knip' maken] *snip* ⟨schaar⟩ ⇒*snap* ⟨met vinger en duim⟩ **0.4** [knipperen] *blink* ⇒*wink* ⟨knipoogje⟩ ◆ **5.2** deze schaar knipt goed *these scissors c. well* **6.4** met de ogen ~ *blink.*

knipperbol 0.1 ᴮ*(Belisha) beacon.*

knipperen 0.1 [met de ogen knippen] *blink* **0.2** [mbt. een auto] *flash* ◆ **6.1** met de ogen ~ *blink;* ⟨snel achter elkaar⟩ *flutter one's eyelids;* tegen het licht ~ *b. against the light* **6.2** met zijn lichten ~ *f. one's lights.*

knipperlicht 0.1 ⟨verkeerslicht⟩ *flashing light;* ⟨richtingaanwijzer⟩ *indicator.*

knipsel 0.1 [uitgeknipt bericht] *cutting* **0.2** [uit papier geknipt figuur] *cut-out* **0.3** [afval] *clippings* ⇒*cuttings.*

knipselbureau 0.1 *cutting service/agency.*

knipselkrant 0.1 *(collection of) (newspaper) cuttings.*

kniptang 0.1 [om iets door te knippen] *(pair of) wire-cutters* **0.2** [om gaatjes e.d. te knippen] *punch* ⇒⟨mbt. inkepingen⟩ *clipper.*

kniptor 0.1 *click beetle.*

knisperen, knisteren 0.1 ⟨vuur e.d.⟩ *crackle;* ⟨papier enz.⟩ *rustle.*

knix 0.1 *curts(e)y.*

KNMI ⟨afk.⟩ **0.1** [Koninklijk Nederlands Meteorologisch Instituut] ⟨*Royal Dutch Meteorological Institute*⟩.

KNO-arts 0.1 [keel-, neus-, en oorarts] *E.N.T. specialist.*

knobbel 0.1 [bolvormige uitwas] *knob* ⇒*knot* ⟨hout⟩, *bump* ⟨op hoofd⟩, ⟨plantk.⟩ *tubercle,* ⟨plantk.⟩ *nodule* **0.2** [fig.; natuurlijke aanleg, vnl. in samenst.] *gift* ⇒*talent* ◆ **1.2** een wiskundeknobbel hebben *have a g. for mathematics* **6.1** een ~tje in de borst *a lump in the breast.*

knobbelen 0.1 [gokken, dobbelen] *gamble* ⇒*play dice* **0.2** [piekeren (over)] *mull (over).*

knobbelig 0.1 *knobby* ⇒*gnarled, knotty, bumpy, nodular.*

knobbelzwaan 0.1 *mute swan.*

knock-out 0.1 *knock-out* ◆ **3.1** iem. ~ slaan *knock s.o. out.*

knoedel 0.1 [meelballetje] *dumpling* **0.2** [kluwen] *ball* **0.3** [haarknot] *bun.*

knoei ◆ **6.¶** lelijk in de ~ zitten *be in a terrible mess/fix.*

knoeiboel 0.1 [morsig geheel, troep] *mess* **0.2** [slordig werk] *mess* ⇒*botched(-up) job* **0.3** [bedrog, zwendel] *swindle* ⇒ *cheat* ◆ **2.2** een onleesbare ~ *an illegible m.*

knoeien 0.1 [morsen] *make a mess* ⇒*spill* **0.2** [slordig werken] *make a mess (of)* **0.3** [onhandig te werk gaan] *tinker (with)* ⇒*monkey around/about (with)* **0.4** [oneerlijk/bedrieglijk te werk gaan] *cheat* ⇒*tamper (with)* ◆ **3.1** wat zit je toch te ~! *what a mess you've made!* **6.1** met tabak/eten ~ *spill tobacco/one's food (all over the place)* **6.4** in/met de boeken ~ *tamper with the books.*

knoeier, knoeister 0.1 [knoeipot] *messy person* **0.2** [sloddervos] *sloppy person* **0.3** [onhandige prutser] *bungler* **0.4** [fraudeur] *cheat.*

knoeierig 0.1 *messy* ⇒*bungling*.
knoeierij 0.1 *corruption* ⇒*corrupt/dishonest practices* 〈geld; pol.〉, *tampering (with)* ◆ **6.1** ik houd mij met die ~en niet bezig *I have nothing to do with shady dealings like that*.
knoeipot →**knoeier** 0.1.
knoeiwerk 0.1 [onhandig/verprutst werk] *sloppy/shoddy work* 0.2 [slordig werk] *messy work* ⇒*botched up job*.
knoeper(d) 〈inf.〉 0.1 *whopper* ◆ **6.1** een ~ van een fout *a real boob*.
knoert 〈inf.〉 0.1 [knots, joekel] *whopper* 0.2 [slag, stoot, schot] *hard blow* ⇒*hard kick/punch* ◆ **1.1** een ~ v.e. huis 〈ook〉 *a whopping big house*.
knoerthard 〈inf.〉 0.1 *hard as a rock* ⇒〈snel〉 *fast as a bullet*.
knoest 0.1 [uitwas aan een boom] *gnarl* 0.2 [oorsprong v.e. wortel] *node* 0.3 [noest] *knot* ◆ **5.3** het hout zat vol~en *the wood was full of knots*.
knoesterig, knoestig 0.1 *knotty* ⇒*gnarled*.
knoet 0.1 [gesel] *cat-o'-nine-tails* 0.2 [haarknot] *bun* ⇒ *knot* ◆ **6.1** met de ~ regeren *rule with a rod of iron*; met de ~ geven *whip*.
knoflook 0.1 *garlic* ◆ **1.1** een teentje ~ *a clove of g.*
knoflookboter 0.1 *garlic butter*.
knoflooklucht 0.1 *smell of garlic*.
knoflookpers 0.1 *garlic press*.
knokig 0.1 [mager en benig] *bony* ⇒*angular* 0.2 [sterk van knoken] *big-boned* ◆ **1.1** ~e knieën *b. knees*.
knok(k)el 0.1 *knuckle*.
knokken 〈inf.〉 0.1 [vechten] *fight* 0.2 [fig.] *fight hard* ◆ **1.1** een partijtje ~ *a f./scuffle*.
knokpartij 0.1 *fight* ⇒*scuffle*.
knokploeg 0.1 [groep die tegenstanders te lijf gaat] *(bunch/gang of) thugs* 〈mv.〉 ⇒〈handlangers van misdadigers〉 *henchmen* 〈mv.〉, 〈sl.〉 *(bunch/gang of) heavies* 〈mv.〉 0.2 [gesch.; vechtersploeg] *commando (group)* ⇒*assault group*.
knol 0.1 [stengel/worteldeel] *tuber* 0.2 [raap] *turnip* 0.3 [gat in een sok] *potato* 0.4 [paard] *nag* ◆ **2.4** een ouwe ~ *an old n.* 3.2 〈fig.〉 iem. ~len voor citroenen verkopen *sell s.o. a pup, make s.o. believe the moon is made of cream/green cheese;* 〈fig.〉 zich goen ~len voor citroenen laten verkopen *not let s.o. pull the wool over one's eyes*.
knolbegonia 0.1 *tuberous begonia*.
knolgewas 0.1 *tuberous plant*.
knollentuin 0.1 *(root) vegetable garden* ◆ **6.¶** hij is in zijn ~ *he is in his element*.
knolletje 0.1 [kleine knol] *tubercle* 0.2 [mv.; raapjes] *(cooked) turnips*.
knolraap 0.1 〈koolraap〉 *swede;* 〈koolrabi〉 *kohlrabi*.
knolselderie 0.1 *celeriac*.
knolvormig 0.1 *tuberiform* ◆ **3.1** ~ verdikt *bulged, swollen*.
knook 0.1 *bone*.
knoop 0.1 [mbt. kleding] *button* 0.2 [dichtgetrokken lus] *knot* 0.3 [scheep.] *knot* 0.4 [knobbel aan een stengel] *node* 0.5 [nat.; rustpunt] *node* ◆ **2.1** van de blauwe ~ zijn *be a teetotaller* 2.2 een dubbele/platte ~ *a double/reef k.* 3.2 〈fig.〉 de ~ doorhakken *cut the k.;* een ~ leggen/maken *tie/make a k.;* een ~ losmaken/ontwarren *untie/undo a k.;* 〈fig.〉 daar zit 'em de ~ *that's the problem* 3.3 het schip liep negen knopen *the ship was doing nine knots* 6.2 het touw zit in de ~ *the rope is tangled/full of knots;* 〈met zichzelf〉 in de ~ zitten *be at odds with o.s.;* in de ~ raken *become entangled*.
knooppunt 0.1 [punt van samenkomst] *junction* 0.2 [kruispunt] *intersection* ⇒〈ongelijkvloers〉 *interchange*.

knoeierig - knullig

knoopsgat 0.1 *buttonhole*.
knoopsgatensteek 0.1 *buttonhole stitch*.
knoopsluiting 0.1 *button fastening*.
knoopwerk 0.1 *hand-knotted work/carpets/*〈enz.〉 ⇒ 〈macramé〉 *macramé*.
knop 0.1 [als schakelaar] *button* ⇒*switch* 0.2 [als versiering/bescherming/handvat] *button* ⇒*handle* 0.3 [om iets aan op te hangen/vast te maken] *peg* 0.4 [oorsieraad] *earring* 0.5 [plantk.] *bud* ◆ **1.2** de ~ v.e. deksel/deur *the handle of a cover/door;* de ~ v.e. speld *the head of a pin* 3.1 de ~ indrukken *press the b.;* 〈fig.〉 (bij zichzelf) een ~ omdraaien *switch over;* 〈radio/tv uitdoen〉 de ~ omdraaien *switch it off* 6.1 〈radio, tv〉 *achter* de ~pen zitten *sit at the controls;* met een druk *op* de ~ *with a press of the b.* 6.5 de roos is nog in de ~ *the rose bush is not fully out yet* 6.¶ *naar* de ~pen zijn 〈kansen〉 *have gone down the drain;* 〈dingen〉 *be bust*.
knopen 0.1 [een knoop leggen in] *(make a) knot* 0.2 [vastmaken, verbinden] *tie (a knot)* ⇒*knot* 0.3 [vervaardigen door knopen te leggen] *knot* 0.4 [sluiten] *button (up)* ◆ **1.1** een das ~ *tie a tie* 1.3 een net ~ *(make a) net* 6.2 twee touwen *aan* elkaar ~ *tie two ropes together*.
knopendoos 0.1 *button box*.
knoppen I 〈onov.ww.〉 0.1 [uitbotten] *bud* 0.2 [uit knop komen] *blossom;*
II 〈ov.ww.〉 0.1 [van de (bloem)knoppen ontdoen] *remove the buds from*.
knor 0.1 [knorrend geluid] *grunt* 0.2 [stud., niet-corpslid] ±*outsider*.
knorhaan 0.1 〈vis〉 *gurnard*.
knorren 0.1 [brommerig geluid maken] *grunt* 0.2 [mopperen] *grumble* ⇒*grump* 0.3 [slapen] ᴺ*kip* ◆ **1.1** 〈scherts.〉 mijn maag knort *my stomach's rumbling*.
knorrepot 0.1 *grumbler* ⇒*grump*.
knorrig 0.1 *grumbling* ⇒*grumpy* ◆ **1.1** een ~e opmerking *a testy remark*.
knorrigheid 0.1 *grumpiness*.
knot 0.1 [kluwen, bosje] *knot* ⇒*ball, tuft* 〈haar, veren〉 ◆ **1.1** een ~ haar *a bun;* een ~ katoen *a skein/hank of (cotton) thread*.
knots¹ 〈de〉 0.1 [zware stok] *club* 0.2 [iets groots/moois] *whopper* ◆ **6.2** een ~ van een huis *a whopping great house*.
knots² 〈bn., bw.〉〈inf.〉 0.1 [dwaas] *crazy* ⇒*loony* 0.2 [goed] *great* ⇒*fantastic* ◆ **1.2** een ~ idee *a g./fantastic idea*.
knots-boem 0.1 *wham*.
knotsgek 〈inf.〉 0.1 〈pred. bn.〉 *nuts* ⇒*bananas*, 〈bw.〉 *in a crazy way*.
knotsvormig 0.1 *clavate, claviform* ⇒*club-shaped*.
knotten 0.1 [mbt. bomen/takken] *top* ⇒*head* 0.2 [de top afsnijden] *clip* ⇒*truncate* 0.3 [fig.] *clip* ⇒*curtail* 〈vrijheid〉, *deflate* 〈trots〉 ◆ **1.1** wilgen ~ *poll(ard) willows* 1.2 een geknotte staart *a docked tail*.
knotwilg 0.1 *pollard willow*.
knudde 〈inf〉 0.1 *no good at all, rubbishy* ◆ **6.1** ~ met 'n rietje *it's a total flop/washout*.
knuffel 0.1 [liefkozing] *cuddle* ⇒*hug* 0.2 [knuffeldier] *soft/cuddly toy* ⇒*teddy (bear)* ◆ **2.1** een stevige ~ geven *give (s.o.) a big hug*.
knuffeldier, -beest, knuffeltje 0.1 *soft/cuddly toy* ⇒*teddy (bear)*.
knuffelen 0.1 *cuddle*.
knuist 0.1 *fist*.
knul 0.1 *fellow, guy* ⇒〈vnl. BE〉 *chap, bloke*.
knullig 0.1 *awkward* ◆ **3.1** dat is ~ gedaan *that has been done clumsily;* wat ziet hij er ~ uit *he looks such an idiot*.

knuppel 0.1 [korte, dikke stok] *club* ⇒⟨van politie⟩ *ᴮtruncheon* **0.2** [stuurstang] *stick* ⇒⟨inf.⟩ *joy stick* **0.3** [persoon] *dolt* ◆ **6.1** ⟨fig.⟩ een/de ~ **in** het hoenderhok gooien *set/put the cat among the pigeons.*

knuppelen 0.1 *club.*

knus 0.1 *cosy* ⇒*homey* ◆ **3.1** ~ bij elkaar zitten *sit cosily/snug(ly) together.*

knusjes 0.1 *cosily* ⇒*snugly.*

knutselaar, -ster 0.1 *handyman* ⇒*do-it-yourselfer.*

knutselen I ⟨ov.ww.⟩ **0.1** [met geringe hulpmiddelen maken] *knock together,* ᴮ*knock up* **0.2** [pej.] *mess/play around with;*
II ⟨onov.ww.⟩ **0.1** [uit liefhebberij maken; ook pej.] *tinker* ⇒*potter* ◆ **6.1** hij knutselt graag **aan** zijn bromfiets *he likes to t. with his moped.*

knutselwerk 0.1 [werk] *odd jobs* ⇒*tinkering* **0.2** [dingen] *handiwork, handicraft(s).*

k.o. 0.1 *K.O.* ⇒*kayo* ◆ **3.1** iem. ~ slaan *K.O. s.o.*

koala 0.1 *koala (bear).*

kobalt(blauw) 0.1 *cobalt blue.*

kobold 0.1 *kobold.*

koddebeier 0.1 [scherts.; politieagent] *bobby* **0.2** [jachtopziener] *gamekeeper.*

koddig 0.1 *droll* ⇒*comical* ◆ **3.1** hij kan dat zo ~ vertellen *he has such a d./comic way of telling that.*

koddigheid 0.1 *drollery.*

koe 0.1 [vrouwelijk rund] *cow* **0.2** [dom mens] *dumbbell* **0.3** [iets dat zeer groot is] *giant* ◆ **1.1** ⟨fig.⟩ over ~tjes en kalfjes praten *talk about this, that and the other* **2.1** ⟨fig.⟩ oude koeien uit de sloot halen *rake up the past;* ⟨fig.⟩ geen oude koeien uit de sloot halen ⟨ook⟩ *let bygones be bygones;* roodbonte koeien *brown spotted cows* **3.1** iem. koeien met gouden hoorns beloven *promise s.o. the earth/the moon;* de ~ bij de hoorns vatten ⟨fig.⟩ *take the bull by the horns* **6.3** koeien **van** letters/fouten *huge letters/mistakes.*

koehandel (pej.) **0.1** *horse trading.*

koeiendrek 0.1 *cow dung.*

koeienhuid 0.1 *cowhide.*

koeienletters 0.1 *giant letters.*

koeienmest →*koemest.*

koeienplak, koeienvlaai ⟨inf.⟩ **0.1** *cow pat.*

koeioneren 0.1 *bully* ⇒*browbeat.*

koek 0.1 [zoet gebak] *cake* **0.2** [koekje] ᴮ*biscuit,* ᴬ*cooky/cookie* **0.3** [een op koek gelijkende massa] *cake* ◆ **1.1** ⟨fig.⟩ alles is weer ~ en ei tussen hen *they're bosom pals once more* **2.1** ⟨fig.⟩ dat is andere ~! *that's a horse of a different colour;* ⟨fig.⟩ dat is voor haar gesneden ~ *that is (mere) child's play to her;* ⟨fig.⟩ dat is ouwe ~ *that's old hat;* iets voor zoete ~ slikken *swallow sth. (whole)* **2.3** een dikke ~ opgedroogde verf *a thick c. of dried paint* **5.1** ⟨fig.⟩ de ~ is op *the party's over* **6.2** ⟨fig.⟩ iem. een ~je **van** (zijn) eigen deeg geven *give s.o. a taste of his own medicine* **8.1** ⟨fig.⟩ dat gaat erin als ~ *it is a huge success, they're lapping it up;* ⟨vindt aftrek⟩ *it's selling like hot cakes.*

koekeloeren 0.1 [spiedend kijken] *peep, peek* **0.2** [zich vervelen] *twiddle one's thumbs* ◆ **3.2** maar wat zitten te ~ *just sit around twiddling one's thumbs.*

koekenbakker 0.1 [bakker] *pastrycook* ⇒⟨in eigen zaak⟩ *confectioner* **0.2** [inf.; pej.] *bungler.*

koekenpan 0.1 *frying pan.*

koek-en-zopie 0.1 *refreshment(s) stall.*

koekhappen 0.1 *(game of) bite-the-cake* ⇒±*ducking/bobbing for apples.*

koekjestrommel 0.1 ᴮ*biscuit/*ᴬ*cookie tin.*

koekkruiden 0.1 *mixed spices.*

koekoek¹ ⟨de⟩ **0.1** [vogel] *cuckoo* **0.2** [klok] *cuckoo clock* **0.3** [dakkapel] *dormer (window)* ◆ **3.¶** dat dank(t)/haal(t) je de ~ ⟨dat zal best⟩ *I bet!, I daresay (it is/you're right)!;* ⟨mij niet gezien⟩ *not on your life!*

koekoek² ⟨tw.⟩ **0.1** *cuckoo!* ◆ **¶.1** ~, daar ben ik weer! *cuckoo!*

koekoeksbloem 0.1 [Lychnis flos-cuculi] *ragged robin* ⇒ *cuckooflower* **0.2** [plant v.h. geslacht Melandrium] *campion.*

koekoeksjong 0.1 ⟨persoon⟩ *cuckoo in the nest;* ⟨zaak⟩⟨zie 3.1⟩ ◆ **3.1** dit project dreigt een ~ te worden *this project is threatening to get out of hand.*

koekoeksklok 0.1 *cuckoo clock.*

koektrommel 0.1 ᴮ*biscuit/*ᴬ*cooky tin.*

koel I ⟨bn.⟩ **0.1** [matig koud] *cool;* ⟨erg koud⟩ *chilly* **0.2** [kalm] *cool* ⇒*calm* ◆ **3.1** ~ bewaren *store in a cool place;* ~ serveren *serve chilled;*
II ⟨bn., bw.⟩ **0.1** [onhartelijk] *cool* ⇒⟨erg koel⟩ *cold, chilly* ◆ **1.1** ~e bewoordingen *cold terms;* een ~e ontvangst krijgen *get/receive a cool reception.*

koelbloedig 0.1 [onbewogen] *cool-/level-headed* **0.2** [onverschillig] *cold(-blooded).*

koelbox 0.1 *cool box, cooler.*

koelcel 0.1 *cold store.*

koelelement 0.1 [in koelkast] *refrigerating/cooling element* **0.2** [in koelbox] *freezer pack.*

koelemmer 0.1 *wine-cooler* ⇒*ice bucket/pail.*

koelen I ⟨ov.ww.⟩ **0.1** [koel(er) doen worden] *cool (down/off)* ⇒⟨erg koel⟩ *chill* **0.2** [afreageren] *vent* ⇒*unleash* ◆ **1.1** gekoelde wijn *chilled wine* **6.1** met ~ lucht gekoelde motoren *air-cooled engines* **6.2** zijn woede op iem. ~ *v. one's fury (up)on s.o.;*
II ⟨onov.ww.⟩ **0.1** [koel(er) worden] *cool (off/down)* ⇒*get/grow cooler/*⟨erg koud⟩ *chillier.*

koeler 0.1 [toestel om te koelen] *cooler* **0.2** [ijsemmer] *ice bucket, cooler.*

koelheid 0.1 [frisheid] *coolness* ⇒⟨kou⟩ *chill(iness)* **0.2** [onhartelijkheid] *coolness* ⇒*coldness.*

koelhuis 0.1 *cold store.*

koelhuisboter 0.1 *cold-stored butter.*

koelie 0.1 *coolie.*

koeliewerk 0.1 *coolie work.*

koeling 0.1 [handeling] *cooling;* ⟨van levensmiddelen⟩ *refrigeration* **0.2** [koelcel] *cold store* ◆ **3.2** iets in de ~ leggen *put sth. in cold storage.*

koelinrichting 0.1 ⟨installatie⟩ *refrigerator, cooling/refrigerating system/plant.*

koelkast 0.1 *fridge* ⇒⟨iets formeler⟩ *refrigerator* ◆ **6.1** ⟨fig.⟩ plannen **in** de ~ leggen *put plans on ice, shelve plans.*

koelruim ⟨scheep.⟩ **0.1** *refrigerated hold.*

koelschip 0.1 *refrigerated ship.*

koelsysteem 0.1 *cooling/*⟨in pakhuis enz.⟩ *refrigeration system.*

koeltank 0.1 *refrigerated tank.*

koeltas 0.1 *thermos bag.*

koelte 0.1 [frisheid] *cool(ness)* ⇒⟨erg koud⟩ *chill(iness)* **0.2** [koele plaats] *cool (place)* **0.3** [onbewogenheid] *coolness* ◆ **3.1** zich ~ toewuiven *fan o.s.* **3.2** de ~ opzoeken *look for somewhere cool/a cool place* **6.1** in de ~ van de avond *in the cool of the evening.*

koeltechniek 0.1 *refrigeration.*

koeltje 0.1 *(gentle) breeze.*

koeltjes I ⟨bn.⟩ **0.1** [een beetje koud] *(a bit) chilly;*
II ⟨bw.⟩ **0.1** [onhartelijk] *coolly;* ⟨sterker⟩ *coldly* ◆ **3.1** ~ reageren *respond coolly.*

419

koeltoren 0.1 *cooling tower.*
koelvak 0.1 *refrigerated display (case).*
koelvloeistof 0.1 *coolant.*
koelwagen 0.1 ⟨vrachtauto⟩ *refrigerator truck.*
koelwater 0.1 *cooling-water.*
koelweg 0.1 *coolly* ◆ **3.1** ~ antwoorden *answer c.*
koemarkt 0.1 *cattle market.*
koemelk 0.1 *cow's milk.*
koemest 0.1 *cow manure / dung.*
koen ⟨schr.⟩ **0.1** *bold* ⇒*stout-hearted* ◆ **1.1** een ~ besluit *a b. / daring decision.*
koepel 0.1 [halfbolvormig dak] *dome* ⇒⟨ihb. kleine⟩ *cupola* **0.2** [tuinhuisje] *summer house* **0.3** [mil.] *cupola, (gun) turret* **0.4** [ronde uitbouw voor waarneming] *(observation) turret* **0.5** [overkoepelende organisatie] *umbrella* ◆ **1.1** de ~ v.d. St.-Pieter(skerk) *the d. of St. Peter's.*
koepeldak 0.1 *dome(d roof).*
koepelorganisatie 0.1 *umbrella organization* ◆ **8.1** met de EG als ~ *under the umbrella of the EC.*
koepeltent 0.1 *dome tent.*
koepelvormig 0.1 *domed* ⇒*dome-shaped.*
koepokken 0.1 *cowpox.*
Koerd 0.1 *Kurd.*
koeren 0.1 *coo.*
koerier 0,1 *courier.*
koeriersdienst 0.1 *courier / messenger service.*
koerierster 0.1 *(woman) courier.*
koers I ⟨de (m.)⟩ **0.1** [richting] *course* **0.2** [route] *route* **0.3** [loop] *course* ⇒*trend* **0.4** [hand.] *price* ⇒⟨wisselkoers⟩ *(exchange) rate* **0.5** [geldw.] *circulation* ◆ **1.4** ~ van uitgifte *issue p.* **2.1** de ~ kwijt zijn ⟨ook fig.⟩ *be off c.;* van de rechte ~ afdwalen ⟨fig.⟩ *leave the straight and narrow (path)* **2.3** een harde ~ volgen *take a hard line;* de nieuwe ~ op politiek gebied *the new political line* **3.1** de ~ bepalen *fix / determine the c.;* ~ houden naar het vasteland *head for the mainland;* van ~ veranderen *change c. / tack;* ~ zetten naar het noorden *head north* **3.4** de ~ en dalen *prices are falling;* de ~ en noteren *quote the prices* **6.1** uit de ~ raken ⟨fig.⟩ *drift / be off c.* **6.4** tegen de ~ van de dag *at the current market value;* ⟨wisselkoers⟩ *at today's exchange rate;*
II ⟨de⟩ **0.1** [sport] *race.*
koersafwijking 0.1 [scheep.] *deviation / departure (from the course)* **0.2** [hand.] *difference / deviation in prices / the exchange rate.*
koersbericht ⟨hand.⟩ **0.1** *Stock Exchange index.*
koersbord 0.1 [hand.] *price board* **0.2** [spoorw.] *destination board.*
koersdaling 0.1 ⟨effecten⟩ *fall / drop in prices;* ⟨geld⟩ *depreciation of / in currency values.*
koersdruk ⟨hand.⟩ **0.1** *pressure on the price (of stocks / of foreign exchange / ⟨*enz.*⟩).*
koersen 0.1 [de koers richten / zetten (naar)] *steer a course (for), set course (for)* **0.2** [sport] *race.*
koersfluctuatie ⟨hand.⟩ **0.1** *price fluctuation / variation* ⇒ *market fluctuation.*
koersgemiddelde ⟨hand.⟩ **0.1** *average price.*
koershebbend ⟨hand.⟩ **0.1** *negotiable on the Stock Exchange, marketable.*
koersherstel ⟨hand.⟩ **0.1** ⟨geld⟩ *recovery / rally in price(s) / of the currency values;* ⟨effecten⟩ *market recovery.*
koershoudend ⟨hand.⟩ **0.1** *steady* ⇒*firm.*
koerslijst ⟨hand.⟩ **0.1** *price list* ⇒⟨beursnotering⟩ *official list.*
koersnotering ⟨hand.⟩ **0.1** *(price / market) quotation.*

koersreactie ⟨hand.⟩ **0.1** *reaction on the exchange / market.*
koersreserve ⟨hand.⟩ **0.1** *exchange reserve.*
koersrisico ⟨hand.⟩ **0.1** *risk of a fall in prices* ⇒*risk of depreciation.*
koersstijging 0.1 *rise / increase in prices* ⇒⟨mbt. wisselkoersen⟩ *exchange rate rise, rise in the exchange rate.*
koersval ⟨hand.⟩ **0.1** ⟨effecten⟩ *(rapid) fall / drop in price;* ⟨geld⟩ *(rapid) fall / drop in currency values.*
koersverandering 0.1 [scheep., luchtv.] ⟨scheep.⟩ *change of course / tack;* ⟨luchtv.⟩ *change in / alteration of the course* **0.2** [fig.] *change of / in course* ⇒*new orientation* ◆ **2.2** plotselinge ~ *right-about turn;* ⟨van beleid ook⟩ *U-turn.*
koersverhoging ⟨hand.⟩ **0.1** *rise / increase in prices* ⇒ ⟨mbt. wisselkoers⟩ *rise / increase in the exchange (rate).*
koersverlaging ⟨hand.⟩ **0.1** *fall in prices* ⇒⟨mbt. wisselkoers⟩ *fall in the exchange (rate).*
koersverlies ⟨hand.⟩ **0.1** *loss* ⇒*decline / fall in price,* ⟨mbt. wisselkoers⟩ *exchange loss.*
koersverloop 0.1 *price trend / range.*
koerswaarde ⟨hand.⟩ **0.1** *market value / price* ⇒*exchange value* ⟨van wisselkoers⟩.
koerswinst ⟨hand.⟩ **0.1** ⟨effecten⟩ *stock exchange profit;* ⟨geld⟩ *exchange-rate profit.*
koeskoes I ⟨de (m.)⟩⟨dierk.⟩ **0.1** [buideldier] *cuscus;* **II** ⟨de⟩ **0.1** [gerecht] *couscous.*
koest¹ ⟨bn.⟩ ◆ **3.¶** zich ~ houden *keep quiet, keep a low profile.*
koest² ⟨tw.⟩ **0.1** *down!* ⇒*quiet!*
koestal 0.1 *cowshed.*
koesteren I ⟨ov.ww.⟩ **0.1** [verwarmen] *nourish* ⇒*warm* **0.2** [vertroetelen; uit waardering beschermen] *cherish* ⇒*foster* **0.3** [bij zich zelf voelen] *cherish* ⇒*nurse* ◆ **1.2** zij koestert haar kind *she cherishes her child;* zij koestert haar vrijheid *she cherishes her freedom* **1.3** argwaan / hoop ~ *harbour suspicions, nurse hopes;* de stille wens ~ om ... *have a sneaking desire to ...;*
II ⟨wk.ww.; zich ~⟩ **0.1** [zich laten verwarmen] *bask* ◆ **6.1** ⟨fig.⟩ zich in iemands liefde ~ *b. in s.o.'s love.*
koet ⟨dierk.⟩ **0.1** *coot.*
koeterwaals¹ ⟨het⟩ **0.1** *gibberish.*
koeterwaals² ⟨bn.⟩ **0.1** *incomprehensible.*
koets 0.1 *coach* ⇒*carriage.*
koetshuis 0.1 *coach house.*
koetsier 0.1 [iem. die een koets bestuurt] *coachman* **0.2** [voerman] *driver.*
koetswerk 0.1 *bodywork, coachwork.*
koevoet 0.1 *crowbar.*
Koeweit 0.1 *Kuwait.*
koffer 0.1 [valies] *(suit)case* ⇒*(hand)bag, trunk* ⟨grote⟩ **0.2** [inf.; bed] *sack* ◆ **3.1** ⟨fig.⟩ hij kan zijn ~ wel pakken *he can start packing his bags;* ⟨ontslag krijgen⟩ *he can* ⁿ*collect his cards;* ⁄ᴬ*clear out his desk* **5.2** met iem. de ~ in duiken *have a roll in the s. with s.o.*
kofferbak 0.1 ⁿ*boot,* ᴬ*trunk.*
koffergrammofoon 0.1 *portable gramophone.*
kofferlabel 0.1 *(luggage) label / tag.*
kofferruimte 0.1 ⁿ*boot,* ᴬ*trunk.*
kofferschrijfmachine 0.1 *portable typewriter.*
koffie 0.1 *coffee* ◆ **1.1** een kopje / bakje ~ *a cup of c.* **2.1** slappe / sterke ~ *weak / strong c.;* ~ verkeerd *café au lait, c. made with hot milk;* ⟨fig.⟩ dat is geen zuivere ~ *there's sth. fishy about it;* zwarte ~ *black c.* **3.1** ~ branden *roast c.;* ~ drinken *have c.;* ~ zetten *make c., put c. on* **6.1** ~ met melk *c. with milk,* ⁿ*white c.;* op de ~ komen *be invited for coffee;* ~ zonder melk *black c.* **7.1** twee ~! *two coffees.*

koffiearoma 0.1 [geur] *coffee aroma* 0.2 [toevoeging] *coffee flavour enhancer.*
koffieautomaat 0.1 *coffee machine.*
koffiebar 0.1 *café* ⇒⟨BE ook⟩ *coffee bar.*
koffieboom 0.1 *coffee tree.*
koffieboon 0.1 *coffee bean.*
koffiebrander 0.1 *coffee roaster.*
koffiebranderij 0.1 [handeling] *coffee-roasting* 0.2 [inrichting] *coffee-roasting house.*
koffiebroodje 0.1 ±*currant bun.*
koffiebus 0.1 *coffee canister/tin.*
koffieconcert 0.1 *lunch-time concert.*
koffiecreamer 0.1 *coffee creamer.*
koffiecultuur 0.1 *coffee-growing* ⇒*cultivation of coffee.*
koffiedik 0.1 *coffee grounds* ⟨mv.⟩ ◆ **3.1** ik kan geen ~ kijken *I haven't got a crystal ball* **8.1** ⟨iron.⟩ het is zo helder als ~ *it's as clear as mud.*
koffiedrinken 0.1 *drink coffee.*
koffie-extract 0.1 *coffee essence.*
koffiefilter 0.1 *coffee filter.*
koffiehuis 0.1 *coffee house.*
koffiejuffrouw 0.1 [B]*tea lady.*
koffiekamer 0.1 *refreshment room* ⇒⟨schouwburg enz. ook⟩ *foyer.*
koffiekan 0.1 *coffeepot.*
koffiekopje 0.1 *coffee cup.*
koffiekransje 0.1 *coffee* [B]*morning/*[A]*klatsch.*
koffieleut 0.1 *coffee nut/freak* ◆ **3.1** ik ben zo'n ~ ⟨ook⟩ *I'm hooked on coffee.*
koffiemelk 0.1 *evaporated milk.*
koffiemolen 0.1 *coffee mill/grinder.*
koffieoogst 0.1 *coffee harvest.*
koffiepauze 0.1 *coffee break* ◆ **6.1** in de ~ *during the c. b.*
koffieplant 0.1 *coffee tree/plant.*
koffieplantage 0.1 *coffee plantation.*
koffieplanter 0.1 *coffee planter.*
koffiepoeder 0.1 *instant coffee.*
koffiepot 0.1 *coffeepot.*
koffieprijs 0.1 *price of coffee.*
koffieprut 0.1 ⟨mv.⟩ *grounds.*
koffieroom 0.1 *coffee cream.*
koffieshop 0.1 *coffee shop.*
koffiesurrogaat 0.1 *coffee substitute.*
koffietafel 0.1 [maaltijd; gerechten] *(light/snack) lunch* 0.2 [tafel] *coffee table.*
koffietijd 0.1 *coffee time.*
koffiezetapparaat, koffiezetmachine 0.1 *(automatic) coffee maker.*
kogel 0.1 [projectiel] *bullet* ⟨geweer⟩ ⇒*ball* ⟨kanon⟩ 0.2 [tech.] *ball bearing* 0.3 [sport; keihard schot] *rocket* ⇒ *bullet* 0.4 [atletiek] *shot* ◆ **2.1** een verdwaalde ~ *a stray bullet* **3.1** zich een ~ door het hoofd jagen *put a bullet through one's head;* de ~ krijgen *be shot;* veroordeeld tot de ~ *sentenced to death by shooting.*
kogelbaan 0.1 *(ballistic) trajectory* ⇒*path of a projectile.*
kogelbiefstuk 0.1 *round steak.*
kogelen 0.1 *hurl* ⇒*throw.*
kogelgat 0.1 *bullet hole.*
kogelgewricht 0.1 *ball(-and-socket) joint.*
kogellager ⟨tech.⟩ 0.1 *ball bearing* ◆ **6.1** op ~s lopen *be fitted with ball bearings.*
kogelrond 0.1 *spherical* ⇒*as round as a ball.*
kogelslingeraar ⟨sport⟩ 0.1 *hammer thrower.*
kogelslingeren ⟨sport⟩ 0.1 *hammer (throw)* ◆ **1.1** het onderdeel ~ *the hammer (throw).*

kogelstoten ⟨sport⟩ 0.1 *shot-put(ting)* ◆ **7.1** het ~ *the shot-put.*
kogelvormig 0.1 *spherical* ⇒*globular.*
kogelvrij 0.1 *bulletproof* ◆ **1.1** een ~ vest *a b. vest.*
kogelwond 0.1 *bullet wound.*
kohier 0.1 *assessment register/list.*
kok, kokkin 0.1 [beroep] *cook* 0.2 [leverancier, traiteur] *caterer* ◆ **¶.1** de chef-kok *the chef.*
Kokanje 0.1 *Cockaigne* ◆ **1.1** Land van ~ *Land of C.*
kokarde 0.1 *cockade.*
koken I ⟨onov.ww.⟩ 0.1 [in/van vloeistof] *boil* 0.2 [maaltijden bereiden] *cook, do the cooking* 0.3 [borrelen] *boil* ⇒ *churn* ⟨zee⟩ 0.4 [door hartstocht in heftige beweging zijn] *boil* ⇒*seethe* ◆ **1.1** de eieren ~ al *the eggs are already boiling* **1.4** haar bloed kookte *her blood boiled* **3.1** het water staat te ~ *the kettle is boiling* **4.2** hij kookt zelf *he does his own cooking* **5.1** het water kookt niet meer *the water has stopped boiling* **5.4** inwendig ~ *be seething inside* **6.1** water kookt bij 100° C *water boils at 100° C* **6.2** ~ op aardgas *c. with natural gas* **6.4** ~ van woede/verontwaardiging *b./seethe with rage/indignation;*
II ⟨ov.ww.⟩ 0.1 [in/van vloeistof] *boil* 0.2 [klaarmaken, bereiden] *cook* ◆ **1.1** aardappels/eieren ~ *b. potatoes/eggs;* gekookte ham *boiled ham* **1.2** het eten ~ *c. the meal* **5.1** iets zachtjes laten ~ *let sth. simmer gently.*
kokend 0.1 [aan de kook zijnde] *boiling* ⇒⟨fig. ook⟩ *seething* 0.2 [zeer heet] *boiling/piping/scalding hot* ◆ **1.1** ~ water *b. water* **1.2** de soep is ~ *the soup is piping hot* **6.1** ⟨fig.⟩ ~ van woede *b./seething with anger.*
kokendheet 0.1 *piping/boiling/scalding hot.*
koker 0.1 [om iets in te bergen/beschermen] *case* 0.2 [om iets in te steken] *cylinder* 0.3 [waardoor iets stroomt/bewogen wordt] *shaft* ⟨lift⟩ ⇒*tube* ⟨tunnel, ketting⟩, *chute* ⟨stortkoker⟩ ◆ **6.1** ⟨fig.⟩ dat komt niet uit zijn eigen ~ *he hasn't thought that up himself.*
kokerrok 0.1 *tube skirt.*
kokertje 0.1 *tube* ⇒⟨van metaal⟩ *canister.*
koket 0.1 [behaagziek] *coquettish* 0.2 [opvallend sierlijk] *smart* ⇒*elegant.*
koketteren 0.1 [behaagziek zijn, flirten] *flirt* 0.2 [ergens mee pronken] *show off* ⇒*parade* ◆ **6.2** ~ met iets *parade sth.*
koketterie 0.1 [behaagzucht] *flirting* ⇒*coquetry* 0.2 [mv.; kokette manieren] *coquettish behaviour.*
kokhalzen 0.1 [op het punt staan te braken] *retch* ⇒*heave* 0.2 [walgen] ⟨zie 6.2⟩ ◆ **6.1** van iets ~ *gag on sth.* **6.2** het is om van te ~ *it turns your stomach.*
kokkel 0.1 *cockle.*
kokken ⟨inf.⟩ 0.1 [ongemarkeerd] *cocci.*
kokker(d) ⟨inf.⟩ 0.1 *whopper* ◆ **1.1** een ~ v.e. neus *a big conk.*
kokkerellen 0.1 [allerlei kookseltjes maken] *cook special things* ⇒*do fancy cooking.*
kokkin 0.1 *(female) chef* ⟨in restaurant⟩; *cook* ⟨in huis⟩.
kokmeeuw 0.1 *black-headed gull.*
kokos 0.1 [kokosvezel(stof)] *coconut fibre* 0.2 [kokosnoten-(vlees)] *coconut.*
kokosboom →**kokospalm.**
kokosbrood 0.1 *coconut slices.*
kokoskoek 0.1 [koekje] *coconut* [B]*biscuit/*[A]*cookie* 0.2 [veekoek] *coconut (oil)cake.*
kokosmat 0.1 *coconut matting* ⇒⟨deurmat ook⟩ *coconut mat.*
kokosmelk 0.1 *coconut milk.*
kokosnoot 0.1 *coconut.*

kokosolie 0.1 *coconut oil.*
kokospalm 0.1 *coconut palm.*
kokosvrucht 0.1 *coconut.*
koksbuis 0.1 *chef's jacket.*
koksjongen 0.1 *cook's boy;* ⟨op schip⟩ *galley boy.*
koksmaat 0.1 *galley boy.*
koksmuts 0.1 *chef's hat.*
koksschool 0.1 *cookery school.*
kola 0.1 *cola/kola (tree).*
kolanoot 0.1 *cola/kola nut.*
kolchoz 0.1 *kolkhoz(e).*
kolder 0.1 *nonsense* ⇒*rubbish* ◆ 3.¶ de ~ in het hoofd krijgen *go crazy.*
kolderfilm 0.1 *(slapstick) comedy (film).*
kolderiek ⟨inf.⟩ 0.1 *crazy* ⇒*mad.*
kolen ⟨verz.n.⟩ 0.1 *coal* ◆ 2.1 gloeiende ~ *glowing coal(s)/embers;* ⟨fig.⟩ op hete ~ zitten *be on tenterhooks* 3.1 ~ stoken *burn c.;* ~ winnen *mine c.* 6.1 deze machine loopt **op** ~ *this machine burns c.*
kolenboer 0.1 *coalman.*
kolencentrale 0.1 *coal-fired power station.*
kolendamp 0.1 *carbon monoxide (fumes)* ◆ 3.1 door ~ stikken *be suffocated by c. m.*
kolendampvergiftiging 0.1 *carbon-monoxide poisoning.*
kolengas 0.1 *coal gas.*
kolengebied 0.1 *coalfield.*
kolengruis 0.1 *slack.*
kolenhandelaar 0.1 *coal merchant* ⇒⟨klein⟩ *coal dealer.*
kolenhok 0.1 *coal-shed.*
kolenkachel 0.1 *coal stove/heater.*
kolenkit 0.1 *coal scuttle* ⇒*coal box.*
kolenlaag 0.1 *coal bed/seam.*
kolenmijn 0.1 *coal mine.*
kolenschip 0.1 *coaler.*
kolenschop 0.1 *coal shovel* ◆ 8.1 handen als ~ pen *hands like hams.*
kolenschuur 0.1 *coal shed.*
kolentrein 0.1 *coal-train* ⇒*coaler.*
kolenwagen 0.1 *tender* ⟨van locomotief⟩, *coal-truck* ⟨voor vervoer⟩.
kolenwinning 0.1 *coal mining.*
kolenzak 0.1 *coal sack.*
kolere ◆ 3.¶ ⟨inf.⟩ krijg de ~! *get stuffed!, drop dead!*
koleriek →**choleriek.**
kolf 0.1 [achterstuk v.e. geweer] *butt* 0.2 [retort]⟨met rechte hals⟩ *flask;* ⟨met omgebogen hals⟩ *retort* 0.3 [bloeiwijze] *spadix* ⇒*ear* ⟨koren⟩, *cob* ⟨maïs⟩ ◆ 6.¶ dat is een ~ je **naar** haar hand *that is right up her street/alley.*
kolibrie 0.1 *hummingbird.*
koliek ⟨med.⟩ 0.1 *colic.*
kolk 0.1 [maalstroom] *eddy* ⇒*whirlpool* 0.2 [peilloze diepte v.h. water] *canyon* 0.3 [waterput, plas]⟨waterput⟩ *well;* ⟨plas⟩ *pool* 0.4 [ruimte tussen sluisdeuren] *chamber.*
kolken 0.1 *swirl* ⇒*eddy* ◆ 1.1 ⟨fig.⟩ een ~ de (mensen)massa *a seething crowd;* ~ d water *swirling water.*
kolom 0.1 *column* ◆ 1.1 een lange ~ cijfers optellen *add up a long c. of figures;* ⟨fig.⟩ een ~ van rook *a c. of smoke.*
kolonel 0.1 *colonel.*
kolonelsregime, -bewind 0.1 *(military) junta.*
koloniaal I ⟨bn.⟩ 0.1 [v.e. kolonie, koloniën bezittend] *colonial* 0.2 [kolonialistisch] *colonial(ist)* ◆ 1.1 koloniale mogendheden *c. powers;*
II ⟨bw.⟩ 0.1 [zoals in de koloniën] *colonially.*
kolonialisme ⟨pej.⟩ 0.1 *colonialism.*
kolonialistisch 0.1 *colonialist.*

kokosolie - komen

kolonie 0.1 [wingewest] *colony* 0.2 [vreemdelingen in een stad] *colony* 0.3 [inrichting voor kinderen] *holiday camp* 0.4 [groep dieren] *colony* ◆ 2.2 de Nederlandse ~ te Parijs *the Dutch community in Paris* 3.1 een ~ stichten/vestigen *found/establish a c.*
kolonisatie 0.1 *colonization* ⇒*settlement* ◆ 2.1 de binnenlandse ~ *land settlement.*
kolonisator 0.1 *colonizer.*
koloniseren 0.1 *colonize* ⇒*settle.*
kolonist 0.1 *colonist* ⇒*settler.*
kolos 0.1 *colossus.*
kolossaal 0.1 *colossal* ⇒*immense* ◆ 1.1 ⟨fig.⟩ een kolossale fout *a stupendous/c. mistake;* ⟨fig.⟩ een kolossale leugen *a huge lie* 3.1 dat is ~! *that's stupendous!*
kom[1] ⟨de⟩ 0.1 [vaatwerk, glaswerk] *bowl* ⇒⟨waskom⟩ *wash basin* 0.2 [uitholling, holte] *basin* ⇒*bowl* 0.3 [gewrichtsholte] *socket* ◆ 2.¶ de bebouwde ~ [B]*the built-up area,* [A]*the city limits* 6.3 haar arm is **uit** de ~ geschoten *her arm has been dislocated.*
kom[2] ⟨tw.⟩ 0.1 [aansporing] *come on!* 0.2 [sussende uitroep] *there, there* ⇒*now, now* 0.3 [verbazing, twijfel, ongeloof] *come on (now)* ⇒⟨oh,⟩ *really!* ◆ 5.3 ~ nou, dat maak je me niet wijs *come on (now)/look, don't give me that* ¶.1 ~, ik stap maar weer eens op *right, I'm off now!;* ~ op! *come on!* ¶.2 ~, huil nu maar niet *there, there, (now) don't cry* ¶.3 och ~, dat kan toch niet! *now really, that's impossible!;* ach ~! *oh, really!, now honestly!*
komaf ⟨inf.⟩ 0.1 [ongemarkeerd] *origin* ⇒*birth* ◆ 2.1 van hoge ~ zijn *be one of the upper-crust;* van lage ~ zijn *be of humble o.*
kombuis ⟨scheep.⟩ 0.1 *galley, caboose.*
komediant, -e 0.1 [in blijspel] *comedy actor* ⟨m.⟩ /*actress* ⟨v.⟩ ⇒*comedian* ⟨m.⟩, *comedienne* ⟨v.⟩ 0.2 [aansteller] *clown.*
komedie 0.1 *comedy* ⇒⟨fig. ook⟩ *(play-)acting* ◆ 3.1 ⟨fig.⟩ ~ spelen *(play-)act, put on an act.*
komediespel 0.1 [toneel] *(stage-)play* ⇒⟨blijspel⟩ *comedy* 0.2 [veinzerij] *(play-)acting.*
komediespelen 0.1 [toneelspelen] *act* 0.2 [veinzen] *(play-)act* ⇒*put on an act.*
komediespeler, -speelster →**komediant.**
komeet ⟨ster.⟩ 0.1 *comet* ◆ 1.1 de ~ Halley *Halley's c.* 8.1 ⟨fig.⟩ als een ~ omhoog schieten *shoot up like a rocket.*
komen 0.1 [een punt (toevallig) bereiken] *come* ⇒⟨inf.⟩ *get* 0.2 [verschijnen, zichtbaar worden] *come* 0.3 [op bezoek komen] *come ((a)round/over)* ⇒*call* 0.4 [+ aan; aanraken] *touch* 0.5 [mbt. oorsprong/oorzaak, het resultaat zijn] *come (about)* ⇒*happen* 0.6 [+ aan; in het bezit van iets raken] *come (by)* ⇒⟨inf.⟩ *get (hold of)* 0.7 [inf.; klaarkomen] *come* ◆ 1.1 er komt regen *it's going to rain;* ⟨fig.⟩ die wet zal er wel niet (door) ~ *I don't think that law will get through* 1.2 er kwam bloed uit zijn mond *there was blood coming out of his mouth;* daar komt de boot de haven in *there's the boat coming into (the) harbour* 1.3 er ~ mensen vanavond *there are/we've got people coming ((a)round)* tonight 3.1 in afwachting van dingen die ~ gaan *in expectation of things to c.;* ergens bij kunnen ~ *be able to get at sth.;* hij kwam te overlijden *he died;* je moet op een kantoor zien te ~ *you must arrange to get into an office* 3.2 een ~ en gaan van bezoekers *coming(s) and going(s) of visitors;* er kwamen niet veel mensen kijken *not many people came to look;* de politie laten ~ *send for/call the police;* ~ logeren bij iem. *c. and stay with s.o.;* hij is helemaal ~ lopen *he walked the whole way;* daar mag je niet ~ *you mustn't go there* 3.5 wat niet is, kan nog ~ *anything can*

happen **4.5** hoe komt het? *how come?, how did that happen?* **5.1** ⟨fig.⟩ ergens achter ~ *find out/get to know/get on to sth.;* ⟨fig.⟩ hoe kom je erbij! *what(ever) gives/gave you that idea?;* erdoor ~ *pass* ⟨mbt. examen⟩; erdoor(heen) ~ *get through it* ⟨mbt. tijd, werk, boek⟩; ⟨in gesprek⟩ hoe kwamen we hierop? *how did we get onto this (subject)?;* kom op, we gaan *come on, we're leaving;* ergens overheen ~ *get over sth.* ⟨bv. ziekte⟩; ik kom er wel uit *I'll let myself out;* ⟨fig.⟩ we kwamen er niet uit *we couldn't work it out;* maak dat je weg komt! *get out (of here)!;* ze hadden het nooit zover moeten laten ~ *they should never have let things get this/that far;* hoe is het ooit zover kunnen ~? *how did it/things ever c. to this?* **5.2** kom daar nu eens om! ⟨fig.⟩ *try to find that!, where do you find that!;* ik kom eraan/al! *(I'm) coming!, I'm on my way!;* kom hier *come here;* kom eens langs! *come round some time!;* tussenbeide ~ ⟨ingrijpen⟩ *intervene;* ⟨zich bemoeien⟩ *interfere* **5.4** kom nergens aan! *don't touch (anything/a thing)!* **5.5** daar ~ ongelukken van *that's how you get accidents, that's how accidents happen;* daar komt niets van in *that's out of the question;* daar zal voorlopig wel niets van ~ *nothing will c. of that for the time being;* komt er nog wat van? *come on (, do/say sth!);* het zal er toch van moeten ~ *it's just got to be done;* ik zie het er nog wel van ~ dat ...*I can just see ..., before you know it ...;* er is niets van gekomen *it came to nothing;* dat komt ervan als je niet luistert *that's what you get/what happens if you don't listen* **5.¶** daar komt nog bij dat ... *what's more ..., besides ...;* er komt 15 % voor bediening bij *there's 15 % extra/added on for service;* dat moest er nog bij ~! *that's all I/we needed!;* dat komt er niet op aan *it doesn't matter;* nu komt het eropaan om ...*now it's a matter/question of ...(-ing);* kom nou! *don't be silly!, come off it!;* kom op, we gaan *come on, we're leaving* **6.1** nergens **aan** toe ~ *fiddle about, not get anything done;* ergens niet **aan** toe ~ *not get round to sth.;* **bij** elkaar ~ *c./get together, meet;* hoe kom je van hier **naar** het museum? *how do you get to the museum from here?;* ergens niet **op** kunnen ~ *not to be able to think of sth.;* dat komt **op** ƒ200 *that comes to 200 guilders;* **tot** staan ~ *c. to a halt/stop;* **tot** iets ~ *c. to sth.;* ⟨over zijn hart krijgen⟩ *bring o.s. to (do) sth.;* ⟨de tijd vinden⟩ *get round to sth.;* ⟨fig.⟩ **tot** zichzelf ~ *c. to one's senses;* hij komt **tot** mijn schouder *he comes (up) to my shoulder* **6.2 met** de boot/per spoor/te voet ~ *c. by boat/by train/on foot;* hij komt **om** suiker *she has come/she's here for/to get some sugar;* hij komt **uit** Engeland *he's from England* **6.5 van** het een komt het ander *one thing leads to another* **6.6 aan** geld zien te ~ *get hold of some money;* eerlijk **aan** iets ~ *c. by sth. honestly;* daar kom ik straks nog **op** *I'll get round to that in a moment* **6.¶** ⟨fig.⟩ ergens **in** (kunnen) ~ ⟨begrijpen⟩ *(be able to) see sth.;* ⟨fig.⟩ ergens **in** ~ ⟨vertrouwd raken⟩ *get/become familiar with* **¶.1** ⟨sprw.⟩ wie het eerst komt, het eerst maalt *first come, first served.*

komend 0.1 *coming* ⇒*to come* ⟨ná zn.⟩, ⟨mbt. tijd ook⟩ *next* ◆ **1.1** in de ~e jaren *in the years to come;* ~e week *next week.*

kometenbaan ⟨ster.⟩ **0.1** *comet's path.*

komfoor 0.1 [theelichtje] *chafing dish* **0.2** [kooktoestel] *(gas/spirit) stove.*

komiek¹ (de) **0.1** [acteur] *comedian* ⇒*comic* **0.2** [grapjas] *comedian* ⇒*clown.*

komiek² ⟨bn., bw.⟩ **0.1** *comic(al).*

komijn 0.1 *cumin.*

komijnekaas 0.1 *cumin cheese.*

komisch 0.1 *comic(al)* ⇒*funny* ◆ **1.1** een ~e act *a comic act/*

number; een ~ nummer voor twee heren *a two-man comedy;* een ~ voorval *a funny incident* **7.1** het ~e van iets niet zien *not see the joke/what's funny about sth.*

komkommer 0.1 *cucumber.*

komkommersalade 0.1 *cucumber salad.*

komkommertijd 0.1 ⟨vakantietijd⟩ *silly season* ⇒*off-season.*

komma 0.1 [leesteken] *comma* **0.2** [apostrof] *apostrophe* **0.3** [teken voor de decimalen] *(decimal) point* ◆ **6.3** tot op vijf decimalen/cijfers **na** de ~ uitrekenen *calculate to five decimal places;* een bedrag met zeven cijfers **voor** de ~ *a seven-figure sum* **7.3** nul ~ drie (0, 3) *(nought/ᴬzero) point three (0.3).*

kommer 0.1 [gebrek] *destitution* **0.2** [ellende] *sorrow* ◆ **1.1** ~ en gebrek *distress and poverty* **1.2** ~ en kwel *s. and misery;* het is niets dan ~ en kwel *it is all s. and misery, it's a hard life.*

kommervol 0.1 *distressful* ⇒*sorrowful* ◆ **1.1** een ~ bestaan leiden *lead a sorry existence.*

kompas 0.1 [instrument] *compass* **0.2** [richtlijn] *precept* ◆ **6.1** op iemands ~ zeilen/varen (lett.) *go by s.o.'s compass;* ⟨fig.⟩ *follow s.o.'s lead;* op ~ varen *sail/steer by c.*

kompasnaald 0.1 *compass needle.*

kompasroos 0.1 *compass card/rose.*

kompasstreek 0.1 *compass point.*

kompres 0.1 *compress* ◆ **6.1** met ~sen behandelen, (een) ~(sen) leggen op *apply compresses/a compress to.*

komst 0.1 *coming* ⇒*arrival* ◆ **1.1** de ~ van Christus *the c. of Christ* **6.1 met** de ~ v.d. auto *with the arrival of the car;* zij zijn **op** ~ *they are on the way;* er is er een **op** ~ ⟨fig.⟩ *there is a baby on the way;* er is storm/sneeuw **op** ~ *there is a storm brewing, it looks like snow;* **op** ~ zijn *be on the way/coming.*

komvormig 0.1 *bowl-shaped* ⇒*basin-shaped.*

kond ⟨schr.⟩ ◆ **3.¶** ⟨iem.⟩ ~ van iets doen ⟨ongemarkeerd⟩ *notify (s.o.) of sth.;* iets ~ maken ⟨ongemarkeerd⟩ *make sth. known, announce sth.*

konfijten 0.1 *preserve* ⇒*candy* ◆ **1.1** gekonfijte vruchten *candied fruits.*

Kongo 0.1 *Congo.*

kongsie 0.1 [firma] *combine* ⇒*trust* **0.2** [pej.; groep] *clique.*

konijn 0.1 [dier] *rabbit* ⇒⟨inf.; kind.⟩ *bunny* **0.2** [vlees, bont] *rabbit* ◆ **2.1** een tam ~ *a bred/domestic r.* **6.1** op ~en jagen *hunt rabbits* **6.¶** het is **bij** de ~en af *it's a crying shame.*

konijnenhok 0.1 *rabbit hutch.*

konijnenhol 0.1 *rabbit hole/burrow.*

konijnenjacht 0.1 *rabbit hunting* ⇒*rabbiting.*

konijnenkeutel 0.1 *rabbit pellet.*

konijnenziekte 0.1 *rabbit disease/fever.*

koning 0.1 ⟨ook fig.⟩ *king* ◆ **1.1** Koning Boudewijn van België *King Baudouin of Belgium;* de ~ der dieren *the k. of beasts;* de ~ der hemelen/der koningen *the King of Heaven/Kings;* Koning Voetbal *King Soccer* **3.1** de ~ dienen *serve the k.;* ⟨iem.⟩ (tot) ~ maken *crown (s.o.) k.* **7.1** ⟨rel.⟩ de drie ~en *the three Wise Men/Kings* **¶.1** ⟨fig.⟩ de ~ te rijk zijn *be as happy as Larry.*

koningin 0.1 ⟨ook fig., dierk.⟩ *queen* ◆ **1.1** de ~ v.h. bal *the q./belle of the ball;* Beatrix, Koningin der Nederlanden *Beatrix, Queen of the Netherlands* **3.1** (tot) ~ maken *crown q.* **8.1** als een ~ heersen over iem. *queen it over s.o.*

koningin-moeder 0.1 *Queen Mother.*

Koninginnedag 0.1 *Queen's Birthday* ⟨in Ned.⟩ ◆ **6.1** op ~ *on the Queen's Birthday.*

koninginnensoep 0.1 *cream of chicken soup.*

koningin-regentes 0.1 *queen regent.*
koningsblauw 0.1 *royal blue.*
koningschap 0.1 [staat van koning] *kingship* 0.2 [regeringsvorm] *monarchy* ♦ 2.1 het erfelijk ~ *hereditary monarchy* 2.2 het constitutionele ~ *constitutional m.*
koningsgezind 0.1 *royalist* ⇒*monarchist* ♦ 7.1 de ~en *the royalists/monarchists.*
koningsgezindheid 0.1 *royalism* ⇒*monarchism.*
koningshuis 0.1 *royal family/house.*
koningsmoord 0.1 *regicide.*
koningsvaren 0.1 [soort varen] *royal fern/osmund* 0.2 [plantengeslacht] *Osmunda.*
koninklijk I ⟨bn.⟩ 0.1 [(als) v.e. koning(in)] *royal* ⇒⟨bv. gedrag, houding⟩ *regal* 0.2 [koning(in) zijnd, v.d. koning(in) uitgaand] *royal* 0.3 [als predikaat] *Royal* ⇒*King's/ Queen's* ♦ 1.1 van ~en bloede *of royal blood;* de ~e familie *the Royal Family, blood royal;* het Koninklijk Huis *the Royal Household/Family;*
II ⟨bn., bw.⟩ 0.1 [vorstelijk, royaal] *regal* ⇒*royal* ♦ 1.1 een ~ maal *a repast fit for a king* 3.1 iem. ~ onthalen *give s.o. a royal welcome.*
koninkrijk 0.1 *kingdom* ♦ 1.1 het ~ Gods/der hemelen *the k. of God/of Heaven;* het Koninkrijk der Nederlanden *The Kingdom of the Netherlands* 2.1 het Verenigd Koninkrijk *the United Kingdom.*
konkelaar 0.1 *schemer* ⇒*intriguer.*
konkelarij 0.1 *scheming* ⇒*intrigue.*
konkelen ⟨inf.⟩ 0.1 [intrigeren] *scheme* ⇒*intrigue* 0.2 [roddelen] *gossip.*
konstabel 0.1 [mbt. de marine] *gunner* 0.2 [mbt. grote rederijen] *chief security officer at the docks.*
kont 0.1 [inf.; zitvlak] *bottom* ⇒*behind,* ⟨BE; sl.⟩ *bum* 0.2 [inf.; lichaam] ⟨zie 2.2, 6.2⟩ 0.3 [achterkant] ⟨bv. schip⟩ *back, rear end* ⇒⟨bv. muntstuk⟩ *tail* ♦ 2.2 in zijn blote ~ *in the altogether, in one's birthday suit* 3.1 ⟨fig.⟩ de ~ tegen de krib gooien *dig one's heels in;* je kunt hier je ~ niet keren *you couldn't swing a cat here;* je kan m'n ~ kussen *kiss my arse!* 6.1 een schop onder/voor je ~ *a kick in the pants;* op zijn (luie) ~ blijven zitten *sit around on one's ass.* ⟨fig.⟩ het hele bedrijf ligt op zijn ~ *the entire business is at a standstill* 6.2 dure kleren aan z'n ~ hebben *be dressed expensively.*
konterfeitsel 0.1 *likeness* ⇒*portrait.*
kontje 0.1 [duw tegen iemands zitvlak] ±*boost* ⇒*leg up* ♦ 3.1 geef 's effen een ~ *give me a leg up.*
kontkruipen 0.1 *be an* ᴮ*arse-licker* ⇒*suck up to s.o.*
kontlikken ⟨inf.⟩ 0.1 *sucking up (to s.o.).*
kontlikker, kontlikster ⟨inf.⟩ 0.1 *suck-up* ⇒⟨BE; vulg.⟩ *bumsucker.*
kontneuken ⟨vulg.⟩ 0.1 *bugger.*
kontzak ⟨inf.⟩ 0.1 ⟨ongemarkeerd⟩ *back pocket.*
konvooi 0.1 *convoy* ♦ 6.1 onder ~ varen *sail in c.*
konvooieren 0.1 *convoy.*
konvooischip 0.1 *escort.*
kooi 0.1 [met tralies afgesloten dierenverblijf] *cage* 0.2 [stal] *pen* ⇒⟨voor kippen⟩ *coop,* ⟨schapen⟩ *fold,* ⟨varkens⟩ *sty* 0.3 [slaapplaats op een schip] *berth* ⇒*bunk* 0.4 [voorwerp dat lijkt op een hok] *cage* ♦ 1.4 de ~ v.e. lift *the c. of a lift* 6.1 in een ~ opsluiten/gevangen houden *cage;* pen ⟨schapen⟩; *coop up* ⟨kippen⟩ 6.3 naar/te ~ gaan *turn in* 6.4 ⟨sport⟩ voor de ~ *in front of the goal.*
kooien I ⟨ov.ww.⟩ 0.1 [in een kooi sluiten] *cage;* ⟨kippen ook⟩ *coop (up); pen* ⟨schapen⟩;
II ⟨onov.ww.⟩ 0.1 [eenden vangen] *decoy.*
kooiker, kooier 0.1 *decoy-man.*

kook 0.1 *boil* ♦ 6.1 het water is aan de ~ *the water is boiling;* aan de ~ brengen *bring to the b.;* iets zachtjes aan de ~ brengen *bring sth. to a simmer;* van de ~ zijn ⟨lett.⟩ *have stopped boiling;* ⟨fig.⟩ be *very upset;* ⟨fig.⟩ volkomen van de ~ raken *come apart at the seams, go to pieces.*
kookboek 0.1 *cookery book.*
kookcursus 0.1 *cookery course.*
kookgelegenheid 0.1 *cooking facilities* ♦ 6.1 kamer met ~ *room with c.f.*
kookgerei 0.1 *cooking utensils.*
kookhitte 0.1 *boiling point.*
kookketel 0.1 *boiler, cauldron* ⇒*soup kettle.*
kookkunst 0.1 *cookery* ⇒*(the art of) cooking, culinary art* ♦ 2.1 de hogere ~ *haute cuisine.*
kooklucht 0.1 *cooking smell(s).*
kooknat 0.1 *cooking water/liquid.*
kookplaat 0.1 *hot plate.*
kookpunt 0.1 ⟨ook fig.⟩ *boiling point* ♦ 3.1 het ~ bereiken ⟨ook fig.⟩ *reach the b. p.* 6.1 ⟨fig.⟩ de verontwaardiging steeg tot het ~ *indignation rose to fever pitch.*
kookstel 0.1 *camp(ing) stove.*
kooktijd 0.1 *boiling/cooking time* ♦ 1.1 de ~ van aardappels is 20 minuten *potatoes take 20 minutes to boil.*
kooktoestel 0.1 ᴮ*cooker,* ᴬ*cookstove.*
kookwas 0.1 [wasgoed] *laundry that needs boiling* ⇒ *white wash* 0.2 [wasprogramma] *boiling programme* ⇒ *whites.*
kookwekker 0.1 *kitchen timer.*
kool 0.1 [plantengeslacht, groente, gerecht] *cabbage* 0.2 [steenkool] *coal* 0.3 [koolstof] *carbon* 0.4 [gloeiend stuk koolstof] *(live) coal* ⇒*ember* ♦ 1.¶ de ~ en de geit willen sparen *sit on the fence, run with the hare and hunt with the hounds* 2.1 Chinese ~ *Chinese leaves;* rode/witte/ groene ~ *red/white/green c.* 3.¶ iem. een ~ stoven *play a trick on s.o.* 8.1 hij groeit als ~ *he is shooting up.*
koolblad 0.1 *cabbage leaf.*
koolborstel ⟨tech.⟩ 0.1 *carbon/graphite brush.*
kooldioxide ⟨schei.⟩ 0.1 *carbon dioxide.*
kooldraad 0.1 *carbon filament.*
koolhydraat 0.1 *carbohydrate.*
koolmees 0.1 *great tit(mouse).*
koolmonoxide ⟨schei.⟩ 0.1 *carbon monoxide.*
koolmonoxidevergiftiging 0.1 *carbon monoxide poisoning.*
koolraap 0.1 [groente] *kohlrabi* ⇒*turnip cabbage* 0.2 [knolgewas] *swede.*
koolrabi 0.1 *kohlrabi.*
koolstof 0.1 *carbon.*
koolstofverbinding ⟨schei.⟩ 0.1 *carbon compound.*
koolstronk 0.1 *cabbage stalk.*
koolvis 0.1 *pollack.*
koolwaterstof ⟨schei.⟩ 0.1 *hydrocarbon.*
koolwitje 0.1 *cabbage white (butterfly).*
koolzaad 0.1 [zaad] *coleseed* 0.2 [plant] *rape.*
koolzuur[1] ⟨het⟩ ⟨schei.⟩ 0.1 [verbinding] *carbonic acid* 0.2 [koolzuurgas] *carbon dioxide* ♦ 6.2 zonder ~ ⟨van frisdrank⟩ *noncarbonated.*
koolzuur[2] ⟨bn.⟩ ⟨schei.⟩ 0.1 *carbonate(d)* ♦ 1.1 ~ zout *carbonate (salt).*
koolzuurgas ⟨schei.⟩ 0.1 *carbon dioxide.*
koolzuurhoudend 0.1 *carbonated* ♦ 1.1 ~e dranken *c. drinks.*
koolzwart 0.1 *coal-black* ⇒*pitch-black.*
koon ⟨schr.⟩ 0.1 *cheek* ♦ 2.1 een kind met rode konen *a child with red cheeks.*

koop 0.1 *buy, sale* ⇒*purchase* ◆ 1.1 ~ en verkoop *buying and selling* 2.1 een goede ~ doen *get a good bargain* 3.1 ⟨jur.⟩ ~ breekt geen huur *leasing agreements are not affected by a s.;* de ~ gaat door *the deal/s. is going through;* een ~ sluiten *close a deal, conclude a s.;* tot de ~ van iets overgaan *purchase/buy sth.* 6.1 ⟨fig.⟩ op de ~ toe *into the bargain;* ⟨fig.⟩ iets op de ~ toe nemen *(be prepared to) put up with sth.;* te ~ (zijn/staan) *(be) for s.;* ⟨fig.⟩ weten wat er in de wereld te ~ is *know what's what, have seen a thing or two;* ⟨fig.⟩ te ~ zitten *be exposed;* met iets te ~ lopen ⟨fig.⟩ *parade/flaunt sth.;* te ~ aangeboden *offered/up for s.;* ⟨fig.⟩ met zichzelf te ~ lopen *sing one's own praises;* te ~ of te huur *ºto buy or let;* te ~ gevraagd *wanted;* te ~ zetten *display for s.*

koopakte 0.1 *deed of sale/purchase.*

koopavond 0.1 *late night shopping, late opening.*

koopcontract 0.1 ⟨brief⟩ *contract/bill of sale* ⇒⟨akte⟩ *purchase/title deed, deed of purchase.*

koopflat 0.1 *owner-occupied flat/*⟨vnl. AE⟩ *apartment.*

koopgedrag 0.1 *purchasing/buying behaviour.*

koopgraag 0.1 *acquisitive* ⇒*eager to buy/spend money.*

koophandel ⟨schr.⟩ 0.1 *commerce* ⇒*trade* ◆ 1.1 Kamer van Koophandel ±*Chamber of Commerce;* het Wetboek van ~ *the (Dutch) Commercial Code.*

koophuis 0.1 *owner-occupied house.*

koopje 0.1 *bargain* ⇒*good buy/deal* ◆ 3.1 dat is een ~, daar heb je een ~ aan *that's a real b./a good deal;* ⟨iron.⟩ nou dat is zeker een ~ *what a sell!* 6.1 op de ~s lopen *(go) bargain hunt(ing), be a bargain hunter;* ⟨fig.⟩ 't is op een ~ gemaakt *it's done/made cheaply;* bij hem moet alles op een ~ *he does everything as cheaply as possible;* hij kreeg het voor een ~ *he got it for a song.*

koopjesjager, -jaagster 0.1 *bargain hunter.*

koopkracht ⟨ec.⟩ 0.1 *purchasing/buying/spending power* ◆ 1.1 het behoud v.d. ~ *the maintenance of purchasing power* 3.1 de dollar heeft aan ~ ingeboet *the purchasing power of the dollar has declined.*

koopkrachthandhaving 0.1 *maintaining purchase power.*

koopkrachtig 0.1 *with great purchasing power.*

kooplust 0.1 *consumer interest/activity* ⇒*inclination/willingness/desire to buy* ◆ 1.1 gebrek aan ~ *consumer/sales resistance* 3.1 de ~ v.h. publiek opwekken *generate consumer interest.*

kooplustig 0.1 *acquisitive* ⇒*fond of spending money/buying.*

koopman 0.1 *merchant* ⇒*businessman* ◆ 6.1 ~ in graan *grain m.*

koopmansbeurs 0.1 *commodity exchange.*

koopmanschap 0.1 [handel, bedrijf] *trade* ⇒*business* 0.2 [koopmansgeest] *business sense* ◆ 2.2 het getuigt van goed ~ *that shows good b. s.*

koopmansgeest 0.1 *business sense.*

kooporder 0.1 *purchase order.*

koopprijs, koopsom 0.1 *purchase price.*

koopvaarder 0.1 *merchant/trading vessel* ⇒*merchantman.*

koopvaardij, koopvaart 0.1 *merchant navy.*

koopvaardijschip 0.1 *merchantman* ⇒*merchant/trading vessel/ship.*

koopvoorwaarden 0.1 *conditions/terms of purchase.*

koopwaar 0.1 *merchandise* ⇒*wares* ◆ 3.1 zijn ~ aanprijzen *sing the praises of one's goods/wares.*

koopwoede 0.1 *spending mania* ⇒*compulsive buying.*

koopwoning 0.1 *owner-occupied property.*

koopziek ◆ 3.¶ ~ zijn *be a compulsive buyer.*

koopzucht 0.1 *extravagance.*

koor 0.1 [koorzang; gezamenlijk voortgebracht geluid] *chorus* 0.2 [zanggroep] *choir* ⇒*chorus* 0.3 [ruimte in een kerk] *choir* ⇒*chancel* ◆ 1.2 ⟨fig.⟩ een ~ van engelen *a choir of angels* 2.2 een gemengd ~ *a mixed (voice) choir/chorus* 6.1 in ~ *in c./unison* ⟨met zijn allen tegelijk⟩.

koorbank 0.1 *choir stall.*

koord 0.1 [touw] *cord* ⇒*(thick) string, (light) rope* 0.2 [sierlijk gevlochten snoer] *braid* ⇒*(decorative) cord* ◆ 2.1 zich op het slappe ~ begeven ⟨fig.⟩ *take the plunge* 6.1 op het/de (slappe) ~ dansen ⟨fig.⟩ *show one's paces* ¶.2 ~je *bit/piece of string.*

koorddansen 0.1 *walk a tightrope.*

koorddanser, -es 0.1 *tightrope walker.*

koorde ⟨wisk.⟩ 0.1 *chord.*

koordirigent ⟨muz.⟩ 0.1 *choirmaster* ⇒*(chorus) conductor.*

koorgezang 0.1 ⟨lied⟩ *choral song;* ⟨het zingen⟩ *choral singing.*

koorhek 0.1 *choir/rood screen.*

koorhemd ⟨rel.⟩ 0.1 *surplice.*

koorkap, -mantel ⟨rel.⟩ 0.1 *cope.*

koorknaap ⟨rel.⟩ 0.1 [lid v.e. zangerskoor] *choirboy* 0.2 [misdienaar] *altar boy.*

koorleider 0.1 *choirmaster* ⇒*(chorus) conductor.*

koormuziek 0.1 *choral music.*

koorts 0.1 *fever* ◆ 2.1 gele ~ *yellow f.;* hoge/hevige ~ *high temperature/f.* 3.1 (de) ~ hebben/krijgen *have/get a f.;* de ~ is gezakt/verdwenen *the f. has abated/passed;* bij iem. de ~ opnemen *take s.o.'s temperature* 6.1 met ~ (in bed) liggen *be in bed/sick with a f.;* de ~ naar roem *the (burning) desire for fame;* rillen/gloeien van de ~ *shake/burn (up) with f.*

koortsaanval 0.1 *attack of fever.*

koortsachtig 0.1 *feverish* ◆ 1.1 ~e bedrijvigheid *energy* 3.1 ~ naar iets zoeken *search feverishly for sth.*

koortsig 0.1 *feverish* ◆ 1.1 een ~ voorhoofd *a f. forehead* 3.1 ik ben een beetje ~ vandaag *I'm feeling a bit f. today.*

koortsmiddel ⟨med.⟩ 0.1 *antipyretic* ◆ 3.1 de arts schreef haar een ~ voor *the doctor prescribed something to lower the fever.*

koortsthermometer 0.1 *clinical thermometer.*

koortstoestand 0.1 *feverishness.*

koortsuitslag 0.1 *cold sore* ⇒*fever blister.*

koortsvrij 0.1 *free of/without fever* ⇒⟨med. ook⟩ *non-febrile* ◆ 3.1 (niet) ~ zijn *(not) be rid of one's fever.*

koortswerend 0.1 *antipyretic* ◆ 1.1 ~e middelen *antipyretics.*

koorvereniging 0.1 *choral society.*

koorzang 0.1 [het zingen] *choral singing* 0.2 [lied] *choral song.*

koorzanger, -zangeres 0.1 *choir singer* ⇒*chorus member.*

koosjer 0.1 *kosher* ◆ 1.1 ~ vlees *k. meat;* ⟨fig.⟩ dat zaakje is niet ~ *that business isn't k.*

koosnaam 0.1 *pet name.*

kootje 0.1 *phalanx.*

kop 0.1 [deel v.h. dierlijk lichaam] *head* 0.2 [hoofd] ⟨ongemarkeerd⟩ *head* ⇒*nut* 0.3 [verstand] *head* ⇒*brain* 0.4 [bovenste/voorste/uiterste gedeelte] *head* ⇒*top* 0.5 [drinkgerei] *cup* ⇒*mug* 0.6 [krantenkop] *headline* ⇒*heading* 0.7 [afbeelding; iets met de gedaante v.e. kop] *head* 0.8 [persoon] *head* 0.9 [audio, video] *head* ◆ 1.1 ⟨fig.⟩ er zit ~ noch staart aan *you can't make h. or tail of it* 1.2 ⟨fig.⟩ met ~ en schouders uitsteken boven *stand out/be h. and shoulders above* 1.4 de ~ pen v.d. golven *the crests*

of the waves; de ~ van Overijssel *the north of Overijssel;* de
~ v.e. spijker / hamer *the h. of a nail / hammer;* de ~ v.e.
stoet / het peloton *the h. of a procession / the platoon* **1.5**
een ~ koffie *a c. of coffee;* een ~ en schotel *a c. and saucer*
1.7 ~ of munt *heads or tails* **1.8** de ~ v.e. pijp *the bowl of a
pipe* **2.2** ~ dicht! *shut up!;* ⟨fig.⟩ een houten ~ hebben *have
a hangover, have a thick h.;* een kale ~ *u bald h.;* zij is een ~
kleiner dan hij *she's a h. shorter than he is;* een mooie ~
met haar *a beautiful h. of hair;* een rooie ~ krijgen *go red,
flush* **2.3** iets doen met een dronken ~ *do sth. while (one is)
drunk;* dat is een knappe ~ *he is a smart fellow;* met een
kwaaie ~ weglopen *leave in a huff* **2.6** grote / vette ~ pen
big / bold headlines **3.2** hou je ~! *shut up!, shut your trap!;*
⟨fig.⟩ dat zal me de ~ niet kosten *it's not going to kill me;* hij
had zichzelf wel voor zijn ~ kunnen slaan *he could have
kicked himself;* de ~ pen bij elkaar steken *put our / their*
⟨enz.⟩ *heads together;* ⟨fig.⟩ de ~ in het zand steken *bury
one's h. in the sand* **3.4** ⟨sport⟩ de ~ nemen *take the lead,
go into the lead* **3.8** de ~ pen tellen *count heads* **3.¶** iets de
~ indrukken *crush sth.;* een gerucht de ~ indrukken ⟨ook⟩
squash / scotch a rumour; de ~ opsteken *surface, crop up;*
de griep steekt weer de ~ op *the flu is rearing its (ugly)
head again* **5.2** ~ op! *chin / cheer up!* **5.7** met een ~ erop
⟨maat⟩ *heaped;* ⟨bier⟩ *with a h.* **6.2** ⟨fig.⟩ met de ~ tegen de
muur lopen *bang one's h. against a (brick) wall;* ⟨fig.⟩ zich
niet **op** zijn ~ laten zitten *not let o.s. be bullied;* ⟨fig.⟩ iem.
op zijn ~ geven *give s.o. what for;* ⟨fig.⟩ **op** zijn ~ krijgen *get
a good scolding / telling-off;* je krijgt het niet al ga je **op** je ~
staan *you're not going to get it no matter what you do;*
⟨fig.⟩ zich **over** de ~ werken *work o.s. to death;* zich **voor** de
~ schieten *blow one's brains out* **6.3** iem. **aan** zijn ~ zeuren *nag s.o.;* hij heeft het nu eenmaal in zijn ~ *he has taken
it into his head* **6.4** ⟨fig.⟩ het hele huis staat **op** zijn ~ *the
whole house has been turned upside down;* ⟨fig.⟩ de zaal
stond **op** zijn ~ *it brought the house down;* **op** zijn ~ staan
be topsy-turvy / upside down; ⟨scheep.⟩ met de ~ **op** de
wind gaan liggen *turn with its h. to the wind;* ⟨sport⟩ **op** ~
liggen *be in the lead;* **over** de ~ gaan / slaan *overturn, somersault;* ⟨fig.⟩ **over** de ~ gaan *go broke, fold* **6.¶** iets **op** de ~
(weten te) tikken *(manage to) pick sth. up, (manage to) get
hold of sth. / come by sth.;* het is vijf uur **op** de ~ af *it is exactly five o'clock* **8.2** zij kreeg een ~ als vuur *she turned as
red as a beetroot.*

kopbal ⟨sport⟩ **0.1** *header.*

kopduel ⟨sport⟩ **0.1** *heading duel.*

kopeke 0.1 *copeck.*

kopen I ⟨ov.ww.⟩ **0.1** [voor geld in eigendom krijgen] *buy* ⇒
purchase **0.2** [afkopen, contracteren] *buy (off)* ◆ **1.1** huizen ~ *b. houses* **1.2** stemmen ~ *buy votes;* iemands stilzwijgen ~ *bribe s.o. to keep quiet* **4.1** zich arm ~ *spend money
like it's going out of style* **5.1** ⟨fig.⟩ wat koop ik ervoor?
what good will it do me?;
II ⟨onov.ww.⟩ **0.1** [een aankoop doen] *trade / deal (with)*
⇒*buy* ◆ **3.1** ~ en verkopen *buy and sell* **5.1** ik koop daar
nooit *I never shop there* **6.1** bij / van iem. ~ *trade / deal
with s.o.*

Kopenhagen 0.1 *Copenhagen.*

koper¹ ⟨het⟩ **0.1** [schei.] *copper* **0.2** [geelkoper; koperwerk]
brass **0.3** [blaasinstrumenten] *brass (section)* ◆ **2.1** rood
~ *c.* **2.2** geel ~ *brass* **6.1** in ~ *engraved in c.* **6.2** een deurknop **van** ~ *a b. doorknob.*

koper² ⟨de (m.)⟩, **koopster** ⟨de (v.)⟩ **0.1** *buyer* ◆ **1.1** kosten
(voor rekening v.d.) ~ ⟨in makelaardij⟩ *expenses to be paid
for by b.*

koperachtig 0.1 *brassy* ⇒*coppery.*

---

koperblazer 0.1 *brass player.*

koperdruk 0.1 [procédé] *copperplate printing* **0.2** [gravu-
re] *copperplate.*

koperen 0.1 [van koper] *brass* ⇒*copper* **0.2** [als van koper;
koperkleurig] *brassy* ⇒*coppery* ◆ **1.1** een ~ ketting *a b.
chain;* ~ muziekinstrumenten *b. musical instruments* **1.2**
een ~ munt *a copper coin.*

kopererts 0.1 *copper ore.*

kopergieterij 0.1 *copper foundry* ⇒*brass works.*

kopergraveur 0.1 *copperplate engraver.*

kopergravure 0.1 [plaat] *copperplate* **0.2** [afdruk] *copperplate* ⇒*copper engraving.*

kopergroen 0.1 ⟨zn. en bn.⟩ *verdigris.*

koperhoudend 0.1 *cupriferous.*

koperindustrie 0.1 *copper industry.*

koperkleurig 0.1 *copper-coloured.*

koperlegering 0.1 *copper alloy.*

kopermijn 0.1 *copper mine.*

koperpoets 0.1 *copper / brass polish.*

koperslager ⟨amb.⟩ **0.1** *coppersmith* ⇒*brazier.*

koperslagerij ⟨amb.⟩ **0.1** *copper smith's (workshop)* ⇒
braziery.

koperwerk 0.1 *copper work* ⇒*brass work, brassware.*

koperwiek 0.1 *redwing.*

kopgroep ⟨sport⟩ **0.1** *leading group;* ⟨wielersport ook⟩
break(away).

kopie 0.1 [duplicaat] *copy* ⇒*duplicate* **0.2** [fotokopie] *(photo)copy* **0.3** [reproductie] *copy* ⇒*reproduction* **0.4** [naar
een voorbeeld gemaakt] *copy* ◆ **1.1** een ~ v.e. brief *a c. of a
letter, a duplicate* **2.4** een getrouwe ~ *a replica.*

kopieerapparaat 0.1 *photocopier.*

kopieerinrichting 0.1 *(photo)copy centre.*

kopieerpapier 0.1 *(photo)copying paper.*

kopiëren I ⟨ov.ww.⟩ **0.1** [een afschrift maken] *copy* ⇒*make
a copy (of),* ⟨overschrijven⟩ *transcribe* **0.2** [naschilderen,
natekenen] *copy;*
II ⟨onov., ov.ww.⟩ **0.1** [een fotokopie maken] *(photo)copy.*

kopiist, -e 0.1 *copier* ⇒*copyist,* ⟨bij overschrijven⟩ *tran-
scriber.*

kopij 0.1 *copy* ⇒*manuscript* ◆ **3.1** hier zit ~ in *there's good
c. in this.*

kopijrecht 0.1 *copyright* ◆ **3.1** alle ~en voorbehouden *all
rights reserved.*

kopje 0.1 [drinkgerei] *(small / little) cup* ⇒⟨espressokopje⟩
demitasse **0.2** [heuvel(tje)] *hillock* ◆ **1.1** één ~ bloem *one
cup(ful) of flour* **2.¶** iem. een ~ kleiner maken *chop s.o.'s
head off* **3.¶** ~ duikelen *turn somersaults;* de poes gaf haar
steeds ~ *the cat kept nuzzling (up) against her.*

kopjeduikelen →**koppeltjeduiken.**

kopje-onder ◆ **3.¶** hij ging ~ *he got a ducking.*

koplamp, koplicht 0.1 *headlight.*

koplengte 0.1 *head* ◆ **6.1** met een ~ winnen *win by a h.*

koploper, -loopster 0.1 [sport] *leader* ⇒*front runner* **0.2**
[iem. die een leidende positie inneemt] *leader* ⇒⟨vernieu-
wer⟩ *trendsetter* ◆ **3.1** bij de ~s horen *be one of the leaders* **6.1** de ~s **in** het klassement *the leaders in the race /
competition.*

kopman ⟨sport⟩ **0.1** *leader* ⇒*captain.*

koppakking ⟨tech.⟩ **0.1** *cylinder head gasket.*

koppel I ⟨de⟩ **0.1** [draagriem] *(sword) belt* **0.2** [hondenriem]
leash;
II ⟨het⟩ **0.1** [span] *couple* ⇒*pair, team,* ⟨groep⟩ *group,*
⟨groep⟩ *bunch,* ⟨zaken⟩ *set* **0.2** [paartje] *couple* **0.3** [vlucht]
flock; ⟨paar wilde vogels⟩ *brace* **0.4** [nat.] *couple* ◆ **1.2** een
~ duiven *a pair of doves* **1.3** een ~ patrijzen *a brace of partridges* **2.1** een aardig ~ *a nice c.*

koppelaar, -ster 0.1 [mbt. relaties] *matchmaker* ⇒ *marriage broker* **0.2** [mbt. ontucht] *procurer* 〈m.〉; *procuress* 〈v.〉.

koppelarij 0.1 [mbt. relaties] *matchmaking* **0.2** [mbt. ontucht] *procuration, procuring.*

koppelbaas 0.1 *labour subcontractor.*

koppelen 0.1 [verbinding tot stand brengen] *couple (with/ to)* ⇒〈ruim.〉 *dock (with)* **0.2** [een relatie leggen tussen] *link, relate* **0.3** [tot een paar verenigen] *pair* **0.4** [liefdesrelatie tot stand brengen] *pair off* **0.5** [tech.; verbinden door overbrenging van beweging] *couple (with/to)* ⇒ *connect (with/to)* ◆ **1.1** treinstellen (aan elkaar) ~ *c. railwaycarriages (together)* **1.5** assen/ dynamo's ~ *couple shafts/ dynamos* **3.4** twee mensen proberen te ~ *try to pair two people off* **6.2** het loon ~ **aan** de prijsindex *l. wages to the price index.*

koppeling 0.1 [inrichting die beweegkracht overbrengt] *clutch* **0.2** [koppelingspedaal] *clutch (pedal)* **0.3** [verbindingsstuk] *coupling* ⇒ *link* **0.4** [relatie, verhouding] *pairing)* **0.5** [het verbinden met een verbindingsstuk] *coupling* ⇒ *linking* ◆ **3.2** de ~ intrappen *let out the clutch;* de ~ op laten komen *let in the clutch* **6.4** de ~ v.d. bijstandsuitkering **aan** het minimumloon *the linking of social security to the minimum wage.*

koppelingspedaal 0.1 *clutch (pedal).*

koppelriem 0.1 *(sword-)belt.*

koppelteken 〈taal.〉 **0.1** *hyphen* ◆ **3.1** door een ~ verbonden *hyphenated.*

koppeltjeduike(le)n, kopjeduikelen 0.1 *(turn/ do a) somersault.*

koppelverkoop 0.1 *conditional sale.*

koppelwerkwoord 〈taal.〉 **0.1** *link(ing) verb.*

koppen 0.1 [sport] *head* **0.2** [de kop afsnijden] *top* ⇒ *decapitate.*

koppensnellen 0.1 *headhunt.*

koppensneller 0.1 *headhunter.*

koppie 〈inf.〉 **0.1** *head* ◆ **3.1** ~, ~ hebben 〈vnl. AE〉 *be a smart cookie* ¶**.1** 〈scherts.〉 ~, ~! *good thinking!*

koppig 0.1 [halsstarrig] *stubborn* ⇒〈eigenzinnig〉 *headstrong* **0.2** [naar het hoofd stijgend] *heady* ◆ **1.2** ~e wijn *h. wine* **3.1** ~ volhouden *stubbornly persist* **8.1** 〈zo〉 ~ als een ezel *(as) s. as a mule.*

-koppig 0.1 *-headed* ◆ **7.1** vierkoppig *four-headed;* een vijfkoppige bemanning *a five-strong crew, a crew of five.*

koppigheid 0.1 [halsstarrigheid] *stubborness* **0.2** [mbt. alcoholische drank] *headiness.*

koppijn 〈inf.〉 **0.1** *headache.*

koppositie 〈sport〉 **0.1** *lead.*

kopra 0.1 *copra.*

koprol 0.1 *somersault* ◆ **3.1** een ~ maken *(do a) somersault.*

koprollen 0.1 *(do a) somersault* ⇒ *do a forward roll.*

kops 0.1 *on end* ⇒ *crosscut* ◆ **1.1** ~ hout *crosscut wood;* een ~e laag *a layer of headers.*

kopschuw 0.1 ~ *shy* ◆ **3.1** iem. ~ maken *frighten s.o. off;* ~ worden *grow/become s.;* 〈paarden, mensen〉 *shy away.*

kopspijker 0.1 [kleine spijker met platte kop] *clout (nail), tack* **0.2** [grote spijker met vierkante kop] *hobnail.*

kop-staartbotsing 0.1 *rear-end collision.*

kopstation 0.1 *terminus* ⇒ *terminal.*

kopstem 0.1 *falsetto.*

kopstoot 0.1 [kopbal] *header* **0.2** [stoot met het (voor)-hoofd] *butt (of the head)* **0.3** [bier en jenever] *±gin with a chaser* **0.4** [biljartstoot] *massé (shot)* ◆ **3.2** iem. een ~ geven *butt s.o.(with the head).*

kopstuk 0.1 [leider] *head/big man* ⇒〈inf.〉 *bigwig,* 〈centrale figuur〉 *kingpin* **0.2** [bovenste deel van iets] *head* ⇒ *top* ◆ **2.1** alle Londense ~ken *all of London's top people.*

koptelefoon 0.1 *headphone(s)* ⇒ *earphone(s), headset.*

koptisch 0.1 〈mbt. kopten〉 *Coptic.*

Koptisch 0.1 〈taal〉 *Coptic.*

kopwerk 〈wielersport〉 **0.1** *front riding.*

kopzorg 0.1 *worry* ⇒ *headache* ◆ **3.1** zich geen ~en maken *not worry.*

koraal I 〈het〉 **0.1** [biol.] *coral* **0.2** [rode kleur] *coral* **0.3** [rel.] *chorale* ◆ **6.1** van ~ *coral, coralline;* **II** 〈de〉 **0.1** [kraal van 'koraal'] *coral.*

koraalbank 0.1 *coral reef.*

koraaldieren 0.1 *coral polyps.*

koraaleiland 0.1 *coral island.*

koraalmuziek 0.1 *choral music.*

koraalrif 0.1 *coral reef.*

koraalrood 0.1 〈zn. en bn.〉 *coral.*

koraalvis 0.1 *coral fish.*

koraalvisser 0.1 *coral fisher/diver.*

koralen 0.1 *coral(line)* ◆ **1.1** een ~ armband *a coral bracelet.*

koran 〈rel.〉 **0.1** *Koran* ◆ **6.1** van/volgens/mbt. de ~ *Koranic.*

kordaat 0.1 *firm* ⇒ *brisk,* 〈dapper〉 *plucky,* 〈dapper〉 *bold* ◆ **3.1** ~ optreden tegen *deal firmly with.*

kordaatheid 0.1 *firmness* ⇒ *briskness, pluck, boldness.*

kordon 0.1 *cordon* ◆ **3.1** een ~ vormen/leggen/trekken (om) *cordon off.*

Korea 0.1 *Korea.*

Koreaan, -se 0.1 *Korean.*

Koreaans 0.1 *Korean.*

koren 0.1 [B]*corn,* [A]*wheat* ⇒ *grain* ◆ **3.1** ~ maaien/dorsen *reap/thresh c.* **6.1** een zak **met** ~ *a sack of c.* ¶**.1** 〈fig.〉 dat is ~ op zijn molen *that is grist to his mill.*

korenaar 0.1 *ear of* [B]*corn/* [A]*wheat.*

korenblauw 0.1 *cornflower blue.*

korenbloem 0.1 *cornflower.*

korenhalm 0.1 [B]*cornstalk,* [A]*wheat stalk.*

korenmolen 0.1 *flourmill.*

korenschoof 0.1 *sheaf of* [B]*corn/* [A]*wheat.*

korenschuur 0.1 *granary.*

korenveld 0.1 [B]*cornfield,* [A]*wheat field.*

korf 0.1 *basket* ⇒〈voor bijen〉 *hive.*

korfbal 〈sport〉 **I** 〈het〉 **0.1** [balspel] *korfball;* **II** 〈de〉 **0.1** [bal] *korfball ball.*

korfballen 0.1 *play korfball.*

korhoen 0.1 *black grouse.*

koriander 0.1 *coriander.*

kornet 〈muz.〉 **0.1** *cornet.*

kornuit 0.1 [B]*mate,* [A]*buddy* ⇒〈ook pej.〉 *crony.*

korporaal 0.1 *corporal* ◆ **2.1** 〈gesch.〉 de kleine ~ *the little Corporal.*

korporaalsstrepen 0.1 *corporal's stripes.*

korps 0.1 [vereniging van personen] *corps* ⇒ *body, staff* 〈leraren〉, *force* 〈politie〉 **0.2** [legerkorps, (gevechts)troepeneenheid] *corps* **0.3** [druk.] *(type) face* ⇒ *fount* ◆ **1.** ¶ het ~ mariniers 〈kapel〉 *The Marine Band;* 〈troepen〉 [A]*the Marine Corps, the (*[B]*Royal) Marines* **2.3** een tekst in klein ~ zetten *set a text in lower case.*

korpscommandant 0.1 *corps commander.*

korpsgeest 0.1 *esprit de corps.*

korrel 0.1 [rond hard lichaampje] *granule* ⇒ *grain* **0.2** [structuur] *texture* ⇒〈hout, steen, metaal, foto, film〉 *grain,* 〈steen〉 *grit* **0.3** [vizierkorrel] *bead* ◆ **1.1** 〈fig.〉 iets met een

~(tje) zout nemen *take sth. with a pinch of salt* **2.2** schuurpapier met grove ~ *coarse-grain sandpaper* **6.3** iem./iets **up** de ~ nemen *draw a b. on s.o./sth., let s.o./ sth. have it.*

korrelen 0.1 *granulate.*

korrelig 0.1 *granular* ◆ **1.1** ~e rijst *g. rice;* ~e structuur *g. structure/*⟨oppervlaktestructuur⟩ *texture;* ⟨van steen⟩ *gritty structure.*

Korsakovsyndroom 0.1 *Korsakoff's syndrome.*

korset 0.1 ⟨ook fig.⟩ *corset.*

korst 0.1 [harde, taaie oppervlakte] *crust* ⇒⟨op wond⟩ *scab,* ⟨van kaas⟩ *rind* **0.2** [stuk korst] *crust* **0.3** [hard geworden restant] *crust* ⇒ *cake* ◆ **1.2** een ~(je) brood *a c. (of bread)* **2.1** met een dikke ~ bloed *encrusted with blood* **2.3** met een dikke ~ modder *thickly caked with mud.*

korstdeeg 0.1 *puff pastry/* ⁴*paste.*

korstgebak 0.1 *flaky/puff pastry.*

korstmos 0.1 *lichen.*

kort I ⟨bn., bw.⟩ **0.1** [mbt. lengte/afstand] *short* **0.2** [mbt. tijd] *short* ⇒ *brief* **0.3** [heknopt] *brief* ⇒ *short* ◆ **1.1** een ~e kop *(a) clean-cut hair(style)* **1.3** ~e inhoud v.h. voorafgaande *b. summary of the above;* een ~ overzicht *a b./ short summary* **2.1** alles ~ en klein slaan *smash everything to pieces* **3.1** ~ geknipt *closely-clipped* ⟨haar, snor, heg⟩; *closely-cut* ⟨nagel, gras⟩; ⟨voetbal, hockey⟩ ze hielden het spel ~ *they played with s. passes, they kept the passes s.;* iem. ~ houden *keep s.o. on a tight rein* **3.2** maak het ~ *keep it s.* **3.3** om ~ te gaan *to cut a long story short* **5.2** ~ daarna/daarop *shortly after(wards);* ~ tevoren *shortly before* **5.3** ~ en bondig *b. and to the point; short but/and sweet* ⟨ook scherts.⟩ **6.1** ~ **op** elkaar zitten ⟨kort na elkaar volgen⟩ *follow each other closely* **6.2** ~ **na** elkaar aankomen *arrive shortly after each other;* tot **voor** ~ *until recently* **7.3** in het ~ betekent het *in short/b. it means;* iets in het ~ uiteenzetten *explain sth. briefly;*

II ⟨bw.⟩ **0.1** [weinig, ontoereikend] ⟨zie 5.1⟩ **5.1** te ~ komen *run short (of);* iem. te ~ doen *wrong s.o.;* er is geld te ~ *there's not enough money/* ⟨kastekort⟩ *a cash deficit;* ik voelde me te ~ gedaan *I felt cheated/* ⟨emotioneel ook⟩ *frustrated,* zichzelf te ~ doen ⟨geldelijk⟩ *stint/deprive o.s.;* we komen drie man te ~ *we're three men short;* we kwamen slaap te ~ *we were short of sleep.*

kortaangebonden 0.1 *hot-tempered.*

kortademig 0.1 *short of breath* ⇒ ⟨ook fig.⟩ *short-winded.*

kortademigheid 0.1 *shortness of breath* ⇒ ⟨ook fig.⟩ *shortwindedness.*

kortaf 0.1 *curt* ⇒ *abrupt* ◆ **1.1** haar manier van doen was ~ *she had an abrupt/offhand manner* **3.1** iets ~ weigeren *refuse sth. abruptly/offhand* **6.1** ~ **tegen** iem. zijn *be c. with s.o.*

kortegolfband 0.1 *short-wave band.*

kortelings ⟨schr.⟩ **0.1** *recently, the other day.*

korten I ⟨onov.ww.⟩ **0.1** [korter worden] *shorten* ◆ **1.1** de dagen ~ alweer *the days are shortening again;*

II ⟨ov.ww.⟩ **0.1** [korter maken] *shorten* ⇒ *cut (short)* **0.2** [mbt. betalingen] *cut (back)* **0.3** [mbt. de tijd] *shorten* ◆ **1.2** ⟨fig.⟩ de ambtenaren werden gekort *civil service pay was cut* **1.3** hij kortte de tijd met lezen *he passed the time/ whiled away the hours by reading* **6.2** ~ **op** de uitkeringen *cut back on social security.*

kortharig 0.1 *short-haired* ◆ **1.1** een ~e hond *a s.-h. dog.*

kortheidshalve 0.1 *for (the sake of) brevity* ◆ **3.1** ~ zullen wij de voorbeelden weglaten *for brevity's sake we shall omit the examples.*

korting 0.1 *discount* ⇒ ⟨bezuiniging⟩ *cut* ◆ **3.1** ~ geven op

korrelen - kost

de prijs *give a d. off the price* **6.1** met een ~ van tien procent *(with) ten per cent off, at a d. of ten per cent;* de ~ **op** lonen *the cut in wages.*

kortingkaart 0.1 *reduced-fare card/pass* ⟨openbaar vervoer⟩ ⇒ *discount card* ⟨in winkels e.d.⟩.

kortlopend 0.1 *short-term* ◆ **1.1** een ~ contract *a s.-t. contract.*

kortom 0.1 *in short* ⇒ *to put it briefly/shortly.*

kortparkeerder 0.1 *short-term parker.*

kortsluiten ⟨tech.⟩ **0.1** *short-circuit* ⇒ *short* ◆ **1.1** ⟨fig.⟩ de zaken ~ *s.-c. procedure.*

kortsluiting 0.1 [mbt. een stroomkring] *short circuit* ⇒ *short* **0.2** [misverstand] *communication breakdown* ◆ **3.1** ~ maken in *short-circuit.*

kortstondig 0.1 *short-lived* ⇒ *brief* ◆ **1.1** een ~e vreugde *a fleeting joy.*

kortstondigheid 0.1 *shortness, brevity.*

kortweg 0.1 [zonder omhaal van woorden] *briefly* ⇒ *shortly* **0.2** [eenvoudigweg] *simply* **0.3** [kortaf] *flatly* ◆ **3.1** hij vertelde ~ wat hij ervan wist *he b. told what he knew about it* **3.3** ~ weigeren *refuse f./curtly.*

kortwieken 0.1 [mbt. vogels] *clip the wings of* **0.2** [het haar knippen] *clip, trim* ◆ **1.1** ⟨fig.⟩ iem. ~ *clip s.o. 's wings.*

kortzicht ⟨geldw.⟩ ◆ **6.¶** een wissel **op** ~ *a short-dated bill.*

kortzichtig 0.1 *short-sighted.*

korzelig 0.1 [ontstemd] *grumpy* **0.2** [opvliegend] *testy* ⇒ *irritable.*

kosmisch 0.1 *cosmic* ◆ **1.1** de ~e ruimte *outer space;* ~e straling *c. radiation.*

kosmonaut, -naute 0.1 *cosmonaut.*

kosmopoliet 0.1 *cosmopolitan.*

kosmopolitisch 0.1 [wereldwijd voorkomend] ⟨bn.⟩ *cosmopolitan* **0.2** [van personen] ⟨bn.⟩ *cosmopolitan* ⇒ ⟨bw.⟩ *in a cosmopolitan way* ◆ **1.2** een ~e geest *a cosmopolitan mind.*

kosmopolitisme 0.1 *cosmopolitanism.*

kosmos 0.1 *cosmos.*

kost 0.1 [mv.; wat betaald moet worden] *cost, expense* ⇒ ⟨investeringen⟩ *outlay, charge* ⟨voor diensten⟩ **0.2** [levensonderhoud] *living* **0.3** [dagelijkse voeding] *board(ing)* ⇒ *keep* **0.4** [voedsel] *fare, food* ⇒ ⟨fig.⟩ *stuff* ◆ **1.1** ~ en koper *expenses to be paid for by the buyer;* ~ en van levensonderhoud *cost of living;* ⟨ec.⟩ ~ en en onkosten *costs and expenditure* **1.3** ~ en inwoning *board and lodging* **2.1** op haar eigen ~ en *at her own expense* **2.4** dagelijkse ~ *ordinary food;* lichte/zware ~ *light/heavy food;* slappe ~ *slops;* ⟨fig.⟩ die poëzie is zware ~ *this poetry is heavy stuff* **3.1** de ~ en bestrijden *meet the costs;* dit brengt veel ~ en met zich mee *this involves considerable costs/expense;* de ~ en dekken *cover the costs;* de ~ en delen met iem. *share (the) expenses with s.o.;* de ~ en dragen *bear the expenses;* veel ~ en maken *go to great expense;* ~ en maken *incur expenses;* ~ en noch moeite sparen *spare no trouble or expense* **3.2** de ~ verdienen (als/door) *make/carn a l. (as/out of/ by -ing);* zelf de ~ verdienen *provide for o.s.* **3.3** ik zou ze niet graag de ~ willen geven, die *... there are more than you think who ...* **5.1** de ~ en eruit hebben *have recovered one's expenses* **6.1** ⟨jur.⟩ iem. veroordelen **in** de ~ en (v.h. proces) *order s.o. to pay the costs;* **met** weinig ~ en *at little expense;* iem. **op** ~ en jagen *put s.o. to expense(s);* **op** ~ en van *at the expense of;* **op** ~ en **van** zijn moeder leven *live off one's mother;* **zonder** ~ en *free of charge* **6.2** wat doe jij **voor** de ~? *what do you do for a l.?;* ⟨fig.⟩ doe jij ook eens wat **voor** de ~ *get your own hands dirty for a change* **6.3** bij iem. **in** de ~ zijn *board with s.o.;* **in** de ~ gaan bij *lodge/*

board with **6.4** ⟨fig.⟩ dat is geen ~ **voor** kinderen *that is not suitable for children* **6.¶** het gaat **ten** ~e **van** zijn gezondheid *it is at the expense of his health;* geestig zijn **ten** ~e **van** iem. anders *be witty at s.o. else's expense.*

kostbaar 0.1 [hoog in prijs] *expensive* **0.2** [van grote waarde] *valuable* ⇒⟨sterker⟩ *precious* **0.3** [weelderig] *sumptuous* ◆ **1.2** kostbare ogenblikken *precious moments* **1.3** kostbare kleren *expensive clothes* **3.1** dat kunstwerk is mij te ~ *that piece of art is too e. for me.*

kostbaarheden 0.1 *valuables.*

kostelijk 0.1 [voortreffelijk] *precious* ⇒⟨lekker⟩ *exquisite, delicious,* ⟨uitstekend⟩ *excellent,* ⟨uitstekend⟩ *splendid* **0.2** [amusant] *priceless* ◆ **1.1** ~e wijn *excellent wine* **1.2** een ~ verhaal *a p. story* **3.1** zich ~ amuseren *have a wonderful time* **3.2** (die is) ~! *that's a good one!*

kosteloos 0.1 ⟨bn.⟩ *free;* ⟨bw.⟩ *free of charge* ◆ **1.1** ~ onderwijs *free education* **3.1** ~ procederen *litigate free of charge.*

kosten 0.1 [voor het genoemde bedrag verkrijgbaar zijn] *cost, be* **0.2** [vereisen] *cost, take* ◆ **1.1** dat zal u geld ~ *that is going to c. you;* het heeft ons maanden gekost om dit te regelen *it took us months to organize this;* of 't niks kost *you'd think it was for free;* ze ~ een pond per stuk *they are a pound each;* de ~ de prijs *the cost (price)* **1.2** het kostte hem zijn baan *it c. him his job;* het ongeluk kostte (aan) drie kinderen het leven *three children died/lost their lives in the accident;* het kost mij moeite hem te volgen *I find it hard to follow him;* dat kostte ons de overwinning *that c. us the victory;* dit karwei zal heel wat tijd ~ *this job will t. (up) a great deal of time* **3.1** hoeveel mag het ~? *how much do you wish to spend?* **4.1** wat kost het? *what does it c.?,* how much is it?; aardig wat ~ *cost a fair amount* **¶.2** koste wat (het) kost *at all costs.*

kosten-batenanalyse 0.1 *cost-benefit analysis.*

kostenbeheersing 0.1 *cost control/management.*

kostenberekening 0.1 *calculation of the costs/expenses;* ⟨van bep. product/bepaalde methode⟩ *cost accounting.*

kostenbesparend 0.1 *money-saving* ⇒*cost-cutting* ◆ **1.1** ~e maatregelen *m.-s./cost-cutting measures.*

kostenbesparing 0.1 *saving in costs/expenditures* ⇒ *economy, cost savings* ◆ **6.1** een ~ van 5 % *a saving of 5 %.*

kostenbewust 0.1 *cost-conscious.*

kostendekkend 0.1 *cost-effective* ⇒*self-supporting,* ⟨inf.⟩ *break-even.*

kostenderving 0.1 *loss of income* ◆ **6.1** vergoeding wegens ~ *compensation for loss of income.*

kostenplaatje 0.1 *outline of the costs.*

kostenraming 0.1 *estimate (of (the) cost(s))* ⇒⟨geschatte kosten⟩ *estimated cost(s).*

kostenstijging 0.1 *increase in costs.*

kostenverhogend 0.1 *cost-raising* ◆ **1.1** dat heeft een ~ effect *that raises/pushes up (the) costs.*

kostenverlagend 0.1 *cost-reducing* ◆ **3.1** ~ werken *cause a reduction in costs.*

koster, -es 0.1 *(woman/lady) sexton.*

kostganger 0.1 *boarder* ⇒*lodger* ◆ **2.1** ⟨scherts.⟩ een dure ~ *a big eater.*

kostgeld 0.1 [vergoeding] *board (and lodging)* **0.2** [toelage] *subsistence money.*

kosthuis 0.1 *boardinghouse.*

kostje 0.1 *living, livelihood* ◆ **3.1** zijn ~ is gekocht ⟨dankzij iem. anders⟩ *he is provided for;* ⟨door eigen inspanning⟩ *he has it made.*

kostprijs 0.1 [mbt. het produceren] *cost price* **0.2** [mbt. het aankopen] *prime cost* ◆ **6.1** iets **tegen** ~ verkopen *sell sth. at c. p.*

kostprijsberekening 0.1 *calculation of the cost price* ⇒ ⟨adm.⟩ *cost accounting.*

kostschool 0.1 *boarding school* ⇒⟨grote Engelse privéschool⟩ *public school* ◆ **6.1** op een ~ zitten *attend a b. s.*

kostuum 0.1 [(mantel)pak] *suit* **0.2** [kleding] *costume, dress* ◆ **2.1** een driedelig ~ *a three-piece s.*

kostuumnaaister 0.1 *dressmaker* ⇒⟨theater⟩ *costumier.*

kostwinner, -ster 0.1 *breadwinner.*

kostwinning 0.1 *livelihood, living.*

kot 0.1 [krot] *hovel* **0.2** [hok] *pen* ⇒*cote* ⟨duiven⟩, *sty* ⟨varkens⟩, *kennel* ⟨honden⟩.

kotelet 0.1 *chop, cutlet.*

koter ⟨inf.⟩ **0.1** *youngster* ⇒*kid.*

kots ⟨inf.⟩ **0.1** *puke.*

kotsen ⟨inf.⟩ **0.1** *puke* ◆ **5.1** ⟨fig.⟩ ik kots ervan *I'm sick to death of it* **6.1** ⟨fig.⟩ ik kots **van** jullie *you make me want to p.*

kotsmisselijk ⟨inf.⟩ **0.1** *sick as a dog* ◆ **3.1** ik word er ~ van ⟨fig.⟩ *I'm sick to death of it.*

kotter 0.1 *cutter.*

kou 0.1 [lage temperatuur] *cold(ness)* ⇒*chill* **0.2** [toestand, gewaarwording] *cold, chill* **0.3** [verkoudheid] *cold* ◆ **2.1** de winterse ~ *the wintry cold* **3.2** ~ lijden *suffer from the cold* **3.3** ~ vatten *catch (a) c.* **6.1** ⟨fig.⟩ **in** de ~ komen te staan *be left out in the cold;* iem. **in** de ~ laten staan ⟨ook fig.⟩ *leave s.o. (out) in the cold* **6.2** blauw zien **van** de ~ *be blue with (the) cold* **6.3** een ~ **op** de borst *a chest c.*

koud I ⟨bn.⟩ **0.1** [niet warm] *cold* ⇒⟨lucht ook⟩ *chilly* **0.2** [mbt. het lichaam] *cold, chilly* **0.3** [onaangedaan, harteloos] *cold* ◆ **3.1** iets niet ~ laten worden ⟨lett.⟩ *not let sth. get cold;* ⟨fig.⟩ *strike while the iron is hot;* het voelt ~ aan *it feels cold;* het wordt ~ *it's getting cold* **3.2** het ~ hebben *be/feel cold;* het ~ krijgen *get cold;* het loopt mij ~ over de rug *shivers are running down my spine;* ⟨fig.⟩ iem. ~ maken *knock s.o. off;* ik word er ~ van *it gives me the chills/* ⟨rillingen⟩ *shivers* **3.3** het laat mij ~ *it leaves me cold* **8.1** zo ~ als ijs/als een steen *ice-cold, stone-cold;* **II** ⟨bw.⟩⟨inf.⟩ **0.1** [nauwelijks] *hardly/scarcely (when)* ◆ **3.1** ~ waren we de brug over of ...*we had h. crossed the bridge when ...*

koudbloed 0.1 *underbred (horse)* ⇒*coldblood.*

koudbloedig 0.1 ⟨ook biol.⟩ *cold-blooded.*

koudegolf 0.1 *cold wave;* ⟨van korte duur⟩ *cold spell/snap.*

koudvuur 0.1 *gangrene.*

koufront ⟨meteo.⟩ **0.1** *cold front.*

koukleum 0.1 *shivery type* ⇒*cold-blooded person* ◆ **3.1** hij is een ~ *he feels the cold.*

koukleumen 0.1 *be cold/half frozen* ⇒*being cold/chilly* ◆ **3.1** zitten ~ *sit shivering.*

kous 0.1 [kledingstuk] *stocking* ⇒⟨kort⟩ *sock* **0.2** [pit] ⟨van olielamp⟩ *wick* ◆ **2.1** afgezakte ~ *baggy stocking* **3.1** ~en stoppen *darn socks* **5.1** ⟨fig.⟩ daarmee is de ~ af *and that's it* **6.1** **op** (zijn) ~en lopen *walk in one's stocking feet;* ⟨fig.⟩ de ~ **op** de kop krijgen *be given the brush-off* **¶.1** met de ~ op de kop thuiskomen *come away with a flea in one's ear.*

kousenband 0.1 [band] *garter* **0.2** [peulvrucht] *black-eyed pea* ◆ **1.1** Orde v.d. Kouseband *Order of the Garter.*

kousenvoet 0.1 *stocking foot* ◆ **6.1** **op** ~en lopen ⟨lett.⟩ *walk in one's stocking feet;* ⟨fig.⟩ *pussyfoot.*

kousenwinkel 0.1 *hosiery shop, hosier's.*

kout ⟨schr.⟩ **0.1** ⟨schr.⟩ *confabulation* ⇒⟨ongemarkeerd⟩ *conversation.*

kouten ⟨schr.⟩ **0.1** ⟨schr.⟩ *confabulate* ⇒⟨ongemarkeerd⟩ *converse.*

kouvatten 0.1 *catch (a) cold.*

kouwelijk 0.1 [gevoelig voor de kou] *cold-blooded* **0.2** [het koud hebbend] *chilly, cold* ◆ **3.1** zij is erg ~ *she feels the cold.*

kozak 0.1 *cossack.*

kozijn 0.1 [raamwerk] *(window/door) frame* **0.2** [deel v.e. raamwerk] *(window/door) post* ⇒⟨vensterbank⟩ *window-sill.*

kraag 0.1 [deel v.e. kledingstuk] *collar* **0.2** [mbt. vogels] *ruff* ⇒*collar* **0.3** [uitstekend gedeelte] *collar* ⇒*flange* **0.4** [laag schuim] *head* ◆ **1.3** de ~ v.e. buis *the c./flange of a pipe* **2.1** een kanten ~ *a lace c.* **3.1** de ~ van zijn jas opzetten *turn up one's coat c./the c. of one's coat* **6.1** iem. **bij/in** zijn ~ grijpen ⟨beetpakken⟩ *grab s.o. by the c.;* ⟨arresteren⟩ *arrest s.o.* **6.4** een glas bier **met** een ~ *a glass of beer with a h.*

kraai 0.1 [vogel] *crow* **0.2** [scherts.; persoon] ⟨ongemarkeerd⟩ *undertaker's man.*

kraaien 0.1 *crow* ◆ **1.1** oproer ~ *stir up rebellion;* victorie ~ *crow* **6.1** de baby kraaide **van** plezier *the baby crowed with pleasure.*

kraaiennest 0.1 ⟨ook scheep.⟩ *crow's nest.*

kraaienpootjes 0.1 ⟨rimpels⟩ *crow's-feet.*

kraak 0.1 *break-in* ◆ **1.¶** daar zit ~ noch smaak aan *it has no taste;* ⟨fig.⟩ *it's neither fish nor fowl* **3.1** een ~ (je) zetten *do a job.*

kraakactie 0.1 *squat.*

kraakbeen 0.1 ⟨med.⟩ *cartilage* ⇒⟨cul.⟩ *gristle.*

kraakbeweging 0.1 *squatters' movement.*

kraakhelder, kraakzindelijk 0.1 *spotless* ⇒*spic(k) and span.*

kraakpand 0.1 *squat* ◆ **6.1** in een ~ wonen *live in a s.*

kraakstem 0.1 *grating voice.*

kraal 0.1 [bolrond voorwerpje] *bead* **0.2** [lijst langs planken] *bead(ing)* **0.3** [ruimte voor vee] *corral* ◆ **1.1** een snoer kralen *a string of beads* **3.1** kralen rijgen *string beads.*

kraaloog 0.1 *beady eye.*

kraam 0.1 *stall* ⇒*booth* ◆ **6.1** ⟨fig.⟩ dat komt (hem) **in** zijn ~ te pas *that's right up his street.*

kraamafdeling 0.1 *maternity ward.*

kraambed 0.1 [bed waarin een vrouw bevalt] *childbed* **0.2** [het kraamvrouw zijn] ±*lying-in* ◆ **2.¶** een lang ~ *a long period of lying-in.*

kraambezoek, kraamvisite 0.1 *maternity/*⟨BE ook⟩ *lying-in visit;* ⟨bezoekers⟩ *visitors (after a/the birth)* ◆ **6.1** op ~ komen *come to see the new mother and her baby.*

kraamhulp 0.1 [kraamverzorg(st)er] *maternity assistant* **0.2** →**kraamverpleging.**

kraaminrichting 0.1 *maternity home/hospital.*

kraamkamer 0.1 ⟨verloskamer⟩ *delivery room* ⇒⟨vóór de bevalling⟩ *labour room.*

kraamkliniek 0.1 *maternity clinic.*

kraamverpleegster 0.1 *maternity nurse.*

kraamverpleging 0.1 *maternity nursing/care.*

kraamverzorgster 0.1 ±*health visitor.*

kraamvrouw 0.1 ⟨tijdens de bevalling⟩ *woman in childbed;* ⟨na de bevalling⟩ *new mother.*

kraamzorg 0.1 *maternity care.*

kraan I ⟨de (m.)⟩⟨inf.⟩ **0.1** [kei] *crack* ⇒*ace* ◆ **6.1** cen ~ **in** rekenen ⟨vnl. BE⟩ *be a dab hand at figures;*
II ⟨de⟩ **0.1** [soort tap, vaak in samenst.] *tap* ⇒⟨afsluit-/doorlaatkraan⟩ *(stop)cock, valve* **0.2** [hijswerktuig] *crane* **0.3** [vogel] *crane* ◆ **1.1** ⟨fig.⟩ de subsidiekraan dichtdraaien *cut off the supply of government funds* **2.1** een lekkende ~ *a leaky t.* **3.1** de ~ openzetten/sluiten *turn the t. on/off.*

kraandrijver 0.1 *crane operator.*

kraanleertje 0.1 *(tap) washer.*

kraanvogel 0.1 *common crane.*

kraanwagen 0.1 ⁿ*breakdown lorry,* ᴬ*tow truck.*

kraanwater 0.1 *tap water.*

krab 0.1 [dier] *crab* **0.2** [handeling van krabben] *scratch-(ing)* **0.3** [schram] *scratch (mark).*

krabbekat I ⟨de (m.)⟩ **0.1** [kat die krabt] *scratcher;*
II ⟨de (v.)⟩ **0.1** [kattig meisje] *cat.*

krabbel 0.1 [krab] *scratch (mark)* **0.2** [onduidelijk schriftteken] *scrawl* **0.3** [vluchtige schets] *thumbnail sketch* ◆ **3.2** zet er even een ~ onder *just put your s. here.*

krabbelen I ⟨onov.ww.⟩ **0.1** [krabben] *scratch* **0.2** [slecht schaatsenrijden] *skate clumsily* ◆ **5.¶** ⟨weer⟩ overeind ~ *scramble to one's feet;*
II ⟨onov., ov.ww.⟩ **0.1** [slordig schrijven of tekenen] *scrawl.*

krabbeltje 0.1 *scrawl.*

krabben I ⟨onov., ov.ww.⟩ **0.1** [krabbelen] *scratch* ◆ **1.1** zijn hoofd ~ *s. one's head;* de kat krabt op/aan de deur *the cat is scratching at the door;*
II ⟨ov.ww.⟩ **0.1** [door krabben verwijderen] *scratch out/off* ◆ **6.1** iem. de ogen **uit** het hoofd ~ *scratch s.o.'s eyes out;* een vlek **van** de muur ~ *scratch a spot off the wall.*

krabber 0.1 [persoon] *scratcher* **0.2** [schrapijzer] *scraper.*

krabbetje 0.1 [varkenslapje] *sparerib.*

krabcocktail 0.1 *crab cocktail.*

krabsticks 0.1 *seafood sticks* ⇒*crab sticks.*

krach 0.1 *crash.*

kracht 0.1 [fysieke sterkte] *strength* ⇒*power,* ⟨van wind ook⟩ *force* **0.2** [vermogen om invloed uit te oefenen] *power(s)* **0.3** [geestelijk/zedelijk vermogen] *strength* **0.4** [geestelijke en fysieke vermogens samen] *strength* ⇒*power* **0.5** [macht om iets uit te werken] *force* **0.6** [medewerker] *employee* ⇒⟨mv.⟩ *personnel* **0.7** [nat., tech.] *force* ⇒⟨vermogen⟩ *power* ◆ **1.1** aan het eind van zijn ~en zijn *be totally exhausted, have no s. left* **1.5** de ~ v.e. betoog *the strength/cogency of an argument* **2.1** met zijn laatste ~en *with a final effort;* met vereende ~en *with combined efforts;* met vernieuwde ~ *with renewed efforts* **2.2** de stille ~ *unseen/hidden powers* **2.3** scheppende ~ *creative force* **2.4** drijvende ~ (achter) *moving force/spirit (behind);* op eigen ~ *on one's own, by o.s.;* nieuwe ~en verzamelen *gain fresh s.* **2.5** de wet heeft geen terugwerkende ~ *the Act does not apply retroactively* **2.6** een ervaren ~ *an experienced worker/e.* **2.7** neer-/opwaartse ~ *downward/upward pressure;* volle ~ vooruit *full steam/speed ahead;* op volle/halve ~ (werken) *operate on full/half speed/power* **3.1** al zijn ~en inspannen *exert all one's energies/s., use all one's powers;* zijn ~en meten met iem. *pit one's s. against s.o.;* zijn ~en nemen met de dag af *he is fading by the day;* zijn ~en sparen/verspillen *conserve/waste one's energy* **3.2** (aan) argumenten/eisen ~ bijzetten (door ...) *enforce arguments/claims (with/by ...)* **3.3** zijn ~en wijden aan iets *devote one's efforts towards sth.* **3.4** (de) ~ geven om ... *give the s. to ...;* daarin ligt zijn ~ *that's his s.;* zijn ~en verzamelen *gather (all) one's s., summon all one's s.* **6.1 in** ~ afnemen ⟨van wind⟩ *abate, drop;* **in** ~ toenemen ⟨van wind⟩ *rise;* ⟨weer⟩ **op** ~ en komen *regain one's s.;* **uit** zijn ~ en groeien *outgrow o.s.* **6.4** in de ~ van zijn leven *in one's prime;* het vergt veel **van** mijn ~en *it's a great drain on my energy* **6.5 uit** ~ van *by virtue of* ⟨ambt⟩; *on the strength of, under* ⟨testament⟩; **van** ~ zijn/worden *be/become valid/effective;* niet (meer) **van** ~ *invalid, ineffectual;* ⟨weer⟩ **van** ~ doen worden *bring (back) into effect/*

operation **7.1** geen ~ meer hebben (in zijn armen) *lose all the s. (in one's arms).*

krachtbron 0.1 *source of energy/power* ⇒⟨elek. centrale⟩ *power station/plant.*

krachtcentrale 0.1 *power station/plant.*

krachtdadig 0.1 *energetic* ⇒*vigorous,* ⟨doeltreffend⟩ *effectual* ◆ **1.1** iem. op ~e wijze steun verlenen *be vigorous in one's efforts on s.o.'s behalf.*

krachteloos 0.1 [zwak] *weak* ⇒⟨slap⟩ *limp,* ⟨machteloos⟩ *powerless* **0.2** [ongeldig] *invalid* ◆ **1.1** een krachteloze grijsaard *a feeble old man;* met krachteloze stem *in a faint voice* **3.2** die bepaling is onwettig en bijgevolg ~ *the clause is illegal and therefore i.*

krachteloosheid 0.1 [zwakheid] *weakness* ⇒*limpness, powerlessness* **0.2** [niet-geldigheid] *invalidity.*

krachtens 0.1 *by virtue of* ⇒*under, pursuant to* ⟨een besluit⟩ ◆ **1.1** ~ zijn ambt *by virtue of one's office;* ~ de wet *under the law.*

krachtenveld →**krachtveld.**

krachtig 0.1 [met fysieke kracht] *strong* ⇒*powerful* **0.2** [met geestelijke/zedelijke kracht] *powerful* ⇒*forceful* **0.3** [grote uitwerking hebbend] *powerful* ◆ **1.1** ⟨fig.⟩ met ~e hand regeren *rule with a firm hand;* een ~e motor *a powerful engine;* zwemmen met ~e slagen *swim strongly;* matige ton ~e wind *moderate to s. winds* **1.2** een ~e persoonlijkheid *a forceful personality;* ~e taal gebruiken *use forceful language* **1.3** een ~ geneesmiddel *(a) potent medicine;* een ~e soep *a nourishing soup* **2.2** kort maar/en ~ *brief and to the point;* ⟨fig.⟩ *short but/and sweet* **3.2** ~ optreden/handelen *take vigorous action/strong measures.*

krachtmeting 0.1 *contest* ⇒*trial of strength.*

krachtoverbrenging 0.1 *power transmission.*

krachtpatser ⟨inf.⟩ **0.1** *muscleman.*

krachtproef 0.1 *test of strength.*

krachtsinspanning 0.1 *effort* ◆ **2.1** een uiterste ~ doen *make a supreme e.*

krachtsport 0.1 *strength sport.*

krachtterm 0.1 *swearword* ⇒⟨verz.n.⟩ *invective.*

krachttoer 0.1 *feat of strength* ⇒*tour de force* ⟨mbt. geestelijke kracht⟩.

krachttraining 0.1 *weight training.*

krachtveld 0.1 [ruimte waar een kracht werkzaam is] *field (of force)* **0.2** [invloedssfeer] *sphere of influence.*

krachtverspilling 0.1 *waste/dissipation of energy.*

krachtvoe(de)r 0.1 *concentrate(s).*

krak 0.1 ⟨zn. en bw.⟩ *crack* ⇒*snap* ◆ **6.1** met een ~ afbreken *break off with a c.*

Krakau 0.1 *Cracow.*

krakeel 0.1 [ruzie] *row* **0.2** [onenigheid] *quarrel* ⇒⟨ihb. kinderen⟩ *squabble.*

krakelen 0.1 *quarrel* ⇒*row,* ⟨ihb. kinderen⟩ *squabble.*

krakeling 0.1 ⟨*type of* ᴮ*biscuit/*ᴬ*cookie*⟩.

kraken I ⟨onov.ww.⟩ **0.1** [scherp geluid maken] *crack* ⇒ *creak* ⟨hout, trap, vloer, schoenen⟩, *crunch* ⟨zand, grind, sneeuw⟩ **0.2** [schei.] *decompose* ⇒*break down* ◆ **1.1** het bed kraakt *the bed creaks;* sneeuw kraakt onder je voeten *snow crunches underfoot;* een krakende stem *a grating voice;*

II ⟨ov.ww.⟩ **0.1** [krakende doen breken] *crack* ⟨ook fig.⟩ **0.2** [inbreken] *break into* ⟨gebouw⟩; *crack* ⟨kluis, code⟩; *hack* ⟨computer, databestand⟩ **0.3** [afkraken] *pan,* ᴮ*slate* ◆ **1.¶** het pand is gekraakt *the building has been broken into by squatters.*

kraker 0.1 [iem. die een huis kraakt] *squatter* **0.2** [inbreker] *cracksman* **0.3** [topper] *smash (hit)* **0.4** [van data-

banken] *hacker* ◆ **1.2** een brandkastkraker *a safe cracker.*

krakerig 0.1 *creaky* ⇒*squeaky* ⟨stoel⟩, *crunching* ⟨sneeuw, zand, grind⟩.

krakkemikkig 0.1 ⟨bn.⟩ *rickety* ⇒*ramshackle* ⟨gebouwen⟩, ⟨gebrekkig⟩ *ragged,* ⟨bw.⟩ *in a ramshackle way.*

kram 0.1 [staaf, draad] *clamp* ⇒*cramp (iron)* ⟨bergbeklimming⟩, *clasp* ⟨boeksluiting⟩ **0.2** [med.] *suture clip.*

kramiek ⟨AZN⟩ **0.1** *currant loaf.*

krammen 0.1 [met een kram aaneenhechten] *clamp* **0.2** [med.] *suture* ⇒⟨inf.⟩ *stitch* ◆ **1.2** een wond ~ *suture/stitch a wound.*

kramp 0.1 *cramp* ◆ **3.1** ~ krijgen/hebben *get/have a c.*

krampachtig 0.1 [geforceerd] *forced* **0.2** [met wanhopige inspanning] *frenetic* **0.3** [als een kramp] *convulsive* ◆ **1.2** ~e pogingen *f. efforts* **3.1** met een ~ vertrokken gezicht *grimacing* **3.2** zich ~ aan iem./iets vasthouden *cling to s.o./sth. for dear life* **3.3** zich ~ samentrekken *convulse.*

krampwerend 0.1 *antispasmodic* ◆ **1.1** een ~ middel *an antispasmodic.*

kranig 0.1 ⟨met pit⟩ *spirited;* ⟨dapper⟩ *plucky, brave* ◆ **1.1** een ~e vent *a capital fellow;* een ~e vrouw *a spirited woman* **3.1** zich ~ houden *be very brave* ⟨bv. bij tandarts, begrafenis⟩.

krankjorum ⟨inf.⟩ **0.1** *bonkers* ⇒*damfool* ⟨vraag, idee⟩, *idiotic* ⟨vraag, idee⟩ ◆ **3.1** is hij nou helemaal ~? *is he stark staring mad?*

krankzinnig I ⟨bn.⟩ **0.1** [geestesziek] *mentally ill* ⇒*insane, mad* ◆ **3.1** iem.~ verklaren *certify s.o.;* ~ worden *go insane/out of one's mind;*

II ⟨bn., bw.⟩ **0.1** [onzinnig] *crazy* ⇒*insane, mad* ◆ **1.1** een ~ plan *a c./an insane plan* **2.1** dat is ~ veel *that is an insane amount.*

krankzinnige 0.1 *madman* ⟨m.⟩, *madwoman* ⟨v.⟩⟨ook fig.⟩.

krankzinnigengesticht ⟨vero.⟩ **0.1** *lunatic asylum.*

krankzinnigheid 0.1 [geestesziekte] *mental illness* ⇒*madness, insanity* **0.2** [onzinnigheid] *madness* ⇒*lunacy.*

krans 0.1 [ring van bloemen, bladeren] *wreath* **0.2** [ring, kring] *ring* ◆ **3.1** een ~ leggen *lay a w.* **6.2** een ~ om de zon/de maan *a corona round the sun/moon.*

kransje 0.1 [kleine krans] *(small) wreath* ⇒*wreathlet* **0.2** [gezellige bijeenkomst, vnl. in samenst.] *circle* ⇒*club* **0.3** [koekje, gebak] ⟨*ring-shaped* ᴮ*biscuit/*ᴬ*cake*⟩ ◆ **1.2** theekransje *tea party.*

kranslegging 0.1 *laying a wreath/wreaths.*

kransslagader 0.1 *coronary artery.*

krant 0.1 [(exemplaar v.e.) dagblad] *(news)paper* **0.2** [onderneming] *newspaper* **0.3** [de pers] *papers* ◆ **1.1** mag ik een stuk van jouw ~? *can I have a piece/section of your n.?* **3.1** de ~ openslaan op de sportpagina *(fold) open the n. at/to the sports page;* de ~ opzeggen *cancel one's subscription (to the n.)* **6.1** ik heb het uit de ~ *I saw it in/got it from the n.* **6.2** zij is bij een ~ *she works for/is with a n.* **6.3** dat mag wel in de ~ *that should go in the p.*

krantenartikel 0.1 *newspaper article.*

krantenbericht 0.1 *newspaper report.*

krantenbezorger, -ster 0.1 *(news)paper boy* ⟨m.⟩ */girl* ⟨v.⟩.

krantenfoto 0.1 *newspaper photo(graph).*

krantenjongen 0.1 [bezorger] *(news)paper boy* **0.2** [inf.; journalist] *newspaperman.*

krantenkiosk 0.1 *newspaper kiosk/stand.*

krantenknipsel 0.1 *newspaper/press cutting.*

krantenkop 0.1 *(newspaper) headline* ◆ **2.1** grote/vette/schreeuwende ~pen *big/bold/screaming headlines.*

krantenlezer 0.1 *newspaper reader.*
krantenmagnaat 0.1 *newspaper tycoon* ⇒*press baron.*
krantenman 0.1 *newspaperman.*
krantenpapier 0.1 *newsprint.*
krantenstijl 0.1 *journalism* ⇒*journalistic style,* ⟨vaak pej.⟩ *journalese.*
krantenwijk 0.1 *(news)paper* ᴮ*round/*ᴬ*route.*
krap 0.1 [nauw(sluitend)] *tight* ⇒⟨smal⟩ *narrow* 0.2 [gering] *tight* ⇒*scarce* 0.3 [zonder speelruimte] *tight* ♦ **1.1** de schoenen zijn aan de ~pe kant *the shoes are a bit t.* **1.2** ⟨geldw.⟩ een ~pe markt *a small market* **1.3** met een ~pe meerderheid *with a bare majority* **3.2** het ~ hebben *be hard up;* iem. ~ houden *keep s.o. short;* ~ (bij kas) zitten *be short of money/cash;* ~ in de ruimte zitten *be short of space* **3.3** dat is ~ gemeten ⟨hoeveelheid⟩ *that is barely enough;* ⟨ruimte⟩ *that is a bit t.;* dat wordt erg ~ als je de trein wilt halen *you are cutting it very fine if you want to catch the train;* het zit ~ *it is a t. fit;* ~ in zijn tijd zitten *be pushed for time* **5.3** het is maar ~ aan *that is only just enough.*
krapjes ♦ **3.¶** het ~ hebben *be hard up.*
krapte 0.1 *scarcity* ♦ **6.1** de ~ op de arbeidsmarkt *the labour shortage.*
kras[1] ⟨de⟩ 0.1 [beweging, resultaat] *scratch* 0.2 [geluid] *scrape* ♦ **3.1** (geen) ~sen maken op iets *(not) scratch sth.* **5.1** die plaat zit vol ~sen *that record is full of scratches* **6.1** een ~ **met** de pen *a stroke of the pen.*
kras[2] ⟨bn., bw.⟩ 0.1 [mbt. personen] *strong* ⇒*vigorous,* ⟨van oudere personen⟩ *hale and hearty* 0.2 [mbt. zaken] *strong* ⇒*drastic* ♦ **1.1** een ~se grijsaard *a spry old man* **1.2** dat is een nogal ~se opmerking *that is a rather crass remark* **3.2** dat lijkt me al te - *that seems a bit thick/steep to me;* het een beetje (te) ~ uitdrukken *put it a bit (too) s./crassly* **6.1** hij is nog ~ **voor** zijn jaren *he's very hale and hearty for his age.*
kraslot 0.1 *scratch card.*
krasloterij 0.1 *instant lottery.*
krassen I ⟨onov.ww.⟩ 0.1 [schrapend geluid geven] *scrape* 0.2 [rauw keelgeluid geven] *rasp, scrape* ⟨stem⟩; *croak* ⟨kikker, raaf, kraai, mens⟩; *hoot, screech* ⟨uil, mens⟩ 0.3 [schrappen maken] *scratch* ⇒ *scrape* ♦ **6.1** op een viool ~ *s. away on/at a violin;* zijn ring kraste **over** het glas *his ring scraped across the glass* **6.3** met een potlood **op** het behang ~ *scratch the wallpaper;*
II ⟨ov.ww.⟩ 0.1 [inkervingen doen ontstaan] *scratch* ⇒ *carve* ⟨diep⟩ 0.2 [met een rauw keelgeluid voortbrengen/zeggen] *rasp* ⇒*croak (out)* ♦ **6.1** zijn naam in een boom ~ *carve one's name on a tree.*
krasserig 0.1 [er als krassen uitziend] *scratchy* 0.2 [een krassend geluid makend] *scratchy* ⇒*scraping.*
krasvast 0.1 *scratch-proof.*
krat 0.1 *crate* ♦ **1.1** een ~je bier *a c. of beer* **6.1** 24 flesjes in een ~ *24 bottles in a c.*
krater 0.1 *crater* ⟨ook in samenst.⟩ ♦ **1.1** een bomkrater *a bomb c.* **3.1** een ~ slaan ⟨van bom, komeet⟩ *leave a c.*
kratermeer 0.1 *crater lake.*
kratervormig 0.1 *crater-shaped.*
krats ⟨inf.⟩ 0.1 *song* ♦ **6.1** voor een ~ krijgen *get/buy for a s./next to nothing.*
krediet 0.1 [vertrouwen in het betaalvermogen] *credit* ⇒ *trust* 0.2 [uitstel van betaling] *credit* 0.3 [vertrouwen dat iem. inboezemt] *credit* ⇒*respect* 0.4 [het verstrekken van kapitaal] *credit* ⇒⟨het verstrekte kapitaal⟩ *loan* ♦ **2.1** onbepaald ~ *unlimited c.* **2.2** aflopend/doorlopend ~ *limited/revolving c.* **2.4** kort/lang ~ *short-/long-term c.* **3.1**

veel ~ hebben *enjoy great trust* **3.2** iem. (geen) ~ geven *give s.o. (no) c.* **3.3** die politicus heeft veel ~ bij zijn achterban *that politician has a high standing with his supporters* **3.4** ~ geven *give c./a loan* **6.2** goederen **op** ~ *goods on c.*
kredietbank 0.1 ±*finance company.*
kredietbeperking ⟨ec.⟩ 0.1 [beperking v.h. te nemen krediet] *credit squeeze* 0.2 [korting bij contante of zeer snelle betaling] *cash discount.*
kredietbrief 0.1 *letter of credit.*
kredietgever 0.1 *lender.*
kredietinstelling 0.1 *credit institution/company* ⇒*finance company.*
kredietkaart →*creditcard.*
kredietlimiet ⟨ec.⟩ 0.1 *credit limit.*
kredietnemer 0.1 *borrower.*
kredietovereenkomst 0.1 *credit agreement.*
kredietpand 0.1 *collateral security.*
kredietplafond →*kredietlimiet.*
kredietuur ⟨AZN⟩ 0.1 ±*refresher course leave* ⇒*study leave.*
kredietverlening 0.1 *credit loan;* ⟨abstr.⟩ *granting of credit.*
kredietverzekering 0.1 *credit/loan insurance.*
kredietwaardig 0.1 *creditworthy* ♦ **3.1** die man is ~ ⟨ook⟩ *the man's credit is good.*
kredietwaardigheid 0.1 *creditworthiness* ♦ **1.1** taxatie van iemands ~ *s.o.'s credit rating.*
kredietwezen 0.1 *credit system.*
kreeft 0.1 [schaaldier] *lobster* ♦ **8.1** zo rood als een ~ *as red as a l.*
Kreeft ⟨astrol.⟩ 0.1 *Cancer.*
kreeftachtig ♦ **1.¶** ~e dieren *crustaceans.*
kreeftcocktail 0.1 *lobster cocktail.*
kreeftenschaar 0.1 *lobster claw* ⇒*pincers.*
kreeftensoep 0.1 *lobster soup* ⇒*bisque.*
kreeftskeerkring 0.1 *tropic of Cancer.*
kreek 0.1 [stilstaand water, kleine inham] *cove* 0.2 [riviertje] *stream.*
kreet 0.1 [schreeuw] *cry* 0.2 [uitroep, bewering] *slogan* ⇒ *catchword* ♦ **1.1** een ~ van vreugde *a shout/whoop of joy* **2.2** loze kreten *empty slogans* **3.1** een ~ slaken/uiten *give a c./yell.*
kregel 0.1 *touchy* ⇒*peevish* ♦ **3.1** daar word je ~ van, dat maakt je ~ ⟨inf.⟩ *that gets on your nerves.*
krek ⟨inf.⟩ 0.1 *just* ♦ **2.1** dat is ~ eender *that is j. the same.*
krekel 0.1 *cricket.*
kreng 0.1 [secreet] *beast* ⇒*bastard,* ⟨vrouw⟩ *bitch* 0.2 [rotding] *wretched thing* 0.3 [rottend dier, aas] *carrion* ♦ **2.1** gemeen ~! ⟨inf.⟩ *rotten bastard!/*⟨vrouw⟩ *bitch!* **3.2** dat ~ wil niet starten *the wretched thing won't start.*
krengerig 0.1 *bitchy.*
krenken 0.1 [beledigen, kwetsen] *offend* ⇒*hurt* 0.2 [schade, nadeel toebrengen] *injure* →*hurt* ♦ **1.1** gekrenkte ijdelheid *wounded pride;* ~ de opmerkingen *offensive/hurtful remarks* **3.1** zich gekrenkt voelen *be/feel offended/hurt* **5.1** iem. diep ~ *deeply s.o./wound s.o.* **6.2** iem. in zijn eer ~ *hurt s.o.'s pride.*
krenking 0.1 [belediging] *offence* ⇒*hurt* 0.2 [benadeling] *injury.*
krent I ⟨de⟩ 0.1 [gedroogde druif] *currant* 0.2 [zitvlak] *backside* ♦ **6.1** de ~en **uit** de pap *the best bits* **6.2** op zijn ~ zitten *sit on one's b.;*
II ⟨de (m.)⟩ 0.1 [gierigaard] *skinflint.*
krenten 0.1 *thin (out).*

krentenbol 0.1 *currant loaf/*⟨bolletje⟩ *bun.*

krentenbrood 0.1 *currant loaf/bread.*

krentenkakker ⟨inf.⟩ **0.1** *skinflint.*

krentenmik 0.1 *currant loaf.*

krentenweger ⟨inf.⟩ **0.1** [gierigaard] *cheese-parer* ⇒*skinflint* **0.2** [pietlut] *hair-splitter.*

krenterig 0.1 *stingy* ♦ **3.1** ~ zijn (met) *be s. (about/with).*

krenterigheid 0.1 *stinginess.*

Kreta 0.1 *Crete.*

Kretenzer 0.1 ⟨zn. en bn.⟩ *Cretan.*

Kretenzisch 0.1 *Cretan.*

kretologie ⟨scherts.⟩ **0.1** *sloganizing* ♦ **3.1** zich van ~ bedienen *sloganize.*

kreukecht 0.1 *crease-resistant* ⇒*non-iron.*

kreukel 0.1 *crease* ♦ **6.1** ⟨inf.⟩ een auto (totaal) in de ~s rijden *smash up/wreck a car.*

kreukelen I ⟨ov.ww.⟩ **0.1** [kreuken maken in] *crease* ♦ **1.1** het zat in gekreukeld papier *it was wrapped in crumpled paper;* **II** ⟨onov.ww.⟩ **0.1** [kreukels krijgen] *get creased/rumpled* ⇒*get wrecked* ⟨auto⟩.

kreukelig 0.1 [vol kreukels] *crumpled* ⇒*creased* **0.2** [makkelijk kreukels krijgend] *easily crumpled/creased.*

kreuken I ⟨ov.ww.⟩ **0.1** [vouwen maken] *crease* ⇒*crumple* ♦ **1.1** mijn jurk is erg gekreukt *my dress is very crumpled;* kreuk dat papier niet zo *don't crumple that paper like that;* **II** ⟨onov.ww.⟩ **0.1** [vouwen krijgen] *get creased/rumpled* ♦ **1.1** dit goed kreukt gauw *this material creases easily.*

kreukvrij 0.1 *crease-resistant.*

kreunen 0.1 *groan* ⇒*moan* ♦ **3.1** hij zei ~d dat ... *he said in a moan that ...* **6.1** hij kreunde **van** pijn *he groaned with pain.*

kreupel 0.1 [mank] *lame* **0.2** [gebrekkig] *poor* ⇒*clumsy* ♦ **1.1** een ~e grijsaard *a l. old man* **1.2** een ~e vergelijking *a p. comparison* **1.¶** ~e verzen *doggerel* **3.1** het paard loopt/gaat ~ *the horse is/has gone l.;* hij was/liep nog een beetje ~ *he had/still walked with a slight limp.*

kreupelbos 0.1 *copse* ⇒*thicket.*

kreupele 0.1 *cripple.*

kreupelhout 0.1 *undergrowth.*

kreupelrijm 0.1 *doggerel.*

krib 0.1 [voederbak] *manger* ⇒*crib* **0.2** [ledikant] *crib* **0.3** [hoofd in een rivier] *groyne.*

kribbig 0.1 *grumpy* ⇒⟨snibbig⟩ *catty* ♦ **1.1** een ~ antwoord *a g. answer.*

kriebel 0.1 *itch* ⇒*tickle* ♦ **3.1** iem. de ~s geven ⟨inf.⟩ *give s.o. the heebie-jeebies/creeps;* ik krijg daar de ~s van *it gets on my nerves* **6.1** ~ in de keel hebben *have a tickle in one's throat.*

kriebelen 0.1 [zachtjes kietelen] *tickle* ⇒⟨jeuken⟩ *itch* **0.2** [slordig, klein schrijven] *scribble* ♦ **1.1** mijn benen ~ *my legs itch* **6.1** iem. **onder** zijn neus ~ *tickle s.o. under his nose.*

kriebelhoest 0.1 *tickling cough.*

kriebelig 0.1 [kriebeling veroorzakend] *itchy* ⇒*tickling* **0.2** [klein en slordig geschreven] *crabbed* ♦ **1.2** ~ schrift *c./cramped (hand)writing.*

kriebelschrift 0.1 *cramped/crabbed/spidery (hand)-writing.*

kriegel ⟨inf.⟩ **0.1** *touchy* ♦ **3.1** daar word je ~ van ⟨inf.⟩ *it gets under your skin.*

kriek 0.1 [zwarte zoete kers] *black cherry* **0.2** [AZN; zure kers] *cherry* **0.3** [bier] *cherry beer* ♦ **3.¶** zich een ~ lachen *laugh one's head off.*

krieken I ⟨ww.⟩ **0.1** [aanbreken] *dawn* ⇒⟨fig.⟩ *emerge* ♦ **7.1** met/bij het ~ v.d. dag *at (the crack of) dawn;* **II** ⟨onov.ww.⟩ **0.1** [het geluid v.e. krekel maken] *chirp.*

kriel I ⟨de (m.)⟩ **0.1** [klein, kort persoon] *midget* ⇒⟨kind⟩ *nipper;* **II** ⟨de⟩ **0.1** [krielkip] *bantam (hen);* **III** ⟨het⟩ **0.1** [kleine aardappel] *(small) new potato.*

krielaardappel 0.1 *(small) new potatoe.*

krielen →**krioelen.**

krielkip 0.1 *bantam hen.*

krijg ⟨schr.⟩ **0.1** ⟨ongemarkeerd⟩ *war, battle.*

krijgen 0.1 *get* ⇒⟨ontvangen ook⟩ *receive,* ⟨grijpen/pakken ook⟩ *catch* ♦ **1.1** aandacht ~ *g. attention;* je krijgt de groeten van ...... *sends (you) his/her regards;* zij kreeg er hoofdpijn van *it gave her a headache;* hij kreeg vijf jaar (voor die moord) *he got five years (for that murder);* moeilijkheden ~ *get (o.s.) into/have trouble/difficulties;* we ~ regen *we're going to have rain, we're in for rain;* slaap/trek ~ *feel sleepy/hungry;* een zusje ~ *g. a little sister* **2.1** iets af ~ *get sth. done/finished;* zij kreeg het koud *she got cold/began to feel cold* **3.1** wat ~ we te eten? *what are we having to eat?, what's for dinner?;* iets van iem. gedaan ~ *get s.o. to do sth.;* dat goed is niet meer te ~ *you can't g. hold of that stuff any more;* dat kun je ~ bij ... *that can be obtained from ...;* ze hebben de dief niet kunnen ~ *they weren't able to catch the thief;* ⟨inf.⟩ iem. te pakken ~ *get s.o.;* iem. te spreken ~ *g. to speak to s.o.* **4.1** ~ ze elkaar? *do they end up together?* **4.¶** ik krijg je nog wel ⟨ik zal het je betaald zetten⟩ *I'll get you;* ⟨inf.⟩ krijg wat ! *you know where you can get off!;* wat zullen we nou ~ ! *what next!* **5.¶** ik krijg er iets van *it gets my goat* **6.1** ik krijg nog geld van je *you (still) owe me some money;* iets **voor** elkaar ~ *manage sth.* **¶.¶** ⟨fig.; inf.⟩ heb je het of krijg je het? *are you sure you haven't got a screw loose somewhere?*

krijger ⟨schr.⟩ **0.1** *warrior.*

krijgertje 0.1 [kinderspel] *tag* **0.2** [gekregen voorwerp] *cast-off, hand-me-down* ♦ **3.1** ~ spelen *play tag.*

krijgsbijl 0.1 *battle-axe.*

krijgsdans 0.1 *war dance.*

krijgsdienst 0.1 *military service.*

krijgsgeschiedenis 0.1 *military history.*

krijgsgevangen 0.1 *captive* ♦ **3.1** iem. ~ maken *make s.o. a prisoner of war.*

krijgsgevangene 0.1 *prisoner of war* ⇒⟨inf.⟩ *P.O.W.*

krijgsgevangenschap 0.1 *captivity* ♦ **6.1** in ~ raken *be taken prisoner/into c.*

krijgsgewoel 0.1 *turmoil of war/battle.*

krijgshaftig 0.1 *warlike* ♦ **1.1** een man *a w. man;* ~ vertoon *a show of aggression/belligerence.*

krijgshaftigheid 0.1 *valour* ⇒*warlike spirit/appearance.*

krijgskunde 0.1 *military science* ⇒⟨wet.⟩ *strategic studies.*

krijgslieden 0.1 *warriors.*

krijgslist 0.1 *stratagem* ⇒*ruse.*

krijgsmacht 0.1 [leger] *armed force* ⇒*army* **0.2** [totale land-, zee- en luchtmacht] ⟨mv.⟩ *armed forces.*

krijgsraad 0.1 [militaire rechtbank] *court-martial* **0.2** [vergadering van officieren] *council of war* ♦ **3.2** ~ houden/beleggen *hold/summon a council of war* **6.1** iem. **voor** de ~ brengen *court-martial s.o.*

krijgstocht 0.1 *military expedition.*

krijgstoneel 0.1 *scene of (the) battle.*

krijgstucht 0.1 *military discipline.*

krijgsvolk 0.1 *military personnel* ⇒⟨mbt. soldaten⟩ *soldiery.*

krijgszuchtig 0.1 *belligerent* ⇒*warmongering.*

krijsen 0.1 [schel schreeuwen] *shriek* ⇒*screech* **0.2** [mbt. dieren] *screech* **0.3** [huilen] *scream.*

krijt 0.1 [delfstof] *chalk* **0.2** [staafje gips als schrijfgereedschap] *chalk* ⇒⟨kleurstift⟩ *crayon* **0.3** [strijdperk] *lists* ⟨mv.⟩ ⇒*arena* **0.4** [geol.; gronden] *chalk* ♦ **6.2 met** (een) ~(je) op het bord schrijven *write in chalk on the blackboard* **6.3** voor iem. **in** het ~ treden *take up the cudgels for s.o.* **6.**¶ bij iem. **in** het ~ staan *owe s.o. sth.* ¶.2 een ~(je) *a piece of chalk.*

krijtachtig 0.1 *chalky.*

krijten I ⟨ov.ww.⟩ **0.1** [met krijt behandelen] *chalk* ♦ **1.1** ⟨sport⟩ de keu ~ *c. the cue;* **II** ⟨onov.ww.⟩ **0.1** [luid roepen/huilen] *cry* ⇒*wail* ⟨op een klaagtoon⟩, *yell* ⟨uit smart/angst⟩.

krijtgebergte 0.1 *chalk hills/cliffs.*

krijtgrond 0.1 *chalky soil.*

krijtrots 0.1 *chalk cliff.*

krijtstreep 0.1 [streep met krijt getrokken] *chalk line/mark* **0.2** [mbt. textiel, ook in samenst.] *pinstripe.*

krijttechniek 0.1 *pastel (drawing).*

krijttekening 0.1 *chalk/pastel drawing.*

krijtwit 0.1 *(as) white as chalk* ♦ **6.1** ~ **van** de schrik *ashen with fear.*

krik 0.1 [toestel] *jack* **0.2** [geluid] *crack, rip.*

Krim ♦ **7.**¶ de ~ *the Crimea.*

krimi ⟨inf.⟩ **0.1** *whodunnit* ⇒*detective (story/show).*

Krimoorlog 0.1 *Crimean War.*

krimp 0.1 *shrinkage* ♦ **3.**¶ geen ~ geven *not flinch* **6.1** iets **op** de ~ kopen/maken *allow for s.*

krimpen 0.1 [zich samentrekken] *shrink* ⇒*contract* **0.2** [mbt. levende wezens] *wince* ⇒*writhe* ⟨zich wringen⟩ **0.3** [afnemen] *shrink* **0.4** [(mbt. de wind) teruglopen] *back* ♦ **5.1** dit goed krimpt niet *this article is shrink-proof/-resistant* **6.2** ~ **van** de pijn *wince with pain* **6.3** de maan is **aan** het ~ *the moon is waning.*

krimpfolie 0.1 *clingfilm, shrink-wrapping* ♦ **6.1 in** ~ verpakken *wrap in c., shrink-wrap.*

krimping 0.1 *shrinkage.*

krimpvrij 0.1 *shrink-proof/-resistant.*

kring 0.1 [cirkelvormig figuur] *circle* ⇒*ring,* ⟨elek.⟩ *circuit* **0.2** [cirkel van personen of dingen] *circle* ⇒*ring* **0.3** [maatschappelijke groep] *circle* **0.4** [omsloten ruimte, gebied] *circle* ⇒⟨sfeer⟩ *sphere* **0.5** [personen die iem. omringen] *circle* ♦ **2.3** de hogere ~en *high society;* in politieke ~en in *political circles* **2.4** ⟨fig.⟩ iets in ruimer ~ bekendmaken *make sth. more widely known* **2.5** in besloten kring *in private;* de huiselijke ~ *the family/domestic c.* **3.1** ~en onder de ogen hebben *have bags under one's eyes* **6.1 in** een ~(etje) ronddraaien *go/run round in circles;* ~en maken **in/op** een tafelblad *make rings on a tabletop* **6.2 in** een ~ zitten *sit in a ring/c.* **6.3 in** de hoogste ~en verkeren *move in the highest circles;* **in** alle ~en *in all walks of life;* mensen **uit/in** haar (eigen) ~ *people from/in her (own) set/*⟨inf.⟩ *crowd* **6.4 in** brede ~ ontevredenheid oproepen *cause widespread dissatisfaction.*

kringelen 0.1 *spiral* ⇒⟨kronkelen⟩ *wind* ♦ **6.1** de rook kringelde **uit** de schoorsteen *the smoke spiralled up out of the chimney.*

kringgesprek 0.1 *group discussion.*

kringloop 0.1 [fig.] *cycle* ⇒⟨van geld/informatie⟩ *circulation* **0.2** [het zich bewegen in een kring] *circuit* ♦ **1.1** de ~ v.d. natuur *the cycle of nature* **1.2** de ~ v.d. planeten *the orbits of the planets.*

kringlooppapier 0.1 *recycled paper.*

kringloopproces 0.1 *cycle* ⇒*cyclic(al) process.*

---

kringloopwinkel 0.1 *shop specialized in recycled goods.*

kringvormig 0.1 *circular.*

krinkelen 0.1 *curl.*

krioelen 0.1 [door elkaar bewegen] *swarm* ⇒*teem* **0.2** [veel voorkomen] *teem (with)* ⇒*be full (of),* ⟨vol gebreken zijn⟩ *be riddled (with)* ♦ **4.1** het krioelde van de mensen op het plein *people were swarming over the square* **4.2** het krioelde er van ongedierte *the place was crawling with vermin* **6.2** in dit water krioelt het **van** vissen *this water is teeming with fish.*

kris 0.1 *kris.*

kriskras 0.1 *criss-cross* ♦ **6.1** alles staat ~ **door** elkaar *everything is jumbled up (together);* haar kleren lagen ~ **over** de vloer verspreid *her clothes lay strewn across the floor.*

kristal 0.1 ⟨ook nat.⟩ *crystal* ♦ **2.1** vloeibare ~len *liquid crystals* **6.1** een kast **met** ~ *a cabinet containing c.;* een wijnglas **van** ~ *a crystal wine glass* **8.1** glinsteren als ~ *sparkle like c.*

kristalachtig 0.1 *crystalline.*

kristalglas 0.1 *flint glass.*

kristalhelder 0.1 *crystal-clear* ⇒*lucid* ⟨van gedachten⟩ ♦ **1.1** ~ water *c.-c. water.*

kristallen 0.1 *crystal* ♦ **1.1** ~ bol ⟨van waarzegster⟩ *c. ball.*

kristallisatie 0.1 *crystal(l)ization.*

kristalliseren 0.1 ⟨ook fig.⟩ *crystal(l)ize* ♦ **1.1** gekristalliseerde suiker *granulated sugar.*

kristalstructuur 0.1 *crystalline structure.*

kristalsuiker 0.1 *granulated sugar.*

kritiek[1] ⟨de⟩ **0.1** [analyse, beschouwing] *criticism* **0.2** [uiting van afkeuring] *criticism* **0.3** [recensie, bespreking] *criticism* ⇒⟨critical⟩ *review* ♦ **1.2** een golf van ~ *a barrage/wave of c.* **2.1** opbouwende/afbrekende ~ *constructive/destructive c.* **2.2** vernietigende/scherpe ~ leveren op *criticize violently/severely* **2.3** goede/slechte ~en krijgen *get good/bad reviews* **3.2** ~ hebben op iem./iets *be critical of s.o./sth.;* openlijk ~ leveren *criticize openly* **3.3** een ~ schrijven *write a (critical) review* **5.2** altijd met ~ klaar staan *be always ready/quick to criticize* **6.1** ben jo niet bestand **tegen** ~? *can't you take c.?*

kritiek[2] ⟨bn.⟩ **0.1** [netelig, hachelijk, gevaarlijk] *critical* **0.2** [cruciaal, doorslaggevend] *crucial* ⇒*critical* ♦ **1.1** de toestand v.d. patiënt was ~ *the patient's condition was c.* **1.2** op het ~e moment *at the crucial/critical moment.*

kritiekloos 0.1 *uncritical* ⇒*unquestioning,* ⟨bw.⟩ *without question* ♦ **3.1** iets ~ aanvaarden/overnemen *accept/adopt sth. without question.*

kritisch I ⟨bn., bw.⟩ **0.1** [zorgvuldig oordelend, analyserend, onderzoekend] *critical* **0.2** [negatief] *critical* ⇒*fault-finding* ♦ **1.1** een ~ onderzoek *a c. study;* ~e opmerkingen maken *make c. comments* **1.2** een ~ iem. *a fault-finder;* ⟨inf.⟩ *a nit-picker* **3.1** ergens ~ tegenover staan *be c. of sth.;* **II** ⟨bn.⟩ **0.1** [nat.] *critical* ♦ **1.1** ~ punt *c. point;* ~e temperatuur *c. temperature* **1.**¶ ⟨psych.⟩ ~e leeftijd *critical age.*

kritiseren 0.1 [beoordelen] *criticize* ⇒⟨mbt. boek⟩ *review* **0.2** [hekelen] *criticize* ♦ **5.2** het beleid v.d. regering fel ~ *severely c. the policy of the government.*

Kroaat, Kroatische 0.1 *Croat* ⇒*Croatian.*

Kroatië 0.1 *Croatia.*

Kroatisch 0.1 *Croatian.*

kroeg 0.1 *pub* ♦ **2.1** een ordinaire ~ *a cheap joint* **3.1** de/alle ~en aflopen *pub-crawl* **6.1** altijd **in** de ~ zitten ⟨inf.⟩ *always be in the p.*

kroegbaas 0.1 *publican.*

kroegentocht 0.1 *pub-crawl* ♦ **3.1** een ~ maken *(go on a) pub-crawl.*

kroeglopen 0.1 *"pub-crawl.*
kroegloper 0.1 *"pub-crawler.*
kroelen 0.1 *cuddle.*
kroep ⟨med.⟩ **0.1** *croup.*
kroepoek 0.1 *prawn/shrimp crackers.*
kroes¹ ⟨de⟩ **0.1** [drinkbeker] *mug* **0.2** [vuurvast vat] *cruci-ble.*
kroes² ⟨bn.⟩ **0.1** *frizzy.*
kroeshaar 0.1 *frizzy/kinky/curly hair.*
kroeskop 0.1 *frizzy/kinky head* ⇒*curly top,* ⟨als aan-spreekvorm⟩ *curly.*
kroezelen ⟨AZN⟩ **0.1** *frizzle* ⇒*curl (up).*
kroezen I ⟨onov.ww.⟩ **0.1** [krullen] *frizzle* ⇒*curl (up);* **II** ⟨ov.ww.⟩ **0.1** [krullen(d maken)] *crimp* ⇒*frizz* ◆ **1.1** ie-mands haar ~ *crimp s.o. 's hair.*
kroezig →*kroes².*
krokant 0.1 *crisp(y), crunchy* ◆ **3.1** ~ maken/worden *crisp.*
kroket 0.1 *croquette* ◆ **1.1** een broodje ~ *a c. roll.*
krokodil 0.1 *crocodile.*
krokodillenleer 0.1 *crocodile (leather)* ◆ **6.1** een tasje van ~ *a crocodile bag.*
krokodillentranen ◆ **3.¶** ~ huilen *shed/weep crocodile tears.*
krokus 0.1 *crocus.*
krokusvakantie 0.1 ±*"spring half-term* ⇒±*^Asemester break.*
krols 0.1 *on heat.*
krom 0.1 [gebogen] *bent* ⇒*crooked,* ⟨lijn⟩ *curved* **0.2** [ver-keerd] *crooked* **0.3** [gebrekkig] *clumsy* ◆ **1.1** ⟨sport⟩ een ~me bal *a swinger/swerver;* ⟨inf.⟩ *a bender;* ~me benen *bow-legs* ⟨o-benen⟩; met een ~me rug *with a crooked back* **1.2** een ~me redenering *twisted reasoning* **1.3** ~ Neder-lands *bad Dutch* **3.1** ~ gaan staan *become stooped/hunched (over);* ⟨fig.⟩ zich ~ lachen, ~ liggen (van het la-chen) *double up with laughter;* zich ~ werken *become b. with work;* ⟨fig.⟩ *work one's fingers to the bone* **6.1** ~ van ouderdom *b./stooped with age;* ~ van jicht *crippled with gout* **¶.1** ⟨fig.⟩ dat is om je ~ te lachen *that is an absolute scream.*
krombenig 0.1 ⟨met o-benen⟩ *bow-legged;* ⟨met x-benen⟩ *knock-kneed.*
krombuigen 0.1 *bend* ⇒⟨terug op zichzelf⟩ *bend double,* ⟨ov.ww.⟩ *hunch* ⟨een rug⟩.
kromgroeien 0.1 *grow crooked.*
kromheid 0.1 *crookedness.*
kromhoorn ⟨muz.⟩ **0.1** *crumhorn.*
kromliggen 0.1 *scrimp and save* ◆ **6.1** ~ voor de financie-ring van zijn studie *scrimp and save to finance his studies.*
kromlijnig 0.1 *curvilinear.*
kromlopen 0.1 [mbt. personen] *stoop* **0.2** [niet in rechte richting lopen] *bend* ⇒⟨mbt. lijnen⟩ *curve.*
kromme I ⟨de⟩⟨wisk.⟩ **0.1** [gebogen lijn] *curve* **0.2** [curve] *curve* ⇒*graph;* **II** ⟨de (m.)⟩ **0.1** [persoon] *deformed person.*
krommen I ⟨onov.ww.⟩ **0.1** [krom worden] *bend* ⇒⟨mbt. lij-nen⟩ *curve;* **II** ⟨ov.ww., wk.ww.; zich ~⟩ **0.1** [krom maken] *bend* ◆ **1.1** de rug ~ *b./arch one's back* **4.1** haar rug begint zich te ~ *her back is beginning to get bent.*
kromming 0.1 [handeling; hoedanigheid] *bend(ing)* ⇒*curv-ing,* ⟨mbt. een vlak/rand/ruggengraat⟩ *curvature* **0.2** [plaats] *bend* ⇒*curve* ◆ **6.2** bij een ~ v.d. weg *at a b. in the road.*
kromtrekken 0.1 *warp* ⇒*buckle* ⟨metaal⟩ ◆ **1.1** kromge-trokken grammofoonplaat *warped record.*

kromzwaard 0.1 [gebogen zwaard] *sabre* ⇒⟨Turks⟩ *scimi-tar* **0.2** [als symbool] *scimitar.*
kronen 0.1 ⟨ook fig.⟩ *crown* ◆ **6.1** iem. tot koning ~ *crown s.o. king.*
kroniek 0.1 [verhaal, jaarboek] *chronicle* **0.2** [rubriek, arti-kel(en)] *column* ◆ **6.1** in een ~ schrijven *chronicle (sth.).*
kroniekschrijver, -schrijfster 0.1 *chronicler.*
kroning 0.1 *crowning* ⇒⟨plechtig⟩ *coronation.*
kroningsplechtigheid 0.1 *coronation ceremony.*
kronkel 0.1 *twist(ing)* ⇒⟨touw, redenering⟩ *kink* ◆ **2.1** ⟨fig.⟩ een rare ~ in zijn hersens hebben *be funny in the head.*
kronkeldarm ⟨med.⟩ **0.1** *ileum.*
kronkelen ⟨onov., ov.ww., wk.ww.; zich ~⟩ **0.1** [kronkels vertonen/maken] *twist* ⇒*wind,* ⟨wriggelen⟩ *wriggle* ◆ **1.1** een ~d touw *a coiling rope;* een ~de weg *a winding road* **4.1** een beekje kronkelt zich tussen de heuvels door *a brook winds its way through the hills;* zich ~ om/rond en-twine/wrap o.s. (a)round **6.1** ~ van pijn *writhe in agony.*
kronkelig 0.1 *twisting* ⇒*winding* ◆ **1.1** een ~e weg *a wind-ing road.*
kronkeling 0.1 [handeling] *twisting* ⇒*winding,* ⟨worm, slang⟩ *wriggling* **0.2** [kronkel] *twist* ⇒*coil.*
kronkelredenering 0.1 ⟨duistere redenering⟩ *twisted rea-soning;* ⟨foute redenering⟩ *faulty reasoning.*
kronkelweg 0.1 *twisting/winding road* ⇒*crooked path* ⟨ook fig.⟩ ◆ **6.1** langs allerlei ~getjes *by all sorts of devious means.*
kroon 0.1 [hoofdsieraad] *crown* **0.2** [heerschappij] *crown* **0.3** [vorst(in)] *Crown* **0.4** [munt] *crown* **0.5** [op een kroon lijkend voorwerp] *crown;* ⟨van bloem⟩ *corolla* ◆ **2.5** een gouden ~ op een kies zetten *put a gold crown on a tooth* **3.2** de ~ neerleggen *abdicate* **3.¶** dat spant de ~ *that beats everything, that takes the cake* **6.3** een benoeming door de ~ *a C. appointment* **6.¶** iem. naar de ~ steken *compete with s.o.;* dat is de ~ op zijn werk *that is the crowning glo-ry of his work.*
kroonblad ⟨plantk.⟩ **0.1** *petal.*
kroondomein 0.1 *crown property.*
kroongetuige 0.1 *crown witness.*
kroonjaar 0.1 *jubilee year.*
kroonjuwelen 0.1 *crown jewels.*
kroonkurk 0.1 *crown cap.*
kroonlamp 0.1 *chandelier.*
kroonlid 0.1 *Crown-appointed member.*
kroonluchter 0.1 *chandelier* ◆ **2.1** vijfarmige ~ *five-branched c.*
kroonpretendent 0.1 *pretender to the throne.*
kroonprins 0.1 [troonopvolger] *crown prince* **0.2** [fig.; op-volger] *heir-apparent.*
kroonprinses 0.1 *crown princess.*
kroonslagader 0.1 *coronary artery.*
kroonsteentje 0.1 *connector.*
kroontjespen 0.1 *dip pen.*
kroos ⟨plantk.⟩ **0.1** *duckweed.*
kroost 0.1 *offspring.*
kroostrijk ◆ **1.¶** een ~ gezin *a large family.*
kroot 0.1 *beet(root)* ◆ **8.1** zo rood als een ~ *as red as a beet-root.*
krop 0.1 [mbt. groenten] *head* **0.2** [mbt. vogels] *crop, giz-zard* **0.3** [gezwel] *goitre* ◆ **1.1** een ~ sla *a h. of lettuce* **3.2** een ~ (op)zetten ⟨fig.⟩ *puff o.s. up.*
kropader ⟨med.⟩ **0.1** *jugular (vein).*
kropgezwel 0.1 *goitre.*
kropsla 0.1 *cabbage lettuce.*
krot 0.1 *slum (dwelling)* ⇒*hovel.*

krottenbuurt, -wijk 0.1 *slum(s).*
kruid 0.1 [plant] *herb* **0.2** [specerij] *spice* ⇒*herb* **0.3**
[plantk.; gewas met sappige stengel] *herb* ◆ **2.1** geneeskrachtige ~ en *medicinal herbs* **6.2 met** veel ~ en ⟨ook⟩
highly-seasoned, spicy **7.1** ⟨fig.⟩ daar is geen ~ tegen gewassen *there is no cure for that.*
kruiden 0.1 *season, flavour* ⇒⟨fig. ook⟩ *spice (up)* ◆ **1.1**
sterk gekruide spijzen *highly-seasoned/spicy dishes* **6.1**
een verhaal ~ **met** geestige opmerkingen *season/f./pep-*
per a story with witty remarks.
kruidenazijn 0.1 *herb vinegar.*
kruidenbitter 0.1 *bitters.*
kruidenboter 0.1 *herb butter.*
kruidenbuiltje 0.1 *bouquet garni.*
kruidenier 0.1 [kleinhandelaar] *grocer* **0.2** [kleingeestig,
bekrompen persoon] *petit bourgeois* **0.3** [winkel] *gro-*
cer's/grocery (shop).
kruideniersgeest 0.1 *petit bourgeois mentality* ⇒*narrow-*
mindedness.
kruidenierswaren 0.1 *groceries.*
kruidenierswinkel, kruidenierszaak 0.1 *grocer's/gro-*
cery (shop).
kruidenrekje 0.1 *spice rack.*
kruidenshampoo 0.1 *herb shampoo.*
kruidenthee 0.1 *herb(al) tea.*
kruidentuin 0.1 *herb garden.*
kruidenwijn 0.1 *mulled wine.*
kruidig 0.1 *spicy* ⇒⟨fig. ook⟩ *racy.*
kruidje-roer-mij-niet 0.1 [plantk.; Impatiens noli-tangere]
touch-me-not **0.2** [fig.; persoon] *thin-skinned/touchy*
person.
kruidkaas 0.1 *herb/spiced cheese.*
kruidkoek 0.1 ±*gingerbread.*
kruidnagel 0.1 *clove.*
kruidnoot 0.1 ±*ginger snap.*
kruien I ⟨ov.ww.⟩ **0.1** [met een kruiwagen vervoeren] *wheel;*
II ⟨onov ww.⟩ **0.1** [mbt. ijs]⟨breken⟩ *break up;* ⟨schuiven⟩
drift ◆ **1.1** ~ d ijs *drift(ing) ice.*
kruier 0.1 *porter.*
kruik 0.1 [pul, vat] *jar, pitcher* ⇒*crock* **0.2** [bedverwar-
ming] *hot-water bottle* ⟨ook van rubber⟩ ◆ **¶.1** ⟨sprw.⟩ de
~ gaat zo lang te water, tot ze barst/breekt *the pitcher*
goes so often to the well that it is broken at last.
kruim 0.1 *crumb.*
kruimel 0.1 [afgebroken stukje] *crumb* **0.2** [klein beetje]
scrap, crumb ◆ **1.1** een ~ (tje) brood *a breadcrumb* **7.2**
geen ~ *not a s.*
kruimeldeeg 0.1 *crumbly pastry* ⇒⟨op vruchtentaart⟩
crumble.
kruimeldief 0.1 [persoon] *petty thief* **0.2**® [handstofzuiger]
crumb-sweeper ⇒*dustbuster.*
kruimeldiefstal 0.1 *petty theft.*
kruimelen I ⟨ov.ww.⟩ **0.1** [aan kruimels wrijven] *crumble;*
II ⟨onov.ww.⟩ **0.1** [brokkelen] *crumble* **0.2** [bij het eten
kruimels maken] *make crumbs* ◆ **3.2** het kind zit te ~ *the*
child is making (a lot of) crumbs.
kruimig 0.1 *mealy, floury.*
kruin 0.1 [deel v.h. hoofd] *crown* **0.2** [hoofd] *head* **0.3** [top]
crown ⟨ook van weg, berg, dijk, boom⟩ ⇒*crest* ⟨van golf⟩ ◆
2.1 een dubbele ~ *a double c.* **2.2** een kale ~ *a bald h.*
kruipen 0.1 [mbt. mensen] *creep, crawl* **0.2** [mbt. dieren]
crawl **0.3** [mbt. planten] *creep, trail* **0.4** [zich moeilijk
voortbewegen] *crawl (along)* ⇒*drag* ⟨mbt. tijd⟩ **0.5** [on-
derdanig zijn] *crawl* **0.6** [schuilplaats zoeken bij]⟨zie 5.6,
6.6⟩ ◆ **5.4** ⟨fig.⟩ de uren kropen voorbij *time dragged (on)*

krottenbuurt - kruisigen

5.6 erin ~ *turn in;* ⟨kind.⟩ *go to beddy-byes* **6.1 op** handen
en voeten ~ *crawl on hands and knees/on all fours* **6.2**
over de takken ~ *c. along the branches* **6.3 over** de grond
~ *t. across the ground* **6.4** de stoet kroop **over** de weg *the*
procession crawled along the road **6.5 voor** iem. ~ *c./*
grovel before/to s.o. **6.6 bij** elkaar ~ *huddle together* **6.¶**
naar boven/omhoog ~ ⟨van kleding⟩ *ride up.*
kruipend 0.1 [dierk.] *creeping* ⇒*crawling,* ⟨behorende tot
de reptielen⟩ *reptilian* **0.2** [plantk.] *creeping* ◆ **1.1** ~ e dieren *reptiles* **1.2** ~ gewas *creeper.*
kruiper 0.1 [iem. die kruipt] *crawler, creeper* **0.2** [lage
vleier] *toady* **0.3** [plantk.] *creeper.*
kruiperig 0.1 *cringing, slimy, oily* ⇒*servile* ◆ **1.1** een ~ e
aard hebben *be (of a) servile (nature).*
kruipolie 0.1 *penetrating oil.*
kruippakje 0.1 *romper (suit), playsuit.*
kruipruimte 0.1 *crawl space.*
kruis 0.1 [lichaam, figuur; teken voor verenigingen] *cross*
0.2 [strafpaal] *cross* **0.3** [mbt. kledingstukken] *crotch* ⇒
seat ⟨zitvlak⟩ **0.4** [deel v.h. lichaam] *crotch* ⇒*groin* **0.5**
[fig.; beproeving] *cross* **0.6** [r.-k.; kruisgebaar] *(sign of*
the) cross **0.7** [mbt. munten] *head* **0.8** [kruisvormige
zaak] *cross* ⇒*fork* ⟨van boom⟩ **0.9** [stuit, ⟨van dieren⟩ het
hogere deel op de rug] *small of the back* ⟨van mens⟩;
croup ⟨van dieren⟩ **0.10** [muz.] *sharp* ◆ **1.7** ~ of munt?
heads or tails?; we zullen ~ of munt doen *we'll toss for it*
2.1 het Rode Kruis *the Red Cross* **2.2** het Heilige ~ *the Holy*
Cross **2.3** een nieuw ~ zetten in een broek *put a new seat*
in a pair of trousers **2.10** ⟨muz.⟩ dubbel ~ *double s.* **3.1** een
~ zetten onder een stuk, een stuk tekenen met een ~ *make*
one's mark/put one's X (on a document) **3.3** ieder moet
zijn eigen ~ dragen *everyone has his own c. to bear* **3.6** een
slaan *cross o.s.* **6.2** iem **aan** het ~ slaan *nail s.o. to the c.*
6.3 deze broek is te nauw in het ~ *these trousers are too*
tight in the c. **6.4** een trap in zijn ~ krijgen *get a kick in the*
c.; ⟨fig.⟩ zich in zijn ~ getast voelen *feel pissed off* **7.10** dit
stuk heeft vier ~ en *this piece is in four sharps.*
kruisafneming 0.1 *descent from the Cross.*
kruisbalk 0.1 [dwarsbalk v.e. kruis] *crossbar* **0.2** [bouwk.]
crossbeam.
kruisband 0.1 [kniegewrichtsbanden] *cruciate ligament.*
kruisbeeld 0.1 *crucifix.*
kruisbes 0.1 *gooseberry.*
kruisbestuiving 0.1 *cross-pollination/-fertilization* ◆ **¶.1**
bevruchten dmv. ~ *cross-pollinate/-fertilize.*
kruisboog 0.1 [bouwk.] *ogive* **0.2** [schiettuig] *crossbow.*
kruisdood 0.1 *death on the cross* ◆ **3.1** de ~ sterven *die on*
the cross.
kruiselings 0.1 *crosswise, crossways* ◆ **6.1** met de benen ~
over elkaar geslagen zitten *sit with one's legs crossed.*
kruisen I ⟨ov.ww.⟩ **0.1** [kruiselings plaatsen] *cross* **0.2** [snij-
den] *cross* ⇒*intersect* **0.3** [laten bevruchten] *cross* ◆ **1.2**
de spoorbaan kruist hier de straatweg *the railway crosses*
the road here **1.3** gekruiste dieren/planten *Crossbreeds*
4.2 onze brieven hebben elkaar gekruist *our letters*
crossed (each other); patroon van elkaar ~ de lijnen *pat-*
tern of intersecting lines **6.3** korthariige **met** langharige
katten ~ *c. short-haired with long-haired cats;*
II ⟨onov.ww.⟩ **0.1** [zich kruiselings bewegen] *crisscross* ⇒
⟨mbt. oorlogsschepen vnl.⟩ *cruise* **0.2** [laveren] *tack.*
kruiser 0.1 [oorlogsschip] *cruiser* **0.2** [jacht] *cabin cruiser.*
kruisgang ⟨bouwk.⟩ **0.1** *cloister.*
kruisgewelf ⟨amb.⟩ **0.1** *cross/groined vault.*
kruisgewijs 0.1 *crosswise, crossways.*
kruisigen 0.1 *crucify.*

kruisiging 0.1 *crucifixion.*

kruising 0.1 [kruispunt] *crossing, junction* ⇒*intersection,* ⟨vnl. buiten de stad⟩ *crossroads* 0.2 [snijding] *crossing, intersection* 0.3 [bevruchting] *crossing, hybridization* ⇒ ⟨vnl. mbt. planten⟩ *cross-fertilization* 0.4 [ontstane soort] *cross, hybrid* ⟨vnl. mbt. dieren⟩ *crossbreed* ♦ **2.1** een ongelijkvloerse ~ *an overpass* **6.4** ⟨ook fig.⟩ een ~ *van / tussen a cross between.*

kruisje 0.1 [klein kruis] *cross* 0.2 [kruisteken] *sign of the Cross* 0.3 [tiental] *(numeral) X* 0.4 [(schrift)teken] *cross* ⇒*mark* ⟨van analfabeet⟩ ♦ **3.2** een ~ halen ⟨op Aswoensdag⟩ *receive the ashes* **3.4** ergens een ~ bij zetten *put a c. next to sth.* **6.4 met** een ~ ondertekenen *make one's mark* **7.3** hij heeft al zes ~s achter de rug *he's over sixty.*

kruiskoppeling 0.1 [verbinding van buizen / stangen] *cross* 0.2 [verbinding van assen] *universal joint.*

kruiskopschroef 0.1 *crosshead screw* ⇒⟨merknaam⟩ *Phillips Screw.*

kruis(kop)schroevendraaier 0.1 *crosshead (tip) screwdriver* ⇒⟨merknaam⟩ *Phillips screwdriver.*

kruisorganisatie 0.1 ±*home nursing service.*

kruispunt 0.1 *crossing, junction* ⇒*intersection,* ⟨vnl. buiten de stad⟩ *crossroad(s)* ♦ **1.1** ⟨fig.⟩ een ~ van culturen *a crossroads of cultures;* een ~ van spoorwegen *a railway j.* **2.1** een druk ~ *a busy crossing* **6.1** ⟨fig.⟩ **op** een ~ staan *stand at the crossroads.*

kruisraket 0.1 *cruise missile.*

kruisridder 0.1 *crusader.*

kruissnelheid 0.1 *cruising speed.*

kruisspin 0.1 *diadem spider.*

kruissteek 0.1 *cross-stitch.*

kruisteken 0.1 *(sign of the) cross* ♦ **3.1** een ~ maken / slaan *make the sign of the cross, cross o.s.*

kruistocht 0.1 *crusade* ♦ **3.1** een ~ voeren voor / tegen *(conduct a) c. for / against.*

kruisvaarder 0.1 *crusader.*

kruisverband 0.1 [med.] *cross-bandage* 0.2 [verbinding] *cross bond.*

kruisvereniging 0.1 ±*home nursing service.*

kruisverhoor 0.1 *cross-examination* ♦ **2.1** een streng ~ *a stiff c.-e.* **3.1** iem. een ~ afnemen *cross-examine s.o.*

kruisverwijzing 0.1 *cross-reference.*

kruisvluchtwapen 0.1 *cruise missile.*

kruisvuur ⟨mil.⟩ 0.1 *crossfire* ♦ **1.1** ⟨fig.⟩ een ~ van vragen *a barrage of questions.*

kruisweg 0.1 [rel.] *Way of the Cross* 0.2 [r.-k., bk.; afbeeldingen] *Stations of the Cross* 0.3 [fig.; beproeving, lijdensweg] *calvary* ♦ **3.2** de ~ bidden *make / do the Stations of the Cross.*

kruiswoordpuzzel, -raadsel 0.1 *crossword (puzzle).*

kruit 0.1 *(gun)powder* ♦ **2.1** met los ~ schieten *fire buckshot* **3.1** ⟨fig.⟩ niet al zijn ~ verschieten *have (one) last shot left;* ⟨fig.⟩ al zijn ~ verschoten hebben ⟨lichamelijk uitgeput zijn⟩ *be exhausted;* ⟨niet meer weten wat men zeggen moet⟩ *have shot one's bolt.*

kruitdamp 0.1 ⟨ook fig.⟩ *gunsmoke* ♦ **3.1** toen de ~ was opgetrokken *when the smoke had cleared* ⟨vnl. fig.⟩.

kruitfabriek 0.1 *ammunition factory.*

kruitlucht 0.1 *smell of (gun)powder.*

kruitvat 0.1 ⟨ook fig.⟩ *powder keg* ♦ **3.1** Midden-Amerika is een ~ *Central America is (sitting on) a p. k.* **6.1** de lont **in** het ~ steken *light the fuse of the p. k.*

kruiwagen 0.1 [voertuig] *(wheel)barrow* 0.2 [fig.; voorspraak] *connections* ⇒*pull* ♦ **1.1** een ~ grind *a (wheel)-barrowful of gravel* **3.2** ~s gebruiken *pull strings;* een ~ /

goede ~ hebben *have some pull / a lot of pull* **6.1** ⟨fig.⟩ het geld komt er **met** ~s binnen *they make money hand over fist;* **met / achter** een ~ lopen *push / wheel a wheelbarrow.*

kruizemunt, kruizemuntkruid 0.1 [Mentha spicata] *spearmint* 0.2 [volksnaam voor watermunt en akkermunt] *mint.*

kruk I ⟨de⟩ 0.1 [taboeret] *stool* 0.2 [loopstok] *crutch* 0.3 [deurknop] *(door) handle* ♦ **6.2** op ~ken lopen *walk with crutches;* **II** ⟨de (m.)⟩ 0.1 [knoeier] *bungler, duffer* ♦ **6.1** een ~ op de schaats *a d. at skating;* ⟨sterker⟩ *a rotten skater.*

krukas 0.1 *crankshaft.*

krukken 0.1 [moeizaam iets verrichten] *bungle, botch* 0.2 [na een ziekte nog sukkelen] *(still) be sick* ♦ **3.1** wat zit je weer te ~ *what a mess you're making.*

krukkig 0.1 [stumperig] *clumsy, bungling* 0.2 [ziekelijk] *poorly* ♦ **3.1** hij zingt ~ *he's a poor singer.*

krul 0.1 [spiraalvormige ronding] *curl* 0.2 [haarlok] *curl;* ⟨lange krul⟩ *ringlet* 0.3 [schaafspaan] *(wood)shaving* 0.4 [versiersel] *scroll* 0.5 [rondgaande pennentrek] *curlicue* ⇒*flourish* ♦ **6.2** ~len in het haar zetten *curl one's hair;* een meisje met ~len *a girl with curls, a curly-headed girl;* **uit** de ~ gaan *lose its c.*

krulandijvie 0.1 *chicory* ⇒*curled endive.*

krulhaar 0.1 *curly hair.*

krullen 0.1 *curl* ♦ **1.1** met ~d haar *curly-haired, with curly hair;* zijn haar krult ontzettend *he's got awfully curly hair;* een lach krulde zijn lippen *a smile turned up the corners of his mouth.*

krullenjongen 0.1 [leerling-timmerman] *carpenter's apprentice* 0.2 [fig.] *errand boy* ♦ **8.2** iem. als ~ gebruiken *use s.o. as an e. b.*

krullenkop, krullenbol 0.1 [hoofd met krullend haar] *curly head, head of curls* 0.2 [persoon] *curly (head).*

kruller 0.1 *curler, roller.*

krulletter 0.1 *flourished letter* ♦ **6.1** met ~s schrijven *write with (a lot of) flourishes / curlicues.*

krulset 0.1 *set of electric curlers / rollers.*

krulsla 0.1 *crinkly lettuce.*

krulsnor 0.1 *handlebar moustache.*

krulspeld, krulpen 0.1 *curler, roller.*

krulstaart 0.1 [krullende staart] *curly tail* 0.2 [dier] *curly-tail.*

krultang 0.1 *curling iron.*

ks(t) 0.1 *shoo.*

kubiek 0.1 *cubic* ♦ **1.1** ~e afmetingen *c. measurements;* een ~e meter gas *a c. metre of gas.*

kubisme 0.1 *cubism.*

kubist 0.1 *cubist.*

kubus 0.1 *cube* ♦ **¶.1** de (magische) ~ *Rubik's c.*

kuch I ⟨de⟩ 0.1 [droge / korte hoest] *cough* ♦ **6.1** met een ~ je iemands aandacht trekken *cough to attract s.o. 's attention* **¶.1** last van een ~je hebben ⟨ook van zenuwen⟩ *have a (nervous* ⟨van zenuwen⟩*) c.;* **II** ⟨het⟩ 0.1 [commiesbrood] *ration bread.*

kuchen 0.1 *cough.*

kuchhoest 0.1 *hacking cough.*

kudde 0.1 [groep landzoogdieren] *herd* ⟨vnl. grote dieren⟩; *flock* ⟨schapen, geiten⟩ 0.2 [fig.] *flock* ♦ **1.1** een ~ vee *a h. of cattle* **6.1 in** ~n levend *gregarious* **¶.2** de ~ ⟨pej.⟩ *the (common) herd.*

kuddedier 0.1 [dier] *herd animal* ♦ **3.¶** een ~ zijn ⟨fig.⟩ *be one of the herd.*

kuddegeest, kudde-instinct 0.1 *herd instinct.*

kuddemens ♦ **3.¶** een ~ zijn *be one of the crowd.*

kuier 0.1 *stroll* ⇒*walk* ◆ **6.1** zij zijn **aan** de ~ *they are (out) taking a s./walk.*

kuieren 〈inf.〉 **0.1** *(go for a) stroll/walk* ◆ **1.1** een eindje ~ *go for a (bit of a) stroll/walk* **6.1** hij kuiert al aardig **naar** de tachtig *he's pushing eighty.*

kuierlatten 〈inf.〉 **0.1** ±*pins* ◆ **3.1** de ~ nemen *take to one's heels.*

kuif 0.1 [hoofdhaar] *(head of) hair* **0.2** [voorhaar] *forelock* ⇒〈vetkuif〉 *ᴮquiff* **0.3** [mbt. vogels] *crest, tuft* ◆ **2.1** een lekkere korte ~ *clean-cut hair* **6.3** 〈fig.〉 in zijn ~ gepikt zijn, zich **in** zijn ~ gepikt voelen *go into/be in a huff, be miffed;* **met** een ~ *crested, tufted;* 〈dierk. ook〉 *pileate(d)* ¶.¶ Kuifje 〈stripfiguur〉 *Tintin.*

kuiken 0.1 [dier] *chick(en)* **0.2** [persoon] *ninny.*

kuil 0.1 [holte, uitholling] *pit, hole* ⇒〈uitholling〉 *hollow,* 〈in wegdek〉 *pot-hole* **0.2** [gat om gewassen te bewaren] *pit* ◆ **6.1** 〈fig.〉 in de ~ vallen die je voor een ander gegraven hebt *be caught in one's own trap* ¶.1 〈sprw.〉 wie een ~ graaft voor een ander, valt er zelf in *he who digs a pit for others falls in himself.*

kuilen 0.1 [in een kuil opbergen] *pit* ⇒*put in pits* **0.2** [onder zware druk opbergen] *ensile.*

kuiltje 0.1 [kleine kuil] *(small/little) hole* **0.2** [holte in wangen/kin] *dimple* ⇒〈gleuf in kin ook〉 *cleft* ◆ **6.1** een ~ **voor** de jus *a well/h. for the gravy.*

kuip 0.1 *tub* ⇒*barrel* 〈ton, vat〉, 〈vnl. industrie〉 *vat.*

kuipen I 〈ov.ww.〉 **0.1** [vaten vervaardigen] *make barrels* **0.2** [in kuipen leggen] *put in tubs/a tub* ⇒*put in barrels/ a barrel* 〈in vaten doen, vnl. mbt. bier/whisky enz.〉 ◆ **1.2** het vlees ~ *salt the meat;* **II** 〈onov.ww.〉 **0.1** [het kuipersambacht uitoefenen] *(be a) cooper* **0.2** [intrigeren] *scheme* ⇒*(hatch a) plot.*

kuiper 0.1 [vatenmaker] *cooper* **0.2** [intrigant] *schemer* ⇒ *plotter.*

kuiperij 0.1 *scheming* ⇒ *plotting,* 〈vnl. mv.〉 *machination.*

kuipje 0.1 *tub* ◆ **1.1** een ~ margarine *a t. of margarine.*

kuipstoel 0.1 *bucket seat.*

kuis 0.1 *chaste* ⇒*pure* 〈ook taal〉 ◆ **1.1** een ~e maagd *a c. virgin* **3.1** ~ leven *lead a c./pure life.*

kuisen 0.1 [zuiveren van ongepaste uitdrukkingen] *expurgate* ⇒*censor,* 〈pej.; vnl. mbt. lit.〉 *bowdlerize* **0.2** [ᴀᴢɴ; schoonmaken] *clean* ◆ **1.1** gekuiste taal *language that has been censored/cleaned up,* een gekuiste versie *an expurgated version.*

kuisheid 0.1 [eerbaarheid] *chastity* ⇒*purity* **0.2** [seksuele ongereptheid] *chastity.*

kuisheidsgordel 0.1 *chastity belt.*

kuisvrouw 〈ᴀᴢɴ〉 **0.1** *cleaning lady/woman.*

kuit 0.1 [deel v.h. onderbeen] *calf* **0.2** [mbt. vissen] *spawn* ◆ **1.2** een pond ~ v.d. kabeljauw *a pound of cod's roe.*

kuitbeen 0.1 *fibula.*

kuitbroek 0.1 *knee-breeches.*

kuitenflikker 0.1 [dansk.] *cross-caper* **0.2** [rare sprong] *leap* ◆ **3.2** een ~ maken/slaan *cut a caper.*

kuiter, kuitvis 0.1 *spawner.*

kuitkramp 0.1 *cramp in one's calf.*

kuitschieten 0.1 *spawn.*

kuitspier 0.1 *calf muscle.*

kukeleku 0.1 *cock-a-doodle-doo.*

kukelen 〈inf.〉 **0.1** *fall (from)* ⇒*tumble.*

kul 〈inf.〉 **0.1** *rubbish* ◆ **2.1** flauwe ~ *r., nonsense* **4.1** wat een ~ *what a load/lot of r.*

kummel 0.1 [komijn]〈komijn〉 *cumin;* 〈karwij〉 *caraway (seed)* **0.2** [likeur] *kümmel.*

kunde 0.1 *knowledge* ⇒*learning.*

kundig 0.1 *able* ⇒*capable, skilful* ◆ **3.1** iets ~ repareren *repair sth. skilfully* **6.¶ ter** zake ~ zijn *be knowledgeable (on sth.).*

kundigheid 0.1 [bekwaamheid] *skill* ⇒*knowledge* **0.2** [kennis] *knowledge* ◆ **2.¶** grote ~ *expertise.*

kunne 0.1 *sex* ◆ **2.1** van beiderlei ~ *of both sexes.*

kunnen¹ 〈het〉 **0.1** *capability* ⇒*ability* ◆ **6.1** zijn prestaties zijn **beneden** zijn ~ *he can do better than this.*

kunnen² I 〈onov., ov.ww.〉 **0.1** [mbt. bekwaamheid]〈tegenwoordige tijd〉 *can/*〈verleden tijd〉 *could* ⇒*be able to* **0.2** [mbt. mogelijkheid inherent aan onderwerp]〈tegenwoordige tijd〉 *can/*〈verleden tijd〉 *could* ⇒*it is/was/*〈enz.〉 *possible for ... to* ◆ **3.1** hij kon soms nachten doorwerken *sometimes he would work on into the night;* willen is ~ *where there's a will there's a way;* hij kan goed zingen 〈ook〉 *he's a good singer* **4.1** een handige man kan alles *a handy man can do anything;* had jij dat gekund? *could you have done that?,* 〈inf.〉 ik kan daar niets mee (doen) *that's no use to me;* hij kan er wat van *he's pretty good at it;* hij liep wat hij kon *he ran as fast as he could* **4.2** dat kan (niet) *it can('t) be done, it's/that's (im)possible;* 〈vaak iron.〉 als dat zou ~ *if you wouldn't mind* **5.1** iets beter ~ dan be *better at sth. than;* hij kon er niet onderuit *he couldn't escape (...ing), he just had to;* ik kan er niet in/uit *I can't get in/out;* hij kan er niet bij 〈fig.〉 *it's beyond him;* hij kan er niet over uit *he's always talking about it;* hij kan niet meer *he can't go on* **5.2** het deksel kan er niet af *the lid won't come off;* morgen kan ik niet *tomorrow's impossible for me;* het kan niet op *there's more than enough* **6.1 buiten** iets ~ *do without sth.;* ergens **tegen** ~ *be able to take sth.;* **II** 〈onov.ww., hww.〉 **0.1** [mbt. mogelijkheid zoals geschat door spreker] *may, might, could* ⇒*it is possible that ...* ◆ **3.1** het kan een vergissing zijn *it may be a mistake;* het zou ~ *could be, maybe;* **III** 〈hww.〉 **0.1** [mbt. toelating]〈tegenwoordige tijd〉 *can* ⇒ *be allowed to,* 〈schr.〉 *may,* 〈verleden tijd〉 *could,* 〈verleden tijd〉 *be allowed to,* 〈verleden tijd, indirecte rede, schr. ook〉 *might* **0.2** [van een bekwaamheid/mogelijkheid gebruik maken] *be able to* ◆ **3.1** zoiets kun je niet doen *you can't do that sort of thing;* de jui zei dat ik naar huis kon gaan *teacher said that I could go home;* je had het me wel ~ vertellen *you might/could have told me* **3.2** de gevangene kon ontsnappen *the prisoner was able to/managed to escape* ¶.¶ 〈inf.〉 ze kán me wat *she can whistle (for all I care);*

IV 〈onov.ww.〉 **0.1** [aanvaardbaar zijn] *will do* ◆ **4.1** zo kan het niet langer *it/things can't go on like this* **5.1** het kan ermee door *it'll do, it's alright;* die trui kan gewoon niet *that sweater's just impossible* ¶.1 zo kan ie wel weer *here we go again.*

kunst 0.1 [door kunstenaars beoefende discipline] *art* **0.2** [kunstwerk(en)] *art* **0.3** [kundigheid] *art* ⇒*skill* **0.4** [moeilijke handeling] *trick* **0.5** [wat door mensen is gemaakt, vnl. in samenst.] *artificial/man-made/synthetic things* 〈enz.〉 **0.6** [mv.; fratsen] *tricks* ◆ **1.1** ~en en wetenschappen *art(s) and science(s)* **1.2** de ~ van Rubens *Rubens' a.* **1.4** ergens met veel ~ en vliegwerk in slagen *manage to do sth. by pulling out all the stops* **1.5** kunstbloemen, kunstbont *artificial flowers, man-made/synthetic fur* **2.1** de beeldende ~ *the visual arts* **2.3** zwarte ~ *black magic* **3.3** hij verstaat de ~ v.h. schermen/met mensen om te gaan *he knows how to fence/handle people* **3.4** dat is juist de ~ *that's the t.;* het is (nu juist) de ~ om het met losse handen te doen *the t. is doing it without holding on* **6.1** de ~ **om** de ~ *a. for art's sake* **6.2** een handelaar **in** ~ *an a.*

dealer **6.3** een meester **in** de ~ *a master of the a.;* dat is **uit** de ~ *that's amazing!/stunning!* **7.4** zo is er geen ~ aan *there's nothing clever in that, that's no big deal.*

kunstacademie 0.1 *art academy.*

kunstantiquariaat 0.1 *antique art dealer.*

kunstarm 0.1 *artificial arm.*

kunstbeen 0.1 *artificial leg.*

kunstbeleid 0.1 *policy on art.*

kunstbeoefening 0.1 *practice of art* ⇒*artistry.*

kunstbezit 0.1 *art collection* ♦ **2.1** openbaar ~ *(public) art treasures/collection.*

kunstbloem 0.1 *artificial flower.*

kunstbont 0.1 *man-made/synthetic fur.*

kunstcollectie 0.1 *art collection.*

kunstcriticus, -ca 0.1 *art critic.*

kunstenaar, -ares 0.1 *artist* ♦ **3.1** beeldend ~ *visual a.* **6.1** ⟨bij uitbr.⟩ hij is een ~ **in** zijn vak *he's a past master in his field.*

kunstenaarschap 0.1 [hoedanigheid] *artistic calling* **0.2** [bedrevenheid als kunstenaar] *artistry* ⇒*artistic skill.*

kunstenmaker 0.1 [acrobaat] *(circus) artiste* **0.2** [fratsenmaker] *clown* ⇒*buffoon.*

kunstgalerij 0.1 *(art) gallery.*

kunstgebit 0.1 *(set of) false teeth* ⇒*(set of)* dentures, ⟨gebitplaat⟩ *(dental) plate.*

kunstgeschiedenis 0.1 *history of art* ⇒⟨vak⟩ *art history.*

kunstgras 0.1 *artificial grass/turf.*

kunstgreep 0.1 *trick* ⇒*manoeuvre* ♦ **6.1** iets bereiken **door** kunstgrepen (te gebruiken) *achieve sth. by (using) subtle tricks.*

kunsthandel 0.1 [handel in kunst] *art-dealing* ⇒*(the) art trade* **0.2** [winkel] *art shop.*

kunsthandelaar, -ster 0.1 *art dealer.*

kunsthart 0.1 *artificial heart.*

kunstheup 0.1 *artificial hip.*

kunsthistoricus, -ca 0.1 *art historian.*

kunstig 0.1 *ingenious* ⇒*skilful* ♦ **3.1** een ~ bewerkte vaas *an ingeniously/a skilfully decorated vase.*

kunstigheid 0.1 *ingeniousness, skilfulness.*

kunstijs 0.1 *artificially prepared ice* ⇒*man-made ice,* ⟨baan⟩ *(ice) rink.*

kunstijsbaan 0.1 *ice/skating rink.*

kunstje 0.1 [handigheidje] *knack* ⇒*trick* **0.2** [truc, toer] *trick* ♦ **2.1** dat is een koud ~ *that's child's play/as easy as falling off a log, there's nothing to it;* het is voor hem een koud ~ om het te repareren *he can fix it with his eyes shut* **3.2** die hond kan ~s *the dog can do tricks* **6.2** ~s **met** lucifers/met kaarten *match/card tricks* **7.2** geen ~s! *none of your tricks!*

kunstkenner 0.1 *art connoisseur/expert.*

kunstkritiek 0.1 [het beoordelen] *art criticism* **0.2** [beoordelaars] *art critics.*

kunstleer 0.1 *imitation leather.*

kunstleren 0.1 *imitation leather.*

kunstlicht 0.1 *artificial light* ♦ **6.1** bij ~ in *artificial light.*

kunstliefhebber 0.1 *art lover.*

kunstlievend 0.1 *art-loving.*

kunstlong 0.1 *artificial/*⟨inf.⟩ *iron lung.*

kunstmaan 0.1 *satellite.*

kunstmatig 0.1 *artificial* ⇒⟨bewerkt ook⟩ *synthetic, man-made,* ⟨namaak ook⟩ *imitation* ♦ **1.1** ~e bevloeiing *(a.) irrigation.*

kunstmest 0.1 *fertilizer.*

kunstminnend 0.1 *art-loving.*

kunstnier 0.1 *artificial kidney* ⇒*kidney machine.*

kunstnijverheid 0.1 *applied/industrial art* ⇒⟨voorwerpen ook⟩ *arts and crafts.*

kunstoog 0.1 *artificial eye;* ⟨inf.⟩ *glass eye.*

kunstredactie 0.1 *art editors/editorial staff.*

kunstrijden 0.1 *figure-skate.*

kunstrijder, -rijdster 0.1 *figure skater.*

kunstroof 0.1 *art theft.*

kunstschaats 0.1 *figure skate.*

kunstschaatsen 0.1 *figure-skate.*

kunstschat 0.1 *art treasure* ⇒⟨verzameling⟩ *art collection.*

kunstschilder 0.1 *artist* ⇒*painter.*

kunstschool 0.1 [kunstacademie] *art school* **0.2** [personen] *artistic school/circle.*

kunstskibaan 0.1 *artificial ski-run.*

kunststof 0.1 ⟨zn. en bn.⟩ *synthetic (material/fibre)* ⇒ *plastic* ♦ **1.1** ~ bouwmaterialen *s. building materials* **6.1** van ~ *s., plastic.*

kunststroming 0.1 *trend in art* ⇒*artistic trend.*

kunststuk 0.1 *work of art* ⇒⟨sport enz.⟩ *feat,* ⟨gevaarlijk⟩ *stunt* ♦ **2.1** een journalistiek ~je *a masterpiece of journalism* **3.1** dat is een ~ dat ik je niet na zou doen *that's a feat I couldn't match.*

kunsttaal 0.1 *artificial language.*

kunstuitleen 0.1 *art library.*

kunstvaardig 0.1 *skilful* ⇒*craftsmanlike.*

kunstveiling 0.1 *art auction.*

kunstverlichting 0.1 *artificial lighting.*

kunstverzamelaar 0.1 *art collector.*

kunstverzameling 0.1 *art collection.*

kunstvezel 0.1 *man-made/synthetic fibre.*

kunstvoorwerp 0.1 *work of art* ⇒⟨klein⟩ *objet d'art,* ⟨ihb. gebruiksvoorwerp⟩ *artefact.*

kunstvorm 0.1 *art form* ⇒*medium (of art).*

kunstwereld 0.1 *art world.*

kunstwerk 0.1 [bk.] *work of art* ⇒*masterpiece* **0.2** [wwb.] *construction/structural work(s)* ⇒*construction(s)* ♦ **1.¶** ergens met (veel) kunst- en vliegwerk in slagen *manage to do sth. by pulling out all the stops, just about manage to do sth.* **2.1** dat is een klein ~je *it's a little gem/masterpiece.*

kunstzinnig 0.1 *artistic(ally-minded)* ♦ **1.1** ~e vorming *art(istic) training/education.*

kunstzwemmen 0.1 *synchronized swimming.*

kuren¹ ⟨mv.⟩ **0.1** *quirks* ⇒⟨tijdelijk⟩ *moods* ♦ **2.1** hij heeft altijd van die vreemde ~ *he's quirky/moody* **3.1** die ~ moet je maar afleren! *you'd better stop those tricks right now!;* dat zijn maar ~ *that's just him* ⟨enz.⟩ *in one of his moods* **5.1** vol ~ ⟨mens⟩ *moody;* ⟨paard⟩ *awkward.*

kuren² ⟨onov.ww.⟩ **0.1** *take a cure.*

kurk 0.1 *cork* ♦ **3.1** doe de ~ er goed op *cork it (up) properly;* ⟨fig.⟩ dat is de ~ waarop de zaak drijft *that's the mainstay of the business* **6.1** wij hebben ~ **in** de gang *we've got c. flooring in the hall;* **met** een ~ (afgesloten) *corked(-up);* we hebben nog wat **onder** de ~ *there's (still) plenty of liquid refreshment.*

kurkdroog 0.1 *(as) dry as a bone* ⇒*bone-dry.*

kurkeik 0.1 *cork oak.*

kurken¹ ⟨bn.⟩ **0.1** *cork* ♦ **1.1** met ~ zolen *cork-soled.*

kurken² ⟨ov.ww.⟩ **0.1** *cork (up)* ⇒⟨fig.⟩ *stop up.*

kurkentrekker 0.1 *corkscrew.*

kurkplaat 0.1 *cork sheeting.*

kus 0.1 *kiss* ♦ **3.1** geef me eens een ~ *give me a k.; how about a k.?;* een ~ krijgen van iem. ⟨ook⟩ *be kissed by s.o.;* iem. een ~ toewerpen *blow s.o. a k.* **¶.1** ~jes! *(lots of) love (and kisses).*

kushandje 0.1 *a blown kiss* ♦ **3.1** ~s geven *blow kisses (to s.o.).*

439

kussen¹ ⟨het⟩ **0.1** *cushion* ⇒*pillow* ⟨bed⟩, ⟨opvulling⟩ *pad* ◆ **3.1** de ∼s (op)schudden *plump up the pillows* **6.1 met** ∼s ondersteunen *cushion.*

kussen² ⟨onov., ov.ww.⟩ **0.1** *kiss* ◆ **1.1** iem. gedag/vaarwel ∼ *kiss s.o. goodbye;* iem. de hand ∼ *kiss s.o.'s hand* **4.1** elkaar ∼ *k. (each other)* **5.1** hij kuste haar vluchtig op het voorhoofd *he gave her a peck on the forehead.*

kussengevecht 0.1 *pillow-fight* ◆ **3.1** ∼en leveren *have a p.-f.*

kussensloop 0.1 *pillowcase, pillow slip.*

kussentje 0.1 [klein kussen] *(small) cushion/pillow* **0.2** [voorwerp dat aan een kussen doet denken] *cushion* ⇒ *pad* ◆ **2.1** een los ∼ *a scatter cushion.*

kust 0.1 [zeekust] *coast* ⇒*(sea)shore* **0.2** [strand] *seaside* ◆ **2.1** ⟨fig.⟩ de ∼ is veilig *the c. is clear* **5.1** van de ∼ af staan ⟨van wind⟩ *blow offshore* **6.1 aan** de ∼ verblijven/liggen *stay/be on the c./by the sea;* een huisje **aan** de ∼ *a cottage by the sea;* **langs** de ∼ varen *follow the c.;* **onder/op/voor** de ∼ *off the c., offshore;* ⟨vanuit zee gezien⟩ *inshore;* het schip liep **op** de ∼/werd **op** de ∼ gezet *the ship ran ashore/was beached;* vijftig kilometer **uit** de ∼ *fifty kilometres offshore/off the c.;* eilanden **voor** de ∼ *offshore islands* **6.¶** te ∼ en te keur *galore, in plenty;* ze zijn er **te** ∼ en te keur *there are plenty of them.*

kustbewoner 0.1 *inhabitant of the coast;* ⟨aardr. ook⟩ *coast-dweller.*

kusteiland 0.1 *offshore island.*

kustgebergte 0.1 *coastal (mountain) range.*

kustgebied 0.1 *coastal area/region.*

kustlicht 0.1 *beacon* ⇒*lighthouse* ⟨vuurtoren⟩.

kustlijn 0.1 *coastline* ⇒*shoreline.*

kustmeer 0.1 *lagoon.*

kustplaats 0.1 *seaside/coastal town.*

kuststreek 0.1 *coastal region.*

kuststrook 0.1 *coastal strip/belt.*

kuststroom 0.1 *coastal/littoral current.*

kustvaarder 0.1 *coaster.*

kustvaart 0.1 *coastal navigation;* ⟨handel⟩ *coastal trade.*

kustverdediging 0.1 [mil.] *coastal defence(s)* **0.2** [waterstaatkundige verdediging] *protection of the coast.*

kustwachter 0.1 [persoon] *coastguard(sman)* **0.2** [vaartuig] *coastguard vessel* ⇒*cutter.*

kustwateren 0.1 *coastal waters.*

kut ⟨vulg.⟩ **0.1** *cunt* ⇒*pussy* ◆ **¶.¶** ∼ met peren! ⟨onzin⟩ *(that's) fucking bullshit!/*⟨waardeloos⟩ *useless!;* ∼! *fuck!*

kutding ⟨vulg.⟩ **0.1** *fucking thing.*

kutlikken ⟨vulg.⟩ **0.1** *eat cunt/pussy.*

kutsmoes ⟨vulg.⟩ **0.1** *shitty excuse.*

kutvent ⟨vulg.; bel.⟩ **0.1** *cunt.*

kutwijf ⟨vulg.; bel.⟩ **0.1** *fucking bitch.*

kuub 0.1 *cubic metre* ◆ **1.1** te koop voor een tientje de ∼ *on sale for ten guilders a cubic metre.*

kuur 0.1 *cure* ⇒*course of treatment* ◆ **3.1** een ∼ doen om mager te worden *follow a course of treatment to lose weight;* ⟨dieet⟩ *go/be on a diet.*

kuuroord 0.1 *health resort;* ⟨badplaats ook⟩ *spa.*

kwaad¹ ⟨het⟩ **0.1** [het slechte/verkeerde] *wrong* ⇒*harm* **0.2** [schade, nadeel] *harm* ⇒*damage* ◆ **2.1** een noodzakelijk ∼ *a necessary evil* **3.1** hij doet geen vlieg ∼ *he wouldn't hurt a fly* **3.2** meer ∼ dan goed doen *do more h. than good;* ∼ stichten *do h./damage;* het ∼ was al geschied *the damage had already been done* **7.1** hij kan daar geen ∼ doen *he can do no w. in his/*⟨enz.⟩ *their eyes;* van geen ∼ weten *be completely innocent;* ik zie daar geen ∼ in, daar steekt geen ∼ in *I don't see any/there's no harm in that* **7.2** dat kan

geen ∼ *it can't do any h.;* zij bedoelt daar geen ∼ mee *she doesn't mean any h.;* van twee kwaden de minste kiezen *choose the lesser of two evils* **¶.1** van ∼ tot erger vervallen *go from bad to worse.*

kwaad² I ⟨bn., bw.⟩ **0.1** [niet zoals het behoort te zijn] *bad* ⇒ *wrong* **0.2** [zondig, verkeerd] *bad* ⇒⟨heel erg⟩ *evil* **0.3** [boos] *angry* ◆ **3.1** het ∼ (te verduren) hebben *be having a b. time (of it)* **3.2** ze bedoelde er niets ∼s mee *she meant no harm/offence;* het is niet ∼ bedoeld *that isn't/wasn't meant badly* **3.3** ∼ kijken (naar) *look angrily (at s.o.);* zich ∼ maken, ∼ worden *get a.;* iem. ∼ maken *make s.o. angry* **5.1** het was lang niet ∼ *that wasn't (at all) b.;* het te ∼ krijgen *be overcome (by);* ⟨emoties⟩ *break down;* ⟨in 't nauw gedreven⟩ *be hard pressed* **5.3** hij wordt snel/niet snel ∼ *he has a quick/slow temper;* vreselijk ∼ *hopping mad* **6.3** ∼ zijn **op/om** iem./iets *be a. at/with s.o./at/about sth.* **7.¶** aan hem heb je een kwaaie *he's a nasty/ugly customer;* **II** ⟨bn.⟩ **0.1** [boosaardig] *bad* ⇒⟨hond⟩ *vicious* ◆ **1.¶** op een kwade dag *one ill-starred day* **5.1** hij is zo ∼ niet *he's not so b. (as all that)* **7.1** hij is de ∼ste niet *he's not a b. guy.*

kwaadaardig 0.1 [boosaardig] *malicious* ⇒⟨ook hond⟩ *vicious* **0.2** [schadelijk] *pernicious* ⇒⟨gezwel, ziekte⟩ *malignant.*

kwaadaardigheid 0.1 ⟨boosaardigheid⟩ *malice, spite* **0.2** [schadelijkheid] *perniciousness* ⇒*malignancy* ⟨ziekte, gezwel⟩ ◆ **6.1** uit ∼ *out of s.*

kwaaddenkend 0.1 *suspicious.*

kwaadheid 0.1 *anger* ◆ **6.1** rood (worden) van ∼ *(turn) red with a./rage.*

kwaadschiks 0.1 *unwillingly* ⇒*against one's will, with an ill/a bad grace* ◆ **5.1** goedschiks of ∼ *willing(ly) or unwilling(ly);* zeg het maar, moet het goedschiks of ∼? *will you do it or do I have to make you?*

kwaadspreken 0.1 *speak ill/badly* ⇒*gossip* ◆ **6.1** ∼ van (iem.) *speak ill/badly of (s.o.), gossip;* ⟨gelogen⟩ *slander (s.o.).*

kwaadsprekerij 0.1 *scandalmongering* ⇒*slander* ⟨leugen⟩.

kwaadwillig 0.1 *malicious* ◆ **1.1** ∼ e beëindiging v.d. arbeidsovereenkomst *unfair/wrongful dismissal.*

kwaadwilligheid 0.1 *malevolence* ⇒*malicious intent* ⟨ook jur.⟩ ◆ **1.1** ⟨jur.⟩ schade door ∼ *malicious damage* **¶.1** misschien is er ∼ in het spel? *could there be foul play here somewhere?*

kwaaie ⟨inf.⟩ **0.1** *bad/evil one* ⇒*nasty person* ◆ **3.1** daar heb je een ∼ aan *you've got a bad one there.*

kwaal 0.1 [ziekte, vaak in samenst.] *complaint, disease* ⇒ *illness,* ⟨vooral in samenst.⟩ *trouble,* ⟨vooral in samenst.⟩ *condition* **0.2** [onvolkomenheid] *trouble* ⇒*problem,* ⟨maatschappelijk⟩ *evil,* ⟨maatschappelijk⟩ *malady* ◆ **1.1** een hartkwaal *a heart condition;* de kwalen v.d. ouderdom *the infirmities of old age* **3.1** hij heeft altijd wel een of ander ∼tje *he is always complaining about some ailment or other.*

kwab 0.1 [weke massa vlees/vet] *(roll of) fat/flab* ⇒*jowl* ⟨aan wang; meestal mv.⟩ **0.2** [deel van lever/longen/hersenen] *lobe* ⇒⟨klein⟩ *lobule.*

kwabbig 0.1 *flabby.*

kwadraat 0.1 *square* ◆ **1.1** x ∼ *x squared* **6.1** ⟨fig.⟩ hij is een ezel/stommerik **in** het ∼ *hc is a perfect fool;* **in** het ∼ verheffen *(raise to the) s.*

kwadrant 0.1 *quadrant.*

kwadrateren 0.1 *(raise to the) square.*

kwajongen 0.1 [deugniet] *mischievous/naughty boy* ⇒ *brat* **0.2** [snotneus] *rascal* ◆ **3.2** hij is nog maar een ∼ *he*

is just a boy; vergeleken met Jan is hij nog maar een ~ *John could teach him a thing or two.*
kwajongensachtig 0.1 *boyish* ⇒*mischievous.*
kwajongensstreek 0.1 *(boyish) prank* ⇒*practical joke* ◆ **3.1** een ~ uithalen *play a practical joke, pull a prank.*
kwak[1] ⟨de⟩ **0.1** [geluid] *thud, thump* ⇒*smack* **0.2** [hoeveelheid vloeibare stof/brij]⟨verf, lijm, modder⟩ *dab;* ⟨slagroom⟩ *blob;* ⟨voedsel⟩ *dollop* **0.3** [grote hoeveelheid] *wad* ⇒*heap* ◆ **1.2** een ~ kalk/eten/inkt *a dab of mortar/dollop of food/smear of ink* **1.3** hij heeft een ~ geld *he has wads of money* **3.2** ⟨vulg.⟩ een ~ (je) schieten *come* **6.1** hij kwam met een ~ op de grond *he landed with a thud on the ground.*
kwak[2] ⟨tw.⟩ **0.1** [kikvorsen en eenden] *quack* ⟨eend⟩ *; croak* ⟨kikvors⟩ **0.2** [mbt. weke massa] *smack* ⇒*thud.*
kwaken 0.1 [geluid 'kwak' laten horen] *quack* ⇒*croak* ⟨kikvors⟩ **0.2** [luidruchtig praten] *chatter.*
kwakkel ◆ **3.**¶ aan de ~ zijn *be sickly.*
kwakkelen I ⟨onov.ww.⟩ **0.1** [telkens ziek zijn] *be sickly;* **II** ⟨onpers.ww.⟩ **0.1** [afwisselend vriezen en dooien] *drag, linger* ⟨winter⟩; *be fitful* ⟨weer⟩.
kwakkelig 0.1 [met zijn gezondheid sukkelend] *sickly* **0.2** [mbt. het weer] *changeable.*
kwakkelweer 0.1 *unsteady/changeable weather.*
kwakkelwinter 0.1 *mild winter.*
kwakken I ⟨onov.ww.⟩ **0.1** [met een plof vallen] *bump, crash* ⇒*fall with a thud* ◆ **6.1** hij kwakte tegen de grond *he landed with a thud on the floor;* **II** ⟨ov.ww.⟩ **0.1** [neersmijten] *dump* ⇒*chuck, dab* ⟨verf⟩, *dollop* ⟨voedsel⟩ ◆ **6.1** zij kwakte haar tas op het bureau *she smacked her bag down on the desk;* hij kwakte de jongen tegen de grond *he dumped the boy on the floor.*
kwakkie ⟨vulg.⟩ **0.1** *come.*
kwakzalver 0.1 *quack (doctor).*
kwakzalverij 0.1 *quackery.*
kwal 0.1 [dier] *jellyfish* **0.2** [scheldwoord] *jerk* ◆ **6.2** een ~ van een vent *a regular j.*
kwalificatie 0.1 [toekenning v.e. eigenschap/titel] *designation* ⇒*rating* **0.2** [geschiktheid] *qualification(s)* **0.3** [jur.] *characterization.*
kwalificatieronde 0.1 *qualifying round.*
kwalificatietoernooi ⟨sport⟩ **0.1** *qualifying rounds* ⟨mv.⟩.
kwalificatiewedstrijd 0.1 *qualifying match.*
kwalificeren I ⟨ov.ww.⟩ **0.1** [benoemen] *designate* **0.2** [geschikt maken] *qualify* **0.3** [rechtskundige naam geven] *characterize* ◆ **8.1** iem.~ als bedrieger *style s.o. an imposter;* **II** ⟨wk.ww.; zich ~⟩ **0.1** [zich plaatsen] *qualify (for).*
kwalijk I ⟨bn., bw.⟩ **0.1** [slecht]⟨bn.⟩ *evil* ⇒*vile, nasty,* ⟨bw.⟩ *vilely, nastily, badly* ◆ **1.1** de ~e gevolgen v.h. roken *the bad/detrimental effects of smoking;* dat is een ~e zaak *that is a nasty/e. business* **3.1** ~ riekend *evil-/vile-smelling;* ~ ruiken *have a nasty smell* **3.**¶ hij nam het ons zeer/niet ~ *he gave us the full blame (for it), he did not blame us for it;* neem me niet ~, dat ik te laat ben *excuse my being late/me for being late;* neem(t) (u) mij niet ~ *I beg your pardon;* je kunt hem dat toch niet ~ nemen *you can hardly blame him;* ze zullen het je ~ nemen dat ... *they'll hold it against you that ...;* iem. iets ~ nemen *resent s.o.'s doing sth.* **4.**¶ hij nam het zichzelf ~ dat ... *he blamed himself for ...;*
II ⟨bw.⟩ **0.1** [moeilijk, bezwaarlijk] *hardly* ⇒*not very well* ◆ **3.1** zoiets kan ik van hem toch ~ verlangen *I can h./ can't very well ask him to do such a thing.*
kwalitatief 0.1 *qualitative* ◆ **1.1** ~ was het verschil groot *there was a large difference in quality.*

kwaliteit 0.1 [deugdelijkheid] *quality* **0.2** [eigenschap] *quality* ⇒*characteristic* **0.3** [waardigheid] *capacity* ⇒ *quality* **0.4** [goede hoedanigheid, vaak in samenst.] *quality* ◆ **1.4** kwaliteitsproducten *q. products* **2.1** eerste ~ wol *first-/top-q./grade A wool;* ⟨hout⟩ van goede/slechte ~ *high-/low-q. (wood);* van inferieure/ongelijke ~, inferieur/ongelijk van ~ *(of) inferior/uneven (q.)* **3.1** ~ leveren *deliver a quality product* **3.4** deze wijn heeft ~ *this is a q./superior wine* **6.1** in ~ achteruitgaan *lose q.;* beter van ~ worden *improve (in q.)* **6.3** in mijn ~ van voorzitter *in my c./quality as chairman.*
kwaliteitscontrole 0.1 *quality control.*
kwaliteitseisen 0.1 *quality requirements/standards* ⇒ *requirements as to quality, specifications.*
kwaliteitsgarantie 0.1 *guarantee* ◆ **6.1** met ~ *(fully) guaranteed;* ⟨goedgekeurd⟩ *accredited.*
kwaliteitskrant 0.1 *quality (news)paper.*
kwaliteitsproduct 0.1 *(high-)quality product.*
kwanselen 0.1 *barter.*
kwant 0.1 *fellow,* [B]*chap* ⇒*guy* ◆ **2.1** een vreemde/rare ~ *a queer customer.*
kwantificeren 0.1 *quantify.*
kwantitatief 0.1 *quantitative.*
kwantiteit 0.1 *quantity* ⇒*amount.*
kwantum 0.1 *quantum.*
kwantumchemie 0.1 *quantum chemistry.*
kwantumfysica 0.1 *quantum physics.*
kwantumkorting 0.1 *quantity rebate.*
kwantumtheorie 0.1 *quantum theory.*
kwark 0.1 ±*soft curd cheese.*
kwarktaart 0.1 ±*cheesecake.*
kwart I ⟨het⟩ **0.1** [vierde deel v.e. geheel] *quarter* **0.2** [kwartier] *quarter (of an hour)* ◆ **2.1** voor een ~ Engels/leeg *one q. English/empty* **6.2** het is ~ voor/over elf *it is a q. to/past eleven;* ⟨AE ook⟩ *it is ten forty-five/eleven-fifteen* **7.1** drie ~ van zijn vermogen *three quarters of his fortune;* één en een ~ (liter) *one and a q. (litres), one (litre) and a q.;* **II** ⟨de⟩⟨muz.⟩ **0.1** [kwartnoot] [B]*crotchet,* [A]*quarter note* **0.2** [derde toon na de grondtoon] *fourth* **0.3** [interval van vier trappen] *fourth* ◆ **2.3** een ~ hoger *up/raised a f.*
kwartaal 0.1 *quarter* ⇒*trimester,* ⟨school.⟩ *term* ◆ **6.1** (eenmaal) per ~ *quarterly.*
kwartaalabonnement 0.1 *quarterly subscription.*
kwartaalblad 0.1 *quarterly (magazine).*
kwartaalrapport 0.1 *quarterly report* ⇒⟨school.⟩ *(end-of-)term report.*
kwarteeuw 0.1 *quarter (of a) century.*
kwartel 0.1 *quail* ◆ **8.1** zo vet als een ~ *as fat as a pig;* zo doof als een ~ *as deaf as a post.*
kwartet 0.1 [muziek/zangstuk; musici] *quartet* **0.2** [spel] [B]*happy families,* [A]*old maid* ◆ **3.2** een ~ hebben *have a (complete) set* **6.1** een ~ voor strijkers *a string q.*
kwartetspel 0.1 [B]*happy families,* [A]*old maid.*
kwartetten 0.1 *play* [B]*happy families/*[A]*old maid.*
kwartfinale ⟨sport⟩ **0.1** [stadium in een afvaltoernooi] *quarterfinals* **0.2** [wedstrijd] *quarterfinal* ◆ **3.1** de ~(s) halen *make the q.*
kwartfinalist, -e ⟨sport⟩ **0.1** *quarter-finalist.*
kwartier 0.1 [deel v.e. uur] *quarter (of an hour)* **0.2** [mil.; verblijfplaats] *quarters* **0.3** [schijngestalte v.d. maan] *quarter* ◆ **2.1** een stief ~tje *a good q. of an hour* **2.3** het eerste/laatste ~ *the first/last q.* **3.1** het duurde een ~ ⟨wachten⟩ *it took a q. of an hour;* ⟨voorstelling⟩ *it lasted a q. of an hour;* de klok slaat het/ieder ~ *the clock strikes the quarters* **3.2** ~ maken *take up one's q.* **6.1** om het ~ *every*

q. of an hour **7.1** drie/vijf~ *three quarters of an hour, an hour and a quarter.*

kwartiermaker ⟨mil.⟩ **0.1** *quartermaster.*

kwartiermeester ⟨mil., scheep.⟩ **0.1** *quartermaster.*

kwartje 0.1 *25-cent piece,* ^A*quarter* ◆ **3.1** het kost twee/drie~s *it costs fifty/seventy-five cents.*

kwartnoot ⟨muz.⟩ **0.1** ^B*crotchet,* ^A*quarter note.*

kwartoformaat 0.1 *quarto.*

kwartrust ⟨muz.⟩ **0.1** ^B*crotchet/*^A*quarter rest.*

kwarts 0.1 *quartz* ◆ **2.1** gele ~ *citrine, false topaz.*

kwartshorloge 0.1 *quartz watch.*

kwartslag 0.1 *quarter (of a) turn.*

kwartslamp 0.1 *quartz(-iodine) lamp.*

kwast 0.1 [borstel als gereedschap, vaak in samenst.] *brush* **0.2** [samengebonden draden] *tassel* ⇒⟨klein⟩ *tuft* **0.3** [knoest] *knot* **0.4** [dwaas/verwaand persoon]⟨zie 2.4⟩ **0.5** [drank] *(lemon) squash* ⇒*lemonade* ◆ **2.4** arrogante ~ *smart alec(k);* pedante/verwaande ~ *prig, smart alec(k);* rare ~ *queer customer* **3.1** iets een ~je geven *give sth. a b./da(u)b (of paint)* **6.2** met ~ en (versierd) *tasselled.*

kwasterig 0.1 ⟨verwaand⟩ *conceited, smart-alecky;* ⟨pedant⟩ *priggish;* ⟨raar⟩ *queer, weird.*

kwastig I ⟨bn.⟩ **0.1** [knoestig] *knotty;* **II** ⟨bn., bw.⟩ **0.1** →**kwasterig.**

kwatrijn 0.1 *quatrain.*

kwebbel I ⟨de (m,)⟩ **0.1** [persoon] *rattle(r)* ⇒*chatterbox;* **II** ⟨de⟩ **0.1** [mond] *trap* ◆ **3.1** houd je ~ dicht *shut your t.*

kwebbelen 0.1 *chatter* ◆ ¶.1 erop los ~ *c./jabber away.*

kwee 0.1 *quince.*

kweek I ⟨de (m.)⟩ **0.1** [handeling] *cultivation* ⇒*culture* ⟨ook in laboratorium⟩, *growing* **0.2** [het gekweekte] *culture* ⟨ook in laboratorium⟩ ⇒*growth;* **II** ⟨de⟩ **0.1** [tarwegras] *couch (grass).*

kweekbak 0.1 *seed tray/box.*

kweekbed 0.1 *seed-bed.*

kweekgras 0.1 *couch (grass).*

kweekplaats 0.1 [kwekerij] *nursery* ⇒⟨fig. ook⟩ *breeding ground* **0.2** [fig.; pej.; broeinest] *hotbed.*

kweekreactor 0.1 *breeder reactor* ◆ **2.1** een snelle ~ *a fast breeder.*

kweekschool 0.1 *teacher training (college).*

kweekvijver 0.1 *fish-breeding pond;* ⟨fig.⟩ *breeding-ground.*

kweepeer 0.1 *quince.*

kwek¹ I ⟨de (m.)⟩ **0.1** [persoon] *rattle(r)* ⇒*chatterbox;* **II** ⟨de⟩ **0.1** [mond] *trap* ◆ **3.1** je moet nu even je ~ houden *shut your t., will you?*

kwek² ** ⟨tw.⟩ **0.1 *quack* ⇒⟨kikvors⟩ *croak.*

kwekeling, -linge 0.1 *student teacher.*

kweken 0.1 [mbt. planten en gewassen; verbouwen] *grow, cultivate* **0.2** [mbt. nieuwe plantenrassen] *breed* **0.3** [mbt. dieren] *raise* ⇒⟨fokken⟩ *breed* **0.4** [doen ontstaan en aanwakkeren] *breed* ⇒*foster* ◆ **1.1** gekweekte planten *cultivated plants* **1.3** oesters ~ *breed oysters* **1.4** goodwill ~ *foster goodwill;* dat kweekt haat *that breeds hatred;* bij de leerlingen interesse voor het vak ~ *generate the interest of one's pupils in the subject;* een voorraadje ~ *build up a supply* **4.1** zelf gekweekte tomaten *home-grown tomatoes* **5.1** gemakkelijk te ~ planten *easy-to-grow plants.*

kweker, kweekster 0.1 *grower* ⇒⟨tuinder⟩ *(market) gardener,* ⟨planten, bomen⟩ *nurseryman.*

kwekerij 0.1 [het kweken] *cultivation, growing* ⇒*raising* **0.2** [plaats, bedrijf] *nursery* ⇒⟨groenten⟩ *market garden,* ⟨experimenteel⟩ *plant breeding station.*

kwekken 0.1 [van dieren] *quack* ⇒⟨kikvors⟩ *croak* **0.2** [van mensen] *chatter.*

---

kwartiermaker - kwijt

kwel 0.1 [doorsijpeling] *seepage* **0.2** [kwelwater] *seepage (water).*

kwelder 0.1 *salt marsh.*

kwelduivel 0.1 *tormentor, tease.*

kwelen 0.1 [mbt. vogels] *warble* **0.2** [mbt. mensen] *croon.*

kwelgeest 0.1 *tormentor, tease* ⇒*pest.*

kwellen I ⟨ov.ww.⟩ **0.1** [pijn doen] *hurt* ⇒⟨sterker⟩ *torment, torture* **0.2** [leed/ongemak aandoen] *torment* ⇒*agonize* **0.3** [niet met rust laten] *trouble* ⇒*worry* ◆ **1.2** angst kwelde hem *he was haunted by fear;* een gekweld gelaat *an agonized face;* gekweld worden door geldgebrek *be troubled by lack of money;* een ~de pijn *an excruciating pain* **1.3** die gedachte bleef hem ~ *the thought kept troubling him;* ~ de onzekerheid/problemen *agonizing doubts/problems;* gekweld door wroeging/een obsessie *haunted by remorse/by an obsession;* **II** ⟨onov.ww.⟩ **0.1** [mbt. water] *seep.*

kwelling 0.1 [pijniging, marteling] *torture* ⇒*torment* **0.2** [leed, ongemak] *torment* ⇒*agony* **0.3** [getob, zorg] *worry* ⇒*trouble* ◆ **2.2** een brief schrijven is een ware ~ voor hem *writing a letter is sheer t. for him.*

kwelwater 0.1 *seepage (water).*

kwestie 0.1 *question* ⇒*matter,* ⟨probleem ook⟩ *issue* ◆ **2.1** een netelige ~ *a delicate q./matter/issue;* een slepende ~ *a matter that drags on* **6.1** de persoon/de zaak in ~ *the person/matter in q.;* een ~ van smaak *a q./matter of taste;* een ~ van vertrouwen *a matter of confidence;* dat is een ~ voor de politie *that's a matter for the police* **6.¶** dat is buiten ~ *it's beyond (all) question* ¶.¶ (daar is) geen ~ van! *(that's) out of the question!*

kwets 0.1 *damson.*

kwetsbaar 0.1 *vulnerable* ⟨ook bridge⟩ ◆ **1.1** ⟨fig.⟩ dit is zijn kwetsbare plek/zijde *this is his v. spot/side* **6.1** ~ voor *v. to.*

kwetsbaarheid 0.1 *vulnerability.*

kwetsen 0.1 [verwonden] *injure* ⇒*wound, hurt, bruise* ⟨vruchten⟩ **0.2** [grieven] *hurt* ◆ **1.2** iemands gevoelens ~ *hurt s.o.'s feelings;* ~de taal *hurtful language;* gekwetste trots *wounded pride* **3.2** hij toonde zich gekwetst door die opmerking *he was offended by that remark* **5.1** licht gekwetst *slightly hurt/injured.*

kwetsuur 0.1 *injury* ⇒*hurt, wound.*

kwetteren 0.1 [mbt. vogels] *twitter* **0.2** [mbt. mensen] *chatter.*

kwezel ⟨pej.⟩ **0.1** *sanctimonious hypocrite* ⇒⟨sukkel⟩ *goody-goody.*

kwezelachtig 0.1 *sanctimonious.*

kwezelarij 0.1 *sanctimoniousness* ⇒*holier-than-thou attitude.*

kwibus 0.1 *joker* ◆ **2.1** een rare ~ *a queer customer.*

kwiek 0.1 *alert* ⇒*spry* ◆ **1.1** een ~e tred *a brisk pace;* een ~ ventje *a dapper little guy* **3.1** ~ lopen *walk briskly.*

kwijl 0.1 *slobber.*

kwijlen 0.1 *slobber* ◆ **6.1** om van te ~ *mouth-watering.*

kwijnen 0.1 [mbt. levende wezens] *languish (away)* ⇒*linger (on),* ⟨planten ook⟩ *droop* **0.2** [fig.; verzwakken] *languish (away)* ⇒*flag* ⟨belangstelling⟩ ◆ **1.2** de handel kwijnt *trade is languishing* **3.1** hij begon te ~ *he was ailing, his health was failing.*

kwijnend 0.1 *languishing* ⇒*lingering* ◆ **1.1** ⟨fig.⟩ een ~ bestaan leiden *linger on;* ~e gezondheid *failing health;* aan een ~e ziekte lijden *suffer from a lingering illness.*

kwijt 0.1 [vrij van] *rid (of)* **0.2** [mbt. het wegschenken/verkopen] *rid (of)* **0.3** [beroofd van] *deprived (of)* **0.4** [verloren hebbend] *lost* ◆ **3.1** ik ben mijn kiespijn ~ *I've got r. of* *my toothache;* hij is al die zorgen ~ *he is r. of all those troubles;* die zijn we gelukkig ~ *we are well r. of him, good riddance to him* **3.2** ik kan niets aan je ~? *aren't you going to have anything?;* ik moet het een keer ~ ⟨als bekentenis⟩ *I just have to get it off my chest;* wel ~ willen *be willing to say/admit;* hij zei niet meer dan hij ~ wou *he didn't say any more than he wanted to* **3.3** ik ben zijn naam ~ *I've forgotten his name;* ⟨fig.⟩ nu ben ik het ~ *it has slipped my memory;* de weg ~ zijn *be lost, have lost one's way* **3.4** ik ben mijn sleutels ~ *I have l. my keys;* ⟨fig.⟩ zijn verstand ~ zijn *have l. one's mind;* je zou een hoop geld ~ zijn aan onkosten *you would have to pay a lot for repairs* **3.¶** ik kan mijn auto nergens ~ *I can't park my car anywhere;* je kunt heel wat ~ in deze kist *this chest will store a lot of things.*

kwijten ⟨wk.ww.; zich ~⟩ ⟨schr.⟩ **0.1** *acquit o.s. (of)* ⇒*discharge/perform* ◆ **6.1** zich **van** zijn taak/een opdracht ~ *perform one's task, carry out instructions.*

kwijting ⟨hand.⟩ **0.1** *payment* ◆ **2.1** finale/algehele ~ *full discharge.*

kwijtraken 0.1 [bevrijd worden van] *get rid of* **0.2** [verliezen] *lose* **0.3** [als afvalstof lozen] *pass (out)* **0.4** [verkopen] *dispose of* ⇒*sell* ◆ **1.2** zijn evenwicht ~ ⟨ook fig.⟩ *l. one's balance/composure;* de weg ~ *lose one's way* **1.3** een niersteen ~ *pass a kidneystone* **1.4** die spullen zul je makkelijk ~ *you will easily dispose/get rid of those goods* **4.1** ik kon hem maar niet ~ *I just couldn't shake him off* **5.1** auto's raken we niet meer kwijt *cars are here to stay.*

kwijtschelden 0.1 [mbt. schuld] *forgive* ⇒*let off* **0.2** [mbt. straf] *let off* **0.3** [mbt. plicht] *excuse (from)* ◆ **1.1** hij heeft mij de rest kwijtgescholden *he has let me off the rest;* iem. zijn zonden ~ *f. s.o. his sins* **1.2** van zijn straf is (hem) 2 jaar kwijtgescholden *he had 2 years of his punishment remitted;* iem. een straf ~ *let s.o. off a punishment* **1.3** dat deel van die taak zal ik je maar ~ *I'll e. you from that (particular) part of the task.*

kwijtschelding 0.1 [handeling] *pardon* ⟨schuld, zonde, straf⟩; ⟨zonde ook⟩ *absolution* **0.2** [geval daarvan] *discharge* ⇒*acquittal* ◆ **6.1** ~ **van** straf krijgen *be pardoned.*

kwik 0.1 *mercury* ◆ **3.1** het ~ stijgt/daalt *the m. is rising/falling.*

kwikstaart 0.1 *wagtail.*

kwikthermometer 0.1 *mercury thermometer.*

kwikvergiftiging 0.1 *mercury poisoning.*

kwikzilver 0.1 *mercury.*

kwikzilverachtig 0.1 *mercurial.*

kwinkeleren 0.1 *warble.*

kwinkslag 0.1 *witticism* ◆ **6.1** hij wil er zich **met** een ~ afmaken *he wants to shrug it off with a joke.*

kwint ⟨muz.⟩ **0.1** *fifth* ◆ **2.1** een grote ~ *a dominant.*

kwintencirkel ⟨muz.⟩ **0.1** *circle of fifths.*

kwintessens 0.1 *quintessence* ◆ **1.1** de ~ v.d. zaak *the q./basic essentials of the matter.*

kwintet 0.1 *quintet.*

kwispedoor 0.1 *spittoon.*

kwispelen 0.1 *wag* ◆ **6.1** met de staart ~ *w. one's tail.*

kwistig 0.1 *lavish* ◆ **1.1** met ~e hand uitdelen *give lavishly* **6.1** ~ **met** iets zijn *be l. with sth.;* ~ zijn **met** lof over ... *be l. in one's praise of ...;* ~ zijn **met** geld *be extravagant with money.*

kwitantie 0.1 *receipt* ◆ **3.¶** een ~ innen *collect payment.*

kyrie 0.1 *kyrie.*

KZ-syndroom 0.1 *(concentration) camp syndrome.*

la¹ →**lade.**

la² ⟨de⟩⟨muz.⟩ **0.1** *la.*

laadbak 0.1 [laadruimte op een vrachtwagen] *(loading) platform* **0.2** [container] *container.*

laadboom ⟨scheep.⟩ **0.1** *cargo boom.*

laadbrug 0.1 [het werktuig] *gantry* **0.2** [brug] *loading bridge.*

laadklep 0.1 [mbt. een vrachtauto] *tailboard* **0.2** [mbt. een veerboot, pont] *(loading) ramp* **0.3** [mond] *trap.*

laadplaats ⟨scheep.⟩ **0.1** [haven] *loading port* **0.2** [kade] *loading wharf* **0.3** [speciale plaats aan kade] *loading point/berth.*

laadruim 0.1 *cargo hold* ⇒⟨vliegtuig ook⟩ *cargo/freight compartment.*

laadvermogen 0.1 *carrying capacity* ⇒⟨scheep.⟩ *cargo/deadweight capacity.*

laag¹ ⟨de⟩ **0.1** [mbt. een stof, voorwerpen] *layer* ⇒⟨beschermlaag⟩ *coating,* ⟨dun⟩ *film,* ⟨dun⟩ *sheet,* ⟨geol.⟩ *bed,* ⟨geol.⟩ *stratum,* ⟨erts⟩ *deposit,* ⟨verf⟩ *coat* **0.2** [stand in de maatschappij] *stratum* ◆ **1.1** een ~ steenkool *a seam, a bed of coal;* een dikke ~ stof *a thick l. of dust* **2.1** ⟨geol.⟩ bovenliggende/onderliggende ~ *overlying/underlying stratum* **2.2** in brede lagen v.d. bevolking *in large sections of the population;* de onderste lagen v.d. bevolking *the lower strata/ranks of society* **2.¶** de volle ~ geven *give s.o. a broadside;* ⟨fig.⟩ de volle ~ krijgen *get the full blast.*

laag² ⟨bn., bw.⟩ **0.1** [niet hoog] *low* ⇒⟨mbt. stand⟩ *lowly* **0.2** [gemeen] *low* ⇒*mean* ◆ **1.1** een lage som *a small sum;* een ~ vertrek *a low(-ceilinged) room* **1.2** een lage daad begaan *commit a vile/foul deed;* een ~ karakter *a mean character* **3.1** het gas ~ draaien *turn the gas down;* zijn gewicht/prijs ~ houden *keep one's weight/the price down;* te ~ schatten *underestimate;* olieaandelen staan ~ genoteerd *oil shares have been marked down/are low;* de lire staat ~ *the lira is low/down;* de barometer staat ~ *the barometer is low;* zijn eisen lager stellen *lower one's demands;* een ~ uitgesneden japon *a low(-necked/cut) dress;* zet jij de soep wat lager? *will you turn down the gas (under the soup)?* **3.2** iem. ~ behandelen *treat s.o. meanly* **8.1** ⟨hand.⟩ de aandelen waren twee punten lager dan gisteren *shares were two points down on yesterday.*

laag-bij-de-gronds ⟨fig.⟩ **0.1** *commonplace* ⇒*pedestrian* ◆ **1.1** ~e opmerkingen *c./pedestrian remarks;* ~e pleziertjes *prosaic little amusements.*

laagbouw 0.1 *low-rise (building).*

laagdrempelig 0.1 *approachable* ⇒*accessible* ◆ **1.1** ~e hulpverlening *easily accessible social assistance.*

laagfrequent ⟨tech.⟩ **0.1** *low-frequency.*

laaggekwalificeerd 0.1 *low(ly)-qualified.*

laaggeprijsd 0.1 *low-priced.*

laaggeschoold ◆ **1.¶** ~e arbeiders *semi- and unskilled workers.*

laaghangend 0.1 *low(-hanging)* ◆ **1.1** ~e bewolking *low cloud.*

laaghartig 0.1 *mean* ⇒*low.*

laagheid 0.1 *lowness* ⇒⟨karakter ook⟩ *meanness* ◆ **3.1** laagheden begaan *commit foul acts.*

laagland 0.1 *lowland(s)* ◆ **2.1** de Schotse Laaglanden *the (Scottish) Lowlands.*

laagseizoen 0.1 *low/off season* ♦ **6.1** in het ~ *during (the) low season.*

laagspanning 0.1 [niet meer dan de normale spanning] *low tension* **0.2** [minder dan 42 V] *low voltage.*

laagstaand 0.1 *low.*

laagte 0.1 [hoedanigheid] *lowness* ⇒*low level* **0.2** [plaats] *depression* ⇒*hollow* ⟨mbt. heuvels⟩.

laagveen 0.1 [mbt. de oppervlakte] *(low) fen* ⇒*marsh* **0.2** [mbt. de opbouw] *peat bog* **0.3** [gebied] *fen(s)* ⇒*marshland.*

laagvlak (geol.) **0.1** *bedding plane.*

laagvlakte 0.1 *lowland plain* ⇒*lowland(s).*

laagwater, laagtij 0.1 [eb] *low tide* **0.2** [lage rivierstand] *low water* ♦ **6.1** bij ~ *at low tide.*

laaien 0.1 *blaze.*

laaiend 0.1 [vlammend] *wild* **0.2** [woedend] *furious* ♦ **2.1** ~ enthousiast over iets zijn *be wildly enthusiastic about sth.* **3.2** hij was ~ *he was f.*

laakbaar 0.1 *reprehensible* ♦ **1.1** ~ gedrag *r. behaviour.*

laan 0.1 *avenue* ♦ **3.1** (fig.) iem. de ~ uitsturen *sack/fire s.o.;* (wegjagen) *send s.o. packing.*

laars 0.1 *boot* ♦ **2.1** halfhoge/hele laarzen *calf-length/knee-length boots;* rubber laarzen *rubber boots,* [B]*Wellingtons* **6.1** (fig.; inf.) iets **aan** zijn ~ lappen *ignore sth.;* ⟨fig.; inf.⟩ dat lap ik **aan** mijn ~ *(a) fat lot I care, I don't give a damn;* laarzen **met** hoge hakken *high-heeled boots;* ⟨fig.⟩ zuchten **onder** de ~ v.d. onderdrukker *groan under the b. of the oppressor* ¶**.1** ~jes *tiny/children's boots.*

laat 0.1 *late* ♦ **1.1** van de vroege morgen tot de late avond *from early in the morning till l. at night;* een wat late reactie *a rather belated reaction* **3.1** is het nog ~ geworden gisteravond? *did the people stay l. last night?, did you work l. last night?;* wat is het al ~! *look how l. it is!;* daar kom je wel wat ~ mee *it's rather l. in the day (to do that),* ~ opblijven *stay up l.* **5.1** gisteravond ~ *l. last night;* hoe ~ is het? *what's the time?, what time is it?;* hoe ~? *what time?, when?;* ⟨fig.⟩ dan weet je wel hoe ~ het is *you know how things stand;* hoe ~ heb jij het? *what time do you make it?;* hoe ~ beginnen we? *what time do we start?;* 's avonds ~ *l. at night;* te ~ komen (op school/kantoor/je werk) *be l. (for school/at the office/for work);* een dag te ~ *a day l./overdue;* ⟨fig.⟩ is het weer zo ~? *here we go again!* **6.1** ~ in de middag/het voorjaar *in the l. afternoon/spring;* van vroeg tot ~ *from dawn till dusk* ¶**.1** (sprw.) beter ~ dan nooit *better late than never.*

laatbloeier 0.1 ⟨ook fig.⟩ *late-bloomer.*

laatdunkend 0.1 *conceited* ⇒*condescending* ♦ **3.1** zich ~ uitlaten over iets/iem. *be condescending about sth./s.o.*

laatdunkendheid 0.1 *conceit* ⇒*condescension.*

laatje ♦ **6.**¶ dat brengt geld **in** 't ~ *it brings in a bit of cash;* die maatregel heeft de staat miljoenen **in** 't ~ gebracht *that measure earned the state millions.*

laatkomer 0.1 *latecomer.*

laatst I ⟨bn.⟩ **0.1** [in tijd/reeks] *last* **0.2** [meest recent] *last* ⇒ *latest* **0.3** [afsluitend] *last* ⇒*final* **0.4** [van twee] *latter* ♦ **1.1** zijn ~e boek *his l. book* **1.2** zijn ~e boek *his latest/last book;* in de ~e jaren *in the last few years, in recent years;* de ~e tijd *recently, lately* **1.3** voor de ~e keer optreden *make one's l./final appearance* **1.4** in de ~e helft van juli *in the latter/second half of July* **7.1** de ~e zijn om iets te doen *be the l. to do sth.;* dat zou het ~e zijn wat ik zou doen *that is the l. thing I would do;* **II** ⟨bw.⟩ **0.1** [onlangs] *recently* ⇒*lately* **0.2** [in tijd/reeks] *last* ♦ **3.1** ik ben ~ nog bij hem geweest *I visited him r.* **3.2** de ~ overgebleven afstammeling *the l. remaining descen-*

dant **6.1** ~ op een keer/middag *the other day/afternoon* **6.2** morgen **op** zijn ~ *tomorrow at the latest;* **op** het ~ *in the end* ⟨ook vaak vertaald dmv. het werkwoord end up⟩; **op** het ~ waren ze allemaal dronken *they all ended up drunk;* **voor** het ~ *for the l. time;* ze is hier **voor** het ~ *today is her l. day (here);* toen zag hij haar **voor** het ~ *that was the l. (time) he saw her* **7.2** hij kwam weer het ~ *he was the l. to arrive as usual;* het ~ dat ik hem zag was in augustus *the l. time I saw him was in August, I saw him l. in August.* →**lachen.**

laatstelijk 0.1 *lately* ⇒*last(ly)* ♦ **1.1** ~ gemeentesecretaris te A. *(until) recently town clerk in A.* **2.1** ~ woonachtig te B., Parkstraat 4 *last known at 4 Park St. in B.*

laatstgenoemde 0.1 *last (named/mentioned)* ⇒⟨van twee⟩ *latter.*

lab (inf.) **0.1** *lab.*

label 0.1 ⟨ook grammofoonplatenmerk⟩ *label* ⇒⟨etiket⟩ *sticker,* ⟨adreskaartje⟩ *address tag* ♦ **2.1** die plaat komt uit op een nieuw ~ *that record is coming out on/under a new l.* **3.1** van een ~ voorzien *labelled, stickered.*

labelen 0.1 *label.*

labiel 0.1 *unstable* ♦ **1.1** ~ evenwicht *u. equilibrium.*

labiliteit 0.1 *instability.*

laborant 0.1 *lab(oratory) assistant/technician* ♦ **1.1** EEG-~ *EEG operator/technician* **2.1** radiologisch ~ *e x-ray technician.*

laboratorium 0.1 *lab(oratory).*

labrador 0.1 *labrador.*

labroïden 0.1 *wrasse* ⇒*Labridae.*

labyrint 0.1 ⟨ook fig.⟩ *labyrinth* ♦ **6.1** een ~ van termen *a l./maze of terms.*

lach 0.1 *laugh* ⇒*(burst of) laughter* ♦ **2.1** een aanstekelijke ~ *a contagious laugh;* de slappe ~ krijgen/hebben *get/have the giggles* **4.1** er kon geen ~je bij hem af *there wasn't so much as a glimmer of a smile from him* **6.1** in de ~ schieten *burst out laughing;* ⟨AE ook⟩ *crack up;* stikken **van** de ~ *choke with laughter.*

lachbui 0.1 *fit of laughter* ♦ **2.1** een onbedaarlijke ~ hebben *have an uncontrollable fit of laughter.*

lachebekje 0.1 *giggly person.*

lachen I ⟨onov.ww.⟩ **0.1** [als uiting van vrolijkheid] *laugh;* ⟨glimlachen⟩ *smile* **0.2** [bespotten, schertsen] *laugh at* **0.3** [(leed)vermaak hebben] *laugh about/at* ♦ **3.1** (fig.) je blijft ~ *this is absurd* ⟨dolkomisch⟩ *hilarious;* hij kon zijn ~ niet houden *he couldn't help laughing;* ⟨fig.⟩ als hij dat merkt dan kunnen we nog ~ *if he notices, then we're in trouble;* laat me niet ~ *don't make me l.;* ik zie niet in wat er te ~ valt *I don't see what's so funny;* het ~ zal hem wel vergaan *he won't l. (for) long* **3.3** er is/valt niets te ~ *this is no laughing matter* **5.1** fijntjes ~ *smile quietly;* schaterend/luidkeels ~ *roar with laughter* **5.2** daar lacht hij om *he just laughs at that, he doesn't take that seriously* **6.1** iem. **aan** het ~ maken *make s.o. laugh;* **in** zichzelf ~ *l. to o.s.;* **om/over** iets ~ *l. about/at;* **tegen** iem. ~ *l. at s.o.;* zich bescheuren **van** het ~ *split one's sides laughing;* dubbel/krom liggen **van** het ~ *be doubled over with laughter* **6.2** daar kun je nu wel **om** ~, maar … *it's all very well/all fine and well to laugh, but …* ¶**.1** ~ is gezond *laughter is the best medicine;* ⟨sprw.⟩ wie het laatst lacht, lacht het best *he who laughs last laughs longest;* **II** ⟨ov.ww.⟩ **0.1** [door lachen in een toestand komen] *laugh* ♦ **4.1** zich te barsten ~ *split one's sides laughing.*

lachend 0.1 [die/dat lacht] *laughing* ⇒*smiling* **0.2** [met leedvermaak] *laughing* ♦ **1.1** een ~ gezicht, ~e ogen *a smiling face, l. eyes* **1.2** de ~e derde *the one who's sitting pretty* **3.1** iem. ~ aankijken *smile at s.o.*

lacher 0.1 *laugher* ◆ ¶.1 de ~s op zijn hand hebben *have 'em laughing.*
lacherig 0.1 *giggly.*
lachertje 0.1 [makkie] *cinch* **0.2** [iets belachelijks] *laugh* ⇒ *joke* **0.3** [grapje] *lark* ◆ **3.2** dat voorstel is gewoon een ~ *that proposal is a joke* **7.1** dat is geen ~ *that's no easy matter.*
lachfilm 0.1 *comedy.*
lachgas 0.1 *laughing gas.*
lachlust 0.1 *inclination to laugh.*
lachsalvo 0.1 *wave/burst of laughter.*
lachspiegel 0.1 *carnival mirror.*
lachspier 0.1 *laughing muscle* ◆ **6.1** op de ~en werken *get (s.o.)/set (s.o.) off laughing*; het werkte op haar ~en ⟨ook⟩ *it set her off in a fit of laughter.*
lachstuip 0.1 *fit of laughter.*
lachwekkend 0.1 *laughable* ⇒⟨belachelijk⟩ *ridiculous* ◆ **1.1** een ~e vertoning *a ridiculous display.*
laconiek 0.1 *laconic* ◆ **1.1** een ~ antwoord *a l. answer* **3.1** iets (heel) ~ vertellen *tell sth. (very) laconically/matter-of-factly.*
lacrosse 0.1 *lacrosse.*
lacto-vegetariër 0.1 *lacto-vegetarian.*
lacune 0.1 *gap* ◆ **2.1** ernstige ~s in iemands kennis *serious gaps in one's knowledge* **3.1** een ~ aanvullen *fill a g.*
ladder 0.1 [trap] *ladder* **0.2** [mbt. kousen] *run* **0.3** [reeks] *ladder* ⇒*scale* ◆ **2.3** bovenaan/hoog op de maatschappelijke ~ staan *be on top of/high up the social l./scale* **6.2** een ~ in je kous *a r. in your stocking.*
ladderen 0.1 *run* ◆ **1.1** die kousen ~ niet *these stockings won't r.*
ladderwagen 0.1 *ladder truck.*
ladderzat ⟨inf.⟩ **0.1** *smashed* ⇒*blind drunk.*
lade 0.1 *drawer* ⇒⟨geld⟩ *till* ◆ **3.1** de ~ uittrekken/dichtschuiven *open/shut a d.*
ladekast 0.1 *chest (of drawers)* ⇒*dresser,* ⟨archief⟩ *filing cabinet.*
laden 0.1 [bevrachten] *load* **0.2** [mbt. vuurwapens] *load* **0.3** [van elektriciteit voorzien] *charge* **0.4** [voorzien van het nodige] *load* ◆ **1.2** een geweer ~ *l. a gun* **1.3** een accu ~ *c. a battery;* ⟨fig.⟩ een geladen atmosfeer *a charged atmosphere* **1.4** een camera ~ *l. a camera* **2.1** het schip is te zwaar geladen *the ship is overloaded* **3.1** ~ en lossen *loading (and unloading);* ⟨verkeer⟩ *loading zone* **6.1** een grote verantwoordelijkheid op zich ~ *take on a tremendous responsibility;* stenen op een wagen ~ *l. stones onto a wagon;* koffers **uit** de auto ~ *unload the bags from the car.*
lader 0.1 [iem. die laadt] *loader* **0.2** [laadinrichting voor schip of voertuig] *loader* ⇒*(piece of) loading equipment.*
lading 0.1 [elektriciteit] *charge* **0.2** [vracht] *cargo* ⇒⟨schip⟩ *load* **0.3** [ontplofbare stof] *load* ⇒*charge* ◆ **1.2** een ~ rijst *a load of rice;* ⟨scherts.⟩ een ~ toeristen *a bevy/truckload of tourists* **2.1** nieuwe ~ *recharge* **2.2** ⟨inf.⟩ hij heeft er een hele ~ van *he has a (whole) load/pile of those;* een schip met volle ~ *a fully loaded ship;* te zware ~ *overload* **2.3** (iets/iem.) de volle ~ geven *blow/blast (sth./s.o.) to bits;* ⟨fig.;iem.⟩ *really let s.o. have it* **3.2** ~ innemen *take in c.* **6.2** ⟨scheep.⟩ **zonder** ~ *in ballast, empty.*
lady 0.1 *lady.*
laesie ⟨med.⟩ **0.1** *lesion.*
laf 0.1 [lafhartig] *cowardly* ⇒⟨inf.⟩ *yellow,* ⟨inf.⟩ *chicken* **0.2** [flauw, slap] *insipid* **0.3** [niet geestig] *dull* ⇒⟨grap⟩ *feeble* ◆ **1.1** een ~fe vent *a weak-kneed/spineless fellow* **1.2** ~fe kost *i./weak stuff;* ~fe verontschuldigingen *feeble excuses* **3.1** zich ~ gedragen *act like a coward.*

lafaard, lafbek 0.1 *coward* ⇒⟨inf.⟩ *yellowbelly, chicken.*
lafenis ⟨schr.⟩ **0.1** [verkwikking] *comfort* **0.2** [drank] *refreshment* ◆ **3.1** iem. ~ brengen *bring s.o. comfort.*
lafhartig →*laf* **0.1.**
lafhartigheid →*lafheid* **0.1.**
lafheid 0.1 [lafhartigheid] *cowardice* **0.2** [laffe daad] *cowardly deed* ⇒*act of cowardice* **0.3** [mv.; flauwiteiten] *feebleness.*
lagedrukgebied ⟨meteo.⟩ **0.1** *low pressure area.*
lagelonenland 0.1 *low-wage country.*
lager 0.1 [lagerbier] *lager* **0.2** [deel waarin een as draait] *bearing.*
lagerbier 0.1 *lager beer.*
Lagerhuis 0.1 *Lower House* ⇒⟨in GB en Canada⟩ *House of Commons* ◆ **2.1** het Ierse ~ *the Dail* **6.1** in het ~ zitten *be a member of the Lower House/House of Commons.*
lagerwal ⟨scheep.⟩ **0.1** *lee shore* ◆ **6.1** aan ~ geraken ⟨fig.⟩ *come down in the world.*
lagune 0.1 *lagoon.*
laisser aller 0.1 *laissez aller.*
laisser faire 0.1 *laissez faire.*
laissez-passer 0.1 *laissez passer.*
lak 0.1 [oplossing] *lacquer* ⇒*varnish,* ⟨emaillak⟩ *enamel* **0.2** [(laag) lakverf] *(layer/coat of) lacquer/varnish/enamel* ⇒⟨voor nagels⟩ *polish* **0.3** [zegellak] *sealing wax* **0.4** [gelakte artikelen] *lacquer ware* ◆ **2.1** blanke/naturel ~ *clear/natural varnish* **2.4** Chinees en Japans ~ *Chinese and Japanese l.w.* **3.2** de ~ is beschadigd *the paintwork is damaged* **3.¶** daar heb ik ~ aan *(a) fat lot I care.*
lakei 0.1 *lackey* ⇒⟨inf.; pej.⟩ *flunkey.*
laken¹ ⟨het⟩ **0.1** [stuk stof]⟨bed⟩ *sheet* ⇒⟨tafel⟩ *tablecloth* **0.2** [wollen stof] *cloth* ⇒*worsted* ◆ **1.1** ~s en slopen *bed linen* **1.2** het ~ v.e. biljart *the c. of a billiard table* **2.2** op het groene ~ *on the billiard table;* ruw/ongevold ~ *raw c.* **3.1** ⟨fig.⟩ de ~s uitdelen *rule the roost, run the show* **4.2** ⟨fig.⟩ het was weer van hetzelfde ~ een pak *it was the same thing all over again* **6.1** onder/tussen de ~s kruipen *slip between the sheets.*
laken² ⟨ov.ww.⟩ **0.1** [(sterk) afkeuren] *(strongly) disapprove (of)* **0.2** [berispen] *rebuke* ◆ **1.1** een verkeerde eigenschap in iem. ~ *condemn a bad quality in s.o.*
lakenindustrie 0.1 *textile industry.*
lakens 0.1 *cloth, worsted* ◆ **1.1** een ~e jas *a c./w. jacket/coat.*
lakenzak 0.1 *sheet sleeping bag.*
lakjas 0.1 *patent leather jacket.*
lakken 0.1 [met lak bedekken] *lacquer* ⇒*varnish, polish* ⟨nagels⟩ **0.2** [verven] *paint* ⇒*enamel* **0.3** [dichtlakken] *seal* ◆ **1.1** nagels ~ *paint one's nails;* de vloer ~ *varnish the floor* **1.3** een brief ~ *s. a letter* **2.2** een deur/een auto rood ~ *p. a door/car red.*
laklaag 0.1 *(layer of) lacquer/varnish/enamel.*
lakleer 0.1 *patent leather.*
lakmoes 0.1 *litmus.*
laks 0.1 *lax* ◆ **1.1** een ~e moraal *l. principles, loose morals* **3.1** ~ regeren *keep a loose rein (on sth.).*
lakschoen 0.1 *patent leather shoe.*
laksheid 0.1 *laxity.*
lakstempel 0.1 *wax stamp.*
lakverf 0.1 *enamel paint.*
lakwerk 0.1 [het lakken] *lacquerwork* ⇒*lacquering* **0.2** [gelakte voorwerpen] *lacquerwork* ⇒*lacquer ware* **0.3** [mbt. auto enz.] *paint(work).*
lakzegel 0.1 *wax seal.*
lallen 0.1 *jabber, babble* ⇒⟨bij dronkenschap⟩ *slur one's words.*

lam[1] 〈het〉 **0.1** 〈ook fig.〉 *lamb* ◆ **1.1** het Lam Gods *the Lamb of God* **3.1** ~meren werpen *lamb* **8.1** als een - ter slachtbank geleid worden *be brought like a l. to the slaughter;* zo gedwee/mak als een ~ *as gentle/meek as a l.;* onschuldig als een pasgeboren ~ *(as) innocent as a newborn babe.*

lam[2] 〈bn., bw.〉 **0.1** [verlamd] *paralysed* ⇒〈fig. ook〉 *out of action* **0.2** [stukgedraaid] *stripped* 〈schroef〉; *weak* 〈veer〉 **0.3** [krachteloos] *numb* **0.4** [dronken] *blind drunk* ⇒ *smashed* ◆ **1.1** hij heeft een ~me hand *his hand is p.* **3.1** als ~ geslagen van schrik *p. with fear;* 〈fig.〉 de organisatie is voorlopig ~ geslagen *the organization has been temporarily knocked out of action;* 〈fig.〉 het verkeer ~ leggen *bring traffic to a (complete) standstill;* 〈inf.〉 iem.~ slaan *beat s.o. to a pulp;* ik werk mij (half) ~ *I'm working my fingers to the bone.*

lama I 〈de〉 **0.1** [boeddhistische priester] *lama* **0.2** [dier] *llama;*

II 〈het〉 **0.1** [stof van lamawol] *llama.*

lambriseren 0.1 *panel* ⇒*wainscot.*

lambrisering 0.1 *wainscot(t)ing* ⇒*panelling.*

lamel 0.1 〈plaatje〉 *plate* ⇒*(laminated) layer,* 〈strook〉 *strip,* 〈van weekdier/plaatzwam〉 *lamella,* 〈van gesteente〉 *lamina* ◆ **1.1** de ~len v.e. transformator/zonwering *the (cooling) fins of a transformer, the slats of a Venetian blind* **6.1** parket in ~len *parquet in strips.*

lamenteren 0.1 *lament.*

lamheid 0.1 [verlamdheid] *paralysis* **0.2** [futloosheid] *lack of energy/strength/*〈wilskracht〉 *willpower* ◆ **6.1** 〈fig.〉 met ~ geslagen zijn *be struck dumb.*

laminaat 0.1 *laminate.*

lamleggen 0.1 *paralyse* ◆ **1.1** het verkeer ~ *bring the traffic to a standstill.*

lamlendig 0.1 [onaangenaam] *wretched* **0.2** [futloos] *shiftless.*

lamlendigheid 0.1 [onaangenaamheid] *wretchedness* **0.2** [futloosheid] *shiftlessness.*

lamme 0.1 *paralysed/lame person* ◆ **3.1** 〈fig.〉 de ~ leidt de blinde *the blind are leading the blind.*

lammeling 〈inf.〉 **0.1** 〈futloos〉 *dead loss;* 〈onaangenaam〉 *stinker.*

lammetjespap 0.1 *gruel.*

lamoen 0.1 *shafts* 〈mv.〉.

lamp 0.1 [tot verlichting dienend voorwerp] *lamp;* 〈inf.〉 *light;* 〈gloeilamp〉 *bulb* **0.2** [verlichtingsarmatuur] *lamp* **0.3** [radiolamp] *"valve,* [4]*tube* ◆ **2.1** een rode ~ *a red light* **2.2** staande ~ *standard l.* **3.1** de ~en aandoen *turn the lights on;* 〈fig.〉 er gaat een ~je bij mij branden *that rings a bell* **6.2** 〈fig.〉 tegen de ~ lopen *get into trouble.*

lampenkap 0.1 *lampshade.*

lampenkousje 0.1 [pit v.e. olielamp] *(lamp) wick* **0.2** [gloeikousje] *(gas) mantle.*

lampetkan 0.1 *(water)jug.*

lampetkom 0.1 *(wash)basin.*

lampfitting 0.1 *light fitting, lamp holder.*

lampion 0.1 *Chinese lantern.*

lamplicht 0.1 *lamplight.*

lamsbout 0.1 *leg of lamb.*

lamskarbonade 0.1 *lamb chop.*

lamskotelet 0.1 *lamb chop/cutlet.*

lamslaan 0.1 *beat to a pulp.*

lamsleer 0.1 *lambskin.*

lamsoor 0.1 *sea lavender.*

lamsvlees 0.1 *lamb.*

lamsvlies 〈med.〉 **0.1** *amnion.*

lamswol 0.1 *lambswool.*

lamswollen 0.1 *lambswool.*

lamzak →*lammeling.*

lanceerbasis 0.1 *launching site/pad.*

lanceerinrichting 0.1 *launcher.*

lanceerraket 0.1 *launcher* ⇒*rocket.*

lanceren 0.1 [afvuren] *launch;* 〈raket ook〉 *blast/lift off* **0.2** [de wereld insturen] *launch* ◆ **1.2** een bericht/een gerucht ~ *spread a report/a rumour;* een product ~ *l. a product;* een nieuwe theorie ~ *l. a new theory* **6.1** ~ vanuit de lucht *air-launch.*

lancering 0.1 *launch(ing);* 〈raket ook〉 *blast-/lift-off.*

lancet 〈med.〉 **0.1** *lancet.*

land 0.1 [wat boven water uitsteekt] *land* **0.2** [bouwland] *land* **0.3** [platteland] *country(side)* **0.4** [staat] *country* **0.5** [vaderland] *country* **0.6** [streek] *land* ◆ **1.1** een stuk ~ *a piece of l.* **1.3** een kind v.h.~ *a country boy/girl* **1.4** het ~ v.d. rijzende zon *the Land of the Rising Sun* **1.5** ~ van herkomst *c. of origin* **2.6** het Beloofde Land *the Promised Land* **3.1** een ~ aandoen 〈met schip〉 *put in to shore;* ~ betreden *set foot ashore;* 〈fig.〉 er is met hem geen ~ te bezeilen *you can't get anywhere with him* **3.5** het ~ dienen/verdedigen *serve/defend one's c.* **3.¶** ergens het ~ aan hebben *hate sth.;* het ~ hebben *be in a bad mood;* 〈neerslachtig〉 be down in the dumps; ergens het ~ over hebben *be annoyed about sth.* **6.1** aan ~ komen *land, come ashore;* aan ~ gaan *go ashore;* hij kon nog *naar* het ~ zwemmen *he was still able to swim to the shore;* goederen over ~ vervoeren *transport goods overland;* te ~ en ter zee on *l. and sea* **6.2** op het ~ werken *work (on) the l.;* 〈bewerken〉 parm *the l.* **6.3** op het ~ wonen *live in the country* **6.4** in ons ~ *in this c.;* over het hele ~ *throughout the c.* **6.5** waren *uit/van* eigen ~ *domestic goods* **6.6** hier te ~e *hereabouts, in these parts* **¶.1** ~ (in zicht)! *l. ho!;* ~ in zicht krijgen *come in sight of l., sight l.* **¶.4** 〈sprw.〉 in het ~ der blinden is eenoog koning *in the country of the blind, the one-eyed man is king* **¶.6** 〈sprw.〉 's lands wijs 's lands eer *when in Rome do as the Romans do.*

landaanwinning 0.1 [handeling] *land reclamation* **0.2** [resultaat] *reclaimed land.*

landaard 0.1 *national character.*

landadel 0.1 *landed nobility* ◆ **2.1** de lage ~ *the landed gentry.*

landarbeid 0.1 *farm/agricultural work.*

landarbeider 0.1 *farm/agricultural worker.*

landbouw 0.1 [akkerbouw] *farming* **0.2** [ec.] *agriculture* ◆ **1.1** ~ en veeteelt 〈voor vlees〉 *arable farming and stockbreeding;* 〈voor melk〉 *arable and dairy farming* **3.1** zich op de ~ toeleggen *take up farming* **¶.2** ~ in dienst v.d. veeteelt *mixed farming.*

landbouwareaal 0.1 *area of land used for agriculture* ⇒ *farm land.*

landbouwbedrijf 0.1 [de landbouw] *agriculture* ⇒*farming* **0.2** [boerderij] *farm* ◆ **2.2** een collectief ~ *a collective f.*

landbouwbegroting 0.1 *agricultural estimates/budget.*

landbouwbeleid 0.1 *agricultural policy.*

landbouwbeurs 0.1 *agricultural fair.*

landbouwcommissaris 0.1 *agricultural commissioner.*

landbouweconomie 0.1 *agricultural economics.*

landbouweconoom 0.1 *agronomist.*

landbouwer 0.1 *farmer.*

landbouwgebied 0.1 [onderwerp] *field of agriculture* **0.2** [streek] *agricultural area* ◆ **6.1** op ~ *in the field of agriculture.*

landbouwgif 0.1 *agricultural pesticide.*

landbouwgrond 0.1 *agricultural/farming land* ⇒*farmland* ◆ **2.1** bebouwde ~ *cultivated farmland.*

landbouwhogeschool 0.1 *agricultural university;* ⟨in naam vaak⟩ *University of Agriculture.*

landbouwingenieur 0.1 *master of agricultural science.*

landbouwkunde 0.1 *agronomy* ⇒*agricultural science.*

landbouwkundig 0.1 *agricultural* ♦ 1.1 ~ ingenieur *a. engineer.*

landbouwkundige 0.1 *agricultur(al)ist* ⇒*agricultural expert, agronomist.*

landbouwmachine 0.1 *agricultural/farming machine/* ⟨mv. ook⟩ *machinery.*

landbouwpolitiek 0.1 *agricultural/farming politics.*

landbouwproducten 0.1 *agricultural/farm produce/ products.*

landbouwproefstation 0.1 *agricultural research station.*

landbouwschap 0.1 *agricultural board.*

landbouwschool 0.1 *agricultural college.*

landbouwstaat 0.1 *agricultural country.*

Landbouwuniversiteit 0.1 *Agricultural University.*

landdag 0.1 *convention* ⇒*congress* ♦ 2.¶ een Poolse ~ *bedlam.*

landdrost 0.1 [bestuurder] *'landdrost', (local) administrator* 0.2 [gesch.] *bailiff.*

landeigenaar 0.1 *landowner.*

landelijk I ⟨bn., bw.⟩ 0.1 [nationaal] *national;* ⟨vnl. als bw.⟩ *nationwide* ♦ 1.1 ~e bekendheid genieten *have a national reputation;* ~e dagbladen *national (news)papers* 3.1 het feest wordt ~ gevierd *the holiday is celebrated all over the country;* **II** ⟨bn.⟩ 0.1 [mbt. het platteland] *rural* ⇒*country* ♦ 1.1 ~e eenvoud *rustic simplicity;* ~e eigendommen *country/r. estates.*

landen 0.1 *land* ⟨ook hengelsport⟩ ♦ 1.1 toestemming tot ~ *clearance for landing/ to l.* 3.1 doen ~ *land;* een vliegtuig dwingen tot ~ *force a plane to l.* 6.1 op de maan ~ *l. on the moon;* ~ op Schiphol *l. at Schiphol.*

landengte 0.1 *isthmus* ⇒*neck of land.*

landenwedstrijd ⟨sport⟩ 0.1 *international match/contest.*

landerig 0.1 [futloos] *down in the dumps* 0.2 [slecht gehumeurd] *in a bad mood* ⇒*irritated* ♦ 3.2 ik word er ~ van *it puts me in a bad mood.*

landerigheid 0.1 *boredom.*

landerijen 0.1 *(farm)land(s).*

landgenoot, -note 0.1 *(fellow) countryman* ⟨m.⟩; *(fellow) countrywoman* ⟨v.⟩.

landgoed 0.1 *country/rural estate.*

landhervorming 0.1 *land reform.*

landhonger 0.1 [expansiedrift] *hunger/greed for territory* 0.2 [verlangen naar landbouwgrond] *hunger for land.*

landhoofd 0.1 [mbt. bruggen] *land abutment* 0.2 [pier] *(abutment) pier.*

landhuis 0.1 *country house/cottage.*

landhuishoudkunde 0.1 *rural economy.*

landing 0.1 ⟨ook mil.⟩ *landing* ♦ 2.1 ⟨fig.; geldw.⟩ harde ~ *hard l.;* een zachte ~ *a smooth l.* 6.1 de ~ v.d. geallieerden in Normandië *the Allied landings in Normandy;* de ~ **van** passagiers en goederen *the l./disembarkation of passengers and goods.*

landingsbaan 0.1 *runway* ♦ 2.1 verlichte ~ *flare-path* 3.1 de ~ voorbijschieten, doorschieten op de ~ *overshoot.*

landingsbaken 0.1 *landing beacon.*

landingsdivisie 0.1 *landing party.*

landingsgeld 0.1 *landing fee.*

landingsgestel 0.1 *landing gear;* ⟨inf.⟩ *undercart* ♦ 3.1 het ~ intrekken *retract the l. g.*

landingsleger 0.1 *landing force.*

landingslicht 0.1 [mbt. het vliegveld] *approach/runway lights* 0.2 [mbt. het vliegtuig] *landing light.*

landingsplaats 0.1 [mbt. lucht-/ruimtevaartuigen] *landing field/site* 0.2 [mil.] *landing point.*

landingspoging 0.1 *attempted landing.*

landingsstrook 0.1 *landing strip.*

landingstrap 0.1 *mobile steps* ⟨mv.⟩.

landingstroepen 0.1 *landing force(s).*

landingsvloot 0.1 *landing fleet.*

landinrichting 0.1 *land use/development/planning.*

landinwaarts 0.1 *inland* ♦ 3.1 ~ gaan *go i.*

landje 0.1 [braakliggend terrein] *piece of (waste) ground.*

landjonker 0.1 *country gentleman;* ⟨GB ook⟩ *squire.*

landkaart 0.1 *map.*

landklimaat 0.1 *continental climate.*

landkunde ♦ 1.¶ land- en volkenkunde *geography and ethnology.*

landleger 0.1 *land force(s)/army.*

landleven 0.1 *country/rural life.*

landlieden ⟨schr.⟩ 0.1 *countryfolk.*

landloper 0.1 *tramp, vagrant.*

landloperij 0.1 *vagrancy* ♦ 6.1 arresteren **wegens** ~ *arrest for v.*

landmacht ⟨mil.⟩ 0.1 *army* ⇒*land forces.*

landmeten 0.1 *surveying.*

landmeter 0.1 *surveyor.*

landmijn ⟨mil.⟩ 0.1 *land mine.*

landnummer ⟨com.⟩ 0.1 *international dialling code.*

landontginning 0.1 *land reclamation/clearing.*

landrot 0.1 *landlubber.*

landsadvocaat 0.1 *government prosecutor.*

landsbelang 0.1 *national interest* ♦ 6.1 dat is strijdig **met** het ~ *that is not in the national interest.*

landschap 0.1 ⟨ook bk.⟩ *landscape* ♦ 2.1 wat een mooi ~! *what beautiful scenery/a beautiful l.!* 3.1 ~pen schilderen *paint landscapes.*

landschappelijk 0.1 *of the landscape* ♦ 1.1 het ~ schoon *scenic/natural beauty.*

landschapschilder 0.1 *landscape painter/artist.*

landschapspark 0.1 *national park.*

landschapsvervuiling 0.1 *landscape pollution.*

landschildpad 0.1 *land tortoise/turtle.*

land(s)grens 0.1 *border* ⇒*frontier.*

landskampioen ⟨sport⟩ 0.1 *national champions.*

landsman 0.1 *(fellow) countryman* ♦ ¶.¶ wat voor een ~ is hij? *what nationality is he?*

landspolitiek 0.1 *national politics* ⟨mv.⟩.

landstreek 0.1 *region, area, part of the country.*

landstrijdkrachten 0.1 *land forces* ⇒*army.*

landsverdediging 0.1 *national defence.*

landtong 0.1 *spit of land* ⇒⟨schiereiland⟩ *peninsula.*

landverhuizer 0.1 *emigrant.*

landverhuizing 0.1 *emigration.*

landverraad 0.1 *(high) treason.*

landverrader 0.1 *traitor (to one's country).*

landvoogd 0.1 *governor.*

landwaarts 0.1 *landward(s)* ⇒*towards the land* ♦ 3.1 de wind draaide ~ *the wind shifted onshore;* ~ richten *head for shore;* ⟨scheep.⟩ *put to;* ~ stevenen *steer landward(s);* ⟨scheep.⟩ *put to.*

landweg 0.1 [weg door het land] *country road* 0.2 [niet-bestrate weg] *(country) lane/track.*

landwijn 0.1 *local/regional wine.*

landwind 0.1 *land wind/breeze, offshore wind.*

landwinning 0.1 *land reclamation.*

lang I ⟨bn.⟩ **0.1** [met een grote/bepaalde lengte] *long;* ⟨persoon, staand voorwerp⟩ *tall* **0.2** [geruime/een bepaalde tijd durend] *long* **0.3** [mbt. vloeistoffen] *weak* ◆ **1.1** de kamer is zes meter~ *the room is six metres l.;* een ~e vent *a t. guy* **1.2** vijf jaar ~ *for five years;* hij heeft zijn leven ~ armoe geleden *he lived a life of poverty;* heel de zomer ~ *all summer l., throughout the summer* **3.2** de tijd valt me ~ *time drags/is hanging heavy on my hands* **7.1** in het ~ zijn *wear a l. dress* **8.1** het is zo ~ als het breed is *it's as broad as it's l.;*
II ⟨bw.⟩ **0.1** [gedurende geruime tijd] *long* ⇒*(for) a long time* **0.2** [gedurende een bep. tijd] *long* **0.3** [met ontkenning; helemaal] *far (from)* ⇒*(not) nearly* ◆ **1.2** ik blijf geen dag ~er *I won't stay another day/won't stay a day longer* **3.1** ~ over iets doen *be long (in) doing sth.; ~* duren *take a long time, last long/a long time;* ze leefden ~ en gelukkig *they lived happily ever after; ~* zal hij leven! *for he's a jolly good fellow!;* hij maakt het niet ~ meer *he won't last much longer; ~* meegaan *last (a long time); ~* opblijven *stay up late;* je bent ~ weggebleven! *you've been (out/away) a long time!* **3.2** het vriest niet ~er *it's stopped freezing* **5.1** al ~ *for a long time (now);* je had al ~ weg moeten zijn *you should have (been) gone long ago;* ik was al ~ en breed thuis *I'd been home for ages (by then);* we hebben het er ~ en breed over gehad *we've talked about it at great length; ~* geleden *long ago;* ⟨inf.⟩ *way back;* de kinderen zeurden net zo ~ tot ze ja zei *the children kept on and on until she said yes* **5.2** ze kan niet ~er wachten *she can't wait any longer/more* **5.3** dat weegt ~ geen vier kilo *it weighs nowhere near four kilos, it doesn't weigh anywhere near four kilos;* dat smaakt ~ niet slecht *it doesn't taste at all bad;* hij is nog ~ niet zo ver *he hasn't got as far as that; ~* niet slecht/gek *not at all bad;* ze is ~ niet zo groot als Jan *she's not nearly/she isn't anywhere near as tall as Jan;* ze waren ~ niet allemaal aanwezig *by no means all of them were there;* ⟨fig.⟩ wij zijn er nog ~ niet ⟨fig.⟩ *we've a long way to go (yet);* die zaal is ~ niet groot genoeg *that room is nowhere/isn't anywhere near big enough* **8.1** ~er dan een jaar *(for) over a year, (for) more than a year;* ze bleven ~er dan ons lief was *they stayed longer than we could have wished* **8.2** hoe ~er, hoe liever *the longer the better* ¶.**2** dat kan zo niet~ er *things can't go on like this* ¶.**3** ~e na niet *not by a long chalk, by no means;* bij ~-e na niet zo goed, ~ niet zo goed *not nearly as good.*
langbenig 0.1 *long-legged.*
langdradig 0.1 *long-winded* ◆ **1.1** een ~ redenaar/verhaal *a l.-w. speaker/story;* een ~ schrijver *a l.-w./discursive writer.*
langdradigheid 0.1 *long-windedness.*
langdurig 0.1 *long(-lasting/-term), lengthy; long-standing/-established* ◆ **1.1** een ~ verblijf *a prolonged/lengthy stay;* een ~e vriendschap *a long-standing friendship;* ~e werkloosheid *long-term unemployment;* een ~e ziekte *a long illness.*
langeafstandsloper 0.1 *long-distance runner.*
langeafstandsraket ⟨mil.⟩ **0.1** *long-range missile* ⇒⟨intercontinentaal ook⟩ *intercontinental ballistic missile, ICBM.*
langegolfband 0.1 *long-wave band.*
langetermijnrente ⟨ec.⟩ **0.1** *long-term interest rate.*
langgerekt 0.1 [lang en smal] *long-drawn-out, elongated* **0.2** [lang aangehouden/durend] *long-drawn-out* ⇒ *lengthy* ◆ **1.1** een ~ stuk grond *a long, narrow piece of land* **1.2** een ~e kreet *a l.-d.-o. cry.*
langharig 0.1 *long-haired.*

lang - lankmoedig

langlaufen 0.1 *ski cross-country* ◆ **7.1** het ~ *cross-country skiing.*
langlopend 0.1 *long-term.*
langoestine 0.1 *langoustine* ⇒⟨mv. ook; cul.⟩ *scampi.*
langparkeerder 0.1 *long-term parker.*
langpoot 0.1 [hooiwagen] *harvestman* ⇒⟨AE ook⟩ *daddy longlegs* **0.2** [langpootmug] *ᴮdaddy longlegs* ⇒*crane fly.*
langs¹ ⟨bw.⟩ **0.1** [in de lengte naast] *along* **0.2** [aan] *round* ⇒ *in, by* **0.3** [voorbij] *past* **0.4** [in de lengte/richting van] *along* ◆ **3.1** in een boot de kust ~ varen *sail a. the coast, skirt the coast* **3.2** ik kom nog wel eens ~ *I'll drop in/r./by sometime* **3.3** hij kwam net ~ *he just came p.* **3.4** de weg ~ gaan *go a. the road* **5.**¶ iem. ervan ~ geven, ervan ~ krijgen *let s.o. have it, (really) get/catch it* **6.**¶ iem. er ongenadig van ~ geven *give s.o. hell.*
langs² ⟨vz.⟩ **0.1** [in de lengte van] *along* **0.2** [via] *via* ⇒*by (way/means of)* **0.3** [voorbij] *past* **0.4** [aan bij] *in at* ◆ **1.1** de stoelen stonden ~ de muur *the chairs were lined up a. the wall; ~* de rivier wandelen *go for a walk a. the river* **1.2** ~ de regenpijp naar omlaag *down the drainpipe* **1.4** wil jij even ~ de bakker rijden? *could you just drop in at the bakery?* **5.2** hier/daar ~ *this/that way* ¶.**3** iets ~ zich heen laten gaan *take no notice of sth.; ~* elkaar heen praten/leven *talk at cross purposes, live without (any) real contact.*
langsdoorsnede 0.1 *longitudinal (cross) section.*
langsgaan 0.1 [passeren] *pass (by)* **0.2** [aangaan] *call in/round (at)* ◆ **6.2** bij iem. ~ ⟨ook⟩ *drop in on s.o.*
langskomen 0.1 [ergens voorbij komen] *come past/by, pass by* **0.2** [op bezoek komen] *come round/over* ⇒*drop by/in.*
langslaper, -slaapster 0.1 *late riser.*
langslopen 0.1 [passeren] *walk past* **0.2** →**langsgaan 0.2.**
langspeelplaat, langspeler 0.1 *long-playing record* ⇒ ⟨inf.⟩ *L.P.*
langsrijden 0.1 *ride past* ⟨op paard/fiets enz.⟩; *drive past* ⟨met auto⟩.
langst 0.1 *longest* ◆ **6.1** het kan op zijn ~ een maand duren *it will take a month at the most.*
langstlevende 0.1 *survivor* ◆ **6.1** testament op de ~ *will in favour of the surviving spouse.*
langszij 0.1 *alongside* ⇒⟨scheep. ook⟩ *aboard* ◆ **3.1** ~ komen *come alongside* **6.1** ~ van het schip *alongside the ship.*
languit 0.1 *(at) full length, stretched out* ◆ **3.1** hij lag ~ op de grond *he lay stretched out on the ground;* ik kan in dat bed niet ~ liggen *I can't lie full length in that bed; ~* op de grond vallen *fall flat (out)/fall full length on the ground.*
langverwacht 0.1 *long-awaited* ◆ **1.1** het ~e ogenblik ⟨inf.⟩ *the big moment.*
langwerpig 0.1 *elongated* ⇒*long* ◆ **1.1** een ~e figuur *an oblong.*
langzaam 0.1 [niet vlug] *slow* **0.2** [geleidelijk] *gradual* ⇒ ⟨bw. ook⟩ *bit by bit,* ⟨bw. ook⟩ *little by little* ◆ **1.1** een langzame dood sterven *die a s./lingering death* **3.1** haast je ~ *more haste, less speed, ~* vooruitkomen *make s. progress; ~* wegsterven *fade out* **3.2** ~ werd hij wat beter *he gradually got a bit better* **5.1** ~ aan! *slow down!, (take it) easy!;* het ~ aan doen *go s.; heel ~* very slowly, at a snail's pace **5.2** ~ maar zeker *slowly but surely* ¶.**1** ~ maar zeker *slowly but surely* ⟨gebruik als bw.⟩.
langzaam-aan-actie 0.1 *go-slow.*
langzamerhand 0.1 *gradually* ⇒*bit by bit, little by little* ◆ **3.1** ik krijg er ~ genoeg van *I'm starting to get tired of it.*
lankmoedig 0.1 *long-suffering* ⇒⟨geduldig⟩ *patient* ◆ **3.1** iets ~ verdragen *bear sth. with patience.*

lankmoedigheid 0.1 *long-suffering* ⇒*patience.*

lans 0.1 *lance* ♦ **2.**¶ thermische ~ *thermic lance* **3.1** ⟨fig.⟩ een ~ voor iem. / iets breken *stand up for s.o. / sth.;* de ~ vellen *couch the l.*

lantaarn 0.1 [straatlantaarn] *streetlamp, streetlight* **0.2** [lamp] *lantern* ⇒⟨zaklamp⟩ *ᴮtorch,* ⟨zaklamp⟩ *ᴬflashlight* **0.3** [deel v.e. vuurtoren] *lantern* **0.4** [glazen kap] *lantern* ⇒⟨in dak ook⟩ *skylight* ♦ **6.2** ⟨fig.⟩ die zul je met een ~tje moeten zoeken *they don't grow on trees.*

lantaarndrager 0.1 [insect] *lantern fly* **0.2** [vis] *lantern fish.*

lantaarnpaal 0.1 *lamppost.*

lanterfant 0.1 *loafer, idler* ⇒⟨nietsnut⟩ *good-for-nothing.*

lanterfanten 0.1 *lounge/ loaf (about)* ⇒*sit about/ around* ⟨vnl. thuis⟩ ♦ **3.1** lopen ~ *loaf about.*

Laos 0.1 *Laos.*

Laotiaans 0.1 *Laotian.*

lap 0.1 [stuk stof] *piece* ⇒*length* ⟨v.d. rol, om iets mee te maken⟩, ⟨vod⟩ *rag* **0.2** [dun stuk materiaal] *piece* **0.3** [coupon] *remnant* ♦ **1.2** een ~je grond *a p. / plot of land;* een ~je vlees *a slice of meat* **2.1** dat werkt op hem als een rode ~ op een stier *that's like a red rag to a bull* **2.2** een zeemleren / zemen ~ *a chamois leather* **3.1** de ~pen hangen erbij *it's (all) in tatters/rags* **6.1** een ~ voor een jurk *a p. / length of cloth for a dress* **6.**¶ iem. voor het ~je houden *have s.o. on, pull s.o.'s leg.*

Lap 0.1 *Lapp.*

laparoscoop ⟨med.⟩ **0.1** *laparoscope.*

lapidair I ⟨bn.⟩ **0.1** [in steen gehouwen] *lapidary;* **II** ⟨bn., bw.⟩ **0.1** [kort en kernachtig] *lapidary* ⇒*laconic* ♦ **1.1** ~e stijl *lapidary style* **3.1** zich ~ uitdrukken *express o.s. tersely.*

lapis lazuli 0.1 *lapis lazuli.*

lapjeskat 0.1 *calico cat.*

Lapland 0.1 *Lapland.*

Laplander, -landse 0.1 *Lapp* ⇒*Laplander.*

Laplands 0.1 *Lapp(ish).*

lapmiddel 0.1 *makeshift (measure), stopgap* ♦ **3.1** al die ~en helpen niet *none of those makeshift measures helps.*

lappen I ⟨ov.ww.⟩ **0.1** [herstellen] *patch* ⇒*mend, cobble* ⟨schoenen⟩ **0.2** [klaarspelen] *manage, pull off* **0.3** [met een lap schoonmaken] *clean* **0.4** [sport; een ronde voorkomen] *lap* ♦ **1.3** ramen ~ *c. / wash the windows* **4.2** dat lap jij hem niet *you'll never manage (that)* **4.**¶ dat zou jij mij niet moeten ~ *don't try that (one) on me* **5.**¶ iem. erbij ~ *blow the whistle on s.o.* ¶.¶ als je (mij) dat nog een keer lapt *if you do that again;* **II** ⟨onov., ov.ww.⟩ **0.1** [geld bij elkaar brengen] *pass the hat (a)round.*

lappendeken 0.1 [deken] *patchwork quilt* **0.2** [fig.] *patchwork.*

lappenmand 0.1 *ragbag* ♦ **6.1** ⟨fig.⟩ in de ~ zijn *be on the sick list.*

lappenpop 0.1 *rag doll.*

lapwerk 0.1 [niet-afdoende verbetering] *stopgap* ⇒*makeshift solution* **0.2** [wat gelapt moet worden] *repair work* ⇒*mending.*

lapzwans 0.1 *drip.*

larderen 0.1 ⟨ook fig.⟩ *lard* ♦ **1.1** gelardeerde lever *larded liver;* een tekst ~ met citaten *l. a text with quotations.*

larf →*larve.*

larie, lariekoek 0.1 *(stuff and) nonsense* ⇒*rubbish* ♦ **7.1** allemaal ~ *all stuff and nonsense* ¶.1 ~! *rubbish!*

lariks 0.1 *larch.*

larve 0.1 *larva.*

laryngitis 0.1 *laryngitis.*

laryngoscoop 0.1 *laryngoscope.*

larynx 0.1 *larynx.*

las 0.1 [verbinding door samensmelting] *welding* **0.2** [lasnaad] *weld* ⟨ijzer⟩ ⇒*joint* ⟨hout⟩, ⟨film.⟩ *splice* **0.3** [ingezet stuk] *joint* ♦ **6.2** zonder ~ *weldless.*

lasaggregaat 0.1 *(portable) welding equipment / unit.*

lasapparaat 0.1 *welding apparatus* ⇒*welder,* ⟨film.⟩ *splicer.*

lasbril 0.1 *welding goggles.*

laserstraal 0.1 *laser beam.*

lasogen 0.1 *actinic conjunctivitis.*

lassen I ⟨onov., ov.ww.⟩ **0.1** [door een las verbinden] *weld* ⟨ijzer, plastic⟩; *join* ⟨hout⟩; ⟨film.⟩ *splice;* **II** ⟨ov.ww.⟩ **0.1** [invoegen, aanbrengen] *put in* ⇒*mortise, splice (in),* ⟨ook fig.⟩ *insert* **0.2** [verbinden] *join* ⇒*weld* ♦ **5.1** ⟨fig.⟩ die woorden zijn ertussen gelast *these words have been inserted.*

lasser 0.1 *welder* ⟨metaal⟩; *joiner* ⟨hout⟩.

lasso 0.1 *lasso* ♦ **6.1** met een ~ vangen *lasso, rope.*

last 0.1 [vracht] *load* ⇒*burden* ⟨op schouders; ook fig.⟩ **0.2** [geldelijke verplichting] *cost(s)* ⇒*expense(s)* **0.3** [hinder] *trouble* ⇒⟨ongemak⟩ *inconvenience* **0.4** [beschuldiging] *charge* **0.5** [scheepslading] *cargo* **0.6** [nat.] *weight* ♦ **2.2** op hoge ~en zitten *be under great expense, be faced with high costs / overheads;* sociale ~en *ᴮNational Insurance contributions,* ᴬ*social security premiums;* vaste ~en *fixed expenses; overhead(s)* ⟨in bedrijf⟩ **3.3** iem. ~ bezorgen *inconvenience / bother / trouble s.o.;* daar kan je ~ mee krijgen *you could get into trouble over that* **3.5** ~ innemen / lichten *load, unload* **6.1** hij bezweek haast **onder** de ~ *he nearly collapsed under the burden* **6.2** tot ~ / ten ~e van *at the expense of* **6.3** ten ~e van de gemeenschap komen *be(come) a public charge;* iem. **tot** ~ zijn *bother s.o.;* ik heb ~ **van** mijn maag *my stomach is giving me t. / is bothering me;* wij hebben veel ~ **van** buren *our neighbours are a great nuisance to us;* hij heeft vaak ~ **van** migraine *he often suffers from migraine;* heb je er ~ **van** als ik rook? *will it bother you if I smoke?* **6.4** iem. iets **ten** ~e leggen *charge s.o. with sth., accuse s.o. of sth.* **6.**¶ **op** ~ **van** de politie *by order of the police* **7.3** ik heb er geen ~ **van** *it doesn't bother me.*

lastdier 0.1 *beast of burden.*

lastendruk 0.1 *burden of taxation (on the taxpayer)* ⇒*tax burden.*

lastenverlichting ⟨fin.⟩ **0.1** ⟨alg.⟩ *reduction in the (financial) burden;* ⟨belasting- en premieverlaging⟩ *reduction in the tax burden / the burden on the taxpayer, tax reductions / cut(s).*

lastenverzwaring 0.1 ⟨alg.⟩ *additional (financial) burden;* ⟨belasting- en premieverhoging⟩ *increase in the burden on the taxpayer.*

laster 0.1 ⟨ook jur.; gesproken⟩ *slander;* ⟨geschreven⟩ *libel* ♦ **6.1** een aanklacht wegens ~ *an action for l. / s., a l. / s. suit.*

lasteraar 0.1 ⟨gesproken⟩ *slanderer;* ⟨geschreven⟩ *libeller.*

lastercampagne 0.1 *smear campaign.*

lasteren 0.1 [beledigen, honen] *insult* **0.2** [kwaadspreken] ⟨gesproken⟩ *slander;* ⟨geschreven⟩ *libel.*

lasterlijk 0.1 [mbt. God] *blasphemous* **0.2** [mbt. een persoon] ⟨gesproken⟩ *slanderous;* ⟨geschreven⟩ *libellous* ♦ **1.2** ~e aantijging *s. accusation;* een ~ artikel *a l. article.*

lasterpraat 0.1 *slander(ous talk)* ♦ **5.1** allemaal ~ *it's all slander.*

lasterpraatje 0.1 *gossip* ♦ **5.1** allemaal ~s *it's all slander.*

lastgever, -geefster 0.1 ⟨ook jur.⟩ *mandator, principal.*

lastgeving 0.1 [opdracht] *order* ⇒*instruction(s)* **0.2** [jur.]
agency ⇒*mandate* **0.3** [lastbrief, volmacht] *mandate.*

lasthebber 0.1 *agent* ⇒⟨jur. ook⟩ *mandatory.*

lastig 0.1 *difficult* ◆ **1.1** een ~e examinator ⟨ook⟩ *an exacting examiner;* een ~ geval *a d. / hard case;* een ~ kind *an
unruly / a d. child;* ~e klanten *d. customers;* een ~ vraagstuk *a tricky problem* **3.1** het iem. ~ maken *make things
hard / d. for s.o.;* iem. ~ vallen *bother / trouble /* ⟨sterker⟩ *annoy / pester s.o.;* ⟨vrouw op straat⟩ *harass s.o.;* ~ worden
become troublesome **6.1** ~ **met** eten *fussy about one's
food.*

lastpost, lastpak 0.1 *nuisance* ⇒*pest* ◆ **2.1** dat kind is een
echte ~ *that child is quite a handful /* ⟨voor ouders⟩ *a big
worry.*

lat 0.1 [stuk hout] *slat* **0.2** [dun mens] *broomstick* ◆ **2.1** de
lange ~ten *skis* **6.1** ⟨sport⟩ **onder** de ~ staan *be / stand in
goal;* ⟨sport⟩ de bal kwam **tegen** de ~ *the ball hit the crossbar* **6.¶** schrijf het maar **op** de ~ [8]*put it on the slate* **8.1** zo
mager als een ~ *thin as a rake.*

laten I ⟨ov.ww.⟩ **0.1** [achterwege laten] *omit, keep from* **0.2**
[op een plaats / in een toestand houden] *leave* ⇒*let* **0.3**
[achterlaten] *leave* **0.4** [ergens in bergen] *put* **0.5** [toe-
gang geven tot] *show (into)* ⇒*let (into)* **0.6** [toestaan, dul-
den] *let, allow* **0.7** [veroorzaken, + actief object] *let* **0.8**
[veroorzaken, + passief object] *let (be)* **0.9** [niet inhouden]
let (out) ⟨zucht, wind enz.⟩ **0.10** [op een plaats / in een toestand brengen] *let* **0.11** [bij zijn dood nalaten] *leave* ◆ **1.1**
hij kan het roken niet ~ *he cannot give up smoking* **1.3**
waar heb ik dat potlood gelaten? *where did I l. / put that
pencil?* **1.4** waar moet ik het boek ~? *where shall I p. /
leave the book?* **1.6** laat de kinderen maar *just l. the kids
be* **2.2** de deur open ~ *leave the door open* **3.1** het doen en
~ *all one's actions;* doe wat je niet ~ kunt *it's up to you* **3.6**
leven en ~ leven *live and l. live;* ik heb mij ~ vertellen *I've
been told, it's been suggested to me* **3.7** iem. iets ~ weten
let s.o. know sth. **3.8** iem. ~ halen ⟨bv. de huisarts⟩ *send for
s.o.;* ⟨bv. van het station⟩ *have s.o. fetched;* zich ~ leiden *let
o.s. be guided* **4.1** laat dat! *stop that!;* hij kan het niet ~ *he
can't help (doing) it* **5.1** laat maar! *never mind!* **5.2** iem. alleen ~ *leave s.o. alone;* iem. ergens buiten ~ *leave s.o. out
of sth.;* iem. erdoor ~ *let s.o. pass* **5.4** waar laat die jongen
al dat eten? *where does that boy p. all that food?* **6.2** daar
zullen we het **bij** ~! *let's leave it at that!* **6.5** hij werd in de
kamer gelaten *he was shown into the room* **6.10** de lamp
naar beneden ~ *l. down the lamp* **¶.1** wil je dat wel eens ~!
will you stop doing that!;

II ⟨ov.ww.⟩ **0.1** [mbt. wenselijkheid, aansporing] *let* **0.2**
[mbt. mogelijkheid] *let* **0.3** [in uitroepen] ⟨zie ¶.3⟩ ◆ **3.1**
laat ons bidden *l. us pray;* ~ we niet vergeten, dat ... *don't l.
us forget that ...* **3.2** laat ze rijk zijn, royaal is ze niet *she
may be rich, but she's not generous* **¶.3** laat hij het nu nog
doen ook! *(and) he actually did it!*

latent 0.1 *latent* ◆ **1.1** ~e gevoelens *l. feelings* **2.1** ~ aanwezig zijn *(be) latent(ly) present).*

later I ⟨bw.⟩ **0.1** [nadien] *later (on)* ⇒*afterwards,* ⟨op korte
termijn⟩ *presently* ◆ **1.1** enige tijd ~ *after some time / a
while, a little l.* **3.1** ik kom hier ~ nog op terug *I shall come
back to this (point);* zij zullen ongetwijfeld ~ komen *they'll
arrive l., no doubt* **5.1** even ~ *soon after, presently;* niet ~
dan twee uur *no l. than two o'clock* **6.1** ~ **op** de dag *l. that
(same) day, l. in the day;*

II ⟨bn.⟩ **0.1** [nieuwer] *later* ⇒*subsequent,* ⟨toekomstige⟩
future ◆ **1.1** ~e berichten *l. / subsequent messages;* op ~e
leeftijd *at an advanced age, late in life.*

lateraal 0.1 *lateral.*

latertje 0.1 *late one* ◆ **3.1** het is een ~ geworden / zal een ~
worden *we were / will be late finishing.*

latex 0.1 *latex.*

latexverf 0.1 *latex paint.*

lathyrus 0.1 *lathyrus* ⇒*vetch,* ⟨ihb.⟩ *sweet pea.*

Latijn 0.1 *Latin* ◆ **2.1** vulgair ~ *vulgar L.* **3.¶** dat is ~ voor
me *it is Greek to me.*

Latijns 0.1 *Latin* ◆ **1.1** het ~e burgerrecht *Roman Civil Law;*
de ~e taal *Latin, the L. language.*

Latijns-Amerika 0.1 *Latin America.*

Latijns-Amerikaans 0.1 *Latin-American.*

latinist, -e 0.1 *Latinist, Latin scholar.*

lat-relatie 0.1 *l.a.t.-relationship* ⟨living apart together⟩.

latrine 0.1 *latrine.*

latwerk 0.1 [geraamte van latten] *lathing* ⇒*lathwork,* ⟨lei-
latten⟩ *trellis(work)* **0.2** [hekwerk] *lattice.*

laureaat 0.1 *laureate.*

laurier 0.1 [boom] *laurel* **0.2** [cul.] *bay leaves* ⟨mv.⟩.

laurierblad 0.1 *bay leaf.*

lauw 0.1 *lukewarm* ◆ **3.1** ~ reageren *react halfheartedly,
show a l. response.*

lauweren[1] ⟨mv.⟩ **0.1** *laurels* ◆ **6.1** ⟨fig.⟩ **op** zijn ~ rusten *rest
on one's l.*

lauweren[2] ⟨ov.ww.⟩ **0.1** [met lauweren kronen] *crown with
laurels* **0.2** [loven] *eulogize* ⇒*honour* ◆ **3.1** gelauwerd uit
de strijd treden *come through with flying colours.*

lauwerkrans 0.1 *laurel wreath.*

lauwheid 0.1 *lukewarmness* ⇒⟨gebrek aan enthousiasme
ook⟩ *halfheartedness.*

lauwwarm 0.1 *lukewarm.*

lava 0.1 *lava.*

lavas 0.1 *lovage.*

lavastroom 0.1 *stream of lava* ⇒*lava flow.*

laveloos ⟨inf.⟩ **0.1** *sloshed, loaded.*

lavement 0.1 *enema* ◆ **3.1** een ~ geven / zetten *administer
an e.*

laven 0.1 *refresh* ◆ **3.1** gevoed en gelaafd ⟨van mensen⟩ *fed
and refreshed* **4.1** zich ~ aan *quench one's thirst with;*
⟨fig.⟩ zich ~ aan kennis *drink in knowledge.*

lavendel 0.1 *lavender.*

lavendelolie 0.1 *lavender oil.*

laveren 0.1 [(mbt. zeilen)] *tack* **0.2** [met wankelende gang
lopen] *stagger (about)* ⇒*reel* **0.3** [tussenweg zoeken]
steer a middle course.

lawaai 0.1 *noise* ⇒*tumult,* ⟨sterker⟩ *racket* ◆ **2.1** een oorverdovend ~ *a deafening n., an almighty din / racket* **3.1**
maak niet zo'n ~ *don't be so noisy, don't make such a
racket / row.*

lawaaierig 0.1 *noisy* ◆ **3.1** ~ feestvieren *throw a n. party.*

lawaaimaker, lawaaischopper 0.1 *noisy person* ⇒*rowdy.*

lawaaioverlast 0.1 *noise pollution.*

lawine 0.1 [massa sneeuw / puin] *avalanche* **0.2** [stortvloed]
avalanche ⇒*barrage* ⟨vragen, kritiek⟩ ◆ **6.1** onder een ~
bedolven worden *be buried by an a.* **6.2** een ~ **van** scheld-
woorden *a(n) a. / barrage of abuse.*

lawinegevaar 0.1 *danger of avalanche(s).*

laxeermiddel 0.1 *laxative.*

laxeren 0.1 *purge* ◆ **3.1** dat werkt ~d *that is a laxative.*

lay-outen 0.1 ⟨onov.ww.⟩ *do the layout;* ⟨ov.ww.⟩ *lay out.*

lazaret 0.1 *field / military hospital.*

lazarus[1] ⟨het⟩⟨vulg.⟩ ◆ **3.¶** zich het ~ schrikken *be shocked /
frightened out of one's wits;* zich het ~ werken *work o.s. to
death / one's fingers to the bone.*

lazarus[2] ⟨bn.⟩⟨vulg.⟩ **0.1** *sloshed, loaded.*

lazer ⟨vulg.⟩ ◆ **6.¶** iem. **op** zijn ~ geven *beat the shit out of s.o.;* ⟨uitbrander⟩ *bawl/chew s.o. out.*

lazeren ⟨vulg.⟩ **I** ⟨ov.ww.⟩ **0.1** [smijten] *chuck, sling* ◆ **6.1** hij lazerde alles **naar** beneden *he slung/chucked everything downstairs;* **II** ⟨onov.ww.⟩ **0.1** [vallen] *tumble* **0.2** [ertoe doen] *matter* ◆ **5.2** dat lazert niet *I don't give a shit (about that)* **6.1** hij lazerde **van** de trap af *he fell arse over tip down the stairs.*

lbo ⟨afk.⟩ **0.1** [lager beroepsonderwijs] ⟨*lower vocational education*⟩.

leadzanger 0.1 *lead singer.*

leao ⟨afk.⟩ **0.1** [lager economisch en administratief onderwijs] ⟨*Lower Economic and Administrative Education/ Training*⟩.

leaseauto 0.1 *leased car.*

leasen 0.1 *lease.*

lebberen 0.1 *lap (up)* ◆ **1.1** thee ~ *sip tea.*

lebbes ⟨inf.⟩ ◆ **3.¶** zich het ~ schrikken/werken *be frightened/shocked out of one's wits, work o.s. to death/one's fingers to the bone.*

lebmaag 0.1 *fourth/true stomach* ⇒*abomasum.*

lectuur 0.1 [boeken, tijdschriften] *reading (matter)* **0.2** [het lezen] *reading* ◆ **2.1** lichte ~ *light r.* **3.1** breng eens wat ~ voor me mee *bring me sth. to read* **6.2** iem. storen **in** zijn ~ *disturb s.o.'s reading.*

lectuurbak 0.1 *magazine rack.*

LED 0.1 [light emitting diode] *LED.*

ledematen 0.1 *limbs* ◆ **2.1** achterste/voorste ~ *hind-/forelimbs;* de bovenste ~ ⟨dieren⟩ *superior/*⟨mensen⟩ *upper limbs.*

ledenaantal →**ledental.**

ledenpop 0.1 *dummy* ⇒⟨fig.⟩ *puppet.*

ledenraad →**ledenvergadering.**

ledenstop 0.1 *halt on recruitment (of (new) members).*

ledental 0.1 *membership (figure)* ◆ **3.1** het ~ bedraagt 10.000 *the number of members is 10,000.*

ledenvergadering 0.1 *general meeting.*

ledenverlies 0.1 *fall/drop in membership.*

ledenwerving 0.1 *membership recruitment/drive.*

ledenwinst 0.1 *increase/growth in membership.*

le(de)ren ⟨alleen attr.⟩ **0.1** *leather* ◆ **1.1** een boek in ~ band *a leather-bound book.*

lederwaren 0.1 *leather goods/articles.*

ledig ⟨schr.⟩ **0.1** *empty* ⇒*idle* ⟨tijd⟩, *blank* ⟨plek⟩.

ledigen ⟨schr.⟩ **0.1** *empty (out)* ⇒*clear* ⟨laadruim e.d.⟩, ⟨uitputten⟩ *deplete.*

ledigheid ⟨schr.⟩ **0.1** [arch.; het leeg zijn] *emptiness* **0.2** [lediggang] *idleness* ◆ **¶.2** ⟨sprw.⟩ ~ is des duivels oorkussen *the devil finds work for idle hands.*

ledikant 0.1 *bedstead* ◆ **6.1** een ~ **voor** één persoon/voor twee personen *a (frame for a) single/double bed.*

leed[1] ⟨het⟩ **0.1** [verdriet] *sorrow* ⇒*grief* **0.2** [letsel, schade] *harm* ⇒*hurt* ◆ **1.1** bron van ~ *source of distress;* het ~ v.d. oorlog *the evils of war* **3.1** het ~ is weer geleden *that wasn't so bad, was it?* **3.2** iem. ~ doen *harm s.o.*

leed[2] ⟨bn., bw.⟩ **0.1** ⟨bn.⟩ *sorry* ⇒⟨afgunst⟩ *envious,* ⟨bw.⟩ *with sorrow,* ⟨afgunst⟩ *enviously,* ⟨misnoegen⟩ *with disfavour* ◆ **1.1** iets met lede ogen aanzien *look upon sth. with envy/sorrow.*

leedvermaak 0.1 *malicious/perverse delight/pleasure* ◆ **3.1** ~ hebben over … *take malicious pleasure in …, gloat over …*

leedwezen ⟨schr.⟩ **0.1** *regret* ◆ **3.1** iem. zijn ~ betuigen *extend one's sympathy to s.o.* **6.1 met** (diep) ~ kennis geven van … *deeply regret to announce …*

leefbaar 0.1 *livable* ⇒*bearable, endurable* ⟨leven⟩ ◆ **1.1** een ~ klimaat *a l. climate* **3.1** een huis ~ maken *make a house inhabitable.*

leefbaarheid 0.1 *livability* ⇒*quality of life.*

leefeenheid 0.1 [appartement] *living/dwelling unit* **0.2** [personen] *communal unit* ⇒*commune.*

leefgemeenschap 0.1 ⟨bv. van hippies⟩ *commune;* ⟨bv. van monniken⟩ *community.*

leefklimaat 0.1 *social climate.*

leefmilieu 0.1 *environment.*

leefomstandigheden 0.1 *social circumstances* ⇒*living conditions.*

leefpatroon 0.1 *pattern/mode of living.*

leefregel 0.1 *rule/mode of life* ◆ **2.1** een gezonde ~ volgen *stick to a healthy regimen.*

leefruimte 0.1 *room for living* ⇒⟨vnl. volk/natie⟩ *lebensraum* ◆ **2.1** ⟨fig.⟩ hij geeft haar onvoldoende ~ *he does not give her enough freedom.*

leefstijl 0.1 *lifestyle.*

leeftijd 0.1 *age* ◆ **2.1** de gezegende ~ van 95 jaar bereiken *reach the ripe old a. of 95;* op hoge ~ *at an advanced a.;* een vrouw van middelbare ~ *a middle-aged woman;* moeilijke ~ *awkward a.* **3.1** wanneer je van mijn ~ bent, dan … *when you're my a./at my a./time of life …;* hij bereikte de ~ van 95 jaar *he lived to be 95* **6.1** ⟨pregn.⟩ een man **op** ~ *an elderly man;* **op** vijftienjarige ~, **op** de ~ van vijftien jaar *at the a. of/aged fifteen;* de ~ **te boven** zijn om …*be too old to …;* **volgens** ~ *according to age, by seniority;* er jong uitzien **voor** zijn ~ *look young for one's a.;* ⟨film⟩ **voor** alle ~en *[U]* ⟨Unrestricted⟩.

leeftijdgenoot 0.1 *contemporary* ⇒*peer.*

leeftijdsgrens 0.1 *age limit* ◆ **6.1** boven de ~ ⟨ook⟩ *over-age.*

leeftijdsgroep 0.1 *age group.*

leeftijdsverschil 0.1 *age difference.*

leeftocht 0.1 *provisions.*

leefwereld 0.1 *(living) environment* ⇒*social environment* ◆ **2.1** een beschermde ~ *a protected e.*

leefwijze 0.1 *way of living/life* ⇒*lifestyle* ◆ **3.1** zijn ~ veranderen *change one's habits/lifestyle.*

leeg 0.1 [zonder inhoud] *empty* ⇒*vacant* ⟨plaats⟩, *flat* ⟨band⟩, *blank* ⟨bladzijde, geluidsband⟩ **0.2** [vrij van werkzaamheden/bezigheden] *idle* ⇒*empty* **0.3** [zonder gehalte/geestelijke inhoud] *empty* ⇒*hollow* **0.4** [uitgeput] *exhausted* ◆ **1.1** een lege accu *a flat battery;* lege flessen *e. bottles, empties;* met lege handen vertrekken ⟨fig.⟩ *leave e.-handed;* een ~ plekje *an e. spot* **1.3** ~ vermaak *e. pleasures.*

leegdrinken 0.1 *empty* ◆ **1.1** drink je glas leeg! *drink up!* **6.1** zijn glas in één teug ~ *e./drain one's glass in one.*

leegeten 0.1 *finish* ⇒*empty* ◆ **1.1** zijn bord ~ *f./empty one's plate.*

leeggewicht 0.1 *unladen weight* ⇒⟨vliegtuigen⟩ *empty weight.*

leeggieten 0.1 *empty (out)* ◆ **1.1** een emmer ~ *e. (out) a bucket.*

leeggoed 0.1 *empty bottles (and crates)* ⇒⟨inf.⟩ *empties.*

leeghalen 0.1 *empty; clear out* ⟨gebouw⟩ ⇒*turn out* ⟨zakken⟩, ⟨stelen⟩ *ransack* ◆ **5.1** een huis helemaal ~ *strip a house bare.*

leegheid 0.1 [afwezigheid van inhoud/vulling] *emptiness* **0.2** [het vrij zijn van werkzaamheden] *idleness* ◆ **6.2** hij leeft in ~ *he lives in i./idles his life away.*

leeghoofd 0.1 *birdbrain, nitwit.*

leegloop 0.1 *exodus (from/to).*

leeglopen 0.1 [leeg worden] *(become) empty* ⇒*become deflated* ⟨ballon⟩, *go flat* ⟨band⟩, *run down* ⟨accu⟩, *die* ⟨accu⟩ **0.2** [luieren] *idle/loaf (about)* **0.3** [inf.; diarree hebben] *have the runs* ◆ **3.1** iets laten ~ *let the air out of sth.* ⟨ballon⟩; *empty sth.* ⟨bad⟩.

leegloper 0.1 *loafer, idler.*

leegloperij 0.1 *idling* ⇒*loafing (about).*

leegmaken 0.1 *empty* ⇒*finish* ⟨fles⟩, *clear* ⟨ruimte⟩ ◆ **1.1** we zullen die fles maar ~ *let's finish the bottle;* zijn zakken ~ *e. (out)/turn out one's pockets.*

leegpompen 0.1 *pump (out/dry)* ◆ **1.1** ⟨med.⟩ een maag ~ *p. a stomach.*

leegruimen 0.1 *clear (out)* ◆ **1.1** de tafel ~ *clear the table.*

leegstaan 0.1 *be empty/vacant* ◆ **1.1** dat huis staat leeg *that house is empty/vacant.*

leegstand 0.1 *vacancy* ◆ **1.1** de ~ van nieuwe woningen *the problem of unoccupied new houses.*

leegstandswet 0.1 ⟨*law pertaining to unoccupied dwellings/buildings*⟩.

leegte 0.1 *emptiness* ◆ **2.1** hij liet een grote ~ achter *he left a great void (behind him);* een innerlijke ~ *an inner void.*

leegverkoop 0.1 *clearance sale.*

leek 0.1 *layman* ⟨ook tgov. geestelijke⟩ ◆ **6.1** voor een ~ is dit niet te snappen *this cannot be understood by a l.*

leem 0.1 *loam* ◆ **6.1** van ~ opgetrokken hutten *mud huts.*

leemgroeve, leemkuil 0.1 *loam pit.*

leemhoudend 0.1 *loamy.*

leemte 0.1 *gap* ⇒*blank* ◆ **3.1** de ~n aanvullen *fill a g.*

leen 0.1 [wat men voor tijdelijk gebruik ontvangt] *loan* **0.2** [gesch.] *fief* ◆ **6.1** iets van iem. in/te ~ hebben *have sth. on l. from s.o.;* 500 gulden te ~ krijgen *get a l. of 500 guilders;* iem. iets te ~ geven *give s.o. sth. on l.*

leenbank 0.1 *pawnshop.*

leengoed ⟨gesch.⟩ **0.1** *fief* ◆ **8.1** een stuk grond als ~ geven *grant a piece of property in f.*

leenheer ⟨gesch.⟩ **0.1** *liege (lord).*

leenman ⟨gesch.⟩ **0.1** *vassal.*

leenrecht 0.1 [het in leenzaken geldende recht] *feudal law* **0.2** [gesch.] *feudal right* **0.3** [uitleenvergoeding] *lending rights/fee.*

leenstelsel ⟨gesch.⟩ **0.1** *feudal system.*

leentjebuur ◆ **3.¶** ~ spelen *scrounge, cadge.*

leenvergoeding 0.1 *lending rights.*

leenvertaling ⟨taal.⟩ **0.1** *loan translation.*

leenwoord 0.1 *loan word* ◆ **6.1** een ~ uit het Duits *a l.w. from German.*

leep 0.1 *cunning* ◆ **3.1** iem. ~ bedriegen *cunningly deceive s.o.*

leepheid 0.1 *cunning.*

leer I ⟨het⟩ **0.1** [bewerkte dierenhuid; stof voor boekbanden] *leather* **0.2** [voorwerp van leer, met name voetbal] *football* ◆ **2.¶** Engels ~ *moleskin* **6.1** ze was in het ~ *she was (dressed) in l.* **6.¶** ~ om ~ *tit for tat;* van ~ trekken tegen *lash/strike out at;* **II** ⟨de⟩ **0.1** [doctrine, stelsel] *doctrine* ⇒*theory, principles* **0.2** [rel.] *doctrine* ⇒*teachings* **0.3** [het onderricht (worden)] *apprenticeship* **0.4** [trapleer] *step ladder* ◆ **3.1** een ~ aanhangen *hold to a d.* **6.2** hij is niet zuiver in de ~ *he is not orthodox* **6.3** bij iemand in de ~ gaan *apprentice o.s. to s.o.;* in de ~ zijn (bij) *serve one's a. (with).*

leerboek 0.1 *textbook.*

leergang 0.1 [cursus] *course (of instruction)* **0.2** [methode] *(educational) method* ⇒*methodology* ◆ **6.2** ~ voor onderwijs in de Engelse taal *English language teaching method.*

leergedrag 0.1 *learning behaviour.*

leergeld 0.1 *apprenticeship fee* ⇒⟨schoolgeld⟩ *tuition,* ⟨schoolgeld⟩ *fees* ◆ **3.¶** ⟨fig.⟩ ~ betalen *learn one's lesson.*

leergierig 0.1 *inquisitive* ⇒*eager to learn.*

leergierigheid 0.1 *inquisitiveness* ⇒*eagerness to learn.*

leerhoofd 0.1 [aanleg] ⟨zie **3.1**⟩ **0.2** [persoon] *studious person* ⇒⟨scherts.⟩ ᴬ*grind,* ᴮ*swot* ◆ **3.1** hij heeft geen ~ *he's not a great student.*

leerjaar 0.1 *(school) year.*

leerkracht 0.1 *teacher* ⇒*instructor.*

leerling, -linge 0.1 [scholier(e)] *student* ⇒*pupil* **0.2** [volgeling] *disciple* ⇒*follower* **0.3** [aspirant(-)] *apprentice* ⇒*trainee* ◆ **1.2** een ~ van Hegel *a follower of Hegel;* ⟨rel.⟩ de ~en van Jezus *the disciples of Jesus* **1.3** leerling-verpleegster, leerling-programmeur *trainee nurse, trainee programmer.*

leerlingenstatuut 0.1 *student charter.*

leerlingwezen 0.1 *day release* ⇒*modern apprenticeship.*

leerlooien 0.1 *tan.*

leerlooier 0.1 *tanner.*

leerlooierij 0.1 [vak, bedrijf] *tanning* **0.2** [werkplaats, zaak] *tannery.*

leermeester, -es 0.1 [iem. die volgelingen heeft/in een vak opleidt] *master* **0.2** [docent] *teacher* ◆ **2.1** een harde ~ *a hard taskmaster.*

leermethode 0.1 *teaching method* ⇒*training method* ⟨mbt. vaardigheid⟩.

leermiddelen 0.1 *educational tools* ⇒*instructional aids.*

leerplan 0.1 [document] ⟨*statement of the intention, principles and organization of a given school*⟩ **0.2** [verdeling v.d. leerstof] *syllabus* ⇒*curriculum.*

leerplicht 0.1 *compulsory education.*

leerplichtig 0.1 *of school age* ◆ **1.1** de ~e leeftijd *school age* **2.1** partieel ~ zijn *only have to go to school part-time.*

leerprobleem 0.1 *learning problem/disability.*

leerproces 0.1 *learning process.*

leerrijk 0.1 *instructive* ⇒*informative.*

leerschool 0.1 *school* ◆ **2.1** dat was een goede ~ voor hem *that was good training/experience for him;* een harde ~ moeten doorlopen *have to learn the hard way.*

leerstelling 0.1 *doctrine* ⇒*dogma, tenet.*

leerstoel 0.1 *chair* ◆ **3.1** een ~ bekleden *hold/have a c.*

leerstof 0.1 *subject matter* ⇒*(subject) material* ◆ **6.1** de ~ voor het examen *the material for the exam.*

leertje 0.1 *washer* ⟨kraan⟩; *tongue* ⟨schoen⟩.

leervak 0.1 [theoretisch vak] *theoretical subject* **0.2** [vak van onderwijs] *subject.*

leerzaam 0.1 [nuttig] *instructive* ⇒*informative* **0.2** [leergierig] *eager to learn* ◆ **1.1** een leerzame ervaring *a valuable experience.*

leesbaar 0.1 [gelezen kunnende worden] *legible* ⟨bv. handschrift⟩ **0.2** [aangenaam om te lezen] *readable* ◆ **1.2** een heel ~ boek *a very r. book.*

leesbaarheid 0.1 [mbt. handschrift] *legibility* **0.2** [mbt. inhoud] *readability.*

leesbeurt 0.1 [beurt bij een leesles] *turn to read* **0.2** [beurt in een reeks lezingen] *lecture* ⇒*talk* ◆ **3.1** iem. een ~ geven *give s.o. a turn at reading* **3.2** ik heb deze winter drie ~en *I have to give three lectures this winter.*

leesblind 0.1 *dyslexic.*

leesblindheid 0.1 *dyslexia.*

leesboek 0.1 [om te leren lezen] *reader* **0.2** [dat een vak behandelt] *reader* **0.3** [dat men voor zijn genoegen leest] *light reading.*

leesbril 0.1 *reading glasses.*

leesgenot 0.1 *reading pleasure.*
leeslamp 0.1 *reading lamp.*
leesles 0.1 *reading lesson.*
leeslijst 0.1 *reading list.*
leesmoeder 0.1 *helper.*
leesoefening 0.1 *reading exercise.*
leesplank 0.1 *primer.*
leesplezier 0.1 *reading pleasure.*
leesportefeuille 0.1 *portfolio (with magazines).*
leesstof 0.1 *reading matter/material.*
leest 0.1 [mbt. schoenen]⟨v.e. schoenmaker⟩ *last;* ⟨v.e. drager⟩ *(shoe)tree* 0.2 [taille]*figure* ⇒*waist* ◆ 2.2 een slanke ~ *a slender f.* 6.1 ⟨fig.⟩ dat is **op** dezelfde ~ geschoeid *that is along the same lines.*
leestafel 0.1 *reading table.*
leesteken 0.1 *punctuation mark* ◆ 3.1 ~s aanbrengen (in) *punctuate.*
leestoets 0.1 *reading test.*
leesvaardigheid 0.1 *reading proficiency/skill.*
leesvoer 0.1 *pulp (literature).*
leeszaal 0.1 [leesvertrek] *reading room* 0.2 [openbare instelling]⟨van kerk enz.⟩ *reading room;* ⟨van gemeente⟩ *public library* ◆ 2.2 openbare ~ en bibliotheek *public library.*
leeuw, leeuwin 0.1 *lion* ⇒*lioness* ⟨v.⟩ ◆ 1.1 ⟨fig.⟩ ~en en beren op de weg zien *see lions and tigers along the way* 6.1 iem. **voor** de ~ en gooien *throw s.o. to the wolves* 8.1 zo sterk als een ~ *as strong as an ox.*
Leeuw ⟨astrol.⟩ 0.1 *Leo.*
leeuwenbek ⟨plantk.⟩ 0.1 *snapdragon.*
leeuwendeel 0.1 *lion's share* ◆ 3.1 het ~ (van iets) op zich nemen *take the lion's share (of sth.).*
leeuwenkooi 0.1 *lion's cage.*
leeuwenkuil 0.1 *lion's den.*
leeuwenmoed 0.1 *courage of a lion.*
leeuwentemmer 0.1 *lion tamer.*
leeuwenwelp, leeuwenjong 0.1 *(lion) cub.*
leeuwerik 0.1 *lark.*
leeuwin →**leeuw.**
lef ⟨inf.⟩ 0.1 *guts* ⇒*nerve* ◆ 3.1 heb het ~ niet om dat te doen *don't you dare do that;* dat is ~ hebben! *what (a) nerve!*
lefgozer, lefschopper ⟨inf.⟩ 0.1 *hotshot.*
leg 0.1 [het eieren leggen] *(egg) laying* ◆ 6.1 aan de ~ zijn *be l.;* **van** de ~ zijn *have stopped l.*
legaal 0.1 *legal* ◆ 1.1 langs legale weg *through l. channels.*
legaat I ⟨de⟩ 0.1 [pauselijk gezant] *legate;* II ⟨het⟩ 0.1 [erfmaking] *bequest* 0.2 [erfenis] *legacy* ◆ 3.2 een ~ krijgen *receive a l./bequest.*
legaliseren 0.1 *legalize.*
legaliteit 0.1 *legality.*
legbatterij 0.1 *battery (cage).*
legen 0.1 *empty* ◆ 1.1 je zakken ~ *e. your pockets.*
legenda 0.1 *legend* ⇒*key to symbols.*
legendarisch 0.1 *legendary.*
legende 0.1 *legend* ⟨ook mbt. munt, kaart⟩ ◆ 6.1 tot een ~ maken *make into a l., mythologize;* **volgens** de ~ gaat hij niet dood *l. has it that he didn't die.*
leger 0.1 [krijgsmacht] *army* 0.2 [gehele krijgsmacht v.e. staat] *army, armed forces* 0.3 [menigte] *army* 0.4 [ligplaats v.e. dier]⟨wild dier⟩ *lair;* ⟨haas⟩ *form;* ⟨hert⟩ *lair;* ⟨das⟩ *sett;* ⟨vos, beer⟩ *den* ◆ 1.3 een ~ tje specialisten *a battery of experts;* een ~ sprinkhanen *a plague/horde of locusts* 1.¶ het Leger des Heils *the Salvation Army* 6.2 **bij** het ~ *in the army* ¶.1 een ~ op de been brengen *raise an army.*

legeraalmoezenier 0.1 *(army) chaplain.*
legeraanvoerder 0.1 *commander-in-chief (of an/the army).*
legerafdeling 0.1 *army unit.*
legerarts 0.1 *army medical officer;* ⟨inf.⟩ *army doctor.*
legerauto 0.1 *army car/vehicle.*
legerbasis 0.1 *army base.*
legercommandant 0.1 *commander(-in-chief) (of an/the army).*
legereenheid 0.1 *army unit.*
legeren 0.1 *alloy.*
legeren I ⟨ov.ww.⟩ 0.1 [doen kamperen] *encamp* 0.2 [ligplaats verschaffen] *quarter;* ⟨bij burgers⟩ *billet* ◆ 1.2 soldaten in het dorp ~ *b. soldiers in the village;* II ⟨onov.ww.⟩ 0.1 [platliggen] *be flattened* ◆ 3.1 door de slagregens ging het koren ~ *the grain was flattened by the heavy rains;* III ⟨wk.ww.; zich ~⟩ 0.1 [zijn legerplaats opslaan] *(en)-camp* ⇒*make camp* ◆ 6.1 de vijand had zich in de vlakte gelegerd *the enemy had made camp in the plain.*
legergroen 0.1 *olive drab/green.*
legering 0.1 *alloy.*
legering 0.1 [mbt. troepen] *encampment* ⇒*camping* 0.2 [mbt. granen] *flattening.*
legerkamp 0.1 *army camp.*
legerkorps 0.1 *army corps.*
legerleider 0.1 *army commander.*
legerleiding 0.1 [het leiden] *command/leadership of an/the army* 0.2 [personen] *army command/leadership.*
legermacht 0.1 *armed forces;* ⟨alleen krijgsmacht te land⟩ *army.*
legeronderdeel 0.1 *army/military unit.*
legerplaats 0.1 [kampement] *camp* 0.2 [stad met een kazerne] *army town.*
legerpredikant 0.1 *(army) chaplain.*
legertucht 0.1 *army/military discipline.*
leges 0.1 *(legal) dues* ⇒*fees.*
leggen 0.1 [doen liggen] *lay (down)* ⇒⟨worstelen, boksen⟩ *floor* 0.2 [(een ei) voortbrengen] *lay* 0.3 [aanbrengen, plaatsen] *put* 0.4 [doen ontstaan] *make* ⇒*build,* ⟨vloer ook⟩ *lay* ◆ 5.3 iets opzij ~ ⟨ook fig.⟩ *p./set sth. aside, keep sth. for a rainy day;* geld opzij ~ *p. money aside;* hij legde het boek opzij tot 's avonds *he put the book aside till the evening* 6.1 te ruste(n) ~ *l. to rest* 6.3 iem. bepaalde woorden **in** de mond ~ *p. certain words into s.o.'s mouth;* **naast** elkaar ~ *p. together/side by side/against one another;* nieuwe buizen **onder** een straat ~ *lay new pipes under a street;* klemtoon **op** een lettergreep ~ *stress a syllable;* **op** een hoop ~ *pile up.*
legger 0.1 [dier] *layer* 0.2 [balk] *joist* 0.3 [register] *register;* ⟨krant⟩ *file* ◆ 1.3 de ~ v.d. gemeente A. *the land r. of A.* 2.1 die kippen zijn goede ~s *those hens are good layers* 2.¶ ⟨sport⟩ gelijke/ongelijke ~s *parallel/asymmetric bars.*
legging 0.1 *leggings* ⟨mv.⟩.
legio 0.1 *countless* ⇒⟨alleen ná zn.⟩ *legion* ◆ 1.1 hij maakte ~ fouten *he made c. errors, the errors he made were legion.*
legioen 0.1 [Rom. gesch.] *legion* 0.2 [legerafdeling] *legion* 0.3 [supporters] *supporters* 0.4 [zeer grote menigte] *host* ◆ 1.2 het Legioen van Eer *the Legion of Honour* 1.4 ~ en (van) engelen *hosts of angels.*
legitiem 0.1 *legitimate.*
legitimatie 0.1 *identification* ⇒*proof of identity.*
legitimatieplicht 0.1 *compulsory identification.*
legitimeren I ⟨wk.ww.; zich ~⟩ 0.1 [zijn identiteit bewijzen]

453

identify *o.s.* ⇒*prove one's identity* **0.2** [zijn aanspraken op iets bewijzen] *prove one's identity* ♦ **3.1** een controleur moet zich kunnen ~ *an inspector must be able to identify himself* **8.2** zich als rechthebbende ~ *prove one's entitlement;*
II ⟨ov.ww.⟩ **0.1** [wettigen] *legitimize.*

legitimiteit 0.1 *legitimacy.*

legkast 0.1 *cupboard (with shelves).*

legkip 0.1 *laying hen.*

lego® **0.1** *Lego* ♦ **1.1** legodoos *L. set.*

legorder ⟨geldw.⟩ **0.1** *standing order.*

legpuzzel 0.1 ⟨ook fig.⟩ *(jigsaw) puzzle.*

leguaan 0.1 [dier] *iguana* **0.2** [mv.; dierenfamilie] *Iguanidae.*

lei I ⟨het⟩ **0.1** [gesteente] *slate;*
II ⟨de⟩ **0.1** [plaat om op te schrijven / daken te bedekken] *slate* **0.2** [koppel voor jachthonden] *leash* **0.3** [paardentoom] *bridle* ♦ **2.1** ⟨fig.⟩ (weer) met een schone ~ beginnen *wipe the s. clean.*

leiband 0.1 *leading strings* ⟨mv.⟩ ♦ **6.1** ⟨fig.⟩ hij loopt **aan** de ~ van ... *he's / he lets himself be spoonfed by ...;* ⟨de leiband v.e. vrouw⟩ *he's tied to ...'s apron strings;* ⟨fig.⟩ **aan** de ~ houden *keep in leading strings / tied to one's apron strings.*

leidekker 0.1 *slater.*

leiden 0.1 [meenemen] *lead* **0.2** [brengen, geleiden] *bring* ⇒ *lead,* ⟨plant⟩ *train* **0.3** [mbt. wegen] *lead* **0.4** [de weg wijzen] *lead* ⇒*guide* **0.5** [in een toestand brengen] *lead* **0.6** [besturen, in een richting sturen] *manage* ⇒*conduct* ⟨orkest, debat⟩, *direct* ⟨onderzoek, gesprek⟩ **0.7** [sport] *(be in the) lead* **0.8** [(een leven) doorbrengen] *lead* ♦ **1.6** een school ~ *run a school;* de zaak ~ *be in charge* **1.8** een druk leven ~ *l. a busy life* **3.6** zich laten ~ door *be guided / ruled by* **5.5** de nieuwe bezuinigingen zullen ertoe ~ dat ... *as a result of the new cutbacks, ...* **6.1** iem. ~ **naar** *l. / steer s.o. towards* **6.2** in bepaalde banen ~ ⟨ook van gesprek⟩ *channel* **6.3** de weg leidde ons / onze route leidde **door** het dorpje *the road took / led us / our route led through the village* **6.4** zij leidde hem **door** de gangen *she led / guided him through the corridors* **6.5** tot niets ~ *l. nowhere;* ~ **tot** ⟨felle discussies / de ontdekking enz.⟩ *l. to, end in;* **tot** niets ~d gepraat *talk that leads / gets one nowhere.*

leidend 0.1 [leiding gevend] *leading* **0.2** [de leidraad zijnd] *guiding* ♦ **1.1** een ~e figuur *a l. figure;* hij bekleedt daar een ~e functie *he has a senior / an executive* ⟨uitvoerend⟩ *function there* **1.2** een ~ beginsel *a g. principle.*

leider, leidster 0.1 [persoon die leidt, ook vaak in samenst.] *leader;* ⟨hand.⟩ *director, manager;* ⟨gids⟩ *guide* **0.2** [sport] *leader* ♦ **1.1** de ~s v.d. opstand *the leaders of the rebellion* **2.1** geestelijk ~ *spiritual guide;* zakelijk ~ *business manager.*

leiderschap 0.1 *leadership* ♦ **3.1** het ~ op zich nemen *assume the l.* **6.1** onder / tijdens het ~ van Castro *under Castro;* **voor** het ~ in de wieg gelegd *a born leader.*

leiderstrui ⟨wielersport⟩ **0.1** *leader's jersey* ♦ **2.1** de gele ~ *the yellow jersey.*

leiding 0.1 [het leiden] *guidance* ⇒*direction,* ⟨mil.⟩ *command* **0.2** [bestuur] *direction* ⇒⟨v.e. onderneming⟩ *management,* ⟨bestuurders ook⟩ *managers,* ⟨bestuurders ook⟩ *(board of) directors,* ⟨leiders⟩ *leadership* **0.3** [buis, draad] ⟨buis binnenshuis⟩ *pipe;* ⟨draad binnenshuis⟩ *wire;* ⟨dik⟩ *cable* **0.4** [sport; koppositie] *lead* ♦ **1.1** belast zijn met de ~ v.d. vergadering *preside over / chair the meeting* **2.1** onder zijn bekwame ~ *under his (cap)able leadership* **2.3** bovengrondse / ondergrondse ~ *aboveground / underground*

legitimiteit - lekker

pipes / cables; ⟨elek. bovengronds⟩ *overhead wires, line;* elektrische ~ *electric wire / cable;* ⟨bedrading⟩ *(electric) wiring;* ⟨hoofdleiding⟩ *electricity main(s);* ⟨voor aanvoer stroom⟩ *power line* **3.1** ~ geven (aan) *direct* ⟨werkzaamheden⟩; *lead* ⟨team⟩; *manage, run* ⟨bedrijf⟩; *govern* ⟨volk, vereniging⟩; *preside over / chair* ⟨vergadering⟩; iem. de ~ geven *put s.v. in charge;* wie heeft er hier de ~? *who's in charge here?;* de jeugd heeft meer ~ nodig *young people need more g.;* ~ kunnen geven *have leadership qualities;* zelf de ~ nemen *take matters / things into one's own hands* **3.2** de ~ heeft hier gefaald *the management is at fault here* **3.3** ~ een aanleggen in een huis ⟨elek.⟩ *wire a house;* ⟨gas, water⟩ *install the pipes / piping in a house;* de ~ en vernieuwen *renew the pipes / piping /* ⟨elek.⟩ *wiring* **3.4** de ~ nemen *take the lead* **6.1** het orkest **onder** ~ van A. *the orchestra conducted by A.* **6.4** Ajax heeft de ~ **met** 2 tegen 1 *Ajax leads 2 - 1.*

leidinggevend 0.1 *executive* ⇒*managerial, management* ♦ **1.1** hij heeft ~e capaciteiten *he has e. ability / is e. material;* een ~ functionaris *an executive.*

leidingnet 0.1 ⟨elek.⟩ *(electricity) grid;* ⟨voor water / gas⟩ *[B]mains system;* ⟨buizen in huis⟩ *piping;* ⟨bedrading⟩ *wiring (system);* ⟨telefonie⟩ *(telephone) network.*

leidingwater 0.1 *tap water.*

leidmotief 0.1 ⟨ook muz.⟩ *leitmotiv.*

leidraad 0.1 [richtsnoer] *guide(line)* **0.2** [handleiding] *guide* ♦ **8.1** als ~ dienen (voor) *serve as a guideline (for).*

leien ⟨alleen attr.⟩ **0.1** *slate* ♦ **1.1** met een ~ dak *slate-roofed.*

leisteen 0.1 *slate.*

lek¹ I ⟨het⟩ **0.1** [gat, scheur] *leak(age)* ⇒*puncture, flat* ⟨band⟩ **0.2** [fig.] *leak(age)* ♦ **3.1** een ~ dichten *stop a leak;* een ~ krijgen *spring a leak* **6.2** een ~ **in** de organisatie *a leak in the organization* **¶.1** we hebben het ~ boven (water) *we're on top of things (for the moment);*
II ⟨de⟩ **0.1** [lekken] *leakage* ⇒*drip* ⟨vloeistof⟩ ♦ **6.1** **onder** de ~ van het dak staan *stand under the dripping roof.*

lek² ⟨bn.⟩ 0.1 *leaky* ⇒*punctured, flat* ⟨band⟩ ♦ **1.1** een ~ke band krijgen, lekrijden *get a puncture;* een ~ke (fiets)band *a puncture* **3.1** ~ stoten / raken / slaan *spring a leak;* mijn schoenen zijn ~ *my shoes are letting in water* **8.1** het is zo ~ als een mandje / als een zeef *it leaks like a sieve.*

lekenbroeder 0.1 *lay brother.*

lekenoordeel 0.1 *lay(man's) opinion.*

lekenrechtspraak 0.1 *lay justice* ⇒*administration of justice by laymen.*

lekenspel 0.1 ⟨over het leven van Christus⟩ *mystery play;* ⟨bijbels verhaal⟩ *miracle play.*

lekenstand 0.1 ⟨staat⟩ *lay status;* ⟨personen⟩ *laymen* ♦ **3.1** tot de ~ terugkeren *return to l. s.*

lekenzuster 0.1 *lay sister.*

lekgat 0.1 *leak* ⇒*hole.*

lekkage 0.1 *leak(age)* ♦ **3.1** de ~ is verholpen *the leak has been repaired / stopped* **6.1** er is ~ **aan** het dak *the roof is leaking, there's a leak in the roof.*

lekken I ⟨onov.ww.⟩ **0.1** [lek zijn] *leak* ⇒*be leaking,* ⟨schip ook⟩ *take on water,* ⟨kraan ook⟩ *drip* **0.2** [doorsijpelen] *leak* ⇒*seep* ♦ **1.1** het dak lekt *the roof is leaking;* een ~de kraan *a leaking / dripping tap* **6.2** **naar** buiten ~ *l. in;*
II ⟨onpers.ww.⟩ ♦ **¶.¶** het lekt op zolder *there's a leak in the attic;*
III ⟨onov.ww.⟩ **0.1** [van vlammen] *lick* ♦ **1.1** ~de vlammen *tongues of flame* **6.1** de vlammen lekten **langs** de muren / aan het dak *the flames were licking the walls / the roof.*

lekker I ⟨bn.⟩ **0.1** [smakelijk] *nice* ⇒*good, tasty,* ⟨erg lekker⟩

delicious **0.2** [aangenaam van geur] *nice* ⇒*sweet* **0.3** [gezond, plezierig] *well* ⇒*fine* **0.4** [prettige indruk makend] *nice* ⇒*pleasant* **0.5** [verlekkerd]⟨zie 3.5⟩ **0.6** [onaangenaam] *nice, fine* ◆ **1.1** een ~ hapje *a titbit;* ⟨bij de borrel⟩ *(cocktail) snack, appetizer* **1.6** je bent me een ~ e jongen!, je bent me wat ~s!! *you're a fine one!* **3.1** ze weet wel wat ~ is *she knows a good thing when she sees it;* is / smaakt het ~? ja, het heeft me ~ gesmaakt *do you like it? yes, I enjoyed it;* iets ~ vinden *like sth. (very much)* **3.2** wat ruikt die bloem ~ *doesn't that flower smell lovely* **3.3** ik ben niet ~ *I'm not feeling too well;* ⟨fig.⟩ je bent niet ~ *you're out of your mind;* zich niet ~ voelen *not feel very well* **3.5** iem. ~ maken *make s.o.'s mouth water* **4.1** iets ~s *a snack;* ⟨snoep⟩ *a sweet, some sweets* **7.1** voor het ~ *just for the taste;* het ~ ste voor het laatst bewaren *save the best (bit) till last;*

II ⟨bn., bw.⟩ **0.1** [prettig] *nice* ⇒*comfortable* ⟨meubels, huis⟩, *lovely* ◆ **1.1** een ~ bad *a n. (hot) bath;* een ~ (in het gehoor liggend) melodietje *a catchy tune;* een ~ e stoel *a comfortable chair;* ~ weer *lovely / beautiful weather* **2.1** ~ rustig / zoet *n. and quiet / sweet;* ~ verwend worden *be pampered* **3.1** het gaat / loopt ~ *it's going fine;* ~ onder de dekens kruipen / tegen iem. aan gaan liggen *snuggle under the blankets, snuggle up against s.o.;* de winkel loopt ~ *the shop is doing fine;* slaap ~, droom maar ~ *sleep tight, sweet dreams;* eens ~ uithuilen *have a good cry;* het ~ vinden om *like to;* zich ergens / bij iem. ~ voelen *feel good somewhere / with s.o.;* dat ziet er niet ~ uit *that doesn't look too good;* ik zit hier ~ *I'm fine here;* dat zit hem niet ~ *he feels uneasy about that;* ik zit niet ~ in deze stoel *I'm not comfortable ~ in this chair* **4.1** laten we dit weekend ~ niets doen / ~ uitgaan *let's have a jolly good rest this weekend, let's go out and have fun this weekend;*

III ⟨bw.⟩ **0.1** [smakelijk] *well* ⇒*deliciously* **0.2** [mbt. leedvermaak]⟨zie 3.2, 5.2⟩ **0.3** [in hoge mate] *so / very much* ◆ **3.1** we hebben ~ gegeten *we had a good meal;* ~ (kunnen) koken *be a good cook* **3.2** ik doe het ~ toch niet! *I won't do it, so there!;* ik doe het ~ toch! *I'm going to do it anyway, (so there)!;* hij is er ~ ingelopen *he fell for it, hook, line and sinker* **3.3** ~ opschieten *get on well* **5.2** (dat was) ~ mis! *ha, ha, missed!* **¶.1** hm, ~! *mmm, delicious!* **¶.¶** ~ puh *hard cheese.*

lekkerbek 0.1 *gourmet* ◆ **3.1** mijn broer is een geweldige ~ *my brother is tremendously fond of good food (and drink).*

lekkerbekje 0.1 *fried fillet of haddock.*

lekkernij 0.1 *delicacy* ⇒⟨snoep⟩ *sweet* ◆ **2.1** voor mij is Zwitserse chocola een echte ~ *I find Swiss chocolate a real treat.*

lekkers 0.1 ⟨snoep⟩ *sweet(s);* ⟨hapje⟩ *snack* ◆ **4.1** zin hebben in iets ~ *fancy sth. sweet / a snack.*

lekvrij 0.1 *leakproof.*

lel 0.1 [klap] *clout* **0.2** [kanjer] *whopper* ◆ **1.2** een ~ v.e. kamer / tafel *a huge room / table* **3.1** iem. een ~ geven *clout s.o.; give s.o. a c.;* de bal een ~ geven *give the ball a hefty kick.*

lelie 0.1 *(bourbon white / madonna) lily.*

lelietje-van-dalen 0.1 *lily-of-the-valley.*

lelijk I ⟨bn., bw.⟩ **0.1** [niet mooi] *ugly* **0.2** [ongunstig] *bad* ⇒ *nasty* **0.3** [boos] *nasty* ⇒*angry* **0.4** [akelig, naar] *nasty* ⇒ *frightful* **0.5** [gemeen] *bad* ⇒*mean* **0.6** [onbevredigend, teleurstellend] *bad* ⇒*poor* ◆ **1.1** een ~ gezicht *an u. face;* het was een ~ gezicht *it looked awful* **1.2** ze maakte een ~ e smak, ze viel ~ *she had a b. fall;* een ~ e wond *a b. / nasty wound* **1.3** zet niet zo'n ~ gezicht *don't make such a face* **1.4** een ~ e gewoonte *a n. habit;* ~ weer *n. weather* **1.5** ~ e

dief a rotten thief; ~ e dingen zeggen *say mean / nasty things* **2.2** ~ toegetakeld *be badly hurt* **3.1** ~ schrijven *write untidily;* die broek staat je ~ *those trousers don't suit you;* ~ worden *lose one's looks* **3.2** ~ hoesten *have a b. cough;* ~ terechtkomen *get badly hurt;* er ~ voorstaan *be in a very bad position;* het ziet er ~ uit *things are looking b.* **3.3** iem. ~ aankijken *frown at s.o.* **3.4** ~ tegen iem. doen *be n. to s.o.;* iem. uitmaken voor alles wat ~ is *call s.o. all sorts of names* **6.6** daar zal hij ~ van staan te kijken / van opkijken *he's in for a nasty surprise* **¶.2** er ~ aan toe zijn *be in a b. way;*

II ⟨bw.⟩ **0.1** [behoorlijk, erg] *badly* ⇒*nastily* ◆ **3.1** je hebt het ~ verknoeid *you've botched it up nicely;* zich ~ vergissen in iem. / iets *be b. mistaken about s.o. / sth.* **¶.1** er ~ naast zitten *be way off target;* hij heeft het ~ te pakken *he really has it b.;* ⟨inf.⟩ *he's really got it bad;* hij werd ~ te grazen genomen *he really got done;* ~ in de knel / knoei zitten *be in a pretty pickle; be up the creek.*

lelijkerd 0.1 [iem. die niet mooi is] *ugly man / fellow* ⇒ ⟨vrouw⟩ *hag* **0.2** [gemeen persoon] *rascal* ⇒*ugly customer.*

lelijkheid 0.1 *ugliness* ◆ **1.1** hij is het toppunt van ~ *he is the epitome of u.*

lellebel 0.1 *slut.*

lemen ⟨alleen attr.⟩ **0.1** *loam* ◆ **1.1** een ~ muur *a mud wall;* een ~ vloer *an earthen floor.*

lemmet 0.1 *blade.*

lende 0.1 [deel v.d. rug] *lumbar region* ⇒⟨inf.⟩ *small of the back* **0.2** [mbt. dieren] *loin* ⇒*haunch* ◆ **2.2** dikke ~ *rump (steak).*

∗lendebiefstuk *(Wdl: lendenbiefstuk)* **0.1** *sirloin.*

∗lendedoek *(Wdl: lendendoek)* **0.1** *loincloth.*

lenen I ⟨ov.ww.⟩ **0.1** [te leen geven] *lend (to)* **0.2** [te leen krijgen] *borrow (of / from)* **0.3** [ter beschikking stellen, verschaffen] *lend* ◆ **1.1** ik heb hem geld geleend *I have lent him some money* **1.2** van / bij hem kun je gemakkelijk geld ~ *he's a soft touch* **1.3** zijn naam ~ voor iets *l. his name to sth.* **4.3** ⟨van personen⟩ zich ~ voor iets ⟨meestal pej.⟩ *be available for sth.* **¶.2** hij leent altijd van alles *he borrows everything in sight;*

II ⟨wk.ww.; zich ~⟩ **0.1** [geschikt zijn (voor)] *lend itself / themselves (to / for)* ◆ **6.1** dit stuk leent zich goed **voor** een opvoering *this play makes good theatre.*

lener 0.1 [iem. die iets te leen geeft] *lender* **0.2** [iem. die iets te leen ontvangt] *borrower.*

lengen 0.1 [langer worden] *lengthen* ◆ **1.1** de dagen ~ *the days are growing longer.*

lengte 0.1 [langste zijde] *length* **0.2** [grootte] *length* ⇒⟨van persoon / plant⟩ *height* **0.3** [afmeting; tijdsduur] *length* **0.4** [aardr., ster.] *longitude* ◆ **1.3** een snelweg van 500 km ~ *a 500 km long* ᴮ*motorway /* ᴬ*highway;* wat is de ~ van het verhaal? *how long is the story?* **2.2** totale / volle ~ *total / full l.;* hij lag in zijn volle ~ op de grond *he lay full l. upon the ground* **3.1** de ~ bedraagt 30 meter *it is 30 metres long* **3.2** hij heeft de ~ niet *he is not tall enough* **6.1** een plank in de ~ doorzagen *saw a board lengthways / lengthwise;* ⟨fig.⟩ het moet **uit** de ~ of uit de breedte komen *it has to come from somewhere* **6.2** hij viel op **door** zijn ~ *his height made him conspicuous;* zich **in** zijn volle ~ oprichten *draw o.s. up to one's full height;* **in** de ~ groeien *grow in l.;* **met** twee ~s verschil winnen *win by two lengths* **6.3 op** de goede ~ afknippen *cut off to the exact l.;* **over** een ~ **van** 60 meter *for a distance of 60 metres;* **tot in** ~ van dagen *for years to come.*

lengtecirkel ⟨aardr.⟩ **0.1** *meridian.*

lengtedoorsnede 0.1 *lengthwise/longitudinal section.*
lengtegraad ⟨aardr.⟩ **0.1** *degree of longitude.*
lengtemaat 0.1 *linear/longitudinal measurement.*
lengterichting 0.1 *longitudinal/linear direction* ◆ **6.1** in de ~ *lengthwise, lengthways.*
lenig I ⟨bn., bw.⟩ **0.1** [mbt. het lichaam en bewegingen] *lithe* ◆ **1.1** een ~e sprong *an agile leap;*
II ⟨bn.⟩ **0.1** [mbt. materiaal] *pliant, pliable.*
lenigen 0.1 *relieve* ⇒*alleviate.*
lenigheid 0.1 [mbt. lichaamsbewegingen] *litheness* **0.2** [mbt. materialen] *pliancy* ⇒*flexibility.*
lening 0.1 *loan* ◆ **1.1** de bank van ~ *pawnshop* **2.1** een onderhandse ~ *a private l.* **3.1** een ~ opnemen *take out a l.;* een ~ sluiten *contract/negotiate a l.;* een ~ uitschrijven *raise a l.;* iem. een ~ verstrekken *grant s.o. a l.* **6.1** een ~ tegen lage rente *a low-interest l.;* een ~ van *f*10.000 *a 10,000-guilder l.*
leninisme 0.1 *Leninism.*
lens¹ ⟨de⟩ **0.1** *lens* ◆ **2.1** bolle/convergerende lenzen *convex/converging lenses;* harde lenzen *hard (contact) lenses;* holle/divergerende lenzen *concave/diverging lenses;* zachte/vloeibare lenzen *soft/hydrophilic (contact) lenses* **3.1** lenzen dragen/hebben *wear/have (contact) lenses/* ⟨inf.⟩ *contacts.*
lens² ⟨bn.⟩ **0.1** ¶ iem. ~ slaan *knock s.o. senseless;* zich ~ trappen *pedal with all one's might.*
lensopening 0.1 [diafragma] *diaphragm* **0.2** [diameter] *aperture.*
lenspoort ⟨scheep.⟩ **0.1** *scupper.*
lenswater ⟨scheep.⟩ **0.1** *bilge water.*
lente 0.1 *spring* ◆ **2.1** een vroege/een late ~ *an early/a late s.* **6.1** de ~ in het hoofd hebben *have spring-fever;* in de ~ *in (the) spring (time);* ⟨fig.⟩ in de ~ van haar leven *in the springtime of her life;* ⟨fig.⟩ een meisje van 21 ~s *a girl of 21 summers.*
lenteachtig 0.1 *springlike.*
lentedag 0.1 *spring day.*
lenteweer 0.1 *spring weather.*
lepel 0.1 [keukengereedschap] *spoon* ⇒⟨grote schéplepel⟩ *ladle,* ⟨lepeltje⟩ *teaspoon* **0.2** [hoeveelheid] *spoonful* ◆ **3.2** ieder uur een ~ innemen *take one s. every hour* **6.1** het iem. met de ~ **ingieten** ⟨fig.⟩ *spoonfeed s.o. with lt;* een baby **met** een ~ voeren *spoonfeed a baby.*
lepelaar 0.1 *spoonbill.*
lepelen I ⟨onov., ov.ww.⟩ **0.1** [opscheppen, eten] *spoon (up)* ⇒⟨opscheppen⟩ *ladle,* ⟨scheppen⟩ *scoop (up)* ◆ **6.1** iets **naar** binnen ~ *spoon sth. up;*
II ⟨ov.ww.⟩ **0.1** [balspel] *scoop, chip* ◆ **6.1** de bal **over** de doelman heen ~ *c./s. the ball over the goalie.*
leperd 0.1 *slyboots* ⇒*slick operator.*
leplazarus ⟨inf.⟩ ◆ **3.**¶ zich het ~ schrikken *get the fright of one's life.*
lepra 0.1 *leprosy.*
lepralijder, -lijdster, leproos 0.1 *leprosy sufferer;* ⟨ook pej.⟩ *leper.*
lepreus 0.1 *leprous.*
leraar, lerares 0.1 *teacher* ◆ **1.1** hij is ~ Engels *he's an English t.;* de ~ natuurkunde/scheikunde *the physics/chemistry t.*
leraarskamer 0.1 *teachers' room, staffroom.*
leraarsvergadering 0.1 *staff meeting.*
lerarenkorps 0.1 *teaching staff.*
lerarenopleiding 0.1 *secondary teacher training (course)* ◆ **2.1** de nieuwe ~ (nlo) *teacher training college;* de tweedefase-lerarenopleiding *post-graduate teacher training (course).*

leren¹ ⟨bn.; alleen attr.⟩ **0.1** *leather.*
leren² **I** ⟨onov., ov.ww.⟩ **0.1** [kundigheid, kennis verwerven (van)] *learn ((how) to do)* **0.2** [doen inzien] *teach* **0.3** [studeren] *study* ⇒*learn* ◆ **1.1** zijn huiswerk ~ *do one's homework;* een vak ~ *l. a trade* **1.2** de ervaring leert ... *experience teaches* ... **3.1** dat moet je ~ eten *that's an acquired taste;* iem. ~ kennen *get to know s.o.;* op dat gebied kun je nog heel wat van hem ~ *he can still teach you a thing or two;* we kunnen van hem nog wel iets ~ *we still have sth. to l. from him;* met iets ~ leven *l. to live with sth.;* ~ lopen *l. to walk;* hij wil ~ schaatsenrijden *he wants to l. (how) to ice-skate* **4.2** dat zal je ~ *that'll t. you;* ik zal je ~ (dat arme dier te plagen) *I'll t. you (to tease that poor animal)* **5.1** hij leert moeilijk/vlot *he's a slow/fast learner;* sommige mensen ~ het nooit *some people just never l.;* iets perfect ~ (beheersen) *master sth.* **5.3** haar kinderen kunnen goed/niet ~ *her children are good/no good at school* **6.1** door ervaring ~ *l. by experience;* een mens is nooit te oud **om** te ~ *one is never too old to l.;* **uit** die roman ~ we dat ... *that novel teaches us that ...;* **van** zijn ervaringen ~ *l. from one's experiences* **6.3** **voor** dokter ~ *s. to be a doctor* **7.3** hij heeft weinig geleerd *he's had little (formal) schooling* ¶.1 iets al doende ~ *pick sth. up as you go along;* iets van buiten/uit het hoofd ~ *l. sth. by heart;*
II ⟨ov.ww.⟩ **0.1** [onderrichten omtrent] *teach (sth. to s.o./s.o. (how) to do sth.)* **0.2** [zich een gewoonte eigen maken] *pick up* ⇒*learn* **0.3** [brengen tot] *teach* ⇒*show* ◆ **3.1** een dier ~ gehoorzamen *train an animal to obey;* iem. ~ lezen en schrijven *teach s.o. to read and write* **3.2** waar heb jij zo ~ vloeken? *where did you pick up such swearwords?* **4.2** hij leert het al aardig *he's beginning to get the hang of it.*
lering 0.1 *learning* ⇒*lesson* ◆ **3.1** ~ uit iets trekken *learn from sth.*
les 0.1 [onderwijs; cursus] *lesson* ⇒*class* **0.2** [iets dat onderwezen wordt; de te leren stof] *lesson* **0.3** [moreel onderricht] *lesson* **0.4** [voorschrift, vermaning] *lecture, lesson* ◆ **2.1** een openbare ~ ⟨aan universiteit⟩ *a public lecture* **2.4** dat is een goede ~ voor hem geweest *that's been a good lesson to him* **3.1** van 9 tot 12 ~ hebben *have a l./class from 9 to 12;* we hebben morgen geen ~ *there are no classes tomorrow;* een ~ laten uitvallen *drop a class;* ~ nemen/krijgen/geven *take/have/give lessons (in);* ~ volgen bij iem. *take lessons from s.o.* **3.2** zijn ~ opzeggen *recite a l.;* zijn ~ voorbereiden *prepare one's lessons* **3.3** ik heb mijn ~ je wel geleerd *I've learned my l.;* een ~ trekken uit *learn a l. from* **3.4** iem. een ~ je geven *teach s.o. a lesson;* laat dit een ~ voor u zijn *let this be a lesson to you;* iem. de ~ lezen *lecture s.o.* **6.1** ~ **in** muziek/in tekenen *music/drawing/art classes;* **op** Franse ~ zijn *be taking French lessons.*
lesauto, -wagen 0.1 ᴮ*learner car,* ᴬ*driver education car.*
lesbevoegdheid →**onderwijsbevoegdheid.**
lesbi 0.1 *dyke.*
lesbienne 0.1 *lesbian.*
lesbisch 0.1 *lesbian* ◆ **1.1** (de) ~e liefde *lesbianism;* een ~e vrouw *a lesbian* **3.1** ~ zijn *be (a) lesbian/gay.*
lesbo 0.1 *dyke.*
lesboek 0.1 *exercise book.*
lesgeld 0.1 *tuition fee(s).*
lesgeven 0.1 *teach* ◆ **5.1** hij kan goed ~ *he's a good teacher.*
leslokaal 0.1 *classroom.*
lesmateriaal 0.1 *teaching material.*
lesmodule 0.1 *teaching module.*
lespakket 0.1 *teaching package.*

lesrooster 0.1 *school timetable/ᴬschedule.*

lessen I ⟨ov.ww.⟩ **0.1** [mbt. dorst] *quench* **0.2** [mbt. gevoelens/verlangens/begeerten] *assuage* ⇒*satisfy* ◆ **1.1** zijn dorst~ *q. one's thirst;*
II ⟨onov.ww.⟩⟨inf.⟩ **0.1** [les nemen] *take driving lessons.*

lessenaar 0.1 *(reading/writing) desk* ⇒*lectern.*

lesstof 0.1 *teaching material.*

lest 0.1 *last* ◆ **2.1** ten langen ~e *at (long) last, finally* ¶**.1** ⟨sprw.⟩ ~ *best the last is the best.*

lestoestel 0.1 *instruction machine* ⇒⟨vliegtuig⟩ *trainer.*

lesuur 0.1 *lesson* ⇒*period.*

leswagen →**lesauto.**

lethargie 0.1 *lethargy.*

Letland 0.1 *Latvia.*

Let(lander), Letse 0.1 *Latvian.*

Lets 0.1 ⟨bn. en zn.⟩ *Latvian.*

letsel 0.1 *injury* ◆ **2.1** ernstig ~ oplopen *be seriously injured;* iem. zwaar lichamelijk ~ toebrengen *inflict grievous bodily harm on s.o.;* lichamelijk ~ oplopen *sustain physical i.* **6.1** hij is er **zonder** ~ afgekomen *he escaped without i.*

letten I ⟨onov.ww.⟩ **0.1** [vnl. met 'op'; acht slaan op] *pay attention (to)* **0.2** [met 'op'; toezicht houden op] *take care of* ◆ **5.1** daar heb ik niet op gelet *I didn't notice;* geen mens die er op let *nobody takes any notice, nobody will notice;* let wel *mind you* **6.1 op** zijn gezondheid ~ *watch one's health;* zonder te ~ **op** *…without regard to …;* let **op** mijn woorden *mark my words;* let maar niet **op** haar *don't pay any attention to her;* let **op** het verschil *notice the difference;* gelet **op** het besluit v.d. raad *in view of the council's decision;* ik moet ook een beetje **op** de prijs ~ *I also have to consider the cost* **6.2** let **op** de kinderen *keep an eye on the children;* let **op** je woorden *mind your language, be careful what you say;* **op** de/zijn tijd ~ *keep an eye on the time;* ik moet **op** mijn gewicht ~ *I've got to watch my weight;* goed **op** iem. ~ *take good care of s.o.;* er wordt ook **op** de uitspraak gelet *pronunciation is also taken into consideration/account;*
II ⟨ov.ww.⟩ **0.1** [verhinderen] *prevent/stop (s.o. (from) doing sth.)* ◆ **4.1** wat let mij? *what's to stop me (doing it)?;* wat let je? *what's stopping you?*

letter 0.1 [teken, klank] *letter;* ⟨mv., opschrift⟩ *lettering* **0.2** [letterlijke inhoud] *letter* **0.3** [druk.] *type(face)* ◆ **1.2** vasthouden aan de ~ v.d. wet *keep to the l. of the law* **2.1** met cursieve/schuine~s gedrukt *printed in italics;* een dikke/vette ~ *bold/heavy type;* met grote ~s *in capitals;* grote/kapitale ~ *capital letter;* ⟨druk.⟩ *upper-case letter;* kleine ~ *small letter;* ⟨druk.⟩ *lower-case letter;* ⟨fig.⟩ het staat in de kleine ~tjes *it's in the small print;* een kleine/grote ~ L *a small/capital L;* romeinse/gotische ~s *Roman/Gothic letters;* ⟨opschrift⟩ *Roman/Gothic lettering* **3.1** geen ~ (meer) op papier zetten *not write another word* **6.2** iets **naar** de ~ opvatten *take sth. literally.*

letterbak 0.1 *typecase, case.*

letteren 0.1 [taal- en letterkunde] *language and literature* ⇒⟨alg. geesteswetenschappen⟩ *humanities* **0.2** [literatuur] *letters* ⇒*literature* ◆ **1.1** de faculteit der ~ ⟨vnl. BE⟩ *Faculty of Arts* **2.2** de schone ~ *belles lettres* **3.1** ~ studeren *be an arts student.*

lettergreep 0.1 *syllable* ◆ **2.1** de op één/twee na laatste ~ *the penultimate/antepenultimate s.*

letterkast 0.1 *typecase, case.*

letterkunde 0.1 *literature* ◆ **3.1** ~ studeren *study l.*

letterkundig 0.1 *literary* ◆ **1.1** de ~e geschiedenis *l. history.*

letterkundige 0.1 [kenner] *man/woman of letters, student of literature* **0.2** [beoefenaar] *man/woman of letters.*

letterlijk I ⟨bn., bw.⟩ **0.1** [woordelijk] *literal* ⇒*verbatim* ⟨citaat⟩ ◆ **1.1** de ~e tekst *the verbatim text;* een ~ verslag v.d. feiten *a l. rendering of the facts* **3.1** iets al te ~ opvatten *take sth. too literally;* een bevel ~ uitvoeren *carry out an order to the letter;* iets ~ vertalen *translate sth. literally;* dat waren ~ zijn woorden *those were his very words* **5.1** de rommelmarkt viel ~ en figuurlijk in het water *the jumble-sale was a washout in both senses of the word;*
II ⟨bw.⟩ **0.1** [volstrekt] *literally* ◆ **4.1** daar is ~ niets mee te beginnen *there is l. nothing you can do with it.*

letterslot 0.1 *letter-lock* ⇒*combination lock.*

lettersoort 0.1 *type, typeface.*

lettertang 0.1 *device for punching letters on a tape.*

letterteken 0.1 [schriftteken] *character* ⇒*letter* **0.2** [herkenningsteken] *mark(ing).*

lettertype 0.1 *type(face),* ᴮ*fount/*ᴬ*font* ⟨comp. steeds⟩ *font.*

letterwoord 0.1 *acronym.*

letterzetten 0.1 *typeset, compose (type)* ◆ **7.1** het ~ *typesetting.*

letterzetter 0.1 *compositor, typesetter.*

leugen 0.1 [onwaarheid] *lie* **0.2** [het liegen] *lying* **0.3** [valsheid] *lie* ⇒*deceit* ◆ **1.2** hij leeft van ~ en bedrog *he is a cheat and a liar* **2.1** een grove ~ *a big l.;* een klein ~tje *a fib;* een regelrechte ~ *a blatant l.* **2.3** haar leven was één grote ~ *her whole life was one big l.* **3.1** ~s verkopen *tell lies;* ~s verzinnen *make up stories* **6.1** een ~tje **om** bestwil *a white l.;* hij hangt **van** ~s aan elkaar *he is made up of lies* ¶**.1** ⟨sprw.⟩ al is de ~ nog zo snel, de waarheid achterhaalt haar wel *though a lie be swift, the truth overtakes it.*

leugenaar, -ster 0.1 *liar* ⟨m., v.⟩ ◆ **3.1** iem. tot (een) ~ maken *show s.o. up as a l.;* iem. voor ~ uitmaken *give s.o. the lie (in his/her teeth).*

leugenachtig 0.1 *lying* ⇒*false* ◆ **1.1** ~e praatjes *l./untrue rumours.*

leugenachtigheid 0.1 [onwaarheid] *falsehood* ⇒*untruth* **0.2** [zucht tot liegen] *untruthfulness, falseness.*

leugencampagne 0.1 *smear campaign* ⇒*mudslinging.*

leugendetector 0.1 *lie detector.*

leugenverhaal 0.1 *lie* ⇒*(tall) story,* ⟨inf.⟩ leugentje) *fib.*

leuk 0.1 [amusant] *funny* ⇒*amusing* **0.2** [knap, flatteus] *pretty* ⇒*nice* **0.3** [prettig] *nice* ⇒*pleasant* ◆ **1.2** een ~ bedrag *quite a handsome sum;* een ~e meid *a p. girl;* een ~e prijs voor iets maken *get a good price for sth.;* echt een ~e vent/knul *a really nice guy* **1.3** dat was een ~e tijd *those were the days;* ik vind het ~ werk *I enjoy the work* **2.1** ~ is anders! *not exactly my idea of fun!* **3.1** hij denkt zeker dat hij ~ is *he seems to think he is f.;* hij wil altijd ~/de ~ste zijn *he always wants to be the funniest guy in town;* (wachten/tv kijken) tot het ~ wordt *(wait/watch TV) till it improves;* dat zou niet erg ~ zijn *that wouldn't be much fun* **3.2** dat staat je ~ *it looks good on you;* ze vindt hem nogal ~ *she rather fancies him* **3.3** (iron.) dat kan ~ worden! *that could be fun!;* ik vind het niet ~ om dat te doen *I don't much like that;* welk boek vind je 't ~st? *which book do you like best?;* vissen/zwemmen niet meer ~ vinden *have gone off fishing/swimming;* iets ~ vinden *enjoy/like sth.* **4.1** wat ~! *what fun!* **4.3** laten we iets ~s gaan doen *let's do sth. n.;* er iets ~s van maken *make sth. of it* **5.1** nu is het niet ~ meer! ⟨ook⟩ *this is really getting beyond a joke* **7.1** ben jij de ~ste thuis? *are you the family jester?;* 't ~e is *…the f. thing is that …;* 't ~ste was …/komt nog *the best part of it was …/ is still to come* ¶**.1** ik zie niet in wat daar voor ~s aan is *I* *don't see the fun of this;* ⟨iron.⟩ nou, ~ hoor *very funny!* ¶.3 ~ dat je gebeld hebt *it was n. of you to call.*

leukemie ⟨med.⟩ **0.1** *leukaemia.*

leukerd 0.1 *funny man/guy/*⟨BE ook⟩ *chap.*

leukoplast® **0.1** *"sticking plaster,* ^A*adhesive tape.*

leukweg 0.1 *coolly, dryly, laconically* ◆ **3.1** ~ iets zeggen *say sth. d./l.*

leunen 0.1 *lean (on/against)* ◆ **5.1** achterover ~ *l. back, re-cline* **6.1** op een stok ~ *l. on a cane;* ⟨fig.⟩ zwaar op een ander ~ *rely heavily on s.o. else;* met het hoofd/de ellebogen op iets ~ *rest one's head/elbows on sth.;* tegen de muur ~ *l. against the wall;* uit het raam ~ *l. out of the window.*

leuning 0.1 [mbt. trap] *(hand)rail* **0.2** [mbt. meubels]⟨rug⟩ *back;* ⟨armleuning⟩ *arm (rest)* **0.3** [balustrade] *rail(ing)* ⇒ *guardrail.*

leunstoel 0.1 *armchair.*

leuren 0.1 *peddle* ◆ **3.1** hij ging overal met het geheim ~ *he was peddling the secret everywhere* **6.1** met encyclope-dieën ~ *p. encyclopaedias.*

leus 0.1 [zinspreuk] *slogan* ⇒*motto* **0.2** [wachtwoord] *watchword, password* ◆ **1.1** de leuzen v.d. partij *the party slogans.*

leut 0.1 [plezier]*fun* **0.2** [koffie] *coffee* ◆ **1.2** een bakje ~ *a cup of c.* **3.1** veel ~ hebben *have a lot of f.; have a ball* **6.1** voor de ~ *for f./a lark.*

leuteraar 0.1 *driveller, twaddler.*

leuteren 0.1 *drivel* ◆ **3.1** hij zat weer verschrikkelijk te ~ *(there) he was drivelling on again.*

leuterpraat 0.1 [gebabbel] *prattle* **0.2** [onzin] *drivel* ◆ **3.2** ~jes verkondigen *talk rot.*

Leuven 0.1 *Leuven, Louvain.*

leven¹ ⟨het⟩ **0.1** [het bestaan] *life* ⇒*existence* **0.2** [werkelijk-heid, levensechtheid] *life* ⇒*reality* **0.3** [levensduur] *life, lifetime* **0.4** [levenswijze] *life* ⇒*living* **0.5** [morele handel en wandel] *life* **0.6** [levensloop, levensgeschiedenis] *life* ⇒ *life history* **0.7** [verschijnselen/werkzaamheden in een kring] *life* **0.8** [levensonderhoud] *life* ⇒*living* **0.9** [lawaai] *life* ⇒*noise* **0.10** [drukte, levendigheid, activiteit] *life* ⇒ *liveliness* ◆ **1.1** elkaar op ~ en dood bestrijden *wage a life-and-death struggle* **2.3** je dood er je hele ~ mee *it will last you all your life;* zijn hele verdere ~ *for the rest of his life* **2.4** een druk ~ hebben *lead a busy life;* zijn eigen ~ leiden *lead one's own life,* ⟨fig.⟩ zijn eigen ~ gaan leiden *lead/as-sume a life of its own* (bv. van verhaal/gerucht); een ge-makkelijk ~ hebben *have an easy life;* een nieuw ~ begin-nen *turn over a new leaf* **2.5** een dubbel ~ leiden *lead a double l.;* een losbandig ~ leiden *lead a wild l.* **2.7** het maatschappelijk/het huiselijk ~ *public/private l.;* in het volle ~ staan *be in touch with things* **2.8** het ~ wordt steeds duurder *the cost of living is going up all the time* **2.10** een onderneming nieuw ~ inblazen *breathe/inject new life in-to a firm* **2.**¶ een bruin ~ *a good/an easy life;* hij heeft ook het eeuwige ~ niet *he won't last for ever;* ⟨iron.⟩ toen be-gon het lieve ~(tje) *then the fat was in the fire;* de bescher-ming van het ongeboren ~ *protection of the unborn child* **3.1** het ~ begint bij 40 *l. begins at 40;* zijn ~ geven voor zijn land *lay down one's l. for one's country;* voor hun ~ wordt gevreesd *there are fears for their lives;* zijn ~ hangt aan een zijden draad(je) *his l. hangs by a thread;* de aanslag heeft aan twee mensen het ~ gekost *the attack cost the lives of two people;* zo is het ~ *that's l.;* dat kostte hem het ~ *that killed him/cost him his l.;* het ~ laten/erbij inschie-ten *lose one's l.;* zijn ~ loopt op een eind *his end is drawing near;* het ~ schenken aan *give birth to;* iem. het ~ schenken *spare s.o.'s life;* zijn ~ duur verkopen *sell one's l. dearly,*

fight to the bitter end; zijn ~ wagen *risk one's l.* **3.3** zijn ~ slijten *spend one's days* **3.4** zijn ~ beteren *mend one's ways;* zij heeft geen ~ bij die man *that man makes her life a misery;* hoe staat het ~? *how's life?* **3.9** ~ maken *make a noise* **3.10** ~ in de brouwerij brengen *stir/liven things up, get things going;* er kwam ~ in de brouwerij *things were beginning to liven up* **5.6** mijn/hun ~ lang *all my life/ their lives* **6.1** bij ~ en welzijn *if all is well;* iets in ~ houden *keep sth. alive;* nog in ~ zijn *be still alive;* in ~ blijven *stay/ keep alive;* iem. naar het ~ staan *be after s.o.'s blood;* om het ~ komen *lose one's l., be killed;* iem. om het ~ brengen *kill s.o.;* op gewelddadige wijze om het ~ komen *meet (with) a violent death;* het ~ van alle dag *everyday l.* **6.2** een stichting in het ~ roepen *establish an association;* een organisatie in het ~ roepen *set up an organization;* teke-nen/schilderen naar het ~ *draw/paint from l./nature;* uit het ~ gegrepen *true to life, taken/drawn from (real) l.* **6.3** dat heb ik nog nooit van mijn ~ gezien *I have never seen that in my life;* van zijn ~ niet *never (in all my life);* heb je van je ~! *well, I never!;* hij is voor zijn ~ invalide *he will be an invalid for the rest of his life;* voor het ~ benoemd *ap-pointed for life;* een lidmaatschap voor het ~ *a life mem-bership;* voor het ~ getekend *marked for life* **6.6** bij/tij-dens zijn ~ *in/during his lifetime* **6.10** iets/iem. weer tot ~ brengen *bring sth./s.o. to life again* **6.**¶ ⟨prostitutie⟩ in het ~ *on the game* ¶.1 rennen alsof je ~ ervan afhangt *run for one's l.;* zijn ~ niet (meer) zeker zijn *be not safe here (anymore);* als je ~ je lief is *if you value your l.;* ⟨sprw.⟩ zo-lang er ~ is, is er hoop *while there is l. there is hope* ¶.3 iem. het ~ zuur maken *make s.o.'s life a misery.*

leven² **I** ⟨onov.ww.⟩ **0.1** [niet dood zijn] *live* ⇒*be alive* **0.2** [mbt. zaken/voorstellingen] *live (on)* **0.3** [zich voeden] *live on* **0.4** [zijn dagen doorbrengen] *live* **0.5** [zich gedra-gen] *live* **0.6** [in zijn onderhoud voorzien] *live (on/by)* ⇒ ⟨vaak pej.⟩ *live off* ◆ **1.2** dat gevoel leeft heel sterk *that feeling is still very strong;* hij veel mensen leeft het idee … *many people still have the idea …;* leeft die vaas nog? *is that vase still in one piece?* **1.4** de nu ~de generatie *the present generation* **1.**¶ leve de democratie *three cheers for democracy;* leve de koningin! *long live the Queen!;* deze ro-manpersonages ~ *these characters are true to life* **3.1** blij-ven ~ *stay alive;* mens, durf te ~ *come on, live a little,* hij heeft niet lang meer te ~ *he has not long to l.* **3.4** met deze man is/valt niet te ~ *you can't l. with that man* **3.6** van duizend gulden kun je niet ~ *you can't live on a thousand guilders;* goed kunnen ~ *be comfortably off* **4.**¶ weten wat er leeft onder de bevolking *know what people are thinking* **5.1** eeuwig ~ *l. eternally;* en zij leefden nog lang en geluk-kig *and they lived happily ever after;* langer ~ dan iem. *outlive s.o.;* haar ouders ~ niet meer *her parents are no longer alive;* leef je nog? *are you still alive?* **5.2** de kermis leeft niet meer bij de mensen *fun fairs no longer appeal to people* **5.5** erop los ~ *lead a wild life;* stil gaan ~ *retire* **5.6** zij kan er goed van ~ *she can l. well from it;* zij moet ervan ~ *she has to l. on it* **6.1** in ~ en sterven *till death do us part;* ⟨fig.⟩ te weinig om te ~ en te veel om te sterven *hardly suf-ficient to keep body and soul together* **6.2** wat er leeft bin-nen de organisatie *what is going on inside the organiza-tion* **6.3** op brood en rauwkost ~ *live on bread and raw vegetables* **6.4** in angst ~ *l. in fear;* met iem. in vrede ~ *l. in peace with s.o.;* we ~ toch in een vrij land? *it's a free coun-try, isn't it?;* naar iets toe ~ *look forward to sth.* **6.5** zij ~ langs elkaar heen *they have little to say to each other* **6.6** hij heeft genoeg om van ~ *he has enough to get by;* van dit vak kun je niet ~ *you can't make a living out of this* *trade* ¶**.1** hij weet van voren niet dat hij van achteren leeft ⟨aartsdom⟩ *he is not all there;* ⟨de kluts kwijt⟩ *he's completely at sixes and sevens;* ⟨sprw.⟩ wie dan leeft, die dan zorgt *you have to take things as they come;* **II** ⟨ov.ww.⟩ **0.1** [een leven leiden] *live* ♦ **1.1** een eenzaam leven ~ *lead a solitary/lonely life* **3.**¶ geleefd worden *have one's life lived for one.*

levend 0.1 [in leven zijnd] *living* ⇒⟨attr.⟩ *live* ⟨dieren, aas, muziek⟩, ⟨pred.⟩ *alive* **0.2** [fig.] *living* ⇒⟨pred.⟩ *alive* ♦ **1.1** de ~ e natuur *the living world* **3.1** het er ~ (van) afbrengen *escape with one's life;* ⟨fig.⟩ ergens ~ begraven zijn *be completely cut off somewhere;* iem. ~ verbranden *burn s.o. alive* **3.2** een herinnering ~ houden *keep a memory alive.*

levendig 0.1 [druk] ⟨bn.⟩ *lively;* ⟨bw.⟩ *in a lively way* **0.2** [vol leven] *lively* ⇒*vivacious* **0.3** [duidelijk] *vivid* ⇒*clear* **0.4** [vurig] *vivid* ⇒*spirited* ♦ **1.1** een ~ e handel *a brisk trade;* ⟨geldw.⟩ stemming ~ *the market was/is l.* **1.2** een druk en ~ gesprek *a l. conversation;* een erg ~ kind *a very l./active child;* ~ e ogen *l./expressive eyes* **1.3** ~ e herinneringen *v. memories* **1.4** een levend(ig)e belangstelling voor iets aan de dag leggen *take a keen interest in sth.;* over een ~ e fantasie beschikken *have a v. imagination* **3.2** ~ van aard zijn *have a vivacious nature* **3.3** ik kan mij die dag nog ~ herinneren *I remember that day clearly;* dat kan ik mij ~ voorstellen *I can well imagine that.*

levendigheid 0.1 *liveliness* ♦ **1.1** de ~ van deze muziek *the l. of this music;* de ~ v.d. stad *the activity of the town;* de ~ v.d. taal *the vitality of the language.*

levenhypotheek 0.1 *mortgage life insurance* ♦ **2.1** verbeterde ~ *endowment mortgage.*

levenloos 0.1 *lifeless* ⇒*dead* ♦ **1.1** staren met levenloze ogen *stare with l. eyes* **3.1** iem. ~ aantreffen *find s.o. dead.*

levensadem 0.1 *breath of life.*

levensbedreigend 0.1 *life-threatening.*

levensbehoefte 0.1 [wat nodig is] *necessity of life* **0.2** [mv.; levensbenodigdheden] *necessaries/* ⟨sterker⟩ *necessities (of life)* ♦ **2.2** de allernoodzakelijkste ~ n *the bare essentials (of life)* **7.2** de eerste ~ n *the (primary) necessities of life.*

levensbelang 0.1 *vital importance* ⇒⟨sterker⟩ *matter of life and death* ♦ **6.1** van ~ of vital importance; ⟨attr.⟩ *life-and-death.*

levensbeschouwelijk 0.1 *philosophical* ⇒*ideological* ♦ **1.1** vragen van ~ e aard *p. questions;* partijen op ~ e grondslag *parties based on a religious or political ideology.*

levensbeschouwing 0.1 *philosophy of life* ⇒*ideology,* ⟨kijk op het leven⟩ *outlook on life* ♦ **3.1** er een bepaalde ~ op na houden *have a particular philosophy of life.*

levensbeschrijving 0.1 *biography* ⇒⟨bij dood⟩ *necrology,* ⟨bij dood⟩ *obituary (notice),* ⟨bij sollicitatie⟩ *curriculum vitae.*

levensdag 0.1 [dag van iemands leven] *day in/of one's life* **0.2** [mv.; leven] *days* ⇒*life* ♦ **1.2** de rest van zijn ~ en ergens slijten *spend the rest of one's days somewhere* **6.2** daar ben ik van mijn ~ en nooit geweest *I have never been there in all my born days.*

levensdoel 0.1 *aim/goal in life.*

levensduur ⟨fig.⟩ **0.1** [duur v.h. leven] *life span* ⇒⟨verwachte⟩ *life expectancy* **0.2** [gebruiksduur] *life* ♦ **1.2** de ~ v.e. wasmachine *the l. of a washing machine* **2.1** de gemiddelde ~ v.d. Nederlander *the life expectancy of the Dutch;* vermoedelijke ~ *life expectancy* **2.2** een korte ~ hebben *have a short l.;* batterijen met een lange ~ *long-life batteries* **3.1** de ~ verkorten/verlengen *shorten/prolong (the) life (of).*

levensduurte ⟨AZN⟩ **0.1** *cost of living.*

levensecht 0.1 ⟨bn.⟩ *lifelike;* ⟨bw.⟩ *in a lifelike way/manner* ♦ **1.1** een ~ portret *a lifelike portrait* **3.1** personen ~ beschrijven *describe characters in a true-to-life way.*

levenservaring 0.1 *experience of life* ♦ **3.1** ~ opdoen *gain experience of life* **7.1** geen ~ hebben *have no experience of life.*

levensgeluk 0.1 *happiness (in life).*

levensgemeenschap 0.1 *community.*

levensgenieter 0.1 ±*bon vivant/viveur* ⇒*pleasure-lover.*

levensgeschiedenis 0.1 *life story* ⇒*life history.*

levensgevaar 0.1 *danger of/peril to life* ♦ **3.1** zodra het directe ~ is geweken *as soon as the immediate danger has subsided* **6.1** buiten ~ zijn *be out of danger;* in ~ verkeren *be in mortal danger;* met ~ iem. redden *save s.o. at the risk of one's (own) life.*

levensgevaarlijk 0.1 *perilous* ♦ **1.1** dat is een ~ e ontwikkeling *that is a highly dangerous development;* met ~ e snelheid rijden *drive at breakneck speed;* ⟨sport⟩ die spits is ~ *that striker/forward is a killer.*

levensgezel, -gezellin 0.1 *life partner/companion.*

levensgroot 0.1 [op natuurlijke grootte] *life-size(d)* **0.2** [zeer groot] *huge, enormous* ♦ **1.2** een levensgrote kans missen *miss the chance of a lifetime;* een ~ probleem *an e. problem* **3.1** iem. ~ afbeelden *make a life-size representation of s.o.*

levensinstelling 0.1 *attitude to life.*

levensjaar 0.1 *year of (one's) life* ♦ **7.1** in haar vierde ~ *in the fourth year of her life.*

levenslang[1] ⟨zn.⟩ **0.1** *life imprisonment* ⇒⟨inf.⟩ *life* ♦ **3.1** hij kreeg ~ *he was sentenced to l. (i.).*

levenslang[2] ⟨bn., bw.⟩ **0.1** ⟨bn.⟩ *lifelong;* ⟨bw.⟩ *all one's life* ♦ **1.1** ~ e gevangenisstraf *life imprisonment* **3.1** dat zal hem ~ heugen *he will remember that all his life.*

levenslicht 0.1 *light of life; light of day* ⟨mbt. geboorte⟩ ♦ **3.1** het ~ aanschouwen *(first) see the light of day.*

levenslied 0.1 ±*sentimental/corny song.*

levensloop 0.1 [iemands leven] *course of life* **0.2** [curriculum vitae] *curriculum vitae* ♦ **2.2** vermeld uw vroegere ~ *state your previous career record* **3.1** zijn ~ vertellen *tell the story of one's life.*

levenslust 0.1 [verlangen om te blijven leven] *zest for living* **0.2** [opgewektheid] *joy of living* ⇒*joie de vivre* ♦ **5.2** vol ~ zijn *be full of the joy of living.*

levenslustig 0.1 [verlangend om te blijven leven] *having a zest for living* **0.2** [vol opgewektheid] *high-spirited.*

levensmiddelen 0.1 *food(s)* ♦ **2.1** verpakte ~ *packaged foods.*

levensmiddelenbedrijf 0.1 *grocer's/grocery* (᙮*shop/* ᴬ*store)* ⇒*supermarket.*

levensmoe 0.1 *weary/tired of life.*

levensomstandigheden 0.1 *living conditions* ⇒*circumstances/conditions of life.*

levensonderhoud 0.1 [het in stand houden v.h. leven] *support, means of sustaining life* **0.2** [kost] *livelihood, living* ♦ **1.1** de kosten van ~ stijgen/dalen *living costs are rising/falling* **2.1** in zijn eigen ~ kunnen voorzien *be able to support o.s.* **3.1** voorzien in het ~ van iem. *support s.o.*

levensopvatting 0.1 *outlook on life* ♦ **2.1** een bekrompen/ruime ~ hebben *have a narrow/broad outlook on life.*

levensovertuiging 0.1 *philosophy of life* ⇒*convictions about life.*

levenspad 0.1 *path (of (s.o.'s) life)* ♦ **3.1** iemands ~ kruisen *cross s.o.'s path.*

levenspartner 0.1 *life partner* ⇒*life companion.*

levenspatroon 0.1 *life pattern.*
levenspeil 0.1 *standard of living.*
levenssfeer 0.1 ⟨persoonlijke⟩ *privacy, private life* ♦ 2.1 een wet ter bescherming v.d. persoonlijke ~ *a law safeguarding privacy.*
levensstandaard 0.1 [levenspeil] *standard of living* 0.2 [kosten v.h. levensonderhoud] *cost of living.*
levensstijl 0.1 *lifestyle, style of living.*
levensteken 0.1 *sign of life* ♦ 3.1 geen ~en vertonen/geven *show/give no signs of life* 7.1 geen ~ van iem. ontvangen *not hear from s.o.*
levensvatbaar 0.1 *viable* ♦ 1.1 een levensvatbare vrucht *a v. foetus.*
levensvatbaarheid 0.1 *viability.*
levensvervulling 0.1 *life fulfilment* ♦ 3.1 zijn ~ in iets vinden *find one's (life) fulfilment in sth.*
levensverwachting 0.1 [wat men van het leven verwacht] *expectation of/from life* 0.2 [te verwachten gemiddelde duur] *life expectancy* ♦ 2.1 hoge ~ en hebben *have high expectations of life.*
levensverzekering 0.1 *life insurance (policy)* ♦ 3.1 een ~ (af)sluiten ⟨door verzekerde⟩ *take out a l. i. (p.);* ⟨door verzekeraar⟩ *effect a l. i. (p.).*
levensverzekering(s)maatschappij 0.1 *life insurance company.*
levensvisie 0.1 *outlook on/view of life.*
levensvoorwaarde 0.1 [waarvan een leven afhankelijk is] *vital condition* 0.2 [omstandigheid] *living condition* ♦ 3.1 ⟨fig.⟩ geld is voor haar een ~ *money is a necessity for her.*
levensvorm 0.1 *form of life* ♦ 2.1 primaire ~en *simple life forms.*
levensvraag 0.1 [waarvan het leven afhangt] *question of life and death* 0.2 [hoogst gewichtige vraag] *vital question.*
levensvreugde 0.1 [toestand] *joy in/of living* 0.2 [wat vreugde geeft] *joy of (one's) life* ♦ 2.2 dat is haar enige ~ *that is the only joy of her life* 7.1 weinig ~ hebben *have not much joy in life.*
levenswandel 0.1 *conduct (in life)* ⇒*life* ♦ 2.1 een onberispelijke ~ *an irreproachable life.*
levensweg 0.1 *path (of (s.o. 's) life)* ♦ 2.1 iem. veel geluk wensen op zijn verdere ~ *wish s.o. success for his future.*
levenswerk 0.1 *life's work, lifework* ♦ 3.1 zijn ~ voltooien *complete one's life's work.*
levenswijze 0.1 *way of life* ♦ 2.1 een eenvoudige/luxueuze ~ *a simple/luxurious way of life* 3.1 dat is nu eenmaal zijn ~ *that's just his style.*
lever 0.1 *liver* ♦ 1.1 een broodje ~ *a l. sandwich* 6.1 het **aan** de ~ hebben *have l. trouble;* ⟨fig.⟩ fris/vers **van** de ~ ⟨recht voor zijn raap⟩ *(straight) from the shoulder;* ⟨geïmproviseerd⟩ *off the cuff* 6.¶ ⟨AZN; fig.⟩ dat ligt **op** zijn ~ *that sticks in his throat;* ⟨fig.⟩ iets **op** zijn ~ hebben *have sth. on one's mind.*
leveraandoening 0.1 *liver complaint/disorder/* ⟨inf.⟩ *trouble* ♦ 3.1 ze heeft een ~ *she's got l. t.*
leverancier 0.1 *supplier* ♦ 2.1 de voornaamste ~ van boter *the leading s. of butter* 3.1 van ~ veranderen *take trade elsewhere.*
leverantie 0.1 [handeling, recht] *delivery* ⇒*supply(ing)* 0.2 [koopwaar] *supply* ♦ 3.1 een ~ doen *make a d.*
leverbaar 0.1 *ready for delivery, available* ♦ 1.1 het artikel is op korte termijn ~ *the article can be supplied at short notice* 5.1 beperkt ~ zijn *be in limited supply;* niet meer ~ *out of stock; out of print* ⟨boek⟩ 6.1 **uit** voorraad ~ *in stock.*

levercirrose 0.1 *cirrhosis of the liver.*
leverdatum 0.1 *delivery date.*
leveren 0.1 [ter beschikking stellen] *supply* 0.2 [verschaffen tegen betaling] *supply* ⇒*deliver* 0.3 [verschaffen] *furnish* ⇒*provide* 0.4 [bezorgen] *give* ⟨bv. werk⟩ ⇒*provide* 0.5 [produceren] *produce* 0.6 [fiksen] *fix* ⇒*do, bring off* 0.7 [aandoen] *do (to)* ♦ 1.1 een (financiële) bijdrage ~ *give (financial) support* 1.3 iemand stof ~ voor een verhaal *provide material to s.o. for a story* 1.5 goed werk ~ *turn out good work* 4.6 het hem ~ *bring it off;* hij heeft het hem weer geleverd *he's done it again;* ik weet niet hoe hij het hem geleverd heeft *I don't know how he pulled it off* 4.7 wie heeft me dat geleverd? *who did that to me?* 6.2 bier ~ **aan** cafés *deliver beer to pubs;* wij ~ ook **aan** particulieren *we also s. private customers* 6.5 kritiek ~ **op** iem. *criticize s.o.*
levergezwel 0.1 *tumor of the liver.*
levering 0.1 *delivery* ♦ 6.1 betaling **bij** ~ *payment on d.;* verkoop **op** ~ *sell for future d.;* ~ **op** krediet *sell on credit.*
leveringsprijs 0.1 *delivery price.*
leverkleur 0.1 *liver (colour).*
leverkleurig 0.1 *liver (coloured).*
leverkwaal 0.1 *liver complaint/disorder.*
leverontsteking ⟨med.⟩ 0.1 *hepatitis.*
leverpastei 0.1 *liver paté.*
leverpatiënt 0.1 *liver patient.*
levertijd 0.1 *delivery period/time* ♦ 2.1 men dient rekening te houden met lange ~en *please allow for long delivery times.*
levertraan 0.1 *cod-liver oil.*
leverworst 0.1 *liver sausage.*
lexicografie 0.1 *lexicography.*
lexicologie 0.1 *lexicology.*
lexicon 0.1 [woordenboek] *lexicon* ⇒*dictionary* 0.2 [woordenschat] *lexicon, vocabulary.*
lezen I ⟨onov., ov.ww.⟩ 0.1 [kennis nemen van] *read* 0.2 [voorlezen] *read (out/aloud)* ♦ 1.1 ⟨comp.⟩ gegevens lezen *r. data* 2.1 je handschrift is niet te ~ *your (hand)writing is illegible* 3.1 (niet) kunnen ~ en schrijven *be (un)able to r. and write;* ~, schrijven en rekenen *reading, writing and arithmetic;* daarover staat in het rapport niets te ~ *the report says nothing about that* 5.1 het is haast niet te ~ *it's almost impossible to r.;* ⟨stud.⟩ heb je er veel omheen gelezen? *have you read up (a lot) on this subject?;* daar heb ik kennelijk overheen gelezen *I must have overlooked it;* hij heeft veel gelezen *he's well-read;* iets vluchtig ~ *skim through sth.;* die krant wordt weinig/slecht gelezen *that newspaper has a small readership* 6.1 het is leuk/pijnlijk om te ~ *it makes enjoyable/painful reading;* veel ~ **over** een schrijver/een bepaald onderwerp *r. up on a writer/on a particular subject* 6.2 na het eten werd er **uit** de bijbel gelezen *after supper s.o. read aloud from the Bible;* **uit** eigen werk ~ *r. (from) one's own work* 7.1 bij het ~ *when/while reading* 8.1 ik lees hier dat ... *it says here that ...;*
II ⟨ov.ww.⟩ 0.1 [opmaken uit, ontcijferen] *make of* 0.2 [interpreteren, uitleggen] *read* 0.3 [opdragen] *say* ♦ 1.3 de mis ~ *s. mass* 3.2 de angst stond op zijn gezicht te ~ *anxiety was written all over his face* 5.1 een vraag verkeerd ~ *misread a question* 6.1 er meer **in** ~ dan er staat *read more into sth. (than intended);* wat lees jij **uit** dit woord? *what do you make of this word?* 6.2 iets **op** iemands gezicht ~ *see sth. from s.o. 's face;*
III ⟨onov.ww.⟩ 0.1 [zich laten lezen] *read* ♦ 2.1 die gotische letters ~ niet prettig *those Gothic letters are awkward to r.* ¶.1 dat boek leest lekker weg *that book is easy reading.*

lezenswaard 0.1 *worth reading.*

lezer 0.1 *reader* ◆ **1.1** het aantal ~s neemt nog steeds toe *readership is still increasing;* iets onder het oog v.d. ~ brengen *bring sth. to the attention of the r.* **2.1** een trouwe ~ *a faithful r.*

lezerspubliek 0.1 *reading public;* ⟨mbt. blad enz.⟩ *readership, readers.*

lezersrubriek 0.1 *readers' letters column/section* ⇒⟨in kranten⟩ *letters to the editor.*

lezing 0.1 [het lezen] *reading* **0.2** [wijze waarop een gebeurtenis wordt voorgesteld] *version* **0.3** [het voorlezen v.e. verhandeling] *lecture* **0.4** [voorlezing] *reading* ◆ **2.1** bij oppervlakkige/nauwkeurige ~ *on a cursory/a careful r.* **3.2** zij gaf een geheel andere ~ v.h. gebeuren *she gave an entirely different v. of what happened* **3.3** een ~ houden over *give a l. on/about* **7.4** de tweede ~ v.d. begroting wordt voortgezet *the second r. of the budget will be continued.*

lhno ⟨afk.⟩ **0.1** [lager huishoud- en nijverheidsonderwijs] ⟨*domestic science*⟩.

liaan 0.1 *liana, liane.*

Libanees¹ ⟨de (m.)⟩, **Libanese** ⟨de (v.)⟩ **0.1** *Lebanese.*

Libanees² ⟨bn.⟩ **0.1** *Lebanese.*

Libanon 0.1 *(the) Lebanon.*

libel 0.1 *dragonfly.*

liberaal¹ ⟨de⟩⟨pol.⟩ **0.1** *Liberal;* ⟨in Ned. ook⟩ *Conservative.*

liberaal² ⟨bn., bw.⟩ **0.1** [pol.] *liberal;* ⟨in Ned. ook⟩ *conservative* **0.2** [ruimdenkend] *liberal* ⇒*broad-minded* ◆ **1.1** een ~ standpunt innemen *take a l. stance* **3.2** hij stelde zich ~ op *he took a l. position.*

liberalisatie 0.1 *liberalization.*

liberaliseren 0.1 *liberalize* ◆ **1.1** de handel met het buitenland ~ *l. foreign trade.*

liberalisme 0.1 *liberalism.*

Liberia 0.1 *Liberia.*

libero ⟨sport⟩ **0.1** *libero.*

libido 0.1 *libido* ⇒*sex drive.*

Libië 0.1 *Libya.*

Libiër, Libische 0.1 *Libyan.*

Libisch 0.1 *Libyan.*

libretto 0.1 *libretto.*

librium® **0.1** *Librium* ◆ **3.1** ~ slikken *be on l.*

licentiaat I ⟨de⟩ **0.1** [persoon] *licentiate;* **II** ⟨het⟩ **0.1** [waardigheid, graad] *licentiate* ⇒*licence* ◆ **3.1** zijn ~ behalen aan de universiteit van A. *be awarded one's licentiate by the University of A.*

licentiaatsthesis, -verhandeling ⟨AZN⟩ **0.1** *licentiate's thesis* ⇒±*M.A./M.Sc. thesis.*

licentie 0.1 [verlof, patent] *licence* **0.2** [sport; startvergunning] *permit* ◆ **3.2** een ~ afgeven/intrekken *issue/withdraw a p.* **3.¶** ~ betalen *pay royalty/royalties* **6.1** een artikel in/onder ~ vervaardigen *manufacture an article under l.*

licentierechten 0.1 *manufacturing rights.*

licentievergoeding 0.1 *royalty, royalties.*

lichaam 0.1 [lijf van mens/dier] *body* **0.2** [romp van mens/dier] *trunk* **0.3** [maatschappelijke instelling] *body* **0.4** [hoeveelheid materie] *body* ◆ **1.1** gezond zijn naar ~ en geest *sound in b. and mind* **2.1** over zijn hele ~ beven *shake all over* **2.3** een openbaar ~ *a public b.;* een wetgevend ~ *a legislative b.* **2.4** vaste, vloeibare en gasvormige lichamen *solids, liquids and gases* **3.2** het hoofd van het ~ scheiden *separate the head from the body* **6.1** iets op zijn ~ verbergen *hide sth. on one's person.*

lichaamsbeweging 0.1 *(physical) exercise* ⇒⟨mv.⟩ *gym-*

nastics ◆ **2.1** onvoldoende ~ krijgen *get insufficient (physical) exercise* **3.1** hij moet meer ~ nemen/meer aan ~ doen *he must do more (physical) exercise.*

lichaamsbouw 0.1 *build, figure.*

lichaamsdeel 0.1 *part of the body* ⇒⟨arm of been⟩ *limb.*

lichaamsgeur 0.1 *body odour* ⇒⟨inf.⟩ *b.o.*

lichaamsgewicht 0.1 *body weight.*

lichaamshouding 0.1 *posture.*

lichaamstaal 0.1 *body language.*

lichaamstemperatuur 0.1 *body temperature.*

lichaamsverzorging 0.1 *personal hygiene.*

lichaamsvreemd ⟨med.⟩ **0.1** *foreign.*

lichaamswarmte 0.1 *body heat.*

lichamelijk 0.1 *physical* ◆ **1.1** ~e gebreken vertonen *have p. defects;* ~ letsel oplopen *sustain p. injury;* ~ e opvoeding *p. education, PE;* het ~ en geestelijk welzijn *p. and mental well-being* **¶.1** ~ tot niets in staat zijn *not be physically capable of anything.*

lichamelijkheid 0.1 *corporality.*

licht¹ ⟨het⟩ **0.1** *light* ⇒⟨intelligent mens ook⟩ *genius* ◆ **1.1** tussen ~ en donker *in the twilight;* waar zit de knop v.h. ~? *where's the light-switch?;* ~ en schaduw *l. and shade* **2.1** ⟨fig.⟩ het groene ~ geven/krijgen *give/get the green light/the go-ahead;* groot ~ *full beam;* ⟨fig.⟩ we moeten dat in het juiste ~ proberen te zien *we must try to put that in the proper l./perspective;* ⟨fig.⟩ dat werpt een nieuw ~ op de zaak *that puts things in a different l.;* ⟨fig.⟩ iets in een nieuw/ander ~ zien *see sth. in a new/another l.;* door rood ~ rijden *drive/go through a red l.* **3.1** het ~ aan-/uitdoen *put/*⟨schakelaar ook⟩ *turn the l. on/off;* er brandde nog ~ op de studeerkamer *there was still (a) l. (on) in the study;* ⟨fig.⟩ het ~ doen zien *bring out, produce;* ⟨boek ook⟩ *publish;* ⟨fig.⟩ nu gaat mij een ~ op *now I see;* ⟨bij het horen van iets⟩ *that rings a bell;* met gedimde ~ en *with dimmed (head)lights;* ⟨fig.; scherts.⟩ het ~ gezien hebben *have seen the l.;* ⟨fig.⟩ toen ging er een ~ je *(bij me)* op *then it dawned (up)on me;* ⟨fig.⟩ zij gunnen elkaar het ~ in de ogen niet *they wouldn't give each other the time of day;* hij is geen ~ *he's no genius;* ~ maken *light up;* ⟨elektrisch⟩ *turn on the l.;* ⟨lucifer⟩ *strike a l.;* ⟨fig.⟩ zijn ~ bij iem. opsteken *go to s.o. for information;* het ~ staat op rood *the l.'s red;* ~ uitstralen *give out/*⟨wet.⟩ *radiate l.;* overal viel het ~ uit ⟨ook⟩ *all the lights went out;* ~ werpen op *shed l. on* ⟨ook fig.⟩; je hoeft geen ~ te zijn om ...*you don't have to be a genius to* ...**3.¶** zijn ~ onder de korenmaat zetten *hide one's light under a bushel* **6.1** ⟨fig.⟩ aan het ~ brengen *bring to l., reveal;* ⟨ontdekken⟩ *uncover, unearth;* ⟨fig.⟩ aan het ~ komen *come to l.;* ⟨fig.⟩ de waarheid komt toch aan het ~ *the truth is bound to come out;* ⟨fig.⟩ nu komt er ~ in de zaak *now we can see (l. at) the end of the tunnel;* met de ~ en knipperen *flash (one's (head)lights);* iets tegen het ~ houden *hold sth. (up) to the l.* ⟨ook fig.⟩; ga eens uit mijn ~ *move out of my l. please;* een fietser **zonder** ~ *a cyclist without (any) lights* **6.¶** in het ~ van de gebeurtenissen *in the light of events;* in het ~ daarvan *such being the case;* in dat ~ gezien *viewed in that light.*

licht² ⟨bn.⟩ **0.1** [niet zwaar] *light* **0.2** [goed verlicht] *light* ⇒*bright* **0.3** [helder van kleur]⟨ook in samenst.⟩ *light* ⇒*pale* ⟨zeer licht⟩ **0.4** [soepel] *light* **0.5** [niet fors] *light* ⇒*delicate* **0.6** [weinig inspanning vragend] *light* ⇒*easy* **0.7** [makkelijk verteerbaar] *light* **0.8** [gering in omvang, van aard] *light* ⇒*slight* **0.9** [mbt. stemgeluiden] *soft* ◆ **1.1** ~ geschut *l. artillery* **1.3** ~e ogen *l./pale eyes* **1.4** met ~e tred *with a l. tread* **1.5** een ~e motor *a l. motorcycle* **1.6** ~e lectuur/muziek *l. reading/music* **1.7** een ~ ontbijt *a l.*

breakfast **1.8** een ~e aanrijding *a minor collision;* ⟨fig.⟩ een ~e afwijking hebben *be a bit strange;* een ~e blessure *a minor injury;* een ~e buiging *a slight bow;* een ~e hartaanval *a mild heart attack;* een ~e verkoudheid / griep(aanval) *a slight cold, a touch of (the) flu;* ~e vorst *(s)light frost* **2.3** ~ blauw *l. blue* **3.1** ⟨gewogen en⟩ te ~ bevonden *(tried and) found wanting;* ⟨fig.⟩ iem. honderd gulden ~er maken *swindle s.o. out of a hundred guilders;* ⟨fig.⟩ zij voelde zich ~ in het hoofd *she felt l. in the head* **3.2** het wordt al ~ *it's getting l.* **5.1** veel te ~ zijn *be considerably underweight;* een kilo te ~ *a kilogram underweight;* **II** ⟨bw.⟩ **0.1** [niet zwaar, helder, soepel] *lightly* ⇒⟨lopen, slapen, met weinig bagage⟩ *light* **0.2** [enigszins] *slightly* **0.3** [gemakkelijk, gauw] *easily* **0.4** [zeer] *highly* ◆ **2.2** ~ alcoholische dranken *light alcoholic drinks* **2.3** ~ verteerbaar *(e.) digestible, light* **2.4** ~ ontvlambare stoffen *h. (in)flammable materials* **3.1** deze fiets loopt lekker ~ *this bicycle is nice and light to ride;* ~ slapen *sleep light* **3.2** ~ opgemaakt *lightly made-up* **3.3** je moet daar niet te ~ over denken *you mustn't think (too) lightly of that;* zoiets wordt ~ vergeten / over het hoofd gezien *that sort of thing is e. forgotten / overlooked.*
lichtbak 0.1 [bak met lampen] *light box/frame* **0.2** [reclamebord met binnenverlichting] *illuminated sign.*
lichtbeeld 0.1 *slide, transparency.*
lichtboei 0.1 *light buoy.*
lichtbreking ⟨nat.⟩ **0.1** *refraction of light.*
lichtbron 0.1 *light source.*
lichtbundel 0.1 *beam of light.*
lichtcel 0.1 *photoelectric cell.*
lichtdruk 0.1 *collotype* ⟨ook afdruk⟩.
lichteffect 0.1 *light(ing) effect.*
lichtelaaie →**lichterlaaie**.
lichtelijk 0.1 *slightly* ◆ **2.1** ~ aangeschoten *a bit tipsy;* hij was ~ verbaasd *he was mildly surprised;* ~ vermaakt toezien *look on in mild amusement* ¶.1 ~ van streek zijn *be somewhat upset.*
lichten I ⟨onov.ww.⟩ **0.1** [licht geven] *light (up)* **0.2** [bliksemen] *lighten* ◆ **1.1** het ~ van de zee *the phosphorescence of the sea* **6.1** er lichtte iets in zijn ogen *sth. lit up in his eyes;*
II ⟨ov.ww.⟩ **0.1** [optillen] *lift* ⇒*raise* **0.2** [eruit halen] *remove* **0.3** [legen] *empty* ⇒⟨gedeeltelijk lossen van schip⟩ *lighten* ◆ **1.1** een schip ~ *raise a ship* **1.3** een brievenbus ~ e, a letter box **6.1** een deur uit zijn hengsels ~ *take a door off its hinges* **6.2** een alinea uit een tekst ~ *extract a paragraph from a text;* iem. van zijn bed ~ *arrest s.o. in his bed.*
lichtend 0.1 ⟨ook fig.⟩ *shining* ◆ **1.1** een ~e ster *a s. / bright star;* een ~ voorbeeld *a s. example.*
lichte(r)laaie ◆ **6.**¶ het gebouw stond in ~ *the building was (all) ablaze.*
lichtgebouwd 0.1 ⟨persoon⟩ *(s)lightly built* ⇒⟨voorwerpen⟩ *delicate,* ⟨voorwerpen⟩ *light(weight).*
lichtgelovig 0.1 *gullible* ◆ **3.1** hij is ~ ⟨ook⟩ *he'll swallow anything.*
lichtgelovigheid 0.1 *credulity* ⇒*gullibility.*
lichtgeraakt 0.1 *touchy* ◆ **3.1** ~ zijn *be quick to take offence.*
lichtgevend 0.1 *luminous.*
lichtgewicht¹ ⟨de, het⟩ ⟨sport; ook fig.⟩ **0.1** *lightweight.*
lichtgewicht² ⟨bn.⟩ **0.1** *light(weight).*
lichtgolf ⟨nat.⟩ **0.1** *light wave.*
lichting 0.1 [rekrutering] *levy* ⇒*draft* **0.2** [opgeroepen soldaten] *batch* ⇒*class* ⟨van een jaar⟩ **0.3** [het ledigen v.e. brievenbus] *collection* **0.4** [het omhoogbrengen] *lifting* ⇒

raising ◆ **1.2** ⟨fig.⟩ een nieuwe ~ studenten *a new crop of students* **2.2** een nieuwe ~ oproepen *call up a new class* **2.3** de laatste ~ halen / missen *catch/miss the last c.* **7.2** ⟨fig.⟩ studenten v.d.~ *1978 students from the class of 78.*
lichtinstallatie 0.1 *lighting (installation).*
lichtjaar 0.1 *light-year.*
lichtjes 0.1 [niet drukkend] *lightly* **0.2** [luchthartig] *lightly* **0.3** [in zeer geringe mate] *slightly* ◆ **2.3** ~ verbrand *s. burnt* **3.1** iem.~ duwen / aanstoten *nudge s.o.;* ~ over iets strijken *smooth (over) sth. l.* **3.2** iets ~ opnemen *take sth. l., make light of sth.*
lichtkogel 0.1 *(signal) flare.*
lichtkrans 0.1 *halo* ⇒⟨ster. ook⟩ *aureole.*
lichtmatroos 0.1 *ordinary seaman* ⇒*O.S.*
lichtmetaal ⟨tech.⟩ **0.1** *light metal.*
lichtnet 0.1 *(electric) mains* ⇒*lighting system* ◆ **6.1** een apparaat op het ~ aansluiten *connect an appliance to the m.;* op het ~ werken *run off the m.*
lichtpen ⟨comp.⟩ **0.1** *light pen(cil).*
lichtpunt 0.1 [lichtend punt] *point / spot of light* **0.2** [fig.] *ray of hope* **0.3** [aansluitingspunt op het lichtnet] *power point* ◆ **7.2** ik zie één ~ je en dat is ... *I can see just one ray of hope/bright spot, and that is ...*
lichtreclame 0.1 [reclame] *illuminated advertising* **0.2** [toestel] *electric light sign.*
lichtschip 0.1 *lightship.*
lichtschuw 0.1 *shunning the light* ⇒*afraid of the light* ◆ **1.1** allerlei ~gespuis *all sorts of shady characters.*
lichtshow 0.1 *light show.*
lichtsignaal 0.1 *light signal* ⇒*flash* ◆ **3.1** een ~ geven *flash.*
lichtsnelheid 0.1 *speed of light.*
lichtsterkte 0.1 *brightness, intensity of light* ⇒⟨nat.⟩ *luminous intensity.*
lichtstraal 0.1 [lijn v.h. licht] *ray of light* ⇒⟨breder⟩ *beam / shaft of light* **2** [fig.] *ray of light / sunshine.*
lichttechniek 0.1 *lighting (engineering).*
lichtvaardig 0.1 *rash* ⇒⟨bw. ook⟩ *lightly, flippant* ⟨woorden⟩ ◆ **3.1** ~ handelen *act rashly, trifle (with);* ~ oordelen *judge rashly;* zijn vertrouwen ~ wegschenken *trust too easily.*
lichtvaardigheid 0.1 *rashness* ⇒*thoughtlessness.*
lichtval 0.1 *light;* ⟨nat.⟩ *incidence of light.*
lichtvoetig 0.1 *light-footed* ◆ **1.1** ⟨fig.⟩ ~e poëzie *graceful verse.*
lichtwerking 0.1 *action of light* ⇒*effect(s) of light.*
lichtzinnig 0.1 [ondoordacht] *frivolous* **0.2** [losbandig] *light* ⇒*loose* ◆ **3.1** ~ omspringen met *trifle with* **3.2** ~ le ven *live a loose life.*
lichtzinnigheid 0.1 *frivolity.*
lid 0.1 [persoon die deel uitmaakt v.e. groep, vaak in samenst.] *member* **0.2** [deel v.h. lichaam] *part* ⇒*member,* ⟨ledemaat ook⟩ *limb* **0.3** [wisk.] *term* **0.4** [paragraaf] *paragraph* ◆ **1.1** het aantal leden bedraagt ... *the membership is ...,* ~ v.e. firma *a partner in a firm;* ~ v.d. gemeenteraad *(town) councillor;* ~ v.d. Kamer *[B]Member of Parliament, M.P.;* hij werd verkozen tot ~ v.d. Raad / v.h. Parlement *he was elected onto the Council / to Parliament* **1.2** recht van lid een leden *straight-limbed* **2.1** *sustaining m.;* buitengewoon ~ *associate (m.);* geregistreerd / stemgerechtigd ~ *card-carrying / voting m.* **2.2** het (mannelijk) ~ *the (male) member* **3.1** ~ blijven *stay on the books;* ⟨in bestuur⟩ *continue in office;* deze omroep heeft / telt 500.000 leden *this broadcasting company has a membership of 500,000;* niet-studenten kunnen geen ~ worden

non-students are not eligible for membership; ~ worden
van *join, become a m. of;* ~ voor het leven worden *become a
life m.;* ~ zijn van de bibliotheek *belong to the library;* ~
zijn van *be a m. of; be/serve on* ⟨comité e.d.⟩ **4.2** hij beefde
over al zijn leden *he trembled in every limb/all over* **6.2**
hij heeft een ziekte **onder** de leden *he has a disease* **6.¶**
een ontwrichte elleboog **in** het ~ plaatsen/zetten *put back/*
⟨med.⟩ *reduce a dislocated elbow* **7.4** artikel 3, ~ 4 *subsection 4 of section 3* **8.1** als ~ bedanken *resign one's membership;* iem. als ~ schrappen/royeren *strike s.o.'s name
from the books;* als ~ toelaten *admit to membership;*
beëdigd worden als ~ van *be sworn in as a m. of;* zich als ~
aanmelden/opgeven *apply for membership.*

lidkaart ⟨AZN⟩ **0.1** *membership card.*

lidmaat 0.1 *(church) member* ♦ **8.1** als ~ bevestigen/aan-
nemen *confirm.*

lidmaatschap 0.1 *membership* ♦ **1.1** bewijs van ~ *m. card;*
iem. v.h. ~ v.e. vereniging uitsluiten *exclude s.o. from m. of
a club* **3.1** het ~ kost ƒ25,- *the m. fee is 25 guilders;* zijn ~
opzeggen *resign one's m.;* iem. het ~ opzeggen *expel s.o.
(as a member)* **6.1** voor het ~ bedanken *resign one's m.*

lidmaatschapskaart 0.1 *membership card.*

lidstaat 0.1 *member state.*

lidwoord ⟨taal.⟩ **0.1** *article* ♦ **2.1** bepaald en onbepaald ~
definite and indefinite a.

Liechtenstein 0.1 *Liechtenstein.*

lied 0.1 *song* ♦ **2.1** geestelijke en wereldlijke ~ eren *religious and secular songs;* het hoogste ~ zingen *be wild with
joy;* meerstemmig ~ *part-song* **3.1** een ~ aanheffen *strike
up a s.*

liedboek 0.1 *songbook* ⟹⟨met kerkliederen⟩ *hymnbook.*

lieden 0.1 *folk* ⟹*people* ♦ **4.1** ⟨pej.⟩ dat kun je verwachten
bij zulke ~ *that's to be expected from such f.*

liederlijk 0.1 *debauched* ♦ **1.1** ~ gedrag *lechery, debauchery;* een ~ leven leiden *lead a loose life;* ~ e taal uitslaan
use vulgar language.

liederlijkheid 0.1 *debauchery.*

liedje 0.1 *song* ♦ **2.1** ⟨fig.⟩ het is weer het oude ~/altijd hetzelfde ~ *it's the same old s./story.*

liedjesschrijver, -schrijfster 0.1 *(woman/female) songwriter.*

lief¹ ⟨het⟩ **0.1** [iets aangenaams] *joy* **0.2** [schr.; geliefde] *beloved* ⟹*love* ♦ **1.1** ~ en leed met iem. delen *share life's
joys and sorrows with s.o.*

lief² I ⟨bn.⟩ **0.1** [geliefd] *dear* ⟹*beloved* **0.2** [vriendelijk; aan-
genaam] *nice* ⟹*sweet* **0.3** [mooi] *dear* ⟹*sweet* **0.4** [aan-
spreekvorm] *dear* **0.5** [gewenst] *fond* **0.6** [dierbaar] *dear*
⟹*treasured* ♦ **1.1** (maar) mijn lieve kind *(but) my dear* **1.2**
een ~ karakter *a sweet nature, a kind heart* **1.4** lieve mensen, willen jullie alsjeblieft niet door mijn tuin lopen *would
you please be so kind as to not walk through my garden*
1.5 zijn ~ ste wens *his fondest wish* **1.6** dat kost een lieve
cent *that costs a pretty penny* **2.6** ze heeft er een ~ ding
voor over om te slagen *she would give her right arm to
pass* **3.1** iem. ~ krijgen *come to love s.o.;* ⟨verliefd worden
ook⟩ *fall in love with s.o.* **3.2** zij zijn erg ~ voor elkaar *they
are very devoted to each other;* wees nu eens ~, toe nou
there's a good boy/girl/fellow **3.3** er ~ uitzien *look sweet/
lovely* **3.5** langer blijven dan (iem.) ~ is *overstay one's
welcome;* meer dan mij ~ was *more than I cared for;* het
gebeurde vaker dan mij ~ was *it happened more often
than I care to remember* **3.6** de vrijheid is ons boven alles
~ *we value freedom above all* **6.2** dat was ~ **van** haar om
jou mee te nemen *it was n. of her to take you along* **6.6** iets
voor ~ nemen *put up with sth.; make do with sth.* ⟨bij ge-

brek aan beter⟩; tegenslagen **voor** ~ nemen *take the rough
with the smooth;*

II ⟨bw.⟩ **0.1** [op vriendelijke wijze] *sweetly* ⟹*nicely* **0.2**
[gaarne] ⟨zie 5.2⟩ ♦ **3.1** iem. ~ aankijken *give s.o. an affectionate look;* ze deden ~ tegen elkaar *they were (being)
very nice to each other;* als je het heel ~ vraagt dan ... *if
you ask nicely, then ...* **5.2** ik deed het net zo ~ niet *I'd
(just) as soon not do it.*

liefdadig 0.1 *charitable* ♦ **1.1** een ~ doel *a good cause;* het
is voor een ~ doel *it is for charity;* ~ e instellingen *c. insti-
tutions.*

liefdadigheid 0.1 *charity* ⟹*benevolence, benefaction, be-
neficence* ♦ **3.1** ~ bedrijven *do charitable work* **6.1 van** de
~ leven *live on c.*

liefdadigheidsconcert 0.1 *charity concert;* ⟨voor één per-
soon⟩ *benefit concert.*

liefdadigheidsinstelling 0.1 *charity* ⟹*charitable institution.*

liefde 0.1 *love* ♦ **1.1** kind der ~ *l.-child* **2.1** haar grote ~ *her
great l.;* hartstochtelijke ~ *passion;* kinderlijke ~ *childish
l./affection;* ⟨van kind voor ouder⟩ *filial l./affection;* een
onbeantwoorde ~ koesteren voor iem. *foster an unrequited l. for s.o.;* een ongelukkige ~ achter de rug hebben *have
suffered a disappointment in l.;* platonische ~ *platonic l.;*
vrije ~ *free l.;* de ware ~ *true l.* **3.1** iemands ~ beantwoorden *return s.o.'s l./affection;* de ~ bedrijven *make l.;* ~ opvatten voor iem. *come to love s.o.;* iem. zijn ~ verklaren *declare one's l. for s.o.;* ~ voelen voor *love, feel affection for*
6.1 geluk hebben **in** de ~ *be lucky in l.;* ~ **op** het eerste gezicht *l. at first sight;* hij deed het **uit** ~ *he did it for l.;* trouwen **uit** ~ *marry for l.;* de ~ **voor** het vaderland *(the) l. of
one's country;* ~ **voor** de kunst *l. of art* **6.¶** wil je dat voor
me doen? ja hoor, **met** alle ~ *would you do that for me? of
course, with pleasure* **¶.1** ⟨sprw.⟩ ~ is blind *love is blind.*

liefdeblijk 0.1 *love token.*

liefdeloos 0.1 *loveless* ♦ **3.1** iem. ~ behandelen *treat s.o.
coldly.*

liefderijk 0.1 *loving* ♦ **3.1** iem. ~ opnemen *welcome s.o. (in)
with open arms;* iem. ~ verzorgen *give s.o. (tender) l. care.*

liefdesaffaire 0.1 *(love) affair.*

liefdesavontuur 0.1 *romance.*

liefdesbetrekking, -verhouding 0.1 *(love) affair* ⟹⟨euf.⟩
relationship, romance ♦ **3.1** een ~ aanknopen *start an a.;*
een ~ met iem. hebben *have an a./a relationship with s.o.*

liefdesbrief 0.1 *love letter.*

liefdesdaad 0.1 *act of love(making).*

liefdesgeschiedenis 0.1 [verhouding] *love affair* ⟹*romance* **0.2** [romannetje] *love story.*

liefdesleven 0.1 *love life.*

liefdeslied 0.1 *love song.*

liefdesroman 0.1 *love story.*

liefdesspel 0.1 *love-play, lovemaking.*

liefdesverdriet 0.1 *pangs of love* ♦ **3.1** ~ hebben *be disappointed in love.*

liefdesverhouding →**liefdesbetrekking.**

liefdesverklaring 0.1 *declaration of love* ⟹⟨huwelijksaan-
zoek⟩ *proposal* ♦ **3.1** iem. een ~ doen *declare one's love
for s.o.;* ⟨huwelijksaanzoek doen⟩ *propose to s.o.*

liefdevol 0.1 *loving* ♦ **1.1** een ~ le omgeving *a l./caring environment;* ~ le verzorging *tender l. care* **3.1** iem. ~ aankijken *give s.o. a l. look;* ~ behandelen *treat lovingly.*

liefdewerk 0.1 [naastenliefde] *work of charity* ⟹⟨onbe-
taald⟩ *labour of love* **0.2** [liefdadige bezigheid] *charity* ⟹
charitable work ♦ **¶.2** het is ~ oud papier *it's for love only.*

liefdoenerij 0.1 *soft soap.*

463

lief(e)lijk 0.1 *sweet* ⇒*charming* ◆ 1.1 een ~e landstreek *a charming region* 3.1 ~ zingen *sing sweetly.*

lief(e)lijkheid 0.1 [bekoorlijkheid] *sweetness* ⇒*charm* 0.2 [mv.; iron.; hatelijkheid] *abuse* ◆ 3.2 elkaar allerlei liefelijkheden naar het hoofd slingeren *hurl all sorts of a. at each other.*

liefhebben 0.1 *love* ◆ 5.1 iem. innig ~ *love s.o. dearly* 6.1 iem. met hart en ziel ~ *love s.o. with all one's heart.*

liefhebber, -ster 0.1 [iem. die veel van iets houdt] *lover* 0.2 [AZN; amateur] *dabbler* ⇒⟨wielersport alleen⟩ *amateur* ◆ 1.1 een ~ van chocola *a chocolate l.;* een ~ van opera ⟨ook⟩ *an opera buff;* hij is een ~ van paarden/v.d. jacht ⟨paarden⟩ *he's a horse-lover;* ⟨jacht⟩ *he's a hunting man* 3.1 zijn er nog ~s? *(are there) any takers?* 6.1 daar zullen wel ~s voor zijn *there are sure to be candidates/*⟨ook fig.⟩ *customers for that.*

liefhebberen ⟨inf.⟩ 0.1 *dabble* ⇒*play, potter* ◆ 6.1 hij liefhebbert zo wat in de schilderkunst *he dabbles in painting.*

liefhebberij 0.1 [hobby] *hobby* ⇒*pastime* 0.2 [lust] *pleasure* ◆ 2.1 een dure ~ ⟨fig.⟩ *an expensive h.;* muziek is zijn grootste ~ *music is his favourite pastime* 3.1 ergens ~ in hebben *be fond of sth.* 6.2 uit/voor ~ *for p.*

liefje 0.1 [geliefde] *sweetheart* ⇒*love* 0.2 [aanspreekterm] *dear(est)* ⇒*darling.*

liefjes 0.1 [op lieve wijze] *sweetly* 0.2 [iron] ⟩ *(over)sweetly, unctuously* ◆ 3.2 iets ~ vragen *ask sth. unctuously.*

liefkozen 0.1 *caress* ◆ 4.1 elkaar ~ *c. one another, cuddle.*

liefkozend 0.1 *soothing* ◆ 1.1 op ~e toon *in a s. tone of voice.*

liefkozing 0.1 [het liefkozen] *caressing* 0.2 [streling] *caress.*

lieflijk →**liefelijk.**

liefst 0.1 [op de meest lieve manier] *dearest* ⇒*sweetest* 0.2 [bij voorkeur] *rather* ⇒*preferably* 0.3 [nota bene] ⟨zie 5.3⟩ ◆ 1.2 men neme een banaan, ~ een rijpe *take a banana, preferably a ripe one* 3.1 zij zag er van allen het ~ uit *she looked the sweetest/prettiest of them all* 3.2 wat zou je het ~ doen? *what would you r. do?, what would you really like to do?;* het ~ hebben dat hij weggaat *prefer him to go;* in welke auto rijd je het ~? *what car do you prefer to drive?* 5.2 ~ niet *I'd r. not* 5.3 ik moet morgen maar ~ om vijf uur op *I must get up as early as five o'clock tomorrow morning;* we moeten maar ~ 9 % inleveren *we are suffering a cutback of no less than 9 %.*

liefste 0.1 [geliefde] *sweetheart* ⇒*darling* 0.2 [aanspreekvorm] *dear(est)* ◆ 4.2 mijn ~ *my dear(est)/love.*

lieftallig 0.1 *sweet* ⇒*pretty* ◆ 1.1 ~e kinderen *s./adorable children;* een ~ uiterlijk ⟨ook⟩ *an attractive appearance.*

liegbeest ⟨kind.⟩ 0.1 *fibber* ⇒*story(teller).*

liegen I ⟨onov., ov.ww.⟩ 0.1 [onwaarheid spreken] *lie* ⇒*tell a lie* ◆ 3.1 hij staat gewoon te ~! *he's a downright liar!* 4.1 dat lieg je! *that's a lie!* 5.1 eens kijken hoe hij zich er nu weer uit liegt *let's see if he can l. his way out of this* 6.1 tegen iem. ~ *l. to s.o.* 8.1 hij loog (als)of het gedrukt stond/dat hij barstte *he lied in his teeth/(al) he was blue in the face* ¶.1 ~ tegen beter weten in *l. against one's better judg(e)ment;* dat is allemaal gelogen *that's a pack of lies;* hij loog alles aan elkaar (vast) *he was just making it all up;* II ⟨onov.ww.⟩ 0.1 [zich verloochenen] *lie* ◆ 5.¶ dat liegt er niet om ⟨goed⟩ *that's really sth.;* ⟨duidelijk⟩ *that's as plain as the nose on your face;* ⟨onverbloemd⟩ *that's telling him all right.*

lier 0.1 [snaarinstrument] *lyre* 0.2 [hijswerktuig] *winch* ⇒*hoist* 0.3 [ster.] *Lyra* ⇒*(the) Lyre* ◆ 3.1 ⟨fig.⟩ de ~ aan de wilgen hangen *hang up one's boots* 8.¶ het brandt als een

lief(e)lijk - liggen

~ *it's burning like a torch;* het loopt/gaat als een ~ *it's going like a house on fire.*

liertrommel ⟨tech.⟩ 0.1 *winding cable/drum* ⇒*winch drum.*

lies 0.1 [grens tussen onderlijf en bovenbeen] *groin* 0.2 [plantk.] *ᴮreed grass,* ᴬ*floating grass.*

liesbreuk 0.1 *rupture/hernia.*

liesje ◆ 2.¶ vlijtig ~ *Busy Lizzy.*

lieslaars 0.1 *wader.*

Lieveheer ⟨rel.⟩ 0.1 *Blessed Lord* ◆ 4.1 onze ~ nog aan toe! *Good Lord!, (good) heavens!;* onze ~ *Our Lord.*

lieveheersbeestje 0.1 *ladybird* ⇒ᴬ*ladybug.*

lieveling 0.1 [iem. die men liefheeft] *darling* ⇒*sweetheart* 0.2 [gunsteling] *darling* ⇒*favourite* 0.3 [lieverdje] *favourite* ⇒*pet* ◆ 1.1 zij is de ~ v.d. familie *she's the d. of the family* 1.2 de ~ v.h. publiek *the d./favourite of the public* 1.3 Jan is het ~etje v.d. leraar *Jan is the teacher's pet.*

lievelingsboek 0.1 *favourite book.*

lievelingsgerecht 0.1 *favourite dish.*

lievemoederen ◆ 3.¶ daar helpt geen ~ aan *there's nothing can be done about it.*

liever 0.1 *rather* ◆ 3.1 ik drink ~ koffie dan thee *I prefer coffee to tea;* ik zou ~ gaan (dan blijven) *I'd r. go than stay;* ik weet het, of ~ gezegd, ik denk het *I know, at least, I think so;* als je ~ hebt dat ik wegga, hoef je het maar te zeggen *if you'd sooner/r. I'd leave, just say so;* ik wil nu ~ geen tv kijken ⟨ook⟩ *I don't feel like watching TV right now;* laat ik ~ zeggen/~ gezegd (or) r.; ik zie hem ~ gaan dan komen *I'm glad to see the back of him* 4.1 niets ~ wensen dan *ask for nothing better than* 5.1 hoe meer, hoe ~ *the more the better;* hoe meer er misgaat hoe ~ ik het heb *the more that goes wrong, the better I like it;* we willen ~ niet met hem gezien worden *we'd r. not be seen in his company;* dat heb ik ~ niet *I don't like that;* ik vraag het je ~ niet *I don't like asking you;* I'd r. not ask you; ~ wel dan niet *as soon as not* 8.1 hij ~ dan ik *better him than me;* ik ging nog ~ dood dan dat ik ~ I'd r. die than ... ¶.1 ~ rood dan dood *better red than dead.*

lieverd 0.1 [beminde] *(real) deur* ⇒*darling* 0.2 [aanspreekvorm] *dear(est)* ⇒*darling* ◆ 1.1 het ~je v.d. meester *teacher's pet* 3.1 ⟨iron.⟩ het is me een ~je *he's/she's a nice one* ¶.1 ze zei dat we haar auto mochten gebruiken, de ~! *she said we could use her car, bless her (heart)!*

lieverle(d)e ◆ 6.¶ van ~ *gradually, little by little.*

Lieve-Vrouw ⟨rel.⟩ 0.1 *Lady* ◆ 4.1 onze ~ *Our Lady.*

liflaf 0.1 [flauwe kost] *trashy/junk food* 0.2 [verfijnd gerecht] *titbit* ⇒*tidbit* ◆ 2.2 lekkere ~jes *tasty titbits.*

lift 0.1 [(cabine van) hijstoestel] ᴮ*lift,* ᴬ*elevator* 0.2 [het meerijden] *lift* ⇒*ride* ◆ 3.1 de ~ nemen *take the lift* 3.2 iem. een ~ geven *give s.o. a l./ride;* een ~ krijgen *get/hitch a l.;* een ~ vragen *thumb/hitch a l./ride* 6.1 ⟨fig.⟩ in de ~ zitten *be on the way up.*

liftcentrale 0.1 *hitchhiking service.*

liften 0.1 *hitch(hike)* ◆ 6.1 een maand door Scandinavië ~ *hitch(hike) through Scandinavia for a month.*

lifter, liftster 0.1 *hitchhiker.*

liftjongen, -boy 0.1 *liftboy.*

liftkoker, -schacht 0.1 *lift shaft.*

liga 0.1 *league.*

ligbad 0.1 *bath* ⇒ᴬ*(bath)tub.*

ligboxenstal 0.1 *cubicle stall.*

liggeld 0.1 [voor het liggen in een haven] *harbour dues* 0.2 [voor een ziekenhuisbed] *(daily) in-patient accommodation (and services) charge(s).*

liggen 0.1 [uitgestrekt zijn] *lie* 0.2 [in bed vertoeven] *lie* ⇒*be* *laid up* ⟨ziek⟩ **0.3** [zich bevinden] *lie, be* **0.4** [mbt. zaken; rusten] *lie* **0.5** [+ aan; afhangen van] *depend (on)* ⇒*be caused by* ⟨veroorzaakt⟩, *be due to* ⟨veroorzaakt⟩ **0.6** [passen bij een aanleg/belangstelling] *suit* **0.7** [mbt. storm/wind] *die down* **0.8** [bezig zijn] *be (lying)* **0.9** [gelegerd zijn] *be stationed* ◆ **1.1** er lag een halve meter sneeuw *there was half a metre of snow* **1.3** daar ligt onze kans *that's where our chance lies* **2.¶** dubbel ~ (van het lachen) *double up with laughter;* die zaak ligt nogal gevoelig *the matter is a bit delicate* **3.1** de sneeuw bleef niet ~ *the snow did not settle;* lekker tegen iem. aan gaan ~ *snuggle up to s.o.;* dure vloerbedekking hebben ~ *have expensive carpets (on the floor)* **3.2** ik blijf morgen ~ tot half tien *I'm going to stay in bed till 9.30 tomorrow;* ga ~! ⟨tegen een hond⟩ *lie down!;* gaan ~ *l. down;* ⟨door ziekte⟩ *take to one's bed;* op zijn zij gaan ~ *l. (down) on one's side;* ⟨omdraaien⟩ *roll over on to one's side* **3.4** dat werk is voor ons blijven ~ *that work has been left for us;* ik heb (nog) een paar flessen wijn ~ *I have a few bottles of wine (left);* het geld hebben ~ *have the money available;* ⟨fig.⟩ laat het dorp rechts van u ~ *pass the village on your right;* ik heb dat boek laten ~ *I left that book (behind)* **3.7** de wind ging ~ *the wind died down* **3.8** lig niet zo te klieren *stop pestering (me* ⟨enz.⟩ *);* hij ligt te slapen *he's asleep* **3.¶** zich nergens iets aan gelegen laten ~ *not give a hoot for anything* **4.6** ze ~ elkaar niet zo erg *they don't get on (with each other);* dat genre ligt mij niet *that genre doesn't appeal to me;* dit klimaat ligt mij niet *this climate disagrees with me;* die jongen ligt mij helemaal niet *I can't get on with that guy* **5.1** ⟨op grafstenen⟩ hier ligt … *here lies …;* lig je lekker/goed? *are you comfortable?* **5.3** de toestand ligt hier anders *the situation is (quite) different here;* de zaken ~ nu heel anders *things have changed a lot (since then);* het feit ligt er *the fact remains;* het plan, zoals het er ligt, is onaanvaardbaar *as it stands, the plan is unacceptable;* hoe ~ onze kansen? *what are the odds?;* de prijzen ~ vrij hoog *the prices are rather high;* uw bestelling ligt klaar *your order is ready (for dispatch/collection);* onze winsten ~ lager dan die van vorig jaar *our profits are less than last year's;* die dagen ~ ver achter ons *those days are long past;* de zaken ~ zo: …*it's like this: …;* zo ~ de zaken nu eenmaal *I'm afraid that's the way things are* **5.5** dat ligt eraan *it depends* **5.¶** dat ligt heel anders *that's a different story altogether;* als ze dat merken lig ik eruit *if they catch on, I'm out;* deze auto ligt goed in de bocht *this car takes corners well;* dit bed ligt lekker/hard *this bed is comfortable/(too) hard;* ver uiteen ~ *be poles apart;* deze auto ligt vast op de weg *this car holds the road well* **6.1** hij ligt **in**/op bed *he's (lying) in bed;* **over** elkaar ~ *overlap* **6.2** op sterven ~ *l./be dying* **6.3** Antwerpen ligt **aan** de Schelde *Antwerp lies/is (situated) on the Scheldt;* de vakantie ligt weer **achter** ons *the holidays are behind us now;* de schuld ligt **bij** mij *the fault is mine;* de beslissing ligt **bij** ons *the decision is ours;* de macht ligt **bij** het volk *power is vested with the people;* met iem. **in** proces ~ *litigate with s.o.;* **onder** het gemiddelde ~ *be below average;* de bal ligt **op** de grond *the ball is on the ground;* **op** het zuiden ~ *face (the) south;* ze ~ **voor** het grijpen *they're all over the place;* **voor** mij ligt uw brief *I have before me your letter;* er lagen moeilijke jaren **voor** ons *there were hard years ahead (of us)* **6.5** ik denk dat het **aan** je versterker ligt *I think that it's your amplifier that's causing the trouble;* dat lag **aan** verscheidene oorzaken *that was due to various causes;* **aan** mij zal het niet ~ *it won't be my fault;* is het nu zo koud of ligt het **aan** mij? *is it really so cold, or is it just me?;* er is mij niets **aan** gelegen *it*

doesn't matter to me; het ligt **aan** die rotfiets van me *it's that bloody bike of mine;* als het **aan** mij ligt zal hij daar niet blijven *he won't stay there if I can help it;* als het **aan** mij ligt niet *not if I can help it;* waar zou dat **aan** ~? *what could be the cause of this?;* het lag misschien ook een beetje **aan** mij *I may have had sth. to do with it;* het kan **aan** mij ~, maar …*it may be just me, but …;* als het **aan** mij lag/ligt *if it was/is up to me* **6.8** ~ **te** zeuren *be whining/bellyaching.*

liggend 0.1 [horizontaal] *lying* ⇒*horizontal* **0.2** [gelegen zijnd] *lying* ⇒*situated* ◆ **1.1** een ~e houding *a l./recumbent posture;* een ~ streepje *a dash* **1.2** ~ geld *ready money* ⟨contant⟩; *idle capital* ⟨renteloos⟩ **5.2** diep ~e ogen *deep-set eyes.*

ligger 0.1 [draagbalk] *joist* ⇒*beam,* ⟨voor rails⟩ [B]*sleeper,* ⟨voor rails⟩ [A]*tie* **0.2** [sport] *(horizontal) bar.*

ligging 0.1 *position* ⇒⟨geografisch ook⟩ *situation, location* ◆ **1.1** de ~ v.d. heuvels *the lie of the hills* **2.1** de schilderachtige ~ van dat kasteel *the picturesque location of the castle* **6.1** een ~ **op** het noorden hebben *face (to(wards) the) north.*

lightproducten 0.1 *low-calorie products.*

ligplaats 0.1 [plaats waar iets ligt] *storage (place)* **0.2** [voor schepen e.d.] *berth* ⇒*mooring (place).*

ligstoel 0.1 *reclining chair/seat* ⇒⟨voor buiten⟩ *deck chair.*

liguster 0.1 *privet.*

lij 0.1 *lee(side)* ◆ **6.1 in/aan** ~ *in the lee, to leeward.*

lijboord ⟨scheep.⟩ **0.1** *lee-board.*

lijdelijk 0.1 *passive* ⇒*resigned* ◆ **3.1** iets ~ aanzien/ondergaan *stand idly by (while sth. happens), take sth. lying down;* ~ toezien *look on passively.*

lijden[1] ⟨het⟩ **0.1** *suffering* ⇒⟨pijn⟩ *pain,* ⟨pijn⟩ *agony,* ⟨verdriet⟩ *grief,* ⟨ellende⟩ *misery* ◆ **6.1** nu is hij **uit** zijn ~ verlost *he is now released from his s.;* ⟨fig.⟩ *that's put him out of his misery;* een dier **uit** zijn ~ verlossen *put an animal out of its misery.*

lijden[2] I ⟨ov.ww.⟩ **0.1** [ondergaan] *suffer* ⇒*undergo* **0.2** [verdragen] *suffer* ⇒*stand* **0.3** [toestaan] *allow* ◆ **1.1** hevige pijn ~ *s./be in terrible pain* **1.3** geen uitstel kunnen ~ *brook no delay* **3.2** ⟨fig.⟩ het kan wel wat ~ *there's some room for manoeuvre* **3.¶** ik mag ~ dat hij …*I hope he …;* ik mag die man wel/niet ~ *I like/I can't stand that man;* **II** ⟨onov.ww.⟩ **0.1** [in ellende verkeren] *suffer* ⇒*be damaged* ◆ **3.1** zwaar te ~ hebben van iets *be hard hit by sth.* **5.1** zij leed het ergst van al *she was (the) hardest hit of all* **6.1 aan** een kwaal ~ *s. from a complaint;* **in** stilte ~ *s. in silence;* zwaar ~ **onder** iets *s. terribly under sth.* **6.2** zijn gezondheid leed er **onder** *his health suffered (from it).*

lijdend 0.1 *suffering* ◆ **1.1** hij was de ~e partij *he was the loser.*

lijdensverhaal 0.1 *Passion.*

lijdensweg 0.1 ⟨fig.⟩ *martyrdom, agony* ◆ **¶.1** Adri's afstuderen werd een ~ *Adri went through hell getting his degree.*

lijder, -es 0.1 [iem. die lijdt] *sufferer* **0.2** [patiënt(e)] *patient.*

lijdzaam 0.1 [geduldig] *patient* ⇒*resigned* **0.2** [passief] *passive* ⇒*submissive* ◆ **3.1** hij schikte zich ~ in het voorschrift *he bowed to the regulations* **3.2** ~ toezien *stand/sit by (and watch).*

lijdzaamheid 0.1 *resignation* ◆ **6.1 met** ~ zijn lot dragen *bear one's lot with r.*

lijf 0.1 *body* ◆ **2.1** in levenden lijve ⟨in eigen persoon⟩ *in per-*

son; (levend) *alive and well;* het vege ~ redden *save one's skin* **6.1 aan** mijn ~ geen polonaise! *no way!;* bijna geen kleren **aan** zijn ~ hebben *have hardly a shirt to one's back;* iets **aan** den lijve ondervinden *experience (sth.) personally;* geen hart **in** zijn ~ hebben *have no heart;* die rol is haar op het ~ geschreven *she's made for that part;* iem. **te** ~ gaan *let go at s.o.;* iem. (toevallig) **tegen** het ~ lopen *run into s.o., stumble upon s.o.;* zijn longen **uit** zijn ~ hoesten *cough one's lungs up;* blijf **van** mijn ~ *hands off;* zich iets **van** het ~ houden *fend sth. off;* ik kon hem niet **van** het ~ houden *I couldn't keep him off me;* gezond **van** ~ en leden *able-bodied* **6.¶** dat heeft niets **om** het ~ *there's nothing to it;* (gemakkelijk) *it's a walk-over;* de voorstelling had weinig **om** het ~ *the performance didn't amount to much.*
lijfarts 0.1 *personal physician.*
lijfblad 0.1 *favourite magazine/paper.*
lijfeigene 0.1 *serf.*
lijfeigenschap 0.1 *bondage;* (gesch., horigheid) *serfdom.*
lijfelijk 0.1 *physical* ♦ **1.1** een ~e afkeer van iem./iets hebben *be physically repelled by s.o./sth.* **2.1** zij was ~ aanwezig *she was there in person.*
lijfgericht 0.1 *body-oriented.*
lijflied 0.1 *favourite song.*
lijfrente 0.1 *annuity* ♦ **6.1** zijn geld **op** ~ zetten *put one's money into an a.*
lijfsbehoud 0.1 *preservation of life* ♦ **6.1** uit ~ *to save one's life.*
lijfspreuk 0.1 *motto.*
lijfstraf 0.1 *corporal punishment.*
lijfwacht 0.1 *body-guard* (ook verz.n.).
lijk 0.1 [dood lichaam] *corpse* ⇒ *(dead) body* **0.2** [fig.] *carcass* **0.3** [scheep.] *leech* ♦ **2.2** een levend ~ *a walking corpse;* een oud ~ *an old bag* (vrouw); *an old wreck* (auto); *an old crate* (fiets) **6.1** (fig.) **over** mijn ~! *over my dead body!;* (fig.) **over** ~en gaan *let nothing/no one stand in one's way* **6.¶** (stud.) **voor** ~ liggen (dronken, uitgeteld) *be under the table* **8.1** zo wit/bleek als een ~ *as white as a sheet.*
lijkant 0.1 *lee (gauge/side).*
lijkauto 0.1 *hearse.*
lijkbaar 0.1 *bier.*
lijkbleek 0.1 *deathly pale* ⇒ *ashen.*
lijken I (onov.ww.) **0.1** [gelijkenis vertonen] *be/look (a)like* ⇒ *resemble* **0.2** [schijnen] *seem, appear* ⇒ *look* **0.3** [passen, aanstaan] *suit, fit* ♦ **1.1** je lijkt je vader wel *you act/sound/are just like your father;* het lijkt wel wijn *it's almost like wine* **1.3** dat huis lijkt me niet(s) *I don't think that house'll do* **2.2** hij lijkt jonger dan hij is *he looks younger than he is;* het lijkt me vreemd *it seems odd to me* **4.2** hij lijkt me een aardige kerel te zijn *he seems (to me) to be a nice guy;* hij lijkt me niet geschikt voor deze baan *I don't think he's the (right) man for this job* **4.3** dat lijkt me wel wat *I like the sound/look of that;* dat zou me wel (wat) ~ *I'd like that;* het lijkt me niets *I don't think much of it* **5.1** dat lijkt er niet naar *it's way off;* het begint erop te ~ *it's getting there;* portretten ~ vaak slecht *portraits often show a poor resemblance* **5.2** hij lijkt wel gek *he must be crazy;* het lijkt maar zo *it only seems that way* **6.1** hij lijkt sprekend op zijn vader *he's the spitting image of his father;* zij lijkt **op** haar moeder *she looks like her mother;* ze ~ helemaal niet **op** elkaar *they're not a bit alike;* dat lijkt nergens **op/naar** *it's absolutely hopeless* **8.2** 't lijkt erop, dat 't gaat regenen *it looks like rain;*
II (ov.ww.) (scheep.) **0.1** [op de wind brassen] *brace (square) to the wind.*

lijkenhuis 0.1 *mortuary* ⇒ *morgue.*
lijkkist 0.1 *coffin.*
lijkkleed 0.1 [kleed over een dood(s)kist] *pall* **0.2** [kleed om een dode] *shroud.*
lijkrede 0.1 *funeral oration.*
lijkschennis 0.1 *violation of a/the corpse.*
lijkschouwer 0.1 *autopsist* ⇒ *medical examiner,* (jur.) *coroner.*
lijkschouwing 0.1 *autopsy* ⇒ *post-mortem (examination)* ♦ **2.1** gerechtelijke ~ *inquest* **3.1** een ~ verrichten *perform an a.*
lijkstoet 0.1 *funeral procession.*
lijkverbranding 0.1 *cremation.*
lijkwade 0.1 *shroud.*
lijkwagen 0.1 *hearse.*
lijkzak 0.1 *body bag.*
lijm 0.1 *glue* ♦ **6.1** hout met ~ aan elkaar hechten *glue wood together.*
lijmen 0.1 [vasthechten; herstellen] *glue (together)* ⇒ (ook fig.) *patch up,* (ook fig.) *mend* **0.2** [bepraten] *talk round* ♦ **1.1** (fig.) de breuk binnen het kabinet ~ *heal the breach within the cabinet;* (fig.) de brokken ~ *pick up the pieces,* een kistje ~ *g. a box together* **3.2** zich niet laten ~ *refuse to be roped in* **6.1** de scherven **aan** elkaar ~ *g./stick the pieces together.*
lijmsnuiver 0.1 *glue sniffer.*
lijmtang 0.1 *(glueing) cramp/clamp.*
lijn 0.1 [touw] *line* ⇒ *rope,* (mbt. hond) *leash* **0.2** [wisk.] *line* **0.3** [groef] *line* ⇒ *crease* **0.4** [omtrek] *(out)line, contour* **0.5** [linie] *line* ⇒ *rank* **0.6** [verkeer, com.] *line* ⇒ (verkeer) *route* **0.7** [potlood/krijtstreep] *line* **0.8** [fig.; weg] *line* ⇒ *course, trend* **0.9** [geneal.] *(blood)line* ⇒ *lineage* ♦ **1.6** de ~ Haarlem-Amsterdam *the Haarlem-Amsterdam l.* **2.3** de scherpe ~ en om de neus *the deep lines around the nose* **2.4** iets in grote ~ en aangeven *sketch sth. in broad outlines;* in grote ~ en *broadly speaking, on the whole* **2.6** alleen op binnenlandse ~ en vliegen *fly only domestic routes* **2.8** de grote ~ en uit het oog verliezen *lose o.s. in details;* een harde ~ *a hard l.;* de resultaten bewegen zich in opgaande ~ *the results show an upward trend;* in opgaande ~ (going) in the right direction* **2.9** in een rechte ~ van iem. afstammen *be a direct descendant from s.o.* **3.6** die ~ bestaat niet meer *that service/route no longer exists* **3.7** ~ en trekken/krassen (up) *draw/scratch lines (on)* **3.8** een andere ~ (gaan) volgen *pursue a different course* **6.1** een hond **aan** de ~ houden *keep a dog on the leash* **6.2** in rechte ~ (gemeten) *in a straight/direct l., as the crow flies;* **op** één ~ **met** (ook fig.) *in l. with* **6.4** **aan** de (slanke) ~ doen *be on a diet;* **in** grote ~ en begrijpen wat er gezegd wordt *get the gist of what is being said* **6.5** **op** één ~ stellen met *put on a par with;* (fig.) **op** dezelfde/op één ~ zitten *be on the same wavelength;* (fig.) **op** één ~ brengen *align, bring into l.;* (fig.) **op** één ~ staan (met), zich **op** één ~ bevinden (met) *be in agreement (with)* **6.6** blijft u even **aan** de ~ a.u.b. *hold the l., please;* ik heb je moeder **aan** de ~ *your mother is on the l./phone* **6.7** de bal ging **over** de ~ *the ball crossed the l.* **6.8** dat ligt in zijn ~ (ongunstig) *that's just the sort of thing he'd do;* (gunstig) *that's right up his street* **6.¶** iem. **aan** het ~tje houden *keep s.o. dangling* **7.2** (fig.) daar zit geen ~ in *it's a jumble (of facts)* **7.6** ~ 15 *number 15* **7.¶** één ~ trekken *adopt one single view.*
lijnbaan (amb.) **0.1** *rope walk.*
lijnboot 0.1 *liner.*
lijnbus 0.1 *regular/scheduled service bus.*
lijndienst 0.1 *regular/scheduled service* ⇒ *line* ♦ **3.1** een ~ onderhouden op *run a regular service on.*

lijnen 0.1 *slim, diet.*

lijnenspel 0.1 *(line) pattern* ⇒*tracings, interplay of lines, lining.*

lijnkoek 0.1 *linseed/oil cake.*

lijnolie 0.1 *linseed oil.*

lijnrecht I 〈bn.〉 **0.1** [recht als een lijn] *(dead) straight;* **II** 〈bw.〉 **0.1** [in een rechte lijn] *straight* ⇒*right* **0.2** [volkomen] *directly* ⇒*flatly* ◆ **6.1** ~ naar beneden *s. down* **6.2** ~ staan tegenover/ingaan tegen *be diametrically/flatly opposed to.*

lijnrechter 〈sport〉 **0.1** *linesman* ⇒〈rugby〉 *touch judge.*

lijntoestel, lijnvliegtuig 0.1 *airliner* ⇒*scheduled plane.*

lijntrekken 0.1 *malinger* ⇒*lie down on the job,* 〈inf.〉 *swing the lead.*

lijntrekker, -ster 0.1 *slacker* ⇒*malingerer, shirker.*

lijnvlucht 0.1 *scheduled flight.*

lijnvormig 0.1 *linear.*

lijnzaad 0.1 *linseed.*

lijnzaadolie 0.1 *linseed oil.*

lijp 〈inf.〉 **0.1** [gek] *silly* ⇒*daft* **0.2** [gevaarlijk] *risky* ⇒*tricky* ◆ **3.1** doe niet zo ~! *don't be s./daft!*

lijs 0.1 *dawdle(r)* ⇒*slowcoach* ◆ **2.1** een lange ~ *a beanpole.*

lijst 0.1 [register] *list* ⇒*record, inventory, register* **0.2** [omlijsting] *frame* **0.3** [vooruitspringende rand] *ledge, moulding* ⇒*cornice* ◆ **2.2** een vergulde ~ *a gilt f.* **3.1** ~en bijhouden v.d. uitgaven *keep records of the costs;* ~en opmaken *draw up lists* **5.1** zijn naam staat bovenaan de ~ *he is (at the) top of the l.* **6.1** iem./iets **op** een ~ zetten *put sth./s.o.('s name) on a l.;* **op** de zwarte ~ plaatsen *blacklist.*

lijstaanvoerder, -voerster 0.1 〈sport〉 *(league) leader.*

lijsten 0.1 *frame.*

lijstenmaker 0.1 *frame-maker* ⇒*picture-framer.*

lijster 0.1 *thrush* ◆ **8.1** zingen als een ~ *sing like a lark.*

lijsterbes I 〈de〉 **0.1** [vrucht] *rowan(berry)* ⇒*mountain ash berry;* **II** 〈de (m.)〉 **0.1** [boom] *rowan(tree)* ⇒*(European) mountain ash.*

lijsttrekker 0.1 ±*party leader (during election campaign).*

lijvig 0.1 [omvangrijk] *bulky* ⇒*voluminous* **0.2** [gezet] *thick-set* ⇒*corpulent* ◆ **1.1** een ~ rapport *a b. report.*

lijvigheid 0.1 [mbt. menselijk lichaam] *bulk(iness)* ⇒*corpulence,* 〈ook med.〉 *obesity* **0.2** [mbt. boek/rapport] *bulk(iness)* ⇒*volume.*

lijwaarts 0.1 *leeward* ⇒*downwind.*

lijzig 0.1 [zeurderig] *drawling* **0.2** [langzaam] *slow* ⇒*tardy* ◆ **3.1** ~ spreken *speak in a sing-song voice.*

lijzijde 0.1 [scheep.] *lee* ⇒*leeward.*

lik 0.1 [het likken] *lick* **0.2** [zoen] *smack* ⇒*kiss* **0.3** [onmiddellijke reactie]〈klap〉 *lick* ⇒*smack* **0.4** [kleine hoeveelheid] *lick* ⇒*dab* **0.5** [nor] *clink, cage* ⇒*can, pen* ◆ **6.3** iem. een ~ **uit** de pan geven *give s.o. a dressing down, lash out at s.o.* ¶.3 ~ **op** stuk geven *give tit for tat.*

likdoorn 0.1 *corn.*

likeur 0.1 *liqueur.*

likeurtje 0.1 *(glass of) liqueur.*

likkebaarden 0.1 *lick one's lips* ⇒*lick/smack one's chops.*

likken 0.1 [mbt. de tong] *lick* **0.2** [inf.; vleien] *toady* ⇒*fawn* ◆ **1.1** 〈fig.; vulg.〉 lik me reet! *kiss my arse!* **1.¶** 〈fig.〉 een gelikt iem. *a slick customer.*

likmevestje ◆ **6.¶** een organisatie van ~ *crummy/lousy organization.*

lila 0.1 *lilac* ⇒〈zacht〉 *lavender.*

lillen 0.1 *quiver* ⇒*shake, tremble,* 〈schr.〉 *palpitate* ◆ **1.1** het ~d ingewand *the quivering/palpitating intestines.*

lilliputter 0.1 *midget* ⇒*dwarf.*

Limburg 0.1 *Limburg.*

Limburger 0.1 *Limburger (cheese).*

Limburgs 0.1 *Limburg* ⇒〈kaas〉 *Limburger.*

limiet 0.1 [uiterste grens]〈vaak mv.〉 *limit* **0.2** [hand.] *reserve price* **0.3** 〈wisk.〉 *limit* ◆ **3.1** de atleten moeten voldoen aan de ~ *the athletes have to qualify.*

limit 0.1 *limit* ⇒*end* ◆ **3.1** dat is toch wel de ~! *that's the l.!,* *Bthat takes the biscuit!*

limiteren 0.1 [beperken] *limit* ⇒*confine* **0.2** [hand.] *give a stop(-loss) order (to a broker).*

limoen 0.1 *lime.*

limonade 0.1 *lemonade* ◆ **3.1** priklimonade, ~ gazeuse *fizzy/aerated/sparkling l.*

limonadesiroop 0.1 *lemon syrup.*

limousine 0.1 *limousine;* 〈inf.〉 *limo.*

linde 0.1 *lime (tree)* ⇒*linden.*

lindebloesemthee 0.1 *lime-/linden-blossom tea.*

lindehout 0.1 *limewood.*

lineair 0.1 *linear* 〈ook wisk.〉 ◆ **1.1** ~ schrift *l. script;* de ~e uitzetting van ijzer *the l. expansion of iron;* ~e vergelijking *l. equation* **1.¶** ~e hypotheek *level repayment mortgage.*

linea recta 0.1 *straight* ◆ **3.1** ~ gaan naar *go s. to, make a beeline for.*

lingerie 0.1 [stof] ±*(fine) linen* **0.2** [ondergoed] *lingerie* ⇒ *women's/ladies' underwear.*

lingua franca 〈taal.〉 **0.1** *lingua franca.*

linguïst, -e 0.1 *linguist.*

linguïstiek 0.1 *linguistics.*

linguïstisch 0.1 *linguistic.*

liniaal 0.1 *ruler.*

linie 0.1 [mil.] *line* ⇒*rank* **0.2** [sport; groep spelers, vaak in samenst.] *line* **0.3** [reeks verdedigingswerken] *line (of defensive works/defences)* **0.4** [tak van bloedverwantschap] *line* ◆ **1.2** de verdedigingslinie *the defence* **1.3** de Maginotlinie *the Maginot l.* **2.1** door de vijandelijke ~ (heen)breken *break through the enemy lines* **2.4** een afstammeling in de rechte ~ *a direct/linear descendant* **2.¶** over de hele ~ *on all points, across the board.*

liniëren 0.1 *line, rule* ⇒*draw lines.*

link¹ 〈de〉 **0.1** *link* ⇒*connection* ◆ **3.1** een ~ leggen tussen twee gebeurtenissen *link two events.*

link² 〈bn.〉〈inf.〉 **0.1** [slim] *sly* ⇒*cunning* **0.2** [gevaarlijk] *risky* ⇒*dicey* ◆ **1.2** ~e jongens *a dangerous crowd* **8.1** hij is zo ~ als een looie deur *he's as bent as a corkscrew.*

linker 0.1 *left* ⇒*left-hand,* 〈van auto〉 *nearside* ◆ **1.1** ~ rijbaan *left lane;* het ~ voorwiel *the nearside wheel* **4.1** deze hand is mijn ~ *this is my l. hand.*

linkerarm 0.1 *left arm.*

linkerbeen 0.1 *left leg* ◆ **6.1** 〈fig.〉 hij is met zijn ~ uit bed gestapt *he got out of bed on the wrong side.*

linkerbenedenhoek 0.1 *bottom left-hand corner.*

linkerbovenhoek 0.1 *top left-hand corner.*

linkerd 0.1 *crafty devil* ⇒*slick operator.*

linkerhand 0.1 *left hand;* 〈boksen〉 *southpaw* ◆ **7.1** 〈fig.〉 twee ~en hebben *be all fingers and thumbs.*

linkerkant 0.1 *left(-hand) side* ⇒*left,* 〈BE ook; mbt. auto〉 *nearside.*

linkervleugel 0.1 [vleugel] *left wing* ⇒〈van troepen ook〉 *left flank* **0.2** [pol.; linkerzijde] *left (wing), Left* **0.3** [pol.; afdeling] *left (wing)* ◆ **1.1** 〈fig.〉 de ~ van een gebouw/een voetbalelftal *the l. w. of a building/football team* **1.3** lid v.d. ~ *left-winger.*

467

linkervoet 0.1 *left foot.*

linkerzijde 0.1 [linkerkant] *left(-hand) side, left* ⇒⟨van weg, auto in GB⟩ *neurside* ⟨de kant van de weg waarlangs men rijdt⟩ 0.2 [deel v.h. lichaam] *left side* ⇒*left part/half* ♦ 6.1 zij zat aan mijn ~ *she was sitting on my left.*

linkmiegel 0.1 *crafty number* ⇒*wheeler-dealer.*

links 0.1 [aan de linkerzijde] *left* ⇒⟨bw. ook⟩ *to/on the left* 0.2 [bewegend naar de linkerzijde] *left* ⇒*left-handed, anticlockwise* 0.3 [met de linkerhand of linkerwerkend] *left-handed* ⇒⟨sport ook⟩ *left-footed,* ⟨attr.; boksen⟩ *southpaw* 0.4 [onhandig] *hamfisted* ⇒*awkward,* ⟨inf.⟩ *cackhanded* 0.5 [pol.] *left-wing* ⇒*leftist, socialist* ♦ 1.1 de tweede straat ~ *the second street to/on the left* 1.3 ⟨sport⟩ een ~ e directe, een ~ e *a straight left* 1.4 ~ e manieren *gauche behaviour/manners* 1.5 de ~ e partijen *the left(-wing)/leftist parties, the parties of the left;* een ~ e rakker *leftie, commie;* ⟨niet overtuigd⟩ *trendy leftie* 2.1 ~ en rechts ⟨ook fig.⟩ *right and left, on all sides* 3.1 ~ houden *keep (to the) left;* ⟨fig.⟩ iem. ~ laten liggen *ignore s.o., pass s.o. by/ over, give s.o. the cold shoulder;* ⟨fig.⟩ iets ~ laten liggen *ignore sth., pass sth. by/over* 3.2 ~ afslaan *turn (to the) left* 3.3 ~ schrijven *write with one's left hand* 3.5 (op) ~ stemmen *vote for the left* 6.1 ~ van iem. zitten *sit to/on s.o.'s left* 6.2 ~ de bocht om rijden *take the left-hand bend/ turn.*

linksachter ⟨sport⟩ 0.1 *left back.*

linksaf 0.1 *(to the) left* ⇒*leftwards* ♦ 3.1 bij de brug moet u ~ (gaan) *turn left at the bridge.*

linksback ⟨sport⟩ 0.1 *left back.*

linksbenig 0.1 *left-footed.*

linksbuiten ⟨sport⟩ 0.1 *outside left* ⇒⟨vnl. BE⟩ *left-wing(er).*

linksdraaiend 0.1 [schei., nat.] *laevorotatory* ⇒⟨in samenst.⟩ *laevo-* 0.2 [mbt. een deur] *left-hand.*

linkshandig 0.1 *left-handed* ⇒⟨wet.⟩ *sinistral,* ⟨BE; inf.⟩ *cackhanded,* ⟨boksen⟩ *southpaw.*

linksom 0.1 *left* ♦ 3.1 ~ draaien *turn (to the) left.*

linnen[1] ⟨het⟩ 0.1 *linen;* ⟨mbt. boeken⟩ *cloth* ♦ 6.1 een boek in ~ gebonden *a clothbound book, a book in cloth.*

linnen[2] ⟨bn.⟩ 0.1 *linen* ⇒⟨van vlas ook⟩ *flax* ♦ 1.1 ⟨mbt. boek⟩ in ~ band *in cloth;* ~ ondergoed *l. underwear, linen.*

linnengoed 0.1 *linen.*

linnenkamer 0.1 *linen room.*

linnenkast 0.1 *linen cupboard.*

lino ⟨bk.⟩ 0.1 *lino-cut.*

linoleum 0.1 ⟨zn. en bn.⟩ *linoleum* ⇒⟨inf ⟩ *lino.*

linoleumsnede 0.1 *linocut.*

linolzuur 0.1 *linol(e)ic acid.*

lint 0.1 [smal weefsel] *ribbon, tape* ⇒⟨boordlint⟩ *(bias) binding* 0.2 [stuk lint] *ribbon, tape* ⇒⟨boordlint⟩ *binding, band* ⟨om hoed⟩ ♦ 1.2 het ~ v.e. schrijfmachine *a (typewriter) r.* 3.2 het ~ doorknippen ⟨ook fig.⟩ *cut the t.* 6.2 ⟨fig.⟩ **door** het ~ gaan *blow one's top, fly off the handle.*

lintaal ⟨dierk.⟩ 0.1 *elver.*

lintbebouwing 0.1 *ribbon development/building.*

lintje 0.1 *decoration* ♦ 3.1 een ~ krijgen *be decorated, get a medal.*

lintjesregen 0.1 ⟨GB⟩ *±Birthday/New Year's Honours (List).*

lintworm 0.1 *tapeworm.*

lintzaag 0.1 *bandsaw.*

linze 0.1 *lentil.*

linzegerecht ⟨bijbels⟩ 0.1 *mess of pottage.*

lip 0.1 [deel v.d. mond] *lip* 0.2 [op een lip gelijkende zaak] ⟨ook plantk.⟩ *lip* ⇒⟨tech. ook⟩ *joggle,* ⟨van anker⟩ *bill,* ⟨van hoefijzer⟩ *clip,* ⟨van schoen⟩ *tongue* ♦ 2.1 dikke ~ pen

---

thick/full lips; gesprongen ~ pen *chapped/cracked lips;* met opeengeklemde ~ pen *tight-lipped* 3.1 zijn ~ pen ergens bij aflikken *lick/smack one's lips;* de ~ laten hangen, een ~ je trekken *hang one's lips, pout;* de ~ pen tuiten/samentrekken *pout, purse one's lips* 6.1 ⟨fig.⟩ **aan** iemands ~ pen hangen *hang on s.o.'s every word;* ⟨fig.⟩ **op** aller ~ pen zijn *be on everybody's lips, be on every l.;* zich **op** de ~ pen bijten *bite one's lips;* ik zou het niet **over** mijn ~ pen kunnen krijgen *I couldn't bring myself to say such a thing.*

lipbloemigen ⟨plantk.⟩ 0.1 *labiates.*

lipje 0.1 *tab* ⟨ook van blikje⟩ ⇒*lip,* ⟨van schoen⟩ *tongue.*

liplezen 0.1 *read s.o.'s lips* ♦ 3.1 leren ~ *learn to lip-read.*

liposuctie ⟨med.⟩ 0.1 *liposuction.*

lippendienst 0.1 *lip service* ♦ 3.1 ~ bewijzen aan *pay l. s. to.*

lippenstift 0.1 *lipstick.*

lipssleutel 0.1 *yale key.*

lipsslot 0.1 *yale lock* ⇒*cylinder lock.*

lipsynchroon 0.1 *dubbed* ⇒*synchronized.*

liquidatie 0.1 [euf.; mbt. personen] *liquidation* ⇒*elimination* 0.2 [mbt. transacties] *liquidation* ⇒*winding-up, break-up, dissolution,* ⟨op beurs ook⟩ *settlement* ♦ 6.2 in - gaan *go into l., wind up (one's affairs).*

liquide 0.1 [onmiddellijk vereffenbaar] *liquid, fluid* 0.2 [vloeibaar] *liquid* ♦ 1.1 ~ middelen *l./f. assets.*

liquideren 0.1 [vereffenen] *settle* ⇒*clear* 0.2 [opheffen] *wind up* ⇒*liquidate* 0.3 [vernietigen] *eliminate* ⇒*dispose of.*

liquiditeitsquote ⟨ec.⟩ 0.1 *liquidity ratio.*

lire 0.1 *lira.*

lis ⟨biol.⟩ 0.1 *iris.*

lisdodde ⟨biol.⟩ 0.1 *reed mace* ⇒*cat's tail.*

lispelen 0.1 *lisp* ⇒*speak with a lisp.*

Lissabon 0.1 *Lisbon.*

list 0.1 ⟨concr.⟩ *trick, ruse, scheme, wile;* ⟨abstr.⟩ *cunning, craft, deception* ♦ 1.1 ~ en bedrog *double crossing/dealing* 2.1 boze ~ en *evil tricks* 6.1 een stad **door** ~ overmeesteren *take a city by stratagem/cunning;* iem. **door** ~ ertoe krijgen *trick s.o. into (doing) sth.*

listig 0.1 *cunning, crafty* ⇒*wily,* ⟨pej. ook⟩ *sly* ♦ 3.1 een ~ gespannen strik *a craftily designed snare.*

litanie 0.1 *litany* ⟨ook fig.⟩ ♦ 1.1 een ~ van klachten *a l. of complaints.*

liter 0.1 [inhoudsmaat] *litre* 0.2 [maatvat] *a litre measure* ♦ 1.1 twee ~ melk *two litres of milk.*

literair 0.1 *literary* ♦ 1.1 ~ tijdschrift *l. journal.*

literator 0.1 [letterkundige] *man/woman of letters* ⇒*literator* 0.2 [student] *student of literature.*

literatuur 0.1 *literature* ♦ 2.1 de moderne ~ *contemporary/modern l.*

literatuurbeschouwing 0.1 [kijk op de literatuur] *view of/ approach to literature* ⇒⟨literaire kritiek⟩ *literary criticism* 0.2 [studie over de literatuur] *study of literature.*

literatuurgeschiedenis 0.1 *(book of) literary history, history of literature.*

literatuurlijst 0.1 *reading list* ⇒*bibliography,* ⟨aanbevolen⟩ *recommended reading.*

literatuuropgave 0.1 *bibliography* ⇒⟨van geciteerde werken⟩ *(list of) literature/works cited, references,* ⟨van geraadpleegde werken⟩ *(list of) works consulted.*

literatuurprijs 0.1 *literary prize.*

literatuurstudie 0.1 [abstr.] *study of literature* ⇒*literary theory* 0.2 [concr.] *literary study* ⇒*literary article.*

literatuurwetenschap 0.1 *literary theory* ⇒*study of literature* ♦ 2.1 vergelijkende ~ *comparative literature.*

literfles 0.1 *a litre bottle.*
litermaat 0.1 *litre measure.*
literprijs 0.1 *price per litre.*
lithiumbatterij 0.1 *lithium cell.*
litho 0.1 *litho.*
lithografie 0.1 [handeling] *lithography* 0.2 [resultaat] *lithograph.*
litotes 0.1 *litotes.*
Litouwen 0.1 *Lithuania.*
Litouwer, Litouwse 0.1 *Lithuanian.*
Litouws 0.1 ⟨bn. en zn.⟩ *Lithuanian.*
lits-jumeaux 0.1 *twin beds.*
litteken 0.1 [mbt. een wond] *scar; mark;* ⟨naad⟩ *seam* 0.2 [mbt. bladeren] *scar* ♦ 6.1 met ~s op zijn gezicht *with a scarred face.*
littekenvorming 0.1 *formation of scar tissue.*
littekenweefsel 0.1 *scar tissue.*
liturgie 0.1 [alles mbt. een eredienst] *liturgy* ⇒*rite* 0.2 [verzameling van/boek met liederen enz.] *prayer book* ♦ 2.1 de Latijnse/katholieke ~ *the Latin/Roman rite.*
liturgisch 0.1 *liturgical* ⇒*ritual* ♦ 1.1 ~e gewaden *(l./ceremonial) vestments;* ~e zang *l.(choral) music.*
living 0.1 *living room.*
livrei 0.1 [uniform] *livery* 0.2 [jacht] *coat.*
Lloyd 0.1 *Lloyd's (of London).*
l.o. ⟨afk.⟩ 0.1 [lager onderwijs] ⟨*primary education*⟩.
lob I ⟨de⟩ 0.1 [med., plantk.] *lobe* ⇒*lobation* 0.2 [zaadlob] *cotyledon* ⇒*seed leaf;* **II** ⟨de m.⟩ 0.1 [sport] *lob.*
lobben ⟨sport⟩ 0.1 *lob.*
lobberig 0.1 [mbt. kledingstukken] *loose, baggy;* ⟨slordig⟩ *sloppy, slovenly* 0.2 [mbt. spijzen] *quivering* ⇒*wobbly.*
lobbes 0.1 [grote hond] *big, good-natured dog* ⇒*great lump/teddybear (of a dog)* 0.2 [goedzak] *kind soul, good-natured fellow* ⇒*big softy.*
lobby 0.1 [wachtruimte] *lobby* ⇒⟨hotel ook⟩ *lounge, foyer, hall* 0.2 [wandelgangen van het (Engelse) parlementsgebouw] *lobby* 0.3 [vertrouwelijk gesprek] *confidential/preparatory lobbying* 0.4 [pressiegroep] *lobby.*
lobbyen 0.1 *lobby.*
lobelia 0.1 *lobelia.*
lobotomie ⟨med.⟩ 0.1 *lobotomy* ♦ 3.1 ~ uitvoeren *perform a l.*
loco-burgemeester 0.1 *deputy/acting mayor.*
locomotief 0.1 *(locomotive) engine, locomotive.*
locomotiefbestuurder 0.1 *engine driver.*
locopreparaat ⟨med.⟩ 0.1 *generic drug.*
lodderig 0.1 *drowsy* ⇒*sleepy* ♦ 1.1 met ~e ogen *with heavy eyes, sleepy-eyed.*
loden¹ ⟨bn.⟩ 0.1 [van lood] *lead* ⇒*leaden* 0.2 [fig.] *leaden* ⇒ *heavy* 0.3 [van loden stof] *loden* ♦ 1.1 ~ pijp *lead pipe* 1.2 een ~ lucht *a l. sky, l. skies.*
loden² ⟨ov.ww.⟩ 0.1 [in lood zetten] *lead* 0.2 [met een dieplood peilen] *sound* ⇒*plumb, take/make soundings* 0.3 [onderzoeken of iets loodrecht staat] *(take a) plumb* 0.4 [verzegelen] *plumb.*
loeder ⟨inf.⟩ 0.1 *brute, bastard* ⟨m.⟩; *bitch* ⟨v.⟩.
loef ⟨scheep.⟩ 0.1 *luff* ⇒*windward/weather side* ♦ 3.1 ⟨fig.⟩ iem. de ~ afsteken *steal a march on s.o.*
loefzijde 0.1 *weather/windward (side), weatherboard* ⇒ *luff.*
loei ⟨inf.⟩ 0.1 [iets groots] *whopper* 0.2 [hard schot, harde klap/klap] *thump, bash;* ⟨schot⟩ *sizzler, cracker* ♦ 3.2 een ~ verkopen/uitdelen *hit/lash out (at s.o.).*
loeien 0.1 [mbt. het geluid van runderen] *moo, low* ⟨koeien⟩;

⟨stier⟩ 0.2 [mbt. de wind, het vuur enz.] *howl, whine* ⟨wind⟩; *roar* ⟨golven, vlammen⟩; *blare, hoot* ⟨hoorn⟩; *wail* ⟨sirene⟩ ♦ 1.2 de motor laten ~ *race the engine;* met ~de sirenes *with blaring sirens.*
loeigoed 0.1 *terrific, great* ⇒*sensational.*
loeihard 0.1 [mbt. snelheid] *amazingly fast* ⇒*going full tilt* 0.2 [mbt. geluid] *blaring* ⇒*deafening.*
loeiheet ⟨inf.⟩ 0.1 *amazingly hot.*
loempia 0.1 *spring roll, egg roll.*
loens 0.1 *squinting, cross-eyed* ♦ 1.1 een ~e blik *a squint.*
loensen 0.1 [scheel zijn] *squint* ⇒*be cross-eyed* 0.2 [steels terzijde kijken] *look sideways/askance (at);* ⟨begerig⟩ *eye* ♦ 6.2 hij loenste **naar** haar tas *he looked at her purse out of the corner of his eye.*
loep 0.1 *magnifying glass* ⇒*lens* ♦ 6.1 ⟨fig.⟩ iets **onder** de ~ nemen *scrutinize sth., take a close look at sth.*
loepzuiver 0.1 *flawless* ⇒*perfect.*
loer 0.1 [het loeren] *lurking* 0.2 [streek] *trick* ♦ 3.2 iem. een ~ draaien *play a nasty/dirty t. on s.o.* 6.1 **op** de ~ liggen ⟨ook fig.⟩ *lie in wait (for), lurk, be on the look-out (for).*
loeren 0.1 *leer (at)* ⇒⟨met moeite zien⟩ *peer at,* ⟨bespieden⟩ *spy on* ♦ 1.1 ⟨fig.⟩ het gevaar loert overal *there is danger lurking everywhere* 6.1 **op** iem./iets ~ *lie in wait for s.o./sth.;* **op** een kansje ~ *be on the look-out/(be on the) watch for an opportunity.*
loeven ⟨scheep.⟩ 0.1 *luff* ⇒*tack.*
lof I ⟨de⟩ 0.1 [het prijzen] *praise* ⇒*commendation* 0.2 [roem] *honour* ⇒*credit* ♦ 3.1 iem. ~ toezwaaien *give (high) p. to s.o., pay tribute to s.o.;* iemands ~ zingen *sing s.o.'s praises* 5.1 vol ~ zijn over *speak highly of, be full of p. for* 6.1 **boven** alle ~ verheven zijn *be above/beyond all p.;* **II** ⟨het⟩ 0.1 [witlof] ⟨Brussels⟩ *chicory* 0.2 [knol en loof van aardappelplant] *potato (plant)* 0.3 [rel.] *benediction.*
lofbazuin ♦ 3.¶ de ~ steken *sound/sing the praises (of s.o./ sth.).*
lofdicht 0.1 *ode* ⇒*panegyric* ♦ 6.1 een ~ **op** *an o. to, a poem in praise of.*
loffelijk 0.1 [eervol] *honourable* ⇒*creditable* 0.2 [respectabel] *praiseworthy* ⇒*commendable, laudable* ♦ 1.2 een ~ streven *a laudable pursuit/aspiration* 3.1 hij heeft zich ~ onderscheiden *he has achieved h. distinction;* ⟨bij examen⟩ *he has done/performed (very) creditably.*
loflied 0.1 *hymn, song of praise, ode.*
lofprijzing 0.1 *eulogy* ⇒*praise.*
lofrede 0.1 *eulogy* ⇒*panegyric.*
loftrompet ♦ 2.¶ zijn eigen ~ steken *blow one's own trumpet* 3.¶ de ~ over iem. steken *sing/sound s.o.'s praises.*
loftuiting 0.1 *(words of) praise* ⇒*eulogy.*
lofzang 0.1 [ode] *hymn, song of praise, ode* 0.2 [lofdicht] *ode* ⇒*panegyric* ♦ 6.2 een ~ **op** de vrede *an o. to peace.*
log¹ ⟨de⟩⟨scheep.⟩ 0.1 *log.*
log² ⟨bn., bw.⟩ 0.1 *unwieldy, cumbersome* ⇒*ponderous, clumsy, heavy,* ⟨traag⟩ *sluggish, lumbering* ♦ 1.1 een ~ gevaarte *a cumbersome/an u. monster;* een ~ge olifant *a ponderous elephant;* met ~ge tred lopen *lumber (along), move with heavy gait.*
logaritme ⟨wisk.⟩ 0.1 *logarithm.*
logaritmestelsel 0.1 *(system of) logarithms.*
logaritmetafel 0.1 *log table, table of logarithms.*
logboek 0.1 *log(book)* ⇒*journal* ♦ 6.1 in het ~ opschrijven *log.*
loge 0.1 [in het theater] *box* ⇒*loge* 0.2 [mbt. vrijmetselarij] *lodge* 0.3 [hokje] *lodge* ⇒⟨van portier⟩ *porter's lodge.*
logé 0.1 *guest* ⇒*visitor* ♦ 3.1 we krijgen een ~ *we are having a visitor/s.o. to stay.*

logeerbed 0.1 *spare bed.*

logeerkamer 0.1 *guestroom* ⇒*spare (bed)room, visitor's room.*

logeerpartij 0.1 *stay;* ⟨AE; kind.⟩ *slumber/pyjama party.*

logement 0.1 *lodging (house)* ⇒*boarding house, guesthouse.*

logen 0.1 *soak in/treat with lye.*

logenstraffen 0.1 [bewijzen dat iem. onwaarheid spreekt] *give the lie to* **0.2** [de onjuistheid laten blijken] *belie* ⟨daad, hoop⟩; *falsify* ⟨voorspelling⟩; *deny* ⟨bericht⟩ ◆ **1.2** de feiten ~ zijn bewering *the facts belie his claim.*

logeren 0.1 *stay* ⇒*put up,* ⟨in logement, kosthuis ook⟩ *board,* ⟨in logement, kosthuis ook⟩ *lodge* ◆ **3.1** blijven ~ *s. the night,* ~ *s. over* **6.1** ik logeer **bij** een vriend *I'm staying at a friend's (home)/with a friend;* kan ik **bij** jou ~? *could you put me up (tonight/for the night)?;* **in** een hotel ~ *s. at a hotel;* iem. **te** ~ krijgen *have s.o. staying.*

loggia ⟨amb.⟩ **0.1** *loggia.*

logheid 0.1 *unwieldiness, cumbrousness* ⇒*ponderousness.*

logica 0.1 *logic* ◆ **3.1** er zit geen ~ in wat je zegt *there is no l. in what you're saying.*

logies 0.1 *accommodation* ⇒*lodging(s),* ⟨mil.⟩ *quarters* ◆ **6.1** ~ **met** ontbijt *bed and breakfast.*

logisch 0.1 [overeenkomstig de logica] *logical* ⇒*rational* **0.2** [behorend tot de logica] *logical* ◆ **1.2** een ~e tegenstrijdigheid *a l. paradox* **3.1** ~ denken *think logically/rationally;* dat is nogal ~ *that's only l., that figures.*

logischerwijs 0.1 *logically.*

logistiek 0.1 [mil.] *logistics* **0.2** [tak van wiskunde] *formal/symbolic logic.*

logopedie 0.1 *speech therapy.*

logopedist 0.1 *speech therapist.*

lok 0.1 [plukje haar] *lock* ⇒*strand of hair, tress* ⟨vnl. bij vrouw/meisje⟩, ⟨krul⟩ *curl,* ⟨krul⟩ *ringlet* **0.2** [mv.; haren] *locks* ⇒*hair, tresses* ⟨vnl. bij vrouw/meisje⟩.

lokaal[1] ⟨het⟩ **0.1** [vertrek] *(class)room* **0.2** [gebouw] *premises* ⟨mv.⟩ ⇒*centre, headquarters* ⟨mv.⟩.

lokaal[2] ⟨bn.⟩ **0.1** *local* ⇒⟨mbt. het lichaam ook⟩ *topical* ◆ **1.1** ~ gesprek *l. call;* om 10 uur lokale tijd *at 10 o'clock l. time;* lokale verdoving *l. anaesthesia.*

lokaalvredebreuk ⟨jur.⟩ **0.1** *breach of the peace.*

lokaas 0.1 *bait* ⇒⟨fig. ook⟩ *lure, enticement,* ⟨inf.⟩ *carrot* ◆ **1.1** het ~ bestond uit geld *the lure was money.*

lokalisatie 0.1 [het binnen de grenzen houden] *localization* **0.2** [plaatsbepaling] *location.*

lokaliseren 0.1 [tot een plaats beperken] *localize* ⇒*contain* **0.2** [plaats toekennen] *locate* ◆ **1.1** men slaagde erin de brand te ~ *it proved possible to contain the fire;* een epidemie ~ *l. an epidemic* **1.2** een niet gelokaliseerde pijn *a generalized pain.*

lokaliteit 0.1 *room* ⇒*hall, premises* ⟨mv.⟩.

*∗**lokatie** (Wdl: locatie)* **0.1** [plaats voor film-/tv-opnamen] *location* **0.2** [plaats voor exploitatie] *site* ⇒*location* ◆ **6.1 op** ~ filmen *film on l.* **6.2 op** een ~ *on a s.*

lokeend 0.1 *decoy (duck).*

loket 0.1 [raamvormige opening] *(office) window* ⇒⟨theater, station⟩ *booking/ticket office,* ⟨theater ook⟩ *box-office (window),* ⟨postkantoor, bank⟩ *counter* **0.2** [vak] *pigeonhole* ⇒⟨kluis⟩ *(safe-deposit) box, safe, locker.*

loketambtenaar 0.1 *counter clerk;* ⟨kaartjesverkoper⟩ *ticket clerk;* ⟨voor reserveringen⟩ *booking clerk.*

lokettist 0.1 *booking-/ticket-clerk* ⇒⟨theater ook⟩ *box-office clerk,* ⟨postkantoor, bank⟩ *counter clerk.*

lokken I ⟨ov.ww.⟩ **0.1** [naar zich toe proberen te halen] *en-*

tice ⇒*lure* **0.2** [aantrekken] *tempt* ⇒*entice, attract* ◆ **1.2** dat lokt me wel *that sounds tempting* **6.1 in** de val ~ *lure into a trap, trap;* het mooie weer lokte de mensen **naar** buiten *the fine weather drew people outside;* toeschouwers **naar** binnen ~ *e./lure spectators inside;* **II** ⟨onov.ww.⟩ **0.1** [aantrekkingskracht uitoefenen] *be tempting/enticing* **0.2** [proberen te verleiden] *tempt.*

lokkertje 0.1 *bait* ⇒*carrot,* ⟨lokartikel ook⟩ *loss leader,* ⟨lokartikel ook⟩ *special offer.*

lokmiddel 0.1 *bait* ⇒*lure,* ⟨fig. ook⟩ *enticement,* ⟨fig. ook⟩ *inducement.*

lokroep 0.1 *call (note)* ⇒*birdcall* ⟨van vogel⟩ ◆ **1.1** ⟨fig.⟩ de ~ v.d. stad *the call/lure of the city.*

lokvogel 0.1 [persoon] *tout(er)* ⟨van klanten⟩; ⟨oplichter⟩ *decoy* **0.2** [vogel] *call bird, decoy (bird)* ⇒⟨duif⟩ *stool pigeon,* ⟨eend⟩ *decoy duck* **0.3** [voorwerp in de vorm v.e. vogel] *decoy.*

lol ⟨inf.⟩ **0.1** *laugh* ⇒⟨ongemarkeerd⟩ *fun, lark* ◆ **3.1** zeg, doe me een ~ *do me a favour, knock it off, will you;* ~ hebben *have fun;* ⟨iron.⟩ zijn ~ wel op kunnen *be in for a hell of a time* **6.1 voor** de ~ *for a l., for fun/a lark;* ik doe dit niet **voor** de ~ *I'm not doing this for the good of my health* ¶ **.1** de ~ was er gauw af *the fun was soon over.*

lolbroek ⟨inf.⟩ **0.1** *clown* ⇒*life and soul of the party, joker.*

lolletje ⟨inf.⟩ **0.1** [pleziertje] *laugh* ⇒⟨ongemarkeerd⟩ *fun, lark* **0.2** [grapje] *joke* ⇒*trick* ◆ **3.1** dat is geen ~ *it's not exactly a l. a minute.*

lollig ⟨inf.⟩ **0.1** *jolly* ⇒*funny* ◆ **3.1** ⟨euf.⟩ een beetje ~ zijn *be tipsy* **7.1** de ~ste thuis *the family joker.*

lollo rosso 0.1 *lollo rosso.*

lolly 0.1 *lollipop, lolly.*

lom ⟨afk.⟩ **0.1** [leer- en opvoedingsmoeilijkheden] ⟨*learning and educational problems*⟩ ◆ **1.1** ~-school *remedial/special school.*

lombok 0.1 *red pepper, cayenne (pepper).*

lommer ⟨schr.⟩ **0.1** [schaduw] *shade* **0.2** [bladeren] *foliage* ⇒*leafage.*

lommerd 0.1 *pawnshop* ⇒*pawnbroker's (shop)* ◆ **6.1 naar** de ~ brengen *take (sth.) to the pawnbroker's.*

lommerrijk 0.1 [schaduwrijk] *shady* ⇒*shadowy* **0.2** [bladerrijk] *leafy.*

lomp[1] ⟨de⟩ **0.1** ⟨vnl. mv.⟩ *rag* ⇒⟨vnl. mv.⟩ *tatter.*

lomp[2] ⟨bn., bw.⟩ **0.1** [plomp] *ponderous* ⇒*unwieldy* **0.2** [onhandig] *clumsy* ⇒*awkward, ungainly* **0.3** [onbeleefd] *rude* ⇒*unmannerly, uncivil* **0.4** [onbeschaafd] *loutish* ⇒*boorish* ◆ **1.1** ~e schoenen *clumsy shoes* **1.4** een ~e boer *a l. boor* **3.1** zich ~ bewegen *move clumsily/in an ungainly manner* **3.3** iem. ~ behandelen *treat s.o. rudely, be uncivil to s.o.*

lompenhandelaar 0.1 *ragman* ⇒*rag-and-bone man.*

lompenproletariaat 0.1 *lumpenproletariat.*

lomperd, lomperik 0.1 [onhandig persoon] *cackhanded person* ⇒*hamhanded/hamfisted person* **0.2** [onbeleefd mens] *lout* ⇒*boor* **0.3** [plomp mens] *ungainly/ponderous person.*

lompheid 0.1 [onhandigheid] *clumsiness* ⇒*awkwardness, cackhandedness, hamfistedness* **0.2** [onbeleefdheid] *rudeness* ⇒*loutishness* **0.3** [mbt. lichaamsbouw] *bulkiness.*

lompigheid 0.1 *loutishness.*

lompweg 0.1 *bluntly* ⇒*flatly* ◆ **3.1** ~ iets weigeren *refuse sth. point-blank.*

Londen 0.1 *London.*

Londenaar 0.1 *Londoner.*

Londens 0.1 *London.*

lonen 0.1 *be worth* ◆ **1.1** dat loont de moeite niet *it is not worth one's while, it doesn't/won't pay the trouble;* dat loont de moeite *it pays, it is worthwhile.*

lonend 0.1 *paying* ⇒*rewarding,* ⟨financieel ook⟩ *profitable,* ⟨financieel ook⟩ *remunerative* ◆ **3.1** investeringen ~ maken *make investments remunerative* **5.1** dat is niet ~ *that doesn't pay, that is not a paying proposition.*

long 0.1 *lung;* ⟨mbt. slachtafval⟩ *lights* ⟨mv.⟩ ◆ **2.1** ijzeren ~ *iron lung, cuirass;* sterke ~en hebben *have good lungs* **6.1** over de ~en roken *inhale* ¶.**1** zich de ~en uit het lijf hoesten *cough one's heart out.*

longaandoening 0.1 *lung/pulmonary condition/complaint* ⇒*condition of the lungs,* ⟨inf.⟩ *lung trouble.*

longarts 0.1 *lung specialist* ⇒⟨med. ook⟩ *pneumonologist.*

longbloeding 0.1 *pulmonary/lung haemorrhage.*

longcarcinoom ⟨med.⟩ **0.1** *lung cancer.*

longembolie ⟨med.⟩ **0.1** *pulmonary embolism.*

longemfyseem ⟨med.⟩ **0.1** *(pulmonary) emphysema.*

longkanker 0.1 *lung cancer.*

longontsteking 0.1 *pneumonia.*

longpatiënt 0.1 *lung patient.*

longpijp 0.1 *bronchus.*

longslagader 0.1 *pulmonary/pulmonic artery.*

longspecialist 0.1 *lung specialist.*

lonken 0.1 *ogle* ◆ **6.1** ⟨fig.⟩ ~ **naar** een betere positie *have one's eye on a better job;* **naar** iem. ~ *make eyes at s.o., give s.o. the glad eye.*

lont 0.1 [ontstekingskoord] *fuse* ⇒*(slow) match,* ⟨van vuurwerk ook⟩ *touchpaper* **0.2** [koordje van een kaars] *taper* ◆ **3.1** ⟨fig.⟩ ~ ruiken *smell a rat, suspect sth.;* ⟨gevaar⟩ *sense danger.*

loochenen 0.1 [ontkennen] *deny* ⇒⟨schr.⟩ *gainsay, negate,* ⟨vnl. passief⟩ *negative,* ⟨niet erkennen⟩ *disown,* ⟨niet erkennen⟩ *disclaim* **0.2** [het bestaan ontkennen] *deny the existence of* ◆ **1.2** God ~ *deny the existence of God* **3.1** dat kun je niet ~ *that's sth. you cannot deny.*

lood 0.1 [schei.] *lead* **0.2** [stuk metaal] *piece/lump of lead* ⇒⟨plombeerloodje⟩ *lead seal* **0.3** [kogel(s)] *lead* ⇒*shot, ammunition* **0.4** [gewicht] *decagram* **0.5** [dieplood] *(sounding) lead, plumb(-line)* ⇒⟨gewichtje van dieplood ook⟩ *(plumb) bob* ◆ **6.1** ramen met glas in ~ *leaded windows;* ⟨fig.⟩ **met** ~ in de schoenen *with a heavy heart* **6.**¶ ⟨druk.⟩ **in** het ~ in type, typeset; **in** het ~ (zijn/staan) *(be/set) plumb/upright;* **uit** het ~ (geslagen) zijn *be thrown off one's balance* ¶.**1** dat is ~ om oud ijzer *it's six of one and half a dozen of the other, it's much of a muchness.*

loodarm 0.1 *low-lead* ◆ **1.1** ~e benzine *l.-l. petrol.*

loodblauw 0.1 *blue grey* ⇒*greyish blue.*

loodgehalte 0.1 *lead content.*

loodgieter 0.1 *plumber* ⇒*pipefitter.*

loodgrijs 0.1 *leaden (grey)* ◆ **1.1** een loodgrijze jas *a dark/smokey grey coat;* de lucht was ~ *the sky was grey and threatening.*

loodhagel ⟨vis.⟩ **0.1** *lead shot.*

loodhoudend 0.1 *plumbiferous* ⇒⟨met valentie 2⟩ *plumbous,* ⟨met valentie 4⟩ *plumbic* ◆ **1.1** ~e benzine *leaded petrol.*

loodje 0.1 [stukje lood met stempel] *(lead) seal* **0.2** [stukje lood] *piece of lead* ⇒*plumb (bob),* ⟨aan schietlood/dieplood⟩ ◆ **2.**¶ de laatste ~s *the final stretch* **3.**¶ het ~ leggen ⟨doodgaan⟩ *kick the bucket* **6.1** iets **met** een ~ verzegelen *seal sth. with lead* ¶.**¶** ⟨sprw.⟩ de laatste ~s wegen het zwaarst *the last mile is the longest one.*

loodkleurig 0.1 *lead-coloured* ⇒*lead-grey,* ⟨hemel ook⟩ *leaden.*

loodlijn 0.1 *perpendicular (line)* ⇒*normal (line)* ⟨ihb. op raaklijn/raakvlak⟩ ◆ **3.1** een ~ neerlaten *drop/set up a p.*

loodmenie 0.1 *red lead.*

loodrecht 0.1 [zuiver recht] *perpendicular (to)* ⇒*plumb, sheer* ⟨helling⟩ **0.2** [wisk.] *perpendicular* ⇒*normal* ◆ **1.2** ~ vlak *p./vertical (plane)* **6.1** ~ naar beneden vallen *fall straight down;* ~ **op** iets staan ⟨ook⟩ *be at right angles to sth.;* ⟨fig.⟩ *be contradictory.*

loods I ⟨de (m.)⟩ **0.1** [scheep.] *pilot;* **II** ⟨de⟩ **0.1** [keet] *shed* ⇒⟨vliegtuigloods⟩ *hangar.*

loodsboot 0.1 *pilot boat.*

loodschort 0.1 *lead apron.*

loodsdienst 0.1 *pilotage* ⇒*pilot(age) service.*

loodsen 0.1 [mbt. schepen] *pilot* **0.2** [leiden] *pilot* ⇒*steer, conduct,* ⟨een groep ook⟩ *shepherd* ◆ **6.2** hij loodste ons langs de controle *he shepherded us through the checking point.*

loodsmannetje 0.1 *pilot fish.*

loodsvaartuig 0.1 *pilot vessel.*

loodswezen 0.1 *pilotage* ⇒*pilot(age) service.*

loodvergiftiging 0.1 *lead poisoning.*

loodveter ◆ **6.**¶ **met** ~ *with weighted bottom hem(s).*

loodvrij 0.1 *lead-free* ⇒*unleaded* ⟨bv. benzine⟩.

loodzwaar 0.1 *heavy* ⇒⟨fig. ook⟩ *leaden* ◆ **1.1** loodzware kost *very h. food;* ⟨fig.;bv. studie⟩ *very h./dull stuff;* er kwam een loodzware lucht aanzetten *lowering/louring clouds were gathering, the sky became h. and threatening* **3.1** die kast is ~ *that cupboard weighs/must weigh a ton.*

loof 0.1 *foliage* ⇒*leaves, green* ⟨van groente⟩ ◆ **1.1** ~ van wortels *carrot tops.*

loofboom 0.1 *deciduous tree.*

loofbos 0.1 *deciduous forest.*

loofdak 0.1 *leafy canopy.*

Loofhuttenfeest 0.1 *Feast of Tabernacles.*

loofwerk ⟨amb.⟩ **0.1** *foliage.*

loog 0.1 [schei.] *caustic (solution)* ⇒*lye,* ⟨natronloog⟩ *caustic soda,* ⟨kaliloog⟩ *caustic potash* **0.2** [oplossing] *lye* ◆ **6.2** het linnen **in** de ~ zetten *put the linen in l., leach the linen.*

looi 0.1 *tan(-bark).*

looien 0.1 *tan.*

looier 0.1 *tanner.*

looistof 0.1 [schei.] *tannin* **0.2** [alg.] *tanning extract.*

look 0.1 *allium* ⇒⟨knoflook⟩ *garlic,* ⟨bieslook⟩ *chive(s).*

look-zonder-look 0.1 *garlic mustard* ⇒*hedge garlic.*

loom 0.1 [traag] *heavy* ⇒*leaden,* ⟨langzaam⟩ *slow,* ⟨langzaam⟩ *sluggish* **0.2** [futloos] *languid* ⇒*listless* ◆ **1.1** met lome schreden *with leaden feet, dragging one's feet* **3.1** zich ~ bewegen *move heavily/sluggishly* **6.2** ~ **door** de warmte *sluggish from the heat.*

loomheid 0.1 [traagheid] *heaviness* ⇒*slowness* **0.2** [futloosheid] *languidness* ⇒*listlessness.*

loon 0.1 [salaris] *pay* ⇒*wage(s)* **0.2** [beloning] *reward* **0.3** [straf] *deserts* ⇒*reward* ◆ **1.1** inhouding van ~ *stoppage of p.* **2.1** een hoog ~ verdienen *earn high wages* **2.3** dat is zijn verdiende ~ *it serves him right, he had it coming to him;* hij gaf hem zijn verdiende ~ *he gave him his just d./what was coming to him* **3.2** een dankbare blik was zijn ~ *a grateful look was his r.* **6.1** hij kreeg ~ **naar** werken ⟨ook fig.⟩ *he got what he deserved.*

loonaandeel ⟨ec.⟩ **0.1** *wage share (ratio), salary (ratio).*

loonadministratie 0.1 *wages administration/records.*

loonakkoord ⟨ec.⟩ **0.1** *wage/pay agreement/settlement.*

loonarbeid 0.1 *wage work* ⇒*wage/hired labour.*

loonarbeider 0.1 *wage labourer.*

loonbedrijf 0.1 *contracting firm.*
loonbelasting 0.1 *income tax.*
loonbriefje 0.1 *pay slip.*
loonconflict, loongeschil 0.1 *pay/wage dispute.*
loonderving 0.1 *loss of wages.*
loondienst 0.1 *paid/salaried employment* ♦ **6.1** mensen in ~ *people in employment;* **in** ~ zijn bij *be employed by.*
looneis 0.1 *pay/wage claim.*
loongolf 0.1 *wave of wage/pay increases.*
loongrens 0.1 [welstandsgrens] *maximum wage level (for entitlement to national health insurance)* 0.2 [grens v.h. loonbedrag] *pay/wage limit.*
loongroep, -klasse 0.1 *earnings group.*
loonkosten 0.1 *labour costs.*
loonlasten ⟨ec.⟩ 0.1 *labour costs.*
loonlijst 0.1 *payroll* ♦ **6.1** op de ~ staan *be on the p.*
loonmaatregel 0.1 *(government) measure on wages/pay* ⇒*government wage control.*
loonmatiging 0.1 *pay/wage restraint.*
loonoffer 0.1 *voluntary cut in pay/wages* ⇒*voluntary pay cut.*
loon-prijsspiraal 0.1 *price-wage spiral.*
loonregeling, -overeenkomst 0.1 *pay/wage(s) agreement.*
loonruimte 0.1 *margin for pay/wage increases.*
loonschaal 0.1 *pay/wage scale.*
loonslip, loonspecificatie 0.1 *pay slip.*
loonstaat →**loonlijst.**
loonstaking 0.1 *strike for higher pay/wages.*
loonstandaard 0.1 *pay/wage level/rate* ⇒*standard of pay.*
loonstelsel 0.1 *wage structure.*
loonstijging 0.1 *wage/pay increase.*
loonstop 0.1 *pay/wage freeze.*
loonstrijd 0.1 *pay/wage dispute.*
loonstrookje 0.1 *pay slip.*
loonsverhoging, loonstijging 0.1 *wage/pay increase* ⇒ *increase in wages/pay,* ⟨inf.⟩ *[B]rise,* ⟨inf.⟩ *[A]raise* ♦ **2.1** incidentele ~ *incidental pay-rise;* initiële ~ *across-the-board pay-rise.*
loonsverlaging 0.1 *wage reduction* ⇒*reduction in wages,* ⟨inf.⟩ *(wage) cut.*
loontoeslag 0.1 *wage supplement.*
loontrekker 0.1 *wage earner/worker.*
loonwerker 0.1 *contractor* ⇒⟨ihb.⟩ *agricultural contractor, contract worker.*
loonwet 0.1 ⟨alg.⟩ *law regulating wages;* ⟨mv.⟩ *wage legislation.*
loonzakje 0.1 *wage/pay packet.*
loop 0.1 [af-/ontwikkeling] *course* ⇒*development* 0.2 [deel v.e. vuurwapen] *barrel* 0.3 [vlucht] *run* ⇒*flight* 0.4 [voortbeweging v.e. zaak] *course* 0.5 [voortgang in de tijd] *course* 0.6 [richting] *course* ⇒*direction* 0.7 [het (harde) lopen]⟨lopen⟩ *walk, gait;* ⟨hardlopen⟩ *run* 0.8 [doorgang] *aisle, gangway* ♦ **1.1** de ~ v.h. verhaal *the thread/line of the story* **1.4** de ~ v.d. Rijn *the c. of the Rhine* **2.1** zijn gedachten de vrije ~ laten *give one's thoughts/imagination free rein* **2.4** zijn tranen de vrije ~ laten *not hold back one's tears* **3.7** iem. aan zijn ~ herkennen *recognize s.o. 's walk* **6.3** op de ~ zijn *be on the r./in flight, flee;* **op** de ~ gaan (voor) *run away (from);* ⟨inf.⟩ *bolt* **6.5** in de ~ v.d. dag *in the c. of/during the day;* **in** de ~ der jaren *through the years* **6.6** de winkel ligt **uit** de ~ *the shop is off the beaten track.*
loopafstand 0.1 *walking distance* ♦ **6.1** op ~ *within w. d.*

loopbaan 0.1 [carrière] *career* 0.2 [mbt. een hemellichaam] *orbit.*
loopbrug 0.1 [brug voor voetgangers] *footbridge* ⇒*catwalk* 0.2 [loopplank met leuning] *gangplank* ⇒*gangway.*
loopgraaf 0.1 *trench.*
loopgravenoorlog 0.1 *trench war(fare).*
loopje 0.1 [kleine/korte loop] *trot* ⇒*half-run* 0.2 [muz.] *run* ⇒*roulade* 0.3 [wandelingetje] *little/short walk* ♦ **3.3** een ~ doen/maken *go for/take a little/short walk* **3.¶** een ~ met iem. nemen *pull s.o. 's leg, play a trick on s.o.* **6.1** op een ~ *at a j.*
loopjongen 0.1 *errand/messenger boy.*
looplamp 0.1 *portable/inspection lamp.*
looplijn 0.1 *run(ning) line.*
loopneus 0.1 *runny/running nose* ♦ **3.1** een ~ hebben ⟨ook⟩ *have (a case of) the sniffles, sniffle.*
loopnummer ⟨atletiek⟩ 0.1 *running event.*
looppad 0.1 *aisle* ⇒*passageway, gangway.*
looppas ⟨sport⟩ 0.1 *jog* ⇒*run* ♦ **6.1** in ~ *at a j.* ⟨mil.⟩ *on the double.*
loopplank 0.1 [om aan/van boord te komen] *gangplank* ⇒ *gangway* 0.2 [om ergens over te lopen] *(foot) plank* ⇒ *bridge, duckboards* 0.3 [mbt. kegelen] *alley* ♦ **3.1** de ~ inhalen *haul/draw in the gangplank.*
looprek 0.1 *walking frame* ⇒*walker.*
loops 0.1 *in heat/season.*
loopstal 0.1 *loose house/yard,* [A]*loafing barn/shed.*
looptijd 0.1 [tijd dat een wissel/lening loopt] *term* ⇒*(period of) currency, duration* 0.2 [geldigheidsduur] *(length/term of) validity* 0.3 [mbt. regeltechniek] *execution time* ♦ **2.1** lening met lange ~ *long-term loan,* vaste ~ *fixed t.*
loopvlak 0.1 *tread* ♦ **2.1** een band met een glad ~ *a tyre with a worn/smooth t.*
loopvuur 0.1 *brush fire* ⇒⟨soms⟩ *grass fire.*
loopwerk 0.1 *running/moving parts* ⇒*wheel mechanism.*
loos 0.1 [vals] *false* ⇒*empty* 0.2 [loog] *empty* ♦ **1.1** ~ alarm *f. alarm;* een ~ gebaar *an empty gesture;* een ~ gerucht *an idle rumour* **1.2** een loze ruimte *wasted space* **3.¶** er is iets ~ *sth. 's up/going on.*
loot 0.1 [twijg] *shoot* ⇒*cutting* 0.2 [nakomeling] *(off)shoot* ⇒*offspring, scion* ⟨van familie⟩ ♦ **2.1** er komen nieuwe loten aan *it's getting new shoots.*
lootje 0.1 *lottery/raffle ticket* ⇒*lot* ♦ **3.1** ~s trekken *draw lots.*
lopen I ⟨onov.ww.⟩ 0.1 [zich te voet voortbewegen] *walk, go* 0.2 [rennen] *run* 0.3 [mbt. zaken; voortbewogen worden] *run* 0.4 [stromen] *run* 0.5 [in werking zijn] *run* 0.6 [voortduren] *run* 0.7 [zich uitstrekken] *run* 0.8 [zich ontwikkelen] *run* ⇒*go* 0.9 [+ onb. w.; bezig zijn met] *be* (+ ...ing) ♦ **1.3** die auto loopt lekker *that car runs/goes well* **1.4** de kraan loopt niet meer *the tap's stopped running;* zijn ogen beginnen weer te ~ *his eyes began to r./stream again* **1.5** dit horloge loopt uitstekend *this watch keeps excellent time* **1.6** de contracten ~ nog *the contracts are still in force/valid* **1.8** deze zin loopt niet *this sentence doesn't r. properly* **2.2** de atleten liepen zich warm *the athletes warmed up* **2.5** ⟨fig.⟩ warm ~ voor *get/be enthusiastic about* **3.1** over zich (heen) laten ~ *let o.s. be walked all over* **3.3** iets laten ~ *let sth. go;* ⟨nalatig⟩ *let sth. slide/slip* **3.4** alles laten ~ ⟨incontinent⟩ *let everything go;* ⟨nalatig⟩ *let everything slip/slide* **3.9** hij liep maar te lachen *he was just laughing* **5.8** het is anders gelopen *it worked out/ turned out otherwise;* alles loopt gesmoord *everything's running smoothly;* het moet al heel raar ~ als ... *things will have to go very badly wrong for ... to ...* **5.¶** deze schoenen

~ gemakkelijk *these shoes are comfortable (to walk in)* **6.1** iem. **in** de weg ~ *get in s.o.'s way;* **op** handen en voeten ~ *w. on one's hands and feet/on all fours* **6.2** het **op** een ~ zetten *take to one's heels;* ⟨scherts.⟩ *show a clean pair of heels* **6.3** er liep een rilling **over** haar rug *a shiver ran down her back* **6.4** de tranen liepen **over** zijn wangen *(the) tears ran down his cheeks* **6.5** een motor die loopt **op** benzine *an engine that runs on petrol* **6.6** dat onderzoek loopt **over** heel wat jaren *the investigation extends over a good many years* **6.7** de prijzen ~ **van** ƒ100 **tot** ƒ1000 *the prizes range from a 100 to a 1000 guilders* **6.8** de zaak loopt **op** zijn einde *the business is running down;* de contacten ~ **over** bedrijf X *the contacts go through company X* ¶**.2** ~! *scram!, hop it!;*
II ⟨ov.ww.⟩ **0.1** [deelnemen aan] *go to* ⇒*attend* ◆ **1.1** college ~ *attend lectures;*
III ⟨onpers.ww.⟩ **0.1** [naderen] *go/get on (for/towards)* ◆ **6.1** het loopt **tegen** zessen *it's getting on for six (o'clock).*

lopend 0.1 [die/dat loopt] *walking, running* **0.2** [zich voortbewegend] *running, moving* **0.3** [voortgang hebbend] *current* ⇒*running* **0.4** [stromend] *running* ⇒*streaming* ⟨ook ogen⟩, ⟨neus/oor ook⟩ *runny* **0.5** [zich uitstrekkend] *running* ◆ **1.1** een ~ patiënt *an ambulant/w. patient* **1.2** ~ e band ⟨band zelf⟩ *conveyor belt;* ⟨systeem⟩ *assembly line;* ⟨fig.⟩ aan de ~ e band *continually, ceaselessly* **1.3** het ~ e jaar *the c. year;* de zesde v.d. ~ e maand *the sixth of this month;* een ~ e rekening *a c. account;* de ~ e zaken *matters in hand.*

loper 0.1 [persoon] *walker* ⇒⟨voor bank e.d.⟩ *courier, messenger* **0.2** [tapijt] *carpet (strip)* ⇒*runner* ⟨op kast/tafel⟩ **0.3** [schaakstuk] *bishop* **0.4** [sleutel] *passkey* ⇒*master/skeleton key, picklock* ◆ **3.2** ⟨fig.⟩ de ⟨rode⟩ ~ voor iem. uitleggen *give s.o. a red-carpet welcome/the red-carpet treatment.*

lor 0.1 [vod] *rag* **0.2** [prul] *piece of trash/junk/rubbish* ◆ **6.2** een ~ **van** een boek *a trashy book* **7.1** het kan me geen ~ schelen *I couldn't care less, who cares?*

lord 0.1 *lord.*

lorgnet 0.1 *lorgnette* ⇒*pince-nez.*

lorre 0.1 *(Pretty) Polly.*

lorrenman 0.1 ⟨met zaak⟩ *junk dealer;* ⟨die thuis langs komt⟩ *junkman.*

lorrie 0.1 [wagentje op rails] *lorry* ⇒*trolley, truck, (railway) bogie* **0.2** [kiepkarretje] *tipper, dumper.*

lorum ⟨inf.⟩ ◆ **6.** ¶ **in** de ~ zijn ⟨in de war⟩ *be confused;* ⟨dronken⟩ *be sloshed/plastered;* ⟨in moeilijke omstandigheden⟩ *be in a tight spot.*

los¹ ⟨de⟩ **0.1** *lynx.*

los² ⟨bn., bw.⟩ **0.1** [niet stevig vastzittend] *loose* **0.2** [niet bevestigd/gebonden] *loose* ⇒*free, undone* ⟨veter, knoop⟩, ⟨afneembaar⟩ *detachable,* ⟨roerend⟩ *movable* **0.3** [afzonderlijk] *loose, separate* ⇒*odd, single* **0.4** [niet strak gespannen] *slack, loose* **0.5** [niet dicht/compact] *loose* **0.6** [onsamenhangend] *disconnected* ⇒*disjointed* ⟨opmerkingen⟩ **0.7** [leeg] *empty, sold out* **0.8** [op zichzelf staand] *independent* ⇒*separate* **0.9** [niet stijf, sierlijk] *informal* ⇒*relaxed* **0.10** [oppervlakkig] *casual* ⇒*idle* **0.11** [losbandig] *loose* ⇒*lax, fast* **0.12** [mbt. slaap] *light* ◆ **1.1** een ~ se tand *a l. tooth* **1.2** ~ arbeider *casual/day labourer, odd-jobman;* ~ se goederen *l./unpacked/bulk goods;* een ~ se voering *a detachable lining* **1.3** ~ se centen *l. change/coins;* ⟨v.e. krant/tijdschrift⟩ ~ se nummers *single/odd issues* **1.4** de vingers ~ maken *loosen up one's fingers* **1.6** ~ se gedachten *stray thoughts* **1.8** een ~ se aantekening *an occasional*

note/jotting **1.9** een ~ se houding *an easy/a relaxed pose/attitude* **1.11** ~ se zeden *loose/lax morals* **1.** ¶ met ~ se handen rijden *ride with no hands* **2.2** hij schold op alles wat ~ en vast zat *he let forth a stream of abuse* **3.1** er is een schroef ~ *a screw has come l.* **3.3** thee wordt bijna niet meer ~ verkocht *tea is hardly sold l. anymore* **3.7** het schip is ~ *the ship is e.;* hij is ~ *he is (all) sold out* **5.** ¶ ze leven er maar op ~ *they live from one day to the next;* erop ~ slaan *hit out;* erop ~ schieten *fire/blaze away* **6.8** dat is niet ~ te denken **van** *this cannot be detached/dissociated from;* ~ **van** *apart from, besides;* ⟨inf.⟩ ben je nou helemaal **van** God ~? *have you gone out of your mind?* ¶**.2** ~! *let go!;* ⟨boksen⟩ *break!* ¶**.** ¶ op iem. ~ slaan *weigh/pitch into s.o.*

losbandig 0.1 *lawless* ⇒⟨vnl. mbt. vrouw⟩ *fast, dissipated* ◆ **1.1** een ~ e jeugd *a wild youth;* een ~ leven leiden *lead a riotous/fast life.*

losbandigheid 0.1 *lawlessness* ⇒*looseness, debauchery, profligacy.*

losbarsten 0.1 [plotseling te voorschijn komen] *break/burst out* ⇒*flare up, erupt,* ⟨storm ook⟩ *blow up* **0.2** [mbt. emoties] *burst (out)* ⇒*break (out), explode* **0.3** [losgaan, breken] *burst/break (loose)* ◆ **1.1** applaus barstte los *there was a burst of applause.*

losbijten 0.1 [losmaken] *chew/bite through* **0.2** [door vocht openen] *bite off (with a corrosive)* ⇒*etch away* ◆ **1.1** de hond heeft het touw losgebeten *the dog has chewed through the line.*

losbinden 0.1 *untie* ⇒*release* ⟨gevangene⟩, *undo* ⟨knoop⟩, *loose(n).*

losbladig 0.1 ⟨samengevoegd uit losse bladen⟩ *loose-leaf.*

losbranden I ⟨ov.ww.⟩ **0.1** [losmaken] *burn off/loose;* **II** ⟨onov.ww.⟩ **0.1** [beginnen] *fire/blaze away* ⇒*burst into* ◆ **5.1** brand maar los! *fire away!*

losbreken I ⟨ov.ww.⟩ **0.1** [brekend losmaken/afscheiden] *break off* ⇒*tear off/loose, separate* ◆ **1.1** planken ~ *tear off boarding;* **II** ⟨onov.ww.⟩ **0.1** [los worden] *break loose* ⇒*be torn (loose)* **0.2** [zich uit gevangenschap bevrijden] *break out/free* ⇒*escape* **0.3** [met geweld in beweging komen] *burst out* ⇒*blow up* ◆ **1.3** een hevig onweer brak los *a heavy thunderstorm broke* **3.2** de hond is losgebroken *the dog has torn itself free.*

losdoen 0.1 *undo* ⇒*untie* ⟨veter, knoop in touw⟩, ⟨losknopen⟩ *unbutton* ◆ **1.1** doe maar gauw je jas los *come on, unbutton your coat.*

losdraaien 0.1 [uit elkaar halen] *unscrew* ⇒*untwist* **0.2** [opendraaien, losmaken] *take/twist off/out* ⇒*loosen* ◆ **1.2** een schroef ~ *loosen a screw.*

losgaan 0.1 [loslaten] *come/work loose* ⇒*become untied/unstuck/detached* **0.2** [fel afgaan op] *(let) fly/go (at)* ⇒*go (for)* **0.3** [opengaan] *open (up)* ◆ **1.1** mijn haar gaat steeds los *my hair keeps coming undone;* die schroef gaat los *that screw is coming loose* **1.3** de koffer ging los *the suitcase opened* **5.2** erop ~ *go for it, make a dash for it.*

losgeld 0.1 [losprijs] *ransom (money)* **0.2** [heffing bij het lossen] *cost of discharge* ⇒⟨scheep. ook⟩ *landing/wharf charges, wharfage* ◆ **3.1** ~ eisen voor iem. *hold s.o. to r., ask a r. for s.o.*

losgelegenheid 0.1 *discharging facility.*

losgespen 0.1 *unbuckle* ⇒*unclasp.*

losgooien 0.1 *loose(n)* ⇒*cast off* ⟨ook scheep.⟩, ⟨scheep. ook⟩ *unmoor* ◆ **1.1** het anker ~ *unmoor/trip the anchor;* een boot ~ *cast a boat off/adrift.*

loshaken 0.1 *unhitch* ⇒*unclasp, uncouple* ⟨aanhanger⟩, *detach* ⟨aanhanger⟩, *unhook* ⟨kleding⟩.

loshangen 0.1 [niet goed vastzitten] *hang loose* ⇒*trail* **0.2** [niet opgestoken zijn] *hang/be down* **0.3** [vrij hangen] *trail* ⇒*flow, float (free), hang free* ◆ **1.2** haar haar hing los *she was wearing her hair loose/down.*

losheid 0.1 [ongedwongenheid] *looseness* ⇒*abandon-(ment), ease* **0.2** [toestand] *laxity, looseness* ◆ **1.2** ⟨fig.⟩ - van zeden *moral laxity.*

losjes 0.1 [zonder stevige verbinding] *loosely* **0.2** [luchthartig] *airily* ⇒*lightly, lightheartedly* **0.3** [oppervlakkig] *casually* ⇒*superficially* **0.4** [luchtig] *loosely* ⇒*airily* ◆ **3.2** de zaken ~ opnemen *take matters lightly* **3.3** hij zei het zo ~ *he just mentioned it in passing/casually* **3.4** zich ~ kleden *wear light clothes.*

losjesweg 0.1 *loosely* ⇒*airily* ⟨spreken⟩, *cursorily, lightly.*

loskloppen 0.1 *beat/knock loose/off* ◆ **1.1** eieren ~ *beat eggs.*

losknippen 0.1 *cut (loose/off/out).*

losknopen 0.1 *undo* ⇒*untie* ⟨touw⟩, ⟨jas ook⟩ *unbutton.*

loskomen 0.1 [los worden] *come loose/off* ⇒*break loose/ free, come apart* **0.2** [zich uiten] *come out* ⇒*unbend, relax* **0.3** [beweeglijk worden] *(be)come loose* ⇒*be loose(ne)d, get going, start to move* **0.4** [beschikbaar worden] *be released* ⇒*become available* **0.5** [uit de gevangenis komen] *be released* ⇒*come out* ◆ **1.1** de hoest komt los *the cough is breaking up;* de snelheid bij het ~ v.h. vliegtuig *the speed as the plane gets off the ground/becomes airborne* **1.3** de tongen kwamen los *tongues started wagging* **5.2** hij komt niet zo gauw los *he does not unbend easily* **6.1** hij kan niet ~ van zijn verleden *he cannot forget his past, he is wedded to his past.*

loskopen 0.1 *buy off/out* ⇒*ransom.*

loskoppelen 0.1 *detach, uncouple* ⇒*disconnect, unlink, separate* ◆ **1.1** de aanhangwagen ~ *disconnect/uncouple the trailer* **6.1** ⟨fig.⟩ uitkeringen ~ van het minimumloon *unlink benefits from the minimum wage.*

loskrijgen 0.1 [los/vrij krijgen] *get loose* ⇒⟨los ook⟩ *get un-done,* ⟨vrij ook⟩ *get free/released* **0.2** [tot zijn beschikking krijgen] *secure, extract* ⇒*(manage to) obtain,* ⟨geld ook⟩ *raise* ◆ **1.1** een gevangene/knoop ~ *get a prisoner released/a knot untied* **1.2** subsidie ~ *s. a grant.*

loslaten I ⟨ov.ww.⟩ **0.1** [vrijlaten] *release* ⇒*set free, let off/ go, discharge, unleash* ⟨hond⟩ **0.2** [laten blijken] *reveal* ⇒*speak, release* ⟨informatie⟩, *leak* ⟨geheimen⟩ **0.3** [met rust laten] *let go (of)* **0.4** [in de steek laten] *let go, give up* ⇒*drop, abandon* **0.5** [toelaten dat iets in beweging komt] *set free* ⇒*unleash, unbridle* ◆ **1.1** honden ~ op de demon-stranten *set (the) dogs at the demonstrators* **1.4** de traditie ~ *depart from tradition* **4.1** laat me los! *let go of me!, let me go!* **6.2** zij wil niets ~ over het programma *she will not reveal/give away anything about the programme* ¶**.3** het probleem laat mij niet los *the problem keeps haunting me;* **II** ⟨onov.ww.⟩ **0.1** [losgaan] *come/peel off* ⇒*come loose/ unstuck/untied, give way* ◆ **1.1** de zolen laten los *the soles are coming loose/off.*

losliggen 0.1 *be loose* ⇒*not be fixed.*

losliggend 0.1 *loose* ⇒*free(-lying)* ◆ **1.1** ~e tegels *l. tiles.*

loslippig 0.1 *loose-lipped* ⇒*talkative.*

loslippigheid 0.1 *lack of discretion* ⇒*indiscretion.*

loslopen 0.1 [vrij rondlopen] *walk about* ⇒*run free, be at large* ⟨misdadiger⟩, *stray* ⟨vee⟩ **0.2** [terechtkomen] *be all right* **0.3** [los gaan zitten] *work/come loose/off* **0.4** [losdraaien, werken] *run free* ◆ **3.2** het zal wel ~ *it will be all right, it'll sort itself out.*

loslopend 0.1 *free(-ranging)* ⇒*at large, stray, untethered, unattached* ⟨ook fig.⟩ ◆ **1.1** een ~e hond *a stray dog;* ⟨fig.⟩ een ~e vrijgezel *an unattached (young) man/bachelor.*

losmaken 0.1 [maken dat iets/iem. los wordt] *release, set free* ⇒*untie* ⟨knoop in touw⟩ **0.2** [minder samenhangend maken] *loosen (up)* ⇒*rake* ⟨grond⟩ **0.3** [ter beschikking weten te krijgen] *get hold of* ⇒*extract, obtain* **0.4** [oproe-pen, te voorschijn brengen] *stir up* ⟨interesse⟩ ◆ **1.1** de hond ~ *unleash the dog;* een knoop ~ *untie a knot, undo a button* **1.3** geld ~ *extract/obtain money* **4.1** zich ~ van iets/iem. *break away from/extricate o.s. from sth./s.o.* ¶**.4** die tv-film heeft een hoop losgemaakt *that TV film has created quite a stir.*

lospeuteren 0.1 [met moeite losmaken] *prize off* **0.2** [trach-ten te verkrijgen/te weten te komen] *extract* ⇒*get (out of)* ◆ **1.2** hij wilde geld van me ~ *he tried to get money out of me.*

losplaats 0.1 *unloading quay* ⟨voor schepen⟩; *unloading bay* ⟨voor wagens⟩ ◆ **6.1** een ~ op het station *an unloading stage at the station.*

losprijs 0.1 *ransom (money)* ◆ **3.1** er werd een ~ van één miljoen voor hem geëist ⟨ook⟩ *he was being held to r. for one million (guilders).*

losraken 0.1 [vrij komen] *be released* ⇒*be set free, break free, get out* **0.2** [los gaan] *come loose/off/away* ⇒*dis-lodge, become detached* ◆ **1.2** or raakten wat stenen los *some stones (were) dislodged.*

losrijden ⟨sport⟩ **0.1** *drop.*

losrijgen 0.1 *unlace* ⇒*untack* ⟨aan elkaar genaaide stukjes stof enz.⟩, *unpick* ⟨kralen⟩.

losrukken 0.1 *tear loose* ⇒*rip off, wrench/yank away/off* ◆ **6.1** ⟨fig.⟩ zich ~ uit de kring *tear o.s. away from the cir-cle.*

löss 0.1 *loess.*

losscheuren I ⟨ov.ww.⟩ **0.1** [los doen worden] *tear loose* ⇒*rip off/away* **0.2** [zich vrij maken] *tear (o.s.) loose* ⇒*wrench/drag (o.s.) away;* **II** ⟨onov.ww.⟩ **0.1** [losgaan] *be torn loose* ⇒*come off* ◆ **1.1** er is een blad losgescheurd *a page has been torn out.*

losschieten 0.1 *slip (off/out)* ⇒*come off/loose, snap* ◆ **1.1** de grendel schoot los *the bolt slipped/shot back.*

losschroeven 0.1 *unscrew* ⇒*loosen, screw off* ⟨deksel⟩, *dis-connect* ⟨bv. stangen⟩.

losschudden I ⟨ov.ww.⟩ **0.1** [losmaken, openen] *shake loose/off/open;* **II** ⟨onov.ww.⟩ **0.1** [losgaan] *come/work/shake loose* ⇒*be loosened/detached/dislodged.*

losse 0.1 *chain (stitch)* ⟨haaksteek⟩.

lossen I ⟨ov.ww.⟩ **0.1** [ontladen] *discharge* ⇒*unload, empty* **0.2** [uitladen] *unload* ⇒*discharge, unship* ⟨bagage⟩ **0.3** [losrijden] *shake off* ⇒*break away from* **0.4** [afschieten] *discharge* ⇒*shoot* ⟨wapen⟩, *fire* **0.5** [loslaten] *release, set free* ⟨duiven⟩; *let go/out* **0.6** [aflossen] *repay* ⇒*redeem* ◆ **1.4** ⟨sport⟩ een schot op (het) doel ~ *shoot at goal* **1.5** de duiven werden om 8.30 gelost *the pigeons were released at 8.30;* **II** ⟨onov.ww.⟩ **0.1** [ontladen worden] *be unloaded* ⇒*be discharged* **0.2** [achterop raken] *fall behind* ⇒*be left be-hind, be dropped* ◆ **1.1** deze wagens ~ gemakkelijk *these vans are easy to unload* **3.2** bij de eerste klim al moeten ~ *be shaken off/dropped on the first climb.*

losser 0.1 *unloader;* ⟨van schuld; rel.⟩ *redeemer.*

losslaan I ⟨ov.ww.⟩ **0.1** [losmaken, openen] *knock open* ⇒*knock loose;* **II** ⟨onov.ww.⟩ **0.1** [opengaan] *fly open* ⇒*burst/blow open* **0.2** [uit de band springen] *go wild* **0.3** [van zijn ankers slaan] *break away* ⇒*break from the moorings.*

lossnijden 0.1 *cut free/loose* ⇒*cut down* ⟨gehangene⟩.

losspringen 0.1 *slip* ⇒*snap/spring open, come loose/off* ♦ **1.1** het slot springt vanzelf los *the lock springs/snaps open by itself.*

losstaand 0.1 *detached* ⇒*isolated* ⟨feit⟩, *freestanding* ⟨huis, schuur, muur enz.⟩, *disconnected* ♦ **1.1** een ~ feit/huis *an isolated fact, a freestanding/detached house.*

losstormen 0.1 ⟨+ op⟩ *storm (at)* ⇒*rush (at), charge (at), fly (at).*

lostornen 0.1 *unpick* ⇒*pick to pieces.*

lostrekken 0.1 [losmaken] *pull loose* ⇒*loosen, draw loose* **0.2** [openen] *(pull) open* ♦ **4.1** zich ~ *tear/wrench o.s. away.*

los-vast 0.1 *half-fastened* ⇒⟨fig.⟩ *casual,* ⟨fig.⟩ *shallow* ♦ **1.1** een ~e verhouding *a casual relationship.*

losvliegen 0.1 [los-/opengaan] *fly loose* ⇒*burst loose/open* **0.2** [+ op; toestormen] *fly (at)* ⇒*storm (at), burst (upon).*

losweg 0.1 [zomaar] *off-hand* ⇒*thoughtlessly* **0.2** [nonchalant] *casually.*

losweken I ⟨ov.ww.⟩ **0.1** [wekend losmaken] *soak off* ⇒⟨met stoom⟩ *steam off/open* **0.2** [langzaam losmaken] *detach* ⇒*ease away/off* ♦ **4.2** zich ~ van zijn oude omgeving *ease o.s. away/detach o.s. from one's old milieu;* **II** ⟨onov.ww.⟩ **0.1** [door weking losgaan] *become unstuck.*

loswerken I ⟨ov.ww.⟩ **0.1** [bevrijden] *extricate* ⇒*detach, disengage, free* **0.2** [met moeite loskrijgen] *extract* ⇒*release, force off/away;* **II** ⟨onov.ww.⟩ **0.1** [gaan loszitten] *come loose* ⇒*loosen* ♦ **1.1** de bouten zijn losgewerkt *the bolts have come loose.*

loswikkelen 0.1 *unwrap* ⇒*unfold* ⟨stof⟩, ⟨verband ook⟩ *unswathe.*

loswinden 0.1 *unwind* ⇒*untwist* ♦ **1.1** een zwachtel ~ *unswathe a bandage.*

loswrikken 0.1 *wrest* ⇒*dislodge.*

loswringen 0.1 *wring* ⇒*extricate.*

loszagen 0.1 *saw off* ⇒*saw loose.*

loszitten 0.1 *be loose* ⇒*be slack* ⟨touw⟩, *be coming off* ⟨knoop⟩ ♦ **1.1** ⟨fig.⟩ zijn handen zitten los *he lashes out at the slightest provocation;* die knoop zit los *that button is coming off.*

lot 0.1 [loterijbriefje] *lottery ticket* ⟨met geldprijs⟩; *raffle ticket* ⟨met prijs in natura⟩ **0.2** [bewijs van aandeel in een loterij] *lottery-share/-bond* **0.3** [wat door een lot wordt toegewezen] *lot* ⇒*share* **0.4** [voorwerp waarmee geloot wordt] *lot, die* **0.5** [de fortuin] *fortune* ⇒*chance* **0.6** [noodlot, levenslot] *lot* ⇒*fate, destiny* ♦ **2.5** het ~ was hem gunstig geweest *f. had smiled upon him* **3.3** zijn ~ verbinden aan *throw in one's l. with* **3.4** het ~ beslist in zulke gevallen *these cases are decided by l.* **3.5** het ~ tarten *tempt fate* **3.6** iem. aan zijn ~ overlaten *leave s.o. to fend for himself/to his fate;* zich iemands ~ aantrekken *take pity on s.o.;* berusten in zijn ~ *resign o.s. to one's fate;* zijn ~ verbinden aan *throw/cast in one's lot with* **6.3** ⟨fig.⟩ een ~ **uit** de loterij trekken *draw a lucky number, back a winner;* ⟨fig.⟩ dat is een ~ **uit** de loterij *(s)he is a gem* **6.4 door/volgens** het ~ aanwijzen *determine/appoint by l.* **6.6** zich **in** zijn ~ schikken *accept/embrace one's l./destiny;* **met** zijn ~ tevreden zijn *accept/be satisfied with one's l.* ¶**.5** het ~ is hem niet gunstig gezind *the dice are loaded against him.*

loten I ⟨onov.ww.⟩ **0.1** [iets door het lot laten beschikken] *draw lots;* **II** ⟨ov.ww.⟩ **0.1** [door het lot krijgen] *draw (by lot)* ♦ **1.1** hij heeft een horloge geloot *he drew a watch.*

loterij 0.1 *lottery* ⟨met geldprijzen; ook fig.⟩; *raffle* ⟨met prijzen in natura⟩ ♦ **6.1 in** de ~ spelen *take part in a l./r.*

loterijbriefje 0.1 *(lottery) ticket* ⟨voor geldprijzen⟩; *raffle ticket* ⟨voor prijzen in natura⟩ ⇒*lot.*

loterijtrekking 0.1 *(lottery) draw.*

lotgenoot 0.1 *partner/companion (in misfortune/adversity)* ⇒*fellow-sufferer.*

lotgeval 0.1 *adventure* ⇒*vicissitude,* ⟨mv. ook⟩ *fortunes,* ⟨mv. ook⟩ *ups and downs* ♦ **3.1** iem. zijn ~len vertellen *recount one's adventures to s.o.*

Lotharingen 0.1 *Lorraine.*

loting 0.1 *drawing lots* ♦ **6.1 bij/door** ~ aanwijzen *select/determine by drawing lots/by lot.*

lotion 0.1 [haar-/gezichtswater] *lotion* ⇒*wash* **0.2** [haarwassing] *shampoo.*

lotje 0.1 ¶.¶ hij is van ~ getikt *he is off his rocker, he's nuts/crazy.*

lotsbedeling 0.1 *lot* ⇒*destiny.*

lotsverbetering 0.1 *improvement in one's lot.*

lotsverbondenheid 0.1 *solidarity* ⇒*sympathy.*

lotto I ⟨het, de⟩ **0.1** [loterij] *lottery;* **II** ⟨het⟩ **0.1** [kienspel] *bingo* ⇒⟨kinderspel⟩ *lotto.*

lottoformulier 0.1 *lottery form.*

lottospel →lotto II.

lottotrekking 0.1 *lottery draw.*

lotus 0.1 *lotus.*

lotusbloem 0.1 *lotus (flower).*

lotusboom 0.1 *lotus tree.*

louche 0.1 *shady* ⇒*suspicious(-looking)* ♦ **1.1** een ~ type *a shady character.*

louter I ⟨bw.⟩ **0.1** [slechts] *purely* ⇒*merely, only* ♦ **2.1** het heeft ~ praktische waarde *it has only practical value* ¶.1 ~ bij toeval *by mere chance, by the merest coincidence, p. by accident;* **II** ⟨bn.⟩ **0.1** [enkel, puur] *sheer, pure* ⇒⟨niet meer dan⟩ *mere, bare* ♦ **1.1** uit ~ medelijden *purely out of compassion;* van ~ plezier *out of s. pleasure.*

louteren 0.1 [fig.] *purify* ⇒*chasten* **0.2** [mbt. metalen] *purify, refine* **0.3** [zuiveren] *cleanse* ⇒*purify* ♦ **1.1** de ~de werking van iets *the chastening/purifying influence of sth.*

loutering 0.1 *purification* ⇒*catharsis,* ⟨fig.⟩ *chastening.*

louvredeur 0.1 *louvred* ᴬ*-vered door.*

loven 0.1 [prijzen] *praise* ⇒*commend, laud* **0.2** [mbt. God] *praise* ⇒*bless, glorify* **0.3** [te koop aanbieden] ⟨zie 3.3⟩ ♦ **1.2** loofde de Heer *praise the Lord* **3.3** ~ en bieden *bargain, haggle* **5.1** iem. zeer/ten zeerste/bijzonder ~ *commend s.o. highly, give s.o. high praise.*

lovend 0.1 *laudatory* ⇒*approving,* ⟨alleen ná zn.⟩ *full of praise* ♦ **1.1** een ~e recensie *a favourable review* **3.1** ~ over iem. spreken *speak well of s.o., extol s.o.'s virtues.*

lovenswaardig 0.1 *laudable* ⇒*commendable, praiseworthy.*

lover 0.1 [lovertje] *spangle* ⇒*sequin* **0.2** [gebladerte] *foliage* ⇒*leafage.*

loyaal 0.1 *loyal* ⇒*faithful, steadfast* ♦ **3.1** zich ~ gedragen *act loyally/be l.;* ~ met iem. omgaan *be l. to s.o.* **5.1** niet ~ *disloyal, unfaithful.*

loyalist ⟨pol.⟩ **0.1** *loyalist.*

loyaliteit 0.1 *loyalty.*

loyaliteitsverklaring 0.1 *declaration/pledge of loyalty.*

lozen I ⟨onov., ov.ww.⟩ **0.1** [mbt. water] *drain* ⇒*empty* ♦ **6.1** ~ **in/op** de zee *discharge into the sea;* **II** ⟨ov.ww.⟩ **0.1** [uit het lichaam verwijderen] *pass* ⟨urine⟩ ⇒*discharge, evacuate* ⟨uitwerpselen⟩ **0.2** [zich ontdoen van] *get rid of* ⇒*send off, dump* ♦ **1.1** zijn water ~ *pass/make water* **3.2** gelukkig heb ik hem kunnen ~ *fortunately I was able to get rid of him.*

lozing 0.1 [mbt. vloeistoffen] *drainage* ⇒*discharge* **0.2** [mbt. het lichaam] *evacuation* ⇒*passing* **0.3** [plaats van lozing] *discharge point* ⇒*outlet* ◆ **2.1** illegale ~en van afvalstoffen *illegal dumping of waste materials.*

LPG 0.1 *LPG* ⇒*LP gas* ◆ **6.1** op ~ lopen *run on LPG.*

l.s. ⟨afk.⟩ **0.1** [lagere school] ⟨*primary school*⟩.

L.S. ⟨afk.⟩ **0.1** [Lectori salutem] ⟨*to whom it may concern*⟩ ⇒ *Dear Sir or Madam.*

LSD 0.1 *LSD.*

lts ⟨afk.⟩ **0.1** [lagere technische school] ⟨*Technical School*⟩.

lubberen 0.1 *hang loosely* ⇒*flap, flutter.*

lubberig 0.1 *puckered* ⇒*loose* ◆ **3.1** die jurk zit ~ *this dress hangs badly/is all p.*

Lucas 0.1 *Luke.*

lucht 0.1 [gasmengsel, ingeademde lucht] *air* **0.2** [dampkring, buitenlucht] *air* **0.3** [hemel] *sky* **0.4** [wolken]⟨mv.⟩ *clouds* **0.5** [reuk, geur] *smell* ⇒*scent, odour* ◆ **1.2** verandering van ~ zal je goed doen *a change of a. will do you good* **2.1** een beetje frisse ~ *a breath of fresh a.* **2.2** in de open ~ slapen *sleep in the open a.* **2.4** er komt een lelijke ~ opzetten *threatening c. are gathering* **3.1** doen of iem. ~ is *ignore s.o., look right/straight through s.o.;* ~ krijgen ⟨lett.⟩ *breathe;* ⟨fig.⟩ *get room to breathe* **3.2** de ~ ingaan ⟨vliegtuig⟩ *take to the a.;* ⟨radio⟩ *go on the a.* **3.3** de ~ betrekt *the s. is becoming overcast* **3.5** ⟨fig.⟩ ~ van iets krijgen *get wind of sth.* **3.¶** aan een overtuiging ~ geven *air/vent an opinion* **6.2** er zit onweer in de ~ ⟨ook fig.⟩ *there is a storm in the a./brewing;* ⟨fig.⟩ er hangt iets in de ~ *there is sth. brewing/in the wind/afoot;* in de ~ vliegen *blow up, explode;* ⟨fig.⟩ die bewering is uit de ~ gegrepen *that statement is totally unfounded;* een etherpiraat uit de ~ halen *take a pirate station off the air;* ⟨fig.⟩ uit de ~ komen vallen *appear out of the blue/out of thin a.;* hoe kom jij zo uit de ~ vallen? *where did you spring from?* **6.¶** de klachten waren niet van de ~ *complaints poured in.*

luchtaanval 0.1 *air raid* ◆ **3.1** een ~ uitvoeren op een doel *bomb a target, carry out an airborn attack on a target.*

luchtacrobatiek 0.1 *aerobatics* ⇒*stunt flying.*

luchtafweer 0.1 [het afweren] *anti-aircraft defence* **0.2** [geschut] *anti-aircraft/A.A. guns.*

luchtafweergeschut 0.1 *anti-aircraft guns* ⇒*flak.*

luchtafweerraket 0.1 *anti-aircraft missile.*

luchtalarm 0.1 *air-raid warning/siren* ⇒(air-raid) alert ◆ **3.1** ~ geven *sound air-raid warnings* **6.1** tijdens (het) ~ *during an air-raid alert.*

luchtballon 0.1 [luchtvaartuig] *(hot air) balloon* **0.2** [kinderspeelgoed] *balloon.*

luchtband 0.1 *pneumatic tyre.*

luchtbasis 0.1 *air base.*

luchtbed 0.1 *air bed/mattress* ⇒*Lilo, inflatable bed.*

luchtbel 0.1 *air bubble/bell.*

luchtbevochtiger 0.1 *humidifier.*

luchtbrug 0.1 [verbinding via luchtverkeer] *airlift* **0.2** [brugverbinding] *overhead/elevated bridge.*

luchtbuks 0.1 *air gun.*

luchtbus 0.1 *air bus.*

luchtcirculatie 0.1 *air circulation.*

luchtdicht 0.1 *airtight* ⇒*hermetic* ◆ **3.1** iets ~ afsluiten *seal sth. hermetically, make sth. a.*

luchtdoelartillerie 0.1 *anti-aircraft artillery* ⇒*flak.*

luchtdoelraket 0.1 *anti-aircraft missile.*

luchtdoop 0.1 *maiden/first flight.*

luchtdruk 0.1 [mbt. de dampkringslucht] *(atmospheric) pressure* ⇒*air pressure* **0.2** [druk door de lucht uitgeoefend] *air pressure* ⇒⟨ontploffing⟩ *blast* ◆ **2.1** een gebied van hoge/lage ~ *an area of high/low pressure.*

luchtdrukpistool 0.1 *air pistol.*

luchten I ⟨ov.ww.⟩ **0.1** [aan frisse lucht blootstellen] *air* ⇒*ventilate* **0.2** [uiten] *air* ⇒*give vent to, ventilate* **0.3** [geuren met] *air* ⇒*show off, parade* ◆ **1.1** de kamers ~ a./ventilate the rooms* **1.2** zijn ergernis ~ *give vent to one's annoyance;* zijn hart ~ *open up/pour out one's heart* **3.¶** zij kunnen elkaar niet ~ (of zien) *they can't stand the sight of one another; they hate each other's guts;* **II** ⟨onov.ww.⟩ **0.1** [aan de buitenlucht blootgesteld zijn] *air.*

luchter 0.1 [kandelaar] *candelabra* **0.2** [lichtkroon] *chandelier.*

luchtfilter 0.1 *air filter/cleaner.*

luchtfoto 0.1 *aerial photo(graph)* ⇒*aerial view.*

luchtgaatje 0.1 *vent(-hole)* ◆ **6.¶** er zitten ~s in je trui *you can see the daylight through your sweater.*

luchtgekoeld 0.1 *air-cooled.*

luchtgesteldheid 0.1 [gesteldheid van de atmosfeer] *atmospheric condition* **0.2** [klimaat] *climate.*

luchtgevecht 0.1 *dogfight.*

luchthamer 0.1 *pneumatic/air hammer.*

luchthartig 0.1 *light-hearted* ⇒*carefree, casual, airy* ◆ **3.1** ~ over iets heenstappen *dismiss sth. light-heartedly/ lightly.*

luchthartigheid 0.1 *light-heartedness* ⇒*casualness, nonchalance.*

luchthaven 0.1 *airport* ◆ **6.1** op de ~ Heathrow *at Heathrow a.*

luchthavenpolitie 0.1 *airport police.*

luchtig I ⟨bn.⟩ **0.1** [niet compact] *light* ⇒*airy* **0.2** [mbt. kleren] *light* ⇒*cool, thin* **0.3** [fris] *airy* ◆ **1.1** ~ gebak *l. pastry;* **II** ⟨bn., bw.⟩ **0.1** [niet ernstig] *airy* ⇒*light-hearted* **0.2** [licht] *airy* ⇒*vivacious, light* ◆ **1.1** iets op ~e toon meedelen *announce sth. casually* **3.1** iets ~ opvatten *treat sth. light-heartedly, make light of sth.* **3.2** ~ gekleed *lightly dressed;* ergens ~ overheen lopen *skate/skim over sth.*

luchtigheid 0.1 [luchthartigheid] *airiness* ⇒*light-heartedness, flippancy, breeziness* **0.2** [lichtheid] *lightness* **0.3** [frisheid] *airiness.*

luchtje 0.1 *smell* ⇒*scent, odour* ◆ **2.1** een lekker ~ a pleasant smell* **3.¶** een ~ scheppen *take a breath of fresh air, get a bit of fresh air* **¶.1** er zit een ~ aan *it smells;* ⟨fig. ook⟩ *there is sth. fishy about it.*

luchtkasteel 0.1 *castle in the air* ⇒*daydream* ◆ **3.1** luchtkastelen bouwen *build castles in the air/Spain.*

luchtkoeling 0.1 *air cooling* ◆ **6.1** een motor met ~ *an air-cooled engine.*

luchtkoker 0.1 *air/ventilating shaft* ⇒*funnel.*

luchtkussen 0.1 [met lucht gevuld kussen] *air cushion/pillow* **0.2** [mbt. een voer-/vaartuig] *air cushion* **0.3** [lucht in een vloeistofleiding] *air lock.*

luchtkussenvaartuig, luchtkussenboot 0.1 *hovercraft.*

luchtlaag 0.1 *layer of air* ⇒(meteo.) *aerial stratum* ◆ **2.1** isolerende luchtlagen *insulating layers of air.*

luchtlanding 0.1 *airborne landing.*

luchtlandingstroepen 0.1 *airborne troops.*

luchtledig 0.1 *vacuous* ⇒*exhausted/void of air* ◆ **1.1** een ~e ruimte *a vacuous space, a vacuum* **7.1** ⟨fig.⟩ in het ~e kletsen *talk hot air.*

luchtmacht 0.1 *air force* ◆ **2.1** de Koninklijke ~ *the Royal Air Force/RAF.*

luchtmachtbasis 0.1 *air(force) base.*

luchtmobiel 0.1 *airborne* ◆ **1.1** ~e brigade *a. brigade.*

luchtopname 0.1 [opname vanuit de lucht] *aerial photo-*

graph ⇒⟨inf.⟩ *aerial photo/shot* **0.2** [het opnemen van lucht] *air intake.*

luchtpijp 0.1 [med.] *windpipe* ⇒*trachea* **0.2** [luchtslang] *air hose.*

luchtpiraat 0.1 *air pirate* ⇒*skyjacker.*

luchtpomp 0.1 [werktuig om lucht te verdunnen] *air/pneumatic pump* **0.2** [perspomp] *pump.*

luchtpost I ⟨de⟩ **0.1** [postvervoer] *airmail* ⇒*airpost* ◆ **6.1** een pakje **per** ~ verzenden *send a parcel by air(mail), airmail a parcel;* **II** ⟨het⟩ **0.1** [luchtpostpapier] *airmail paper.*

luchtpostbrief 0.1 *air(mail) letter.*

luchtpostpapier 0.1 *airmail paper.*

luchtposttarief 0.1 *airmail rate.*

luchtreclame 0.1 *aerial/sky advertizing.*

luchtregeling 0.1 *air conditioning.*

luchtreis 0.1 *air voyage/trip* ◆ **3.1** een ~ maken *make an a. t./a trip by plane.*

luchtroute 0.1 *air route* ⇒*airway.*

luchtruim 0.1 [dampkring] *atmosphere* **0.2** [als territoriaal gebied] *airspace* ⇒*air* ◆ **3.1** het ~ kiezen *take to the air, take off* **3.2** het ~ schenden *violate (a nation's) airspace.*

luchtschip 0.1 *airship* ⇒*dirigible,* ⟨klein⟩ *blimp.*

luchtschroef 0.1 *(aircraft) propeller* ⇒⟨BE ook⟩ *airscrew.*

luchtshow 0.1 *air show.*

luchtspiegeling 0.1 *mirage* ⇒*fata morgana.*

luchtsprong 0.1 *caper* ◆ **3.1** ~en maken *leap/dance about; cut capers;* een ~ maken van plezier *jump for joy.*

luchtsteward, -stewardess 0.1 *steward* ⟨m.⟩, *stewardess* ⟨v.⟩, *air hostess* ⟨v.⟩.

luchtstoring ⟨vaak mv.⟩ **0.1** *atmospherics* ⇒*static.*

luchtstreek 0.1 *zone* ⇒*region* ◆ **2.1** de gematigde luchtstreken *the temperate zones/regions.*

luchtstroom 0.1 *air current* ⇒*flow of air.*

luchttoevoer 0.1 *air supply* ⇒*supply of air.*

luchttrilling 0.1 *air/aerial vibration.*

luchtvaart 0.1 *aviation* ⇒*flying.*

luchtvaartdienst 0.1 *Civil Aviation Authority.*

luchtvaartmaatschappij 0.1 *airline (company)* ◆ **2.1** de Koninklijke Luchtvaart Maatschappij *Royal Dutch Airlines, KLM.*

luchtvaartshow 0.1 *air show.*

luchtvaartverkeer 0.1 *air traffic.*

luchtverdediging 0.1 *air defence.*

luchtverfrisser 0.1 *air freshener.*

luchtvering 0.1 *pneumatic/air suspension.*

luchtverkeer 0.1 *air traffic.*

luchtverkeersleiding 0.1 *air traffic control.*

luchtverontreiniging 0.1 *air pollution.*

luchtververser 0.1 *air freshener* ⇒⟨ventilator⟩ *ventilator,* ⟨elektrisch toestel⟩ *extractor (fan).*

luchtverversing 0.1 *ventilation.*

luchtvervuiling 0.1 *air pollution.*

luchtvochtigheid 0.1 *humidity;* ⟨tech.⟩ *atmospheric humidity.*

luchtvracht 0.1 *air cargo/freight.*

luchtwaardig 0.1 *airworthy.*

luchtwacht 0.1 *air surveillance* ⇒⟨mil.⟩ *enemy aircraft warning service.*

luchtwapen 0.1 *air force.*

luchtweerstand 0.1 *drag* ⇒*air resistance.*

luchtwegen 0.1 *bronchial tubes.*

luchtwortel ⟨biol.⟩ **0.1** *aerial root.*

luchtzak 0.1 [valwind] *air pocket/hole* **0.2** [blaas met lucht] *air bladder* **0.3** [luchtbel in een pijpleiding] *air lock/pocket.*

luchtziek 0.1 *airsick.*

luchtziekte 0.1 *airsickness.*

luchtzuivering 0.1 *purification of the air.*

luchtzuiveringsinstallatie 0.1 *air cleaner/purifier.*

lucide 0.1 *lucid.*

lucifer 0.1 [staafje met zwavelkopje] *match* **0.2** [met hoofdletter; engel] *Lucifer* ⇒*Satan* ◆ **1.1** een doosje ~s *a box of matches* **2.1** een afgebrande ~ *a dead m.*

lucifer(s)doosje 0.1 *matchbox.*

lucifer(s)houtje 0.1 *matchstick* ◆ **8.1** afknappen als ~s *break like a m.*

lucratief 0.1 *lucrative* ⇒*profitable* ◆ **1.1** een ~ baantje *a l. job.*

ludiek 0.1 *playful* ⇒*frivolous* ◆ **1.1** een ~e sfeer *a carnival atmosphere.*

luguber 0.1 *lugubrious* ⇒*sinister* ◆ **1.1** een ~e grap *a sick joke.*

lui¹ ⟨mv.⟩ **0.1** *people* ⇒*folk* ◆ **2.1** zijn ouwe ~ *his old folks/ parents;* rijke ~ *rich p.*

lui² ⟨bn., bw.⟩ **0.1** *lazy* ⇒*idle, indolent,* ⟨loom⟩ *slow,* ⟨loom⟩ *heavy* ◆ **1.1** ⟨inf.⟩ een ~e donder *a l. devil;* ⟨fig.; geldw.⟩ een ~e markt/beurs *a dull market;* een ~e stoel *an easy chair* **8.1** zo ~ als een varken *bone idle;* liever ~ dan moe zijn *be bone-idle.*

luiaard 0.1 *lazybones* ⇒*sluggard,* ⟨dier⟩ *sloth.*

luid 0.1 *loud* ◆ **1.1** met ~er stem *in a l. voice* **3.1** kunt u iets ~er spreken? *can you speak a little louder?, can you speak up?;* iem.~ toejuichen *applaud s.o. loudly.*

luiden ⟨onov.ww.⟩ **0.1** [mbt. een klok/bel] *sound* ⇒*ring, toll* ⟨doodsklok⟩ **0.2** [mbt. woorden] *read* ⇒*run* **0.3** [als geluid klinken] *sound* ◆ **1.1** de klok luidt *the bell is ringing/ tolling* **1.2** ⟨geldw.⟩ de hoofdsom luidt in guldens *the principal is in guilders;* althans, zo luidt het verhaal *at least, so the story goes;* het vonnis luidt ...*the verdict is ...* **8.2** het verhaal luidt als volgt *the story runs as follows* **9.2** het antwoord luidt nee/ja *the answer is no/yes;* **II** ⟨ov.ww.⟩ **0.1** [de klok in beweging brengen] *ring* ⇒ *sound, toll* ⟨doodsklok⟩ ◆ **1.1** de koster luidt de klok *the sexton is ringing the bell.*

luidheid 0.1 *loudness.*

luidkeels 0.1 *loudly* ⇒*at the top of one's voice* ◆ **3.1** ~ roepen *shout l.*

luidop ⟨AZN⟩ **0.1** *(a)loud.*

luidruchtig 0.1 [luid] *loud* **0.2** [veel leven makend] *noisy* ⇒ *boisterous* ◆ **3.1** ~ zingen *sing loudly* **5.2** de klas was erg ~ *the class was very n.*

luidspreker 0.1 *(loud)speaker.*

luier 0.1 *nappy* ◆ **2.1** het kind had vanmorgen een groene ~ *the baby had a green n. this morning;* een kind een schone ~ aandoen *change a baby's n.* **6.1** ⟨fig.⟩ nog in de ~s zitten *still have children in nappies.*

luierbroekje 0.1 *plastic pants.*

luieren 0.1 *(be) idle/lazy* ⇒*laze* ◆ **3.1** de hele dag ~d doorbrengen *laze away the day.*

luierik 0.1 *lazybones.*

luifel 0.1 *awning* ⟨ook tent⟩.

luiheid 0.1 *laziness* ⇒*idleness.*

luik, luikje 0.1 [schot om een opening te sluiten] *hatch* **0.2** [opening in een vloer] *trapdoor* ⇒*hatch(way)* ⟨schip⟩ **0.3** [schot voor een raam] *shutter* **0.4** [mbt. een tochtscherm/schilderij] *panel.*

Luik 0.1 *Liège.*

luilak 0.1 *lazybones* ⇒*sluggard.*

luilakken 0.1 [luieren] *(be) idle* ⇒*laze* **0.2** [lang uitslapen] *have a long lie-in.*

477

luilekkerland 0.1 *(land of) Cockaigne/ayne* ⇒*land of plenty* ♦ **6.1** men waant er zich **in** ~ *it's like being in heaven/paradise.*
luim 0.1 [stemming] *humour* ⇒*mood, temper* 0.2 [vrolijkheid] *mirth* ⇒*merriment* 0.3 [gril] *caprice* ⇒*whim.*
luipaard 0.1 *leopard.*
luis 0.1 ⟨mbt. mensen, dieren⟩ *louse; aphid* ⟨planten⟩ ♦ **8.1** een leven als een ~ op een zeer hoofd *a life of ease, the life of Riley.*
luister 0.1 *lustre* ⇒*splendour, glory* ♦ **3.1** een gebeurtenis ~ bijzetten *add l. to an event.*
luisteraar, -ster 0.1 *listener* ♦ **2.1** trouwe ~s naar dit programma *regular listeners to this programme.*
luisterdichtheid 0.1 *listening ratings.*
luisteren 0.1 [horen om iets te vernemen] *listen* 0.2 [tersluiks trachten te horen] *eavesdrop* ⇒*listen (in)* 0.3 [aandacht schenken aan] *listen* ⇒*respond* 0.4 [gehoorzamen aan] *listen* ⇒*follow, respond* ♦ **3.1** goed kunnen ~ *be a good listener* **5.1** luister eens *l., say;* als je goed luistert, hoor je het *if you l. carefully, you'll hear it* **5.⁋** dat luistert nauw *it's very precise work* **6.1** zijn oor **te** ~ leggen *keep one's ear to the ground* **6.2 aan** de deur ~ *listen at the door* **6.3** de hond luistert **naar** de naam Tino *the dog answers to the name Tino;* **naar** hem wordt toch niet geluisterd *nobody pays any attention to/listens to him anyway* **6.4** het schip luistert **naar** het roer *the ship responds/answers to the helm;* **naar** de stem van zijn hart ~ *l. to/follow one's heart.*
luistergeld 0.1 *radio licence fee.*
luistermuziek 0.1 *(serious) music.*
luisterrijk 0.1 [schitterend] *splendid* ⇒*glorious, magnificent* 0.2 [roemrijk] *glorious* ⇒*illustrious* ♦ **1.2** een -e overwinning *a glorious victory.*
luisterspel 0.1 *radio play.*
luistertoets 0.1 *listening comprehension test.*
luistervaardigheid 0.1 *listening (skill).*
luistervink 0.1 *eavesdropper.*
luit ⟨muz.⟩ 0.1 *lute.*
luitenant ⟨mil.⟩ 0.1 *lieutenant* ♦ **7.1** tweede ~ ⟨GB; marine⟩ *sublieutenant;* ⟨bij Britse landmacht en in USA⟩ *second lieutenant.*
luitenant-generaal ⟨mil.⟩ 0.1 *lieutenant-general.*
luitenant-kolonel ⟨mil.⟩ 0.1 *lieutenant-colonel.*
luitjes 0.1 *folk(s)* ⇒*people.*
luitspeler, -speelster ⟨muz.⟩ 0.1 *lute-player* ⇒*lutenist.*
luiwagen 0.1 *carpet sweeper.*
luiwammes ⟨inf.⟩ 0.1 *lazybones.*
luiwammesen ⟨inf.⟩ 0.1 *laze (about)* ⇒*loaf (about).*
luizen I ⟨ov.ww.⟩⟨inf.⟩ ♦ **5.⁋** iem. erin ~ *take s.o. in, trick s.o. into sth.;* ⟨verleiden tot een verspreking/vergissing⟩ *trip s.o. up;*
II ⟨onov., ov.ww.⟩ 0.1 [luizen afvangen] *(de)louse.*
luizenbaan ⟨inf.⟩ 0.1 *soft/cushy job/number.*
luizenbos ⟨scherts.⟩ 0.1 *shock* ⇒*mop.*
luizenkam 0.1 *fine-toothed comb.*
luizenleven ⟨inf.⟩ 0.1 *cushy life* ♦ **3.1** een ~ leiden *have a cushy life, lead the life of Riley.*
luizenstreek 0.1 *lousy trick.*
lukken 0.1 *succeed, be successful* ⇒*work, manage, come off/through, gel* ♦ **3.1** het is mij gelukt *I did it, I managed;* het is niet gelukt *it didn't work/didn't go through, it was no go;* het lukte hem te ontsnappen *he managed to escape;* het wil niet erg ~, nietwaar? *it's not working, is it?* **5.1** de cake is goed gelukt *the cake turned out well;* die foto is goed gelukt *that photo has come out well;* dat lukt je nooit

luilekkerland - lust

you'll never manage that/bring it off; het zal wel ~ *it'll work.*
lukraak 0.1 *haphazard* ⇒*random, wild, hit-or-miss* ♦ **1.1** een lukrake poging doen *take a wild shot, make a wild attempt* **3.1** ~ antwoorden *give a hit-or-miss answer.*
lul 0.1 [pik] *prick* ⇒*cock* 0.2 [sul] *prick* ⇒*sh*t(head), ass- (hole)* ♦ **2.1** een stijve ~ hebben *have a hard-on* **2.2** een ouwe ~ *an old geezer/coot;* een slappe ~ *a wally* **3.⁋** hij is de ~ *he's had it, he copped it* **6.2** iem. **voor** ~ zetten *make s.o. look/feel a real p.*
lulkoek ⟨inf.⟩ 0.1 *bullshit.*
lullen ⟨inf.⟩ 0.1 *(talk) bullshit* ♦ **3.1** laat ze maar ~ *just let them bullshit* **5.1** niet ~! *cut the crap!*
lulletje ⟨inf.⟩ ♦ **1.⁋** een ~ rozenwater *a wally.*
lullig ⟨inf.⟩ 0.1 [flauw, onnozel]⟨hn.⟩ *(bloody) stupid* ⇒*pathetic, ridiculous* 0.2 [karakterloos] *wet* ⇒*spineless* 0.3 [vervelend] *shitty* ⇒*rotten, lousy* ♦ **1.1** ik vind het maar een ~ gezicht *I think it looks so stupid* **3.1** doe niet zo ~ *don't be such a jerk/tit* **3.2** dat vind ik ~ van je *I think that's really shitty of you, you're a real shit* **4.3** wat ~ dat je gezakt bent *what shit-awful luck you failed.*
lulverhaal ⟨inf.⟩ 0.1 *(piece of) bullshit/crap* ⇒*(some) stupid bloody story.*
lumbaal 0.1 *lumbar* ♦ **1.1** ⟨med.⟩ lumbale punctie, ~punctie *l. puncture, spinal tap.*
lumineus 0.1 *brilliant* ⇒*bright* ♦ **1.1** een ~ idee krijgen *get a bright/brilliant idea, have a brainwave.*
lummel 0.1 *clodhopper* ⇒*gawk.*
lummelen 0.1 *hang/fool around/about.*
lummelig 0.1 *gawky.*
lunapark 0.1 [pretpark] *fun-fair, amusement park.*
lunch 0.1 *lunch(eon)* ♦ **3.1** de ~ gebruiken *lunch, have lunch* **6.1** tijdens de ~ *during lunch.*
lunchconcert 0.1 *lunch concert.*
lunchen 0.1 *lunch* ⇒*have/eat/take lunch.*
lunchpakket 0.1 *packed lunch.*
lunchpauze 0.1 *lunch break.*
lunchroom 0.1 *tearoom, teashop.*
lunchtijd 0.1 *lunch time.*
lunchvoorstelling 0.1 *lunch-time show.*
lunet 0.1 *lunette.*
lupine 0.1 *lupin(e).*
luren ♦ **6.⁋** laat je niet **in** de ~ leggen *don't get taken for a ride.*
lurken 0.1 [zuigen] *suck noisily* 0.2 [met kleine teugen drinken] *slurp* 0.3 [pruttelend geluid geven] *gurgle* ♦ **1.3** die pijp lurkt *that pipe is gurgling* **6.1** hij zat **aan** zijn pijp te ~ *he sat there sucking noisily on his pipe.*
lurven ⟨inf.⟩ ♦ **6.⁋** iem. **bij** zijn ~ pakken *get/have s.o. by the short hairs.*
lus 0.1 [deel van een touw/lint] *loop* ⇒*noose* ⟨lasso, strop⟩, *strap* ⟨bus, tram⟩ 0.2 [vorm] *loop* ♦ **6.1** een ~ je **aan** een handdoek *a l. onto a towel;* zich **aan** de ~ vasthouden ⟨in de bus⟩ *hold (on to) the strap;* ⟨inf.⟩ *straphang.*
lust 0.1 [begeerte, zin] *desire* ⇒*interest* 0.2 [hartstocht] *lust* ⇒*passion, desire* 0.3 [plezier] *delight* ⇒*joy* ♦ **1.1** tijd en ~ ontbreken me om ...*I have neither the time nor the energy to/for* ... **1.3** ~en lasten *joys and burdens;* ⟨hand.⟩ *profits and expenses;* zwemmen is zijn ~ en zijn leven *swimming is his ruling passion/is all the world to him* **3.1** de ~ bekroop haar om ...*she was overtaken by the d. to ...;* de ~ tot lachen zal je wel vergaan *that'll wipe the smile off your face, you'll be laughing on the other side of your face then* **3.3** werken dat het een (lieve) ~ is *work with a will;* het is een ~ haar te zien spelen *it is a joy/d. to see her playing*

6.3 een ~ **voor** het oog *a feast for the eye, a sight for sore eyes* ¶.3 wel de ~en maar niet de lasten willen hebben *want to have the fun but not the trouble.*

lusteloos 0.1 *listless* ⇒*languid, apathetic,* ⟨hand.⟩ *dull* ♦ **3.1** er ~ bij zitten *sit listlessly, be listless.*

lusteloosheid 0.1 *listlessness* ⇒*apathy.*

lusten 0.1 *like* ⇒*enjoy, be fond of, have a taste for* ♦ **1.1** ik zou wel een pilsje ~ *I could do with a beer, I wouldn't mind/say no to a beer* **2.1** ⟨fig.⟩ ik lust hem rauw *let me get my hands on him* **5.1** ⟨fig.⟩ iem. niet ~ *not care for/be able to bear s.o.* **5.**¶ hij zal ervan ~ *he's going to pay for this* ¶.1 ⟨fig.⟩ 'we nemen gewoon een tweede hypotheek' 'zo lust ik er nog wel eentje!' ... *'tell me another one!'.*

lustgevoel 0.1 *sense of pleasure* ⇒*pleasurable feeling/ sensation, lust.*

lusthof 0.1 [bekoorlijk oord] *(garden of) Eden* ⇒*paradise* **0.2** [tuin] *pleasure garden/ground.*

lustig 0.1 [vrolijk] *cheerful* ⇒*gay, merry* **0.2** [met kracht] *lusty* ♦ **3.1** ~ zingen *sing cheerfully* **3.2** hij sloeg er ~ op los *he banged away lustily.*

lustmoord 0.1 *sex murder/killing.*

lustmoordenaar 0.1 *sex murderer.*

lustobject 0.1 *sex object.*

lustoord 0.1 *idyllic spot* ⇒*delightful place.*

lustrum 0.1 [vijf]arig bestaan] *quinquennium* ⇒*lustrum* **0.2** [viering] *fifth/tenth/fifteenth* ⟨enz.⟩ *anniversary (celebration).*

lutheraan 0.1 *Lutheran.*

lutheranisme 0.1 *Lutheranism.*

luthers 0.1 *Lutheran* ♦ **3.1** hij is ~ *he is (a) L.*

luttel 0.1 ⟨bn.⟩ *little, mere* ⇒⟨bij mv.⟩ *few, inconsiderable,* ⟨bw.⟩ *little* ♦ **1.1** voor het ~e bedrag van tien gulden *for a m./the m. sum of ten guilders.*

Luva ⟨afk.⟩ **0.1** [Luchtmacht Vrouwenafdeling]⟨GB⟩ *WRAF;* ⟨USA⟩ *WAF;* ⟨Australië⟩ *WRAAF.*

luw 0.1 [windvrij] *sheltered* ⇒*protected* **0.2** [zoel] *warm* ⇒ *mild.*

luwen 0.1 *subside* ⇒*die/calm down, abate* ♦ **1.1** het enthousiasme is geluwd *(the) enthusiasm has faded;* zodra de koopwoede is geluwd *as soon as the rush to the shops has died down;* de storm is geluwd *the storm died down.*

luwte 0.1 [beschutte plaats] *lee* ⇒*shelter* **0.2** [zoelte] *warmth* ⇒*mildness* ♦ **6.1** hier zitten we **in** de ~ *we are out of the wind here;* ⟨fig.⟩ **in** de ~ v.d. politiek *on the political sidelines;* **in** de ~ van *under the l. of.*

lux ⟨inf.⟩ **0.1** *luxurious* ⇒*sumptuous,* ⟨alleen attr.⟩ *luxury.*

luxaflex 0.1 *Venetian blinds.*

luxe¹ ⟨de⟩ **0.1** *luxury* ♦ **3.1** dat is een ~ die we ons niet meer kunnen veroorloven *that is a l. we can no longer afford* **6.1 in** ~ grootgebracht zijn *have been brought up in the lap of l.* **7.1** het zou geen (overbodige) ~ zijn *it would be no l., it's really necessary.*

luxe² ⟨bn.⟩ **0.1** *luxury* ⇒*fancy, deluxe* ♦ **1.1** een ~ leven leiden *lead/live a life of luxury;* ⟨inf.⟩ een ~ tent *a posh/ fancy place.*

luxeartikel 0.1 *luxury article* ⇒⟨mv.⟩ *luxury goods.*

luxeauto, luxewagen 0.1 *luxury car.*

luxebroodje 0.1 *(fancy) roll.*

Luxemburg 0.1 *Luxemb(o)urg.*

Luxemburgs 0.1 *Luxemb(o)urg.*

luxe-uitvoering 0.1 *luxury/deluxe model.*

luxezaak 0.1 *luxury goods shop.*

luxueus 0.1 *luxurious* ⇒*opulent, plush* ♦ **3.1** ~ ingericht *luxuriously/sumptuously furnished.*

L-vormig 0.1 *L-shape(d).*

lyceum 0.1 ±*ⁿgrammar/^high school* ♦ **6.1 op** het ~ zitten *be at grammar school/in high school.*

lychee 0.1 *litchi* ⇒*lychee.*

lymfatisch 0.1 *lymphatic* ⇒*lymphoid* ♦ **1.1** ~e reactie *lymphangitis.*

lymf(e) 0.1 *lymph.*

lymfklier 0.1 *lymph node/gland.*

lymfvat 0.1 *lymphatic (vessel).*

lynchen 0.1 *lynch.*

lynchpartij 0.1 *hanging party.*

lynx 0.1 *lynx.*

Lyon 0.1 *Lyons* ⇒*Lyon.*

lyra 0.1 *lyre.*

lyricus 0.1 *lyric(al) poet* ⇒*lyr(ic)ist.*

lyriek 0.1 [dichtsoort] *lyric(al) (poetry)* **0.2** [lyrisch karakter] *lyricism* ♦ **1.2** de ~ van haar stijl *her lyrical style.*

lyrisch 0.1 [tot de lyriek behorend] *lyric(al)* **0.2** [emotioneel] *lyrical* ♦ **3.2** ~ worden *wax l.*

lyrisme 0.1 [dichterlijke vlucht] *lyricism* **0.2** [gezwollenheid] *lyrical quality.*

lysol 0.1 *lysol.*

m

ma 0.1 ^B*mum*, ^A*mom* ◆ 1.1 pa en ~ *Mum/Mom and Dad.*

maag 0.1 *stomach* ◆ 2.1 met een hongerige ~ van tafel gaan *rise from table hungry;* met een lege / volle ~ *on an empty / a full s.;* op een nuchtere ~ *on an empty s.;* een zwakke ~ *a weak s.* 3.1 met zijn ~ sukkelen, het aan zijn ~ hebben *suffer from s. / gastric trouble* 6.1 daar krijg je het van **aan** je ~ *that's bad for your s.;* ⟨fig.⟩ iem. iets in de ~ splitsen ⟨ergens mee opschepen⟩ *fob / palm sth. off on s.o.;* ⟨duur verkopen⟩ *make s.o. pay through the nose for sth.;* ⟨fig.⟩ ergens mee **in** zijn ~ zitten ⟨ergens mee verlegen zitten⟩ *be worried about / troubled by sth.;* ⟨ertegen opzien⟩ *dread having to do sth.;* ⟨fig.⟩ ze zitten er behoorlijk / lelijk mee **in** hun ~ *they're at their wits' end what to do about it;* ⟨fig.⟩ het ligt mij zwaar **op** de ~ *it sticks in my throat;* het toetje lag nogal zwaar **op** de ~ *the dessert was rather filling* ¶ .1 als ik paprika eet, krijg ik last van mijn ~ *peppers disagree with me;* van al dat vette eten raakte zijn ~ van streek *all that greasy food upset his s.*

maagaandoening 0.1 *stomach disorder.*

maagbloeding 0.1 *gastric bleeding.*

maagd 0.1 [maagdelijk meisje] *virgin* ◆ 1.¶ de Maagd van Orléans *the Maid of Orléans* 3.1 ⟨fig.⟩ Jan is nog altijd ~ *Jan is still a v.* 7.1 zij is geen ~ meer *she is no longer a v.*

Maagd ⟨astrol.⟩ 0.1 *Virgo* ◆ 7.1 (het teken van) de ~ *(the sign of) V.*

maag-darmkanaal 0.1 *gastrointestinal tract.*

maagdelijk 0.1 [van / als een maagd] *virginal* 0.2 [ongerept] *virgin(al)* ◆ 1.2 een ~ blad papier *a virgin sheet of paper;* ~e sneeuw *virgin snow;* in ~e staat *in pristine condition* 2.2 ~ wit *virgin white.*

maagdelijkheid 0.1 *virginity.*

maagdenvlies 0.1 *hymen* ⇒*maidenhead.*

maagkanker 0.1 *stomach cancer.*

maagklacht 0.1 *stomach / gastric disorder / complaint* ◆ 3.1 ~en hebben *suffer from stomach trouble.*

maagkramp 0.1 ⟨mv.⟩ *stomach cramps.*

maagkwaal 0.1 *stomach condition / disorder.*

maaglijder 0.1 *s.o. who has stomach troubles* ⇒*gastric patient.*

maagontsteking 0.1 *gastritis.*

maagoperatie 0.1 *stomach operation.*

maagpatiënt 0.1 *gastric patient* ◆ 2.1 ⟨inf.⟩ hij is zwaar ~ *he has serious stomach trouble* 3.1 ~ zijn *suffer from stomach trouble.*

maagperforatie 0.1 *perforation of the stomach.*

maagpijn 0.1 *stomachache* ⇒⟨kind.⟩ *tummy ache* ◆ 3.1 zij heeft vaak ~ *she often has* ^B*stomachache / *^A*stomachaches;* van uien krijg ik ~ *onions give me s.*

maagpomp 0.1 *stomach pump.*

maagsap 0.1 *gastric juice.*

maagstoornis 0.1 *stomach disorder;* ⟨lichte stoornis⟩ *stomach upset.*

maagstreek 0.1 *gastric region* ⇒⟨inf.⟩ *stomach.*

maagzuur 0.1 [maagsap] *gastric juice* 0.2 [brandend gevoel] *heartburn* ◆ 2.1 last hebben van brandend ~ *suffer from acid stomach / heartburn* 6.1 een middeltje **tegen** brandend ~ *an antacid.*

maagzweer 0.1 *stomach ulcer* ◆ 3.1 ⟨fig.⟩ daar krijg ik een ~ van *it will give me an ulcer.*

maaidorsmachine 0.1 *combine (harvester).*

maaien 0.1 [afsnijden] *mow* 0.2 [maaibeweging maken] *flail* 0.3 [oogsten] *reap* ◆ 1.1 het gras moet nodig gemaaid worden *the grass badly needs mowing / *⟨BE ook⟩ *cutting* 1.2 een ~de beweging maken *make a flailing movement* 6.2 om zich heen ~ *f. about / (a)round;* ⟨voetbal⟩ **over** de bal (heen) ~ *miss the ball;* hij maaide de kopjes **van** tafel *he swept the cups from the table.*

maaier 0.1 *mower* ⇒⟨oogster⟩ *reaper.*

maaimachine 0.1 *(lawn) mower* ⇒⟨voor koren⟩ *reaper,* ⟨voor koren⟩ *harvester.*

maaitijd 0.1 *mowing time.*

maaiveld ⟨bouwk.⟩ 0.1 *ground level* ◆ 6.1 één meter **boven** het ~ *one metre above g.l.*

maak 0.1 *making* ⇒*preparation,* ⟨herstel⟩ *repair* ◆ 6.1 mijn fiets is **in** de ~ *my bike is being repaired;* er is daarvoor een wet **in** de ~ *there's a law in preparation to deal with that;* er zijn plannen **in** de ~ om ... *plans are being made to ...*

maakloon 0.1 *manufacturing costs.*

maaksel 0.1 [constructie, vorm] *make* ⇒*making,* ⟨in productieproces⟩ *manufacture* 0.2 [product] *product* ⇒⟨schepping⟩ *creation,* ⟨brouwsel⟩ *concoction,* ⟨apparaat⟩ *contraption* ◆ 2.1 die pudding is eigen ~ *that pudding is homemade;* is dat eigen ~? *did you make that yourself?* 2.2 wat is dat voor vreemd ~? *what kind of a contraption is that?*

maakwerk 0.1 [op bestelling gemaakt werk] *goods made to order* ⇒*custom-made goods* 0.2 [pej.] *routine / mediocre work, hackwork* ◆ 3.2 dit blijspel is maar ~ *this comedy is just run-of-the-mill.*

maal I ⟨het, de⟩ 0.1 [keer] *time* 0.2 [vermenigvuldigingsteken] *times* ◆ 1.1 een paar ~ *once or twice, several times* 1.2 lengte ~ breedte ~ hoogte *t. width t. height* 2.1 herhaalde malen *repeatedly* 6.1 hij is **te(n)** enen male ongeschikt voor de functie *he's utterly / entirely unsuitable for the post;* ik verzoek u **voor** de laatste ~ het pand te verlaten *for the last t., I ask you to vacate the premises* 6.¶ dat is **te(n)** enen male onmogelijk *that is simply / absolutely / utterly impossible* 7.1 anderhalf ~ zoveel *half as much / many (again);* hoeveel ~? *how many times?* 7.2 twee ~ drie is zes *two t. three is six.*

II ⟨het⟩ 0.1 [hoeveelheid eten; maaltijd] *meal* ◆ 2.1 een feestelijk ~ *a festive m.*

maalsteen 0.1 *millstone* ⇒*grindstone.*

maalstroom 0.1 [draaikolk] *whirlpool* 0.2 [fig.] *vortex* ⇒*maelstrom* ◆ 1.2 een ~ van gebeurtenissen *a whirl of events.*

maalteken 0.1 *multiplication sign.*

maaltijd 0.1 *meal* ⇒*dinner* ◆ 2.1 een eenvoudige ~ *a simple m.;* een lichte ~ *a light m.;* een stevige ~ *a substantial / hearty m.;* een uitgebreide ~ *an elaborate m. / dinner;* een warme ~ *a hot m., a dinner* 3.1 een ~ aanbieden *offer a m.;* een ~ in elkaar flansen *rustle up a m., throw a m. together;* de ~ gebruiken *have a m., have dinner;* wij verzorgen al uw ~en *we cater for all your meals* 5.1 overnachting inclusief / exclusief ~en *B full board, bed and breakfast; A American / European plan* 6.1 **aan** de ~ zitten *be at table / at the table;* **tijdens** de ~ *during / at dinner;* ⟨regelmatig⟩ *during / at mealtime(s).*

maaltijdsoep 0.1 *main course soup.*

maan 0.1 *moon* ◆ 3.1 de ~ schijnt / komt op / gaat onder *the m. is shining / rising / setting* 6.1 ⟨fig.⟩ loop **naar** de ~! *go to hell!, get lost!;* ⟨fig.⟩ weer een hoop geld **naar** de ~ *a lot of money down the drain again;* ⟨fig.⟩ **naar** de ~ zijn *have gone (by the wayside)* ⟨geld, kansen⟩; *be ruined* ⟨reputatie, carrière⟩ ⟨ook→**halvemaan; nieuwemaan; vollemaan**⟩.

maanbaan 0.1 *lunar orbit.*

maand 0.1 *month* ◆ **1.1** de ~ januari *the m. of January;* een ~ vakantie *a m. 's holiday* **3.1** hij kreeg zes ~en ⟨als gevangenisstraf⟩ *he got six months* **5.1** drie ~en lang *for three months* **6.1 binnen** een ~ *within a m.;* ik heb hem **in** geen ~en gezien *I haven't seen him for/in months;* **om** de twee ~en *every two months, every other m.;* vandaag **over** een ~ *a m. from today;* **over** een ~ *in a m.('s time);* de huur bedraagt 800 gulden **per** ~ *the rent is 800 guilders a/per m.;* een baby **van** vier ~en *a four-month-old baby* **7.1** een dertiende ~ *an annual bonus.*

maandabonnement 0.1 *monthly subscription* ⇒⟨voor trein e.d.⟩ *monthly season ticket.*

maandag 0.1 [dag] *Monday* ⟨ook in samenst.⟩ **0.2** [ster.] *lunar day* ◆ **1.1** maandagochtend *M. morning* **2.1** ⟨fig.⟩ een blauwe ~ *for a (short) time* **6.1** ik train altijd **op** ~ *I always train on Mondays* **¶.1** ik doe het ~ *I will do it on M.;* 's maandags *on Mondays, every M.*

maandags I ⟨bn.⟩ **0.1** [van maandag] *Monday;* **II** ⟨bw.⟩ **0.1** [op maandag] *on Mondays.*

maandblad 0.1 *monthly (magazine).*

maandcijfers 0.1 *monthly figures.*

maandelijks 0.1 *monthly* ⇒⟨bw. ook⟩ *once a month, every month* ◆ **1.1** in ~e termijnen *in m. instalments* **3.1** ~ betalen *pay m./once a month;* ~ terugkerende betalingen *m. payments.*

maandenlang 0.1 *for months, months long* ◆ **1.1** haar ~e afwezigheid *her months-long absence;* na een ~e afwezigheid zijn rentree maken *make one's comeback after an absence of months.*

maandgeld 0.1 *monthly pay* ⇒⟨toelage⟩ *monthly allowance.*

maandkaart 0.1 *⁸monthly (season) ticket.*

maandloon 0.1 *monthly wages.*

maandsalaris 0.1 *monthly salary.*

maandverband 0.1 *sanitary ⁸towel/ᴬnapkin* ◆ **1.1** een pak ~ *a box of sanitary towels/napkins.*

maanfase 0.1 *lunar phase.*

maanfoto 0.1 *lunar photograph.*

maanlander 0.1 *lunar module* ⇒⟨wet.⟩ *LM.*

maanlanding 0.1 *moon landing.*

maanlicht 0.1 *moonlight* ◆ **6.1** bij ~ *by m.*

maanmannetje 0.1 *man in the moon.*

maanreiziger 0.1 *moon voyager.*

maansatelliet 0.1 *lunar satellite.*

maanstand 0.1 *position of the moon.*

maansteen I ⟨de⟩ **0.1** [steen van/op de maan] *moon rock;* **II** ⟨het, de⟩ **0.1** [halfedelsteen] *moonstone.*

maansverduistering 0.1 *eclipse of the moon* ⇒*lunar eclipse.*

maanvormig 0.1 *moon-shaped.*

maanwandeling 0.1 *moon walk* ⇒*walk on the moon.*

maanzaad 0.1 *poppy seed* ◆ **6.1** brood met ~ *bread/loaf (covered) with p. s.*

maanzaadbrood 0.1 *poppy-seed bread/*⟨broodje⟩ *roll.*

maar¹ ⟨het⟩ **0.1** *but* ◆ **3.1** altijd met maren aankomen *always bring up ifs and buts* **7.1** er is één ~ aan verbonden/bij *there is one (large) b.*

maar² ⟨bw.⟩ **0.1** [slechts] *but* ⇒*only, just* **0.2** [inderdaad, nogal, toch] *only* ⇒*just* **0.3** [mbt. twijfel] *only* ⇒*as long as* **0.4** [mbt. een wens] *(if) only* **0.5** [aanmaning, waarschuwing] *just* **0.6** [aanhoudend] *just* ◆ **3.1** je hoeft ~ te bellen *you only/just have to phone;* al was het ~ om haar te pesten *if only to make life difficult for her;* zeg het ~: koffie of thee? *which will it be: coffee or tea?* **3.2** kom ~ binnen

come on in; laten we hem ~ gelijk geven *let's just agree with him and be done with it* **3.3** als ik ~ kan *if I (possibly) can;* ik wil wel doorgaan, als het ~ klaar komt *I'm prepared to go on, as long as/so long as it's finished* **3.4** ik hoop ~ dat hij het vindt *I only hope he finds it;* was ik ~ nooit getrouwd *if o. I'd never married;* was ik ~ dood *I wish I were dead* **3.5** doe het nu ~ *j. do it;* geef het nou ~ toe *you may as well admit it;* het is ~ dat je het weet *as long as you know;* ⟨je kunt het maar beter weten⟩ *it's (j.) as well you know;* let ~ niet op hem *don't pay any attention to him;* pas ~ op *watch out/it;* schiet nou ~ op *hurry up, will you?;* ik zou ~ uitkijken *you'd better be careful* **3.6** ze bleef ~ kijken *she (j.) stared and stared;* je gaat je gang ~ *go ahead (and do it);* en wij ~ wachten/werken *and we j. wait(ed) and wait(ed)/ work(ed) and work(ed)* **3.¶** wat wil je drinken? geef ~ een pilsje *what'll you have? a beer, please/I'll have a beer* **4.¶** wat je ~ wil *whatever you want* **5.1** we konden alleen nog ~ huilen *we could do nothing but cry;* hij is nog ~ pas hier *he has only just arrived* **5.2** dat doet hij ~ al te graag *he'd be o. too happy to do it;* dat komt ~ al te vaak voor *that happens o./all too often;* het is misschien ~ goed dat we de bus gemist hebben *perhaps it's (just) as well we missed the bus;* het is ~ goed dat je gebeld hebt *it's a good thing you* ⁸rang **5.5** en dan ~ klagen dat iedereen zakt *and then go on about everybody failing;* het is ~ goed ook *a good thing, too;* wees daar ~ niet bang voor *rest assured that that won't happen;* rustig ~ (j.) *calm down* **5.6** het houdt ~ niet op *it never seems to end;* ik vind het ~ niks *I'm none too happy about it;* zij koopt ~ raak *she j. throws her money about;* hé daar, dat gaat zo ~ niet *hey you, you can't j. sit down/walk in/run off* ⟨enz.⟩ *like that!* **5.¶** geef dan ~ een glas wijn *a glass of wine will be fine;* waarom doe je dat? zo ~ *why do you do that? just for the fun of it;* dat kun je niet zo ~ even doen *you can't do it just like that;* zo'n vraag kun je niet zo ~ beantwoorden *one can't answer such a question offhand;* hij gaf het kind zo ~ een klap *he hit the child for no reason* **6.1 zonder** ook ~ goedendag te zeggen *without so much as a goodbye* **7.1** hij is ~ twintig jaar (oud) geworden *he only lived to be twenty* **7.¶** zoveel als je ~ wilt *as much/many as you like* **8.1** zij bloost al, als je ~ naar haar kijkt *she blushes if you so much as look at her;* als ik ook ~ een minuut te lang wegblijf *if I stay away even a minute too long* **8.6** en ~ kletsen, die vrouwen *talk, talk, that's all they do, these women* **¶.2** je hebt het ~ voor het zeggen *it's up to you, just say the word.*

maar³ ⟨vw.⟩ **0.1** [tegenstellend] *but* **0.2** [in zijdelingse tegenwerpingen] *but* ◆ **2.1** klein, ~ dapper *small b. tough* **3.1** ik had je willen bellen, ~ ik wist je nummer niet *I would have phoned, b./only I didn't know your number* **3.2** ~ wacht eens even *b. wait a minute* **3.¶** hij keek in de koelkast, ~ zag dat die leeg was *he looked in the refrigerator only to find it was empty* **5.2** ja ~, als dat nu niet zo is *yes, b. what if that isn't true?;* ~ ja, wat wil je voor vijftig gulden *b. then what do you expect for fifty guilders* **5.¶** nee ~! *really!* **¶.2** ~ begrijpt u dat dan niet *b. don't you understand?*

maarschalk 0.1 [opperbevelhebber] *⁸Field Marshal,* ᴬ*General of the Army* **0.2** [eretitel] *marshal.*

maart 0.1 *March* ◆ **¶.1** ~ roert zijn staart *M. comes in like a lion (and goes out like a lamb)* ⟨ook→**januari**⟩.

maarts 0.1 *March* ◆ **1.1** ~e buien *±April showers* ⟨voorjaarsregenbuien⟩; een ~e dag *a March day.*

maas 0.1 *mesh* ◆ **2.1** net met grote/kleine mazen *coarse-/large-mesh net, fine-mesh net* **6.1** ⟨fig.⟩ **door** de mazen v.d. wet kruipen *find a loophole in the law;* **door** de mazen (v.h. net) glippen ⟨ook fig.⟩ *slip through the net.*

481

Maas 0.1 *Meuse* ⇒⟨mbt. Nederland vnl.⟩ *Maas.*

maat I ⟨de⟩ **0.1** [(juiste/vereiste) afmeting, grootte] *size* ⇒ *measure,* ⟨precieze afmetingen⟩ *measurements* **0.2** [eenheid] *measure* **0.3** [gematigdheid] *moderation* **0.4** [muz.; indeling volgens een tijdmaat] *time* ⇒⟨alg. ook⟩ *beat* **0.5** [muz.; afdeling van toonduur] *bar* ⇒*measure* **0.6** [lit.] *metre* ⇒⟨versvoet⟩ *measure* ♦ **1.1** zij heeft een kleine~ schoenen *she has a small shoe s.* **1.2** maten en gewichten *weights and measures* **2.1** in belangrijke mate *to a considerable extent,* in niet geringe mate *to no small extent/degree;* extra grote maten *outsizes;* in hoge mate *greatly, highly, to a great degree, to a large extent;* incourante maten *off-sizes;* in meerdere of mindere mate *to a greater or lesser extent;* in ruime mate *in great measure;* in toenemende mate *increasingly, more and more;* in voldoende mate *sufficiently;* in welke mate ...? *to what extent/degree ...?;* in zekere mate *to a certain extent/degree* **2.¶** ⟨fig.⟩ de ~ is vol *that's the limit* **3.1** de ~ van iets bepalen/nemen *measure sth., take the measurements of sth.;* ~ elf hebben/dragen *take/wear (a) s. eleven;* welke ~ hebt u? *what s do you take?;* iem. de ~ nemen *take s.o.'s measure(ments)* **3.3** ~ houden met drinken *drink in moderation;* zij weten geen ~ te houden *they don't know where to draw the line* **3.4** de ~ aangeven/slaan/houden *keep t.;* ⟨slaan ook⟩ *beat t.;* (geen) ~ kunnen houden *be (un)able to keep t.* **5.1** neem maar een ~ groter *try a s. bigger/larger* **6.1** ⟨fig.⟩ **onder** do blijven *not come up to scratch/expectations;* ⟨fig.⟩ **onder/beneden** de ~ zijn *not be up to par/the mark;* ⟨één keer⟩ *be off;* iets **op** ~ snijden/zagen *cut/saw (down) to s.* **6.2** maten **voor** droge en natte waren *dry and liquid measures* **6.3** alles **met** mate *everything in moderation* **6.4** ⟨fig.⟩ **in/uit** de ~ lopen *march in t./out of t., (not) keep step;* **op** de ~ v.d. muziek dansen *dance to the (beat of the) music;* **op tegen** de ~ in *against the beat;* **uit** de ~ zijn *be off one's stroke, be out of t.* **6.¶** ⟨fig.⟩ **met** twee maten meten *apply double standards* **7.5** de eerste maten v.h. volkslied *the first few bars of the national anthem;* **II** ⟨de (m.)⟩ **0.1** [makker, ook als aanspreekvorm] *pal* ⇒⟨BF ook⟩ *mate* **0.2** [partner, ploegmaat] *(team)mate* ⇒⟨kaartspel⟩ *partner.*

maatbeker 0.1 [met maatverdeling] *measuring cup* **0.2** [met bep. inhoudsmaat] *measure.*

maatdop 0.1 *measuring cup.*

maatgevend 0.1 *normative* ⇒⟨een maat voor⟩ *indicative,* ⟨een voorbeeld van⟩ *representative* ♦ **3.1** dat is toch niet ~? ⟨geen maatstaf⟩ *that is not a criterion, is it?;* ⟨geen goed voorbeeld⟩ *that is not representative, is it?* **6.1** zijn criteria zijn (niet) ~ **voor** mij *his criteria are (not) the norm as far as I am concerned;* ~ zijn **voor** iemands waarde *be indicative of s.o.'s value.*

maatgevoel 0.1 *sense of rhythm* ♦ **3.1** geen ~ hebben *have no sense of rhythm.*

maatglas 0.1 [met maatverdeling] *measuring glass* ⇒ ⟨schei.⟩ *graduated cylinder* **0.2** [met bepaalde inhoudsmaat] *measure* ⇒⟨voor sterkedrank⟩ *jigger.*

maatgoed →**maatkleding.**

maathouden ⟨muz.⟩ **0.1** *keep time* ♦ **¶.1** ⟨fig.⟩ hij weet van geen ~ *he doesn't know when to stop/where to draw the line.*

maatje 0.1 [vriendje] *chum* ⇒*pal* **0.2** [leerling, hulp bij ambachtelijk werk] *apprentice* **0.3** [inhoudsmaat] *decilitre* ♦ **2.1** goede ~s zijn met iem. *be the best of friends with s.o.;* goede ~s worden met iem. *chum up with s.o.*

maatjesharing 0.1 ±*young herring.*

maatkleding, -goed 0.1 *custom(-made)/made-to-measure clothing/clothes.*

Maas - machinaal

maatkolf ⟨schei.⟩ **0.1** *volumetric/calibrated flask.*

maatkostuum 0.1 *custom(-made)/tailored suit.*

maatlat 0.1 *rule(r)* ⇒*measuring rod.*

maatlepel 0.1 *measure* ⇒*measuring spoon.*

maatpak →**maatkostuum.**

maatregel 0.1 *measure* ♦ **2.1** algemene~ van bestuur ±[B]*Order in Council;* disciplinaire ~en nemen tegen iem. *take disciplinary action against s.o.;* drastische ~en nemen *take drastic measures;* geen halve ~en treffen *take no halfway measures;* een strenge/harde ~ *a strong/tough m.* **3.1** we hebben ~en genomen om te alles soepel te laten verlopen *we've made arrangements to ensure that everything runs smoothly;* ~en nemen/treffen *take measures/steps/action.*

maatschap 0.1 *partnership.*

maatschappelijk 0.1 [sociaal; mbt. hulpverlening] *social* **0.2** [hand.] *joint* ♦ **1.1** ~ aanzien *s. status,* ~e dienstverlening *s. service;* bovenaan de ~e ladder *at the top of the (s.) ladder;* in ~ opzicht *socially;* een ~ verschijnsel *a s. phenomenon;* hij zit in het ~ werk *he's a s. worker;* een instelling voor ~ werk *a s. service institution;* een ~ werk(st)er *a s. worker* **1.2** het ~ kapitaal *nominal capital* **2.1** ~ actief zijn *be socially active.*

maatschappij 0.1 [samenleving] *society* **0.2** [vereniging mbt. wetenschap/kunst] *society* ⇒*association* **0.3** [vereniging mbt. een onderneming] *company* ♦ **1.2** de ~ van diergeneeskunde *the Veterinary Society* **2.1** de burgerlijke ~ *bourgeois s.* **6.3** ~ met beperkte aansprakelijkheid [B]*limited liability c.,* [A]*incorporated c.*

maatschappijbeeld 0.1 *view/image of society.*

maatschappijhervormer 0.1 *social reformer.*

maatschappijkritiek 0.1 *social criticism.*

maatschappijkritisch 0.1 *critical of the social structure.*

maatschappijleer 0.1 *social studies.*

maatschappijvlag 0.1 *company flag.*

maatschappijwetenschap 0.1 *social science.*

maatsoort 0.1 ⟨muz.⟩ *time;* ⟨lit.⟩ *metre.*

maatstaf 0.1 *criterion* ⇒*standard(s)* ♦ **2.1** iets naar zijn eigen maatstaven beoordelen *judge sth. according to one's own standards;* een nieuwe ~ aanleggen *establish a new standard/c.* **3.1** een goede ~ vormen voor iets *be a good c. for sth.* **6.1** iets **als/tot** ~ nemen *use sth. as a standard.*

maatstelsel 0.1 *system of measure(ment).*

maatstok 0.1 [duimstok] *rule(r)* **0.2** [dirigentstokje] *baton.*

maatstreep 0.1 [maatverdelingsstreep] *grade/graduation mark* ⇒*line* **0.2** [muz.] *bar.*

maatvast ⟨muz.⟩ **0.1** *having a good sense of time* ♦ **3.1** ~ spelen *keep in time.*

maatverdeling 0.1 *graduation, calibration.*

maatwerk 0.1 *made-to-measure/custom-made goods/* ⟨kleren⟩ *clothes/* ⟨schoenen⟩ *footwear.*

macaber 0.1 *macabre* ♦ **1.1** ~e humor *black humour.*

macadam 0.1 *macadam.*

Macedonië 0.1 *Macedonia.*

Macedoniër, -nische 0.1 *Macedonian.*

Macedonisch 0.1 ⟨bn. en zn.⟩ *Macedonian.*

machiavellistisch 0.1 ⟨bn.⟩ *Machiavellian;* ⟨bw.⟩ *in a Machiavellian way.*

machinaal 0.1 [met machines werkend/gemaakt] ⟨bn.⟩ *mechanized* ⇒⟨attr. ook⟩ *machine,* ⟨bw.⟩ *mechanically,* ⟨bw.⟩ *by machine* **0.2** [zonder erbij na te denken] *mechanical* ♦ **1.1** machinale productie *mechanized production* **3.1** ~ aangedreven *power-driven;* het sorteren gaat ~ *the sorting is done mechanically/by machine;* ~ gemaakt/vervaardigd *machine-made;* ~ produceren *manufacture by ma-*

chine, machine-manufacture **3.2** iets ~ van buiten leren *learn by rote.*

machine 0.1 [toestel] *machine* ⇒⟨mv. ook⟩ *machinery* **0.2** [fig.; persoon] *robot* ⇒*machine* ◆ **3.1** een ~ bedienen *operate a machine;* een met/op de ~ geschreven brief *a typewritten letter* **6.1 aan** een ~ werken *operate a machine.*

machinebankwerker 0.1 *lathe operator.*

machinebouw 0.1 [concr.] *machine building/construction* **0.2** [als vak] *(mechanical) engineering.*

machineconstructeur 0.1 *constructional engineer* ⇒*machine(ry) designer.*

machinefabriek 0.1 *engineering works.*

machinegeweer 0.1 *machine gun* ◆ **6.1** met machinegeweren beschieten *machine-gun.*

machinekamer 0.1 *engine room.*

machineolie 0.1 *machine/engine oil* ⇒⟨voor naaimachine⟩ *sewing machine oil.*

machinepistool 0.1 *submachine gun.*

machinerie 0.1 [samenstel van machines] *machinery* **0.2** [fig.; stelsel] *machine* ◆ **2.2** de ambtelijke ~ *the bureaucratic mill.*

machinist 0.1 [spoorw.] ᴮ*engine driver,* ᴬ*engineer* **0.2** [scheep.] *engineer* ◆ **7.2** eerste/tweede ~ *first/second e.*

macho¹ ⟨de⟩ **0.1** *macho.*

macho² ⟨bn., bw.⟩ **0.1** ⟨bn.⟩ *macho;* ⟨bw.⟩ *like a macho, in a macho way.*

macht 0.1 [gezag] *power* ⇒*force* **0.2** [persoon, zaak, instantie] *power* ⇒*authority* **0.3** [vermogen om iets te doen] *power* ⇒*force* **0.4** [invloed] *power* **0.5** [mogendheid] *power* **0.6** [wisk., meetkunde] *power* **0.7** [kracht] *power* **0.8** [leger, troepen, ook in samenst.] *force(s)* ◆ **1.1** ~ der gewoonte *force of habit* **2.1** de gevestigde ~ *the Establishment;* uit de ouderlijke ~ ontzet worden *be deprived of parental rights* **2.2** boze ~en *forces of evil;* een hogere ~ *a higher p.;* de openbare ~ *the public authorities;* rechterlijke ~ *the judicial branch, the judiciary;* de uitvoerende/wetgevende ~ *the executive/legislative branch;* de wereldlijke/kerkelijke ~ *the secular/ecclesiastical authorities/power(s)* **2.3** militaire ~ *military force* **2.8** een gewapende ~ *an armed force* **3.1** (naar) de ~ grijpen *(attempt to) seize p.;* veel ~ hebben *have a lot of/great p.;* de ~ in handen hebben/krijgen/nemen *have/get/take p.;* ⟨nemen ook⟩ *assume p./control;* de ~ ligt bij het volk *the p. rests with the people;* de ~ aan iem. overdragen *hand over p. to s.o.;* de ~ overnemen *assume p.* **3.3** de ~ hebben om ... *have the p. to ...;* iem. de ~ verlenen om iets te doen *authorize s.o. to do sth.* **6.1 aan** de ~ komen/zijn/brengen *come into/be in/bring to p.;* iem. ~ hebben *have s.o. in one's p.;* geen ~ hebben **over** iem. *have no p./control over s.o.;* de ~ **over** het stuur verliezen *lose control of the wheel* **6.3** (niet) **bij** ~e zijn om ...*(not) be able/in a position to ...;* dat gaat **boven** mijn ~ *that is beyond my p.;* **met/uit** alle ~ *with all one's strength* **6.4** helemaal **in** iemands ~ zijn *be completely in s.o.'s sway/p.* **6.6** 3 **tot** de ~ 3 *3 to the p. of 3/to the third p.;* een getal tot de vierde ~ verheffen *raise a number to the fourth p.* **6.7 boven** je ~ werken *do work above one's head;* ⟨fig.⟩ *bite off more than one can chew* **7.2** de drie ~en in een staat *the three branches of government;* de vierde ~ *the bureaucracy.*

machteloos 0.1 *powerless* ◆ **1.1** machteloze woede *impotent/helpless anger* **3.1** ik ben ~! ⟨ook⟩ *my hands are tied!;* daar sta ik ~ tegenover *I am p. to do anything about that.*

machteloosheid 0.1 *powerlessness.*

machthebber 0.1 *ruler* ⇒*leader* ◆ **2.1** de huidige ~s *the current rulers/leaders.*

machtig I ⟨bn.⟩ **0.1** [vermogen hebbend] *powerful* **0.2** [mbt. spijzen] *rich* ⇒*heavy* **0.3** [heerlijk] *wonderful* ⇒*tremendous* ◆ **5.2** ⟨fig.⟩ dat is mij te ~ *that is too hard for me;* ⟨fig.⟩ haar gevoelens werden haar te ~ *she was overcome by her emotions;* ⟨fig.⟩ dat probleem was hem te ~ *that problem got the better of him;*
II ⟨bn., bw.⟩ **0.1** [groot] *huge* ⇒*tremendous* **0.2** [meester zijnd] *competent (in)* **0.3** [veel macht hebbend] *powerful* ⇒*mighty* ◆ **1.1** een ~e hoop mensen *a h./an enormous crowd* **3.2** een onderwerp (volkomen) ~ zijn *have (a) good command/a firm grasp of a subject;*
III ⟨bw.⟩ **0.1** [krachtig] *powerfully* **0.2** [zeer] *tremendously* ⇒*enormously* ◆ **7.2** dat doet mij ~ veel plezier *that pleases me t.;* dat kost ~ veel geld *that costs a pretty penny/heaps of money.*

machtigen 0.1 *authorize* ◆ **3.1** gemachtigd zijn (om) te *be authorized/empowered to* **6.1** iem. **tot** betaling ~ *authorize s.o. to pay.*

machtiging 0.1 *authorization* ◆ **3.1** ~ verlenen/vragen/bezitten/verkrijgen *grant/ask for/have/acquire (the) a.* **6.1** ~ **tot** automatische afschrijving *standing order;* uitgaven **zonder** ~ *unauthorized expenditures.*

machtsblok 0.1 [pol.; staten] *power block* **0.2** [personen] *power group/block.*

machtsconcentratie 0.1 *concentration of power.*

machtsevenwicht 0.1 *balance of power.*

machtsmiddel 0.1 *means of (exercising) power* ⇒*weapon.*

machtsmisbruik 0.1 *misuse of power/authority.*

machtsovername 0.1 *assumption of power* ⇒⟨inf.⟩ *takeover.*

machtspolitiek 0.1 *power politics.*

machtspositie 0.1 *position of power.*

machtssfeer 0.1 *sphere of influence* ◆ **6.1** Afghanistan ligt in de ~ v.d. Sovjet-Unie *Afghanistan is within the sphere of influence of the Soviet Union.*

machtsstrijd 0.1 *struggle for power* ⇒*power struggle* ◆ **3.1** een ~ voeren *struggle for power.*

machtsverheffing ⟨wisk.⟩ **0.1** *involution* ⇒*raising to a higher power.*

machtsverhouding ◆ **3.¶** de ~en zijn gewijzigd *the balance of power has shifted.*

machtsvertoon 0.1 *display of power* ⇒*show of strength* ◆ **6.1** met groot ~ *with a great show of strength.*

machtswellust 0.1 *perverted exercise/enjoyment of power* ⇒*tyranny.*

machtswellusteling 0.1 *power-mad person* ⇒*person drunk with power.*

machtswisseling 0.1 *change of power* ⇒⟨inf.⟩ *takeover.*

macramé 0.1 *macramé.*

macro¹ ⟨de⟩ **0.1** *macro.*

macro² ⟨bw.⟩ **0.1** *macro.*

macrobiotiek 0.1 *macrobiotics.*

macrobiotisch 0.1 *macrobiotic* ◆ **1.1** een ~ restaurant *a m. restaurant.*

macro-economie 0.1 *macroeconomics.*

macro-econoom 0.1 *macroeconomist.*

madam 0.1 [pej.; vrouw] *lady* **0.2** [bordeelhoudster] *madam* ◆ **3.1** de ~ spelen/uithangen *act the l.*

made 0.1 *maggot.*

madeliefje 0.1 *daisy.*

madonna 0.1 [Maria] *Madonna* **0.2** [meisje, vrouw] *madonna.*

madrigaal ⟨lit., muz.⟩ **0.1** *madrigal.*

Madrileen, -se ◆ **3.¶** ~ zijn *be/come from Madrid.*

Madrileens 0.1 *Madrid* ⟨attr.⟩; *of/from Madrid* ⟨na zn.⟩.

maestro 0.1 *maestro.*

maf 0.1 *crazy* ⇒*nuts*, ⟨BE ook⟩ *daft* ♦ **3.1** doe niet zo ~ *don't be so daft, stop goofing around* **5.1** hij is compleet ~ *he is completely bonkers.*

maffen ⟨inf.⟩ **0.1** *snooze* ⇒⟨BE ook⟩ *kip* ♦ **3.1** gaan ~ *hit the sack;* ⟨BE ook⟩ *kip down.*

maffia 0.1 *Mafia.*

maffialid 0.1 *mafioso.*

maffioso 0.1 *mafioso.*

mafkees, -ketel, -kikker ⟨inf.⟩ **0.1** *goof(ball), nut.*

magazijn 0.1 [bergplaats voor waren] *warehouse* ⟨pakhuis⟩ ⇒*stockroom* ⟨in winkels⟩, *supply room* ⟨op kantoren e.d.⟩ **0.2** [grote winkel] *shop,* [A]*store* **0.3** [mbt. geweer/pistool] *magazine* ♦ **2.1** boeken in het centraal ~ onderbrengen *store books in the central repository* **6.1** iets uit het ~ halen *get sth. from the w./supply room/stockroom.*

magazijnbediende 0.1 *warehouseman* ⟨in pakhuizen⟩ ⇒ *supply clerk* ⟨op kantoren e.d.⟩.

magazijnhouder, -meester 0.1 *warehouse/stock manager.*

magazine 0.1 [blad, tijdschrift] *magazine* **0.2** [programma, actualiteitenrubriek] *current affairs programme.*

mager 0.1 [dun] *thin* ⇒⟨broodmager⟩ *skinny* **0.2** [met weinig vet] *lean* **0.3** [pover] *feeble* **0.4** [druk.] *light* ♦ **1.1** een ~ gezicht *a lean face* **1.2** ~e riblappen *l. beef(ribs)* **1.3** een ~e ontvangst *a poor reception;* een ~e overwinning *a narrow victory;* een ~ resultaat *a poor/meagre result* **3.1** ~ worden *lose weight, get thin* **3.3** ~ afsteken bij *compare poorly to.*

magerte 0.1 *leanness* ⇒*thinness.*

magertjes 0.1 [sober, karig] *lean* ⇒*thin* **0.2** [onbeduidend] *lean* ♦ **3.1** het ~ hebben *have a pretty thin/hard time of it* **3.2** de opbrengst was ~ *the proceeds were scant(y)* ¶.¶ hoe was het? ~! *how was it? so-so!*

maggi ⟨merknaam⟩ **0.1** ±*soup flavouring.*

maggiplant 0.1 *lovage.*

magie 0.1 *magic* ♦ **2.1** zwarte ~ bedrijven *practice black m.*

magiër 0.1 *magician.*

magisch 0.1 *magic(al)* ♦ **1.1** een - e (aantrekkings)kracht *a magic power;* ⟨fig.⟩ het ~ realisme *Magic Realism;* op een haast ~e wijze *as if by magic.*

magistraal 0.1 *magisterial* ⇒⟨fig. ook⟩ *masterly* ♦ **1.1** een magistrale voorstelling *a masterly performance.*

magistraat 0.1 *magistrate.*

magistratuur 0.1 *magistrature* ⇒ *magistracy* ♦ **2.1** de staande - [B]*the Public Prosecutor,* [A]*the Prosecuting Attorney;* de zittende - *the court/bench.*

magma ⟨geol.⟩ **0.1** *magma.*

magnaat 0.1 *magnate* ⇒*tycoon.*

magneet 0.1 ⟨ook fig.⟩ *magnet.*

magneetkern ⟨comp.⟩ **0.1** *magnetic core.*

magneetkracht 0.1 *magnetic force.*

magneetnaald 0.1 *magnetic needle.*

magneetpas 0.1 *magnetic pass.*

magneetpool 0.1 *magnetic pole.*

magneetschijf ⟨comp.⟩ **0.1** *(magnetic) disk.*

magneetschijfgeheugen ⟨comp.⟩ **0.1** *disk storage unit.*

magneetveld 0.1 *magnetic field.*

magnesium 0.1 *magnesium.*

magnetisch 0.1 ⟨nat.; ook fig.⟩ *magnetic* ♦ **1.1** ~e kracht/aantrekking *m. force/attraction;* een ~e pool *a m. pole* **3.1** ~ maken *magnetize.*

magnetiseren 0.1 *magnetize.*

magnetiseur 0.1 *magnetizer.*

magnetisme 0.1 ⟨ook fig.⟩ *magnetism.*

magnetronfolie 0.1 *microwave cling film* ⇒*microwaveable plastic food wrap.*

magnetron(oven) 0.1 *microwave oven.*

magnifiek 0.1 *magnificent.*

magnolia 0.1 *magnolia.*

maharadja 0.1 *maharaja(h).*

mahjong 0.1 *mahjong(g).*

mahonie 0.1 ⟨bn. en zn.⟩ *mahogany.*

mailboot 0.1 *mailboat.*

maillot 0.1 *tights.*

maïs 0.1 [B]*maize,* [A]*corn* ♦ **2.1** gepofte ~ *popcorn.*

maïskolf 0.1 *corncob.*

maïskorrel 0.1 *kernel of* [B]*maize/*[A]*corn.*

maisonnette 0.1 *maison(n)ette.*

maître d'hôtel 0.1 *maître d'hôtel, headwaiter.*

maîtresse 0.1 *mistress* ♦ **3.1** een ~ hebben/onderhouden *have/keep a m.*

maïzena 0.1 [B]*cornflour,* [A]*cornstarch.*

majesteit 0.1 [titel] *Majesty* **0.2** [verheven pracht] *majesty* ⇒*grandeur, splendour* ♦ **4.1** Harer Majesteits Ambassadeur in Zwitserland *Her Majesty's Ambassador in/to Swiss;* Zijne/Hare Majesteit *His/Her M.*

majesteitsschennis 0.1 *lese majesty, lèse majesté.*

majestueus 0.1 *majestic(al)* ⇒*regal* ♦ **1.1** een majestueuze houding *a regal bearing* **3.1** zich ~ bewegen *move with majesty.*

majeur ⟨muz.⟩ **0.1** *major* ♦ **6.1** in ~ spelen *play in a m. key.*

majoor 0.1 *major* ⇒⟨BE; luchtmacht⟩ *squadron leader.*

majoraan 0.1 *marjoram.*

majorette 0.1 *(drum) majorette.*

mak 0.1 [getemd] *tame(d)* **0.2** [meegaand] *meek, gentle* ♦ **1.1** een ~ paard *a tame/docile horse* **3.1** ~ maken *break in* ⟨paard⟩; *tame* **8.2** zo ~ als een lammetje *as m./g. as a lamb.*

makelaar 0.1 [tussenhandelaar in onroerend goed] [B]*estate agent,* [A]*real estate agent* **0.2** [tussenhandelaar] *broker, agent* ♦ **2.1** beëdigd ~ en taxateur *sworn broker and* [B]*valuer/*[A]*appraiser* **6.2** ~ in effecten *stockbroker;* ~ in roerend goed *personal property a.;* ~ in assurantiën *insurance b.*

makelaardij, makelarij, makelaarschap 0.1 *brokerage, agency* ⇒⟨ihb. in onroerend goed⟩ *estate agency.*

makelaarsloon, -provisie 0.1 *brokerage* ⇒*(broker's) commission.*

makelij 0.1 *make, produce* ♦ **2.1** van eigen ~ *homegrown, home-produced;* van Griekse ~ *made in/produce of Greece;* van vreemde ~ *foreign-made, foreign produce.*

maken 0.1 [repareren] *repair* ⇒*fix* **0.2** [vervaardigen] *make* ⇒*produce,* ⟨in fabriek⟩ *manufacture* **0.3** [scheppen] *make, create* **0.4** [in een toestand/positie brengen] *make* **0.5** [uitvoeren, doen plaats hebben] *make* ⇒*do* **0.6** [verkrijgen] *make* ⇒*earn* (loon, winst) **0.7** [bedragen] *make, be* **0.8** [veroorzaken] *cause* ♦ **1.1** zijn auto kan niet meer gemaakt worden *his car is beyond repair;* een gebroken schaal ~ *mend a broken dish* **1.3** God maakte de mens naar zijn beeld *God created man in his image* **1.4** iem. voorzitter ~ *m./appoint s.o. chairman* **1.5** fouten ~ *m. mistakes* **1.6** veel geld ~ *m./earn a lot of money* **1.8** slachtoffers ~ *lead to fatalities/casualties* **2.4** iem. dood/blind ~ *kill/blind s.o.;* iem. wanhopig ~ *drive s.o. to despair;* zoiets maakt me woest! *this kind of thing really drives me up the wall* **3.1** ⟨fig.⟩ iem. kunnen ~ en breken *be able to make or break s.o.;* zijn auto laten ~ *have one's car repaired/fixed* **3.5** je hebt daar niets te ~ *you have no business there* **3.**¶ daar heb ik nooit mee te ~ gehad *that's something I've never had anything* *to do with;* je hebt er niets mee te ~ *it is none of your business;* dat heeft er niets mee te ~ *that's got nothing to do with it;* dan krijg je met mij te ~ *in that case you'll have to deal with me;* ⟨inf.⟩ dat kun je (tegenover haar) niet ~ *you can't do that (to her);* ze wil niets meer met hem te ~ hebben *she doesn't want anything more to do with him* **4.4** het is maar wat je ervan maakt *it all depends on what you do with/m. of it* **4.5** hij kan mij niets ~ *he's got nothing on me* **4.¶** ⟨inf.⟩ het (helemaal) ~ *make it (to the top);* moeder en kind ~ het goed *mother and baby are doing well;* hij maakt het slecht *he is not (doing too) well* **5.2** dit model wordt niet meer gemaakt ⟨ook⟩ *this model has been discontinued* **5.4** er het beste van ~ *m. the most of it;* hij maakt er niet veel van *he is not doing too well, he is making a bit of a mess of it;* hij maakt er nog niet veel van *he is not very good at it yet;* ervan ~ wat ervan te ~ valt *m. the best of a bad job;* hij zal het niet lang meer ~ *he is not long for this world* **5.5** je hebt het ernaar gemaakt *you've asked for it* **5.¶** ik weet het goed gemaakt *I'll tell you what, I'll make you an offer;* hoe maakt u het? *how do you do?;* hoe maakt je broer het? *how is your brother?* **6.2** cider wordt **van** appels gemaakt *cider is made from apples;* een tafel die **van** hout/staal is gemaakt *a table made of wood/steel* **6.4** ergens een werkplaats **van** ~ *turn sth. into a workshop* **6.¶** **van** een vijf een zes ~ *change/turn a five into a six* **8.8** het slechte weer maakte dat ze de trein miste *the bad weather caused her to miss the train* **8.¶** maak dat je wegkomt! *get out of here!* **¶.¶** ⟨inf.⟩ maak het nou (een beetje)! *you can't be serious!;* ⟨verbazing⟩ *go away!*

maker **0.1** *producer* ⇒*artist* ⟨van schilderij⟩, *author* ⟨van boek⟩.

make-up **0.1** *make-up* ◆ **3.1** ~ aanbrengen/opbrengen *put on make-up;* mijn ~ is uitgelopen *my (eye) make-up/mascara has run.*

makkelijk I ⟨bn.⟩ **0.1** [eenvoudig] *easy* ⇒*simple* ◆ **3.1** dat maakt de zaak er niet ~er op *that doesn't make things (any) easier;*
II ⟨bw.⟩ **0.1** [zonder veel inspanning/tegenstand] *easily, readily* **0.2** [zeer wel] *easily* ◆ **3.1** jij hebt ~ praten *it's easy (enough) for you to talk;* hij komt ~ onder de invloed van anderen *he is e. influenced by others* **3.2** dat kan ~ ⟨het is te doen⟩ *that can be done e.;* ⟨het is goed mogelijk⟩ *that may well be.*

makker **0.1** *pal;* ⟨BE ook⟩ *mate.*

makkie ⟨inf.⟩ **0.1** *piece of cake* ⇒⟨karwei⟩ *cushy/easy job* ◆ **3.1** ergens een ~ aan hebben *get off easy with sth.;* dat is toch zeker een ~ *that's a piece of cake, isn't it?*

makreel **0.1** *mackerel.*

makroon **0.1** *macaroon.*

mal¹ ⟨de⟩ **0.1** *mould* ⇒*template* ◆ **6.¶** iem. **voor** de ~ houden *make fun of s.o., pull s.o.'s leg.*

mal² ⟨bn., bw.⟩ **0.1** [gek, raar] *silly* **0.2** [onbezonnen] *silly* ⇒ *foolish* **0.3** [netelig, moeilijk] *awkward, tricky* ◆ **1.1** een ~ hoedje *a s./funny hat;* ~le ideeën krijgen *get (s.) notions into one's head* **1.2** nee, ~le meid/jongen *no, silly!* **1.3** een ~le geschiedenis *an a. business* **3.1** ben je ~? *are you kidding?;* doe niet zo ~ *don't be s.*

malafide **0.1** *malafide.*

malaise **0.1** [gedrukte stemming] *malaise* **0.2** [ec.] *depression* ⇒*slump* ◆ **2.1** algehele ~ *total m.* **3.2** er heerst grote ~ in de bouwnijverheid *there is a slump in the building trade.*

malaria **0.1** *malaria.*

malarialijder **0.1** *malaria patient/sufferer.*

malariamug **0.1** *malaria mosquito.*

Malediven **0.1** *Maldive Islands* ⇒*Maldives.*

Maleier **0.1** *Malay* ⇒⟨oneigenlijk⟩ *Malaysian* ◆ **8.1** hij was zo dronken als een ~ *he was as drunk as a ᴮlord.*

Maleis¹ ⟨het⟩ **0.1** *Malay.*

Maleis² ⟨bn.⟩ **0.1** [v.d. Maleiers] *Malay,* ᴬ*Malayan* ⇒⟨oneigenlijk⟩ *Malaysian* **0.2** [mbt. de taal] *Malay.*

Maleisië **0.1** *Malaysia.*

Maleisiër, -se **0.1** *Malaysian.*

Maleisisch **0.1** *Malaysian.*

malen I ⟨onov.ww.⟩ **0.1** [draaien] *turn* ⇒*grind* **0.2** [piekeren] *worry* **0.3** [zaniken] *nag* **0.4** [steeds weer opdoemen] *keep going/running* ◆ **3.¶** ~de zijn *be crazy* **6.2** niet om iets ~ *not care for sth.* **6.3** over/op iets (blijven) ~ *keep on about sth.* **6.4** dat maalt hem steeds **door** het hoofd *it keeps going through his head;*
II ⟨ov.ww.⟩ **0.1** [fijnmaken] *grind* ⇒*crush* ⟨erts⟩ **0.2** [polderwater uitpompen] *pump, drain* **0.3** [met het gebit fijnmaken] *chew* ◆ **1.1** koffie ~ *g. coffee.*

malerij **0.1** [deel v.e. molen/fabriek] *mill* **0.2** [het malen] *grinding, milling.*

malheid **0.1** [gekheid] *foolishness* **0.2** [dwaze daad] *folly.*

malheur **0.1** *trouble* ◆ **3.1** altijd ~ hebben met iets *be always having/running into t. with sth.*

maliënkolder ⟨gesch.⟩ **0.1** *coat of mail.*

maling **0.1** *grind* ◆ **1.1** snelfiltermaling *filter fine* **2.1** grove ~ *course ground* **3.¶** daar heb ik ~ aan *I don't give a hoot* **6.¶** ~ **aan** iets/iem. hebben *not give a rap about sth./s.o.;* ~ hebben **aan** alles en iedereen *thumb one's nose at everything and everyone;* iem. **in** de ~ nemen *pull s.o.'s leg, fool s.o.;* laat je niet **in** de ~ nemen *don't let yourself be taken in;* je neemt me (zeker) **in** de ~ *you've got to be kidding.*

mallemoer ⟨inf.⟩ ◆ **6.¶** naar zijn ~ *ruined, finished* **7.¶** dat gaat je geen ~ **aan** *that's none of your damn business;* daar schiet je geen ~ mee op *that doesn't get you anywhere.*

mallemolen **0.1** *merry-go-round.*

malligheid **0.1** *foolishness* ◆ **3.1** ~ uithalen *play the buffoon.*

malloot **0.1** *idiot; fool, scatterbrain.*

malloterig **0.1** *foolish.*

mals **0.1** [zacht in de mond] *tender* **0.2** [zachtzinnig] ⟨zie 5.2⟩ **0.3** [weldadig] *soft, gentle* ⟨regen(bui)⟩ ◆ **1.1** een ~e biefstuk *a (nice) juicy steak;* ~ vlees *t. meat* **5.2** zijn oordeel was niet ~ *he was very harsh in his judgement;* ~ zijn in zijn oordeel over iets *use harsh words about sth.;* wat zij zei was lang niet ~ *she didn't pull any punches* **8.1** zo ~ als boter *(as) soft as butter.*

malt **0.1** *non-alcoholic beer.*

Maltees **0.1** *Maltese.*

Maltezer **0.1** *Maltese* ◆ **1.1** een ~ kruis *a M. cross;* een ~ leeuwtje *a M. (dog/terrier).*

malversatie **0.1** *embezzlement* ⇒*malversation* ⟨alleen enk.⟩ ◆ **6.1** zich schuldig maken **aan** ~s *embezzle, be guilty of malversation.*

mama, mamma **0.1** *mam(m)a.*

mammie **0.1** ᴮ*Mum(my),* ᴬ*Mom(my).*

mammoet **0.1** [dier] *mammoth* **0.2** [in samenst.] *mammoth, giant* ◆ **1.2** mammoettanker *supertanker, VLCC* ⟨Very Large Crude Carrier⟩.

mammon ⟨rel.⟩ **0.1** *Mammon* ◆ **3.1** de ~ dienen *serve M.*

mams ⟨inf.; teder⟩ **0.1** ᴮ*Mum(my),* ᴬ*Mom(my).*

man **0.1** [volwassen mannelijk mens] *man* **0.2** [mens] *man* ⇒*human* **0.3** [echtgenoot] *husband* **0.4** [flink persoon] *man* **0.5** [lid v.e. bemanning] *man, hand* **0.6** [lid v.e. groep/team] *man* **0.7** [in samenst.; mbt. een beroep] *man* 〈zie ook 1.7〉 ♦ **1.2** 〈fig.〉~ en paard noemen *give/tell the whole story;* 10.000 ~ publiek *a 10,000-strong audience* **1.5** 〈van schepen〉 met ~ en muis vergaan *go down with all hands* **1.6** met ~ en macht aan iets werken *make an all-out effort;* zich met ~ en macht tegen iets verzetten *resist sth. with might and main* **1.7** bloemenman *florist, flower-seller* **2.1** de aangewezen ~ voor dat karweitje *the best/obvious m. for the job;* beste ~ 〈ook iron.〉 *my dear fellow/m.;* de goede ~ weet nog van niets *the poor m./fellow knows nothing yet;* hij is hier de grote ~ *he is the big boss here;* hij is geen vrij ~ *he is not his own m.* **2.2** 〈fig.〉 de gewone/kleine ~ *the m. in the street, the common m.* **2.6** 〈sport〉 laatste ~ spelen *play sweeper* **3.1** hij is er de ~ niet naar om *he is not the (sort of) m. who would* **4.¶** onder die voorwaarden ben ik je ~ *under these conditions, I'm with you* **5.2** vijf ~ sterk *five strong* **6.1** op de ~ spelen 〈sport〉 *go for the m./player;* 〈fig.〉 *get personal;* een ~ **uit** duizenden *a m. in a million;* een ~ **van** de daad/wereld *a m. of action/the world;* een ~ **van** weinig woorden *a m. of few words;* hij is een ~ **van** zijn woord *he is as good as his word* **6.2** iets **aan** de ~ brengen *sell sth.;* iem. recht **op** de ~ af iets zeggen *give it to s.o. straight;* iem. iets (recht) **op** de ~ af vragen *ask s.o. a point-blank question, ask s.o. sth. straight;* 〈sport〉 ~ **tegen** ~ *man-to-man* **6.3 aan** de ~ komen *find (o.s.) a h./man;* zijn dochters **aan** de ~ brengen *marry off one's daughters* **6.6 met** hoeveel ~ zijn we? *how many are we?* **7.2** een tientje de ~ *ten guilders each* **8.1** als ~ nen onder elkaar *m. to m.* **8.2** als één ~ *as one (m.)* **8.4** zijn verdriet dragen als een ~ *bear one's grief/take it like a m.* **9.1** ach ~, hou toch op *ah, come off it* **¶.2** 〈sprw.〉 een ~ een man, een woord een woord *an honest man's word is (as good as) his bond;* 〈sprw.〉 een gewaarschuwd ~ telt voor twee *forewarned, forearmed.*

management 0.1 [het besturen] *management* **0.2** [leer] *management (studies).*

managementteam 0.1 *management team.*

managen 0.1 [leiden] *manage* **0.2** [fiksen] *fix* ⇒*manage to get done.*

manager 0.1 *manager.*

manche 0.1 [wedstrijdonderdeel] *heat* **0.2** [bridge] *game, leg.*

manchester 0.1 〈geribd〉 *corduroy.*

manchet 0.1 [boord aan een mouw] *cuff* **0.2** [ring voor afsluiting] *sealing ring* ⇒〈pakking〉 *gasket.*

manchetknoop 0.1 *cuff link.*

manco 0.1 *flaw* ♦ **3.1** zijn werk heeft één ~ *his work has one f.;* een ernstig ~ vertonen *show a serious defect.*

mand 0.1 *basket* ♦ **5.1** ~ en vol vis *baskets full of fish* **6.1 in** je ~! 〈tegen hond〉 *in your b.!* **6.¶** bij een verhoor **door** de ~ vallen *have to own up/come clean;* als leraar **door** de ~ vallen *fail as/fall short as a teacher;* hij is als aanvoerder lelijk **door** de ~ gevallen *he's made a poor show(ing)/he's been a failure as captain* **8.1** zo lek als een ~ je *leaking like a sieve.*

mandaat 0.1 [machtiging] *mandate* ⇒〈functie〉 *(term of) office* **0.2** [opdracht] *mandate* ♦ **2.2** een blanco ~ krijgen *be given a free hand* **3.1** ~ verlenen *give a m., grant authority* **3.2** zijn ~ neerleggen/ter beschikking stellen *resign (one's seat/office);* zij ontvangen hun ~ v.d. kiezers *they get their m. from the electorate.*

mandag 0.1 *man-day.*

mandarijn 0.1 [vrucht] *mandarin* ⇒〈klein〉 *tangerine* **0.2** [staatsambtenaar in China] *mandarin.*

mandekking 〈sport〉 **0.1** *man-to-man marking;* 〈USA, Canada〉 *man-on-man coverage* ♦ **6.1 in** de ~ spelen/staan *be marking/covering (one's opponent).*

mandfles 0.1 *bottle in a basket.*

mandoline 0.1 *mandolin.*

mandril 0.1 *mandrill.*

manege 0.1 [bedrijf] *riding school* ⇒*manege* **0.2** [plaats] *arena.*

manen[1] 〈mv.〉 **0.1** *mane.*

manen[2] 〈ov.ww.〉 **0.1** [met aandrang herinneren] *remind* ⇒〈sterker〉 *demand* **0.2** [aansporen] *urge* ♦ **6.1** iem. **om** geld ~ *demand payment from s.o.* **6.2 tot** voorzichtigheid ~ *caution;* iem. **tot** kalmte ~ *admonish s.o. to be calm;* dit maant (ons) **tot** voorzichtigheid *this should be a warning to us (to proceed cautiously).*

maneschijn 0.1 *moonlight* ♦ **6.1 bij** ~ *by m.*

mangaan 0.1 *manganese.*

mangat 0.1 *manhole* ⇒〈scheep.〉 *scuttle.*

mangel 0.1 *mangle* ♦ **6.1** 〈fig.; scherts.〉 **door** de ~ gehaald worden 〈ondervraagd〉 *be put through the wringer;* 〈bekritiseerd〉 *he crucified.*

mangelen 0.1 [gladmaken] *mangle* ♦ **3.1** 〈fig.〉 gemangeld worden *be put through the wringer.*

mango 0.1 *mango.*

manhaftig 0.1 *manful* ⇒〈bn. ook〉 *manly* ♦ **1.1** een ~ e daad *a manly deed* **3.1** zich ~ gedragen *act manfully.*

manhaftigheid 0.1 *manliness.*

maniak 0.1 *maniac* ⇒〈mbt. gezondheid〉 *freak,* 〈mbt. film〉 *buff,* 〈mbt. film〉 *fan* ♦ **1.1** een seksmaniak *a sex m.*

maniakaal 0.1 *maniacal* ⇒*fanatic* ♦ **1.1** een maniakale verzamelwoede *collector's mania.*

manicure I 〈de〉 **0.1** [het verzorgen] *manicure;* **II** 〈de (m.)〉 **0.1** [persoon] *manicurist.*

manie 0.1 *mania* ♦ **3.1** een ~ hebben voor alles wat Engels is *have a passion/m. for all things English.*

manier 0.1 [wijze van doen/handelen] *way* ⇒*manner* **0.2** [mv.; omgangsvormen] *manners* ♦ **2.1** daar is hij ook niet op een eerlijke ~ aangekomen *he didn't get that by fair means;* iets op zijn eigen ~ doen *do sth. in one's own w.;* iets op de juiste ~ doen *do sth. properly/the right w.;* ik vind het maar een rare ~ van doen *I think it's a pretty strange thing to do* **2.2** goede/geen ~ en hebben *have good/no m.;* het getuigt van slechte ~ en *it shows bad m.* **3.1** haar ~ van doen *her manner/w. of behaving,* her behaviour; hun ~ van leven *their w. of life* **5.1** de ~ waarop die w. (in which) it is done **6.1** op die ~ bereik je niks *that will get you nowhere;* o, **op** die/zo'n ~ *oh, I see!* 〈ook iron.〉; **op** een fatsoenlijke ~ *in a decent manner, decently;* hij probeerde leuk te zijn **op** zijn ~ *he tried to be what he thought was funny;* **op** alle mogelijke ~ en *in every possible/conceivable w.;* **op** die ~ kom je nooit klaar *at this rate you'll never be finished;* **op** de een of andere ~ *somehow or other;* **op** de gebruikelijke/die ~ *(in) the usual/that w.* **7.1** dat is dé ~ *that is the right w.;* dat is geen ~ (van doen) *that is not the w. (to do things/to treat s.o.)* **¶.2** wat zijn dat voor ~ en! *what kind of behaviour is that!*

maniërisme 0.1 *mannerism.*

maniertje 0.1 [truc] *trick* **0.2** [lichte gemaaktheid] *air* ♦ **2.2** fijne ~ s *airs and graces* **4.2** ik heb een hekel aan die ~ s van hem *I can't stand the airs he puts on* **6.1** bestaat er een ~ **om** dat te leren? *is there a t. for learning that?*

manifest[1] 〈het〉 **0.1** *manifesto.*

manifest[2] 〈bn.〉 **0.1** *manifest* ⇒*obvious.*

manifestatie 0.1 [betoging] *demonstration* ⇒〈zonder politiek doel〉 *happening,* 〈cultureel e.d.〉 *event* **0.2** [vertoning] *demonstration* **0.3** [verschijning] *manifestation* ♦ **1.2** een ~ van machtsmiddelen *a display of power* **6.1** een ~ **tegen** kernwapens *a d. against nuclear weapons.*

manifesteren I ⟨ov.ww.⟩ **0.1** [vertonen] *manifest;*
II ⟨onov.ww.⟩ **0.1** [betoging houden] *demonstrate;*
III ⟨wk.ww.; zich ~⟩ **0.1** [zich openbaren] *manifest o.s.*
manipulatie 0.1 *manipulation* ◆ **2.1** genetische ~ *genetic engineering.*
manipulatief 0.1 *manipulative.*
manipuleren 0.1 *manipulate* ⇒⟨frauduleus⟩ *rig* ◆ **1.1** de verkiezingen ~ *rig the elections* **6.1** ~ met statistische gegevens *m./juggle statistics.*
manisch 0.1 *manic.*
manisch-depressief 0.1 *manic-depressive* ◆ **1.1** manisch-depressieve psychose *m.-d. psychosis.*
manjaar 0.1 *man-year* ◆ **7.1** dertig manjaren *thirty man-years.*
mank 0.1 *lame* ◆ **3.1** ⟨fig.⟩ aan hetzelfde euvel ~ gaan *suffer from the same defect;* ⟨fig.⟩ deze vergelijking gaat ~ *this comparison falls short;* ~ lopen *(walk with a) limp* **6.1** ~ zijn aan de linkervoet *have a crippled left foot.*
mankement 0.1 *defect* ⇒⟨inf.; mbt. machines⟩ *bug* ◆ **3.1** nog heel wat ~ en vertonen *be full of shortcomings* **6.1** een ~ aan de remmen *a brake d.*
manken ⟨AZN⟩ **0.1** *walk with/have a limp* ⇒*limp.*
mankeren I ⟨onov.ww.⟩ **0.1** [schelen] *be wrong/the matter* **0.2** [ontbreken] *be missing* **0.3** [in gebreke zijn] *be wrong* ◆ **4.1** wat mankeert je toch? *what's wrong/the matter with you?* **5.2** dat mankeert er nog maar aan *that's all I/ we need* **5.3** er mankeert nogal wat aan *there's a fair amount wrong with it* **6.3** ik kom, zonder ~ *I'll come without fail;*
II ⟨ov.ww.⟩ **0.1** [(afwijking, ziekte) hebben] *have sth. wrong/the matter* ◆ **4.1** ik mankeer niets *I'm all right, there's nothing wrong with me.*
mankracht 0.1 *manpower* ◆ **3.1** de machine wordt door ~ bewogen *the machine is driven by hand/manually.*
manmoedig 0.1 *manly.*
manmoedigheid 0.1 *manliness.*
manna ⟨rel.⟩ **0.1** *manna* ◆ **8.1** het komt als ~ uit de hemel vallen *it is like m./pennies from heaven.*
manneke(n) 0.1 *little fellow/guy* ◆ ¶**.1** pas op, ~! *watch it, sonny!*
mannelijk 0.1 [mbt. het geslacht] *male* **0.2** [(als) v.e. man] *masculine* ⇒*male* **0.3** [manhaftig] *manly* **0.4** [taal.] *masculine* ◆ **1.1** een ~ kind *a m. child;* het ~ lid *the m. organ* **1.2** een ~ e stem *a masculine voice* **1.4** een ~ zelfstandig naamwoord *a m. noun* **3.3** zich ~ gedragen *behave in a m. way.*
mannelijkheid 0.1 [viriliteit] *manliness* **0.2** [penis] *manhood.*
mannenbeweging 0.1 *men's liberation movement.*
mannenbroeders ⟨scherts.⟩ **0.1** *fellas!; guys!*
mannengek 0.1 *man-chaser.*
mannengemeenschap 0.1 *male community/(dominated) society* ⇒*man's world.*
mannenklooster 0.1 *monastery.*
mannenkoor 0.1 *male choir, men's chorus.*
mannenmaatschappij 0.1 *man's world, male (dominated) society.*
mannenpil 0.1 *male pill.*
mannenstem 0.1 *male voice* ⇒*man's voice.*
mannentaal 0.1 *manly/strong language* ⇒⟨inf.⟩ *man-talk* ◆ **3.1** dat is pas ~! *now you're talking (like a man).*
mannenwerk 0.1 [dat kracht vereist] *(a) man's job* **0.2** [dat past voor een man] *men's work.*
mannenzaal 0.1 *men's ward.*
mannequin 0.1 [persoon] *model* **0.2** [etalagepop] *mannequin* ◆ **8.1** als ~ showen/werken *model.*

mannetje 0.1 [jong/klein persoon] *little fellow/guy* **0.2** [gestalte v.e. mens] *male figure* **0.3** [persoon] *man* **0.4** [dier/plant] *male* ◆ **3.3** daar heb ik mijn ~ s voor *I've got my men/people for that* **3.¶** zijn ~ staan *hold one's own/ one's ground* **6.2** het ~ in de maan *the man in the moon* **6.3** ⟨fig.⟩ ~ aan ~ zitten *sit shoulder to shoulder.*
mannetjesdier 0.1 *male.*
mannetjesmaker 0.1 *spindoctor.*
mannetjesputter 0.1 [sterke man/vrouw] *strapping/ strong man/woman;* ⟨mbt. man⟩ *he-man* **0.2** [iem. die knap in zijn vak is] *ace.*
manoeuvre 0.1 *manoeuvre* ◆ **2.1** een handige ~ *a clever move;* politieke ~ s *political stratagems;* een verkeerde ~ bij het parkeren *a false m. while parking* **6.1** ⟨mil.⟩ op ~ zijn *be on manoeuvres.*
manoeuvreerbaar 0.1 *manoeuvrable.*
manoeuvreerbaarheid 0.1 *manoeuvrability.*
manoeuvreren 0.1 *manoeuvre* ◆ **1.1** een schip ~ *m. a ship;* de troepen ~ *the troops are on manoeuvres* **3.1** hij wist het zo te ~ dat ... *he contrived to ...* **6.1** iem. in een onaangename positie ~ *manoeuvre s.o. into an awkward position;* ⟨inf.⟩ met iets ~ *m./manipulate sth.*
manometer 0.1 *manometer.*
mans ◆ **3.¶** hij is heel wat ~ *he's got guts* **5.¶** zij is er ~ genoeg voor *she's man enough to get the job done, she can handle it;* hij is er ~ genoeg voor *he's man enough to do it.*
manschappen 0.1 *men* ⇒⟨scheep.⟩ *crew* ◆ **1.1** officieren en ~ *officers and m.*
manshoog 0.1 *man-size(d)* ⇒*of a man's height.*
manshoogte 0.1 *man's height.*
manspersoon 0.1 *fellow, guy* ⇒*male.*
mansvolk 0.1 *menfolk(s).*
mantel 0.1 [jas] *coat* ⇒⟨zonder mouwen; ook fig.⟩ *cloak* **0.2** [tech.] *casing* ⇒*housing* ◆ **1.1** ⟨fig.⟩ met de ~ der liefde bedekken *cover with the cloak of charity* **3.¶** ⟨fig.⟩ iem. de ~ uitvegen *haul s.o. over the coals* **6.¶** ⟨fig.⟩ onder de ~ van *under cover of.*
mantelorganisatie 0.1 *umbrella organization.*
mantelpak, -kostuum 0.1 *suit.*
mantelzorg 0.1 *volunteer aid.*
manueel 0.1 *manual.*
manufacturen 0.1 *drapery.*
manufacturenwinkel 0.1 *draper's.*
manuscript 0.1 *manuscript* ⇒⟨getypt ook⟩ *typescript.*
manusje-van-alles 0.1 ⟨iem. die alles kan⟩ *jack-of-all-trades;* ⟨iem. die alles moet doen⟩ *a (general) dogsbody* ⇒ ⟨inf.⟩ *chief cook and bottle-washer.*
manuur 0.1 *man-hour.*
manvolk 0.1 *menfolk.*
manwijf 0.1 *mannish woman;* ⟨bazig⟩ *battle-axe.*
manziek 0.1 *nymphomaniacal.*
maoïsme 0.1 *Maoism.*
maoïst 0.1 *Maoist.*
map 0.1 [omslag] *file* ⇒*folder* **0.2** [mbt. de inhoud] *file* ◆ **6.1** iets in een ~ doen *put sth. in a file.*
maquette 0.1 *(scale-)model.*
maraboe 0.1 *marabou.*
marathon 0.1 ⟨ook in samenst.⟩ *marathon* ◆ **1.1** filmmarathon *film m.;* marathonvergadering *m. meeting.*
marathonloop 0.1 *marathon race.*
marathonloper 0.1 *marathon runner.*
marathonschaatser 0.1 *marathon skater.*
marchanderen 0.1 *bargain* ◆ ¶**.1** met haar valt niet te ~ *there's no moving her.*
marcheren 0.1 [in ritmische pas lopend] *march* **0.2** [fig.; lo-**

pen] **run (well)** ⇒*go well* ♦ **5.2** de zaak marcheert niet *things aren't running/going well.*

marconist 0.1 *radio operator.*

Marcus 0.1 *Mark.*

mare 0.1 [tijding] *tidings* **0.2** [gerucht] *word* ⇒*report, rumour* ♦ **3.2** de ~ gaat/loopt *w./rumour has it, the report goes.*

marechaussee I ⟨de (v.)⟩ **0.1** [militair politiekorps] *military police* ⇒*M.P.;* **II** ⟨de (m.)⟩ **0.1** [korpslid] *military policeman* ⟨m.⟩ */policewoman* ⟨v.⟩ ⇒*M.P.*

maren 0.1 *raise objections* ♦ **4.1** niets te ~ *no buts (about it).*

maretak 0.1 *mistletoe.*

margarine 0.1 *margarine.*

marge 0.1 *margin* **0.2** [geldw.] *band* ⟨mbt. wisselkoersen, rentetarieven⟩ ♦ **2.¶** de literaire ~ *the literary fringe* **6.1** opmerking in de ~ *comment in the m.;* gerommel in de ~ *fiddling about.*

marginaal 0.1 *marginal* ♦ **1.1** een - bestaan *a m. existence;* een marginale groep *a fringe group.*

margriet 0.1 *marguerite* ⇒*(oxeye) daisy.*

Mariabeeld 0.1 *statue of the Virgin Mary.*

Maria-Hemelvaart 0.1 *Assumption.*

Mariaverering ⟨rel.⟩ **0.1** *veneration of the Virgin Mary.*

marifoon 0.1 *marine telephone.*

marihuana 0.1 *marijuana, marihuana.*

marimba 0.1 *marimba.*

marinade 0.1 *marinade* ♦ **6.1** iets in de ~ zetten *marinate sth.*

marine 0.1 *navy* ♦ **2.1** de Koninklijke Marine *the Royal Navy* **6.1** bij de ~ zijn *be in the n.;* officier bij de ~ *naval officer.*

marinebasis 0.1 *naval base.*

marineblauw 0.1 ⟨bn. en zn.⟩ *navy blue.*

marinehaven 0.1 *naval port.*

marineofficier 0.1 *naval officer.*

marineren 0.1 *marinate* ♦ **1.1** gemarineerde haring *marinated/pickled herring.*

marinevliegtuig 0.1 *naval aircraft.*

marinewerf 0.1 *naval dockyard.*

marinewezen 0.1 *naval affairs.*

marinier 0.1 *marine* ♦ **1.1** het Korps Mariniers *the Marine Corps;* ⟨inf.⟩ *the Marines.*

marionet 0.1 *puppet.*

marionettenregering 0.1 *puppet regime.*

marionettentheater 0.1 *puppet theatre/show.*

maritiem 0.1 *maritime* ♦ **1.1** een ~e mogendheid *a m. power;* ~ recht *m. law.*

marjolein 0.1 *marjoram.*

mark 0.1 *mark.*

markant 0.1 *striking* ♦ **1.1** een ~e figuur *a s. personality;* een ~e plaats innemen *take/have a prominent place.*

markeerstift, markeerpen 0.1 *marker* ⇒*marking pen.*

marker 0.1 *marker* ⇒⟨markeerstift ook⟩ *highlighter.*

markeren 0.1 *mark.*

markering 0.1 *marking* ⇒⟨verkeer⟩ *signposting.*

marketingstrategie 0.1 *marketing strategy.*

markies I ⟨de (m.)⟩ **0.1** [als titel] *marquis;* **II** ⟨de⟩ **0.1** [luifel] *canopy* **0.2** [zonnescherm] *awning.*

markiezin 0.1 *marquise* ⇒⟨GB⟩ *marchioness.*

markt 0.1 *market* ⟨ook ec.⟩ ♦ **2.1** een dalende/stijgende ~ *a bear/bull m.;* 'n krappe ~ *a small m.;* op de vrije/open(bare) ~ *on the open m.;* de zwarte ~ *the black m.;* ⟨voor particulieren⟩ *the free m.* **3.1** de ~ bederven *ruin trade/the m.;*

de ~ bewerken *work upon/manipulate the m.;* er is geen ~ meer voor dat product *there is no m. for that product any more;* de ~ overstromen/overspoelen met *flood/swamp the m. with;* een boek van de ~ houden *keep a book out of circulation;* v.d. ~ verdringen *push out of/push off the m.;* een ~ zoeken voor een nieuw product *seek a m./an outlet for a new product* **6.1** goed in de ~ liggen *be sal(e)able/marketable;* ⟨fig.⟩ *have a good name;* naar de ~ gaan *go to m.;* op de ~ brengen *put/place/bring on the m., market;* op de ~ kopen *buy at the m.;* op de ~ staan *be at the m./in the marketplace;* op de ~ komen *come onto the m.* ⟨product⟩; op de ~ gooien *throw/dump on the m.;* ⟨fig.⟩ zichzelf uit de ~ prijzen *price o.s. out of the m.;* ⟨fig.⟩ van alle ~en thuis zijn *be able to turn one's hand to anything* **7.1** ⟨ec.⟩ de ~ ⟨ook⟩ *the marketplace.*

marktaanbod 0.1 *market supply.*

marktaandeel 0.1 *market share* ⇒*share of a/the market.*

marktanalyse 0.1 *market analysis* ⇒⟨onderzoek⟩ *market research,* ⟨gericht op marketing⟩ *marketing research.*

marktdag 0.1 *market day.*

markteconomie 0.1 *market economy.*

markten 0.1 *go to market* ♦ **3.1** gaan ~ *go to market.*

marktgericht 0.1 *market-oriented.*

marktgevoelig 0.1 *sensitive to market changes/swings.*

markthal 0.1 *market hall* ⇒*covered market.*

markthandel 0.1 *market trade/dealings.*

marktkoopman 0.1 *market vendor* ⇒*stallholder.*

marktkraam 0.1 *market stall/booth.*

marktleider 0.1 *market leader.*

marktmechanisme ⟨ec.⟩ **0.1** *market forces.*

marktnotering 0.1 *market rate/*⟨mbt. effecten enz.⟩ *quotation.*

marktonderzoek 0.1 *market research* ⇒⟨gericht op marketing⟩ *marketing research.*

marktplaats 0.1 [standplaats] *marketplace* **0.2** [stad] *market town.*

marktprijs 0.1 [op de markt] *price at the market* **0.2** [in het vrije goederenverkeer] *market price* ♦ **6.2** tegen de ~ *at m. p.*

marktsector 0.1 *market sector.*

marktsegmentatie ⟨ec.⟩ **0.1** *market segmentation.*

marktstrategie ⟨ec.⟩ **0.1** *market strategy* →⟨gericht op marketing⟩ *marketing strategy.*

marktverkenning 0.1 *marketing research.*

marktvrouw 0.1 *market woman/vendor.*

marktwaar 0.1 *market goods.*

marktwaarde 0.1 *market value* ♦ **3.1** ⟨fig.⟩ de voetballer probeerde zijn ~ te verhogen *the footballer tried to increase his m. v.*

marmelade 0.1 *marmalade.*

marmer 0.1 ⟨ook fig.⟩ *marble* ♦ **8.1** zo hard als ~ *(as) hard as rock;* ⟨fig.⟩ haar gezicht was als van ~ *she had a stony expression on her face.*

marmerachtig 0.1 *marble-like.*

marmerader 0.1 *vein in marble.*

marmerbeeld 0.1 *marble statue.*

marmeren 0.1 *marble* ♦ **1.1** een buffet met ~ blad *a marble-topped sideboard.*

marmergroeve 0.1 *marble quarry.*

marmot 0.1 [knaagdier in de Alpen] *marmot* **0.2** [inf.; cavia] *guinea pig* ♦ **8.1** slapen als een ~ *sleep like a log/top.*

Marokkaan, -se 0.1 *Moroccan.*

Marokkaans 0.1 *Moroccan.*

Marokko 0.1 *Morocco.*

mars¹ ⟨de⟩ **0.1** [tocht] *march* **0.2** [muz.] *march* ♦ **2.2** een militaire ~ *a military m.* **6.1** zich **op** ~ begeven *go on a m.*, *march;* **op** ~ zijn *be on the m.* **6.¶** hij heeft niet veel **in** zijn ~ *he hasn't got a lot to offer;* ⟨weet niet veel⟩ *he is pretty ignorant;* ⟨mbt. hersens⟩ *he hasn't got a lot upstairs;* ⟨kan niet veel⟩ *he's not up to much;* hij heeft heel wat **in** zijn ~ *he has a lot to offer;* ⟨weet veel⟩ *he is pretty knowledgeable;* ⟨mbt. hersens⟩ *he's got it upstairs.*

mars² ⟨tw.⟩ **0.1** *march!* ◆ **¶.1** voorwaarts ~! *forward march!;* ingerukt ~! *dismiss!*

Mars 0.1 *Mars.*

Marseille 0.1 *Marseilles.*

marsepein 0.1 *marzipan.*

marskramer 0.1 *hawker* ⇒*pedlar.*

marsmuziek 0.1 *marching music.*

marsorder, -bevel 0.1 *marching orders* ◆ **3.1** ~s ontvangen hebben *have received one's/be under m. o.*

martelaar, -lares 0.1 [iem. die lijdt] *martyr* **0.2** [iem. die kwelt] *torturer.*

martelaarschap 0.1 *martyrdom.*

martelarij 0.1 *torture.*

marteldood 0.1 [dood door marteling] *martyr's death* **0.2** [wrede dood] *cruel/agonizing death* ◆ **3.1** de ~ sterven *die a martyr('s death).*

martelen 0.1 ⟨ook fig.⟩ *torture* ◆ **2.1** iem. dood ~ *torture s.o. to death* **3.1** dat wachten is ~d *this waiting is (sheer) torture/agony.*

martelgang 0.1 *torture* ⟨ook fig.⟩.

marteling 0.1 ⟨ook fig.⟩ *torture* ◆ **2.1** het was een ware ~ *it was sheer t./agony.*

marteltuig 0.1 *instrument(s) of torture.*

marter 0.1 *marten.*

marva 0.1 ⟨*servicewoman in the Dutch navy*⟩ ⇒±ᴮ*member of the WRNS,* ⟨ʙᴇ; inf.⟩ *Wren.*

marxisme 0.1 *Marxism.*

marxist 0.1 *Marxist.*

marxistisch 0.1 *Marxist.*

mascara 0.1 *mascara.*

mascotte 0.1 *mascot.*

masker 0.1 [gezichtsbedekking] *mask* **0.2** [cosmetisch preparaat] *mask* **0.3** [voorwerp ter bescherming/isolering] *face guard* ⇒*mask* **0.4** [schijn] *mask* ◆ **3.1** zijn ~ afdoen/laten vallen *remove/drop one's m.;* ⟨fig.⟩ iem. het ~ afrukken *unmask s.o.* **6.4** onder het ~ van vriendschap *under a/the m. of friendship.*

maskerade 0.1 *masked* ⟨optocht⟩ *procession/*⟨feest⟩ *ball* ⇒ *masquerade.*

maskeren 0.1 *mask* ◆ **1.1** hij maskeerde zijn slechte bedoelingen *he masked his evil intentions.*

maskeren 0.1 *mask* ⇒*disguise.*

masochisme 0.1 *masochism.*

masochist 0.1 *masochist.*

masochistisch 0.1 *masochistic.*

massa 0.1 [grote hoeveelheid] *mass* ⇒*bulk* **0.2** [groot aantal] *mass* ⇒⟨inf.⟩ *heaps* **0.3** [het volk] *mass* ⇒*crowd,* ⟨pol.⟩ *masses* ⟨mv.⟩ **0.4** [hoeveelheid materie] *mass* ⇒*quantity* **0.5** [nat.] *mass* ◆ **1.2** een ~ fouten *a m./piles of errors;* ~'s mensen *masses/swarms of people;* hij heeft een ~ vrienden *he has heaps/loads of friends* **2.3** de zwijgende ~ *the silent/voiceless masses* **2.4** een vormeloze ~ *a shapeless m./lump* **6.1** iets **in** ~ verkopen *sell sth. in bulk;* iets **in** ~ produceren *mass-produce sth.* **6.3** met de ~ meedoen *go with/follow the crowd* **7.3** de (grote) ~ *the masses;* ⟨met volgende zn.⟩ *the mass/bulk (of).*

massaal 0.1 [v.e. grote menigte] *massive* **0.2** [in massa geschiedend] *mass* ⇒*wholesale, bulk* ⟨goederen⟩ **0.3** [groot

geheel vormend] *massive* ◆ **1.1** een massale opkomst *a m. turnout;* ~ verzet *m. resistance* **1.2** het massale goederenvervoer *bulk transport;* een massale vernietiging van groenten *wholesale/massive destruction of vegetables* **1.3** een ~ gebouw *a m. building.*

massa-artikel 0.1 *mass-produced article.*

massabetoging 0.1 *mass demonstration.*

massabijeenkomst 0.1 *mass meeting.*

massacommunicatie 0.1 *mass communication(s).*

massaconsumptie ⟨ec.⟩ **0.1** *mass consumption.*

massadeportatie 0.1 *mass deportation.*

massafabricage 0.1 *mass production.*

massage 0.1 *massage.*

massagetal ⟨nat.⟩ **0.1** *mass number.*

massagoed 0.1 *bulk goods.*

massagraf 0.1 *mass grave.*

massahysterie 0.1 *mass hysteria.*

massaliteit 0.1 *massiveness.*

massamedia 0.1 *mass media* ⟨ook enk.⟩.

massamens 0.1 *man in the crowd* ⇒*one of the crowd.*

massamoord 0.1 *mass murder.*

massamoordenaar 0.1 *mass murderer.*

massaontslag 0.1 *wholesale dismissal;* ⟨mv.⟩ ᴮ*massive redundancies* ◆ **3.1** in de chemische industrie worden ~ en verwacht *massive redundancies are expected in the chemical industry.*

massaproces 0.1 *mass trial.*

massaproduct 0.1 *mass-produced article.*

massaproductie 0.1 *mass production.*

massapsychologie 0.1 *mass psychology.*

massaspurt, -sprint ⟨sport⟩ **0.1** *field sprint* ⇒*mass finish.*

massatoerisme 0.1 *mass tourism.*

masseren 0.1 ⟨onov.ww.⟩ *do massage;* ⟨ov.ww.⟩ *massage.*

masseur, masseuse 0.1 *masseur* ⟨m.⟩; *masseuse* ⟨v.⟩.

massief¹ ⟨het⟩ ⟨geol.⟩ **0.1** *massif.*

massief² ⟨bn.⟩ **0.1** [niet hol] *solid* **0.2** [sterk, stevig] *solid* ⇒ *massive, heavy* ◆ **1.1** een ring van ~ zilver *a ring of s. silver* **1.2** een massieve toren *a massive tower.*

mast 0.1 [op schepen] *mast* **0.2** [voor elektriciteitsdraden] *pylon* **0.3** [antenne, zendinstallatie] *mast* ◆ **2.1** de grote ~ *the mainmast* **3.1** de ~ strijken *lower the m.* **6.1** achter de ~ *abaft;* **in** de ~ *up the m., aloft.*

mastiek 0.1 *mastic.*

mastodont 0.1 [dier] *mastodon* ⟨ook fig.⟩.

masturbatie 0.1 *masturbation.*

masturberen 0.1 *masturbate.*

mat¹ ⟨de⟩ **0.1** [ook sport] *mat* ◆ **2.1** de groene ~ ᴮ*the football pitch* **3.1** ~ ten kloppen *beat/shake mats;* van ~ ten voorzien *mat* **6.1** ⟨fig.⟩ iem. **op** de ~ laten staan *keep s.o. on the doorstep.*

mat² I ⟨bn., bw.⟩ **0.1** [dof, glansloos] *mat(t); dull* ⟨klank, oog, markt⟩; *dim* ⟨licht⟩; *frosted* ⟨gloeilamp⟩ ⇒⟨foto ook⟩ *with a matt finish* **0.2** [niet doorschijnend] *mat(t)* ⇒⟨(venster)-glas⟩ *frosted* **0.3** [zwak, vlak] *flat* ⇒⟨moe⟩ *tired* ◆ **1.1** een ~ te blik *a lacklustre look;* een ~ oppervlak *a mat surface* **3.1** ~ maken/worden *dull, tarnish* **3.3** hij reageerde ~ op het plan *he responded unenthusiastically to the plan;* met ~ te stem spreken *speak in a f. voice;*

II ⟨bn.⟩ **0.1** [schaakmat] *checkmate* ◆ **3.1** ~ geven *checkmate;* ~ staan *be checkmated;* iem. ~ zetten *checkmate s.o.*

matador 0.1 *matador.*

matchpoint ⟨sport⟩ **0.1** *match point* ◆ **6.1** op ~ staan *be at m. p.*

mate 0.1 *measure, extent* ⇒*degree* ◆ **2.1** in dezelfde ~ *equally, to the same e.;* in geringe ~ *to a small degree/e.;*

in hogere ~ *to a greater / larger e.;* in toenemende ~ *in an increasing degree, increasingly* **4.1** in welke ~ ook in *whatever degree* **6.1** in welke ~? *to what e.?;* in zekere ~ *to some / a certain e.;* in mindere ~ *to a lesser degree;* in die ~ dat ... *to the e. that ...;* in grote / hoge / ruime / sterke ~ *to a great / large e., largely;* ⟨AZN⟩ in de ~ v.h. mogelijke *as much as possible;* met ~ *in / with moderation, moderately.*

mateloos 0.1 *immoderate* ⇒*excessive* ◆ **2.1** ~ rijk *immensely rich* **3.1** zich ~ vervelen *be bored stiff.*

mateloosheid 0.1 *immoderateness* ⇒*excessiveness* ⟨drankmisbruik⟩.

materiaal 0.1 [grondstof] *material(s)* **0.2** [gegevens] *material* ⇒*data* **0.3** [gereedschap] *material* ⇒*tools* ◆ **2.1** goedkoop / inferieur ~ *shoddy material;* onbewerkt ~ *raw material* **2.3** didactisch ~ *teaching aids.*

materiaalkosten 0.1 *cost of material(s).*

materiaalmoeheid ⟨tech.⟩ **0.1** *material fatigue.*

materialisme 0.1 *materialism* ◆ **2.1** dialectisch en historisch ~ *dialectical and historical m.*

materialist 0.1 *materialist.*

materialistisch 0.1 *materialistic.*

materie 0.1 [stof] *matter* **0.2** [zaak, kwestie] *(subject) matter* ◆ **2.1** ruwe ~ *raw material.*

materieel¹ ⟨het⟩ **0.1** *material(s)* ⇒*equipment* ◆ **2.1** militair ~ (en voorraden) *ordnance;* met zwaar ~ uitrukken *turn out with heavy equipment* **3.1** rollend ~ *rolling stock.*

materieel² ⟨bn.⟩ **0.1** *material* ◆ **1.1** materiële goederen *m. goods;* materiële hulp bieden *give m. help;* materiële schade *m. damage, loss of property.*

matglanzend 0.1 *mat(-finished).*

matglas 0.1 *frosted glass.*

matglazen 0.1 *frosted-glass.*

matheid 0.1 [apathie] *lassitude* **0.2** [matte kleur] *dullness* **0.3** [saaiheid, vlakheid] *dullness* ⇒*flatness.*

mathematicus 0.1 *mathematician.*

mathematiek 0.1 *mathematics.*

mathematisch 0.1 *mathematical.*

matig 0.1 [maat houdend] *moderate* **0.2** [middelmatig] *moderate* ⇒⟨tamelijk slecht⟩ *mediocre* ◆ **1.1** een ~ drinker *a m. drinker;* een ~ mens *a sober man* **1.2** een ~ succes *a moderate success* **3.2** hij is er maar ~ mee ingenomen *he is not overpleased with it.*

matigen I ⟨ov, ww ⟩ **0.1** [beperken] *moderate* ⇒*restrain* ◆ **1.1** zijn eisen ~ *m. one's demands;* de looneisen ~ *m. wage claims;* matig uw snelheid *reduce your speed* **4.1** zich ~ *restrain / control o.s.;* **II** ⟨nov.ww.⟩ **0.1** [zuiniger worden] *economize* ◆ ¶**.1** ~ moeten we allemaal *we all have to e.*

matigheid 0.1 *moderation* ◆ **3.1** ~ betrachten *show / observe m.*

matiging 0.1 [het matigen] *moderation* **0.2** [het zich matigen] *moderation* ⇒*restraint.*

matigjes 0.1 *mediocre* ⇒*so-so.*

matinee 0.1 *matinee.*

matineus 0.1 *early* ◆ **1.1** een ~ persoon *an e. riser / bird.*

matje 0.1 *mat* ◆ **6.1** op het ~ moeten komen / worden geroepen ⟨ter verantwoording⟩ *be put on the spot;* ⟨berisping⟩ *be (put) on the carpet.*

matras 0.1 *mattress* ◆ **2.1** een springveren ~ *a spring m.*

matriarchaal 0.1 *matriarchal.*

matriarchaat 0.1 *matriarchy.*

matrijs ⟨druk.⟩ **0.1** *mould* ⇒*matrix.*

matrix 0.1 [wisk.] *matrix* **0.2** [matrijs] *matrix.*

matrixprinter ⟨comp.⟩ **0.1** *matrix / dot printer.*

matrone 0.1 *matron.*

mateloos - mbo

matroos 0.1 *sailor* ◆ **1.1** ~ eerste klas ⟨GB⟩ *leading seaman;* ⟨USA⟩ *petty officer 3rd class;* ~ tweede klas ⟨GB⟩ *ordinary / able seaman;* ⟨USA⟩ *seaman apprentice, seaman;* ~ derde klas ⟨GB⟩ *junior seaman;* ⟨USA⟩ *seaman recruit* **2.1** licht ~ *ordinary seaman.*

matrozenkraag 0.1 *sailor collar.*

matrozenmuts 0.1 *sailor's cap.*

matrozenpak 0.1 *sailor suit.*

matse 0.1 *matzo.*

matsen ⟨inf.⟩ **0.1** [klaarspelen] *fix* **0.2** [helpen] *do a favour* ⇒⟨mbt. baantje e.d.⟩ *wangle* ◆ ¶**.2** ik zal je wel ~ *I'll wangle it for you.*

matten¹ ⟨bn.⟩ **0.1** *rush* ◆ **1.1** stoelen met ~ zitting *rush-bottomed chairs.*

matten² ⟨ov.ww.⟩ **0.1** [met biezen beleggen] *rush* **0.2** [v.e. zitting voorzien] *mat* ◆ **1.2** stoelen ~ *mend chairs.*

mattenklopper 0.1 *carpet-beater.*

Mattheus 0.1 *Matthew.*

matverf 0.1 *matt paint.*

matvernis 0.1 *mat(t) varnish.*

matwerk 0.1 *matting.*

Mauritanië 0.1 *Mauretania.*

Mauritaniër, -ische 0.1 *Mauretanian.*

Mauritius 0.1 *(island of) Mauritius.*

mausoleum 0.1 *mausoleum.*

mauve 0.1 *mauve.*

mavo ⟨afk.⟩ **0.1** [middelbaar algemeen voortgezet onderwijs] *(lower general secondary education).*

mavodiploma 0.1 +*Certificate of Secondary Education.*

maxi 0.1 *maxi* ◆ **1.1** ~-jas *maxi(-coat)* **3.1** ~ dragen *wear a m.*

maximaal I ⟨bn.⟩ **0.1** [het maximum bereikend] *maximum* ⇒*maximal;* **II** ⟨bw.⟩ **0.1** [hoogstens] *at (the) most* ◆ **1.1** een boete van ~ honderd gulden *a fine of not more than / not exceeding a hundred guilders* **3.1** dit werk duurt ~ een week *this work takes a week at most* **6.1** een aanvulling **tot** ~ 90 % v.h. loon *a supplement up to a maximum of 90 % of the wages.*

maximaliseren 0.1 *maximize.*

maximum 0.1 *maximum* ◆ **1.1** het ~ aantal deelnemers *the m. number of participants* **6.1** hij staat / zit **op** zijn ~ *he is at his m.;* **tot** een ~ **van** (up) *to a m. of.*

maximumprijs 0.1 *maximum price.*

maximumsnelheid 0.1 *speed limit* ⟨van weg⟩; *maximum speed* ⟨van voertuig⟩ ◆ **3.1** zich aan de ~ houden *keep within the s. l.;* aangehouden worden wegens het overschrijden v.d. ~ *be stopped for exceeding the s. l.*

maxisingle 0.1 *maxisingle.*

mayonaise 0.1 *mayonnaise* ◆ **6.1** patat **met** ~ ᴮ*chips /* ᴬ*French fries with m.*

mazelen 0.1 *measles* ◆ **3.1** de ~ hebben / krijgen *have / get m.*

mazen 0.1 *darn.*

mazout ⟨AZN⟩ **0.1** *(heating) oil.*

mazurka 0.1 *mazurka.*

mazzel ⟨Jiddisch; inf.⟩ **0.1** *(good) luck* ◆ **3.1** ~ hebben *have (good) l.;* een ~tje hebben *have a windfall* **4.1** wat een ~ dat je thuis was! *what a piece of l. you were home!* ¶**.1** de ~! *see you!*

mazzelaar 0.1 *lucky dog.*

mazzelen 0.1 *have (good) luck* ◆ **3.1** dat noem ik nog eens ~ *that's what I call good luck.*

mazzelkont 0.1 *lucky dog, lucky bastard.*

mbo ⟨afk.⟩ **0.1** [middelbaar beroepsonderwijs] ⟨*intermediate vocational education*⟩.

me 0.1 *me* ♦ ¶.¶ hij heeft ~ daar een blunder begaan *he has made a heavy blunder;* je bent ~ er eentje! *you're a nice one!;* dit is ~ nog eens een kasteel *this is what I call a castle.*

ME ⟨afk.⟩ **0.1** [mobiele eenheid] *anti-riot squad* **0.2** [med.; myalgische encefalomyelitis] *ME.*

meander 0.1 *meander.*

meao ⟨afk.⟩ **0.1** [middelbaar economisch en administratief onderwijs] ⟨*intermediate business education*⟩.

mecanicien 0.1 *mechanic.*

meccano 0.1 *meccano (set).*

mecenas 0.1 *Maecenas.*

mechanica 0.1 *mechanics.*

mechaniek 0.1 *mechanism* ⟹⟨klok⟩ *clockwork* ♦ **2.1** een eenvoudig / vernuftig ~ in een pop *a simple / an ingenious mechanical device in a doll.*

mechanisatie 0.1 *mechanization.*

mechanisch 0.1 ⟨ook fig.⟩ *mechanical* ♦ **1.1** ~ speelgoed *clockwork toys* **3.1** ~ aangedreven / voortbewogen *mechanically driven / propelled;* ⟨fig.⟩ iets ~ doen *do / perform sth. mechanically.*

mechaniseren 0.1 *mechanize* ♦ **1.1** een gemechaniseerd werktuig *a power(-driven) tool / device.*

mechanisme 0.1 *mechanism* ⟹⟨fig. ook⟩ *machinery* ♦ **1.1** het ~ v. e. geweer *the action of a gun* **2.1** ⟨fig.⟩ het is een zeer gecompliceerd ~ *it is wheels within wheels.*

medaille 0.1 *medal* ♦ **1.1** ⟨fig.⟩ dit is één zijde v. d. ~ *this is one side of the picture* **2.1** de winnaar v. d. gouden ~ *the gold medallist / m. winner.*

medaillon 0.1 *medaillon* ⟹⟨openspringend⟩ *locket.*

mede ⟨schr.⟩ **0.1** *also* ♦ **3.1** dat is ~ in uw voordeel *that is a. to your advantage* **5.1** ~ hierdoor *as a consequence of this / these and other factors* **6.1** ~ wegens *partly due to.*

medeaansprakelijk 0.1 *jointly liable.*

medebepalend 0.1 *contributory.*

medebeslissingsrecht 0.1 *right of consultation.*

medebewoner, -woonster 0.1 *co-occupant* ⟹*fellow resident.*

medeburger 0.1 *fellow citizen.*

mededeelzaam 0.1 *communicative* ♦ **3.1** hij was bijzonder ~ *he was in a very expansive mood;* niet erg ~ zijn *be rather uncommunicative.*

mededeling 0.1 *announcement* ⟹*statement* ♦ **2.1** ⟨op radio / tv⟩ nu volgt een belangrijke ~ *an important a. follows;* een vertrouwelijke ~ *a confidential statement* **3.1** een ~ aanplakken *post a notice;* een ~ doen *make an a. / a statement;* ~ doen van iets aan iem. *inform s.o. of sth.;* ingezonden ~ *announcement* **6.1** een briefje met de ~ dat ... *a note saying that ...*

mededelingenblad 0.1 *newsletter.*

mededelingenbord 0.1 *notice board.*

mededinger, -ster 0.1 ⟨alg.⟩ *rival;* ⟨in wedstrijd⟩ *competitor, contestant* ♦ **2.1** een onbekende ~ ⟨ook⟩ *a dark horse* **3.1** zij won het van haar ~s *she beat her competitors.*

mededinging 0.1 *competition* ♦ **2.1** vrije ~ *open c.* **6.1** ⟨sport; ook fig., van film enz.⟩ meedoen *buiten ~ participate hors concours / outside the c.*

mededogen 0.1 *compassion* ♦ **3.1** ~ hebben / tonen met iem. *have c. on / show c. with s.o.* **6.1** iem. met ~ gadeslaan *watch s.o. compassionately.*

mede-eigenaar, -nares 0.1 *joint owner.*

medeklinker 0.1 *consonant* ♦ **2.1** stemhebbende en stemloze ~s *voiced and voiceless consonants.*

medeleerling 0.1 *fellow pupil.*

medeleven 0.1 *sympathy* ♦ **2.1** oprecht ~ *sincere s.* **3.1**

mijn ~ gaat uit naar *my s. lies with* ¶.**1** blijk geven van ~ *show / express s.*

medelid 0.1 *fellow member.*

medelijden 0.1 *pity* ⟹*compassion* ♦ **1.1** geen greintje ~ *not a spark of compassion* **3.1** heb ~ (met) *have mercy (upon);* om ~ mee te hebben *pitiable, to be pitied* **6.1** ~ met iem. / zichzelf hebben *feel sorry for s.o. / o.s.;* we kregen ~ met hem *we began to feel sorry for him;* iem. uit ~ helpen *help s.o. out of p.;* zonder ~ *merciless.*

medelijdend 0.1 *compassionate* ♦ **1.1** een ~e blik *a look of compassion;* op ~e toon *in a c. tone (of voice)* **3.1** ~ aankijken *look with compassion.*

medemens 0.1 *fellow man.*

medemenselijkheid 0.1 *humanity* ♦ **6.1** iets doen uit ~ *do sth. out of solidarity.*

Meden →*wet.*

medeondertekenen 0.1 *co-sign;* ⟨ter bekrachtiging⟩ *countersign* ♦ **1.1** de directeur moet het contract ~ *the manager has to countersign the contract;* Suriname heeft het verdrag medeondertekend *Surinam is a signatory to the treaty* **8.1** als getuige ~ *witness a signature.*

medeplichtig ⟨jur.⟩ **0.1** *accessory* ♦ **3.1** dit maakt hem ~ *this makes him an a., this incriminates him;* ~ zijn aan *be (an) a. to / the accomplice of* **6.1** ~ **aan** de moord *a. to the murder.*

medeplichtige ⟨jur.⟩ **0.1** *accessory (to), accomplice* ⟹ ⟨handlanger⟩ *partner* ♦ **3.1** hij verraadde zijn ~n *he betrayed his associates / partners in crime* **6.1** een ~ **aan** een misdrijf *an accomplice in / a party to a crime;* getuigen **tegen** zijn ~ *turn / give* ᴮ*Queen's /* ᴬ*State's evidence.*

medeplichtigheid ⟨jur.⟩ **0.1** *complicity (in)* ⟹*participation (in)* ♦ **1.1** schuldig aan ~ *guilty of c. / being an accessory.*

medereiziger, -ster 0.1 *fellow traveller / passenger.*

medeschuldig 0.1 *implicated (in), also guilty / to blame* ♦ **6.1** ~ **aan** iets zijn *be implicated in / also guilty of / to blame for sth.*

medespeler, -speelster 0.1 ⟨sport⟩ *teammate, (fellow) player;* ⟨bridge⟩ *partner;* ⟨dram., film.⟩ *(fellow) actor / actress* ♦ **3.1** tot de ~s behoorden ... *the cast included ...*

medestander, -ster 0.1 *supporter* ⟹*partner,* ⟨pol.⟩ *ally,* ⟨pol.⟩ *political friend / associate.*

medeverantwoordelijk 0.1 *jointly responsible (for).*

medewerker, -ster 0.1 [iem. die ergens aan meewerkt] *fellow worker, co-worker* ⟹⟨aan boek e.d.⟩ *collaborator,* ⟨aan krant enz.⟩ *contributor,* ⟨aan krant enz.⟩ *correspondent* **0.2** [werkkracht, functionaris] *employee* ⟹*staff member* ♦ **1.2** de ~s v.h. bureau *the office staff* **2.1** onze juridische / economische / weerkundige / Londense ~ *our legal / economics / weather / London correspondent* **2.2** administratief ~ *administrative assistant;* member of the administrative staff;* commercieel ~ *commercial assistant;* een tijdelijke / vaste ~ *a temporary / permanent staff member;* wetenschappelijk ~ *lecturer, (academic /* ⟨tech.⟩ *scientific) staff member* **6.1** ~ **aan** *contributor to, collaborator in.*

medewerking 0.1 [het meewerken] *cooperation* **0.2** [hulp] *assistance* ⟹*cooperation* ♦ **3.2** alle / geen / weinig ~ krijgen van *get full / no / little a. from;* de politie riep de ~ in v.h. publiek *the police made an appeal to the public for cooperation;* ~ verlenen aan *give / lend (one's) a. to* **6.1** met ~ **van** *assisted by, with the c. of.*

medeweten 0.1 *(fore)knowledge* ♦ **6.1** dit is buiten / met mijn ~ gebeurd *this occurred without / with my knowledge.*

medezeggenschap 0.1 *say* ⟹⟨in bedrijf⟩ *participation* ♦

3.1 ~ eisen in *demand a s.;* ⟨in bedrijf⟩ *demand worker participation* **6.1** je hebt in deze zaak geen ~ *you have no s. in this matter.*
media 0.1 *media* ◆ **2.1** de geschreven ~ *the press.*
mediabaron 0.1 *media baron* ⇒⟨pers⟩ *press baron/magnate.*
mediabeleid 0.1 *media policy* ◆ **3.1** een onduidelijk ~ voeren *pursue an unclear policy with regard to the media.*
mediagigant 0.1 *media giant.*
mediakunde 0.1 *multimedia studies.*
medianota 0.1 *Media Memorandum/Paper.*
mediatheek 0.1 *multimedia centre/library.*
medicament 0.1 *medicament* ⇒*medicine.*
medicatie 0.1 *medication* ◆ **3.1** ~ toepassen *use m.*
medicijn 0.1 [geneesmiddel] *medicine* **0.2** [mv.; geneeskunde] *medicine* ◆ **1.2** een student (in de) ~en *a medical student* **2.1** ⟨fig.⟩ hard werken is het beste ~ *(hard) work is the best m.* **3.1** ~en innemen *take medicines/medication* **3.2** ~en studeren *study m.* **6.2** doctor in de ~en *Doctor of Medicine, M.D.*
medicijnkastje 0.1 *medicine chest/cabinet.*
medicijnman 0.1 *medicine man.*
medicinaal 0.1 *medicinal* ◆ **1.1** voor ~ gebruik *for m. use/purposes;* medicinale wateren *m. waters.*
medicus (schr.) **0.1** [arts] *doctor* ⇒*medical practitioner* **0.2** [student] *medical student* ◆ **7.1** de (heren) medici *the medical profession.*
medio 0.1 *in the middle of* ◆ **1.1** - september *in mid-September.*
medisch 0.1 *medical* ◆ **1.1** op ~ advies *on the advice of one's doctor;* de ~e faculteit *the Faculty/School of Medicine;* het ~ tuchtrecht *m. code;* een ~e verhandeling *a m. lecture/discourse* **3.1** iem. ~ behandelen *treat s.o.*
meditatie 0.1 *meditation.*
meditatief 0.1 *meditative* ⇒*contemplative.*
mediteren 0.1 *meditate.*
mediterraan 0.1 *Mediterranean.*
medium¹ ⟨het⟩ **0.1** *medium* ⟨ook nat., spiritisme⟩.
medium² ⟨bn.⟩ **0.1** [mbt. sherry] *medium* **0.2** [mbt. kledingmaten] *medium(-sized).*
mee 0.1 [samen weg]⟨zie 3.1⟩ **0.2** [in iemands voordeel]⟨zie 3.2⟩ **0.3** [bijwoordelijke vorm van met]⟨zie 5.3⟩ **0.4** [in dezelfde richting] *with* ~*along* ◆ **1.4** met de klok ~ *clockwise* **3.1** kan ik ook ~? *can I come too?;* hij wil met ons ~ *he wants to go with us* **3.2** hij heeft zijn uiterlijk ~ *he has his looks going for him;* hij heeft ook alles ~ *he has got every advantage;* het zit hem niet ~ *things are not going his way, he's not having much luck* **3.¶** dat kan nog jaren ~ *that will last/do for years* **5.3** het kan er ~ door *it's all right, it'll do;* ergens te vroeg/laat ~ komen *be too early/late with sth.*
meebeslissen 0.1 *take part in deciding* ⇒*help decide.*
meebrengen 0.1 [met zich brengen] *bring (along) (with one)* **0.2** [van nature vertonen] *involve* ◆ **1.1** je moet wel je eigen drank ~ *you must bring (along) your own drinks* **1.2** de gevaren die dit meebrengt *the dangers which this involves* **3.1** ⟨scherts.⟩ wie wou je daarvoor ~ ? *maybe you'd better bring in the reserves* **4.2** de situatie brengt mee dat ... *the situation necessitates ...* **6.1** iets ~ **uit** Londen *bring sth. from London;* wat zal ik **voor** je ~? *what shall I bring you?* **6.2** de oude dag brengt vele ongemakken **met** zich mee *old age is accompanied by much discomfort;* de moeilijkheden die dit **met** zich meebracht *the difficulties which resulted from this* **8.2** zijn positie brengt mee dat ... *his position involves ...*

meedelen I ⟨onov.ww.⟩ **0.1** [deel hebben in] *share/participate (in)* ◆ **1.1** alle erfgenamen delen mee *all heirs are entitled to a share* **6.1** iem. laten ~ **in** *give s.o. a share of;*
II ⟨ov.ww.⟩ **0.1** [kennis geven van] *inform (of), let know* ⇒ ⟨officieel⟩ *notify,* ⟨officieel⟩ *announce,* ⟨berichten⟩ *report* ◆ **1.1** de premier deelde mee dat *the prime minister announced that;* onze verslaggever heeft ons het volgende meegedeeld *our correspondent has reported the following to us* **3.1** tot onze spijt moeten wij u ~ *we regret to inform you* **5.1** ik zal het haar voorzichtig ~ *I shall break it to her gently* **8.1** hierbij deel ik u mee, dat ... *I am writing to inform you that ...*
meedenken I ⟨onov.ww.⟩ **0.1** *think (along) with* ⇒*help think.*
meedingen ◆ **3.¶** kunnen/mogen ~ *be able/allowed/eligible to compete* **6.¶** ~ **naar** een ambt/prijs *compete for an office/a prize;* er dingen vijftien elftallen mee **naar** het kampioenschap *fifteen teams are contending for the championship.*
meedoen 0.1 *join (in)* ⇒*take part (in)* ◆ **3.1** mag ik ~? *can I join in/you?* **5.1** hij kan nooit eens leuk ~ *he can never join in the fun;* ik doe niet meer mee *count me out;* ⟨kaartspel⟩ *I'm out* **6.1** ~ **aan** een wedstrijd *compete in a game/contest;* ~ **aan** een project/staking *participate/take part in a project/strike;* waarom deed je niet mee **aan** de stemming? *why did you abstain (from voting)?;* ~ **aan** een cadeau *contribute sth. towards a present;* niet ~ **aan** de strijd/het plan *stay out of the battle, have nothing to do with the plan;* daar doe ik niet mee **aan** *I won't be a party to that;* met de mode ~ *follow the fashion;* ~ **voor** honderd gulden *put in a hundred guilders* **¶.1** okay, ik doe mee *okay, count me in;* v.h. begin af ~ *be in from the start.*
meedogenloos 0.1 *merciless* ◆ **1.1** onze meedogenloze samenleving *our dog-eat-dog society* **3.1** hij ranselde de misdadiger ~ af *he flogged the criminal ruthlessly;* ~ zijn *be m./heartless.*
meedraaien 0.1 *work (with)* ◆ **1.1** ik draai hier al weer een hele tijd mee *I've already worked here for quite a while.*
meedragen 0.1 *carry (about)* ◆ **4.1** wat draag je toch allemaal mee? *what are you carrying?* **6.1** ⟨fig.⟩ een last **met** zich ~ *carry a heavy burden.*
mee-eten 0.1 *eat with (s.o.)* ◆ **1.1** eet je een hapje mee? *will you join us/stay for a bite?*
mee-eter 0.1 [talgkliertje] *blackhead* **0.2** [iem. die mee-eet] *fellow-diner.*
meegaan 0.1 [vergezellen] *go along/with, accompany* ⇒ *come along/with* **0.2** [volgen in denk/handelwijze] *go (along) with* ⇒*agree (with)* **0.3** [bruikbaar blijven] *last* ◆ **1.3** een televisie gaat gemiddeld acht jaar mee *the average life of a television is eight years;* dit toestel gaat jaren mee *this machine will l. for years* **4.1** is er nog iemand die meegaat? *is anyone else coming/going?* **6.1** laat Peter mee je -- *let Peter a./go with you* **6.2** ~ **met** iemands zienswijze/voorstel *agree with s.o.'s views/proposal;* **met** de mode ~ *keep up with (the) fashion;* ik ga niet in alles **met** je mee *I don't agree with you in everything;* **tot** zover kan ik met hem ~ *I can agree/go along with him so far/up to this point.*
meegaand 0.1 *compliant* ⇒*pliable,* ⟨volgzaam⟩ *docile* ◆ **3.1** hij is erg ~ van aard *he's very accommodating/docile by nature.*
meegaandheid 0.1 *compliance* ⇒*pliability, docility.*
meegeven I ⟨ov.ww.⟩ **0.1** [geven] *give* ◆ **1.1** iem. een boodschap ~ *send a message with s.o.;* iem. een waarschuwing ~ *g./issue s.o. a warning;*
II ⟨onov.ww.⟩ **0.1** [wijken, soepel zijn] *give (way)* ⇒*yield* ◆

1.1 geef eens een beetje mee! ⟨bij optillen⟩ *don't be a dead weight;* de planken geven niet mee *there is no give in the boards* ¶.1 het geeft mee als je er op drukt *it yields to pressure.*

meehelpen 0.1 [helpen] *help (in/with)* **0.2** [mee van invloed zijn] *help (in)* ◆ **6.1** ~ **aan/bij** ⟨ook⟩ *assist with;* ~ **in** het huishouden *h. with the housekeeping* **6.2** zulke dingen kunnen ~ **om** de situatie te verbeteren *such things are helpful in improving the situation.*

meekomen 0.1 [komen] *come (along/with/also)* **0.2** [tegelijk te voorschijn komen] *come (also)* **0.3** [het tempo bijhouden] *keep up (with)* ◆ **1.1** de bagage is meegekomen *the luggage has come as well* **1.2** er kwam bloed mee *there was blood too* **3.3** op school kon hij niet ~ *he couldn't keep up with the others at school* **4.1** ik heb er geen bezwaar tegen als hij meekomt *I don't object to his coming (along);* ik ga niet tenzij jij meekomt *I won't go unless you come with me.*

meekrijgen 0.1 [ontvangen, toegewezen krijgen] *get* ⇒*receive* **0.2** [op zijn hand krijgen] *win over, get on one's side* ◆ **1.1** kan ik het geld direct ~? *can I have the money immediately?* **1.2** ⟨fig.⟩ proberen de sociaal-democraten mee te krijgen *try to get the Social Democrats to go along;* de zaal ~ *win over the audience, get the audience on one's side.*

meel 0.1 [van graan] *flour* **0.2** [van plantaardige organen] *meal* **0.3** [andere poedervormige stof] *powder.*

meeldauw ⟨plantk.⟩ **0.1** *mildew.*

meeldraad ⟨plantk.⟩ **0.1** *stamen.*

meeleven 0.1 *sympathize* ◆ **6.1** ~ **met** iemands verdriet *s. with s.o.'s grief;* ik leef **met** u mee *I s./can empathize with you.*

meelfabriek 0.1 *flour mill.*

meelij ⟨inf.⟩ **0.1** *pity* ⇒*compassion,* ⟨medegevoel⟩ *sympathy.*

meelijwekkend 0.1 *pitiful* ◆ **3.1** hij zag er ~ uit *he looked p.*

meelokken 0.1 *entice (away), lure.*

meelopen 0.1 [vergezellen] *walk along (with)* ⇒*accompany* **0.2** [meedoen] *go with* **0.3** [voordelig zijn voor] *go s.o.'s way* ◆ **6.1** ⟨fig.⟩ ze loopt al een hele tijd mee in dit bedrijf *she's worked with this company for a long time;* mag ik een eindje **met** u ~? *may I walk along with you?* **6.3** alles liep mee **om** het feest te laten slagen *all went smoothly to ensure a successful party* ¶.3 alles loopt hem mee *everything's going his way.*

meeloper, -loopster 0.1 *hanger on.*

meelpap 0.1 *gruel.*

meeluisteren 0.1 *listen (in);* ⟨ook elektronisch⟩ *monitor* ◆ **6.1** ~ **naar** *listen in to.*

meelzak 0.1 *flour sack.*

meemaken 0.1 ⟨ervaren⟩ *experience;* ⟨doorstaan⟩ *go through, live;* ⟨zien gebeuren⟩ *see;* ⟨deelnemen aan⟩ *take part (in)* ◆ **3.1** had hij dit nog maar mee mogen maken *if he had only lived to see this* **5.1** zoiets heb ik nog nooit meegemaakt *I have never seen/been through anything like it* ¶.1 ze heeft heel wat meegemaakt *she's seen/been through a lot.*

meeneemartikelen ⟨ec.⟩ **0.1** *convenience goods.*

meeneemprijs 0.1 *take-away/take-out price.*

meenemen 0.1 [met zich meenemen] *take along/with* **0.2** [profijt hebben van] *get sth. out of* **0.3** [in één moeite door verrichten] *do as well* ◆ **1.1** neem een tas mee *take along a bag, take a bag with you;* ⟨fig.⟩ wij zullen uw voorstellen ~ voor de volgende druk *we will consider your suggestion for the next printing* **1.3** die rand kun je mooi even ~ *you can do the edge as well* **4.2** dat is meegenomen *that's a*

(welcome) bonus **5.1** stiekem ~ *make off with* ¶.1 ⟨in restaurant, bv. Chinees eten⟩ ~ graag *to take away please.*

meepakken 0.1 *grab* ⇒*snap up* ⟨koopje⟩ ◆ ¶.1 pak mee! *bargain!*

meepikken ⟨inf.⟩ **0.1** [stelen] *swipe* **0.2** [in één moeite door doen] *take in (while one is about it)* ⇒*include* ◆ **1.2** als we toch in de stad zijn, kunnen we dat museum mooi ~ *as we'll be in town anyway, we can easily include/take in that museum.*

meepraten 0.1 [met anderen praten] *take part/join in a conversation* **0.2** [naar de mond praten] *go along (with)* ⇒⟨vleien⟩ *toady* ◆ **3.1** daar kan ik van ~ *I know sth./a thing or two about that* **6.1** dat is fout! *wat weet over* ~ *you don't know anything about it* **6.2** hij praat maar **met** zijn chef mee *he's just going along with his boss.*

meer¹ ⟨het⟩ **0.1** *lake* ◆ **1.1** het ~ van Galilea *the Sea of Galilee* **2.1** de Friese meren *the Frisian lakes.*

meer² I ⟨bw.⟩ **0.1** [in hogere mate] *more* ⇒⟨achtervoegsel⟩ *-er* **0.2** [veeleer] *more, rather* **0.3** [verder] *more* ⇒*further* **0.4** [met ontkenning] *anymore, no more, (any) longer* **0.5** [vaker] *more (often)* ◆ **2.1** ~ dood dan levend *m. dead than alive;* ~ lang dan breed *longer than wider* **2.2** hij is niet boos, hij is ~ verdrietig *he is m. sad/sad r. than angry* **3.5** we moeten dit ~ doen *we must do this more (often)* **5.1** ~ of minder *m. or less;* des te ~ *all the m. (so)* **5.3** wie waren er nog ~? *who else was there?* **5.4** dat kan nu niet ~ *that's no longer possible;* niet ~ zijn *be no more/longer;* dat is niet ~ dan redelijk *that is only reasonable;* niet ~ of minder *neither more nor less;* ik weet het niet ~ *I don't know anymore/don't remember* **5.5** steeds ~ *more and more;* wel ~ *more often, frequently* **5.¶** ik kan niet ~ *I can't go on anymore/take any more;* nooit ~! *never again!* **7.4** zij is geen kind ~ *she is no longer a child;* ik wil er geen woord ~ over horen *I don't want to hear another word about it;* hij had geen appels ~ *he had no more/was out of apples;* zij had geen geld ~ *she had no money left* **8.1** hij is weinig ~ dan ...*he is little m./else than ...;* ~ en ~ *m. and m., increasingly;*

II ⟨bn.⟩ ◆ **3.¶** wat ~ is *what's more, moreover.*

meer³ ⟨hoofdtelw.⟩ **0.1** *more* ◆ **1.1** hij heeft ~ boeken dan ik *he's got m. books than I (do);* tien gulden of ~ *ten guilders or m.;* ~ loon *higher wages* **5.1** er kan nog ~ bij *there's room for m.;* ⟨iron.⟩ *as if that isn't enough;* wat kan ik nog ~ doen? *what else can I do?;* steeds ~ *m. and m.* **6.1** **onder** ~ *among others/other things;* **zonder** ~ ⟨zomaar⟩ *simply, just like that;* ⟨beslist⟩ *naturally, of course;* ⟨meteen⟩ *right away;* ⟨dat is⟩ **zonder** ~ waar/een feit! *(that's) absolutely true/an absolute fact!* **8.1** ~ dan eens *m. than once.*

ME'er 0.1 *special duty policeman/policewoman* ⇒⟨mv. ook⟩ *anti-riot squad.*

meerder 0.1 *greater* ◆ **1.1** tot ~e eer en glorie *to the g. honour and glory* **7.1** het ~e ⟨vnl. mbt. geld⟩ *the excess/surplus.*

meerdere¹ ⟨de⟩ **0.1** *superior* ⇒⟨mil.⟩ *superior officer,* ⟨vnl. mv.; iem. die wijzer, meer ervaren enz. is⟩ *better* ◆ **3.1** zijn ~ moeten erkennen in iem. *have to acknowledge s.o.'s superiority* **6.1** hij is mijn ~ **in** kracht *he is my superior in strength.*

meerdere² ⟨hoofdtelw.⟩ **0.1** *several* ⇒*a number of* ◆ **1.1** dat is ~ keren gebeurd *that has happened s. times.*

meerderen I ⟨onov., ov.ww.⟩ **0.1** [mbt. breien] *increase* ⇒ *add (on)* ◆ **1.1** drie steken ~ *add on/make three stitches;* II ⟨ov.ww.⟩⟨schr.⟩ **0.1** [groter in getal geworden] *increase* ◆ **7.1** bij het ~ zijner jaren *with increasing age.*

meerderheid 0.1 *majority* ◆ **2.1** een ruime ~ *a large/wide* *m.;* bij volstrekte ~ van stemmen *with an absolute m. (of votes)* **3.1** de ~ behalen/krijgen *win/gain a m.;* de zwijgende ~ *the silent m.* **6.1** in de ~ zijn *be in the m.;* ⟨pol.⟩ *have a/the m.*

meerderheidsbesluit 0.1 *majority decision.*

meerderheidskabinet ⟨pol.⟩ **0.1** *cabinet with majority support.*

meerderjarig 0.1 *of age* ♦ **3.1** ~ worden *come of age;* bij haar ~ worden *on her coming of age;* ~ zijn *be of age.*

meerderjarige 0.1 *adult.*

meerderjarigheid 0.1 *adulthood* ⇒*legal age,* ⟨seksuele⟩ *age of consent.*

meerduidig 0.1 *ambiguous.*

meeregeren 0.1 *be (one of the parties) in office, hold office* ⇒*take part in government.*

meereizen 0.1 *travel with* ♦ **6.1** we zijn met hen meegereisd *we travelled with them/in their company.*

meerekenen 0.1 *count (in)* ♦ **1.1** porto niet meegerekend *excluding mailing costs* **4.1** alles meegerekend kost het ... *everything included it costs ...;* we rekenen hem niet mee *we're not counting him.*

meerijden 0.1 [als passagier] *come/ride (along) with* **0.2** [op de besturing letten] *be a back-seat driver* ♦ **3.1** kan ik morgen ~ naar Utrecht? *could you give me a lift to Utrecht tomorrow?;* ik vroeg of ik mee mocht rijden *I asked for a lift* **5.1** stiekem ~ *be a stowaway.*

meerjarenplan 0.1 *long-range plan.*

meerjarig 0.1 *of more than one year* ⇒*long-range/-term* ♦ **1.1** een ~ contract *a long-term contract, a contract for more than one year;* een ~e periode *a period of more than one year.*

meerkamp 0.1 *multi-event.*

meerkeuzetoets 0.1 *multiple-choice test.*

meerkeuzevraag 0.1 *multiple-choice question.*

meerkleurendruk 0.1 *multi-colour printing.*

meerkoet 0.1 *coot.*

meerlettergrepig ⟨taal.⟩ **0.1** *polysyllabic.*

meermaals 0.1 *several times* ⇒*more than once.*

meermanskaart 0.1 *±group/family ticket.*

meermin 0.1 *mermaid.*

meeroken 0.1 ⟨zie ¶.1⟩ ♦ ¶.1 hij gelooft dat ~ er de oorzaak van is dat hij kanker heeft *he believes his cancer came from passive smoking.*

meeropbrengst ⟨ec.⟩ **0.1** *marginal return/output;* ⟨landb.⟩ *increased yield, surplus (produce)* ♦ **3.1** wet v.d. afnemende ~ en *law of diminishing returns.*

meerpaal 0.1 *mooring post.*

meerpartijenstelsel 0.1 *multi-party system.*

meerprijs 0.1 *supplement* ♦ **6.1** tegen een ~ van tien gulden *for ten guilders extra, for an extra/additional ten guilders.*

meerstemmig 0.1 *many-voiced* ♦ **1.1** ~ lied *part-song* **3.1** ~ zingen *sing in parts, harmonize.*

meertalig 0.1 *multilingual.*

meertouw 0.1 *boatrope* ⇒*painter,* ⟨mv. ook⟩ *moorings.*

meervoud ⟨taal.⟩ **0.1** *plural* ♦ **6.1** in het ~ *(in the) plural;* in het ~ zetten *put in(to) the p., pluralize.*

meervoudig I ⟨bn.⟩ **0.1** ⟨ook taal.⟩ *plural* ♦ **1.1** een ~ onderwerp *a p. subject;*
II ⟨bw.⟩ **0.1** [op meer dan een manier] *poly-, multi-* ♦ **2.1** ~ onverzadigde vetzuren *polyunsaturated fatty acids.*

meerwaarde 0.1 ⟨ook ec.⟩ *surplus value.*

meerzijdig 0.1 *multilateral.*

mees 0.1 *tit.*

meesjouwen 0.1 *lug* ⇒*tote* ♦ **1.1** een zware last ~ ⟨ook fig.⟩ *tote a heavy/weary load.*

meeslepen 0.1 [achter zich aan slepen] *drag (along/behind)* **0.2** [meebrengen, meenemen] *drag (along)* **0.3** [zijn lot doen delen] *involve* ⇒*drag down* **0.4** [iemands wil/gevoel in een richting dwingen] *carry (with/away)* ♦ **3.4** zich laten ~ *be/get carried away* **6.1** een kleed met zich ~ *d. a carpet behind one* **6.2** zijn kinderen ~ *naar* de vertoning *d. one's children to the performance* **6.3** die bank sleepte andere banken mee *in* het faillissement *that bank involved/dragged down other banks in its ruin.*

meeslepend 0.1 *compelling* ⇒*moving* ♦ **1.1** ~e muziek *c. music.*

meesleuren 0.1 [meevoeren] *sweep away/along* **0.2** [achter zich aan sleuren] *lug/drag along* ♦ **6.1** meegesleurd in de lawine *swept away in the avalanche.*

meesmuilen 0.1 *smirk.*

meespelen 0.1 [meedoen]⟨in spel⟩ *take part/join in a/the game* ⇒*play (along with),* ⟨in toneelstuk/film⟩ *be a cast member* **0.2** [mede van invloed zijn] *play a part.*

meespreken 0.1 [deelnemen aan een gesprek] *take part/join in a conversation* **0.2** [meebeslissen] *have a say (in)* **0.3** [van belang zijn] *also count/matter* ♦ **1.2** hij heeft daarin een woordje mee te spreken *he has a say in/can also put in a word about this* **6.1** ergens niet over kunnen ~ *not know anything about sth.;* daar kan ik van ~ *I know a thing or two about that.*

meest I ⟨bn.⟩ **0.1** [het grootste deel van] *most* ⇒*the majority of* **0.2** [zeer veel/groot] *most* ⇒*greatest* ♦ **1.2** de ~e tijd doet ze niets *most of the time she doesn't do a thing* **6.1** op zijn ~ *at (the) m./the outside* **7.1** de ~en van zijn voorgangers *most/the majority of his predecessors;*
II ⟨bw.⟩ **0.1** [in de hoogste mate] *most* ⇒*best,* ⟨superlatief achtervoegsel⟩ *-est* **0.2** [gewoonlijk] *mostly* ⇒*usually* ♦ **3.1** de ~ gelezen krant *the m. widely read newspaper;* het ~ houden van ...*love/like ... (the) m./best* **7.1** het ~ *the m.* ¶.1 het ~ voor de hand liggend *the m. obvious.*

meestal 0.1 *mostly* ⇒*usually.*

meestbiedende 0.1 *highest bidder.*

meester 0.1 [iem. die macht/gezag heeft] *master* **0.2** [iem. die een kunst volmaakt beheerst] *master* **0.3** [onderwijzer] *teacher* ⇒⟨BE ook⟩ *(school)master* **0.4** [jur.] *±Master of Laws;* ⟨afk.⟩ *LL.M.* **0.5** [schaaksport] *(international) master* ♦ **2.2** de oude/Hollandse ~s *the old/Dutch masters* **2.**¶ een oude ~ *an old master* ⟨schilderij⟩ **3.1** zich ~ maken van iets *take possession/control of sth.;* iets ~ zijn *master sth.;* zichzelf niet meer ~ zijn *no longer be in control of o.s.;* ⟨fig.⟩ een taal volkomen ~ zijn *have a thorough command of a language* **6.2** ⟨scherts.⟩ hij is een ~ in het verzinnen van uitvluchten *he's a m. at dreaming up excuses.*

meesterbrein 0.1 *mastermind* ♦ **6.1** het ~ achter de kaping *the m. behind the hijacking.*

meesteres 0.1 *mistress.*

meesterhand 0.1 *master-hand* ⇒*touch/hand of a/the master.*

meesterknecht 0.1 *foreman.*

meesterlijk 0.1 *masterly* ♦ **1.1** een ~e zet *a masterstroke* **3.1** hij tekent ~ *he draws with consummate skill.*

meesterschap 0.1 [volmaakte beheersing v.e. vak] *mastery* ⇒*control* **0.2** [macht, gezag] *mastery* **0.3** [graad] *masterhood, mastership* ⇒*master craftsmanship* ♦ **6.1** dat is met ~ gedaan *that has been done with m./skill;* ⟨fig.⟩ zijn ~ over de taal *his m./command of the language.*

meesterstitel 0.1 *title of Master (of Laws)* ♦ **3.1** zij voert de ~ *she bears the title of Master (of Laws).*

meesterstuk 0.1 *masterpiece.*

meesterwerk 0.1 [voortreffelijk werk] *masterwork* ⇒*masterpiece* **0.2** [voornaamste werk] *masterpiece.*

meestrijden 0.1 *join in the fight* ⇒*fight with/along(side).*

meet ⟨sport⟩ **0.1** *starting line* ⇒*mark*, ⟨eindstreep⟩ *finish-(ing-line)* ◆ **6.1** ⟨fig.⟩ **van** ~ (af) aan beginnen *begin from/at the beginning;* ⟨fig.⟩ weer **van** ~ (af) aan beginnen *make a fresh start.*

meetapparaat 0.1 *measuring instrument/apparatus.*

meetbaar 0.1 *measurable.*

meetband 0.1 *tape measure.*

meetbrug ⟨nat.⟩ **0.1** *Wheatstone bridge.*

meetellen I ⟨ov.ww.⟩ **0.1** [in een telling opnemen] *count also/in* ⇒*include;*
II ⟨onov.ww.⟩ **0.1** [mede van belang zijn] *count* ◆ **3.1** laten ~ *c. as well, give great weight to* **5.1** hij telt daar niet mee *he doesn't c. (for much)/doesn't matter there;* dat telt niet mee *that doesn't c.;* niet meer ~ *no longer c. (for anything).*

meetinstrument 0.1 *measuring/measurement instrument.*

meetkunde 0.1 *geometry* ◆ **1.1** ~ v.d. ruimte *solid g.* **2.1** vlakke ~ *plane g.*

meetkundig 0.1 *geometric(al)* ◆ **1.1** een ~ e reeks *a geometric progression/series.*

meetkundige 0.1 *geometrician.*

meetlat 0.1 *measuring rod* ⇒⟨landmeetk.⟩ *surveyor's rod.*

meetlint 0.1 *tape measure.*

meetlood 0.1 *plumb.*

meetrekken I ⟨onov.ww.⟩ **0.1** [meereizen] *travel/trek (along) (with);*
II ⟨ov.ww.⟩ **0.1** [slepen] *pull/drag along.*

meetronen 0.1 *coax along* ⇒*cajole into going/coming (along), lure on.*

meeuw 0.1 *(sea) gull.*

meevallen 0.1 [minder erg zijn] *turn out/prove/be better than (was) expected* **0.2** [de verwachting overtreffen] *exceed one's expectations* ◆ **1.1** de pijn viel mee *the pain wasn't so bad (as all that)* **5.1** de onderzoeksresultaten vielen niet mee *the research results proved (to be) disappointing* **6.1** het valt niet mee **om** zo hard te werken *hard work isn't as easy as one would think* **6.2** dat valt me **van** hem mee *he did better than I expected* ¶**.1** dat zal wel ~ *it won't be so bad.*

meevaller 0.1 *piece/bit of luck* ◆ **2.1** een financiële ~ *a windfall.*

meeverzekerd 0.1 *co-insured.*

meevoelen 0.1 *sympathize (with)* ◆ **6.1** ik kan met je ~ *I s. with you.*

meevoeren 0.1 [mbt. een persoon] *carry (along)* ⟨ook fig.⟩ ⇒ *lead (along)* ⟨bij de hand, aan een touw⟩ **0.2** [mbt. een zaak] *carry (along).*

meevragen 0.1 [vragen mee te gaan] *invite/ask to come along* **0.2** [uitnodigen] *invite/ask to come too/as well.*

meewarig 0.1 *pitying* ◆ **1.1** met een ~ e blik keek ze hem aan *she looked at him pityingly;* op ~ e toon *in a p. tone (of voice).*

meewerken 0.1 [samen aan iets werken] *cooperate* ⇒*work together* **0.2** [behulpzaam zijn] *assist* ◆ **1.1** we werkten allemaal een beetje mee *we all pulled together/did our little bit* **1.**¶ ⟨taal.⟩ meewerkend voorwerp *indirect object* **6.2** allen werkten mee **om** de onderneming te laten slagen *everyone assisted in making the venture successful.*

meewind 0.1 *tail/following wind.*

meezeulen ⟨inf.⟩ **0.1** *drag along (with o.s.).*

meezingen 0.1 *sing along (with)* ◆ **1.1** de zaal begon het lied mee te zingen *the audience took up/joined in the song.*

meezinger 0.1 *singalong (song).*

meezitten 0.1 *be favourable* ◆ **4.1** in die periode zat alles haar mee *at that time she had everything going for her* **5.1** het zat hem niet mee *luck was against him* **8.1** als alles meezit *if all goes well/runs smoothly.*

megabioscoop 0.1 *muliplex.*

megachip 0.1 *megachip.*

megafoon 0.1 *megaphone* ◆ **6.1** de menigte **door** een ~ toespreken *speak to/address the crowd through a m.*

megahertz 0.1 *megahertz.*

megalopolis 0.1 *megalopolis.*

megaton 0.1 *megaton.*

mei 0.1 *May* ◆ **7.1** de eerste ~ ⟨dag v.d. arbeid⟩ [B]*May Day* ⟨ook→**januari**⟩.

meibetoging 0.1 [B]*May-Day demonstration/rally.*

meiboom 0.1 *maypole.*

meid 0.1 [meisje, vrouw] *girl* ⇒*(young) woman* **0.2** [aanspreekvorm] [B]*(old) girl* ⇒*(little) woman* **0.3** [pej.] *broad* **0.4** [dienstbode] *maid* ◆ **2.1** een aardige ~ *a nice g.;* je bent al een hele ~ *you're quite a woman/g.;* de kleine ~ *the/my little g.;* een lekkere ~ *a gorgeous g.;* ⟨sl.⟩ *a nice piece;* een mooie ~ *a beautiful woman/g.*

meidengek 0.1 *girl-crazy boy/man* ◆ **3.1** hij is een ~ *he is girl-crazy.*

meidengroep 0.1 [popgroep] *female band.*

meidenhuis, meidenopvanghuis 0.1 *women's shelter.*

meidoorn 0.1 *hawthorn.*

meier ⟨inf.⟩ **0.1** *hundred-guilder note.*

meieren ⟨inf.⟩ **0.1** *carp* ⇒*nag.*

meikever 0.1 *maybug* ⇒*cockchafer.*

meiklokje ⟨Belg.⟩ **0.1** *lily-of-the-valley.*

meimaand 0.1 *month of May.*

meinedig 0.1 *perjured.*

meineed ⟨jur.⟩ **0.1** *perjury* ◆ **3.1** ~ plegen *perjure o.s., commit p.*

meisje 0.1 [kind v.h. vrouwelijk geslacht] *girl* ⇒*daughter* **0.2** [jonge vrouw] *girl, young woman/lady* **0.3** [vriendin] *girlfriend* **0.4** [dienstmeisje] *girl* ⇒*maid* ◆ **3.1** zij hebben twee ~ s *they have two girls/daughters* ¶**.4** een ~ voor halve dagen [B]*a g. for half days,* [A]*a part-time maid.*

meisjesachtig 0.1 *girlish* ⇒⟨mbt. mannen/jongens⟩ *sissy.*

meisjesboek 0.1 *girl's book.*

meisjesgek 0.1 *girl-crazy boy/man.*

meisjesnaam 0.1 *maiden name.*

meisjesschool 0.1 *girls' school.*

Mej. ⟨afk.⟩ **0.1** [Mejuffrouw] *Miss* ⇒*Ms.*

mejuffrouw 0.1 ⟨ongehuwde vrouw⟩ *Miss;* ⟨gehuwde of ongehuwde vrouw; afk.⟩ *Ms.*

mekaar ⟨inf.⟩ **0.1** *each other* ⇒*one another* ◆ **6.1** komt voor ~ *OK, consider it done;* ⟨BE ook⟩ *right you are, righto.*

mekka 0.1 *Mecca.*

mekkeren 0.1 [mbt. geiten/schapen] *bleat* **0.2** [zaniken] *keep on (at s.o. about sth.), nag.*

melaats 0.1 *leprous* ◆ **7.1** een ~ e *a leper.*

melaatsheid 0.1 *leprosy* ⇒*Hansen's disease.*

melancholicus, -ca 0.1 *melancholic.*

melancholie 0.1 [zwaarmoedigheid; wat zwaarmoedigheid opwekt] *melancholy* **0.2** [psych.] *melancholia.*

melancholiek 0.1 *melancholy* ◆ **1.1** een ~ e bui *a m. mood.*

melange 0.1 *blend* ⇒*mixture* ◆ **1.1** ~ van koffie *coffee b.* **2.1** een geurige ~ *a fragrant b.*

melbatoast 0.1 *Melba toast.*

melden I ⟨ov.ww.⟩ **0.1** [laten weten] *report* ⇒*inform (of)* **0.2** [aankondigen] *report* ⇒*announce* ◆ **4.1** ze heeft zich ziek gemeld *she has reported (herself) sick;* ⟨telefonisch⟩ *she*

called in sick **6.2** niets **te** ~ hebben ⟨fig.⟩ *have nothing/no news to r.;*
II ⟨wk.ww.; zich ~⟩ **0.1** [aanmelden] *report* ⇒*check in* ◆
6.1 bezoekers dienen zich te ~ **bij** de portier *visitors are requested to check in with the doorman;* zich ~ **bij** de politie *report (o.s.) to/*⟨criminelen⟩ *give o.s. up to the police.*

melder 0.1 [persoon] *informant* ⇒*announcer* **0.2** [toestel], ook in samenst.] *alarm* ⇒⟨tech.⟩ *detector* ◆ **1.2** rookmelder *smoke detector.*

melding 0.1 [vermelding] *mention(ing), report(ing)* **0.2** [aanmelding] *reporting* ⇒*announcing* ◆ **3.1** ~ maken van iets *make mention of/reference to sth.*

meldkamer 0.1 ⟨alg.⟩ *centre* ⇒⟨voor noodgevallen⟩ *emergency room*, ⟨voor klachten⟩ *complaints department*, ⟨com.⟩ *radio room.*

melig I ⟨bn.⟩ **0.1** [uit meel bestaand; pulverachtig] *mealy* ◆ **1.1** een ~e appel *a m. apple;*
II ⟨bn., bw.⟩ **0.1** [flauw en grappig] *corny* ◆ **1.1** een ~e opmerking *a c. remark* **3.1** ~ doen *be tiresome.*

melk 0.1 *milk* ◆ **2.1** gecondenseerde ~ *condensed/evaporated m.;* halfvolle/volle ~ *low-fat/whole m.;* magere ~ *skim m.* **6.1** ⟨fig.⟩ niets in de ~ te brokke(le)n hebben *have no influence/no say in things;* ⟨fig.⟩ heel wat in de ~/pap te brokke(le)n hebben *have a considerable say in things, wield a great deal of influence;* koffie **met** ~ *coffee with cream;* ⟨BE ook⟩ *white coffee.*

melkachtig 0.1 *milky.*

melkboer 0.1 ⟨bezorger⟩ *milkman;* ⟨handelaar⟩ *dairyman.*

melkbrood 0.1 *milk loaf.*

melkbus 0.1 *milk can.*

melkchocola 0.1 *milk chocolate.*

melkdieet 0.1 *milk diet.*

melkemmer 0.1 [waarin gemolken wordt] *milking pail* **0.2** [waarin melk bewaard wordt] *milk pail.*

melken 0.1 [van zijn melk ontlasten] *milk* **0.2** [fokken] *keep* **0.3** [voordeel halen van] *milk, exploit* ◆ **1.1** de koeien ~ *m. the cows* **1.2** duiven ~ *k./breed doves.*

melker 0.1 *milker.*

melkfabriek 0.1 *milk factory/plant.*

melkfles 0.1 [fles voor melk] *milk bottle* **0.2** [zuigfles] *feeding bottle.*

melkgebit 0.1 *milk teeth.*

melkgevend 0.1 *milk-producing* ◆ **1.1** ~ vee *milking stock.*

melkglas 0.1 *milk glass.*

melkinrichting 0.1 *dairy.*

melkkan, -kannetje 0.1 *milk jug.*

melkkleur 0.1 *milky colour.*

melkkoe I ⟨de (v.)⟩ **0.1** [dier] *dairy/milch cow;*
II ⟨de (m.)⟩ ⟨fig.⟩ **0.1** [persoon] *milch cow.*

melkmachine 0.1 *milking machine.*

melkman 0.1 *milkman.*

melkmuil 0.1 [groentje] *greenhorn* ⇒*rookie* **0.2** [lafbek] *milksop* ⇒*ᵇwet.*

melkopbrengst 0.1 *milk yield/production.*

melkpap 0.1 *milk porridge.*

melkplas 0.1 *milk lake/pond* ◆ **1.1** de ~ v.d. EG *the E.E.C. milk lake.*

melkpoeder 0.1 *powdered/dehydrated milk.*

melkproduct 0.1 *milk/dairy product.*

melkproductie 0.1 [hoeveelheid melk v.e. koe] *milk yield* **0.2** [totale hoeveelheid melk] *milk production/output.*

melkquotering 0.1 *milk quotas* ⟨mv.⟩.

melkrijder 0.1 *milk collector.*

melkronde ⟨AZN⟩ **0.1** *milk round(s).*

melkstal 0.1 *milking shed.*

melksuiker 0.1 *lactose* ⇒*milk sugar.*

melktand 0.1 *milk tooth.*

melktijd 0.1 *milking time.*

melkvee 0.1 *dairy cattle.*

melkveehouder 0.1 *dairy farmer.*

melkveestapel 0.1 *dairy herd.*

melkweg ⟨ster.⟩ **0.1** *Milky Way.*

melkwegstelsel ⟨ster.⟩ **0.1** [melkweg] *Milky Way (galaxy)* **0.2** [ander sterrenstelsel] *galaxy.*

melkwit 0.1 *milk(y) white.*

melkzuur 0.1 ⟨bn. en zn.⟩ *lactic acid.*

melodie 0.1 [muz.] *melody* ⇒*tune* **0.2** [mbt. woordklanken] *modulation* ◆ **6.1** een lied op de ~ van *a song to the tune of.*

melodieus 0.1 *melodious.*

melodisch 0.1 [mbt. de melodie] *melodic* **0.2** [welluidend] *melodious.*

melodrama 0.1 *melodrama.*

melodramatisch 0.1 *melodramatic* ◆ **1.1** een ~ verhaal ⟨inf.⟩ *a sob story.*

meloen 0.1 *melon.*

membraan 0.1 *membrane.*

membrafoon ⟨muz.⟩ **0.1** *membranophone.*

memento mori 0.1 *memento mori.*

memo 0.1 *memo.*

memoblok 0.1 *notepad* ⇒⟨op kantoor ook⟩ *memo pad.*

memoires 0.1 *memoirs.*

memorandum 0.1 [diplomatieke nota] *memorandum* **0.2** [notitieboekje] *notebook.*

memoreren 0.1 [vermelden] *mention* ⇒*remind* **0.2** [opschrijven] *note* ⇒*make a note of.*

memorie 0.1 [geheugen; herinnering] *memory* **0.2** [beschouwing] *memorandum* ◆ **1.2** ⟨pol.⟩ ~ van antwoord *m. in reply;* ⟨pol.⟩ ~ van toelichting *explanatory m./statement* **6.1** kort van ~ zijn *have a short m.*

memoriseren 0.1 *memorize.*

men 0.1 [de mensen] *one* ⇒⟨inf.⟩ *people, they* **0.2** [ik en iedereen met mij] *one* ⇒⟨inf.⟩ *you* **0.3** [één of meer personen] *one* ⇒⟨inf.⟩ *they* ◆ **3.1** ~ heeft mij gezegd ...*I've been/I'm told ...;* ~ zegt *it is said, people/they say;* ~ zegt dat hij ziek is *he's said to be ill* **3.2** ~ kan hen niet laten omkomen *they cannot be allowed to die;* ~ zou zeggen dat ...*by the look of it ...* **3.3** ~ had dat kunnen voorzien *that could have been foreseen;* ~ hoopt dat ...*it is hoped that ...*

ménage à trois ⟨euf.⟩ **0.1** *menage a trois.*

meneer 0.1 *gentleman;* ⟨+naam⟩ *Mr;* ⟨losstaand als aanspreekvorm, meestal: onvertaald; slechts in heel formele situaties⟩ *sir* ◆ **2.1** ⟨iron.⟩ je bent een mooie ~! *you're a fine one!* **3.1** de ⟨grote/mooie⟩ ~ uithangen *act posh.*

menen 0.1 [in ernst bedoelen] *mean* **0.2** [voorhebben] *intend* ⇒*mean* **0.3** [veronderstellen] *think* ◆ **4.1** dat meen je niet! *you can't be serious!;* ik meen het! *I m. it!* **5.2** het ernstig/serieus ~ *be serious;* het was goed gemeend *it was meant well;* het goed/kwaad met iem. ~ *mean well towards s.o., mean s.o. harm* **6.3** ik meende hem te moeten waarschuwen *I thought/felt I ought to warn him;* hij meende te weten dat ...*he understood that ...* **8.3** ik meende dat ...*I thought ...*

menens ◆ **3.¶** het is ~ *it's serious;* het is hem ~ *he means it, he's serious;* het wordt ~ *it's getting serious;* als het ~ wordt *when things get serious.*

mengeling 0.1 *mixture* ◆ **1.1** een ~ van kleuren *a m. of colours* **2.1** een bonte ~ *a multicoloured/motley m.*

mengelmoes 0.1 [mbt. zaken] *mishmash* **0.2** [mbt. mensen] *jumble.*

mengen I ⟨ov.ww.⟩ **0.1** [door elkaar werken] *mix* ⇒⟨mêleren⟩ *blend* **0.2** [bij elkaar brengen, in verband brengen] *mix* ⇒⟨inf.⟩ *bring/*⟨pej.⟩ *drag in* ◆ **1.1** kleuren ~ *m./blend colours;* thee ~ *blend tea* **6.1** meng de suiker **door** de pap *stir the sugar into the porridge;* **door** elkaar ~ *m. together* **6.2** mijn naam wordt er ook **in** gemengd *my name was also brought in/dragged in;* **II** ⟨wk.ww.; zich ~⟩ **0.1** [zich inlaten met] *get (o.s.) involved (in)* ⇒⟨inf.⟩ *get (o.s.) mixed up (in)* ◆ **6.1** zich ~ **in** de politiek *get (o.s.) involved/mixed up in politics;* zich **in** iemands zaken ~ *poke one's nose into s.o.'s business;* zich **in** de discussie ~ *join in the discussion;* ⟨pej.⟩ *butt into the discussion.*

menging 0.1 [handeling] *mixing* ⇒*blending* **0.2** [resultaat] *mixture* ⇒*blend.*

mengkraan 0.1 *mixer tap.*

mengpaneel ⟨muz.⟩ **0.1** *mixing console, mixer.*

mengsel 0.1 *mixture* ⇒*blend* ◆ **2.1** een rijk ~ ⟨brandstof⟩ *a rich m.* **6.1** ⟨fig.⟩ een ~ **van** waarheid en verdichting *a m./blend of truth and fiction.*

mengsmering 0.1 *petroil lubrication.*

menhir 0.1 *menhir.*

menie[1] ⟨de⟩ **0.1** *red lead.*

menie[2] ⟨bn.⟩ **0.1** ±*vermilion*, ±*scarlet.*

meniën 0.1 *red-lead.*

menig 0.1 *many* ⟨+mv.⟩; *many a* ⟨+enk.⟩ ◆ **1.1** ~ mens *many (people), many a person/a one;* ~e slapeloze nachten *many sleepless nights/a sleepless night;* in ~ opzicht *in many respects.*

menigeen 0.1 *many (people)* ⇒*many a person/a one.*

menigmaal 0.1 *many times* ⇒*many a time.*

menigte 0.1 [veel mensen] *crowd* **0.2** [groot getal] *mass* ⇒ *host* ◆ **2.1** de drukke ~ *the bustling c.*

mening 0.1 *opinion* ⇒*view* ◆ **2.1** afwijkende ~ *dissenting view/o.;* naar mijn bescheiden ~ *in my humble o.;* de openbare ~ *public o.;* sterk uitgesproken ~ hebben over iets *hold strong views about sth.;* de ~en zijn (sterk) verdeeld (over die kwestie) *opinions differ (greatly) (on that matter)* **3.1** ik geef mijn ~ (graag) voor beter *I'm open to correction, that's my o. for what it's worth;* zijn ~ geven *give one's o./ view(s);* een ~ hebben over *have/hold an o./a view about/on;* er een eigen ~ op na houden *have an o./a view of one's own;* ik kan uw ~ niet delen *I cannot share your o./view;* dezelfde ~ toegedaan zijn *be of the same o., take the same view;* uiteenlopende ~en *differing opinions/views;* ronduit zijn ~ zeggen *speak one's mind* **6.1 bij** zijn ~ blijven *stick to one's o.;* **in** de ~ verkeren dat ...*be under the impression that ...;* **naar** mijn ~ *in my o. / think/feel;* **van** ~ veranderen *change one's o./view(s);* **van** ~ zijn dat ...*be of the o./take the view that ...;* **van** ~ verschillen *have/hold different views;* **voor** zijn ~ durven uitkomen *stand up for one's o.;* iem. zonder ~ ⟨pol.⟩ *a 'don't-know'* **7.1** ⟨in enquête⟩ ja, nee, geen ~ *yes, no, don't know.*

meningsuiting 0.1 [het uiten van zijn mening] *(expression of) opinion* ⇒*speech* **0.2** [oordeel] *(statement of) opinion* ⇒*view(s)* ◆ **2.1** vrije ~ *freedom of speech, free speech.*

meningsverschil 0.1 *difference of opinion* ◆ **3.1** hierover bestaat/heerst ~ *there are differing opinions about this;* ~ hebben *have a difference of opinion.*

meniscus 0.1 [kraakbeenschijf] *meniscus* ⇒⟨inf.⟩ *kneecap* **0.2** [nat.] *meniscus.*

mennen 0.1 *drive* ◆ **1.1** een paard/wagen ~ *d. a horse/ wagon.*

menner 0.1 *driver* ⇒*teamster.*

menopauze 0.1 *menopause.*

menora 0.1 *menorah.*

mens I ⟨de⟩ **0.1** [redelijk wezen] *human (being)* ⇒*man,* ⟨mensdom⟩ *man(kind)* **0.2** [mv.; personen] *people* **0.3** [mv.; medewerkers] *people* **0.4** [type] *person* ◆ **1.¶** ⟨tegen vrienden e.d.⟩ de groetjes ~en! *bye, folks!, see you, everybody!* **2.1** ik voel me een ander ~! *I feel (like) a new person;* de grote ~en *grown-ups;* de inwendige ~ *versterken fortify the inner man* **2.2** de gewone ~en *ordinary p.* **2.4** een onmogelijk ~ zijn *be impossible (to deal with)* **2.¶** beste ~en ⟨in brieven⟩ *dear all;* ⟨aanspreekvorm⟩ *(hello,) everybody!* **3.1** ik ben ook maar een ~ *I'm only human;* dat doet een ~ goed *that does you good* **3.2** sommige ~en leren het nooit! *some p. never learn!;* we verwachten vanavond ~en *we're expecting p. tonight;* zeg dat niet als er ~en bij zijn! *don't say that when there are p. around!* **3.3** daar heeft zij haar ~en voor *she's got p. to do that* **6.1 door** ~en gemaakt *man-made* **6.2 onder** de ~en komen *get out and about, see p.* **7.1** geen ~ *not a soul;* ⟨fig.⟩ geen (half) ~ *meer zijn be worn out* **7.2** hij is een v.d.~en die ... *he is one of those (p.) who ...* **7.4** ik ben geen ~ om ... *I'm not one/a p. to ...* **7.¶** alle ~ *goodness (gracious/me)!* **8.2** (eenvoudige) ~en als wij *(simple) p./folk like us* **¶.1** ⟨sprw.⟩ de ~ leeft niet van brood alleen *man cannot live by bread alone;* **II** ⟨het⟩ **0.1** [(vrouwelijk) individu] *thing* ⇒*creature* ◆ **2.1** het arme ~ is doodziek *the poor t./creature is awfully ill;* het is een braaf/best~ *she's a good (old) soul;* een enig/ leuk~ *a marvellous/nice person* **4.1** ik kan dat~ niet uitstaan *I can't stand that creature* **¶.1** ⟨inf.⟩ ~, pas toch op *do watch out, won't you!* **¶.¶** ⟨inf.⟩ ~, hou je kop! *will you shut up!*

mensa 0.1 *refectory* ⇒⟨voor studenten⟩ *(student) cafeteria.*

mensaap 0.1 *anthropoid (ape)* ⇒⟨minder juist⟩ *ape.*

mensbeeld 0.1 *portrayal of man(kind).*

mensdom 0.1 ⟨zie ¶.1⟩ ◆ **¶.1** het ~ *man(kind); humankind.*

menselijk I ⟨bn.⟩ **0.1** [als/v.d. mens, ook fig.] *human* ◆ **1.1** naar ~e maatstaven *by h. standards;* de ~e soort ⟨inf.⟩ *the h. species* ⟨wet. onjuist⟩; ~ verstand *h. intelligence;* een ~ wezen *a h. being* **3.1** hij begint wat ~er te worden *he's starting to become more h.* **5.1** niet ~ *non-human* **¶.1** ⟨sprw.⟩ vergissen is ~ *to err is human;* **II** ⟨bn., bw.⟩ **0.1** [humaan] *humane* ◆ **1.1** een ~e behandeling *h. treatment* **5.1** niet ~ *inhumane, inhuman.*

menselijkerwijs 0.1 *humanly* ◆ **3.1** dat is ~ gesproken onmogelijk *that's not h. possible.*

menselijkheid 0.1 *humanity* ◆ **6.1** iem. met ~ behandelen *treat s.o. with h.*

menseneter 0.1 *cannibal.*

mensengedaante 0.1 *human form/shape* ◆ **6.1** een duivel in ~ *the devil incarnate.*

mensenhaai 0.1 *great white shark.*

mensenhaat 0.1 *misanthropy.*

mensenhand 0.1 *human/men's hands* ⇒⟨kracht⟩ *manpower* ◆ **1.1** het werk van ~en *the work of human hands* **6.1** dat is niet **door** ~ gebouwd *that wasn't built by man/ by human hands.*

mensenhater 0.1 *misanthrope.*

mensenheugenis 0.1 *human memory* ◆ **6.1** sinds ~ *from/ since time immemorial.*

mensenkennis 0.1 *insight into (human) character/human nature* ◆ **3.1** veel ~ hebben *be a good judge of (human) character.*

mensenkind 0.1 *human (being).*

mensenkinderen 0.1 *goodness gracious/me!* ◆ **¶.1** ~, wat vertel je me nu! *goodness gracious/me, whatever next?*

mensenleven 0.1 *(human) life* ◆ **1.1** een groot verlies aan/

van ~s *(a) great loss of lives* **3.1** een oorlog kost veel ~s *a war costs many lives;* bij die brand zijn twee ~s te betreuren *the fire took two lives.*

mensenmassa 0.1 *crowd/mass (of people).*

mensenrechten 0.1 *human rights.*

mensenrechtenbeweging 0.1 *human rights movement.*

mensenschuw 0.1 *shy* ⇒*afraid of people,* ⟨pej.⟩ *unsociable* ◆ **1.1** een ~e persoon *a recluse.*

mensenverstand 0.1 *human intelligence* ◆ ¶.1 een ~ te boven gaan *surpass human intelligence.*

mensenvrees 0.1 *fear of people.*

mensenvriend 0.1 *philanthropist.*

mensenwerk 0.1 *human work.*

mens-erger-je-niet 0.1 *ludo.*

mensheid 0.1 [menselijke natuur] *human nature* **0.2** → **mensdom.**

mensjaar 0.1 *person-year.*

menskracht 0.1 *manpower.*

menslief 0.1 (verbaasd) *goodness (gracious/me)!, my goodness!;* ⟨medelijdend⟩ *(you) poor thing!*

menslievend 0.1 *charitable* ⇒*humanitarian,* ⟨weldadig⟩ *philanthropic.*

menslievendheid 0.1 *charity* ⇒*humanity,* ⟨weldadigheid⟩ *philanthropy.*

mensonterend 0.1 *degrading* →*(humanly) disgraceful.*

mensonwaardig 0.1 *degrading* ⇒*unworthy (of man).*

menstruatie 0.1 *menstruation* ⇒⟨inf.⟩ *period.*

menstruatiecyclus 0.1 *menstrual cycle* ◆ **2.1** een onregelmatige ~ hebben *have an irregular menstrual cycle.*

menstruatiepijn 0.1 *menstrual pain/*⟨mv.⟩ *cramps.*

menstrueren 0.1 *menstruate.*

mensvormig 0.1 *having human shape/form* ⟨alleen na zn.⟩ ⇒⟨wet.⟩ *anthropomorphous.*

menswaardig 0.1 *decent* ⇒*dignified* ◆ **1.1** een ~ bestaan *a decent/dignified existence.*

menswetenschappen 0.1 ⟨biologie, medicijnen, antropologie enz.⟩ *life sciences;* ⟨politiek, economie enz.⟩ *social sciences.*

menswetenschapper 0.1 ⟨mbt. biologie, medicijnen, antropologie enz.⟩ *life scientist;* ⟨mbt. politiek, economie enz.⟩ *social scientist.*

menswording 0.1 [antropogenese] *origin of man(kind)* **0.2** [incarnatie] *incarnation* ◆ **1.2** de ~ van Gods zoon *the i. of the Son of God.*

mentaal 0.1 *mental* ◆ **1.1** een mentale klap *a m. blow.*

mentaliteit 0.1 *mentality* ◆ **6.1** iem. met die ~! *s.o. of that m.!* **7.1** dat is geen ~! *that's no way to think/no attitude!*

mentaliteitsverandering 0.1 *change of/in mentality/attitude.*

menthol 0.1 *menthol.*

mentor 0.1 [studiebegeleider van leerlingen/studenten]⟨BE⟩ *tutor;* ⟨AE⟩ *student adviser* **0.2** [raadsman] *mentor.*

menu 0.1 ⟨ook comp.⟩ *menu* ◆ **2.1** het vaste ~ *the fixed m., the set meal* **6.1** wat staat er vandaag op het ~? ⟨ook fig.⟩ *what's on the m. today?*

menubalk ⟨comp.⟩ **0.1** *menu bar* →*button bar.*

menuet 0.1 *minuet.*

menugestuurd ⟨comp.⟩ **0.1** *menu-driven.*

menukaart 0.1 *menu.*

mep 0.1 *smack* ◆ **2.** ¶ de volle ~ *the full whack* **3.1** iem. een ~ geven ⟨ook⟩ *clout/smack s.o.*

meppen 0.1 *smack.*

merci ⟨inf.⟩ **0.1** *thanks.*

Mercurius 0.1 *Mercury.*

merel 0.1 *blackbird.*

meren 0.1 *moor* ⇒⟨ov.ww. ook⟩ *make fast.*

merendeel 0.1 *greater part* ⇒⟨van iets telbaars ook⟩ *majority* ◆ **1.1** het ~ v.d. aanwezigen *the majority/most of those present* **6.1** voor het ~ *for the most/greater part.*

merendeels 0.1 [voor het grootste gedeelte] *for the most part* **0.2** [meestal] *mostly.*

merg 0.1 [substantie in beenderen] *(bone) marrow* **0.2** [vruchtvlees] *flesh* **0.3** [plantk.] *pith* ◆ **1.1** deze kou dringt door ~ en been *this cold chills you to the bone;* die kreet ging door ~ en been *it was a harrowing/heart-rending cry.*

mergbeen 0.1 *marrowbone.*

mergel 0.1 *marl.*

mergpijp 0.1 [mergbeen] *marrowbone* **0.2** [meestal -je; blokje cake] ⟨*piece of marzipan and chocolate cake⟩.*

meridiaan 0.1 *meridian* ◆ **6.1** ⟨ster.⟩ door de ~ gaan, de ~ passeren *pass through the m.* **7.1** de eerste ~ *the prime m.*

merites 0.1 *merits* ◆ **1.1** de ~ v.d. zaak *the m. of the case* **6.1** iets op zijn ~ beoordelen *judge sth. on its m.*

merk 0.1 [onderscheidingsteken] *mark* ⇒⟨keur⟩ *hallmark* ⟨bv. op zilver, goud⟩ **0.2** [handelsmerk] *brand (name)* ⇒ ⟨handelsmerk⟩ *trademark* **0.3** [koopwaar] *brand* ⟨waspoeder, sigaren enz.⟩; ⟨technische producten⟩ *make* ⟨tv, auto, ijskast enz.⟩ ◆ **2.3** een nieuw ~ sigaren *a new b. of cigars* **6.2** artikelen zonder ~ *nonbrand articles.*

merkartikel 0.1 *proprietary brand.*

merkbaar 0.1 *noticeable* ◆ **3.1** hij is ~ kalmer geworden *he has grown noticeably calmer;* het verschil is al (goed) ~ *the difference is already n./apparent.*

merken 0.1 [bemerken] *notice* ⇒*see* **0.2** [markeren] *mark* ⇒⟨met brandmerk⟩ *brand* ◆ **3.1** dat is (duidelijk) te ~ *it shows;* het is niet te ~ *it doesn't show;* iets laten ~ *show sth.;* ⟨per ongeluk⟩ *give sth. away;* zonder iets te laten ~ *without showing anything/giving anything away;* ze liet duidelijk ~ dat het haar vervelde *she made it clear she was annoyed;* hij liet niets ~ *he gave nothing away* **5.1** je zult het wel ~ *you'll find out* **6.1** ik merkte het **aan** zijn gezicht *I could tell/see by the look on his face;* hij zou 1000 gulden kunnen uitgeven **zonder** het te ~ *he could spend 1000 guilders and never miss it;* hij werd van zijn portefeuille beroofd **zonder** het te ~ *he was robbed of his wallet unawares;* hij reed door een rood licht heen **zonder** het te ~ *he drove through a red light without (even) noticing.*

merkijzer 0.1 *branding iron.*

merkkleding 0.1 *designer wear/clothes.*

merkloos 0.1 *unbranded, no(n)-brand* ⟨bv. product⟩.

merknaam 0.1 *brand (name).*

merkteken 0.1 *(identifying) mark/sign.*

merkwaardig 0.1 [buitengewoon] *remarkable* ⇒*noteworthy* **0.2** [vreemd] *peculiar* ◆ **1.2** een ~e kerel *a p./an odd fellow* **1.**¶ ⟨wisk.⟩ ~e producten/quotiënten *remarkable products/quotients* **7.1** het ~e van dit geval is dat ... *the r. thing (about this) is that ...* **7.2** het ~e v.d. zaak is ... *the curious/odd thing (about it) is ...*

merkwaardigerwijs 0.1 *oddly/strangely enough.*

merkwaardigheid 0.1 [curiositeit] *curiosity;* ⟨vreemd ding⟩ *oddity* **0.2** [hoedanigheid]⟨buitengewoonheid⟩ *remarkableness* ⇒*noteworthiness,* ⟨vreemdheid⟩ *peculiarity.*

merrie 0.1 *mare.*

mes 0.1 *knife* ⇒⟨van scheerapparaat/grasmaaier enz.⟩ *blade* ◆ **1.1** met ~ en vork eten *eat with a k. and fork;* ~sen en vorken ⟨ook⟩ *cutlery* **3.1** het ~ in de begroting zetten *slash the budget;* ⟨fig.⟩ het ~ snijdt aan twee kanten ⟨geeft dubbel voordeel⟩ *it works both ways;* het ~ in iets zetten ⟨fig.⟩ *take drastic action;* ⟨bezuinigen⟩ *apply the axe to* *sth.;* iem. het ~ op de keel zetten ⟨ook fig.⟩ *put a k. to s.o.'s throat;* ⟨fig. ook⟩ *hold a pistol to s.o.'s head* **6.1** ⟨fig.⟩ **met** het ~ op de keel *at pistol-/gun-point;* ik ga morgen **onder** het ~ ⟨mbt. operatie⟩ *I'm going in tomorrow;* ⟨mbt. zwaar examen⟩ *tomorrow's the moment of truth;* ⟨fig.⟩ **onder** het ~ gaan *(go and) be cut open* **6.¶** onderhandelingen **met** het ~ op tafel *negotiations with the gloves off.*

mesjogge ⟨inf.⟩ **0.1** *crazy* ⇒*nutty* ♦ **3.1** ben je nou helemaal ~? *are you completely cracked/out of your mind?;* dat is ~ *that's c.*

mespunt 0.1 [punt v.e. mes] *point/tip of a knife* **0.2** [hoeveelheid] *pinch* ♦ **1.2** een ~je zout *a p. of salt.*

mess ⟨mil.⟩ **0.1** *mess (hall)* ⇒*messroom.*

messcherp 0.1 *razor-sharp* ♦ **1.1** een ~ intellect *a r.-s. intellect;* een ~e opmerking *a biting comment.*

messenlegger 0.1 *knife rest.*

messenslijper 0.1 *knife-grinder/-sharpener.*

messentrekker 0.1 *knife fighter.*

Messias 0.1 *Messiah.*

messing 0.1 *brass.*

messnede 0.1 *knife cut.*

messteek 0.1 *stab/thrust (of a knife).*

mest 0.1 [uitwerpselen] *manure* **0.2** [andere stoffen] *fertilizer.*

mestaarde 0.1 *mould.*

mestbank 0.1 *manure bank.*

mesten I ⟨onov., ov.ww.⟩ **0.1** [vruchtbaar maken] *fertilize* **0.2** [uitmesten] *clean out* ♦ **1.2** stallen ~ *clean out stables* ⟨paard⟩;
II ⟨ov.ww.⟩ **0.1** [(vee) vet maken] *fatten (up).*

mesthoop, -vaalt 0.1 *dunghill.*

mesties 0.1 *mestizo* ⟨m.⟩, *mestiza* ⟨v.⟩.

mestkalf 0.1 ⟨wordt gemest⟩ *fatting calf;* ⟨is gemest⟩ *fattened calf.*

mestoverschot 0.1 *manure surplus.*

mestprobleem 0.1 *slurry problem.*

mestvee 0.1 ⟨wordt gemest⟩ *beef/ⁿstore cattle;* ⟨is gemest⟩ *fatstock.*

met 0.1 [in gezelschap van] *(along) with* ⇒*of* **0.2** [plus] *with* ⇒*and,* ⟨inclusief⟩ *including* **0.3** [mbt. deelneming/overeenstemming] *with* **0.4** [vermengd met] *(mixed) with* ⇒ *and* **0.5** [mbt. een wederkerige handeling] *with* **0.6** [in het bezit van] *with* **0.7** [mbt. de omstandigheid/gezindheid] *with* ⇒*by* **0.8** [door middel van] *with, by* ⇒*through, in* **0.9** [gelijktijdig met] *with, by* ⇒*at* **0.10** [mbt. een hebbelijkheid] *with* ⇒*and* ♦ **1.1** ze kwamen ~ honderden *they came in their hundreds* **1.2** ~ rente *w. interest* **1.5** ~ Janssen ⟨aan de telefoon⟩ *Janssen speaking/here* **1.6** een zak ~ geld *a bag of money;* een broodje ~ ham *a ham roll;* de man ~ de hoed *the man with the hat on;* ~ kleren en al dook hij het water in *he dived into the water clothes and all* **1.7** ~ bewondering luisteren *listen in admiration* **1.8** ~ dezelfde trein reizen *travel on the same train;* ~ de trein van acht uur *by the eight o'clock train* **1.9** ~ Kerstmis tien jaar geleden *ten Christmases ago;* ik kom ~ Kerstmis *I'm coming at Christmas;* ~ de klok van twaalven *on the stroke of twelve* **1.10** jij altijd ~ je gezeur *you and your whining;* daar heb je hem weer ~ zijn knappe kinderen *there he goes again about his handsome children* **2.3** het ~ iem. eens zijn *agree with s.o.* **3.5** ~ wie spreek ik? ⟨aan de telefoon⟩ *who am I speaking to?;* spreken ~ iem. *speak to s.o.* **3.8** ~ een cheque/geld betalen *pay by cheque/(in) cash;* zijn tijd doorbrengen ~ luieren *spend one's time lazing about* **4.1** ~ (zijn) hoevelen zijn zij? *how many of them are there?* **4.2** ~ deze erbij zijn het er zeven *this one makes*

seven **4.7** ~ dat al *yet for all that* **5.9** al ~ al *altogether* **7.1** ze waren ~ z'n drieën *there were three of them;* ze kwamen ~ z'n drieën *three of them came* **7.2** ~ vijf *plus/and five* **¶.2** tot en ~ hoofdstuk drie *up to and including chapter three.*

metaal I ⟨het⟩ **0.1** [schei.] *metal* ♦ **2.1** edele/onedele/halfedele metalen *precious/base/semi-precious metals;* oud ~ *scrap m.:* zware/lichte metalen *heavy/light metals* **6.1** geheel *van* ~ *all-metal;*
II ⟨de⟩ **0.1** [metaalnijverheid] *metal industry* ⇒⟨mbt. staal⟩ *steel industry* ♦ **6.1** arbeider **in** de ~ *metalworker; steelworker.*

metaalachtig 0.1 *metallic* ♦ **3.1** het klinkt ~ *it sounds m.*

metaalarbeider 0.1 *metalworker;* ⟨mbt. staal⟩ *steelworker.*

metaalbewerking 0.1 *metal working.*

metaalboor 0.1 *metal drill.*

metaaldraad 0.1 *wire.*

metaalfabriek 0.1 *metalworks.*

metaalgieterij 0.1 [het metaalgieten] *metal casting* **0.2** [plaats] *foundry.*

metaalhoudend 0.1 *metallic.*

metaalindustrie 0.1 *metal/metallurgical industry* ⇒ ⟨mbt. staal⟩ *steel industry.*

metaalmoeheid 0.1 *metal fatigue.*

metaalnijverheid 0.1 *metal/metallurgical industry* ⇒ ⟨mbt. staal⟩ *steel industry.*

metaalplaat 0.1 *metal sheet* ⇒⟨dikker⟩ *metal plate.*

metaalverf 0.1 [verf voor metalen] *metal paint* **0.2** [uit metaal bereide verf] *metallic paint.*

metaalverwerkend ♦ **1.¶** ~e industrie *metallurgical industry.*

metaalwaren 0.1 *metalware, metalwork.*

metafoor 0.1 *metaphor* ♦ **2.1** afgezaagde/versleten metaforen *overworked metaphors* **3.1** om een ~ te gebruiken *metaphorically speaking.*

metaforisch 0.1 *metaphorical* ♦ **3.1** een woord ~ gebruiken *use a word metaphorically.*

metafysica 0.1 *metaphysics.*

metafysisch 0.1 *metaphysical.*

metalen 0.1 [van metaal vervaardigd] *metal* ⇒*metallic* **0.2** [als van metaal] *metallic* ♦ **1.1** ~ schijven *metal discs* **1.2** een ~ klank *a m. sound.*

metalliek 0.1 [metaalachtig] *metallic* **0.2** [van metaal] *metallic, metal* ♦ **1.2** ~e koppeling *metal coupling;* ~e standaard ⟨geldw.⟩ *(precious) metal standard.*

metamorf ⟨geol.⟩ **0.1** *metamorphic, metamorphous.*

metamorfose 0.1 *metamorphosis* ♦ **3.1** een ~ ondergaan *have undergone a m.*

metastase ⟨med.⟩ **0.1** *metastasis.*

meteen 0.1 [onmiddellijk] *immediately, at once* ⇒*right/straight away* **0.2** [tegelijkertijd] *at the same time* ♦ **3.1** ~ betalen *pay at once;* ik kom ~ *I'm just coming, I won't be a minute;* ze kwam ~ toen ze het hoorde *she came as soon as she heard it;* dat zeg ik u zo ~ *I'll tell you in (just) a minute* **3.2** koop er ook ~ eentje voor mij *buy one for me (too) while you're at it;* ik zal dit ~ maar meenemen *I'll take this with me too/at the same time;* ik bood hem een bonbon aan en hij nam er ~ twee *I offered him a bonbon and he took two (at once)* **5.1** ze was ~ dood *she was killed instantly;* nu ~ *right now, this (very) minute* **5.¶** zo ~ verklapt hij het nog *next thing, he'll be giving it all away* **6.1 tot** zo ~ *see you shortly/in a minute* **¶.1** ~ ter zake komen *come straight to the point.*

meten I ⟨onov., ov.ww.⟩ **0.1** [lengte/oppervlakte/inhoud bepalen] *measure* **0.2** [mbt. andere grootheden] *measure* ⇒ ⟨met meettoestel⟩ *meter* **0.3** [afpassen] *measure (out/off)* ◆ **1.1** land ~ *survey land* **1.2** warmte ~ *measure temperature* **5.3** hij meet ruim/krap *he gives full/short measure* **6.1** op het gezicht ~ *m. by eye;* **vanaf** hier gemeten *measured/measuring from here;* **II** ⟨onov.ww.⟩ **0.1** [bepaalde afmeting hebben] *measure* ⟨vnl. niet mbt. mensen⟩ ◆ **1.1** de kamer meet 3 m bij 5 m *the room is 3 (metres) by 5* **7.1** hij meet 1.70 m zonder schoenen/met zijn schoenen aan *he stands 5′7″ in his stocking feet/with his shoes on;* **III** ⟨wk.ww.; zich ~⟩ **0.1** [wedijveren] *measure (up to)* ⇒ *match* ◆ **6.1** jij kunt je niet **met** haar ~ *you are no match for her;* hij kan zich niet ~ **met** zijn voorganger *he doesn't measure up to his predecessor;* hij kan zich **met** de besten ~ *he can hold his own with the best (of them).*

meteoor 0.1 *meteor.*

meteoriet, meteoorsteen 0.1 *meteorite.*

meteorologie 0.1 *meteorology.*

meteorologisch 0.1 *meteorological* ◆ **1.1** de ~e dienst *the m. service;* het ~ instituut in De Bilt *the m. station in De Bilt.*

meteoroloog 0.1 *meteorologist.*

meter I ⟨de (m.)⟩ **0.1** [lengtemaat] *metre* **0.2** [meettoestel] *meter* ⇒ *gauge* **0.3** [wijzer, naald] *indicator, (meter) needle* ◆ **1.1** méters boeken *yards of books* **2.1** vloerbedekking honderd gulden de/per strekkende ~ *floor covering a hundred guilders per (linear) m.;* vierkante/kubieke ~ *square/cubic m.* **3.2** de ~ opnemen *read the m.* **3.3** de ~ sloeg uit *the i./n. jumped/reacted wildly* **5.1** méters te groot *miles too big* **6.¶ voor** geen ~ *not at all, no way;* onderwijs, dat betaalt **voor** geen - *the teacher's lot is not a lot;* **II** ⟨de (v.)⟩ **0.1** [peettante] *godmother.*

meterkast 0.1 *meter cupboard.*

meteropnemer 0.1 *meter reader.*

metershoog 0.1 *several metres high* ⟨alleen pred.⟩ ◆ **1.1** metershoge golven *waves several metres high.*

meterstand 0.1 *meter reading* ◆ **3.1** de ~ opnemen *read the meter.*

metgezel, -lin 0.1 *companion.*

methaan 0.1 *methane.*

methadon 0.1 *methadon(e).*

methode 0.1 [weldoordachte handelswijze] *method* ⇒ *system* **0.2** [leerplan] *method* ⇒ *system* **0.3** [leerboek] *manual* ⇒ *method* **0.4** [wijze van onderzoek] *method* ◆ **3.1** een ~ volgen *follow a m.* **6.1** volgens een ~ *according to a m.*

methodiek 0.1 *methodology.*

methodisch 0.1 *methodical* ⇒ *systematic* ◆ **¶.1** ~ te werk gaan *approach one's work methodically;* hij gaat ~ te werk ⟨ook⟩ *he's a m. worker.*

methodist 0.1 *Methodist.*

methodologie ⟨fil.⟩ **0.1** *methodology.*

Methusalem 0.1 *Methuselah* ◆ **8.1** zo oud als ~ *as old as M.*

methylalcohol 0.1 *methyl alcohol* ⇒ *methanol.*

metier 0.1 *métier.*

meting 0.1 [het meten] *measuring, measurement* **0.2** [keer dat men meet] *measurement* ◆ **3.2** een ~ verrichten *carry out a m.*

metriek¹ ⟨de⟩ ⟨lit.⟩ **0.1** *metre.*

metriek² ⟨bn.⟩ **0.1** *metric* ◆ **1.1** overschakelen op het ~e stelsel *adapt to the m. system;* ⟨inf.⟩ *go m.*

metrisch 0.1 *metrical* ◆ **1.1** ~e meetkunde *m. geometry.*

metro 0.1 ᴮ*underground (railway),* ᴬ*subway* ⇒ ⟨BE ook; inf.⟩ *tube,* ⟨vnl. mbt. Europese steden, ook⟩ *metro* ◆ **3.1** de ~ nemen *take the tube/s.* **6.1** met de ~ naar het werk gaan *go to work by tube/s.*

metronoom 0.1 *metronome.*

metropool 0.1 *metropolis.*

metrostation 0.1 ᴮ*underground/*ᴬ*subway station* ⇒ ⟨BE ook; inf.⟩ *tube station,* ⟨vnl. mbt. Europese steden, ook⟩ *metro station.*

metrum 0.1 *metre.*

metselaar 0.1 *bricklayer.*

metselen 0.1 *build (in brick/with bricks)* ⇒ ⟨bakstenen op elkaar voegen⟩ *lay bricks* ◆ **1.1** een muurtje ~ *build a brick wall;* een gemetselde schoorsteen *a brick chimney* **7.1** het ~ *bricklaying.*

metselkalk 0.1 *mortar.*

metselwerk 0.1 [te metselen/gemetseld werk] *brickwork* ⇒ *masonry* **0.2** [werk van metselaar] *bricklaying* ⇒ *masonry* ◆ **3.1** ~ voegen *point b.*

metten ⟨rel.⟩ **0.1** *matins* ◆ **2.¶** korte ~ maken (met) *make short/quick work (of).*

metterdaad 0.1 [in werkelijkheid] *indeed* ⇒ *in fact* **0.2** [door daden] *actively* ◆ **3.2** hij heeft ~ getoond u te willen helpen *he a. demonstrated his willingness to help you.*

mettertijd 0.1 *in due time/course* ◆ **3.1** dat zal ~ wel verbeteren *that will get better with/in time.*

metworst 0.1 ±*German sausage.*

meubel 0.1 *piece of furniture* ⇒ ⟨mv.⟩ *furniture* ◆ **1.1** een paar ~tjes *a few bits of furniture* **2.1** wat armoedige ~tjes *a few sticks of furniture.*

meubelboulevard 0.1 *furniture heaven/strip* ⇒ *row of furniture shops.*

meubelfabriek 0.1 *furniture factory.*

meubelindustrie 0.1 *furniture industry.*

meubelmaker 0.1 *furniture maker* ⇒ ⟨kastenmaker⟩ *cabinetmaker.*

meubelplaat 0.1 *blockboard.*

meubelstoffeerder 0.1 *upholsterer.*

meubelstuk 0.1 [meubel] *piece of furniture* **0.2** [fig.; persoon] *part of the furniture.*

meubelwas 0.1 *furniture wax/polish.*

meubelzaak 0.1 *furniture business/shop.*

meubilair 0.1 *furniture* ⇒ *furnishings.*

meubileren 0.1 *furnish* ◆ **1.1** gemeubileerde kamers *furnished rooms.*

meubilering 0.1 [het meubileren] *furnishing* **0.2** [het meubilair] *furniture* ⇒ *furnishings.*

meug 0.1 *taste* ◆ **1.1** iets tegen heug en ~ opeten/opdrinken *force down sth.* **4.1** ieder zijn ~! *to each his own!*

meuren ⟨inf.⟩ **0.1** ⟨BE⟩ *kip;* ⟨AE⟩ *saw logs.*

meute 0.1 [honden] *pack* **0.2** [personen] *gang* ⇒ *crowd.*

mevrouw 0.1 [aanspreektitel voor/adressering aan een vrouw] *madam* ⇒ *ma'am, miss* ⟨vaak ook niet vertaald⟩ **0.2** [mbt. een (gehuwde) vrouw] ⟨gehuwd; als afk.: Mevr.⟩ *Mrs;* ⟨gehuwd, ongehuwd; als afk.: Mw.⟩ *Ms* **0.3** [dame] *lady* **0.4** ⟨vrouw des huizes⟩ *mistress* ◆ **1.1** ~ de barones *Madam Baroness;* ~ de voorzitter *Madam Chairman/Chairperson* **5.1** ja ~ *yes ma'am* **¶.1** met alle respect, ~, ... *with all due respect, madam, ...;* er staat een ~ voor de deur *there's a lady/woman at the door;* wordt u al geholpen, ~? *are you being served(, miss/madam)?*

Mexicaan, -se 0.1 *Mexican.*

Mexicaans 0.1 *Mexican.*

Mexico 0.1 *Mexico.*

mezelf I ⟨pers.vnw.⟩ **0.1** [als object] *myself* ⇒ ⟨inf.⟩ *me* ◆ **5.1** namens ~ *on behalf of myself;*

II ⟨wdk.vnw.⟩ **0.1** [als wk.vnw.] *myself* ♦ **3.1** ik vermaak ~ wel *I'll look after m.*

mezzosopraan 0.1 *mezzo-soprano.*

mi I ⟨de⟩ **0.1** [muz.] *mi;*
II ⟨de (m.)⟩ **0.1** [gerecht] *Chinese noodles.*

miauw 0.1 *miaow* ⇒*mew.*

miauwen 0.1 *miaow* ⇒*mew.*

mica 0.1 *mica.*

micro 0.1 [microcomputer] *micro* **0.2** [AZN; microfoon] *mike.*

microbe 0.1 *microbe.*

microcircuit ⟨comp.⟩ **0.1** *microcircuit.*

microcomputer 0.1 *microcomputer.*

microfiche 0.1 *microfiche.*

microfilm 0.1 *microfilm.*

microfoon 0.1 *microphone* ⇒⟨inf.⟩ *mike* ♦ **6.1 voor** de ~ komen ⟨lett.⟩ *come to the microphone;* ⟨voor de radio spreken⟩ *go on the air.*

microkosmos 0.1 *microcosm.*

micrometer 0.1 *micrometer.*

micron 0.1 *micron.*

microprocessor 0.1 *microprocessor.*

microscoop 0.1 *microscope* ♦ **6.1** iets met een ~ bekijken ⟨ook fig.⟩ *look at/put sth. under the m.*

microscopisch 0.1 *microscopic* ♦ **1.1** ~e diertjes *m. animals;* ~ onderzoek *m. examination* **2.1** ~ klein *microscopic.*

microtechniek 0.1 ⟨elek.⟩ *microelectronics;* ⟨mbt. machines⟩ *microtechnology.*

middag 0.1 [na 12 uur] *afternoon* **0.2** [12 uur] *noon* ♦ **2.1** zij is er een hele ~ geweest *she was there for a whole a.;* de hele ~ *all/the whole a.* **3.2** het is ~ *it is n.* **6.1 in** de ~ *in the a.* **6.2 tegen/rond/voor/na** de ~ *about/around/before/after n./twelve;* **tussen** de ~ *at lunch time* **7.1** 's middags in the a.; om 5 uur 's middags *at 5 o'clock in the a., at 5 p.m.* **7.2** 's middags *at n., at lunch time.*

middagdutje 0.1 *afternoon nap.*

middageten, -maal 0.1 *lunch(eon).*

middagpauze 0.1 *lunch hour/break/time.*

middagsluiting 0.1 *lunch time closing.*

middagtelevisie 0.1 *daytime television.*

middaguur 0.1 [12 uur 's middags] *noon* ⇒*twelve o'clock* **0.2** [uur v.d. namiddag] *afternoon hour* ♦ **6.1** kort **na** het ~ *right/shortly after twelve* **6.2 in** de middaguren *in/during the afternoon (hours).*

middagvoorstelling 0.1 *matinee.*

middagzon 0.1 *afternoon sun.*

middel 0.1 [taille] *waist* **0.2** [hulpmiddel] *means* **0.3** [geneesmiddel] *remedy* **0.4** [mv.; geld, bezit] *means* ♦ **1.2** ~en van bestaan *m. of existence, livelihood;* ~en van vervoer *m. of transportation* **1.4** 's lands ~en *the country's resources* **2.1** een slank ~ hebben *have a slender w.* **2.2** geoorloofde ~en *lawful m.;* grove ~en *strong-arm methods* **2.3** anticonceptieve ~en *contraceptives;* een pijnstillend ~ *a painkiller;* een probaat ~ *a tried and tested r.* **2.4** gefinancierd uit algemene ~en *financed by the general fund* **3.2** alle ~en aanwenden *use every (possible) m.;* het is een ~, geen doel *it's a m. to an end* **3.3** ~en innemen *take medicine* **6.1** iem. **bij/om** zijn/haar ~ pakken *grab s.o. by the w.;* **tot aan** haar/zijn ⟨enz.⟩ ~ *(right) up to one's middle* **6.2 door** ~ van *by m. of* **6.3** een ~tje **tegen** hoofdpijn *a headache r.* **7.2** geen ~ onbeproefd laten *leave no stone unturned;* hij heeft geen ~ *he has no m. of support* ¶**.3** ⟨sprw.⟩ het ~ is soms erger dan de kwaal *the remedy may be worse than the disease.*

middelbaar 0.1 *middle;* ⟨mbt. onderwijs⟩ *secondary* ♦ **1.1** middelbare akte *s. school teaching certificate;* op middelbare leeftijd *in m. age;* de middelbare leeftijd bereiken *reach m. age;* een man van middelbare leeftijd *a middle-aged man;* ~ onderwijs *s. education.*

Middeleeuwen 0.1 *Middle Ages* ♦ **2.1** de donkere ~ *the Dark Ages.*

middeleeuwer 0.1 *medi(a)eval man/woman.*

middeleeuws 0.1 *medi(a)eval* ♦ **1.1** ~e geschriften *m. documents;* ⟨fig.⟩ ~e opvattingen *m. ideas.*

middelevenredig ⟨wisk.⟩ **0.1** *mean proportional* ♦ **2.1** meetkundig/rekenkundig ~e *geometric/arithmetic mean.*

middelgebergte 0.1 *low mountain range.*

middelgewicht ⟨sport⟩ **I** ⟨de⟩ **0.1** [persoon] *middleweight (fighter/boxer/wrestler);*
II ⟨het⟩ **0.1** [gewichtsklasse] *middleweight* ♦ **6.1** een gevecht in het ~ *a m. fight.*

middelgroot 0.1 *medium-sized* ♦ **1.1** een ~ bedrijf *a m.-s. business.*

middellands 0.1 *Mediterranean* ♦ **1.1** de Middellandse Zee *the Mediterranean (Sea);* het Middellandse-Zeegebied *the Mediterranean.*

middellang 0.1 [mbt. lengte] *medium (length/range)* **0.2** [mbt. duur] *medium length/term* ♦ **1.1** vliegtuigen voor de ~e afstand *medium-range aircraft;* middellangeafstandsloper *middle-distance runner* **1.2** op ~e termijn *for a medium long period.*

middellangeafstandsraket 0.1 *intermediate-range ballistic missile, IRBM.*

middellijn 0.1 *diameter.*

middelloodlijn ⟨wisk.⟩ **0.1** *perpendicular bisector.*

middelmaat 0.1 [gemiddelde maat] *average* **0.2** [juiste maat tussen twee uitersten] *mean* ⇒*average* ♦ **2.2** de grijze ~ *dull mediocrity;* de gulden ~ *the golden m.* **6.1** zich **boven** de ~ verheffen *rise above the crowd* ¶**.1** hij gaat de ~ niet te boven *he's just average.*

middelmatig 0.1 [gemiddeld] *average* ⇒*medium* **0.2** [zwakjes] *average* ⇒*mediocre* ♦ **1.1** van ~e gestalte zijn *have a m. build* **1.2** een ~ cijfer *an a.* [superscript B]*mark/*[superscript A]*grade* **2.1** ~ groot *moderately large* **3.2** ik vind het maar ~ *I think it's pretty a./mediocre.*

middelmatigheid 0.1 *mediocrity.*

middelpunt 0.1 [wisk.] *centre* **0.2** [het midden; centrale plaats] *centre* ⇒*middle* **0.3** [hoofdpersoon] *central figure/person* ♦ **1.2** ~en van beschaving *centres of civilization* **3.3** het ~ zijn *be the central figure* **6.2 in** het ~ v.d. belangstelling staan *be the c. of interest/attention.*

middelpuntvliedend 0.1 *centrifugal* ♦ **1.1** ~e kracht *c. force.*

middels 0.1 *by means of.*

middelsoort 0.1 ⟨zn. en bn.⟩ *medium grade.*

middelst 0.1 *middle(most)* ♦ **1.1** de ~e rij *the middle row;* de ~e vinger *the middle finger* **7.1** de ~e van drie kinderen *the middle child of three.*

middelvinger 0.1 *middle finger.*

midden[1] ⟨het⟩ **0.1** [plaats, punt] *middle* ⇒*centre,* ⟨wisk. ook⟩ *midpoint* **0.2** [tijdstip] *middle* **0.3** [mbt. een verzameling] *middle* ⇒*midst* **0.4** [denk-/handelwijze] *centre* ♦ **3.1** in het ~ lopen *walk in the m.* **3.¶** het ~ houden tussen ... en ... *stand midway between ... and ...* **6.1** de tafel staat in het ~ v.d. kamer *the table stands in the centre/m. of the room;* ⟨fig.⟩ iets in het ~ brengen *bring/put forward sth.;* dat laat ik in het ~ *I'll leave that aside;* de waarheid ligt in het ~ *the truth lies (somewhere) in between;* dat blijft voorlopig **in** het ~ *we'll leave that aside for the moment* **6.2 in** het ~

v.h. trimester *(in) midterm,* in het ~ v.d. winter/week *in the m. of winter/of the week* **6.3** te ~ **van** *in the midst of, among* **6.4** ⟨pol.⟩ links of rechts van het~? *left or right of c.?* **6.¶** de vijand is in ons ~ *the enemy is in our midst;* iem. uit ons ~ *one of us.*

midden² ⟨bw.⟩ **0.1** *in the middle of* ◆ **6.1** ~ in de massa *in the thick of the crowd;* er ~ **in** zitten *be in the thick of it/ things;* ~ **in** de zomer *in the middle of (the) summer;* ~ **op** de dag *in the middle of the day;* van ~ juni **tot** ~ augustus *from mid-June to mid-August* **7.1** hij is ~ (in de) veertig *he is in his mid(dle) forties.*

middenafstandloper ⟨atletiek⟩ **0.1** *middle-distance runner.*

Midden-Amerika 0.1 *Central America.*

middenbaan 0.1 ⟨rijbaan⟩ *middle/centre lane.*

middenbedrijf ◆ **1.¶** het midden- en kleinbedrijf *small and medium-sized businesses.*

middenberm 0.1 *central reservation.*

middencirkel ⟨sport⟩ **0.1** *centre circle.*

middendoor 0.1 *in two/half* ◆ **3.1** iets ~ breken/snijden *break/cut sth. in two;* ~ scheuren *tear across.*

Midden-Europa 0.1 *Central Europe.*

Midden-Europees 0.1 *Central-European.*

middengolf ⟨com.⟩ **0.1** *medium wave.*

middengroep 0.1 *middle group/class* ◆ **¶.1** de ~ en *the middle classes.*

middenin 0.1 *in the middle/centre* ◆ **3.1** mag ik ~ lopen? *may I walk in the middle?;* ~ zit het klokhuis *in the centre is the core.*

middenkader 0.1 *middle management.*

middenklasse 0.1 *medium range/size* ◆ **6.1** een auto **uit** de ~ *a medium-priced car.*

middenlinie ⟨sport⟩ **0.1** *midfield (players).*

middenmoot 0.1 *middle bracket/group* ◆ **6.1** die sportclub hoort thuis in de ~ *that's just an average club.*

middenoor 0.1 *middle ear.*

middenoorontsteking 0.1 *inflammation of the middle ear.*

Midden-Oosten 0.1 *Middle East* ◆ **6.1** van/mbt. het ~ *Middle Eastern.*

middenpad 0.1 *(centre) aisle* ⇒⟨BE; trein, zaal ook⟩ *gangway.*

middenpartij ⟨pol.⟩ **0.1** *centre/moderate/middle-of-the-road party* ◆ **7.1** de ~ *the moderates.*

middenrif 0.1 *diaphragm* ⇒*midriff.*

middenschip, -beuk ⟨bouwk.⟩ **0.1** *nave.*

middenschool 0.1 *ᴮcomprehensive school;* ±ᴬ*junior high school.*

middenstand 0.1 [zelfstandige ondernemers] *(the) self-employed, tradespeople;* ⟨als klasse⟩ *middle class, bourgeoisie* **0.2** [stand in het midden] *central/middle position* ◆ **2.1** lagere ~ *petty bourgeoisie;* de plaatselijke ~ *the local shopkeepers/tradespeople.*

middenstander 0.1 *tradesman* ⇒*shopkeeper* ◆ **2.1** kleine ~ *small businessman.*

middenstandsdiploma 0.1 ±*retailer's certificate/diploma.*

middenstip ⟨sport⟩ **0.1** *centre spot.*

middenstrook 0.1 *middle/centre lane.*

middenveld ⟨sport⟩ **0.1** [deel v.h. veld] *midfield* **0.2** [spelers] *midfield players.*

middenvelder ⟨sport⟩ **0.1** *midfielder* ⇒*midfieldplayer.*

middenweg ⟨fig.⟩ **0.1** *middle course* ◆ **2.1** de gulden ~ *the golden mean, the happy medium;* de gulden ~ bewandelen *steer a middle course.*

middernacht 0.1 *midnight* ◆ **6.1** tot nog lang na ~ *until way past m.;* te ~ at *m.*

middernachtelijk 0.1 *midnight* ◆ **1.1** het ~ uur *the m. hour.*

middernachtzon 0.1 *midnight sun.*

midgetgolf 0.1 *miniature/midget golf.*

midscheeps ⟨scheep.⟩ **I** ⟨bn.⟩ **0.1** [in het midden v.h. schip] ⟨zie 1.1⟩ ◆ **1.1** een ~e aanvaring *a collision amidships;* ~e masten *mainmasts;* **II** ⟨bw.⟩ **0.1** [in/naar het midden v.h. schip] *amidships* ◆ **3.1** het roer ~ leggen *right the helm.*

midweek ⟨ook in samenst.⟩ **0.1** *midweek* ◆ **¶.1** een ~ op vakantie gaan *go on a m. holiday.*

midweeks 0.1 *midweekly.*

midwinter 0.1 *midwinter.*

midzomer 0.1 *midsummer.*

midzomernacht 0.1 *midsummer night.*

mie →**mi.**

mier 0.1 *ant* ◆ **2.1** gevleugelde ~ *flying a.*

mieren 0.1 [peuteren, prutsen] *fiddle (about)* **0.2** [zaniken] *nag* ⇒*go/keep on (about).*

miereneter 0.1 *ant-eater.*

mierenhoop 0.1 *ant hill.*

mierennest 0.1 ⟨ook fig.⟩ *ants' nest.*

mierenneuken 0.1 *nitpicking* ⇒*hairsplitting.*

mierenneuker ⟨vulg.⟩ **0.1** *nit-picker.*

mierikswortel 0.1 *horseradish.*

mierzoet 0.1 *sickly sweet.*

mieter ⟨inf.⟩ ◆ **6.¶** iem. op zijn ~ geven *tell s.o. off* **7.¶** dat gaat je geen ~ aan *that's none of your darn business.*

mieteren ⟨inf.⟩ **0.1** [(doen) vallen] ⟨onov.ww.⟩ *(come) crash-(ing)* ⇒*tumble,* ⟨ov.ww.⟩ *fling* ◆ **5.1** iets naar beneden ~ *fling sth. down (stairs).*

mieters¹ ⟨inf.⟩ **I** ⟨bn.⟩ **0.1** [geweldig] *great* ⇒*terrific* ◆ **1.1** een ~e knul *a g. guy;* een ~e tijd *a grand time;* een ~ wijf *a terrific woman;* **II** ⟨bw.⟩ **0.1** [erg] *darned* ◆ **2.1** een ~ mooi toneelstuk *a d. good play.*

mieters² ⟨tw.⟩⟨inf.⟩ **0.1** *great* ⇒*super.*

mietje 0.1 *queer* ◆ **3.¶** ⟨fig.⟩ laten we elkaar geen Mietje noemen *let's talk straight, let's call a spade a spade.*

miezeren 0.1 *drizzle.*

miezerig 0.1 [regenachtig] *drizzly* **0.2** [nietig] *tiny* ⇒*puny* **0.3** [triestig] *dismal* ⇒*gloomy* ◆ **1.2** een ~ kereltje *a runt(y) guy).*

migraine 0.1 *migraine* ◆ **1.1** een aanval van ~ *a m.*

migrant 0.1 *migrant.*

migratie 0.1 *migration.*

migreren 0.1 *migrate.*

mihoen 0.1 *(thin) Chinese noodles.*

mij I ⟨pers.vnw.⟩ **0.1** *me* ◆ **3.1** hij had het (aan) ~ gegeven *he gave it to me;* moet u ~ hebben? *are you looking for me?;* ⟨iron.⟩ dan moet je net ~ hebben! *well, you know me!* **6.1** dat is van ~ *that's mine;* een vriend van ~ *a friend of mine* **¶.1** dat is ~ te duur *that's too expensive for me;* **II** ⟨wdk.vnw.⟩ **0.1** *myself* ◆ **3.1** ik heb ~ te barsten gelachen *I nearly split my sides;* ik schaam ~ zeer *I am deeply ashamed.*

mijden 0.1 *avoid* ◆ **1.1** slecht gezelschap ~ *steer clear of bad company;* iemands huis ~ *avoid s.o. 's house.*

mijl 0.1 *mile* ◆ **3.1** hij bleef ~ en achter *he was miles behind* **5.1** hij schoot er ~ en naast *he missed it by a m.;* hun standpunten lopen ~ en ver uiteen *their points of view are miles apart* **6.1** hij steekt ~ en **boven** de anderen uit *he towers above the rest* **¶.1** dat is ~ op zeven *you're not getting anywhere.*

mijlenver 0.1 *miles (away);* (bw. ook) *for miles* ♦ **3.1** ~ achterblijven *be miles behind* **3.¶** ~ boven iets uitsteken *tower above sth.* ¶**.1** ~ in de omtrek *for miles around* ¶**.¶** het hangt me ~ de keel uit *I'm sick and tired of it.*

mijlpaal 0.1 *milestone* ♦ **6.1** een ~ in de geschiedenis *a m. in history;* een ~ in haar leven *a m. in her life.*

mijmeren 0.1 *muse (on)* ⇒*(day)dream (about)* ♦ **3.1** hij zat te ~ *he was daydreaming.*

mijmering 0.1 *reverie* ⇒*(day)dreaming* ♦ **2.1** droeve ~en *sad musings.*

mijn¹ (de) **0.1** (ook mil.) *mine* ♦ **3.1** ~en leggen / vegen *lay / sweep mines;* een ~ ontginnen / exploiteren *work / exploit a m.* **5.1** onze kust ligt vol ~en *our coast is heavily mined* **6.1** bij de ~ werken *work for a mining company;* in de ~en werken *work in the mines;* in de ~ afdalen *go down into the m. / pit;* op een ~ lopen *strike / hit a m.*

mijn² (bez.vnw.) **0.1** [van mij] *my* **0.2** [zelfst.] *mine* ♦ **1.1** ~ auto *my car;* ~ plicht roept *duty calls me* **1.2** het ~ en dijn *m. and thine* **7.2** ik en de ~en *me and my family / people;* daar moet ik het ~e van weten / hebben *I must get to the bottom of this;* ik heb het ~e gedaan *I've done my share / part;* ik zal het ~e doen *I'll do my bit / what I can;* ik denk er het ~e van *I have my own opinion about this.*

mijnbouw 0.1 *mining (industry).*

mijnbouwkunde 0.1 *mining engineering.*

mijnbouwkundig 0.1 *mining* ♦ **1.1** een ~ ingenieur *a m. engineer.*

mijnenjager 0.1 *minehunter.*

mijnenlegger 0.1 *minelayer.*

mijnentwege (schr.) **0.1** [uit mijn naam] *in my name* **0.2** [wat mij betreft] *as far as I am concerned.*

mijnenveger 0.1 *minesweeper.*

mijnenveld 0.1 *minefield.*

mijnerzijds (schr.) **0.1** *on / for my part.*

mijngang 0.1 *mine gallery.*

mijngas 0.1 *mine gas, firedamp.*

mijnheer 0.1 [aanspreektitel] *sir* ⇒(inf.) *mister* **0.2** [heer] *gentleman* **0.3** [belangrijk man] *gentleman* **0.4** [heer des huizes]⟨zie 3.4⟩ ♦ **1.1** ~ pastoor *your reverend;* ~ de voorzitter *mister chairman* **2.2** (iron.) een fijne ~! *quite the g.!* **2.3** de grote / mooie ~ uithangen *play the fine g.;* een hele ~ *quite the g.* **3.4** is ~ thuis? *is Mr X in?* ¶**.1** had ~ nog iets gewenst? *anything else, s.?;* ~ Jansen *Mr Jansen.*

mijnindustrie 0.1 *mining industry.*

mijningenieur 0.1 *mining engineer.*

mijnlamp 0.1 *miner's lamp.*

mijnongeluk 0.1 *mine / mining accident.*

mijnopruimingsdienst 0.1 *mine / bomb squad.*

mijnramp 0.1 *mining disaster.*

mijnschacht 0.1 *mine shaft, pit.*

mijnstaking 0.1 *miners' strike.*

mijnstreek 0.1 *mining area / district.*

mijnwerker 0.1 *miner* ⇒(kolenmijn) *collier,* (kolenmijn) *coalminer.*

mijnwormziekte 0.1 *hookworm disease.*

mijt 0.1 *mite.*

mijter 0.1 *mitre.*

mijzelf 0.1 *myself* ♦ **3.1** ik begin ~ te leren kennen *I'm getting to know m.;* ik vond ~ een vrouw *I got m. a wife.*

mik 0.1 *loaf (of rye-bread)* ♦ **2.¶** (inf.) dikke ~ *(you can) go fly a kite;* (inf.) het is dikke ~ tussen die twee *they're as thick as thieves.*

mikken I (onov.ww.) **0.1** [richten] *(take) aim* **0.2** [ambiëren] *aim (for / at)* ♦ **5.2** hoog ~ *aim high* **6.1** ~ op iets *(take) aim at sth.* **6.2** ze mikt op het presidentschap *she is aiming at / she's set her sights on the presidency;*

II (ov.ww.) (inf.) **0.1** [gooien] *chuck* ⇒*throw.*

mikmak (inf.) **0.1** *caboodle* ♦ **2.1** de hele ~ *the lot, the works.*

mikpunt 0.1 *butt* ⇒*target* ♦ **2.1** hij is een eeuwig / voortdurend ~ van spotternij *he is a standing joke / a laughing stock* **3.1** iem. tot een ~ maken van plagerijen / grappen *make s.o. the b. of one's teasing / jokes* **6.1** ~ zijn van hatelijkheden / smaad *be the object of snide remarks / slander.*

Milaan 0.1 *Milan.*

Milanees 0.1 *Milanese.*

mild 0.1 [gul, overvloedig] *generous* **0.2** [welwillend] *mild* **0.3** [zacht] *mild* ⇒*soft* (regen), *gentle* ♦ **1.1** met ~e hand *lavishly, generously* **1.2** ~e kritiek *m. criticism;* een ~ oordeel *a m. / lenient judgement* **1.3** een ~e shampoo / sigaret *a m. shampoo / cigarette* **3.2** mensen ~ beoordelen *judge people with charity;* iem. ~ bestraffen *punish s.o. lightly;* het hart ~ stemmen *soften the heart* **5.2** hij is niet ~ in zijn kritiek *he is harsh in his criticism.*

mildheid 0.1 [toegeeflijkheid] *mildness* ⇒*charity* **0.2** [goedgeefsheid] *generosity* **0.3** [zachtheid] *mildness* ⇒*softness, gentleness* ♦ **1.3** de ~ v.e. sigaret *the m. of a cigarette* **6.1** de gevangenen met ~ behandelen *treat the prisoners with charity.*

milieu 0.1 [sociale kring] *milieu* **0.2** [biol.] *environment* **0.3** [onderwereld] *underworld* ♦ **1.2** welke zijn de gevolgen voor het ~? *what are the environmental effects?* **2.1** iem. uit een ander ~ *s.o. from a different social background / m.;* een bekrompen / asociaal ~ *a narrow-minded / antisocial environment* **6.3** hij zit in het ~ *he is part of the underworld.*

milieuactivist 0.1 *conservationist, environmentalist.*

milieubeheer 0.1 *conservation (of nature)* ⇒*environmental protection.*

milieubelasting 0.1 *anti-pollution tax.*

milieubeleid 0.1 *environmental policy* ♦ ¶**.1** Nationaal Milieubeleidsplan *National Environmental Policy Plan.*

milieubeleidsplan 0.1 *environmental policy plan.*

milieubescherming 0.1 *conservation* ⇒*environmental protection.*

milieubeweging 0.1 *ecology / environmental movement.*

milieubewust 0.1 *environment-minded* (personen); *ecological* (handeling).

milieubewustheid, -bewustzijn 0.1 *environmental awareness.*

milieucriminaliteit 0.1 *crimes against the environment.*

milieudelict 0.1 *crime against the environment.*

milieudeskundige 0.1 *environmentalist* ⇒(wet.) *ecologist.*

milieueffectrapportage 0.1 *environmental impact assessment.*

milieugroep 0.1 *ecology group.*

milieuhygiëne 0.1 [bestrijding van milieubederf] *environmental protection* ⇒*pollution control* **0.2** [toestand v.h. milieu] *state of the environment.*

milieu-inspectie 0.1 *environmental inspectorate.*

milieukunde 0.1 *environmentology.*

milieuminister 0.1 *environmental affairs minister.*

milieuonvriendelijk 0.1 *environmentally unfriendly.*

milieuorganisatie 0.1 *environmental organization* ⇒ *green organization, environmental pressure group.*

milieupartij 0.1 *ecology party.*

milieuprobleem 0.1 *environmental problem.*

milieuramp 0.1 *environmental disaster.*

milieuschade 0.1 *environmental damage.*

milieuveilig 0.1 *environmentally safe* ⇒*non-polluting.*

milieuverontreiniging, -vervuiling 0.1 *environmental pollution.*

milieuvraagstuk 0.1 *environment(al) issue.*
milieuvriendelijk 0.1 *ecologically sound* ⇒*environmentally friendly/safe* ♦ 2.1 een ~e verpakking *a biodegradable container/wrapper.*
milieuwet 0.1 *environment law.*
militair¹ ⟨de⟩ 0.1 *soldier* ⇒*serviceman,* ⟨mv.⟩ *the military* ♦ 2.1 dienstplichtig ~ *conscript.*
militair² ⟨bn., bw.⟩ 0.1 ⟨bn.⟩ *military;* ⟨bw.⟩ *in a military fashion/way* ♦ 1.1 ~e academie *m. academy/school;* de ~e dienst *m. /*⟨BE ook⟩ *national service;* in ~e dienst gaan *do one's m. service, join the Army;* uit~e dienst ontslagen worden *be discharged (from m. service);* iem. de ~e eer bewijzen *render s.o. military honours;* de ~e groet brengen *salute;* ~e hulp geven *give m. aid.*
militair-industrieel 0.1 *military-industrial* ♦ 1.1 het ~ complex *the m.-i. complex.*
militant 0.1 *militant* ♦ 1.1 een ~e feministe *a m. feminist* 3.1 zij treedt altijd nogal ~ op *she is pretty m.*
militariseren 0.1 *militarize* ♦ 1.1 arbeiders ~ *m. workers.*
militarisme 0.1 *militarism.*
militarist 0.1 *militarist.*
militaristisch 0.1 *militaristic.*
military ⟨sport⟩ 0.1 *three-day event.*
militie 0.1 *militia.*
militieraad ⟨Belg.⟩ 0.1 *Deferment and Exemption Board.*
miljard¹ ⟨het⟩ 0.1 [duizend miljoen] *billion* ⇒⟨BE ook⟩ *(a/one) thousand million* 0.2 [ontelbare menigte, hoeveelheid] *billion* ♦ 3.1 hij heeft ~en *he has got billions;* daaraan zijn ~en uitgegeven *billions have been spent on this.*
miljard² ⟨hoofdtelw.⟩ 0.1 *billion* ⇒⟨BE ook⟩ *(a/one) thousand million* ♦ 1.1 de schade loopt in de ~en guldens *the damage runs into billions;* ~en muggen *billions of mosquitoes.*
miljardair 0.1 *multimillionaire.*
miljardennota 0.1 *budget.*
miljardste¹ ⟨bn.⟩ 0.1 *billionth* ♦ 7.1 een ~ lichtjaar *one b. of a light-year;* een ~ (deel) v.d. wereldbevolking *a b. part of the world population.*
miljardste² ⟨rangtelw.⟩ 0.1 *billionth.*
miljoen¹ ⟨het⟩ 0.1 *million* ♦ 1.1 ⟨iron.⟩ een paar~tjes verdienen *earn a few million(s)* 2.1 misschien wint ú het half ~! *perhaps you will win the half m.!* 7.1 een tekort van zes ~ *a six-million deficit.*
miljoen² ⟨hoofdtelw.⟩ 0.1 [duizendmaal duizend] *(a/one) million* 0.2 [bijzonder veel] *million* ♦ 1.1 dit project zal ~en guldens gaan kosten *this project is going to cost millions of guilders;* een ~ kubieke meter gas *a m. cubic metres of gas.*
miljoenencontract 0.1 *multimillion contract.*
miljoenennota 0.1 *budget.*
miljoenenschade 0.1 *damage amounting to/costing millions.*
miljoenenschuld 0.1 *multimillion pound/dollar/guilder debt.*
miljoenenstrop 0.1 *financial loss/blow running into millions.*
miljoenenverlies 0.1 *loss running into millions.*
miljoenenwinst 0.1 *profit of millions.*
miljoenenzwendel 0.1 *fraud running into millions.*
miljoenste¹ ⟨bn.⟩ 0.1 *millionth.*
miljoenste² ⟨rangtelw.⟩ 0.1 *millionth* ♦ 1.1 de (één) ~ bezoeker *the m. visitor.*
miljonair 0.1 *millionaire* ♦ 5.1 tweemaal ~ (zijn) *(be) a m. twice over;* veelvoudig ~ *multimillionaire.*
mille 0.1 *(one) thousand* ♦ 3.1 zij verdient veertig ~ per

milieuvraagstuk - minder

jaar *she earns forty thousand a year* 6.1 per ~ *per thousand.*
millennium 0.1 *millennium.*
millibar 0.1 *millibar.*
milligram 0.1 *milligram(me).*
millimeter 0.1 *millimetre* ♦ 2.1 ⟨fig.⟩ op de/een vierkante ~ *on a postage stamp* 6.1 werken (tot) op de ~ nauwkeurig *carry out work accurate to the m.*
millimeteren 0.1 *crop* ⟨haar⟩.
millimeterpapier 0.1 *graph paper.*
milt 0.1 *spleen.*
milva 0.1 ±*ᴮWRAC,* ±*ᴬWAC.*
mime 0.1 *mime* ♦ 3.1 ~ spelen *perform a m.*
mimen 0.1 *mime.*
mimespel 0.1 *mime.*
mimespeler, -speelster 0.1 *mime artist.*
mimiek 0.1 [uitdrukkingsbewegingen] *facial expression* 0.2 [gebarenkunst] *mime* ♦ 6.1 iets door ~ uitdrukken *show sth. by (one's) facial expression.*
mimiset 0.1 *nest of tables.*
mimitafeltje 0.1 *small table* ♦ 1.1 een stel ~s *a nest of (small) tables.*
mimosa 0.1 *mimosa.*
min¹ I ⟨de (v.)⟩ 0.1 [voedster] *(wet) nurse;*
II ⟨de⟩ 0.1 [negatieve waarde] *minus* 0.2 [minteken] *minus (sign)* ♦ 1.1 er zijn ~nen en plussen in deze zaak *there are pros and cons in this matter* 6.¶ iets in der ~ne schikken *settle sth. amicably/by mutual agreement* 7.2 zij heeft op haar rapport een zeven ~ *she has a seven minus on her report.*
min² I ⟨bn.⟩ 0.1 [nietig, zwak] *poor* ♦ 5.1 arbeiders waren haar te ~ *workmen were beneath her;*
II ⟨bn., bw.⟩ 0.1 [klein] *poor* 0.2 [gemeen] *mean* ⇒*low(-down)* 0.3 [weinig] *little* ♦ 1.2 een ~ne streek *a m./dirty trick* 3.1 ~ denken over iem. *have a p. opinion of s.o.;* daar moet je niet te ~ over denken *that's not to be sneezed at* 3.2 iem. ~ behandelen *treat s.o. badly* 5.3 zo ~ mogelijk fouten maken *make as few mistakes as possible;* zij is (net) zo ~ verlegen als ik *she is as l. shy as I am;* ik weet het net zo ~ als jij *your guess is as good as mine;* ik kan het me net zo ~ als jij permitteren *I can no more afford it than you (can);*
III ⟨bw.⟩ 0.1 [negatief] *minus* 0.2 [nat.] *negative* ♦ 7.1 de thermometer staat op ~ 10° *the thermometer is at m. 10°* ¶.¶ ~ of meer *more or less, somewhat.*
min³ ⟨vz.⟩ 0.1 *minus* ♦ 7.1 tien ~ drie is zeven *ten m. three equals seven.*
Mina ♦ 2.¶ ⟨fig.⟩ Dolle ~ ⟨beweging⟩ *Women's Lib(eration) (Movement);* ⟨persoon⟩ *militant feminist, Women's Libber* ⟨ook pej.⟩.
minachten 0.1 *disdain* ⇒*hold in contempt.*
minachtend 0.1 *disdainful* ⇒*contemptuous* ♦ 3.1 ~ behandelen *treat with contempt;* ~ op iem. neerzien *look down on s.o.*
minachting 0.1 *contempt* ⇒*disdain* ♦ 1.1 zich de ~ van anderen op de hals halen *bring o.s. into c.* 2.1 een onverholen ~ tonen voor iets *have an undisguised c. for sth.* 3.1 ~ koesteren voor iem. *feel c. for s.o.* 6.1 iem. met ~ behandelen *treat s.o. with c.;* uit ~ voor in c. of.*
minaret 0.1 *minaret.*
minder¹ I ⟨bn.⟩ 0.1 [geringer] *less* ⇒*smaller* 0.2 [inferieur] *inferior* ⇒*lower* 0.3 [geringer van betekenis] *minor* 0.4 [slechter] *worse* ♦ 1.1 er was ~ vraag *demand was down* 3.1 ~ worden *decrease, diminish* ⟨aanbod, aantal, vraag e.d.⟩ 3.3 de regen wordt ~ *the rain is easing off* 3.4 het is /

smaakt er niet ~ om *it is/tastes none the w. for it;* mijn ogen worden ~ *my eyesight is failing;* het wordt ~ met de omzet/service/kwaliteit *the turnover/service/quality gets w.* **5.2** ze wordt er niet ~ om *that won't affect her reputation* **6.1** ik doe het niet **voor** ~ *I won't do it for l.* **6.2** het niet **met** ~ (willen) doen *refuse to do with less* **8.4** ~ dan (in kwaliteit) *inferior to;* **II** (bw.) **0.1** [van graad/wijze/modaliteit] *less* ♦ **2.1** dat was ~ geslaagd *that was l. successful* **3.1** ~ gaan roken *cut down on smoking;* het zijn ~ de commentaren dan de sensatieverhalen die de aandacht trekken *it is the sensational stories rather than the comments that attract the attention* **4.1** hoe ~ erover gezegd wordt, hoe beter *the l. said about it the better;* kan het wat ~? *keep it down, please!*

minder[2] (telw.) **0.1** *less* (met niet-telbaar nw.); *fewer* (met telbaar nw.) ♦ **1.1** een paar dagen ~ *fewer days;* hij heeft niet veel geld, maar nog ~ verstand *he has little money and even l. intelligence* **3.1** dat is er weer één ~ *that'll be one less* **4.1** het is iets ~, mag dat? *it's a little l., is that all right?;* niets ~ dan dat *nothing l. than that* **6.1 in** ~ dan geen tijd was hij terug *he was back in l. than no time* **7.1** vijf minuten meer of ~ *give or take five minutes;* groepen van negen en ~ *groups of nine and under* **8.1 in** ~ dan twee weken na hun huwelijk *within two weeks of their wedding;* niemand ~ dan ... *none other than ...;* net iets ~ dan 100 gulden/30 seconden *just under a hundred guilders/30 seconds;* niet ~ dan 300 mensen *no l. than 300 people;* weinig ~ dan *sth./little short of.*

minderbegaafd (euf.) **0.1** *less gifted.*
mindere 0.1 [ondergeschikte] *inferior* **0.2** [mil.] *private (soldier)* **0.3** [minder bekwame] *inferior* ♦ **3.3** hij was op alle punten haar ~ *he was her i. on all scores.*
minderen 0.1 [minder worden/maken] *decrease* ⇒*diminish* **0.2** [mbt. brei-, haakwerk] *decrease* ♦ **1.1** de pijn mindert *the pain is lessening/easing off;* snelheid ~ *slow down, reduce one's speed* **1.2** twee steken ~ *d. two stitches* **6.¶** ~ **met** (roken (enz.)) *cut down on (smoking (enz.)).*
minderhedenbeleid 0.1 *policy towards minorities.*
minderhedenvraagstuk 0.1 *the problem of the minorities.*
minderheid 0.1 *minority* ♦ **2.1** etnische ~ *ethnic m.* **6.1 in** de ~ zijn *be in the m.*
minderheidsgroepering 0.1 *minority group.*
minderheidskabinet, -regering (pol.) **0.1** *minority government.*
mindering 0.1 (ook mbt. brei-/haakwerk) *decrease* ♦ **6.1** iets **in** ~ brengen (op) *deduct sth. (from);* **in** ~ komen *be reduced.*
minderjarig 0.1 *minor* ♦ **3.1** ~ zijn *be a minor.*
minderjarige 0.1 *minor.*
minderjarigheid 0.1 *minority.*
mindervalide[1] (de) **0.1** *disabled (person)* ♦ **7.1** de ~n *the disabled.*
mindervalide[2] (bn.) **0.1** *disabled.*
minderwaardig I (bn.) **0.1** [zonder veel waarde] *inferior (to)* ♦ **1.1** dat is ~ fabrikaat *these are low-quality products* **2.1** fysiek ~ *physically unfit;* geestelijk ~ *mentally deficient;* **II** (bn., bw.) **0.1** [gemeen] *mean* ⇒*low* ♦ **3.1** dat vind ik ~ *I think that is a m. trick.*
minderwaardigheid 0.1 *inferiority.*
minderwaardigheidscomplex 0.1 *inferiority complex.*
mineraal[1] (het) **0.1** *mineral* ♦ **1.1** hun rijkdom aan mineralen *their m. resources* **2.1** rijk aan mineralen *rich in minerals;* zware mineralen *heavy minerals.*

mineraal[2] (bn.) **0.1** *mineral* ♦ **1.1** ~ gesteente *rock;* minerale olie *m. oil.*
mineraalwater 0.1 *mineral water.*
mineralisatie (geol.) **0.1** *mineralization.*
mineur I (de) **0.1** [muz.] *minor* **0.2** [stemming] *minor key* ♦ **6.1** dit stuk staat **in** (c) ~ *this piece is in (C) m.* **6.2 in** ~ zijn *be depressed;* **II** (de (m.)) **0.1** [mil.] *miner.*
mineurstemming 0.1 *minor key.*
mini 0.1 *mini* ♦ **3.1** ~ dragen *wear minis/a m.*
miniatuur 0.1 (vaak in samenst.) *miniature* ⇒(hoofdletter/illustratie ook) *illumination* ♦ **1.1** miniatuurautootje (ook) *model car;* miniatuurstaat *m. state* **6.1 in** ~ *in m.;* een getijdeboek **met** miniaturen *an illuminated breviary.*
miniatuurschilder, -es 0.1 *miniaturist.*
minidisc 0.1 *minidisc.*
miniem 0.1 *small* ⇒*slight, negligible* ♦ **1.1** een ~ kansje (ook) *an outside chance;* een ~ verschil *a slight difference* **5.1** uiterst ~ *infinitesimal.*
minigolf 0.1 *miniature golf.*
minima 0.1 *minimum wage earners* ♦ **2.1** de echte ~ *the true minimum wage earners.*
minimaal I (bn., bw.) **0.1** [uiterst klein/weinig] *minimal* ⇒*minimum* ♦ **3.1** ~ presteren *perform very poorly;* **II** (bw.) **0.1** [minstens] *at least* ♦ **3.1** hier moet je ~ twaalf voor zijn (ook) *the minimum age is twelve.*
minimaliseren 0.1 *minimize* ♦ **1.1** het aantal slachtoffers ~ *m. the number of casualties;* de verschillen ~ *m. the differences.*
minimode 0.1 *mini (fashion/style).*
minimum 0.1 [kleinste waarde] *minimum* **0.2** →**minima.**
minimumeis 0.1 *minimum requirement.*
minimuminkomen 0.1 [laagste inkomen] *minimum income* **0.2** [mv.; mensen] *minimum wage earners.*
minimumjeugdloon 0.1 *minimum youth wage.*
minimumleeftijd 0.1 *minimum age* ♦ **3.1** de ~ is gesteld op zestien jaar *the minimum age is sixteen* **6.1** niet toegestaan voor mensen **onder** de ~ *persons under the minimum age not allowed.*
minimumlijder (iron.) **0.1** [iem. met een minimumloon] *minimum wage earner* **0.2** [iem. die de kantjes eraf loopt] *minimalist.*
minimumloon 0.1 *minimum wage.*
minimumprijs 0.1 *minimum price.*
minimumtemperatuur 0.1 *minimum/bottom temperature.*
minimumuitkering 0.1 *minimum benefit/allowance.*
minipil 0.1 *minipill.*
minirok 0.1 *miniskirt.*
miniserie 0.1 *mini series.*
minister (pol.) **0.1** *minister* ⇒(GB, sommige functies) *secretary of state,* (USA) *secretary* ♦ **1.1** ~ van Binnenlandse Zaken *Minister of the Interior;* (GB) *Home Secretary;* (USA) *Secretary of the Interior;* ~ van Buitenlandse Zaken *Minister for Foreign Affairs;* (GB) *Secretary of State for Foreign Affairs;* (GB; inf.) *Foreign Secretary;* (USA) *Secretary of State;* ~ van Defensie *Minister of Defence;* (GB) *Secretary of State for Defence;* (USA) *Secretary of Defense;* (GB, USA; inf.) *Defence Secretary;* ~ van Economische Zaken *Minister for Economic Affairs;* (GB) ±*President of the Board of Trade, Secretary of State for Trade and Industry;* (USA) ±*Secretary for Commerce;* ~ van Financiën *Minister of Finance;* (GB) *Chancellor of the Exchequer;* (USA) *Secretary of the Treasury;* ~ van Justitie *Minister of Justice;* (GB) ±*Lord (High) Chancellor;* (USA)

±*Attorney General;* ~ van Landbouw en Visserij *Minister of Agriculture and Fisheries;* ~ van Onderwijs en Wetenschappen *Minister of Education and Science;* ⟨GB; inf.⟩ *Education Secretary;* ⟨USA⟩ *Secretary of Education;* ~ van Ontwikkelingssamenwerking *Minister for Overseas Development;* ~ van Sociale Zaken en Werkgelegenheid *Minister for Social Services and Employment;* ⟨USA⟩ ±*Secretary of Labor;* ~ van staat *Minister of State* ⟨honorary title bestowed on some former politicians⟩; ~ van Verkeer en Waterstaat *Minister of Transport and Public Works;* ⟨GB⟩ ±*Secretary of State for Transport;* ⟨USA⟩ *Secretary of Transportation;* ~ van Volkshuisvesting, Ruimtelijke Ordening en Milieubeheer *Minister for Housing, Regional Development and the Environment;* ⟨USA⟩ ±*Secretary for Housing and Urban Development;* ~ van Welzijn, Volksgezondheid, en Cultuur *Minister of Welfare, Health and Cultural Affairs;* ⟨GB⟩ ±*Secretary of State for Social Services;* ⟨USA⟩ ±*Secretary of Health and Human Services* **2.1** gevolmachtigd ~ *m. plenipotentiary* **7.1** eerste ~ *prime m., premier.*

ministerie 0.1 *ministry;* ⟨departement; GB ook; USA⟩ *department* ♦ **1.1** ~ van Binnenlandse Zaken *Ministry/Department of the Interior;* ⟨GB⟩ *Home Department/* ⟨inf.⟩ *Office;* ~ van Buitenlandse Zaken *Ministry of Foreign Affairs;* ⟨GB⟩ *Foreign Office;* ⟨USA⟩ *State Department;* ~ van Defensie *Ministry of Defence;* ⟨USA⟩ *Department of Defense;* ⟨inf.⟩ *(the) Pentagon;* ~ van Economische Zaken ⟨GB⟩ ±*Department of Trade and Industry;* ⟨USA⟩ ±*Department of Commerce;* ~ van Financiën *Ministry of Finance;* ⟨GB⟩ *Treasury;* ⟨USA⟩ *Treasury Department;* ~ van Justitie *Ministry/Department of Justice;* ~ van Landbouw en Visserij *Ministry of Agriculture and Fisheries;* ~ van Onderwijs en Wetenschappen *Ministry of Education and Science;* ⟨GB⟩ ±*Department/Ministry of Education and Science;* ⟨USA⟩ ±*Department of Education;* ~ van Ontwikkelingssamenwerking *Ministry for Overseas Development;* ~ van Sociale Zaken en Werkgelegenheid *Ministry for Social Affairs and Employment;* ⟨USA⟩ ±*Department of Labor;* ~ van Verkeer en Waterstaat *Ministry of Transport and Public Works;* ⟨GB⟩ *Ministry of Transport;* ⟨USA⟩ ±*Department of Transportation;* ~ van Volkshuisvesting, Ruimtelijke Ordening en Milieubeheer *Ministry for Housing, Regional Development and the Environment;* ⟨USA⟩ ±*Department of Housing and Urban Development;* ~ van Welzijn, Volksgezondheid en Cultuur *Ministry of Welfare, Health and Cultural Affairs;* ⟨GB⟩ ±*Department of Health and Social Security;* ⟨USA⟩ ±*Department of Health and Human Services* **2.**¶ het Openbaar Ministerie *the Public Prosecutor.*

ministerieel 0.1 *ministerial* ♦ **1.1** bij ~ besluit/ministeriële beslissing *by a Ministerial Order.*

minister-president 0.1 *prime minister* ⇒*premier.*

ministerraad 0.1 *council of ministers* ♦ **1.1** (de) vergadering v.d. ~ (vandaag) *(today's) meeting of the Cabinet.*

ministerschap 0.1 [ambtsperiode] *ministry* **0.2** [ambt] *ministership.*

ministerspost 0.1 *ministerial post.*

minivoetbal (sport) **0.1** [zaalvoetbal] *indoor soccer/football* **0.2** [voetbal voor pupillen] *midget football.*

mink 0.1 *mink.*

minnaar, -nares 0.1 *lover* ⟨m., v.⟩ ⇒⟨v. ook⟩ *mistress.*

minne →**min¹** II.

minnekozen 0.1 *make love* ⇒*bill and coo.*

minnelijk 0.1 *amicable* ⇒*friendly* ♦ **1.1** een ~e schikking *an a./a friendly settlement/arrangement.*

minnen (schr.) **0.1** *love* ♦ **1.1** ~de paartjes *loving couples.*

---

minnetjes 0.1 [zwak] *poor* **0.2** [verachtelijk] *mean* ⇒*shabby.*

minnezanger 0.1 *minstrel* ⇒*troubadour.*

minpunt 0.1 *minus (point).*

minst¹ ⟨bn., bw.⟩ **0.1** [geringste] *slightest* ⇒⟨laagst, slechtst⟩ *lowest* **0.2** [zelfst.] *least* ♦ **1.1** die vaas heeft niet de ~e waarde *that vase has no value at all/whatever* **6.2** op z'n ~ *at (the very) l.;* ten ~e/op zijn ~ een week *at l. one week* **7.1** niet de/het ~e ... ⟨kans, twijfel enz.⟩ *not a shadow of ...,* not the slightest ... **7.2** bij het ~e of geringste *at the least little thing;* hij heeft er niet in het ~ bezwaar tegen *he does not object (to it) at all;* wat ik het ~ verwacht had, gebeurde *what I had l. expected happened.*

minst² ⟨telw.⟩ **0.1** *least* ⟨bij niet-telbare naamwoorden⟩; *fewest* ⟨bij telbare naamwoorden⟩ ♦ **1.1** zij verdient het ~e geld *she earns the l. money;* de ~e overtredingen gemaakt hebben *have committed the f. offences.*

minste ♦ **3.**¶ wees maar de ~ *make the first move, give way.*

minstens 0.1 *at least* ♦ **3.1** hij had ~ een klap op zijn gezicht verwacht *he expected nothing less than a slap in the face* **7.1** ik moet ~ vijf gulden hebben *I need five guilders at least.*

minstreel 0.1 *minstrel.*

mint 0.1 [thee] *mint tea* **0.2** [likeur] *mint, crème de menthe* **0.3** [kleur] *mint green.*

minteken 0.1 *minus (sign).*

minus¹ (het) **0.1** *minus (sign).*

minus² ⟨vz.⟩ **0.1** *minus.*

minuscuul 0.1 *tiny* ⇒*minuscule, minute* ♦ **1.1** minuscule vliegjes *t. flies* **2.1** ~ klein *minuscule;* een ~ klein deel(tje) *a minute fraction.*

minute 0. ¶.¶ à la ~ *immediately, at once, this minute;* je kunt van mij niet verwachten dat ik je werk à la ~ nakijk *you can't expect me to correct your work on the spot.*

minutenwijzer 0.1 *minute hand.*

minutieus 0.1 *meticulous* ♦ **1.1** iets ~ beschrijven *describe sth. in meticulous/minute detail.*

minuut 0.1 [deel v.e. uur of graad] *minute* **0.2** [origineel v.e. akte] *original (of the instrument)* **0.3** [ogenblik] *second, minute* ♦ **1.3** een ~(je) geduld alstublieft *just a second please* **3.1** het is tien minuten lopen *it's a ten-minute walk* **6.1** je hebt er **op** de ~ **af** vijf uur over gedaan *it took you precisely five hours* **6.2** de akte berust **in** ~ bij de notaris *the original is with the notary* **6.3** de situatie verslechterde **met** de ~ *the situation was getting worse by the m.* **7.1** om drie minuten voor/over half vier *at three twenty-seven/thirty-three,* at twenty-seven minutes past three/to four.

minzaam 0.1 *bland, benign;* ⟨neerbuigend⟩ *condescending* ♦ **1.1** een ~ knikje *a bland/benign nod* **3.1** de vorst onderhield zich ~ met de aanwezigen *the monarch graciously conversed with those present.*

minzaamheid 0.1 *blandness, benignity* ⇒⟨neerbuigend⟩ *condescension.*

Mioceen 0.1 *Miocene.*

miraculeus 0.1 *miraculous.*

mirakel 0.1 *miracle* ♦ **1.1** een ~ van woordkunst *a marvel of/(a) marvellous (piece of) wordcraft/writing* **3.1** ~en doen *work/perform miracles.*

mirakels ⟨inf.⟩ **0.1** *awfully* ⇒*marvellously* ♦ **5.1** 't is ~ vervelend *it's a darned nuisance.*

mirakelspel 0.1 *miracle play.*

mirre 0.1 *myrrh.*

mis¹ (de) **0.1** *Mass* ♦ **1.1** een ~ van Palestrina *a choral M. by Palestrina* **2.1** de heilige ~ bijwonen *attend M.;* een stille/

gelezen ~ *a Low M.* **3.1** de ~ doen *say M.* **6.1 naar** de ~ gaan *go to M.;* de ~ **van** 12 uur *12 o'clock M.*

mis² (bn., bw.) **0.1** [niet raak] *out, off target* **0.2** [onjuist, verkeerd] *wrong* ◆ **1.1** ⟨inf.⟩ ~ poes! *tough (luck)!* **2.1** was het ~ of raak? *was it (a) hit or (a) miss?* **3.2** als ik het ~ heb moet je 't maar zeggen *correct me if I'm wrong;* ik kan het ~ hebben maar ...*I may be w. but ...;* je hebt het ~ *you're w./mistaken;* het liep ~ *it went w.* **5.1** net ~ *not quite!, close!* **5.¶** dat is lang niet ~ *that's not bad (at all)* **6.2** het is weer ~ **met** hem ⟨weer ziek⟩ *he's ill/sick again;* ⟨kwade bui⟩ *he's in one of his angry moods again.*

misantroop 0.1 *misanthrope, misanthropist.*

misbaar 0.1 *clamour* ⇒⟨protest ook⟩ *outcry, uproar* ◆ **3.1** ~ maken ⟨schreeuwen⟩ *beat one's breast;* ⟨ophef maken⟩ *make a fuss* **7.1** met veel ~ *with a great deal of noise.*

misbaar 0.1 *dispensable* ⇒*expendable.*

misbaksel 0.1 *bastard, louse.*

misboek 0.1 [missaal] *missal* **0.2** [kerkboek] *prayer book.*

misbruik 0.1 *abuse* ⇒*misuse,* ⟨overmatig gebruik ook⟩ *excess* ◆ **1.1** ~ van bevoegdheid (jur.) *misfeasance;* ~ van vertrouwen *breach of confidence/trust* **3.1** ~ wordt gestraft *improper use will be punished;* van iemands goedheid ~ maken *take (undue) advantage of s.o.'s kindness;* ~ maken van iemands lichtgelovigheid *trade/play on s.o.'s credulity;* ~ maken van iemands gastvrijheid *impose on s.o.'s hospitality;* ~ van iem. maken *take advantage of s.o., use/exploit s.o.*

misbruiken 0.1 [verkeerd gebruik maken van] *abuse* ⇒*misuse, impose upon* ⟨goedheid⟩ **0.2** [verkrachten] *violate* ◆ **1.1** Gods naam ~ *use god's name in vain;* zijn talenten ~ *prostitute one's talents, not put one's talents to good use* **3.1** zich misbruikt voelen *feel put upon/used/exploited.*

misdaad 0.1 [delict; misdadigheid] *crime* **0.2** [moreel slechte daad] *outrage, moral offence* ◆ **2.1** zware ~ *serious c., felony* **3.1** ~ loont niet *c. doesn't pay;* de stad was ~ zuiveren *clean up the town* **3.2** haar zo te onderdrukken is een ~ *it's an outrage to oppress her like that* **6.1** een ~ jegens de gemeenschap *a public wrong.*

misdaadbestrijding 0.1 *crime prevention* ⇒*fight against crime.*

misdaadcijfer 0.1 *crime rate.*

misdaadfilm 0.1 *crime thriller.*

misdaadserie 0.1 *crime series.*

misdadig 0.1 *criminal* ⇒⟨onbehoorlijk ook⟩ *outrageous* ◆ **1.1** ~ gedrag *c. behaviour;* ~ e onachtzaamheid *c. negligence* **2.1** de huur is ~ hoog *the rent is outrageously high* **3.1** het is bepaald ~ *it's downright c.*

misdadiger, -ster 0.1 *criminal* ◆ **1.1** wat een stelletje ~ s ⟨fig.⟩ *what a bunch of thugs/gang of criminals.*

misdadigheid 0.1 *crime* ⇒*criminality* ◆ **1.1** de ~ v.e. plan *the criminal character/nature of a plan* **3.1** de toenemende ~ v.d. jeugd *the increase in juvenile crime/delinquency.*

misdeeld 0.1 *deprived* ⇒*underprivileged* ◆ **6.1** door de natuur ~ *with few natural gifts* **7.1** de ~ en *the underprivileged.*

misdienaar 0.1 *acolyte* ⇒⟨jongen ook⟩ *altar boy.*

misdoen I ⟨onov., ov.ww.⟩ **0.1** [zondigen] *do wrong* ◆ **4.1** wat heb ik misdaan? *what have I done wrong?;* wat heb ik misdaan, dat je me zo uitscheldt? *what have I done to deserve such abuse?;*
II ⟨ov.ww.⟩ **0.1** [onrecht aandoen] *do (s.o.) wrong/an injustice* ◆ **4.1** alles wat ze jou heeft misdaan *everything/ all the wrongs she did to you.*

misdragen ⟨wk.ww.; zich ~⟩ **0.1** *misbehave* ⇒⟨mbt. kinde-

ren ook⟩ *be (a) naughty (boy/girl)* ◆ **¶.1** ⟨iron.⟩ ik heb me kennelijk ~ *I've been a naughty boy/girl.*

misdrijf 0.1 *criminal offence/act* ⇒*crime,* ⟨jur.⟩ *felony* ◆ **2.1** politieke misdrijven *political offences* **3.1** de politie denkt niet aan een ~ *the police do not suspect foul play.*

misdruk 0.1 [vellen papier] *badly/wrongly printed sheet;* ⟨druk.⟩ *mackle* **0.2** [boek] *reject (copy)* ⇒*bad copy.*

mise-en-scène 0.1 [toneelschikking] *stage setting* ⇒*mise en scène* **0.2** [voorbereiding van een onderneming] *scenario.*

miserabel 0.1 [armzalig] *miserable* ⇒*wretched* **0.2** [slecht] *wretched* ⇒*dreadful* ◆ **1.1** een ~ beetje *a mere pittance* **1.2** ~ e omstandigheden *w. circumstances* **3.1** ~ aan zijn einde komen *come to a sad/wretched end* **5.2** ~ slecht zingen *sing wretchedly, be a dreadful singer.*

misère 0.1 [ellende] *misery* **0.2** [kaartspel] *misère* ◆ **3.2** ~ spelen *bid/play m.* **4.1** wat een ~! *what a wretched business/dreadful state of affairs* **6.1** in de ~ zitten *be in bad trouble/the dumps.*

misgaan 0.1 *go wrong* ◆ **1.1** dit plan moet haast wel ~ *this plan is bound to fail* **6.1** het gaat helemaal mis **met** me *everything is going wrong (for me).*

misgokken 0.1 *guess/gamble wrong.*

misgooien 0.1 *miss.*

misgreep 0.1 *blunder* ⇒*slip.*

misgrijpen 0.1 [ernaast grijpen] *miss one's hold* **0.2** [zich vergissen] *blunder* ◆ **¶.1** nu de boekenkast anders is ingedeeld grijp ik steeds mis *I keep getting hold of the wrong book now that the bookcase has been rearranged.*

misgunnen 0.1 *(be)grudge* ⇒*resent* ◆ **1.1** iem. zijn geluk ~ *begrudge s.o. his happiness, resent s.o.'s happiness.*

mishagen¹ ⟨het⟩ ⟨schr.⟩ **0.1** *displeasure.*

mishagen² ⟨onov.ww.⟩ ⟨schr.⟩ **0.1** *displease* ◆ **4.1** zijn hele optreden in deze zaak mishaagt mij *I disapprove of his conduct in this matter.*

mishandelen 0.1 *ill-treat, maltreat* ⇒⟨lichamelijk letsel toebrengen⟩ *batter* ◆ **1.1** dieren ~ *be cruel to/m. animals;* mannen die hun vrouw ~ *men who batter their wives.*

mishandeling 0.1 *ill-treatment, maltreatment* ⇒*battery* ◆ **1.1** ~ van dieren *cruelty to animals* **2.1** zware ~ *grievous bodily harm.*

misinterpretatie 0.1 *misinterpretation.*

miskennen 0.1 *misunderstand* ⇒⟨verkeerd inschatten⟩ *misjudge* ◆ **1.1** een miskend genie/talent *a misunderstood genius/talent;* een miskende held *an unsung hero.*

miskenning 0.1 *misunderstanding* ⇒*misjudgment.*

miskleun ⟨inf.⟩ **0.1** *blunder.*

miskleunen ⟨inf.⟩ **0.1** *(make a) blunder.*

miskoop 0.1 *bad bargain/buy.*

miskraam 0.1 *miscarriage* ◆ **3.1** een ~ hebben/krijgen *have a m., miscarry.*

misleiden 0.1 *mislead* ⇒*deceive* ◆ **1.1** iem. ~ ⟨ook⟩ *lead s.o. up the garden path.*

misleiding 0.1 *deception.*

mislopen I ⟨ov.ww.⟩ **0.1** [iem./iets niet treffen] *miss* **0.2** [iets niet krijgen] *miss (out on)* ◆ **1.2** hij is zijn promotie misgelopen *he missed (out on) his promotion/was passed over* **3.1** je kunt hem niet ~ met zijn oranje hoed *you can't m. him/there's no mistaking him with that orange hat of his* **5.2** die straf ben je mooi misgelopen *you certainly managed to wriggle out of that punishment;*
II ⟨onov.ww.⟩ **0.1** [misgaan] *go wrong* ⇒*miscarry* ◆ **1.1** het plan liep mis *the plan miscarried/was a failure* **4.1** dat loopt mis! *that's going to turn out wrong/badly* **6.1** het liep mis **met** haar *she came to grief/a sad end.*

mislukkeling 0.1 *failure* ⇒⟨inf.⟩ *flop.*

mislukken 0.1 *fail, be unsuccessful* ⇒*go wrong,* ⟨plan/poging ook⟩ *fall through, break down* ⟨onderhandelingen, huwelijk⟩ ◆ **1.1** een mislukte advocaat/genie *a failed lawyer/genius;* het feest mislukte *the party was a failure/*⟨inf.⟩ *flopped/bombed;* een mislukte onderneming *an unsuccessful business/operation;* een mislukte oogst *a crop failure;* het plan mislukte totaal *the plan was a total disaster/failure;* mijn taarten ~ altijd *my pies always go wrong;* al mijn vakantiefoto's zijn mislukt *none of my holiday snaps came out* **3.1** een project doen ~ *wreck a project;* een poging zien ~ *be defeated in an attempt* **6.1** tot ~ gedoemd zijn *have the cards/odds stacked against one/sth., be doomed to fail(ure)* **8.1** zij is mislukt als actrice *she was a failure/*⟨inf.⟩ *flop as an actress.*

mislukking 0.1 *failure* ⇒*breakdown* ⟨van onderhandelingen⟩ ◆ **3.1** uitlopen op een ~ *end in f./fiasco*

mismaakt 0.1 *deformed* ⇒*disfigured* ⟨gezicht⟩ ◆ **1.1** een ~ kereltje *a misshapen little fellow.*

mismaaktheid 0.1 *deformity* ⇒*disfigurement* ⟨mbt. gezicht⟩.

mismaken 0.1 *deform* ⇒*disfigure.*

mismoedig 0.1 *dejected* ⇒*depressed,* ⟨zonder moed⟩ *disheartened,* ⟨zonder moed⟩ *discouraged* ◆ **3.1** ~ worden *lose heart, become discouraged.*

misnoegd 0.1 *displeased (with/at)* ◆ **1.1** een ~ gezicht *a disgruntled face.*

misnoegen 0.1 *displeasure* ◆ **3.1** iemands ~ opwekken *incur s.o.'s d.*

misoogst 0.1 *bad/poor harvest* ⇒*crop failure.*

mispakken ⟨AZN⟩ **I** ⟨ov.ww.⟩ **0.1** [verkeerd vastpakken] *catch/take hold of (sth.) the wrong way;* **II** ⟨wk.ww.; zich ~⟩ **0.1** [zich vergissen] *get (sth.) wrong* ◆ **6.1** zich ~ aan iem./iets *get the wrong person/thing.*

mispel 0.1 *medlar* ◆ **8.1** zo rot als een ~ *rotten through (and through).*

misplaatst 0.1 *out of place* ⇒*misplaced,* ⟨opmerking ook⟩ *uncalled-for* ◆ **1.1** een ~ superioriteitsgevoel *a misplaced sense of superiority;* e trots *unwarranted pride*

misprijzen 0.1 *disapprove of* ◆ **1.1** een ~ de blik *a look of disapproval* **3.1** hij keek haar ~d aan *he looked at her disapprovingly.*

misprijzen ⟨AZN⟩ **0.1** *contempt* ⇒*disdain.*

mispunt 0.1 *pain (in the neck)* ⇒*bastard, louse.*

misraden 0.1 *guess wrong* ⇒*fail to guess.*

misrekenen 0.1 *miscalculate.*

misrekenen ⟨wk.ww.; zich ~⟩ **0.1** *miscalculate.*

misrekening 0.1 *miscalculation.*

miss 0.1 [titel]⟨schoonheidskoningin⟩ *beauty queen;* ⟨in titel⟩ *Miss ...* ◆ **2.1** schaars geklede ~ en *scantily clad beauty queens.*

missaal 0.1 *missal.*

misschien 0.1 *perhaps* ⇒*maybe* ◆ **3.1** bent u ~ mevrouw van Dale? *are you by any chance Mrs van Dale?;* ~ heb je geluk *you may (just) be lucky;* heeft u ~ een paperclip voor me? *do you happen to have/could you possibly let me have a paper clip?;* pas op, hij heeft ~ een pistool *be careful, he might have a gun;* het is ~ beter als ...*it may be better/perhaps it's better if ...;* ~ vertrek ik morgen, ~ ook niet *maybe I'll leave tomorrow, maybe not;* zoals je ~ weet *as you may know;* wilt u ~ een kopje koffie? ⟨ook⟩ *would you care for some coffee?*

misschieten 0.1 *miss.*

misselijk I ⟨bn.⟩ **0.1** [onpasselijk] *sick (to one's stomach)* **0.2** [mis, gering] *mean* ◆ **3.1** ik word er ~ van *it makes me*

mislukkeling - missverkiezing

(feel) s., it turns my stomach; om ~ van te worden *sickening, nauseating, disgusting* **5.2** dat is niet ~ *that's quite sth., that's no m. thing* **8.1** zo ~ als een kat *(as) s. as a dog;* **II** ⟨bn., bw.⟩ **0.1** [onuitstaanbaar] *nasty* ⇒⟨gedrag ook⟩ *disgusting, revolting* ◆ **1.1** een ~e grap *a sick joke* **3.1** doe niet zo -! *don't be (so) disgusting/revolting!*

misselijkheid 0.1 [onpasselijkheid] *(feeling of) sickness* ⇒ *nausea.*

misselijkmakend 0.1 *nauseating* ⇒*sickening.*

missen I ⟨ov.ww.⟩ **0.1** [doel niet treffen] *miss* **0.2** [mislopen] *miss* **0.3** [mbt. afwezigheid van iets of iem.] *go without* ⇒ ⟨het stellen zonder ook⟩ *spare, afford* ⟨vnl. mbt. geld⟩, ⟨ontberen⟩ *lack,* ⟨ontberen⟩ *lose* **0.4** [betreuren van afwezigheid] *miss* ◆ **1.1** zijn doel ~ ⟨fig.⟩ *m. the mark;* de maatregelen misten hun doel *the measures didn't work/were ineffective;* zijn woorden misten hun uitwerking *his words didn't have the intended effect/* ⟨vonden geen gehoor⟩ *fell on deaf ears* **1.2** hij heeft geen dag gemist *he hasn't missed a single day* **1.3** ik kan mijn bril niet ~ *I can't get along without my glasses;* kun je je fiets een paar uurtjes ~? *can you spare your bike for a couple of hours?;* hij mist gevoel voor humor *he lacks a sense of humour;* zij moest een oog ~ *she had to lose an eye;* overtuiging ~ *be unconvincing/lacking in conviction;* ik mis mijn portemonnee *I've lost/mislaid my purse;* we ~ een van onze vliegtuigen *one of our planes is missing* **1.4** iem. zeer ~ *miss s.o. badly* **1.** ¶ een vraag ~ *get an answer wrong* **3.2** je kunt het niet ~ *you can't m. it* **3.3** hij kan best wat ~ *he can (well) afford it,* kun je er een ~ *can you spare one?* **4.3** ze kunnen elkaar niet ~ *they can't get along without one another* **5.3** ze kan slecht gemist worden *I/we* ⟨enz.⟩ *can't get along without her* **6.** ¶ die reünie heb je niks gemist *you didn't miss much by not going to the reunion* ¶**.3** ik zou het voor geen geld willen ~ *I wouldn't part with/do without it for the world;*

II ⟨onov.ww.⟩ **0.1** [ontbreken] *be missing* **0.2** [niet raak schieten] *miss* ◆ **6.1** er ~ een paar bladzijden uit dat boek *there are a few pages missing from that book* ¶.¶ dat kan niet - *that can't go wrong/fail, that's bound to work/happen.*

misser 0.1 [mislukking] *failure* ⇒*mistake,* ⟨inf.⟩ *flop* **0.2** [sport] *miss* ⇒⟨schot⟩ *bad/poor shot,* ⟨worp⟩ *misthrow, bad throw,* ⟨biljarten⟩ *miscue.*

missie 0.1 *mission* ⇒⟨bekeringsactiviteit⟩ *missionary work* ◆ **6.1** in de ~ werken *do missionary work.*

missiepost 0.1 *mission.*

missiewerk 0.1 *mission(ary) work.*

missionaris 0.1 *missionary.*

misslaan 0.1 ⟨verkeerd slaan⟩ *mishit;* ⟨niet raken⟩ *miss.*

misslag 0.1 ⟨verkeerde slag⟩ *mishit* ⇒*bad/poor shot,* ⟨niet raak⟩ *miss.*

misstaan 0.1 [lelijk staan] *not suit* **0.2** [ongepast zijn voor] *not become* ⇒*not be fitting* ◆ **1.1** die jas misstaat u volstrekt niet *that jacket suits you well* ¶.**2** wat meer bescheidenheid zou (je) niet ~ *you could do with a little more modesty;* een verontschuldiging zou niet ~ *an apology would not be amiss/he be out of place.*

misstand 0.1 *abuse* ⇒*wrong.*

misstap 0.1 [verkeerde stap] *false/wrong step* **0.2** [verkeerde, slechte daad] *slip* ◆ **3.2** een ~ begaan *make a s.;* ⟨inf.⟩ *slip up.*

misstappen 0.1 *step in the wrong place* ⇒⟨uitglijden⟩ *lose one's footing.*

missverkiezing 0.1 *beauty contest; Miss Holland* ⟨enz.⟩ *contest.*

mist 0.1 *fog* ⇒⟨lichter⟩ *mist* ◆ 1.1 flarden ~ *patches of/ patchy f.* 2.1 dichte ~ *(a) thick f.;* lichte ~ *mist* 3.1 ⟨fig.⟩ de ~ ingaan ⟨van dingen, zaken e.d.⟩ *go wrong/fail completely;* ⟨mbt. grap ook⟩ *fall flat;* ⟨van personen⟩ *go wrong, screw up;* er komt ~ ⟨opzetten⟩ *it's getting/growing foggy/misty;* de ~ trekt op *the f.'s lifting* 5.1 de ~ werd dichter *the f. thickened* 6.1 bij ~ *in fog(gy weather);* door ~ aan de grond blijven/staan ⟨vliegtuig⟩ *be grounded by f.*

mistachterlicht 0.1 *rear fog lamp.*

mistasten 0.1 [ernaast pakken] *reach for/take hold of the wrong one/thing* ⟨enz.⟩ 0.2 [zich vergissen] *miscalculate* ◆ 5.2 lelijk ~ *m. badly.*

mistbank 0.1 *fog bank.*

misten 0.1 *be foggy/*⟨lichter⟩ *misty* ◆ 5.1 het mistte erg *it was very foggy.*

mistflard 0.1 *patch of fog.*

misthoorn 0.1 *foghorn.*

mistig 0.1 [nevelig] *foggy* ⇒⟨lichter⟩ *misty* 0.2 [fig.; vaag] *hazy* ◆ 1.2 een ~ betoog/figuur *a h. argument/character* 3.1 het wordt ~ *it's getting f.*

mistlamp 0.1 *fog lamp.*

mistlicht 0.1 *fog lamp.*

mistroostig 0.1 ⟨mbt. personen] *disconsolate* ⇒*dejected* 0.2 [mbt. zaken] *dismal* ⇒*gloomy* ◆ 3.1 ~ voor zich uit staren *stare dejectedly/gloomily into the distance.*

mistveld 0.1 *stretch of fog.*

misvatting 0.1 *misconception* ⇒*fallacy* ◆ 1.1 het slachtoffer v.e. ~ zijn *labour under a delusion* 2.1 een algemene ~ *a common fallacy/error* 3.1 een ~ wegnemen *dispel a fallacy.*

misverstaan 0.1 *misunderstand* ⇒*mistake* ◆ 1.1 in niet mis te verstane bewoordingen *in unmistakable/no uncertain terms* 4.1 elkaar ~ *m. each other, talk/be at cross-purposes.*

misverstand 0.1 *misunderstanding* ◆ 3.1 laat daar geen ~ over bestaan *let there be no mistake about it;* een ~ uit de weg ruimen *clear up a misunderstanding.*

misvormd 0.1 *deformed* ⇒*disfigured,* ⟨fig.⟩ *distorted* ◆ 1.1 een ~ gelaat/lichaam *deformed features, a deformed body.*

misvormen 0.1 *deform* ⇒*disfigure,* ⟨fig.⟩ *distort.*

misvorming 0.1 [het geven/hebben v.e. wanstaltige vorm] *deformation* ⇒⟨fig.⟩ *distortion* 0.2 [datgene wat misvormd is] *deformity* ⇒⟨fig.⟩ *distortion.*

miszeggen 0.1 *say sth. wrong* ◆ 4.1 heb ik daaraan iets miszegd? *have I said/did I say sth. wrong?*

miszitten 0.1 *be wrong* ◆ 6.1 hij zat **bij** drie antwoorden mis *he got three answers wrong.*

mitella 0.1 *sling.*

mitose ⟨biol.⟩ 0.1 *mitosis.*

mitrailleur 0.1 *machine gun.*

mitrailleurvuur 0.1 *machine-gun fire.*

mits[1] ⟨vz.⟩ ⟨AZN⟩ 0.1 [tegen] *at* 0.2 [behoudens] *subject to* ◆ 1.1 ~ de som van 40 BF *at the price of BF 40* 1.2 ~ goedkeuring door de gouverneur *subject to the governor's approval.*

mits[2] ⟨vw.⟩ 0.1 *if* ⇒*provided that* ◆ ¶.1 ~ goed bewaard, kan het jaren meegaan *(if) stored well, it can last for years.*

m.i.v. ⟨afk.⟩ 0.1 [met ingang van] *w.e.f.* ⟨with effect from⟩ 0.2 [met inbegrip van] *incl.*

mixen 0.1 *mix.*

mixer 0.1 ⟨handmixer⟩ *mixer;* ⟨bekervormig⟩ *liquidizer, blender.*

mixtuur ⟨muz.⟩ 0.1 *mixture.*

mmm 0.1 *mmm.*

m.o.-akte 0.1 ⟨*secondary school teaching certificate*⟩ ◆ 3.1 een ~ Engels halen ⟨*get a teaching certificate in English*⟩.

mobiel[1] ⟨het, de⟩ 0.1 *mobile.*

mobiel[2] ⟨bn.⟩ 0.1 *mobile* ◆ 1.1 ~e eenheid *special duty police;* een ~e kraan *a movable crane* 3.1 zich ~ opstellen *be m.*

mobilisatie 0.1 *mobilization.*

mobiliseren 0.1 ⟨ook fig.⟩ *mobilize.*

mobiliteit 0.1 [beweeglijkheid] *mobility* 0.2 [mv.; mbt. een onderneming] *liquid assets.*

mobilofoon 0.1 *radiotelephone.*

mocassin 0.1 *moccasin.*

modaal[1] ⟨het⟩ 0.1 [mbt. statistiek] *modal (value)* 0.2 [modaal inkomen] *standard/average income* ◆ 1.2 Jan Modaal *the man in the street, the average worker;* vier maal ~ *four times the standard/average income.*

modaal[2] ⟨bn.⟩ 0.1 [mbt. statistiek/taal.] *modal;* ⟨mbt. inkomen e.d. ook⟩ *standard, average* ◆ 1.1 een ~ inkomen hebben *earn a standard/an average income;* modale werknemer *employee earning a standard/an average income* 1.¶ ⟨muz.⟩ modale notatie *modal notation.*

modaliteit 0.1 [fil.] *mode* 0.2 [beding] *stipulation* ⇒⟨jur.⟩ *proviso* 0.3 [protestant] *±branch.*

modder 0.1 *mud* ⇒⟨slijk⟩ *sludge* ◆ 3.1 met een dikke laag ~ bedekken *cake with m.* 6.1 iem. /iets **door** de ~ halen/ sleuren ⟨ook fig.⟩ *drag s.o./sth. through the m.;* **met** ~ naar iem. gooien ⟨ook fig.⟩ *sling/throw m. at s.o.; engage in mud-slinging;* ze zit **onder** de ~ *she's covered in m.* 8.1 zo vet als ~ *as fat as a pig.*

modderaar, -ster 0.1 *bungler* ⇒*muddler.*

modderbad 0.1 *mud bath.*

modderen 0.1 [met modder knoeien] *play with mud* 0.2 [klungelen] *muddle (along/through).*

modderfiguur ◆ 3.¶ een ~ hebben *be pear-shaped;* een ~ slaan *cut a sorry figure.*

modderig 0.1 *muddy.*

modderpoel 0.1 *quagmire;* ⟨fig.; smeerboel⟩ *mire.*

modderschuit 0.1 *mud boat/barge* ◆ 6.1 dat staat als een vlag **op** een ~ *it looks totally out of place.*

modderstroom 0.1 *mudflow* ⇒*lahar* ⟨mbt. vulkaanuitbarsting⟩.

moddervet 0.1 *gross(ly fat)* ◆ 3.1 zich ~ eten *eat o.s. silly, stuff o.s.*

mode 0.1 *fashion* ◆ 2.1 't is dé grote ~ *it's all the rage;* zich naar de laatste ~ kleden *dress after the latest f.;* de nieuwste ~ *the latest f.* 3.1 de ~ bepalen *set the f., be a trendsetter of fashion;* de ~ is veranderd *fashions have changed;* ⟨in de⟩ ~ zijn *be fashionable* 6.1 aan ~ onderhevig zijn *be affected by f.;* een ~ **in** de psychologie *a trend/new wave in psychology;* blauw is **in** de ~ ⟨ook⟩ *blue is in;* erg **in** de ~ zijn *be quite the thing/all the rage;* **in/uit** de ~ raken *come into/go out of f.;* dat is **uit** de ~ *that's out (of f.).*

modeartikel 0.1 [mbt. het modevak] *fashion article* 0.2 [iets dat in de mode is] *fashionable article.*

modebewust 0.1 *fashion-conscious.*

modeblad 0.1 *fashion magazine.*

modegek 0.1 *fashion plate.*

modegevoelig 0.1 ⟨zie 1.1, 3.1⟩ ◆ 1.1 een ~ artikel *a high-fashion article;* een ~e branche *a fashionable/trendy business* 3.1 zij is ~ *she is quite fashion-conscious.*

modegril 0.1 *fad* ⇒*craze.*

modehuis 0.1 *fashion house* ⇒*couturier.*

modekleur 0.1 *fashion(able) colour.*

model[1] ⟨het; ook in samenst.⟩ 0.1 [type] *model* ⇒*type, style* 0.2 [ontwerp] *model* ⇒*design,* ⟨mbt. auto ook⟩ *mark* ⟨gevolgd door nummer) **0.3** [iem. die poseert] *model* **0.4** [nabootsing] *model* **0.5** [schema] *model* **0.6** [juiste/ideale vorm] *model* ⇒*style* **0.7** [voor-/toonbeeld] *model* ◆ **1.1** een nieuw ~ stoel *a new type of chair* **1.2** het ~ v.e. overhemd *the make of a shirt* **2.1** schoenen van Italiaans ~ *Italian-style shoes;* een klein/groot~ tv *a small/large type of TV;* het nieuwste ~ videorecorder *the latest m. in video recorders* **3.3** ~ staan *sit, model for* **3.7** ~ staan voor *serve as a m./pattern for* **6.1** naar Engels ~ *on/after the English m.;* huizen gebouwd naar één ~ *houses built to a uniform pattern* **6.6** ⟨mil.⟩ **buiten/volgens** (het voorgeschreven) ~ *non-regulation, regulation;* iemands haar **in** ~ knippen *style s.o.'s hair;* goed **in** ~ blijven *stay in shape;* iets weer **in** (zijn) ~ brengen *reshape sth.* **8.7** als ~ nemen voor iets *model sth./o.s. on.*

model² ⟨bn., bw.⟩ **0.1** [correct] *correct* **0.2** [voorbeeldig] *model* ⇒*exemplary* ◆ **2.1** ~ gekleed/bepakt *dressed/ packed in accordance with prescribed regulations.*

modelboerderij 0.1 *model farm.*

modelbouw 0.1 *model making* ⇒*modelling (to scale).*

modelbouwen 0.1 *model making.*

modelechtgenoot, -note 0.1 *model husband/wife.*

modellenbureau 0.1 *modelling agency.*

modelleren 0.1 *model* ◆ **6.1** ~ naar *fashion after, m. on.*

modelspoorbaan 0.1 *model railway.*

modelstudie ⟨bk.⟩ **0.1** *life study.*

modeltekenen 0.1 *draw from a model.*

modelwoning 0.1 *show house.*

modem ⟨com.⟩ **0.1** *modem.*

modeontwerper, -ster 0.1 *fashion designer.*

modepop 0.1 *fashion plate.*

moderato 0.1 *moderato.*

moderator 0.1 *moderator* ⇒⟨van debating club ook⟩ *president, chairman.*

modern 0.1 *modern* ◆ **1.1** ~ gedoe *m./*⟨pej.⟩ *new-fangled stuff;* ~e ideeën *m./progressive ideas;* van in de ~e tijd *of the m. age, in m. times* **3.1** ~ denken *be a progressive thinker;* het huis is ~ ingericht *the house has a modern interior* **5.1** uitgerust met de meest ~e wapens *equipped with the most m./up-to-date weapons;* de meest ~e technieken ⟨ook⟩ *state-of-the-art technology;* uiterst ~ *ultra m.* **7.1** de ~en ⟨vnl. bk.⟩ *the moderns.*

moderniseren 0.1 *modernize.*

modernisering 0.1 *modernization.*

moderniteit 0.1 *modernity.*

modeshow 0.1 *fashion show.*

modesnufje 0.1 *craze* ⇒*fad.*

modevak 0.1 *fashion.*

modevakschool 0.1 *school of fashion/dress design.*

modeverschijnsel 0.1 *fad.*

modewoord 0.1 *vogue word.*

modezaak 0.1 *fashion store.*

modieus 0.1 *fashionable* ◆ **1.1** een modieuze dame *a lady of fashion;* een ~ persoon *a trendy person* **2.1** ~ gekleed *fashionably/stylishly dressed.*

modificatie 0.1 *modification.*

modisch 0.1 *fashionable.*

modulatie 0.1 [ook muz.] *modulation* ⇒⟨stembuiging ook⟩ *intonation.*

module 0.1 *module.*

moduleren 0.1 [ook muz.] *modulate.*

modus 0.1 [wijze] *mode* **0.2** [taal.] *mood* **0.3** [jur.] *term, condition* **0.4** [muz.] *mode* ◆ **7.4** de vijfde ~ *the Lydian m.* **¶.1** een ~ vinden om met iem. om te gaan *work out a way to deal with s.o.* **¶.¶** ~ vivendi *modus vivendi.*

moe¹ ⟨de⟩⟨inf.⟩ **0.1** ᴮ*mum(my),* ᴬ*mom* ◆ **9.¶** nou ~! *well I say!*

moe² ⟨bn.⟩ **0.1** [vermoeid] *tired* **0.2** [beu] *tired (of)* ⇒*weary (of)* ◆ **3.1** hij maakt zich niet graag ~ *he's not too fond of working;* jij wordt zo gauw ~ *you tire so easily/quickly* **3.2** zij is het leven ~ *she is weary of life/tired of living;* zij werd het luisteren ~ *she grew t. of listening;* hij wordt het praten over zijn werk nooit ~ *he never tires of talking about his work* **6.1** ~ van het wandelen *t. with walking;* ~ van de reis/het reizen *worn out from the journey/travelling* **8.1** zo ~ als een hond *(as) t. as a dog.*

moed 0.1 [dapperheid] *courage* ⇒⟨durf⟩ *nerve* **0.2** [vertrouwen in wat komen gaat] *courage* ⇒*heart* ◆ **1.1** met de ~ der wanhoop *in a last desperate effort* **2.1** de euvele ~ hebben om ...*have the nerve/audacity to ...* **2.2** met frisse ~ beginnen *begin with fresh c.;* ⟨na tegenslag ook⟩ *come up smiling;* dat gaf me weer nieuwe ~ *that gave me new heart* **2.¶** in arren ~e iets doen *do sth. out of desperation* **3.1** al zijn ~ bijeenrapen/verzamelen *muster up/summon up/ pluck up one's c.;* daar heeft hij de ~ niet toe *he doesn't have the nerve/heart to do that;* zich ~ indrinken *give o.s. Dutch c.* **3.2** hou(d) ~! *keep your spirits up!, cheer up!;* iem. ~ inspreken/geven *put c./fresh heart into s.o.;* de ~ niet laten zakken *bear up;* de ~ opgeven *lose heart;* ~ putten uit *draw/derive c. from;* ⟨fig.⟩ de ~ zonk hem in de schoenen *his heart sank into his boots* **6.2** het ontneemt mij de ~ **om** ...*it discourages/disheartens me to ...* **6.¶** het werd hem bang te ~e *he felt faint at heart.*

moedeloos 0.1 *despondent* ⇒*dejected* ◆ **1.1** ⟨fig.⟩ een ~ gebaar *a despondent gesture* **3.1** dat stemt mij ~ *that makes me feel down-hearted/dejected;* het is om ~ van te worden *it's enough to make one despair.*

moedeloosheid 0.1 *despondency* ⇒*dejection.*

moeder 0.1 *mother* ⇒⟨bestuurster⟩ *matron* ◆ **1.1** Moeder Aarde/Natuur *Mother Earth/Nature;* ⟨fig.⟩ Moeder de Gans *Mother Goose;* de ~ v.d. jeugdherberg *the matron of the youth hostel;* onze ~ de Heilige Kerk *our Mother Church;* hij is niet bepaald ~s mooiste *he's no oil painting;* bij ~s pappot/op ~s schoot (blijven) zitten ⟨fig.⟩ *be/remain tied to one's m.'s apron strings;* ⟨kind.⟩ vadertje en ~tje spelen *play house;* de vrouw *the missus, the wife* **1.¶** de ~ der sporten *the mother of sports* **3.1** kom op, 't is je ~ niet ⟨fig.⟩ *come on, it won't bite you;* ~ worden *become a mother* **¶.1** ⟨sprw.⟩ zo ~, zo dochter *like mother, like daughter* **¶.¶** hoe gaat 't, ~tje? *how are things with you, mother?*

moederband 0.1 *maternal bond.*

moederbedrijf 0.1 *parent company.*

moederbinding 0.1 *mother fixation.*

moedercursus 0.1 *antenatal classes.*

moederdag 0.1 *Mother's Day.*

moederdier 0.1 [dier] *mother (animal)* ⇒⟨vnl. pluimvee⟩ *dam* **0.2** [vrouw] *(overindulgent/Jewish) mother.*

moederen 0.1 *play mother* ◆ **6.1** ~ over iem. *mother s.o.*

moederfiguur 0.1 *mother figure.*

moederhuis ⟨r.-k.⟩ **0.1** *mother house.*

moederkerk 0.1 [r.-k.] *Mother Church* **0.2** [hoofdkerk] *mother church.*

moederkoek 0.1 *placenta.*

moederland 0.1 [land met overzeese bezittingen] *mother country* **0.2** [land van oorsprong] *motherland;* ⟨van geëmigreerden⟩ *old country.*

moederlief 0.1 *dear mother* ◆ **3.1** daar helpt geen ~ /moedertjelief aan *there's no escaping it.*

moederlijk I ⟨bn., bw.⟩ **0.1** [vol liefde en zorg] *motherly* **0.2**

[(zoals) eigen aan een moeder] *maternal* ◆ 1.1 ~e liefde *m. love;*

II ⟨bn.⟩ 0.1 [afkomstig van moeder] *maternal* ◆ 1.1 het~ erfdeel *thel m. portion.*

moederloos 0.1 *motherless.*

Moedermaagd 0.1 *Virgin/Holy Mother.*

moedermavo 0.1 ⟨*secondary education for adults, especially women*⟩.

moedermelk 0.1 *mother's milk* ⇒⟨wet.⟩ *human milk.*

moedermoord 0.1 *matricide.*

moeder-overste 0.1 *Mother Superior* ⇒⟨als aanspreekvorm⟩ *Mother.*

moederschap 0.1 *motherhood.*

moederschip 0.1 [schip dat als basis dient] *mother ship* ⇒ *carrier* 0.2 [schip dat lichters meeneemt] *barge carrier* 0.3 [ruimteschip] *mother ship.*

moederschoot 0.1 [schoot v.e. moeder] *mother's lap* 0.2 [baarmoeder] *womb* ◆ 6.1 ⟨fig.⟩ **vanaf** de ~ *from the cradle on.*

moederskant, moederszijde ◆ 6.¶ van ~ *on the/one's mother's side, on the maternal side.*

moederskind 0.1 [sterk aan de moeder gebonden kind] *mother's child* 0.2 [onzelfstandig kind] *mamma's boy.*

moedersleutel 0.1 *master/skeleton key.*

moedertaal 0.1 *mother tongue* ◆ 8.1 iem. met Engels als ~ *a native speaker of English.*

moedertaalspreker 0.1 *native speaker.*

moedervlek 0.1 *birth mark* ⇒⟨moedervlekje⟩ *mole.*

moedervorm (druk.) 0.1 *matrix.*

moederziel ◆ 5.¶ ~ alleen *all alone;* ~ alleen achterblijven *be cast away.*

moedig 0.1 *brave* ⇒⟨met lef⟩ *plucky* ◆ 1.1 een ~ man ⟨ook⟩ *a man of character* 3.1 zich ~ gedragen *be b.*

moedwil 0.1 *wilfulness* ⇒*spite,* ⟨ook jur.⟩ *malice* ◆ 3.1 zijn ~ botvieren *give rein to one's malice/spite* 6.1 ik deed het niet **uit/met** ~ *I did not do it out of malice/spite.*

moedwillig 0.1 *wilful* ⇒*malicious, spiteful* ◆ 3.1 iets ~ bederven *spoil sth. out of spite.*

moedwilligheid 0.1 *wilfulness* ⇒*malice.*

moeflon 0.1 *mouf(f)lon.*

moegestreden 0.1 *battle-weary.*

moeheid 0.1 [het moe zijn] *tiredness* ⇒*weariness* 0.2 [mbt. de grond] *exhaustion* 0.3 [mbt. metalen] *fatigue.*

moeilijk I ⟨bn., bw.⟩ 0.1 [problematisch] *difficult;* ⟨bw. vnl.⟩ *with difficulty* 0.2 [zwaar] *difficult;* ⟨bw. vnl.⟩ *hard* 0.3 [vervelend] *difficult* ◆ 1.1 in ~e omstandigheden verkeren *be in trouble* 1.2 ~e tijden *these are hard/trying times* 1.3 zij is een ~ persoon *she is hard to please* 2.1 ~ opvoedbare kinderen *problem children* 3.1 doe niet zo ~ *don't make such a fuss;* ~ horen *have difficulty hearing;* het zichzelf ~ maken *make things d. for o.s., make it hard on o.s.* 3.2 het is ~ te geloven *it's hard to believe;* hij had het erg ~ met haar overlijden *he found it hard to cope with her death;* het ~ hebben *have a rough/hard/bad time;* hij maakte het ons ~ *he gave us a hard time;* dat zal hem ~ vallen *it won't be easy for him* 7.1 het ~e is, dat ... *the trouble/difficulty/problem is that ...* 7.2 het ~ste is nu achter de rug *we've had the hardest part, the worst is behind us;*

II ⟨bw.⟩ 0.1 [eigenlijk onmogelijk] *hardly* ◆ 3.1 ik kan (toch) ~ wegblijven *I can h. stay away, can I?;* daar kan ik ~ iets over zeggen *it's hard for me to say.*

moeilijkheid 0.1 *difficulty* ⇒*trouble, problem* ◆ 3.1 hij heeft moeilijkheden met zijn zoon *he's having problems with his son;* moeilijkheden ondervinden *experience/run up against difficulties;* om moeilijkheden vragen *be asking for trouble;* daar zit/ligt de ~ *there's the catch* 6.1 iem. in moeilijkheden brengen *get s.o. into trouble;* in moeilijkheden komen *get into trouble/hot water;* hij verkeerde in moeilijkheden *he was in a fix/in trouble* ¶.1 moeilijkheden uit de weg gaan *avoid difficulties/trouble;* moeilijkheden onder ogen zien *confront problems/difficulties.*

moeite 0.1 [last] *trouble* ⇒*difficulty,* ⟨minder sterk⟩ *bother* 0.2 [inspanning] *effort* ⇒*trouble* ◆ 2.2 het is een kleine ~ om dat te doen *it's not much e. to do that;* vergeefse ~ *wasted e.* 3.1 ik heb ~ met zijn gedrag *I find his behaviour hard to take;* met die jongen krijg je nog ~ *that boy will give you a lot of bother/t.* 3.2 bespaar je de ~ *(you can) save yourself the trouble/bother;* er is veel ~ aan besteed *considerable e. has been expended on it;* ~ doen *take pains/trouble;* u hoeft geen extra ~ te doen *you need not bother, don't put yourself out;* ik had ~ mij in te houden *I had difficulty holding myself back, I could hardly control myself;* het is de ~ niet (waard) *it's not worth it/the e./the bother;* ⟨iron.⟩ het is de ~! *big deal!;* het kost me ~ om *I find it hard to;* dat loont de ~ *it's worth the e./trouble/it;* zich veel/de grootste ~ getroosten *go to/take great pains, bend over backwards* 5.2 het is de ~ waard om het te proberen *it's worth a try/trying;* de dingen die het leven de ~ waard maken *the things that make life worth living;* het was zeer de ~ waard *it was most rewarding* 6.2 met ~ de 100 (km/ u) halen *barely do/reach 100 kilometres per hour;* met grote ~ *with great difficulty;* dat is **voor** de ~ *that's for your trouble;* dank u wel **voor** de ~! *thank you very much!, sorry to have troubled you!* 7.2 doe (maar) geen ~ *don't bother, never mind;* geen ~ was hem teveel *he spared no pains/e.;* dat is me te veel ~! *I can't be bothered (with it/ that)!, that's too much trouble.*

moeiteloos 0.1 *effortless* ⇒*easy* ◆ 3.1 leer ~ Engels! *learn English without tears!;* het paard won de wedstrijd ~ *the horse ran away with the race.*

moeizaam 0.1 *laborious* ⇒⟨bw. ook⟩ *with difficulty* ◆ 3.1 zich ~ een weg banen (door) *make one's way with difficulty (through);* het gaat nog ~ *it's still an uphill battle/*⟨inf.⟩ *still tough going.*

moeke 0.1 [B]*mummy,* [A]*mommy, momma* ◆ 2.1 een gezellig(e) ~ *a real* [B]*mum/*[A]*mom.*

moer I ⟨de⟩ 0.1 [bevestigingsmiddel] *nut;*

II ⟨het⟩ 0.1 [veen(grond)]⟨grond⟩ *peat soil;* ⟨gebied⟩ *peat bog;*

III ⟨de (v.)⟩ 0.1 [vulg.; moeder]⟨ongemarkeerd⟩ *mother* 0.2 [wijfjesdier]⟨konijn⟩ *doe;* ⟨bijenkoningin⟩ *queen (bee)* ◆ 2.¶ ⟨inf.⟩ dat is naar de ~ malle ~ *that's broken (down)/ bust* 6.¶ ⟨inf.⟩ iets **naar** zijn ~ helpen *screw sth. up* 7.¶ ⟨inf.⟩ dat kan me geen (ene) ~ schelen *I don't give a damn/ tinker's cuss;* ⟨inf.⟩ geen ~ *not a damn thing;* dat gaat je geen ~ aan *that's none of your damn business;* daar schiet je geen ~ mee op *that doesn't get you anywhere.*

moeras 0.1 [drassig land] *swamp* ⇒*marsh* 0.2 [fig.; moeilijkheid] *morass* ⇒*(quag)mire* ◆ 3.1 een ~ droogleggen *drain a marsh* 6.2 iem. **uit** het ~ helpen *help s.o. out of the morass/(quag)mire.*

moerasachtig 0.1 *swampy* ⇒*marshy.*

moerasgebied 0.1 *marshland, swampland.*

moerasgrond 0.1 *marshy/swampy soil.*

moeraskoorts 0.1 *marsh fever.*

moerasplant 0.1 *marsh plant.*

moerassig 0.1 *swampy* ⇒*marshy.*

moerbei 0.1 *mulberry.*

moerbeiboom 0.1 *mulberry tree.*

moerbout 0.1 *(nutted) bolt.*

Moerdijk ♦ **6.¶ boven/beneden** de ~ ±*in the north/south of the Netherlands.*
moeren 0.1 *wreck* ⇒*bust.*
Moermantherapie 0.1 *Moerman therapy.*
moersleutel 0.1 *ᴮspanner,* *ᴬwrench.*
moerstaal (inf.) **0.1** ⟨ongemarkeerd⟩ *mother tongue* ♦ **3.1** spreek je ~ *speak plain English* ⟨enz.⟩.
moes I ⟨het⟩ **0.1** [gerecht] *purée* **0.2** [mengeling] *pap, pulp* ♦ **6.1 tot** ~ laten koken *purée, boil down, cook to a pulp;* ⟨fig.⟩ iem. **tot** ~ slaan/hakken *beat s.o. to a pulp;* **II** ⟨de⟩ **0.1** [kind.; moeder] *ᴮmummy,* *ᴬmommy.*
moesappel 0.1 *cooking apple.*
moesgroente 0.1 *greens, green/leaf(y) vegetables.*
moesson 0.1 *monsoon.*
moestuin 0.1 *kitchen/vegetable garden.*
moeten¹ ⟨het⟩ ♦ **2.¶** een heilig ~ *a sacred duty.*
moeten² **I** ⟨hww.⟩ **0.1** [willen] *want* ⇒*need* **0.2** [verplicht zijn, zich verplicht voelen] *must* ⇒*have to,* ⟨voorwaardelijke wijs, of milder⟩ *should,* ⟨voorwaardelijke wijs, of milder⟩ *ought to* **0.3** [behoren] *should* ⇒*ought to* **0.4** [logisch onvermijdelijk/noodzakelijk zijn] *must* ⇒*have to* **0.5** [waar-(schijnlijk) zijn] *must* ⇒⟨naar men zegt⟩ *be supposed/said to* ♦ **3.1** wat moet ik beginnen zonder jou? *what would I do without you?;* ik moet er niet aan denken wat het kost *I hate to think what it costs;* ~ jullie niet eten? *don't you w. to eat?;* wie moest jij hebben? *who did you w. (to see/to speak to)?;* ik moet er niets van hebben *I don't want to know/to have anything to do with it;* dat moet ik nog zien *I'll have to see;* hij moest en zou het hebben *he had to have it* **3.2** ik moet zeggen, dat ... *I m. say/have to say that ...;* of het moest zijn ... *unless it be ...* **3.3** dat moet je nog eens doen (als je durft)! *do that again (if you dare)!;* dat moet gezegd (worden) *it has to be said;* moet je eens horen *listen (to this);* moet kunnen! *no problem!;* ⟨inf.⟩ het moest niet mogen *it shouldn't be allowed;* ik moest dat maar vergeten *I had better/best forget it;* de trein moet om vier uur vertrekken *the train is due to leave at four o'clock;* je moest eens weten ... *if only you knew ...;* dat moet jij (zelf) weten *it's up to you;* het moet al heel slecht weer zijn, wil hij thuis blijven *the weather's got to be pretty bad for him to stay home;* je moet vrouw zijn om zoiets te doen *it takes a woman to do sth. like that;* ik moet morgen in Utrecht zijn *I'm due in/have (got) to be In Utrecht tomorrow* **3.4** het moest er wel van komen *it was bound to happen;* ik moest wel lachen *I couldn't help laughing;* het heeft zo ~ zijn *it had to be/happen (like that)* **3.5** zij moet vroeger een mooi meisje geweest zijn *she m. have been a pretty girl once;* dat schilderij moet de koningin voorstellen *that painting's supposed to represent the Queen;* ze moet erg rijk zijn *she is said to be very rich* **4.1** ⟨inf.⟩ wat moet je? *what do you w.?;* ⟨inf.⟩ wat moet dat? *what's all this about?;* wat ~ jullie hier? *what are you doing here?;* wat moest hij van jou? *what did he w. from/with you?;* wat moet dat speelgoed hier? *what are those toys doing here?* **4.4** als het moet *if it m.;* wat moet, dat moet *what m. be m. be* **4.5** wat moet dat voorstellen? *what's that supposed to be?* **5.1** en toen moest hij zo nodig een vreselijk dure auto kopen *and then he had to go and buy this amazingly expensive car;* het huis moet nodig eens geschilderd worden *the house wants re-painting* **5.2** moet u nog ver (gaan)? *have you still got a long way to go?* **5.3** ik moet (zo) nodig *I've got to go!;* hoe ~ we nu verder? *where do we go from here?;* moet je nu al weg/ervandoor? *are you off already?;* zo moet (je) het niet (doen) *that's not the way to do it;* het is gedaan zoals het moet *it has been done properly/as it s.* **5.4** waar moet dat

Moerdijk - mogen

heen (met die drugs)? *what's the world coming to (with these drugs)?* **6.4 aan** een bril ~ *need glasses* ¶.3 als het moet, dan ... *if it can't be avoided, then ...;* ze moet er nodig eens uit *she needs a day out;*
II ⟨ov.ww.⟩⟨inf.⟩ **0.1** [mogen, believen] *like* ♦ **1.1** ik moet die man niet *I don't l. that man.*
moetje ⟨inf.⟩ **0.1** [gedwongen huwelijk] *shotgun wedding* **0.2** [kind] *7-month baby.*
moezel 0.1 *Moselle.*
moezelwijn 0.1 *Moselle (wine).*
mof I ⟨de (m.)⟩ **0.1** [scheldnaam] *kraut* ⇒⟨mil.⟩ *Jerry;*
II ⟨de⟩ **0.1** [koker van bontwerk] *muff* **0.2** [ring voor verbinding van buizen] *(coupling) sleeve* **0.3** [verwijd uiteinde v.e. buis] *socket.*
moffin →**mof I.**
mogelijk I ⟨bn.⟩ **0.1** [kunnende gebeuren/gedaan worden] *possible* ⇒*potential* ⟨alleen attr⟩ **0.2** [denkbaar] *possible* **0.3** [eventueel] *possible* ⇒*likely* ♦ **3.1** dit alles is ons ~ gemaakt door ... *all this has been made possible for us by ...;* hoe is het ~, dat je je daarin vergist hebt? *how could you possibly have been mistaken about this?* **3.2** het is ~ dat hij wat later komt *he may come a little later* **4.1** het is ons niet ~ ... *it's impossible for us, we cannot possibly ...* **5.1** zo ~ *if possible* **5.2** het is heel goed ~ dat hij het niet gezien heeft *he may very well not have seen it* **6.1** dat houd ik niet **voor** ~ *I don't think that is possible* **7.1** al het ~e doen *do everything possible* ¶.1 voor zover ~ *as far as possible;*
II ⟨bw.⟩ **0.1** [als kan gebeuren] *possibly* **0.2** [misschien] *possibly* ⇒*perhaps* ♦ **5.1** zo goed ~ *as best one can.*
mogelijkerwijs 0.1 *possibly* ⇒*perhaps, conceivably.*
mogelijkheid 0.1 [het mogelijk zijn] *possibility* **0.2** [iets dat mogelijk is]⟨abstract⟩ *possibility* ⇒⟨te grijpen kans⟩ *chance,* ⟨gebeurtenis⟩ *eventuality* **0.3** [mv.; kans op succes] *possibilities* ⇒*prospects* ♦ **2.2** een tweede/andere ~ ⟨ook⟩ *an alternative* **3.2** dat behoort tot de mogelijkheden *it is one of the possibilities;* de ~ bestaat dat ... *there is a p. that ...;* er bestaat een kleine ~ dat ... *it is just possible that ...;* Amsterdam biedt vele mogelijkheden *Amsterdam offers a lot of opportunities;* zij onderschat haar mogelijkheden *she underestimates herself;* dat opent de ~ om te *that makes it possible to* **3.3** het land biedt grote mogelijkheden voor het toerisme *the country offers good prospects for tourism* **6.2 op** alle mogelijkheden voorbereid zijn *be prepared for anything/all eventualities* **6.3** nieuwe mogelijkheden **voor** de export *new openings/prospects for export* **7.2** ik kan het met geen ~ afkrijgen *I can't possibly finish it;* er is geen ~ dat te doen *there's no p. of doing that;* ik zie geen ~ me daarvoor vrij te maken *I cannot possibly get time off for this.*
mogen I ⟨hww.⟩ **0.1** [toestemming/recht/vrijheid hebben] *can* ⇒*be allowed to,* ⟨teg. tijd of indirecte rede⟩ *may,* ⟨met ontkenning⟩ *must,* ⟨in voorwaardelijke wijs⟩ *should,* ⟨in voorwaardelijke wijs⟩ *ought to* **0.2** [reden hebben, moeten] *should* ⇒*ought to* **0.3** [mbt. toegeving] *may, might* **0.4** [mbt. een mogelijkheid] *should* **0.5** [kunnen]⟨zie 3.5⟩ **0.6** [mbt. een wens]⟨zie 3.6⟩ ♦ **1.1** mag ik een kilo peren van u? *(can I have) two pounds of pears, please;* mag ik uw naam even? *could/may I have your name, please?* **3.1** mag Deirdre blijven spelen? *can Deirdre stay and play?;* je mag gaan spelen, maar je mag je niet vuil maken *you can go out and play, but you're not to get dirty;* er mag hier niet gerookt worden *you're not allowed to smoke here;* als ik vragen mag *if you don't mind my asking;* u mag hier even wachten *please take a seat;* dat mag ik niet zeggen *I'm not at liberty/allowed to tell you;* mag het een onsje

meer zijn? *do you mind if it's a bit more?;* mag ik zo vrij zijn? *do you mind?* **3.2** dat mag ook wel eens gezegd worden *there's no harm in saying that, too;* je had me wel eens ~ waarschuwen *you might/could have warned me;* ik mag niet mopperen *I mustn't complain;* je mag je wel eens scheren *you could do with a shave;* je mag wel uitkijken, het is glad op straat *you'd better/you should be careful, it's slippery out;* hij mag blij zijn dat ... *he ought to/should be happy that* ... **3.3** wat er ook moge gebeuren *whatever happens;* hij mag dan slim zijn, sterk is hij niet *he may be clever, but he isn't strong;* dat mag dan zo zijn, maar ... *that may well be (so), but ...; granted, but ...;* hoe dat ook moge zijn *be that as it may* **3.4** mocht dat het geval zijn, ... *should that be the case, ...; if so,* ... **3.5** het mocht niet baten *it was no use/good;* dat ik dit nog mag meemaken! *that I should live to see this!;* het heeft niet zo ~ zijn *it was not to be* **3.6** moge dit jaar u veel geluk brengen (alg., bv. mbt. schooljaar) *I hope you will be very happy in the coming year;* lang moge hij heersen *long may he reign* **3.¶** zij mag gezien worden *she's a good looker;* zo mag ik het horen/zien *that's what I like (to hear/see), that's the spirit;* hij mag er zijn (alg.) *he's quite a guy;* (heeft kwaliteiten) *he's got what it takes;* (is groot/flink van postuur) *he's a big guy/;* (is knap) *he's some guy;* wat mag het zijn? (in winkel) *can I help you?;* (in restaurant) *what can I get you?* **4.1** alles mag toch maar vandaag de dag *anything goes nowadays* **4.¶** het mocht wat *it doesn't mean a thing* **5.1** mag ik alsjeblieft? *do you mind?* (nadruk op 'mind'); ik mag het eigenlijk niet vertellen *I'm not really supposed to tell you;* mag ik even? *do you mind?, may I?;* mag ik er even langs? *excuse me (please);* dat mag niet *that's not allowed;* (tegen de regels) *that's against the rules;* (tegen de wet) *that's illegal* **5.¶** ik mag graag een sigaartje roken *I like/enjoy a nice cigar* **6.1 van** mij mag het *it's alright by me;* **van** mij mag het een maand duren *I don't mind if it takes a/another month;* zij mochten van hem niet **van** zijn moeder *he wanted to come along but his mother wouldn't let him* **¶.2** wat een mooie jas! dat mag ook wel voor dat geld *what a lovely coat! it ought to/should be at that price;*
II (ov.ww.) **0.1** [sympathiek vinden] *like* ♦ **5.1** ik mag hem wel *I quite/rather l. him;* zij is een beetje arrogant, maar dat mag ik wel *she's a bit arrogant but I l. them that way.*

mogendheid 0.1 *power* ♦ **2.1** de grote mogendheden *the Superpowers;* een maritieme ~ *a maritime p.*

mohair 0.1 (zn. en bn.) *mohair.*

mohammedaan, -se 0.1 *Muslim.*

mohammedaans 0.1 *Muslim.*

mohikanen 0.1 *Mohican(s)* ♦ **1.1** de laatste der ~ (fig.) *the last of the Mohicans.*

mok 0.1 *mug.*

moker 0.1 *sledgehammer.*

Mokerhei 0.1 (zie ¶.1) ♦ **¶.1** iem. naar de ~ wensen *tell s.o. to go to blazes, wish s.o. in hell.*

mokerslag 0.1 (ook fig.) *sledgehammer blow.*

mokka 0.1 [koffie] *mocha (coffee)* **0.2** [kopje koffie] *(cup of) mocha coffee* **0.3** [crème] *cream flavoured with coffee.*

mokkaboon 0.1 *chocolate with coffee filling.*

mokkapunt 0.1 *±slice of coffee cake.*

mokkataart 0.1 *±coffee cake.*

mokkel (inf.) **0.1** *dame, chick* ♦ **2.1** een lekker(e) ~ *a nice piece of skirt.*

mokken 0.1 *sulk (about/over)* ⇒*grouch, grouse,* (kinderachtig) *pout* ♦ **3.1** ~d draaide hij zich om *he turned his back on us in a sulk;* zitten ~ *sit sulking/pouting.*

Mokum (inf.) **0.1** *Amsterdam* ♦ **¶.1** ~ en mediene *town and country.*

Mokumer, -kumse (inf.) **0.1** *Amsterdammer.*

mol I (de) **0.1** [muz.; teken] *flat* **0.2** [muz.; toonaard] *minor* **0.3** [schei.] *mol(e)* ♦ **¶.2** een aria in a-mol *an aria in A m.;*
II (de (m.)) **0.1** [dier] *mole* **0.2** [fig.; spion] *mole* ♦ **8.1** zo blind als een ~ *as blind as a bat;*
III (het) **0.1** [bont] *moleskin.*

Moldavië 0.1 *Moldavia.*

Moldaviër, -vische 0.1 *Moldavian.*

Moldavisch 0.1 *Moldavian.*

moleculair (schei.) **0.1** *molecular* ♦ **1.1** ~e aantrekking *m. adhesion.*

moleculairgewicht (schei.) **0.1** *molecular weight.*

molecule 0.1 *molecule.*

molen 0.1 [inrichting, gebouw] *(wind)mill* **0.2** [maalinstrument] *mill* ⇒(koffie) *grinder* **0.3** [hengelsport] *reel* ♦ **2.¶** de ambtelijke ~(s) *the wheels of government;* ambtelijke ~s malen langzaam *the mills of government grind slowly* **6.¶** het zit in de ~ *it is in the pipeline.*

molenaar 0.1 *miller.*

molenpaard ♦ **8.¶** werken als een ~ *work like a dog/donkey.*

molensteen 0.1 *millstone* ♦ **8.1** (fig.) dat ligt me als een ~ op het hart, dat hangt me als een ~ aan/om de nek *it is a m. round my neck.*

molenwiek 0.1 *sail arm, wing.*

molest 0.1 *molestation* ⇒(verz.) *war risk* ♦ **3.1** iem.~ aandoen *molest s.o.* **6.1** vrij **van** ~ *coverage not extended to war risk.*

molesteren 0.1 *molest.*

mollen 0.1 [stukmaken] *wreck, bust (up)* (ding); *beat up* (persoon); (doden) *do (s.o.) in.*

mollengang 0.1 *mole tunnel/track.*

mollengat 0.1 *mole hole.*

mollig 0.1 *plump* ⇒(ihb. kind) *chubby* ♦ **1.1** haar ~e vormen *her full figure.*

molligheid 0.1 *plumpness* ⇒*chubbiness.*

molm 0.1 [stof van vergane stoffen](van hout) *mouldered wood;* (van aarde) *humus* **0.2** [bederf in hout] *wood rot* **0.3** [vezels van turf] *peat (dust)* **0.4** [bederf in graan] *mould, mildew.*

moloch 0.1 *Moloch.*

molotovcocktail 0.1 *Molotov cocktail.*

molshoop 0.1 [hoopje aarde] *molehill* (ook fig.) ♦ **6.1** (fig.) van een ~ een berg maken *make a mountain out of a m.*

molteken (muz.) **0.1** *flat.*

molton 0.1 (zn. en bn.) *flannel;* (katoen) *flannelette* ⇒(fijne kwaliteit) *swanskin* ♦ **1.1** ~ deken *mattress cover* **3.1** met ~ gevoerd *lined with swanskin.*

Molukken 0.1 *Moluccas* ⇒*Molucca Islands.*

Molukker, Molukse (inf.) **0.1** *Moluccan.*

Moluks 0.1 *Molucca(n).*

molybdeen (schei.) **0.1** *molybdenum.*

mom ♦ **6.¶** **onder** het ~ van de weg te vragen *on/under the pretext of asking the way;* (fig.) **onder** het ~ van vriendschap *under the guise of friendship.*

mombakkes 0.1 *mask.*

moment 0.1 [ogenblik] *moment* ⇒*minute* **0.2** [nat.] *moment* ♦ **2.1** op het allerlaatste ~ *at the (very) last moment/minute;* net op dit ~ *just now;* een groot ~ voor de mensheid *a great moment for mankind;* een ingreep op het juiste ~ *a well-timed intervention* **3.1** een ~ dacht ik dat ... *for a moment I thought that* ... **6.1 op** dit ~ kan ik u niet helpen *I can't help you at the moment/just now;* **op** het verkeerde

513

momenteel - monnik

~ *at the wrong moment;* **voor** het ~ *for the moment/the time being* **7.1** één ~, ik kom zó *one moment please/;* ⟨inf.⟩ *hang on a minute, I'm coming;* daar heb ik geen ~ aan gedacht *it never occurred to me;* geen ~ voor zichzelf hebben *not have a moment to call one's own/to o.s.* **8.1** op het ~ dat hij binnenkwam *the moment/minute he came in* ¶.1 ~! *just a minute.*
momenteel 0.1 *at present/the moment* ⇒*currently.*
momentopname 0.1 [fig.] *random indication/picture* ⇒ *picture at a given moment (in time)* ♦ **1.1** zo'n proefwerk is ook maar een ~ v.d. kennis v.d. leerling *such a test can only give a random indication of the pupil's knowledge.*
mompelen 0.1 [binnensmonds spreken] *mumble* ⇒*mutter* **0.2** [tersluiks opmerken] *mutter* ♦ **6.1** in zichzelf ~ *mutter to o.s.;* **voor** zich **uit** ~ *mutter under one's breath;* mouth ⟨vooral losse woorden of korte zinnen⟩.
Monaco 0.1 *Monaco.*
monarch 0.1 *monarch.*
monarchie 0.1 *monarchy.*
monarchist 0.1 *monarchist.*
monarchistisch 0.1 ⟨bn.⟩ *monarchist(ic);* ⟨bw.⟩ *like a monarchist.*
mond 0.1 *mouth* ⇒*muzzle* ⟨vuurwapen⟩, embouchure ⟨muziekinstrument⟩ ♦ **2.1** ⟨fig.⟩ een grote ~ opzetten tegen iem., iem. een grote ~ geven *talk back at/to s.o., give s.o, lip;* een grote ~ hebben *be loud-mouthed;* ⟨brutaal zijn⟩ *be cheeky;* ⟨stoer doen⟩ *talk big;* hij kan zijn grote ~ niet houden *he can't keep his big mouth shut;* dat is een hele ~ vol *that's quite a mouthful;* ⟨fig.⟩ met open ~ naar iets kijken *stare at sth. with one's mouth (hanging) open;* ⟨fig.⟩ iedereen heeft er de ~ van vol *everybody is full of it, it is on everybody's lips;* ⟨fig.⟩ zij hebben de ~ vol over ontwapening, maar ... *they have a lot to say about/make a great song and dance about disarmament, but ...* **3.1** doe je ~ dan open *say sth. (for goodness' sake);* zijn ~ houden ⟨beleefd⟩ *keep quiet;* ⟨inf.⟩ *shut up;* zijn ~ opendoen *open one's mouth;* ⟨mening geven⟩ *speak up;* iem. de ~ snoeren ⟨inf.⟩ *shut s.o. up;* ⟨fig.⟩ zijn ~ voorbijpraten *let one's tongue run away with one, blab, spill the beans* **6.1.bij** ~e van *through/from;* ⟨fig.⟩ bepaalde woorden in de ~ nemen *use/ utter certain words;* ⟨fig.⟩ dat woord is/ligt hem in de ~ bestorven *that word is always on his lips;* ⟨fig.⟩ ruw/grof in de ~ zijn *be rough-spoken;* ⟨fig.⟩ met de ~ vol tanden staan *be at a loss for words/tongue-tied;* ⟨fig.⟩ iem. **naar** de ~ praten *play up to s.o.;* de vinger **op** de ~ leggen *put one's finger to one's lips;* ⟨fig.⟩ iem. het eten **uit** de ~ kijken *watch s.o. longingly while they eat;* iets **uit** zijn eigen ~ sparen ⟨lett.⟩ *save some of one's food for s.o. else;* ⟨bezuinigen⟩ go *without food to buy sth. for s.o. else;* ⟨als⟩ **uit** één ~ *with one voice, unanimously;* **uit** zijn ~ klinkt het ongeloofwaardig *it sounds unbelievable coming from him;* het gerucht ging **van** ~ **tot** ~ *the rumour went round;* hij antwoordde wat hem **voor** de ~ kwam *he said the first thing that came into his head* **7.1** geen ~ opendoen *keep one's mouth shut, never open one's mouth* **8.1** hij heeft een ~ als een hooischuur *he's got a mouth big enough for two people.*
mondain 0.1 *fashionable* ⟨badplaats⟩ ⇒⟨vaak pej.⟩ *worldly* ♦ **1.1** ~e vrouwen *f./sophisticated women.*
mondbeschermer ⟨sport⟩ **0.1** *mouthpiece.*
monddood ♦ **3.**¶ ~ maken *silence;* ⟨ook mbt. pers⟩ *gag.*
mondeling¹ ⟨het⟩ **0.1** *oral (exam(ination))* ♦ **3.1** ~ doen *take one's orals.*
mondeling² ⟨bn., bw.⟩ **0.1** *oral* ⇒*verbal* ⟨overeenkomst⟩, *by word of mouth* ⟨bericht, informatie⟩ ♦ **1.1** een ~ examen *an oral (exam(ination));* ~e overlevering *o. tradition;* een ~e

toezegging/afspraak *a verbal agreement/arrangement* **3.1** iem. ~ examineren *give s.o. an oral (examination);* ~ stemmen *cast one's vote orally.*
mond- en klauwzeer 0.1 *foot-and-mouth disease.*
mondharmonica 0.1 *harmonica.*
mondhoek 0.1 *corner of the/one's mouth.*
mondhygiëne 0.1 *oral hygiene.*
mondhygiëniste 0.1 *dental hygienist.*
mondiaal 0.1 *worldwide* ⇒*global.*
mondig 0.1 [meerderjarig] *of age* ⟨pred.⟩ **0.2** [in staat voor zichzelf op te komen] *mature* ⇒*independent* **0.3** [mbt. een gemeenschap] *emancipated* ♦ **3.1** ⟨jur.⟩ iem. ~ verklaren *declare s.o. of age* **3.2** de PvdA wil mensen ~ maken *the (Dutch) Labour Party tries to get people to stand up for their own rights.*
mondigheid 0.1 [meerderjarigheid] *majority* **0.2** [zelfstandigheid, recht] *maturity* ♦ **2.2** politieke ~ *political* ⟨bewustheid⟩ *awareness/*⟨betrokkenheid⟩ *involvement.*
monding 0.1 *mouth* ⇒*estuary* ⟨rivier⟩ ♦ **1.1** de ~ v.d. Theems *the Thames estuary.*
mondje 0.1 [mondvol] *mouthful* ⇒*taste* ⟨eten of drinken⟩ ♦ **1.1** ⟨fig.⟩ een ~ Frans spreken *have a smattering of French* **2.1** ogen open en ~ dicht *(keep your) eyes open and mouth shut;* ⟨denk erom,⟩ ~ dicht *mum's the word;* een zuinig ~ *a prim mouth* **3.1** ⟨fig.⟩ zijn ~ weten te roeren *have the gift of the gab* **6.1** ⟨fig.⟩ hij is niet **op** zijn ~ gevallen ⟨rad van tong⟩ *he has a way with words;* ⟨bijt van zich af⟩ *he gives as good as he gets.*
mondjesmaat 0.1 *scantily* ⇒*in dribs and drabs* ♦ **3.1** iets ~ toedienen/verstrekken *administer sth. in driblets, distribute sth. in dribs and drabs.*
mondjevol ♦ **1.**¶ hij kent een ~ Frans *he has a smattering of French.*
mondkapje 0.1 *surgical mask.*
mond-op-mondbeademing 0.1 *mouth-to-mouth (resuscitation/respiration)* ⇒*rescue breathing* ♦ **3.1** ~ toepassen *apply mouth-to-mouth resuscitation.*
mondschilder 0.1 *mouth painter.*
mondspoeling 0.1 [het spoelen] *rinsing the mouth* **0.2** [drank] *mouthwash.*
mondstuk 0.1 [deel v.e. instrument] *mouthpiece* **0.2** [deel v.e. pijp] *mouthpiece* ⇒*nozzle* ⟨slang⟩ **0.3** [filter] *filter* ♦ **6.3** sigaretten **zonder** ~ *non-filter cigarettes.*
mond-tot-mondreclame 0.1 *advertisement by word of mouth, word-of-mouth advertising.*
mondvol 0.1 *mouthful* ♦ **2.1** dat is een hele ~ *that is (rather) a m.*
mondvoorraad 0.1 *provisions* ⇒*supplies.*
mondwater 0.1 *mouthwash.*
monetair 0.1 *monetary* ♦ **1.1** het Internationaal Monetair Fonds *the International Monetary Fund.*
monetarisme ⟨ec.⟩ **0.1** *monetarism.*
monetarist ⟨ec.⟩ **0.1** *monetarist.*
monetaristisch 0.1 *monetarist.*
Mongolië 0.1 *Mongolia.*
Mongoloïde 0.1 *Mongoloid.*
mongool, mongooltje 0.1 *mongol.*
Mongool, Mongoolse 0.1 [lid v.h. gele mensenras] *Mongoloid* **0.2** [bewoner van Mongolië] *Mongol(ian).*
Mongools 0.1 *Mongolian* ♦ **1.1** de ~e volksrepubliek *the M. People's Republic.*
monitor ⟨tech.⟩ **0.1** *monitor* ♦ **6.1** **aan** de ~ liggen *be on a heart m.;* deze zaak wordt bewaakt **met** ~s *this shop is guarded by closed-circuit television.*
monnik 0.1 *monk* ♦ **2.1** een benedictijner ~ *a Benedictine*

(m.) ¶.1 ⟨sprw.⟩ gelijke ~ en, gelijke kappen *what's sauce for the goose is sauce for the gander.*

monnikenklooster 0.1 *monastery.*

monnikenwerk 0.1 *drudgery, donkey work* ♦ **3.1** dat is ~ that is sheer drudgery; ~ verrichten *do the donkey work.*

monnikskap 0.1 [gewaad v.e. een monnik] *cowl* **0.2** [kop op een schoorsteen] *cowl* **0.3** [plantk.] *monkshood, aconite* ♦ **2.3** gele ~ *wolf(s)bane.*

mono ⟨ook in samenst.⟩ **0.1** *mono* ♦ **1.1** een mono-opname *a m. recording;* een monoplatenspeler *a m. record-player.*

monocle 0.1 *monocle.*

monogaam 0.1 *monogamous.*

monogamie 0.1 *monogamy.*

monografie 0.1 *monograph.*

monografisch 0.1 *monographic.*

monogram 0.1 *monogram.*

monoliet 0.1 *monolith.*

monologue intérieur ⟨lit.⟩ **0.1** *interior monologue* ⇒ *stream of consciousness.*

monoloog 0.1 *monologue* ♦ **3.1** een ~ houden/voeren *carry out a m.*

monomaan 0.1 *monomaniac.*

monomanie 0.1 *monomania.*

monomeer ⟨schei.⟩ **0.1** *monomer.*

monopolie 0.1 *monopoly;* ⟨van distributie⟩ *exclusive right(s)* ♦ **3.1** ⟨fig.⟩ hij meent daarvan het ~ te hebben *he thinks he has the m.*

monopoliehouder 0.1 *one/person having a monopoly.*

monopoliën ⟨spel⟩ **0.1** *play Monopoly.*

monopoliepositie 0.1 *monopoly position.*

monopoliseren 0.1 *monopolize.*

monopolisering 0.1 *monopolization.*

monorail 0.1 *monorail* ♦ **6.1** met de ~ *by m.*

monoski 0.1 *mono-ski.*

monotoon 0.1 *monotonous* ⇒⟨bw. ook⟩ *in a monotone* ♦ **3.1** ~ spreken *speak in a monotone.*

monoxide 0.1 *monoxide.*

monseigneur 0.1 ⟨r.-k.⟩ *Monsignor;* ⟨als afk.: Mgr.⟩ *M(s)gr.*

monster 0.1 [proefwaar] *sample, specimen* **0.2** [angstaanjagend gedrocht] *monster* **0.3** [in samenst.; zeer groot/omvangrijk iets] *monster* ⇒*giant* ♦ **2.1** gratis ~ *free sample* ¶.1 ~ zonder waarde ⟨post⟩ *sample;* ⟨fig.⟩ *two-a-penny.*

monsterachtig 0.1 *monstrous* ♦ **1.1** ~ e dieren *m. beasts;* ~ e eigenschappen *horrifying traits* **2.1** hij is ~ lelijk *he is hideously ugly.*

monsterbedrijf 0.1 *mammoth concern, giant enterprise.*

monsterboekje 0.1 *muster-book.*

monsteren I ⟨onov.ww.⟩ **0.1** [scheep.] *sign on;* **II** ⟨ov.ww.⟩ **0.1** [keuren] *examine, inspect* **0.2** [inspecteren] *review, inspect* **0.3** [scheep.] *muster, review* ♦ **1.1** zij monsterde de kandidaten met een kritische blik *she assessed the candidates with a critical glance;* een paard ~ *i. a horse* **1.2** de troepen ~ *r. the troops.*

monstering 0.1 [keuring] *inspection* **0.2** [inspectie] *review* **0.3** [scheep.] *muster.*

monsterlijk 0.1 [afzichtelijk] *monstrous, hideous* **0.2** [afschrikwekkend] *monstrous, horrible* ♦ **1.2** een ~ e hoed *a ghastly hat.*

monsterverbond 0.1 [tegennatuurlijk verbond] *monstrous alliance* **0.2** [zeer groot verbond] *mammoth alliance.*

monsterzege ⟨sport⟩ **0.1** *mammoth victory.*

monsterzitting 0.1 *marathon session.*

monstrans ⟨r.-k.⟩ **0.1** *monstrance.*

monstrueus 0.1 *monstrous.*

montage 0.1 [het monteren] *assembly, mounting* **0.2** [druk.]⟨opplakken⟩ *mounting;* ⟨combineren van foto's en teksten⟩ *stripping (in);* ⟨concr.⟩ *paste-up* **0.3** [film.] *editing* ♦ **1.2** een ~ van diverse knipsels *a paste-up of various cuttings.*

montagebouw 0.1 *prefabrication.*

montagefoto 0.1 [mbt. bestaande foto's] *photomontage* **0.2** [mbt. getuigenverklaringen] *Photofit (picture).*

montagetafel 0.1 *cutting/editing table.*

montagewagen 0.1 *repair van* ⇒*repairs carriage* ⟨tram, trein⟩.

montagewoning 0.1 *prefabricated house;* ⟨inf.⟩ *prefab.*

Montenegrijn, -se 0.1 *Montenegran.*

Montenegrijns 0.1 *Montenegran.*

Montenegro 0.1 *Montenegro.*

monter 0.1 *lively* ⇒*cheerful, vivacious* ⟨aard⟩, *sprightly* ⟨persoon⟩ ♦ **2.1** fris en ~ *fresh and l.;* ⟨inf.⟩ *full of beans.*

monteren I ⟨onov.ww.⟩ **0.1** [geldw.] *rise* ⇒*appreciate;* **II** ⟨ov.ww.⟩ **0.1** [in elkaar zetten] *assemble; install* ⟨machine enz.⟩ **0.2** [aan iets bevestigen] *mount, fix* **0.3** [mbt. een film/foto] *edit, cut* ⟨film⟩; *assemble* ⟨foto⟩ **0.4** [opmaken, in orde brengen] *fix* ⇒⟨schilderij/ets ook⟩ *mount, set* ⟨sieraden⟩, *mount* ⟨sieraden⟩ ♦ **5.1** eenvoudig te ~ zijn *be easy to a.*

montessorischool 0.1 *Montessori school.*

monteur 0.1 *mechanic* ⇒⟨voor reparaties⟩ *serviceman, repairman.*

montuur 0.1 *frame* ♦ **2.1** een bril met hoornen/gouden ~ *horn-/gold-rimmed glasses* **6.1** een bril zonder ~ *rimless glasses.*

monument 0.1 *monument* ♦ **1.1** de ~ en van onze kunst *our artistic heritage* **6.1** een ~ **ter** herinnering aan de doden *a memorial to the dead* **8.1** dit gebouw is als ~ erkend *this building is listed (as a historic monument).*

monumentaal 0.1 *monumental* ♦ **1.1** ⟨iron.⟩ een monumentale dwaasheid *m. folly.*

monumentenlijst 0.1 ±*list of national monuments and historic buildings* ♦ **6.1** het gebouw staat op de ~ *the building is listed (as a historic building);* op de ~ plaatsen *list.*

monumentenzorg 0.1 [behoud van monumenten] *preservation of monuments and historic buildings* **0.2** [organisatie] ±[B]*the National Trust;* ±[A]*Historical Society.*

mooi I ⟨bn.⟩ **0.1** [knap] *good-looking* ⇒*handsome,* ⟨vrouw ook⟩ *pretty,* ⟨vrouw ook⟩ *beautiful* **0.2** [aangenaam voor het oog, fraai] *lovely* ⇒*beautiful* **0.3** [fraai gekleed, verzorgd] *smart* **0.4** [esthetisch aangenaam] *beautiful* **0.5** [uitstekend] *good* ⇒⟨heel mooi⟩ *excellent* **0.6** [aangenaam, gunstig] *good* ⇒*fine, nice* ⟨bedrag⟩, *handsome* ⟨bedrag⟩ **0.7** [leuk] *good* ⇒*nice* **0.8** ⟨iron.; onaangenaam, slecht⟩ *pretty* ⇒*fine* ♦ **1.5** ~ e cijfers halen *get g.* [B]*marks/*[A]*grades* **1.6** een ~ e herfstdag *a fine autumn day* **1.7** een ~ verhaal *a nice/g./* ⟨iron.⟩ *likely story* **1.8** een ~ e manier (van doen) is dat! *that's a fine way of carrying on!;* ~ e vrienden heb jij *fine friends you have* **3.2** ~ maken *beautify; make (sth.) beautiful;* ⟨uiterlijk⟩ *spruce/smarten up;* er ~ uitzien *look smart/* ⟨mbt. vrouw⟩ *lovely;* er niet ~ er op worden *not keep its/one's looks; grow worse* ⟨weer⟩; *deteriorate* ⟨groente⟩ **3.3** zich ~ maken *dress up;* ⟨scherts.⟩ *beautify o.s.* **3.4** iets ~ vinden *think sth. is nice* **3.6** het weer bleef ~ *the g. weather kept up/held;* dat is niet zo ~ ⟨mbt. gedrag⟩ *that's not very nice;* ⟨mbt. situatie⟩ *that's a bit of a mess, that's a fine/pretty kettle of fish;* het kon niet ~ er *it couldn't have been better* **3.7** het is ~ ⟨geweest⟩ zo! *that's enough now!, all right, that'll do!* **3.8** daar ben je wel even/zes weken ~ mee *it can take quite a while/six weeks* **5.6** te

515

~ om waar te zijn *too g. to be true* **5.8** wel nu nog ~er! *well, I never!* **7.2** het ~(e) is eraf *it's spoilt;* ⟨fig.⟩ *the beauty has worn off* **7.7** het ~ste is, dat ...*(and) to crown (it) all ...;* het was niet ~ meer *it wasn't funny anymore* **7.8** ⟨iron.⟩ jij bent me ook een ~e! *you're a (nice) one!;*
II ⟨bw.⟩ **0.1** [op fijne/gunstige wijze] *well* ⇒*nicely* **0.2** [behoorlijk] *well* **0.3** [ter verzekering van iets] *certainly* ⇒ ⟨inf.⟩ *jolly well* ♦ **2.1** het vlees wordt ~ bruin *the meat is browning nicely;* ~e dikke plakken ham *nice thick slices of ham* **3.1** jij hebt ~ praten *it's all very w. for you to talk;* dat is ~ meegenomen *that is so much to the good;* we zijn er ~ van afgekomen *we're w. out of that* **3.3** ze heeft het ~ verknald *she's made a right/proper mess of it;* hij is er toch maar ~ in geslaagd *he jolly well managed (to do it) anyway;* ik zit er maar ~ mee! *I'm saddled with it!* **5.1** ~ zo! *good!, w. done! ¶.3* ~ niet, ~ van niet! *you bet he/she/it didn't/won't!*
mooiigheid ⟨pej.⟩ **0.1** [het mooi zijn] *prettiness* ⇒*fineness* **0.2** [schone schijn] *fine appearance(s).*
mooiprater, -praatster 0.1 [die de dingen te gunstig voorstelt] *smooth talker* **0.2** [vleier] *flatterer* ⇒*wheedler.*
moois 0.1 *fine thing(s), sth. beautiful* ♦ **4.1** ⟨iron.⟩ dat is ook wat ~! *a nice state of affairs!*
mooischrijverij ⟨pej.⟩ **0.1** *fine writing.*
mooizitten 0.1 *(sit up and) beg.*
Moor 0.1 [neger] *black Moor* **0.2** [moslim] *Moor.*
moord 0.1 [doodslag] *murder* ⇒⟨sluipmoord⟩ *assassination,* ⟨jur.⟩ *homicide* **0.2** [in samenst.] *(a) devil (of a)* ♦ **1.1** ⟨fig.⟩ ~ en brand schreeuwen *scream blue m.;* ⟨fig.⟩ het is daar ~ en doodslag *they are at each other's throats* **1.2** een moordgriet/moordvent *a devil of a/a terrific girl/guy* **3.1** een ~ plegen/begaan *commit m.* **3.¶** ⟨vulg.⟩ stik de ~! *drop dead!, get stuffed!* **6.1** wegens ~ veroordeeld worden *be convicted of m.*
moordaanslag 0.1 *attempted murder* ♦ **6.1** de ~ op de paus *the attempted assassination of the pope.*
moordbrigade 0.1 [groep moordenaars] *terrorist squad* **0.2** [politieafdeling] *murder squad.*
moorddadig I ⟨bn.⟩ **0.1** [dood/verderf brengend] *murderous* **0.2** [afschuwelijk] *abominable* ⇒*terrible* **0.3** [fantastisch] *terrific* ♦ **1.1** een ~ gevecht *a m. fight* **1.2** een ~ lawaai *an a. noise;*
II ⟨hw.⟩ **0.1** [afschuwelijk] *abominably* **0.2** [fantastisch] *terrifically* ⇒*awfully* ♦ **2.1** het was ~ heet *it was a./scorching hot* **2.2** ~ goed *terrific, awfully good.*
moorden 0.1 *kill, murder.*
moordenaar, -nares 0.1 *murderer* ⇒*killer.*
moordend 0.1 *murderous* ⇒*deadly,* ⟨dodelijk⟩ *fatal* ♦ **1.1** ~e concurrentie *cutthroat competition;* ~e hitte *m. heat;* een ~ tempo onderhouden *keep up a punishing tempo/pace.*
moordlustig 0.1 *murderous.*
moordpartij 0.1 *(wholesale) massacre, slaughter.*
moordwapen 0.1 *murder weapon.*
moordzaak 0.1 *murder case* ⇒⟨jur.⟩ *murder trial.*
moordzuchtig 0.1 *murderous.*
moorkop 0.1 ±*chocolate éclair.*
Moors 0.1 *Moorish.*
moot 0.1 *piece* ♦ **1.1** een ~ tong/kabeljauw *a fillet of sole/cod;* een ~ zalm *a slice of salmon* **6.1** iets **aan/in** ~jes hakken *cut/chop up sth.;* iem. **aan/in** ~jes hakken *make mincemeat of s.o.*
mop 0.1 [grap] *joke* **0.2** [koekje] ±*shortcake,* ±*shortbread* **0.3** [deuntje] *(popular) tune* **0.4** [meisje, vrouw] *doll,* *moppet* ♦ **2.1** een leuke/een goeie ~ *a funny/good j.;* een

mooiigheid - morgen

schuine ~ *a dirty j.* **3.1** ~pen tappen *crack jokes* **4.1** wat een ~!, da's ook een ~! *what a j.!*
moppenblaadje 0.1 *comic.*
moppentapper, -ster 0.1 *joker.*
mopperaar, -ster 0.1 *grumbler* ♦ **2.1** een eeuwige ~ *a compulsive g.*
mopperen 0.1 *grumble* ⇒*grouch* ♦ **3.1** wat zit je te ~? *what are you grumbling about?* **6.1** op iem. ~ *grumble/grouse at/about s.o.* **7.1** ik mag niet ~ *I mustn't complain/grumble.*
mopperig 0.1 *grumbling* ♦ **1.1** een ~e oude man *a grumpy old man.*
mopperkont →**mopperaar.**
mopperpot →**mopperaar.**
moppertoon 0.1 *grumbling tone of voice* ♦ **6.1** op zijn bekende ~ *in his usual grumpy way.*
moppie ⟨inf.⟩ **0.1** [wijfie] *sweetheart* **0.2** [wijsje, deuntje] *tune* ♦ **3.2** een ~ fluiten *whistle a t.*
moraal 0.1 [heersende zeden en gebruiken] *morality* **0.2** [zedenleer] *morality* **0.3** [iemands voorstelling van goed en slecht] *morals* **0.4** [(zeden)les] *moral* **0.5** [sport] *morale* ♦ **2.2** de christelijke ~ *Christian ethics/m.;* dubbele ~ *double moral standard* **6.5** op ~ winnen *win by sheer force of will.*
moraalridder 0.1 *moral crusader.*
moraliseren 0.1 *moralize* ♦ **1.1** op ~de toon spreken *moralize, preach.*
moralist 0.1 *moralist.*
moralistisch 0.1 *moralistic* ♦ **1.1** (een heleboel) ~ gezeur *(a lot of) sermonizing/m. claptrap.*
moraliteit 0.1 [zedelijkheid] *morality* **0.2** [llt.; toneelspel] *morality (play)* ♦ **2.1** de publieke ~ *public morals.*
moratorium 0.1 *moratorium* ♦ **3.1** een ~ instellen/opheffen *declare/lift a m.* **6.1** een ~ van kernwapens *a m. on nuclear weapons.*
Moravië 0.1 *Moravia.*
Moraviër, -ische 0.1 *Moravian.*
Moravisch 0.1 *Moravian.*
morbide 0.1 *morbid* ♦ **1.1** ⟨fig.⟩ ~ humor *m./sick humour.*
mordicus 0.1 *adamantly* ♦ **3.1** iets ~ volhouden *maintain sth. obstinately* **6.1** ergens ~ **tegen** zijn *be dead against sth.*
moreel¹ ⟨het⟩ **0.1** *morale* ♦ **2.1** het slechte/goede ~ v.d. troepen *the low/high m. of the troops* **3.1** het ~ hoog houden *keep up m.*
moreel² ⟨bn., bw.⟩ **0.1** *moral* ♦ **1.1** ~ besef *m. sense;* een morele verplichting *a m. duty.*
morel 0.1 *morello (cherry).*
mores 0.1 *mores* ♦ **3.1** ⟨fig.⟩ iem. ~ leren *teach s.o.*
morfeem ⟨taal.⟩ **0.1** *morpheme* ♦ **2.1** vrij/gebonden ~ *free/bound m.*
morfine 0.1 *morphine* ♦ **3.1** ~ spuiten *take morphine.*
morfinespuitje 0.1 *morphine shot.*
morfineverslaving 0.1 *morphine addiction.*
morfologie 0.1 ⟨ook taal.⟩ *morphology.*
morfologisch 0.1 *morphological.*
morgen¹ ⟨de⟩ **0.1** *morning* ⟨ook fig.⟩ ♦ **2.1** de hele ~ *all m.* **2.¶** goeie ~! *Good Lord!* **3.1** de ~ breekt aan *m. is breaking;* hij haalde de ~ niet *he didn't outlive the night* **¶.1** 's morgens in the m.;* ⟨goede⟩ ~! *(good) m.!;* om 8 uur 's morgens *at 8 a.m.*
morgen² ⟨bw.⟩ **0.1** *tomorrow* ⟨ook in samenst.⟩ ♦ **1.1** morgenmiddag *t. afternoon;* ⟨fig.⟩ vandaag of ~ *one of these days* **2.1** ~ vroeg *t. morning* **3.1** ja, ~ brengen *not likely!,* *catch me!, no way!;* ~ komt er weer een dag *t. is another*

day **6.1** ~ **over** een week *a week t.;* **tot** ~! *see you t.!, till t.!;* de krant **van** ~ *t.'s (news)paper;* **vanaf** ~ *from t.*

morgenavond 0.1 *tomorrow evening.*

morgenmiddag 0.1 *tomorrow afternoon.*

morgenochtend 0.1 *tomorrow morning* ◆ **¶.1** ~ zie je het heel anders *it will all look different in the morning.*

morgenrood 0.1 *red morning sky.*

morgenster 0.1 [plant]⟨zie 1.1⟩ ◆ **1.1** de gele ~ *goatsbeard.*

Morgenster 0.1 [planeet Venus] *morning star.*

morgenstond 0.1 *early morning (hours)* ◆ **¶.1** ⟨sprw.⟩ de ~ heeft goud in de mond *the early bird catches the worm.*

morgenvroeg 0.1 *tomorrow morning.*

mormel 0.1 *mutt* ◆ **2.1** een keffend ~tje *a yapping mongrel;* een verwend ~ *a spoilt brat.*

mormoon 0.1 *Mormon* ⇒⟨eigen benaming⟩ *Latter-Day Saint.*

morrelen 0.1 [peuteren] *fiddle* **0.2** [iets in 't donker doen] *fumble* ◆ **6.1** hij zat **aan** zijn bromfiets te ~ *he was tinkering/fiddling (around) with his moped* **6.2 aan** een deur ~ *f. at a door.*

morren 0.1 [brommend iets zeggen] *mutter* **0.2** [protesteren] *grumble* ◆ **6.2** hij hielp **zonder** ~ *he helped uncomplainingly/without a murmur.*

morsdood 0.1 *(as) dead as a doornail.*

morse 0.1 *Morse (code)* ◆ **6.1** in ~ seinen *signal in Morse (code).*

morsen I ⟨onov., ov.ww.⟩ **0.1** [bevuilen] *(make a) mess (on/of)* ⇒*spill* ◆ **6.1** wijn inschenken **zonder** te ~ *pour wine without spilling;* **II** ⟨onov.ww.⟩ **0.1** [knoeien] *make a mess* ◆ **6.1** het kind zit te ~ **met** zijn eten *the child is messing around with his food.*

morseteken 0.1 *Morse sign/letter.*

morsig 0.1 *dirty, messy* ◆ **1.1** een ~e vrouw *a m./slovenly woman.*

morspot 0.1 *messy person/type.*

mortaliteit 0.1 *mortality.*

mortel 0.1 *mortar.*

mortier 0.1 *mortar.*

mortierstamper 0.1 *pestle.*

mortuarium 0.1 [vertrek waar lijken bewaard worden] *mortuary* **0.2** [rouwcentrum] *funeral home/parlour* **0.3** [necrologium] *necrology.*

mos 0.1 *moss* ◆ **6.1** met ~ begroeide boomstammen *moss-covered tree trunks.*

mosachtig 0.1 [op mos lijkend] *mosslike* **0.2** [met mos bedekt] *mossy* ⇒*moss-grown.*

mosgroen 0.1 *moss-green.*

moskee 0.1 *mosque.*

Moskou 0.1 *Moscow.*

Moskoviet 0.1 *Muscovite.*

Moskovisch 0.1 *Muscovite.*

moslaag 0.1 [laag mos] *layer of moss* **0.2** [vegetatielaag] *moss layer.*

moslim 0.1 *Muslim, Moslem* ◆ **2.1** de Zwarte Moslims *the Black Muslims.*

moslims 0.1 *Muslim, Moslem.*

mossel 0.1 *mussel* ◆ **1.1** ~ noch vis *neither fish nor fowl.*

mosselbank, mosselplaat 0.1 *mussel bed/bank.*

mosselkweker 0.1 *mussel farmer.*

mosselseizoen 0.1 *mussel season.*

mosselteelt 0.1 *mussel farming.*

mossig 0.1 [mosachtig] *mosslike* ⇒*mossy* **0.2** [bemost] *mossy* ⇒*moss-grown/-covered.*

most 0.1 *must.*

mostapijt 0.1 *mossy carpet.*

mosterd 0.1 *mustard* ◆ **3.1** hij weet waar Abraham de ~ haalt *he knows his stuff* **¶.1** als ~ na de maaltijd komen *come (too) late in the day.*

mosterdgas 0.1 *mustard gas.*

mosterdpot 0.1 *mustard pot/jar.*

mosterdzaad 0.1 [zaden] *mustard seed* **0.2** [fig.] *grain of mustard.*

mot I ⟨de⟩ **0.1** [vlinder] *moth* **0.2** [larve] *moth* **0.3** [inf.; ruzie] *tiff* ◆ **3.2** de ~ zit in dat laken *that sheet has got moths (in it)* **3.3** ze hebben ~ *they have fallen out with each other;* ~ zoeken *look for trouble;* **II** ⟨het⟩ **0.1** [turfmolm] *peat dust* **0.2** [zaagsel] *sawdust.*

motecht 0.1 *mothproof* ◆ **3.1** ~ maken *mothproof.*

motel 0.1 *motel.*

motgaatje 0.1 *moth hole.*

motie 0.1 *motion* ◆ **1.1** ~ van vertrouwen/wantrouwen *vote of confidence/no-confidence* **3.1** een ~ aannemen *adopt a m.;* een ~ indienen *introduce a m.*

motief 0.1 [beweegreden] *motive* **0.2** [lit., bk., muz.] *motif* **0.3** [vorm, figuur] *motif* ⇒*design* ◆ **2.1** een heimelijk ~ *an ulterior m.*

motivatie 0.1 ⟨ook psych.⟩ *motivation.*

motiveren 0.1 [gronden aanvoeren voor] *explain* ⇒*account for,* ⟨verdedigen⟩ *defend,* ⟨rechtvaardigen⟩ *justify* **0.2** [stimuleren] *motivate* ◆ **1.1** een handelwijze ~ *justify one's behaviour* **1.2** het succes motiveert mij om door te gaan *success gives me the incentive to carry on* **6.2** iem. ~ **voor** iets *motivate s.o. into doing sth.*

motor 0.1 [machine] *engine* ⇒⟨elektromotor⟩ *motor* ⟨vnl. in samenst.⟩ **0.2** [motorfiets] *motorcycle* **0.3** [fig.; drijvende kracht] *driving force* ◆ **1.3** hij is de ~ v.d. schaakclub *he is the driving force behind the chess club* **3.1** de ~ starten/afzetten *start/turn off the e.* **6.2 op** de ~ *on the/by motorbike.*

motoragent 0.1 *motorcycle policeman.*

motorblok 0.1 *engine block.*

motorboot 0.1 *motorboat.*

motorbrandstof 0.1 *motor fuel* ⇒*jet fuel* ⟨straalmotor⟩.

motorcoureur 0.1 *motorcycle racer* ⇒⟨motorsport⟩ *rider.*

motorcross 0.1 *motocross.*

motorcrosser 0.1 *(motocross) rider/racer.*

motorfiets 0.1 *motorcycle* ⇒⟨vnl. BE; inf.⟩ *motorbike,* ⟨sport⟩ *bike* ◆ **1.1** ~ met zijspan *sidecar motorcycle.*

motorhelm 0.1 *crash/safety helmet.*

motorhome 0.1 *motor home.*

motoriek 0.1 ⟨het systeem⟩ *(loco)motor system;* ⟨de bewegingen zelf⟩ *locomotion* ◆ **2.1** een gestoorde ~ *a motor dysfunction.*

motorisch I ⟨bn.⟩ **0.1** [bewegend] *locomotor(y), motor(ial)* ◆ **1.1** ~e kracht *locomotive force/power;* **II** ⟨bn., bw.⟩ **0.1** [mbt. de motor] *motor, engine* **0.2** [mbt. de motoriek] *motor* ◆ **1.2** een ~ gehandicapte *a m. disabled/handicapped person.*

motoriseren 0.1 *motorize.*

motorjacht 0.1 *motor yacht* ⇒*(cabin) cruiser.*

motorkap 0.1 *^B^bonnet, ^A^hood.*

motorolie 0.1 *(engine) oil.*

motorongeluk 0.1 *motorcycle/bike accident.*

motorpech 0.1 *engine trouble.*

motorrace 0.1 *motorcycle race.*

motorrennen 0.1 *motorcycle racing.*

motorrijder, -ster 0.1 *motorcyclist* ⇒⟨BE; inf.⟩ *motorbike rider.*

motorrijtuig ⟨schr.⟩ **0.1** *motor vehicle.*

motorrijtuigenbelasting 0.1 ±*road tax.*
motorrijwiel ⟨schr.⟩ 0.1 *motorcycle.*
motorschip 0.1 *motor vessel.*
motorsport 0.1 *motorcycle racing.*
motorstoring 0.1 *engine trouble.*
motorvoertuig 0.1 *motor vehicle, automobile.*
motregen 0.1 *drizzle.*
motregenen 0.1 *drizzle* ◆ 1.1 het motregende een beetje *there was a slight drizzle.*
mottenbal 0.1 *mothball* ◆ 6.1 iets in de ~len doen *put sth. in mothballs.*
mottig 0.1 [mistig] *misty* ⇒*damp, mizzly* 0.2 [door de mot beschadigd] *moth-eaten, mothy.*
motto 0.1 *motto* ⇒⟨vnl. pol.⟩ *slogan.*
motvrij 0.1 *mothproof* ◆ 3.1 iets ~ bewaren/maken *mothproof sth.*
mousse 0.1 *mousse.*
mousseline 0.1 ⟨katoen⟩ *muslin;* ⟨fijn; vnl. zijde of wol⟩ *mousseline.*
mousseren 0.1 *sparkle* ⇒⟨inf.⟩ *fizz* ◆ 1.1 ~de dranken *fizzy drinks;* ~de en niet ~de wijnen *sparkling and non-sparkling wines.*
mout 0.1 *malt.*
moutbrood 0.1 *malt bread.*
mouw 0.1 *sleeve* ◆ 2.1 ingezette ~en *set-in sleeves* 3.1 de ~en opstropen ⟨lett.⟩ *roll up one's sleeves;* ⟨fig.⟩ *put one's shoulder to the wheel* 6.1 ⟨fig.⟩ iem. **aan** zijn ~ trekken *pull s.o.'s sleeve;* ⟨fig.⟩ ergens een ~ **aan** weten te passen *find a way (a)round sth.;* ⟨fig.⟩ iem. iets **op** de ~ spelden *take s.o. for a ride;* ⟨inf.⟩ *pull one over on s.o.;* ⟨fig.⟩ iets **uit** zijn ~ schudden *toss sth. off.*
mouwloos 0.1 *sleeveless.*
moven ⟨inf.⟩ 0.1 *move off.*
moyenne 0.1 *mean* ⇒*average score.*
mozaïek 0.1 ⟨ook fig.⟩ *mosaic.*
mozaïekvloer 0.1 *mosaic floor.*
Mozambikaan, -se 0.1 *Mozambican.*
Mozambikaans 0.1 *Mozambican.*
Mozambique 0.1 *Mozambique.*
Mozes 0.1 *Moses.*
MP I ⟨de (m.)⟩ 0.1 [Minister-President] *PM;* II ⟨de (v.)⟩ 0.1 [Militaire Politie] *MP.*
mts ⟨afk.⟩ 0.1 [middelbare technische school] ⟨*(Dutch) intermediate technical school*⟩.
mud 0.1 *hectolitre* ⇒⟨inf.⟩ ±*sack* ⟨aardappels, kolen⟩.
mudvol 0.1 *cramfull* ⇒*jam-packed.*
muf 0.1 [onfris] *musty, stale* ⇒*stuffy* ⟨kamer⟩ 0.2 [saai] *stuffy* ⇒*dull* ◆ 1.1 er hing een ~fe lucht *the air was stale* 3.1 het ruikt hier ~ *it smells musty/stuffy (in) here.*
muffig 0.1 *rather/somewhat musty/stale/stuffy.*
muffigheid 0.1 [mbt. lucht] *mustiness, stuffiness* 0.2 [mbt. smaak] *mouldiness.*
mug 0.1 *mosquito* ⇒⟨klein⟩ *gnat* ◆ ¶.1 ⟨fig.⟩ v.e. ~ een olifant maken *make a mountain out of a molehill.*
muggenbeet, -steek 0.1 *mosquito bite.*
muggendock, -gaas 0.1 *mosquito net(ting).*
muggennet 0.1 *mosquito net.*
muggenolie 0.1 *insect lotion/repellent.*
muggenstift 0.1 *mosquito-repellent stick.*
muggenziften 0.1 *niggle* ⇒*split hairs,* ⟨inf.⟩ *nitpick.*
muggenzifter 0.1 *niggler* ⇒*hairsplitter,* ⟨inf.⟩ *nit-picker.*
muggenzifterij 0.1 *niggling* ⇒*hairsplitting,* ⟨inf.⟩ *nitpicking.*
muil I ⟨de (m.)⟩ 0.1 [bek] *mouth* ⇒*muzzle* 0.2 [mond] *trap* ◆ 3.1 de leeuw sperde zijn ~ wijd open *the lion opened his*

jaws wide 3.2 houd je ~ *shut your t.* 6.2 iem. een klap **op/voor** zijn ~ geven *punch s.o. in the face;* II ⟨de⟩ 0.1 [schoeisel] *mule* ⇒*slipper* ◆ 2.1 Zweedse ~ *clog.*
muildier 0.1 *mule.*
muilezel 0.1 *hinny.*
muilkorf, -band 0.1 *muzzle.*
muilkorven 0.1 [muilbanden] *muzzle* 0.2 [de mond snoeren] *muzzle* ⇒*gag.*
muilpeer 0.1 *clout* ⇒*slap in the face.*
muiltje 0.1 *mule* ⇒*slipper* ◆ 2.1 het glazen ~ van Assepoester *Cinderella's glass slipper.*
muis 0.1 [knaagdier] *mouse* 0.2 [duimspier] *ball* 0.3 [comp.] *mouse* 0.4 [spichtig meisje] *mouse* ◆ 1.2 de ~ v.d. hand *the b. of the thumb/hand* 3.1 muizen vangen *catch mice.*
muisgrijs¹ ⟨het⟩ 0.1 *dun* ⇒*mouse-grey.*
muisgrijs² ⟨bn.⟩ 0.1 *dun(-coloured)* ⇒*mous(e)y.*
muisje 0.1 [kleine muis] *little mouse* 0.2 [mv.; anijszaadjes] *aniseed comfits* ◆ 2.2 gestampte ~s *aniseed (sugar) crumble* 3.1 ⟨fig.⟩ ik heb er een ~ van horen piepen *a little bird told me* ¶.1 ⟨fig.⟩ dat ~ zal een staartje hebben *this won't be the end of it.*
muismatje 0.1 *mouse mat.*
muisstil 0.1 *(as) still/quiet as a mouse.*
muiten 0.1 *mutiny* ◆ 6.1 aan het ~ slaan *(rise in) mutiny* ¶.1 ~d *mutinous.*
muiter 0.1 *mutineer.*
muiterij 0.1 ⟨ook jur.⟩ *mutiny* ◆ 3.1 er brak ~ uit *a m. broke out;* ~ plegen *mutiny.*
muizen 0.1 *mouse* ⇒*catch mice.*
muizengif 0.1 *mouse poison/killer.*
muizenhol 0.1 *mouse hole.*
muizenis 0.1 *trouble* ◆ 3.1 ~sen in het hoofd hebben *have a lot on one's mind.*
muizenstaart 0.1 ⟨ook plantk.⟩ *mouse tail.*
muizenval 0.1 *mousetrap.*
mul 0.1 [rul] *loose* 0.2 [zanderig] *sandy* ◆ 1.1 ~ zand *shifting sand* 1.2 een ~le weg *a s. road.*
mulat, -tin 0.1 *mulatto.*
multicultureel 0.1 *multicultural.*
multidisciplinair 0.1 *multidisciplinary.*
multifunctioneel 0.1 *multifunctional.*
multimedia 0.1 *multimedia.*
multimiljonair 0.1 *multimillionaire.*
multinationaal 0.1 *multinational* ◆ 1.1 multinationale concerns *multinationals.*
multipara ⟨med.⟩ 0.1 *multipara.*
multiple 0.1 *multiple* ◆ ¶.1 ⟨med.⟩ ~ sclerose *m. sclerosis.*
multiplechoicetest 0.1 *multiple choice test.*
multiplechoicevraag 0.1 *multiple choice question.*
multiplex 0.1 *multi-ply board.*
multiplicator 0.1 *multiplier* ⟨ook foto., ec.⟩.
multomap 0.1 *ring binder.*
mum ⟨inf.⟩ ◆ 6.¶ in een ~ (van tijd) *in a jiffy/trice.*
mummelen 0.1 *mumble* ⇒*mutter* ◆ 5.1 binnensmonds ~ *mutter under one's breath.*
mummelmond 0.1 *toothless mouth.*
mummie 0.1 *mummy.*
mummificatie 0.1 *mummification.*
mummificeren 0.1 *mummify.*
München 0.1 *Munich.*
munitie 0.1 *(am)munition* ⇒⟨inf.⟩ *ammo* ◆ 3.1 van ~ voorzien *munition.*
munitiedepot 0.1 *(am)munition depot* ⇒*arsenal.*

munster 0.1 *minster.*

munt 0.1 [geldstuk] *coin* **0.2** [penning voor automaten] *token* **0.3** [stempel op een munt] *mintage* **0.4** [plaats waar gemunt wordt] *mint* **0.5** [plantk.] *mint* ◆ **2.1** ⟨fig.⟩ iem. met gelijke ~ terugbetalen *give s.o. a taste of their own medicine;* ⟨inf.⟩ klinkende ~ *hard cash;* valse ~en *false coins* **3.1** ~en slaan *mint coins;* ⟨fig.⟩ ~ slaan uit iets *capitalize on sth.*

muntdrop 0.1 ± ᴮ*pontrefact cakes.*

munteenheid 0.1 *monetary unit.*

munten 0.1 *mint* ⇒*coin* ◆ **1.1** gemunt metaal/geld *specie* **6.¶** ⟨fig.⟩ het op iem. gemunt hebben *have it in for s.o.*

muntgeld 0.1 *coin* ⇒*coinage.*

muntinworp 0.1 *insertion of coins* ◆ **6.1** na ~ wachten tot *...insert money and wait until ...*

muntslang ⟨geldw.⟩ **0.1** *snake.*

muntsoort 0.1 *currency.*

muntstuk 0.1 *coin.*

munttelefoon 0.1 *pay phone.*

muntzijde 0.1 *tail.*

mupi 0.1 [mobilier urbain pour plans et information] *billboard.*

murmelen I ⟨onov.ww.⟩ **0.1** [mbt. een beekje] *gurgle;* **II** ⟨onov., ov.ww.⟩ **0.1** [mompelen] *murmur* ⇒*mumble.*

murw 0.1 *tender* ⇒*soft* ◆ **3.1** ⟨fig.⟩ iem. ~ maken *break s.o.'s spirit;* iem. ~ slaan *beat s.o. into a pulp/jelly.*

mus 0.1 *sparrow* ◆ **2.1** ⟨fig.⟩ iem. blij maken met een dode ~ *fob s.o. off (with sth.)* **3.1** de ~sen vallen (v.d. hitte) v.h. dak *it's a real scorcher.*

museum 0.1 *museum* ⇒⟨mbt. beeldende kunst ook⟩ *art gallery.*

museumjaarkaart 0.1 *annual museum pass.*

museumstuk 0.1 ⟨ook scherts.⟩ *museum piece.*

musiceren 0.1 *make music.*

musicologie 0.1 *musicology.*

musicoloog 0.1 *musicologist.*

musicus 0.1 *musician.*

muskaat I ⟨de (m.)⟩ **0.1** [wijn] *muscatel;* **II** ⟨de⟩ **0.1** [specerij] *nutmeg.*

muskaatdruif 0.1 *muscat.*

muskaatnoot 0.1 *nutmeg.*

muskaatwijn 0.1 *muscatel.*

musket 0.1 [bolletjes suiker] ±*hundreds and thousands* **0.2** [geweer] *musket.*

musketier ⟨gesch.⟩ **0.1** *musketeer.*

muskiet 0.1 *mosquito.*

muskietennet 0.1 *mosquito net.*

muskus 0.1 *musk.*

muskusrat 0.1 *muskrat.*

müsli 0.1 *muesli.*

mutageen¹ ⟨het⟩⟨biol.⟩ **0.1** *mutagen.*

mutageen² ⟨bn.⟩⟨biol.⟩ **0.1** *mutagenic.*

mutant 0.1 *mutant.*

mutatie 0.1 [verandering v.e. gegeven] *mutation;* ⟨comp., boekhouden⟩ *transaction* **0.2** [(om)wisseling] *mutation* ⇒*turnover* ⟨van personeel⟩ **0.3** [biol.] *mutation* ◆ **1.2** veel ~ van personeel *considerable staff turnover/changes* **3.1** ⟨comp.⟩ ~s verwerken *process transactions.*

muts 0.1 [hoofddeksel] *hat* ⇒*cap* **0.2** [mbt. klederdracht] *bonnet* **0.3** [theemuts] *tea cosy* ◆ **2.1** een wollen ~ *a knitted cap* **2.2** een Brabantse/Friese ~ *a Brabant/Frisian b.*

mutualiteit 0.1 *mutuality.*

mutueel 0.1 *mutual.*

muur I ⟨de (m.)⟩ **0.1** [metselwerk; wand] *wall* ◆ **2.1** de Berlijnse Muur *The Berlin Wall;* een blinde ~ *a blank w.;* de

Chinese Muur *The Great Wall of China;* een dragende ~ *a supporting w.;* een gemeenschappelijke ~ *a party w.* **3.1** de muren komen op mij af *the walls are closing in on me;* ⟨fig.⟩ op een ~ van onbegrip stuiten *be met by a w. of complete/blank incomprehension;* ⟨fig.; sport⟩ een ~tje vormen/opstellen *make a w.* **6.1** ⟨inf.⟩ uit de ~ eten, iets uit de ~ trekken ±*eat from a vending machine* **¶.1** ⟨fig.⟩ de muren hebben hier oren *the walls have ears here;* **II** ⟨de⟩ **0.1** [plant] *chickweed.*

muurbloempje ⟨scherts.⟩ **0.1** *wallflower.*

muurkast 0.1 *wall cabinet;* ⟨ingebouwd⟩ *built-in cupboard.*

muurkluis, muursafe 0.1 *wall safe.*

muurkrant 0.1 *wallposter.*

muurlamp 0.1 *wall lamp.*

muurreclame 0.1 *(wall) advertisements.*

muurschildering ⟨bk.⟩ **0.1** *mural.*

muurvast 0.1 *firm* ⇒*solid,* ⟨onbuigzaam⟩ *unyielding,* ⟨onbuigzaam⟩ *unbending* ◆ **3.1** ~ komen te zitten *get completely stuck;* ⟨fig.⟩ de besprekingen zitten ~ *the talks have reached total deadlock.*

muurverf 0.1 *masonry paint.*

muzak 0.1 *muzak.*

muze 0.1 [myth.] *muse* **0.2** [mv.; schone kunsten en wetenschappen] *(the) Muses* **0.3** [inspiratie] *(the) muse* ◆ **3.2** zich aan de muzen wijden *devote o.s. to the arts* **7.1** ⟨fig.⟩ de tiende ~ *film.*

muziek 0.1 *music* ◆ **1.1** op de maat v.d. ~ dansen/lopen *dance/walk in time to the m.;* ~ van Mozart/v.d. Stones *m. by Mozart/the Stones* **2.1** lichte ~ *light m.;* oude ~ *early m.* **3.1** ~ maken *make m.;* ⟨fig.⟩ daar zit ~ in *that sounds promising* **6.1** op ~ dansen *dance to m.;* een tekst op ~ zetten *set a text/lyrics to m.* **8.1** dat klinkt mij als ~ in de oren *it's m. to my ears.*

muziekalbum 0.1 *music album.*

muziekblad 0.1 [blad papier] *sheet of music* **0.2** [tijdschrift] *music magazine.*

muziekcassette 0.1 *musicassette.*

muziekdoos 0.1 *music(al) box.*

muziekhandel 0.1 *music shop.*

muziekinstrument 0.1 *musical instrument* ◆ **3.1** een ~ bespelen *play a musical instrument.*

muziekje 0.1 *bit/piece of music* ◆ **3.1** een ~ opzetten *play a bit of music.*

muziekkapel 0.1 *band.*

muziekkorps 0.1 *band.*

muziekleraar, -ares 0.1 *music teacher.*

muziekles 0.1 *music lesson.*

muzieklessenaar 0.1 *music stand.*

muziekliefhebber, -ster 0.1 *music lover.*

muzieknoot 0.1 *(musical) note.*

muziekonderwijs 0.1 *music education.*

muziekpapier 0.1 *music paper.*

muziekschool 0.1 *school of music.*

muziekschrift 0.1 [notatie] *(musical) notation* **0.2** [schrift met notenbalken] *manuscript paper.*

muzieksleutel 0.1 *clef.*

muziekstandaard 0.1 *music stand.*

muziekstuk 0.1 *piece of music* ⇒*composition.*

muziektent 0.1 *bandstand.*

muziektheater 0.1 *music theatre.*

muziekwetenschap 0.1 *musicology.*

muzikaal 0.1 *musical* ◆ **1.1** een ~ gehoor hebben *have an ear for music;* geen ~ gehoor hebben *be tone-deaf;* ~ gevoel *feel for music;* zonder ~ gevoel *unmusical.*

muzikaliteit 0.1 *musicality* ◆ **5.1** een taal vol ~ *a melodious language.*
muzikant 0.1 [musicus] *musician* **0.2** [straatmuzikant] *street musician* ◆ **2.2** rondtrekkende ~en *travelling musicians.*
mw. ⟨afk.⟩ **0.1** [mevrouw of mejuffrouw] *Ms.*
myoom ⟨med.⟩ **0.1** *myoma.*
mysterie 0.1 ⟨ook rel., lit.⟩ *mystery* ◆ **1.1** het ~ der H. Drieeenheid *the Mystery of the Holy Trinity* **2.1** John is voor mij een volslagen ~ *John is a complete m. / enigma to me* **3.1** een ~ onthullen / oplossen *solve a m.*
mysteriespel ⟨lit.⟩ **0.1** *mystery play.*
mysterieus 0.1 *mysterious* ◆ **1.1** een ~ antwoord *an enigmatic answer;* een mysterieuze verdwijning *a m. disappearance.*
mysticisme 0.1 *mysticism.*
mysticus, -ca 0.1 *mystic.*
mystiek[1] ⟨de⟩ **0.1** *mysticism.*
mystiek[2] ⟨bn.⟩ **0.1** [geheimzinnig] *mystic* ⇒*mysterious* **0.2** [rel.; mbt. de mystiek] *mystical* ◆ **1.1** de ~ e roos *the mystic rose* **1.2** een ~ e ervaring *a m. experience.*
mystificatie 0.1 *mystification, hoax.*
mystificeren 0.1 *mystify.*
mythe 0.1 *myth* ⇒⟨persoon⟩ *legend* ◆ **3.1** iem. tot een ~ maken *turn s.o. into a legend.*
mythisch 0.1 *mythic(al).*
mythologie 0.1 *mythology.*
mythologisch 0.1 *mythological* ◆ **1.1** een ~ handboek *a guide to mythology.*
mytylschool 0.1 *school for physically handicapped children.*
myxomatose 0.1 *myxomatosis.*

n

na[1] ⟨bw.⟩ **0.1** *near(by)* ⇒*close (to)* ◆ **3.1** iem. te ~ komen ⟨fig.⟩ *offend s.o.* **3.¶** wat eten we ~? *what's for dessert;* ik neem koffie ~ *I'll have coffee to finish with* **6.1 op** een paar uitzonderingen ~ *with a few exceptions;* de **op** één ~ grootste / sterkste *the second biggest / strongest;* de grootste componist **op** B ~ *the greatest composer after B;* het **op** drie ~ grootste bedrijf *the fourth-largest company* **6.¶ op** drie gulden ~ *all but three guilders* ¶.¶ de goeden niet te ~ gesproken *with the exception of the good ones.*
na[2] ⟨vz.⟩ **0.1** [achter] *after* **0.2** [later dan] *after* ◆ **1.1** de ene blunder ~ de andere maken *make one blunder a. the other / another;* een getal met drie cijfers ~ de komma *a figure with three decimal places* **1.2** ~ aankomst *a. arrival;* ~ Christus (geboorte) *a. Christ;* ⟨met jaartallen⟩ *A.D.* **4.1** ~ elkaar *one a. the other;* ~ u! *a. you!* **7.2** ~ drie uur is de winkel gesloten *the shop is closed a. three.*
naad 0.1 [mbt. een stof] *seam* **0.2** [mbt. planken] *seam* ⇒ *joint* **0.3** [voeg] *joint* ⇒⟨lassen ook⟩ *seam,* ⟨lassen ook⟩ *weld* ◆ **2.3** een gesoldeerde ~ *a soldered j.* **3.1** de ~ is / raakt los *the s. has come / is coming apart* **6.1** nylonkousen **met** ~ *seamed stockings* **6.¶** zich **uit** de ~ lopen / werken *walk one's legs off, work o.s. to death.*
naadje ◆ ¶.¶ het ~ van de kous willen weten *want to know what's what, want to know all the ins and outs.*
naadloos 0.1 *seamless* ⇒⟨voeg ook⟩ *jointless,* ⟨lasnaad ook⟩ *weldless* ◆ **1.1** naadloze kousen *s. stockings;* naadloze vloeren *jointless floors.*
naaf 0.1 [middenstuk v.e. wiel] *hub* **0.2** [rand aan een wiel op rails] *flange.*
naaicursus 0.1 *sewing class.*
naaidoos 0.1 *sewing-box.*
naaien I ⟨onov., ov.ww.⟩ **0.1** [vervaardigen] *sew* **0.2** [neuken] *screw* ◆ **1.1** een jurk ~ *s. a dress* **3.2** zij lagen te ~ *they were screwing (away);* **II** ⟨ov.ww.⟩ **0.1** [vasthechten] *sew (together)* **0.2** [herstellen] *sew (up)* **0.3** [benadelen] *screw* ◆ **1.1** een knoop aan een jas ~ *sew / stitch a button on(to) a coat* **3.3** ik voel me behoorlijk door hem genaaid *I feel I really got screwed by him.*
naaigaren 0.1 *sewing thread / ⁿcotton* ◆ **1.1** een klosje ~ *a reel of thread / cotton.*
naaigerei 0.1 *sewing things / kit.*
naaikransje 0.1 [mbt. naaien] *sewing circle* **0.2** [keuvelend gezelschap] *hen party.*
naaimachine 0.1 *sewing machine.*
naalmand 0.1 *sewing basket.*
naaister 0.1 *seamstress.*
naaiwerk 0.1 *sewing* ⇒*needlework.*
naakt[1] ⟨het⟩ **0.1** *nude.*
naakt[2] ⟨bn., bw.⟩ **0.1** [bloot] *naked* ⇒*nude* **0.2** [onbedekt] ⟨muur enz.⟩ *bare* **0.3** [onbegroeid] *bare* **0.4** [fig.; onverbloemd] *naked* ⇒*bare* ◆ **1.1** liever ~ dan namaak *nothing but the real thing* **1.4** de ~ e feiten *the bare facts* **3.1** ~ slapen *sleep in the nude.*
naaktfoto 0.1 *nude photo(graph).*
naaktheid 0.1 *nudity* ⇒*nakedness.*
naaktloper, -loopster 0.1 *nudist.*
naaktloperij 0.1 *nudism.*

naaktmodel 0.1 *nude model.*

naaktscène 0.1 *nude scene.*

naaktstrand 0.1 *nude beach.*

naaktzwemmen 0.1 *swim naked/in the nude;* ⟨als zn.⟩ *nude bathing/swimming.*

naald 0.1 *needle* ◆ 1.1 ~ en draad *n. and thread/ᴮcotton;* het oog v.e.~ *the eye of a n.* 2.1 dode ~ *demagnetized n.* 6.1 een draad in een ~ steken *thread a n.;* dat is zoeken naar een ~ in een hooiberg *that's like looking for a n. in a hay-stack* ¶.¶ heet v.d.~ ⟨nieuws⟩ *hot off the press.*

naaldboom 0.1 *conifer.*

naaldhak 0.1 ᴮ*stiletto/*ᴬ*spike heel.*

naaldhout 0.1 [hout van naaldbomen] *softwood* ⇒*coniferous wood* 0.2 [naaldbomen als gewas] *conifers.*

naaldvakken 0.1 *sewing, needlework.*

naam 0.1 *name* ⇒⟨faam ook⟩ *reputation* ◆ 1.1 te goeder ~ en faam bekendstaan *have a good reputation;* een man van ~ *a man of repute/standing;* iem. met ~ en toenaam noemen *mention s.o. by (his full) n.* 1.¶ mijn ~ is haas *search me* 2.1 een dubbele ~ *a double n.;* ⟨BE ook: naam met koppelteken⟩ *a double-barrelled n.;* de eigen ~ *one's maiden n.;* het kan nadelig zijn voor zijn goede ~ *it may harm his reputation;* een goede/slechte ~ hebben *have a good/bad reputation/n.;* daardoor heeft het beroep een slechte ~ gekregen *this has given the profession a bad n.* 2.¶ de grote namen in het peloton *the big names among the pack* 3.1 zijn ~ eer aandoen *live up to one's reputation/n.;* de rol waarmee hij ~ heeft gemaakt *the role that made his n.;* dat mag geen ~ hebben *that's not worth mentioning;* de ~ hebben (van) rijk te zijn *be said to be rich;* laat mijn ~ erbuiten *leave my n. out of this;* zijn hond luistert naar de ~ Mao *his dog answers to (the n. of) Mao;* ~ maken *make a n. for o.s.(with/as);* een collega wiens ~ ik niet zal noemen *a colleague who shall remain nameless;* zijn ~ op-houden *live up to one's n./reputation;* zijn ~ ergens onder zetten *sign one's n. to sth.* 6.1 de dingen **bij** de ~ noemen *call a spade a spade;* hij is **in** ~ eigenaar *he is nominally the owner/the owner in n. (only);* vrij **op** ~ *no legal charges, no law costs;* een cheque uitschrijven **op** ~ **van** *make out a cheque to;* zij heeft vier boeken **op** haar ~ staan *she has four books to her n.;* het huis staat **op** zijn ~ *the house is in his n.;* **te** ~ stellen van *put in the n. of;* **ten** name van, **op** ~ **van** *in the n. of;* **uit** mijn ~ *from me, on my behalf;* iem. **van** ~ kennen *know s.o. by n.* 6.¶ **in** ~ der wet *in the name of the law;* **met** name *particularly, in particular* ¶.1 wat was uw ~ ook weer? *what did you say your n. was?*

naambord 0.1 *nameplate* ◆ 1.1 de ~jes v.d. straten *the street signs.*

naamdag ⟨r.-k.⟩ 0.1 *name day.*

naamgenoot 0.1 *namesake* ◆ 6.1 dat is een ~ **van** je *he's/she's your n.*

naamgeving 0.1 [het geven van een naam]⟨ook schip⟩ *naming* 0.2 [benoeming volgens een systeem] *nomenclature.*

naamkaartje 0.1 *(calling-/*⟨van zakenmens⟩ *business) card.*

naamloos 0.1 [anoniem, onbekend] *anonymous* ⇒*unnamed* 0.2 [onbelangrijk] *anonymous* ⇒*nameless.*

naamplaatje 0.1 *nameplate.*

naamsbekendheid 0.1 *(product) familiarity* ◆ 3.1 een ze-kere ~ genieten *enjoy a certain reputation;* naar ~ streven *try to get a product known.*

naamsverandering 0.1 *change of name* ◆ 3.1 een ~ on-dergaan *change one's name.*

naamval ⟨taal.⟩ 0.1 *case* ◆ 7.1 de derde ~ *the dative (c.);* de eerste ~ *the nominative (c.);* de tweede ~ *the genitive (c.);* de vierde ~ *the accusative (c.).*

naamwoord ⟨taal.⟩ 0.1 *noun* ◆ 2.1 een bijvoeglijk ~ *an adjective;* een zelfstandig ~ *a n.*

naamwoordelijk 0.1 *nominal* ◆ 1.1 het ~ deel v.h. gezegde *the subject complement;* een ~ gezegde *a n. predicate.*

na-apen 0.1 *ape* ⇒*mimic.*

na-aper, --aapster 0.1 *mimic* ⇒⟨vnl. kind⟩ *copycat.*

naar[1] ⟨bn., bw.⟩ 0.1 [akelig; onaangenaam] *nasty* ⇒*horrible* 0.2 [ziek] *ill* ◆ 1.1 een nare vent *a n. customer* 3.1 ~ doen tegen iem. *be n./horrible to s.o.;* er ~ aan toe zijn *be in a bad way* 3.2 ik heb me ~ gezocht *I've searched till I'm blue in the face;* zich ~ schrikken *be startled (half) to death.*

naar[2] ⟨vz.⟩ 0.1 [in de richting van] *to* ⇒*for* 0.2 [volgens het voorbeeld van] *from* 0.3 [overeenkomstig] *(according) to* 0.4 [wat betreft, afgaande op] *from* ⇒*by* ◆ 1.1 ~ huis gaan *go home;* de trein ~ Parijs *the train to/for Paris;* ze is ~ school *she's at school;* ~ de weg vragen *ask the way;* op zoek ~ *in search of* 1.2 vrij ~ het origineel bewerkt *freely adapted f. the original* 1.3 het evangelie ~ Johannes *the Gospel according to St. John;* daar is hij de man niet ~ *that's not like/that's unlike him;* ruiken/smaken ~ *smell/taste of* 3.1 hij kwam ~ haar toe *he came up t. her;* ~ iem. vragen *ask for/after s.o.* 5.1 ~ voren/achteren/boven/beneden *forwards, back(wards), up(wards)/*⟨trap⟩ *up-(stairs), down(wards)/*⟨trap⟩ *down(stairs).*

naar[3] ⟨vw.⟩ 0.1 *as* ◆ 3.1 ~ verluidt *a. is rumoured, according to rumour* ¶.1 ~ men zegt *word has it (that), it is said (that);* ~ men hoopt *it is hoped.*

naargeestig 0.1 *gloomy* ⇒*dismal,* ⟨plek ook⟩ *drab* ◆ 1.1 een ~ gebouw *a g./dismal building;* ~e gedachten *g./dismal thoughts.*

naargelang[1] ⟨bw.⟩ 0.1 *according to* ⇒*depending on* ◆ 1.1 al ~ de leeftijd *depending on (one's) age.*

naargelang[2] ⟨vw.⟩ 0.1 *as* ◆ ¶.1 ~ men ouder wordt, ziet men dat beter in *you understand these things better as you get older.*

naarheid 0.1 [iets naars] *(piece of) nastiness* 0.2 [het angstwekkende] *nastiness* ◆ 1.2 de ~ v.d. nacht *the grim-ness of the night* ¶.1 je hoort niets dan ~ *all you ever hear is bad news.*

naarling 0.1 *pain in the neck.*

naarmate 0.1 *as* ◆ 3.1 ~ je meer verdient, ga je ook meer belasting betalen *the more you earn, the more tax you pay.*

naarstig 0.1 *diligent* ◆ 3.1 hij zocht er ~ naar *he made a thorough search for it.*

naast[1] I ⟨bn.⟩ 0.1 [dichtstbij zijnde] *near(est)* ⇒*closest, im-mediate* ⟨omgeving, tijd⟩, *next-door* ⟨buren⟩ 0.2 [het meest vertrouwd] *closest* 0.3 [het meest verwant] *nearest* ⇒*closest* ◆ 1.2 de directeur en zijn ~e medewerkers *the di-rector and his c. colleagues* 1.3 de ~e bloedverwanten *the next of kin* 6.¶ **ten** ~e **bij** *approximately, about;* II ⟨bw.⟩ 0.1 [het dichtstbij] *nearest* ⇒*closest* 0.2 [niet het bedoelde punt treffend] *out* ⇒*off (target)* ◆ 3.1 dat ligt mij het ~ aan het hart *that is closest to my heart* 3.2 hij schoot ~ *he shot wide.*

naast[2] ⟨vz.⟩ 0.1 [terzijde van] *next to* ⇒*beside,* ⟨buren⟩ *next door to,* ⟨niet het bedoelde punt treffend⟩ *wide of* 0.2 [op één lijn met] *alongside* ⇒*next to* 0.3 [onmiddellijk vol-gend op] *after* ⇒*next to* 0.4 [behalve] *as well as* ⇒*in ad-dition to* ◆ 1.1 ~ mijn huis is een tuin *there is a garden next to/beside my house* 1.3 ~ een gerust gemoed is ge-zondheid de grootste schat *health is the greatest gift af-ter/next to peace of mind* 1.4 ~ een drietal romans heeft hij ook poëzie geschreven *in addition to/as well as/be-sides three novels he has also written poetry* 3.1 ~ iem. gaan zitten *sit down next to/beside s.o.* 4.1 in de kamer ~

ons *in the room next door (to us)* **4.2** ~ elkaar *side by side, next to one another;* ⟨fig.⟩ cijfers ~ elkaar leggen *set figures side by side.*

naaste 0.1 *fellow human (being)* ⇒⟨rel.⟩ *neighbour* ♦ **3.1** zijn ~n liefhebben *love one's neighbour.*

naasten 0.1 *take over* ♦ **1.1** buitenlandse bedrijven ~ *take over foreign firms.*

naastenliefde 0.1 *love of one's neighbour/fellow-man* ⇒ ⟨rel.⟩ *charity* ♦ **3.1** ~ betrachten *show charity.*

naasting 0.1 *take-over.*

naatje ♦ **3.¶** dat is ~ (pet) *it's crummy/a dead loss.*

nabehandeling 0.1 *follow-up treatment.*

nabeschouwing 0.1 *summing-up* ⇒⟨inf.⟩ *recap, postmortem* ♦ **3.1** lange ~en houden *hold long postmortems.*

nabespreken 0.1 *discuss afterwards.*

nabespreking 0.1 *(subsequent) discussion* ⇒⟨inf.⟩ *postmortem.*

nabestaande 0.1 *(surviving) relative* ⇒⟨mv.⟩ *next of kin.*

nabestellen 0.1 *reorder* ⇒⟨foto's enz.⟩ *have copies made of.*

nabij[1] ⟨bn., bw.⟩ **0.1** *close* ⇒*near* ♦ **1.1** ⟨rel.⟩ het einde is ~ *the end is nigh;* de ~e omgeving *the immediate surroundings;* in de ~e toekomst *in the near future;* de wanhoop ~ zijn *be c. to despair* **6.1** iem. **van** ~ kennen *know s.o. intimately/*⟨inf.⟩ *inside out;* iets **van** ~ meemaken *experience sth. at first hand.*

nabij[2] ⟨vz.⟩ **0.1** *near (to)* ⇒*close to* ♦ **¶**.1 om en ~ de duizend gulden *roughly/around/about a thousand guilders;* hij is om en ~ de vijftig *he's about fifty, he's fiftyish.*

nabijgelegen 0.1 *nearby* ♦ **1.1** een ~ café *a n./neighbouring pub.*

nabijheid 0.1 [hoedanigheid] *nearness* ⇒*closeness* **0.2** [ruimte] *neighbourhood* ♦ **1.1** de ~ v.d. dood *the n. of death* **6.2** in de ~ v.d. stad *in the n./vicinity of the city.*

nablijven 0.1 [schoolblijven] *stay behind* **0.2** [bij een sterfgeval achterblijven] *survive* ♦ **1.2** de nagebleven familieleden *the surviving relatives* **3.1** hij moet vanmiddag ~ *he has (got) to stay behind/stay after school/he is being kept in this afternoon.*

nablijver 0.1 *pupil kept in* ⇒*pupil staying after school.*

nabootsen 0.1 *imitate* ⇒*copy,* ⟨spottend⟩ *mimic.*

nabootser 0.1 *imitator, mimic* ⇒*copycat.*

nabootsing 0.1 [het nabootsen] *imitation* ⇒*copying,* ⟨spottend⟩ *mimicry* **0.2** [iets dat nagebootst is] *imitation* ⇒ *copy,* ⟨spottend; inf.⟩ *take-off* ♦ **2.2** een getrouwe ~ *a faithful i./copy.*

naburig 0.1 *neighbouring* ⇒*nearby* ♦ **1.1** het ~e dorp *the neighbouring village, the village nearby.*

nachecken 0.1 *check (afterwards).*

nacho 0.1 *nacho (chip).*

nacht 0.1 *night* ♦ **1.1** dag en ~ *day and n., n. and day;* ⟨fig.⟩ niet over één ~ ijs gaan *take no chances, look before one leaps;* ik moet bij ~ en ontij opstaan *I have to get up at the most ungodly hours* **2.1** de afgelopen/komende ~ *last n., tonight;* de hele ~ wakker liggen *lie awake all n.* **3.1** de hele ~ doorfeesten *make a n. of it;* ik zou er nog maar eens een ~je over slapen *why don't you sleep on it?;* het werd - *n./dark(ness) fell* **6.1** tot laat **in** de ~ *deep into the n.;* **in** de ~ **van** vrijdag op zaterdag *in the n. of Friday to Saturday* **8.1** zo lelijk als de ~ *(as) ugly as sin* **¶.1** van ~ *een dag maken turn n. into day;* 's ~s **at** n.; om drie uur 's ~s **at** three o'clock in the morning, at three a.m.

nachtblind 0.1 *night-blind.*

nachtblindheid 0.1 *night-blindness.*

nachtboot 0.1 *nightboat* ♦ **6.1 met** de ~ teruggaan *go back on the n.*

nachtbraken 0.1 [uitgaan] *make a night of it* **0.2** [werken] *burn the midnight oil.*

nachtbraker 0.1 [iem. die 's nachts uitgaat] *night-reveller* **0.2** [iem. die 's nachts (door)werkt] *night owl.*

nachtbus 0.1 *(late-/all-)night bus.*

nachtclub 0.1 *nightclub.*

nachtcrème 0.1 *night cream.*

nachtdienst 0.1 [mbt. personen] *night shift* **0.2** [mbt. openbaar vervoer] *night service* ♦ **6.1** in de ~ zitten *work (on) the n. s.;* ⟨inf.⟩ *work nights.*

nachtdier 0.1 *nocturnal animal.*

nachtegaal 0.1 *nightingale* ♦ **2.¶** de Hollandse ~ *the frog.*

nachtelijk 0.1 [mbt. de tijd] *nocturnal* **0.2** [mbt. de hemel] *night* **0.3** [aan de nacht eigen] *nocturnal* ⇒*of night* ⟨alleen ná zn.⟩ **0.4** [bij nacht plaats hebbend] *night(time)* ♦ **1.1** het ~ uur *the n. hour* **1.2** een heldere ~e hemel *a clear n. sky* **1.3** het ~ duister *the darkness of night* **1.4** ~ burengerucht *a nighttime disturbance.*

nachtevening 0.1 *equinox.*

nachtfilm 0.1 *late-night film.*

nachtjapon 0.1 *nightgown, nightdress* ⇒⟨inf.⟩ *nightie.*

nachtkaars 0.1 *nightlight* ♦ **8.1** uitgaan als een ~ *peter/* ⟨inf.⟩ *fizzle out.*

nachtkastje 0.1 *night/bedside table.*

nachtkleding 0.1 ⟨alg.⟩ *nightclothes* ⇒⟨vnl. in warenhuizen⟩ *nightwear.*

nachtkluis 0.1 *night safe.*

nachtknip 0.1 *night latch* ♦ **3.1** de ~ op de deur doen *put the door on the latch.*

nachtkus, -zoen 0.1 *good-night kiss* ♦ **3.1** iem. een ~ geven *kiss s.o. good night.*

nachtlampje 0.1 *nightlight, nightlamp.*

nachtleven 0.1 *nightlife.*

nachtmens 0.1 *night(time) person;* ⟨inf.⟩ *night owl.*

nachtmerrie 0.1 *nightmare.*

nachtmis 0.1 ⟨rel.⟩ *midnight mass.*

nachtploeg 0.1 *night shift.*

nachtpon 0.1 *nightdress, nightgown* ⇒⟨inf.⟩ *nightie.*

nachtrust 0.1 *night's rest* ♦ **2.1** een goede ~ genieten *enjoy a good night's rest.*

nachtschade 0.1 [plantengeslacht] *nightshade* **0.2** [plant met giftige bessen] *deadly nightshade.*

nachtslot 0.1 *double lock* ♦ **6.1** de deur op het ~ doen *double-lock the door.*

nachttrein 0.1 *night train.*

nachtverpleegster 0.1 *night nurse.*

nachtvlinder 0.1 *moth.*

nachtvlucht 0.1 *night flight.*

nachtvoorstelling 0.1 *late-night performance/*⟨film⟩ *showing* ♦ **6.1** in de ~ draait ... *the late-night film is ...*

nachtvorst 0.1 *night frost* ⇒⟨aan de grond⟩ *ground frost* ♦ **1.1** er is kans op ~ *there may be a n. f.*

nachtwacht I ⟨de⟩ **0.1** [het wachthouden; wachters] *night watch* ♦ **1.1** de ~ van Rembrandt *Rembrandt's 'Night Watch';* **II** ⟨de (m.)⟩ **0.1** [nachtwaker] *night watchman.*

nachtwake 0.1 *vigil* ⇒*night watch.*

nachtwaker 0.1 *night watchman.*

nachtwerk 0.1 *nightwork* ♦ **3.1** er ~ van maken *burn the midnight oil;* dat wordt weer ~ *we're going to have to work (on) into the night again.*

nachtzoen →**nachtkus.**

nachtzuster 0.1 *night nurse.*

nacompetitie ⟨voetbal⟩ **0.1** *play-offs.*

nadagen 0.1 [ouderdom] *latter days/years* **0.2** [vervaltijd]

declining/latter days/years ♦ **6.1** in de ~ van zijn carrière *in the twilight of one's career.*

nadat 0.1 *after* ♦ **¶.1** het moet gebeurd zijn ~ ze vertrokken waren *it must have happened a. they left.*

nadeel 0.1 *disadvantage* ⇒⟨schade⟩ *damage,* ⟨bezwaar⟩ *drawback* ♦ **1.1** de voor- en nadelen afwegen *weigh the advantages and disadvantages/the pros and cons;* zo zijn voor- en nadelen hebben *have its pros and cons* **3.1** ~ van iets ondervinden *be the worse for sth.;* al het bewijsmateriaal spreekt in hun ~ *all the evidence is against them;* er zijn ook nadelen aan verbonden *there are also snags attached to it* **6.1** in het ~ zijn *be at a disadvantage;* de beslissing viel in hun ~ uit *the decision went against them;* ik zal niets **ten** nadele **van** hem zeggen *I won't say anything against him;* **ten** nadele **van** *to the detriment of.*

nadelig 0.1 *adverse* ⇒*harmful* ♦ **1.1** de ~ e gevolgen van iets ondervinden *suffer the (a./harmful) consequences of sth.* **3.1** ~ uitvallen *work out badly.*

nadenken¹ ⟨het⟩ **0.1** *thought* ♦ **6.1** stof **tot** ~ *food for t.*

nadenken² ⟨onov.ww.⟩ **0.1** [denken] *think* **0.2** [nader overwegen] *think, reflect ((up)on), consider* ♦ **5.1** hoe meer ik erover nadenk *the more I t. about it;* even ~ *let me/⟨*inf.*⟩ let's t.!* **5.2** denk eens even na wat dat betekent *just t. what that means;* als je even nadacht zou je zien dat dat niet kan *a moment's thought would show you it won't work* **6.1** ik heb er niet **bij** nagedacht *I did it without thinking;* als je er goed **over** nadenkt *if you t. about it;* ik moet/zal er eens **over** ~ *I've got to/I'll t. about it;* we hebben er lang **over** nagedacht *we have given the matter much/considerable thought* **6.2** **over** de gevolgen denken ze nooit na *they never (stop to) t. about/consider the consequences;* **zonder** erbij na te denken *without (even/so much as) thinking.*

nadenkend 0.1 *thoughtful* ⇒*pensive* ♦ **1.1** een ~ e blik *a t./pensive look.*

nader 0.1 [dichterbij] *closer* ⇒*nearer* **0.2** [nauwkeuriger] *closer;* ⟨gegevens⟩ *further, more detailed/specific* ♦ **1.2** bij ~ e kennismaking *on f./c. acquaintance* **2.2** uit niet ~ genoemde bron *from an unspecified source* **3.1** het huilen stond hem ~ dan het lachen *he was on the verge of tears* **3.2** laten we dat eens ~ bekijken *let's have/take a c. look at that;* ~ op iets ingaan *go into sth. in more detail/more closely;* een ~ te bepalen plaats *a place to be determined later* **3.¶** wij spreken elkaar nog ~ *we'll discuss this further another time* **4.2** is daar al iets ~ s van bekend? *is anything further known about it?* **6.1** partijen ~ **tot** elkaar proberen te brengen *try to bring parties c. together* **¶.2** prijs ~ overeen te komen *offers invited;* salaris ~ overeen te komen *salary to be negotiated.*

naderbij 0.1 *closer* ⇒*nearer* ♦ **6.1** iets **van** ~ beschouwen *look into sth. more closely.*

naderen 0.1 *approach* ♦ **1.1** het einde nadert *the end is at hand/⟨*minder plechtig*⟩ is near;* wij ~ station Amersfoort *we are now approaching Amersfoort (station)* **7.1** oma nadert de zeventig *granny is nearing seventy.*

naderend 0.1 *approaching* ♦ **1.1** een gevoel van ~ onheil *a feeling of a. doom.*

naderhand 0.1 *afterwards.*

nadering 0.1 *approach.*

nadezen 0.1 *hence* ♦ **1.1** honderd jaar ~ *a hundred years h.*

nadien 0.1 *after(wards)* ♦ **1.1** een jaar ~ *a year later/after(wards).*

nadoen 0.1 [eveneens doen] *copy* **0.2** [in stem, gebaren nabootsen] *imitate, copy;* ⟨spottend⟩ *mimic* ♦ **1.2** de scholier deed zijn leraar na *the schoolboy mimicked his teacher* **¶.1** dat doe je mij niet na ⟨prestatie evenaren⟩ *you can't match that!;* ⟨hetzelfde doen⟩ *you can't c. that.*

nadorst 0.1 *a dried-out feeling* ⇒*a dry throat.*

nadruk 0.1 [kracht, klem] *emphasis* ⇒*stress* **0.2** [klemtoon, accent] *stress* ⇒*emphasis* **0.3** [het nadrukken] *reprinting* **0.4** [nagedrukt boek] *reprint* ♦ **3.2** de ~ leggen op *stress, emphasize* **3.3** ~ verboden *copyright, all rights reserved* **6.1 met** ~ betoogde hij dat ... *he stressed/emphasized (the fact/point) that ...*

nadrukkelijk 0.1 *emphatic;* ⟨expliciet⟩ *express* ♦ **1.1** tegen mijn ~ verbod in *against my express wishes* **2.1** zeer ~ aanwezig zijn *make one's presence (very much) felt* **3.1** iem. ~ waarschuwen *warn s.o. urgently.*

nafluiten 0.1 [fluitend nadoen] *imitate the whistle of* **0.2** [naar een voorbijganger fluiten] *whistle at;* ⟨spottend⟩ *make catcalls at* ♦ **1.2** een meisje ~ *give a girl a wolf whistle.*

nagaan 0.1 [na onderzoek concluderen] *work out (for o.s.)* ⇒*examine* **0.2** [zich voorstellen] *imagine* **0.3** [bespieden] *spy on* ⇒*watch* **0.4** [controleren] *check (up)* ♦ **1.3** iemands gangen ~ *follow s.o.* **3.1** voor zover we kunnen ~ *as far as we can gather/ascertain* **3.2** kun je ~! *just i.!* **5.4** we zullen die zaak zorgvuldig ~ *we will look carefully into the matter* **8.2** als je nagaat dat ... *if you think that ...* **¶.4** dat is nu niet meer na te gaan *it's too late to check that;* ⟨helemaal niet te achterhalen⟩ *there's no way of telling any more.*

nageboorte 0.1 *afterbirth.*

nagedachtenis 0.1 *memory* ♦ **1.1** vaders ~ in ere houden *honour father's m.* **6.1 ter** ~ **aan** mijn moeder *in m. of my mother.*

nagel 0.1 [mbt. voet, hand] *nail;* ⟨van dier⟩ *claw* **0.2** [afdruk, indruk] *nail mark;* ⟨van dier⟩ *claw mark* **0.3** [spijker] *nail* ♦ **3.1** zijn ~ s knippen *cut/trim one's nails;* de kat trekt zijn ~ s in *the cat draws its claws in* **3.2** de ~ s staan in zijn gezicht *there are scratch marks on his face* **6.1 op** zijn ~ s bijten *bite one's nails.*

nagelbijten 0.1 *bite one's nails;* ⟨zn.⟩ *nail-biting.*

nagelbijter, -bijtster 0.1 *nail-biter.*

nagelborstel 0.1 *nail brush.*

nagelen 0.1 *nail* ♦ **3.1** hij stond (als) aan de grond genageld *he stood rooted to the spot.*

nagelknipper 0.1 *nail clipper(s).*

nagellak 0.1 *nail polish/ᴮvarnish.*

nagellakken 0.1 *paint one's nails.*

nagelschaar 0.1 *(pair of) nail scissors.*

nagelvijl 0.1 *(nail) file.*

nagenieten 0.1 *enjoy/relish the memory (of).*

nagenoeg 0.1 *almost, nearly* ♦ **5.1** ik heb mijn opstel ~ af *I have pretty well finished my essay.*

nagerecht 0.1 *dessert (course).*

nageslacht 0.1 [nakomelingen] *offspring* ⇒*descendants* **0.2** [mensengeslacht] *future generations* ⇒*posterity* ♦ **4.1** zijn ~ *his descendants* **¶.2** het ~ zal over mij oordelen *future generations will judge me.*

nageven 0.1 [later geven] *conclude with, finish up with* ⟨bv. als toetje⟩ **0.2** [eerlijkheidshalve erkennen] *hand to, say for* ♦ **3.2** dat moet ik haar ~ *I have to hand it to her.*

Nagorno-Karabach 0.1 *Nagorno-Karabakh.*

nahollen 0.1 *run/chase after.*

nahouden 0.1 *keep (in) (after hours)* ♦ **1.1** de leraar hield de hele klas na *the teacher kept the entire class in (after school).*

naïef 0.1 *naive* ♦ **1.1** naïeve oprechtheid *ingenuousness.*

naïeveling 0.1 *innocent.*

naijver 0.1 *envy* ⇒*jealousy.*

naïviteit 0.1 *naiveté* ♦ **2.1** kinderlijke ~ *childlike n.*

najaar 0.1 *autumn* ◆ 6.1 in het ~ *in (the) a.*

najaarscollectie 0.1 *autumn collection.*

najaarsmode 0.1 *autumn fashion(s).*

najaarsstorm 0.1 *autumn(al) gale/storm.*

najagen 0.1 [achtervolgen] *chase* 0.2 [streven naar] *go for/after, pursue* ◆ 1.1 een hert ~ *c. a deer* 1.2 een doel ~ *p. a goal.*

nakaarten 0.1 [napraten] *have a chat afterwards* 0.2 [terugkomen op een zaak] *discuss might-have-beens* ⇒*go over old ground.*

naken ⟨schr.⟩ 0.1 *draw nigh/near* ◆ 1.1 het ~de onweer *the approaching thunderstorm.*

nakie ⟨inf.⟩ 0.1 *(stark) naked* ◆ 6.1 in zijn ~ staan *stand stark naked.*

nakijken 0.1 [kijken naar] *watch, follow (with one's eyes)* 0.2 [controleren, nazien] *check* ⇒*have/take a look at* 0.3 [corrigeren] *correct* ◆ 1.1 zij keek de wegrijdende auto na *she watched the car drive off* 1.2 je moet dat document eens zorgvuldig ~ *you should take a good/close look at that document* 1.3 veel proefwerken ~ *[n]mark/[^]grade a lot of papers* 3.1 ⟨fig.⟩ hij had het ~ *he just missed out* 3.2 zich laten ~ *have a check-up* ¶.2 laat je ~! *you ought to have your head examined!*

naklinken 0.1 [hoorbaar zijn] *(still) sound/reverberate (in one's ears)* 0.2 [blijven klinken] *reverberate.*

nakomeling 0.1 *descendant;* ⟨mv.⟩ *offspring.*

nakomelingschap 0.1 *offspring* ⇒*descendants.*

nakomen I ⟨onov.ww.⟩ 0.1 [later komen] *come/arrive later* ⇒*come after(wards)* ◆ 1.1 uw bagage komt na *your luggage will arrive later;* nagekomen berichten *messages received later;* II ⟨ov.ww.⟩ 0.1 [zich houden aan] *observe* ⇒⟨uitvoeren⟩ *perform,* ⟨uitvoeren⟩ *fulfil* ◆ 1.1 een belofte ~ *keep a promise* 5.1 bij het niet ~ van de verbintenis *in case of non-observance of the agreement.*

nakomertje 0.1 *afterthought* ⇒*late arrival.*

nalaten 0.1 [bij overlijden achterlaten] *leave (behind)* ⇒ ⟨schenken⟩ *bequeath (to)* 0.2 [werking, invloed achterlaten] *leave (behind)* 0.3 [niet doen] *refrain from (-ing)* 0.4 [achterwege laten] *refrain from (-ing)* ⇒*leave off (-ing)* 0.5 [verzuimen] *fail (to)* ⇒*neglect (to, -ing)* ◆ 1.1 van fortuin ~ *leave a fortune* 1.2 zijn moedige daad liet een diepe indruk na *his bravery left a deep impression* 1.4 slechte gewoonten ~ *give up bad habits* 3.3 hij kan het niet ~ een grapje te maken *he cannot resist making a joke.*

nalatenschap 0.1 *estate* ⇒*inheritance* ◆ 1.1 ⟨fig.⟩ deze ~ v.é. vorig kabinet *this legacy of a previous administration* 3.1 een ~ beheren *administer an e.*

nalatig 0.1 *negligent* ◆ 1.1 een ~e huurder/betaler *a defaulting tenant/debtor.*

nalatigheid 0.1 *negligence* ◆ 2.1 een grove ~ *a gross omission.*

naleven 0.1 *observe* ⇒*comply with* ⟨wet⟩ ◆ 1.1 de voorschriften ~ *o. the regulations.*

naleving 0.1 *observance* ⇒*compliance (with)* ◆ 2.1 strikte ~ van de wet *strict o. of/compliance with the law.*

nalezen 0.1 [inhoud nagaan] *read through* ⇒*peruse* 0.2 [overlezen] *read again* ◆ 1.1 ik heb er heel wat boeken over nagelezen *I have read a lot of books about it.*

nalopen 0.1 [achterna lopen] *walk/run after* 0.2 [controleren] *check* ◆ 1.1 die hond loopt zijn baas overal na *that dog follows his master everywhere;* de meisjes ~ *run after/chase (after) the girls.*

namaak 0.1 *imitation* ⇒*copy,* ⟨vervalst⟩ *fake,* ⟨vervalst⟩ *counterfeit* ◆ ¶.1 hoedt u voor ~ *beware of imitations.*

namaakbont 0.1 *imitation/⟨vnl. reclametaal⟩ fun fur.*

namaken 0.1 [maken naar een model] *imitate* ⇒*copy* 0.2 [bedrieglijk nabootsen] *fake, counterfeit.*

name ◆ 6.¶ met ~ *especially, particularly;* ze heeft je niet met ~ genoemd *she didn't mention your name (specifically).*

namelijk 0.1 [te weten] *namely* 0.2 [immers] *you see, as it happens, it so happens (that)* ◆ 3.2 ik had ~ beloofd dat …*it so happens I had promised that …;* u moet ~ weten dat …*you see, …*

nameloos 0.1 *indescribable* ⇒⟨ihb. van negatieve zaken⟩ *unspeakable, untold* ⟨ellende⟩.

namens 0.1 *on behalf of* ◆ 1.1 mede ~ mijn man *also on behalf of my husband.*

namiddag 0.1 *afternoon* ◆ 2.1 een vrije ~ *an a. off* 6.1 in de ~ *in the a.*

naoorlogs 0.1 *postwar* ◆ 1.1 ~e huizen *p. houses.*

napalm 0.1 *napalm.*

napalmbom 0.1 *napalm bomb.*

Napels 0.1 *Naples* ◆ 3.1 ⟨fig.⟩ ~ zien en dan sterven *see Rome and die.*

napijn 0.1 [pijn achteraf] *afterpain(s)* 0.2 [fig.; nawee] *aftereffects* ◆ 3.2 ergens de ~ van ondervinden *feel the (after)effects of sth.*

nappa 0.1 ⟨bn. en zn.⟩ *nap(p)a (leather), sheepskin.*

napraten I ⟨ov.ww.⟩ 0.1 [praten in navolging van een ander] *echo* ⇒*parrot* ◆ 1.1 dat kind praat in alles haar ouders na *that child echoes/parrots her parents in everything;* II ⟨onov.ww.⟩ 0.1 [na afloop blijven praten] *stay/sit and talk* ⇒*talk over.*

napret 0.1 *afterglow* ⇒*post-enjoyment.*

nar 0.1 [zot] *fool, idiot* 0.2 [gesch.] *jester, fool.*

narcis 0.1 ⟨wit⟩ *narcissus;* ⟨geel⟩ *daffodil.*

narcisme 0.1 *narcissism.*

narcist 0.1 *narcissist.*

narcistisch 0.1 *narcissistic.*

narcose 0.1 *narcosis* ⇒⟨middel⟩ *anaesthetic* ◆ 6.1 iem. onder ~ brengen *anaesthetize s.o.*

narcoticabrigade 0.1 *narcotics/drug squad.*

narcoticum 0.1 *narcotic* ⇒⟨med.⟩ *anaesthetic.*

narcotiseren 0.1 *anaesthetize.*

narcotiseur 0.1 *anaesthetist.*

narekenen 0.1 [berekenen] *calculate* ⇒*compute* 0.2 [opnieuw uitrekenen] *go/run over/through (again), check.*

narennen 0.1 *run after.*

narigheid 0.1 *trouble* ◆ 3.1 daar komt ~ van *that will cause t.* 6.1 in de ~ zitten *be in t.*

narijden 0.1 *ride/drive after* ⇒*follow.*

naroepen 0.1 [achterna roepen] *call after* 0.2 [najouwen] *jeer at.*

narrig 0.1 *peevish* ⇒*cross* ◆ 3.1 ~ reageren *answer peevishly.*

nasaal ⟨taal.⟩ 0.1 *nasal* ◆ 1.1 een ~ geluid *a n. sound;* nasale klinkers *n. vowels* 3.1 ~ spreken *talk nasally.*

naschilderen 0.1 *copy* ⇒*reproduce.*

nascholen I ⟨ov.ww.⟩ 0.1 [onderwijs geven] *offer/provide continuing education/part-time courses to/for* ⇒*retrain;* II ⟨onov.ww.⟩ 0.1 [onderwijs volgen] *take a refresher/part-time course.*

nascholing 0.1 *refresher course* ⇒*continuing education.*

nascholingscursus 0.1 *continuing-education course* ⇒ ⟨herhalingscursus⟩ *refresher course.*

naschreeuwen 0.1 [schreeuwen naar iem. die weggaat] *cry/shout after* 0.2 [uitjouwen] *hoot at/after.*

naschrift 0.1 ⟨brief⟩ *postscript;* ⟨boek⟩ *epilogue.*

naschrijven 0.1 [overschrijven] *copy* **0.2** [overnemen en voor eigen werk doen doorgaan] *plagiarize.*

naseizoen 0.1 *late season* ◆ **1.1** het voor- en ~ *the early and late season.*

nasi 0.1 *rice* ◆ **¶.1** ~ goreng *fried rice.*

nasibal 0.1 *fried-rice ball/croquette.*

naslaan 0.1 *look up* ⟨woord⟩; *consult* ⟨naslagwerk⟩.

naslagwerk 0.1 *reference book/work.*

nasleep 0.1 *aftermath* ⇒*(after)effects, consequences* ◆ **6.1** de oorlog met zijn ~ *van* ellende *the war with its aftermath of misery.*

nasmaak 0.1 *aftertaste.*

naspel 0.1 [fig.; epiloog] *aftermath* **0.2** [liefdesspell] *afterplay.*

naspelen 0.1 ⟨muz.⟩ *repeat (by ear), play (sth.) after (s.o.);* ⟨dram.⟩ *represent, play/act (out)* ◆ **1.1** een stuk op het gehoor ~ *play a piece by ear.*

naspeuren, nasporen 0.1 *investigate* ⇒*trace* ⟨oorzaak⟩.

nasporing 0.1 *investigation* ⇒⟨wet.⟩ *research,* ⟨wet.⟩ *study.*

nastaren 0.1 *stare after.*

nastreven 0.1 [trachten te bereiken] *aim for/at* ⇒*strive for/after* **0.2** [trachten te evenaren] *emulate* ⇒*imitate* ◆ **1.1** geluk ~ *seek happiness* **1.2** grote voorgangers ~ *e./imitate great predecessors.*

nasturen 0.1 *send after* ◆ **1.1** iemands post ~ *forward s.o.'s mail.*

nasynchroniseren 0.1 *dub.*

nat¹ ⟨het⟩ **0.1** *liquid* ⇒⟨van vlees, fruit⟩ *juice* ◆ **2.1** groenten in eigen ~ gaarkoken *boil vegetables in their own water/l.;* het zilte ~ *the brine.*

nat² ⟨bn., bw.⟩ **0.1** [niet droog] *wet* ⇒⟨vochtig⟩ *moist, damp* **0.2** [regenachtig] *wet* ⇒*rainy* ⟨weer⟩ ◆ **1.1** de baby is ~ *the baby is w./needs changing* **3.1** ~ houden *keep w.;* ⟨door sproeien⟩ *hose;* ~ maken *wet;* ~ worden *get w.* **5.1** door en door ~ *drenched/soaked (to the skin)* **6.1** ~ *van* het zweet *w. with perspiration* **¶.1** ~! *w. paint!*

natafelen 0.1 *linger at the table.*

nateelt ⟨landb.⟩ **0.1** *after-crop* ⇒*second crop* ⟨in 't zelfde jaar⟩.

natekenen 0.1 [naar een model (uit)tekenen] *draw* **0.2** [een tekening natrekken] *copy* ⇒*reproduce,* ⟨overtrekken⟩ *trace* ◆ **1.1** iem. ~ van een foto *draw s.o. from a photograph.*

natellen 0.1 [berekenen] *count* **0.2** [overtellen] *count again* ⇒*check.*

natheid 0.1 *wetness* ⇒*dampness, moistness.*

natie 0.1 *nation* ⇒*country* ◆ **1.1** het roomse deel der ~ *the Roman Catholic part of the n.*

nationaal 0.1 *national.*

nationaal-socialisme 0.1 *National Socialism* ⇒⟨in Duitsland ook⟩ *Nazism.*

nationaal-socialist 0.1 *National Socialist* ⇒*Nazi.*

nationalisatie 0.1 *nationalization.*

nationaliseren 0.1 *nationalize.*

nationalisme 0.1 *nationalism* ◆ **2.1** extreem ~ *extreme n., chauvinism.*

nationalist 0.1 *nationalist.*

nationalistisch 0.1 *nationalist(ic).*

nationaliteit 0.1 [hoedanigheid] *nationality* ⇒⟨scheep.⟩ *registry* **0.2** [volkskarakter] *nationality* ⇒*national character/identity* **0.3** [mv.; personen] *nationality* ◆ **2.1** hij is van Britse ~ *he has the British n.;* een schip van Franse ~ *a ship of French registry.*

natje ◆ **1.¶** zijn ~ en zijn droogje *one's food and drink, one's creature comforts.*

natmaken 0.1 *wet;* ⟨vochtig⟩ *moisten* ◆ **1.1** maak je borst maar ~! *be prepared for the worst!, now you're in for it!* **4.1** zich ~ *get wet.*

natrappen 0.1 ⟨onov.⟩ *kick a man when he is down;* ⟨ov.⟩ *kick (s.o.) while he/she is down.*

natregenen 0.1 *get wet (with the rain)* ◆ **1.1** het wegdek is natgeregend *the road is wet (with rain).*

natrekken 0.1 [overtrekken] *trace* ⇒*copy* **0.2** [controleren] *check (out);* ⟨naspeuren⟩ *investigate* ◆ **1.2** een tip ~ *follow up/act on a tip.*

natrekpapier 0.1 *tracing paper.*

natrium ⟨schei.⟩ **0.1** *sodium.*

natriumbicarbonaat 0.1 *sodium bicarbonate* ⇒⟨niet wet.⟩ *(bicarbonate of) soda, baking soda.*

nattevingerwerk 0.1 *guesswork.*

nattig 0.1 *damp* ⇒*moist* ◆ **1.1** ~ weer *d. weather.*

nattigheid 0.1 [vochtigheid] *dampness* **0.2** [vocht] *damp* ◆ **3.2** ⟨fig.⟩ ~ voelen *smell a rat, be uneasy (about sth.).*

natura ◆ **6.¶** in ~ *in kind.*

naturalisatie 0.1 *naturalization.*

naturaliseren 0.1 *naturalize* ◆ **3.1** zich laten ~ *be naturalized.*

naturalisme 0.1 ⟨lit.; fil.⟩ *naturalism.*

naturalist 0.1 *naturalist.*

naturalistisch 0.1 *naturalist(ic)* ◆ **1.1** ~e romans *naturalist novels.*

naturel 0.1 *natural* ⟨ook muz.⟩ ◆ **1.1** ~ linnen *unbleached linen.*

naturen 0.1 *stare/peer at.*

naturisme 0.1 [beweging] *naturism* ⇒*nudism* **0.2** [levensopvatting] *natur(al)ism.*

naturist 0.1 *naturist* ⇒⟨lichaamscultuur ook⟩ *nudist,* ⟨levensopvatting ook⟩ *naturalist.*

naturistenpark 0.1 *nudist/naturist resort.*

natuur 0.1 [wat rondom de mens is] *nature* ⟨geen lidw.⟩; ⟨landschap⟩ *country(side), scenery* **0.2** [(mens met een) geaardheid] *nature* ⇒*character* **0.3** [aangeboren gestel v.d. mens; oorsprong van alle scheppende kracht] *nature* ⟨geen lidw.⟩ ◆ **2.1** de ~ is hier prachtig *the scenery is magnificent here;* wandelen in de vrije ~ *(take a) walk (out) in the country(side)* **2.2** de menselijke ~ *human n.;* twee tegengestelde naturen *two opposite natures/characters;* dat is zijn tweede ~ *that's become second n. (to him)* **6.1** zich één voelen met de ~ *feel at one with n.;* terug naar de ~ *back to n.* **6.2** somber zijn *van* nature *be gloomy by n.* **6.3** dat druist *tegen* de ~ *in that goes against n.*

natuurbeheer, natuurbehoud 0.1 *(nature) conservation.*

natuurbeschermer, -schermster 0.1 *conservationist;* ⟨inf.⟩ *wildlifer.*

natuurbescherming 0.1 *(nature) conservation* ⇒*protection of nature.*

natuurbeschrijving 0.1 *description of nature.*

natuurfilm 0.1 *nature film.*

natuurgebied 0.1 ⟨natuurschoon⟩ *scenic area;* ⟨natuurleven⟩ *nature reserve, wildlife area.*

natuurgeneeskunde 0.1 *naturopathy* ⇒*natural medicine.*

natuurgeneeswijze 0.1 *natural cure.*

natuurgenezer 0.1 *healer.*

natuurgetrouw 0.1 *true to nature/life;* ⟨attr.⟩ *true-to-nature/-life;* ⟨klankweergave⟩ *high-fidelity* ◆ **1.1** een ~e weergave *a true-to-life rendering.*

natuurijs 0.1 *natural ice.*

natuurkenner 0.1 *naturalist.*

natuurkunde 0.1 *physics* ◆ **2.1** experimentele ~ *experimental p.*

natuurkundig 0.1 [mbt. de natuurkunde] *physical* ⇒*physics* **0.2** [volgens de wetten] *physical* ◆ **1.1** ~e aardrijkskunde *physical geography;* ~e instrumenten *physical instruments;* ~ laboratorium *physics laboratory;* ~e verschijnselen *physical phenomena.*

natuurkundige 0.1 *physicist.*

natuurlandschap 0.1 *natural landscape.*

natuurliefhebber 0.1 *nature lover, lover of nature.*

natuurlijk 0.1 *natural* (ook wisk.); (mbt. weergave) *true to nature/life;* (attr.) *true-to-nature/-life* ◆ **1.1** ~e geboorte *n. birth;* ~e geneesmiddelen *n. drugs;* ~e getallen *n. numbers;* tekening op ~e grootte *life-size drawing;* een ~e houding *a n. posture;* ~e kleur *n. colour;* door een ~e nieuwsgierigheid gedreven *driven by n. curiosity* **3.1** alles gaat ~ toe *everything's going naturally;* het is ~ eenvoudig te regelen *of course/naturally it can be easily arranged* **9.1** maar ~! *(why,) of course!/naturally!*

natuurlijkerwijze 0.1 *naturally;* (vanzelfsprekend ook) *of course, as a matter of course.*

natuurlijkheid 0.1 *naturalness.*

natuurmens 0.1 [mens in zijn natuurstaat] *man in his/humans* (mv.) *in their natural state* **0.2** [iem. die veel van de natuur houdt] *nature lover.*

natuurmonument 0.1 *nature reserve.*

natuurpad 0.1 *nature trail.*

natuurproduct 0.1 *natural product.*

natuurramp 0.1 *natural disaster.*

natuurreservaat 0.1 *nature reserve* ⇒*(wildlife/bird) sanctuary.*

natuurschoon 0.1 *natural/scenic beauty.*

natuursteen 0.1 *(natural) stone.*

natuurtalent 0.1 (talent) *gift, natural/born talent;* (persoon) *gifted/naturally talented person* ◆ **3.1** zij is een ~ *she's a natural, she's got a gift (for).*

natuurverschijnsel 0.1 *natural phenomenon.*

natuurvoeding 0.1 *organic/natural food, wholefood.*

natuurvoedingswinkel 0.1 *health food shop/*ᴬ*store.*

natuurvolk 0.1 *primitive people/society.*

natuurwet 0.1 *law of nature.*

natuurwetenschap 0.1 [wetenschap die de natuur bestudeert] *(natural) science* **0.2** [natuurkunde] *physics* ◆ **7.1** de ~pen (alg.) *(natural) science;* (als aparte vakken beschouwd) *the (natural) sciences.*

natuurwetenschapper 0.1 *scientist* ⇒(mbt. natuurkunde) *physicist.*

nauw¹ (het) **0.1** [moeilijkheid] *(tight) spot/corner* **0.2** [zeeengte] *strait(s)* ◆ **6.1** iem. in het ~ drijven *drive s.o. into a corner, put s.o. in a (tight) s.;* in het ~ zitten *be in a (tight) s./c., be hard pressed* **6.2** het ~ van Calais *the Straits of Dover.*

nauw² I (bn., bw.) **0.1** [smal] *narrow* **0.2** [dicht aaneensluitend; innig] *close* **0.3** [precies] *precise* ⇒*particular* **0.4** [niet wijd] *narrow* ⇒*close-fitting,* (te nauw) *tight* ◆ **1.1** een ~e straat *a n. street* **1.2** een ~e samenhang *a c. connection* **2.2** ~ betrokken zijn bij een zaak *be closely involved in a matter* **3.2** ~ samenwerken *cooperate closely* **3.3** wat geld betreft kijkt hij niet zo ~ *he's not so fussy/strict when it comes to money;* dat luistert ~ *that requires a delicate touch;* (mbt. apparaat ook) *that's very finely adjusted;* het niet zo ~ nemen *not be so (very) particular/so fussy;* het steekt niet zo ~ *it doesn't really matter (all that much); it needn't be so (very) precise* **3.4** ~ zitten *be close-fitting/tight;*

II (bw.) **0.1** [nauwelijks] *hardly* ⇒*scarcely.*

nauwelijks 0.1 *hardly* ⇒*scarcely, barely* ◆ **3.1** hij kon ~ le

---

zen en schrijven *he could h./barely read or write;* het verschil is ~ te merken *the difference is h. noticeable* **3.¶** ik was ~ thuis, of ...*I'd only just got home when* ... **5.1** het was niet of ~ te merken *it was hardly noticeable, if at all* **7.1** ~ of geen regen *hardly if any rain.*

nauwgezet 0.1 *painstaking;* (gewetensvol) *conscientious, scrupulous;* (stipt) *punctual* ◆ **3.1** zijn plichten ~ waarnemen *carry out one's duties conscientiously* **5.1** overdreven ~ *overparticular, overscrupulous.*

nauwgezetheid 0.1 *meticulousness* ⇒(gewetensvol) *conscientiousness,* (erg precies) *accuracy,* (stipt) *punctuality* ◆ **2.1** met pijnlijke ~ *with religious exactitude.*

nauwkeurig 0.1 [nauwgezet] *accurate* ⇒*precise,* (zorgvuldig) *careful,* (oplettend) *close* **0.2** [exact] *exact* ◆ **1.1** een ~ onderzoek *thorough investigation* **3.1** iets ~ natellen *check sth. carefully;* ~ zijn in zijn taalgebruik *be precise in one's (use of) language* **3.2** zij stemmen ~ overeen *they agree exactly/completely* **6.1** tot op de millimeter ~ *a. to (within) a millimetre;* (fig.) *(a.) to within a fraction of an inch.*

nauwkeurigheid 0.1 *accuracy* ⇒*precision, exactness* ◆ **2.1** met de grootste ~ *with clockwork precision/extreme a.*

nauwlettend 0.1 *close;* (plichtsgetrouw) *conscientious,* (zorgvuldig) *careful* ◆ **3.1** ~ toezien op *keep a close watch on.*

nauwlettendheid 0.1 *accuracy* ⇒*precision, exactness.*

nauwsluitend 0.1 [precies passend] *close-/well-fitting* ⇒ (jurk enz. ook) *clinging,* (te nauw) *tight(-fitting)* **0.2** [mbt. de delen] *neatly-fitting* ◆ **1.2** een ~ geheel *a well-constructed/n.-f. whole.*

nauwte 0.1 [het nauw zijn] *narrowness* ⇒*tightness* **0.2** [smalle doorgang] *narrow passage* ⇒(zee-engte) *straits,* (bergengte) *pass.*

navel 0.1 [mbt. een mens/zoogdier] *navel;* (inf.) *belly button* **0.2** [sinaasappel] *navel orange* **0.3** [mbt. planten] *hilum* **0.4** [mbt. schelpen] *umbo.*

navelbreuk (med.) **0.1** *navel rupture* ⇒*umbilical hernia.*

navelstaarder 0.1 *navel-gazer* ⇒*introvert.*

navelstaarderij 0.1 *navel-gazing* ⇒*introspection.*

navelstaren 0.1 *indulgence in navel-gazing.*

navelstreng 0.1 [med.] *umbilical cord* ⇒*navel string* **0.2** [biol.] *funiculus, funicle.*

navenant (inf.) **0.1** *in keeping (with it);* (bw.) *relatively* ◆ **2.1** de prijzen zijn ~ hoog *the prices are relatively high* **3.1** de prijs is laag en de kwaliteit is ~ *the price is low and so is the quality;* ze had haar best niet gedaan en haar rapport was ~ *she had not done her best and her report showed it.*

navertellen 0.1 *repeat* ⇒*retell* ◆ **5.1** (euf.) hij zal het niet ~ *he won't live to tell the tale.*

navigatie 0.1 *navigation.*

navigator 0.1 *navigator.*

navigeren 0.1 *navigate.*

NAVO (afk.) **0.1** [Noord-Atlantische Verdragsorganisatie] *NATO.*

navoelen 0.1 *understand/share s.o.'s feelings.*

navolgen 0.1 *follow* ⇒*imitate* ◆ **1.1** een dichter ~ *imitate a poet;* Jezus ~ *f. Jesus.*

navolger 0.1 *follower* ⇒*imitator, copier.*

navolging 0.1 [het handelen naar een voorbeeld] *imitation* ⇒*following* **0.2** [het werken naar voorbeeld] *imitation* ⇒ *reproduction* **0.3** [product] *imitation* ⇒*copy, reproduction* ◆ **3.1** dit voorbeeld zal ongetwijfeld ~ vinden *this example will no doubt be copied* **6.1** in ~ van mijn voorganger *following/in i. of my predecessor*

navordering 0.1 *additional claim/demand.*

navorsing 0.1 *investigation (of)* ⇒*exploration (of),* (wet. ook) *research (into).*

navraag 0.1 *inquiry* ♦ **3.1** ~ doen bij *inquire with;* ~ doen naar *inquire about/into* **6.1 bij** ~ bleek dat ...*(up)on i. it appeared that...*

navragen 0.1 *inquire (about/into)* ⇒*ask, make inquiries (about/into).*

navrant 0.1 *distressing* ⇒*heart-rending, sad* ♦ **1.1** een ~ geval *a sad case.*

navulbaar 0.1 *refillable.*

navulpak 0.1 *refill pack.*

naweeën 0.1 [mbt. het lichaam] *afterpains* ⇒*aftereffects* **0.2** [vervelende gevolgen] *aftereffects* ⇒⟨van oorlog/geweld⟩ *aftermath* ⟨enk.⟩.

nawerken 0.1 [zijn werking doen gevoelen] *have a lasting effect/an aftereffect* **0.2** [overwerken] *work overtime* ♦ **1.1** dit geneesmiddel werkt na *this medicine has a lasting effect/keeps on working.*

nawerking 0.1 *aftereffect(s)* ♦ **3.1** de ~ van iets ondervinden *experience the a. of sth.*

nawijzen 0.1 *point at/after* ♦ **6.1** iem. **met** de vinger ~ *point the/a finger at s.o.*

nawoord 0.1 *afterword* ⇒*epilogue.*

nawuiven 0.1 *wave at/after.*

nazaat 0.1 *descendant* ⇒*offspring.*

Nazareeër 0.1 *Nazarene, Nazarite.*

nazeggen 0.1 *repeat* ♦ **3.1** dat kan zij mij niet ~ *that's more than she can say* **4.1** zeg mij na *r. after me.*

nazenden 0.1 [achternazenden] *send on/after* ⇒*forward* **0.2** [eerdere zending aanvullen] *send on/after* ♦ **1.1** een pakje ~ *forward a package.*

nazetten 0.1 →*nazitten* **0.1 0.2** [vastklemmen] *set (hard)* ⇒*jam, seal (up).*

nazi 0.1 *Nazi.*

nazien 0.1 [nakijken, controleren] *look over/through* ⇒ *check* **0.2** [nagaan, uitzoeken] *look/follow up* ⇒*check (into)* **0.3** [wie/wat vertrekt nakijken] *follow with one's eyes* ♦ **1.1** een motor ~ *check/look over an engine* **1.2** vertrektijden in het spoorboekje ~ *look up departure times in the time table.*

nazisme 0.1 *Nazi(i)sm.*

nazitten 0.1 [vervolgen] *pursue* ⇒*chase* ♦ **1.1** een dief ~ *p./chase a thief.*

nazoeken 0.1 [onderzoek doen] *look/follow up* ⇒*investigate* **0.2** [opzoeken] *look up.*

nazomer 0.1 *late summer* ♦ **2.1** een warme ~ *(an) Indian summer.*

nazorg 0.1 [begeleiding van patiënten] *aftercare* ⇒*follow-up (care)* **0.2** [onderhoud] *maintenance.*

NB ⟨afk.⟩ **0.1** [Nota Bene] *N.B., NB* **0.2** [noorderbreedte] *N.L.*

N-bom 0.1 *neutron bomb.*

Neanderthaler 0.1 *Neanderthal (man).*

necrologie 0.1 [levensbeschrijving] *obituary (notice)* ⇒*necrology* **0.2** [lijst van gestorvenen] *obituary list* ⇒*necrology.*

necrologisch 0.1 *necrological.*

nectar 0.1 *nectar.*

nectarine 0.1 *nectarine.*

∗**Neder-Duits** *(Wdl: Nederduits)* **0.1** [Noord-Duits] *North German* **0.2** [taal.] *Low German.*

nederig 0.1 [bescheiden; ook mbt. personen] *humble* ⇒ *modest* **0.2** [deemoedig] *humble* ⇒*meek, submissive* ♦ **1.1** mijn ~e woning *my h. home* **3.2** ~ om vergiffenis vragen *humbly beg forgiveness.*

nederigheid 0.1 [bescheidenheid] *humbleness* ⇒*modesty* **0.2** [mbt. personen] *humility* ⇒*modesty* **0.3** [deemoedigheid] *humility* ⇒*meekness, submissiveness* ♦ **6.2 in** alle ~ iets bekennen *confess sth. in all humility/modesty.*

nederlaag 0.1 *defeat;* ⟨tegenslag⟩ *setback* ♦ **3.1** een ~ lijden *suffer a d., be defeated;* de vijand een ~ toebrengen *inflict (a) d. upon the enemy, defeat/rout the enemy.*

Nederland 0.1 *the Netherlands* ⇒*Holland* ♦ **1.1** het Koninkrijk der ~en *the Kingdom of the N.*

Nederlander, -landse 0.1 *Dutchman* ⟨m.⟩, *Dutchwoman* ⟨v.⟩.

Nederlanderschap 0.1 *Dutch nationality* ♦ **3.1** het ~ verliezen *lose one's D. n.*

Nederlands[1] ⟨het⟩ **0.1** *Dutch* ♦ **2.1** het Algemeen Beschaafd ~ *Standard D.*

Nederlands[2] ⟨bn.⟩ **0.1** *Dutch* ⇒⟨bk.⟩ *Netherlandish* ♦ **1.1** de ~e Bank *the Bank of the Netherlands;* de ~e taal *the D. language.*

Nederlands-Indië 0.1 *The Dutch East Indies.*

Nederlandstalig 0.1 [Nederlands sprekend] *Dutch-speaking* **0.2** [in het Nederlands] *Dutch(-language)* ♦ **1.2** het ~e lied *songs in Dutch* **7.1** een ~e *a speaker of Dutch.*

nederpop 0.1 *Dutch pop (music).*

nederzetting 0.1 *settlement* ⇒*post.*

nee[1] ⟨het⟩ **0.1** *no* ♦ **4.1** mijn ~ staat tegenover uw ja *it is my word against yours.*

nee[2] ⟨tw.⟩ **0.1** [mbt. ontkenning] *no* **0.2** [mbt. verrassing/verontwaardiging] *really* ⇒⟨inf.⟩ *you're joking/kidding* ♦ **3.1** met ~ beantwoorden *answer in the negative;* nooit ~ zeggen *never say n.;* geen ~ kunnen zeggen *not be able to say n.* **7.1** ⟨euf.⟩ daar zeg ik geen ~ op/tegen *I wouldn't say n. (to that)* **9.1** ~ toch *you don't mean it; really?; surely not* ¶**1.1** wel ~! *certainly not* ¶**1.2** ~ (maar)! dat is prachtig *say that's nice/⟨iron.⟩ that's a fine kettle of fish;* ~, nou zal ik het gedaan hebben! *r./oh I see, so now it's my fault.*

neef 0.1 [zoon van broer/zuster] *nephew* **0.2** [zoon van oom/tante; afstamming van neef/nicht] *cousin* ♦ **1.2** zij zijn ~ en nicht *they are cousins* **2.2** een verre ~ *a distant c.;* een volle ~ *a first/full c.*

neer[1] ⟨de⟩ **0.1** *whirlpool* ⇒*eddy.*

neer[2] ⟨bw.⟩ **0.1** *down* ♦ **5.1** op en ~ *up and d.*

neerbuigen I ⟨ov.ww.⟩ **0.1** [een bocht/buiging doen maken] *bow/bend (down)* ♦ **1.1** het hoofd ~ *bow one's head;* **II** ⟨wk.ww.; zich ~⟩ **0.1** [knielen] *bow/kneel (down).*

neerbuigend 0.1 *condescending* ⇒*patronizing* ♦ **1.1** met ~e welwillendheid *with patronizing kindness.*

neerdalen 0.1 *come/go down* ⇒*descend* ♦ **1.1** het vliegtuig daalt neer *the aeroplane is coming down/making its descent* **6.1** talrijke zegeningen dalen **op** de gelovigen neer *numerous blessings are showered upon the believers.*

neerdrukken I ⟨ov.ww.⟩ **0.1** [naar beneden drukken] *push/press/weigh down* **0.2** [deprimeren] *weigh/get down* ⇒ *depress;* **II** ⟨onov.ww.⟩ **0.1** [liggen op] *press/weigh upon.*

neerdwarrelen 0.1 *drift/flutter/whirl down* ♦ **1.1** de sneeuwvlokken dwarrelden neer *the snowflakes drifted down.*

neergaan 0.1 [tegen de grond gaan] *go down* ⇒⟨van bokser ook⟩ *be knocked down* **0.2** [+ op]⟨zie 3.2⟩ ♦ **3.1** het gaat met de zieke op en neer *the patient's condition goes up and down* **3.2** de straat/trap op- en ~ *go up and down the street/stairs.*

neergang 0.1 *decline.*

neergooien 0.1 [naar beneden gooien] *throw/toss down* **0.2** [ophouden] *chuck* ♦ **1.1** het bijltje er bij ~ *toss/throw in the towel* **1.2** het werk ~ *walk out (on strike).*

neerhalen 0.1 [naar beneden halen] *take/pull down* ⇒*lower* **0.2** [omverhalen] *pull/take/knock down* ⇒*raze,* ⟨tegenstander⟩ *bring down* **0.3** [neerschieten] *take/bring*

down 0.4 [bekritiseren] *run down* ⇒*disparage,* ⟨in de ogen van iem. anders⟩ *lessen,* ⟨in de ogen van iem. anders⟩ *cheapen,* ⟨in de ogen van iem. anders⟩ *degrade* ♦ **1.1** de vlag ~ *lower the flag;* de zeilen ~ *strike the sails.*

neerhurken 0.1 *squat (down).*

neerkijken 0.1 [naar beneden kijken] *look down* 0.2 [minachten] *look down (on)* ⇒*look down one's nose (at).*

neerknallen ⟨inf.⟩ 0.1 *plug.*

neerknielen 0.1 *kneel (down)* ♦ **1.1** de soldaten knielden neer om te schieten *the soldiers knelt/kneeled to shoot* **6.1** in gebed ~ *k. in prayer.*

neerkomen 0.1 [vallen, landen] *come down* ⇒*descend, fall, land* 0.2 [treffen] *fall ((up)on)* 0.3 [de bedoeling hebben] *come/boil down (to)* ⇒*amount (to)* ♦ **1.1** waar is het vliegtuig neergekomen? *where did the aeroplane land?* **5.3** hij zei iets wat daarop neerkwam *he said sth. that amounted to that* **6.1 met** een geweldige smak ~ *come down like a ton of bricks* **6.2** ⟨fig.⟩ alles komt **op** mij neer *it all falls on my shoulders* **6.3** dat komt **op** hetzelfde neer *it comes/boils down to the same thing;* waar het **op** neerkomt is … *the long and the short of it is …*

neerkrabbelen 0.1 *scribble/jot down.*

neerkwakken ⟨inf.⟩ **I** ⟨onov.ww.⟩ **0.1** [neerploffen] *plop/plunk down;*
II ⟨ov.ww.⟩ **0.1** [neersmijten] *fling/slap down* ⇒*dump.*

neerlandicus, -ca 0.1 *Dutch specialist* ⇒*student of/authority on Dutch.*

neerlaten 0.1 *let down* ⇒*lower* ♦ **1.1** laat de rolgordijnen maar neer *just lower the blinds.*

neerleggen I ⟨ov.ww.⟩ **0.1** [op iets leggen] *put/lay/set (down)* 0.2 [afstand doen van] *put aside* ⇒*lay down* 0.3 [met iets ophouden] *lay/put down* 0.4 [doden] *down* 0.5 [betalen] *put/plunk down* ⇒*deposit* 0.6 [jur.] *deposit* 0.7 [vastleggen] *set down* ⇒*incorporate* ♦ **1.1** ⟨AZN; fig.⟩ het hoofd erbij ~ *resign o.s. to sth.;* ⟨euf.⟩ iem. ~ *lay s.o. out* **1.2** zijn ambt ~ ⟨ook⟩ *resign one's office* **1.3** het commando ~ *lay down/relinquish command;* het werk ~ *stop work, knock off (work);* ⟨gaan staken⟩ *go on strike;* ⟨vnl. BE⟩ *down tools* **1.4** een olifant ~ *d. an elephant* **1.5** Ik heb tien gulden moeten ~ *I had to put/plunk down ten guilders* **1.6** een stuk ~ ter griffie *d. a document at the court registry* **6.1** ⟨fig.⟩ een bevel **naast** zich ~ *disregard/ignore a command* **6.7** voorwaarden **in** een aantal artikelen ~ *set down stipulate conditions in a number of articles;*
II ⟨wk.ww.; zich ~⟩ **0.1** [berusten] *resign (o.s.) (to)* ⇒*reconcile o.s.* ♦ **6.1** zich ~ **bij** de feiten/situatie *reconcile o.s. to the facts/situation.*

neerliggen 0.1 *lie down.*

neermaaien 0.1 *mow down* ⇒⟨met geschut ook⟩ *cut down.*

neerploffen I ⟨onov.ww.⟩ **0.1** [neervallen] *flop/plump/plop down* ♦ **6.1** in zijn stoel ~ *flop into one's chair;*
II ⟨ov.ww.⟩ **0.1** [neergooien] *dump/plop (down)* ♦ **1.1** zij plofte haar tas neer *she plopped her bag down.*

neerpoten ⟨inf.⟩ **0.1** *plop/plump down* ♦ **1.1** iem. ergens ~ *plop/plump s.o. down somewhere.*

neerschieten I ⟨onov.ww.⟩ **0.1** [naar beneden storten] *dash/dart/dive down* ⇒⟨op prooi ook⟩ *swoop down (on);*
II ⟨ov.ww.⟩ **0.1** [fusilleren] *shoot (down)* 0.2 [neerhalen] *bring down, down* 0.3 [naar beneden zenden] *shoot down* ♦ **1.1** een gevangene ~ *s. a prisoner* **1.2** een vijandelijk vliegtuig ~ *bring down an enemy aircraft.*

neerschrijven 0.1 *write down.*

neerslaan I ⟨onov.ww.⟩ **0.1** [schei.] *precipitate, be precipitated* 0.2 [naar beneden vallen] *fall down; drop down* ⟨klep⟩; *deposit* ⟨slib⟩; *settle* ⟨bezinksel⟩ ♦ **1.1** het metaal slaat neer op de elektrode *the metal precipitates/is precipitated on the electrode* **6.2** een wolk van stof sloeg neer op het plein *a cloud of dust settled on the square;*
II ⟨ov.ww.⟩ **0.1** [naar beneden slaan] *turn down* ⟨rand, kraag⟩ ⇒*let down, lower* ⟨klep⟩, ⟨platmaken⟩ *beat down,* ⟨platmaken⟩ *flatten* 0.2 [tegen de grond slaan] *strike/knock down* ♦ **1.1** de kraag van zijn jas ~ *t. d. the collar of one's coat;* de ogen ~ *lower one's eyes* **1.2** een opstand ~ *put down/crush a rebellion;* een tegenstander ~ *knock/strike down* ⟨sport⟩ *floor an opponent.*

neerslachtig 0.1 *dejected* ⇒*depressed* ♦ **1.1** een ~e bui *a (moment/fit of) depression;* ⟨inf.⟩ *the blues* **3.1** hij was ~ *he was down, he was in low spirits;* zich ~ voelen *feel down/* ⟨inf.⟩ *blue.*

neerslachtigheid 0.1 *dejection* ⇒*depression, low spirits.*

neerslag 0.1 [regen, sneeuw, hagel] *precipitation* ⇒⟨regen ook⟩ *rain, rainfall,* ⟨hagel⟩ *layer,* ⟨sneeuw ook⟩ *fall* 0.2 [bezinksel] *deposit* ⇒*sediment,* ⟨schei.⟩ *precipitate,* ⟨schei.⟩ *precipitation* 0.3 [nawerking, resultaat] *reflection* ⇒*results* 0.4 [neerwaartse beweging] *downstroke* ♦ **1.1** de jaarlijkse hoeveelheid ~ *the annual p./rainfall* **2.1** radioactieve ~ *radioactive dust, fall-out* **3.3** de gebeurtenis vond haar ~ in zijn roman *the event was reflected in his novel* **6.3** de wetgeving moet de ~ zijn **van** de publieke opinie *legislation should reflect public opinion.*

neersmakken I ⟨ov.ww.⟩ **0.1** [op de grond werpen] *fling/slam down* ⇒*dump;*
II ⟨onov.ww.⟩ **0.1** [vallen] *crash/thud (down).*

neersmijten →**neersmakken I.**

neersteken 0.1 *stab (down), thrust down.*

neerstorten I ⟨ov.ww.⟩ **0.1** [naar beneden storten, werpen] *hurl/fling down; dump, tip* ⟨puin, afval⟩;
II ⟨onov.ww.⟩ **0.1** [neervallen] *crash/thunder down* ⇒ *crash* ⟨vliegtuig⟩, ⟨lawine, waterval ook⟩ *rush/hurtle down* ♦ **1.1** het ~de puin *the falling rubble.*

neerstrijken I ⟨ov.ww.⟩ **0.1** [laten zakken] *lower* ⇒*strike* 0.2 [platstrijken] *smooth (out/down)* ⇒*iron* ♦ **1.1** de vlag ~ *strike/lower the flag* **1.2** het haar ~ *smooth down one's hair;*
II ⟨onov.ww.⟩ **0.1** [mbt. vogels] *alight* ⇒*settle (on), perch (on)* 0.2 [fig.; mbt. mensen] *descend (on);* ⟨zich vestigen⟩ *settle (on)* ♦ **6.2 op** een terrasje ~ *descend on a terrace.*

neertellen 0.1 [tellend neerleggen] *count out* 0.2 [betalen] *pay out* ⇒*lay down,* ⟨inf.⟩ *fork out* ♦ **6.2 voor** een boek vijf tientjes ~ *p. o./fork out/*⟨met tegenzin⟩ *cough up fifty guilders for a book.*

neervallen 0.1 [op de grond vallen] *fall/drop down* 0.2 [neerhangen] *fall, hang* 0.3 [neerknielen] *fall/drop down on one's knees* 0.4 [gaan zitten] *drop/flop (down)* ♦ **2.1** dood ~ *fall/drop down dead* **3.4** zij liet zich in een stoel ~ *she dropped/flopped into a chair* **5.1** werken tot men erbij neervalt *work o.s. to death, work one's fingers to the bone* **6.2** een gewaad dat **in** zwierige plooien neerviel *a dress that was gracefully draped.*

neervlijen 0.1 [zachtjes neerleggen] *lay down* ⇒⟨zichzelf neervlijen⟩ *lie/settle down* 0.2 [ordelijk neerleggen] *arrange neatly* ♦ **1.1** het hoofd ~ *lay down/recline one's head.*

neerwaarts 0.1 *downward* ⇒⟨bw. ook⟩ *downwards, down,* ⟨bn., bw.; bergafwaarts⟩ *downhill* ♦ **1.1** een ~e beweging *a downward movement.*

neerwerpen 0.1 [op de grond werpen] *throw down* ⇒*drop,* ⟨vanuit vliegtuig⟩ *parachute* 0.2 [omverwerpen] *strike/knock down, knock over* ♦ **4.1** ⟨fig.⟩ zich ~ *throw o.s. down, fall down on one's knees.*

neerzetten 0.1 [iets ergens plaatsen] *put/lay down* ⇒ *place,* ⟨koffers ook⟩ *set down,* ⟨gebouw ook⟩ *erect,* ⟨zich neerzetten⟩ *sit down* **0.2** [dram.] *create, depict, render* ◆ **1.1** ⟨sport⟩ een goede tijd ~ *record a good time;* kijk uit waar je je voeten neerzet *watch out where you put your feet (down)* **1.2** een personage overtuigend ~ *give a convincing rendition of a character.*

neerzien 0.1 *look down (on s.o.).*

neerzijgen ⟨schr.⟩ **0.1** *collapse* ⇒ *sink/drop down.*

neet 0.1 *nit* ◆ **2.1** ⟨fig.; inf.⟩ kale ~ ⟨armoedzaaier⟩ *bum;* ⟨kaal iem.⟩ *baldy* **8.¶** ⟨inf.⟩ zo lui als de neten zijn *be lazy as they come.*

nefast 0.1 *pernicious* ⇒ *baleful.*

nefrologie ⟨med.⟩ **0.1** *nephrology.*

negatie 0.1 [ontkenning] *negation;* ⟨tegenovergestelde⟩ *opposite;* ⟨tegenspraak⟩ *contradiction* **0.2** [woord] *negative* **0.3** [loochening] *negation* ⇒ *denial* ◆ **1.1** een ~ van zijn principes a *(flat) negation of his principles.*

negatief[1] ⟨het⟩⟨foto.⟩ **0.1** [ontwikkelde plaat, film] *negative (plate/film)* **0.2** [afgedrukt beeld] *negative.*

negatief[2] ⟨bn., bw.⟩ **0.1** [ontkennend] *negative* **0.2** [niet positief] *negative* ⇒ ⟨attr.; vnl. wisk., nat.⟩ *minus* **0.3** [mbt. personen] *negative* ⇒ *critical* **0.4** [foto.] *negative* ◆ **1.2** ⟨wisk.⟩ een ~ getal a *n./minus (number);* negatieve kritiek *n./destructive criticism;* ⟨nat.⟩ negatieve lens *n. lens;* een ~ oordeel a *n./an unfavourable judgment;* ~ vermogen *n. capital* **1.4** een ~ beeld a *n./reverse image* **3.2** ~ staan be overdrawn/in the red.

negativisme 0.1 *negativism* ⟨ook med.⟩ ⇒ *scepticism.*

negen[1] ⟨de⟩ **0.1** *nine* ◆ **6.1** één leerling kreeg een ~ **voor** Engels *one student got an A for English.*

negen[2] ⟨telw.⟩ **0.1** *nine;* ⟨data⟩ *ninth* ◆ **6.1** het is **bij** ~en *it's almost nine (o'clock);* ~ **op** de tien keer *nine times out of ten* ⟨ook→**drie**⟩.

negende 0.1 ⟨bn. en rangtelw.⟩ *ninth* ◆ **1.1** op de ~ v.d. maand *(on) the n. (of the month);* Beethovens ~ symfonie *Beethoven's n. (symphony)* **6.1** een ~ van iets a/one *n. of sth.* ⟨ook→**derde**⟩.

negenhonderd 0.1 *nine hundred.*

negenjarig 0.1 [negen jaar oud] *nine-year-old* **0.2** [negen jaren durend] *nine-year, of/lasting nine years* ◆ **1.1** op ~e leeftijd *at nine years of age.*

negenmaal 0.1 *nine times.*

negental 0.1 [negen stuks] *nine (pieces, copies enz.)* **0.2** [sport; ploeg] *(team of) nine (players)* ◆ **6.2** honkbal wordt met ~len gespeeld *baseball has teams of nine players.*

negentien 0.1 *nineteen;* ⟨data⟩ *nineteenth* ⟨ook→**drie**⟩.

negentiende 0.1 ⟨bn. en rangtelw.⟩ *nineteenth* ⟨ook→**derde**⟩.

negentiende-eeuws 0.1 *nineteenth-century;* ⟨vooral bouwk.⟩ *Victorian.*

negentienhonderd 0.1 *nineteen hundred.*

negentig 0.1 *ninety* ◆ **6.1** hij was in de ~ *he was in his nineties;* in de winter van ~ *during the winter of '90/ 1890.*

neger, -in 0.1 *(African/American) black (person)* ⟨m., v.⟩ ⇒ ⟨pej.; gesch.⟩ *Negro* ⟨m.⟩, *Negress* ⟨v.⟩, ⟨bel.⟩ *nigger.*

negerbevolking 0.1 *black community/population.*

negeren 0.1 *bully* ⇒ *hector.*

negeren 0.1 *ignore* ⇒ *take no notice of,* ⟨persoon ook⟩ *give the cold shoulder,* ⟨naast zich neerleggen⟩ *disregard,* ⟨naast zich neerleggen⟩ *brush aside* ◆ **1.1** een verordening ~ *disregard a regulation* **5.1** deze feiten worden eenvoudig genegeerd! *these facts are simply being ignored;* iem. straal/volkomen ~ ⟨ook⟩ *cut s.o. dead/cold.*

Neger-Engels[1] (Wdl: Negerengels) ⟨het⟩ **0.1** *Sranan (Tongo)* ⇒ ⟨bel.⟩ *Taki-Taki.*

Neger-Engels[2] (Wdl: Negerengels) ⟨bn.⟩ **0.1** *Sranan.*

negerhaat 0.1 *negrophobia* ⇒ *racial hate, racism.*

negerras 0.1 *Negroid race.*

negerslaaf, -slavin 0.1 *black slave* ⟨m., v.⟩.

negervraagstuk 0.1 *black problem/question* ⇒ *problem/question of black integration.*

negerwijk 0.1 *black area.*

negerzanger, -es 0.1 *black singer.*

negerzoen 0.1 ±*chocolate éclair.*

negligé 0.1 *negligee, negligé* ⇒ *housecoat, dressing gown.*

negorij ⟨pej.⟩ **0.1** *one-horse town.*

negotie 0.1 [handel] *trade* **0.2** [koopwaar] *(pedlar's) ware.*

negride 0.1 *Negro* ⇒ *Negroid(al)* ◆ **1.1** het ~ hoofdras *the Negroid (geographical/biological) race.*

neigen I ⟨onov.ww.⟩ **0.1** [overhellen tot een mening] *incline/be inclined (to, towards)* ⇒ *tend (to, towards)* **0.2** [hellen] *incline* ◆ **5.1** ik neig ertoe om mee te gaan *I am inclined to go too* **6.1** ⟨pol.⟩ **naar** links ~d *tending to(wards) the left;* een bang mens neigt van nature **tot** achterdocht a *timid person tends by nature to be suspicious;*
II ⟨ov.ww.⟩ **0.1** [doen hellen] *bend* ⇒ ⟨ook fig.⟩ *incline.*

neiging 0.1 *inclination* ⇒ *tendency,* ⟨karaktereigenschap ook⟩ *propensity,* ⟨karaktereigenschap ook⟩ *penchant,* ⟨karaktereigenschap ook⟩ *bent,* ⟨slechte karaktereigenschap⟩ *proclivity* ◆ **2.1** fascistische/artistieke ~en *fascist/artistic tendencies;* hij toonde niet de minste ~ om … *he was not at all inclined to …;* vreemde ~en hebben *have strange quirks* **3.1** ik heb altijd de ~ om haar te beschermen *I always tend to protect her;* ergens de ~ toe voelen *feel inclined to (do sth.)* **6.1** ⟨pol.⟩ een ~ **naar** links a *tendency to the left;* zijn natuurlijke ~ **om** precies het verkeerde te doen *his natural propensity for doing precisely the wrong thing;* een ~ **tot** wreedheid a *proclivity to(wards) cruelty.*

nek 0.1 [deel van de hals] *nape/back of the neck* **0.2** [fig.; voorwerp] *neck* ◆ **2.1** een gespierde ~ a *muscular neck;* een stijve ~ hebben ⟨lett.⟩ *have a stiff neck;* ⟨fig.⟩ *be stiff-necked* **3.1** ⟨fig.⟩ dat breekt je nog eens de ~ *that will be your ruin/undoing of you;* ⟨fig.⟩ je ~ breken *over de rommel trip over the rubbish;* een kip de ~ omdraaien *wring/twist a chicken's neck;* iem. de ~ omdraaien ⟨lett.⟩ *wring s.o.'s neck;* ⟨fig.⟩ *break/ruin s.o.;* ⟨fig.⟩ zijn ~ uitsteken *stick one's neck out* **6.1** ~ **aan** ~ ⟨ook fig.⟩ *neck and neck;* ⟨fig.⟩ iem. **met** de ~ aankijken *give s.o. the cold shoulder;* ⟨fig.⟩ wat haal je je **op** je ~ *what are you letting yourself in for;* ⟨fig.⟩ iem. **op** zijn ~ zitten *be on s.o.'s back;* **over** zijn ~ gaan *heave, puke;* ⟨fig.⟩ **over** zijn ~ gaan van iets/iem. *not be able to stand (the sight of) sth./s.o.;* ⟨fig.⟩ **tot aan** zijn ~ in de schulden zitten *be up to one's neck/ears in debt;* ⟨fig.⟩ **uit** zijn ~ kletsen *talk out of the back of one's neck.*

nek-aan-nekrace 0.1 *neck-and-neck race.*

nekhaar 0.1 *hair at the nape of the neck* ⇒ *hackles* ⟨mv.⟩ ◆ **3.1** de hond zette zijn ~ overeind *the dog raised its hackles* **6.1** ⟨inf.⟩ je lult **uit** je nekharen *that's a load of crap.*

nekken 0.1 [doden] *break/wring s.o.'s neck* **0.2** [fig.] *(bring to) ruin* ⇒ *finish* ⟨iemand⟩, *kill* ⟨iets⟩, *wreck* ⟨iets⟩ ◆ **4.2** dat heeft hem genekt *that has been his undoing/finished him (off).*

nekkramp 0.1 *spotted fever* ⇒ *cerebrospinal meningitis/fever.*

nekslag 0.1 [genadeslag] *deathblow* ⇒ *final blow* **0.2** [mbt. wild] *rabbit punch* ◆ **3.1** ⟨fig.⟩ dat heeft hem de ~ gegeven *that gave him the final blow.*

nekspier 0.1 *neck/*⟨med. ook⟩ *cervical muscle.*

nekvel 0.1 *scruff of the neck* ♦ **6.1** iem./een hond **in** zijn~ pakken *take s.o./u dog by the scruff of the neck.*

nel ⟨kaartspel⟩ **0.1** *nine of trumps.*

nemen 0.1 [beetpakken] *take* **0.2** [in genoemde toestand brengen/laten verkeren] *take* **0.3** [het genoemde (gaan) doen] *take* **0.4** [nuttigen] *have* **0.5** [zich verschaffen] *take* ⇒*get, have, take out* ⟨hypotheek, patent, abonnement⟩ **0.6** [aanvaarden] *take* **0.7** [zich bedienen van] *take* ⇒*use* **0.8** [op zijn weg passeren] *take* **0.9** [op genoemde wijze opvatten] *take* **0.10** [af-, wegnemen] *take* ⇒⟨oorlog, schaakspel enz. ook⟩ *seize, capture* ♦ **1.1** een boek voor zich~ *pick up a book;* een kind op de arm~ *t. a baby/child in one's arms;* ⟨fig.⟩ neem mijn vader nou *now, t. my father* **1.3** maatregelen~ *t. steps/measures;* de moeite~ om *t. the trouble to;* ontslag~ *resign;* plaats~ tussen/in *sit (down)/t. a seat between/in;* ⟨sport⟩ een strafschop~ *t. a penalty (kick)* **1.4** een borrel~ *h. a drink* **1.5** we~ later drie kinderen *we intend to have three children;* een krant~ *take/ subscribe to a newspaper* **1.7** de bus~ *catch/t. the/go by bus;* een taxi~ *get/t. a/go by taxi* **1.8** een kortere weg~ *t. a short cut* **1.10** ⟨rel.⟩ de Heer heeft gegeven, de Heer heeft genomen *the Lord gave, the Lord hath taken away;* iem. het leven~ *take s.o.'s life;* een stad~ *t./capture a city* **2.5** een dag vrij~ *have/take a day off* **2.9** iem. iets kwalijk- take sth. ill of s.o.; iets niet zo nauw~ *not bother o.s. much about sth., not be overparticular;* iem. (niet) serieus~ *(not) take s.o. seriously* **3.1** ⟨fig.⟩ zich genomen voelen *feel (that) one has been had* **3.6** het leven bestaat uit geven en~ *life is a question of give and t.* **4.1** men neme ...take ... **4.4** wat neem jij! *what are you having?* **4.6** dat neem ik niet! *I'm not standing for that!* **4.9** alles bij elkaar genomen *all things considered* **4.¶** hij nam haar van achteren/met geweld *he took her from behind/by force;* wat dacht je? ik neem het er maar eens van *you bet, I'm doing myself proud/I'm helping myself.* (⟨sl.⟩ *to the goodies)* **5.2** iem. (even) apart~ *take s.o. aside* **5.4** neem nog een koekje *(do) h. another biscuit* **5.9** strikt genomen *strictly (speaking)* **5.¶** iem. ertussen~ *pull s.o.'s leg* **6.1** iem. bij de hand~ *take s.o. by the hand* ⟨ook fig.⟩ **6.2** in behandeling~ *start treating;* iets op zich~ *undertake (to do) sth.;* ⟨verantwoordelijkheid⟩ *take sth. (up)on o.s.;* iets ter hand~ *take sth. in hand/sth. up;* iets tot zich~ *take sth.;* voor zijn rekening~ *deal with, account for* **6.3** ⟨bij het fotograferen⟩ van opzij genomen *taken from the side* **6.5** iem. tot man, vrouw~ *take s.o. as one's husband/wife* **6.7** iem. tot voorbeeld~ *take s.o. as an example* **6.9** over het geheel genomen *all in all;* iets ter harte~ *take sth. to heart* **8.6** je moet de Engelsen~ zoals ze zijn *you must t. the English the way they are* **¶.2** uit elkaar~ *t. apart* **¶.¶** het er (goed) van~ *live well.*

neofascisme 0.1 *Neo-Fascism, neofascism.*

neofascist 0.1 *neo-Fascist.*

neologisme ⟨taal.⟩ **0.1** [nieuw woord] *neology, neologism* ⇒ *coinage* **0.2** [nieuwe betekenis] *neology, neologism.*

neon 0.1 *neon.*

neonazi 0.1 *neo-Nazi.*

neonazisme 0.1 *neo-Nazism.*

neonbuis 0.1 *neon lamp/light/tube* ⇒*(fluorescent) strip light.*

neonlicht 0.1 *neon light.*

neonreclame 0.1 *neon sign(s).*

neonverlichting 0.1 *neon lighting* ⇒⟨met rechte buizen ook⟩ *strip lighting.*

neoplasma ⟨med.⟩ **0.1** *neoplasm.*

nep ⟨inf.⟩ **0.1** [bedrog, namaak] *sham* ⇒*fake* ⟨in samenst.

ook⟩, ⟨afzetterij⟩ *swindle,* ⟨afzetterij⟩ *rip-off* **0.2** [al wat waardeloos is] *junk* ⇒*rubbish* ♦ **3.1** het is allemaal~ *it's bogus/a sham/fake* **¶.1** wat een~! *what a phoney business, what a rip-off!*

Nepal 0.1 *Nepal.*

Nepalees[1] ⟨de (m.)⟩, **-lese** ⟨de (v.)⟩ **0.1** *Nepalese, Nepali.*

Nepalees[2] ⟨bn.⟩ **0.1** *Nepalese, Nepali.*

nepbom 0.1 *fake bomb.*

nepotisme 0.1 *nepotism.*

neppen ⟨inf.⟩ **0.1** *humbug* ⇒*bamboozle, cheat* ♦ **6.1** ze hebben me aardig genept **met** dit horloge *I've really been ripped off with this watch.*

neppil 0.1 *placebo.*

Neptunus 0.1 *Neptune.*

nerf 0.1 [mbt. hout] *grain(ing)* ⇒*texture* **0.2** [mbt. papier, leer] *grain* **0.3** [bladader] *vein* ⇒*rib* **0.4** [lijn in metaal] *grain* ♦ **2.2** papier met een fijne~ *fine g. paper.*

nergens 0.1 [op/in geen plaats] *nowhere* **0.2** [niets] *nothing* ♦ **3.1** ⟨fig.⟩ als dat gebeurt, dan ben je~ meer *if that happens, you've had it;* zonder bril ben ik~ *I'm lost without my glasses;* het kind is~ te vinden *the child is n. to be found;* met vleierij kom je~ *flattery will get you n.;* ⟨fig.⟩~ zijn *be n.* **3.2**~ aan komen! *don't touch!* **5.1**~ anders dan *n. (else) but;* ik kon~ naar toe *I had n. to go* **5.2** dat lijkt~ naar/op *that's a poor piece of work;* dat dient~ toe *that is (of) no use;* dat was~ goed voor *that was no use/good;* je hoeft je~ voor te schamen *you have n. to be ashamed of* **6.2** zij geeft~ **om** (is nergens aan gehecht) *she doesn't care about anything;* (laat zich niets gezeggen) *she doesn't give a damn/hoot about anything;* ik weet~ **van** *I know n. about it;* die opmerking was~ **voor** nodig *that remark was uncalled-for.*

nering 0.1 [middel van bestaan] *trade* ⇒*(small) business* **0.2** [klandizie] *trade* ⇒*business* ♦ **2.2** goede~ hebben *do a good business* **¶.1** de tering naar de~ zetten *cut one's coat according to one's cloth.*

nerts 0.1 *mink.*

nertsmantel 0.1 *mink coat.*

nervatuur ⟨biol.⟩ **0.1** *nervation* ⇒*venation.*

nerveus 0.1 [zenuwachtig] *nervous* ⇒*tense, high(ly)-strung* **0.3** [de zenuwen betreffend] *nervous* **0.3** [hand.] *nervous* ⇒*jumpy* ♦ **1.1** een nerveuze bedoening *a pother* ⟨onnodig opgewonden⟩; *a nerve-racking affair* ⟨nerveus makend⟩ **1.3** de markt is~ *the market is n.* **3.1**~ lachen *laugh nervously;* iem.~ maken *make s.o. n., get on s.o.'s nerves;*~ zijn *be n./tense.*

nervig ⟨biol.⟩ **0.1** *veined* ⇒*ribbed, nerved.*

nervositeit 0.1 *nervousness* ⇒*tension, nerves* ♦ **6.1** uit~ *out of sheer nervousness/nerves.*

nest 0.1 [mbt. vogels] *nest* ⇒⟨roofvogel ook⟩ *eyrie* **0.2** [mbt. andere dieren] *nest* ⇒⟨hol⟩ *den, hole* **0.3** [worp] *litter* ⇒ *nest, brood* ⟨vnl. vogels, insecten⟩ **0.4** [verwaand meisje] *chit (of a girl)* ⇒*(little) madam* **0.5** [ingewikkelde zaak] *jam* ⇒*spot, fix* **0.6** [bed] ⟨zie 3.6, 6.6⟩ **0.7** [in elkaar passende voorwerpen] *nest* ♦ **1.3** een~ honden *a l. of pups;* een~ kuikens *a brood of chicks* **1.7** een~ schaaltjes/dozen *a n. of bowls/boxes* **2.1** ⟨fig.⟩ dat kind komt uit een goed~ *that child comes from a good family* **2.4** een brutaal/verwaand~ *a cheeky/stuck-up little madam* **3.1** ⟨fig.⟩ zijn (eigen)~ bevuilen *(be)foul one's own n.;* ⟨fig.⟩ een ~je bouwen *build o.s. a n., settle down;*~en uithalen *go bird-nesting* **3.6** hij dook met iedereen het~ in *he slept around a lot;* kom je~ uit! *get yourself out of bed!* **6.5** in de ~en zitten *be in a fix;* zich **in** de~en werken *get into a fix* **6.6** ik ga **naar** mijn~ *I'm going to turn in.*

nestelen I ⟨onov.ww.⟩⟨biol.⟩ **0.1** [het nest maken] *nest;*
II ⟨wk.ww.; zich ~⟩ **0.1** [zich ergens vestigen] *nestle ⇒settle, lodge* ◆ **6.1** de poes nestelde zich **bij** het vuur/tegen
haar aan *the cat curled up in front of the fire, the cat nestled/snuggled up to her;* zij nestelde zich **in** zijn armen *she
nestled in his arms;* bacteriën ~ zich **in** kleine wondjes
bacteria lodge in small wounds.

nesteling I ⟨de (m.)⟩ **0.1** [vogel] *nestling ⇒chick;*
II ⟨de (v.)⟩ **0.1** [het nestelen] *nesting ⇒⟨dierk. ook⟩ nidification,* ⟨fig.⟩ *nestling,* ⟨fig.⟩ *settling,* ⟨fig.⟩ *lodging* ◆ **1.1** de ~
van de eicel *the implantation of the ovum.*

nesthaar 0.1 *first hair ⇒down.*

nestkastje 0.1 *nest(ing)-box ⇒birdhouse.*

nestor 0.1 [oudste] *Nestor ⇒doyen* **0.2** [eerbiedwaardige
grijsaard] *Nestor ⇒patriarch, grand old man,* ⟨staatsman
ook⟩ *elder statesman.*

nestschalen 0.1 *nest of bowls.*

nestveren 0.1 *first feathers ⇒down.*

nestvlieder 0.1 *nidifugous/precocial bird.*

nestvogel 0.1 *nestling.*

net¹ ⟨het⟩ **0.1** [weefsel met mazen] *net ⇒⟨stof ook⟩ netting,
string bag* ⟨voor boodschappen⟩ **0.2** [elkaar snijdende zaken] *network ⇒system,* ⟨communicatie ook⟩ *net, mains*
⟨elektrisch⟩, *grid* ⟨gas, elektriciteit⟩ **0.3** [televisiezenders]
channel ◆ **1.2** een ~ van telefoonverbindingen *a network
of telephone connections* **2.2** het elektrische ~ *the (electric) mains* **3.1** ~ten boeten *mend nets;* ~ten breien/knopen *make nets;* een ~ spannen *spread a net* **6.1** ⟨fig.⟩ **achter** het ~ vissen *miss out, miss the boat;* de koffer **in** het ~
leggen *put the suitcase in the rack;* ⟨fig.⟩ iem. **in** zijn ~ten
verstrikken *(en)trap/ensnare s.o.;* ⟨sport⟩ de doelman viste de bal **uit** het ~ *the goalkeeper fished the ball out of the
net* **7.3** het eerste/tweede ~ *c. one/two.*

net² **I** ⟨bn.⟩ **0.1** [ordelijk] *neat ⇒tidy,* ⟨goed onderhouden⟩
trim **0.2** [keurig] *neat ⇒smart* **0.3** [beschaafd] *respectable ⇒decent,* ⟨vero. of iron.⟩ *genteel* **0.4** [hygiënisch]
clean **0.5** [ethisch zuiver] *decent* ◆ **1.1** een ~te stapel *a n./
tidy pile* **1.2** doe je ~te pak aan *put on your good suit* **1.3**
een ~te buurt *a r./genteel neighbourhood;* ~te mensen *r./
decent people;* 'copuleren' is een ~ woord voor 'neuken'
'copulate' is a polite word for 'fuck' **2.4** het is daar altijd
even ~ en zindelijk *that place is always spick and span*
7.2 iets in het ~ schrijven/uitwerken *copy out sth.* **7.5** alles in het ~te *(open and) above board;*
II ⟨bw.⟩ **0.1** [juist] *just ⇒exactly* **0.2** [pas; precies als] *just*
0.3 [netjes] *neatly; smartly* ⟨gekleed⟩; ⟨behoorlijk⟩ *respectably, properly* ◆ **1.2** je bent ~ een dominee *you're j.
like a preacher;* hij is ~ zijn vader *he's the spitting image
of his father* **2.1** ~ goed *serves you/him/her/them right*
2.2 ~ echt *j. like the real thing* ⟨ook iron.⟩ **3.1** ⟨iron.⟩ dat
kun je ~ denken *you've got another thing coming, not likely;* het gaat maar ~ *it's a tight fit* ⟨doorgang⟩; zij ging ~ vertrekken *she was about to leave* **3.2** ik heb dat gisteren ~
schoongemaakt *I cleaned that only yesterday;* wij zijn ~
thuis *we've (only) j. come home* **3.3** kun je dat niet ~ter
zeggen? *can't you put that more politely?* **4.1** ~ iets voor
hem ⟨net wat hij zoekt⟩ *j. the thing for him;* ⟨kenmerkend
voor hem⟩ *j. like him, him all over;* ~ wat ik dacht *j. as I
thought;* dat is ~ wat ik nodig heb *that's exactly what I
need;* ⟨ook iron.⟩ *that's just what I need;* ⟨iron.⟩ *that's all I
need;* ~ wat je zegt! *j. as you say!, right you are!* **5.1** maar ~
een voldoende halen *j. pass, scrape through;* dat was maar
~ aan *that was a narrow escape/close call, that was
touch and go;* ~ mis *a near miss/thing;* ik weet het nog zo
~ niet *I'm not so sure;* het nog ~ halen *squeak through/by;*

ik weet het ~ zo min als jij *your guess is as good as mine;*
wij zijn ~ zo min tevreden *we aren't satisfied either;* ze
zeurden ~ zo lang tot hij meeging *they nagged him into
coming along;* ze is ~ zo goed als hij *she's every bit as good
as he is;* ze hebben ~ zo goed een medaille verdiend *they
are j. as worthy of a medal* **5.2** we waren er nog maar ~,
toen ...*we had hardly arrived when* ... **7.1** de een ~ zoveel
geven als de ander *give one j. as much as the other* **8.1** het
is ~ alsof je het leuk vindt *it's (almost) as if you think it's
funny* **8.2** ~ of hij zo'n beste is *as if he's so great* **9.1** dat is
het hem nou ~ *that's j. it, there's the rub* **¶.1** zo is het maar
~ *right you are!, j. as you say!;* dan heb ik ~ zo lief dat je
weg gaat *in that case I'd j. as soon you leave;* je moet ~ doen
alsof *you must pretend;* het begint ~ zo gezellig te worden
the fun is j. starting; we hadden ~ zo goed niets kunnen
doen *we might j. as well have done nothing;* we kwamen ~
te laat *we came j. too late.*

netaansluiting 0.1 *mains connection ⇒⟨elek.⟩ AC power
supply.*

netbal ⟨sport⟩ **0.1** [tennis] *netball* **0.2** [balsport] *netball.*

netband ⟨sport⟩ **0.1** *(net)tape.*

netel 0.1 *nettle* ◆ **6.1** ⟨fig.⟩ zich **uit** de ~s redden *get out of
hot water/trouble/a jam.*

neteldoek 0.1 *muslin.*

netelig 0.1 [hachelijk] *thorny ⇒knotty* **0.2** [lichtgeraakt]
touchy ⇒thin-skinned ◆ **1.1** een ~e kwestie ⟨ook⟩ *a tricky
question.*

netelplanten 0.1 *nettles.*

netelroos, -koorts 0.1 *nettle rash ⇒hives, urticaria.*

netenkam 0.1 *fine-tooth comb.*

netfout ⟨tennis, volleybal⟩ **0.1** *net fault.*

netheid 0.1 [ordelijkheid] *neatness ⇒tidiness, cleanliness*
⟨van aard⟩, ⟨kleding ook⟩ *smartness* **0.2** [fatsoen] *decency
⇒respectability.*

nethemd 0.1 *mesh/net/string vest.*

netjes 0.1 [ordelijk] *neat ⇒tidy, clean,* ⟨goed onderhouden⟩
trim, cleanly ⟨van aard⟩ **0.2** [keurig] *neat ⇒smart* **0.3** [zoals het hoort] *decent ⇒respectable, proper* ◆ **3.1** hou het
~ *keep it clean;* de kamer is ~ opgeruimd *the living room is
shipshape/nice and tidy* **3.2** wat ben je ~ vandaag! *you're
looking smart today!;* ~ gekleed *all dressed up;* ~ schrijven
write neatly **3.3** iem. ~ behandelen *treat s.o. decently/
fairly;* gedraag je ~ *behave yourself* **5.3** dat is niet ~ *that is
not done/proper;* dat is bad manners/form;* dat is niet zo
~ van je *that is not very nice of you* **¶.1** ~ in orde *in proper
trim.*

netmaag 0.1 *reticulum ⇒second stomach.*

netnummer 0.1 ⟨GB⟩ *dialling code;* ⟨USA⟩ *area code.*

netrechter ⟨sport⟩ **0.1** *net-cord judge.*

netschrift 0.1 [cahier] *fair-copy book* **0.2** [de in het net geschreven kopie] *fair copy ⇒final draft.*

netspanning 0.1 *mains voltage.*

netsurfen 0.1 *surfing the net.*

nettenmaker, -maakster 0.1 *net-maker.*

netto 0.1 [mbt. loon] *net ⇒nett, after tax, clear, real* **0.2**
[mbt. gewicht] *net ⇒nett, real* **0.3** [mbt. winst] *net ⇒nett,
clear* ◆ **1.1** het ~ maandsalaris *the net(t) after tax/take-home pay* **3.1** zij verdient *ƒ*2500,- ~ *she makes Dfl2,500
net(t),* she nets/clears *Dfl2,500* **3.2** het weegt ~ tien pond
it weighs ten pounds net(t) **3.3** de opbrengst bedraagt ~
*ƒ*2000,- *the net(t) profit is Dfl2,000;* ~ uitkeren *pay/distribute net(t).*

nettobedrag 0.1 *net (amount).*

nettogewicht 0.1 *net weight.*

netto-opbrengst 0.1 *net/nett proceeds ⇒net/nett profit*
⟨winst⟩, *clear proceeds/profit.*

nettoprijs 0.1 *net price.*
nettosalaris, nettoloon 0.1 *net/*⟨BF ook⟩ *nett salary/wages;* ⟨inf.⟩ *take-home pay.*
nettowaarde 0.1 *net/*⟨BE ook⟩ *nett value* ⇒⟨boekhouden⟩ *capital account* ⟨van bedrijf⟩ ◆ **6.1 aan** ~ toevoegen *gross up* ⟨vóór belasting/inhouding⟩.
nettowinst 0.1 *net/nett profit* ⇒*clear/profit.*
netvleugeligen 0.1 *Neuroptera.*
netvlies ⟨med.⟩ **0.1** *retina.*
netvliesontsteking 0.1 *retinitis.*
netvoeding 0.1 *mains supply.*
netvormig 0.1 *reticulate(d); cellular* ⟨stof⟩; ⟨plantk.⟩ *clathrate.*
netwerk 0.1 [fig.; mbt. handelingen, relaties] *web* **0.2**
[vlechtwerk] *network* ⇒*criss-cross pattern,* ⟨fig. ook⟩ *system* **0.3** [in het net geschreven (school)werk] *fair copy* ◆ **6.1** een ~ **van** intriges *a w. of intrigue* **6.2** een ~ **van** draden/wegen *a n. of wires/roads.*
netwerken 0.1 *network* ◆ **1.1** het is een goede gelegenheid om te ~ *it's a good opportunity to do some networking.*
neuken I ⟨onov.ww.⟩ **0.1** [inf.; naaien] *screw* ⇒*fuck* **0.2** [vulg.; hinderen]⟨ongemarkeerd⟩ *matter* ◆ **1.1** een potje ~ *a fuck/screw, a roll in the hay* **5.1** zij/hij kan goed/lekker ~ *she/he's a good fuck/lay* **5.2** dat neukt niet *I don't give a fuck/shit;*
II ⟨ov.ww.⟩⟨inf.⟩ **0.1** [naaien] *screw* ⇒*fuck, bang, hump, lay.*
neuralgie 0.1 *neuralgia.*
neurasthenie 0.1 *neurasthenia.*
neuriën 0.1 *hum* ◆ **1.1** een deuntje ~ *h. a tune.*
neuritis 0.1 *neuritis.*
neurochirurg 0.1 *neurosurgeon.*
neurochirurgie 0.1 *neurosurgery.*
neurologie 0.1 *neurology* ⇒*neuroscience.*
neurologisch 0.1 *neurological.*
neuroloog 0.1 *neurologist.*
neuroot 0.1 *neurotic* ⇒⟨inf.⟩ *psycho, nutcase.*
neurose 0.1 *neurosis.*
neuroticus, -ca 0.1 *neurotic.*
neurotisch 0.1 *neurotic* ⇒⟨alg. ook⟩ *disturbed, unstable* ◆ **1.1** ~ e aandoeningen *neuroses.*
neus 0.1 [lichaamsdeel] *nose* **0.2** [zintuig] *nose* ⇒*scent,* ⟨fig. ook⟩ *flair* **0.3** [punt van een voorwerp] *nose* ⇒⟨balg, spuit ook⟩ *nozzle, (toe)cap* ⟨schoen⟩, *toe* ⟨schoen⟩, *nib* ⟨dakpan⟩, *heel* ⟨geweer⟩, *handle* ⟨schaaf⟩ ◆ **1.1** iets tussen ~ en lippen door zeggen *say sth. casually;* ⟨onbedoeld⟩ *let sth. slip;* het -je van de zalm ⟨fig.⟩ *the cream of the crop, the tops, it, the cat's whiskers* **1.3** de ~ van een vliegtuig *the nose of the plane* **2.1** een frisse ~ halen *get a breath of fresh air;* een verstopte ~ *a stuffed(-up) n.* **2.2** ⟨fig.⟩ een fijne ~ voor iets hebben *have a good n./have an eye for sth.* **2.¶** dat examen is een wassen ~ *that exam is just a formality* **3.1** doen alsof zijn ~ bloedt ⟨fig.⟩ *play/act dumb;* zijn ~ dichthouden *hold one's n.;* dat gaat zijn ~ voorbij *that's not for (such as) him, it is lost to him;* hij haalt voor alles de ~ op *he's a bit sniffy;* zijn ~ ophalen *sniff; sniffle, snivel* ⟨herhaaldelijk, door verkoudheid/huilen⟩; de ~ voor iem./iets ophalen *turn up one's n. at s.o./sth.* ⟨ook fig.⟩; ⟨fig.⟩ *look down one's n. at s.o./sth.;* zijn ~ peuteren *pick one's n.;* zijn ~ snuiten *blow one's n.;* zijn ~ overal in steken ⟨fig.⟩ *poke/stick one's n. into everything;* ⟨fig.⟩ zijn ~ in andermans zaken steken *stick one's n. into other people's affairs/business;* zijn ~ in de wind steken ⟨fig.⟩ *stick one's n. in the air;* zijn ~ stoten ⟨fig.⟩ *fall (flat) on one's face* **4.1** ⟨scherts.⟩ ja, mijn ~ *my eye!, come off it!* **6.1** ⟨fig.⟩ dat ga ik

---

jou niet **aan** je ~ hangen *that's none of your business;* dat kan ik **aan** zijn ~ niet zien *I can't tell by the look on his face what he wants;* iem. **bij** de ~ nemen ⟨fig.⟩ *pull s.o.'s leg;* **door** de ~ spreken *talk through one's n.;* ⟨fig.⟩ iets langs zijn ~ weg zeggen *say sth. casually;* ⟨fig.⟩ overal **met** zijn ~ bij willen zijn *want to be in on everything that's going on;* ⟨fig.⟩ **met** zijn ~ kijken *look for sth. with one's eyes closed;* ⟨fig.⟩ je staat er **met** je ~ bovenop *you're standing right in front of it;* ⟨fig.⟩ iem. **met** zijn ~ op de feiten drukken *make s.o. face the facts;* ⟨fig.⟩ **met** zijn ~ in de boter vallen *be in luck;* ⟨fig.⟩ **met** zijn ~ in de boeken zitten *be forever with one's n. in one's books;* wit **om** de ~ worden *(go) pale, go green/white about the gills;* iem. iets **onder** zijn ~ wrijven ⟨fig.⟩ *rub it in;* **onder** zijn ~ *right under one's n.;* (lelijk) **op** zijn ~ kijken ⟨fig.⟩ *get a nasty surprise;* sta niet **uit** je ~ te eten ⟨fig.⟩ *don't just stand there;* ⟨fig.⟩ het/hij komt me mijn neus **uit** *I'm fed up (to the back teeth) with it/him;* ⟨fig.⟩ iem. iets **voor** de ~ wegkapen *take sth. from under s.o.'s n.;* ⟨fig.⟩ het ligt vlak **voor** je ~ *it's right in front of you;* ⟨fig.⟩ de trein ging **voor** mijn ~ weg *I just missed the train* **6.¶** iem. iets **door** de ~ boren *cheat s.o. of sth.* **¶.1** ⟨fig.⟩ niet verder zien/kijken dan zijn ~ lang is *be unable to see further than (the end of) one's n.*
neusamandel 0.1 *adenoids* ⟨mv.⟩.
neusbeen 0.1 *nasal bone.*
neusbloeding 0.1 *nosebleed* ⇒⟨med.⟩ *epistaxis.*
neusdruppels 0.1 *nose drops.*
neusgat 0.1 *nostril.*
neusholte 0.1 [holte in de schedel] *nasal cavity* **0.2** [inwendige ruimte van de neus] *nasal passage.*
neushoorn 0.1 *rhinoceros* ⇒⟨inf.⟩ *rhino.*
neus-keelholte 0.1 *nasopharynx* ⇒*rhinopharynx.*
neusklank 0.1 *nasal sound* ⇒⟨taal.⟩ *nasal.*
neuskus 0.1 *noserub* ⟨eskimo⟩.
neuslengte ⟨fig.; sport⟩ **0.1** *nose* ⇒*hair('s breadth)* ◆ **1.1** verliezen/winnen met een ~ verschil *lose/win by a n./ hair.*
neuspeuteren 0.1 *pick one's nose.*
neuspoliep 0.1 *nasal/nasopharyngeal polyp/polypus.*
neuspulker, -pulkster ⟨inf.⟩ **0.1** *nose-picker.*
neusring 0.1 *nosering* ⇒⟨rund ook⟩ *cattle leader.*
neusspray 0.1 *nasal spray* ⇒*nose spray.*
neusstem 0.1 *nasal voice; snuffle* ⟨door verkoudheid/huilen⟩.
neusstuk 0.1 *nose* ⇒*nosepiece* ⟨microscoop⟩, *nasal* ⟨helm⟩, *nosepiece* ⟨helm⟩, *nose cone* ⟨raket⟩.
neustussenschot 0.1 *(inter)nasal septum.*
neusverkouden 0.1 *having/with a cold in the nose/head* ◆ **3.1** ~ zijn *have a cold in the nose/head.*
neusverkoudheid 0.1 *cold in the nose* ⇒*head cold,* ⟨med.⟩ *nasal catarrh.*
neusvleugel 0.1 [mbt. de neus] *nostril* **0.2** [mbt. vliegtuigen] *slat.*
neuswortel 0.1 *base of the nose.*
neut 0.1 [borrel] *drop* ⇒*snort(er),* ⟨sl.⟩ *slam,* ⟨vnl. BE; sl.⟩ *snifter* **0.2** [vooruitstekend deel] *corbel, bracket* **0.3** [onderstuk van been of stijl] *die.*
neutraal 0.1 [onpartijdig] *neutral* ⇒*impartial* **0.2** [zonder sterke lading] *neutral* ⇒*middle-of-the-road,* ⟨pej.⟩ *colourless,* ⟨pej.⟩ *indifferent, noncommittal* ⟨uitspraak⟩ **0.3** [ster., schei., nat.] *neutral* ◆ **1.1** de neutrale mogendheden *the n. States, the Neutrals;* ~ onderwijs *non-denominational education;* ~ terrein *n. territory* **1.3** ⟨schei.⟩ neutrale zouten *n. salts* **3.1** ~ blijven, een neutrale houding aannemen *remain n./*⟨staat⟩ *non-aligned, take no side;* ⟨pej.⟩ *sit on the fence.*

neutralisatie 0.1 *neutralization.*

neutraliseren 0.1 [werking, invloed verhinderen, opheffen] *neutralize* ⇒*counteract* **0.2** [schei.] *neutralize* ⇒⟨verzadigen⟩ *saturate* **0.3** [tot neutraal gebied verklaren] *neutralize* ◆ **1.1** afvalwater ~ *treat sewage;* de werking van een vergif ~ *counteract the effect of a poison* **1.2** ~de stof *counteragent; antacid* ⟨tegen (maag)zuur⟩.

neutraliteit 0.1 *neutrality* ⇒*non-alignment* ⟨van staten⟩ ◆ **3.1** de ~ schenden *violate neutrality.*

neutraliteitsverklaring 0.1 *declaration of neutrality.*

neutron ⟨nat.⟩ **0.1** *neutron.*

neutronenbom 0.1 *neutron bomb.*

neuzen 0.1 [rondkijken] *browse* ⇒*nose around/about* **0.2** [snuffelen] *nose/ferret around/about* ◆ **6.2** hij zat in mijn brieven te ~ *he was prying/snooping into my letters.*

nevel 0.1 [mist] *mist* ⇒⟨lichte⟩ *haze,* ⟨druppeltjes⟩ *spray* **0.2** [fig.; sluier] *veil* ⇒*shroud* **0.3** [ster.] *nebula* ◆ **2.2** een dichte ~ houdt de toekomst voor ons verborgen *the future is shrouded in mystery* **2.3** galactische ~s *(galactic) nebulae* **6.1** ⟨fig.⟩ zich in ~en hullen *behave mysteriously.*

nevelachtig 0.1 [mistig] *hazy* ⇒*misty* **0.2** [fig.] *hazy* ⇒*foggy, vague.*

nevelbank 0.1 *pocket of mist* ⇒*bank of mist.*

nevelblusser 0.1 *(spray) extinguisher.*

nevelen 0.1 [misten] *be misty* ⇒*be hazy.*

nevelig 0.1 [nevelachtig] *misty* ⇒*hazy* **0.2** [fig.; vaag] *hazy* ⇒*foggy, vague* ◆ **1.1** ~ weer *m. weather* **1.2** ~e begrippen *foggy/vague notions/concepts.*

nevelvlek 0.1 *nebula.*

nevenactiviteit 0.1 *sideline.*

nevenbedrijf 0.1 [bedrijf naast voornaamste bedrijf] *branch, subsidiary* ⇒*sideline* **0.2** [minder belangrijke tak van bestaan] *side industry* **0.3** [onderdeel van grotere tak van bedrijf] *subsidiary industry/branch* ◆ **3.2** dit is een ~ van een meer winstgevend bedrijf *this is a dependent of a more profitable industry* **7.1** dit is één van onze vele nevenbedrijven *this is one of our many subsidiaries/sidelines/branch industries.*

neveneffect 0.1 *side effect.*

nevenfunctie 0.1 *additional function/job.*

nevengeschikt ⟨taal.⟩ **0.1** *coordinate.*

nevenhoek ⟨wisk.⟩ **0.1** *adjacent angle.*

neveninkomsten 0.1 *additional income.*

nevenschikkend ⟨taal.⟩ **0.1** *coordinating* ⇒*coordinate.*

nevenschikking ⟨taal.⟩ **0.1** *coordination* ⇒⟨asyndetisch⟩ *parataxis.*

nevenstaand 0.1 *adjacent* ◆ **1.1** zie ~e figuur *see the diagram opposite.*

newfoundlander 0.1 *Newfoundland (dog).*

Niagara 0.1 *Niagara* ◆ **1.1** de ~ waterval(len) *(the) N. falls.*

Nicaragua 0.1 *Nicaragua.*

nicht I ⟨de (v.)⟩ **0.1** [dochter van iemands broer/zuster] *niece* **0.2** [ooms/tantesdochter] *cousin* **0.3** [afstammelinge van neef en nicht] *cousin; grand niece* ⟨dochter van oom/tantezegger⟩ ◆ **2.2** een volle ~ *a first c.* **2.3** een verre ~ *a distant cousin* ¶**.2** een ~ van vaders/moederszijde *a paternal/maternal c.;*
II ⟨de (m.)⟩ **0.1** [homo] *fairy* ⇒*queen,* ⟨BE; sl.; bel.⟩ *poofter,* ⟨AE; sl.; bel.⟩ *faggot.*

nichtenbar 0.1 *gay bar.*

nichterig 0.1 *fairy* ⇒⟨BE ook⟩ *poofy* ◆ **1.1** ~e types *fairies, queens;* ⟨BE ook⟩ *poofs, pansies.*

nicotine 0.1 *nicotine.*

nicotinearm 0.1 *low in nicotine.*

nicotinepleister 0.1 *nicotine patch.*

nicotinevergiftiging 0.1 *nicotinism* ⇒*nicotine/tobacco poisoning.*

nicotinevlek 0.1 *tobacco stain* ◆ **6.1** vingers met ~ken *tobacco-stained fingers.*

niemand 0.1 *no one* ⇒*nobody* ◆ **3.1** er is ~ thuis *there's no one/nobody home;* voor ~ onderdoen *be second to none* **4.1** ~ anders dan *none other than;* niets of ~ kan haar tegenhouden *there's no stopping her* **5.1** ~ minder dan *none other than.*

niemandsland 0.1 *no man's land.*

niemendal I ⟨het⟩ **0.1** [kleinigheid] *song* ◆ **6.1** voor een ~ heb je het *it's going for a s.;*
II ⟨de⟩ **0.1** [onbeduidend persoon] *nobody* ⇒*nothing.*

niemendalletje 0.1 [kledingstuk] *scanty piece of clothing* ⇒*negligee* **0.2** [romannetje, toneelstuk] *light book* ⇒*light novel,* ⟨toneelstuk⟩ *light play/comedy.*

nier 0.1 *kidney* ◆ **2.1** gebakken ~(tjes) *fried kidney(s);* ⟨med.⟩ een wandelende ~ *a floating/wandering k.*

nierbekken 0.1 *renal pelvis* ⇒*pelvis (of the kidney).*

nierdialyse ⟨med.⟩ **0.1** *haemodialysis* ⇒*extracorporeal dialysis.*

niergordel 0.1 *(renal) support belt.*

nierkanker 0.1 *cancer of the kidney(s).*

nierkapsel 0.1 *capsule (of the/a kidney)* ⇒*perinephrium.*

nierkoliek 0.1 *renal colic* ⇒*nephralgia.*

nierontsteking 0.1 *nephritis, inflammation of the kidney* ⇒*kidney infection.*

nierpatiënt 0.1 *kidney patient.*

niersteen 0.1 *kidney stone* ◆ **3.1** nierstenen hebben *have kidney stones.*

niertransplantatie ⟨med.⟩ **0.1** *kidney transplant(ation).*

niervergiftiging 0.1 *uraemia.*

niervet 0.1 *suet.*

niervormig 0.1 *kidney-shaped* ◆ **1.1** een tafeltje met ~ blad *a k.-s. table.*

nierziekte 0.1 *kidney disease/complaint.*

nies 0.1 *sneeze.*

niesbui 0.1 *attack/fit of sneezing.*

niespoeder 0.1 *sneezing powder.*

niesziekte 0.1 *cat flu.*

niet¹ I ⟨de⟩⟨meestal nietje⟩ **0.1** [metalen beugeltje] *staple* **0.2** [klinknageltje] *rivet;*
II ⟨de (m.)⟩ **0.1** [mbt. een loterij] *blank* ◆ **3.1** een ~ trekken *draw a b.;*
III ⟨het⟩ **0.1** [het niet zijn] *nothingness* ◆ **6.1** dat valt in het ~ vergeleken bij ... *that pales into insignificance beside ...; in* het ~ verdwijnen *vanish/fade into n.; vanish into thin air.*

niet² ** ⟨bw.⟩ **0.1 [ontkenning] *not* **0.2** [toch, immers] *not* ◆ **2.1** ~ geslaagd/gereed/authentiek, enz. *unsuccessful/unprepared/unauthentic* ⟨enz.⟩ **3.1** ik hoop van ~ *I hope n.;* gelieve ~ te roken *please do n. smoke* **3.2** heb ik het je ~ gezegd? *didn't I tell you?;* hoe vaak heb ik ~ gedacht ... *how often have I thought ...* **4.1** ik ook ~ *neither/nor do I/am I/have I/* ⟨enz.⟩ **5.1** ~ alleen ..., maar ook ... *n. only ... but also ...;* ik kan ~ anders dan zijn voorstel aannemen *I cannot but accept his proposal;* het betaalt goed, daar ~ van *it's well-paid, that's n. the point, but;* dan ~! *(all right) then no!;* hij keek ~ eens *he didn't even look, he never even looked;* helemaal ~ *n. at all;* ⟨inf.⟩ *no way;* lang zo goed ~ *nowhere near as/so good;* denk dat maar ~ *don't you believe it!;* volstrekt ~ *absolutely n.* **5.2** ~ waar? *isn't it?, aren't they?, doesn't he?, can't we?* ⟨enz.⟩ **6.1** ik neem aan *van* ~ *I don't suppose so* **8.1** ~ dat ...*(it's) n. that ..., it's n. as if ...;* dat viel mee, of ~? *that was all right, wasn't it?* ⟨enz.⟩ ¶**.1** ze is ~ al te slim *she is none too bright.*

niet³ ⟨onb.vnw.⟩ **0.1** *nothing* ⇒*nought* ◆ **3.1** te ~ gaan *come to nothing/nought, perish; be extinguished/shattered* ⟨hoop⟩; te ~ doen *nullify, annul, cancel; set aside, override* ⟨wet, besluit⟩; *dispose of* ⟨theorie⟩; *undo* ⟨resultaat van iets⟩; *dash, defeat* ⟨hoop⟩; *put an end to* ⟨overeenkomst⟩; een schuld te ~ doen *cancel (out) a debt;* op deze wijze heeft hij al mijn werk te ~ gedaan *in this way he undid all my work* **5.1** dat is ~ meer dan een suggestie *that's nothing more than a suggestion.*

niet-aanvalsverdrag 0.1 *nonagression pact/treaty.*

niet-bestaand 0.1 *nonexistent.*

niet-commercieel 0.1 *noncommercial* ⇒⟨zonder winstbejag⟩ *nonprofitmaking.*

nieten 0.1 *staple* ⟨vellen papier⟩ ⇒*wire stitch* ⟨boek⟩, ⟨klinken⟩ *rivet.*

nietes ⟨inf.⟩ **0.1** *'tisn't* ◆ **¶.1** het is jouw schuld! ~! welles! *it's your fault! oh no it isn't! oh yes it is!*

nietig 0.1 ⟨jur.⟩ *invalid, null (and void)* **0.2** [zonder waarde] *insignificant* ⇒*trivial, trifling,* ⟨inf., beuzelachtig⟩ *piddling* **0.3** [klein, mager] *puny* ◆ **1.2** de mens is een ~ wezen *man is an i. creature* **1.3** een ~ ventje *a p. fellow, a (little) wisp of a fellow* **3.1** iets ~ verklaren *annul, nullify, void.*

nietigheid 0.1 ⟨jur.⟩ *invalidity, nullity* **0.2** [vergankelijkheid] *futility;* ⟨ijdelheid⟩ *vanity* **0.3** [onaanzienlijkheid] *insignificance* **0.4** [voorwerp, zaak] *trifle, triviality, (mere) nothing.*

nietigverklaring 0.1 *nullification* ⇒*annulment* ◆ **1.1** de ~ van een contract *the n. of a contract.*

nietmachine 0.1 ⟨voor vellen papier⟩ *stapler;* ⟨voor boeken⟩ *wire stitcher;* ⟨klinker⟩ *riveter, riveting machine.*

niet-officieel 0.1 *unofficial.*

niet-ontvankelijk 0.1 *inadmissible* ⟨vordering⟩; *nonsuited* ⟨eiser⟩ ◆ **3.1** de eiser ~ verklaren *declare the plaintiff (is) n.*

nietpistool 0.1 *staple-gun.*

niet-roken 0.1 *nonsmoking* ◆ **1.1** een bordje ~ *a n. s. sign.*

niet-rokencoupé 0.1 *nonsmoking compartment.*

niet-roker 0.1 *nonsmoker.*

niets¹ ⟨het⟩ **0.1** *nothingness* ⇒*nothing,* ⟨leegte⟩ *void* ◆ **6.1** in het ~ verdwijnen/staren *disappear/stare into thin air.*

niets² ⟨bw.⟩ **0.1** *not at all* ◆ **3.1** dat bevalt mij ~ *I don't like that at all;* als het jou ~ uitmaakt *if it's no trouble/bother* **5.1** hij kwam ~ te vroeg *he came none too soon*

niets³ ⟨onb.vnw.⟩ **0.1** *nothing* ⇒*not anything* ◆ **1.1** ~ nieuws *nothing new* **2.1** weet je ~ beters? *don't you know (of) anything better?;* ik ben er ~ wijzer van geworden *I am none the wiser for it* **3.1** zij moet ~ van hem hebben *she will have nothing to do with him;* dat is ~ ⟨niet iets ergs⟩ *it/that is nothing;* ⟨geen bezwaar/moeite⟩ *not at all, don't mention it;* het is ~ gedaan *it's no good/use* **5.1** ik ga een motor kopen.~ daarvan! *I'm going to buy a motorbike. You'll do no such thing;* verder ~? *is that all?* **6.1** waterskiën? er is ~ aan, maar ik vind er ook ~ **aan** *water-skiing? there's nothing to it(, really), but I don't care for it at all;* ik heb er ~ **aan** *it's no good/use to me;* een dingetje **van** ~ *a worthless thing,* daar is ~ **van** waar *it's all untrue;* ik geloof er ~ **van** *I don't believe a word of it;* helaas is er ~ **van** gekomen *unfortunately nothing came of it;* **voor** ~ ⟨gratis⟩ *for nothing, gratis, free (of charge);* ⟨tevergeefs⟩ *for nothing;* niet **voor** ~ ⟨niet zonder reden⟩ *not for nothing, for good reason;* niet **voor** ~ deed hij het zo *it wasn't for nothing that he did it like that;* **voor** ~ gaat de zon op *you can't expect sth. for nothing;* dat is ~ **voor** John *that's not like John;* dat is ~ **voor** mij *that's not my cup of tea;* **voor** ~ en niemand

bang zijn *not be afraid of anybody* **8.1** dit is ~ dan opschepperij *that's just/mere boasting;* ~ dan lof *nothing but praise* **¶.1** of het ~ was *as if it was/were nothing;* ~ te danken *not at all, don't mention it.*

nietsbetekenend 0.1 *insignificant.*

nietsdoen 0.1 *idleness, inaction* ◆ **2.1** een zalig ~ *pleasant idleness.*

nietsnut 0.1 *good-for-nothing, layabout.*

nietsontziend 0.1 *unscrupulous, uncompromising, ruthless* ⇒⟨misdadiger⟩ *desperate.*

nietsvermoedend 0.1 *unsuspecting.*

nietszeggend 0.1 ⟨zonder betekenis⟩ *meaningless;* ⟨wezenloos⟩ *vacant, blank, expressionless;* ⟨hol, ijdel, vaak mbt. woorden/complimenten⟩ *empty, idle;* ⟨neutraal, opzettelijk vaag⟩ *noncommittal;* ⟨onbevredigend, vnl. van excuus, antwoord⟩ *lame;* ⟨triviaal⟩ *trivial* ◆ **1.1** een ~e opmerking *a meaningless/idle/noncommittal* ⟨enz.⟩ *remark;* een ~ persoon *a nondescript person.*

niettegenstaande 0.1 *notwithstanding, despite, in spite of* ◆ **1.1** ~ het feit dat ...*n./d./in spite of the fact that ...; ~* het slechte weer ging hij uit *n./d./in spite of the bad weather he went out.*

niettemin 0.1 *nevertheless, nonetheless* ⇒*even so, still* ◆ **3.1** ~ is het waar dat ...*it is nevertheless true that ...*

nietwaar ⟨inf.⟩ **0.1** *is(n't) it?, do(n't) you?, have(n't) we?* ⟨enz.⟩ ◆ **¶.1** jij kent zijn pa, ~? *you know his dad, don't you?;* dat is mogelijk, ~? *it's possible, isn't it?;* er zit niks anders op, ~? *there's nothing else we can do, is there?*

nieuw¹ ⟨het⟩ **0.1** *new things/clothes* ◆ **6.1** zich in het ~ steken *buy (some) new things/clothes.*

nieuw² ⟨bn.⟩ **0.1** [pas gemaakt] *new* ⇒*recent* **0.2** [niet gebruikt] *new* ⇒⟨ongedragen⟩ *unworn,* ⟨ongebruikt⟩ *unused* **0.3** [jong, vers]⟨vers⟩*fresh;* ⟨jong, 'n'jong) *young* **0.4** [ander] *new* ⇒*fresh,* ⟨origineel⟩ *original,* ⟨onbekend, baanbrekend⟩ *novel* **0.5** [modern] *new* ⇒*modern* ◆ **1.1** de ~ste ontwikkelingen *the most recent developments* **1.3** ~e haring *early-season herring(s)* **1.4** nieuwaangekomene *newcomer, new arrival;* een ~ begin maken *make a fresh start;* ~ bloed *new blood;* met het ~e jaar *at (the) New Year;* met ~e moed *with fresh/renewed courage;* een ~ voorstel *a novel suggestion;* wordt Peter de ~e voorzitter? *will Peter become the new chairman?;* een ~e weg inslaan *take a new course* **1.5** ~e en ~ste geschiedenis *modern history;* ⟨nieuwste ook, vnl. na 1945⟩ *contemporary history;* ~e technieken in gebruik nemen *adopt n./modern techniques* **2.3** Hollandse ~e ⟨Dutch early-season herring(s), eaten raw⟩ **3.4** ik ben hier ~ *I'm new here* **7.1** het ~ste op het gebied van *the latest thing in;* iets ~s aanhebben *be wearing sth. new* **7.2** het ~e is eraf *it's no longer n.;* ⟨nieuwigheid, onbekendheid⟩ *the novelty has worn off* **7.4** niets ~s onder de zon *there is nothing new under the sun* **¶.2** zo goed als ~ *as good as n.*

nieuwbakken 0.1 ⟨ongemarkeerd⟩ *new* ⇒⟨vers⟩ *fresh.*

nieuwbouw 0.1 [wijk(en)] *new estate (of houses)* **0.2** [het bouwen] *building of new houses* **0.3** [huis, huizen in aanbouw] *new(ly built) house/houses, new development* ◆ **6.1** in de ~ wonen *live on a n. e.*

nieuwbouwwijk 0.1 *new housing estate/*⟨nog te bouwen⟩ *development.*

nieuwbouwwoning 0.1 *new(ly-built) house.*

nieuweling 0.1 [onervaren mens] *novice, beginner* **0.2** [pas aangekomene] *newcomer* ⇒⟨op school ook⟩ *new boy/girl/pupil,* ⟨rekruut⟩ *(raw/new) recruit,* ⟨op universiteit⟩ *freshman* ⟨m.⟩, *freshwoman* ⟨v.⟩ ◆ **6.1** een ~ **in** het vak *a n.* ⟨schrijver/politieman enz.⟩; *a newcomer to the business.*

nieuwemaan 0.1 *new moon* ◆ **6.1** bij ~ *at n. m.*

nieuwerwets 0.1 *new-fashioned;* ⟨modernistisch⟩ *modernist;* ⟨mbt. ideeën⟩ *newfangled; novel.*

Nieuw-Guinea 0.1 *New Guinea.*

nieuwigheid 0.1 *novelty, innovation* ⇒*new departure* ◆ **2.1** het is een echte ~ op dit gebied *it is the latest thing in this field* **3.1** nieuwigheden invoeren *introduce innovations.*

nieuwjaar 0.1 [jaar dat pas is begonnen] *New Year* 0.2 [eerste dag] *New Year's Day* ◆ **2.1** een gelukkig/zalig ~! *a Happy N.Y.!* **2.2** het joodse ~ *the Jewish New Year, Rosh Hashana(h)* **3.2** ~ vieren *celebrate New Year.*

nieuwjaarsboodschap 0.1 *New Year('s) message.*

nieuwjaarscadeau 0.1 *New Year present.*

nieuwjaarsconcert 0.1 *New Year('s Day) concert.*

nieuwjaarsdag 0.1 *New Year's Day.*

nieuwjaarskaart 0.1 *New Year card.*

nieuwjaarspost 0.1 ±*Christmas* ᴮ*post/*ᴬ*mail.*

nieuwjaarsreceptie 0.1 *New Year reception.*

nieuwjaarsrede 0.1 *New Year('s) speech.*

nieuwjaarsvisite 0.1 [bezoek] *New Year('s) visit* 0.2 [bezoekers] *New Year('s) visitors.*

nieuwjaarswens 0.1 *New Year's greeting(s).*

nieuwkomer 0.1 →**nieuweling** 0.2 0.2 [iets nieuws] *novelty, innovation* ◆ **¶.2** een ~ in de top-twintig *a newcomer to the top twenty.*

nieuwlichter 0.1 *modernist, innovator.*

nieuwmodisch 0.1 *fashionable, stylish, newfashioned.*

nieuwprijs 0.1 *price when new, original/purchase price.*

nieuws 0.1 *news;* ⟨één bericht⟩ *piece of news* ◆ **2.1** buitenlands/binnenlands ~ *foreign/domestic n.;* gemengd ~ *(various) news items;* ik heb goed ~ *I have (some) good n.;* het laatste ~ *the latest n.;* ⟨inf.⟩ *the latest;* dat is oud ~ *that's stale n.;* ⟨inf.⟩ *that's ancient (history)* **3.1** naar het ~ luisteren/kijken *listen to/watch the n.* **6.1** in het ~ zijn *be in the n.* **¶.1** het ~ van acht uur *the eight o'clock n.;* is er nog ~? *any n.?, what's new?*

nieuwsagentschap 0.1 *news/press agency.*

nieuwsbericht 0.1 *news report;* ⟨in krant ook⟩ *newspaper report;* ⟨via radio/tv ook⟩ *news bulletin;* ⟨kort⟩ *news flash* ◆ **¶.1** de ~ en *the news.*

nieuwsblad 0.1 *newspaper.*

nieuwsbrief 0.1 *newsletter.*

nieuwsdienst 0.1 *news/press service.*

nieuwsgaring 0.1 *gathering/collection of news* ◆ **2.1** vrije ~ *free gathering/collection of news.*

nieuwsgierig 0.1 [benieuwd] *curious (about)* ⇒*inquisitive* **0.2** [pej.] *inquisitive* ⇒*prying, nos(e)y* ◆ **1.2** een ~ Aagje ᴮ*a Nosey Parker* **3.1** ik ben ~ of ze komt *I'm c. to know whether she'll come;* iem. ~ maken *make s.o. curious (about sth.).*

nieuwsgierigheid 0.1 *curiosity* ⇒⟨pej.⟩ *inquisitiveness, nosiness* ◆ **3.1** de ~ prikkelen *arouse one's c.* **6.1** branden van ~ *be dying of c.*

nieuwslezer, -es 0.1 *newsreader.*

nieuwsmedia 0.1 *(news) media.*

nieuwsoverzicht 0.1 *news summary* ◆ **2.1** kort ~ *rundown on the news.*

nieuwsrubriek 0.1 *news/current affairs programme.*

nieuwsuitzending 0.1 *news broadcast, newscast.*

nieuwswaarde 0.1 *news value, newsworthiness* ◆ **7.1** dit heeft geen ~ *this has no news value/is not newsworthy.*

nieuwtje 0.1 [iets nieuws] *novelty* 0.2 [bericht] *piece/item/bit of news* 0.3 [hoedanigheid] *novelty* ⇒*newness* ◆ **3.1** de televisie was toen nog een ~ *television was still a n. then* **3.2** een ~ hebben *have a piece/bit of news.*

nieuwwaarde ⟨verz.⟩ 0.1 *replacement value* ◆ **6.1** de inboedel verzekeren **tegen** ~ *insure the effects at their r. v.*

Nieuw-Zeeland 0.1 *New Zealand.*

Nieuw-Zeelander, -se 0.1 *New Zealander.*

Nieuw-Zeelands 0.1 *New Zealand.*

nieuwzilver 0.1 *German/nickel silver.*

niezen 0.1 [mbt. de neus] *sneeze* 0.2 [mbt. een motor] *backfire.*

Nigeria 0.1 *Nigeria.*

Nigeriaan, -se 0.1 *Nigerian.*

Nigeriaans 0.1 *Nigerian.*

nihil 0.1 *nil* ⇒*zero.*

nihilisme 0.1 *nihilism.*

nijd 0.1 [jaloezie] *envy* ⇒*jealousy* 0.2 [vijandschap] *malice* ⇒*spite* ◆ **6.1** groen en geel worden **van** ~ over iets *be green with e. at sth.*

nijdas 0.1 *ill-natured/nasty/spiteful person;* ⟨sl.; bel.; vnl. van vrouw⟩ *bitch.*

nijdig 0.1 [zeer boos] *angry* ⇒*annoyed* 0.2 [vinnig] *nasty, mean* ◆ **1.1** Peter was een tikje ~ *Peter was a bit cross/miffed* **1.2** een ~ e blik *a n./dirty look* **3.1** iem. ~ maken *make s.o. angry/cross;* ⟨vnl. inf.⟩ *rile s.o.;* ik werd ~ *I lost my temper* **8.1** hij was zo ~ als een spin *he was furious.*

nijdigheid 0.1 *anger* ⇒*crossness, annoyance,* ⟨woede⟩ *rage.*

nijgen 0.1 [buigen] *bow* 0.2 [mbt. zaken] *incline* ⇒*lean (over).*

nijging 0.1 *bow.*

Nijl 0.1 *Nile.*

nijlpaard 0.1 *hippopotamus* ⇒⟨inf.⟩ *hippo* ◆ **8.1** briesen als een ~ *snort like a hippopotamus.*

nijpen 0.1 *pinch* ◆ **3.1** de honger in grote gebieden van de wereld begint te ~ *the problem of hunger is beginning to get serious in large areas of the world.*

nijpend 0.1 *pinching* ⇒*biting* ◆ **1.1** ~ e armoede *dire/grinding poverty;* ~ gebrek hebben aan *have a dire need of;* ~ e honger *gnawing hunger;* het ~ tekort aan *the acute shortage of.*

nijptang, nijper 0.1 *(pair of) pincers.*

nijver 0.1 *industrious* ⇒*hard-working, diligent.*

nijverheid 0.1 *industry* ◆ **1.1** handel en ~ *trade and i.*

nijverheidsonderwijs ◆ **1.¶** huishoud- en ~ ± *domestic science and technical education.*

nijverheidsschool 0.1 [huishoudschool] ⟨*school for domestic science*⟩ 0.2 [technische school] *technical school.*

nikkel 0.1 *nickel.*

nikkelen 0.1 [van nikkel] *nickel* 0.2 [vernikkeld] *nickel-plated.*

nikker ⟨bel.⟩ 0.1 *nigger* ⇒*darky.*

niks¹ ⟨bw.⟩ ⟨inf.⟩ 0.1 *absolutely not* ◆ **1.1** ik heb ~ geen zin *I don't feel like it at all.*

niks² ⟨onb.vnw.⟩ ⟨inf.⟩ 0.1 ⟨ongemarkeerd⟩ *nothing* ⇒*zilch* ◆ **3.1** dat wordt ~ *that won't work* **5.1** nou, ik vind het maar ~! *well I don't think much of it;* dat is niet ~ *that's not to be sneezed at* **6.1** dat is een werkje **van** ~ *that won't take a second/minute* **9.1** ~ hoor! *nothing doing!* **¶.1** ~ te maren *no buts.*

niksen ⟨inf.⟩ 0.1 *sit around, loaf/laze about* ⇒*do nothing* ◆ **3.1** zij zit de hele dag te ~ *she sits around/lazes about all day.*

niksje ⟨scherts⟩ 0.1 *birthday suit, (the) altogether, (the) nude* ◆ **6.1** ik stond daar in mijn ~ *I stood there in my birthday suit/the altogether.*

niksnut 0.1 *good-for-nothing, layabout.*

nimf 0.1 *nymph.*

nimmer ⟨schr.⟩ 0.1 ⟨ongemarkeerd⟩ *never* ◆ **¶.1** nooit ofte ~ *never ever.*

nimmermeer ⟨schr.⟩ **0.1** *nevermore* ⇒*never (again)* ◆ **3.1** de liefde vergaat ~ *love never dies.*

nipje 0.1 *slp.*

NIPO 0.1 ±*M.O.R.I.* ⟨*Market and Opinion Research Institute*⟩.

nippel 0.1 [mbt. buizen] *pipe coupling, union-nut joint* **0.2** [schroefdop] *(air) valve* **0.3** [smeernippel] *nipple.*

nippen 0.1 *sip (at)* ⇒*nip (at)* ◆ **6.1** ~ **aan** een glaasje likeur *sip a (glass of) liqueur*

nippertje ◆ **6.¶ op** het ~ *at the (very) last moment/second;* zij kwam net **op** het ~ *she came just in time/(just) in the (very) nick of time;* dat was **op** het ~ *that was a close/near thing;* ⟨mbt. ontsnapping ook⟩ *that was a close shave/call;* **op** het ~ ontsnapping *have a narrow escape;* de student haalde **op** het ~ zijn examen *the student (just) scraped through (his exam)/only passed by the skin of his teeth;* hij kwam **op** het laatste ~ *he came at the (very) last moment/the last (possible) moment.*

nipt 0.1 ⟨vnl. mbt. ontsnapping/ overwinning⟩ *narrow* ◆ **3.1** ~ winnen *only just win.*

nirwana 0.1 *nirvana.*

nis 0.1 [mbt. een wand]⟨vnl. voor beeld⟩ *niche* ⇒*alcove* **0.2** [mbt. een schoorsteen] *fire place recess.*

nitraat ⟨schei.⟩ **0.1** *nitrate.*

nitreus ⟨schei.⟩ **0.1** *nitrous.*

nitriet ⟨schei.⟩ **0.1** *nitrite.*

nitroglycerine ⟨schei.⟩ **0.1** *nitroglycerin(e).*

niveau 0.1 [peil] *level* ⇒*standard* **0.2** [waterspiegel] *water level* **0.3** [horizontaal vlak] *level* ◆ **2.1** rugby op hoog ~ *top-class rugby;* besprekingen op het hoogste ~ *top-/high-l. discussions;* ⟨vnl. mbt. politiek⟩ *summit talks;* de Nederlandse schilderkunst bereikte zijn hoogste ~ in de 17e eeuw *Dutch painting reached its highest level in the 17th century* **3.1** ⟨scherts.⟩ het ~ daalt *the l. (of the conversation) is dropping;* het ~ (in het onderwijs) daalt *standards (in education) are falling;* het onderwijs werd op een hoger ~ gebracht *the l. of education was raised;* op gelijk ~ staan met *be on the same l. / plane as* **3.2** het ~ stijgt/daalt *the w. l. is rising/dropping* **6.1 op** internationaal ~ *on the international l.;* ⟨pregn.⟩ een gesprek **op** ~ *a high-quality discussion.*

niveauverschil 0.1 [hoogteverschil] *difference in level/ height (between)* **0.2** [verschil in ontwikkeling] *difference in level (between)* ⇒⟨mbt. kwaliteit ook⟩ *difference in standard (between).*

nivelleren I ⟨onov., ov.ww.⟩ **0.1** [mbt. inkomens] *level (out);* **II** ⟨ov.ww.⟩ **0.1** [vlak maken] *level (out/off)* ⇒*grade* ⟨weg⟩ **0.2** [op een zelfde peil brengen] *level out* ⇒⟨naar boven⟩ *level up,* ⟨naar beneden⟩ *level down.*

nivellering 0.1 *levelling (out), evening out* ◆ **1.1** ~ van inkomens *levelling of income.*

n.m. ⟨afk.⟩ **0.1** [namiddag] *p.m.*

NN ⟨afk.⟩ **0.1** [nomen nescio] ⟨*name unknown*⟩.

Noach 0.1 *Noah* ◆ **1.1** de ark van ~ *Noah's ark.*

nobel 0.1 [edelmoedig] *noble(-minded); generous* ⟨edelmoedig, vrijgevig⟩ *fine* ⟨mbt. personen; alleen attr.⟩ **0.2** [edel] *noble* ⇒*aristocratic* ◆ **1.1** een ~e daad *a noble/ generous deed* **1.2** ~e trekken *n./aristocratic features.*

Nobelprijs 0.1 *Nobel prize* ◆ **6.1** de ~ **voor** de vrede *the Nobel Peace prize.*

Nobelprijswinnaar, -nares 0.1 *Nobel Prize winner.*

noblesse ◆ **¶.¶** ~ oblige *noblesse oblige* ⟨ook fig.⟩.

noch 0.1 *neither, nor* ◆ **1.1** ~ de een ~ de ander *neither the one nor the other;* ~ het een ~ het ander *neither one thing nor the other;* tijd ~ zin hebben *have neither the time nor the inclination.*

nochtans ⟨schr.⟩ **0.1** ⟨ongemarkeerd⟩ *nevertheless, nonetheless* ⇒*however.*

no-claimkorting ⟨verz.⟩ **0.1** *no claim(s) bonus.*

nocturne 0.1 [muz.] *nocturne* **0.2** [rel.] *nocturn.*

node¹ ⟨de⟩ ◆ **6.¶ van** ~ hebben *be in need of, need, require;* want, lack ⟨behoefte hebben aan⟩; **van** ~ zijn *be necessary/ required.*

node² ⟨bw.⟩ ◆ **3.¶** we hebben je ~ gemist *we were sorry you couldn't be with us.*

nodeloos 0.1 *unnecessary, needless* ◆ **1.1** nodeloze drukte *fuss, commotion* **2.1** zich ~ ongerust maken *worry needlessly.*

noden 0.1 *invite* ◆ **1.1** iem. te gast ~ *invite s.o. as a guest.*

nodig I ⟨bn., bw.⟩ **0.1** [noodzakelijk] *necessary, needful* ◆ **1.1** iedere leerling krijgt de ~e aandacht *each pupil receives due attention;* de ~e maatregelen treffen *take the necessary measures/steps;* hij besteedde de ~e zorg aan *he took proper care over/of* **2.1** wij nemen alleen het hoogst ~e mee *we'll only take what is absolutely necessary* **3.1** het ~ achten *see fit to;* hij had al zijn gezag ~ om *it required all his authority to;* zij hadden al hun tijd ~ *they had no time to waste/spare;* ⟨iron.⟩ als ik je ~ heb, zal ik je roepen *when I need your advice/help, I'll ask for it;* ik heb uw diensten niet langer ~ *I have no further use for your services;* iets ~ hebben *need/require sth.;* is het nu echt ~ dat je het achterlaat? *do you really have to leave it behind?;* ik blijf er niet langer dan absoluut ~ is *I won't stay (any) longer than necessary;* er is moed voor ~ om *it takes courage to;* ~ maken *necessitate, call for;* de garage moet ~ hersteld worden *that garage badly wants/needs repairing* **5.1** dat is hard/dringend ~ *that is badly needed, that is vital;* zo/waar ~ *if need be, if necessary;* **II** ⟨bw.⟩ **0.1** [dringend] *necessarily, needfully* ⇒*urgently* **0.2** [iron.] ⟨zie 3.2⟩ ◆ **3.1** je moet ~ eens langskomen *you really must come round one day;* ⟨inf.⟩ ~ moeten *be caught short* **3.2** dat moet jij ~ zeggen *look who's talking;* jij moet hem ~ zeggen dat hij te laat komt *you're the last person to tell him that he's late* **5.1** hij moest zo ~ een auto kopen *he insisted on buying a car;*
III ⟨bn.⟩ **0.1** [gebruikelijk] *usual* ⇒*customary* ◆ **1.1** dat bi engt de ~e rompslomp met zich mee *that/it involves the u. rigmarole* **7.1** hij heeft het ~e op *he's had a drop too much.*

nodigen 0.1 ⟨onov.⟩ *request;* ⟨ov.⟩ *invite* ⇒*ask* ◆ **6.1** iem. **aan** de maaltijd ~ *ask s.o. to dinner.*

noedels 0.1 *noodles.*

noemen 0.1 [een naam/hoedanigheid geven] *call, name; christen, baptize, dub* ⟨ook een bijnaam geven⟩ **0.2** [vermelden] *mention; cite; name* ⟨(op)noemen⟩ ◆ **1.1** noem jij dit een gezellige avond? *is this your idea of a pleasant evening?;* wij noemen onze dochter Mary *we're calling our daughter Mary;* dat noem ik nou eens moed *that's what I call courage!* **1.2** zijn zegsman ~ *name/cite one's source* **3.1** noem je dat werken? *(do you) call that working?* **3.2** zijn inspanning mag ook genoemd worden *his efforts must not go unmentioned* **4.1** het is wat je werkt fantastisch *it is really fantastic* **6.1** iem. **bij** zijn voornaam ~ *call s.o. by his first name;* een kind **naar** zijn vader ~ *name a child after his father* **6.2 om** maar eens iets **te** ~ *to n. (but) a few* ⟨namen, voorbeelden⟩; *to n. only one* ⟨één voorbeeld noemen⟩; *for instance* **¶.1** ⟨inf.⟩ het is nog niet wat je noemt *it's not much (to write home about) as yet.*

noemenswaard(ig) 0.1 *appreciable, considerable* ⇒*noticeable, worthy of mention* ⟨allen pred.⟩, *material* ⟨wezenlijk⟩ ◆ **1.1** een ~ verschil *an a./a c. difference* **3.1** het water

is niet ~ gerezen *the water has not risen appreciably* **5.1** niet ~ *inappreciable* 〈onaanzienlijk〉; *immaterial* 〈nauwelijks belangrijk〉; *negligible* 〈te verwaarlozen〉; *nothing to speak of* 〈nauwelijks belangrijk〉.

noemer 0.1 [wisk.] *denominator* ◆ **2.1** laagste gemeenschappelijke ~ *lowest common d.* **7.1** 〈fig.〉 onder één ~ brengen *lump together.*

noen 〈schr.〉 **0.1** 〈ongemarkeerd〉 *noon(day).*

noest[1] 〈de〉 **0.1** *gnarl* ⇒*knot.*

noest[2] 〈bn.〉 **0.1** *diligent, industrious* ⇒*hard-working, dogged* 〈gestaag, vasthoudend〉 ◆ **1.1** ~e arbeid *industry, unremitting labour;* een ~e werker *a hard worker.*

nog 0.1 [tot op dit ogenblik] *still, so far* **0.2** [voortdurend] *still* **0.3** [+ vergrotende trap] *even, still* **0.4** [van nu af] *from now (on), more* **0.5** [opnieuw] *again* ⇒*(once) more* ◆ **1.1** is er ~ thee? *is there any tea left?* **1.5** wil je ~ thee? *(would you like some) more tea?;* ~ één woord en ik schiet *one more word and I'll shoot (you)* **2.1** ze is ~ jong *she's still young* **2.3** ~ groter *even larger, larger still* **3.1** niemand heeft dit ~ geprobeerd *no one has tried this (as) yet;* ik hoor het hem ~ zeggen *I can (still) hear him saying it* **3.¶** ga jij ~ naar dat feest? *are you (still) going to that party?;* ik heb hem ~ diezelfde dag gezien *I saw him that very/ same day;* kom je ~? *are you coming (or not)?;* ik zag hem vorige week ~ *I saw him only last week* **4.¶** verder ~ iets? *anything else?* **5.1** ik heb ~ maar één hoofdstuk gelezen *I've only read one chapter (so far/as yet);* zelfs nu ~ *even now* **5.¶** het is praktisch, en bovendien ~ mooi ook *it's practical and what's more, it's beautiful;* ze zijn er ~ maar net *they've only just arrived;* ~ maar een kind *a mere child;* dat wil ~ niet zeggen dat *that is not to say that;* ze ging ~ mee ook *she went/came along too!;* ik was ~ wel bang dat je niet zou komen *and me being afraid you wouldn't turn up;* al is hij ~ zo rijk *...no matter how rich he may be ...;* ik heb hem ~ zó gewaarschuwd *I warned him so* **6.1** tot ~ toe *so far, up to now* **7.1** ~ geen veertig *on the better side of forty* **7.4** ~ drie nachtjes slapen *three (more) nights (from now)* **7.5** neem er ~ eentje! *have another (one)!* **7.¶** ~ geen maand geleden *less than a month ago* **¶.¶** wat dan ~? *so what?*

noga 0.1 *nougat.*

nogal 0.1 *rather* ⇒*fairly, quite,* 〈inf.〉 *pretty* ◆ **2.1** ik vind het ~ duur *I think it is rather/quite expensive;* ~ lang *rather tall* **4.1** er waren er ~ wat *there were quite a few (of them)* **5.1** dat gebeurt ~ eens *it happens fairly often* **¶.1** ~ wiedes *I should think so.*

nogmaals 0.1 *once again/more.*

nok 0.1 [deel van een dak] *ridge* ⇒*crest, peak* **0.2** [balk] *ridge (pole/beam/piece/tree)* ◆ **6.1** tot de ~ toe gevuld *full to bursting;* 〈inf.〉 *chock-a-block* 〈tjokvol〉.

nokken 〈inf.〉 **0.1** [verdwijnen] *hop it* ⇒*scram* **0.2** [ophouden] *pack it in* ⇒*knock it off.*

nokkenas 0.1 *camshaft.*

nomade 0.1 [steppebewoner] *nomad* **0.2** [iem. met een zwervend bestaan] *nomad* ⇒*wanderer, vagabond, vagrant.*

nomadisch 0.1 *nomad(ic)* ⇒*migrant, vagrant* ◆ **1.1** een ~ leven leiden *lead a nomad(ic)/an unsettled life.*

nom de plume 0.1 *nom de plume, pen name* ⇒*pseudonym* ◆ **6.1** onder een ~ geschreven *written under a pseudonym.*

nomen 0.1 [naam] *nomen* ⇒*name* **0.2** [taal.; naamwoord] *noun* ◆ **¶.1** ~ est omen *(the very name is ominous).*

nomenclatuur 0.1 [geheel van regels] *nomenclature* ⇒*terminology* 〈systeem van vaktermen〉 **0.2** [naamregister] *nomenclature.*

nominaal 0.1 *nominal* ◆ **1.1** het nominale inkomen *n. income/ wages;* aandeel zonder nominale waarde *stock of no-par value.*

nominatie 0.1 [benoeming] *nomination* ⇒*appointment* **0.2** [voordracht] *nomination(list)* ◆ **3.1** de ~ hebben *have the right to nominate/appoint* **6.2** op de ~ staan (voor) *be/ have been nominated (for).*

nominatief 〈taal.〉 **0.1** [naamval] *nominative* ⇒*subjective (case)* **0.2** [woord] *nominative.*

nomineren 0.1 *nominate.*

non 0.1 *nun, sister.*

non-actief[1] 〈het〉 **0.1** 〈zie 6.1〉 ◆ **6.1 op** ~ staan *be suspended* 〈tijdelijk〉; **op** ~ stellen *suspend* 〈tijdelijk〉.

non-actief[2] 〈bn.〉 **0.1** *suspended* 〈tijdelijk〉 ⇒〈mil.〉 *deactivated.*

nonchalance 0.1 *nonchalance* ⇒*casualness, abandon(ment)* 〈ongedwongenheid〉, *indifference* 〈onverschilligheid〉, *laxity* 〈nalatigheid〉, *carelessness* 〈nalatigheid〉.

nonchalant 0.1 *nonchalant* ⇒*casual, indifferent, lax, careless, perfunctory* ◆ **1.1** een ~e houding *a casual/careless manner.*

non-conformisme 0.1 [het niet meedoen] *nonconformism, nonconformity* **0.2** [niet-anglicaans protestantisme] *Nonconformism, Nonconformity.*

non-conformist 0.1 [iem. die zich niet conformeert] *nonconformist* ⇒*maverick* 〈dissident politicus〉 **0.2** [GB] *Nonconformist* ◆ **2.1** bent u anglicaans of ~? *are you Anglican or free church?*

non-conformistisch 0.1 *non-conformist.*

non-descript 0.1 *nondescript.*

non-interventie 0.1 *nonintervention.*

nonkel 〈AZN〉 **0.1** *uncle.*

nonnenklooster 0.1 *nunnery, convent.*

nonnenschool 0.1 *convent (school)* ⇒〈inf.〉 *nun school.*

nonsens 0.1 *nonsense* ⇒*rubbish* ◆ **3.1** ~ verkopen *talk n./ rubbish.*

nonsensverhaal 0.1 *tall story* ⇒*absurd/ridiculous story.*

non-stopprogramma 0.1 *nonstop programme.*

non-stopvlucht 0.1 *nonstop flight.*

non-valeur I 〈de (m.)〉 **0.1** [nietsnut] *dud* ⇒*good-for-nothing;*
II 〈de〉 **0.1** [iets waardeloos] *dud* ⇒*worthless thing/ stuff,* 〈wisk.〉 *cipher,* 〈waardeloze effecten〉 *worthless stock* **0.2** [oninvorderbaar tegoed] *bad/ irrecoverable debt.*

nood 0.1 [benauwdheid, gevaar] *distress;* 〈uiterste nood〉 *extremity;* 〈noodgeval〉 *(time(s) of) emergency* **0.2** [behoefte, gebrek] *need;* 〈armoede〉 *poverty* **0.3** [dwang van omstandigheden] *necessity* ◆ **1.1** in tijd van ~ *in an emergency* **2.1** toen de ~ het hoogst was *when things were at their worst;* in geval van uiterste ~ *in case of dire need* **2.2** financiële ~ *financial straits* **2.3** hoge ~ hebben *have to go badly* **3.1** zijn ~ aan iem. klagen *pour out one's troubles to s.o.* **6.1** een schip in ~ *a ship in d.;* mensen in ~ *needy people, people in d./ trouble;* in ~ verkeren/zijn *be in d./ trouble* **6.2** iem. uit de ~ helpen *come to s.o.'s rescue* **6.3** uit ~ *out of n.* **¶.1** in geval van ~ *in an emergency, in case of need;* als de ~ aan de man komt *if the worst comes to the worst;* 〈sprw.〉 als de ~ 't hoogst is, is de redding nabij *the darkest hour is just before the dawn;* 〈sprw.〉 in de ~ leert men zijn vrienden kennen *a friend in need is a friend indeed* **¶.3** van de ~ een deugd maken *make a virtue of n.;* 〈sprw.〉 ~ breekt wet *necessity knows no law.*

noodaggregaat 0.1 *emergency/ stand-by/ back-up power unit.*

nooddruftig 〈schr.〉 **0.1** *indigent* ⇒*destitute.*

noodfonds 0.1 *emergency fund.*
noodgang 0.1 *breakneck speed* ◆ 6.1 ze kwam met een ~ de bocht om *she came tearing round the corner.*
noodgebouw 0.1 *temporary / makeshift building.*
noodgedwongen 0.1 *out of/from (sheer) necessity* ◆ 3.1 wij moeten ~ andere maatregelen treffen *we are forced to take other measures.*
noodgeval 0.1 *(case of) emergency.*
noodgreep 0.1 *emergency measure* ⇒*stopgap (measure), emergency step.*
noodhulp 0.1 ⟨persoon⟩ *temporary help/worker;* ⟨assistentie⟩ *emergency relief/aid.*
noodinstallatie 0.1 *emergency/back-up installation.*
noodklok 0.1 *alarm (bell)* ◆ 3.1 de ~ luiden *sound the alarm.*
noodkreet 0.1 *cry of distress* ⇒*cry for help, S.O.S.* ◆ 3.1 een ~ slaken *cry/appeal for help.*
noodlamp 0.1 *reserve/emergency lamp.*
noodlanding 0.1 *forced/emergency landing* ⇒⟨buiklanding⟩ *crash landing.*
noodlijdend 0.1 *destitute* ⇒*needy,* ⟨onvermogend⟩ *insolvent, in distress* ◆ 1.1 ~ gebied *depressed area* 1.¶ ~e fondsen / obligaties *defaulted/suspended securities.*
noodlot 0.1 ⟨ongelukkig lot⟩ *fate* 0.2 ⟨bestemming⟩ *destiny* ◆ 3.1 het ~ achtervolgde haar *f. hounded/pursued her* 8.2 hij beschouwde het als zijn ~ dat ... *he felt fated to ...*
noodlottig 0.1 *fatal (to)* ⇒*disastrous (to), ill-fated* ◆ 1.1 een ~e afloop hebben *end fatally/in death;* een ~e reis *an ill-fated journey* 3.1 dat werd hem ~ *that was his undoing.*
noodmaatregel 0.1 *emergency measure.*
noodoplossing 0.1 *temporary solution.*
noodrantsoen 0.1 *emergency/iron ration(s).*
noodrecht 0.1 *necessity* ⟨niet vooruit geregeld⟩; *emergency powers/legislation* ⟨vooruit geregeld⟩.
noodrem 0.1 *emergency/safety brake;* ⟨BE; spoorw.⟩ *communication cord* ◆ 3.1 aan de ~ trekken ⟨lett.⟩ *pull the communication cord;* ⟨fig.⟩ *take emergency measures;* ⟨sport⟩ *stop an opponent.*
noodschool 0.1 *temporary school.*
noodsein, -signaal 0.1 *distress signal/call* ⇒*S.O.S.* ◆ 3.1 een ~ geven *send up/out a d. s.*
noodsituatie 0.1 *emergency (situation)* ⇒*difficult/precarious position.*
noodsprong 0.1 ⟨fig.; wanhopige poging⟩ *desperate move/measure* ⇒*last resort* 0.2 ⟨sprong om een ongeluk te voorkomen⟩ *leap/dash for safety.*
noodstop 0.1 ⟨plotselinge stop⟩ *abrupt/sudden stop* 0.2 ⟨verkeer⟩ *emergency stop* ◆ 3.2 een ~ maken *make a sudden/an e. s.*
noodstroomvoorziening 0.1 *emergency power supply.*
noodtempo 0.1 *breakneck speed* ⇒*top speed.*
noodtoestand 0.1 ⟨toestand van nood⟩ *emergency (situation)* ⇒*crisis,* ⟨officieel afgekondigd⟩ *state of emergency,* ⟨niet houdbaar⟩ *intolerable situation* 0.2 ⟨jur.⟩ *necessity, force majeure* ◆ 3.1 de ~ afkondigen *proclaim a state of emergency.*
noodtrap 0.1 *fire-escape.*
nooduitgang 0.1 *emergency exit;* ⟨brandtrap⟩ *fire-escape;* ⟨luik⟩ *escape hatch.*
noodvaart 0.1 *breakneck speed* ◆ 6.1 met een ~ *at b. s., like mad.*
noodverband 0.1 *first-aid/emergency/temporary dressing.*
noodverlichting 0.1 *emergency light(ing).*
noodvoorziening 0.1 *temporary measure/provision/arrangement.*

noodweer I ⟨het⟩ 0.1 [slecht weer] *heavy weather* ⇒*storm,* ⟨inf.⟩ *rotten weather;*
II ⟨de⟩ 0.1 [zelfverdediging] *self-defence* ◆ 6.1 uit ~ handelen *act in s.-d.*
noodwetgeving 0.1 *emergency/special legislation.*
noodwoning 0.1 *temporary/emergency house/accommodation.*
noodzaak 0.1 *necessity* ⇒*need* ◆ 1.1 de ~ van geheimhouding *the need for secrecy* 2.1 bittere ~ *dire necessity;* militaire ~ *military exigency/exigencies* 3.1 ik zie de ~ daarvan niet in *I don't see the need for this* 6.1 iets uit ~ doen *do sth. out of (sheer) necessity.*
noodzakelijk I ⟨bn.⟩ 0.1 [onmisbaar] *necessary; imperative, essential, vital* 0.2 [onvermijdelijk] *necessary, inevitable* ◆ 1.1 ~e levensbehoeften *necessities of life* 1.2 een ~ gevolg van inflatie *an i./automatic consequence of inflation* 3.2 hij achtte het ~ iets te doen *he considered it n. to do sth.* 5.1 het hoogst ~e *the bare necessities;*
II ⟨bw.⟩ 0.1 [onvermijdelijk] *necessarily, inevitably* ⇒*of necessity, automatically* 0.2 [dringend] *urgently* ◆ 3.1 daaruit volgt niet ~ dat *that does not necessarily mean/ imply that.*
noodzakelijkerwijs 0.1 *necessarily, inevitably* ⇒*of necessity.*
noodzakelijkheid 0.1 ⟨omstandigheid; hoedanigheid⟩ *necessity* ⇒*need* 0.2 [onvermijdelijke loop van zaken] *necessity, inevitability.*
noodzaken 0.1 *force, oblige* ⇒*compel* ◆ 3.1 ik zag me genoodzaakt in te grijpen *I felt forced/compelled to intervene.*
nooit 0.1 [nimmer] *never* 0,2 [heus niet] *never* ⇒*no way* 0.3 [in geen geval] *never* ⇒*certainly/definitely not, no way* ◆ 3.1 dat is nog ~ vertoond *that is unprecedented/unheard of* 3.2 ik geloof ~ dat hij het gedaan heeft *I can't believe he did it;* men kan ~ weten *you never know* 3.3 je moet het ~ doen *you must never do that* 5.1 bijna ~ *hardly ever* 5.3 ~ ofte nimmer *absolutely not, never ever* ¶.1 ~ van mijn leven *n. in my life;* ~ van gehoord! *n. heard of it/him* ¶.3 ⟨inf.⟩ ammenooitniet *definitely not!, no way!;* dat ~! *never!*
Noor, ~ se 0.1 *Norwegian.*
noord¹ ⟨de⟩ 0.1 *north* ◆ 1.1 de dialoog tussen Noord en Zuid *the dialogue between n. and south* 6.1 van ~ naar zuid reizen *travel from (the) n. to (the) south.*
noord² ⟨bn., bw.⟩ 0.1 ⟨bn.⟩ *north(erly), northern;* ⟨bw.⟩ *north(erly)* ◆ 3.1 de wind is ~ *the wind is north.*
Noord-Afrika 0.1 *North Africa.*
Noord-Afrikaans 0.1 *North African.*
Noord-Amerika 0.1 *North America.*
Noord-Amerikaans 0.1 *North American.*
Noord-Atlantisch 0.1 *North Atlantic.*
Noord-Brabant 0.1 *North Brabant.*
Noord-Brabants 0.1 *North Brabant.*
noordelijk I ⟨bn.⟩ 0.1 [mbt. de wind] *north(erly)* 0.2 [naar het noorden gaand] *northern* ⇒*northerly, northward* 0.3 [gelegen in het noorden/behorend tot het noorden] *northern* ⇒*northerly* 0.4 [eigen aan het noorden] *northern* ◆ 1.1 de wind is ~ *the wind is northerly* 1.2 een ~e koers kiezen *steer a northerly course* 1.3 het ~ halfrond *the northern hemisphere* 1.4 het ~ klimaat *the n. climate;*
II ⟨bw.⟩ 0.1 [noordwaarts] *north* ⇒*northward(s)* ◆ 6.1 ~ van *(to the) north of.*
noorden 0.1 [kompasstreek] *north* 0.2 [gebied, land] *North* ◆ 2.2 het barre/hoge ~ *the barren/frozen N.* 6.1 een kamer op het ~ *a room facing n.;* ten ~ van *(to the) n. of* 6.2 de treinen naar het ~ *the northbound trains.*

noordenwind 0.1 *north(erly) wind* ◆ 2.1 een ijzige ~ *an icy north wind.*

noorderbreedte 0.1 *north latitude* ◆ 1.1 Madrid ligt op 40 graden ~ *Madrid lies in 40° north latitude.*

noorderbuur 0.1 *northern neighbour* ⇒*neighbour to the north.*

noorderkeerkring 0.1 *Tropic of Cancer.*

noorderlicht 0.1 *aurora borealis* ⇒*northern lights.*

noorderling 0.1 *northerner* ⇒⟨Scandinaviër ook⟩ *Northern European,* ⟨Scandinaviër ook⟩ *Scandinavian.*

noorderzon ◆ 6.¶ met de ~ vertrekken *do a moonlight flit; abscond, skeddadle.*

noordgrens 0.1 *northern border/frontier.*

Noord-Ierland 0.1 *Northern Ireland.*

Noordkaap 0.1 *North/Arctic Cape.*

noordkust 0.1 *north(ern) coast.*

noordnoordoost I ⟨bn.⟩ 0.1 [mbt. de wind] *north-northeast (erly);*
II ⟨bw.⟩ 0.1 [naar het noordnoordoosten] *north-northeastwards* ◆ 3.1 ~ koersen *steer a north-northeasterly course.*

noordnoordwest I ⟨bn.⟩ 0.1 [mbt. de wind] *north-northwest(erly);*
II ⟨bw.⟩ 0.1 [naar het noordnoordwesten] *north-northwestwards.*

noordoost I ⟨bn.; alleen pred.⟩ 0.1 [mbt. de wind] *northeast-(erly);*
II ⟨bw.⟩ 0.1 [naar het noordoosten] *northeastwards.*

noordoostelijk I ⟨bn.⟩ 0.1 [mbt. de wind] *northeast(erly)* 0.2 [in de richting van het noordoosten gaand] *northeastward* ⇒*northeast(erly);*
II ⟨bw.⟩ 0.1 [naar het noordoosten] *northeastwards.*

noordoosten 0.1 *northeast.*

noordoostenwind, -ooster 0.1 *northeaster(ly (wind)).*

Noordoostpolder 0.1 *Northeast Polder.*

noordpool 0.1 [eindpunt van de aardas] *North Pole* 0.2 [land bij de noordpool] *Arctic.*

noordpoolcirkel 0.1 *Arctic Circle.*

noordpoolexpeditie, -tocht 0.1 *arctic expedition.*

noordpoolgebied 0.1 *arctic/polar region.*

noordpoolreiziger, -zigster 0.1 *arctic explorer.*

noordpunt 0.1 *north(ern) point.*

noords 0.1 [komend uit het noorden] *northerly* 0.2 [mbt. het noorden] *northern.*

Noordster 0.1 *North Star.*

noordwaarts I ⟨bw.⟩ 0.1 [naar het noorden] *northwards* ◆ 3.1 de steven ~ richten *sail n.;*
II ⟨bn.⟩ 0.1 [naar het noorden gericht] *northward.*

noordwand 0.1 *north(ern) wall; north face* ⟨van berg⟩.

noordwest I ⟨bn.; alleen pred.⟩ 0.1 [mbt. de wind] *northwest(erly);*
II ⟨bw.⟩ 0.1 [naar het noordwesten] *northwestwards.*

noordwestelijk I ⟨bn.⟩ 0.1 [mbt. de wind] *northwest(erly)* 0.2 [in de richting van het noordwesten] *northwestward* ⇒*northwest(erly);*
II ⟨bw.⟩ 0.1 [naar het noordwesten] *northwestwards.*

noordwesten 0.1 *northwest.*

noordwestenwind, -wester 0.1 *northwester(ly (wind)).*

Noordzee 0.1 *North Sea.*

Noorman 0.1 *Norseman* ⇒*Viking.*

Noors¹ ⟨het⟩ 0.1 *Norwegian.*

Noors² ⟨bn.⟩ 0.1 *Norwegian* ⇒*Norse* ⟨sagen⟩.

Noorwegen 0.1 *Norway.*

noot 0.1 [boomvrucht] *nut* 0.2 [muzieknoot] *note* 0.3 [voetnoot] *(foot)note* ◆ 2.1 een harde ~ (om te kraken) ⟨ook

fig.⟩ *a tough/hard n. (to crack);* ⟨fig.⟩ een harde ~ met iem. kraken *have a serious talk with s.o.* 2.2 hele/halve noten spelen *play semibreves, play minims;* een kwart ~ *a crotchet;* een valse ~ *a wrong n.;* ⟨fig.⟩ een vrolijke ~ *a cheerful n.* 2.3 ⟨fig.⟩ ergens een kritische ~ bij plaatsen *comment (critically) on sth.* 3.1 noten kraken *crack nuts* 3.2 noten kunnen lezen *be able to read music* 3.3 van noten voorzien *annotate* 7.2 ⟨fig.⟩ veel noten op zijn zang hebben ⟨pretentieus zijn⟩ *be pretentious;* ⟨veeleisend zijn⟩ *be hard to please.*

nootgewricht ⟨med.⟩ 0.1 *ball(-and-socket) joint.*

nootmuskaat 0.1 *nutmeg.*

nop¹ →**noppes.**

nop² ⟨de⟩ 0.1 [reliëf in textiel] *burl* 0.2 [cirkelvormig versiersel] *(polka) dot* 0.3 [mbt. schoenzool] *stud.*

nopen I ⟨ov.ww.⟩ 0.1 [dwingen] *impel* ⇒*compel;*
II ⟨onov., ov.ww.⟩ 0.1 [brengen tot] *prompt* ⇒*induce* ◆ 6.1 de aansporing noopte hem **tot** harder werken *the encouragement prompted/induced him to work harder.*

nopens ⟨schr.⟩ 0.1 *with regard/respect to.*

nopjes ◆ 6.¶ in zijn ~ zijn *be (as) pleased as Punch.*

noppes ⟨inf.⟩ 0.1 ⟨zie 6.1⟩ ◆ 6.1 **voor** ~ ⟨gratis⟩ *for nothing/free;* ⟨tevergeefs⟩ *for nothing.*

nor ⟨inf.⟩ 0.1 *clink* ⇒*nick* ◆ 6.1 hij zit **in** de ~ *he's in the clink, he's doing time.*

noren 0.1 *racing skates.*

noriet 0.1 [geneesmiddel] *norit* 0.2 [gesteente] *norite.*

norm 0.1 *standard;* ⟨schr.⟩ *norm* ◆ 2.1 gewenste ~ *desired s.;* de heersende ~ en *prevailing standards* 3.1 een ~ vaststellen *lay down a s.*

normaal¹ ⟨de⟩ 0.1 [wisk.] *normal* ⇒*perpendicular* 0.2 [normale waarde] *normal* ⇒*standard* 0.3 [meteo.] *normal* 0.4 [benzine] *regular.*

normaal² I ⟨bn., bw.⟩ 0.1 [gewoon] *normal* ◆ 1.1 de normale weg bewandelen *follow the n./usual course* 3.1 gedraag je, doe ~! *don't make a fool of yourself!;* ~ gesproken *generally speaking;* niet ~ zijn *be abnormal* ¶.1 ~ ben ik al thuis om deze tijd *I am normally/usually home by this time;* het behoort tot de normale gang van zaken *it's common practice;*
II ⟨bn.⟩ 0.1 [als norm dienend] *normal* ⇒*standard* ◆ 1.1 buiten de normale uren *out of (n.) hours.*

normaaloplossing ⟨schei.⟩ 0.1 *standard solution.*

normaalschool ⟨Belg.⟩ 0.1 *Teachers' (Training) College.*

normalisatie 0.1 [het normaliseren] *regulation, normalization* 0.2 [het vaststellen van een standaard] *standardization* ◆ 1.1 de ~ van de prijzen *the r. of prices* 1.2 de ~ van de verkeerstekens *the s. of traffic signs.*

normaliseren 0.1 [standaardiseren] *standardize* 0.2 [weer normaal maken] *normalize* ◆ 1.1 een rivier ~ *regulate a river* 1.2 de betrekkingen tussen beide landen zijn genormaliseerd *relations between the two countries have been normalized.*

normaliteit 0.1 *normality* ⇒*normalcy.*

normaliter 0.1 *normally* ⇒*usually, as a rule.*

Normandië 0.1 *Normandy.*

Normandiër, -sche 0.1 *Norman.*

Normandisch 0.1 *Norman* ◆ 1.1 de ~e kust *the Normandy coast;* de ~e verovering *the N. conquest.*

normbesef 0.1 *sense of standards/values.*

normenstelsel, -systeem 0.1 *code* ⇒*conventions* ⟨mv.⟩.

normering 0.1 [het normeren] *standardization* 0.2 [normstelling] *standard.*

normvervaging 0.1 *blurring of moral standards.*

nors 0.1 *surly* ⇒*gruff, grumpy* ◆ 1.1 een ~ antwoord geven give a curt answer; met een ~ gezicht with a s./grumpy expression **3.1** iem.~ behandelen treat s.o. gruffly.

norsheid 0.1 *gruffness* ⇒*grumpiness, surliness.*

NOS ⟨afk.⟩ **0.1** [Nederlandse Omroepprogramma Stichting] ⟨*Netherlands Broadcasting Authority*⟩.

nostalgie 0.1 *nostalgia.*

nostalgisch, nostalgiek 0.1 *nostalgic* ♦ **1.1** een ~e mijmering n. musing/reverie **3.1** het verleden ~ verbeelden picture the past nostalgically.

nota 0.1 [rekening] *account* ⇒*bill* **0.2** [geschrift] *memorandum* **0.3** [aantekening] *note* ♦ **1.1** ~ van onkosten expense a., bill **1.2** ~ van wijziging government amendment (of a bill) **2.2** een diplomatieke ~ a diplomatic note **3.¶** ~ nemen van take note of **6.1** een ~ voor de kosten van medische hulp a bill for medical expenses.

notabel 0.1 *notable.*

notabele 0.1 *dignitary* ♦ **1.1** de ~n van een stad the dignitaries of a city/town.

nota bene 0.1 [let wel] *nota bene* ⇒*please note* **0.2** [mbt. iets dwaas/onbehoorlijks]⟨zie ¶.2⟩ ♦ **¶.2** ze heeft ~ alwéér een andere auto she's got yet another new car, would you believe.

notariaat 0.1 [ambt van notaris] *office of notary (public)* **0.2** [praktijk van een notaris] *notary's practice.*

notarieel 0.1 *notarial* ♦ **1.1** een notariële akte a n. act/ deed; het ~ examen the notary's examination; ~ protest a n./notarized protest **3.1** ~ bekrachtigen notarize.

notaris 0.1 *notary (public).*

notariskantoor 0.1 *notary('s) office.*

notarisklerk 0.1 *notary's clerk.*

notatie 0.1 [het noteren] *notation* ⇒⟨manier ook⟩ notation system, ⟨muz. ook⟩ (musical) notation.

noten 0.1 [van notenhout] *walnut* **0.2** [in die kleur geverfd] walnut ⇒nutbrown.

notenbalk ⟨muz.⟩ **0.1** *staff* ⇒*stave.*

notenbar 0.1 nut shop; ⟨deel van winkel⟩ nut section; ⟨op markt⟩ nut stall/stand.

notenboom 0.1 *walnut (tree).*

notendop 0.1 [schaal van een noot] *nutshell* **0.2** [schuitje] cockle-shell/-boat ♦ **6.1** ⟨fig.⟩ de hele theorie in een ~ the whole theory in a n.

notenhout 0.1 *walnut.*

notenhouten 0.1 *walnut.*

notenkaas 0.1 *nut cheese.*

notenkraker 0.1 *(pair of) nutcrackers.*

notenpapier 0.1 *music paper.*

notenschrift 0.1 *(musical) notation;* ⟨op notenbalk⟩ staff notation.

noteren I ⟨ov.ww.⟩ **0.1** [aantekenen] *note (down), make a note of* ⇒jot down, record, register, enter, book ⟨bestellingen⟩, score ⟨punten⟩ **0.2** [bepalen, opgeven] quote ♦ **1.1** een telefoonnummer ~ jot down/make a note of a telephone number **6.2** aan de beurs genoteerd zijn be listed on the (stock) market;

II ⟨onov.ww.⟩ **0.1** [een prijs/koers krijgen]⟨in vaste prijslijsten opnemen⟩ list; ⟨op prijslijsten noteren⟩ quote ♦ **1.1** het pond noteert ƒ3,35 the pound is listed at/stands at Dfl3.35 **5.1** hoog genoteerd staan ⟨lett.⟩ be high-priced; ⟨fig.⟩ be highly regarded.

notering 0.1 [notatie] *noting/jotting down, making a note of* **0.2** [vermelding van de prijs/koers]⟨vermelding in vaste prijslijst⟩ quotation; ⟨prijs, koers⟩ quoted price, rate **0.3** [prijsbepaling] quotation ⇒quote ♦ **2.2** in de officiële ~ opgenomen quoted in the Official List.

notie 0.1 *notion* ⇒*idea* ♦ **2.1** geen flauwe ~ not the faintest notion.

notitie 0.1 ⟨aantekening⟩ *note;* ⟨memo⟩ memo(randum) ♦ **3.1** ~s maken take(down)/make notes; ⟨onsystematisch⟩ jot down notes **3.¶** ~ nemen van ⟨aandacht schenken aan⟩ take notice of; ⟨kennis nemen van⟩ note, take note of.

notitieblok 0.1 *notepad, memo pad; scribbling pad.*

notitieboekje 0.1 *notebook* ⇒*memorandum book.*

notoir 0.1 [berucht] *notorious* ⇒⟨sterker⟩ infamous **0.2** [algemeen bekend] notorious ⇒(well/widely) known.

notulen 0.1 *minutes* ♦ **3.1** de ~ opmaken draw up the m.; de ~ werden goedgekeurd the m. were approved.

notulenboek 0.1 *minute book.*

notuleren I ⟨onov.ww.⟩ **0.1** [notulen maken] take (the) minutes;

II ⟨ov.ww.⟩ **0.1** [in de notulen opnemen] enter/record in the minutes.

notulist 0.1 *minutes secretary.*

nou¹ ⟨bw.⟩⟨inf.⟩ **0.1** *now* ♦ **4.1** wat moeten we ~ doen? what do we (have to) do n.?

nou² ⟨vw.⟩⟨inf.⟩ **0.1** *now (that)* ♦ **¶.1** ~ zij het zegt, geloof ik het n. that she says so I believe it.

nou³ ⟨tw.⟩ **0.1** [als aansporing/aandrang] *now* ⇒*well* **0.2** [mbt. verbazing/ongeloof] well ⇒really **0.3** [als bevestiging]⟨zie 9.3⟩ **0.4** [mbt. onzekerheid] again **0.5** [als toegeving] oh (very) well ⇒never mind **0.6** [bij meningsverschil]⟨zie 8.6⟩ **0.7** [mbt. ongepastheid] oh, now ⇒... on earth, ... ever **0.8** [mbt. voortzetting/beëindiging] well ⇒ ⟨beëindiging⟩ so, ⟨voortzetting⟩ now, ⟨voortzetting⟩ right ♦ **3.1** kom je ~? well, are you coming? **3.2** meen je dat ~? do you really mean it?, are you serious? **4.7** wie doet ~ zoiets? who (on earth) would ever do such a thing? **5.4** wanneer ga je ~ ook weer weg? when were you leaving again? **5.5** ~ ja, wat zou dat? oh (very) well, what does it matter?; ~ ja, zo erg is 't niet never mind, it's not all that bad; dat is ~ niet bepaald eenvoudig well, that's not so easy **5.7** waar bleef je ~? where on earth have you been? **8.6** ~ èn? ⟨wat zou dat?⟩ so (what)? **9.1** ~, komt er nog wat van? well, how about it?, are you going to stand there all day? **¶.2** ~!⟨genoeg!⟩ well I'll be (darned)!, you don't say!; hoe kan dat ~? how on earth can that be?; ~, dat weet ik niet hoor! hold on though, I'm not so sure I agree! **¶.8** ~, dat was het dan well/so, that was that **¶.¶** ~, ~! there there!

nouveau riche 0.1 *nouveau riche* ⇒*upstart* ♦ **¶.1** de nouveaux riches the new(ly)-rich, the nouveaux riches.

nouveauté 0.1 *novelty* ⇒*fad,* ⟨mode⟩ the height of fashion.

Nova Zembla 0.1 *Novaya Zemlya, Nova Zembla.*

novelle 0.1 *short story* ⇒*novella.*

novellebundel 0.1 *collection of short stories.*

novellist 0.1 *short-story writer.*

november 0.1 *November* ⟨ook→januari⟩.

NOVIB ⟨afk.⟩ **0.1** [Nederlandse Organisatie voor Internationale Bijstand] ⟨*Dutch organization for international assistance*⟩.

novice 0.1 *novice.*

noviciaat 0.1 *noviciate.*

noviteit 0.1 *novelty* ⇒*innovation.*

novum 0.1 [nieuw iets] *something new* ⇒*unprecedented fact* **0.2** [jur.] new fact; ⟨in cassatie⟩ new point of law.

nozem 0.1 *rowdy* ⇒*yob(bo),* ⟨op motorfiets⟩ biker.

nu¹ ⟨het⟩ **0.1** *now* ⇒*the present (moment)* ♦ **1.1** het hier en het ~ the here and n.

nu² ⟨bw.⟩ **0.1** [op dit ogenblik] *now* ⇒*at the moment* **0.2** [tegenwoordig] now(adays) ⇒these days **0.3** [op een bepaald ogenblik; in de toekomst] *now* **0.4** [mbt. een voorafgaand woord] *now* ◆ **2.1** ~ of nooit *n. or never* **3.1** de tijd gaat ~ in ⟨in quiz⟩ *your time starts n.;* ik kan ~ niet *I can't (right) n.* **3.2** dat wordt ~ algemeen aanvaard *that's the generally accepted view these days* **4.3** wat ~? *what n.?, what next?* **5.1** ~ meteen *right now, right/straight away;* ~ nog niet *not yet;* hij komt ~ pas aan *he's only just arriving (n.)* **5.3** ~ en dan *n. and then, at times, occasionally* **6.1** tot ~ (toe) *up to n., so far;* van ~ af aan *from n. on(wards)* ¶**.4** dit probleem ~ moet bij de wortels aangepakt worden *now, this problem must be tackled at the roots.*

nu³ ⟨vw.⟩ **0.1** *now (that)* ◆ ¶**.1** ~ ik dat weet, ben ik gerust *now (that) I know, my mind's at rest.*

nu⁴ ⟨tw.⟩ **0.1** [als aansporing/aandrang] *now* ⇒*well* **0.2** [mbt. verbazing/ongeloof] *... on earth* **0.3** [mbt. onzekerheid] *again* **0.4** [als toegeving] *(oh) well* ⇒*let's face it* **0.5** [mbt. ongepastheid] *now* ⇒*... on earth* **0.6** [mbt. voortzetting/beëindiging] *now* ⇒*anyway, well* ◆ **4.3** wie komen er ~ precies? *who is coming again exactly?* **5.4** de mensen zijn ~ eenmaal zo *let's face it, that's the way people are* **5.5** hoe kun je dat ~ doen? *how on earth can you do such a thing?*

nuance 0.1 [fijn onderscheid] *nuance* ⇒*shade of meaning,* ⟨pej.⟩ *nicety* **0.2** [kleurspeling] *shade* ⇒*tint* ◆ **3.1** daarin moet je een ~ aanbrengen *you must qualify that (somewhat);* de nodige ~s aanbrengen ⟨ook⟩ *make the necessary differentiations.*

nuanceren 0.1 [fijn onderscheid aanbrengen in] *nuance* ⇒ ⟨onderscheiden⟩ *differentiate,* ⟨wijzigen⟩ *qualify,* ⟨wijzigen⟩ *modify, refine* **0.2** [schakeren] *shade* ⇒*tint.*

nuancering 0.1 [het aanbrengen van een fijn onderscheid] *nuancing* ⇒*differentiation, qualification, modification, refining* **0.2** [schakering] *shading* ⇒*tinting* **0.3** →**nuance 0.1.**

nuanceverschil 0.1 *difference in nuance* ⇒*minor difference.*

nuchter I ⟨bn.⟩ **0.1** [niets gegeten, gedronken hebbend] *fasting; newborn* ⟨dier⟩ **0.2** [niet dronken] *sober* **0.3** [sober] *sober* ⇒*plain* ◆ **1.3** de ~e waarheid *the plain/simple truth* **3.1** voor je ter communie gaat, moet je één uur ~ zijn *before you go to communion, you must have been fasting for an hour;* ⟨voor operatie⟩ ~ zijn *have an empty stomach* **3.2** ~ worden *sober up;* **II** ⟨bn., bw.⟩ **0.1** [verstandig] *sober(-minded), sensible* ⇒ *level-headed* **0.2** [onopgesmukt] *cold, harsh* ◆ **1.1** een ~ mens *a sensible/level-headed person;* met zijn ~e verstand *soberly* **1.2** de ~e werkelijkheid *harsh reality.*

nuchterheid 0.1 [zakelijkheid] *common sense* **0.2** [werkelijkheidszin] *sober(-minded)ness* ⇒*level-headedness.*

nucleair 0.1 *nuclear* ◆ **3.1** ~ voortgestuwde schepen *nuclear-powered ships.*

nucleus 0.1 *nucleus.*

nudisme 0.1 *nudism* ⇒⟨meer filosofisch⟩ *naturism.*

nudist 0.1 *nudist* ⇒⟨meer filosofisch⟩ *naturist.*

nudistencamping 0.1 *nudist/naturist campsite.*

nudistenkamp 0.1 *nudist colony/camp.*

nudistenstrand 0.1 *nudist/nude beach.*

nuf 0.1 *prim/affected girl* ⇒⟨ingebeeld⟩ *conceited/*⟨voor alles de neus optrekkend⟩ *prissy girl.*

nuffig 0.1 *prim/affected* ⇒⟨ingebeeld⟩ *conceited,* ⟨voor alles de neus optrekkend⟩ *prissy.*

nuk 0.1 *mood* ⇒*quirk* ◆ **1.1** ~ken en grillen *whims and fancies* **2.1** hij heeft van die vreemde ~ken *he has these strange quirks/moods.*

nukkig 0.1 *moody* ⇒*sullen, quirky.*

nukkigheid 0.1 *moodiness* ⇒*sullenness, quirkiness.*

nul¹ ⟨de⟩ **0.1** [cijferteken] *nought* ⇒⟨AE en wet.⟩ *zero,* ⟨inf.⟩ *o* **0.2** [persoon] *nobody* ⇒*nonentity* ◆ **2.2** hij is een grote ~ *he's a nobody* **3.1** ⟨fig.⟩ ~ op het rekest krijgen *meet with a refusal, be turned down* ⟨sollicitant enz.⟩; ⟨inf.⟩ *come away with a flea in one's ear.*

nul² ⟨bn.⟩ **0.1** *null* ⇒⟨pej. ook⟩ *nil* ◆ **2.1** dat is van ~ en gener waarde *it is utterly worthless.*

nul³ ⟨hoofdtelw.⟩ **0.1** *nought;* ⟨AE en wet.⟩ *zero* ◆ **1.1** van/uit het jaar ~ *out of the ark;* ~ komma ~ *absolutely nothing* **6.1** de stemming zakte al gauw **beneden** ~ *the mood soon fell below freezing-point;* tien graden **onder** ~ *ten (degrees) below zero* ⟨ook BE⟩; ⟨fig.⟩ **onder/beneden** ~ zijn *be way under par* ¶**.1** PSV heeft met 2-0 verloren *PSV lost two-nil.*

nulgroei 0.1 *zero growth.*

nullijn 0.1 [ec.] *neutral line* **0.2** [regeling in de loonpolitiek] *±income freeze* **0.3** [lijn die het nulpunt aangeeft] *zero line.*

nulmeridiaan 0.1 *prime meridian.*

nulnummer 0.1 *trial issue.*

nuloptie 0.1 *zero option.*

nulpunt 0.1 [mbt. een schaalverdeling] *zero (point)* **0.2** [fig.; punt van laagste waarde(ring)] *nil* ⇒*zero, rock bottom,* ⟨dieptepunt⟩ *nadir* ◆ **3.1** de temperatuur is tot het ~ gezakt *the temperature has dropped to zero* **3.2** het moreel was tot het ~ gedaald *morale had reached an all-time low.*

nulstand 0.1 [stand op het nul-/beginpunt] *zero (setting).*

06-nummer 0.1 ⟨gratis⟩ *freephone, ᴮ0800 number;* ⟨niet gratis⟩ *ᴮ0898 number* ⇒⟨in USA⟩ *800/toll-free number.*

Numeri ⟨rel.⟩ **0.1** *Numbers.*

numeriek I ⟨bn.⟩ **0.1** [door getallen uitgedrukt] *numerical* ⇒ *numeric* ◆ **1.1** ⟨tech.⟩ ~e besturing *numerical control;* een ~e code *a numerical/numeric code;* de ~e waarde *the numerical value;* **II** ⟨bn., bw.⟩ **0.1** [in aantal] *numerical* ◆ **1.1** een ~e meerderheid hebben *have a majority in numbers* **3.1** ~ overtreffen *outnumber.*

numero 0.1 *number.*

numerus fixus 0.1 *numerus clausus.*

numismatiek 0.1 *numismatics.*

nummer 0.1 [cijfer, getal] *number* ⇒*figure* **0.2** [persoon, zaak] *number* **0.3** [liedje] *number* ⇒⟨bv. op grammofoonplaat⟩ *track* **0.4** [act] *act* ⇒*routine, number* **0.5** [opvallend persoon] *character* ⇒⟨pej.⟩ *(odd) specimen* **0.6** [sport] *event* ◆ **1.1** ik heb het ~ van die auto genoteerd *I took down the number of that car* **1.2** een ~ van een krant/tijdschrift *a newspaper edition, a number/issue of a periodical* **2.2** een oud ~ *a back issue/n.* **2.5** zij/hij is een mooi ~ *she's/he's quite a character* **3.2** in deze maatschappij is ieder mens een ~ *people are mere numbers in this society* **3.3** een ~ draaien *play a track* **3.4** een ~ brengen *do a routine/an a.* **6.**¶ iem. **op** zijn ~ zetten *cut s.o. down to size* **7.1** ~ één van de klas zijn *be top of one's class* **7.2** ~ één zijn bij een wedstrijd *come first in a race/competition;* ~ honderd *the smallest room* ¶**.1** 06-nummer ⟨gratis⟩ *freephone, ᴮ0800 number;* ⟨niet gratis⟩ *ᴮ0898 number* ¶**.2** ⟨mil.⟩ voor zijn ~ op moeten komen *have to do one's national service.*

nummerbord 0.1 ⟨GB⟩ *number plate;* ⟨USA⟩ *license plate.*

nummeren I ⟨ov.ww.⟩ **0.1** [van een nummer voorzien] *number;* **II** ⟨onov.ww.⟩ ⟨mil.⟩ **0.1** [zijn volgnummer afroepen] *number off.*

nummerherhaling 0.1 *redial (facility).*

nummering 0.1 [het nummeren] *numbering* **0.2** [het genummerd zijn] *numeration.*

nummerplaat →**nummerbord.**
nummertje 0.1 [papiertje met volgnummer] *number* **0.2** [staaltje] *sample* **0.3** [inf.; geslachtsgemeenschap] *screw* ⇒*fuck, lay* ◆ **3.1** u moet eerst een ~ trekken *you should draw a number first* **3.2** een ~ weggeven ⟨lett.; demonstratie van deskundigheid⟩ *do one's number/act/thing;* ⟨fig.⟩ *throw a tantrum* **3.3** een ~ maken *screw, fuck.*
nuntiatuur ⟨rel.⟩ **0.1** *nunclature.*
nuntius 0.1 *nuncio* ◆ **2.1** de pauselijke ~ *the (papal) nuncio.*
nurks 0.1 *gruff* ⇒*surly.*
nurksheid 0.1 *surliness* ⇒*gruffness.*
nut 0.1 *use(fulness)* ⇒⟨voordeel⟩ *benefit,* ⟨waarde⟩ *point,* ⟨waarde⟩ *value,* ⟨zin⟩ *purpose* ◆ **2.1** het economisch ~ *the economic benefit* **3.1** ~ hebben ⟨ook⟩ *serve a useful purpose;* het heeft geen enkel ~ om ... *it is useless/pointless to ...;* ik zie er het ~ niet van in *I don't see the point of it* **6.1** zich iets ~ ten ~te maken *make good use/take advantage of sth., utilize sth., avail o.s. of sth.;* van veel ~ zijn *be of great benefit/value.*
nutsbedrijf ◆ **2.¶** openbare nutsbedrijven *public utilities.*
nutteloos 0.1 [niet dienstig] *useless* ⇒⟨zinloos⟩ *pointless* **0.2** [zonder resultaat] *fruitless* ⇒⟨tevergeefs⟩ *futile,* ⟨alleen pred.⟩ *of no avail* ◆ **1.1** een nutteloze vraag *a pointless question* **1.2** nutteloze pogingen *fruitless/futile attempts* **5.2** mijn werk is volkomen ~ geweest *my work has been utterly in vain.*
nutteloosheid 0.1 *uselessness* ⇒*futility.*
nuttig 0.1 [dienstig] *useful* **0.2** [voordeel opleverend] *advantageous* **0.3** [tech.] *efficient* ◆ **1.1** een ~ lid van de maatschappij *a u./valuable member of the community;* ~ werk verrichten *do a u.job* **1.3** het ~ effect van een machine *the efficiency of a machine* **3.1** zich ~ maken *make o.s. useful* **3.2** zijn tijd ~ besteden *make good use of one's time* **7.1** het ~e met het aangename verenigen *combine business with pleasure.*
nuttigen ⟨schr.⟩ **0.1** *have* ⇒*take.*
nuttigheid 0.1 *usefulness.*
nuttiging 0.1 [schr.; het nuttigen] *consumption* ⇒*taking* **0.2** [rel.] *Communion.*
NV ⟨afk.⟩ **0.1** [Naamloze Vennootschap] *plc (public limited company),* ⁴*Inc. (incorporated).*
n.v.t. ⟨afk.⟩ **0.1** [niet van toepassing] *n/a.*
nylon¹ **I** ⟨het, de⟩ **0.1** [kunststof]⟨ook verz.n. polyamide⟩ *nylon;*
II ⟨de⟩ **0.1** [nylonkous] *nylon (stocking).*
nylon² ⟨bn.⟩ **0.1** *nylon.*
nymfomaan 0.1 *nymphomaniac.*
nymfomane 0.1 *nymphomaniac* ⇒⟨inf.⟩ *nympho.*

nummerplaat - obsessie

o¹ ⟨de⟩ ◆ **3.¶** ~'tjes blazen *blow smoke-rings.*
o² ⟨tw.⟩ **0.1** [gevoelsuiting] *O, oh, ah* **0.2** [uitroep tot versterking] *O, oh* ◆ **5.2** ~ zo verleidelijk *ever so tempting* **9.2** ~ ja, dat is waar ook *oh yes, that reminds me;* ~ ja? *oh, really?;* ~ jee! *oh dear!* **¶.2** ~ zo! *so that's that!*
oase 0.1 *oasis* ◆ **6.1** een ~ van rust *a haven of peace.*
obelisk 0.1 *obelisk.*
o-benen 0.1 *bandy/bow legs* ◆ **6.1** met ~ *bandy-/bow-legged.*
ober 0.1 *waiter* ⇒⟨eerste kelner⟩ *head waiter,* ⟨barman⟩ *barman.*
object 0.1 [voorwerp, zaak, persoon] *object* **0.2** [bk.] *objet d'art* **0.3** [hand.] *object* ⇒*item,* ⟨onroerend goed⟩ *property* ◆ **1.1** iets tot ~ van zijn studie maken *make sth. the subject of one's studies* **2.1** een geliefkoosd ~ van menig schilder *a favourite subject of many artists* **2.2** een gewild ~ bij verzamelaars *a collector's item.*
objectief¹ ⟨het⟩ **0.1** *objective.*
objectief² ⟨bn., bw.⟩ **0.1** *objective* ◆ **3.1** een zaak ~ bekijken *examine/view sth. objectively/impartially* **5.1** jij bent niet ~ *you are biased.*
objectiviteit 0.1 *objectiveness, objectivity* ⇒*impartiality* ◆ **3.1** (niet) de nodige ~ betrachten *(fail to) exercise the necessary impartiality/objectivity.*
obligaat 0.1 *obligatory* ◆ **1.1** obligate toespraken *standard speeches* **2.1** ⟨med.⟩ ~ pathogeen *obligately pathogenic.*
obligatie 0.1 *bond* ⇒⟨BE ook⟩ *debenture* ◆ **2.1** aflosbare en onaflosbare ~s *redeemable and irredeemable bonds/debentures;* converteerbare ~s *convertible debentures;* langlopende ~s *long bonds.*
obligatiehouder 0.1 *bondholder, debenture-holder.*
obligatiekapitaal 0.1 *debenture capital/stock* ⇒*loan capital.*
obligatielening 0.1 *bond loan.*
obsceen 0.1 *obscene* ◆ **1.1** een ~ gebaar maken *make an o. gesture;* obscene taal bezigen ⟨inf. ook⟩ *use dirty/foul language.*
obsceniteit 0.1 *obscenity* ◆ **3.1** ~en uitslaan *talk obscenities.*
obscuur 0.1 [duister] *obscure* ⇒*dark* **0.2** [onbekend] *obscure* **0.3** [pej.] *shady* ⇒*obscure* **0.4** [stud.; niet actief]⟨ongemarkeerd⟩ *inactive* **0.5** [fig.; onduidelijk] *obscure* ⇒*abstruse* ◆ **1.2** een ~ blaadje *an o. publication* **1.3** een ~ zaakje *a s./doubtful business.*
obsederen 0.1 *obsess* ◆ **1.1** die gedachte obsedeert mij *that thought obsesses/haunts me* **3.1** ze raakte volkomen door hem geobsedeerd *she was completely obsessed with him.*
observatie 0.1 [waarneming] *observation* **0.2** [het waargenomene] *findings* ⇒*observational/experimental data* ◆ **6.1** ter ~ in een ziekenhuis worden opgenomen *be admitted to hospital for o.*
observatiepost 0.1 *observation post.*
observator, -trice 0.1 [waarnemer] *observer* **0.2** [sterrenwacht] *observer* ⇒*astronomer.*
observatorium 0.1 *observatory.*
observeren 0.1 [gadeslaan] *observe* ⇒*watch* **0.2** [in acht nemen] *observe* ◆ **1.1** vogels ~ *o./watch birds.*
obsessie 0.1 *obsession* ⇒⟨inf.⟩ *hang-up* ◆ **1.1** werken is ge-

woon een ~ voor hem *he's obsessed by work;* ⟨inf.⟩ *he's a workaholic* **6.1** het is een ~ **voor** hem geworden *it has become an o. with him.*

obstakel 0.1 *obstacle* ⇒*obstruction, impediment* ◆ **3.1** ~s omzeilen *by-pass obstacles;* een belangrijk ~ vormen *constitute a major obstacle.*

obstetrie 0.1 *obstetrics* ◆ **1.1** kliniek voor ~ en gynaecologie *an obstetric and gynaecological clinic.*

obstinaat 0.1 *obstinate* ⇒*stubborn, persistent.*

obstructie 0.1 [sport] *obstruction;* ⟨basketbal⟩ *blocking* **0.2** [pol.] *obstruction; stonewalling* **0.3** [med.] *obstruction* ◆ **3.1** ~ plegen *commit o.* **3.2** ~ voeren tegen een wetsontwerp *obstruct/block a bill.*

occasion 0.1 [koopje] *bargain* **0.2** [tweedehands artikel] *second-hand article* ⇒⟨auto⟩ *used car.*

occult 0.1 *occult* ◆ **7.1** het ~e *the o./supernatural.*

occultisme 0.1 *occultism.*

occupatie 0.1 [bezetting] *occupation* **0.2** [bezigheid] *occupation* ⇒*employment.*

occuperen I ⟨ov.ww.⟩ **0.1** [bezetten] *occupy;* **II** ⟨wk.ww.; zich ~⟩ **0.1** [zich bezighouden] *occupy o.s. (with)* ⇒⟨met zaken ook⟩ *busy o.s. (with).*

oceaan 0.1 *ocean* ⇒*sea* ◆ **2.1** de Stille/Grote Oceaan *the Pacific (Ocean)* **6.¶** een ~ **van** licht *a sea of light.*

oceaandepressie ⟨meteo.⟩ **0.1** *oceanic depression.*

oceaanfront ⟨meteo.⟩ **0.1** *ocean front.*

oceaanstomer 0.1 *ocean(-going) steamer.*

Oceanië 0.1 *Oceania.*

Oceanisch 0.1 *Oceanian.*

oceanografie 0.1 *oceanography.*

oceanografisch 0.1 *oceanographic(al).*

och 0.1 [gevoelsuiting] *oh* ⇒⟨vnl. dicht.⟩ *o, ah* **0.2** [versterkende uitroep] *oh, ah* ◆ **3.1** ~ kom *oh, go on (with you)* **9.2** ~ gut! *oh dear!*

ochtend 0.1 [morgenstond] *dawn* ⇒*daybreak* **0.2** [de morgen] *morning* **0.3** ⟨fig.; aanvang⟩ *dawn(ing), morning* ◆ **2.1** v.d. vroege ~ tot de late avond *from early morning till late at night* **2.2** de hele ~ *all m.* **7.2** om 7 uur 's ~s *at 7 o'clock in the m., at 7 a.m.*

ochtendblad, -krant 0.1 *morning (news)paper.*

ochtenddienst 0.1 [godsdienstoefening] *morning service* ⇒ ⟨angl.⟩ *Morning Prayer, matins* **0.2** [werkzaamheden] *morning duty* ◆ **3.2** ~ hebben *be on m. d.*

ochtendeditie 0.1 *morning edition.*

ochtendgloren, -krieken ⟨schr.⟩ **0.1** *daybreak* ⇒*break of day* ◆ **6.1** bij het eerste ~ *at first light.*

ochtendgymnastiek 0.1 *morning exercises.*

ochtendhumeur 0.1 *(early) morning mood* ◆ **3.1** een ~ hebben *have got up on the wrong side of the bed.*

ochtendjas 0.1 *dressing gown* ⇒⟨voor vrouwen⟩ *housecoat, morning gown* ⟨nogal luxueus⟩.

ochtendmens 0.1 *early bird/riser.*

ochtendploeg 0.1 *morning shift.*

ochtendspits, -spitsuur 0.1 *morning rush (hour).*

octaaf 0.1 ⟨muz.⟩ *octave* ⇒*eighth* ◆ **¶.1** een ~ hoger/lager *an o. higher/lower.*

octaan ⟨schei.⟩ **0.1** *octane.*

octaangehalte 0.1 *octane content* ◆ **2.1** benzine met een hoog ~ *high-octane petrol.*

octaangetal 0.1 *octane number/rating.*

octant 0.1 [instrument, maangestalte] *octant* **0.2** [sterrenbeeld] *Octant* ◆ **7.1** de vier ~en *the four octants.*

octopus 0.1 *octopus.*

octrooi 0.1 *patent* ◆ **3.1** ~ aanvragen *apply for a p.;* ~ verlenen *grant/issue a p.*

octrooihouder, -ster 0.1 *patentee.*

Octrooiraad 0.1 *Patent Office.*

octrooirecht 0.1 *patent law.*

octrooiwet 0.1 *Patent Act.*

ode 0.1 *ode* ◆ **6.1** een ~ brengen **aan** iem. ⟨fig.⟩ *pay tribute to s.o.*

odyssee 0.1 [tocht] *odyssey* **0.2** [epos] *Odyssee.*

oecumene 0.1 *(o)ecumeni(cali)sm* ◆ **¶.1** de ~ *Christian unity.*

oecumenisch 0.1 *oecumenic(al)* ◆ **1.1** de ~e beweging *the o. movement.*

oedeem ⟨med.⟩ **0.1** *(o)edema.*

Oedipuscomplex ⟨psych.⟩ **0.1** *Oedipus complex.*

oef 0.1 *phew, whew, oof.*

oefenbaan ⟨mil.⟩ **0.1** *assault course.*

oefenboek 0.1 *workbook* ⇒*exercise book.*

oefenen I ⟨ov.ww.⟩ **0.1** [trainen, repeteren] *train, coach* ⇒ ⟨zich bekwamen⟩ *practise, rehearse* ⟨rol⟩, ⟨exerceren⟩ *drill* **0.2** [mbt. deugd/plicht] *exercise* ◆ **1.2** geduld ~ *e. patience* **4.1** zich ~ in het zwemmen *practise swimming* **6.1** kinderen ~ in het lezen *t./coach children in reading;* **II** ⟨onov.ww.⟩ **0.1** [trainen, repeteren] *train; practise; rehearse* ⟨rol⟩; *drill* ⟨exerceren⟩ ◆ **3.1** je moet meer ~ *you need more practice* **6.1 op** de piano ~ *practise (on) the piano;* ~ **voor** een voorstelling *rehearse for a performance.*

oefening 0.1 [training] *exercise* **0.2** [opgave] *exercise, drill* ◆ **2.1** dat is een goede ~ voor je *it is good practice for you;* lichamelijke ~ *physical education/training;* militaire ~ en *military exercises* **2.2** ⟨sport⟩ verplichte ~ en *compulsory exercises;* ⟨sport⟩ vrije ~ en *voluntary exercises* **¶.1** ⟨sprw.⟩ ~ baart kunst *practice makes perfect.*

oefenmateriaal 0.1 *practice/exercise material(s);* ⟨bij lessen⟩ *teaching aids.*

oefenmeester 0.1 *trainer, coach.*

oefenschool 0.1 ⟨fig.; gelegenheid⟩ *training* **0.2** [school] *training school.*

oefenstof 0.1 *exercise material* ◆ **2.1** deze teksten vormen geschikte ~ *these texts are suitable e. m.*

oefenterrein 0.1 [sport] *practice/training ground* **0.2** [mil.] *drill-ground/barrack square.*

oefentherapeut, -e 0.1 *remedial therapist.*

oefentherapie 0.1 *remedial therapy.*

oefenvlucht ⟨luchtv.⟩ **0.1** *practice/training flight.*

oefenwedstrijd ⟨sport⟩ **0.1** *training/practice/warm-up match* ⇒⟨boksen⟩ *sparring match.*

Oeganda 0.1 *Uganda.*

Oegandees 0.1 *Ugandan.*

oeh 0.1 *phew, whew.*

oei 0.1 ⟨verrassing⟩ *oops;* ⟨pijn⟩ *ouch* ◆ **¶.1** ~, bijna *oops, that was close.*

Oekraïens 0.1 ⟨bn. en zn.⟩ *Ukrainian.*

Oekraïne 0.1 ¶ de ~ *the Ukraine.*

Oekraïner, Oekraïense 0.1 *Ukrainian.*

oelewapper ⟨inf.⟩ **0.1** *nincompoop* ⇒*ninny.*

oen ⟨inf.⟩ **0.1** *blockhead* ⇒*dummy.*

oer 0.1 *bog (iron) ore* ⇒*limonite.*

oer- 0.1 [oud, oorspronkelijk] *primal* ⇒*primitive, primordial* ⟨mens⟩, *prim(a)eval* ⟨zee, bos⟩, ⟨geol., dierk.⟩ *prehistoric,* ⟨taal., gereconstrueerd⟩ *proto-* **0.2** [inf.; zeer] *extremely* ⇒*terribly, ultra-,* ⟨inf.⟩ *deadly* ⟨saai⟩ ◆ **1.1** de oertijd *prehistoric times, primeval age(s)* **2.2** oerkomisch *screamingly funny;* oerslecht *terribly bad; rotten to the core* ⟨persoon⟩.

Oeral ◆ **7.¶** de ~ *the Urals, the Ural Mountains.*

oerbewoner, -woonster 0.1 *autochthon* ⇒±*aborigine.*

oerbos 0.1 *prim(a)eval forest.*

oerdegelijk 0.1 *extremely solid/sound* ⇒*straitlaced* ⟨opvoeding e.d.⟩.

oerdrift 0.1 *primitive drive/urge.*

oerexplosie →**oerknal.**

oergesteente 0.1 *igneous rock(s).*

oergezellig 0.1 *very pleasant* ⇒*delightful, great fun.*

oergezond 0.1 *bursting/glowing with health.*

oerknal ⟨ster.⟩ 0.1 *Big Bang.*

oermens 0.1 [mens uit de oertijd] *primitive man* ⇒*prehistoric/primordial man* 0.2 [eerste mensensoort] *protohuman.*

oeroud 0.1 *ancient* ⇒*prehistoric, prim(a)eval* ◆ 1.1 een ~e beschaving *an a. civilization;* sinds ~e tijden *since a. times.*

oerprincipe 0.1 *first/basic principle.*

oersterk 0.1 *exceedingly strong* ⇒⟨krachtig ook⟩ *extremely powerful,* ⟨onverslijtbaar ook⟩ *very/highly durable.*

oerstof 0.1 *protoplasm.*

oerstom 0.1 *idiotic* ⇒*moronic, incredibly stupid.*

oertijd 0.1 *prehistoric times* ⇒*prim(a)eval age(s)* ◆ 6.1 iem. uit de ~ ⟨fig.⟩ *a stick-in-the-mud.*

oervervelend 0.1 *deadly boring/tiresome.*

oervorm 0.1 *archetype.*

oerwoud 0.1 [bos] *prim(a)eval forest* ⇒*virgin forest,* ⟨tropisch⟩ *jungle* 0.2 [fig.] *jungle* ⇒*chaos, hotchpotch* ◆ 1.2 een ~ van voorschriften *a j./maze of regulations.*

OESO ⟨afk.⟩ 0.1 [Organisatie voor Economische Samenwerking en Ontwikkeling] *O.E.C.D.*

oester 0.1 *oyster* ◆ 8.1 zo gesloten als een ~ *close as an o.*

oesterbank 0.1 *oyster bank* ⇒*(oyster) park.*

oestercultuur, oesterteelt 0.1 *oyster farming.*

oesterkweker 0.1 *oyster farmer.*

oesterparel 0.1 *(oyster) pearl.*

oesterschelp 0.1 *oyster shell.*

oesterzwam 0.1 *oyster mushroom.*

oestrogeen[1] ⟨het⟩ 0.1 *oestrogen.*

oestrogeen[2] ⟨bn.⟩ 0.1 *oestrogenic.*

oeuvre 0.1 *oeuvre, works* ⇒*body of work* ◆ 1.1 het ~ van Vestdijk *the (complete) w. of Vestdijk* 2.1 zijn omvangrijk ~ *his vast body of work.*

oever 0.1 *bank* ⟨van rivier/vijver/kanaal⟩; *shore* ⟨van zee/meer⟩ ◆ 6.1 aan de ~s v.d. Schelde *on the banks of the Scheldt;* de rivier is buiten haar ~s getreden *the river has burst its banks.*

oeverloos 0.1 [fig.; zonder begrenzing] *endless* ⇒*interminable* 0.2 [zonder oevers] *shoreless* ◆ 1.1 een oeverloze discussie (voeren) *(have) an e./interminable discussion;* ⟨inf.⟩ ~ gezwets *blather, claptrap.*

oeververbinding 0.1 *cross-river/-channel connection.*

Oezbeek, -se 0.1 *Uzbek.*

Oezbeeks 0.1 ⟨bn. en zn.⟩ *Uzbek.*

Oezbekistan 0.1 *Uzbekistan.*

of 0.1 [bij tegenstelling] *(either ...) or* 0.2 [verklarend] *or* 0.3 [na ontkenning of restrictie] *(hardly ...) when; (no sooner ...) than* 0.4 [toegevend] *although, whether ... or (not), no matter (how/what/where* ⟨enz.⟩ *)* 0.5 [alsof] *as if, as though* 0.6 [bij twijfel/onzekerheid] *whether, if* 0.7 [achter vraagwoorden]⟨zie 4.7, 5.7⟩ 0.8 [bij verzwegen hoofdzin]⟨zie ¶.8⟩ 0.9 [als sterke bevestiging] *certainly* ◆ 1.1 of(wel) A ~ B *either A or B;* je krijgt ~ het een ~ het ander *you get either the one or the other* 1.2 de influenza ~ griep *influenza, or flu* 2.1 het is óf het een óf het ander *you can't have it both ways* 3.5 hij doet ~ er niets gebeurd is *he acts as if nothing has happened* 3.6 ik vraag me af, ~

hij komen zal *I wonder w./if he'll come* 4.1 ze zei weinig ~ niets *she said little or nothing* 4.7 ik weet niet, wie ~ het gedaan heeft *I don't know who did it* 5.1 min ~ meer *more or less;* vroeg ~ laat *sooner or later, eventually* 5.3 nauwelijks was hij thuis ~ de telefoon ging *hardly/scarcely had he come in when the telephone rang, no sooner had he come home than the telephone rang;* ik weet niet beter ~ ... *for all I know ...* 5.5 het is net ~ het regent *it looks as if it's raining* 5.7 wanneer ~ ze komt, ik weet 't niet *when she is coming I don't know* 7.¶ een dag ~ tien *about ten days, ten days or so* 8.9 nou en ~! *you bet!* ¶.3 het kan niet anders ~ ze is ziek *she must be ill;* er gaat geen dag voorbij ~ hij bedrinkt zich *not a day goes by without him getting drunk* ¶.4 ~ je het nu leuk vindt of niet *whether you like it or not* ¶.5 (elliptisch) ~ jij nooit eens een fout maakt *as if you never make mistakes* ¶.6 de vraag is ~ we hem nodig hebben *the question is w. we need him;* de vraag is óf hij komt *the question is w. he's coming at all* ¶.8 ~ hij nog leeft? *are you asking me whether he's still alive?* ¶.9 ~ ik blij ben! *am I glad!* ¶.¶ hou je mond ~ ik doe je wat *shut up or you'll be sorry.*

offensief[1] ⟨het⟩ 0.1 *offensive* ⇒⟨mil. ook⟩ *drive* ◆ 3,1 tot het ~ overgaan *take the o.;* ⟨mil. ook, het vuur openen⟩ *open fire* 6.1 in het ~ gaan *go on the o.*

offensief[2] ⟨bn., bw.⟩ 0.1 *offensive.*

offer 0.1 [wat geofferd wordt] *offering* ⇒*sacrifice* 0.2 [opoffering] *offering* ⇒*gift, donation* 0.3 [sport; damschijf, schaakstuk] *sacrifice* ◆ 2.2 zware ~s eisen *take a heavy toll;* zich zware/grote ~s getroosten *make heavy/great sacrifices.*

offerande 0.1 [offer] *offering* ⇒*sacrifice* 0.2 [offerplechtigheid] *offering* ⇒*sacrifice* 0.3 [deel v.d. mis, gezang] *offertory.*

offerbereidheid 0.1 *selflessness* ⇒*willingness to make sacrifices.*

offerdier 0.1 *sacrificial animal.*

offeren 0.1 [als offer brengen] *sacrifice* ⇒*offer (up)* 0.2 [schenken] *sacrifice* ⇒*make an offering (to/for)* 0.3 [wijden aan] *sacrifice (to)* ⇒*devote (to)* 0.4 [mbt. damschijf/schaakstuk] *sacrifice* ◆ 1.1 runderen ~ *s. oxen/cattle.*

offergave 0.1 *offering* ⇒*sacrifice, oblation.*

offerlam 0.1 ⟨ook fig.; lam⟩ *sacrificial lamb.*

offerplechtigheid 0.1 *sacrificial ceremony* ⇒*sacrifice.*

offerschaal 0.1 *(collection) plate.*

offerte 0.1 [hand.] *offer* ⇒⟨geschreven⟩ *tender, quotation* 0.2 [aanbod] *offer* ⇒*proposal* ◆ 2.1 een vrijblijvende ~ *o. without engagement* 3.1 (een) ~ doen (voor) *give a quote (for);* ~ vragen *invite offers/tenders.*

offerteaanvraag 0.1 *request for a quotation.*

officieel 0.1 [echt, wettig] *official* ⇒*formal,* ⟨staat⟩ *state* 0.2 [formeel] *formal* ⇒*ceremonial* ◆ 1.1 een officiële feestdag *a public holiday;* een officiële verklaring afleggen *make a formal declaration* 1.2 bij officiële gelegenheden *on f. occasions;* in ~ tenue *in ceremonial dress* 3.1 iets ~ meedelen *announce sth. officially* 3.2 ~ weet zij nog van niets *she doesn't officially know yet.*

officier 0.1 *officer* ⟨ook jur., scheep.⟩ 0.2 [mbt. een ridderorde] *knight* ◆ 1.1 ~en en onderofficieren *commissioned and non-commissioned officers* 2.1 commanderende ~ *commanding o., C.O.* 6.2 ~ in de orde van ... *Knight of the Order of ...* 7.1 eerste ~ *chief o.* ⟨bij marine⟩.

officiersmess 0.1 *officers' mess.*

officiersrang 0.1 *officer's rank, rank of officer.*

officieus 0.1 *unofficial* ⇒*semi-official,* ⟨bn.; bw. ook⟩ *off the record* ◆ 3.1 dit is mij ~ medegedeeld *I have been informed unofficially.*

offsetpapier 0.1 *offset paper.*

offsetpers 0.1 *offset press.*

ofschoon 0.1 *(al)though;* ⟨meer concessief⟩ *even though* ◆ ¶.1 ⟨elliptisch⟩ ~ nog jong, is hij rijp van verstand *although still young, he has got a mature mind;* ~ hij rijk is, is hij niet gelukkig *although/*⟨sterker⟩ *even though he is rich, he is not happy;* ~ nogal vaag, een veelbelovende theorie *a promising albeit rather vague theory.*

oftalmologie ⟨med.⟩ 0.1 *ophthalmology.*

oftalmoloog, -loge 0.1 *ophthalmologist.*

ofte ◆ 5.¶ nooit ~ nimmer *not ever.*

of(te)wel 0.1 [tegenstellend] *either ... or* 0.2 [verklarend] *or* ⇒*that is, i.e.* ◆ 1.2 de cobra ~ brilslang *the cobra, or hooded snake.*

o.g. ⟨afk.⟩ 0.1 [onroerend goed] *real estate.*

ogen 0.1 [(goed) staan] *look nice/good/well* 0.2 [lijken (op)] *look like* ⇒*take after* 0.3 [aandachtig kijken naar] *eye; ogle* ⟨vnl. met seksuele connotatie⟩; ⟨mikken⟩ *aim (at)* ◆ 2.2 opa oogt nog goed/jong *grandpa still looks good/ young* 5.1 dat jasje oogt niet *that jacket doesn't look nice/ is not (very) becoming* 6.2 zij oogt **naar** haar moeder *she looks like her mother.*

ogenblik 0.1 [zeer kort moment] *moment* ⇒*instant, minute, second* 0.2 [tijdstip] *moment* ⇒*time, minute* ◆ 1.1 een ~ rust *a moment's peace;* geen ~ rust/vrij hebben ⟨rust⟩ *not have a moment to o.s.;* ⟨vrij⟩ *not have a moment to spare/ to call one's own* 2.1 in een onbewaakt ~ *in an unguarded moment;* in een verloren ~ *in a spare moment* 2.2 hij kan ieder ~ aankomen *he can arrive (at) any moment/minute* 6.1 in een ~ *in a moment;* (juist) **op** dat ~ *(just) at that (very) moment/instant* 6.2 **op** ieder ~ *(at) any time;* wachten **tot** het laatste ~ *wait till the last minute* 7.1 (heeft u) een ~ je? *just a moment/minute;* ⟨telefoon⟩ *hold on, please;* ⟨beleefd⟩ *would you mind waiting a moment?*

ogenblikkelijk I ⟨bn.⟩ 0.1 [onmiddellijk plaatshebbend] *immediate* ⇒*instantaneous* 0.2 [op dit moment aanwezig] *immediate* ◆ 1.2 er was geen ~ gevaar *there was no i. danger;* **II** ⟨bw.⟩ 0.1 [terstond] *immediately* ⇒*at once, this moment/instant* (+ teg. tijd) ◆ 3.1 ga ~ de dokter halen *go and fetch the doctor i./at once.*

ogenschijnlijk 0.1 *apparent, ostensible* ⇒*seeming, purported* ◆ 1.1 de ~ e relatie tussen deze kwesties *the a. connection between these matters* ¶.1 ~ is alles rustig *at first sight everything is quiet.*

ogenschouw ◆ 6.¶ iets **in** ~ nemen ⟨overwegen⟩ *take stock of/review sth.;* ⟨bezichtigen⟩ *have a look at sth.*

ogenzwart 0.1 *eyeblack* ⇒*mascara.*

ohm 0.1 *ohm.*

oio ⟨afk.⟩ 0.1 [onderzoeker in opleiding] *trainee research worker* ⇒*research student.*

okay 0.1 *OK, okay.*

oker 0.1 *ochre.*

okergeel 0.1 *yellow ochre.*

okkernoot 0.1 *walnut.*

oksel 0.1 *armpit.*

oktober 0.1 *October* ⟨ook→**januari**⟩.

oldtimer 0.1 [ouderwets persoon] *old-fashioned person* ⇒ ⟨pej.⟩ *square, fuddy-duddy* 0.2 [oudgediende] *old timer, veteran* 0.3 [auto] *Old Timer.*

oleaat 0.1 *tracing, transparency.*

oleander 0.1 *oleander.*

olie 0.1 [vloeistof] *oil* 0.2 [mv.; olieaandelen] *oil* ⇒*oil shares/stock* ◆ 2.1 afgewerkte ~ *waste o.;* ruwe ~ *crude o.* 3.1 naar ~ boren *drill for o.;* ~ op het vuur gooien *add fuel*

to the flames; de ~ verversen *change the o.* 6.¶ **in** de ~ zijn *be well oiled* ¶.1 ~ op de golven ⟨fig.⟩ *o. on troubled waters.*

olieaandeel 0.1 *oil share.*

olieachtig 0.1 *oily* ⇒*oleaginous, unctuous.*

oliebaron 0.1 *oil baron.*

olieboer 0.1 [olieventer] *oil merchant* 0.2 [zakenman in aardolie] *oilman* ⇒*oil magnate.*

oliebol 0.1 [lekkernij] ±*doughnut ball* 0.2 [fig.; sullig persoon] *idiot, fathead.*

olieboycot 0.1 *oil boycott.*

oliebrander 0.1 *oil burner.*

oliebron 0.1 [hoeveelheid olie] *source of oil* 0.2 [plaats waar olie is aangeboord] *oil well.*

oliecarter 0.1 *oil pan* ⇒⟨auto⟩ *sump.*

olieconcern 0.1 *oil company* ⇒*oil concern.*

oliecrisis 0.1 *oil crisis.*

oliedom 0.1 *(as) thick as two (short) planks.*

oliedruk 0.1 [kopieerprocédé] *oil process* 0.2 [druk in een machine(deel)] *oil pressure* 0.3 [druk om iets te laten werken] *oil pressure.*

olie-en-azijnstelletje 0.1 *cruet stand.*

olie-exporterend 0.1 *oil-exporting* ◆ 1.1 ~ e landen *o.-e./ OPEC countries.*

oliefilter 0.1 *oil filter.*

oliehoudend 0.1 *oil-bearing/-yielding* ⇒*oleiferous, oleaginous* ◆ 1.1 ~ gesteente *oil(-bearing) rock.*

olie-industrie 0.1 *oil/petroleum industry.*

oliejas 0.1 *oilskin jacket/coat.*

oliekachel 0.1 *oil stove, oil heater.*

oliekan 0.1 *oil can.*

oliekraan ◆ 3.¶ de ~ dichtdraaien *cut off oil supplies.*

olielamp 0.1 *oil lamp.*

olieleiding 0.1 *oil pipe* ⇒⟨over langere afstanden⟩ *oil pipeline.*

olielozing 0.1 *dumping of oil.*

oliemaatschappij 0.1 *oil company.*

olieman 0.1 [olieventer] *oil merchant* 0.2 [eerste stoker] *oiler* ⇒*greaser* 0.3 [zakenman] *oil magnate.*

oliemarkt 0.1 *oil market.*

oliemeter 0.1 *oil gauge.*

oliën 0.1 [met olie bestrijken] *oil* ⇒*lubricate,* ⟨invetten⟩ *grease* 0.2 [fig.] *run smoothly* ◆ 1.1 de naaimachine ~ *o. the sewing machine* 1.2 een goed geolied bedrijf *a well-run firm.*

olienoot 0.1 *ground-/oil-nut* ⇒⟨ihb.⟩ *peanut.*

oliepak 0.1 *oilskins.*

oliepijpleiding 0.1 *oil pipeline.*

olieprijs 0.1 *oil price* ⇒*price of oil.*

olieproducent 0.1 *oil producer.*

olieproducerend 0.1 *oil/petroleum-producing* ◆ 1.1 ~ e landen *o.-p./OPEC countries.*

olieproduct 0.1 *oil product.*

olieraffinaderij 0.1 *oil refinery.*

olieramp 0.1 *oil spill.*

oliesel ⟨rel.⟩ 0.1 *anointing* ⇒*extreme unction/last rites* ◆ 2.1 het laatste/Heilig ~ toedienen *administer extreme unction/the last rites.*

oliesjeik 0.1 *oil sheik.*

oliespuit 0.1 *oilcan* ⇒*oiler.*

oliestaat 0.1 *oil state.*

oliestook 0.1 *oil(-fired) heater/stove* ⇒⟨centrale verwarming⟩ *oil-fired boiler/(central) heating.*

olietank 0.1 *oil (storage) tank/reservoir.*

olietanker 0.1 *(oil) tanker.*

olievat 0.1 *oil barrel* ⇒⟨van metaal⟩ *oil drum.*

545

olieveld 0.1 *oilfield.*
olieverbruik 0.1 *oil consumption.*
olieverf 0.1 *oil colour(s)* ⇒*oil paint, oils* ◆ 6.1 portret **in/** met ~ *portrait in oils.*
olieverfschilderij 0.1 *oil (painting)* ⇒*painting in oils.*
olievlek 0.1 [olieveld] *(oil-)slick* ⟨op zee⟩ 0.2 [fig.; iets dat zich uitbreidt]⟨zie 8.2⟩ 0.3 [vlek] *oil stain* ◆ 8.2 zich als een ~ uitbreiden *spread unchecked.*
olievoorraden 0.1 *oil supplies/reserves* ◆ 3.1 ~ aanleggen *stock oil.*
olifant 0.1 [dier] *elephant* 0.2 [fig.; log mens] *elephant* ⇒ ⟨inf.⟩ *lump* ◆ 3.1 op ~ en jagen *hunt elephants* 8.1 ⟨fig.⟩ als een ~ in een porseleinkast *like a bull in a china shop.*
olifantengeheugen ⟨fig.⟩ 0.1 *memory like an elephant.*
olifantshuid 0.1 *elephant hide/skin* ◆ 3.1 ⟨fig.⟩ een ~ hebben *have a hide like a rhinoceros.*
olifantstand 0.1 *(elephant/elephant's) tusk.*
olifantsziekte 0.1 *elephantiasis.*
oligarchie 0.1 *oligarchy.*
oligarchisch 0.1 *oligarchic(al).*
Oligoceen ⟨geol.⟩ 0.1 *Oligocene.*
olijf 0.1 *olive.*
Olijfberg 0.1 *Mount of Olives.*
olijfboom 0.1 *olive (tree)* ◆ 2.1 wilde ~ *oleaster.*
olijfgroen 0.1 *olive-green.*
olijfkleur 0.1 *olive (green).*
olijfolie 0.1 *olive oil.*
olijftak 0.1 *olive branch.*
olijk ⟨schr.⟩ 0.1 *roguish* ⇒*arch* ◆ 1.1 een ~ baasje *a little rogue.*
olijkerd 0.1 *rogue.*
olijvenhout 0.1 *olive (wood).*
olm 0.1 *elm (tree).*
olympiade 0.1 *Olympiad* ⇒*Olympics, Olympic Games.*
olympisch 0.1 [sport] *Olympic* ◆ 1.1 het ~ Comité *the O. Committee;* ~ dorp *O. village;* een ~ record *an O. record;* de Olympische Spelen *the O. Games, the Olympics;* het ~ vuur *the O. flame;* de Olympische Winterspelen *the Winter Olympics/O. Games.*
Olympisch 0.1 [van Olympia] *Olympic* 0.2 [(als) v.d. goden op de Olympus] *Olympian.*
Olympus 0.1 [berg] *Mount Olympus* 0.2 [alle Griekse goden tezamen] *Olympians.*
om¹ I ⟨bn.⟩ 0.1 [langer] *roundabout* ⇒*circuitous* 0.2 [voorbij] *over* ⇒*up, finished* 0.3 [van mening veranderd]⟨zie 3.3⟩ 0.4 [van richting veranderd] *turned* ◆ 1.1 een straatje/blokje ~ *round the block* 1.2 de dag wilde maar niet ~ *it seemed the day would never end;* voor het jaar ~ is *before the year is out* 3.2 uw tijd is ~ *your time is up* 3.3 het bestuur is ~ *the Board has come round* 3.4 de wind is ~ *the wind has turned;* II ⟨bw.⟩ 0.1 [ergens omheen] *(a)round* ⇒*about, on* ⟨kleding e.d.⟩ 0.2 [mbt. doel] *about* ◆ 3.1 doe je mantel ~ *put your coat on;* toen zij de hoek ~ kwamen *when they came (a)round the corner* 5.2 het er ~ doen *do it on purpose* 6.1 ⟨fig.⟩ dat gaat **buiten** hem ~ ⟨weet hij niets van⟩ *he's been kept out of this;* ⟨heeft hij niets mee te maken⟩ *he's not involved in that;* ⟨raakt hem niet⟩ *it doesn't concern him;* iets doen **buiten** iem. ~ *go around/bypass s.o.* 8.1 ~ en ~ *every other one* ¶.2 waar gaat het ~? *what's it about?;* ⟨onenigheid ook⟩ *what's the matter?* ¶.¶ 'm ~ hebben *be tight.*
om² ⟨vz.⟩ 0.1 [rondom] *(a)round, about* 0.2 [vlak bij] *(a)round* 0.3 [omstreeks] *around, about* 0.4 [juist op het tijdstip van] *at* 0.5 [telkens na] *every* 0.6 [(in ruil) voor] *for* 0.7 [mbt. reden] *for (reasons of)* ⇒*on account of.* be-

cause of 0.8 [mbt. doel] *to* ⇒*in order to, so as to* ◆ 1.1 ⟨scheep.⟩ ~ de noord/zuid varen *sail northwards/southwards;* ~ de tafel zitten *sit (a)round the table* 1.2 ~ de hoek *(just) round the corner* 1.3 ~ een uur of negen *around nine (o'clock)* 1.4 ik zie je vanavond ~ acht uur *I'll see you tonight at eight (o'clock)* 1.5 ~ beurten *in turn;* ~ de andere dag *e. other day, on alternate days;* ~ de twee uur *e. two hours* 1.6 werken ~ den brode *work for one's living* 1.7 ~ deze reden *for this reason* 1.8 ~ het hardst *trying to outdo each other* 3.8 niet ~ te eten *not fit to eat, inedible;* ~ kort te gaan *to cut a long story short* 4.2 zij had haar kinderen ~ zich (heen) *she had her children around her* 5.3 ~ en (na)bij drie jaar *approximately/roughly three years.*
oma 0.1 *gran(ny), grandma* ⇒*grandmother.*
omarmen 0.1 [omhelzen] *hug* ⇒*embrace, clasp in one's arms* 0.2 [fig.; met graagte accepteren] *greet/accept with open arms* ◆ 1.1 ⟨lit.⟩ ~ d rijm *abba rhyme scheme* 4.1 elkaar ~ *embrace (one another).*
omarming 0.1 *hug* ⇒*embrace.*
omber 0.1 *umber.*
ombinden 0.1 *tie on/round* ◆ 1.1 iem. een touw ~ *(tie a) rope round s.o.*
omblazen 0.1 *blow down/over.*
ombouw 0.1 *surround(s)* ⇒*housing, casing* ◆ 1.1 de ~ v.e. bed *the surrounds of a bed.*
ombouwen 0.1 ⟨voor ander doel⟩ *convert;* ⟨moderniseren⟩ *reconstruct;* ⟨veranderen⟩ *rebuild, alter* ◆ 1.1 een zin ~ *recast a sentence* 6.1 zijn bestelauto ~ **tot** kampeerwagen *c. one's van into a camper.*
ombrengen 0.1 [vermoorden] *kill* ⇒*murder* 0.2 [rondbrengen] *deliver* ⇒*bring round.*
ombudsman 0.1 *ombudsman.*
ombuigen I ⟨onov., ov.ww.⟩ 0.1 [koers wijzigen] *restructure* ⇒*adjust, change (the direction of)* 0.2 [euf.] *rationalize* ⇒ *economize* ◆ 1.1 het beleid moet worden omgebogen *(the) policy has to be restructured;* II ⟨ov.ww.⟩ 0.1 [verbuigen] *bend (round/down/back)* ◆ 1.1 ijzerdraad ~ *bend wire.*
ombuiging 0.1 [het ombuigen] *bending* 0.2 [beleidswijziging] *restructuring, reorganization* ⇒*change (of direction)* 0.3 [euf.] *rationalization* ⇒*economy.*
ombuigingsoperatie (euf.) 0.1 *economy drive.*
omcirkelen 0.1 *(en)circle* ⇒*ring,* ⟨fig. ook⟩ *surround* ◆ 1.1 het juiste antwoord ~ *circle the correct answer;* ⟨fig.⟩ de politie omcirkelde het gebouw *the police surrounded the building.*
omdat 0.1 [aangezien] *because, as* 0.2 [inf.; doordat] *because* ◆ 5.1 alleen al ~ ...*for no other reason than that ...,* *if only b....;* juist ~ ...*precisely b./for the very reason that ...* ¶.1 waarom ga je niet mee? ~ ik er geen zin in heb *why don't you come along? b. I don't feel like it.*
omdijken ⟨wwb.⟩ 0.1 *surround with a dike, dike.*
omdijking 0.1 *enclosing dike.*
omdoen 0.1 *put on* ◆ 1.1 een riem ~ *put on a belt;* zijn veiligheidsgordel ~ *fasten one's seat belt.*
omdonderen (inf.) I ⟨onov.ww.⟩ 0.1 [omvallen] *crash down* ⇒*come crashing/tumbling down;* II ⟨ov.ww.⟩ 0.1 [omgooien] *send crashing down/flying.*
omdopen 0.1 [rel.; voor een ander geloof dopen] *rebaptize* 0.2 [andere naam geven] *rename* ⇒*redub* ⟨vaak bijnaam⟩, *rechristen* ◆ 1.2 een straat/boot ~ *rename a street/boat.*
omdraaien I ⟨onov.ww.⟩ 0.1 [een draai maken om] *turn (round)* 0.2 [om zijn as draaien] *turn (round)* ⇒*revolve, rotate* 0.3 [omkeren] *turn back/round* ⇒⟨windwijzer ook⟩ *swing round* 0.4 [fig.; van mening veranderen]

swing/shift/switch round ◆ **1.1** de brandweerauto draaide de hoek om *the fire engine turned the corner;* **II** ⟨ov.ww.⟩ **0.1** [van stand/richting doen veranderen] *turn (round)* ⇒*turn over* **0.2** [mbt. situaties] *reverse* ⇒*swing/shift round* ◆ **1.1** iemands arm ~ *twist s.o.'s arm;* het contact(sleuteltje) ~ *turn the ignition key* **1.2** de volgorde ~ *reverse the order;* de zaak ~ *twist/turn things round* **4.1** zich ~ *turn/roll over (on one's side).*

omduikelen 0.1 [omvallen] *topple/tumble over* **0.2** [zich ronddraaien] *swing round.*

omduwen 0.1 *push over* ⇒⟨ongewild⟩ *knock over.*

omega 0.1 *omega.*

omelet 0.1 *omelette.*

omen 0.1 *omen* ⇒*portent,* ⟨schr.⟩ *augury* ◆ ¶**.1** nomen est ~ *the name says it all.*

omflikkeren ⟨inf.⟩ **I** ⟨onov.ww.⟩ **0.1** [omvallen] *go flying;* **II** ⟨ov.ww.⟩ **0.1** [omwerpen] *send/knock flying* ◆ **1.1** een glas bier ~ *send a glass of beer flying.*

omfloerst 0.1 *shrouded* ⇒*veiled* ◆ **1.1** (fig.) een door tranen ~e blik *eyes misted with tears;* ⟨fig.⟩ met ~e stem *in a muffled voice.*

omgaan 0.1 [rondgaan] *go round* ⇒⟨hoek, bocht ook⟩ *turn, round* **0.2** [verstrijken] *pass (by)* **0.3** [leven met, hanteren] ⟨leven met⟩ *go about (with)* ⇒*associate (with),* ⟨hanteren⟩ *handle,* ⟨hanteren⟩ *manage* **0.4** [omvallen] *fall over* ⇒*be/get knocked over,* ⟨inf.⟩ *go over* **0.5** [van mening veranderen] *swing round* ◆ **1.1** de hoek ~ *turn the corner,* go *round the corner;* een straatje/blokje ~ *(go for a) walk around the block* **1.4** straks gaan de glazen nog om *next thing the glasses will get knocked over* **6.1** (fig.) wat gaat er **in/bij** hem om? *what's going on in his mind?* **6.3** wij gaan niet **met** elkaar om *we have no contact;* zij kan goed **met** kinderen ~ *she's good at managing children;* ⟨inf.⟩ *she's good with children;* zo ga je niet **met** mensen om *that's no way to treat people;* **met** gevoelens ~ *cope with feelings* ¶**.1** ⟨fig.⟩ er gaat daar heel wat om *there's a lot going on there;* ⟨druk⟩ *it's very busy there;* ⟨hand.⟩ *they do plenty of business there.*

omgaand ◆ **3.**¶ ~ doe ik u toekomen ...*I am sending you by return (of post)* ... **6.**¶ **per** ~e antwoorden *answer by return (of post).*

omgang 0.1 [het omgaan met mensen] *contact* ⇒*association,* ⟨geslachtelijk⟩ *intercourse* **0.2** [rel.; processie] *(religious) procession* **0.3** [trans, omloop] *gallery* ◆ **6.1** hij is gemakkelijk/lastig **in** de ~ *he is easy/difficult to get on with.*

omgangsregeling 0.1 *arrangement(s) concerning parental access.*

omgangstaal 0.1 *colloquial/everyday speech/language.*

omgangsvormen 0.1 *manners* ⇒*etiquette* ◆ **2.1** geen goede ~ hebben *have no m.*

omgekeerd 0.1 [in tegengestelde stand] *turned round* ⇒ ⟨ondersteboven⟩ *upside down,* ⟨binnenstebuiten⟩ *inside out,* ⟨achterstevoren⟩ *back to front,* ⟨schr.⟩ *inverse,* ⟨wisk.⟩ *reciprocal* **0.2** [tegenovergesteld] *opposite* ⇒⟨schr.⟩ *reverse,* ⟨bw./inf.⟩ *the other way round* ◆ **1.2** in ~e volgorde/ richting *in reverse order/the opposite direction;* ⟨fig.⟩ dat is de ~e wereld *that's putting things on their heads* **2.1** ⟨wisk.⟩ ~ evenredig *inversely proportional (to)* **3.2** het is precies ~ *it's just the other way round* ¶**.2** ~ kun je ook zeggen, dat ...*conversely, you can also say that ...*

omgelegen 0.1 *surrounding* ⇒*neighbouring.*

omgespen 0.1 *buckle on.*

omgeven 0.1 [zich eromheen bevinden] *surround* ⇒*encircle* **0.2** [eromheen plaatsen] *surround* ⇒*enclose* ◆ **1.1**

(vrijwel) geheel door land ~ *(almost) landlocked* **6.2** zich ~ **met** weelde en luxe *surround o.s. with wealth and luxury.*

omgeving 0.1 [mbt. personen] *surroundings* ⇒⟨kennissen⟩ *(circle of) acquaintances,* ⟨milieu⟩ *environment,* ⟨schr.⟩ *entourage* **0.2** [omstreken] *neighbourhood* ⇒*vicinity, surrounding area/district(s),* ⟨jur.⟩ *environs* ◆ **1.2** Amsterdam en ~ *Amsterdam and the surrounding area* **2.2** een andere ~ zal hem goed doen *a change of scene(ry) will do him good* **6.1** in mijn ~ *among my acquaintances* **6.2** in de ~ van Amsterdam *in the n./vicinity of Amsterdam.*

omgooien 0.1 [omverwerpen] *knock over* ⇒*upset* **0.2** [vlug omwenden] *shift* ⇒⟨scheep.⟩ *put over* **0.3** [mbt. kleding] *throw on* ⇒*throw round o.s.* **0.4** [inf.; veranderen] *change round* ◆ **1.3** een stola ~ *throw on a stole.*

omgrenzen 0.1 [van alle kanten begrenzen] *border* ⇒*bound* **0.2** [fig.; de grens trekken om] *demarcate.*

omhaal 0.1 [omslag, drukte] *fuss* ⇒*ado* **0.2** [omslachtigheid] *wordiness* ⇒*verbiage* **0.3** [sport] *overhead kick/volley* **0.4** [krul] *flourish* ◆ **1.4** krullen en omhalen *curlicues and flourishes* **3.1** ~ maken ⟨inspanning⟩ *make an effort;* ⟨drukte⟩ *make a lot of f. (and bother)* **6.2** **met** veel ~ van woorden *in a roundabout way.*

omhakken 0.1 *chop/cut down* ⇒*fell.*

omhalen 0.1 [omverhalen] *bring/pull down* **0.2** [sport] *volley/kick overhead* ◆ **1.**¶ een schip ~ *bring a ship('s bow) round.*

omhangen I ⟨ov.ww.⟩ **0.1** [draperen] *hang over/round* ◆ **1.1** iem. een medaille ~ *hang a medal round s.o.'s neck;* **II** ⟨onov.ww.⟩ **0.1** [rondhangen] *hang around/about.*

omhangen 0.1 *hang* ⇒*cover* ◆ **6.1** ⟨fig.⟩ iem. met luister ~ *cover s.o. with praise.*

omheen 0.1 *round (about), around* ◆ **3.1** ergens ~ draaien ⟨fig.⟩ *talk round sth., beat about the bush.*

omheinen 0.1 *fence off/in* ⇒*fence round, enclose* ◆ **1.1** een omheinde ruimte *a fenced-off area.*

omheining 0.1 [schutting] *fence* ⇒*enclosure* **0.2** [het omheinen] *fencing(-off/-in)* ⇒*enclosure.*

omhelzen 0.1 [omarmen] *embrace* ⇒⟨inf.⟩ *hug* **0.2** [fig.; aannemen, beoefenen] *embrace* ⇒*espouse* **0.3** [omvatten] *clasp* ◆ **4.1** elkaar ~ *embrace/hug (each other)* **5.1** iem. stevig ~ *give s.o. a good hug.*

omhelzing 0.1 *embrace* ⇒⟨inf.⟩ *hug,* ⟨fig.⟩ *espousal* ◆ **2.1** een innige ~ *a fond embrace.*

omhoog 0.1 [in de hoogte] *up (in the air)* ⇒⟨schr.⟩ *on high, aloft* **0.2** [naar boven] *up(wards)* ⇒⟨de lucht in⟩ *in(to) the air* ◆ **1.1** met de benen ~ *with one's legs in the air* **1.2** handen ~! *hands up!* **6.1** naar ~ *up(wards).*

omhoogdrijven I ⟨ov.ww.⟩ **0.1** [opwaarts drijven] *drive/force up(wards)* ◆ **1.1** de prijzen ~ *send prices up(wards);* **II** ⟨onov.ww.⟩ **0.1** [opstijgen] *drift up(wards), float to the surface.*

omhoogduwen 0.1 *push up(wards).*

omhooggaan 0.1 *go up(wards)* ⇒*rise,* ⟨schr.⟩ *ascend* ◆ **1.1** de prijzen gaan omhoog *prices are going up/are rising* **5.1** loodrecht/steil ~ *go up/rise vertically/steeply.*

omhooggooien 0.1 *throw up/in(to) the air.*

omhooghalen 0.1 *raise* ⇒*pull/bring up.*

omhooghouden 0.1 *hold up* ⇒⟨schr.⟩ *hold aloft/(on) high* ◆ **1.1** een vaandel/spandoek ~ *hold up a banner.*

omhoogkomen 0.1 [naar boven komen] *come/get up* ⇒⟨in bed⟩ *raise o.s. (up)* **0.2** [fig.; hogerop komen] *get on/ahead.*

omhooglopen 0.1 [naar boven lopen] *go up(wards)* ⇒*rise.*

omhoogschieten I ⟨onov.ww.⟩ **0.1** [snel groeien] *shoot up* **0.2** [snel naar boven gaan] *shoot up* ⇒*(sky)rocket, soar* ◆

1.1 het gras schiet omhoog *the grass shoots up* **1.2** de prijzen schieten omhoog *prices are shooting up;*
II ⟨onov., ov.ww.⟩ **0.1** [schot lossen] *shoot up(wards)/into the air* ◆ **1.1** een lichtkogel ~ *shoot a flare into the air.*

omhoogslaan I ⟨ov.ww.⟩ **0.1** [naar boven drijven] *hit up-(wards)/into the air* **0.2** [naar boven richten] *throw/ fling up* ◆ **1.1** hij sloeg de bal omhoog *he hit the ball into the air;*
II ⟨onov.ww.⟩ **0.1** [opwaarts gedreven worden] *pour/ shoot up* ◆ **6.1** damp sloeg uit het vat omhoog *vapour rose from the vat.*

omhoogsteken I ⟨ov.ww.⟩ **0.1** [in de hoogte steken] *put up;* ⟨inf.⟩ *stick up* **0.2** [prijzen] *praise to the skies* ◆ **1.1** hij stak de beide armen omhoog *he raised both his arms;*
II ⟨onov.ww.⟩ **0.1** [zich in de hoogte uitstrekken] *stick up* ◆ **1.1** de narcissen steken tien centimeter boven de grond omhoog *the daffodils are four inches above the ground.*

omhoogtillen 0.1 *lift up* ⇒⟨fig. vnl.⟩ *raise.*

omhoogtrekken 0.1 *pull up(wards)* ◆ **1.1** een schip ~ ⟨uit het water⟩ *haul a ship out of the water;* ⟨stroomopwaarts⟩ *haul a ship upstream.*

omhoogvallen ⟨iron.⟩ **0.1** ⟨*earn quick promotion despite lack of good qualities*⟩.

omhoogvliegen 0.1 [in de hoogte vliegen] *fly up(wards)/ into the air* **0.2** [naar boven gedreven worden] *shoot up* ◆ **1.2** ⟨fig.⟩ de prijzen/kijkcijfers vlogen omhoog *prices/ ratings shot up.*

omhoogvoeren 0.1 *lead up(wards).*

omhoogwerken 0.1 *work up/to(wards) the top* ⇒*raise* ◆ **4.1** ⟨fig.⟩ zich ~ ⟨vanuit⟩ *work one's way up (from).*

omhoogzitten 0.1 [fig.; in moeilijkheden verkeren] *be stuck/in trouble* ⇒*be in a fix/jam* ◆ **5.1** hij zit er lelijk mee omhoog *he's really stuck with it.*

omhullen 0.1 [aan alle kanten bedekken] *envelop* ⇒*wrap* **0.2** [aan het zicht onttrekken] *veil* ⇒*shroud* ◆ **1.1** dikke nevels ~ de berg *the mountain is shrouded in thick mist.*

omhulsel 0.1 *covering* ⇒*casing, envelope, shell,* ⟨zaadje⟩ *husk,* ⟨peulvrucht, graan⟩ *hull,* ⟨peulvrucht ook⟩ *pod.*

omissie 0.1 *omission.*

omkantelen 0.1 *tip over.*

omkappen 0.1 *chop/cut down* ⇒*fell.*

omkeerbaar 0.1 *reversible* ◆ **1.1** ⟨schei.⟩ een omkeerbare reactie *a r. reaction.*

omkeerbaarheid 0.1 *reversibility* ⇒⟨mbt. stelling⟩ *convertibility.*

omkeilen ⟨inf.⟩ **0.1** *send/knock flying.*

omkeren I ⟨ov.ww.⟩ **0.1** [omdraaien] *turn (round)* ⇒*turn* ⟨hooi, kaas enz.⟩, *invert* ⟨polariteit⟩ ⟨ook→**omdraaien II**⟩ **0.2** [mbt. situaties] *switch/change (round)* ⇒⟨verdraaien⟩ *twist (round)* ⟨ook→**omdraaien II**⟩ **0.3** [omwerken] *turn over* ◆ **1.1** het hoofd ~ *turn one's head;* een kaart ~ *turn a card over;* zijn zakken ~ *turn out one's pockets* **1.2** de zaak ~ *twist things (round)* **4.1** zich ~ *turn (a)round* **5.1** zich plotseling ~ *swing round;*
II ⟨onov.ww.⟩ **0.1** [keren] *turn back* ⇒*turn round* ⟨ook→**omdraaien I**⟩ **0.2** [fig.; van mening veranderen] *swing/ shift round.*

omkering 0.1 *reversal* ◆ **1.1** ~ v.d. bewijslast/v.e. stelling *reversal of the burden of proof/of a proposition.*

omkiep(er)en ⟨inf.⟩ **0.1** *tip/topple over.*

omkijken 0.1 [omzien] *look round* **0.2** [aandacht besteden] *look after* ⇒*worry/bother about* ⟨meestal negatief⟩ ◆ **3.1** hij keek niet op of om *he didn't even look up* **6.2** naar iem. niet ~ *not worry/bother about s.o.* ¶.**2** geen ~ hebben naar iem./iets *leave s.o./sth. to his/its own devices;* je hebt er geen ~ naar *it needs no looking after, it looks after itself.*

---

omklappen I ⟨ov.ww.⟩ **0.1** [doen tuimelen] *turn/swing over/back* ◆ **1.1** een deksel ~ *swing a lid back;*
II ⟨onov.ww.⟩ **0.1** [tuimelen] *turn/swing over/back* **0.2** [inf.] *tumble/topple over* ◆ **6.2** hij is met de fiets omgeklapt *he came a cropper on his bike.*

omkleden 0.1 *change* ⇒*put other clothes on* ◆ **4.1** ik moet me nog ~ *I've still got to c.;* zich ~ *change (clothes/one's clothes).*

omkleden 0.1 [formuleren] *couch* ⇒*clothe* **0.2** [bedekken, bekleden] *cover* ⇒⟨fig.⟩ *clothe* ◆ **5.1** de harde waarheid tactvol ~ *couch the harsh truth in tactful terms* **6.1** een met redenen omkleed voorstel *a reasoned proposal;* met redenen ~ *give reasons for.*

omklemmen 0.1 *clasp* ⇒*hug* ◆ **6.1** iem. met zijn armen ~ *clasp s.o. in one's arms.*

omknikkeren ⟨fig.⟩ **0.1** *tip/*⟨krachtig⟩ *bowl over, send flying.*

omknopen 0.1 *button on* ⇒*knot.*

omkomen 0.1 [sterven] *die* ⇒⟨gedood worden ook⟩ *be killed,* ⟨schr.⟩ *perish* **0.2** [om iets heen komen] *come round* ⇒ *turn* **0.3** [verstrijken] *pass (by)* ⇒*(come to an) end* ◆ **1.2** hij zag haar juist de hoek - *he saw her just (as she was) coming round/turning the corner* **6.1** ~ **van** honger *starve to death, d. of hunger.*

omkoopbaar 0.1 *bribable* ⇒*corruptible, open to bribery.*

omkoopbaarheid 0.1 *corruptibility* ⇒*corruptness.*

omkoopschandaal 0.1 *bribery scandal.*

omkoopsom 0.1 *bribe (money).*

omkopen 0.1 *bribe* ⇒*buy (over), corrupt,* ⟨jur.⟩ *suborn* ⟨getuige⟩, ⟨inf.⟩ *fix,* ⟨BE; inf.⟩ *nobble,* ⟨RE; inf.⟩ *get at* ◆ **3.1** zich laten ~ *accept a bribe.*

omkoper 0.1 *person who (gives) bribes* ⇒*corrupter,* ⟨jur.⟩ *suborner* ⟨van getuige⟩, ⟨inf.⟩ *fixer,* ⟨BE; inf.⟩ *nobbler.*

omkoping, omkoperij 0.1 *bribery* ⇒*corruption,* ⟨jur.⟩ *subornation* ⟨van getuige⟩ ◆ **6.1** ⟨jur.⟩ ~ **tot** meineed *subornation of perjury.*

omkruipen 0.1 *crawl/creep by* ◆ **1.1** de uren kruipen om *the hours crawl/creep by.*

omkrullen 0.1 *curl (up).*

omkwakken ⟨inf.⟩ **I** ⟨onov.ww.⟩ **0.1** [omvallen] *crash over* ⇒ *go crashing over;*
II ⟨ov.ww.⟩ **0.1** [omgooien] *send/knock flying* ⇒*send crashing over.*

omlaag 0.1 [beneden] *down* ⇒*below* **0.2** [naar beneden] *down(wards)* ◆ **3.2** als de prijzen ~ gaan *if prices go down;* ⟨fig.⟩ zichzelf ~ halen *run o.s. down* **6.1** naar ~ *down(wards).*

omlaagdrukken 0.1 *press down* ⇒⟨ec. ook⟩ *depress, force down.*

omlaaggaan 0.1 *go down.*

omlaaghalen 0.1 [neerhalen] *bring down* **0.2** [in waarde of aanzien doen dalen] *run down* ⇒*drag down* ⟨naam⟩ ◆ **4.2** zichzelf ~ *run o.s. down.*

omleggen 0.1 [om iets heen leggen] *put round/ʌaround* ⇒ *put on* ⟨verband⟩ **0.2** [andersom leggen] *turn over* **0.3** [mbt. (vaar)wegen] *divert* ⇒*re-route* **0.4** [van ligging laten verwisselen] *change around* **0.5** [mbt. grond] *turn over* ◆ **1.1** een andere band ~ *put a new tyre on* **1.2** een boot ~ *overturn a boat* **1.3** een weg ~ *re-route a road.*

omlegging 0.1 ⟨verkeer⟩ *diversion, detour.*

omleiden 0.1 *divert* ⇒*re-route, train* ⟨plant⟩ ◆ **1.1** het verkeer ~ over A. *d./re-route traffic via A.*

omleiding 0.1 [het omleiden] *diversion* ⇒*re-routing* **0.2** [verkeer] *(traffic) diversion* ⇒*detour,* ⟨vervangende route⟩ *relief/alternative route.*

omliggen 0.1 [neerliggen] *have fallen over* ⇒⟨omgegooid zijn⟩ *have been knocked over* **0.2** [anders gaan liggen] *change places* ⇒*change around.*

omliggend 0.1 *surrounding* ♦ **1.1** de ~e dorpen *the s. villages.*

omlijnd 0.1 [gepreciseerd] *defined* ⇒*definite* **0.2** [met een lijn omgeven] *outlined* ⇒⟨met cirkel⟩ *circled,* ⟨met vierkant⟩ *boxed* ♦ **5.1** een vast/scherp ~ plan *a clear-cut/well-defined plan.*

omlijnen 0.1 [met een lijn omgeven] *outline* ⇒⟨met cirkel⟩ *circle,* ⟨met vierkant⟩ *box* **0.2** [verduidelijken] *define* ♦ **1.1** een advertentie ~ *circle an advertisement* **1.2** ik zou het plan iets meer ~ *I would d. the plan more clearly.*

omlijsten 0.1 *frame* ♦ **6.1** ⟨schr.⟩ een gezicht omlijst **met** goudblond haar *a face framed with golden hair.*

omlijsting 0.1 [lijst, kader] *frame* ⇒⟨fig.⟩ *setting* **0.2** [het omlijsten] *framing* ♦ **2.1** ⟨fig.⟩ met muzikale ~ van *with musical accompaniment (supplied/provided) by.*

omloop 0.1 [circulatie] *circulation* **0.2** [het omwentelen] *orbit* ⇒*rotation, revolution* **0.3** [trans] *gallery* ♦ **1.1** de ~ v.h. bloed *the c. of the blood* **3.1** geld aan de ~ onttrekken/buiten ~ stellen *withdraw money from c.;* ⟨demonetiseren⟩ *demonetize* **6.1** vals geld in ~ brengen *pass counterfeit money;* tegenstrijdige berichten **in** ~ brengen *spread conflicting reports.*

omloopbaan 0.1 *orbit.*

omloopsnelheid 0.1 [ec.] *rate of circulation* ⇒⟨voorraad⟩ *turnover rate* **0.2** [wentelsnelheid] *speed of rotation.*

omlopen I ⟨onov.ww.⟩ **0.1** [om iets heen lopen, rondlopen] *walk/go round* **0.2** [circuleren] *go round* **0.3** [om iets heen gaan] *run/go round* **0.4** [kring doorlopen] *go/move round* **0.5** [verstrijken] *pass (by/off)* **0.6** [in een andere richting wenden] *shift/turn/move round* ⇒⟨wind ook⟩ *veer round* ♦ **1.1** een eindje ~ *walk round the block/go for a little walk* **5.¶** zo loop je om *that's a long way round* **¶.1** ik loop wel even om *I'll go round the back;* **II** ⟨ov.ww.⟩ **0.1** [omverlopen] *(run into and) knock over.*

ommegaand →**omgaand.**

ommekeer 0.1 *turn(about)* ⇒⟨180 graden⟩ *about-turn/-face, U-turn, revolution* ⟨in lot⟩ ♦ **2.1** een plotselinge ~ in zijn houding *a sudden change in his attitude* **3.1** een totale ~ teweegbrengen in het leven v.d. mensen *revolutionize people's lives.*

ommetje 0.1 *stroll* ⇒*(little) walk* ♦ **6.1** met een ~ *in a roundabout way,* the long way round.

ommezien ♦ **6.¶** in een ~ was hij terug/klaar *he was back/finished in a jiffy.*

ommezijde 0.1 *reverse (side)* ⇒*back, other side* ♦ **3.1** zie ~ *see overleaf.*

ommezwaai 0.1 *turn(about), revolution* ⇒⟨van richting⟩ *about-turn/-face,* ⟨van koers⟩ *reversal,* ⟨van koers⟩ *U-turn* ♦ **3.1** een volledige ~ maken *make a U-turn, do an about-turn* **6.1** een ~ **in** het politieke beleid *a reversal in policy.*

ommuren 0.1 *wall (in)* ♦ **1.1** een ommuurde stad *a walled town.*

omnibus 0.1 *omnibus.*

omnivoor 0.1 *omnivore.*

omploegen 0.1 [met de ploeg werken] *plough (up)* **0.2** [onderploegen] *plough in/under* ♦ **1.2** de stoppels moesten worden omgeploegd *the stubble had to be ploughed in.*

ompraten 0.1 *persuade* ⇒*bring round, talk round/*⟨om iets te doen⟩ *into/*⟨om iets niet te doen⟩ *out of* ♦ **3.1** zich laten ~ *give in.*

omranden 0.1 *rim* ⇒*edge* ♦ **1.1** rood omrande ogen *red-rimmed eyes.*

omrasteren 0.1 *fence in.*

omrastering 0.1 [rasterwerk] *fencing* ⇒*fence(s)* **0.2** [het omrasteren] *fencing in.*

omrekenen 0.1 *convert (to)* ⇒*turn (into)* ♦ **6.1** guldens in franken ~ *c. guilders to francs.*

omrekeningsgetal ⟨geldw.⟩ **0.1** *conversion rate.*

omrekeningskoers ⟨geldw.⟩ **0.1** *exchange rate* ⇒*rate of exchange.*

omrekentabel 0.1 *conversion table.*

omrijden I ⟨onov.ww.⟩ **0.1** [langs een omweg rijden] *make a detour* ⇒*take a roundabout route/the long way round* **0.2** [om iets heen rijden] *circle;* ⟨in auto⟩ *drive round;* ⟨op fiets⟩ *ride round* **0.3** [rondrijden]⟨in auto⟩ *drive about;* ⟨op fiets⟩ *ride about* ⇒*go for a drive/ride* ♦ **1.1** we hebben een heel eind omgereden *we had a long detour;* **II** ⟨ov.ww.⟩ **0.1** [omverrijden] *knock/run down* **0.2** [rondrijden]⟨in auto⟩ *drive about;* ⟨op fiets⟩ *ride about* ⇒*take for a drive/spin.*

omringen 0.1 [aan alle kanten omgeven, plaatsen om] *surround* ⇒*enclose* **0.2** [fig.; voorvallen rondom iem./iets] *surround* ⇒*beset* **0.3** [omsingelen] *besiege* ⇒*surround* ♦ **1.1** de fans omringden de ster *the star was surrounded by fans* **6.¶** iem./iets **met** zorg ~ *take good care of s.o./sth.*

omringend 0.1 *surrounding* ⇒*encircling, encompassing* ♦ **1.1** de ~e gemeenten *the s. villages.*

omroep 0.1 [bedrijf van radio en tv] *broadcasting (system)* **0.2** [vereniging] *broadcasting corporation/company* ⇒*(broadcasting) network.*

omroepbestel 0.1 *broadcasting system.*

omroepbijdrage 0.1 *TV licence fee.*

omroepen 0.1 [bekendmaken] *broadcast* ⇒*announce (over the radio/on TV)* **0.2** [oproepen] *call (over the P.A./intercom)* ⇒⟨in hotel/club ook⟩ *page* **0.3** [gesch.] *cry* ⇒*announce* ♦ **1.2** iemands naam laten ~ *have s.o. paged.*

omroeper, -ster 0.1 [aankondiger] *announcer* **0.2** [gesch.] *town crier* ⇒*bellman* ⟨m.⟩.

omroepgids 0.1 *radio and/or TV guide* ⇒*programme guide.*

omroepinstallatie 0.1 *sound system* ⇒*P.A./public-address system.*

omroeporganisatie, -vereniging 0.1 *broadcasting corporation/company* ⇒*(broadcasting) network.*

omroepwet 0.1 *Broadcasting/Radio and Television Act.*

omroeren I ⟨ov.ww.⟩ **0.1** [dooreen mengen] *stir* ⇒*churn;* **II** ⟨onov.ww.⟩⟨pej.⟩ **0.1** [in iets roeren] *stir (up)* ♦ **6.1** ⟨fig.⟩ in een affaire ~ *stir/rake things up.*

omrollen I ⟨ov.ww.⟩ **0.1** [omwerpen] *knock down* **0.2** [omwentelen] *overturn* ⇒*push/turn over, topple* **0.3** [oprollen] *roll up/back* ♦ **1.2** vaten ~ *turn over barrels;* **II** ⟨onov.ww.⟩ **0.1** [zich rollend omdraaien] *roll over* ⇒*overturn* **0.2** [zittend omvallen] *fall over* ♦ **1.2** de baby rolde om *the baby rolled over* **6.¶** ~ van het lachen *roll/fall about (laughing/with laughter).*

omruilen 0.1 *exchange* ⇒*trade (in), change (over/round/places),* ⟨inf.⟩ *swap* ♦ **6.1** kan ik dit ~ **voor** iets anders? *can I (ex)change this for sth. else?*

omrukken 0.1 [omtrekken] *tear/pull down* **0.2** [omdraaien] *pull round* ♦ **1.2** het stuur ~ *pull the wheel round.*

omschakelen 0.1 [overschakelen] *switch over* ⇒*change over* **0.2** [aanpassen] *convert* ⇒*change/switch over (to)* ♦ **4.2** in zijn nieuwe baan moest hij zich helemaal ~ *in his new job he had to readjust completely* **6.1** wij schakelen om **naar** onze verslaggever ter plaatse *and now, over to our reporter on the spot.*

omschakeling 0.1 *switch* ⇒*shift, changeover.*

omscheppen 0.1 [omroeren] *stir* ⇒*turn* ⟨bv. graan⟩ **0.2** [herscheppen] *convert* ⇒*turn* ◆ **6.2** de badkamer was omgeschapen **in/tot** een doka *the bathroom had been converted/turned into a dark room.*

omschieten I ⟨ov.ww.⟩ **0.1** [omverschieten] *shoot down* ⇒ *bowl over;* **II** ⟨onov.ww.⟩ **0.1** [om iets heen komen] *tear round* **0.2** [mbt. de wind] *veer* ⇒*shift (direction), change direction* ◆ **1.1** de hoek ~ *tear round the corner.*

omscholen 0.1 *retrain* ⇒*re-educate* ◆ **4.1** waarom laat je je niet ~? *why don't you get retrained?;* zich laten ~ *be retrained.*

omscholing 0.1 *retraining* ⇒*re-education.*

omschoppen 0.1 *kick over.*

omschrijfbaar 0.1 *describable* ⇒*definable* ⟨woord, eigenschap⟩.

omschrijven 0.1 [in bijzonderheden beschrijven] *describe* ⇒*determine* **0.2** [definiëren] *define* ⇒*specify, state* ◆ **1.2** iemands rechten/plichten ~ *state s.o.'s rights/duties;* een taak ~ *specify a task* **5.2** moeilijk te ~ *hard to d.;* iemands bevoegdheden nader ~ *define s.o.'s powers.*

omschrijving 0.1 [nadere beschrijving] *description* ⇒*paraphrase, wording* **0.2** [definitie] *definition* ⇒*specification, characterization* ◆ **1.2** de -en v.d. behandelde woorden *the definitions of the terms discussed.*

omschudden 0.1 [schuddend ledigen] *empty* ⇒*pour out* **0.2** [door elkaar schudden] *shake* ⇒*churn* ◆ **1.1** zijn spaarpot ~ *e. one's money-box* **1.2** een drankje ~ *s. a drink.*

omsingelen 0.1 *surround* ⇒*besiege.*

omsingeling 0.1 [handeling] *surrounding* ⇒*encircling* ⟨door vijand⟩, *besiegement* **0.2** [dat wat omsingelt] *encirclement* ⟨door vijand⟩ ⇒*siege* ◆ **3.2** de ~ doorbreken *break through the siege.*

omslaan I ⟨ov.ww.⟩ **0.1** [omverwerpen] *knock over* ⇒*beat down, upset* **0.2** [omvouwen] *fold over/back* ⇒*turn down* ⟨kraag⟩, *turn up* ⟨broekspijp⟩, *turn back* ⟨mouw⟩ **0.3** [mbt. een pagina] *turn (over)* **0.4** [verdelen] *divide* ⇒*apportion* **0.5** [omdoen] *put on* ⇒*throw on/around one, wrap o.s. up in* ◆ **1.5** een jas/sjaal ~ *put a coat/scarf on* **5.4** de onkosten hoofdelijk ~ *d. the costs (among the participants), go shares;* **II** ⟨onov.ww.⟩ **0.1** [om iets heen gaan] *turn* ⟨hoek⟩; *round* ⟨boei/paal⟩ **0.2** [radicaal veranderen] *change* ⇒*break* ⟨weer⟩, *swing/veer (round)* ⟨opinie⟩, *(take a) turn* **0.3** [kantelen] *overturn* ⇒*topple, keel (over), capsize* ⟨ihb. schip⟩ **0.4** [omgebogen stand aannemen] *turn down* ◆ **1.2** het weer slaat om *the weather is breaking* **1.3** de boot is omgeslagen *the boat has capsized* **8.2** ~ als een blad aan een boom *make a U-turn/complete turnabout.*

omslachtig 0.1 *laborious* ⇒*time-consuming* ⟨procedure⟩, *lengthy* ⟨verhaal⟩, *wordy* ⟨spreker⟩, *long-winded* ⟨spreker⟩, *roundabout* ⟨methode⟩ ◆ **1.1** een ~-e bewerking *a time-consuming process;* een ~e formulering *long-winded wording.*

omslag I ⟨de⟩ **0.1** [verandering] *change* ⇒*turn, reversal, swing, break* ⟨ihb. weer⟩ **0.2** [drukte, omhaal] *fuss* ⇒*ado, to-do, ceremony* **0.3** [omhaal van woorden] *long-windedness* ⇒*wordiness* **0.4** [verdeling] *apportionment* ⇒*assessment,* ⟨hoofdelijk⟩ *capitation* **0.5** [belasting] *apportionment* ⇒*assessment, headtax* ◆ **1.4** de ~ v.d. kosten *the apportionment of the costs* **6.2** zonder veel ~ *without much ado* **6.3** zonder ~ *without beating about the bush;* **II** ⟨het, de⟩ **0.1** [rand, boord] *cuff* ⟨mouw⟩; *collar* ⟨halslijn⟩; *turnover* ⟨kous⟩; *border* ⟨metaal⟩; *turnup, turning* ⟨zoom⟩ **0.2** [kaft] *cover* ⇒⟨los⟩ *dust-jacket* **0.3** [map] *cover* ⇒

omslagartikel 0.1 *cover story.*

omslagdoek 0.1 *shawl* ⇒*wrap.*

omslagpunt 0.1 *turning point.*

omsluieren 0.1 *veil* ⇒*shroud.*

omsluiten 0.1 [insluiten] *enclose* ⇒*surround* **0.2** [bevatten] *enclose* ⇒*envelop* **0.3** [omklemmen] *close about* ⇒*clasp* ◆ **1.1** een omsloten ruimte *an enclosed area.*

omsmeden 0.1 *reforge* ⇒⟨meer alg.⟩ *turn/change/beat (into)* ◆ **6.1** het ijzer **tot** zwaarden ~ *r. the iron into swords.*

omsmelten 0.1 *remelt* ⇒*melt down.*

omsmijten 0.1 *knock/throw down/over.*

omspannen 0.1 [omvatten, ook fig.] *span* ⇒*enclose, cover, contain* **0.2** [spannend omgeven] *fit/be wrapped tightly around/over* ⇒*cling to* ◆ **1.1** zijn werkterrein omspant de hele regio *his area covers the entire region.*

omspelden 0.1 *pin on/about* ◆ **1.1** een kraagje ~ *pin on a collar;* de baby een luier ~ *put a nappy on the baby.*

omspelen ⟨sport⟩ **0.1** *dribble (the ball) round* ◆ **1.1** de keeper ~ *dribble round/past the goalkeeper.*

omspitten 0.1 *dig/break up* ⇒*turn over* ◆ **1.1** de tuin ~ *d. u. the garden.*

omspoelen 0.1 [schoonmaken] *rinse (out)* ⇒*wash out/up* **0.2** [anders spoelen] *rewind* ◆ **1.1** kopjes en glazen ~ *r. cups and glasses* **1.2** een filmpje ~ *r. a film.*

omspoelen 0.1 *wash* ⇒*bathe, play round, lap (at/against)* ◆ **1.1** het water omspoelde de caravan *the water was lapping against the caravan.*

omspringen I ⟨onov.ww.⟩ **0.1** [omgaan] *deal (with)* ◆ **4.1** als je ziet hoe ze met de leerlingen ~ *if you see how they treat their pupils* ⟨slecht⟩ */how they handle/manage their pupils* ⟨goed⟩ **6.1** slordig **met** andermans boeken ~ *be careless with s.o. else's books;* lichtzinnig **met** iemands genegenheid/de waarheid ~ *trifle with s.o.'s affections/the truth;* **II** ⟨onov.ww.⟩ **0.1** [omverspringen] *bowl over* ⇒*upset (by jumping against), jump down.*

omstander 0.1 *bystander* ⇒⟨toeschouwer⟩ *onlooker, spectator* ◆ **7.1** de ~s *the onlookers/public.*

omstandig 0.1 *elaborate* ⇒*detailed* ◆ **1.1** een ~ verslag *a detailed/an e. report* **3.1** iets ~ uitleggen *elaborate (on) sth.*

omstandigheid 0.1 [situatie] *circumstance* ⇒⟨mv. ook⟩ *situation, condition* **0.2** [uitvoerigheid] *elaborateness* ⇒*detail* ◆ **1.1** een samenloop van omstandigheden *a coincidence* **2.1** zijn financiële omstandigheden *his financial position;* in de gegeven omstandigheden *under/in the circumstances;* onder normale omstandigheden *under normal conditions, ordinarily;* behoudens onvoorziene omstandigheden *barring unforeseen circumstances* **3.1** indien de omstandigheden het nodig maken *if need be;* als de omstandigheden het toelaten *conditions permitting* **6.1** naar omstandigheden wel/redelijk *fine/all right, considering/under the circumstances* **¶.1** tegen de omstandigheden opgewassen zijn *rise to the occasion.*

omstoten 0.1 *knock over* ◆ **1.1** een kopje koffie ~ *knock over a cup of coffee.*

omstralen 0.1 *irradiate* ⇒*lighten up.*

omstreden 0.1 *controversial* ⇒⟨figuur/idee ook⟩ *debatable, contentious, contested* ⟨gebied⟩, *disputed* ⟨gebied⟩ ◆ **1.1** een ~ punt *a controversial point.*

omstreeks[1] ⟨bw.⟩ **0.1** *about* ⇒*roughly, approximately* ◆ **1.1**

het salaris bedraagt ~ drieduizend gulden *the salary is about/some three thousand guilders.*

omstreeks² ⟨vz.⟩ **0.1** [rond, tegen] *(round) about* ⇒*(a)round, towards, in the region/neighbourhood of* **0.2** [nabij] *near* ◆ **1.1** ~ Pasen *round about Easter* ¶**.1** ~ 1800 *about/circa 1800.*

omstreken 0.1 *neighbourhood* ⇒*district,* ⟨mv.⟩ *environs,* ⟨mv.⟩ *surroundings* ◆ **1.1** de stad Brugge en ~ *the city of Bruges and (its) environs.*

omstrengelen 0.1 [omvatten] *twine/twist/wind about/round* ⇒*clasp, entwine* **0.2** [omhelzen] *embrace* ⇒*entwine, hug* ◆ **1.1** de klimop omstrengelt de eik *the ivy has wound itself about the oak* **5.2** innig omstrengeld *closely entwined.*

omstrengeling 0.1 *clasp* ⇒*grasp, embrace.*

omstuiven 0.1 *tear/rush/run round* ◆ **1.1** de hoek ~ *tear round the corner.*

omtrappen 0.1 *kick over/down.*

omtrek 0.1 [omlijning] *outline* ⇒*contour, profile* **0.2** [wisk.] *perimeter* ⟨van willekeurige figuur⟩; *circumference, periphery* ⟨van cirkel⟩ **0.3** [grenslijn] *contour(s)* ⇒*outline(s), silhouette, skyline* ⟨stad⟩ **0.4** [omvang] *girth* ⟨van lichaam⟩; *circumference, extent* ⟨van stuk land e.d.⟩ **0.5** [nabijheid, omgeving] *surroundings* ⇒*vicinity, environs, surrounding district/area* ◆ **1.3** de ~ kennis v.d. gevels *the contours of the façades* **2.5** in de wijde ~ *for miles around* **6.5** tot op/binnen vijftig kilometer **in** de ~ *within fifty kilometres, within a fifty-kilometre radius/range;* kilometers **in** de ~ *for miles around.*

omtrekken 0.1 [omvertrekken] *pull down* **0.2** [om iets trekken] *circumscribe* ⇒*outline, draw round* **0.3** [omheen trekken] *turn, round* ⟨hoek⟩ ⇒⟨mil.⟩ *outflank, by-pass* ◆ **1.3** een ~de beweging maken *make an outflanking movement.*

omtrent¹ ⟨bw.⟩ **0.1** *about* ⇒*in the neighbourhood/region of, approximately* ◆ **5.1** zo ~ *thereabouts, approximately.*

omtrent² ⟨vz.⟩ **0.1** [kort voor/na een tijdstip] *about, (a)round* **0.2** [aangaande] *concerning* ⇒*with reference to, about* **0.3** [nabij] *near* ⇒*close to* ◆ **1.2** de geruchten ~ die man *the rumours c./about that man.*

omturnen 0.1 *persuade (to change his/her mind)* ⇒*bring round, win over* ◆ **5.1** hij is helemaal omgeturnd *he has changed his mind completely.*

omvallen 0.1 *fall over/down; turn over/on its side* ⟨bv. auto⟩ ◆ **1.1** ⟨fig.⟩ een omgevallen boekenkast *a walking encyclopaedia* **5.1** bijna ~ *totter, reel* **6.1** ~ **van** de slaap *be dead tired;* ik viel haast om **van** verbazing *you could have knocked me down with a feather.*

omvang 0.1 [omtrek] *girth* ⇒*circumference, bulk(iness)* **0.2** [grootte] *dimensions* ⇒*size, volume, magnitude, scope* **0.3** [uitgestrektheid, ook fig.] *area* ⇒*extent* ⟨ook fig.⟩, *scale, size* ◆ **1.1** de ~ v.e. boom *the g./circumference of a tree* **1.2** de ~ v.e. onderzoek *the scope of an investigation;* de ~ v.d. werkloosheid *the extent of unemployment, the number of unemployed* **1.3** de ~ v.h. vraagstuk *the extent/scale of the problem* **2.1** door hun grote ~ *because of their size/dimension;* ⟨sterker⟩ *because of their bulk* **2.2** een reorganisatie van beperkte ~ *a limited reorganization;* een ongekende ~ aannemen *reach unprecedented proportions/d.;* de volle ~ v.d. schade *the full extent of the damage* **6.1 in** ~ toenemen *expand.*

omvangrijk 0.1 *sizeable* ⇒*bulky* ⟨boek⟩, *extensive* ⟨gebied⟩, *large* ⟨bedrag⟩, *wide* ⟨kennis⟩ ◆ **1.1** een ~e fraude *large-scale fraud;* zijn ~e kennis *his extensive/wide knowledge;* een ~ werk *a huge operation.*

omvatten 0.1 [omsluiten] *enclose* ⇒*grasp* **0.2** [inhouden] *contain* ⇒*comprise, include, cover* ◆ **4.2** een regeling die alles omvat *an all-embracing settlement.*

omver 0.1 *over, down.*

omverduwen 0.1 *push over/down.*

omvergooien 0.1 [doen vallen] *knock/bowl over* ⇒*upset, overturn* **0.2** [verijdelen] *upset* **0.3** [fig.; omverwerpen] *overthrow* ◆ **1.1** alle kegels in één keer ~ *knock down all the pins at once, make a strike* **1.2** iemands plannen ~ *upset s.o.'s plans* **1.3** de regering ~ *o. the government.*

omverhalen 0.1 [omhalen] *pull down* ⇒*throw down* **0.2** [overhoophalen] *turn inside out/upside down* ⇒*turn over* **0.3** [fig.; tenietdoen] *upset* ⇒*overthrow* ◆ **4.2** bij het zoeken alles ~ *turn everything inside out in one's search.*

omverlopen 0.1 *knock/run down/over* ⇒*bowl over* ◆ **1.1** een kleuter ~ *knock over a toddler* **3.1** omvergelopen worden *be knocked off one's feet.*

omverpraten 0.1 *talk (s.o.) off his/her feet* ⇒*outtalk, fast-talk.*

omverrijden 0.1 *run/knock down/over.*

omverstoten 0.1 *push over.*

omvertrekken 0.1 *pull over/down.*

omverwerpen 0.1 [omsmijten] *knock over/down* ⇒*throw down* **0.2** [fig.; doen vallen] *overthrow* ⟨bv. regering⟩ **0.3** [weerleggen] *overthrow* ⇒*refute* ◆ **1.3** ⟨fig.⟩ een stelling ~ *upset a theory.*

omverwerping 0.1 *overthrow* ⇒*overturn, subversion* ⟨mbt. stelsel⟩.

omvliegen 0.1 [vlug gaan langs/om iets] *fly round* ⇒*tear/race round* **0.2** [snel voorbijgaan] *fly past/by* ⇒*rush by* ◆ **1.1** een bocht ~ *tear round a corner* **1.2** de tijd vloog om *the time flew by.*

omvormen 0.1 *transform, convert (into).*

omvormer ⟨elek.⟩ **0.1** *converter.*

omvorming 0.1 *transformation, conversion.*

omvouwen 0.1 [(ten dele) vouwen] *fold down/over* ⇒*turn down* ⟨bladzijde in boek⟩ **0.2** [binnenstebuiten vouwen] *fold back* ⇒*turn back* ◆ **1.2** een blad papier ~ *fold a sheet of paper double.*

omwaaien I ⟨onov.ww.⟩ **0.1** [omverwaaien] *be/get blown down/over* ⇒*blow down,* ⟨mens⟩ *be blown off one's feet;* **II** ⟨ov.ww.⟩ **0.1** [doen omvallen] *blow down.*

omweg 0.1 [langere weg] *detour* ⇒*roundabout route/way* **0.2** [omhaal van woorden] *roundabout/indirect manner* ◆ **3.1** een ~ maken *make a d.* **6.1** langs een ~ ⟨fig.⟩ *indirectly* **6.2** ⟨fig.⟩ iem. iets **zonder** omwegen vertellen *tell s.o. sth. without beating about the bush.*

omwentelen I ⟨onov.ww.⟩ **0.1** [om zijn as draaien] *rotate* ⇒*revolve, orbit* ⟨satelliet, hemellichaam⟩, ⟨snel⟩ *spin, gyrate;* **II** ⟨ov.ww.⟩ **0.1** [rondwentelen] *rotate* ⇒*roll (o.s.)* **0.2** [omkeren] *turn (round)* ◆ **1.1** een rad ~ *r. a wheel;* het varken wentelde zich om in de modder *the pig was wallowing in the mud.*

omwenteling 0.1 [rotatie] *rotation* ⇒*revolution, turn, gyration, orbit* ⟨van hemellichaam⟩ **0.2** [revolutie] *revolution* ⇒*upheaval* ◆ **3.1** een volledige ~ maken *come full circle* **7.1** 60 ~en per seconde *60 revolutions per second.*

omwentelingssnelheid 0.1 *rotational speed/velocity* ⇒*velocity/speed of rotation.*

omwerken 0.1 *rewrite* ⇒*redraft* ⟨wettekst, lezing e.d.⟩, *recast* ⟨zin⟩, *reword* ⟨zin⟩.

omwille van 0.1 *for (the sake of)* ⇒*because of* ◆ **1.1** ~ de kinderen bleef hij bij zijn vrouw *he remained with his wife for the children's sake.*

omwisselen I ⟨ov.ww.⟩ **0.1** [ruilen] *exchange (for)* ⇒⟨inf.⟩

swap ◆ **6.1** dollars ~ **in** guldens *change dollars into guilders;* ⟨grote transacties⟩ *convert dollars into guilders;* **II** ⟨onov.ww.⟩ **0.1** [van plaats wisselen] **change places** ⇒ ⟨inf.⟩ *swap places, change seats.*

omwonend 0.1 *neighbouring, surrounding* ◆ **7.1** de ~en *the neighbours.*

omzagen 0.1 *saw down,*

omzakken 0.1 *fall over* ⇒*topple over.*

omzeilen 0.1 [om/langs iets heen zeilen] **sail round** ⇒ *round* ⟨kaap⟩ **0.2** [rondzeilen] **sail about 0.3** [langs een omweg zeilen] **sail (a long way) round** ◆ **1.1** de Kaap ~ *(sail) round the Cape.*

omzeilen 0.1 [zeilend uit de weg gaan] **sail round 0.2** [ontwijken] **skirt** ⇒*get round, by-pass* ⟨obstakel⟩, ⟨moeilijkheden ook⟩ *sidestep,* ⟨moeilijkheden ook⟩ *steer clear of* ◆ **1.1** een klip ~ *sail round a rock* **1.2** moeilijkheden ~ ⟨ook⟩ *get round/avoid difficulties.*

omzendbrief 0.1 *circular (letter).*

omzet 0.1 [koop en verkoop] **turnover** ⇒*volume of trade/ business* **0.2** [som v.d. opbrengsten] **returns** ⇒*sales, business* ◆ **1.2** dat bedrijf heeft een ~ van twee miljoen per jaar *that business has sales/a turnover of two million a year* **3.2** de ~ vergroten *expand business/sales.*

omzetbelasting 0.1 *sales tax* ⇒*turnover tax.*

omzetcijfers 0.1 *sales/trade figures* ⇒*sales records.*

omzetdaling 0.1 *drop in sales.*

omzetpremie 0.1 [korting v.e. leverancier] *discount* **0.2** [premie voor het verkopend personeel] *(sales) bonus;* ⟨per artikel⟩ *commission.*

omzetsnelheid ⟨ec.⟩ **0.1** *rate of turnover/sales;* ⟨van voorraad⟩ *stock-turn.*

omzetten 0.1 [van plaats laten verwisselen] *change (position of)* ⇒*transpose* ⟨letters, woorden⟩ **0.2** [in een andere stand brengen] *turn (over)* ⇒*reverse* ⟨motor⟩, *pull (over)* ⟨hendel⟩ **0.3** [verzetten] *move, shift* **0.4** [verhandelen] *turn over* ⇒*sell* **0.5** [veranderen] *convert (into)* ⇒*turn (into)* **0.6** [muz.] *transpose (into)* **0.7** [schei.] *convert* ◆ **1.1** woorden ~ *transpose words* **1.2** de wissel ~ *turn the switch* **1.4** goederen ~ *sell goods;* (voor) een miljoen ~ *have a turnover of a million* **6.5** een tekst in fonetisch schrift ~ *make a phonetic transcription of a text;* zonlicht ~ **in** elektrische energie *convert sunlight into electrical energy;* (jur.) een terdoodveroordeling **in** levenslang ~ *commute a sentence from death to life imprisonment.*

omzetting 0.1 [verwisseling] *change* **0.2** [verplaatsing] *moving* ⇒*reversal* ⟨motor⟩ **0.3** [nat., schei.; transformatie] *transformation, conversion* ⇒*discharge* (in elektriciteit) **0.4** [overbrenging, verandering]⟨alg.⟩ *conversion* ⇒*translation* (in andere taal; ook fig.), *transliteration* (in ander alfabet), (muz.) *transposition* ◆ **1.1** ~ van woorden *c. in word order.*

omzichtig 0.1 *cautious* ⇒*circumspect, prudent* ◆ **1.1** in ~e bewoordingen *in guarded terms* ¶.1 ~ te werk gaan *tread warily, proceed with caution.*

omzichtigheid 0.1 *caution* ⇒*circumspection* ◆ **2.1** met de grootste ~ *with the greatest caution.*

omzien 0.1 [omkijken] *look back* **0.2** [zorgen voor] *look (after)* **0.3** [rondzien] *look round* **0.4** [uitkijken] *look round/ out* ◆ **6.2** ~ **naar** iem. *look after s.o.;* niet **naar** iem.~ ⟨ook⟩ *neglect s.o.* ¶.1 ~ in wrok *look back in anger.*

omzomen 0.1 *border* ⇒*fringe, surround.*

omzwaaien 0.1 [omslaan] *swing round* ⟨ook fig.⟩ **0.2** [van studierichting veranderen] *change subject(s)* ◆ ¶.2 Jan is omgezwaaid *John has changed subject(s).*

omzwachtelen 0.1 *bandage* ⇒*swaddle* ⟨baby⟩ ◆ **1.1** zijn arm ~ *b. one's arm.*

omzwerving 0.1 *wandering* ⇒*roving, peregrination* ◆ **2.1** nachtelijke ~en *nocturnal rambles.*

onaandachtig 0.1 *inattentive* ⇒*unobservant* ⟨lezer⟩.

onaangebroken 0.1 *unused* ⇒*unopened* ◆ **1.1** een nog ~ pakje sigaretten *an unopened packet of cigarettes.*

onaangedaan 0.1 *unmoved* ⇒*untouched* ◆ **3.1** ~ blijven *remain unmoved.*

onaangekondigd 0.1 *unannounced* ◆ **1.1** een ~ bezoek *a surprise visit;* een ~e staking *a lightning strike;* een ~e verkeerscontrole *a spot traffic check.*

onaangenaam 0.1 *unpleasant* ⇒*disagreeable* ◆ **1.1** een ~ gevoel/onaangename gedachte *an uncomfortable feeling/ thought;* ~ werk *u. work* **2.1** ~ verrast zijn *be unpleasantly surprised* **3.1** iem. het leven ~ maken *make life difficult for s.o.* **5.1** een uiterst ~ persoon ⟨ook⟩ *an obnoxious character.*

onaangepast 0.1 *maladjusted* ⇒⟨uit overtuiging⟩ *non-conformist* ◆ **1.1** ~ gedrag vertonen *display m. behaviour.*

onaangeroerd 0.1 *untouched* ⇒⟨mbt. kapitaal⟩ *intact* ⟨alleen pred.⟩ ◆ **3.1** het eten was ~ *the food was left u.*

onaangetast 0.1 [ongeschonden] *unaffected* ⇒*intact* ⟨alleen pred.⟩, *unimpaired, untouched* **0.2** [in zijn geheel] *untouched* ⇒*whole, intact* ⟨alleen pred.⟩ **0.3** [ongebruikt] *untouched* ⇒*unused* **0.4** [niet aangevreten] *unaffected* ⇒*unharmed, untouched* ◆ **1.1** zijn macht blijft ~ *his power remains unimpaired* **6.4** ~ **door** de tand des tijds *unaffected by the ravages of time.*

onaannemelijk 0.1 [ongeloofwaardig] *implausible* ⇒*incredible, unbelievable* **0.2** [onaanvaardbaar] *unacceptable* ◆ **3.1** dat klinkt nogal ~ *that's rather hard to believe.*

onaansprakelijk 0.1 *not liable (for).*

onaanspreekbaar 0.1 *unapproachable.*

onaantastbaar 0.1 [niet betwist/in bezit genomen kunnende worden] *inviolable* ⇒*unassailable, unimpeachable, sacrosanct* **0.2** [onbereikbaar voor een aanval] *unassailable* ⇒*impregnable, invulnerable* ◆ **1.1** een ~ geloof *a sacrosanct belief;* onaantastbare rechten *i. rights* **1.2** een onaantastbare positie *an u. position.*

onaantrekkelijk 0.1 *unattractive* ⇒*unprepossessing, unappealing* ◆ **5.1** financieel ~ *financially unattractive.*

onaanvaardbaar 0.1 *unacceptable* ◆ **7.1** ⟨fig.⟩ het ~ over iets uitspreken *declare sth. unacceptable.*

onaanzienlijk 0.1 [zonder aanzien] *unpretentious* ⇒*modest* **0.2** [niet groot, nietig] *insignificant* ⇒*inconsiderable* ⟨bedrag⟩, *inconsequential, negligible* ◆ **5.2** voor een niet-onaanzienlijk bedrag *for a not inconsiderable sum.*

onaardig 0.1 [onvriendelijk] *unpleasant* ⇒*unfriendly, unkind* **0.2** [onaangenaam in de omgang] *unpleasant* **0.3** [onplezierig] *unpleasant* ⇒*nasty* ◆ **1.1** een ~e opmerking *an unkind remark* **3.1** ~ zijn tegen iem. *be unpleasant to s.o.* **3.3** doe niet zo ~ tegen haar *don't be so nasty to her* **5.**¶ je woont hier niet ~ *not a bad place you have here.*

onacceptabel 0.1 *unacceptable.*

onachtzaam 0.1 *inattentive* ⇒*careless,* ⟨nalatig⟩ *negligent.*

onachtzaamheid 0.1 [achteloosheid] *carelessness* ⇒*inattention* **0.2** [achteloze handeling] *negligence* ◆ **1.1** een moment van ~ *a moment's c.*

onaf 0.1 *unfinished* ⇒*incomplete* ◆ **4.1** het heeft iets ~s *it has an u. look about it.*

onafgebroken 0.1 [doorlopend] *continuous* ⇒*sustained* **0.2** [voortdurend] *unbroken* ⇒*uninterrupted* ◆ **1.1** 40 jaar ~ dienst *40 years c. service* **1.2** we hebben drie dagen ~ regen gehad *the rain hasn't let up for three days.*

onafgewerkt 0.1 *unfinished* ⇒*uncompleted, incomplete* ◆ **3.1** iets ~ laten *leave sth. unfinished.*

onafhankelijk 0.1 [zelfstandig, autonoom] *independent (of)* **0.2** [niet bepaald door] *irrespective* ◆ **3.1** hij kan ~ handelen *he's a free agent;* zich ~ verklaren *declare one's independence;* zich ~ opstellen *take an i. position* **6.2** ~ van leeftijd *i. of age.*

onafhankelijkheid 0.1 [zelfstandigheid] *independence* **0.2** [autonomie] *independence* ◆ **3.2** ~ verlenen *grant i.*

onafhankelijkheidsbeweging 0.1 *independence movement.*

onafhankelijkheidsverklaring 0.1 *declaration of independence.*

onafscheidelijk 0.1 *inseparable (from)* ◆ **1.1** zijn ~e sigaar *his inevitable cigar* **3.1** zij zijn ~ *they are i.*

onafwendbaar 0.1 *inevitable* ⇒*inescapable* ◆ **1.1** een onafwendbare nederlaag *an inevitable defeat.*

onafzienbaar 0.1 *immense* ⇒*vast,* ⟨mbt. tijd⟩ *interminable,* ⟨mbt. tijd⟩ *endless* ◆ **1.1** een bron van onafzienbare ellende *a source of endless trouble.*

onappetijtelijk 0.1 *unappetizing* ⇒*unsavoury.*

onbaatzuchtig 0.1 *unselfish* ⇒*selfless, altruistic* ◆ **3.1** ~ handelen *act unselfishly.*

onbarmhartig 0.1 *merciless* ⇒*unmerciful, ruthless* ◆ **1.1** ~e kritiek *m. criticism;* een ~ pak slaag *a sound thrashing.*

onbarmhartigheid 0.1 *mercilessness* ⇒*ruthlessness.*

onbeantwoord 0.1 *unanswered* ◆ **1.1** ~e liefde *unrequited love.*

onbebouwd 0.1 [niet bebouwd] *vacant* ⇒*undeveloped* **0.2** [braakliggend] *uncultivated* ◆ **1.1** ~e terreinen *v. sites* **1.2** ~e akkers *fallow fields.*

onbedaarlijk 0.1 *uncontrollable* ⇒*irrepressible* ◆ **3.1** hij begon ~ te lachen *he burst into u. laughter.*

onbedacht 0.1 *thoughtless* ⇒*unthinking* ◆ **1.1** een ~ ogenblik *a moment of thoughtlessness.*

onbedachtzaam 0.1 *thoughtless* ⇒*rash* ◆ **¶.1** ~ te werk gaan *go about sth. without thinking.*

onbedachtzaamheid 0.1 [onnadenkendheid] *thoughtlessness* ⇒*rashness* **0.2** [onbedachtzame handeling] *thoughtlessness* ⇒*inconsideration.*

onbedekt 0.1 [niet bedekt] *uncovered* ⇒*exposed* **0.2** [openlijk] *open* ◆ **3.2** iets ~ zeggen *say sth. openly.*

onbedoeld 0.1 *unintentional* ⇒*inadvertent* ◆ **3.1** iem.~ kwetsen *hurt s.o. unintentionally.*

onbedorven 0.1 [gaaf, fris] *unspoilt* ⇒*untainted* **0.2** [onschuldig] *unspoilt* ⇒*innocent, pure.*

onbedreven 0.1 *unskilled (in/at)* ⇒*unskilful (in/at)* ◆ **6.1** hij is niet geheel ~ in dat spel *he is no slouch at that game.*

onbeduidend 0.1 [van weinig belang, niet talrijk] *insignificant* ⇒*trivial, inconsequential* **0.2** [niet opvallend] *unremarkable* ⇒*nondescript* ◆ **1.1** een ~ bedrag *an insignificant amount;* een ~ persoon *a nonentity.*

onbedwingbaar 0.1 *uncontrollable* ⇒*ungovernable, indomitable* ⟨karakter⟩ ◆ **1.1** een onbedwingbare woede *uncontrollable anger.*

onbegaanbaar 0.1 *impassable* ◆ **1.1** een onbegaanbare weg *an i. road.*

onbegonnen 0.1 *hopeless* ⇒*impossible* ◆ **1.1** het is ~ werk *it's a h. task.*

onbegrensd 0.1 *unlimited* ⇒*boundless, infinite* ◆ **1.1** ~e macht *u. power;* het land v.d.~e mogelijkheden *the land of u. opportunities.*

onbegrijpelijk 0.1 [niet te begrijpen] *incomprehensible, unintelligible* ⇒⟨duister ook⟩ *obscure* **0.2** [vreemd] *incomprehensible* ⇒*inexplicable* **0.3** [onvoorstelbaar] *incredible* ◆ **8.1** het is ~ dat zoiets kan gebeuren *it is i. that such a thing can happen.*

onbegrip 0.1 *incomprehension* ⇒*lack of understanding* ◆ **2.1** wederzijds ~ *mutual i.* **3.1** zijn plannen stuitten op ~ *his plans fell on deaf ears.*

onbehaaglijk 0.1 [ongemakkelijk] *uncomfortable* ⇒*uneasy* **0.2** [bedenkelijk] *disagreeable* ⇒*unpleasant* ◆ **3.1** zich ~ voelen *feel/be ill at ease.*

onbehagen 0.1 *discomfort (about)* ⇒*uneasiness (about)* ◆ **1.1** er heerst een algemeen gevoel van ~ ⟨ook⟩ *there was a general malaise* **¶.1** uitdrukking geven aan zijn ~ *express one's uneasiness.*

onbeheerd 0.1 [door niemand beheerd] *abandoned* ⇒*unattended, ownerless* **0.2** [jur.] *unclaimed* ◆ **3.1** iets ~ achterlaten *leave sth. unattended.*

onbeheerst 0.1 *uncontrolled* ⇒*unrestrained, lacking self-control* ◆ **1.1** zijn ~e optreden *his unrestrained behaviour* **3.1** zich ~ gedragen *behave outrageously.*

onbeholpen 0.1 [mbt. personen] *awkward, clumsy* ⇒*inept* **0.2** [mbt. zaken] *awkward* ⇒*unwieldy* ◆ **1.1** een ~ mannetje *a c. little man* **3.1** zich ~ uitdrukken *express o.s. awkwardly/clumsily.*

onbeholpenheid 0.1 [mbt. personen] *clumsiness, awkwardness* ⇒*ineptitude, gaucheness* **0.2** [mbt. zaken] *unwieldiness, awkwardness.*

onbehoorlijk 0.1 [incorrect] *unseemly* ⇒*improper, indecent* **0.2** [mbt. een tijdstip] *ungodly* ⇒*indecent* ◆ **1.1** ~ gedrag *u. behaviour* **1.2** een ~e tijd om op te bellen *an u. hour to call* **4.1** iets ~s zeggen *say sth. u./improper.*

onbehouwen I ⟨bn.⟩ **0.1** [grof, ongemanierd] *coarse* ⇒*boorish,* ⟨nors⟩ *churlish* **0.2** [lomp van vorm/uiterlijk] *ungainly* ⇒*unwieldy, untrimmed* ◆ **1.1** wat een ~ lomperd! *what a (crude) lout (he is);*
II ⟨bw.⟩ **0.1** [grof] *coarsely* ⇒*crudely* ◆ **3.1** iets ~ zeggen *put sth. crudely.*

onbekend 0.1 [niet bekend] *unknown* ⇒*unfamiliar* **0.2** [niet bezocht] *unknown* **0.3** [geen naam gemaakt hebbend] *unknown* ⇒*obscure, out-of-the-way* **0.4** [onwetend] *unacquainted (with)* ⇒*ignorant/not aware (of)* ◆ **1.1** met ~e bestemming vertrekken *leave for parts unknown* **1.1** een ~ merk *an u. brand;* de ~e soldaat *the Unknown Soldier* **3.4** ik ben hier ~ *I'm a stranger/I don't know my way around here* **6.4** ~ zijn met de feiten *be ignorant of the facts;* ~ zijn met de taal *be unfamiliar with the language* **¶.1** ⟨sprw.⟩ ~ maakt onbemind *unknown, unloved.*

onbekende I ⟨de (m.)⟩ **0.1** [persoon] *unknown (person)* ⇒ *stranger* ◆ **3.1** hij is voor mij geen ~ *he's no stranger to me;*
II ⟨de⟩ **0.1** [wisk.] *unknown* ◆ **7.1** een vergelijking met twee ~n *an equation with two unknowns.*

onbekendheid I ⟨de (v.)⟩ **0.1** [het niet bekend met iets zijn] *unfamiliarity (with)* ⇒*ignorance (of)* **0.2** [het niet bekend zijn] *obscurity* ◆ **6.1** door zijn ~ met de problematiek *because of his u. with the problems;*
II ⟨de (m.)⟩ **0.1** [persoon] *unknown.*

onbekommerd 0.1 *carefree* ⇒*unconcerned* ◆ **3.1** ~ leven *lead a c. life.*

onbekommerdheid 0.1 *unconcern* ⇒*insouciance, lack of concern.*

onbekrompen 0.1 [niet kleingeestig] *liberal* ⇒*liberal-/broad-/open-minded* **0.2** [royaal, ruim] *liberal* ⇒*generous, open-handed* ◆ **1.1** een ~ denkwijze *broad-mindedness.*

onbekwaam 0.1 [incapabel] *incompetent* ⇒*incapable* **0.2** [jur.] *incompetent* ⇒*ineligible, disqualified* **0.3** [beschonken] *drunk and incapable* ⇒*incapacitated* ◆ **1.1** een ~ ambtenaar *an incompetent official* **6.2** ~ om getuige te zijn *be an ineligible witness.*

onbekwaamheid 0.1 [ongeschiktheid] *incompetence* ⇒*incapability* **0.2** [jur.] *incapacity* ⇒*disability, (legal) ineligibility* ♦ **3.1** ~ tonen *show incompetence.*

onbelangrijk 0.1 *unimportant* ⇒*insignificant, inconsiderable* (mate, bedrag) ♦ **3.1** iets als ~ voorstellen *minimalize sth.* **4.1** iets ~s *sth. trivial.*

onbelangrijkheid 0.1 *unimportance* ⇒*insignificance.*

onbelast 0.1 [niet belast] *unburdened, unloaded* ⇒*unencumbered, idle* (motor) **0.2** [vrij van lasten] *tax-free/-exempt* ⇒*untaxed, unencumbered* (mbt. hypotheek) ♦ **1.2** ~e baten *tax-free profits;* een ~ goed *an unencumbered property* **3.1** de motor ~ laten draaien *let the engine tick over.*

onbeleefd 0.1 *impolite* ⇒*rude, uncivil* ♦ **1.1** een ~ antwoord *a rude answer.*

onbeleefdheid 0.1 [gebrek aan beleefdheid] *impoliteness* ⇒ *rudeness, incivility, discourtesy,* (belediging) *insult* ♦ **3.1** iem. onbeleefdheden toevoegen *be rude to s.o.*

onbelemmerd 0.1 *unobstructed* ⇒*unimpeded, unrestricted* ♦ **1.1** de ~e doorgang v.e. schip garanderen *guarantee free passage of a ship* ¶**.1** ~ zijn werk kunnen doen *be able to do one's work unhampered.*

onbemand 0.1 *unmanned* ⇒ (vliegtuig ook) *pilotless,* (trein ook) *driverless* ♦ **1.1** ~e kunstmanen *u. satellites.*

onbemerkt 0.1 *unobserved* ⇒*unnoticed.*

onbemiddeld 0.1 *without means* ⇒*penniless, impecunious* ♦ **5.1** niet ~ zijn *be well off/well-to-do.*

onbemind 0.1 *unloved* ⇒*unpopular* ♦ **3.1** zich ~ maken bij iem. *make o.s. unpopular with s.o.*

onbenul 0.1 *fool* ⇒*idiot* ♦ **1.1** wat een stuk ~! *what a bloody idiot!*

onbenullig 0.1 *inane* ⇒*stupid, fatuous,* (zonder inhoud ook) *vacuous,* (zonder inhoud ook) *insignificant* ♦ **1.1** een ~ boek *a silly book;* wat een ~e vent *what a nincompoop/ twit.*

onbenulligheid 0.1 [domheid] *inanity* ⇒*stupidity, fatuity* **0.2** [onbenullig(e) zaak / iets] *trifle* ⇒ *inanity.*

onbepaald 0.1 [niet begrensd] *indefinite* ⇒*unlimited* **0.2** [onbeperkt] *unlimited* **0.3** [niet precies vastgesteld] *indefinite* ⇒*indeterminate, undefined* **0.4** [vaag] *vague* ⇒*uncertain* ♦ **1.1** een benoeming voor ~e tijd *a permanent appointment* **1.2** ~e volmacht verlenen *grant u. power of attorney;* (fig.) *give s.o. carte blanche* **1.3** iets voor ~e tijd uitstellen *postpone sth. indefinitely;* (mil.) met ~ verlof *on indefinite leave.*

onbeperkt 0.1 [onbelemmerd] *unrestricted* ⇒*unimpeded* **0.2** [fig.; onbegrensd] *unlimited* ⇒*unbounded* ♦ **1.1** een ~ uitzicht *an unimpeded view* **1.2** ~ vertrouwen *implicit trust;* ~e volmacht *unlimited power of attorney.*

onbeproefd 0.1 [niet geprobeerd] *untried* ⇒*untasted* (eten) **0.2** [niet op de proef gesteld] *untested* ♦ **3.1** niets / geen middel ~ laten *leave no stone unturned.*

onberaden 0.1 *rash* ⇒*ill-advised, reckless* ♦ **1.1** een ~ beslissing *a rash decision.*

onberedeneerd 0.1 *irrational* ⇒*unreasoned, unreasoning* (woede, vreugde e.d.) ♦ **1.1** een ~e angst *an i. fear.*

onbereikbaar 0.1 [niet te bereiken] *inaccessible* ⇒*unreachable* **0.2** [door geen moeite verkrijgbaar] *unattainable* ⇒*out of/beyond reach* ♦ **1.1** een onbereikbare rotspunt *an i. peak* **1.2** een ~ ideaal *an u. ideal.*

onberekenbaar 0.1 [niet berekend kunnende worden] *incalculable* ⇒*unfathomable* **0.2** [vooraf niet te bepalen] *incalculable* ⇒*inestimable* **0.3** [wisselvallig] *unpredictable* ♦ **5.3** hij is volkomen ~ *he is completely u.*

onberispelijk 0.1 *perfect* ⇒(kleding ook) *impeccable,* (zon-

der fouten) *faultless,* (zonder fouten) *flawless, blameless* (leven), *irreproachable* (gedrag), *beyond reproach* (persoon) ♦ **3.1** hij gedroeg zich ~ *his behaviour was irreproachable/beyond reproach;* hij is altijd ~ gekleed *he is always impeccably dressed.*

onberoerd 0.1 [onaangedaan] *unmoved* ⇒*unaffected, dry-eyed* **0.2** [niet beroerd] *untouched* ⇒*undisturbed* ♦ **1.2** het ~e watervlak *the undisturbed surface of the water.*

onbeschaafd 0.1 [mbt. volkeren] *uncivilized* ⇒(pej.) *barbarian* **0.2** [mbt. personen, omgangsvormen] *uneducated* ⇒*unrefined, uncouth* (niet verfijnd), *ill-bred* (ongemanierd), *rude* (ongemanierd) ♦ **1.2** ~e manieren *coarse manners.*

onbeschaamd 0.1 *impudent* ⇒*shameless, brazen.*

onbeschaamdheid 0.1 [schaamteloosheid] *impudence* ⇒ *shamelessness, brazenness* **0.2** [onbeschaamde handeling] *impertinence* ⇒*insolence, effrontery* ♦ **3.1** de ~ hebben om *have the impertinence to.*

onbeschadigd 0.1 [mbt. zaken] *undamaged* ⇒*intact* **0.2** [mbt. personen] *unharmed* ⇒*unhurt, unscathed* ♦ **3.1** ~ aankomen *arrive u./in one piece.*

onbescheiden 0.1 [niet bescheiden] *immodest* ⇒*forward* **0.2** [nieuwsgierig] *indiscreet* ⇒*indelicate* **0.3** [brutaal] *presumptuous* ⇒*bold* ♦ **1.2** aan ~ blikken blootgesteld zijn *be exposed to indiscreet looks* **3.3** zo ~ zijn om ...*be so bold to ...*

onbescheidenheid 0.1 [gebrek aan bescheidenheid] *immodesty* ⇒*forwardness* **0.2** [onbescheiden handeling] *indiscretion* ⇒*impropriety* **0.3** [ongepaste uitlating] *indiscretion* ⇒*tactlessness.*

onbeschermd 0.1 *unprotected* ⇒*unguarded* (ook tandwiel), *naked, unscreened* ♦ **3.1** iem. / iets ~ achterlaten *leave s.o. unprotected.*

onbeschoft 0.1 *rude* ⇒*ill-mannered, boorish,* (brutaal ook) *impudent,* (brutaal ook) *insolent* ♦ **1.1** een ~ persoon *a piq;* (ongemanierde man) *a boor/churl; an oaf.*

onbeschoftheid 0.1 [grofheid] *rudeness* ⇒*boorishness,* (brutaliteit ook) *insolence,* (brutaliteit ook) *impertinence* **0.2** [onbeschofte daad / uitlating] *rudeness* ⇒*impertinence, effrontery, insolence.*

onbeschreven 0.1 *blank* ⇒*virgin* ♦ **3.1** iets ~ laten *leave sth. blank.*

onbeschrijfelijk 0.1 *indescribable* ⇒*beyond description/ words* (pred.), (pej.) *unspeakable* ♦ **1.1** een ~e warboel *an i. mess* **3.1** het is ~ *it defies/is beyond description.*

onbeschroomd 0.1 *unabashed* ⇒*uninhibited, frank* (spreken), *candid* (spreken).

onbeschut 0.1 *unprotected* ⇒*exposed* (tegen wind), *open* (tegen wind).

onbeslagen 0.1 [zonder hoefijzers] *unshod* **0.2** [zonder aanslag] *not steamed (up)* ⇒*not steamy* ♦ **1.2** ~ ruiten *clear windows* ¶**.1** (fig.) ~ ten ijs komen *be (completely) unprepared.*

onbeslapen 0.1 *unslept (in).*

onbeslist 0.1 *undecided* ⇒*unresolved* ♦ **3.1** de wedstrijd eindigde ~ *the match ended in a draw;* die kwestie is nog ~ *that matter is still in abeyance.*

onbesmet 0.1 [onbezoedeld] *untainted* ⇒*unsullied* **0.2** [niet door smetstof aangetast] *uninfected* ⇒*uncontaminated* (met gif / radioactiviteit).

onbespeelbaar 0.1 *unplayable* ⇒(sportveld ook) *not fit/ unfit for play.*

onbespoten 0.1 *unsprayed* ♦ **1.1** ~ groente en fruit *u. fruit and vegetables.*

onbespreekbaar 0.1 *taboo* ⇒*unmentionable* ♦ **1.1** in veel landen is homoseksualiteit nog steeds ~ *in many countries homosexuality is still (a) taboo*.

onbesproken 0.1 [onberispelijk] *irreproachable* ⇒*blameless, beyond/above reproach* **0.2** [niet behandeld] *undiscussed* **0.3** [niet gereserveerd] *unbooked* ⇒*not booked/ reserved* ◆ **1.1** van ~ gedrag *of i./blameless conduct*.

onbestaanbaar 0.1 [imaginair] *impossible* ⇒*theoretical* **0.2** [strijdig] *incompatible (with)* ⇒*inconsistent (with), abhorrent (to)*.

onbestemd 0.1 *vague* ⇒*indefinable* ◆ **1.1** een ~ gevoel *an indefinable feeling*.

onbestendig 0.1 [wisselvallig] *unsettled* ⇒*variable* **0.2** [wispelturig] *fickle* ⇒*capricious* ◆ **1.1** het weer is ~ *the weather is changeable* **1.2** een ~ humeur *a f. temper*.

onbestendigheid 0.1 [wisselvalligheid] *instability* ⇒*variability* **0.2** [wispelturigheid] *fickleness* ⇒*capriciousness* ◆ **1.1** de ~ v.h. lot *the vicissitudes of fortune*.

onbestorven 0.1 *(too) fresh* ◆ **1.1** dat vlees is nog ~ *that meat has not been hung long enough yet*.

onbestreden 0.1 *undisputed* ⇒*uncontroversial, indisputable*.

onbestuurbaar 0.1 [mbt. voertuigen] *uncontrollable* ⇒*out of control, unmanageable* 〈ook paard/schip〉 **0.2** [niet te beheren] *ungovernable* ◆ **3.1** de auto werd ~ *the car got out of control*.

onbesuisd 0.1 *rash* ⇒*precipitate, impetuous* ◆ **3.1** ~ handelen *act rashly*.

onbetaalbaar 0.1 [niet op te brengen] *prohibitive* ⇒*impossibly dear* **0.2** [onschatbaar] *priceless* ⇒*invaluable* **0.3** [kostelijk] *priceless* ⇒*hilarious* ◆ **1.2** een onbetaalbare dienst *an invaluable service* **1.3** een onbetaalbare grap *a hilarious joke* **5.1** die vakantie was haast ~ *that holiday cost the earth*.

onbetaald 0.1 *unpaid (for)* ⇒〈rekeningen/bedragen ook〉 *outstanding, unsettled,* 〈schuld ook〉 *undischarged* ◆ **1.1** ~e rekeningen 〈ook〉 *accounts owing;* ~ verlof *leave without pay*.

onbetamelijk 0.1 *improper* ⇒*indecorous, unbecoming, unseemly* ◆ **1.1** een ~e daad *an impropriety*.

onbetekenend 0.1 *insignificant* ⇒*trivial, petty* ◆ **1.1** een ~ bedrag *a petty/paltry sum; a negligible sum* 〈te verwaarlozen〉; ~e mensen *nonentities*.

onbeteugeld 0.1 *unbridled* ⇒*unchecked*.

onbetreden 0.1 *untrod(den)*.

onbetrouwbaar 0.1 *unreliable* ⇒〈persoon ook〉 *untrustworthy, shady* 〈malafide〉, *shifty* 〈malafide〉 ◆ **1.1** het ijs is nog ~ *the ice isn't safe yet;* een ~ persoon *a shady/shifty character*.

onbetrouwbaarheid 0.1 *unreliability* ⇒〈persoon ook〉 *untrustworthiness*.

onbetuigd ◆ **¶.¶** zich niet ~ laten *keep one's end up;* 〈aan tafel〉 *do one's meal justice*.

onbetwist 0.1 *undisputed* ◆ **1.1** de ~e kampioen *the unrivalled champion*.

onbetwistbaar 0.1 [niet te betwisten] *indisputable* **0.2** [niet met recht te bestrijden] *incontestable* ⇒*irrefutable* ◆ **1.2** dit huis is zijn ~ eigendom *this house is his indisputable property* **2.1** het is ~ zeker *it is absolutely certain*.

onbevaarbaar 0.1 *unnavigable*.

onbevangen 0.1 [onbeschroomd] *uninhibited* ⇒〈spreken ook〉 *frank,* 〈spreken ook〉 *candid* **0.2** [onbevooroordeeld] *open(-minded)* ◆ **3.2** ~ zijn oordeel zeggen *speak one's mind openly*.

onbevangenheid 0.1 [onbeschroomdheid] *lack of inhibition* ⇒〈spreken ook〉 *frankness, candour* **0.2** [onbevoor-**

oordeeldheid] *open(-minded)ness* ◆ **2.1** met grote ~ iets vertellen *tell sth. openly*.

onbevlekt 0.1 *immaculate* ◆ **1.1** 〈rel.〉 de ~e ontvangenis van Maria *The Immaculate Conception (of the Virgin Mary)*.

onbevoegd 0.1 *unauthorized* ⇒*unqualified* 〈ook zonder diploma〉, 〈jur.〉 *incompetent* ◆ **3.1** ~ verklaren *disqualify* **6.1** ~ tot iets *unqualified to do sth.*

onbevoegde 0.1 *unauthorized person* ⇒*unqualified person* 〈ook zonder diploma〉, 〈jur.〉 *incompetent (person)* ◆ **¶.1** geen toegang voor ~n *authorized personnel only*.

onbevolkt 0.1 *unpopulated*.

onbevooroordeeld 0.1 *unprejudiced* ⇒*open-minded* ◆ **3.1** niemand is geheel ~ *no one is altogether free from prejudice*.

onbevredigd 0.1 *unsatisfied*.

onbevredigend 0.1 *unsatisfactory* ◆ **1.1** een ~ excuus 〈ook〉 *a lame excuse*.

onbevreesd 0.1 *unafraid* ⇒*fearless* ◆ **3.1** ~ zijn mening zeggen *speak one's mind without fear*.

onbewaakt 0.1 *unguarded* ⇒*unattended* ◆ **1.1** in een ~ ogenblik *in an unguarded moment*.

onbeweeglijk 0.1 [roerloos] *motionless* **0.2** [onwrikbaar] *immovable* **0.3** [fig.; onverzettelijk] *immovable* ◆ **3.1** ~ blijven staan *stand perfectly still*.

onbeweeglijkheid 0.1 [roerloosheid] *immobility* **0.2** [onaangedaanheid] *immovability*.

onbewerkt 0.1 [niet bewerkt] *unprocessed* ⇒*raw* **0.2** [niet versierd] *unworked* ◆ **1.1** ~e grondstoffen *raw materials*.

onbewezen 0.1 *unproved, unproven*.

onbewogen 0.1 [roerloos] *immobile* **0.2** [onaangedaan] *unmoved* ◆ **1.2** een ~ gelaat *a stony face*.

onbewolkt 0.1 *cloudless* ⇒*clear*.

onbewoonbaar 0.1 *uninhabitable* ◆ **3.1** een huis ~ verklaren *condemn a house*.

onbewoonbaarverklaring 0.1 *condemnation order*.

onbewoond 0.1 [mbt. land/streek] *uninhabited* **0.2** [mbt. woning] *uninhabited* ⇒*vacant* ◆ **1.1** een ~ eiland *a desert island*.

onbewust I 〈bn., bw.〉 **0.1** [niet wetend] *unconscious (of)* **0.2** [onwillekeurig] *unconscious* ◆ **3.2** iets ~ doen *do sth. unconsciously;*
II 〈bn.〉 **0.1** [instinctief] *subconscious* ◆ **1.1** ~e aandrang *a s. urge*.

onbezet 0.1 [niet bezet] *unoccupied* ⇒*vacant, empty* **0.2** [vacant] *vacant* **0.3** [niet onder een bezetting staand] *unoccupied* ◆ **1.3** het ~te gebied *the u. territory* **3.2** deze functie is nog ~ *this position is still open*.

onbezield 0.1 [zonder bezieling] *uninspired* ⇒*dull* **0.2** [levenloos] *inanimate*.

onbezoldigd 0.1 *unpaid* ⇒〈ere-〉 *honorary* ◆ **1.1** een ~ ambt *an honorary post;* ~ secretaris *honorary secretary*.

onbezonnen 0.1 *unthinking, rash* ◆ **1.1** een ~ daad *a r./ thoughtless action* **¶.1** ~ te werk gaan *go about sth. rashly*.

onbezonnenheid 0.1 [onbedachtzaamheid] *rashness, thoughtlessness* ⇒*impetuosity* **0.2** [onbezonnen handeling] *foolishness*.

onbezorgd I 〈bn., bw.〉 **0.1** [zorgeloos] *carefree* ⇒〈onbekommerd〉 *unconcerned* ◆ **1.1** een ~e oude dag *a c. old age;* een ~ leventje leiden *lead a happy-go-lucky life* **3.1** ~ genieten *enjoy o.s. without worry;*
II 〈bn.〉 **0.1** [onbesteld] *undelivered*.

onbezorgdheid 0.1 *freedom from care* ⇒〈onbekommerdheid〉 *unconcern*.

onbillijk 0.1 [onredelijk] *unfair* ⇒*unreasonable* **0.2** [onge-**

rechtvaardigd](onrechtvaardig) *unfair, unjust;* (ongegrond) *unjustified, unfounded* ♦ **1.1** ~e eisen *unreasonable demands.*

onbillijkheid 0.1 [onredelijkheid] *unfairness* ⇒*unreasonableness* **0.2** [onbillijke behandeling] *unfairness* ⇒*injustice.*

onbrandbaar 0.1 *incombustible, non-flammable.*

onbreekbaar 0.1 [niet breekbaar] *unbreakable, nonbreakable* ⇒(licht ook) *irrefrangible* **0.2** [onverbreekbaar] *unbreakable* ♦ **1.1** ~ glas *u./shatterproof glass* **1.2** de onbreekbare banden v.h. huwelijk *the u. bonds of marriage.*

onbruik 0.1 *disuse* ♦ **6.1** in ~ raken *fall/pass into disuse.*

onbruikbaar 0.1 *unusable* ⇒*useless* ♦ **3.1** die machines zijn ~ *those machines are useless* (niet geschikt voor de taak); *those machines are unusable/*(verouderd) *obsolete.*

onbruikbaarheid 0.1 *uselessness.*

onbuigbaar 0.1 *inflexible* ♦ **1.1** een onbuigbare aard *an i./ unbending nature.*

onbuigzaam 0.1 *inflexible* ♦ **1.**¶ een ~ kind *a headstrong child.*

onchristelijk 0.1 *unchristian* ♦ **1.**¶ op een ~ uur *at some ungodly hour.*

oncollegiaal 0.1 *disloyal (to(wards) one's colleagues).*

oncomfortabel 0.1 *uncomfortable.*

oncontroleerbaar 0.1 *unverifiable.*

onconventioneel 0.1 *unconventional.*

ondank 0.1 *ingratitude* ⇒*ungratefulness* ♦ **3.1** slechts ~ ontvangen *get little thanks.*

ondankbaar 0.1 *ungrateful* ♦ **1.1** een ondankbare taak *an unrewarding task.*

ondankbaarheid 0.1 [gebrek aan erkentelijkheid] *ingratitude* **0.2** [blijk van ondank] *token of ingratitude.*

ondanks 0.1 [niettegenstaande] *in spite of* ⇒*contrary to* **0.2** [tegen de wil van] *in spite of* ♦ **1.1** ~ haar inspanningen lukte het niet *for/despite all her efforts, she didn't succeed;* ~ het verbod gingen zij uit *in spite of the prohibition they went out.*

ondeelbaar I (bn.) **0.1** [niet deelbaar] *indivisible* **0.2** [zeer klein] *infinitesimal* ♦ **1.1** een ~ getal *a prime number* **1.2** een ~ ogenblik *a split second;*
II (bw.) **0.1** [zeer klein] *infinitesimally* ⇒*minutely* ♦ **2.1** ~ klein *i. small.*

ondefinieerbaar 0.1 *indefinable* ♦ **1.1** een ~ verlangen *an i./a vague longing* ¶.**1** iets ~ s *sth. indefinable/intangible.*

ondemocratisch 0.1 *undemocratic.*

ondenkbaar 0.1 *unthinkable* ⇒*inconceivable* ♦ **3.1** het is niet ~ dat ... *it is not inconceivable that ...*

onder¹ (bw.) **0.1** [aan de benedenzijde] *below* ⇒*at the bottom* **0.2** [beneden/aan de voet van iets anders] *underneath* **0.3** [naar beneden] *under* **0.4** [in elliptische uitdrukkingen](zie 3.4) **0.5** [beneden in huis] *downstairs* ♦ **3.4** de zon is nog niet ~ *the sun hasn't set/hasn't gone down yet;* de kinderen zaten ~ *the children were covered with it* **3.5** we wonen ~ *we live d./below* **6.1** ~ **aan** de bladzijde *at the foot/bottom of the page;* iem. **van** ~ **tot** hoven opnemen *look s.o. up and down;* achtste regel **van** ~ *the eighth line from the bottom* **6.3 naar** ~ *down(wards)* **6.**¶ **ten** ~ gaan *go down.*

onder² (vz.) **0.1** [lager dan, beneden] *under* ⇒*below, underneath* **0.2** [te midden van] *among(st)* **0.3** [in de kring van] *among(st)* **0.4** [tijdens] *during* **0.5** [ten tijde van] *under* **0.6** [vlak bij] *nearby* **0.7** [minder dan] *under* ⇒*below* **0.8** [beschermd door] *under* **0.9** [ondergeschikt aan] *under* **0.10** [verborgen door] *under* **0.11** [met gebruikmaking van] *in* **0.12** [tengevolge van] *under* **0.13** [gebonden door]

onbillijkheid - onderbreken

under **0.14** [begeleid door/met] *with* ♦ **1.1** ~ een auto komen *be hit/be run over by a car* **1.2** ~ de mensen komen *get out and about;* er is veel geld ~ de mensen *there is a lot of money about* **1.3** er was ruzie ~ de supporters *there was a fight a. the supporters* **1.4** ~ het eten (regelmatig) *d. meals;* ~ het schrijven *while writing;* ~ het werk *a. working hours* **1.5** ~ keizer Augustus *u. emperor Augustus* **1.6** ~ de kust *off the coast;* een dorp ~ Leiden *a town just outside Leiden;* ~ de ogen van iem. *before s.o.'s very eyes;* (maar die ziet het niet) *under s.o.'s nose* **1.7** ~ het gemiddelde *below average* **1.8** ~ begeleiding v.e. volwassene *accompanied by an adult;* ~ vrijgeleide *u. safe conduct* **1.9** ~ toezicht v.d. politie *u. police surveillance* **1.10** bekend ~ de naam Jack *known by the name of Jack* **1.11** iets ~ woorden brengen *put sth. into words* **1.13** ~ voorwaarde van *on condition that* **1.14** ~ begeleiding v.e. piano zingen *sing to the accompaniment of a piano* **3.1** hij zat ~ de prut *he was covered with mud* **3.12** zijn werk leed ~ zijn levenswijze *his work suffered from his lifestyle;* zij leed erg ~ het verlies *she suffered greatly from the loss* **4.3** ~ andere a. other things;* John, ~ anderen, heeft bezwaren *John, for one, objects;* het blijft ~ ons *it's strictly between you and me;* ~ ons gezegd (en gezwegen) *between you and me (and the doorpost);* diegenen ~ ons die *those a./of us who* **5.1** de tunnel gaat ~ de rivier door *the tunnel goes/passes u. the river* **7.7** zij is ~ de dertig *she's u. thirty;* zes graden ~ nul *six degrees below zero.*

onderaan 0.1 *at the bottom* ⇒*below* ♦ **1.1** ~ op de bladzijde *at the bottom/foot of the page;* ~ de lijst staan *be at the bottom of the list.*

onderaannemer 0.1 *subcontractor.*

onderaards 0.1 [onder de grond] *subterranean* **0.2** [mbt. de onderwereld] *underworld* ♦ **1.1** een ~ gewelf *a s. vault.*

onderaf ♦ **6.**¶ hij heeft zich **van** ~ opgewerkt *he has worked his way up from the bottom of the ladder.*

onderafdeling 0.1 *subdepartment* ⇒*subdivision,* (vereniging ook) *auxiliary.*

onderarm 0.1 *forearm.*

onderbaas 0.1 *foreman.*

onderbeen 0.1 *(lower) leg* ⇒(voorkant) *shin,* (kuit) *calf.*

onderbelicht (foto.) **0.1** *underexposed.*

onderbetalen 0.1 *underpay.*

onderbewust 0.1 *subconscious* ⇒*unconscious.*

onderbewustzijn, onderbewuste 0.1 *subconscious* ⇒*unconscious.*

onderbezet 0.1 *undermanned* ⇒*short-handed, understaffed* (mbt. kaderpersoneel).

onderbezetting 0.1 *undermanning* ⇒*being short-handed, understaffing* (mbt. kaderpersoneel).

onderbouw 0.1 [pijler] *substructure* ⇒(ec.) *infrastructure,* (ec.) *base* **0.2** [laagste afdeling] *the lower classes of secondary school* **0.3** [mbt. het marxisme] *basis, foundation.*

onderbouwen 0.1 *build* ⇒*found,* (fig. ook) *substantiate* ♦ **1.1** die stelling was goed onderbouwd *that thesis was well-founded.*

onderbouwing 0.1 *foundations* ⇒*basis* ♦ **1.1** de ~ van zijn redenering is ijzersterk *the f. of his argument are rock-solid.*

onderbreken 0.1 [tijdelijk doen ophouden] *interrupt* ⇒ *break* **0.2** [storen, afbreken] *interrupt* ⇒*cut short,* (gesprek ook) *break in (on)* ♦ **1.1** zijn reis ~ *break one's journey* **1.2** een zwangerschap ~ *terminate a pregnancy* **3.2** mag ik u even ~? *may I i. you for a moment?* **6.2** iem. **in** zijn verhaal ~ *cut s.o.'s story short.*

onderbreking 0.1 [het onderbreken] *interruption* **0.2** [pauze] *break* ◆ **6.1** urenlang praten zonder ~ *talk on (and on) for hours, talk nonstop* **6.2** met een ~ van vier dagen *with a b. of four days.*

onderbrengen 0.1 [onderkomen bezorgen] *accommodate* ⇒⟨een slaapplaats bezorgen⟩ *lodge,* ⟨een woon-, werkplaats geven⟩ *house,* ⟨tijdelijk⟩ *put up* **0.2** [categoriseren] *class(ify) (with/under/in)* **0.3** [binnenhalen] *bring/get in* ◆ **6.1** zijn kinderen **bij** iem. ~ *lodge one's children with s.o.* ¶**.2** het is nergens onder te brengen *it doesn't fit in anywhere.*

onderbroek 0.1 ⟨mannen⟩ *underpants;* ⟨vrouwen⟩ *panties* ◆ **2.1** lange ~ *long johns.*

onderbroken 0.1 *interrupted* ⇒*broken.*

onderbuik 0.1 *abdomen* ◆ **6.1** pijn in de ~ *abdominal pains.*

onderbuur 0.1 *downstairs neighbour.*

onderdaan 0.1 [persoon] *subject* **0.2** [been] *(lower) limb.*

onderdak 0.1 *accommodation* ⇒⟨toevluchtsoord⟩ *shelter,* ⟨slaapplaats⟩ *lodging* ◆ **3.1** ~ hebben *have a roof over one's head;* geen ~ hebben *be homeless;* ~ vinden *find a.*

onderdanig 0.1 [ondergeschikt] *subservient* ⇒⟨gehoorzaam⟩ *obedient* **0.2** [onderworpen] *submissive* ◆ **1.2** een ~e brief *an obsequious letter* **3.2** ~ tegen iem. doen *act submissively towards s.o.*

onderdanigheid 0.1 *submission* ⇒*obedience,* ⟨pej.⟩ *subservience.*

onderdeel 0.1 *part* ⇒*(sub)division,* ⟨tak⟩ *branch,* ⟨mil.⟩ *unit,* ⟨atletiek⟩ *discipline* ◆ **1.1** onderdelen v.e. machine *the parts/components of a machine* **2.1** het volgend ~ van ons programma *the next item on our programme* **3.1** een ~ vormen van *form a p. of.*

onderdeks ⟨scheep.⟩ **0.1** *below (deck(s)).*

onderdeurtje 0.1 ⟨persoon⟩ *shorty* ⇒*squirt.*

onderdirecteur, -trice 0.1 *submanager* ⇒*assistant manager* ◆ **1.1** ~ v.e. school *deputy headmaster.*

onderdoen I ⟨onov.ww.⟩ **0.1** [de mindere zijn] *be inferior (to)* ◆ **6.1** in niets **voor** iem. ~ *be in no way inferior to s.o.;* zij doen niet **voor** elkaar onder *they are well-matched;* **voor** niemand ~ *yield to none/no one;* **II** ⟨ov.ww.⟩ **0.1** [onderbinden] *put on* ⇒*tie/fasten on.*

onderdompelen 0.1 *immerse* ⇒*submerge* ◆ **6.1** een staafje in kwik ~ *i. a rod in mercury.*

onderdompeling 0.1 [het onderdompelen] *immersion* ⇒*submersion* **0.2** [keer] *immersion* ⇒*plunge* ◆ **6.1** doop door ~ *baptism by i.*

onderdoor 0.1 *under* ◆ **3.1** ⟨fig.⟩ hij ging er ~ *he went u.*

onderdorpel ⟨amb.⟩ **0.1** ⟨van raamkozijn⟩ *(window)sill;* ⟨van deurkozijn⟩ *doorstep.*

onderdruk 0.1 ⟨bloeddruk⟩ *diastolic pressure.*

onderdrukken 0.1 [tiranniseren] *oppress* **0.2** [bedwingen] *suppress* ⇒*repress* ◆ **1.1** een volk ~ *o. a people* **1.2** een glimlach ~ *s. a smile;* een opstand ~ *s./put down a revolt;* zijn woede ~ *s./restrain one's anger.*

onderdrukker 0.1 *oppressor.*

onderdrukking 0.1 [het tiranniseren, tirannie] *oppression* **0.2** [het bedwingen] *suppression* ⇒*repression.*

onderduiken 0.1 [zich schuil houden] *go into hiding* ⇒*go underground* **0.2** [onder water duiken] *dive (in).*

onderduiker, -ster 0.1 *person in hiding.*

onderduwen 0.1 *push under (water).*

ondereinde 0.1 *bottom* ⇒*lower end* ◆ **1.1** het ~ v.e. trap *the foot of a staircase.*

onderen 0.1 [+ naar; naar beneden] *down(wards)* ⇒⟨in huis⟩ *downstairs,* ⟨op schip⟩ *below* **0.2** [+ van; aan de on-**derkant] *below* ⇒*underneath* **0.3** [+ van; van beneden] *from below* ⇒⟨in huis⟩ *from downstairs* ◆ **6.2** het vliegtuig was van ~ rood *the plane was red underneath* **6.3** van ~ naar boven klimmen *climb up from below; climb from the bottom up* ⟨ook fig.⟩; ⟨fig.⟩ van ~ **af** beginnen *start from scratch/the bottom.*

ondergaan 0.1 [naar beneden gaan] *go down* ⇒⟨zon ook⟩ *set* **0.2** [verzwolgen worden door] *sink (into), be submerged (in)* ◆ **1.1** de ~de zon *the setting sun.*

ondergaan 0.1 *undergo* ⇒*go through* ◆ **1.1** een operatie ~ *u. an operation;* dit huis heeft heel wat veranderingen ~ *this house has undergone many changes;* vernederingen ~ *suffer indignities.*

ondergang 0.1 [het te gronde gaan] *ruin* ⇒*(down)fall* **0.2** [het naar beneden gaan] *setting* ◆ **1.1** opkomst en ~ *rise and fall* **1.2** de ~ van de zon *the s. of the sun* **3.1** iem. naar de ~ voeren *ruin s.o.;* dat was zijn ~ *that was his undoing.*

ondergeschikt 0.1 [onderdanig, afhankelijk] *subordinate* **0.2** [van weinig betekenis] *minor* ⇒*secondary* ◆ **1.2** van ~ belang *of m. importance;* een ~e rol spelen *play second fiddle, play a m. part.*

ondergeschikte 0.1 *subordinate* ⇒⟨pej.⟩ *inferior.*

ondergeschiktheid 0.1 ⟨ook mil.⟩ *subordination.*

ondergeschoven 0.1 *supposi(ti)tious* ◆ **1.1** een ~ kind *a changeling.*

ondergetekende 0.1 [ondertekenaar] *undersigned* **0.2** [scherts.; ik] *yours truly* ◆ **4.1** ik, ~ *l, the u.* ¶**.2** wie heeft dat gemaakt? (niemand minder dan) ~ *who made that? (none other than) yours truly.*

ondergoed 0.1 *underwear* ◆ **2.1** schoon ~ aantrekken *put on clean u.*

ondergraven 0.1 ⟨ook fig.⟩ *undermine* ◆ **1.1** iemands gezag ~ *u. s.o.'s authority.*

ondergrond 0.1 [grondslag] *base* ⇒⟨vnl. abstr.⟩ *basis, foundation* **0.2** [grond onder de oppervlaktelaag] *subsoil* ◆ **1.1** een stevige maaltijd als ~ *a solid meal as a base* **1.**¶ kantoorpand met ~ en erf *office site and premises* **2.1** witte sterren op een blauwe ~ ⟨vlag⟩ *white stars on a blue background* **3.1** een goede ~ hebben *have a sound basis.*

ondergronds 0.1 *underground* ◆ **1.1** de ~e beweging *the u. movement;* een ~e spoorweg *an u. railway.*

ondergrondse 0.1 [metro] *⁵underground, ⁴subway* **0.2** [verzetsbeweging] *underground* ⇒*resistance.*

onderhand 0.1 *meanwhile* ⇒*in the meantime* ◆ **3.1** ik had het ~ drie keer zelf kunnen doen *I could have finished it three times by now* **8.1** dat zeg je nu wel, maar ~ ...*so you say, but all the while* ...

onderhandelaar, -ster 0.1 *negotiator* ⟨m., v.⟩.

onderhandelen 0.1 *negotiate* ⇒⟨geldzaken ook⟩ *bargain* ◆ **6.1** ~ over een prijs *bargain over a price;* ⟨succesvol⟩ *n. a price;* over de vrede ~ *n. about peace.*

onderhandeling 0.1 [het onderhandelen] *negotiation* ⇒⟨geldzaken ook⟩ *bargaining* **0.2** [bespreking] *negotiation* ⇒⟨mv. ook⟩ *talks* ◆ **3.2** ~en aanknopen *enter into negotiations;* ~en voeren *negotiate* **6.1** de zaak is **in** ~ *the matter is being negotiated.*

onderhandelingspositie 0.1 *negotiating position* ◆ **2.1** een zwakke/sterke ~ *a weak/strong n. p.*

onderhandelingsronde 0.1 *round of talks.*

onderhandelingstafel 0.1 *negotiating table* ◆ **6.1** om de ~ gaan zitten ⟨ook fig.⟩ *sit down at the n. t.*

onderhands 0.1 [heimelijk] ⟨bn.⟩ *underhand(ed)* ⇒*backstairs,* ⟨bw.⟩ *underhand,* ⟨bw.⟩ *underhandedly* **0.2** [niet in het openbaar] *private* **0.3** [sport] *underhand* ⇒*underarm* ◆ **3.1** iets ~ regelen *make hole-and-corner arrangements* **3.3** een bal ~ ingooien *throw in a ball underarm.*

onderhavig 0.1 *present* ⇒*in question/hand* ⟨na zn.⟩ ◆ **1.1** in het ~ e geval *in the case in question.*

onderhevig 0.1 *liable (to)* ⇒*subject (to)*, ⟨gevoelig voor⟩ *susceptible (to)*, *open to* ⟨twijfels, bezwaren⟩ ◆ **6.1 aan** mode ~ *affected by fashion;* **aan** slijtage ~ zijn *be l. to wear.*

onderhoud 0.1 [verzorging, voeding] *maintenance* 0.2 [het in goede staat houden] *maintenance* ⇒*upkeep* 0.3 [kost] *maintenance* ⇒*support* 0.4 [gesprek] *conversation* ⇒ *talk, interview* ⟨op aanvraag⟩ ◆ **1.1** het ~ v.d. troepen *the m. of the troops* **1.2** het ~ van uw gebit *care of one's teeth* **3.4** een ~ hebben met iem. *have an interview with s.o.* **6.2** te duur zijn **in** het ~ *be too expensive to keep in repair* **6.3 in** zijn ~ voorzien *support o.s.*

onderhouden I ⟨ov.ww.⟩ 0.1 [iets onder het oog brengen] *lecture* ⇒*have a word with*, ⟨vermanend⟩ *remonstrate with* 0.2 [laten voortduren] *maintain* ⇒*keep up* 0.3 [naleven] *keep* ⇒*observe* 0.4 [in stand houden] *maintain* ⇒ *keep up*, ⟨auto ook⟩ *service* 0.5 [verzorgen] *maintain* ⇒ *support* 0.6 [aangenaam bezighouden] *entertain* ⇒ *amuse* ◆ **1.2** een briefwisseling ~ *carry on/m. a correspondence* **1.4** een leger ~ *m. an army;* zijn spullen ~ *keep one's things in order* **4.5** zichzelf ~ *support o.s.* **5.4** het huis was slecht ~ *the house was in bad repair* **6.1** iem. ernstig **over** iets ~ *give s.o. a good talking to about sth.;* remonstrate with s.o. on sth.;
II ⟨wk.ww.; zich ~⟩ 0.1 [spreken] *converse (with)* ⇒*talk (to).*

onderhoudend 0.1 *entertaining* ⇒*amusing* ◆ **1.1** hij is een ~ prater *he is an e./amusing talker.*

onderhoudplichtig 0.1 [mbt. zaken] *liable for maintenance/upkeep* ⟨pred.⟩ ⇒*liable to maintain* 0.2 [mbt. personen] *liable for maintenance/support* ⟨pred.⟩ ⇒*liable to maintain/support.*

onderhoudsbeurt 0.1 *overhaul, service* ◆ **3.1** een ~ geven *service, overhaul;* een ~ krijgen *be serviced.*

onderhoudscontract 0.1 *service agreement.*

onderhoudskosten 0.1 [mbt. personen] *(cost of) maintenance* 0.2 [mbt. zaken] *(cost of) maintenance/upkeep* ⇒ *cost of repair(s).*

onderhoudsmonteur 0.1 *maintenance mechanic/engineer.*

onderhoudswerkzaamheden 0.1 *maintenance/service (work).*

onderhuid 0.1 *dermis.*

onderhuids 0.1 [onder de huid] *subcutaneous* 0.2 [fig.] *under the skin* ⟨alleen bw.⟩ ⇒*inarticulate* ⟨onvrede⟩, *subdued* ⟨humor, spanning⟩ ◆ **1.1** een ~e bloeduitstorting *a s. haemorrhage.*

onderhuren 0.1 *sublease.*

onderhuur 0.1 *sublease, sublet* ◆ **6.1** iets **in** ~ hebben *sublease sth.*

onderhuurder, -ster 0.1 *subtenant.*

onderin[1] ⟨bw.⟩ 0.1 *below* ⇒*at the bottom* ◆ **3.1** sommigen bleven op het dek, anderen zaten ~ *some remained on deck, others were b.*

onderin[2] ⟨vz.⟩ 0.1 *at the bottom of* ◆ ¶.1 het ligt ~ die kast *it's at the bottom of that cupboard.*

onderjurk 0.1 *slip.*

onderkaak 0.1 *lower jaw* ⇒⟨dieren ook⟩ *mandible.*

onderkant 0.1 *underside, bottom* ◆ **1.1** de ~ v.e. tafel *the u. of a table* **6.1** de stoel is **aan** de ~ erg beschadigd *the chair is badly damaged underneath.*

onderkennen 0.1 [beseffen] *recognize* 0.2 [(her)kennen] *distinguish* ◆ **1.1** het gevaar ~ *recognize/realize the danger.*

onderkin 0.1 *double chin* ◆ **2.1** een dubbele ~ *three chins.*

onderkleding 0.1 *underclothing* ⇒*undergarments.*

onderkoeld 0.1 *cool* ◆ **1.1** een ~e reactie *an unemotional reaction.*

onderkoelen ⟨nat.⟩ 0.1 *supercool.*

onderkomen 0.1 *somewhere to go/sleep/stay* ⇒*accommodation*, ⟨schuilplaats⟩ *shelter.*

onderkoning 0.1 *viceroy.*

onderkruipen 0.1 [iem. de voet lichten/verdringen] ⟨ov.ww.⟩ *undercut* 0.2 [werken tijdens staking]⟨on-ov.ww.⟩ *scab.*

onderkruiper 0.1 [beunhaas] *rat* 0.2 [werkwillige] *scab* 0.3 [persoon/zaak die zwak/klein blijft] *poor (undernourished) thing* ⇒⟨kleine persoon ook; inf.⟩ *squirt*, ⟨kleine persoon ook; inf.⟩ *shrimp.*

onderlaag 0.1 [benedenlaag] *lower layer* ⇒⟨onderste laag⟩ *bottom layer, undercoat* ⟨ondor verflaag⟩ 0.2 [laag/voorwerp waarop iets rust] *foundation* ⇒*basis* ◆ **1.1** ⟨fig.⟩ de ~ v.d. maatschappij *the dregs of society.*

onderlangs[1] ⟨bw.⟩ 0.1 *along the bottom/foot* ⇒*underneath* ◆ **5.1** zullen wij boven- of ~ gaan? *shall we take the upper road or the lower one?*

onderlangs[2] ⟨vz.⟩ 0.1 *along the bottom/foot of* ⇒*underneath* ◆ **1.1** ~ de berg loopt een pad *there's a path along the foot of the mountain.*

onderlegd 0.1 *(well-)grounded* ⇒*(well-)educated* ◆ **6.1** ~ zijn **in** iets ⟨ook⟩ *be well up in sth.*

onderlegger 0.1 [onderligger] *mat* ⟨meestal dun⟩ ⇒⟨onder bord/kopje ook⟩ *table-mat*, ⟨onder bord ook⟩ *place-mat*, ⟨sousmain⟩ *blotting pad* 0.2 [balk] *girder* ⇒*crossbeam.*

onderlichaam 0.1 *lower part of the body.*

onderliggend 0.1 *underlying.*

onderlijf 0.1 [onderlichaam] *lower part of the body* 0.2 [onderbuik] *lower abdomen.*

onderlijnen 0.1 *underline.*

onderling 0.1 *mutual* ⇒*among(st) ourselves/them(selves)* ⟨enz.⟩, *together* ⟨alleen bw.⟩ ◆ **1.1** met ~ goedvinden *by m. consent;* ~e tegenstellingen *internal differences* **2.1** ~ afhankelijk *interdependent;* -- verwisselbaar *Interchangeable;* ⟨software⟩ *compatible* **3.1** iets ~ regelen *arrange sth. together/among(st) ourselves/yourselves* ⟨enz.⟩; ~ verdeeld *divided among themselves.*

onderlip 0.1 *lower lip* ◆ **3.1** de ~ laten hangen ±*pout;* op de ~ bijten *bite one's lip.*

onderlopen 0.1 *be flooded* ◆ **3.1** laten ~ *flood.*

ondermaans 0.1 *sublunary* ⇒*terrestrial, of this world* ⟨pred.⟩ ◆ **1.1** het ~e leven *the s./terrestrial life.*

ondermaats 0.1 [mbt. formaat] *undersized* ⇒⟨mens ook⟩ *pint-sized* 0.2 [mbt. kwaliteit] *inferior* ⇒*substandard.*

ondermijnen 0.1 [verzwakken] *undermine* ⇒*subvert* 0.2 [mijnen leggen onder] *mine* ⇒⟨alg. ook; ondergraven⟩ *burrow under*, ⟨vooral wear (away)⟩ ◆ **1.1** iemands gezag ~ *u. s.o.'s authority* **1.2** muren ~ *undermine walls.*

ondernemen 0.1 [op zich nemen] *undertake* ⇒*take upon o.s.* 0.2 [speculeren] *(take a) venture* ◆ **1.1** een grote reis *set out on a long journey;* gerechtelijke stappen ~ *institute proceedings* **6.1** niets ~ **tegen** *take no action against.*

ondernemend 0.1 *enterprising* ⇒*adventurous* ⟨baby⟩, *up-and-coming* ⟨nieuw bedrijf⟩.

ondernemer, -neemster 0.1 [ec.] *entrepreneur, employer* ⇒⟨exploitant⟩ *operator*, ⟨eigenaar⟩ *owner* 0.2 [initiatiefnemer] *initiator* ⇒*instigator.*

ondernemerschap ⟨ec.⟩ 0.1 *entrepreneurship.*

onderneming 0.1 [karwei] *undertaking* ⇒*enterprise*, ⟨met risico's⟩ *venture* 0.2 [bedrijf] *company* ⇒*business*, ⟨groot⟩

concern ♦ **2.1** het is een hele ~ *it's quite an u.* **3.2** een ~ drijven *carry on an enterprise.*

ondernemingsgeest 0.1 *(spirit of) enterprise.*

ondernemingsraad 0.1 *works council* ⇒*employees council.*

onderofficier ⟨mil.⟩ **0.1** *NCO* ⇒*non-commissioned officer,* ⟨ter zee⟩ *petty officer.*

onderonsje 0.1 [kring van personen] *small circle* ⇒*in-crowd* **0.2** [overleg] *private chat* ⇒*tête-à-tête* ♦ **2.1** een gezellig ~ *an informal chat* ⟨praatje⟩ */party* ⟨gelegenheid⟩.

onderontwikkeld 0.1 *underdeveloped* ⇒*backward.*

onderop 0.1 *at the bottom* ⇒*below* ♦ **3.1** het ligt ~ in die stapel *it's at the bottom of that stack.*

onderpand 0.1 [mbt. een schuld] *pledge* ⇒*security,* ⟨tot meerdere zekerheid, vnl. roerende zaken⟩ *collateral* **0.2** [mbt. een verbintenis / belofte] *pledge* ♦ **6.1** in ~ geven / nemen *give / take as security;* **tegen** ~ lenen *borrow on security.*

onderricht 0.1 *instruction* ⇒*tuition* ⟨ook→**onderwijs**⟩.

onderrichten 0.1 [onderwijzen] *instruct* ⇒*teach* ⟨ook→**onderwijzen**⟩ **0.2** [voorlichten] *instruct* ⇒*inform.*

onderrok 0.1 *half-slip.*

onderschatten 0.1 *underestimate* ♦ **1.1** een niet te ~ factor *a factor which should not be underestimated;* iem. ~ *underestimate s.o.*

onderschatting 0.1 *underestimate, underestimation.*

onderscheid 0.1 [verschil] *difference* ⇒*distinction* **0.2** [inzicht] *discernment* ♦ **1.2** de jaren des ~s *the age of discretion* **3.1** een ~ maken tussen ...*distinguish*...*from*.../ *between* ... **6.¶** zonder ~ *without distinction, indiscriminately.*

onderscheiden¹ ⟨bn.⟩ **0.1** [verschillend] *various* ⇒*different* **0.2** [uiteenlopend] *various* ⇒*diverse* ♦ **1.1** de ~ kantons van Zwitserland *the v. / different cantons of Switzerland* **1.2** ~ gevoelens *v. / diverse feelings.*

onderscheiden² **I** ⟨ov.ww.⟩ **0.1** [(af)scheiden] *distinguish* **0.2** [onderkennen] *discern, distinguish* **0.3** [orde verlenen] *decorate* ♦ **1.2** voorwerpen kunnen ~ *be able to discern / distinguish objects* **3.3** ~ worden met een medaille *be awarded a medal* **6.1** goed **van** kwaad ~ *distinguish / tell good from evil* **¶.2** niet te ~ zijn van *be indistinguishable from;* **II** ⟨wk.ww.; zich ~⟩ **0.1** [gekenmerkt worden] *distinguish o.s.* ⟨in gunstige zin⟩ *for* / ⟨neutraal⟩ *by* ♦ **4.1** zich ~ ⟨opvallen⟩ *stand out;* ⟨iets bereiken⟩ *make one's mark.*

onderscheidend 0.1 *distinguishing.*

onderscheiding 0.1 [decoratie] *decoration* ⇒*honour* **0.2** [achting] *distinction* **0.3** [blijk / bewijs van voorkeur] *honour* **0.4** [het onderscheiden] *distinction* ♦ **1.1** koninklijke ~ *royal honour* **2.3** een hele ~! *quite an h.!* **3.1** een ~ ontvangen *be decorated* **6.4 ter** ~ **van** *as distinct from.*

onderscheidingsteken 0.1 [onderscheidend kenmerk] *(distinguishing) mark / badge* **0.2** [voorwerp] *decoration.*

onderscheidingsvermogen 0.1 *(power of) discernment.*

onderscheppen 0.1 *intercept* ♦ **1.1** brieven ~ *i. letters.*

onderschikkend ⟨taal.⟩ **0.1** *subordinating* ⇒*subordinate.*

onderschikking ⟨taal.⟩ **0.1** *subordination* ⇒*hypotaxis.*

onderschrift 0.1 [wat onder iets staat] ⟨bij figuur / foto / film⟩ *caption, legend* **0.2** [handtekening] *subscription* ⇒*signature.*

onderschrijven 0.1 [zich verenigen met] *subscribe to* **0.2** [ondertekenen] *subscribe* ⇒*sign* ♦ **1.1** een standpunt ~ *subscribe to a viewpoint.*

ondershands 0.1 [in het geheim] *secretly* **0.2** [zonder openbaar ambtenaar] *privately* ♦ **3.2** iets ~ verkopen *sell sth. privately.*

onderspit ♦ **3.¶** het ~ delven *get the worst (of it), come off worst.*

onderst 0.1 *bottom(most)* ⇒*under(most)* ♦ **1.1** de ~e plank *the b. shelf* **7.1** het ~e uit de kan willen hebben *want to have one's cake and eat it too.*

onderstaan 0.1 *be flooded / covered with water.*

onderstaand 0.1 *(mentioned) below* ♦ **1.1** de ~e verklaring *the statement (given) b.*

ondersteboven 0.1 [lett.] *upside down* **0.2** [fig.; van streek] *upset* ♦ **3.1** je houdt het ~ *you have it the wrong way up;* ~ keren *upturn;* ⟨overhoop⟩ *turn topsy-turvy / inside out* **3.2** ik ben er niet ~ van *I'm not all that impressed.*

onderstel 0.1 [deel v.e. voorwerp] *undercarriage* ⟨van rijtuig / auto / vliegtuig⟩; ⟨van vliegtuig ook⟩ *landing gear;* ⟨van auto ook⟩ *chassis* **0.2** [scherts.; benen] *pegs.*

onderstelling 0.1 ⟨hypothese⟩ *assumption* ⇒⟨veronderstelling ook⟩ *supposition* ♦ **3.1** ik ga van de ~ uit, dat *I start from the a. that.*

ondersteunen 0.1 *support* ⇒⟨bijstaan ook⟩ *back (up)* ♦ **1.1** een gammel bouwwerk ~ *prop up a dilapidated building;* een voorstel ~ *s. / back a proposition* **5.1** iem. financieel ~ *s. / back (up) s.o. financially.*

ondersteuning 0.1 [het steunen] *support* **0.2** [hulp, bijstand] *support* ⇒*(public) assistance* ♦ **2.2** geldelijke ~ *financial assistance / relief* **6.1** ⟨fig.⟩ argumenten **ter** ~ **van** een stelling *arguments in s. of a thesis.*

ondersteuningspunt ⟨bouwk.⟩ **0.1** *point of support.*

ondersteuningsvlak ⟨bouwk.⟩ **0.1** *bearing surface.*

onderstoppen 0.1 *tuck in.*

onderstrepen 0.1 [een streep zetten onder] *underline* **0.2** [met nadruk uitspreken] *underscore* ⇒*emphasize.*

onderstreping 0.1 *underlining.*

onderstroom 0.1 [stroming] *undercurrent* ⇒*undertow* ⟨in branding⟩ **0.2** [fig.] *undercurrent.*

onderstuk 0.1 *base* ⇒*lower part.*

ondertekenaar 0.1 *signer* ⇒*signatory.*

ondertekenen 0.1 *sign* ♦ **1.1** een verdrag ~ *sign a treaty.*

ondertekening 0.1 [het ondertekenen / ondertekend worden] *signing* **0.2** [handtekening] *signature.*

ondertitel 0.1 *subtitle.*

ondertitelen 0.1 *subtitle.*

ondertiteling 0.1 *subtitles.*

ondertoon 0.1 *undertone* ⟨ook hand.⟩ ♦ **6.1** met een ~ **van** spijt *with overtones of regret.*

ondertrouw 0.1 ⟨burgerlijk⟩ *taking out a marriage licence;* ⟨Belg.; kerkelijk⟩ *(publication of the) banns* ♦ **6.1** in ~ gaan ⟨burgerlijk⟩ *take out a marriage licence;* ⟨Belg.; kerkelijk⟩ *take out the banns.*

ondertussen 0.1 [intussen] *meanwhile* ⇒*in the meantime* **0.2** [met dat al] *meanwhile* ♦ **3.1** zij had ~ de kamer verlaten *m. / in the meantime she had left the room* **¶.2** ~ kan ik er voor opdraaien *m. I am to take the blame.*

onderuit 0.1 [onder vandaan] *(out) from under* **0.2** [omver] *down* ⟨gaan⟩; *flat, over* ⟨vallen⟩ **0.3** [met de benen uitgestrekt] *sprawled, sprawling* ♦ **3.1** je kunt er niet ~ haar ook te vragen *you can't help inviting her, too;* ergens ~ proberen te komen ⟨fig.⟩ *try to get out of sth. / (*manoeuvre-ren) *to wriggle out of sth.* **3.3** ~ liggen in een fauteuil *sprawl in an armchair* **¶.¶** ~ ! *below!*

onderuitgaan ⟨inf.⟩ **0.1** [vallen] *topple over* ⇒*be knocked off one's feet,* ⟨struikelen, uitglijden⟩ *trip,* ⟨struikelen, uitglijden⟩ *slip* **0.2** [fig.] *fall flat on one's face.*

onderuithalen 0.1 [sport] *bring / take down* **0.2** [fig.; doen afgaan] *trip up, floor* ♦ **¶.2** hij werd volledig onderuitgehaald *they wiped the floor with him.*

ondervangen 0.1 *overcome* ◆ **1.1** moeilijkheden ~ *o. difficulties.*
onderverdelen 0.1 *(sub)divide* ⇒*break down* (in rubrieken).
onderverdeling 0.1 [handeling] *subdivision, breakdown* **0.2** [resultaat] *subdivision.*
onderverhuren 0.1 *sublet, sublease.*
ondervinden 0.1 *experience* ◆ **1.1** medeleven ~ *meet with/ encounter sympathy;* moeilijkheden/concurrentie ~ *be faced with difficulties/competition.*
ondervinding 0.1 *experience* ◆ **6.1** spreken uit ~ *speak from e.*
ondervoed 0.1 *undernourished.*
ondervoeding 0.1 *undernourishment* ⇒(met name kwalitatief) *malnutrition.*
ondervoorzitter 0.1 *vice-/deputy-chairman.*
ondervraagde 0.1 (bij vraaggesprek) *interviewee;* (politie) *person heard/questioned;* (bij examen) *examinee.*
ondervragen 0.1 [verhoor doen ondergaan] *interrogate* ⇒ *question* (verdachte, kandidaat), *examine* (getuigen), *hear* (getuigen) **0.2** [inlichtingen vragen] *question;* (in vraaggesprek) *interview.*
ondervrager 0.1 *questioner* ⇒*interviewer, interrogator.*
ondervraging 0.1 *questioning* ⇒*interrogation, examination, interview.*
onderwaarderen 0.1 *underestimate* ⇒(mbt. geldelijke waarde) *undervalue.*
onderwatercamera 0.1 *underwater camera.*
onderweg 0.1 [terwijl men op weg is] *on/along the way* ⇒ (tijdens vervoer) *in transit,* (tijdens vervoer) *en route,* (schip) *under way* **0.2** [nog niet aangekomen] *on one's/ its/the way* ◆ **3.1** we zijn het ~ verloren *we lost it along/ on the way* **3.2** de brief is ~ *the letter is on its way.*
onderwereld 0.1 [ook myth.] *underworld.*
onderwereldfiguur 0.1 *underworld character.*
onderwerp 0.1 [zaak waarover men denkt/schrijft/spreekt] *subject (matter)* **0.2** [taal.] *subject* ◆ **1.1** het ~ v.e. gedicht *the subject matter of a poem;* ~ van gesprek *topic/subject of conversation;* het ~ van gesprek/v.d. dag *the talk of the town.*
onderwerpen 0.1 [onder zijn gezag brengen] *subject* **0.2** [de beslissing opdragen aan] *submit* **0.3** [behandeling doen ondergaan] *subject* ⇒*put through* ◆ **4.1** zich ~ aan iem./iets *submit to s.o./sth.* **6.2** iets ~ aan iemands goedkeuring *submit sth. for s.o.'s approval* **6.3** iets **aan** een toets ~ *put sth. to the test;* iem. **aan** een zware test ~ *put s.o. through a severe test.*
onderwerping 0.1 *subjection* ⇒*submission.*
onderwerpszin (taal.) 0.1 *subject clause.*
onderwijl 0.1 *(in the) meantime, meanwhile.*
onderwijs 0.1 [onderricht] *education* ⇒*teaching* **0.2** [instellingen] *(the field of) education* ◆ **2.1** hoger ~ *higher e.;* individueel ~ *individual teaching;* lager ~ *primary e.;* middelbaar/voortgezet ~ *secondary e.* **3.1** ~ genieten *be educated;* ~ geven in Duits *teach German;* ~ volgen *be in school/training* **6.2** bij het ~ zijn *be in c./a teacher.*
onderwijsbeleid (pol.) 0.1 *education(al) policy.*
onderwijsbevoegdheid 0.1 *teaching ᴮqualification/ᴬcredential* ◆ **6.1** leraar met ~ *fully qualified/credentialed teacher.*
onderwijsinrichting 0.1 *educational/teaching institute.*
onderwijskracht 0.1 *teacher.*
onderwijskunde 0.1 *didactics* ⇒*theory of education.*
onderwijskundige 0.1 *educationalist.*
onderwijsleerplan 0.1 *curriculum.*

onderwijsmethode 0.1 *teaching method.*
onderwijsvernieuwing 0.1 *educational reform.*
onderwijswetenschappen 0.1 *education science.*
onderwijzen 0.1 *teach* ⇒*instruct* ◆ **4.1** iem. iets ~ *instruct s.o. in sth.*
onderwijzer, -es 0.1 [mbt. een school] *(school)teacher* ⇒ (ᴮᴱ ook) *schoolmaster* (m.), *schoolmistress* (v.) **0.2** [leermeester] *teacher* ⇒*instructor.*
onderworpen 0.1 [ondergeschikt] *subordinate* **0.2** [blootstaande aan] *subject (to)* **0.3** [gedwee] *submissive* ◆ **6.2** **aan** kritiek ~ *s. to criticism.*
onderworpenheid 0.1 [ondergeschiktheid] *subordination* **0.2** [lijdzaamheid] *submissiveness.*
onderzeeboot, onderzeeër 0.1 *submarine.*
onderzetter 0.1 [onder een glas] *mat, coaster* **0.2** [onder hete pannen] *mat* ⇒*stand.*
onderzijde 0.1 *underside.*
onderzoek 0.1 [bestudering] *investigation, examination, study* **0.2** [navorsing] *investigation, inquiry, research* **0.3** [jur.] *investigation;* (door politie/rechter-commissaris) *inquiry* **0.4** [med.] *examination* ⇒*check-up* **0.5** [beproeving, controle] *test* ◆ **2.1** (natuur)wetenschappelijk ~ *(scientific) research* **3.2** een ~ instellen naar *investigate* **6.1 bij** nader ~ *on closer e./inspection;* **in** ~ zijn *be under i./e.* **6.2 op** ~ uitgaan *(go and) inquire/investigate* **6.5** ~ **naar** de samenstelling *analysis.*
onderzoeken 0.1 [nauwkeurig nazien] *examine* ⇒*inspect, investigate,* (doorzoeken) *search,* (op samenstelling) *test (for)* **0.2** [bestuderen] *investigate, examine, inquire into* **0.3** [nagaan] *inquire into* ⇒*investigate, examine* **0.4** [med.] *examine* ◆ **1.1** een onderzoekende blik *a searching glance* **1.2** mogelijkheden ~ *e./investigate possibilities* **1.4** het bloed ~ *carry out a blood test* **8.3** ~ of zoiets haalbaar is *investigate whether such a thing is feasible.*
onderzoeker, -ster 0.1 *researcher, research worker/scientist* ⇒*investigator.*
onderzocksbureau 0.1 *research bureau.*
onderzoekscommissie 0.1 *committee of inquiry.*
onderzoeksmethode 0.1 *method of investigation/inquiry/research* (enz.); *research method.*
onderzoeksprogramma 0.1 *research programme.*
onderzoeksresultaat 0.1 *results of an/the investigation/ inquiry* (enz.); *research results.*
ondeskundig 0.1 *incompetent* ⇒*amateurish* ◆ **3.1** ~ gerepareerd *repaired amateurishly.*
ondeugd I (de) 0.1 [slechte hoedanigheid] *vice* **0.2** [guitigheid] *mischief* **0.3** [morele slechtheid] *vice, wickedness* ◆ **1.3** deugd en ~ *v. and virtue* **3.2** de ~ straalde uit hun ogen *their eyes were full of m.;*
II (de (m.)) 0.1 [ondeugend persoon] *scamp* ⇒*rascal.*
ondeugdelijk 0.1 [niet van goede kwaliteit] *inferior* **0.2** [niet kunnende dienen] *unsound* ⇒(ongefundeerd) *unsubstantial,* (wankel) *flimsy* ◆ **1.1** ~e waar *i. goods* **1.2** ~e argumenten *unsubstantial arguments.*
ondeugend 0.1 [brutaal, stout, guitig] *naughty* ⇒*mischievous* **0.2** [pikant] *naughty.*
ondeugendheid 0.1 [stoutheid] *naughtiness* ⇒*mischief* **0.2** [guitigheid] *naughtiness.*
ondiep 0.1 [niet diep] *shallow* ⇒*superficial* (wond) **0.2** [niet diepgaand] *shallow* ⇒*superficial* ◆ **1.1** een ~ huis *a house that doesn't go back very far;* een ~e tuin *a short garden* **3.1** het wordt hier ~er *the water gets shallower here* **7.1** het ~e *the shallow end.*
ondiepte 0.1 [ondiepe plaats] *shallow(s), shoal* ⇒(ihb. als hindernis) *bar* **0.2** [het ondiep zijn] *shallowness.*

ondier 0.1 *monster* ⇒*beast.*

onding 0.1 [iets onbestaanbaars] *absurdity* 0.2 [prul] *(piece of) trash/junk* 0.3 [inf.; moeilijk hanteerbaar/on-doelmatig ding] *rotten/useless thing* ◆ 3.3 die plastic be-kertjes zijn echt ~ en *those plastic cups are really useless.*

ondoelmatig 0.1 *inefficient* ⇒*ineffective, unsuitable* ⟨middel⟩.

ondoelmatigheid 0.1 *inefficiency* ⇒*ineffectiveness, unsuit-ability.*

ondoenlijk 0.1 *unfeasible* ⇒*impracticable.*

ondoordacht 0.1 *thoughtless, rash* ◆ 1.1 een ~ antwoord *an ill-considered/a t. answer* 3.1 ~ handelen *act rashly.*

ondoordringbaar 0.1 *impenetrable* ⇒*impermeable (to)* ⟨voor water/stof/lucht⟩ ◆ 1.1 ondoordringbare duister-nis/wildernis *impenetrable darkness/wilderness.*

ondoorgrondelijk 0.1 *unfathomable* ⇒⟨ihb. mbt. mensen⟩ *inscrutable.*

ondoorzichtig 0.1 [niet doorzichtig] *nontransparent* ⇒ *opaque* 0.2 [fig.] *obscure* ◆ 1.2 ~e politiek *o. politics* 3.1 matglas is ~, maar niet ondoorschijnend *frosted glass is n., but not opaque.*

ondraagbaar 0.1 [niet te verdragen] *unbearable* 0.2 [niet geschikt om te dragen] *unbearable* ⇒*unwearable* ⟨kle-ding⟩ ◆ 1.1 ondraagbare pijn *u. pain.*

ondraaglijk 0.1 *unbearable* ◆ 2.1 het was ~ warm *it was unbearably hot.*

ondrinkbaar 0.1 *undrinkable.*

ondubbelzinnig 0.1 *unambiguous* ⇒*unequivocal,* ⟨duide-lijk⟩ *unmistakable* ◆ 1.1 ~e kritiek *unmistakable criticism;* zich op ~e wijze uitdrukken *express o.s. in no uncertain terms.*

onduidelijk 0.1 *indistinct* ⇒⟨onverklaard⟩ *obscure,* ⟨onver-klaard⟩ *unclear* ◆ 1.1 de situatie is ~ *the situation is ob-scure/unclear* 3.1 ~ schrijven *write illegibly;* ~ spreken *speak indistinctly;* zich ~ uitdrukken *not express o.s. clearly.*

onduidelijkheid 0.1 *indistinctness* ⇒*lack of clarity,* ⟨ster-ker⟩ *obscurity,* ⟨onleesbaarheid⟩ *illegibility.*

onduldbaar 0.1 *intolerable.*

onecht 0.1 [onwettig] *illegitimate* 0.2 [onnatuurlijk, niet echt] *false* 0.3 [vals] *fake(d)* ◆ 1.1 een ~ kind *an i. child* 1.2 ~ gedrag *artificial behaviour.*

onechtheid 0.1 [het onecht zijn] *falseness* ⇒*artificiality* ⟨gedrag⟩ 0.2 [het onwettig zijn] *illegitimacy.*

onedel 0.1 [gemeen, slecht] *ignoble, dishonourable* 0.2 [oxiderend]⟨bn.⟩ *base* ⟨metaal⟩ 0.3 [niet adellijk]⟨bn.⟩ *ig-noble, common* ◆ 1.1 ~e motieven *d. motives.*

oneens 0.1 *in disagreement, at odds* ◆ 3.1 het met iem.~ zijn over iets *disagree with s.o. about sth.* 5.1 de leiding is het onderling ~ *the leadership is divided.*

oneer 0.1 *dishonour, disgrace* ◆ 3.1 zijn familie tot ~ strek-ken *be a disgrace to one's family.*

oneerbaar 0.1 *indecent* ⇒*improper* ◆ 1.1 oneerbare voor-stellen *improper proposals.*

oneerbiedig 0.1 *disrespectful* ◆ 3.1 iem./iets ~ behande-len *treat s.o./sth. with disrespect.*

oneerbiedigheid 0.1 *disrespect.*

oneerlijk 0.1 *dishonest* ⇒*unfair* ◆ 1.1 ~e concurrentie *un-fair competition;* met ~e middelen *by d./unfair means;* ~e praktijken *sharp practice(s).*

oneerlijkheid 0.1 *dishonesty* ⇒*unfairness.*

oneervol 0.1 *dishonourable* ◆ 3.1 iem.~ ontslaan *dismiss in disgrace.*

oneetbaar 0.1 ⟨giftig⟩ *inedible* ⇒*not fit to eat* ⟨pred.⟩ ◆ 1.1 dit oude brood is ~ *this stale bread is not fit to eat.*

oneffen 0.1 *uneven.*

oneffenheid 0.1 [hoedanigheid] *unevenness* 0.2 [plaats] *bump* 0.3 [fig.; ongerechtigheid] *irregularity.*

oneigenlijk 0.1 [onecht] *improper* 0.2 [figuurlijk] *figura-tive* ◆ 1.1 ⟨euf.⟩ ~ gebruik van sociale uitkeringen *i. use of social benefits.*

oneindig 0.1 *infinite* ⇒*endless* ◆ 1.1 met ~ geduld *with i./ endless patience;* ⟨wisk.⟩ een ~ getal *an i. number* 2.1 iets ~ mooi/goed vinden *find sth. infinitely beautiful/incredibly well done* 3.1 ⟨foto.⟩ op ~ instellen *focus at infinity* 5.1 ⟨wisk.⟩ ~ groot/klein *infinite(ly big), infinitesimal* 7.1 we voelen ons ~ veel beter *we're feeling tons better.*

oneindigheid 0.1 *infinity.*

onenigheid 0.1 [meningsverschil] *discord, disagreement* 0.2 [ruzie] *argument* ◆ 3.1 er ontstond ~ tussen hen *dis-sension arose between them* 3.2 ~ hebben *(have a) quar-rel.*

onervaren 0.1 *inexperienced* ◆ 2.1 hij is nog zeer jong en ~ ⟨ook⟩ *he is still wet behind the ears.*

onervarenheid 0.1 *inexperience* ⇒*lack of experience/ skill.*

onesthetisch 0.1 *unaesthetic.*

oneven 0.1 *odd* ⇒*uneven* ◆ 1.1 een ~ getal *an o. number.*

onevenredig 0.1 *disproportionate (to)* ◆ 7.1 iets ~ veel aandacht geven *give sth.(a) d.(amount of) attention.*

onevenwichtig 0.1 *unbalanced* ⇒*unstable* ◆ 1.1 hij maakt een ~e indruk *he gives the impression of being unbal-anced/unstable.*

onfatsoenlijk I ⟨bn., bw.⟩ 0.1 [ongemanierd] *indecent, ill-/ bad-mannered* ⇒⟨aanstootgevend⟩ *offensive,* ⟨onbetame-lijk⟩ *improper* ◆ 1.1 ~ gedrag *offensive/improper behav-iour* 3.1 ~ eten *have no table manners;* **II** ⟨bw.⟩ 0.1 [buitensporig] *indecently* ◆ 2.1 een ~ groot stuk *an immodestly big lump;* hij is ~ rijk *he's i. rich.*

onfatsoenlijkheid 0.1 [het ongemanierd zijn] *indecency* ⇒ *impropriety,* ⟨onbeleefdheid⟩ *lack of manners* 0.2 [woord, daad] *obscenity.*

onfeilbaar 0.1 [vrij van dwaling] *infallible* 0.2 [altijd resul-taat hebbend] *infallible* ⇒*unfailing* 0.3 [onmiskenbaar] *sure* ⇒*certain* ◆ 1.1 de paus is ~ *the Pope is i.* 1.2 een ~ geheugen *an unerring memory* 1.3 een ~ teken van drift *a s. sign of passion.*

onfeilbaarheid 0.1 *infallibility.*

onfortuinlijk 0.1 *unfortunate.*

onfris 0.1 [niet fris/helder] *unsavoury* ⇒*stale* ⟨lucht⟩, *musty* ⟨ruimte⟩, *stuffy* ⟨ruimte⟩ 0.2 [niet gezond] *unwell* 0.3 [bedenkelijk] *unsavoury, shady* ◆ 1.3 een ~se affaire *an u./a s. business* 3.1 er ~ uitzien *not look fresh;* ⟨mbt. personen⟩ *look u.*

ong. ⟨afk.⟩ 0.1 [ongeveer] *approx.*

ongaarne 0.1 *reluctantly, grudgingly* ⇒*unwillingly* ◆ 3.1 iets ~ zien *view sth. with disfavour* 5.1 niet ~ *willingly.*

ongans 0.1 *unwell* ◆ 3.1 zich ~ eten (aan) *stuff o.s. sick (with/on).*

ongeacht 0.1 *irrespective/regardless of* ◆ 1.1 ~ het land van herkomst *irrespective of/whatever the country of ori-gin.*

ongeanimeerd 0.1 *dull* ◆ 1.1 ⟨hand.⟩ de markt was ~ *busi-ness was d./inactive.*

ongebonden 0.1 [boek.] *unbound* 0.2 [losbandig] *dissolute* 0.3 [zonder verplichtingen]⟨zonder huwelijksverplichting⟩ *unattached;* ⟨mbt. schulden, giften⟩ *unconditional* 0.4 [mbt. soep] *thin* 0.5 [schei.] *free* ◆ 1.2 een ~ levenswijze *a d. lifestyle.*

ongebondenheid 0.1 *dissoluteness* ⇒*dissipation.*

ongeboren 0.1 [nog niet geboren] *unborn* **0.2** [fig.; nog in wording] *emergent* ⇒*future* ◆ **1.1** een ~ vrucht *an u. child.*

ongebrand 0.1 *unburnt* ⇒*unroasted* ⟨koffie⟩.

ongebreideld 0.1 *unbridled* ◆ **1.1** ~e fantasie *u. imagination.*

ongebroken 0.1 [niet stuk] *unbroken* **0.2** [volhardend] *unremitting* **0.3** [onverbroken] *unswerving* **0.4** [niet overtroffen] *unbroken* ⇒*unbeaten* ◆ **1.2** hun verzet was ~ *their resistance was u.* **1.3** ~ trouw *u. loyalty.*

ongebruikelijk 0.1 *unusual* **0.2** [niet in gebruik] *not used/in use* ⇒*uncommon* ◆ **1.1** ~ gedrag *u. behaviour.*

ongebruikt 0.1 [niet gebruikt] *unused* **0.2** [nieuw] *unused* ⇒*new* ◆ **1.1** een ~e ruimte *an u./a vacant space* **3.1** geen gelegenheid ~ laten *use every opportunity;* ~ liggen *lie idle.*

ongecompliceerd 0.1 *uncomplicated.*

ongeconcentreerd 0.1 *not concentrated.*

ongeconfirmeerd ⟨hand.⟩ **0.1** *unconfirmed* ◆ **1.1** -- krediet *u. credit.*

ongecontroleerd 0.1 [niet gecontroleerd] *unchecked* ⇒⟨cijfers/berichten ook⟩ *unverified* **0.2** [niet onder bedwang] *uncontrolled* ◆ **1.2** ~e bewegingen *u. movements.*

ongecoördineerd 0.1 *unco-ordinated.*

ongecultiveerd 0.1 *uncultivated.*

ongedaan 0.1 *undone* ◆ **3.1** iets ~ laten *leave sth. undone;* iets ~ maken *rectify sth.* ⟨fout⟩; *cancel sth.* ⟨aankoop, contract⟩; dat kun je niet meer ~ maken *you can't go back on it now.*

ongedateerd 0.1 *undated.*

ongedeeld 0.1 [niet samen met iem. hebbend] *unshared* **0.2** [in zijn geheel blijvend] *undivided* **0.3** [zuiver] *undivided* ◆ **1.3** een ~ geluk *u. happiness.*

ongedeerd 0.1 *unhurt* ⇒*uninjured, unharmed* ◆ **3.1** er ~ afkomen *escape unhurt/unharmed.*

ongedekt I ⟨bn.⟩ **0.1** [zonder hoofddeksel] *uncovered* **0.2** [zonder tafellaken] *unlaid;* **II** ⟨bn., bw.⟩ **0.1** [hand.] *uncovered* **0.2** [mil.] *unguarded* **0.3** [sport] *uncovered, unmarked* ◆ **1.1** een ~e cheque *an u. cheque;* ⟨sl.⟩ *a cheque that bounces;* ~e lening *fiduciary loan* **1.3** een ~ schaakstuk *an unguarded chessman;* een ~e speler *an unmarked player.*

ongedierte 0.1 [ook fig.] *vermin* ⟨ww. vnl. mv.⟩ ◆ **2.1** slangen en dergelijk ~ *snakes and other such v.*

ongedisciplineerd 0.1 *undisciplined.*

ongeduld 0.1 *impatience* ◆ **3.1** branden van ~ *burn with i.* **6.1** trappelen van ~ *be bursting with i.*

ongeduldig 0.1 *impatient* ◆ **3.1** hij begon ~ te worden *he began to get i.* **5.1** voor zulke werkjes is hij te ~ *he doesn't have enough patience for jobs like that.*

ongedurig 0.1 *restless* ⇒⟨zenuwachtig, druk⟩ *fidgety* ◆ **1.1** een ~ baasje *a fidget* **3.1** ~ heen en weer lopen *walk up and down restlessly.*

ongedurigheid 0.1 *restlessness* ⇒*fidgeting.*

ongedwongen 0.1 [ongekunsteld] *relaxed* ⇒*informal* **0.2** [vrijwillig] *voluntary* **0.3** [niet geforceerd] *unconstrained* ◆ **1.1** een ~ feestje *an informal party;* een ~ houding *a r. attitude.*

ongedwongenheid 0.1 *informality, ease.*

ongeëvenaard 0.1 *unequalled* ⇒*unmatched* ◆ **1.1** een ~ succes *an unparalleled success* **2.1** ~ lage prijzen *unbeatably low prices* **3.1** ~ zijn *have no equal, be without parallel.*

ongefrankeerd 0.1 *unstamped* ⟨enveloppe⟩ ◆ **3.1** kan ~ verzonden worden *postage paid.*

ongefundeerd 0.1 *unfounded* ⇒*groundless* ◆ **1.1** ~e aanklacht/argumenten *u./groundless charge, unsubstantial arguments.*

ongegeneerd 0.1 [zonder gêne] *unashamed* **0.2** [erg, ruw] *relentless, unabashed* ◆ **1.2** een ~ pak slaag *a thorough hiding* **3.1** ~ met de benen wijd zitten *unashamedly/brazenly sit with one's legs apart* **3.2** iem.~ de waarheid zeggen *tell s.o. the plain truth.*

ongegeneerdheid 0.1 *lack of embarrassment/shame.*

ongegrond 0.1 [niet gegrond] *unfounded* ⇒*groundless* **0.2** [onbillijk] *unfair* ◆ **1.1** ~e angsten *groundless fears;* ~e klachten *u. complaints* **3.1** iem.~ verdenken *suspect s.o. without cause* **3.2** een ~e beschuldiging *an u./a groundless accusation.*

ongehavend 0.1 *unhurt* ⟨persoon⟩; *undamaged* ⟨zaak⟩.

ongehinderd 0.1 *unhindered* ◆ **3.1** ~ werken *work undisturbed.*

ongehoord 0.1 [onbehoorlijk] *outrageous* ⇒*unheard-of* **0.2** [zonderling] *strange* **0.3** [zonder gehoord te zijn] *unheard* ◆ **1.2** een ~e geschiedenis *a s. story* **2.1** ~ laat *outrageously late* **3.1** dat is ~ *that is o.* **3.3** ~ veroordeeld worden *be sentenced without a hearing.*

ongehoorzaam 0.1 *disobedient.*

ongehoorzaamheid 0.1 *disobedience* ◆ **2.1** burgerlijke ~ *civil d.*

ongehuwd 0.1 *single* ⇒*unmarried* ◆ **1.1** een (bewust) ~e moeder *an unmarried/a s. mother (by choice)* **3.1** ~ samenwonen *live together (without being married).*

ongein 0.1 *unfunny joke* ⇒⟨iets flauws⟩ *unfunny affair/business.*

ongeïnspireerd 0.1 *uninspired.*

ongeïnteresseerd 0.1 *uninterested* ◆ **3.1** ~ toekijken *watch with indifference.*

ongekend 0.1 *unprecedented* ◆ **1.1** de koers bereikte een ~e hoogte *the exchange rate reached an u./a record height/a record high* **2.1** ~ lage prijzen *unprecedently low prices;* ⟨reclametaal⟩ *lowest-ever prices* **4.1** iets ~s *sth. quite new.*

ongekookt 0.1 *uncooked* ⟨vlees, groente enz.⟩.

ongekuist 0.1 *unexpurgated* ◆ **1.1** een ~e uitgave *an u. edition.*

ongekunsteld 0.1 *artless, unaffected* ◆ **3.1** hij sprak ~ *he spoke unaffectedly.*

ongeldig 0.1 *invalid* ⇒⟨jur. ook⟩ *(null and) void* ◆ **1.1** een ~e redenering *a fallacy, a specious argument* **3.1** iets ~ maken *invalidate/void sth.;* ~ verklaren *declare (to be) i.;* dit kaartje wordt ~ op *this ticket expires on.*

ongeldigheid 0.1 *invalidity.*

ongelegen 0.1 *inconvenient* ⇒*awkward* ◆ **3.1** je komt nu werkelijk ~ *you really have come at an awkward moment;* komt het ~ als ...? *would it inconvenience you if ...?;* het komt mij ~ *it's inconvenient for me.*

ongeletterd 0.1 *illiterate.*

ongelezen 0.1 *unread* ◆ **3.1** geen boek ~ laten *leave no book u.*

ongelijk¹ (het) **0.1** *wrong* ◆ **3.1** zijn ~ bekennen *admit o.s. to be in the w.;* ik geef je geen ~ *I don't blame you;* hij had beslist ~ *clearly he was wrong* **6.1** iem. in het ~ stellen *prove s.o. to be/put s.o. in the wrong.*

ongelijk² (bn., bw.) **0.1** [niet gelijk] *unequal;* ⟨niet gelijkend⟩ *different (from)* **0.2** [oneffen] *uneven* **0.3** [onregelmatig] *uneven* ◆ **1.1** ⟨sport⟩ ~e leggers/liggers *asymmetric bars;* een ~e strijd *an u. fight;* ⟨wisk.⟩ ~e zijden/hoeken *u. sides/angles* **3.1** het is ~ verdeeld in de wereld *there's a lot of injustice in the world* **3.3** zijn hart sloeg ~ *his heart beat unevenly.*

ongelijkheid 0.1 [het ongelijk zijn]⟨niet gelijk⟩ *inequality;* ⟨niet gelijkend⟩ *difference* **0.2** [oneffenheid, ongelijkmatigheid] *unevenness* ◆ **2.1** maatschappelijke ~ *social inequality.*

ongelijkmatig 0.1 *uneven* ⇒*unequal,* ⟨onregelmatig⟩ *irregular* ◆ **1.1** een ~ humeur *an uneven temper.*

ongelijksoortig 0.1 *unlike* ⇒*of a different kind* ⟨pred.⟩.

ongelijkvormig 0.1 *dissimilar (in shape).*

ongelikt →*beer.*

ongelimiteerd 0.1 *unlimited* ◆ **3.1** ~ over iets kunnen beschikken *have sth. at one's unlimited disposal.*

ongelofelijk 0.1 *incredible* ⇒*unbelievable* ◆ **1.1** een ~e klootzak *an i. bastard* **2.1** een ~ goed boek *an incredibly good book.*

ongelood 0.1 *unleaded.*

ongeloof 0.1 *disbelief* ⇒⟨rel.⟩ *unbelief* ◆ **5.1** vol ~ keek hij haar aan *he looked at her incredulously.*

ongeloofwaardig 0.1 *incredible, implausible* ⇒⟨onbetrouwbaar⟩ *unreliable* ◆ **1.1** een ~ verhaal *an implausible story.*

ongeloofwaardigheid 0.1 *incredibility* ⇒*implausibility,* ⟨van document⟩ *dubiousness,* ⟨van persoon⟩ *unreliability.*

ongelovig 0.1 [blijk gevend van ongeloof] *disbelieving* ⇒*incredulous* **0.2** [niet gelovend] *unbelieving* ◆ **3.2** hij is ~ *he is not religious.*

ongeluk 0.1 [tegenspoed] *misfortune* ⇒*bad luck* **0.2** [ongunstige toestand] *misfortune* **0.3** [(verkeers)ongeval] *(traffic) accident* ◆ **1.¶** een stuk ~ ⟨inf.⟩ *a real pain (in the neck)* **2.3** er waren geen persoonlijke ~ken *there were no casualties* **3.1** iem. in het ~ storten *bring m. on s.o.* **3.3** een ~ begaan aan iem. *cause s.o. an injury;* kijk uit, er gebeuren ~ken! *look out, or you'll have an a.!;* een ~ krijgen *have an a.;* een ~ zit in een klein hoekje *accidents can happen;* hij zou zich eens een ~ kunnen begaan *he might do sth. to himself* **3.¶** zich een ~ lachen *split one's sides (laughing);* iem. zich een ~ laten schrikken *scare the wits out of s.o.;* een ~ schreeuwen *shout one's head off;* we schrokken ons een ~ *we had a terrible fright* **6.3 bij/per ~** *accidentally, by a.;* **per ~** iets verklappen *inadvertently let sth. slip* **¶.3** (sprw.) een ~ zit in een klein hoekje *mischief comes without calling for.*

ongelukkig I ⟨bn., bw.⟩ **0.1** [mbt. personen; ellendig] *unhappy* **0.2** [geen geluk hebbend] *unlucky* **0.3** [mbt. zaken; ongunstig] *unfortunate* **0.4** [oorzaak van verdriet zijnd] *unhappy* ◆ **1.3** een ~e opmerking *an u. remark;* een ~ samenloop van omstandigheden *an u. series of events* **1.4** een ~e liefde *an u. love affair* **3.2** ~ zijn in het spel *be u. at cards* **3.3** hij drukte zich ~ uit *his choice of words was u.;* hij is ~ terechtgekomen *he landed awkwardly* **5.1** iem. diep ~ maken *make s.o. deeply u.;* **II** ⟨bn.⟩ **0.1** [met een lichaamsgebrek] *handicapped.*

ongelukkigerwijze 0.1 *unfortunately* ⇒*as bad luck would have it.*

ongeluksdag 0.1 *unlucky day* ◆ **3.1** vrijdag de dertiende is een ~ *Friday the thirteenth is an unlucky day.*

ongeluksgetal 0.1 *unlucky number* ◆ **3.1** dertien is het ~ *thirteen is an unlucky number.*

ongeluksvogel (fig.) **0.1** *unlucky person* ◆ **3.1** zij is een ~ *she's always unlucky;* ⟨inf.⟩ *she's jinxed.*

ongemak 0.1 [last, hinder] *discomfort* **0.2** [ongerief] *inconvenience* ⇒*discomfort* **0.3** [gebrek] *ailment* ◆ **1.2** de ~ken van de reis *the discomforts of the journey* **1.3** de ~ken v.d. ouderdom *the infirmities of old age.*

ongemakkelijk 0.1 [last veroorzakend] *uncomfortable* **0.2** [lastig] *awkward* ⇒*uncomfortable* **0.3** [nukkig] *difficult* ◆

1.1 een ~e houding *an u. position* **1.3** een ~ persoon *a d. person* **3.2** zich ~ voelen *feel a./uncomfortable.*

ongemakkentoeslag 0.1 *bonus for unsocial working conditions/hours.*

ongemanierd 0.1 ⟨bn.⟩ *ill-mannered;* ⟨bw.⟩ *in an ill-mannered way.*

ongemanierdheid 0.1 [gebrek aan manieren] *unmannerliness, ill-breeding* **0.2** [ongemanierde handeling/uiting] *rudeness.*

ongemarkeerd ⟨taal.⟩ **0.1** *unmarked.*

ongemaskerd 0.1 *unmasked* ⇒⟨na zn.⟩ *without a mask.*

ongemeen 0.1 [ongewoon] *uncommon* ⇒*unusual* **0.2** [buitengewoon] *extraordinary* ⇒*uncommon* ◆ **1.2** een ongemene wilskracht *e. willpower.*

ongemerkt I ⟨bn.⟩ **0.1** [zonder merkteken] *unmarked;* **II** ⟨bn., bw.⟩ **0.1** [heimelijk] *unnoticed* **0.2** [onopvallend] *imperceptible* ◆ **3.1** denk maar niet dat je dit allemaal ~ kan doen *don't think you can do all this u.;* ~ (weten te) ontsnappen *(manage to) escape without being noticed* **3.2** de tijd gaat ~ voorbij *time slips away/by;* ~ vertrekken *leave unobtrusively/inconspicuously* **5.1** ik kan die opmerking niet ~ laten voorbijgaan *I can't let that remark pass.*

ongemoeid 0.1 *undisturbed* ◆ **3.1** iem. ~ laten *leave s.o. alone.*

ongemotiveerd 0.1 [zonder reden/aanleiding]⟨bn.⟩ *unmotivated* ⇒*motiveless* ⟨misdaad⟩, *unfounded* ⟨klacht⟩, ⟨bw.⟩ *without motivation/cause/a motive* **0.2** [zonder motieven] *ungrounded* **0.3** [zonder motivatie]⟨bn.⟩ *unmotivated;* ⟨bw.⟩ *without motivation* ◆ **1.1** een ~e aanval *an uncalled-for attack.*

ongenaakbaar 0.1 [niet toegankelijk] *unapproachable* **0.2** [niet te naderen] *inaccessible.*

ongenade 0.1 [ongunst] *disgrace* ⇒*disfavour* **0.2** [woede] *displeasure* ◆ **6.1** in ~ vallen *fall into disgrace/disfavour.*

ongenadig 0.1 *merciless* ◆ **1.1** hij kreeg een ~ pak voor zijn broek *he got a terrible spanking* **2.1** het is ~ koud *it is bitterly cold.*

ongeneeslijk 0.1 *incurable* ◆ **1.1** een ~e ziekte *an i. disease* **2.1** ~ ziek *incurably ill.*

ongenietbaar 0.1 [humeurig] *disagreeable* **0.2** [geen genot gevend] *abominable* ⇒*unenjoyable* **0.3** [niet te eten/drinken] *unpalatable.*

ongenoegen 0.1 [ontevredenheid] *displeasure* ⇒*dissatisfaction* **0.2** [schr.; onenigheid] *discord* ◆ **6.1 tot** mijn grote ~ *to my great dissatisfaction* **6.2 met** iem. in ~ leven *be at variance with s.o.*

ongenoemd 0.1 *unnamed* ⇒*unmentioned* ⟨naam⟩.

ongenuanceerd 0.1 *over-simplified* ◆ **1.1** een ~ oordeel *an o.-s. opinion* **3.1** ~ denken *think simplistically, lack subtlety in one's thinking.*

ongeoefend 0.1 *untrained* ⇒*unpractised,* ⟨onervaren⟩ *inexperienced (in)* ◆ **1.1** een ~e hand *an unpractised hand.*

ongeoorloofd 0.1 ⟨wettelijk⟩ *illegal* ⇒*illicit,* ⟨fatsoenshalve⟩ *improper* ◆ **1.1** ~e middelen/praktijken *improper means/practices;* op ~e wijze *illegally, illicitly.*

ongeopend 0.1 *unopened.*

ongeordend 0.1 [niet geordend] *unordered* ⇒*disorganized* **0.2** [chaotisch] *disordered* ⇒*disorderly.*

ongeorganiseerd 0.1 [ongeordend] *unorganized* ⇒*disorganized* **0.2** [niet bij een organisatie aangesloten] *unorganized* ◆ **7.2** een ~e ⟨mbt. vakbond⟩ *a nonunion worker.*

ongepast 0.1 [onfatsoenlijk] *improper* **0.2** [nutteloos, misplaatst] *inappropriate* ⇒*unsuitable* ◆ **1.2** een ~e grap *an*

563

ongepasheid - ongezelligheid

i. joke; een ~ verwijt *an uncalled-for reproach* **6.1** ~ **voor** een vrouw/man *not fitting for a woman/man.*

ongepastheid 0.1 [onbetamelijkheid, onbetamelijke uiting] *impropriety* **0.2** [ondoelmatigheid] *inappropriateness* ⇒ *unsuitability.*

ongepeld 0.1 *unshelled* ⟨noten, erwtjes⟩; *unpeeled* ⟨garnalen, eieren⟩

ongerechtigheid 0.1 [onrechtvaardigheid, onrechtvaardige daad] *injustice* **0.2** [onvolkomenheid, gebrek] *flaw* **0.3** [vervuiling] *sth. that shouldn't be there* ♦ **3.2** er zitten nog wat ongerechtigheden in de vertaling *there are still some flaws in the translation* **3.3** er dreven wat ongerechtigheden in de soep *there were some funny bits floating in the soup.*

ongerechtvaardigd 0.1 *unjustified* ♦ **1.1** ~e trots *false pride;* ~e twijfel *u. doubt.*

ongerede ♦ **6.**¶ in het ~ komen/(ge)raken ⟨kapot⟩ *break down, go wrong;* ⟨zoek⟩ *get lost/mislaid;* ⟨in de war⟩ *get mixed up.*

ongeregeld I ⟨bn., bw.⟩ **0.1** [wanordelijk] *disorderly* ⟨ook bw.⟩ ⇒⟨bn. ook⟩ *disorganized* **0.2** [onregelmatig] *irregular* **0.3** [losbandig] *free and easy* ♦ **1.1** een zootje ~ ⟨artikelen⟩ *a mixed bag;* ⟨bij elkaar geraapt groepje⟩ *a motley crew, a mixed bunch* **1.2** op ~e tijden *at odd times* **1.3** een ~ leven leiden *lead a free and easy life;* **II** ⟨bn.⟩ **0.1** [mil.] *irregular* ♦ **1.1** ~e troepen *i. forces, irregulars.*

ongeregeldheden 0.1 [wanordelijkheden] *irregularities* **0.2** [handelwijze met geld] *irregularities* **0.3** [geweldpleging] *disturbances* ⇒*disorders.*

ongeremd 0.1 [zonder remming, ongegeneerd] *unrestrained* **0.2** [vrij, ongedwongen] *uninhibited.*

ongerept 0.1 [in oorspronkelijke staat] *untouched* ⇒*virgin* **0.2** [fig.; ongeschonden] *intact* ♦ **1.1** de ~e natuur *unspoilt nature;* ~e sneeuw *virgin snow.*

ongerief 0.1 *inconvenience* ♦ **3.1** ~ hebben van *be inconvenienced by;* iem. veel ~ veroorzaken/bezorgen *put s.o. to/cause s.o. great i.*

ongerieflijk 0.1 *inconvenient* ⇒*uncomfortable* ⟨huis⟩.

ongerijmd 0.1 *absurd* ⇒*preposterous* ♦ **7.1** ⟨wisk.⟩ een bewijs uit het ~e *reductio ad absurdum.*

ongerust 0.1 [bezorgd] *worried* ⇒*anxious (for)* **0.2** [blijk gevend van zorg] *concerned* ♦ **1.2** iem. met een ~e blik aanzien *look at s.o. with a worried expression* **3.1** ik begin ~ te worden *I'm beginning to get w.*

ongerustheid 0.1 *concern* ⇒*worry* ♦ **1.1** er is geen reden tot ~ *there is no cause for c./no reason to worry.*

ongeschikt 0.1 [niet geschikt] *unsuitable* ⇒*unfit* ⟨door ziekte/ongeval⟩ **0.2** [niet prettig in de omgang] ⟨zie 5.2⟩ ♦ **5.2** hij is niet ~ *he's not a bad sort* **6.1** zij is ~ **voor** die functie *she is unsuitable for that job.*

ongeschiktheid 0.1 *unsuitability;* ⟨onbekwaamheid⟩ *inaptitude.*

ongeschonden 0.1 *intact* ⇒*undamaged* ♦ **1.1** een ~ exemplaar *a perfect copy* **3.1** zijn reputatie bleef ~ *his reputation remained i.*

ongeschoold 0.1 *unskilled* ⇒*untrained* ♦ **1.1** ~e arbeid *unskilled labour.*

ongeschoren 0.1 *unshaven, unshaved* ⟨man⟩; *unshorn* ⟨schaap⟩.

ongeschreven 0.1 *unwritten* ♦ **1.1** een ~ wet *an u. law.*

ongeslagen 0.1 *unbeaten* ♦ **1.1** een ~ record *an u./unbroken record.*

ongeslepen 0.1 *unground* ⟨lens, glas⟩ ⇒⟨ook fig.⟩ *uncut, rough* ⟨diamant⟩.

ongesteeld ⟨plantk.⟩ **0.1** *stalkless.*

ongesteld 0.1 ⟨zie 3.1⟩ ♦ **3.1** zij is ~ *she has (got) her period.*

ongesteldheid 0.1 [menstruatie] *(menstrual) period* **0.2** [onpasselijkheid] *indisposition.*

ongestoord I ⟨bn., bw.⟩ **0.1** [ongehinderd] *undisturbed* ♦ **3.1** hij kon ~ studeren *he was able to study undisturbed/in peace;* **II** ⟨bn.⟩ **0.1** [zonder storing] *clear* ♦ **1.1** ~e ontvangst *c. reception.*

ongestort ⟨geldw.⟩ **0.1** *undeposited* ⟨bedrag⟩; *uncalled* ⟨kapitaal⟩.

ongestraft 0.1 *unpunished* ♦ **3.1** ik laat mij niet ~ beledigen *I will not take insults lying down;* iets ~ doen *get away with sth.*

ongetrouwd 0.1 *unmarried* ⇒*single* ♦ **1.1** ~e oom/tante *bachelor uncle, maiden aunt* **3.1** ~ zijn/blijven *be/stay u./single.*

ongetwijfeld 0.1 *no doubt, without a doubt* ⇒*undoubtedly* ♦ **¶.1** (elliptisch, in antwoord op een vraag) zal hij ook van de partij zijn? ~ *will he be going too? certainly;* zij zal het ~ leuk vinden *she's sure to like it.*

ongevaarlijk 0.1 *harmless* ⇒*safe* ♦ **1.1** de ziekte is niet ~ *the disease is not without danger.*

ongeval 0.1 *accident.*

ongevallenverzekering 0.1 *accident insurance.*

ongevallenwet 0.1 *Industrial Injuries* ♦ **6.1** in de ~ lopen *receive a disability allowance.*

ongeveer 0.1 *about* ⇒*roughly, around* ♦ **3.1** het is ~ tien uur *it's about ten o'clock;* zoiets/dat is het ~ *that's about it;* de vijand was ~ tweemaal zo sterk *the enemy was roughly/about twice as strong.*

ongeveinsd 0.1 *unfeigned.*

ongevoelig 0.1 *insensitive (to)* ⇒⟨mbt. de zenuwen ook⟩ *insensible (to)* ♦ **3.1** ~ maken ⟨ook⟩ *deaden;* ⟨wet.⟩ *desensitize* **6.1** ~ **voor** de kou *impervious to cold;* ~ **voor** kritiek *indifferent/impervious to criticism.*

ongevoeligheid 0.1 *insensitivity.*

ongevraagd 0.1 *unasked(-for)* ⇒*uninvited* ♦ **3.1** ~ zijn hulp aanbieden *offer unasked-for/unsolicited help;* ~ iets vertellen *volunteer sth.*

ongewapend 0.1 [zonder wapens] *unarmed* **0.2** [zonder versterking] *unreinforced.*

ongewassen 0.1 *unwashed.*

ongewenst 0.1 *unwanted* ⇒*undesired,* ⟨onwenselijk⟩ *undesirable* ♦ **1.1** een ~ kind *an unwanted child;* ~e vreemdelingen *undesirable aliens.*

ongewerveld 0.1 *invertebrate* ♦ **1.1** ~e dieren *invertebrates.*

ongewijzigd 0.1 *unaltered* ⇒*unchanged.*

ongewild I ⟨bn., bw.⟩ **0.1** [onopzettelijk] *unintentional* ⇒*unintended* ♦ **3.1** iem. ~ beledigen *insult s.o. unintentionally;* **II** ⟨bn.⟩ **0.1** [ongewenst] *unwanted.*

ongewisse 0.1 *(state of) uncertainty* ⇒⟨inf.⟩ *(the) dark* ♦ **6.1** iem. in het ~ laten *keep s.o. guessing/dangling.*

ongewoon 0.1 *unusual* ♦ **1.1** een ongewone ervaring *an u. experience.*

ongezeglijk 0.1 *unruly.*

ongezellig 0.1 [niet spraakzaam en vriendelijk] *unsociable* **0.2** [onbehaaglijk] *cheerless* ⇒*comfortless* **0.3** [onprettig] *unenjoyable* ⇒⟨inf.⟩ *no fun* ♦ **2.2** het is in die kamer erg koud en ~ *that room is very cold and cheerless* **3.1** wat ben je vanavond ~ *you're really u./poor company this evening.*

ongezelligheid 0.1 [onvriendelijkheid] *unsociability* **0.2** [onbehaaglijkheid] *cheerlessness.*

ongezien 0.1 [niet opgemerkt] *unseen* ⇒*unnoticed* **0.2** [zonder het gezien te hebben] *(sight) unseen* ◆ **3.1** ~ weg-komen *get/slip away unseen/unnoticed* **3.2** hij kocht het huis ~ *he bought the house (sight) unseen.*

ongezond I ⟨bn., bw.⟩ **0.1** [ziekelijk] *unhealthy* **0.2** [nadelig voor de gezondheid] *unhealthy* **0.3** [nadelig voor het geestelijk welzijn] *unwholesome* ⇒*unhealthy* ◆ **1.2** ~e lucht *(an) u. atmosphere;* **II** ⟨bn.⟩ **0.1** [zwak, wankel] *unsound* ⇒*unhealthy* **0.2** [be-lemmerend, storend] *unhealthy* ◆ **1.1** een ~e financiële positie *an unsound/unhealthy financial position* **1.2** ~e gezagsverhoudingen *u. hierarchical relationships.*

ongezondheid 0.1 *unhealthiness* ⇒*unwholesomeness.*

ongezouten 0.1 [niet gezouten] *unsalted* **0.2** [fig.; onom-wonden] *plain* ⇒*straight* ◆ **3.2** iem.~ de waarheid zeg-gen *tell s.o. the unvarnished truth.*

ongrijpbaar 0.1 ⟨ook fig.⟩ *elusive.*

ongrondwettig 0.1 *unconstitutional.*

ongunstig 0.1 *unfavourable* ◆ **1.1** in het ~ste geval *at (the) worst;* een ~e koers *an u. rate;* ~e kritieken *adverse/u. criticism;* op een ~ moment *at an u. moment;* een ~e uiterlijk *an unprepossessing appearance* **3.1** zich ~ over iem. uitla-ten *make u. comments about s.o.*

onguur 0.1 [schrikwekkend] *sinister* **0.2** [ruw, gemeen] *un-savoury* **0.3** [mbt. het weer] *rough* ◆ **1.2** een ~ type *an u. character;* ⟨inf.⟩ *a nasty piece of work.*

onhaalbaar 0.1 *unfeasible.*

onhandelbaar 0.1 *unmanageable* ◆ **1.1** een ~ paard *an u./ unruly horse.*

onhandig 0.1 *clumsy* ⇒*awkward* ◆ **1.1** een ~ boek *an awk-ward/*⟨te groot⟩ *unwieldy book* **3.1** zij is erg ~ ⟨ook⟩ *she's all fingers and thumbs.*

onhandigheid 0.1 [hoedanigheid] *clumsiness* ⇒*awkward-ness* **0.2** [daad] *clumsy act/remark* ⟨enz.⟩.

onhebbelijk 0.1 [onaangenaam] *ill-mannered* ⇒*rude* ◆ **1.1** de ~e gewoonte hebben om ... *have the objectionable hab-it of ...* **3.1** zich ~ gedragen *behave rudely.*

onhebbelijkheid 0.1 [hoedanigheid] *bad manners* ⇒*rude-ness* **0.2** [handeling, uiting] *(piece of) rudeness.*

onheil 0.1 *calamity* ⇒*disaster,* ⟨ondergang⟩ *doom* ◆ **1.1** de plaats des ~s *the scene of the c.* **3.1** ~ stichten *cause mis-chief.*

onheilsbode 0.1 *bringer/bearer of bad news.*

onheilspellend 0.1 *ominous* ◆ **1.1** een ~e blik *a baleful look* **2.1** de lucht was ~ donker *the sky was ominously dark.*

onheilsprofeet 0.1 *prophet of doom.*

onherbergzaam 0.1 *inhospitable* ⇒⟨oord ook⟩ *barren.*

onherkenbaar 0.1 *unrecognizable.*

onherroepelijk 0.1 *irrevocable* ◆ **1.1** een ~ afscheid *a final farewell;* ⟨hand.⟩ een ~ krediet *an i./a confirmed credit* **2.1** het schip is ~ verloren *the ship is irrevocably lost.*

onherstelbaar 0.1 *irreparable* ◆ **2.1** ~ beschadigd *dam-aged beyond repair.*

onheuglijk 0.1 *immemorial* ◆ **1.1** sinds ~e tijden *from time i.*

onheus 0.1 *impolite* ⇒*discourteous* ◆ **3.1** iem.~ behande-len *treat s.o. discourteously.*

onhoorbaar 0.1 *inaudible.*

onhoudbaar 0.1 [ondraaglijk] *unbearable* ⇒*intolerable* **0.2** [niet tegen te houden] *unstoppable* **0.3** [niet te verdedi-gen] *untenable* ⇒*indefensible* ◆ **1.1** een onhoudbare toe-stand *an intolerable situation* **1.2** ⟨sport⟩ een ~ schot *an u. shot.*

onhygiënisch 0.1 *unhygienic* ⇒*unsanitary.*

oningewijd 0.1 *uninitiated* ◆ **7.1** de ~en *the u.*

oninteressant 0.1 *uninteresting.*

onjuist 0.1 [onwaar] *inaccurate* ⇒*false* **0.2** [niet doelmatig/ correct] *improper* **0.3** [fout, verkeerd] *incorrect* ⇒*mistak-en* ◆ **1.1** een ~e voorstelling van zaken *a misrepresenta-tion of things.*

onjuistheid 0.1 [hoedanigheid] *impropriety* ⇒⟨fout⟩ *incor-rectness, mistakenness* **0.2** [onjuist iets] *inaccuracy.*

onkerkelijk 0.1 [niet confessioneel] *nonreligious* **0.2** [niet praktiserend] *nonchurchgoing.*

onkies 0.1 *indelicate* ◆ **1.1** die opmerking was wel heel ~ *that remark was in rather bad taste.*

onklaar 0.1 *defective* ⇒*out of order* ⟨alleen pred.⟩ ◆ **3.1** iets ~ maken *put sth. out of order.*

onkosten 0.1 [kosten] *expense(s)* ⇒*expenditure* **0.2** [bui-tengewone kosten] *extra expense(s)* ◆ **3.1** de ~ bestrijden *meet/cover the costs;* ~ declareren *claim expenses;* ~ ma-ken voor iets *go to some expense for sth.;* ~ vergoed *(all) expenses covered* **6.2** ik heb al heel wat ~ **aan** dat horloge gehad *I've incurred a lot of extra expense with this watch.*

onkostendeclaratie 0.1 *expense claim/*⟨gedrukt⟩ *sheet/ form.*

onkostennota →**onkostendeclaratie.**

onkostenvergoeding 0.1 *payment/reimbursement of ex-penses* ⇒⟨mbt. auto⟩ *mileage allowance.*

onkreukbaar 0.1 [niet gekreukt kunnende worden] *un-crushable* **0.2** [fig.] *upright* ⇒*unimpeachable.*

onkritisch 0.1 *uncritical.*

onkruid 0.1 [wilde planten] *weed(s)* **0.2** [fig.; tuig] *riffraff* ◆ **3.1** het ~ wieden *do the weeding* ¶ **.2** ⟨sprw.⟩ ~ vergaat niet *ill weed grows apace.*

onkuis 0.1 [ongepast] *improper, indecent* **0.2** [onzedig] *un-chaste, impure* ◆ **1.1** ~e taal *improper/indecent lan-guage.*

onkuisheid 0.1 [onreinheid van zeden] *impurity* **0.2** [on-kuise daad/voorstelling] *(act of) indecency.*

onkunde 0.1 *ignorance* ◆ **6.1** uit ~ *out of i.*

onkundig 0.1 [iets niet kennend] *unaware/ignorant (of)* **0.2** [onwetend] *ignorant* ◆ **6.1** de regering was ~ **van** die feiten *the government was u. of these facts.*

onkwetsbaar 0.1 *invulnerable.*

onkwetsbaarheid 0.1 ⟨ook fig.⟩ *invulnerability.*

onlangs 0.1 *recently* ⇒*lately* ◆ **3.1** ik heb hem ~ nog gezien *I saw him just the other day;* een ~ verschenen boek *a newly/r. published book.*

onledig 0.1 *occupied* ◆ **3.1** zich ~ houden met *occupy o.s. with.*

onleefbaar 0.1 *intolerable.*

onleesbaar 0.1 [mbt. de lettertekens] *illegible* **0.2** [mbt. de inhoud] *unreadable* ◆ **3.1** ~ maken *obliterate; black out* ⟨met inkt⟩.

onlogisch 0.1 *illogical.*

onloochenbaar 0.1 *undeniable* ◆ **1.1** het is een ~ feit dat ... *there is no denying the fact that ...*

onlosbaar ⟨geldw.⟩ **0.1** *incommutable* ⇒*irredeemable.*

onlosmakelijk 0.1 *inextricable* ◆ **3.1** ~ verbonden met *in-extricably bound up with.*

onlust 0.1 [mv.; twisten] *riots* **0.2** [onaangenaam gevoel] *unease* ⇒*discomfort* **0.3** [het als onaangenaam ervaren] *displeasure* ⇒*distaste* **0.4** [ongerief] *discomfort.*

onmaatschappelijk 0.1 ⟨bn.⟩ *antisocial* ⇒⟨bw.⟩ *in an anti-social way.*

onmacht 0.1 [machteloosheid] *impotence* ⇒*powerlessness* **0.2** [bewusteloosheid] *faint(ing fit).*

onmachtig 0.1 [krachteloos] *powerless (to)* **0.2** [machte-loos] *impotent* ⇒*powerless* ◆ **3.1** ~ iets te ondernemen *unable to do anything.*

onmatig 0.1 *immoderate* ◆ **1.1** een ~ drinker *an excessive drinker.*

onmededeelzaam 0.1 *incommunicative.*

onmeetbaar I ⟨bn., bw.⟩ **0.1** [niet te meten] *immeasurable* ◆ **1.1** ~ klein *immeasurably small;* **II** ⟨bn.⟩ **0.1** [wisk.] *irrational* ◆ **1.1** een ~ getal *an i. number.*

onmens 0.1 *brute* ⇒*beast.*

onmenselijk I ⟨bn., bw.⟩ **0.1** [barbaars] *inhuman* ◆ **3.1** hij heeft zijn vrouw ~ behandeld *he has been a monster to his wife;* **II** ⟨bw.⟩ **0.1** [buitengewoon] *superhumanly* ◆ **2.1** hij is ~ sterk *he has herculean strength.*

onmerkbaar 0.1 *unnoticeable* ⇒*imperceptible* ◆ **3.1** ~ veranderen *change imperceptibly.*

onmetelijk I ⟨bn.⟩ **0.1** [oneindig / zeer groot] *immense* ⇒*immeasurable;* **II** ⟨bw.⟩ **0.1** [heel erg, buitengewoon] *immeasurably, infinitely* ◆ **2.1** ~ groot *immense, vast;* ~ klein *infinitely small, infinitesimal.*

onmiddellijk 0.1 ⟨bn.⟩ *immediate;* ⟨bw.⟩ *immediately, directly, at once, straightaway* ◆ **1.1** een ~ antwoord *an immediate reply* **3.1** ik kom ~ naar Utrecht *I'm coming to Utrecht straightaway / at once / immediately;* ik liep ~ achter Pieter *I was walking immediately behind Peter;* dit volgt ~ uit het voorafgaande *this can be concluded directly from the above.*

onmin 0.1 *discord* ⇒*dissension* ◆ **6.1 in** ~ geraken *fall out, quarrel;* met iem. **in** ~ leven *be (permanently / forever) at odds with s.o.*

onmisbaar 0.1 [onontbeerlijk] *indispensable* ⇒*essential* **0.2** [niet kunnende uitblijven] *inevitable.*

onmisbaarheid 0.1 *indispensability* ⇒*essentiality.*

onmiskenbaar 0.1 *unmistakable* ◆ **1.1** een onmiskenbare gelijkenis *an u. likeness.*

onmogelijk 0.1 [niet mogelijk] *impossible* ⇒⟨onuitvoerbaar⟩ *impracticable, out of the question* ⟨alleen pred.⟩ **0.2** [onuitstaanbaar] *impossible* **0.3** [bespottelijk] *impossible* ⇒*preposterous* **0.4** [zeker niet] *impossible* ◆ **1.1** een ~ verhaal *an incredible story* **1.2** een ~e vent *an i. character* **1.3** een ~e jurk *an i. dress* **3.1** ik kon het ~ horen *I couldn't possibly hear it;* iem. het leven ~ maken *make life impossible for s.o.* **3.2** zich ~ maken *make o.s. impossible* **3.4** ik kan ~ langer blijven *I can't possibly stay any longer.*

onmogelijkheid 0.1 [het niet-mogelijk zijn] *impossibility* ⇒⟨onuitvoerbaarheid⟩ *impracticability* **0.2** [wat onmogelijk is] *impossibility* ◆ **6.1 in** de ~ verkeren om *find it impossible / be unable to.*

onmondig 0.1 *under age* ◆ **3.1** ~ zijn *be a minor.*

onnadenkend 0.1 *unthinking, thoughtless* ⇒*inconsiderate* ◆ **3.1** ~ handelen *act without thinking.*

onnadenkendheid 0.1 *thoughtlessness* ⇒*inconsideration.*

onnatuurlijk 0.1 [in strijd met de natuur / menselijke aard] *unnatural* **0.2** [gekunsteld] *unnatural* ⇒*artificial* ◆ **1.1** een ~e dood *an u. death.*

onnauwkeurig 0.1 *inaccurate* ◆ **3.1** in geldzaken is hij ~ *he is slipshod in money matters.*

onnauwkeurigheid 0.1 [het onnauwkeurig zijn] *inaccuracy* ⇒*inexactness* **0.2** [onnauwkeurig iets] *inaccuracy* ⇒*inexactitude* ◆ **7.2** er staan vele onnauwkeurigheden in dat boek *that book is full of inaccuracies.*

onnavolgbaar 0.1 *inimitable* ⇒*unparalleled.*

onneembaar 0.1 *impregnable* ⇒*unassailable* ◆ **1.1** de stad is ~ *the town is i.*

onnodig 0.1 *unnecessary* ⇒*needless, superfluous* ◆ **3.1** iets

~ maken *make sth. superfluous;* ~ tijd verliezen *lose time unnecessarily* **7.1** het heeft ~ veel tijd gekost *it cost an u. amount of time* ¶**.1** ~ te zeggen dat ...*needless to say* ...

onnoemelijk I ⟨bn.⟩ **0.1** [niet te verwoorden] *untold* ⇒*inexpressible* ◆ **1.1** ~ leed *untold misery;* **II** ⟨bw.⟩ **0.1** [heel erg, buitengewoon] *immensely* ⇒*infinitely* ◆ **2.1** ~ klein *infinitely small* **7.1** ~ veel *immense quantities.*

onnozel 0.1 [dom, idioot] *foolish* ⇒*silly* **0.2** [onbeduidend] *trifling* ⇒*measly* **0.3** [onervaren] *naive* ⇒⟨gemakkelijk beet te nemen⟩ *gullible* ◆ **1.1** met een ~e grijns *with a sheepish grin* **1.2** die paar ~e centen *those few measly pennies* **3.1** zie ik er zo ~ uit? *what kind of fool do you take me for?*

onnozelaar ⟨AZN; bel.⟩ **0.1** *Simple Simon* ⇒*birdbrain.*

onnozelheid 0.1 [domheid] *foolishness* ⇒*ignorance* **0.2** [onschuld] *innocence* ⇒*gullibility* **0.3** [uiting van onnozelheid] *foolishness* ◆ **3.3** zich met onnozelheden bezighouden *indulge in f.* **6.1** in zijn ~ bemerkte hij de valstrik niet *in his ignorance he didn't see the trap.*

onofficieel 0.1 *unofficial.*

onomatopee ⟨taal.⟩ **0.1** *onomatopoeia.*

onomatopoëtisch 0.1 *onomatopoe(t)ic* ⇒*echoic.*

onomkeerbaar 0.1 *irreversible* ⇒*irrevocable.*

onomkoopbaar 0.1 *incorruptible.*

onomstotelijk 0.1 *indisputable* ⇒*conclusive* ⟨bewijs⟩, *incontrovertible* ⟨feit⟩ ◆ **3.1** dat staat ~ vast *that has been proved beyond the shadow of a doubt.*

onomstreden 0.1 *undisputed.*

onomwonden 0.1 *plain* ⇒*outspoken* ◆ **3.1** iem. ~ de waarheid zeggen *tell s.o. the truth in no uncertain terms.*

ononderbroken 0.1 *continuous, uninterrupted.*

onontbeerlijk 0.1 *indispensable.*

onontkoombaar 0.1 *inescapable* ⇒*inevitable* ◆ **1.1** het onontkoombare lot *(the) inescapable fate, the inevitable.*

onontvreemdbaar 0.1 *inalienable* ◆ **1.1** een ~ recht *an i. right.*

onontwarbaar 0.1 *inextricable.*

onontwikkeld 0.1 [nog niet ontwikkeld] *undeveloped* ⟨ook ec.⟩ **0.2** [zonder ontwikkeling] *uneducated* ⇒*uncultured.*

onooglijk 0.1 *unsightly* ⇒*ugly* ◆ **3.1** er ~ uitzien *look unsightly.*

onoorbaar 0.1 *improper* ⇒*objectionable,* ⟨ontoelaatbaar⟩ *inadmissible* ◆ **1.1** onoorbare praktijken *objectionable practices.*

onopgehelderd 0.1 *unsolved* ⟨misdaad⟩; *unexplained* ⟨oorzaak⟩ ◆ **3.1** die moord bleef ~ ⟨ook⟩ *that murder was never solved.*

onopgelost 0.1 [mbt. vraagstukken] *unsolved* ⇒*unresolved, unsettled* ⟨geschil⟩ **0.2** [in een vloeistof] *undissolved* ◆ **3.2** in water blijft deze stof ~ *this substance does not dissolve in water.*

onopgemaakt 0.1 *unmade* ⟨bed⟩; *not made up* ⟨gezicht⟩.

onopgemerkt 0.1 *unnoticed* ⇒*unobserved, unnoted* ◆ **3.1** iets ~ laten *let sth. pass / go by unnoted;* niet ~ voorbij laten gaan *not let go unnoted;* ~ voorbijgaan *pass / go by unnoticed, escape notice;* ~ weggaan *leave unobserved / without being noticed.*

onopgevoed 0.1 *uneducated* ⇒⟨slecht gemanierd⟩ *ill-bred / -mannered.*

onophoudelijk 0.1 *continuous* ⇒*ceaseless, incessant* ◆ **3.1** hij plaagt ons ~ *he is forever teasing us;* ~ zoeken wij naar nieuwe technieken *we are ceaselessly searching for new techniques.*

onoplettend 0.1 *inattentive* ⇒*inadvertent.*

onoplettendheid 0.1 *inattention* ⇒*inadvertence.*

onoplosbaar 0.1 [mbt. stoffen] *insoluble* ⇒*indissoluble* **0.2** [mbt. vraagstukken] *unsolvable.*

onoprecht 0.1 *insincere* ◆ **3.1** ~ klinken *sound/ring hollow.*

onopvallend 0.1 *inconspicuous* ⇒*nondescript,* ⟨niet opdringerig⟩ *unobtrusive,* ⟨niet opdringerig⟩ *discreet* ◆ **1.1** een ~e verschijning *an i./a nondescript figure* **3.1** iem. ~ iets toestoppen *slip s.o. sth.;* ~ (ergens) weggaan *slip/steal away (from somewhere)* ¶**.1** ~ te werk gaan *act discreetly.*

onopzettelijk 0.1 *unintentional* ⇒*inadvertent* ◆ **1.1** een ~e toespeling *an unintended allusion* **3.1** iem.~ beledigen *insult s.o. unintentionally.*

onordelijk 0.1 *disorderly* ⇒*disordered, unruly* ⟨gedrag⟩.

onorthodox 0.1 *unorthodox.*

onoverbrugbaar 0.1 *unbridgeable* ⇒*irreconcilable* ⟨tegenstelling⟩ ◆ **1.1** een onoverbrugbare kloof ⟨fig.⟩ *an u. gap.*

onovergankelijk ⟨taal.⟩ **0.1** *intransitive.*

onoverkomelijk 0.1 *insurmountable* ⇒*impassable* ⟨kloof, rivier enz.⟩, *invincible* ⟨tegenstand⟩ ◆ **1.1** ~e moeilijkheden *insurmountable problems.*

onovertroffen 0.1 *unsurpassed* ⇒*unrivalled* ◆ **1.1** een ~ middel *an unrivalled remedy.*

onoverwinnelijk 0.1 *invincible.*

onoverzichtelijk 0.1 *cluttered, obscure; poorly organized* ◆ **1.1** een ~e bocht *a blind curve.*

onpartijdig 0.1 *impartial* ⇒*unbiased* ◆ **1.1** een ~ onderzoek *an unbiased investigation.*

onpartijdigheid 0.1 *impartiality.*

onpasselijk 0.1 *nauseous* ⇒*sick* ◆ **3.1** ~ worden/zijn *feel n./sick.*

onpasselijkheid 0.1 *nausea* ⇒*sickness.*

onpeilbaar 0.1 [niet te peilen] *unfathomable* ⇒*bottomless* **0.2** [ondoorgrondelijk] *unfathomable* ⇒*impenetrable, inscrutable* ◆ **1.1** een onpeilbare diepte *a bottomless pit* **1.2** zijn onpeilbare bedoelingen *his inscrutable intentions.*

onpersoon ⟨pol.⟩ **0.1** *unperson, non-person* ◆ **3.1** iem. tot ~ verklaren *declare s.o. an u.*

onpersoonlijk 0.1 *impersonal* ◆ **1.1** een ~e stijl/smaak *an i. style/taste.*

onplezierig 0.1 [onprettig] *unpleasant* ⇒*nasty* **0.2** [lusteloos] *unwell, out of sorts* ⟨alleen pred.⟩ ◆ **1.1** een ~ voorval *a nasty incident* **3.2** hij voelt zich vandaag wat ~ *he is feeling a bit out of sorts today.*

onpraktisch 0.1 *impractical, not practical* ◆ **1.1** ~e maatregelen *impracticable measures* **3.1** dat is zeer ~ ingericht *that has not been arranged very practically.*

onprettig 0.1 *unpleasant* ⇒*disagreeable, nasty* ◆ **1.1** ~e gevolgen *u. consequences.*

onraad 0.1 *trouble, danger* ◆ **3.1** ~ bespeuren *scent d.;* ⟨inf.⟩ *smell a rat.*

onrealistisch 0.1 *unrealistic.*

onrecht 0.1 *injustice* ⇒*wrong* ◆ **3.1** iem.~ (aan)doen *do s.o. wrong;* er werd haar groot ~ aangedaan door ...*she suffered grievous wrongs at the hands of ...* **6.1** ten ~e *wrongly.*

onrechtmatig 0.1 ⟨tegen de wet⟩ *unlawful, illegal;* ⟨ten onrechte⟩ *wrongful, unjust* ◆ **1.1** ~e daad *wrongful act* **3.1** hij heeft zich dit goed ~ toegeëigend *he has wrongfully appropriated this estate.*

onrechtstreeks ⟨AZN⟩ **0.1** *indirect* ⇒*second-hand.*

onrechtvaardig 0.1 *unjust* ◆ **3.1** ik ben ~ tegen hem geweest *I have done him an injustice;* iem. ~ zwaar straffen *punish s.o. with undue severity.*

onrechtvaardigheid 0.1 *injustice* ⇒*wrong.*

onredelijk 0.1 [ongegrond] *unreasonable* ⇒*unfounded* **0.2** [onbillijk] *unreasonable* ⇒*unfair* ◆ **1.1** zijn ~e vrees/woede *his unfounded fear/anger* **1.2** een ~e eis *an unreasonable demand* **7.2** tot in het ~e *beyond all reason;* hij vraagt ~ veel geld voor dit huis *he is asking an inordinate sum of money for the house.*

onregelmatig 0.1 *irregular* ◆ **1.1** ~e diensten *i. services* ⟨bus⟩ /*shifts* ⟨arbeid⟩; een ~ gebit hebben *have i./* ⟨inf.⟩ *crooked teeth;* een ~ werkwoord *an i. verb.*

onregelmatigheid 0.1 *irregularity* ◆ **3.1** er zijn onregelmatigheden voorgekomen *there have been irregularities.*

onrein 0.1 [schr.; vuil] *unclean* ⇒*maculate, tainted* **0.2** [mbt. dieren] *unclean* **0.3** [onkuis] *impure* ⇒*indecent* ◆ **1.3** ~e gedachten *impure thoughts.*

onreinheid 0.1 [het onrein zijn] *uncleanness* **0.2** [onkuisheid] *impurity* ⇒*indecency.*

onrijp 0.1 [nog niet rijp] *unripe* ⇒*unseasoned* **0.2** [mbt. personen] *immature* ◆ **1.1** ~ fruit *unripe fruit.*

onroerend 0.1 *immovable* ◆ **1.1** makelaar in ~ goed *(real-)-estate agent.*

onroerendgoedbelasting 0.1 *property tax.*

onrust 0.1 [beweging, drukte] *unrest* ⇒*agitation* **0.2** [gejaagdheid] *restlessness* ◆ **2.1** sociale ~ *social u.* **3.1** ~ stoken *stir up/make trouble;* ~ zaaien *stir up trouble.*

onrustbarend 0.1 *alarming* ◆ **3.1** het geweld neemt ~ toe *there is an a. increase in violence.*

onrustig 0.1 [niet kalm] *unquiet* ⇒*turbulent, restless* **0.2** [zenuwachtig] *restless* ⇒*agitated* **0.3** [voortdurend in beweging] *restless* ⇒*turbulent* ◆ **1.1** een ~e zieke *a restless patient* **3.1** ~ slapen *sleep fitfully/uneasily* **3.2** ~ heen en weer lopen *pace up and down.*

onruststoker, -zaaier 0.1 *troublemaker, agitator.*

ons¹ ⟨het⟩ **0.1** *quarter of a pound* ⇒*four ounces* ◆ **1.1** een ~ ham *a quarter of ham* **3.1** ⟨fig.⟩ wachten tot je een ~ weegt *wait till the cows come home.*

ons² I ⟨pers.vnw.⟩ **0.1** *us* ◆ **1.1** het is ~ een genoegen *(it's)* *our pleasure* **3.1** ~ kent ~ *like knows like* **6.1** bij ~ zijn er geen bergen *there are no mountains where we come from;* hij bevindt zich onder ~ *he is one of u.;* onder ~ gezegd *just between ourselves;* dit blijft onder ~ *this must remain between u.;* dat is van ~ *that's ours, that belongs to u.;* dat is niet voor ~ *that's not for (the likes of) u.;* **II** ⟨bez.vnw.⟩ **0.1** [mbt. eigendom] *our* ◆ **1.1** ~ huis *o. house* **1.2** onze tijd *o. time(s)* **6.1** uw boeken en die van ~ *your books and ours* **7.2** de onzen *our people/party/team.*

onsamenhangend 0.1 *incoherent* ⇒*disconnected, uncorrelated* ⟨feiten⟩ ◆ **1.1** ~ geleuter *i. drivel* **3.1** ~ spreken *talk incoherently.*

onschadelijk 0.1 *harmless* ⇒⟨niet kwaadaardig⟩ *innocent,* ⟨mbt. chemicaliën⟩ *non-noxious* ◆ **1.1** het middel is ~ *this remedy is h.* **3.1** iem.~ maken *render s.o. harmless;* ⟨doden⟩ *eliminate s.o.;* een bom ~ maken *defuse a bomb.*

onschatbaar 0.1 *invaluable* ⇒*priceless* ◆ **1.1** van onschatbare betekenis zijn *be i.*

onscheidbaar 0.1 *inseparable* ⟨ook taal.⟩ ◆ **3.1** zij zijn ~ verbonden *they are i.*

onschendbaar 0.1 [onverbreekbaar] *inviolable* **0.2** [niet ter verantwoording te roepen] *immune* ◆ **1.1** onschendbare rechten *i. rights* **3.2** de koning is ~ ⟨ook⟩ *the King can do no wrong.*

onschendbaarheid 0.1 [onverbreekbaarheid] *inviolability* **0.2** [mbt. personen] *immunity* ◆ **2.2** diplomatieke ~ *diplomatic i.*

onscherp 0.1 *out of focus* ⇒*blurred.*

onschuld 0.1 [schuldeloosheid] *innocence* ⇒*guiltlessness* **0.2** [argeloosheid] *innocence* **0.3** [onschuldig persoon] *in-nocence* ⇒*innocent* ◆ **2.3** de beledigde ~ spelen *act the injured innocent* **3.1** zijn/iemands ~ aantonen *prove s.o.'s innocence* **6.1** in alle ~ *in all i.* ¶.**3** hij is de ~ zelve *he is as innocent as a newborn babe.*

onschuldig 0.1 [zonder schuld] *innocent* ⇒*guiltless* **0.2** [argeloos] *innocent* ⇒*guileless* **0.3** [onschadelijk; niemand benadelend] *innocent* ⇒*harmless* ◆ **1.3** ~e genoegens *i./harmless fun;* een ~ middel *a harmless remedy* **3.1** iem. ~ verklaren *declare s.o. innocent* **3.3** dat ziet er ~ uit *that looks i./harmless (enough).*

onsmakelijk 0.1 [mbt. de smaak] *distasteful* ⇒*unpalatable* **0.2** [mbt. het gemoed/gevoel] *distasteful* ⇒*disagreeable, unsavoury* ◆ **1.2** ~e details *unsavoury details* **3.2** iets ~ beschrijven *give an unsavoury description of sth.*

onsportief I ⟨bn., bw.⟩ **0.1** [niet sportief] *unsporting* ⇒*unsportsmanlike* ◆ **1.1** een onsportieve houding *an unsporting/unsportsmanlike attitude* **3.1** hij heeft zich ~ gedragen *he behaved unsportingly;* **II** ⟨bn.⟩ **0.1** [geen sport beoefenend] *unathletic* ⇒*not sporty.*

onstabiel 0.1 *unstable; unsettled* ⟨weer⟩ ◆ **1.1** een ~e markt *an unstable market.*

onstandvastig 0.1 [veranderlijk] *unstable* ⇒*unsteady, unsettled* ⟨weer⟩ **0.2** [labiel] *unstable, labile* ◆ **6.2** hij is ~ van aard *he has an u./a l. nature.*

onsterfelijk 0.1 *immortal* ⇒⟨fig. ook⟩ *undying* ◆ **1.1** ~e dichters/helden *i. poets/heroes* **2.1** zich ~ belachelijk maken *make an absolute fool of o.s.* **3.1** zich ~ maken *make o.s. immortal;* ~ maken *immortalize.*

onsterfelijkheid 0.1 *immortality* ⟨ook fig.⟩.

onstuimig I ⟨bn., bw.⟩ **0.1** [hartstochtelijk] *passionate, tempestuous* **0.2** [woest, wild] *turbulent* ⇒*boisterous* ◆ **1.1** ~e liefde *t./p. love;* een ~e minnaar *a t. lover;* een ~ temperament *a p. temperament* **3.2** ~ binnenkomen *plunge/burst into the room;* **II** ⟨bn.⟩ **0.1** [moeilijk in toom te houden] *unruly* **0.2** [mbt. het weer] *turbulent* ◆ **1.1** een ~ paard *a fiery horse.*

onstuimigheid 0.1 [hartstochtelijkheid] *tempestuousness* **0.2** [mbt. wind/zee] *tempestuousness, turbulence* **0.3** [het moeilijk in toom te houden zijn] *unruliness.*

onstuitbaar 0.1 *unstoppable* ⇒*irrepressible.*

onsympathiek 0.1 *unengaging* ⇒*uncongenial* ◆ **1.1** een ~ gezelschap *uncongenial company;* een ~e houding *an unengaging manner.*

onszelf 0.1 *ourselves.*

ontaard 0.1 *degenerate* ⇒*corrupt* ◆ **1.1** ~e kunst *corrupt art.*

ontaarden 0.1 [mbt. personen] *degenerate* **0.2** [mbt. zaken] *degenerate (into), deteriorate* ◆ **3.1** hoe kan iem. zo ~? *how can anyone d. to such an extent?* **3.2** doen ~ *deprave, pervert.*

ontaarding 0.1 [het ontaarden]⟨degeneratie⟩ *degeneration;* ⟨achteruitgang⟩ *deterioration* **0.2** [gedegenereerdheid] *degeneracy.*

ontactisch 0.1 *undiplomatic* ⇒*tactless* ◆ **3.1** ~ optreden *act undiplomatically.*

ontastbaar 0.1 *intangible.*

ontberen 0.1 *lack* ⇒*go/do without* ◆ **3.1** iets moeten ~ *do/go without sth.*

ontbering 0.1 *hardship* ⇒*(de)privation* ◆ **2.1** uitgeput door langdurige ~en *exhausted from protracted hardships* **3.1** ~en ondervinden *suffer deprivation* **6.1 van** ~ sterven *die from h./deprivation.*

ontbieden 0.1 *summon* ⇒*send for* ◆ **6.1** iem. **bij** zich ~ *send for s.o.;* ⟨schr.⟩ *summon s.o. to one's presence.*

ontbijt 0.1 *breakfast* ◆ **2.1** een licht ~ *a light b.;* ⟨in hotel⟩ *a continental b.* **3.1** het ~ gebruiken/klaarzetten *have/lay b.* **6.1** een kamer **met** ~ ⟨vnl. BE⟩ *bed and b., B & B.*

ontbijten 0.1 *(have) breakfast* ◆ **5.1** stevig/vroeg ~ *have a hearty/an early breakfast* **6.1** ontbijt u **met** koffie of met thee? *do you have coffee or tea for breakfast?*

ontbijtkoek 0.1 *±gingercake, ±gingerbread.*

ontbijtspek 0.1 *±bacon.*

ontbijttafel 0.1 [tafel] *breakfast table* **0.2** [wat als ontbijt wordt opgediend] *breakfast.*

ontbijttelevisie 0.1 *breakfast television.*

ontbinden 0.1 [opheffen] *dissolve* ⇒*disband* ⟨genootschap, leger⟩, *annul* ⟨contract, huwelijk enz.⟩, ⟨rechtspersoonlijkheid ontnemen aan⟩ *disincorporate* **0.2** [wisk., nat.] *disintegrate, resolve* ⟨krachten⟩ **0.3** [schei.] *disintegrate* ⟨gesteenten⟩; *decompose* ⟨licht, lijk⟩ ◆ **1.1** een commissie ~ *disband a committee;* een huwelijk ~ *dissolve a marriage;* de Kamer ~ *dissolve Parliament* **4.1** zich ~ *disband; vote itself out of office* ⟨kamer⟩.

ontbinding 0.1 [opheffing] *dissolution* ⇒*disbandment, annulment* ⟨contract, huwelijk enz.⟩, *rescission* ⟨van contract⟩ **0.2** [wisk., nat.] *disintegration, resolution* **0.3** [bederf, ook fig.] *decomposition* ⇒*decay, corruption* ⟨ook fig.⟩ ◆ **1.1** de ~ v.d. Tweede Kamer *the dissolution of Parliament* **1.3** de ~ v.h. lichaam na de dood *the decomposition of the body after death* **3.3** tot ~ overgaan *decompose, decay.*

ontbladeren 0.1 *defoliate.*

ontbladeringsmiddel 0.1 *defoliant.*

ontbloot 0.1 [naakt] *bare* ⇒*nude, naked* **0.2** [verstoken] *devoid (of)* ◆ **1.1** met ~ hoofd *bareheaded* **6.2** het is niet **van** belang ~ *it's not d. of importance.*

ontbloten 0.1 *bare* ⇒*strip, uncover,* ⟨onthullen⟩ *expose* ◆ **1.1** zij ontblootte haar borsten *she bared her breasts;* zijn geslachtsdeel ~ *expose o.s.*

ontboezemen 0.1 *unbosom* ⇒*pour out.*

ontboezeming 0.1 *outpouring* ⇒*unburdening.*

ontbossen 0.1 *deforest* ⇒*dis(af)forest.*

ontbrandbaar 0.1 *ignitable* ⇒*combustible* ◆ **1.1** ontbrandbare gassen *i. gases.*

ontbranden 0.1 [in brand vliegen] *ignite* ⇒*flare up,* ⟨fig.⟩ *be sparked off* **0.2** [mbt. hartstochten] *fire* ◆ **1.1** de strijd is weer ontbrand *fighting has flared up again* **3.1** ⟨fig.⟩ een oorlog doen ~ *spark off a war* **6.2 in** toorn/in drift ~ *fly into a rage/passion.*

ontbreken 0.1 [niet aanwezig zijn] *be lacking (in)* **0.2** [mbt. personen] *be absent/missing* ◆ **1.1** er ontbreekt geld ⟨er is niet genoeg⟩ *there's not enough money;* ⟨er is verdwenen⟩ *there's money missing* **1.2** er ~ nog enige genodigden *some of the (invited) guests are not yet present* **3.1** dit mag in geen verzameling ~ *no collection should be without this* **6.1** het ontbreekt hem **aan** moed *he lacks courage;* waar het **aan** ontbreekt is ...*what's lacking is ...;* het ontbreekt ons aan woorden om *words fail us to;* het ontbrak haar niet **aan** moed *she wasn't lacking in courage;* het zal je **aan** niets ~ *you'll lack nothing* **6.2** ~ **op** een vergadering *be absent from a meeting* **7.1** het ~ van verstandskiezen *the absence of wisdom teeth;* er ontbreekt nog veel aan *there's still much to be desired* ¶.**1** dat ontbrak er nog maar aan *that was all that was needed.*

ontcijferen 0.1 [niet moeite lezen] *decipher* ⇒*make out* **0.2** [decoderen] *decipher* ⇒*decode* ◆ **1.1** zijn handschrift ~ *d. his handwriting* **1.2** een code ~ *decipher/break a code.*

ontdaan 0.1 *disconcerted* ⇒*upset* ◆ 3.1 ~ kwam hij de kamer binnen *he came into the room all upset.*

ontdekken 0.1 *discover* ◆ 1.1 een bekende ~ in een menigte *pick out a familiar face in a crowd;* een complot ~ *d. a conspiracy;* een nieuwe ster ~ *d. a new star* ¶.1 iets bij toeval ~ *hit upon/stumble across sth.*

ontdekker 0.1 *discoverer.*

ontdekking 0.1 *discovery* ⇒*find* ◆ 3.1 een ~ doen *make a d.;* hij begint tot de ~ te komen dat het zo niet langer kan *he is waking up to the fact/it is beginning to dawn on him that things cannot go on like this;* een ~ zijn van iem. *be s.o. 's discovery* 6.1 op ~ uitgaan *go on an exploratory expedition;* tot de ~ komen, dat ...*discover that*...

ontdekkingsreis, -tocht 0.1 *voyage of discovery, exploratieve/exploratory expedition.*

ontdekkingsreiziger 0.1 *explorer* ⇒*discoverer.*

ontdoen I ⟨ov.ww.⟩ 0.1 [vrijmaken] *strip* ◆ 4.1 zich ~ van kleding *remove one's clothes; disrobe* 6.1 een tak van de schors ~ *s. the bark off a branch;* II ⟨wk.ww.; zich ~⟩ 0.1 [v.d. hand doen] *dispose of* ⇒*discard* 0.2 [uit de weg ruimen] *dispose of, get rid of* ◆ 4.2 zich ~ v.e. rivaal *dispose of a rival.*

ontdooien I ⟨onov.ww.⟩ 0.1 [wegdooien] *thaw* ⇒*defrost,* ⟨sneeuw ook⟩ *melt* 0.2 [fig.] *thaw* ⇒*relax* ◆ 1.1 de rivieren ~ *the rivers are melting;* het vlees ligt te ~ *the meat is defrosting* 3.1 brood laten ~ *thaw out the bread* 3.2 hij begint wat te ~ *he's beginning to relax/loosen up a little;* II ⟨ov.ww.⟩ 0.1 [doen wegdooien] *thaw (out)* ⇒*defrost* ◆ 1.1 de ijskast ~ *defrost the refrigerator.*

ontduiken 0.1 [zich aan iets onttrekken] *evade* ⇒*elude, dodge* 0.2 [ontwijken] *evade* ⇒*dodge* ◆ 1.1 een bepaling proberen te ~ *attempt to get round/dodge a regulation* 1.2 hij wist de slag te ~ *he managed to e./dodge the blow.*

ontegenzeglijk, -sprekelijk 0.1 *irrefutable* ⇒*undeniable* ◆ 3.1 ~ heeft hij gelijk *he's undeniably right.*

onteigenen 0.1 [mbt. zaken] *expropriate* 0.2 [mbt. personen] *dispossess* ⇒*evict* ⟨van land, huis⟩ ◆ 1.1 deze huizen zijn door de gemeente onteigend *these houses have been compulsorily purchased by the council.*

onteigening 0.1 *expropriation.*

ontelbaar 0.1 *countless* ⇒*innumerable* ◆ 1.1 een ~ aantal vragen *c. questions;* ontelbare malen *c. times.*

ontembaar 0.1 *untameable* ⇒*indomitable* ◆ 1.1 een ontembare wilskracht *an indomitable willpower.*

onterecht 0.1 *undeserved* ⇒*unjust* ◆ 2.1 een ~ verwijt *an undeserved/unjust reproach.*

onteren 0.1 [te schande maken] *dishonour* ⇒*disgrace* 0.2 [schenden] *violate* ⇒*defile* 0.3 [schr.; verkrachten] *violate* ⇒*ravish, defile* ⟨maagd⟩, *deflower* ⟨maagd⟩ ◆ 1.2 een tempel ~ *defile a temple.*

onterven 0.1 *disinherit* ⇒*cut off.*

onterving 0.1 *disinheritance.*

ontevreden 0.1 *dissatisfied (with)* ◆ 1.1 wat ben je toch een ~ mens *what a sourpuss you are* 3.1 je mag niet ~ zijn *(you) mustn't grumble* 6.1 ~ zijn met de resultaten *be dissatisfied with the results.*

ontevredenheid 0.1 *dissatisfaction (about/with).*

ontfermen ⟨wk.ww.; zich ~⟩ 0.1 [uit de nood helpen] *take pity (on)* ⇒*have mercy (on)* 0.2 [onder zijn verantwoordelijkheid nemen] *take care (of)* 0.3 [tot zich nemen] *see (to), take care (of)* ◆ 6.1 zich ~ over iem. *take pity on s.o.* 6.2 kun jij je even over de kinderen ~ *could you take care of the children for a while please* 6.3 zich ~ over de laatste sigaar *take care of the last cigar.*

ontferming 0.1 *compassion.*

ontfutselen 0.1 *diddle* ⇒⟨ontlokken⟩ *worm* ◆ 1.1 iem. een geheim ~ *worm a secret out of s.o.;* hij heeft mij mijn geld ontfutseld *he diddled me out of my money.*

ontgaan 0.1 [verloren gaan] *escape* ⇒*pass (by)* 0.2 [uit het geheugen doen verdwijnen] *slip, escape* 0.3 [aan het oog/oor ontsnappen] *escape, miss* ⇒*fail to notice* 0.4 [niet duidelijk zijn] *escape* ⇒*elude* ◆ 1.1 de overwinning kon ons niet meer ~ *victory was ours* 1.2 de zaak is mij ~ *the (entire) affair slipped my mind* 1.4 de logica daarvan ontgaat mij *the logic of it escapes me;* de lol daarvan ontgaat mij *I fail to appreciate the fun in it* 4.3 haar ontgaat niets *she doesn't miss a thing* 8.3 het kon niemand ~ dat *no one could fail to notice that* ¶.3 wat hij net zei, is mij ~ *I missed/didn't get what he just said.*

ontgelden ◆ 3.¶ hij heeft het moeten ~ *he had to pay for it.*

ontginnen 0.1 [mbt. gronden] *reclaim* ⇒⟨cultiveren⟩ *cultivate* 0.2 [mbt. mijnen] *exploit* 0.3 [fig.] *explore* ⇒*develop* ◆ 1.3 nieuw terrein ~ *develop new ground.*

ontginning 0.1 [exploitatie] *exploitation* ⇒*development* 0.2 [mbt. grond] ⟨ook de grond zelf⟩ *reclamation* ⇒*development* ◆ 2.2 uitgestrekte ~en *vast areas under development.*

ontglippen 0.1 [ontsnappen] *slip* ⇒*get away* 0.2 [ontgaan, verloren gaan voor] *slip* ⇒*escape* ◆ 1.1 de bal ontglipte hem *the ball slipped out of his hands;* die opmerking ontglipte me *that remark slipped out* 3.2 zich een kans laten ~ *let an opportunity s.* 6.2 aan de aandacht v.d. politie ~ *escape police notice.*

ontgoocheld 0.1 *disillusioned.*

ontgoochelen 0.1 *disillusion* ⇒*disenchant.*

ontgoocheling 0.1 *disillusionment* ⇒*disenchantment* ◆ 2.1 het zal een wrede ~ voor hem zijn *it'll be a sore disappointment to him.*

ontgrendelen 0.1 *unbolt* ⇒*unlatch.*

ontgroeien 0.1 *outgrow* ◆ 1.1 ⟨fig.⟩ die jongens ~ me *those boys are getting too much for me;* ⟨fig.⟩ de kinderschoenen/schoolbanken ontgroeid zijn *have left one's childhood/schooldays behind.*

ontgroenen ⟨stud.⟩ 0.1 ᴮ*rag,* ᴬ*haze* ◆ 1.1 eerstejaars (studenten) ~ *r. freshers,* ᴬ*h. freshmen.*

ontgroening ⟨stud.⟩ 0.1 ᴮ*ragging,* ᴬ*hazing.*

onthaal 0.1 [ontvangst] *welcome* ⇒*reception* 0.2 [fig.; bejegening] *reception* ◆ 2.1 een feestelijk/gastvrij ~ *a festive/hospitable w.* 2.2 zijn woorden vonden een goed ~ *his words were well received.*

onthalen 0.1 [ontvangen als gast] *entertain* ⇒*greet* 0.2 [trakteren] *treat* 0.3 [fig.; vergasten op] *regale, entertain* ◆ 5.1 iem. vorstelijk ~ *entertain s.o. royally;* iem. warm ~ *give s.o. a warm welcome/reception* 6.2 de kinderen ~ op ijs *t. the children to ice cream* 6.3 ⟨iron.⟩ iem. op een pak slaag ~ *treat s.o. to a sound thrashing;* iem. op hoongelach ~ *greet s.o. with jeers.*

onthand 0.1 *inconvenienced* ◆ 3.1 door het gemis van dit boek ben ik erg ~ *I'm greatly i. by the loss of this book.*

ontharen 0.1 *depilate.*

ontharingsmiddel 0.1 *depilatory.*

ontheemd 0.1 [weg v.h. vaderland] *homeless* ⇒*rootless* 0.2 [fig.] *uprooted* ◆ 3.2 zich ~ voelen *feel u.*

ontheemde 0.1 [iem. zonder vaderland] *displaced person* 0.2 [fig.] *drifter.*

ontheffen 0.1 [ontslaan] *discharge* ⇒*dismiss, remove* 0.2 [ontzeggen] *deprive* ⇒*take away* 0.3 [vrijstellen] *release* ⇒*exempt* ◆ 6.1 uit zijn functie ontheven worden *be removed from office* 6.2 iem. van zijn bevoegdheden ~ *deprive s.o. of his authority;* iem. van de ouderlijke macht ~ *take away s.o. 's parental rights.*

ontheffing 0.1 [vrijstelling] *exemption; release* ⟨van verplichting⟩ **0.2** [ontslag] *discharge* ⇒*dismissal* **0.3** [ontzegging] *withdrawal* ◆ **3.1** ~ krijgen / hebben van *be released from;* ~ verlenen van *dispense with* ⟨formaliteit⟩; *grant exemption from* ⟨de wet, plicht⟩; *grant discharge from* ⟨ambt⟩ **6.1** ~ van *belastingplicht tax e.* **6.2** ~ uit een ambt *discharge from an office* **6.3** ~ van de ouderlijke macht *taking away of parental rights.*

onthoofden 0.1 *behead* ⇒*decapitate.*

onthoofding 0.1 *decapitation, beheading.*

onthouden I ⟨ov.ww.⟩ **0.1** [niet vergeten] *remember* **0.2** [niet geven] *withhold* ⇒*keep/hold back* ◆ **1.1** goed gezichten kunnen ~ *have a good memory for faces* **1.2** iem. zijn steun ~ *w. one's support from s.o.* **3.1** ik zal het je helpen ~ *I'll remind you of it;* dat zal ik ~! ⟨dreigement⟩ *I won't forget this!;* ⟨bij raadgeving⟩ *I'll keep it in mind!* **5.1** een gemakkelijk/moeilijk te ~ naam *a name that is easy/ hard to r.* ¶.1 ⟨in optelsom⟩ twee opschrijven, één ~ *write down two and carry one;* onthoud dat goed! *bear it in mind!, don't (you) forget!;*

II ⟨wk.ww.; zich ~⟩ **0.1** [ontzeggen] *abstain (from)* ⇒*refrain (from)* ◆ **6.1** zich van vlees ~ *not eat meat;* zich van stemming ~ *a. (from voting).*

onthouding 0.1 [het niet-deelnemen] *abstinence, forbearance;* ⟨van drank⟩ *temperance* **0.2** [blanco stem] *abstention* **0.3** [mbt. geslachtsverkeer] *continence* ⇒*celibacy* ◆ **2.3** periodieke ~ *the rhythm method.*

onthoudingsverschijnselen 0.1 *withdrawal symptoms.*

onthullen 0.1 [v.h. hulsel ontdoen] *unveil* **0.2** [aan het licht doen komen] *reveal* ⇒*disclose, divulge* ◆ **1.1** een gedenkteken ~ *u. a statue* **1.2** een ~d artikel *a revealing article;* een geheim ~ *divulge a secret;* hij onthulde haar de waarheid *he revealed the truth to her* **4.2** alles ~ *r./tell all.*

onthulling 0.1 [mbt. een standbeeld] *unveiling* **0.2** [openbaarmaking] *revelation* ⇒*disclosure* ◆ **2.2** opzienbarende ~en *startling disclosures* **3.2** - en doen over *disclose.*

onthutsen 0.1 *disconcert* ⇒*bewilder.*

onthutst 0.1 *disconcerted* ⇒*bewildered* ◆ **3.1** iem.~ aankijken *look at s.o. in bewilderment,* - zijn over *be bewildered by.*

ontiegelijk ⟨inf.⟩ **0.1** ⟨ongemarkeerd⟩ *terribly, immensely* ◆ **2.1** ~ rijk *filthy rich* **7.1** hij heeft ~ veel geluk *he's t. lucky.*

ontijdig 0.1 *untimely* ⇒*ill-timed,* ⟨vroegtijdig⟩ *premature* ◆ **1.1** een ~ bezoeker *an u. visitor;* ~e discussie *an ill-timed debate;* een ~e geboorte *a premature birth.*

ontkalken 0.1 *decalcify* ⇒*descale* ◆ **1.1** het koffiezetapparaat ~ *descale the coffee machine.*

ontkalking 0.1 *descaling.*

ontkennen I ⟨ov.ww.⟩ **0.1** [zeggen dat iets niet (zo) is] *deny* ⇒*negate* ◆ ¶.1 het valt niet te ~, dat ...*it can't be denied that ...;*

II ⟨onov.; ov.ww.⟩ **0.1** [niet bekennen] ⟨ov.ww.⟩ *deny;* ⟨onov.ww.⟩ *plead not guilty* ◆ **1.1** de verdachte ontkende (schuld) *the suspect pleaded not guilty* **5.1** dit kun je niet meer ~ *there's no denying this any longer* **8.1** hij ontkent dat het zijn handtekening is *he doesn't acknowledge the signature* ¶.1 hij ontkende iets met de zaak te maken te hebben *he denied any involvement in the matter.*

ontkennend 0.1 *negative* ⟨ook taal.⟩ ◆ **1.1** een ~ antwoord *a n. answer;* zet die zin in de ~e vorm *put that sentence in- (to) the negative* **3.1** een vraag ~ beantwoorden *answer in the n.;* het antwoord is ~ *the answer is in the n.*

ontkenning 0.1 [het ontkennen] *denial* ⇒*negation* **0.2** [ontkennende uitspraak] *denial* **0.3** [taal.] *negation* ◆ **1.1** ~

ontheffing - ontlasting

v.d. feiten lost niets op *denying the facts won't solve anything* **1.3** ⟨taal.⟩ bijwoord van ~ *adverb of n.*

ontkerkelijking 0.1 *secularization.*

ontketenen 0.1 [doen losbarsten] *let loose; unchain* ⟨krachten⟩; *unleash* ⟨energie⟩ **0.2** [van zijn ketenen bevrijden] *unchain* ⇒⟨ontboeien⟩ *unshackle* ◆ **1.1** een oorlog ~ *start a war;* een prijzenslag ~ *launch a price war;* het stuk ontketende een storm van protesten *the play unleashed a storm of protest.*

ontkiemen 0.1 *germinate* ⇒⟨fig. ook⟩ *bud* ◆ **1.1** een ~de liefde *a budding love;* dit zaad is niet ontkiemd *this seed has not germinated.*

ontkleden 0.1 [uitkleden] *undress* ⇒*unclothe* **0.2** [van iets ontdoen] *divest of* ◆ **4.1** zich ~ *undress.*

ontknopen 0.1 [knopen uithalen] *disentangle* ⇒*unravel* **0.2** [ophelderen] *disentangle* ⇒*unravel* ◆ **1.1** een touw ~ *unravel a (piece of) rope* **1.2** het raadsel werd ontknoopt *the mystery was unravelled.*

ontknoping 0.1 *ending* ⇒*dénouement* ◆ **2.1** een noodlottige ~ *a catastrophe* **3.1** zijn ~ naderen *reach a climax* ⟨conflict⟩.

ontkomen 0.1 [ontsnappen] *escape* ⇒*get away* **0.2** [zich onttrekken] *evade* ⇒*get round* ◆ **1.1** (aan) de vijand ~ *e. the enemy* **3.1** zij wisten te ~ *they managed to get away/e.* **5.1** ternauwernood ~ aan *have a narrow escape from* **5.2** wij kunnen niet ~ aan de indruk, dat ...*we can't avoid the impression that ...* **6.2 aan** die verplichting valt niet te ~ *there's no getting round that obligation* ¶.2 er is geen ~ aan *there's no getting away from it, it's got to be done.*

ontkoppelen 0.1 [loskoppelen] *uncouple; unleash;* ⟨auto⟩ *declutch* **0.2** [fig.] *disconnect, unlink.*

ontkoppeling 0.1 [het ontkoppelen] *disconnection* **0.2** [fig.] *unlinking* ⇒*separation.*

ontkoppelingspedaal 0.1 *clutch.*

ontkrachten 0.1 *enfeeble* ⇒*enervate, negate* ◆ **1.1** een argument ~ *weaken an argument.*

ontkurken 0.1 *uncork, unstop(per).*

ontladen I ⟨ov.ww.⟩ **0.1** [mbt. vuurwapens] *unload* ⇒⟨afschieten⟩ *discharge* **0.2** [mbt. elektrische lading] *discharge* ◆ **4.2** er ontlaadde zich een hevig onweer boven ons *a heavy thunderstorm broke over our heads;*

II ⟨wk.ww.; zich ~⟩ ⟨fig.⟩ **0.1** [zich bevrijden] *be released* ◆ **1.1** zijn woede ontlaadde zich *his anger was released.*

ontlading 0.1 [mbt. emoties] *release* **0.2** [nat.] *discharge* ◆ **2.2** een elektrische ~ *an electric d.*

ontlasten I ⟨ov.ww.⟩ **0.1** [ontdoen v.e. last] *relieve* **0.2** [fig.; verlichten van last] *unburden* ⇒*relieve* **0.3** [vrijstellen] *exempt* ◆ **1.1** het programma ~ *lighten the schedule;* een drukke verkeersader ~ *relieve a busy (traffic) artery* **3.2** we moeten hem wat ~ *we've got to take some of the weight off his shoulders* **6.1** mag ik u van dat pak ~? *may I r. you of this parcel?* **6.2** zij ontlastte hem van de kinderen *she took the children off his hands* **6.3** iem. van een taak ~ *relieve s.o. of a task;*

II ⟨wk.ww.; zich ~⟩ **0.1** [uitmonden] *discharge/flow/ empty (into)* **0.2** [zich van zijn inhoud ontdoen] *discharge* ⟨bv. wolk(en)⟩ ⇒*empty.*

ontlasting 0.1 [het zich ontlasten] *defecation* ⇒*(bowel) motion* **0.2** [uitwerpselen] *faeces* ⇒*excrement, stools* **0.3** [(gedeeltelijke) vrijstelling] *(partial) exemption* **0.4** [fig.; verlichting van last] *relief* ◆ **1.4** de ~ v.d. telefooncentrale *the r. of the telephone-exchange* **2.2** weke/harde ~ *soft/ hard (bowel) motions* **3.1** een moeilijke ~ hebben *have a difficult bowel movement* **6.1** problemen met de ~ hebben *have problems keeping one's bowels open.*

ontleden 0.1 [in delen scheiden] *anatomize* ⇒*dissect* **0.2** [de afzonderlijke delen beschouwen; analyseren] *analyse* ◆ **1.1** een dier ~ *dissect an animal* **1.2** een gedicht ~ *a. a poem;* iemands karakter ~ *analyse s.o.'s character;* ⟨taal.⟩ een zin ~ *a./parse a sentence.*

ontleding 0.1 [het scheiden in delen] *anatomy* ⇒*dissection* **0.2** [het beschouwen van afzonderlijke delen; analyse] *analysis* ◆ **2.2** taalkundige ~ ⟨ook⟩ *parsing.*

ontleedkunde 0.1 *anatomy.*

ontleedkundig 0.1 *anatomic(al).*

ontleedmes 0.1 *scalpel* ⇒*dissecting knife.*

ontlenen 0.1 [+ aan; overnemen uit] *derive (from)* ⇒*borrow (from), take* **0.2** [+ aan; te danken hebben] *take (from)* ⇒ *derive (from)* ◆ **6.1** woorden **aan** het Engels ~ *borrow words from English;* de volgende regels zijn ontleend **aan** Shakespeare *the following lines are taken from Shakespeare* **6.2** zijn naam ~ **aan** iem. / iets *t. one's name from s.o./sth.;* een recht ~ **aan** *derive a right from.*

ontlokken 0.1 *elicit (from)* ◆ **1.1** iem. een belofte ~ *e. a promise from s.o.;* hij wist de baby een glimlach te ~ *he coaxed a smile from the baby* **6.1** ⟨fig.⟩ tonen **aan** een instrument ~ *get a sound out of an instrument.*

ontlopen 0.1 [ontsnappen] *escape* ⇒*outrun* **0.2** [mijden] *avoid* **0.3** [uiteenlopen] *differ from* ◆ **4.2** elkaar ~ *a. each other* **4.3** die twee ~ elkaar niet veel *they don't differ much;* de prijzen ~ elkaar bijzonder weinig *there's not much difference between the prices.*

ontluiken 0.1 [zich ontsluiten] *open* **0.2** [zich ontwikkelen] *burgeon* ⇒*bud* ◆ **1.2** een ~de liefde *an awakening love;* een ~d talent *a budding talent.*

ontluisterend 0.1 *humiliating.*

ontmaagden 0.1 *deflower.*

ontmannen 0.1 *castrate* ⇒*emasculate.*

ontmantelen 0.1 *dismantle* ⇒*strip* ◆ **1.1** kernwapens ~ *d. nuclear weapons;* ⟨fig.⟩ een organisatie ~ *d. an organization.*

ontmaskeren 0.1 [v.h. masker ontdoen] *unmask* **0.2** [fig.] *unmask* ⇒*expose* ◆ **1.2** de bedrieger werd ontmaskerd *the impostor was exposed* **8.2** hij werd ontmaskerd als een lafaard *he was exposed as the coward he was.*

ontmoedigen 0.1 *discourage* ⇒*demoralize,* ⟨afschrikken⟩ *deter* ◆ **1.1** een ~d begin *a discouraging/depressing start* **6.1** niet ontmoedigd **door** *undaunted by;* we zullen ons niet laten ~ **door** ... *we won't let ... get us down.*

ontmoediging 0.1 *discouragement* ⇒⟨afschrikking⟩ *determent.*

ontmoedigingsbeleid 0.1 *determent policy; policy of determent.*

ontmoeten 0.1 [onvoorzien tegenkomen] *meet* ⇒*run/bump into* **0.2** [volgens afspraak treffen] *meet* ⇒*see* **0.3** [ondervinden] *meet with* ⇒*encounter* ◆ **1.3** vriendelijkheid ~ *meet with kindness* **4.1** elkaar voor het eerst ~ *m. for the first time* **5.1** iem. (toevallig/onverwacht) ~ *run/bump into s.o.;* iem. vaak ~ *see s.o. often;* ik hoop je hier vaker te ~ *I hope to see you here more often* **5.2** iem. regelmatig ~ *see/meet s.o. regularly.*

ontmoeting 0.1 [samentreffen] *meeting* ⇒*encounter* **0.2** [vijandig samentreffen] *encounter* ◆ **2.1** een toevallige ~ *a chance m./encounter* **3.1** een ~ hebben met iem. *have a m. with s.o.*

ontmoetingsplaats 0.1 *meeting place.*

ontmoetingspunt 0.1 *meeting point.*

ontnemen 0.1 *take away* ⇒*deprive of* ◆ **1.1** dat heeft me alle eetlust ontnomen *that took away my appetite;* iem. alle hoop/een recht ~ *deprive s.o. of all hope/a privilege;* die

opmerking ontneemt alle kracht aan uw argumenten *that remark deprives your arguments of all force;* iem. de zin om verder te leren ~ *put s.o. off learning.*

ontnieter 0.1 *staple remover/extractor.*

ontnuchteren 0.1 [nuchter maken] *sober up* **0.2** [fig.] *sober* ⇒*jolt* ◆ **1.2** een ~de aanblik *an eye-opening sight;* die koele ontvangst ontnuchterde hem *that chilly reception sobered him up* **3.2** flink ontnuchterd worden *be brought down to earth with a bump.*

ontnuchtering 0.1 *disillusionment* ⇒*disenchantment, jolt.*

ontoegankelijk 0.1 *inaccessible* ⇒*impenetrable (to)* ⟨ook fig.⟩, ⟨fig. ook⟩ *impervious (to)* ◆ **6.1** ⟨fig.⟩ hij bleef ~ **voor** alle smeekbeden *he remained impervious to all pleas.*

ontoelaatbaar 0.1 *inadmissible* ⟨ook jur.⟩ ⇒*impermissible.*

ontoepasselijk 0.1 *inapplicable.*

ontoereikend 0.1 *inadequate* ⇒*insufficient* ◆ **3.1** ~ zijn *be inadequate.*

ontoerekenbaar 0.1 [mbt. daden] *not imputable* **0.2** [mbt. personen] *irresponsible* ⇒*not responsible.*

ontoerekeningsvatbaar 0.1 *irresponsible* ⇒*not responsible,* ⟨jur.⟩ *of unsound mind* ◆ **3.1** hij is ~ *he cannot be held responsible for his actions;* iem. ~ verklaren *declare s.o. to be of unsound mind.*

ontologie 0.1 *ontology.*

ontologisch 0.1 *ontological.*

ontoombaar 0.1 *irrepressible* ⇒*uncontrollable* ◆ **1.1** een ontoombare energie *uncontrollable energy.*

ontpitten 0.1 *stone.*

ontplofbaar 0.1 *explosive* ◆ **1.1** ontplofbare stoffen *explosives.*

ontploffen 0.1 *explode* ⇒*blow up* ◆ **3.1** laten/doen ~ *blow up, explode* **5.1** snel ~ de explosieven *high explosives* ¶**.1** ⟨fig.⟩ ik dacht dat hij zou ~ *I thought he'd e.*

ontploffing 0.1 [het exploderen] *explosion* **0.2** [keer, geluid] *explosion* ⇒⟨knal⟩ *bang* ◆ **3.1** iets tot ~ brengen *blow sth. up, explode sth.; set sth. off* ⟨bom, vuurwerk⟩.

ontplooien 0.1 [ontwikkelen] *develop* ⇒*expand* **0.2** [aan de dag leggen] *display* ⇒*unfold* ◆ **1.2** een hoge activiteit ~ *d. great activity* **4.1** zich geestelijk ~ *improve one's mind, broaden one's horizons;* zich ~ *blossom, expand;* iem. de gelegenheid geven zich/zijn talenten ten volle te ~ *offer full scope to s.o. to d. his talents.*

ontplooiing 0.1 *development (of one's personality/talents/abilities* ⟨enz.⟩ *)* ◆ **6.1** tot ~ komen *develop, flourish.*

ontpoppen ⟨wk.ww.; zich ~⟩ **0.1** *reveal o.s. (as), turn out (to be).*

ontraadselen 0.1 [oplossen] *unriddle* ⇒*riddle* **0.2** [te weten komen] *solve.*

ontraden 0.1 *dissuade from* ⇒*advise against* ◆ **3.1** dat moet ~ worden *this is not advisable/to be recommended* **4.1** hij heeft het mij ten sterkste ~ *he strongly advised me not to do it;* iem. iets ~ *advise s.o. against sth.*

ontrafelen 0.1 *unravel* ⇒*disentangle* ◆ **1.1** ⟨fig.⟩ een complot ~ *u. a conspiracy.*

ontredderd 0.1 [mbt. personen] *upset* ⇒*shattered* **0.2** [mbt. situaties] *desperate.*

ontreddering 0.1 [mbt. personen] *desperation* **0.2** [mbt. situaties] *upheaval* ⇒*collapse.*

ontregeld 0.1 *unsettled* ⇒*disordered* ◆ **3.1** ~ raken *become u./disordered.*

ontregelen 0.1 *disorder* ⇒*disorganize, dislocate* ◆ **1.1** iemands leven ~ *put s.o. off his stroke/stride.*

ontregeling 0.1 *disorder* ⇒⟨technische storing⟩ *failure,* ⟨tech.⟩ *derangement.*

ontrieven 0.1 *incommode* ⇒*discommode, inconvenience* ♦ **5.1** als ik u niet ontrief *if you don't mind, please.*

ontroeren 0.1 *move* ⇒*touch.*

ontroerend 0.1 *moving* ⇒*touching,* ⟨sentimenteel⟩ *tear- jerking.*

ontroering 0.1 *emotion* ♦ **3.1** zijn ~ niet kunnen bedwingen *be unable to control one's e.*

ontroostbaar 0.1 *inconsolable* ⇒*brokenhearted.*

ontrouw¹ ⟨de⟩ **0.1** [het niet trouw zijn] *disloyalty* ⇒*unfaith- fulness* **0.2** [overspel] *unfaithfulness* ⇒*infidelity.*

ontrouw² ⟨bn.⟩ **0.1** [niet trouw] *disloyal (to)* ⇒*untrue (to)* **0.2** [overspelig] *unfaithful* ♦ **1.1** zijn woord ~ zijn *be un- true to one's word, go back on one's word* **1.2** een ~ e echt- genoot *an u. husband* **3.1** iem./iets ~ worden *be d. to s.o./ sth.* **3.2** ~ zijn aan je man *be u. to one's husband.*

ontruimen 0.1 [verlaten] *clear* ⇒*vacate* **0.2** [doen verlaten] *clear* ⇒*evacuate* ♦ **1.1** de buren moesten hun huizen ~ *the neighbours were forced to evacuate their homes;* de voorzitter liet de publieke tribune ~ *the chairman ordered the public gallery to be cleared* **1.2** de politie moest het pand ~ *the police had to c. the building.*

ontruiming 0.1 [het (doen) verlaten] *evacuation* **0.2** [het verlaten v.e. onroerend goed] *clearance* ⇒⟨van huis⟩ *va- cation* **0.3** [het doen vertrekken v.d. bewoners] *eviction.*

ontruimingsactie 0.1 *clearance;* ⟨mbt. woning⟩ *eviction.*

ontruimingsbevel 0.1 *eviction order.*

ontrukken 0.1 [ruw wegnemen] *snatch (away) (from)* ⇒ *tear, wrench (away) (from)* **0.2** [onttrekken] *snatch (away) (from)* **0.3** [iem. redden van] *snatch (away) (from)* ♦ **6.1** hij is ons door de dood ontrukt *death snatched him from us* **6.2** iets aan de vergetelheid ~ *s. sth. from oblivion* **6.3** iem. aan de dood ~ *snatch s.o. from death.*

ontschepen 0.1 *disembark.*

ontschieten 0.1 [uit het geheugen verdwijnen] *slip* ⇒*elude* **0.2** [ongewild uitspreken] *escape* ⇒*slip* ♦ **1.1** die opmer- king ontschoot me *that remark slipped out* **5.1** het is mij geheel ontschoten *it completely slipped my mind.*

ontsieren 0.1 *mar* ⇒*blot* ♦ **1.1** het gebouw ontsierde de om- geving *the building was a blot on the landscape/an eye- sore;* een door platvloersheid ontsierde vertoning *a show marred by vulgarity.*

ontslaan 0.1 [ontslag geven] *dismiss* ⇒*discharge* **0.2** [vrij- stellen] *relieve* ⇒*release* **0.3** [uit gevangenschap loslaten] *discharge* ⇒*release* ♦ **1.1** arbeiders tijdelijk ~ *lay off workers* **3.1** ontslagen worden *be dismissed* **6.1** iem. uit zijn ambt ~ *remove s.o. from office;* uit (de militaire) dienst ~ *demobilize* **6.2** iem. ~ van rechtsvervolging *discharge a defendant* **6.3** iem. uit de gevangenis ~ *release s.o. from prison* **6.¶** een patiënt ~ uit een ziekenhuis *discharge a patient from hospital ¶.1* iem. op staande voet ~ *dismiss s.o. on the spot.*

ontslag 0.1 [beëindiging v.h. dienstverband] *dismissal* ⇒ *discharge,* ⟨door inkrimping⟩ *redundancy* **0.2** [verzoek, verklaring] *resignation* ⇒*notice* **0.3** [het vrijlaten uit ie- mands macht] *release* ⇒*discharge* **0.4** [vrijstelling] *ex- emption* ♦ **1.4** ~ van aansprakelijkheid/rechtsvervolging *discharge from liability/(further) prosecution* **2.1** eervol ~ *honourable discharge;* ⟨mil.⟩ oneervol ~ *dishonourable discharge* **3.1** iem. zijn ~ geven *dismiss s.o.;* zijn ~ krijgen *be dismissed;* ⟨door inkrimping⟩ *be made redundant;* ik neem ~ ⟨inf. ook⟩ *I'll quit my job;* ⟨zijn⟩ ~ nemen *hand in one's notice/resignation, resign;* ⟨zijn⟩ ~ nemen als lid v.e. bestuur *retire/ resign from a committee* **3.2** het kabinet bood de koningin

zijn ~ aan *the Cabinet tendered its r. to the Queen;* zijn ~ indienen *resign, hand in one's notice/r.* **6.3** ~ uit een in- richting/militaire dienst *discharge from an institution/ from service;* ~ uit de gevangenis *r. from prison ¶.1* ~ op staande voet *summary dismissal.*

ontslagbrief 0.1 *notice* ⟨aan werknemer⟩; *(letter of) resig- nation* ⟨van werknemer⟩.

ontslagregeling 0.1 *ᴮredundancy scheme* ⇒⟨met VUT⟩ *early retirement scheme.*

ontslagvergunning 0.1 *dismissal permit* ♦ **3.1** ~ aanvra- gen *apply for a d. p.*

ontsluieren 0.1 [sluier wegnemen] *unveil* ⇒*uncover* **0.2** [fig.] *unveil, reveal* ⇒*unlock* ♦ **1.1** het gelaat ~ *unveil one's face* **1.2** een raadsel ~ *clarify a mystery.*

ontsluiten 0.1 [openen] *open up* **0.2** [fig.; blootleggen] *open up* ⇒*unlock* ⟨geheim⟩ **0.3** [planologie] *open (up)* ⟨gebied⟩ ♦ **1.2** zijn hart ~ voor iem. *open up one's heart to s.o.* **4.1** zich ~ *open* ⟨bloem⟩.

ontsluiting 0.1 [het ontsluiten] *opening up* ⇒*unlocking* **0.2** [mbt. de baarmoedermond] *dilat(at)ion* ♦ **1.1** de ~ v.e. ge- bied *the opening up of an area* **3.2** niet genoeg ~ hebben *be insufficiently dilated.*

ontsmetten 0.1 *disinfect* ⇒⟨mbt. radioactiviteit⟩ *decontam- inate.*

ontsmetting 0.1 *disinfection* ⇒*decontamination.*

ontsmettingsmiddel 0.1 *disinfectant* ⇒*antiseptic.*

ontsnappen 0.1 [ontkomen] *escape (from)* **0.2** [mbt. gevan- genschap] *escape* ⇒*get away/out* **0.3** [niet opmerken] *es- cape* ⇒*elude* **0.4** [naar buiten dringen] *escape* **0.5** [ont- schieten] *escape* ⇒*slip (out)* **0.6** [sport; een voorsprong nemen] *pull/break away (from)* ♦ **1.4** er ontsnapt gas uit het tankje *there's gas escaping from the tank* **1.5** die op- merking is mij ontsnapt *that remark slipped out* **3.2** we- ten te ~ *make one's getaway* **4.1** hij is me ontsnapt *he got away from me* **6.1** aan een controle ~ *e. inspection;* aan een gevaar ~ *e. from a danger;* aan de dood ~ *e. death* **6.2** er is een leeuw uit de dierentuin ontsnapt *a lion from the zoo is at large/on the loose* **6.3** aan de aandacht ~ *escape notice* **6.6** ~ uit het peloton *break away from the pack* **7.2** een ontsnapte (gevangene) *an escaper/escapee.*

ontsnapping 0.1 *escape* ♦ **6.1** haar ~ uit de gevangenis *her e. from prison.*

ontsnappingspoging 0.1 *escape attempt, attempted es- cape.*

ontspannen¹ ⟨bn.⟩ **0.1** *relaxed* ⇒*easy* ♦ **1.1** een ~ indruk maken *make a r. impression* **3.1** zich ~ gedragen *have an easy manner.*

ontspannen² ⟨ov.ww.⟩ **0.1** [weer slap maken] *slacken* ⇒*un- bend* ⟨boog⟩, *release* ⟨veer⟩, *relax* ⟨spier⟩ **0.2** [tot rust bren- gen] *relax* ♦ **3.2** massage is erg ~ d *massage is very relax- ing* **4.2** zich ~ *relax;* probeert u zich eens helemaal te ~ *try and r. completely.*

ontspanning 0.1 [het minder strak (doen) worden] *unbend- ing* ⟨boog⟩; *release* ⟨veer⟩; *relaxation* ⟨spier, geest⟩; ⟨pol.⟩ *détente* **0.2** [verpozing, afleiding] *relaxation* ⇒*recreation* ♦ **3.1** dit bracht enige ~ *this relieved some of the tension* **6.1** de ~ tussen Oost en West *the détente between East and West.*

ontspanningsoefening ⟨sport⟩ **0.1** *relaxation exercise.*

ontspanningspolitiek 0.1 *policy of détente.*

ontspinnen ⟨wk.ww.; zich ~⟩ **0.1** *arise* ⇒*develop* ♦ **1.1** daaruit ontspon zich een langdurig gesprek *this gave rise to a lengthy debate.*

ontsporen 0.1 [uit het spoor raken] *be derailed* **0.2** [fig.] *go off the rails* ♦ **1.1** de trein is ontspoord *the train has been derailed* **3.1** doen ~ *derail.*

ontsporing 0.1 *derailment;* ⟨fig.⟩ *lapse.*

ontspringen 0.1 [zijn oorsprong hebben] *spring/originate (from);* ⟨teruggaan tot⟩ *go back (to)* **0.2** [ontsnappen aan] *spring (out from)* ⟨gevaar⟩ ◆ **6.1** de rivier ontspringt in de bergen *the river rises in the mountains.*

ontspruiten 0.1 [uitspruiten] *shoot* ⇒*sprout* **0.2** [voortkomen] *originate (from).*

ontstaan¹ ⟨het⟩ **0.1** *origin* ⇒*creation* ⟨v.d. aarde⟩, *development, coming into existence* ◆ **3.1** zijn ~ vinden in *have one's o. in.*

ontstaan² ⟨onov.ww.⟩ **0.1** [zich vormen] *come into being* ⇒ *arise* **0.2** [beginnen] *originate* ⇒*start* ◆ **1.1** de eilanden zijn ~ in de ijstijd *the islands came into being during the ice age;* langzamerhand is de gewoonte ~ *gradually the custom arose;* daarover ontstond ontevredenheid *dissatisfaction arose over this;* we moeten kijken waar de problemen ~ *we must trace these problems back to their source;* hierdoor ~ er storingen *this causes malfunctions;* door haar vertrek ontstaat een vacature *her departure has created a vacancy* **1.2** de brand ontstond in de machinekamer *the fire started in the engine room* **3.1** doen ~ *create* ⟨toestand, vraag⟩; *bring about* ⟨vriendschap⟩; *cause* ⟨pijn⟩; *raise* ⟨twijfel⟩ **6.1** schade, ~ **door** nalatigheid *damage arising from/by neglect.*

ontsteken I ⟨ov.ww.⟩ **0.1** [aansteken] *light* ⇒⟨tech.⟩ *ignite* ◆ **1.1** de lichten werden ontstoken *the lights were put on;* **II** ⟨onov.ww.⟩ **0.1** [fig.; ontvlammen] *kindle* **0.2** [geïnfecteerd raken] *be(come) inflamed* ◆ **3.1** in woede doen ~ *inflame with anger* **6.1** in blinde woede ~ *fly into a blind rage.*

ontsteking 0.1 [aansteking] *ignition* **0.2** [med.] *inflammation* **0.3** [mbt. een verbrandingsmotor] *ignition* ◆ **3.3** de ~ bijstellen *adjust the i. (point).*

ontsteld 0.1 *dismayed* ⇒*alarmed, startled* ◆ **3.1** ~ raken *be(come) d.;* zij was ~ *she was appalled;* nee toch, zei hij ~ *no, he said in dismay.*

ontstellend I ⟨bn.⟩ **0.1** [ontsteltenis teweegbrengend] *disconcerting* ⇒*appalling* ⟨armoede⟩, *startling* ⟨resultaat⟩, *alarming* ⟨bericht⟩; **II** ⟨bn., bw.⟩ **0.1** [buitensporig] *appalling* ◆ **1.1** ~e nalatigheid *a. neglect* **2.1** de prijzen zijn ~ hoog *the prices are staggering.*

ontsteltenis 0.1 [verwarring, beroering] *dismay* ⇒*confusion* **0.2** [schrik] *dismay* ⇒*alarm,* ⟨afgrijzen⟩ *horror* ◆ **2.2** tot grote ~ van *to the utter d./horror of* **3.1** ~ teweegbrengen *create/cause confusion* **6.2** zij liet **van** ~ de schaal vallen *she dropped the dish in alarm.*

ontstemd 0.1 [mbt. personen] *put out* **0.2** [muz.] *untuned* ⇒ *out of tune* ◆ **1.2** de piano is ~ *the piano is out of tune;* een ~e viool *an u. violin* **6.1** over die brief was ik zeer ~ *I was very much put out over that letter.*

ontstemdheid 0.1 *bad mood* ⇒⟨humeurigheid⟩ *peevishness.*

ontstemmen 0.1 *put (s.o.) out.*

ontstentenis 0.1 [gebrek] *lack* **0.2** [afwezigheid] *absence* ◆ **6.1** bij ~ van wettelijke verordeningen *failing legal ordinances* **6.2** bij ~ van de secretaris *in the a. of the secretary.*

ontstoken 0.1 *inflamed* ◆ **3.1** ~ raken *become i.*

ontstoppen 0.1 [verstopping verwijderen] *unblock* **0.2** [v.d. stop ontdoen] *unstop, uncork.*

ontstopper 0.1 [toestel] *plunger* **0.2** →**ontstoppingsmiddel.**

ontstoppingsmiddel 0.1 *drain cleaner.*

onttrekken I ⟨ov.ww.⟩ **0.1** [afscheiden] *withdraw (from)* ⇒

extract ⟨delfstoffen⟩, *tap* ⟨vloeistof⟩ **0.2** [buiten iemands bereik brengen] *withdraw* ⇒*take away* ◆ **6.2** iets **aan** het zicht ~ *hide from view;* **II** ⟨wk.ww.; zich ~⟩ **0.1** [van zich afschuiven] *withdraw (from)* ⇒*back out of* ◆ **6.1** zich ~ **aan** zijn verplichtingen *back out of one's obligations;* zich **aan** een situatie ~ *back out of a situation;* ik kan me niet **aan** de indruk ~ dat *I can't avoid the impression that;* dat onttrekt zich **aan** mijn oordeel *I don't have an opinion on that.*

onttronen 0.1 *dethrone.*

ontucht 0.1 *illicit sexual acts, sexual abuse* ◆ **1.1** huizen van ~ *houses of ill repute* **3.1** ~ plegen *commit sexual abuse* **6.1** ~ met minderjarigen *sexual abuse of minors.*

ontuchtig 0.1 *lewd, lecherous* ◆ **1.1** ~e handelingen *lewd acts* **3.1** ~ leven *lead a wanton life.*

ontvallen 0.1 [sterven] *pass away* **0.2** [per ongeluk geuit worden] *escape* ⇒(*let) slip* **0.3** [afvallig worden] *fall away* ◆ **1.1** zijn vrouw is hem vroeg ~ *he lost his wife early* **1.2** zich een opmerking laten ~ *let slip a remark* **1.3** al zijn vrienden ontvielen hem in zijn tegenspoed *his friends turned away from him in his time of need.*

ontvangen I ⟨ov.ww.⟩ **0.1** [innen, krijgen] *receive* ⇒*collect* ⟨geld⟩, *draw* ⟨loon⟩ **0.2** [bij zich toelaten] *receive* **0.3** [onthalen] *receive* ⇒⟨hartelijk ontvangen⟩ *welcome* ◆ **1.1** de BBC is vaak slecht te ~ *the/our reception of the BBC is often poor;* radio Peking ~ *get Peking on the radio* **1.2** we kunnen hier geen mensen ~ *we can't have/entertain (any) people here* **4.1** ontvangt u mij? *are you receiving me?* **5.2** ik kan haar niet ~ *I can't r./see her* **5.3** het plan werd enthousiast ~ *the plan was received with open arms;* ⟨fig.⟩ zijn boek werd gunstig ontvangen *his book was well received;* iem. hartelijk/met open armen ~ *receive s.o. with open arms, make s.o. very welcome;* ⟨fig.⟩ koel ~ worden *get a cool reception* **6.1** in dank ~ *received with thanks;* **II** ⟨onov.ww.⟩ **0.1** [bezoek afwachten] *receive* ◆ **1.1** de barones zal vandaag niet ~ *the baroness will not r. visitors today.*

ontvangenis ◆ **2.¶** ⟨r.-k.⟩ onbevlekte ~ der H. Maagd *the Immaculate Conception.*

ontvanger 0.1 [iem. die iets krijgt] *receiver* ⇒*recipient* **0.2** [ambtenaar] *collector* **0.3** [radio; toestel] *receiver* ◆ **1.2** de ~ v.d. directe belastingen *the tax collector* **6.1** kosten te betalen **door** de ~ *to be charged forward* ⟨goederen⟩.

ontvangst 0.1 [het krijgen van iets] *receipt* **0.2** [het innen van geld] *collection* **0.3** [het opvangen van signalen] *reception* **0.4** [inkomsten] *receipt* **0.5** [onthaal] *reception* ◆ **1.4** ~en en uitgaven *receipts and expenditures* **2.5** een hartelijke/gunstige ~ *a warm/favourable r.* **3.1** de ~ bevestigen van *acknowledge the r. of* **3.5** een koele ~ krijgen *get a cool r.* **6.1** betalen **bij/na** ~ v.d. goederen *pay on r. of goods;* **in** ~ nemen *receive* ⟨pakje, bloemen, prijs⟩; *collect* ⟨geld⟩; *take delivery of* ⟨goederen⟩; goederen niet **in** ~ willen nemen *refuse to take delivery of goods;* **na** ~ **van** uw brief *on r. of your letter;* tekenen **voor** ~ *sign for r.*

ontvang(st)bewijs 0.1 *receipt.*

ontvankelijk 0.1 [vatbaar voor indrukken] *susceptible (to)* ⇒⟨opnemend⟩ *receptive (to)* **0.2** [jur.] *admissible* ◆ **1.1** een ~e geest *a receptive mind* **1.2** het verweer is ~ *this is available as a defence* **3.2** een beroep ~/niet-ontvankelijk verklaren *allow/dismiss an appeal;* de vordering werd ~ verklaard *the claim was allowed;* de vordering werd niet-ontvankelijk verklaard *the claim was declared inadmissible* **6.1** ~ **voor** goede raad *open to good advice;* ~ **voor** nieuwe ideeën *receptive to new ideas.*

ontvankelijkheid 0.1 [het ontvankelijk zijn] *susceptibility*

⇒*receptivity* **0.2** [jur.] *admissability* ◆ **6.1**~ **voor** indrukken *impressionability.*

ontvetten 0.1 *remove the fat from* ⇒*scour* ⟨wol⟩, *degrease* ⟨haar, vuil metaal⟩.

ontvlambaar 0.1 [licht vlam vattend] *inflammable* **0.2** [fig.] *fiery* ◆ **5.1** dit mengsel is licht ~ *this mixture is highly i.* **5.2** hij is licht ~ *he's got a short fuse.*

ontvlammen 0.1 ⟨ook fig.⟩ *inflame* ◆ **3.1** doen ~ *set alight;* ⟨fig.⟩ *fire, kindle* **6.1** in toorn ~*flame with rage.*

ontvluchten 0.1 [ontkomen] *escape (from)* ⇒*run away from* **0.2** [wegvluchten] *flee* ⇒⟨zich terugtrekken⟩ *retreat* ◆ **1.1** het ouderlijke huis/het gevaar ~ *run away from home/danger* **1.2** een ontvluchte gevangene *an escaped prisoner;* de realiteit ~ *escape from reality.*

ontvoerder 0.1 *kidnapper.*

ontvoeren 0.1 *kidnap.*

ontvoering 0.1 *kidnapping.*

ontvolken 0.1 *depopulate* ⇒⟨fig.⟩ *empty.*

ontvolking 0.1 *depopulation* ◆ **1.1** de ~ v.h. platteland *rural d.*

ontvoogden 0.1 [uit de voogdij ontslaan] *remove from guardianship* **0.2** [uit de overheersing losmaken] *emancipate.*

ontvoogding 0.1 *emancipation.*

ontvouwen 0.1 *unfold* ◆ **1.1** iem. zijn plannen ~ *u. one's plans to s.o.;* de redenen van iets ~ *u. the reasons behind sth.* **4.1** ⟨fig.⟩ een eigenaardig tafereel ontvouwde zich voor onze ogen *a remarkable picture unfolded before our eyes.*

ontvreemden 0.1 *steal* ⇒⟨inf.⟩ *annex.*

ontwaarding 0.1 *devaluation* ⇒*depreciation.*

ontwaken 0.1 ⟨ook fig.⟩ *awake* ⇒*(a)rouse* ◆ **1.1** zijn gevoel voor rechtvaardigheid ontwaakte *his sense of justice was aroused* **6.1** uit de slaap ~ *wake up from one's sleep.*

ontwapenen 0.1 *disarm* ◆ **1.1** ⟨fig.⟩ een ~de glimlach *a disarming smile.*

ontwapening 0.1 [het ontwapend worden] *disarming* **0.2** [afschaffing v.d. bewapening] *disarmament* ◆ **1.2** onderhandelingen over ~ *d.*/⟨inf.⟩ *arms talks* **2.2** eenzijdige/tweezijdige ~ *unilateral/bilateral d.*

ontwapeningsconferentie 0.1 *disarmament conference.*

ontwapeningsonderhandelingen 0.1 *disarmament negotiations* ⇒⟨inf.⟩ *arms talks.*

ontwapeningsvraagstuk 0.1 *issue/question of disarmament.*

ontwaren ⟨schr.⟩ **0.1** *descry.*

ontwarren 0.1 *disentangle* ⇒*unravel* ◆ **1.1** een lastige kwestie ~ *unravel/straighten out an awkward matter;* een streng garen ~ *d./unravel a hank of yarn.*

ontwennen I ⟨ov.ww.⟩ **0.1** [afwennen] *break/cure (s.o.'s) habit* ◆ **1.1** een verslaafde ~ *get an addict off drugs/drink* ⟨enz.⟩;
II ⟨onov.ww.⟩ **0.1** [afraken van] *get out of the habit* ◆ **4.1** iets ontwend zijn *have got out of the habit of doing sth.*

ontwenningskuur 0.1 *detoxification* ◆ **3.1** een ~ doen *undergo d.;* ⟨inf.; mbt. alcohol⟩ *dry out.*

ontwenningsverschijnselen 0.1 *withdrawal symptoms.*

ontwerp 0.1 [schets] *draft;* ⟨tech.⟩ *design* **0.2** [plan] *draft* ⇒ *plan* ◆ **1.2** ~ belastingwet *finance bill* **3.1** ~en maken voor kleding/een woonwijk *make designs for clothes/a housing estate* **6.1** volgens ~ *according to design* **7.1** een eerste ~ *a first draft.*

ontwerpen 0.1 [in schets brengen] *design* ⟨kleding, meubels, machine, gebouw⟩ ⇒*plan* ⟨stad, park, wegen⟩ **0.2** [opstellen] *devise, plan, formulate* ⟨programma, stelsel, regeling⟩; *draft, draw up* ⟨contract, document⟩ ◆ **1.2** een wet ~ *draft a bill.*

ontwerper, -ster 0.1 *designer* ⇒*planner* ◆ **2.1** industrieel ~ *industrial d.*

ontwijken 0.1 *avoid* ◆ **1.1** iemands blik ~ *evade s.o.'s glance;* hij kon de boom nog net ~ *he just managed to a. the tree;* een slag ~ *dodge a blow;* een vraag ~ *a.*/*parry a question* **4.1** zij ontweken elkaar *they avoided each other.*

ontwijkend 0.1 *evasive* ◆ **1.1** ~e bewegingen v.e. bokser *e. movements of a boxer* **3.1** ~ antwoorden *answer evasively.*

ontwikkelaar ⟨foto.⟩ **0.1** *developer.*

ontwikkeld 0.1 [volgroeid] *developed* ⇒*mature* **0.2** [geestelijk gevormd] *educated* ⇒*informed,* ⟨beschaafd⟩ *cultivated,* ⟨beschaafd⟩ *cultured* **0.3** [mbt. volkeren] *developed* ◆ **5.1** goed ~ e spieren *well-developed muscles* **5.2** weinig ~ ⟨onbeschaafd⟩ *uncultured, uncultivated;* ⟨primitief⟩ *crude.*

ontwikkelen I ⟨ov.ww.⟩ **0.1** [tot volle wasdom brengen] *develop* **0.2** [teweegbrengen, veroorzaken] *develop* ⇒⟨teweegbrengen⟩ *generate* **0.3** [ontwerpen] *develop* ⇒⟨uitdenken⟩ *evolve* **0.4** [kennis bijbrengen] *educate* **0.5** [foto.] *develop* **0.6** [ten toon spreiden] *display* ◆ **1.2** warmte ~ *generate heat* **1.3** een nieuw geneesmiddel ~ *d. a new medicine* **1.4** de geest ~ *improve one's mind;* ontwikkelde landen *developed countries* **1.5** foto's ~ en afdrukken *process a film* **1.6** kracht ~ *d. strength* **4.4** zich ~ *educate o.s.;*
II ⟨wk.ww.; zich ~⟩ **0.1** [tot volle wasdom komen] *develop (into)* ⇒⟨inf.⟩ *shape up* ◆ **4.1** we zullen zien hoe de zaken zich ~ *we'll see how things d.;* de zaak ontwikkelt zich gunstig *the affair is shaping (up) well* **6.1** zich ~ tot *d.*/*grow into.*

ontwikkeling 0.1 [groei, wasdom] *development* ⇒*growth* **0.2** [het teweegbrengen] *development* ⇒*generation* **0.3** [het ontwerpen] *development* **0.4** [het kundig zijn] *education* **0.5** [foto.] *development* **0.6** [gebeurtenis] *development* ◆ **1.1** een hoge graad van ~ *a high degree of d.* **1.3** de ~ v.e. nieuwe raket *the d. of a new missile* **2.4** algemene ~ *general knowledge;* een brede ~ *a wide knowledge* **2.6** de nieuwste/jongste ~en *the latest developments* **3.1** tot ~ komen *develop* **6.1** een land tot ~ brengen *develop a country;* tot volle ~ komen *attain its full d.* **6.3** in ~ zijn *be in the making.*

ontwikkelingsgebied 0.1 [stimuleringsgebied] *development area* **0.2** [ontwikkelingsland] *developing country.*

ontwikkelingsgeld 0.1 *development funds* ⟨mv.⟩.

ontwikkelingshulp 0.1 [hulp aan ontwikkelingslanden] *foreign aid* ⇒*development assistance* **0.2** [dienst] ᴮ*Voluntary Service Overseas,* ᴬ*Peace Corps.*

ontwikkelingsland 0.1 *developing country.*

ontwikkelingspsychologie 0.1 *developmental psychology.*

ontwikkelingsroman ⟨lit.⟩ **0.1** *Bildungsroman.*

ontwikkelingssamenwerking 0.1 *development*/ᴬ*development cooperation.*

ontwikkelingswerk 0.1 [werk om iets te ontwikkelen] *development project* **0.2** [ontwikkelingshulp] *foreign aid.*

ontwikkelingswerker, -ster 0.1 *development-aid worker.*

ontwikkelpapier 0.1 *bromide paper.*

ontworstelen 0.1 *tear/wrest from* ◆ **4.1** zij ontworstelde zich aan zijn greep *she struggled out of his grasp.*

ontworteld 0.1 *uprooted* ◆ **3.1** ~ raken *lose one's roots* **7.1** een ~e *a drifter.*

ontwortelen I ⟨ov.ww.⟩ **0.1** [uit de grond rukken] ⟨ook fig. mbt. personen⟩ *uproot;*
II ⟨onov.ww.⟩ **0.1** [van de wortels losraken] ⟨ook fig.⟩ *be uprooted.*

ontwrichten 0.1 [uit zijn verband rukken] *disrupt* **0.2** [mbt.

ledematen] *dislocate* ♦ **1.1** ontwricht gezin *broken home;* onze gehele samenleving is ontwricht *our entire society is disrupted* **1.2** de pols is ontwricht *the wrist has been dislocated* **2.1** ⟨fig.⟩ geestelijk ontwricht *unbalanced, deranged.*

ontwrichting 0.1 [desorganisatie] *disruption* **0.2** [mbt. ledematen] *dislocation* ♦ **2.1** duurzame ~ v.h. huwelijk *permanent breakdown of a marriage.*

ontzag 0.1 *awe* ⇒*respect* ♦ **2.1** een heilig ~ *a healthy respect* **3.1** iem.~ inboezemen, iem. met ~ vervullen *inspire a. in s.o., fill s.o. with a.* **5.1** vol ~ *awe-struck* **6.1** ~ **voor** iem. hebben *be/ stand in a. of s.o.*

ontzaglijk I ⟨bn.⟩ **0.1** [indrukwekkend] *immense* ⇒*enormous* **0.2** [zeer groot] *tremendous* ⇒*vast* ⟨ruimte, massa⟩ ♦ **1.2** een ~e blunder *a stupendous/ whopping blunder;* **II** ⟨bw.⟩ **0.1** [in hoge mate] *awfully* ♦ **7.1** ~ veel *an awful lot* ¶**.1** hij ging ~ te keer *he kicked up a tremendous fuss.*

ontzagwekkend 0.1 *awe-inspiring, awesome.*

ontzeggen I ⟨ov.ww.⟩ **0.1** [weigeren] *refuse, deny* ⇒*forbid* **0.2** [zeggen dat iem. iets niet heeft] *deny* ♦ **1.1** iem. (de toegang tot) het huis ~ *forbid s.o. (entrance to) the house;* de toegang tot de club werd hun ontzegd *they were barred from the club* **5.2** talent kan men de auteur niet ~ *the author is undeniably talented;* **II** ⟨wk.ww.; zich ~⟩ **0.1** [afzien van] *deny o.s.* ♦ **1.1** zich elk genoegen ~ *deny o.s./ forgo all pleasures* **4.1** zich niets hoeven te ~ *never have to go without anything.*

ontzenuwen 0.1 *refute* ⇒*disprove* ♦ **1.1** hiermee is het betoog ontzenuwd *this disproves the argument.*

ontzet 0.1 [ontdaan] *aghast, appalled (at/by)* **0.2** [uit het verband gerukt] *dislocated* ⇒⟨verwrongen⟩ *wrenched, buckled* ⟨metaal⟩ ♦ **3.1** ~ staan te kijken *stand aghast* **3.2** door de brand raakten de platen v.h. schip ~ *the fire buckled the plates of the ship* **6.1** ~ **over** ⟨ook⟩ *dismayed at.*

ontzetten 0.1 [een ambt/ recht ontnemen] *deprive of* ⇒*expel (from), remove (from)* ⟨uit ambt⟩ **0.2** [bevrijden] *relieve* ⟨stad⟩; *rescue* ⟨levend wezen⟩ **0.3** [doen schrikken] *appal* ⇒*horrify* ♦ **6.1** hij werd **uit** zijn ambt ontzet *he was expelled/ removed from office;* iem. ~ **uit** een recht *deprive s.o. of a right.*

ontzettend I ⟨bn., bw.⟩ **0.1** [vreselijk] *appalling, awful* **0.2** [geweldig] *terrific, immense, tremendous* ♦ **1.1** een ~e ziekte *a terrible illness* **1.2** wij hadden een ~ plezier *we had terrific/ tremendous fun;* een ~e zeikerd *an awful bore;* **II** ⟨bw.⟩ **0.1** [in hoge mate] *awfully, tremendously* ♦ **2.1** een ~ grote wagen *a whacking/ whopping great car* **3.1** ~ bedankt *thanks awfully;* het spijt me ~ *I'm terribly/ awfully sorry* **7.1** ~ veel bloemen *an awful lot of flowers.*

ontzetting 0.1 [ontneming v.e. ambt/ recht] *deprivation* ⇒*removal* ⟨ambt⟩, *expulsion* ⟨ambt⟩ **0.2** [bevrijding] *relief* ⟨stad⟩; *rescue* ⟨levend wezen⟩ **0.3** [schrik] *horror* ⇒*dismay,* ⟨(doods)angst⟩ *dread* ♦ **3.3** ~ teweegbrengen *cause dread* **5.3** vol ~, met ~ vervuld *filled with dismay/h.* **6.1** ~ **uit** een recht *d. of a right, disfranchisement* **6.3** ze vernam het nieuws **met** ~ *she was appalled at the news;* iem. **met** ~ vervullen *appal s.o.;* **tot** onze ~ *to our dismay/h.*

ontzien 0.1 *spare* ⇒⟨tegemoet komen⟩ *humour* ♦ **1.1** iem.~ *spare s.o.;* hij moest beide partijen ~ *he had to humour both parties* **4.1** niets of niemand ~ *go to any lengths.*

onuitgesproken 0.1 *unspoken* ♦ **1.1** ~ verdriet *wordless grief;* ~ wensen/ verlangens *u. wishes/desires* **3.1** ~ blijven *be left unsaid.*

onuitputtelijk 0.1 *inexhaustible* ♦ **1.1** ⟨fig.⟩ een ~ geduld *unfailing patience;* ⟨fig.⟩ een ~ onderwerp *an i. subject;* een ~e voorraad *an i. supply.*

onuitroeibaar 0.1 *ineradicable.*

onuitsprekelijk 0.1 *unspeakable, unutterable* ⇒*inexpressible* ♦ **1.1** een ~ geluk *an inexpressible joy.*

onuitstaanbaar 0.1 *unbearable, insufferable* ♦ **3.1** hij is werkelijk ~ ⟨ook⟩ *he's a real pain (in the neck);* die kerel vind ik ~ *I can't stand that guy.*

onuitvoerbaar 0.1 *impracticable, unfeasible* ⇒⟨plan ook⟩ *inoperable* ♦ **1.1** een ~ besluit *a decision that cannot be carried out* **3.1** het is ~ *it won't work, it can't be done.*

onuitwisbaar 0.1 ⟨ook fig.⟩ *indelible* ⇒*ineradicable* ♦ **1.1** ⟨comp.⟩ ~ geheugen *read-only storage;* onuitwisbare inkt *indelible ink;* onuitwisbare schande *ineradicable shame* **3.1** dat is ~ in zijn geheugen geprent *it's stamped indelibly on his memory.*

onvakkundig 0.1 *unprofessional* ⇒*incompetent, inept.*

onvast 0.1 [wankel] *unsteady* ⇒*unstable* **0.2** [onzeker] *unsteady* ♦ **1.2** met ~e hand *with an u. hand;* ~e schreden *u. (foot)steps* **3.1** ~ op de benen staan *be unsteady on one's feet.*

onvatbaar 0.1 *insusceptible* ⇒*impervious/ insensible (to)* ♦ **6.1** ~ voor rede *insensible to reason.*

onveilig 0.1 *unsafe* ⇒*dangerous* ♦ **1.1** een ~ sein *a danger signal* **3.1** ⟨fig.⟩ de buurt ~ maken *prowl around the neighbourhood;* zich ~ voelen *feel insecure* **6.1** het seinlicht stond op ~ *the signal stood at danger.*

onveiligheid 0.1 *unsafety* ⇒*danger(ousness)* ♦ **1.1** een gevoel van ~ *a sense/ feeling of insecurity.*

onveranderd 0.1 *unchanged* ⇒*unaltered.*

onveranderlijk I ⟨bn.⟩ **0.1** [constant] *unchanging* ⇒*unvarying;* **II** ⟨bw.⟩ **0.1** [steeds, almaar] *invariably* ⇒*unvaryingly* ♦ ¶**.1** ze doet ~ de verkeerde keus *she i. makes the wrong choice.*

onverantwoord 0.1 *irresponsible* ♦ **3.1** ik vind dat ~ *I think it's totally i.*

onverantwoordelijk 0.1 *irresponsible* ⇒⟨niet te verdedigen⟩ *unjustifiable* ♦ **1.1** ~ gedrag *i. behaviour* **3.1** dat is ~ *that is unjustifiable;* ~ hard rijden *drive recklessly fast.*

onverbeterd 0.1 *uncorrected.*

onverbeterlijk 0.1 [niet voor verbetering vatbaar] *incorrigible* ⇒⟨verstokt⟩ *inveterate* **0.2** [niet overtroffen kunnende worden] *unsurpassable* ⇒*inimitable* **0.3** [onherstelbaar] *irredeemable* ♦ **1.1** een ~e alcoholist *an incurable alcoholic;* een ~e optimist *an incorrigible optimist* **3.1** hij is ~ *he is beyond hope.*

onverbiddelijk I ⟨bn., bw.⟩ **0.1** [onvermurwbaar] *unrelenting* ⇒*implacable* **0.2** [onweersprekelijk] *untempered* ♦ **1.2** ~e logica *grim logic* **3.1** iem.~ afwijzen *reject s.o. absolutely;* ~ doorgaan met *press ahead with;* daarin is hij ~ *he is u. in that respect;* **II** ⟨bw.⟩ **0.1** [onvermijdelijk] *unrelentingly* ♦ **3.1** en daarop volgt dan ~ dezelfde reactie *and that invariably provokes the same reaction.*

onverbiddelijkheid 0.1 *relentlessness* ⇒*implacability.*

onverbloemd 0.1 *plain* ⇒⟨bw.⟩ *in plain terms* ♦ **1.1** de ~e waarheid *the p./ unvarnished truth;* de ~e werkelijkheid *p. reality/ fact(s)* **3.1** ⟨iem.⟩ ~ de waarheid zeggen *tell (s.o.) what's what in no uncertain terms.*

onverbrekelijk I ⟨bn.⟩ **0.1** [onverbreekbaar] *unbreakable* ⇒⟨schr.⟩ *indissoluble* ♦ **1.1** door een ~e band verbonden *bound by an indissoluble tie;* **II** ⟨bw.⟩ **0.1** [op niet te verbreken wijze] *indissolubly* ♦ **2.1** ~ verbonden zijn met *be i. connected with.*

onverdacht 0.1 *unsuspected* ♦ **1.1** zijn getuigenis is ~ *his evidence is above suspicion;* van ~e zijde hoorde ik het *I had it on unimpeachable authority.*

onverdeeld 0.1 *undivided* ◆ **1.1** met ~e aandacht *with u. attention;* een ~ succes *an unqualified success;* ~e winst *undistributed profit* **2.1** de ontvangst was ~ gunstig *the reception was entirely favourable.*

onverdiend 0.1 *undeserved* ◆ **1.1** een ~e straf *an u. punishment* **5.1** zij is de laan uitgestuurd, en niot ~ *she has been sacked, and rightly so/not without reason.*

onverdienstelijk 0.1 *undeserving* ◆ **5.¶** niet ~ *not without merit* **7.1** hij is geen ~ tennisser *he's not a bad tennis player.*

onverdraaglijk 0.1 *unbearable, intolerable* ◆ **2.1** het was ~ heet *it was unbearably hot.*

onverdraagzaam 0.1 *intolerant (towards)* ◆ **6.1** hij is ~ tegen/jegens haar *he's i. towards her.*

onverdraagzaamheid 0.1 *intolerance.*

onverdroten 0.1 *unwearying, indefatigable* ◆ **1.1** met ~ ijver *with u./unflagging zeal* **3.1** ~ werken aan iets *plod away at sth.*

onverdund 0.1 *undiluted* ◆ **1.1** een ~ mengsel *an u./a concentrated mixture* **3.1** gebruik het mengsel ~ *do not dilute mixture.*

onverenigbaar 0.1 *incompatible (with)* ◆ **1.1** deze beide betrekkingen zijn ~ *these two posts are i.* **6.1** ~ met de goede smaak *i. with good taste.*

onvergankelijk 0.1 *everlasting* ⇒*undying* ◆ **1.1** ~e roem verlenen *immortalize.*

onvergankelijkheid 0.1 *immortality* ⇒*everlastingness.*

onvergeeflijk 0.1 *unforgivable* ⇒*inexcusable* ◆ **1.1** een ~ e fout *an u. mistake/inexcusable error.*

onvergelijkbaar 0.1 *incomparable* ⇒⟨onderling⟩ *incommensurable, not to be compared* ⟨alleen pred.⟩ ◆ **1.1** onvergelijkbare grootheden *disparates, incommensurables.*

onvergetelijk 0.1 *unforgettable.*

onverhard 0.1 *unpaved.*

onverhoeds 0.1 *unexpected* ⇒*surprise* ⟨alleen attr.⟩ ◆ **3.1** zijn vijand ~ overvallen *take the enemy by surprise.*

onverholen I ⟨bn.⟩ **0.1** ⟨openlijk⟩ *unconcealed* ⇒*undisguised* ◆ **1.1** ~ bewondering *unconcealed admiration;* **II** ⟨bw.⟩ **0.1** ⟨ronduit⟩ *openly* ◆ **3.1** ~ zijn afkeer te kennen geven *show one's antipathy o.*

onverhoopt I ⟨bw.⟩ **0.1** ⟨tegen hoop/verwachting in⟩ *which God/Heaven forbid* ⇒*in the unlikely event of* ◆ **3.1** mocht u ~ een ongeluk overkomen ... *if you should meet with an accident, which Heaven forbid, ...;* mocht zij ~ weigeren ⟨ook⟩ *in the unlikely event of her refusal;* **II** ⟨bn.⟩ **0.1** ⟨onverwacht en aangenaam⟩ *unhoped-for* ⇒ *unexpected.*

onverhoord 0.1 *unanswered* ⇒*unheard* ◆ **3.1** ~ blijven *remain unanswered.*

onverkiesbaar 0.1 ⟨niet gekozen kunnende worden⟩ *ineligible* **0.2** ⟨niet verkozen zullende worden⟩ *with no chance of being elected* ◆ **1.2** op een onverkiesbare plaats staan *be unlikely to be elected.*

onverklaarbaar 0.1 *inexplicable* ⇒ ⟨zonder duidelijke oorzaak⟩ *unaccountable* ◆ **1.1** overvallen door een onverklaarbare angst *be seized with/by an u. fear;* op onverklaarbare wijze *unaccountably* **3.1** het is voor mij ⟨volkomen⟩ ~ *I (just) don't understand.*

onverkort 0.1 ⟨in zijn geheel⟩ *unabridged* ⟨vnl. book⟩; ⟨niet afgekort⟩ *unabbreviated;* ⟨boek, film, opera enz.⟩ *uncut, full-length* **0.2** ⟨onaangetast⟩ *unimpaired, uncurtailed* ◆ **3.1** een artikel ~ publiceren *publish an article uncut/in full* **3.2** haar rechten blijven ~ *her rights remain unimpaired;* iem. ~ in zijn functie handhaven *retain s.o.'s full/unlimited services;* zijn eisen ~ handhaven *insist on one's full demands;* ~ van toepassing zijn *be fully applicable.*

onverdeeld - onverstoorbaar

onverkwikkelijk 0.1 *nasty* ⇒*sordid, unsavoury* ⟨onderwerp⟩ ◆ **1.1** een ~e geschiedenis *a sordid affair;* een ~e zaak *a n. business.*

onverlaat 0.1 *miscreant* ⇒*reprobate.*

onverlet 0.1 *unimpeded* ⇒*unhindered.*

onverlicht 0.1 *unlit, unlighted* ◆ **1.1** een ~e zaal *an unlit hall.*

onvermeld 0.1 *unmentioned* ⇒⟨in archief⟩ *unrecorded* ◆ **3.1** zijn naam mag niet ~ blijven *his name must not go unrecorded;* iets ~ laten *not mention sth.;* ik denk dat dit niet ~ mag blijven ⟨ook⟩ *I think this must be pointed out.*

onvermijdelijk 0.1 *inevitable* ◆ **1.1** ~e fouten *unavoidable mistakes* **2.1** dat loopt ~ fout *that is bound to go wrong* **7.1** zich in het ~e schikken *resign o.s. to/bow to the inevitable.*

onvermijdelijkheid 0.1 *inevitability.*

onverminderd 0.1 *undiminished* ⇒*unabated* ⟨storm, ijver⟩ ◆ **3.1** ~ voortduren *continue unabated* **¶.1** ~ van kracht blijven *remain in full force* ⟨contract⟩.

onvermoed 0.1 *unsuspected* ⇒*unexpected* ◆ **1.1** ~e tegenstand *unexpected resistance.*

onvermoeibaar 0.1 *indefatigable* ⇒*tireless* ◆ **1.1** met onvermoeibare ijver *with unflagging zeal* **3.1** hij liep ~ heen en weer *he walked back and forth tirelessly.*

onvermogen 0.1 ⟨onmacht⟩ *impotence, powerlessness* ⇒ *inability* ⟨om iets te doen⟩ **0.2** ⟨geldw.⟩⟨tot betalen⟩ *insolvency, inability to pay.*

onvermurwbaar 0.1 *unrelenting* ⇒*unyielding* ◆ **3.1** ~ blijven ⟨ook⟩ *not relent (about/over).*

onverricht 0.1 *undone* ⟨laten⟩ ◆ **1.1** ~er zake terugkeren *return empty-handed.*

onversaagd 0.1 *undaunted* ⇒*dauntless,* ⟨als karaktertrek⟩ *fearless,* ⟨als karaktertrek⟩ *intrepid* ◆ **3.1** de vijand ~ in de ogen zien *face the enemy unflinchingly.*

onverschillig¹ I ⟨bn.⟩ **0.1** ⟨geen verschil uitmakend⟩ *immaterial* **0.2** ⟨weinig belangstelling tonend⟩ *indifferent (to)* ⇒⟨pej. ook⟩ *cold* ◆ **1.2** hij zat daar met een ~ gezicht *he sat there looking completely i./unconcerned* **3.1** dat is mij ~ *that's a matter of indifference to me* **5.2** zij is me totaal ~ *I'm completely i. to her* **6.2** hij is ~ voor lof/kritiek *he is i. to praise/criticism;* ⟨inf.⟩ *praise/criticism leaves him cold;* **II** ⟨bw.⟩ **0.1** ⟨op een wijze waaruit weinig belangstelling spreekt⟩ *indifferently* ⇒⟨pej. ook⟩ *coldly* ◆ **3.1** iem. ~ behandelen *treat s.o. with indifference* **8.¶** ~ of jij het krijgt of ik *regardless of whether you or I get it.*

onverschillig² ⟨vz.⟩ 0.1 *regardless of, no matter* ◆ **4.1** ~ welke v.d. twee *no matter which of the two;* ~ wie/wat/waar/wanneer *regardless of/no matter who/what/where/when.*

onverschilligheid 0.1 *indifference* ◆ **3.1** ~ voorwenden *feign i.*

onverschrokken 0.1 *fearless* ◆ **3.1** ~ de vijand tegemoet gaan *face the enemy fearlessly.*

onverslijtbaar 0.1 *indestructible* ⇒*durable* ⟨goederen⟩.

onversneden 0.1 *unadulterated* ⇒*undiluted.*

onverstaanbaar 0.1 *unintelligible* ⟨gepraat⟩; ⟨mbt. persoon; slecht articulerend⟩ *inarticulate;* ⟨zacht sprekend⟩ *inaudible.*

onverstandig 0.1 *foolish* ⇒*unwise* ◆ **3.1** zij was zo ~ te zeggen *she was f. enough to say;* het zou ~ zijn ⟨ook⟩ *it would be bad policy to;* het zou niet ~ zijn om ⟨ook⟩ *it would not be a bad idea to.*

onverstoorbaar 0.1 ⟨niet afgebroken kunnende worden⟩ *imperturbable* ⇒*undisturbed* **0.2** ⟨mbt. personen⟩ *imperturbable* ◆ **1.1** zij heeft een ~ humeur *she's quite i./⟨inf.⟩*

unflappable **3.2** hij rookte ~ door *he carried on smoking regardless.*

onvertaalbaar 0.1 *untranslatable.*

onverteerbaar 0.1 *indigestible* ⟨ook fig.⟩ ◆ **1.1** ⟨fig.⟩ ik vind zijn opmerkingen ~ *I find his remarks hard to take;* ⟨fig.⟩ iets een onverteerbare zaak vinden *find sth. unacceptable.*

onvertogen 0.1 *indecent* ⇒*indelicate* ◆ **1.1** nooit heb ik een ~ woord van hem gehoord *I've never heard him use an indelicate word;* er is geen ~ woord gevallen *the whole thing was handled extremely delicately.*

onvervaard 0.1 *fearless* ⇒*dauntless* ◆ **3.1** ~ de toekomst tegemoet gaan *face the future fearlessly.*

onvervalst 0.1 *pure* ⇒*unadulterated, broad* ⟨accent, dialect⟩ ◆ **1.1** ~ pacifisme *unalloyed pacifism.*

onvervangbaar 0.1 *irreplaceable.*

onvervreemdbaar 0.1 *inalienable* ◆ **1.1** een ~ erfgoed *an entailed estate.*

onverwacht 0.1 *unexpected* ⇒*surprise* ⟨alleen attr.⟩ ◆ **2.1** een ~ grote opkomst *an unexpectedly large attendance* **3.1** ~ aankomen *arrive unexpectedly;* dat soort dingen gebeurt altijd ~ *that sort of thing always happens when you least expect it;* ~ bij iem. langskomen *visit s.o. unexpectedly, pay s.o. a surprise visit.*

onverwachts 0.1 *unexpected* ⇒*sudden, surprise* ⟨alleen attr.⟩ ◆ **3.1** het bevel kwam niet ~ *the order did not come as a surprise;* hij werd ~ overgeplaatst *he was transferred unexpectedly.*

onverwarmd 0.1 *unheated.*

onverwijld 0.1 ⟨bn.⟩ *immediate* ⇒⟨bw.⟩ *immediately,* ⟨bw.⟩ *straightaway* ◆ **1.1** een ~ vertrek *an immediate departure* **3.1** dit moet ~ gedaan worden *this should be done forthwith.*

onverwoestbaar 0.1 *indestructible;* ⟨stof/tapijt ook⟩ *tough, durable* ◆ **1.1** met ~ zelfvertrouwen *with unflagging self-confidence.*

onverzadigbaar 0.1 *insatiable.*

onverzadigd 0.1 ⟨hongerig⟩ *insatiate(d)* ⇒*unsatisfied* **0.2** [nat.] *unsaturated* ◆ **1.¶** ⟨schei.⟩ ~ e verbindingen/vetzuren *unsaturated compounds, unsaturated fatty acids* **2.¶** enkelvoudig/meervoudig ~ *monounsaturated, polyunsaturated* **3.1** ~ van tafel opstaan *rise from the table unsatisfied.*

onverzettelijk 0.1 *unbending* ⇒*intransigent,* ⟨pej.⟩ *obstinate* ◆ **1.1** een ~ iem. *a die-hard;* een ~ wil *an indomitable will* **3.1** hij bleef ~ *he remained unyielding.*

onverzoenlijk 0.1 *irreconcilable* ⟨tegenstanders⟩; *implacable* ⟨haat⟩ ◆ **1.1** een ~ e houding aannemen, een ~ standpunt innemen *take up an uncompromising attitude/position;* een ~ iem. *a die-hard.*

onverzorgd 0.1 [zonder verzorger] *unattended* **0.2** [slordig, niet verzorgd]⟨slordig⟩ *careless, untidy;* ⟨niet verzorgd⟩ *uncared-for, untended* ◆ **1.1** hij laat een ~ e weduwe achter *he leaves a widow unprovided for* **1.2** een ~ e baard *an untidy beard;* een ~ e stijl *a careless style;* een ~ e tuin *an untended garden* **3.2** hij ziet er ~ uit *he has an uncared-for look.*

onvindbaar 0.1 *untraceable* ⇒*not to be found* ⟨alleen pred.⟩ ◆ **1.1** de sleutel bleek ~ *the key could not be found (anywhere).*

onvoldaan 0.1 [onbetaald] *unpaid* ⇒*outstanding* ⟨schuld⟩ **0.2** [onbevredigd] *unsatisfied* **0.3** [van onvoldaanheid getuigend] *dissatisfied* ◆ **1.3** een onvoldane blik *a d. look* **3.2** wij zetten ~ de reis voort *dissatisfied, we continued our journey.*

onvoldoende¹ ⟨de⟩ **0.1** *unsatisfactory ᴮmark/ᴬgrade, fail*

◆ **3.1** een ~ halen *fail (an exam/a test)* **7.1** hij had twee ~s *he got two unsatisfactory marks.*

onvoldoende² ⟨bn., bw.⟩ **0.1** *insufficient* ⇒*unsatisfactory,* ⟨ontoereikend⟩ *inadequate* ◆ **1.1** een ~ hoeveelheid *an insufficient amount;* de kwaliteit is ~ *the quality is unsatisfactory* **3.1** een vraag ~ beantwoorden *fail to give an adequate answer to a question;* ~ ontwikkeld *underdeveloped;* ~ presteren *underachieve;* ~ zijn ⟨ook⟩ *fail to come up to the mark.*

onvoldragen 0.1 *premature* ⇒*not carried to term* ⟨vrucht⟩

onvolgroeid 0.1 [biol.; niet uitgegroeid] *stunted* **0.2** [fig.; onvolwassen, onrijp] *immature.*

onvolkomen 0.1 *imperfect* ⇒*incomplete.*

onvolkomenheid 0.1 [ontoereikendheid] *incompleteness, inadequacy* ⇒*deficiency* **0.2** [onvolmaaktheid] *imperfection.*

onvolledig 0.1 *incomplete* ◆ **1.1** een ~ e dienstbetrekking *part-time employment.*

onvolledigheid 0.1 [het onvolledig zijn] *incompleteness* **0.2** [gaping, leemte] *hiatus.*

onvolmaakt 0.1 [niet zonder gebreken] *imperfect* **0.2** [onvolledig] *incomplete.*

onvolmaaktheid 0.1 *imperfection.*

onvolprezen ⟨schr.⟩ **0.1** *unsurpassed.*

onvoltooid 0.1 *unfinished* ⇒*incomplete, abortive* ⟨poging⟩ ◆ **1.1** ⟨taal.⟩ ~ e tijden *imperfect tenses.*

onvolwaardig 0.1 [niet de volle waarde hebbend] *imperfect* ⇒*incomplete* **0.2** [mbt. personen]⟨lichamelijk⟩ *disabled;* ⟨geestelijk⟩ *deficient* ◆ **2.2** geestelijk ~ *mentally deficient.*

onvolwassen 0.1 [in geestelijke zin] *immature* **0.2** [jur.] *under age* ⟨alleen pred.⟩ **0.3** [onvolgroeid] *immature* ⇒*unripe* ⟨vrucht⟩, *juvenile* ⟨dier⟩ ◆ **3.1** zich ~ gedragen *act immaturely;* ~ reageren *react in an adolescent way* **7.1** de ~ e *the adolescent.*

onvolwassenheid 0.1 *immaturity.*

onvoorbereid 0.1 ⟨bn.⟩ *unprepared;* ⟨bw.⟩ *unaware(s), by surprise* ◆ **3.1** ~ spreken *speak off the cuff.*

onvoordelig 0.1 *unprofitable* ⇒*uneconomic(al)* ◆ **3.1** een ~ uitgevallen foto *an unflattering photo;* ~ uit zijn *pay too high a price.*

onvoorspelbaar 0.1 *unpredictable.*

onvoorstelbaar I ⟨bn.⟩ **0.1** [ondenkbaar] *inconceivable* ⇒ *unimaginable, unthinkable* ◆ **1.1** ~ leed *i. suffering* **3.1** het is ~! *it's unbelievable!/incredible!;*
II ⟨bw.⟩ **0.1** [in ondenkbare mate] *inconceivably* ⇒*incredibly.*

onvoorwaardelijk 0.1 *unconditional* ⇒*unquestioning* ⟨geloof⟩, *absolute* ⟨gezag, verbod⟩, *unqualified* ⟨steun⟩ ◆ **1.1** ~ e overgave/toestemming *unconditional surrender, unqualified permission;* ⟨jur.⟩ ~ e straf *non-suspended sentence* **3.1** zich ~ overgeven *surrender unconditionally.*

onvoorzichtig 0.1 *careless* ⇒*unguarded* ⟨opmerking⟩, ⟨sterker⟩ *reckless* ◆ **3.1** je hebt zeer ~ gehandeld *you have acted most imprudently.*

onvoorzichtigheid 0.1 [hoedanigheid] *carelessness* ⇒ ⟨sterker⟩ *recklessness, lack of caution* **0.2** [handeling] *carelessness* ⇒⟨verbaal⟩ *indiscretion.*

onvoorzien 0.1 [niet vooruit te berekenen]⟨bn.⟩ *unforeseen;* ⟨bw.⟩ *accidentally* **0.2** [plotseling] *sudden, unexpected* ◆ **1.1** wegens ~ e omstandigheden *owing to circumstances beyond our control;* ~ e uitgaven *incidental expenditure(s)* **3.2** het bericht van zijn dood kwam ~ *the news of his death came unexpected(ly).*

onvrede 0.1 [ontevredenheid] *dissatisfaction (with)* **0.2** [onenigheid] *discord* ⇒*dissension* ◆ **6.1** er heerst ~ **over**

de werksituatie *there's d. with the working conditions* **6.2 in** ~ leven met *be at loggerheads with.*

onvriendelijk 0.1 〈bn.〉 *unfriendly, hostile* 〈daad〉; 〈persoon ook〉 *unkind; chilly* 〈toon〉; *unpleasant* 〈gedrag〉; 〈bw.〉 *in an unfriendly/unkind/chilly way/tone* ◆ **3.1** ~ antwoorden *answer coldly;* dat is heel ~ van hem *that is most unkind of him;* ~ zijn tegen iem. *be unfriendly to s.o.*

onvrij 0.1 *unfree* ◆ **1.1** ~e boeren *serfs* **6.1** wij voelden ons ~ **in** ons doen en laten *we felt constrained in our movements.*

onvrijwillig 0.1 *involuntary* ◆ **1.1** een ~ bad a *ducking;* ~e werkloosheid *forced unemployment.*

onvrouwelijk 0.1 〈bn.〉 *unfeminine* ⇒*unwomanly,* 〈bw.〉 *in an unfeminine/unwomanly way* ◆ **3.1** ~ gekleed gaan *wear unfeminine clothes.*

onvruchtbaar 0.1 [weinig/geen vruchten voortbrengend] *unfruitful* ⇒*arid, barren* 〈land〉 **0.2** [mbt. voortplanting] *infertile* ⇒*barren* 〈dier, vrouw ook〉 **0.3** [fig.; ijdel] *fruitless* ⇒*unfruitful* ◆ **1.3** een onvruchtbare discussie *a f. discussion.*

onvruchtbaarheid 0.1 [weinig vrucht voortbrengend] *infertility* ⇒*aridity* **0.2** [mbt. voortplanting] *infertility* **0.3** [fig.; van poging of discussie] *fruitlessness* ⇒*futility.*

onwaar 0.1 *untrue* ⇒*false.*

onwaardig I 〈bn.〉 **0.1** [niet waard zijnde] *unworthy (of)* ◆ **1.1** gedrag een heer ~ *ungentlemanly conduct* **3.1** zich ~ gedragen *act unworthily;* **II** 〈bn., bw.〉 **0.1** [verachtelijk] *unworthy* ◆ **1.1** een ~e behandeling *u. treatment;* een ~ schouwspel *an undignified spectacle.*

onwaarheid 0.1 [iets onwaars] *falsehood* ⇒*untruth,* 〈euf.〉 *inaccuracy* **0.2** [het niet waar zijn] *falsity* ⇒*untruthfulness* ◆ **3.1** zijn boek wemelt van onwaarheden *his book is riddled with falsehoods* **3.2** de ~ aantonen van *disprove;* 〈wet.〉 *falsify.*

onwaarneembaar 0.1 *imperceptible* ◆ **2.1** een ~ klein verschil *an indiscernible difference.*

onwaarschijnlijk I 〈bn.〉 **0.1** [niet waarschijnlijk] *unlikely, improbable* ◆ **1.1** in het ~e geval dat Jan wint *in the u. event of John('s) winning;* een ~ verhaal *an u./i. story* **5.1** het is hoogst ~ dat *it is most/highly u. that;* **II** 〈bw.〉 **0.1** [onvoorstelbaar] *incredibly* ⇒*unbelievably.*

onwaarschijnlijkheid 0.1 *improbability* ⇒*unlikelihood.*

onwankelbaar 0.1 *unshak(e)able* ⇒〈geloof ook〉 *firm, unfaltering* 〈toewijding, trouw〉, *unswerving* 〈toewijding, trouw〉 ◆ **1.1** onwankelbare liefde *unfaltering love.*

onweer 0.1 *thunderstorm* ◆ **2.1** een tropisch ~ *a tropical (thunder)storm;* een zomers ~ *a summer storm* **3.1** het ~ komt opzetten/trekt af/barst los/drijft over *the t. approaches/abates/breaks/blows over;* we krijgen ~ *we're going to have a t.* **6.1** er zit ~ **in** de lucht *there's a storm brewing* ¶**.1** 〈fig.〉 zijn gezicht stond op ~ *his face spelled trouble.*

onweerlegbaar 0.1 *irrefutable* ◆ **1.1** ~ bewijs *absolute proof* **3.1** iets ~ aantonen/bewijzen *show/prove sth. beyond doubt.*

onweersbui 0.1 *thundery shower.*

onweerstaanbaar 0.1 *irresistible* ⇒*compelling* 〈boek, muziek〉 ◆ **2.1** ~ lief *irresistibly sweet.*

onweersvliegje 0.1 *thrips.*

onweerswolk 0.1 *thundercloud, stormcloud* ◆ **3.1** 〈fig.〉 de ~en pakten zich samen boven Europa *stormclouds were gathering over Europe.*

onwel 0.1 *unwell, ill* ⇒*indisposed,* 〈vnl. BE〉 *poorly* ◆ **3.1** zich ~ voelen *feel i./poorly;* ~ zijn/worden *be/become u./i.*

onwelgevallig 0.1 *displeasing* ◆ **3.1** bezoek zou mij nu niet ~ zijn *visitors would not be unwelcome now.*

onwelkom 0.1 [niet welkom] *unwelcome* ⇒*unwanted* 〈geschenk〉 **0.2** [onaangenaam] *unwelcome* ◆ **1.1** ~e gasten *unwelcome guests* **1.2** ~e uitgaven *u. expenses* **3.2** een beetje steun zou niet ~ zijn 〈ook〉 *a little support wouldn't be amiss;* zo'n oplossing zou haar niet ~ zijn *she'd welcome such a solution.*

onwelwillend 0.1 *disobliging, unkind* ⇒〈houding〉 *unsympathetic (towards)* ◆ **3.1** ~ staan tegenover *be unsympathetic towards.*

onwennig 0.1 〈bn.〉 *unaccustomed* ⇒*ill at ease* 〈bn. en bw.〉 ◆ **3.1** zij staat er nog wat ~ tegenover *she has not quite got used to the idea;* hij voelt zich nog ~ *he still feels ill at ease;* het was allemaal nog wat ~ *I/he/she* 〈enz.〉 *had not quite got used to it;* de kinderen zijn nog wat ~ *the children have not quite settled down yet.*

onwennigheid 0.1 *strangeness* ⇒*not being used to sth.*

onwenselijk 0.1 *undesirable.*

onweren 0.1 *thunder* ◆ **3.1** ik hoor het in de verte ~ *I can hear thunder in the distance* ¶**.1** het onweerde/heeft geonweerd *there was/has been a thunderstorm.*

onwerkelijk 0.1 *unreal.*

onwetend 0.1 *ignorant* ◆ **3.1** iem.~ houden *keep s.o. in the dark.*

onwetendheid 0.1 *ignorance* ◆ **6.1** hij heeft dat in zijn ~ gedaan *he did that in all his i.;* **uit/door** ~ *out of/through i.*

onwetenschappelijk 0.1 *unscientific* ⇒*unacademic* ◆ **1.1** een zeer ~e aanpak *a most unscientific approach.*

onwetmatig (jur.) **0.1** *illegal* ◆ **1.1** een ~e daad *an i. act.*

onwettig I 〈bn.〉 **0.1** [mbt. kinderen] *illegitimate;* **II** 〈bn., bw.〉 **0.1** [niet wettig] 〈strijdig met de wet〉 *illegal;* 〈verboden〉 *illicit;* 〈niet gesanctioneerd〉 *unlawful* ◆ **1.1** een ~ huwelijk *an unlawful marriage* **2.1** ~ verkregen goed *unlawfully obtained goods* **3.1** ~ handelen *act unlawfully.*

onwezenlijk 0.1 *unreal* ◆ **1.1** een ~e figuur *a shadowy figure.*

onwijs I 〈bn., bw.〉 **0.1** [dwaas] *foolish* ⇒*silly* ◆ **3.1** doe niet zo ~ *don't be (so) silly/f.;* **II** 〈bw.〉 **0.1** [in extreme mate] *awfully* ⇒*fabulously, terrifically,* 〈vnl. BE ook〉 *ever so* ◆ **2.1** 〈inf.〉 ~ gaaf *brill* **5.1** ze zat ~ hard te lachen *she was laughing her head off;* 〈inf.〉 ~ hard werken 〈ook〉 *work like mad/crazy.*

onwil 0.1 *unwillingness* ◆ **3.1** het was geen ~ van haar *it was not that she was unwilling.*

onwillekeurig I 〈bn.〉 **0.1** [niet opzettelijk] *involuntary;* **II** 〈bw.〉 **0.1** [zonder erg] *inadvertently* ⇒*unconsciously* ◆ **3.1** ~ geloof je dat dan niet *you instinctively refuse to believe it;* ~ lachte hij *he laughed in spite of himself.*

onwillig 0.1 *unwilling* ⇒〈met tegenzin〉 *reluctant* ◆ **1.1** ~e betalers *u./reluctant payers;* ~e getuigen *hostile witnesses.*

onwrikbaar I 〈bn.〉 **0.1** [fig.; zeer vast] *firm* 〈standpunt〉; *unshak(e)able* 〈opvattingen, trouw〉; *unswerving* 〈trouw〉 **0.2** [niet verwrikt kunnende worden] *immovable* ⇒*firm* ◆ **1.1** een ~ geloof *an unshak(e)able belief;* **II** 〈bn., bw.〉 **0.1** [onomstotelijk] *irrefutable* ◆ **3.1** dit staat ~ vast *this has been proved beyond doubt.*

onzacht 0.1 *rough* ⇒*hard, none too soft/gentle* 〈pred.〉 ◆ ¶**.1** ~ in aanraking komen met *come into violent contact with.*

onzakelijk 0.1 〈bn.〉 *unbusinesslike;* 〈bw.〉 *in an unbusinesslike manner.*

onzalig 0.1 *unlucky* ⇒*ill-fated* ◆ **1.1** wie kwam er op die ~e gedachte? *whose silly/*〈iron.〉 *bright idea was it?*

onzedelijk 0.1 [onkuis] *indecent* ⇒*obscene* ⟨boek, afbeelding⟩, *immodest* ⟨kleding⟩ **0.2** [immoreel] *immoral.*

onzedelijkheid 0.1 [hoedanigheid] *immorality* ⇒*indecency, immodesty* **0.2** [handeling, uiting] *indecency* ⇒*obscenity,* ⟨handeling ook⟩ *vice,* ⟨handeling ook⟩ *immoral act.*

onzedig 0.1 [niet ingetogen] *free, loose, immodest* **0.2** [tegen de goede zeden] *immoral* ⇒*indecent* ⟨kleding⟩, *obscene* ⟨taal⟩.

onzeker 0.1 [mbt. personen] *insecure* ⇒*unsure* **0.2** [twijfelachtig] *doubtful* ⇒*uncertain* **0.3** [onvast] *unsteady* **0.4** [wisselvallig] *uncertain* ⇒*fitful* **0.5** [niet vaststaand] *uncertain* ⇒*unsure, precarious* ⟨positie⟩ ◆ **1.3** haar stem was ~ *her voice was u./shaky* **1.5** het aantal gewonden is nog ~ *the number of injured is not yet known;* een ~e factor *an unknown quantity* **7.5** in het ~e verkeren *be in the dark;* hij nam het zekere voor het ~e *he (just) made sure;* de wachtenden in het ~e laten *keep those waiting in suspense;* iets in het ~e laten *leave sth. unresolved.*

onzekerheid 0.1 [onvastheid] *unsteadiness* **0.2** [twijfel] *uncertainty* ⇒*doubt* **0.3** [wat onzeker is] *uncertainty* ◆ **2.2** de voortdurende ~ over iets *the constant suspense/doubt(s) about sth.* **3.2** er heerst nog grote ~ over *there's still a great deal of u.;* ⟨inf.⟩ *it's still a big if;* in ~ laten/verkeren *keep/be in a state of suspense.*

onzelfstandig 0.1 *dependent (on others).*

Onze-Lieve-Heer 0.1 [God] *Our Lord, the Lord (God)* **0.2** [Christus] *Our Lord (Jesus Christ)* ◆ **1.**¶ ⟨sprw.⟩ ~ heeft rare kostgangers *there's nowt so queer as folk.*

onzelieveheersbeestje 0.1 ⟨vnl. BE⟩ *ladybird;* ᴬ*ladybug.*

onzent ⟨schr.⟩ ◆ **6.**¶ **te(n)** ~ ⟨ongemarkeerd; huis⟩ *at our house/office;* ⟨stad⟩ *in our town.*

onzerzijds 0.1 *on our part.*

onzevader 0.1 *Lord's Prayer* ◆ **3.1** het ~ bidden *say the Lord's Prayer.*

onzichtbaar 0.1 [niet zichtbaar] *invisible* **0.2** [niet meer te onderscheiden] *invisible, indiscernible* ◆ **3.1** ⟨scherts.⟩ hij bleef de hele dag ~ *he stayed out of sight all day* **3.2** een scheur ~ stoppen *mend a tear invisibly.*

onzijdig 0.1 [neutraal] *neutral* **0.2** [onbevooroordeeld] *neutral* ⇒*impartial* **0.3** [taal.] *neuter* **0.4** [plantk.] *neuter* ◆ **1.1** een ~e mogendheid *a n. power* **3.1** zich ~ houden *remain n.*

onzin 0.1 [nonsens] *nonsense* **0.2** [domme daad] *nonsense* ⇒*folly* ◆ **2.1** wat een grote ~! *what utter n.!;* ⟨BE; inf.⟩ *what a load of rubbish!;* klinkklare ~ *utter n.* **3.1** ~ verkopen/uitkramen *talk n./garbage* **3.2** dat zou ~ zijn *that would be (sheer) folly* ¶.¶ ~! *nonsense!*

onzindelijk 0.1 [niet zindelijk] *not toilet trained; not house-trained* ⟨hond⟩ **0.2** [fig.]⟨onethisch⟩ *objectionable, offensive* ◆ **1.2** een ~(e) gedachte *an impure thought* **3.2** ~ denken *objectionable/offensive ideas.*

onzinnig 0.1 [dwaas] *absurd* ⇒*senseless, nonsensical* ⟨gepraat⟩ **0.2** [buitensporig] *senseless* ⇒*absurd* ◆ **1.1** een ~ antwoord *a nonsensical answer;* een ~e onderneming *a senseless undertaking* **2.2** dat wordt ~ duur *that's going to be ridiculously expensive.*

onzorgvuldig 0.1 *careless* ⇒*negligent* ◆ **1.1** een ~e behandeling *negligent treatment* **3.1** in alles is hij even ~ *he is c. about everything.*

onzuiver I ⟨bn.⟩ **0.1** [niet zuiver] *impure* **0.2** [nog niet gezuiverd] *unpurified* ⇒*crude* ⟨olie⟩ **0.3** [bruto] *gross* ◆ **1.1** ⟨fig.⟩ een ~ beeld *a false picture;* ~ water *i. water* **1.3** het ~ inkomen *the g./assessable income.*

II ⟨bn., bw.⟩ **0.1** [afwijkend] *inaccurate* ⇒*imperfect,* ⟨statistiek⟩ *biased* **0.2** [onorthodox] *unsound* ⇒*faulty* ◆ **1.1**

een ~ schot *an inaccurate shot* **1.2** een ~e redenering *faulty reasoning* **3.1** ~ zingen *sing out of tune/off key* ¶.**2** ~ in de leer *u. in the faith.*

onzuiverheid 0.1 *impurity.*

oog 0.1 [gezichtsorgaan, ook fig.] *eye* **0.2** [blik] *look* ⇒*glance, eye* **0.3** [gezichtskring, ook fig.] *view* ⇒*eye* **0.4** [opening] *eye* **0.5** [mbt. kledingstukken] *eye(let)* **0.6** [spel] *dot* ⇒*spot* **0.7** [plantk.] *eye* ◆ **1.4** het ~ v.d. naald *the e. of the needle* **2.1** ⟨fig.⟩ met andere ogen bekijken *see in a different light;* een blauw ~ *a black e.;* ⟨fig.⟩ dan kun je het met je eigen ogen zien *then you can see for yourself;* goede ogen hebben *have good eyes/eyesight;* ⟨fig.⟩ hij zette grote ogen op *his eyes nearly popped out of his head;* een lui ~ *a lazy/wandering e.* **2.2** ⟨fig.⟩ het boze ~ *the evil eye;* met een half ~ iets zien ⟨fig.⟩ *cast a glance at sth.;* met een scheef ~ kijken naar *look askance at;* schele ogen geven ⟨fig.⟩ *make (s.o.) green with envy* **2.6** ⟨fig.⟩ hoge ogen gooien *have/stand an excellent chance* **2.**¶ een elektronisch ~ *an electronic eye* **3.1** zijn ogen bederven *ruin one's eyes;* geen ~ dichtdoen *not sleep a wink;* zijn ogen geloven/vertrouwen *believe/trust one's eyes;* hij had alleen ~ voor haar *he only had eyes for her;* heb jij geen ogen? *haven't you got eyes in your head?;* ogen hebben van voren en van achteren *have eyes in the back of one's head;* ~ hebben voor ⟨fig.⟩ *have an e. for;* ⟨fig.⟩ geen ~ hebben voor *be blind to;* ⟨fig.⟩ dat heeft mij de ogen geopend *that opened my eyes/was an eye-opener for me;* zij maakte haar ogen op *she made up her eyes;* de ogen openhouden ⟨ook fig.⟩ *keep one's eyes open;* ⟨fig.⟩ de ogen sluiten *close one's eyes for the last time;* de ogen sluiten voor iets *close one's eyes to sth.;* zijn ogen uitkijken (aan iets) *stare one's eyes out (on sth.);* iem. de ogen uitsteken *make s.o. jealous/green with envy;* zich de ogen uitwrijven *rub one's eyes* **3.2** zij kon haar ogen niet van hem afhouden *she couldn't take/keep her eyes off him;* zijn ogen laten gaan over *run one's eye over* **3.3** aan het ~ onttrokken *hidden/concealed from v./sight;* zo ver het ~ reikt *as far as the eye can see* **6.1** aan één ~ blind *blind in one e.;* ⟨fig.⟩ iets *door* iemands ogen zien *see sth. through s.o. else's eyes;* iem. iets **onder** vier ogen zeggen *say sth. to s.o. in private;* ⟨fig.⟩ goed uit zijn ogen kijken *keep one's eyes open;* ik kan niet meer *uit* mijn ogen zien (van vermoeidheid) *I can't keep my eyes open (any more);* ⟨fig.⟩ kun je niet *uit* je ogen kijken? *can't you look where you're going?;* **voor** iemands ogen *in front of s.o.'s (very) eyes* **6.2 met** de ogen verslinden *devour with one's eyes;* een gevaar **onder** ogen zien *recognise a danger;* ⟨fig.⟩ iem. iets **onder** het ~ brengen *bring sth. to s.o.'s attention;* **onder** het waakzame ~ van *under the watchful eye of;* ⟨fig.⟩ ik durf hem niet **onder** de ogen te komen *I dare not look him in the face;* ⟨fig.⟩ ik heb het nooit **onder** ogen gehad *I have never set eyes on it;* ⟨zo⟩ **op** het ~ *on the face of it;* iets/iem. **op** het ~ hebben ⟨fig.; denken aan⟩ *have sth./s.o. in mind, have one's eye on sth./s.o.;* iets **op** het ~ hebben ⟨nastreven⟩ *set one's sights on sth.;* ⟨bedoelen⟩ *refer to sth.;* ⟨fig.⟩ iets **voor** ogen houden *keep/bear sth. in mind;* ⟨fig.⟩ de toekomst stond hem helder **voor** ogen *he had a clear vision of the future;* ⟨fig.⟩ wat mij **voor** ogen staat *what I have in mind* **6.3 in** het ~ houden ⟨voortdurend gadeslaan⟩ *keep an eye on;* ⟨niet vergeten⟩ *keep/bear in mind;* **in** het ~ lopen/springen *catch the eye;* **in** het ~ lopend *conspicuous, noticeable;* **in** het ~ krijgen *catch sight of;* **uit** mijn ogen! *get out of my sight!;* **uit** het ~ raken *disappear from sight;* iets **uit** het ~ verliezen *lose sight of sth.;* iem. **uit** het ~ verliezen *lose sight of/⟨contact⟩ touch with s.o.* **6.4** ⟨fig.⟩ **door** het ~ v.d. naald kruipen *escape by the* *skin of one's teeth* **6.¶ in** hun ogen betekent hij niet veel *he doesn't amount to much in their eyes;* ~ **in** ~ staan met *come face to face with;* **in** mijn ogen *in my opinion/view;* **met** het ~ op ⟨doel⟩ *with a view to;* ⟨wegens⟩ *in view of* **¶.1** zijn ogen de kost geven *take it all in;* zijn ogen zijn groter dan zijn maag *his eyes are bigger than his stomach;* ⟨fig.⟩ het ~ wil ook wat *appearances also count;* zijn ogen in zijn zak hebben *not use one's eyes;* ⟨fig.⟩ zich de ogen uit het hoofd schamen *be embarrassed to death;* ⟨sprw.⟩ ~ om oog, tand om tand *an eye for an eye, a tooth for a tooth* **¶.2** zijn ~ viel op haar *his eye fell on her* **¶.3** ⟨sprw.⟩ uit het ~, uit het hart *out of sight, out of mind.*

oogappel 0.1 *apple of one's eye* ♦ **1.1** hij was zijn moeders ~ *he was the apple of his mother's eye.*

oogarts 0.1 *ophthalmologist* ⇒*eye doctor.*

oogbol 0.1 *eyeball.*

oogcontact 0.1 *eye contact.*

oogdruppels 0.1 *eye drops.*

ooggetuige 0.1 *eyewitness* ♦ **3.1** ~ van iets zijn *be an e. to/of sth.*

ooggetuigenverslag 0.1 *eyewitness report/account* ⇒ ⟨sport⟩ *running commentary,* ⟨sport⟩ *live coverage.*

ooghaar 0.1 *(eye)lash.*

oogheelkunde 0.1 *ophthalmology.*

ooghoek 0.1 *corner of the eye* ♦ **6.1** naar iem. kijken **vanuit** zijn ~ *look at s.o. out of the corner of one's eye.*

oogholte 0.1 *eye socket.*

ooghoogte 0.1 *eye level* ♦ **6** op ~ *at e. l.*

oogje 0.1 ⟨klein oog⟩ *(little) eye* ⇒*eyelet* ⟨mbt. kleding⟩ **0.2** ⟨blik⟩ *glance* ⇒*look, peep* ♦ **3.1** een ~ dichtknijpen/dichtdoen *close/shut one's eyes (to)* **3.¶** een ~ hebben op *have one's eye on;* een ~ houden op *keep an eye on* **6.2** ⟨fig.⟩ een ~ in het zeil houden *keep a look-out.*

oogkas ⇒**oogholte.**

oogklep 0.1 *blinker* ⇒*blinder* ♦ **3.1** ⟨fig.⟩ ~pen voor hebben *be blinkered* **6.1 met** ~pen lopen *have blinkers on.*

ooglap 0.1 *(eye) patch.*

ooglid 0.1 *(eye)lid* ♦ **2.1** de oogleden worden zwaar *one's eyelids become heavy* **3.1** de oogleden openen/sluiten *open/close one's eyes.*

oogluikend 0.1 ⟨zie 3.1⟩ ♦ **3.1** ~ toegelaten worden *be winked at;* iets ~ toelaten/toestaan *turn a blind eye to sth.*

oogmerk 0.1 *view* ♦ **6.1 met** het ~ om *with a v. to.*

oogmeting 0.1 *eye test.*

oogontsteking 0.1 *inflammation of the eye.*

oogoperatie 0.1 *eye operation.*

oogopslag 0.1 *glance* ⇒*look, glimpse* ♦ **6.1 bij** de eerste ~ *at first glance;* **in/met** één ~ *at a (single) glance.*

oogpunt 0.1 *viewpoint* ⇒*point of view* ♦ **2.1** uit economisch ~ *from an economic point of view/v.;* vanuit militair/politiek ~ *militarily/politically speaking* **6.1 uit** het/een ~ **van** *from the standpoint/point of view of.*

oogschaduw 0.1 *eyeshadow.*

oogst 0.1 ⟨het inzamelen⟩ *harvesting* ⇒*reaping* **0.2** ⟨gewas⟩ *harvest* ⇒*crop, vintage* ⟨wijn⟩ **0.3** ⟨fig.; opbrengst⟩ *harvest* ♦ **2.2** een overvloedige ~ *a bumper crop* **3.2** de ~ binnenhalen *bring in the h.;* een rijke ~ *opleveren/geven produce a rich h.*

oogsten 0.1 ⟨oogst binnenhalen⟩ *harvest* ⇒*pick* ⟨fruit⟩ **0.2** ⟨fig.; verwerven⟩ *reap* ♦ **1.1** vlas ~ *h. (the) flax* **1.2** dank/lof/bijval ~ *win thanks/praise/approval;* succes ~ *score a success.*

oogstrelend 0.1 *delightful (to the eye)* ♦ **1.1** een ~ uitzicht *a delightful view.*

oogsttijd 0.1 *harvest(ing) time.*

oogverblindend I ⟨bn.⟩ **0.1** [de ogen verblindend] *blinding, dazzling* ♦ **1.1** ~ licht *b./d. light;* **II** ⟨bn., bw.⟩ **0.1** [schitterend] *dazzling* ♦ **1.1** een ~e schoonheid *a raving beauty* **2.¶** ~ mooi *dazzlingly beautiful, ravishing.*

oogwenk 0.1 *moment* ⇒*twinkling (of an eye)* ♦ **6.1 in** een ~ was hij terug *he was back in a flash.*

oogwit 0.1 *white of the eye.*

ooi 0.1 *ewe.*

ooievaar 0.1 *stork.*

ooievaarsnest 0.1 *stork's nest.*

ooit 0.1 *ever* ⇒*at any time* ♦ **1.1** Jan, die ~ een vriend van me was *John, who was once a friend of mine* **3.1** ben je daar ~ geweest? *have you e. been there?;* het hoogste punt ~ bereikt ⟨ook⟩ *an all-time high;* hij is ~ nog voetballer geweest *he used to play soccer;* mocht ik ~ in Londen komen, dan ... *should I (e.) come to London, then ...* **¶.1** groter dan ~ tevoren *bigger than e. (before)* **¶.¶** wel heb je ~! *well I never!*

ook 0.1 [bovendien] *also* ⇒*too* **0.2** [evenzo, evenzeer] *also* ⇒*too* **0.3** [zelfs] *even* **0.4** [als versterking] *anyhow* ⇒*anyway* **0.5** [dienovereenkomstig] *therefore* **0.6** [misschien] *maybe* ⇒*perhaps* **0.7** [in wenszinnen/uitroepen] *again* ⇒*too* ♦ **1.1** zijn er ~ brieven? *are there any letters?* **1.2** ⟨iron.⟩ dat is ~ een standpunt *that's one way of looking at it* **1.3** ~ Jan had het niet geweten *e. John didn't know* **1.7** dat gezanik ~ *all that fuss (too)* **2.4** hoe jong ik ~ ben ...*as young as I may be/am ...* **3.1** wat hij zegt gebeurt ~ *whatever he says goes;* An was ~ van de partij *Ann came along too* **3.2** morgen kan ~ nog *tomorrow will be all right too* **3.4** jij zegt ~ maar alles, wat je voor de mond komt *you say whatever pops into your head* **3.6** heb je haar ~ voorbij zien gaan? *did you see her go past by any chance?;* kun je me ~ zeggen waar hij woont? *could you tell me where he lives, (please)?* **4.1** mag ik ~ eens wat zeggen? *may I say sth. too?* **4.2** ik hou van tennis en hij ~ *I like tennis and so does he;* 'prettig weekend.' 'jij ~' *'have a nice weekend.' '(and) you too';* 'je bent een stommeling.' 'jij ~' *'you're an idiot.' 'so are you/you too'* **4.¶** alles, maar dan ~ alles! *absolutely everything;* repareer het hoe dan ~ *fix it however you can;* hoe het ~ zij, laten we nu maar gaan *anyway, let's go now;* hoe dan ~ *anyhow;* wat er ~ gebeure *whatever happens, come what may;* wat je ~ doet *whatever you do;* heb je je sjaal of wat je ~ kwijt was gevonden? *have you found your scarf or whatever it was you had lost?;* wie (dan) ~ *whoever* **5.1** ik ben er ~ nog *I'm here too;* hij kookte, en heel goed ~ *he did the cooking and very well too;* het is mooi, en nog goedkoop ~ *it is beautiful and cheap as well;* misschien doet hij het, misschien ~ niet *maybe he'll do it and (then again) maybe he won't;* hij heeft niet gewacht, en ik trouwens ~ niet *he didn't wait and neither did I;* zo vreselijk moeilijk is het nu ~ weer niet *it's not all that difficult (after all);* dat hebben we ~ weer gehad *so much for that, that's over and done with* **5.2** ik ben ~ maar een mens *I'm only human;* opa praatte ~ zo *grandpa used to talk like that (too)* **5.4** ik heb zijn hulp aangenomen, ~ al is die vrijwel niets waard *I have accepted his help, even though it's hardly worth anything;* hoe zeer zij zich ~ inspande *as hard as she tried* **5.5** hij is dan ~ gestraft *and t./so he's been punished* **5.7** (dat is) maar goed ~! *and a good thing too!;* jij hebt ~ nooit tijd! *you never have any time!;* hoe heet hij ~ weer? *what was his name a.?* **7.1** ze lust geen appels, en ~ geen sinaasappels *she doesn't like apples or oranges* **8.1** niet alleen ...,maar ~ ...*not only ..., but also ...* **8.3** ~ al is hij niet rijk *e. though he's not rich* **¶.2**

mij ~ goed! *suits me;* dat is ~ wat moois! ⟨iron.⟩ *that's a bit much!;* dat is waar ~! *that's true, of course!;* ⟨bij het plots te binnen schieten⟩ *oh, I almost forgot!;* zo denk ik er ~ over *I feel the same way about it.*

oom 0.1 ⟨ook scherts.⟩ *uncle* ◆ **1.1** ~ agent *Mr Policeman* **2.¶** een hoge ~ *a bigwig.*

oor 0.1 [gehoororgaan] *ear* **0.2** [oorschelp] *ear* **0.3** [voorwerp] *handle* ⇒*ear* ◆ **2.1** ⟨fig.⟩ met een half ~ meeluisteren *listen with only one e.;* ⟨fig.⟩ een open ~ hebben voor iets *have a ready e. for sth.* **2.2** met rode ~tjes in iets lezen *be glued to one's book/magazine* ⟨enz.⟩ **3.1** ⟨fig.⟩ iem. de oren van het hoofd eten *eat s.o. out of house and home;* dat gaat het ene ~ in, het andere uit *it goes in one e. and out the other;* ⟨fig.⟩ zijn oren (niet) geloven *(not) believe one's ears;* ik heb er wel oren naar *I rather like the idea;* hij heeft er geen oren naar *he won't hear of it;* ⟨fig.⟩ iem. de oren van het hoofd kletsen *talk away at s.o. nineteen to the dozen;* ⟨fig.⟩ het ~ lenen (aan) *lend an e. to;* de oren sluiten voor *close one's ears/be deaf to;* het ~ strelen *be a delight to the ear;* ⟨fig.⟩ zijn ~ te luisteren leggen *put one's e. to the ground;* ⟨fig.⟩ een en al ~ zijn *be all ears* **3.2** de oren spitsen ⟨ook fig.⟩ *prick up one's ears;* mijn oren tuiten (ervan) *my ears are ringing* **3.¶** iem. een ~ aannaaien *fool s.o., take s.o. for a ride;* zij laat zich geen ~ aannaaien *she's nobody's fool;* ⟨AZN; fig.; inf.⟩ iem. de oren van zijn kop zagen *bore s.o. to tears* **6.1** doof **aan** één ~ *deaf in one e.;* iem. iets **in** het ~ fluisteren *whisper sth. in s.o.'s e.;* ⟨fig.⟩ slechts **met** één ~ luisteren *listen with only one e.;* ⟨fig.⟩ dat komt hem **ter** ore *that has come to his attention/ears* **6.2** zich **achter** de oren krabben *scratch one's head;* nog niet droog **achter** de oren ⟨fig.⟩ *wet behind the ears;* ze bloosde tot **achter** haar oren *she blushed to the roots of her hair;* gaatjes **in** de oren hebben *have pierced ears;* ⟨fig.⟩ iets **in** het ~ / de oren knopen *get sth. into one's head;* ⟨fig.⟩ **met** zijn oren staan te klapperen *be flabbergasted;* ⟨fig.⟩ ik stond wel even **met** mijn oren te klapperen *I couldn't believe my ears/what I was hearing;* ⟨fig.⟩ iem. met iets **om** de oren slaan *blow s.o. up over sth., give s.o. hell about sth.;* de kogels vlogen hen **om** de oren *the bullets whizzed past their ears;* **op** één ~ liggen *be stretched out;* ⟨fig.⟩ **tot over** de oren in het werk zitten *be up to one's ears in work;* ⟨fig.⟩ **tot over** de oren verliefd zijn *be head over heels in love* **¶.¶** op een ~ na gevild zijn *be on the home stretch/last lap.*

oorarts 0.1 *otologist* ⇒*ear doctor.*

oorbel 0.1 *earring.*

oorclip 0.1 *clip-on earring.*

oord 0.1 [plek] *region* ⇒*place, resort* ⟨vakantie⟩ **0.2** [verblijf] *place* ◆ **2.1** een onherbergzaam ~ *an inhospitable place* **6.2** hier in dit ~ *(here) in this dump/hole.*

oordeel 0.1 [uitspraak] *judg(e)ment* ⇒⟨vonnis⟩ *verdict, sentence* **0.2** [mening] *opinion* ◆ **1.1** de dag des ~s *Judgement Day* **2.1** het laatste ~ *the Last Judgement* **3.1** een ~ vellen (over iem.) *pass j. (on s.o.)* **3.2** zich een ~ vormen (over iem.) *form an o. (about s.o.)* **6.2** mag ik dat **aan** uw ~ overlaten? *can I leave that to your discretion?;* **naar** mijn ~ *in my o.;* **van** ~ zijn dat *be of the o. that.*

oordeelkundig 0.1 *judicious* ◆ **¶.1** ~ te werk gaan *deal with/go about sth. judiciously.*

oordelen I ⟨ov.ww.⟩ **0.1** [achten] *judge* ◆ **1.1** hij oordeelde die maatregel niet toepasbaar *he judged that measure inapplicable* **8.1** ik oordeel dat ... *in my opinion/judgement ...;*
II ⟨onov.ww.⟩ **0.1** [rechtspreken] *judge* ⇒*pass judgement,* ⟨veroordelen⟩ *sentence* **0.2** [tot een gevolgtrekking komen]

judge ⇒*make up one's mind* ◆ **1.1** hier kan alleen de rechter ~ *this is up to the judge to decide* **4.2** oordeel zelf maar *j. for yourself* **6.2** daar kan ik niet over ~ *that is sth. I can't pass judgement on;* **te** ~ **naar** *judging by.*

oordopje 0.1 *earplug.*

oordruppels 0.1 *eardrops.*

oorheelkunde 0.1 *otology.*

oorklep 0.1 *earflap.*

oorknop 0.1 *ear-stud* ⇒*earring.*

oorkonde 0.1 *document* ⇒*charter, deed* ◆ **2.1** notariële ~n *notarial records.*

oorlam 0.1 *shot* ⇒*drink.*

oorlel 0.1 *earlobe.*

oorlog 0.1 ⟨ook fig.⟩ *war* ◆ **2.1** koude ~ *cold w.* **3.1** het is ~ *there's a w. on;* de ~ verklaren aan *declare w. on;* ~ voeren *wage w.* **6.1** ⟨fig.⟩ **in** ~ met iem. leven *live at w. with s.o.;* **met** ~ dreigen *threaten w.;* ~ **op** leven en dood *w. to the death;* in staat **van** ~ *in a state of w.;* **vóór** /na de ~ ⟨attr. ook⟩ *pre-/post-w.*

oorlogsbodem 0.1 *warship.*

oorlogsbuit 0.1 *spoils of war.*

oorlogscorrespondent 0.1 *war correspondent.*

oorlogsdocumentatie 0.1 *war documents/records* ⟨verzameling⟩; *war documentation* ⟨het verzamelen⟩.

oorlogsdreiging 0.1 *threat of war.*

oorlogsfilm 0.1 *war film.*

oorlogsgevaar 0.1 *danger of war.*

oorlogsgod, -godin 0.1 *war god* ⟨m.⟩ */goddess* ⟨v.⟩.

oorlogsgraf 0.1 *war grave.*

oorlogsheld, -heldin 0.1 *war hero* ⟨m. en v.⟩.

oorlogsindustrie 0.1 *war industry.*

oorlogsinvalide 0.1 *disabled veteran.*

oorlogskerkhof 0.1 *military cemetery* ⇒*war graves* ⟨mv.⟩.

oorlogsmisdadiger, -misdadigster 0.1 *war criminal* ◆ **8.1** als ~ terecht staan *stand trial as a w. c.*

oorlogsmonument 0.1 *war monument/memorial.*

oorlogspad 0.1 ◆ **6.¶** op het ~ zijn/gaan *be/go on the warpath.*

oorlogsrecht 0.1 *law of war* ⇒*martial law.*

oorlogsroman 0.1 *war novel.*

oorlogsschip 0.1 *warship.*

oorlogsslachtoffer 0.1 *war casualty/victim.*

oorlogssterkte 0.1 *war/fighting strength* ◆ **6.1** op ~ *at f. s.*

oorlogstijd 0.1 *time(s) of war* ⇒*wartime.*

oorlogstuig 0.1 *armaments, arms.*

oorlogsuitkering 0.1 *[B]war victims' benefit,* *[A]veteran's disability.*

oorlogsverklaring 0.1 *declaration of war* ◆ **3.1** dat is een ~ *that means war.*

oorlogsverleden 0.1 *war past.*

oorlogsveteraan 0.1 *(war) veteran* ⇒⟨vnl. AE⟩ *vet.*

oorlogszuchtig 0.1 *warlike* ◆ **1.1** een ~e stemming *a w./war mood.*

oorlogvoerend 0.1 *belligerent* ⇒*warring* ◆ **1.1** de ~e mogendheden *the b./warring powers.*

oorlogvoering 0.1 *conduct/waging of (the) war* ⇒*warfare.*

oorontsteking 0.1 *inflammation of the ear.*

oorpijn 0.1 *earache.*

oorring 0.1 *earring.*

oorschelp 0.1 *auricle* ⇒*pinna (ear).*

oorsprong 0.1 [begin] *origin* ⇒*source* **0.2** [diepere oorzaak] *origin* ⇒*source* **0.3** [origine] *origin(s)* **0.4** [wisk.] *origin* ◆ **1.1** de ~ v.d. Rijn *the source of the Rhine* **1.3** de ~ v.e. woord *the origin of a word* **3.2** zijn ~ in iets vinden *be a re-*

sult of sth. **3.3** zijn ~ hebben in *originate from;* het vindt zijn ~ in de Romeinse tijd *it originates from Roman times* **6.3** van ~ *originally.*

oorspronkelijk I 〈bn.〉 **0.1** [het begin uitmakend van] *original* **0.2** [niet van anderen overgenomen; geen anderen navolgend] *original* ⇒ *innovative* ♦ **1.1** de ~e eigenaar *the o /first owner;* in zijn ~e staat herstellen *restore to its o. state* **1.2** ~e denkbeelden *innovative ideas;* een ~ kunstenaar *an o./innovative artist;* **II** 〈bw.〉 **0.1** [in het begin] *originally* ⇒ *initially* **0.2** [zonder voorbeeld] *in an original manner* ♦ **3.1** de kleur was ~ grijs *the colour was o. gray* **3.2** die dichter schrijft zeer ~ *that poet writes very original poetry* ¶**.1** wie is er ~ op dat idee gekomen? *who first came up with that idea?;* 〈verontwaardigd〉 *whose idea was that in the first place?*

oorspronkelijkheid 0.1 *originality.*

oorstrelend 0.1 *mellifluous;* 〈pred.〉 *a feast/treat for the ears.*

oortelefoon 0.1 *earphones.*

oortje 0.1 ±*farthing* ♦ **2.1** hij kijkt of hij zijn laatste ~ versnoept heeft *he looks sheepish.*

oorveeg, -vijg 0.1 *box on the ear(s)* ♦ **3.1** iem. een ~ geven *box s.o.'s ears;* een ~ krijgen *get one's ears boxed.*

oorverdovend 0.1 *deafening* ♦ **1.1** een ~ lawaai *a d. noise.*

oorwarmer 0.1 *earmuff.*

oorwurm 0.1 *earwig* ♦ **8.1** een gezicht zetten als een ~ *pull a wry face.*

oorzaak 0.1 *cause* ⇒ *origin* ♦ **1.1** ~ en gevolg *c. and effect* **2.1** kleine oorzaken hebben soms grote gevolgen *from tiny acorns mighty oaks may grow;* door onbekende ~ *through unknown causes* **3.1** dit vindt zijn ~ in de crisis *this is caused by the crisis* **8.1** dit was de ~ dat de prijzen stegen *this caused prices to rise.*

oorzakelijk 0.1 *causal* ♦ **1.1** ~ verband *c. connection, causality.*

oost¹ 〈het, de〉 **0.1** [het oosten] *east* ♦ **6.1** om de ~ varen *sail e /eastward.*

oost² I 〈bn.〉 **0.1** [uit het oosten] *east* ♦ **3.1** de wind is ~ *the wind is easterly/(coming) from the east* ¶**.1** 〈sprw.〉 ~ west, thuis best *oost, west, home's best;* **II** 〈bw.〉 **0.1** [in oostelijke richting] *east(erly).*

Oost 0.1 [deel v.d. wereld] *East* ♦ **1.1** betrekkingen tussen ~ en West *East West relations.*

Oostblok 0.1 *Eastern bloc.*

Oostblokland 〈pol.〉 **0.1** *Warsaw Pact country* ♦ ¶**.1** de ~ en *the Warsaw Pact (countries).*

Oost-Duits 〈gesch.〉 **0.1** *East German.*

Oost-Duitser, -se 〈gesch.〉 **0.1** *East German.*

Oost-Duitsland 〈gesch.〉 **0.1** *East Germany* ⇒ (officieel) *German Democratic Republic.*

oostelijk 0.1 [in het oosten gelegen] *eastern* **0.2** [gericht naar het oosten] *easterly* ⇒ *eastward* **0.3** [uit het oosten waaiend] *east(erly)* ♦ **1.1** de ~e provincies *the e. provinces* **1.2** in ~e richting *in an easterly direction, eastward* **1.3** een ~e wind *an e. wind.*

oosten 0.1 [kompasstreek; deel v.e. plaats / land / horizon] *east* **0.2** [deel v.d. wereld] *East* ♦ **2.2** het Nabije / Verre Oosten *the Near/Far E.* **6.1** een huis dat op het ~ ligt *a house facing e.;* **ten** ~ **van** *(to the) e. of;* het ~ **van** Frankrijk *Eastern France.*

Oostende 0.1 *Ostend.*

Oostenrijk 0.1 *Austria.*

Oostenrijker, -rijkse 0.1 *Austrian.*

Oostenrijks 0.1 *Austrian.*

oostenwind 0.1 *east wind* ⇒ *easterly.*

---

oosterburen 0.1 *eastern neighbours.*

oosterlengte 0.1 *eastern longitude.*

oosterling 0.1 *Oriental.*

oosters 0.1 *oriental.*

oostfront 0.1 *east(ern) front.*

oostgrens 0.1 *eastern border/frontier.*

Oost-Indisch 0.1 *East Indian* ♦ **2.**¶ zich ~ doof houden / ~ doof zijn *play deaf.*

oostkust 0.1 *east(ern) coast.*

oostnoordoost 0.1 〈zn., bn. en bw.〉 *east-northeast.*

oostnoordoosten 0.1 *east-northeast.*

oostwaarts 0.1 *eastward.*

Oost-Westvraagstuk 0.1 *East-West problem.*

Oostzee 0.1 *Baltic (Sea).*

oostzijde 0.1 *east side* ♦ **6.1** aan de ~ *on the east side.*

oostzuidoost 0.1 〈zn., bn. en bw.〉 *east-southeast.*

oostzuidoosten 0.1 *east-southeast.*

ootje ♦ **6.**¶ iem. in het ~ nemen *pull s.o.'s leg.*

ootmoed 0.1 *humility* ⇒ *meekness.*

ootmoedig 0.1 *humble* ⇒ *meek.*

op¹ I 〈bw.〉 **0.1** [omhoog] *up* **0.2** [mbt. een plaats / toestand] *up* ♦ **1.1** trap ~ en trap af *up and down the stairs* **3.1** 〈fig.〉 tegen iem. ~ kunnen *be able to handle s.o.;* ik moet ~ *I have to get up* 〈uit bed〉; hij stak zijn paraplu ~ *he put his umbrella up* **3.2** zij had een nieuwe hoed ~ *she had a new hat on* **3.**¶ het kan niet ~! *there's no end to it!;* vraag maar ~! *ask/fire away!* **5.1** 〈fig.〉 het gaat met hem ~ en neer *it's up and down with him;* de straat ~ en neer lopen *walk up and down the street* 〈ook ⇒ **op-en-top**〉; **II** 〈bn.〉 **0.1** [mbt. een toestand] *used up* ⇒ *gone* ♦ **3.1** ik ben ~ 〈uitgeput〉 *I'm worn out/beat;* 〈uit bed〉 *I'm up;* het geld / mijn geduld is ~ *the money/my patience has run out;* die jas is ~ *this jacket has had it;* de voorraad is ~ *the supplies have run out;* ~ is ~ *when it's gone it's gone;* hij is ~ van de zenuwen *his nerves are gone/shot.*

op² 〈vz.〉 **0.1** [mbt. een plaatselijke betrekking] *in* ⇒ *on, at* **0.2** [mbt. een verhouding] *in* ⇒ *to* **0.3** [mbt. een onmiddellijke nabijheid] *in* ⇒ *on, at* **0.4** [mbt. een richting] *on* ⇒ *at* **0.5** [mbt. een tijdstip] *on* ⇒ *at, in* **0.6** [mbt. de wijze waarop] *on* ⇒ *at, in* **0.7** [mbt. het doel] *for* ♦ **1.1** ~ bed liggen *lie in bed;* ~ een bus / motor rijden *drive a bus, ride a motorcycle;* de begane grond *on the ground floor;* ~ de Herengracht / de hoek wonen *live on the Herengracht/the corner* **1.2** ~ de eerste plaats *in first place* (wedstrijd); *in the first place, first(ly)* **1.4** een raam ~ het zuiden *a window on/facing the south* **1.5** van de ene dag ~ de andere *from one day to the next;* later ~ de dag *later in the day;* ~ negenjarige leeftijd *at nine (years of age);* ~ maandag *(on) Monday;* ~ een maandag *on a Monday;* ~ vakantie *on holiday* **1.6** ~ haar eigen manier *in her own way* **1.7** ~ forel vissen *fish for trout;* ~ geld uit zijn *be out for/after money* **1.**¶ ~ een wenk v.d. leraar *at a signal from the teacher* **3.**¶ ~ een instrument spelen *play an instrument* **4.2** ~ jou na iedereen *everyone else (but you)* **6.5 tot** ~ vandaag *right up until today* **7.1** de grote wijzer staat ~ tien *the big hand is on/at ten* **7.2** de auto loopt 1 ~ 8 *the car does 8 km to the litre;* één ~ de duizend *one in a thousand* ¶**.2** ~ één na de laatste *the second last;* de ~ zeven na grootste industrie *the eighth largest industry;* de hele familie ~ één zoon na *the whole family except one son* ¶**.5** ~ zijn vroegst *at the earliest* ¶**.6** ~ zijn Frans *in the French way/manner;* ~ zijn minst *at (the very) least;* ~ verre na niet *not by a long shot;* ~ zijn snelst *at the quickest.*

opa 0.1 *grandpa.*

opaal 0.1 *opal.*

opbaren 0.1 *place on a/the bier, lay out* ◆ 3.1 opgebaard liggen *lie in state;* opgebaard worden *be laid out.*

opbellen 0.1 *call/phone (up)* ⇒⟨vnl. BE⟩ *ring (up)* ◆ 3.1 mag ik even ~? *may I use the phone?;* ik zal je nog wel even ~ *I'll give you a call/ring* 6.1 er werd **voor** hem opgebeld *there was a (phone) call for him.*

opbergen 0.1 [wegbergen] *put away* ⇒*store,* ⟨documenten e.d.⟩ *file (away)* 0.2 [hand.] *store* ⇒*(ware)house* ◆ 1.1 geld ~ *put money aside* 5.1 iets veilig ~ *put sth. (away) in a safe place* ¶.1 (in een map) ~ *file (away).*

opbergrek 0.1 *storage rack.*

opbeuren 0.1 *cheer up* ◆ 1.1 dat goede nieuws zal hem ~ *that good news will cheer him up.*

opbeurend 0.1 *cheering* ⇒*comforting* ◆ 1.1 ~e woorden *comforting words.*

opbiechten 0.1 *confess* ◆ 1.1 kattenkwaad ~ *own up to mischief* 4.1 alles eerlijk ~ *make a clean breast of it;* ik moet u iets ~ *I must confess sth. to you.*

opbieden 0.1 *bid (up/higher), raise the bid* ◆ 6.1 tegen iem. ~ *bid against s.o.*

opbinden 0.1 [naar boven omslaan] *tie/do up* 0.2 [aan iets vastbinden] *tie up/to* ◆ 1.1 het haar ~ *do one's hair up* 1.2 rozen ~ *tie up roses.*

opblaasbaar 0.1 *inflatable* ◆ 1.1 een ~ vlot *an i. raft.*

opblazen 0.1 *blow up* ⇒⟨doen opzwellen ook⟩ *inflate* ◆ 1.1 ⟨fig.⟩ luidsprekers ~ *blow (up) the loudspeakers* 5.1 iets geweldig ~ *blow sth. up out of all proportion.*

opblijven 0.1 *stay up* ◆ 1.1 wij zijn de hele nacht opgebleven *we stayed up all night.*

opbloei 0.1 *flourishing* ⇒⟨ec. ook⟩ *revival* ◆ 6.1 tot ~ komen *flourish.*

opbloeien 0.1 [gaan bloeien] *bloom* 0.2 [toenemen in bloei] *flourish* ⇒*prosper.*

opbod ◆ 6.¶ iets bij ~ verkopen *sell sth. by auction.*

opboksen 0.1 *compete* ◆ 6.1 ~ tegen iem./iets *c. against s.o./sth.;* niet **tegen** iem. kunnen ~ *be no match for s.o.*

opborrelen 0.1 *bubble up* ◆ 1.1 water borrelt uit de grond op *water bubbles/wells up out of the ground.*

opbouw 0.1 [totstandkoming] *construction* 0.2 [scheep.] *superstructure* 0.3 [structuur] *structure* ⇒*make up* ⟨bodemprofiel⟩ ◆ 2.3 de evenwichtige ~ v.e. betoog *the balanced s. of an argument* 6.1 het huis was nog **in** ~ *the house was still under c.*

opbouwen 0.1 *build/set up* ◆ 1.1 ⟨fig.; sport⟩ een aanval ~ *build up an attack;* een nieuw bestaan ~ *build a new life (for o.s.);* ⟨fig.⟩ een klantenkring ~ *build up a clientele;* ⟨fig.⟩ zijn pensioen ~ *build up one's pension;* ⟨fig.⟩ een reputatie ~ *establish a reputation for o.s.* 6.1 het weefsel is **uit** cellen opgebouwd *the tissue is made up/composed of cells.*

opbouwend 0.1 *constructive* ◆ 1.1 ~e kritiek *c. criticism.*

opbouwwerk 0.1 *community work.*

opbouwwerker, -werkster 0.1 *community worker.*

opbranden I ⟨onov.ww.⟩ 0.1 [geheel verbranden] *be burned up/down* ◆ 1.1 is de kaars nu al opgebrand? *is the candle burned down already?;*
II ⟨ov.ww.⟩ 0.1 [verbruiken] *burn up* ◆ 1.1 wij zullen ten hout maar ~ *we might as well burn up all the wood.*

opbreken I ⟨ov.ww.⟩ 0.1 [uit elkaar nemen] *break up* ⇒*take down/apart* 0.2 [openbreken] *break/tear up* ◆ 1.1 ⟨fig.⟩ het kamp ~ *break camp;* de tenten ~ *take down the tents* 1.2 de straat ~ *dig/break up the street;*
II ⟨onov.ww.⟩ 0.1 [weggaan] *leave* 0.2 [naar boven komen] *come up* ◆ 3.1 laten we ~ *let's go* ¶.2 ⟨fig.⟩ dat zal hem zuur ~ *he'll regret that.*

opbrengen 0.1 [opleveren] *bring in* ⇒*yield* 0.2 [als gevan-

gene ergens heen brengen] *run/bring in* 0.3 [betalen] *come up with* 0.4 [in staat zijn tot] *get/work up* 0.5 [bedekken met] *apply* ◆ 1.1 dit boek zal een goede prijs ~ *this book will command a good price* 1.4 begrip/belangstelling ~ voor *show understanding for/an interest in;* enthousiasme ~ *work up enthusiasm;* hij kon de moed niet meer ~ *he couldn't summon the courage anymore* 1.5 verf dik/dun ~ *a. a thick/thin coat of paint* 5.3 dat kan ik niet ~ *I can't afford that* 7.1 die zaak brengt niet veel op *that business doesn't bring in much.*

opbrengst 0.1 [rendement] *yield* ⇒*profit,* ⟨van belasting⟩ *revenue* 0.2 [oogst] *yield* ⇒*produce* ◆ 1.1 hij moet leven van de ~ van zijn pen *he has to live from his writing* 1.2 de ~ v.e. boomgaard *the y. from an orchard* 3.1 de gehele ~ bedroeg ƒ 1000,- *the entire proceeds amounted to 1000 guilders.*

opdagen 0.1 *turn/show up* ◆ 3.1 eindelijk kwam er iem. ~ *finally s.o. turned/showed up.*

opdat 0.1 *so that* ⇒*in order that* ◆ ¶.1 ~ ze niet zouden denken … *lest they (should) think …*

opdelen 0.1 *divide/split up* ◆ 1.1 eigendom (in kleine stukken) ~ *subdivide property.*

opdienen 0.1 *serve (up), dish up* ◆ 1.1 het eten ~ *serve dinner* ¶.1 er is opgediend *dinner is served.*

opdiepen 0.1 *dig up* ◆ 1.1 waar heb je die plaat opgediept? *where did you dig up that record?*

opdirken I ⟨ov.ww.⟩ 0.1 [optuigen] *dress/doll up* ◆ 3.1 hij ziet er echt opgedirkt uit *he is all dolled up;*
II ⟨wk.ww.; zich ~⟩⟨inf.; scherts.⟩ 0.1 [zich optutten] *doll o.s. up.*

opdissen 0.1 ⟨fig.⟩ *serve/dish up* ◆ 1.1 steeds dezelfde verhalen ~ *keep dishing up the same old stories.*

opdoeken 0.1 *shut down* ◆ 1.1 hij heeft zijn zaak opgedoekt *he has shut down the business.*

opdoemen 0.1 ⟨ook fig.⟩ *loom (up)* ⇒*appear* ◆ 6.1 een **schip** doemde op aan de horizon *a ship loomed up on the horizon.*

opdoen 0.1 [verwerven] *gain* ⇒*get* 0.2 [oplopen] *catch* 0.3 [op iets zetten] *put on* 0.4 [vernemen] *learn* ⇒*hear* 0.5 [aanbrengen] *apply* ⇒*put on* 0.6 [rechtop, overeind zetten] *set/stand on end* ◆ 1.1 nieuwe energie ~ *regain one's energy;* ervaring/inspiratie ~ *gain experience/inspiration;* kennis ~ *acquire knowledge* 1.2 een verkoudheid ~ *c. a cold* 1.3 doe je muts op *put your hat on* 1.5 parfum ~ *put on perfume* 1.6 zijn kraag ~ *turn one's collar up* ¶.4 waar heb je dat opgedaan? *where did you hear/l. that?*

opdoffen ⟨wk.ww.; zich ~⟩⟨inf.⟩ 0.1 *doll o.s. up.*

opdoffer 0.1 *punch* ◆ 3.1 iem. een ~ geven *belt s.o.;* een ~ krijgen *get belted.*

opdonder 0.1 [vuistslag] *punch* 0.2 [fig.; tegenslag] *blow* 0.3 [klein persoon] *(little) squirt* ◆ 2.2 hij heeft een flinke ~ gehad/gekregen *he has received quite a b.* 3.1 iem. een ~ geven/verkopen *punch/belt s.o.*

opdonderen ⟨vulg.⟩ 0.1 *go to hell* ◆ 3.1 hij kan voor mijn part ~ *he can go to hell for all I care* ¶.1 donder op! *go to hell!*

opdraaien ◆ 5.¶ ik wil hier niet voor ~ *I don't want to take any blame for this* 6.¶ voor al het werk ~ *be stuck with all the work;* **voor** de kosten ~ *foot the bill;* iem. **voor** iets laten ~ *land/saddle s.o. with sth.*

opdracht 0.1 [taak] *assignment* ⇒*order* 0.2 [bewoordingen van toewijding] *dedication* ◆ 3.1 iem. een ~ geven tot de bouw v.e. herenhuis *commission s.o. to build a large house;* ik heb de garage de ~ gegeven de accu te vervangen

I asked the garage to change the battery; ik heb ~ niemand binnen te laten *my orders are not to let anyone in;* we kregen ~ om ...*we were told to ...;* een ~ krijgen/uitvoeren *receive/carry out an order/a.* **6.1** hij werkt **in** ~ **van** het bestuur *he is working under the authority of the board,* ik heb **in** ~ gehandeld *I acted under orders;* **in** ~ **van** de regering *by government order* **6.2** een ~ **voor** iem. in een boek zetten *write a d. in a book for s.o.*

opdrachtgever 0.1 *client, customer* ⇒⟨jur. en hand.⟩ *principal* ◆ **6.1** de gemeente is de ~ **van** het standbeeld *the local authority has commissioned the statue.*

opdragen 0.1 [toewijden] *dedicate* ⇒*celebrate* ⟨mis⟩ **0.2** [gelasten] *charge* ⇒*commission, assign* **0.3** [aanbieden als eerbewijs] *dedicate* **0.4** [dragen tot het versleten is] *wear out* ◆ **1.1** de mis ~ *celebrate mass* **1.2** iem. werkzaamheden ~ *assign s.o. a task;* iem. de zorg ~ voor *put s.o. in charge of* **1.3** een boek ~ aan iem. *d. a book to s.o.*

opdraven 0.1 [draven langs] *run up* **0.2** [komen op verzoek, bevel] *present o.s.* ⇒*put in an appearance* ◆ **1.1** de trap ~ *run up the stairs* **3.2** de zieke liet zijn arts vaak opdraven *the patient frequently sent for the doctor.*

opdreunen 0.1 *rattle/reel off* ⇒*drone* ◆ **1.1** een vers ~ *rattle/reel off a verse.*

opdrijven 0.1 [drijven] *drive* **0.2** [laten stijgen] *force/drive up* ◆ **1.1** het vee ~ *round up the cattle* **1.2** de prijzen ~ *drive prices up/higher,* boost prices **5.2** kunstmatig ~ *inflate.*

opdringen I ⟨onov.ww.⟩ **0.1** [naar voren dringen] *push/press forward; press/push on* ⟨verder⟩ ◆ **1.1** de ~ de menigte *the surging crowd* **6.1** de geallieerden drongen op **naar** Arnhem *the Allied Forces pressed/pushed on to Arnhem;* **II** ⟨ov.ww.⟩ **0.1** [opleggen] *force/press (on/upon)* ⇒ ⟨raad/mening ook⟩ *intrude/impose (on/upon)* ◆ **1.1** iem. een drankje ~ *press/urge a drink on s.o.;* iem. zijn overtuiging ~ *impose/urge one's conviction (up)on s.o.* **4.1** dat werd ons opgedrongen *that was forced on us;* **III** ⟨wk.ww.;zich ~⟩ **0.1** [mbt. gedachten] *force o.s. (on)* ⇒ *urge/obtrude o.s. (on/upon)* **0.2** [mbt. personen] *force o.s. (on/upon)* ⇒*impose o.s./one's company (on/upon)* ◆ **3.2** ik wil me niet ~ *I don't want to intrude* **6.1** de vergelijking met zijn vader dringt zich **aan** ons op *a comparison with his father forces itself upon us* **6.2** hij heeft zich **aan** haar opgedrongen *he imposed himself (up)on her.*

opdringerig 0.1 *obtrusive;* ⟨persoon ook⟩ *pushy* ◆ **1.1** ~e reclameboodschappen *aggressive advertising* **3.1** zich ~ tegenover een vrouw gedragen *pester a woman;* ~ zijn/worden *be/get pushy.*

opdrinken 0.1 *drink (up)* ◆ **1.1** zijn laatste cent heeft hij opgedronken *he spent his last penny on drink;* een fles ~ *finish/empty a bottle;* drink je melk op *drink (up)/finish your milk.*

opdrogen 0.1 *dry (up)* ⇒⟨rivier, bron, fig. ook⟩ *run dry* ◆ **1.1** de straten drogen al op *the streets are already drying.*

opdruk 0.1 *(im)print* ◆ **3.1** van een - voorzien *overprint, surcharge* **6.1** een T-shirt **met** ~ *a printed T-shirt.*

opdrukken 0.1 [dmv. een stempel aanbrengen] *(im)print on(to)* ⇒*impress on(to), stamp on(to)* ⟨met stempel⟩ **0.2** [in een trichting drukken] *push up* ⇒*press up* **0.3** [door drukken op iets brengen] *push on(to)* ⇒*press on(to)* ◆ **1.1** een merk/zegel ~ *mark* ⟨merk⟩; *impress a seal on* ⟨zegel⟩; ⟨fig.⟩ zij kregen al snel het stempel van herrieschopper opgedrukt *they were soon branded hooligans* **4.2** ⟨sport⟩ zich ~ *do press-ups.*

opduikelen ⟨inf.⟩ **0.1** *dig up.*

---

opduiken I ⟨onov.ww.⟩ **0.1** [boven water komen] *surface* ⇒ *rise/come to the surface* **0.2** [verschijnen] *turn up* **0.3** [zich voordoen] *crop up* ◆ **1.3** nieuwe bezwaren doken op *new problems cropped up* **5.2** weer ~ *reappear, turn up again;* **II** ⟨ov.ww.⟩ **0.1** [naar boven brengen] *bring to the surface* ⇒*dive for* **0.2** [opduikelen] *dig up.*

opduvel ⟨inf.⟩ **0.1** *wallop* ⇒*belt* ◆ **3.1** iem. een ~ geven *w./belt s.o.;* iem. een ~ krijgen *get walloped.*

opduvelen ⟨inf.⟩ **0.1** *get lost* ◆ **¶.1** duvel op! *get lost!*

opduwen 0.1 *push up* ⇒*press up* ◆ **1.1** het luik ~ *push up the hatch;* iem. de trap ~ *push s.o. up the stairs.*

opdweilen 0.1 *mop up* ◆ **1.1** het gemorste water ~ *mop/wipe up the spilt water.*

opeen 0.1 [op elkaar] *together* ⇒*on top of each other* ⟨de een op de ander⟩ **0.2** [tegen elkaar] *together* ◆ **5.2** dicht ~ *close t.*

opeenhopen 0.1 *pile (up)* ⇒*heap up/together* ◆ **4.1** zich ~ *pile up* ⟨problemen⟩; *crowd together* ⟨mensen⟩.

opeenhoping 0.1 [het (zich) opeenhopen] *accumulation* ⇒ *buildup* **0.2** [het opeengehoopte] *accumulation* ⇒*pile, heap* ◆ **1.1** een ~ v.h. verkeer *a buildup of traffic, a traffic congestion* **1.2** een ~ van delfstoffen *a mineral deposit;* een ~ van gemeenplaatsen *a heap of platitudes.*

opeenpakken 0.1 [dicht op elkaar pakken] *pack (together)* ⇒*squeeze/cram together* ◆ **3.1** zij zaten als haringen opeengepakt *they were packed together like sardines (in a tin).*

opeens 0.1 *suddenly* ⇒*all at once, all of a sudden* ◆ **3.1** waar kom jij ~ vandaan? *where did you come from all of a sudden?*

opeenstapelen 0.1 *pile up* ⇒*stack up* ◆ **1.1** kisten ~ *pile/stack up crates* **4.1** ⟨fig.⟩ rampen en ongelukken stapelen zich opeen in die familie *that family is dogged by disaster and misfortune.*

opeenstapeling 0.1 [het opeenstapelen] *accumulation* ⇒ *buildup* **0.2** [wat opeengestapeld is] *accumulation* ⇒*pile, stack* ◆ **1.2** een ~ van rampen *an a./a succession of calamities.*

opeenvolgen 0.1 *follow each other* ⇒*succeed each other* ◆ **5.1** die kinderen volgen kort opeen *they had those children quickly.*

opeenvolgend 0.1 *successive* ⇒*consecutive* ⟨onafgebroken⟩ ◆ **1.1** drie ~e dagen *three consecutive days* **5.1** de snel ~e gebeurtenissen *the quick succession of events.*

opeenvolging 0.1 [het opeenvolgen] *succession* **0.2** [lange reeks] *succession* ⇒*series* ◆ **1.2** een ~ van feesten *a succession of parties* **2.1** in snelle ~ *in quick s.*

opeisen 0.1 *claim* ⇒*demand* ◆ **1.1** de aandacht ~ *demand/compel attention;* een aanslag ~ *c. responsibility for an attack;* te leen gegeven geld ~ *call in/c. a loan.*

open 0.1 [niet dicht, toegankelijk, ook fig.] *open* ⇒⟨niet op slot ook⟩ *unlocked,* ⟨niet bezet⟩ *vacant* **0.2** [geldw., hand.] *open* ◆ **1.1** de deur staat ~ *the door is o./ajar;* ~ gevangenis *prison without bars, o. prison;* een ~ graf *an o. grave;* een ~ hals *an o. neck;* ⟨fonetiek⟩ een ~ klinker *an o. vowel;* de kraan is ~ *the tap is (turned) on;* met ~ ogen *with one's eyes o.;* een ~ plaats/betrekking *a vacancy;* een ~ plek in het bos *a clearing in the woods;* ~ schoolsysteem *o. school system;* ~ water *o. water;* tot hoe laat zijn de winkels ~? *what time do the shops close?* **1.2** een ~ krediet *an o./a blank credit;* ~ NV *a public company;* een ~ rekening *an o./unsettled account* **2.1** ~ en bloot *openly, for all (the world) to see;* het kan ~ en dicht *it opens and shuts* **3.1** mijn huis is altijd voor jou ~ *my door will al-*

ways be o. to you; hij kreeg de doos meteen ~ *he had the box o. in an instant* **3.**¶ ik zal heel ~ met je zijn *I'll be frank/ open with you* **6.1** ~ **tot** zes uur *o. till six o'clock.*

openbaar 0.1 [algemeen bekend] *public* **0.2** [voor iedereen toegankelijk] *public* ⇒*open* **0.3** [het gehele volk betreffend; van de overheid uitgaande] *public* ◆ **1.2** een openbare vergadering *a p. meeting* **1.3** een ~ ambt *a p. office;* de openbare orde verstoren *disturb the peace;* openbare lagere school *primary school;* openbare werken/sector *p. works/sector* **3.1** iets ~ maken *make sth. p.;* zijn mening ~ maken *voice one's opinions;* het feit werd ~ *the fact became known* **7.**¶ in het ~ *in public, publicly;* een cursus spreken in het ~ *a course in public speaking.*

openbaarheid 0.1 [het algemeen bekend zijn] *publicity* **0.2** [het toegankelijk zijn] *public nature* ◆ **1.2** de ~ v.d. zittingen *the public nature of the court sessions* **3.1** iets aan de ~ prijsgeven *expose sth. to p.;* ~ aan iets geven *make sth. public;* de ~ zoeken *seek p.* **6.1** in de ~ treden *step into the limelight.*

openbaarmaking 0.1 *publication* ⇒*disclosure.*

openbaren I ⟨ov.ww.⟩ **0.1** [aan het licht brengen] *reveal* ⇒ *make known* ◆ **1.1** een geheim ~ *r./divulge a secret;* **II** ⟨wk.ww.; zich ~⟩ **0.1** [waarneembaar worden] *manifest o.s.* **0.2** [aan het licht komen] *manifest* ⇒*reveal.*

openbaring 0.1 [het openbaar maken] *disclosure* **0.2** [wat geopenbaard wordt] *revelation* ⇒*epiphany* ⟨van Christus aan de drie koningen; van goddelijk wezen⟩ ◆ **1.2** de Openbaring van Johannes *the Revelation of St. John* **3.**¶ dat was voor mij een ~ *that was a revelation to me.*

openbarsten 0.1 *burst open.*

openbreken I ⟨onov.ww.⟩ **0.1** [opengaan] *break open* ⇒ *burst open, break* ⟨gezwel⟩; **II** ⟨ov.ww.⟩ **0.1** [met geweld openen] *break (open)* ⇒*force open, pry open* **0.2** [wijzigingen aanbrengen in] ⟨zie 1.2⟩ ◆ **1.1** een kist ~ *break open a crate;* een kluis ~ *crack a safe;* een slot ~ *force a lock* **1.2** een cao ~ *lay the collective labour agreement on the table.*

opendoen I ⟨onov.ww.⟩ **0.1** [iem. binnenlaten] *open the door* ⇒*answer the door/bell/ring* ⟨na bellen, kloppen⟩, *open up* ⟨alleen gebiedende wijs⟩ ◆ **5.1** na tien uur wordt hier niet meer opengedaan *they stop opening the door after ten;* er werd niet opengedaan *there was no answer;* **II** ⟨ov.ww.⟩ **0.1** [openen] *open* ⇒⟨van slot halen ook⟩ *unlock* ◆ **1.1** een boek ~ *o. a book;* hij deed geen mond open *he didn't o. his mouth.*

opendraaien 0.1 *open* ⇒*turn on* ⟨kraan⟩, *unscrew* ⟨deksel, dop⟩.

openduwen 0.1 *push/thrust open.*

openeindfinanciering 0.1 *open-ended financing.*

openen I ⟨onov.ww.⟩ **0.1** [beginnen] *open* ⇒*begin* **0.2** [opengaan] *open* ⇒*start/begin business* ◆ **6.1** ⟨kaartspel⟩ **met** schoppen ~ *lead spades* **6.2** wij ~ **om** drie uur *we o. at three (o'clock);* **II** ⟨ov.ww.⟩ **0.1** [openmaken] *open* ⇒*turn on* ⟨kraan⟩, *unscrew* ⟨deksel, dop⟩ **0.2** [openstellen] *open (up)* **0.3** [beginnen, in bedrijf brengen] *open* ⇒*start* ◆ **1.1** aanhalingstekens ~/sluiten *quote, unquote;* een brief ~ *o. a letter;* die deuren ~ op de achtertuin *those doors o. onto the back garden* **1.2** een nieuw afzetgebied ~ *o. up a new area to trade* **1.3** de aanval ~ *lead the attack;* onderhandelingen ~ *enter into/o. negotiations;* een rekening ~ bij een bank *o. an account with a bank;* een vergadering ~ *o. a meeting;* het winkelcentrum werd voor het publiek geopend *the shopping centre was opened to the public* **5.3** feestelijk/ plechtig ~ *inaugurate.*

opener 0.1 *opener.*

opengaan 0.1 [zich openen] *open* **0.2** [opengedaan worden] *open* ⇒*come open* ⟨na moeite⟩ ◆ **1.1** de deur gaat naar binnen/buiten open *the door opens inwards/outwards* **1.2** de brug gaat open *the bridge is opening.*

opengooien 0.1 *throw open* ◆ **1.1** hij gooide de deur open *he threw open the door.*

openhalen 0.1 *tear* ◆ **6.1** ik heb mijn jas opengehaald **aan** een spijker *I tore my coat on a nail.*

openhartig 0.1 *frank* ⇒*candid,* ⟨oprecht⟩ *straightforward* ◆ **1.1** een ~ gesprek *a heart-to-heart (talk)* **3.1** hij is al te ~ *he is too outspoken;* ~ spreken *speak frankly/candidly;* ~ zijn tegen iem. *be f./open with s.o.*

openhartigheid 0.1 *frankness* ⇒*candour.*

openhartoperatie 0.1 *open-heart operation.*

openheid 0.1 *openness* ⇒*sincerity* ◆ **6.1** in alle ~ *in all candour.*

openhouden 0.1 *keep open* ◆ **1.1** de deur voor iem. ~ *hold the door (open) for s.o.;* hij kon zijn ogen niet ~ *his eyelids were becoming heavy;* een plaats(je) voor iem. ~ *keep a place for s.o.*

opening 0.1 [het openen] *opening* **0.2** [het voor het eerst openstellen] *opening* ⇒⟨plechtig ook⟩ *inauguration* **0.3** [gat] *opening* ⇒*gap* **0.4** [het beginnen] *opening* ⇒*beginning* **0.5** [sport] *opening* ◆ **1.1** de ~ v.h. jachtseizoen *the o. of the hunting season* **1.4** de ~ v.e. krant *the main feature/ front-page story of a newspaper* **1.**¶ ~ van zaken geven *disclose the state of (one's) affairs* **3.5** ⟨voetbal⟩ een ~ op rechts creëren *create an o. on the right.*

openingsbalans ⟨hand.⟩ **0.1** *opening balance sheet.*

openingsdag 0.1 *opening day* ⇒*first day.*

openingsplechtigheid 0.1 *opening ceremony, inauguration.*

openingsrede 0.1 *opening speech.*

openingstijd 0.1 *opening hours* ⇒⟨van kantoor/winkel ook⟩ *business hours* ◆ **6.1 gedurende/tijdens** de ~ *during opening hours.*

openingsuren 0.1 *opening/business hours.*

openingswoord 0.1 *opening word(s)* ◆ **3.1** een ~ werd gesproken door de directeur *the manager gave a brief opening speech.*

openingszet 0.1 *opening (move).*

openkrabben 0.1 *scratch open* ⇒⟨dier ook⟩ *claw open* ◆ **1.1** iemands arm ~ *scratch s.o.'s arm open.*

openlaten 0.1 [geopend laten] *leave open* ⇒*leave on/running* ⟨kraan⟩ **0.2** [vrijlaten] *leave open* **0.3** [niet invullen] *leave blank* ⇒⟨datum⟩ *leave open* ◆ **1.2** een doorgang ~ *leave a passage (open);* telkens één regel ~ *write on alternate lines;* de weg tot misbruik ~ *leave the door open to abuse.*

openleggen 0.1 [geopend neerleggen] *lay open* ⇒*open* **0.2** [blootleggen, ook fig.] *lay open* ⇒*(lay) bare, uncover* ◆ **1.1** een boek ~ *lay a book open* **1.2** een nieuwe markt ~ *open up a new market;* de zaak ~ *bring the entire affair into the open.*

openliggen 0.1 [geopend liggen] *lie open* **0.2** [onbeschut liggen; zichtbaar zijn] *lie open* ⇒*be exposed* ◆ **1.**¶ de wereld ligt voor je open *the world lies before you* **6.2** ~ **voor** de wind *be exposed to the wind.*

openlijk 0.1 [openbaar, onverholen] *open* ⇒*overt* **0.2** [in het openbaar] *public* ◆ **1.1** haar ~e bedoeling *her avowed intention;* ~e geweldpleging *open/overt violence;* ⟨jur.⟩ *assault and battery;* hij was ~ lid v.d. verboden organisatie *he was an open member of the outlawed organization;* ~ verzet plegen *offer overt resistance* **3.1** ~ voor iets uitkomen *openly admit sth.;* iem.~ de waarheid zeggen *tell s.o. the truth to his face* 3.2 iets ~ verkondigen *declare sth. in public.*

openluchtbad 0.1 *open-air swimming pool.*
openluchtmuseum 0.1 *open-air museum.*
openluchttheater 0.1 *open-air theatre.*
openluchtvoorstelling 0.1 *open-air performance.*
openmaken 0.1 *open (up)* ◆ 1.1 een brief ~ *o. a letter.*
openritsen 0.1 *unzip.*
openrukken 0.1 *jerk open* ⇒⟨stuktrekkend⟩ *tear open* ◆ 1.1 de deur ~ *jerk/wrench the door open.*
openscheuren 0.1 *tear open* ⇒*rip open* ◆ 1.1 een brief/ naad ~ *tear/rip a letter/seam open.*
openschuiven I ⟨ov.ww.⟩ 0.1 [openen] *push open* ⇒*slide open;*
II ⟨onov.ww.⟩ 0.1 [opengaan] *slide open* ⇒*open.*
openslaan I ⟨onov.ww.⟩ 0.1 [opengaan] *fly open* ⇒*burst open* ◆ 1.1 door de wind sloegen de deuren open *the doors flew open in the wind;*
II ⟨ov.ww.⟩ 0.1 [openleggen] *open* 0.2 [met een slag openen] *knock open* ◆ 1.1 een boek ~ *o. a book* 1.2 een kist ~ *knock a crate open.*
openslaand 0.1 *folding* ◆ 1.1 ~e deuren *f. doors;* ⟨naar tuin/ terras⟩ *French windows.*
opensnijden 0.1 [snijdend openen] *cut open* ⇒*cut* 0.2 [door snijden een opening maken] *cut open* →*open up.*
opensperren 0.1 *open wide* ◆ 1.1 hij sperde zijn mond open *he opened his mouth wide;* met opengesperde ogen *wide-eyed.*
openspringen 0.1 *burst (open)* ⇒*spring open* ◆ 1.1 de deur sprong open *the door burst/flew open;* de huid/lippen zijn opengesprongen *the skin/lips are chapped/cracked.*
openstaan 0.1 [niet dicht zijn] *be open* ⇒⟨niet op slot ook⟩ *be unlocked* 0.2 [mbt. een rekening] *be open* ⇒*be outstanding/unsettled* 0.3 [vrij zijn] *be open* ⇒*be vacant/ free* ◆ 1.1 mijn huis staat altijd voor jou open *my door will always be open to/for you;* de kraan staat open *the tap is on/is running,* er stond mij geen andere weg open *I had no alternative/choice* 1.2 ~d saldo *outstanding balance* 1.3 een ~de betrekking *a vacancy* 6.1 ⟨fig.⟩ ~ voor nieuwe ideeën *be open/receptive to new ideas;* ⟨fig.⟩ niet ~ voor iets *refuse to consider sth.*
openstellen 0.1 *open* ◆ 1.1 ⟨fig.⟩ zijn geest ~ voor andere opvattingen *o. one's mind to other views;* ⟨fig.⟩ de gelegenheid tot iets ~ *afford the opportunity to do sth.;* een natuurreservaat voor het publiek ~ *o. a nature reserve to the public.*
op-en-top 0.1 *every inch* ◆ 1.1 hij is ~ een Engelsman *he's an Englishman through and through/to his fingertips;* hij is ~ een heer *he is every inch a gentleman.*
opentrappen 0.1 *kick open.*
opentrekken 0.1 *pull open* ⇒*open* ◆ 1.1 ⟨inf.⟩ een grote bek ~ *open one's big mouth;* ⟨iron.⟩ een blik vormingswerkers ~ *pull some social workers out of a hat.*
openvallen I ⟨onov.ww.⟩ 0.1 [zich openen] *fall open* →*drop open* 0.2 [vacant raken] *fall vacant* ⇒*become vacant* ◆ 1.1 zijn mond viel open van verbazing *his mouth fell open with surprise* 1.2 een ~de betrekking *a vacancy;*
II ⟨ov.ww.⟩ 0.1 [verwonden] *cut* ⇒*scrape* ◆ 1.1 hij heeft zijn knie opengevallen *he cut his knee when he fell.*
openvouwen 0.1 *unfold* ⇒*open (out)* ◆ 6.1 de krant op de sportpagina ~ *open the newspaper at the sports page.*
openwerken 0.1 [open weten te krijgen] *work open* ⇒*pry open* 0.2 [het binnenste laten zien] *open out, cut away* ⇒ ⟨tech. ook⟩ *explode,* ⟨handwerken⟩ *hemstitch,* ⟨handwer-

ken⟩ *ornament with openwork* ◆ 1.2 een opengewerkt model *an opened-out model;* ⟨doorsnede⟩ *a cross-section model;* ⟨tech.⟩ *an exploded(-view) model.*
openzetten 0.1 [zo zetten dat iets open is] *open* ⇒*turn on* ⟨kraan⟩ 0.2 [openstellen] *open* ◆ 6.2 zijn huis **voor** iem./ iets ~ *o. one's doors to s.o./sth.;* ⟨voor iem. ook⟩ *give s.o. the run of one's house.*
opera 0.1 [gezongen toneelspel] *opera* 0.2 [gebouw] *opera (house)* 0.3 [gezelschap] *opera (company)* ◆ 6.1 van/ **mbt.** de ~ *operatic.*
operabel ⟨med.⟩ 0.1 *operable.*
operateur 0.1 [comp.] *operator* 0.2 [iem. die filmapparatuur bedient] *operator* ⇒*projectionist.*
operatie 0.1 [med.] *operation* ⇒*surgery* 0.2 [handeling] *operation* ⟨ook mil., hand.⟩ ◆ 3.1 een grote/kleine ~ ondergaan *undergo major/minor surgery/a major/minor o.;* een ~ verrichten *perform an o.*
operatief 0.1 *surgical* ⇒*operative* ◆ 3.1 ~ ingrijpen *operate.*
operatiekamer 0.1 *operating room.*
operatietafel 0.1 *operating table.*
operationaliseren 0.1 *make operational.*
operationeel 0.1 *operational* ⇒⟨niet vóór zn.⟩ *ready for operation/use, standing by* ◆ 1.1 ballistische raketten voor ~ gebruik *ballistic missiles for o. use* 1.¶ operationele research *operational research.*
operazanger, -es 0.1 *opera singer.*
opereren 0.1 [te werk gaan, werken met] ⟨te werk gaan⟩ *work;* ⟨werken met⟩ *use* 0.2 [med.] *operate* ⇒⟨onov.ww. ook⟩ *perform surgery/an operation* 0.3 [mil.] *operate* ◆ 1.2 iem.~ *o. on s.o.* 5.2 het kan niet geopereerd worden *it is inoperable* 6.2 zij is geopereerd **aan** de longen *she has had an operation on/of the lungs;* geopereerd worden **aan** de blindedarm *have an operation for appendicitis.*
operette 0.1 *light opera.*
opeten 0.1 [verorberen] *eat (up)* →*finish* 0.2 [verkwisten] *eat (up)* ⇒*consume* 0.3 [verteren, ook fig.] *eat (up/away)* ⇒*consume* ◆ 1.1 ⟨fig.⟩ zijn eigen huis ~ ±*sell up, ±liquidate* 1.2 zijn kapitaal - *eat up one's capital* ¶.1 ⟨fig.⟩ dat kind is om op te eten *that child is adorable;* ⟨fig.⟩ hij zal je niet ~ *he won't eat you.*
opfleuren 0.1 *cheer up* ⇒*brighten/lighten (up)* ◆ 1.1 ⟨fig.⟩ een kamer wat - *cheer/brighten up a room.*
opflikkeren 0.1 [vulg.; opdonderen] *bugger off* ⇒*piss/fuck off* 0.2 [opvlammen] *flare up* ⇒*flicker* 0.3 [fig.; kortstondig opleven] *flicker* ⟨hoop⟩; *flare/flash up* ⟨onrust, gevechten⟩ ◆ 1.2 het vuur flikkerde hoog op *the fire flared up high.*
opfokken 0.1 *work up* ⇒*whip/stir up* ◆ 3.1 laat je niet zo ~ *don't get so worked up.*
opfrissen 0.1 *freshen (up)* ◆ 1.1 ⟨fig.⟩ zijn Engels ~ *brush up (on) one's English* 4.1 zich ~ *freshen up, ±wash up* ¶.1 ⟨iron.⟩ daar zal hij van ~ *that will make him sit up.*
opfrisverlof 0.1 ±*extra leave.*
opgaan 0.1 [stijgen] *go up* ⇒⟨trap/heuvel ook⟩ *climb* 0.2 [mbt. de zon] *come up* ⇒*rise* 0.3 [zich begeven naar] *go* 0.4 [examen afleggen] *sit (for)* 0.5 [opgegeten/opgedronken worden] *go, be finished* 0.6 [juist zijn] *hold good/ true* ⇒*apply* 0.7 [in beslag genomen worden] *be wrapped up (in)* 0.8 [in elkaar overgaan] *merge (into)* ⇒*be lost (in)* ◆ 1.1 er ging een gemompel op in de zaal *a murmur arose in the hall/room;* de trap ~ *go up/climb the stairs* 1.3 de barricaden ~ *man the barricades;* dezelfde kant ~ *go the same way* 1.5 die wijn gaat vanavond nog wel op *we'll finish that wine this evening* 1.6 die stelling/vergelijking

gaat niet op *that hypothesis/comparison does not hold good/water* **3.1** het op- en neergaan *going up and down* ⟨zuigers⟩; *the rise and fall* ⟨prijzen⟩ **5.6** dat gaat niet altijd op ⟨ook⟩ *that does not always follow* **6.3** als het die kant opgaat **met** de maatschappij dan ... *if that is the way society is going* ... **6.4** ~ **voor** een examen *go in for an exam* **6.5** al zijn geld is opgegaan **aan** de inrichting v.h. huis *all his money went to decorating the house* **6.6** dit gaat niet op **voor** arme mensen *this doesn't apply to/is not true of poor people* **6.7** zij gaan op **in** hun werk *they are wrapped up/absorbed in their work;* helemaal ~ **in** zichzelf *be totally wrapped up in o.s.* **6.8** in de menigte ~ *be lost in/* ⟨moedwillig⟩ *lose o.s. in the crowd;* beide teams zijn **in** elkaar opgegaan *the two teams have merged;* doen ~ **in** *merge into* **7.5** het is helemaal opgegaan *it's all gone.*

opgaand 0.1 [opkomend] *rising* **0.2** [opwaarts gericht] *rising* ⇒*upward* **0.3** [klimmend] *rising* ⇒*climbing* ♦ **1.1** de ~e zon *the r. sun* **1.3** op- en neergaande prijzen *fluctuating prices.*

opgang 0.1 *staircase* ⇒*stairs* ♦ **2.1** kamer met vrije ~ *room with separate access* **3.¶** de compact disk maakt een geweldige ~ *the compact disc is wildly successful;* ~ maken ⟨succes hebben⟩ *be a hit;* (in de mode raken) *catch on;* geen ~ maken *(be a) flop;* veel/grote ~ maken *be a great/smash hit.*

opgave 0.1 [vermelding] *statement* ⇒*specification* **0.2** [opsomming] *statement* ⇒*list,* ⟨belasting, statistiek⟩ *return(s)* **0.3** [vraagstuk] *question* ⟨vnl. mbt. huiswerk, examen e.d.⟩ **0.4** [taak] *task* ⇒*assignment* ♦ **2.1** verkeerde ~ *misstatement;* ⟨belasting⟩ *false/fraudulent returns* **2.3** schriftelijke ~n *written assignments* **2.4** het is een hele ~ *it is quite a t.;* wij staan hier voor een moeilijke ~ *we are faced with a difficult t.* **3.1** ~ doen van iets *give a statement of sth.* **6.1** **met** ~ **van** redenen *stating one's reasons;* **zonder** ~ van redenen *without reason given.*

opgeblazen 0.1 [gezwollen] *puffy* ⇒*bloated, swollen* **0.2** [verwaand] *puffed up/swollen with pride* ⇒*conceited* ♦ **1.1** een ~ gevoel *a bloated feeling;* ⟨fig.⟩ een ~ stijl *a bombastic style;* ~ wangen *p./swollen cheeks;* ⟨fig.⟩ een ~ zaak *sth. blown up out of all proportion.*

opgebrand 0.1 *burnt-out* ⇒*worn-out.*

opgefokt 0.1 *worked up.*

opgekropt 0.1 *pent-up* ⇒*bottled up* ♦ **1.1** ~ verdriet, ~e woede *pent-up/bottled up grief/rage.*

opgelaten 0.1 *embarrassed* ⇒*awkward* ♦ **3.1** zich ~ voelen *feel e./awkward.*

opgeld 0.1 *mark-up* ♦ **3.¶** ~ doen *be at a premium, catch on; take root* (idee, taalgebruik).

opgelucht 0.1 *relieved* ♦ **3.1** ~ ademhalen *heave a sigh of relief.*

opgemaakt 0.1 [van make-up voorzien] *made up* **0.2** [gerangschikt] *made (up)* ⇒*laid out* ♦ **1.1** een ~e acteur *an actor wearing make-up;* een ~ gezicht *a made-up face* **1.2** een ~ bed *a made (up) bed;* een sierlijk ~ bloemstuk *an elegantly made-up/arranged bouquet* **5.1** (te) zwaar ~ *heavily made up.*

opgeruimd I ⟨bn., bw.⟩ **0.1** [vrolijk] *cheerful* ⇒*good-humoured* ♦ **¶.1** ~ van aard *good-humoured;* **II** ⟨bn.⟩ **0.1** [netjes] *tidy* ⇒*neat* ♦ **¶.1** ⟨iron.⟩ ~ staat netjes *good riddance (to bad rubbish).*

opgeruimdheid 0.1 *cheerfulness* ⇒*good humour.*

opgescheept ♦ **6.¶** **met** iem./iets ~ zijn/zitten *be stuck/saddled with s.o./sth.*

opgeschoten 0.1 *lanky* ♦ **1.1** een ~ jongen *a beanpole, a l. youth.*

opgesmukt 0.1 *gaudy* ⇒*garish* ♦ **1.1** een ~e stijl *a high-flown/an elaborate style.*

opgetogen 0.1 *elated* ⇒*delighted* ♦ **3.1** ~ raken *go into raptures;* ~ zijn over *be delighted/over the moon with* **6.1** ~ van vreugde *beside o.s. with joy.*

opgetogenheid 0.1 *elation* ⇒*delight.*

opgeven I ⟨ov.ww.⟩ **0.1** [prijsgeven] *give up* ⇒*abandon* **0.2** [opnoemen] *give* ⇒*state* **0.3** [opdragen] *give* ⇒*assign* **0.4** [aanmelden] *enter* **0.5** [braken] *bring up, spit* **0.6** [overgeven] *give (up)* ⇒*surrender* ♦ **1.1** zijn staatsburgerschap/nationaliteit ~ *renounce one's citizenship,* give up one's nationality; zijn studie ~ *give up/abandon one's studies, drop out;* zijn vooroordelen ~ *give up one's prejudices;* een zieke ~ *give up a patient* **1.2** een adreswijziging ~ *give notice of a change of address;* zijn inkomsten ~ aan de belasting *declare one's income to the tax inspector;* zou u uw naam willen ~ *would you mind leaving your name?;* een prijs ~ voor *state a price for* **1.3** een bestelling ~ *make an order;* een opgegeven boek *a set book;* sommen ~ *g. sums;* een telegram ~ *send a telegram* **3.1** het roken moeten ~ *have to give up smoking* **4.1** alles ~ *give it all up, give up everything;* het ~ *give up/in; throw in the towel/the sponge* ⟨ook boksen⟩; geef je het op? *(do you) give up?* **4.4** zich ~ als lid van iets *sign up to join sth.;* zij hebben zich al opgegeven (voor ...) bij mevrouw NN *they have given their names to Mrs N.N. (for ...)* **5.1** (het) niet ~ *not give in/up, hang on;* niet willen ~ *refuse to give in/up;* je moet nooit/niet te gauw ~ *never say die* **5.2** zijn inkomsten te hoog/te laag ~ *overstate/understate one's income;* zijn leeftijd verkeerd ~ *misstate one's age* **6.4** zich ~ **voor** een cursus/examen *enrol/sign up for a course, e./put in for an exam* **8.2** als iets ~ *g./state as one's reason* **8.4** als vermist ~ *report (as) missing;*

II ⟨onov.ww.⟩ **0.1** [roemen] ⟨zie 5.1⟩ ♦ **5.1** hoog ~ van *sing the praises of, speak highly of; boast of, vaunt* ⟨opscheppen⟩.

opgewassen 0.1 *equal (to)* ⇒⟨tegen zaak ook⟩ *up (to)* ♦ **6.1** **tegen** iem. ~ zijn *be a match for s.o.;* **tegen** de situatie ~ zijn *be able to cope with the situation;* ergens niet **tegen** ~ zijn ⟨ook⟩ *be unable to cope/deal with sth.;* **tegen** elkaar ~ zijn *be well-matched;* zich **tegen** de moeilijkheden ~ tonen *rise to the occasion;* hij bleek niet ~ **tegen** die taak *the task proved beyond him/too much for him.*

opgewekt 0.1 [vrolijk] *cheerful, cheery* ⇒*good-humoured* **0.2** [hand.] *lively* ⇒*brisk, active* ♦ **1.1** er heerste een ~e stemming *the mood was cheerful* **3.1** hij is altijd heel ~ *he is always in the best of spirits/bright and breezy;* zich ~ voelen *be in good spirits.*

opgewektheid 0.1 *cheerfulness* ⇒*good humour.*

opgewonden I ⟨bn., bw.⟩ **0.1** [geestdriftig] *excited* **0.2** [driftig] *heated* **0.3** [zenuwachtig] *agitated* ⇒*in a fluster/flurry* ♦ **1.1** ~ gilletjes *shrieks/squeals of excitement* **3.1** ~ zijn/raken *be/get worked up* **6.3** ~ **door** het nieuws *flustered by the news;*

II ⟨bn.⟩ **0.1** [mbt. uurwerken] *wound (up).*

opgezet 0.1 *swollen* ⇒*bloated* ♦ **1.1** een ~te buik *a s./inflated belly;* ~te klieren hebben *have s. glands.*

opgezwollen 0.1 *swollen* ⇒*bloated* ♦ **1.1** een ~ lijk in het water *a bloated body in the water;* een ~ vinger *a s. finger.*

opgooien 0.1 [omhooggooien] *throw up* ⇒*toss up* **0.2** [kruis of munt gooien] *toss (up)* ♦ **1.1** een bal/muntstuk ~ *throw up a ball, toss a coin* **8.2** laten we ~ om te bepalen wie er uit moet *let's toss (a coin) up to see who's out.*

opgraven 0.1 *dig up* ⇒*unearth,* ⟨archeologie⟩ *excavate, exhume* ⟨lijk⟩ ♦ **1.1** kostbaar aardewerk ~ *unearth/dig up valuable pottery.*

587

opgraving 0.1 [het opgraven] *digging* ⇒⟨archeologisch ook⟩ *excavation, exhumation* ⟨lijk⟩ **0.2** [plaats] *excavation, dig* ⇒⟨archaeological⟩ *site* ◆ **3.1** opgravingen vonden plaats in *...excavations were carried out in ...*

opgroeien 0.1 *grow (up)* ◆ **1.1** ~de jeugd *adolescents, teenagers;* ~de kinderen hebben vitamines nodig *growing children need vitamins* **6.1 met** iets opgegrooid zijn *have grown up with sth.*

ophaalbrug 0.1 *drawbridge.*

ophaaldienst 0.1 *collecting service* ⇒*collection service* ◆ **1.1** de ~ van huisvuil *the refuse collection (service).*

ophalen I ⟨ov.ww.⟩ **0.1** [omhooghalen] *raise* ⇒*draw/pull up, hoist* ⟨vlag, zeil⟩ **0.2** [afhalen] *collect* **0.3** [in herinnering brengen] *bring up/back* ⇒*recall* **0.4** [inzamelen] *collect* **0.5** [verbeteren] *brush up (on)* ⇒*polish/rub up* **0.6** [opfrissen] *revive* ⇒⟨opvallender maken⟩ *bring out* ◆ **1.1** het lijk werd opgehaald uit de Rijn *the body was recovered from the Rhine;* een steek ~ *pick up a stitch;* de wenkbrauwen ~ *r. one's eyebrows* **1.2** vuilnis ~ *c. refuse/rubbish,* ^Agarbage* **1.3** de herinnering ~ aan *...bring back ...;* herinneringen ~ aan de goede oude tijd *reminisce about the good old days;* het verleden weer ~ *rake up the past* **1.4** contributie ~ *c. subscriptions* **1.5** rapportcijfers ~ *improve on one's (report) marks* **1.6** een kleur ~ *r./bring out a colour* **3.2** kom je me vanavond ~? *are you coming round for me tonight?;* iem. iets laten ~ *send s.o. out/round for sth.* **5.3** haal dat nou niet weer op *don't (let's) go over that again* **5.5** verwaarloosde vakken weer ~ *catch up on neglected subjects* **¶.1** hij haalde de hengel op *he pulled in the rod.*

II ⟨onov.ww.⟩ **0.1** [vooruitgaan, beter worden] *recover* ⇒ *improve* ◆ **5.1** in de zomer haalt hij altijd weer op *he always feels better in the summer.*

ophanden ◆ **3.¶** ~ zijn *be imminent;* de ~ zijnde gebeurtenissen *the coming events.*

ophangen I ⟨onov.ww.⟩ **0.1** [telefoongesprek beëindigen] *hang up* ⇒⟨BE ook⟩ *ring off;*

II ⟨ov.ww.⟩ **0.1** [in de hoogte hangen] *hang (up)* ⇒⟨mededeling ook⟩ *post* **0.2** [ter dood brengen] *hang* **0.3** [fig.; vastpinnen] *pin down* ◆ **1.1** een briefje ~ *pin up a notice/ note;* de was ~ *hang (out) the wash(ing)* **3.2** opgehangen worden *be hanged* **4.2** zich ~ (aan een balk) *hang o.s. (from a rafter)* **6.1** ~ **aan** de muur/het plafond/een spijker *h. on the wall/from the ceiling, nail up* **6.3** iem. ~ **aan** een uitspraak *pin s.o. down (to a statement), make s.o. answer for his words.*

ophanging 0.1 [het v.h. leven beroven] *hanging* **0.2** [wijze van ophangen] *suspension* ◆ **1.2** de ~ v.d. wielen v.e. auto *the (wheel) s. of a car.*

ophebben 0.1 [dragen] *wear, have on* **0.2** [geconsumeerd hebben] *have finished* ⇒*have had* **0.3** [ingenomen zijn] ⟨zie 5.3, 6.3⟩ **0.4** [tot taak gekregen hebben] *have (got)* ⟨huiswerk⟩ ⇒*have been given/set, have to do* ◆ **1.1** oogkleppen ~ *wear blinkers* **5.3** het ergens niet mee ~ *not much like/fancy sth.* **6.3** veel ~ **met** iem. ⟨respect hebben voor⟩ *think a lot of s.o.;* ⟨graag mogen⟩ *be taken with s.o.;* veel ~ **met** iets *like sth., be fond of sth.;* niet veel ~ **met** iem. ~ *not care much for s.o.;* niet veel ~ **met** de nieuwe methodes *not hold with the new methods* **7.2** te veel/er al een paar ~ *have had one too many.*

ophef 0.1 *fuss* ⇒*noise, song (and dance)* ◆ **3.1** ~ maken over/van iets *kick up/make a f. about sth.* **6.1** iets **met** veel ~ aankondigen *make a song and dance about sth.;* **zonder** veel ~ *without much ado.*

opheffen 0.1 [optillen, opwaarts richten] *raise* ⇒*lift* **0.2** [te-

nietdoen] *cancel (out)* ⇒*neutralize* **0.3** [doen ophouden] *remove* ⇒*discontinue* ⟨dienst, zaak, cursus⟩ ◆ **1.1** de hand ~ tegen *r. one's hand against;* met opgeheven handen *with uplifted hands;* het hoofd ~ *r./lift one's head;* met opgeheven hoofd *with (one's) head held high* **1.2** het effect ~ van iets *counteract sth.;* het onderscheid werd opgeheven *the distinction was removed;* een verbod ~ *lift a ban* **1.3** 4000 banen ~ ⟨inf.⟩ *axe 4,000 jobs;* de club werd na een paar maanden opgeheven *the club was disbanded after a couple of months;* een maatschappij ~ *dissolve a company;* sancties ~ *lift sanctions;* een spaarrekening ~ *close a savings account;* de staat van beleg ~ *rescind martial law;* de staking werd opgeheven *the strike was terminated;* de twijfel rond een zaak ~ *remove doubts about a matter;* de zitting ~ *adjourn (the session)* **5.3** geleidelijk ~ *phase out.*

opheffing 0.1 [afschaffing] *removal* ⇒*discontinuance* ⟨dienst, zaak, cursus⟩, *adjournment* ⟨zitting⟩, *raising* ⟨embargo, sanctie⟩, *lifting* ⟨embargo, sanctie⟩, *abolition* ⟨wet, maatregel⟩ **0.2** [liquidatie] *closing (down)* ⇒*liquidation* ◆ **1.1** de ~ v.h. faillissement *the annulment of the bankruptcy;* de ~ van storingen *the elimination of interference.*

opheffingsuitverkoop 0.1 ^B*closing-down sale,* ^A*going-out-of-business sale.*

ophelderen 0.1 *clear up* ⇒*clarify* ◆ **1.1** een misverstand ~ *clear up a misunderstanding;* onduidelijkheden ~ *clarify ambiguities.*

opheldering 0.1 [het verduidelijken] *clarification* **0.2** [toelichting] *explanation* ◆ **3.2** ~ verschaffen *provide an c.;* iem. ~ vragen *demand an e. from s.o.* **6.1** **ter** ~ *in explanation;* dit kan **tot** ~ dienen *this may shed some light on the matter.*

ophemelen 0.1 *extol* ⇒*praise to the skies* ◆ **4.1** iem. ~ *sing s.o.'s praises;* zichzelf ~ *sing one's own praises, blow one's own trumpet.*

ophijsen 0.1 *pull up* ⇒*hoist (up), raise* ⟨vlag, zeil⟩ ◆ **1.1** zijn broek ~ *hitch up one's trousers.*

ophitsen 0.1 [aanvuren] *egg on* ⇒*goad* **0.2** [opruien] *incite* ⇒*stir up* ◆ **1.1** een hond ~ *tease/bait a dog;* iem. ~ *get s.o.'s hackles up* **6.2** het volk **tegen** de regering ~ *stir up the people against the government;* de mensen **tegen** elkaar ~ *set people at one another's throats.*

ophitser 0.1 *instigator* ⇒*troublemaker.*

ophoepelen ⟨inf.⟩ **0.1** *get lost* ⇒*clear/*^B*push/buzz off* ◆ **¶.1** ik wou dat ie ophoepelde *I wish he'd get lost;* hoepel op!, opgehoepeld! ⟨ook⟩ *beat it!*

ophoesten 0.1 [door hoesten opgeven] *cough out/up* **0.2** [produceren] *turn out* ⇒*cough up* ⟨geld, geheim⟩ ◆ **1.1** bloed/slijm ~ *cough up blood/phlegm* **3.2** zoveel geld kan ik niet ~ *I can't cough up that kind of money.*

ophogen 0.1 *raise* ⇒*heighten,* ⟨comp. ook⟩ *increment,* ⟨op gewenst niveau⟩ *level up* ◆ **1.1** opgehoogd(e) voetpad/weg *raised footpath/road.*

ophoging 0.1 [het ophogen] *raising* ⇒*heightening,* ⟨comp. ook⟩ *increment* **0.2** [plaats] *embankment, bank* ⇒*elevation.*

ophopen I ⟨ov.ww.⟩ **0.1** [stapelen] *pile (up)* ⇒*heap up/together;*

II ⟨wk.ww.; zich ~⟩ **0.1** [aangroeien] *pile up* ⇒*accumulate* ◆ **1.1** de opgehoopte problemen *the mounting problems;* de sneeuw heeft zich opgehoopt *the snow has banked up* **4.1** de moeilijkheden/voorraden hopen zich op *the problems/stores are piling up.*

ophoping 0.1 [het ophopen] *accumulation* ⇒*pile-up* **0.2** [stapel] *accumulation* ⇒*pile* ◆ **1.2** een ~ van werk *an a./a buildup of work.*

ophoren ◆ 6.¶ daar zal hij van ~ *that will be news/a surprise to him/will make him sit up.*

ophouden I ⟨onov.ww.⟩ 0.1 [eindigen] *stop* ⇒*quit* ⟨niet doorgaan met⟩, *(come to an) end* ◆ 1.1 het blad is opgehouden te verschijnen *the magazine has been discontinued;* maar daar houdt de overeenkomst op *but here the similarity ends;* de straat hield daar op *the street ended there* 3.1 (plotseling) doen ~ *break off* 4.1 dan houdt alles op *then there's nothing more to be said/there's no point in going on* 5.1 ermee ~ ⟨zaak⟩ *sell out;* steeds even ~ *keep stopping;* niet halverwege ~ *go the whole hog;* plotseling ~ *break off;* waar ben je opgehouden? *where did you leave off?* 6.1 ze hield maar niet op **met** huilen *she (just) went on and on crying;* ~ **met** gokken/roken *give up/stop gambling/smoking;* het is opgehouden **met** regenen *the rain has stopped;* even ~ **met** werken/praten *pause (in one's work/speech);* ~ **te** werken/met werken ⟨na werkdag⟩ *s. work;* ⟨voorgoed⟩ *retire;* ~ **te** bestaan *cease to exist;* **zonder** ~ *without stopping, continuously;* hij pest haar **zonder** ~ ⟨ook⟩ *he never stops teasing her;* hij heeft tien uur **zonder** ~ gewerkt *he worked ten hours at a stretch.* ¶.1 niet van ~ weten *not know when to s.;* hou op! *s. it!, cut it out!;* laten we erover ~ *let's leave it at that;* als hij eenmaal begint weet hij niet van ~ *once he gets going there's no stopping him;*

II ⟨ov.ww.⟩ 0.1 [omhooghouden] *hold up* 0.2 [verdedigen] *keep up* ⇒*maintain* 0.3 [openhouden] *hold open* 0.4 [tegenhouden] *hold (up)* 0.5 [beletten verder te gaan] *hold up* ⇒*delay,* ⟨persoon ook⟩ *keep,* ⟨persoon ook⟩ *detain* 0.6 [op het hoofd houden] *keep on* ◆ 1.1 een streng wol ~ *hold a skein of wool* 1.2 zijn eer ~ *uphold one's honour;* de schijn ~ *keep up appearances* 1.3 hou die zak eens op *hold that bag open, will you?* 1.4 een plas ~ *hold one's water* 1.5 iem. niet langer ~ *not take up any more of s.o.'s time, not keep s.o. any longer;* door mist/noodweer opgehouden *fogbound, stormbound;* het schip werd opgehouden *the ship was detained;* het verkeer ~ *hold up/delay traffic;* dat houdt de zaak alleen maar op *that just slows things down* 1.6 zijn hoed ~ *keep one's hat on* 4.5 ik houd je toch niet op, hè? *I'm not keeping you, am I?* ¶.5 ik werd opgehouden *I was delayed/held up;*

III ⟨wk.ww.; zich ~⟩ 0.1 [verblijven] *stay* ⇒⟨rondhangen⟩ *hang about/around,* ⟨rondhangen⟩ *loiter* 0.2 [zich bezighouden met] *be concerned (with)* ⇒*busy o.s. (with)* ◆ 4.1 men weet niet waar zij zich nu ~ *their (present) whereabouts are unknown* 5.1 zich verdacht ~ *loiter with intent* 6.1 zich ~ **bij** het huis *hang around the house;* zich in verdachte kringen ~ *move in dubious circles* 6.2 met hem houd ik mij niet op *I have nothing to do with him;* zich niet **met** politiek ~ *not be concerned with politics;* zich altijd ~ **met** *go about with, hang around with.*

opiaat 0.1 *opiate.*

opinie 0.1 *opinion* ⇒*view* ◆ 1.1 de ~ v.e. buitenstaander *an outside o.* 2.1 volgens de algemene ~ *by general consent;* de publieke ~ *public o.* 3.1 mijn ~ is dat ... *it is my o. that ...* 6.1 volgens de ~ **van** *in the o. of.*

opinieblad 0.1 (±) *newsmagazine.*

opiniepeiling 0.1 *(opinion) poll* ◆ 1.1 uitslag(en) van ~(en) *poll result/ratings* 3.1 (een) ~(en) houden (over) *canvass opinion (on).*

opiniëren 0.1 *form (people's) opinions* ◆ 1.1 de ~de bladen *the opinion papers.*

opium 0.1 *opium* ◆ 3.1 ~ schuiven *smoke o.* ¶.1 godsdienst is ~ voor het volk *religion is the o. of the people.*

opiumkit 0.1 *opium den/dive* ⇒⟨sl.⟩ *joint.*

opiumschuiver 0.1 *opium smoker.*

opjagen 0.1 [tot spoed aanzetten] *hurry, rush* ⇒⟨niet met rust laten⟩ *hound* 0.2 [fig.; opdrijven, opvoeren] *drive* ⇒*boost* 0.3 [op de vlucht jagen] *rout* ⇒⟨jacht⟩ *raise, start* 0.4 [doen opstijgen] *raise, blow up* ◆ 1.1 een opgejaagd gevoel hebben *feel hunted* 1.2 prijzen ~ *boost prices;* ⟨op veiling⟩ *force up the bidding* 1.3 wild ~ *put up game* 1.4 de wind jaagt het stof op *the wind raises the dust* 3.1 ik wil niet zo opgejaagd worden *I won't be rushed like that.*

opjutten ⟨inf.⟩ 0.1 *needle* ◆ 3.1 laat je niet ~ *keep your cool, don't let it/them/*⟨enz.⟩ *get at you* 6.1 ~ **tot** *goad/provoke into.*

opkal(e)fateren ⟨inf.⟩ 0.1 *patch (up)* ⇒*doctor (up)* ◆ 1.1 een zieke ~ *patch up a sick person* 4.1 zich ~ *do o.s. up.*

opkijken 0.1 [naar omhoog kijken] *look up* 0.2 [opzien] *look up (to)* 0.3 [verrast worden] *sit up* ⇒*be surprised* ◆ 5.3 ik zou maar niet vreemd ~ als ... *I shouldn't be surprised if...* 6.1 zonder op of om te kijken *without looking up* 6.2 ~ **tegen** iem. *look up to s.o.* 6.3 daar kijk ik **van** op *I'd never have thought it* 6.¶ ~ **tegen** iets *not look forward to sth.* ¶.3 daar zul je **van** ~ *you're in for a surprise.*

opkikkeren I ⟨onov.ww.⟩ 0.1 [opfleuren] *perk up* ◆ ¶.1 daar zal je **van** ~ *it'll pick you up/do you good;* **II** ⟨ov.ww.⟩ 0.1 [opmonteren] *cheer/brighten/pep/perk up* ◆ 1.1 een glas wijn zal je ~ *a glass of wine will do you good.*

opkikkertje 0.1 [stimulans] *boost* ⇒⟨inf.⟩ *shot in the arm* 0.2 [borrel] *bracer* ⇒⟨inf.⟩ *pick-me-up* ◆ 3.1 hij heeft wel een ~ nodig *he could do with a bit of cheering up* 3.2 een ~ nemen *take a b.*

opklapbaar 0.1 *folding.*

opklapbed 0.1 *foldaway bed.*

opklappen 0.1 *fold up.*

opklaren 0.1 ⟨ook fig.⟩ *brighten/clear up* ◆ 1.1 ⟨fig.⟩ zijn gezicht klaarde op *his face brightened (up)/lit up;* de lucht klaart op *the sky's clearing up;* ⟨fig.⟩ de situatie klaart enigszins op *the situation is brightening (up) a little.*

opklaring 0.1 [het helderder (doen) worden] *clarification* 0.2 [tijd dat het helderder wordt] *bright/sunny spells/periods* ◆ 5.2 tijdelijk ~ en *sunny intervals* ¶.2 hier en daar ~ en *bright spells/periods in places.*

opklimmen 0.1 [naar boven klimmen] *climb* 0.2 [mbt. een rang/salaris] *rise* ⇒*move up* ◆ 1.1 een berg ~ *c. a mountain* 6.1 ~ **tegen** een muur *climb up/scale a wall* 6.2 ~ **in** rang *move up;* ~ **in** salaris *get a rise;* ~ **van** loopjongen **tot** afdelingschef *r. from messenger boy to head of department;* **van** onderen **af** ~ *r. from the ranks.*

opklimmend 0.1 *ascendant, progressive* ◆ 1.1 oefeningen met een ~e moeilijkheidsgraad *graded/graduated exercises.*

opklimming 0.1 [het omhoog klimmen] *climbing* ⇒*ascent* 0.2 [mbt. een rang/salaris] *rise* ⇒*promotion,* ⟨in moeilijkheid⟩ *graduation,* ⟨in moeilijkheid⟩ *grading.*

opkloppen 0.1 [doen opzetten] ⟨cul.⟩ *beat up; fluff out/up* ⟨kussen⟩ 0.2 [overdrijven] *exaggerate* ⇒*blow up* ◆ 1.1 slagroom ~ *whip cream* 1.2 een verhaal ~ ⟨ook⟩ *lay it on (thick)* 2.2 opgeklopte verhalen *tall stories.*

opknapbeurt 0.1 *redecoration* ⇒*facelift* ◆ 3.1 een kamer een ~ geven *give a room a facelift.*

opknappen I ⟨onov.ww.⟩ 0.1 [beter worden] *pick up* ⇒*revive* ◆ 1.1 het weer is opgeknapt *the weather has brightened up* 5.1 hij zal er erg van ~ *it'll do him all the good in the world;* weer helemaal opgeknapt *(as) right as rain* 6.1 ben je opgeknapt **van** die week vakantie? *did that week off do you any good?;*

II ⟨ov.ww.⟩ **0.1** [netjes/in orde maken] *tidy up* ⇒*do up, redecorate,* ⟨restaureren⟩ *restore* **0.2** [ten uitvoer brengen] *fix* ⇒*carry out* **0.3** [gevangenisstraf uitzitten] *do (time)* **0.4** [opzadelen] *shunt/fob off onto* ◆ **1.1** de keuken ~ *do up the kitchen* **1.2** het vervelende werk door iem. anders laten ~ *get s.o. else to do the boring work* **1.3** hij heeft drie jaar opgeknapt in Scheveningen *he did three years in Scheveningen* **3.1** een huis laten ~ ⟨van binnen⟩ *have a house redecorated/*⟨van buiten⟩ *done up;* het dak moet nodig eens opgeknapt worden *the roof needs fixing/repairing* **5.2** dat zal/kan zij zelf wel ~ *she'll take care of it herself* **6.4** iem. ~ **met** een rotklusje *land s.o. with a rotten chore* ¶.**2** het op zijn eentje ~ *tackle sth. alone;* **III** ⟨wk.ww.; zich ~⟩ **0.1** [zich opfrissen] *freshen (o.s.) up.*
opknopen 0.1 *string up* ◆ **4.1** zich ~ *hang o.s.*
opkomen 0.1 [omhoog komen] *come up* ⟨gewas enz.⟩ ⇒*rise* ⟨deeg, getijde⟩, *come in* ⟨getijde⟩ **0.2** [boven de horizon komen] *rise* ⇒*ascend* **0.3** [in gedachte komen] *occur* ⇒ ⟨weer opkomen⟩ *recur* **0.4** [beginnen te ontstaan] *come on* ⟨koorts, storm⟩ ⇒*set in* ⟨koorts⟩, *rise* ⟨wind⟩ **0.5** [in zwang komen] *spring/come up* **0.6** [dram.] *enter* ⇒*come on (stage)* **0.7** [zich ergens heen begeven] ⟨opdagen⟩ *turn/show up;* ⟨opgaan⟩ *go (in) to* **0.8** [zich verzetten tegen] *fight/stand up (against)* **0.9** [verdedigen] *fight (for)* ⇒ *stand up (for)* **0.10** [azn; zich kandidaat stellen] *run (for)* **0.11** [op raken] *run out* ◆ **1.1** de vloed komt op *the tide is rising/is coming in* **1.3** de gedachte kwam bij haar op dat *the thought occurred to her that;* een gevoel van onbehagen kwam langzaam maar zeker bij hem op *an uneasy feeling gradually came over him* **1.4** de mist komt op *the fog's setting in;* ik voel een verkoudheid ~/de koorts ~ *I can feel a cold/the fever coming on* **1.6** Macbeth komt op *e. Macbeth* **1.7** het erf ~ *come into the yard;* veel kiezers waren niet opgekomen *a great many voters had failed to appear;* er waren slechts vijf leden opgekomen *only five members had turned/showed up;* alle reservisten moeten ~ *all reservists must report,* de trap ~ *come up the stairs* **1.11** het eten zal best ~, die paar aardappels komen nog wel op *we'll be able to get through the food, those few potatoes will find their way* **3.¶** laat ze maar ~ *let them (all) come* **4.1** er is nog niets opgekomen *nothing has come up yet* **5.1** spontaan/vanzelf ~ ⟨ook fig.⟩ *crop up* **6.3** het komt niet **bij** hem op *it doesn't o. to him;* zo iets zou nooit **bij** hem ~ *he would never think of doing such a thing;* dat kwam pas later **bij** mij op *it only occurred to me later;* het eerste wat **bij** je opkomt *the first thing that comes into your mind* **6.4** eventuele vragen, die ~ **bij** het lezen v.d. tekst *any questions occurring while reading the text;* **uit** het niets ~ *come out of nowhere;* ~ **uit** *emerge from/out of* **6.7 in** grote getale ~ *turn out in large numbers;* ze konden niet **tegen** de wind ~ *they could not make headway against the wind* **6.9** ~ **voor** (zichzelf) *stand up for (o.s.);* steeds **voor** elkaar ~ *stick together* **8.3** als vanzelf ~ *suggest itself/themselves* ¶.**¶** kom op, we gaan *come on, let's go;* kom maar op als je durft! *come on if you dare!*
opkomst 0.1 [mbt. de zon/maan] *rise* **0.2** [aantal verschenen mensen] *attendance* ⇒⟨ook bij verkiezingen⟩ *turnout* **0.3** [mbt. het toneel] *entrance* **0.4** [fig.; vooruitgang] *rise* ⇒*boom* **0.5** [beginstadium] *origin, infancy* ◆ **1.4** de ~ v.d. cd *the advent of the CD;* ~ en ondergang *r. and fall* **2.2** een grote/goede/slechte ~ bij de verkiezingen *a large/good/poor turnout at the elections* **3.5** die zaak is nog in ~ *that company is still in its i.* **6.4** een stad in ~ *a city in the making;* **in** ~ zijn *boom, be developing* ¶.**4** hij/de zware industrie heeft zijn ~ te danken aan *he/heavy industry owes his/its r. to.*

opkopen 0.1 *buy up* ◆ **1.1** de hele graanoogst ~ *buy up/purchase the entire grain harvest.*
opkoper 0.1 [koopman in oude spullen] *junk dealer* **0.2** [iem. die opkoopt] *wholesale buyer* ◆ **1.2** ~ van oude schepen *ship breaker.*
opkrabbelen 0.1 [met moeite opstaan] *struggle/scramble up/to one's feet;* ⟨fig.; opknappen⟩ *pick up, recover* **0.2** [met moeite opklimmen] *clamber* ◆ **6.2 tegen** de duinen ~ *clamber up the dunes.*
opkrassen (inf.) **0.1** *beat it, buzz off.*
opkrikken 0.1 [met krik omhoogbrengen] *jack up* **0.2** [fig.; opvijzelen] *hype/pep up* ◆ **1.1** een auto ~ *jack up a car* **1.2** het moreel ~ *boost morale.*
opkroppen 0.1 *bottle up* ⇒*hold back* ◆ **1.1** zijn tranen ~ *hold back one's tears;* zijn woede ~ *bottle up one's anger* **6.1** alles in zichzelf ~ *bottle everything up, keep things to/locked up inside o.s.*
opkruisen (scheep.) **0.1** *tack* ⇒*beat up/about, crisscross.*
opkuisen ⟨AZN⟩ **0.1** *clean/tidy (up).*
oplaadbaar 0.1 *rechargeable.*
oplaaien 0.1 [omhoogstijgen] *flare/flame/blaze up* **0.2** [gaan branden] *flare/blaze up* ◆ **1.1** het vuur laaide helder op *the fire flared/blazed up brightly* **3.1** ⟨fig.⟩ haatgevoelens weer doen ~ *regenerate hatred* **3.2** doen ~ *kindle, spark/set off.*
opladen 0.1 [op iets laden] *pile/heap up* **0.2** [bevrachten] *load (up)* **0.3** [elektrisch laden] *charge* ◆ **1.2** een wagen ~ *load (up) a truck* **1.3** een accu ~ *c. a battery* **4.3** ⟨fig.⟩ zich ~ *get charged up again* **5.3** weer ~ *recharge.*
oplage 0.1 *edition* ⇒*issue,* ⟨van krant⟩ *circulation* ◆ **2.1** beperkte ~ *limited e.;* een blad met een grote ~ *a paper with a wide circulation.*
oplappen 0.1 *patch up* ◆ **1.1** een in elkaar geslagen iem. weer wat ~ *patch up s.o. who's been beaten up.*
oplaten 0.1 [gelegenheid geven op te stijgen] *fly* ⟨vlieger⟩; *release* ⟨vogel⟩; *launch* ⟨ballon, zweefvliegtuig⟩ **0.2** [door trekken omhoog laten gaan] *hoist* ⇒*raise* ◆ **1.2** het toneelgordijn werd opgelaten *the curtain went up*
oplawaai ⟨inf⟩ **0.1** *wallop* ◆ **3.1** iem. een ~ geven *wallop s.o.*
oplazeren (inf.) **0.1** *bugger/sod/piss off, beat it* ◆ **3.1** hij kan ~ voor mijn part *he can stuff it/rot for all I care* ¶.**1** lazer op! *piss off!*
opleggen 0.1 [opdragen] *enforce; impose* ⟨straf, belasting, boete⟩ **0.2** [opslaan] *store* **0.3** [scheep.] *lay up* **0.4** [druk.] *put in the/to press, print* **0.5** [op iets plaatsen] *put on* ◆ **1.1** iem. geheimhouding ~ *swear s.o. to secrecy;* regels/wetten ~ *enforce/impose/lay down rules/laws;* zijn wil ~ aan *impose one's will on* **1.5** een zadel ~ *put on a saddle, saddle* **3.3** opgelegd worden/zijn *be laid up* **4.1** iem. iets ~ *impose sth. on s.o.*
oplegger 0.1 *semitrailer* ⇒*trailer* ◆ **6.1** truck met ~ *articulated vehicle/lorry/*¹*truck.*
oplegging 0.1 [het opleggen] *imposition* ⟨opleggen⟩ **0.2** [bouwk.] *support* ⇒*seating, bearing.*
opleiden 0.1 [onderrichten] *educate* ⇒*school, instruct* **0.2** [omhoog/in bep. richting voeren] *carry/lead up* ◆ **1.2** zij leidde hem het pad op *she led him up the path* **6.1 tot** advocaat opgeleid *trained to be a lawyer;* opgeleid **tot/in** ~ *schooled in;* iem. **voor** iets ~ *train s.o. for sth.*
opleiding 0.1 [het opgeleid worden] *education* ⇒*training* **0.2** [instituut] *institute; (training) college* ⟨bv. lerarenopleiding⟩; ⟨school voor speciale opleidingen⟩ *academy* ◆ **1.2** het hoofd van de ~ *the head of the college* **2.1** een vierjarige ~ *a four-year training;* een wetenschappelijke ~ *an*

academic/a university e. **3.1** een (marketing)opleiding verzorgen *organize/offer a training (in marketing);* een ~ volgen/krijgen *receive training, train* **6.1** ~ in de praktijk *on-the-job/practical training;* **in** ~ zijn *be in/under training;* zij volgt een ~ **voor** secretaresse/advocate *she's doing a secretarial/law course.*

opleidingscentrum 0.1 *training centre.*

oplepelen 0.1 [opeten] *spoon up* **0.2** [opscheppen, opdienen] *serve* ⇒*ladle (out)* ◆ **1.2** ⟨fig.⟩ parate kennis ~ op een examen *dish out/spout ready knowledge at an exam.*

opletten 0.1 [goed toezien] *watch, take care* **0.2** [aandachtig luisteren] *pay attention* ◆ **4.1** let op waar je loopt *look where you're going;* let op wat er nu gebeurt *note/mark what happens now* **5.1** let maar eens op *mark my words, you mark me, wait and see;* goed ~ *watch carefully, be attentive* ¶.**2** opgelet!, let op! *attention please!, take care!*

oplettend 0.1 [opmerkzaam] *observant, observing* **0.2** [aandachtig luisterend] *attentive* ◆ **1.1** een ~ toeschouwer *an observant spectator* **1.2** een ~e leerling *an a. pupil* **3.1** zij sloeg hem ~ gade *she watched/eyed him carefully/closely.*

oplettendheid 0.1 *attention* ⇒*attentiveness* ◆ **2.1** iem. met grote ~ aanhoren *listen very carefully to s.o.*

opleven 0.1 *revive* ◆ **1.1** het weer ~de fascisme *resurgent fascism;* de handel leefde op *trade revived* **3.1** doen ~ *r., pep up.*

opleveren 0.1 [afleveren] *deliver* ⇒*surrender* ⟨onroerend goed⟩ **0.2** [opbrengen] *yield* **0.3** [voortbrengen] *produce* ◆ **1.2** wat levert dat baantje op? *what does/how much does the job pay?;* een tekort/nadelig saldo ~ *leave/show a deficit;* die transactie levert verlies/winst op *that transaction yields a loss/profit;* voordeel ~ *y. profit;* iem. geen enkel voordeel ~ *avail s.o. nothing* **1.3** levert dat enig bezwaar op? *is that any objection?;* het heeft me niets dan ellende opgeleverd *it caused/brought me nothing but misery;* gevaar ~ *cause/present danger;* het gewenste resultaat ~ *produce the desired result;* het heeft hem veel vijanden opgeleverd *it has made him many enemies* **4.2** wat levert het mij op? *what's in it for me?* **4.3** het onderzoek leverde niets op *the study/research did not yield any results* **5.1** tijdig ~ *deliver on time* **5.2** niets/weinig ~ *be unprofitable;* het schrijven van boeken levert weinig op *writing (books) doesn't bring in much* **5.3** niets/geen resultaat ~ *produce/bring no results, get (s.o.) nowhere;* die maatregel heeft nog weinig of niets opgeleverd *that measure has had little or no effect up to now* **7.2** dit werk levert *f*20,- per uur op *this job brings in 20 guilders per hour.*

oplevering 0.1 *delivery;* ⟨mbt. gebouw⟩ *completion* ◆ **2.1** bij te late ~ *in case of non-completion within the stipulated time* **6.1 bij** (de) ~ *on (the) d., on c.*

opleving 0.1 *revival;* ⟨herstel, ook ec.⟩ *recovery;* ⟨ec.⟩ *upturn, pickup* ◆ **2.1** er is een lichte ~ merkbaar in de handel in ...*the trade in ... shows some (signs of) revival/recovery;* een plotselinge ~ *an upsurge.*

oplezen 0.1 *read (out)* ⇒*call (out/off)* ◆ **1.1** een lijst met namen ~ *call off/out a list of names.*

oplichten I ⟨onov.ww.⟩ **0.1** [lichter worden, ook fig.] *light-(en)* ⇒*illuminate* **0.2** [licht beginnen te geven] *be fluorescent* ◆ **1.1** die verf zal nog wel wat ~ *that paint will brighten a little yet;*
II ⟨ov.ww.⟩ **0.1** [optillen] *lift (up)* ⇒*raise, take/pick up* **0.2** [geld/goed afhandig maken] *swindle, cheat* ⇒*con* ◆ **1.1** een tip van de sluier ~ *give a hint/foretaste* **1.2** iem. ~ voor 2 ton *s./con s.o. out of 200,000 guilders.*

oplichter, -lichtster 0.1 *swindler* ⇒*crook, con(fidence) (wo)man.*

oplichterij 0.1 *swindle* ⇒⟨inf.⟩ *con(-trick).*

oplichting 0.1 *fraud* ⇒⟨inf.⟩ *con(-trick)* ◆ **6.1** beschuldigd van ~ *charged with fraud.*

oplikken 0.1 *lick/lap up.*

oploop 0.1 *crowd* ⇒*stir* ⟨drukte, relletje⟩, *riot* ⟨drukte, relletje⟩.

oplopen I ⟨onov.ww.⟩ **0.1** [naar boven lopen] *go/run/walk up* **0.2** [toenemen] *increase* ⇒*mount, rise* **0.3** [op weg gaan] *walk on/along* **0.4** [naar boven gaan] *climb* ⇒*rise* **0.5** [botsen op] *bump/run into* ◆ **1.1** de trap ~ *run/go/walk up the stairs* **1.2** de temperatuur loopt lekker op *the temperature's rising nicely* **1.3** de straat ~ *walk/come into the street* **1.4** de straat loopt op *the street rises/climbs* **3.2** de spanning laten ~ ⟨fig.⟩ *build up the tension;* een rekening laten ~ *run up a bill/an account* **5.2** al die kleine bedragen bij elkaar, dat loopt flink op *all those small sums put together, it mounts up* **5.3** samen (een eindje) ~ *walk some/part of the way together* **6.1 tegen** de dijk ~ *r. up the dike* **6.2** het kan ~ **tot** ettelijke miljoenen *it may run/amount to several millions* **6.5 tegen** iem. ~ *b. into s.o.;* **tegen** een mooi huis/goede baan ~ ⟨fig.⟩ *run into a nice house/good job;*
II ⟨ov.ww.⟩ **0.1** [opdoen] *catch, get* **0.2** [scheep.; inhalen] *overtake* ◆ **1.1** een pak slaag ~ *come in for a thrashing;* schade/een verlies ~ *sustain/suffer/receive damage/a loss;* een verkoudheid ~ *catch a cold.*

oplopend 0.1 [schuin naar boven gaand] *rising* ⇒*sloping (upwards)* **0.2** [toenemend, vermeerderend] *increasing* ⇒*mounting* ◆ **1.1** een ~e helling *an ascent, a rise* **1.2** ~e kosten *mounting costs;* een hoog ~ ruzie *a screaming/blinding row;* ⟨inf.⟩ *a right old row* **5.1** steil ~ *steep.*

oplosbaar 0.1 [opgelost kunnende worden] *soluble* ⇒*dissolvable* ⟨oplosbaar, ontbindbaar⟩ **0.2** [op te helderen] *solvable* ◆ **1.1** moeilijk oplosbare stoffen *insoluble substances* **1.2** dat raadsel is niet ~ *that puzzle is not solvable* **5.1** goed/makkelijk ~ ⟨schei.⟩ *lycophilic.*

oplosbaarheid 0.1 [het oplosbaar zijn] *(dis)solubility* ⇒*(dis)solvability* **0.2** [nat.] *solubility.*

oploskoffie 0.1 *instant coffee.*

oplosmiddel 0.1 *solvent* ⇒*thinner* ⟨voor verf⟩ ◆ **6.1** een ~ voor vetten *a s. for fatty substances.*

oplossen I ⟨onov.ww.⟩ **0.1** [in een vloeistof opgaan] *dissolve;*
II ⟨onov.ww., wk.ww.; zich ~⟩ **0.1** [verdwijnen] *dissolve* ⇒*melt* ◆ **1.1** in het duister ~ *be swallowed up by the darkness;* de mist loste zich op *the fog dispersed/dissolved;* die vlekken lossen op als sneeuw voor de zon *those stains will vanish in no time;*
III ⟨ov.ww.⟩ **0.1** [het gevraagde uit de gegevens afleiden] *solve* **0.2** [tot een bevredigend einde brengen] *(re)solve* **0.3** [schei., nat.] *dissolve* ◆ **1.1** een wiskundig vraagstuk/puzzel ~ *s. a mathematical problem/puzzle* **1.2** dit zou het probleem moeten ~ *this should settle/solve the problem* **1.3** een opgeloste stof *a solution* **4.2** dat probleem lost zich vanzelf op *that problem will (re)solve itself* **5.2** afdoende ~ *solve conclusively;* niet opgelost *unresolved; pending* **6.2** iets ~ **door** met elkaar te praten *talk/work sth. out* ¶.**2** dat lost niets op *that won't solve anything;*
IV ⟨wk.ww.; zich ~⟩ **0.1** [zich opsplitsen] *resolve* ◆ **6.1** zich ~ in de grote menigte *get lost/vanish in the crowd.*

oplossing 0.1 [schei., nat.] *solution* **0.2** [antwoord] *solution* ⇒*answer* **0.3** [bijlegging] *solution* ⇒*settlement* **0.4** [beëindiging, uitweg] *(re)solution* ◆ **1.2** de ~ van een raadsel *the s. to a riddle* **1.3** de ~ v.e. geschil *the settlement of a quarrel* **1.4** de ~ van je problemen *the solution/answer to your problems* **2.1** een verdunde ~ *dilution* **2.4**

591

opluchten - opnemen

een tijdelijke ~ *a temporary/makeshift solution* **3.4** een ~ bieden *offer a solution/a way out;* dat is de ~! *that's it/ the answer!;* een ~ vinden voor *find a solution to/way out for, resolve;* een ~ zoeken voor *look for/try and find a solution for* **6.4 tot** een ~ komen *reach/come to a solution.*

opluchten 0.1 *relieve* ♦ **1.1** een opgelucht gevoel *a feeling of relief* **6.1** opgelucht **over** je veilige aankomst *relieved at your safe arrival* ¶**.1** dat lucht op! *what a relief!*

opluchting 0.1 *relief* ♦ **1.1** een zucht van ~ geven *breathe a sigh of r.* **6.1 tot** mijn grote ~ *to my great/much to my r.*

opluisteren 0.1 *grace* ⇒*add lustre to* ♦ **1.1** een feest ~ *g./ add lustre to a party.*

opluistering 0.1 *adornment* ♦ **6.1 ter** ~ dienen/strekken *serve to add lustre to.*

opmaak 0.1 [druk.] *layout* ⇒*setout, mock-up,* ⟨boek.⟩ *imposition* **0.2** [make-up] *make-up* **0.3** [versiering, schikking] *embellishment* ⟨versiering⟩; *trimming* ⟨garnering⟩ ♦ **1.1** de ~ v.e. krant *the l. of a newspaper* **1.3** de ~ v.e. koude schotel *the trimming/garnishing of a cold dish.*

opmaat 0.1 [muz.] *upbeat* **0.2** [eerste begin] *overture(s).*

opmaken I ⟨ov.ww.⟩ **0.1** [opgebruiken] *finish (up), use up* **0.2** [in orde brengen] *do/make/get up* **0.3** [make-up aanbrengen op] *make up* **0.4** [uitrekenen] *make out;* ⟨hand.⟩ *balance* ⟨sluitend makon⟩ **0.5** [samenstellen] *draw up* **0.6** [druk.] *lay out* ⇒*make up* **0.7** [concluderen] *gather* ♦ **1.1** al zijn geld ~ *spend all one's money* **1.5** de balans ~ *weigh the pros and cons, take stock* **1.6** pagina's ~ *lay out/make up pages* **3.5** aldus opgemaakt en getekend *drawn up and signed* **4.1** alles ~ *finish the lot/everything* **4.3** zich ~ *make o.s. up* **5.7** moet ik daaruit ~ dat ... *do I gather/conclude from it that ...;* ik kan er niets uit ~ *I can't make anything of this* **6.7** ik had uit haar woorden upgemaakt dat ... *her words had led me to believe that ...;* dat is niet duidelijk op te maken **uit** wat hier staat *it isn't clear/can't be readily deduced from what it says here;* **II** ⟨wk.ww.⟩ zich ~⟩ **0.1** [zich gereedmaken] *prepare, get ready* ♦ **6.1** zich ~ **om** te vertrekken *p. to leave,* zich ~ **voor** de strijd *p. for battle.*

opmars 0.1 *march, advance* ⟨ook fig.⟩ ♦ **6.1** ⟨fig.⟩ **in** - zijn *be growing/coming on.*

opmerkelijk 0.1 *remarkable* ⇒*striking* ♦ **1.1** het is een ~ iem./iets *(s)he is a r. person, it's a r. thing;* een ~ verschijnsel *a r./striking phenomenon* **2.1** de barometer staat ~ laag *the barometer is remarkably low* **7.1** het enige ~e aan hem *the only striking thing about him.*

opmerken 0.1 [gadeslaan] *observe* ⇒*note* ⟨bespeuren⟩ **0.2** [bemerken, de aandacht vestigen op] *note, notice* **0.3** [een opmerking maken] *observe, remark* ♦ **3.2** opgemerkt dient te worden, dat *it should be noticed/noted that;* opgemerkt worden *be noted, not pass unnoticed* **4.3** mag ik misschien even iets ~? *may I make an observation?* **5.2** niet ~ *miss, fail to notice;* niet opgemerkt worden *pass unnoticed* **5.3** terloops ~ *mention (in passing)* **6.2** het is **door** niemand opgemerkt *no-one noticed it, it went completely unnoticed* **6.3** heeft iem. nog iets op te merken **over** ...*are there any further remarks/observations on ...* **8.3** ik zou willen ~ dat ...*I should/would like to mention/remark that ...;* allereerst zou ik willen ~ dat ...*first of all I should like to say that ...*

opmerking 0.1 [uiting] *remark, observation* ⇒*comment* **0.2** [scherpe waarneming] *observation* ♦ **1.1** heeft iem. nog op- of aanmerkingen? *(are there) any comments, (anybody)?* **2.1** hou je brutale ~en voor je *keep your comments to yourself;* een hatelijke ~ *a nasty/snide r.;* dat was een rake ~ *that was a shrewd r., that r. went home;* een ter-

loopse ~ *a casual r.* **3.1** hij kreeg veel ~en over zijn pet *his cap drew/elicited a lot of comment;* ~en/een ~ maken over *make a remark/pass comment on;* kritische ~en maken over/plaatsen bij iets *make a critical comment on sth., criticize sth.;* voorzien van zijn ~en *with his comments;* zich een ~ veroorloven over *take the liberty of commenting on* **8.1** de ~ maken dat ...*observe/remark that ...*

opmerkzaam 0.1 *attentive* ⇒*observant* ♦ **3.1** iets ~ gadeslaan *observe/watch sth. attentively/intently;* iem. op iets ~ maken *draw s.o.'s attention to sth., point sth. out to s.o.* **6.1** ~ worden **op** *have one's attention drawn to, notice.*

opmerkzaamheid 0.1 *attentiveness* ♦ **3.1** iemands ~ vestigen op *draw s.o.'s attention to.*

opmeten 0.1 *measure* ⇒⟨landmeetk.⟩ *survey* ♦ **1.1** ⟨bouwk.⟩ een huis ~ *survey a house;* land ~ *survey land.*

opmeting 0.1 *measurement* ⇒⟨landmeetk.⟩ *survey* ♦ **6.1** ~en doen **voor** een nieuwe weg *(carry out a) survey for a new road.*

opmetselen 0.1 *run up* ♦ **1.1** een muur 5 m hoog ~ *run up a 5 m. wall.*

opmonteren 0.1 *cheer up* ♦ **5.1** daardoor monterde hij weer wat op *that cheered him up.*

opnaaien 0.1 [op iots vastnaaien] *sew on* **0.2** [opjutten] *needle* ♦ **1.1** opgenaaide zak *patch-pocket* **3.2** laat je toch niet zo ~ *keep your hair/shirt/wool on.*

opname 0.1 [in een ziekenhuis] *admission* **0.2** [foto., film.] *shot;* ⟨film.⟩ *shooting, take* **0.3** [registratie van geluid] *recording* **0.4** [plaatsing] *insertion* ⇒*entry* **0.5** [mbt. geld] *withdrawal* ♦ **3.2** de ~ stoppen *cut* **6.1** ~ **in** het ziekenhuis *a. into hospital* **6.3** er zijn twee ~n **van** deze symfonie *there are two recordings of this symphony.*

opnameformulier 0.1 *withdrawal form.*

opnamestudio 0.1 ⟨voor geluidsopnamen⟩ *recording studio;* ⟨voor filmopnamen⟩ *film studio;* ⟨geluiddicht⟩ *sound stage.*

opnemen 0.1 [optillen] *lift (up)* ⇒⟨vul. fig.⟩ *take/gather/ pick/tuck up* **0.2** [op zich nemen] *take on* **0.3** [weer opvatten] *resume* **0.4** [laten afschrijven] *withdraw* **0.5** [beoordelen] *take* **0.6** [opvatten] *take* **0.7** [waarnemen] *observe* ⇒*take in* **0.8** [nauwkeurig opmeten] *measure (up)* **0.9** [vastleggen] *record* ⇒⟨film.⟩ *shoot* **0.10** [weghalen] *take/pull/tear up* **0.11** [grootte/waarde bepalen] *measure* **0.12** [noteren] *take down* **0.13** [een plaats geven] *admit* ⇒*introduce, include* **0.14** [ergens deel van doen uitmaken] *admit* ⇒*receive* **0.15** [in de geest laten doordringen] *take in* ⇒*drink (in)* **0.16** [gehoor geven] *answer* **0.17** [opvegen] *mop/wipe up* **0.18** [absorberen] *absorb* **0.19** [verteren] *digest* ♦ **1.1** de pen ~ *take up the pen;* het vloerkleed ~ *take up the carpet* **1.2** zijn verdediging ~ *take on one's defence* **1.3** zijn oude gewoontes weer ~ *revert to type* **1.4** ƒ200,- ~ *w. Dfl200,-;* een lening ~ *take out a loan;* een snipperdag ~ *take the/a day off* **1.9** een concert ~ *r. a concert* **1.10** een vloer ~ *take up a floor* **1.11** de gasmeter ~ *read the (gas)meter;* de tijd ~ ⟨van⟩ *time a person* **1.12** een brief ~ *take (down) a letter;* ⟨sport⟩ de tijd ~ *be the timekeeper;* ⟨sport⟩ iemands tijd ~ *time s.o.* **1.13** vluchtelingen ~ *receive refugees;* nieuwe woorden ~ in een woordenboek *enter new words in a dictionary* **1.18** deze spons neemt veel water op *this sponge takes up a lot of water/is very absorbent* **1.19** voedsel ~ *d. food* **3.13** laten ~ in een ziekenhuis *hospitalize* **5.3** weer ~ *resume* ⟨werk⟩; *reassume* ⟨taak⟩ **5.5** iets (te) gemakkelijk ~ *be (too) casual about sth.;* iets goed ~ *take sth. well;* hoe zou hij het ~? *how would he take it?;* iets hoog ~ *not take kindly to sth.;* iets verkeerd ~ *take sth. the wrong way* **5.6** zij nam haar taak ernstig op *she took her task seriously* **5.7** iets goed ~ *take a good look at/stock of sth.;* iem. nauwkeurig ~ *observe/look at s.o. closely;* iem. onderzoekend ~ *scrutinize s.o.;* scherp/wantrouwend ~ *eye sharply/keenly/suspiciously* **5.13** iets niet ~ *leave out, omit* **5.15** hij neemt alles heel snel/gemakkelijk op *he's very receptive/quick on the uptake* **6.9 op** de band ~ *tape, record;* **op** de video ~ *(video-)record* **6.12 in** de stukken/notulen ~ *enter in the documents/minutes* **6.13** een clausule **in** een contract ~ *insert a clause in a contract;* **in** het ziekenhuis opgenomen worden *be admitted to hospital;* ~ **in** een catalogus *put in a catalogue;* namen **in** een lijst ~ *include names on a list, list names;* ~ **onder** de rubriek .../**in** een rubriek *include under the heading .../in a column* **6.14** ze werd snel opgenomen **in** de groep *she was soon accepted as one of the group* **6.15** iets goed **in** zich ~ *take sth. in* **6.17 met** een spons ~ *sponge (up)* **6.¶** ze zullen die zaak ~ **met** het bestuur *they'll take this matter up with the management;* het **tegen** iem. ~ *take s.o. on;* hij kan het **tegen** iedereen ~ *he can hold his own against anyone;* het **tegen** anderen moeten ~ *have to compete against others;* het **voor** iem./iets ~ *make a stand for s.o./sth., speak/stick up for s.o./sth.* **8.14** iem. als lid in een club ~ *admit s.o. as a member of a club* **¶.7** zij nam hem op van top tot teen *she looked him up and down* **¶.16** er wordt niet opgenomen *there's no answer.*

opnieuw 0.1 [nog eens] *(once) again* ⇒*once more* **0.2** [van voren af] *(once) again* ⇒*once more* ♦ **3.1** iem. ~ benoemen *reappoint s.o.;* de prijzen stijgen ~ *prices are increasing (once) again;* ~ te voorschijn komen/beweren/uitzenden *reappear/reassert/rebroadcast* **3.2** nu moet ik weer helemaal ~ beginnen *now I'm back to square one, I've got to start all over (again)* **5.1** telkens/steeds ~ *again and again, time and (time) again, over and over (again).*

opnoemen 0.1 *name* ⇒*call (out),* (opsommen) *enumerate* ♦ **6.1** teveel **om** op te noemen *too much/many to mention* **¶.1** appels, peren, pruimen en noem maar op *apples, pears, plums, you name it;* één voor één/punt voor punt ~ *enumerate, name one by one.*

opoe 0.1 *gran(ny)* ⇒*granma* ♦ **3.¶** maak dat je ~ maar wijs! *tell that to the marines!*

opofferen 0.1 *sacrifice* ♦ **4.1** okay, ik offer me wel weer op *all right, I'll s. myself;* zich ~ voor het vaderland *give one's life for one's country* **5.1** iem./iets genadeloos ~ *throw s.o./sth. to the wolves.*

opoffering 0.1 *sacrifice* ⇒(fig.) *expense* (moeite) ♦ **3.1** zich grote ~en getroosten *go to great lengths/expense.*

opofferingsgezind 0.1 *self-sacrificing* ⇒*self-denying.*

oponthoud 0.1 [vertraging] *stop(page), delay* **0.2** [verblijf] *stay* ⇒(reisonderbreking, kort verblijf) *stopover* ♦ **1.2** zijn plaats van ~ *his whereabouts* **2.2** gedwongen ~ *enforced stay, detention* **3.1** ~ hebben *be delayed* **6.1** reis **zonder** ~ *journey without stop(page)s/holdups* **6.2** een ~ **van** drie dagen in IJsland *a three-day stopover in Iceland.*

oppakken 0.1 [opnemen] *take/pick/lift up* **0.2** [in hechtenis nemen] *run in* ⇒*pick up, round up* ♦ **1.1** (fig.) een suggestie ~ *take up a suggestion* **3.2** opgepakt worden (door de politie) *get run in/picked up;* (groepen in onrustige wereldbeelden) *get rounded up* **5.1** snel ~ *snatch up, grab.*

oppas 0.1 [verzorging] *care* **0.2** [persoon] *baby-sitter* ♦ **8.2** student biedt zich aan als ~ *student seeks work as b.-s.*

oppassen 0.1 [uitkijken] *look out* ⇒*be careful* **0.2** [babysitten] *baby-sit* **0.3** [acht geven] *pay attention* **0.4** [mbt. geslachtsgemeenschap] *be careful* ⇒*take precautions* ♦ **1.1** pas op, een auto! *look out, a car!* **3.1** laat ze maar ~ *they*

had better be careful **5.¶** als je goed oppast, krijg je een ijsje *if you behave yourself, you can have an ice cream* **6.1** ~ **voor** *look out for, be on one's guard against;* pas op **voor** zakkenrollers *beware of pickpockets* **8.1** pas op dat je niet te ver gaat *take care/be sure not to go too far/overshoot yourself;* je moet ~ dat je niet achter raakt *you must be careful not to fall behind* **¶.1** hij paste wel op niemand te verraden *he was careful not to betray anyone.*

oppasser 0.1 [toezichthouder] *caretaker* **0.2** [verzorger van dieren] *keeper.*

oppeppen (inf.) **0.1** *pep (up); pick up* (nieuwe energie geven) ♦ **4.1** zich(zelf) ~ (voor) *nerve o.s. for, give (o.s.) a pep talk.*

oppepper 0.1 *boost, lift* ♦ **3.1** het elftal kon best een ~ gebruiken *the team could have done with a fresh impulse.*

opper 0.1 [mil.] *sergeant-major* **0.2** [opperman] *chief.*

opperarm 0.1 *upper arm.*

opperarmbeen (anat.) **0.1** *humerus.*

opperbest 0.1 *splendid, excellent* ♦ **1.1** in een ~ humeur *in high spirits.*

opperbevel 0.1 *supreme/high command* ♦ **3.1** het ~ voeren *be in supreme command.*

opperbevelhebber (mil.) **0.1** *commander-in-chief* ⇒*supreme commander* ♦ **3.1** tot ~ benoemen *appoint commander-in-chief, put in supreme command.*

opperen 0.1 *put forward, propose* ⇒*suggest, raise* (bezwaren), (ongevraagd) *volunteer* ♦ **1.1** het idee ~ om (iets te doen) *suggest the idea of (doing sth.).*

oppergezag 0.1 *supreme/sovereign authority* ♦ **3.1** het ~ voeren *rule supreme.*

opperhoofd 0.1 *chief* ⇒*chieftain.*

opperhuid 0.1 [biol.] *epidermis* ⇒(beschermlaag over epidermis) *cuticle.*

oppermacht 0.1 *supreme power/authority.*

oppermachtig 0.1 *supreme* ♦ **3.1** ~ regeren *rule/reign supreme.*

opperman 0.1 *bricklayer's assistant/labourer.*

opperpriester 0.1 *high priest.*

opperrabbijn 0.1 *Chief Rabbi.*

oppersen 0.1 *press* ♦ **1.1** zijn broek laten ~ *have one's trousers pressed.*

opperst 0.1 [hoogst gelegen] *uppermost* ⇒*highest, top* **0.2** [boven allen gaande] *supreme* ⇒*superior* **0.3** [hoogst] *supreme* ⇒*complete* ♦ **1.2** de ~e sovjet *the Supreme Soviet* **1.3** het ~ genot *the ultimate pleasure;* ~e verbazing *complete bewilderment;* de ~e wijsheid *s. wisdom.*

oppervlak 0.1 [bovenste vlak] *surface, face* **0.2** [buitenvlakken van een lichaam] *surface, face* ⇒(geometrisch lichaam ook) *side* **0.3** (grootte in m²) *(surface) area.*

oppervlakkig 0.1 [ook fig.] *superficial* ⇒*shallow* ♦ **1.1** ~e kennis *superficial knowledge;* een ~e wond *a surface/superficial wound* **1.3** (zo) ~ beschouwd *on the face of it;* iem. ~ kennen *have a nodding acquaintance with s.o./know s.o. slightly.*

oppervlakkigheid 0.1 [eigenschap] *superficiality* ⇒*shallowness* **0.2** [uiting] *superficiality.*

oppervlakte 0.1 [bovenste vlakte] *surface, face* **0.2** [oppervlak van het water] *surface* **0.3** [buitenvlakken van een lichaam] *surface (area)* **0.4** (grootte in m²) *(surface) area* ♦ **3.4** de ~ van iets berekenen *calculate/compute the (s.) a. of sth.* **6.1 aan** de ~ komen *surface, come to the s.;* (fig.) **aan** de ~ blijven *be/stay superficial* **6.2 aan** de ~ komen om adem te halen *come up for air/to breathe.*

oppervlaktemaat 0.1 *square/area measure.*

Opper-Volta 0.1 *Upper Volta* ⇒(sinds 1985) *Burkina Faso.*

opperwachtmeester 0.1 *sergeant major (of cavalry).*

opperwezen 0.1 *supreme being.*

oppeuzelen 0.1 *munch, nibble* ◆ 5.1 iets lekker ~ *nibble away at sth.*

oppiepen (inf.) 0.1 *bleep* ◆ 1.1 een chirurg ~ voor een spoedoperatie *b. a surgeon for an emergency operation.*

oppikken 0.1 [meenemen] *pick up* ⇒*collect* 0.2 [aan boord nemen] *pick up* 0.3 [onthouden, leren] *pick up* ⇒*get (the hang of)* 0.4 [met de snavel opnemen] *pick/peck at* 0.5 [vastprikken] *spear* ◆ 1.2 schipbreukelingen ~ *p. u. survivors (of/from a shipwreck)* 3.1 zij laat zich in bars ~ (inf.) *she gets (herself) picked up in pubs* 6.3 iets **uit** een gesprek ~ *pick sth. up from a conversation* ¶.1 ik pik je bij het station op *I will pick you up at the station.*

opplakken 0.1 [op iets plakken] *stick (on)* ⇒*glue/paste (on), affix* 0.2 [fig.] *stick* ◆ 1.1 stickers ~ *s. on stickers* 1.2 iets/iem. een label/etiket ~ *stick a label on sth./s.o., label/pigeonhole sth./s.o.*

oppoetsen 0.1 [opknappen] *polish (up)* 0.2 [fig.] *brush up* ⇒ *(re)furbish* ◆ 1.1 (fig.) zijn Frans ~ *brush up (on) one's French.*

oppompen 0.1 [volpompen met lucht] *pump/blow up* ⇒*inflate* 0.2 [in de hoogte pompen] *pump (up)* (vloeistof) ⇒ *raise* 0.3 [op hogere spanning brengen] *raise the pressure* ◆ 1.1 een fietsband/een voetbal/een luchtbed ~ *pump a tyre, blow up a football, inflate an airbed* 1.3 een vloeistof oppompen tot 300 atmosfeer druk *raise the pressure of a fluid to 300 atmospheres.*

opponent 0.1 [tegenpartij] *opponent;* (inf.) *opposition* 0.2 [mbt. een promotie] *opponent.*

opporren 0.1 [oppoken] *stir up* ⇒*poke up* 0.2 [fig.; aanzetten] *prod* ⇒*push* ◆ 6.2 iem. **tot** iets ~ *prod/goad s.o. into doing/on to do sth.*

opportunisme 0.1 *opportunism.*

opportunist 0.1 *opportunist.*

opportunistisch 0.1 *opportunistic* ⇒*opportunist* (alleen bn.), *expedient* ◆ 3.1 ~ handelen *act expediently.*

opportuun 0.1 *opportune* ⇒*expedient* ◆ 3.1 zo'n stap zou tegenwoordig niet ~ zijn *such a step/move would not be expedient nowadays.*

oppositie 0.1 [tegenstand, ook pol.] *opposition* 0.2 [jur.; verzet tegen verstekvonnis] *opposition, objection* ◆ 3.1 ~ voeren *oppose, be in o. to* 6.1 in de ~ zitten/zijn *be in o.*

oppositieleider, -leidster (pol.) 0.1 *opposition leader, leader of the opposition.*

oppositiepartij (pol.) 0.1 *opposition (party).*

oppotten 0.1 *hoard (up).*

opprikken 0.1 *pin/hang up* ⇒*fork* (etenswaren), *set up* (insecten), *prick* ◆ 1.1 een bericht ~ *put up a notice* 1.¶ opgeprikte dames *ladies done up to the nines/dressed up like a dog's dinner.*

oprakelen 0.1 [mbt. vuur] *rake up* ⇒*stoke/poke/stir up* 0.2 [fig.] *rake up* ⇒*drag/stir up* ◆ 1.2 een oude twist ~ *drag/rake up an old quarrel.*

oprapen 0.1 [van de grond opnemen] *pick up* →*gather* 0.2 [fig.; mbt. woorden/denkbeelden] *pick up* ⇒*adopt* ◆ 1.2 een opgeraapt idee *a second-hand idea* 6.1 ze liggen **voor** het ~ *they grow on trees, they're all over the place* ¶.1 ze hebben het daar voor het ~ *they have got it for the asking.*

oprecht 0.1 [welgemeend] *sincere* ⇒*heartfelt* 0.2 [rechtschapen] *sincere* ⇒*honest* ◆ 2.1 ik ben u ~ dankbaar *I am truly/sincerely grateful/thankful to you* 3.1 ~ meeleven *sympathize fully.*

oprechtheid 0.1 *sincerity* ◆ 6.1 in alle ~ *in all s.*

oprennen 0.1 [in een bepaalde richting] *run (onto etc.)* 0.2

[omhoog] *run up* ◆ 1.1 hij rende het veld op *he ran onto the field* 1.2 de trap ~ *run upstairs/up the stairs/steps.*

oprichten I (ov.ww.) 0.1 [vestigen, stichten] *set up, establish* ⇒*start* (zaak, club), *found* (vereniging) 0.2 [overeind zetten] *raise (up), set up (right)* 0.3 [doen verrijzen] *erect* ⇒*put up* ◆ 1.1 een onderneming ~ *e./start a company* 1.2 zijn hoofd ~ *lift up one's head* 1.3 een standbeeld ~ voor *e. a statue to;*
II (wk.ww.; zich ~) 0.1 [zich verheffen] *raise o.s. (up)* ⇒ (opstaan) *rise (to one's feet),* (opzitten) *sit up,* (rechtstaan of zitten) *straighten up* ◆ 4.1 zich in zijn volle lengte ~ *draw o.s. up to one's full height.*

oprichter 0.1 *founder.*

oprichtersaandeel, -bewijs (ec.) 0.1 *founder's share.*

oprichting 0.1 [het stichten] *foundation* ⇒(mbt. een zaak) *establishment,* (mbt. een vereniging) *formation* 0.2 [het bouwen] *erection* ⇒*raising* ◆ 1.1 de ~ v.e. toneelschool *the foundation/establishment of a drama school* 1.2 de ~ v.e. monument *e. of a monument.*

oprichtingsakte 0.1 *memorandum of association* (van BV, NV enz.).

oprichtingskapitaal (ec.) 0.1 *initial capital/stock.*

oprichtingsvergadering 0.1 *inaugural meeting.*

oprijden I (onov.ww.) 0.1 [naar boven rijden] *ride up* ⇒(auto ook) *drive up* 0.2 [voortrijden] *ride along* ⇒(auto ook) *drive along* ◆ 1.2 een oprijlaan ~ *turn into a drive* 6.2 **tegen** iem./iets ~ *crash into/collide with s.o./sth.;*
II (ov.ww.) 0.1 [verslijten] *drive (a car) into the ground/till it falls apart.*

oprijlaan 0.1 *drive (way).*

oprijzen 0.1 [omhoogrijzen] *rise* ⇒*tower* 0.2 [opstaan] *rise* ⇒*get/stand up* 0.3 [ontstaan] *arise* ⇒*emerge* 0.4 [zich voordoen] *arise* ⇒*come up* ◆ 1.3 herinneringen rezen op in mijn geest *memories came back to me* 5.1 hoog ~d boven de rest *towering over/above the rest.*

oprisping 0.1 *belch; burp* ◆ 2.1 zure ~en hebben *have acid indigestion* 3.1 van uien krijg ik vaak ~en *onions often repeat on me.*

oprit 0.1 [v.e. garage] *drive* ⇒*access* 0.2 [v.e. autoweg] *approach/slip road* 0.3 [hellend oplopende weg] *access, ramp.*

oproeien 0.1 [roeien] *row (against)* 0.2 [roeiend zich begeven in] *row (onto, up enz.)* ◆ 1.2 wij roeiden het meer op/de rivier op *we rowed onto the lake/up the river* 6.1 **tegen** de stroom ~ *swim/row against the stream/upstream.*

oproep 0.1 [opwekking] *call* ⇒*appeal* 0.2 [gebod om ergens te verschijnen] *summons* ⇒*call, notice* 0.3 [verzoek om contact] *(incoming) call* ◆ 1.3 ~en van de ANWB-alarmcentrale *emergency calls from the A.A.* 3.1 een ~ doen tot het volk *(make an) appeal to the people/nation* 6.2 een ~ **voor** militaire dienst *a draft/call up (for military service).*

oproepcontract 0.1 *stand-by contract* ⇒*on-call contract* ◆ 3.1 hij heeft een ~ *he works on stand-by/on call* 6.1 dat bedrijf werkt uitsluitend **met** -en *that company only employs people on a stand-by system.*

oproepen 0.1 [ontbieden] *summon* ⇒*call (up), page* (iemands naam omroepen) 0.2 [aansporen] *call on, incite* 0.3 [om contact verzoeken] *call (up)* 0.4 [in de geest te voorschijn roepen] *evoke, conjure up,* (iets negatiefs ook) *arouse* 0.5 [uitlokken, opwerpen] *ask for* (problemen); *raise* (vragen) ◆ 1.1 een getuige ~ *call (up) a witness* 1.3 geesten ~ *conjure up spirits* 1.4 beelden/herinneringen ~ *call up/evoke images/memories* 1.5 dat bericht roept enige vragen bij mij op *that piece of news raises several questions in my mind* 6.1 opgeroepen **voor** militaire dienst *conscripted/drafted into military service* **6.2** de bevolking ~ **tot** verzet *call on/incite the population to resist.*

oproepkracht 0.1 *stand-by employee/worker.*

oproer 0.1 [opstand] *revolt* ⇒⟨kleinschalig⟩ *riot* **0.2** [heftige beroering] *tumult* ◆ **3.1** ~ maken/verwekken *break out in/raise revolt* **6.1** in ~ komen *revolt, rebel* **6.2** de hele natuur was **in** ~ *all (of) nature was in chaos.*

oproerig 0.1 *rebellious* ⇒*riotous* ◆ **1.1** ~e geschriften *seditious writings.*

oproerkraaier 0.1 *agitator* ⇒*rioter, ringleader* ⟨aanstoker van oproer⟩.

oproerpolitie 0.1 *riot police.*

oproken 0.1 [rokende verbruiken] *smoke* **0.2** [ten einde toe roken] *smoke* ⇒*finish* ◆ **1.1** hij heeft die avond drie sigaren opgerookt *he smoked three cigars that night* **1.2** eerst mijn sigaret ~ *let me finish my cigarette first.*

oprollen I ⟨onov.ww.⟩ **0.1** [voortrollen] *roll* **0.2** [tot een rol ineenrollen] *roll/curl up* ◆ **4.2** zich ~ *curl (o.s.) up, huddle;* **II** ⟨ov.ww.⟩ **0.1** [omhoogrollen] *roll up* **0.2** [in elkaar rollen] *roll/curl up* ⇒*coil up* ⟨touw⟩, *wind* **0.3** [arresteren] *round up* **0.4** [mil.] *roll up* ◆ **1.3** een bende ~ *r. u. a gang.*

oprotpremie ⟨inf.;bel.⟩ **0.1** [bij voortijdig opgeven van een baan] *severance pay* ⇒*early retirement benefit* **0.2** [bij vrijwillige terugkeer naar het vaderland] *repatriation bonus.*

oprotten ⟨vulg.⟩ **0.1** *piss off, bugger off.*

opruien 0.1 *incite* ⇒*agitate, provoke* ◆ **1.1** ~de pamfletten *seditious pamphlets;* het volk ~ *i./stir up the people/masses.*

opruiend 0.1 *inflammatory* ⇒*seditious,* ⟨sterk pej.⟩ *rabble-rousing* ◆ **1.1** ~e woorden *i. words.*

opruimen 0.1 [opbergen, netjes maken] *clean/clear (out)* ⇒ *tidy/clear (up)* **0.2** [uitverkopen] *sell up/out* ⇒*clear* ◆ **1.1** een kamer ~ *tidy/clear up a room;* mijnen ~ *clear mines;* de rommel ~ *clear/tidy away the mess* **3.1** opgeruimd staat netjes *that's things nice and tidy again;* ⟨iron.⟩ *good riddance (to bad rubbish)* **6.2** ~ **tegen** lage prijzen *clear (out) at low prices.*

opruiming 0.1 *clearance* ⇒⟨winkel⟩ *(clearance) sale, clear-out* ◆ **2.1** totale ~ *closing-down sale.*

opruimingsuitverkoop 0.1 *(stock-)clearance sale.*

oprukken 0.1 *advance* ◆ **6.1** tegen de vijand ~ *a. against the enemy.*

opscharrelen 0.1 *rake up* ⇒*dig up/out, rout/ferret out.*

opschepen 0.1 *saddle with* ⇒*palm off on* ◆ **6.1** iem. **met** iets ~ *saddle s.o. with sth., thrust/plant sth. on s.o.;* met iem. opgescheept zitten *be stuck with s.o.*

opscheplepel 0.1 *tablespoon* ⇒*serving spoon, ladle* ⟨soepof juslepel⟩.

opscheppen I ⟨ov.ww.⟩ **0.1** [iets van de grond opnemen] *shovel (up)* **0.2** [eten op borden scheppen] *dish up* ⇒ *serve/spoon out, ladle out* ⟨soep⟩ ◆ **3.2** mag ik je nog eens ~? *may I give you/will you have another helping?;* **II** ⟨onov.ww.⟩ **0.1** [pochen] *brag, boast* ◆ **6.1** ~ **met** zijn vrouw/nieuwe auto *show off one's wife/new car.*

opschepper, -ster 0.1 *boaster, braggart* ◆ **3.1** hij is zo'n ~ *he's such a show-off.*

opschepperig 0.1 *boastful* ◆ **3.1** hij kan zo ~ doen *he can be/act so lah-di-dah.*

opschepperij 0.1 *bragging* ⇒*exhibitionism* ⟨vertoon⟩, *show* ⟨vertoon⟩.

opschieten 0.1 [voortmaken] *hurry up* ⇒*push on/ahead* **0.2** [vorderen] *get on* ⇒*make progress/headway* **0.3**

[overweg kunnen] *get on/along* **0.4** [opgroeien] *spring/shoot up* ⇒*sprout* ◆ **6.2** goed ~ **met** zijn werk *get on (well) with one's work* **6.3** ze kunnen goed **met** elkaar ~ *they get on very well (together)* **¶.1** schiet eens op! *(come on and) hurry up!, get going!* **¶.2** daar schiet je niks mee op *what good does it do?, that's not going to get you anywhere.*

opschikken I ⟨onov.ww.⟩ **0.1** [opschuiven] *move up/over* ⇒ ⟨inf.⟩ *shift/shove up* ◆ **1.1** wilt u een stukje ~ *could you move up a little please;* **II** ⟨ov.ww.⟩ **0.1** [in orde brengen] *arrange* **0.2** [versieren] *adorn* ⇒*decorate.*

opschorten 0.1 [uitstellen] *defer* ⟨ontmoeting, oordeel⟩; *adjourn* ⟨vergadering⟩; *suspend* ⟨wetsontwerp, vonnis, oordeel⟩; *postpone* ⟨oordeel, uitvoering⟩; *hang/hold up* ⟨werkplan, oordeel⟩ ◆ **1.1** een kort geding ~ *defer a lawsuit;* een vonnis ~ *suspend judgement, stay a sentence.*

opschrift 0.1 [wat op iets geschreven is] *legend, inscription* ⟨munt, gebouw, deur, standbeeld⟩; *lettering* ⟨deur, vliegtuig⟩ **0.2** [mbt. boeken, geschriften] *headline* ⟨boven krantenbericht⟩; *heading* ⟨titel, kop⟩; *caption* ⟨illustratie⟩; *direction* ⟨adres⟩ ◆ **1.2** het ~ van een boek *the title of a book* **6.1** een bordje **met** het ~ 'te koop' *a notice saying 'for sale'.*

opschrijfboekje 0.1 *notebook* ⇒*memo pad.*

opschrijven 0.1 *write/take/put/note/jot down* ◆ **¶.1** ze ven ~ en twee onthouden *write down seven, carry two;* schrijf het maar voor mij op *charge it to/put it on my account.*

opschrikken I ⟨onov.ww.⟩ **0.1** [van schrik opspringen] *start* ⇒*startle, jump* ◆ **6.1** uit zijn slaap ~ *start out of one's sleep;* **II** ⟨ov.ww.⟩ **0.1** [laten opspringen] *startle* ◆ **1.1** wild ~ *start/raise game.*

opschroeven I ⟨onov.ww.⟩ **0.1** [schroevend naar boven bewegen] *screw up* **0.2** [iets opdrijven] *force/drive up* ⇒*inflate* **0.3** [opkloppen] *force/drive up* ⇒*raise* ◆ **1.2** de belastingen ~ *force up taxes* **1.3** opgeschroefde vrolijkheid *forced gaiety.*

opschudding 0.1 *upheaval* ⇒*commotion, turmoil* ◆ **3.1** ~ veroorzaken *cause/create a stir/commotion* **6.1** in ~ brengen *stir up, throw into a turmoil.*

opschuiven I ⟨onov.ww.⟩ **0.1** [opschikken om plaats te maken] *move up/over* ⇒⟨inf.⟩ *shift/shove up* **0.2** [mbt. gebeurtenissen, verplaatst worden] *shift* ◆ **4.1** schuif wat op *move over/up* **6.1** Ajax is opgeschoven **naar** de tweede plaats *Ajax has moved up into second place;* **II** ⟨ov.ww.⟩ **0.1** [in een richting schuiven] *shift* ⇒*push up* ⟨naar boven schuiven⟩ **0.2** [uitstellen] *put off* ◆ **1.1** schuif die boeken eens op *s. those books, will you?*

opsieren 0.1 [verfraaien] *adorn* **0.2** [te mooi voorstellen] *embroider* ⇒*romanticize* ◆ **1.2** een verhaal ~ *e. a story.*

opslaan 0.1 [bergen] *lay up* ⇒*store* **0.2** [omhoog slaan] *hit up* ⇒*serve* ⟨serveren⟩ **0.3** [mbt. de ogen] *lift* ⇒ *raise* **0.4** [een tarief verhogen] *raise* ⇒*increase* **0.5** [neerzetten] *put up* **0.6** [comp.] *input* ⇒*file* **0.7** [opslaan] *turn up* ◆ **1.1** goederen in entrepot ~ *place goods in bond;* voorraden ~ *lay in stocks, lay up stores, stock up* **1.2** een bal ~ *hit a ball up;* serve a ball ⟨serveren⟩ **1.5** een kamp ~ *put up camp* **1.7** bladzijde 44 ~ *turn up/to page 44* **6.4** de lonen **met** 5 % ~ *raise/increase wages by 5 %* **6.6** iets in het geheugen ~ *file sth. in the memory, input a file;* **II** ⟨onov.ww.⟩ **0.1** [duurder worden] *go up* ⇒*increase, rise* **0.2** [scharnierend omhooggaan] *lift/swing up* ◆ **1.1** margarine is drie cent opgeslagen *margarine has gone up three cents* **1.2** een ~d luik *a lifting shutter.*

opslag 0.1 [mbt. een geldsom] *rise* ⇒⟨AE; vnl. mbt. loon⟩ *raise*, ⟨op premie/bedrag/prijs⟩ *surcharge* **0.2** [sport] *serve, service* ⟨service⟩ ⇒*ball* ⟨worp⟩ **0.3** [het opslaan van goederen] *storage* **0.4** [plaats] *depot* **0.5** [muz.] *upbeat* ◆ **3.1** ~ krijgen *get/receive a rise* **6.1** iets **bij** ~ verkopen *sell by auction.*

opslagbedrijf 0.1 *storage/warehousing firm.*

opslagplaats 0.1 *warehouse* ⇒*(storage) depot, store* ⟨graan, munitie⟩, *depository* ⟨goederen⟩.

opslagtank 0.1 *storage tank.*

opslokken 0.1 *swallow up/down* ⇒*gobble/gulp down, absorb, eat up* ◆ **1.1** dit slokte mijn hele winst op *it swallowed/ate up/absorbed all my profits.*

opslorpen 0.1 [opdrinken] *lap up* **0.2** [absorberen] *soak in/up* ⇒*absorb* **0.3** [fig.; in beslag nemen] *absorb* ⇒*swamp, take over* ◆ **1.3** haar werk slorpt haar helemaal op *her job swamps her, she is absorbed in her job.*

opslorping 0.1 *absorption* ⇒*assimilation.*

opsluiten I ⟨ov.ww.⟩ **0.1** [achter slot en grendel zetten] *shut up* ⇒*lock up, confine* ⟨gevangenen⟩, *put/place under restraint* ⟨psychiatrische patiënten⟩, *cage* ⟨dier⟩, *pound* ⟨in asiel, kennel⟩ **0.2** [vervat zijn] *imply* ◆ **3.1** opgesloten in zijn kamertje zitten *be cooped/boxed up in one's room* **3.2** opgesloten liggen in iets *be implied in sth.* **6.1** ~ **in** een cel *put in a cell;*
II ⟨wk.ww.; zich ~⟩ **0.1** [zich afzonderen] *shut o.s. in* ⇒ *coop/lock o.s. up* **0.2** [fig.] *withdraw* ◆ **4.1** zich in zijn kamer ~ *shut o.s. in one's room* **6.2** zich ~ **in** een koppig stilzwijgen *w. in obstinate silence;*
III ⟨onov.ww.⟩ **0.1** [mil.] *close (up) (the ranks).*

opsluiting 0.1 *confinement* ⇒*imprisonment, restraint* ⟨van psychiatrische patiënten⟩ ◆ **2.1** eenzame ~ *solitary c.*

opslurpen →**opslorpen.**

opsmuk 0.1 *finery* ⇒*plumage* ⟨overdadige kleding⟩, *frills* ⟨franje⟩ ◆ **6.1** vertel ons het verhaal **zonder** ~ *tell us the story without the trimmings, give us the story straight.*

opsmukken 0.1 [opsieren, mooi maken] *adorn* ⇒*deck/trick out* **0.2** [fig.] *embroider* ⇒*blow up, embellish* ◆ **1.1** opgesmukte vrouwen *painted women* **1.2** een verhaal ~ *embroider/blow up a story.*

opsnijden I ⟨onov.ww.⟩ **0.1** [grootspreken] *brag* ⇒*boast, swagger* ◆ **6.1** ~ **over** *boast/brag/swagger about;*
II ⟨ov.ww.⟩ **0.1** [snijden tot alles op is] *cut up* **0.2** [voorsnijden] *carve* ◆ **1.1** een brood ~ *cut/slice up a loaf (of bread).*

opsnijder 0.1 *braggart* ⇒*boaster.*

opsnoepen 0.1 *eat up* ◆ **1.1** al zijn geld ~ *use up/spend all one's money on sweets;* ⟨fig.⟩ *squander all one's money.*

opsnorren ⟨inf.⟩ **0.1** *dig up.*

opsnuiven 0.1 *sniff (up)* ⇒*whiff, snuff, inhale* ⟨geneesmiddel, rook⟩, *snort* ⟨cocaïne⟩ ◆ **1.1** de geur van iets ~ *inhale/breathe in the perfume/scent of sth.*

opsodemieter ⟨inf.⟩ **0.1** *wallop* ⇒*sock.*

opsodemieteren ⟨inf.⟩ **0.1** *piss off, fuck off.*

opsommen 0.1 *enumerate* ⇒*list, recount* ◆ **1.1** de feiten ~ *list the facts.*

opsomming 0.1 *enumeration* ⇒*list,* ⟨inf.⟩ *run-down.*

opspannen I ⟨onov.ww.⟩ **0.1** [door spannen uitzetten] *distend* ⇒*swell, puff up, expand* ◆ **1.1** een opgespannen buik hebben *have a distended stomach;*
II ⟨ov.ww.⟩ **0.1** [spannen] *tighten* ⟨koord, draad⟩; *stretch* ⟨doek⟩; ⟨amb., ind.⟩ *fix, clamp* ◆ **1.1** snaren ~ *string an instrument.*

opsparen 0.1 [bij elkaar sparen] *save up* ⇒⟨oppotten⟩ *hoard (up)* **0.2** [bewaren] *save up* ⇒*accumulate* ◆ **1.1** opgespaard geld *savings* **1.2** opgespaarde rancune *accumulated rancour.*

opspatten 0.1 *spurt* ⇒*splash.*

opspelden 0.1 [vastspelden] *pin up/on* **0.2** [met spelden hoger vaststeken] *pin up.*

opspelen I ⟨onov.ww.⟩ **0.1** [razen] *kick up a row/fuss* ⇒ *raise the devil* ◆ **1.1** ⟨fig.⟩ mijn maag speelt op *my stomach is playing/churning up* **5.1** flink ~ *kick up a row;*
II ⟨ov.ww.⟩ **0.1** [kaartspel; uitspelen] *play* **0.2** [spelend in de hoogte gooien] *toss/throw up* ◆ **1.1** een troefkaart ~ *p. a trump.*

opsplitsen 0.1 *split/break up (into).*

opspoelen 0.1 *wind onto a spool/reel* ⟨enz.⟩ ⇒⟨vnl. mbt. vissen⟩ *reel in.*

opsporen 0.1 [vinden] *track, trace* ⇒*detect* ⟨fout, lek⟩, *track/hunt down* ⟨misdadiger, wild⟩, *search/prospect for* ⟨delfstoffen⟩ ◆ **1.1** de fout in een berekening ~ *locate/find the mistake in a calculation;* een misdadiger ~ *trace/track down/hunt down a criminal.*

opsporing 0.1 ⟨vnl. mbt. mensen⟩ *location, tracing* ⇒⟨inf.⟩ *hunt,* ⟨mbt. delfstoffen⟩ *exploration,* ⟨mbt. delfstoffen⟩ *prospecting.*

opsporingsbericht 0.1 ⟨op aanplakbiljet; mbt. misdadiger⟩ *wanted notice;* ⟨mbt. vermist persoon⟩ *missing person/ 'missing' notice,* ⟨radio, tv⟩ *request for information (regarding the whereabouts of …).*

opsporingsbevoegdheid 0.1 *powers of (criminal) investigation* ⟨mv.⟩ ⇒*powers to investigate* ⟨mv.⟩.

opsporingsdienst 0.1 ⟨in het algemeen⟩ *investigation service/department;* ⟨bij politie; GB⟩ *Criminal Investigation Department, C.I.D.;* ⟨bij politie; USA⟩ *Federal Bureau of Investigation, F.B.I.*

opsporingswerk 0.1 [v.d. politie bij een misdaad] *(criminal) investigation(s)* **0.2** [mijnw.] *prospecting, exploration* ⟨vnl. voor olie en gas⟩.

opspraak 0.1 *discredit* ◆ **6.1 in** ~ komen *get o.s. talked about, become the talk of the town.*

opspringen 0.1 [in de hoogte springen] *jump/leap/spring/start up* ⇒⟨rechtveren⟩ *spring/jump/start to one's feet, bounce* ⟨bal⟩ **0.2** [op iets springen] *jump on* ◆ **1.1** de hond sprong op the dog *jumped/leapt up* **6.1** ~ **van** vreugde *leap/jump for joy.*

opspuiten I ⟨onov.ww.⟩ **0.1** [spuitend naar boven komen] *spout (up)* →*squirt/spurt up;*
II ⟨ov.ww.⟩ **0.1** [in de hoogte spuiten] *spout (up)* **0.2** [vloeiend opzeggen] *spout, reel off* **0.3** [iets op iets spuiten] *spray on* ⟨verf⟩; *squirt on* ⟨room⟩; *raise* ⟨terrein⟩ ◆ **1.2** jaartallen ~ *reel off dates.*

opstaan 0.1 [gaan staan] *stand up* ⇒*get up, get/rise to one's feet, get on one's feet* **0.2** [het bed verlaten] *get up* **0.3** [op het vuur staan] *be on* ⇒⟨eten ook⟩ *be cooking* **0.4** [uit het graf verrijzen] *rise* ◆ **1.3** het eten staat op *the food is on/cooking* **3.1** met vallen en ~ *with ups and downs* **5.2** hij staat altijd vroeg op *he's an early riser/bird, he's always up early* **6.1 van** tafel ~ *get up from the table;* ~ **voor** iem. *s.u. for s.o., offer one's seat to s.o.* **6.4** ~ **uit** de dood *r. from the dead/grave* ¶**.1** opgestaan, plaats vergaan *stand up and you lose your seat* ¶**.2** ⟨fig.⟩ dan moet je toch vroeger ~, vader *pull the other one, Dad.*

opstaand 0.1 *standing* ⟨panelen⟩; *upright* ⟨zijde, houding⟩; *raised* ⟨rand⟩; *erect* ⟨staart, veer, oren⟩ ◆ **1.1** een ~ **e** kraag *a stand-/turned-up collar;* ~ e oren *erect ears, prick-ears.*

opstaander, -ster 0.1 *riser* ◆ **2.1** hij is een vroege/late ~ *he is an early/a late r.*

opstand 0.1 [oproer] *(up)rising* ⇒ *revolt, rebellion, insurrection* **0.2** [bij gebouw horende inrichting] *fittings and fixtures* **0.3** [bouwk.] *(vertical) elevation* **0.4** [schot] *up-*

right partition ♦ **6.1 in** ~ komen tegen *revolt/rebel against;* ⟨fig.; walgen van⟩ *revolt from/at.*

opstandeling 0.1 *rebel.*

opstandig 0.1 [in opstand zijnd] *rebellious* ⇒*mutinous,* ⟨attr.⟩ *insurgent,* ⟨attr.⟩ *rebel, insurrectionary, defiant* **0.2** [weerspannig] *rebellious* ⇒*insubordinate* ♦ **1.1** het~e volk *the rebellious/mutinous population* **3.2** zij is nogal ~ van aard *she has a rebellious nature.*

opstandigheid 0.1 [verzet tegen het gezag] *rebellion* ⇒*revolt, defiance* **0.2** [weerspannigheid] *rebelliousness* ⇒*insubordination.*

opstanding ⟨rel.⟩ **0.1** *resurrection* ♦ **1.1** de ~ van Christus *the r./Resurrection of Christ.*

opstap 0.1 *step* ⇒⟨v.e. voertuig ook⟩ *footboard* ♦ **3.1** struikel niet over het~je *don't stumble over the step, mind the step* **6.1** ⟨fig.⟩ een aardig ~je **naar** het directeurschap *a useful leg up to the director's seat.*

opstapelen I ⟨ov.ww.⟩ **0.1** [stapels maken van] *pile/heap up* ⇒*stack (up),* ⟨vergaren⟩ *amass, accumulate;* **II** ⟨wk.ww.; zich ~⟩ **0.1** [tot een stapel aangroeien] *pile up* ⇒*accumulate, mount up, bank up* ⟨sneeuw⟩ ♦ **1.1** de moeilijkheden stapelen zich op *the difficulties are piling up/mounting up/accumulating.*

opstappen 0.1 [vertrekken] *go away, move on;* ⟨inf.⟩ *be off;* ⟨ontslag nemen⟩ *resign* **0.2** [op iets stappen] *get on;* ⟨fiets ook⟩ *mount* **0.3** [stappend omhoog gaan] *go/walk up* ⇒ *ascend* ♦ **3.1** ik moet eens ~ *I must be off/be going.*

opstapplaats 0.1 *pick-up point.*

opstarten 0.1 *start up.*

opsteken I ⟨onov.ww.⟩ **0.1** [in kracht toenemen] *rise, get up* ⇒⟨plotseling⟩ *spring up* **0.2** [scheep.] *haul, come to* ♦ **1.1** de wind steekt op *the wind is rising;* **II** ⟨ov.ww.⟩ **0.1** [omhoogbrengen] *put up* ⇒*hold up, raise* **0.2** [hijsen] *put up; hoist* ⟨zeilen, vlag⟩ **0.3** [wijzer worden] *learn* ⇒*pick up* ⟨ideeën, taal, gewoonte⟩ **0.4** [aansteken] *light (up)* **0.5** [mbt. haar] *gather/pin up* ♦ **1.1** de handen ~ *put/hold one's hands up;* een vinger ~ *hold up/raise a finger;* ⟨vermanend ook⟩ *wag one's finger (at s.o.)* **1.2** een paraplu ~ *put up an umbrella;* met opgestoken zeilen ⟨lett.⟩ *with hoisted sails* **6.3** zij hebben er niet veel **van** opgestoken *they have not taken much of it in* **7.1** stemmen door het~ *vote by a show of hands.*

opsteker 0.1 [mbt. bloemenveilingen] ±*porter* **0.2** [hooivork] *pitchfork* **0.3** [hengelsport] ±*bite* **0.4** [meestal -tje; meevaller] *windfall* ⇒*piece of (good) luck.*

opstel 0.1 [ontwerp, schets] *essay, paper* ⇒*article* **0.2** [school.] *(school) essay, composition* ♦ **3.2** een ~ maken over *write/do an essay/a paper on.*

opstellen I ⟨ov.ww.⟩ **0.1** [een plaats geven] *set up/erect* ⟨materiaal⟩; *post, place (sth., s.o.);* ⟨in formatie⟩ *arrange, dispose, line up; deploy* ⟨leger, wapens⟩ **0.2** [ontwerpen] *draw up* ⇒*formulate, draft* ⟨vnl. van voorlopige versie⟩ ♦ **1.1** een leger ~ *dispose/deploy an army/troops;* raketten ~ *deploy missiles* **1.2** een plan ~ *draw up a plan;* een theorie ~ *formulate a theory* **3.1** ⟨sport⟩ opgesteld staan *be lined up;* **II** ⟨wk.ww.; zich ~⟩ **0.1** [een plaats innemen] *take up a position* ⇒⟨in een formatie⟩ *form, line up, station/post o.s.* **0.2** [houding aannemen] *take up a position (on), adopt an attitude (towards);* ⟨zich voordoen⟩ *pose (as)* ♦ **2.1** zich verdekt ~ *take up a concealed position* **2.2** zich keihard ~ *take a hard line.*

opsteller 0.1 [ontwerper, schrijver] *draughtsman* ⇒⟨ontwerper⟩ *author.*

opstelling 0.1 [plaatsing] *placing* ⇒*erection, deployment*

⟨wapens⟩, ⟨arrangement⟩ *position,* ⟨arrangement⟩ *arrangement* **0.2** [standpuntbepaling] *position* ⇒*attitude* **0.3** [mil.] *deployment* ⇒*position, formation* **0.4** [sport] *line-up* **0.5** [mbt. een geschrift] *drawing up* ⇒*drafting.*

opstijgen 0.1 [omhoogstijgen] *ascend, rise* ⇒⟨klimmen ook⟩ *go up,* ⟨luchtv.⟩ *take off,* ⟨luchtv., ruim.⟩ *lift off* **0.2** [te paard stijgen] *mount* ♦ **1.1** de ballon steeg op *the balloon rose/ascended/took off;* ⟨fig.⟩ gejuich steeg op *cheers went up/rose;* het vliegtuig steeg op *the plane took off.*

opstijven I ⟨onov.ww.⟩ **0.1** [v.d. wind] *stiffen;* **II** ⟨ov.ww.⟩ **0.1** [met stijfsel] *starch.*

opstoken 0.1 [sterker doen branden] *poke/stir (up)* ⇒*stoke (up)* **0.2** [verstoken] *burn up* **0.3** [ophitsen] *incite (to)* ⇒ *put up (to sth.)* ♦ **6.3** een kind tegen zijn ouders ~ *set/turn a child against its parents.*

opstootje 0.1 *disturbance* ⇒*(street) row.*

opstopping 0.1 *stoppage, blockage* ⇒⟨verkeer⟩ *(traffic) block/jam, congestion.*

opstormen 0.1 *rush/race up* ♦ **1.1** de trap ~ *race up the stairs.*

opstreek ⟨muz.⟩ **0.1** *up-bow* ⇒*upstroke.*

opstrijken 0.1 [omhoogstrijken]⟨zie 1.1⟩ **0.2** [ontvangen] *pocket* ⇒*rake in, scoop in/up* **0.3** [strijken] *iron (out)* ⇒ *pass an iron over sth.* ♦ **1.1** zijn snor ~ *whirl up/wax one's moustache* **1.2** de winst ~ *rake in/reap the profits.*

opstropen 0.1 *roll/turn up.*

opstuiven 0.1 [stuivend omhoogvliegen] *fly up* **0.2** [omhoogstuiven] *bank up* ⇒*drift* **0.3** [driftig omhoogsnellen] *dash/tear up* **0.4** [driftig worden] *flare up* ♦ **6.4** ~ tegen iem. *flare up at s.o.*

opsturen 0.1 *send* ⇒*post, mail.*

optater 0.1 *wallop* ⇒*slap* ⟨in het gezicht/oog⟩, *smack* ⟨in het gezicht/oog⟩, *punch* ⟨op de neus, in de ribben⟩ ♦ **3.1** iem. een ~ geven *punch/wallop s.o.*

optekenen 0.1 [te boek stellen] *write/note/take down* ⇒ *make a note of* **0.2** [registreren] *register, record* ⇒*enter (in a book),* ⟨spel⟩ *keep the score of* ♦ **6.1** iets **uit** de volksmond ~ *record sth. from oral tradition.*

optellen 0.1 *add (up)* ⇒*count/total up* ♦ **1.1** twee getallen (bij elkaar) ~ *add up two numbers;* rekeningen ~ *total up accounts.*

optelling 0.1 [het optellen] *addition* **0.2** [optelsom] *(addition) sum.*

opteren 0.1 *use up* ⇒⟨geld ook⟩ *spend,* ⟨goederen ook⟩ *consume* ♦ **1.1** de gehele voorraad was opgeteerd *the whole stock was exhausted.*

opteren 0.1 *opt* ♦ **6.1** ~ voor *o. for.*

optica 0.1 [leer] *optics* **0.2** [leerboek] *textbook on optics.*

opticien 0.1 *optician.*

optie 0.1 [(recht van) voorkeur] *option* ⟨ook geldw., hand.⟩ *choice, alternative* **0.2** [eis] *claim* **0.3** [jur.] *option* ♦ **6.1** een ~ nemen *op take an o. on;* een ~ **op** een huis hebben *have an o. on/have (the) first refusal of a house.*

optiebeurs 0.1 *options market.*

optiek 0.1 [visie] *point of view* ⇒*angle* **0.2** [uitrusting] *optics* ⟨mv.⟩ **0.3** [eigenschappen] *optical properties* **0.4** [optica] *optics* ⟨enk.⟩ ♦ **6.1 vanuit** deze ~ *from this point of view/this angle.*

optiekoop ⟨hand.⟩ **0.1** *call conversion* ♦ **3.1** een ~ afsluiten *take up a call (option), use an option to make a purchase.*

optieverkoop ⟨hand.⟩ **0.1** *put conversion* ♦ **3.1** een ~ afsluiten *take up a put option, use an option to make a sale.*

optillen 0.1 *lift (up)* ⇒*raise* ♦ **1.1** een kast ~ *l. (u.) a cupboard/^closet;* til je voet eens op *l./raise your foot, will you.*

597

optimaal 0.1 *optimal* ⇒⟨bn., attr. ook⟩ *optimum.*
optimaliseren 0.1 *optimize.*
optimisme 0.1 *optimism* ♦ **2.1** gematigd ~ *moderate o.*
optimist 0.1 *optimist.*
optimistisch 0.1 *optimistic(al)* ♦ **3.1** de zaak ~ bekijken *look on the bright side;* ~ gestemd zijn *be in an optimistic mood.*
optimum 0.1 *optimum.*
optisch 0.1 [mbt. de wijze waarop iets zich voordoet] *optic(al)* ⇒*visual* **0.2** [mbt. lichtstralen] *optic(al)* ♦ **1.1** ~ bedrog *optical illusion* **1.2** ~e instrumenten *optical instruments, optics.*
optocht 0.1 [stoet] *procession* ⇒*parade,* ⟨manifestatie⟩ *march* **0.2** [het gezamenlijk optrekken] *procession.*
optornen 0.1 *battle (with)* ⇒*struggle (against)* ♦ **6.1** tegen moeilijkheden ~ *b. with/struggle against difficulties;* tegen de publieke opinie ~ *go against public opinion.*
optreden¹ ⟨het⟩ **0.1** [handelwijze]⟨mil., politie enz.⟩ *action;* ⟨handelwijze⟩ *way of acting, behaviour;* ⟨houding⟩ *attitude, manner;* ⟨voorkomen⟩ *bearing, demeanour* **0.2** [uitvoering] *appearance* ⇒*performance,* ⟨voorstelling⟩ *show* ♦ **1.1** het ~ v.d. politie werd fel bekritiseerd *the conduct of the police was strongly criticized* **2.1** zijn brutaal ~ *his impertinent/insolent behaviour/conduct* **7.2** hun eerste ~ *their first a., their debut.*
optreden² ⟨onov.ww.⟩ **0.1** [op het toneel verschijnen] *appear* ⇒*perform* ⟨vnl. in clubs⟩ **0.2** [een functie vervullen] *act (as)* ⇒*serve (as)* **0.3** [zich voordoen] *appear, occur* **0.4** [handelen] *act* ⇒*take action* ♦ **1.3** bij deze ziekte treden vaak complicaties op *this illness often brings complications;* eindelijk trad er een verbetering op *improvement set in at last* **3.4** handelend ~ *â., take action* **5.4** streng ~ *take firm action* **6.1** in een film ~ *appear in a film* **6.4** ~ tegen iem. *take action against s.o.* **8.2** ~ als bemiddelaar *a. as mediator, mediate;* ⟨jur.⟩ als verdediger ~ *appear for the defendant.*
optrekje 0.1 *pied-à-terre* ⇒⟨buitenverblijfje⟩ *(holiday) cottage.*
optrekken I ⟨onov.ww.⟩ **0.1** [zich begeven] *go, move* **0.2** [mbt. auto's] *accelerate* **0.3** [mil.] *march, advance* **0.4** [zich bezighouden met]⟨zorgen voor⟩ *be busy (with), take care (of);* ⟨omgaan met⟩ *hang around (with)* **0.5** [omhoog stijgen] *rise* ⇒*lift* ♦ **1.5** de mist trekt op *the fog is lifting/rising* **5.2** snel ~ *a. quickly/rapidly* **5.4** samen ~ *hang/go around together;*
II ⟨ov.ww.⟩ **0.1** [naar boven trekken] *pull/haul up* ⇒*raise,* ⟨hijsen⟩ *hoist (up)* **0.2** [opbouwen] *put up* ⇒*build (up),* erect **0.3** [verhogen] *raise* ⇒*increase* ♦ **1.1** met opgetrokken knieën *with one's knees pulled up/raised;* de wenkbrauwen ~ *raise one's eyebrows* **1.2** een muur ~ *put up/erect a wall* **1.3** de lonen ~ *r. wages;*
III ⟨wk.ww.; zich ~⟩ **0.1** [steun vinden] *lean on* ♦ **6.1** zich aan iem. ~ *lean heavily on s.o.*
optrommelen 0.1 *drum up.*
optuigen 0.1 [versieren] *deck (out), trim* ⇒*decorate* **0.2** [scheep.] *rig (up)* **0.3** [mbt. een rijdier] *harness* ⇒*tackle* **0.4** [mbt. personen] *dress up.*
optutten 0.1 *doll/tart up* ♦ **4.1** zich ~ *doll/tart o.s. up.*
opus 0.1 *opus* (ihb. muz.).
opvallen 0.1 [versierd] *strike* ⇒*be conspicuous, attract attention/notice* ♦ **4.1** het is mij opgevallen dat *I have noticed/it has struck me that* **6.1** ~ door zijn kleding *attract attention because of/on account of one's clothes;* ~ door zijn moed *be notable for one's courage.*
opvallend 0.1 *striking* ⇒*conspicuous, marked* ♦ **1.1** een ~

---

optimaal - opvliegend

gebrek aan kennis *a remarkable/blatant lack of knowledge;* het meest ~e kenmerk *the most s./outstanding feature* **3.1** ~ gekleed gaan *dress conspicuously.*
opvang 0.1 *relief* ⇒*emergency measures.*
opvangcentrum 0.1 [noodverblijf voor daklozen] *reception centre* ⇒*refugee centre* ⟨voor vluchtelingen⟩, *shelter/centre for the homeless* ⟨voor daklozen⟩ **0.2** [instelling voor hulpverlening] *crisis centre.*
opvangen 0.1 [in zijn val, vlucht vangen] *catch* ⇒*receive* **0.2** [horen] *overhear* ⇒*pick up, catch* **0.3** [helpen] *take care of* ⇒*receive* ⟨vluchtelingen⟩ **0.4** [met een instrument waarnemen] *receive* ⇒*pick up* **0.5** [in iets verzamelen] *catch* ⇒*collect* **0.6** [tenietdoen] *absorb* ⟨trilling, schok⟩; *intercept* ⟨klap⟩; *meet* ⟨aanval, verlies⟩; *cushion* ⟨klap, botsing⟩ ♦ **1.1** een bal ~ *c. a ball;* een klap ~ ⟨incasseren⟩ *receive a blow* **1.2** flarden v.e. gesprek ~ *o. scraps of conversation, catch a few words of a conversation* **1.3** de kinderen ~ als ze uit school komen *take care of/look after the children after school* **1.4** een radiosignaal ~ *pick up/receive a radio signal* **1.5** regenwater ~ *catch/collect rainwater* **1.6** een klap ~ ⟨ondervangen⟩ *intercept/cushion/break a blow* ¶**1.3** haar vrienden hebben haar goed opgevangen *her friends took good care of her.*
opvanghuis 0.1 *reception/relief centre.*
opvangkamp 0.1 *reception camp.*
opvangland 0.1 *host country.*
opvarende 0.1 *person on board* ⇒⟨passagier ook⟩ *passenger,* ⟨bemanningslid ook⟩ *crew member* ♦ **3.1** al de ~n zijn verdronken *all those/persons on board were drowned.*
opvatten 0.1 [oppakken] *take up* ⇒*pick up* **0.2** [beschouwen] *take* ⇒*interpret* **0.3** [zich toeleggen op] *take up* **0.4** [gaan koesteren] *conceive* ⇒*take* ♦ **1.1** de draad van het verhaal weer ~ *take up/pick up the thread of the story* **1.2** zijn taak ernstig ~ *t. one's task seriously* **1.3** de studie weer ~ *resume one's studies* **1.4** liefde ~ voor *c. a passion for, fall in love with;* het plan ~ om *c. a plan to, set out to* **5.2** iets licht ~ *make light of sth.;* iets verkeerd ~ ⟨fout opvatten⟩ *misinterpret/misconceive sth.;* ⟨kwalijk nemen⟩ *t. sth. amiss/ill* **8.2** iets als een grapje ~ *t./treat sth. as a joke.*
opvatting 0.1 [het beschouwen] *view, outlook* **0.2** [mening] *view* ⇒*notion, opinion* **0.3** [uitleg] *conception, interpretation* ♦ **1.2** dat is een verschil van ~ *that is a difference of v.* **2.1** een bekrompen ~ *a narrow(-minded) o./v.* **2.2** zijn politieke ~en *his political views* **2.3** een verkeerde ~ hebben over iets *have a misconception about sth.* **6.2** naar mijn ~ *in my opinion/v.*
opvegen 0.1 [bijeenvegen] *sweep up* **0.2** [reinigen] *sweep (up/out).*
opveren 0.1 *jump/leap/start/spring up* ⇒⟨rechtveren⟩ *spring/jump/start to one's feet.*
opvijzelen 0.1 [sterker/beter maken] *boost* ⇒*jack up* ⟨prijzen op veiling⟩ **0.2** [met vijzels opwinden] *jack (up), lever up* ♦ **1.1** het moreel weer ~ *b. the morale.*
opvissen 0.1 [uit het water halen] *dredge up* ⇒⟨inf.⟩ *fish out/up* **0.2** [fig.; te voorschijn brengen] *fish out/up, dig up* ⟨iets⟩; *hunt out* ⟨iem.⟩ ♦ **1.1** een lijk uit de rivier ~ *d. u./recover a body from the river* **1.2** een kwartje uit zijn vestzak ~ *fish out/fish up/dig up a quarter from one's pocket.*
opvlammen 0.1 *flame/flare/blaze up* ♦ **5.1** ⟨fig.⟩ opnieuw ~ *flare/flame up, be rekindled.*
opvliegen 0.1 [omhoogvliegen] *fly up* **0.2** [vlug opstaan] *spring/jump/start to one's feet* **0.3** [driftig worden] *flare/flame out/up, fire up; explode* ♦ ¶.¶ hij mag voor mijn part ~ *he can go to blazes (as far as I am concerned).*
opvliegend 0.1 *short-/quick-/hot-tempered, hotheaded.*

opvlieger 0.1 *flush* ⇒⟨inf.⟩ *hot flush.*
opvlieging 0.1 *flush;* ⟨inf.⟩ *hot flush* ◆ **3.1** ~en hebben *have hot flushes.*
opvoedbaar ◆ **2.**¶ moeilijk opvoedbare kinderen *problem children.*
opvoeden 0.1 [vormen] *bring up* ⇒*raise* **0.2** [grootbrengen] *bring up* ⇒*educate* ◆ **1.1** de ~de waarde van boeken *the educational/instructive value of books* **5.1** goed/slecht opgevoed *well-/ill-bred, well/badly brought up.*
opvoeder, -voedster 0.1 *educator* ⇒*tutor, governess* ⟨v.⟩.
opvoeding 0.1 [het vormen] *upbringing* ⇒*raising* **0.2** [vorming] *upbringing* ⇒*education* ◆ **2.2** lichamelijke ~ *physical education/training;* ⟨afk.⟩ *P.E., P.T.;* een strenge ~ *a strict u.* **3.2** een ~ krijgen/genieten *receive/enjoy an education.*
opvoedingsgesticht 0.1 [B]*approved school,* [A]*reformatory* ⇒ ⟨voor de oudere jeugd⟩ [B]*Borstal.*
opvoedkunde 0.1 [leer] *education* ⇒⟨schr.⟩ *pedagogy* **0.2** [les] *education.*
opvoedkundig 0.1 *educational* ⇒*educative, pedagogic(al).*
opvoedkundige 0.1 *education(al)ist* ⇒*educator, pedagogue.*
opvoeren 0.1 [kracht/omvang doen toenemen] *increase* ⇒ *step/speed up* ⟨de gang van iets⟩, *accelerate* ⟨de gang van iets⟩ **0.2** [mbt. de prijs] *increase* ⇒*raise* **0.3** [ten tonele brengen] *perform* ⇒*put on, present* **0.4** [mbt. belastingen] *claim* ⇒*enter* ◆ **1.1** een motor ~ *tune up an engine;* de productie ~ *step up production;* de snelheid ~ ⟨lopen⟩ *step up the pace;* ⟨auto⟩ *i. speed* **1.2** de snelheid ~ *i./lift wages* **1.3** de momenteel opgevoerde toneelstukken *the plays on/running at the moment* **1.4** een vakantie ~ als zakenreis *c./enter a holiday as a business trip.*
opvoering 0.1 [het spelen van een toneelstuk] *production* ⇒ *presentation* **0.2** [keer, gelegenheid] *performance* **0.3** [het verhogen, vergroten] *increase (in)* ⇒*rise (in), acceleration* ⟨van snelheid⟩.
opvolgen 0.1 [volgen] *follow* **0.2** [mbt. een ambt, de kroon] *succeed* **0.3** [nakomen] *follow up; observe, comply with* ⟨regels⟩; *obey* ⟨geboden⟩ ◆ **1.3** iemands advies ~ *follow/take s.o.'s advice* **4.1** de gebeurtenissen volgden elkaar snel op *events happened in quick succession.*
opvolger, -volgster 0.1 *successor (to).*
opvolging 0.1 [het op elkaar volgen] *succession, sequence* **0.2** [mbt. een ambt/de kroon] *succession* **0.3** [het naleven] *observance (of)* ⇒*compliance (with)* ⟨regels⟩, *obedience (to)* ⟨geboden⟩.
opvorderen 0.1 *claim, demand* ⇒*call in* ⟨schulden⟩.
opvouwbaar 0.1 *folding* ⇒⟨attr.⟩ *fold-up/-away, collapsible* ⟨doos, boot⟩.
opvouwen 0.1 *fold up* ⇒⟨om op te bergen⟩ *fold away* ◆ **1.1** de krant ~ *fold up the newspaper.*
opvragen 0.1 *claim* ⇒*ask for,* ⟨terugvragen⟩ *reclaim,* ⟨terugvragen⟩ *ask for (sth.) back, withdraw* ⟨geld v.e. rekening⟩ ◆ **1.1** een boek ~ *ask for a book back;* geld uit de spaarbank ~ *withdraw money from the savings bank.*
opvreten I ⟨ov.ww.⟩ **0.1** [opeten] *eat up, devour* ◆ **6.1** ⟨fig.⟩ iem. met de ogen ~ *ogle at s.o., eye s.o. greedily/hungrily;* **II** ⟨wk.ww.; zich ~⟩ **0.1** [vergaan van] *be vexed* ⇒*be consumed* ◆ **6.1** zich ~ van ergernis *be vexed with anger/annoyance.*
opvriezen 0.1 [gaan vriezen] *freeze up* ⇒*ice up* ⟨met een laag ijs⟩ **0.2** [stukvriezen] *be damaged by frost.*
opvrijen 0.1 [prikkelen] *get (s.o.) going* ⇒*excite, arouse* **0.2** [flemen] *butter up.*
opvrolijken 0.1 *cheer (s.o.) up* ⇒*brighten (s.o./sth.) up* ◆

1.1 een zieke ~ *cheer a sick person up* **6.1** een kamer met bloemen ~ *brighten up a room with flowers.*
opvullen 0.1 [geheel vullen] *fill up* **0.2** [volstoppen] *stuff* ⇒ *fill,* ⟨om een beschermend kussen te maken⟩ *pad* ◆ **1.1** een leemte ~ *fill a gap* **1.2** een kussen met veren ~ *s. a cushion with feathers.*
opvulling 0.1 [het opvullen] *filling* ⇒*stuffing* ⟨kussen, matras, stoel⟩, *padding* ⟨kleren⟩ **0.2** →**opvulsel.**
opvulsel 0.1 *filler, filling* ⇒⟨tech. ook⟩ *filling material, packing, stuffing* ⟨kussen, matras, stoel⟩, *pad(ding)* ⟨kleren, schoeisel⟩, *wad(ding)* ⟨kleren, schoeisel⟩.
opwaaien I ⟨onov.ww.⟩ **0.1** [in de hoogte gedreven worden] *(get) blow(n) up* **0.2** [mbt. water] *be/get whipped up;* **II** ⟨ov.ww.⟩ **0.1** [omhoogdrijven] *blow up* ⇒*lift, raise* **0.2** [mbt. water] *whip up* ◆ **1.2** een ~de wind ±*a gusting/gusty wind.*
opwaarderen 0.1 *revalue* ⇒*upgrade, uprate.*
opwaarts 0.1 *upward* ⇒⟨bw. ook⟩ *upwards* ◆ **1.1** ~e druk *upward pressure, upthrust;* ⟨als hoedanigheid v.e. vloeistof⟩ *buoyancy.*
opwachten 0.1 [wachten tot iem. komt] *wait for* ⇒⟨schr.⟩ *await* **0.2** [met vijandige bedoelingen iemands komst afwachten] *lie in wait for* ⇒⟨opwachten en onderscheppen⟩ *waylay* ◆ **3.2** drie kerels stonden hem op te wachten *three fellows were waiting/on the lookout/lying in wait for him.*
opwachting ◆ **3.**¶ zijn ~ bij iem. maken *pay one's respects to s.o., call on s.o.*
opwarmen I ⟨ov.ww.⟩ **0.1** [opnieuw warm maken] *warm/heat up* ⇒*reheat* **0.2** [fig.; oprakelen] *drag out/up* ⇒*rake up, revive* **0.3** [aansporen] *entice* ⇒⟨aanzetten⟩ *incite* **0.4** [geil maken] *turn on* ◆ **1.1** opgewarmde kost ⟨fig.⟩ *a rehash;* ⟨lett.; inf.⟩ *left-overs;* **II** ⟨onov.ww.⟩ **0.1** [op temperatuur komen] *warm/heat up* **0.2** [sport] *warm up, loosen up* ⇒*limber up.*
opwarmertje (sport) **0.1** *warm-up* ⇒*warm-up/limbering-up exercise.*
opwegen 0.1 [gelijk zijn aan] ⟨zie 6.1⟩ **0.2** [er niet voor onderdoen] *be equal (to)* ⇒⟨goedmaken⟩ *make up (for), compensate (for)* ◆ **6.1** ~ tegen *(counter)balance, offset, cancel/even/equal out, countervail* **6.2** dat weegt niet op tegen *that counts for little/nothing compared to.*
opwekken 0.1 [wakker maken] *wake up* ⇒*waken* **0.2** [doen ontstaan] *arouse* ⇒*excite* ⟨belangstelling, gevoelens⟩, *stir* ⟨belangstelling, gevoelens⟩, *rouse* ⟨belangstelling, gevoelens⟩, *spark off* ⟨rellen, enthousiasme⟩, *raise* ⟨twijfel, hoop⟩ **0.3** [mbt. energie] *generate* ⇒*create* **0.4** [weer levend maken] *revive* **0.5** [aansporen] *incite* ⇒*urge (on)* ◆ **1.2** argwaan ~ *a. suspicion;* de eetlust ⟨van iem.⟩ ~ *whet (s.o.'s) appetite;* woede ~ *provoke anger/rage* **1.3** elektriciteit ~ *g. electricity* **6.4** iem. uit de dood ~ *raise s.o. from the dead* **6.5** ~ tot een grotere prestatie *urge on to greater achievements.*
opwekkend 0.1 [aangenaam stemmend] *cheerful* ⇒*bright,* ⟨opbeurend⟩ *cheering,* ⟨opbeurend⟩ *heartening* **0.2** [aanmoedigend] *stimulating, exciting* ⇒*rousing* ⟨atmosfeer⟩, *challenging* ⟨werk⟩ ◆ **1.1** ~ nieuws *heartening/encouraging news* **1.2** ~e gesprekken *s./rousing discussions* **1.**¶ middel *tonic, stimulant;* ⟨inf.⟩ *pick-me-up.*
opwekking 0.1 [het doen ontwaken] *raising* ⇒*resuscitation* **0.2** [het doen ontstaan] *generation* **0.3** [het bemoedigen] *encouragement* ⇒*cheering/brightening up* **0.4** [aansporing] *encouragement* ⇒*spur* **0.5** [rel.] *revival* ◆ **1.1** de ~ van Lazarus *the raising of Lazarus.*
opwellen 0.1 *well up* ⇒*rise,* ⟨fig. ook⟩ *surge (up)* ◆ **1.1** ⟨fig.⟩ ~de driften *surging passions;* tranen welden in zijn ogen op *tears welled up in his eyes.*

opwelling 0.1 [opborreling] *rise* ⇒*rising (up), welling (up),* ⟨fig. ook⟩ *(up)surge* **0.2** [plotselinge gemoedsgesteldheid] *fit* ⇒*burst* **0.3** [aandrift tot handelen] *impulse* **0.4** [dat wat in het gemoed opkomt] *impulse* ⇒*instinct* ◆ **1.2** in een plotselinge ~ van haat *in a sudden burst/f. of hatred* **6.3** in een ~ iets doen *do sth. on (an) i./on the spur of the moment* **7.4** zijn eerste ~ was *his first impulse/instinct was.*

opwerken I ⟨ov.ww.⟩ **0.1** [naar boven brengen] *raise, lift* ⇒ *work up* **0.2** [hoog doen opkomen] *emboss, raise* **0.3** [bewerken] *refurbish* ⇒*touch up* ⟨met verf/potlood/etsnaald/enz.⟩ ◆ **1.3** gebruikte splijtstofelementen ~ *reprocess/recycle used/spent nuclear fuel elements;*
II ⟨wk.ww.; zich ~⟩ **0.1** [vooruitkomen] *work one's way up* ⇒*climb the ladder* ◆ **6.1** zich ~ tot filiaalhouder *work one's way up to be branch manager;*
III ⟨onov.ww.⟩ **0.1** [naar boven gedreven worden] *rise* ⇒ *come up* **0.2** [mbt. vaartuigen] *work one's way* ◆ **1.1** de grond werkt op *the ground is rising.*

opwerking ⟨nat.⟩ **0.1** *breeder conversion* ⇒*reprocessing, recycling.*

opwerkingsfabriek 0.1 *breeder conversion plant/reactor* ⇒*reprocessing plant.*

opwerpen I ⟨ov.ww.⟩ **0.1** [omhoog werpen] *throw up* ⇒*toss (up)* **0.2** [opperen] *raise* **0.3** [doen verrijzen] *raise, erect* ⇒ *put up* ◆ **1.2** een vraag ~ *r./put forward a question* **1.3** een barricade ~ *e./r./put up a barrier/barricade;*
II ⟨wk.ww.; zich ~⟩ **0.1** [zich maken tot] *set up* ◆ **6.1** zich ~ tot aanvoerder *make o.s. captain* **8.1** zich ~ als expert *set o.s. up as an expert.*

opwerping 0.1 ⟨opmerking⟩ *remark, point;* ⟨bezwaar⟩ *objection.*

opwinden I ⟨ov.ww.⟩ **0.1** [de veer spannen] *wind up* **0.2** [tot een kluwen, rol maken] *wind* **0.3** [in een geestdriftige stemming brengen] *excite* ⇒*wind/key/tense up* **0.4** [omhoogbrengen] *wind up* ⇒*reel in/up* **0.5** [geil maken] *arouse* ⇒*excite* ◆ **1.4** een anker ~ *wind up/haul up/in an anchor* **4.3** zich ~ *get excited, get worked/keyed up;*
II ⟨wk.ww.; zich ~⟩ **0.1** [kwaad worden] *get enraged/incensed* ⇒*fume* ◆ **6.1** zich ~ over iem./iets *get enraged/* ⟨inf.⟩ *mad at s.o./sth.*

opwindend 0.1 [spannend] *exciting* ⇒*thrilling* **0.2** [prikkelend] *sexy* ⇒*suggestive* ◆ **1.2** een ~e dans *an erotic/a suggestive dance* **3.1** het was heel - *it was quite a thrill.*

opwinding 0.1 *excitement* ⇒⟨spanning⟩ *tension* ◆ **2.1** voor de nodige ~ zorgen *cause quite a stir.*

opwrijven 0.1 *polish (up)* ⇒*rub (up/over).*

opzadelen 0.1 [mbt. rijdieren] *saddle (up)* **0.2** [mbt. personen] *saddle* ⇒*burden.*

opzeg ⟨AZN⟩ **0.1** [opzegging] *cancellation* ⇒*termination, resignation* ⟨van een betrekking⟩ **0.2** [termijn] *notice* ◆ **3.1** zijn ~ doen *resign;* ⟨inf.⟩ *quit;* ⟨op termijn⟩ *give/hand in (one's) notice.*

opzeggen 0.1 [doen ophouden] *cancel* ⇒*terminate, resign* ⟨betrekking, lidmaatschap⟩, ⟨op termijn⟩ *give notice* **0.2** [voordragen] *read out* ⇒*recite* ⟨gedicht, les⟩ ◆ **1.1** zijn betrekking ~ *resign from one's job, resign one's post;* de huur ~ *c./terminate a tenancy;* ⟨van de kant v.d. eigenaar⟩ *give notice (to leave/quit);* ⟨van de kant v.d. huurder⟩ *give notice (of leaving/moving);* de krant ~ *c. the paper;* zijn lidmaatschap ~ *resign one's membership* **1.2** zijn gebeden ~ *say one's prayers;* zijn les ~ *recite/go through one's lesson.*

opzegging 0.1 [het opzeggen] *cancellation* ⇒*termination, notice* **0.2** [opzegtermijn] *cancellation* ⇒*termination, resignation* ⟨van een betrekking/een lidmaatschap⟩, ⟨op ter-

mijn⟩ *notice* ◆ **1.1** ~ v.d. huur *c./termination of tenancy;* ⟨door eigenaar⟩ *notice (to leave/quit);* ⟨door huurder⟩ *notice (of leaving/moving/removal)* **6.2** met drie maanden ~ *at three months' notice.*

opzeg(gings)termijn 0.1 *(period/term of) notice* ◆ **2.1** een behoorlijke - in acht nemen *give due n.* **6.1** met een ~ van drie maanden *subject to three months' n.*

opzenden 0.1 [verzenden] *send* ⇒*dispatch* **0.2** [naar boven zenden] *send up* ◆ **1.2** gebeden ~ *offer (up) prayers.*

opzet I ⟨de⟩ **0.1** [organisatie] *organization;* ⟨plan⟩ *scheme, idea;* ⟨ontwerp⟩ *lay-out, design, plan;* ⟨structuur, toestand⟩ *set-up* **0.2** [beoogde doel] *intention, aim* ◆ **2.1** de organisatorische ~ *the organizational set-up* **3.2** de ~ was ...the a./i./idea was ...;*
II ⟨het⟩ **0.1** [bedoeling] *intention* ⇒*purpose* ◆ **6.1** met ~ *on purpose, deliberately, intentionally, by design;* zonder ~ *not on purpose, accidentally, unintentionally* ¶ **.1** meent de politie dat er ~ in het spel is? *do the police suspect foul play?*

opzettelijk 0.1 *deliberate* ⇒*intentional,* ⟨bw.⟩ *on purpose* ◆ **1.1** een ~e leugen *a d. lie* **3.1** iem. ~ beledigen *deliberately insult s.o.*

opzetten I ⟨onov.ww.⟩ **0.1** [aanzwellen] *swell (up)* ⇒⟨in kracht toenemen⟩ *gain strength* **0.2** [komen aanzetten] *blow up, arise* ⟨storm⟩; *gather* ⟨nevel, wolken⟩; *rise* ⟨tij, koorts⟩; *set in* ◆ **1.1** de wind zet op *the wind is getting up* **3.2** de mist komt ~ *fog is setting in;* zij kwamen in groten getale ~ *they turned/showed up in great/large numbers/ in force/in strength;*
II ⟨ov.ww.⟩ **0.1** [overeind zetten] *put up* ⇒*raise,* ⟨verticaal zetten⟩ *stand (sth./s.o.) up* **0.2** [op iets plaatsen] *put on* **0.3** [op touw zetten] *set up* ⇒*start (off)* **0.4** [mbt. dode dieren] *stuff* **0.5** [opstoken] *incite* ⇒*urge on* ◆ **1.1** zijn kraag ~ *turn up/raise one's collar;* een tent ~ *pitch/put up a tent* **1.2** zijn hoed ~ *put one's hat on;* een plaat ~ *put a record on; theewater ~ put the kettle on (for tea)* **1.3** een zaak ~ *set up in business, set up shop* **1.4** een opgezet exemplaar *a mounted/stuffed specimen* **1.**¶ steken ~ *cast on* **5.3** de campagne was verkeerd opgezet *the campaign was badly planned* **6.5** mensen tegen elkaar ~ *set/pit people against each other.*

opzicht 0.1 [betrekking, aspect] *respect* ⇒⟨aspect⟩ *aspect* **0.2** [toezicht] *supervision* ◆ **2.1** in ieder ~/in alle ~en *in every r., in all respects;* in politiek ~ *from a political point of view* **6.1** in dit ~ *in this r.;* ten opzichte van ⟨in relatie tot, in vergelijking met⟩ *compared/in relation to;* ⟨jegens, rekening houdend met⟩ *with respect/regard to, as regards* **6.2** onder het ~ van iem. staan *be under s.o.'s supervision/eye* **7.1** in geen enkel ~ *in no way, not in any sense.*

opzichter 0.1 [met opzicht belast iem.] *supervisor* ⇒*overseer* ⟨van werken⟩, *superintendent* **0.2** [beambte mbt. de bouw(werken)] *inspector* ⇒⟨op bouwterrein⟩ *(site) foreman.*

opzichtig 0.1 *showy;* ⟨inf.⟩ *flash(y), garish, gaudy, loud* ⟨kleur⟩; *blatant* ⟨daad⟩ ◆ **1.1** een ~e overtreding *a blatant offence;* ⟨sport⟩ *a blatant foul* **3.1** ~ gekleed zijn *be overdressed, be garishly dressed.*

opzichzelfstaand 0.1 *isolated* ⇒*individual,* ⟨afzonderlijk⟩ *separate* ◆ **1.1** een ~ geval *an isolated instance, an individual case.*

opzien¹ ⟨het⟩ **0.1** [het opkijken] *looking up* **0.2** [verbazing] ⟨met lidw.⟩ *stir* ⇒*fuss,* ⟨verbazing⟩ *amazement* ◆ **3.2** (veel) ~ baren *cause (quite) a s./fuss.*

opzien² ⟨onov.ww.⟩ **0.1** [opkijken] *look up* **0.2** [+ tegen; vrezen] *not be able to face, shrink from* **0.3** [+ tegen; bewonderen] *look up to* ⇒*admire* ◆ **6.1** ~ **naar** *l. u. at;* ⟨fig.⟩ daar zullen ze **van** ~ *that 'll make them sit up (and take notice)* **6.2** niet **tegen** een rit v.e. dag ~ *think nothing of/ not mind/ not be afraid of a day's ride;* ik zie er **tegen** op om het te moeten doen *I am reluctant to do it, I don't like the idea of doing it/having to do it* **6.3** hoog **tegen** iem. ~ *think a lot/ highly of s.o., have a high opinion of s.o.* **8.2** ergens als (tegen) een berg tegen ~ *dread sth.*

opzienbarend 0.1 *sensational* ⇒*spectacular, stunning* ◆ **1.1** een ~e verschijning *a stunning appearance/figure.*

opziener 0.1 *supervisor, inspector.*

opzij 0.1 [uit de weg] *aside* ⇒*out of the way* **0.2** [aan de zijde] *at/on one side* ◆ **1.1** zijn hoofd een beetje ~ *his head tilted slightly, his head slightly to one side* **3.1** geld ~ leggen *put money aside* **5.1** ~ (daar)! *gangway!* **6.2** een foto **van** ~ nemen *take a side view.*

opzitten 0.1 [overeind zitten] *sit up(right)* **0.2** [mbt. honden] *sit up (and beg)* **0.3** [opblijven] *sit up* ⇒*stay up* **0.4** [op zijn] *be up* **0.5** [te paard stijgen] *mount* ◆ **6.3** bij een zieke ~ *sit up with a patient* ¶.5 ~! *to horse!* ¶.¶ er zit niets anders op dan ... *there is nothing for it but ...;* het zit erop *it is all over, that's it;* hij heeft er 20 jaar tropen ~ *he's been in the tropics 20 years;* ik heb het er ~ *I've got it out the way.*

opzoeken 0.1 [opsporen] *look up* ⇒*find* **0.2** [trachten te ontmoeten] *seek out* ⇒*look out for* **0.3** [bezoeken] *look up* ⇒ *call on* **0.4** [als verblijfplaats kiezen] *seek out* ◆ **1.1** een adres ~ *turn up an address;* woorden in een woordenboek ~ *look up words in a dictionary* **1.2** de vijand ~ *seek out/ hunt the enemy* **1.4** het bed ~ *go to bed* **3.3** je moet me eens komen ~ *you must look me up/come and see me some time.*

opzouten 0.1 [in het zout leggen] *salt* ⇒*pickle* ⟨in vloeistof⟩ **0.2** [fig.; bewaren] *keep in store* ◆ **3.1** ⟨fig.⟩ dat kun je wel ~ *you can forget about that.*

opzuigen 0.1 [zuigend naar boven trekken] *suck up* ⇒⟨met stofzuiger⟩ *hoover/vacuum up* **0.2** [absorberen] *soak up* **0.3** [zuigend opmaken] *suck (away at)* ◆ **1.1** limonade door een rietje ~ *suck a soft drink through a straw* **1.3** een zuurstok ~ *s. (away at) a stick of rock/*^*candy.*

opzwellen 0.1 [uitzetten] *swell (up/out)* ⇒*bulge, billow* ⟨v.e. zeil/kleren⟩, *balloon* ⟨v.e. zeil/kleren⟩ **0.2** [rijzen] *swell* ⇒ *rise* ◆ **1.1** een opgezwollen enkel *a swollen ankle;* zijn gezicht zwelt op *his face is swelling up* **1.2** de rivier zwelt op *the river is swelling/rising* **6.1** ~ **van** trots *s. with pride.*

opzwepen 0.1 [voortdrijven] *whip on* ⇒*lash on* **0.2** [fig.] *whip up* ⇒*stir up* **0.3** [de hoogte in jagen] *whip up* ◆ **1.2** de hartstochten ~ *whip/stir up passions* **1.3** de storm zweepte de golven op *the storm whipped up the waves.*

oraal 0.1 [de mond betreffend, door de mond] *oral* **0.2** [mondeling] *oral, verbal* ◆ **1.1** orale seks *o. sex;* orale toediening van een geneesmiddel *o. administration of a medicine* **1.2** orale overdracht *o./v. communication.*

orakel 0.1 [godsspraak; plaats] *oracle* **0.2** [persoon naar wie men luistert] *oracle* ⇒*medium* **0.3** [onomstotelijke waarheid]⟨zonder lidw.; geen mv.⟩ *gospel.*

orakelen I ⟨onov.ww.⟩ **0.1** [als een orakel spreken] *prognosticate;* **II** ⟨ov.ww.⟩ **0.1** [voorspellen] *prognosticate* ⇒*prophesy* **0.2** [scherts.] *pontificate about/on* ◆ ¶.2 wat orakel je weer *are you pontificating again?*

orang-oetang 0.1 *orangutan(g).*

oranje¹ I ⟨het⟩ **0.1** [kleur] *orange* ⇒⟨mbt. verkeerslicht⟩ *amber* **0.2** [versiersel van die kleur] *orange bow/ornament;* **II** ⟨de⟩ **0.1** [boom, vrucht] *orange.*

oranje² **⟨bn.⟩ **0.1 *orange* ⇒⟨mbt. verkeerslicht⟩ *amber* ◆ **3.1** het verkeerslicht sprong op ~ *the traffic light changed to amber.*

Oranje I ⟨de⟩ **0.1** [lid van het Koninklijk Huis] *member of the House of Orange;* **II** ⟨het⟩ **0.1** [vorstenhuis] *(the house of) Orange* **0.2** [sport] *the Dutch team* ⇒*Holland* ◆ ¶.1 ~ boven! *Orange for ever!, long live Orange!*

Oranjegezind 0.1 *Orang(e)ist.*

Oranjehuis 0.1 *House of Orange.*

oranjekleur 0.1 [kleur] *orange colour* **0.2** [Oranjevlag] *orange colours/flag* ◆ **2.2** wapperende ~en *fluttering o. c.*

Oranje-Nassau 0.1 *Orange Nassau.*

Oranjeploeg ⟨sport⟩ **0.1** *Dutch team.*

Oranjeselectie 0.1 *(Dutch) national team.*

Oranjevlag 0.1 *flag of Orange* ⇒*orange colours.*

Oranjevorst, -vorstin 0.1 ⟨m.⟩ *Prince/king/*⟨v.⟩ *Princess/ queen (of the House) of Orange.*

Oranje-Vrijstaat 0.1 *Orange Free State.*

oratie 0.1 [redevoering] *oration* ⇒*declamation* **0.2** [rel.] *orison* ◆ **2.1** een ~ houden *deliver an o.*

oratio pro domo 0.1 ±*argument on one's own behalf, comment in one's own favour.*

oratorisch 0.1 *oratorical* ⇒*rhetorical* ◆ **1.1** ~e wendingen *o./rhetorical phrases.*

oratorium 0.1 [muz.] *oratorio* **0.2** [rel.] *oratory.*

orchidee 0.1 *orchid.*

orde 0.1 [regelmatige plaatsing, vastgestelde opeenvolging] *order* **0.2** [geregelde toestand, rust] *order* ⇒⟨discipline ook⟩ *discipline* **0.3** [vereniging van personen] *order* **0.4** [klasse] *order* ⇒*class* **0.5** [biol.] *order* **0.6** [rel.] *order (of priesthood)* **0.7** [onderscheiding] *order* ◆ **1.1** tot de ~ van de dag overgaan *proceed/pass to the o. of the day* **1.3** de ~ v.d. benedictijnen *the Benedictine o.* **1.5** de naam van deze ~ van vissen *the ordinal name of these fish(es)* **2.1** voor de goede ~ wijs ik u erop dat ... *for the record, I would like to point out to you/remind you that ...* **2.2** de gevestigde ~ *the establishment;* verstoring v.d. openbare ~ *disturbance of the peace, disorderly conduct, violation of civil o.* **2.4** dat is van lagere ~ *that is of a lower o.* **3.1** ~ scheppen in de chaos *produce o. out of chaos* **3.2** de ~ bewaren *keep/preserve/maintain o.;* zij kan goed ~ houden *she is good at keeping o./discipline;* ~ moet er zijn! *we need more law and o.!* **3.7** iem. een ~ verlenen *invest s.o. with a decoration, decorate s.o.* **6.1** iets **aan** de ~ brengen *raise a matter/question, bring sth. up;* **aan** de ~ zijn *be under discussion;* z'n kleren **in** ~ brengen *straighten out one's clothes, adjust one's dress;* na de verhuizing waren zij snel weer op ~ *they quickly got settled in after their move;* ⟨fig.⟩ iem. **tot** de ~ roepen *call s.o. to o., bring s.o. into line* **6.2** ik ben weer **in** ~ *I'm all right again, I'm fine again;* dat komt (wel) **in** ~ ⟨ik zorg ervoor⟩ *I'll see to it;* ⟨het komt wel goed⟩ *it will turn out all right/OK;* **in** ~! *all right!, fine!, OK!;* het toestel is (niet) **in** ~ *there is nothing/sth. wrong with the appliance, the appliance is (not) in running/working o.;* is alles weer **in** ~ tussen jullie? *is everything all right/OK between you two again?* **6.4 in** die ~ van grootte *of that o. (of magnitude)* ¶.2 ~ op zaken stellen *put/set things right;* ⟨mbt. eigen zaken⟩ *put one's affairs in order.*

ordedienst 0.1 *(body of) officials responsible for order.*

ordelievend 0.1 *law-abiding* ⇒*civilized, well-organized/ -ordered.*

ordelijk 0.1 [gerangschikt] *neat* ⇒*tidy,* ⟨bn.⟩ *orderly* **0.2** [geregeld]⟨bn.⟩ *orderly* ⇒⟨bn.⟩ *well-organized/-ordered,* ⟨bw.⟩ *in orderly fashion,* ⟨bw.⟩ *in good order* **0.3** [netjes] *ti-*

dy ⇒*neat,* ⟨bn. en bw.⟩ *orderly* ♦ **1.1** de ~e rijen boeken *the n. rows of books* **1.2** de demonstratie kent een ~ verloop *the demonstration is passing off in an orderly fashion* **1.3** een ~ huishouden *a t./well-organized household* **3.2** alles gaat er ~ toe *everything is well-organized (there).*

ordeloos 0.1 [zonder systeem]⟨bn.⟩ *disorganized* ⇒*haphazard* **0.2** [ongeregeld]⟨bn.⟩ *disorganized* ⇒⟨bn. en bw.⟩ *disorderly* **0.3** [slordig] *untidy* ⇒⟨bn. en bw.⟩ *disorderly,* ⟨mbt. personen; bn.; ook⟩ *unkempt.*

ordenen 0.1 [rangschikken] *arrange* ⇒*sort (out)* **0.2** [regelen] *arrange* ⇒*organize* **0.3** [netjes opknappen] *tidy up* **0.4** [rel.] *ordain* ♦ **1.1** zijn gedachten ~ *collect one's thoughts;* gegevens ~ *sort/classify data* **1.2** geordende economie *regulated/planned economy;* zijn zaken ~ *a. one's affairs.*

ordening 0.1 [regelmatige schikking, plaatsing] *arrangement* ⇒*organization* **0.2** [het regelen volgens voorschriften] *regulation* ⇒*structuring* **0.3** [het geordend-zijn] *order* ⇒*structure* **0.4** [rel.] *ordination.*

ordentelijk 0.1 [fatsoenlijk, behoorlijk] *respectable* ⇒*decent,* ⟨wellevend⟩ *civil* **0.2** [billijk] *reasonable, fair* ♦ **3.1** zich ~ gedragen *behave civilly.*

ordeproblemen 0.1 *discipline problems* ♦ **3.1** hebben *have d. p./a discipline problem (in a class* ⟨enz.⟩ *),* have difficulty keeping order *(in a class* ⟨enz.⟩ *).*

order 0.1 [bevel] *order* ⇒*instruction, command* **0.2** [bestelling] *order* **0.3** [hand.; gemachtigde] *endorsee* ♦ **2.1** tot nader ~ *till further notice;* uitstellen tot nader ~ *cancel till/await further instructions/orders* **3.2** een ~ plaatsen voor twee onderzeeërs bij N. *place an o. for two submarines with N.,* order *two submarines from N.* **6.1 tot** uw ~s *at your service/command* **6.3** cheque **aan** eigen ~ *cheque made out/payable to self;* cheque **aan** ~ *cheque to order;* **aan** de ~ **van** *to the order of.*

orderbevestiging ⟨hand.⟩ **0.1** *confirmation of (an/the) order.*

orderboek ⟨hand.⟩ **0.1** *order book.*

orderbriefje ⟨hand.⟩ **0.1** *promissory note* ⇒*note of hand.*

orderpapier ⟨hand.⟩ **0.1** *warrant* ⇒*pledge, security.*

orderportefeuille 0.1 [concr.] *order book/file* **0.2** [abstr.] *orders on/in hand.*

ordeteken 0.1 *badge* ⇒⟨penning⟩ *medal,* ⟨mv. ook⟩ *insignia.*

ordeverstoorder 0.1 ⟨jur.⟩ *disturber of the peace* ⇒⟨inf.⟩ *rowdy.*

ordeverstoring 0.1 *disturbance* ⇒⟨jur.⟩ *disturbance/ breach of the peace,* ⟨het plegen van ordeverstoring⟩ *rowdyism.*

ordinair 0.1 [onbeschaafd, niet fijn] *common, vulgar* ⇒ ⟨grof⟩ *coarse, crude* **0.2** [alledaags] *common, ordinary* ⇒ *normal* ♦ **1.1** ~e mensen *common folk* **1.2** ~e blikschade *just/only dented, merely a few dents.*

ordinantie 0.1 [verordening] *ordinance* ⇒*regulation* **0.2** [ontwerp] *ordinance* ⇒*design.*

ordner 0.1 *(document) file.*

ordonnans ⟨mil.⟩ **0.1** *orderly.*

oregano 0.1 *oregano.*

orgaan 0.1 [biol.] *organ* **0.2** [spreekbuis, vertolker] *organ* ⇒ *medium,* ⟨persoon⟩ *representative,* ⟨persoon⟩ *spokesman* **0.3** [instrument, werktuig] *organ* ⇒*instrument.*

orgaandonor 0.1 *organ donor.*

orgaantransplantatie 0.1 *organ transplant(ation).*

organisatie 0.1 [het organiseren] *organization* ⇒*arrangement* **0.2** [het georganiseerd zijn, de wijze] *organization* ⇒*arrangement, system* **0.3** [vereniging] *organization* ⇒ *society, association.*

organisatiedeskundige 0.1 *organization expert* ⇒*management consultant.*

organisatievermogen 0.1 *organizational skills.*

organisator 0.1 [persoon] *organizer* ⇒*arranger* **0.2** [stof] *organizer, inductor.*

organisatorisch 0.1 *organizational* ♦ **1.1** iemands ~e kracht *s.o.'s powers of organization.*

organisch 0.1 *organic* ♦ **1.1** ~e chemie *o. chemistry.*

organiseren 0.1 [regelen] *organize* ⇒*arrange* **0.2** [op touw zetten] *organize* ⇒*fix up, stage* **0.3** [inpikken] *nick, pinch* ⇒*filch* ♦ **1.1** het verzet ~ *o. the resistance* **1.2** een feestje ~ *organize a party;* een tentoonstelling ~ *stage an exhibition* **1.3** ergens een fles drank ~ *n./filch a bottle of drink from somewhere.*

organisme 0.1 *organism* ♦ **2.1** taal is een levend ~ *language is a living o.;* het menselijk ~ *the human o.*

organist 0.1 *organist* ⇒*organ player.*

orgasme 0.1 *orgasm* ⇒*climax* ♦ **3.1** een ~ krijgen *have an o.*

orgel ⟨muz.⟩ **0.1** [muziekinstrument] *(pipe) organ* **0.2** [galerij in een kerk] *organ loft* **0.3** [harmonium] *organ* ⇒*harmonium* **0.4** [draaiorgel] *organ* ⇒*barrel organ* ♦ **3.1** (het) ~ trappen *work the bellows of an o.* **3.4** een ~ draaien *grind an o.*

orgelconcert 0.1 [concert] *organ recital* **0.2** [compositie] *organ sonata* ⟨solo⟩ */concerto* ⟨begeleid⟩.

orgeldraaier 0.1 [bespeler van een draaiorgel] *organ grinder* **0.2** [mbt. havenarbeiders] *winchman.*

orgelman 0.1 *organ grinder.*

orgelmuziek 0.1 *organ music.*

orgelpijp 0.1 *organ pipe.*

orgelspel 0.1 [orgelmuziek] *organ music* **0.2** [het spelen op een orgel] *organ-playing.*

orgie 0.1 [drinkgelag] *orgy* ⇒*revelry* **0.2** [overdadige weelde] *riot* ♦ **1.2** een ~ van kleuren *a r. of colour;* een ~ van licht *a blaze of light.*

Oriënt 0.1 *Orient.*

oriëntaal 0.1 *oriental.*

oriëntatie 0.1 [in-, voorlichting] *orientation* ⇒*information* **0.2** [het zich oriënteren; het georiënteerd zijn] *orientation* **0.3** [bepaling van de hemelstreek] *orientation* ⇒⟨mv.⟩ *bearings* ♦ **3.3** zijn ~ kwijtraken *lose one's bearings.*

oriëntatiebezoek 0.1 *fact-finding mission/visit* ⟨enz.⟩.

oriëntatiepunt 0.1 [in een landschap] *landmark* **0.2** [fig.] *reference point* ⇒*point of reference.*

oriëntatiereis 0.1 *fact-finding mission/trip.*

oriëntatievermogen →**oriënteringsvermogen.**

oriënteren ⟨wk.ww.; zich ~⟩ **0.1** [zich richten] (op kaart) *orientate o.s.;* ⟨fig.⟩ *orient(ate) o.s.* **0.2** [informatie vergaren] *look around* ♦ **3.1** ik kan me niet meer ~ *I've lost my bearings* **6.1** onze handel is op Frankrijk georiënteerd *our trade is orient(at)ed towards France* ¶**.2** voordat ik mijn pc gekocht heb, heb ik me eerst goed georiënteerd *before I bought my PC I first had a good look around.*

oriënterend 0.1 *exploratory* ⇒*explanatory* ♦ **1.1** een ~ gesprek *an exploratory talk.*

oriënteringsvermogen 0.1 *sense of direction.*

originaliteit 0.1 *originality* ♦ **3.1** zijn ~ bewaren *retain/ preserve one's o.*

origine 0.1 *origin* ♦ **2.1** zij zijn van Franse ~ *they are of French o.;* ⟨mbt. personen ook⟩ *they are of French extraction* **6.1** in ~ *originally.*

origineel¹ (het) **0.1** *original* ⇒⟨voorbeeldblad⟩ *master copy.*

origineel² ⟨bn., bw.⟩ **0.1** *original* ♦ **1.1** originele denkbeelden *o. ideas;* de originele uitgave *the o. edition.*

orkaan 0.1 *hurricane.*
orkest 0.1 *orchestra* ⇒⟨vnl. mbt. blaas- en slaginstrumenten⟩ *band.*
orkestbak 0.1 *orchestra pit.*
orkestbegeleiding 0.1 *orchestral accompaniment.*
orkestratie 0.1 *orchestration.*
ornaat 0.1 *robes of office, regalia* ⇒⟨rel.⟩ *(official) vestment(s)* ◆ **2.1** de burgemeester in vol~ *the mayor in full regalia;* ⟨scherts.⟩ in vol~ *in best bib and tucker.*
ornament 0.1 *ornament* ⇒*decoration,* ⟨muz.⟩ *ornament(s)* ⟨vaak mv.⟩.
orogenese ⟨geol.⟩ **0.1** *orogenesis.*
orthodontie ⟨med.⟩ **0.1** *orthodontics.*
orthodox 0.1 [rechtzinnig, -gelovig] *orthodox* **0.2** [van, volgens de leer van de oosterse kerk] *Orthodox* ◆ **1.2** de ~e kerk *the O. church* **2.1** hij is streng ~ *he is strictly o.*
orthodoxie 0.1 *orthodoxy.*
orthografie 0.1 *orthography.*
orthopedie 0.1 *orthop(a)edics.*
orthopedist, orthopeed 0.1 *orthop(a)edist.*
os 0.1 [gecastreerde stier] *bullock, ox* ◆ **8.1** slapen als een ~ *sleep like a log.*
oscilloscoop 0.1 *oscilloscope.*
osmose 0.1 *osmosis.*
ossenstaartsoep 0.1 *oxtail soup.*
ossentong 0.1 *ox-tongue.*
ossenwagen 0.1 *ox-cart.*
ostentatief 0.1 *ostentatious* ⇒⟨inf.⟩ *flashy,* ⟨bn.⟩ *showmanlike* ◆ **3.1** ⟨zich⟩ ~ uitdossen *dress ostentatiously;* hij verliet ~ de zaal *he made a (big) show of leaving the hall.*
otter 0.1 [dier] *otter* ◆ **8.1** zwemmen als een ~ *swim like a fish.*
oubollig 0.1 *corny.*
oud¹ ⟨het⟩ ◆ **1.¶** ~ en jong *young and old;* ~ en nieuw vieren *see in the New Year.*
oud² ⟨bn.⟩ **0.1** [genoemde leeftijd hebbend] *old* **0.2** [bejaard] *old* ⇒*aged* **0.3** [reeds lang bestaand] *old* ⇒*ancient, long-standing* ⟨situatie⟩, ⟨oudbakken⟩ *stale* **0.4** [vergevorderd] *old* **0.5** [zich weer vertonend] *old* ⇒*former* **0.6** [uit vroeger tijd afkomstig] *ancient* ⇒⟨verouderd⟩ *outdated,* ⟨verouderd⟩ *archaic* **0.7** [fig.; ouderwets] *old(-fashioned)* **0.8** [mbt. de klassieke Oudheid] *ancient* **0.9** [mbt. vroegere relaties] *old, long-standing* **0.10** [voormalig] *ex-, former* ⇒ *old* ◆ **1.1** ongeveer/zo'n veertig jaar ~ *fortyish;* vijftien jaar ~, ~ vijftien jaar *fifteen years o./of age, aged fifteen;* hij werd honderd jaar ~ *he lived to (be) a hundred;* de ~ste zoon *the elder* ⟨van 2⟩ /*oldest son* ⟨van meer dan 2⟩; haar ~ere zusje *her elder/big sister* **1.2** de ~e dag *o. age;* mijn ~e heer *my o. man* **1.3** ~ste bediende *senior assistent;* ⟨op kantoor⟩ *senior clerk;* een ~e bekende/vriend *an old pal/chum;* een ~e firma *an old established firm;* een ~e getrouwe *a stalwart,* an *old faithful;* een ~e mop *a corny joke;* ~ papier *waste paper;* ~e rechten *ancient rights;* ~e rommel *junk* **1.4** het ~e jaar *the o. year* **1.5** ⟨schr.⟩ ~er gewoonte *as usual, out of habit* **1.6** ~ nummer ⟨van tijdschrift⟩ *back issue* **1.7** het goeie, ouwe Engeland *merry England;* ouwe lul/zak *old fog(e)y/geezer* **1.8** de ~e talen *the ancient/classical languages* **3.1** hoe ~ ben je? *how o. are you?;* er zo ~ uitzien als men is *look one's age;* toen zij zo ~ was als jij *when she was your age;* ~ er worden *age, be getting on (in years);* hier moet je twaalf jaar of ~er voor zijn *you have to be twelve or more for this;* zij zijn even ~ *they are the same age* **3.2** die jurk maakt je ~ *that dress is too old for you;* ~ worden *grow o., age;* hij wordt ~ *he is getting o.* **4.1** hoe ~er hoe gekker *there's no fool like an o. fool* **5.1** ze

is te ~ om met poppen te spelen ⟨ook⟩ *she is past playing with dolls* **5.2** nogal ~ *oldish* **6.1** ~ van jaren *getting on (in years)* **6.3** ~er in dienstjaren *senior* **7.5** hij is weer helemaal de ~e *he's back to normal again* **8.1** ik ben twee keer zo ~ als hij *I am twice as o. as him;* hij is vier jaar ~er dan ik *he is four years older than me* **8.3** zo ~ als de weg naar Rome *as old as the hills* **¶.1** kinderen van zes jaar en ~er *children from six upwards* **¶.2** men is nooit te ~ om te leren *you are never too o. to learn;* ⟨sprw.⟩ zoals de ~en zongen, piepen de jongen *as the old cock crows, so crows the young.*
oudbakken 0.1 [droog] *stale* **0.2** [afgedankt] *stale* ⇒*corny* ⟨film, grap⟩, *old* ⟨film, grap⟩ ◆ **1.1** ~ brood *s. bread* **1.2** dat is ~ kost *that is old hat.*
oudedagsvoorziening 0.1 *provision for old age* ⇒⟨pensioenvoorziening⟩ *pension scheme.*
oudejaar 0.1 *New Year's Eve.*
oudejaarsavond 0.1 *New Year's Eve.*
oudejaarsconference 0.1 *New Year's Eve show.*
oudelui ⟨inf.⟩ **0.1** *(old) folks/people.*
oudemannenkwaal 0.1 *old man's complaint/ailment.*
Oud-Engels ⟨taal.⟩ **0.1** *Old English* ⇒*Anglo-Saxon.*
ouder 0.1 *parent* ◆ **2.1** kind van onbekende ~s *child of unknown parentage* **4.1** mijn ~s *my parents;* ⟨inf.⟩ *my folks.*
ouderavond 0.1 *parents' evening.*
oudercommissie 0.1 *parents' committee.*
ouderdom 0.1 [tijd van bestaan; langdurig bestaan] *age* **0.2** [hoge leeftijd] *(old) age* **0.3** [personen]⟨mv.⟩ *old folk/people* ◆ **3.1** de ~ van fossielen bepalen *determine the a. of fossils* **6.1** aangetast door ~ *stricken with a.* **6.2** verzwakt door ~ *frail with a.;* van ~ sterven *die of old age.*
ouderdomskwaal 0.1 *old people's/geriatric complaint.*
ouderdomsuitkering 0.1 *old-age pension (payment).*
ouderdomsverzekering 0.1 *pension(s) insurance.*
ouderejaars 0.1 *older/senior student* ⇒⟨na eerste graad⟩ *(post)graduate (student).*
ouderen 0.1 *older ones;* ⟨mensen op leeftijd⟩ *elderly people.*
ouderhart 0.1 *parental affection/love.*
ouderhuis 0.1 *parental/family home.*
ouderliefde 0.1 ⟨liefde van ouders⟩ *parental love;* ⟨liefde voor ouders⟩ *filial love.*
ouderlijk 0.1 *parental* ◆ **1.1** ~ gezag *p. authority;* het ~ huis *the p. home;* uit de ~e macht ontzetten *deprive of p. rights* ⟨mbt. ouder⟩; *make a ward of court* ⟨mbt. kind⟩.
ouderling 0.1 [prot.]⟨angl.⟩ *churchwarden* ⇒⟨presbyteriaanse⟩ *elder,* ⟨in andere protestantse kerken⟩ *deacon* **0.2** [voorganger bij de eerste christenen] *elder* ◆ **1.1** het college van ~en *the elders and deacons, the consistory.*
ouderloos 0.1 *parentless* ⇒⟨verweesd⟩ *orphaned* ◆ **1.1** een ~ kind ⟨wees⟩ *an orphaned child;* ⟨kind te vondeling gelegd⟩ *an abandoned child.*
ouderpaar 0.1 *parents.*
ouderparticipatie 0.1 *parental participation.*
ouderraad 0.1 *parents' council.*
ouderschap 0.1 *parenthood.*
ouderschapsverlof 0.1 [zwangerschapsverlof] *maternity leave* **0.2** [werkverlof om meer tijd te kunnen besteden aan opgroeiende kinderen] *parental/maternity/paternity leave.*
oudervereniging 0.1 *parents' association* ⇒⟨met deelneming van leerkrachten⟩ *parent-teacher association.*
oudervergadering ⟨Belg.; school.⟩ **0.1** *parents' evening.*
ouderwets 0.1 [niet meer in gebruik/in de mode] *old-fashioned* ⇒⟨verouderd⟩ *outmoded* **0.2** [flink] *(good) old-*

fashioned ◆ **1.1** ~e denkbeelden *old-fashioned/outmoded ideas;* een ~ iem. ⟨inf.; pej.⟩ *an old fog(e)y* **1.2** een ~ pak slaag *a good old-fashioned hiding* **2.1** het was weer ~ gezellig *it was just like the old days* **3.2** ik ben weer eens ~ wezen stappen *I went (out) on another good old binge* **5.1** ze is hopeloos ~ ⟨ook⟩ *she is way out of fashion.*

oudewijvenpraat ⟨inf.⟩ **0.1** *old wives' tales.*

oudgediende 0.1 [oud-soldaat] *ex-serviceman* **0.2** [ervaren persoon] *old hand, veteran* ◆ **6.2** een ~ in de politiek *an old hand at politics, a veteran politician.*

oudheid 0.1 [het oud-zijn] *antiquity* **0.2** [het verre verleden] *antiquity* ⇒*ancient times* **0.3** [voorwerp]⟨vnl. mv.⟩ *antiquity* ◆ **1.3** een verzameling van oudheden *a collection of antiquities* **2.2** de klassieke Oudheid *classical antiquity* **6.2** uit de ~ *(from) ancient (times)* **7.2** de Oudheid *antiquity, ancient times.*

oudheidkunde 0.1 *arch(a)eology.*

oudheidkundig 0.1 *arch(a)eological* ◆ **1.1** ~ museum *museum of antiquities;* ~ e studies *a. studies.*

★**Oud-Hollands** *(Wdl: Oudhollands)* **0.1** *old Dutch* ◆ **1.1** ~ papier *old Dutch paper.*

oudje 0.1 [oud persoon] *old person* ⇒⟨m.⟩ *old chap/fellow,* ⟨v.⟩ *old dear/girl* **0.2** [bejaarde verwant]⟨vader, echtgenoot⟩ *old man;* ⟨moeder⟩ *old lady/woman,* ⟨echtgenote⟩ *old woman/Dutch* **0.3** [versleten voorwerp] *antique, museum-piece* ◆ **2.2** de beide - s *the old couple* **4.3** zie je die auto, wat een ~! *look at that car, it's a real (old) crock.*

oud-leerling, -e 0.1 *former pupil.*

oudoom 0.1 *great-uncle.*

oudsher ◆ **6.¶** van ~ *of old, from way back.*

oudste 0.1 [eerstgeborene] *oldest, eldest* **0.2** [iem. met de hoogste ouderdom in rang] *(most) senior* **0.3** [leider] *person in charge/responsible* ◆ **1.3** ⟨rel.⟩ de ~n van Israël *the firstborn of Israel* **3.1** wie is de ~, jij of je broer? *who is older, you or your brother?* **¶.1** de ~n moeten de wijsten zijn *the o. should be the wisest.*

oud-strijder 0.1 *war veteran.*

oudtante 0.1 *great-aunt.*

oudtijds 0.1 *in olden times/days.*

outillage 0.1 *equipment, apparatus* ⇒⟨werktuigen⟩ *machinery* ◆ **1.1** de ~ v.e. haven *the machinery/e. of a port.*

outsider 0.1 *outsider* ⟨ook hand.⟩.

ouverture 0.1 [muz.] *overture* ⇒*prelude* **0.2** [inleiding] *prelude, introduction* **0.3** [inleidend voorstel] *preliminary* ⇒*opening suggestion.*

ouvreuse 0.1 *usherette.*

ouwe ⟨inf.⟩ **0.1** [baas] *chief, boss* **0.2** [vader] *old man* ◆ **2.¶** ⟨inf.⟩ een gouwe ~ *a golden old'un/oldie.*

ouwehoer ⟨inf.⟩ **0.1** *bullshitter, windbag.*

ouwehoeren ⟨inf.⟩ **0.1** *go on;* ⟨inf.⟩ *bullshit.*

ouwelijk 0.1 *oldish;* ⟨bn.⟩ *elderly* ◆ **3.1** zij kleedt zich ~ *she dresses in an e. fashion.*

ovaal 0.1 ⟨zn. en bn.⟩ *oval.*

ovarium 0.1 *ovary.*

ovatie 0.1 *ovation* ◆ **2.1** een staande ~ *a standing o.* **3.1** iem. een ~ brengen *give s.o. an o.*

ovationeel 0.1 *thunderous, tumultuous.*

oven 0.1 *oven* ⇒⟨voor kalk/baksteen⟩ *kiln* ◆ **6.1** iets in de ~ zetten *put sth. in the o.;* aardewerk bakken in een ~ *fire pottery in a kiln;* dit brood komt vers **uit** de ~ *this bread is fresh from the o.* **¶.1** ⟨fig.⟩ 't is hier een ~ *it is like an o. in here.*

ovenplaat 0.1 *baking tray.*

ovenschaal 0.1 *baking dish, casserole.*

ovenschotel 0.1 *oven dish.*

ovenvast 0.1 *heat-resistant, oven-proof* ◆ **1.1** ~ aardewerk *ovenware, o.-p. crockery.*

ovenvers 0.1 *oven-fresh.*

over¹ I ⟨bn.⟩ **0.1** [voorbij] *over* ⇒*finished* ◆ **3.1** de pijn is al ~ *the pain has gone;* dat is ~ *that is done with/finished;* ~ was de pret *the party was o.;*

II ⟨bw.⟩ **0.1** [van de ene plaats naar de andere] *across, over* **0.2** [resterend] *left, over* **0.3** [boven de maat] *spare* ◆ **1.1** zij wandelden nog eens de markt ~ *they walked a. the market-place once more* **2.1** ⟨verkeer⟩ klaar, ~! *cross now!* **3.1** met het vliegtuig ben je in een paar uur ~ *you get a. in a few hours by (aero)plane;* morgen gaan we ~ *we are moving tomorrow;* deze leerling is ~ *this pupil has moved up;* men liep ~ men there *was a lot of toing and froing;* zij zijn ~ uit Canada *they are o. from Canada* **3.2** er is 10 gulden ~ *there are 10 guilders l.;* als er genoeg tijd ~ is *if there is enough time l.;* het is ~ van gisteren *that is l. over from yesterday* **5.1** ~ en weer *back and forth;* ⟨van weerskanten⟩ *from both sides;* elkaar maar ~ en weer verwijten maken *do nothing but pass the blame (onto one another)* **5.3** redenen te ~ *plenty of/abundant reasons* **¶.2** ⟨com.⟩ ~! *over (to you)!*

over² ⟨vz.⟩ **0.1** [boven] *over, above* **0.2** [op, langs, aan de andere kant van] *across, over* **0.3** [mbt. het bedekken v.e. oppervlak] *over, across* **0.4** [wat betreft] *about* **0.5** [via] *by way of, via* **0.6** [gedurende] *over* **0.7** [wegens] *about* **0.8** [boven/langs iets heen] *over* ⇒*across* **0.9** [na verloop van] *after, in* **0.10** [meer/verder dan] *over, past* **0.11** [mbt. een relatie v.e. meerdere tot mindere] *over* ◆ **1.1** zij boog zich ~ het ledikantje *she bent o. the cot* **1.2** hij werkt ~ de grens *he works a./o. the border;* ~ de heuvels *o./beyond the hills;* een koude rilling liep ~ haar rug *a cold shiver ran down her spine;* ~ straat lopen *walk in/a. the street;* ⟨oversteken⟩ *cross (over) the street* **1.3** ~ de hele lengte *all along;* ⟨schaken⟩ een match ~ zes partijen *a match consisting of six games;* werk verdelen ~ de mensen *share out work among the people;* dwars ~ het pad *right a. the path;* een kleed ~ de tafel leggen *put a cloth o./on the table;* ~ de hele wereld *all o. the world* **1.4** een film ~ Gandhi *a film a. Gandhi;* de winst ~ het vierde kwartaal *the profit over the fourth quarter;* ~ deze zaak heb ik niets te zeggen *on this matter I have nothing to say* **1.5** ~ een brug lopen *walk over a bridge;* zij communiceren ~ de mobilofoon *they communicate by mobile telephone;* zij reed ~ Nijmegen naar Zwolle *she drove to Zwolle via Nijmegen;* ~ de post *by post;* een brug ~ de rivier *a bridge over/across the river* **1.6** iets bespreken ~ een glas wijn *discuss sth. o. a glass of wine;* ~ een periode van ... *o. a period of...* **1.7** voldaan ~ de afloop *satisfied with the outcome* **1.8** ~ de grens komen *get o. the border* **1.9** ~ een dag of tien/twee minuten *in about ten days(' time)/in two minutes(' time);* zaterdag ~ een week *a week a. now/from Saturday* **1.10** zij is twee maanden ~ tijd ⟨ook fig.⟩ *she is two months overdue;* hij is ~ de zeventig ⟨ook⟩ *he has turned seventy* **2.7** verheugd ~ *delighted at/with* **3.8** vallen ~ iets/iem. ⟨fig.⟩ *take exception to sth./s.o.* **3.11** beschikken ~ *have at one's disposal* **4.2** met de benen ~ elkaar (geslagen) *with legs crossed* **4.3** zij heeft iets innemends ~ zich *she has got sth. charming about her* **6.10 tot** ~ zijn oren in de problemen zitten *be up to one's neck in trouble* **7.10** hij is ~ de twee meter (lang) *he is o. two metres (tall);* het is ~ vieren *it is p. four;* het is kwart ~ vijf *it is a quarter p. five;* een man van ~ de zeventig (jaar oud) *a man of o. seventy (years old)* **¶.4** zijn gedachten ~ iets laten gaan *turn sth. over in one's mind* **¶.10** het is vijf ~ half zes *it is twenty-five to six.*

overactief 0.1 *hyperactive.*

overal 0.1 [op alle plaatsen] *everywhere* ⇒⟨om 't even waar⟩ *anywhere* **0.2** [+ vz.; alles] *everything* ◆ **2.1** ~ aanwezig *ubiquitous, omnipresent;* ~ bekend *widely known* **3.1** ze is ~ geweest *she has been around;* zijn speelgoed lag ~ in het rond *his toys were lying all over the place;* iem. ~ volgen *follow s.o. around (e. he/she goes);* ~ tegelijk zijn *be here, there and e.;* ~ zoeken *look e., search high and low* **5.1** ~ heen gaan *go all over the place;* ~ waar *wherever* **6.1** van ~ *from e./all over the place* **6.2** ~ in geïnteresseerd zijn ⟨inf.⟩ *be into e.;* zij weet ~ van *she knows about e.*

overall 0.1 *overalls.*

overbekend 0.1 *very well-known* ◆ **1.1** die naam is ~ *that name is a household word.*

overbeladen 0.1 *overburdened, overloaded.*

overbelast 0.1 *overloaded, overburdened* ⇒⟨mbt. systeem/belastingen⟩ *overtaxed* ◆ **1.1** de telefooncentrale is ~ *the telephone exchange is overloaded;* ~e zenuwen *frayed nerves.*

overbelasten 0.1 *overload* ⇒*overburden,* ⟨te veel eisen van; ook mbt. belastingen⟩ *overtax* ◆ **1.1** de motor ~ *overtax/overwork the engine.*

overbelasting 0.1 [het overbelasten] ⟨tech.⟩ *overloading* ⇒ *overburdening, overtaxing, overworking* ⟨van mensen/machines enz.⟩ **0.2** [te grote last of belasting] ⟨tech.⟩ *overload;* ⟨geestelijk/lichamelijk⟩ *stress, strain.*

overbelichten 0.1 [foto.] *overexpose* **0.2** [fig.] *overplay* ⇒ *overdo.*

overbemesten 0.1 ⟨vanuit milieuoogpunt⟩ *overfertilize;* ⟨landb.⟩ *top-dress.*

overbesteding 0.1 *overspending.*

overbevolking 0.1 ⟨land, streek⟩ *overpopulation* ⇒⟨buurt⟩ *overcrowding.*

overbevolkt 0.1 ⟨land, streek⟩ *overpopulated* ⇒⟨buurt⟩ *overcrowded.*

overbezet 0.1 *overcrowded* ◆ **1.1** mijn agenda is al ~ *my programme is already overbooked* **6.1** ~ met personeel *overstaffed.*

overbieden 0.1 [ook kaartspel] *outbid* ◆ **1.1** een handelaar ~ bij een veiling *o. a dealer at an auction.*

overblijfsel 0.1 [datgene wat overgebleven is] *relic* ⟨v.h. verleden⟩ ⇒⟨restant⟩ *remnant,* ⟨mv.⟩ *remains* **0.2** [afval, restant]⟨mv.⟩ *remains* ⇒⟨vnl. mbt. eten; mv.⟩ *left-overs, remnant* ⟨v.e. stof⟩ **0.3** [spoor] *trace* ◆ **1.2** ~s v.h. middagmaal *left-overs from lunch* **6.1** een ~ *uit* die tijd *a relic from that time.*

overblijven 0.1 [blijven bestaan, resteren] *be left, remain* **0.2** [ongetrouwd blijven] *be left on the shelf* **0.3** [nog te doen] *be left (over)* **0.4** [niet naar huis gaan] *stay (behind)* **0.5** [mbt. planten] *be (a) perennial(s)* ◆ **1.1** de overgebleven wol/stof *the left-over wool/material* **1.4** de middagpauze blijven de leerlingen over *the pupils stay at school during the lunch break* **4.1** er bleef niets (van) over *there was nothing left;* van al mijn goede voornemens blijft zo niets over *all my good intentions come to nothing now* **4.3** er bleef ons niets anders over dan ... *there was nothing else we could do but ...*

overblijver 0.1 *school-luncher.*

overbloezen 0.1 *wear as a blouson.*

overbluffen 0.1 [tot zwijgen brengen] *confound* **0.2** [verwarren] *overcome, daze* ⇒*dumbfound* ◆ **3.1** laat u door hem niet ~ *don't let him come it over/with you;* overbluft zijn ⟨ook⟩ *be taken aback.*

overbodig 0.1 *superfluous* ⇒*redundant,* ⟨niet nodig⟩ *unnecessary* ◆ **1.1** ~e ballast ⟨fig.⟩ *unnecessary baggage;* ⟨wat

afgedaan heeft⟩ *dead wood;* commentaar is ~ *no comment needed* **3.1** ~ maken *make s./redundant;* ~ te zeggen *needless to say.*

overboeken ⟨hand.⟩ **0.1** *transfer.*

overboeking ⟨hand.⟩ **0.1** *transfer (into/to).*

overboord 0.1 *overboard* ◆ **1.1** man ~! *man o.!;* ⟨fig.⟩ er is geen man ~ *it's not the end of the world* **3.1** alle plannen gingen ~ *all the plans went by the board;* ⟨fig.⟩ de studie ~ gooien *pack in one's studies;* ⟨fig.⟩ alle voorzichtigheid ~ gooien *throw all caution to the wind(s);* ~ slaan/vallen *go/fall o.;* ⟨door water of wind⟩ *get swept o.;* een lijk ~ zetten *lower a body o.;* ⟨hele ceremonie⟩ *bury s.o. at sea.*

overbrengen 0.1 [verplaatsen] *take/bring/carry (across/over)* ⇒*move, transfer* **0.2** [meedelen] *convey* ⇒*communicate* **0.3** [verklikken] *tell, pass on* **0.4** [bedrag overboeken] *carry (over/forward)* ⇒⟨overboeken⟩ *transfer* **0.5** [overdragen] *pass on* **0.6** [voortplanten] *transmit* **0.7** [vertalen] *render, translate* ◆ **1.1** een gevangene ~ *transfer a prisoner* **1.2** zijn bedoeling aan het publiek ~ *get one's meaning across to the public;* boodschappen/iemands groeten ~ *convey messages/s.o.'s greetings* **1.5** deze ziekte wordt overgebracht door ratten *this disease is carried by rats* **6.1** iem. ~ *naar* het ziekenhuis *take s.o. to hospital* **6.4** ~ *naar* volgend boekjaar *carry over to next year's accounts* **6.5** iets op iem. ~ *pass sth. on to s.o.* **6.6** de kracht v.d. motor *naar* de wielen ~ *t. the power of the engine to the wheels* **6.7 in** code ~ *put into code, encode;* in gewoon schrift ~ *transcribe into longhand.*

overbrenger 0.1 [tussenpersoon] *bearer* ⟨van brieven en berichten⟩; ⟨van berichten ook⟩ *communicator* **0.2** [med.; van ziekten] *carrier* ⟨mensen/dieren/planten⟩; *vector* ⟨ihb. insecten⟩.

overbrenging 0.1 [het overbrengen] *conveyance* ⇒⟨verplaatsing⟩ *transfer, removal* **0.2** [middel] *transmission.*

overbrieven 0.1 [verklikken] *tell, pass on* **0.2** [per brief meedelen] *report/communicate by letter.*

overbruggen 0.1 [een brug bouwen over] *bridge* **0.2** [fig.] *bridge* ⇒⟨mbt. tijd⟩ *tide over, narrow* ⟨een kloof/verschil⟩ ◆ **1.2** een kloof ~ *b./narrow a gap;* een periode van armoede ~ *tide over a period of hardship;* een verschil in opvatting ~ *overcome a difference of opinion.*

overbrugging 0.1 [het overbruggen] *bridging* **0.2** [wat dient om te overbruggen] *bridging (of)* ⇒*bridge (over)* ◆ **6.2** ⟨fig.⟩ **ter** ~ *in reconciliation, as a bridge;* ⟨mbt. tijd⟩ *to tide (one) over.*

overbruggingsperiode 0.1 *interim (period).*

overbuur 0.1 *neighbour opposite.*

overcapaciteit 0.1 *overcapacity.*

overcompensatie 0.1 *overcompensation* ⟨ook psych.⟩.

overcompleet 0.1 *surplus (to requirements)* ⇒*extra,* ⟨overdadig⟩ *excessive* ◆ **3.1** ik schijn hier ~ ±*I know where/when I'm not wanted.*

overconsumptie ⟨ec.⟩ **0.1** *overconsumption.*

overdaad 0.1 [overmatig gebruik] *excess* **0.2** [het teveel van/mbt. iets] *profusion* ⇒*superabundance* **0.3** [verkwisting] *extravagance* ◆ **6.2** een ~ van bloemen *a p. of flowers* ¶**.1** (sprw.) ~ schaadt *too much of ought is good for nought.*

overdadig 0.1 [te weelderig/verkwistend] *excessive* ⇒*profuse,* ⟨verkwistend⟩ *extravagant,* ⟨verkwistend⟩ *lavish,* ⟨verkwistend⟩ *wasteful* **0.2** [mbt. voedsel en drank] *lavish* ⇒*sumptuous* ◆ **1.1** ~ gebruik *excessive use* **1.2** een ~e maaltijd *a l. meal;* ⟨inf.⟩ *a slap-up meal* **3.1** ~ geld uitgeven *spend money extravagantly/like water.*

overdag 0.1 *by day* ⇒*during the daytime* ◆ **3.1** ~ werken *work by day;* ⟨itt. 's nachts⟩ *work days.*

overdekken 0.1 *cover* ♦ **6.1** overdekt zijn **met** *be covered in/with.*

overdekking 0.1 [het overdekken] *covering* **0.2** [dak] *cover* ⇒*roof.*

overdekt 0.1 *covered* ♦ **1.1** een ~e tribune *a c. grandstand;* een ~ zwembad *an indoor swimming pool.*

overdenken 0.1 *consider, think over* ♦ **1.1** ik heb uw voorstel goed overdacht *I have seriously considered your suggestion;* een goed overdacht(e) zet/plan *a well thought-out move/scheme;* zit je je zonden te ~? *a penny for your thoughts!* **5.1** alles eens rustig ~ *think things over.*

overdenking 0.1 *consideration, thought* ♦ **2.1** diepgaande ~en *profound considerations, penetrating thoughts* **6.1** iets **ter** ~ geven *present sth. for c.*

overdoen 0.1 [nog eens doen] *do again* **0.2** [verkopen] *sell (off)* **0.3** [van het ene in het andere doen] *transfer* ♦ **1.1** een examen ~ ᴮ*resit an examination,* ᴬ*take an exam again* **5.1** ⟨fig.⟩ iets (nog eens) dunnetjes ~ *give/have a repeat performance* **6.2** zijn meubels **aan** een vriend ~ *sell (off) one's furniture to a friend.*

overdonderen 0.1 *overwhelm* ♦ **1.1** een ~d succes *an overwhelming success;* ⟨inf.⟩ *a smash hit* **6.1** hij overdonderde hem **met** een stortvloed van woorden *he overwhelmed him with a torrent of words.*

overdosis 0.1 *overdose* ♦ **1.1** een ~ heroïne *an o. of heroin.*

overdraagbaar 0.1 [overgedragen kunnende worden] *transferable* **0.2** [med.] *contagious, infectious* ⇒*transmittable* ♦ **5.2** seksueel overdraagbare ziekten *sexually transmittable diseases.*

overdracht 0.1 *transfer;* ⟨mbt. eigendommen⟩ *conveyance;* ⟨mbt. ambt⟩ *handing over* ♦ **1.1** de ~ van een huis *the conveyance of a house;* ⟨het overdragingswerk⟩ *the conveyancing of a house.*

overdrachtelijk 0.1 *metaphorical* ⇒*figurative.*

overdrachtskosten 0.1 *conveyancing fees/costs.*

overdragen 0.1 [overbrengen] *carry/take (across/over), move* ⇒*transfer* **0.2** [doen overgaan] *transfer* → *hand/ pass on, transmit* ⟨ziekte, gevoelens⟩ **0.3** [overboeken] *transfer* **0.4** [overgeven] *hand over* ⇒*assign, delegate* ⟨belangen, taken⟩ ♦ **1.4** zijn bevoegdheden ~ *hand over one's powers* **6.2** kennis **aan** anderen ~ *pass on knowledge to others* **6.4** iem.~ **aan** de politie *hand s.o. over to the police;* ⟨inf.⟩ *turn s.o. in to the police;* de eigendom van iets ~ **aan** *transfer ownership of sth. to.*

overdreven 0.1 *exaggerated* ♦ **1.1** ~ aandacht schenken aan iem./iets *fuss over s.o./sth.;* ~ prijzen *exorbitant prices* **2.1** ~ precies *overprecise;* ~ vriendelijk zijn/doen *be/act overfriendly* **3.1** hij doet/is wat wat ~ *he lays it on a bit thick;* dat is sterk ~ *that is highly e.;* ⟨inf.⟩ *that's a bit thick;* het is (niet) ~ om *it is (not) going too far to.*

overdrijven 0.1 [voorbijtrekken, ook fig.] *blow/pass over* ⇒ *float/drift over/across* ⟨wolk, rook⟩ **0.2** [naar de overzijde drijven] *float/drift across* ♦ **1.1** het onweer is overgedreven *the thunderstorm has blown over.*

overdrijven 0.1 [geen maat houden] *overdo (it/sth.)* ⇒*go too far (with sth.)* **0.2** [de grenzen v.d. waarheid overschrijden] *exaggerate* ♦ **1.2** problemen ~ *magnify problems* **5.1** je moet (het) niet ~ *you mustn't o. it/things* **5.2** overdrijf niet zo *don't e.;* sterk/flink ~ *highly e.*

overdrijving 0.1 *exaggeration;* ⟨mbt. taal ook⟩ *overstatement.*

overdruk 0.1 [afdruk] *offprint* **0.2** [het overbrengen van een beeld] *copying* ⇒*transfer* **0.3** [wat over iets gedrukt] *overprint* **0.4** [postzegel] *overprinted/surcharged stamp* **0.5** [nat.] *overpressure.*

overdrukken 0.1 [opnieuw drukken] *reprint* **0.2** [op iets anders overbrengen] *overprint* **0.3** [meer drukken] *overprint (sth.)* ♦ **1.3** honderd exemplaren ~ *print a hundred copies extra.*

overduidelijk 0.1 *patently obvious* ⇒*abundantly clear* ♦ **¶.1** iem.~ te kennen geven dat ... *tell s.o. in no uncertain terms ...*

overdwars 0.1 [in dwarsrichting] *crosswise* ♦ **1.1** een ~e doorsnede *a cross-section* **3.1** iem.~ aankijken *look askance at s.o.;* de boot lag ~ in de rivier *the boat lay broadside on/in the river.*

overeenbrengen 0.1 *reconcile, square with* ♦ **6.1** iets niet **met** zijn geweten kunnen ~ *not be able to reconcile sth. with one's conscience;* dit is niet **met** zijn vorige verklaring overeen te brengen *this is not consistent with his previous statement.*

overeenkomen I ⟨onov.ww.⟩ **0.1** [corresponderen] *correspond (to)* ⇒*fit* **0.2** [mbt. mensen, geen conflict hebben] *agree (with)* **0.3** [bij elkaar passen] *suit (one another)* ⇒ *go (well together)* **0.4** [identiek zijn] *be similar (to)* ♦ **1.1** hun verklaringen komen niet overeen *their statements conflict* **5.2** niet ~ ⟨ook⟩ *disagree (about sth.)* **5.4** niet ~ *be dissimilar* **6.1** ~ **met** de beschrijving *fit the description;* de uitslag komt overeen **met** mijn verwachtingen *the result is in line with my expectations;* ~ **met** de feiten *be consistent with the facts;* de theorie komt **met** de feiten overeen *the theory fits in with the facts* **6.3** dat kwam overeen **met** zijn aard *that was in (keeping with his) character* **6.4** geheel ~ **met** *fully correspond to/with;* zijn keuze komt overeen **met** de mijne *his choice is similar to mine;* **II** ⟨ov.ww.⟩ **0.1** [het eens worden over] *agree (on), arrange* ♦ **1.1** een verkoopprijs ~ *agree (on) a price;* de overeengekomen voorwaarden *the conditions agreed on* **5.1** op een nog nader overeen te komen datum *on a date still to be agreed on;* betaling/prijs nader overeen te komen *payment/price to he negotiated;* zoals overeengekomen *as agreed* **6.1** iets **met** iem.~ *arrange sth. with s.o., agree (up)on sth. with s.o.;* de **tussen** de partners overeengekomen bedragen *the amounts agreed between the partners* **8.1** er werd overeengekomen dat ... *it was arranged that ...*

overeenkomend 0.1 [analoog] *identical* ⟨gelijk zijnde⟩ ⇒ ⟨analoog⟩ *equivalent, analogous* **0.2** [op elkaar gelijkend] *similar* ⇒⟨bij elkaar passend⟩ *matching* ♦ **1.1** ~e verklaringen/belangen *i. statements/interests* **6.2** ~ **met** *similar to, matching.*

overeenkomst 0.1 [gelijkenis] *similarity* ⇒*resemblance* **0.2** [gelijkheid] *identity, match* **0.3** [harmonie] *conformity, agreement* **0.4** [afspraak] *agreement* ♦ **1.1** punten van ~ tussen twee zaken *points of agreement/of s. between two matters* **2.1** er is geen enkele/niet de minste ~ *there is no s. what(so)ever/not the slightest s.* **2.4** een schriftelijke ~ *a written a.;* een stilzwijgende ~ *a tacit a.* **3.1** ~ vertonen met *show s. to, resemble* **3.4** een ~ beëindigen *terminate an a.;* een ~ ontbinden *dissolve/annul/cancel an a.;* een ~ sluiten met iem. *make/enter into an a. with s.o.;* een ~ uitvoeren *carry out an a.* **6.3** handelen **in** ~ **met** *act in accordance with* **6.4** **tot** een ~ komen met iem. *come to/reach an a. with s.o.*

overeenkomstig¹ ⟨bn., bw.⟩ **0.1** [gelijkenis vertonend] *similar, corresponding* **0.2** [niet strijdig] *consonant, harmonious* ⇒*consistent,* ⟨bw.⟩ *accordingly* ♦ **1.1** een ~ geval *a s. case* **3.1** ~ stijgen ⟨van prijzen⟩ *rise correspondingly* **6.2** dit beleid is ~ **met** het regeerakkoord *this policy is consistent with the parliamentary agreement.*

overeenkomstig[2] ⟨vz.⟩ **0.1** *in accordance with, according to* ♦ **1.1** ~ de instructies *as per instructions;* ~ de verwachtingen *in line with expectations;* ~ de wet *in accordance/ in keeping with the law.*

overeenstemmen →**overeenkomen I.**

overeenstemming 0.1 [harmonie] *harmony* ⇒*conformity, agreement* **0.2** [eensgezindheid] *agreement* **0.3** [gelijkheid] *similarity* ⇒⟨volkomen⟩ *identity,* ⟨betrekkelijk⟩ *correspondence* **0.4** [taal.; congruentie] *concord* ⇒*agreement* ♦ **2.1** volledige ~ *total conformity, complete agreement* **3.2** op hoofdpunten algehele ~ bereiken *reach total a. on the main points* **6.1** in ~ **met** zijn principes handelen *act according to one's principles;* **in** ~ **met** *in accordance/ keeping with;* **in** ~ brengen met *bring into line with, harmonize/reconcile with;* niet **in** ~ met *out of line/keeping with, inconsistent with;* woorden met daden **in** ~ brengen *match words to actions;* de beschrijving is niet **in** ~ met de feiten *the description is not consistent with the facts;* **in** ~ met de regels zijn ⟨mbt. handelingen⟩ *be within the rules;* niet **in** ~ met zijn karakter *out of character* **6.2 tot** (een) ~ komen/geraken *come to terms, reach an a.* **6.3** ~ **tussen** stijl en inhoud *harmony between style and content;* ⟨mbt. verhouding⟩ *correspondence between style and content.*

overeind 0.1 [rechtop] *upright* ⇒⟨staande op uiteinde⟩ *on end* **0.2** [niet omver] *standing* ♦ **3.1** ~ gaan staan *stand up (straight), get to one's feet;* ~ komen ⟨v.e. verkeerde houding⟩ *right o.s.;* ⟨v.e. kromme houding⟩ *straighten o.s.;* ⟨plotseling⟩ *pop up;* ~ staan *stand up(right)/up straight;* ⟨op uiteinde⟩ *stand on end;* ~ zitten *sit up (straight)* **3.2** de oude toren bleef ~ in de storm *the old tower remained s. in the storm;* ~ blijven *keep upright;* ⟨mbt. personen ook⟩ *keep one's footing;* ⟨fig.⟩ iem./een bedrijf weer ~ helpen *put s.o. back on his feet/a business back on its feet;* ⟨fig.⟩ een stelling ~ houden *stick to a theory;* ⟨fig.⟩ dat houdt hem (in z'n ongeluk) ~ *that keeps him on his feet (in his misfortune);* weer ~ komen/krabbelen *pick o.s. up (again), struggle to one's feet;* hij vloog ~ *he sprang up(right).*

overerven I ⟨onov.ww.⟩ **0.1** [door erfenis op iem. overgaan] *pass (down), be handed down* ⇒*descend* ♦ **6.1** een stuk land dat **van** vader **op** zoon overerft *a piece of land which is handed down from father to son;* **II** ⟨ov.ww.⟩ **0.1** [van ouders meekrijgen] *inherit* ♦ **6.1** die kalmte heeft zij **van** haar vader overgeërfd *she has inherited that composure from her father.*

overgaan 0.1 [over iets heen gaan]⟨ov. ook⟩ *move over/ across* ⇒*go over, cross (over)* **0.2** [gaan van de ene plaats naar de andere] *move (over)* **0.3** [van eigenaar veranderen] *transfer, pass* **0.4** [overlopen] *transfer* ⇒*switch, change (over)* **0.5** [bevorderd worden] *move up* **0.6** [veranderen in] *change, convert* ⇒*turn* **0.7** [beginnen met, gaan gebruiken](beginnen met) *move on to, proceed to, turn to;* ⟨gaan gebruiken⟩ *change (over) (to), switch (over) (to)* **0.8** [voorbijgaan] *pass (over/away)* ⇒⟨van gevoelens ook⟩ *wear off,* ⟨van weer ook⟩ *blow over* **0.9** [in een andere stand gebracht worden] *switch (over)* ⟨wissels⟩; ⟨in werking gebracht worden⟩ *be activated, go; ring* ⟨v.e. bel⟩ **0.10** [een grens overschrijden]⟨ov. ook⟩ *cross (over)* ♦ **1.1** de bal gaat over (het doel) *the ball goes over (the goal);* de brug ~ *go over/cross (over) the bridge* **1.8** de pijn zal wel ~ *the pain will wear off;* die regenbui/het schandaal zal wel ~ *that shower of rain/the scandal will blow over* **1.9** de telefoon gaat over *the telephone is ringing* **3.5** ze mag ~ *she can move up* **6.3** van vader **op** zoon ~ *pass (down)/be handed down from father to son* **6.4** ~ **tot** een andere religie *change one's religion* **6.5 van** de vierde

naar de vijfde klas ~ *m. u. from the fourth to the fifth form* **6.6** de kleuren gingen in elkaar over *the colours shaded into one another;* ~ **van** vaste in vloeibare vorm *turn from solid into liquid form* **6.7 op** een ander merk ~ *switch over to another brand;* ~ **tot** de orde van de dag *proceed to the order of the day;* **tot** de aanval ~ *take the offensive, (begin to) attack;* ~ **tot** de aanschaf van/het gebruik van ...*start buying/using ...;* ~ **tot** strenge maatregelen *(decide to) take firm steps;* **tot** handelen ~ *proceed to action;* **tot** daden ~ *take action;* **van** het ene **op** het andere onderwerp ~ *switch (about) from one subject to another* ¶**.2** wij gaan vandaag over *we are moving house today.*

overgang 0.1 [het oversteken/vertrekken; plaats, punt] *crossing* **0.2** [tussenvorm] *transitional stage* ⇒*link* **0.3** [verandering, wisseling] *transition, change(over)* **0.4** [menopauze] *change of life* ⇒*menopause* **0.5** [bevordering] *promotion* **0.6** [passage in een roman] *transition* **0.7** [jur.; eigendomsovergang] *transfer* ♦ **1.1** recht van ~ *right of way* **3.2** de ~ vormen tussen/naar ...*be the link between/to ...* **6.3** de ~ **van** warm naar koud *the change from warm to cold* **6.4** in de ~ zijn *be at the change of life* **6.5** drie onvoldoendes **bij** de ~ *three unsatisfactories in the end-of-year report.*

overgangsbepaling 0.1 *transitional/temporary provision (of a law).*

overgangsfase 0.1 *transitional/interim phase.*

overgangsjaren 0.1 [overgangsleeftijd] *change of life* ⇒ *menopause* **0.2** [overgangsperiode] *transition(al) period, transitional years* ♦ **6.1** moeder is in de ~ *mother is at the change of life.*

overgangsleeftijd 0.1 [leeftijd van de overgangsjaren] *change of life* ⇒*menopausal age* **0.2** [puberteitsjaren] *puberty.*

overgangsmaatregel 0.1 *interim/temporary measure.*

overgangsperiode, -tijdperk 0.1 *transition(al) period.*

overgangsrapport 0.1 *end-of-year report.*

overgangsregeling 0.1 *transitional arrangement.*

overgankelijk (taal.) **0.1** *transitive.*

overgave 0.1 [capitulatie] *surrender* ⇒*capitulation* **0.2** [onderwerping] *surrender* ⇒*submission* **0.3** [toewijding] *dedication, devotion* ⇒*abandon(ment)* **0.4** [overdracht] *transfer, handover* ⇒⟨van goederen⟩ *delivery,* ⟨jur.; land, rechten⟩ *cession* ♦ **2.2** een volkomen ~ aan Gods wil *a complete submission to God's will* **2.3** zich met volledige ~ toeleggen op *go into (sth.) with total abandon* **6.1 tot** ~ dwingen *force to surrender* **6.3** ze doet haar werk **met** (veel) ~ *she's a very dedicated worker.*

overgedienstig 0.1 *officious* ⇒⟨kruiperig⟩ *obsequious, overpolite,* ⟨hinderlijk⟩ *meddlesome,* ⟨hinderlijk⟩ *obtrusive.*

overgeefsel 0.1 *vomit.*

overgehaald ⟨fig.⟩ **0.1** *absolute, (out)right* ♦ **1.1** driedubbel ~e idioot die je bent *you complete idiot, you;* een dubbel ~e schurk *an a. scoundrel.*

overgelukkig 0.1 *blissfully happy* ♦ **1.1** de jonggehuwden zijn ~ *the young marrieds are b. h.* **3.1** iem.~ maken *make s.o. very happy;* zij was ~ toen zij het goede nieuws hoorde ⟨ook⟩ *she went into raptures at the news.*

overgeven I ⟨ov.ww.⟩ **0.1** [aan iem. anders geven] *hand over, deliver* **0.2** [verder geven] *pass on/over* ⇒⟨aan een vijand⟩ *surrender,* ⟨verlaten⟩ *abandon* **0.3** [toevertrouwen] *leave, entrust* ♦ **1.2** het wachtwoord ~ *pass on the password;* een advocaat de zaak ~ *hand the matter over to a lawyer* **6.3** zich ~ **in** Gods handen *give o.s. up into God's hands;*

II ⟨wk.ww.; zich ~⟩ **0.1** [capituleren] *surrender* **0.2** [zich wijden aan] *dedicate, devote* **0.3** [verslaafd raken aan] *abandon (o.s. to)* ⇒*take (to)* ◆ **6.2** zich **aan** dagdromen ~ *lose o.s. in daydreams;* zich **aan** de liefde ~ *dedicate o.s. to love* **6.3** zich **aan** de drank ~ *take to drinking;* **III** ⟨onov., ov.ww.⟩ **0.1** [kaartspel] *deal (out) again;* **IV** ⟨onov.ww.⟩ **0.1** [braken] *be sick, vomit* ⇒⟨inf.⟩ *throw up* ◆ **3.1** hij moet ~ *he is going to be sick/to v.*

overgevoelig 0.1 [abnormaal gevoelig] *hypersensitive, oversensitive* **0.2** [al te vatbaar voor indrukken] *overimpressionable* ⇒⟨fijngevoelig⟩ *highly strung* **0.3** [sentimenteel] *sentimental, emotional.*

overgevoeligheidsreactie 0.1 *allergic reaction.*

overgewicht 0.1 *overweight* ⇒*extra (weight).*

overgieten 0.1 [in iets anders gieten] *pour (into)* **0.2** [opnieuw gieten] *recast* **0.3** [doen overlopen] *fill to overflowing* ⇒⟨morsen⟩ *spill* ⟨vloeistof⟩ ◆ **1.2** ⟨fig.⟩ een wet in een nieuwere vorm ~ *r. a law (in a newer form).*

overgieten 0.1 [geheel bedekken] *bathe* ⟨licht⟩; ⟨fig.⟩ *cover, lavish* **0.2** [gietend bedekken] *pour over* ◆ **6.1** met zon overgoten *bathed in sunshine;* ⟨attr.⟩ *sunlit, sun-drenched* **6.2** vruchten **met** wijn ~ *pour wine over fruit.*

overgooien I ⟨onov., ov.ww.⟩ **0.1** [over iets heen gooien] *throw (sth.) over (sth.)* **0.2** [opnieuw gooien] *throw again* ◆ **6.1** de meisjes waren **aan** het ~ *the girls were throwing around the ball between them;* **II** ⟨ov.ww.⟩ **0.1** [al gooiend spreiden over] *throw (sth.) over (sth.)* **0.2** [in een richting gooien/omzetten] *throw* ⟨hefboom, schakelaar⟩ ⇒*change* ⟨wissel⟩.

overgooier 0.1 *jumper.*

overgordijn 0.1 *(long/heavy/lined) curtain.*

overgroot 0.1 [buitengewoon groot] *vast* ⇒*huge* **0.2** [verreweg het grootst] *major* ◆ **1.1** met overgrote meerderheid *by an overwhelming majority* **1.2** het overgrote deel van de bevolking *the vast majority of the population.*

overgrootmoeder 0.1 *great-grandmother.*

overgrootvader 0.1 *great-grandfather.*

overhaast 0.1 *rash* ⇒*hurried, (over)hasty* ◆ **1.1** een ~ besluit *a r./hasty decision;* ~e conclusies trekken *jump to conclusions;* geen ~e stappen *no r. steps* **3.1** de reorganisatie is ~ gebeurd *the reorganization has been done in too much haste;* ~ vertrekken *leave in great haste;* ⟨inf.⟩ *scram* **¶.1** ~ te werk gaan *rush (into) a job/sth.*

overhaasten 0.1 *rush* ⇒*hurry* ◆ **1.1** een zaak ~ *r. a matter* **4.1** zich (niet) ~ *(not) rush o.s./hurry.*

overhaasting 0.1 *rush, hurry* ⇒*rashness* ◆ **6.1** met ~ te werk gaan *rush (into) a job/sth.*

overhalen I ⟨ov.ww.⟩ **0.1** [overreden] *persuade* ⇒*talk (s.o.) into (sth.)* **0.2** [naar de andere kant halen] *bring over/ across* **0.3** [trekken aan] *pull (on)* **0.4** [schei.] *distil* ◆ **1.2** een pontje zal ons ~ *a small ferry will take us across* **1.3** de trekker ~ *p. the trigger* **3.1** zich laten ~ *be persuaded/talked round* **6.1** iem. tot iets ~ *talk s.o. into doing sth.* **¶.1** iem. (ertoe) ~ iets/iets niet te doen *talk s.o. into/out of doing sth.;* **II** ⟨onov.ww.⟩ **0.1** [scheep.] *list.*

overhand 0.1 *upper hand* ⇒*advantage* ◆ **3.1** de ~ hebben *have the upper hand;* die mening heeft thans de ~ *that opinion now prevails;* de ~ krijgen/nemen *get the upper hand.*

overhandigen ⟨schr.⟩ **0.1** ⟨ongemarkeerd⟩ *hand (over)* ⇒ *present* ◆ **1.1** een prijs ~ *present a prize* **4.1** iem. iets ~ *hand sth. over to s.o.*

overhangen I ⟨onov.ww.⟩ **0.1** [over iets hangen] *hang over, overhang* **0.2** [schuin vooroverhangen] *lean (over/for-*

ward) ◆ **1.1** ~d geboomte *overhanging trees* **1.2** die muur hangt over *that wall is leaning over;* **II** ⟨ov.ww.⟩ **0.1** [boven het vuur hangen] *hang over.*

overhead 0.1 *overheads.*

overheadkosten 0.1 *overhead cost.*

overheadsheet 0.1 *overhead sheet, transparency.*

overhebben 0.1 [beschikbaar stellen] *have (sth., time) for (s.o./sth.)* ⇒*be prepared to give (sth. for s.o./sth.),* ⟨kunnen missen⟩ *not begrudge (s.o. sth.)* **0.2** [meer hebben dan nodig is] *have over/left* ◆ **1.1** hij had zijn leven over voor de vrijheid *he was prepared to give his life for freedom* **1.2** geen geld meer ~ *have no more money left* **4.1** voor hem heb ik alles over *I will do anything for him;* ik zou er alles voor ~ *I would (be prepared to) do/give anything for it* **6.1** een/geen goed woord **voor** iem. ~ *have a/not have a good word for s.o.* **¶.1** dat heb ik er wel voor over *I don't mind it, it is worth it;* dat heb ik er niet voor over *it isn't worth it.*

overheen 0.1 [over iets uitgespreid; uitstekend] *over* **0.2** [boven over iets heen] *over* ⇒*on top (of)* **0.3** [langs de oppervlakte] *across, over* **0.4** [verder dan een grens] *past* ◆ **1.1** een tafel met een kleed er ~ *a table with a cloth over it* **3.2** ⟨fig.⟩ daar ben ik gelukkig ~ *fortunately I have got over that;* ⟨fig.⟩ daar groeit hij wel ~ *he will grow out of it;* er/ergens ~ stappen *step over it/sth.;* ⟨fig.⟩ *pass over it/sth., overlook it/sth.;* ⟨fig.⟩ zich ergens ~ zetten *overcome sth., get over it* **3.3** er een doek/dweil ~ halen *run a cloth/mop over it* **3.4** er geen tijd ~ laten gaan *lose no time over it;* twee jaar zijn er ~ gegaan *it is two years past* **3.¶** ergens ~ lezen *miss/overlook sth., read past sth.;* ergens ~ praten *change the subject, skip over a subject.*

overheerlijk 0.1 ⟨mbt. eten⟩ *absolutely delicious;* ⟨mbt. het weer⟩ *heavenly, glorious* ⇒*exquisite* ◆ **3.1** dat smaakt ~ *that tastes absolutely delicious;* ⟨inf.⟩ *that tastes scrumptious.*

overheersen I ⟨ov.ww.⟩ **0.1** [heersen over] *rule over;* **II** ⟨onov., ov.ww.⟩ **0.1** [domineren] *dominate* ⇒⟨onov.ww.⟩ *predominate,* ⟨de baas spelen over⟩ *domineer over,* ⟨de baas spelen over⟩ *lord it over* ◆ **1.1** de ~de invloed van de technologie *the (pre)dominant influence of technology;* een ~de moeder *a dominating/domineering mother;* de smaak van knoflook overheerst te veel *the taste of garlic is too powerful*

overheerser 0.1 *oppressor.*

overheersing 0.1 [onderdrukking] *rule* ⇒*oppression* **0.2** [overvleugeling] *dominance* ⇒*predominance, prevalence* **0.3** [het heersen] *domination* ◆ **2.1** het land leed onder vreemde ~ *the country suffered under foreign rule* **6.2** de ~ **van** een bepaalde richting *the (pre)dominance of a particular trend.*

overheid 0.1 [lichaam] *government* **0.2** [college] *authority* ◆ **2.1** de lagere/burgerlijke ~ *local/civil g.* **2.2** de plaatselijke ~ *the local authorities* **6.1** in dienst **bij** de ~ *in g. service/in the civil service.*

overheidsbedrijf 0.1 *public/state enterprise* ⇒⟨nutsbedrijf⟩ *a public utility company.*

overheidsbemoeienis 0.1 *government intervention.*

overheidsbezuinigingen 0.1 *government (budget) cuts.*

overheidsbijdrage 0.1 *government contribution* ⇒⟨fin. ook⟩ *government subsidy.*

overheidsdienst 0.1 *government/public/the civil service* ◆ **6.1** in ~ zijn *be a civil servant.*

overheidsgeld 0.1 *government money* ⇒*government funds* ⟨mv.⟩.

overheidsgelden 0.1 *public money/funds* ◆ **1.1** misbruik van ~ *misuse of p. m.*

overheidsinstantie 0.1 *public body.*
overheidsinstelling 0.1 *government institution/agency.*
overheidspersoneel 0.1 *public officers/servants* ⇒*government officials.*
overheidssector 0.1 *government/public sector.*
overheidssteun 0.1 *government support/assistance.*
overheidssubsidie 0.1 *government subsidy/funding/grant* ⇒⟨op onderwijsgebied⟩ *grant-in-aid.*
overheidstekort 0.1 *budget deficit.*
overheidsuitgave 0.1 [publicatie] *government publication* 0.2 [mv.; bestedingen] *government/public spending.*
overheidsvoorzieningen 0.1 *public facilities/services.*
overheidswege ◆ 6.¶ *van* ~ *by the government, officially.*
overhellen 0.1 [overhangen] *lean (over)* ⇒*tilt (over),* ⟨schip⟩ *list* 0.2 [fig.] *incline* ⇒*tend* ◆ 1.1 de muur helt enigszins over *the wall is leaning (over) a bit;* het schip helt over naar bakboord *the ship lists to port* 3.1 doen ~ *tilt (over)* 6.2 tot een andere mening/andere partij ~ *i. to a different opinion/party.*
overhellend 0.1 [hellend] *leaning* ⇒*tilting* 0.2 [neigend] *inclining.*
overhemd 0.1 *shirt.*
overhevelen 0.1 [fig.; overbrengen] *transfer* 0.2 [in een ander vat overbrengen] *siphon over* ⇒⟨benzine enz.⟩ *siphon off* ◆ 1.1 geld ~ naar een ander rekeningnummer *t. money to another account.*
overheveling 0.1 (fig.) *siphoning* ⇒*transfer* ⟨van winsten⟩.
overhoeks 0.1 *diagonal* ◆ 3.1 ~ gemeten is het zes meter *it's six metres (when) measured diagonally.*
overhoop 0.1 *in a mess* ⇒*upside down,* ⟨inf.⟩ *topsy-turvy* ◆ 3.¶ ⟨inf.⟩ met elkaar ~ liggen *be at odds with each other;* ⟨inf.⟩ met zichzelf ~ liggen *be in a mess.*
overhoopgooien 0.1 *turn upside down* ⇒*throw into confusion* ◆ 4.1 alles ~ *turn the place upside down, throw everything into confusion.*
overhoophalen 0.1 [dooreengooien] *turn upside down;* ⟨doorwoelen⟩ *rummage through* 0.2 [fig.] *mix up* ◆ 1.1 mijn flat werd overhoopgehaald *my flat was torn apart;* iem. heeft mijn spullen overhoopgehaald *someone's been rummaging through my things.*
overhoopliggen 0.1 [dooreen liggen] *be in a mess* ⟨inf.⟩ *topsy-turvy* 0.2 [onenigheid hebben met] *be at loggerheads (with)* ◆ 1.1 ⟨fig.⟩ heel haar leven lag overhoop *her whole life was (in) a mess* 6.2 ⟨scherts.⟩ hij lag overhoop met de strandstoel *he had a disagreement with the deckchair;* ze liggen altijd met elkaar overhoop *they're always at loggerheads (with one another).*
overhoopschieten 0.1 *shoot (down)* ⟨persoon⟩; *shoot up* ⟨plek⟩.
overhoopsmijten →**overhoopgooien.**
overhoopsteken 0.1 *stab (to death).*
overhoren 0.1 *test* ⇒⟨AE ook⟩ *quiz* ◆ 1.1 de lessen schriftelijk ~ *set/give a written test (on the lessons).*
overhoring 0.1 ⟨mondeling⟩ *(oral) test* ⇒⟨AE ook⟩ *quiz* ◆ 2.1 schriftelijke ~ *written test.*
overhouden I ⟨ov.ww.⟩ 0.1 [nog over hebben] *have left* ⇒ *still have* 0.2 [door de winter heen in leven houden] *keep* ◆ 1.1 ergens een leuke herinnering aan ~ *still have pleasant memories of sth.* 1.2 appelen de winter ~ *keep apples through the winter* 7.1 hij heeft er 10 gulden aan overgehouden *he made 10 guilders out of it/ 10 guilders' profit (out of it);*
II ⟨onov.ww.⟩ ◆ 5.¶ dat houdt niet over *it's no better than it should be.*
overig 0.1 *remaining* ⇒*other* ◆ 1.1 de ~e dagen *the r./oth-*

er days 6.1 voor het ~ e *for the rest* 7.1 zijn glimlach maakt al het ~ goed *his smile makes up for everything else;* het ~ e *the rest, the remainder;* ⟨hand.⟩ *the balance.*
overigens 0.1 [trouwens] *anyway* ⇒*for that matter, though* 0.2 [voor het overige] *for the rest* ⇒*otherwise, apart from that* ◆ ¶.1 het kan mij ~ weinig schelen *anyway, I couldn't care less* ¶.2 hij is wat driftig, maar ~ is hij een goed mens *he has a bit of a temper, but otherwise/apart from that he's a good person.*
overijld 0.1 *(too) hasty* ⇒*rash, hurried* ◆ 1.1 een ~ besluit *a hasty/rash decision* ¶.1 ~ te werk gaan *set about things too hastily.*
overijverig 0.1 *overzealous* ⇒*overkeen.*
overjarig 0.1 [meer dan een jaar oud] *more than one year old* ⟨alleen ná zn. en pred.⟩ 0.2 [mbt. planten] *perennial* 0.3 [iron.; mbt. personen] *overgrown;* ⟨verouderd⟩ *ageing* 0.4 [achterstallig] *in arrears* ⟨alleen ná zn. en pred.⟩ ◆ 1.3 een ~ e rocker *an ageing rocker* 1.4 ~ e pacht *rent in arrears.*
overjas 0.1 *overcoat.*
overkant 0.1 *other/opposite side* ◆ 6.1 aan de ~ van de rivier *across the river;* zij woont aan de ~ *she lives across the street;* iem. naar de ~ brengen *take/bring s.o. across;* het meisje van de ~ *the girl (from) across the street.*
overkappen 0.1 *cover over* ◆ 1.1 een tribune ~ *cover over the stands.*
overkapping 0.1 [kapconstructie] *covering* ⇒*roof* 0.2 [het overkappen] *covering-over, roofing in* ◆ 2.1 een stalen/glazen/betonnen ~ *a steel/glass/concrete c.*
overkijken 0.1 *see/look over* ◆ 1.1 van deze hoogte kan men de hele vlakte ~ *from this height you can see over the whole plain.*
overkijken 0.1 *look over* ◆ 1.1 zijn les ~ *look over one's lesson.*
overklassen ⟨sport⟩ 0.1 *outclass.*
overkoepelen 0.1 [met een koepel overdekken] *cover over* 0.2 [fig.] *coordinate.*
overkoepelend 0.1 [fig.] *coordinating* 0.2 [overdekkend] *covering* ◆ 1.1 de ~ e organisatie *the umbrella organization.*
overkoken 0.1 ⟨ook fig.⟩ *boil over* ◆ 1.1 het water/de ketel kookt over *the water/the kettle is boiling over* 5.1 ⟨fig.⟩ gauw ~ *be quick to boil over, have a short fuse.*
overkomelijk 0.1 *surmountable* ◆ 1.1 die moeilijkheden/die bezwaren zijn ~ *those difficulties/objections can be overcome.*
overkomen 0.1 [over iets heen komen] *get/come over* 0.2 [fig.; begrepen worden] *come/get across* 0.3 [van elders komen] *come over* 0.4 [fig.; ontvangen worden] *come over/through* ◆ 1.1 er komt net een vliegtuig over *there's a plane just coming over* 1.2 zijn boodschap kwam niet goed over *his message didn't get across* 1.4 het programma via de satelliet kwam duidelijk over *the satellite broadcast came through clearly* 6.3 ze is uit Amerika overgekomen *she's come over from America.*
overkomen 0.1 *happen to* ⇒*come over* ⟨van gevoelens⟩ ◆ 3.1 dat kan de beste ~ *that could happen to the best of us* 4.1 zoiets kan alleen haar ~ *that could only happen to her;* zorg ervoor dat je niets overkomt *take care that nothing happens to you;* ik wist niet wat mij overkwam *I didn't know what was happening to me* ¶.1 dat moet mij weer ~! *just my luck!*
overkomst 0.1 *coming (over)* ◆ 3.1 ~ dringend gewenst/verzocht *your presence urgently required/requested.*
overkrediering ⟨geldw.⟩ 0.1 *exceeding on overdraft facilities.*

overladen 0.1 *transfer* ⇒⟨trein, schip ook⟩ *transship.*
overladen¹ ⟨bn.⟩ **0.1** *overloaded* ⇒*overburdened* ◆ **1.1** een
~ programma *an overcrowded programme.*
overladen² ⟨ov.ww.⟩ **0.1** [te zwaar beladen] *overload* **0.2**
[overstelpen] *shower* ⇒*heap on/upon* ◆ **1.1** een auto ~ *o.*
a car **6.2** hij werd ~ **met** werk *he was overloaded with*
work; ~ **met** eerbewijzen / geschenken / lof *s. with honours/*
gifts/praise.
overlading 0.1 *surfeit* ⟨v.d. maag⟩; ⟨het te zwaar beladen⟩
overburdening, overloading.
overlangs 0.1 *lengthwise* ⇒⟨wet.⟩ *longitudinal* ◆ **3.1** iets ~
doorsnijden *cut sth. lengthwise/longitudinally.*
overlap 0.1 *overlap(ping).*
overlappen 0.1 *overlap* ◆ **4.1** die uitzendingen ~ elkaar
those broadcasts/programmes o.
overlapping →**overlap.**
overlast 0.1 *inconvenience* ⇒*nuisance* ◆ **3.1** iem. ~ bezorgen *cause s.o. inconvenience;* ~ ondervinden van iets *be*
inconvenienced by sth., find sth. a nuisance; ~ veroorzaken *cause trouble.*
overlaten 0.1 [laten zorgen voor] *leave* **0.2** [achterlaten]
leave (over) **0.3** [over iets laten gaan] *let (go) over* ◆ **1.2**
geen twijfel ~ *leave no doubt* **4.1** je kunt (aan) hem niets ~
you can't leave anything to him **6.1** de beslissing ~ **aan**
iem. *leave the decision to s.o.;* laat dat maar **aan** mij over!
just leave that to me!; er is niets **aan** het toeval overgelaten
nothing has been left to chance ¶.**2** veel/niets te wensen ~
leave much/nothing to be desired.
overleden 0.1 *dead;* ⟨schr.; jur.⟩ *deceased.*
overledene 0.1 *dead man/woman/person;* ⟨schr.; jur.⟩ *de-*
ceased.
overleg 0.1 [het nadenken] *thought* ⇒*consideration* **0.2**
[beraadslaging] *consultation* ⇒*deliberation* **0.3** [ver-
standig beleid] *judgement* ⇒*discretion* ◆ **2.2** centraal ~
top-level consultations **3.2** ~ plegen over een kwestie *con-*
fer on a matter **3.3** de behandeling van deze zaak eist ~
this matter needs to be handled with discretion **6.1** iets
met ~ doen *do sth. in a considered way;* **na** rijp ~ *on/after*
careful c.; **zonder** enig ~ *without a moment's thought* **6.2**
in (nauw) ~ met *in (close) c. with;* **in** onderling ~ *by mutual*
agreement; ~ **tussen** *c. between.*
overleggen 0.1 [laten zien] *produce* ⇒*submit* **0.2** [terzijde
leggen] *put aside* ◆ **1.1** ⟨jur.⟩ de bewijsstukken ~ *produce/*
submit the evidence **1.2** iets ~ voor de oude dag *put sth.*
aside for one's old age.
overleggen 0.1 [bij zichzelf overwegen] *consider* **0.2** [be-
raadslagen] *consult* ⇒*confer* ◆ **1.1** ik moet de zaak nog
eens rijpelijk ~ *I must give the matter some further careful*
thought **6.2** iets **met** iem. ~ *consult (with) s.o./confer with*
s.o. on sth. ¶.**1** hij overlegt wat hem te doen staat *he's con-*
sidering what he has to do.
overlegging 0.1 *production* ⇒*submission.*
overlegorgaan 0.1 *consultative body.*
overleven 0.1 [langer leven dan] *survive* ⇒*outlive* **0.2** [blij-
ven leven na] *survive* ⇒*live through* ◆ **1.1** die grijsaard
heeft al zijn kinderen overleefd *that old man has survived*
all his children; ⟨pej.⟩ overleefde opvattingen *outdated*
views **1.2** een ramp/een ongeluk/een aanslag ~ *s. a disas-*
ter/an accident/an attack **4.1** zichzelf ~ *outlive its use-*
fulness.
overlevende 0.1 *survivor* ◆ **7.1** er zijn slechts vijf ~n *there*
are only five survivors.
overleveren 0.1 [overgeven] *hand over* ⇒*turn over/in* **0.2**
[doorgeven] *hand down* ◆ **1.2** overgeleverde gebruiken
customs that have been handed down (from father to son)

6.1 iem.~ **aan** de politie *hand s.o. over to the police;* ⟨fig.⟩
overgeleverd zijn **aan** *be at the mercy of;* overgeleverd **aan**
de goedheid/genade van *left to the tender mercies of;* dit
lied is ons overgeleverd **uit** de 14e eeuw *this song has*
come down to us from the 14th century.
overlevering 0.1 *tradition* ◆ **2.1** via mondelinge ~ *via oral*
t. ¶.**1** de ~ zegt ons dat/wil dat ...*t. has it that ...*
overlevingscursus 0.1 *survival course.*
overlevingskans 0.1 *chance of survival.*
overlevingstocht 0.1 *survival trek.*
overlezen 0.1 [opnieuw lezen] *re-read* **0.2** [doorlezen] *read*
over/through ◆ **1.2** een artikel vluchtig ~ *skim through*
an article.
overlijden¹ ⟨het⟩ **0.1** *death;* ⟨schr.; jur.⟩ *decease.*
overlijden² ⟨onov.ww.⟩ **0.1** *die;* ⟨euf.⟩ *pass away/on.*
overlijdensadvertentie 0.1 *death notice.*
overlijdensakte 0.1 *death certificate.*
overlijdensbericht 0.1 *death announcement, obituary*
notice ◆ ¶.**1** de ~en ⟨in een krant⟩ *the obituaries.*
overlijdensverzekering 0.1 *life insurance.*
overloop 0.1 [bovenportaal van de trap] *landing* **0.2** [bevol-
kingstrek] *overspill* **0.3** [het overstromen] *overflow* **0.4**
[overlooppijp] *overflow (pipe).*
overlopen I ⟨onov.ww.⟩ **0.1** [over iets heen lopen] *walk*
over/across **0.2** [over iets heen stromen] *flow/run over/*
across **0.3** [naar een andere partij gaan] *go over* ⇒*defect,*
⟨uit leger⟩ *desert* **0.4** [overstromen] *overflow* **0.5** [+ van;
overdreven tonen] *brim (over)* ◆ **1.1** ik zag hem de brug ~
I saw him walk across the bridge **1.2** het water loopt de
straat over *the water is running over the street* **1.4** de emmer liep over *the bucket overflowed* **6.3** ~ **naar** de vijand
desert/defect to the enemy **6.5** ~ **van** enthousiasme *be*
brimming (over) with enthusiasm;
II ⟨onov., ov.ww.⟩ **0.1** [opnieuw lopen] *re-run* ◆ **1.1** de
wedstrijd moet worden overgelopen *the race has to be re-*
run.
overloper 0.1 *defector.*
overluid 0.1 ⟨al te luid⟩ *too loud* ◆ **1.1** met ~e stem *with too*
loud a voice.
overmaat 0.1 [vollere maat dan nodig is] *over-measure* **0.2**
[fig.; het teveel] *excess* ◆ **6.2** tot ~ **van** ramp *to make mat-*
ters worse.
overmacht 0.1 [grotere macht] *superior strength/power* ⇒
supremacy, dominance **0.2** [groter aantal] *superior num-*
bers/strength/forces **0.3** [jur., hand.] *circumstances*
beyond one's control; ⟨jur., hand.⟩ *force majeure, Act of*
God [mbt. verzekeringen] ◆ **1.1** de ~ van Amerika
America's dominance **1.3** een geval van ~ *circumstances*
beyond one's control **2.2** tegenover een geweldige ~ staan
face fearful odds **3.1** de ~ hebben *have supremacy, be*
dominant.
overmachtig 0.1 [zeer machtig] ⟨zeer machtig⟩ *very power-*
ful; ⟨al te machtig⟩ *too powerful, overpowerful* **0.2** [de
overmacht hebbend] *dominant.*
overmaken 0.1 [mbt. een bedrag] *transfer* ⇒*remit* **0.2** [op-
nieuw maken] *re-do* ◆ **6.1** het salaris **op** een rekening ~
pay the salary into an account.
overmaking 0.1 *remittance* ⇒*credit transfer.*
overmannen 0.1 *overcome* ⇒*overpower* ◆ **1.1** door angst
overmand *fear-stricken, overcome by fear;* hij werd door
zijn emoties overmand *his emotions got the better of him;*
eindelijk overmande hem de slaap *eventually he was*
overcome by sleep.
overmatig 0.1 *excessive* ⇒*undue,* ⟨in samenst. vaak⟩ *over-*
◆ **1.1** ~ drankgebruik *e. drinking;* door ~ gebruik van ta-

bak/alcohol *from e. indulgence in tabacco/alcohol* **2.1** hij is niet ~ ijverig *he is not unduly hard-working* **3.1** zich ~ inspannen *overexert o.s.;* ⟨inf.⟩ *kill o.s.*

overmeesteren 0.1 *overpower* ⇒*overcome* ◆ **3.1** ⟨fig.⟩ door drift overmeesterd worden *be carried away by anger.*

overmoed 0.1 [roekeloosheid] *overconfidence, recklessness* **0.2** [drieste stemming] *overconfidence* ◆ **1.1** de ~ van de jeugd *the exuberance/r. of youth* **6.2** in zijn ~ *in his o.*

overmoedig 0.1 *overconfident* ⇒*reckless.*

overmorgen 0.1 *the day after tomorrow.*

overnachten 0.1 *stay/spend the night* ⇒*stay (over).*

overnachting 0.1 [het overnachten] *stay* **0.2** [keer dat men overnacht] *night* ◆ **1.2** het aantal ~ en *the number of nights (spent/slept)* **6.1** ~ met ontbijt *bed and breakfast.*

overname 0.1 [koop] *takeover, purchase* ⇒*taking-over* **0.2** [ontlening] *borrowing* **0.3** [overeenkomst] *underwriting agreement* ◆ **1.1** overnamebedrag/som *takeover price* **6.1 ter** ~ gevraagd *wanted.*

overnemen 0.1 [in ontvangst nemen] *receive* **0.2** [op zich nemen] *take (over)* **0.3** [navolgen] *adopt* **0.4** [kopen] *take over* ⇒*buy* **0.5** [ontlenen] *borrow* **0.6** [relayeren] *relay* ◆ **1.2** de leiding ~ ⟨rangschikking⟩ *take over the lead;* ⟨bedrijf enz.⟩ *take over;* de macht ~ *take power* **1.3** de gewoonten van een land ~ *a. the customs of a country* **1.4** een zaak ~ *take over a business* **1.5** een citaat ~ uit een boek *b. a quotation from a book;* woord voor woord ~ *reproduce word for word* **1.6** een televisiezending ~ *r. a television broadcast.*

overnieuw ⟨inf.⟩ **0.1** *(all) over again* ◆ **3.1** ~ beginnen *start (all) over again.*

overpad 0.1 *footpath* ◆ **1.1** het recht van ~ hebben *have (a/the) right of way.*

overpeinzen 0.1 *ponder (on/over)* ⇒*reflect on* ◆ **1.1** hij zit zijn zonden te ~ *he's in a brown study.*

overpeinzing 0.1 [het overpeinzen] *pondering* ⇒*meditation* **0.2** [hetgeen overdacht wordt] *reflection* ◆ **2.1** in stille ~ *in silent meditation.*

overpennen ⟨inf.⟩ **0.1** *copy (out);* ⟨op school⟩ *crib, copy.*

overplaatsen 0.1 [naar een andere plaats overbrengen] *transfer* ⇒*(re)move* **0.2** [andere standplaats geven] *transfer;* ⟨mil.⟩ *post* ◆ **2.2** iem. tijdelijk ~ naar *second s.o. to.*

overplaatsing 0.1 *transfer* ⇒*move,* ⟨mil.⟩ *posting* ◆ **2.1** tijdelijke ~ *secondment.*

overplanten 0.1 [verplanten] *transplant* **0.2** [med.] *transplant* ⇒*graft.*

overpompen 0.1 *pump over/across.*

overproductie 0.1 *overproduction.*

overreden 0.1 *persuade* ⇒⟨inf.⟩ *talk round,* ⟨inf.⟩ *talk into (sth.)* ◆ **3.1** ik kon hem ~ om dadelijk te komen *I was able to talk him into coming at once;* zich laten ~ *(let o.s.) be persuaded* **6.1** zij was niet **te** ~ *she was not to be persuaded.*

overredend 0.1 *persuasive* ⇒*convincing.*

overreding 0.1 *persuasion.*

overredingskracht 0.1 *power(s) of persuasion* ◆ **2.1** een verkoper met grote ~ *a high-pressure salesman.*

overrijden I ⟨onov.ww.⟩ **0.1** [over iets heen rijden] *drive/* ⟨op fiets/paard⟩ *ride over;*
II ⟨onov., ov.ww.⟩ **0.1** [opnieuw rijden] *drive/* ⟨op fiets/paard⟩ *ride again;*
III ⟨ov.ww.⟩ **0.1** [naar elders vervoeren]⟨naar elders⟩ *transport;* ⟨naar de overkant⟩ *drive over/across* ◆ **1.1** hij had de vracht het hele terrein overgereden *he had driven the load right across the ground.*

overrijden 0.1 *run over* ⇒*knock down* ◆ ¶**.1** hij is door de bus overreden *he was run over/knocked down by the bus.*

overrijp 0.1 *overripe.*

overrompelen 0.1 [ook fig.] *(take by) surprise* ⇒*catch off guard, catch napping* ◆ **1.1** met dat voorstel overrompelde hij de vergadering *he sprung that proposal on the meeting* **5.1** hij was volkomen overrompeld *he was taken completely by surprise.*

overrompeling 0.1 *surprise* ⇒⟨overval⟩ *surprise attack.*

overschaduwen 0.1 [met schaduw bedekken] *shade* **0.2** [fig.; overtreffen] *overshadow* ⇒*outshine* ◆ **1.1** het overschaduwde terras *the shaded terrace.*

overschakelen 0.1 [een andere verbinding bewerkstelligen] *switch over* **0.2** [in een andere versnelling brengen] *change (up/down)* **0.3** [fig.; overstappen] *switch/ change/go over* ◆ **6.1** ~ naar het concertgebouw in Antwerpen *go over to the Concert Hall in Antwerp* **6.2** naar de tweede versnelling ~ *change into second (gear)* **6.3** op de vijfdaagse werkweek ~ *go on/over to a five-day week.*

overschakeling 0.1 *switchover* ⇒*changeover.*

overschatten 0.1 *overestimate* ⇒*overrate* ◆ **1.1** een overschatte auteur *an overrated author;* van niet te ~ belang *of incalculable/inestimable importance.*

overschatting 0.1 *overestimation* ⇒*overvaluation* ⟨door taxateur⟩, *overrating* ⟨van belang of invloed⟩.

overschenken 0.1 *transfer* ⇒*decant.*

overschieten I ⟨onov.ww.⟩ **0.1** [over zijn] *be left (over)* **0.2** [snel over iets heen gaan] *dash over/across* ◆ **1.1** overgeschoten brokken *left-over scraps;* ⟨inf.⟩ *left-overs* **1.2** het kind was plotseling de weg overgeschoten *the child had suddenly dashed (out) across the road* **6.1** wat schiet er **voor** mij over? *what do I get out of it?* ¶**.1** er schoot mij niets anders over dan …*there was nothing left to me but …/nothing left for me to do but …;*
II ⟨onov., ov.ww.⟩ **0.1** [over iets heen schieten] *shoot over* ◆ **1.1** de middenvoor schoot (de bal) hoog over *the centreforward shot (the ball) way over.*

overschilderen 0.1 *repaint.*

overschoen 0.1 *overshoe* ⇒*galosh.*

overschot 0.1 [rest] *remainder;* ⟨niet meer te gebruiken rest⟩ *remains, residue;* ⟨kleine rest⟩ *remnant(s);* ⟨geld ook⟩ *balance* **0.2** [wat te veel is] *surplus* ◆ **2.1** het stoffelijk ~ *the (mortal) remains, the body* **6.2** een overschot **aan** geld *a s. of money.*

overschreeuwen 0.1 [door geschreeuw overstemmen] *shout down* ◆ **1.1** ⟨fig.⟩ hij probeerde zijn angst te ~ *he tried to drown his fear* **4.1** zich ~ *overstrain one's voice.*

overschrijden 0.1 [over (iets) heen gaan] *step over/across* ⇒*cross* **0.2** [te boven gaan] *exceed* ⇒*overstep,* ⟨schr.⟩ *transgress* ◆ **1.1** de drempel ~ *cross the threshold* **1.2** de maximumsnelheid niet ~ *keep within the speed limit;* de termijn ~ *pass/e./not keep the term.*

overschrijding 0.1 [het stappen over iets] *crossing* ⟨v.e. drempel⟩ **0.2** [fig.] *exceeding* ⇒⟨van perken/bevoegdheid ook⟩ *overstepping* ◆ **1.1** ~ v.d. begroting *overrunning the budget, overspending.*

overschrijven ⟨comp.⟩ **0.1** *overwrite.*

overschrijven I ⟨onov., ov.ww.⟩ **0.1** [(een tekst) overnemen] *copy;* ⟨pej.; inf.⟩ *crib;*
II ⟨ov.ww.⟩ **0.1** [naar een andere post overbrengen] *transfer;* ⟨schr.⟩ *remit* **0.2** [op andermans naam zetten] *put in (s.o.'s) name* **0.3** [nog eens schrijven] *copy (out);* ⟨vnl. mbt. stenografie/verschillend alfabet enz.⟩ *transcribe* ◆ **6.3** iets in 't net ~ *copy sth. out neatly.*

overschrijving 0.1 [het overboeken] *transfer;* ⟨schr.⟩ *remit-*

tance **0.2** [het op een andere naam zetten] *putting in s.o. (else)'s name;* ⟨sport⟩ *transfer* **0.3** [bedrag] *remittance* ♦ **6.2** ⟨sport⟩ ~ aanvragen **naar** een andere vereniging *ask for a transfer (to another team).*

overseinen 0.1 *transmit;* ⟨per telegraaf⟩ *telegraph, cable.*

oversekst 0.1 *oversexed* ⇒*randy,* ⟨geil; sl.⟩ *horny (as hell).*

overslaan I ⟨onov.ww.⟩ **0.1** [op een ander voorwerp overgaan] *jump (over); be infectious/*⟨inf.⟩ *catching* ⟨ziekte⟩ **0.2** [plotseling overgaan in een andere toestand] *swing over/round* **0.3** [mbt. de stem] *break* ⇒*crack* ♦ **1.3** met ~ de stem *with a catch in one's voice;* zijn stem sloeg over *his voice broke* **6.1** de vlammen sloegen over **op** de hooiberg *the flames spread to the haystack* **6.2** hij sloeg over **van** het ene uiterste **naar** het andere *he swung (round) from one extreme to the other;*
II ⟨ov.ww.⟩ **0.1** [vergeten, verzuimen] *miss (out)* ⇒*skip, leave out, omit* **0.2** [over iets heen vouwen] *turn/fold down/over* **0.3** [overladen] *transfer* ♦ **1.1** één beurt ~ *miss one turn;* een bladzijde ~ *skip a page;* je hebt een woord overgeslagen *you've left out a word.*

overslag 0.1 [wat over iets anders heen zit] *flap* (enveloppe, boekomslag); *overlap* ⟨pannen, jas, hemd⟩; *turnover* ⟨rand, omslag⟩ **0.2** [mbt. goederen] *transfer* ♦ **1.1** bij mannen zit de ~ aan de linkerkant *men's clothes button up on the right.*

overslagbedrijf 0.1 *tran(s)shipment company* ⇒*terminal.*

overslaghaven 0.1 *port of tran(s)shipment* ⇒*container port.*

overspannen¹ ⟨bn.⟩ **0.1** [te sterk gespannen] *overstrained* ⇒ *overtense(d),* ⟨bouwk.⟩ *overtensioned* **0.2** [overwerkt] *overstrained* ⇒*overwrought* ♦ **1.1** ~ denkbeelden *wild/ far-fetched ideas;* ~ verwachtingen koesteren *have unrealistic expectations* **3.2** hij is erg ~ *he's suffering from severe (over)strain.*

overspannen² ⟨ov.ww.⟩ **0.1** [overwelven] *span* **0.2** [te sterk spannen, ook fig.] *overstrain* ⟨ook fig.⟩ ⇒*bend* ⟨hoog enz.⟩ ♦ **4.2** zich ~ *overstrain o.s.*

overspanning 0.1 [het overspannen] *spanning* **0.2** [afstand tussen twee steunpunten; kap] *span* **0.3** [het al te sterk spannen] *overstraining* **0.4** [het overmatig inspannen] *overreaching* ⇒*overstretching (o.s.)* **0.5** [ziekelijke toestand] *(over)strain* ⇒*nervous exhaustion* **0.6** [mbt. de arbeidsmarkt] *tightness.*

oversparen 0.1 *save up.*

overspel 0.1 *adultery* ♦ **3.1** iem. op ~ betrappen *catch s.o. in (the act of) a.*

overspelen 0.1 [opnieuw spelen] *replay* **0.2** [sport] *play on (to), pass the ball on to* ♦ **1.1** de wedstrijd moest overgespeeld worden *the match had to be replayed.*

overspelen 0.1 [dram., sport; ver overtreffen in het spel] *outplay* ⇒⟨sport ook⟩ *outclass* **0.2** [overbieden] *overplay* ⇒*overbid* ♦ **1.2** zijn hand (kaarten) / kaart ~ *overplay one's hand.*

overspelig 0.1 *adulterous* ♦ **1.1** ~e man / vrouw *adulterer, adulteress.*

overspoelen 0.1 *wash over* ⇒*flood (across),* ⟨fig.⟩ *overrun* ♦ **1.1** ⟨fig.⟩ vijanden overspoelden het land *enemies overran the country;* ⟨fig.⟩ de markt wordt overspoeld door buitenlandse producten *the market is flooded with foreign products* **3.1** ⟨fig.⟩ overspoeld worden door uitnodigingen *be swamped/deluged/flooded with invitations.*

overspringen 0.1 *jump over* ⇒*leap over* ♦ **1.1** ⟨fig.⟩ hij sprong op een ander onderwerp over *he leapt onto another subject.*

overspuiten 0.1 *respray.*

overstaan ♦ **6.¶ ten** ~ **van** een notaris *in the presence of/ before a lawyer.*

overstaand ⟨wisk.⟩ ♦ **1.¶** een ~e hoek *an opposite angle;* ~e zijde *opposite side.*

overstag ⟨scheep.⟩ ♦ **3.¶** ~ gaan *tack;* ⟨fig.⟩ *change one's mind;* ⟨scheep.⟩ weigeren ~ te gaan *refuse to change tack;* ⟨fig.⟩ uiteindelijk ging hij ~ *he came round in the end.*

overstap 0.1 [het stappen van het een op/in het andere] *change* ⇒*transfer* **0.2** [fig.; overgang naar nieuwe baan] *changeover* ⇒*switchover* **0.3** [het over iets heen stappen] *stepping over* ♦ **1.1** met recht van ~ binnen één uur na afstempeling *change of bus* ⟨enz.⟩ */transfer allowed up to one hour after ticket is stamped* **2.2** dat was een hele ~ *that was quite a step.*

overstapje 0.1 [overstapkaartje] *ticket that allows change of bus* ⟨enz.⟩ */transfer* **0.2** [sport] *feint* ♦ **3.2** een ~ maken *step over the ball.*

overstappen 0.1 [over iets heen stappen] *step over* ⇒*cross* **0.2** [mbt. een reisgelegenheid] *change* ⇒*transfer* **0.3** [van het een op/in het andere stappen, ook fig.] *change over* ⇒ *switch/move over* ♦ **1.1** de drempel ~ *cross the threshold* **5.2** reizigers voor Amsterdam hier ~ *c. here for Amsterdam* **6.2** ~ **in** de trein naar Groningen *c. to the Groningen train;* **na** drie keer ~ waren we er *we got there after three changes;* **zonder** ~ *direct, without change* **6.3** ⟨fig.⟩ de spreker stapte over **naar** het volgende onderwerp *the speaker moved on to the next topic.*

overste 0.1 [mil.] *lieutenant-colonel* **0.2** [hoofd v.e. geestelijke vereniging] *(father/mother) superior* ⇒*prior* ⟨m.⟩, *prioress* ⟨v.⟩.

oversteek 0.1 *crossing* ♦ **2.1** de grote ~ maken ±*cross the ocean(s).*

oversteekplaats 0.1 *crossing(-place)* ⇒⟨voor voetgangers ook⟩ *pedestrian/*⟨BE ook⟩ *zebra crossing.*

oversteken 0.1 [een weg / een water overgaan] *cross (over)* ⇒*go/come across* ♦ **1.1** de straat ~ *cross the street* **3.1** iem. helpen ~ *help s.o. across (the street)* **5.1** snel / haastig ~ *hurry/rush across* **6.1** hij is **vanuit** Calais overgestoken *he crossed at/from Calais.*

overstelpen 0.1 [in grote hoeveelheid komen over] *shower* ⇒*swamp, inundate* **0.2** [overvallen en overmannen] *overcome* ⇒*overwhelm* ♦ **6.1** hij werd overstelpt **met** vragen / opdrachten *he was swamped/deluged/inundated with questions/orders;* hij werd overstelpt **met** verwijten *accusations were heaped on him;* de winnaar werd overstelpt **met** geschenken / uitnodigingen *the winner was showered with gifts/invitations;* overstelpt met werk *up to one's neck in work* **6.2** overstelpt **door** zoveel geluk *overwhelmed/overcome with happiness.*

overstelpend 0.1 *overwhelming* ♦ **1.1** een ~e stroom van nieuwigheidjes *a deluge of new fads.*

overstemmen 0.1 *vote again* ♦ **3.1** er moest overgestemd worden *we/they* ⟨enz.⟩ *had to vote again.*

overstemmen 0.1 [meer geluid maken] *drown (out)* ⇒ ⟨overschreeuwen⟩ *shout down* **0.2** [door meerderheid van stemmen verslaan] *outvote* **0.3** [de overhand nemen] *overcome* ♦ **1.1** hij kon het lawaai niet ~ *he couldn't make himself heard through the noise;* een spreker ~ *shout a speaker down;* het orkest overstemde de zanger *the orchestra drowned (out) the singer.*

overstijgen ⟨fig.⟩ **0.1** *go beyond* ⇒*exceed, be more than* ♦ **1.1** dat oversteeg mijn bevattingsvermogen *that was more than I could grasp;* dat overstijgt mijn krachten / middelen *that's beyond my strength/means.*

overstromen 0.1 [over iets heen stromen] *flow over* ⇒*flood*

0.2 [overlopen] *overflow* **0.3** [+ van; vol zijn van] *overflow (with)* ⇒*brim (with)* **0.4** [naar een andere plaats stromen] *flow across* ◆ **1.1** het water stroomde de dijk over *the water flooded over the dike* **6.3** hij stroomt over van ideeën *he's brimming with ideas* **6.4** het water v.h. riviertje stroomt over in het bassin *the water from the stream flows across to the pool.*

overstromen 0.1 [onder water zetten] *flood* ⇒*inundate, submerge* ⟨zandbank, enz.⟩ **0.2** [fig.] *flood* ⇒*swamp, shower* ◆ **1.2** de markt ~ met *f. the market with* **3.1** overstroomd zijn *be flooded.*

overstroming 0.1 [geval van overstromen] *flood* **0.2** [het overstromen] *flood(ing).*

oversturen 0.1 *send* ⇒⟨geld ook⟩ *remit,* ⟨geld ook⟩ *transfer, transmit* ⟨boodschap⟩.

overstuur 0.1 *oversteering.*

overstuur 0.1 [in de war] *upset* ⇒⟨persoon ook⟩ *shaken(-up)* ◆ **3.1** ze was er ~ van *she was u./shaken by it* **5.1** helemaal ~ *completely shaken.*

overtekenen 0.1 *over-subscribe* ◆ **1.1** de lening is ver overtekend *the loan is well over-subscribed.*

overtekenen 0.1 [opnieuw tekenen] *re-draw* ⇒*draw again* **0.2** [natekenen] *copy.*

overtellen 0.1 [opnieuw tellen] *re-count* ⇒*count again* ◆ **¶.1** na een paar keer ~ *after several re-counts.*

overtijdpil 0.1 *abortion pill.*

overtikken 0.1 [uittypen] *type (out)* **0.2** [opnieuw tikken] *re-type* ⇒*type again.*

overtillen ⟨wk.ww.; zich ~⟩ **0.1** *lift too much.*

overtocht 0.1 [het trekken over iets heen] *crossing* **0.2** [reis over zee] *crossing* ⇒⟨lange afstand⟩ *voyage* **0.3** [de prijs, kosten] *crossing* ⇒*passage* ◆ **3.3** zijn ~ verdienen met werken, werken voor de ~ *work one's passage* **6.1** de ~ over de Alpen *the c. of the Alps* **6.2** de ~ naar Amerika *the c./voyage to America.*

overtollig 0.1 [meer dan nodig is] *surplus* ⇒*excess* **0.2** [overbodig] *superfluous;* ⟨in BE vaak mbt. personeel⟩ *redundant* ◆ **1.1** ~e goederen *s. goods;* ~ vet *excess fat;* het ~e water *the excess water.*

overtreden 0.1 *break* ⇒*violate* ◆ **1.1** hij heeft de wet ~ *he has broken the law.*

overtreder 0.1 *offender* ⇒*wrongdoer.*

overtreding 0.1 *breach (of the rules* ⟨enz.⟩ *)* ⇒*violation,* ⟨sport⟩ *foul,* ⟨jur.⟩ *offence, misdemeanour* ◆ **1.1** ~ v.d. spelregels/de wet *breaking the rules of the game/the law* **2.1** een strafbare/lichte ~ *a penal/minor offence;* een zware ~ *a bad foul* **3.1** een ~ begaan tegenover een tegenspeler *foul an opponent* **6.1** in ~ zijn *be in breach of the law;* niet in ~ zijn *be within the law.*

overtreffen 0.1 *exceed* ⇒*surpass, excel* ◆ **1.1** een eerdere prestatie ~ *improve on an earlier performance* **4.1** alles ~de *superlative, supreme;* hij heeft zichzelf overtroffen *he has excelled himself* **6.1** iem. in schoonheid ~ *surpass s.o. in beauty;* in aantal ~ *outnumber* **¶.1** dat is niet meer te ~ *that cannot be surpassed.*

overtrek 0.1 *cover* ⇒*case.*

overtrekken 0.1 [bekleden] *cover* ⇒⟨meubelen ook⟩ *upholster* **0.2** [overdrijven] *exaggerate* **0.3** [mbt. een vliegtuig] *stall* ◆ **3.3** (in een) overtrokken (vlucht) raken *stall* **5.1** opnieuw ~ *recover, re-upholster* **5.2** die hele zaak is flink overtrokken *the whole business has been greatly exaggerated* **6.1** met leer overtrekken *leather-upholstered.*

overtrekken I ⟨onov.ww.⟩ **0.1** [over iets heen gaan] *go across* ⇒*cross* **0.2** [voorbijdrijven] *pass (over)* ◆ **1.2** ~de wolkenvelden *passing clouds;*

II ⟨ov.ww.⟩ **0.1** [overtekenen] *trace* ◆ **6.1** met inkt ~ *t. in ink.*

overtrekpapier 0.1 *tracingpaper.*

overtroeven 0.1 *outdo.*

overtroeven ⟨kaartspel⟩ **0.1** *overtrump.*

overtuigd I ⟨bn., bw.⟩ **0.1** [uit/met vaste overtuiging] *confirmed* ⇒*convinced* ◆ **1.1** een ~ aanhanger v.h. socialisme *a confirmed believer in socialism* **3.1** ~ kiezen voor iets *choose sth. with conviction;*

II ⟨bn.⟩ **0.1** [vast van mening dat iets zo is] *convinced* ◆ **5.1** wees ervan ~, dat ...*you can be sure that ...;* hij was ervan ~ te zullen slagen *he was confident/sure (that) he would succeed* **6.1** ik ben er ⟨vast/heilig⟩ van ~ dat ...*I'm (absolutely) c. that ...;* vast ~ blijven van zijn geloof *hold firm(ly) to one's belief.*

overtuigen I ⟨onov., ov.ww.⟩ **0.1** [laten inzien dat iets waar is] *convince* ⇒*persuade* ◆ **3.1** hij laat zich niet gemakkelijk ~ *he's not easy to c.* **6.1** iem. van iets ~ *c./persuade s.o. of sth.* **¶.1** hij weet niet te ~ *he's not convincing;*

II ⟨wk.ww.; zich ~⟩ **0.1** [zich vergewissen] *satisfy o.s.* ◆ **6.1** ik wil mij er met eigen ogen van ~ *I want to see it with my own eyes.*

overtuigend 0.1 *convincing;* ⟨argument, reden ook⟩ *cogent;* ⟨argument ook⟩ *persuasive;* ⟨bewijs ook⟩ *conclusive* ◆ **1.1** een ~ debuut *a strong/forceful début* **5.1** niet ~ *unconvincing;* ⟨argument ook⟩ *weak;* niet erg ~ *lame* ⟨excuus, verhaal⟩; *shaky* ⟨redenering⟩; hij brengt het zeer ~ *he's very convincing.*

overtuiging 0.1 [vaststaande mening] *conviction* ⇒*belief, persuasion* **0.2** [het laten inzien dat iets waar is] *persuasion* **0.3** [zelfverzekerdheid] *conviction* ◆ **2.1** godsdienstige ~ *religious persuasion/beliefs;* zijn politieke ~ *one's political convictions* **3.1** de ~ toegedaan zijn, dat ...*be convinced that ..., believe that ...;* als zijn ~ uitspreken (dat) *express/state one's c./belief (that)* **3.2** zijn woorden missen alle ~ *his words lack all conviction* **6.1** in de ~ dat ...*in the c./belief that ...;* tot de ~ gekomen zijn dat *be convinced that;* uit ~ communist zijn *be a convinced communist;* volgens mijn vaste ~ *in my firm belief* **6.2** hij bleek niet vatbaar voor ~ *he proved not to be open to p.* **6.3** vol/met ~ *with c.;* iets zonder veel ~ doen *do sth. without much c.*

overtuigingskracht 0.1 *persuasiveness; force* ⟨van woorden⟩; *cogency* ⟨van argument⟩.

overtypen 0.1 [opnieuw] *retype; type out* ⟨klad⟩.

overuur 0.1 *overtime hour;* ⟨mv. vnl.⟩ *overtime* ◆ **3.1** overuren maken *work overtime;* de overuren (dubbel) uitbetaald krijgen *be paid (double for) overtime.*

overvaart 0.1 *crossing* ⇒*passage.*

overval 0.1 [onverhoedse aanval] ⟨alg.⟩ *surprise attack* ⇒ ⟨politie ook⟩ *raid,* ⟨beroving⟩ *hold-up,* ⟨met vuurwapens⟩ *stick-up* ◆ **3.1** een ~ op een bank/trein plegen *rob a bank, hold up a train* **6.1** ⟨fig.⟩ een ~ op een bedrijf *a raid on a company.*

overvalcommando 0.1 *police assault squad.*

overvallen 0.1 [onverhoeds aanvallen] *raid* ⇒⟨vooral beroven⟩ *hold up, assault* ⟨persoon⟩, *surprise* ⟨vijand⟩ **0.2** [verrassen] *surprise* ⇒*take by surprise, overtake* ⟨storm, ongeluk⟩ ◆ **1.2** door moedeloosheid ~ *overcome with/by despair;* zijn verzoek overviel mij *his request took me by surprise* **6.2** door het duister/de nacht ~ *overtaken by darkness;* ~ worden **door** noodweer/een onweer/de regen *be caught in a storm/the rain;* zij werd ~ **door** duizeligheid/angst *she was seized with dizziness/fear.*

overvaller, -ster 0.1 *raider* ⇒*attacker.*

overvalwagen 0.1 ±*police (assault) van.*

overvaren I ⟨onov.ww.⟩ 0.1 [naar de overkant varen] *cross (over)* ⇒*sail across;*
II ⟨ov.ww.⟩ 0.1 [met een vaartuig overzetten] *ferry* ⇒*take/put across* ♦ **1.1** iem. de rivier ~ *take/put s.o. across the river, ferry s.o. over the river.*

overvaren 0.1 *run down.*

oververhit 0.1 [te zeer verhit; ook fig.] *overheated* 0.2 [nat., ind.; extra verhit] *superheated* ♦ **1.1** de ~te economie *the overcharged economy* **3.1** de gemoederen raakten ~ *feelings ran high.*

oververhitten 0.1 [te zeer verhitten] *overheat* 0.2 [nat., ind.; extra verhitten] *superheat.*

oververhitting 0.1 *overheating.*

oververmoeid 0.1 *overtired* ⇒*exhausted.*

oververmoeidheid 0.1 *overtiredness* ⇒*overfatigue, exhaustion,* ⟨inf., geestelijk⟩ *brain fag.*

oververtellen 0.1 [aan een ander vertellen] *repeat* ⇒*pass on* 0.2 [opnieuw vertellen] *repeat* ⇒*tell again.*

oververven 0.1 *paint over* ⇒*repaint, redye* ⟨stof, haar⟩.

oververzadigd 0.1 [te veel geconsumeerd hebbend] *surfeited* ⇒*satiated* 0.2 [nat.] *supersaturated* ♦ **3.1** ⟨fig.⟩ de audiovisuele markt raakt ~ *the audiovisual market is reaching saturation point.*

overvleugelen 0.1 [overtreffen] *outstrip* ⇒*eclipse.*

overvliegen I ⟨onov.ww.⟩ 0.1 [over iets heen vliegen] *fly over* 0.2 [fig.] *fly over;* ⟨rennen⟩ *bolt/dash/tear over* ♦ **1.1** de oceaan ~ *cross the ocean* **1.2** het kind vloog de weg over *the child dashed across the street;*
II ⟨ov.ww.⟩ 0.1 [vliegend overbrengen] *fly over.*

overvloed 0.1 *abundance* ⇒*plenty, profusion* ♦ **1.1** in tijden van ~ *in times of plenty* **2.1** al te grote/overdreven ~ *overabundance* **6.1** een ~ **aan** details *a wealth of detail;* mensen gezocht met geld en tijd **in** ~ *people wanted with money and time to spare;* er zijn kandidaten **in** ~ *there's no shortage of candidates;* **in** ~ voorkomen/groeien *abound;* ~ hebben **van** iets, iets **in** ~ hebben *abound in/with sth., have sth. in a.* **6.¶** misschien **ten** ~e herinneren wij u eraan dat *...we would like to remind you - perhaps unnecessarily- that ...;* ten ~e zij gemeld dat *needless to say.*

overvloedig 0.1 [in overvloed voorhanden] *abundant* ⇒*plentiful, copious,* ⟨niet afgemeten⟩ *liberal* ♦ **1.1** een ~e maaltijd *a copious meal;* een ~e oogst *an a./a plentiful crop;* een ~e voorraad drank *a liberal supply of drinks* **2.1** ~ aanwezig zijn *abound.*

overvloeien 0.1 [overlopen] *overflow* ⇒*run over* 0.2 [+ van; vol zijn van] *overflow (with)* ⇒*abound/superabound (in/with),* brim *(with)* ⟨dankbaarheid, tranen⟩ 0.3 [harmonisch overgaan in] *flow (over);fade* ⟨beelden⟩ ♦ **3.3** kleuren in elkaar laten ~ *run the colours into one another;* het ene beeld in het andere laten - *fade one image into another* **6.2** ⟨rel.⟩ een land, ~d **van** melk en honing *a land flowing with milk and honey;* ~ **van** energie *be brimful of energy* **6.3 in** elkaar - d *melting into one another.*

overvoeren 0.1 [te veel geven] *overfeed* 0.2 [te veel aanvoeren naar] *glut* ⇒*overstock, oversupply, surfeit* ♦ **1.2** de markt was overvoerd van/met dat artikel *the market was glutted with that article.*

overvol 0.1 *overfull* ⇒⟨met mensen ook⟩ *overcrowded, packed* ♦ **1.1** een ~le agenda *an overfull agenda;* een ~ gemoed *a heart brimming with emotion;* ~le straten *congested streets.*

overvracht 0.1 [teveel vracht] *excess baggage* ⇒*excess luggage* 0.2 [kosten voor teveel vracht] *excess baggage charge.*

overvriendelijk 0.1 ⟨alleen bn.⟩ *overfriendly* ⇒*overkind* ♦ **3.1** hij deed alles ~ *he did everything in an overfriendly manner.*

overwaaien 0.1 [door de wind overgevoerd of verdreven worden] *blow over* 0.2 [fig.; van elders komen]⟨zie 3.2, 6.2⟩ 0.3 [fig.; overgaan] *blow over* ⇒*pass* ♦ **1.1** de bui zal wel ~ *the shower will blow over* **1.3** zijn kwade bui zal wel ~ *his angry mood will blow over/pass* **3.2** hij kwam ~ *he dropped/popped in* **6.2** nieuwtjes **uit** Engeland overgewaaid *bits of news from across the Channel.*

overwaarde 0.1 *surplus value* ♦ **2.1** voor een lening moet er voldoende ~ aanwezig zijn *for a loan there must be sufficient cover on hand.*

overwaarderen 0.1 *overvalue* ⇒⟨fig. ook⟩ *overrate,* ⟨in geschriften; ook mbt. eigendommen⟩ *write up.*

overwaardering 0.1 *overvaluation, overvaluing* ⇒⟨fig. ook⟩ *overrating,* ⟨in geschriften; ook mbt. eigendommen⟩ *write-up.*

overwandelen 0.1 *walk over* ⇒⟨oversteken⟩ *walk across.*

overweg ♦ **3.¶** zij kan overal mee ~ *everything comes easy to her;* met een nieuwe machine ~ kunnen *know how to handle a new machine;* goed met elkaar ~ kunnen *get along well;* niet met auto's ~ kunnen *be no good with cars.*

overweg 0.1 ⟨BE⟩ *level crossing* ♦ **2.1** een met slagbomen beveiligde ~ *a gated l. c.;* een bewaakte ~ *a guarded/manned l. c.* **6.1** een ~ **met** halve slagbomen *a half-barrier l. c.*

overwegboom 0.1 *level crossing barrier/gate.*

overwegen I ⟨ov.ww.⟩ 0.1 [overdenken] *consider* ⇒*think over/out* ♦ **1.1** de nadelen/risico's ~ *count the cost* **2.1** het ~ waard *worth considering* **3.1** wij ~ een nieuwe auto te kopen *we are thinking of/considering buying a new car* **4.1** alles ~de doe ik er beter aan om *...all things considered I had better ...* **5.1** ernstig overwogen worden *be under serious consideration;* ik heb mijn antwoord goed overwogen *I have given careful thought/consideration to my response;* een goed overwogen oplossing *a carefully thought-out solution;* iets goed/grondig ~ *turn sth. over in one's mind;* het nog eens goed ~ *reconsider (the matter)* **8.1** ⟨jur.⟩ ~de, dat *...considering that ...;*
II ⟨onov.ww.⟩ 0.1 [gewichtiger zijn dan het genoemde] *predominate* ⇒*prevail* ♦ **1.1** zij werd verscheurd door woede en angst, maar uiteindelijk overwoog de angst *she was torn between anger and fear, but in the end fear prevailed.*

overwegend I ⟨bn.⟩ 0.1 [doorslaggevend] *paramount* ♦ **1.1** dat is van ~ belang *that is p./all-important;* ~e bezwaren *overriding objections;* geen ~e bezwaren hebben *have no major objections;*
II ⟨bw.⟩ 0.1 [hoofdzakelijk] *predominantly* ⇒*mainly, for the most part.*

overweging 0.1 [het overwegen] *consideration* ⇒*thought* 0.2 [grond] *consideration* ⇒*ground, reason* ♦ **1.1** dat vormt geen punt van ~ ⟨wordt niet overwogen⟩ *that is not being considered;* ⟨onbelangrijk⟩ *that is immaterial* **2.1** van ample ~ *after careful/full c.* **2.2** tactische ~en *tactical considerations* **6.1** bij nadere ~ *on second thoughts;* iets **in** ~ nemen *consider sth.;* niet **in** ~ nemen ⟨ook⟩ *not look at;* opnieuw **in** ~ nemen *reconsider* **6.2 uit** financiële ~en *for financial reasons.*

overweglicht 0.1 ⁿ*level-crossing light.*

overweldigen 0.1 [met geweld overmeesteren] *overpower* ⇒⟨land, vrouw ook⟩ *conquer, usurp* ⟨positie, bezit⟩ 0.2 [fig.; te machtig worden] *overwhelm* ⇒*overcome* ♦ **1.2** zij werd overweldigd door een plotselinge behoefte aan slaap *she* *was overcome by a sudden need to sleep;* overweldigd door verdriet *heartbroken.*

overweldigend I ⟨bn.⟩ **0.1** [meeslepend] *overwhelming* ⇒ *overpowering* ◆ **1.1** een ~e indruk op iem. maken *make an overwhelming impression on s.o.;* ⟨inf.⟩ *bowl s.o. over;* met een ~e meerderheid *with/by an overwhelming majority;* een ~e meerderheid halen *win a landslide victory;* ⟨in een kiesdistrict⟩ *sweep a constituency;*
II ⟨bw.⟩ **0.1** [ontzaglijk] *overwhelmingly* ⇒ *tremendously, breathtakingly* ◆ **2.1** ~ mooi *breathtakingly beautiful; stunning* ⟨vrouw, uitvoering enz.⟩.

overweldiger 0.1 *conqueror;* ⟨van troon⟩ *usurper.*

overweldiging 0.1 *conquest* ⇒ *overpowering.*

overwelven 0.1 [met een gewelf overdekken] *vault* **0.2** [zich uitstrekken boven] *arch over* ⇒ *overarch.*

overwerk 0.1 *overtime (work)* ◆ **6.1** er flink wat bijverdienen *door/met* ~ *earn a tidy sum extra (by) working o.*

overwerken 0.1 *work overtime* ◆ **3.1** al het personeel laten ~ *put the entire staff on overtime;* ik moet vanavond ~ *I have to work late tonight.*

overwerken ⟨wk.ww.; zich ~⟩ **0.1** *overwork (o.s.)* ⇒ *drive o.s. too hard* ◆ **5.1** overwerk je niet *don't drive/push yourself too hard.*

overwerkt 0.1 *overworked* ⇒ *overstrained* ◆ **3.1** je raakt nog ~ *you'll overwork yourself.*

overwicht 0.1 [grotere invloed] *ascendancy* ⇒ *preponderance,* ⟨gezag⟩ *authority* **0.2** [wat meer weegt dan vastgesteld is] *overweight* ⇒ *surplus weight* ◆ **2.1** een natuurlijk ~ op zijn leerlingen *a natural authority over one's pupils;* nucleair ~ *nuclear superiority* **3.1** (het) ~ hebben op *have the ascendancy over; outbalance* ⟨ene zaak over andere⟩; een numeriek ~ hebben *outnumber;* ~ krijgen *gain ascendancy (over).*

overwinnaar, -nares 0.1 *victor* ⇒ *winner,* ⟨veroveraar⟩ *conqueror* ◆ **8.1** als ~ uit de strijd komen *emerge victorious;* ⟨inf.⟩ *come out on top.*

overwinnen I ⟨ov.ww.⟩ **0.1** [de zege behalen over] *defeat* ⇒ *overcome* **0.2** [bedwingen] *conquer* ⇒ *overcome* **0.3** [te boven komen] *conquer* ⇒ *overcome, surmount* ◆ **1.1** het ~de leger *the victorious/triumphant army* **1.2** de slaap ~ *overcome sleep;* je zult je trots moeten ~ *you'll have to pocket/overcome your pride* **1.3** moeilijkheden ~ *overcome/surmount difficulties;* ⟨sterker⟩ *triumph over difficulties;*
II ⟨onov.ww.⟩ **0.1** [meester blijven] *conquer* ⇒ *overcome, win* ◆ **3.1** ik kwam, zag en overwon *I came, I saw, I conquered* **5.1** gemakkelijk ~ ⟨inf.⟩ *win hands down.*

overwinning 0.1 *victory* ⇒ *conquest, triumph,* ⟨sport ook⟩ *win* ◆ **2.1** een verpletterende ~ *a sweeping v.* **3.1** een ~ behalen *win/score a v.;* een reeks ~en behalen *hit a winning streak;* ze hadden de ~ bijna te pakken *it was a near-win;* iem. net van de ~ afhouden *edge s.o. out* **6.1** ~ op een tegenstander *v. against an opponent.*

overwinningsroes 0.1 *flush of victory* ◆ **6.1** in een ~ *in the first flush of victory.*

overwinst 0.1 [nettowinst na aftrek van belastingen e.d.] ⟨ec.⟩ *supernormal profit(s);* ⟨hand.⟩ *surplus profit* **0.2** [te grote winst] *excess profit(s).*

overwinteraar, -ster 0.1 [vogel] *winter visitor* **0.2** [vakantieganger] *s.o. on a long-stay holiday.*

overwinteren 0.1 [gedurende de winter ergens blijven] *(over)winter* **0.2** [de winter overleven] *hibernate* ◆ **1.2** ~d koren *winter corn* **3.1** laten ~ *winter.*

overwintering 0.1 *(over)wintering* ⇒ *hibernation.*

overwippen 0.1 [een kort bezoek afleggen] *hop over* ⇒ *pop/*

dash over **0.2** [over iets heen springen] *hop over* ◆ **6.1** even ~ *naar* de buren *pop over to the neighbours.*

overwoekeren 0.1 *overgrow* ⇒ *overrun* ◆ **6.1** overwoekerd worden *door* onkruid *become overgrown with weeds;* overwoekerd *met* onkruid *weed-grown.*

overwonnen 0.1 *superseded* ⇒ *discarded, exploded* ⟨theorie⟩ ◆ **1.1** een tot dusver niet ~ vooroordeel *a prejudice still prevalent today.*

overzee 0.1 *overseas* ◆ **1.1** Nederland ~ *Holland o.*

overzees 0.1 *overseas* ⇒ *transmarine* ◆ **1.1** ~e gebiedsdelen *o./transmarine territories.*

overzeilen 0.1 *sail over* ⟨ook fig.⟩ ◆ **1.1** een frisbee zeilde de muur over *a frisbee came sailing over the wall.*

overzenden 0.1 [naar elders sturen] *send; dispatch, forward* ⟨goederen⟩; *remit* ⟨betaling⟩ **0.2** [over iets heen zenden] *send over* ◆ **1.2** er zijn specialisten het Kanaal overgezonden *specialists have been sent over the Channel.*

overzetten 0.1 [naar de andere kant brengen] *take across/over;* ⟨met veer⟩ *ferry (across/over)* **0.2** [verplaatsen] *transfer* **0.3** [vertalen] *translate* ⇒ *render,* ⟨tolk ook⟩ *interpret,* ⟨in ander schrift⟩ *transliterate,* ⟨in ander schrift⟩ *transcribe* **0.4** [mbt. telefoon] *transfer* ⇒ *switch over/through* ◆ **1.1** iem. de grens ~ *deport s.o.* **1.2** de lading in lichters ~ *t. the cargo to lighters* **6.3** ~ in *translate/render into;* ~ uit *translate from* **6.4** ik zal je *op* mijn secretaresse ~ *I'll switch you over/through to my secretary.*

overzetting 0.1 [het vertalen] *translation* ⇒ ⟨van tolk ook⟩ *interpretation,* ⟨naar ander schrift⟩ *transliteration,* ⟨naar ander schrift⟩ *transcription* **0.2** [vertaling] *translation* ⇒ *version,* ⟨naar ander schrift⟩ *transliteration,* ⟨naar ander schrift⟩ *transcription* **0.3** [jur.] *assignment* ⇒ *delegation* ⟨schulden⟩.

overzetveer 0.1 *ferry(boat).*

overzicht 0.1 [het overzien] *survey* ⇒ *view* **0.2** [samenvatting] *survey* ⇒ *(over)view, summary,* ⟨van wat voorafging ook⟩ *review* ◆ **1.2** een ~ v.d. stand van zaken *a r. of the state of affairs* **2.2** een beknopt ~ *a (concise) summary;* een financieel ~ *a financial statement;* een kort ~ geven van ⟨ook⟩ *summarize, outline* **3.2** een ~ opstellen *put together a survey* **6.1** hij heeft een ~ *over* het hele bedrijf *he has an overview of the entire business;* ~ *vanuit* de lucht *bird's-eye view* **7.1** ik heb geen enkel ~ meer *I have lost all track of the situation.*

overzichtelijk 0.1 *well-organized;* ⟨te overzien⟩ *surveyable* ◆ **1.1** een ~e handleiding *an easy-reference manual* **5.1** de toestand is niet erg ~ *it is difficult to gain a clear view of the situation.*

overzichtelijkheid 0.1 *clear organization* ⇒ *surveyability* ◆ **¶.1** ter wille v.d. ~ *for easy reference, for convenience of comparison.*

overzichtsfoto 0.1 *general view.*

overzichtstentoonstelling 0.1 *retrospective.*

overzien 0.1 [in zijn geheel bezien] *survey;* ⟨van boven af⟩ *overlook, command (a view of); review* ⟨wat voorafging⟩ ◆ **1.1** de afgelopen decennia ~ *look back over the past few decades;* als dat gebeurt, is de ellende niet te ~ *if that happens, all hell will be loose;* de gevolgen zijn niet te ~ *the consequences are incalculable;* de situatie ~ *take stock of the situation;* de situatie is niet meer te ~ *it is no longer possible to have an overall view of the situation* **3.1** om de toestand beter te kunnen ~ *in order to gain a better view of the situation* **4.1** met één oogopslag alles ~ *take in everything at a glance* **6.1** een groepje van vijf is nog te ~ *you can still keep track of a group of five;* proberen de Amerikaanse geschiedenis in haar geheel te ~ *try to gain a comprehensive view of the entire history of America.*

615

overzienbaar 0.1 *surveyable* ⇒*calculable* ⟨kosten, gevolgen⟩.
overzij 0.1 *sideways* ⇒*to one side* ◆ **3.1** het schip helde ~ *the ship keeled over;* het schip lag ~ *the ship lay on her beam-ends.*
overzijde 0.1 *other side* ⇒*opposite side* ◆ **6.1** ⟨fig.⟩ **aan** de ~ v.h. graf *beyond the grave;* **aan** de ~ van het gebouw *opposite the building;* de huizen **aan** de ~ *the houses opposite;* **aan** de ~ v.d. grens *beyond the border;* iem. **naar** de ~ brengen *take s.o. across.*
overzwemmen 0.1 *swim (across)* ◆ **1.1** het Kanaal ~ *s. the Channel* **3.1** zijn paard de rivier laten ~ *swim one's horse across the river.*
Ovidius 0.1 *Ovid.*
OV-jaarkaart 0.1 *annual season ticket* ⇒*travel card.*
ovulatie 0.1 *ovulation.*
oxaalzuur 0.1 *oxalic acid.*
oxidatie 0.1 *oxidation.*
oxide 0.1 *oxide.*
oxideren 0.1 *oxidize.*
oxymoron ⟨lit.⟩ **0.1** *oxymoron.*
oxytocine ⟨med.⟩ **0.1** *oxytocin.*
ozon 0.1 *ozone.*
ozonlaag 0.1 *ozone layer* ⇒*ozonosphere.*

p ◆ **3.¶** hij heeft de ~ (erover) in *he's in a hell of a mood/temper (about it).*
P 0.1 [verkeer] *P.*
P. ⟨afk.⟩ **0.1** [Lat.; papa] *P.* **0.2** [Lat.; pater] *P.*
pa 0.1 *dad(dy)* ⇒*pa* ◆ **1.1** haar ~ en ma *her mum and d.* **4.1** zijn ~ trapte er niet in *his old man wouldn't buy it* **9.1** ⟨fig.⟩ ja, ~ *yes, Sir.*
p.a. →**pabo.**
paadje 0.1 *path;* ⟨door wildernis⟩ *trail.*
paaien I ⟨ov.ww.⟩ **0.1** [tevredenstellen] *placate* ⇒*appease* ◆ **6.1** hij liet zich niet **door** mooie woorden ~ *he was not appeased/placated by kind words;* iem. **met** een beloning ~ *dangle a reward in front of s.o.;*
II ⟨onov.ww.⟩ **0.1** [paren]⟨kuit schieten⟩ *spawn;* ⟨paren⟩ *mate.*
paal 0.1 [langwerpig voorwerp] *post* ⇒*stake, pole,* ⟨heipaal⟩ *pile* **0.2** [sport, doelpaal] *(goal)post* **0.3** [vulg.; stijve penis] *hard on* ◆ **1.¶** ⟨fig.⟩ ~ en perk stellen aan iets *put a check on sth.;* ⟨inf.⟩ *put the lid on sth.* **3.1** een ~ inslaan/inheien *drive/sink in a post/stake/pile* **6.1 in** een ~ klimmen *climb a pole* **6.2** hij schoot **tegen/op** de ~ *he hit the post* **6.¶ voor** ~ staan *look foolish/stupid;* iem. **voor** ~ zetten *make s.o. look foolish* **7.1** de eerste ~ slaan *±lay the foundation stone* **8.1** ⟨fig.⟩ dat staat als een ~ boven water *there can be no two ways about it.*
paalfundering 0.1 *pile foundation(s).*
paalsteek ⟨scheep.⟩ **0.1** *bowline knot.*
paalwerk 0.1 *palings* ⇒*palisade(s).*
paalwoning 0.1 [gesch.] *pile dwelling* ⇒*dwelling on stilts* **0.2** [mbt. moderne architectuur] ⟨cube-shaped house on concrete pillars⟩.
paalzitten 0.1 *pole-squatting.*
paap ⟨bel.⟩ **0.1** *papist.*
paaps ⟨bel.⟩ **0.1** *papistic(al)* ⇒*popish.*
paar 0.1 [tweetal bij elkaar horende zaken] *pair* ⇒*couple* **0.2** [levenspartners] *couple* **0.3** [enkele stuks] *(a) few* ⇒ *(a) couple of* ◆ **1.1** ik heb maar één ~ handen *I've only got one p. of hands* **2.2** het gouden ~ *the couple celebrating their golden wedding anniversary* **7.1** twee ~ sokken *two pairs of socks* **7.3** een ~ keer ⟨ook⟩ *once or twice.*
paard 0.1 [dier] *horse* **0.2** [sport; gymnastiektoestel] *(vaulting) horse* **0.3** [schraag] *horse* ⇒*trestle* **0.4** [schaakstuk] *knight* ◆ **1.1** ⟨fig.⟩ het ~ van Troje/het Trojaanse ~ binnenhalen *bring/drag in the Trojan Horse* **2.1** het beste ~ van stal vergeten ⟨fig.⟩ *forget the best of the bunch;* ⟨fig.⟩ een blind ~ kan er geen schade doen *there was hardly a stick of furniture in the room;* op het verkeerde ~ wedden ⟨fig.⟩ *back the wrong h.* **3.1** een ~ inspannen *hitch a h. to a cart;* het ~ achter de wagen spannen ⟨iets verkeerd aanpakken⟩ *make things difficult for o.s.;* ⟨onlogisch denken⟩ *put the cart before the h.* **6.1 met** ~ en bespannen *h.-drawn;* **met** een ~ over een hindernis springen *jump a h. over a hurdle;* **op** zijn ~ springen *vault onto one's h.;* ⟨fig.⟩ **op** twee ~ en wedden *hedge/cover one's bets;* ⟨fig.⟩ je moet niet te veel **op** één ~ wedden/alles **op** één ~ zetten *don't put all your eggs in one basket;* **over** het ~ getild zijn *be swollen-headed;* hoog **te** ~ zitten ⟨fig.⟩ *be/get on one's high h.;* **te** ~ zitten *be on a horseback;* **te** ~ stijgen *mount;* **te** ~! *to*

h.!; politie te ~ *mounted police* **8.1** honger hebben als een ~ *feel one could eat a h.* ¶.1 〈sprw.〉 men moet een gegeven ~ niet in de bek zien *never look a gift horse in the mouth.*

paardenbek 0.1 *horse's mouth.*

paardenbiefstuk 0.1 *horse steak.*

*∗***paardenbloem** *(Wdl: paardebloem)* **0.1** *dandelion.*

paardendeken 0.1 *(horse) blanket.*

paardenfokkerij 0.1 [handeling] *horse-breeding* **0.2** [plaats] *stud farm.*

paardengebit 0.1 [gebit v.e. paard] *horse's teeth* **0.2** [mbt. personen] *buck/protruding teeth.*

paardenhaar 0.1 [haar van paarden] *horsehair* **0.2** [weefsel] *haircloth* ⇒*horsehair.*

paardenhoef 0.1 [hoef v.e. paard] *horse's hoof.*

paardenkoers 0.1 *horse race.*

paardenkop 0.1 *horse's head* ♦ ¶.¶ er was anderhalve man en een ~ *there was a mere handful of people.*

paardenkracht 0.1 *horsepower* ♦ **4.1** hoeveel ~ heeft die motor? *what is the h. of that engine?*

paardenmarkt 0.1 *horse fair.*

paardenmiddel 0.1 *rough remedy* ⇒*kill or cure remedy.*

paardenras 0.1 *breed of horses.*

paardenrennen 0.1 *horseraces.*

paardenrookvlees 0.1 *smoked horsemeat (eaten as cold cut).*

paardenslager 0.1 *horse(meat) butcher.*

paardensport 0.1 *equestrian sport(s);* 〈rennen〉 *horseracing;* 〈rijden〉 *horse(back) riding.*

paardenstaart 0.1 [staart v.e. paard] *horsetail* **0.2** [haardracht] *ponytail* **0.3** [plantk.] *horsetail.*

paardenstal 0.1 *stable* ♦ **3.1** het lijkt hier wel een ~ *this place looks like a pigsty.*

paardenstamboek 0.1 *studbook.*

paardenvijg 0.1 〈mv.〉 *horse-droppings/dung/manure.*

paardenvlees 0.1 *horseflesh, horsemeat.*

paardenvoet 0.1 [voet v.e. paard] *horse's foot* ⇒*horse's hoof* **0.2** [horrelvoet] *clubfoot* ⇒〈med.〉 *talipes equinus.*

paardjerijden 〈kind.〉 **0.1** [op de knie rijden] *ride on s.o.'s knee* **0.2** [paardrijden] *ride (horseback).*

paardrijden 0.1 *ride (horseback)* ♦ **3.1** hij ging ~ *he went for a ride* **6.1** hij zit op ~ *he takes riding lessons.*

paardrijder, -ster 0.1 *horseman* 〈m.〉; *horsewoman* 〈v.〉 ⇒ *rider.*

paarlemoer 0.1 *mother-of-pearl.*

paarlemoeren 0.1 *(mother-of-)pearl* ♦ **1.1** ~ knopen *p. buttons.*

paarlen 0.1 *pearl* ♦ **1.1** een ~ halssnoer *a p. necklace, pearls.*

paars 0.1 *purple* ♦ **7.1** ze was in het ~ *she was dressed in p.*

paarsblauw 0.1 *violet.*

paarsgewijs 0.1 *in pairs* ♦ **3.1** ~ rangschikken *pair (off).*

paartijd 0.1 *mating season* ⇒〈van m. hert/ram enz.〉 *rut.*

paartje 0.1 *couple* ⇒*pair* ♦ **2.1** een pas getrouwd ~ *a newly wed c., newly-weds.*

paasavond 0.1 [avond voor Pasen] *Easter Saturday evening.*

paasbest 0.1 *Sunday best* ♦ **6.1** op zijn ~ zijn *be all dressed up.*

paasbrood 0.1 [krentenbrood] ±*simnel cake* **0.2** [matse] *Passover bread* ⇒*matzo.*

paasdag 0.1 *Easter Day* ♦ **7.1** Eerste paasdag *Easter Sunday;* Tweede paasdag *Easter Monday.*

paasdrukte 0.1 *Easter rush.*

paasei 0.1 *Easter egg.*

paasfeest 0.1 [Pasen] *Easter* **0.2** [Pascha] *paschal feast* ⇒ *Passover,* 〈jud.〉 *Pesa(c)h.*

paashaas 0.1 *Easter bunny/rabbit.*

paaslam 0.1 [op Pasen geslacht lam] *paschal lamb;* 〈jud.〉 *Pesa(c)h* **0.2** [Christus] *Paschal Lamb* **0.3** [omstreeks Pasen geboren lam] *Easter lamb.*

paasmaal 0.1 [joodse avondmaaltijd] *Seder.*

paasmaandag 0.1 *Easter Monday.*

paasnacht 0.1 *Easter Saturday night.*

paasspel 〈lit.〉 **0.1** ±*passion play* ⇒±*mystery play.*

paastijd 0.1 [tijd v.h. paasfeest] ±*Holy Week,* ±*Passiontide* **0.2** [periode van Pasen t/m Pinksteren] *Eastertide, Eastertime.*

paasvakantie 0.1 *Easter holidays.*

paasviering 0.1 *Easter service.*

paaszaterdag 0.1 *Holy Saturday* ⇒*Easter Saturday.*

paaszondag 0.1 *Easter Sunday, Easter Day.*

pabo 〈afk.〉 **0.1** [pedagogische academie voor het basisonderwijs] 〈*Teacher Training College (for Primary Education)*〉.

pacht 0.1 [huurovereenkomst] *lease* **0.2** [pachttermijn] *lease, tenancy* **0.3** [pachtgeld] *rent* ♦ **6.1** in ~ nemen *lease, take on l.;* iets in ~ geven *let sth. out on l.* **6.3** vrij van ~ *free of r.*

pachtakte 0.1 *lease.*

pachten 0.1 [huren] *lease* ⇒*rent* **0.2** [mbt. inningen/gebruiksrechten] *farm* ♦ **1.2** de jacht/visserij v.e. landgoed ~ *f. the hunting/fishing on an estate* **6.1** iets voor vijf jaar ~ *take sth. on lease for five years.*

pachter, -ster 0.1 *leaseholder* ⇒*lessee,* 〈van boerderij ook〉 *tenant (farmer),* 〈van jacht/visserij ook〉 *game tenant,* 〈van belastingen〉 *farmer,* 〈jur.〉 *termor,* 〈jur.〉 *termer.*

pachtgeld 0.1 *rent.*

pachthoeve 0.1 [verhuurde/verpachte hoeve] *leasehold/tenant farm* **0.2** [AZN; grote hoeve] *farmstead, homestead.*

pacificatie 0.1 *pacification.*

pacifisme 0.1 *pacifism.*

pacifist, -e 0.1 *pacifist.*

pacifistisch 0.1 *pacifist(ic)* ♦ **1.1** de Pacifistisch-Socialistische Partij *the Pacifist-Socialist Party.*

pact 0.1 *pact* ⇒*treaty* ♦ **1.1** de landen v.h. Pact van Warschau *the Warsaw Pact countries* **2.1** Noord-Atlantisch Pact *North Atlantic Treaty.*

pad I 〈het〉 **0.1** [smalle weg] *path;* 〈van tuin ook〉 *walk;* 〈niet aangelegd〉 *track;* 〈spoor〉 *trail;* 〈in kerk/schouwburg enz.〉 *gangway, aisle* **0.2** [levensweg] *path, way* ♦ **1.2** het ~ v.d. deugd bewandelen *keep to the straight and narrow;* het ~ v.d. zonde *the p./w. of sin/vice* **2.1** 〈fig.〉 de minder bekende ~en v.d. Duitse letterkunde *the byways of German literature;* 〈fig.〉 daarmee begeef je je op een glibberig ~ *you'll be (moving) on slippery ground (then);* platgetreden ~en bewandelen 〈fig.〉 *walk the beaten path/tracks* **2.2** iem. op het slechte ~ brengen *lead s.o. astray;* hij is het slechte ~ opgegaan *he has taken to crime;* het verkeerde ~ opgaan *go astray, take up bad ways* **3.1** 〈fig.〉 het ~ effenen voor iem. *clear/smooth the path for s.o.* **6.** ¶ op ~ gaan *set off;* zij is altijd op ~ *she's always on the go;* 's nachts op ~ gaan 〈van dief e.d.〉 *operate at night;* vroeg op ~ gaan *make an early start;* je bent nog laat op ~ *you're out late;* **II** 〈de〉 **0.1** [dierk.] *toad* ♦ **8.1** opzwellen als een ~ *swell like a t.*

paddestoel 0.1 [zwam] 〈alg.〉 *fungus;* 〈ihb. giftig〉 *toadstool;* 〈eetbaar〉 *mushroom* **0.2** [wegwijzer] ±*signpost* **0.3** [wolk] *mushroom (cloud)* ♦ **2.1** giftige en eetbare ~en *poisonous and edible fungi, toadstools and mushrooms* **3.1** ~en gaan zoeken *go mushrooming* **8.1** als ~en uit de grond schieten/verrijzen *mushroom.*

padvinder, -ster 0.1 *boy scout* ⟨m.⟩; ⟨BE⟩ *girl guide* ⟨v.⟩.
padvinderij 0.1 *Scout Association* ⇒*scouting* ◆ 6.1 bij de ~ zijn/op de ~ zitten *be a scout*.
padvindersmes 0.1 *Swiss army knife*.
paf[1] ⟨bn.⟩ 0.1 *baffled, confounded, stunned* ◆ 3.1 iem.~ doen staan *make s.o. gasp, stagger s.o.*; ik sta ~ *I'm s./ bowled over.*
paf[2] ⟨tw.⟩ 0.1 *bang* ◆ ¶.1 ⟨kind.⟩ ~! jij bent dood! *b.! you're dead!*
paffen 0.1 [roken] *puff* 0.2 [schieten] *pop* ◆ 3.1 ze zitten daar stevig te ~ *they're puffing away in there* ¶.2 ze ~ er maar op los *they just keep popping away.*
pafferig 0.1 *doughy, bloated* ⟨gezicht⟩; *puffy, flabby* ⟨lichaam⟩.
pagaai 0.1 *paddle.*
pagadder ⟨AZN⟩ 0.1 [kwajongen] *brat* 0.2 [klein kind] *toddler.*
page 0.1 [dienaar v.e. ridder] *page* 0.2 [kind dat bij feesten dienst doet] *page (boy)* 0.3 [vlinder] *hairstreak.*
pagina 0.1 [bladzijde; ook druk.] *page* ◆ 2.1 een uitvouwbare ~ *a pullout* 6.1 in ~'s opmaken *page (up)*; een tekst over een hele ~ *a full-page text* 7.1 ~ 2 in 3 *pages 2 and 3.*
paginagroot 0.1 *full-page.*
pagineren 0.1 *page, paginate.*
paginering 0.1 *pagination* ⇒*page numbers/numbering.*
pagode 0.1 *pagoda.*
paillette 0.1 *sequin, spangle* ◆ 6.1 de jurk was met ~n versierd *the dress was trimmed with spangles.*
pais ◆ 1.¶ alles is weer ~ en vree *peace reigns once more;* ⟨na ruzie⟩ *the dust has settled.*
pak 0.1 [verpakking] *pack(age);* ⟨pakje⟩ *packet;* ⟨pakketje⟩ *parcel;* ⟨kartonnen doos⟩ *carton* 0.2 [kostuum] *suit* 0.3 [bij elkaar gebonden geheel] ⟨baal⟩ *bale;* ⟨partij⟩ *batch;* ⟨bundel, pakket⟩ *bundle;* ⟨stapeltje⟩ *packet* 0.4 [laag, vracht] *pack* 0.5 [bagage] *bag* ◆ 1.1 een ~ koekjes/koffie *a packet of biscuits/coffee;* een ~ melk *a carton of milk;* een ~ suiker/meel *a bag of sugar/flour* 1.3 een ~ oud papier *a batch/bundle of wastepaper* 1.4 een ~ sneeuw *a layer of snow;* er lag een dik ~ sneeuw *the snow lay thick everywhere* 1.¶ iem. een ~ rammel geven *give s.o. a beating/a good hiding;* een kind een ~ slaag geven *spank/wallop a child, give a child a spanking;* een ~ slaag krijgen *get a whacking* 2.2 zijn beste ~ *his (Sunday) best suit;* een nat ~ halen *get drenched* 3.2 iem. in het ~ steken *clothe s.o.* 6.2 hij zit goed in het ~ *he dresses smartly* 6.¶ bij de ~ken neerzitten *throw in the towel;* je moet niet bij de ~ken neerzitten *never say die;* moet je een ~ voor je billen/ broek? *(do you) want to get your trousers dusted?* ¶.1 dat is een ~ van mijn hart *that is/takes a load off my mind* ¶.3 het was weer van hetzelfde laken een ~ *it was the same thing all over again.*
pakezel 0.1 [lastdier] *pack mule* 0.2 [fig.] *dogsbody.*
pakhuis 0.1 *warehouse, storehouse;* ⟨magazijn⟩ *repository.*
pakijs 0.1 *pack (ice).*
Pakistaan, -se 0.1 *Pakistani.*
Pakistaans 0.1 *Pakistan(i)* ⇒*of/from Pakistan.*
Pakistan 0.1 *Pakistan.*
pakje 0.1 [cadeautje] *parcel* ⇒*present* 0.2 [postpakket] *parcel* 0.3 [kleine verpakking] *packet* ⇒⟨mbt. papier, geld⟩ *wad* 0.4 [dameskostuum] *ensemble;* ⟨tweedelig⟩ *two-piece* ◆ 3.1 zal ik er een ~ van maken? *shall I do/make it up (for you)?*
pakjesavond 0.1 ⟨*evening of 5 December, on which presents are given (within the family)*⟩ ◆ 3.1 aan ~ doen *celebrate 'pakjesavond'.*

pakken I ⟨ov.ww.⟩ 0.1 [te voorschijn halen] *get, take, fetch* 0.2 [vastnemen] *catch, grasp* ⇒*grab,* ⟨grijpen⟩ *seize* 0.3 [betrappen] *catch* 0.4 [inpakken] *pack* ⇒*wrap up* ⟨cadeautje⟩ 0.5 [gebruik maken van] *take* 0.6 [mbt. drank] *have* 0.7 [bevangen zijn door] *catch, get* 0.8 [benadelen] *get* 0.9 [proppen] *compress* 0.10 [mishandelen] *do (s.o.) over* ◆ 1.1 even mijn agenda ~ *(just) let me get my diary;* een extra kopje ~ *fetch an extra cup;* schone lakens uit de kast ~ *get clean sheets from the cupboard;* een pen ~ *get a pen;* pak een stoel *grab a chair;* ⟨inf.⟩ *take the load off your feet* 1.2 een kind (eens lekker) ~ ⟨knuffelen⟩ *hug/cuddle a child* 1.3 de daders zijn nooit gepakt *the offenders were never caught* 1.4 zijn boeltje bij elkaar ~ *p. (one's bags)* 1.8 de zwaksten/minima worden altijd gepakt *the weakest/minimum wage earners always g. it* 4.2 dan moet je mij ~ *(try and) c. me if you dare;* pak ze! *give it to them!;* ⟨tegen hond⟩ *get them!* 4.8 mij ~ ze niet meer *they won't catch me again* 4.10 ⟨voetbal⟩ iem. vies/smerig ~ *tackle s.o. viciously* 6.2 hij pakte haar bij de arm *he grabbed her by the arm;* ⟨fig.⟩ proberen iem. te ~ te krijgen *try to get hold of s.o.;* iets te ~ krijgen *lay one's hands on sth.;* ⟨fig.⟩ iem. te ~ nemen *have a go at s.o.;* ⟨fig.⟩ ik heb hem te ~ ⟨telefoon⟩ *I've got him;* nou heb ik je te ~ *got you!/;* ⟨inf.⟩ *gotcha;* ⟨jacht⟩ *soho!;* de verkeerde te ~ hebben *get hold of the wrong person;* als ik hem te ~ krijg *if I c. him/lay hands on him* 6.7 een kou te ~ hebben *have a cold;* het lelijk te ~ hebben ⟨erg verkouden/ziek zijn⟩ *be in a bad way;* ⟨erg verliefd zijn⟩ *be lovesick* 6.8 iem. op iets ~ *get s.o. on sth.* 6.10 ze hebben me flink/goed te ~ gehad ⟨onder handen/ bij de neus nemen⟩ *they really had me (there);* ⟨bij de neus nemen ook⟩ *they really made me look silly* ¶.2 pak me dan, als je kan! *c. me if you can!;* pak ze van je eigen leeftijd *tackle your own age* ¶.8 aan alle kanten gepakt worden *g. it on all sides* ¶.9 op elkaar gepakt in de bus staan *be squashed/packed together in the bus;*
II ⟨onov., ov.ww.⟩ 0.1 [boeien] *grip, hold, fetch* ◆ 1.1 dat boek pakt van begin tot eind *that book grips you from first to last;* het betoog pakte de toehoorders *the speech held the audience;*
III ⟨onov.ww.⟩ 0.1 [een contact bewerkstelligen] *hold, grip* ⟨anker, rem⟩; *bite* ⟨sleutel, wiel⟩; *take* ⟨verf⟩ 0.2 [zich laten samenvoegen] *bind* 0.3 [koffers inpakken] *pack (up)* ◆ 1.2 de sneeuw pakt bestse *the snow is packing* 3.3 we moeten nog ~ *we still have to p./do the packing.*
pakkend 0.1 *catching, catchy* ⟨liedje⟩; *fascinating, appealing, fetching* ⟨stijl⟩; *arresting* ⟨krantenkop⟩; *gripping* ⟨verhaal/boek⟩; *catching, attractive* ⟨reclame⟩ ◆ 1.1 een ~e finale *a gripping finale;* een ~e titel *a catchy/an arresting title.*
pakkerd ⟨inf.⟩ 0.1 *hug and kiss* ◆ 2.1 een dikke/stevige ~ *a great big hug/kiss* 3.1 iem. een ~ geven *give s.o. a hug and (a) kiss.*
pakket 0.1 [(post)pakje] *parcel* 0.2 [vaak in samenst.; set] *pack* ⇒⟨gereedschap⟩ *kit,* ⟨fig.⟩ *package* ◆ 1.2 ⟨fig.⟩ een ~ maatregelen *a package/set of measures;* een schoonmaakpakket *a cleaning kit.*
pakketpost 0.1 [afdeling] *parcel post office/department* 0.2 [kleine postpakketten] *parcel post.*
pakketreis 0.1 *package tour.*
pakkie-an ⟨inf.⟩ ◆ 5.¶ dat is niet mijn ~ *that's not my department.*
pakking 0.1 [materiaal voor hermetische afsluiting] *gasket, packing* 0.2 [inpakprocédé] *packing* 0.3 [cosmetische crème] *(face) pack* ◆ 2.1 een lekkende ~ *a leaking g.*
pakpapier 0.1 *packing/wrapping/brown paper.*

paksoi 0.1 *Chinese cabbage* ⇒*pak-choi cabbage.*

pakweg 0.1 *roughly* ⇒*approximately, about, around* ◆ 1.1 ~ 200 gulden per week *about 200 guilders a week* 7.1 om ~ zeven uur *say around seven o'clock.*

pal[1] ⟨de⟩ 0.1 ⟨vergrendeling⟩ *catch;* ⟨klink⟩ *click;* ⟨scheep.⟩ *pawl, pall, paul;* ⟨van vuurwerk⟩ *pallet, pawl;* ⟨van geweer⟩ *trigger; stop(per).*

pal[2] ⟨bw.⟩ 0.1 [loodrecht, frontaal] *directly* ⇒*due* 0.2 [onmiddellijk] *straight* ⇒*immediately* 0.3 [op zeer korte afstand] *directly* 0.4 [onbeweeglijk] *firmly* 0.5 [bestendig] *solidly* ◆ 3.1 de wind waait ~ uit het westen *the wind is due west* 3.4 ~ (blijven) staan *stop dead;* ⟨fig.⟩ ~ staan in het gevaar *hold one's ground in danger;* ⟨fig.⟩ ~ staan voor iets *make a firm stand for sth.;* ⟨fig.⟩ ~ staan achter iem. *be solidly behind s.o.* 5.1 we hadden de wind ~ tegen *the wind was right in our teeth* 6.1 hij kreeg de bal ~ in zijn gezicht *the ball hit him flush on the face* 6.2 ~ **voor** de pauze *right before the break/interval* 6.3 er ~ **boven** *d. above;* hij ging ~ **voor** mij staan *he went and stood d. in front of me* 6.4 ⟨fig.⟩ ~ **tegen** iets zijn *be dead against sth.*

paladijn 0.1 *paladin.*

paleis 0.1 [woning v.e. vorst] *palace* ⇒⟨hof⟩ *court* 0.2 [groot openbaar gebouw] *hall* ◆ 1.2 het ~ van justitie *the Hall of Justice* 3.1 ⟨fig.⟩ het is niet bepaald een ~ *it's not Buckingham Palace, is it?* 6.1 iem. **ten** paleize ontvangen *receive s.o. at court.*

paleisrevolutie 0.1 *palace revolution* ⟨ook fig.⟩.

paleiswacht I ⟨de⟩ 0.1 [korps] *household troops;* II ⟨de (m.)⟩ 0.1 [bewaker] *palace guard.*

palen 0.1 [grenzen aan] *abut (on)* ⇒*adjoin* 0.2 [vulg.; neuken] *ram* ⇒*fuck.*

Paleoceen ⟨geol.⟩ 0.1 *Palaeocene.*

paleograaf 0.1 *palaeographer.*

paleontologie 0.1 *palaeontology.*

Paleozoïcum ⟨geol.⟩ 0.1 *Palaeozoic.*

Palestijn, -se 0.1 *Palestinian.*

Palestijns 0.1 *Palestinian* ⇒*Palestine* ◆ 1.1 ~e bevrijdingsorganisatie *Palestine Liberation Organization.*

Palestina 0.1 *Palestine.*

palet 0.1 *palette* ◆ 2.1 het Delftse ~ *the p. of the Delft school (of painting).*

paling 0.1 [aal] *eel* 0.2 [voedsel] *eels* ◆ 2.1 een jonge ~ *an elver* 2.2 gerookte ~ *smoked eel(s)* 6.2 ⟨AZN⟩ ~ in het groen *stewed e. in chervil sauce;* ~ in gelei *jellied e.*

palingboer 0.1 *eel seller.*

palingvangst 0.1 *eel catch.*

palingworst 0.1 *sausage with smoked-bacon bits.*

palissade 0.1 *palisade, stockade.*

palissander 0.1 *rosewood* ⇒*palisander.*

paljas 0.1 *buffoon, clown.*

pallet 0.1 *pallet (board).*

palliatief[1] ⟨het⟩ 0.1 [med.] *palliative* ⇒*painkiller* 0.2 [lapmiddel] *palliative.*

palliatief[2] ⟨bn.⟩⟨med.⟩ 0.1 *palliative* ⇒*lenitive* ◆ 1.1 palliatieve bestraling *p. radiation.*

pallium 0.1 [rel.] *pallium* ⇒*superhumeral* 0.2 [med.] *pallium* ⇒*cerebral cortex* 0.3 [gesch.; mantel] *pallium.*

palm 0.1 [(tak/blad van) tropische boom] *palm* 0.2 [mbt. de hand] *palm* ◆ 3.1 de ~ wegdragen ⟨fig.⟩ *bear/carry off the p.*

palmares 0.1 ⟨school.⟩ *list of (school) prizewinners;* ⟨sport⟩ *record (of achievements).*

palmboom 0.1 [boom] *palm.*

palmolie 0.1 *palm oil.*

Palmpasen 0.1 *Palm Sunday.*

palmtak 0.1 *palm.*

palmzondag 0.1 *Palm Sunday.*

palpabel ⟨med.⟩ 0.1 *palpable.*

palpatie ⟨med.⟩ 0.1 *palpation.*

pamflet 0.1 *pamphlet* ⇒⟨vlugschrift⟩ *broadsheet.*

pamfletschrijver, -schrijfster 0.1 *pamphleteer.*

Pampus ◆ 6.¶ ⟨inf.⟩ **voor** ~ liggen *be dead to the world, be out cold;* ⟨dronken ook⟩ *be paralytic.*

pan 0.1 [keukengerei] *pan* 0.2 [dakbedekking] *(pan)tile* 0.3 [inf.; puinhoop] *muddle* ⇒*mess* 0.4 [duinvallei] *pan* ⇒*hollow* ◆ 1.1 een ~ aardappelen *a panful of potatoes* 2.3 het is daar een gezellige ~ *the place is a cheerful chaos* 3.3 het was een ~ in de klas *it was bedlam/pandemonium in the classroom* 5.1 ⟨fig.⟩ de ~ uit rijzen/vliegen/springen *soar, snowball, rocket* 6.1 ⟨fig.⟩ dat swingt de ~ **uit** *that's really far out* 6.2 met ~nen gedekt *tiled;* ⟨fig.⟩ hij is weer even **onder** de ~nen ⟨huis⟩ *he's got a roof over his head;* ⟨werk⟩ *he's found/got sth. for now* 6.¶ **in** de ~ hakken *cut to ribbons/pieces, make mincemeat of.*

panacee ◆ 0.1 *panacea* ⇒*cure-all.*

Panama 0.1 *Panama.*

Panamakanaal 0.1 *Panama Canal.*

Panamees, -mese 0.1 *Panamanian.*

pand I ⟨het⟩ 0.1 [huis] *premises* ⇒*property, building, house* 0.2 [onderpand] *pawn* ⇒*pledge, security* 0.3 [jur.] *pledge* ◆ 2.1 belendende ~en *adjoining/adjacent premises* 6.1 in hetzelfde ~ *on the same premises* 6.3 in ~ nemen *take in p./pawn;* in ~ geven *pledge, pawn* 8.2 iem. iets als/tot ~ geven *give sth. in pledge/as security to s.o.;* II ⟨het, de⟩ 0.1 [deel v.e. kledingstuk] *piece* ⇒*panel* 0.2 [slip v.e. jas] *panel* ⇒*tail* ⟨rokkostuum⟩, *skirt* ⟨damesmantel⟩.

panda 0.1 *panda.*

pandbrief 0.1 *mortgage bond.*

pandemonium 0.1 [fig.; lawaai] *pandemonium;* ⟨tumult⟩ *uproar;* ⟨chaos⟩ *chaos.*

pandjesbaas 0.1 *pawnbroker.*

pandjeshuis 0.1 *pawnshop.*

pandjesjas 0.1 *tailcoat* ⇒⟨inf.⟩ *tails* ◆ 3.1 een ~ aanhebben/aantrekken *be in/put on tails.*

pandoer 0.1 ⟨card game in which the player who calls 'pandoer' has to make all the tricks⟩ ◆ 2.¶ dat is opgelegd ~ *it's a foregone conclusion/a sure thing;* ⟨doorgestoken kaart⟩ *it's a put-up job.*

pandverbeuren 0.1 *(game of) forfeits.*

paneel 0.1 [vlak binnen een omlijsting; blad waarop men schildert] *panel* 0.2 [schilderstuk op hout] *panel* ⇒⟨vleugel van triptiek, paneel⟩ *volet* 0.3 [tafel met schakelaars] *panel* ⇒*board.*

paneermeel 0.1 *breadcrumbs.*

panel 0.1 *panel.*

panellid 0.1 *panel member;* ⟨vnl. in quiz e.d.⟩ *panellist.*

paneren 0.1 *bread(crumb).*

panfluit 0.1 *panpipe(s).*

pang 0.1 *pow* ⇒*bang.*

panharing 0.1 *white/fresh herring.*

paniek 0.1 *panic* ⇒*alarm,* ⟨gevoel⟩ *terror* ◆ 3.1 er ontstond ~ *(a) p. broke out;* ~ zaaien *spread p./alarm* 6.1 in ~ raken *panic, be seized by p.;* **in** ~ vluchten *run away in terror* 7.1 geen ~! *don't panic.*

paniekbestendig ⟨scherts.⟩ 0.1 *panic-proof/-resistant.*

paniekerig 0.1 ⟨bn.⟩ *panicky, panic-stricken* ⇒*frantic,* ⟨bw.⟩ *in (a) panic, frantically* ◆ 3.1 doe niet zo ~ *steady on, don't be so panicky;* ~ reageren *panic (in reaction to).*

paniekstemming 0.1 *feeling of panic/alarm.*

paniekvoetbal 0.1 [paniekerig voetbalspel] *panicky play* 0.2 [paniekerig gedrag] *panic measure(s)/behaviour.*

paniekzaaier, -ster 0.1 *panic-monger, alarmist.*

panisch 0.1 ⟨bn.⟩ *panic* ⇒*frantic,* ⟨bw.⟩ *in (a) panic, frantically* ♦ 1.1 een ~e angst hebben voor iets/om iets te doen *be terrified of sth./of doing sth.* 3.1 ~ reageren *panic.*

panklaar 0.1 [gereed voor de pan] *ready to cook* 0.2 [fig.] *ready-made* ♦ 1.2 een panklare oplossing *an instant solution.*

panlat 0.1 *tile lath.*

panne 0.1 *breakdown* ♦ 3.1 ~ hebben *have a b./engine trouble.*

pannendak 0.1 *tiled roof.*

pannenkoek 0.1 *pancake.*

pannenkoekmix 0.1 ±*batter mix.*

pannenlap 0.1 *oven cloth* ⇒*potholder,* ⟨want⟩ *oven mitt.*

pannenlikker 0.1 *scraper.*

pannenset 0.1 *set of (pots and) pans.*

pannenspons 0.1 *scourer, scouring pad.*

panopticum 0.1 *waxworks.*

panorama 0.1 [vergezicht] *panorama;* ⟨in samenst. ook⟩ -*scape* 0.2 [schilderstuk] *cyclorama* ⇒*panorama.*

pantalon 0.1 *(pair of) trousers* ⇒⟨voor sport en vrije tijd⟩ *(pair of) slacks* ♦ 7.1 twee ~s *two pair(s) of t.*

panter 0.1 *panther* ⇒⟨hb. Afrikaanse⟩ *leopard* ♦ 2.1 zwarte ~ *black p.;* ⟨lid van militante negerbeweging in USA⟩ *Black Panther.*

pantheïsme 0.1 *pantheism.*

pantheon 0.1 *pantheon* ♦ 2.1 letterkundig ~ *p. of letters.*

pantoffel 0.1 *(carpet) slipper* ♦ 6.1 ⟨fig.⟩ hij zit **onder** de ~ *he is henpecked;* **op** ~s in slippers.

pantoffeldiertje 0.1 *slipper animalcule* ⇒*paramecium.*

pantoffelheld 0.1 [man onder de plak] *henpecked husband* 0.2 [bangerd] *faint-heart* ⇒*milksop.*

pantoffelplant, pantoffeltje 0.1 *slipperwort* ⇒*calceolaria.*

pantomime 0.1 *(panto)mime;* ⟨folk.⟩ *mummery* ♦ 3.1 een ~ opvoeren *(panto)mime, perform in (panto)mime.*

pantomimespeler, -speelster 0.1 *mime (artist).*

pantser 0.1 [stalen bescherming] *(plate) armour* ⇒*armour-plating* 0.2 [harnas] *(suit of) armour.*

pantserauto 0.1 *armoured car.*

pantserdivisie 0.1 *armoured division* ⇒*panzer division* ⟨mbt. het Duitse leger in de 2e Wereldoorlog⟩.

pantseren 0.1 [versterken] *armour(-plate)* ⇒*plate* 0.2 [fig.; wapenen] *steel (to/for/against)* ♦ 4.2 zich ~ tegen overgevoeligheid *guard against oversensitiveness.*

pantserglas 0.1 *bullet-proof glass.*

pantsering 0.1 [het pantseren/gepantserd zijn] *armour-(ing), (armour-)plating;* ⟨van kabel⟩ *cable-armouring, armour of a cable* 0.2 [pantserplaten] *armour-plating.*

pantserschip 0.1 *armoured ship/vessel* ⇒*ironclad/armour-clad ship/vessel.*

pantserwagen, pantservoertuig 0.1 *armoured car* ⇒*armoured vehicle,* ⟨gesch.⟩ *panzer,* ⟨mv. ook⟩ *armour.*

panty 0.1 [*B](pair of) tights;* [A]*pantyhose* ♦ 7.1 drie panty's *three pairs of tights.*

pantykous 0.1 *nylon knee-socks* ⇢*pop sock.*

panvis 0.1 *frying fish* ⇒*fried fish.*

pap I ⟨de⟩ 0.1 [halfvloeibaar voedsel] *porridge;* ⟨voor zieken en zuigelingen⟩ *pap* 0.2 [als geneesmiddel] *poultice* ⇒ *dressing* 0.3 [stijfsel] *size;* ⟨behangplaksel⟩ *paste;* ⟨voor textiel ook⟩ *dressing* ♦ 3.1 ik lust er wel ~ van *this is meat and drink to me* 6.1 tot ~ koken *boil to mash* 7.¶ geen ~ meer kunnen zeggen ⟨vermoeid⟩ *be (dead) beat;* ⟨BE ook; inf.⟩ *be whacked/fagged (out);* ⟨veel gegeten hebben⟩ *be full up;*

II ⟨de (m.)⟩⟨kind.⟩ 0.1 [papa] *dad(dy).*

papa 0.1 *papa* ⇒*dad(dy).*

papaja 0.1 *papaya* ⇒*pawpaw.*

papaver 0.1 *poppy* ⇒⟨plantk.⟩ *Papaver.*

papaverbol 0.1 *poppyhead.*

papegaai 0.1 [vogel] *parrot* ⇒⟨klein⟩ *lorikeet* 0.2 [fig.; persoon] *parrot* 0.3 [handvat boven een bed] *(hand)grip.*

papegaaienziekte 0.1 *psittacosis* ⇒*parrot disease/fever.*

papendom ⟨bel.⟩ 0.1 *blackcoats.*

papenvreter, -vreetster 0.1 *(rabid) antipapist* ⇒*anti-Catholic.*

paperassen 0.1 *papers* ⇒*paper work,* ⟨BE ook; sl.⟩ *bumf,* ⟨BE ook; sl.⟩ *bumph* ♦ 1.1 een stapel ~ *a pile of papers; a load of bumf/bumph.*

Papiamento, Papiaments 0.1 *Papiamento.*

papier 0.1 [beschrijfbaar materiaal] *paper* 0.2 [vel] *(piece/sheet of) paper* 0.3 [geldswaardig biljet] *paper* ⇒*stock, bond* 0.4 [officieel bewijsstuk]⟨vnl. mv.⟩ *paper* ⇒*document* ♦ 2.1 ⟨fig.⟩ ~ is geduldig *you can put anything on p., p. won't blush;* gelinieerd ~ *ruled/lined p.* 2.2 gezegeld ~ *stamped p.* 2.3 kort/lang ~ *short(-dated/-term)/long(-dated/-term) p./bonds;* ⟨AZN⟩ in slechte ~en zitten *be in trouble;* solide ~en *sound papers* 2.4 ⟨fig.⟩ goede ~en hebben *have good credentials;* ⟨veel kans maken⟩ *stand a good chance* 3.1 iets aan het (witte) ~ toevertrouwen *commit sth. to p./writing* 3.3 zijn ~en rijzen *his stock is rising* 6.1 zijn gedachten **op** ~ zetten *put one's thoughts down on p.;* **op** ~ klopt het perfect *it adds up/works perfectly on p.;* **op** ~ zitten er 30 kinderen in de klas *on p., there are 30 children in the class;* **van** ~ spreken *speak from notes* 6.3 het loopt aardig in de ~en *it (soon) mounts up* ¶.3 ~ aan toonder *bearer p.*

papierafval 0.1 *wastepaper.*

papieren 0.1 [van papier; niet werkelijk] *paper* 0.2 [als van papier] *papery* ⇒*paperlike* ♦ 1.1 ~ geld *p. money,* [B]*(bank) notes;* een ~ lid *a member on paper/in name only;* ~ servetten *p. napkins* 1.2 de ~ vleugeltjes v.d. vlinder *the paper-thin/tissue-like wings of the butterfly.*

papierfabriek 0.1 *paper factory/mill.*

papiergeld 0.1 *paper money* ♦ 6.1 ƒ100,- **in** ~ *100 guilders in notes.*

papierhandel 0.1 [handel in papier] *paper trade/business* ⇒⟨mbt. schrijfbehoeften⟩ *stationery trade* 0.2 [winkel] *stationer's (shop).*

papier-maché 0.1 ⟨bn. en zn.⟩ *papier-mâché.*

papiermand 0.1 *wastepaper basket.*

papiermerk 0.1 *watermark.*

papierrol 0.1 *roll of paper.*

papiersnipper 0.1 *scrap of paper.*

papiertje 0.1 ⟨stukje papier⟩ *piece of paper* ⇒⟨van snoepje⟩ *wrapper* ♦ 6.1 een cadeautje **in** een ~ pakken *wrap up a present.*

papierversnipperaar 0.1 *(paper) shredder.*

papierwinkel 0.1 [massa papier] *mass of paperwork* 0.2 [winkel] *stationer's (shop).*

papil 0.1 *papilla.*

papillot 0.1 *curler* ⇒*curl paper* ♦ 3.1 ~ten leggen/zetten *put one's hair in curlers/curl papers.*

papisme ⟨pej.⟩ 0.1 *papistry.*

papje 0.1 *poultice* ♦ 3.1 een ~ leggen op een zweer *poultice a sore.*

paplepel ♦ 6.¶ ⟨fig.⟩ dat is hem **met** de ~ ingegeven *he learned it at his mother's knee, he was brought up on that.*

Papoea 0.1 *Papuan.*

Papoeaas 0.1 *Papuan* ♦ 1.1 de Papoease bevolking *the P. people.*

Papoea-Nieuw-Guinea 0.1 *Papua New Guinea.*

pappen 0.1 *dress* ⇒⟨med.⟩ *poultice* ◆ **3.1** ~ en nat houden ⟨fig.; scherts.⟩ *stick/sweat it out.*

pappenheimer ◆ **3.**¶ hij kent zijn ~s *he knows who he's dealing with.*

papp(er)ig 0.1 [week als pap] *mushy* **0.2** [dik] *puffy* ⇒*flabby* ◆ **1.1** de aardappelen zijn ~ *the potatoes are m.* **1.2** een ~e kop *a flabby face.*

pappie ⟨kind.⟩ **0.1** *daddy.*

paprika 0.1 *(sweet) pepper* ⇒⟨groen⟩ *green/Bell pepper,* ⟨rood⟩ *red pepper.*

paprikapoeder 0.1 *paprika.*

paps ⟨kind.⟩ **0.1** *dad* ⇒*daddy.*

papyrus 0.1 *papyrus.*

papyrusrol 0.1 *papyrus.*

papzak 0.1 *potbelly* ⇒⟨aanspreekvorm⟩ *fatty.*

paraaf 0.1 *initials* ◆ **3.1** een ~ zetten *initial.*

paraat 0.1 *ready* ⇒*prepared* ◆ **3.1** troepen ~ houden *have troops standing by;* ~ staan *be r./prepared.*

parabel 0.1 *parable.*

parabolisch 0.1 *parabolic* ◆ **1.1** een ~e spiegel *a p. mirror.*

parabool 0.1 *parabola.*

parachute 0.1 *parachute.*

parachuteren 0.1 *parachute* ⇒*(air)drop* ⟨voedsel, goederen⟩.

parachutespringen 0.1 *do parachuting.*

parachutesprong 0.1 *parachute jump.*

parachutist, -e 0.1 *parachutist.*

parade 0.1 *parade* ⇒⟨wapenschouwing ook⟩ *(military) review* ◆ **3.1** (een) ~ afnemen *take the salute;* (een) ~ houden *review, parade.*

paradepaard 0.1 *showpiece* ◆ **1.1** dit product is het ~ van onze firma *this product is the s. of our firm.*

paraderen 0.1 [parade houden] *parade* **0.2** [+ met; pronken met] *flaunt* ⇒*show off* ◆ **6.2** zij liep te ~ met haar nieuwe jas *she was showing off her new coat.*

paradigma 0.1 *paradigm.*

paradijs 0.1 ⟨rel.⟩ *Paradise* ⇒⟨lusthof⟩ *paradise* ◆ **2.1** het aardse ~ *the Garden of Eden;* Italië is voor haar een waar ~ *Italy is a real paradise to her.*

paradijselijk 0.1 *heavenly* ⇒*paradisaical* ◆ **1.1** een ~ oord *a h. spot.*

paradijsvogel 0.1 *bird of paradise.*

paradox 0.1 *paradox.*

paradoxaal 0.1 *paradoxical* ◆ **3.1** het klinkt ~ *it sounds p.*

paraferen 0.1 *initial.*

paraffine 0.1 *paraffin (wax).*

parafrase 0.1 *paraphrase* ◆ **3.1** een ~ geven (van) ⟨ook⟩ *paraphrase.*

parafraseren 0.1 *paraphrase.*

paragnost 0.1 *psychic.*

paragnostisch 0.1 *psychic* ◆ **1.1** ~e dromen *p. dreams.*

paragraaf 0.1 [teken] *section (mark)* ⟨§⟩ **0.2** [onderdeel] *section* ◆ **6.2** in paragrafen verdelen *divide into sections.*

paragraafteken 0.1 *section (mark)* ⟨§⟩.

Paraguay 0.1 *Paraguay.*

Paraguayaan, -se 0.1 *Paraguayan.*

parallax 0.1 *parallax* ◆ **2.1** jaarlijkse ~ *annual/heliocentric p.*

parallel[1] ⟨de⟩ **0.1** *parallel* ◆ **1.1** een ~ trekken/maken tussen/met *draw a p. between* **3.1** deze ~ kan nog verder doorgetrokken worden *this p./analogy can be carried further.*

parallel[2] ⟨bn., bw.⟩ **0.1** [evenwijdig] *parallel (to/with)* **0.2** [vergelijkbaar] *parallel (to)* ⇒*analogous (to/with)* **0.3** [mbt. stroomcircuits] *parallel* ◆ **1.2** een ~le ontwikkeling *a p. development* **3.3** die lampen zijn ~ geschakeld *those lamps are connected in parallel* **6.1** die wegen lopen ~ aan/met elkaar *those roads run p. to each other.*

parallellisatie ⟨ec.⟩ **0.1** *diversification.*

parallellisme 0.1 *parallelism.*

parallellogram 0.1 *parallelogram.*

parallelmarkt ⟨hand.⟩ **0.1** ⟨officieel genoteerd⟩ *unlisted securities market;* ⟨niet-officieel genoteerd⟩ *third market.*

parallelschakeling ⟨elektrotechniek⟩ **0.1** *parallel connection* ⇒*shunt.*

parallelweg 0.1 *parallel road* ⇒⟨ventweg⟩ *service road.*

Paralympisch ◆ **1.**¶ de ~e Spelen *the Paralympic Games,* *the Paralympics.*

paramedicus 0.1 *paramedic.*

paramedisch 0.1 *paramedical.*

parameter 0.1 *parameter.*

paramilitair 0.1 *paramilitary.*

paranoia 0.1 *paranoia.*

paranoïde 0.1 *paranoid* ◆ **1.1** ~ personen *paranoiacs.*

paranormaal 0.1 *paranormal* ⇒*psychic.*

paraplu 0.1 ⟨ook fig.⟩ *umbrella* ◆ **2.1** een opvouwbare ~ *a folding u.* **3.1** een ~ opsteken/opzetten *put up an u.*

paraplubak 0.1 *umbrella stand.*

parapsychologie 0.1 *parapsychology* ⇒*psychic research.*

parasiet 0.1 [klaploper] *parasite* ⇒*sponge* **0.2** [biol.] *parasite* ◆ **8.2** als ~ leven op een plant *be a p. on a plant.*

parasietplant 0.1 *parasitic plant, parasite.*

parasiteren 0.1 *parasitize* ⇒⟨fig.⟩ *sponge (on/off)* ◆ **6.1** hij parasiteert op zijn makkers *he sponges on/off his mates.*

parasol 0.1 *sunshade* ⇒*parasol.*

parastataal ◆ **1.**¶ ⟨Belg.⟩ parastatale instelling *semi-governmental institution.*

paratroepen 0.1 *paratroops* ⇒*paratroopers.*

paratyfus 0.1 *paratyphoid (fever).*

parcours 0.1 *track* ◆ **2.1** een foutloos ~ *a clear round.*

pardoes 0.1 *smack* ⇒*bang* ◆ **3.1** iem. ~ tegen het lijf lopen *run bang/s. into s.o.*

pardon[1] ⟨het⟩ **0.1** [vergiffenis] *pardon* ⇒*mercy* **0.2** [jur.] *pardon* ◆ **2.2** generaal ~ *amnesty, general p.* **3.1** geen ~ geven *give no quarter;* geen ~ hebben met *have no mercy on;* geen ~ kennen *be relentless/implacable* **3.2** iem. ~ verlenen *pardon s.o.* **6.1** zonder ~ *without mercy, merciless(ly).*

pardon[2] ⟨tw.⟩ **0.1** *pardon (me)* ⇒*I beg your pardon, excuse me, (so) sorry* ◆ ¶.**1** ~, mag ik even passeren? *may I get by, please?;* stond ik op uw tenen? ~! *sorry, did I step on your toe?;* ~? *I beg your pardon?;* ⟨BE ook⟩ *sorry?;* ⟨AE ook⟩ *excuse me?*

parel 0.1 *pearl* ⇒⟨iets waardevols ook⟩ *jewel, gem* ◆ **1.**¶ ~s van zweet stonden op zijn hoofd *beads of sweat covered his brow* **2.1** een gekweekte ~ *a cultured p.;* valse/onechte ~s *imitation pearls* **3.1** ⟨fig.⟩ ~s voor de zwijnen gooien *cast pearls before swine* **6.1** ⟨fig.⟩ de schoonste ~ aan zijn kroon *the finest jewel in his crown;* ze is een ~ van een vrouw *she is a jewel.*

parelbank 0.1 *pearl-oyster bed.*

parelduiker 0.1 *pearl diver.*

parelen 0.1 *pearl* ⇒*bead* ◆ **1.1** het zweet parelde op haar voorhoofd *her forehead was beaded with sweat.*

parelgrijs 0.1 ⟨bn. en zn.⟩ *pearl grey.*

parelhoen 0.1 *guinea fowl.*

pareloester 0.1 *pearl oyster.*

parelsnoer 0.1 *string of pearls.*

parelvisserij 0.1 [handeling] *pearling* ⇒*pearl fishing/diving* **0.2** [bedrijf] *pearl farm/fishery* ⇒*pearl industry.*

parelwit 0.1 *pearly (white)* ◆ **1.1** haar ~te tanden *her pearly (white) teeth.*

paren I ⟨onov.ww.⟩ **0.1** [zich tot voortplanting verenigen] *mate (with)* ◆ **3.1** doen ~ *mate (with);* **II** ⟨ov.ww.⟩ **0.1** [bijeenvoegen] *pair (off/up)* **0.2** [fig.] *combine (with)* ⇒*couple (with)* ◆ **3.2** gepaard gaan met *be attended by, go (together/hand in hand) with, be coupled with.*

pareren 0.1 *parry* ◆ **6.1** met een kwinkslag ~ *p. with a quip.*

par excellence 0.1 *par excellence.*

parforce 0.1 *by force.*

parfum 0.1 *perfume* ⇒⟨vnl. BE ook⟩ *scent.*

parfumeren 0.1 *scent* ⇒*perfume* ◆ **5.1** licht geparfumeerd *lightly scented/perfumed.*

parfumerie 0.1 *perfumery.*

pari¹ ⟨het⟩⟨geldw.⟩ **0.1** *par* ◆ **6.1** boven ~ kopen/verkopen *buy/sell above p./at a premium;* onder/beneden ~ kopen/verkopen *buy/sell below p./at a discount.*

pari² ⟨bw.⟩⟨geldw.⟩ **0.1** *par* ◆ **¶.1** de lening wordt u gegeven à ~ *the loan is issued to you at p./at face value.*

paria 0.1 *pariah* ⇒*outcast.*

Parijs¹ ⟨het⟩ **0.1** *Paris.*

Parijs² ⟨bn.⟩ **0.1** *Parisian* ⇒*Paris* ◆ **1.1** ~e mode *Paris fashion.*

Parijzenaar 0.1 *Parisian.*

parikoers ⟨geldw.⟩ **0.1** *par rate.*

paring 0.1 [geslachtsdaad] *mating* **0.2** [het in paren bijeenbrengen] *pairing* ◆ **1.2** de ~ v.d. rijders voor een wedstrijd *the p. of competitors for a race.*

paringsdaad 0.1 *copulation.*

paringsdans 0.1 *courtship display.*

Parisienne 0.1 *Parisian.*

pariteit 0.1 [gelijkheid] *parity* **0.2** [geldw.; vaste waardeverhouding] *parity* ⇒*par* **0.3** [geldw.; waardeovereenkomst] *parity* ⇒*par (value).*

pariteitentabel, -tafel 0.1 *parity table.*

park 0.1 [(grote) openbare tuin] *park* **0.2** [torrein rond een kasteel] *park* ⇒⟨rondom gebouw⟩ *grounds* **0.3** [materieel] ⟨vervoermiddelen⟩ *fleet;* ⟨materieel, machines⟩ *plant* ◆ **3.1** een ~ aanleggen *lay out a p.*

parka 0.1 *parka.*

parkeerautomaat 0.1 (ᴮ*car park/*ᴬ*parking lot) ticket machine/dispenser.*

parkeerboete 0.1 *parking fine.*

parkeerbon 0.1 *parking ticket.*

parkeercontroleur, -leuse 0.1 ᴮ*traffic warden* ⟨m., v.⟩.

parkeergarage 0.1 *(multistorey/underground)* ᴮ*car park/*ᴬ*parking garage.*

parkeergeld 0.1 *parking fee.*

parkeergelegenheid 0.1 *parking facilities* ⇒*parking space.*

parkeerhaven 0.1 ᴮ*lay-by,* ᴬ*turnout.*

parkeerlicht 0.1 *parking light.*

parkeermeester ⟨luchtv.⟩ **0.1** *batsman.*

parkeermeter 0.1 *parking meter.*

parkeerplaats 0.1 *parking place/space* ⇒⟨parkeerterrein⟩ ᴮ*car park,* ⟨parkeerterrein⟩ ᴬ*parking lot.*

parkeerpolitie 0.1 ᴮ*traffic wardens,* ᴬ*traffic police.*

parkeerruimte 0.1 *parking space/place.*

parkeerschijf 0.1 *(parking) disc.*

parkeerstrook 0.1 *parking lane.*

parkeerterrein 0.1 ᴮ*car park,* ᴬ*parking lot.*

parkeerverbod 0.1 *parking ban* ⇒⟨opschrift⟩ *No Parking* ◆ **3.1** hier geldt een ~ *this is a no-parking zone.*

parkeervergunning 0.1 *parking licence.*

parkeerwacht 0.1 *traffic warden.*

parkeerwachter 0.1 ᴮ*car-park/*ᴬ*parking lot attendant;* ⟨mbt. parkeerpolitie⟩ *traffic* ᴮ*warden/*ᴬ*policeman.*

parkeren 0.1 *park* ⇒⟨naar de kant rijden (en stoppen)⟩ *pull in/over* ◆ **1.1** de auto ~ *park the car* **2.1** dubbel ~ *double-park* **6.1** verboden te ~ *no parking.*

parket 0.1 [bureau v.d. vertegenwoordigers v.h. Openbaar Ministerie] *office of the public prosecutor* **0.2** [het Openbaar Ministerie] *public prosecutor* **0.3** [parketvloer] *parquet (floor)* ◆ **2.¶** in een lastig ~ zitten *be in an awkward predicament;* iem. in een moeilijk ~ brengen *put s.o. in an awkward position.*

parketvloer →*parket* **0.3.**

parketwacht 0.1 *court police/officers.*

parkiet 0.1 *parakeet* ◆ **2.1** de gewone ~ *budgerigar;* ⟨inf.⟩ *budgie.*

parking ⟨AZN⟩ **0.1** [het parkeren] *parking* **0.2** →**parkeerplaats.**

parkinson 0.1 *Parkinson's disease.*

parkwachter 0.1 *park keeper.*

parlement 0.1 *parliament* ◆ **2.1** het Europees ~ *the European Parliament* **6.1** in het ~ *in p.*

parlementair I ⟨bn.⟩ **0.1** [mbt. een parlement] *parliamentary* ◆ **1.1** ~e handelingen *p. proceedings;* het ~e stelsel *the p. system;* **II** ⟨bn., bw.⟩ **0.1** [beleefd] *parliamentary* ◆ **3.1** zich ~ uitdrukken *express o.s. in p. language.*

parlementariër 0.1 *member of (a) parliament* ⇒*parliamentarian,* ⟨afgevaardigde⟩ *representative.*

parlementarisme 0.1 *parliamentary government* ⇒*parliamentar(ian)ism.*

parlementsgebouw 0.1 *parliament building.*

parlementslid 0.1 *member of (a) parliament.*

parlementsverkiezing 0.1 *parliamentary election.*

parlementszitting 0.1 *(parliamentary) session.*

parmantig 0.1 *jaunty* ⇒⟨ihb. van kleine mannen⟩ *dapper* ◆ **1.1** een ~ heertje *a j./dapper little (gentle)man* **3.1** ~ stappen *step jauntily.*

Parmezaans ◆ **1.¶** ~e kaas *Parmesan cheese.*

parochiaal 0.1 *parochial* ◆ **1.1** het ~ kerkbestuur *the parish council.*

parochiaan 0.1 *parishioner.*

parochie 0.1 *parish* ◆ **2.1** voor eigen ~ preken ⟨fig.⟩ *preach to the converted.*

parochiekerk 0.1 *parish church.*

parodie 0.1 *parody (of/on)* ⇒⟨ongewenst⟩ *travesty (of)* ◆ **6.1** die film is een ~ op de hedendaagse samenleving *that film parodies modern society.*

parodiëren 0.1 *parody* ⇒⟨ongewenst⟩ *travesty.*

parool 0.1 *watchword* ⇒*slogan* ◆ **3.1** opletten is het ~ *pay attention is the motto.*

part I ⟨de⟩ ◆ **3.¶** mijn geheugen speelt mij ~en *my memory is playing tricks on me;* iem. ~en spelen *play tricks on s.o.;* **II** ⟨het⟩ **0.1** [deel v.e. geheel] *part* **0.2** [aandeel] *share* ⇒ *portion* ◆ **1.¶** ~ noch deel hebben aan iets *have nothing to do with sth.* **3.2** ieder krijgt zijn ~ *everyone gets his s./portion* **6.1** appels in ~en snijden *cut apples in pieces/segments* **6.¶** voor mijn ~ *for all I care, as far as I'm concerned.*

parterre 0.1 [begane grond] *ground floor* ⇒⟨AE ook⟩ *first floor* **0.2** [deel v.e. schouwburg/bioscoop] ᴮ*pit,* ᴬ*orchestra (circle)* ◆ **3.2** ~ zitten *have a seat in the p./o.*

parthenogenese 0.1 *parthenogenesis.*

participant 0.1 *participant* ⇒*partner*, ⟨aandeelhouder⟩ *shareholder.*
participatie 0.1 *participation.*
participatiebewijs ⟨hand.⟩ 0.1 *participating preference share.*
participatiemaatschappij 0.1 *holding company.*
participeren 0.1 *participate (in), take part (in).*
particulier[1] ⟨de (m.)⟩, **-e** ⟨de (v.)⟩ 0.1 *private individual/ person* ♦ 1.1 auto's van ~en *private cars* 6.1 bij ~en een kamer huren *rent a room in a private house;* niet **voor** ~en *closed to members of the general public.*
particulier[2] ⟨bn., bw.⟩ 0.1 *private* ♦ 1.1 ~ bezit *p. property;* ~ eigendom(srecht) *(right of) p. property;* het ~ initiatief *p. enterprise;* zijn ~e secretaris *his p./personal secretary;* ⟨ec.⟩ de ~e sector *the p. sector;* ~e verzekeraars *p. insurers* 3.1 zich ~ verzekeren *insure o.s. privately.*
partieel 0.1 *partial* ♦ 1.1 partiële leerplicht *compulsory part-time education.*
partij 0.1 [mbt. strijdende personen] *party* ⇒*side* 0.2 [pol.] *party* 0.3 [mbt. personen die een overeenkomst aangaan] *(contracting) party* 0.4 [onbepaalde hoeveelheid] *set* ⇒ *bunch,* ⟨mbt. goederen⟩ *batch,* ⟨mbt. goederen⟩ *lot,* ⟨zending⟩ *consignment,* ⟨zending⟩ *shipment* 0.5 [muz.] *part* 0.6 [spel] *game* 0.7 [feest] *party* 0.8 [huwelijkspartner] *match* ♦ 2.1 ⟨jur.⟩ de aangeklaagde ~ *the defendant;* ⟨jur.⟩ de eisende/klagende ~ *the plaintiff;* de strijdende ~en *the warring parties* 2.2 de communistische ~ *the communist p.* 2.6 een gewonnen ~ *a win* 2.8 een goede ~ *a good m.* 3.1 beide ~en horen *hear both sides;* ~ kiezen *take sides;* ook ~ kiezen voor/tegen iem. *side with/against s.o.;* geen ~ kiezen *not take sides;* ⟨ook fig.⟩ ~ zijn in een conflict *be involved in/be p. to a conflict* 3.2 naar een andere ~ overlopen *go over/⟨pej.⟩ defect to another p.* 3.3 de ~en komen overeen dat ... *the (contracting) parties agree that ...* 3.5 zijn ~(tje) meeblazen ⟨zijn aandeel bijdragen⟩ *pull one's weight, do one's share/bit;* ⟨zijn mannetje staan⟩ *stand up for o.s.* 3.7 een ~tje geven *give/throw a p.* ¶ goed/slecht ~ geven *give a good/poor account of o.s.* 6.2 boven de ~en staan *be impartial* 6.4 bij/in ~en verkopen *sell in lots;* in grote ~en aankopen *purchase in bulk* 6. ¶ van de ~ zijn *join in (with sth.).*
partijbelang 0.1 *party interest(s)* ♦ 6.1 uit ~ *in the interest of the party.*
partijbeleid 0.1 *party policy/line.*
partijbestuur 0.1 *party executive (committee)* ⇒*party leaders* ⟨mv.⟩.
partijblad 0.1 *party (news)paper.*
partijbonze 0.1 *party boss.*
partijdig 0.1 *bias(s)ed* ⇒*partial* ♦ 1.1 een ~ oordeel *a b./ partisan opinion* 3.1 ~ zijn/te werk gaan *show partiality, be b.*
partijdigheid 0.1 *bias* ⇒*partiality.*
partijenstelsel 0.1 *party system.*
partijganger 0.1 *party supporter* ♦ 2.1 trouwe ~ *(party) stalwart;* ⟨mv.⟩ *the party faithful.*
partijgebonden 0.1 *belonging/attached to a (particular)/ the party* ⟨alleen na zn.⟩ ♦ 5.1 niet ~ *independent.*
partijgenoot 0.1 *fellow party member.*
partijleider 0.1 *party leader* ♦ 8.1 optreden als ~ *lead a party.*
partijlid 0.1 *party member* ♦ 2.1 een actief ~ *an active member of the party.*
partijpolitiek[1] ⟨de⟩ 0.1 [politiek v.e. partij] *party policy/ line* 0.2 [politiek gebaseerd op partijbelang] *party politics* ⟨mv.⟩.

partijpolitiek[2] ⟨bn.⟩ 0.1 *party political* ♦ 1.1 ~e meningen *party political views.*
partijraad ⟨pol.⟩ 0.1 *party council.*
partijstrijd 0.1 *political strife/conflict.*
partijtop 0.1 *party leadership.*
partituur ⟨muz.⟩ 0.1 *score.*
partizaan 0.1 *partisan.*
partner 0.1 [deelgenoot] *partner* ⇒*companion* 0.2 [mbt. een relatie] *partner* 0.3 [compagnon] *(co-)partner* ⇒*associate* 0.4 [medespeler, danspartner] *partner* ♦ 2.1 de sociale ~s ±*government, management and trade unions* 3.2 een ~ zoeken *be looking for a p.* 3.4 iedereen had een ~ gevonden *everyone had partnered off with s.o.* 6.2 tot ~ hebben *to be partnered by* 6.3 tot ~ hebben *to be partnered by* 6.4 de ~ zijn van *be partners with.*
partnerruil 0.1 *partner-swapping* ♦ 3.1 aan ~ doen *swap partners.*
partnership 0.1 *(co-)partnership* ⇒*workers' collective.*
parttimebaan 0.1 *part-time job.*
parvenu 0.1 *parvenu* ⇒*upstart.*
pas[1] I ⟨de⟩ 0.1 [stap] *step, pace* ⇒⟨manier van lopen⟩ *gait* 0.2 [paspoort] *passport* 0.3 [mil.] *pass* 0.4 [in gebergte] *pass* ♦ 2.1 een flinke/veerkrachtige ~ *a brisk/buoyant s.;* grote ~sen maken/nemen *stride* 3.1 iem. de ~ afsnijden *cut/head s.o. off;* er (flink/stevig) de ~ in houden *keep up a brisk p.;* de ~ inhouden *check one's s.;* een kreet deed mij de ~ inhouden *a cry brought me up short/stopped me dead in my tracks;* ~ op de plaats maken ⟨ook fig.⟩ *mark time;* zijn ~ versnellen *quicken one's s.* 3.2 een ~ aanvragen/laten verlengen *apply for a p., get one's p. extended* 6.1 in de ~ lopen/blijven (met) ⟨mil.⟩ *be in s. (with)/keep s. (with);* ⟨fig. ook⟩ *be/stay in line (with);* uit de ~ raken/lopen *fall/be out of s.* 7.1 twee ~sen hier vandaan *just a few steps away* ¶.¶ pas-65+ *senior citizen's pass;*
II ⟨het⟩ 0.1 [gunstige gelegenheid] ⟨zie 6.1⟩ 0.2 [waterpas] *level* ♦ 3.¶ dat geeft geen ~ *that is unbecoming/not done;* het geeft geen ~ voor een heer om ... *it does not become a gentleman to ...* 6.1 te ~ en te onpas praat men daarover *people talk about it whether it is relevant or not;* bij/in iets te ~ komen *enter into the matter;* jouw gedrag komt hier niet **te** ~ *your conduct is unbecoming here;* iemands naam te ~ en te onpas noemen *bandy s.o.'s name about;* gezien de sterke concurrentie, zal ik er wel niet aan **te** ~ komen *the competition being so strong, I suppose I won't get a chance;* het komt niet in zijn kraam **te** ~ *it does not suit his purpose;* het kwam zo in het gesprek **te** ~ *it just cropped up in the course of the conversation;* als het zo **te** ~ komt, dan ... *on occasion ..., if required ...;* het leger moest er aan **te** ~ komen *the army had to step in;* er moest een sleepboot aan **te** ~ komen om ... *a tug had to be called in to ...;* daar komt wat meer ervaring bij **te** ~ *that requires a bit more experience;* er komt meer bij **te** ~ dan ... *there's more to it than ...;* goed **te/van** ~ komen ⟨bv. geld⟩ *come in handy/useful;* **van** ~ *(just) in time, in the nick of time;* dat komt uitstekend **van** ~ *that's just the thing;* het komt nu niet erg **van** ~ *it is inconvenient at the moment;* zijn cursus zelfverdediging kwam hem nu goed **van** ~ *his self-defence classes stood him in good stead;* altijd wel **van** ~ komen *always come in handy.*
pas[2] I ⟨bn., bw.⟩ 0.1 [juist zo groot als het zijn moet] *fit* 0.2 [waterpas] *level* ♦ 3.1 dat is precies ~ *that is an exact f.* 3.2 die drempel is (nog) niet ~ *that threshold is not l. yet;*
II ⟨bw.⟩ 0.1 [zojuist, zoëven] *(only) just* ⇒*recently* 0.2 [niet meer dan] *only, just* 0.3 [niet eerder dan] *only* ⇒*not until* 0.4 [in nog hogere mate] *really* ♦ 1.2 het is ~ een be-

gin *it's o. a beginning;* het is ~ een jaar geleden *it's o./ barely a year since it happened* **1.4** dat is ~ een vent *he's (what I call) a real man;* dit is ~ whisky *now this is what I call whisky!* **2.1** ik ben ~ klaar *I have only just finished* **3.1** ~ aangekomen gasten *new arrivals;* hij begint ~ *he's j. beginning, he's only just started;* ~ geplukt *freshly picked;* een ~ getrouwd stel *a newly-wed couple;* ~ geverfd *wet paint* **3.2** hij is ~ vijftig (jaar) *he's o. fifty* **3.4** dat is ~ leven! *this is the life!;* dat is ~ hard werken! *now, that's what I call hard work!* **5.1** ik heb ~ nog een brief van haar gekregen *I received a letter from her only recently;* ik werk hier nog maar ~ *I'm new to the job;* zo ~ *only a minute ago, just now* **5.3** dan ~, nu ~ *o. then, o. now;* ~ toen vertelde hij het mij *it was o. then that he told me* ¶.**3** ~ toen hij weg was, begreep ik ... *it was o. after he had left that I understood ..., o. after/not until he left did I understand ...; ~* geleden/ een paar dagen terug *o. recently/o. the other day.*

pascontrole 0.1 [het nazien v.d. passen] *passport control* **0.2** [plaats] *immigration* **0.3** [ambtenaren] *immigration officers.*

Pasen 0.1 *Easter* ⇒ ⟨paaszondag⟩ *Easter Sunday* ♦ **1.1** als ~ en Pinksteren op één dag vallen *never in a month of Sundays.*

pasfoto 0.1 *passport photo(graph).*

pasgeboren 0.1 *newborn* ♦ **1.1** zo onschuldig als een ~ kind *as innocent as a b. babe.*

pasgeld → **pasmunt.**

pasgetrouwd 0.1 *newly married* ♦ **1.1** ~ stel *newly-weds.*

pashokje 0.1 *fitting room.*

pasje 0.1 [stapje] *step* **0.2** [legitimatiebewijs] *pass* ♦ **2.1** met onvaste ~s lopen *walk unsteadily* **3.2** zijn ~ tonen *show one's I.D. (card)/p.* **6.2** een ~ voor vrij reizen *free travel p.*

pasjesregeling 0.1 *identity card scheme.*

paskamer 0.1 *fitting room.*

pasklaar 0.1 [zo gereed gemaakt dat het geheel past] *(made) to measure* ⇒ *fitted* ⟨kleed⟩, ⟨fig.⟩ *ready-made* **0.2** [gereed om gepast te worden] *ready for trying on* ♦ **1.1** ⟨fig.⟩ pasklare antwoorden/oplossingen *ready-made answers/solutions* **1.2** in pasklare onderdelen *in prefabricated parts* **3.1** ~ gemaakt (kleren) *tailor-made;* ⟨auto⟩ *custom built;* iets ~ maken voor ⟨ook fig.⟩ *fashion/tailor sth. to.*

pasmunt 0.1 *(small) change.*

paspoort 0.1 [identiteitsbewijs] *passport* **0.2** [mil.] *pass* ♦ **2.1** een geldig/verlopen ~ *a valid/an expired p.* **3.1** een ~ aanvragen *apply for a p.;* een ~ verlengen *renew one's p.*

paspoortcontrole 0.1 *passport control.*

paspop 0.1 *tailor's dummy.*

pass ⟨sport⟩ **0.1** *pass* ♦ **3.1** een goede ~ geven *make a good p.;* een ~ naar voren geven *make a forward p.*

passaat, -wind 0.1 *trade wind.*

passabel 0.1 [passeerbaar] *passable* ⇒ *negotiable* **0.2** [draaglijk] *passable* ⇒ *tolerable* ♦ **3.1** moerassen ~ maken *make marshes p.*

passage 0.1 [gedeelte v.e. geschrift] *passage* ⇒ *extract* **0.2** [doorgang] *passage* **0.3** [overtocht] *passage* **0.4** [overdekte winkelstraat] *mall* **0.5** [muz.] *passage* ♦ **2.1** een ingelaste ~ *an interpolated p.* **3.2** de ~ versperren *block the p.* **3.3** (een) ~ boeken (naar) *book a p. (to)* **6.1** een ~ uit een gedicht voorlezen *read an extract from a poem.*

passagier 0.1 *passenger* ♦ **3.1** ~s opzoeken/opsnorren ⟨taxichauffeur⟩ *cruise for fares.*

passagieren ⟨scheep.⟩ **0.1** *go on shore leave.*

passagiersaccommodatie 0.1 *passenger accommodation.*

passagiersboot 0.1 *passenger boat.*

passagierslijst 0.1 *passenger list.*

passagiersschip 0.1 *passenger ship.*

passagierstrein 0.1 *passenger train.*

passagiersvliegtuig 0.1 *airliner.*

passant¹ ⟨de⟩ **0.1** *passer-by.*

passant² ⟨bw.⟩ ♦ ¶.¶ en ~ *in passing.*

passé 0.1 *passé.*

passeerslag ⟨sport⟩ **0.1** *passing shot.*

passen I ⟨onov.ww.⟩ **0.1** [nauwkeurig sluiten] *fit* **0.2** [+ bij; overeenstemmen] *fit* ⇒ *match (with)* **0.3** [op zijn plaats zijn] *belong* ⇒ ⟨sociaal⟩ *befit* **0.4** [toepasselijk zijn] *fit* ⇒ *apply to* **0.5** [schikken] *suit* **0.6** [+ op; letten (op), (ervoor) waken] *look after, take care of* **0.7** [kaartspel] *pass* ♦ **1.1** de broek past niet *the trousers don't f.* **1.3** zoals (het) een dame past *as befits a lady* **1.4** met een wreedheid die een beul zou ~ *with a cruelty befitting an executioner* **3.1** ik moest wel vier keer komen ~ *I had to go for four fittings* **5.1** het past precies *it fits like a glove;* deze broek past je slecht *these trousers are a bad fit* **5.2** dit past er goed bij *this is a good match;* ik zoek iets dat hierbij past *I'm looking for sth. to go with/match this* **5.3** die kast zou goed in mijn keuken ~ *that cupboard would go well in my kitchen;* het past niet in mijn plannen *it doesn't suit my plans;* het past je slecht/niet dit te doen *it ill befits you to do this* **5.7** ⟨fig.⟩ daar pas ik voor *(you can) count me out;* ⟨fig.⟩ ik pas er wel voor hem geld te geven *you won't catch me giving him any money* **6.1** deze sleutel past op de meeste sloten *this key fits most locks* **6.2** die tas past niet bij die jas *that bag doesn't go with that coat;* ze ~ goed/slecht **bij** elkaar *they are well/ill-matched;* **bij** het geheel ~ *f. into the picture;* dat past **bij** zijn stijl *that's just his style* **6.6 op** de kinderen ~ *look after the children;* **op** de winkel ~ *look after/mind the shop;* er goed **op** ~, goed **op** iets ~ *take good care of, keep an eye on;* pas **op** het afstapje/je hoofd *watch/mind the step/your head;* ze zijn oud en wijs genoeg om **op** zichzelf te ~ *they are old enough to take care of themselves* **8.5** ⟨AZN⟩ als het past *if it's convenient* ¶.**7** ik pas! *pass!;*

II ⟨ov.ww.⟩ **0.1** [nauwkeurig meten] *fit* **0.2** [precies genoeg betalen] *pay with the exact money* **0.3** [juist plaatsen] *fit* **0.4** [kijken of het goed zit] *try on* ♦ **1.2** met gepast geld betalen s.v.p. ⟨bus⟩ *exact fare please;* ⟨automaat⟩ *no change given* **1.4** een nieuwe jurk ~ *try on a new dress* **3.1** ~ en meten *try this and that;* met wat ~ en meten komen we wel rond *with some juggling we'll manage* **4.2** hebt u het niet gepast? *haven't you got the exact change/money?* **6.3** iets in/aan elkaar ~ *f. in/together.*

passend 0.1 [geschikt] *suitable (for)* ⇒ *suited (to),* appropriate **0.2** [gepast] *proper* ⇒ *becoming* **0.3** [zo dat het op/in iets past] *fitting* ♦ **1.1** een goed ~e bijnaam *a most appropriate nickname;* niet bij elkaar ~e sokken/partners *odd socks, incompatible partners;* geen ~ werk hebben *be unsuitably employed* **1.2** een ~ gebruik maken van *make p. use of* **3.3** iets ~ maken *make sth. fit* **4.1** kunt u iets ~s vinden bij deze das? *can you find sth. to match this tie?* **5.1** een broek met een daarbij ~e jas *trousers with a matching coat* **5.3** niet ~ *badly f.;* niet-passend kledingstuk *ill-fitting garment* **6.1** goed/slecht **bij** elkaar ~ *ill-/well-matched;* een goed **bij** elkaar ~ paar/stel *a good match;* niet ~ **bij** *not suitable/unsuited for* **6.2** niet ~ zijn **voor** *be unbecoming for.*

passe-partout 0.1 [loper] *master key* **0.2** [lijst] *passe-partout* ⟨gegomd⟩ ⇒ *mat* ⟨los⟩ **0.3** [doorlopende toegangskaart] *pass* ⇒ ⟨vervoer; GB⟩ *go-as-you-please ticket.*

passer 0.1 *compass.*

passerdoos 0.1 *compass case.*

passeren I ⟨onov., ov.ww.⟩ **0.1** [voorbijgaan] *pass* ⇒*overtake* ◆ **1.1** de auto passeerde (de fietser) *the car overtook (the cyclist);* ~de auto's ⟨inhalen⟩ *[B]overtaking/[A]passing cars;* ⟨voorbijkomen⟩ *passing cars;* een huis ~ *p. (by) a house* **3.1** mag ik (u) even ~? *excuse me, may I get by, please?* **4.1** elkaar ~ *p. one another;* **II** ⟨onov.ww.⟩ **0.1** [voorvallen] *pass* ◆ **3.1** dat mag ik niet laten ~ *I can't let that p.;* een paar foutjes laten ~ *p. over a few mistakes;* **III** ⟨ov.ww.⟩ **0.1** [door/overtrekken]⟨door⟩ *pass through;* ⟨over⟩ *cross* **0.2** [overslaan] *pass over* ◆ **1.1** de grens/een brug ~ *c. the border/a bridge;* het schip passeerde het Suezkanaal *the ship passed through the Suez Canal;* ⟨fig.⟩ de vijftig gepasseerd zijn *have turned fifty* **3.2** zich gepasseerd voelen *feel passed over* **7.1** ⟨fig.⟩ de 3000 ~ *pass the 3000 mark.*

passie 0.1 [het lijden van Christus] *Passion* 0.2 [hartstocht] *passion (for)* ⇒⟨voor een zaak⟩ *zeal/enthusiasm (for)* ◆ **3.1** de ~ preken *preach on the P. of Christ* **6.2** een ~ **voor** schaken *a p. for chess.*

passief 0.1 *passive* ⟨ook schei., taal.⟩; ⟨hand.⟩ *adverse, passive* ◆ **1.1** passieve handelsbalans *a./unfavourable balance of trade;* passieve kennis v.e. taal ⟨tgov. actief⟩ *p. knowledge of a language;* de passieve vorm *the p. (voice)* **3.1** iets ~ moeten afwachten *be forced to await events;* ~ roken *p. smoking.*

passiespel 0.1 *passion play.*

passievrucht 0.1 *passion fruit.*

passieweek 0.1 *Passion Week.*

passiezondag 0.1 *Passion Sunday.*

passiva 0.1 *liabilities* ◆ **2.1** inbare/invorderbare ~ *current liabilities.*

passiviteit 0.1 *passivity.*

pasta 0.1 [mengsel] *paste* 0.2 [deegwaar] *pasta.*

pastei 0.1 *pasty* ⇒*pie.*

pasteitje 0.1 *patty* ⇒*pastry.*

pastel 0.1 *pastel.*

pastelkleur 0.1 *pastel colour.*

pastelschilder 0.1 *pastellist.*

pastelschilderen 0.1 *paint in pastels.*

pasteltint 0.1 *pastel shade/tone.*

pasteurisatie 0.1 *pasteurization.*

pasteuriseren 0.1 *pasteurize.*

pastiche 0.1 *pastiche.*

pastille 0.1 *pastille* ⇒*lozenge.*

pastoor 0.1 *(parish) priest* ⇒⟨mil.; in gevangenis⟩ *padre* ◆ **¶.1** Meneer Pastoor *Father.*

pastor 0.1 *pastor* ⇒⟨rel.⟩ *minister;* ⟨r.-k.⟩ *priest.*

pastoraal 0.1 *pastoral* ◆ **1.1** ~ medewerker *church worker, pastor's/minister's assistant;* pastorale poëzie *p. poetry.*

pastoraat 0.1 [zielzorg] *pastoral care* 0.2 [pastoorschap] *priesthood.*

pastorale 0.1 [herderslied] *pastoral (song)* 0.2 [muz.] *pastoral (song/piece)* ⇒*pastorale* 0.3 [lit.] *pastoral (poem/play).*

pastorie 0.1 ⟨rel.⟩ *parsonage;* ⟨r.-k.⟩ *presbytery.*

pastorij ⟨AZN⟩ 0.1 *presbytery.*

pasvorm 0.1 *fit.*

pat 0.1 *stalemate* ◆ **3.1** ~ zetten *stalemate.*

patat 0.1 *chips* ⇒⟨in hamburgerrestaurants⟩ *French fries* ◆ **1.1** een zakje ~ *a bag of c.*

patates frites →*patat.*

patatje ⟨inf.⟩ 0.1 *(portion of) [B]chips/[A](French) fries.*

patatkraam 0.1 ±*[B]fish and chips stand,* ±*[A]hot dog stand.*

patattent ⟨inf.⟩ 0.1 *chip shop.*

paté 0.1 *pâté* ◆ **¶.1** pâté de foie gras *p. de foie gras.*

patent¹ ⟨het⟩ 0.1 *patent* ◆ **3.1** ~ aanvragen *apply for a p.;* ~ verlenen aan *grant a p. to* **6.1** een ~ **op** iets nemen *patent sth.*

patent² ⟨bn., bw.⟩ 0.1 *first-rate* ⇒*great, terrific.*

patentbureau 0.1 *patent office.*

patenthouder, -ster 0.1 *patentee* ⇒*patent holder.*

patentrecht 0.1 *patent right.*

pater 0.1 *father.*

paternalisme 0.1 *paternalism.*

paternalistisch 0.1 *paternalistic.*

paternoster I ⟨het⟩ 0.1 [r.-k.; gebed] *paternoster* ◆ **3.1** een ~ bidden *say a p./an Our Father;* **II** ⟨de⟩ 0.1 [r.-k.; rozenkrans] *paternoster* ⇒*rosary.*

paternosterlift 0.1 *paternoster.*

pathetisch 0.1 *pathetic* ⇒⟨roerend⟩ *moving* ◆ **1.1** ~ gedoe/ gedrag ⟨pej.⟩ *soap opera, sob stuff;* met ~e stem riep zij ... *with a voice full of emotion she cried out ...*

pathologie 0.1 *pathology.*

pathologisch 0.1 *pathological* ◆ **1.1** ~e anatomie *pathology;* ~ laboratorium *p. laboratory.*

patholoog-anatoom 0.1 *pathologist.*

pathos 0.1 [bezieling] *pathos* 0.2 [hoogdravendheid] *melodrama* ◆ **2.2** vals ~ *bathos.*

patience 0.1 ⟨vnl. BE⟩ *patience,* *[A]solitaire* ◆ **3.1** ~ spelen *play p./s.*

patiënt, -e 0.1 *patient* ◆ **2.1** de particuliere ~en v.e. arts *a doctor's private patients;* volgende ~! *next (p.)!;* ⟨fig.⟩ *who's next?* **3.1** zijn ~en bezoeken *do one's rounds;* de ~ moet het bed houden *the p. is confined to bed.*

patiëntendemonstratie 0.1 *clinical demonstration.*

patiëntenvereniging 0.1 *patients' association.*

patina 0.1 *patina.*

patio 0.1 *patio.*

patisserie 0.1 [banketbakkerij] *pastry shop* ⇒*fancy bakery* 0.2 [gebakjes] *pastry.*

patriarch 0.1 *patriarch.*

patriarchaal 0.1 *patriarchal* ◆ **1.1** een patriarchale samenleving *a p. society.*

patriarchaat 0.1 *patriarchate.*

patriciër 0.1 *patrician.*

patriciërshuis 0.1 ±*mansion.*

patrijs 0.1 *partridge* ◆ **1.1** een koppel patrijzen *a brace of partridges.*

patrijspoort ⟨scheep.⟩ 0.1 *porthole.*

patriot 0.1 *patriot.*

patriottisch 0.1 *patriotic.*

patriottisme 0.1 *patriotism.*

patronaat 0.1 [beschermer/patroon zijn] *patronage* 0.2 [bescherming v.e. heilige] *patronage* 0.3 [Belg.; de werkgevers] *employers* ⇒*management* ◆ **6.2** de nieuwe kerk staat **onder** het ~ van Sint-Petrus *the new church has St. Peter as its patron (saint).*

patrones 0.1 [beschermheilige] *patron (saint)* 0.2 [beschermvrouw] *patron(ess).*

patroon I ⟨de (m.)⟩ 0.1 [beschermer v.e. persoon] *patron* 0.2 [beschermheer v.e. instelling] *patron* 0.3 [baas] *boss;* **II** ⟨de⟩ 0.1 [mbt. wapen/vulpen] *cartridge* ◆ **2.1** een losse/ scherpe ~ *a blank (c.)/live c.;* **III** ⟨het⟩ 0.1 [model, voorbeeld] *pattern* 0.2 [decoratieve tekening] *pattern* ⇒*design* 0.3 [fig.; vaak in samenst.] *pattern* ⇒*style* ◆ **1.1** een ~ voor een broek *a p. for a pair of trousers* **2.2** telkens terugkerend ~ *repeat(ed) p.* **2.3** volgens een vast ~ *according to an established* p. **3.3** leefpatroon *lifestyle* **6.2** met een ~ *patterned.*

patroongordel 0.1 *cartridge belt.*

patroonheilige ⟨r.-k.⟩ **0.1** *patron saint.*

patroonhouder 0.1 *(cartridge) clip.*

patrouille 0.1 *patrol* ♦ **6.1** op ~ **gaan** *go on p.*

patrouilleauto 0.1 *patrol/squad car.*

patrouilleren 0.1 *patrol* ♦ **1.1** een ~de agent a *patrolling policeman, a policeman on the beat* **6.1** ~ **in** een bepaalde buurt *p. a certain area.*

patrouillevaartuig 0.1 *patrol boat.*

pats 0.1 *wham* ⇒*whack* ♦ **¶.1** ⟨inf.⟩ pats-boem *wham bam.*

patser 0.1 [dikdoener] *show-off* **0.2** [schurk] *thug.*

patserig 0.1 *show-off* ♦ **3.1** zich ~ gedragen *show off.*

patstelling 0.1 [schaakspel] *stalemate* **0.2** [fig.] *stalemate* ⇒*deadlock.*

pauk 0.1 *kettledrum* ⇒*timpano.*

paukenist, pauk(en)slager 0.1 *kettledrummer* ⇒*timpanist.*

Paulus 0.1 *Paul.*

pauper 0.1 *pauper.*

paus 0.1 *pope* ♦ **1.1** terugkeren tot het gezag v.d. ~ *return to the obedience of Rome* **¶.1** ⟨fig.⟩ roomser zijn dan de ~ *be more Catholic than the Pope.*

pausdom 0.1 *papacy.*

pauselijk 0.1 *papal, pontifical* ♦ **1.1** ~e bul/encycliek *papal bull, encyclical;* ~ gezag *papal authority;* de ~e stoel *the Holy See.*

pausschap 0.1 *papacy.*

pauw 0.1 *peacock* ⇒⟨v. ook⟩ *peahen* ♦ **8.1** zo trots als een ~ *as proud as a peacock,* ⟨fig.⟩ rondlopen/stappen als een ~ *strut about.*

pauwenveer 0.1 *peacock('s) feather.*

pauze 0.1 [rustpoos] *interval* ⇒*break, intermission,* ⟨sport⟩ *(half-)time* **0.2** [muz.] *rest* ♦ **2.2** generale ~ *general pause* **3.1** een kwartier ~ houden *take/have a fifteen-minute break* **6.1** in de ~ *during the interval.*

pauzeren 0.1 *pause* ⇒*take/have a rest/break* ♦ **1.1** vijf minuten ~ *p. for five minutes* **5.1** even(tjes) ~ *take a short break.*

paviljoen 0.1 [bijgebouw] *pavilion* ⇒*outbuilding* **0.2** [tuin/zomerhuisje] *pavilion.*

pavlovreactie 0.1 *Pavlovian reaction.*

pc ⟨afk.⟩ **0.1** [personal computer] *pc.*

PCB ⟨afk.⟩ **0.1** [polychloorbifenyl] *PCB.*

pecannoot 0.1 *pecan nut.*

pech 0.1 [tegenspoed] *bad/hard/tough luck* **0.2** [panne] *breakdown* ♦ **3.1** ~ gehad *hard/tough luck;* dat soort ~ heb ik nou altijd *just my luck;* ~ hebben *be out of luck* **4.1** wat een ~ *what bad luck* **6.1** dat is ~ **voor** hem *that's his hard luck* **6.¶** ~ **met** de auto *trouble with the car.*

pêche melba 0.1 *peach melba.*

pechvogel 0.1 *unlucky person* ♦ **2.1** hij is een echte ~ ⟨scherts. ook⟩ *he's a walking disaster area.*

pedaal 0.1 [met de voet bediende hefboom] *treadle* **0.2** [mbt. muziekinstrument] *pedal* **0.3** [trapper] *pedal* ♦ **2.2** linker/rechter ~ ⟨van piano⟩ *soft/loud pedal* **6.3** op de pedalen gaan staan ⟨ook fig.⟩ *step on it.*

pedaalemmer 0.1 *pedal bin.*

pedaalharp ⟨muz.⟩ **0.1** *pedal harp.*

pedagogie(k) 0.1 *(theory of) education, educational theory/science* ⇒⟨vaktaal⟩ *pedagogy* ♦ **3.1** ~ studeren *study educational theory.*

pedagogisch 0.1 [opvoedkundig] *pedagogic(al)* **0.2** [opvoedend] *educational* ♦ **1.1** ~e academie *teacher(s') training*

college **2.1** dat is ~ niet verantwoord *that is unwise from an educational point of view.*

pedagoog, -goge 0.1 *education(al)ist.*

pedant 0.1 *pedantic* ⇒⟨zelfvoldaan⟩ *priggish,* ⟨wijsneus⟩ *smartalecky* ♦ **1.1** een ~e kwast *a smart aleck* **3.1** hij deed zo ~ *he was so pedantic.*

pedanterie 0.1 *pedantry* ⇒⟨zelfvoldaan⟩ *priggishness.*

peddel 0.1 *paddle.*

peddelaar 0.1 [mbt. fiets] *pedaller* **0.2** [mbt. kano] *paddler.*

peddelen 0.1 [fietsen] *pedal* **0.2** [roeien, kanoën] *paddle* ♦ **1.1** hij peddelde drie rondjes binnen een uur *he pedalled three laps within one hour.*

pederast 0.1 *p(a)ederast.*

pediater 0.1 *paediatrician.*

pedicure I ⟨de (m.)⟩ **0.1** [voetenverzorger] *pedicure, chiropodist;*
II ⟨de⟩ **0.1** [voetverzorging] *pedicure, chiropody.*

pedofiel 0.1 ⟨bn. en zn.⟩ *paedophile.*

pedofilie 0.1 *paedophilia.*

pee ⟨inf.⟩ ♦ **3.¶** ⟨ergens⟩ de ~ (over) in hebben *be annoyed about sth.*

peen 0.1 *carrot* ♦ **3.¶** ~tjes zweten *be in a cold sweat.*

peenhaar 0.1 *straw hair.*

peer I ⟨de⟩ **0.1** [vrucht] *pear* **0.2** [stomp] *thump* **0.3** [lampje] *bulb* ♦ **2.3** een elektrische ~ *an electric b.* **2.¶** iem. met de gebakken peren laten zitten *leave s.o. holding the baby;*
II ⟨de (m.)⟩ **0.1** [boom] *pear (tree)* **0.2** [inf.; kerel] *chap, guy* ♦ **2.2** een geschikte ~ *a good g.*

peervormig 0.1 *pear-shaped.*

pees 0.1 *tendon* ⇒*sinew* ♦ **2.1** een verrekte ~ *a pulled t.*

peesontsteking 0.1 *tendinitis.*

peetdochter 0.1 *goddaughter.*

peetmoeder 0.1 *godmother.*

peetoom 0.1 *godfather.*

peettante 0.1 *godmother.*

peetvader 0.1 *godfather.*

peetzoon 0.1 *godson.*

pegel 0.1 [ijskegel] *icicle* **0.2** [gulden] *guilder* ⇒⟨mv.⟩ *dough.*

peignoir 0.1 *dressing gown* ⇒*housecoat.*

peil 0.1 [niveau] *level, standard* **0.2** [bepaalde stand] *mark, level* **0.3** [hoogtemerk] *mark* **0.4** [maat] *gauge* ♦ **1.2** het ~ v d. lonen van 1982 *the wage l. in 1982* **2.1** het onderwijs op een hoger ~ brengen *raise the s. of education;* een hoog ~ van beschaving *a high l. of civilization;* het debat stond op een laag ~/op een hoog ~ *the debate was of a low/high s.* **2.3** boven Normaal Amsterdams Peil *above Amsterdam ordnance datum/zero* **3.1** het ~ v.d. conversatie daalde *the l. of conversation dropped;* de leraren klagen dat het ~ zakt *teachers are complaining that standards are falling* **3.4** er is geen ~ op te trekken *there is no telling/knowing what will happen;* op hem is geen ~ te trekken *he is quite unpredictable* **6.1** het onderwijs staat er **op** een hoog ~ *their s. of education is high* **6.2** dat is **beneden** ~ *that is below the m.;* haar gedrag is **beneden** alle ~ *her behaviour is disgraceful;* **op** ~ brengen *bring up to (the required) standard,* zijn conditie **op** ~ brengen/houden *get o.s. into condition, keep fit/in shape.*

peildatum 0.1 *set day, reference date.*

peilen 0.1 [hoogte/diepte bepalen] *sound* ⟨zee, vijver, haven⟩;*fathom* ⟨diepte van water⟩; *gauge* ⟨inhoud van vat⟩ **0.2** [plaats bepalen] *take bearings* ⟨land; ook luchtv.⟩ **0.3** [fig.] *gauge* ⟨karakter⟩; *sound (out)* ⟨gevoelens, meningen⟩; *probe* ⟨emoties, motieven⟩ ♦ **1.1** de diepte v.e. kanaal ~ *sound the depth of a canal* **1.2** een radiostation ~ *locate* *a radio station with a direction finder* **1.3** ik zal Bernard even ~, kijken wat die ervan vindt *I'll sound Bernhard out, see what he thinks* **5.3** ⟨fig.⟩ zijn motieven zijn moeilijk te ~ *his motives are difficult to fathom.*

peilglas 0.1 *(water) gauge.*

peiling 0.1 [hoogte-/dieptebepaling] *sounding* **0.2** [plaatsbepaling] *bearing* ◆ **3.1** ~en verrichten *take soundings* **3.2** ~en verrichten *take bearings* **6.2** ⟨fig.⟩ iem./iets in de ~ hebben/krijgen *be/latch on to s.o./sth.;* ⟨fig.⟩ ik heb je wel in de~ *I've got you sized up, I've got your number.*

peillood 0.1 *plumb/lead line, sounding lead.*

peilloos 0.1 ⟨ook fig.⟩ *unfathomable, fathomless* ◆ **1.1** de peilloze diepte v.d. zee *the f. depths of the sea;* peilloze ellende *u./f. misery.*

peilstok 0.1 ⟨in water⟩ *sounding rod;* ⟨auto⟩ *dipstick, oil gauge.*

peinzen 0.1 [+ over; denken] *think about* ⇒*contemplate* **0.2** [diep nadenken] *ponder on/over* ⇒*ruminate about* ◆ **3.2** iem.~d aanstaren *stare at s.o. pensively* **5.1** hij peinst er niet over *he won't even contemplate/consider it* **6.1** hij peinst zich suf *over* een oplossing *he's beating his brains trying to find a solution.*

pejoratief 0.1 ⟨bn. en zn.⟩ *pejorative.*

pek 0.1 *pitch.*

pekel 0.1 [oplossing van zout in water] *brine* **0.2** [strooizout] *salt, grit* ◆ **3.2** ~ strooien *put down s./g.* **6.1** vlees **in** de~ leggen *salt/pickle meat.*

pekelen I ⟨onov.ww.⟩ **0.1** [de wegen pekelen] *put down salt/grit;* **II** ⟨ov.ww.⟩ **0.1** [in de pekel zetten] *pickle* **0.2** [met strooizout bedekken] *grit, salt* ◆ **1.2** bij ijzel worden de wegen gepekeld *the roads are gritted when there's black ice.*

pekelvlees 0.1 *salted meat* ⇒⟨rundvlees⟩ *salted beef.*

pekelwagen 0.1 *gritter, sander.*

pekelzonde 0.1 *peccadillo.*

pekinees 0.1 *pekinese.*

pekingeend 0.1 *peking duck.*

pelgrim 0.1 *pilgrim.*

pelgrimage 0.1 *pilgrimage.*

pelgrimstocht 0.1 *pilgrimage* ◆ **6.1** op ~ gaan *go on a p.*

pelikaan 0.1 *pelican.*

pellen I ⟨onov.ww.⟩ **0.1** [v.d. schil losgaan] *peel* ⇒*flake* ◆ **1.1** gekookte aardappelen ~ gemakkelijk *boiled potatoes p. easily;* **II** ⟨ov.ww.⟩ **0.1** [v.d. pel ontdoen] *peel* ⇒*skin, blanch* ⟨amandelen⟩, *husk* ⟨rijst⟩, *hull* ⟨rijst⟩, *shell* ⟨pinda's⟩ **0.2** [mbt. de keelamandelen] *take out.*

peloton 0.1 [mil.] *platoon* **0.2** [sport] *pack* ⇒⟨main⟩*bunch* ◆ **3.2** zich uit het ~ losmaken *break away from the p.*

pelotonscommandant 0.1 *platoon commander.*

pels 0.1 [vacht] *fleece* ⇒*fur* **0.2** [kledingstuk] *fur.*

pelsdier 0.1 *furred/furbearing animal.*

pelshandel 0.1 *fur trade.*

pelsjager 0.1 *trapper.*

pelsjas 0.1 *fur (coat).*

peluw 0.1 [langwerpig kussen] *bolster* **0.2** [hoofdkussen] *pillow.*

pelvis ⟨med., biol.⟩ **0.1** *pelvis.*

pen 0.1 [schrijfinstrument] *pen* **0.2** [metalen plaatje met gespleten punt] *nib* **0.3** [houten nagel] *peg* ⇒*plug* **0.4** [metalen stift] *pin* ⇒⟨breipen⟩ *needle* ◆ **1.1** even ~ en papier pakken *get/grab a pen(cil) and paper* **2.1** ⟨fig.⟩ een scherpe/bitse ~ *a sharp/an acid p.* **3.1** de ~ door iets halen *cross sth. out;* de ~ neerleggen *put down one's p.;* van de ~ leven *live by one's p.* **6.1** ⟨fig.; scherts.⟩ **in** de ~ klimmen

put p. to paper, take up one's p.; het is **met** geen ~ te beschrijven *it defies description;* de ~ **op** papier zetten *put p. to paper.*

penalty ⟨sport⟩ **0.1** *penalty (kick/shot)* ◆ **3.1** een ~ benutten *score from/convert a penalty;* een ~ nemen *take a penalty;* een ~ toekennen (aan iem.) *award/give a penalty (to s.o.).*

penaltystip ⟨sport⟩ **0.1** *penalty spot/mark.*

penarie ⟨inf.⟩ ◆ **6.¶ in** de ~ zitten *be in real/dead trouble.*

pendant 0.1 *counterpart* ⇒*opposite number, pendant* ◆ **2.1** de Deense ~ v.d. ANS *the Danish c. of the ANS.*

pendelaar 0.1 *commuter.*

pendelbus 0.1 *shuttle bus service.*

pendeldienst 0.1 *shuttle service.*

pendelen 0.1 [heen en weer reizen] *commute* **0.2** [pendeldienst rijden] *shuttle* ◆ **6.1** ~ tussen kantoor en huis *c. between home and office.*

pendelverkeer 0.1 [verkeer dat eerst heen, dan terug gaat] *shuttle* **0.2** [verkeer van pendelaars] *commuter traffic.*

pendule 0.1 *(mantel) clock.*

pen-en-gatverbinding 0.1 *mortise and tenon joint.*

penetrant 0.1 *penetrating* ⇒*piercing* ◆ **1.1** een ~e geur verspreiden *give off a pungent odour.*

penetreren I ⟨onov.ww.⟩ **0.1** [+ in; binnendringen (in)] *penetrate (into)* ◆ **6.1** ~ **in** vijandelijk gebied *p. into enemy territory;* **II** ⟨ov.ww.⟩ **0.1** [doordringen met] *penetrate.*

penhouder 0.1 *penholder.*

penibel 0.1 *painful* ⇒*awkward* ◆ **1.1** in een ~e toestand verkeren *find o.s. in an awkward situation.*

penicilline ⟨med.⟩ **0.1** *penicillin.*

penicillinekuur 0.1 *course of penicillin.*

penis 0.1 *penis.*

penisnijd 0.1 *penis envy.*

penitentiair 0.1 *penitentiary* ◆ **1.1** een ~e inrichting *a penitentiary;* ⟨inf.⟩ a *pen.*

penitentie 0.1 [boetedoening] *penance* **0.2** [in de biecht opgelegde straf] *penance* ◆ **3.1** ~ doen *do p.* **3.2** drie Onze Vaders ~ krijgen *get three Our Fathers as p.*

pennen 0.1 *scribble* ⇒*pen* ◆ **3.1** ik heb de hele avond zitten ~ *I scribbled all evening.*

pennenbak 0.1 *pen tray.*

pennenlikker ⟨bel.⟩ **0.1** *pen-pusher.*

pennemes 0.1 *penknife* ⇒*pocketknife.*

pennenstreek 0.1 *penstroke* ⇒*stroke of the pen* ◆ **6.1** met één ~ *with one stroke of the pen.*

pennenstrijd 0.1 *controversy* ⇒*paper war(fare)* ◆ **3.1** een ~ voeren ⟨ook⟩ *polemize.*

pennenvrucht 0.1 *product of one's pen.*

penning 0.1 [geld(stuk)] *penny* **0.2** [metalen plaatje] *token* ⟨ook voor automaten⟩ ⇒⟨medaille⟩ *medal(lion),* ⟨van politieagenten⟩ *badge* ◆ **6.1** op de ~ zijn *be very tight (with money).*

penningmeester, -es 0.1 *treasurer.*

penoze 0.1 *underworld.*

penozejongens 0.1 *thugs* ⇒*hoodlums.*

pens 0.1 [maag v.e. herkauwer] *rumen* **0.2** [inf.: buik] *paunch* ⇒*belly, gut* **0.3** [darmen, ingewanden] *tripe* ◆ **1.3** een kilo ~ *a kilo of t.*

penseel 0.1 *(paint) brush* ◆ **3.1** het ~ voeren *wield a brush.*

penseelstreek 0.1 *brushstroke* ⇒*stroke/touch of the brush.*

penseelvoering 0.1 *brush technique.*

pensioen 0.1 *pension* ⇒*retirement (pay),* ⟨bedrijfspensioenfonds ook⟩ *superannuation* ◆ **1.1** zijn recht op ~ behouden *retain one's p. rights* **3.1** ~ aanvragen *apply for a p.;* ~ genieten *have retired;* ~ krijgen *draw a p.* **6.1 met** ~ gaan *retire;* vervroegd **met** ~ gaan *take early retirement;* iem. **met** ~ sturen ⟨ook fig.⟩ *pension s.o. off;* hij is al jaren **met** ~ *he has been retired for years.*

pensioenaanspraak 0.1 *pension claim* ⇒*retirement/superannuation rights, claim(s)/rights to a pension/to retirement (pay)* ◆ **3.1** ~ (niet) doen gelden *(not) claim one's pension.*

pensioenbijdrage 0.1 *pension contributions* ⇒*superannuation contributions.*

pensioenfonds 0.1 *pension fund* ⇒*retirement fund* ◆ **2.1** Algemeen Burgerlijk Pensioenfonds ±*(Dutch) State Employees' Pension Scheme* **6.1** opgenomen worden in het ~ v.h. bedrijf *join a company's pension scheme.*

pensioengerechtigd 0.1 *pensionable* ⇒*superannuable* ◆ **1.1** de ~ e leeftijd bereiken *reach retirement/retiring age.*

pensioenpremie 0.1 *pension contributions* ⇒*superannuation contributions.*

pensioenregeling 0.1 *pension scheme/plan* ⇒*superannuation scheme.*

pensioenverzekering 0.1 *pension insurance* ◆ **3.1** hebt u een ~? *are you in a pension fund?*

pensioenwet 0.1 *pensions law/*⟨mbt. GB, USA ook⟩ *act.*

pension 0.1 [kosthuis] *guest house* ⇒*boarding house* **0.2** [kostgeld] *board* ⇒*lodging* **0.3** [kost en inwoning] *bed and board* **0.4** [mbt. huisdieren] *kennel* ◆ **2.3** half ~ *half board;* vol ~ *full board* **3.1** zij houdt een ~ *she is running a boarding house* **6.3** in ~ zijn *be a lodger* **6.4** de hond in een ~ doen *put the dog in a k./in kennels.*

pensionaat 0.1 *boarding school.*

pensioneren 0.1 *pension (off)* ⇒*superannuate, retire.*

pensionering 0.1 *pension* ⇒*retirement, superannuation* ◆ **6.1 bij** zijn ~ *when he retired.*

pensiongast 0.1 *boarder* ⇒*lodger.*

pensionhouder 0.1 *landlord.*

pensionhoudster 0.1 *landlady.*

pentagram 0.1 *pentagram* ⇒*pentangle.*

pentatlon 0.1 *pentathlon.*

pentekening 0.1 *pen (and ink) drawing.*

penvriend 0.1 *penfriend, pen pal.*

pep 0.1 [pit] *pep* ⇒*zip* **0.2** [pepmiddel(en)] *pep pill(s)* ◆ **¶.1** de ~ is eruit *it's lost its oomph/zip.*

peper 0.1 *pepper* ◆ **1.1** een snufje ~ *a dash of p.;* ~ en zout *salt and p.* **2.1** Spaanse ~ *chilli p.*

peperboom 0.1 *pepper (tree).*

peperbus 0.1 [bus voor peper] *pepper pot* **0.2** [reclamezuil] *advertising column.*

peperduur 0.1 *very expensive* ⇒*pricey* ◆ **3.1** alles is er ~ *the prices there are very steep;* iets ~ verkopen *sell sth. at an exorbitant price.*

peperen 0.1 *pepper* ◆ **1.1** ⟨fig.⟩ een gepeperde rekening *a steep bill* **5.1** flink gepeperd *hot, spicy;* het eten is te sterk gepeperd *the food is too peppery.*

peper-en-zoutkleurig 0.1 *salt-and-pepper* ⇒⟨van haar ook⟩ *grizzled.*

peper-en-zoutstel 0.1 *condiment set.*

peperkoek 0.1 ±*gingerbread* ⇒*gingercake.*

peperkorrel 0.1 *peppercorn.*

pepermolen 0.1 *pepper mill.*

pepermunt 0.1 [snoepje, plant] *peppermint* **0.2** [snoepgoed] *peppermints* ◆ **1.2** een rolletje ~ *a tube of p.*

pepermuntthee 0.1 *peppermint tea.*

pepernoot 0.1 ±*spice/ginger(bread) nut.*

pepersteak ⟨cul.⟩ **0.1** *peppered steak* ⇒*steak au poivre.*

pepervaatje 0.1 *pepper pot.*

pepmiddel 0.1 *pep pill.*

peppil 0.1 *pep pill.*

per 0.1 [door, via] *by* **0.2** [voor, bij, in] *per* ⇒*a, by* **0.3** [met ingang van] *as of* ◆ **1.1** iets ~ post verzenden *send sth. through the/by* ⟨vnl. BE⟩ *post/mail* **1.2** het aantal inwoners ~ vierkante kilometer *the number of inhabitants p. square kilometer;* iets ~ kilo/paar verkopen *sell sth. by the kilo/in pairs;* ze kosten 3 gulden ~ stuk *they cost 3 guilders apiece/each;* ~ uur betaald worden *be paid by the hour;* hij verreist *f*40,- ~ week *he spends 40 guilders a week on travel* **¶.3** de nieuwe tarieven worden ~ 1 februari van kracht *the new rates will go into effect on February 1.*

perceel 0.1 [pand] *property* **0.2** [stuk land] *parcel* ⇒*lot, section.*

percent 0.1 [aantal per honderd] *per cent* **0.2** [wat men voor elke honderd gulden ontvangt] *percentage* ◆ **6.1** tien ~ van duizend *ten per cent of a thousand* **7.1** het ziekteverzuim is gemiddeld vier ~ *loss of working time due to illness averages four per cent.*

percentage 0.1 *percentage* ◆ **1.1** het ~ ongevallen met dodelijke afloop *the p. of fatal accidents* **6.1** een ~ **van** de verkochte exemplaren *a p. on the copies sold.*

percentsgewijs 0.1 *percentagewise* ⇒*in terms of percentage* ◆ **1.1** de percentsgewijze daling *the drop in percentage* **3.1** de winsten zijn ~ uitgedrukt *the profits are expressed in percent(ages).*

percentteken 0.1 *percent(age) sign, %.*

perceptie 0.1 *perception.*

percolator 0.1 *percolator.*

percussie 0.1 [muz.; slagwerk] *percussion* ⇒⟨sectie van orkest ook⟩ *percussion section* **0.2** [muz.; register] *percussion.*

percussionist 0.1 *percussionist, percussion player.*

perenbloesem 0.1 *pear blossom.*

perenboom 0.1 *pear (tree).*

perensap 0.1 *pear juice.*

perfect 0.1 *perfect* ◆ **1.1** hij gaf een ~ e imitatie van haar *he did a p. imitation of her;* in ~ e staat ⟨munten, auto's, toestellen enz.⟩ *in mint condition;* ⟨huis⟩ *in p. condition* **3.1** zij danst ~ *she is a p. dancer;* iets ~ kennen *know sth. perfectly;* ⟨inf.⟩ *have sth. off pat* **¶.1** alles is ~ *in orde everything is p.;* ~ in orde zijn *be in p. condition;* ⟨auto, machine enz. ook⟩ *be in p. working order;* ⟨mbt. gezondheid ook⟩ *be in tip-top condition.*

perfectie 0.1 *perfection* ◆ **6.1** iets (tot) in de ~ kennen *know sth. perfectly;* iets tot in de ~ leren *learn sth. to p.*

perfectioneren 0.1 *perfect* ⇒*bring to perfection,* ⟨door oefening⟩ *get down to a fine art, refine, improve (on)* ◆ **1.1** zijn stijl ~ *p. one's style.*

perfectionisme 0.1 *perfectionism.*

perfectionist, -e 0.1 *perfectionist.*

perfectionistisch 0.1 *perfectionist.*

perforatie 0.1 *perforation* ◆ **1.1** ~ v.d. maagwand *p. of the duodenal wall* **6.1** langs de ~ afscheuren ⟨van postzegels enz.⟩ *tear off along the p.*

perforator 0.1 *perforator* ⇒*punch.*

perforeren 0.1 *perforate* ◆ **1.1** een geperforeerde maagzweer *a perforated stomach ulcer;* geperforeerde/niet geperforeerde postzegels *perforated/imperforate stamps.*

pergola 0.1 *pergola.*

perifeer 0.1 *peripheral* ⇒*marginal* ◆ **1.1** ⟨comp.⟩ perifere apparatuur *p. equipment;* het perifere zenuwstelsel *the p. nervous system.*

periferie 0.1 ⟨ook fig.⟩ *periphery* ⇒*perimeter* ◆ **6.1 aan** de ~ v.d. stad *on the periphery/outskirts of the town.*

perikelen 0.1 ⟨gevaren⟩ *perils;* ⟨wederwaardigheden⟩ *vicissitudes* ⇒⟨inf.⟩ *ups and downs* ♦ 2.1 zijn amoureuze ~ *his amorous adventures.*

periode 0.1 [tijdvak] *period* ⇒*time,* ⟨fase⟩ *phase,* ⟨episode⟩ *episode,* ⟨episode⟩ *chapter* 0.2 [kringloop] *period* ⇒*cycle* 0.3 [schei.] *period* ♦ 2.1 een korte ~ van strenge vorst *a cold snap/spell;* uit een vroege/late ~ *of (a/an) early/late date* 6.1 in een ~ van vijf jaar *in a period/space of five years;* een ~ van **van** mooi weer *a spell of fine weather;* verkozen **voor** een ~ **van** twee jaar *elected for a two-year term (of office).*

periodetitel ⟨sport⟩ 0.1 *period title.*

periodiek[1] ⟨het, de⟩ 0.1 [uitgave, tijdschrift] *periodical* ⇒ ⟨jaarlijks ook⟩ *annual,* ⟨maandelijks ook⟩ *monthly,* ⟨wekelijks ook⟩ *weekly,* ⟨driemaandelijks ook⟩ *quarterly* 0.2 [salarisverhoging] *increment.*

periodiek[2] I ⟨bn., bw.⟩ 0.1 [regelmatig terugkerend] *periodic(al)* ⇒*recurrent* ♦ 1.1 ~e betalingen *periodic payments;* aan ~e onthouding doen *use the rhythm method* 3.1 het komt ~ terug *it recurs at (certain) intervals;* ~ terugkerende ziekten *recurrent illnesses;* II ⟨bn.⟩ 0.1 [schei.] *periodic(al)* ♦ 1.1 het ~ systeem *the periodic table.*

periscoop 0.1 *periscope.*

peristaltisch 0.1 *peristaltic* ♦ 1.1 ~e beweging *peristalsis.*

perk 0.1 [vlak in een tuin] *bed* ⇒⟨voor bloemen ook⟩ *flowerbed* 0.2 [fig.; begrenzing] *bound, limit* ♦ 6.1 een ~ **met** viooltjes *a b. of violets* 6.2 binnen de ~en houden *limit, contain;* zijn verbeelding binnen de ~en houden *not let one's imagination run wild/riot;* zijn gewicht binnen de ~en houden *keep one's weight down* ¶.2 alle ~en te buiten gaan *overstep all bounds;* dat gaat alle ~en te buiten *that's the limit.*

perkament 0.1 *parchment* ⇒⟨velijn⟩ *vellum* ♦ 6.1 een handschrift **op** ~ *a p. (manuscript).*

perkamentachtig 0.1 *parchment-like.*

perkamenten 0.1 *parchment.*

perkamentrol 0.1 *scroll/roll (of parchment).*

permanent[1] ⟨het, de⟩ 0.1 *permanent (wave)* ⇒⟨inf.⟩ *perm* ♦ 3.1 een ~ laten zetten *have a perm/one's hair permed.*

permanent[2] I ⟨bn.⟩ 0.1 [voortdurend] *permanent* ⇒*perpetual* 0.2 [duurzaam] *permanent* ⇒*enduring, lasting* ⟨vrede, gevaar⟩, *standing* ⟨commissie, tentoonstelling⟩ 0.3 [niet veranderend] *permanent* ⇒*stable* ♦ 1.3 ~e kleuren *fast colours* 3.1 haar ~ zeuren *her perpetual nagging;* II ⟨bw.⟩ 0.1 [voortdurend] *permanently* ⇒*perpetually, all the time* 0.2 [duurzaam] *permanently* ♦ 3.1 de radio staat daar ~ aan *they have the radio on permanently* 3.2 zich ergens ~ vestigen *settle somewhere p.*

permanenten 0.1 *give a permanent wave* ⇒⟨inf.⟩ *perm* ♦ 3.1 ik moet mijn haar laten ~ *I must have a perm/my hair permed.*

permanentie 0.1 *permanence* ⇒*permanency.*

permissie 0.1 *permission* ⇒*leave* ♦ 3.1 ~ geven/hebben/vragen *give/have/ask p.;* hij kreeg ~ om te vertrekken *he was given p. to leave* 6.1 met ~ *if you will permit me (to say so);* met ~, maar ik ben het niet met u eens *I beg to differ.*

permitteren 0.1 *permit* ⇒*grant permission, allow* ♦ 1.1 zich de vrijheid ~ (om) *take the liberty (of)* 3.1 ik kan me niet ~ dat te doen ⟨het is niet verantwoord⟩ *I can't p./allow myself to do that;* ⟨het is mij te duur⟩ *I can't afford to do that;* zich alles kunnen ~ *be allowed to do anything;* ⟨inf.⟩ *get away with murder* ¶.1 zich ~ met vakantie te gaan *allow o.s. a holiday.*

peroxide 0.1 *peroxide.*

perpetuum mobile 0.1 [ook fig.] *perpetual motion machine.*

perplex 0.1 *perplexed* ⇒*baffled, flabbergasted* ♦ 3.1 iem. ~ doen staan *take s.o.'s breath away;* ik stond ~ *you could have knocked me down with a feather.*

perron 0.1 *platform* ♦ 7.1 ~ vier *p. four.*

perronkaartje 0.1 *platform ticket.*

pers I ⟨de⟩ 0.1 [journalisten] *press* 0.2 [dagbladen en tijdschriften] *press* ⇒⟨de grote Londense kranten ook⟩ *Fleet Street* 0.3 [werktuig waarin iets geperst kan worden] *press* 0.4 [drukpers] *(printing) press* ♦ 2.1 de schrijvende ~ *the p.* 2.2 een slechte/een goede ~ krijgen *be given a bad/good p.* 6.4 het boek is **ter** ~e *the book is in p.;* bij het **ter** ~e gaan *at the time of going to p.;* dat boek komt vers **van** de ~ *that book is hot off the p.* ¶.1 de ~ te woord staan *talk to the p.;* II ⟨de (m.)⟩ 0.1 [tapijt] *Persian carpet/rug.*

Pers, Perzische 0.1 *Persian.*

persagent, -e 0.1 *press agent.*

persbericht 0.1 [bericht via de media] *press/newspaper report* ⇒⟨v.e. persagentschap⟩ *flimsy* 0.2 [bericht aan de pers] *press release/communiqué.*

persbureau 0.1 *news/press agency* ⇒*press bureau.*

perscampagne 0.1 *press campaign.*

perschef 0.1 *press officer/secretary.*

perscommuniqué 0.1 *news release.*

persconferentie 0.1 *press/news conference* ♦ 3.1 een ~ beleggen *hold a p./n. c.*

per se 0.1 [absoluut] *at any price, at all costs* ⇒⟨inf.⟩ *by hook or by crook* 0.2 [onvermijdelijk] *necessarily* ⇒*of necessity* ♦ 3.1 hij wilde haar ~ zien *he was set on seeing her;* iets ~ willen *want sth. at all costs* 5.2 dat hoeft niet ~ het geval te zijn *that is not n. the case* ¶.1 moet je nou ~ die herrie maken? *do you (absolutely) have to make all that noise?*

persen I ⟨onov., ov.ww.⟩ 0.1 [samendrukken] *press* ⇒*compress* ♦ 1.1 geperste houtvezels *compressed woodfibre* 5.1 je moet harder ~ *you must p. harder;* II ⟨ov.ww.⟩ 0.1 [door drukken vervaardigen] *press* ⇒ ⟨stempelen⟩ *stamp (out)* 0.2 [door drukken uit iets halen] *press (out)* ⇒*squeeze (out)* 0.3 [door drukken verplaatsen] *press* ⇒*squeeze, push* ♦ 1.1 ⟨vouwen in⟩ een broek ~ *p. (creases in) a pair of trousers;* grammofoonplaten ~ *p. gramophone records* 1.2 sap uit een citroen ~ *squeeze (juice out of) a lemon;* wijn ~ *p./crush grapes;* ⟨met de voeten⟩ *tread grapes* 6.2 ⟨fig.⟩ een bekentenis **uit** iem. ~ *squeeze a confession out of s.o.* 6.3 zich **door** een nauwe doorgang ~ *squeeze (o.s.) through a narrow gap;* ⟨fig.⟩ iets **in** een keurslijf ~ *force sth. into a straitjacket;* III ⟨onov.ww.⟩ 0.1 [kind uitdrijven] *push* 0.2 [ontlasting uitdrijven] *strain.*

persfotograaf 0.1 *press/news(paper) photographer.*

persiflage 0.1 [+ op] *parody (of).*

persing 0.1 [het persen/geperst worden] *compression* 0.2 [mbt. grammofoonplaten] *pressing* 0.3 [drukking van gassen/vloeistoffen] *compression* ⇒⟨druk⟩ *pressure.*

persjongens ⟨inf.⟩ 0.1 *the boys/*⟨BE ook⟩ *lads from the press.*

perskaart 0.1 *press card.*

perskamer 0.1 *press room.*

persklaar 0.1 *ready for (the) press* ♦ 1.1 die kopij is nog niet ~ *the copy is not ready for the press yet* 3.1 iets ~ maken *prepare sth. for the press.*

persmagnaat 0.1 *press magnate.*

persmap 0.1 *press (information) file.*
persmuskiet ⟨bel.⟩ 0.1 *press hound.*
personage 0.1 [persoon] *person* ⇒⟨eminent/belangrijk persoon⟩ *personality, (public) figure* 0.2 [dram., lit.] *character* ⇒*role,* ⟨mv. ook⟩ *dramatis personae* ◆ 2.1 een vreemd ~ *a strange individual* 2.2 sprekende en stomme ~s *speaking and silent roles*
personalia 0.1 [persoonlijke bijzonderheden] *personal particulars/details* ⇒*personalia* 0.2 [mededelingen omtrent personen] ⟨rubriek in krant⟩ *personal column;* ⟨als opschrift⟩ *personal* ◆ 1.2 de rubriek '~' ⟨in krant⟩ *the personal column* 3.1 zijn ~ opgeven *give one's (personal) particulars.*
persona non grata 0.1 *persona non grata* ◆ 6.1 tot ~ verklaren *declare s.o. persona non grata.*
personeel[1] ⟨het⟩ 0.1 *personnel, staff* ⇒⟨werknemers ook⟩ *employees, work force,* ⟨bemanning ook⟩ *crew,* ⟨fabrieksarbeiders ook⟩ *(factory) hands* ◆ 1.1 tien man ~ *a s. of ten;* wij hebben een groot tekort aan ~ *we are badly understaffed/short-staffed* 2.1 administratief ~ *administrative s., white-collar workers;* het dienstdoend ~ *the p./s.* ⟨enz.⟩ *on duty;* leidinggevend ~ *managerial/executive s.;* onderwijzend ~ *teaching s.* 3.1 ⟨opschrift⟩ ~ aangeboden *situations wanted;* extra ~ aannemen *take on extra p./s.;* ~ gevraagd *vacancies;* ⟨opschrift⟩ *situations vacant;* te veel ~ hebben *be overstaffed.*
personeel[2] ⟨bn.⟩ 0.1 *personal* ◆ 1.1 personele belasting *community charge/tax;* personele unie *p. union.*
personeelsadvertentie 0.1 *employment advertisement.*
personeelsbeleid 0.1 *staffing/recruitment policy.*
personeelsbestand 0.1 *number of workers/staff (employed), number of employees.*
personeelsbezetting 0.1 *work force.*
personeelsblad 0.1 *staff magazine.*
personeelschef 0.1 *personnel/staff manager.*
personeelsfunctionaris 0.1 *personnel officer.*
personeelsgebrek →**personeelstekort.**
personeelslid 0.1 *staff member, member of (the) staff.*
personeelsstop 0.1 *freeze on/halt in recruitment* ◆ 3.1 er is een ~ bij Philips ⟨ook⟩ *Philips are not taking on any new staff.*
personeelstekort 0.1 *shortage of staff/personnel, staff/personnel shortage.*
personeelsvereniging 0.1 *staff association.*
personeelsverloop ⟨ec.⟩ 0.1 *labour/staff turnover.*
personeelsvoorziening 0.1 ⟨mv.⟩ *staff facilities.*
personeelszaken 0.1 [aangelegenheden mbt. het personeel] *personnel/staff matters* 0.2 [afdeling] *personnel department* ⇒⟨inf.⟩ *personnel* ◆ 1.2 de Directeur Personeelszaken *the Personnel Manager.*
personenauto 0.1 *(private/passenger) car.*
personenlift 0.1 *passenger lift.*
personenverkeer 0.1 *passenger travel.*
personenvervoer 0.1 [het vervoeren van personen] *transport/conveyance of passengers* 0.2 [aantal vervoerde personen] *passenger traffic.*
personenwagen 0.1 *(private/passenger) car.*
personificatie 0.1 *personification* ◆ 1.1 hij is een ~ v.d. ijdelheid *he is vanity personified.*
personifiëren 0.1 *personify.*
persoon 0.1 [individu] *person* ⇒*individual,* ⟨mv. meestal⟩ *people* 0.2 [jur.] *person* 0.3 [personage] *role, character* ⇒ ⟨mv. ook⟩ *dramatis personae* 0.4 [taal.] *person* ◆ 2.1 een algemeen bekend ~ *a public figure; a celebrity* ⟨vnl. uit amusementswereld⟩; de juiste ~ *the right person* 2.2 na-

tuurlijk ~ *natural p.* 2.¶ de duivel in eigen ~ *the devil incarnate;* ik sprak Peter in eigen ~ *I spoke to Peter himself/ in person;* ze kwam in (hoogst)eigen ~ *she came personally/in person* 6.1 een zanger en een danser in één ~ verenigd *a singer and dancer (all) rolled into one;* tien gulden **per** ~ *ten guilders per person/head;* één **per** ~ *one each;* (dit recept is) **voor** vier personen *(this recipe) serves four* 6.¶ in de ~ **van** *in the person of* 7.1 een tafel voor één ~ *a table for one;* ons gezin bestaat uit vijf personen ⟨ook⟩ *we're a family of five* 7.4 het werkwoord staat in de eerste ~ enkelvoud *the verb is in the first p. singular.*
persoonlijk I ⟨bn.⟩ 0.1 [mbt. een bep. persoon] *personal* 0.2 [in persoon verricht] *personal* 0.3 [met een eigen karakter] *personal* ⇒⟨individueel⟩ *individual,* ⟨eigenaardig⟩ *idiosyncratic,* ⟨eigenaardig⟩ *peculiar* ◆ 1.1 ~e aangelegenheden *p. matters;* een ~e belediging *a p. insult;* deze brief is ~ *this letter is p./private,* ~e fout *human error;* ⟨wet.⟩ *p. equation;* ⟨sport⟩ *p. foul;* ~e ongelukken *casualties;* om ~e redenen *for p./private reasons, for reasons of one's own* 1.2 een ~ onderhoud *a p. talk* 1.3 een ~e stijl *an individual style* 1.¶ ⟨taal.⟩ ~e voornaamwoorden *personal pronouns* 2.1 strikt ~ ⟨op brief⟩ *private (and confidential);* ⟨op abonnement, toegangsbewijs enz.⟩ *not transferable* 3.1 deze opmerking is niet ~ bedoeld *I/they don't mean to be p.;* laten we niet ~ worden *let's not get p.;*
II ⟨bw.⟩ 0.1 *personally* ◆ 3.1 alle brieven ~ beantwoorden *answer all letters p.;* iem.~ kennen *I know him p.;* ik trek me dat ~ aan *I take that p.* 3.¶ ~ vind ik hem een kwal *personally, I think he's a pain* 4.¶ ik ~ zou het nooit doen *I personally/myself would never do it.*
persoonlijkheid 0.1 [iem. met een zeer persoonlijk karakter] *personality* 0.2 [eigenschappen en karaktertrekken] *personality* ⇒*character* ◆ 2.1 een grote ~ *a great p.* 2.2 een gespleten ~ *a split p.* 3.1 zij is een ~ *she's got p.*
persoonlijkheidscultus 0.1 *personality cult.*
persoonlijkheidsleer 0.1 *theory of personality.*
persoonsbeschrijving 0.1 *description of a person* ◆ 3.1 een ~ door de politie uitgegeven *police description.*
persoonsbewijs 0.1 *identity card.*
persoonsgebonden 0.1 *personal* ⇒*individual* ◆ 1.1 een sterk ~ oordeel *a highly p. judgement.*
persoonsnaam 0.1 *(personal) name* ⇒*Christian/first/given name.*
persoonsregister 0.1 *register of births, marriages and deaths.*
persoonsverheerlijking 0.1 *glorification of a/s.o.'s* ⟨enz.⟩ *personality* ⇒⟨persoonlijkheidscultus⟩ *personality cult.*
persoonsverwisseling 0.1 *(case of) mistaken identity.*
persoonsvorm ⟨taal.⟩ 0.1 *finite form, finite verb* ◆ 1.1 de ~ v.h. werkwoord *the finite form (of a verb).*
persoverzicht 0.1 *press review* ◆ 6.1 en nu het ~ **van** vandaag ⟨op radio/tv⟩ *here is the review of today's papers.*
perspectief[1] I ⟨de⟩ 0.1 [doorzichtkunde] *perspective* 0.2 [wijze waarop voorwerpen zich vertonen] *perspective* ◆ 6.1 in ~ tekenen *draw in p.* 6.2 iets **in** ~ brengen *bring sth. into p.;*
II ⟨het⟩ 0.1 [vooruitzicht] *prospect* ⇒*perspective* 0.2 [context] *perspective* ⇒*context* 0.3 [standpunt] *perspective* ⇒ *viewpoint/standpoint* ◆ 2.2 iets in breder ~ zien *look at/ see sth. in a wider context;* die informatie brengt de zaak in een nieuw ~ *that information puts the matter in a new p./light* 3.1 nieuwe perspectieven openen *open up new perspectives;* daar zit ~ in *it has/holds prospects/certain possibilities* 6.1 zonder ~ *without prospects* 6.3 iets **uit** een ander ~ beschouwen *look at/see sth. from a different*

p./point of view/angle **7.1** een baan waar geen ~ in zit *a job with no prospects;* ⟨inf.⟩ *a dead-end job.*

perspectief² ⟨bn.⟩⟨wisk.⟩ **0.1** *perspective.*

perspex 0.1 ⟨bn. en zn.⟩ *perspex.*

perspresentatie 0.1 *press conference.*

persprijs 0.1 *press award.*

perssinaasappel 0.1 *juice orange.*

perstribune 0.1 *press/reporters' gallery.*

persverklaring 0.1 *press release.*

persvoorlichter 0.1 *press officer.*

persvoorlichting 0.1 *press briefing.*

persvoorstelling 0.1 *press showing.*

persvrijheid 0.1 *freedom of the press* ◆ **1.1** aantasting v.d. ~ *violation of the freedom of the press.*

persweeëen 0.1 *contractions.*

pertinent I ⟨bn., bw.⟩ **0.1** [onbetwistbaar] *definite* ⇒*absolute* **0.2** [nadrukkelijk] *emphatic* ⇒*categorical* ◆ **1.1** ~e nonsens *absolute/utter nonsense* **2.1** het is ~ zeker dat *it's positively certain that* **3.1** hij heeft ~ gelogen *he definitely lied;* ik weet het ~ ⟨zeker⟩ *I am positive, I am absolutely sure/dead certain* **3.2** ~ volhouden *maintain categorically/emphatically;* zij weigerde ~ *she refused categorically/point-blank;* **II** ⟨bn.⟩⟨jur.⟩ **0.1** [ter zake dienend] *pertinent, relevant.*

Peru 0.1 *Peru.*

Peruaan, -se 0.1 *Peruvian.*

pervers 0.1 *perverted* ⇒*degenerate,* ⟨abnormaal, tegennatuurlijk⟩ *unnatural,* ⟨inf.⟩ *kinky* ⟨seksueel afwijkend⟩ ◆ **1.1** ~ gedrag *degenerate behaviour;* ~e neigingen *unnatural tendencies;* een ~ persoon *a pervert.*

perversie 0.1 [het pervers zijn] *perversion* ⇒*degeneracy* **0.2** [perversiteit] *perversity* ⇒*perverseness.*

Perzië 0.1 *Persia.*

perzik 0.1 *peach.*

perzikboom 0.1 *peach (tree).*

perzikhuid 0.1 *soft skin.*

Perzisch 0.1 *Persian* ◆ **1.1** ~e Golf *P. Gulf;* ~ tapijt *P. rug/carpet.*

pessarium ⟨med.⟩ **0.1** *diaphragm* ⇒⟨Dutch⟩ *cap, pessary.*

pessimisme 0.1 *pessimism* ◆ **6.1** er is geen reden *tot* ~ *(there's) no need for p.*

pessimist 0.1 *pessimist.*

pessimistisch 0.1 *pessimistic* ⇒*gloomy* ◆ **1.1** een ~e kijk hebben op iets *take a p. view of sth.* **3.1** zij heeft zich daarover ~ uitgelaten *she was rather p. about it.*

pest 0.1 [ziekte] *(bubonic) plague* ⇒*pestilence* **0.2** [fig.] *pest* ⇒*blight* **0.3** [inf.; moeilijkheid] ⟨zie 3.3⟩ **0.4** [inf.; in samenst.; klein] *miserable* **0.5** [inf.; in samenst.; vervelend] *rotten* ◆ **1.4** een (klein) pesthuisje *a poky little place* **1.5** wat een pestherrie! *what a r. noise!* **3.3** ⟨inf.⟩ dat is nou juist de ~! *that's the awful/rotten thing about it!* **3.¶** ⟨inf.⟩ de ~ in hebben/krijgen *be/get in a foul mood* **6.2** zure regen is de ~ *voor* onze bossen *acid rain is the bane of our forests* **6.¶** ⟨inf.⟩ de ~ *aan* iets/iem. hebben *loathe/detest sth./s.o.;* ⟨inf.⟩ de ~ *over* iets inhebben *be annoyed about sth.* **7.¶** ⟨inf.⟩ ik zie geen ~ *I can't see a bloody thing;* ik snap er geen ~ van *it's a bloody mystery to me* **8.1** ⟨inf.⟩ zo brutaal als de ~ zijn *be as cheeky as hell;* iem. mijden als de ~ *avoid s.o. like the plague* ¶.¶ het stinkt als de ~ *it stinks to high heaven.*

pestbui ⟨inf.⟩ **0.1** *rotten mood/temper* ◆ **6.1** in een ~ zijn *be in a rotten temper.*

pesten I ⟨onov., ov.ww.⟩⟨inf.⟩ **0.1** [plagen] *pester* ⇒*tease* ◆ **1.1** een leraar ~ *rag a teacher* **3.1** hij zit mij altijd te ~ *he's always on at me* **4.1** elkaar ~ *nag each other* **6.1** zij pest

hem *met* zijn grote neus *she teases him about his big nose;* ze doet he alleen maar *om* je te ~ *she's only doing it to tease you;* **II** ⟨onov.ww.⟩ **0.1** [kaartspel] *play beggar-my/thy-neighbour.*

pestepidemie 0.1 *epidemic of plague.*

pesterig 0.1 *sly* ⇒*nasty* ◆ **1.1** een ~ lachje *a nasty little laugh.*

pesterij 0.1 *harassment* ⇒*pestering, needling, badgering, baiting* ◆ **2.1** geniepige ~tjes *sly digs.*

pesthumeur ⟨inf.⟩ **0.1** *lousy/rotten mood/temper.*

pesticide 0.1 *pesticide.*

pestkop 0.1 *pest, nuisance* ◆ **2.1** hij is een echte ~ *he's a holy terror;* je bent een vervelende ~ *you're a n. and a p.*

pestlijder, -ster 0.1 *plague victim.*

pestlucht ⟨inf.⟩ **0.1** *stench* ⇒*stink,* ⟨BE ook; sl.⟩ *pong.*

pesto 0.1 *pesto.*

peststreek 0.1 *rotten/lousy trick.*

pet¹ ⟨de⟩ **0.1** [hoofddeksel] *cap* **0.2** [fig.; hersens] *upstairs* ◆ **2.¶** geen hoge ~ op hebben van *not think much of, have a low opinion of* **3.1** daar neem ik mijn ~ je voor af ⟨fig.⟩ *I take my hat off to that/you* **5.1** ~je af (voor die prestatie)! *hats off!* **6.1** ⟨fig.⟩ gooi maar *in* mijn ~ *ask me another, search me;* met de ~ naar iets gooien ⟨met weinig inzet⟩ *make a halfhearted attempt at sth.;* ⟨gissen⟩ *have a wild guess at sth.;* met de ~ rondgaan ⟨fig.⟩ *pass the hat round;* het is huilen *met* de ~ op ⟨hopeloos mis⟩ *it's enough to make you cry;* ⟨slecht⟩ *it's a wash-out, it's dreadful* **6.2** dat gaat *boven* mijn ~ *that is beyond me;* ik kan er *met* mijn ~ niet bij *it beats me.*

pet² ⟨bn.⟩⟨inf.⟩ **0.1** *lousy* ⇒*rubbishy* ◆ **3.1** dat is zwaar ~ *that's bloody awful;* ik vind het (maar) ~ *I think it's a disaster.*

petekind 0.1 *godchild.*

peter 0.1 *godfather.*

peterselie 0.1 *parsley.*

petfles 0.1 *PET-bottle* ⇒⟨reusable/refundable⟩ *plastic bottle.*

petieterig 0.1 *tiny* ⇒⟨vnl. kind., scherts.⟩ *teeny(-weeny).*

petitie 0.1 *petition* ◆ **3.1** iem. een ~ aanbieden/overhandigen *present a p. to s.o.;* een ~ indienen *file a p.* **6.1** ze verzochten de regering *bij* ~ de gevangenen vrij te laten *they petitioned the government to release the prisoners.*

petit restaurant 0.1 A*luncheonette.*

petrochemie 0.1 *petrochemistry.*

petrochemisch 0.1 *petrochemical* ◆ **1.1** de ~e industrie *p. industry.*

petroleum 0.1 [licht ontvlambaar vloeistofmengsel] *paraffin (oil)* **0.2** [aardolie] *petroleum* ⇒*mineral/rock oil,* ⟨oneig.⟩ *oil* ◆ **2.2** gezuiverde ~ *purified p.;* ruwe ~ *crude (oil)* **3.2** ~ aanboren *strike oil.*

petroleumgas 0.1 *petroleum gas* ◆ **2.1** vloeibaar ~ ⟨LPG⟩ *liquid p. g.*

petroleumkachel 0.1 *paraffin stove* ⇒*oil heater.*

petroleumlamp 0.1 *paraffin lamp.*

petroleumlucht 0.1 *smell of paraffin* ⇒⟨sterker⟩ *paraffin fumes.*

petroleummaatschappij 0.1 *oil company.*

petroleumproduct 0.1 *oil/petroleum product.*

petroleumstel 0.1 *paraffin stove.*

petroleumtank 0.1 *oil/petroleum tank.*

pets 0.1 *cuff* ⇒⟨klap⟩ *smack* ◆ **3.1** iem. een ~ om de oren geven *cuff s.o., box s.o.'s ears.*

petto ◆ **6.¶** iets (voor iem.) *in* ~ hebben *have sth. in store (for s.o.;* iets in ~ houden *keep sth. in store;* wat zal de dag van morgen voor ons **in** ~ hebben? *what will tomorrow bring us?*

petunia 0.1 *petunia.*

peuk 0.1 [eindje sigaar/sigaret] *butt, stub* ⇒⟨sl.⟩ *dog-/fag-end* 0.2 [sigaret] *fag* ⇒⟨BE; sl.⟩ *burn* ◆ **3.1** een ~ uitdrukken *stub out a b.* **3.2** heb je een ~ voor me? *got a f. for me?*

peul 0.1 [schil van peulvruchten] *pod* ⇒*capsule* 0.2 [doosvrucht] *legume.*

peulenschil 0.1 [kleinigheid] *trifle* 0.2 [schil v.e. peul] *(pea) pod* ◆ **3.1** dat is maar een ~(letje) voor hem ⟨mbt. bedrag⟩ *that's peanuts/chicken-feed to him;* ⟨mbt. karwei⟩ *he can do it standing on his head;* dat is maar een ~ vergeleken bij *that's a piece of cake compared to* **7.1** het is waarachtig geen ~ *it's more than I'd/we'd bargained for.*

peultje 0.1 *mange-tout* ⇒*snow pea.*

peulvrucht 0.1 [vrucht] *legume* 0.2 [erwten, bonen] *dried legume* ⇒*dried peas and beans* ⟨mv.⟩ 0.3 [kruiden, heesters] *leguminous plant.*

peuren I ⟨ov.ww.⟩ 0.1 [bemachtigen] *worm* ⇒⟨uitvlooien⟩ *ferret* ◆ **6.1** ergens gegevens **uit** weten te ~ *find a way to ferret out information;*
II ⟨onov.ww.⟩ 0.1 [inf.; wroeten] *ferret* ⇒*rout.*

peut 0.1 [petroleum] *oil* 0.2 [terpentino] *turps* 0.3 [klap] ⟨por⟩ *dig;* ⟨mep, klap⟩ *whack, wallop* ◆ **3.3** iem. een ~ verkopen *wallop/whack s.o.*

peuter 0.1 [kind van 2-4 jaar] *pre-schooler* 0.2 [klein kind] *toddler* 0.3 [klein persoon] *shrimp* ◆ **6.1** een dagverblijf voor ~s *playgroup.*

peuteren I [wroeten] *pick* 0.2 [morrelen] *fumble (with)* 0.3 [prutsen] *fiddle (with)* ◆ **6.1** in zijn neus ~ *p. one's nose;* ⟨fig.⟩ informatie **uit** iem. ~ *winkle information out of s.o.*

peuterig 0.1 *tiny, diminutive* ◆ **1.1** ~ werk *finicky work.*

peuterklas 0.1 *nursery (school).*

peuterleidster 0.1 *nursery school teacher.*

peuterspeelzaal 0.1 *playgroup.*

peuterwerk 0.1 [priegelwerk] *finicky work* 0.2 [werk in peuterspeelzaal] *work with toddlers.*

peuzelen 0.1 *nibble, munch* ⇒⟨treuzelen, met kleine hapjes eten⟩ *pick/peck at* ◆ **6.1** zij zat lekker te ~ **aan** haar boterhammen *she was munching away at her sandwiches.*

pezen ⟨inf.⟩ 0.1 [hard rijden] *race* 0.2 [hard werken] *slave* ◆ **6.2** ik heb behoorlijk gepeesd **voor** dat examen *I really sweated/slaved over that exam* **6.¶** ergens **op** ~ *be after sth., have an eye on sth.*

pezig 0.1 [met krachtige pezen] *sinewy* 0.2 [taai] *tough* ◆ **1.2** een ~ stukje vlees *a t./stringy piece of meat.*

pfeiffer ⟨med.; verkorting⟩ 0.1 *glandular fever.*

pH-waarde 0.1 *pH value.*

pi 0.1 *pi.*

pianist, -e 0.1 *pianist, piano player.*

piano 0.1 *piano* ◆ **2.1** een gewone/rechtopstaande ~ *an upright p.* **3.1** (goed) ~ kunnen spelen *play the p. well, be a good p. player* **6.1** op de ~ oefenen *practise the p.*

pianoconcert 0.1 [uitvoering] *piano recital* 0.2 [muziekstuk] *piano concerto* ◆ **3.1** een ~ geven *give a p. r.*

pianokruk 0.1 *piano stool.*

pianola 0.1 *pianola, player piano.*

pianoles 0.1 *piano lesson.*

pianomuziek 0.1 *piano music.*

pianospel 0.1 *piano playing.*

pianospelen 0.1 *play(ing) the piano.*

pianostemmer 0.1 *piano tuner.*

pias 0.1 [paljas] *clown* 0.2 [trekpop] *jumping jack* ◆ **3.1** de ~ uithangen *play the c.*

piccalilly 0.1 *piccalilli.*

piccolo 0.1 [hoteljongen] *bell-boy* 0.2 [fluit] *piccolo.*

picknick 0.1 *picnic.*

picknicken 0.1 *picnic* ◆ **3.1** zullen we gaan ~? *shall we go for a picnic?*

picknickmand 0.1 *picnic hamper/basket.*

pick-up 0.1 [grammofoon] *record player* 0.2 [vrachtauto] *pickup (truck).*

*✱**picobello** ⟨Wdl: pico bello⟩ 0.1 *splendid, outstanding* ◆ **3.1** er ~ uitzien ⟨mbt. kleding⟩ *be dressed smartly, look sharp;* ⟨mbt. gezondheid⟩ *be looking good.*

picture ◆ **6.¶** **in** de ~ komen *come to the fore;* **in** de ~ zijn/staan *be in the limelight.*

pidgin 0.1 *pidgin.*

pied-à-terre 0.1 *pied-à-terre.*

pief ⟨inf.⟩ 0.1 *type, sort* ◆ **2.1** een goeie/aardige ~ *a good s./kind old s.;* een rijke ~ *a fat cat.*

piek I ⟨de (m.)⟩⟨inf.⟩ 0.1 [gulden] **±**quid ⟨Eng. pond⟩⟨steeds enk.⟩; **±**buck ⟨Am. dollar⟩ ◆ **7.1** ik krijg nog vijf ~ van je *you (still) owe me five q./bucks;*
II ⟨de⟩ 0.1 [hoogtepunt] *peak* 0.2 [plukje haar] *spike* 0.3 [bergtop] *peak, summit* 0.4 [kerstversiering] *top* 0.5 [scheep.] *peak* ◆ **1.2** een ~ haar *a s. of hair.*

piekbelasting 0.1 *peak load.*

pieken 0.1 [van haar] *be spiky* ⇒*stand out* 0.2 [sport] *peak* ◆ **1.1** ~d haar *spiky hair.*

piekeraar, -ster 0.1 [iem. die tobt] *worrier, brooder* 0.2 [iem. die ingespannen denkt] *ponderer* ◆ **2.1** hij is een eeuwige ~ *he's an eternal w.*

piekeren 0.1 [tobben] *worry, brood* 0.2 [ingespannen denken] *ponder* ◆ **3.1** hij zit daar maar te ~ *he just sits there brooding* **5.1** waar zit je toch over te ~? *what's on your mind?, what's troubling you?* **5.2** ik pieker er niet over om het te doen! *I wouldn't even dream/think of doing it.*

piekerig 0.1 *spiky* ◆ **1.1** ~ haar *s./punk hair.*

piekfijn 0.1 [keurig] *posh* ⟨alleen bn.⟩; *smart* 0.2 [erg goed] *A-1, first-class* ⟨alleen bn.⟩; ⟨bw.⟩ *tip-top* ◆ **1.1** een ~e meneer *a posh gentleman* **3.1** zo zag er ~ uit *she was dressed to kill* **3.2** alles is ~ in orde *everything's in tip-top order.*

piekuur 0.1 *peak hour;* ⟨verkeer⟩ *rush hour.*

pielen ⟨inf.⟩ 0.1 *fiddle about* ◆ **6.1** zit niet **aan** de kachel te ~ *stop fiddling about with the heater.*

piemel ⟨inf.⟩ 0.1 *willie.*

piemelnaakt ⟨inf.⟩ 0.1 *stark naked* ◆ **3.1** ~ rondlopen *walk around stark naked.*

pienter 0.1 *bright* ⇒⟨scherp⟩ *sharp,* ⟨slim⟩ *shrewd, keen* ⟨verstand⟩ ◆ **1.1** een ~ kereltje *a b. little guy;* ~e oogjes *sharp/shrewd eyes.*

piep 0.1 *squeak* ⟨muizen⟩; *peep, cheep* ⟨vogels⟩.

piepen I ⟨onov.ww.⟩ 0.1 [hoog geluid geven] *squeak* ⟨muizen⟩; *peep, cheep* ⟨vogels⟩; *creak* ⟨scharnieren, deuren⟩; *pipe* ⟨schril stemgeluid⟩ 0.2 [zacht spreken] *squeak* 0.3 [klagend geluid geven] *whine* ◆ **1.1** een ~de ademhaling *wheezy breathing* **5.3** ⟨fig.⟩ dan zal hij wel anders ~ *he'll change his tune then;* hij piept gauw *it doesn't take much to make him squeal;*
II ⟨ov.ww.⟩ 0.1 [zacht zeggen] *squeak* 0.2 [klagend zeggen] *whine* ◆ **4.¶** het is gepiept *it's fixed, it's been seen to.*

pieper 0.1 [iem. die gauw klaagt] *whiner, moaner* 0.2 [portofoon] *bleep(er)* ⇒*beeper* 0.3 [inf.; aardappel] *spud* 0.4 [iem. die/iets dat piept] *squeaker, squealer* ◆ **3.3** ~s jassen *bash spuds.*

pieperig 0.1 *squeaky, squeaking* ◆ **1.1** een ~ stemmetje *a squeaky little voice.*

piepjong 0.1 *very young* ⇒⟨na zn.⟩ *just out of the cradle* ◆

1.1 een ~ luitenantje *a lieutenant just out of the cradle* **3.1** ⟨euf.⟩ niet (zo) ~ meer zijn *be no (spring) chicken.*

piepklein 0.1 *teeny(-weeny), teensy* ♦ **1.1** een ~ mannetje *a tiny little man.*

piepkuiken 0.1 [kuiken] *spring chicken* **0.2** [groentje] *little kid, youngster;* ⟨meisje⟩ *(young) chick.*

piepplastic, -schuim ⟨inf.⟩ **0.1** ⟨ongemarkeerd⟩ *polystyrene foam.*

piepstem 0.1 *squeaky voice* ♦ **6.1** met een ~metje *in a squeaky voice.*

pieptoon 0.1 *bleep.*

piepzak ⟨inf.⟩ ♦ **6.¶** in de/z'n ~ zitten *be in a funk.*

pier 0.1 [worm] *worm;* ⟨aardworm⟩ *earthworm* **0.2** [havendam] *jetty* **0.3** [wandelhoofd in zee] *pier* **0.4** [mbt. luchthaven] *pier* ♦ **1.2** de kop v.d.~ *the head of the j./pier* **2.¶** ⟨inf.⟩ een dooie ~ *a dry old stick* **8.¶** zo dood als een ~ *(as) dead as a doornail.*

pierement 0.1 *(barrel) organ.*

*∗**pierenbad** *(Wdl: pierebad)* **0.1** *paddling pool.*

pierewaaien 0.1 [aan de zwier gaan] *have one's/a fling* **0.2** [losbandig leven] *run wild* ♦ **3.1** gaan ~ *go out on the town.*

pierewaaier 0.1 *reveller.*

pierrot, -rette 0.1 *pierrot.*

pies ⟨inf.⟩ **0.1** *pee, wee* ♦ **1.1** poep en ~ ⟨vulg.⟩ *crap and piss.*

piesbak ⟨inf.⟩ **0.1** ⟨ongemarkeerd⟩ *urinal.*

piesen ⟨inf.⟩ **0.1** [plassen] *wee, pee* ♦ **3.1** ik moet even ~ *I've got to p.* **6.1** hij heeft in zijn broek gepiest *he peed his pants.*

piespot 0.1 *chamber pot.*

piet 0.1 [inf.; persoon] *geezer, feller* **0.2** [expert] ⟨inf.⟩ *high-up* ⇒⟨vaak iron.⟩ *bigwig* **0.3** [inf.; kanarie] *±budgie* **0.4** [neet, luis] *nit* ♦ **2.1** een dooie/saaie ~ *a dry old stick;* hij vindt zichzelf een hele ~ *he thinks he's really s.o.;* de hoge ~en in Den Haag *the high-ups/bigwigs in The Hague* **6.2** hij is een (hele) ~ in wiskunde *he's a real whiz in maths.*

Piet 0.1 *Pete* ♦ **1.1** Jan, ~ en Klaas *Tom, Dick and Harry;* ~ Snot *Simple Simon, booby;* voor ~ Snot staan *look like a fool;* er voor ~ Snot bijzitten *sit there like a fool;* meedoen voor ~ Snot *be left twiddling one's thumbs* **2.1** zwarte ~ *Black Peter* **¶.1** een ~je precies zijn *be a fusspot.*

piëteit 0.1 *piety* ♦ **6.1** uit ~ iets doen/laten *do sth./refrain from (...ing) sth. out of reverence.*

pietepeuterig ⟨inf.⟩ **0.1** [overdreven precies] *finicky* ⇒ ⟨nauwgezet⟩ *meticulous* **0.2** [erg klein] *minute, diminutive* ♦ **1.2** ~ schrift *microscopic handwriting* **5.1** zij is vreselijk ~ *she's terribly f.*

pietje 0.1 *±budgie.*

pietlut 0.1 *niggler* ⇒⟨inf.⟩ *fusspot.*

pietluttig 0.1 *petty* ⇒*fussy.*

pietluttigheid 0.1 *pettiness* ⇒*fussiness.*

piëzo-elektriciteit ⟨nat.⟩ **0.1** *piezoelectricity.*

pigment 0.1 ⟨ook bk.⟩ *pigment.*

pigmentatie 0.1 *pigmentation.*

pigmentvlek 0.1 *birthmark* ⇒*mole.*

pij 0.1 *(monk's) habit* ♦ **3.1** de ~ aannemen *take the h.*

pijl 0.1 [projectiel] *arrow* ⇒⟨sport ook⟩ *dart,* ⟨fig.⟩ *shaft* **0.2** [teken voor de richting] *arrow* **0.3** [vuurpijl] *rocket* ♦ **1.1** gewapend met ~ en boog *armed with bow and a.* **2.1** ⟨fig.⟩ nog andere/meer ~en op zijn boog hebben *have more strings/more than one string to one's bow* **8.1** als een ~ uit een boog ervandoor gaan *go off like a shot.*

pijlbundel 0.1 *sheaf (of arrows).*

pijler 0.1 [steunpilaar] *pillar* **0.2** [steunpunt v.e. brug] *pier* ⇒*pile* **0.3** [fig.] *pillar* ♦ **1.3** de ~s v.d. welvaart *the pillars of prosperity.*

pijlerbrug 0.1 *arch bridge.*

pijlerdam ⟨wwb.⟩ **0.1** *multiple buttress dam.*

pijlkoker 0.1 *quiver.*

pijlsnel 0.1 *(as) swift as an arrow* ♦ **3.1** ~ van start gaan *go off like a shot/rocket.*

pijltje 0.1 [kleine pijl] *dart* ♦ **3.1** ~s gooien *play darts.*

pijn 0.1 [lichamelijk lijden] *pain* ⇒⟨aanhoudend⟩ *ache* **0.2** [verdriet] *pain* **0.3** [moeite] *pains* ⇒*effort* ♦ **1.3** geen centje ~ *no trouble at all;* met veel ~ en moeite iets gedaan krijgen *get sth. accomplished with a great deal of trouble* **2.1** ik heb vreselijke ~ in mijn voeten ⟨ook⟩ *my feet are killing me* **3.1** iem. ~ doen *hurt s.o.;* ik heb overal ~ *I'm sore/I hurt all over;* een medicijn om de ~ te stillen *a medicine to alleviate the p.* **6.1** ~ in de buik hebben *have (a) stomach-ache, have a p. in one's stomach;* ~ in de keel hebben *have a sore throat;* ⟨scherts.⟩ ~ in zijn portemonnee hebben *be broke;* gek/vertrokken/het uitschreeuwen van de ~ *half-crazed/drawn/cry out with p.*

pijnappel 0.1 *pine cone.*

pijnappelklier ⟨med.⟩ **0.1** *pineal gland.*

pijnbank 0.1 *rack* ♦ **6.1** iem. op de ~ leggen *put s.o. on the r.*

pijnbestrijding 0.1 *pain killing* ⇒*alleviation of the pain.*

pijnboom 0.1 *pine(-tree).*

pijndrempel 0.1 *pain threshold* ♦ **2.1** een lage ~ hebben *have a low p. t.* **3.1** de ~ overschrijden *cross the p. t.*

pijngrens 0.1 *pain threshold/level* ⇒⟨vnl. sport⟩ *pain barrier.*

pijnigen 0.1 [martelen] *torture* **0.2** [pijn aandoen, kwellen] *torment* ⇒*hurt* ♦ **1.2** zijn hersens ~ *rack one's brains.*

pijniging 0.1 *torture.*

pijnlijk I ⟨bn.⟩ **0.1** [pijn veroorzakend] *painful* **0.2** [zeer doend] *painful* ⇒*sore* **0.3** [pijn lijdend] *suffering* **0.4** [blijk gevend van pijn] *pained* **0.5** [krenkend] *painful, hurtful* **0.6** [gekwetst] *pained* **0.7** [precair] *painful* ⇒ *awkward, embarrassing* **0.8** [uiterst zorgvuldig] *painstaking* ♦ **1.1** een ~e wond/operatie *a p. wound/operation* **1.2** een ~e rug *a p./sore back* **1.4** een ~e glimlach *a twisted smile* **1.5** een ~e opmerking *an embarrassing remark* **1.6** hij had een ~e uitdrukking op zijn gezicht *he had a p. expression on his face* **1.7** er viel een ~e stilte *there was an uncomfortable silence* **1.8** met ~e zorg *with p. care* **3.2** ~ aanvoelen *hurt, be p.;*
II ⟨bw.⟩ **0.1** [zodat pijn veroorzaakt wordt] *painfully* **0.2** [als iem. die pijn heeft] *painfully* ⇒*with pain* **0.3** [zodat verdriet veroorzaakt wordt] *painfully* **0.4** [als iem. die verdriet heeft] *as if pained* **0.5** [op uiterst zorgvuldige wijze] *painstakingly* ♦ **2.5** ~ precies *painstakingly* **3.1** ~ getroffen zijn *be pained* **3.3** iem. ~ krenken *offend/hurt s.o. sorely* **3.4** ~ glimlachen *smile as if pained.*

pijnloos I ⟨bn.⟩ **0.1** [geen pijn veroorzakend] *painless* **0.2** [gevoelloos] *insensitive to pain;*
II ⟨bw.⟩ **0.1** [zonder pijn te veroorzaken/voelen] *painlessly* ♦ **3.1** ~ bevallen *give birth p.*

pijnscheut 0.1 *stab (of pain).*

pijnstillend 0.1 *soothing* ⇒⟨med.⟩ *analgesic* ♦ **3.1** ~ werken *relieve pain.*

pijnstiller 0.1 *painkiller* ⇒⟨med.⟩ *analgesic.*

pijp 0.1 [buis] *pipe* ⟨ook v.e. orgel⟩ ⇒*tube* **0.2** [broekspijp] *leg* **0.3** [rookgerei] *pipe* **0.4** [stang, staafje] *stick* ♦ **1.1** een stuk(je) ~ *a length of p.* **1.3** een ~ tabak *a fill (of tobacco), a pipeful* **2.2** een broek met lange/korte ~en *a pair of trousers/shorts* **3.3** ⟨fig.⟩ de ~ aan Maarten geven ⟨sterven⟩ *kick the bucket, turn up one's heels/toes;* ⟨niet meer willen meedoen⟩ *quit, chuck it in;* een ~ stoppen *fill a p.* **5.¶** ⟨inf.⟩ de ~ uit zijn *have kicked the bucket.*

pijpbeen 0.1 *long bone.*
pijpen 0.1 [vulg.] *blow* ◆ 1.1 een man ~ *give a man a blow-job* 6.¶ ⟨fig.⟩ **naar** iemands ~ dansen *dance to s.o.'s tune.*
pijpenkrul 0.1 *corkscrew curl.*
pijpenla 0.1 ⟨fig.⟩ *long narrow room* ◆ 6.1 een ~ **van** een keuken *a long narrow kitchen.*
pijpenrager 0.1 *pipe cleaner.*
pijpenrek 0.1 *pipe rack.*
pijpensteel 0.1 *pipe stem* ◆ 3.1 ⟨fig.⟩ het regent pijpenstelen *it's raining cats and dogs.*
pijpje 0.1 [bierflesje] *small beer bottle* ◆ 3.1 wil je een ~ of een halve liter? *do you want a small beer or a pint?*
pijpkaneel 0.1 *whole cinnamon.*
pijpleiding 0.1 *piping* ⇒⟨over grote afstand⟩ *pipeline* ◆ 3.1 een ~ leggen *lay (down) a pipeline.*
pijplijn 0.1 *pipeline* ◆ 6.1 ⟨fig.⟩ dat zit in de ~ *that's in the p.*
pijproker, -rookster 0.1 *pipe smoker.*
pijptabak 0.1 *pipe-tobacco.*
pik I ⟨de⟩ 0.1 [inf.; penis]⟨sl.⟩ *prick, cock* 0.2 [pikhouweel] *pick(axe)* ◆ 2.1 een stijve ~ ⟨sl.⟩ *a hard-on* 6.1 ⟨fig.⟩ op zijn ~ getrapt *huffy, miffed;*
II ⟨de (m.)⟩ 0.1 [wrok] *pique* ◆ 6.1 de ~ op iem. hebben *have it in for s.o.*
pikant 0.1 *piquant* ◆ 1.1 ~e details *juicy details;* ~e lectuur *racy books/magazines;* ~ ondergoed *sexy underwear;* een ~e saus *a p./spicy sauce* 7.1 het ~e v.d. situatie was *what was so fascinating about the situation was.*
pikdonker¹ ⟨het⟩ 0.1 *pitch-darkness.*
pikdonker² ⟨bn.⟩ 0.1 *pitch-dark/-black* ◆ 3.1 het was ~ *it was p.-d.*
piket I ⟨de⟩ 0.1 [wwb.] *picket;*
II ⟨het⟩ 0.1 [mil.] *picket* ◆ 6.1 officier **van** ~ *p. officer.*
pikhaak 0.1 ⟨landb.⟩ *reaping hook.*
pikhouweel 0.1 *pickaxe.*
pikkedonker →pikdonker.
pikkel 0.1 *pickle.*
pikken I ⟨ov.ww.⟩ 0.1 [inf.; stelen] *lift* ⇒*pinch* 0.2 [inf.; kiezen, nemen] *take* 0.3 [inf.; accepteren] *take* ⇒*put up with* ◆ 1.1 zij heeft dat geld gepikt *she stole that money* 1.2 ⟨fig.⟩ een bioscoopje ~ *take in a film* 4.3 we ~ het niet langer *we won't put up with it any longer;*
II ⟨onov., ov.ww.⟩ 0.1 [met de snavel slaan of happen] *peck* 0.2 [hapjes nemen] *pick* ⇒*peck (at)* ⟨vogels en fig. mensen⟩ 0.3 [prikken] *prick* ◆ 6.2 de mus pikt **van** de appel *the sparrow is pecking (away) at the apple* 6.3 zich **met** een speld ~ *prick o.s. on a pin.*
pikzwart 0.1 *pitch-black* ◆ 1.1 ~ haar *raven(-black) hair.*
pil I ⟨de⟩ 0.1 [geneesmiddel] *pill* 0.2 [anticonceptiepil] *(the) pill* 0.3 [boek] *tome* ◆ 2.1 het is een bittere ~ voor hem ⟨fig.⟩ *it is a bitter p. for him to swallow* 2.3 wat een dikke ~ *what a t.* 3.1 ⟨fig.⟩ de ~ vergulden *sugar/sweeten the p.* 3.2 de ~ slikken *be on the p.;*
II ⟨de (m.)⟩ 0.1 [inf.; dokter] *pill pusher.*
pilaar 0.1 *pillar.*
pilgebruikster 0.1 *woman on the pill.*
pillenslikker, -ster 0.1 *pillhead.*
piloot 0.1 *pilot* ◆ 2.1 automatische ~ *automatic p.;* ⟨verkeer⟩ *autopilot* 7.1 tweede ~ *co-pilot.*
pilotstudie 0.1 *pilot study.*
pils I ⟨het, de⟩ 0.1 [bier] *beer* ⇒*lager* ◆ 1.1 een glas/flesje ~ *a (glass/bottle of) b.;*
II ⟨de⟩ 0.1 [glas bier] *(glass/pint of) beer* ◆ 3.1 een ~je pakken *grab a b.*
pimpel ⟨inf.⟩ 0.1 *tippling* ⇒*boozing* ◆ 6.1 **aan** de ~ zijn *go t./boozing.*

pimpelaar, -ster ⟨inf.⟩ 0.1 *tippler* ⇒*boozer.*
pimpelen ⟨inf.⟩ 0.1 *tipple* ⇒*booze.*
pimpelmees 0.1 *blue tit.*
pimpelpaars 0.1 *(lurid) purple* ◆ 6.1 hij is ~ **van** de kou *he is blue with cold.*
pin 0.1 [klein staafje] *peg, pin* 0.2 [knijper] *clip* ◆ 3.2 iem. de ~ op de neus zetten ⟨flink aanpakken⟩ *take s.o. to task;* ⟨onder druk zetten⟩ *put pressure on s.o.*
pincet 0.1 *(pair of) tweezers* ◆ 7.1 twee ~ten *two pairs of tweezers.*
pincode 0.1 *PIN code.*
pinda 0.1 *peanut.*
pindakaas 0.1 *peanut butter.*
pindanootje 0.1 *peanut.*
pindarotsje 0.1 *peanut brittle.*
pineut ⟨inf.⟩ 0.1 *dupe* ◆ 3.1 de ~/het ~je zijn *be the d.*
ping¹ ⟨de⟩ 0.1 *ping.*
ping² ⟨tw.⟩ 0.1 *ding* ⇒*ping.*
pingelaar, -ster 0.1 [voetbal] *player who holds on to/* ⟨pej.⟩ *hogs the ball* ⇒*dribbler* 0.2 [afdinger] *haggler.*
pingelen 0.1 [afdingen] *haggle (over/about)* 0.2 [mbt. voetbal] *hold/*⟨pej.⟩ *hog the ball* ⇒*dribble* 0.3 [mbt. snaarinstrumenten] *strum.*
ping-ping ⟨inf.⟩ 0.1 *cash.*
pingpong 0.1 *ping-pong.*
pingpongen 0.1 *play ping-pong.*
pinguïn 0.1 *penguin.*
pink 0.1 *little finger* ◆ 3.1 ⟨fig.⟩ geeft men hem een ~, dan neemt hij de hele hand *give him an inch and he'll take a mile* 6.¶ **bij** de ~en zijn *be all there.*
pinken I ⟨ov.ww.⟩ 0.1 [wegnemen] *blink;*
II ⟨onov.ww.⟩ 0.1 [elkaar aan de gebogen pinken vasthouden] *link little fingers.*
pinksterbeweging 0.1 *Pentecostal movement.*
pinksterdag 0.1 *Whit Sunday, Whit Monday* ◆ 7.1 eerste ~ *Whit (Sunday);*⟨vnl. AE⟩ *Pentecost;* tweede ~ *Whit Monday.*
Pinksteren 0.1 *Whitsun(tide);*⟨vnl. AE⟩ *Pentecost* ◆ 6.1 de zaterdag **voor** ~ *Whit Saturday.*
pinksterfeest 0.1 *(feast of) Whitsun;* ⟨vnl. AE⟩ *Pentecost.*
pinkstergemeente 0.1 *Pentecostal church.*
pinkstervakantie 0.1 *Whitsun holiday.*
pinksterweekeinde 0.1 *Whit weekend.*
pinnen 0.1 [betalen met pinpas] *pay by switch card* 0.2 [geld uit automaat halen] *withdraw cash from a cashpoint/ATM.*
pinnig 0.1 [vinnig] *tart* ⇒*biting* 0.2 [zuinig] *stingy.*
pinpas 0.1 ⟨om geld uit automaat te halen⟩ *cash card;* ⟨om bv. in winkel te betalen⟩ *switch card.*
pint 0.1 [glas bier] *pint* 0.2 [vochtmaat] *pint* 0.3 [kan] *pint jug* ◆ 3.1 een ~ pakken *grab a p.*
pioen 0.1 *peony* ◆ 8.1 een kleur krijgen/blozen als een ~ *blush deep red.*
plon 0.1 ⟨schaakspel; ook fig.⟩ *pawn.*
pionier 0.1 ⟨ook fig.; mil.⟩ *pioneer.*
pioniersgeest 0.1 *pioneer(ing) spirit.*
pionierswerk 0.1 ⟨ook fig.⟩ *pioneering work* ◆ 3.1 ~ verrichten *break new ground.*
pipet 0.1 *pipette.*
pips 0.1 *washed out* ⇒*pale.*
piraat 0.1 [zeerover] *pirate* 0.2 [illegale zender] *pirate (radio/TV) station* 0.3 [fig.] *pirate.*
piramide 0.1 ⟨ook wisk.⟩ *pyramid* ◆ 2.1 een afgeknotte ~ *a truncated p.*
piranha 0.1 *piranha.*

piratenschip 0.1 [etherpiraat] *pirate radio ship* 0.2 [zeero-versschip] *pirate ship.*
piratenzender 0.1 *pirate (radio station).*
pirouette 0.1 *pirouette.*
pis ⟨inf.⟩ 0.1 *piss.*
pisang 0.1 *banana* ♦ ¶.1 ~ goreng *fried banana.*
pisbak ⟨inf.⟩ 0.1 ⟨ongemarkeerd⟩ *urinal.*
pisnijdig ⟨inf.⟩ 0.1 *hopping mad* ⇒*pissed-off* ♦ 6.1 ~ op iem. zijn *be mad/pissed-off at s.o.*
pispaal 0.1 *target* ⇒*butt.*
pispot 0.1 *piss-pot.*
pissebed 0.1 *wood louse.*
pissen ⟨inf.⟩ I ⟨onov., ov. ww.⟩ 0.1 [plassen] *piss* ♦ 1.1 bloed ~ *p. blood;*
II ⟨onpers. ww.⟩ 0.1 [regenen]⟨flink⟩ *piss (down);* ⟨zacht⟩ *drizzle.*
pissig 0.1 *pissed off* ⇒*bloody annoyed* ♦ 1.1 een ~ e criticus *a vitriolic/malignant critic.*
pistache 0.1 *pistachio (nut).*
piste 0.1 [deel v.e. circus] *ring* 0.2 [wielersport] *track* 0.3 [skisport] *piste* ♦ 6.3 ~ voor beginners *nursery slope.*
piston 0.1 [blaasinstrument] *cornet(-à-pistons)* 0.2 [zuiger] *piston* ♦ 6.1 op de ~ spelen *play the cornet.*
pistool 0.1 [handvuurwapen] *pistol* 0.2 [in samenst.; gereedschap] *gun* ♦ 1.2 nietpistool *staple-gun* 3.1 hij heeft misschien een ~ *he might carry a p./gun* 6.1 ⟨fig.⟩ met het ~ op de borst iets vragen *make s.o. an offer he can't refuse* ¶.1 ~ tje *toy pistol/gun.*
pistoolschot 0.1 *pistol-shot.*
pit I ⟨de⟩ 0.1 [zaadkorrel] *seed* ⇒*pip* ⟨van kers, appel, sinaasappel enz.⟩ 0.2 [steen in het vruchtvlees] *stone* 0.3 [binnenste v.e. noot] *kernel* 0.4 [katoendraad in lamp/kaars] *wick* 0.5 [brander] *burner* ♦ 3.1 van (de) ~ ten ontdoen *remove the seeds* 3.1, 3.2 van (de) ~ ten ontdoen *stone* 3.4 de ~ opdraaien *turn the light/lamp up* 6.1 zonder ~ ⟨bv. mandarijn⟩ *seedless* 7.5 een gasstel met twee ~ ten *a gas burner with two rings;*
II ⟨het, de⟩ 0.1 [energie] *spirit* 0.2 [merg van hout] *pith* ⇒ ⟨plantk.⟩ *pith parenchyma* ♦ 3.1 er zit ~ in die meid *she's a girl with s.*
pitabroodje 0.1 *pitta (bread).*
pitbull, pitbullterriër 0.1 *pitbull (terrier).*
pitje 0.1 *low flame* ♦ 2.¶ op een laag ~ staan ⟨ook fig.⟩ *simmer, be simmering;* ⟨fig.⟩ iets op een zacht ~ laten sudderen *keep sth. on the back burner.*
pits ⟨auto- en motorsport⟩ 0.1 [post langs de racebaan] *pit(s).*
pitspoes ⟨sport; scherts.⟩ 0.1 *pit girl.*
pitten I ⟨onov. ww.⟩ 0.1 [inf.; slapen] *turn in* ⇒[^B]*kip* ♦ 3.1 blijven ~ ⟨sl.⟩ *crash;* gaan ~ *hit the sack;*
II ⟨ov. ww.⟩ 0.1 [pitten verwijderen uit] *stone* ♦ 1.1 kersen ~ s. *cherries.*
pittig 0.1 [energiek] *lively* ⇒*pithy* ⟨stijl, mens⟩, *racy* ⟨taal⟩, *snappy* ⟨verhaal⟩ 0.2 [fig.; erg] *stiff* ⇒*steep* ⟨prijs, rekening⟩ 0.3 [kruidig] ⟨scherp⟩ *spicy, hot* ⇒⟨sterk⟩ *strong, full-bodied* ⟨wijn⟩ 0.4 [fig.; geestig] *pithy* ⇒*snappy* ⟨uitdrukking⟩ 0.5 [aardig] *plucky* 0.6 [moeilijk] *tough* ♦ 1.3 ~ e soep *s./h. soup* 1.5 een ~ meisje *a spirited girl* 1.6 een ~ tentamen *a t. exam* 3.1 die auto trekt ~ op *that car pulls away with a punch.*
pittoresk 0.1 *picturesque.*
pizza 0.1 *pizza.*
pizzakoerier 0.1 *pizza deliverer* ⇒*pizza delivery boy.*
pizzeria 0.1 *pizzeria.*
pizzicato 0.1 ⟨zn. en bw.⟩ *pizzicato.*

pk ⟨afk.⟩ 0.1 [paardenkracht] *h.p.*
plaag 0.1 ⟨ook in samenst.⟩ *plague* ♦ 1.1 een rattenplaag *a p. of rats* 2.1 een ware ~ zijn voor iem. *be a thorn in s.o.'s flesh* 6.1 tot een ~ worden *become a pest.*
plaaggeest 0.1 [treiteraar] *tease(r)* 0.2 [demon] *demon* ♦ 2.1 een echte ~ *a holy terror.*
plaagziek 0.1 *(given to) teasing* ♦ 1.1 zij was in een ~ e bui *she was in a t. mood.*
plaat 0.1 [plat/dun stuk] *plate* ⟨ook kunstgebit⟩ ⇒*sheet* ⟨van dun glas/metaal⟩, *slab* ⟨van marmer/steen/beton⟩ 0.2 [grammofoonplaat] *record* 0.3 [prent, gravure] *plate* ⇒ *print* 0.4 [plaatdrukkerij] *plate* 0.5 [kookplaat, ovenplaat] ⟨kookplaat⟩ *hotplate;* ⟨ovenplaat⟩ *baking sheet* 0.6 [zandbank] *shallow(s)* 0.7 [dikke plank] *board* ♦ 1.1 een ~ fineer *a sheet of veneer* 2.1 een glazen ~ *a sheet of glass;* een marmeren ~ *a slab of marble;* een stalen ~ *a steel p.* 2.¶ iets op de gevoelige ~ vastleggen *get sth. on film* 3.2 een ~ draaien/opzetten *put on/play a r.;* een ~ uitbrengen *release/bring out a r.* 3.¶ de ~ poetsen *clear out/off* 6.2 op de ~ zetten *record.*
plaatje 0.1 [kleine plaat] *plate* ⇒⟨hout, glas⟩ *sheet,* ⟨marmer⟩ *slab,* ⟨om nek⟩ *identity disc* 0.2 [gedeeltelijk kunstgebit] *(dental) plate* 0.3 [single] *single* 0.4 [foto] *snapshot, photo* 0.5 [illustratie] *picture* 0.6 [fig.; aantrekkelijk uitziend iem./iets] *picture* ♦ 3.6 de bruid was een ~ *the bride was a p.*
plaatjesalbum 0.1 *album for picture cards.*
plaatopname 0.1 *recording.*
plaats 0.1 [punt/gebied op aarde/in de ruimte] *place* 0.2 [plek op een oppervlak] *place* 0.3 [punt waar iem./iets zich bevindt] *place* ⇒*position, site* ⟨vnl. van gebouw⟩ 0.4 [ingenomen/nodige ruimte] *room* ⇒*space,* ⟨zitplaats⟩ *seat* 0.5 [juiste plek/ruimte] *place* 0.6 [stad] *town* 0.7 [zit/staan/ligplaats] *place* ⇒⟨zitplaats ook⟩ *seat,* ⟨ligplaats ook⟩ *berth* 0.8 [ter aanduiding v.d. rangorde] *place* ⇒*position* 0.9 [functie] *place* ⇒*position* 0.10 [open stuk grond] *yard* ⇒⟨binnenhof⟩ *court(yard)* 0.11 [plein] *square* ⇒ ⟨markt⟩ *marketplace* 0.12 [passage in een boek] *place* 0.13 [landgoed] *place in the country* ♦ 1.1 de ~ van bestemming *the destination;* ~ en datum *time and p.;* de ~ van handeling *the scene of the action* 2.4 een grote/belangrijke ~ innemen (in/op) *occupy a major/an important place (in)* 2.6 een grote ~ *a large t.* 2.9 de juiste man op de juiste ~ *the right man in the right place* 3.4 zijn ~ afstaan voor *give one's place to;* ~ bieden aan (30 mensen) *accommodate (30 people);* ⟨om te zitten⟩ *seat (30 people);* is hier nog ~? ⟨in trein/bioscoop enz.⟩ *is there a seat free?;* ⟨op boot⟩ *is there a berth free?;* er is geen ~ meer ⟨in auto, trein e.d.⟩ *there's no more r.;* ~ maken (voor iem.) *make r. (for s.o.);* een ~ openlaten (voor) *keep a space (free) (for);* zich een ~ veroveren als *establish o.s. as* 3.5 zijn ~ gevonden hebben *have found one's niche;* zijn ~ niet weten *not know one's p.* 3.7 een ~ bespreken *reserve a seat;* neemt u a.u.b. ~ *please take your seats* 3.9 iemands ~ innemen *take s.o.'s place;* ⟨tijdelijk ook⟩ *stand in for s.o.* 6.1 een ~ je onder de zon *a p. in the sun;* je kunt niet op twee ~ en tegelijk zijn *one can't be in two places at once* 6.3 op de ~ rust *(stand) at ease;* de vaas stond niet op haar ~ *the vase was not in its usual place;* ter ~ e *on the spot/*⟨bij rampen⟩ *scene;* van ~ veranderen *change one's place* 6.5 zich ergens op z'n ~ voelen *feel one belongs somewhere;* op uw ~ en! klaar, af *on your marks, get set, go;* iem. op z'n ~ zetten *put s.o. in his p.;* ⟨fig.⟩ *take s.o. down a peg or two, put s.o. in his/her proper place;* niet op ~ zijn ~ zijn ⟨van opmerking e.d.⟩ *be out of p., be uncalled for;* op ~ zijn ~ zijn ⟨v.e.

635

plaatsbekleder - plakkerig

verontschuldiging e.d.) *be called for* **6.7** iem. **naar** zijn ~ brengen *show s.o. to his p.;* **tot** de laatste ~ bezet *filled to capacity* **6.8 in / op** de eerste ~ *in the first place;* ⟨fig.⟩ **op** de eerste ~ komen *come first, take first place;* ⟨sport⟩ **op** de eerste ~ eindigen *be (placed) first* **6.¶** voor iets / iem. **in** de ~ komen *take sth. / s.o.'s place, replace sth. / s.o.;* **in** ~ **van** *instead of;* stel je(zelf) **in** mijn ~ *put yourself in my place.*

plaatsbekleder 0.1 *deputy, substitute.*

plaatsbepaling 0.1 *orientation* (ook fig.).

plaatsbespreking 0.1 *(advance) booking* ⇒*reservation* ◆ **5.1** (gelegenheid tot) ~ dagelijks van 9 tot 5 *the box office is open from 9 to 5 daily.*

plaatsbesprekingsbureau 0.1 *ticket agency.*

plaatsbewijs, plaatsbiljet 0.1 *ticket.*

plaatselijk I ⟨bn.⟩ **0.1** [mbt. / beperkt tot een plaats] *local* **0.2** [van / eigen aan een woonplaats] *local* ◆ **1.1** tien uur ~e tijd *ten o'clock l. time;* een ~e verdoving *a l. unaesthetic* **1.2** ~e bevolking *l. population;* ⟨inf.⟩ *locals;* ~ gezegde *l. expression;*
II ⟨bw.⟩ **0.1** [ter plaatse] *locally* ⇒*on the spot* **0.2** [op enkele plaatsen] *in some places* **0.3** [met beperking tot een plaats] *locally* ◆ **1.2** ~ regen *local showers* **3.1** iets ~ onderzoeken *investigate sth. on the spot.*

plaatsen I ⟨ov.ww.⟩ **0.1** [een plaats geven aan, zetten, stellen] *place* ⇒*put, situate* ⟨gebouw⟩, *put / set up* ⟨machine⟩, *install* ⟨machine⟩ **0.2** [mbt. geld] *invest* **0.3** [in dienst nemen] *employ* ⇒(aan betrekking helpen) *place,* (aan betrekking helpen) *find a place / position for* **0.4** [een standplaats toewijzen] *give a place (to)* **0.5** [sport; klasseren] *rank* ⇒⟨tennis⟩ *seed* ◆ **1.1** een advertentie ~ *put an ad in the paper;* een artikel ~ ⟨in krant⟩ *print a(n) story / article;* een opmerking ~ *make a remark;* een telefoon ~ *put in / install a telephone* **1.¶** de gehele lening is geplaatst *the loan has been fully taken up;* een order ~ *place an order* **3.1** ⟨fig.⟩ iem. niet kunnen ~ *not be able to place s.o.;* ⟨fig.⟩ zich voor moeilijkheden geplaatst zien *find o.s. faced with difficulties* **6.1** in een inrichting ~ *put in an institution;* een kantoorgebouw **naast** een kerk ~ *situate an office building next to a church;* **naast** elkaar ~ *put / place next to one another;* de ladder **tegen** het schuurtje ~ *lean / put the ladder against the shed;* **uit** elkaar ~ *separate* **¶.4** ⟨stud.⟩ ben je geplaatst? *have you got a place / been accepted?;*
II ⟨wk.ww.; zich ~⟩ **0.1** [sport] *qualify (for)* ◆ **6.1** zich ~ **voor** de finale *q. for the final.*

plaatsgebrek 0.1 *lack of space.*

plaatshebben, -grijpen 0.1 *take place.*

plaatsing 0.1 [op de juiste plaats zetten] *placement* ⇒*positioning* **0.2** [het opnemen in de krant] *placement* **0.3** [sport; klassering] *ranking* ⇒⟨tennis⟩ *seeding* **0.4** [sport; kwalificatie] *qualification* ◆ **6.1** de ~ **van** kruisraketten *the deployment of cruise missiles.*

plaatsingscommissie 0.1 *±selection committee.*

plaatsingskosten 0.1 *installation costs.*

plaatskaart 0.1 *ticket.*

plaatsnaam 0.1 *place-name.*

plaatsnemen 0.1 *seat o.s.* ⇒*take a seat.*

plaatsruimte 0.1 *room, space* ◆ **3.1** ~ bieden voor / aan *provide r. / s. for;* ⟨mbt. zitplaatsen⟩ *seat* **6.1** gebrek **aan** ~ *lack of s. / r.*

plaatsvervangend 0.1 *substitute, replacement* ⇒*deputy* ⟨met volmacht⟩, ⟨waarnemend; bv. burgemeester, voorzitter⟩ *acting* ◆ **1.1** ~ hoofd *acting head;* ~e schaamte *vicarious shame.*

plaatsvervanger, -vervangster 0.1 *substitute, replacement* ⇒*deputy* ⟨met volmacht⟩ ◆ **8.1** als ~ optreden (voor

...) *substitute (for ...);* ⟨met volmacht⟩ *deputize (for);* ⟨dram.⟩ *understudy (s.o.);* iem. als ~ aanstellen *deputize s.o.*

plaatsvervanging 0.1 *substitution, replacement.*

plaatsvinden 0.1 *take place* ⇒*happen* ◆ **1.1** wanneer zal het huwelijk ~? *when is the marriage (taking place)?* **3.1** het kan elk ogenblik ~ *it can happen (at) any moment;* ⟨het wordt verwacht⟩ *it is due at any moment.*

plaatwerk 0.1 [tot een boek verenigde platen] *book of plates / reproductions* **0.2** [boekwerk] *illustrated book, picture book* **0.3** [van plaatijzer gemaakt iets] *(piece of) sheet iron work.*

placebo 0.1 *placebo.*

placenta 0.1 *placenta.*

plafond 0.1 [ook fig.] *ceiling* ◆ **2.1** geluiddempend / zwevend ~ *acoustic / false c.* **6.1 aan / tegen** zijn ~ zitten *have reached one's / its c.*

plafondlamp 0.1 [hanglamp] *hanging lamp* **0.2** [plafonnière] *ceiling lamp / light.*

plafonnière →*plafondlamp* **0.2.**

plag 0.1 *sod (of turf / grass / peat);* ⟨graszode⟩ *turf.*

plagen I ⟨onov., ov.ww.⟩ **0.1** [proberen boos te maken] *tease* ⇒⟨inf.⟩ *kid* ◆ **6.1** iem. **met** iets ~ *t. / kid s.o. about sth.;* niet **tegen** ~ kunnen *not be able to take a bit of teasing;*
II ⟨ov.ww.⟩ **0.1** [hinderen, kwellen] *torment, bother* ◆ **1.1** door schuldgevoel geplaagd worden *be troubled by one's conscience.*

plager, plaagster 0.1 *tease(r).*

plagerig 0.1 *teasing* ◆ **1.1** ~e opmerkingen *t. remarks.*

plagerij 0.1 [het plagen] *teasing* ⇒⟨inf.⟩ *kidding* **0.2** [wat men iem. al plagend aandoet] *(bit of) teasing* ◆ **1.1** mikpunt van ~ *figure of fun* **3.1** ~ sportief opnemen *take t. like a good sport.*

plaggenhut 0.1 *sod hut.*

plagiaat 0.1 *plagiarism* ◆ **3.1** ~ plegen *plagiarize.*

plagiëren 0.1 *plagiarize (from).*

plaid 0.1 *B(tartan) travelling rug, Aplaid blanket.*

plak 0.1 [schijf] *slice* **0.2** [medaille] ⟨ongemarkeerd⟩ *medal* **0.3** [tandaanslag] *(dental) plaque* ◆ **1.1** een ~je cake *a s. of cake* **6.1** iets in ~ken snijden *slice sth.* **6.¶** onder de ~ zitten *be henpecked.*

plakband 0.1 *adhesive tape.*

plakboek 0.1 *scrapbook.*

plakbord 0.1 *notice board.*

plakkaat 0.1 [aanplakbiljet] *placard* **0.2** [gesch.] *edict, proclamation* ◆ **6.2 bij** ~ verboden *forbidden by decree.*

plakkaatverf 0.1 *poster paint.*

plakken I ⟨onov.ww.⟩ **0.1** [kleven] *stick* **0.2** [houden nadat met lijm bestreken is] *stick* **0.3** [aan / op iets vast blijven zitten] *stick (to)* **0.4** [lang ergens blijven] *stick / hang around* **0.5** [dicht achter een voorligger blijven] *tailgate* ◆ **1.2** die postzegel wil niet ~ *that stamp won't s.* **5.4** hij bleef te lang ~ *he hung around too long* **6.3** ⟨fig.; inf.⟩ die twee ~ ontzettend **aan** elkaar *those two are inseparable;*
II ⟨ov.ww.⟩ **0.1** [met lijm bevestigen] *stick / glue (to / on)* **0.2** [door plakken vervaardigen] *stick / glue (together)* **0.3** [door plakken herstellen] *stick, glue* ◆ **1.1** een etiketje op iem. ~ *s. a label on s.o.* **1.3** een band ~ ⟨fiets⟩ *repair a flat* **6.1** een postzegel ~ **op** een brief *stamp a letter.*

plakker, -ster 0.1 [iem. die iets aanplakt] *billsticker / poster* **0.2** [iem. die ergens lang blijft] *s.o. who just won't go away* **0.3** [sticker] *sticker* **0.4** [dierk.] *gipsy moth* ◆ **2.1** een wilde ~ *an unauthorized b.*

plakkerig 0.1 [kleverig] *sticky* **0.2** [als aan elkaar geplakt] *sticky* ◆ **1.1** ⟨fig.⟩ ~e visite *visitors who just won't go away.*

plakkertje 0.1 ⟨mbt. postzegelverzamelingen⟩ *(adhesive) hinge.*

plakletters 0.1 *Letraset;* ⟨tech.⟩ *dry print lettering.*

plakplaatje 0.1 *transfer.*

plakplastic 0.1 *adhesive plastic.*

plaksel 0.1 ⟨stijfsel(pap)⟩ *paste.*

plakwerk 0.1 *sticking, glueing* ⇒⟨met stijfsel(pap)⟩ *pasting* ◆ **1.1** knip- en ~ *a cut and paste job.*

plakzegel 0.1 *revenue stamp.*

plamuren 0.1 *fill.*

plamuur, plamuursel 0.1 *filler* ◆ **1.1** ⟨scherts.⟩ een laag ~ op het gezicht *a layer of paint on one's face.*

plamuurmes 0.1 *filling-knife.*

plan 0.1 [wijze waarop men te werk wil gaan] *plan* **0.2** [voornemen] *plan* **0.3** [ontwerp, ook in samenst.] *plan* ⇒ *design* **0.4** [niveau] *plane, level* **0.5** [perspectiefverdeling] ⟨voorgrond⟩ *foreground;* ⟨achtergrond⟩ *background* ◆ **2.2** grote ~nen hebben *have big plans* **2.3** het centraal economisch ~ *the national economic p.* **3.1** een ~ maken (voor …) *draw up a p. for sth., plan sth.;* het ~ voorleggen / opperen om *propose (…ing)* **3.2** een ~ beramen / maken *devise a p.;* iemands ~nen dwarsbomen / verijdelen *upset / defeat s.o.'s plans;* heb je ~nen voor vanavond? *have you any plans / are you doing anything tonight?;* ~nen maken voor *make plans / arrangements for;* het ~ opvatten (om) *plan (to);* een ~ smeden (tegen) *scheme / plot (against);* een ~ uitvoeren *carry out a p.* **6.1** wat ben je van ~? *what are you going / intending to do?;* **volgens** de ~nen verlopen *go according to p. / schedule* **6.2** we waren net van ~ om … *we were just about / going to …;* ik ben vast **van** ~ te gaan *I fully intend to go;* ik was al een tijdje **van** ~ langs te komen *I've been meaning to come over* **6.5** ⟨fig.⟩ **naar** het tweede ~ verwijzen *push into the background;* ⟨zelf meer aandacht trekken dan iem. anders⟩ *upstage.*

planbureau 0.1 *planning office* ◆ **2.1** het Centraal Planbureau *the Central Planning Bureau.*

plan de campagne 0.1 [opgemaakt plan] *plan / scheme of action* **0.2** [mil.] *campaign / battle plan.*

planeconomie 0.1 [geleide economie] *planned economy* **0.2** [economische ordening] *statism.*

planeet 0.1 *planet* **0.2** [astrol.] *planet* ⇒⟨ster⟩ *star* ◆ **2.1** ⟨scherts.⟩ hij komt van een andere ~ *he's from a different p.;* grote planeten *major planets;* kleine planeten *planetoids, asteroids.*

planeetstand 0.1 *position of the planet(s).*

planetarium 0.1 [toestel, gebouw] *planetarium* **0.2** [lijst van planeten] *list of planets.*

planetenstelsel 0.1 *planetary system.*

plank 0.1 [plat stuk hout]⟨zware plank⟩ *plank;* ⟨dunne plank⟩ *board* ⇒⟨legplank, boekenplank enz.⟩ *shelf* **0.2** [mv.; toneel] *(the) stage* ◆ **2.1** ⟨fig.⟩ dat is van de bovenste ~ *that is first-rate / topnotch* **3.1** de ~ misslaan *be way off* **6.1** een boom **aan** ~en zagen *saw a tree into planks;* **met** ~en dichttimmeren / spijkeren *board up;* **tussen** vier ~en liggen *be dead and buried* **8.1** zo stijf als een ~ *as stiff as a board / poker.*

planken 0.1 *made of* ⟨dikke⟩ *planks* / ⟨dunne⟩ *boards* ⇒ ±*wooden* ◆ **1.1** een ~ stellage *a wooden stage.*

plankenkast 0.1 *linen cupboard.*

plankenkoorts 0.1 *stage fright.*

plankenvloer 0.1 *wooden floor.*

plankgas 0.1 ±*full throttle* ◆ **3.1** ~ geven *step on the gas, floor the accelerator.*

plankier 0.1 [bevloering met planken] *planking* ⇒⟨stellage⟩ *platform* **0.2** [steiger] *landing stage.*

plankton 0.1 *plankton* ◆ **2.1** dierlijk ~ *zooplankton.*

plankzeilen 0.1 *windsurfing.*

plankzeiler ⟨sport⟩ **0.1** *windsurfer.*

planmatig 0.1 ⟨systematisch⟩ *systematic;* ⟨methodisch⟩ *methodical;* ⟨naar verwachting⟩ *according to plan* ◆ **3.1** ~ verlopen *go according to plan.*

plannen 0.1 *plan* ◆ **1.1** de stad A. plant hier een nieuwe operagebouw *the city of A. has plans to build a new opera house here.*

planner 0.1 *planner.*

planning 0.1 [systematische regeling] *plan* ⇒*planning* **0.2** [het plannen] *planning* ◆ **3.1** een ~ maken *draw up a plan / schedule* **6.1** dat zit in de ~ *that's part of the plan;* volgens (de) ~ verlopen *go according to (the) plan.*

planologie 0.1 *(town and country) planning.*

planologisch 0.1 *planning* ◆ **1.1** ~e dienst *p. authority;* ⟨in Ned.⟩ *Service for Town and Country Planning.*

planoloog 0.1 *(town and country) planner.*

plant 0.1 *plant* ◆ **2.1** bloeiende / groenblijvende ~en *flowering / evergreen plants;* een teer ~je ⟨ook fig.⟩ *a delicate flower;* vaste / overblijvende ~en *perennials, perennial plants* **3.1** de ~en water geven *water the plants.*

plantaarde 0.1 *garden soil.*

plantaardig 0.1 *vegetable* ◆ **1.1** ~e margarine *vegetable(-based) margarine;* zuiver ~e olie *pure v. oil.*

plantage 0.1 *plantation.*

planten 0.1 *plant* ⇒⟨uitplanten⟩ *plant out* ◆ **1.1** de benen stevig naast elkaar ~ *p. one's legs firmly on the ground;* een boom ~ *p. a tree.*

plantenbak 0.1 *flower box.*

plantenbestaan 0.1 *vegetable existence* ◆ **3.1** de patiënt leidde een ~ *the patient had become a (mere) vegetable.*

plantenboek 0.1 *botanical / plant album.*

plantenetend 0.1 *herbivorous* ⇒*plant-eating* ◆ **1.1** ~e dieren *herbivores.*

planteneter 0.1 *herbivore.*

plantenfamilie 0.1 *family of plants.*

plantengroei 0.1 [de groei van planten] *plant growth* **0.2** [het ergens voorkomen van planten] *plant growth* **0.3** [vegetatie] *vegetation* ◆ **2.3** een weelderige ~ *a luxuriant v.*

plantenkas 0.1 *greenhouse.*

plantenkenner, -ster 0.1 *botanist.*

plantenkweker, -kweekster 0.1 ⟨beroepsmatig⟩ *nurseryman;* ⟨alg.⟩ *plant-breeder* ⟨m., v.⟩.

plantenkwekerij 0.1 [plaats] *nursery* **0.2** [handeling] *plant-breeding.*

plantenleer 0.1 *botany.*

plantenleven 0.1 [het leven v.d. planten] *plant life* **0.2** [leven zonder emoties] *vegetable existence* **0.3** [vegetatie] *vegetation* ◆ **3.2** een ~ leiden *vegetate.*

plantennaam 0.1 ⇒*plantnaam.*

plantensap 0.1 *sap (of a plant).*

plantensoort 0.1 [soort van planten] *type of plant* **0.2** [plantk.] *botanical / plant species.*

plantenspuit 0.1 *plant spray.*

plantenstek 0.1 *plant cutting.*

plantenteelt 0.1 *cultivation of plants.*

plantentuin 0.1 *botanical garden(s).*

plantenvoedsel 0.1 *plant food, fertilizer.*

planter 0.1 [eigenaar v.e. plantage] *planter* **0.2** [hij die plant] *planter.*

plantkunde 0.1 *botany* ◆ **2.1** beschrijvende ~ *phytography, descriptive b.*

plantkundig 0.1 *botanical.*

plantnaam 0.1 *plant name* ⇒*name of a/the plant.*
plantrekker ⟨AZN; inf.⟩ 0.1 *resourceful fellow.*
plantsoen 0.1 [openbare tuin] *public garden(s)* ⇒*park* 0.2 [gekweekte jonge bomen/heesters] *shrubbery.*
plantsoenendienst 0.1 ±*Parks (and Public Gardens) Department.*
plas 0.1 [kuil met regenwater; natte plek] *puddle* ⇒*pool* 0.2 [urine] *water* ⇒⟨inf.⟩ *pee* 0.3 [poel] *pool* ⇒*pond* 0.4 [grote hoeveelheid vocht] *bucketful* ◆ 1.1 een ~ melk opdweilen *mop up a puddle of milk* 2.¶ de grote/de zilte ~ *the briny* 3.2 een ~ (je) doen/moeten *(have to) go (to the bathroom), (have to) go for a pee;* ⟨kind.⟩ *(have to) do a wee(-wee)/go potty.*
plasma 0.1 [basisvloeistof v.h. bloed] *plasma* 0.2 [inhoud van een cel] *plasm(a)* ⇒*protoplasm* 0.3 [nat.; gasmassa] *plasma.*
plaspil ⟨med.⟩ 0.1 *diuretic (pill).*
plaspop 0.1 *wee-wee doll.*
plasregen 0.1 *torrential rain;* ⟨plensbui⟩ *downpour.*
plassen I ⟨onov.ww.⟩ 0.1 [urineren] *go (to the bathroom)* ⇒ *(have a) pee,* ⟨kind.⟩ *wee(-wee),* ⟨kind.⟩ *go potty* 0.2 [spelend knoeien] *splash* 0.3 [in een vloeistof slaan/bewegen] *splash* 0.4 [waden] *slosh* 0.5 [klateren] *splatter* ⇒*splash* ◆ 3.1 ik moet nodig ~ *I really have to go* 6.1 in bed ~ *wet the bed;* **II** ⟨ov.ww.⟩ 0.1 [in plassen uitstorten] *splash* ⇒*splatter* 0.2 [met de urine lozen] *pass* ◆ 1.2 bloed ~ *p. blood (in one's urine).*
plassengebied 0.1 *area of small lakes.*
plasser(tje) 0.1 *willie.*
plastic 0.1 ⟨bn. en zn.⟩ *plastic* ◆ 2.1 hard ~ *hard p.* 6.1 een bloempot van ~ *a p. flowerpot.*
plasticbom 0.1 *plastic bomb/explosive.*
plasticiteit 0.1 *plasticity.*
plasticlijm 0.1 *(a) plastic adhesive, plastic cement.*
plastiek 0.1 [beeldhouwkunst] *plastic art(s)* ⇒⟨boetseerkunst⟩ *modelling,* ⟨beeldhouwkunst⟩ *sculpture* 0.2 [voorwerp van plastische kunst] ⟨boetseren⟩ *model;* ⟨beeldhouwen⟩ *sculpture* 0.3 [plastisch effect in de schilderkunst] *plasticity* ⇒*plastic quality* ◆ 3.2 een ~ maken *model;* ⟨beeldhouwkunst⟩ *sculpture.*
plastificeren 0.1 *plasticize.*
plastisch I ⟨bn.⟩ 0.1 [vormgevend, kneedbaar] *plastic* 0.2 [weefselvormend] *plastic* ◆ 1.1 ~e chirurgie *p. surgery;* ~e kunsten *p. arts;*
II ⟨bn., bw.⟩ 0.1 [bk.] *plastic* 0.2 [lit.] *expressive* ◆ 1.2 ~e termen *e./graphic terms.*
plat¹ (het) 0.1 [taal] *dialect* ⇒⟨vulgair taalgebruik⟩ *coarse language* 0.2 [plat dak] *terrace (roof)* ⇒*sun roof* 0.3 [plateau, vlak land]⟨onderzees⟩ *shelf;* ⟨alg.⟩ *plateau* ◆ 2.3 het continentaal ~ *the continental s.*
plat² I ⟨bn.⟩ 0.1 [zich in de breedte uitstrekkend] *flat* 0.2 [ondiep] *flat* 0.3 [niet hoog] *flat* 0.4 [niet rond] *flat* 0.5 [horizontaal] *flat* 0.6 [stil door staking] *closed/shut down* ◆ 1.1 een ~ dak *a f. roof;* ⟨terras⟩ *a terrace (roof), a sun roof:* met de ~te hand *with the flat of one's hand* 1.3 schoenen met een ~te hak *flat-heeled shoes* 1.4 een ~te knoop *a reef knot* 1.5 de zaal ~ krijgen ⟨mbt. lachen⟩ *bring the house down* 3.5 ⟨inf.⟩ ~ op zijn bek gaan *fall f. on one's face;* ⟨fig.⟩ iem. ~ krijgen *talk s.o. round/into sth.;* ~ worden *flatten (out)* 3.6 de haven gaat morgen ~ *tomorrow the port will be shut down;*
II ⟨bn., bw.⟩ 0.1 [zich in de breedte uitstrekkend] *broad* 0.2 [vulgair] *coarse* 0.3 [laag-bij-de-gronds] *crude* ◆ 1.2 ~te taal *c./crude language* 3.1 ~ praten *speak/talk b. (dialect)* 3.2 ~ uitgedrukt *to put it crudely/coarsely.*

plataan 0.1 *plane(-tree).*
platbodem ⟨scheep.⟩ 0.1 *flatboat, flat-bottomed boat.*
platbranden 0.1 *burn to the ground.*
platdrukken 0.1 *flatten* ⇒*crush.*
plateau 0.1 [bord waarop iets uitgestald wordt] *dish* ⇒*platter* 0.2 [dienblad] *tray* 0.3 [hoogvlakte] *plateau.*
plateauzool 0.1 *platform sole* ◆ 6.1 schoenen met plateauzolen *platform(-soled) shoes.*
platenalbum 0.1 [album met illustraties] *illustrated album* 0.2 [mbt. grammofoonplaten] *record album.*
platenboek 0.1 *illustrated book* ⇒⟨alleen foto's of platen bevattend⟩ *book of photographs/plates,* ⟨voor kinderen⟩ *picture book.*
platenbon 0.1 ᴮ*record token/voucher,* ᴬ*gift certificate (from a record store).*
platencontract 0.1 *recording contract.*
platenhandelaar 0.1 *record dealer.*
platenhoes 0.1 *(record-)sleeve.*
platenindustrie 0.1 *record(ing) industry.*
platenkoffer 0.1 *record case.*
platenlabel 0.1 *record label.*
platenmaatschappij 0.1 *record(ing) company.*
platenreiniger 0.1 *record cleaner.*
platenspeler 0.1 *record player.*
platenzaak 0.1 *record shop.*
platform 0.1 [verhoging] *platform* 0.2 [fig.; overlegorgaan] *platform.*
platgaan ⟨inf.⟩ 0.1 [gaan slapen] *hit the sack, turn in* 0.2 [onder de indruk raken] *be bowled over by (s.o.)* ◆ 1.2 de zaal ging plat ⟨mbt. lachen⟩ *the audience was rolling in the aisles.*
platgooien 0.1 [dmv. een bombardement vernietigen] *flatten* 0.2 [door staking stilleggen] *close/shut down.*
platheid 0.1 [trivialiteit] *banality* ⇒⟨grofheid⟩ *crudity, coarseness* 0.2 [platte uitdrukking] *platitude* ⇒*commonplace* 0.3 [het vlak zijn] *flatness* ◆ 3.2 houd die platheden maar voor je *spare me your platitudes.*
platina 0.1 ⟨zn. en bn.⟩ *platinum.*
platinablond 0.1 *platinum blond.*
platitude 0.1 *platitude* ◆ 3.1 een ~ gebruiken/bezigen *come out with a p.*
platleggen 0.1 [vlak neerleggen] *lay flat* 0.2 [stilleggen door te staken] *bring to a standstill* ◆ 1.2 een bedrijf/de boel ~ *bring a firm/the place to a standstill.*
platliggen 0.1 [omverliggen] *be/lie flat (out)* 0.2 [ziek te bed liggen] *be/lie (flat) on one's back* 0.3 [stil liggen door een staking] *be at a standstill.*
platlopen 0.1 *tread/trample down/flat.*
platluis 0.1 *crab louse.*
platmaken 0.1 *flatten (out)* ⇒*crush.*
platonisch 0.1 *platonic* ◆ 1.¶ ~e liefde *platonic love.*
platschieten 0.1 *shoot to rubble/pieces.*
platslaan 0.1 [pletten] *beat flat/down* ⇒*flatten* 0.2 [inf.; afranselen] *beat to a pulp/a jelly.*
platspuiten ⟨inf.⟩ 0.1 *put s.o. to sleep, knock s.o. out* ◆ 1.1 een patiënt ~ *knock a patient out with sedatives.*
platstrijken 0.1 ⟨mbt. kleding⟩ *iron flat/smooth;* ⟨mbt. haar⟩ *smooth (flat/down).*
plattegrond 0.1 [kaart] *(street) map* 0.2 [grondtekening] *floor plan* ◆ 3.2 een ~ maken *draw a m./f.p.*
platteland 0.1 *country(side)* ◆ 2.1 het Engelse ~ *the English countryside* 6.1 op het ~ wonen *live in the country.*
plattelandsbevolking 0.1 *rural population.*
plattelandsgemeente 0.1 *rural town/district.*
plattreden, -trappen 0.1 *tread/trample down (flat)* ◆ 1.1 platgetreden paden/wegen *well-trodden paths.*

platvis 0.1 *flatfish.*

platvloers 0.1 *coarse* ⇒*crude.*

platvoet 0.1 [voet zonder welving v.d. voetholte] *flat foot* 0.2 [fig.; persoon] *flatfoot.*

platwalsen 0.1 [(iem.) overbluffen] *bulldoze* 0.2 [pletten] *flatten.*

platweg 0.1 [op de man af] *bluntly, straight out* 0.2 [in gewone woorden] *plainly* ⇒*bluntly.*

platzak 0.1 *(flat) broke.*

plausibel 0.1 *plausible.*

plaveien 0.1 *pave.*

plaveisel 0.1 *paving, pavement.*

plavuis 0.1 *(floor) tile;* ⟨stenen⟩ *flag(stone).*

playback 0.1 ⟨zn. en bw.⟩ *miming.*

playbacken 0.1 *mime (to one's own/another person's voice).*

playboy 0.1 *playboy.*

plebejer 0.1 [ook gesch.] *plebeian.*

plebs 0.1 *plebs* ⟨meestal mv.⟩ ⇒*rabble.*

plecht ⟨scheep.⟩ 0.1 [verhoogd voordek] *fo'c'sle* 0.2 [dek op het voorste/achterste gedeelte] *forward deck* ⇒⟨voorste gedeelte⟩ *foredeck,* ⟨achterste gedeelte⟩ *after deck.*

plechtig 0.1 *solemn* ◆ 1.1 een ~e eed *a s. oath;* ~e (gezongen) mis *s. mass;* ~e verklaring *s. declaration* 3.1 ~ beloven (te) *solemnly promise (to).*

plechtigheid 0.1 [ceremonie] *ceremony;* ⟨rel.⟩ *rite* 0.2 [staatsie] *ceremony* 0.3 [stemmigheid] *solemnity* ◆ 2.1 een officiële ~*an official c.*

plechtstatig 0.1 *solemn* ⇒*stately* ◆ 3.1 ~ trad hij de kamer binnen *he entered the room solemnly.*

plectrum 0.1 *plectrum.*

plee ⟨inf.⟩ 0.1 *[B]loo, [A]john* ◆ 6.1 op de ~ zitten *be in the l./j.*

pleeborstel 0.1 [inf.; wc-borstel] *[B]loo-brush* 0.2 [bel.; iem. met zeer korte hoofdharen] *shorn sheep.*

pleeboy 0.1 *toilet roll stand/holder.*

pleefiguur ⟨inf.⟩ ◆ 3.¶ een ~ slaan *±[B]look (like) a complete (and utter) twit/berk,* ^look like a horse's ass.*

pleegbroer 0.1 *foster brother.*

pleegdochter 0.1 *foster daughter.*

pleeggezin 0.1 *foster home.*

pleegkind 0.1 *foster child* ◆ 8.1 (iem.) als ~ opnemen *take (s.o.) in as f. c.*

pleegmoeder 0.1 *foster mother.*

pleegouders 0.1 *foster parents.*

pleegvader 0.1 *foster father.*

pleegzoon 0.1 *foster son.*

pleegzuster 0.1 *foster sister.*

pleepapier ⟨inf.⟩ 0.1 *[B]loo/[A]potty paper.*

plegen I ⟨onov.ww.⟩ 0.1 [mbt. personen] *be in the habit of* 0.2 [mbt. zaken] *tend* ◆ 3.1 hij pleegt uren achtereen te tekenen *he will spend hours drawing* 3.2 die klok pleegt achter te lopen *that clock tends to be slow/is usually slow;* **II** ⟨ov.ww.⟩ 0.1 [(iets ongeoorloofds) bedrijven] *commit* 0.2 [doen, verrichten] *do* ⇒*perform.*

pleidooi 0.1 [verdedigingsbetoog] *plea* 0.2 [pleitrede v.e. advocaat] *(counsel's) speech/argument* ◆ 3.1 een ~ houden voor *make a p. for;* een ~ houden tegen iets *speak against sth.*

plein 0.1 [open ruimte] *square* ⇒*plaza* 0.2 [verkeersvrije ruimte] *square* 0.3 [verkeersplein, circuit] *[B]roundabout,* ^traffic circle* 0.4 [grote binnenplaats] *courtyard* ◆ 6.1 op/aan het ~ *in the s.*

pleinvrees 0.1 *agoraphobia.*

pleister I ⟨de⟩ 0.1 [hechtpleister] *(sticking) plaster* ⇒*band-aid* ◆ 6.1 ⟨fig.⟩ een ~ op de wonde leggen *soften the blow;*

II ⟨het⟩ 0.1 [kalkmengsel] *plaster* 0.2 [gips in poedervorm] *plaster (of Paris)* 0.3 [bk.; mengsel van marmer en gips] *plaster.*

pleisteren[1] ⟨bn.⟩ 0.1 *plaster.*

pleisteren[2] ⟨ov.ww.⟩ 0.1 [met gips bestrijken] *plaster* 0.2 [pleisters leggen op] *put a plaster on.*

pleistering ⟨amb.⟩ 0.1 *plastering.*

pleisterkalk, -specie 0.1 *plaster* ◆ 2.1 ruwe ~ *roughcast.*

pleisterlaag 0.1 *coat of plaster.*

pleisterplaats 0.1 *stopping place.*

pleisterwerk 0.1 [bepleistering] *plasterwork* 0.2 [karwei] *plastering* 0.3 [bk.] *plaster cast* ◆ 2.1 vers ~ *raw plaster.*

Pleistoceen ⟨geol.⟩ 0.1 *Pleistocene.*

pleit 0.1 [rechtsgeding] *(law)suit* 0.2 [geschil] *dispute, argument* ◆ 3.1 het ~ winnen *win one's suit* 3.2 het ~ beslechten *decide the a.;* het ~ winnen *win the day.*

pleitbezorger, -ster ⟨fig.⟩ 0.1 *advocate* ◆ 3.1 als ~ optreden voor *argue in favour of.*

pleite ⟨inf.⟩ ◆ 3.¶ ~ gaan *shove/clear off;* dat boek is ~ *that book is nowhere to be found.*

pleiten 0.1 [ook fig.] *plead* ◆ 1.1 verzachtende omstandigheden ~ *p. extenuating circumstances* 6.1 in een zaak ~ *plead s.o.'s case;* voor iem.~ *p. in s.o.'s defence;* dat pleit **voor** hem *that is to his credit.*

pleiter, pleitster 0.1 [advocaat] *counsel* 0.2 [iem. die iets voorstaat] *advocate* 0.3 [iem. die een rechtsgeding voert] *plaintiff.*

plek 0.1 [deel v.h. oppervlak dat anders is] *spot* 0.2 [plaats] *spot* ⇒*place* 0.3 [punt waar iem. zich bevindt] *place, spot* 0.4 [bestemde/geschikte plaats] *place* ◆ 2.1 een blauwe ~ *a bruise;* een gevoelige ~ *a tender s.;* ⟨fig.⟩ *a sore point;* een natte ~ *a wet patch;* ⟨fig.⟩ iemands zwakke ~ vinden/raken *find s.o.'s weak s.* 2.2 een verborgen ~je ⟨schuilplaats⟩ *a hideout;* ⟨rustige plaats⟩ *hideaway* 3.4 z'n ~ gevonden hebben *have found one's niche* 6.3 ter ~ke *on site, in situ;* zij nam hem **ter** ~ke onder handen *she took him to task on* the s.

plenair 0.1 *plenary.*

plens 0.1 *splash* ◆ 1.1 ik kreeg een ~ water over mijn schoenen *I got a s. of water over my shoes.*

plensbui 0.1 *downpour.*

plensregenen 0.1 *pour.*

plenty 0.1 *plenty of.*

plenzen I ⟨onov.ww.⟩ 0.1 [gutsen] *pour* ◆ 6.1 de regen plensde **uit** de hemel *the rain came pouring down;* **II** ⟨ov.ww.⟩ 0.1 [uitstorten] *splash* ◆ 6.1 water in zijn gezicht ~ *s. water in one's face;* **III** ⟨onpers.ww.⟩ 0.1 [hard regenen] *pour* ◆ 4.1 het plensde de hele dag *it poured all day.*

pleonasme 0.1 *pleonasm.*

pleonastisch 0.1 *pleonastic.*

pletten I ⟨ov.ww.⟩ 0.1 [verbrijzelen] *crush* 0.2 [platmaken] *flatten* ⇒*roll* ⟨metaal⟩, *squash* ⟨fruit, mens in menigte⟩; **II** ⟨onov.ww.⟩ 0.1 [plat worden] *flatten.*

pletter 0.1 [geheel stuk, morsdood] ⟨zie 6.1⟩ 0.2 [verschrikkelijk] ⟨zie 6.2⟩ ◆ 6.1 hij viel **te** ~ *he smashed himself up;* te ~ slaan tegen de rotsen *be dashed against the rocks* 6.2 zich **te** ~ vervelen *be bored stiff/to death;* zich **te** ~ werken *work o.s. to death.*

pleuren ⟨inf.⟩ 0.1 *chuck* ◆ 6.1 hij pleurde zijn rommel in de kast *he chucked his junk in the closet* ¶.1 pleur op *piss off.*

pleuris 0.1 ⟨ongemarkeerd⟩ *pleurisy* ◆ 3.1 ⟨fig.⟩ krijg de ~ *go to hell* 3.¶ ⟨inf.⟩ ik schrok me de ~ *I was scared to death/out of my wits.*

pleurislijder, -ster 0.1 [bel.; ellendeling] *shit* ⇒*bastard* ⟨man⟩, *bitch* ⟨vrouw⟩ 0.2 [iem. met pleuritis] *pleuritic.*

pleuritis ⟨med.⟩ **0.1** *pleurisy.*

plexiglas 0.1 *plexiglass.*

plexus ⟨med.⟩ **0.1** *plexus.*

plezier 0.1 [genoegen, pret] *pleasure* ⇒*fun* **0.2** [gevoel van welbehagen] *pleasure* ⇒*enjoyment* **0.3** [seksueel genot] *pleasure* ◆ **2.2** met alle ~ *with p.* **3.1** iem. een ~ doen *do s.o. a favour;* ~ maken/hebben *have fun, enjoy o.s.* **3.2** dat doet me ~ *I am glad (of it), that pleases me;* het doet me ~ u te zien *I'm pleased/glad to see you;* ~ vinden in *take p. in* **6.1** met alle ~ van de wereld *only too gladly;* voor je ~ spelen *play for love* **6.2** ik heb hier altijd met ~ gewerkt *I have always enjoyed working here;* het kindje kraaide van ~ *the child crowed with p.;* ik zit hier niet voor mijn ~! *I'm not here for fun (and games)!* **6.3** een huis van ~ *a brothel* **7.1** veel ~! *have fun!, enjoy yourself!* ¶**.1** ⟨iron.⟩ zijn ~ wel op kunnen *be grieved/upset.*

plezierboot 0.1 *pleasure boat.*

plezieren 0.1 *oblige* ⇒*please* ◆ **6.1** iem. met iets ~ *oblige s.o. with sth.*

plezierig 0.1 *pleasant* ◆ **1.1** ecn ~e tijding *good/p. news* **3.1** iets ~ vinden *enjoy sth.*

plezierjacht 0.1 *pleasure yacht.*

pleziertocht, plezierreis 0.1 *(pleasure) trip* ⇒⟨op zee ook⟩ *cruise.*

plicht 0.1 *duty* ◆ **2.1** dure/heilige ~ *bounden/solemn d.* **3.1** meer dan zijn ~ doen *go beyond the call of d.;* het is niet meer dan je ~ (om …) *you are in d. bound (to …);* de ~ roept *d. calls;* zijn ~ verzaken *neglect one's d.*

plichtmatig 0.1 *dutiful* ◆ **1.1** een ~ bezoekje *a duty call.*

plichtpleging 0.1 *ceremony* ◆ **6.1** zonder ~(en) *unceremonious(ly), without c.*

plichtsbesef, -gevoel 0.1 *sense of duty* ◆ **6.1** uit ~ handelen *act from a sense of duty.*

plichtsbetrachting 0.1 *devotion to duty.*

plichtsgetrouw 0.1 *dutiful.*

plichtshalve 0.1 *as in duty bound, dutifully* ⇒*in the line of duty.*

plichtsverzuim 0.1 *neglect of duty* ◆ **6.1** zich aan ~ schuldig maken *neglect one's duty*

plint ⟨houwk.⟩ **0.1** [vloerlijst] [B]*skirting-board,* [A]*baseboard* **0.2** [onderste deel v.e. zuil] *plinth.*

Plioceen ⟨geol.⟩ **0.1** *Pliocene.*

plissérok 0.1 *pleated skirt.*

Plistoceen →**Pleistoceen.**

ploeg 0.1 [groep personen] *gang* →*crew, shift* ⟨in ploegendienst⟩ **0.2** [sport] *team; side* ⟨vooral voetbal⟩ ⇒*crew* ⟨roeisport⟩ **0.3** [landbouwwerktuig] *plough* **0.4** [rimpel] *furrow* ◆ **2.1** ze waren met een hele ~ *there was quite a crowd* **3.2** onze ~ heeft gewonnen *our t./side won* **6.1** in ~en werken *work (in) shifts* **6.3** achter de ~ lopen *hold the p.*

ploegbaas, -bazin 0.1 *foreman* ⟨m., v.⟩.

ploegen I ⟨onov., ov.ww.⟩ **0.1** [met de ploeg omwerken] *plough* ◆ **1.1** een akker/het land ~ *p. a field/the land;* **II** ⟨ov.ww.⟩ **0.1** [omwoelen] *plough up;* **III** ⟨onov.ww.⟩ **0.1** [moeizaam vooruitkomen] *plough* ◆ **6.1** door het mulle zand ~ *p./plod through the soft sand.*

ploegenachtervolging ⟨wielersport⟩ **0.1** *team pursuit.*

ploegendienst 0.1 *shift work* ◆ **6.1** in ~ werken *work (in) shifts.*

ploegenklassement ⟨sport⟩ **0.1** *team placing(s).*

ploegenstelsel 0.1 *shift system.*

ploegentijdrit ⟨sport⟩ **0.1** *team time-trial.*

ploegenwedstrijd ⟨sport⟩ **0.1** *team race.*

ploeggeest 0.1 *team spirit.*

ploegleider ⟨sport⟩ **0.1** *team manager;* ⟨aanvoerder⟩ *captain.*

ploegmaat →**ploegmakker.**

ploegmachine 0.1 *ploughing machine.*

ploegmakker 0.1 *teammate.*

ploegsport 0.1 *teamsport.*

ploegverband ⟨sport⟩ ◆ **6.**¶ in ~ *as a team.*

ploert 0.1 [schoft] *cad* **0.2** [patser] *big spender* ◆ **2.**¶ de koperen ~ *the burning sun.*

ploertendoder 0.1 [B]*cosh,* [A]*blackjack* ⇒[B]*life preserver.*

ploertenstreek 0.1 *dirty trick.*

ploerterig 0.1 *caddish.*

ploeteraar, -ster 0.1 *plodder.*

ploeteren 0.1 [zwoegen] *plod (away/along)* **0.2** [rondspetteren] *splash* ◆ **3.1** hij heeft zijn hele leven al (hard) moeten ~ *he has kept his nose to the grindstone* **6.1 aan** een vertaling zitten ~ *slave away at a translation;* **door** de modder ~ *trudge through the mud.*

plof[1] ⟨de⟩ **0.1** [geluid v.e. vallend lichaam] *thud* ⇒*flop* **0.2** [geluid v.e. ontsnappend gas] *pop* ⇒*bang* ◆ **6.1** hij ging met een ~ in zijn stoel zitten *he plopped/flopped down in his chair.*

plof[2] ⟨tw.⟩ **0.1** [mbt. val] *thud* ⇒*flop* **0.2** [mbt. ontsnappend gas] *pop* ⇒*bang* ◆ ¶**.1** ~, daar lag hij! *bang/t., there he lay!*

ploffen I ⟨onov.ww.⟩ **0.1** [dof geluid maken door te vallen] *thud* ⇒*flop* **0.2** [geluid van ontsnappend gas geven] *pop* ⇒*bang* **0.3** [ontploffen] *pop* ⇒*bang* **0.4** [inf.; zich laten vallen] *flop* ◆ **1.2** een ~de motor *a backfiring engine* **6.3** ⟨fig.⟩ van woede ~ *burst with rage* **6.4** in een stoel ~ *plump down/f. into a chair;* **II** ⟨ov.ww.⟩ **0.1** [inf.; neergooien] *dump* ⇒*chuck* ◆ **1.1** z'n tas in een hoek ~ *d./chuck one's bag in a corner.*

plombeersel 0.1 *filling.*

plomberen 0.1 ⟨tandheelkunde⟩ *fill.*

plomp[1] ⟨de (m.)⟩ **0.1** [geluid v.e. vallend lichaam] *thud* ⇒*flop* **0.2** [sloot] *ditch;* **II** ⟨de⟩ **0.1** [plantk.] *water lily.*

plomp[2] ⟨bn., bw.⟩ **0.1** [log] *plump, squat* ⟨mensen⟩; *cumbersome* ⟨zaken⟩ **0.2** [onbeschaafd] *blunt* ⇒*rude* ◆ **1.1** ~e meubelen *unwieldy/cumbersome furniture* **6.1** ~ van gestalte *squat.*

plompverloren 0.1 *bluntly* ◆ **3.1** hij sloeg het aanbod ~ af *he b. refused the offer.*

plons[1] ⟨de⟩ **0.1** *splash.*

plons[2] ⟨tw.⟩ **0.1** *splash* ⇒*plop* ◆ ¶**.1** ~! daar viel de steen in het water *s.! went the stone into the water.*

plonzen 0.1 *splash.*

plooi 0.1 [rimpel in weefsels] *pleat* ⇒*fold,* ⟨ingenaaid ook⟩ *tuck, crease* ⟨in broek⟩ **0.2** [rimpel] *wrinkle, line* ⟨in gezicht⟩; *convolution* **0.3** [kreuk] *crease* **0.4** [geol.] *fold* **0.5** [vouw] *fold* ◆ **1.1** de ~en v.e. gordijn *the folds in a curtain;* de ~en v.e. rok *the pleats in a dress* **3.3** de ~en gladstrijken ⟨lett.⟩ *smooth/*⟨met strijkbout⟩ *iron folds out;* ⟨fig.⟩ *iron out differences/problems* **6.**¶ ⟨fig.⟩ nooit uit de ~ raken *never unbend.*

plooibaar 0.1 [ook fig.] *pliable, flexible.*

plooien I ⟨ov.ww.⟩ **0.1** [plooien maken] *fold, pleat* ⇒*crease* **0.2** [mbt. weefsel] *wrinkle, crease* **0.3** [schikken] *adapt* ⇒*yield,* ⟨regelen⟩ *arrange* ◆ **4.3** zich ~ (naar iemands wensen) *yield (to s.o.'s wishes);* **II** ⟨onov.ww.⟩ **0.1** [in rimpels getrokken worden] *wrinkle, crease* ⇒*corrugate* ⟨metaal⟩ **0.2** [in plooien neerhangen] *hang/lie in pleats/folds* ◆ **1.1** zijn gezicht plooide tot een lach *his face crinkled into a smile.*

plooirok 0.1 *pleated skirt.*

plots 0.1 *suddenly, all of a sudden.*

plotseling I ⟨bn.⟩ 0.1 [onverwacht] *sudden* ⇒*unexpected* ◆ 1.1 een ~e dood *a s. death;*
II ⟨bw.⟩ 0.1 [onverwachts] *suddenly* ⇒*unexpectedly* ◆ 2.1 ~ beroemd worden ⟨ook⟩ *become an overnight celebrity* 3.1 ~ ontstaan *s. come into being.*

plotsklaps ⟨scherts.⟩ 0.1 *all of a sudden* ⇒*all at once.*

pluche 0.1 ⟨zn. en bn.⟩ *plush.*

plug 0.1 [pijpje voor een schroef] *plug* 0.2 [stekker] *plug.*

plugfitting ⟨tech.⟩ 0.1 *lamp socket plug.*

pluggen 0.1 *plug.*

plugger 0.1 *(record/music/*⟨enz.⟩*) plugger/promotor.*

pluim 0.1 [grote veer] *plume, feather* 0.2 [compliment] *compliment* 0.3 [toef] *plume* ⇒⟨klein⟩ *tuft* ◆ 1.3 ⟨fig.⟩ een ~ van rook *a p. of smoke* 3.2 iem. een ~ geven *pat s.o. on the back* 6.1 een hoed met ~en *a hat with feathers;* ⟨fig.⟩ dat is een ~ **op** je hoed *that's a f. in your cap.*

pluimage 0.1 *plumage.*

pluimpje 0.1 [kleine pluim] *wisp* ⇒*tuft* 0.2 [projectiel] *dart.*

pluimstaart 0.1 *bushy tail.*

pluimstrijken 0.1 *toady (to).*

pluimvee 0.1 *poultry.*

pluimveehouder 0.1 *poultry-keeper/farmer, poultry-man.*

pluimveehouderij 0.1 [bedrijf] *poultry farm* 0.2 [het houden van pluimvee] *poultry farming.*

pluis[1] ⟨het, de⟩ 0.1 [vezeltje] *bit of fluff* 0.2 [vlokjes] *fluff* ⇒ *fuzz* 0.3 [vlossige zijde] *floss.*

pluis[2] ⟨bn.⟩ ◆ 5.¶ het is daar niet ~ *there's sth. fishy there.*

pluizen I ⟨onov.ww.⟩ 0.1 [pluizen afgeven] *give off fluff;* ⟨op trui⟩ *pill* ◆ 1.1 die stof pluist erg *this material gives off a lot of fluff;*
II ⟨ov.ww.⟩ 0.1 [tot pluizen trekken] *fluff.*

pluizig 0.1 [vol pluizen] *fluffy* ⇒*fuzzy* 0.2 [op pluizen lijkend] *fluffy.*

pluk 0.1 [bosje] *tuft* ⇒*wisp* 0.2 [het plukken] *pick(ing)* 0.3 [oogst] *crop, pickings* ◆ 1.1 een ~ haar/tabak/watten *a t./wisp of hair, a plug of tobacco, a ball of cotton wool* 7.2 bonen v.d. eerste ~ *beans from the first pick(ing)/crop.*

plukken I ⟨ov.ww.⟩ 0.1 [oogsten] *pick* 0.2 [veren uittrekken] *pluck* 0.3 [beroven] *fleece* 0.4 [grijpen] *pick* ⇒*pluck* ◆ 1.1 ⟨fig.⟩ pluk de dag *live for the moment;* peren ~ *p. pears* 1.2 een kip ~ *p. a chicken* 1.4 de doelman plukte de bal uit de lucht *the goalkeeper plucked the ball from the air* 2.3 kaal ~ *clean out, strip bare;*
II ⟨onov.ww.⟩ 0.1 [trekken] *pluck/pick (at)* ⇒*pull(at), twang* ⟨aan snaren⟩ ◆ 6.1 **aan** een boterham ~ *pick at a sandwich.*

plukker 0.1 *picker.*

plukrijp 0.1 *ripe/ready for picking.*

pluktijd 0.1 *picking season.*

plumeau 0.1 *feather duster.*

plumpudding 0.1 *plum pudding.*

plunderaar 0.1 *plunderer, looter.*

plunderen 0.1 [stelen, beroven] *plunder, loot* 0.2 [leegroven] *plunder* ⇒*raid, rifle through* ⟨iemands zakken, geldlade⟩ ◆ 1.1 een stad ~ *sack a town* 1.2 de spreeuwen ~ de kersenboom *the starlings are raiding the cherry tree;* de koelkast ~ *raid the fridge.*

plundering 0.1 *plundering, looting.*

plunje 0.1 [kleren] *togs, duds* 0.2 [bagage] *kit* ⇒*gear* ◆ 2.1 zijn oude ~ *his old(est) t./d.;* zijn zondagse ~ *his Sunday best.*

plunjezak 0.1 *kit bag.*

pluraliteit 0.1 *plurality.*

pluriform 0.1 *multiform.*

pluriformiteit 0.1 *multiformity* ◆ 6.1 de ~ **in** de kerk *religious/ecclesiastical m.*

plus[1] ⟨het, de⟩ 0.1 [het teken +] *plus (sign)* 0.2 [overschot] *surplus* 0.3 [gunstig element] *plus (point)* 0.4 [pluspool] *plus (pole)* ◆ ¶.3 er zijn minnen, maar ook ~sen *there are plus(s)es as well as minuses.*

plus[2] ⟨bw.⟩ 0.1 *plus* ◆ 7.1 vijfenzestig ~ *over-65.*

plus[3] ⟨vz.⟩ 0.1 [rekenkundig] *plus* ◆ 1.1 60 gulden ~ btw *60 guilders p. VAT;* het bedrag ~ rente *the sum with interest* 7.1 twee ~ drie is vijf *two p./and three is five.*

plusminus 0.1 *approximately, about* ◆ 7.1 ~ duizend gulden *approximately/about a thousand guilders.*

pluspool 0.1 *plus pole.*

pluspunt 0.1 [punt in het voordeel] *plus (point)* ⇒*asset* 0.2 [een punt extra] *plus (point)* ◆ 3.1 ervaring is bij sollicitaties een ~ *experience is a p./an asset when applying for a job.*

plussen 0.1 *puzzle (over sth.)* ◆ 3.1 ~ en minnen *weigh (up) the pros and cons.*

plusteken 0.1 *plus (sign).*

plutonium 0.1 *plutonium.*

PMS-centrum ⟨Belg.; school.⟩ 0.1 [B]*educational guidance centre,* [A]*counseling service.*

pneumatisch 0.1 *pneumatic* ◆ 1.1 ~e boor *p. drill;* ~e hamer *p. hammer; jackhammer* ⟨handhamerboor⟩.

pneumonie ⟨med.⟩ 0.1 *pneumonia.*

po 0.1 *chamber pot.*

pochen 0.1 *boast/brag (about)* ◆ 8.1 hij pochte dat hij het beter kon *he boasted/bragged that he could do it better.*

pocher 0.1 *boaster, braggart.*

pocheren ⟨cul.⟩ 0.1 *poach.*

pocherij 0.1 *boasting, bragging.*

pochet 0.1 *dress/breast-pocket handkerchief.*

pocketboek 0.1 *paperback.*

pocketcamera 0.1 *pocket camera.*

pocketuitgave 0.1 *paperback edition.*

podium 0.1 [gedeelte v.h. toneel] *apron* ⇒⟨alg.⟩ *stage* 0.2 [platform, verhoging] *platform* ⇒*dais,* ⟨voor dirigent⟩ *podium* 0.3 [erepodium] *stand.*

podiumkunsten 0.1 *performing arts.*

poe 0.1 *phew, whew* ◆ ¶.1 ~, wat zie jij er piekfijn uit *whew/wow, you look smart.*

poedel 0.1 [hondje] *poodle* 0.2 [smeris] *cop.*

poedelen I ⟨onov.ww.⟩ 0.1 [in water spetteren] *splash about/around (in the water);*
II ⟨ov.ww.⟩ 0.1 [baden] *bath, wash* ◆ 4.1 zich ~ *have a wash.*

poedelnaakt 0.1 *stark naked.*

poedelprijs 0.1 *booby/consolation prize.*

poeder 0.1 *powder* ◆ 6.1 ⟨fig.⟩ **in** de poeier vallen/liggen *shatter, be/lie shattered;* **tot** ~ malen *grind/reduce to (a) p., pulverize.*

poederblusser 0.1 *dry-chemical extinguisher.*

poederdons 0.1 *powder puff.*

poederdoos 0.1 *compact.*

poederen 0.1 [met poeder bestrooien] *powder* ⇒*dust (with powder)* 0.2 [fijnwrijven] *powder* ⇒*pulverize* 0.3 [met sneeuw inwrijven] *rub snow in s.o.'s face/hair* ⟨enz.⟩ ◆ 4.1 zich (het gezicht) ~ *p. one's face/nose.*

poederkoffie 0.1 *instant coffee.*

poedermelk 0.1 *dried/powdered milk.*

poedersneeuw 0.1 *powder(y) snow.*

poedersuiker 0.1 *powdered sugar* ⇒⟨RE ook⟩ *icing sugar.*
poedervorm 0.1 *powder(ed) form.*
poef¹ ⟨de⟩ 0.1 [geluid] *paf, pow* ⇒*bang* 0.2 [zitkussen] *hassock.*
poef² ⟨tw.⟩ 0.1 *pow* ⇒*bang.*
poeha 0.1 *hoo-ha* ⇒*fuss* ◆ 6.1 met veel ~ *with a lot of/a great hoo-ha/fuss.*
poehamaker 0.1 *fuss(pot/budget)* ⇒⟨opschepper⟩ *braggart.*
poeier ⟨inf.⟩ 0.1 *whack* ◆ 3.1 ⟨sport⟩ een ~ tegen de bal geven *whack the ball.*
poel 0.1 *pool* ⇒*puddle* ⟨op straat⟩ ◆ 1.1 ⟨fig.⟩ een ~ van ellende *the depths of misery;* ⟨fig.⟩ een ~ van verderf a *cesspit/cesspool of vice.*
poelet 0.1 *soup meat* ⇒*(chopped) stewing meat.*
poelier 0.1 *poulterer('s).*
poema 0.1 *puma.*
poen ⟨inf.⟩ 0.1 [geld] *dough, bread* ◆ 1.1 een hoop ~ a *lot of b./d.* 6.1 om de ~ is het al te doen *money makes the world go round.*
poenig 0.1 *flashy* ◆ 1.1 een ~e vent a *f. guy.*
poep ⟨inf.⟩ 0.1 [uitwerpselen]⟨sl.⟩ *crap* ⇒⟨vulg.⟩ *shit,* ⟨honden-/vogelpoep⟩ *dog/bird-do* 0.2 [wind] *fart* ◆ 1.¶ in een ~ en een scheet klaar zijn *be finished before one can say Jack Robinson* 3.2 een ~je laten vliegen *let out a f.;* ⟨fig.⟩ iem, een ~ie laten ruiken *show s.o. a thing or two.*
poepduur ⟨inf.⟩ 0.1 *amazingly expensive.*
poepen ⟨inf.⟩ 0.1 *(have a) crap* ◆ 6.1 in zijn broek ~ ⟨fig.⟩ *do it in one's pants.*
poeperij ⟨inf.⟩ 0.1 *(the) runs/trots* ◆ 6.1 aan de - zijn *have the r./t.*
poepkleur 0.1 *dung colour.*
poepschep 0.1 *ᴮpoop scoop;* ⁴*pooper scooper.*
poes 0.1 [kat] *(pussy)cat* 0.2 [inf.; knappe griet] *pussycat* 0.3 [inf.; vagina] *pussy* 0.4 [troetelnaam] *sweetie, sugar* ◆ 2.1 een jong ~je a *kitten* 5.¶ mis ~! *wrong!* 6.1 ⟨fig.⟩ hij is voor de ~ *he is a goner;* ⟨fig.⟩ dat is niet voor de ~ *that's no childs' play/kids' stuff.*
poesiealbum 0.1 *album (of verses).*
poesjenel ⟨AZN⟩ 0.1 *Punch(inello).*
poeslief 0.1 *suave, bland, smooth* ⇒*honeyed* ⟨woorden⟩, *sugary* ⟨woorden, glimlach⟩, *silky* ⟨glimlach, toon, manieren⟩ ◆ 3.1 ze is ~ voor hem *she's all smiles with him;* iets ~ vragen *purr a question, ask sth. in the silkiest tones.*
poesmooi ◆ 3.¶ zich -- maken *doll o.s. up.*
poespas 0.1 *hoo-ha* ⇒*song and dance* ◆ 3.1 laat die ~ maar achterwege *stop making so much song and dance about it.*
poesta 0.1 *puszta.*
poet ⟨Barg.⟩ 0.1 [buit] *loot* 0.2 [vnl. poetje; kleine diefstal] ⟨ongemarkeerd⟩ *petty theft* ◆ 3.1 de ~ verdelen *divide (up) the l.*
poëtisch 0.1 *poetic* ◆ 1.1 een ~e bewerking a *version in verse;* een ~e bui/stemming a *fit of poetry/a p. mood* 3.1 wat zeg je dat ~! *how p.!*
poets 0.1 *trick* ⇒*(practical) joke* ◆ 3.1 iem. een lelijke ~ bakken *play a dirty t. on s.o.*
poetsdoek 0.1 *cleaning/*⟨om te polijsten⟩ *polishing cloth/rag.*
poetsdoos 0.1 *box with cleaning materials.*
poetsen 0.1 *clean* ⇒*polish* ⟨polijsten⟩ ◆ 1.1 schoenen ~ *polish/shine shoes;* zijn tanden ~ *brush one's teeth.*
poetskatoen 0.1 *cotton waste.*
poetslap 0.1 *cleaning/*⟨om te polijsten⟩ *polishing cloth/rag.*
poetsmiddel 0.1 *cleaner, cleanser* ⇒*cleaning agent,* ⟨om te polijsten⟩ *polish.*

poezelig 0.1 *plump* ⇒*chubby* ◆ 1.1 ~e armpjes *p. arms.*
poezenluik 0.1 *cat door.*
poëzie 0.1 *poetry* ◆ 1.1 de ~ v.e. landschap/v.h. leven *the p. of a landscape/of life* 6.1 de weergave v.e. gevoel in ~ *the expression of a feeling in p./verse.*
pof¹ ⟨de⟩ 0.1 *puff* ◆ 6.1 ~fen aan de mouwen *puffs in the sleeves* 6.¶ op de ~ ⟨op krediet⟩ *on credit/*⟨BE⟩ *tick.*
pof² ⟨tw.⟩ 0.1 *pow* ⇒*bang.*
pofbroek 0.1 *knickerbockers* ⟨mv.⟩.
poffen I ⟨onov.ww.⟩ 0.1 [schieten] *pop* 0.2 [ploffen] *plop/flop (down)* ◆ 6.2 zij pofte op de grond *she plopped/flopped down on the ground;* **II** ⟨ov.ww.⟩ 0.1 [in as verhitten] *roast* ⇒*pop* ⟨maïs⟩ 0.2 [met een doffe slag laten vallen] *plop (down)* 0.3 [zo naaien dat het bol staat] *puff* ◆ 1.1 aardappelen ~ *r. potatoes;* **III** ⟨onov., ov.ww.⟩ 0.1 [op krediet kopen] *buy on credit/*⟨BE⟩ *tick* 0.2 [op krediet leveren] *give credit,* ᴮ*sell on tick.*
poffertje 0.1 ⟨kind of tiny pancake⟩.
poffertjespan 0.1 *'poffertjes' griddle.*
pofmouw 0.1 *puff(ed) sleeve.*
pogen ⟨schr.⟩ 0.1 *endeavour, attempt.*
poging 0.1 *attempt* ⇒*try,* ⟨met krachtsinspanning⟩ *effort* ◆ 2.1 een ijdele/vergeefse ~ a *vain/futile a.;* een verwoede/nieuwe ~ doen om *make a frantic/fresh a. to* 3.1 een ~ doen om te ontsnappen *attempt to escape;* een ~ wagen *have a try at sth.* 6.1 ~ tot moord *attempted murder.*
pogoën 0.1 *pogo.*
pogrom 0.1 *pogrom.*
pointe 0.1 *point* ◆ 3.1 hij heeft de ~ niet begrepen *he missed the p.*
pointillisme 0.1 *pointillism.*
pok 0.1 [zweertje] *pock* 0.2 [litteken] *pockmark* 0.3 [mv.; ziekte] *smallpox* ◆ 3.3 de ~ken hebben *have s.;* krijg de ~ken! *drop dead!;* iem. tegen de ~ken inenten *vaccinate s.o. against s.* 3.¶ ⟨inf.⟩ zich de ~ken werken *work one's end off.*
pokdalig 0.1 *pockmarked* ◆ 1.1 een ~ gezicht a *p. face.*
poken 0.1 *poke* ◆ 6.1 in het vuur ~ *p. the fire.*
poker 0.1 *poker* ◆ 1.1 een spelletje ~ a *hand/game of p.*
pokeren 0.1 *play poker.*
pokerface 0.1 *poker face* ◆ 6.1 met een ~ *pokerfaced.*
pokerstenen 0.1 *poker dice.*
pokkenbriefje 0.1 *vaccination certificate.*
pokkenepidemie 0.1 *smallpox epidemic.*
pokkenlijder 0.1 *smallpox patient.*
pokkenlijer 0.1 *filthy bastard* ⇒*shit(-head), fucker.*
pokkenprik 0.1 *smallpox vaccination.*
*pokkeweer *(Wdl: pokkenweer)* ⟨inf.⟩ 0.1 *filthy/lousy weather.*
pokkewerk ⟨inf.⟩ 0.1 *nasty/foul work.*
pokziekte 0.1 *smallpox.*
pol 0.1 [klomp planten] *clump* 0.2 [eilandje] *islet* ◆ 1.1 een ~ gras a *c./tussock of grass.*
polair 0.1 *polar* ◆ 1.1 ~e binding tussen atomen *p. bond/linkage between atoms;* ~e krachten *p. forces;* ⟨meteo.⟩ ~e lucht *p. air.*
polarisatie 0.1 *polarization.*
polariseren 0.1 *polarize.*
polaroid 0.1 *polaroid.*
polder 0.1 *polder.*
polderbemaling 0.1 *polder drainage.*
polderblindheid ⟨verkeer⟩ 0.1 ±*white-line fever.*
polderdijk 0.1 *polder dike.*
polderland 0.1 *polder/reclaimed land.*
polderlandschap 0.1 *polder landscape.*

polemiek 0.1 *polemic* ◆ 3.1 een ~ voeren *engage in a p./ controversy.*

polemisch 0.1 *polemic(al)* ◆ 1.1 ~e geschriften *polemical writings.*

polemiseren 0.1 *polemize, polemicize* ◆ 6.1 met iem.~ *engage in a polemic/controversy with s.o.*

polemist 0.1 *polemicist.*

polemologie 0.1 *polemology.*

Polen 0.1 *Poland.*

poli 0.1 *outpatients'.*

poliep 0.1 [ook med.] *polyp.*

polijsten 0.1 [glad maken] *polish (up)* ⇒⟨met schuurpapier ook⟩ *sand(paper)* 0.2 [fig.] *polish* ⇒*refine* ◆ 1.2 zijn stijl ~ *p./refine one's style* 6.2 er valt **aan** hem nog heel wat te ~ *he still has a lot of rough edges that need smoothing off.*

polikliniek 0.1 *outpatient(s') clinic* ◆ 3.1 ~ houden *hold a clinic/an outpatients' clinic.*

poliklinisch ◆ 1.¶ ~e patiënt *outpatient* 3.¶ ~ bevallen *have a baby in a policlinic.*

polio 0.1 *polio.*

poliomyelitis 0.1 *poliomyelitis.*

poliopatiënt 0.1 *polio patient.*

poliovaccin ⟨med.⟩ 0.1 *polio vaccine.*

polis 0.1 *(insurance) policy* ◆ 2.1 hij heeft een all-risk ~ *he's got an all risk(s) policy, he's got comprehensive insurance;* een nog lopende ~ *a current policy* 3.1 een ~ sluiten *take out a(n insurance) policy.*

polishouder 0.1 *policyholder.*

poliskosten 0.1 *(insurance) policy fee(s).*

polisvoorwaarden 0.1 *terms/conditions of a(n insurance) policy.*

politbureau 0.1 *politburo.*

politicologie 0.1 *political science.*

politicoloog 0.1 *political scientist.*

politicus, -ca 0.1 *politician.*

politie 0.1 [overheidsdienst] *police (force)* 0.2 [agent] *policeman* ◆ 1.1 een bureau van ~ *a police station;* commissaris/inspecteur/agent van ~ *police commissioner/inspector/officer* 2.1 bereden ~ *mounted police;* geheime ~ *secret police* 3.1 de ~ halen/waarschuwen *call/inform the police* 6.1 bij de ~ zijn *be a policeman/police officer.*

politieacademie 0.1 *police ᴮcollege/ᴬacademy.*

politieafzetting →politiekordon.

politieagent 0.1 *police officer, policeman* ◆ 2.1 vrouwelijke ~ *policewoman.*

politieambtenaar, politiebeambte →politieagent.

politieapparaat 0.1 ±*police organization/force.*

politieauto 0.1 *police/patrol car.*

politiebericht 0.1 *message from the police.*

politiebescherming 0.1 *police protection.*

politiebewaking 0.1 *police protection* ◆ 6.1 iem./iets onder ~ stellen *put s.o./sth. under p. p.*

politieboot 0.1 *police launch.*

politiebureau 0.1 *police station.*

politiebusje 0.1 *police/patrol van.*

politiecel 0.1 *police/detention cell.*

politiecommissaris 0.1 *Chief of Police.*

politie-escorte 0.1 *police escort* ◆ 6.1 onder ~ *under p. e.*

politiefilm 0.1 *cop film.*

politiehond 0.1 *police dog.*

politie-inval 0.1 *police raid.*

politiek¹ ⟨de⟩ 0.1 [staatkunde] *politics* 0.2 [beleid] *policy* 0.3 [tactiek] *policy* 0.4 [politici] *politicians* ◆ 2.2 binnenlandse/buitenlandse ~ *internal/foreign p.;* een harde ~ volgen *take a tough line* 2.3 een verstandige ~ *a sensible p.* 6.1 in de ~ zitten *be in p., be a politician.*

politiek² ⟨bn., bw.⟩ 0.1 [mbt. het parlement en regering] *political* 0.2 [mbt. het staatkundig beleid] *political* 0.3 [tactisch] *politic* ⇒*diplomatic* ◆ 1.1 de ~e partijen *the p. parties* 1.2 ~e gevangene *p. prisoner* 3.3 iets ~ aanleggen/behandelen *set about/deal with sth. diplomatically.*

politiekapel 0.1 *police band.*

politiekordon 0.1 *police cordon* ◆ 3.1 een ~ leggen om *put/ throw a p. c. around.*

politiekorps 0.1 *police (force)* ⇒⟨BE⟩ *constabulary.*

politiemacht 0.1 [politiekorps] *police force* 0.2 [macht v.d. politie] *police authority/power(s)* 0.3 [groot aantal agenten] *body of police* ⇒*police presence* ◆ 2.3 er was een grote ~ op de been *the police were present in force.*

politieman 0.1 *policeman* ⇒*police officer.*

politieonderzoek 0.1 *police inquiry/investigation.*

politiepatrouille 0.1 *police patrol.*

politiepenning 0.1 *police badge.*

politiepost 0.1 *policeman on (guard) duty* ◆ 6.1 de ~ en voor de ambassade *the police(men) on duty in front of the embassy.*

politierapport 0.1 *police report.*

politierecht 0.1 *police powers.*

politierechter 0.1 *magistrate* ◆ 3.1 voor de ~ verschijnen *appear before the m.*

politiereglement 0.1 *police regulations.*

politieserie ⟨tv⟩ 0.1 *police series* ⇒*cop show.*

politiestaat 0.1 *police state.*

politietaak 0.1 *police matter.*

politietoezicht 0.1 *police supervision* ◆ 3.1 ~ uitoefenen op een autoweg *police a ᴮmotorway/ᴬhighway.*

politieverordening 0.1 *ᴮby(e)-law, ᴬlocal ordinance.*

politievoorschrift 0.1 *ᴮby(e)-law, ᴬlocal ordinance.*

politiezaak 0.1 *police matter/case* ◆ 3.1 ergens een ~ van maken *take sth. to the police.*

politioneel 0.1 *police* ◆ 1.1 de politionele actie van de VN in Korea *the p. action of the UN in Korea.*

politiseren 0.1 *politicize.*

polka 0.1 *polka.*

pollepel 0.1 *wooden spoon.*

polo 0.1 [sport; balspel] *polo* 0.2 [sport; waterpolo] *water polo* 0.3 [kledingstuk] *sports shirt.*

poloën 0.1 *play polo.*

polonaise 0.1 [optocht] *conga* 0.2 [dans, muziek(stuk)] *polonaise* ◆ 3.1 een ~ houden *do the c.*

polonium 0.1 *polonium.*

poloshirt, -hemd 0.1 *sports shirt.*

polospeler 0.1 *polo player.*

pols 0.1 [handgewricht] *wrist* 0.2 [polsader] *radial artery* 0.3 [polsslag] *pulse* ◆ 2.1 ⟨fig.⟩ iets uit de losse ~ doen *do sth. off the cuff;* ⟨sterker⟩ *do sth. with one's hands tied behind one's back* 2.3 een zwakke ~ hebben *have a weak p.* 3.2 zich de ~en doorsnijden *slash/cut one's wrists* 3.3 iem. de ~ voelen *feel/take s.o.'s pulse.*

polsader 0.1 *radial artery.*

polsband 0.1 *wristband.*

polsen 0.1 *sound out, feel/take (s.o.'s) pulse* ◆ 6.1 iem.~ over/omtrent iets *sound s.o. (out) on/about sth.*

polsgewricht 0.1 *wrist (joint).*

polshorloge 0.1 *wristwatch.*

polsslag 0.1 [manier waarop de pols slaat] *pulse* ⇒⟨snelheid v.d. pols ook⟩ *pulse rate* 0.2 [fig.; bedrijvigheid] *pulse* 0.3 [slag v.d. pols] *pulse* 0.4 [slag vanuit de polsen] *wrist shot* ◆ 1.1 een onregelmatige ~ *an irregular pulse (rate)* 1.2 de ~ v.d. industrie *the p. of industry.*

polsslagader 0.1 *radial artery.*

polsstok 0.1 *(jumping) pole.*
polsstokhoogspringen 0.1 *pole vaulting.*
polsstokhoogspringer ⟨sport⟩ **0.1** *pole-vaulter.*
polstasje 0.1 ±*(man's) handbag.*
polyandrie 0.1 *polyandry.*
polycratie, polyarchie 0.1 *polyarchy.*
polyester 0.1 *polyester.*
polyether 0.1 *polyether* ⇒⟨schuimrubber ook⟩ *foam rubber.*
polyfonie 0.1 *polyphony.*
polygaam 0.1 *polygamous.*
polygamie 0.1 *polygamy.*
polygeen 0.1 *polygenetic.*
polymeer 0.1 *polymer.*
polymerisatie 0.1 *polymerization.*
Polynesisch 0.1 *Polynesian.*
polystyreen 0.1 *polystyrene.*
polysyllabisch 0.1 *polysyllabic.*
polytheïsme 0.1 *polytheism.*
polytonaliteit 0.1 *polytonality.*
polyvalent 0.1 *polyvalent.*
pommade 0.1 [haarcrème] *pomade* **0.2** [huidcrème] *salve* **0.3** [poetsmiddel] *cream polish* ♦ **6.2** ~ **voor** de lippen *lipsalve, lipbalm.*
pomologie 0.1 *pomology.*
pomp 0.1 [werktuig dat vloeistoffen / gassen verplaatst] *pump* **0.2** [benzinepomp] *pump* ⇒⟨benzinestation⟩ *filling station* **0.3** [pompslag] *pump, stroke* ♦ **6.1** water **uit** de ~ *water from the p.* **6.¶** loop **naar** de ~! *go and be hanged!*
pompbediende 0.1 *service station attendant.*
pompelmoes 0.1 *grapefruit;* ⟨boom⟩ *grapefruit (tree).*
pompen I ⟨onov.ww.⟩ **0.1** [pomp doen werken] *pump* **0.2** [op en neer bewegen] *pump* **0.3** [vulg.; neuken] *hump* ♦ **3.2** ~d remmen *p. the brakes;* **II** ⟨ov.ww.⟩ **0.1** [verplaatsen dmv. een pomp] *pump* ♦ **1.1** water uit een schip ~ *p. water out of a ship;* een emmer water ~ *fill a bucket with water from the pump* **6.1** ⟨fig.⟩ geld ~ **in** een industrie *pour / p. money into an industry;* **III** ⟨onov., ov.ww.⟩ **0.1** [blokken] *cram* ♦ **3.1** ze zit haar Franse werkwoorden erin te ~ *she is cramming on French verbs.*
pompeus 0.1 [gezwollen] *pompous* **0.2** [luisterrijk] *ceremonious* ♦ **1.1** een pompeuze stijl *a p. style* **3.2** ~ gekleed *dressed ceremoniously.*
pomphouder 0.1 ᴮ*petrol/*ᴬ*gas station owner.*
pompoen 0.1 *pumpkin.*
pompon 0.1 *pom-pom.*
pompstation 0.1 [tankstation] *filling / service station* **0.2** [gebouw waar water opgepompt wordt] *pumping-station.*
pompwater 0.1 *pump water.*
pon 0.1 *nightie.*
poncho 0.1 *poncho.*
pond 0.1 [gewichtseenheid] *half a kilo(gram), 500 grams* ⇒ ⟨ongeveer⟩ *pound* **0.2** [munteenheid] *pound* ♦ **1.1** een ~ suiker *a p. of sugar* **2.2** de waarde van het Britse ~ *the value of sterling* **2.¶** het volle ~ moeten betalen *have to pay the full price;* het volle ~ krijgen *have one's pound of flesh* **3.1** het weegt een ~ *it weighs half a kilo* **6.1** vier gulden **per** ~ *four guilders per / a p.;* bloem wordt **per** ~ verkocht *flour is sold by the p.* **7.1** ⟨fig.⟩ ik voel me honderd ~ lichter *that's a load off my chest / mind.*
ponem ⟨Barg.⟩ **0.1** *mug.*
poneren 0.1 *postulate* ♦ **1.1** een stelling ~ *advance a thesis.*
ponsen 0.1 [mbt. ponskaarten, -banden] *(key)punch* **0.2** [mbt. metaal] *punch.*

ponskaart 0.1 *punch(ed) card.*
ponsmachine 0.1 [toestel waarmee men kaarten ponst] *card punch* **0.2** [toestel dat gegevens verwerkt] *(punch) card reader* **0.3** [toestel waarmee men metaal ponst] *punch.*
ponstypist, -e 0.1 *card punch operator.*
pont 0.1 *ferry(boat)* ♦ **6.1** zich **met** een ~je laten overzetten *take the f. across.*
ponteneur ⟨inf.⟩ ♦ **6.¶ op** zijn ~ staan *stand on one's dignity.*
pontificaal¹ ⟨het⟩ **0.1** [staatsiegewaad] *pontificals* ⟨mv.⟩ **0.2** [boek] *pontifical* ♦ **6.1 in** ~ zijn ⟨fig.⟩ *be in full feather / full regalia.*
pontificaal² ⟨bn., bw.⟩ **0.1** *pontifical* ♦ **3.1** ergens ~ op visite gaan *visit s.o. with full ceremony.*
pontificaat 0.1 *pontificate.*
ponton 0.1 *pontoon.*
pontonbrug 0.1 *pontoon bridge.*
pontveer 0.1 *ferry.*
pony I ⟨de⟩ **0.1** [klein soort paard] *pony;* **II** ⟨het, de⟩ **0.1** [haar] *bang(s)* ⟨vaak mv.⟩.
pooier 0.1 [souteneur] *pimp* **0.2** [patser, ploert] *cad.*
pook 0.1 [bij kachel] *poker* **0.2** [versnellingshendel] *(gear)-stick.*
pool 0.1 [uiteinde van een as] *pole* **0.2** [poolstreek] *pole* **0.3** [uiteinde v.e. magneet, batterij] *pole* **0.4** [fig.; tegenpool] *pole* **0.5** [haren van stoffen] *pile* ♦ **2.3** gelijknamige polen stoten elkaar af *like poles repel;* ongelijknamige polen trekken elkaar aan *unlike poles attract.*
Pool, -se 0.1 *Pole.*
poolas 0.1 *polar axis.*
poolcirkel 0.1 *polar circle.*
poolen 0.1 *carpool.*
poolexpeditie 0.1 *polar expedition.*
poolgebied 0.1 *polar region.*
poolhond 0.1 *husky.*
poolkap 0.1 *polar cap.*
poolnacht 0.1 *polar / arctic night.*
poolreiziger 0.1 *polar / arctic explorer.*
Pools 0.1 ⟨zn. en bn.⟩ *Polish.*
poolshoogte 0.1 *latitude* ⇒*altitude of the pole* ♦ **3.1** ~ nemen ⟨scheep.⟩ *take one's bearings;* ⟨fig.⟩ *size up the situation, see how the land lies.*
poolspanning ⟨elek.⟩ **0.1** *terminal voltage.*
poolster 0.1 [gids] *lodestar* ⇒*pole star.*
Poolster ⟨ster.⟩ **0.1** *(the) Pole Star, Polaris.*
poolstreek 0.1 *polar / arctic region.*
poolwisseling ⟨elek.⟩ **0.1** *pole-changing, pole reversal.*
poolzee 0.1 *Arctic / Antarctic ocean.*
poon 0.1 [vis] *gurnard* **0.2** [mv.; vissenfamilie] *gurnard.*
poort 0.1 [(boogvormige) doorgang] *gate* ⇒*gateway* **0.2** [voorwerp met een boogvorm] *gate* **0.3** [toegangsdeur / hek] *gate* **0.4** [nauwe doorgang] *alley(way)* **0.5** [doorgang tussen bergen] *pass* ♦ **1.2** de ~jes van het croquetspel *the hoops in (the game of) croquet* **1.3** iets voor de ~ en v.d. hel wegslepen *achieve sth. with great difficulty* **3.3** de ~en sluiten ⟨fig.⟩ *close down* **6.1** ⟨fig.⟩ de ~ **tot** succes *the gateway to success.*
poorter ⟨gesch.⟩ **0.1** *burgher.*
poortwachter 0.1 *gatekeeper.*
poos 0.1 *while* ⇒*time* ♦ **2.1** een hele ~ *a good w., a long time* **3.1** een ~(je) wandelen *walk for a w.*
poot I ⟨de (m.)⟩ **0.1** [ledemaat v.e. dier] *paw* ⇒*leg* ⟨been⟩ **0.2** [steunsel voor een voorwerp] *leg* **0.3** [inf.; been / voet v.e. mens] *leg* **0.4** [inf.; hand] *paw* **0.5** [inf.; handschrift] *fist*

0.6 [inf.; handtekening] *"fist*, *"John Hancock* **0.7** [afdruk v.e. poot] *paw print* **0.8** [neerhaal van een letter] *leg* **0.9** [inf.; mannelijke homoseksueel]⟨niet pej.⟩ *gay* ⇒⟨BE; sl.; pej.⟩ *poof(ter)*, ⟨AE; sl.; pej.⟩ *fag(ot)*, *faggot* ◆ **1.2** de poten v.e. tafel *the legs of a table* **1.¶** de ~ v.e. bril *the arms of a pair of glasses* **2.1** ⟨fig.⟩ op zijn achterste poten gaan staan *get (up) on one's hind legs, flare up, bristle;* ⟨fig.⟩ op hoge poten *in high dudgeon* **2.3** ⟨fig.⟩ zijn ~ stijf houden *stand firm/fast* **2.5** een lelijke ~ schrijven *scrawl* **3.3** ⟨fig.⟩ geen ~ hebben om op te staan *not have a l. to stand on;* ⟨fig.⟩ iem. een ~ uitdraaien *fleece s.o.* **3.4** iem. een ~ geven *give s.o. a p.;* ⟨fig.⟩ zijn poten thuishouden *keep one's paws off s.o./sth.;* geen ~ uitsteken/verzetten *not lift a finger* **3.6** zijn ~ zetten *put one's f./J.H.* **6.1** op zijn poten terechtkomen ⟨ook fig.⟩ *land on one's feet* **6.2** ⟨fig.⟩ iets **op** poten zetten *set up/start sth.* **6.¶ op** zijn ~ spelen *stand on one's hind legs, kick up a fuss/row;* een brief **op** poten schrijven *write a stiff letter* **¶.3** geen ~ aan de grond krijgen *not be able to get sth. off the ground/get sth. going;* ⟨bij iem.⟩ *get nowhere (with s.o.);*
II ⟨de⟩ **0.1** [stekje] *shoot* ⇒*slip*.

pootaan ◆ **3.¶** ~ spelen *work hard, slog away*.

pootaardappel 0.1 *seed potato*.

pootafstand 0.1 *planting distance*.

pootgoed 0.1 ⟨mv.⟩ *seeds* ⇒*seed potatoes/onions/* ⟨enz.⟩ ⟨planten⟩, *fry* ⟨vissen⟩, *seed oysters* ⟨oesters⟩.

pootje ◆ **2.¶** ⟨fig.⟩ met hangende ~s terugkeren *come back with one's tail between one's legs* **3.¶** ⟨fig.⟩ opzitten en ~s geven *mind one's p's and q's, be on one's best behaviour;* iem. ~ haken ⟨ook fig.⟩ *trip s.o. up* **6.¶** ⟨fig.⟩ alles zal **op** zijn ~s terecht komen *things will straighten themselves out;* ⟨fig.⟩ alles kwam **op** zijn ~s terecht *everything turned out all right*.

pootjebaden 0.1 *paddle*.

pootmachine 0.1 *planting machine*.

pop 0.1 [speelgoed] *doll* **0.2** [marionet] *puppet* **0.3** [nabootsing van een mens] *dummy* ⇒⟨kaartspel⟩ *"court/"face card* **0.4** [meisje, vrouw] *doll* **0.5** [inf.; gulden]⟨ongemarkeerd⟩ *guilder* **0.6** [insect] *pupa* **0.7** [vogelwijfje] *hen(-bird)* ◆ **2.3** zij is net een aangeklede ~ *she looks like a dressed-up doll* **¶.2** ⟨fig.⟩ toen had je de ~pen aan het dansen *then there was the devil to pay;* ⟨fig.⟩ daar heb je de ~pen al aan het dansen *here we go, now we're in for it*.

popartiest 0.1 *pop artist*.

popblad 0.1 *pop/rock magazine*.

popconcert 0.1 *rock/pop concert*.

popcultuur 0.1 *pop/rock culture*.

pope 0.1 *pope*.

popelen 0.1 *quiver* ◆ **3.1** zij zat te ~ van ongeduld *she was bursting with impatience;* zitten te ~ om weg te mogen *be raring/itching to go*.

popeline 0.1 *poplin*.

popfestival 0.1 *pop/rock festival*.

popgroep 0.1 *pop/rock group* ⇒*rock band*.

popi ⟨inf.⟩ **0.1** *popular*.

popidool 0.1 *pop/rock idol*.

popmuziek 0.1 *rock/pop music*.

popopera 0.1 *pop/rock opera*.

poppedeintje 0.1 [poppetje] *doll* **0.2** [popachtig kind] *poppet*.

poppendokter ⟨kind.⟩ **0.1** *mender of dolls* ⇒⟨niet kind.⟩ *doll fixer-upper*.

poppengezicht 0.1 *doll's/baby face*.

poppenhuis 0.1 *doll's house*.

poppenkast 0.1 [kast voor poppenspel] *puppet theatre* **0.2**

[poppenspel] *puppet show* **0.3** [overdreven vertoning] *idle/mere show* ◆ **4.3** wat een ~! *merely show!*

poppenkastpop 0.1 *puppet*.

poppenkleren 0.1 *doll's clothes*.

poppenspel 0.1 [poppentheater, ook fig.] *puppet show* **0.2** [opvoering door poppen] *puppet play*.

poppenspeler 0.1 *puppeteer*.

poppentheater 0.1 [voorstelling] *puppet show* **0.2** [poppenspeler(s) met poppen] *puppet theatre*.

poppenwagen 0.1 *doll's "pram/"baby carriage*.

popperig 0.1 *doll-like* ◆ **1.1** een ~ tuintje/huisje *a pocket-handkerchief garden, a doll's house*.

poppetje 0.1 [kleine pop] *little doll* **0.2** [kleine menselijke figuur] *little figure* ⇒*figurine* **0.3** [tere vrouw] *doll* **0.4** [oogpupillen] *pupil*.

popstation 0.1 *pop/rock station*.

popster 0.1 *pop/rock star*.

populair 0.1 *popular* ◆ **3.1** een onderwerp ~ behandelen *treat a subject in a p. way;* ~ doen tegen iem. *act familiar/be chummy with s.o.;* ~ uitgedrukt *as they say;* erg ~ zijn *be very p.* **6.1** niet ~ zijn **bij** de jeugd *be unpopular with young people*.

populair-wetenschappelijk 0.1 *popular-science*.

populariseren 0.1 *popularize*.

populariteit 0.1 *popularity*.

populariteitspoll 0.1 *popularity poll*.

populatie 0.1 *population*.

populier 0.1 *poplar*.

popwereld 0.1 *world of pop/rock music* ⇒*pop/rock world/scene*.

popzanger, -es 0.1 *pop/rock singer* ⟨m., v.⟩.

popzender 0.1 *pop/rock station*.

por 0.1 *thrust* ⇒*dig* ◆ **3.1** iem. een ~ geven *give s.o. a dig/poke, poke s.o.*

porem ⟨inf.⟩ **0.1** *mug* ⇒*mush* ◆ **7.¶** 't is geen ~! *that looks terrible!*

poreus 0.1 *porous*.

porie 0.1 *pore*.

porisosteen 0.1 *breeze block*.

porno 0.1 *porn(o)* ◆ **¶.1** soft/hard(e) ~ *soft/hard(-core) p.*

pornobioscoop 0.1 *porno "cinema/"theater*.

pornoblad 0.1 *sex/porno magazine*.

pornofilm 0.1 *sex/porno film*.

pornografie 0.1 *pornography*.

pornografisch 0.1 *pornographic*.

pornoshow 0.1 *porno/sex show*.

porren I ⟨ov.ww.⟩ **0.1** [aansporen; duwen] *prod* ◆ **6.1** iem. in de zij ~ *poke s.o. in the ribs* **6.¶** ergens wel **voor** te ~ zijn *not take much persuading;*
II ⟨onov.ww.⟩ **0.1** [poken] *poke* ◆ **6.1** in het vuur ~ *p. the fire*.

porselein 0.1 *china(ware)* ⇒*porcelain* ◆ **2.1** Chinees ~ *Chinese porcelain* **6.1** een kop en schotel **van** ~ *a china/porcelain cup and saucer*.

porseleinen 0.1 *china* ⇒*porcelain* ◆ **1.1** een ~ vaas *a c./porcelain vase*.

porseleinkast 0.1 *china cabinet*.

port I ⟨het, de⟩ **0.1** [bestelkosten] *postage* **0.2** [strafport] *surcharge* ◆ **3.1** ~ betaald *postage paid;*
II ⟨de⟩ **0.1** [portwijn] *port(-wine)* ◆ **2.1** rode/witte ~ *ruby/white port;* ⟨bruinig⟩ *tawny port*.

portaal 0.1 [grote deurnis] *porch* ⇒*hall*, ⟨kerk ook⟩ *portal* **0.2** [brede gang op overloop] *landing* **0.3** [poortvormige constructie] *portal* ⇒*ga(u)ntry*.

portee 0.1 *import* ◆ **1.1** de ~ v.e. zaak niet begrijpen *not grasp the i. of a matter*.

portefeuille 0.1 [mapje voor geld] *wallet* **0.2** [map voor papieren] *portfolio* **0.3** [tak van dienst] *portfolio* ◆ **1.3** de ~ van Onderwijs en Wetenschappen *the education and science p.* **6.3** minister **zonder** ~ *minister without p.*
portefeuillekwestie ⟨pol.⟩ ◆ **3.¶** een ~ maken van iets *make the matter a question of confidence;* de ~ stellen *ask for a vote of confidence.*
portemonnee 0.1 [beurs] *purse* ⇒*wallet* **0.2** [geldmiddelen] *purse* ⇒*means, resources, funds* ◆ **6.2** van iemands ~ leven *live at s.o.'s expense.*
portfolio 0.1 *portfolio.*
portie 0.1 [aandeel] *share* ⇒*portion* **0.2** [hoeveelheid, gedeelte] *portion* ⇒⟨aan tafel⟩ *helping* **0.3** [taak] *share* ◆ **2.2** een grote/flinke ~ geduld *a good deal of patience* **3.1** ⟨fig.⟩ geef mijn ~ maar aan Fikkie *(you can) count me out;* ⟨fig.⟩ zijn ~ wel gehad hebben *have had one's fair share;* ⟨fig.⟩ iem. zijn ~ geven *give s.o. a ticking off* **6.2** iets **in** gelijke ~s verdelen *divide sth. into equal portions* **7.2** een tweede ~ opscheppen *have a second helping.*
portiek 0.1 ⟨uitgebouwd⟩ *porch;* ⟨ingebouwd⟩ *doorway* ⇒ ⟨met zuilen⟩ *portico.*
portier I ⟨de⟩ **0.1** [bediende] *doorkeeper, gatekeeper* ⇒ ⟨van hotel, winkel, bank enz.⟩ *porter;*
II ⟨het⟩ **0.1** [deur] *door.*
portierraampje 0.1 *car window.*
portiersloge 0.1 *(porter's) lodge.*
porto 0.1 *postage.*
portofoon ⟨com.⟩ **0.1** *walkie/ky-talkie/ky.*
portokosten 0.1 *postage/postal charges/expenses.*
portret 0.1 [beeltenis] *portrait* **0.2** [persoonsbeschrijving] *portrait* ⇒*portrayal* ◆ **2.1** een sprekend ~ *a telling likeness/p.* **2.¶** een lastig ~ *a difficult piece of goods* **3.1** zijn ~ laten maken *have one's p. painted/taken.*
portretfotografie 0.1 *portrait photography.*
portretschilder 0.1 *portraitist.*
portrettekenaar 0.1 *portraitist.*
portretteren 0.1 [iem. afbeelden] *portray* ⇒*paint s.o.'s portrait* **0.2** [iem. beschrijven] *portray* ⇒*depict.*
Portugal 0.1 *Portugal.*
Portugees[1] ⟨de (m.)⟩, **-gese** ⟨de (v.)⟩ **0.1** *Portuguese.*
Portugees[2] ⟨het, bn.⟩ **0.1** ⟨zn. en bn.⟩ *Portuguese.*
portvrij 0.1 *post-paid* ⇒*postage free* ◆ **3.1** ~ versturen *frank.*
pose 0.1 [lichaamshouding] *pose* ⇒*posture* **0.2** [gemaakte manier van doen] *pose* ◆ **3.1** een ~ aannemen *assume a pose.*
poseren 0.1 [model staan] *pose* ⇒*sit* **0.2** [gekunsteld doen] *pose* ⇒*strike an attitude* ◆ **6.1** **voor** een schilder ~ *p. for a painter* **6.2** als/voor expert ~ *p. as an expert.*
positie 0.1 [stand v.h. lichaam] *position* ⇒*posture* **0.2** [innerlijke houding] *position* ⇒*attitude* **0.3** [plaats, ligging] *position* **0.4** [toestand] *position* ⇒*situation* **0.5** [vaste betrekking] *position* ⇒*post* **0.6** [maatschappelijke rang, rol] *(social) position* ⇒*status, (social) rank* **0.7** [muz.] *position* ◆ **1.6** de ~ van de vrouw *the social p. of women* **2.3** de renner zat in leidende ~ *the cyclist had taken the lead* **2.4** een hachelijke/benarde ~ ⟨ook⟩ *a predicament;* ⟨inf.⟩ *a fix* **2.5** een vaste ~ hebben *have a permanent post* **2.6** een hoge ~ *a high p./rank (in society)* **3.2** in een conflict ~ nemen/kiezen *take/choose sides in a conflict* **3.3** ~ kiezen/innemen *choose/take up a p.* **6.4** in jouw ~ zou ik ... *in your p. I would ...* **6.5** een ~ **bij** het Rijk *a government post.*
positief 0.1 [bevestigend] *positive* ⇒*affirmative* **0.2** [opbouwend] *positive* ⇒*favourable* **0.3** [overtuigd] *positive* ⇒ *self-assured* **0.4** [stellig] *positive* ⇒*definite* **0.5** [niet nega-

---

tief] *positive* ◆ **1.1** een ~ antwoord *an affirmative answer* **1.2** positieve discriminatie *p. discrimination;* positieve kritiek *constructive criticism* **1.5** ⟨wisk.⟩ een ~ getal *a p. number* **2.5** ⟨nat.⟩ ~ geladen *positively charged* **3.2** iets ~ benaderen *approach sth. positively* **6.3** ~ **in** zijn beweringen *p. in his assertions.*
positiejurk 0.1 *maternity dress.*
positiekleding 0.1 *maternity clothes.*
positieven ◆ **3.¶** zijn ~ bij elkaar hebben/houden *have/keep one's wits about one* **6.¶** weer **bij** zijn ~ komen *come to one's senses;* niet goed **bij** zijn ~ zijn *be not quite right in the head.*
positieverbetering 0.1 *improvement in one's (social) position* ⇒*advancement.*
positivisme ⟨fil.⟩ **0.1** *positivism.*
post I ⟨de⟩ **0.1** [instelling] *post office* ⇒*postal services* **0.2** [poststukken, postbestelling] *post;* ⟨AE vnl.⟩ *mail* **0.3** [postkantoor, brievenbus] *post* ⇒⟨kantoor⟩ *post office,* ⟨bus⟩ *letterbox* **0.4** [postadres] *postal address* ◆ **2.2** aangetekende ~ *registered mail;* elektronische ~ *electronic m., e-mail;* per kerende ~ *by return of p.* **3.2** de ~ is er nog niet *the p. hasn't come yet* **6.2** het stuk is **bij** de ~ zoek geraakt *the item got lost in the p.;* **met/over** de ~, **per** ~ *through the/by p.* **6.3** een brief **op** de ~ doen *post a letter;*
II ⟨de (m.)⟩ **0.1** [postbode] *[B]postman, [A]mailman* **0.2** [raam-, deurstijl] *post* ⇒*jamb* **0.3** [mbt. boekhouding, begroting] *item* ⟨op rekening/stuklijst⟩ ⇒*entry* ⟨boekhouding⟩ **0.4** [mbt. wacht] *post* ⇒*station* **0.5** [betrekking] *post* ⇒*position* **0.6** [mil., positie] *post* **0.7** [mensen die werkwilligen willen overtuigen niet te werken] *picket* ◆ **1.3** de ~ salarissen *the salary i.* **3.3** een ~ opvoeren *enter an i.;* ⟨gedetailleerd⟩ *itemize an entry;* ergens een ~ voor uittrekken *allocate money/funds for sth.* **3.4** ~ en uitzetten *post sentries;* ~ vatten *take up one's station;* ⟨fig.; mbt. gevoelens, overtuigingen⟩ *take root, settle (in)* **3.5** een ~ bekleden *hold/occupy a post/position* **3.7** de stakers zetten ~ en uit *the strikers are posting pickets* **6.4 op** zijn ~ blijven/zijn *remain/be at one's p.*
postacademisch 0.1 ⟨zie 1.1⟩ ◆ **1.1** pao-cursus *University refresher course;* ~ onderwijs *University refresher courses.*
postadres 0.1 [adres op poststukken] *address* **0.2** [adres waarop iem. post ontvangt] *postal/mailing address.*
postagentschap 0.1 *[B]sub post office.*
postauto 0.1 *mail van.*
postbank ⟨geldw.⟩ **0.1** *(Dutch) Post Office Bank* ⇒⟨GB⟩ ±*National Girobank.*
postbeambte 0.1 *post-office/postal employee/worker.*
postbestelling 0.1 *[B]postal/[A]mail delivery* ⇒*delivery of the [B]post/[A]mail.*
postbode 0.1 *[B]postman, [A]mailman.*
postbus 0.1 ⟨schr.⟩ *postoffice box* ⇒⟨inf.⟩ *P.O. Box.*
postbusnummer 0.1 *P.O. Box (number).*
postcheque 0.1 ⟨GB⟩ *giro cheque.*
postcode 0.1 *postal code;* ⟨AE ook⟩ *ZIP code.*
postdateren 0.1 *postdate.*
postdatum 0.1 *posting date* ⇒*date of posting.*
postdistrict 0.1 *postal district.*
postdoctoraal 0.1 ±*postgraduate* ◆ **1.1** postdoctorale student *research student/[A]assistant.*
postduif 0.1 *carrier/homing pigeon.*
postelein 0.1 *purslane.*
posten I ⟨ov.ww.⟩ **0.1** [naar de post brengen] *[B]post, [A]mail* ⇒ *send off* **0.2** [bewaken] *picket;*
II ⟨onov.ww.⟩ **0.1** [op wacht staan] *stand guard* **0.2** [over-

tuigen niet te gaan werken] *picket* ♦ **6.2** ~ **bij** de kolenmijnen *p. the coal mines.*

poster 0.1 [affiche] *poster* **0.2** [iem. die bij stakingen post] *picket(er).*

posteren 0.1 *post* ⇒⟨plaatsen, stationeren⟩ *station, plant* ⟨spion⟩ ♦ **1.1** een schildwacht ~ bij *post a sentry near/at* **4.1** zich ~ *take up one's station/position.*

poste restante 0.1 *ᴮposte restante,* ᴬ*general delivery* ♦ **1.1** ~ Hoofdpostkantoor Brighton *c/o Main Post Office, Brighton.*

posterformaat 0.1 *poster format/size.*

posterijen 0.1 *Post Office* ⇒*Postal Services.*

postgiro 0.1 ⟨GB⟩ *(Post Office) giro.*

postgirorekening 0.1 ⟨GB⟩ *giro bank account.*

postkamer 0.1 *post room.*

postkandidaats¹ (het)⟨stud.⟩ **0.1** ±*postgraduate/*ᴬ*graduate studies.*

postkandidaats² (bn.)⟨stud.⟩ **0.1** ±*postgraduate,* ᴬ*graduate.*

postkantoor 0.1 *post office.*

postkoets ⟨gesch.⟩ **0.1** *stage-coach* ⇒*post chaise.*

postloket 0.1 *post office window.*

postmandaat ⟨AZN⟩ **0.1** *postal (money) order.*

postmerk 0.1 *postmark.*

postmodern 0.1 *post-modern.*

postnataal 0.1 *postnatal* ♦ **1.1** postnatale depressie *p. depression.*

postnummer 0.1 *postal code* ⇒⟨BE ook⟩ *postcode,* ⟨AE ook⟩ *ZIP code.*

postorder 0.1 *mail order* ♦ **6.1 per** ~ bestellen/laten komen *send for/order by mail.*

postorderbedrijf 0.1 *mail-order firm/company, catalogue house* ♦ **6.1** kopen **bij** een ~ *mail-order shopping.*

postpakket 0.1 *parcel* ⇒*parcel-post package* ♦ **8.1** als ~ verzenden *send by parcel post.*

postpapier 0.1 *writing paper* ⇒*letter paper, notepaper* ♦ **1.1** ~ en enveloppen *stationery.*

postreclame 0.1 *direct mail advertising.*

postrekening 0.1 (GB) *giro bank account.*

postrijtuig ⟨spoorw.⟩ **0.1** *mail van.*

postscriptum 0.1 *postscript, P.S.*

postspaarbank 0.1 *postoffice savings bank.*

postspaarbankboekje 0.1 ⟨BE⟩ *post-office/deposit savings-bank book.*

poststempel 0.1 [postmerk] *postmark* **0.2** [voorwerp om post mee te stempelen] *date stamp* ♦ **6.1** een brief met ~ Londen *a letter postmarked London.*

poststuk 0.1 *postal item.*

posttarief 0.1 *postage* ⇒*postal rates.*

posttrein 0.1 *mail train.*

postuleren 0.1 *postulate.*

postuum 0.1 *posthumous* ♦ **1.1** ~ werk *p. work.*

postuur 0.1 [gestalte] *figure* ⇒*shape,* ⟨(lichaams)bouw⟩ *build,* ⟨(lichaams)lengte⟩ *stature* **0.2** [houding] *posture;* ⟨houding, voorkomen⟩ *bearing* ♦ **2.1** een slank ~ *a slim f.* **6.1** klein van ~ *of small stature/build.*

postvak 0.1 *pigeon hole.*

postverkeer 0.1 *postal/mail traffic.*

postwezen 0.1 *postal system.*

postwissel 0.1 [formulier om per post geld te verzenden] *postal/money order* **0.2** [verzonden bedrag] *postal/money order* ♦ **3.1** een ~ verzilveren *cash a money order* **6.1 per** ~ betalen *pay by postal order.*

postzak 0.1 *mailbag* ⇒⟨vnl. BE⟩ *postbag.*

postzegel 0.1 [frankeerzegel] *stamp* **0.2** [inf.; gezicht]

ᴮ*clock* ⇒*face* ♦ **3.1** voor drie gulden aan ~s bijplakken *stamp an excess amount of three guilders;* voor drie gulden aan ~s bijsluiten *enclose three guilders in stamps;* een ~ op een brief plakken *stamp an envelope;* ~s verzamelen *collect stamps* **3.2** je had dat ~ van hem moeten zien *you should've seen his c./face.*

postzegelalbum 0.1 *stamp album.*

postzegelautomaat 0.1 *stamp(-vending) machine.*

postzegelboekje 0.1 *stamp book(let)* ⇒*book of stamps.*

postzegelhandel 0.1 *philatelic trade.*

postzegelhandelaar 0.1 *stamp dealer.*

postzegelverzamelaar 0.1 *stamp collector* ⇒*philatelist.*

postzegelverzameling 0.1 *stamp collection.*

postzending 0.1 *postal matter.*

pot I ⟨de (m.)⟩ **0.1** [vaatwerk (om iets in te bewaren)] *pot* ⟨aardewerk⟩ ⇒*jar* ⟨glas⟩ **0.2** [po] *pot* ⇒*chamber pot,* ⟨voor kinderen⟩ *potty* **0.3** [kookpot] *pot* ⇒*saucepan* **0.4** [bloempot] *pot* ⇒*flower pot* **0.5** [inzet] *kitty* ⇒*pool* ⟨bij gokken⟩ **0.6** [marihuana] *pot* **0.7** [doel] *goal* ♦ **1.1** een ~ jam *a jar of jam;* een ~ koffie *a p. of coffee* **1.3** ~ten en pannen *pots and pans* **1.¶** dat is één ~ nat *you can't really tell the difference;* ⟨mbt. personen⟩ *they're birds of a feather* **2.1** een Keulse ~ *a Cologne p.* **2.3** (de) gewone ~ *plain cooking;* Hollandse ~ *solid Dutch cooking* **3.3** eten wat de ~ schaft *eat what's cooked/going* **3.5** de ~ winnen *take the k.;* ⟨bij poker⟩ *hit the jackpot* **3.6** ~ roken *smoke p.* **3.¶** (de) ~ verteren *spend one's winnings* **5.2** hij kan (me) de ~ op *he can get stuffed* **6.2 naast** de ~ pissen/piesen *miss out* **6.7 voor** de ~ blijven hangen *hang around the p.* **¶.3** ⟨sprw.⟩ de ~ verwijt de ketel dat hij zwart ziet *the pot calls the kettle black* ⟨ook→**potje**⟩;

II ⟨de (v.)⟩ **0.1** [lesbienne] *dike, dyke* ⇒⟨neutraal⟩ *gay.*

potaarde, -grond 0.1 *potting compost (soil)* ⇒*compost.*

potdicht 0.1 *tight* ⇒*locked, sealed* ♦ **3.1** de deur is ~ *the door is shut t.*

potdomme 0.1 *gosh, golly.*

poten 0.1 [in de grond steken] *plant* ⇒⟨zaaien, planten⟩ *set,* ⟨zaaien, uitzetten⟩ *put in* **0.2** [neerzetten] *plant* ⇒⟨stevig neerpoten⟩ *clap down* ♦ **1.1** aardappelen ~ *plant potatoes* **6.2** iem. in een stoel ~ *plant s.o. in a chair.*

potenrammen ⟨inf.⟩ **0.1** *queer-bashing.*

potenrammer ⟨inf.⟩ **0.1** *queer-basher.*

potent 0.1 *potent* ⇒*virile.*

potentaat 0.1 *potentate* ♦ **2.1** een klein ~je *a lordling.*

potentiaal ⟨nat.⟩ **0.1** *potential.*

potentiaalverschil ⟨elek.⟩ **0.1** *potential difference.*

potentie 0.1 [macht] *potency* ⇒*power* **0.2** [seksueel vermogen] *(sexual) potency* ⇒*virility.*

potentieel¹ ⟨het⟩ **0.1** *potential* ⇒⟨aanleg, talent⟩ *capacity.*

potentieel² ⟨bn., bw.⟩ **0.1** [als mogelijkheid aanwezig] *potential* **0.2** [in aanleg] *latent* ⇒⟨nat.⟩ potentiële energie *p. energy;* potentiële koper *prospective/would-be buyer;* de groep potentiële kopers van een nieuw product *the p. market for a new product* **1.2** een ~ crimineel *a potential criminal.*

potentiometer 0.1 *potentiometer.*

pothoed 0.1 ᴮ*bowler/*ᴬ*derby (hat).*

potig 0.1 *burly* ⇒⟨stevig (gebouwd)⟩ *sturdy,* ⟨stevig (gebouwd)⟩ *husky* ♦ **1.1** een ~e kerel *a b./fellow.*

potjandorie 0.1 *gosh* ⇒*golly.*

potje 0.1 [kleine pot] *(little) pot* ⇒⟨cul.⟩ *terrine* **0.2** [partijtje] *game* **0.3** [opzij gelegd geld] *nest egg* ♦ **1.1** een ~ crème *a jar of cream* **3.1** ⟨fig.⟩ bij iem. een ~ kunnen breken *be in s.o.'s good books;* ⟨fig.⟩ hij kan daar wel een ~ breken *he can't do anything wrong there;* zijn eigen ~ koken ⟨fig.⟩

fend for o.s. **3.**2 een ~ kaarten *have a g. of cards* **3.**¶ er een
~ van maken *mess/muck things up* **6.**3 **uit** welk ~ heb je
dat betaald? *how did you pay for that?* ¶**.**1 (sprw.) kleine
~s hebben grote oren *little pitchers have long ears.*
potkachel 0.1 *round iron stove* ⇒*potbelly stove.*
potlood 0.1 [schrijfstift] *pencil* **0.**2 [grafiet] *blacklead,
graphite* ⇒⟨mijnw.⟩ *plumbago* **0.**3 [inf.; penis] *dick* ⇒⟨sl.⟩
prick ◆ **3.**1 een ~ slijpen *sharpen a p.* **6.**1 **met** ~ tekenen
pencil (in), draw in p.
potloodstift 0.1 *lead.*
potloodventer ⟨inf.; scherts.⟩ **0.**1 *flasher.*
potplant 0.1 *pot plant* ⇒*potted plant.*
potpourri ⟨muz.⟩ **0.**1 *potpourri* ⇒*medley.*
potsierlijk 0.1 *clownish* ⇒*ludicrous,* ⟨absurd, belachelijk⟩
grotesque ◆ **3.**1 er ~ uitzien *look grotesque/absurd.*
potten 0.1 [opsparen] *hoard* ⇒⟨hamsteren⟩ *stash (away),*
⟨oppotten⟩ *salt away* **0.**2 [in potten doen] *pot* ◆ **3.**2 stekken ~ *p. cuttings.*
pottenbakken 0.1 *pottery(-making)* ⇒*ceramics.*
pottenbakker, -bakster ⟨amb.⟩ **0.**1 *potter.*
pottenbakkerij 0.1 *pottery.*
pottenbakkersschijf 0.1 *potter's wheel.*
pottenkijker 0.1 *prier, pryer* ◆ **3.**1 ik kan geen ~s gebruiken *I can do without s.o. looking over my shoulder.*
potver 0.1 *darn (it)* ⇒*shoot.*
potverdikk(i)e, potverdorie 0.1 *darn (it), shoot.*
potverdomme 0.1 *damn (it), shit.*
potverteren 0.1 *squander.*
potvis 0.1 *sperm whale.*
poule ⟨sport⟩ **0.**1 *group* ◆ **3.**1 zijn ~ winnen *be first in one's
g.*
poulet ⟨cul.⟩ **0.**1 [kip] *chicken.*
pover 0.1 *poor* ⇒*meagre, miserable* ◆ **1.**1 een ~ bestaan *a
miserable existence;* een ~ resultaat *a p. result.*
povertjes 0.1 *poor* ⇒*meagre, shabby* ◆ **3.**1 zij was ~ gekleed
she was shabbily dressed.
pr ⟨afk.⟩ **0.**1 [public relations] *PR.*
p.r. ⟨afk.⟩ **0.**1 [poste restante] ⟨ᴮ*poste restante,* ᴬ*general delivery*⟩.
Praag 0.1 *Prague.*
Praags 0.1 *Prague* ◆ **1.**1 ⟨gesch.⟩ de ~e lente *the P. Spring.*
praaien 0.1 ⟨scheep.⟩ *hail* ⇒*speak* ⟨van voorbijgaand
schip⟩.
praal 0.1 *splendour* ⇒*pomp,* ⟨praal(vertoning)⟩ *pageantry.*
praalgraf 0.1 *mausoleum* ⇒*tomb.*
praalwagen 0.1 *float* ⟨optocht⟩.
praalziek 0.1 *ostentatious* ⇒*showy.*
praat 0.1 [het spreken] *talk* **0.**2 [taal] *talk* ⇒*speech* ◆ **2.**2
gekke/malle ~ *foolish/silly t.* **3.**1 veel ~(s) hebben *be all t.*
6.1 met iem. **aan** de ~ raken *get talking to s.o.;* iem. **aan** de
~ houden ⟨fig.⟩ *keep s.o. hanging on;* ~(s) voor zes hebben
crow one's head off **6.**¶ een auto **aan** de ~ krijgen *get a car
to start;* ⟨door stroomkring kort te sluiten⟩ *hot-wire.*
praatgraag 0.1 *talkative* ⇒*chatty.*
praatgroep 0.1 *conversation group.*
praatje 0.1 [gesprek] *chat* ⇒*talk* **0.**2 [woorden] *talk* ⇒
speech **0.**3 [gerucht] *gossip* ⇒*rumour* **0.**4 [causerie] *talk*
0.5 [mv.; kapsones] *airs* ◆ **2.**2 mooie ~s *fine words* **2.**3 er
gaan vreemde ~s over haar *there are (all sorts of) strange
rumours about her* **2.**4 een inleidend ~ *a short introduction* **3.**1 met iem. een ~ maken *have a c. with s.o.* **3.**2 hou je
~s maar voor je! *none of your lip!;* ~s verkopen/ophangen
talk big; gossip ⟨roddelen⟩ **3.**3 het ~ gaat, dat ...*rumour
has it that ...;* stoor je maar niet aan die ~s *don't worry
about those rumours* **3.**4 een ~ houden op een studiedag

---

give a t. at a conference **3.**5 ~s krijgen *put on airs* **6.**1 **om**
een ~ verlegen zijn *be in need of a c.* **6.**4 een ~ **voor** de radio *a radio t.* **6.**¶ een ~ **voor** de vaak *idle gossip/talk* **7.**5
geen ~s! *no backchat/talking back!* ¶**.**2 (sprw.) ~s vullen
geen gaatjes *fine words butter no parsnips.*
praatjesmaker 0.1 [opschepper] *boaster, braggart* **0.**2
[zwetser] *windbag, gasbag.*
praatpaal 0.1 [paal naast een snelweg] *emergency telephone* **0.**2 [fig.; persoon] *confidant* ⟨m.⟩, *confidante* ⟨v.⟩.
praatprogramma ⟨radio, tv⟩ **0.**1 *talk programme/*⟨tv ook⟩
show.
praatshow ⟨tv⟩ **0.**1 *talk show.*
praatstoel ◆ **6.**¶ hij zit weer op zijn ~ *he's off again.*
praatziek 0.1 *chatty* ⇒*gabby.*
praatzucht 0.1 *talkativeness.*
pracht 0.1 [schoonheid] *magnificence, splendour* **0.**2 [fig.;
juweel] *beauty* ⇒*gem* ◆ **1.**1 met veel ~ en praal *with great
pomp and circumstance* **6.**2 een ~ **van** een huis *a gem of a
house.*
prachtexemplaar 0.1 *beauty* ⇒*peach.*
prachtig 0.1 [kostbaar ingericht/versierd] *splendid, magnificent* **0.**2 [van grote esthetische waarde] *exquisite* ⇒
gorgeous **0.**3 [bijzonder goed] *fine* **0.**4 [bijzonder geschikt]
marvellous ⇒*outstanding* ◆ **1.**1 een ~e zaal *a m. room* **1.**2
een ~e stem *a gorgeous voice* **1.**3 een ~ voorbeeld *a f. example* **1.**4 een ~e gelegenheid *a m. opportunity* **2.**2 een ~
geïllustreerd boek *a beautifully illustrated book* **3.**4 dat
komt ~ uit *that's very convenient, that's just m.* ¶**.**4 ~! *excellent!*
prachtkans 0.1 *splendid/golden opportunity.*
practicum 0.1 *practical* ⇒*lab(oratory)* ◆ **3.**1 ik heb vanmiddag ~ *I've got a p. this afternoon.*
pragmaticus, -ca 0.1 *pragmatist* ⟨m., v.⟩.
pragmatisch 0.1 [op nut, bruikbaarheid gericht] *pragmat-
ic(al)* ⇒*practical* ◆ ¶**.**1 ~ te werk gaan *proceed pragmatic-
ally*
prairiehond 0.1 *prairie dog.*
prairiewolf 0.1 *coyote* ⇒*prairie wolf.*
prak 0.1 *mash* ⇒*mush* ◆ **3.**1 van zijn eten een ~je maken
mash up one's food **6.**¶ ⟨inf.⟩ een auto **in** de ~ rijden *smash
(up) a car.*
prakken 0.1 *mash.*
prakkeseren ⟨inf.⟩ **I** ⟨onov.ww.⟩ **0.**1 [denken] *muse* ⇒*think*
0.2 [piekeren] *brood* ⇒*worry* ◆ **5.**1 ik prakkeseer er niet
over *I wouldn't dream of it* **5.**2 zich suf ~ *worry o.s. sick;*
II ⟨ov.ww.⟩ **0.**1 [bedenken] *devise* ⇒*think up* **0.**2 [met
overleg tot stand brengen] *contrive* ⇒*think out* ◆ ¶**.**1 je
kunt het zo gek niet ~, of hij doet het *there's nothing he
won't do.*
praktijk 0.1 [toepassing] *practice* ⇒⟨ervaring⟩ *experience*
0.2 [beroepswerkzaamheid, cliëntèle] *practice* **0.**3 [ge-
woonte] *practice* ⇒*custom* **0.**4 [mv.; sluwe daden] *practices* ◆ **1.**1 een man v.d. ~ *a practical man;* echt een man
v d ~ *a doer (rather than a thinker)* **2.**2 een drukke ~ aan
huis hebben *have a large p. at home;* een particuliere ~ *a
private p.* **2.**4 gemene/kwalijke ~en *objectionable practices* **3.**2 een eigen ~ beginnen *start a p. of one's own;* zijn ~
overdoen *sell one's p.* **6.**1 iets **aan** de ~ toetsen *test/field-
test sth.;* in de ~ brengen *put sth. into p.;* **in** de ~ in (actual) p.;* dat moet je **in** de ~ leren *you'll have to learn that
in p.;* een geval **uit** de ~ *a real-life case.*
praktijkervaring 0.1 *practical experience* ◆ **3.**1 ~ opdoen
gain p. e.
praktijkexamen 0.1 *practical exam.*
praktijkgericht 0.1 *practically-oriented.*

praktijkruimte 0.1 *surgery* ⟨v.e. dokter⟩.
praktisch I ⟨bn., bw.⟩ **0.1** [mbt. de praktijk (v.h. dagelijkse leven)] *practical* **0.2** [handig] *practical* ⇒*handy, useful* **0.3** [nuchter] *practical* ⇒*realistic, businesslike* ⟨zakelijk⟩ ◆ **1.1** ~ e kennis *working knowledge* **2.1** dat is ~ moeilijk uitvoerbaar *that's hardly workable/practicable* **3.2** een huis ~ inrichten *fit out a house practically;*
II ⟨bw.⟩ **0.1** [bijna] *practically* ⇒*almost* ◆ **2.1** de was is ~ droog *the laundry's p. dry* **3.1** dat komt ~ op hetzelfde neer *that's p. the same thing* **4.1** ~ iedereen/niemand was aanwezig *p. everybody/nobody was there.*
praktiseren 0.1 *practise* ◆ **1.1** een ~d geneesheer *a medical practitioner;* een ~d katholiek *a practising catholic.*
pralen 0.1 [pronken] *flaunt* ⇒*parade* ◆ **6.1** met zijn geleerdheid ~ *f./parade one's knowledge.*
prat 0.1 *proud* ◆ **3.1** ~ gaan op zijn geboorte *be p. of one's birth;* ⟨opscheppen⟩ *boast/brag about one's birth;* ze ging ~ op haar scherpzinnigheid *she prided herself on her wit.*
praten 0.1 [iets zeggen] *talk* ⇒*speak* **0.2** [gesprek voeren] *talk* ⇒*speak* **0.3** [door praten ertoe brengen] *talk* **0.4** [kletsen, roddelen] *talk* ◆ **3.1** iem. laten ~ *let s.o. talk* **3.2** daarover valt te ~ *that's a matter for discussion;* er valt niet met hem te ~ *he won't listen to reason* **4.4** hij praat maar wat *he's only talking (for the sake of it)* **5.1** straks zul je wel anders ~ *you'll change your tune;* praat me er niet van *I've heard more than enough about that;* we ~ er niet meer over *let's forget it/let's leave it at that;* eromheen ~ *t. round sth., beat about the bush;* hij bent gemakkelijk ~ *it's easy/it's all right for you to t.;* langs elkaar heen ~ *misunderstand each other, be on different wavelengths;* zij praat niet veel ⟨ook⟩ *she's not very talkative* **5.4** iedereen praat erover *it's the talk of the town, everyone's talking about it* **6.1** iem. **aan** het ~ krijgen *get s.o. talking;* geen zin hebben **om** te ~ *not be in the mood for talk(ing);* ergens niet meer **over** willen ~ *not want to t. about sth. any more* **6.2** praat er maar **met** niemand over *don't breathe a word (of this) (to anyone);* **over** literatuur ~ *t. (about) literature;* laten we **over** iets anders ~ *let's change the subject, let's t. about sth. else* **6.3** een programma **aan** elkaar ~ *be the anchor man;* **op** iem. in ~ *work on s.o., try to t. s.o. round* **6.4** er wordt **over** hen gepraat *people are talking about them* **8.1** hij kan ~ als Brugman *he can t. the hind legs off a donkey;* ik kon ~ als Brugman, maar … *I could t. till I was blue in the face, but …*
prater, praatster 0.1 *talker* ⟨m., v.⟩ ◆ **2.1** een gezellige ~ *a good t.;* hij is geen grote ~ *he isn't much of a t.*
pre 0.1 ⟨voorkeur⟩ *preference;* ⟨voorrang⟩ *priority* ◆ **3.1** een ~ hebben *have the preference.*
preadvies 0.1 *preliminary report/advice.*
preambule 0.1 [inleiding] *preamble* **0.2** [mv.; omhaal] *verbiage.*
precair 0.1 *precarious* ◆ **1.1** de ~e toestand van de patiënt *the critical condition of the patient.*
precedent 0.1 *precedent* ◆ **3.1** een ~ scheppen *establish/create a p.*
precies¹ I ⟨bn., bw.⟩ **0.1** [juist] *precise* ⇒*exact,* ⟨accuraat⟩ *accurate,* ⟨specifiek⟩ *specific* **0.2** [nauwgezet] *precise* ⇒ *meticulous,* ⟨voorzichtig⟩ *careful* ◆ **1.1** in precieze bewoordingen *in p. terms;* ~ een kilometer *one kilometer exactly;* hij is ~ zijn vader *he is just like his father; he is the (very/spitting) image of his father* **2.1** ~ goed *exactly right;* dat is ~ hetzelfde *that is precisely/exactly the same (thing)* **3.1** hij doet zijn werk heel ~ *he does his work with great precision;* dit vest past ~ *this waistcoat fits nicely/*⟨inf.⟩ *to a T/like a glove;* om ~ te zijn *to be p./exact* **4.1** waar heb je het

~ verloren? *where exactly did you lose it?* **5.1** hij wilde het heel ~ weten *he wanted to know exactly;* hoe heeft hij het ~ gedaan? *how exactly/just how did he do it?* **6.1** ~ **in** het midden *right in the middle;* ~ **om** twaalf uur *at twelve (o'clock) sharp, on the stroke of twelve;* ~ **op** tijd *right on time;* ⟨inf.⟩ *(right) on the dot;* ~ **tegenover** *directly opposite* **6.2** zij is zeer ~ **op** haar auto *she's very particular about her car* **7.1** ~ drie jaar geleden *exactly/precisely three years ago* **¶.1** ~ wat ik nodig heb *exactly/just what I need;*
II ⟨bw.⟩ **0.1** [+ niet; bepaald] *exactly* **0.2** [zojuist] *just (a minute/moment ago)* ⇒*(only) a moment/minute ago* ◆ **2.1** hij is niet ~ handig *he is not e. (what one would call) handy.*
precies² ⟨tw.⟩ 0.1 *precisely* ⇒*exactly* ◆ **¶.1** ~! *precisely!, exactly!*
preciesheid 0.1 *precision* ⇒*accuracy.*
precieus ⟨pej.⟩ **0.1** *precious.*
preciseren 0.1 *specify* ⇒*be specific/precise/explicit* ◆ **5.1** kunt u dat nader ~? *could you be more specific/precise?*
precisering 0.1 *specification* ◆ **1.1** een ~ van zijn bedoelingen *a more precise statement of one's intentions.*
precisie 0.1 *precision* ⇒*accuracy* ◆ **2.1** met grote ~ *with great p., very precisely.*
precisie-instrument 0.1 *precision instrument.*
precisiewerk 0.1 *precision work* ◆ **3.1** horloges repareren is een ~je *repairing watches is p. w.*
predestinatie ⟨rel.⟩ **0.1** *predestination.*
predestinatieleer ⟨rel.⟩ **0.1** *doctrine of predestination.*
predictortest 0.1 *(home) pregnancy test.*
predikaat 0.1 [logica] *predicate* **0.2** [benaming] *designation* **0.3** [titel] *predicate* ⇒*title* ◆ **3.2** het ~ 'Koninklijke' krijgen *receive the d. 'Royal'.*
predikant 0.1 [protestant] *clergyman, pastor; vicar, rector, parson* ⟨anglicaanse Kerk⟩; *minister* ⟨in GB vnl. in presbyteriaanse en non-conformistische kerken⟩; ⟨huisgeestelijke, ook op school/universiteit; vloot/legerpredikant⟩ *chaplain* **0.2** [r.-k.] *preacher.*
prediken I ⟨onov.ww.⟩ **0.1** [Gods woord verkondigen] *preach (the Word (of God)/Gospel)* ◆ **6.1** over iets ~ *preach on/about sth.;*
II ⟨ov.ww.⟩ **0.1** [met aandrang verkondigen] *preach* ◆ **1.1** de klassestrijd ~ *p. class struggle.*
prediker 0.1 [iem. die predikt] *preacher* **0.2** [predikant] *clergyman, pastor; vicar, rector, parson* ⟨anglicaanse Kerk⟩; *minister* ⟨vnl. in presbyteriaanse en non-conformistische kerken⟩.
Prediker 0.1 [bijbelboek] *Ecclesiastes.*
prediking 0.1 *preaching.*
prednison ⟨med.⟩ **0.1** *prednisone.*
preek 0.1 [leerrede] *sermon* ⇒*homily (on)* **0.2** [vermaning] *sermon* ⇒*lecture (on)* ◆ **2.2** die hele ~ hoeft er niet bij *I don't need the s.* **3.1** een ~ houden *deliver a s.* **3.2** ik heb weer een ~ te horen gekregen! *I've had (to listen to) another s./lecture.*
preekstoel 0.1 *pulpit* ◆ **6.1** iets **van** de ~ afkondigen *announce sth. from the p.*
preektoon 0.1 [zalvende toon] *sermonizing tone* ⇒⟨inf.⟩ *preachy tone* **0.2** [toon waarop wordt gepreekt] *pulpit tone/style.*
prefabriceren 0.1 *prefabricate* ◆ **1.1** geprefabriceerde huizen *prefabricated houses;* ⟨inf.⟩ *prefabs.*
prefect 0.1 [Rom. gesch.] *prefect* **0.2** [hoofd van een departement] *prefect* **0.3** [Belg.; hoofd van een school] *±headmaster.*
prefectuur 0.1 *prefecture.*

prefereren 0.1 *prefer* ◆ **6.1** dit is te ~ **boven** dat *this is preferable to that.*

pregnant 0.1 ⟨scherp geformuleerd⟩ *terse* ⇒*succinct.*

prehistorie 0.1 *prehistory.*

prehistorisch 0.1 [mbt. de prehistorie] *prehistoric* **0.2** [scherts.] *prehistoric* ⇒*ancient* ◆ **1.2** een ~ vervoermiddel *a p. vehicle.*

prei 0.1 *leek.*

prekandidaats ⟨stud.⟩ **0.1** ±*undergraduate studies.*

preken I ⟨onov.ww.⟩ **0.1** [Gods woord verkondigen] *preach* ⇒*deliver/preach a sermon* **0.2** [zedenpreek houden] *preach* ⇒*moralize* ◆ **6.2** ~ **tegen** iem. *p. to s.o.;* **II** ⟨ov.ww.⟩ **0.1** [fanatiek verkondigen] *preach* ⇒*proclaim* ◆ **1.1** het verzet ~ *preach revolt.*

prekerig ⟨pej.⟩ **0.1** *moralizing.*

prelaat ⟨r.-k.⟩ **0.1** *prelate.*

prelude 0.1 ⟨ook fig.⟩ *prelude* ◆ **6.1** de ~ **tot** de Tweede Wereldoorlog *the p. to the Second World War.*

prematuur 0.1 *premature* ◆ **1.1** ik vind die beslissing ~ *I believe that decision is p.*

premenstrueel (med.) **0.1** *premenstrual* ◆ **1.1** ~ syndroom *p. tension.*

premie 0.1 [beloning] *premium* ⇒*bonus, gratuity,* ⟨mil.; inkwartieringspremie⟩ *billet-money,* ⟨hand.⟩ *(exchange) premium,* ⟨hand.⟩ *stock discount* **0.2** [uitgelote extra prijs] *bonus (prize)* **0.3** [geschenk] *(free) gift* ⇒*bonus/premium/ free offer* **0.4** [mbt. verzekeringen] *premium* ⇒⟨vnl. mbt. sociale verzekering⟩ *(insurance) contribution* **0.5** [subsidiebedrag] *subsidy* ◆ **2.4** de sociale ~s *social insurance/ security contributions* **3.1** de regering keert een ~ uit voor elke gedode rat *the Government gives a bounty for every rat killed;* een ~ uitkeren *pay a p.* **3.4** ~ betalen *pay a p./ contribution.*

premieartikel 0.1 *(free) gift* ⇒*bonus (item).*

premiebouw 0.1 ±*subsidized (private) housing (scheme).*

premiejager 0.1 [geldw.] [B]*stag,* [A]*premium hunter* **0.2** [gesch.] *bounty hunter.*

premiekoopwoning 0.1 ±*state-subsidized private house.*

premier 0.1 *prime minister* ⇒*premier.*

première 0.1 *premiere, première* ⇒⟨mbt. toneel, musical ook⟩ *first/opening performance/night* ◆ **6.1** het stuk ging in Londen in ~ *the play had its p./opened in London.*

premierschap 0.1 *premiership* ⇒*prime ministership, office of Prime Minister.*

premiespaarplan 0.1 *premium savings scheme.*

premievrij 0.1 *free of premium(s)* ◆ **1.1** ~ pensioen *noncontributory pension.*

premiewoning 0.1 *subsidized house* ⟨private house for people with low to middle incomes, built with government subsidy⟩ ◆ **¶.1** premie-A-woning *category A subsidized house.*

premisse 0.1 *premise* ◆ **3.1** van de ~ uitgaan, dat ... *start from the p. that ...*

prenataal 0.1 ⟨vnl. BE⟩ *antenatal;* ⟨vnl. AE⟩ *prenatal* ◆ **1.1** prenatale zorg *a./p. care.*

prent 0.1 *print* ⇒*illustration,* ⟨satirisch⟩ *cartoon* ◆ **6.1** een boek met - en *an illustrated book.*

prentbriefkaart 0.1 *(picture) postcard.*

prenten 0.1 *impress* ⇒⟨gaufreren⟩ *emboss* ◆ **6.1** ⟨fig.⟩ zich iets in het geheugen ~ *fix sth. in one's mind.*

prentenbijbel 0.1 *illustrated bible.*

prentenboek 0.1 *picture book* ◆ **2.¶** het duivels ~ *the devil's (picture) book.*

prentkunst 0.1 *printing* ⇒⟨etsen⟩ *engraving.*

preparaat 0.1 [far., schei.] *preparation* **0.2** [med.]⟨micros-

---

copie⟩ *(microscopic) section;* ⟨op glasplaatje ook⟩ *(microscopic) slide, specimen.*

prepareren 0.1 [voorbereiden] *prepare* **0.2** [klaarmaken, bewerken] *prepare* ⇒*dress* **0.3** [opzetten] *stuff* **0.4** [med.] *dissect* ⇒*mount* ◆ **4.1** zich ~ (voor/op) *p. (for), get ready (for);* ⟨voor examen ook⟩ *study (for).*

prepositie ⟨taal.⟩ **0.1** *preposition.*

prepuberteit 0.1 *prepuberty.*

prerogatief 0.1 *prerogative* ◆ **1.1** het ~ v.d. kroon *(the) Royal Prerogative.*

presbyteriaan 0.1 *Presbyterian.*

presbyteriaans 0.1 *Presbyterian.*

prescriptief 0.1 *prescriptive.*

présence ◆ **3.¶** ~ hebben *have presence.*

present[1] ⟨het⟩ **0.1** *present* ⇒*gift* ◆ **3.1** iem. iets ~ geven *give s.o. sth. as a p.*

present[2] ⟨bn.⟩ **0.1** [aanwezig] *present* ⇒⟨op vergadering, officiële functie zijn, (dienst)post ook⟩ *in attendance* **0.2** [bij zinnen] *alert* ⇒*clear-headed,* ⟨inf.⟩ *all there,* ⟨inf.⟩ *with it* ◆ **3.1** ze waren allemaal ~ *they were all p.* **3.2** ze is nu weer helemaal ~ *she's now fully a. again* **¶.1** ~! *p.!, here!*

presentabel 0.1 *presentable* ⇒*respectable, fit to be seen* ◆ **3.1** nu ben je tenminste weer ~ *now you're at least fit to be seen (again).*

presentatie 0.1 [het voorstellen] *presentation* ⇒*introduction* **0.2** [manier waarop iets gebracht wordt] *presentation* **0.3** [gastheerschap] ⟨zie 3.3⟩ **0.4** [het aanbieden] *presentation* ◆ **1.1** de ~ v.e. nieuw tijdschrift *the p./Introduction of a new magazine* **1.2** de ~ van dat werkstuk is goed *the p. of this paper is good* **3.1** een ~ houden/verzorgen *give a p.* **3.3** de ~ is in handen van X *the programme is presented by X.*

presentator 0.1 *presenter* ⟨van nieuws, actualiteiten⟩ ⇒ *host* ⟨m.⟩, *hostess* ⟨v.⟩, *anchor man,* ⟨in circus, m.⟩ *ringmaster.*

presenteerblad 0.1 *tray* ⇒*platter* ◆ **6.1** de baan werd hem op een ~ aangeboden *the job was handed to him on a silver platter.*

presenteren 0.1 [voorstellen] *present* ⇒*introduce* **0.2** [aanbieden] *present* ⇒⟨mbt. gebruiksartikelen, etenswaren enz.⟩ *offer* **0.3** [doen voorkomen] *pass off (as)* **0.4** [als presentator optreden bij/van] *present* ⇒*host* **0.5** [mil.] *present* ◆ **1.2** iem. een drankje ~ *offer s.o. a drink;* gebak ~ *offer round cakes* **1.5** presenteer geweer! *p. arms!*

presentexemplaar 0.1 *complimentary copy* ◆ **3.1** een ~ aanvragen *ask for a c. c.*

presentie 0.1 *presence.*

presentielijst 0.1 *attendance list, (attendance) roll* ⇒*(attendance) register* ◆ **3.1** een ~ tekenen/laten rondgaan *sign/circulate an attendance list.*

president 0.1 [voorzitter] *president* ⇒*chairman* ⟨m., v.⟩, *chairwoman* ⟨v.⟩, ⟨van jury⟩ *foreman,* ⟨van rechtbank ook⟩ *presiding judge* **0.2** [staatshoofd] *President* ◆ **1.1** mijnheer/mevrouw de ~! *Mr/Madam Chairman!*

president-directeur 0.1 *chairman (of the board).*

presidentieel 0.1 *presidential* ◆ **1.1** een presidentiële rede *a p. speech.*

presidentschap 0.1 *presidency, presidentship* ⇒⟨van voorzitter ook⟩ *chairmanship.*

presidentskandidaat 0.1 *presidential candidate.*

presidentsverkiezing 0.1 *presidential election.*

presidium 0.1 [college van voorzitters] *presidium* ⟨vnl. in communistische landen⟩ **0.2** [voorzitterschap] *presidency, presidentship* ⇒*chairmanship* ◆ **1.1** het presidium v.d. Opperste Sovjet *the Presidium of the Supreme Soviet* **6.2** onder ~ van *under the chairmanship of.*

pressen 0.1 *press* ◆ **6.1** iem. **tot** iets ~ *press s.o. into doing sth.*

presse-papier 0.1 *paperweight.*

pressie 0.1 *pressure* ◆ **3.1** ~ op iem. uitoefenen *put p. on s.o., put s.o. under p.;* ⟨inf.⟩ *twist s.o.'s arm.*

pressiegroep 0.1 *pressure group.*

pressiemiddel 0.1 *means of putting pressure on* ⇒ ⟨dwangmaatregel; vaak pej.⟩ *coercive measure.*

prestatie 0.1 [het presteren] *performance* **0.2** [dat wat men presteert] *performance* ⇒*achievement, feat* ◆ **2.2** een hele ~ *quite an achievement* **3.2** een ~ leveren *perform well;* een geweldige ~ leveren *put up a tremendous p.*

prestatiedrang 0.1 *competitive spirit, need to perform/ achieve.*

prestatiedwang 0.1 *pressure to perform/achieve.*

prestatiegericht 0.1 *achievement-oriented* ◆ **1.1** het ~e karakter van de moderne samenleving *the competitive nature of modern society.*

presteren 0.1 *achieve* ⇒*perform* ◆ **4.1** hij heeft het gepresteerd om ... *he (actually) succeeded in ...(-ing)* **5.1** meer / beter ~ (dan verwacht) *do more/better (than expected);* hij heeft nooit veel gepresteerd *he's never been up to much.*

prestige 0.1 *prestige* ◆ **3.1** ~ hebben *have p.;* zijn ~ verliezen *lose one's p.*

prestigekwestie 0.1 *question/matter of prestige* ◆ **3.1** ergens een ~ van maken *make sth. a matter of prestige.*

pret 0.1 [uitbundig plezier] *fun* ⇒*hilarity* **0.2** [genoegen] *fun* ⇒*enjoyment* **0.3** [vermaak] *fun* ⇒*entertainment* ◆ **2.1** hij had de grootste ~ *he had great f. / a great time* **2.3** dat was dolle / dikke ~ *it was great f. / a scream* **3.1** ~ hebben / maken *have f., have a good/great time;* dat mag de ~ niet drukken ⟨ook fig.⟩ *never mind* **3.2** daar kun je nog veel ~ aan beleven / van hebben *you'll enjoy that* ⟨ook iron.⟩ **3.3** ⟨iron.⟩ ik gun hem die ~ *I hope he enjoys it* **6.3** (het is) uit met de ~! *the fun's over.*

pretenderen 0.1 *profess (to be)* ⇒*pretend (to be)* ◆ **3.1** hij pretendeert alwetend te zijn *he professes to be omniscient.*

pretentie (pej.) **0.1** *pretension* ⇒*presumption, pretence* ◆ **3.1** ik heb niet de ~ op dit gebied deskundig te zijn *I don't pretend to be an expert in this field;* ~s hebben *be pretentious;* zij heeft de ~ ooit nog eens in Carré te zullen spelen *she has the presumption to think that she'll play in Carré one day* **6.1** ⟨fig.⟩ een gebouw **zonder** ~s *an unpretentious building;* **zonder** enige ~ *utterly without pretension(s).*

pretentieloos 0.1 [zonder pretenties] *unpretentious* ⇒ *modest* **0.2** [mbt. zaken] *unpretentious* ⇒*simple* ◆ **1.2** ~ amusement *u. amusement.*

pretentieus 0.1 *pretentious* ⇒⟨gewichtig, opgeblazen⟩ *pompous.*

pretje 0.1 *bit of fun* ◆ **7.1** dat is geen ~ *that's no picnic.*

pretogen 0.1 *±twinkling eyes* ◆ **6.1** met grote ~ keek ze naar de clown *her eyes sparkled as she watched the clown.*

pretpark 0.1 *amusement park.*

prettig 0.1 [aangenaam] *pleasant* ⇒*nice* **0.2** [gemakkelijk] *nice* ◆ **1.1** ~e feestdagen! *Merry Christmas (and a Happy New Year)!;* een ~ mens *a p. / nice person;* ~ weekend! *have a p. / nice weekend* **3.1** het is ~ te horen dat ... *it is nice to hear that ...;* iets (niet) ~ vinden *(not) find sth.* pleasant; zich ~ voelen bij iets *enjoy sth.;* ~ in de omgang zijn *be easy to get on with* **3.2** deze krant leest ~ *this paper is nice to read;* deze schoenen lopen ~ *these shoes are comfortable.*

preuts 0.1 *prudish* ⇒*prim (and proper)* ◆ **1.1** een ~e tante *a prude* **3.1** ~ antwoorden *answer primly;* doe niet zo ~ *don't be so prudish.*

preutsheid 0.1 *prudishness* ⇒*primness.*

prevelen 0.1 *murmur, mumble* ⇒⟨mompelen⟩ *mutter.*

preventie 0.1 *prevention.*

preventief 0.1 [ter verhindering] *preven(ta)tive* ⇒*precautionary* **0.2** [jur.; voorlopig]⟨zie 1.2⟩ ◆ **1.1** een preventieve aanval *a pre-emptive strike* **1.2** preventieve hechtenis *detention pending trial* **3.1** (jur.) de strafwet werkt ~ *criminal legislation has a preventive effect.*

pr-functionaris 0.1 *PR officer.*

prieel 0.1 *summerhouse* ⇒*arbour.*

priegelen 0.1 *do fine/delicate (needle)work.*

priegelig 0.1 *fine* ⇒*delicate.*

priegelwerk 0.1 *close/delicate work.*

priem 0.1 *awl, bodkin.*

priemen 0.1 *pierce* ◆ **1.1** een ~de blik *a piercing look.*

priemgetal ⟨wisk.⟩ **0.1** *prime (number)* ◆ **2.1** relatieve ~len *coprime numbers.*

priester 0.1 *priest* ◆ **6.1** iem. **tot** ~ wijden *ordain s.o. as a p.*

priesterambt 0.1 *priesthood* ◆ **3.1** het ~ bekleden *be in (holy) orders.*

priesterdom 0.1 [staat, waardigheid] *priesthood* **0.2** [de priesters] *priesthood* ⇒*clergy,* ⟨fig.; met bepalend lidwoord⟩ *cloth.*

priesteres 0.1 *priestess.*

priestergewaad 0.1 *canonicals* ⇒*(sacerdotal) vestment.*

priesterlijk 0.1 *priestly.*

priesterschap 0.1 *priesthood* ⇒*priestly office.*

priesterwijding 0.1 *ordination* ◆ **3.1** de ~ ontvangen *be ordained, receive holy orders.*

prietpraat 0.1 *twaddle* ⇒*hot air.*

prijken 0.1 *shine* ⇒*be displayed* ◆ **1.1** in zijn knoopsgat prijkte een witte anjer *he sported a white carnation in his buttonhole;* haar naam prijkte bovenaan op de lijst *her name headed the list.*

prijs 0.1 [betaald bedrag] *price* ⇒⟨voor vervoer⟩ *fare,* ⟨volgens tarief berekend⟩ *charge* **0.2** [prijskaartje] *price (tag)* **0.3** [wat men wint, beloning voor een prestatie] *prize* ⇒ *award* **0.4** [uitgeloofde beloning] *reward* ⇒*prize* ◆ **2.1** de ~ is te hoog ⟨fig.⟩ *the p. is too high;* een vaste ~ *a fixed/set p.;* ⟨vast tarief⟩ *a flat fare/rate;* voor een ~ tellen ~je *at a bargain* **3.1** de ~ bepalen op *fix the p. at;* een ~ betalen voor ⟨ook fig.⟩ *pay the p. for;* een hoge ~ maken *fetch a high p.;* een ~ noemen *name a p.* **3.2** het ~je hangt er nog aan *it has still got the price on* **3.3** een ~ behalen / winnen *win a p.;* op dit lot is een ~ gevallen *this number has come up for a p.;* een ~ uitloven *put up a p.;* ⟨fig.⟩ de ~ wegdragen *carry off the p.* **3.4** een ~ op iemands hoofd stellen *put a prize on s.o.'s head* **5.3** altijd raak! altijd ~! *everyone's a winner!* **6.1** dat is nogal / stevig **aan** de ~ *that is a bit steep; rather costly;* **bij** de ~ inbegrepen *included (in the p.);* hoog / laag **in** ~ *high-/low-priced;* brandstof is **in** ~ gestegen / gedaald *(the p. of) fuel is up/down;* **onder / beneden** de ~ verkopen *undersell;* ⟨fig.⟩ **tot** elke ~ *at any p. / cost, at all costs;* ⟨fig.⟩ **voor** geen ~ *not at any p.;* de ~ **voor** een retourtje *the return fare* **6.3** in de prijzen vallen *be among the winners;* hij viel niet **in** de prijzen *he drew a blank;* **met** de eerste ~ gaan strijken *carry off first p.* **6.¶** iets **op** ~ stellen *appreciate sth.*

prijsbewust 0.1 *cost-conscious.*

prijscompensatie 0.1 *indexation, index-linking.*

prijsconditie (hand.) **0.1** *terms of delivery.*

prijsdaling 0.1 *fall/drop/decrease in price* ◆ **2.1** een scherpe / forse ~ *a sharp fall/drop in price(s).*

prijsgeven 0.1 *give up* ⇒*relinquish* ◆ **1.1** geheimen ~ *betray/divulge secrets;* zijn vrijheid ~ *give up one's freedom*

6.1 een stad **aan** de vijand ~ *surrender a city to the enemy;* ~ **aan** wind en golven *leave at the mercy of the wind and the waves.*
prijsgrens ⟨ec.⟩ **0.1** *price limit.*
prijsherstel 0.1 *price recovery/rally.*
prijskaartje 0.1 *price tag.*
prijsklasse 0.1 *price range/bracket* ♦ **2.1** uit de duurdere ~ *in the upper p.r./b.*
prijslijst 0.1 *price list.*
prijsmaatregel 0.1 *price control measure.*
prijsmechanisme 0.1 *price mechanism.*
prijsopgave 0.1 ⟨kostenbegroting⟩ *estimate;* ⟨offerte⟩ *quotation, bid, offer, tender* ♦ **3.1** ~ doen/verstrekken *estimate, quote (prices/a price) (for).*
prijspeil 0.1 *price level.*
prijsschieten 0.1 [schieten om een prijs] *shoot for a prize* **0.2** [veel scoren] *score easily, have a field day.*
prijsstabilisatie ⟨ec.⟩ **0.1** *price stabilization.*
prijsstijging 0.1 *rise/increase in prices.*
prijsstop 0.1 *price freeze.*
prijstheorie ⟨ec.⟩ **0.1** *price theory.*
prijsuitreiking 0.1 ⟨alg.⟩ *distribution of prizes, prize distribution* ⇒⟨ceremonie⟩ *prize-giving (ceremony)* ⟨ook op school en van literaire prijzen enz.⟩.
prijsvechter 0.1 *prize fighter* ⇒⟨prijzenjager⟩ *pothunter.*
prijsverhoging 0.1 *price increase* ⇒*rise,* ⟨inf.⟩ *markup.*
prijsverlaging 0.1 *price reduction/cut* ⇒⟨inf.⟩ *markdown.*
prijsverschil 0.1 *difference in price.*
prijsvoordeel 0.1 *price advantage.*
prijsvorming ⟨ec.⟩ **0.1** *price-making (process/forces)* ♦ **2.1** vrije ~ *free play of p.-m. forces.*
prijsvraag 0.1 *competition* ⇒⟨prize⟩ *contest* ♦ **3.1** een ~ uitschrijven *hold a competition.*
prijswinnaar, -winnares 0.1 *prizewinner.*
prijszetting ⟨ec.⟩ **0.1** *price-fixing.*
prijzen I ⟨ov.ww.⟩ **0.1** [loven] *praise* ⇒*commend* **0.2** [eer bewijzen] *praise* ⇒*glorify* ♦ **1.1** een veelgeprezen boek *a highly-praised book* **4.¶** zich gelukkig ~ met *consider o.s. lucky that* **5.2** ik kan hem niet genoeg ~ *I can't p. him too highly;* hierom werden zij hoog geprezen *this won them the highest praise;*
II ⟨ov.ww.⟩ **0.1** [van een prijs voorzien] *price* ⇒⟨met prijsje/prijskaartje ook⟩ *ticket, mark* ♦ **5.1** koper is nu laag geprijsd *copper is low in price now;* vele artikelen zijn tijdelijk lager geprijsd *many articles have been temporarily marked down.*
prijzengeld 0.1 *prize money* ⇒*purse, stakes.*
prijzenkast 0.1 *trophy-cabinet.*
prijzenoorlog, -slag 0.1 *price war.*
prijzenswaardig 0.1 *praiseworthy* ⇒*commendable* ♦ **1.1** iets met ~e voortvarendheid aanpakken *tackle sth. with commendable energy.*
prijzig 0.1 *expensive* ⇒*high-priced.*
prik 0.1 [steek] *prick* ⇒*prod* **0.2** [injectie] *injection* ⇒*shot* **0.3** [opening] *prick* ⇒*puncture* **0.4** [limonade] *pop* ⇒*fizz* ♦ **1.3** zijn arm zit vol ~ken van heroïne-injecties *his arm is covered with (puncture) marks from heroin injections* **2.¶** dat is vaste ~ *that happens all the time;* ⟨zeker⟩ *that's certain* **6.4** bronwater met/zonder ~ *fizzy/still mineral water.*
prikactie 0.1 *lightning strike.*
prikbord 0.1 [^B]*notice/*[^A]*bulletin board.*
prikje ♦ **3.¶** iets voor een ~/prikkie kopen *buy sth. for next to nothing/*⟨inf.⟩ *dirt cheap.*
prikkaart 0.1 *time card.*

prikkel 0.1 [biol.] *stimulus* **0.2** [aansporing] *incentive* ⇒ *stimulant, stimulus* **0.3** [doorn] *prickle* ⇒*thorn* ♦ **3.2** dit gaf mij een ~ om aan te pakken *this gave me an i. to start working* **6.1** reageren **op** ~s *react to stimuli.*
prikkelbaar 0.1 [lichtgeraakt] *irritable* ⇒*touchy* **0.2** [biol.] *sensitive (to stimulation)* ♦ **1.2** prikkelbare weefsels *sensitive tissue* **3.1** uiterst ~ zijn *be very hot-/quick-tempered.*
prikkeldraad 0.1 *barbed wire* ♦ **3.¶** ⟨kind.⟩ ~ maken *give a Chinese burn* **6.1** er stond een hek **van** ~ omheen *it was fenced around with b.w.*
prikkeldraadversperring 0.1 *barbed wire fencing/enclosure/fence/barrier* ⇒*(barbed wire) entanglement* ⟨ihb. mil.⟩.
prikkelen I ⟨ov.ww.⟩ **0.1** [prikken] *prick* ⇒*sting* ⟨van brandnetels⟩ **0.2** [ergeren] *irritate* ⇒*vex* **0.3** [aansporen] *stimulate* ⇒*incite, goad* **0.4** [een fysiologische reactie opwekken] *stimulate* ⇒⟨onaangenaam⟩ *irritate* ♦ **1.1** ~de gassen *pungent gases* **1.2** ~de opmerkingen maken *make provoking remarks* **1.3** de zinnen ~ *s./*⟨seksueel ook⟩ *titillate the senses* **3.2** hij raakte enigszins geprikkeld *he became rather irritated* **6.2** iem. **tot** het uiterste ~ *provoke s.o. to the utmost* **6.3** iem. ~ **tot** harder werken *encourage s.o. to work harder;*
II ⟨onov.ww.⟩ **0.1** [prikkelend gevoel geven] *prickle, tingle* ⇒*sting* (bv. door brandnetel) ♦ **1.1** mijn been prikkelt *my leg is tingling.*
prikkelhoest 0.1 *tickling cough.*
prikkeling 0.1 [het opwekken van een reactie] *stimulation* ⇒*irritation* **0.2** [gewaarwording] *tingling* ⇒*sting, irritation* **0.3** [sensatie] *thrill* ⇒*titillation* ⟨ook seksueel⟩ ♦ **6.2** een ~ **in** de keel *a tickle in the throat.*
prikken I ⟨ov.ww.⟩ **0.1** [steken] *prick* ⇒⟨met vork ook⟩ *prod* **0.2** [vasthechten] *stick (to)* ⇒*affix (to)* **0.3** [injectie geven] *inject* **0.4** [vaststellen] *set* ♦ **1.1** het gaatjes ~ in de oren is pijnloos *ear piercing is painless* **5.1** lek ~ *puncture* **6.1** zich **aan** iets ~ *prick o.s. on sth.;* met een vork **in/naar** iets ~ *prod (at) sth. with a fork* **6.2** een poster **op** de muur ~ *pin a poster on the wall;*
II ⟨onov.ww.⟩ **0.1** [prikklok bedienen] *clock in/out* **0.2** [prikkende gewaarwording voelen/veroorzaken] *sting* ⇒ *tingle* ♦ **6.2** de rook prikt **in** mijn ogen *the smoke is making my eyes s.*
prikker 0.1 [prikstok] *pricker* **0.2** [borrelprikker] *cocktail stick.*
prikklok 0.1 *time clock.*
priklimonade 0.1 *pop.*
prikpil 0.1 *contraceptive injection.*
pril 0.1 *early* ⇒*fresh, young* ♦ **1.1** het ~le begin van de ... *the very beginning of the ...;* een ~ geluk *budding happiness;* vanaf zijn ~le/~ste jeugd *from his c./earliest youth.*
prima¹ I ⟨bn., bw.⟩ **0.1** [uitstekend] *excellent* ⇒*great, terrific, fine* ♦ **1.1** een ~ leraar *a fine/great teacher;* een ~ vent [^B]*a nice chap,* [^A]*a great guy* **3.1** dat heb je ~ gedaan *you did that very well;* ik vind het ~ *it's fine/all right with me;*
II ⟨bn.⟩ **0.1** [eerste] *prime, prima* ♦ **1.1** ~ ballerina *prima ballerina.*
prima² ⟨tw.⟩ **0.1** *great.*
primaat I ⟨de⟩ **0.1** [paus] *pontiff* **0.2** [aartsbisschop] *primate, Primate* **0.3** [vnl. mv.; zoogdier] *primate;*
II ⟨het⟩ **0.1** [oppergezag] *primacy.*
primair I ⟨bn., bw.⟩ **0.1** [eerst ontstaan] *primary* ⇒*initial, first* **0.2** [eerste plaats innemend] *primary* ⇒*principal, essential, chief* ♦ **1.1** ⟨ec.⟩ de ~e sector *the p. sector* **1.2** van ~ belang *of primary/paramount importance;* ⟨jur.⟩ ~e vor-

dering/tenlastelegging *principal claim/charge;* ~e wegen *main roads* **3.1** ~ reageren *react directly;* **II** ⟨bn.⟩ **0.1** [niet herleidbaar] *primary* ⇒*prime* **0.2** [elementair] *primary* ⇒*basic* ◆ **1.1** ~e getallen *prime numbers* **1.2** ~e begrippen *basic concepts.*

primeur 0.1 *sth. new* ⇒*scoop* ⟨voor krant⟩ ◆ **3.1** de ~ v.e. opera hebben ⟨opvoeren⟩ *stage an opera for the first time.*

primitief¹ ⟨de⟩ **0.1** *primitive.*

primitief² **I** (bn., bw.) **0.1** [onontwikkeld] *primitive* ⇒*elemental* **0.2** [gebrekkig] *primitive* ⇒*makeshift* ◆ **1.1** primitieve gevoelens *elemental emotions;* de primitieve mens *p./early man* **3.2** het ging er heel ~ toe *it was very rough and ready there;* **II** ⟨bn.⟩ **0.1** [bk.] *primitive* ◆ **1.1** een ~ schilderij *a primitive.*

primitiviteit 0.1 [soc.; onontwikkeldheid] *primitiveness* ⇒ ⟨gedrag⟩ *primitivism* **0.2** [gebrekkigheid] *primitiveness.*

primula 0.1 *primula* ⇒*primrose.*

primus 0.1 [de eerste] *primus* **0.2** [kooktoestel] *primus (stove)* ⟨merknaam⟩ ◆ **¶**.1 de ~ inter pares *the p. inter pares, the first among equals.*

principe 0.1 *principle* ◆ **2.1** algemeen ~ *universal p.;* een man met hoogstaande ~s *a man of high principles;* de marxistische ~s *the principles of Marxism* **3.1** trouw blijven aan zijn ~s *stick to/remain faithful to one's principles;* zijn ~s overboord gooien *throw one's principles overboard/to the winds* **6.1 uit** ~ *on p., as a matter of p.*

principeakkoord 0.1 *agreement in principle.*

principieel 0.1 [mbt. een grondslag] *fundamental* ⇒*essential, basic,* ⟨bw.⟩ *in principle* **0.2** [volgens/mbt. een stelling/overtuiging⟩⟨bn.⟩ *done/said/*⟨enz.⟩ *on principle, of principle;* ⟨bw.⟩ *on principle* ◆ **1.1** een ~ onderscheid *a f. difference* **1.2** principiële bezwaren hebben tegen iets *have objections of principle to sth.;* een ~ dienstweigeraar *a conscientious objector (to military service);* op principiële gronden, om principiële redenen *for reasons of principle, on principle;* een ~ man *a man of principle* **2.1** het ~ eens worden *basically agree, agree in principle.*

prins 0.1 *prince* ◆ **1.1** ~en van den bloede *princes of the blood;* ⟨fig.⟩ hij is de ~ van mijn dromen *he is my Prince Charming;* ~ der Nederlanden *Prince of the Netherlands* **6.¶ van** de ~ geen kwaad weten *be as innocent as a new-born babe* **8.1** ⟨fig.⟩ een leven als een ~ *the life of Riley.*

prinselijk I ⟨bn.⟩ **0.1** [mbt. een prins] *princely;* **II** ⟨bn., bw.⟩ **0.1** [weelderig]⟨bn.⟩ *princely;* ⟨bw.⟩ *in a princely way/fashion, regally.*

prinses 0.1 *princess* ◆ **1.1** ~ van den bloede *p. of the blood.*

prins-gemaal 0.1 *prince consort.*

prinsheerlijk 0.1 *as proud as a lord* ⇒*princely* ◆ **3.1** hij zat ~ in zijn grote stoel te lezen *he sat in state in his big chair, reading.*

prinsjesdag 0.1 ±*day of the Queen's/King's speech.*

print 0.1 [foto.] *print* **0.2** [comp.] *print-out.*

printen 0.1 *print.*

printer 0.1 ⟨foto., comp.⟩ *printer.*

printplaat ⟨elek.⟩ **0.1** *PCB* ⟨afk. van Printed Circuit Board⟩.

prior 0.1 *prior.*

priori ◆ **¶**.**¶** a ~ *a priori;* zo a ~ kan men dat niet beoordelen *one cannot make an a priori judgement on that.*

prioriteit 0.1 [voorrang, wat voorrang krijgt] *priority* **0.2** [hand.] *preference* ⇒*priority* ◆ **2.1** grote/hoge ~ *high/top p.* **3.1** ~ genieten *take p.;* ~ geven aan een kwestie boven *give a matter p. over;* ~en stellen *establish priorities;* ⟨ook fig.⟩ *get one's priorities right.*

prioriteren 0.1 *prioritize.*

prisma 0.1 ⟨wisk., nat.⟩ *prism.*

privaat 0.1 *private* ⇒*personal* ◆ **1.1** private personen *private persons.*

privaatrecht 0.1 *private law* ◆ **2.1** internationaal ~ *private international law.*

privacy 0.1 *privacy* ⇒*seclusion* ◆ **3.1** je hebt hier geen enkele ~ *there's no p. here;* zij is zeer op haar ~ gesteld *(her) p. is very dear to her.*

privatiseren 0.1 *privatize* ⇒*denationalize.*

privé ⟨vaak in samenst.⟩ **0.1** *private* ⇒*confidential, personal* ◆ **1.1** privéaangelegenheid *private matter* **3.1** ik zou je graag even ~ willen spreken *I'd like to talk to you privately/in private for a minute* **6.1** de auto v.d. zaak **voor** ~ gebruiken *use a company car for private purposes* **¶**.1 ⟨als deuropschrift⟩ ~ *private.*

privéadres 0.1 *home/private address.*

privébezit 0.1 *private property.*

privécollectie 0.1 *private collection.*

privédetective 0.1 *private detective* ⇒⟨inf.⟩ *private eye/investigator.*

privégesprek 0.1 *private/confidential conversation* ⇒ *tête-à-tête,* ⟨via telefoon⟩ *personal call.*

privéles 0.1 *private lesson/instruction/tuition* ◆ **3.1** ~ geven aan *tutor, coach.*

privéleven 0.1 *private life.*

privépersoon 0.1 *private individual/person.*

privérekening 0.1 *personal account.*

privésector 0.1 *private sector* ◆ **6.1** overheveling **naar** de ~ *privatization.*

privésfeer ◆ **6.¶** uitgaven in de ~ *personal expenditure.*

privévliegtuig 0.1 *private plane.*

privilege 0.1 [voorrecht] *privilege* **0.2** [mbt. schuldeisers] *preference.*

pr-man 0.1 *PR-man* ⇒*public relations officer.*

pro¹ ⟨het⟩ **0.1** *pro* ◆ **1.1** het ~ en het contra horen *hear the pros and cons.*

pro² ⟨bn.⟩⟨ook in samenst.⟩ **0.1** *pro(-)* ◆ **2.1** pro-Amerikaans *pro-American;* alle argumenten ~ en contra bekijken *consider all the pros and cons/arguments pro and con.*

probaat 0.1 *effective* ⇒*excellent, (ap)proved.*

probeersel 0.1 *experiment* ⇒*tryout.*

proberen 0.1 [proef nemen met/van] *try (out)* ⇒*test* **0.2** [pogen] *try* ⇒*attempt* **0.3** [wagen] *try* ◆ **1.2** probeer het eens een keer *give it a try;* het onmogelijke ~ *attempt the impossible* **3.2** probeer het af te maken *t. and finish it;* dat hoef je niet eens te ~ *you needn't bother (trying that);* het is te ~ *you* ⟨enz.⟩ *can always t., it's worth trying;* probeer je te beheersen *pull yourself together;* wat probeert hij te bereiken? *what is he driving at?;* iets ~ te doen *t. one's hand at (doing) sth.* **3.3** je moet niet ~ dergelijke grappen hier uit te halen *don't t. those tricks here* **4.1** het in het onderwijs/als postbode ~ *try teaching/being a postman* **4.2** hij wilde niet komen, wat ik ook probeerde *t. as I might, he would not come* **4.3** als hij zoiets probeert, dan ... *if he tries any of those games, (then) ...* **5.2** het nog eens ~ *have another try* **6.1** ⟨mbt. vraag⟩ probeer het eens **bij** de buren *try the neighbours;* ⟨het **met**⟩ iem. ~ *give s.o. a trial/try(out);* het **met** water en zeep ~ *try soap and water;* hier hebt u er een **om** te ~ *take this on trial* **6.3 met** mij moet je dat niet ~ *don't you t. that with me!* **¶**.1 alles één keer ~ *try anything once.*

probleem 0.1 *problem* ⇒*difficulty, trouble* ◆ **2.1** een moeilijk ~ *a difficult/real p.* **3.1** problemen geven *cause problems/difficulties* **6.1 in** de problemen zitten *be in difficulties/trouble;* zwaar **in** de problemen zitten *be in great dif-*

                 probleemdrinker - productievermindering

ficulty, big trouble; **met** een ~ zitten *have a p., be having difficulties;* het ~ **met** hem is dat ... *the trouble with him is that* ... **7.1** ergens geen ~ van maken *not make a p. of/ about sth.;* geen ~! *no problem!;* het zou geen ~ moeten zijn *it shouldn't be (much of) a p.* ¶.**1** een ~pje a *bit of a p., a spot of trouble.*

probleemdrinker, -drinkster 0.1 *problem drinker.*

probleemgebied 0.1 *depressed area* ⇒*trouble spot,* 〈fig.〉 *problem area.*

probleemgeval 0.1 *problematical case* ⇒*problem.*

probleemgezin 0.1 *problem family.*

probleemgroep 0.1 *problem group.*

probleemkind 0.1 *problem child.*

probleemloos 0.1 *uncomplicated* ⇒*smooth, trouble-free* ◆ **3.1** alles verliep ~ *things went very smoothly/without a hitch.*

probleemstelling 0.1 *definition/formulation of a problem* ◆ **2.1** de ~ is juist *the problem has been correctly defined.*

problematiek 0.1 *problem(s)* ⇒*issue.*

problematisch 0.1 [een probleem vormend] *problematic- (al)* **0.2** [twijfelachtig] *problematic(al)* ⇒*questionable.*

procédé 0.1 *process* ⇒*technique, treatment* ◆ **6.1** volgens een bepaald ~ gemaakt *made by a certain p.;* 〈tech.〉 een nieuw ~ **voor** de bereiding van ... *a new p. for the manufacture of* ...

procederen 0.1 *litigate* ⇒*take legal action/proceed (against),* 〈strafrecht〉 *prosecute* ◆ **1.1** ~de partij *litigant* **3.1** gaan ~ *go to court* **6.1** ~ **over** *litigate about.*

procedure 0.1 [handel-, werkwijze] *procedure* ⇒*method* **0.2** [proces] *(law)suit* →*action, legal proceedings/procedure* ◆ **2.1** een goede ~ a *correct p.;* volgens een nieuwe ~ te werk gaan *work according to a new method;* standaard *- standard p.;* de voorgeschreven ~ *the regular p.* **2.2** strafrechtelijke ~ *criminal proceedings* **3.1** bij een sollicitatie de -- volgen *follow the normal application p.* **3.2** een ~ tegen iem. aanspannen *start legal proceedings against s.o.*

procent 0.1 *per cent, percent* ◆ **6.1** uitdrukken **in** ~en *express as a percentage;* **voor** honderd ~ *one hundred p. c./ p.* **7.1** honderd ~ zeker a *hundred p. c./p./dead certain/ sure;* ik voel me weer honderd ~ (de oude) *I feel (as) fit as a fiddle again;* er is vijftig ~ kans (dat) *it's even chances (that).*

procentteken →**percentteken.**

procentueel 0.1 *in terms of percentage.*

proces 0.1 [jur.] *(law)suit* ⇒〈mbt. strafrecht〉 *trial, action, legal proceedings* **0.2** [ontwikkelingsgang] *process* ◆ **1.1** zonder vorm van ~ *without trial* **1.2** een ~ van vernieuwing a *p. of renewal* **3.1** iem. een ~ aandoen *take s.o. to court;* een ~ aanspannen *take legal proceedings;* er zal wel weer een ~ van komen *it will probably come to a court case again;* met een ~ dreigen *threaten legal action* **6.1** een ~ **over** de zaak beginnen *take the matter to court.*

proceskosten 0.1 *(legal) costs* ◆ **1.1** hij werd veroordeeld tot betaling van de ~ *he was ordered to pay c.*

processie 0.1 *procession* ◆ **2.1** het was een hele ~ *it was quite a p.*

proces-verbaal 0.1 [bekeuring] *charge* ⇒〈dagvaarding〉 *summons,* 〈inf.〉 *ticket* **0.2** [schriftelijk vastgelegd proces] *record* ⇒*minutes, (official) report* ◆ **1.2** het ~ van de terechtzitting *the minutes of the session* **3.1** een ~ aan zijn broek krijgen *be booked, get a ticket;* ~ opmaken v.d. overtreding *report the offence* **3.2** ~ opmaken van de getuigenverklaring *take down the evidence.*

procesvoering 0.1 *conduct (of a case).*

proclamatie 0.1 *proclamation* ◆ **6.1** bij ~ *by p.*

proclameren 0.1 *proclaim* ⇒*make a proclamation* ◆ **6.1** iem. **tot** keizer ~ *proclaim s.o. emperor.*

procuratie 0.1 *procuration* ⇒*power of attorney* ◆ **3.1** ~ hebben bij iem. / bij een firma *hold s.o. 's/a firm's procuration.*

procuratiehouder 0.1 *deputy manager* ⇒*confidential clerk, attorney* ◆ **3.1** ~ worden *be granted power of attorney.*

procureur 〈jur.〉 **0.1** ±*[solicitor,* ⁴*attorney* ◆ **1.1** 〈Belg.〉 ~ des Konings ±*public prosecutor.*

procureur-generaal 〈jur.〉 **0.1** *Procurator-General,* ±*Attorney General* 〈GB, USA〉.

pro Deo 0.1 *free (of charge)* ◆ **1.1** een pro-Deoadvocaat *legal aid counsel,* ⁴a *public defender* **3.1** ~ optreden *give a free performance.*

producent 0.1 *producer.*

produceren 0.1 [voortbrengen] *produce* ⇒*make, manufacture, generate* 〈warmte, elektriciteit, stoom〉 **0.2** [financieren] *produce* ◆ **1.1** deze fabriek produceert 24.000 flessen per dag *this factory produces 24,000 bottles a day* **5.1** machinaal ~ *machine p.;* massaal ~ *mass-produce* **7.1** minder ~ dan normaal *underproduce.*

product 0.1 [voortbrengsel] *product* ⇒*production,* 〈handelsproduct ook〉 *commodity* **0.2** [wisk.] *product* **0.3** [totale waarde v.d. productie] *product* ◆ **2.1** agrarische ~en *agricultural produce* 〈enk.〉 / *products* **2.3** het bruto nationaal ~ *the gross national p.;* 〈afk.〉 *the G.N.P.* **3.1** een ~ op de markt brengen *market a product.*

productbekendheid 0.1 *product familiarity* ⇒*brand name recognition.*

productie 0.1 [vervaardiging] *production* **0.2** [wat geproduceerd is] *production* ⇒〈opbrengst〉 *output, yield,* 〈agrarisch ook〉 *produce* ◆ **1.1** de ~ van maagzuur *the secretion of gastric acid* **2.2** een Amerikaanse - *an American production;* 〈uit Hollywood〉 a *Hollywood production* **3.1** de ~ opvoeren *step/speed up p.* **6.1** iets **in** ~ nemen *take sth. into p.;* 〈ontsluiten〉 *bring in* 〈oliebron / -veld〉; **uit** de -- nemen *stop producing/p.;* 〈geleidelijk〉 *phase out the p. of.*

productiebeperking 0.1 *restriction of production.*

productiecapaciteit 0.1 *productive capacity.*

productief 0.1 [winstgevend] *productive* ⇒*fruitful* **0.2** [veel voortbrengend] *productive* ⇒*prolific* ◆ **1.2** een ~ dagje a *good day's work;* een ~ schrijver a *prolific writer* **3.1** zijn tijd/kennis ~ maken *turn one's knowledge to advantage.*

productiekosten 0.1 *cost(s) of production, production/ manufacturing cost(s).*

productieland 〈ec.〉 **0.1** *producing country.*

productieleider 0.1 〈ind.〉 *production manager;* 〈dram., film., tv〉 *producer.*

productieleiding 0.1 *production management.*

productiemaatschappij 0.1 [ec.; pej.] *production society* **0.2** [mbt. films] *film production company.*

productiemiddel 0.1 *means of production.*

productieoverschot 0.1 *production surplus.*

productieplafond 0.1 *production ceiling.*

productieproces 0.1 *production process* ⇒*manufacture.*

productiestraat 0.1 *production line.*

productietijd 0.1 *production/lead time.*

productieverhoging 0.1 *production increase* ⇒*increased output.*

productievermindering 0.1 〈gewild〉 *production slowdown, reduction of/in (the) production/output;* 〈ongewild〉 *drop/fall in production.*

productievermogen 0.1 *productive capacity/power* ⇒*capacity, productivity*, ⟨machine⟩ *potential output.*
productiviteit 0.1 [vruchtbaarheid] *productivity* ⇒*productiveness* 0.2 [ec.] *productivity* ⇒*productive capacity.*
productontwikkeling 0.1 *product development.*
proef 0.1 [onderzoek naar deugdelijkheid] *test* ⇒*examination, trial* 0.2 [experiment] *test* ⇒*experiment* 0.3 [probeersel] *test* ⇒*try, trial, probation* 0.4 [druk.] *proof* ◆ 2.4 gecorrigeerde ~ *clean p.;* ongecorrigeerde ~ *foul/rough copy* 3.1 de ~ doorstaan *stand the t.;* proeven nemen met *try (out), test* 3.2 proeven nemen *carry out experiments;* proeven nemen met *experiment with* ⟨nieuw materiaal⟩ **6.1** iemands geduld **op** de ~ stellen *try s.o.'s patience;* **op** de ~ stellen *put to the test;* zwaar **op** de ~ stellen *tax* ⟨geduld, kracht⟩; zijn krachten te zeer **op** de ~ stellen *overtax one's strength* 6.3 iets een week **op** ~ krijgen *have sth. on a week's trial;* **op** ~ *on probation;* iem. **op** ~ aannemen *appoint s.o. for a trial period* 6.¶ de ~ **op** de som nemen ⟨fig.⟩ *put it to the test.*
proefabonnement 0.1 *trial subscription.*
proefbalans ⟨hand.⟩ 0.1 *trial balance.*
proefboring 0.1 *exploratory drilling* ⇒*test drilling*, ⟨speculatief⟩ *wildcat drilling, wildcatting* ◆ 3.1 een ~ doen *sink a test shaft.*
proefdier 0.1 *laboratory animal.*
proefdraaien 0.1 [mbt. machines] *trial/test run* ⇒*do a trial run* 0.2 [film.] *test shoot* ◆ 1.1 ⟨fig.⟩ een team laten ~ *do a dry run with a team* 3.1 machines/een schip laten ~ *submit machines to running tests/a ship to a trial run.*
proefdruk 0.1 *proof.*
proefexemplaar 0.1 *trial offer* ⇒*sample (copy).*
proefjaar 0.1 *probationary year* ⇒*year on/of probation/ trial/approval.*
proefkonijn 0.1 ⟨fig.⟩ *guinea pig.*
proeflancering 0.1 *test/trial launch.*
proefles 0.1 [les ter kennismaking] *trial lesson* ⇒*sample lesson* 0.2 [les als proeve van zijn kunnen] *test lesson.*
proeflezen 0.1 *proof* ⇒*proofread.*
proefmodel 0.1 *pilot model, prototype* ⇒*mock-up.*
proefneming 0.1 *test(ing)* ◆ 2.1 nucleaire ~en *nuclear testing* 3.1 ~en doen *carry out/conduct tests/experiments.*
proefnummer 0.1 [proefaflevering] *specimen copy* 0.2 [nulnummer] *trial issue* ◆ 3.1 een ~ aanvragen *send for a sample issue.*
proefondervindelijk 0.1 [door proefneming, op proefneming gegrond] *experimental* ⇒*empirical, by experiment/ experience* 0.2 [uit/volgens ondervinding] *experiential* ⇒ *by experience* ◆ 1.1 ~e methode *trial-and-error* 3.1 dit is ~ bewezen *this has been proved by experiment.*
proefopname 0.1 ⟨alg.⟩ *trial/dry run;* ⟨muz.⟩ *demonstration tape/record;* ⟨inf.⟩ *demo;* ⟨van acteur⟩ *screen test.*
proeforder ⟨hand.⟩ 0.1 *trial/sample order.*
proefperiode 0.1 *trial period* ⇒⟨ook mbt. baan⟩ *probationary period, probation* ◆ 6.1 iem. **voor** een ~ aannemen *take s.o. for a t. p.*
proefpersoon 0.1 *(experimental/test) subject* ⇒*testee.*
proefrit 0.1 ⟨vnl. mbt. auto⟩ *test drive* ⇒⟨mbt. trein enz.⟩ *trial run* ◆ 3.1 een ~ maken met de auto *test-drive the car.*
proefschrift 0.1 *(doctoral/Ph.D.) thesis* ⇒*dissertation.*
proefstation ⟨landb.⟩ 0.1 *testing/research station* ⇒*experimental station.*
proefstrook 0.1 [druk.] *galley proof* 0.2 [foto.] *test strip* ⇒ *contact (prints).*
proeftijd 0.1 [voorlopige dienstbetrekking] *probation* ⇒

probationary/trial period 0.2 [jur.] *probation* ◆ 6.1 hij werd al **in** de ~ ontslagen *he was sacked while still on probation;* iem. aannemen **met** een ~ *van* een half jaar *appoint s.o. on six months' probation* 6.2 voorwaardelijk veroordeeld **met** een ~ van twee jaar *a suspended sentence with two years' p.*
proefverlof 0.1 *probationary release.*
proefvlucht 0.1 *test flight* ◆ 3.1 ~en/een ~ maken (met/ in) *test-fly.*
proefwerk 0.1 *test (paper)* ◆ 3.1 een ~ opgeven *set a test.*
proestbui 0.1 *a fit of laughter/giggles.*
proesten 0.1 [niezen] *sneeze* 0.2 [snuivend blazen, in lachen uitbarsten] *snort* ⇒*splutter* ◆ 3.2 hoestend en ~d weer boven water komen *come to the surface gasping and spluttering* 6.2 ~ **van** het lachen *snort with laughter.*
proeven I ⟨onov., ov.ww.⟩ 0.1 *taste* ⇒*try, sample, test* ◆ 1.¶ ⟨fig.⟩ de sfeer ~ *sample the atmosphere* 6.1 **van** het eten ~ *try some of the food* 6.¶ ⟨fig.⟩ ~ **van** het succes *have a taste of success;*
II ⟨ov.ww.⟩ 0.1 [een smaak gewaarworden] *taste* 0.2 [bemerken, bespeuren] *sense* ◆ 1.2 in jouw woorden proef ik enige aarzeling *I sense some hesitation in your words.*
prof 0.1 [professor] *prof* 0.2 [professional] *pro* ◆ 3.2 ~ worden *become a p., turn professional.*
profaan 0.1 [werelds] *profane* ⇒*secular* 0.2 [ontheiligend] *profane* ⇒*sacrilegious* ◆ 1.1 profane schrijvers *secular writers* 1.2 iets behoeden voor profane blikken *guard sth. from p. eyes.*
profbokser 0.1 *professional boxer.*
profclub ⟨sport⟩ 0.1 *professional club.*
profeet, -fetes 0.1 *prophet* ⟨m.⟩, *prophetess* ⟨v.⟩.
professie 0.1 *profession* ⇒*trade* ◆ 6.1 bakker **van** ~ *a baker by p.*
professionalisme 0.1 *professionalism.*
professioneel I ⟨bn.⟩ 0.1 [van beroep] *professional* ◆ 1.1 een ~ politicus *a p. politician;*
II ⟨bn., bw.⟩ 0.1 [efficiënt, bekwaam] *professional* ◆ 1.1 ⟨sport⟩ een professionele overtreding *a p. foul* 3.1 iets ~ aanpakken *approach sth. in a p. way.*
professor 0.1 *professor* ◆ 2.1 een verstrooide ~ ⟨ook fig.⟩ *an absent-minded p.* 6.1 ~ **in** de natuurkunde *a p. of physics;* benoemen tot ~ **in** de filosofie *appoint p. of philosophy.*
professoraat 0.1 *professorship* ◆ 3.1 een ~ aanvaarden ⟨ook⟩ *accept a chair.*
profetie 0.1 *prophecy* ◆ 1.1 de gave van de ~ *the gift of p.*
profetisch 0.1 *prophetic* ◆ 1.1 de ~e boeken *the p. books;* ⟨bijbel ook⟩ *the prophets.*
proficiat¹ ⟨het⟩ 0.1 *congratulations* ⟨mv.⟩ ⇒*best wishes* ⟨mv.⟩.
proficiat² ⟨tw.⟩ 0.1 *congratulations* ◆ 6.1 ~ met je verjaardag *happy birthday!*
profiel 0.1 [zijaanzicht, verticale doorsnede] *profile; contour* ⟨belijning⟩ 0.2 [profielschets] *profile* 0.3 [uitwendige structuur] *surface relief* ⇒⟨loopvlak⟩ *tread* ◆ 1.1 het ~ van dijken/wegen *the p. of dikes/roads* 3.3 ergens ~ in aanbrengen *cut a profile/relief into sth.* 6.3 er zit geen ~ meer **op** deze band *there's no tread left on this tyre.*
profielschets 0.1 *profile.*
profielzool 0.1 *grip sole, sole with a tread.*
profijt 0.1 [voordeel] *profit* ⇒*benefit* 0.2 [opbrengst] *profit* ⇒*gain* ◆ 2.1 voor algemeen ~ *for the benefit of all* 3.1 ergens ~ van trekken *profit by/benefit from sth.;* ergens zo veel mogelijk ~ van trekken *make the most of sth.*
profijtbeginsel 0.1 *principle of consumer-paid services, direct-benefit principle.*

655

profijtelijk 0.1 *profitable.*
profileren 0.1 [het eigen karakter doen uitkomen van] *characterize* ⇒*make known* 0.2 [profiel aanbrengen] *profile* ⇒ *mould* ◆ 4.1 zich ~ *create a distinct profile for o.s.;* zich ~ als *present o.s. as, present an image as.*
profilering 0.1 [mbt. het eigen karakter] *stressing the distinctive features* 0.2 [het aanbrengen van profiel] *profiling* ⇒*moulding.*
profiteren 0.1 *profit (from/by)* ⇒*take advantage (of),* ⟨ook pej.⟩ *exploit* ◆ 6.1 ~ **van** een voordelige aanbieding *take advantage of a cheap offer;* ⟨pej.⟩ **van** iem. ~ *take advantage of s.o.;* zoveel mogelijk ~ **van** *make the most of;* hij profiteerde er het meest **van** ⟨ook⟩ *he gained most by it.*
profiteur ⟨pej.⟩ 0.1 *profiteer.*
profploeg ⟨sport⟩ 0.1 *pro(fessional) team.*
profrenner 0.1 *pro(fessional) racing cyclist.*
profspeler, -speelster 0.1 *pro(fessional).*
profteam ⟨sport⟩ 0.1 *professional team.*
profvoetbal 0.1 *pro(fessional) soccer/*⟨BE ook⟩ *football.*
profvoetballer 0.1 *pro soccer/*⟨BE ook⟩ *football player.*
prognose 0.1 ⟨ook med.⟩ *prognosis; forecast* ◆ 2.1 een gunstige ~ *a favourable p.* 3.1 een ~ opstellen voor de komende vijf jaar *make a forecast for the next five years* 6.1 zijn ~ **voor** de wedstrijd luidt ... *his forecast for the match is ...*
program →*programma.*
programma 0.1 [indeling, opbouw] *programme* 0.2 [geschrift dat die indeling vermeldt] *programme* 0.3 [tv-, radio-uitzending] *programme* ⇒*broadcast* 0.4 [werkzaamheden voor een bepaalde tijd] *programme* ⇒*schedule* 0.5 [pol.] *programme* ⇒*platform* 0.6 [comp.] *program* ◆ 1.1 het ~ van een cursus/een concert/een georganiseerde reis *the syllabus of a course, the p. of a concert, the schedule of an organized trip* 3.1 het hele ~ afwerken *go/get through the whole p.* 6.4 dat staat niet **op** ons ~ ⟨ook fig.⟩ *that's not on our p.*
programmablad 0.1 *radio/television guide.*
programmaboekje 0.1 *programme.*
programmaleider 0.1 ⟨radio en tv⟩ *programme director* ⇒ ⟨presentator van spelprogramma e.d.⟩ *master of ceremonies.*
programmamaker ⟨com.⟩ 0.1 *programme maker/writer, producer.*
programmaschijf ⟨comp.⟩ 0.1 *program disk.*
programmatisch 0.1 *programmed.*
programmeerfout 0.1 *programming error.*
programmeertaal ⟨comp.⟩ 0.1 *computer language* ◆ 2.1 hogere/lagere ~ *high-level/low-level language.*
programmeren I ⟨onov., ov.ww.⟩ 0.1 [comp.] *program* ◆ 1.1 deze gegevens zijn niet te ~ *this data is not programmable;*
II ⟨ov.ww.⟩ 0.1 [programma opstellen] *programme* ⇒ *schedule* ◆ 1.1 geprogrammeerd onderwijs *programmed learning;* de uitzending is/staat geprogrammeerd voor woensdag *the programme is to be broadcast on Wednesday.*
programmering 0.1 ⟨comp., radio/tv⟩ *programming.*
programmeur, -meuse ⟨comp.⟩ 0.1 *programmer* ⟨m., v.⟩.
progressie 0.1 [vooruitgang, evenredige stijging] *progress* 0.2 [muz.] *progression.*
progressief 0.1 *progressive* ⇒⟨pol. ook⟩ *liberal* ◆ 1.1 progressieve ideeën *p. ideas;* het tarief v.d. inkomstenbelasting is sterk ~ *income tax rates are highly p.* 3.1 ~ stemmen *vote p.*
progressiviteit 0.1 *progressiveness.*
project 0.1 [wat men wil uitvoeren] *project* ⇒*scheme* 0.2

profijtelijk - promotor

[ontwerp voor een onderneming] *plan* ⇒*project* 0.3 [studieonderwerp] *project.*
projecteren 0.1 *project.*
projectie 0.1 *projection.*
projectiel 0.1 *missile* ⇒*projectile* ◆ 2.1 een geleid ~ *a guided m.*
projectiescherm, -doek 0.1 *(projection) screen.*
projectleider, -leidster 0.1 *project manager* ⟨m., v.⟩.
projectmanager 0.1 *project manager.*
projectonderwijs 0.1 *project learning.*
projectontwikkelaar 0.1 *property/*^A*real estate developer.*
projectontwikkeling 0.1 [exploitatie van bouwprojecten] *property/*^A*real estate development* 0.2 [het opzetten van nieuwe ondernemingen] *project planning/development.*
projector 0.1 *projector.*
proletariaat 0.1 *proletariat.*
proletariër 0.1 *proletarian.*
proletarisch 0.1 *proletarian* ◆ 3.1 ~ winkelen *liberate goods from shops.*
proliferatie 0.1 ⟨ook med.⟩ *proliferation.*
prolongatie 0.1 [verlenging v.e. tijdsduur] *prolongation* ⇒ *extension,* ⟨film⟩ *continuation,* ⟨contract e.d.⟩ *renewal* 0.2 [geldw.] *continuation* ⇒*carrying over* 0.3 [hand.] ⟨transactie⟩ *monthly loan on negotiable securities/on margin* ◆ 6.3 effecten **in** ~ nemen *lend on stock/margin;* **op** ~ kopen *buy on margin.*
prolongeren 0.1 [de duur verlengen] *prolong* ⇒*extend, continue,* ⟨contract e.d. ook⟩ *renew* 0.2 [vervaltermijn verlengen] *continue* ⇒*carry over* ◆ 1.1 een film ~ *continue a film.*
proloog 0.1 *prologue.*
promenade 0.1 [wandelweg] *promenade* 0.2 [winkelstraat] *shopping precinct* ⇒*shopping mall.*
promesse 0.1 [belofte tot betaling v.o. geldsom] *promissory note* ⇒*note of hand* 0.2 [belofte tot terugbetaling v.e. lening] *written promise (to repay)* ⇒*IOU* ◆ 3.1 een ~ afgeven *make out a p.n.*
promillage 0.1 [aantal pro mille] *permillage* 0.2 [pregn.; alcoholpromillage] *blood alcohol level.*
promille 0.1 ⟨zie 7.1⟩ ◆ 7.1 acht promille *o.8 percent.*
prominent 0.1 *prominent* ◆ 7.1 de ~en uit de filmwereld *top film people.*
promiscuïteit 0.1 *promiscuity.*
promo 0.1 *promo.*
promoten 0.1 *promote.*
promotie 0.1 [mbt. loopbaan] *promotion* 0.2 [sport] *promotion* 0.3 [verkrijging van de doctorale graad] ±*taking one's Ph. D./doctoral degree* 0.4 [bevordering van de verkoop] *promotion* ◆ 1.1 kans op ~*p. prospects* ⟨mv.⟩ 3.1 ~ maken *get p.* 3.3 aan zijn ~ werken ±*study/work for one's Ph.D.*
promotiefilm, promotieband ⟨film, tv⟩ 0.1 *promotion(al) film/video* ⇒⟨inf.⟩ *promo,* ⟨vnl. AE⟩ *visual.*
promotiekans 0.1 *chance of promotion/advancement;* ⟨mv.⟩ *promotional opportunities* ◆ 3.1 hij heeft ~en *he has promotion prospects.*
promotieklasse ⟨sport⟩ 0.1 *promotion division.*
promotieonderzoek 0.1 *doctoral research.*
promotieteam 0.1 *promotion team.*
promotiewedstrijd ⟨sport⟩ 0.1 *promotion match.*
promoting 0.1 *promotion.*
promotor 0.1 [hoogleraar] ±*tutor/supervisor (of a Ph.D. student)* 0.2 [organisator] *promoter* 0.3 [voorstander] *promoter.*

promovendus 0.1 *doctoral/Ph.D. student.*

promoveren I ⟨onov.ww.⟩ 0.1 [graad van doctor verwerven] *take one's doctoral degree/one's Ph.D.* 0.2 [sport] *be promoted* ⇒*go up* ♦ 6.1 hij is gepromoveerd op een onderzoek naar ...*he obtained his doctorate with a thesis on ...;*
II ⟨ov.ww.⟩ 0.1 [doctorstitel verlenen] *admit s.o. to the degree of doctor of philosophy* ♦ 6.1 iem.~ **tot** doctor in de sociologie *admit s.o. to the degree of doctor of philosophy in the faculty of sociology.*

prompt¹ ⟨de⟩ 0.1 *prompt.*

prompt² **I** ⟨bw.⟩ 0.1 [als onmiddellijke reactie] *promptly* ⇒ *at once, on the spot* ♦ 3.1 zij vroeg ~ haar ontslag *she gave her notice on the spot;*
II ⟨bn., bw.⟩ 0.1 [snel] *prompt* ⇒*speedy* 0.2 [stipt] *punctual* ⇒*prompt* ♦ 1.1 een ~e bediening *p. service* ¶.2 ~ op tijd *right on time.*

promptheid 0.1 [vlotheid] *promptness* 0.2 [stiptheid] *punctuality* ⇒*promptness.*

pronken 0.1 [pralen] *flaunt (o.s./sth.);* ⟨lopen te pronken⟩ *prance, strut* 0.2 [schitteren] *glitter* ⇒*dazzle* ♦ 3.1 ze liep te ~ met haar hoge hakken *she was sporting her high heels;* zij loopt graag te ~ met haar zoon *she likes to show off her son* 6.1 met mooie kleren ~ *show off one's fine clothes.*

pronkerig 0.1 *gaudy* ⇒*ostentatious.*

pronkstuk 0.1 *showpiece* ⟨ook fig.⟩.

pronkziek 0.1 *ostentatious* ⇒*showy.*

pronomen ⟨taal.⟩ 0.1 *pronoun.*

prooi 0.1 [buit] *prey* ⇒⟨jacht⟩ *quarry* 0.2 [slachtoffer] *prey* ⇒*victim* ♦ 1.2 het huis was een ~ van de vlammen *the house fell p. to the fire* 6.2 aan wanhoop **ten** ~ zijn *be p. to despair;* **ten** ~ vallen aan *become p. to.*

proost 0.1 *cheers.*

proosten 0.1 *toast* ⇒*raise one's glass.*

prop 0.1 [bal van samendrukbaar materiaal] *ball;* ⟨watten e.d.⟩ *wad* 0.2 [kort, dik persoon] *pudge* 0.3 [stop, plug] *plug* ⇒⟨stop⟩ *stopper* ♦ 1.1 een ~ watten *a wad of cotton wool* 3.1 ⟨fig.⟩ een ~ in de keel hebben *have a lump in one's throat;* iem. een ~ in de mond stoppen *gag a person* 6.1 met ~jes gooien *throw pellets* 6.¶ met iets **op** de ~pen komen *come up with sth.*

propaan 0.1 [koolwaterstof] *propane* 0.2 [gasmengsel] *propane gas.*

propaganda 0.1 *propaganda* ⟨vnl. pej.⟩ ♦ 2.1 keiharde ~ *uncompromising p.* 3.1 ~ maken voor eigen land *sell one's country abroad* 6.1 ~ **voor** woningisolatie *(the) promotion of home insulation.*

propagandacampagne 0.1 *propaganda campaign.*

propagandafilm 0.1 *propaganda film.*

propagandist 0.1 *propagandist* ⇒⟨in geschrift⟩ *pamphleteer.*

propagandistisch 0.1 *propagandist(ic)* ♦ 1.1 ~ materiaal *propaganda (material).*

propageren 0.1 *propagate.*

propedeuse 0.1 *foundation course* ⇒⟨vnl. fil.⟩ *propaedeutic(s).*

propedeutisch 0.1 *preliminary* ⇒*introductory,* ⟨vnl. fil.⟩ *propaedeutic* ♦ 1.1 het ~ examen ⟨BE⟩ *the first-year examination.*

propeller 0.1 *(screw) propeller* ⇒*(air) screw.*

proper 0.1 [verzorgd] *neat* ⇒*tidy* 0.2 [schoon] *clean* ⇒ ⟨mbt. personen⟩ *cleanly.*

properheid 0.1 *cleanliness* ⇒*neatness* ♦ 4.1 ze is de ~ zelve *she is c. itself.*

propertjes 0.1 *neatly* ⇒*cleanly.*

propjes ⟨inf.; stud.⟩ 0.1 ⟨BE⟩ *first year exam.*

proportie 0.1 [(juiste) verhouding] *proportion* ⇒*relation* 0.2 [afmeting] *proportion* ⇒*dimension* ♦ 2.2 de zaak had enorme ~s aangenomen *the matter had assumed vast proportions;* ⟨fig.⟩ iets tot zijn juiste/ware ~s terugbrengen *reduce sth. to its proper proportions* 6.1 ⟨fig.⟩ dit is **buiten** alle ~s *this is out of all p.;* de prijs staat **in** geen enkele ~ **tot** de waarde *the price is out of (all) p. to the value;* iets **in** (de juiste) ~(s) zien *keep sth. in perspective.*

proportioneel 0.1 *proportional* ♦ 1.1 ⟨ec.⟩ proportionele kosten *p. cost;* proportionele vertegenwoordiging *p. representation.*

propositie 0.1 *proposition* ⇒*proposal,* ⟨motie⟩ *motion* ♦ 3.1 een ~ doen *make a proposal/proposition, propose sth.;* ⟨vergadering⟩ *move that ...*

proppen 0.1 *shove* ⇒*stuff, cram, pack* ♦ 1.1 zijn eten naar binnen ~ *stuff/cram food into one's mouth* 6.1 de postbode propte het pakje **door** de brievenbus *the postman shoved/stuffed the parcel through the letter box;* iedereen werd **in** één auto gepropt *everyone was squeezed/packed into one car.*

proppenschieter 0.1 [speelgoed] *popgun* ⇒±*peashooter* 0.2 [geweer] *popgun.*

propperig 0.1 *podgy* ⇒*pudgy.*

propvol 0.1 *full to the brim/to bursting* ⇒*chockfull, crammed,* ⟨vol mensen ook⟩ *packed (tight)* ♦ 1.1 een ~le bus *a packed/an overcrowded bus* 3.1 het was ~ ⟨ook⟩ *it was a tight squeeze;* ~ zitten *be stuffed (full).*

prospectus 0.1 *prospectus.*

prostaat ⟨med.⟩ 0.1 *prostate (gland).*

prostaatkanker 0.1 *cancer of the prostate.*

prostaatvergroting 0.1 *prostate enlargement.*

prostituee 0.1 *prostitute.*

prostitueren ⟨ov.ww., wk.ww.; zich ~⟩ 0.1 *prostitute* ⟨ook fig.⟩ ♦ 1.1 zijn naam ~ *p. one's name.*

prostitutie 0.1 *prostitution.*

protectie 0.1 [bescherming] *protection* 0.2 [voorspraak] *patronage* ⇒*favour* ♦ ¶.2 een post krijgen dankzij ~ *obtain a position by p.*

protectionisme 0.1 *protectionism.*

protectionistisch 0.1 *protectionist* ♦ 3.1 zich ~ gedragen *be p.*

protectoraat 0.1 *protectorate* ♦ 2.1 onder Engels ~ *under British rule.*

protégé, -gee 0.1 *protégé* ⟨m.⟩; *protégée* ⟨v.⟩.

proteïne 0.1 *protein.*

protest 0.1 *protest* ♦ 1.1 een storm van ~ *a storm of p.* 2.1 openlijk ~ *tegen a public p./a public outcry against* 3.1 ~ aantekenen tegen *lodge a p. against* 6.1 onder ~ tekende hij *he signed under p.;* **uit** ~ (tegen) *in p. (against);* **zonder** ~ laten gebeuren *let go unchallenged/without p.* ¶.1 zijn stem verheffen bij wijze van ~ *raise one's voice in p.*

protestactie 0.1 *protest (campaign).*

protestant¹ ⟨de⟩ 0.1 *Protestant* ⇒⟨BE; niet-anglicaan⟩ *Dissenter, Nonconformist* ♦ 3.1 ze zijn ~ *they are Protestants;* ⟨in Wales⟩ *they are chapel;* ~ zijn *be (a) P.*

protestant² ⟨bn.⟩ 0.1 *Protestant* ⇒⟨±gereformeerd⟩ *Reformed.*

protestantisme 0.1 *Protestantism* ♦ ¶.¶ het ~ *Protestantism.*

protestants 0.1 [van een protestant] *Protestant* ⇒⟨BE; niet-anglicaans⟩ *dissenting, Nonconformist* 0.2 [het geloof belijdend, in overeenstemming met de leer] *Protestant* ♦ 1.1 de ~e kerken *the P. churches;* ⟨BE; niet-anglicaans⟩ *the Nonconformist Churches.*

protestbeweging 0.1 *protest movement.*
protestbrief 0.1 *letter of protest.*
protestdemonstratie 0.1 *protest (demonstration).*
protesteren 0.1 *protest* ◆ 5.1 er werd luid geprotesteerd *there were loud protests;* het kind protesteerde luidkeels ⟨ook⟩ *the child screamed in protest;* schriftelijk ~ *make a written protest* 6.1 ⟨sport⟩ ~ **bij** de jury *lodge an objection with the jury;* door middel van acties **tegen** iets ~ *organize protest actions against sth.;* bij iem. **tegen** iets ~ *p. against sth. to s.o.;* **zonder** ~ *without protest.*
protestmanifestatie 0.1 *protest (demonstration).*
protestmars 0.1 *protest march* ◆ 3.1 deelnemen aan een ~ *take part in a p. m.*
protestzanger 0.1 *protest singer.*
prothese 0.1 *prosthesis* ⇒*prothesis,* ⟨gebit⟩ *dentures,* ⟨gebit⟩ *false teeth* ◆ 2.1 ⟨mbt. gebit⟩ een gedeeltelijke ~ *a partial set of dentures* 3.1 een ~ aanbrengen *fit a prosthesis;* ⟨mbt. gebit⟩ een ~ plaatsen *fit a set of dentures.*
protocol 0.1 [voorschriften in diplomatiek verkeer] *protocol* ⇒⟨ruimer⟩ *ceremony* 0.2 [verslag] *record* ◆ 1.1 chef van het ~ *chief/head of p.,* ±*Master of Ceremonies.*
protocollair 0.1 *required by/according to protocol* ⇒*ceremonial, formal.*
proton ⟨nat.⟩ 0.1 *proton.*
protoplasma ⟨biol.⟩ 0.1 *protoplasm.*
prototype 0.1 *prototype* ◆ 1.1 hij is het ~ van een succesvol manager *he is the p./model of a successful manager.*
protserig 0.1 *flash(y)* ⇒*gaudy* ◆ 1.1 een ~e auto *a flash(y) car* 3.1 ~ doen *act big.*
Provençaals 0.1 ⟨bn. en zn.⟩ *Provençal* ◆ 6.1 champignons op z'n ~ *mushrooms Provençale.*
proviand 0.1 *provisions* ⟨mv.⟩ ⇒*victuals* ⟨mv.⟩ ◆ 3.1 een leger van ~ voorzien *provision an army;* voor ~ zorgen *supply p.*
provinciaal[1] ⟨de⟩ 0.1 *provincial* ⟨ook rooms-katholiek⟩ ◆ 4.1 daar heb je weer zo'n ~tje *there's another country cousin.*
provinciaal[2] ⟨bn., bw.⟩ 0.1 [van een provincie] *provincial* 0.2 [kleinburgerlijk] *provincial* ⇒*parochial* ◆ 1.1 het ~ bestuur *the p. government,* ±*Bcounty council,* Acounty *board;* Provinciale Staten *Provincial States;* een provinciale weg ±*a secondary road* 1.2 provinciale opvattingen *p./parochial views.*
provincie 0.1 [gewest] *province* ⇒*region* 0.2 [provinciale overheid] *Provincial authorities* 0.3 [het platteland] *provinces* ⟨mv.⟩ ⇒*country* ◆ 1.1 de ~ Utrecht *the Province of Utrecht* 3.2 de ~ wil niet meewerken ⟨ook⟩ *the Provincial/local authorities are unwilling to cooperate* 6.3 optreden in de ~ *perform in the country;* iem. uit de ~ *a person from the p./country.*
provinciehoofdstad 0.1 *provincial capital* ⇒*county seat.*
provincieplaats 0.1 *provincial town* ⇒*country town/village.*
provisie 0.1 [percentsgewijs berekend loon] *commission* ⇒ ⟨bank⟩ *procuration,* ⟨makelaar⟩ *brokerage* 0.2 [voorraad] *provisions* ⟨mv.⟩ ⇒*victuals* ⟨mv.⟩ 0.3 [AZN; voorschot op het honorarium] *retaining fee* ◆ 3.1 ~ berekenen *charge (a) c.;* ~ krijgen van iets *get a c. on sth.*
provisiebasis 0.1 ¶ op ~ werken *work on commission.*
provisiekamer, -kast 0.1 *pantry.*
provisorisch 0.1 *provisional* ⇒⟨tijdelijk⟩ *temporary* ◆ 1.1 een ~e reparatie ⟨ook⟩ *a makeshift repair* 3.1 iets ~ repareren *repair sth. temporarily.*
provo 0.1 *Provo.*
provocateur 0.1 *agent provocateur* ⇒±*agitator.*

provocatie 0.1 *provocation* ◆ 3.1 wij zijn niet ingegaan op de ~s *we have ignored the provocations.*
provoceren 0.1 *provoke* ⇒*incite* ◆ 3.1 je moet je niet laten ~ *don't let yourself be provoked* 6.1 iem. ~ tot geweld *provoke s.o. to violence.*
provocerend 0.1 *provocative* ⇒*provoking* ◆ 1.1 door het ~ optreden van de politie *because of police provocation* 3.1 ~ optreden *be provocative* 8.1 zijn gedrag werd als ~ ervaren *his behaviour was considered provocative.*
provoost ⟨gesch.⟩ 0.1 [persoon] *provost marshal/sergeant.*
proza 0.1 *prose* ◆ 2.1 bloemrijk ~ *flowery/*⟨pej.⟩ *purple p.;* krachtig ~ *robust p.*
prozaïsch 0.1 *prosaic* ◆ 1.1 een ~ mens *a p./an unimaginative person.*
prozaschrijver 0.1 *prose writer.*
pruik 0.1 [vals haar] *wig* ⇒*toupee* 0.2 [verwarde haardos] *mop of hair* ◆ 3.1 een ~ dragen *wear a w.*
pruikentijd 0.1 ±*Regency period.*
pruilen 0.1 [mokken] *pout* ⇒*sulk* 0.2 [zeuren] *whine* ⇒ *whimper* ◆ 6.2 zonder ~ *without grumbling.*
pruilerig 0.1 *sulky* ⇒*petulant.*
pruillip 0.1 *pout* ◆ 3.1 een ~je trekken *pout.*
pruilmond 0.1 *pout.*
pruim 0.1 [vrucht] *plum* ⇒*prune* ⟨gedroogd⟩ 0.2 [pluk tabak] *plug* ⇒*wad* 0.3 [vulg.; vrouwelijk schaamdeel] *cunt* ◆ 1.2 een ~ tabak *a p./wad of tobacco.*
pruimen I ⟨onov., ov.ww.⟩ 0.1 [tabak kauwen] *chew tobacco;*
II ⟨ov.ww.⟩ ⟨inf.⟩ 0.1 [accepteren] *swallow* ◆ 1.1 ik kan die vent niet ~ *I can't stand that fellow* 3.1 het eten is niet te ~ *the food is disgusting.*
pruimenboom 0.1 *plum(-tree).*
pruimenjam 0.1 *plum jam.*
pruimentaart 0.1 *plum pie.*
pruimentijd 0.1 *plum season* ◆ 6.1 ⟨fig.⟩ tot in de ~ *see you sometime.*
pruimtabak 0.1 *chewing tobacco* ◆ 1.1 een rol ~ *a roll of tobacco.*
Pruis, -ische 0.1 *Prussian.*
Pruisen 0.1 *Prussia.*
Pruisisch 0.1 *Prussian* ◆ 2.¶ ~ blauw *Prussian blue.*
pruisisch-blauw 0.1 *Prussian blue.*
prul 0.1 [papiertje] *(piece of) waste paper* 0.2 [waardeloos voorwerp] *(piece of) trash* ⇒*(piece of) rubbish/junk* 0.3 [nietswaardig persoon] *nonentity* ⇒*zero, dud* ◆ 6.2 een ~ van een auto *a jalopy* ⟨oud⟩ 6.3 een ~ van een vent *a nonentity.*
prullaria 0.1 *(k)nick(k)nacks* ⇒*(k)nick(k)nackery, odds and ends.*
prullenbak 0.1 *wastepaper basket* ⇒*wastebasket.*
prullenmand 0.1 *wastepaper basket* ⇒*wastebasket* ◆ 6.1 ⟨scherts.⟩ dat opstel is goed voor de ~ *you may as well throw that essay away.*
prulschrijver 0.1 *Grub-street hack.*
prut[1] ⟨de⟩ 0.1 [modder] *mud* ⇒*ooze, sludge* 0.2 [koffiedik] *grounds* 0.3 [eenpansgerecht] *mash* ⇒*stew, hash* ◆ 1.3 rijst met een ~je *rice and stew.*
prut[2] ⟨bn., bw.⟩ 0.1 *rotten* ⇒*crummy* ◆ 3.1 het was weer eens ~ vandaag *today was another r. day.*
prutsen I ⟨onov.ww.⟩ 0.1 [klungelen; knutselen] *mess about/around* ⇒*potter/tinker (about/around)* ◆ 6.1 aan iets ~ *mess about with sth.;* je moet niet zelf **aan** je tv gaan zitten ~ *you shouldn't tamper with your TV-set yourself* ¶.1 wat zit je toch te ~! *what's all this messing about?;*

II ⟨ov.ww.⟩ **0.1** [door knutselen tot stand brengen]⟨zie ¶.1⟩ ◆ **¶.1** zijn bromfiets had hij zelf in elkaar geprutst *he had put together his motorbike himself.*

prutser 0.1 [knoeier] *botcher* ⇒*bungler* **0.2** [knutselaar] *tinkerer.*

prutswerk 0.1 [knoeiwerk] *botch(-up)* **0.2** [knutselwerk] *trifling work.*

pruttelen 0.1 *simmer; perk, percolate* ⟨koffie⟩ ◆ **3.1** de stoofpot een uur laten ~ *let the stew s. for an hour.*

PS ⟨afk.⟩ **0.1** [postscriptum] *P.S., p.s.*

psalm 0.1 *psalm.*

psalmboek 0.1 *psalmbook* ⇒*psalter.*

psalmbundel 0.1 *psalmbook* ⇒*psalter.*

psalmdichter 0.1 *psalmist.*

psalmgezang 0.1 [het zingen van psalmen] *psalm-singing* **0.2** [gezongen psalm] *psalm.*

psalmzingen 0.1 *psalm-singing.*

psalterium 0.1 [muz.] *psaltery* **0.2** [psalmboek] *psalter, psalmbook.*

pseudo- 0.1 *pseudo-* ◆ **1.1** pseudo-intellectueel *pseudo-intellectual;* pseudo-wetenschap *pseudoscience.*

pseudoniem 0.1 *pseudonym* ◆ **6.1** onder een ~ schrijven *write under a p./a pen name.*

psoriasis ⟨med.⟩ **0.1** *psoriasis.*

pst 0.1 [om aandacht te trekken] *ps(s)t* **0.2** [om te kennen te geven dat iets wegvliegt] *whoosh* ◆ **¶.1** ~! kom eens hier! *ps(s)t! come here!* **¶.2** ~! daar ging hij *whoosh! off he went!*

psych ⟨inf.⟩ **0.1** *shrink.*

psyche 0.1 *psyche.*

psychedelisch 0.1 *psychedelic.*

psychiater 0.1 *psychiatrist* ◆ **6.1** je moet naar een ~ *you want to see a p.*

psychiatrie 0.1 *psychiatry* ◆ **2.1** algemene ~ *general p.;* gerechtelijke of forensische ~ *forensic p.*

psychiatrisch 0.1 *psychiatric* ◆ **1.1** een ~e inrichting *a p. institution,* a mental hospital; ~ kliniek *p./mental clinic;* ⟨afdeling in ziekenhuis⟩ *p. ward* **3.1** ~ behandeld worden *undergo p. treatment.*

psychisch 0.1 *psychological* ⇒*mental* ◆ **1.1** een ~e aandoening *a mental disorder;* ~ angst *anxiety;* onder een enorme ~e druk staan *be under great emotional/p. pressure;* dat is een ~e kwestie *that is a p. matter* **2.1** ~ gestoord *emotionally disturbed* **3.1** dat is ~, niet lichamelijk *that is p., not physical;* ergens ~ niet tegen opgewassen zijn *be mentally unable to cope with sth.;* zich ~ voorbereiden (op) ⟨ook⟩ *psych(e) o.s. up (for).*

psychoanalyse 0.1 *psychoanalysis* ◆ **3.1** aan een ~ onderwerpen *(psycho)analyse* **6.1** in ~ zijn *be in/under p.*

psychoanalyticus 0.1 *(psycho)analyst.*

psychoanalytisch 0.1 *psychoanalytic(al)* ◆ **3.1** trachten iets ~ te verklaren *try to find a psychoanalytic explanation for sth.*

psychodiagnostiek 0.1 *psychodiagnostics.*

psycholinguïstiek 0.1 *psycholinguistics.*

psychologie 0.1 *psychology* ◆ **1.1** de ~ v.d. massa *mob p.;* de ~ v.h. onderbewuste *depth p.;* de ~ v.e. roman *the p. of a novel* **2.1** analytische ~ *analytic p.;* Instituut voor Toegepaste Psychologie *Institute of Applied Psychology* **3.1** ~ studeren *study p.* **6.1** uit de ~ kennen we het begrip ... *p. has given us the concept of ...*

psychologisch 0.1 [mbt. de psychologie] *psychological* **0.2** [tactisch] *psychological* ⇒*tactful* ◆ **1.1** een ~e barrière *a p. block;* zich aan een ~ onderzoek onderwerpen *undergo a p. test;* uit ~ onderzoek is komen vast te staan dat *p. research has revealed that;* de ~e roman *the p. novel;* een ~e

verklaring voor iets zoeken *look for a p. explanation for sth.;* ⟨inf.⟩ *psychologize about sth.* **3.2** hij pakt de zaak niet erg ~ aan *he's not going about things very tactfully.*

psycholoog, -loge 0.1 *psychologist* ◆ **2.1** een klinisch ~ *a clinical p.*

psychoot 0.1 *psychotic.*

psychopaat 0.1 *psychopath.*

psychopathisch 0.1 *psychopathic.*

psychose 0.1 *psychosis.*

psychosociaal 0.1 *psychosocial.*

psychosomatisch 0.1 *psychosomatic* ◆ **1.1** ~e klachten *p. complaints.*

psychotherapeut 0.1 *psychotherapist.*

psychotherapeutisch 0.1 *psychotherapeutic.*

psychotherapie 0.1 *psychotherapy* ⇒⟨leer⟩ *psychotherapeutics.*

psychotisch 0.1 *psychotic* ◆ **1.1** ~e afwijkingen *p. disorders.*

PTT 0.1 *Post Office* ◆ **6.1** bij de ~ werken *work for the Post Office;* ⟨telefoonafdeling⟩ *be on the telephones.*

puber 0.1 *adolescent* ◆ **1.1** stelletje ~s! *bunch of kids!*

puberaal 0.1 *adolescent* ◆ **1.1** ~ gedrag *a./juvenile behaviour* **3.1** ~ reageren *react immaturely.*

puberteit 0.1 *puberty* ⇒*adolescence* ◆ **2.1** de vroege ~ *the first signs of p.* **6.1** in de ~ zijn *be going through one's adolescence.*

puberteitscrisis 0.1 *pubertal crisis.*

pubertijd 0.1 *adolescence, (one's) teens* ⇒*puberty.*

publicatie 0.1 *publication* ◆ **2.1** diverse ~s van zijn hand *several/various of his publications* **3.1** een ~ aanplakken *put up a notice;* wat ik nu ga zeggen is niet voor ~ bestemd *what I'm now going to tell you is off the record;* ~ is verboden *not for p.;* tot ~ overgaan *go into print* **¶.1** niet geschikt voor ~ *not suitable for p.*

publicatieverbod ⟨jur.⟩ **0.1** *publication ban.*

publiceren I ⟨onov., ov.ww.⟩ **0.1** [uitgeven] *publish* ◆ **1.1** een roman/artikelen/verzen ~ *p. a novel/articles/poems;* **II** ⟨ov.ww.⟩ **0.1** [afkondigen] *publish* ⇒*make public.*

publicist 0.1 *publicist* ⇒*(political) commentator.*

publicitair 0.1 [mbt. reclame] *advertising* **0.2** [mbt. publiciteitsmedia] *publicity.*

publiciteit 0.1 *publicity* ◆ **3.1** ~ aan iets geven *give sth. publicity, advertise sth.;* ~ krijgen *attract attention, get p.;* dat levert ~ op *it attracts p.;* zij schuwt de ~ niet *she's not publicity-shy;* ~ zoeken *seek p.* **6.1** iets in de ~ brengen *bring sth. to public notice;* graag midden in de ~ staan *like to be the centre of attention;* in de ~ staan *be getting p.;* iets uit de ~ (proberen te) houden *(try to) keep sth. out of the public eye.*

publiciteitscampagne 0.1 *publicity campaign.*

publiciteitsschuw 0.1 *publicity-shy* ◆ **3.1** hij is ~ ⟨ook⟩ *shuns all publicity.*

publiciteitsstunt 0.1 *publicity stunt.*

publiek[1] ⟨het⟩ **0.1** [bezoekers] *public* ⇒⟨sport⟩ *crowd,* ⟨film, toneel⟩ *audience,* ⟨boek, krant⟩ *readership,* ⟨klanten⟩ *clientele,* ⟨museum⟩ *visitors* **0.2** [de massa] *(general) public* ◆ **2.1** het betere ~ ⟨klanten⟩ *the better class of customer;* een breed ~ proberen te bereiken *try to cater for a broad p.;* die twee scholen hebben een verschillend ~ *those two schools have pupils from different backgrounds* **2.2** aantrekkelijk worden voor een steeds breder ~ *appeal to an ever wider p.;* het grote ~ *the general p.* **3.1** veel ~ trekken *draw a good crowd* **6.1** op het ~ spelen *play to the gallery;* iem. **uit** het ~ *s.o. in the audience/crowd* **6.2** toegankelijk **voor** (het) ~ *open to the (general) p.*

publiek² I ⟨bn., bw.⟩ **0.1** [algemeen bekend] *public* **0.2** [voor iedereen bestemd] *public* ◆ **1.1** er was veel ~e belangstelling *it was well attended* **1.2** ~e gebouwen *p. buildings;* de vergadering is niet ~ *the meeting is not open to the public;* een ~e vrouw *a woman of the streets* **3.1** iets ~ maken *make sth. p.;* ⟨onthullen⟩ *disclose sth.;* ⟨aankondigen⟩ *announce sth.;* iem.~ te schande maken *disgrace s.o. in p.;* ~ worden *become p. knowledge* **3.2** iets ~ verkopen *sell sth. by p. auction* **6.1** in het ~ optreden *appear in p.;* II ⟨bn.⟩ **0.1** [algemeen] *public* **0.2** [van de overheid] *public* ◆ **1.1** een ~ persoon *a p. figure;* de ~e zaak *the p. interest;* een ~e zaak *a p. matter* **1.2** de ~e sector *the p. sector;* ~e werken *p. works.*
publiekelijk 0.1 *publicly* ◆ **3.1** ~ verklaren dat ⟨ook⟩ *go on record as saying that* ¶.**1** hij werd ~ voor schut gezet *he was made to look a fool in public.*
publiekrecht 0.1 *public law.*
publiekrechtelijk 0.1 *public, statutory* ◆ **1.1** een ~ lichaam / orgaan *a p. body* **3.1** dat is ~ geregeld *that is regulated by public law.*
publieksblad 0.1 *general-interest magazine.*
publieksprijs 0.1 *prize awarded by the public.*
publiekstrekker 0.1 *crowd puller* ⇒(mbt. theater / concert enz. ook) *(good) box-office draw,* ⟨mbt. film / toneelstuk ook⟩ *box-office success / hit.*
pudding 0.1 *pudding* ◆ **8.1** ⟨fig.⟩ als een ~ in elkaar zakken *collapse into a heap.*
puddingbroodje 0.1 *custard bun.*
puddinglepel 0.1 *serving spoon.*
puddingpoeder 0.1 *blancmange / (voor soort vla) custard powder.*
puddingsaus 0.1 *(sweet / dessert) sauce, topping.*
puddingvorm 0.1 *pudding / jelly mould.*
puf 0.1 *(get up and) go, energy* ◆ ¶.**1** er zit geen ~ meer in hem *there's no go / drive left in him;* ergens de ~ niet meer voor hebben *not feel up to sth. any more.*
puffen 0.1 [blazen van de warmte] *pant* **0.2** [paffen] *puff* **0.3** [tuffen] *chug, puff* ◆ **1.3** een ~de motorboot *a chugging motorboat* **6.1** ~ van de warmte *p. with the heat.*
pui 0.1 *(lower) front / front / façade;* ⟨van winkel⟩ *shopfront.*
puik¹ ⟨het⟩ ⟨verz.n.⟩ **0.1** *pick (of the bunch)* ⇒*crème de la crème* ◆ **1.1** het ~ v.d. bevolking *the cream /* ⟨schr.⟩ *flower of the nation.*
puik² ⟨bn., bw.⟩ **0.1** [van goede kwaliteit] *choice* ⟨eten⟩ ⇒*top quality* **0.2** [voortreffelijk] *great* ⇒*first-rate* ◆ **1.1** ~e haring *c. herring* **1.2** een ~e demonstratie van haar kunnen *a fine display of her abilities* **3.2** er ~ uitzien *look g.;* ⟨v.e. vrouw⟩ *look wonderful.*
puikje 0.1 *pick, cream* ◆ **1.1** het is het ~ v.d. markt *it's the p. of the market.*
puilen 0.1 *bulge* ◆ **1.1** zijn broekzakken puilden uit van het losse geld *his pockets were bulging with cash* **6.1** de ogen puilden **uit** zijn hoofd *his eyes were popping.*
puimsteen 0.1 *pumice (stone).*
puin I ⟨het⟩ **0.1** *rubble* ◆ **3.1** ~ ruimen ⟨fig.⟩ *pick up the pieces, sort sth. out;* ⟨lett.⟩ *clear up the r.;* ~ storten *dump rubbish* **6.1** in ~ leggen *reduce to ruins;* in ~ liggen *lie / be in ruins;* ⟨fig.⟩ *be smashed (up / to bits);* onder het ~ bedolven *buried under the r.* ¶.**1** verboden ~ te storten *no dumping;* ⟨fig.⟩ er zit een hoop ~ bij / onder de sollicitanten *there's a lot of rubbish among the applicants;* II ⟨de⟩ ◆ **6.**¶ ⟨inf.⟩ hij heeft zijn brommer **in** (de) ~ gereden *he has smashed up his moped.*
puinbak 0.1 *rubble container.*
puinhoop 0.1 [bouwval] *heap of rubble / rubbish* **0.2** [fig.;

rotzooi] *mess* ◆ **2.2** ⟨scherts.⟩ een georganiseerde ~ *an organized chaos* **3.2** jij hebt er een ~ van gemaakt *you have made a m. of it* **6.1 op** de puinhopen v.d. oude stad werd een nieuwe gebouwd *a new city was built on the ruins of the old one.*
puinruimer, -ruimster 0.1 *person who clears up the rubbish / rubble / mess* ⇒⟨fig., in bedrijf, organisatie ook⟩ ±*troubleshooter* ◆ **3.1** ⟨fig.⟩ als ~ fungeren *be the one left to pick up the pieces.*
puist 0.1 [zweer] *pustule, carbuncle* **0.2** [pukkel] *pimple, spot* ◆ **1.1** een kwaadaardige ~ *a malignant p.* **3.2** ~jes uitknijpen *squeeze spots* **5.2** zijn gezicht zit vol ~en *his face is covered with acne.*
puisterig 0.1 *pimply, spotty.*
puk 0.1 [klein kind] *mite;* ⟨heel klein⟩ *tiny tot* **0.2** [bel.; klein persoon] *shrimp, midget.*
pukkel 0.1 [puistje] *pimple, spot* **0.2** [schoudertas] ⟨school.⟩ *satchel* ⇒*(small) shoulder bag.*
pul 0.1 *tankard, mug* ◆ **1.1** een ~ bier *a t. of beer.*
pulken 0.1 *pick* ◆ **6.1** zij pulkt **aan** haar trui *she is picking at her jumper;* zit niet zo **in** je neus te ~ *stop picking your nose.*
pulli 0.1 *pullover.*
pull(over) 0.1 *pullover* ⇒*sweater.*
pulp 0.1 [papachtige brij] *pulp* **0.2** [houtpap] *(wood) pulp* **0.3** [fig.; pej.; mbt. boeken, films] *pulp* ⇒*junk (reading)* ◆ **6.1 tot** ~ geslagen *beaten to a p.*
pulpblad ⟨inf.⟩ **0.1** *rag.*
pummel 0.1 *lout, boor.*
pump(schoen) 0.1 *[court (shoe), ^Apump.*
punaise 0.1 *[drawing pin, ^Athumbtack.*
punctie ⟨med.⟩ **0.1** *puncture* ◆ **2.1** lumbale ~ *lumbar p.* **3.1** een ~ verrichten *perform a p.*
punctueel 0.1 *punctual.*
punk¹ ⟨de⟩ **0.1** *punk.*
punk² ⟨bn., bw.⟩ **0.1** ⟨ook in samenst.⟩ *punk* ◆ **1.1** punkmuziek *punk, p. rock* **3.1** zij ziet er ~ uit *she looks like a punk.*
punker 0.1 *punk.*
punkkapsel 0.1 *punk hair style.*
punkmuziek 0.1 *punk music.*
punt I ⟨het, de⟩ **0.1** [leesteken] ⟨aan eind van zin⟩ *full stop;* ⟨decimaalpunt ook⟩ *decimal (point)* **0.2** [muz.] *dot* **0.3** [waarde-eenheid] *point* **0.4** [waarderingscijfer] *mark* ⟨bv. door jury⟩ **0.5** [druk.] *point* ◆ **1.1** ~en en strepen *dots and dashes* **2.1** de dubbelepunt *the colon* **2.3** ⟨sport⟩ beide ~en behalen *gain two points* **3.1** ergens een ~ achter zetten ⟨fig.⟩ *put a stop to sth.;* ⟨mbt. werk⟩ *call it a day* **3.3** hoeveel ~en hebben jullie? *what's your score?;* ⟨sport⟩ ~en scoren / maken *score points* ⟨ook fig.⟩ **5.1** ik was gewoon kwaad, ~, uit! *I was just angry, full stop;* je gaat (er) wel heen, ~, uit! *you're going, and that's final!* **6.3** hij werd verslagen met drie ~en *he was beaten by three points;* ⟨sport⟩ **op** ~en winnen / verslaan *win on points* **7.3** ⟨beurswezen⟩ de aandelen X. zijn drie ~en gestegen *X shares have gone up three points;* hij had de meeste ~en *she had the highest number of points;* hij is twee ~en vooruitgegaan *he has gone up (by) two marks;*
II ⟨het⟩ **0.1** [plaats] *point* ⇒*place* **0.2** [wisk.] *point* **0.3** [moment] *point* ⇒*moment* **0.4** [onderdeel] *point* ⇒⟨van programma, agenda ook⟩ *item,* ⟨van aanklacht ook⟩ *count,* ⟨kwestie, onderwerp ook⟩ *matter,* ⟨kwestie, onderwerp ook⟩ *question,* ⟨kwestie, onderwerp ook⟩ *issue* **0.5** [zaak van gewicht] *point* ⇒⟨geschilpunt⟩ *issue* ◆ **1.3** ~en van verzadiging *saturation p.* **1.4** een ~ van discussie *a p. at issue;* een ~ van overeenkomst *a (p. of) similarity;* een ~ van

overweging vormen *be a consideration;* tijd is geen ~ van overweging *time is (of) no consideration* **2.1** we zijn op het dode ~ gekomen *we've reached a stalemate/an impasse;* wanneer de zon haar hoogste ~ bereikt heeft *when the sun has reached its zenith/its highest point;* het hoogste ~ v.d. berg *the summit/top of the mountain;* het laagste ~ bereiken *reach rock bottom;* het mooiste ~ van ons land *the most beautiful place in our country* **2.3** het kritieke ~ *the critical moment* **2.4** een belangrijk ~ is …*an important p. is …;* een bepaald ~ ter sprake brengen *bring up a certain p.;* dat is niet zijn sterke ~ *that is not his strong p.;* een teer ~ aanroeren *touch a sore p.;* een teer/een netelig ~ *a delicate/ticklish p.;* zijn zwakke ~ *his weak p.* **3.5** ergens een ~ van maken *make an issue of sth.* **6.3** hij stond **op** het ~ van vertrek/(om) te vertrekken *he was (just) about to leave;* hij was/stond **op** het ~ **om** alles te verliezen *he was on the verge of losing everything;* **op** het ~ staan in tranen uit te barsten *be near to tears* **6.4** tot **in** de ~jes verzorgd ⟨uitstekend gekleed⟩ *spick and span;* ⟨zeer goed georganiseerd⟩ *shipshape;* iets tot **in** de ~jes kennen *know sth. inside-out;* **op** dat ~ is hij zeer gevoelig *he's very sensitive on that p.;* **op** het ~ **van** *in the matter of;* schuldig bevonden **op** alle ~en *be found guilty on all counts;* een zaak ~ **voor** ~ nagaan *check a matter p. by p.* **7.5** geen ~! *no problem!* **¶.4** het ~ waar het op aankomt, is …*the thing that really matters is …;* **III** ⟨de⟩ **0.1** [puntig uiteinde; spits toelopend gedeelte] *point* ⇒*tip,* ⟨hoek⟩ *corner,* ⟨hoek⟩ *angle* **0.2** [puntig gesneden part]⟨ook van kaas⟩ *wedge, (wedge-shaped) piece* ◆ **1.1** ⟨fig.⟩ ik zie aan het ~je van je neus dat je jokt *I can see from your face you're lying;* ~ v.e. pen *nib of a pen;* de ~ v.e. potlood *the p. of a pencil;* ~ v.e. schoen *toe(cap) of a shoe;* de ~ v.e. speld/v.e. mes *the point of a pin/knife;* stoot niet tegen de ~ v.d. tafel *mind the corner of the table;* het ligt op het ~je van mijn tong *it's on the tip of my tongue;* de ~ v.d. toren ⟨allerhoogste punt⟩ *the tip of the tower;* ⟨spits⟩ *the turret* **3.1** ⟨fig.⟩ ergens een ~ aan kletsen *put a good face on sth.;* een ~ aan een potlood slijpen *sharpen a pencil;* ⟨fig.⟩ je kunt er een ~ aan zuigen *you could learn sth. from that* **6.1 op** het ~je van zijn stoel zitten *be poised on the edge of his seat, be all attention/all ears.*

puntbaard 0.1 *pointed beard.*

puntbroodje 0.1 ±*roll.*

puntdak 0.1 *gable(d) roof* ⇒*peaked roof.*

puntdicht 0.1 *epigram.*

punten 0.1 [een punt maken aan] *sharpen* **0.2** [de punten afnemen van] *trim* ◆ **1.1** een paal ~ *s. a stake* **3.2** zijn baard laten ~ *have one's beard trimmed.*

puntendeling ⟨sport⟩ **0.1** *draw.*

puntenklassement ⟨wielersport⟩ **0.1** *points classification.*

puntenlijst 0.1 ⟨bij spel⟩ *scorecard, scoresheet;* ⟨op school⟩ *report.*

puntenmaat ⟨druk.⟩ **0.1** *point system.*

puntenslijper 0.1 *(pencil) sharpener.*

puntensysteem 0.1 *point system, scoring system.*

puntentelling 0.1 *scoring* ◆ **3.1** de ~ bijhouden *keep (the) score.*

puntentotaal 0.1 *total number of points* ⇒*score* ◆ **2.1** ze haalde een hoog ~ *she scored high.*

punter 0.1 *punt.*

punteren ⟨bk.⟩ **0.1** *stipple* ⇒*dot.*

puntgaaf 0.1 *perfect* ⇒*flawless* ◆ **1.1** een ~ exemplaar *a p./ flawless example.*

puntgevel 0.1 *gable (end)* ◆ **6.1** huis met ~s *gabled house.*

punthoofd ◆ **3.¶** ik krijg er een een ~ van *it is driving me crazy/up the wall.*

---

puntig 0.1 [stekend] *sharp* **0.2** [spits] *pointed, sharp* **0.3** [kort en bondig] *pointed, sharp* ⇒*to the point* **0.4** [snedig] *sharp* ◆ **1.1** ~e uitsteeksels *s. points* **1.2** ~e bladeren *p. leaves;* ~e rotsen *jagged rocks* **1.3** een ~ gezegde *a p. saying* **1.4** een ~e opmerking *an apt remark* **3.4** iets ~ formuleren *put sth. sharply.*

puntigheid 0.1 [spitsvormigheid] *pointedness, sharpness* **0.2** [beknoptheid] *sharpness* ⇒*terseness* **0.3** [raakheid] *sharpness* ⇒*aptness.*

puntje 0.1 [kleine punt] *(small/little) point* ⇒*tip, dot* ⟨ook→ **punt,** ook voor idiomatische verbindingen⟩ **0.2** [broodje] ±*roll* **0.3** [vlek, stip] *dot* ⇒⟨ook op lichaam⟩ *spot* ◆ **3.1** ⟨fig.⟩ de ~s op de i zetten *dot the/one's i's and cross the/ one's t's* **3.¶** ⟨fig.⟩ als ~ bij paaltje komt *when it comes to the crunch* **¶.1** ~, ~, ~ *dot, dot, dot.*

puntkomma 0.1 *semicolon.*

puntmuts 0.1 ⟨ook van kabouters⟩ *pointed cap/hat.*

puntneus 0.1 *pointed nose.*

puntschoen 0.1 *pointed shoe.*

puntsgewijs 0.1 *point by point* ⇒*step by step.*

puntverzameling ⟨wisk.⟩ **0.1** *set of points.*

puntvormig 0.1 *pointed.*

puntzak 0.1 ⟨vnl. voor snoep⟩ *cornet* ⇒*cone.*

pupil I ⟨de⟩ **0.1** [mbt. het oog] *pupil;* **II** ⟨de (m.)⟩ **0.1** [pleegkind] *pupil* ⇒*ward* **0.2** [leerling] *pupil* ⇒*student* **0.3** ⟨sport⟩ ±*junior.*

puree 0.1 *puree* ⇒⟨aardappels⟩ *mashed potatoes* ◆ **6.1** tot ~ maken *puree;* ⟨aardappels⟩ *mash* **6.¶** in de ~ zitten *be in hot water.*

pureren 0.1 *puree* ⇒*mash.*

purgeermiddel 0.1 *laxative* ⇒*purgative.*

purgeren 0.1 ⟨zuiveren⟩ *purge (of/from);* ⟨purgeermiddel innemen⟩ *take a laxative* ◆ **1.1** een ~d middel *a laxative.*

purisme 0.1 ⟨ook bk.⟩ *purism.*

puritanisme 0.1 *Puritanism* ◆ **2.1** het calvinistisch ~ *Calvinist(ic) P.*

puritein 0.1 [streng protestant] *puritan* **0.2** [protestant in Engeland] *Puritan.*

puriteins 0.1 ⟨mbt. de leer vaak P-⟩ *puritan(ic(al)).*

purper 0.1 ⟨bn. en zn.⟩ *purple.*

purperblauw 0.1 ⟨bn. en zn.⟩ *violet.*

purperen 0.1 ⟨bn. en zn.⟩ *purple.*

purperrood 0.1 ⟨bn. en zn.⟩ *purplish red* ⇒*crimson.*

pur sang 0.1 *pur sang; utter, complete* ⇒⟨vaak pej.⟩ *out-and-out* ◆ **1.1** hij is een amateur ~ *he is an utter amateur;* een ~ romanticus *he is an out-and-out romantic.*

pus 0.1 *pus.*

push 0.1 *push* ◆ **7.1** er zit geen ~ in hem *he's got no get-up-and-go/drive.*

pushen I ⟨ov.ww.⟩ **0.1** [opporren] *push (on)* **0.2** [promoten] *push* ⇒*back* ◆ **1.1** je moet die jongen een beetje ~, dan doet hij het wel *you have to p. the boy a bit, then he'll do it* **1.2** iem. ~ voor een baan *back s.o. for a job;* **II** ⟨onov.ww.⟩ **0.1** [drugs verkopen] *push* ⇒*peddle.*

push-up-bh 0.1 *wonderbra.*

put 0.1 [waterput] *well* **0.2** [afvoerput] *drain* **0.3** [meestal putje; kuil] *pit, hole* **0.4** [boorput] *well* ◆ **2.1** ⟨fig.⟩ dat is een bodemloze ~ *it's a bottomless pit* **2.¶** geld in een bodemloze ~ gooien *pour/throw money down the drain* **3.1** een ~ graven/slaan *sink/dig a w.* **3.4** een ~ boren *drill a w.* **6.1** ⟨fig.⟩ diep/heel erg **in** de ~ zitten *be down, feel low;* ⟨fig.⟩ iem. **uit** de ~ halen *cheer s.o. up.*

putdeksel 0.1 ⟨over waterput⟩ *well cover;* ⟨over rioolput⟩ *manhole cover;* ⟨over afvoerput⟩ *drain cover.*

put-optie ⟨ec.⟩ **0.1** *put option* ⇒*put.*

putsch 0.1 *putsch* ⇒*coup (d'état).*
putten I ⟨ov.ww.⟩ **0.1** [halen uit] *draw (from/on)* **0.2** [uit een put ophalen] *draw (water) from a well* ◆ **1.1** moed ~ *take courage from* **6.1** hij putte troost **uit** haar woorden *he took comfort from her words;* ik heb geen reserves waar ik **uit** kan ~ *I have no reserves to d. on;*
II ⟨onov.ww.⟩ **0.1** [golfsport] *putt.*
putter 0.1 *goldfinch.*
putwater 0.1 *well water.*
puur I ⟨bn.⟩ **0.1** [onvermengd; ongerept] *pure* ◆ **1.1** pure chocola *plain chocolate;* ~ goud *solid gold;* ~ natuur *unadulterated nature;* een whisky ~ graag *a straight whisky, please;*
II ⟨bn., bw.⟩ **0.1** [zuiver en alleen; geheel en al] *pure* ⇒*absolute, sheer* ◆ **1.1** pure nonsens *p./utter nonsense;* het was ~ toeval *it was p. chance* **3.1** ze deed het ~ om hem te plagen *she did it purely to tease him;* dat is ~ liefhebberij *that's purely a hobby.*
puzzel 0.1 ⟨ook fig.⟩ *puzzle.*
puzzelen 0.1 [puzzels oplossen] *solve/do (crossword/jigsaw/*⟨enz.⟩*) puzzles* **0.2** [piekeren] *puzzle (over)* ◆ **6.2** over iets zitten te ~ *sit puzzling over sth.*
puzzelkubus 0.1 *Rubik's cube.*
puzzelrit 0.1 *treasure hunt (rally).*
puzzelwoordenboek 0.1 *crossword dictionary.*
pvc 0.1 *PVC.*
pygmee 0.1 *pygmy.*
pyjama 0.1 *pyjamas* ◆ **7.1** twee ~'s *two pairs of p.*
pyjamabroek 0.1 *pyjama trousers.*
pyjamajasje 0.1 *pyjama jacket.*
pylon ⟨verkeer⟩ **0.1** *(traffic) cone.*
Pyrenees 0.1 *Pyrenean* ◆ **1.**¶ het ~e schiereiland *the Iberian Peninsula.*
pyrexglas 0.1 *Pyrex.*
pyromaan 0.1 *pyromaniac* ⇒⟨inf.⟩ *firebug.*
Pyrrusoverwinning 0.1 *pyrrhic victory.*
Pythagoras 0.1 *Pythagoras* ◆ **1.1** stelling van ~ *Pythagorean theorem.*
python 0.1 *python.*

q.e.d. ⟨afk.⟩ **0.1** [quod erat demonstrandum] *Q.E.D.*
qua 0.1 *as regards* ⇒*as far as … goes* ◆ **1.1** ~ prijs vind ik het wel redelijk *as far as the price goes I find it reasonable.*
quadrafonie 0.1 *quadraphonics* ⇒quadraphony.
quaestor 0.1 *treasurer.*
quaestrix ⟨stud.⟩ **0.1** *(woman) treasurer.*
quarantaine 0.1 *quarantine* ◆ **3.1** de ~ wordt morgen opgeheven *the q. will be lifted tomorrow* **6.1** iem. **in** ~ plaatsen *put/place s.o. in q.;* **in** ~ gehouden worden *be kept in q.*
quartair 0.1 *quaternary* ◆ **1.1** de ~e sector *the public/government sector.*
Quartair ⟨geol.⟩ **0.1** *(the) Quaternary.*
quasi I ⟨bw.⟩ **0.1** [zogenaamd] *quasi(-)* ⇒*seemingly* ◆ **3.1** hij kwam ~ iets lenen *he came on the pretext of borrowing sth.;*
II ⟨bn.⟩ **0.1** [pseudo-] *quasi(-)* ⇒*pseudo-* ◆ **1.1** de kinderen praatten een soort ~ Chinees *the children were speaking some kind of quasi-Chinese;* een ~ intellectueel *a pseudo-intellectual.*
quatre-mains 0.1 *(piano) duet* ⇒*composition for four hands* ◆ **3.1** een ~ spelen *play a d.*
quatsch 0.1 *nonsense, rubbish* ◆ **¶.1** ach, ~! *n.!*
queeste ⟨dicht.; gesch.⟩ **0.1** *quest.*
querulant 0.1 [iem. die (zich) steeds (be)klaagt] *moaner* ⇒ *querulous person* **0.2** [ruziezoeker] *quarrelmonger* ⇒ *troublemaker.*
quiche ◆ **¶.1** ~ Lorraine *q. Lorraine.*
quitte 0.1 *quits* ⇒*even* ◆ **2.1** ~ of dubbel (spelen) *double or q.* ⟨ook fig.⟩ **3.1** ~ spelen *break even;* ~ staan/zijn met *be q. with* ⟨ook fig.⟩.
qui-vive ◆ **6.**¶ **op** zijn ~ zijn *be on the alert;* niet **op** zijn ~ zijn *be off one's guard.*
quizleider 0.1 *quizmaster.*
quorum 0.1 *quorum.*
quota 0.1 *quota* ⇒*share.*
quotering 0.1 *assigning of quotas (for sth.).*
quotiënt 0.1 *quotient.*
quotum 0.1 *quota.*

r

ra¹ ⟨de⟩⟨scheep.⟩ **0.1** *yard.*
ra² ⟨tw.⟩ ♦ ¶.¶ ~, ~, wat is dat? *guess (what)?;* ~, ~, wie is dit? *guess who?*
raad 0.1 [uitweg]⟨zie voorbeelden⟩ **0.2** [advies] *advice* **0.3** [adviserend college] *council* ⇒*board* ♦ **1.2** iem. met ~ en daad bijstaan *advise* and *assist s.o.* **1.3** Raad van Arbeid *Labour Council;* ~ van beheer *board of management;* Raad van Beroep *Board of Appeal;* de ~ van bestuur/ van commissarissen *the board (of directors/management);* ~ van toezicht *supervisory board* **2.3** de Hoge Raad *the Supreme Court (of the Netherlands)* **2.¶** met voorbedachten rade *intentionally, deliberately;* ⟨jur.⟩ *with malice aforethought;* moord met voorbedachten rade *premeditated/wilful murder* **3.1** hij weet overal ~ op *he's never at a loss;* hij weet wel ~ met zijn geld *he knows what to do with his money;* geen ~ weten met iets *not know what to do with/*⟨probleem⟩ *how to cope with sth.;* geen ~ weten van verdriet *be mad with grief* **3.2** iem. ~ geven *advise s.o., give s.o. advice;* luister naar mijn ~ *take my a.;* iem. om ~ vragen *ask s.o.'s advice;* een ~ (op)volgen *follow (a piece of) a.* **6.2** bij iem. te rade gaan *consult s.o.* **7.1** ik weet me geen ~ *I don't know which way to turn* **¶.1** ten einde ~ zijn *be at one's wits' end.*
raadgevend 0.1 *advisory* ♦ **1.1** een ~ lichaam *an a. body;* een ~e stem in een vergadering *a. vote in a meeting.*
raadgever, -geefster 0.1 *advisor* ⇒*counsellor,* ⟨professioneel⟩ *consultant* ♦ **2.1** ⟨fig.⟩ angst is een slechte ~ *fear is a bad counsellor.*
raadgeving 0.1 [het geven van raad] *advising* **0.2** [advies] *suggestion* ⇒*advice* ♦ **3.2** hij luisterde niet naar de ~en van zijn vrienden *he did not listen to his friends' suggestions* **¶.2** iemands ~en ter harte nemen *take s.o.'s advice.*
raadhuis 0.1 *town hall* ⇒*city hall.*
raadkamer 0.1 [vertrek] *(judge's) chambers* **0.2** [zitting] *hearing in chambers* ♦ **6.2** behandeling in ~ *hearing in chambers.*
raadplegen 0.1 [inlichtingen inwinnen bij] *consult* ⇒*refer to* **0.2** [om advies vragen] *consult* ⇒*confer with* ♦ **1.1** zijn aantekeningen/de bronnen/zijn horloge ~ *c. one's notes/ the sources/one's watch* **1.2** deskundigen ~ *call in experts* **6.2** iem. over iets ~ *consult (with) s.o. about sth.*
raadpleging 0.1 *reference* ⇒*consultation* ♦ **6.1** ter ~ *for r.*
raadsbesluit 0.1 *decision (of the council)* ♦ **6.1** bij ~ vastgesteld *decreed by the council.*
raadsel 0.1 [spelletje] *riddle* **0.2** [mysterie, geheim] *mystery* ♦ **3.1** een ~ opgeven *ask a r.;* een ~ oplossen *solve a r.* **3.2** het is mij een ~ hoe dat zo gekomen is *it's a m. to me how that could have happened* **6.2** voor een ~ staan *be mystified/baffled.*
raadselachtig 0.1 *mysterious* ⇒*puzzling* ♦ **1.1** een ~e figuur *a m./an enigmatic figure* **3.1** ~ spreken *speak in riddles.*
raadsheer 0.1 *councillor* ⇒⟨gerechtshof⟩ *justice.*
raadslid 0.1 *councillor* ⇒*town/city councillor* ♦ **6.1** tot ~ gekozen worden *be elected to the council.*
raadsman, -vrouw 0.1 [adviseur, -seuse] *adviser* ⇒*counsellor* **0.2** [advocaat, -cate] *legal adviser* ⇒*lawyer* ♦ **2.1** een geestelijk ~ *a spiritual director;* een humanistisch ~ *a*

humanistic counsellor; een sociaal ~ *a welfare officer* **6.2** zich laten bijstaan **door** zijn ~ *be assisted by one's legal adviser.*
raadsverkiezing 0.1 *municipal election.*
raadzaal 0.1 *council chamber.*
raadzaam 0.1 *advisable* ⇒*wise* ♦ **3.1** het is niet ~ daarheen te gaan *it is inadvisable/unwise to go there;* iets ~ vinden/ oordelen *consider sth. a.*
raaf 0.1 *raven* ♦ **8.1** zo zwart als een ~ *pitch-black;* ⟨van haar⟩ *raven (black);* stelen als een ~ *be an incorrigible thief.*
raai ⟨plantk.⟩ **0.1** *hemp-nettle.*
raak 0.1 [het doel treffend] *home* **0.2** [pijnlijk aankomend] *home* ⇒*telling* **0.3** [scherp geformuleerd] *apt* ⇒*telling* **0.4** [geslaagd in de gelijkenis] *true to life* ♦ **1.2** rake klappen uitdelen *deal telling blows* **1.3** rake woorden *a./well-chosen words* **1.4** dat is een rake tekening van Thatcher *that drawing is the very image of Thatcher* **3.1** ~ schieten *hit the mark;* ~ slaan *hit/strike h.;* ieder schot was ~ *every shot went h.* **3.3** iem. ~ typeren *give an a. description of s.o.;* die was ~, zeg! *that's telling him!* **5.1** het was bijna ~ *it was a near miss;* ⟨iron.⟩ het is weer ~ *they're at it again* ⟨ze doen het weer⟩; *here we go again* ⟨het begint weer⟩ **5.¶** maar ~ *at random;* maar ~ slaan *hit right and left* **6.4** ~ **van** toon *just the right tone* **¶.¶** klets maar ~ *say what you like;* vraag maar ~ *fire away.*
raaklijn ⟨wisk.⟩ **0.1** *tangent (line).*
raakpunt 0.1 [wisk.] *point of contact* ⇒*point of tangency* ⟨2 cirkels⟩ **0.2** [punt van overeenkomst] *point of contact* ⇒ *common interest/ground* ♦ **3.2** ze hebben geen enkel ~ *they have absolutely nothing in common.*
raakvlak 0.1 [wisk.] *tangent plane* **0.2** [vlak van overeenkomst] *interface* ⇒*common ground* ♦ **3.2** de taalkunde heeft ~ken met andere disciplines *linguistics has much ground in common with other disciplines.*
raam 0.1 [glasruit met lijst] *window* ⇒*casement, sash* ⟨bewegend deel schuifraam⟩ **0.2** [lijst(werk); spanraam] *frame* **0.3** [kader, strekking] *framework* ♦ **2.1** dubbele ramen ⟨dubbel glas⟩ *double glazing;* ⟨voorzetramen⟩ *storm windows, double (window) frames;* wij slapen met open ramen *we sleep with the windows open* **3.1** het ~pje omlaag draaien *wind down the car w.* **6.1** achter het ~ zitten ⟨als prostituee⟩ *be on the game;* **voor** het ~ zitten *sit at/by the w.;* er hing een briefje **voor** het ~ *there was a notice in the w.* **6.3** een schrijver behandelen in het ~ van zijn tijd *discuss a writer against the background of his period.*
raamkant 0.1 *side of the window(s).*
raamkozijn 0.1 *window frame.*
raamprostitutie 0.1 *window prostitution.*
raamvertelling 0.1 *frame story.*
raamwerk 0.1 [raam] *casing* **0.2** [draagconstructie; lijstwerk] *frame(work)* **0.3** [concept] *framework* ⇒*outline* ♦ **1.3** het ~ van haar scriptie is af *the outline of her thesis is finished.*
raap I ⟨de⟩ **0.1** [kool] *turnip* **0.2** [knolraap] *(Swedish) turnip* ⇒*swede/*⁴*rutabaga* ⟨Brassica napobrassica⟩, *rape* ⟨Brassica napus⟩ **0.3** [mv.; gerecht] *turnips* **0.4** [inf.; hoofd]⟨zie 6.4, ¶.4⟩ **0.5** [inf.;lichaam]⟨zie 6.5⟩ ♦ **6.4** recht **voor** zijn ~ *straight from the shoulder;* ⁴*up front* **6.5** ze hebben hem **voor** zijn ~ geschoten ±*they bumped him off* **¶.4** zich voor zijn ~ schieten *blow one's brains out;* **II** ⟨de (m.)⟩ **0.1** [opgeraapt fruit] *windfalls.*
raapstelen 0.1 *turnip tops/greens.*
raapwerk ⟨amb.⟩ **0.1** *roughcasting.*
raar I ⟨bn.⟩ **0.1** [merkwaardig] *odd* ⇒*funny, strange* **0.2**

[draaierig] *funny* ⇒*dizzy* ◆ **1.1** een ~ geval *an oddity;* het is een rare kerel *he's a funny fellow* **3.2** ik word zo ~ *I feel peculiar/funny* **7.1** een rare *an o. bird,* ^*an oddball;* **II** ⟨bw.⟩ **0.1** [vreemd] *oddly* ⇒*strangely* ◆ **3.1** doe niet zo ~! *do stop that nonsense!;* wat zeg je dat ~! *what a funny way to say that!;* daar zul je ~ van opkijken *you'll be surprised.*

raaskallen 0.1 *rave* ⇒*talk gibberish/rot* ◆ **4.1** je raaskalt *you're talking through your hat.*

raat 0.1 *(honey)comb.*

rabarber 0.1 *rhubarb.*

rabat ⟨ec.⟩ **0.1** *discount* ◆ **6.1** met ~ *at a d.*

rabbi 0.1 *rabbi.*

rabbijn 0.1 *rabbi.*

rabiës 0.1 *rabies.*

race 0.1 *race* ◆ **6.1** nog in de ~ zijn *still be in the running;* ⟨fig.⟩ de ~ **naar** de top *the rat r.;* een ~ **tegen** de klok *a r. against time;* **uit** de ~ zijn *be out of the running.*

raceauto 0.1 *racing car.*

racebaan 0.1 *(race)track.*

raceboot 0.1 *speedboat.*

racefiets 0.1 *racing bicycle/bike.*

racemisch ⟨schei.⟩ **0.1** *racemic.*

racen 0.1 [aan een race deelnemen] *race* ⇒*run (a race)* **0.2** [zich haasten] *race* ⇒*rush* ◆ **3.1** stoppen met ~ *give up racing* **5.2** we hoeven niet zo te ~ *there's no need to rush* ¶**.1** de trap op ~ *race/rush up the stairs.*

racepaard 0.1 *racehorse.*

racestuur 0.1 *racing handlebars.*

racewagen 0.1 *racing car.*

rachel 0.1 *batten.*

rachelen ⟨amb.⟩ **0.1** *batten (down).*

rachitis ⟨med.⟩ **0.1** *rachitis* ⇒*rickets.*

racisme 0.1 *racism.*

racist 0.1 *racist.*

racistisch 0.1 *racist.*

rad[1] (het) **0.1** [wiel onder een voertuig] *wheel* **0.2** [(tand)-wiel] *(cog)wheel* ◆ **1.2** het ~ van avontuur ⟨fig.⟩ *the wheel of Fortune* **3.2** ⟨fig.⟩ iem. een ~ voor (de) ogen draaien *pull the wool over s.o.'s eyes.*

rad[2] ⟨bn., bw.⟩ **0.1** *quick* ◆ **6.1** ~ **van** tong *glib;* ~ **van** tong zijn *have the gift of the gab.*

radar 0.1 *radar* ◆ **6.1** onder de ~ vliegen *fly under the r.*

radarscherm 0.1 *radar screen.*

radarstation 0.1 *radar station.*

radartoren 0.1 *radar pedestal/mast.*

radbraken 0.1 *break on the wheel* ◆ **3.1** ⟨fig.⟩ wij kwamen geradbraakt uit de wagen *we got out of the car exhausted.*

raddraaier 0.1 *ringleader* ⇒*instigator.*

radeloos 0.1 *desperate* ◆ **3.1** het is om ~ van te worden *it is maddening* **6.1** ~ van angst *distraught with fear.*

radeloosheid 0.1 *desperation.*

raden I ⟨ov.ww.⟩ **0.1** [vermoeden] *guess* ◆ **3.1** dat laat zich ~ *that goes without saying* **4.**¶ dat is je geraden *you'd better;* het is je geraden om op tijd te komen *you'd better be on time* **5.1** je raadt het toch niet *you'll never guess;* **II** ⟨onov., ov.ww.⟩ **0.1** [gissen] *guess* ◆ **5.1** raad eens wie daar komt *g. who's coming;* goed geraden! *you've guessed it;* mis/fout ~ *g. wrong* **6.1** naar iets ~ *g. (at) sth.* **7.1** je mag driemaal ~ wie het gedaan heeft *you'll never g. who did it* ¶**.1** hij raadde maar in het wilde weg *he was making wild guesses.*

raderboot 0.1 *paddle steamer.*

raderen 0.1 [graveren] *engrave* ⇒*etch* **0.2** [wegkrabben] *erase* ⇒⟨met gummi ook⟩ *rub out,* ⟨met mesje ook⟩ *scratch off.*

---

raderen 0.1 *trace.*

radertje 0.1 *cog(wheel)* ◆ **2.1** een klein ~ in het geheel zijn *be just a cog in the machine.*

raderwerk 0.1 [op elkaar werkende raderen] *wheels* ⇒ *gear(s),* ⟨radertjes⟩ *cogwheels* **0.2** [organisatie] *wheels* ◆ **1.1** het ~ v.e. horloge *the cogwheels of a watch* **1.2** het ~ v.d. staat *the w. of state.*

radiaal ⟨wisk.⟩ **0.1** *radian.*

radiaalband 0.1 *radial (tyre).*

radiatie 0.1 *radiation.*

radiator 0.1 *radiator.*

radicaal[1] **I** ⟨de⟩ **0.1** [iem. die de consequenties v.e. zienswijze aanvaardt] *consistent person* ⇒*person who abides by/* ⟨inf.⟩ *sticks to his/her principles* **0.2** [pol.] *radical* ◆ **2.2** een gematigd ~ *a moderate r.* ¶**.2** de Politieke Partij Radikalen *the (Dutch) Radical Party;* **II** ⟨het⟩ ◆ **2.**¶ ⟨schei.⟩ vrij ~ *free radical.*

radicaal[2] **I** ⟨bn.⟩ **0.1** [diep ingrijpend] *radical* ⇒*drastic* **0.2** [strevend naar ingrijpende hervormingen] *radical* ◆ **1.1** een ~ geneesmiddel *a r. cure* **1.2** een radicale partij *a r. party* **2.2** ~ links *the r. left;* **II** ⟨bw.⟩ **0.1** [volkomen, totaal] *radically* ◆ **2.1** ~ verschillend *r. different* **3.1** iets ~ veranderen ⟨ook⟩ *revolutionize sth.*

radicaliseren 0.1 *radicalize.*

radicalisme 0.1 *radicalism.*

radijs 0.1 *radish* ◆ **1.1** een bosje ~ *a bunch of radishes.*

radio 0.1 *radio* ⇒⟨ontvangtoestel ook⟩ *radio set* ◆ **1.1** Radio Nederland Wereldomroep *the Dutch Radio World Service;* bekend van ~ en televisie *of radio and television fame* **2.1** een draagbare ~ *a portable radio (set)* **3.1** de ~ aanzetten *switch/turn on the radio;* de ~ staat aan *the radio is on;* de ~ uitzetten *switch/turn off the radio* **6.1** hij is **bij** de ~ *he works for the radio;* een bericht **via** de ~ verspreiden *broadcast a message on/over the radio.*

radioactief 0.1 *radioactive* ◆ **1.1** ~ afval *r. waste;* radioactieve elementen *r. elements;* radioactieve neerslag *r. fallout;* radioactieve therapie *radiotherapy* **5.1** hoog/laag ~ afval *high-/low-level r. waste.*

radioactiviteit 0.1 *radioactivity.*

radioamateur 0.1 *radio amateur* ⇒⟨inf.⟩ *ham.*

radioantenne 0.1 *radio aerial/antenna.*

radiobericht 0.1 *radio message.*

radiocassetterecorder 0.1 *radio-cassette-player.*

radiocontact 0.1 *radio contact/communication* ◆ **3.1** het ~ werd verbroken *radio contact was lost.*

radiofrequentie 0.1 *radio frequency.*

radiogids 0.1 *radio guide.*

radiografie 0.1 [het fotografisch opnemen] *radiography* ⇒ *X-raying* **0.2** [verkregen beeld] *X-ray (picture).*

radiografisch 0.1 [met röntgenstralen] *radiographic* ⇒ *with X-rays* **0.2** [met radiogolven] *radio(-)* ◆ **3.2** het vliegtuigje werd ~ bestuurd *the model plane was radio-controlled.*

radiohut, -kamer 0.1 *radio room.*

radiojournaal 0.1 *radio news (programme).*

radiologie 0.1 *radiology.*

radiologisch 0.1 *radiological* ◆ **1.1** ~ laborant(e) *radiology assistant.*

radioloog 0.1 *radiologist.*

radionieuwsdienst 0.1 [dienst die het radionieuws verzorgt] *radio news department/service* **0.2** [nieuwsuitzending] *radio news (broadcast).*

radio-omroep 0.1 [instelling] *radio (broadcasting) service* **0.2** [het uitzenden van berichten] *(radio) broadcasting.*

radio-omroeper, -roepster 0.1 *radio announcer.*

radioprogramma 0.1 *radio programme.*

radioreportage 0.1 *radio report (on)/coverage (of).*

radioscopie 0.1 *radioscopy.*

radiostation 0.1 *radio/broadcasting station.*

radiostoring 0.1 *(radio) interference;* ⟨opzettelijk⟩ *jamming.*

radiotelegram 0.1 *radiotelegram.*

radiotherapie 0.1 *radiotherapy* ⇒*radiation therapy.*

radiotoestel 0.1 *radio (set).*

radio-uitzending 0.1 *radio broadcast/transmission.*

radioverbinding 0.1 *radio communication/contact* ♦ 3.1 ~ krijgen met *establish radio contact with.*

radioverslag 0.1 *radio report/*⟨van sportwedstrijd enz.⟩ *commentary.*

radiowekker 0.1 *radio alarm(-clock).*

radiozender 0.1 *radio transmitter.*

radium ⟨schei.⟩ 0.1 *radium.*

radius 0.1 *radius* ♦ 2.1 binnen zekere ~ *within a certain r.*

radja 0.1 *raja(h).*

radslag 0.1 *cartwheel* ♦ 3.1 ~en maken *turn cartwheels.*

rafel 0.1 *frayed/loose end* ♦ 3.1 de ~s hangen erbij *it is falling apart.*

rafelen 0.1 *fray* ♦ 1.1 dat goed rafelt erg *that material frays badly;* een gerafeld vloerkleed *a frayed carpet.*

rafelig 0.1 *frayed* ♦ 1.1 een oude ~e broek *a f. old pair of trousers* 3.1 ~ worden *fray.*

raffia 0.1 *raffia.*

raffinaderij 0.1 *refinery.*

raffinement 0.1 [verfijndheid] *refinement* 0.2 [geraffineerdheid] *subtlety* ♦ 6.2 met het ~ v.e. mondaine vrouw *with (all) the s. of a woman of the world.*

raffineren 0.1 *refine.*

rag 0.1 *cobweb(s)* ⇒⟨zeer fijn⟩ *gossamer.*

rage 0.1 *craze* ⇒*rage* ♦ 2.1 de nieuwste ~ *the latest c.;* het is een ware ~ aan het worden *it's becoming all the rage.*

ragebol, raagbol 0.1 [borstel] *ceiling mop* 0.2 [haardos] *mop(head).*

ragen 0.1 *sweep* ⇒*dust.*

ragfijn 0.1 *as light/fine/thin as gossamer* ♦ 1.1 ⟨fig.⟩ ~e onderscheidingen *subtle distinctions.*

ragout 0.1 [gerecht] *ragout* 0.2 [mengelmoes] *hotchpotch* ♦ 6.1 ~ van rundvlees *beef r./stew.*

rail 0.1 [spoorstaaf; richel om iets langs te schuiven] *rail* 0.2 [spoorweg] *rail(way)* ♦ 6.1 ⟨fig.⟩ iets/iem. weer op de ~s zetten *put sth./s.o. back on the rails;* de trein liep uit de ~s *the train (was) derailed* 6.2 vervoer per ~ *r. transport.*

railtender 0.1 *buffet trolley.*

railtransport 0.1 *rail transport.*

raison ♦ ¶.¶ à ~ van *…on payment of…;* ~ d'être *raison d'être.*

rak 0.1 [gedeelte v.e. vaarwater] *reach* 0.2 [zeilsport] *leg* ⇒ *reach.*

rakelings 0.1 *closely* ⇒*narrowly* ♦ 3.1 de steen ging ~ langs zijn hoofd *the stone narrowly missed his head;* het vliegtuig scheerde ~ over de boomtoppen *the plane skimmed (over) the treetops.*

raken I ⟨ov.ww.⟩ 0.1 [treffen] *hit* 0.2 [beroeren] *affect, hit* 0.3 [betreffen] *touch (on)* ⇒*concern* 0.4 [aanraken] *touch* ♦ 1.1 hij kon geen bal ~ *he never hit the ball;* zijn tegenstander hard ~ *h. one's opponent hard* 1.3 dat raakt de kern v.d. zaak *that goes to the heart of the matter* 1.4 de auto raakte heel even het paaltje *the car grazed the post;* die cirkels ~ elkaar *these circles t./meet* 4.2 dat raakt me totaal niet *that leaves me cold* 4.¶ 'm ~ ⟨drinken⟩ *knock it*

back ¶.3 zaken die ons ten zeerste ~ *things that concern us very closely;*

II ⟨onov.ww.⟩ 0.1 [geraken (tot), worden] *get* ⇒*become* 0.2 [aanraken] *touch* 0.3 [+ aan; krijgen] *get (hold of)* ♦ 3.1 betrokken ~ bij/in *get/become involved in;* gewend ~ aan *get used to;* zij ~ er niet over uitgepraat *they can't stop talking about it;* ergens in verzeild ~ *get mixed up in sth.* 5.1 achterop ~ *get/fall behind;* ergens doorheen ~ *run short of/*⟨helemaal doorheen⟩ *run out of sth.;* op ~ ⟨benzine, geld, voorraden⟩ *run out/down/short, be/get/run low;* ⟨voorraden ook⟩ *become depleted/exhausted;* ⟨fig.; geduld⟩ *run out, snap;* vast ~ (in) *get stuck (in)* 5.¶ iets kwijt ~ *lose sth.* 6.1 buiten zichzelf/buiten zinnen ~ ⟨gek⟩ *lose one's mind;* ⟨enthousiast, kwaad⟩ *get beside o.s.;* uit zijn humeur ~ *get in(to) a bad mood;* de satelliet is uit zijn baan geraakt *the satellite has gone off course;* ⟨sport⟩ uit vorm ~ *lose one's form;* van de weg ~ *go off the road.*

raket 0.1 [projectiel] *missile* ⇒*rocket* 0.2 [vuurpijl] *rocket* ♦ 2.1 geleide ~ten *guided missiles;* intercontinentale ~ten *intercontinental missiles* 3.1 een ~ lanceren *launch a m./rocket.*

raketaanval 0.1 *rocket/missile attack.*

raketbasis 0.1 *missile/rocket base.*

rakker 0.1 [deugniet] *rascal* 0.2 [kerel, vent] *guy* ♦ 2.2 ouwe ~! *(you) old rascal!;* een rechtse ~ *a right-winger;* hij is een rooie ~ *he's a leftist* 6.1 een ~ van een jongen *a little r.*

ral ⟨dierk.⟩ 0.1 *rail.*

ram 0.1 [schaap] *ram* 0.2 [stormram] *(battering-)ram* ♦ 2.¶ hydraulische ~ *hydraulic ram* 3.¶ ⟨inf.⟩ iem. een ~ voor zijn kop geven *wallop s.o. over the head.*

Ram 0.1 [sterrenbeeld] *Aries* ⇒*the Ram* 0.2 [iem. met dit sterrenbeeld] *Aries.*

ramadan 0.1 *Ramadan.*

ramadanfeest 0.1 *the Feast of Ramadan.*

ramen 0.1 *estimate* ♦ 5.1 te hoog/te laag ~ *overestimate, underestimate* 6.1 de schade werd op *f* 1500,- geraamd *the damage was estimated at 1500 guilders.*

raming 0.1 *estimate* ♦ 2.1 een te hoge/te lage ~ *an overestimate/underestimate* 3.1 een ~ maken van *make an e. of.*

rammel 0.1 [slaag] *beating* 0.2 [mond] *trap* ♦ 1.1 een pak ~ *a b.* 3.1 ~ geven/krijgen *give/get a b.* 3.2 hou je ~ *shut your face/t.!*

rammelaar 0.1 *rattle.*

rammelen I ⟨onov.ww.⟩ 0.1 [klepperen, ratelen; rijden met een klapperend geluid] *rattle* 0.2 [onsamenhangend in elkaar zitten] *be ramshackle/shaky* 0.3 [knorren van de honger] *rumble* ♦ 1.1 een ~d autootje *a rattletrap;* een ~de collectebus *a clinking collection-box* 1.2 dit banenplan rammelt aan alle kanten *this employment plan is totally unsound* 6.1 aan de deur ~ *r. the door;* met z'n sleutels ~ *clink one's keys;* op de piano ~ *hammer away at the piano* 6.3 ik rammelde van de honger *my stomach was rumbling with hunger;*

II ⟨ov.ww.⟩ 0.1 [schudden] *shake* ♦ 1.1 een kind door elkaar ~ *give a child a shaking.*

rammeling ⟨AZN⟩ 0.1 *trashing.*

rammelkast 0.1 [ontstemde piano] *ramshackle old piano* 0.2 [oude auto] *rattletrap.*

rammen 0.1 [beuken, stoten] *ram* ⇒*bash in/down* 0.2 [aanvaren] *ram* 0.3 [aanrijden] *ram, bump (into)* ♦ 1.1 de deur ~ *bash the door down* 1.2 de auto ramde een muur *the car ran into a wall* 4.1 ⟨fig.⟩ iem. in elkaar ~ *beat s.o. up* 6.1 ⟨fig.⟩ op een piano ~ *bash away on a piano* ¶.¶ ⟨inf.⟩ dat zit geramd ⟨voor elkaar⟩ *that's tied up nicely.*

rammenas 0.1 *winter radish.*

ramp 0.1 *disaster* ◆ 2.1 een nationale ~ *a national d.* 3.1 hij is een ~ achter het stuur *he's a menace at the wheel* 6.1 een ~ **voor** het milieu *an environmental d.* 7.1 ik zou het geen ~ vinden als hij niet kwam *it wouldn't be a d. if he didn't come* ¶.1 tot overmaat van ~ *to make matters worse;* ⟨inf.⟩ *to crown everything.*

rampenplan →**rampenbestrijdingsplan.**

rampen(bestrijdings)plan 0.1 *contingency plan.*

rampenfilm 0.1 *disaster film.*

rampenfonds 0.1 *disaster (relief) fund.*

rampgebied 0.1 *disaster area.*

rampjaar 0.1 *year of disaster.*

rampschip 0.1 *disaster ship.*

rampspoed 0.1 [tegenslag] *misfortune* 0.2 [onheil] *disaster* ◆ 3.1 ~ ondervinden *suffer m.* 3.2 door ~ getroffen *overtaken by d.*

rampspoedig 0.1 *disastrous* ◆ 3.1 hij is ~ aan zijn eind gekomen *he came to a d./terrible end.*

rampzalig 0.1 *disastrous* ◆ 1.1 een ~ besluit/voorval *a d./catastrophic decision/event;* een ~ e dag *a d. day.*

ramsj 0.1 ±*irregulars trade* ◆ 6.1 een boek in de ~ gooien *remainder a book;* het boek is **in** de ~ verkrijgbaar *the book has been remaindered.*

rancune 0.1 *rancour* ⇒⟨inf.⟩ *hard feelings* ◆ 3.1 ~ blijven koesteren tegen iem. *bear s.o. a grudge* ¶.1 sans ~ *no hard feelings.*

rancuneus 0.1 *vindictive* ⇒*spiteful.*

rand 0.1 [(gedeelte langs de) grens/omtrek] *edge* ⇒*rim* 0.2 [versiering] *border* ⇒*edge* 0.3 [omlijsting] *frame, rim* 0.4 [mbt. een holte/diepte] *edge* ⇒*brink, (b)rim,* ⟨fig. ook⟩ *verge* 0.5 [in samenst.; marginaal-] *marginal* ⟨bn.⟩ ⇒*peripheral* ⟨bn.⟩ 0.6 [Zuid-Afrikaanse munt] *rand* ◆ 1.1 de ~ v.e. bord/schaal *the rim of a plate/dish* 1.3 de ~ v.e. spiegel *the f. of a mirror* 1.5 randverschijnsel *m./peripheral phenomenon* 2.1 een opstaande ~ *a raised e.;* de slappe ~ v.e. hoed *the soft brim of a hat;* een vooruitstekende ~ *a projecting e.;* een brief met een zwarte ~ *a black-edged letter* 2.2 een gekartelde ~ *a milled edge* ⟨van munt⟩ 2.3 een bril met gouden ~ en *gold-rimmed spectacles* 2.¶ zwarte ~ en onder zijn nagels hebben *have dirt under one's fingernails* 3.6 het kost ~ *it costs a rand* 6.1 aan de ~ v.d. stad *on the outskirts of the town;* aan de ~ v.d. samenleving *on the fringes of society* 6.2 een ~ **langs** het tafelkleed *a b. on the tablecloth* 6.3 hij tuurde **over** de ~ van zijn bril *he peered over the top of his glasses* 6.4 **aan** de ~ v.d. afgrond *on the brink of the precipice;* ⟨fig.⟩ *on the verge of disaster;* ⟨fig.⟩ **op** de ~ v.d. ondergang *on the verge/brink of ruin;* **over** de ~ lopen *overflow;* **tot** de ~ gevuld *filled to the brim.*

randaarding ⟨elek.⟩ 0.1 *earth/^A ground connection.*

randapparatuur 0.1 *peripheral equipment.*

randfiguur 0.1 *fringe/minor figure* ◆ 1.1 de randfiguren v.e. politieke partij *(those on) the fringes of a political party.*

randgebeuren 0.1 *marginal/peripheral events.*

randgebied 0.1 [grensgebied] *boundary area* ⇒⟨van stad⟩ *outskirts,* ⟨mbt. tv-ontvangst⟩ *fringe area* 0.2 [fig.] *marginal/peripheral area.*

randgemeente 0.1 *suburb.*

randgewest 0.1 *border region.*

randgroepjongere 0.1 *young/teenage drop-out.*

randje 0.1 *edge* ⇒*border, rim,* ⟨fig.⟩ *verge,* ⟨fig.⟩ *brink* ◆ 1.1 vlees met een ~ vet *meat with a rim of fat* 2.1 het uiterste ~ *the very edge* 6.¶ **op** het ~ (af) *on the borderline;* dat was **op** het ~ *that was close/touch and go.*

randprobleem 0.1 *marginal problem.*

randstad ◆ 1.¶ de ~ Holland, de Randstad *the Randstad, the cities/conurbation of Western Holland.*

Randstedelijk 0.1 *of/in the Randstad* ⇒*of/in the cities of Western Holland.*

randverschijnsel 0.1 *marginal/peripheral phenomenon.*

randvoorwaarde 0.1 *precondition.*

randwijk 0.1 *suburb;* ⟨mv. ook⟩ *outskirts.*

rang 0.1 [positie in een hiërarchie] *rank* ⇒*position* 0.2 [groep plaatsen] *circle* 0.3 [maatschappelijke positie] *rank* ◆ 1.3 mensen van alle ~ en standen *people from all walks of life* 2.1 tot dezelfde ~ behoren als *rank equal with;* een zoveelsterangs bandje *a tenth-rate band* ⟨muziek⟩ 3.1 een ~ bekleden *hold a r./position* 5.1 een ~ hoger dan hij *one r. above him* 6.1 terugzetten **in** ~ *demote;* **in** ~ opklimmen *rise in r.;* zij staat **in** ~ boven/beneden hem *she ranks above/below him;* **in** ~ volgen op *be next in r. to;* bevorderd worden tot de ~ **van** *be promoted to (the r. of)* 6.2 we zaten **op** de tweede ~ *we were in the upper c.*

rangeerder 0.1 *shunter* ⟨ook loc.⟩.

rangeerterrein 0.1 *shunting-yard.*

rangeren 0.1 *shunt* ◆ 1.1 een trein op een zijspoor ~ *s. a train into a siding.*

ranglijst 0.1 *(priority) list, list (of candidates);* ⟨sport ook⟩ *(league) table* ◆ 5.1 bovenaan de ~ staan *be at the top of the list* 6.1 de club staat tweede **op** de ~ *the club is second in the table;* hij staat hoog **op** de ~ *he ranks high on the list.*

rangnummer 0.1 *number.*

rangorde 0.1 *order* ⇒*order of rank(ing)/merit/priority.*

rangschikken 0.1 [classificeren] *classify* ⇒*order, class* 0.2 [ordenen] *order* ⇒*arrange* ◆ 1.1 feiten/cijfers ~ *classify facts/numbers* 1.2 hij had zijn spullen keurig gerangschikt *he had his things perfectly laid out* 5.2 alfabetisch ~ *arrange in alphabetical order* 6.1 we ~ hem **onder** de lastposten *we count him among the troublemakers;* deze dieren worden **onder** de vissen gerangschikt *these animals are classed among the fishes* 6.2 boeken **naar** het formaat/onderwerp ~ *arrange books in order of size/according to subject.*

rangschikking 0.1 [classificatie] *classification* 0.2 [plaatsing in een (volg)orde] *arrangement* ⇒*order.*

rangtelwoord 0.1 *ordinal (number).*

ranja 0.1 *orange squash* ⇒*orangeade.*

rank¹ ⟨de⟩ 0.1 *shoot* ⇒⟨uitloper, bv. aardbeien⟩ *runner,* ⟨hechtrank⟩ *tendril.*

rank² ⟨bn.⟩ 0.1 *slender* ⇒*slim* ◆ 1.1 een ~ e hals *a slender neck* 6.1 ~ **van** gestalte *of slim stature.*

ransel 0.1 *knapsack* ⇒*backpack* ◆ 3.1 zijn ~ pakken *pack one's k./bag;* ⟨fig.;vertrekken⟩ *pack one's bags.*

ranselen 0.1 *flog* ⇒*thrash* ◆ 5.1 bij iem. de gehoorzaamheid erin/opstandigheid eruit ~ *thrash obedience into s.o./rebelliousness out of s.o.*

ransuil 0.1 *long-eared owl.*

rantsoen 0.1 *ration* ⇒*allowance* ◆ 1.1 een ~ boter *a r./allowance of butter* 3.1 ~ en verstrekken *issue rations* 6.1 hij is **op** ~ gesteld *he has been put on (short) rations;* **op** ~ staan *be on short rations.*

rantsoenbon 0.1 *ration coupon.*

rantsoeneren 0.1 *ration* ◆ 1.1 brood ~ *r. bread.*

rantsoenering 0.1 *rationing.*

ranzig 0.1 *rancid* ◆ 3.1 ~ ruiken *have a r. smell;* ~ worden *go r.*

rap 0.1 [vlug] *quick* ⇒*swift* 0.2 [kwiek] *nimble* ⇒*agile* ◆ 3.1 iets ~ doen *do sth. quickly* ¶.2 ~ ter been zijn *be swift-footed.*

rapen 0.1 [oppakken] *pick up* **0.2** [verzamelen] *gather, collect* **0.3** [bepleisteren] *rough-cast* ◆ **1.1** schelpen ~ *pick up shells* **1.2** kievietseieren ~ *c. plover's eggs* **6.1** zij raapte een papiertje van de grond *she picked up a piece of paper from the ground.*
rapheid 0.1 *swiftness* ⇒*speed.*
rapmuziek 0.1 *rap music.*
rappen 0.1 *rap.*
rapport 0.1 [verslag] *report* ⇒*despatch* ⟨ihb. mil. en dipl.⟩ **0.2** [school.] *(school) report* **0.3** [mil.] *report* ◆ **3.1** een ~ indienen *submit a r.;* ~ van iets maken *report sth.;* ~ uitbrengen/opmaken (over) *produce/make a r.(on)* **3.3** de soldaat kreeg een ~ aan zijn broek *the soldier was put on r.* **6.2** een onvoldoende op zijn ~ krijgen *get a poor mark on one's r.*
rapportage 0.1 *report(ing)* ⇒*despatches.*
rapportboekje 0.1 *report book.*
rapportcijfer 0.1 *report mark* ◆ **3.1** het ~ uitrekenen *calculate the r. m.*
rapporteren 0.1 [melden] *report* ⇒⟨door journalist⟩ *cover* **0.2** [verslag uitbrengen] *report* **0.3** [mil.; aanbrengen] *(put on) report* ◆ **1.1** uit R. worden twee gevallen van waterpokken gerapporteerd *two cases of chicken-pox have been reported in R.* **6.2** de commissie moet aan de minister ~ *the committee has to report to the minister.*
rapsodie 0.1 *rhapsody.*
rara ◆ **¶.¶** ~, wat is dat? *guess what this is;* ~, wie ben ik? *guess who.*
rariteit 0.1 *curio(sity)* ⇒*rarity* ◆ **6.1** een handeltje in ~ en *an antique shop.*
rariteitenkabinet 0.1 *collection of curiosities.*
ras¹ 0.1 [groep met dezelfde erfelijke eigenschappen] *race* ⟨mensen⟩ ⇒*breed* ⟨dieren⟩, *variety* ⟨planten⟩ **0.2** [bevolkingsgroep] *race* ⇒*breed* **0.3** [categorie van levende wezens] *race* ⇒*species* **0.4** [dier met zuivere teeltkenmerken] *purebred* ◆ **1.2** een ~ van pioniers *a r./breed of pioneers* **2.1** het blanke ~ *the white r.;* van edel ~ *highbred;* gekruist ~ *cross-breed;* van gemengd ~ *of mixed r.;* dieren van zuiver ~ *purebred animals* **2.3** het menselijk ~ *the human r.*
ras² (bn., bw.) **0.1** ⟨bn.⟩ *swift* ⇒*rapid,* ⟨bw.⟩ *soon, rapidly* ◆ **1.1** met ~se schreden *swiftly, rapidly;* met ~se schreden naderen *approach with great strides;* ⟨fig.; van bv. deadlines⟩ *close in on s.o.*
rasartiest 0.1 *born artist* ◆ **3.1** hij is een ~ *he is a born performer.*
rasdier 0.1 *purebred/pedigree(d) animal.*
rasecht 0.1 [van zuiver ras] *purebred* ⇒*pedigree(d)* **0.2** [geboren] *(true) born* ◆ **1.1** een ~e arabier *a purebred Arab* **1.2** het zijn ~e zeelui *they're b. sailors.*
rasegoïst 0.1 *arch egoist* ◆ **3.1** het is een ~ *he's selfish to the core.*
rashond 0.1 *pedigree/purebred dog.*
rasp 0.1 [keukengereedschap] *grater* ⟨kaas, nootmuskaat⟩; *shredder* ⟨groenten⟩ **0.2** [vijl] *rasp* ◆ **8.2** een stem als een ~ *a rasping voice.*
raspaard 0.1 *thoroughbred.*
raspen I ⟨onov.ww.⟩ **0.1** [rauw stemgeluid voortbrengen] *rasp;*
II ⟨ov.ww.⟩ **0.1** [met een rasp fijn wrijven] *grate; shred* ⟨groenten⟩ **0.2** [afvijlen] *rasp* ◆ **1.1** kaas ~ *g. cheese* **1.2** een stuk metaal ~ *r. a piece of metal.*
rasperig (inf.) **0.1** *raspy* ⇒*rasping* ⟨geluid⟩, *grating* ⟨geluid⟩ ◆ **1.1** een ~e kin *a bristly chin;* ⟨fig.⟩ een ~ stemgeluid *a rasping voice.*

rassendiscriminatie 0.1 *racial discrimination.*
rassengeweld 0.1 *racial violence.*
rassenhaat 0.1 *racial hatred.*
rassenkunde 0.1 *ethnology* ⇒*ethnography.*
rassenkundig 0.1 *ethnologic(al)* ⇒*ethnographic(al)* ◆ **1.1** ~ onderzoek *ethnological/ethnographical research.*
rassenkwestie, -probleem 0.1 *race/racial problem.*
rassenleer 0.1 *racial doctrine.*
rassenmoord 0.1 *genocide.*
rassenonderzoek 0.1 *ethnology.*
rassenonlusten 0.1 *race/racial riot(s).*
rassenscheiding 0.1 *racial segregation* ◆ **1.1** opheffing van ~ *desegregation.*
rassenstrijd 0.1 *racial conflict.*
rassenvraagstuk →*rassenkwestie.*
rasta 0.1 [beweging] *Rastafarianism* **0.2** [aanhanger ervan] *Rasta(farian).*
rastakapsel 0.1 *Rasta(farian) hairstyle* ⇒*dreadlocks* ⟨mv.⟩.
raster I ⟨de⟩ **0.1** [hekwerk] *fence* ⇒*lattice;*
II ⟨het, de⟩ **0.1** [netwerk van punten of lijnen] *screen.*
rasvoetballer 0.1 *born footballer.*
raszuiver 0.1 *racially pure* ⇒*pure-blooded,* ⟨van dieren⟩ *pure-bred,* ⟨van paarden⟩ *thoroughbred,* ⟨van gewassen⟩ *pure* ◆ **5.1** niet ~ *not true to type.*
rat 0.1 *rat* ◆ **2.1** bruine ~ *brown/sewer r.* **6.1** ⟨fig.⟩ hij zat als een ~ in de val *he was caught out* ¶.1 ⟨fig.⟩ de ~ten verlaten het zinkende schip *the rats are leaving the sinking ship.*
rataplan ⟨fig.⟩ ◆ **2.¶** de hele ~ *the whole caboodle.*
ratatouille 0.1 [groentegerecht] *ratatouille* **0.2** [allegaartje] *hotchpotch.*
ratel 0.1 [het geratel] *rattle* **0.2** [inf.; mond] *trap* **0.3** [babbelaar] *chatterbox* **0.4** [instrument] *rattle* ◆ **3.2** hou je ~! *keep your t. shut!* **3.3** een echte ~ zijn *be a regular c.*
ratelen 0.1 [serie korte geluiden voortbrengen] *rattle* **0.2** [mbt. de donder] *rattle* **0.3** [kwebbelen] *rattle* ⇒*chatter* ◆ **1.1** de trein ratelde voorbij *the train rattled past;* de wekker ratelt *the alarm clock is jangling* **3.3** ze hield niet op met ~ *she kept rattling on* **6.1** het ~ van schrijfmachines *the rattling of typewriters.*
ratelpopulier 0.1 *trembling poplar* ⇒*aspen.*
ratelslang 0.1 *rattlesnake.*
ratificatie 0.1 *ratification.*
ratificeren 0.1 *ratify* ◆ **1.1** een verdrag ~ *r. a treaty.*
ratio 0.1 [rede(lijkheid)] *reason* **0.2** [evenredige verhouding] *ratio* **0.3** [beweegreden] *rationale.*
rationalisatie 0.1 *rationalization.*
rationaliseren 0.1 *rationalize* ◆ **1.1** het productieproces ~ *r. the production process* **6.1** het ~ van afwijkend gedrag *the rationalizing of deviant behaviour.*
rationalisering →*rationalisatie.*
rationalisme 0.1 *rationalism* ⇒*intellectualism.*
rationalist 0.1 *rationalist.*
rationalistisch 0.1 [gericht op het redelijke] *rational* **0.2** [mbt. het rationalisme] *rationalistic.*
rationeel 0.1 ⟨ook wisk.⟩ *rational* ◆ **1.1** een rationele arbeidsverdeling *a r. division of labour;* rationele getallen *r. numbers* **3.1** ~ ingesteld zijn *be rational-minded.*
ratjetoe 0.1 *hotchpotch* ⇒*mishmash.*
rato ◆ **6.¶** naar ~ *pro rata, in proportion.*
rats (inf.) ◆ **6.¶ in** de ~ zitten (over) *be in a funk (about).*
ratsmodee 6.¶ naar de ~ gaan *go down the drain.*
rattenbestrijding 0.1 *rat/*⟨euf.⟩ *rodent control.*
rattengif, -kruit 0.1 *rat poison.*

667

rattenkop - recapituleren

rattenkop 0.1 [kapsel] *urchin cut* **0.2** [kop v.e. rat] *rat's head.*

rattenvanger 0.1 *ratcatcher* ♦ **1.1** de ~ van Hamelen *the Pied Piper of Hamelin.*

rauhfaser 0.1 *wood-chip (wall)paper; ±Anaglypta* (merknaam in GB).

rauw I (bn.) **0.1** [mbt. spijzen] *raw* **0.2** [mbt. lichaamsdelen/ keel] *raw* ⇒*sore* ♦ **1.1** ~e biefstuk *r. steak* **1.2** mijn keel is ~ *I have a sore throat;* een ~e plek a *r. spot* **3.1** (fig.) ik lust hem ~ *I let him do his worst;* **II** (bn., bw.) **0.1** [mbt. geluiden] *raucous* **0.2** [mbt. personen/hun uitingen/daden] *rough* ⇒*tough* ♦ **1.2** de ~e waarheid *the stark truth* **3.1** hij praatte ~ *he talked raucously* **3.2** dat viel ~ op mijn dak *that was an unexpected blow.*

rauwkost 0.1 *uncooked/raw food* ⇒*raw vegetables.*

ravage 0.1 [verwoesting] *ravage(s)* ⇒*havoc* **0.2** [puinhoop] *debris* ♦ **3.1** die hevige storm heeft een ~ aangericht *that violent storm has wreaked havoc* **3.2** de ~ opruimen *clear away the d.*

raven 0.1 *rave.*

ravijn 0.1 *ravine* ⇒*gorge.*

ravioli 0.1 *ravioli.*

ravotten 0.1 *romp* ⇒(inf.) *horse about/around* ♦ **6.1** ~ met iem. *horse around with s.o.*

rayon I (het) **0.1** [mbt. handel/openbare nutsbedrijven] *district* ⇒*territory* (van verkoper) ♦ **6.1** hij heeft Limburg **tot** zijn ~ *he works Limburg;* **II** (het, de) **0.1** [kunstzijde] *rayon.*

rayonchef, -hoofd 0.1 *area supervisor.*

razeil (scheep.) **0.1** *square sail* ♦ **6.1** met ~en *square-rigged.*

razen 0.1 [tekeergaan] *rage* ⇒*rave* **0.2** [snel voortbewegen] *race* ⇒*tear* ♦ **3.1** hij blijft maar ~ en tieren *he goes on ranting and raving* **6.1** ~ **tegen** *rage at* **6.2** de auto's ~ **over** de snelweg *the cars are racing along the motorway.*

razend I (bn., bw.) **0.1** [woedend] *furious* ⇒*raging* **0.2** [mateloos] *terrific* ♦ **2.2** hij heeft het ~ druk *he's up to his neck in work;* ~ snel, in e vaart *at a terrific pace, at breakneck speed* **3.1** iem. ~ maken *infuriate s.o.;* ~ worden (ook) *fly off the handle;* dat is om ~ van te worden *it's enough to drive you mad* **6.1** ~ zijn **om/over** iets *be furious about sth.;* ~ zijn **op** iem. *be furious with s.o.* **7.1** als een ~e tekeergaan *rave like a madman;* **II** (bn.) **0.1** [krankzinnig] *raving* ⇒*mad.*

razendsnel 0.1 *super-fast* ⇒*high-speed* ♦ **3.1** ~ antwoorden (ook) *toss off the answers;* hij deed dat ~ *he did that quick as lightning;* ~ rijden *drive like lightning.*

razernij 0.1 *frenzy* ⇒*rage* ♦ **2.1** in blinde ~ *in a blind rage* **6.1** iem. **tot** ~ brengen *infuriate s.o.*

razzia 0.1 *raid* ♦ **3.1** een ~ houden (in de havenbuurt) *raid (the harbour district)* **6.1 bij** een ~ opgepakt worden *be rounded up;* een ~ **op** onderduikers *a round-up of people in hiding.*

re 0.1 *re* ⇒*D.*

reactie 0.1 [tegenbeweging] *reaction* **0.2** [schei.] *reaction* **0.3** [antwoord (op een prikkel)] *reaction* ⇒*response* ♦ **2.3** snelle ~ (op verzoek) *quick reaction;* snelle ~s *sharp reflexes;* te sterke ~ *over-reaction;* een vertraagde ~ *a delayed reaction* **3.3** geen enkele ~ krijgen *get no reaction/ response* **6.1** als ~ **op** *in r. to.*

reactiesnelheid 0.1 *speed of reaction.*

reactievermogen 0.1 *reactions* ⇒*ability to react/respond.*

reactionair¹ (de) **0.1** *reactionary* ♦ **2.1** een verbeten ~ *a die-hard.*

reactionair² (bn., bw.) **0.1** (bn.) *reactionary* ⇒(bw.) *in a reactionary way* ♦ **1.1** de ~e krachten *the forces of reaction;* een ~ standpunt a *r. point of view* **3.1** zich ~ opstellen *adopt a r. stance.*

reactiveren 0.1 *reactivate* ⇒*revive.*

reactor 0.1 *reactor* ♦ **2.1** snelle/trage ~ *fast/slow r.*

reactorvat 0.1 *reactor chamber/vessel.*

reageerbuis 0.1 *test tube* ♦ **6.1** bevruchting **in** een ~ *test-tube/in vitro fertilization.*

reageerbuisbaby 0.1 *test-tube baby.*

reageerbuisbevruchting 0.1 *test-tube/in vitro fertilization.*

reageren 0.1 [reactie vertonen] *react (to)* ⇒*respond* (ihb. op medische behandeling) **0.2** [schei.] *react* **0.3** [handeling/situatie beantwoorden] *react* ⇒*respond* ♦ **5.1** te sterk/onvoldoende ~ *overreact, underreact* **5.3** moet je eens kijken hoe hij daarop reageert *look how he reacts to that;* traag ~ *be slow to react;* welwillend ~ op een verzoek *respond favourably to a request* **6.1** ze reageerde positief **op** de behandeling *she responded to the treatment* **6.2** zink en zoutzuur ~ gemakkelijk **met** elkaar *zinc and hydrochloric acid r. readily* **6.3** daar moet je niet **op** reageren *pay no attention to that.*

realisatie 0.1 *realization* ⇒*actualization.*

realiseerbaar 0.1 [uitvoerbaar] *realizable* ⇒*feasible* **0.2** [hand.] *realizable* ⇒*convertible (into cash/real money)* ♦ **1.1** dat plan is niet ~ *that plan is not feasible* **1.2** direct realiseerbare activa *quick assets;* realiseerbare waarden *r. assets.*

realiseren I (ov.ww.) **0.1** [verwezenlijken; uitvoeren] *realize* **0.2** [hand.] *realize* ⇒*convert into cash* ♦ **1.1** een project ~ *r. a project;* hij realiseerde zijn beste tijden op de Medeobaan *he turned on his best times on the Medeo track* **5.1** dat is niet te ~ *that is impracticable;* **II** (wk.ww.; zich ~) **0.1** [beseffen] *realize* ♦ **8.1** plotseling realiseerde zij zich dat ... *suddenly she realized that ...*

realisering 0.1 (ook hand.) *realization.*

realisme 0.1 *realism* ♦ **3.1** dat getuigt van weinig ~ *that shows a lack of r.*

realist 0.1 *realist.*

realistisch 0.1 [gericht op de werkelijkheid; onverbloemd] *realistic* **0.2** [mbt. kunst(werken)] *realist(ic)* ♦ **1.1** een ~ boek a *r. novel;* een weinig ~e uiteenzetting *an unrealistic expose* **1.2** ~e schilderkunst *realist(ic) art* **3.1** ~ beschrijven/schilderen *describe/paint realistically.*

realiteit 0.1 *reality* ♦ **2.1** het is de harde ~ *that's just the way things are* **3.1** we moeten de ~ onder ogen zien *we must face facts/r.;* de ~ niet onder ogen willen zien *live in a fool's paradise* **6.1** de ~ **van** alledag *day-to-day r.*

realiteitszin 0.1 *sense of reality.*

reanimatie 0.1 *resuscitation* ⇒*reanimation.*

reanimeren 0.1 *resuscitate* ⇒*revive.*

rebbel 0.1 [mond] *trap* **0.2** [iem. die druk praat] *chatterbox* ♦ **3.1** hou je ~ *shut your t.*

rebel 0.1 *rebel.*

rebellenleider 0.1 *rebel leader.*

rebelleren 0.1 *rebel* ♦ **1.1** ~de onderdanen *rebellious subjects* **6.1** ~ **tegen** ... *r. against ...*

rebellie 0.1 [opstand] *rebellion* **0.2** [opstandigheid] *rebelliousness.*

rebels 0.1 *rebellious.*

rebus 0.1 *rebus.*

recalcitrant 0.1 *recalcitrant* ⇒*obstreperous* ♦ **1.1** ~ gedrag *r. behaviour.*

recapituleren 0.1 *recapitulate* ⇒*summarize,* (inf.) *recap.*

recensent 0.1 *reviewer, critic.*
recenseren 0.1 *review.*
recensie 0.1 *review* ⇒⟨vaak mv.⟩ *notice* ◆ **2.1** zijn nieuwe boek kreeg goede/zowel goede als slechte ~s *his new book got good/mixed reviews;* lovende/juichende ~s krijgen *get rave reviews.*
recent 0.1 *recent* ◆ **1.1** dat is nog van ~e datum *that is quite r.;* er is geen ~ nieuws over de verkiezingen *there's been no fresh news of the elections.*
recentelijk 0.1 *recently* ⇒*lately.*
recept 0.1 [med.] *prescription* **0.2** [bereidingsvoorschrift] *recipe* ⟨ihb. voor koken⟩ ◆ **2.2** een geheim ~ *a secret r.;* ⟨scherts.⟩ het gewone ~ *the usual* **3.1** een ~ uitschrijven *write out a p.* **6.1** alleen **op** ~ verkrijgbaar *available only on p.;* **zonder** ~ (verkrijgbaar) *(available) over the counter.*
receptbriefje 0.1 *prescription.*
receptie 0.1 [officiële ontvangst] *reception* **0.2** [ontvangstbalie] *reception (desk)* ◆ **2.1** staande ~ *stand-up r.* **6.2** melden **bij** de ~ *report to the r. (d.).*
receptief 0.1 *receptive* ⇒*sensory* ⟨orgaan, vermogen⟩ ◆ **1.1** onze receptieve vermogens *our r./sensory faculties.*
receptionist, -niste 0.1 *receptionist.*
reces 0.1 *recess* ◆ **6.1** op ~ zijn/gaan *be in/go into r.*
recessie 0.1 *recession.*
recessief ⟨biol.⟩ **0.1** *recessive* ◆ **1.1** een recessieve eigenschap *a r. characteristic* **3.1** ~ overerven *be inherited through a r. gene.*
recette 0.1 *receipts* ⇒⟨theater ook⟩ *box-office receipts,* ⟨sport ook⟩ *gate (receipts/money).*
rechaud 0.1 *hotplate.*
recherche 0.1 [opsporingsdienst] *criminal investigation department* **0.2** [ambtenaren] *detective force* ◆ **2.1** fiscale ~*fiscal investigation service.*
rechercheur 0.1 [politiebeambte] *detective* **0.2** [detective] *(private) detective/investigator.*
recht¹ ⟨het⟩ **0.1** [gerechtigheid] *justice* ⇒*right* **0.2** [rechtsregels; rechtsgeleerdheid] *law* **0.3** [rechtspraak] *justice* **0.4** [proces] *court* **0.5** [bevoegdheid, voorrecht] *right* **0.6** [mv.; bevoegdheden behorend bij een stand/positie] *rights* **0.7** [aanspraak] *right* ⇒*claim* **0.8** [mv.; bevoegdheid tot reproductie van een boek/film enz.] *(copy)-right(s)* **0.9** [belasting] *duty* ◆ **1.2** student (in de) ~en *l. student* **1.5** ~ van bestaan hebben *have a r. to exist;* het ~ v.d. sterkste *the law of the jungle;* ⟨jur.⟩ ~ van voorkeur *r. of option* **1.6** de ~en v.d. mens *human rights;* de ~en v.d. vrouw *women's rights* **1.7** ~ op uitkering *entitlement to a benefit* **2.2** agrarisch/fiscaal/militair ~ *agrarian/fiscal/military l.;* burgerlijk ~*civil l.;* het geschreven ~ *written/statute l.;* het ongeschreven ~ *unwritten/common l.;* publiek en privaat ~ *public and private l.;* Romeins ~ *Roman l.* **2.5** aangeboren en verworven ~en *birthrights and acquired rights;* dat is mijn goed ~ *that is my r.;* het volste ~ hebben om ... *have every r. to ...* **2.6** burgerlijke/politieke ~en *civil/political rights* **2.7** de oudste ~en hebben *have first claim* **2.9** vast ~*fixed charge;* vrij van ~en *free of duties* **3.1** iem. ~ (wedervaren) *do s.o. justice;* ~ doen aan iets *do j. to sth.;* ⟨fig.⟩ iem./iets geen ~ doen *be unfair to s.o./sth.;* het ~ handhaven *uphold the law;* ⟨fig.⟩ het ~ aan zijn kant hebben *be in the right;* het ~ met voeten treden *trample j. underfoot* **3.2** het ~ in eigen handen nemen *take the l. into one's own hands;* ~en studeren *read/study l.* **3.3** ~ doen *give judgement;* ~ doen in een zaak *decide on a case;* ~ vorderen/zoeken *demand/seek j.* **3.5** zijn graad geeft hem het ~ om ... *his degree qualifies him to ...;* het ~ hebben om zijn kinderen te zien *have access to one's chil-*

dren; niet het ~ hebben iets te doen *have no r. to do sth.;* iem. het ~ ontzeggen om ...*deny s.o. the r. to ...;* evenveel ~ van spreken hebben als de rest *have an equal voice with the rest;* geen ~ van spreken hebben *have no r. to speak;* door dat te doen had hij geen ~ van spreken meer *by doing that he put himself out of court;* ⟨fig.⟩ ~ van spreken hebben *be entitled to speak* **3.7** geen ~ hebben op *have no r./claim to;* zijn ~en laten gelden *exercise one's rights* **3.8** de ~en v.e. boek verkopen *sell the rights to a book;* alle ~en voorbehouden *all rights reserved* **6.1** in zijn ~ zijn/staan *be within one's rights;* ⟨fig.⟩ **met** ~ *right(ful)ly;* je kan je **met** ~ afvragen wat ...*you may well wonder what ...;* **met** ~ razend zijn *have good reason to be furious* **6.2** meester **in** de ~en *Master of Laws;* **krachtens** ~ *en* gewoonte *by right and custom;* **krachtens/volgens** Engels ~ *under English l.;* **naar** Nederlands ~ *according to Dutch l.* **6.4 in** ~e iets afdwingen/eisen/vorderen *enforce/demand sth. in a court of law* **6.5** iedereen heeft het ~ **om** ...*everyone has the r. to ...;* **op** zijn ~(en) staan *insist on one's right(s);* ⟨fig.⟩ zijn kwaliteiten komen daar veel beter **tot** hun ~ *he can make far better use of his talents there;* ⟨fig.⟩ ~ tot zijn ~ komen *stand out well* (jurk, schilderij); ⟨fig.⟩ iem./iets (niet) **tot** zijn ~ laten komen *do (no) justice to s.o./sth.;* ⟨fig.⟩ goed **tot** zijn ~ **komen** *show up well;* **voor** zijn ~(en) opkomen *defend one's right(s)* **6.7** ~ hebben/geven **op** iets *have/give the r. to sth.*
recht² I ⟨bn., bw.⟩ **0.1** [niet gebogen/bochtig; niet scheef/schuin] *straight* **0.2** [rechtop] *straight (up), upright* **0.3** [normaal] ⟨bn.⟩ *right* ⟨kant van stof⟩; *direct* ⟨evenredigheid⟩; ⟨bw.⟩ *directly* ⟨evenredig⟩ **0.4** [juist] ⟨bn.⟩ *right* ⟨woord, pad⟩; ⟨bn.⟩ *true* ⟨oorzaak⟩ **0.5** [mbt. een hoek] ⟨bn.⟩ *right* ◆ **1.1** een ~e lijn trekken *draw a s. line;* op het laatste ~e stuk *on the home straight* **1.2** een ~e houding *an u. posture* **1.3** de ~e zijde v.e. voorwerp *the r. side of an object* **1.4** op het ~e pad zijn/blijven ⟨fig.⟩ *be on/keep to the straight and narrow* **1.5** ~e hoek *r. angle* **2.3** ~ evenredig zijn met *be directly proportional to* **3.1** je bord moet je met ~ houden *you must keep your plate s.;* de auto kwam ~ op ons af *the car was coming s. at us;* iets ~ leggen *put sth. s.;* ~ op iem./iets afgaan *go s. for s.o./sth.;* iets ~ snijden *cut sth. (off) s.* **3.2** ~ op zijn benen staan *stand up s.;* ~ zitten/staan *sit/stand up s.* **5.1** ~ omhoog/omlaag *s. up/down* **5.2** ~ overeind *s. up, bolt upright;* ⟨fig.⟩ het probleem blijft ~ overeind staan *the problem remains unsolved* **6.1** iem. ~ in de ogen kijken *look s.o. straight in the eye;* ~ **op** zijn doel afgaan *go s. for one's goal;* ~ **van** lijf en leden *straight-limbed;* ~ **voor** zich uitkijken *look/stare s. ahead* **6.¶** ~ **voor** de zaak uitkomen *be quite open about the matter;* ⟨AZN⟩ ~ **voor** de vuist *straightforward* **7.3** ⟨breien⟩ eerst drie averecht, dan drie ~*first three purl, then three plain* **7.4** het ~e van iets weten *know the ins and outs of sth.;*
II ⟨bw.⟩ **0.1** [schr.; echt] *really* **0.2** [precies] *straight* ◆ **2.1** ~ gelukkig was hij nooit *he was never r. happy* **3.2** hangt/zit mijn jurk ~? *is my dress s.?;* ze reden ~ op elkaar in *they collided head-on* **6.2** hij woont ~ **tegenover** mij *he lives s. across from me;* ~ **tegenover** elkaar *face-to-face.*
rechtaan 0.1 [regelrecht] *straightforward* **0.2** [in rechte richting] *straight on/ahead.*
rechtbank 0.1 [college] *court (of law/justice)* ⇒*lawcourt,* ⟨voor bijz. doel⟩ *tribunal* **0.2** [personen] *court* ⇒*bench* **0.3** [gebouw] *court* ⇒*law courts, magistrates' court,* ᴬ*courthouse* ◆ **6.1** voor de ~ moeten komen *have to appear in c./before the c.;* een zaak **voor** de ~ brengen *take a matter to c.*

rechtbreien 0.1 *put right* ⇒*rectify* ◆ **1.1** een fout/vergissing ~ *put a mistake right.*
rechtbuigen 0.1 *straighten (out)* ⇒*bend straight.*
rechtdoor 0.1 [in rechte richting vooruit] *straight on/ahead* **0.2** [rechtstreeks] *straight (through)* ⇒*direct* **0.3** [openhartig] *straight(forward)* ⇒*candidly* ◆ **3.2** ~ naar huis gaan *go s. home.*
rechtdoorzee 0.1 *straight* ⇒*honest, sincere.*
rechte (wisk.) **0.1** *straight line.*
rechteloos 0.1 [zonder rechten] (alleen pred.) *without rights* **0.2** [gesch.; vogelvrij] *outlawed* **0.3** [waarin geen recht heerst] *lawless* ⇒*anarchic* ◆ **1.3** een rechteloze maatschappij *a l. society.*
rechten 0.1 *straighten* ◆ **1.1** hij rechtte zijn rug *he straightened up.*
rechtens 0.1 *by right(s)* ⇒*rightly,* (volgens de wet) *by law,* (volgens de wet) *de jure* ◆ **3.1** zij kreeg wat haar ~ toekwam *she got what she was entitled to.*
rechtenstudie 0.1 *law* ⇒*study of law, law degree (course).*
rechter¹ (de) **0.1** [iem. die recht spreekt] *judge* ⇒*magistrate* **0.2** [iem. die een beslissend oordeel uitspreekt] *judge* ⇒ *arbiter* ◆ **2.1** de militaire ~ *the military judge* **2.2** de opperste ~ *the Supreme Judge/Arbiter* **6.1** naar de ~ gaan/stappen *go to court;* voor de ~ moeten verschijnen *have to appear in court;* een zaak voor de ~ brengen *take a matter to court.*
rechter² (bn.) **0.1** [mbt. lichaamsdelen] *right* **0.2** [mbt. zaken] *right(-hand)* ◆ **1.2** de ~ deur *the door on the/your right.*
rechterarm 0.1 *right arm.*
rechterbeen 0.1 *right leg.*
rechter-commissaris 0.1 [rechter van instructie] *examining judge/magistrate* **0.2** [bij faillissement] *official receiver.*
rechterhand 0.1 [hand v.d. rechterarm] *right hand* **0.2** [fig.; steun] *right hand/arm* ⇒*right-hand man* ◆ **6.1** de tweede straat aan uw ~ *the second street on your right.*
rechterkant 0.1 *right(-hand) side* ◆ **6.1** aan de ~ *on the right(-hand) side.*
rechterlijk 0.1 *judicial* ⇒*court* ◆ **1.1** ~ ambtenaar *magistrate, law officer;* de ~e macht *the judiciary;* een ~ vonnis *a judicial sentence.*
rechtervleugel 0.1 [vleugel aan de rechterzijde] *right(-hand) wing* ⇒(van vliegtuig) *starboard wing* **0.2** [rechter gedeelte v.e. bouwwerk] *right(-hand) wing* **0.3** [afdeling aan de rechterkant] *right wing.*
rechtervoet 0.1 *right foot.*
rechterzijde 0.1 [zijde van het lichaam] *right(-hand) side* **0.2** [zijde rechts van iem./iets] *right(-hand) side* **0.3** [conservatieve partijen] *right wing* ◆ **6.1** pijn in de ~ hebben *have a pain in one's right side* **6.2** ter, aan de ~ *on the/one's right(-hand side).*
rechtgeaard 0.1 *right-minded* ⇒*true(-born/-blue)* ◆ **1.1** iedere ~e Fransman *every true Frenchman.*
rechthebbende 0.1 *(rightful) claimant* ⇒*person/party entitled,* (van handelsmerk e.d.) *proprietor.*
rechthoek 0.1 *rectangle* ⇒*oblong.*
rechthoekig 0.1 [met een of meer rechte hoeken] (bn.) *right-angled;* (bw.) *at right angles* **0.2** [met de vorm v.e. rechthoek] (bn.) *rectangular, oblong* ◆ **1.1** een ~e driehoek *a right-angled triangle* **1.2** een ~e kamer *a r. room* **6.1** ~ op *at right angles to.*
rechthoekszijde (wisk.) **0.1** *cathetus.*
rechtlijnig 0.1 (bn.) *straight(-lined), (recti)linear;* (fig.) *consistent, straightforward;* (bw.) *in a straight line* ◆

1.1 (fig.) een ~ betoog *a logical argument* **3.1** (fig.) ~ denken *think along straight lines;* ~ tekenen *geometrical drawing.*
rechtlijnigheid 0.1 *straightness* ⇒(fig.) *consistency,* (fig.) *straightforwardness.*
rechtmatig 0.1 [wettig] *rightful* (erfgenaam, eigenaar); *lawful* (handeling); *legitimate* (bewind, erfgenaam) **0.2** [gerechtvaardigd] *legitimate* ⇒*just* ◆ **1.1** de ~e eigenaars *the r./legitimate owners* **1.2** met ~e trots *with l. pride* **3.1** dat komt hem ~ toe *that is his by rights.*
rechtmatigheid 0.1 *rightfulness* ⇒*lawfulness, legitimacy.*
rechtop 0.1 *upright* ⇒*straight (up), on end* (van langwerpige voorwerpen) ◆ **3.1** ~ lopen/zitten *walk u., sit up straight;* ~ schrijven *have an u. hand.*
rechtopstaand 0.1 *erect* ⇒*upright.*
rechts¹ (het) **0.1** [pol.] *(the) Right* **0.2** [mbt. verkeer] *traffic from the right* ◆ **3.1** klein ~ *the minor right-wing parties;* uiterst rechts, extreem-rechts *far-/ultra-right.*
rechts² (bn., bw.) **0.1** [aan de rechterzijde] *right(-hand)* **0.2** [rechtshandig] *right-handed* **0.3** [pol.] *right-wing* **0.4** [naar rechts draaiend] *right-hand(ed)* ◆ **1.1** de eerste deur ~ *the first door on/to the right;* (sport) een ~e stoot *a right (jab)* **1.3** de ~e partijen *the r.-w. parties* **3.1** ~ afslaan *turn (off to the) right;* ~ houden/rijden *keep (to the) right, drive on the right* **3.2** ~ schrijven *write with one's right hand* **5.1** ~ boven/beneden *top/bottom right* **6.1** naar ~ *to the right;* hij zat ~ van mij *he sat on my right(-hand side).*
rechtsaf 0.1 *(to the/one's) right* ◆ **3.1** bij de splitsing moet u ~ *you have to turn r. at the junction.*
rechtsback (sport) **0.1** *right back.*
rechtsbeginsel 0.1 *principle of justice/the law* ⇒*legal/juridical principle, legal maxim.*
rechtsbegrip 0.1 [gevoel inzake (on)recht] *sense of justice* ⇒*conception of law/justice* **0.2** [juridisch begrip] *legal concept/notion* ◆ **2.1** ons aangeboren ~ *our innate sense of justice.*
rechtsbenig, -voetig (sport) **0.1** *right-footed.*
rechtsbescherming 0.1 *legal protection.*
rechtsbevoegd 0.1 *having/possessing (legal) rights* ◆ **3.1** ieder persoon is ~ *everyone has legal rights.*
rechtsbijstand 0.1 *legal aid.*
rechtsbuiten (sport) **0.1** *right-winger, outside right.*
rechtschapen 0.1 *honest* ⇒*upright* ◆ **1.1** ~ mensen *righteous people.*
rechtschapenheid 0.1 *honesty.*
rechtscollege 0.1 *court (of justice/law)* ⇒*lawcourt,* (de personen) *bench.*
rechtsdraaiend 0.1 [draaiend met de klok mee] *turning to the right, clockwise* **0.2** [nat.] *dextrorotatory* ⇒(in combinaties) *dextro-* ◆ **1.2** ~e yoghurt *dextrorotatory yoghurt.*
rechtsgang 0.1 *(court) procedure* ⇒*course of proceedings, judicial process.*
rechtsgebied 0.1 [bevoegdheid tot rechtspreken] *jurisdiction* **0.2** [arrondissement] *(territorial) jurisdiction* ⇒*district (of a judge/court),* (USA ook) *judicial district* **0.3** [al wat de rechtspraak betreft] *(field/area of) law.*
rechtsgebouw 0.1 *law courts* ⇒*magistrates' court,* ^court-house.
rechtsgeding 0.1 [proces] *lawsuit* ⇒*legal action/suit* **0.2** [het procederen] *judicial/court procedure/proceeding* ◆ **3.1** een ~ aanspannen *institute (legal) proceedings.*
rechtsgeldig 0.1 *(legally) valid, lawful.*
rechtsgeldigheid 0.1 *legality* ⇒*legal force/validity* ◆ **7.1** een papier dat geen ~ bezit *a document that has no legal force.*

rechtsgeleerde 0.1 *lawyer* ⇒*jurist.*

rechtsgeleerdheid 0.1 *(science/study of) law/jurisprudence.*

rechtsgelijkheid 0.1 *equality before the law* ⇒*equality of rights/status.*

rechtsgevoel 0.1 *sense of justice.*

rechtsgrond 0.1 *legal foundation/cause.*

rechtshandhaving 0.1 *maintenance of law and order.*

rechtshandig 0.1 *right-handed.*

rechtshulp 0.1 *legal aid* ◆ 6.1 bureau voor ~ *legal advice centre;* ⟨GB⟩ *citizens' advice bureau.*

rechtskosten 0.1 *legal fees/charges, law-costs.*

rechtskracht 0.1 *legal force/effect, force of law.*

rechtskundig 0.1 [volgens het recht] *legal, juridical* 0.2 [juridisch geschoold] *legal, law-* ◆ 1.1 op ~e gronden *on l. grounds* 1.2 een ~ adviseur *a legal adviser, a solicitor;* ~e bijstand *legal aid.*

rechtskundige 0.1 *lawyer* ⇒*jurist, legal expert.*

rechtsmiddel 0.1 *legal/statutory remedy* ⇒*remedy at law.*

rechtsom 0.1 *(to the) right* ◆ 3.1 ⟨mil.⟩ ~ keert! *about turn!*

rechtsomkeert ◆ 3.¶ ~ maken ⟨mil.⟩ *do an about-turn;* ⟨fig.⟩ *make a U-turn.*

rechtsongelijkheid 0.1 *inequality of status/before the law* ⇒*legal inequality.*

rechtsonzekerheid 0.1 *legal insecurity.*

rechtsorde 0.1 *legal order* ⇒*system of law(s).*

rechtspersoon 0.1 *legal body/entity/persona* ⇒*corporate body* ⟨bv. gemeente⟩, *corporation* ⟨bv. gemeente⟩.

rechtspersoonlijkheid 0.1 *legal/corporate personality* ⇒ *corporate existence/capacity* ◆ 3.1 ~ hebben/verkrijgen *possess/acquire corporate personality/rights* 6.1 een vereniging met ~ *an incorporated society.*

rechtspleging 0.1 *administration/dispensation of justice;* ⟨wijze⟩ *judicial procedure* ◆ 2.1 buitengewone ~ *special (criminal) procedures.*

rechtspositie 0.1 *legal position* ◆ 2.1 de zwakke ~ van werknemers *the low legal status of employees.*

rechtspraak 0.1 [het spreken van recht] *administration of justice/of (the) law* 0.2 [rechtspleging] *jurisdiction* 0.3 [jurisprudentie] *jurisprudence* ◆ 3.1 de ~ is opgedragen aan de rechter *the administration of justice is entrusted to the judge* 6.2 de ~ in strafzaken *criminal j.*

rechtspreken 0.1 *administer justice* ◆ 1.1 de ~ de macht *the judicature/judiciary* 6.1 ~ in een zaak *judge a case.*

rechtsregel 0.1 *legal rule* ⇒*rule of law.*

rechtsstaat 0.1 *constitutional state.*

rechtsstelsel 0.1 *legal system* ⇒*system of law(s).*

rechtstaal 0.1 *legal language/terminology.*

rechtstandig 0.1 *perpendicular* ⇒*vertical* ◆ 1.1 een ~e wand *a p. wall.*

rechtstreeks 0.1 [zonder omwegen] *direct* ⇒*straight(forward)* 0.2 [zonder tussenschakel] *direct* ⇒*immediate* 0.3 [mbt. een directe relatie] *direct* ◆ 1.1 een ~e verbinding *a d. connection* 1.2 een ~e uitzending *a d. broadcast* 1.3 ~e afstammelingen *d. descendants* 3.1 ~ naar huis gaan *go straight/right home* 3.2 hij wendde zich ~ tot de minister *he went straight to the minister.*

rechtsveiligheid 0.1 *legal security.*

rechtsverkrachting 0.1 *violation of justice/the law.*

rechtsvervolging 0.1 *legal proceedings* ⇒*prosecution* ◆ 6.1 een ~ tegen iem. instellen *institute legal proceedings against s.o.;* ontslaan van ~ *acquit.*

rechtsvordering 0.1 [handeling] *(legal) action* 0.2 [stelsel van regels] *legal procedure* 0.3 [vordering] *legal claim.*

rechtswege ◆ 6.¶ het kwam hem van ~ toe *it was his by right;* een van ~ aangestelde voogd *a guardian appointed by the court.*

rechtswetenschap 0.1 *jurisprudence.*

rechtswezen 0.1 *law* ⇒*judicial/legal system.*

rechtswinkel 0.1 *law centre/clinic* ⇒⟨GB⟩ *citizens' advice bureau.*

rechtszaak 0.1 [geding] *lawsuit* 0.2 [mv.; mbt. zaken] *legal business/matters/cases* ◆ ¶.1 ergens een ~ van maken *take a matter to court.*

rechtszaal 0.1 *courtroom.*

rechtszekerheid 0.1 *legal security.*

rechtszitting 0.1 *sitting/session of the court.*

rechttoe ◆ 5.¶ ~, rechtaan *straightforward;* het was allemaal ~ rechtaan *it was plain sailing all the way.*

rechttrekken 0.1 [goedmaken, verbeteren] *set/put right* 0.2 [zo trekken dat het niet meer scheef is] *straighten (out)* ⇒*put/pull straight, adjust.*

rechtuit 0.1 [in een rechte lijn verder] *straight on/ahead* 0.2 [ronduit] *frankly* ⇒*straight(forwardly)* ◆ 3.1 ~ lopen *walk straight on* 3.2 ~ antwoorden *answer frankly, give a straight answer.*

rechtvaardig 0.1 *just* ⇒*fair,* ⟨rechtschapen ook⟩ *righteous* ◆ 1.1 een ~e inkomensverdeling *an equitable distribution of income;* een ~ oordeel *a fair judg(e)ment* 3.1 iem.~ behandelen *treat s.o. fairly.*

rechtvaardigen 0.1 [de legitimiteit/juistheid aantonen] *justify* ⇒⟨wettigen ook⟩ *warrant* 0.2 [de rechtvaardigheid aantonen] *justify* ⇒*vindicate* ◆ 4.1 zich tegenover iem. ~ *justify o.s. to s.o.* ¶.1 (passief) gerechtvaardigd zijn *be justified.*

rechtvaardigheid 0.1 *justice* ◆ 2.1 sociale ~ *social j.*

rechtvaardiging 0.1 *justification.*

rechtzetten 0.1 [rectificeren] *put/set right* ⇒*rectify* 0.2 [in de juiste stand zetten] *adjust* 0.3 [overeind zetten] *set/put up* ⇒*raise.*

rechtzinnig 0.1 [orthodox] *orthodox* ⇒⟨prot.⟩ *Reformed* 0.2 [openhartig] *frank* ⇒*open(-hearted).*

rechtzinnigheid 0.1 *orthodoxy.*

recidivist 0.1 ⟨jur.⟩ *recidivist* ⇒*repeated offender.*

reciproque ◆ 1.¶ ⟨wisk.⟩ ~ getallen *reciprocal numbers.*

recital ⟨muz.⟩ 0.1 *recital.*

recitatief ⟨muz.⟩ 0.1 [zang] *recitative* 0.2 [deel van een opera] *recitative.*

reciteren 0.1 *recite.*

reclamatie 0.1 [het reclameren] *reclamation* 0.2 [bezwaarschrift] *claim* ⇒*petition.*

reclame 0.1 [openbare aanprijzing] *advertising* ⇒*publicity* 0.2 [voorwerp] *ad(vertisement)* ⇒*sign* 0.3 [beklag] *claim* ⇒*appeal* 0.4 [terugvordering] *claim* ◆ 1.4 recht van ~ *right of stoppage (in transitu)* 2.1 ideële ~ *non-commercial advertising* 3.1 ~ maken (voor iets) *advertise (sth.)* 3.3 ~s indienen *submit complaints* 6.1 dat artikel is in de ~ *that article is on special offer;* dat is geen ~ voor hun zaak *that is not a good advertisement for their business.*

reclameaanbieding 0.1 *special offer.*

reclameblaadje 0.1 *advertising leaflet;* ⟨met meer bladen⟩ *advertising pamphlet* ⇒⟨krantje ook⟩ *freesheet.*

reclameboodschap 0.1 *commercial.*

reclamebord 0.1 *bill board* ⇒⟨groot⟩ *boarding,* ⟨advertising⟩ *sign* ⟨tegen muur⟩.

reclamebureau 0.1 *advertising agency.*

reclamecampagne 0.1 *advertising campaign* ⇒⟨niet voor koopwaren⟩ *publicity campaign* ◆ 3.1 een ~ voeren *run/conduct an advertising campaign.*

reclamechef 0.1 *advertising manager* ⇒⟨niet voor koopwaren⟩ *publicity manager.*

reclamecode 0.1 *code of advertising (practice), advertising standards.*

reclamedrukwerk 0.1 [handeling] *printing of advertising matter* **0.2** [resultaat] *advertising leaflets/*⟨met meer bladen⟩ *pamphlets/brochures* ◆ **5.2** mijn brievenbus zat vol~ *my letterbox was full of advertisements.*

reclamefolder 0.1 *advertising brochure/pamphlet* ⇒ ⟨niet voor koopwaren⟩ *publicity brochure/pamphlet.*

reclameraad 0.1 *Advertising Standards Council/Authority.*

reclameren 0.1 [+ over; klagen] *complain (about)* ⇒*object (to)* **0.2** [navraag doen] *claim* ⇒*put in a claim* ◆ **6.1** ik zal hierover~ **bij** de directie *I shall c. to the management about this.*

reclamespot 0.1 *commercial* ⇒⟨(advertising) spot,* ⟨tv ook⟩ *television ad.*

reclamestunt 0.1 *advertising stunt* ⇒⟨niet voor koopwaren⟩ *publicity stunt.*

reclametekst 0.1 *advertising text, copy* ⇒⟨niet voor koopwaren⟩ *publicity text.*

reclamewezen 0.1 *(world of) advertising.*

reclamezendtijd 0.1 *commercial broadcasting time.*

reclamezuil 0.1 *advertising column/pillar.*

reclasseren 0.1 *resettle/rehabilitate (discharged prisoners).*

reclassering 0.1 →**reclasseringswerk 0.2** [sociale (her)aanpassing] *resettlement, rehabilitation* **0.3** [instanties] *after-care and resettlement organizations.*

reclasseringsambtenaar 0.1 *probation officer.*

reclasseringswerk 0.1 ⟨after-care and resettlement of discharged prisoners⟩ ⇒⟨GB⟩ *probation and after-care service.*

reconstructie 0.1 *reconstruction* ◆ **1.1** de ~ van een misdrijf *the r. of a crime.*

reconstrueren 0.1 *reconstruct* ◆ **1.1** een misdrijf ~ *r. a crime.*

record 0.1 ⟨ook sport⟩ *record* ◆ **3.1** een ~ breken/vestigen *break/establish a r.*

recordaantal 0.1 *record number.*

recordhouder, -houdster 0.1 *record-holder.*

recordomzet 0.1 *record turnover.*

recordpoging 0.1 *attempt on a record.*

recordsnelheid 0.1 *record speed.*

recordtempo 0.1 *record speed* ◆ **6.1** in een ~ *at r. s.*

recordtijd 0.1 *record time.*

recoverkamer 0.1 *recovery room.*

recreant 0.1 ±*holiday-maker.*

recreatie 0.1 [ontspanning] *recreation* ⇒*leisure* **0.2** [tijd voor ontspanning] *time for recreation* ⇒*playtime* ⟨school⟩.

recreatief 0.1 *recreational.*

recreatieloop ⟨sport⟩ **0.1** *fun run.*

recreatieoord 0.1 *(holiday/*Ꭺ*vacation) resort* ⇒*holiday/* Ꭺ*vacation camp.*

recreatiepark, -terrein 0.1 *recreation park.*

recreatiesport 0.1 *leisure sport.*

recreatiezaal 0.1 *recreation room.*

rectaal ⟨med.⟩ **0.1** *rectal* ◆ **3.1** de temperatuur ~ opnemen *take s.o.'s temperature rectally.*

rectificatie 0.1 *rectification.*

rectificeren 0.1 *rectify.*

recto 0.1 *on the recto side.*

rector 0.1 [directeur v.e. school] *headmaster* ⇒⟨vnl. AE⟩

principal **0.2** [voorzitter v.e. academisch bestuur] *rector* ⇒ ⟨GB ook⟩ *vice-chancellor* **0.3** [geestelijk leider] *rector* ◆ ¶.2 ~ magnificus *rector;* ⟨GB ook⟩ *vice-chancellor.*

rectoraat 0.1 [waardigheid, ambt] *rectorship* ⇒⟨BE, universiteit⟩ *vice-chancellorship,* ⟨school⟩ *headmastership, principalship* **0.2** [periode] *rectorate* ⇒*rectorship, vice-chancellorship, headmastership, principalship* **0.3** [kerk] *rectory.*

rectrix 0.1 *headmistress;* ⟨vnl. AE⟩ *principal.*

rectum ⟨med.⟩ **0.1** *rectum.*

reçu 0.1 *receipt* (kwitantie) ⇒*counterfoil* ⟨afgescheurd van postwissel enz.⟩.

recupereren 0.1 *recuperate* ⇒*recover.*

recyclen 0.1 *recycle.*

recycling 0.1 *recycling* ◆ **6.1** die flessen gaan in de ~ *those bottles will be recycled.*

redacteur, -trice 0.1 *editor.*

redactie 0.1 [het redigeren van een stuk] *editing* **0.2** [de redacteuren] *editors* ⇒*editorial staff* **0.3** [bureau] *editorial office* ◆ **3.1** de ~ v.e. tijdschrift verzorgen *edit a magazine* **6.1** onder ~ van *edited by* **6.2** hij zit in de ~ *he is a member of the editorial staff.*

redactielid 0.1 *member of the editorial staff.*

redactievergadering 0.1 *editorial meeting* ⇒*meeting of the editorial board.*

redactioneel 0.1 *editorial* ◆ **1.1** een ~ artikel *an e.*

redactrice →**redacteur.**

reddeloos I ⟨bn.⟩ **0.1** [niet gered kunnende worden] *past help/saving* ⇒*beyond hope, irretrievable* ⟨zaak, toestand⟩, *irrecoverable* ⟨zaak, toestand⟩; **II** ⟨bw.⟩ **0.1** [zó dat redding onmogelijk is] *irretrievably* ◆ **2.1** hij is ~ verloren *he is i. beyond redemption.*

redden I ⟨ov.ww.⟩ **0.1** [uit gevaar helpen] *save* ⇒*rescue,* ⟨bij ramp ook⟩ *salvage* **0.2** [uit een situatie helpen] *save* **0.3** [+ het; gedaan krijgen] *manage* ◆ **1.1** zijn naam ~ *save one's name* **1.2** de ~de hand toesteken *give the kiss of life;* de toestand/zaak ~ *save the day* **3.1** we moeten zien te ~ wat er te ~ valt *we must make the best of a bad job* **3.2** zichzelf weten te ~ *work out one's own salvation;* gered zijn *be helped* ⟨bv. door iets te krijgen⟩ **4.3** de zieke zal het niet ~ *the patient won't pull through* ¶.2 redde wie zich ~ kan *run for your lives;* **II** ⟨wk.ww.; zich ~ ⟩ **0.1** [zich kunnen handhaven] *manage* ⇒*cope* ◆ **3.1** ik spreek genoeg Frans om me te kunnen ~ *I speak enough French to get by* **5.1** ik red me best! *I'm managing all right!;* **III** ⟨onov., ov.ww.⟩ **0.1** [redding brengen] *save* ◆ **1.1** Jezus redt *Jesus saves.*

redder 0.1 [iem. die redt] *rescuer* ⇒⟨bij ramp ook⟩ *rescueworker,* ⟨fig. ook⟩ *saviour* **0.2** [mbt. schipbreukelingen] *rescuer* **0.3** [Jezus] *Saviour* ◆ **6.1** een ~ **in** de nood *a lifesaver.*

redderen 0.1 [opruimen] *tidy up* **0.2** [regelen] *arrange* ⇒ *put in order.*

redding 0.1 [heil] *salvation* ⇒⟨zaligmaking ook⟩ *redemption* **0.2** [verlossing] *rescue* ⇒*salvation* **0.3** [mbt. schipbreukelingen] *rescue* ◆ **4.2** dat is onze ~ *that is our salvation.*

reddingsactie 0.1 *rescue operation.*

reddingsboei 0.1 *lifebuoy.*

reddingsboot 0.1 *lifeboat.*

reddingsbrigade 0.1 *rescue party/team.*

reddingsoperatie 0.1 *rescue operation* ⇒⟨berging⟩ *salvage operation.*

reddingsploeg 0.1 *rescue party/team* ⇒⟨om iem. te zoe-

ken⟩ *search party* ◆ **1.1** de mannen v.d.~ *the rescue workers.*

reddingspoging 0.1 *rescue attempt/bid/effort* ◆ **3.1** hun ~en mochten hem niet baten *their attempts/efforts to rescue him were in vain.*

reddingsvest 0.1 *life jacket/vest.*

reddingsvlot 0.1 *life raft.*

reddingswerker 0.1 *rescue worker.*

rede 0.1 [denkvermogen] *reason* ⇒*sense* **0.2** [het uiten van woorden] *speech* **0.3** [redevoering] *speech* ⇒*address* ⟨toespraak⟩ **0.4** [begrips- en onderscheidingsvermogen] *reason* ⇒*intelligence, intellect* **0.5** [redelijkheid] *reason* ◆ **2.2** directe/indirecte ~ *direct/indirect s.* **3.3** een ~ houden *make a s.* **6.1** met ~ *sensibly;* iem. **tot** ~ brengen *make s.o. see r.;* hij is niet **voor** ~ vatbaar *he won't listen to/see r.* **6.2** iem. **in** de ~ vallen *interrupt s.o.*

redekundig ◆ **1.¶** ⟨taal.⟩ ~e ontleding *parsing.*

redelijk I ⟨bn., bw.⟩ **0.1** [met rede begaafd] *rational* **0.2** [rationeel] *rational* ⇒*sensible* **0.3** [rechtvaardig, billijk] *reasonable* ⇒*fair* **0.4** [vrij goed] *reasonable* ⇒*fair* ◆ **1.1** de mens is een ~ wezen *man is a r. being* **1.3** binnen ~e grenzen *within (r.) limits;* een ~e prijs *a r. price* **1.4** een ~e kans maken *stand a r. chance;* de resultaten waren ~ *the results were r.* **3.2** ~ denken *think rationally/sensibly* **3.4** de pijn is nu ~ te verdragen *the pain is tolerable now;* **II** ⟨bw.⟩ **0.1** [tamelijk] *reasonably* ⇒*fairly* ◆ **2.1** ik ben ~ gezond *I am in r. good health;* ~ groot *fair-sized.*

redelijkerwijs 0.1 [met billijkheid] *in fairness* **0.2** [met verstand redenerend] *reasonably* ⇒*in/with reason* ◆ **3.1** ~ kunt u niet meer verlangen *in all fairness you cannot expect more* **3.2** ~ kan ik dat niet geloven *I cannot r. believe this.*

redelijkheid 0.1 [verstandigheid] *reasonableness* ⇒*judiciousness* **0.2** [rechtvaardigheid, billijkheid] *reasonableness* ⇒*fairness* ◆ **6.2** dat kan **in** ~ niet van ons gevergd worden *that cannot in fairness be asked of us.*

redeloos 0.1 [niet met rede begaafd] *irrational* ⇒*void of reason* **0.2** [dwaas] *unreasonable* ⇒*void of reason* **0.3** [niet naar rede luisterend] *unreasoning* ⇒*senseless* ◆ **1.1** redeloze dieren *brute beasts* **1.3** redeloze woede *blind rage.*

redeloosheid 0.1 *irrationality* ⇒*unreason.*

reden 0.1 [wat de mens doet handelen] *reason* ⇒*cause, occasion* **0.2** [motief, argument] *reason* ⇒*motive* ◆ **1.2** zonder opgaaf van ~en *without r.* **2.1** om persoonlijke ~en *for personal reasons* **3.1** ik heb er mijn ~ voor *I have my reasons;* ik zie geen ~ om dit te doen *I can see no r. for doing this* **3.2** ~ geven tot *give cause for* **6.1** met ~ *with (good) r.;* **om** die ~ *for that r.;* **om** welke ~ ook *for any r. whatsoever;* geen ~ **tot** klagen hebben *have no cause/ground for complaint;* en niet **zonder** ~! *and not without r.!, and quite right too!* **¶.1** een ~ te meer om ... *all the more r. why ...*

redenaar 0.1 [spreker] *speaker* ⇒*orator* **0.2** [beoefenaar v.d. welsprekendheid] *orator* ⇒*rhetorician* ◆ **7.2** hij is geen ~ *he is no great o.*

redenaarstalent 0.1 *oratorical talent/powers.*

redenatie 0.1 *reasoning* ⇒*argument.*

redeneertrant 0.1 *(style of) argumentation.*

redeneren 0.1 [gevolgtrekkingen afleiden] *reason* **0.2** [argumenteren, redetwisten] *reason* ⇒*argue (about)* ◆ **3.2** daartegen is/valt niet te ~ *there is no arguing with that* **5.1** logisch ~ *r. logically.*

redenering 0.1 [argumentatie] *reasoning* ⇒*argumentation* **0.2** [relaas] *discourse* ◆ **1.1** een fout in de ~ *a flaw in the r.* **2.2** ellenlange ~en houden *hold endless discourses (on)*

6.1 door (logische) ~ kan men dat geheel duidelijk maken *logical r. makes this entirely clear;* **volgens** die ~ *according to this line of r.*

redengevend 0.1 ⟨taal.⟩ *causal.*

reder 0.1 *shipowner.*

rederij ⟨scheep.⟩ **0.1** [het uitrusten en exploiteren] *fitting out ships, fitting ships/getting ships ready for sea* **0.2** [bedrijf] *shipping company* ⇒*shipowner(s), carrier.*

redetwisten 0.1 *argue* ⇒*dispute.*

redevoering 0.1 *speech* ⇒*address,* ⟨plechtig ook⟩ *(per)oration* ◆ **3.1** een ~ houden *make/deliver a s.*

redigeren 0.1 [opstellen] *draw up* ⇒*draft* **0.2** [redactie voeren van] *edit* ◆ **1.1** een wetsartikel opnieuw ~ *reword a section of a law* **1.2** een dagblad ~ *e. a newspaper.*

redmiddel 0.1 *remedy* ⇒*expedient* ◆ **2.1** als laatste ~ *in the last resort.*

redox ⟨schei.⟩ **0.1** *redox.*

reduceren 0.1 [verminderen, verkleinen] *reduce* ⇒*decrease* **0.2** [schei., tech.] *reduce* ⇒*deoxidize, deoxidate* ◆ **1.1** gereduceerd tarief *reduced rate.*

reductie 0.1 [vermindering, verkleining] *reduction* ⇒*decrease,* ⟨vnl. besnoeiing⟩ *cut,* ⟨vnl. besnoeiing⟩ *cutback,* ⟨voor gepensioneerden e.d. ook⟩ *concession* **0.2** [schei., tech.] *reduction* ⇒*deoxidation* ◆ **3.1** ~ geven *give a discount.*

reductiekaart 0.1 ⟨mbt. openbaar vervoer⟩ *reduced fare pass;* ⟨mbt. koopwaren⟩ *discount card.*

redupliceren 0.1 [verdubbelen] *reduplicate* ⇒*double.*

ree 0.1 *roe (deer).*

reebok 0.1 [mannetjesree] *roebuck* **0.2** [antilope] *reebok.*

reebout 0.1 *haunch of venison.*

reebruin 0.1 *fawn(-coloured)* ⇒*hazel* ⟨ogen⟩.

reeds ⟨schr.⟩ **0.1** *already* ◆ **5.1** is hij nu ~ vertrokken? *has he a. gone?;* toen ~ *even then* **6.1** ~ **in** de vorige eeuw *as long ago as/as far back as the previous century.*

reëel 0.1 [bestaand] *real* ⇒*actual* **0.2** [zakelijk, nuchter] *realistic* ⇒*reasonable* **0.3** [jur.] *real* **0.4** [intrinsieke waarde hebbend] *real* ⇒*genuine* ◆ **1.1** reële gevaren *r./actual dangers;* reële groei v.h. inkomen *growth of r. income* **1.2** een reële kijk op het leven hebben *have a realistic outlook on life* **1.3** een reële overeenkomst *a real contract.*

reef ⟨scheep.⟩ **0.1** *reef* ◆ **3.1** een ~ losmaken/inbinden *let out/take in a r.*

reekalf 0.1 *fawn.*

reeks 0.1 [rij van dingen] *series* ⇒*row, string* ⟨woorden, tekens⟩ **0.2** [opeenvolging] *series* ⇒*succession, sequence* **0.3** [aantal, serie] *series* ⇒⟨verzameling⟩ *set* **0.4** [wisk.] *progression, series* ◆ **1.2** een ~ ongelukken *a string/succession of accidents* **2.3** een literaire ~ *a literary series* **2.4** rekenkundige ~ *arithmetic p./s.*

reep 0.1 [smalle strook] *strip* ⇒*thong* ⟨leer⟩, ⟨band⟩ *band,* ⟨reepje⟩ *sliver* **0.2** [chocolade] *(chocolate) bar* **0.3** [zwaar touw] *rope* ⇒*cable* ◆ **1.1** een ~ grond *a strip of land* **1.3** de ~ van een veerpont *the cable of a ferry* **6.1 in** ~jes snijden *thinly slice* ⟨groente, vlees enz.⟩.

reerug 0.1 *saddle/loin of venison.*

reet 0.1 [nauwe opening] *crack* ⇒*chink,* ⟨vnl. in rots⟩ *crevice,* ⟨vnl. in rots⟩ *cleft* **0.2** [vulg.; achterste] *arse,* ᴬ*ass* ⇒*backside* ◆ **1.1** door de ~ v.d. deur *through the crack/chink in the door* **6.2 aan** mijn ~ *my arse!* **7.2** het kan me geen ~ schelen *I don't give a fuck.*

refactie ⟨hand.⟩ **0.1** *rebate* ⇒*recompense.*

referaat 0.1 [verslag] *report* **0.2** [voordracht] *lecture, paper* ◆ **3.2** een ~ houden over *read a p. on.*

referendaris 0.1 ±*head of department, senior (government) official.*

673

referendum 0.1 *referendum* ⇒*plebiscite* ◆ **3.1** een ~ houden over iets *hold a r. on sth.*
referent 0.1 [iem. die een referaat houdt] *speaker* ⇒*lecturer* **0.2** [iem. die informaties bezorgt] *consultant, expert, specialist.*
referentie 0.1 [verwijzing] *reference* **0.2** [(opgave van) personen] *reference* ⇒⟨BE; persoon ook⟩ *referee* ◆ **3.2** ~s opgeven *provide references* **8.2** mag ik u als ~ opgeven? *may I use you as a reference?*
referentiekader 0.1 *frame of reference.*
referentiepunt 0.1 *reference point* ⇒*point of reference.*
refereren 0.1 *refer* ◆ **6.1** (zich) ~ **aan** een brief *r. to a letter.*
referte 0.1 *reference* ◆ **6.1** ⟨schr.⟩ **onder/met ~ aan** uw schrijven *with r. to/further to your letter.*
reflectant 0.1 [bij sollicitatie] *applicant, candidate;* ⟨ec.⟩ *intending/prospective purchaser/buyer.*
reflecteren I ⟨onov.ww.⟩ **0.1** [het in aanmerking nemen] *consider* ⟨sollicitatie⟩; *answer* ⟨advertentie⟩ **0.2** [nadenken (over)] *reflect (on/upon)* ⇒*consider* ◆ **6.1** ~ **op** een advertentie *answer an advertisement;*
II ⟨onov., ov.ww.⟩ **0.1** [weerspiegelen, ook fig.] *reflect* ⟨ook fig.⟩ ⇒*mirror.*
reflectie 0.1 *reflection.*
reflector 0.1 [vlak dat straling terugkaatst] *reflector* **0.2** [verkeer] *reflector* ⇒⟨op wegdek⟩ *cat's-eye* **0.3** [spiegeltelescoop] *reflector, reflecting telescope.*
reflex 0.1 [onwillekeurige reactie] *reflex* **0.2** [weerspiegeling] *reflex* ⇒*reflection* ◆ **2.1** een aangeboren ~ *an innate r.*
reflexbeweging 0.1 *reflex movement/(re)action* ⇒*reflex.*
reflexcamera 0.1 *reflex camera.*
reflexief 0.1 [taal.] *reflexive* **0.2** [bespiegelend] *reflective* ⇒*contemplative.*
reformartikel 0.1 *health food product* ⇒*wholefood product.*
reformatie 0.1 *reformation.*
Reformatie ⟨rel.⟩ **0.1** *Reformation.*
reformeren 0.1 *reform* ◆ **1.1** de gereformeerde religie *the reformed church.*
reformvoeding 0.1 *health food, wholefood.*
reformwinkel, -huis 0.1 *health food/wholefood shop.*
refrein 0.1 *refrain* ⇒*chorus* ◆ **3.1** iedereen zong het ~ mee *everybody joined in the chorus.*
refter 0.1 *refectory.*
regaal 0.1 *regal* ⇒*royal* ◆ **1.1** ~ recht *royal prerogative;* ⟨mv. ook⟩ *regalia.*
regatta 0.1 *regatta.*
regeerakkoord 0.1 *coalition agreement.*
regeerbaar 0.1 *governable.*
regeerder 0.1 *ruler* ⇒*governor* ◆ **1.1** ~s en geregeerden *rulers and subjects.*
regeerperiode 0.1 *period of office* ⇒*period of government.*
regeerzucht 0.1 *lust/passion for power.*
regel 0.1 [lijn] *line* **0.2** [reeks geschreven/gedrukte woorden] *line* **0.3** [geschreven mededeling] *line* ⇒*note* **0.4** [gewoonte] *rule* **0.5** [aanvaarde handelwijze] *rule* ⇒*norm, practice* **0.6** [voorschrift] *rule* ⇒*regulation,* ⟨van spel ook⟩ *law* ◆ **1.3** schrijf mij een paar -tjes *drop me a l.* **1.4** het is eerder ~ dan uitzondering *it is the r. rather than the exception* **2.5** het is vaste ~ *it is standard (practice)* **2.6** een algemene ~ *a general rule;* vaste ~ *hard and fast rule* **3.2** een ~ overslaan *skip a l.;* ⟨bij schrijven ook⟩ *leave a l. blank* **3.4** het is ~ dat … *it is a (general) r. that …* de ~s door lezen ⟨fig.⟩ *read between the lines* **6.4** in de ~ *as a r., ordinarily* **6.5** zich **aan** geen ~s storen *ignore the rules*

---

referendum - regenbak

6.6 tegen alle ~s in *contrary to/against all the rules;* volgens de ~s v.d. kunst *in the approved manner.*
regelaar 0.1 [persoon] *regulator* ⇒*organizer, fixer* **0.2** [instrument] *regulator* ⇒*control.*
regelafstand 0.1 *line space, spacing* ◆ **2.1** op enkele/dubbele ~ *single-/double-spaced.*
regelapparatuur 0.1 *regulating equipment/gear, control equipment* ⇒⟨comp.⟩ *control devices.*
regelbaar 0.1 *regulable* ⇒⟨verstelbaar⟩ *adjustable,* ⟨stuurbaar⟩ *controllable,* ⟨variabel⟩ *variable* ◆ **1.1** een regelbare schroef *an adjustable screw.*
regelen 0.1 [in orde brengen] *regulate* ⇒⟨organiseren⟩ *arrange,* ⟨inf.⟩ *fix (up), settle* ⟨zaken, schulden⟩, *control* ⟨verkeer⟩, ⟨tech. ook⟩ *adjust,* ⟨orde scheppen⟩ *order* **0.2** [bepalen, vaststellen] *regulate* ⇒*lay down rules for,* ⟨prijzen ook⟩ *control,* ⟨prijzen ook⟩ *adjust, settle* ⟨geschil⟩ ◆ **1.1** de geluidssterkte ~ *adjust the volume;* de temperatuur ~ *r./ control the temperature;* het verkeer ~ *direct the traffic* **5.1** ik zal dat wel even ~ *I'll take care of that* **6.2** dat is geregeld **bij** de wet *that is provided for by (the) law.*
regelgeving 0.1 [het geven van voorschriften] *issuing/giving of rules/* ⟨aanwijzingen⟩ *instructions* **0.2** [de gegeven voorschriften] *rules;* ⟨aanwijzingen⟩ *instructions.*
regeling 0.1 [het in orde brengen] *regulation, arrangement* ⇒*settlement, settling, ordering, control* ⟨verkeer⟩, ⟨afstelling⟩ *adjustment* **0.2** [bepaling] *regulation* ⇒*control* **0.3** [schikking] *arrangement* ⇒*settlement, adjustment, scheme* ⟨pensioen, sparen⟩ ◆ **3.3** een ~ treffen *make an arrangement/a settlement* **6.1** de ~ van de geldzaken *the settling of money matters.*
regelkamer 0.1 *control room.*
regelklep 0.1 *pilot/control valve.*
regelknop 0.1 *control button/key* ⇒*regulator.*
regellengte 0.1 *length of a/the line.*
regelmaat 0.1 *regularity* ◆ **6.1** met de ~ van de klok *as regular as clockwork.*
regelmatig 0.1 [zichzelf gelijkblijvend] *regular* ⇒*orderly* **0.2** [geregeld] *regular* ⇒⟨vaak⟩ *frequent* **0.3** [volgens de regels] *regular* ⇒*lawful* ◆ **1.1** een ~e ademhaling *r./even breathing;* een ~ leven leiden *lead a r./an orderly life* **1.3** ⟨taal.⟩ een ~ werkwoord *a r. verb* **3.2** ~ naar de kerk gaan *be a r. churchgoer;* dat komt ~ voor *that happens regularly/that's a regular occurrence.*
regelmatigheid 0.1 *regularity* ⇒⟨gelijkmatigheid ook⟩ *evenness.*
regelrecht 0.1 *straight* ⇒*direct,* ⟨bw. ook⟩ *right* ◆ **1.1** een ~e leugen *a blatant/downright lie* **2.¶** hij is ~ dom *he is utterly stupid* **3.1** ~ van iem. afstammen *be directly descended from s.o.;* ~ iets vragen *ask sth. right out* **6.1** de kinderen kwamen ~ **naar** huis *the children came s. home.*
regeltechniek 0.1 *control engineering.*
regelzucht 0.1 *mania for organization.*
regen 0.1 [neerslag] *rain* **0.2** [bui] *rain* ⇒⟨buitje⟩ *shower* **0.3** [grote hoeveelheid, ook in samenst.] *rain* ⇒*hail* ◆ **1.3** een ~ van kogels *a hail of bullets* **2.1** aanhoudende ~ *persistent r.;* in de stromende ~ *in the pouring r.;* zure ~ *acid r.* **2.2** zware ~s *heavy rains* **6.1** ⟨fig.⟩ **van** de ~ in de drup komen *jump out of the frying pan into the fire* **¶.1** ⟨sprw.⟩ na ~ komt zonneschijn *after a storm comes a calm.*
regenachtig 0.1 [met regen dreigend] *rainy* ⇒*showery* **0.2** [mbt. een tijdperk/seizoen] *rainy* ⇒*wet* ◆ **1.1** een ~e dag *a r. day* **1.2** een ~e zomer *a r. summer* **3.1** het ziet er ~ uit *it looks like rain.*
regenachtigheid 0.1 *raininess.*
regenbak 0.1 *cistern* ⇒⟨rain-⟩*water tank,* ⟨regenton⟩ *water-butt.*

regenboog 0.1 *rainbow.*
regenboogtrui ⟨sport⟩ **0.1** *rainbow jersey.*
regenboogvlies 0.1 *iris.*
regenbroek 0.1 *waterproof trousers* ⇒*rainproof trousers.*
regenbui 0.1 *shower (of rain)* ⇒⟨zwaar⟩ *downpour.*
regendruppel 0.1 *raindrop.*
regenen I ⟨onpers.ww.⟩ **0.1** [in druppels neervallen] *rain* ⇒ ⟨licht⟩ *shower, spot, drizzle* **0.2** [in grote menigte neerkomen] *rain* ⇒*shower* ♦ **1.2** het regende complimenten *the compliments were flying* **5.1** het heeft flink geregend *there was quite a downpour* **8.1** het regent dat het giet *it's pouring;*
II ⟨onov.ww.⟩ **0.1** [regen doen neervallen] *rain.*
regeneratie 0.1 [geestelijke wedergeboorte] *regeneration* ⇒*(spiritual) rebirth* **0.2** [tech.] *recycling* ⇒*reclamation.*
regenfront 0.1 *rainy front.*
regengebied 0.1 *rainy area* ⇒⟨meteo.⟩ *precipitation area.*
regeninstallatie 0.1 *sprinkler (system).*
regenjas 0.1 *raincoat* ⇒⟨BE ook⟩ *mackintosh,* ⟨inf.⟩ *mac.*
regenkapje 0.1 *rain/waterproof hat.*
regenkleding 0.1 *rainproof clothing* ⇒*rainwear.*
regenlucht 0.1 *overcast sky.*
regenmantel →*regenjas.*
regenmeter 0.1 *rain gauge.*
regenmoesson 0.1 *monsoon.*
regenpak 0.1 *waterproof/rainproof suit* ⇒*rainwear.*
regenpijp 0.1 *drainpipe.*
regenrijk 0.1 *rainy* ⇒*wet.*
regenschaduw 0.1 *rain shadow.*
regenseizoen 0.1 *rainy season.*
regent, -es 0.1 [iem. die het rijksbestuur waarneemt] *regent* **0.2** [gesch.; bestuurder/ster v.e. liefdadigheidsinstelling] *trustee* ⇒*governor* **0.3** [bel.; autoritair bestuurder] *dictator.*
regentijd 0.1 *rainy season* ⇒*rains* ♦ **6.1 in** de ~ *during the rainy season.*
regenton 0.1 *water butt* ⇒*rain barrel.*
regentschap 0.1 [ambt] *regency* ⇒*regentship* **0.2** [periode; gewest] *regency* ♦ **6.1 onder** het ~ van *under the regency of.*
regenval 0.1 [hoeveelheid regenwater] *rainfall* **0.2** [het regenen] *rain(fall)* ⇒*fall of rain,* ⟨bui⟩ *shower,* ⟨meteo.⟩ *precipitation.*
regenvlaag 0.1 *rainy squall.*
regenwater 0.1 *rainwater.*
regenweer 0.1 *rainy/wet weather.*
regenwolk 0.1 *rain/storm cloud.*
regenworm 0.1 *earthworm.*
regenwoud 0.1 *rain forest.*
regenzone 0.1 *rain belt.*
regeren I ⟨onov., ov.ww.⟩ **0.1** [overheidsgezag uitoefenen] *rule (over)* ⇒*reign* ⟨vnl. vorst⟩, *govern, control* ⟨ook fig.⟩ ♦ **1.1** de ~de partij *the party in power* **6.1 in/over** een land ~ *rule over/govern a country;*
II ⟨ov.ww.⟩ **0.1** [taal.] *take* ♦ **1.1** de meeste voorzetsels ~ de vierde naamval *most prepositions take the accusative case.*
regering 0.1 [(het staatshoofd met) de ministers] *government* **0.2** [uitoefening van overheidsgezag] *government* ⇒ *administration,* ⟨vorst⟩ *rule,* ⟨vorst⟩ *reign* **0.3** [periode] *government; reign* ⟨vorst⟩ ♦ **3.1** de ~ is afgetreden *the g. has resigned;* een ~ vormen *form a g.* **3.2** de ~ aanvaarden *assume office;* aan de ~ komen *come to power* ⟨partij⟩; *come into office* ⟨ministers⟩.
regeringsadviseur 0.1 *government adviser.*

regeringsbeleid 0.1 *government policy.*
regeringsbesluit 0.1 *government decision/*⟨tekst⟩ *order.*
regeringsbestel 0.1 *system/form of government* ⇒*polity.*
regeringscoalitie 0.1 *government coalition.*
regeringscommissaris 0.1 [iem. door de regering met een bijzondere taak belast] *government commissioner/administrator* **0.2** [lid v.e. raad van commissarissen namens de regering] *government-appointed director.*
regeringscrisis 0.1 *government crisis* ⇒*cabinet crisis.*
regeringsdienst 0.1 *government service* ⇒*civil service* ♦ **6.1 in** ~ zijn *be in g. s./government employ; be a civil servant* ⟨ambtenaar⟩.
regeringsfractie 0.1 [*government MPs,* ᴬ*majority party.*
regeringsfunctionaris 0.1 *senior civil servant* ⇒*functionary.*
regeringsgebouw 0.1 *government building.*
regeringskringen ♦ **6.¶** in ~ *in government circles.*
regeringsleider 0.1 *leader of the government.*
regeringsmeerderheid 0.1 [het grootste deel v.d. regering] *cabinet majority* **0.2** [steunende meerderheid in het parlement] *government majority.*
regeringspartij 0.1 *party in office/power* ⇒*government party.*
regeringsstelsel 0.1 *system/form of government.*
regeringsuitgave 0.1 *government expenditure* ⇒⟨mv. ook⟩ *government spending.*
regeringsverantwoordelijkheid 0.1 *responsibilities of government.*
regeringsverklaring 0.1 *government policy statement.*
regeringsvorm 0.1 *(form of) government* ♦ **2.1** een constitutionele ~ *a constitutional g.*
regeringswege ♦ **6.¶** het werd van ~ verboden *it was forbidden by the government.*
regeringswisseling 0.1 *change of government.*
regeringswoordvoerder, -ster 0.1 *government spokesman.*
regeringszaak 0.1 *state affair* ⇒*government business.*
regeringszijde ♦ **6.¶** van ~ *officially, on behalf of the government, from/by the government;* er werd van ~ medegedeeld dat ... *it was officially stated that ...*
regie 0.1 *direction* ⇒⟨BE ook⟩ *production* ♦ **1.1** de ~ v.h. toneelstuk *the d./production of the play* **3.1** de ~ doen van een stuk *direct/produce a play.*
regieaanwijzing 0.1 *(stage/film) direction.*
regieassistent, -e ⟨film, tv⟩ **0.1** *assistant to the director/*⟨BE ook⟩ *producer* ⇒⟨v. ook⟩ *script girl.*
regime 0.1 [staatsbestel] *regime* **0.2** [voorschriften] *regimen* ⇒⟨med.⟩ *diet* ♦ **2.1** een militair ~ *a military r.* **6.1** onder het nieuwe ~ *under the new r.*
regiment 0.1 [militaire eenheid] *regiment* **0.2** [groot aantal] *regiment* ⇒*army* ♦ **1.1** een ~ infanterie *an infantry r.* **1.2** een heel ~ muizen *a whole r./army of mice.*
regio 0.1 [streek] *region* ⇒*area* **0.2** [mv.; luchtlaag] *spheres* ⟨ook fig.⟩ ♦ **2.2** in hogere ~nen ⟨fig.; in extase⟩ *in the clouds, on cloud nine;* ⟨fig.; aan top⟩ *in higher s.*
regiogebonden 0.1 *regional, local.*
regionaal 0.1 *regional.*
regionalisme 0.1 *regionalism.*
regisseren 0.1 *direct* ⇒⟨BE ook⟩ *produce.*
regisseur, -seuse 0.1 *director* ⇒⟨BE ook⟩ *producer.*
regisseursstoel 0.1 *director's chair.*
register 0.1 [lijst] *register* ⇒*record* **0.2** [inhoudsopgave] *index* ⇒*table of contents* **0.3** [gastenboek] *hotel register* **0.4** [orgelpijpen] *register* ⇒*stop* **0.5** [deel v.d. toonomvang] *register* ⇒*compass* ♦ **1.1** de ~ s v.d. burgerlijke

stand *the register of births, deaths and marriages* **2.1** een alfabetisch ~ *an alphabetical register* **2.5** het lage ~ v.d. klarinet *the lower r. of the clarinet* **3.4** alle ~s opzetten *pull out all the stops* ⟨ook fig.⟩; ⟨in sport⟩ *make an all-out effort.*

registeraccountant 0.1 *register accountant* ⟨in Ned.⟩; *chartered accountant* ⟨in GB⟩; *certified public accountant* ⟨in USA⟩.

registeren 0.1 *index.*

registratie 0.1 [in een register] *registration; enrolment* ⟨namen van leerlingen⟩ **0.2** [in het geheugen, op film] *recording* ⇒*fixing* ⟨herinneringen in de geest⟩ **0.3** [muz.] *registration.*

registratiekantoor 0.1 *register office* ⇒*registry (office), records/registrar's office.*

registratiekosten 0.1 *registration costs.*

registratienummer 0.1 *registration number.*

registreren 0.1 [optekenen dmv. een instrument] *register* ⇒ *record* **0.2** [waarnemen] *register* ⇒*record* **0.3** [in een register schrijven] *enter* ⇒*record* ♦ **3.3** laten ~ *register.*

reglement 0.1 *regulation(s)* ⇒*rule(s)*, ⟨concr.⟩ *rule book*, ⟨concr.⟩ *rules and regulations* ♦ **1.1** ~ van orde *standing orders* ⟨parlement e.d.⟩ **2.1** huishoudelijk ~ *regulations. rules (and regulations)* **3.1** een ~ opstellen/herzien/wijzigen *draw up/review/amend (the) regulations.*

reglementair 0.1 [v.h. reglement] *regulatory* ⇒*regulative* **0.2** [volgens het reglement]⟨bn.⟩ *regulation* ⇒*prescribed, official,* ⟨bw.⟩ *according to the regulation(s)/rule(s)* ♦ **1.1** ~e bepalingen *the provisions of the rules* **3.2** dat is ~ niet geoorloofd *that is not permitted by the rules;* iets ~ vaststellen *prescribe sth.*

reglementeren 0.1 *regulate* ♦ **1.1** de handel ~ *impose regulations on trade.*

regressie 0.1 *regression* ⇒*reversion,* ⟨biol. ook⟩ *retrogression* ⟨plant, dier⟩.

regressief 0.1 *regressive* ⇒*retrogressive, retroactive* ⟨maatregelen⟩ ♦ **1.1** ⟨psych.⟩ regressieve ontwikkeling *regressive development.*

regulariseren 0.1 *regularize* ⇒*regulate*

regulateur 0.1 [onderdeel om een machine regelmatig te doen lopen] *regulator* ⇒*governor, controller* **0.2** [slingeruurwerk] *regulator.*

regulatie 0.1 [het reguleren, regeling] *regulation* ⇒*regularization* **0.2** [med.] *orthodontics* ⇒*orthodontic treatment.*

reguleren 0.1 *regulate* ⇒*control, adjust.*

regulier 0.1 *regular* ⇒*normal* ♦ **1.1** ~e troepen *r. troops.*

rehabilitatie 0.1 *rehabilitation* ⇒*vindication,* ⟨na faillissement⟩ *discharge.*

rehabiliteren 0.1 *rehabilitate* ⇒*vindicate,* ⟨na faillissement⟩ *discharge* ♦ **4.1** zich ~ *rehabilitate o.s. (in the eyes of s.o.).*

rei 0.1 [personen] *chorus* **0.2** [dans] *choral dance* ⇒*round dance.*

reidans 0.1 *choral dance* ⇒*round dance.*

reiger 0.1 *heron* ♦ **2.1** de blauwe ~ *the grey h.*

reigerkolonie 0.1 *heronry.*

reiken 0.1 [de hand uitstrekken] *reach* **0.2** [zich tot een grens uitstrekken] *reach* ⇒*extend* ♦ **1.2** ⟨fig.⟩ zijn macht reikt niet zo ver *his power doesn't extend that far;* zo ver het oog reikt *as far as the eye can see* **6.1** ~ naar *r. for* **6.2** hij reikt tot mijn schouders *he comes up to my shoulders.*

reikhalzen 0.1 *yearn (for)* ⇒*hanker (for/after)* ♦ **3.1** ~d uitzien naar *eagerly look forward to.*

reikhoogte 0.1 *(upward) reach* ⇒⟨van zaak ook⟩ *(upward) range.*

reikwijdte 0.1 [bereik] *range* ⇒*scope* **0.2** [draagwijdte] *significance* ⇒*import* ♦ **1.2** de ~ van die opmerking *the implication of that remark.*

reilen ♦ **1.¶** het ~ en zeilen van zijn vrienden ⟨manier waarop men leeft⟩ *his friends' fortunes;* ⟨handelingen⟩ *his friends' doings* **3.¶** zoals het nu reilt en zeilt *as things are at the moment.*

rein 0.1 [schr.; schoon] *clean* ⇒*spotless* **0.2** [zedelijk zuiver] *pure* ⇒*immaculate* **0.3** [zuiver] *pure* ⇒*clear, sheer* ♦ **1.2** een ~ geweten *a clear conscience* **1.3** je ~ste onzin *utter/downright/sheer nonsense* **1.¶** ⟨rel.⟩ ~e dieren *clean animals.*

reïncarnatie 0.1 *reincarnation.*

reïncarneren 0.1 *reincarnate.*

reine ♦ **6.¶** een zaak weer in het ~ brengen *sort/straighten a matter out, put a matter to rights;* in het ~ komen *sort/straighten out;* met zichzelf nog niet in het ~ zijn *not yet have come to terms with o.s.*

reine-claude 0.1 *greengage.*

reinheid 0.1 *purity* ⇒*immaculacy, chastity, clean(li)ness* ♦ **1.1** de ~ v.d. lucht *the p. of the air.*

reinigen 0.1 [ontdoen van vuil] *clean (up)* ⇒*wash, cleanse* ⟨wonden⟩, ⟨ceremonieel⟩ *purify* **0.2** [fig.] *cleanse* ⇒*purify, wash away, purge* ♦ **5.1** chemisch ~ *dry-clean* **6.2** iem. van zonden ~ *cleanse/purge s.o. of his sins.*

reiniging 0.1 [het reinigen, gereinigd worden] *cleaning* ⇒ *cleansing, washing, purification* **0.2** →**reinigingsdienst** **0.3** [bevrijding van zonde] *cleansing* ⇒*purification* ♦ **2.1** chemische ~ *dry cleaning.*

reinigingscrème 0.1 *cleansing cream.*

reinigingsdienst 0.1 *sanitation/cleansing service/department.*

reinigingsmiddel 0.1 *cleansing agent* ⇒*clean(s)er,* ⟨afwasmiddel⟩ *detergent.*

reinigingsrecht 0.1 *refuse/*[A]*garbage collection rate.*

reis 0.1 [tocht] *trip* ⇒*journey, voyage* ⟨per boot⟩, *passage* ⟨per boot⟩, *flight* ⟨per vliegtuig⟩ **0.2** [arrangement] *trip* ⇒*tour* ♦ **2.1** enkele ~ [B]*single,* [A]*one-way;* goede ~ *have a good/pleasant journey;* ⟨vnl. bij lange reis⟩ *bon voyage* **2.2** een geheel verzorgde ~ *a package tour/holiday* **3.1** een ~ om de wereld maken *go round the world* **6.1** op ~ gaan *go on a journey;* dat is handig voor **op** ~ *that is handy for travelling;* Spaans voor **op** ~ *Spanish for travellers* **7.1** de eerste ~ ⟨v.e. schip⟩ *the maiden voyage (of a ship).*

reisapotheek 0.1 *first-aid kit.*

reisbenodigdheden 0.1 *travel/travellers' requisites.*

reisbeschrijving 0.1 *travel story;* ⟨geschreven ook⟩ *travel book;* ⟨lezing, film⟩ *travelogue.*

reisbiljet 0.1 *ticket.*

reisbureau 0.1 *travel agency* ⇒⟨als winkel beschouwd⟩ *travel agent's.*

reischeque 0.1 *traveller's check.*

reisdeclaratie 0.1 *claim for travelling expenses.*

reisdocument 0.1 *travel document.*

reisdoel 0.1 *destination.*

reis- en kredietbrief 0.1 *circular letter of credit.*

reiservaring 0.1 [ervaring in het reizen] *travel experience* **0.2** [gebeurtenis] *travel experience, experience on one's travels.*

reisgeld →**reiskosten.**

reisgelegenheid 0.1 [verbinding] *opportunity* **0.2** [vervoermiddel] *means of transport/conveyance* ⇒*transportation.*

reisgenoot, -note 0.1 *travelling companion* ⇒*fellow traveller.*

reisgezelschap 0.1 [personen die samen reizen] *tour(ing) group/party;* ⟨in bus ook⟩ *coach party* **0.2** [het bijzijn van anderen] *company on a trip* ◆ **3.2** ~ gevraagd *travelling companion sought.*

reisgids 0.1 [brochure] *travel brochure/leaflet* **0.2** [boek] *guide book, (travel) guide* **0.3** [persoon] *(travel) guide* ⇒ *courier.*

reiskosten 0.1 *travelling expenses* ◆ **1.1** reis- en verblijfkosten *travel and living expenses; travelling expenses and accommodation.*

reiskostenforfait 0.1 *flat rate allowance for travel costs.*

reiskostenvergoeding 0.1 [vergoeding van reiskosten] *reimbursement of travelling expenses* **0.2** [bedrag] *travelling allowance.*

reislectuur 0.1 *sth. to read on a/the journey.*

reisleider, -ster 0.1 *(travel/tour) guide* ⇒ *courier.*

reislustig 0.1 *fond of/keen on travelling;* ⟨inf.⟩ *travelmad.*

reismand 0.1 [mand voor een huisdier] *dog/cat* ⟨enz.⟩ *basket* **0.2** [rieten koffer] *(travel) basket.*

reisorganisatie 0.1 *travel organization/company* ⇒ *tour operator.*

reisorganisator 0.1 *tour operator.*

reistijd 0.1 [duur v.e. reis] *travelling time* **0.2** [mv.; reisschema] *arrival and departure times* ⇒ *arrivals and departures.*

reisvaardig ◆ **3.¶** zich ~ maken *get ready to leave.*

reisvereniging 0.1 *travel club.*

reisvergoeding 0.1 *travelling allowance.*

reisverslag 0.1 *travel report/account;* ⟨als dagboek⟩ *holiday diary.*

reisverzekering 0.1 *travel insurance.*

reiswekker 0.1 *travelling alarm (clock).*

reiswereld 0.1 *travel business/sector.*

reiswezen 0.1 *travel business/sector.*

reiswieg 0.1 *carry cot* ⇒ *portable crib.*

reizen 0.1 [een reis ondernemen] *travel* ⇒ *go on a trip/journey* **0.2** [klanten bezoeken] *be a travelling salesman* ⇒ ⟨vnl. BE⟩ *travel* ◆ **5.1** op en neer ~ *travel up and down;* vrij ~ hebben *travel (for) free* **6.1 per** spoor ~ *travel by train;* **voor** je plezier ~ *travel for pleasure* **6.2** hij reist **in** wijn *he travels in wine.*

reizend 0.1 [op reis zijnde] *travelling* ⇒ *touring* **0.2** [van plaats tot plaats gaand] *travelling* ⇒ *touring, itinerant* ◆ **1.2** een ~ toneelgezelschap *a touring theatre group.*

reiziger, -ster 0.1 [iem. die reist, toerist] *traveller, tourist* ⇒ ⟨passagier⟩ *passenger* **0.2** [handelsreiziger] *(commercial) traveller, travelling salesman* ◆ **6.1** ~s **naar** Londen hier overstappen *passengers for London change here.*

reizigersverkeer 0.1 *passenger traffic* ⇒ ⟨van toeristen⟩ *tourist traffic.*

reizigersvervoer 0.1 *passenger transport.*

rek I ⟨het⟩ **0.1** [latwerk, stelling] *rack* ⇒ *shelves* ⟨mv.⟩ **0.2** [gymtoestel] *climbing rack* ◆ **6.1** de tijdschriften liggen **in** de ~ken *periodicals are in the racks;*
II ⟨de⟩ **0.1** [rekbaarheid] *elasticity* ⇒ *give,* ⟨fig.⟩ *flexibility* **0.2** [tech.; vervorming] *strain* ◆ **3.1** de ~ is er uit *it can't take any more.*

rekbaar 0.1 *elastic* ⇒ *stretchy* ◆ **1.1** een ~ begrip *an e. concept.*

rekbaarheid 0.1 *elasticity* ⇒ *stretch.*

rekel 0.1 [deugniet] *rascal, rogue* **0.2** [mannetjesdier] *(male) dog* ⇒ *dog (fox), male.*

rekenaar, -ster 0.1 *arithmetician* ⇒ *calculator* ◆ **2.1** dat is een vlugge ~ *he/she is very quick at figures.*

rekenarij ⟨inf.⟩ **0.1** *calculation* ⇒ *calculating* ◆ **2.1** dat is een hele ~ *that's quite a calculation.*

rekenboek 0.1 *arithmetic book.*

rekencentrum 0.1 *computer/computing centre.*

rekeneenheid 0.1 *monetary unit, unit of account.*

rekenen I ⟨onov.ww.⟩ **0.1** [met getallen werken] *figure* ⇒ *do sums/figures, calculate, reckon* **0.2** [rekening houden met] *consider* ⇒ *include, take into consideration/account* **0.3** [vertrouwen] *rely* ⇒ *count/depend on, trust* **0.4** [+ op; verwachten] *expect* ◆ **1.1** twee uur ~ *two hours of arithmetic* **3.1** goed kunnen ~ *be good at figures* **5.2** daar had ik niet op gerekend *I hadn't counted on/expected that;* daar mag je wel op ~ *you'd better allow for that* **6.1 in** guldens ~ *reckon in guilders* **6.2** ~ **op** drie uur vertraging *allow for three hours' delay* **6.3** kan ik **op** je ~? *can I count/depend on you?;* reken maar niet **op** ons *count us out* **6.4** je kunt **op** 40 gasten ~ *you can e. 40 guests* **6.¶ naar** zich toe ~ *figure to one's advantage* **¶.1** door elkaar gerekend *on average;*
II ⟨ov.ww.⟩ **0.1** [tellen] *count* **0.2** [(geld) vragen] *charge* ⇒ *ask* **0.3** [begrijpen onder] *count* ⇒ *number* **0.4** [in aanmerking nemen] *bear in mind, remember* ⇒ *allow for* **0.5** [veronderstellen] *assume, take it* ◆ **4.1** alles bij elkaar gerekend *all told, in all* **4.3** zich ~ tot *count o.s. as/among* **5.2** hoeveel rekent u daarvoor? *how much do you charge for that?* **5.4** reken maar! *you bet!* **6.3** men kan hem **tot/onder** de grootste geleerden ~ *he can be rated among the greatest scholars* **8.4** als je reken dat het een uur rijden is *bearing in mind that it's an hour's drive* **8.5** reken dat hij komt, dan zijn we met z'n tienen *assuming that he comes, there will be ten of us.*

rekenfout 0.1 *miscalculation, computational error.*

rekening 0.1 [nota] *bill;* ⟨AE ook⟩ *check* ⇒ *invoice* **0.2** [staat met debet- en creditzijde] *account* **0.3** [manier van rekenen] *calculation* ⇒ *computation* **0.4** [+ voor; op kosten/ter verantwoording v.d. genoemde] *expense* **0.5** [gissing] *reckoning* ⇒ *estimate* ◆ **2.1** een hoge ~ *a steep b.* **2.2** een gezamenlijke ~ *a joint a.;* een lopende ~ *current a.* **2.4** voor eigen ~ *at one's own e., out of one's own pocket;* ⟨hand.⟩ *for (their) own account* **3.1** te betalen ~en *accounts payable;* een ~ betalen/voldoen *pay/settle an account/a b.;* ⟨fig.⟩ de ~ gepresenteerd krijgen *be faced with the consequences;* te innen ~en *accounts receivable;* ober, mag ik de ~? *waiter, may I have the b. please?* **3.2** een ~ openen (bij een bank) *open an a. (at a bank)* **3.¶** ~ houden met iets *take sth. into account;* je moet een beetje ~ houden met je ouders *you should show some consideration for your parents;* ~ rijden *pay-as-you-drive;* ⟨fig.⟩ een oude ~ vereffenen *pay off an old grudge, settle an old score* **4.5** naar mijn ~ moet hij nu thuis zijn *by my r. he should be home (by) now* **6.2** iem. iets **in** ~ brengen *charge sth. to s.o., charge s.o. for sth.;* **op** ~ kopen *buy on a.;* **op** ~ *at the expense of;* geld **op** een ~ hebben/storten *have money in/pay money into an a.;* dat is **voor** mijn ~ *I'll get the bill;* ⟨fig.⟩ *I'll take care of that, leave that to me;* kosten **voor** zijn ~ nemen *pay the costs, take care of the costs* **6.4** dat is geheel **voor** ~ v.d. schrijver *that is (entirely) the author's view;* de VS nemen 35 % v.h. wereldverbruik van vlees **voor** hun ~ *the U.S. accounts for 35 % of the world's meat consumption.*

rekening-courant 0.1 *current account* ◆ **6.1 in** ~ staan *have a current account.*

rekeninghouder, -ster 0.1 *account holder.*

rekeningnummer 0.1 *account number.*

rekeningoverzicht ⟨hand.⟩ **0.1** *statement of account.*

rekeningrijden 0.1 *pay-as-you-drive, road-pricing.*

677

Rekenkamer 0.1 *audit/auditor's office* ◆ **1.1** President v.d.~ *Auditor General, General Auditor.*
rekenkunde 0.1 *arithmetic* ⇒⟨inf.⟩ *maths.*
rekenkundig 0.1 *arithmetic(al)* ◆ **1.1**~ gemiddelde *a. mean;* ~e reeks *a. series.*
rekenlat ⟨inf.⟩ **0.1** *slide rule.*
rekenles 0.1 *arithmetic lesson/class, maths.*
rekenliniaal 0.1 *slide rule.*
rekenmachine 0.1 *calculator* ⇒*adding machine.*
rekenmethode 0.1 *arithmetic method.*
rekenmunt 0.1 *monetary unit.*
rekenopgave →**rekensom 0.1.**
rekenschap 0.1 *account* ⇒*explanation* ◆ **3.1**~ afleggen/ eisen *give/demand an a./explanation;* ik ben u geen ~ verschuldigd *I'm not answerable to you* **3.¶** zich ~ van iets geven *realise.*
rekensom 0.1 [vraagstuk, oplossing] *sum;* ⟨mv. ook⟩ *number work* **0.2** [fig.; iets dat men kan becijferen] *problem* ⇒ *question* ◆ **2.2** het is een eenvoudig~metje *it's just a matter of adding two and two;* een eenvoudige ~ leert dat ...*it is easy to calculate that ...*
rekentabel 0.1 *(ready) reckoner* ⇒*conversion table.*
rekenwonder 0.1 *mathematical genius* ⇒⟨inf.⟩ *walking computer.*
rekest 0.1 *petition* ◆ **3.1** een ~ indienen *(deliver/submit a) petition.*
rekken I ⟨onov.ww.⟩ **0.1** [langer/wijder (kunnen) worden] *stretch* ◆ **1.1** dat elastiek rekt niet goed meer *that elastic has lost its stretch;*
II ⟨ov.ww.⟩ **0.1** [uitstrekken] *stretch* **0.2** [door trekken wijder maken] *stretch (out)* ⟨schoenen, linnen⟩ ⇒*draw out* ⟨metalen⟩ **0.3** [langer doen duren] *drag/draw out* ⇒*prolong* ⟨onderhandelingen, leven⟩ *spin out, protract* ⟨bezoek⟩ ◆ **1.3** het leven v.e. stervende ~ *prolong a dying person's life;* tijd ~ *use delaying tactics* ⟨voetbal⟩.
rekking 0.1 *stretching* ⇒*tension.*
rekruteren 0.1 *recruit.*
rekrutering 0.1 *recruitment.*
rekruut 0.1 *recruit* ◆ **2.1** exercerende rekruten *drilling recruits.*
rekstok ⟨sport⟩ **0.1** *horizontal/high bar.*
rekverband 0.1 [verband] *bandage used in traction* **0.2** [elastisch verband] *(elastic) bandage.*
rekwirant 0.1 [eiser] *claimant* ⇒⟨jur.⟩ *plaintiff* **0.2** [lastgever] *requisitioner.*
rekwireren 0.1 *requisition* ⇒*put/call into/lay under requisition,* ⟨jur.⟩ *demand* ◆ **1.1** vrijspraak ~ *demand (an) acquittal.*
rekwisiet 0.1 [toneelattribuut] *(stage-)property* ⇒⟨inf.⟩ *prop* **0.2** [vereiste, voorwaarde] *requisite.*
rekwisiteur 0.1 *props/property manager.*
rekwisitie 0.1 *requisition.*
rel 0.1 *disturbance;* ⟨nog sterker⟩ *riot* ◆ **3.1** een ~ schoppen *kick up/cause a row* **6.1** de demonstratie eindigde in een ~ met de politie *the demonstration turned into a clash with the police.*
relaas 0.1 [betoog] *account* ⇒*story* **0.2** [rapport] *account* ⇒ *report* ◆ **1.1** het ~ van zijn reis *the story of his trip* **3.1** een uitvoerig ~ geven van *give a full a. of.*
relais 0.1 *relay.*
relateren 0.1 [in verband brengen met] *relate* ⇒*connect* **0.2** [jur.] *relate* ⇒*set forth* ◆ **6.1** iets ~ aan *relate sth. to.*
relatie 0.1 [betrekking waarin personen, zaken tot elkaar staan] *relation(s)* ⇒*connection, relationship* **0.2** [liefdesverhouding] *affair* ⇒*relationship* **0.3** [persoon, firma] *re-*

lation(s) ⇒*connection, contact* ◆ **2.1** zakelijke ~s *business connections/contacts* **2.3** een bevriende ~ *a business acquaintance/friend* **3.1** ~s onderhouden (met) *maintain relations (with)* **3.2** een ~ hebben met iem. *have a relationship with s.o.* **6.1** in ~ staan tot/met *have relations with.*
relatiebemiddeling 0.1 *dating service.*
relatief 0.1 [betrekkelijk] *relative* ⇒*comparative* **0.2** [beperkt] *relative* ⇒*limited* ◆ **1.1** een ~ begrip *a r. notion;* ⟨taal.⟩ een relatieve bijzin *a r. clause* **3.1**~ gezien *comparatively speaking.*
relatiegeschenk 0.1 *business gift.*
relatieprobleem 0.1 *relational problem* ⇒*problem/difficulty with relationships.*
relativeren 0.1 *put into perspective.*
relativeringsvermogen 0.1 *sense of perspective* ⇒*ability to put things in perspective/to see things in (their proper) context.*
relativiteit 0.1 ⟨ook nat.⟩ *relativity.*
relativiteitstheorie ⟨nat.⟩ **0.1** *theory of relativity.*
relaxatie 0.1 *relaxation.*
relaxed 0.1 *relaxed.*
relaxen 0.1 *relax* ⇒*take it/things easy.*
releasen 0.1 *release.*
relevant 0.1 *relevant* ◆ **1.1** die vraag is niet ~ *that question is irrelevant* **6.1**~ voor *r. to.*
relevantie 0.1 *relevance.*
reliëf 0.1 *relief* ◆ **2.1** het geografisch ~ *geographic r.* **3.1** ⟨fig.⟩ aan een zaak meer ~ geven *emphasize a matter* **6.1** in ~ brengen *raise.*
reliëfdruk ⟨druk.⟩ **0.1** [hoogdruk] *die-stamp printing* **0.2** [brailledruk] *braille (printing).*
reliek 0.1 *relic.*
religie 0.1 [godsdienst] *religion* **0.2** [geloofsleer] *religion* ⇒ *faith* ◆ **1.2** vrijheid van ~ *freedom of r.* **2.2** de christelijke ~ *the Christian faith.*
religieus 0.1 *religious* ⇒⟨vroom ook⟩ *devout.*
relikwie I ⟨de⟩ **0.1** [overblijfsel v.e. heilige] *relic;* **II** ⟨het⟩ **0.1** [dierbaar bezit] *treasure* ⇒*relic.*
relikwieënkastje 0.1 *reliquary.*
reling 0.1 [leuning] *rail* **0.2** [hekwerk] *rail(ing)* ◆ **6.1** over de ~ hangen *lean over the r.*
relletje 0.1 [opstootje] *row* ⇒*fracas, disturbance* **0.2** [mv.; ongeregeldheden] *riot* ⇒*disturbance.*
relschopper, reltrapper 0.1 *rioter* ⇒*troublemaker, hooligan.*
rem 0.1 [toestel om iets te stoppen] *brake* **0.2** [fig.; belemmering] *brake* ⇒*obstacle, restraint* **0.3** [eenheid van stralingsdosis] *rem* ◆ **3.1** op de ~ gaan staan *slam/jam on the brakes* **3.2** alle ~men losgooien *throw caution to the winds* **6.1** ⟨fig.⟩ aan de ~ trekken *put on the brakes.*
remafstand 0.1 *braking distance.*
rembekrachtiging 0.1 *power(-assisted) brakes* ⇒*servo-assistance unit.*
remblok 0.1 *brake block* ⇒*(brake) shoe.*
remblokje 0.1 ⟨van fiets⟩ *brake pad/block.*
rembours 0.1 [wijze van verzenden] *cash on delivery* ⇒ *C.O.D.* **0.2** [pakket] *C.O.D. parcel/packet* ◆ **6.1** onder ~ versturen *send (sth.) C.O.D.*
rembourszending 0.1 *C.O.D. parcel/packet, packet sent C.O.D.*
remedie 0.1 *remedy* ⇒*cure* ◆ **2.1** voor jouw problemen bestaat een eenvoudige ~ *there is a simple r. for your problems* **7.1** daar is geen ~ voor *that is beyond help/repair.*
remigrant, -e 0.1 *returning/returned emigrant.*

remise¹ ⟨de⟩ **0.1** [loods] *depot* ⇒*garage* **0.2** [onbeslist geëindigde partij] *draw* ⇒*tie, drawn game* **0.3** [overmaking van geld; bedrag] *remittance* ⇒*transfer.*

remise² ⟨bn.⟩ **0.1** *draw* ⇒*tie, drawn game* ◆ **3.1** ~ spelen *tie, draw.*

remkabel 0.1 [mbt. het aantrekken v.e. rem] *brake cable* **0.2** [mbt. het afremmen van vliegtuigen] *arrester wire.*

remlicht 0.1 *brake light.*

remmen I ⟨onov.ww.⟩ **0.1** [de remmen in werking stellen] *brake* **0.2** [tot stilstand brengen] *brake* ⇒*stop* ◆ **5.1** sterk/ vol ~ *b. hard, slam on the brakes;* **II** ⟨ov.ww.⟩ **0.1** [beweging vertragen, stoppen] *brake* **0.2** [fig.] *brake* ⇒*curb, check* ⟨stuiten, afremmen⟩, *inhibit* ⟨vertragen, ook psychisch⟩ ◆ **1.2** door iets geremd worden *be inhibited by sth.;* een persoon ~ *slow s.o. down;* de werkzaamheden werden geremd door het slechte weer *work was hampered by the bad weather* **6.2** geremd in zijn ontwikkeling *curbed in its development.*

remmer 0.1 [spoorw.; persoon die remt] *brake(s)man* **0.2** [bioch.; remmende stof] *inhibitor.*

remming 0.1 *check* ⇒⟨fig.⟩ *inhibition, restraint.*

remonstrant 0.1 *Remonstrant.*

remouladesaus 0.1 *rémoulade.*

remparachute 0.1 *drogue (parachute).*

rempedaal 0.1 *brake pedal.*

remproef 0.1 [mbt. de remkracht/het remvermogen] *brake test* **0.2** [mbt. het vermogen v.e. motor] *dynamometer test* ⇒*power/torque test.*

remraket 0.1 *retro(rocket)* ⇒*braking rocket.*

remschoen 0.1 *(brake) shoe.*

remspoor 0.1 *skid mark.*

remtest 0.1 *braking test* ◆ **3.1** een ~ uitvoeren *test the brakes.*

remvloeistof 0.1 *brake fluid.*

remvoering 0.1 *brake lining.*

remweg 0.1 *braking distance.*

ren I ⟨de (m.)⟩ **0.1** [snelle loop] *run* ◆ **2.1** in volle ~ *at top speed;* **II** ⟨de⟩ **0.1** [voor kippen enz.] *run.*

renaissance ⟨gesch.⟩ **0.1** [vernieuwing v.d. kunst- en levensstijl] *renaissance* **0.2** [periode] *Renaissance.*

renbaan 0.1 *(race)track* ⇒*(race)course.*

rendabel 0.1 *profitable* ⇒*remunerative, cost-effective* ◆ **3.1** de onderneming bleek wel ~ te zijn *the venture appeared to be p./be making money;* een zaak weer ~ proberen te maken *try to put a business back on its feet.*

rendement 0.1 [opbrengst] *return* ⇒*yield, output* **0.2** [nuttig effect] *efficiency* ⇒*output, performance* **0.3** [resultaat] *result(s)* ◆ **1.1** het ~ van obligaties *the r./yield on bonds* **1.2** het ~ v.e. elektrische lamp *the e./output of an electric lamp* **1.3** het ~ v.e. studie *the success rate of a course.*

renderen 0.1 [winst opleveren] *pay/yield (a profit)* **0.2** [voldoende opbrengen] *pay/yield/show (a return)* ◆ **1.1** een ~d bedrijf *a going concern;* het erts wordt niet in ~de hoeveelheden aangetroffen *extraction of the ore is not commercially viable* **1.2** die zaak zal wel ~ *that business will p.* **3.1** een kapitaal ~d maken *put one's capital to work.*

rendez-vous 0.1 *rendezvous* ⇒⟨geheim⟩ *assignation* ◆ **3.1** een ~ hebben met *have a r. with.*

rendier 0.1 *reindeer.*

rendierjager 0.1 *reindeer hunter.*

renegaat 0.1 *renegade.*

rengalop 0.1 *full gallop.*

rennen 0.1 [hard lopen] *run* ⇒*race* **0.2** [galopperen] *run* ◆

3.1 we zijn laat, we moeten ~ *we're late; we must dash (off)/rush (off)/fly* **5.1** iem. achterna ~ *run/charge after s.o.* **6.1** naar beneden ~ *tear down(stairs).*

renner 0.1 ⟨wielrenner⟩ *rider.*

rennersveld 0.1 *field.*

renovatie 0.1 [hernieuwing] *renovation* **0.2** [aanpassing van woningen] *renovation, redevelopment.*

renovatiewoning 0.1 *renovated house.*

renoveren I 0.1 ⟨ov.ww.⟩ **0.1** [hernieuwen] *renovate;* **II** ⟨onov., ov.ww.⟩ **0.1** [mbt. woningen] *renovate;* ⟨hele wijk⟩ *redevelop.*

renpaard 0.1 *racehorse* ⇒*thoroughbred.*

rensport 0.1 *racing.*

renstal 0.1 [stal met renpaarden] *racing stable* **0.2** [aantal renpaarden] *stable* **0.3** [autocoureurs] *racing team.*

rentabiliteit 0.1 [rendabiliteit] *productivity* ⇒*cost-effectiveness, profitability* **0.2** [geldw.] *yield* ⇒*(rate of) return* **0.3** [van onderneming] *earning power/capacity.*

rente 0.1 *interest* ◆ **2.1** een goede ~ maken van zijn kapitaal *get a good return on one's capital* **3.1** ~ opbrengen *pay i.* **6.1** ⟨fig.⟩ iets met ~ terugkrijgen *get sth. back with i.;* geld **op** ~ zetten *lend money at i.;* ~ **op** ~ *compound i.;* ~ **over** een bedrag/een jaar *i. on an amount/over a year;* te-**gen** vijf procent ~ *at five percent i.;* **van** zijn ~ leven *live off one's investments.*

renteaftrek 0.1 *deduction of interest;* ⟨bedrag⟩ *deductible interest.*

rentebaten 0.1 *interest received.*

renteberekening 0.1 [het uitrekenen] *calculation of interest* **0.2** [het in rekening brengen] *charging of interest.*

rentegevend, rentedragend 0.1 [waarvan men rente krijgt] *interest-bearing* **0.2** [renderend] *profitable* ⇒ *cost-effective* ◆ **1.1** ~ kapitaal *capital bearing interest;* ~e papieren *i.-b. stock.*

rentekoers 0.1 *interest rate.*

rentelasten 0.1 *interest charges.*

renteloos 0.1 [waarvan geen rente geheven wordt] *interest-free* **0.2** [geen rente gevend] *non-productive* ⇒*idle, non-interest-bearing* ◆ **1.1** een renteloze schuld *passive debt;* een ~ voorschot *an i.-f. loan* **3.2** ⟨fig.⟩ ~ liggen *lie idle.*

renten ⟨geldw.⟩ **0.1** *yield/bear interest* ◆ **1.1** *f* 1000 kapitaal, ~de 14 procent *1000 guilders capital bearing/yielding a 14 % interest* **5.1** het verstrekken van laag ~de leningen *the provision/supply of low-interest(-bearing) loans.*

rentenier, -ster 0.1 [iem. die van zijn renten leeft] *person of independent/private means* **0.2** [iem. zonder bezigheden] *loafer* ⇒*layabout.*

rentenieren 0.1 [van zijn rente leven, ook fig.] *live off one's investments* **0.2** [niets uitvoeren] *lead a life of leisure.*

rentepercentage 0.1 *interest rate.*

renteschuld 0.1 [achterstallige rente] *back interest* ⇒*interest due* **0.2** [rentedragende staatsschuld] *standing debt.*

rentespaarbrief 0.1 *certificate of deposit.*

renteverhoging 0.1 *interest rate rise* ⇒*rise in interest rates.*

renteverlaging 0.1 *interest rate fall* ⇒*fall in interest rates.*

renteverlies 0.1 *loss of interest* ⇒*interest loss.*

renteverzekering 0.1 *annuity insurance.*

rentevoet 0.1 *interest rate* ⇒*rate of interest* ◆ **6.1** de tarieven zijn berekend **tegen** een ~ van 4 % *the prices are based on an i.r. of 4 %.*

rentevoordeel 0.1 ⟨zie 3.1⟩ ◆ **3.1** u heeft dan een ~ *you can profit from/take advantage of the higher/lower interest.*

rentevrijstelling 0.1 *tax-free interest income.*

679

rentmeester 0.1 [iem. die een goed beheert] *steward* ⇒*estate/land agent* **0.2** [administrateur] *manager* ⇒*agent.*
rentmeesterschap 0.1 *stewardship* ⇒*supervisory position, managership.*
rentree 0.1 [herintrede] *comeback, re-entry* **0.2** [bridge] *re-entry* ♦ **3.1** zijn ~ maken *make one's c.*
reorganisatie 0.1 *reorganization* ⇒*reconstitution* ⟨van bedrijf/bestuur⟩, *reconstruction* ⟨van leger⟩, *reshuffle* ⟨van kabinet⟩.
reorganiseren 0.1 *reorganize* ⇒⟨ov.ww. ook⟩ *reconstitute* ⟨bedrijf, bestuur, vereniging⟩, *reconstruct* ⟨leger, politiewezen⟩, *reshuffle* ⟨kabinet⟩ ♦ **1.1** het onderwijs ~ *reorganize the educational system* **3.1** dat bedrijf wil ~ *that company intends to reorganize.*
rep ♦ **6.¶ in** ~ en roer brengen *throw into confusion;* het hele land was **in** ~ en roer *the entire country was in (an) uproar.*
reparateur 0.1 *repairer; repairman* ⟨vnl. mechanische mankementen⟩; ⟨monteur⟩ *serviceman, service engineer.*
reparatie 0.1 *repair* ⇒⟨herstelwerk⟩ *mending* ♦ **2.1** grote ~s *extensive/major repairs* **3.1** ~s aanbrengen *carry out repairs* **6.1** iets **in** ~ geven *have sth. repaired/mended;* mijn horloge is **in** (de) ~ *my watch is being repaired.*
reparatiedoosje 0.1 *(bicycle) repair kit* ⇒*repair/mending outfit.*
reparatiekosten 0.1 *cost(s) of repair.*
repareren 0.1 *repair, mend* ⇒⟨ov.ww. ook; opknappen⟩ *fix* ♦ **1.1** een klok laten ~ *have a clock repaired* **3.1** dat is niet meer te ~ *it's beyond repair, it can't be mended.*
repatriëren 0.1 *repatriate.*
repatriëring 0.1 *repatriation* ♦ **2.1** gedwongen ~ *forced r.*
repercussie 0.1 *repercussion* ⇒*consequence* ♦ **3.1** dat zal zeker ~s hebben (op) *that's bound to have consequences/repercussions (on).*
repertoire 0.1 [lijst van stukken] *repertoire, repertory* **0.2** [jur.; repertorium] *repertory* ♦ **2.1** het klassieke ~ *the classics* **3.1** zijn ~ afwerken *do one's repertoire* **6.1** dat staat niet **op** zijn ~ *that's beyond him,* een stuk **op** het ~ plaatsen *put on a (new) play.*
repeteergeweer 0.1 *repeater, repeating rifle/gun.*
repeteerwekker 0.1 *repeater, repeat alarm.*
repeteren I ⟨onov.ww.⟩ **0.1** [instuderen] *rehearse* **0.2** [zich herhalen] *repeat; circulate* ⟨ook wisk.⟩; *recur* ♦ **1.2** een ~de breuk *a recurring decimal;*
II ⟨ov.ww.⟩ **0.1** [herhalen] *rehearse* ⇒⟨vluchtig herhalen⟩ *go/run over,* ⟨oefenen⟩ *run/go through* ♦ **1.1** de les ~ *go over the lesson (again)* **4.1** ze repeteerde wat ze zeggen zou *she rehearsed the things she was going to say.*
repetitie 0.1 [proefwerk] *test* **0.2** [herhaalde oefening] *repetition, rehearsal* **0.3** [het instuderen] *rehearsal* ⇒*run-through* ⟨toneel/muziekstuk⟩, *practice* ⟨vooral van koren⟩ ♦ **1.3** we zijn met de ~s v.h. stuk begonnen *we have started rehearsing the play* **2.3** generale ~ *dress rehearsal* ⟨toneel⟩; *final/last rehearsal* ⟨muziek⟩; *full practice* ⟨koor⟩ **3.1** ik heb deze ~ goed gemaakt *I've done well in this t.;* een ~ hebben (over) *have a t./paper (on).*
repetitiecijfer 0.1 *(test) mark.*
repetitieles 0.1 *revision (lesson).*
repetitor 0.1 [iem. die met studenten leerstof doorneemt] *coach* ⇒⟨inf.⟩ *crammer* **0.2** [iem. die repetities leidt] *repetiteur.*
replica 0.1 *replica.*
repliceren 0.1 [antwoorden] *reply* ⇒*return,* ⟨vinnig⟩ *retort* **0.2** [jur.] *reply.*
repliek 0.1 [weerwoord] *retort* ⇒⟨snedig weerwoord⟩

rentmeester - reproductiviteit

comeback, ⟨weerwoord⟩ *response,* ⟨vinnig antwoord⟩ *rejoinder* **0.2** [jur.] *reply, replication* **0.3** [antwoord] *reply* ♦ **1.2** het recht van ~ *the right to/of reply* **6.1** ⟨pregn.⟩ iem. **van** ~ dienen *put s.o. in his place* **6.2 van** ~ dienen ⟨fig.⟩ *not be lost for words.*
reportage 0.1 [verslaggeving] *report* ⇒*coverage,* ⟨commentaar⟩ *commentary* **0.2** [gegeven verslag] *report* ♦ **1.1** de ~ v.e. voetbalwedstrijd *the coverage of a football match* **2.1** een directe ~ *live/running commentary.*
reportagewagen 0.1 *outside broadcast unit.*
reporter 0.1 *reporter.*
reppen I ⟨onov.ww.⟩ **0.1** [te berde brengen] *mention* ⇒⟨ter sprake brengen⟩ *bring up* ♦ **6.1** met geen woord ~ **over** *not breathe a word about;* **van** deze zaak is niet gerept *not a word was said about this;*
II ⟨wk.ww.; zich ~⟩ **0.1** [zich haasten] *hurry* ⇒*step on it* ♦ **¶.1** we moesten ons haastje-repje klaarmaken *we had to get ready in a (tearing) hurry.*
represaille 0.1 *reprisal* ⇒*retaliation* ♦ **3.1** ~s nemen (tegen) *retaliate against.*
represaillemaatregel 0.1 *retaliatory measure* ♦ **3.1** ~en treffen (tegen) *retaliate against.*
representant 0.1 *representative.*
representatie 0.1 *representation* ♦ **2.1** ⟨comp.⟩ de interne ~ *the internal r.;* symbolische ~ *figuration, symbolic r.*
representatief 0.1 [vertegenwoordigend] *representative* **0.2** [karakteristiek] *representative (of)* ⇒*typical (of)* **0.3** [geschikt om te vertegenwoordigen; goede indruk makend] *representable* ⇒*presentable* ♦ **1.2** een representatieve groep v.d. bevolking *a cross-section of the population;* ⟨statistiek⟩ een representatieve steekproef *a r. sample* **1.3** een ~ figuur *a r. person.*
representatiekosten 0.1 ⟨de kosten zelf⟩ *official expenses, expenses of office;* ⟨de toelage hiervoor⟩ *entertainment expenses, entertainment allowance.*
representeren 0.1 *represent.*
repressie 0.1 [onderdrukking] *repression* **0.2** [bestraffing] *restraint* ⇒*detention* **0.3** [verdringing] *repression.*
repressief 0.1 *repressive* ♦ **1.1** repressieve maatregelen *r. measures.*
reprimande 0.1 *reprimand* ⇒⟨berisping⟩ *rebuke* ♦ **3.1** iem. een ~ geven *give s.o. a talking to.*
reprise 0.1 [herhaling v.e. voorstelling] *revival, repeat (performance)* ⇒*rerun* ⟨film, toneelstuk⟩ **0.2** [muz.] *repeat, reprise* ⇒*recapitulation.*
repro 0.1 *repro.*
reproduceren I ⟨ov.ww.⟩ **0.1** [weer voortbrengen] *reproduce* **0.2** [nabootsen] *reproduce, recreate* ⇒*copy* **0.3** [herhalen] *repeat* **0.4** [uitvoeren] *perform* ⇒⟨vertolken⟩ *interpret* **0.5** [uit het geheugen opzeggen] *reproduce* ♦ **1.3** een historische gebeurtenis ~ *recreate/re-enact a historical event* **1.4** ~de kunst *performing arts;*
II ⟨wk.ww.; zich ~⟩ **0.1** [zich voortplanten] *reproduce* ⇒*breed* ♦ **1.1** zich snel ~de organismen *fast-breeding organisms.*
reproductie 0.1 [nabootsing] *reproduction* ⇒*facsimile* ⟨exacte kopie⟩, *replica* ⟨exacte kopie, vaak kleiner dan origineel⟩, *copy* ⟨kopie, afdruk⟩ **0.2** [nieuwe voortbrenging] *reproduction* ⇒*breeding* **0.3** [herhaling, het herhalen] *reproduction* ⇒*repetition* **0.4** [het nabootsen] *reproduction* ♦ **2.1** een slechte ~ *a poor reproduction* **6.1** een map **met** ~s naar Dürer *a folder of Dürer reproductions.*
reproductietechniek 0.1 *reproduction technique.*
reproductiviteit 0.1 [reproductieve kracht] *reproductivity* **0.2** [voortplantingsvermogen] *reproductivity* ⇒*reproductive/procreative power, fertility.*

reptiel 0.1 *reptile.*

republiek 0.1 *republic* ◆ **3.1** de ~ uitroepen *proclaim the r.*

republikein 0.1 [aanhanger v.d. republikeinse staatsvorm] *republican* **0.2** [aanhanger v.d. republikeinse partij] *Republican.*

republikeins 0.1 *republican* ◆ **1.1** de ~e partij *the r. party;* ~e regeringsvorm *the r. form of government.*

reputatie 0.1 [naam] *reputation* ⇒*name* 〈naam, roem〉, *repute* **0.2** [goede naam] *reputation* ⇒*fame* 〈(goede) naam〉, *repute* 〈vermaardheid〉, *standing* 〈achting〉 ◆ **2.1** gevestigde ~ *established reputation;* een goede / slechte ~ hebben *have a good/bad reputation;* van (een) twijfelachtige ~ *of doubtful reputation, standing* **3.1** de ~ hebben (van) een genie te zijn *be reputed to be a genius* **3.2** zijn ~ ophouden / op het spel zetten *keep up/risk one's reputation;* iemands ~ schaden, slecht zijn voor iemands ~ *damage s.o.'s reputation* **6.2** een firma **met** een ~ *a reputable firm.*

requiem 0.1 [(muziek bij een) dodenmis] *Requiem (mass)* **0.2** [geschrift] *requiem* ⇒*elegy.*

requiemmis 0.1 *requiem (mass).*

requisitoir 0.1 [jur.] 〈*closing speech of the public prosecutor (containing the demand that a penalty be imposed)*〉 **0.2** [fig.] *indictment* ◆ **3.1** de openbare aanklager hield zijn ~ *the public prosecutor delivered his closing speech* **6.2** zijn boek is één ~ **tegen** ... *his book is a running i. of* ...

research 0.1 *research* ◆ **2.1** toegepaste ~ *applied r.*

reseda 0.1 [plant] *reseda* ⇒*mignonette.*

reservaat 〈vaak in samenst.〉 **0.1** *reserve* ⇒*preserve* ◆ **1.1** indianenreservaat *Indian reservation;* natuurreservaat *nature r.*

reserve 0.1 [noodvoorraad] *reserve(s)* **0.2** [plaatsvervanger] *standby* ⇒*substitute* **0.3** [groep personen die gereed gehouden worden] *reserve(s)* ⇒〈mil.〉 *reserve troops* **0.4** [terughoudendheid] *reserve* ⇒*reservation* **0.5** [kapitaal] *reserve* ◆ **2.1** geestelijke ~s *mental reserves* **2.2** eerste ~ *first reserve* **2.3** nationale ~ *national reserve,* ±*territorial army* **2.4** zonder enige ~ *without reservations, unreservedly* **3.1** zijn ~s aanspreken *draw on one's reserves* **3.5** 〈boekhouden〉 ~ aanhouden *maintain a r.* **6.1** iets **in** ~ houden *keep sth. in reserve.*

reserveband 0.1 *spare tyre* ⇒〈inf.〉 *spare.*

reservebank 〈sport〉 **0.1** *reserve(s') bench, (the) sub bench.*

reserveofficier 〈mil.〉 **0.1** *reserve officer, officer of the reserves.*

reserveonderdeel 0.1 *(spare) part* ⇒〈BE ook〉 *spare.*

reserveren 0.1 〈ov.ww.〉 **0.1** [afzonderlijk houden] *reserve* ⇒ *put aside/away/by* **0.2** [een bijzondere bestemming geven] *reserve* ⇒*allocate* 〈toewijzen, bestemmen〉 ◆ **1.1** 10.000 gulden ~ voor *set aside 10,000 guilders for;* earmark *10,000 guilders for* 〈bestemmen〉; *budget for 10,000 guilders* 〈begroten〉 **6.1** een artikel **voor** iem. ~ *put aside an article for s.o.;* **II** 〈onov., ov.ww.〉 **0.1** [bespreken]〈ov., onov.〉 *book;* 〈ov.〉 *reserve* ◆ **1.1** een tafel ~ *r./b. a table.*

reservering 0.1 [het reserveren/bewaren] *reserving, reservation* **0.2** [het bespreken van plaatsen] *booking, reservation* ◆ **1.**¶ 〈hand.〉 de ~ v.h. saldo *placing the balance to reserve.*

reservesleutel 0.1 *spare key.*

reservespeler, -speelster 〈sport〉 **0.1** *reserve/substitute (player).*

reservetank 0.1 *reserve (fuel) tank.*

reservetroepen 〈mil.〉 **0.1** *reserves, reserve troops.*

reservewiel 0.1 *spare wheel.*

reservist 0.1 [militair] *reservist* **0.2** [invaller] *standby* ⇒ *substitute* 〈plaatsvervanger; ook sport〉.

reservoir 0.1 [vergaarbak] *reservoir* ⇒*tank* **0.2** [bewaarplaats van water] *reservoir* ⇒*cistern* **0.3** [verzameling personen enz.] *pool* ⇒*abundance* 〈grote hoeveelheid〉 ◆ **1.1** het ~ v.e. closet *the cistern* **1.3** een ~ van arbeidskrachten *a labour p.*

resident 〈gesch.〉 **0.1** [hoofd van gewestelijk bestuur / van handelskantoor] *resident* **0.2** [gevolmachtigde v.e. regering] *envoy.*

residentie 0.1 [verblijf v.e. staatshoofd] *royal seat, capital* **0.2** [gesch.; ambtsgebied van resident] *residency.*

residentieel 0.1 *residential.*

resideren 0.1 [verblijf houden] *reside* **0.2** [fig.; mbt. zaken] *reside* ⇒*be vested in.*

residu 0.1 *residue* ⇒〈bezinksel〉 *dregs,* 〈jur.; schei. ook〉 *residuum* ◆ **1.1** ~ v.e. nalatenschap *residual estate.*

residuwaarde 0.1 [waarde als residu] *residual value* ⇒ *scrap value* **0.2** [ec.] *residual value.*

resistent 0.1 〈+ tegen〉 *resistant (to)* ⇒〈ongevoelig, onvatbaar〉 *immune (to)* ◆ **1.1** ~e rassen *resistant strains* **6.1** ~ worden **tegen** antibiotica *become resistant to antibiotics.*

resistentie 0.1 *resistance.*

resocialiseren 0.1 *rehabilitate.*

resolutie 0.1 [besluit] *resolution; decree* **0.2** [conclusie] *resolution* ◆ **3.2** er werden twee ~s aangenomen *two resolutions were adopted.*

resoluut I 〈bn., bw.〉 **0.1** [vastberaden] *resolute* ⇒*determined,* 〈ferm〉 *unflinching,* 〈gedecideerd〉 *strong-minded* ◆ **3.1** ~ optreden *act purposefully/resolutely;* **II** 〈bw.〉 **0.1** [zonder omhaal] *frankly, candidly.*

resonantie 0.1 [het meetrillen] *resonance* **0.2** [nagalm] *resonance* ⇒〈weergalm〉 *reverberation.*

resoneren 0.1 [klinken] *resonate* **0.2** [weergalm geven] *resonate* ⇒*reverberate, echo* **0.3** [weerklank vinden] *resound.*

respect 0.1 *respect* ⇒〈achting〉 *regard,* 〈eerbied〉 *deference* ◆ **3.1** ~ afdwingen *command respect;* ~ inboezemen *evoke respect;* voor iets / iem. ~ tonen *show respect for sth./s.o.* **6.1** (het zij) **met** alle ~ (gezegd) *with all (due) respect (it should be said);* **uit** ~ voor haar *out of consideration/respect for her;* daar heb ik ~ **voor** *I respect that.*

respectabel 0.1 [eerbiedwaardig] *respectable* ⇒〈achtenswaardig〉 *honourable,* 〈met goede naam〉 *reputable* **0.2** [indrukwekkend] *respectable* ⇒〈aanzienlijk〉 *considerable, sizable* ◆ **1.2** een ~ bedrag *a r. amount* **3.1** ~ handelen *act honourably.*

respecteren 0.1 [blijk geven van eerbied] *respect; appreciate* **0.2** [met eerbied behandelen] *respect* ⇒〈eerbiedigen〉 *defer to* **0.3** [naleven] *observe* ⇒*honour* ◆ **1.2** iemands opvattingen ~ *respect s.o.'s views* **4.1** zichzelf ~ d *self-respecting* **8.1** hij wordt als vakman gerespecteerd *he is respected for his craftsmanship.*

respectief 0.1 *respective* ⇒*relative.*

respectievelijk 0.1 *respective* ◆ **¶.1** bedragen van ~ 10, 20 en 30 gulden *sums of 10, 20 and 30 guilders respectively.*

respectvol 0.1 *respectful.*

respijt 0.1 *respite* ◆ **1.1** geef mij enige dagen ~ *give me a few days' grace* **3.1** ~ vragen / verlenen *ask for/give r.*

respijtdagen 〈hand.〉 **0.1** *days' grace* ◆ **7.1** twee / enige ~ *two/a few days' grace.*

respondent 0.1 *respondent.*

respons 0.1 *response* ⇒〈antwoord〉 *reply* ◆ **3.1** ~ krijgen *get a response/reaction;* weinig/veel ~ krijgen (op) *get little/a lot of response (to).*

responsie 0.1 [nat., tech.] *response.*

ressentiment 0.1 *resentment.*

ressort 0.1 *jurisdiction* ◆ **1.1** het ~ van deze arrondissementsrechtbank *the j. of this district court* **2.1** in laatste ~ *as a last resort.*

ressorteren ◆ **5.¶** een hoofdpostkantoor, waaronder vier bijkantoortjes ~ *a general post office, with four sub-post-offices under it* **6.¶** ~ **onder** *come under;* dat ressorteert niet **onder** hem *that's outside his province.*

rest 0.1 *rest* ⇒*remainder* ⟨ook wisk.⟩, ⟨restant ook⟩ *remnant* ◆ **1.1** de ~ v.h. materiaal *the remainder of the material;* ~en van vroegere schoonheid *remnants of former beauty* **2.1** stoffelijke ~en *(mortal) remains* **6.1** voor de ~ geen nieuws *otherwise no news;* ⟨wisk.⟩ die deling gaat op **zonder** ~ *this division does not leave a remainder.*

restant 0.1 *remainder* ⟨ook van boeken⟩ ⇒*remnant* ◆ **1.1** een ~ ongebleekt katoen *unbleached cotton remnants;* opruiming van ~en *remnant sale* **6.1** ⟨fig.⟩ een ~ **aan** eergevoel *a vestige of pride.*

restaurant 0.1 *restaurant.*

restauranthouder, -ster 0.1 *restaura(n)teur* ⇒*restaurant owner.*

restaurateur 0.1 [iem. die restauraties verricht] *restorer* **0.2** →*restauranthouder.*

restauratie 0.1 [het restaureren] *restoration* **0.2** [restaurant] *restaurant.*

restauratiewagen 0.1 *dining car.*

restauratiewerkzaamheden 0.1 *restoration work.*

restaureren 0.1 *restore.*

resten 0.1 *remain, be left* ◆ **4.1** hem restte niets meer dan …*there was nothing left for him but to …;* nu rest mij nog te verklaren …*now it only remains for me to say …*

resteren 0.1 [nog overblijven] *be left, remain* **0.2** [mbt. geld] *remain, be outstanding* ◆ **1.1** de ~de dagen van onze vakantie *the remaining days of our holiday* **1.2** het ~de bedrag betalen *pay the outstanding amount* **7.1** het ~de *the remainder* **7.2** het ~de ⟨saldo⟩ *the balance.*

restgetal ⟨wisk.⟩ **0.1** *remainder.*

restitueren 0.1 ⟨terugbetalen⟩ *refund* ⇒*repay.*

restitutie 0.1 ⟨terugbetaling⟩ *refund* ⇒⟨vergoeding⟩ *repayment,* ⟨teruggave⟩ *restitution* ◆ **3.1** ~ verlenen van *make a refund of* ⟨gelden⟩; *restore* ⟨bezittingen⟩.

restje 0.1 ⟨zie voorbeelden⟩ ◆ **1.1** met zijn laatste ~ kracht *with the remains of his strength,* er zit nog een ~ wijn in *there's just a drop of wine left* **6.1** ik heb nog een ~ **van** gisteren *I've got a few scraps (left over) from yesterday* **¶.1** de ~s aan de hond geven *give the leftovers to the dog.*

restrictie 0.1 [beperking] *restriction* **0.2** [voorbehoud] *restriction* ⇒*condition* ◆ **3.2** ~s maken *make reservations* **6.2** onder / met de volgende ~s *under / on the following conditions;* **zonder** ~ *unqualified.*

restrictief 0.1 [beperkend] *restrictive* **0.2** [voorbehoud bevattend] *qualified* ⇒*conditional.*

restzetel 0.1 *residual seat.*

resultaat 0.1 [uitslag] *result* ⇒*effect* **0.2** [positieve uitkomst] *result* ⇒*outcome* **0.3** [opbrengst] *result* ⇒⟨winst⟩ *return* ◆ **2.1** het plan had het beoogde ~ *the plan had the desired effect* **2.3** de onderneming behaalde dit jaar bevredigende resultaten *the company showed satisfactory results this year* **3.1** resultaten behalen *achieve results* ⟨bv. op school⟩ **3.2** de onderhandelingen hebben niet tot ~ geleid *the talks did not produce any results* **3.3** een slecht ~ behalen *do badly* **6.1** als/tot ~ hebben dat *result in;* met het ~ dat …*with the r. that …* **6.2** zonder ~ *with no r.* **6.3** ⟨hand.⟩ de resultaten (behaald) **op** verkopen *the results*

---

responsie - reukwerk

achieved on sales **¶.1** je resultaten op school *your school results.*

resultante 0.1 [wisk., nat.] *resultant* **0.2** [fig.] *upshot.*

resulteren 0.1 *result* ◆ **5.1** het daaruit ~de verlies *the resulting loss* **6.1** ~ **in** *r. in* **¶.1** wat resulteert is …*the result is …*

resumé 0.1 *summary* ⇒*résumé.*

resumeren 0.1 [samenvatten] *summarize* **0.2** [herhalen] *recapitulate.*

resusaap 0.1 *rhesus monkey.*

resusfactor 0.1 *Rhesus/Rh factor.*

resusnegatief 0.1 *Rhesus/Rh negative.*

resuspositief 0.1 *Rhesus/Rh positive.*

retentie 0.1 [jur., med.] *retention* ◆ **1.1** recht van ~ hebben op *have a lien on.*

retina 0.1 *retina.*

retorica 0.1 *rhetoric.*

retoriek 0.1 *rhetoric* ◆ **2.1** holle ~ *empty r.*

retorisch 0.1 *rhetorical* ◆ **1.1** ~e gebaren *oratorical gestures;* een ~e vraag *a r. question.*

retort 0.1 *retort.*

retouche 0.1 *retouch* ⇒*touchup.*

retoucheren 0.1 *retouch* ⇒*touch up.*

retour¹ I ⟨de⟩ **0.1** [geldw.] *return* ◆ **6.¶** ⟨fig.⟩ **op** zijn ~ zijn *be over the hill;* **II** ⟨het⟩ **0.1** [retourbiljet] *ᴮreturn/ᴬround-trip (ticket)* ◆ **1.1** een ~ eerste klas Utrecht *a first-class return (ticket) to Utrecht* **2.1** een 3-daags ~ *a 3-day return.*

retour² ⟨bw.⟩ **0.1** ⟨zie 1.1, 3.1⟩ ◆ **1.1** ~ afzender *return to sender;* drie gulden ~ *three guilders change* **3.1** iets ~ sturen *send sth. back.*

retouremballage 0.1 *returned packing* ⇒*returned empties.*

retourenveloppe 0.1 *self-addressed envelope;* ⟨als afk.⟩ *S.A.E.*

retourkaartje, retourbiljet 0.1 *ᴮreturn/ᴬround-trip ticket.*

retourneren 0.1 *return.*

retourtje 0.1 *ᴮreturn, ᴬround-trip.*

retourvlucht 0.1 [terugreis v.e. vliegtuig] *return flight* **0.2** [vlucht heen en weer] *ᴮreturn/ᴬround-trip flight.*

retractie 0.1 [ook med.] *retraction.*

retraite 0.1 *retreat* ◆ **6.1** in ~ gaan *go into r.*

retributie 0.1 *retribution.*

retrograde¹ ⟨de⟩ **0.1** *palindromic verse* ⇒±*palindrome.*

retrograde² ⟨bn.⟩ **0.1** *retrograde* ◆ **1.1** ⟨muz.⟩ ~ imitatie *r. imitation.*

retrospectief¹ ⟨het⟩ **0.1** *retrospective* ◆ **6.1** in ~ *in retrospect.*

retrospectief² ⟨bn.⟩ **0.1** *retrospective* ◆ **1.1** een retrospectieve tentoonstelling *a r. exhibition.*

reu 0.1 *(he-)dog.*

reuk 0.1 [reukzin] *smell* ⇒⟨van dieren ook⟩ *scent* **0.2** [geur] *smell* ⇒*odour* ⟨ook fig,⟩ ◆ **1.1** het zintuig v.d. ~ *the sense of smell* **2.2** in een kwade ~ staan *be in bad odour (with)* **3.1** op de ~ afgaan *hunt by scent* **3.2** een politiehond ~ van iets geven *give a police dog (the) scent of sth.;* een onaangename ~ verspreiden *give off an unpleasant smell.*

reukaltaar 0.1 *incense altar.*

reukflesje 0.1 *perfume/ᴮscent bottle.*

reukloos 0.1 *odourless* ⟨gas e.d.⟩; *scentless* ⟨bloem⟩.

reukoffer 0.1 *incense offering.*

reukorgaan 0.1 *olfactory/nasal organ.*

reukwater 0.1 *perfume, ᴮscent.*

reukwerk 0.1 *perfumery.*

reukzin 0.1 *(sense of) smell.*
reuma, reumatiek 0.1 *rheumatism* ♦ 2.1 acute ~ *acute r., rheumatic fever;* chronische ~ *chronic r., rheumatoid arthritis.*
reumapatiënt, -e 0.1 *rheumatic* ♦ 3.1 zij is ~ *she suffers from rheumatism.*
reumatisch 0.1 *rheumatic* ♦ 1.1 ~e aandoeningen *r. disorders.*
reumatoloog, -loge 0.1 *rheumatologist.*
reünie 0.1 *reunion.*
reünist, -e 0.1 *reunion participants* ⇒⟨school. ook⟩ *⁸old boy/girl,* ^A^*alumnus.*
reus 0.1 *giant* ♦ 2.1 ⟨ster.⟩ rode ~ *red g.* 2.¶ ouwe ~ *old boy* 6.1 een ~ **van** een kerel *a giant (of a man).*
reusachtig I ⟨bn.⟩ 0.1 [zeer groot] *gigantic* ⇒*huge* 0.2 [prachtig] *great* ⇒*terrific* ♦ 1.1 een ~ karwei *a huge task;* **II** ⟨bw.⟩ 0.1 [uitermate] *enormously* ♦ 2.1 ~ aardig *awfully kind* 3.1 je hebt ~ geboft *you have been terribly/e. lucky.*
reut ⟨inf.⟩ 0.1 [ongeordende hoeveelheid] *jumble* 0.2 [mensen] *bunch* ♦ 2.1 de hele ~ verkopen *sell the whole caboodle* 2.2 we gaan er met de hele ~ heen *the whole b. is going.*
reutelen 0.1 *rattle.*
reutemeteut →**reut.**
reuze I ⟨bn.⟩ 0.1 [geweldig] *great* ♦ 1.1 een ~ bof *a great stroke of luck;* ze hebben een ~ lol gehad in D. *they had a whale of a time in D.;* **II** ⟨bw.⟩ 0.1 [in hoge mate] *enormously, immensely* ♦ 2.1 ~ veel *an awful lot* 3.1 ~ bedankt *thanks awfully* ¶.1 hij was ~ in zijn sas/schik *he enjoyed himself i.*
reuzeblij 0.1 *overjoyed.*
reuzeblunder 0.1 *whopping blunder.*
reuzehonger 0.1 ⟨zie 3.1⟩ ♦ 3.1 een ~ hebben *be starving.*
reuzekerel 0.1 *terrific guy.*
reuzel 0.1 *lard.*
reuzenboom 0.1 *big/mammoth tree* ⇒⟨ihb.⟩ *sequoia.*
reuzengestalte 0.1 *gigantic stature.*
reuzengroei 0.1 *gigantism, giantism.*
reuzenkracht 0.1 *gigantic/Herculean strength.*
reuzenrad 0.1 *Ferris wheel.*
reuzenschildpad 0.1 *giant tortoise.*
reuzenschrede 0.1 *giant stride/step.*
reuzenslalom 0.1 *giant slalom.*
reuzenverlies 0.1 *gigantic/enormous loss.*
reuzenzwaai ⟨sport⟩ 0.1 *giant swing.*
reuzin 0.1 *giantess.*
revaccinatie 0.1 *revaccination.*
revalidatie 0.1 *rehabilitation.*
revalidatiecentrum 0.1 *rehabilitation centre.*
revalidatietijd 0.1 *period of convalescence;* ⟨met nadruk op behandeling⟩ *rehabilitation period.*
revalideren I ⟨onov.ww.⟩ 0.1 [weer valide worden] *recover, convalesce;* **II** ⟨ov.ww.⟩ 0.1 [weer valide maken] *rehabilitate.*
revaluatie 0.1 *revaluation.*
revalueren 0.1 *revalue.*
revanche 0.1 [wraak] *revenge* 0.2 [sport] *return (game/match);* ⟨boksen⟩ *return bout* ♦ 3.1 ~ nemen (op iem.) *take r. (on s.o.)* 3.2 iem. ~ geven *give s.o. a return game.*
revancheren ⟨wk.ww.; zich ~⟩ 0.1 *revenge* ♦ 6.1 zich **voor** een matig optreden ~ *come back with a strong performance.*
reveil 0.1 [opwekking] *revival* 0.2 [reveille] *reveille* ♦ 2.1 ethisch ~ *moral r.*

revelatie 0.1 [ontdekking] *revelation* 0.2 [persoon] *discovery* ♦ 6.1 het was een ~ **voor** hem *it was a r. to him.*
reven 0.1 ⟨ov.ww.⟩ *reef;* ⟨onov.ww.⟩ *reef (down), take in sail* ♦ 1.1 de zeilen ~ *r. the sails* 5.1 dubbel ~ *double-reef.*
revenu 0.1 *revenue* ♦ 3.1 de ~en van iets hebben *derive income from sth.*
revérence 0.1 *curts(e)y* ♦ 3.1 een ~ voor iem. maken *curtsey to s.o.*
rêverie 0.1 *reverie.*
revers 0.1 ⟨mbt. kledingstukken⟩ *lapel.*
revideren 0.1 [herzien] *revise.*
reviseren 0.1 *overhaul* ♦ 5.1 een onlangs geheel gereviseerde motor *a recently overhauled engine.*
revisie 0.1 [herziening] *revision* 0.2 [periodieke controle] *overhaul* ♦ 6.2 het vliegtuig ging **in** ~ *the plane was given an o.*
revisionisme 0.1 *revisionism.*
revisionist 0.1 *revisionist.*
revisor 0.1 *proofreader.*
revocatie 0.1 *revocation.*
revolte 0.1 *revolt.*
revolteren 0.1 *revolt.*
revolutie 0.1 *revolution* ⟨ook fig.⟩ ♦ 2.1 de Amerikaanse Revolutie *the American War of Independence;* de industriële ~ *the Industrial Revolution;* vreedzame ~ *bloodless r.* 3.1 tot ~ opwekken/oproepen *revolutionize* 6.1 van **voor/na** de ~ *pre-/post-revolution.*
revolutionair¹ ⟨de⟩ 0.1 *revolutionary.*
revolutionair² ⟨bn., bw.⟩ 0.1 *revolutionary* ♦ 1.1 ~e ideeën *r. ideas;* ~e ontdekking *a r. discovery* ¶.1 ~ te werk gaan *proceed along r. lines.*
revolver 0.1 *revolver.*
revolverheld ⟨iron.⟩ 0.1 *gunslinger.*
revolverschot 0.1 [schot uit revolver] *revolver shot* 0.2 [wond] *bullet wound.*
revue 0.1 [tijdschrift] *review* 0.2 [amusementsprogramma] *revue* ♦ 3.¶ ⟨fig.⟩ iets de ~ laten passeren *pass sth. in review;* de ~ passeren *be reviewed.*
Reykjavik 0.1 *Reykjavik.*
Rhodesië 0.1 *Rhodesia.*
Rhodos 0.1 *Rhodes.*
RIAGG ⟨afk.⟩ 0.1 [Regionaal instituut voor de ambulante geestelijke gezondheidszorg] ⟨*regional mental health institute*⟩.
riant 0.1 [er aantrekkelijk uitziend] *delightful, charming* 0.2 [zeer ruim] *ample, spacious* 0.3 [gunstig] *favourable* ♦ 1.1 een ~ uitzicht *a splendid view* 1.2 een ~ inkomen *an a. income;* een ~e villa *a s. villa* 1.3 de vooruitzichten zijn (niet) ~ *the prospects are (not) rosy* 3.3 ~ gelegen *favourably situated.*
rib 0.1 *rib;* ⟨wisk.⟩ *edge* ⇒⟨mbt. radiator ook⟩ *fin* ♦ 2.1 de zwevende ~ben *the floating ribs* 3.1 je kunt zijn ~ben tellen *he is a bag of bones* 6.¶ dat is een ~ **uit** je lijf *that costs an arm and a leg, that sets/*⟨BE ook⟩ *knocks you back a pretty penny.*
ribbel 0.1 [verhoging aan een voorwerp] *rib* ⇒*ridge,* ⟨in zand enz.⟩ *ripple* 0.2 [strepen op ribfluweel] *rib, cord.*
ribbelig 0.1 *ribbed* ⇒*corrugated* ⟨papier⟩.
ribbenkast ⟨inf.⟩ 0.1 *rib cage.*
ribbroek 0.1 *cord(uroy) trousers* ⇒*corduroys.*
ribcord 0.1 *cord(uroy).*
ribes 0.1 *ribes* ♦ 2.1 rode ~ *(red) flowering currant.*
ribfluweel 0.1 *cord(uroy).*
ribfractuur 0.1 *fracture of the rib, broken rib.*
ribgewelf 0.1 *ribbed vault.*

ribkarbonade 0.1 *rib chop.*
ribkotelet 0.1 *chop.*
riblap 0.1 〈rundvlees〉 *stewing steak.*
ribstuk 0.1 *(piece of) rib.*
ribtricot 0.1 *tricot.*
richel 0.1 [bovenste rand v.e. voorwerp] *ledge* ⇒*ridge.*
richten I 〈ov.ww.〉 0.1 [in een rechte lijn brengen] *line up,*
align 0.2 [in een richting laten gaan] *direct* ⇒*aim, orient*
0.3 [sturen] *direct* ⇒*address, extend* 〈uitnodiging/dank-
woord enz.〉 ♦ **1.1** wielen ~ *a. wheels* **6.2** zijn schreden ~
naar *turn one's steps to(wards);* gericht **op** *aimed/direct-
ed at, oriented towards;* zijn gedachten **op** iets ~ *turn one's
mind to sth.;* op de klant gerichte informatie *customer-oriented information;* zijn ogen **op** iets ~ *focus one's eyes on
sth.;* de camera **op** iem. ~ *train the camera on s.o.;* het plan
was gericht **op** een spoedig herstel *the plan aimed at a
quick recovery;* een motie gericht **tegen** het regerings-
voorstel *a vote aimed against the government proposal;*
zijn ogen **ten** hemel ~ *turn one's eyes to heaven* **6.3** een
brief, **aan** mij gericht *a letter addressed to me;* een vraag ~
tot de voorzitter *d. a question to the chairman;* het woord
tot iem. ~ *address s.o.;*
II 〈onov., ov.ww.〉 0.1 [in bepaalde richting brengen] *align*
0.2 [mbt. vuurwapens] *aim (at)* ♦ **6.1** de zeilen **naar** de
wind ~ *trim the sails;* **naar** het oosten gericht *facing east*
6.2 het geweer **op** iem. ~ *a. a gun at s.o.;*
III 〈wk.ww.; zich ~〉 0.1 [+ tot; zich wenden tot] *address
(o.s. to)* 0.2 [+ naar; als voorbeeld nemen] *conform to* 0.3
[+ op; zich concentreren op] *concentrate on* ♦ **6.1** richt u
met klachten **tot** ons bureau *address any complaints to
our office* **6.2** zich ~ **naar** de mode *follow/be guided by
fashion;* zich ~ **naar** de omstandigheden *be guided by circumstances* **6.3** zich geheel **op** zijn studie ~ *focus all one's
attention on one's studies.*
richter 〈rel.〉 0.1 *judge* ♦ **1.1** het boek der Richteren *the
book of Judges.*
richtgetal 0.1 *guide number.*
richting 0.1 [zijde, kant] *direction* 0.2 [gezindheid] *school
(of thought)* ⇒〈pol.〉 *opinion, denomination* 〈godsdienst〉
♦ **1.1** zij gingen ~ Amsterdam *they went in the d. of/head-
ed for Amsterdam;* ~ schuur gaan *make for the barn* **2.1**
iem. een zetje in de goede ~ geven *give s.o. a push in the
right d.;* een nieuwe ~ inslaan *strike out on a new course*
2.2 niet tot een bepaalde ~ behoren 〈pol.〉 *have no particular political persuasion* **3.1** 〈verkeer〉 ~ aangeven *indicate
d., signal* **6.1** zich in de ~ bewegen **van** *go in the d. of;* het
gesprek **in** de ~ sturen **van** *bring the conversation round
to;* een heel eind gaan in de ~ **van** *go a long way towards;*
dat komt aardig **in** de ~ *that's more like it;* **in** die ~ moeten
we het zoeken *you/we* 〈enz.〉 *are on the right track;* zich **in**
opwaartse/neerwaartse ~ bewegen 〈prijzen, aandelen〉
show an upward/downward trend; wind **uit** noordelijke
~en *northerly wind;* **van** ~ veranderen *change d.* **6.2** de
moderne ~ **in** de kunst *the modern school of art.*
richtingaanwijzer 0.1 *(direction) indicator.*
richtingbord 0.1 *route sign, signpost* 〈langs weg〉; *route
indicator* 〈op bus, tram〉.
richtinggevoel 0.1 *sense of direction* ♦ ¶.1 zijn ~ kwijt zijn
have lost one's sense of direction.
richtingwijzer →**richtingaanwijzer.**
richtlijn 0.1 [aanwijzing] *guideline* ⇒〈mv.〉 *directions* 0.2
[jur.] *directive* 0.3 [mbt. grond-/metselwerk]〈horizon-
taal〉 *line;* 〈verticaal〉 *plumb line* 0.4 [wisk.] *directrix* 0.5
[mbt. vuurwapens] *line of sight* ♦ **6.1** iets volgens de ~en
uitvoeren *do sth. in the prescribed way.*

richtlood 0.1 *plumb line.*
richtprijs 0.1 [kostendekkende vraagprijs] *basic price* 0.2
[geadviseerde prijs] *recommended price.*
richtsnoer 0.1 [lijn om in een rechte lijn te blijven]〈horizon-
taal〉 *line;* 〈verticaal〉 *plumb line* 0.2 [voorschrift] *guideline, directive* 0.3 [voorbeeld] *guide* ♦ **3.2** een ~ geven
give a g. **6.3** iets **tot** ~ nemen *take one's cue from sth.*
ricocheren 0.1 *ricochet.*
ridder 0.1 *knight* ⇒〈fig.〉 *cavalier, gentleman* ♦ **2.1** dolende
~s *knights errant* **6.1** ~ in de orde van Oranje-Nassau
Companion of the Order of Orange-Nassau; iem. **tot** ~
slaan *dub s.o. a k., knight s.o.* ¶.¶ een ~ zonder vrees of
blaam *a knight without fear or reproach.*
ridderen 0.1 *knight* ⇒*confer a knighthood on* ♦ **3.1** gerid-
derd worden *be knighted, receive a knighthood.*
ridderepos 0.1 *chivalric epic.*
ridderkruis 0.1 *cross.*
ridderlijk I 〈bn.〉 0.1 [met de eigenschappen v.e. ridder]
chivalrous 0.2 [v.e. ridder] *knightly* ♦ **1.1** een ~e strijd *a
c. fight* **1.2** een ~ slot *a knight's castle;*
II 〈bw.〉 0.1 [op de wijze v.e. ridder] *chivalrously* 0.2
[ronduit] *frankly* ♦ **3.2** hij kwam er ~ voor uit *he f. admitted it.*
ridderlijkheid 0.1 *chivalry.*
ridderorde 0.1 [stand] *knighthood* 0.2 [vereniging van rid-
ders] *order of knights* ⇒*knighthood* 0.3 [onderscheiding]
knighthood ⇒*order* 0.4 [versiersel] *ribbon/insignia (of
knighthood)* ⇒*order.*
ridderroman 0.1 *romance (of chivalry).*
ridderschap 0.1 *knighthood.*
ridderspel 0.1 *joust, tournament.*
ridderspoor 0.1 [plant] *delphinium* 0.2 [spoor aan de voet]
(knight's) spur ♦ **3.2** 〈fig.〉 zijn riddersporen verdienen
win one's spurs.
ridderstand 0.1 *knighthood.*
riddertijd 0.1 *age of chivalry.*
ridicuul 0.1 *ridiculous.*
riedel 0.1 *tune, jingle, tinkle* ⇒〈jazz〉 *riff* ♦ **3.1** geef eens een
~(tje) op je nieuwe piano *play us a tune on your new piano*
3.¶ 〈inf.〉 ik krijg de ~ van dat geluid *that noise gets on my
nerves.*
riek 〈landb.〉 0.1 *(two /three-/four-pronged) fork.*
rieken I 〈onov.ww.〉 0.1 [de indruk wekken van] *smack/
reek (of)* ♦ **6.1** dat riekt **naar** nepotisme *that smacks of
nepotism;*
II 〈ov.ww.〉 0.1 [ruiken] *smell* ♦ **3.**¶ iem. niet kunnen
~ *not be able to stand s.o.*
riem 0.1 [gordel] *belt* 0.2 [snaar, drijfriem] *belt* 0.3 [band
om iets vast te binden] *strap* 〈aan schoen/horloge〉 ⇒*belt*
〈over schouder〉, *sling* 〈van fototoestel/kijker/geweer〉,
leash 〈van hond〉 0.4 [mv.; veiligheidsgordels] *seat belts*
0.5 [roeispaan] *oar* 0.6 [hoeveelheid papier] *ream* ♦ **2.3**
een leren ~pje *a thong* **3.1** een ~ omgespen *buckle up a b.*
3.5 de ~en strijken/opsteken *lower/raise the oars* **6.3**
schoenen **met** ~pjes *strap shoes* **6.5** 〈fig.〉 (men moet)
roeien **met** de ~en men heeft *(one must) make do/
manage/make shift with what one has (got), (one must)
make the best of it.*
riemoverbrenging 0.1 *belt transmission.*
riet 0.1 [grassoort] *reed* 0.2 [rietstengel] *reed* ⇒〈dik〉 *cane*
0.3 [mbt. blaasinstrumenten] *reed* ♦ **2.2** Spaans ~ *cane*
6.1 〈fig.〉 iets in het ~ sturen *botch (up)/bungle sth.* **8.2** beven als een ~(je) *shake like a leaf.*
rietachtig 0.1 *reed-like.*
rietdekker 0.1 *thatcher.*

rieten 0.1 *reed;* ⟨van biezen⟩ *rush;* ⟨van bamboe⟩ *cane;* ⟨van tenen⟩ *wicker(work)* ◆ **1.1** ~ dak *thatched roof;* ~ mandje *wicker basket;* ~ mat *rush mat;* ~ stoel *cane/wicker chair.*

rietfluit 0.1 *reed pipe.*

rietgans 0.1 *bean goose* ◆ **2.1** kleine ~ *pink-footed goose.*

riethalm →**rietstengel.**

rietje 0.1 [om te drinken] *straw* 0.2 [muz.; tongetje] *reed* 0.3 [rottinkje] *cane* ◆ **2.3** Spaans ~ *cane* 6.3 met het ~ geven *cane.*

rietkraag 0.1 *fringe of reeds.*

rietmat 0.1 *reed/rush mat.*

rietmeubelen 0.1 *cane/wicker furniture.*

rietpluim 0.1 *reed panicle/tuft.*

rietstengel 0.1 *reed stem* ⇒*cane.*

rietsuiker 0.1 *cane sugar.*

rietveld 0.1 [rietland] *reed land* 0.2 [veld met suikerriet] *(sugar)cane field.*

rietwaren 0.1 *caneware* ⇒*basketware, wickerwork.*

rietzanger 0.1 *sedge warbler.*

rif 0.1 [ook scheep.] *reef* ◆ **3.1** een ~ steken/innemen *take in a r.* **5.1** vol ~fen *reefy.*

rigide 0.1 *rigid.*

rigor mortis 0.1 *rigor mortis.*

rigoureus 0.1 *rigorous.*

rij 0.1 [opeenvolging in rechte lijn] *row, line* ⇒⟨mensen⟩ *file,* ⟨mensen, verkeer⟩ *line,* ⟨mensen, verkeer⟩ ᴮ*queue* 0.2 [volgorde] *row* 0.3 [reeks] *row* ⇒⟨cijfers⟩ *string* ◆ **1.1** ~en auto's *rows of cars;* ⟨files⟩ ᴮ*queues of cars,* ᴬ*backups;* een ~ bomen *a l. of trees;* een jas met een/twee ~en knopen *a single-/double-breasted coat;* een ~ mensen ⟨naast elkaar⟩ *a r. of people;* ⟨achter elkaar⟩ *a l./queue of people* **1.3** een ~ getallen ⟨onder elkaar⟩ *a column of figures;* ⟨naast elkaar⟩ *a r. of figures* **2.1** in de eerste/voorste ~en *in the front seats/rows* **3.1** de ~en sluiten ⟨ook fig.⟩ *close ranks* **6.1** ~ aan ~ *r. upon r., in rows;* in de ~ staan ᴮ*queue,* ᴬ*stand in line;* in de ~ lopen *walk in line/procession;* in de/een ~ gaan staan *queue (up), line up* **6.2** hij was de vijfde **in** de ~ *he was fifth in the queue/in line;* alles **op** een ~tje zetten *list all the points;* alles nog eens **op** een ~tje zetten *go through the points once again;* ⟨fig.⟩ ze niet allemaal **op** een ~tje hebben ⟨inf.⟩ *have a screw loose;* **op** het ~tje af gaan *do them one by one.*

rijbaan 0.1 *roadway* ⇒⟨strook⟩ *lane* ◆ **2.1** weg met gescheiden rijbanen *dual carriageway.*

rijbewijs 0.1 ᴮ*driving licence,* ᴬ*driver's license* ◆ **3.1** z'n ~ halen *pass one's driving test.*

rijbroek 0.1 *jodhpurs, riding breeches* ◆ **7.1** een ~ *a pair of j./r. b.*

rijden I ⟨onov.ww.⟩ **0.1** [zich voortbewegen v.e. voertuig] *drive* ⟨auto⟩; *ride* ⟨(motor)fiets, rolstoel⟩ ⇒⟨snelheid hebben⟩ *move,* ⟨volgens dienstregeling⟩ *run* ⟨trein, bus⟩, *do* ⟨mbt. snelheid, afstand⟩ **0.2** [geschikt zijn om zich erop voort te bewegen] *ride* ⟨(met) (motor)fiets⟩; *drive* ⟨(met) auto⟩ **0.3** [schaatsen] *(ice) skate* ◆ **3.¶** opa liet de kleine op zijn knie ~ *grandpa bounced the little one on his knee* **4.1** hoeveel heeft je auto al gereden? *how many miles/kilometres has your car done?* **5.1** door een vakbondsactie ~ de treinen niet *owing to industrial action no trains are running* **5.2** die weg rijdt gemakkelijk *that road is easy to d. on;* die auto rijdt gemakkelijk *that car drives easily* **6.1** een taxi en een vrachtwagen reden **op** elkaar (in) *a cab and a lorry collided;* (te) dicht **op** elkaar ~ *not keep one's distance;* de tractor rijdt **op** dieselolie *the tractor runs/operates on diesel oil;*

II ⟨ov.ww.⟩ **0.1** [vervoeren] *drive* ◆ **4.1** zich laten ~ *be driven* **6.1** iem. **in** een rolstoel ~ *wheel s.o. in a wheelchair;*

III ⟨onov., ov.ww.⟩ **0.1** [(een vervoermiddel) besturen] *drive* ⟨auto, bus, trein⟩; *ride* ⟨(motor)fiets, rolstoel⟩ **0.2** [(op) een rijdier voortbewegen] *ride* ◆ **1.1** honderd kilometer per uur ~ *d./do a hundred kilometres an hour;* (met) een kruiwagen ~ *wheel a wheelbarrow;* het is twee uur ~ *it's a two-hour drive/*⟨fiets enz.⟩ *ride* **3.1** hij kan uitstekend ~ *he drives extremely well* **3.2** uit ~ gaan, gaan ~ *go (out) for a ride/drive* **5.1** hij werd bekeurd omdat hij te hard reed *he was fined for speeding* **6.1** door het rode licht ~ *go through a red light;* in een auto ~ *d. (in) a car;* **op** een tegenligger ~ *crash/run into an oncoming car* **¶.2** **op** een/ te paard ~ *r. a horse/on horseback.*

rijdend 0.1 [verplaatsbaar] *mobile* 0.2 [in beweging zijnd] *moving* ◆ **1.1** ~e bibliotheek *m./travelling library,* ᴬ*bookmobile;* ~e (hef)kraan *m./transporter crane;* ~ materieel *rolling stock;* ~ wrak ⟨inf.⟩ *jalopy* **1.2** in een ~e trein (springen) *(jump) on(to) a m. train.*

rijder, -ster 0.1 [iem. die rijdt] *rider* ⟨racefietser⟩; *driver* ⟨auto⟩ ⇒⟨fietser⟩ *cyclist* 0.2 [ruiter] *rider* 0.3 [schaatser] *skater.*

rijdier 0.1 *mount.*

rijeigenschap 0.1 *driving characteristic/quality* ⟨vaak mv.⟩.

rijervaring 0.1 *driving experience.*

rijexamen 0.1 *driving test* ◆ **3.1** ~ doen *take one's driving test.*

rijgdraad 0.1 *basting-/tacking-thread.*

rijgedrag 0.1 ⟨van automobilist⟩ *driving (manners/behaviour)* ⇒⟨BE ook⟩ *motoring performance.*

rijgen 0.1 [aan een snoer hechten] *thread, string* 0.2 [naaien] *baste, tack* 0.3 [met een snoer vastmaken] *lace (up)* ◆ **1.3** schoenen/een korset ~ *l. shoes/a corset (up)* **6.1** aan een draad ~ *thread (on/with wire).*

rijggaren 0.1 *basting-/tacking-thread.*

rijglaars 0.1 *lace-up/laced boot.*

rijgnaad 0.1 *basted seam.*

rijgnaald 0.1 *bodkin.*

rijgsnoer 0.1 *string.*

rijgsteek 0.1 *tack, basting-stitch* ◆ **6.1** met rijgsteken naaien *baste, tack.*

rijhoogte 0.1 *maximum vehicle height.*

rij-instructeur, -trice 0.1 *driving instructor.*

rijk[1] (het) **0.1** [gebied onder een vorst] *realm* ⇒⟨koninkrijk⟩ *kingdom,* ⟨keizerrijk⟩ *empire* **0.2** ⟨soevereine staat⟩ *state* ⇒ *kingdom, empire* **0.3** [landelijke overheid] *government, State* **0.4** [fig.; kring/ruimte waarover iem. macht uitoefent] *domain* **0.5** [gebied] *realm* ◆ **1.1** het ~ der dromen *the Land of Nod;* het ~ der hemelen *the Kingdom of Heaven* **1.3** eigendom v.h. Rijk *State/government property* **1.5** iets naar het ~ der fabelen verwijzen *dismiss sth. as a myth;* het ~ der letteren *the Commonwealth of Letters* **2.1** het Belgische Rijk *the Kingdom of Belgium;* het Britse Rijk *the British Empire;* het Hemelse Rijk *the Celestial Empire* **2.2** het Heilige Roomse Rijk *the Holy Roman Empire* **2.¶** het ~ alleen hebben *have the place (all) to o.s.* **6.3** een betrekking **bij** het Rijk hebben *work for the civil service;* **door** het Rijk gefinancierd *State-financed* **7.2** het Derde Rijk *the Third Reich.*

rijk[2] (bn.) **0.1** [vermogend] *rich, wealthy* **0.2** [ruim voorzien van] *rich (in)* **0.3** [overvloedig] *rich; fertile* ⟨grond enz.⟩; *generous* ⟨maal⟩ **0.4** [kostbaar] *valuable, expensive* ◆ **1.1** ~ en arm hebben het nu moeilijk *both rich and poor are having a hard time of it;* van ~ komaf *from a w. background* **1.3** een ~e taal *(a) r. language;* een ~e traditie *a wealthy tradition;* een ~e vangst *a bumper catch;* hij

heeft een ~e verbeelding *he has a fertile imagination* **1.4** een ~e verzameling *a v. collection* **2.1** stinkend ~ zijn *be filthy r.* **3.1** ik ben er niet ~er van geworden *it has not left me any (the) richer;* hij is slapende ~ geworden *he got rich doing nothing* **8.2** ik ben je liever kwijt dan ~ *I'd rather see the back of you;*
II ⟨bw.⟩ **0.1** [in overvloedige mate] *abundantly, richly* **0.2** [op kostbare wijze] *expensively* ◆ **3.1** ~ bloeiende heesters *free-flowering shrubs* **3.2** dat huis is ~ gemeubileerd *that house is e. furnished.*

rijkaard 0.1 *rich person/man* ⟹⟨sl.⟩ *moneybags.*

rijkdom 0.1 [toestand] *wealth, affluence* **0.2** [vermogen] *riches* **0.3** [goed dat de mens van nut is] *resource* **0.4** [het in ruime mate aanwezig zijn] *abundance, richness* ◆ **1.4** de ~ van onze taal *the r. of our language* **2.3** natuurlijke ~men *natural resources* **6.4** een ~ aan veldbloemen *a profusion of wild flowers.*

rijkelijk 0.1 [kwistig] *lavish, liberal* **0.2** [overvloedig] *rich* **0.3** [te veel] *ample* ◆ **1.2** een ~ maal *a sumptuous meal* **1.3** er zit ~ zout in het eten *the food has been liberally salted* **3.2** iem.~ belonen *reward s.o. handsomely;* ~ voorzien van alles *abundantly supplied with everything* **5.3** die japon is ~ laag uitgesneden *that dress is cut pretty low* ¶**.2** ~ gebruik maken van iets *use sth. liberally* ¶**.3** je bent ~ laat *you're none too early.*

rijkelui 0.1 *rich people* ◆ **7.1** de ~ ⟨ook⟩ *the well-to-do.*

rijkeluiskind 0.1 *rich man's son/daughter.*

rijkostuum 0.1 *riding outfit* ⟹*riding habit* ⟨van amazone⟩.

rijksambt 0.1 *public/government office.*

rijksambtenaar 0.1 *public servant* ⟹*government official.*

rijksarchief 0.1 *Public Record(s) Office* ⟹*national archives.*

rijksbegroting 0.1 *(national) budget.*

rijksbelasting 0.1 *(national)/ᴬfederal) tax(ation).*

rijksbijdrage 0.1 *government contribution/grant* ⟹*state aid* ◆ **3.1** een ~ verlenen voor *make a grant from the Treasury for.*

rijksbureau 0.1 *government office* ⟹*national bureau.*

rijkscommissaris 0.1 *government commissioner.*

rijksdaalder 0.1 *two-and-a-half guilder coin.*

rijksdeel 0.1 *territory (overseas)* ⟹*overseas territory.*

rijksdienst 0.1 [dienst bij het Rijk] *public service* **0.2** [door het Rijk verzorgde dienst] *national agency* ◆ **6.1** ambtenaar in ~ *public/civil servant.*

rijksgebouw 0.1 *public/government building.*

rijksgenoot 0.1 [Antilliaan]⟨euf.⟩ *one of our coloured brethren* **0.2** [landgenoot] *fellow citizen.*

rijksinkomsten 0.1 *national/public revenue.*

rijksinstelling 0.1 *government/state institution/institute.*

rijksinstituut 0.1 *state/national institute.*

rijkskas 0.1 *treasury.*

rijkskosten 0.1 *public expense* ◆ **6.1** op ~ *at the public expense;* begrafenis op ~ *state funeral.*

rijksluchtvaartdienst 0.1 ⟨GB⟩ *Civil Aviation Authority;* ⟨USA⟩ *Civil Aeronautics Board.*

rijksmiddelen 0.1 *government/state revenue(s).*

rijksmunt 0.1 [munt] *coin of the realm.*

Rijksmunt 0.1 [instituut] *Mint.*

rijksmuseum 0.1 *national museum* ⟹⟨voor kunst ook⟩ *national gallery* ◆ **7.1** het Rijksmuseum *the Rijksmuseum in Amsterdam.*

rijksoverheid 0.1 *central/national government.*

rijkspensioen 0.1 *state pension.*

rijkspolitie 0.1 *national/state police (force).*

rijksrecherche 0.1 *state/national department of criminal investigation.*

rijksregeling 0.1 *state regulation* ◆ **6.1** salaris volgens ~ *salary in accordance with national scales.*

rijksschatkist ⟶*rijkskas.*

rijkssubsidie 0.1 *government/state subsidy/grant/aid* ◆ **6.1** met ~ *state-aided/-supported.*

rijksuniversiteit 0.1 *state university* ◆ **1.1** ~ Utrecht *(State) University of Utrecht.*

rijksvoorlichtingsdienst 0.1 *Government Information Service.*

rijkswacht ⟨Belg.⟩ **0.1** *state police.*

rijkswachter ⟨Belg.⟩ **0.1** *state policeman.*

rijkswaterstaat 0.1 ±*Department/Ministry of Waterways and Public Works.*

rijksweg 0.1 ᴮ*national trunk road,* ᴬ*state highway.*

rijkswege ◆ **6.**¶ van ~ *by (authority of) the government, officially;* van ~ uitgegeven *published by the government;* van ~ gekeurd *government tested;* subsidie van ~ *government subsidy.*

rijkswegenfonds 0.1 *road/ᴬhighway fund.*

rijkunst 0.1 *horsemanship* ⟹⟨mbt. auto⟩ *driving skill.*

rijlaars 0.1 *riding boot.*

rijles 0.1 ⟨auto⟩ *driving lesson;* ⟨paard⟩ *riding lesson* ◆ **3.1** ~ nemen *take driving/riding lessons.*

rijm 0.1 *rhyme* ⟹⟨gedicht ook⟩ *verse* ◆ **2.1** gebroken ~ *interrupted r.;* gekruist ~ *alternate r.;* gepaard ~ *rhyming couplet;* glijdend ~ *triple r.;* omvattend ~ *embracing r.;* onzuiver ~ *approximate/imperfect r.;* rijk ~ *rime riche;* slepend/vrouwelijk ~ *feminine/weak r.;* staand/mannelijk ~ *masculine/strong r.;* zuiver ~ *perfect r.* **6.1** iets in/op ~ brengen/zetten *put sth. into verse;* op ~ *rhyming, in r.*

rijmelaar, -ster 0.1 *poetaster* ⟹*versifier.*

rijmelarij 0.1 *doggerel (verse).*

rijmen I ⟨onov.ww.⟩ **0.1** [rijm hebben] *be in rhyme/verse* **0.2** [rijm vormen] *rhyme (with)* **0.3** [verzen maken] *rhyme* ⟹*versify* ◆ **1.1** die gedichten ~ (niet) *these poems are (not) in rhyme* **1.2** deze woorden ~ op elkaar *these words r. (with each other)* **5.3** hij kan goed ~ *he's a good versifier;*
II ⟨ov.ww.⟩ **0.1** [in overeenstemming brengen] *reconcile* ◆ **6.1** dat viel niet te ~ met … *that could not be reconciled with …*

rijmklank 0.1 *rhyme.*

rijmpje 0.1 *rhyme* ⟹*short verse.*

rijmschema 0.1 *rhyme scheme.*

rijmwoord 0.1 *rhyme, rhyming word.*

rijmwoordenboek 0.1 *rhyming dictionary.*

Rijn 0.1 *Rhine.*

rijnaak 0.1 *Rhine barge.*

Rijndal 0.1 *Rhine valley.*

Rijnmond 0.1 ⟨gebied om de Nieuwe Waterweg⟩ *Rijnmond (area).*

rijnschip 0.1 *Rhine barge/vessel.*

Rijnstaat 0.1 *country on/along the Rhine.*

rijnwijn 0.1 *Rhine wine.*

rijp¹ ⟨de⟩ **0.1** [aanslag van ijskristallen] *(white) frost* ⟹*hoarfrost,* ⟨lit.⟩ *hoar,* ⟨lit.⟩ *rime* **0.2** [dunne waas op vruchten/planten] *bloom.*

rijp² ⟨bn.⟩ **0.1** [mbt. vruchten/gewassen] *ripe* **0.2** [mbt. personen] *mature* **0.3** [+ voor; geschikt geworden] *ripe/ready (for)* **0.4** [goed overwogen] *serious* ◆ **1.2** de ~ere jeugd *the more m. adolescents/young people;* op ~ere leeftijd *at a ripe age* **1.4** na ~ beraad *after due consideration;* een ~ oordeel *a mature judgement* **2.**¶ hij leest alles, ~ en groen *he'll read absolutely anything* **3.1**~ maken/worden *ripen, mature* **6.3** ~ **voor** de sloop *ready for the scrap heap;* het volk was ~ **voor** de opstand *the people were ripe for rebellion;* ⟨scherts.⟩ zij is ~ **voor** het gekkenhuis *she should be certified.*

rijpaard 0.1 *saddle horse.*

rijpen 0.1 [mbt. vruchten/gewassen] *ripen* **0.2** [mbt. personen/zaken] *mature* ◆ **1.2** een gerijpt man *a mature man* **6.2** ~ **tot** iets *ripen into sth.*

rijpheid 0.1 *ripeness, maturity* ◆ **6.1** ⟨fig.⟩ **tot** ~ komen *ripen, mature;* ⟨fig.⟩ ~ **van** geest *mental m.;* ⟨bij uitbr.⟩ *wisdom.*

rijping 0.1 [het rijpen] *ripening, maturing, maturation* **0.2** [groei naar volwassenheid] *maturing, maturation.*

rijpingsproces 0.1 *maturation, ripening process.*

rijrichting 0.1 *direction of the traffic.*

rijs 0.1 [twijg] *twig* ⇒⟨om te binden⟩ *withy* **0.2** [rijshout] *osier.*

rijsbos 0.1 *thicket.*

rijschema 0.1 [leidraad bij een te volgen route] *route plan* ⇒*itinerary* **0.2** [schema van beurten om te rijden] *driving roster.*

rijschool 0.1 [autorijschool] *driving school* **0.2** [manege] *riding school/academy.*

rijshout 0.1 *osier;* ⟨gevlochten⟩ *wicker.*

rijsnelheid 0.1 *(driving) speed.*

rijsport 0.1 *equestrian sport(s)* ⇒*(horse) riding.*

rijst 0.1 *rice* ◆ **2.1** gepelde ~ *polished r.;* ongepelde ~ *unpolished r.*

rijstbouw 0.1 *cultivation/growing of rice.*

rijstbrandewijn 0.1 *(rice) ar(r)ak.*

rijstbuik 0.1 *swollen/distended belly.*

rijstebrij 0.1 *rice pudding.*

rijstebrijberg 0.1 [berg uit luilekkerland] *±road to Never-Never Land* **0.2** [fig.] *mountain of problems, sea of troubles* ◆ **3.2** door een ~ heen eten *plough one's way through a mound/stack of sth.*

rijstepap 0.1 *rice pudding.*

rijstevla 0.1 *rice tart.*

rijstijl 0.1 [mbt. autorijden] *driving style* **0.2** [mbt. schaatsenrijden] *skating style.*

rijstkorrel 0.1 *grain of rice.*

rijstoogst 0.1 *rice crop/harvest.*

rijstpap ⟨AZN⟩ **0.1** *rice pudding.*

rijstpapier 0.1 *rice paper.*

rijstrand 0.1 [rand van rijst] *rice mould* **0.2** [blikken vorm] *ring mould.*

rijstrook 0.1 *(traffic) lane.*

rijststomer 0.1 *steamer.*

rijsttafel 0.1 *(Indonesian) rice table* ⇒*rijsttafel.*

rijsttafelen 0.1 *have/eat an Indonesian rice table/a rijsttafel.*

rijstteelt 0.1 *cultivation/growing of rice.*

rijstveld 0.1 *rice field/paddy.*

rijstwijn 0.1 *sake, saki.*

rijten ⟨schr.⟩ **0.1** *rend* ⇒*tear* ◆ **6.1 aan** stukken ~ *r. into pieces.*

rijtijd 0.1 [tijd gedurende welke men rijdt] *driving time* **0.2** [duur v.e. rit] *travel time.*

rijtjeshuis 0.1 *ᴮterrace(d) house, ᴬrow house.*

rijtuig 0.1 [koets] *carriage* **0.2** [treinstel] *ᴮcarriage, ᴬcar* ◆ **2.1** een gesloten ~ *a closed c.* **6.1** ~ **met** twee/vier paarden *coach and four/four.*

rijvaardigheid 0.1 *driving ability/proficiency.*

rijven ⟨AZN⟩ **0.1** [harken] *rake* **0.2** [raspen] *grate.*

rijverbod 0.1 *driving ban* ◆ **3.1** hier geldt een ~ *(this street/area is) closed to (motor) vehicles;* iem. een ~ opleggen *ban s.o. from driving, impose a d.b. on s.o.*

rijvereniging 0.1 *riding club.*

rijweg 0.1 *road(way).*

rijwiel ⟨schr.⟩ **0.1** *(bi)cycle.*

rijwielberging 0.1 *(bi)cycle shed/park.*

rijwielhandel 0.1 *bicycle shop.*

rijwielhandelaar 0.1 *bicycle dealer.*

rijwielhersteller ⟨schr.⟩ **0.1** *bicycle repairman; (bi)cycle repairer.*

rijwielpad 0.1 *(bi)cycle path* ⇒⟨ᴮᴇ ook⟩ *cycle track.*

rijwielstalling 0.1 ⟨binnen⟩ *(bi)cycle lock-up;* ⟨buiten⟩ *(bi)cycle park.*

rijwielverhuur 0.1 *bicycle hire.*

rijwielverzekering 0.1 *(bi)cycle insurance.*

rijzen 0.1 [omhooggaan] *rise* **0.2** [gisten] *rise* **0.3** [zich voordoen] *arise* ⇒*occur* ◆ **1.1** het land v.d.~de zon *the land of the rising sun* **1.2** laat het deeg ~ *leave the dough to r.* **1.3** toen rezen er moeilijkheden *then problems arose;* ⟨fig.⟩ twijfel doen ~ *raise doubts;* de vraag rijst of ... *the question arises (as to) whether ...* **6.1** de prijzen ~ de pan **uit** *prices are soaring.*

rijzig 0.1 *tall* ◆ **6.1** ~ **van** gestalte *t. in stature.*

rijzweep 0.1 *(hunting/riding) crop, riding whip.*

rikketik¹ ⟨de⟩ **0.1** [inf.] *ticker.*

rikketik² ⟨tw.⟩ ◆ **6.¶** zijn hartje gaat **van** ~ *his heart is going pitapat.*

rikketikken 0.1 *(go) pit(a)pat, go ticking away* ⇒⟨klank⟩ *go tick-tack.*

riks ⟨inf.⟩ **0.1** *two-and-a-half guilder (coin).*

riksja 0.1 *rickshaw.*

ril 0.1 *groove* ⇒*gulley.*

rillen 0.1 *shiver, shudder* ⇒*tremble* ◆ **6.1** hij rilde **van** de kou *he shivered with cold;* het is om **van** te ~, zo ontzettend is het *it's enough to give you the shudders.*

rillerig 0.1 *shivery.*

rilling 0.1 *shiver, shudder* ⇒*tremble* ◆ **2.1** koude ~en hebben ⟨ook fig.⟩ *have the shakes/shivers* **3.1** iem. ~en bezorgen *make s.o. shiver/shudder/*⟨van angst ook⟩ *tremble (with fear), send shivers up/down s.o.'s spine;* er liep een ~ over mijn rug *a shiver ran down my spine.*

rimboe 0.1 [oerwoud] *jungle* **0.2** [afgelegen streek] *bush, wild* ◆ **6.2** hij woont ergens in de ~ *he lives somewhere out in the wild(s).*

rimpel 0.1 [frons] *wrinkle* **0.2** [kreuk, plooi] *wrinkle* **0.3** [golving op het water] *ripple* ◆ **3.1** ~s in het voorhoofd trekken *knit one's brow* **5.1** een gezicht vol ~s *a wrinkled face* **5.2** een uitgedroogde appel zit vol ~s *a dried-out apple is full of wrinkles.*

rimpelen 0.1 [mbt. het gezicht] *wrinkle (up)* **0.2** [mbt. het water] *ripple* **0.3** [plooien (maken in)] *crinkle (up)* ◆ **1.1** het voorhoofd ~ *wrinkle one's forehead* **1.2** de wind rimpelde het meer *the wind rippled the surface of the lake.*

rimpelig 0.1 *wrinkled* ◆ **1.1** een ~e appel *a wizened apple.*

rimpeling 0.1 [het gerimpeld worden; de rimpels] *wrinkling* ⇒⟨stof, papier⟩ *crumpling* **0.2** [golfje] *ripple, rippling.*

rimpelloos 0.1 [zonder rimpels] *smooth* ⇒⟨gezicht ook⟩ *unwrinkled, calm* ⟨water⟩ **0.2** [fig.] *smooth* ⇒*calm* ◆ **1.2** een ~ bestaan *an untroubled existence* **3.2** de dag verliep ~ *the day passed off smoothly.*

rimram 0.1 [rompslomp] *(fuss and) bother* **0.2** [koeterwaals] *balderdash, rubbish.*

ring 0.1 *ring* ⇒⟨mv.; mbt. turndiscipline⟩ *rings* ◆ **1.1** de ~en v.e. boom *the (annual) rings of a tree* **6.1** de boksers komen **in** de ~ *the boxers step into the r.;* de handdoek **in** de ~ gooien *throw in the towel* **6.¶** het zag eruit om **door** een ~etje te halen *it looked as neat as a (new) pin.*

ringbaan 0.1 *ring road.*

ringbaard 0.1 *fringe of beard.*

ringband 0.1 *ring binder.*

ringdijk 0.1 *ring/encircling dike.*

ringeloren 0.1 *bully* ⇒*browbeat* ♦ **3.1** zich laten ~ *let o.s. be bullied/browbeat.*

ringen 0.1 *ring.*

ringlijn 0.1 *loop line.*

ringmap 0.1 *ring binder.*

ringslang 0.1 *grass/ring(ed) snake.*

ringsleutel 0.1 *ring spanner.*

ringslot 0.1 *ring/combination lock.*

ringsteken 0.1 *tilt at the ring.*

ringvaart 0.1 *ring canal.*

ringvinger 0.1 *ring finger.*

ringvormig 0.1 *ring-shaped* ⇒*annular* ⟨ihb. maansverduistering⟩.

ringweg 0.1 *ring road.*

ringworm 0.1 *ringworm.*

rinkelen 0.1 *jingle* ⇒*tinkle, ring* ⟨bel⟩, *chink* ⟨glas, metaal⟩ ♦ **1.1** ~de ruiten *rattling panes of glass;* de ~de tamboerijn *the jingling tambourine.*

rinoceros 0.1 *rhinoceros* ⇒⟨inf.⟩ *rhino.*

rins 0.1 *sourish* ♦ **1.1** ~e appelstroop ±*(sour) apple syrup.*

RIOD ⟨afk.⟩ 0.1 [Rijksinstituut voor Oorlogsdocumentatie] ⟨*National Institute of War Documentation*⟩.

riolering 0.1 *sewerage, sewer system* ♦ **3.1** de ~ aanleggen *install sewers.*

riool 0.1 *sewer* ♦ **2.1** ⟨fig.⟩ een open ~ *an open s.*

rioolbelasting 0.1 *sewerage charges.*

rioolbuis 0.1 *sewer.*

riooldeksel 0.1 *manhole cover.*

rioolgas 0.1 *sewer gas.*

riooljournalistiek 0.1 *gutter/muckraking journalism.*

rioolput 0.1 [verzamelput in riool] *sewer drain* 0.2 [straatput] *drain (hole).*

rioolrat 0.1 *sewer rat.*

rioolslib 0.1 *sewage sludge.*

rioolwater 0.1 *sewage (water).*

rioolwaterzuiveringsinrichting 0.1 *sewage plant.*

riposteren 0.1 [sport] *riposte* 0.2 [gevat antwoorden] *riposte, retort.*

ris 0.1 *string* ♦ **1.1** een ~ uien *a s. of onions.*

risee 0.1 *laughing stock.*

risico 0.1 *risk* ♦ **1.1** dat behoort tot de ~'s v.h. vak *that's an occupational hazard* **2.1** eigen ~ *own r.;* ⟨verz.⟩ *f* 50 eigen ~ *Dfl* 50 *[B]excess/[A]deductible* **3.1** het ~ lopen (van) *run the r. (of);* te veel ~'s nemen *run/take too many risks* **6.1** op eigen ~ *at one's own r.;* ⟨hand.⟩ *with all faults;* **voor** ~ v.d. eigenaar *at the owner's r.* **7.1** geen ~ willen nemen *not want to take any chances.*

risicodeling 0.1 *risk sharing.*

risicodragend 0.1 *risk-bearing* ♦ **1.1** ~ kapitaal *risk capital.*

risicodrager 0.1 *risk bearer.*

risicofactor 0.1 *risk factor.*

risicogroep 0.1 *high-risk group.*

risicoloos 0.1 *risk-free.*

risicovol 0.1 *risky.*

riskant 0.1 *risky* ♦ **1.1** een ~e onderneming *a r. enterprise.*

riskeren 0.1 *risk* ♦ **1.1** zijn leven ~ *r. one's life;* hij riskeert ontslag *he risks being fired;* hij riskeert zijn hele vermogen *he is putting his whole property/capital at stake.*

risotto 0.1 *risotto.*

rissen 0.1 [tot een ris voegen] *string* ⟨uien⟩ 0.2 [afrissen] *stem.*

rist →**ris, rits** 0.2.

risten →**rissen.**

rit 0.1 [(een keer) rijden] *ride, run* ⇒⟨met auto ook⟩ *drive* 0.2 [sport]⟨wielersport⟩ *stage, ride;* ⟨schaatsen⟩ *race* ♦ **2.1** dat is nog een hele ~ *that's still quite a ride/drive;* de laatste ~ is om twaalf uur *the last train/bus/tram is at twelve o'clock* **2.2** ⟨wielersport⟩ een lange/korte/vlakke ~ *a long/short/flat ride* **3.1** een ~je maken *go for a ride;* ⟨fig.⟩ de ~ uitzitten *ride it out.*

rite 0.1 *rite* ♦ **2.1** de laatste ~n *the last rites.*

ritme 0.1 ⟨ook muz., lit.⟩ *rhythm* ♦ **6.1** uit zijn ~ raken *lose one's r.*

ritmebox 0.1 *rhythm box.*

ritmeester 0.1 *troop captain.*

ritmiek 0.1 [leer v.d. ritmen] *rhythmics* 0.2 [het ritmisch zijn] *rhythmicality, rhythmicity.*

ritmisch I ⟨bn.⟩ 0.1 [het ritme betreffend] *rhythmic(al)* ♦ **1.1** ~e eigenaardigheden *peculiarities of rhythm;* **II** ⟨bn., bw.⟩ 0.1 [met/in een bepaald ritme] *rhythmical* ♦ **1.1** ~e gymnastiek *eurhythmics* **3.1** ~ bewegen *move rhythmically;* ~ klappen *clap in time.*

ritprijs 0.1 *fare.*

rits[1] ⟨de⟩ 0.1 [ritssluiting] *zipper, [B]zip* 0.2 [serie, rij] *bunch* ⇒ *string* ⟨namen, auto's⟩, *batch* ⟨schriften, bestellingen, brieven⟩, *battery* ⟨camera's, vragen⟩ ♦ **1.2** een ~ kinderen *a flock of children* **6.1** kun je me even helpen **met** mijn ~? *can you help zip me up/unzip me?*

rits[2] ⟨tw.⟩ 0.1 *rip* ⇒*zip* ⟨geluid van ritssluiting⟩.

ritselaar ⟨inf.⟩ 0.1 *fixer.*

ritselen I ⟨onov.ww.⟩ 0.1 [geluid doen horen] *rustle* ♦ **6.1** ik hoor een muis ~ **achter** het behang *I can hear a mouse scuffling behind the wallpaper;* ~ **met** een papiertje *r. a paper;* **II** ⟨ov.ww.⟩ 0.1 [regelen] *fix;* ⟨op slinkse manier⟩ *wangle* ♦ **3.1** er valt misschien wel iets te ~ *maybe sth. can be arranged;* **III** ⟨onpers.ww.⟩ 0.1 [wemelen (van)] *crawl/swarm (with).*

ritsen I ⟨ov.ww.⟩ 0.1 [een gleuf maken in] *scratch, cut;* ⟨groef/inkeping maken⟩ *groove; score* ⟨karton⟩; **II** ⟨onov.ww.⟩ 0.1 [weglopen] *make off.*

ritssluiting 0.1 *zipper, [B]zip* ♦ **6.1** kun je me even helpen **met** mijn ~? *can you help zip me up/unzip me?;* een trui **met** een ~ *a zip-up sweater.*

ritueel[1] ⟨het⟩ 0.1 *ritual.*

ritueel[2] ⟨bn., bw.⟩ 0.1 *ritual.*

ritus 0.1 *rite.*

ritzege ⟨sport⟩ 0.1 *stage victory* ♦ **3.1** een ~ behalen *win a stage.*

rivaal, -vale 0.1 *rival.*

rivaliseren 0.1 *contend (with s.o.); compete* ⟨ook in een wedstrijd⟩.

rivaliteit 0.1 *rivalry.*

rivier 0.1 [waterstroom] *river* 0.2 [stromende hoeveelheid] *stream, flood* ♦ **1.1** de ~ de Mississippi/de Rijn *the Mississippi (River), the River Rhine* **1.2** een ~ van tranen *a f. of tears* **2.1** beneden de grote ~en *to the south of the big rivers (Rhine and Meuse)* **3.1** de stad ligt aan een ~ *the town is/lies on a r.;* een ~ oversteken/overzwemmen *cross a r., swim (across) a r.* **6.1** een huis **aan** de ~ *a house on the r.;* aan de kant van/bij de ~ zitten *sit by the r.*

Rivièra 0.1 *Riviera.*

rivierarm 0.1 *arm of a/the river.*
rivierbaars 0.1 *(freshwater) perch.*
rivierbed 0.1 *riverbed.*
rivierdijk 0.1 *river dyke/embankment* ⇒⟨natuurlijke waterkering⟩ *river bank.*
rivierklei 0.1 *river clay.*
rivierkreeft 0.1 *crayfish.*
riviermond 0.1 *river mouth* ⇒⟨breed⟩ *estuary.*
rivieroever 0.1 *riverbank* ⇒*riverside.*
rivierpolitie 0.1 *river police.*
rivierschildpad 0.1 *soft-shelled turtle.*
rivierslib 0.1 *river silt.*
rivierstelsel 0.1 *river system.*
riviervaart 0.1 *river traffic/shipping.*
riviervis 0.1 *freshwater fish.*
riviervisser 0.1 *freshwater/river fisherman.*
rivierwater 0.1 *river water.*
rizoom ⟨biol.⟩ 0.1 *rhizome.*
rob 0.1 *seal.*
robbedoes 0.1 *tomboy* ⟨v.⟩; *wild boy* ⟨m.⟩.
robbenjacht 0.1 *seal hunting.*
robbenvel 0.1 *sealskin.*
robbertje 0.1 *round* ⇒⟨spel⟩ *game* ◆ 3.1 een ~ vechten ⟨vriendschappelijk⟩ *have a (little) tussle;* ⟨vijandig⟩ *have a scuffle.*
robe 0.1 *gown.*
robijn 0.1 ⟨zn. en bn.⟩ *ruby.*
robijnen 0.1 [van robijn] *ruby* 0.2 [rood als robijn] *ruby (red).*
robot 0.1 *robot* ◆ 3.1 hij lijkt wel een ~ *he is like a r.*
robotiseren 0.1 *robotize.*
robuust 0.1 *robust* ⇒*sturdy* ⟨bouw van persoon⟩, *solid* ⟨dingen⟩ ◆ 1.1 ⟨fig.⟩ een ~e gezondheid *r. health.*
rochel 0.1 [speeksel] *lump of spit* 0.2 [reutel] *hawk* ⇒*rattle* ⟨van stervende⟩.
rochelen 0.1 [ophoestend geluid maken] *hawk (up)* 0.2 [fluimen opgeven] *hawk up* 0.3 [een rauw keelgeluid maken] *hawk* ⇒*rattle* ⟨voor de dood⟩.
rock, rockmuziek 0.1 *rock (music)* ◆ 2.1 psychedelische ~ *acid rock.*
rocker 0.1 *rocker, rock-and-roller.*
rockopera 0.1 *rock opera.*
rockzanger, -es 0.1 *rock singer.*
rococo 0.1 *rococo.*
roddel 0.1 *gossip* ◆ 2.1 de nieuwste ~s uit de showwereld *the latest g. in show business.*
roddelaar, -ster 0.1 *gossip.*
roddelblad 0.1 *gossip magazine.*
roddelcircuit 0.1 *grapevine.*
roddelen 0.1 *gossip (about).*
roddelpers ⟨verz.n.⟩ 0.1 *gossip/scandal papers.*
roddelrubriek 0.1 *gossip column.*
roddeltante 0.1 *gossip.*
rode, rooie 0.1 [iem. met rood haar] *redhead* 0.2 [socialist, communist] *red* 0.3 [inf.; bankbiljet] *±grand (in guilders)* ◆ 7.2 de ~n *the reds* ¶.1 hé, rooie! *hey, ginger!*
rodehond 0.1 [op mazelen lijkende ziekte] *German measles* 0.2 [tropenziekte] *prickly heat* ◆ 3.1 er heerst hier ~ *German measles is going around here.*
rodekool 0.1 *red cabbage.*
Rode Kruis 0.1 *Red Cross.*
rodekruispost 0.1 *Red Cross post.*
rodelaar ⟨sport⟩ 0.1 ⟨vrije tijd⟩ *tobogganer;* ⟨officiële sport⟩ *luger.*
rodelbaan 0.1 ⟨vrije tijd⟩ *toboggan run;* ⟨officiële sport⟩ *luge run.*

rodelen 0.1 ⟨vrije tijd⟩ *toboggan;* ⟨officiële sport⟩ *luge.*
rodelslee 0.1 *luge.*
rodeo 0.1 *rodeo.*
roderen ⟨AZN⟩ 0.1 *run in.*
rododendron 0.1 *rhododendron.*
roebel 0.1 *rouble.*
roede, roe 0.1 [strafwerktuig] *rod* 0.2 [staaf, stang] *rod* 0.3 [maat] *±rod* 0.4 [penis] *penis* ⇒⟨sl.⟩ *rod* ◆ 2.3 een Nederlandse ~ a *Dutch rod* ⟨10 m⟩; de Rijnlandse ~ *the Rhenish rod* ⟨3.7674 m⟩ 3.1 die de ~ spaart, haat zijn kind *spare the r. and spoil the child* 6.2 de ~n *voor* de gordijnen *curtain rods;* roetjes *voor* de trap *stair rods.*
roedel 0.1 ⟨mbt. edelwild⟩ *herd;* ⟨mbt. honden/wolven⟩ *pack* ◆ 1.1 een ~ herten *a h. of deer.*
roef[1] ⟨de⟩ 0.1 [deel v.e. schip] *deckhouse (accommodation)* 0.2 [deksel op een doodskist] *(coffin) lid.*
roef[2] ⟨tw.⟩ 0.1 ⟨beweging⟩ *w(h)oosh* ⇒*swoosh, zoom,* ⟨beweging, geluid⟩ *whiz(z)* ◆ ¶.1 ~, ~, maakte zij haar werk af *she finished her work in a scurry.*
roeibaan 0.1 *rowing course.*
roeibank 0.1 *thwart* ⇒*rowing bench/seat,* ⟨glijbank⟩ *slide.*
roeiboot 0.1 *rowing boat.*
roeien I ⟨onov., ov.ww.⟩ 0.1 [met bootje] *row* ⇒⟨sport; met twee riemen⟩ *scull,* ⟨met één riem achter ook⟩ *scull* ◆ 6.1 met grote slagen ~ *take big strokes;*
II ⟨ov.ww.⟩ 0.1 [inhoud peilen] *gauge* 0.2 [mbt. gedistilleerd] *determine the strength of spirits;*
III ⟨onov.ww.⟩ 0.1 [met de armen zwaaien] *flail one's arms about.*
roeier, -ster 0.1 *rower* ⟨m., v.⟩ ⇒⟨m.⟩ *oarsman,* ⟨v.⟩ *oarswoman.*
roeiriem 0.1 *oar* ⇒⟨lichte riem, ook voor gebruik achter⟩ *scull.*
roeispaan 0.1 *oar* ⇒⟨lichte riem, ook voor gebruik achter⟩ *scull,* ⟨kort, met breed blad⟩ *paddle.*
roeisport 0.1 *rowing.*
roeivereniging 0.1 *rowing club.*
roeiwedstrijd 0.1 *boat race* ⇒*rowing race,* ⟨groot concours⟩ *regatta.*
roekeloos 0.1 *reckless* ⇒⟨doldriest ook⟩ *foolhardy, daredevil,* ⟨overhaast⟩ *rash* ◆ 1.1 een roekeloze jongen *a reckless youth* 3.1 ~ omspringen met geld *spend one's money rashly;* ~ rijden *drive recklessly, be a reckless driver.*
roekeloosheid 0.1 [vermetelheid] *recklessness* ⇒⟨doldriestheid ook⟩ *foolhardiness, daredevilry,* ⟨onbezonnenheid⟩ *rashness* 0.2 [onbezonnen daad] *reckless/foolhardly deed.*
roem 0.1 [lof en eer] *glory* ⇒*fame, renown* 0.2 [waaraan iem., iets zijn roem te danken heeft] *glory* ⇒*pride* 0.3 [kaartspel] *meld* ◆ 2.1 onvergankelijke ~ *undying fame* 3.1 zijn ~ begint te tanen *his fame is beginning to tarnish;* ~ oogsten *reap fame;* op zijn ~ teren *rest on one's laurels* ¶.1 ⟨sprw.⟩ eigen ~ stinkt *a man's praise in his own mouth stinks.*
Roemeen, -se 0.1 *Romanian.*
Roemeens 0.1 *Romanian.*
roemen I ⟨onov.ww.⟩ 0.1 [zich beroemen] *pride o.s. (on)* ⇒ *boast (of);*
II ⟨onov., ov.ww.⟩ 0.1 [loven] *praise* ⇒*speak highly of, commend* 0.2 [kaartspel] *meld.*
Roemenië 0.1 *Romania.*
roemer 0.1 *rummer.*
roemloos 0.1 *inglorious* ◆ 1.1 een ~ einde vinden *meet an i. end.*
roemrijk 0.1 *glorious* ⟨gebeurtenissen⟩; *illustrious, renowned* ⟨personen⟩ ◆ 1.1 een ~ verleden *a g. past.*

roemrucht(ig) ⟨schr.⟩ **0.1** *illustrious, renowned.*

roemvol→**roemrijk.**

roep 0.1 [het roepen; keer dat er geroepen wordt] *call* ⇒ ⟨van vogel ook⟩ *cry, shout* **0.2** [verlangen, vraag] *demand* ⇒⟨dringend⟩ *clamour* ◆ **6.1** een ~ **om** hulp ⟨oproep⟩ *a call for help;* ⟨schreeuw⟩ *a cry for help;* de ~ **van** een koekoek *the call of a cuckoo* **6.2** de ~ **om** belastinghervorming *the call for tax reform.*

roepen I ⟨onov., ov.ww.⟩ **0.1** [op luide toon meedelen] *cry* ⇒ *call, shout* **0.2** [oproepen] *call* ◆ **1.1** moord en brand ~ *scream blue murder* **1.2** de plicht roept (mij) *duty calls* **6.1** schande ~ **over** iets *be outraged by sth.;* ⟨fig.⟩ erg **over** iets ~ *be very enthusiastic about sth.* **6.2** ⟨rel.⟩ **tot** het ambt geroepen zijn *have a vocation (for the ministry)* **7.1** een ~de in de woestijn *a voice (crying) in the wilderness* **7.2** velen zijn geroepen, maar weinigen uitverkoren *many are called, but few are chosen;* **II** ⟨ov.ww.⟩ **0.1** [ontbieden] *call* ⇒*summon* **0.2** [in een toestand brengen; door roepen wekken] *call* **0.3** [bij opbod verkopen] *auction (off)* ◆ **1.1** een dokter / de politie ~ *c. a doctor / the police;* iem. op het matje ~ *carpet s.o.;* de ober ~ *c. the waiter* **6.1** iem. **voor** de rechter ~ *summons s.o.* **6.2** iets **in** het leven ~ *call sth. into being* **8.1** je komt als geroepen *(you're) just the person we need* ¶.2 ik zal je om zeven uur ~ *I'll c. you at seven;* **III** ⟨onov.ww.⟩ **0.1** [schreeuwen] *call* ⇒*cry, scream, shout* **0.2** [dringend vragen] *call* ⇒*cry, clamour* ◆ **6.2 om** hulp ~ *call / cry (out) for help;* dat kind roept **om** zijn moeder *the child is calling for its mother.*

roeper 0.1 [iem. die roept] *caller* ⇒⟨schreeuwer⟩ *shouter* **0.2** [mbt. een openbare verkoping] *auctioneer* **0.3** [megafoon] *megaphone.*

roepia 0.1 [Indonesische munt] *rupiah.*

roeping 0.1 [het bestemd zijn tot een taak / ambt] *vocation* ⇒*call(ing)* **0.2** [taak] *mission* **0.3** [het zich geroepen voelen] *vocation* ⇒*mission, calling* ◆ **3.3** voor het onderwijs moet men ~ hebben *one must have a v. for teaching;* geen ~ voelen om …*not feel o.s. called upon to* … **6.1 aan** zijn ~ beantwoorden *answer one's calling, fulfil one's v.*

roepnaam 0.1 *name by which one is generally known;* ⟨bijnaam⟩ *nickname.*

roepstem 0.1 *(the) call of conscience / duty.*

roepvogel 0.1 *decoy (bird).*

roer 0.1 [mbt. schepen / vliegtuigen] *rudder* **0.2** [stuurmiddelen] *helm* ⇒⟨roerpen ook⟩ *tiller* **0.3** [pijp] *stem* **0.4** [schietgeweer] *firelock* ◆ **1.2** ⟨fig.⟩ het ~ van staat *the h. of state* **3.2** hou je ~ recht ⟨fig.⟩ *steady (as she goes)!;* het ~ in handen houden / niet uit handen geven ⟨ook fig.⟩ *remain at the h.;* het ~ omgooien ⟨lett.⟩ *put the h. over, shift the h.;* ⟨fig.⟩ *change course / tack* **6.2 aan** het ~ staan ⟨fig.⟩ *be at the h.*

roerbakken 0.1 *stir-fry.*

roerdomp 0.1 *bittern.*

roerei 0.1 *scrambled eggs* ⟨mv.⟩.

roeren I ⟨onov.ww.⟩ **0.1** [zo handelen, dat iets omgeroerd wordt] *stir* ◆ **5.1** voortdurend blijven ~ *s. well / continuously;* **II** ⟨ov.ww.⟩ **0.1** [omroeren] *stir* ⇒*mix* **0.2** [in beweging brengen] *stir* ⇒*move* **0.1** [ontroeren] *move* ⇒*touch* ◆ **1.1** de soep ~ *s. the soup* **1.2** hij weet zijn mond te ~ *he has a tongue in his head* **6.1 door** elkaar ~ *mix together* **6.3** iem. **tot** tranen toe ~ *m. s.o. to tears;* **III** ⟨wk.ww.; zich ~⟩ **0.1** [zich bewegen] *stir* ⇒*move* **0.2** [zich verzetten] *rise (in revolt)* ⇒*rebel* ◆ **3.1** zich niet kunnen ~ *have no room to manoeuvre.*

roerend I ⟨bn., bw.⟩ **0.1** [treffend] *moving* ⇒⟨medelijdenwekkend, triest⟩ *touching* ◆ **2.1** ⟨scherts.⟩ het ~ eens zijn *be of one mind;* **II** ⟨bn.⟩ **0.1** [niet vast] *movable, moveable* ◆ **1.1** ~e feestdagen *movable feasts;* ~ goed *moveable property.*

roerganger 0.1 *helmsman* ⇒*steersman* ◆ **2.1** ⟨fig.⟩ de Grote Roerganger ⟨Mao⟩ *the Great Helmsman.*

roerig 0.1 [levendig] *lively* ⇒*active, restless* **0.2** [wanordelijk] *turbulent* ⇒*chaotic* **0.3** [de orde verstorend] *troublesome* ◆ **1.2** ~e tijden *t. / unsettled times;* een ~e zitting *a chaotic meeting.*

roerloos I ⟨bn., bw.⟩ **0.1** [onbeweeglijk] *motionless* ⇒*immovable, immobile,* ⟨fig.⟩ *unmoved,* ⟨fig.⟩ *impassive* ◆ **3.1** hij stond ~ van angst *he was petrified;* **II** ⟨bn.⟩ **0.1** [zonder stuur] *rudderless* ⟨schip⟩.

roersel 0.1 [drijfveer] *motive* ⇒*prompting, impulse* **0.2** [aandoening, emotie] *emotion* ⇒*stirring* ◆ **2.2** de diepste ~en v.d. ziel *the deepest stirrings of the soul.*

roerspaan 0.1 *stirring stick / spoon* ⇒*spatula* ⟨van apotheker⟩.

roerstaafje 0.1 *coffee stirrer.*

roes 0.1 [bedwelming] *fuddle* ⇒*intoxication, high* ⟨drank, drugs⟩, ⟨lichte roes⟩ *glow* **0.2** [toestand van bedwelming] *flush* ⇒*high* ⟨drugs e.d.⟩ **0.3** [hand.] ⟨geld⟩ *lump sum;* ⟨goederen⟩ *lump* ◆ **1.2** in de eerste ~ v.d. overwinning *in the first f. of victory* **3.1** zijn ~ uitslapen *sleep it off* **6.2 in** een ~ *in a whirl (of excitement)* **6.3** iets **bij** de ~ kopen / verkopen *sell in bulk.*

roest 0.1 [oxidatie] *rust* **0.2** [plantenziekte] *rust* **0.3** [stok waarop kippen slapen] *roost, perch* **0.4** [stal waar kippen slapen] *coop* ◆ **1.1** een laag ~ *a layer of r.* **2.**¶ oud ~ *scrap iron.*

roestbestendig 0.1 *rustproof.*

roestbruin 0.1 *rust, rust-coloured* ◆ **7.1** het ~ *rust(-colour).*

roesten 0.1 [met roest bedekt worden] *rust* ⇒*get rusty* **0.2** [door roesten vast gaan zitten] *rust (away)* **0.3** [mbt. kippen] *roost, perch.*

roestig 0.1 *rusty* ⟨ook mbt. planten⟩.

roestkleurig 0.1 *rust-coloured* ⇒*rust(y).*

roestmiddel 0.1 *rust-preventer / -preventative.*

roestvlek 0.1 *rust spot / mark, ironmould.*

roestvorming 0.1 *rust formation, rusting, corrosion.*

roestvrij 0.1 [vrij van roest] *rust-free, free of rust* **0.2** [niet onderhevig aan roest] *rustproof, rust-resistant* ◆ **1.2** ~ staal *stainless steel.*

roestwerend 0.1 *anti-rust, rust-preventing* ◆ **1.1** een ~e laag *a layer of rust-preventer; an underseal,* [A]*an undercoating* ⟨mbt. auto⟩.

roet 0.1 *soot* ◆ **3.1** ⟨fig.⟩ ~ in het eten gooien *throw a* [B]*spanner / [A]monkey wrench in the works, put a spoke in s.o.'s wheel; be a spoil-sport* ⟨vooral mbt. kinderen⟩ **8.1** zo zwart als ~ *as black as s.*

roetachtig 0.1 *sooty; grimy* ⟨mbt. viezigheid⟩ ◆ **1.1** een ~e smaak *a s. taste.*

roetbruin 0.1 *bistre* ◆ **7.1** het ~ *bistre.*

roetig 0.1 *sooty; grimy* ⟨mbt. viezigheid⟩ ◆ **1.1** ~e muren *s. walls.*

roetkleur 0.1 [kleur van roet] *sooty colour* **0.2** [zwartbruin] *soot brown* ⇒*bistre* **0.3** [waterverf] *bistre.*

roetmop 0.1 [racistisch scheldwoord] *nigger* ⇒*darky,* ⟨sl.⟩ *coon* **0.2** [besmeurd persoon] ±*mudlark* ⇒⟨scherts.⟩ *blackamoor,* ⟨mbt. kind⟩ *piccaninny* **0.3** [schoorsteenveger] *sweep* **0.4** [klodder roet] *lump of soot.*

roetsjbaan 0.1 *big dipper, roller coaster.*

roetsjen 0.1 *slide* ⇒*whizz.*

roetzwart[1] ⟨het⟩ **0.1** [fijn roet] *carbon black, lampblack* **0.2** [verf] *bone/ivory black.*

roetzwart[2] ⟨bn.⟩ **0.1** [zwart als roet] *pitch-black, black as soot* **0.2** [smerig] *black, filthy.*

roezemoes 0.1 [drukke warreling] *buzz* ⇒*bustle* **0.2** [warboel] *muddle* ⇒*mess* ♦ **1.1** ~ van mensenstemmen en muziek *a buzz of voices and music.*

roezemoezen 0.1 [leven maken] *buzz* ⇒*bustle* **0.2** [rommelen] *potter (about), do odd jobs;* ⟨in iets zoeken⟩ *rummage.*

roffel 0.1 [slagen op een trom]⟨snel⟩ *roll;* ⟨langzamer⟩ *ruffle* **0.2** [schaaf] *jack plane* **0.3** [uitbrander] *scolding;* ⟨BE ook⟩ *wigging* ♦ **3.1** een ~ geven/slaan *give/beat a roll.*

roffelen I ⟨onov.ww.⟩ **0.1** [roffel op de trom slaan] *roll* ⇒*ruffle* **0.2** [roffelend geluid geven] *roll, drum* **0.3** [knoeien] *bungle, botch* ♦ **6.2 met** de vingers op de tafel ~ *d.(one's fingers) on the table;*
II ⟨onov., ov.ww.⟩ **0.1** [afschaven] *plane.*

rog 0.1 *ray.*

rogge 0.1 *rye* ♦ **6.1** brood van ~ *bread made from r.*

roggebrood 0.1 *rye bread* ⇒*black bread.*

rok 0.1 [kledingstuk voor vrouwen] *skirt* ⇒*petticoat* ⟨onderrok⟩ **0.2** [vrouw] *(bit of) skirt* **0.3** [jas voor mannen] *tail coat* ⇒*tails* **0.4** [omhulsel om buizen] *cladding* **0.5** [met hoofdletter; vogel] *roc* ♦ **1.1** aan moeders ~ken hangen ⟨fig.⟩ *be tied to mother's apron strings;* ⟨lett.⟩ *tug at mother's skirts* **2.1** Schotse ~ *kilt;* een wijde ~ *a full s.* **6.3** de heren waren **in** ~ *the men wore evening dress.*

rokade 0.1 *castling* ♦ **2.1** de korte/lange ~ *c. on the king's side/queen's side.*

roken I ⟨onov.ww.⟩ **0.1** [rook afgeven] *smoke* **0.2** [dampen] *steam* **0.3** [in de rook hangen] *smoke* ⇒*cure* ⟨etenswaren⟩ ♦ **1.1** de schoorsteen rookt *the chimney is smoking;*
II ⟨onov., ov.ww.⟩ **0.1** [tabaksrook inzuigen en uitblazen] *smoke* ⇒*puff (at)* **0.2** [pregn.; rokend drugs gebruiken] *smoke* ♦ **3.1** stoppen met ~ *stop/give up smoking;* verboden te ~ *no smoking* **5.1** minder gaan ~ *cut down on smoking;* gelieve niet te ~ *thank you for not smoking;*
III ⟨ov.ww.⟩ **0.1** [in de rook hangen] *smoke* ⇒⟨vlees ook⟩ *cure,* ⟨vis ook⟩ *bloat* ♦ **1.1** gerookte paling *smoked eel.*

rokend 0.1 *smoking* ⇒⟨smeulend⟩ *smouldering,* ⟨dampend⟩ *steaming, fuming* ⟨met rook en gassen⟩ ♦ **1.1** ~e puinhopen *smouldering ruins.*

roker, rookster 0.1 [iem. die tabak rookt] *smoker* **0.2** [iem. die vis, vlees rookt] *(fish-/meat-)smoker/curer.*

rokeren ⟨sport⟩ **0.1** *castle* ♦ **5.1** kort/lang ~ *c. on the king's/queen's side.*

rokerig 0.1 *smoky* ⇒⟨door de rook bruin geworden⟩ *smokestained.*

rokerij 0.1 *smokehouse.*

rokershoest 0.1 *smoker's cough.*

rokertje 0.1 *smoke* ♦ **2.1** mijn dagelijkse ~ *my daily s.* **3.1** wil je een ~? *do you want a s.?*

rokjas 0.1 *dress/tail coat* ⇒⟨inf.⟩ *tails.*

rokkenjager 0.1 *womanizer* ⇒*skirt-chaser.*

rokkostuum 0.1 *dress suit* ⇒⟨inf.⟩ *tails.*

rol I ⟨de⟩ **0.1** [dram.] *part* ⇒*role* **0.2** [opgerolde hoeveelheid van iets] *roll;* ⟨hol⟩ *cylinder;* ⟨stof⟩ *bolt;* ⟨touw enz.⟩ *coil;* ⟨perkament⟩ *scroll;* ⟨camera⟩ *reel, spool* **0.3** [rolrond stuk materiaal] *roller;* ⟨deegrol⟩ *rolling pin* **0.4** [schijf om een spil] *roller;* ⟨onder stoelpoot⟩ *castor;* ⟨katrol⟩ *pulley(-wheel)* **0.5** [lijst] *roll* ⇒*list* **0.6** [individueel gedrag in een sociale omgeving] *role* **0.7** [functie] *role* ♦ **1.2** een ~ behang *a roll of wallpaper;* een ~ beschuit *a packet of rusks* **1.3** de ~ v.e. schrijfmachine/pianola *the roller of a type-*

writer, the cylinder of a pianola **1.6** de ~ v.d. vrouw *the r. of women* **2.1** ⟨fig.⟩ de belangrijkste ~ *the key role* **3.1** zijn ~ instuderen *learn one's p.;* de ~len omkeren *reverse roles;* ⟨wraak⟩ *turn the tables* **3.7** wat is zijn ~ in die zaak? *where does he come into this?;* geld speelt geen ~ *money is no object* **6.1** ⟨fig.⟩ **uit** zijn ~ vallen *forget o.s.* **6.5** ⟨scheep., mil.⟩ **in** de ~ staan *have signed on;* de zaak staat **op** de ~ *the case is down for a hearing;*
II ⟨de (m.)⟩ **0.1** [handeling v.h. rollen] *rolling* **0.2** [manier van zingen] *trill(ing)* ♦ **6.1** ⟨fig.⟩ **aan** de ~ gaan/zijn *go/be out on the town.*

rolberoerte ⟨inf.⟩ **0.1** *fit* ♦ **3.1** ⟨fig.⟩ ik kreeg een ~ v.h. lachen *I nearly split myself laughing;* ⟨fig.⟩ zich een ~ schrikken *jump out of one's skin.*

rolbevestigend 0.1 *role-reinforcing.*

rolbezetting ⟨dram., film.⟩ **0.1** *cast* ♦ **2.1** de ~ is uitstekend *the play is excellently cast.*

rolbrug 0.1 *roller bridge.*

rolconflict 0.1 *divided/conflicting loyalties.*

roldeur 0.1 *sliding door.*

roldoorbrekend 0.1 *breaking set patterns, unconventional* ♦ **1.1** ~ gedrag *u. behaviour.*

rolgedrag ⟨soc.⟩ **0.1** *role play* ⇒*role behaviour.*

rolgordijn 0.1 *(roller) blind* ♦ **3.1** een ~ ophalen/laten zakken *let up/down a blind.*

rolhockey 0.1 *roller hockey.*

rolklaver ⟨biol.⟩ **0.1** *bird's-foot.*

rolkraag 0.1 *polo neck.*

rollade 0.1 *rolled meat.*

rollebollen 0.1 [over de kop rollen] *turn/go head over heels* ⇒*somersault* **0.2** [inf.; vrijen] *tumble* ⇒*roll.*

rollen I ⟨onov.ww.⟩ **0.1** [zich rollend voortbewegen] *roll* ⇒⟨vliegtuig ook⟩ *taxi* **0.2** [mbt. de ogen] *roll* **0.3** [buitelen] *roll* ⇒*tumble* **0.4** [golvend bewegen; ook mbt. een schip] *roll* **0.5** [mbt. geluiden] *roll;* ⟨vogel⟩ *trill* **0.6** [mbt. het gesproken/geschreven woord] *roll* ⇒*flow* **0.7** [aan de rol zijn] *carouse* ⇒*be on a spree* ⟨inf.⟩ *on the razzle* ♦ **1.1** ⟨fig.⟩ er gaan koppen ~ *heads will r.;* het ~d materieel *rolling stock* **5.1** ik ben er vanzelf in gerold *I got into it by chance* **6.1** ⟨fig.⟩ de zaak **aan** het ~ brengen *get the ball rolling* **6.3** de meisjes rolden **over** elkaar *the girls tumbled over each other;*
II ⟨ov.ww.⟩ **0.1** [rondwentelend voortbewegen] *roll;* ⟨scherts.⟩ *trundle* **0.2** [rondwentelen] *roll* **0.3** [oprollen] *roll (up)* **0.4** [wikkelen] *wrap* ⇒*roll (up)* **0.5** [met een rol aandrukken] *roll* **0.6** [op behendige wijze stelen] *lift* ♦ **1.3** een sigaret ~ *r. a cigarette* **1.5** deeg ~ *r. (out) dough* **1.6** zakken ~ *pick pockets* **6.4** zich **in** een deken ~ *wrap o.s. up in a blanket.*

rollenpatroon 0.1 *sex role* ⇒±*sex stereotyping.*

rollenspel 0.1 *role-playing* ⇒*role play.*

roller 0.1 [kruller] *curler* ⇒*roller* **0.2** [zakkenroller] *pickpocket* **0.3** [zware golf] *roller* **0.4** [rollend geluid] *trill(ing).*

rolletje 0.1 *(small) roll;* ⟨rolrond voorwerp⟩ *roller;* ⟨onder meubilair⟩ *castor* ♦ **1.1** een ~ drop *a packet of liquorice* **6.1** alles liep **op** ~s *everything went like clockwork/went smoothly.*

rolluik 0.1 *roll-down shutter.*

rolmops 0.1 *rollmop.*

rolpatroon 0.1 *role pattern* ♦ **2.1** ingesleten rolpatronen *fixed/habitual role patterns* **3.1** rolpatronen doorbreken *break down role patterns.*

rolprent 0.1 *film;* ⟨inf.⟩ *movie.*

rolschaats 0.1 *roller skate.*

rolschaatsbaan 0.1 *roller-skating rink.*
rolschaatsen 0.1 *roller-skate.*
rolschaatser, -ster 0.1 *roller skater.*
rolscherm 0.1 *drop (curtain).*
rolstoel 0.1 *wheelchair* ◆ 6.1 toegankelijk **voor** ~ en *with access for wheelchairs.*
rolstoelgebruiker, -ster 0.1 *wheelchair user.*
roltrap 0.1 *escalator* ⇒⟨BE ook⟩ *moving staircase.*
rolvast ⟨dram.⟩ 0.1 *word-perfect* ⇒*sure of one's lines* ⟨niet voor zn.⟩ ◆ 1.1 een ~ acteur *an actor who is sure of his lines.*
rolveger 0.1 ⟨ihb. voor tapijt⟩ *carpet sweeper.*
rolverdeling 0.1 *cast(ing)* ⇒⟨fig.⟩ *division of roles* ◆ 6.1 ⟨fig.⟩ de ~ **tussen** man en vrouw *the division of roles between men and women.*
Romaan 0.1 *Latin;* ⟨taal.⟩ *Romance-speaker.*
romaans ⟨bk.⟩ 0.1 *Romanesque* ⇒⟨mbt. GB⟩ *Norman.*
Romaans¹ ⟨het⟩ 0.1 *Romance (language(s)).*
Romaans² ⟨bn.⟩ 0.1 ⟨van Latijnse afkomst⟩ *Latin* 0.2 [mbt. taal] *Romance* ⇒*Latin* ◆ 1.1 de ~ e volken *the L. peoples* 1.2 de ~ e talen *the Romance languages.*
roman 0.1 [verhaal in proza] *novel* 0.2 [avontuurlijk gebeuren] *adventure (story)* ⇒*novel* 0.3 [episch gedicht] *romance* ◆ 6.1 een ~ in brieven *an epistolary novel.*
romance 0.1 ⟨ook muz.⟩ *romance* ◆ 6.1 Beethoven schreef ~ s **voor** viool *Beethoven wrote romances for the violin.*
romancier, -cière 0.1 *novelist.*
romandebuut 0.1 *first novel* ⇒*début as a novelist.*
romanesk 0.1 [als in een roman] *romantic* ⇒*novelistic* 0.2 [romantisch aangelegd] *romantic.*
romanfiguur 0.1 *character in a novel* ⇒*fictional character.*
romanheld, -in 0.1 *hero/heroine of a novel.*
romanist 0.1 [iem. die de Romaanse talen bestudeert] *Romanist* ⇒*student of Romance languages.*
romanistiek 0.1 *Romance studies.*
romankunst 0.1 *(art of) novel-writing* ⇒*novelist's art.*
romannetje 0.1 [pej.; roman] *light novel* 0.2 [liefdesavontuur] *Mills and Boons* ◆ ¶.1 een flut~ *a grub-street novel.*
romanschrijver, -schrijfster 0.1 *novelist* ⇒*fiction writer.*
romanticus 0.1 [aanhanger v.d. romantiek] *romanticist* ⇒ *romantic* 0.2 [iem. die tot romantiek neigt] *romantic.*
romantiek¹ ⟨de⟩ 0.1 [richting in de letterkunde] *Romanticism* ⇒*(the) Romantic Movement* 0.2 [romanliteratuur, ridderpoëzie] *romances* 0.3 [gevoeligheid] *romance* ◆ 1.3 een vleugje ~ *a flavour of r.*
romantiek² ⟨bn.⟩ 0.1 *romantic.*
romantisch I ⟨bn., bw.⟩ 0.1 [als in een roman] *romantic* ⇒ *novelistic* 0.2 [dromerig] *romantic* ◆ 1.2 zijn ~ e natuur *his r. nature;*
II ⟨bn.⟩ 0.1 [mbt. de romantiek] *romantic* ◆ 1.1 de ~ e muziek/schilderkunst *r. music/painting.*
romantiseren 0.1 [romantische voorstelling geven] *romanticize* 0.2 [iets tot een roman verwerken] *fictionalize.*
Rome 0.1 *Rome* ◆ 2.1 het oude ~ *Ancient R.* ¶.1 zo oud als de weg naar ~ *as old as the hills.*
Romein 0.1 *Roman* ◆ 1.1 ⟨rel.⟩ de Brief aan de ~ en the *Epistle to the Romans.*
Romeins 0.1 [van Rome/de Romeinen] *Roman* 0.2 [roomskatholiek] *Roman* ⇒⟨ihb. itt. Grieks-orthodox⟩ *Latin* ◆ 1.1 uit de ~ e Oudheid *from Ancient Rome;* het ~ recht *R. law.*
romen I ⟨ov.ww.⟩ 0.1 [ontromen] *skim;*
II ⟨onov.ww.⟩ 0.1 [room vormen] *cream.*
römertopf 0.1 *chicken brick* ⇒*römertopf.*
romig 0.1 *creamy.*

---

rolschaatsbaan - ronddansen

rommel 0.1 [rotzooi] *mess* ⇒*shambles* 0.2 [ondeugdelijke waar] *junk* ⇒*rubbish,* ⟨pej.⟩ *trash* 0.3 [allegaartje] *lumber* ⇒*junk,* ⟨afval⟩ *litter* 0.4 [rommelend geluid] *rumble* ⇒ *rumbling* ◆ 2.2 ⟨fig.⟩ ik schrijf dergelijke ~ niet *I don't write such tripe/rubbish* 2.3 oude ~ *old lumber/junk* 3.1 ⟨fig.⟩ je hebt er een ~ tje van gemaakt *you've made a real m. of it,* ~ maken *make a m.*
rommeldebom 0.1 *rat-(a-)tat(-tat)* ⇒*thumpety-thump.*
rommelen 0.1 [dof rollend geluid maken] *rumble* ⇒*roll* 0.2 [snuffelen] *rummage* 0.3 [slordig werken] *muddle* ⇒*fiddle* 0.4 [regelen, ritselen] *fix (up)* ⇒*wangle* ◆ 1.1 de donder rommelt in de verte *the thunder is rumbling in the distance* 6.2 in zijn papieren ~ *shuffle one's papers* 6.4 met meisjes ~ *mess about with girls.*
rommelig 0.1 [niet ordelijk] *messy* ⇒*untidy, cluttered* 0.2 [mbt. ingewanden] *rumbling* ◆ 3.1 het zag er erg ~ uit *it looked very untidy/*⟨inf.⟩ *a real mess.*
rommelkamer 0.1 *lumber/junk room.*
rommelmarkt 0.1 *jumble sale.*
rommelzolder 0.1 *attic (used as a lumber/junk room).*
rommelzooi, -tje 0.1 [allegaartje] *lumber* ⇒*junk* 0.2 [bende, janboel] *mess* ⇒*shambles, clutter.*
romp 0.1 [mbt. mens of dier] *trunk* ⇒⟨van mens/standbeeld ook⟩ *torso,* ⟨van dier ook⟩ *body,* ⟨van dier ook⟩ *barrel* 0.2 [mbt. grote voorwerpen] *van (uitgebrand) huis enz.⟩ *shell;* ⟨van schip⟩ *hull;* ⟨van auto/vliegtuig⟩ *body;* ⟨van vliegtuig ook⟩ *fuselage.*
rompslomp 0.1 *fuss, bother* ⇒⟨een heel karwei⟩ *rigmarole* ◆ 2.1 ambtelijke ~ *red tape, bureaucracy;* papieren ~ *paperwork.*
rond¹ ⟨bn., bw.⟩ 0.1 [bolvormig] *round* ⇒⟨wet.⟩ *spherical,* ⟨scherts.⟩ *rotund* 0.2 [cilindrisch] *cylindrical* ⇒*round* 0.3 [cirkel-/kringvormig] *round* ⇒*circular* 0.4 [niet hoekig; volklinkend] *round(ed)* 0.5 [zo dat er niets ontbreekt] *arranged* ⇒⟨inf.⟩ *fixed (up)* 0.6 [afgerond] *round* 0.7 [ongeveer] *round* ⇒*about* 0.8 [openlijk] *straightforward;* ⟨persoon ook⟩ *decent* 0.9 [een gehele kring om] ⟨ook fig.⟩ *round* 0.10 [mbt. taal] *plain* 0.11 [mbt. wijn] *full-bodied* ◆ 1.3 een ~ venster *a r./circular window* 1.6 een mooi ~ bedrag *a nice r. figure* 1.9 het hele jaar ~ *all the year r.;* het klokje ~ slapen *sleep (a)round the clock* 3.4 zich/zijn buikje ~ eten *eat one's fill* 3.5 de zaak is ~ *everything is a./ fixed (up),* hij kon de financiering niet ~ krijgen *he couldn't arrange the finance* 3.8 ~ voor zijn mening uitkomen *make one's views plain* 6.¶ in het ~ *in a circle;* ⟨toneel⟩ *in the round.*
rond² ⟨vz.⟩ 0.1 [rondom] *round* ⇒⟨fig.⟩ *surrounding* 0.2 [omstreeks; ongeveer] *around* ⇒*about* ◆ 1.1 ⟨fig.⟩ in de berichtgeving ~ de affaire *in the reporting of the affair;* ⟨fig.⟩ een serie lezingen ~ een thema *a series of talks on a theme;* ⟨fig.⟩ de sfeer van geheimzinnigheid ~ haar verdwijning *the mystery surrounding her disappearance* 1.2 ~ de middag *around midday* 7.2 ~ (de) 2000 betogers *approximately/about/some 2000 demonstrators.*
rondbabbelen 0.1 *blab about.*
rondbanjeren ⟨inf.⟩ 0.1 *wander around/about.*
rondbazuinen 0.1 *broadcast* ⇒*trumpet (around), advertise* ◆ 5.1 iets overal ~ *broadcast sth. everywhere.*
rondbezorgen 0.1 *bring round* ⇒*deliver.*
rondborstig 0.1 *straight(forward)* ⇒*frank, open* ◆ 6.1 ~ in zijn doen en laten *straight(forward).*
rondbrengen 0.1 *bring round* ◆ 1.1 de krant ~ *bring the paper (a)round.*
rondcirkelen 0.1 *circle (round).*
ronddansen 0.1 *dance about/around.*

ronddelen 0.1 *hand/pass round* ⇒*hand/give out, deal* ⟨kaarten⟩ ◆ **1.1** wie moet de kaarten ~? *whose deal is it?*

ronddolen 0.1 *roam/wander around/about* ◆ **6.1** in de woestijn ~ *wander the desert.*

ronddraaien 0.1 [in de rondte draaien] *turn (round)* ⇒ ⟨snel⟩ *spin (round),* ⟨wet.⟩ *revolve,* ⟨wet.⟩ *rotate,* ⟨zeldz.⟩ *gyrate* **0.2** [bewegen om] *move round* ◆ **1.1** een ~de beweging *a turning/spinning/revolving/rotating movement* **6.1** ~ in een cirkel, kringetje *go round in circles;* ~ in zijn stoel ⟨ook⟩ *swivel round in one's chair.*

ronddwalen 0.1 [zwerven in alle richtingen] *wander (around/about)* **0.2** [hier- en daarheen zwerven] *wander/roam (around/about)* ◆ **6.2** met zijn gedachten ~ *let one's mind wander/roam.*

ronde 0.1 [rondgang v.e. patrouille] *rounds;* ⟨politie⟩ *beat* **0.2** [rondgang] *round(s)* **0.3** [deel v.e. wedstrijd] *round* ⟨ook fig.⟩ **0.4** [omtrek v.e. wedstrijdbaan] *lap* ⇒*circuit* **0.5** →**rondje 0.4 0.6** [wielerwedstrijd] *tour* ⟨meerdaags⟩ ⇒ *race* ◆ **1.3** ⟨fig.⟩ de eerste ~ van onderhandelingen *the first r. of talks* **2.4** laatste ~ *bell l.* **3.1** de ~ doen *go/make one's r.;go on one's b.* **3.2** ⟨fig.⟩ de praatjes doen de ~ *stories are going around* **5.4** twee ~n voor/achter liggen *be two laps ahead/behind* **6.6** de ~ van Frankrijk *the Tour de France.*

rondedans 0.1 *dance in a ring/circle* ◆ **3.1** een ~ maken door de kamer *dance in a circle round the room.*

ronden I ⟨ov.ww.⟩ **0.1** [omvaren] *round* **0.2** [rond maken; afronden] *round off;*
II ⟨onov.ww.⟩ **0.1** [een ronde vorm krijgen] *round.*

rondetafelconferentie 0.1 *round-table conference.*

rondetijd 0.1 *lap time* ◆ **2.1** de snelste ~ *the fastest lap.*

rondfietsen 0.1 [zonder bepaald doel fietsen] *cycle/ride around/about* **0.2** [in een kring fietsen] *cycle/ride round* ◆ **1.1** een uurtje ~ *cycle around for an hour or so.*

rondgaan 0.1 [in de rondte/her- en derwaarts gaan] *go round* **0.2** [beurtelings langskomen] *go/pass round* ◆ **3.2** laat de schaal nog maar eens ~ *pass the plate round again* **8.1** ~ als een lopend vuurtje *spread like wildfire.*

rondgang 0.1 [kringloop] *walk-round* **0.2** [het gaan langs een vooraf bepaalde weg] *circuit* **0.3** [het bezoeken van afdelingen] *tour* **0.4** [het op de rij af rondgaan] *going/passing round* **0.5** [collecte] *collection* ◆ **3.2** een ~ maken door het dorp *make a c. of the village* **3.3** een ~ maken door het bedrijf *make a t. of the factory.*

rondhangen 0.1 *hang around/about;* ⟨op straat; pej.⟩ *loiter* ◆ **6.1** in de buurt v.d. keuken ~ *hang around/about the kitchen.*

rondhout 0.1 [niet beslagen hout] *round timber* ⇒*roundwood* **0.2** [scheep.; stuk rondhout] *spar.*

ronding 0.1 *rounding* ⇒*curve.*

rondje 0.1 [klein rond voorwerp] *round* **0.2** [ronde]⟨sport⟩ *lap* ⇒*circuit* **0.3** [kaarten] *round* **0.4** [drankje] *round* ◆ **1.4** een ~ v.d. zaak *(a r. of) drinks on the house* **3.2** ~s draaien van minder dan 30 seconden *lap in under 30 seconds* **3.4** hij gaf een ~ *he stood a r. (of drinks), he bought drinks all round;* wie is er aan de beurt om een ~ te geven? *whose r./shout is it?;* de verliezer moet een ~ geven *the loser buys a r.*

rondkijken 0.1 *look round* ◆ **5.1** goed ~ voor je iets koopt *shop around.*

rondkomen 0.1 *manage* ⇒*get by,* ⟨geld ook⟩ *live* ◆ **5.1** hij kan er net mee ~ *he can just m./get by on it.*

rondleiden 0.1 [in een kring leiden] *lead round* **0.2** [overal heen leiden] *show/take round* ◆ **6.2** mensen in een museum ~ *show/take people round a museum.*

rondleiding 0.1 *(guided/conducted) tour* ◆ **6.1** een ~ door het kasteel *a guided/conducted tour of the castle.*

rondlopen 0.1 *go/walk around* ◆ **1.1** de grootste gek die op twee benen rondloopt *the biggest idiot on two legs/feet, the biggest idiot around/alive* **3.1** je moet daar niet mee blijven ~ *you shouldn't let that weigh/prey on your mind* **5.1** je snapt niet dat zo iemand nog vrij rondloopt *it's incredible that s.o. like that is still on the loose/still able to go about freely* **6.1** met een denkbeeld/plan ~ *go with an idea/a plan;* met wraakgevoelens ~ *go/walk around nursing feelings of revenge.*

rondneuzen 0.1 *nose about/(a)round* ⇒*prowl* ◆ **6.1** in iemands papieren ~ *nose/poke about/(a)round in s.o.'s papers.*

rondo 0.1 *rondo.*

rondom¹ ⟨bw.⟩ **0.1** *all round* ⇒*on all sides* ◆ **1.1** het plein met de huizen ~ *a square with houses on all sides.*

rondom² ⟨vz.⟩ **0.1** *(a)round* ◆ **1.1** ~ Rotterdam is veel industrie *there is a lot of industry (a)round Rotterdam.*

rondreis 0.1 *tour; circular tour* ◆ **6.1** op haar ~ door de Verenigde Staten *on her t. of America.*

rondreizen 0.1 [overal heen reizen] *travel (a)round/about* **0.2** [reizend bezoeken afleggen] *tour (through)* ⇒*make a tour of* ◆ **1.1** de wereld ~ *travel round the globe/world.*

rondrennen 0.1 *run around* ⇒*chase about.*

rondrijden I ⟨onov.ww.⟩ **0.1** [rijdend een kring beschrijven] *drive/ride round* **0.2** [toeren] *go for a drive/run/ride* **0.3** [plaatsen in een kring bezoeken] *tour, make a tour (of)* ⇒*make/do a round* ⟨melkboer e.d.⟩ ◆ **6.2** wij hebben wat in het bos rondgereden *we went for a drive in the woods;*
II ⟨ov.ww.⟩ **0.1** [met een voertuig rondleiden] *drive (a)round/about.*

rondrit 0.1 *tour* ◆ **6.1** een ~ door de stad maken *make a tour of the town.*

rondscharrelen 0.1 [ergens bezig zijn] *potter/mess about/around* **0.2** [zonder bepaald doel rondlopen] *saunter about/(a)round* **0.3** [voedsel zoeken] *scratch about/(a)round* **0.4** [snuffelen, rondneuzen] *rummage (about/(a)round)* ◆ **6.1** hij scharrelde de hele dag in de tuin rond *he pottered about/around in the garden all day.*

rondschieten 0.1 *shoot around* ⇒*take pot shots.*

rondschrijven¹ (het) **0.1** *circular (letter)* ◆ **3.1** alle leden een ~ sturen *circularize all members.*

rondschrijven² ⟨ov.ww.⟩ **0.1** *circularize.*

rondsjouwen I ⟨ov.ww.⟩ **0.1** [in alle richtingen sjouwen] *drag about/(a)round* ⇒⟨inf.⟩ *cart/lug about/(a)round;*
II ⟨onov.ww.⟩ **0.1** [sjouwend rondlopen] *drag (a)round/about* **0.2** [rondtrekken] *wander (a)round* ⇒*knock about* ◆ **6.1** de hele dag met een zware koffer ~ *drag/lug a heavy suitcase (a)round all day.*

rondslingeren I ⟨onov.ww.⟩ **0.1** [slingerend een kring beschrijven] *swing round* **0.2** [ordeloos neergelegd zijn] *lie about/around* **0.3** [rondslenteren] *knock about/around* ◆ **3.2** zijn boeken laten ~ *leave his books lying around/about;*
II ⟨ov.ww.⟩ **0.1** [slingerend een kring doen beschrijven] *swing round/in a circle* **0.2** [in het wilde weg slingeren] *fling about/around.*

rondsluipen 0.1 *prowl about/(a)round* ⇒⟨persoon ook⟩ *steal round.*

rondsnuffelen 0.1 [al snuffelend rondlopen] *sniff around/about* **0.2** [nieuwsgierig speurend rondlopen] *nose/snoop about* **0.3** [+ in; zonder plan doorzoeken] *rummage/ferret about* ◆ **6.3** in iemands papieren ~ *ferret/rummage about in s.o.'s papers.*

rondspelen ⟨sport⟩ **0.1** *pass/throw back and forth* ◆ **1.1** de bal ~ *pass the ball back and forth.*

rondspringen 0.1 [springend een kring beschrijven] *jump round (in a circle)* 0.2 [in alle richtingen springen] *jump (a)round/about; frisk* ⟨jonge dieren⟩.

rondstappen 0.1 *pace about* ⇒⟨trots⟩ *strut (about)*.

rondstruinen 0.1 *stroll around.*

rondsturen 0.1 *send round* ◆ 1.1 circulaires ~ *distribute circulars.*

rondte 0.1 [kring] *circle* ⇒*round(ness)* 0.2 [omtrek] *circumference* ⟨v.e. cirkel⟩; ⟨buurt⟩ *neighbourhood* ◆ 6.1 in de ~ zitten *sit in a c.*

rondtoeren 0.1 *drive/tour (a)round/about.*

rondtollen 0.1 [als een tol ronddraaien] *spin (a)round* ⇒ *gyrate.*

rondtrekken 0.1 *travel about/(a)round* ⇒⟨te voet⟩ *wander about/(a)round,* ⟨met vervoermiddel⟩ *tour (about/(a)round)* ◆ 1.1 ~de seizoenarbeiders *migrant seasonal workers.*

ronduit 0.1 *plain* ⇒*straight(forward), frank* ◆ 2.1 het is ~ belachelijk *absolutely/simply ridiculous* 3.1 iets ~ ontkennen *flatly deny sth.;* om het maar ~ te zeggen *to put it plainly/bluntly;* iem. ~ de waarheid zeggen *tell s.o. the p. truth.*

rondvaart 0.1 *round trip* ⇒*circular trip/tour,* ⟨lange afstand⟩ *cruise* ◆ 6.1 een ~ door de grachten maken *make/go for a tour of the canals.*

rondvaartboot 0.1 *canal touring boat.*

rondvertellen 0.1 *put/spread about* ◆ 1.1 hij heeft het overal rondverteld *he spread it about all over town.*

rondvliegen 0.1 [vliegend een kring beschrijven] *fly round* ⇒*circle (over)* 0.2 [in alle richtingen vliegen] *fly around/about* 0.3 [door een ruimte geslingerd worden] *fly about/around* ⇒*be thrown around/about* 0.4 [zich om een middelpunt bewegen] *fly/spin round* 0.5 [in snelle vaart heen en weer lopen] *fly/tear/rush around/about* ◆ 1.3 geraakt worden door ~de kogels *be hit by flying bullets.*

rondvraag 0.1 *reports and queries* ⇒*questions at the end of the meeting* ◆ 6.1 iets voor de ~ hebben *have sth. for the reports and queries.*

rondwandelen 0.1 [her en der wandelen] *walk around* 0.2 [rondgaan op aarde] ⟨rel.⟩ *walk the earth* ◆ 1.1 de tuin ~ *walk round the garden.*

rondweg¹ ⟨de⟩ 0.1 *ring road; by-pass;* ⟨omlegging⟩ *ᴮrelief road* ◆ 3.1 een ~ aanleggen om L. *by-pass L.*

rondweg² ⟨bw.⟩ 0.1 *frankly* ⇒*bluntly, plainly.*

rondzingen ⟨tech.⟩ 0.1 *acoustic feedback.*

rondzwerven 0.1 [her- en derwaarts zwerven] *roam about/(a)round* ⇒*wander about/(a)round,* ⟨inf.⟩ *knock about/(a)round* 0.2 [rondslingeren] *lie about/around* ⇒⟨inf.⟩ *knock/kick about/(a)round* ◆ 1.1 die brief heeft overal rondgezworven *that letter has been all over the place* 6.1 op straat ~ *run the streets* ⟨kinderen⟩; *roam the streets* ⟨landlopers, bedelaars⟩.

ronken 0.1 [snurken] *snore* 0.2 [in diepe slaap zijn] *sleep like a log/block* 0.3 [mbt. motoren] *throb* ⇒⟨in de verte⟩ *drone,* ⟨ritmisch dreunen⟩ *thrum,* ⟨van stoommachine⟩ *chug* ◆ 1.3 met ~de motoren *with throbbing engines.*

ronselen 0.1 *recruit* ⇒*press-gang* ⟨voor leger in verleden, nu iron.⟩, ⟨sl.⟩ *shanghai, press.*

röntgen 0.1 *roentgen.*

röntgenafdeling 0.1 *radiography department* ⇒*X-ray department.*

röntgenapparaat 0.1 *X-ray machine.*

röntgenfoto 0.1 *X-ray* ⇒*roentgenogram, roentgenograph* ◆ 3.1 een ~ laten maken *have an X-ray taken.*

röntgenonderzoek 0.1 *X-ray* ⇒*roentgenogram, roentgenograph.*

röntgenstralen 0.1 *X-rays* ⇒*roentgen rays* ◆ 3.1 geen ~ doorlaten *radiopaque.*

rood¹ ⟨het⟩ 0.1 [kleur(stof); ook als symbool; ook pol.] *red* 0.2 [blos] ⟨v.d. jeugd⟩ *blush;* ⟨bij ziekte⟩ *flush;* ⟨gezonde kleur van wangen⟩ *pink* 0.3 [metselsteen] *red brick* 0.4 [plantenziekte] *rust* ◆ 2.1 Engels ~ *r. ochre* 6.1 in het ~ ⟨gekleed⟩ *dressed in r.*

rood² ⟨bn.⟩ 0.1 *red* ⇒*ginger* ⟨haar⟩, *ruddy* ⟨wangen⟩, ⟨roodgeel⟩ *copper(y), ginger* ◆ 1.1 ⟨fig.⟩ in de rode cijfers zitten / komen *be in/go into the red;* het rode gevaar *the red peril;* met een ~ hoofd v.d. inspanning *flushed with exertion;* ⟨sport⟩ iem. de rode kaart tonen *show s.o. the red card;* ⟨sl.⟩ *red-card s.o.;* ⟨fig.⟩ dan gaat er bij mij een ~ lampje branden *that rings an alarm bell;* door ~ ⟨licht⟩ rijden *jump the lights;* het Rode Plein *Red Square* 3.1 een hokje ~ maken *cast one's vote;* tot achter de oren ~ worden *blush to the roots of one's hair;* ~ worden *go red/scarlet, flush, blush* 3.¶ ~ staan *be in the red* 6.1 het licht sprong op ~ *the light changed to red* 7.1 ⟨fig.; inf.⟩ over de rooie gaan ⟨inf.; boos zijn⟩ *flip one's lid.*

roodbont¹ ⟨de⟩ 0.1 *red-and-white (cattle)* ⟨koeien⟩; *skewbald* ⟨paard⟩.

roodbont² ⟨bn.⟩ 0.1 [wit met roodbruine vlekken] *red and white* ⟨vee⟩; *skewbald* ⟨paard⟩ 0.2 [mbt. stoffen] *red-and-white checked/striped* ◆ 1.1 ~e koeien *red-and-white cows.*

roodborstje 0.1 *robin (redbreast)* ⇒*redbreast.*

roodbruin 0.1 *reddish brown* ⇒*russet, sorrel* ⟨paard⟩, ⟨pigment⟩ *sepia* ◆ 7.1 het ~ ⟨van herfstbladeren⟩ *the russet (colour) (of autumn leaves).*

roodgloeiend 0.1 *red-hot* ◆ 3.1 ⟨fig.⟩ de telefoon staat ~ *the telephone hasn't stopped ringing.*

roodharig 0.1 *red-haired, red-headed* ⇒*carroty.*

roodhuid 0.1 *redskin.*

Roodkapje 0.1 *Little Red Riding Hood.*

roodomrand 0.1 *red-rimmed* ◆ 1.1 ~e ogen *eyes red with crying.*

roodvonk 0.1 *scarlet fever* ⇒⟨wet.⟩ *scarlatina.*

roof I ⟨de (m.)⟩ 0.1 [het roven] *robbery* 0.2 [het bejagen] *preying* ⇒*hunting* 0.3 [het geroofde] *booty* ⇒*plunder,* ⟨van dieren⟩ *prey* ◆ 6.1 op ~ uitgaan *commit r.;* **II** ⟨de⟩ 0.1 [korst op een wond] *scab.*

roofbouw 0.1 [landb.] *overcropping* ⇒⟨voor ong. eenmalige oogst⟩ *slash-and-burn agriculture* 0.2 [roekeloze exploitatie, ook fig.] *exhaustion, overuse* ◆ 6.2 ~ plegen op zijn gezondheid *undermine one's health;* ~ plegen op zijn lichaam *wear o.s. out.*

roofdier 0.1 *animal/beast of prey* ⇒*predator* ⟨ook fig.⟩.

roofmoord 0.1 *robbery with murder.*

roofoverval 0.1 *robbery* ⇒*hold-up* ⟨waarbij mensen bedreigd worden⟩ ◆ 3.1 een ~ plegen op een juwelierszaak *rob a jeweller's.*

rooftocht 0.1 *raid* ⇒⟨plunderen⟩ *foray, prowl* ⟨vooral dieren⟩ ◆ 6.1 op ~ gaan *make a r.; prey, go on the prowl* ⟨dieren⟩.

roofvogel 0.1 *bird of prey.*

roofzucht 0.1 *rapacity.*

roofzuchtig 0.1 *predatory* ⟨dieren; ook fig.⟩ ⇒*rapacious, raptorial* ⟨vogels⟩, *ravening* ⟨dieren, vooral wolven⟩.

rooi 0.1 [het richten/mikken] *aim* 0.2 [gissing, raming] *guess, estimate* ◆ 6.2 ~ op iets hebben *understand about sth.*

rooie →*rode.*

rooien 0.1 [ontwortelen] *dig up; lift/raise* ⟨aardappels, bieten enz.⟩; *uproot* ⟨boom⟩ 0.2 [klaarspelen] *manage* 0.3

[de loop bepalen] *align* **0.4** [berekenen, mikken] *aim, estimate* **0.5** [stelen] *steal* ⇒*rob*, ⟨sl.⟩ *nick* ◆ **1.1** een bos ~ *clear a wood/forest* **3.2** ik kan het alleen wel ~ *I can m. by myself* **5.1** aardappelen machinaal ~ *machine-lift potatoes* **5.4** iets goed ~ *be spot on.*

rook I ⟨de (m.)⟩ **0.1** [mbt. vuur] *smoke;* ⟨rook en gassen⟩ *fume(s)* ◆ **3.1** ~ bijt in de ogen *smoke stings one's eyes;* men kan er de ~ snijden *it's thick with smoke in here* **6.1** ⟨fig.⟩ **in** ~ opgaan *go up in smoke;* ⟨fig.⟩ **onder** de ~ v.d. stad wonen *live a stone's throw from the town* ¶.1 ⟨sprw.⟩ waar ~ is, is vuur *there's no smoke without fire;*
II ⟨de⟩ **0.1** [hooistapel] *rick.*

rookartikelen 0.1 *smokers' requisites* ⇒*smoking materials.*

rookbom 0.1 *smoke bomb.*

rookcoupé 0.1 *smoking compartment* ⇒⟨inf.⟩ *smoker.*

rookgordijn 0.1 [ook fig.] *smoke screen* ◆ **3.1** een ~ leggen *put up/lay a s. s.;* een ~ optrekken *put up a s. s.*

rookhol 0.1 *smoky room* ⇒⟨pej.⟩ *smokehouse.*

rookkanaal 0.1 *flue.*

rookkolom 0.1 *column/pillar of smoke.*

rooklucht 0.1 *smell of smoke.*

rookmelder 0.1 *smoke alarm* ⇒*smoke detector.*

rookontwikkeling 0.1 *smoke production/output.*

rookpauze 0.1 *break for a cigarette/*⟨inf.⟩ *smoke* ⇒*cigarette break* ◆ **3.1** een ~ inlassen *take a break for a cigarette.*

rookpluim 0.1 *wisp/plume of smoke.*

rookschade 0.1 *smoke damage.*

rooksignaal 0.1 *smoke signal.*

rookverbod 0.1 *smoking ban* ⇒*ban on smoking.*

rookverslaving 0.1 *addiction to smoking* ⇒*nicotine addiction.*

rookvlees 0.1 ±*smoke-dried beef/meat.*

rookvrij 0.1 [vrij van tabaksrook] *non-smoking* **0.2** [geen rook veroorzakend] *smokeless* ◆ **1.1** een ~e conversatiezaal *a n.-s. lounge.*

rookwaren 0.1 *smokers' requisites* ⇒*smoking materials.*

rookwolk 0.1 *cloud/pall of smoke.*

rookworst 0.1 ±*smoked sausage.*

room 0.1 [vette delen v.d. melk] *cream* **0.2** [fig.; het beste] *cream* ◆ **2.1** dikke ~ *double c.;* zure ~ *sour c.* **3.2** hij neemt de ~ v.d. melk ⟨fig.⟩ *he skims the c. off.*

roomboter 0.1 *butter.*

roombotergebak 0.1 *all-butter cake.*

roomboterkoekje 0.1 *all-butter biscuit.*

roomijs 0.1 *ice cream.*

roomkaas 0.1 *cream cheese.*

roomklopper 0.1 *cream whipper* ⇒⟨garde⟩ *whisk.*

rooms 0.1 *Roman Catholic* ◆ **1.1** de ~e Kerk *the (R.) C. Church, the Church of Rome.*

Rooms 0.1 *Roman* ◆ **1.1** het Heilige ~e Rijk *the Holy R. Empire.*

roomsaus 0.1 *cream sauce.*

rooms-katholicisme 0.1 *Roman Catholicism.*

rooms-katholiek 0.1 *Roman Catholic.*

roomsoes 0.1 *cream puff* ⇒*éclair.*

roomtaart 0.1 *cream cake.*

roos 0.1 [plant] *rose* **0.2** [middelpunt v.e. schietschijf] *bull's-eye* **0.3** [belroos, wondroos] *rose, erysipelas* ⇒*St. Anthony's fire* **0.4** [(schilfers van) hoofdroos] *dandruff* **0.5** [blos] *rose* ⟨meestal mv.⟩ **0.6** [schijf v.h. kompas] *rose* ⇒*card* **0.7** [rand aan het gewei] *bur(r)* ◆ **2.¶** Chinese ~ *China rose, hibiscus* **6.1** ⟨fig.⟩ **op** rozen zitten *be on a bed of roses;* ⟨fig.⟩ zijn weg gaat niet **over** rozen *his path is not strewn with*

roses, life is no bed of roses for him **6.2 in** de ~ schieten ⟨ook fig.⟩ *score a b.;* (midden) **in** de ~ *dead on target, bang on/in the middle* **8.¶** ⟨fig.⟩ slapen als een ~ *sleep like a top* ¶.1 ⟨sprw.⟩ geen ~ zonder doornen *no rose without a thorn.*

roosbeen ⟨med.⟩ **0.1** *elephantiasis.*

roosje 0.1 [kleine roos] *little rose* ⇒*rosette* **0.2** [diamantje] *rose* ⇒*rosette.*

rooskleurig ⟨fig.⟩ **0.1** *rosy* ⇒*rose-coloured/-tinted* ◆ **1.1** een ~e toekomst *a rosy/bright future.*

rooster 0.1 [rasterwerk] *grid* ⇒*grating, grate,* ⟨vnl. versiering⟩ *grille, gridiron* ⟨van barbecue enz.⟩ **0.2** [tabel] *grid* **0.3** [programma, schema] *schedule* ⟨ook school⟩ ⇒*timetable, roster, rota* **0.4** [houten vloer] *pile framing* ◆ **1.1** het ~ v.d. kachel *the stove grate* **3.3** een ~ opstellen/opmaken *draw up a roster/*[B]*rota.*

roosteren 0.1 [op een rooster braden] *grill* ⇒*roast, broil* **0.2** [mbt. brood] *toast* **0.3** [mbt. de zon] *scorch* ⇒*burn, roast.*

roquefort 0.1 *Roquefort (cheese).*

rorschachtest 0.1 *Rorschach test* ⇒⟨inf.⟩ *ink-blot test.*

ros¹ I ⟨het⟩⟨schr.⟩ **0.1** [paard] *steed* ⇒*mount* ◆ **2.1** ⟨fig.⟩ het stalen ~ ±*the bike;*
II ⟨het, de⟩⟨inf.⟩ **0.1** [rosbief]⟨ongemarkeerd⟩ *roast (beef)* ◆ **1.1** een broodje ~ *a beef roll.*

ros² 0.1 ⟨bn.⟩ **0.1** [koperkleurig] *reddish* ⇒*ruddy, sandy* ⟨haar⟩, *carroty* ⟨haar⟩, *ginger* ⟨haar⟩ **0.2** [fig.] *red* ◆ **1.2** de ~se buurt *the red-light district.*

rosbief 0.1 *roast beef.*

rosé 0.1 *rosé (wine).*

roseola ⟨med.⟩ **0.1** *roseola* ⇒*rubella.*

roskammen 0.1 *groom* ⇒*curry(comb).*

rossen I ⟨onov.ww.⟩ **0.1** [woest rijden] *tear (along);*
II ⟨ov.ww.⟩ **0.1** [paard kammen] *groom* ⇒*curry(comb).*

rossig 0.1 *reddish* ⇒*ruddy, sandy* ⟨haar⟩, *carroty* ⟨haar⟩, *ginger* ⟨haar⟩.

rossinant 0.1 *Rosinante* ⇒*nag, jade.*

rot¹ I ⟨het⟩ **0.1** [het rot zijn] *rot* ⇒*decay, rottenness* **0.2** [rotte plek] *rot* ⇒*decay* **0.3** [rij manschappen] *file* **0.4** [vier tegen elkaar gezette geweren] *stack* ◆ **6.4** de geweren **in** ~ten zetten *stack the rifles;*
II ⟨de⟩ ◆ **2.¶** een oude ~ *an old hand.*

rot² 0.1 ⟨bn.⟩ **0.1** [verrot] *rotten* ⇒*bad, decayed* ⟨kies⟩, *putrid* ⟨ei⟩, *foul* ⟨ei⟩, *addled* ⟨ei⟩ **0.2** [ellendig] *rotten* ⇒*lousy, wretched* **0.3** [slecht, corrupt] *rotten* ⇒*corrupt* ◆ **1.3** ~te toestanden in de maatschappij *evils of society* **3.1** iem. voor ~te vis uitmaken *call s.o. all sorts of names* **3.2** ~ doen tegen iem. *be beastly to s.o.;* het is om je ~ te lachen *it's enough to make a cat laugh;* zich ~ lachen *split one's sides laughing;* zich ~ vervelen *be bored to tears* ¶.1 door en door ~, zo ~ als een mispel *r. to the core.*

rota 0.1 *Rota.*

rotan¹ ⟨het, de⟩ **0.1** [Spaans riet] *rattan* **0.2** [stengels] *(rattan) cane.*

rotan² ⟨bn.⟩ **0.1** *cane.*

rotanstoel 0.1 *cane chair.*

rotatie 0.1 *rotation* ⇒*revolution, gyration,* ⟨snel⟩ *whirl.*

rotatiepers 0.1 *rotary press.*

rotbaan 0.1 *lousy job.*

rotbui 0.1 *filthy mood.*

rotding 0.1 *damn/bloody thing* ⇒*bastard.*

roteren 0.1 *rotate* ⇒*revolve, gyrate, turn,* ⟨snel⟩ *whirl* ◆ **1.1** een ~de beweging *a rotary motion.*

rotgang 0.1 *breakneck speed* ◆ **6.1** met een ~ door de bocht gaan *go round the bend at a b. s./like a bat out of hell.*

rotje 0.1 [vuurwerk] *(fire)cracker* ⇒*squib, banger* **0.2** [plat beschuitje] ±*rusk*⇒*cracker, toast* ♦ **3.**¶ zich een ~ lachen *laugh one's head off.*

rotjong, -joch ⟨inf.⟩ **0.1** *brat* ⇒*little pest.*

rotklus ⟨inf.⟩ **0.1** *awful/rotten job* ♦ **2.1** dat is een echte ~ *that job is a real bastard.*

rotmeid ⟨inf.⟩ **0.1** *bitch* ⇒*cow.*

rotonde 0.1 [verkeersplein]⟨vnl. BE⟩ *roundabout* **0.2** [rond gebouw] *rotunda.*

rotopmerking ⟨inf.⟩ **0.1** *cheap shot* ⇒*nasty remark.*

rotor 0.1 *rotor.*

rots 0.1 [steenmassa] *rock* ⇒*cliff,* ⟨steil⟩ *crag,* ⟨steil⟩ *scar* **0.2** [biscuit] ±*rock-biscuit/-cake* ♦ **6.1** ⟨fig.⟩ een ~ in de branding *tower of strength;* ⟨fig.⟩ als een ~ in de branding *steady as a r.;* het schip liep **op** de ~ en *the ship struck the rocks.*

rotsachtig 0.1 *rocky* ⇒*rugged.*

rotsbeen ⟨med.⟩ **0.1** *petrosal (bone).*

rotsblok 0.1 *boulder.*

rotsig →*rotsachtig.*

rotskloof 0.1 *chasm* ⇒⟨smal⟩ *cleft.*

rotskust 0.1 *rocky coast.*

rotspartij 0.1 [rotsachtig geheel] *rock mass* ⇒*mass of rocks* **0.2** [steenblokken met planten] *rockery* ⇒*rock garden.*

rotspunt 0.1 *tor, aiguille.*

rotsschildering 0.1 *cave/wall painting.*

rotstreek ⟨inf.⟩ **0.1** *dirty/mean trick* ♦ **3.1** iem. een ~ leveren *play a dirty trick on s.o.*

rotstuin 0.1 *rock garden* ⇒*rockery.*

rotsvast 0.1 [onbeweeglijk] *rock-solid* ⇒*immovable* **0.2** [fig.; onwankelbaar] *rock-solid* ⇒*rocklike* ♦ **1.2** een ~e overtuiging *a deep-rooted conviction.*

rotswand 0.1 *rock/cliff face* ⇒⟨steil⟩ *precipice* ♦ **2.1** een steile ~ *a sheer cliff.*

rotten 0.1 [bederven] *rot* ⇒*decay, addle* ⟨ei⟩, ⟨eten ook⟩ *spoil* **0.2** [barsten, stikken]⟨zie 3.2⟩ ♦ **1.1** ~d hout *rotting wood* **3.2** laat maar ~ *let it go to pot.*

rottig 0.1 [min of meer rot] *rotten* ⇒*rotting, decaying* **0.2** [inf.; vervelend] *rotten* ⇒*nasty, horrid* **0.3** [inf.; smerig] *rotten* ⇒*lousy, wretched* ♦ **3.2** ~ tegen iem. doen *behave rottenly towards s.o.*

rottigheid ⟨fig.⟩ **0.1** [vuile taal] *filth* ⇒*obscenities* **0.2** [narigheid] *misery* ⇒*wretchedness* ♦ **3.2** er is zoveel ~ in de wereld *there is so much m. in the world.*

rotting I ⟨de (v.)⟩ **0.1** [bederf] *rot* ⇒*decay, decomposition;* **II** ⟨de (m.)⟩ **0.1** [rotanstok] *cane* ⇒*rattan,* ⟨mil.⟩ *swagger-stick/-cane.*

rotvent ⟨inf.⟩ **0.1** *bastard* ⇒*jerk.*

rotwerk 0.1 *nasty work; nasty/lousy/rotten job* ⟨klus⟩.

rotwijf ⟨inf.⟩ **0.1** *bitch* ⇒*she-devil.*

rotzak ⟨inf.⟩ **0.1** *bastard* ⇒*jerk, son-of-a-bitch.*

rotzooi 0.1 [ondeugdelijke waar] *(piece of) junk* ⇒*trash, rubbish* **0.2** [wanorde] *mess* ⇒*shambles* ♦ **3.2** ~ trappen *raise hell.*

rotzooien ⟨inf.⟩ **0.1** [knoeien] *mess* **0.2** [te keer gaan] *mess about* ⇒*horse about/around* **0.3** [rommelig werken] *mess about* ⇒*tinker,* ⟨vulg.⟩ *piss/fuck (around/about)* **0.4** [zich ontuchtig gedragen] *fool around* ♦ **6.1** ~ met de boekhouding *tamper with the accounts.*

rouge 0.1 *rouge* ⇒*blusher.*

roulatie 0.1 *circulation* ♦ **6.1** in ~ brengen *bring into c.* ⟨film⟩.

roulatiesysteem 0.1 *rotation system.*

rouleren 0.1 [in omloop zijn] *circulate* ⇒*be in circulation* **0.2** [bij toerbeurt waargenomen worden] *rotate* ⇒*take*

---

turns, ⟨ploegendienst⟩ *work in shifts,* ⟨dansen⟩ *change partners* ♦ **1.2** het voorzitterschap rouleert *the chairmanship rotates.*

roulette 0.1 *roulette.*

roulettetafel 0.1 *roulette table.*

route 0.1 *route* ⇒*way, round* ⟨melkboer enz.⟩, ⟨scheep.⟩ *course* ♦ **2.1** ⟨scheep.⟩ bevaren ~ *lane;* dagelijkse ~ *daily round* ⟨van leverancier⟩; vaste ~ *beat* ⟨van politieagent⟩.

routebeschrijving 0.1 *itinerary* ⇒*route description.*

routine 0.1 [vaardigheid] *practice* ⇒*skill, knack* **0.2** [sleur] *routine* ⇒*grind, rut* ♦ **2.2** de dagelijkse ~ *the daily grind.*

routineklus 0.1 *routine job.*

routinematig 0.1 *routine.*

routineonderzoek 0.1 *routine check-up.*

routineus 0.1 *routine.*

routinewerk 0.1 [werk waarbij het op routine aankomt] *work requiring practice* **0.2** [eentonig werk] *routine work/job.*

routinier 0.1 *old hand* ⇒*expert.*

rouw 0.1 *mourning* ⇒⟨droefheid ook⟩ *sorrow, grief* ♦ **6.1** ⟨scherts.⟩ je nagels zijn **in** de ~ *there's black under your finger nails;* **in** de ~ zijn *be in m.*

rouwadvertentie 0.1 *death notice.*

rouwband 0.1 *mourning band* ⇒*black armband.*

rouwbrief 0.1 *mourning card.*

rouwdienst 0.1 *memorial service* ⇒⟨rel.⟩ *requiem mass.*

rouwdouwen 0.1 *be rowdy* ⇒*push and shove.*

rouwdouw(er) 0.1 *rowdy* ⇒*bruiser, hooligan.*

rouwen 0.1 [smart voelen] *mourn* ⇒*grieve* **0.2** [in de rouw zijn] *mourn* ♦ **4.**¶ dat zal hem ~ *he will (live to) regret that.*

rouwig 0.1 *regretful* ⇒*sorry* ♦ **3.1** ergens niet ~ om zijn *not regret sth.*

rouwkamer 0.1 *funeral parlour* ⇒*mortuary.*

rouwkleding 0.1 *mourning (clothes)* ♦ **3.1** ~ dragen *wear m.*

rouwkoets 0.1 *mourning/funeral coach.*

rouwkrans 0.1 *funeral wreath.*

rouwmantel ⟨dierk.⟩ **0.1** *mourning cloak (butterfly)* ⇒ *Camberwell beauty.*

rouwmis 0.1 *requiem mass.*

rouwnagel 0.1 *dirty nail.*

rouwrand 0.1 *black border/edge* ♦ **3.1** ⟨inf.; fig.⟩ je nagels hebben ~ en *there's black under your finger nails.*

rouwstoet 0.1 *funeral procession.*

rouwtijd 0.1 *(period/time of) mourning.*

roven I ⟨ov.ww.⟩ **0.1** *steal* ⇒*rob of;* **II** ⟨onov.ww.⟩ **0.1** [roof plegen, van roof leven] *rob.*

rover 0.1 *robber* ♦ **3.1** ~ tje spelen *play (at) robbers.*

roversbende 0.1 *gang of robbers.*

rovershol 0.1 *robbers' den.*

royaal 0.1 [ruim] *generous* ⇒*open-/free-handed* **0.2** [ruim van opvattingen] *liberal* ⇒*broad-minded* **0.3** [van flinke afmetingen, voldoende] *spacious* ⇒*ample* ♦ **1.1** een royale beloning *a handsome/g. reward* **1.3** een royale meerderheid *a comfortable majority* **3.1** ~ voor de dag/over de brug komen *be lavish/g.* **5.1** te ~ leven *live beyond one's means* **6.1** ~ zijn **met** zijn geld *spend freely, be g. with one's money.*

royalist 0.1 *royalist.*

royement 0.1 *removal* ⇒*cancellation* ⟨van contract/hypotheek⟩, ⟨van hypotheek ook⟩ *annulment, expulsion* ⟨als lid⟩, ⟨van advocaat ook⟩ *disbarment.*

royeren 0.1 [schrappen] *cancel* ⇒*annul, remove (from)* ⟨lijst enz.⟩, *strike (off)* ⟨lijst enz.⟩ **0.2** [als lid schrappen] *expel (from)* ⇒⟨advocaat ook⟩ *disbar.*

roze 0.1 *pink* ⇒*rose* ♦ **1.1** door een ~ bril kijken ⟨fig.⟩ *see things through rose-coloured glasses* **2.1** oud ~ *old rose.*

rozemarijn 0.1 *rosemary.*

rozenblad 0.1 [bloemblad] *rose petal, rose leaf* 0.2 [blad v.e. rozenstruik] *rose leaf.*

rozenbladluis 0.1 *rose aphid* ⇒⟨inf.⟩ *greenfly.*

rozenboom 0.1 *rose tree.*

rozenbottel 0.1 *rose hip.*

rozengeur 0.1 *smell/scent of roses* ♦ **1.1** het is er niet alleen ~ en maneschijn *it's not all roses there.*

rozenkrans 0.1 [krans van rozen] *wreath/garland of roses* 0.2 [gebed; bidsnoer] *rosary* ♦ **3.2** de ~ bidden *say the r.*

rozenstruik 0.1 *rose bush.*

rozentuin 0.1 *rose garden.*

rozenwater 0.1 *rose water.*

rozet 0.1 [versiering; krans van bladeren] *rosette* 0.2 [diamantje] *rose* ♦ **8.2** geslepen als een ~ *rose-cut.*

rozig 0.1 [met de kleur van rozen] *rosy* 0.2 [door roos ontstoken] *scurfy* 0.3 [aangenaam loom] *languid* ♦ **1.1** ~e wangen hebben *have rosy cheeks.*

rozijn 0.1 *raisin.*

rozijnenbrood 0.1 *raisin bread.*

rubato ⟨muz.⟩ 0.1 *rubato.*

rubber 0.1 ⟨zn. en bn.⟩ *rubber;* ⟨gewas⟩ *rubber tree.*

rubberboot 0.1 *(rubber) dinghy.*

rubberen 0.1 *rubber.*

rubberlaars 0.1 *rubber boot, gumboot;* ⟨vnl. BE; inf. mv. ook⟩ *wellies.*

rubberzool 0.1 *rubber sole.*

rubriceren 0.1 [in rubrieken verdelen; versierde letters aanbrengen] *rubricate* 0.2 [in een rubriek onderbrengen] *class* ⇒*classify.*

rubriek 0.1 [afdeling in een dagblad] *column* ⇒*feature, section* 0.2 [categorie] *section* ⇒*group* 0.3 [radio, tv] *feature* 0.4 [opschrift; voorschrift] *rubric* ♦ **1.1** de advertentiebriek(en) *the advertising columns* **2.1** een vaste ~ *a regular feature* **6.2** onder welke ~ valt/komt dat? *what heading does this article come under?*

ruchtbaar 0.1 *known* ⇒*public* ♦ **3.1** iets ~ maken *make sth. known/public.*

ruchtbaarheid 0.1 *publicity* ♦ **7.1** ergens geen ~ aan geven *hush sth. up.*

rücksichtslos 0.1 *unscrupulous, unsparing* ⇒*inconsiderate.*

rudimentair 0.1 *rudimentary.*

rug 0.1 *back* ⇒⟨mbt. boeken ook⟩ *spine* ♦ **1.¶** de ~ v.e. gebergte *a mountain ridge* **2.1** hij heeft een brede ~ *he has a broad b./broad shoulders;* een hoge ~ (op)zetten *arch one's b.;* open ~ *spina bifida* **2.¶** een rooie ~ *a thousand-guilder note* **3.1** iem. de ~ toekeren *turn one's b. on s.o.* ⟨ook fig.⟩; ⟨fig.⟩ de vijand de ~ toekeren *fly before the enemy* **6.1** ⟨fig.⟩ **achter** de ~ van iem. kwaadspreken *talk about s.o. behind his/her back;* ⟨fig.⟩ ik zal blij zijn als het **achter** de ~ is *I'll be glad to get it over and done with;* ⟨fig.⟩ hij heeft een moeilijke tijd **achter** de ~ *he has a difficult time behind him;* **door** zijn ~ gaan *do one's b. in, strain one's b.;* iem. een duwtje/steuntje in de ~ geven ⟨fig.⟩ *back s.o. up;* ⟨fig.⟩ ik heb geen ogen **in/op** mijn ~ *I haven't got eyes in the b. of my head;* ⟨fig.⟩ iem. **met** de ~ tegen de muur zetten *put s.o. up against the wall;* ⟨fig.⟩ het (geld) groeit mij niet **op** de ~ *I am not made of money;* met zijn handen **op** de ~ *(with) his hands behind his b.;* ⟨fig.⟩ **over** de ~ gen v.d. arbeiders werkte hij zich omhoog *he worked his way up by trampling on the workers* **6.¶** ⟨meteo.⟩ een ~ **van** hoge druk *a ridge of high pressure.*

rugby 0.1 *rugby;* ⟨inf.⟩ *rugger; rugby league* ⟨voor beroeps, met teams van 13 spelers⟩ */rugby union* ⟨voor amateurs, met teams van 15 spelers⟩.

rugbybal 0.1 *rugger ball* ⇒⟨schr.⟩ *rugby (foot)ball.*

rugbyen 0.1 *play rugby/*⟨inf.⟩ *rugger.*

rugcrawl 0.1 *backcrawl.*

rugdekking 0.1 *backing* ♦ **3.1** iem. ~ geven ⟨balsport⟩ *cover a team-mate;* ⟨fig.⟩ *back s.o., cover for s.o.*

ruggelings I ⟨bw.⟩ 0.1 [rug tegen rug] *back to back* 0.2 [achterover; achterstevoren] *backwards* 0.3 [op de rug] *on one's back;* **II** ⟨bn.⟩ 0.1 [achterwaarts gericht] *backward.*

ruggengraat 0.1 [wervelkolom] *spinal/vertebral column* ⇒*backbone, spine* 0.2 [fig.] *backbone;* ⟨inf.⟩ *guts, determination* 0.3 [voornaamste deel] *backbone* ♦ **7.2** geen ~ hebben *have no b.*

ruggenmerg 0.1 *spinal marrow/cord* ♦ **6.1** verdoving in het ~ *spinal anaesthesia.*

ruggenprik 0.1 *spinal puncture/*⟨inf.⟩ *jab.*

ruggensteun 0.1 [steun in de rug] *back support* ⇒*support in the back* 0.2 [hulp] *backing* ⇒*support* ♦ **2.2** iem. flinke ~ geven *give s.o. solid backing.*

ruggenwervel 0.1 *(dorsal) vertebra.*

ruggespraak 0.1 *consultation* ♦ **6.1** na ~ met *after consulting (with).*

rugkant →**rugzijde.**

rugklachten 0.1 *back trouble(s), backaches.*

rugleuning 0.1 *back (of a chair)* ♦ **2.1** stoel met verstelbare ~ *adjustable (arm)chair; reclining seat* ⟨in auto/vliegtuig⟩.

rugnummer 0.1 *(player's) number.*

rugpijn 0.1 *pain in the back* ⇒*backache.*

rugslag 0.1 *backstroke* ⇒*backcrawl.*

rugspier 0.1 *dorsal muscle.*

rugwind 0.1 *tail wind, following wind.*

rugzak 0.1 *rucksack; backpack.*

rugzenuw 0.1 *dorsal nerve.*

rugzijde 0.1 [zijde v.d. rug] *side of the back* ⇒*(rear) flank* 0.2 [achterzijde] *back* ⇒*reverse* ♦ **6.1** aan de ~ *posterior* ⟨bn.⟩.

rui 0.1 [het ruien] *moult(ing)* 0.2 [ruitijd] *moulting season/time* ♦ **6.1** onze kanarie is **aan** de ~ *our canary is moulting.*

ruien 0.1 [verharen, van veren wisselen] *moult* ⇒*shed one's feathers* 0.2 [mbt. vruchtbomen] *drop (early)* ⇒*shed* 0.3 [mbt. wijn, teruggaan in kwaliteit] *deteriorate.*

ruif 0.1 *rack* ⇒⟨schr.⟩ *manger.*

ruig I ⟨bn.⟩ 0.1 [stug aanvoelend] *rough* 0.2 [harig] *shaggy* ⇒*hairy, bushy* ⟨baard, wenkbrauwen⟩ 0.3 [kind.; prachtig] *smashing, super* ♦ **1.1** een ~e haardos *a wild mop;* **II** ⟨bn., bw.⟩ 0.1 [ruw, wild] *rough* 0.2 [met rijp/schimmel bedekt] ⟨met rijp⟩ *hoary;* ⟨met schimmel⟩ *mildewed, mouldy* ♦ **1.1** een ~ feest *a rowdy party.*

ruiken I ⟨onov.ww.⟩ 0.1 [reuk geven/opnemen] *smell* 0.2 [de gedachte opwekken] *smell (of)* ⇒*savour (of)* 0.3 [stinken] *smell* ⇒*stink, reek* ♦ **5.1** die bloemen ~ goed/lekker *those flowers s. good/nice* **6.1** aan iets ~ *smell/have a smell/sniff at sth.;* ⟨fig.⟩ **aan** iets geroken hebben *have had a first experience of sth.;* **II** ⟨ov.ww.⟩ 0.1 [ook fig.] *smell* ⇒*scent* ♦ **1.1** onraad ~ *scent/sense danger* **3.1** hoe kon ik dat nu ~! *how could I possibly know!*

ruiker 0.1 *bouquet* ⇒⟨klein⟩ *nosegay.*

ruil 0.1 *exchange* ⇒⟨inf.⟩ *swap, swop* ♦ **2.1** een eerlijke ~ *a fair e.* **6.1** **in** ~ voor *in e. for.*

ruilbeurs 0.1 *exchange mart.*

697

ruilen - rukken

ruilen I ⟨onov., ov.ww.⟩ 0.1 [inwisselen] *exchange* ⇒⟨inf.⟩ *swap, swop* ♦ 1.1 verkochte waren worden niet meer geruild *sold goods cannot be exchanged* 3.1 zullen we ~? *shall we swap?;* II ⟨onov.ww.⟩ 0.1 [verwisselen van toestand] *change* ♦ 6.1 ik zou niet met hem willen ~ *I would not c. places with him.*
ruilhandel 0.1 *barter (trade)* ♦ 3.1 ~ drijven *barter.*
ruilmiddel 0.1 *means/medium of exchange* ♦ 8.1 als ~ dienen *serve as a means of exchange.*
ruilverkaveling 0.1 *land consolidation.*
ruilverkeer 0.1 [onderlinge ruiling] *exchange* 0.2 [het economisch verkeer] *trade* ♦ 2.2 het vrije ~ *free t.*
ruilvoet ⟨ec.⟩ 0.1 [basis waarop geruild wordt]⟨mv.⟩ *terms of exchange* 0.2 [verhouding van valuta's] *exchange rate.*
ruim¹ ⟨het⟩ 0.1 [scheep.] *hold* 0.2 [schr.; luchtruim] *firmament* ⇒*sky.*
ruim² I ⟨bn., bw.⟩ 0.1 [uitgestrekt] *spacious* ⇒*large* 0.2 [veel ruimte biedend] *spacious* ⇒*roomy* 0.3 [open, onbelemmerd] *free* 0.4 [veel kunnende bevatten; uitgebreid] *large* 0.5 [met tussenruimte, wijd] *wide* ⇒*roomy, loose* 0.6 [meer dan voldoende] *ample* ⇒*liberal* 0.7 [niet bekrompen] *broad* ♦ 1.1 het ~ e sop *the deep blue sea* 1.3 ~ baan maken *make way* 1.4 een ~ assortiment *a l. assortment;* ⟨fig.⟩ een ~ e beurs *a deep purse;* ⟨fig.⟩ een ~ geweten hebben *have an easy conscience;* in de ~ste zin *in the broadest sense* 1.6 een ~ e meerderheid *a big majority* 1.7 een ~ e opvatting *a b. view* 3.2 ~ wonen *live spaciously* 3.5 die jas zit ~ *that coat is loose-fitting* 3.6 ⟨fig.⟩ het ~ hebben, ~ kunnen leven *be well-off* 3.7 de wet ~ interpreteren *stretch/bend the law* 6.7 ~ van opvatting *broad-minded;* II ⟨bw.⟩ 0.1 *(rather) more than* ⇒*something/well over* ♦ 1.1 ~ de tijd hebben *have plenty of time;* ~ een uur *well over an hour* 5.1 dat is ~ voldoende *that is amply sufficient, that is plenty;* III ⟨bn.⟩ 0.1 [mbt. de wind] *free* ♦ 3.1 ~ zeilen *sail f.*
ruimdenkend 0.1 *broad(-minded)* ⇒*open-minded, liberal.*
ruimen I ⟨ov ww.⟩ 0.1 [plaats maken in] *empty* 0.2 [schoonmaken] *clear out* 0.3 [wegruimen] *clear away* 0.4 [een plaats verlaten] *evacuate* ⇒*vacate;* II ⟨onov.ww.⟩ 0.1 [mbt. wind] *veer.*
ruimschoots 0.1 [in ruime mate] *amply* ⇒*plentifully* ♦ 1.1 ~ de tijd/gelegenheid hebben *have ample time/opportunity* ¶.1 ~ op tijd aankomen *arrive in ample time.*
ruimte 0.1 [vrije plek/plaats] *room* ⇒*space* 0.2 [uitgebreidheid; ook begrensd] *space* 0.3 [vertrek] *room* 0.4 [heelal] *(outer) space* ⇒*universe* 0.5 [overvloed] *abundance* ♦ 1.1 wegens gebrek aan ~ *for lack of r.* ⟨in krant enz.⟩ *space* 1.2 de begrippen ~ en tijd *the concepts of time and s.* 2.4 de kosmische ~ *outer space* 3.1 hun tent biedt ~ aan zes personen *their tent will/can accommodate six people;* de nieuwe schouwburg biedt ~ aan 400 toeschouwers *the new theatre can seat an audience of 400/seats 400;* te weinig ~ hebben *be cramped for space;* ~ uitsparen *save space* 3.2 iem. de ~ geven ⟨fig.⟩ *give s.o. elbow-room* 6.2 ⟨fig.⟩ gepraat/gezwam in de ~ *loose talk.*
ruimtebesparend 0.1 *space-saving.*
ruimtebesparing 0.1 *space saving* ♦ 6.1 met het oog op ~ *to save space.*
ruimtedekking ⟨sport⟩ 0.1 *zonal defence* ♦ 3.1 ~ toepassen *use z. d.*
ruimtegebrek 0.1 *lack/shortage of space/* ⟨voor gasten ook⟩ *accommodation.*
ruimtelijk 0.1 [mbt. de ruimte] *spatial, spacial, space* 0.2

[driedimensionaal] *three-dimensional* ♦ 1.1 ~ e ordening *environmental/town and country planning.*
ruimteonderzoek 0.1 *space research/exploration.*
ruimteprobleem 0.1 *problem of space* ♦ 3.1 ruimteproblemen hebben *be cramped for space.*
ruimteschip ⇒*ruimtevaartuig.*
ruimtestation 0.1 *space station.*
ruimtevaarder, -vaarster 0.1 *spaceman* ⟨m.⟩, *spacewoman* ⟨v.⟩ ⇒*astronaut,* ⟨Russisch⟩ *cosmonaut.*
ruimtevaart 0.1 *space travel.*
ruimtevaartuig 0.1 *spacecraft.*
ruimteveer 0.1 *(space) shuttle.*
ruimteverdeling 0.1 *internal arrangement.*
ruimtewinst 0.1 *gain in space.*
ruin 0.1 *gelding.*
ruïne 0.1 ⟨overblijfsel⟩ *ruins;* ⟨vervallen bouwwerk⟩ *ruin* ♦ 2.1 de kerk is een volslagen ~ *the church is a complete ruin.*
ruïneren 0.1 [verwoesten] *ruin* ⇒*devastate* 0.2 [tot armoede brengen] *ruin* ♦ 1.1 zijn gezondheid ~ *r./wreck one's health.*
ruis 0.1 [ruisend geluid] *noise* ⇒⟨mbt. hart⟩ *murmur* 0.2 [storing] *noise* ⇒⟨van grammofoonplaat⟩ *surface noise* 0.3 [rletvoorn] *rudd.*
ruisen 0.1 [mbt. het geluid v.e. stroom lucht/vloeistof]⟨van wind, bladeren⟩ *rustle;* ⟨van vloeistof⟩ *gurgle* 0.2 [mbt. het geluid van zachte muziek] *murmur* 0.3 [mbt. het geluid van stoffen] *rustle* ⇒*swish* ♦ 1.1 mijn oren ~ *my ears are ringing/singing.*
ruisfilter 0.1 *noise filter* ⇒⟨naaldruisfilter⟩ *scratch filter.*
ruit 0.1 [glazen plaat] *(window)pane* ⇒*window* 0.2 [vierkant] *diamond;* ⟨patroon in textiel e.d.⟩ *check* 0.3 [vierhoek] *rhomb* ⇒*rhombus* 0.4 [kaartspel] *diamond* ♦ 3.1 zijn eigen ~ en ingooien ⟨fig.⟩ *cut one's own throat;* een ~ inslaan *smash a window.*
ruitachtigen 0.1 *Rutaceae.*
ruiten¹ ⟨de⟩ 0.1 *diamonds* ⇒⟨attr.⟩ *of diamonds* ♦ 1.1 ruitenaas/heer/tien/vrouw *ace/king/ten/queen of diamonds;* ruitenboer *jack/knave of diamonds* 2.1 ~ is troef *d. are trumps* 7.1 één ~ *one diamond.*
ruiten² ⟨bn.⟩ 0.1 *check(ed)* ⇒*chequered* ♦ 1.1 een ~ jasje *a check jacket.*
ruitensproeier 0.1 *screenwasher.*
ruitenwisser 0.1 [instrument op de voorruit] *windscreen wiper* ⇒*wiper* 0.2 [glazenwassersinstrument] *wiper.*
ruiter 0.1 [paardrijder] *horseman* ⇒*rider* 0.2 [mil.] *cavalryman* ⇒*trooper* 0.3 [stellage] *(drying) rack;* ⟨driehoekig⟩ *tripod;* ⟨voor hooi ook⟩ *hay prop* 0.4 [plank die sluit over de noklijn] *ridge board* ♦ 2.1 een ervaren ~ *an experienced h.*
ruiterij 0.1 *cavalry* ⇒*horse.*
ruiterlijk 0.1 *frank* ⇒*straightforward* ♦ 3.1 iets ~ toegeven *admit sth. frankly.*
ruiterpad 0.1 *bridle path.*
ruitersport 0.1 *equestrian sport(s); riding.*
ruitijd 0.1 *moulting period.*
ruitjespapier 0.1 *squared paper.*
ruitverwarmer 0.1 *demister.*
ruk 0.1 [korte beweging] *jerk* ⇒*tug* 0.2 [windvlaag] *gust (of wind)* 0.3 [afstand] *distance* ⇒*way* 0.4 [tijdsduur] *time* ⇒*spell* ♦ 2.1 met korte ~ jes *jerkily* 6.1 met een ~ stoppen *jerk to a halt* 6.4 in één ~ doorwerken *work on at one stretch;* een boek in één ~ uitlezen *read a book at one sitting;* in één ~ doorrijden *drive straight through.*
rukken I ⟨onov.ww.⟩ 0.1 [hard trekken] *jerk (at)* ⇒*tug (at)*

0.2 [vulg.; masturberen] *wank* **0.3** [zich voortbewegen] *march (out)* ◆ **6.3** het leger rukte **ten** strijde *the army marched off to war;* **II** ⟨ov.ww.⟩ **0.1** [door hard trekken verplaatsen] *tear* ⇒ *wrench* **0.2** [door hard trekken in een toestand brengen] *tear* **0.3** [klaarspelen] *manage* ⇒*pull (sth.) off* ◆ **1.1** zich de haren uit het hoofd ~ *t. one's hair* **6.1** iem. de kleren van het lijf ~ *t. the clothes from s.o.'s body* **6.2** ⟨fig.⟩ de woorden **uit** hun verband ~ *t./wrench the words from their context.*

rukwind 0.1 *squall* ⇒*gust (of wind).*

rul 0.1 *loose* ⇒*sandy* ◆ **1.1** het ~le zand *the l. sand.*

rum 0.1 *rum.*

rumboon 0.1 *rum bonbon.*

rum-cola 0.1 *rum and coke.*

rumoer 0.1 [lawaai] *noise;* ⟨kabaal⟩ *din, racket, row* **0.2** [ophef] *tumult* ⇒*uproar,* ⟨opschudding⟩ *fuss,* ⟨herrie⟩ *commotion,* ⟨herrie⟩ *shindy,* ⟨drukte⟩ *hullaballoo* ◆ **3.1** ~ maken *make a n.; kick up a shindy.*

rumoerig 0.1 [vol rumoer] *noisy* **0.2** [druk] *boisterous* **0.3** [tot opstootjes geneigd] *turbulent;* ⟨ordeloos⟩ *rowdy* **0.4** [onstuimig] *boisterous* ⇒*tumultuous,* ⟨stormachtig⟩ *tempestuous* ◆ **1.4** de zee is zeer ~ *the sea's very rough/choppy.*

run 0.1 *run* ◆ **6.1** er was een enorme ~ **op** dat artikel *there was a tremendous r. on that article.*

rund 0.1 [zoogdier] *cow;* ⟨mv.⟩ *cattle* ⇒⟨trekdier⟩ *ox* **0.2** [stier, koe]⟨koe⟩ *cow;* ⟨stier⟩ *bull;* ⟨mv.⟩ *cattle* **0.3** [stommeling] *idiot* ⇒*fool* **0.4** [biologisch geslacht] *bovine animal* ◆ **6.3** een ~ **van** een vent *a prize idiot.*

runderbiefstuk 0.1 *beefsteak.*

rundergehakt 0.1 *minced beef* ⇒*mince.*

runderhaas 0.1 *tenderloin* ⇒*fillet of beef.*

runderlap 0.1 *braising steak.*

runderrollade 0.1 *collared/rolled beef.*

rundvee 0.1 *cattle* ◆ **1.1** een stuk ~ *a head of c.*

rundvlees 0.1 *beef.*

rune 0.1 *rune.*

runnen 0.1 *run, manage;* ⟨beheren⟩ *operate;* ⟨zorgen voor⟩ *mind* ◆ **1.1** wie runt de zaak? ⟨inf.; fig.⟩ *who's in charge?*

rups I ⟨de⟩ **0.1** [dier; kermisattractie] *caterpillar;* **II** ⟨de (m.)⟩ **0.1** [rupsband] *caterpillar (track).*

rupsband 0.1 *caterpillar (track).*

ruptuur 0.1 [med.] *rupture* **0.2** [onenigheid] *rupture* ⇒ *breach.*

Rus, -sin 0.1 *Russian* ⇒⟨v. ook⟩ *Russian woman.*

rush 0.1 [stormloop] *rush, run* **0.2** [paardensport] *spurt.*

Rusland 0.1 *Russia.*

russificatie 0.1 *Russification.*

Russisch[1] ⟨het⟩ **0.1** *Russian.*

Russisch[2] ⟨bn.⟩ **0.1** *Russian* ◆ **1.¶** een ~ ei *egg mayonnaise.*

rust 0.1 [toestand na arbeid] *rest* ⇒⟨ontspanning⟩ *relaxation* **0.2** [ontspanning door slaap] *rest;* ⟨(middag)slaapje⟩ *lie-down* **0.3** [het vrij zijn van drukte] *quiet* **0.4** [stilte] *(peace and) quiet;* ⟨stilte, kalmte⟩ *still(ness);* ⟨vredigheid⟩ *calm;* ⟨verfrissende stilte⟩ *restfulness* **0.5** [afwezigheid van beweging] *rest* **0.6** [fig.; mbt. de dood] *rest* ⇒*peace* **0.7** [het vrij zijn van werkzaamheden] *retirement* **0.8** [afwezigheid van ongenoegen] *peace;* ⟨vredigheid⟩ *calm* **0.9** [ongestoorde toestand v.d. ziel] *peace;* ⟨sereniteit, rust⟩ *serenity;* ⟨kalmte, rust(igheid)⟩ *tranquillity* **0.10** [sport] *half-time, interval* **0.11** [muz.] *rest* **0.12** [lit.] *rest, pause, c(a)esura* **0.13** [steunpunt v.e. hefboom] *fulcrum* ◆ **2.4** alles was in diepe ~ *all was quiet* **3.3** gun hem wat ~ *give him a break;* nooit/geen ogenblik ~ hebben *never have a*

moment's peace; wat ~ nemen *take a break* **6.2** hij is in diepe ~ *he's fast asleep* **6.3** in alle ~ *at one's leisure;* laat me **met** ~! *leave me alone!, get off my back!;* **tot** ~ komen *settle/calm (down)* **6.7** predikant **in** ~e *retired clergyman* **6.10** bij de ~ stonden we met 2-1 voor *at h.-t. we were leading 2-1* **¶.5** op de plaats ~! *stand at ease;* ⟨tweede rust⟩ *stand easy;* ⟨sprw.⟩ ~ roest *rust eats up iron.*

rustbank 0.1 *couch, settee, sofa.*

rustdag 0.1 *rest day;* ⟨vrije dag⟩ *day off, holiday.*

rusteloos 0.1 [zonder rust] *restless* ⇒*unremitting, ceaseless,* ⟨nooit aflatend⟩ *untiring* **0.2** [onrustig] *restless;* ⟨ongedurig⟩ *itchy* **0.3** [zonder rustplaats] *restless* ⇒*unsettled* ◆ **1.1** een rusteloze tijd *a time of unrest* **3.1** ~ naar iets streven *strive for sth. unremittingly.*

rusteloosheid 0.1 *restlessness.*

rusten I ⟨onov.ww.⟩ **0.1** [uitrusten] *rest, relax* ⇒*take/have a rest* **0.2** [slapen] *rest* ⇒*sleep* **0.3** [begraven liggen] *rest, lie* **0.4** [vrij zijn van werkzaamheden] *rest* ⇒*pause* **0.5** [innerlijke rust hebben] *rest* ⇒*be at ease* **0.6** [niet gebruikt worden] *be left untouched/unused* **0.7** [met rust/ terzijde gelaten worden] *be allowed to rest/drop;* ⟨schr.⟩ *be left in abeyance* **0.8** [stil liggen] *rest* **0.9** [als iets bezwarends drukken] *weigh;* ⟨gebukt gaan onder⟩ *be burdened/encumbered with* **0.10** [steunen op] *rest (upon)* ⇒ *be supported (by)* **0.11** [gebaseerd zijn op] *rest (on)* ⇒*depend/rely (on), be based (on)* **0.12** [mbt. de blik] *rest* ⇒*linger* ◆ **1.4** een ~d geneesheer *a retired medical practitioner* **3.2** hij ligt te ~ *he's resting* **3.7** ik zal de zaak nu laten ~ *I'll let the matter drop/rest now;* we moeten het verleden laten ~ *we've got to let bygones be bygones* **5.1** even ~ *have/take a break* **5.3** hier rust *here lies* **6.9** op hem rust een zware verdenking *he is under strong suspicion;* er rust een zware hypotheek **op** *there is a heavy mortgage on it* **6.11** ⟨fig.⟩ **op** hechte grondslagen ~ *be based on firm foundations* **6.12** haar blik bleef **op** hem ~ *her glance lingered on him;* **II** ⟨wk.ww.; zich ~⟩⟨schr.⟩ **0.1** [zich voorbereiden op] *prepare (o.s.)* ⇒*get ready* ◆ **6.1** zich **ten** strijde ~ *prepare (o.s.) for battle/the fray.*

rustgevend 0.1 [geruststellend] *comforting* ⇒*consoling* **0.2** [kalmerend] *restful* ⇒*calming* ◆ **1.1** een ~e gedachte *a comforting thought.*

rustiek 0.1 [landelijk] *rural;* ⟨meestal ongunstig⟩ *rustic* **0.2** [in natuurlijke toestand gelaten] *rustic* ◆ **1.1** een ~e omgeving *a rural environment* ⟨milieu⟩; *rural surroundings* ⟨gebied⟩.

rustig I ⟨bn., bw.⟩ **0.1** [rust hebbend] *peaceful* ⇒*quiet* **0.2** [niet in beweging] *calm* ⇒*still* **0.3** [niet haastig] *steady* **0.4** [kalm] *calm* **0.5** [niet luidruchtig/opdringerig] *quiet* **0.6** [ongestoord] *quiet* ⇒*smooth* ⟨verloop⟩, ⟨zonder voorvallen⟩ *uneventful* ◆ **1.1** de ~e oude dag *comfortable old age* **1.2** het kind is nu ~ *the child's quiet now;* het water is ~ *the water's c.* **1.3** een ~e ademhaling *even breathing* **1.4** de zieke heeft een ~e nacht gehad *the patient has had a comfortable night;* ~ weer *c. weather* **1.5** ⟨fig.⟩ ~e kleuren *soft colours* **1.6** een ~ plekje *a q. spot* **2.4** ~ en beheerst *cool, calm and collected* **2.6** een ~ gelegen huis *a house in q./peaceful surroundings* **3.3** het hart klopt ~ *the heart's beating evenly/regularly* **3.4** ~ antwoorden *answer calmly;* blijft u ~ zitten ⟨bij afscheid⟩ *please don't get up;* ⟨veiligheidsmaatregel⟩ *please remain in your seats;* hij gaat ~ zijn gang *he goes about his business quietly;* zich ~ houden *keep c.;* hij komt ~ een uur te laat *he quite happily/cheerfully comes an hour late;* ze zat ~ te lezen *she sat quietly reading* **3.5** alles is ~ *everything's q.* **3.6** daar kan ik ~ studeren *I can study there in peace* **5.4** ~ nou maar *take it easy* **5.6** het is hier lekker ~ *it's nice and q. here* ¶.**4** het ~ aan doen *take it easy;* ~ aan! *easy!, steady!;* je zou het wat ~er aan moeten doen *you should take things a bit easier;* **II** ⟨bw.⟩ **0.1** [zonder bezwaar] *safely* ♦ **3.1** je kunt me ~ bellen *feel free to call me;* dat mag je ~ weten *I don't mind if you know this.*

rustkuur 0.1 *rest cure* ♦ **3.1** een ~ doen *take a r. c.*

rustplaats 0.1 [graf] *resting-place* **0.2** [pleisterplaats] *halting-place, place to rest* ♦ **2.1** de laatste ~ *the final r.-p.;* naar zijn laatste ~ brengen *lay to rest.*

rustpunt 0.1 [pauze] *pause* ⇒*period* ⟨aan het eind v.d. zin⟩ **0.2** [toevluchtsoord] *haven* ⇒*refuge.*

ruststand 0.1 [stand van rust] *rest* **0.2** [sport] *half-time score* ♦ **5.1** in (de) ~ (staan) *(stand) at ease.*

ruststoel 0.1 *easy chair.*

rustteken ⟨muz.⟩ **0.1** [sela] *rest* **0.2** [binnen een maat] *pause.*

rustverstoorder 0.1 *disturber of the peace.*

rustverstoring 0.1 *disturbance.*

rut ⟨inf.⟩ **0.1** *broke* ♦ **3.1** ik ben ~ *I'm b.*

ruw 0.1 [niet glad] *rough* **0.2** [niet afgewerkt] *raw* ⇒*crude, rough-hewn* ⟨steen⟩ **0.3** [globaal] *rough* **0.4** [onbeheerst; niet zachtzinnig] *rough* **0.5** [onbeschaafd] *coarse* **0.6** [onaangenaam] *raw* ♦ **1.1** een ~e huid *a coarse skin;* een ~e plank *a r. plank;* een ~e zee *a r./choppy sea* **1.2** ~e olie *crude oil* **1.3** een ~e schets *a r. draft;* in ~e trekken *roughly* **1.4** ~ in de mond zijn *be rough-spoken/*⟨vulgair⟩ *foul-mouthed;* een ~ spel *a r. game* **1.5** ~e manieren *c. manners* **1.6** een ~ klimaat *a r./harsh climate* **3.1** ~ worden *roughen* ⟨handen⟩; *get rough* ⟨zee⟩ **3.3** ~ geschat *roughly speak ing* **3.4** iets ~ afbreken *break sth. off abruptly;* iem. ~ behandelen/beetpakken *treat s.o. roughly, manhandle s.o.;* ~ omgaan met iets *handle sth. roughly.*

ruwharig 0.1 *shaggy* ⇒⟨stekelig⟩ *bristly.*

ruwheid 0.1 [oneffenheid] *roughness* **0.2** [ongevoeligheid] *harshness* **0.3** [onbeschaafdheid] *coarseness* **0.4** [hard handigheid] *roughness.*

ruwweg 0.1 *roughly* ♦ **3.1** ~ geschat *at a rough estimate/ guess.*

ruzie 0.1 *quarrel* ⇒*argument* ♦ **2.1** een hooglopende ~ *a flaming row;* een knallende ~ *a hell of a row;* slaande ~ hebben *have a blazing row/one hell of a row* **3.1** een ~ bijleggen *patch up a q.;* daar komt ~ van *there'll be a row/ fight;* ~ krijgen met iem. *have an argument with s.o.;* ~ maken/schoppen *have a row/fight;* een ~ uitlokken/beginnen *start a q./fight;* ~ zoeken *look for trouble/a fight* **6.1** ~ maken **met/om** *argue/(have a) quarrel with/over;* ~ hebben **met/om** *quarrel with (s.o.)/over (sth.).*

ruzieachtig 0.1 *argumentative* ⇒*quarrelsome* ♦ **1.1** een ~e toon *an a. tone of voice.*

ruziemaker, -maakster 0.1 *quarrelsome person.*

ruziën ⟨schr.⟩ **0.1** *quarrel.*

ruzietoon 0.1 *argumentative tone.*

ruziezoeker, -ster 0.1 *quarrelsome person.*

RWW ⟨afk.⟩ **0.1** [Rijksgroepregeling Werkeloze Werknemers] ⟨zie 6.1⟩ ♦ **6.1** ⟨inf.⟩ hij zit in de ~ *he's on the dole.*

S

S ⟨afk.⟩ **0.1** [Sanctus] *S., St. (Saint)* **0.2** [small (maataanduiding)] *S* ♦ ¶.¶ ⟨mil.⟩ op S. 5 worden afgekeurd *be rejected for military service because of mental instability.*

saai 0.1 *boring* ⇒*dull* ♦ **1.1** het is een ~e vent *he's a real bore* **2.1** verschrikkelijk ~ *terribly b.* **3.1** iets ~ brengen/ vertellen *make sth. deadly boring* **5.1** zijn colleges zijn vaak nogal ~ *his lectures tend to be rather dull.*

saamhorig 0.1 *united* ⇒*of one mind.*

saamhorigheid 0.1 *solidarity* ⇒*unity,* ⟨broederschap, verbond⟩ *fellowship.*

sabbat 0.1 *sabbath* ♦ **3.1** de ~ houden/vieren/schenden/heiligen *keep/celebrate/break/honour the s.*

sabbatviering 0.1 *observance of the Sabbath* ⇒⟨mbt. zondag⟩ *Sunday observance.*

sabbelen 0.1 *suck* ♦ **6.1** ~ aan een lolly *s. a lollipop;* op een snoepje ~ *s. a sweet.*

sabel I ⟨de⟩ **0.1** [slagwapen] *sabre* ♦ **3.1** de ~ trekken *draw one's s.* **6.1** met een ~ doorboren *run through with a s.;* **II** ⟨het⟩ **0.1** [bont] *sable.*

sabeldans 0.1 *sabre dance.*

sabeldier 0.1 *sable.*

sabotage 0.1 *sabotage* ♦ **3.1** ~ plegen *commit an act of s.*

saboteren I ⟨onov., ov.ww ⟩ **0.1** [sabotage plegen] *commit sabotage (on);* **II** ⟨ov.ww.⟩ **0.1** [in de war sturen] *sabotage* ⇒*undermine* ♦ **1.1** onderhandelingen ~ *s. negotiations;* voorschriften ~ *s. regulations.*

saboteur 0.1 *saboteur.*

sacharine 0.1 *saccharin.*

sacherijn →**chagrijn.**

sacherijnig →**chagrijnig.**

sacraal 0.1 *sacral* ⇒*sacred.*

sacrament 0.1 *sacrament* ♦ **1.1** het ~ der stervenden *the s. of the dying* **3.1** iem. de laatste ~en toedienen *administer the last sacraments to s.o.*

sacristie 0.1 *sacristy.*

sadisme 0.1 *sadism.*

sadist, -e 0.1 *sadist.*

sadistisch 0.1 *sadistic* ♦ **1.1** ~e trekjes (hebben) *(have) s. streaks* **3.1** ~ aangelegd zijn *have a s. bent.*

sadomasochisme 0.1 *sadomasochism.*

safari 0.1 *safari* ♦ **6.1** op ~ gaan *go on s.*

safaripak 0.1 *safari suit.*

safaripark 0.1 *safari park.*

safe¹ ⟨de⟩ **0.1** *safe* ⇒*safe deposit box.*

safe² ⟨bn.⟩ **0.1** *safe* ♦ **3.1** is dat wel ~? *is that s.?;* zich niet ~ voelen *not feel comfortable* **6.1** op ~ spelen *play s.*

saffie ⟨inf.⟩ **0.1** *ᵇfag* ♦ **3.1** een ~ draaien *roll a f.*

saffier 0.1 *sapphire.*

saffierblauw 0.1 *sapphire (blue)* ♦ **7.1** het - *s. (blue).*

saffraan 0.1 *saffron.*

saffraangeel 0.1 *saffron yellow.*

saga 0.1 *saga.*

sage 0.1 *legend.*

sago 0.1 *sago.*

Sahara 0.1 *Sahara* ♦ **6.1** uit/van de ~ *Saharan.*

saillant 0.1 *salient.*

sake, saki 0.1 *sake.*

sakkeren - samenhangend

sakkeren ⟨AZN⟩ **0.1** *grumble.*

sakkers ⟨AZN⟩ **0.1** *damn(ed)* ⇒*darn(ed)* ◆ **1.1** ~-e deugniet *you damn scoundrel.*

Saksen 0.1 *Saxony.*

Saksisch 0.1 *Saxon* ◆ **1.1** het~ dialect *the S. dialect.*

salade ⟨vaak in samenst.⟩ **0.1** *salad* ◆ **1.1** krabsalade *crab s.*

salamander 0.1 *salamander.*

salami 0.1 *salami.*

salarieel 0.1 *salary* ◆ **1.1** salariële voorwaarden *salary conditions.*

salariëren 0.1 *salary* ⇒*pay.*

salariëring 0.1 *payment.*

salaris 0.1 *salary* ⇒*pay* ◆ **1.1** verlof met behoud van ~ *leave on full pay* **2.1** een vast/een hoog ~ *a fixed/high s.* **3.1** er is een ~ van 80.000 gulden aan deze betrekking verbonden *the post commands a s. of 80,000 guilders;* ~ ontvangen/hebben/genieten *receive/have/draw a s.*

salarisschaal 0.1 *salary scale.*

salarisverhoging 0.1 *(salary) increase* ⇒*(pay) rise.*

salarisverlaging 0.1 *reduction in/of salary/salaries* ⇒ ⟨inf.⟩ *pay cut.*

saldo 0.1 *balance* ◆ **2.1** een batig/positief ~ *a credit b.;* een nadelig/negatief/passief ~ *a deficit;* openstaand ~ *outstanding b.;* voldoende ~ op een rekening hebben *have sufficient (funds) in an account* **3.1** een batig ~ geven, een ~ opleveren *yield a surplus* **6.1** per ~ ⟨fig.⟩ *on b.*

saldotekort 0.1 *deficit* ⇒⟨op giro-, bankrekening⟩ *overdraft* ◆ **3.1** aan het eind v.d. maand heb ik altijd een ~ *I'm always overdrawn at the end of the month;* u heeft ~ *your account is overdrawn.*

salie 0.1 *sage.*

salmiak ⟨schei.⟩ **0.1** *sal ammoniac, ammonium chloride* ◆ **1.1** geest van ~ *aqueous ammonia.*

salmonella 0.1 *salmonella.*

Salomo 0.1 *Solomon* ◆ **8.1** zo wijs als ~ *(as) wise as S.*

Salomonsoordeel 0.1 *judgment of Solomon.*

salon 0.1 ⟨ontvangkamer⟩ *drawing room* ⇒*salon* **0.2** ⟨vertrek voor het ontvangen van de clientèle⟩ *salon,* ⁴*parlor* ⇒ ⟨hotel, restaurant⟩ *reception room* **0.3** ⟨AZN; bankstel⟩ *(three-piece) suite.*

saloncommunist 0.1 *armchair communist.*

salonmuziek 0.1 *salon music.*

salonsocialist 0.1 *armchair socialist* ⇒*parlour socialist.*

salontafel 0.1 *coffee table.*

salpeter 0.1 *saltpetre.*

salpeterzuur 0.1 *nitric acid.*

salsa ⟨muz.⟩ **0.1** *salsa.*

salto 0.1 *somersault* ⇒⟨in de lucht⟩ *flip* ◆ **2.1** een achterwaartse ~ *a backwards s.* **3.1** een ~ maken *turn a s.,* somersault ¶.**1** ~ mortale *death-defying leap.*

salueren 0.1 *salute* ⇒*give a salute.*

saluut 0.1 *salute* ◆ **1.**¶ ⟨AZN; inf.⟩ ~ en de kost! *(bye,) I'm off!* ¶.¶ ik moet weg, ~! *I must be going, bye!*

saluutschot 0.1 *salute* ◆ **3.1** er klonken ~en *salutes rang out;* ~en/een ~ lossen voor *fire a s. to.*

Salvadoriaan, -se 0.1 *Salvadorean.*

Salvadoriaans 0.1 *Salvadorean.*

salvo 0.1 *salvo* ⇒*volley* ◆ **1.1** een ~ van verwensingen *a volley of oaths/curses* **3.1** een ~ lossen/afvuren *loose off a volley.*

Samaritaan 0.1 *Samaritan* ◆ **2.**¶ een barmhartige ~ *a good Samaritan.*

samba 0.1 *samba* ◆ **3.1** de ~ dansen *(dance/do the) samba.*

sambabal 0.1 *maraca* ⟨vnl. mv.⟩.

sambal 0.1 *sambal.*

samen 0.1 [bijeen] *together* **0.2** [met elkaar] *together* ⇒*in chorus* ⟨zingen, spreken⟩ **0.3** [onderling] *with each other, with one another* **0.4** [bij elkaar gerekend] *in all, altogether* **0.5** [met zijn tweeën] *just the two of us/them* ◆ **1.1** John en Bill ~ gaat nooit goed *John plus Bill means trouble* **2.3** zij zijn het ~ eens *they agree (with each other)* **3.1** nu wij hier ~ zijn …*now that we have gathered* …**3.2** ze gaven haar ~ een geschenk *they gave her a joint present;* zij hebben ~ een kamer *they share a room;* ~ een boek schrijven *collaborate on a book* **3.3** het ~ goed kunnen vinden *get on well (together)* **3.4** ~ verdienen zij nog geen 50 gulden per dag *between them, they earn less than 50 guilders a day* **3.5** zij zijn maar ~ *it's just the two of them* **4.4** alles ~ of afzonderlijk *jointly or separately* **5.2** ~ uit, ~ thuis ⟨fig.⟩ *we're in this together* **9.1** goedenavond ~ *good evening everybody* ¶.**4** ~ is dat 21 gulden *that makes 21 guilders altogether/in all.*

samenballen 0.1 *clench* ⇒*bunch* ◆ **1.1** ⟨fig.⟩ zijn vuisten ~ *c. one's fists.*

samenbinden 0.1 *bind/tie together* ⇒*tie up,* ⟨fig.⟩ *bind,* ⟨fig.⟩ *unite* ◆ **1.1** handen en voeten ~ *tie hands and feet together.*

samenblijven 0.1 *stay together* ⇒⟨inf.⟩ *stick together.*

samenbrengen 0.1 *bring together* ⇒*assemble, unite* ◆ **1.1** twee mensen ~ *bring two people together* **5.1** twee mensen weer ~ *reunite two people* **6.1** in één punt ~ *centralize.*

samendoen I ⟨ov.ww.⟩ **0.1** [verenigen] *put together, combine;*
II ⟨onov.ww.⟩ **0.1** [samen met iem. handelen] *be partners* ⇒⟨samen delen⟩ *go shares.*

samendrijven 0.1 [bij elkaar brengen] *herd (together), round up* ◆ **6.1** de koeien in een weiland ~ *herd the cows (together) into a meadow.*

samendringen 0.1 [bij elkaar komen] *crowd (together); gather round* ⟨rond iets/iem.⟩.

samendrommen 0.1 *crowd (together)* ⇒*swarm (about/round).*

samendrukken 0.1 [vast op elkaar drukken] *press (together)* ⇒*compress* **0.2** [in elkaar drukken] *compress* ◆ **1.1** de handen/lippen ~ *press one's hands/lips together* **3.2** gassen laten zich sterk ~ *gases are highly compressible.*

samengaan 0.1 [gepaard gaan] *go together* **0.2** [bij elkaar passen] *go together* ⇒*go hand in hand* ◆ **1.1** afgunst en domheid gaan meestal samen *envy and stupidity tend to go together/often go hand in hand* **1.2** vrijheid en dictatuur gaan niet samen *freedom and dictatorship don't go together* **6.1** ons bedrijf is **met** Dodgson samengegaan *our company has merged with Dodgson's* **6.2** niet ~ **met** *not go (together) with.*

samengesteld 0.1 *compound* ⇒*composite, complex* ⟨breuk, zin⟩ ◆ **1.1** ⟨wisk.⟩ een ~ getal *a mixed number;* een ~-e stof *a compound substance;* ⟨taal.⟩ een ~-e (vol)zin *a compound sentence.*

samenhang 0.1 [mbt. woorden/zinnen] *coherence* **0.2** [onderling verband] *connection* **0.3** [nat.; cohesie] *cohesion* ◆ **2.3** de ~ is bij de metalen zeer groot ⟨ook⟩ *metals are very cohesive* **3.1** in iets ~ brengen *give sth. c.;* je verhaal mist elke ~ *your story is incoherent* **6.2** iets in ~ zien **met** *see sth. in c. with.*

samenhangen 0.1 *be connected* ⇒*be linked,* ⟨logisch⟩ *cohere* ◆ **5.1** deze zaken hangen nauw samen *these matters are closely connected/linked* **6.1** dat hangt samen **met** het klimaat *that is connected with the climate.*

samenhangend 0.1 [coherent] *coherent* **0.2** [in verband staand] *related* ⇒*connected* ◆ **1.1** ergens een ~ geheel van maken *make sth. into a c. whole* **5.2** een hiermee ~ probleem *a r. problem* **6.2** ~ **met** *in connection with.*

samenklemmen 0.1 *clamp/clip (together)* ⇒*clench (together)* ⟨tanden/vuist/vingers⟩.

samenkleven 0.1 *stick together.*

samenklinken 0.1 *sound together/simultaneously.*

samenklonteren 0.1 *coagulate.*

samenknijpen 0.1 *squeeze together* ⇒*press together, screw up* ⟨ogen⟩.

samenknopen 0.1 *tie/knot together* ◆ **1.1** een paar touwtjes ~ *knot together pieces of string.*

samenkoeken 0.1 *congeal.*

samenkomen 0.1 *come together, meet (together)* ⇒*assemble, gather (round), converge (on)* ⟨in één punt/op één plaats⟩.

samenkomst 0.1 *meeting* ⇒*convergence* ⟨van wegen/kanalen enz.⟩, *junction* ⟨van wegen/kanalen enz.⟩ ◆ **1.1** de plaats van ~ *the meeting place/point;* ⟨ook mil.; verzamelplaats⟩ *the rendezvous.*

samenleven 0.1 [met elkaar wonen] *live together* ⇒⟨vreedzaam⟩ *coexist* **0.2** [samenwonen] *live together* ◆ **6.2 met** iem. ~ *live with s.o.*

samenleving 0.1 *society* ◆ **2.1** de huidige ~ *modern s.*

samenlevingscontract 0.1 *living together contract.*

samenlevingsverband 0.1 *community (relations)* ⇒*communal living.*

samenloop 0.1 [omstandigheid dat krachten hun werking verenigen] *concurrence* ⇒*conjunction* **0.2** [plaats waar wegen/rivieren zich verenigen] *meeting point, (point of) junction/convergence* ◆ **1.1** een ~ van omstandigheden *a combination of circumstances* **1.2** aan de ~ van Maas en Waal *at the confluence of the Maas and the Waal.*

samenpakken I ⟨ov.ww.⟩ **0.1** [tot een pak maken] *pack (together)* ◆ **1.1** verschillende zaken ~ *p. various things together;*
II ⟨wk.ww.; zich ~⟩ **0.1** [zich opeenhopen] *stack up* ⇒ *gather* ◆ **4.1** zware wolken pakten zich samen *heavy clouds were gathering.*

samenpersen 0.1 *compress, press together* ◆ **1.1** samengeperste lucht *compressed air.*

samenraapsel (pej.) **0.1** *pack* ⇒⟨vnl. ideeën⟩ *ragbag,* ⟨personen, zaken⟩ *mixed lot* ◆ **1.1** een ~ van leugens *a p. of lies.*

samenroepen 0.1 *call (together)* ⇒*summon* ◆ **1.1** een vergadering ~ *call/convene a meeting.*

samenscholing 0.1 *gathering* ⇒*assembly.*

samensmelten I ⟨onov.ww.⟩ **0.1** [een geheel worden] *fuse (together)* **0.2** [fig.] *amalgamate* ⇒*merge* ◆ **1.2** de twee partijen zijn samengesmolten *the two parties have amalgamated/merged* **6.1 tot** een klomp samengesmolten ijzeren staven *iron bars fused (together) into a lump;*
II ⟨ov.ww.⟩ **0.1** [smeltend verbinden] *fuse/melt together.*

samenspannen 0.1 *conspire* ⇒*plot (together)* ◆ **6.1 met** iem.~ *c. with s.o.;* alles spant samen **om** mij ongelukkig te maken *everything is conspiring to make me unhappy;* **tegen** iem.~ *c./plot against s.o.*

samenspel 0.1 *combined action/play* ⇒⟨muz.⟩ *ensemble,* ⟨sport⟩ *teamwork,* ⟨sport⟩ *combination* ◆ **2.1** hun ~ was zeer zuiver *their ensemble was very good* **6.1** ⟨fig.⟩ het ~ **tussen** twee organisaties *the combined action of two organizations.*

samenspelen 0.1 *play together* ◆ **6.1** ~ **met** iem. *play (together) with s.o.*

samenspraak 0.1 *dialogue* ⇒*conversation* ◆ **6.1** iets **in** ~ beslissen *decide in consultation.*

samenstellen 0.1 [tot een geheel vormen] *put together* ⇒ *make up, compose* **0.2** [opstellen, schrijven] *draw up* ⇒ *compose, compile* ⟨lijst, woordenboek enz.⟩ ◆ **1.2** een brochure ~ *compile a brochure* **6.1** samengesteld zijn **uit** *be made up/composed of.*

samensteller, -stelster 0.1 *compiler* ⇒⟨auteur⟩ *composer,* ⟨bereider⟩ *concoctor, anthologist* ⟨bloemlezing⟩ ◆ **1.1** de ~s v.e. tv-programma *the producers of a TV programme;* de ~s v.e. woordenboek/tijdschrift *the compilers of a dictionary, the editors of a periodical.*

samenstelling 0.1 [het samenstellen] *construction, compilation, compounding* **0.2** [wijze van samenstelling] *composition* ⇒*make-up* **0.3** [taal.]⟨resultaat⟩ *compound;* ⟨proces⟩ *compounding* ◆ **1.2** de ~ v.d. gemeenteraad *the c. of the municipal council* **2.2** de chemische ~ van voedingsmiddelen *the chemical c. of foods.*

samenstromen 0.1 [samenkomen] *flock (together)* ⇒ *crowd* **0.2** [mbt. waterwegen] *flow together/into one another* ⇒*unite* ◆ **1.1** de samengestroomde menigte *the assembled crowd.*

samentrekken I ⟨ov.ww.⟩ **0.1** [dichter bij elkaar trekken] *contract* ⇒*draw/pull together, gather* ⟨ook van wolken⟩, *purse* ⟨lippen⟩ **0.2** [mbt. troepen] *concentrate* **0.3** [taal., wisk.; samenvoegen]⟨taal.⟩ *contract;* ⟨wisk.⟩ *add up, reduce* ◆ **1.1** een strik/een knoop ~ *tighten a bow/knot* **1.2** een legermacht ~ *c. armed forces* **1.3** ⟨taal.⟩ twee lettergrepen ~ *c. two syllables* **4.1** het hart trekt zich samen *the heart contracts;*
II ⟨onov.ww.⟩ **0.1** [ineenkrimpen] *contract* ⇒*shrink* ◆ **7.1** het ~ v.e. spier *the contraction of a muscle.*

samentrekking 0.1 *contraction* ⟨ook taal., wisk.⟩.

samenvallen 0.1 [elkaar dekken] *coincide (with)* ⇒⟨overeenkomen⟩ *correspond* **0.2** [op dezelfde tijd vallen] *coincide* ⇒⟨interfereren⟩ *clash (with)* ◆ **1.2** de twee feesten vielen samen *the two parties coincided/clashed* **5.1** gedeeltelijk ~ *overlap.*

samenvatten 0.1 *summarize* ⇒*sum up* ◆ **3.1** ~d kan men zeggen/constateren ... *to sum up, it may be said/stated ...* **5.1** iets kort ~ *summarize sth. briefly;* kort samengevat ⟨ook⟩ *in a nutshell* **6.1** iets in een paar woorden ~ *sum sth. up in a few words.*

samenvatting 0.1 [het resumeren] *summarizing* **0.2** [resumé] *summary* ⇒⟨eind v.e. toespraak⟩ *summing-up,* ⟨mbt. wedstrijd ook⟩ *highlights* ⟨mv.⟩ ◆ **3.2** een ~ geven *give a summary.*

samenvloeien 0.1 *flow together* ⇒*merge, blend* ⟨ihb. van kleuren⟩, *run together* ⟨ihb. van kleuren⟩.

samenvoegen 0.1 *join (together)* ⇒*merge* ⟨bedrijven⟩, *amalgamate* ⟨bedrijven⟩.

samenvouwen 0.1 [in elkaar vouwen] *fold* **0.2** [door vouwen verkleinen] *fold (up)* ⇒*collapse* ⟨bv. tafel, stoel⟩ ◆ **1.1** de handen ~ *f. one's hands* **1.2** het schone linnengoed ~ *f. (up) the clean linen.*

samenwerken 0.1 [mbt. personen] *cooperate* ⇒*work together* **0.2** [mbt. zaken] *combine* ⇒*coincide, concur* ◆ **3.1** gaan ~ *join forces (with)* **5.1** nauw ~ *cooperate closely* **6.1** **met** haar valt niet samen te werken *she's impossible to work with* **6.2** alles werkte samen **om** de avond een succes te laten worden *everything combined to make the evening a success.*

samenwerking 0.1 *cooperation* ⇒*collaboration, teamwork* ◆ **2.1** eendrachtige ~ *close cooperation, good teamwork;* in nauwe ~ **met** iem *in close collaboration with* **6.1 in** ~ **met** in *association/cooperation with.*

samenwerkingsverband 0.1 [afspraken mbt. samenwer-

king tussen personen en / of instanties] *collaboration, cooperation* **0.2** [alle betrokkenen] *cooperative* ◆ **1.2** een ~ van artsen *a group practice of doctors.*

samenwerkingsverdrag 0.1 *cooperation treaty.*

samenwonen 0.1 [ongehuwd samenleven] *live together* ⇒ *cohabit* **0.2** [bij elkaar wonen] *live (together)* ⇒*share a house/flat* ⟨enz.⟩ ◆ **5.1** zij wonen langdurig samen *they have been living together for a long time* **6.2** hij woonde samen met zijn moeder *he lived with his mother.*

samenzang 0.1 *part song.*

samenzijn 0.1 *gathering* ◆ **2.1** een gezellig ~ *a social g.;* ⟨inf.⟩ *a get-together.*

samenzweerder, -ster 0.1 *conspirator* ⟨m.⟩; *conspiratress* ⟨v.⟩.

samenzweren 0.1 *conspire* ⇒*plot* ◆ **6.1** ⟨fig.⟩ alles schijnt wel **tegen** mij samen te zweren *everything seems to c. against me;* **tegen** iem.~ *c. / plot against s.o.*

samenzwering 0.1 *conspiracy* ⇒*plot* ◆ **3.1** een ~ smeden tegen *lay / hatch a plot against, plot / conspire against.*

samoerai 0.1 *samurai.*

samsam ⟨inf.⟩ **0.1** *fifty-fifty* ◆ **3.1** ~ doen *go f.-f. / halves (with s.o.).*

sanatorium 0.1 *sanatorium.*

sanctie 0.1 [goedkeuring] *sanction* **0.2** [dwangmaatregel] *sanction* ◆ **3.1** ergens (zijn) ~ aan verlenen *lend / give one's s. to sth., sanction sth.* **3.2** ~s stellen op *impose sanctions on;* ~s verbinden aan *apply sanctions to.*

sanctioneren 0.1 [goedkeuren] *sanction* **0.2** [waarborgen] *guarantee.*

sandaal 0.1 *sandal.*

sandelhout 0.1 *sandalwood.*

sandinist ⟨pol.⟩ **0.1** *Sandinist.*

sandinistisch ⟨pol.⟩ **0.1** *Sandinist.*

saneren 0.1 [mbt. gebit] *put in order, see to* **0.2** [op orde stellen] *reorganize* ⇒*redevelop* ◆ **1.1** zijn gebit laten ~ *have one's teeth seen to* **1.2** een bedrijf ~ *reorganize a company;* de binnenstad ~ *redevelop the town centre.*

sanering 0.1 [mbt. gebit] ±*course of dental treatment* **0.2** [het op orde stellen] *reorganization* ⇒⟨stedenbouw⟩ *redevelopment,* ⟨krotopruiming⟩ *slum clearance,* ⟨woningverbetering⟩ *housing improvement,* ⟨milieu⟩ *decontamination,* ⟨milieu⟩ *clean-up (operation)* ◆ **1.2** ~ v.d. financiën *reorganization of the finances, financial reconstruction.*

saneringsmaatregel 0.1 ⟨ec.⟩ *(financial) reconstruction measure;* ⟨stedenbouw⟩ *housing improvement measure* ◆ **3.1** ~en invoeren *take measures to reorganize (the) finances.*

saneringsplan 0.1 ⟨ec.⟩ *(financial) reconstruction scheme;* ⟨stedenbouw⟩ *housing improvement scheme.*

sangria 0.1 *sangria.*

sanitair¹ ⟨het⟩⟨verz.n.⟩ **0.1** *sanitary fittings* ⇒*bathroom fixtures* ◆ **3.1** het ~ schoonmaken *clean the bathroom.*

sanitair² ⟨bn.⟩ **0.1** *sanitary* ◆ **1.1** ~e artikelen *bathroom equipment;* uit ~ oogpunt *for s. reasons;* ~e voorzieningen *toilet facilities;* uitstekende ~e voorzieningen ⟨ook⟩ *excellent sanitation.*

sans 0.1 *sans* ⇒*without* ◆ **¶.1** ~ rancune *no hard feelings, without rancour;* ⟨sport⟩ ~ atout *no-trump(s);* ~ souci *s. souci.*

sanseveria 0.1 *sansevieria.*

sanskriet 0.1 *Sanskrit* ◆ **3.1** dat is ~ voor hem *that is Greek to him.*

sant 0.1 *saint* ◆ **¶.¶** ⟨AZN⟩ niemand is ~ in eigen land / geen ~ verheven in eigen land *no man is a prophet in his own country.*

santenkraam ◆ **2.¶** ⟨scherts., pej.⟩ de hele ~ *the whole lot / caboodle / outfit.*

Saoedi-Arabië 0.1 *Saudi Arabia.*

Saoedi-Arabisch, Saoedisch 0.1 *Saudi (Arabian).*

sap 0.1 *sap* ⟨plant⟩; *juice* ⟨vrucht⟩; *fluid* ⟨lichaam⟩ ◆ **2.¶** kwade~pen *evil humours* **3.1** het ~ uit een citroen knijpen *squeeze the j. from a lemon* **6.1** peren **op** ~ *pears in syrup.*

sapje 0.1 *(fruit) juice* ⇒⟨meestal vrij zoet⟩ *soft drink.*

sappel ⟨inf.⟩ ◆ **3.¶** zich (de / te) ~ maken ⟨ploeteren⟩ *slave (away), drudge;* ⟨bezorgd zijn⟩ *worry.*

sappelaar 0.1 *drudge, slave* ⇒⟨pej.⟩ *eager beaver.*

sappelen 0.1 *slave (away), drudge.*

sappig 0.1 [vol sap]⟨mbt. plant⟩ *sappy, succulent, full of juice;* ⟨mbt. vrucht⟩ *juicy* **0.2** [smeuïg] *juicy* ⇒⟨ihb. pikant, gewaagd⟩ *spicy* ◆ **1.1** ~e perziken *juicy peaches;* ⟨fig.⟩ ~ vlees *juicy / succulent meat* **1.2** een ~ verhaal *a j. story* **3.2** iets ~ vertellen *tell sth. in a j. manner.*

sapring ⟨plantk.⟩ **0.1** *annual / growth ring.*

sarcasme 0.1 *sarcasm* ◆ **2.1** bijtend ~ *scathing / biting s.*

sarcast 0.1 *sarcastic person / writer* ⟨enz.⟩ ⇒*sarcast.*

sarcastisch 0.1 *sarcastic* ◆ **1.1** ~e opmerkingen *snide remarks.*

sarcofaag 0.1 *sarcophagus.*

sardine 0.1 *sardine.*

sardineblikje 0.1 *sardine tin* ⇒⟨met inhoud⟩ *tin of sardines.*

Sardinië 0.1 *Sardinia.*

Sardiniër 0.1 *Sardinian.*

Sardinisch, Sardisch 0.1 *Sardinian.*

sardonisch 0.1 *sardonic* ◆ **1.1** een ~e lach *a s. laugh.*

sari 0.1 *sari.*

sarong 0.1 *sarong.*

sarren 0.1 *bait* ⇒*(deliberately) provoke, needle* ◆ **1.1** een hond ~ *tease / provoke a dog;* iem.~ ⟨ook⟩ *drive s.o. to distraction.*

sas ◆ **6.¶** hij is zeer **in** zijn ~ **met** zijn discman *he's delighted /* ⟨inf.⟩ *tickled pink with his discman;* **in** zijn ~ zijn *be in high spirits, feel on top of the world.*

sassen ⟨inf.⟩ **0.1** *piddle;* ⟨vnl. van kinderen⟩ *wee;* ⟨sl.⟩ *piss, pee, take a leak.*

satan 0.1 [boosaardig persoon] *devil, fiend.*

Satan ⟨rel.⟩ **0.1** *Satan.*

satanisch 0.1 *satanic(al)* ⇒*diabolic, devilish* ◆ **1.1** een ~e blik / lach *a devilish / fiendish look / laugh* **3.1** ~ lachen *laugh devilishly.*

saté 0.1 *satay.*

satelliet 0.1 [kunstmaan] *satellite* **0.2** [bijplaneet] *satellite* ⇒*moon, secondary planet* ◆ **6.1** wij krijgen dit programma **via** de ~ *we get this programme via (the) s. / by s.*

satellietfoto 0.1 *satellite photo(graph).*

satellietschotel 0.1 *satellite dish.*

satellietstaat 0.1 *satellite (state)* ⇒*vassal state.*

satelliettelevisie 0.1 *satellite television.*

satellietverbinding 0.1 *satellite link(-up).*

sater 0.1 *satyr.*

satéstokje 0.1 *skewer* ⇒*(Indonesian) (shish) kebab / kebob skewer.*

satijn 0.1 *satin* ◆ **8.1** zo zacht als ~ *as soft as silk.*

satijnen 0.1 [van satijn] *satin* **0.2** [zeer zacht] *satin(y)* ⇒*silky.*

satijnzacht 0.1 *satin(y)* ⇒*(as) soft as satin* ⟨alleen na zn.⟩.

satire 0.1 *satire* ◆ **3.1** een ~ schrijven op *satirize, write a s. on.*

satirisch 0.1 *satiric(al)* ◆ **1.1** een ~e prent *a (satirical) cartoon;* een ~ programma *a satirical programme.*

Saturnus 0.1 *Saturn.*
saucijs 0.1 *sausage.*
saucijzenbroodje 0.1 *sausage roll.*
sauna 0.1 *sauna (bath).*
saus 0.1 [vloeibare spijs] *sauce* ⇒⟨jus⟩ *gravy,* ⟨op sla⟩ *(salad) dressing* **0.2** [kleurstof]⟨verf⟩ *distemper, colour-wash, dye;* ⟨witkalk⟩ *whitewash* ◆ **2.1** pikante ~ *hot/spicy s.;* zoetzure ~ ⟨mbt. oosterse gerechten⟩ *sweet and sour (s.).*
sausen 0.1 ⟨met verf⟩ *distemper, colour-wash, dye;* ⟨met witkalk⟩ *whitewash.*
sauskom 0.1 *sauce boat* ⇒⟨voor jus⟩ *gravy boat.*
sauslepel 0.1 *sauce spoon/ladle* ⇒⟨voor jus⟩ *gravy spoon/ ladle.*
sauteren 0.1 *sauté.*
savanne 0.1 *savanna(h).*
saven ⟨comp.⟩ **0.1** *save.*
savoir-vivre 0.1 *savoir vivre.*
savooi(e)kool 0.1 *savoy (cabbage).*
sawa 0.1 *paddy (field), (flooded) rice field, rice paddy.*
sax 0.1 *sax(ophone).*
saxofonist 0.1 *saxophonist* ⇒*saxophone player.*
saxofoon 0.1 *saxophone.*
scabreus 0.1 *scabrous* ◆ **1.1** scabreuze moppen ⟨ook⟩ *risqué jokes.*
scala 0.1 *scale* ⇒*range* ◆ **1.1** een ~ van mogelijkheden *a (whole) range of possibilities* **2.1** een breed ~ van artikelen *a wide range of items.*
scalp 0.1 *scalp.*
scalpeermes 0.1 *scalping-knife.*
scalpel 0.1 *scalpel.*
scalperen 0.1 *scalp.*
scanderen 0.1 [elke lettergreep nadruk geven] *chant* **0.2** [in versvoeten afdelen] *scan* ◆ **1.1** leuzen/namen ~ *c. slogans/names.*
Scandinavië 0.1 *Scandinavia.*
Scandinaviër, -sche 0.1 *Scandinavian.*
Scandinavisch 0.1 *Scandinavian.*
scannen 0.1 *scan.*
scatologie 0.1 *scatology.*
scenario 0.1 [film., dram.] *scenario* ⇒*screenplay* ⟨film⟩, *script* ⟨drama⟩ **0.2** [schema, plan] *scenario.*
scenarioschrijver, -schrijfster 0.1 *scriptwriter* ⇒*scenarist,* ⟨film.⟩ *screenwriter.*
scene 0.1 *scene.*
scène 0.1 ⟨ook dram., film⟩ *scene* ◆ **2.1** hij heeft hier een flinke ~ gemaakt *he made/caused a dreadful s. here* **3.1** maak geen ~s *don't make/cause a s.* **6.1** ⟨fig.⟩ zij had de overval zelf **in** ~ gezet *she had faked the robbery herself.*
scenery 0.1 [toneelschikking] *staging, setting* **0.2** [(beeld van) de omgeving] *scenery* ⇒⟨dram. ook⟩ *décor, set.*
scepsis 0.1 *scepticism* ◆ **3.1** zijn ~ overwinnen *conquer one's s.*
scepter 0.1 [rijksstaf] *sceptre* **0.2** [heerschappij] *rule* ◆ **3.1** de ~ voeren/zwaaien *hold sway (over).*
scepticisme 0.1 *scepticism* ◆ **6.1** met enig ~ tegen iets aankijken *view sth. with some s.*
sceptisch 0.1 *sceptical* ◆ **3.1** ~ blijven ten aanzien van iets *remain s. about sth.;* ~ staan tegenover iets *be s. about sth.*
schaaf 0.1 [om voorwerpen glad te maken] *plane* **0.2** [om iets fijn af te snijden] *slicer;* ⟨grove keukenschaaf⟩ *shredder* ◆ **2.1** er nog eens met de fijne ~ over gaan *polish it up.*
schaafsel, schaafkrullen 0.1 *shavings.*
schaafwond 0.1 *graze* ⇒*scrape.*
schaak¹ (het) **0.1** [spel] *chess* **0.2** [stelling] *check* ◆ **1.1** een partij ~ *a game of c.* **2.2** eeuwig ~ geven *give perpetual c.* **3.1** ~ spelen *play c.*

schaak² ⟨bn.⟩ **0.1** *in check* ◆ **3.1** ~ staan *be in check;* iem.~ zetten ⟨ook fig.⟩ *put s.o. in check.*
schaakbord 0.1 *chessboard.*
schaakcomputer 0.1 *chess computer.*
schaakklok 0.1 *chess clock.*
schaakmat 0.1 *checkmate* ◆ **3.1** ~ staan *be checkmated;* iem.~ zetten ⟨ook fig.⟩ *checkmate s.o.*
schaakmeester 0.1 *chess master.*
schaakpartij 0.1 *game of chess.*
schaakprobleem 0.1 *chess problem.*
schaakspel 0.1 [spel] *chess* **0.2** [het spelen van schaak] *chess game* **0.3** [schaakbord en stukken] *chess set.*
schaakspelen 0.1 *play chess.*
schaakspeler, -speelster 0.1 *chess player.*
schaakster 0.1 *(woman/female) chess player.*
schaakstuk 0.1 *chessman* ⇒*piece.*
schaaktoernooi 0.1 *chess tournament.*
schaakzet 0.1 *chess move* ⇒*move at/in chess.*
schaal 0.1 [verhoudingsmaatstaf; wisk.] *scale* **0.2** [reeks van getallen] *scale* **0.3** [schotel] *dish* ⇒*plate* ⟨ihb. voor collecte⟩ **0.4** [weegtoestel] *scale(s)* ⇒*balance* **0.5** [dop] *shell* ◆ **1.1** de ~ van Richter *the Richter s.* **2.1** ⟨fig.⟩ op brede/ruime/bescheiden - *on a broad/generous/modest s.;* productie op grote ~ *large-scale production;* ⟨fig.⟩ er wordt op grote ~ misbruik van gemaakt *it is misused on a large s.;* iets op verkleinde ~ tekenen *draw sth. to s.* **3.4** ⟨fig.⟩ de ~ doen doorslaan in iemands voordeel *tip the scale(s)/ balance in s.o.'s favour* **6.1** op - tekenen *draw to s.,* een tekening **op** ~ *a s. drawing* **6.3** een ~ **met** fruit *a bowl of fruit* **7.1** ~ 4:1 *s. 4:1* **¶.4** ⟨fig.⟩ de ~ in evenwicht houden *keep the scales balanced.*
schaaldier 0.1 *crustacean.*
schaalmodel 0.1 *scale model.*
schaalverdeling 0.1 [indeling v.e. schaal] *graduation* ⇒*scale division* **0.2** [strook, schijf] *(graduated) scale* ⇒*dial* ◆ **3.1** een ~ op iets aanbrengen *graduate sth.*
schaalvergroting 0.1 [vergroting op schaal] *scaling-/ scale-up* ⇒*increase in scale* **0.2** [het (laten) toenemen v.d. schaal waarop iets gebeurt] *increase (in scale)* ⇒*expansion.*
schaalverkleining 0.1 [verkleining op schaal] *scaling down, decrease in scale* **0.2** [het kleinschaliger maken, worden] *scaling down.*
schaambeen ⟨med.⟩ **0.1** *pubis* ⇒*pubic bone.*
schaamdeel 0.1 *genital(s)* ⇒*private part(s)* ◆ **2.1** de vrouwelijke/mannelijke schaamdelen *the female/male genitals.*
schaamdoek 0.1 *loincloth.*
schaamhaar 0.1 *pubic hair.*
schaamlippen 0.1 *labia* ◆ **2.1** de grote/de kleine ~ *the l. majora/minora.*
schaamluis 0.1 *pubic/crab louse.*
schaamrood 0.1 *blush (of shame)* ◆ **3.1** iem. het ~ naar de kaken jagen *bring a blush (of shame) to s.o.'s cheeks;* het ~ steeg haar naar de kaken *she blushed with shame.*
schaamte 0.1 *shame* ◆ **2.1** plaatsvervangende ~ voelen *be ashamed for s.o. (else);* valse ~ *false modesty* **3.1** geen ~ kennen *have no s.;* geen ~ meer kennen *be beyond s.* **6.1** van ~ door de grond gaan *cringe with s.;* blozen/rood worden van ~ *blush/go red with s.*
schaamtegevoel 0.1 [gevoel waaruit de schaamte voortkomt] *sense of shame* **0.2** [gevoel van schaamte] *feeling of shame.*
schaamteloos 0.1 [geen schaamtegevoel hebbend] *shameless* ⇒⟨leugens ook⟩ *barefaced* **0.2** [niet met schaamte ge-

paard gaand] *unashamed* 0.3 [getuigend van gemis aan schaamtegevoel] *shameless* ⇒*impudent* ♦ 1.1 een schaamteloze leugenaar *a barefaced/s. liar* 1.3 schaamteloze taal/woorden *impudent language/words* 3.2 ~ liegen *tell barefaced lies.*

schaap 0.1 [dier] *sheep* 0.2 [weerloos persoon] *lamb* 0.3 [onnozel persoon] *silly thing/billy* ♦ 1.1 een kudde schapen *a flock of s.* 2.1 ⟨fig.⟩ het zwarte ~ (v.d. familie) zijn *be the black s. (of the family)* 2.2 arm ~! *(you) poor thing!, (you) poor lamb!* 2.3 onnozel ~! *(you) silly thing* 3.1 ⟨fig.⟩ ~jes tellen *count s.* ¶.1 ⟨fig.⟩ een ~ met vijf poten zoeken *be looking for the impossible;* ⟨fig.⟩ zijn ~jes op het droge hebben *have made one's pile;* ⟨sprw.⟩ als er één ~ over de dam is, volgen er meer *if one sheep leaps over the ditch, all the rest will follow.*

schaapachtig 0.1 *silly* ♦ 3.1 iem. ~ aankijken *look stupidly at s.o.;* ~ lachen *grin sheepishly.*

schaapherder, -herderin 0.1 *shepherd* ⟨m.⟩; *shepherdess* ⟨v.⟩.

schaapskooi 0.1 *(sheep) fold* ⇒*(sheep) pen.*

schaar 0.1 [knipwerktuig] *(pair of) scissors* ⟨mv.⟩; ⟨groter⟩ *(pair of) shears* ⟨mv.⟩ 0.2 [grijporgaan] *pincers* ⟨mv.⟩ ⇒ *claws* ⟨mv.⟩ 0.3 [deel v.e. ploeg] *(plough)share* ♦ 3.1 de ~ in iets zetten *take the scissors/a pair of scissors to sth.* 7.1 één ~ *one pair of scissors;* twee scharen *two (pairs of) scissors.*

schaars I ⟨bw.⟩ 0.1 [op karige wijze] *sparingly* ⇒*sparsely,* ⟨zelden⟩ *seldom,* ⟨mbt. licht⟩ *dimly,* ⟨mbt. kleding⟩ *scantily* ♦ 2.1 ~ verlicht *dimly lit* 3.1 ~ beloond worden *be poorly rewarded;* ~ gekleed *scantily dressed;* ~ gemeubileerd *sparsely furnished;*
II ⟨bn.⟩ 0.1 [zeldzaam] *scarce* 0.2 [karig] *sparse* ⇒*scanty* ♦ 1.1 een ~ goed *a s. item;* mijn ~ e vrije ogenblikken *my rare free moments.*

schaarsprong 0.1 *scissor jump; scissors* ⟨mv.⟩ ♦ 3.1 een ~ maken *do a scissor jump.*

schaarste 0.1 *scarcity* ⇒*shortage* ♦ 1.1 in tijden van ~ *in times of scarcity/shortage* 6.1 de ~ van levensmiddelen *the food shortage.*

schaats 0.1 *skate* ♦ 2.1 ⟨fig.⟩ een scheve ~ rijden *overstep the mark* 3.1 de ~en aanbinden *put on one's skates* 6.1 hardrijden op de ~ *speedskating.*

schaatsbaan 0.1 [ijsbaan] *(skating) rink* ⇒*ice rink* 0.2 [rolschaatsbaan] *(skating) rink.*

schaatsen 0.1 *skate.*

schaatser, -ster 0.1 *skater* ⟨m., v.⟩.

schacht 0.1 [kokervormige toegang] *shaft* 0.2 [stok, staaf] *shaft;* ⟨sleutel, anker⟩ *shank* 0.3 [plantk.] *stem* 0.4 [deel v.e. laars/kous] *leg* 0.5 [AZN, stud., sold.]⟨stud.⟩ *freshman;* ⟨sold.⟩ *rookie* ♦ 1.1 de ~ v.e. hoogoven *the s. of a blast furnace* 1.2 de ~ v.e. sleutel *the shank of a key.*

schade 0.1 [nadeel] *loss(es)* 0.2 [beschadiging] *damage* ⇒ ⟨persoon ook⟩ *harm* ♦ 1.1 door ~ en schande wijs worden *learn the hard way* 3.1 zijn/de ~ inhalen *recoup one's losses;* ~ lijden *suffer a loss;* ~ van iets ondervinden *suffer by sth.* 3.2 ~ aanrichten/aan iets toebrengen/berokkenen *do/cause d. (to sth.);* zijn auto heeft heel wat ~ opgelopen *his car has suffered quite a lot of d.;* de ~ herstellen *repair the d.;* de ~ opnemen *inspect the d.;* de ~ vergoeden *pay for the d.;* de ~ verhalen op *recover the loss from;* er werd voor ƒ50,- ~ vastgesteld *the d. was assessed at 50 guilders* 6.1 iets tot zijn ~ ondervinden *learn sth. to one's cost;* tot ~ van *to the detriment of* ¶.1 ⟨sprw.⟩ door ~ en schande wordt men wijs *once bitten, twice shy* ¶.2 hoeveel is de ~? *what's/how much is the d.?;* de ~ loopt in de miljoenen *the d. runs into millions.*

schade(aangifte)formulier 0.1 *(damage/*⟨ongeluk⟩ *accident) claim form* ⇒⟨ongeluk ook⟩ *accident report.*

schadebedrag 0.1 *amount of the loss/*⟨beschadiging⟩ *damage/*⟨claim⟩ *claim.*

schadeclaim 0.1 *insurance claim (for the damage)* ♦ 3.1 een ~ afhandelen *settle a claim;* een ~ indienen *submit an i. c.*

schadeformulier 0.1 *claim form.*

schadelijk 0.1 *harmful* ⇒*damaging, detrimental* ♦ 1.1 ~e dieren *pests, vermin;* ~e gewoonten *pernicious habits* 6.1 roken is ~ voor de gezondheid *smoking is h. to your health.*

schadeloos 0.1 *unharmed* ⇒*undamaged.*

schadeloosstellen 0.1 *compensate* ⇒⟨mbt. onkosten ook⟩ *repay,* ⟨mbt. onkosten ook⟩ *reimburse,* ⟨mbt. onkosten ook⟩ *recoup* ♦ 4.1 ⟨fig.⟩ zich ergens voor ~ *compensate (o.s.) for sth.* 6.1 iem. voor zijn moeite ~ *compensate s.o. for his trouble.*

schadeloosstelling 0.1 [het schadeloosstellen/gesteld worden] *compensation* 0.2 [wat men krijgt/moet betalen] *compensation; damages* ⟨mv.⟩ ♦ 2.1 volledige ~ betalen *pay full d.* 3.1 ~ eisen *claim/demand c.*

schaden 0.1 *damage* ⇒*harm* ♦ 1.1 roken schaadt de gezondheid *smoking damages your health;* zijn eigen zaak ~ *be one's own worst enemy* ¶.1 baat het niet, het schaadt ook niet *it can't do any harm and it may do some good.*

schadepost 0.1 [post waaronder een schade geboekt wordt] *(item of) loss* 0.2 [onvoorziene onkosten] *loss* ⇒*(financial) setback* ♦ 3.1 een ~ opleveren *result in a loss.*

schaderapport 0.1 *damage/*⟨ongeluk⟩ *accident report.*

schaderegeling 0.1 *claim settlement* ⇒*settlement of a/the claim.*

schadevergoeding 0.1 *compensation;* ⟨jur.⟩ *damages* ⟨mv.⟩ ♦ 2.1 volledige ~ betalen *pay full d.* 3.1 ~ eisen voor *claim c./d. for;* ƒ 1000,- ~ krijgen *receive 1000 guilders d.;* ~ krijgen/toekennen *be given/award d.* 8.1 als ~ krijgen *receive in c.*

schadeverzekering 0.1 *property insurance.*

schadevrij 0.1 *without an accident* ♦ 3.1 zij heeft al tien jaar ~ gereden *she's driven for ten years without an accident;* korting voor ~ rijden *no-claim(s) bonus.*

schaduw 0.1 [plaats waar het licht onderschept is] *shade* ⇒ *shadow* 0.2 [schaduwbeeld; vage gedaante] *shadow* 0.3 [bk.] *shade* ⇒*shadow* 0.4 [fig.; zwak aftreksel] *shadow* ♦ 2.2 je zit in je eigen ~ *you're blocking your own light;* rondwarende ~en *roaming shadows* 3.2 ⟨fig.⟩ komende gebeurtenissen werpen hun ~en vooruit *coming events cast their shadow(s);* de ~en worden langer *the shadows are lengthening* 3.3 ~ aanbrengen *put in shade* 6.1 ⟨fig.⟩ iets/iem. in de ~ stellen *outshine/overshadow sth./s.o.;* uit de ~ treden ⟨ook fig.⟩ *come out of the shadows* 8.2 iem. volgen als zijn ~ *follow s.o. like his s.* ¶.2 ⟨fig.⟩ niet in iemands ~ kunnen staan *not be able to hold a candle to s.o.;* ⟨fig.⟩ in iemands ~ staan *be outshone/overshadowed by s.o.*

schaduwbeeld 0.1 *shadow* ♦ 3.1 ~en najagen *chase (after) shadows.*

schaduwen 0.1 [voortdurend volgen] *shadow(-mark)* ⇒ ⟨inf.⟩ *tail* 0.2 [sport] *shadow* ⇒*cover* ♦ 3.1 iem. laten ~ *have s.o. shadowed/tailed.*

schaduwkabinet 0.1 *shadow cabinet.*

schaduwrijk 0.1 [veel schaduw gevend] *shady* 0.2 [waar veel schaduw is] *shad(ow)y.*

schaduwspel 0.1 *shadow play.*

schaduwspits ⟨sp.⟩ 0.1 *split striker.*

schaduwzijde, -kant 0.1 [zijde waar schaduw is] *shady*

side 0.2 [nadelige kant] *drawback* ♦ **1.2** de ~ v.e. overigens nuttige maatregel *the d. to an otherwise useful measure* **3.2** alles heeft zijn ~ *there are drawbacks to everything.*

schaft 0.1 *break.*

schaften 0.1 [eten] *eat* ⇒*take a/one's meal* **0.2** [pauzeren] *break (for lunch/dinner)* ♦ ¶.¶ ik wil niets met hem te ~ hebben *I want nothing to do with him;* je hebt hier niets te ~ *you've no business here.*

schaftlokaal 0.1 ⟨vnl. BE⟩ *canteen;* ⟨vnl. AE⟩ *cafetaria.*

schafttijd 0.1 *lunch/dinner break.*

schakel 0.1 *link* ⟨ook fig.⟩ ♦ **2.1** een belangrijke ~ *a vital l.;* de ontbrekende ~ *the missing l.*

schakelaar 0.1 *switch.*

schakelarmband 0.1 *chain bracelet.*

schakelbord, -paneel 0.1 *switchboard.*

schakelen I ⟨onov., ov.ww.⟩ **0.1** [tot een keten vormen, meestal fig.] *link (up/together)* **0.2** [elek.] *connect* **0.3** [mbt. motorvoertuigen] *change* ⇒*change gear(s)* ♦ **1.1** gedachten/beelden aan elkaar ~ *l. ideas/images* **1.2** parallel/in serie ~ *c. in parallel/in series* **6.3 naar** de tweede versnelling ~ *change to second (gear);* **II** ⟨onov.ww.⟩ **0.1** [mbt. motorvoertuigen; zich laten schakelen] *change gear* ♦ **5.1** deze auto schakelt moeilijk *this car has a difficult gear change.*

schakeling 0.1 [het schakelen van elektriciteit] *connection;* ⟨circuit⟩ *circuit* **0.2** [mbt. een auto] *gear change* ♦ **2.1** geïntegreerde ~ *integrated circuit* **2.2** automatische ~ *automatic g. c.*

schakelkast 0.1 *switch box.*

schakelklok 0.1 *time switch.*

schakelknop 0.1 *knob* ⇒*switch.*

schaken I ⟨onov.ww.⟩ **0.1** [schaak spelen] *play chess* ♦ **1.1** een partijtje/potje ~ *play a game of chess;* **II** ⟨ov.ww.⟩ **0.1** [ontvoeren] *abduct* ♦ **3.1** zich door iem. laten ~ *elope with s.o.*

schaker 0.1 *chess player.*

schakeren 0.1 [met afwisseling van kleur schikken] *variegate* **0.2** [afwisselen] *pattern* ♦ **1.1** het bont geschakeerde bloemtapijt *the gaily patterned tapestry of flowers* **5.1** rijk geschakeerd *variegated.*

schakering 0.1 [het schakeren] *gradation, variegation* **0.2** [kleurschikking] *pattern(ing)* **0.3** [verscheidenheid v.e. hoofdkleur] *shade* **0.4** [verscheidenheid van eigenschap pen/denkbeelden] *diversity* ⇒*variety* ♦ **1.3** wat een ~en (van) groen! *all those shades of green!* **2.4** filosofen van allerlei ~ *philosophers of all varieties.*

schaking 0.1 *abduction* ⇒*elopement.*

schalie 0.1 [geol.] *shale* **0.2** [AZN; lei] *slate.*

schalks 0.1 *roguish* ⇒*mischievous* ♦ **1.1** een ~e blik *a mischievous look* **3.1** zij keek mij ~ aan *she gave me a r./sly look.*

schallen 0.1 *(re)sound* ♦ **1.1** wij hoorden de trompetten ~ *we heard the trumpets sounding.*

schamel 0.1 [armoedig] *poor* ⇒*shabby* **0.2** [pover, slecht] *poor* ⇒*paltry* ♦ **1.1** hij moest v.e. ~ pensioentje rondkomen *he had to live on a miserable pension* **1.2** ~e resultaten *poor/paltry results* **3.1** er ~ uitzien *look shabby* **3.2** ~ gekleed/gemeubileerd *poorly dressed/furnished.*

schamen ⟨wk.ww.; zich ~⟩ **0.1** *be/feel ashamed (of)/embarrassed* ♦ **2.1** ik schaamde me dood *I was so embarrassed, I could have died of shame;* ⟨inf.⟩ zich dood/zich rot ~ *die/be burning with shame* **4.1** foei, schaam je (om) zo iets te zeggen *you ought to be ashamed of yourself for saying things like that* **5.1** daar hoef je je niet voor te ~

there's no need to be ashamed of that **6.1** zich nergens **voor** ~ *not be ashamed of anything;* zich **voor** iem. ~ ⟨om iem.⟩ *be ashamed of anything;* ⟨tgov. iem.⟩ *be ashamed to look at s.o.;* **zonder** zich te ~ ⟨ook⟩ *unashamedly.*

schampen 0.1 ⟨ov.⟩ *graze* ♦ **6.1** de auto schampte langs haar fiets *the car grazed her bicycle.*

schamper 0.1 *scornful* ⇒*sneering* ♦ **1.1** een ~e opmerking *a sneer, a sarcastic remark* **3.1** ~ lachen *give a scornful laugh;* iets ~ opmerken, ~ doen *sneer.*

schampschot 0.1 *graze.*

schandaal 0.1 [gebeurtenis] *scandal, outrage* **0.2** [schande] *shame* ⇒*disgrace* ♦ **2.1** een publiek/een politiek ~ *a public o., a political s.* **2.2** een grof~ *a crying s.* **3.1** op ~tjes belust *out for scandal* **3.2** het is een ~ (dat) *it's a disgrace (that)* **6.2 voor** ~ lopen *be a disgrace.*

schandaalblad 0.1 *scandal sheet.*

schandaalpers 0.1 *gutter press.*

schandalig 0.1 *scandalous, outrageous* ⇒*disgraceful* ♦ **1.1** een ~ artikel *a s. article* **2.1** ~ duur *outrageously expensive* **3.1** het is ~ zoals hij ons behandelt *it's disgraceful the way he treats us;* eigenlijk is het ~ *it's little less than s.*

schanddaad 0.1 *outrage.*

schande 0.1 [oneer] *disgrace* ⇒*shame* **0.2** [iets dat tot oneer strekt] *shame* ⇒*disgrace, scandal* ♦ **3.1** zijn familie ~ aandoen *disgrace one's family, bring shame on one's family* **3.2** het is (een) ~ *it's a disgrace;* het is geen ~ om ... *it's no disgrace to ...;* ~ van iets spreken *cry out against sth.* **6.1** iem. **te** ~ maken *disgrace s.o., bring shame (up)on s.o.*

schandelijk I ⟨bn., bw.⟩ **0.1** [onterend] *scandalous, outrageous* ♦ **1.1** een ~ boek *an infamous book;* een ~ leven leiden *lead a life of sin;* **II** ⟨bw.⟩ **0.1** [zeer erg] *outrageously* ⇒*shockingly* ♦ **2.1** ~ hoge prijzen/huur *exorbitant prices/rent* **3.1** hij heeft zijn plicht ~ verwaarloosd *he has grossly neglected his duty.*

schandknaap 0.1 *catamite.*

schandpaal 0.1 *pillory* ♦ **6.1** ⟨fig.⟩ iem. **aan** de ~ nagelen *pillory s.o.*

schandvlek 0.1 [smet, oneer] *blot* **0.2** [persoon die anderen te schande maakt] *disgrace* ♦ **6.2** hij is een ~ **voor** zijn familie *he is a d. to his family.*

schans 0.1 [sport] *ski jump.*

schansspringen 0.1 *ski jump.*

schap 0.1 *shelf* ♦ **3.1** de ~pen bijvullen *re-stock the shelves.*

schapenbout 0.1 *leg of mutton/lamb.*

schapenfokkerij 0.1 [schapenteelt] *sheep breeding* **0.2** [bedrijf] *sheep farm.*

schapenkooi →*schaapskooi.*

schapenmelk 0.1 *sheep's milk.*

schapenscheerder 0.1 *sheepshearer.*

schapenvacht 0.1 [schapenvel] *sheep's pelt* **0.2** [bereide schapenhuid] *sheepskin.*

schapenvel 0.1 *sheepskin.*

schapenvlees 0.1 *mutton* ⇒*lamb.*

schapenwol 0.1 *sheep's wool.*

schappelijk 0.1 *reasonable* ⇒*fair* ♦ **1.1** die prijs is ~ *the price is quite r.* **3.1** iem. ~ behandelen *give s.o. fair treatment.*

schare 0.1 *multitude, host.*

scharen I ⟨ov.ww.⟩ **0.1** [opstellen, ordenen] *range* ♦ **6.1** zich ~ **aan** de zijde v.d. geallieerden *side with the allies;* ⟨fig.⟩ zich **achter** iem./een partij ~ *side with s.o./a party;* **om** het vuur ~ *gather round the fire;* **II** ⟨onov.ww.⟩ **0.1** [mbt. voertuigen] *jackknife.*

scharenslijper, -sliep 0.1 *knife grinder.*

scharlaken 0.1 ⟨bn. en zn.⟩ *scarlet.*

scharminkel 0.1 *scrag* ◆ 2.1 een mager ~ *a bag of bones*.

scharnier 0.1 *hinge* ◆ 6.1 met ~en *hinged;* om een ~ draai-en *hinge;* een deur uit zijn ~en lichten *take a door off its hinges*.

scharnieren 0.1 *hinge*.

scharniergewricht 0.1 *hinge joint*.

scharnierpunt 0.1 *hinge point* ⇒*pivot(ing point)*.

scharrelaar 0.1 [iem. die van alles ter hand neemt] *odd-jobber* 0.2 [iem. die spulletjes bijeenraapt] *junk dealer*.

scharrelei 0.1 *free-range egg*.

scharrelen I ⟨onov.ww.⟩ 0.1 [rommelen] *rummage (about)* 0.2 [+ in; kleinhandel drijven] *deal (in)* 0.3 [+ met; losse verkering hebben] *flirt (with)* 0.4 [mbt. kippen] *scratch* ◆ 6.1 hij scharrelt de hele dag in de tuin *he potters about in the garden all day (long);*
II ⟨ov.ww.⟩ 0.1 [moeizaam bijeenzoeken] *scrape together* ◆ 1.1 wat geld / zijn kostje bij elkaar ~ *scrape together a little money/a living*.

scharrelkip 0.1 *free-range chicken*.

scharrelvlees 0.1 *free range meat*.

schat 0.1 [voorwerpen / stoffen met een grote (emotionele) waarde] *treasure* 0.2 [groot bezit aan geld] *treasure, riches* 0.3 [kostbare overvloed] *treasure* ⇒*wealth* 0.4 [lieverd] *darling* ⇒*dear, honey* ◆ 2.1 een verborgen ~ *a hidden t.* 2.4 lieve ~ *dearest, darling* 3.2 ~ten aan iets verdienen *make a fortune out of sth.* 6.3 een ~ **aan / van** gegevens / materiaal *a wealth of data / material* 8.1 als een ~ bewaren *treasure sth.* ¶.4 zijn het geen ~jes? *aren't they sweet?*

schatbewaarder 0.1 *treasurer*.

schateren 0.1 *roar (with laughter)* ◆ 1.1 lachen dat het schatert *laugh one's head off* 6.1 de kinderen ~ **van** plezier *the children shouted with pleasure;* ~ **van** het lachen *roar with laughter*.

schaterlach 0.1 *roar/burst of laughter*.

schaterlachen 0.1 *roar with laughter* ◆ 3.1 iedereen doen ~ *make everybody roar*.

schatgraven 0.1 *dig for treasure*.

schatgraver, -graafster 0.1 *treasure digger* ⇒⟨fig.⟩ *treasure hunter*.

schatkamer 0.1 ⟨ook fig.⟩ *treasury* ⇒*treasure-house* ◆ 1.1 een ~ van wetenswaardigheden *a mine of information*.

schatkist 0.1 [geldkist] *treasure-chest* 0.2 [staatskas] *treasury* ⇒⟨BE ook⟩ *(the) Exchequer* ◆ 1.2 's lands ~ *the National Treasury/Exchequer*.

schatplichtig 0.1 *tributary* ◆ 1.1 een ~ volk *a t. people*.

schatrijk 0.1 *wealthy* ◆ 3.1 ze zijn schat- en schatrijk *they are fabulously w.*

schattebout 0.1 *sweetheart* ⇒*dear*.

schatten 0.1 [taxeren] *value* ⇒*estimate* ⟨verlies, schade⟩, *assess* ⟨belasting, inkomen, schade ook⟩, *appraise* ⟨mbt. taxateur⟩ 0.2 [houden voor] *consider* ◆ 1.1 de afstand ~ *estimate the distance;* een huis ~ *v. a house* 4.1 hoe oud schat je hem? *how old do you take him to be?* 5.1 te hoog / laag ~ *overestimate, underestimate;* niet te ~ *inestimable* 5.2 iem. niet hoog ~ *not think much of s.o.* 6.1 de schade ~ **op** *assess the damage at;* iemands inkomen ~ **op** *estimate/assess s.o.'s income at;* iets **op** de juiste waarde ~ *estimate/assess sth. at its true value*.

schattig 0.1 *sweet* ⇒*lovely* ◆ 1.1 een ~ kind *a darling child* 3.1 iets ~ vinden *think sth. lovely;* zij ziet er ~ uit *she looks lovely.*

schatting 0.1 [raming] *estimate* ⇒*assessment* 0.2 [waardering, mening] *estimation* ◆ 2.1 een globale / ruwe ~ *a rough e.;* een voorzichtige ~ *a conservative e.* 6.1 naar ~ drie miljoen *an estimated three million.*

schaven 0.1 [gladmaken] *plane* 0.2 [fig.; verbeteren] *polish* 0.3 [licht verwonden] *graze* ⇒*scrape* 0.4 [fijn snijden met een schaaf] *slice* ⇒*shred* ◆ 1.1 planken ~ *p. boards* 1.3 zijn hand / arm / huid ~ *g. one's hand / arm, scrape one's skin* 1.4 kool / komkommers ~ *shred cabbage, slice cucumbers* 6.2 ⟨sport⟩ je mag wel eens wat **aan** je techniek ~ *your technique needs improving.*

schavot 0.1 [stellage waarop veroordeelden hun vonnis ondergaan] *scaffold* 0.2 [erepodium] *(winner's) podium* ◆ 3.1 het ~ beklimmen / bestijgen *go to the s.* 6.1 iem. **op** het ~ brengen *condemn s.o. to the s.;* ⟨fig.⟩ *cause s.o.'s downfall.*

schavuit 0.1 *rascal.*

schede 0.1 [huls voor een lemmet] *sheath* 0.2 [vagina] *vagina* ◆ 6.1 het zwaard **uit** de ~ trekken *draw / unsheathe the sword.*

schedel 0.1 *skull* ◆ 2.1 ⟨fig.⟩ een harde ~ hebben *have a thick s.* 3.1 iem. de ~ inslaan *beat s.o.'s brains in / out.*

schedelbasisfractuur 0.1 *fracture of the base of the skull* ⇒*skull base fracture.*

schedeldak 0.1 *crown of the skull.*

schedelinhoud 0.1 *cranial capacity.*

schedelletsel 0.1 *skull injury / damage.*

scheef 0.1 [niet recht] *crooked* ⟨rug, boomstam⟩ ⇒⟨schuin⟩ *oblique, leaning* ⟨toren⟩, *slanting* ⟨oppervlak⟩, *sloping* ⟨oppervlak⟩ 0.2 [asymmetrisch] *crooked* 0.3 [fig.; verkeerd] *wrong* ⇒*distorted* ◆ 1.1 scheve hoeken *oblique angles* 1.2 een scheve mond / een ~ gezicht trekken *pull a wry face;* een scheve neus hebben *have a c. nose* 1.3 dat geeft een scheve verhouding *that will upset the balance;* een scheve voorstelling van iets geven *misrepresent sth.* 3.1 iem. ~ aankijken *look enviously at s.o.;* het schilderij hangt ~ *the picture is c.;* je houdt het ~! *you're not holding it level / straight;* iets ~ snijden / knippen *cut sth. slantwise* 3.3 de zaak gaat / loopt ~ *things are going w.*

scheefgroei 0.1 *lopsided growth.*

scheefgroeien 0.1 *grow / go crooked* ◆ 1.1 dat kind zal nog ~ *the child will grow crooked.*

scheeflopen I ⟨ov.ww.⟩ 0.1 [door lopen scheef maken] *wear out / down on one side* ◆ 1.1 ⟨fig.⟩ zijn schoenen ~ *be run off one's feet;*
II ⟨onov.ww.⟩ 0.1 [dreigen te mislukken] *go wrong.*

scheeftrekken I ⟨ov.ww.⟩ 0.1 [zo trekken dat het scheef raakt] *pull out of position* ⇒*warp* ⟨planken door de zon⟩ 0.2 [fig.] *warp, distort* ◆ 1.2 scheefgetrokken verhoudingen *distorted relationships;*
II ⟨onov.ww.⟩ 0.1 [kromtrekken] *warp; become warped.*

scheel 0.1 ⟨bn.⟩ *cross-eyed;* ⟨bw.⟩ *with a squint* ◆ 1.1 een schele jongen *a boy with a squint* 3.1 ik erger me daar ~ aan *it gets my goat;* hij ziet / kijkt ~ *he has a squint / is cross-eyed.*

scheelheid 0.1 *squint.*

scheeloog 0.1 *squint-eye* ⇒*squinter.*

scheelzien 0.1 *have a squint* ⇒*be cross-eyed* ◆ 6.1 ⟨fig.⟩ ~ **van** de hoofdpijn *have a splitting headache;* ⟨fig.⟩ ~ **van** afgunst *be green with envy.*

scheen 0.1 *shin* ◆ 1.1 zijn schenen stoten ⟨lett.⟩ *bark one's shins;* ⟨fig.⟩ *come to grief* 6.1 iem. **tegen** de schenen schoppen ⟨fig.⟩ *tread / step on s.o.'s toes.*

scheenbeen 0.1 *shinbone.*

scheenbeschermer 0.1 *shinguard.*

scheep 0.1 *aboard / on board (ship)* ◆ 3.1 ~ gaan / ~ komen *go a.*

scheepsagent 0.1 *shipping agent.*

scheepsarts, -dokter 0.1 *ship's doctor.*

scheepsbehoeften 0.1 *ship's (stores and) supplies.*
scheepsbeschuit 0.1 *ship's biscuit.*
scheepsbouw 0.1 *shipbuilding (industry).*
scheepsbouwer 0.1 *shipbuilder.*
scheepsbouwkundige 0.1 *naval architect* ⇒⟨ingenieur⟩ *marine engineer.*
scheepshut 0.1 *(ship's) cabin.*
scheepsjongen 0.1 *cabin boy.*
scheepskok 0.1 *ship's cook.*
scheepslading, -vracht 0.1 *shipload* ⇒*(ship's) cargo* ◆ 6.1 met (hele) ~en tegelijk *by the shipload.*
scheepslieden 0.1 *seamen, sailors.*
scheepsmaatje 0.1 *cabin boy.*
scheepspapieren 0.1 *ship's papers.*
scheepsproviand 0.1 *ship's provisions/supplies.*
scheepsraad 0.1 *council of naval officers.*
scheepsramp 0.1 *shipping/naval disaster.*
scheepsrecht 0.1 *maritime law* ◆ ¶.1 ⟨sprw.⟩ driemaal is ~ *third time lucky.*
scheepsregister 0.1 *register book, ship's register.*
scheepsruim 0.1 *(ship's) hold.*
scheepsterm 0.1 *nautical term.*
scheepswerf 0.1 *shipyard.*
scheepszender 0.1 *ship's radio.*
scheepvaart 0.1 [als bedrijfstak] *shipping (trade/industry)* 0.2 [varende schepen] *shipping (traffic)* ⇒*navigation* ◆ 2.2 er is daar een drukke ~ *the shipping traffic is heavy there* 6.2 de Friese meren weer openstellen **voor** de ~ *reopen the Frisian lakes for navigation;* een waarschuwing **voor** de ~: ...windkracht negen *and here's a gale warning for shipping;* ...force nine.
scheepvaartbericht 0.1 *shipping news/report.*
scheepvaartmuseum 0.1 *maritime museum.*
scheepvaartverkeer 0.1 *shipping (traffic).*
scheerapparaat 0.1 *shaver.*
scheergerei 0.1 *shaving gear.*
scheerkwast 0.1 *shaving brush.*
scheermes 0.1 *razor* ◆ 8.1 zo scherp als een -*(us) sharp as a r.*
scheermesje 0.1 *razor blade.*
scheerspiegel 0.1 *shaving mirror.*
scheerwol 0.1 *(virgin) wool* ◆ 2.1 zuiver ~ *pure new wool.*
scheerzeep 0.1 *shaving soap.*
scheet ⟨inf.⟩ 0.1 [wind] *fart* 0.2 [liefkozende aanduiding] *ᴮducky, ᴬchickadee* ◆ 2.2 kleine/lekkere ~ van me *my little d./c.* 3.1 een ~ laten *fart.*
scheidbaar 0.1 *separable* ⟨ook taal.⟩.
scheiden I ⟨ov.ww.⟩ 0.1 [samenzijn/verbinding tegengaan] *separate* 0.2 [samenzijn/eenheid verbreken] *separate* ⇒ *divide* 0.3 [echtscheiding uitspreken] *divorce* ⇒*separate* ⟨van tafel en bed⟩ 0.4 [afzonderen] *separate* 0.5 [onderscheid maken tussen] *separate* ⇒*distinguish* ◆ 1.2 dooier en eiwit ~ *s. the yolk from the (egg) white;* het hoofd v.d. romp ~ *sever the head from the body;* twee vechtenden ~ *s. two fighters* 1.4 huisvuil ~ *s. the rubbish* 3.3 zich laten ~ *get a divorce* 5.3 wettig gescheiden *(legally) divorced* 5.5 die begrippen zijn niet scherp van elkaar te ~ *those concepts are hard to distinguish/s.* 6.1 tien kilometers ~ ons **van** de finish *there are ten kilometres between us and the finish* 7.4 het ~ van koolwaterstoffen is moeilijk *separating hydrocarbons is difficult;*
II ⟨onov.ww.⟩ 0.1 [niet langer samen gaan] *part (company)* ⇒*separate* 0.2 [mbt. huwelijk] *divorce* ⇒*separate* 0.4 [schr.; heengaan] *depart (from this life/world)* ⇒*pass away* ◆

1.1 hier ~ onze wegen *here our ways part* 1.4 de ~de voorzitter *the retiring chairman* 3.2 zij gaan ~ *they are getting a divorce* 6.1 ~ **van** *part/separate from* 8.1 als vrienden/ in onmin ~ *part (as) friends/on bad terms;*
III ⟨wk.ww.; zich ~⟩ 0.1 [losgaan] *separate* ⇒*come/break off* 0.2 [uiteengaan] *part (company)* ⇒*separate* ◆ 1.2 hier - zich onze wegen *this is where our ways part.*
scheiding 0.1 [het verbreken] *separation* ⇒*detachment* 0.2 [het niet-verbonden zijn] *separation* ⇒*division* 0.3 [verbreking van huwelijk] *divorce* ⇒*(legal) separation* ⟨van tafel en bed⟩ 0.4 [boedelscheiding] *separation (of property)* 0.5 [grens(lijn)] *partition* ⇒*boundary* 0.6 [mbt. haar] *part(ing)* 0.7 [het uiteengaan] *parting* ⇒*separation* ◆ 1.2 de ~ der geesten *the diverging of opinions* 3.1 een ~ maken/veroorzaken (in) *rupture, disrupt* 3.6 hij draagt een ~ in het midden *he parts his hair in the middle* 6.1 ~ **van** Kerk en Staat *s. of Church and State* 6.2 de ~ **tussen** de standen *the divisions between the classes* 6.3 in ~ liggen *be getting a divorce;* ~ **van** tafel en bed *legal separation, separation from bed and board;* vonnis tot ~ **van** tafel en bed *separation order.*
scheid(ing)slijn 0.1 *dividing line* ⇒⟨fig.⟩ *borderline* ◆ 2.1 een duidelijke/scherpe ~ *a clear/sharp distinction* 6.1 de ~ tussen goed en kwaad is vaak moeilijk te trekken *it is often hard to draw the line between good and bad.*
scheidingsmuur 0.1 *partition, dividing wall* ⇒⟨fig.⟩ *obstacle,* ⟨fig.⟩ *barrier.*
scheidsrechter 0.1 [arbiter] *arbitrator* 0.2 [sport] *umpire* ⟨tennis, cricket, honkbal⟩; *referee* ⟨voetbal, hockey⟩ ◆ 3.1 zich bij een geschil op ~s beroepen *refer a dispute to arbitration* 8.2 als ~ optreden (bij een wedstrijd) *umpire/referee (a match).*
scheidsrechterlijk 0.1 [v.e. scheidsgerecht] ⟨bn.⟩ *arbitral, arbitrational;* ⟨bw.⟩ *by arbitration* 0.2 [sport] ⟨bn.⟩ *umpire's, referee's;* ⟨bw.⟩ *by the umpire/referee* ◆ 1.1 ~e uitspraak *arbitral award* 1.2 een ~e beslissing *an umpire's/a referee's decision* 3.1 ~ uitmaken *decide by arbitration.*
scheikunde 0.1 *chemistry* ◆ 2.1 de empirische of experimentele ~ *empirical/experimental c.;* de organische/anorganische ~ *organic/inorganic c.;* toegepaste ~ *applied c.*
scheikundeproef 0.1 *chemical experiment/test.*
scheikundig 0.1 *chemical* ◆ 1.1 de ~e eigenschappen v.e. stof *the c. properties of a substance;* ~e preparaten/verbindingen *chemicals, c. compounds* 3.1 ~ verbinden/onderzoeken/ontleden *synthesize/analyse/decompose chemically.*
schel¹ ⟨de⟩ 0.1 [klokje] *bell* 0.2 [deurbel] *(door)bell* 0.3 [vlies over het oog]⟨zie 3.3⟩ ◆ 3.3 ⟨fig.⟩ de ~len vallen hem van de ogen *the scales fall from his eyes.*
schel² ⟨bn., bw.⟩ 0.1 [mbt. geluid] *shrill* 0.2 [mbt. licht/kleuren] *bright* ⇒⟨van licht⟩ *glaring,* ⟨van kleuren⟩ *garish* ◆ 1.1 een ~le stem *a s./piercing voice* 1.2 de lucht is ~ *the light is very b.*
scheldbrief 0.1 *abusive letter.*
Schelde 0.1 *Scheldt.*
Scheldemond 0.1 *Scheldt estuary.*
schelden I ⟨onov.ww.⟩ 0.1 [tieren] *curse* ⇒*swear,* ⟨schr.⟩ *use abusive language* 0.2 [knorren] *scold* ⇒*find fault (with)* ◆ 3.1 vloeken en ~ *curse and swear* 6.1 op iem. ~ *scold s.o., call s.o. names* 6.2 hij loopt altijd **op** haar te ~ *he's always finding fault with/* ⟨inf.⟩ *bitching about her;*
II ⟨ov.ww.⟩ 0.1 [uitschelden] *scold, call names.*
scheldkanonnade 0.1 *torrent of abuse* ⇒*tirade.*
scheldnaam 0.1 *term of abuse;* ⟨vriendelijk⟩ *nickname.*

scheldpartij 0.1 *slanging-match* ⇒⟨door één persoon⟩ *flood of abuse.*

scheldwoord 0.1 *term of abuse* ◆ **1.1** een (stort)vloed van ~en *a flood/stream of abuse* ¶ **.1** ~en *abuse, swear words.*

schele 0.1 *squint-eye, squinter.*

schelen 0.1 [onderling verschillen] *make a difference* **0.2** [afwijken] *differ* **0.3** [verschil uitmaken] *make a difference* **0.4** [ter harte gaan] *concern, matter* ⟨zie ook 3.4⟩ **0.5** [ontbreken]⟨zie 1.5, 5.5⟩ **0.6** [mankeren] *be the matter* ◆ **1.2** zij scheelt een hoofd met hem *she's a head taller/shorter than him* **1.5** het scheelde geen haar *it was a close shave* **1.**¶ dat scheelt (me) weer een ritje *that saves (me) another trip* **3.4** het kan mij niets/geen bal/donder ~ *I don't care a hoot;* als het jou niets kan ~ *if it's all the same to you;* het kan me niet ~ *I don't care;* ⟨geen bezwaar⟩ *I don't mind;* kan mij wat ~! *what do I care!* **4.4** wat kon het ~! *who cares?* **4.6** wat scheelt je? *what's the matter with you?* **5.4** het kon hem bitter weinig/absoluut niet ~ *he couldn't care less* **5.5** het scheelde niet veel of ik was gekomen *I very nearly came;* het scheelde weinig, of hij was verdronken *he narrowly escaped being drowned* **6.2** zij ~ niet veel **in** leeftijd *they are nearly the same age* **7.2** ze ~ twee maanden *they are two months apart.*

schelheid 0.1 [scherpe klank] *shrillness* **0.2** [felheid] *glare, brightness* ◆ **1.1** de ~ van deze stem bevalt me niet *I don't like the s. of this voice.*

schelm 0.1 [schurk] *crook* ⇒*scoundrel* **0.2** [deugniet] *rogue* ⇒*rascal* ◆ **2.2** waar zit de kleine ~? *where's the little rascal (hiding)?*

schelmenroman 0.1 *picaresque novel.*

schelmenstreek 0.1 *prank.*

schelp 0.1 [schaal v.e. weekdier] *shell* ⇒⟨schelpdier⟩ *shellfish* **0.2** [gerecht] *scallop* ⇒*shell* **0.3** [deel v.h. oor] *auricle* ◆ **3.1** ~en vissen *fish for shellfish* **6.1** ⟨AZN⟩ **in** zijn ~ kruipen *draw in one's horns;* ⟨inf.⟩ climb down; ⟨AZN⟩ **uit** zijn ~ komen *come out of one's shell.*

schelpdieren 0.1 *shellfish.*

schelpvormig 0.1 *shell-shaped.*

schelpzand 0.1 *shell sand.*

schelvis 0.1 *haddock* ◆ **8.1** als een ~ op het droge *like a fish out of water.*

schema 0.1 [voorstelling] *diagram* ⇒*plan* **0.2** [geheel van hoofdpunten] *plan* ⇒*outline* **0.3** [tijdsplanning] *schedule* ◆ **3.2** een ~ invullen/uitwerken/ontwerpen *fill in an outline, elaborate a scheme, lay out a scheme/ground plan* **6.3** we liggen weer **op** ~ *we're back on s.;* achter/voor **op** het ~ *behind s., ahead of s.*

schematisch 0.1 *schematic, diagrammatic* ◆ **1.1** een ~e voorstelling *a diagram* **3.1** iets ~ voorstellen/aanduiden/ aangeven *represent sth. in diagram form.*

schemer 0.1 [halfduister] *twilight* ⇒⟨donkerder⟩ *dusk* **0.2** [vage schijn] *glimmer* ◆ **6.1 in** de ~ zitten *sit in the t.*

schemerachtig 0.1 [half licht] *dusky* **0.2** [vaag] *dim* ◆ **1.2** ~e voorstellingen van iets hebben *have d. notions of/ about sth.* **3.1** het wordt al ~ *dusk is falling.*

schemerdonker¹ ⟨het⟩ **0.1** *twilight* ⇒⟨donkerder⟩ *dusk* ◆ **6.1 in** het ~ zie je niet veel *you can't see very much in the dusk.*

schemerdonker² ⟨bn.⟩ **0.1** *dusky* ◆ **3.1** het is nog ~ ⟨'s avonds⟩ *there's still some light left;* ⟨'s ochtends⟩ *it's not quite light yet.*

schemeren 0.1 [tussen licht en donker zijn]⟨'s avonds⟩ *grow dark;* ⟨'s ochtends⟩ *become light* **0.2** [zich onrustig/ver- ward vertonen] *waver, swim* **0.3** [vaag te zien zijn] *shimmer* ⇒*be dimly visible* ◆ **3.1** het begint te ~ *it's getting*

dark/light; twilight is setting in **6.2** het schemert mij **voor** de ogen *my head is reeling/swimming* **6.3** het daglicht schemerde **door** de gordijnen *daylight filtered through the curtains.*

schemerig 0.1 [halfduister] *dusky* **0.2** [in schemering gehuld] *twilit* **0.3** [vaag] *vague* ◆ **1.1** een ~ licht *a d./dim light* **3.1** het wordt al ~ *dusk is falling* **3.3** zich iets ~ herin- neren *remember sth. dimly.*

schemering 0.1 [toestand] *twilight* ⇒⟨donkerder⟩ *dusk,* ⟨'s ochtends⟩ *dawn* **0.2** [vage voorstelling] *dim/vague notion* ◆ **3.1** de ~ valt *dusk is falling.*

schemerlamp 0.1 ⟨op vloer⟩ *floor lamp;* ⟨op tafel⟩ *table lamp.*

schemerlicht 0.1 *twilight* ⇒⟨'s ochtends⟩ *dawn.*

schemertoestand 0.1 *twilight state.*

schenden 0.1 [schade berokkenen] *harm* **0.2** [onteren] *vio- late* **0.3** [beschadigen] *damage* **0.4** [ontwijden] *desecrate* **0.5** [verbreken] *break* ⇒*violate* ◆ **1.2** iemands goede naam ~ *sully s.o.'s good name* **1.3** een geschonden exem- plaar *a damaged copy* **1.4** de sabbat ~ *break the Sabbath* **1.5** de mensenrechten/de neutraliteit ~ *violate human rights/neutrality;* een verdrag ~ *violate a treaty.*

schender, schendster 0.1 *violator, breaker.*

schending 0.1 *violation* ⟨eer, verdrag, rechten⟩; *mutilation* ⟨lichamen, goederen⟩; *desecration* ⟨kerk, graf⟩ ◆ **1.1** ~ v.d. mensenrechten *v. of human rights;* ~ van vertrouwen *breach of confidence;* ~ v.d. wet *infringement/v. of the law.*

schenkel(vlees) 0.1 *shin (of beef)* ⇒*shank.*

schenken 0.1 [uitgieten] *pour (out)* **0.2** [serveren] *serve* **0.3** [cadeau geven] *give* **0.4** [verlenen] *give* ⇒*grant* **0.5** [v.e. verplichting ontslaan] *spare* ⇒*let off* ◆ **1.3** zijn hart ~ aan *g. one's heart to* **1.4** iem. geloof ~ *believe s.o.;* iem. de vrij- heid ~ *set s.o. free, release s.o.* **1.5** de details schenk ik u *I will spare you the details.*

schenker, -ster 0.1 *giver* ⇒*donor* ⟨ihb. mbt. schenking⟩ ◆ **1.1** wie is de milde ~ van die vaas? *who is the generous do- nor of that vase?*

schenking 0.1 *gift* ⇒*donation* ◆ **3.1** een ~ doen *make a g./ donation* **6.1** een ~ **met** de warme hand *a g. (during the lifetime (of));* een ~ **van** *f* 200,- *a g. of 200 guilders.*

schenkkan 0.1 *jug.*

schenktuit 0.1 *spout.*

schennis 0.1 *violation* ⇒*desecration* ⟨van graf/kerk⟩ ◆ **1.1** openbare ~ v.d. eerbaarheid *public) indecency.*

schep I ⟨de⟩ **0.1** [gereedschap] *scoop* ⇒⟨groter⟩ *shovel;* **II** ⟨de (m.)⟩ **0.1** [hoeveelheid] *(table)spoon(ful), scoop(ful)* ⇒⟨groter⟩ *shovel(ful)* ◆ **1.**¶ dat kost een ~ geld *that costs heaps of money* **7.1** drie ~pen suiker *three spoonfuls of sugar;* drie ~pen ijs *three scoops of ice cream.*

schepeling 0.1 *crew member.*

schepen ⟨Belg.⟩ **0.1** *alderman.*

schepencollege ⟨Belg.⟩ **0.1** *bench of aldermen.*

schepijs 0.1 *(easy scoop) ice cream.*

schepje 0.1 [kleine schep] *(small) spoon* **0.2** [hoeveelheid] *spoon(ful)* ◆ **1.2** een ~ suiker *a spoonful of sugar* **5.2** ⟨fig.⟩ er een ~ (boven)op doen *add a little extra;* ⟨(een verhaal enz.) aandikken⟩ *heighten (the story/effect).*

schepnet 0.1 *dip/landing net;* ⟨hengelsport⟩ *hand net.*

scheppen I ⟨ov.ww.; schiep, heeft geschapen⟩ **0.1** *create* ◆ **1.1** God schiep de hemel en de aarde *God created heaven and earth;* voorwaarden ~ *create conditions;* **II** ⟨ov.ww.; schepte, heeft geschept⟩ **0.1** [putten, ergens op/ in doen] *scoop* ⇒*shovel* **0.2** [tot zich nemen] *take* **0.3** [zich verwerven] *draw* **0.4** [opnemen en verplaatsen, op- vangen] *catch* ◆ **1.1** een emmer water ~ *draw a bucket of*

water **1.4** ⟨inf.⟩ een voetganger ~ *knock down a pedestrian*
5.1 vol/leeg ~*fill, empty* **6.1** soep **in** een bord ~ *serve/la-
dle soup into a plate;* zand **op** een kruiwagen ~ *shovel
sand into a wheelbarrow.*

schepper 0.1 *creator.*

Schepper 0.1 *Creator.*

schepping 0.1 *creation* ◆ **3.1** genieten van de ~ *delight in
nature;* in de ~ geloven *believe in the story of Creation;* dit
ls zijn ~ *this is his c.*

scheppingsdag ⟨rel.⟩ **0.1** *day of (the) Creation* ◆ **7.1** de
eerste ~ *the first day of (the) Creation.*

scheppingsdrang 0.1 *creative urge.*

scheppingsproces 0.1 *creative process.*

scheppingsverhaal 0.1 *story of (the) Creation.*

scheppingsvermogen 0.1 *creative power.*

scheprad 0.1 *paddle wheel* ⟨van boot⟩ ⇒*water wheel* ⟨van
molen⟩.

schepsel 0.1 *creature* ◆ **2.1** een ondankbaar ~ *an ungrateful c.;* het is een zwak ~ *he/she is a weak c.*

scheren I (ov.ww.; sterk vervoegd) **0.1** [mbt. haar] *shave*
0.2 [mbt. dieren] *shear* **0.3** [keilen] *skim* ◆ **1.1** zijn baard
~ *s. one's beard;* een glad geschoren kin *a clean/smooth-
shaven chin* **1.2** geschoren schapen *shorn sheep* **4.1** zich ~
shave **5.1** nat ~ *s. wet* **5.2** kort ~ *crop;*
II (onov.ww.; zwak vervoegd) **0.1** [snel bewegen] *skim* ◆
5.1 scheer je weg! *buzz off!* **6.1** ~ **langs** *s. (over/along).*

scherf 0.1 *fragment* ⇒*splinter* ⟨ook mbt. granaten⟩ ◆ **6.1**
iets **in** scherven laten vallen *drop and smash sth.;* **in** scherven (uiteen)vallen *fall to pieces;* **in** scherven liggen *be in
shatters.*

schering 0.1 *warp* ◆ **1.1** ⟨fig.⟩ dat is bij hen ~ en inslag
that's normal practice with them.

scherm 0.1 [wat dient tot bescherming] *screen* ⇒*shade* **0.2**
[toneeldoek] *curtain* **0.3** [beeldscherm] *screen* ⇒⟨comp.
ook⟩ *display* ◆ **6.2** achter de ~en blijven *remain backstage;* ⟨ook fig.⟩ *remain behind the scenes;* de man **achter**
de ~en ⟨ook fig.⟩ *the man behind the scenes;* ⟨fig.⟩ **achter**
de ~en opereren *pull the strings* **6.3** dia's **op** een ~ projecteren *project slides on a s.;* ⟨comp.⟩ een grafiek **op** het ~
toveren *conjure up a graph on the display.*

schermdegen 0.1 *(fencing) foil.*

schermen 0.1 [oefenen met degen] *fence* **0.2** [zwaaien] (ov.)
flourish, brandish **0.3** [redeneren zonder grondslag] *talk
big* ◆ **6.1** ~ met/op de sabel *sabre* **6.2** met de armen ~
wave one's arms **6.3** met iets ~ *make play with sth.;* met
woorden ~ *talk hot air;* met relaties ~ *brag about one's
connections.*

schermer, schermster 0.1 *fencer.*

schermhandschoen 0.1 *fencing glove.*

schermmasker 0.1 *fencing mask.*

schermutselen 0.1 [gevechten houden] *skirmish* ⇒*scuffle*
0.2 [vechten met woorden] *skirmish* ⇒*bicker (over).*

schermutseling 0.1 [klein gevecht] *skirmish* ⇒*clash* **0.2**
[woordenstrijd] *skirmish* ⇒*squabble* ◆ **3.1** een ~ houden
have a s.

scherp¹ (het) **0.1** [snede van wapen] *edge* **0.2** [kogels] *ball* ◆
6.1 op het ~ v.d. snede balanceren ⟨fig.⟩ *be on knife edge*
6.2 een geweer **met** ~ laden *load a gun with ball(s);* met ~
schieten *fire (with) live ammunition;* **op** ~ staan ⟨fig.⟩ *be on
edge.*

scherp² (bn., bw.) **0.1** [goed snijdend, geslepen] *sharp* **0.2**
[met een fijne punt] *sharp(-pointed)* **0.3** [spits toelopend]
sharp ⇒*pointed,* ⟨wisk.⟩ *acute* ⟨hoek⟩ **0.4** [de zintuigen
pijnlijk aandoend] *sharp* ⇒*pungent, hot, spicy* ⟨voedsel⟩,
cutting ⟨kou, wind⟩, *biting* ⟨kou, wind⟩ **0.5** [streng] *strict,*

severe **0.6** [vinnig] *sharp* ⇒*harsh* **0.7** [duidelijk uitko-
mend] *sharp* ⇒*clear-cut* **0.8** [met fijn onderscheidings-
vermogen] *sharp* ⇒*keen* **0.9** [zonder veel speelruimte] ⟨zie
2.9, 3.9⟩ **0.10** [met harde punten] *sharp* **0.11** [met vermogen te doden] ⟨attr.⟩ *armed* ⟨bom⟩ ◆ **1.3** een
~ e kin *a pointed chin;* ~ e rand *s. edge* **1.4** ~ e kaas *sharp
cheese;* een ~ licht *a glaring light;* ~ e mosterd/kerrie *hot
mustard/curry;* ~ e tabak *pungent tobacco;* een ~ e wind *a
cutting wind* **1.5** ~ toezicht *close control* **1.6** ~ e kritiek *s.
criticism;* ~ e taal *trenchant language;* op ~ e toon zijn instructies geven *rasp out one's instructions;* een ~ e vraag *a
pointed question* **1.7** een ~ e afbakening/grens *a s. line;*
een ~ contrast vormen *be in s. contrast with* **1.8** een ~
waarnemer *a keen observer* **1.10** ~ zand *s./gritty sand*
1.11 ~ e patronen *live ammunition* **2.7** niet ~ omlijnd *not
well-defined* **2.9** tegen ~ concurrerende/~e prijzen *at
(very) competitive prices* **3.3** deze stok loopt ~ toe in een
punt *this stick tapers off to a point* **3.6** ~ uitvallen tegen
iem. *lash out at s.o.;* iem./iets ~ veroordelen *condemn s.o./
sth. strongly* **3.7** zich ~ aftekenen tegen *stand out boldly
against;* ⟨foto.⟩ ~ stellen *focus;* iets ~ uit laten komen *throw
sth. into relief* **3.8** ~ luisteren *listen intently;* ~ zien/horen
have a keen eye/ear **3.9** ~ concurreren *compete closely*
5.6 ~ gekant zijn tegen *be strongly opposed to.*

scherpen 0.1 ⟨ook fig.⟩ *sharpen* ⇒⟨mes ook⟩ *whet* ◆ **1.1** de
kat scherpt haar nagels *the cat sharpens her nails;* het
verstand/de geest/het geheugen ~ *s. one's intelligence/
mind/memory;* een zeis ~ *whet a scythe.*

scherpheid →**scherpte.**

scherpomlijnd 0.1 *clear-cut, well-defined* ◆ **1.1** ~ e criteria
well-defined criteria.

scherprechter 0.1 *executioner.*

scherpschutter 0.1 *sharpshooter* ⇒⟨verdekt⟩ *sniper.*

scherpstelling 0.1 *focussing.*

scherpte 0.1 *sharpness* ◆ *keenness* ◆ **1.1** de ~ v.h. beeld
⟨van kijker, tv⟩ *the s. of the picture;* de ~ v.e. foto *the focus
of a picture;* de ~ van oordeel/van verstand *the s./keen-
ness of judgment/intelligence;* de ~ v.e. zuur *the causticity
of an acid.*

scherpteregeling 0.1 *focus control.*

scherpziend 0.1 *sharp-eyed* ⇒*clear-sighted,* ⟨inf.⟩ *eagle-
eyed.*

scherpzinnig 0.1 [schrander] *acute* ⇒*discerning, keen(-wit-
ted), sharp(-witted)* **0.2** [spitsvondig] *shrewd, penetrating, clever* ◆ **1.1** een ~ e geest *a subtle mind* **1.2** ~ e opmerkingen *penetrating remarks* **2.1** hij is zeer ~ *he is very a.*
3.2 ~ antwoorden *give a shrewd answer.*

scherpzinnigheid 0.1 [schranderheid] *acuteness* ⇒*discernment, shrewdness,* **0.2** [spitsvondigheid] *shrewdness,
penetration* ⇒*wit.*

scherts 0.1 *joke, jest* ◆ **2.1** nu alle ~ terzijde *all joking aside*
5.1 het was slechts ~ *it was just/only a joke* **6.1 in** ~/bij
wijze van ~ *in jest, jokingly* **8.1** iets als ~ opvatten *take sth.
as a joke.*

schertsen 0.1 *jest, joke.*

schertsend 0.1 *joking, jesting, playful* ◆ **2.1** quasi/half ~
half in jest **3.1** ~ vragen/antwoorden *ask/answer jokingly.*

schertsenderwijs 0.1 *in jest* ⇒*jokingly.*

schertsfiguur 0.1 *joke* ⇒*nonentity.*

schertsvertoning 0.1 *joke.*

schets 0.1 *sketch* ◆ **1.1** ~ v.d. algemene geschiedenis *outline
of general history* **2.1** een eerste ~ *a first draft;* een ruwe/
korte ~ van mijn leven *a rough/brief outline of my life* ¶**.1**
een ~ op papier zetten *put a s. down on paper.*

schetsboek 0.1 *sketchbook.*

schetsen 0.1 *sketch* ♦ 1.1 iemands karakter ~ *sketch s.o.'s character;* ik moet de vorm v.h. hoofd nog ~ *I still have to rough in the shape of the head* 5.1 ruw/in grote lijnen ~ *give a rough sketch (of).*

schetstekening 0.1 *sketch.*

schetteren 0.1 [tetteren] *blare* 0.2 [luidkeels verkondigen] ⟨van redenaar⟩ *rant (on), declaim;* ⟨bluffen⟩ *brag, swagger* ♦ 1.1 haar stem schetterde boven alles uit *her shrill voice was heard above everything* 1.2 een ~ de redevoering *a tirade, a ranting speech.*

scheur 0.1 [barst, spleet] *crack* ⇒ *crevice,* ⟨spleet⟩ *split, break* ⟨in wolkendek⟩, *gap* ⟨in wolkendek⟩ 0.2 [mbt. weefsel/papier] *tear* 0.3 [inf.; (grote) mond] *trap* ♦ 3.2 hij heeft een ~ in mijn nieuwe boek gemaakt *he's torn my new book* 3.3 hou je scheur *shut your t.;* zijn ~ opentrekken *open one's big mouth* 6.1 een ~ **in** een muur *a crack in a wall.*

scheurbuik 0.1 *scurvy* ♦ 3.1 aan ~ lijdend *scorbutic.*

scheuren I ⟨ov.ww.⟩ 0.1 [stuktrekken] *tear* 0.2 [verscheuren] *tear (up)* 0.3 [losrukken, ook fig.] *tear (away)* ♦ 1.1 zijn kleren ~ *t. one's clothes* 5.2 iets doormidden ~ *tear sth. in two/half* 6.3 het behang **van** de muur ~ *strip the paper off the wall;*
II ⟨onov.ww.⟩ 0.1 [een scheur krijgen] *tear apart* ⟨stof, papier⟩; *crack* ⟨iets hards⟩; ⟨hout ook⟩ *split* 0.2 [hard rijden] *tear* ♦ 1.1 pas op, het papier zal ~ *be careful, the paper will tear* 6.1 uit zijn kleren ~ *burst out of one's clothes.*

scheuring 0.1 [het scheuren] *tearing* ⇒ ⟨van grond⟩ *cracking,* ⟨van grond⟩ *rupture* 0.2 [schisma] *rift, split* ♦ 1.2 de ~ in de partij *the s. in the party* 3.2 een ~ veroorzaken in de vredesbeweging *split the peace movement.*

scheurkalender 0.1 *block-calendar, tear-off calendar.*

scheut 0.1 [korte pijn] *twinge, stab (of pain)* 0.2 [uitloper] *shoot* ⇒ *sprout* 0.3 [hoeveelheid vloeistof] *dash* ⇒ *shot* ⟨sterkedrank⟩ ♦ 1.3 een ~ melk *a d. of milk;* een ~ je rum in de thee doen *lace tea with rum* 3.2 ~en krijgen *sprout.*

scheutig 0.1 [vrijgevig] *generous* 0.2 [bereidwillig] *willing* ♦ 3.1 ~ zijn zij daar niet *they are not very g. there* 3.2 hij is niet ~ om iets voor een ander te doen *he is reluctant to do sth. for s.o. else* 6.1 ~ **met** complimentjes zijn *be g. with compliments* 6.¶ ⟨AZN⟩ ~ **op** iets zijn *be keen on sth.*

schicht 0.1 *flash (of lightning).*

schichtig 0.1 *nervous* ⇒ ⟨bangig⟩ *timid, skittish* ⟨paard⟩, *shy* ⟨paard⟩ ♦ 1.1 ~e blikken *panicky glances.*

schielijk I ⟨bw.⟩ 0.1 [snel] *quickly* ⇒ *rapidly* 0.2 [zonder tussenpoos] *promptly* ⇒ *immediately* ♦ 3.2 ~ op elkaar volgen *follow each other in rapid succession;*
II ⟨bn.⟩ 0.1 [vlug voorbijgaand] *swift* ⇒ *rapid* 0.2 [plotseling intredend] *sudden* ♦ 1.2 ~e veranderingen *rapid changes.*

schier ⟨schr.⟩ 0.1 *well nigh* ⇒ *nearly* ♦ 2.1 het is ~ onmogelijk om ...*it's jolly nearly impossible to ...*

schiereiland 0.1 *peninsula* ♦ 2.1 het Iberische ~ *the Iberian Peninsula.*

schiervlakte ⟨geol.⟩ 0.1 *peneplain.*

schietbaan 0.1 *shooting range.*

schieten I ⟨onov.ww.⟩ 0.1 [een schot lossen] *shoot* ⇒ ⟨met vuurwapen ook⟩ *fire* 0.2 [plotseling opkomen] ⟨zie voorbeelden⟩ 0.3 [uitbotten] *shoot (up), sprout* 0.4 [zich snel bewegen] *shoot* ⇒ *dash* 0.5 [+ laten; niet langer tegenhouden] *let go, release* ⇒ *drop* ⟨persoon⟩, *forget* ⟨persoon⟩ ♦ 1.1 hij heeft een humeur om op te ~ *he's in a rotten mood* 1.4 ⟨fig.⟩ de prijzen ~ omhoog *prices are soaring* 3.5 ⟨fig.⟩ laat hem ~ *forget (about) him;* een touw laten ~ ⟨loslaten⟩

let go (of) a rope; ⟨vieren⟩ *pay out a rope;* iets niet laten ~ *hang on to sth.;* een kans laten ~ *pass over an opportunity* 5.1 goed/slecht ~ *be a good/bad shot* 5.4 heen en weer ~ *flick(er), flash* 6.1 op iem. ~ *s./ take a shot at s.o.;* op de menigte ~ *fire into the crowd* 6.2 de tranen schoten haar **in** de ogen *tears rushed to her eyes;* het is hem **in** zijn rug geschoten *he's cricked his back* 6.4 bij het ongeluk was hij **door** de voorruit geschoten *during the crash he had been thrown out of the car through the windscreen;* **in** zijn kleren ~ *throw one's clothes on;* snel weer **in** bed ~ *dart back into bed* 7.3 het ~ van het graan *the sprouting of the grain* ¶.2 er schiet mij net iets te binnen *I've just thought of sth.;* weer te binnen ~ *come back (to mind);*
II ⟨ov.ww.⟩ 0.1 [een projectiel werpen] *shoot* ⇒ ⟨uit vuurwapen ook⟩ *fire* 0.2 [treffen] *shoot* 0.3 [in een toestand brengen] *shoot* 0.4 [mbt. gewassen] *shoot* 0.5 [ster.] *shoot* ⇒ ⟨take the altitude of⟩ ♦ 3.2 ⟨fig.⟩ hij kon haar wel ~ *he could (cheerfully) have murdered her* 4.2 zich voor de kop/zich een kogel door het hoofd ~ *blow out one's brains* 5.3 iem. overhoop ~ *shoot s.o. down;*
III ⟨onov., ov.ww.⟩ 0.1 [balsport] *shoot* ♦ 5.1 naast ~ *miss* 6.1 in het doel ~ *net (the ball).*

schietgat 0.1 *loophole* ⇒ *embrasure,* ⟨gesch.⟩ *porthole* ⟨van schip⟩.

schietgebed 0.1 *short/quick prayer* ♦ 3.1 een ~ je doen *say a quick prayer.*

schietgraag 0.1 *trigger-happy* ♦ 1.1 een schietgrage voetballer *an eager shot.*

schietklaar 0.1 *ready to fire;* ⟨mbt. geweer ook⟩ *cocked.*

schietkraam ⟨AZN⟩ 0.1 *rifle/shooting gallery.*

schietlood 0.1 *plumb line.*

schietoefening 0.1 *target/shooting practice* ♦ 3.1 ⟨mil.⟩ ~en houden *hold artillery exercises.*

schietschijf 0.1 *target.*

schietspoel ⟨ind.⟩ 0.1 *shuttle.*

schietsport 0.1 *shooting.*

schietstoel 0.1 *ejector/ejection seat* ♦ 3.1 de ~ gebruiken *eject.*

schiettent 0.1 *rifle/shooting gallery.*

schietwedstrijd 0.1 *shooting-match* ⇒ ⟨boogschieten⟩ *archery contest.*

schiften I ⟨ov.ww.⟩ 0.1 [sorteren] *sort (out)* ⇒ *sift (through)* 0.2 [afzonderen] *separate* ⇒ *sift/weed out* ♦ 1.1 inzendingen/bewijsmateriaal ~ *sort entries, sift (through) evidence;* de sollicitanten ~ naar hun capaciteiten *sort applicants according to their abilities;*
II ⟨onov.ww.⟩ 0.1 [mbt. melk] *curdle, turn.*

schifting 0.1 [selectie] *sifting* 0.2 [het ongelijkmatig worden] *curdling* ⟨van melk⟩ ♦ 6.1 Jan is **bij** de eerste ~ afgevallen *Jan was weeded out in the first round.*

schijf 0.1 [platrond voorwerp] *disc* ⇒ ⟨damschijf⟩ *man* 0.2 [voorwerp om een spil] *disc* ⇒ *plate,* ⟨van pottenbakker⟩ *(potter's) wheel* 0.3 [plak] *slice* 0.4 [schietschijf] *target* 0.5 [mbt. belastingen] *(tax) bracket* 0.6 [comp.; geheugenschijf] *disk* ♦ 1.3 een ~ je citroen *a s. of lemon* 2.6 een harde/vaste ~ *a hard disk* 3.4 op een ~ schieten *shoot at a t.* 6.3 iets **in** schijven/ ~ jes snijden *slice* 6.¶ dat loopt **over** te veel schijven ⟨fig.⟩ *the procedure's too involved.*

schijfgeheugen ⟨comp.⟩ 0.1 *(magnetic) disk store* ⇒ *disk storage.*

schijfrem 0.1 *disc brake.*

schijfschieten 0.1 *target practice/shooting.*

schijfvormig 0.1 *disc-shaped.*

schijn 0.1 [schijnsel] *shine* ⇒ ⟨straling⟩ *radiance* 0.2 [bedrieglijk voorkomen] *appearance* ⇒ *semblance* 0.3 [vertoon] *show, appearances* **0.4** [zeer kleine hoeveelheid] **shadow** ⇒*gleam* ◆ **1.2** een ~ van waarheid geven aan *give a semblance of truth to* **2.1** een gouden ~ *a golden s.* **2.2** op de uiterlijke ~ afgaan *judge by (outward) appearances* **2.3** schone ~ *glamour, cosmetics, gloss* **3.2** de ~ aannemen van eerlijkheid *assume an a.* **4** [bn.] *of honesty;* ~ bedriegt *appearances are deceptive;* die ruwheid is maar ~ *that/his/her coarseness is only on the surface;* de ~ ophouden tegenover/voor de familie *keep up appearances in front of the family;* de ~ redden *save appearances;* ik wil niet de ~ wekken dat ...*I don't want you/anyone to get the idea that* ... **6.2** in ~ *seemingly;* naar ~ *to all appearances;* dit gevecht is maar (voor de) ~ *this fight is just make-believe;* voor de ~ *for the sake of appearances* **7.4** geen ~ van kans hebben *not have the ghost of a chance, not have a dog's chance;* geen ~ van bewijs *not a scrap of evidence* ¶.2 de ~ is tegen mij *appearances are against me;* het heeft er alle ~ van dat *there is every a. that.*

schijnaanval 0.1 *feint* ◆ **3.1** hij deed een ~ op me met zijn linkse *he feinted at me with his left.*

schijnbaar I ⟨bn., bw.⟩ **0.1** [niet werkelijk] *seeming* ⇒*apparent* ◆ **1.1** een ~ herstel *(an) apparent recovery* **2.1** ~ oprecht/juist/goed *seemingly sincere/right/good* **3.1** hij heeft ~ gelijk *he would seem to be right;* **II** ⟨bw.⟩ **0.1** [blijkbaar] *apparently* ⇒ *evidently.*

schijnbeweging 0.1 [mil.] *feint* ⇒*feigned/mock attack* **0.2** [misleidende beweging] *feint* ⇒*dummy (movement/pass)* ◆ **3.2** een ~ maken *(make a) feint* **6.2** iem. met een paar ~en passeren ⟨sport⟩ *jink past s.o.*

schijndode 0.1 *s.o. who is apparently dead/is in a state of suspended animation.*

schijndood¹ ⟨de⟩ **0.1** *apparent death, suspended animation.*

schijndood² ⟨bn.⟩ **0.1** *apparently dead* ⇒*in a state of suspended animation.*

schijnen 0.1 [glans/licht geven] *shine* **0.2** [lijken] *seem, appear* **0.3** [naar zeggen zo zijn] *appear* ◆ **1.1** de zon schijnt *the sun is shining* **3.3** hij schijnt erg rijk te zijn *apparently, he is very rich* **4.2** het schijnt mij (dat ...) *it seems to me (that ...)* **5.2** het schijnt zo *it looks like it* **6.1** met een zak lantaarn in iemands gezicht ~ *flash a torch in s.o.'s face;* zijn licht laten ~ op *shed light on;* de zon scheen fel op onze blote ruggen *the sun was beating down mercilessly on our backs.*

schijngestalte ⟨aardr.⟩ **0.1** *phase* ◆ **1.1** de vier ~n v.d. maan *the four phases of the moon.*

schijngevecht 0.1 *mock fight* ⇒⟨mil.⟩ *sham/mock battle.*

schijnheilig 0.1 *hypocritical* ⇒*sanctimonious* ◆ **1.1** met een ~ gezicht *sanctimoniously* **3.1** zich ~ gedragen *behave hypocritically.*

schijnheilige 0.1 *hypocrite.*

schijnhuwelijk 0.1 *marriage of convenience.*

schijnoplossing 0.1 *bogus/doubtful/spurious solution.*

schijnproces 0.1 *show trial.*

schijnsel 0.1 *shine* ⇒*light* ◆ **1.1** het ~ v.d. lamp *the lamplight.*

schijnsucces 0.1 *apparent success* ⇒*Pyrrhic victory.*

schijntje ◆ **1.**¶ hij kreeg zelfs geen ~ waardering *he wasn't shown the least bit of appreciation* **3.**¶ wat hij verdient is een ~ *what he is earning is a mere pittance* **6.**¶ ik kocht het voor een ~ *I bought it for a song;* dat kun je daar voor een ~ laten maken *you can have it repaired there for next to nothing.*

schijnvertoning 0.1 [schijnbare vertoning] *sham* ⇒*hoax* **0.2** [v.d. hoofdzaak afleidende vertoning] *diversion.*

---

schijnwereld 0.1 *make-believe/dream world.*

schijnwerper 0.1 *floodlight* ⇒⟨op het toneel⟩ *spotlight* ◆ **3.1** de ~s op zich gericht houden ⟨fig.⟩ *hold the limelight* **6.1** iem. in de ~s zetten ⟨fig.⟩ *spotlight s.o.;* met ~s verlichten *floodlight.*

schijnzwanger 0.1 *showing a phantom pregnancy.*

schijnzwangerschap 0.1 *phantom pregnancy.*

schijt ⟨vulg.⟩ **0.1** [poep] *shit* ⇒*crap* **0.2** [schijterij] *shits* ◆ **3.2** ⟨fig.⟩ ik heb er ~ aan *I don't give a shit* **6.2** aan de ~ zijn *have the s./trots/runs;* ⟨fig.⟩ ik heb ~ aan die mensen *I don't care a shit for these people.*

schijten I ⟨onov.ww.⟩ **0.1** [poepen] *shit* ⇒*crap* ◆ **6.1** in/op iets/iem. ~ *not care a shit for sth./s.o.;* **II** ⟨ov.ww.⟩ **0.1** [ontlasten] *shit.*

schijter(d) ⟨inf.⟩ **0.1** *funk, chicken* ⇒*scaredy-cat.*

schijterig ⟨inf.⟩ **0.1** *chicken-hearted.*

schijterij ⟨inf.⟩ **0.1** *shits* ⟨mv.⟩ *trots, runs* ⟨beide mv.⟩ ◆ **6.1** aan de ~ zijn *have the s./trots/runs.*

schik 0.1 [tevreden stemming] *contentment* **0.2** [plezier] *fun* ⇒*pleasure* ◆ **3.2** ~ hebben in zijn werk *enjoy one's work;* hij heeft ~ in zijn leven *he is getting a lot of f. out of life* **6.1** ik ben ermee in mijn ~ *I am delighted with it.*

schikgodin ⟨myth.⟩ ◆ **7.**¶ de drie ~nen *the Fates.*

schikkelijk 0.1 [inschikkelijk] *accommodating* ⇒*obliging* **0.2** [redelijk] *fair* ⇒*reasonable* ◆ **3.2** je moet het ~ met mij maken *you should ask a reasonable price.*

schikken I ⟨ov.ww.⟩ **0.1** [rangschikken] *arrange* ⇒*order* **0.2** [maatregelen treffen] *arrange* **0.3** [regelen dmv. een compromis] *settle* ◆ **1.1** de boeken in volgorde ~ *put the books in order* ¶.2 kunt u het zo ~ dat ik vrijdag kan komen? *could you a. for me to come on Friday?;* **II** ⟨wk.ww.; zich ~⟩ **0.1** [zich plaatsen op doelmatige wijze] *settle (o.s.)* **0.2** [berusten, zich conformeren] *go along with* ⇒⟨berusten⟩ *reconcile/resign o.s. (to)* ◆ **5.2** zich zo goed mogelijk (in iets) ~ *make the best of it* **6.2** zich in het onvermijdelijke/zijn lot ~ *resign o.s. to the inevitable/one's fate;* zich naar iets/iem. ~ *go along with sth./s.o.;* zich naar de omstandigheden ~ *adapt o.s. to the circumstances;* **III** ⟨onov.ww.⟩ **0.1** [gelegen komen] *suit* ⇒*be convenient* **0.2** [houding aannemen] *move* ◆ **4.1** zodra het u schikt *at earliest convenience* **5.1** schikt twee uur jou? *will two o'clock be convenient for you?* **6.2** schik eens wat naar links *move a little to the left, will you?*

schikking 0.1 [ordening] *arrangement* ⇒*ordering* **0.2** [overeenkomst] *arrangement* ⇒*agreement* **0.3** [jur.; het vrijwillig voldoen aan een voorwaarde] *settlement* ⟨van rechtszaak⟩ **0.4** [maatregel] *arrangement* ◆ **2.3** een minnelijke ~ treffen *settle a lawsuit amicably* **3.4** ~en treffen om .../voor ...*make arrangements to .../for ...* **6.1** de ~ v.d. figuren op een schilderij *the a. of the figures in a painting* **6.2** tot een ~ komen (met iem.) *come to an agreement (with s.o.).*

schil 0.1 ⟨dun⟩ *skin* ⟨appel, ui⟩; ⟨dik⟩ *rind* ⟨sinaasappel, meloen⟩; ⟨wat kan worden losgemaakt⟩ *peel* ⟨banaan, sinaasappel⟩ ⇒⟨als afval⟩ *peelings* ⟨aardappels⟩ ◆ **6.1** in de ~ gekookte aardappels *potatoes boiled in their skins;* ⟨in de oven⟩ *baked potatoes.*

schild 0.1 [verdedigingswapen; beschutting] *shield* **0.2** [herald.] *shield* ⇒*coat of arms* **0.3** [bord met opschrift] *sign* **0.4** [dekschild] *shield* ⇒⟨kreeft, schildpad⟩ *shell* ◆ **6.2** een adelaar in zijn ~ voeren *bear an eagle on one's coat of arms;* ⟨fig.⟩ iets in zijn ~ voeren *be up to sth.;* ⟨fig.⟩ ik weet niet, wat hij in zijn ~ voert ⟨ook⟩ *I don't know what his game is.*

schilder, schilderes 0.1 [huisschilder(es)] *(house-)painter* ⇒*(house-)decorator* ⟨binnenshuis⟩ **0.2** [kunstschilder(es)] *painter* ◆ **1.2** een ~ van bloemstukken *a p. of flower-pieces.*

schilderachtig 0.1 [pittoresk] *picturesque* ⇒*scenic* ⟨route⟩ **0.2** [beeldend, suggestief] *picturesque* ⇒*graphic, colourful* ◆ **1.1** een ~ landschap *p. scenery* **1.2** een ~e beschrijving *a colourful description;* in ~e bewoordingen iets vertellen *tell sth. graphically.*

schilderdoek 0.1 *canvas.*

schilderen I ⟨ov.ww.⟩ **0.1** [verven] *paint* ⇒*decorate* **0.2** [met verf aanbrengen] *paint* **0.3** [beschrijven] *paint (a picture of)* ◆ **1.1** zijn huis laten ~ *have one's house painted;* de kamer (opnieuw) ~ *redecorate the room;* een bruin geschilderde kast *a cupboard painted brown* **1.2** een naam ~ *p. a name* **3.1** dit tafelblad moet drie keer geschilderd worden *this table top needs three coats of paint;* **II** ⟨onov., ov.ww.⟩ **0.1** [met verf tot stand brengen] *paint* ◆ **1.1** een doek ~ *p. a canvas.*

schildergerei 0.1 *painter's equipment.*

schilderij 0.1 *painting* ⇒*picture* ◆ **1.1** een ~ v.e. oude meester *an old master* **3.1** een ~ inlijsten *frame a painting/picture;* een ~ ophangen *hang a painting/picture* **6.1** een ~ in olieverf *an oil painting.*

schilderijlijst 0.1 *picture frame.*

schildering 0.1 [geschilderde voorstelling] *painting* ⇒*picture* **0.2** [beschrijving] *depiction* ◆ **6.1** ~en op een wand *murals.*

schilderkunst 0.1 [beeldende kunst] *(art of) painting* **0.2** [toepassing] *painting* ◆ **2.2** de 17e-eeuwse Nederlandse ~ *17th-century Dutch p.* **3.1** de ~ beoefenen *practise the art of p.*

schildersbedrijf 0.1 [vak van huisschilder] *painter's trade* ⇒*painting business* **0.2** [firma] *painting business* ⇒*decorating business* ◆ **6.1** hij zit in het ~ *he is in the painting business.*

schildersezel 0.1 *(painter's) easel.*

schilderslinnen 0.1 *(painting) canvas.*

schildersmodel 0.1 *artist's model.*

schilderstuk 0.1 *painting* ⇒*picture.*

schilderwerk 0.1 [geschilderde voorstellingen] *painting* **0.2** [werk voor / v.e. huisschilder] *paintwork* **0.3** [aangebrachte verf] *paintwork* ⇒*paint* ◆ **3.2** het ~ aanbesteden *give out the p. by contract* **3.3** het ~ bladdert *the paint-(work) is flaking off* **6.1** het ~ op de wand *the mural (p.).*

schildklier ⟨med.⟩ **0.1** *thyroid gland.*

schildknaap 0.1 [wapenknecht] *shield-bearer* ⇒*squire* **0.2** [iem. die een ander bijstaat] *henchman* ⇒*aide.*

schildpad I ⟨de⟩ **0.1** [dier] *tortoise* ⇒*turtle* ⟨vnl. zee⟩; **II** ⟨het⟩ **0.1** [hoornachtige stof] *tortoise-shell.*

schildpadsoep 0.1 *turtle soup.*

schildwacht I ⟨de⟩ **0.1** [het wachthouden] *guard* ⇒*sentry duty* ◆ **6.1** op ~ staan (bij) *stand g. (over);* **II** ⟨de (m.)⟩ **0.1** [soldaat] *sentry* ⇒*guard* ◆ **3.1** ~en aflossen *change the guard;* ~en uitzetten *place a guard.*

schildwachthuisje 0.1 *sentry box.*

schilfer 0.1 *scale* ⇒*flake* ⟨zacht oppervlak⟩, *chip* ⟨hard oppervlak⟩, *sliver* ⟨scherp, bv. glas⟩ ◆ **6.1** de kalk valt in ~s af *the plaster is flaking off.*

schilferachtig 0.1 *scaly* ⇒*flaky.*

schilferen 0.1 [schilfers loslaten] *flake (off)* ⇒*peel (off)* **0.2** [in schilfers uiteenvallen] *flake* ◆ **3.1** het plafond gaat ~ *the plaster is flaking/peeling off the ceiling.*

schillen I ⟨ov.ww.⟩ **0.1** [van de schil ontdoen] *peel* **0.2** [doppen, pellen] *shell* ⟨noten, erwten⟩ ◆ **1.1** aardappels ~ *p. potatoes;*

II ⟨onov.ww.⟩ **0.1** [kunnen pellen]⟨zie 5.1⟩ **0.2** [gepeld kunnen worden] *peel* ⇒*shell* ◆ **5.1** dat mes schilt gemakkelijk *that knife peels well.*

schillenboer 0.1 *waste food collector.*

schilmesje 0.1 *peeler* ⇒*paring knife.*

schim 0.1 [vage gedaante; zwak aftreksel] *shadow* **0.2** [geest v.e. afgestorvene] *shade* ⇒*ghost* ◆ **1.2** het rijk der ~men *the nether world* **3.1** hij is nog maar een ~ van zichzelf *he is a mere s. of his former self* ¶**.1** ~men in het donker *shadows in the dark.*

schimmel 0.1 [wit- of groenachtige uitslag] *mould; mildew* **0.2** [plantk.; klasse] *fungus* **0.3** [paard] *grey* ◆ **3.1** de ~ van kaas afhalen *scrape the mould off the cheese* **6.1** er zit ~ op die muur *there is mildew on the wall.*

schimmelen 0.1 *mould* ⇒*become mouldy/mildewed.*

schimmelig, schimmelachtig 0.1 [op schimmel lijkend] *fungoid* ⇒*mouldy* **0.2** [beschimmeld] *mouldy* ⇒*mildewed.*

schimmelkaas 0.1 *blue(-veined) cheese.*

schimmelkleurig 0.1 *grey.*

schimmenrijk 0.1 *realm of spirits/ghosts* ⇒*underworld.*

schimmenspel 0.1 [vertoning van schaduwbeelden] *shadow show* ⇒*shadow play* **0.2** [onwezenlijke vertoning] *phantasmagoria* ⇒*sham (and show).*

schimmig 0.1 *shadowy* ◆ **1.1** een ~e figuur *a s. figure.*

schimpen 0.1 *scoff* ⇒*jeer* ◆ **1.1** een ~de opmerking maken *sneer* **6.1** op iem.~ *s. at s.o.;* op de regering ~ *rail against the government.*

schimpscheut 0.1 *gibe, taunt* ◆ **3.1** iem.~en geven *jeer at/taunt s.o.*

schip 0.1 [boot] *ship* ⇒⟨vnl. voor op zee⟩ *vessel,* ⟨voor binnenvaart⟩ *barge,* ⟨vnl. door niet-zeelui gebruikt⟩ *boat* **0.2** [bouwk.] *nave* ◆ **1.1** ⟨fig.⟩ het ~ van staat *the s. of state;* een ~ van 30.000 ton *a s. of 30,000 tons;* ⟨fig.⟩ het ~ v.d. woestijn *(the) s. of the desert* **2.1** schoon ~ maken ⟨fig.⟩ *make a clean sweep* **3.1** ⟨fig.⟩ zijn schepen achter zich verbranden *burn one's boats;* ⟨fig.⟩ het zinkende ~ verlaten *leave the sinking ship, cut one's losses* **5.1** een ~ vlot trekken *float a s.* **6.1** ⟨fig.⟩ in het ~ zitten *be in trouble/a mess;* ⟨fig.⟩ voor een paar ton het ~ in gaan *make a loss of several hundred thousand guilders;* ⟨fig.⟩ dan ga je mooi het ~ in *then you'll be (in) for it;* op een ~ varen *be a sailor, serve on a ship;* per ~ *by ship/boat.*

schipbreuk 0.1 *shipwreck, wreck* ◆ **3.1** ⟨fig.⟩ een plan ~ doen lijden *wreck/torpedo a plan;* ⟨fig.⟩ al zijn pogingen leden ~ *all his attempts came to nothing;* ~ lijden ⟨schip zelf⟩ *founder, be wrecked;* ⟨opvarenden⟩ *be (ship)wrecked.*

schipbreukeling 0.1 *shipwrecked person* ⇒⟨ihb. op vlot/wrakhout of aangespoeld; ook fig.⟩ *castaway.*

schipbrug 0.1 *pontoon bridge.*

schipper 0.1 [gezagvoerder] *master (of a ship), master mariner* ⇒*captain* **0.2** [bestuurder v.e. binnenvaartuig] *captain of a barge.*

schipperen 0.1 *give and take* ◆ **3.1** je moet een beetje weten te ~ *you have to know how to give and take (a bit)* **6.1** je kunt niet met de kwaliteit gaan ~ *you can't compromise on quality.*

schippersbeurs 0.1 *shipping-exchange.*

schippershut 0.1 *cabin.*

schippersjongen 0.1 *bargehand* ⇒*deckhand (on a barge).*

schipperskind 0.1 *bargee's child.*

schippersknecht 0.1 *boat-/*⟨schuit⟩ *barge-hand.*

schipperstrui 0.1 *seaman's pullover.*

schippersvrouw 0.1 *bargee's wife.*

schisma 0.1 *schism.*

schitteren 0.1 [glinsteren] *glitter, shine, twinkle* **0.2** [uitblinken] *shine (in/at)* ⇒*excel (in/at)* **0.3** [korte tijd fel schijnen] *flash, flare* ♦ **6.1** zijn ogen schitterden **van** plezier *his eyes twinkled with amusement* **6.2** hij schittert **door** geestigheid *he is brilliantly witty;* ~ **in** gezelschap *be a social success.*

schitterend 0.1 [stralend] *brilliant* ⇒*sparkling* **0.2** [prachtig] *splendid, magnificent* ♦ **1.1** een ~e ster *a twinkling star;* het weer was ~ *the weather was gorgeous* **1.2** een ~ doelpunt *a marvellous goal;* een ~e loopbaan *a brilliant career* ¶**.2** ~! *brilliant!*

schittering 0.1 [het schitteren] *brilliance* ⇒*radiance* **0.2** [praal] *brilliance, splendour.*

schizofreen¹ ⟨de⟩ **0.1** *schizophrenic* ⇒⟨inf.⟩ *schizo.*

schizofreen² ⟨bn.⟩ **0.1** [gespleten, van schizofrene aard] *schizophrenic* **0.2** [raar] *schizophrenic, schizoid* ⇒⟨inf.⟩ *schizo, crazy* ♦ **3.1** hij is ~ *he is s.; he has a split personality.*

schizofrenie 0.1 *schizophrenia.*

schlager 0.1 *(schmalzy) pop(ular) song.*

schlemiel 0.1 [slappeling] *wally* **0.2** [pechvogel] *unlucky person* ♦ **2.1** een lange ~ *a beanpole (of a boy/man).*

schlemielig 0.1 [als een slappeling]⟨zie 3.1⟩ **0.2** [slungelig] *clumsy* ♦ **3.1** doe niet zo ~ *don't be such a wally.*

schmieren ⟨dram.⟩ **0.1** *ham (it up).*

schmink 0.1 *grease paint, make-up.*

schminken 0.1 *make (o.s./s.o.) up* ♦ **4.1** zich ~ *make (o.s.) up.*

schnabbel 0.1 *(bit of a) job on the side* ⇒⟨muz.⟩ *gig* ♦ **3.1** daar heb ik een leuke ~ aan *it's a nice (bit of a) job on the side for me;* ergens een ~ hebben *have a (bit of a) job on the side somewhere.*

schnabbelaar 0.1 ⟨vnl.'s avonds na het gewone werk⟩ ±*moonlighter;* ⟨muz.⟩ *gig player.*

schnabbelen 0.1 *have a (bit of a) job on the side* ⇒⟨vooral 's avonds na het gewone werk⟩ *moonlight,* ⟨muz.⟩ *gig,* ⟨muz.⟩ *have a gig.*

schnaps 0.1 *schnapps.*

schnitzel 0.1 *(veal/pork) cutlet* ⇒⟨vnl. kalfsvlees⟩ *schnitzel.*

schobbejak 0.1 *scoundrel.*

schoeien 0.1 [bekleden met schoenen] *shoe* **0.2** [beschermen]⟨met hout⟩ *timber;* ⟨met andere materialen⟩ *face* ♦ **1.1** ⟨fig.⟩ de opleiding op een andere leest ~ *revamp the course.*

schoeisel 0.1 *footwear, footgear* ♦ **1.1** ~ en kleding *footwear and clothing* **6.1** zonder ~ *without shoes.*

schoen 0.1 *shoe* ♦ **1.1** een paar ~en *a pair of shoes;* twee paar ~en *two pairs of shoes* **2.1** lage/hoge ~en *shoes, boots;* ⟨fig.⟩ de stoute ~en aantrekken *screw up/pluck up one's courage* **3.1** zijn ~en aantrekken *put on one's shoes;* zijn ~en poetsen *polish one's shoes;* zijn ~en uittrekken *take off one's shoes;* ⟨fig.⟩ daar wringt de ~ *that's where the s. pinches;* de ~ zetten *put one's shoe next to the chimney,* ±*hang up one's (Christmas) stocking* **6.1** stevig **in** zijn ~en staan ⟨fig.⟩ *be sure of o.s., stand firm;* ik zou niet graag **in** zijn ~en willen staan *I wouldn't like to be in his shoes;* ⟨fig.⟩ iem. iets **in** de ~en schuiven *pin sth. on (to) s.o.;* **naast** zijn ~ en lopen van verwaandheid *be too big for one's boots;* **zonder** ~en *without shoes* ¶**.1** ⟨sprw.⟩ wie de ~ past, trekke hem aan *if the cap/shoe fits, wear it;* ⟨sprw.⟩ men moet geen oude ~en weggooien eer men nieuwe heeft *don't pour out the dirty water before you have clean.*

schoenborstel 0.1 *shoe brush.*

schoencrème 0.1 *shoe polish/cream.*

schoenendoos 0.1 *shoe box.*

schoenenzaak, -winkel 0.1 *shoe shop.*

schoener 0.1 *schooner.*

schoenleer 0.1 *shoe leather.*

schoenleest 0.1 *(shoe) last.*

schoenlepel 0.1 *shoehorn.*

schoenmaat 0.1 *shoe size.*

schoenmaken 0.1 *shoemaking.*

schoenmaker 0.1 *cobbler, shoemaker* ♦ **6.1** die schoenen moeten **naar** de ~ *those shoes need repairing* ¶**.1** ⟨sprw.⟩ ~, blijf bij je leest! *let the cobbler stick to his last.*

schoenmakerij 0.1 [werkplaats] *cobbler's (workshop), shoemaker's (workshop)* **0.2** [het repareren] *shoe-repair.*

schoenpoetsen 0.1 *cleaning/polishing of shoes.*

schoenpoetser 0.1 *shoeshine boy.*

schoenriem 0.1 *sandal (strap).*

schoensmeer, -poets 0.1 *shoe polish.*

schoenveter 0.1 *shoelace* ♦ **3.1** zijn ~s strikken/vastmaken *lace up/tie one's shoes.*

schoenzool 0.1 *sole.*

schoep 0.1 *blade* ⟨ook v.e. turbine⟩.

schoepenrad 0.1 *paddle wheel* ⇒*turbine.*

schoffel 0.1 *hoe.*

schoffelen I ⟨onov., ov.ww.⟩ **0.1** [met de schoffel (be)werken] *weed* ♦ **1.1** de tuinpaden ~ *w. the garden paths;* **II** ⟨onov.ww.⟩ **0.1** [sport] *hack* ⇒*chop.*

schofferen 0.1 [beledigen] *treat with contempt* **0.2** [verkrachten] *violate* ⇒*rape* ♦ **1.1** de minister schoffeerde de Kamer *the minister treated the (members of the) chamber with contempt.*

schoffie 0.1 *rascal.*

schoft I ⟨de (m.)⟩ **0.1** [schurk] *bastard* ♦ **1.1** stoletje ~en! *(you) bastards!* **2.1** een vuile ~ *a rotten b.;* **II** ⟨de⟩ **0.1** [schouder v.e. dier] *shoulder* ⇒⟨v.e. paard ook⟩ *withers (mv.).*

schoftenstreek 0.1 *dirty/nasty trick.*

schofterig 0.1 *rascally* ⇒*beastly.*

schok 0.1 [stoot] *jolt* **0.2** [elektrische ontlading] *shock* **0.3** [emotionele klap; schokkende gebeurtenis] *shock* ♦ **1.1** de ~ken v.e. aardbeving *earthquake tremors* **2.1** de ~ was zo hevig dat ... *the (force of the) impact was so great that ...* **3.2** een ~ krijgen *get a s.* **3.3** dat zal een ~ geven *that will come as quite a s.;* er ging een ~ door de aanwezigen *a shudder went through the crowd* **6.1** met een ~ tot stilstand komen *jolt to a stop;* **met** een ~ wakker worden *awake with a start;* zich iets **met** een ~ realiseren *realize with a j./start* ¶**.3** de ~ te boven komen *get over the s.*

schokbehandeling 0.1 *shock treatment.*

schokbestendig 0.1 *shockproof* ⇒*shock-resistant.*

schokbeton 0.1 *vibrated concrete.*

schokbreker 0.1 *shock absorber.*

schokeffect 0.1 *shock* ⇒*impact* ♦ **3.1** een enorm ~ teweegbrengen *make a tremendous impact,* voor een ~ zorgen *create a s.*

schokgolf 0.1 *shock wave.*

schokken I ⟨onov.ww.⟩ **0.1** [aan schokken blootstaan; schokken veroorzaken] *shake* ⇒*jolt* **0.2** [ongecontroleerde bewegingen maken] *shake* ⇒*twitch* ♦ **1.1** de auto ~ *a jolting car* **6.2** **met** de schouders ~ *shrug one's shoulders;* **II** ⟨ov.ww.⟩ **0.1** [choqueren] *shock* **0.2** [heftig doen bewegen] *shake* **0.3** [nadelig werken op] *shake* ♦ **1.1** ~ de beelden *shocking scenes* **1.2** de snikken die haar boezem schokten *the sobs that shook her bosom* **1.3** iemands geloof/vertrouwen ~ *shake s.o.'s faith/trust;* het droeve bericht schokte zijn gezondheid *the sad news shook his health.*

schokproef 0.1 *shock/impact test.*

schokschouderen 0.1 *shrug one's shoulders.*

schoksgewijs 0.1 *jerkily, by fits and starts.*

schoktherapie 0.1 *shock therapy.*

schokvast, -vrij 0.1 *shockproof* ⇒*shock-resistant.*

schol 0.1 [platvis] *plaice* **0.2** [schar] *dab.*

scholastiek 0.1 *scholasticism.*

scholekster 0.1 *oystercatcher.*

scholen 0.1 *school* ⇒*train* ◆ **1.1** de arbeiders moeten opnieuw geschoold worden *the workers have to be retrained.*

scholengemeenschap 0.1 ±[B]*comprehensive school.*

scholier 0.1 [B]*pupil,* [A]*student.*

scholing 0.1 *schooling* ⇒*training* ◆ **2.1** een brede ~ *a broad education* **3.1** ~ ontvangen *receive s./training* **6.1** een man met weinig ~ *a man of little s./education.*

schommel 0.1 *swing.*

schommelbank 0.1 *swing.*

schommelbeweging 0.1 *swing* ⇒*swinging/rocking motion.*

schommelen 0.1 [heen en weer bewegen] *swing* ⇒⟨stoel, trein⟩ *rock,* ⟨boot⟩ *roll* **0.2** [zich schommelend vermaken] *swing* ⇒*rock* **0.3** [zich bewegen om een gemiddelde] *fluctuate* **0.4** [voortbewegen] *lumber* ◆ **1.3** de prijzen ~ tussen de 20 en 25 gulden *prices f. between 20 and 25 guilders* **6.2** ze zijn aan 't ~ *they are playing on the swings.*

schommeling 0.1 *fluctuation* ⇒*swing* ◆ **6.1** ~en in de temperatuur *fluctuations in temperature.*

schommelstoel 0.1 *rocking chair.*

schone 0.1 *beauty* ◆ **2.1** een Spaanse ~ *a Spanish b.*

schonkig 0.1 *bony* ◆ **1.1** een ~e kerel *a b. fellow.*

schoof 0.1 *sheaf* ◆ **3.1** in schoven binden *sheave.*

schooien I ⟨onov.ww.⟩ **0.1** [bedelen] *beg* ◆ **6.1** die hond schooit bij iedereen om een stukje vlees *that dog begs everybody for a piece of meat;* hij schooit om geld *he's begging for money;*
II ⟨ov.ww.⟩ **0.1** [ophalen] *collect* ◆ **6.1** honderd gulden bij elkaar ~ *rake up a hundred guilders.*

schooier 0.1 [haveloos type; vagebond] *bum* ⇒*tramp* **0.2** [schoft] *bum.*

school 0.1 *school* ⟨ook mbt. kunst e.d.; ook groep vissen⟩ ⇒ ⟨het schoolwezen⟩ *education* ◆ **1.1** een ~ haringen *a s. of herring;* de ~ van Plato *the Platonic s.* **2.1** een bijzondere ~ *a denominational s.;* ⟨niet-confessioneel⟩ *a private school;* een gemengde ~ *a co-ed(ucational) s.;* hogere ~ *college for higher education;* de lagere ~ *elementary s.;* de middelbare ~ [B]*secondary/*[A]*high s.;* een neutrale ~ *a non-denominational s.;* een openbare ~ *a* [B]*state/*[A]*public s.;* de vrije ~ ⟨mbt. Ned.⟩ *the anthroposophic/Rudolph Steiner s.;* ⟨mbt. Belg.⟩ *free/*⟨vnl.⟩ *denominational s.* **3.1** de middelbare ~ niet afmaken *drop out of secondary s.;* de ~ duurt tot 12 uur *s. ends at 12 o'clock;* de ~ gaat aan/uit *s. begins/ends;* ⟨mbt. kunst/letterkunde enz.⟩ ~ maken *gather a following;* (de) ~ verzuimen *skip s.* **6.1** na (de) ~ *after s.;* naar ~ gaan *go to s.;* de kinderen zijn naar ~ *the children are at s.;* de kinderen naar ~ brengen en halen *take the children to s. and pick them up again;* voor het eerst naar (de grote) ~ gaan *start s.;* op ~ komen *get to s.;* op de middelbare ~ zitten *go to/attend secondary school;* ik heb nog met hem op ~ gezeten *I went to s. with him;* uit ~ komen *come home from s.;* als de kinderen van ~ zijn *when the children have finished s.;* zij werd van ~ gestuurd *she was expelled from s.;* ~ voor jongens/voor meisjes *boys'/girls' s.;* ~ voor

beeldende kunsten *s. of design/visual arts;* een ~ voor buitengewoon onderwijs *a remedial s.;* een ~ voor voortgezet onderwijs *a secondary s.* **6.¶ uit** de ~ klappen *blab.*

schoolagenda 0.1 *school diary.*

schoolartikelen 0.1 *school supplies.*

schoolarts, -dokter 0.1 *school doctor.*

schoolbank 0.1 *school desk* ◆ **6.1** ik heb met hem in de ~en gezeten *we went to school together, we were schoolmates.*

schoolbel 0.1 *school bell.*

schoolbestuur 0.1 *board of governors.*

schoolbezoek 0.1 [door de leerlingen] *(school) attendance* **0.2** [door een inspecteur/schoolcommissie] *visit by the* [B]*(school) inspector/*[A]*accreditation board* **0.3** [door de ouders] *open house.*

schoolblijven 0.1 *stay (in) (after school)* ◆ **6.1** hij moet tot vijf uur ~ *he has to stay in (after school) until five o'clock* **7.1** het ~ *detention.*

schoolboek 0.1 *school book* ⇒*textbook.*

schoolbord 0.1 *blackboard.*

schoolbus 0.1 *school bus.*

schooldag 0.1 *school day* ◆ **7.1** de eerste ~ *the first day of school.*

schooldiploma 0.1 *diploma* ⇒[B]*school (leaving) certificate.*

schooldirecteur, -trice 0.1 *principal* ⇒⟨BE; vnl. lager onderwijs⟩ *headmaster* ⟨m.⟩, *headmistress* ⟨v.⟩.

schoolfeest 0.1 *school party.*

schoolgaan 0.1 *go to/attend school* ◆ **1.1** ik heb tien jaar schoolgegaan *I went to school for ten years.*

schoolgaand 0.1 *schoolgoing.*

schoolgebouw 0.1 *school (building).*

schoolgeld 0.1 *tuition* ⇒⟨voor privéschool⟩ *fee(s).*

schoolhoofd 0.1 *principal* ⇒⟨BE⟩ *headmaster/mistress.*

schoolinspecteur, -trice 0.1 *school inspector.*

schooljaar 0.1 [levensjaar op school] *year* **0.2** [leerjaar] *school year* ◆ **6.1** toen ik nog in mijn schooljaren was *when I was still in school* **7.2** het eerste ~ over moeten doen *have to repeat the first year.*

schooljongen 0.1 *schoolboy.*

schooljuf ⟨inf.⟩ **0.1** *schoolmarm.*

schooljuffrouw 0.1 *(school)teacher.*

schoolkamp 0.1 *school camp.*

schoolkeuze 0.1 [mbt. soort onderwijs] *choice of school system/curriculum/programme* **0.2** [mbt. bepaalde school] *choice of school.*

schoolkind 0.1 *schoolchild.*

schoolklas 0.1 *class* ⇒⟨BE⟩ *form.*

schoolkrant 0.1 *school (news)paper.*

schoolleiding 0.1 *school management.*

schoollokaal 0.1 *schoolroom.*

schoolmeester 0.1 [onderwijzer] *schoolteacher* **0.2** [pedant type] *pedant* ⇒*prig* ◆ **3.2** de ~ spelen/uithangen *be a pedant.*

schoolmeisje 0.1 *schoolgirl.*

schoolonderzoek 0.1 [onderdeel van eindexamen] *exam(ination)* **0.2** [Belg.; medisch onderzoek] *medical examination at school.*

schoolopleiding 0.1 *education* ◆ **2.1** een goede ~ gehad/genoten hebben *have had the advantage of a good e.*

schoolparlement 0.1 *school parliament.*

schoolplein 0.1 *schoolyard* ⇒*playground* ◆ **6.1** de kinderen spelen op het ~ *the children were playing in the s.*

schoolplicht 0.1 *compulsory (school) attendance.*

schoolplichtig 0.1 *school-age* ⇒*schoolable* ◆ **1.1** ~e kinderen *s.-a. children, school-agers;* de ~e leeftijd verhogen *raise the s.-a.*

schoolprogramma 0.1 *school curriculum.*
schoolradio 0.1 *educational radio.*
schoolreglement 0.1 *school regulations/rules.*
schoolreis 0.1 *school trip.*
schools 0.1 [als op school] *school* 0.2 [weinig zelfstandig] *scholastic* ⇒*academic* ◆ 1.1 ~e kennis *book learning* 1.2 ~e opvattingen *bookish ideas;* een ~e stijl *an academic style* 3.2 een methode - navolgen *follow a method rigidly.*
schoolschrift 0.1 *school notebook.*
schoolslag 0.1 *breaststroke.*
schoolstrijd 0.1 ±*school funding controversy.*
schooltas 0.1 *schoolbag* ⇒⟨met schouderband⟩ *satchel.*
schoolteam 0.1 *school team.*
schooltelevisie 0.1 *educational television.*
schooltijd 0.1 [lestijd] *school time/hours* 0.2 [schooljaren] *school time/years* 0.3 [tijd om naar school te gaan] *time for school* ◆ 3.1 de ~en variëren soms van school tot school *s. h. often vary from school to school* 6.1 buiten/na ~ *outside/after school;* gedurende de/onder ~ *during school (time).*
schooltoets 0.1 ±*school entrance exam.*
schooluitgave 0.1 *school edition.*
schoolvakantie 0.1 *school holidays.*
schoolverband ◆ 6.¶ activiteiten buiten ~ *extra-curricular activities;* een reisje/sporttoernooi in ~ *a school trip/ tournament.*
schoolverlater, -laatster 0.1 ⟨na beëindiging school⟩ *[B]school-leaver,* *[A]recent graduate* ⇒⟨voor beëindiging school⟩ *drop-out.*
schoolverzuim 0.1 *school absenteeism.*
schoolvoorbeeld 0.1 *classic example* ◆ 6.1 dit is een ~ van hoe het niet moet *this is a classic example of how it shouldn't be done.*
schoolvoorstelling 0.1 *school show.*
schoolvorming 0.1 *education.*
schoolvriend, -in 0.1 *school friend.*
schoolwerk 0.1 [op school gemaakt werk(je)] *schoolwork* 0.2 [huiswerk] *homework.*
schoolwezen 0.1 *educational system.*
schoolwijsheid 0.1 *book-learning.*
schoolziek 0.1 *faking it (to get out of school).*
schoolziekte 0.1 *fake illness (to get out of school).*
schoolzwemmen 0.1 *swimming (in school/as part of the curriculum).*
schoon¹ ⟨het⟩ 0.1 *beauty* ◆ 2.1 het vrouwelijk ~ *female b./* ⟨schr.⟩ *pulchritude.*
schoon² I ⟨bn., bw.⟩ 0.1 [vrij van vuil] *clean* ⇒⟨netjes, opgeruimd⟩ *neat* 0.2 [mooi] *beautiful* ⇒*fine* 0.3 [loffelijk] *fine* 0.4 [vrij van onkosten] *clear* ⇒⟨mbt. belasting⟩ *after tax* 0.5 [AZN; knap] *fine* ⇒*pretty* ◆ 1.1 schone auto *c. car;* ~ metselwerk *c. brickwork;* ~ papier *blank paper;* ~ water *c./ fresh water* 1.2 schone beloften *fine promises;* de schone kunsten *the fine arts* 1.4 ⟨hand.⟩ schone acceptatie *unconditional acceptance;* ⟨hand.⟩ schone vrachtbrief *clean B/L* 3.1 zich ~ praten *talk one's way out of it/sth.* 3.4 50 pond ~ per week verdienen/overhouden *he makes 50 pounds a/per week net(t)/after tax, he clears 50 pounds a/per week* ¶.1 tachtig kilo ~ aan de haak *eighty kilos net(t) (weight)/*⟨mensen⟩ *without clothes;*
II ⟨bw.⟩ 0.1 [geheel en al] *absolutely* ◆ 5.1 ik heb er ~ genoeg van *I'm heartily/a. sick of it;* alles is ~ op *there's a. nothing left.*
schoonbroer 0.1 *brother-in-law.*
schoondochter 0.1 *daughter-in-law.*
schoonfamilie 0.1 ⟨inf.⟩ *in-laws.*

schoonheid 0.1 *beauty* ◆ 1.1 de verheerlijking van de ~ *the glorification of b.* 6.1 een ~ van een doelpunt *a b. of a goal.*
schoonheidsbehandeling 0.1 *beauty treatment.*
schoonheidsfout 0.1 *flaw* ⇒*(cosmetic) imperfection* ◆ 3.1 die verschrijving is een ~je *that error is only a minor flaw* 6.1 lappen textiel met ~jes *slightly flawed pieces of material.*
schoonheidsleer 0.1 *aesthetics.*
schoonheidsmasker 0.1 *face pack/mask.*
schoonheidssalon 0.1 *beauty salon.*
schoonheidsspecialiste 0.1 ⟨alg.⟩ *beautician* ⇒⟨make-up⟩ *cosmetician.*
schoonheidsvlekje 0.1 *beauty spot.*
schoonhouden 0.1 [zorgen dat iets niet vuil wordt] *keep clean* 0.2 [schoonmaken] *clean* ◆ 1.2 een kantoor ~ *c. an office.*
schoonmaak 0.1 *(house) cleaning* ⇒*cleanup* ◆ 2.1 de grote ~ *the spring-cleaning* 3.1 ~ houden *give (sth.) a thorough cleaning;* grote ~ houden *spring-clean;* ⟨fig.⟩ *make a clean sweep* 6.1 (druk) aan de ~ zijn *be busy cleaning.*
schoonmaakartikelen 0.1 *cleaning products* ⇒*cleanser(s).*
schoonmaakbedrijf 0.1 *cleaning agency/service* ⇒*(professional) cleaners.*
schoonmaakbeurt 0.1 *cleaning* ⇒*cleanup* ◆ 3.1 iets zijn jaarlijkse ~ geven *give sth. its annual cleaning-up;* wie heeft de ~? *whose turn is it to do the c.?* 6.1 jouw kamer is echt aan een ~ toe *your room could do with a good c.*
schoonmaakmiddel 0.1 *cleaning product;* ⟨reclametaal⟩ *cleansing agent.*
schoonmaken I ⟨onov., ov.ww.⟩ 0.1 [reinigen] *clean* ⇒⟨grondig⟩ *clean up/out;*
II ⟨ov.ww.⟩ 0.1 [ontdoen van ongerechtigheden] *clean* ⟨ook vis, groente⟩ 0.2 [uitvegen] *clean* ⇒*wipe (up/away)* ⟨met vod⟩, *sweep* ⟨met borstel⟩ ◆ 1.1 een konijn ~ *c. a rabbit* 1.2 het schoolbord ~ *wipe the blackboard.*
schoonmaker, -maakster 0.1 *cleaning person/woman* ⇒ ⟨AE; op kantoren e.d.⟩ *janitor.*
schoonmoeder 0.1 *mother-in-law.*
schoonouders 0.1 ⟨inf.⟩ *in-laws.*
schoonrijden 0.1 ⟨op kunstschaatsen⟩ *figure skating.*
schoonschrift 0.1 *calligraphy.*
schoonschrijven 0.1 ⟨kalligrafie⟩ *calligraphy* 0.2 [netjes schrijven] *(good) penmanship.*
schoonspoelen 0.1 *rinse (out)* ◆ 1.1 glazen ~ *r. glasses (out).*
schoonspringen ⟨sport⟩ 0.1 *platform diving.*
schoonspuiten 0.1 [mbt. auto/straat] *hose (down)* 0.2 [mbt. lichaamsdeel/plant] *spray clean.*
schoonvader 0.1 *father-in-law.*
schoonvegen 0.1 ⟨met een bezem/veger⟩ *sweep clean* ⇒ ⟨met een borstel⟩ *brush clean* ◆ 1.1 het huis ~ *sweep the house clean;* zijn schoenen ~ *brush one's shoes clean;* de straat ~ ⟨fig.⟩ *clear the street.*
schoonwassen 0.1 *wash clean* ⇒⟨fig.⟩ *whitewash.*
schoonzoon 0.1 *son-in-law.*
schoonzus 0.1 *sister-in-law.*
schoonzwemmen ⟨sport⟩ 0.1 *synchronized swimming.*
schoorsteen 0.1 [rookkanaal] *chimney* 0.2 [schoorsteenmantel] *mantelpiece* 0.3 [deel bovenop het dak] *chimney* ◆ 1.1 de ~ v.e. oude locomotief *the funnel of an old locomotive* 3.1 de ~ trekt niet goed *the c. doesn't draw well;* de ~ vegen *sweep the c.* 8.3 hij rookt als een ~ *he smokes like a c.*
schoorsteenbrand 0.1 *chimney fire.*

schoorsteenmantel 0.1 *mantelpiece.*
schoorsteenpijp 0.1 [uitstekend deel v.e. schoorsteen] *chimneypot* **0.2** [mbt. een schip/locomotief] *funnel.*
schoorsteenvegen 0.1 *chimney sweeping.*
schoorsteenveger 0.1 *chimney sweep.*
schoorvoetend 0.1 *reluctant* ♦ **3.1** ~ erkennen dat ...*admit reluctantly that* ...
schoot 0.1 [ruimte tussen onderlijf en dijen] *lap* **0.2** [moederschoot] *womb* **0.3** [scheep.] *clew* ♦ **3.3** de ~ vieren/ruimen (lett.) *ease the sail;* (fig.) *ease up* **6.1** (fig.) bij elkaar **op** ~ zitten *sit/live on top of one another;* bij iem. **op** ~ kruipen *clamber onto s.o. 's l.* **6.**¶ het wordt hem zo maar in de ~ geworpen (fig.) *it simply falls into his lap.*
schootcomputer 0.1 *laptop (computer)* ⇒*lap portable.*
schoothondje 0.1 *lap dog.*
schootsafstand 0.1 *range* ⇒*shooting distance/range* ♦ **6.1** de vijand ligt **op/binnen** ~ *the enemy is within r.*
schootsveld 0.1 *field of fire.*
schop I (de (m.)) **0.1** [trap] *kick* ♦ **2.1** (sport) een vrije ~ *a free k.* **3.1** iem. een ~ onder zijn kont geven *kick s.o. in the behind;* iem. een ~ verkopen *kick s.o.;*
II (de) **0.1** [schep] *shovel* ⇒(spade) *spade* **0.2** [hoeveelheid] *shovel(ful)* ♦ **1.2** een ~ aarde *a shovel of earth.*
schoppen¹ (de) **0.1** *spades* ⇒(attr.) *of spades* ♦ **1.1** schoppenaas/heer/tien/vrouw *ace/king/ten/queen of spades;* schoppenboer *jack/knave of spades* **2.1** ~ is troef *s. is/are trump* **7.1** één ~ *one spade.*
schoppen² (ov.ww.) **0.1** [trap geven] *kick* **0.2** [verplaatsen] *kick* **0.3** [veroorzaken] *kick (up)* ♦ **1.3** herrie ~ *k. up/raise a racket* **5.**¶ het ver ~ *go far (in the world);* hij zal 't nooit ver ~ *he 'll never amount to much* **6.2** (fig.) kinderen **in** de wereld ~ *bring children into the world;*
II (onov.ww.) **0.1** [de voet bewegen] *kick* ♦ **6.1 tegen** een bal ~ *k. a ball;* **tegen** iem./iets **aan** ~ (fig.) *lay into s.o./sth.*
schopstoel ♦ **6.**¶ **op** de ~ zitten (ieder ogenblik ontslagen kunnen worden) *be next in line;* (in onzekerheid verkeren) *be on tenterhooks.*
schor 0.1 *hoarse* ⇒*husky* ♦ **1.1** een ~re stem *a hoarse/husky voice* **3.1** ~ praten *speak hoarsely;* zich ~ schreeuwen *yell o.s. hoarse;* ~ zijn *be hoarse.*
schorem 0.1 *riffraff* ⇒*scum.*
schorheid 0.1 *hoarseness* ⇒*huskiness.*
schorpioen 0.1 [dier] *scorpion.*
Schorpioen (astrol.) **0.1** *Scorpio.*
schors 0.1 [plantk.] *bark* **0.2** [buitenste bekleding] *cortex* ♦ **1.2** (med.) de ~ v.d. hersenen *the c. of the brain.*
schorsen 0.1 [buiten werking stellen] *suspend* **0.2** [tijdelijk sluiten] *adjourn* (vergadering) **0.3** [verbieden zijn ambt waar te nemen] *suspend* ♦ **1.1** de uitvoering v.h. vonnis wordt geschorst *there will be a stay of execution* **6.3** een speler **voor** drie wedstrijden ~ *s. a player for three games* **8.3** als lid ~ *suspend s.o. from membership.*
schorseneer (plantk.) **0.1** *scorzonera* ⇒*black salsify.*
schorsing 0.1 *suspension* ⇒(jur.) *stay (of execution)* ♦ **3.1** door zijn gedrag een ~ oplopen *be suspended for bad conduct.*
schort 0.1 *apron* ♦ **3.1** een ~ voordoen *put on an a.*
schorten 0.1 *lack* ⇒*be lacking* ♦ **4.1** wat schort eraan? *what's wrong/the matter?* **6.1** het schort hun **aan** goede wil *they l. good will;* het schort **aan** ...*the trouble/cause is* ...
schot I (het) **0.1** [uit een wapen] *shot* ⇒(knal) *gunshot* **0.2** [mbt. balspel] *shot* **0.3** [bereik] *range* **0.4** [voortgang] *movement* **0.5** [lading kruit/kogels] *shot* ⇒*round* **0.6** [afscheiding] *partition* ⇒(scheep.; vliegtuig) *bulkhead* ♦ **3.1**

ik hoorde een ~ *I heard a s./gunshot;* er viel/klonk een ~ *there was a s., a s. rang out* **3.4** ~ brengen in een zaak *get things moving/going;* er komt/zit ~ in de zaak *things are beginning to get going/to move* **6.1** een ~ **in** de roos (ook fig.) *a bull's-eye;* (atletiek) **in** het ~ vallen *get a flier;* een ~ **in** het wilde weg (fig. ook) *a pot s.;* een ~ **voor** de boeg (ook fig.) *a s. across the bows, a warning s.* **6.2** een ~ **op** goal *a s. at goal;* **op** ~ zijn (lett.) *be a good s.;* (fig.) *have got going* **6.3 buiten** ~ blijven, zich **buiten** ~ houden (ook fig.) *keep out of r.;* iem./iets **onder** ~ hebben *have sth./s.o. within r.;* **onder** ~ houden/nemen *keep covered, cover;*
II (de) (met hoofdletter) **0.1** [inwoner van Schotland] *Scot* ♦ **7.1** de Schotten *the Scots.*
schotel 0.1 [schaal] *dish* ⇒(klein) *saucer* **0.2** [gerecht] *dish* **0.3** [schotelantenne] *dish antenna* ♦ **2.1** een vuurvaste ~ *an ovenproof d.* **2.2** een warme ~ *a hot d.* **2.**¶ een vliegende ~ *a flying saucer.*
schotelantenne (com.) **0.1** *dish/saucer antenna/aerial.*
Schotland 0.1 *Scotland.*
schots¹ (de) **0.1** *(ice) floe.*
schots² (bw.) ♦ **5.**¶ ~ en scheef *higgledy-piggledy, topsy-turvy.*
Schots 0.1 [uit/van Schotland] *Scottish* ⇒*Scots,* (niet voor personen; vnl. in vaste uitdrukkingen) *Scotch* **0.2** [mbt. geweven stoffen] *plaid* ♦ **1.1** ~e whisky *Scotch (whisky)* **1.2** ze droeg een rok met een ~e ruit *she wore a p. skirt.*
schotschrift 0.1 *(defamatory) pamphlet.*
schotvaardig (sport) **0.1** (zie 3.1) ♦ **3.1** (zeer) ~ zijn *be a goal-getter/(goal-)scorer, be a great shot.*
schotwond 0.1 *bullet/gunshot wound.*
schouder 0.1 *shoulder* ♦ **2.1** hij heeft brede ~s (fig.) *he has a broad back/broad shoulders* **3.1** de ~s ophalen (fig.) *shrug one's shoulders;* zijn ~s onder iets zetten (fig.) *put/set one's s. to the wheel* **6.1** ~ **aan** ~ staan *be/stand s. to s.;* iem. **op** zijn ~ kloppen (fig.) *pat s.o. on the back;* iets **op** de ~s tillen/dragen *lift/carry sth. on one's shoulders;* **op** de ~s gaan *be carried in triumph;* **over** iemands ~ meelezen *read over s.o. 's shoulder;* het geweer **tegen** de ~ leggen *shoulder the rifle;* een last **van** iemands ~s nemen (fig.) *take a weight off s.o. 's shoulders.*
schouderband 0.1 *shoulder strap* ♦ **1.1** de ~jes v.e. bikini *the straps of a bikini* **6.1 zonder** ~jes *strapless.*
schouderblad 0.1 *shoulder blade/bone.*
schouderbreedte 0.1 *shoulder width.*
schouderduw (sport) **0.1** *shoulder charge.*
schoudergewricht 0.1 *shoulder joint.*
schouderham 0.1 *shoulder of ham.*
schouderhoogte 0.1 *shoulder height/level* ♦ **6.1 op** ~ *at s. h.*
schouderklopje 0.1 *pat on the back* ♦ **3.1** een ~ krijgen (fig.) *get a pat on the back.*
schouderophalen 0.1 *shrug* ♦ **6.1** iets **met** ~ beantwoorden *answer sth. with a s.*
schouderriem 0.1 *shoulder strap; cartridge belt* (met patronen); *rifle-sling* (voor geweer).
schouderstuk 0.1 [voorbout] *shoulder (joint)* **0.2** [mbt. een kledingstuk] *shoulder pad.*
schoudertas 0.1 *shoulder bag.*
schoudervulling 0.1 *shoulder pad.*
schout 0.1 [gesch.] *bailiff* ⇒*sheriff* **0.2** [dijkgraaf] *dikegrave.*
schout-bij-nacht 0.1 *rear admiral.*
schouw 0.1 [stookplaats] *fireplace* ⇒*hearth* **0.2** [schoorsteenmantel] *mantel(piece)* **0.3** [AZN; schoorsteen] *chimney.*

schouwburg 0.1 [theater] *theatre* 0.2 [publiek] *audience* ◆ **6.1 naar** de ~ gaan *go to the t.;* een kaartje **voor** de ~ *a t. ticket.*

schouwburgpubliek 0.1 *theatre audience* ⇒*playgoers, theatregoers* ◆ 2.1 het gewone ~ *the average playgoer.*

schouwspel 0.1 *spectacle* ⇒〈aanblik〉 *sight,* 〈spektakel〉 *show* ◆ 2.1 een heerlijk/aangrijpend ~ *a wonderful/ touching sight;* historisch ~ *pageant.*

schovenbinder 0.1 *sheaf-binder.*

schraag 0.1 *trestle* ⇒〈voor het zagen〉 *sawhorse.*

schraagtafel 0.1 *trestle table.*

schraal 0.1 [mager] *lean* 0.2 [mbt. onstoffelijke zaken] *meagre* ⇒*scanty* 0.3 [mbt. grond] *poor* ⇒*arid* 〈dor〉 0.4 [mbt. het weer] *bleak* 〈weer〉; *dry, cutting* 〈wind〉 0.5 [mbt. huid] *dry* ◆ 1.1 ~ bier *thin beer;* dat is schrale kost *that's meagre fare* 1.4 〈scheep.〉 een schrale wind *a scant(y) wind* 〈waardoor men niet veel vordert〉 1.5 schrale handen/lippen *chapped hands/lips* 2.2 ~ gemeubileerd *sparsely furnished* 3.1 het ~ hebben *be poorly off.*

schraalhans 0.1 *miser, Scrooge* ◆ ¶.1 ~ is er keukenmeester *their cupboard is nearly always bare.*

schraalheid 0.1 [magerheid] *leanness* 0.2 [geringheid in hoeveelheid] *sparsity* ⇒*scarcity* 0.3 [geringe vruchtbaarheid] *infertility* ⇒*aridity* 〈dorheid〉 0.4 [geestelijke armoede] *aridity* 0.5 [ruwheid] *dryness* 0.6 [gierigheid] *miserliness.*

schraaltjes 0.1 [magertjes] *thinly* 0.2 [gierig] *miserly* ◆ 3.1 hij ziet er ~ uit *he looks a bit peaked;* ~ in de kleren zitten *be thinly clad.*

schraapzucht 0.1 *stinginess* ⇒*miserliness.*

schraapzuchtig 0.1 *stingy* ⇒*miserly.*

schragen 0.1 [steunen] *prop (up)* ⇒*shore (up), buttress, support* 0.2 [fig.] *support* ⇒*buoy (up), assist.*

schram 0.1 *scratch* ⇒*scrape* ◆ 3.1 zij heeft bij die val ~ men opgelopen *she got scratched/scraped when she fell;* ~ men maken op *scratch* 5.1 vol ~ men zitten *be all scratched* 6.1 zonder een ~ metje *without a scratch.*

schrammen 0.1 *scratch* ⇒*scrape* ◆ 4.1 zich ~ *scratch/ scrape o.s.*

schrander 0.1 *clever* ⇒*sharp* ◆ 1.1 een ~e jongen 〈ook〉 *a quick witted boy;* een ~e opmerking *an astute remark.*

schranderheid 0.1 *cleverness.*

schransen 0.1 *gorge (o.s.), stuff o.s.* ◆ 5.1 zij kunnen geweldig ~ *they can really put/pack it away.*

schranspartij 0.1 *blowout.*

schrap 0.1 *braced* ◆ 3.1 ~ staan 〈niet wijken〉 *stand firm;* 〈gereed staan om in actie te komen〉 *stand ready, be poised for action;* zich ~ zetten *brace o.s.* 〈ook fig.〉; 〈fig. ook〉 *get ready;* 〈weigeren toe te geven〉 *dig one's heels in.*

schrapen I 〈ov.ww.〉 0.1 [schrappen] *scrape* 〈worteltjes e.d.〉 0.2 [mbt. de keel] *clear* 0.3 [bij elkaar halen] *scrape* ◆ 1.2 de keel ~ *c. one's throat* 1.3 geld bij elkaar ~ *s. money together;*

II 〈onov.ww.〉 0.1 [schurend geluid maken] *rasp* 0.2 [pej.; inhalig zijn/doen] *be penny-pinching/tight-fisted.*

schraper 0.1 *penny-pincher.*

schraperig 0.1 *stingy* ⇒*tight(-fisted).*

schrappen 0.1 [schrapen] *scrape* 〈worteltjes e.d.〉 ⇒*scale* 〈vis〉 0.2 [doorhalen] *strike/cross off/out* ⇒*delete* 〈ook comp.〉 0.3 [mbt. banen] *cut* ⇒*shed* ◆ 1.2 een woord ~ uit een brief *delete a word from a letter* 6.2 iem. als lid ~ *drop s.o. from membership.*

schrede 〈schr.〉 0.1 *step* ⇒*pace* ◆ 2.1 zijn eerste ~n zetten 〈fig.〉 *take one's first steps;* met rasse ~n vooruitgaan 〈ook fig.〉 *make great strides forward* 6.1 op zijn ~n terugkeren 〈fig.〉 *retrace one's (foot)steps.*

schreef ◆ 6.¶ over de ~ gaan *overstep the mark.*

schreeuw 0.1 *shout, cry* ◆ 3.1 een ~ geven *(let out a) yell, give a cry.*

schreeuwen I 〈onov., ov.ww.〉 0.1 [roepend mededelen] *shout (out)* ⇒*yell (out)* ◆ 1.1 een bevel ~ *s./yell (out) an order* 5.1 ik ben niet doof, dus schreeuw niet zo *I'm not deaf, you don't have to s.;*

II 〈onov.ww.〉 0.1 [gillen] *scream, cry (out)* ⇒*yell (out)* 0.2 [fig.; roepen (om)] *cry out (for)* 0.3 [hard huilen] *bawl* ⇒ *howl* 0.4 [hevig tekeergaan] *scream* ⇒*shout* 0.5 [mbt. dieren] *cry* ⇒*screech* 〈pauw, uil〉, *squeal* 〈varken〉 0.6 [mbt. kleuren] *clash* ◆ 6.1 ~ om niets *scream for no reason* 6.2 deze problemen ~ om een snelle oplossing *these problems cry out for a quick solution* 6.4 hij schreeuwt **tegen** iedereen *he shouts at everyone* ¶.1 ~ voordat men geslagen wordt 〈fig.〉 *cry out before one is hurt.*

schreeuwend I 〈bn.〉 0.1 [zich opdringend, hinderlijk afstekend] *screaming* ⇒*glaring* ◆ 1.1 ~e kleuren *loud/garish colours;* ~e misstanden *flagrant/blatant abuses;* een ~e onrechtvaardigheid *a glaring injustice;* ~e reclame *blatant advertisement;*

II 〈bw.〉 0.1 [in de hoogste mate] *outrageously.*

schreeuwer 0.1 [iem. met grote mond] *loudmouth* 0.2 [pocher] *braggart* 0.3 [klein kind] *screamer* ◆ 2.1 hij is een echte ~ *he's a real l.* 2.3 een kleine ~ *a little s.*

schreeuwerig 0.1 [telkens schreeuwend] *screaming* ⇒ *shrieking* 0.2 [onaangenaam klinkend] *blaring* ⇒*shricking* 0.3 [met heftige woorden] *heated* ⇒*loud* 〈bv. van toon〉 ◆ 1.1 een ~ kind *a screaming/shrieking child* 1.3 een ~ artikel *a h./strongly-worded article;* ~e reclame *loud advertisement(s).*

schreeuwlelijk 0.1 [iem. die veel misbaar maakt] *bigmouth* ⇒*loudmouth* 0.2 [kind] *squaller* ⇒*screamer.*

schreien 〈schr.〉 I 〈onov.ww.〉 0.1 [wenen] *weep* 0.2 [schreeuwen] *cry (out)* ◆ 1.2 ten hemel ~ de toestanden *woeful/lamentable conditions* 6.1 tot ~s toe bewogen *moved to tears;* ~ **van** vreugde *w. for joy;*

II 〈ov.ww.〉 0.1 [huilend doen vloeien] *weep* ◆ 1.1 bittere/ hete tranen ~ *w. bitter/hot tears.*

schriel 0.1 *lean* ⇒*gaunt.*

schrift 0.1 [tekst] *writing* 0.2 [handschrift] *(hand)writing* 0.3 [tekens] *script* 0.4 [lettersoort] *type* 0.5 [cahier] *notebook* ◆ 2.2 fijn ~ *thin letters;* in groot/klein ~ *in large/ small letters;* duidelijk leesbaar ~ *legible handwriting* 2.3 fonetisch ~ *phonetic transcription* 2.4 cursief ~ *italics* 6.1 iets **op** ~ stellen/brengen *put sth. in w.;* ik heb het **op/in** ~ *I have it in w.*

Schrift 0.1 *Scripture(s)* ◆ 2.1 de Heilige ~ *(Holy) Scripture, the Scriptures.*

schriftelijk¹ 〈het〉 0.1 *written exams* ◆ 3.1 voor het ~ zakken *fail one's written exams.*

schriftelijk² 〈bn., bw.〉 0.1 〈bn.〉 *written;* 〈bn., bw.〉 *in writing* ◆ 1.1 een ~e cursus *a correspondence course;* ~e mededelingen *w. announcements* 3.1 ~ bevestigen *confirm in writing;* ~ stemmen *vote by ballot;* iets ~ vastleggen *put sth. in writing.*

schriftgeleerde 0.1 *scribe* 〈bij de joden〉 ⇒*mullah* 〈bij de islamieten〉.

schriftuur 0.1 *(written) document, writing.*

schrijden 〈schr.〉 0.1 *stride.*

schrijfbehoeften, -benodigdheden 0.1 *stationery* ⇒*writing materials.*

schrijfblok 0.1 *writing pad* ⇒*(note)pad.*

schrijffout 0.1 *writing error* ⇒⟨verschrijving⟩ *slip of the pen,* ⟨bij het over/uitschrijven⟩ *clerical error.*

schrijfgerei 0.1 *stationery.*

schrijfhand 0.1 [de hand waarmee men schrijft] *writing hand* **0.2** [handschrift] *hand(writing)* ♦ **2.2** een goede ~ hebben *write a good hand.*

schrijfkramp 0.1 *writer's cramp.*

schrijfletter 0.1 [bij schrijven gebruikte letter] *script letter* ⇒*written character* **0.2** [druk.] *script letter.*

schrijfmachine 0.1 *typewriter* ♦ **2.1** een elektrische ~ *an electric t.* **6.1** aan/achter de ~ zitten *sit at/in front of the t.*

schrijfmachinelint 0.1 *typewriter ribbon.*

schrijfmachinepapier 0.1 *typing paper.*

schrijfoefening 0.1 *writing exercise.*

schrijfpapier 0.1 *writing paper.*

schrijfster 0.1 *writer.*

schrijftaal 0.1 *written language.*

schrijftafel 0.1 *writing table* ⇒⟨writing⟩ *desk.*

schrijftalent 0.1 *writing talent, talent for writing.*

schrijftalig 0.1 *written, formal.*

schrijftrant 0.1 *style (of writing).*

schrijfvaardigheid 0.1 *writing skill* ♦ **3.1** ~ toetsen *test writing skills.*

schrijfwijze 0.1 [handschrift] *handwriting* **0.2** [spelling] *spelling* **0.3** [schrijfstijl] *style (of writing)* ⇒⟨manier van schrijven/noteren⟩ *notation.*

schrijlings 0.1 ⟨bn.⟩ *straddling;* ⟨bw.⟩ *astride* ♦ **3.1** ~ op een paard zitten *sit astride one's horse.*

schrijnen 0.1 [door schuren pijn veroorzaken] *chafe* **0.2** [mbt. wonden] *smart* ♦ **1.1** dat harde zand schrijnt *that stiff material chafes.*

schrijnend 0.1 *distressing* ♦ **1.1** ~e armoede *grinding poverty;* een ~e herinnering *a harrowing memory;* een ~ voorbeeld *a poignant example.*

schrijven¹ ⟨het⟩⟨schr.⟩ **0.1** *missive* ♦ **2.1** een begeleidend ~ *an accompanying/covering letter* **6.1** in antwoord op uw ~ van 10 maart jl. *in answer to your letter of 10 March last.*

schrijven² ⟨onov., ov.ww.⟩ **0.1** *write* ⟨ook comp.⟩ ♦ **1.1** een vriend ~ *w. to a friend* **3.1** leren ~ *learn to w.;* dat staat nergens geschreven *it doesn't say that anywhere* **4.1** wij ~ elkaar al lang *we have been writing to each other for a long time* **5.1** eigenhandig ~ *w. in one's own hand;* iets fout ~ *misspell sth.;* links ~ *w. left-handed;* dat papier schrijft slecht *that paper is not nice to w. on;* hij schrijft vlot/gemakkelijk *he writes with ease;* voluit ~ *w. (out) in full* **6.1** met de hand ~ *w. in longhand/by hand;* iem. om geld ~ *w. to s.o. for money;* op een advertentie ~ *answer an advertisement;* het staat op haar gezicht geschreven *it's written all over her face* **7.¶** wij schreven toen 1960 *the year/date was 1960* **¶.1** op het moment waarop ik dit schrijf *at the time of writing.*

schrijver 0.1 [auteur] *writer, author* **0.2** [persoon die iets schrijft] *writer* **0.3** [ambtenaar(srang)] *clerk* **0.4** [registreerapparaat] *recorder* ♦ **2.1** een onbekend ~ *an obscure w.;* een tweederangs ~ *a second-rate/an inferior w., a hack;* een veelgelezen ~ *a widely read a.* **6.1** de ~s over de geschiedenis v.h. zeewezen *writers on the history of navigation* **¶.2** ~ dezes *the present w./author.*

schrijverschap 0.1 *authorship.*

schrijvertje 0.1 [kever] *whirligig beetle.*

schrik 0.1 [ontstelnis] *terror* ⇒*shock, fright* **0.2** [vrees] *fright* ⇒*fear* **0.3** [wie/wat schrik veroorzaakt] *terror* ♦ **1.1** de ~ van zijn leven krijgen *get the fright/shock of one's life* **1.3** hij is de ~ v.d. buurt *he is the t. of the neighbour-*

hood **3.1** iem.~ aanjagen *give s.o. a fright;* van de ~ bekomen *get over the shock* **3.3** de ~ zit erin *they've got the wind up* **6.1** met ~ vervuld *be terrified;* er met de ~ afkomen/met de ~ vrijkomen *have a lucky escape;* tot mijn ~ *to my alarm/horror;* tot hun grote ~ *to their horror;* ⟨fig.⟩ verlamd van ~ *petrified;* van ~ beven *tremble with fear* **¶.1** ⟨fig.⟩ de ~ zit mij nog in de benen *I haven't got over the fright yet;* ⟨fig.⟩ de ~ sloeg ons om het hart *we were terrorstricken;* de eerste ~ te boven zijn *get over the initial shock.*

schrikaanjagend 0.1 *terrifying* ⇒*frightening.*

schrikbarend I ⟨bn., bw.⟩ **0.1** [bedenkelijk] *alarming* ⇒*shocking* ♦ **5.1** ~ hoge prijzen *shocking prices;* **II** ⟨bn.⟩ **0.1** [verschrikkelijk] *terrifying* ⇒*frightful* ♦ **1.1** een ~ schouwspel *a t. spectacle.*

schrikbeeld 0.1 *phantom, spectre* ⇒*bogey* ♦ **1.1** het ~ v.d. werkloosheid *the s. of unemployment.*

schrikbewind 0.1 *reign of terror* ♦ **2.1** ⟨fig.⟩ een waar ~ voeren *conduct a veritable reign of terror.*

schrikdraad 0.1 *electric fence.*

schrikkeldag 0.1 *leap day.*

schrikkeljaar 0.1 *leap year.*

schrikkelmaand 0.1 *February.*

schrikken I ⟨onov.ww.; sterk⟩ **0.1** [door schrik bevangen worden] *be shocked/scared/frightened* ♦ **1.1** ze is een beetje geschrokken *she had a bit of a fright/shock* **2.1** ik schrik me kapot/dood *I'm scared stiff/to death;* wakker ~ *wake with a start* **3.1** iem. laten ~ *scare/frighten s.o.* **5.1** daar schrik je wel even van *it gives you sth. of a shock;* hij schrok ervan *it frightened him;* ik schrik niet gauw, maar …*I don't scare easily, but …;* zij schrok zichtbaar *she gave a visible start* **6.1** van iets ~ *be frightened by sth.* **7.1** iem. aan het ~ maken *give s.o. a fright, scare s.o.* **¶.1** het is om je dood te ~ *it's enough to frighten the life/the (living) daylights out of you;* schrok je? *did I give you a fright/scare you?;* **II** ⟨onov.ww.; zwak⟩ **0.1** [plotseling afgekoeld worden] *be quenched* ⟨metaal⟩ ♦ **1.1** een gekookt ei laten ~ *plunge a boiled egg into cold water;* **III** ⟨ov.ww.; zwak⟩ **0.1** [plotseling afkoelen] *quench* ⟨metaal⟩.

schrikkerig 0.1 *nervy, jumpy* ⇒*shy* ⟨paard⟩.

schrikpsychose 0.1 *traumatic psychosis.*

schrikreactie 0.1 *shock reaction.*

schrikwekkend 0.1 *terrifying, terrible.*

schril 0.1 [schel klinkend] *shrill* ⇒⟨piepend⟩ *squeaky* **0.2** [scherp afstekend] *sharp* ⇒*glaring* ⟨kleuren⟩ ♦ **1.1** een ~le stem *a s. voice;* ~le tonen *piercing tones.*

schrobben 0.1 *scrub* ♦ **1.1** de stoep ~ *s. the doorstep.*

schrobber 0.1 *scrubbing brush.*

schrobbing 0.1 *dressing down* ♦ **3.1** iem. een ~ geven *give s.o. a dressing down.*

schroef 0.1 [staaf met spiraalvormige groef] *screw* **0.2** [bankschroef] *vice* **0.3** [voortstuwingswerktuig] *screw propeller* ⇒*propeller* ♦ **1.3** de ~ v.e. vliegtuig *the propeller of a plane* **2.1** een dubbele ~ *a double-threaded s.;* ⟨fig.⟩ alles staat (weer) op losse schroeven *everything's unsettled/in the air (again);* een rechtse/een linkse ~ *a right-hand(ed)/left-hand(ed) s.* **2.4** een dubbele ~ maken *perform a double t.* **3.1** ⟨fig.⟩ de schroeven aandraaien *put the screws on;* een ~ vastdraaien/losdraaien *tighten/loosen a s.;* ⟨fig.⟩ er zit een ~ je bij hem los *he has a s. loose* **6.1** het zit met schroeven vast *it's screwed on.*

schroefas 0.1 *propeller shaft.*

schroefdeksel 0.1 *screw cap, screw-on lid.*

schroefdop 0.1 *screw cap/top* ♦ **1.1** de ~ van een fles losdraaien *screw the top off a bottle.*

schroefdraad 0.1 *(screw) thread* ♦ **3.1** ~ snijden/tappen *cut/tap a screw thread.*

schroefkop 0.1 *screw head.*

schroefmoer 0.1 *nut.*

schroefturbine 0.1 *propeller turbine* ⇒*turboprop (engine).*

schroefverbinding 0.1 *screwed joint/connection.*

schroefvliegtuig 0.1 *propeller plane.*

schroefvormig 0.1 *spiral, helical* ♦ **3.1** ~ gewonden *spiralwound, spirally wound, coiled.*

schroeien I ⟨ov.ww.⟩ **0.1** [aan de oppervlakte verbranden] *singe* ⇒*sear* ⟨vlees⟩ **0.2** [sterk uitdrogen] *scorch* ♦ **1.1** zijn kleren ~ *singe one's clothes* **1.2** de zon schroeide het gras *the sun scorched the grass;*
II ⟨onov.ww.⟩ **0.1** [aan de oppervlakte branden] *singe* ⇒ *burn* ♦ **3.1** er moet wat ~, ik ruik het *sth. must be burning, I can smell it.*

schroeiplek 0.1 *scorch mark.*

schroeven I ⟨ov.ww.⟩ **0.1** [met een schroef bevestigen] *screw* **0.2** [dmv. een schroef verplaatsen] *screw* ⇒*wind (up)* ♦ **1.1** een naamplaatje op de deur ~ *s. a nameplate on the door* **6.2** iets in elkaar ~ *s. sth. together;* iets uit elkaar ~ *unscrew sth.;*
II ⟨onov.ww.⟩ **0.1** ronddraaien) *screw* ⇒*turn.*

schroevendraaier 0.1 *screwdriver.*

schrokken 0.1 *cram, gobble* ⇒⟨alleen ov.ww.⟩ *wolf* ♦ **3.1** zit niet zo te ~ *don't bolt your food like that* **6.1** naar binnen ~ *wolf/bolt down.*

schrokkerig 0.1 *ravenous, voracious.*

schrokop, schrokker 0.1 *guzzler* ⇒*pig.*

schromelijk 0.1 *gross* ♦ **3.1** ~ overdreven *grossly exaggerated;* zich ~ vergissen *be sorely/greatly mistaken* **¶.1** ~ tekortschieten *fail badly.*

schromen I ⟨ov.ww.⟩ **0.1** [vrezen] *fear, dread* ♦ **6.1** zonder ~ *fearlessly;*
II ⟨onov., ov.ww.⟩ **0.1** [aarzelen] *hesitate* ♦ **3.1** schroom niet kritiek te geven *do not h. to criticize* **6.1** zonder ~ *unhesitatingly.*

schrompelen 0.1 *shrivel.*

schroom 0.1 [vreesachtigheid] *fear(fulness)* **0.2** [aarzeling] *hesitation;* ⟨bedeesdheid⟩ *diffidence* ♦ **6.2** met enige ~ een voorstel doen *make a suggestion with some diffidence.*

schroomvallig 0.1 *timid, timorous* ⇒*shy, diffident.*

schroot I ⟨het⟩ **0.1** [metaalafval] *scrap (iron/metal)* **0.2** [brokstukken] *lumps* ⟨mv.⟩;
II ⟨het⟩ [strook gezaagd hout] *lath* ♦ **6.1** een muur met ~jes betimmeren *lath a wall.*

schroothandel 0.1 [handel] *scrap (iron/metal) trade* **0.2** [bedrijf] *scrapyard, junkyard.*

schroothandelaar 0.1 *scrap (iron/metal) dealer* ⇒*junk dealer.*

schroothoop 0.1 *scrapheap* ♦ **6.1** naar de ~ verwijzen *scrap;* op de ~ terechtkomen ⟨ook fig.⟩ *wind up on the s.;* iets op de ~ gooien ⟨fig.⟩ *throw sth. on the s.;* deze auto is rijp voor de ~ *this car is fit for the s.*

schrootjeswand 0.1 *lathed wall.*

schrootwaarde 0.1 *scrap value.*

schub 0.1 *scale.*

schubachtig 0.1 *scaly* ♦ **1.1** een ~e huid *a s. skin.*

schubdier 0.1 *pangolin.*

schubvormig 0.1 *scalelike.*

schuchter 0.1 *shy* ⇒*timid* ♦ **1.1** dat was maar een ~ begin *it was a very tentative start;* een ~ meisje *a s./timid girl;* een

---

~e poging *a timid attempt* **3.1** ~ rondkijken/vragen *look round/ask shyly.*

schuddebuiken 0.1 ±*rock, shake* ♦ **¶.1** ~ van het lachen *r./s. with laughter.*

schudden 0.1 [op en neer bewegen] *shake* ⇒*shuffle* ⟨kaarten⟩ ♦ **1.1** ~ voor gebruik *shake before use;* iem. flink de hand ~ *pump s.o.'s hand* **3.¶** ⟨inf.⟩ dat kun je wel ~! *forget it!, nothing doing!* **4.1** alles schudt door elkaar *everything is being shaken up* **5.1** nee ~ (met het hoofd) *shake one's head* **6.1** ⟨fig.⟩ iem. van zich af ~ *shake s.o. off;* zij schudde van het lachen *she shook with laughter* **¶.1** iem. door elkaar ~ *give s.o. a (good) shaking, shake s.o. up.*

schuier 0.1 *brush.*

schuieren 0.1 *brush* ♦ **1.1** een kleed ~ *b. a carpet/rug.*

schuif 0.1 [grendel] *bolt* **0.2** [schuivend blad] *slide* **0.3** [AZN; lade] *drawer* ♦ **6.1** de ~ op de deur doen *bolt the door.*

schuifbeweging 0.1 *sliding movement, slide.*

schuifdak 0.1 *sun roof* ⟨van auto⟩.

schuifdeur 0.1 *sliding door* ♦ **6.1** tussen de ~en optreden ⟨inf.⟩ *give an informal performance.*

schuifelen 0.1 [zich schuivend voortbewegen] *shuffle* **0.2** [telkens schuiven] *shift, fidget* **0.3** [dansen, slijpen] *smooch* ♦ **1.1** de menigte schuifelde naar de uitgang *the crowd shuffled towards the exit* **5.2** op zijn stoel heen en weer ~ *f. on one's chair* **6.1** met de voeten ~ *s. one's feet.*

schuifladder 0.1 *extension ladder.*

schuifluik 0.1 *sliding hatch.*

schuifmaat 0.1 *vernier calliper(s)* ⟨vaak mv.⟩ ⇒*calliper rule.*

schuifpui 0.1 *sliding French* [B]*window/*[A]*door* ⇒*sliding patio doors.*

schuifraam 0.1 ⟨op en neer⟩ *sash window;* ⟨heen en weer⟩ *sliding window.*

schuifregelaar 0.1 *slide control.*

schuiftrombone 0.1 *slide trombone.*

schuiftrompet 0.1 *trombone.*

schuifwand 0.1 *sliding wall.*

schuiladres 0.1 *secret address.*

schuilen 0.1 [zich verborgen] *hide* 0.2 [beschutting zoeken] *shelter (from)* **0.3** [te vinden zijn] *lie* ⇒*be found* ♦ **1.1** daarin schuilt een groot gevaar *that carries a great risk (with it)* **3.2** gaan ~ *take shelter/cover* **5.1** daar schuilt iets achter *there is sth. behind/at the back of it* **6.1** ⟨fig.⟩ achter iem. ~ *h. behind s.o.* **6.2** voor de regen ~ onder een boom *s. from the rain under a tree* **6.3** de oorzaak daarvan schuilt in ...*its cause is to be found in ...*

schuilgaan 0.1 [zich verbergen] *hide* **0.2** [verscholen zijn] *be/lie hidden* ♦ **6.1** de zon ging schuil achter donkere wolken *the sun went behind dark clouds* **6.2** wat gaat er achter die BV schuil? *what is that company being used as a cover for?*

schuilgelegenheid 0.1 *(place of) shelter.*

schuilhouden ⟨wk.ww.; zich ~⟩ **0.1** [zich verborgen houden] *be in hiding* ⇒*hide* **0.2** [zich niet in het publiek vertonen] *hide o.s. away* ♦ **6.1** zich ~ voor de politie *be in hiding from the police.*

schuilhut 0.1 [B]*hide,* [A]*blind.*

schuilkelder 0.1 *air-raid shelter.*

schuilnaam 0.1 *pseudonym.*

schuilplaats 0.1 [plaats om zich te verbergen] *hiding-place* ⇒*(place of) shelter, hideout* ⟨vnl. van misdadigers⟩ **0.2** [plaats om te schuilen] *shelter* ♦ **3.1** iem. een ~ verlenen *give shelter to s.o., shelter s.o.* **3.2** een ~ zoeken *take s.* **6.1** zijn huis is een ~ voor velen *his house is a shelter/hiding-place to many* **6.2** een ~ tegen de regen *a s. from the rain.*

schuim 0.1 [massa blaasjes] *foam* ⇒*froth* ⟨bier/eiwit⟩, *lather* ⟨zeep⟩ 0.2 [speeksel] *foam* 0.3 [naar boven komende onzuiverheden] *scum* 0.4 [uitvaagsel] *scum* ◆ 1.4 het ~ v.d. natie *the s./dregs of the nation* 3.3 het ~ van de bouillon afscheppen *skim the stock* 6.2 paarden met ~ op de bek *horses foaming at the mouth* ¶.2 het ~ stond op zijn mond ⟨fig.⟩ *he was foaming at the mouth.*

schuimbad 0.1 *bubble bath.*

schuimbekken 0.1 *foam at the mouth* ◆ 6.1 ~ van woede *foam with rage.*

schuimblusapparaat 0.1 *foam extinguisher.*

schuimen 0.1 *foam* ⇒*froth, lather* ⟨zeep⟩ ◆ 1.1 die zeep schuimt niet *that soap does not lather* 5.1 het bier schuimt sterk *the beer is very frothy.*

schuimend 0.1 *foaming* ⇒*foamy, frothy, lathery* ⟨zeep⟩ ◆ 1.1 ~ bier *frothy beer.*

schuimgebakje 0.1 *meringue.*

schuimig 0.1 *foamy, frothy* ⇒*lathery* ⟨zeep⟩.

schuimkop 0.1 *white crest* ◆ 6.1 golven met ~ pen *white-crested waves;* ~ pen op de golven *crests on the waves.*

schuimkraag 0.1 *head.*

schuimpje 0.1 *meringue.*

schuimplastic 0.1 *foam plastic.*

schuimrubber 0.1 ⟨bn. en zn.⟩ *foam rubber* ◆ 1.1 een ~ matras/bal *a foam rubber mattress/ball.*

schuimspaan 0.1 *skimmer.*

schuin 0.1 [scheef] *slanting* ⇒*sloping* 0.2 [onfatsoenlijk] *smutty* ⇒*dirty* ◆ 1.1 een ~ e blik *a sidelong glance;* ~ e doorsnede *oblique section;* met een ~ oog kijken naar ⟨fig.⟩ *cast envious looks at;* ~ e rand *bevelled edge;* een ~ e streep *a slash* 3.1 een stuk hout ~ afzagen *saw a piece of wood slantwise;* hij hield het ~ *he held it at a slant;* iets ~ houden *slant sth.;* ⟨fig.⟩ ~ kijken *look out of the corner of one's eye;* ~ oversteken *cross diagonally;* ~ schrijven *write in italics;* ~ toelopen *slope* 5.1 hier ~ tegenover *diagonally across from here* 6.1 ~ op *at an angle with.*

schuins 0.1 [in schuine richting] *oblique* ◆ 1.1 een ~ e blik *a sidelong glance* 3.1 iem. ~ aankijken *look askance at s.o.;* iets ~ afzagen *saw sth. off at an angle;* ~ toelopen *taper (off).*

schuinschrift 0.1 *sloping/slanting handwriting.*

schuinsmarcheerder 0.1 *rake.*

schuinte 0.1 [schuine richting] *bias* 0.2 [helling] *slope* ⇒*slant* ◆ 1.2 de ~ v.d. dijk *the slope of the dike* 6.1 iets in de ~ afknippen *cut sth. on the b.*

schuit 0.1 [eenvoudig vaartuig] *barge, boat* 0.2 [pej.;schip] *tub* ◆ 2.1 ⟨fig.⟩ een lekke ~ *a sinking ship* 2.2 een dure ~ *an expensive-looking boat.*

schuitje 0.1 [kleine boot] *boat* 0.2 [voorwerp] *car* ⟨van draaimolen, luchtballon⟩ ◆ 6.1 ⟨fig.⟩ in hetzelfde ~ zitten *be in the same b.;* ⟨fig.⟩ wij zitten in het ~ en moeten meevaren *we're in this together and there's no turning back.*

schuitjevaren 0.1 *boat, be boating.*

schuiven I ⟨ov.ww.⟩ 0.1 [verplaatsen door duwen] *push* ⇒*shove* 0.2 [verplaatsen met een werktuig] *shovel* 0.3 [mbt. opium/roken] *smoke* ◆ 1.1 een draad door een buis ~ *feed a wire through a pipe;* een stoel bij de tafel ~ *pull up a chair* 5.1 iem. als kandidaat naar voren ~ *push s.o. forward as a candidate;* iets/iem. terzijde ~ ⟨fig.⟩ *brush sth./s.o. aside* 6.1 iets **voor** zich uit ~ ⟨fig.⟩ *put sth. off, postpone sth.;* II ⟨onov.ww.⟩ 0.1 [zich langs een vlak (laten) voortbewegen] *slide* 0.2 [zich met een stoel verplaatsen] *move/bring one's chair* ◆ 1.1 de lading ging ~ *the cargo shifted* 3.1 zitten te ~ *fidget (on one's chair)* 3.¶ laat hem maar ~

let him get on with it 5.2 dichterbij ~ *bring one's chair closer* 6.1 in elkaar ~ s.... *into one another, telescope* 6.2 schuif wat **bij** elkaar *move your chairs a bit closer together* 6.¶ met data ~ *rearrange dates;* III ⟨onov., ov.ww.⟩ 0.1 [(geld) betalen, dokken]⟨inf.⟩ *shell out.*

schuiver 0.1 [balsport] *low/ground shot* 0.2 [beweging] *skid* ⇒*lurch* ◆ 3.2 een ~ (d) maken *skid, lurch.*

schuld 0.1 [mbt. geld] *debt* 0.2 [verkeerde daad, tekortkoming] *guilt* ⇒*fault* 0.3 [verantwoordelijkheid] *guilt* ⇒*blame* ◆ 1.2 ~ en boete *crime and punishment* 2.1 uitstaande ~ *outstanding d.* 3.1 zijn ~ en afbetalen *pay off/settle one's debts;* ~ en hebben *have debts, be in debt* 3.2 vergeef ons onze ~ en *forgive us our trespasses* 3.3 iem. de ~ van iets geven *blame s.o. for sth.;* de ~ krijgen *get the blame;* de ~ van iets op zich nemen *take the blame for sth.* 4.3 het is mijn eigen ~ *it is my own fault* 6.1 zich in (de) ~ en steken *get into d.;* een ~ **van** X **aan** Y *a d. owed by X to Y* 6.2 dood **door** ~ *culpable homicide.*

schuldbekentenis 0.1 [promesse] *bond* ⇒*IOU* 0.2 [schuldbelijdenis] *admission/confession of guilt* ◆ 3.2 een volledige ~ afleggen *make a full confession.*

schuldbelijdenis 0.1 [het belijden van schuld] *confession of guilt* 0.2 [r.-k.] *confession.*

schuldbesef 0.1 *sense of guilt.*

schuldbewijs 0.1 *promissory note* ⇒*IOU.*

schuldbewust 0.1 *feeling guilty* ⟨alleen pred.⟩ ⇒*guilty* ⟨blik⟩ ◆ 3.1 ~ kijken *look guilty/contrite.*

schuldcomplex 0.1 *guilt complex.*

schuldeiser, -eiseres 0.1 *creditor.*

schuldeloos 0.1 *guiltless* ⇒*innocent.*

schuldenaar, -nares 0.1 *debtor.*

schuldenland 0.1 *debtor country.*

schuldenlast 0.1 [mbt. verkeerde daad] *burden of guilt* 0.2 [mbt. geldschuld] *burden of debt, indebtedness.*

schuldgevoel 0.1 *feeling/sense of guilt* ⇒*guilty conscience* ◆ 3.1 iem. een ~ aanpraten *make s.o. feel guilty.*

schuldig 0.1 [verplicht te voldoen] *owing* 0.2 [schuld hebbend] *guilty* 0.3 [schr.;zondig] *sinful* ◆ 3.1 hoeveel ben ik u ~? *how much do I owe you?* 3.2 de rechter heeft hem ~ verklaard *the judge has declared him g.* 6.2 zich **aan** iets ~ maken *commit sth.* 7.2 het ~ over iem. uitspreken *find/pronounce s.o. g.*

schuldige 0.1 *culprit* ⇒*guilty party,* ⟨overtreder⟩ *offender.*

schuldigverklaring 0.1 *verdict of guilty.*

schuldplichtig 0.1 *liable.*

schuldregeling 0.1 *settlement of the debt/of debts.*

schuldsanering 0.1 *debt restructuring/repayment.*

schuldvordering 0.1 [het invorderen] *recovery of debt* ⇒*debt collection* 0.2 [te vorderen schuld] *claim.*

schuldvraag 0.1 *the question of guilt.*

schulp 0.1 [schelp] *shell* 0.2 [versiersel] *scallop* ◆ 6.1 ⟨fig.⟩ in zijn ~ kruipen *go into one's s.*

schunnig 0.1 *shabby* ⇒⟨taal⟩ *filthy, dirty* ◆ 1.1 een ~ e streek *a s./dirty trick.*

schunnigheid 0.1 [hoedanigheid] *shabbiness* 0.2 [obsceniteit] *filth, dirt.*

schuren I ⟨onov., ov.ww.⟩ 0.1 [met wrijving (langs iets) schuiven] *scour* 0.2 [wrijven met schuurpapier] *sand(paper)* ◆ 1.2 houtwerk ~ *sand(paper) woodwork.* II ⟨ov.ww.⟩ 0.1 [wrijvend schuiven langs] *rub* ⇒*chafe.*

schurft 0.1 [mbt. mensen/dieren] *scabies* ⇒*mange* ⟨vnl. dieren⟩ 0.2 [mbt. planten] *scab* ◆ 3.1 ⟨fig.⟩ de ~ aan iem. hebben *hate s.o.'s guts;* krijg de ~ *get stuffed.*

schurftig 0.1 [met schurft behept] *scabby, scabious* ⇒⟨van dieren⟩ *mangy* 0.2 [fig.; smerig] *despicable.*

schurk 0.1 [boef; ook scherts.] *scoundrel* ⇒*villain, rogue.*

schurkachtig 0.1 *villainous* ⇒*roguish* ♦ **1.1** een ~ voorkomen *a v. appearance.*

schurken ⟨wk.ww.; zich ~⟩ **0.1** *rub (against sth.).*

schurkenstreek 0.1 *piece of villainy.*

schut 0.1 [stuw] *lock* **0.2** [wand] *screen* ⇒*partition* **0.3** [beschutting] *shelter, cover* ♦ **3.¶** iem. voor - zetten *make s.o. look a fool* **6.¶** **voor** ~ staan *look (like) a fool/an idiot.*

schutblad 0.1 [blad papier] *endpaper;* ⟨(losse helft van) schutblad⟩*fly(leaf)* **0.2** [mbt. bloemen] *bract.*

schutkleur 0.1 *camouflage* ♦ **3.1** de kameleon neemt een ~ aan *the chameleon takes on the colour of its surroundings.*

schutsengel 0.1 *guardian angel.*

schutspatroon, -patrones, -heilige 0.1 *patron saint.*

schutter 0.1 [lid v.e. schuttersvereniging] ⟨met geweer⟩ *rifleman, marksman;* ⟨met boog⟩ *archer* **0.2** [voetbal] *striker* **0.3** [lid v.e. schuttersgilde] *member of a rifle club* ♦ **2.¶** hij is een goede ~ *he is a crack shot.*

schutteren 0.1 [onhandig te werk gaan]*fumble* **0.2** [verlegen te werk gaan of spreken]*falter* ⇒*stumble over one's words.*

schutterig 0.1 *awkward, clumsy* ♦ **3.1** ~ spreken *stumble over one's words.*

schutterij 0.1 [schietvereniging] *rifle club* **0.2** [gesch.] *(citizen's) militia.*

schuttersput 0.1foxhole.*

schutting 0.1 *fence* ♦ **6.1** een ~ **om** een bouwterrein zetten *fence off a construction site.*

schuttingtaal 0.1 *foul/obscene language* ♦ **3.1** ~ uitslaan *use foul/obscene language.*

schuttingwoord 0.1 *four-letter word* ⇒*obscenity.*

schuur 0.1 *shed* ⇒*barn* ⟨van boerderij⟩ ♦ **6.1** de oogst **in** de ~ brengen *bring in the harvest.*

schuurlinnen 0.1 *abrasive/emery cloth.*

schuurmachine 0.1 *sander, sanding machine.*

schuurmiddel 0.1 *abrasive.*

schuurpapier 0.1 *sandpaper.*

schuurpoeder 0.1 *scouring powder.*

schuurspons 0.1 *scourer.*

schuw 0.1 [niet houdend van]⟨vaak in samenst.⟩ *shy* **0.2** [schichtig] *shy* ⇒*timid, skittish* ⟨ihb. paard⟩ ♦ **1.1** werkschuw *workshy* **1.2** het kind is ~ *the child is shy/bashful.*

schuwen 0.1 *shun* ⇒*shrink from* ♦ **1.1** het daglicht ~ *shun daylight;* werk ~ *be workshy* **5.1** de strijd niet ~ *not be afraid to fight.*

schuwheid 0.1 *shyness* ⇒*timidity.*

sclerose 0.1 *sclerosis* ♦ **¶.1** multiple ~ *multiple s.*

scooter 0.1 *(motor) scooter.*

score 0.1 *score* ♦ **2.1** een gelijke ~ *a draw/tie* **3.1** een ~ behalen van ... *make a s. of …*

scorebord 0.1 *scoreboard.*

scoren I ⟨onov., ov.ww.⟩ **0.1** l(punten) behalen] *score* ♦ **1.1** een doelpunt ~ *s. (a goal);* de gelijkmaker ~ *equalize, draw level;*
II ⟨onov.ww.⟩⟨inf.⟩ **0.1** [mbt. verdovende middelen] *score.*

scrabbelen 0.1 *play Scrabble.*

scrambelen 0.1 *scramble.*

screenen 0.1 *screen* ♦ **6.1** ⟨tv⟩ iem. ~ **voor** een rol *screen-test s.o.*

scriba 0.1 *secretary* ♦ **1.1** de ~ v.d. kerkenraad *the s. of the church council.*

scriptgirl 0.1 *script girl.*

scriptie 0.1 *thesis* ⇒*term paper.*

scriptiebegeleider 0.1 ±*thesis supervisor* ⟨bij doctoraalscriptie⟩.

scrollen ⟨comp.⟩ **0.1** *scroll.*

scrotum 0.1 *scrotum.*

scrupule 0.1 *scruple* ♦ **3.1** geen ~s hebben (over) *have no scruples (about).*

scrupuleus 0.1 *scrupulous.*

sculptuur 0.1 *sculpture* ⇒⟨beeldhouwwerk ook⟩ *carving.*

Scylla 0.1 *Scylla* ♦ **6.1** ⟨fig.⟩ van ~ **in** Charybdis komen/vallen *go from the frying pan into the fire.*

sealen 0.1 *seal.*

seance 0.1 *séance* ⟨van spiritisten⟩.

sec I ⟨bn.⟩ **0.1** [droog] *sec;*
II ⟨bw.⟩ **0.1** [alleen maar, op zichzelf] *only* ⇒*alone* ♦ **3.1** iets ~ drinken *drink sth. neat/straight.*

secans 0.1 *secant.*

secondant 0.1 *second* ⟨bij wedstrijden e.d.⟩.

seconde 0.1 [tijdmaat, graad] *second* **0.2** [ogenblik] *second* ⇒*moment* **0.3** [muz.] *second* ♦ **1.1** in een onderdeel v.e. ~ *in a split s.* **7.2** hij houdt geen ~ zijn mond *he never stops talking.*

secondewijzer 0.1 *second hand.*

secreet 0.1 [kreng] *(dirty) swine* ⇒⟨vrouw ook⟩ *bitch.*

secretaire 0.1 *writing desk* ⇒*secretaire.*

secretaresse 0.1 *secretary* ♦ **1.1** opleiding voor ~ *secretarial training.*

secretariaat 0.1 *secretariat* ⇒⟨kantoor ook⟩ *secretary's office,* ⟨gebouw ook⟩ *secretarial building/offices* ♦ **1.1** het ~ v.d. VN *the secretariat of the U.N.* **3.1** het ~ waarnemen ⟨mbt. vereniging⟩ *be acting secretary;* ⟨op kantoor⟩ *do the secretarial work.*

secretarie 0.1 *office* ⇒*town clerk's office* ⟨bij gemeente⟩.

secretaris 0.1 [mbt. correspondentie/notulen] *secretary* ⇒ *clerk* ⟨in gemeente, rechtbank⟩ **0.2** [ambtenaar v.e. gemeentebestuur] ±*town clerk* **0.3** [vogel] *secretary bird.*

secretaris-generaal 0.1 [hoofd der ambtenaren] *permanent secretary* **0.2** [hoofd v.e. secretarie] *secretary-general.*

secretie 0.1 *secretion* ♦ **2.1** klieren met inwendige ~ *endocrine/ductless glands.*

sectie 0.1 [med.]⟨mbt. lijk⟩ *autopsy, post-mortem (examination);* ⟨alg.⟩ *dissection* **0.2** [afdeling] *section* ⇒*department* ⟨mbt. een organisatie/school⟩,*division* ⟨binnen bedrijf e.d.⟩ **0.3** [deel v.e. werk] *section* **0.4** [deel v.c. stadswijk] *area* ⇒*district* **0.5** [peloton] *platoon* ⇒*squad* ⟨twaalf soldaten⟩ ♦ **1.2** de ~ betaald voetbal *⁸the Football League;* de ~ Frans *the French department* **3.1** ~ verrichten *carry out a post-mortem/an a.*

sector 0.1 *sector* ♦ **2.1** de agrarische of primaire/de industriële of secundaire ~ *the agricultural/industrial s.;* bolvormige ~ *s. of a sphere;* huizen in de vrije ~ *free-s. housing* ⟨houses built without government subsidy, not requiring residence permit⟩; de zachte ~ *the social s.*

seculair 0.1 *secular* ⇒*temporal* ⟨vnl. mbt. kerkelijk gebruik⟩ ♦ **1.1** het ~ gezag van de paus *the temporal/s. authority of the Pope.*

secularisatie 0.1 *secularization.*

seculariseren 0.1 *secularize* ♦ **1.1** een geseculariseerde moraal *secularized morals/ethics.*

secundair 0.1 *secondary* ⇒*minor* ⟨ondergeschikt⟩, *incidental* ⟨bijkomend⟩, ⟨geol.⟩ *Mesozoic* ♦ **1.1** van ~ belang *of minor importance* **3.1** ~ reageren *give a delayed reaction* **7.1** ⟨geol.⟩ het Secundair *the Mesozoic (period).*

secuur 0.1 [nauwgezet] *precise* ⇒*meticulous* **0.2** [zeker] *safe* ⇒*secure* ♦ **1.1** een ~ mannetje *a p. person.*

sedert¹ ⟨vz.⟩ **0.1** *since* ⟨vanaf⟩;*for* ⟨gedurende⟩ ♦ **1.1** ~ enige tijd *f. some time* **¶.1** ~ kort *recently, lately.*

sedert² ⟨vw.⟩ **0.1** *since* ◆ **¶.1** het gaat beter ~ hij hier is *things have improved s. he came.*

sedertdien 0.1 *since (then), ever since* ◆ **3.1** en ~ is hij doof *and ever since he has been deaf.*

sediment 0.1 ⟨ook geol.⟩ *sediment.*

segment 0.1 *segment* ◆ **1.1** de ~en v.e. tunnel *the sections of a tunnel.*

segmentatie 0.1 *segmentation.*

segmentbouw 0.1 *sectional building.*

segmenteren 0.1 *segment* ⇒*divide (into segments).*

segregatie 0.1 *segregation.*

sein 0.1 [teken] *signal* ⇒*sign* **0.2** [aanleiding] *signal* **0.3** [voorwerp om tekens te geven] *signal* **0.4** [waarschuwing, tip] *tip* ⇒*hint* ◆ **2.3** het ~ op veilig stellen *set the s. at clear* **3.3** de ~en bedienen *work the signals* **3.4** geef me even een ~tje als je hulp nodig hebt *let me know if you need any help.*

seinen 0.1 [seinen geven, bekendmaken] *signal* ⇒*flash* ⟨met lichten⟩ **0.2** [berichten afzenden] *telegraph* ⇒⟨draadloos⟩ *radio* ◆ **6.1** met de ogen ~ *s. with the eyes.*

seiner 0.1 *signaller* ⇒*signalman* ⟨spoorw., marine⟩.

seinhuis 0.1 ᴺ*signal box,* ᴬ*signal/switch tower.*

seinhuiswachter 0.1 *signalman.*

seinlicht 0.1 *signal* ⇒*flashing/signal light.*

seinpaal 0.1 *semaphore.*

seinsleutel 0.1 *(telegraph) key.*

seinsysteem 0.1 *code (of signals).*

seinwachter 0.1 *signalman.*

seismisch 0.1 *seismic* ◆ **1.1** ~e kaarten / golven *s. maps/ waves.*

seismograaf 0.1 *seismograph.*

seizoen 0.1 *season* ◆ **6.1** weer dat past **bij** het ~ / abnormaal is **voor** het ~ *seasonable/unseasonable weather;* **buiten** het ~ *in the off-season, out of s.;* ⟨attr.⟩ *off-season.*

seizoenaanbieding 0.1 *seasonal offer.*

seizoenarbeid 0.1 *seasonal work/employment.*

seizoenartikel 0.1 *seasonal article/*⟨mv. ook⟩ *goods.*

seizoengebonden 0.1 *seasonal.*

seizoengevoelig 0.1 *seasonal* ⇒*subject to seasonal influences.*

seizoengroente 0.1 *seasonal vegetable; vegetable in season.*

seizoenkaart 0.1 *season ticket.*

seizoenopruiming 0.1 *end-of-season sale(s).*

seizoenwerkloosheid 0.1 *seasonal unemployment.*

seks 0.1 *sex* ◆ **3.1** ~ bedrijven *have s.*

seksartikelen 0.1 *sex aids.*

seksbioscoop 0.1 *sex cinema.*

seksblad 0.1 *sex magazine.*

seksboetiek 0.1 *sex/porn shop.*

seksbom 0.1 *sex bomb.*

sekse 0.1 *sex* ◆ **2.1** iem. v.d. andere ~ *s.o. of the opposite s.*

seksegenoot 0.1 *s.o. of the same sex.*

seksfilm 0.1 *sex film* ⇒*skin flick.*

seksisme 0.1 [bepaald gedrag] *sexism* ⇒⟨door man(nen) ook⟩ *male chauvinism* **0.2** [uitdrukking] *sexist expression/remark.*

seksist 0.1 *sexist* ⇒⟨ihb. man⟩ *male chauvinist.*

seksistisch 0.1 ⟨bn.⟩ *sexist;* ⟨bw.⟩ *like a sexist* ◆ **1.1** een ~e opmerking *a s. remark.*

sekslijn 0.1 *sex line.*

seksloos 0.1 *sexless.*

seksmaniak 0.1 *sex maniac.*

seksnummer 0.1 *sex/erotic line.*

seksobject 0.1 *sex object.*

sekstest 0.1 *sex test/screening.*

seksualiteit 0.1 *sexuality.*

seksueel 0.1 *sexual* ◆ **1.1** seksuele aantrekkingskracht *sex appeal;* ~ contact *s. contact;* seksuele voorlichting *sex education* **2.1** ~ overdraagbare aandoeningen *sexually transmitted disease(s).*

seksuoloog 0.1 *sexologist.*

sekswinkel 0.1 *sex/porn shop.*

sektarisch 0.1 *sectarian* ◆ **3.1** ~ denken *think in s. terms.*

sekte 0.1 *sect.*

sektevorming 0.1 *formation of a sect/sects.*

sekwestreren ⟨jur.⟩ **0.1** *sequester* ◆ **1.1** de gesekwestreerde goederen *the sequestered goods.*

selderie 0.1 ⟨bladselderie⟩ *celery;* ⟨knolselderie⟩ *celeriac.*

select 0.1 *select* ◆ **1.1** een ~ gezelschap *a s. company.*

selecteren 0.1 [uitzoeken] *select* ⇒*pick (out)* **0.2** [scheiden] *select* ⇒*sort (out)* ◆ **6.1** ⟨sport⟩ hij werd niet geselecteerd **voor** deze wedstrijd *he was not picked/selected for this match.*

selectie 0.1 *selection* ◆ **2.1** ⟨sport⟩ de nationale ~ *the national s./squad;* natuurlijke ~ *natural s.* **3.1** ⟨sport⟩ de ~ bekendmaken *announce/name the s./squad.*

selectiecriterium 0.1 *selection criterion.*

selectief 0.1 *selective.*

selectieprocedure 0.1 *selection procedure.*

selectietheorie ⟨biol.⟩ **0.1** *theory of natural selection.*

selectiewedstrijd ⟨sport⟩ **0.1** *selection match* ⇒⟨mbt. ploeg ook, voorronde wedstrijd⟩ *preliminary match.*

selenium 0.1 *selenium.*

semafoon 0.1 ±*radio(tele)phone.*

semantiek ⟨taal., fil.⟩ **0.1** *semantics.*

semantisch 0.1 *semantic.*

semester 0.1 *six months* ⇒⟨vnl. ᴬᴱ; universiteit⟩ *semester,* ⟨ᴮᴱ; universiteit⟩ *term (of six months).*

semi- 0.1 *semi-.*

Semieten 0.1 *Semites.*

seminaar 0.1 *seminar.*

seminarie, -ium 0.1 *seminary* ◆ **6.1** op het ~ zitten *be at a s.*

semiotiek ⟨taal.⟩ **0.1** *semiotics.*

semiotisch ⟨taal.⟩ **0.1** *semiotic.*

semi-overheidsbedrijf 0.1 *semi state-controlled company.*

semi-prof ⟨sport⟩ **0.1** *semi-pro.*

Semitisch 0.1 ⟨zn. en bn.⟩ *Semitic.*

senaat 0.1 [Rom. gesch.] *senate* **0.2** [Eerste Kamer] ⟨in USA, Canada, Australië enz.⟩ *Senate* **0.3** [raad van hoogleraren] *senate.*

senator ⟨pol.⟩ **0.1** *senator* ◆ **3.1** tot ~ gekozen worden *be elected (as) s.*

Senegal 0.1 *Senegal.*

seniel 0.1 *senile.*

seniliteit 0.1 *senility.*

senior 0.1 ⟨zn. en bn.⟩ *senior.*

seniorenkaart 0.1 *senior citizen's pass.*

seniorenpas 0.1 *pensioner's ticket/pass* ⇒*senior citizen's pass/reduction card.*

sensatie 0.1 [zintuiglijke/levendige gewaarwording] *sensation* ⇒*feeling* **0.2** [beroering, opschudding] *sensation* ⇒ ⟨opwinding⟩ *thrill,* ⟨opschudding⟩ *stir* ◆ **3.2** ~ maken *cause a sensation/stir* **6.2** op ~ belust zijn *be looking for sensation.*

sensatiebelust 0.1 *sensation-loving/seeking.*

sensatieblad 0.1 *sensational paper.*

sensatiepers 0.1 *gutter/sensational press.*

sensatiezoeker 0.1 *sensation-lover/seeker.*

sensationeel 0.1 *sensational* ⇒⟨opzienbarend⟩ *spectacular* ♦ **1.1** een sensationele mededeling doen ⟨ook⟩ *drop a bombshell.*

sensitief 0.1 *sensitive* ⇒⟨fysiologie⟩ *sensory* ♦ **1.1** sensitieve zenuwen *sensory nerves.*

sensor 0.1 *sensor.*

sensualiteit 0.1 *sensuality.*

sensueel 0.1 *sensual.*

sentiment 0.1 *sentiment* ♦ **2.1** vals ~ *cheap s.*

sentimenteel 0.1 *sentimental* ♦ **1.1** een sentimentele film *a s. film;* ⟨inf.⟩ *a tear-jerker.*

separaat 0.1 *separate.*

separatisme 0.1 *separatism.*

sepia 0.1 *sepia.*

seponeren ⟨jur.⟩ **0.1** *dismiss* ⇒*drop* ♦ **1.1** een zaak ~ *dismiss/drop a case.*

september 0.1 *September* ⟨ook →**januari**⟩.

septet 0.1 *septet.*

septisch 0.1 *septic.*

sequens ⟨muz.⟩ **0.1** *sequence.*

SER ⟨afk.⟩ **0.1** [Sociaal-Economische Raad] *Socio-Economic Council.*

serafijn 0.1 *seraph.*

sereen 0.1 *serene* ♦ **1.1** een serene glimlach *a s. smile.*

serenade 0.1 *serenade* ♦ **3.1** iem. een ~ brengen *serenade s.o.*

sereniteit 0.1 *serenity.*

sergeant 0.1 ⟨mil.⟩ *sergeant.*

sergeant-majoor 0.1 *sergeant-major.*

serie 0.1 [reeks] ⟨ook tv⟩ *series;* ⟨biljart⟩ *break;* ⟨feuilleton⟩ *serial* **0.2** [groot aantal] *series* **0.3** [sport] *heat, qualifying round* **0.4** [aantal loten] *series, batch* ♦ **2.1** een Amerikaanse ~ op de tv *an American* ⟨feuilleton⟩ *serial/*⟨aparte verhalen⟩ *series on TV* **3.1** ⟨biljart⟩ een ~ maken *make a break* **6.1** ⟨tech.⟩ **in** ~ ⟨schakelen⟩ *(connect) in series* **6.2** ⟨fig.⟩ ze heeft ze **in** ~s *she has stacks of them.*

seriebouw 0.1 *mass production (of buildings).*

seriemoordenaar 0.1 *serial killer.*

serienummer 0.1 *serial number.*

serieproduct 0.1 *mass-produced article/item* ⇒⟨mbt. geregistreerde producten ook⟩ *batch product.*

serieproductie 0.1 *serial/series production* ⇒⟨mbt. geregistreerde producten ook⟩ *batch production,* ⟨oneig.⟩ *mass production.*

serieschakeling ⟨tech.⟩ **0.1** *series connection.*

serieus 0.1 *serious* ⇒*straight* ⟨zonder grapjes⟩ ♦ **1.1** een serieuze zaak ⟨ook⟩ *no laughing matter* ¶**.1** ~? *seriously?, really?*

sérieux ♦ ¶**.1** iem. niet au ~ nemen *not take s.o. seriously.*

sering 0.1 *lilac* ♦ **1.1** een boeket ~en *a bouquet of l.*

sermoen 0.1 *sermon* ♦ **3.1** een ~ houden *preach (at s.o.).*

seropositief 0.1 *HIV-positive.*

serpent 0.1 [schr.; slang] *serpent* **0.2** [persoon] *shrew, bitch* ⇒*serpent* ♦ **2.2** lelijk ~! *rotten b.!*

serpentine 0.1 *streamer.*

serre 0.1 [veranda] *sun room* **0.2** [broeikas] ⟨aan huis/gebouw vast⟩ *conservatory* ⟨voor planten⟩.

serum 0.1 *serum* ♦ **3.1** ~ bij iem. inspuiten *inject s.o. with s.*

serve ⟨sport⟩ **0.1** *serve* ♦ **6.1** X is **aan** ~ *it's X's s.*

serveerder, -ster 0.1 [bediende] ⟨aan tafel⟩ *waiter* ⟨m.⟩, *waitress* ⟨v.⟩; ⟨achter toonbank⟩ *server* **0.2** [sport; iem. die de opslag verricht] *server.*

server ⟨sport⟩ **0.1** *server.*

serveren 0.1 ⟨ook sport⟩ *serve* ♦ **2.1** koel ~ *s. chilled* **5.1** onderhands/bovenhands ~ *s. underarm/overarm.*

servet 0.1 *napkin* ♦ ¶**.1** ⟨fig.⟩ te groot voor ~ en te klein voor tafellaken *at the in-between age.*

servetring 0.1 *napkin ring.*

service 0.1 [diensten aan de clientèle] *service* **0.2** [sport] *service* **0.3** [bedieningsgeld] *service charge* ♦ **2.3** ~ inbegrepen *service charges included* **3.1** dat is nog eens ~! *that is what I call s.!*

serviceafdeling 0.1 *service department.*

servicebeurt 0.1 *service* ♦ **6.1** met je auto naar de garage gaan voor een ~ *take the car to be serviced.*

servicedoorbraak ⟨sport⟩ **0.1** *service break.*

serviceflat 0.1 *ᴮservice flat.*

servicekosten 0.1 *service charge(s).*

servicelijn ⟨sport⟩ **0.1** *service line.*

servicevak ⟨sport⟩ **0.1** *service court.*

serviceverlening 0.1 *service(s).*

Servië 0.1 *Serbia.*

serviel 0.1 *servile.*

Serviër 0.1 *Serb(ian).*

servies 0.1 [vaak in samenst.] *service* ♦ **1.1** theeservies *tea s./set* **2.1** 30-delig ~ *30-piece s.*

serviesgoed 0.1 *crockery.*

Servisch 0.1 ⟨bn. en zn.⟩ *Serbian.*

sesam 0.1 *sesame (seed)* ♦ **3.**¶ Sesam, open u! *open Sesame!*

sesamzaad 0.1 *sesame seed(s).*

sessie 0.1 *session* ⇒*sitting,* ⟨van muzikanten⟩ *jam session* ♦ **2.1** een hele ~ *quite a session.*

sessiemuzikant 0.1 ⟨jazz⟩ *jammer* ⇒*session/studio musician.*

set 0.1 *set.*

settelen ⟨wk.ww.; zich ~⟩ **0.1** *settle.*

setter 0.1 *setter* ♦ **2.1** Ierse ~ *Irish s.*

sexshop 0.1 *sex/porn shop.*

sextant 0.1 [scheep.] *sextant* **0.2** [ster.] *Sextans.*

sextet 0.1 *sextet.*

Seychellen 0.1 *the Seychelles.*

sfeer 0.1 [stemming] *atmosphere* **0.2** [karakteristieke eigenschap] *atmosphere* ⇒*character* ⟨plaats, gebouw⟩, *ambience* ⟨plaats⟩ **0.3** [gebied op/rond de aarde] *sphere* **0.4** [fig.; gebied] *sphere* ♦ **2.2** een huis met een heel eigen ~ *a house with a distinctive character* **2.4** in hogere sferen zijn *have one's head in the clouds;* ⟨ernstig ook⟩ *be sunk in reverie, be lost in thought* **3.1** een ~tje creëren *make things nice and cosy.*

sfeerloos 0.1 *cheerless* ⇒*without/lacking amosphere* ⟨plek e.d.⟩.

sfeertekening 0.1 *atmospheric description.*

sfeerverlichting 0.1 *atmospheric lighting.*

sfeervol 0.1 *attractive* ⇒*full of atmosphere* ⟨alleen na zn.⟩ ♦ **1.1** een ~ interieur *an a. interior.*

sfinx 0.1 [myth.] *Sphinx* **0.2** [persoon] *sphinx* **0.3** [vlinder] *hawk-moth.*

slag 0.1 *hand-rolling tobacco* ♦ **3.1** ~ roken *roll one's own.*

shampoo 0.1 *shampoo.*

sherpa 0.1 *sherpa.*

sherry 0.1 *sherry.*

Shetlander 0.1 [persoon] *Shetlander* **0.2** [pony] *Shetland (pony).*

shirt 0.1 *shirt* ⇒⟨bloes⟩ *blouse* ♦ **3.1** ⟨sport⟩ ~jes wisselen *exchange shirts/jerseys.*

shirtreclame 0.1 *shirt advertising.*

shoarma 0.1 *doner kebab* ♦ **3.1** ~ een broodje ~ *a d. k.*

shoarmabroodje 0.1 *pitta bread.*

shocktherapie 0.1 *shock treatment/therapy.*

shocktoestand 0.1 *state of shock* ◆ 6.1 hij is in ~ *he is in (a state of) shock.*

short, shorts 0.1 *shorts* ⟨mv.⟩.

show 0.1 [presentatie] *show* ⇒*display* 0.2 [dram., tv] *show* ◆ 3.2 ⟨fig.⟩ dat is allemaal ~ *that's all put on* 6.2 ⟨fig.⟩ dat is alleen maar **voor** de ~ *that is just for s.*

showen 0.1 *show* ⇒*display.*

si ⟨muz.⟩ 0.1 *ti, si.*

siamees 0.1 *Siamese (cat).*

Siamees 0.1 ⟨bn.⟩ *Siamese* ◆ 1.¶ een Siamese kat *a Siamese (cat).*

Siberië 0.1 *Siberia.*

Siberisch 0.1 *Siberian* ◆ 3.1 het laat mij ~ *it leaves me cold; I couldn't care less.*

sic 0.1 *sic.*

Siciliaan, -se 0.1 *Sicilian.*

Siciliaans 0.1 *Sicilian.*

Sicilië 0.1 *Sicily.*

sickbuildingsyndroom 0.1 *sick building syndrome.*

sidderaal 0.1 *electric eel.*

sidderen 0.1 *tremble* ⇒*shiver* ◆ 6.1 ik sidderde **bij** de gedachte alleen al *the very thought of it made me shudder.*

siddering 0.1 *shudder* ⇒*shiver* ◆ 3.1 er ging een ~ door zijn leden *a tremor went through his limbs/him.*

siderisch ⟨ster.⟩ 0.1 *sidereal* ◆ 1.1 ~ jaar *s. year.*

sier 0.1 *show* ◆ 2.¶ goede ~ maken (met iets) *try to cut a dash (with sth.).*

sieraad 0.1 [opschik] *ornament* 0.2 [bijou] *jewel* ⇒⟨mv.⟩ *jewellery* ◆ 1.1 ⟨fig.⟩ hij is het ~ van zijn stad *he is the pride (and joy) of his city* 6.1 ⟨fig.⟩ zij is een ~ **voor** onze familie *she is a credit to our family.*

sieren 0.1 [tot sieraad zijn] *adorn* 0.2 [schr.; versieren] *decorate (with)* ◆ 4.1 dat siert hem *it is to his credit* 5.1 die houding siert je niet *that attitude ill becomes you.*

siergewas →**sierplant.**

sierletter 0.1 *ornamental letter.*

sierlijk 0.1 *elegant* ⇒*graceful* ◆ 5.1 overdreven ~ *florid.*

sierlijkheid 0.1 *elegance* ⇒*grace(fulness).*

sierlijst 0.1 *ornamental/decorative frame.*

sierplant 0.1 *ornamental plant.*

sierpot 0.1 *decorative/ornamental (flower) pot.*

Sierra Leone 0.1 *Sierra Leone.*

sierrand 0.1 *decorative/ornamental border.*

sierspeld 0.1 *pin* ⇒*brooch.*

siersteek 0.1 *ornamental/embroidery stitch.*

sierstrip 0.1 *trim* ⟨op auto⟩.

siertuin 0.1 *ornamental garden.*

siësta 0.1 *siesta* ◆ 3.1 ~ houden *have a s.*

sifon 0.1 *siphon.*

sigaar 0.1 [rookwaar] *cigar* 0.2 [plantk.] *reed mace/cat's tail spike* ◆ 3.1 een ~ opsteken *light a c.* 3.¶ hij is altijd de ~ *he always gets the blame;* de ~ zijn ⟨erbij zijn⟩ *have had it;* ⟨de schuld krijgen⟩ *get the blame.*

sigarenbandje 0.1 *cigar band.*

sigarenboer 0.1 *tobacconist* ⇒*cigar shop/store owner.*

sigarenkist 0.1 *cigar box.*

sigarenkoker 0.1 *cigar case.*

sigarenpeuk 0.1 *cigar stub/butt.*

sigarenwinkel 0.1 *cigar shop, tobacconist's.*

sigaret 0.1 *cigarette* ◆ 1.1 een pakje ~ten *a ᴮpacket/ᴬpack of cigarettes* 3.1 een ~ opsteken/uitmaken *light/put out a c.* 6.1 ~ **zonder** filter *non-filter c.*

sigarettenautomaat 0.1 *cigarette vending machine.*

sigarettenkoker 0.1 *cigarette case.*

sigarettenpeuk 0.1 *cigarette end/butt.*

sigarettenpijpje 0.1 *cigarette holder* ⇒*mouthpiece.*

sigarettenvloei 0.1 *cigarette paper.*

sightseeën 0.1 *(go) sightseeing.*

signaal 0.1 [sein] *signal* ⇒*sign,* ⟨mil.; op hoorn⟩ *call* 0.2 [gebeurtenis, geschrift] *signal* ⇒*sign* 0.3 [instrument] *signal* 0.4 [nat.] *signal* ◆ 2.4 een zacht ~ *a weak/faint s.* 3.1 een ~ geven *(make a) signal* 6.1 het ~ **voor** de aftocht geven *sound the retreat* ¶.3 het ~ stond op rood *the s. was red.*

signaalkleur 0.1 *dominant/striking colour.*

signalement 0.1 *description* ◆ 3.1 hij beantwoordt niet aan het ~ *he doesn't fit the d.*

signaleren 0.1 [opmerken] *see* ⇒*spot* 0.2 [wijzen op] *point out* ◆ 1.2 problemen/misstanden ~ *point out problems/evils* 6.1 hij was **in** een nachtclub gesignaleerd *he had been seen in a nightclub.*

signatuur 0.1 ⟨ook med., muz.⟩ *signature* ⇒⟨fig.⟩ *persuasion* ⟨aard⟩ ◆ 3.1 het werk draagt zijn ~ *the work bears his s.*

signeren 0.1 [handtekening plaatsen] *sign* ⇒*autograph* 0.2 [tbv. verzamelaars] *autograph* ◆ 1.1 een door de auteur gesigneerd exemplaar *a signed/autographed copy.*

signet 0.1 [zegelring] *signet-ring* 0.2 [zegelstempel] *signet* ⇒*seal.*

significant 0.1 *significant.*

sijpelen 0.1 *seep* ⇒*trickle* ◆ 6.1 er sijpelde wat informatie **naar** buiten *some information trickled through.*

sik 0.1 [baardje] *goatee* 0.2 [geit] *goat* ◆ 3.¶ ⟨inf.⟩ ergens een ~ van krijgen *be fed up with sth.*

sikh 0.1 *Sikh.*

sikkel 0.1 [snijmes, kleine zeis] *sickle* 0.2 [iets met sikkelvorm] *sickle* ⇒*crescent* ◆ 1.1 hamer en ~ *hammer and s.* 1.2 de ~ v.d. maan *the crescent moon.*

sikkelcelanemie 0.1 *sickle cell anaemia.*

sikkelvormig 0.1 *sickle-shaped* ⇒*crescent(-shaped).*

sikkeneurig 0.1 *peevish* ⇒*grouchy* ◆ 1.1 't is zo'n ~ mens *he's/she's such a sourpuss.*

sikkepit 0.1 *whit* ⇒*bit* ◆ 7.1 't is geen ~ waard *it isn't worth a bean;* ik snap er geen ~ van *I just don't get it.*

silene ⟨plantk.⟩ 0.1 *campion.*

silhouet 0.1 *silhouette* ◆ 3.1 het ~ v.d. grote stad *the skyline of the big city.*

silicium 0.1 *silicon.*

silicone 0.1 *silicone.*

siliconenkit 0.1 *silicone/fibre-glass paste.*

silo 0.1 *silo.*

Siluur ⟨geol.⟩ 0.1 *Silurian.*

sim 0.1 [snoer] *line* 0.2 [kurk] *float* ◆ 6.¶ iem. **onder** (de) ~ hebben *have s.o. under one's thumb.*

simpel 0.1 [niet ingewikkeld] *simple* 0.2 [niet meer dan] *simple* ⇒*mere* 0.3 [dom(mig)] *simple* ⇒*dense* ◆ 1.1 ~e kost *s./modest fare* 1.3 een ~e ziel *a simpleton;* ⟨boer van buiten⟩ *a yokel* ¶.1 zo ~ ligt dat! *that's the way it is!*

simpelweg 0.1 *simply* ⇒*just.*

simplificatie 0.1 *simplification* ⇒⟨te eenvoudig⟩ *oversimplification.*

simplificeren 0.1 *simplify* ⇒⟨gemakkelijker maken⟩ *facilitate,* ⟨te zeer vereenvoudigen⟩ *oversimplify* ◆ 1.1 een gesimplificeerde voorstelling van zaken geven *s./oversimplify matters.*

simplistisch 0.1 *simplistic* ⇒*oversimplified* ◆ 3.1 dat is wel wat ~ geredeneerd *that's putting it rather naively/simply.*

simsalabim 0.1 *abracadabra.*

simulant 0.1 *simulator* ⇒⟨mbt. ziekte⟩ *malingerer.*

simulatie 0.1 *simulation* ⇒⟨mbt. ziekte⟩ *malingering.*
simulator 0.1 *simulator.*
simuleren I ⟨ov.ww.⟩ 0.1 [voorgeven] *simulate* ⇒*feign* 0.2 [nabootsen] *simulate* ⇒⟨in scène zetten⟩ *stage,* ⟨in scène zetten⟩ *recreate;*
II ⟨onov., ov.ww.⟩ 0.1 [een ziekte voorwenden] *feign (illness)* ⇒*malinger.*
simultaan 0.1 *simultaneous* ◆ 1.1 ⟨comp.⟩ simultane verwerking *s. processing* 3.1 ⟨sport⟩ ~ spelen *give a s. display;* ⟨sport⟩ ~ spelen tegen 100 tegenstanders *play a simul against 100 opponents.*
simultaanpartij 0.1 *simultaneous game.*
sinaasappel 0.1 *orange.*
sinaasappelboom 0.1 *orange tree.*
sinaasappelkist 0.1 *orange crate.*
sinaasappelsap 0.1 *orange juice.*
sinaasappelschil 0.1 *orange peel/rind.*
sinas 0.1 *orangeade* ⇒*orange soda.*
sinds[1] ⟨vz.⟩ 0.1 ⟨gevolgd door tijdstip⟩ *since;* ⟨gevolgd door periode⟩ *for* ◆ 1.1 ik ben hier al ~ jaren niet meer geweest *I haven't been here for years;* ik heb hem ~ maandag niet meer gezien *I haven't seen him since Monday;* ~ enige tijd *for some time (now)* 5.1 ~ kort *recently; for a short time now.*
sinds[2] ⟨vw.⟩ 0.1 *since* ⇒⟨onafgebroken⟩ *ever since* ◆ 3.1 ~ ik Jan ken *s. I met/have known Jan.*
sindsdien 0.1 *since* ⇒*since then,* ⟨onafgebroken⟩ *ever since* ◆ 3.1 ~ is er van hen niets meer vernomen *they have not been heard of since.*
sine ◆ ¶.¶ een voorwaarde ~ qua non *a sine qua non.*
sinecure 0.1 *sinecure* ◆ 3.1 dat is geen ~ *that's no s.*
Singalees 0.1 *Sinhalese.*
Singapore 0.1 *Singapore.*
singel I ⟨de⟩ 0.1 [buitengracht] *canal* 0.2 [weg] *boulevard* 0.3 [buikriem] *girth* 0.4 [band] *web(bing);*
II ⟨het⟩ 0.1 [stof] *webbing.*
singlet 0.1 *ᴮsinglet,* *ᴬundershirt.*
sinister 0.1 *sinister* ◆ 1.1 ~e plannen *s. designs.*
sinjeur 0.1 *type* ◆ 2.1 een rare ~ *a queer fish.*
sinologie 0.1 *Sinology.*
sinoloog 0.1 *Sinologist.*
sint 0.1 [heilige] *saint* 0.2 [Sinterklaas] ⟨*St Nicholas*⟩ ◆ 2.2 de (goede) ~ ±*Santa (Claus);* ⟨vnl. BE⟩ ±*Father Christmas.*
sint-bernardshond 0.1 *St Bernard (dog).*
sintel 0.1 *cinder* ◆ 2.1 gloeiende ~s *glowing embers.*
sintelbaan 0.1 *cinder/dirt track.*
Sinterklaas 0.1 [Sint-Nicolaas] ⟨*St Nicholas*⟩ ⇒±*Santa (Claus),* ⟨vnl. BE⟩ ±*Father Christmas* 0.2 [feest] ⟨*feast of St Nicholas*⟩ ◆ 3.1 hij gelooft niet meer in ~ *he no longer believes in Father Christmas/Santa (Claus).*
sinterklaasavond 0.1 ⟨*St Nicholas' Eve*⟩.
sinterklaasgedicht 0.1 ⟨*St Nicholas' poem*⟩.
sinterklaasliedje 0.1 ⟨*song sung on or about the feast of St Nicholas*⟩.
sint-jakobsschelp 0.1 *scallop (shell).*
sint-juttemis ◆ 6.¶ wachten tot ~ *wait till hell freezes over.*
Sint-Maarten 0.1 ⟨feestdag⟩ *Martinmas;* ⟨heilige⟩ *St Martin.*
Sint-Nicolaas 0.1 [heilige] *St Nicholas* 0.2 [feest] ⟨*feast of St Nicholas*⟩.
Sint-Pieterspenning 0.1 *Peter's pence.*
sinus ⟨wisk.⟩ 0.1 *sine (of angle).*
sinusitis 0.1 *sinusitis.*
sip 0.1 *glum* ⇒*crestfallen* ◆ 3.1 wat kijk je ~? *what's eating you?*

Sire 0.1 *your Majesty* ⇒⟨gesch.⟩ *Sire.*
sirene 0.1 *siren* ◆ 2.1 met loeiende ~ *with wailing sirens.*
Sirius ⟨ster.⟩ 0.1 *Sirius.*
siroop 0.1 *syrup* ◆ 2.1 vruchten op lichte/zware ~ *fruit in light/heavy s.*
sisklank ⟨taal.⟩ 0.1 *sibilant.*
sissen I ⟨onov.ww.⟩ 0.1 [scherp geluid voortbrengen] *hiss* 0.2 [mbt. vocht/vet] *sizzle* ◆ 1.1 een ~d geluid maken *make a hissing noise* 6.2 het spek siste in de pan *the bacon was sizzling in the pan;*
II ⟨ov.ww.⟩ 0.1 [met sissende stem zeggen] *hiss* ◆ 6.1 'Schurk', siste zij hem in het oor *'Villain', she hissed in his ear.*
sisser ◆ 6.¶ met een ~ aflopen *blow over* ⟨iets dreigends⟩; *fizzle out* ⟨tot niets komen, tegenvallen⟩.
sisyfusarbeid 0.1 *Sisyphean task* ⇒*never-ending task.*
sitar 0.1 *sitar.*
sit-downstaking 0.1 *sit-down strike.*
situatie 0.1 [positie] *situation* ⇒*position* 0.2 [toestand] *situation* ⇒*state of affairs* 0.3 [ligging] *situation* ⇒*location* 0.4 [tekening] *site drawing/plan* ◆ 2.1 een moeilijke/een precaire ~ *a difficult/awkward s.* 2.2 de politieke/de financiële ~ *the political/financial situation* 3.3 de ~ schetsen *describe the location* 6.2 in de huidige ~ *as things stand, in the present situation.*
situatieschets 0.1 [situatietekening] *plan, layout* 0.2 [vlotte weergave v.e. situatie] *sketch of a situation* ⇒*summary.*
situatietekening 0.1 ⟨mbt. ongeluk⟩ *sketch (of the situation at the time of the accident);* ⟨van terrein⟩ *ground plan.*
situeren 0.1 *set* ⇒*locate, situate* ◆ 1.1 waar is het verhaal gesitueerd? *where is the story set?*
situering 0.1 *situation* ⇒*location, setting.*
sjaal 0.1 *scarf* ◆ 3.1 een ~ omslaan *put on a s.*
sjabloon 0.1 [modelvorm] *stencil (plate)* ⇒*template* ⟨voor snijden/boren⟩, ⟨fig.⟩ *stereotype.*
sjacheraar, -ster 0.1 *haggler* ⇒*horse-trader.*
sjacheren 0.1 *haggle* ⇒*barter.*
sjalot 0.1 *shallot.*
sjans ◆ 3.¶ ~ hebben *make a hit (with s.o.);* ⟨vnl. van man⟩ *be given the come-on.*
sjansen ⟨inf.⟩ 0.1 *flirt* ⇒*make eyes at s.o.,* ⟨vnl. met man⟩ *give s.o. the come-on* ◆ 6.1 ~ met de buurman *f. with the neighbour.*
sjashliek 0.1 *shashli(c)k.*
sjees 0.1 [grote hoeveelheid] *pack* ⇒*bunch* 0.2 [rijtuig] *gig* ◆ 1.1 een ~ kinderen *a bunch of kids.*
sjeik 0.1 *sheik(h).*
sjeikdom 0.1 *sheik(h)dom.*
sjekkie 0.1 *(hand-rolled) cigarette* ⇒⟨inf.⟩ *roll-up* ◆ 3.1 een ~ draaien *roll a cigarette.*
sjerp 0.1 *sash.*
sjezen 0.1 [hard lopen] *tear/fly (off)* 0.2 [zakken] *flunk* 0.3 [vluchten] *drop out* 0.4 [scheuren] *race* ◆ 1.3 een gesjeesd student *a dropout* ¶.4 hij sjeesde de hoek om *he tore round the corner.*
sjiek →**chic.**
sjiiet 0.1 *Shiite.*
sjilpen 0.1 *cheep* ⇒*chirp.*
sjirpen 0.1 *chirp* ◆ 1.1 het ~ van de krekels *the chirping of the crickets.*
sjoege ⟨inf.⟩ ◆ 3.¶ hij gaf geen ~ zei niets) *he kept mum;* ⟨reageerde niet⟩ *he didn't answer;* ⟨bleef onverstoorbaar⟩ *he didn't bat an eyelid;* ergens (totaal) geen ~ van hebben *not have the vaguest idea/know the first thing about sth.*

sjoemelaar, -ster ⟨inf.⟩ **0.1** *cheat* ⇒⟨BE ook⟩ *fiddler, card-sharp(er)* ⟨met kaarten⟩.

sjoemelen ⟨inf.⟩ **0.1** [knoeien] *cheat* ⇒⟨BE ook⟩ *fiddle* **0.2** [kaartspel] *cheat* ◆ **6.1** ~ **met** de uitslagen *rig the results*.

sjofel 0.1 *shabby* ⇒*shoddy* ◆ **1.1** in ~e kleren *in shabby/tatty clothes*.

sjokken 0.1 *trudge*.

sjorren I ⟨onov., ov.ww.⟩ **0.1** [trekken] *lug* ⇒*heave* ◆ **1.1** zij sjorde het pak de trap op *she lugged the package up the stairs;* **II** ⟨ov.ww.⟩ **0.1** [vastbinden] *lash (down)* ◆ **5.1** alles was stevig gesjord *everything was lashed down securely;* **III** ⟨onov.ww.⟩⟨vulg.⟩ **0.1** [rukken] *⁰wank (off), ⁴jerk off.*

sjouw 0.1 [lastig werk] *grind* ⇒*sweat* ◆ **2.1** dat was een hele ~ *that was uphill work, that was quite a g.*

sjouwen I ⟨ov.ww.⟩ **0.1** [met inspanning dragen] *lug* ⇒*drag;* **II** ⟨onov.ww.⟩ **0.1** [zwaar aan iets dragen] *lug* ⇒*drag* **0.2** [iets inspannends doen] *trudge* ⇒*toil* **0.3** [inf.; lopen] *trudge* ⇒*traipse* ◆ **6.3** hij sjouwt het hele veld **over** *he plods all over the field* ¶.3 trap op/trap af~ *trudge/traipse up/down the stairs.*

sjouwer 0.1 [beroep] *porter* ⇒⟨in haven⟩ *docker* **0.2** [iem. die het zwaarste werk op zich neemt] *workhorse* ⟨ook sport⟩.

skai 0.1 ⟨zn. en bn.⟩ *imitation leather.*

skeeleren 0.1 *roller blade.*

skelet 0.1 *skeleton* ⇒⟨bouwk. ook⟩ *frame.*

skelter 0.1 *go-kart.*

skelterbaan 0.1 *go-kart (race)track.*

skelteren 0.1 *go-kart* ◆ **7.1** het ~ *go-karting.*

ski 0.1 *ski.*

skicentrum 0.1 *ski resort.*

skiën 0.1 *ski* ◆ **3.1** gaan ~ *go skiing.*

skiër, skiester 0.1 *skier.*

skigebied 0.1 *skiing area/centre.*

skileraar, -lerares 0.1 *ski instructor.*

skilift 0.1 *ski lift.*

skipak 0.1 *ski suit.*

skipiste 0.1 *ski run.*

skischans 0.1 *ski jump.*

skischoen 0.1 *ski boot.*

skispringen 0.1 *ski-jumping.*

skistok 0.1 *ski ⁰stick/⁴pole.*

skiwas 0.1 *ski wax.*

sla 0.1 *lettuce* ⇒⟨als koud gerecht⟩ *salad* ◆ **1.1** een krop ~ *a head of l.* **3.1** de ~ aanmaken *dress the salad.*

slaaf, slavin 0.1 *slave* ◆ **3.1** iem. tot ~ maken *enslave s.o.*

slaafs 0.1 *slavish* ⇒⟨serviel⟩ *servile* ◆ **1.1** ~e gehoorzaamheid *slavish/servile obedience;* ~e volgeling *yes-man, hanger-on* **1.**¶ ~e arbeid *drudgery, slave labour* **3.1** iem.~ navolgen *imitate s.o. slavishly.*

slaag ◆ **3.**¶ ⟨ook fig.; sport⟩ iem. (een pak) ~ geven *give s.o. a beating.*

slaags ◆ **3.**¶ ~ (ge)raken met een tegenstander/met de politie *come to blows with an opponent, clash with the police.*

slaan I ⟨ov.ww.⟩ **0.1** [via slagen pijn toebrengen] *hit* ⇒*strike, slap* ⟨met vlakke hand⟩, *beat* ⟨een pak slaag geven⟩ **0.2** [met enige kracht treffen] *hit* ⇒*strike, beat* **0.3** [door slagen op, van de plaats, in een toestand brengen] *beat (up)* **0.4** [door slagen doen ontstaan] ⟨zie 1.4⟩ **0.5** [door een zwaaiende beweging op, van de plaats, in een toestand brengen] *strike* ⇒*beat* **0.6** [mbt. het oog, de blik] *turn* **0.7** [mbt. draden, stroken] *plait* ⇒⟨mat, mand ook⟩ *weave* **0.8** [verslaan] *beat* **0.9** [lozen] *drain* ⇒*empty* **0.10** [mbt. spel] *take* ⇒*capture* ◆ **1.2** een spijker in de muur ~ *hammer a*

nail into the wall **1.3** olie ~ *strike oil;* een put ~ *sink a well, bore a well* **1.4** een brug over een rivier ~ *build a bridge over a river;* geld ~ *mint coins* **1.6** acht ~ op *take heed/notice of sth.* **1.7** touw/een knoop ~ *make rope; tie a knot* **4.2** ⟨fig.⟩ zich ergens doorheen ~ *pull through* **5.5** een fles rum achterover ~ *sink/tuck away a bottle of rum* **6.1** iem. in elkaar ~ *beat s.o. up;* iem. **in** het gezicht ~ *slap s.o.'s face* ⟨ook fig.⟩; **met** de koppen tegen elkaar ~ *bang their heads together* **6.2** een paal in de grond ~ *drive a stake into the ground* **6.5** een mantel **om** iem. heen ~ *wrap a coat round s.o.;* de armen **om** de hals van iem.~ *fling one's arms around s.o.'s neck;* de armen/benen **over** elkaar ~*fold one's arms, cross one's legs* ¶.1 ⟨fig.⟩ hij is er niet (bij) vandaan/weg te ~ *wild horses couldn't drag him away;* **II** ⟨onov.ww.⟩ **0.1** [slaande beweging(en) maken] *hit* ⇒ *beat, strike* **0.2** [mbt. hart, pols] *beat* **0.3** [door slagen geluid voortbrengen] *strike* **0.4** [door heen en weer bewegen geluid voortbrengen] *bang* ⇒*slam* **0.5** [+ op; betreffen] *refer to* **0.6** [begin maken met]⟨zie 6.6⟩ **0.7** [plotseling op een plaats/in een toestand komen]⟨zie 5.7, 6.7⟩ ◆ **1.3** de klok slaat ieder kwartier *the clock strikes the quarters* **5.2** zijn hart ging sneller ~ *his heart beat faster* **5.5** waar slaat dit nu weer op? *what is the meaning of this?* **5.7** overboord ~ *be washed overboard* **6.1 met** de vleugels ~*flap one's wings;* **met** de deur ~ *slam the door;* wild **om** zich heen ~ *lash out;* de golven ~ **over** het dek *the waves are breaking over the deck* **6.4** de zeilen ~ **tegen** de mast *the sails are flapping against the mast* **6.5** dat slaat **op** mij *that is meant for/aimed at me;* dat slaat nergens **op** *that makes no sense at all* **6.6 op** de vlucht slaan *take to one's heels* **6.7** de vlam sloeg **in** de pan *the pan caught fire;* de rook slaat **op** je keel *the smoke gets you in the throat;* **over** de kop ~ *overturn* ¶.1 er maar op los ~ *h. wildly/blindly at s.o.*

slaand →*ruzie.*

slaap 0.1 [rusttoestand] *sleep* **0.2** [neiging] *sleepiness* **0.3** [zijvlak v.h. hoofd] *temple* ◆ **2.1** een diepe/lichte ~ *a deep/light s.* **3.1** iem. uit de ~ houden *keep s.o. awake;* de ~ niet kunnen vatten *not be able to get to sleep* **3.2** ~ hebben *feel sleepy;* ~ krijgen *get sleepy* **6.1 in** ~ vallen *fall asleep;* het was om bij **in** ~ te vallen *it was enough to put one to sleep;* als een blok/vast **in** ~ vallen *go out like a light* **6.2** omvallen **van** de ~ *be unable to keep one's eyes open.*

slaapbank 0.1 [bedbank] *sofa bed* **0.2** [rustbank] *couch.*

slaapbeen 0.1 *temporal bone.*

slaapbus 0.1 *sleeper bus.*

slaapcentrum 0.1 *sleep area.*

slaapcoupé 0.1 *sleeping compartment.*

slaapdrank 0.1 *sleeping draught/potion* ⇒⟨borrel⟩ *nightcap.*

slaapdronken 0.1 *half asleep, drowsy* ◆ **3.1** ~ antwoorden *answer sleepily/drowsily.*

slaapgebrek 0.1 *lack of sleep.*

slaapgelegenheid 0.1 *sleeping accommodation, place to sleep* ◆ **1.1** ~ voor de bemanning ⟨op schip⟩ *the crew's sleeping quarters.*

slaapje 0.1 *nap, snooze* ◆ **3.1** een ~ doen *have a n./s.;* ⟨kind.⟩ nu gaan we ~s doen *now it's time to go to beddie-bye(s).*

slaapkamer 0.1 *bedroom.*

slaapkop 0.1 [slaperig persoon] *sleepyhead* **0.2** [sufferd] *dope.*

slaapliedje 0.1 *lullaby.*

slaapmiddel 0.1 *sleep-inducing drug* ⇒⟨slaappil⟩ *sleeping pill* ◆ **3.1** een ~ innemen *take a sleeping pill.*

slaapmuts 0.1 [nachtmuts] *nightcap* 0.2 [slaapkop] *sleepy-head.*
slaapmutsje 0.1 [borrel] *nightcap.*
slaapogen 0.1 *sleepy eyes.*
slaappil 0.1 *sleeping pill.*
slaapplaats 0.1 *place to sleep* ⇒*bed,* ⟨op schip⟩ *berth.*
slaappoeder 0.1 *sleeping powder.*
slaapstad 0.1 ⟨voorstad⟩ *dormitory suburb;* ⟨satellietstad⟩ *dormitory town.*
slaapster ◆ 2.¶ de schone ~ *Sleeping Beauty.*
slaapstoel 0.1 *reclining chair* ⇒⟨in auto/vliegtuig, op schip⟩ *reclining seat* ⟨met verstelbare rugleuning⟩.
slaaptrein 0.1 *sleeper* ⇒*overnight train.*
slaapverwekkend 0.1 *sleep-inducing* ⇒⟨fig.⟩ *soporific* ◆ 1.1 een ~ boek *a tedious book.*
slaapwagen 0.1 *sleeping car, sleeper.*
slaapwandelaar, -ster 0.1 *sleepwalker.*
slaapwandelen 0.1 *walk in one's sleep* ◆ 7.1 het ~ *sleepwalking.*
slaapwijk 0.1 *dormitory suburb.*
slaapzaal 0.1 *dormitory* ⇒⟨inf.⟩ *dorm.*
slaapzak 0.1 *sleeping bag.*
slaapziekte 0.1 *sleeping sickness.*
slaatje 0.1 *salad* ◆ 3.¶ hij wil overal een - uit slaan *he tries to cash in on everything.*
slab 0.1 [morsdoekje] *bib* 0.2 [strook lood]⟨onder in een muur⟩ *damp course* ◆ 3.1 een kind een ~ voordoen *put a child's b. on.*
slabak 0.1 *salad bowl.*
slabakken 0.1 [niet voortmaken]⟨luieren⟩ *slack, idle;* ⟨treuzelen⟩ *dawdle* ◆ 3.1 een beetje lopen te ~ *lounge around.*
slablad 0.1 *lettuce leaf.*
slacht 0.1 [het slachten] *slaughter(ing)* 0.2 [wat het slachten oplevert] *slaughtered animal(s)* ◆ 6.1 varkens fokken **voor** de ~ *breed pigs for slaughter.*
slachtafval 0.1 *offal.*
slachtbank ◆ 6.¶ **naar** de ~ geleid worden ⟨fig.⟩ *be led to the slaughter.*
slachten 0.1 *slaughter* ⇒*butcher,* ⟨mbt. massamoord ook⟩ *massacre* ◆ 1.1 geslachte koeien *slaughtered cows*
slachter 0.1 *slaughterer.*
slachthuis 0.1 *slaughterhouse.*
slachting 0.1 *slaughter(ing)* ⇒⟨massamoord ook⟩ *massacre* ◆ 2.1 ⟨fig.⟩ het tentamen was een ware ~ *the examination caused many to fall by the wayside* 3.1 een ~ aanrichten *cause carnage.*
slachtkip 0.1 *table chicken* ⇒⟨mv. ook⟩ *table poultry.*
slachtoffer 0.1 [persoon] *victim* ⇒⟨vnl. mv. ook⟩ *casualty* ⟨in oorlog, bij ramp⟩ 0.2 [offerdier] *sacrifice* ◆ 3.1 ~ worden van *fall v./prey to;* het ~ worden v.e. oplichter *be conned by a swindler.*
slachtofferhulp 0.1 *help/aid to victims* ⇒⟨financieel⟩ *victim compensation.*
slachtpartij 0.1 *slaughter, massacre.*
slachtvee 0.1 *stock/cattle for slaughter(ing), beef (cattle).*
slacouvert 0.1 *salad servers.*
sladood ◆ 2.¶ een lange ~ *a beanpole.*
slag I ⟨de⟩ 0.1 [klap] *blow* ⇒⟨vuistslag ook⟩ *punch* ⟨vnl. mbt. boksen⟩, ⟨met zweep ook⟩ *lash* 0.2 [ramp, schok] *blow* 0.3 [klap tegen een bal] *stroke* ⇒⟨golf ook⟩ *drive* 0.4 [mil.] *battle* 0.5 [geluid] *bang* ⇒*bump* 0.6 [golvende beweging] *wave* 0.7 [het slaan, keer] *stroke* ⇒⟨muz.; van pols, hart⟩ *beat* 0.8 [handigheid] *knack* 0.9 [kaartspel] *trick* 0.10 [damspel] *take, capture* 0.11 [sport; het uitslaan] *stroke*

slaapmuts - slagregen

⟨zwemmen, roeien⟩ 0.12 [winding] *turn* ⇒*coil* 0.13 [wenteling] *turn* 0.14 [roeier] *stroke* ◆ 1.11 ⟨zwemmen⟩ met een tempo van 30 ~ en per minuut *at a (stroke-)rate of 30 per minute* 2.1 een harde ~ *a hard/heavy b.* 2.6 hij heeft een mooie ~ in zijn haar *he has a nice w. in his hair* 2.9 de winnende ~ *the winning t.* 2.11 ⟨zwemmen⟩ vrije ~ *freestyle* 2.¶ met de Franse ~ iets doen *do sth. in a slapdash manner, give sth. a lick and a promise* 3.1 iem. een (zware) ~ toebrengen *deal s.o. a heavy b.* 3.13 iets een halve ~ omdraaien *give sth. a half t.* 3.¶ een ~ naar iets slaan *have a shot/stab at sth.;* een goede ~ slaan *make a good deal* 5.9 ⟨fig.⟩ iem. een ~ voor zijn *be one up on s.o.* 6.1 zonder ~ of stoot ⟨fig.⟩ *without a struggle/any resistance* 6.4 in de ~ bij Nieuwpoort *at the Battle of Nieuwpoort* 6.7 op ~ van tienen *on the s. of ten;* ⟨fig.⟩ (totaal) **van** ~ zijn *be (totally) upset* 6.¶ **aan** de ~ gaan *get to work, get going/cracking;* er zit een ~ in mijn wiel *my wheel is buckled;* een ~ **om** de arm houden *refuse to commit o.s., keep one's options open;* hij was **op** ~ dood *he was killed instantly* 7.3 ⟨honkbal⟩ twee ~ een wijd *two strikes, one ball/wide* ¶.3 ⟨fig.⟩ een ~ in de lucht *a shot in the dark* ¶.8 de ~ van iets te pakken krijgen *get the k./hang of sth.;*
II ⟨het⟩ 0.1 [aard, soort] *sort* ⇒*kind* ◆ 1.1 dat is niet voor ons ~ mensen *that's not for the likes of us* 6.1 iem. **van** jouw ~ *s.o. like you.*
slagader 0.1 *artery* ◆ 2.1 grote/kleine ~ *aorta, arteriole.*
slagbeurt ⟨sport⟩ 0.1 ⟨vnl. cricket⟩ *innings;* ⟨honkbal⟩ *inning.*
slagboom 0.1 [draaibare boom] *barrier* ⇒*gate* ⟨ihb. spoorweg⟩ 0.2 [hinderpaal] *barrier* ⇒*bar.*
slagboormachine 0.1 *hammer/percussion drill.*
slagen 0.1 [+ in/met; het er goed afbrengen](met persoon als onderwerp) *succeed (in), be successful (in)* ⇒⟨inf.⟩ *pull off* ⟨ihb. moeilijke opgave⟩ 0.2 [+ in + ww.; weten te] *succeed in (-ing)* ⇒*manage (to)* 0.3 [+ voor; examen halen] *pass* ⇒*qualify (as/for)* ⟨mbt. bevoegdheid⟩ 0.4 [succes hebben, goed uitvallen] *be successful* ◆ 1.4 de operatie is geslaagd *the operation was successful;* de tekening is goed geslaagd *the drawing has turned out well* 3.3 ze hebben hem laten ~ *they pulled him through* 5.1 ben je erin geslaagd? *did you pull it off/manage?* 5.2 ik slaagde er niet in de top te bereiken *I failed to make it to the top;* hij slaagt er altijd in mij kwaad te maken *he always manages to annoy me/succeeds in annoying me* 6.1 in een winkel (kunnen) ~ *(manage to) get what one wants in a shop* 6.3 hij is **voor** zijn Frans geslaagd *he has passed (his) French.*
slager 0.1 *butcher.*
slagerij 0.1 *butcher's (shop).*
slagersknecht 0.1 *butcher('s) assistant.*
slagersmes 0.1 *butcher knife.*
slaggitaar 0.1 *rhythm guitar.*
slaghoedje 0.1 *percussion cap.*
slaghout 0.1 ⟨sport⟩ *bat.*
slaginstrument 0.1 *percussion instrument.*
slaglinie 0.1 *line of battle.*
slagman ⟨sport⟩ 0.1 *batsman* ⟨vnl. cricket⟩ ⇒*batter* ⟨honkbal⟩ ◆ 7.1 eerste ~ *first man in.*
slagorde 0.1 *battle array* ◆ 6.1 in ~ (op)stellen *draw up in b. a.*
slagpen 0.1 [vogelveer] *flight feather* ⇒⟨lit.⟩ *pinion* 0.2 [slagpin] *firing pin* ◆ 2.1 grote/kleine ~ nen *primary/secondary feathers* 3.1 de ~ nen zijn hem uitgetrokken ⟨fig.⟩ *he's had his wings clipped.*
slagperk ⟨sport⟩ 0.1 *home base.*
slagregen 0.1 *driving rain.*

slagroom 0.1 *whipping cream* ⟨voor het kloppen⟩; *whipped cream* ⟨na het kloppen⟩ ◆ **6.1** aardbeien met ~ *strawberries and whipped cream.*

slagschip 0.1 *battleship.*

slagtand 0.1 [uitstekende tand] *tusk* ⟨olifant⟩ **0.2** [hoektand] *fang* ⟨roofdieren⟩ ◆ **6.1** met ~en *tusked.*

slagvaardig I ⟨bn.⟩ **0.1** [ad rem] *sharp (witted)* ⇒*quick,* ⟨grappig⟩ *witty* **0.2** [geneigd tot snel handelen] *decisive* **0.3** [gereed om slag te leveren] *ready for battle* ◆ **1.1** een ~e spreker *a witty speaker* **3.1** erg ~ zijn *never be lost for an answer;*
II ⟨bw.⟩ **0.1** [gevat] *adroitly* ⇒*cleverly,* ⟨met humor⟩ *wittily* ◆ **3.1** ~ weerlegde hij alle bezwaren *he a. refuted all objections.*

slagvaardigheid 0.1 [gevatheid] *ready wit* ⇒*skill (at repartee)* **0.2** [vermogen om snel te handelen] *decisiveness* **0.3** [het gereed zijn om slag te leveren] *readiness for battle* ◆ **6.2** het gebrek aan ~ **bij** de regering *the government's lack of decision.*

slagveld 0.1 *battlefield/ground* ◆ **3.1** het ~ behouden *hold the field;* het ~ betreden ⟨fig.⟩ *take the field.*

slagwerk 0.1 [slaginstrumenten] *percussion (section)* ⇒ ⟨jazz⟩ *rhythm section* **0.2** [werk waardoor een uurwerk slaat] *striking mechanism* ◆ **3.1** het ~ bespelen *play percussion.*

slagwerker, -ster 0.1 *percussionist* ⇒*drummer* ⟨alleen trommels⟩.

slagwijdte 0.1 ⟨mbt. vogelvleugels⟩ *wing span.*

slagwind ⟨scheep.⟩ **0.1** *squall* ⇒*gust (of wind).*

slagzij 0.1 *list, heel* ⟨schip⟩; *bank* ⟨vliegtuig⟩ ◆ **3.1** dat schip maakt zware ~ *that ship is listing heavily;* ~ maken *list, heel* ⟨schip⟩; *bank* ⟨vliegtuig⟩.

slagzin 0.1 *slogan* ⇒*catch phrase.*

slak 0.1 [weekdier] *snail* ⟨met huisje⟩; *slug* ⟨zonder huisje⟩ **0.2** [als gerecht] *snail* **0.3** [afval van metalen / verbrande steenkool] *slag* **0.4** [mv.: onverteerbare deeltjes] *waste products* **0.5** [langzaam iem./iets] ᴮ*slowcoach,* ᴬ*slowpoke* ◆ **2.1** naakte ~ *slug* **2.¶** vulkanische ~ken *(volcanic) scoria* **6.¶** op alle ~ken zout leggen *find fault with everything.*

slaken 0.1 [uiten] *give* ⇒*utter* ◆ **1.1** een kreet ~ *g. a cry, shriek;* een zucht ~ *g./heave a sigh* **1.¶** iemands boeien ~ ⟨ook fig.⟩ *loosen s.o.'s shackles.*

slakkengang 0.1 *snail's pace* ◆ **6.1** alles gaat hier **met** een ~etje *things move at a s. p. here.*

slakkenhuis 0.1 [kalkachtige schaal] *snail's shell* **0.2** [med.] *cochlea.*

slakom 0.1 *salad bowl.*

slalom 0.1 *slalom.*

slamix 0.1 *salad dressing.*

slampampen 0.1 *lounge around* ⇒*loaf.*

slampamper 0.1 *loafer* ⇒*good-for-nothing.*

slang (in bet. 5 met hoofdletter) **0.1** [dier] *snake* **0.2** [symbool van boosheid / verleiding] *serpent* **0.3** [buis] *hose* **0.4** [boosaardige vrouw] *shrew* **0.5** [ster.] *Serpens* **0.6** [geldw.] *snake* ◆ **2.1** giftige ~en *poisonous snakes.*

slangenbeet 0.1 *snakebite.*

slangenbezweerder 0.1 *snake charmer.*

slangengif 0.1 *snake poison* ⇒*venom.*

* **slangenkruid** *(Wdl: slangekruid)* **0.1** *viper's bugloss.*

slangenleer 0.1 *snakeskin.*

slangenmens 0.1 *contortionist.*

slank 0.1 *slender* ⇒*slim* ⟨mensen⟩, *slimline* ⟨van constructie⟩ ◆ **1.1** aan de ~e lijn doen *be slimming/dieting;* dit is goed voor de ~e lijn *this is good for the figure* **8.1** zo ~ als een den *willowy.*

slankmakend 0.1 *slimming.*

slaolie 0.1 *salad oil.*

slap I ⟨bn.⟩ **0.1** [niet gespannen] *slack* **0.2** [niet stijf] *soft* ⇒ *limp* **0.3** [mbt. het lichaam] *weak* ⇒*flabby* **0.4** [niet doortastend/flink] *weak* ⇒*spineless* **0.5** [mbt. vloeistoffen] *weak* ⇒*thin* **0.6** [hand.] *slack* ◆ **1.1** een ~ balletje *a feeble/tame shot* **1.3** een ~pe lul *a drooping prick;* ⟨slappe vent⟩ *a gutless bastard;* ~pe spieren *flabby muscles* **1.4** een ~pe vent *a spineless guy* **1.5** een ~ bakkie *dishwater* **1.6** een ~pe tijd *a s. season* **3.1** het touw hangt ~ *the rope is s.* **3.3** we lagen ~ v.h. lachen *we were in stitches;* zich ~ voelen *feel washed out;*
II ⟨bn., bw.⟩ **0.1** [inhoudloos] *empty* ⇒*feeble* ◆ **1.1** een ~ excuus *a lame/feeble excuse;* ~ gelul *crap, bullshit.*

slapeloos 0.1 *sleepless* ◆ **1.1** een slapeloze nacht *a s. night.*

slapeloosheid 0.1 *insomnia* ⇒*sleeplessness* ◆ **3.1** aan ~ lijden *suffer from it.*

slapen 0.1 [in slaap zijn] *sleep* **0.2** [geslachtsgemeenschap hebben] *sleep (with)* **0.3** [mbt. ledematen]⟨zie 1.3⟩ **0.4** [suffen] *be half asleep* ⇒*drowse* **0.5** [mbt. de doden] *sleep, be asleep* **0.6** [mbt. zaken] *sleep* ◆ **1.3** mijn been slaapt *I've got pins and needles in my leg* **3.1** gaan ~ *go to bed* ⟨naar bed⟩; *go to sleep* ⟨inslapen⟩ **5.1** hij kon er niet van ~ *it kept him awake;* slaap lekker *s. well* **6.1** bij iem. blijven ~ ⟨in hetzelfde bed⟩ *spend the night with s.o.;* ⟨alg.⟩ *spend the night at s.o.'s house/place;* ik wil **er** een nachtje **over** ~ *I'd like to sleep on it* **8.1** hij slaapt als een os / een roos *he sleeps like a log.*

slapend 0.1 [in slaaptoestand] *sleeping* **0.2** [niet werkzaam] *dormant* ◆ **1.2** ~e aandelen *deferred shares;* ~e bankrekeningen *inactive bank accounts* **2.1** ⟨fig.⟩ ~e rijk worden *make money without any effort.*

slapengaan 0.1 *go to bed* ◆ **1.1** een verhaaltje voor het ~ *a bedtime story.*

slaper 0.1 [iem. die (veel) slaapt] *sleeper* **0.2** [logeergast] *overnight guest* **0.3** [dromer] *(day)dreamer.*

slaperdijk 0.1 *inner dike.*

slaperig 0.1 *sleepy* ⇒⟨soezerig ook⟩ *drowsy* ◆ **1.1** een ~ stadje *a s. town.*

slaperigheid 0.1 [slaaplust] *sleepiness* ⇒*drowsiness* **0.2** [dromerigheid] *dreaminess* ◆ **2.1** ziekelijke ~ *lethargy.*

slapheid 0.1 [het niet gespannen zijn] *slackness* **0.2** [het niet stijf zijn] *softness* ⇒*limpness* **0.3** [mbt. het lichaam] *weakness* ⇒*flabbiness* **0.4** [het niet doortastend zijn] *weakness* ⇒*spinelessness* **0.5** [hand.] *slackness* ⇒*dullness* ◆ **1.1** de ~ van het touw *the s. of the rope.*

slapie, slaapje 0.1 ±*room-mate* ⟨kamergenoot⟩.

slapjanus 0.1 *wimp* ⇒*weed.*

slapjes 0.1 *weak* ⇒*feeble* **0.2** [hand.] *slack* ⇒*dull* ◆ **3.1** ~ optreden *be feeble* **3.2** het gaat ~ in de handel *trade is s./dull.*

slappeling 0.1 *weakling* ⇒*softie.*

slapte 0.1 [krachteloosheid] *weakness* ⇒*feebleness* **0.2** [zachtheid] *softness* ⇒*limpness* ⟨stof, groenten e.d.⟩ **0.3** [geringheid van omzet] *slackness* ◆ **6.3** ~ **aan** de beurs *s. at the stock exchange.*

slasaus 0.1 *salad dressing.*

slavenarbeid 0.1 [arbeid van slaven] *slave labour* ⇒⟨abstract⟩ *slavery* **0.2** [fig.] *slave labour* ⟨op het werk⟩; *drudgery* ⟨thuis⟩.

slavenbestaan 0.1 [hard en lang werken] *(life of) slavery* ⇒ *(life of) toil/drudgery* **0.2** [als slaaf] *slavery.*

slavendrijver 0.1 *slave driver* ⟨ook fig.⟩.

slavenhandel 0.1 *slave trade.*

slavernij 0.1 ⟨ook fig.⟩ *slavery* ◆ **1.1** afschaffing v.d. ~ *abolition*

tion of slavery; voorstander v.d. afschaffing v.d. ~ *aboli-tionist.*

slavin 0.1 [vrouwelijke slaaf] *(female) slave* **0.2** [fig.] *slave* ◆ **2.2** handel in blanke ~nen *white slave trade.*

Slavisch[1] ⟨het⟩ **0.1** *Slavonic* ⇒*Slavic.*

Slavisch[2] ⟨bn.⟩ **0.1** *Slav(onic)* ⇒*Slavic* ◆ **1.1** de ~e volken *the Slav(onic) peoples.*

slecht I ⟨hn., bw.⟩ **0.1** [niet goed] *bad* ⇒*poor* ⟨van kwaliteit⟩ **0.2** [ongunstig] *bad* ⇒*unfavourable* **0.3** [in geldelijk opzicht] *bad* ⇒*poor* **0.4** [in moreel/zedelijk opzicht] *bad* ⇒ *wrong* **0.5** [niet voorspoedig] *bad* ⇒*ill* **0.6** [verkeerd] *bad* ⇒*wrong* **0.7** [ineffectief] *bad* ⇒*poor* ◆ **1.1** een ~ gebit *b. teeth* **1.3** ~e tijden *hard times* **1.4** zich op het ~e pad begeven *go astray;* een ~e vrouw *a woman of ill repute* **3.1** ~ betaald *badly/low paid;* dat is niet ~ *that is not b.;* jij kent haar maar ~ *you do not know her well;* ~er worden ⟨van kwaliteit e.d.⟩ *worsen, deteriorate* **3.3** de zaken staan ~ *things look b.* **3.5** een ~e dag hebben *have a bad/an off day;* het loopt nog eens ~ met je af *you will come to no good* **¶.1** ~ ter been zijn *have difficulty walking* **¶.5** er ~ aan toe zijn *be in a b. way;*
II ⟨bn.⟩ **0.1** [ziekelijk] *ill* ⇒*poorly* ◆ **3.1** de zieke wordt ~er *the patient is getting worse;*
III ⟨bw.⟩ **0.1** [bijna niet] *hardly, scarcely* ⇒*badly* ◆ **3.1** ik schiet ~ op *I find it heavy going.*

slechten 0.1 [vlak maken] *level* ⇒*even* **0.2** [slopen] *demol-ish* ⇒*raze* **0.3** [doen verdwijnen] *level/even out.*

slechterik ⟨inf.⟩ **0.1** *villain* ⇒*bad guy.*

slechtgehumeurd 0.1 *bad-/ill-tempered.*

slechtgemanierd 0.1 *bad-/ill-mannered.*

slechtheid 0.1 *badness* ⇒⟨verdorvenheid ook⟩ *wickedness.*

slechthorend 0.1 *hard of hearing.*

slechts 0.1 *only* ⇒*merely, just* ◆ **1.1** dat kost ~ een gulden *that o. costs a guilder;* ~ een wonder kan ons nog redden *nothing short of o. a miracle can save us now* **¶.1** in ~ enkele gevallen *in o./just a few cases.*

slechtziend 0.1 *visually handicapped* ◆ **3.1** ~ zijn *have bad eyesight.*

sledehond 0.1 *husky* ⇒*sledge dog.*

slee 0.1 [glijdend voertuig] [B]*sledge,* [A]*sled; toboggan* ⟨om te rodelen⟩ **0.2** [auto] *big car* **0.3** [glijdend onderstel] *car-riage* **0.4** [deel van een draai/werkbank] *carriage.*

sleedoorn ⟨plantk.⟩ **0.1** *sloe, blackthorn.*

sleeën 0.1 [B]*sledge,* [A]*sled* ⇒*sleigh, toboggan* ⟨rodelen⟩ ◆ **1.1** de kinderen sleeden naar beneden *the children sledged/sledded down the hill.*

sleep 0.1 [deel v.e. japon] *train* **0.2** [stoet] *train* ⇒*retinue* **0.3** [auto] *tow* **0.4** [trek met een sleepnet] *trawl* ⇒*drag* ◆ **1.2** zij hebben een ~ kinderen *they've got an army of kids* **3.3** iem. een ~(je) geven, iem. op ~ nemen *give s.o. a tow, take s.o. on tow.*

sleepauto →**sleepwagen.**

sleepboot 0.1 *tug(boat).*

sleepdienst 0.1 *towing service.*

sleep-in 0.1 ⟨*cheap (student) hostel/dormitory*⟩ ⇒⟨sl.⟩ *crash-pad.*

sleepkabel 0.1 *towrope.*

sleepkosten 0.1 *towing costs.*

sleeplift 0.1 *ski tow.*

sleepnet 0.1 *trawl (net)* ◆ **3.1** met een ~ vissen (naar/op) *trawl (for).*

sleeptouw 0.1 [touw waaraan men iets voortsleept] *tow-rope* **0.2** [mbt. een luchtballon] *trail/drag-rope* ◆ **6.1** ⟨fig.⟩ iem. op ~ nemen *take s.o. in tow;* ⟨fig.⟩ zich op ~ laten nemen door *let o.s. be led by.*

---

sleepvoeten 0.1 *shuffle (along)* ⇒⟨ook fig.⟩ *drag one's feet.*

sleepwagen 0.1 [B]*breakdown truck/van,* [A]*tow truck.*

Sleeswijk-Holstein 0.1 *Schleswig-Holstein.*

sleets 0.1 [slordig] *hard on one's clothes* **0.2** [versleten] *worn* ◆ **1.2** een ~e plek in een jas *a w. patch in a coat*

slem 0.1 *slam* ◆ **?**. **1** groot ~ *maken make a grand s.*

slemp 0.1 [smulpartij] *spread* ⇒*blow-out* **0.2** [overdadige traktatie] *treat* ◆ **6.**¶ op de ~ lopen *sponge.*

slempen 0.1 *live it up, feast* ⇒⟨eten⟩ *gorge/stuff o.s.,* ⟨drinken⟩ *carouse.*

slemppartij 0.1 *spread* ⇒*blow-out.*

slenk 0.1 [geul] *channel* **0.2** [geol.] *ravine, gorge.*

slenteraar 0.1 *stroller* ⇒⟨pej.⟩ *loiterer.*

slenteren 0.1 *stroll* ⇒*amble* ◆ **¶.1** op straat ~ *loaf about the streets.*

slentergang 0.1 [slenterende gang] *stroll* **0.2** [sleur] *rut* ⇒ *routine.*

slepen I ⟨ov.ww.⟩ **0.1** [voorttrekken] *drag* ⇒*haul* **0.2** [mbt. een vervoermiddel] *tow* ◆ **5.1** ⟨fig.⟩ ze sleepte er een goed cijfer uit *she managed to get a good* [B]*mark/*[A]*grade* **6.1** ⟨fig.⟩ iem. **door** een examen ~ *pull s.o. through an exam;* ⟨fig.⟩ iem. **voor** de rechter ~ *take s.o. to court;*
II ⟨onov.ww.⟩ **0.1** [trekkend voortbewegen] *drag* ⇒*lug* **0.2** [zich schuivend voortbewegen] *drag* ⇒*trail* ⟨staart, sleep⟩ **0.3** [traag verloop hebben] *drag on* **0.4** [afhangen] *trail* ◆ **1.2** die japon sleept *you're trailing your dress* **6.2** met zijn been ~ *d. one's leg.*

slepend I ⟨bn.⟩ **0.1** [wat sleept] *dragging* **0.2** [lang van duur] *lingering* **0.3** [mbt. rijm] *feminine* **0.4** [mbt. klanken] *slurred* **0.5** [mbt. een conversatie] *dragging* ⇒*wearisome* **0.6** [hand.] *slack* ⇒*sluggish, dull, slow* ◆ **1.1** een ~e gang hebben *drag/shuffle one's feet;*
II ⟨bw.⟩ **0.1** [mbt. klanken] *legato.*

sleper 0.1 [sleepboot] *tug(boat)* **0.2** [sleeptros] *towrope* **0.3** [visser] *trawler.*

slet ⟨pej.⟩ **0.1** *slut.*

sleuf 0.1 [opening] *slot* ⇒*slit* ⟨langwerpig⟩ **0.2** [smalle groef] *groove* ⇒*trench* ⟨in grond⟩ ◆ **1.1** de ~ v.e. spaarpot *the slot in a piggybank.*

sleur 0.1 *rut* ⇒*grind* ◆ **2.1** de alledaagse ~ *the daily grind* **3.1** de ~ (ver)breken *get out of the rut.*

sleuren I ⟨ov.ww.⟩ **0.1** [ruw slepen] *drag* ⇒*haul;*
II ⟨onov.ww.⟩ **0.1** [traag verlopen] *drag (on)* ◆ **3.1** die zaak blijft ~ *the matter is dragging on (and on).*

sleutel 0.1 [werktuig mbt. een slot] *key* **0.2** [fig.] *key* ⇒*clue* **0.3** [werktuig, gereedschap] [B]*spanner,* [A]*wrench* ⇒*peg* ⟨snaarinstrument⟩, *pin* ⟨snaarinstrument⟩ **0.4** [muz.] *clef* ◆ **1.1** de baard/pijp v.e. ~ *the bit/shank of a k.* **2.3** een Engelse ~ *a monkey wrench,* [B]*an adjustable spanner.*

sleutelaar 0.1 *amateur mechanic* ⇒*tinker(er)* ◆ **2.1** hij is een verwoede ~ aan motorfietsen *he loves tinkering with motorcycles.*

sleutelbeen 0.1 *collarbone* ⇒*clavicle.*

sleutelbloem 0.1 *primula, primrose.*

sleutelbos 0.1 *bunch of keys.*

sleutelen ⟨inf.⟩ **0.1** [met sleutels werken] *work (on)* ⇒*repair* **0.2** [fig.] *fiddle (with)* ⇒*tinker (with)* ◆ **6.2** er moet nog wel wat **aan** de tekst gesleuteld worden *the text needs a certain amount of doctoring.*

sleutelfiguur 0.1 *key figure.*

sleutelgat 0.1 *keyhole* ◆ **6.1** aan het ~ luisteren *listen/eavesdrop at the k.;* **door** het ~ kijken *peep through the k.*

sleutelgeld 0.1 *key money.*

sleutelhanger 0.1 *key ring.*

sleutelkaart 0.1 *key card.*

sleutelkind 0.1 *latchkey child.*

sleutelpositie 0.1 *key position* ◆ 3.1 een ~ innemen *occupy a k. p.*

sleutelring 0.1 *key ring.*

sleutelrol 0.1 *key role* ⇒*central role/part.*

sleutelroman 0.1 *roman à clef.*

slib 0.1 [slijk] *silt* 0.2 [bezinksel] *sludge* 0.3 [slik, schor] *mud flat* 0.4 [kleverige/natte massa] *ooze* ⇒*slime.*

slibberig 0.1 *slippery* ⇒*slimy* ⟨door slijm⟩.

sliding ⟨voetbal⟩ 0.1 *sliding-tackle.*

sliepuit ◆ ¶.¶ ~, ~, alle kinderen lachen je uit! *yah boo sucks to you.*

sliert 0.1 [rij personen] *string* 0.2 [een heleboel] *pack* ⇒ *bunch* 0.3 [persoon] *beanpole* 0.4 [slap neerhangend iets] *string* ⇒*thread, wisp* ⟨haar⟩ 0.5 [zich als slinger vertonend iets] *string* ◆ 1.1 een ~ schaatsenrijders *a s./chain of skaters* 1.4 ~en rook *wisps of smoke* 2.2 een hele ~ *a whole bunch.*

slijk 0.1 [modder] *mud* ⇒*mire* 0.2 [aangeslibde grond] *mud flat* 0.3 [opgebaggerde veenstof] *sludge* ◆ 1.1 ⟨fig.⟩ goud is het ~ der aarde *gold is the dross of the earth* 1.¶ ⟨scherts.⟩ het ~ der aarde *filthy lucre* 6.1 ⟨fig.⟩ iem./iemands naam **door** het ~ sleuren, iemands naam **door** het ~ halen *drag s.o./s.o.'s name through the mire.*

slijm 0.1 [kleverige afscheiding] *mucus* ⇒*phlegm* ⟨fluim⟩ 0.2 [huidbedekking] *slime* 0.3 [plantk.; plantenstof] *slime* ◆ 3.1 ~ opgeven *cough/bring up phlegm.*

slijmbal ⟨inf.⟩ 0.1 *toady* ⇒*bootlicker,* ⟨sl.⟩ *kiss-up.*

slijmen 0.1 [inf.; naar de mond praten] *butter up* ⇒*soft-soap* 0.2 [slijm opgeven] *expectorate* ◆ 6.1 ~ **bij/tegen** iem. *suck up to s.o.*

slijmerd ⟨inf.⟩ 0.1 →*slijmbal* 0.2 [bangerd] *chicken.*

slijmerig ⟨ook inf.⟩ 0.1 *slimy.*

slijmvlies ⟨med.⟩ 0.1 *mucous membrane.*

slijpen I ⟨ov.ww.⟩ 0.1 [glad/effen maken] *grind* ⇒*polish,* ⟨edelsteen ook⟩ *cut* 0.2 [door wrijving scherp maken] *sharpen* ⟨ook messen/schaatsen⟩ 0.3 [dmv. een mes scherp maken] *sharpen* 0.4 [mbt. glaswerk] *cut* ◆ 1.1 marmer/diamant ~ *polish marble, cut diamonds;* **II** ⟨onov.ww.⟩ 0.1 [polijsten] *grind* ⇒*polish,* ⟨edelsteen ook⟩ *cut* 0.2 [scherpen] *sharpen.*

slijpmachine 0.1 *grinder* ⇒*grinding machine.*

slijpschijf 0.1 *grinding/polishing disc.*

slijpsel 0.1 [wat afvalt] *grindings* 0.2 [wat verkregen wordt] *grind.*

slijpstaal 0.1 *knife-sharpener.*

slijpsteen 0.1 *grindstone.*

slijtage 0.1 *wear (and tear)* ◆ 1.1 tekenen van ~ vertonen *show signs of wear* 6.1 **aan** ~ onderhevig zijn *be subject to wear.*

slijtageslag ⟨fig.⟩ 0.1 *war of attrition* ◆ 2.1 een ware ~ leveren *fight a war of attrition* 3.1 onze vakantie in L. was een ~ *our holiday in L. was extremely exhausting.*

slijten I ⟨ov.ww.⟩ 0.1 [doen afnemen in massa/sterkte/ bruikbaarheid] *wear (out)* 0.2 [door wrijving/gebruik veroorzaken] *wear* 0.3 [doorbrengen] *spend* ⇒*pass* 0.4 [verkopen] *sell* ◆ 1.3 zijn leven in eenzaamheid ~ *s. one's days in solitude;* **II** ⟨onov.ww.⟩ 0.1 [minder worden in massa/sterkte/ bruikbaarheid] *wear (out)* 0.2 [fig.] *wear away/off* ⇒ ⟨vermageren, verzwakken⟩ *waste (away)* ◆ 2.1 die jas is kaal gesleten *that coat is worn bare.*

slijter 0.1 ⁿ*wine merchant,* ᴬ*liquor dealer* ◆ 3.¶ ik ga naar de ~ *I'm going to the wine shop.*

slijterij 0.1 ⁿ*wine shop,* ᴬ*liquor store;* ⟨bij supermarkt⟩ *wines, beers and spirits section.*

slijtplek 0.1 *worn patch.*

slijtvast 0.1 *longwearing* ⇒*wearproof* ⟨gereedschap⟩.

slik I ⟨het, de⟩ 0.1 [slijk] *mud* ⇒*mire* 0.2 [aangeslibde grond] *mud flat* 0.3 [slib] *silt;* **II** ⟨de⟩ 0.1 →*slikbeweging.*

slikbeweging 0.1 *swallow* ⇒*gulp* ◆ 3.1 een ~ maken *swallow, gulp.*

slikken I ⟨ov.ww.⟩ 0.1 [innemen] *swallow* ⇒*gulp down* ⟨haastig⟩ 0.2 [accepteren] *swallow* ⇒*put up with* ◆ 1.2 zo'n behandeling slik ik niet *I won't stand for/take such treatment;* hij slikte mijn verhaal *he swallowed my story* 3.2 je hebt het maar te ~ *you just have to put up with it;* **II** ⟨onov.ww.⟩ 0.1 [slikspieren laten werken] *swallow* ⇒ *gulp* ◆ 3.1 ⟨fig.⟩ ⟨het is⟩ ~ of stikken *(you/they* ⟨enz.⟩ *will just have to) like it or lump it.*

slim 0.1 [schrander, uitgeslapen] *clever* ⇒*smart,* ⟨pej.⟩ *sly* 0.2 [erg] *bad* ⇒*serious* ◆ 1.1 ~ uit de oogjes *shrewd eyes;* een ~ me zet *a c. move* ¶.1 iem. te ~ af zijn *be too c. for s.o.*

slimheid 0.1 [eigenschap] *cleverness* ⇒*wit* 0.2 [bedenksel] *dodge* ⇒*trick.*

slimmerd, slimmerik 0.1 *smart number* ⇒*whiz(z)-kid.*

slimmigheid 0.1 [slimheid] *cleverness* 0.2 [slimme handelwijze] *dodge* ⇒*trick* ◆ 6.2 hij wist zich **door** een ~je eruit te redden *he dodged/weaseled his way out of it.*

slinger 0.1 [zwaai] *swing* ⇒*sway* 0.2 [versiering] *festoon* ⇒ *streamer, garland* ⟨bloemen⟩ 0.3 [sliert] *coil* ⇒*twist* 0.4 [hefboom] *handle* ⇒*crank* 0.5 [werptuig] *sling* 0.6 [zwaar lichaam opgehangen aan een horizontale as] *pendulum* 0.7 [mitella] *sling* ◆ ¶.1 ⟨fig.⟩ ergens een (andere) ~ aan geven *give sth. a twist.*

slingeraap 0.1 *spider monkey.*

slingerbeweging 0.1 [schommeling] *swing* ⇒⟨wet.⟩ *oscillation* 0.2 [van lichaam] *swerve* 0.3 [van schip] *roll* ◆ 3.2 hij maakte een plotselinge ~ *he suddenly swerved.*

slingeren I ⟨onov.ww.⟩ 0.1 [zwaaien] *swing* ⇒*oscillate* 0.2 [zigzaggen] *sway* ⇒*lurch, way* ⟨schip⟩ 0.3 [zwaaiende beweging maken] *swing* ⇒*sway* 0.4 [ordeloos neergelegd zijn] *lie about/around* 0.5 [kronkelen] *wind* 0.6 [mbt. een varend schip] *roll* ◆ 3.4 laat je boeken niet altijd op mijn bureau ~! *don't always leave your books lying around on my desk!* 5.2 hij slingerde erg *he was reeling* 6.1 ~ **op** zijn benen *sway on one's legs* 6.2 de auto slingerde **over** de straat *the car zigzagged/lurched (drunkenly) along the street;* **II** ⟨ov.ww.⟩ 0.1 [met een zwaai werpen] *sling* ⇒*fling* 0.2 [zwaaiende beweging doen maken] *swing* ⇒*sway* 0.3 [winden om] *wind* 0.4 [met een slinger voortbewegen] *sling* ◆ 6.2 bij een botsing **uit** de auto geslingerd worden *be flung out of the car in a crash;* **III** ⟨wk.ww.; zich ~⟩ 0.1 [kronkelen] *wind* 0.2 [zich om een voorwerp kronkelen] *wind (o.s.).*

slingerplant 0.1 *creeper* ⇒*runner.*

slingeruurwerk 0.1 *pendulum clock.*

slingerweg 0.1 *windy road* ⇒*twisting road.*

slinken 0.1 *shrink* ◆ 1.1 vlees slinkt bij het aanbraden *meat shrinks when it is fried;* de voorraad slinkt *the supply is dwindling.*

slinks 0.1 *cunning* ⇒*devious* ◆ 1.1 op ~e wijze *by devious means.*

slinksheid 0.1 [het slinks zijn] *cunning* 0.2 [bedriegerij] *deceit.*

slip 0.1 [afhangend deel] *lappet* ⇒*tail* ⟨hemd, jas⟩ 0.2 [verkeer] *skid* ◆ 1.1 de ~pen v.e. hemd *shirttails* 6.1 een jas met ~pen *a tailcoat* 6.2 in een ~ raken *go into a s.*

slipcursus 0.1 *(anti-)skid course.*

slipgevaar 0.1 *danger/risk of skidding* ⇒*slippery road* ⟨op verkeersbord⟩.

slipjas 0.1 *tailcoat.*

slipje 0.1 *(pair of) briefs/panties* ⟨v.⟩ ⇒*(pair of)* *ᴮknickers* ⟨v.⟩.

slip-over 0.1 *sleeveless pullover/sweater.*

slippen 0.1 [wegglijden] *slip;* ⟨van voei tulg, fiets⟩ *skid* **0.2** [ergens in/uit komen] *slip* ◆ **3.1** iets laten ~ ⟨ook fig.⟩ *let sth. slip* **5.2** in de drukte slipte hij mee naar binnen *in the bustle he slipped in with the rest.*

slippendrager 0.1 [mbt. een begrafenis] *pallbearer* **0.2** [slaafse volgeling] *lackey.*

slipper 0.1 *mule* ⇒*slipper* ⟨pantoffel⟩.

slippertje ◆ **3.¶** een ~ maken *have a bit on the side.*

slipspoor 0.1 *skid mark.*

slissen 0.1 *lisp.*

slobberen I ⟨onov.ww.⟩ **0.1** [ruim en slap neerhangen] *bag, sag* **0.2** [slecht aansluiten] *be loose* ◆ **6.1** zijn jasje slobbert om zijn lijf *his baggy coat hangs around his body;* **II** ⟨onov., ov.ww.⟩ **0.1** [slurpen] *slobber* ⇒*slurp.*

slobbertrui 0.1 *baggy sweater.*

slobkous 0.1 *gaiter* ⟨lang⟩; *spat* ⟨kort⟩.

sloddervos 0.1 *slob.*

sloeber 0.1 [stakker] *wretch* **0.2** [inf.; smeerlap] *slob* ◆ **2.1** een arme ~ *a poor w./devil.*

sloep 0.1 [reddingsboot] *cutter* **0.2** [vissersvaartuig] *smack* **0.3** [zeilboot] *sloop* ◆ **3.1** de ~ strijken *lower the boat.*

sloependek 0.1 *boatdeck.*

sloerie 0.1 *slut.*

slof 0.1 [pantoffel] *slipper* ⇒*mule* **0.2** [pak met pakjes sigaretten] *carton* **0.3** [hengselmandje] *chip basket* ⇒⟨BE ook⟩ *punnet* **0.4** [trage voortgang] *shuffle* ◆ **6.1** ⟨fig.⟩ zij kan het **op** haar ~fen af *she has plenty of time to do it* ⟨alle tijd⟩; *she can do it with one hand tied behind her back* ⟨het is gemakkelijk voor haar⟩; ⟨fig.⟩ ze haalde het **op** haar ~fen *she sailed/breezed through it* 6.¶ **uit** zijn ~ schieten ⟨kwaad worden⟩ *hit the roof;* ⟨extra veel zeggen⟩ *doen/uitgeven⟩ go to town;* ⟨te veel zeggen⟩ *let one's tongue run away with one.*

sloffen 0.1 [sleepvoetend lopen] *shuffle* **0.2** [verwaarlozen] *let slide* ◆ **3.1** loop niet zo te ~! *don't shuffle/drag your feet!* **3.2** hij laat alles maar ~ *he lets everything slide.*

slogan 0.1 *slogan.*

slok 0.1 [een keer slikken] *swallow* ⇒*gulp* **0.2** [teug] *drink* ⇒*sip* ⟨klein⟩ **0.3** [borrel] *drop* ◆ **2.2** grote ~ken nemen *gulp* **3.3** hij houdt wel van een ~ je *he's fond of a d.* **6.2** ⟨fig.⟩ dat scheelt een ~ **op** een borrel *that makes a world of difference.*

slokdarm 0.1 *oesophagus.*

slokken 0.1 *swallow* ⇒*gulp* ◆ **1.1** zijn eten naar binnen ~ *gulp down one's food.*

slokop 0.1 *glutton.*

slome 0.1 *wimp* ⇒*drip.*

slons 0.1 *slob* ⇒⟨ihb. mbt. vrouwen⟩ *slut.*

slonzig 0.1 *slovenly, sloppy* ⇒⟨ihb. mbt. vrouwen⟩ *slatternly* ◆ **¶.1** er ~ bij lopen *slouch about/around.*

sloof 0.1 [zwoegende vrouw] *(household) drudge* **0.2** [voorschoot] *apron.*

sloom 0.1 *lethargic* ⇒*listless, slow* ◆ **3.1** doe niet zo ~ ⟨opschieten⟩ *come on, I haven't got all day;* ⟨sullig⟩ *don't be such a drip;* ~ kijken *look (like) a drip.*

sloop I ⟨het, de⟩ **0.1** [overtrek] *pillowcase* ◆ **1.1** lakens en slopen ⟨ook⟩ *bed linen;* **II** ⟨de⟩ **0.1** [het slopen] *demolition* ⟨van gebouwen⟩ ⇒*dismantling* ⟨van installaties/machines⟩ **0.2** [bedrijf] *demoli-*

tion firm ⟨mbt. gebouwen⟩; *scrapyard* ⟨mbt. auto's⟩ ◆ **6.2** een spatbord **bij** de ~ weghalen *get a mudguard from the scrapyard.*

sloopauto 0.1 *scrap car, wreck.*

sloopbedrijf 0.1 *demolition firm/contractors* ⟨mbt. gebou wen⟩; *scrapyard, 'wrecker;* ⟨mbt. auto's⟩ *breaker's (yard)* ⟨mbt. schepen⟩.

sloophuis 0.1 *house due for demolition.*

slooppand 0.1 *building due for demolition.*

sloopwaarde 0.1 *scrap value.*

sloopwerk 0.1 *demolition work.*

sloot 0.1 [brede greppel] *ditch* ⇒⟨sport⟩ *water jump* **0.2** [grote hoeveelheid] *buckets, gallons* ◆ **7.1** ⟨fig.⟩ in geen zeven sloten tegelijk lopen *be able to take care of o s.*

slootjespringen 0.1 *leap (over) ditches.*

slootkant 0.1 *bank/side of a ditch.*

slootwater 0.1 *ditchwater* ⇒⟨fig.⟩ *dishwater.*

slop 0.1 [smalle steeg] *alley(way)* ⇒⟨doodlopend⟩ *blind alley* **0.2** [vaargeul] *channel/passage (through the ice)* ◆ **6.1** ⟨fig.⟩ in het ~ raken *come to a dead end.*

slopen 0.1 [afbreken] *demolish* **0.2** [uit elkaar nemen] *break up* ⇒*scrap* ⟨schip, auto⟩, *dismantle* ⟨installatie⟩ **0.3** [bij afbraak verkrijgen] *salvage* **0.4** [verteren] *undermine* ⟨gezondheid⟩; *sap* ⟨kracht⟩ ◆ **1.4** ~d werk *exhausting/back-breaking work;* een ~de ziekte *a wasting disease* **6.3** hij had de radio **uit** een auto gesloopt *he had salvaged the radio from a car.*

sloper 0.1 [aannemer] *demolition contractor* **0.2** [handelaar] *scrap dealer* ◆ **6.1** die auto gaat **naar** de ~ *that car is going to the scrapyard.*

sloperij 0.1 [bedrijf] *demolition firm/contractors* ⟨mbt. gebouwen⟩; *scrapyard* ⟨mbt. auto's⟩ **0.2** [het slopen] *demolition* ⟨van gebouwen⟩ ⇒*dismantling* ⟨van installaties⟩.

slopershamer ◆ **6.¶** onder de ~ vallen *be demolished.*

sloppenwijk 0.1 *slums* ⇒*slum area.*

slordig I ⟨bn.⟩ **0.1** [inf.; ruim, flink] *cool* ⇒*tidy* ◆ **1.1** een ~e duit *a tidy sum;* dat kost een ~e miljoen *that costs a c. million;* **II** ⟨bn , bw.⟩ **0.1** [onverzorgd] *careless* ⇒⟨onordelijk⟩ *untidy,* ⟨werk/taal/kleding ook⟩ *sloppy* **0.2** [onnauwkeurig] *careless* ⇒*sloppy* ◆ **1.2** ~ handschrift *scribble* **3.1** ~ gekleed *sloppily/carelessly dressed;* wat zit je haar ~ *how untidy your hair is* **3.2** ~ schrijven *scribble.*

slordigheid 0.1 [onverzorgdheid] *carelessness* ⇒*sloppiness* **0.2** [iets slordigs] *careless work;* ⟨onnauwkeurigheid⟩ *inaccuracy* ◆ **3.2** in zijn brief vindt men nergens een ~ *no trace of carelessness can be found in his letter.*

slot 0.1 [sluittoestel] *lock* ⇒*fastening* ⟨v.e. armband⟩ **0.2** [einde] *end* ⇒*conclusion* **0.3** [burcht] *castle* **0.4** [saldo] *balance* **0.5** [hand.] *close* ◆ **1.1** iem. achter ~ en grendel zetten *shut s.o. up/away, put s.o. behind bars;* achter ~ en grendel *under l. and key* **1.3** het ~ Loevestein *Loevestein c.* **3.2** ~ volgt *to be concluded* **6.1** een deur **op** ~ doen *lock a door;* alles **op** - doen *lock up;* een deur **van** het ~ doen *unlock a door* **6.2** we zijn **ten** ~te maar vertrokken *finally we just left;* **tot** ~ *to conclude* **6.4** ⟨fig.⟩ **per** ~ van rekening *after all('s said and done), on b.* **6.5 aan/bij** het ~ *at the c.*

slotakkoord ⟨muz.⟩ **0.1** *final chord.*

slotakte 0.1 [laatste akte] *last/final act* **0.2** [mbt. een internationale conferentie] *final act.*

slotalinea 0.1 *concluding/closing paragraph.*

slotartikel 0.1 *concluding/last article* ⟨in krant⟩ ⇒*last/ concluding section* ⟨in wet⟩.

slotbalans ⟨hand.⟩ **0.1** *final/annual balance sheet.*

slotbepaling 0.1 *final article/clause.*

slotbeschouwing 0.1 *concluding observations/remarks.*
slotconclusie 0.1 *final conclusion.*
slotdag 0.1 *last/final/closing day.*
slotenmaker 0.1 *locksmith.*
slotfase 0.1 *final/last stage.*
slotformule 0.1 *closing formula* ⇒*conclusion, (complimentary) close* ⟨v.e. brief⟩.
slotgracht 0.1 *(castle) moat.*
slotkoers 0.1 *closing price(s)* ⟨mbt. effecten⟩; *closing/final rate* ⟨mbt. wisselkoers⟩.
slotoffensief 0.1 *final offensive.*
slotrede 0.1 *closing speech/words.*
slotregel 0.1 *final/last line.*
slotscène 0.1 *final scene.*
slotsom 0.1 *conclusion* ♦ **6.1** wij kwamen **tot** de ~ dat ... *we came to the c. that* ...
slotstuk 0.1 *concluding piece* ⇒*finale.*
slotverklaring 0.1 *final statement.*
slotvoogd, -voogdes 0.1 *governor/warden (of a castle).*
slotwoord 0.1 [epiloog] *afterword* 0.2 [toespraak tot slot] *closing/concluding word(s)/speech* ♦ **3.2** de voorzitter sprak een ~ *the chairman said a few words in conclusion.*
slotzin 0.1 *closing/last sentence.*
Sloveen, -se 0.1 *Slovene, Slovenian.*
Sloveens¹ ⟨het⟩ **0.1** *Slovene.*
Sloveens² ⟨bn.⟩ **0.1** *Slovene, Slovenian.*
sloven 0.1 *drudge.*
Slovenië 0.1 *Slovenia.*
Slowaak, -se 0.1 *Slovak.*
Slowaaks¹ ⟨het⟩⟨taal.⟩ **0.1** *Slovak.*
Slowaaks² ⟨bn.⟩ **0.1** *Slovak(ian).*
Slowakije 0.1 *Slovakia.*
sluier 0.1 ⟨ook fig.⟩ *veil* ♦ **1.1** een ~ van geheimhouding *a v./ blanket of secrecy* **6.1** een ~ **rond** de maan *a v. round the moon;* **zonder** ~ *unveiled.*
sluieren 0.1 *veil* ♦ **1.1** de bruid was gesluierd *the bride wore a veil.*
sluik 0.1 *straight* ⇒*lank.*
sluikhandel 0.1 *illicit trade/trading* ⟨verboden handel⟩; *smuggling* ⟨smokkelhandel⟩ ♦ **3.1** ~ drijven in verdovende middelen *traffic in (illicit) drugs.*
sluikreclame 0.1 *clandestine advertising.*
sluimer 0.1 *slumber.*
sluimeren 0.1 [dommelen] *slumber* 0.2 [verborgen aanwezig zijn] *lie/be dormant* ⇒*smoulder* ⟨mbt. negatieve eigenschappen of onderwerpen⟩ ♦ **1.2** ~de haat *smouldering hatred;* ~de vulkaan *dormant volcano.*
sluimering 0.1 *slumber.*
sluimerstand 0.1 *stand-by mode.*
sluipen 0.1 [mbt. personen] *steal* ⇒*sneak, stalk* ⟨bij de jacht⟩ **0.2** [mbt. zaken] *creep* ♦ **6.1 naar** boven ~ *steal/ sneak upstairs* **6.2** ⟨fig.⟩ er is een fout in de rekening geslopen *an error has crept into the account.*
sluipend 0.1 *stealing* ⇒*sneaking* ♦ **1.1** ~e inflatie *creeping inflation;* een ~e ziekte *an insidious disease.*
sluipgang 0.1 *hidden/secret passage(way).*
sluipmoord 0.1 *assassination.*
sluipmoordenaar 0.1 *assassin.*
sluiproute 0.1 *short cut.*
sluipschutter 0.1 *sniper.*
sluipweg 0.1 [heimelijke weg] *secret route/path/road* 0.2 [list] *ruse, trick.*
sluis 0.1 [waterkering]⟨voor schepen⟩ *lock;* ⟨voor uitwatering⟩ *sluice* 0.2 [kolk] *lock chamber* 0.3 [fig.] *channel;* ⟨schakel⟩ *link* 0.4 [scheep.] *sluice valve* ♦ **1.1** ⟨fig.⟩ de

sluizen v.d. hemel openden zich *the floodgates of heaven opened* **3.1** een ~ invaren/uitvaren *lock in/out;* een ~ openen/sluiten *open/close a l./s.* **6.1** door een ~ varen *pass through a l.*
sluisdeur 0.1 *lock gate/door* ⇒⟨van spuisluis⟩ *sluice(gate).*
sluisgeld 0.1 *lockage.*
sluiswachter 0.1 *lockkeeper.*
sluiten I ⟨ov.ww.⟩ **0.1** [dichtmaken] *shut* ⇒*close,* ⟨voorgoed⟩ *close down* 0.2 [opbergen, wegsluiten] *lock up/away* 0.3 [buiten-/uitsluiten] *lock out, close off* 0.4 [plaatsen zonder tussenruimte] *close* 0.5 [aangaan] *conclude* ⇒*enter into* 0.6 [beëindigen] *close, conclude* 0.7 [verbieden] *close* 0.8 [hand.; opmaken] *close* ♦ **1.1** de grenzen ~ *close the frontiers;* het raam ~ *s./close the window;* de winkel/ zaak ~ ⟨ihb. voorgoed⟩ *close (the shop) down;* ⟨ook 's avonds⟩ *shut up shop* **1.4** met gesloten hielen springen *jump with one's heels together* **1.5** een verbond ~ (met) *enter into an alliance (with);* vrede ~ *make peace;* ⟨na ruzie⟩ *make up (with s.o.);* vriendschap ~ (met) *make friends (with)* **1.6** de discussie is hiermee gesloten *the discussion is now closed;* de rij ~ *bring up the rear* **1.7** gesloten jacht *close season* **1.8** de boeken ~ *balance the books* **4.2** elkaar in de armen ~ *embrace* **6.3** iem. **buiten** de deur ~ *lock s.o. out;*
II ⟨onov.ww.⟩ **0.1** [dichtgaan] *shut* ⇒*close* 0.2 [aansluiten] *close* ⇒*fit* 0.3 [goed geheel vormen] *fit* 0.4 [afsluiten] *lock up* 0.5 [ten einde lopen] *close* 0.6 [als einduitkomst hebben] *balance* 0.7 [gelijke eindcijfers aan debet- en creditzijde vertonen] *balance* ♦ **1.1** de armband sluit niet meer *the bracelet does not fasten any more;* dinsdagmiddag zijn alle winkels gesloten *it's early closing day on Tuesday* **1.3** een ~d argument *a sound argument;* die redenering sluit niet *that argument doesn't hold (water)* **1.6** de meeste banken ~ met verlies *most banks have made losses* **1.7** een ~de begroting *a balanced budget* **5.¶** ⟨com.⟩ over en ~ *over and out* **6.2** de delen ~ precies in elkaar *the parts fit exactly* **6.5** ~ **op** ... ⟨van aandelen⟩ *c. at* ... **¶.7** de begroting ~d maken *b. the budget;*
III ⟨wk.ww.; zich ~⟩ **0.1** [dicht gaan] *close* ⇒*shut* ♦ **6.1** zich ~ **rond/om/over** *c. around.*
sluiting 0.1 [handeling] *shutting (off), closing; closure* ⟨van debat, bedrijf⟩; *conclusion* ⟨van vrede, debat⟩ 0.2 [wat dient om te sluiten] *fastening, fastener* ⇒⟨slot⟩ *lock, clasp* ⟨armband e.d.⟩ 0.3 [opheffing] *closing (down)* ⇒*closure* 0.4 [U-vormige ijzeren schakel] *shackle* ♦ **1.1** ~ v.d. rekening *balancing of the account;* de ~ van de jaarlijkse vergadering *the closing of the annual meeting* **1.2** de ~ van deze jurk zit op de rug *this dress does up at the back* **2.2** een blinde ~ *an invisible fastening* **2.3** vrijwillige/gedwongen ~ *voluntary/compulsory closure.*
sluitingsdatum 0.1 *closing date.*
sluitingsplechtigheid 0.1 *closing ceremony.*
sluitingstijd 0.1 *closing time* ♦ **6.1** na ~ *after hours.*
sluitpost 0.1 *closing entry* ♦ **6.1** als ~ op de begroting dienen ⟨fig.⟩ *come at the bottom of the list;* **als** ~ van de begroting *to balance the budget.*
sluitspier 0.1 *sphincter.*
sluitsteen ⟨bouwk.⟩ **0.1** [middelste steen] *keystone* 0.2 [zijdelings afsluitende steen] *coping stone, copestone.*
sluitstuk 0.1 [stuk materiaal] *coping stone* ⇒*breechblock* ⟨mbt. kanon⟩ 0.2 [laatste stuk] *final piece.*
sluizen 0.1 [mbt. schepen] *lock (in/out/through)* 0.2 [fig.] *channel* ⇒*transfer* ♦ **1.2** geld naar het onderwijs ~ c. *funds to education.*
slungel 0.1 *beanpole;* ⟨onbehouwen lummel⟩ *lout* ♦ **2.1** een lange ~ *a b.*

slungelig 0.1 *lanky* ♦ **3.1** ~ zijn *be all legs.*
slurf 0.1 [snuit; slurfachtige vorm] *trunk* **0.2** [buigzame buis] *hose* **0.3** [mbt. vliegtuigen] *Jetway.*
slurp 0.1 [slok] *gulp* ⇒⟨klein⟩ *sip* **0.2** [geluid] *slurp.*
slurpen 0.1 *slurp.*
sluw 0.1 *sly, crafty* ⇒*cunning* ♦ **1.1** een ~e streek *a s./cunning trick;* de -e vos *the s./cunning old fox.*
sluwheid 0.1 [hoedanigheid] *slyness, craftiness* ⇒*cunning* **0.2** [handeling] *(sly/cunning) trick* ⇒⟨mv.⟩ *wiles.*
smaad 0.1 *defamation (of character)* ⇒⟨jur.⟩ *libel* ♦ **3.1** iem.~ aandoen *inflict an indignity/indignities on s.o.;* ~ ondervinden/te verduren hebben *be subject to abuse.*
smaadschrift 0.1 *(piece of) libel.*
smaak 0.1 *taste* ⇒⟨mbt. voedsel ook⟩ *flavour* ♦ **1.1** tien smaken ijs *ten varieties of ice cream* **2.1** een dure ~ *expensive tastes;* een fijne ~ hebben *have a fine palate;* een goede ~ hebben *have good t.;* van goede/slechte ~ getuigen *he in good/bad t.,* ik krijg er een vieze ~ van in de mond ⟨fig.⟩ *it leaves a bad t. in the mouth* **3.1** ⟨fig.⟩ de ~ van iets te pakken hebben *have acquired a t. for, have come to like sth.;* smaken verschillen *tastes differ* **4.1** ieder zijn ~ *everyone to his own t.* **6.1** ⟨fig.⟩ in de ~ vallen bij ...*appeal to ...,find favour with ...;* ⟨fig.⟩ zijn optreden viel niet bij iedereen in de ~ *his behaviour was not to everybody's liking;* iets met (veel) ~ nuttigen *eat sth. with (great) relish;* naar mijn ~ to my t.;* iets op ~ brengen *season sth.;* over ~ valt niet te twisten *there is no accounting for taste(s)* **7.1** geen ~ hebben *have no t.* ¶.1 (sprw.) over ~ valt niet te twisten *there's no accounting for tastes.*
smaakje 0.1 [bijsmaak] *taste* **0.2** [toevoegsel, vaak in samenst.] *flavour* ♦ **3.2** er een ~ aan geven *give it f.* **6.1** er zit een ~ aan dat vlees *that meat tastes funny.*
smaakloos 0.1 *tasteless* ⇒*flavourless.*
smaakmaker 0.1 [toevoegsel] *seasoning, flavouring* **0.2** [persoon] *trendsetter.*
smaakorgaan 0.1 *organ of taste.*
smaakpapil 0.1 *taste bud.*
smaakstof 0.1 *flavour(ing), seasoning.*
smaakversterker 0.1 *flavour enhancer.*
smaakvol 0.1 *tasteful* ⇒*in good taste* (alleen pred.) ♦ **1.1** een ~le inrichting *a t. interior* **3.1** ~ gekleed zijn *be tastefully dressed.*
smachten 0.1 [wegkwijnen] *languish* **0.2** [snakken] *long (for)* ⇒*yearn (for)* ♦ **6.1** van honger/dorst ~ *die of hunger/thirst.*
smachtend 0.1 [vervuld van verlangen] *longing, languishing* **0.2** [kwijnend] *languishing* ♦ **1.1** iem.~e blikken toewerpen *look longingly at s.o.* **6.2** ~ van liefde *lovesick.*
smadelijk 0.1 [smaad aandoend]⟨vernederend⟩ *humiliating;* ⟨honend⟩ *scornful;* ⟨beledigend⟩ *insulting* **0.2** [verachtelijk] *ignominious* ♦ **1.2** een ~e nederlaag *a humiliating/an i. defeat* **3.1** iem.~ bejegenen *treat s.o. humiliatingly* **3.2** ~ lachen *laugh scornfully.*
smaden 0.1 [honen] *insult, abuse* **0.2** [met verachting spreken van] *defame.*
smak 0.1 [val] *fall* **0.2** [slag, klap] *crash* ⇒*smack* **0.3** [met de mond voortgebracht geluid] *smack* **0.4** [grote menigte/hoeveelheid] *heap, pile* ♦ **1.4** dat kost een ~ geld *that costs a h. of money* **3.1** een ~ maken *fall with a bang* **6.2** met een ~ neerzetten *slam/slap (down).*
smakelijk 0.1 [lekker] *tasty* ⇒*appetizing* **0.2** [smeuïg, vrolijk]⟨smeuïg⟩ *vivid;* ⟨vrolijk⟩ *gay, cheerful* ♦ **3.1** eet ~! *bon appetit* ⟨vrij deftig⟩; ⟨gezegd door ober⟩ *enjoy your meal;* het ziet er ~ uit *it looks t./appetizing* **3.2** ~ lachen *laugh heartily/gaily;* ~ vertellen *tell a story with relish.*

smakeloos 0.1 *tasteless* ⇒⟨alleen pred.⟩ *lacking in taste* ♦ **2.1** ~ ingericht *furnished in poor/bad taste.*
smakeloosheid 0.1 *tastelessness, lack of taste.*
smaken I ⟨onov.ww.⟩ **0.1** [smaak hebben] *taste* **0.2** [lekkere smaak hebben] *taste/be good/nice* **0.3** [indruk teweeg brengen] *be to one's taste* ♦ **4.1** hoe smaakt het? *how does it t.?* **4.2** heeft het gesmaakt, meneer/mevrouw? *did you enjoy your meal, sir/madam?* **6.1** het smaakt goed bij lamsvlees *it goes well with lamb;* naar iets ~ *t. of sth.;* ⟨scherts.⟩ dat smaakt naar meer ⟨inf.⟩ *that's very mor(e)-ish* ¶.2 dat zal ~! *that ought to go down well;*
II ⟨ov.ww.⟩⟨schr.⟩ **0.1** [genieten] *taste* ♦ **1.1** het genoegen ~ om ...t. *the pleasure of ...*
smakken I ⟨onov.ww.⟩ **0.1** [geluid maken] *smack one's lips* **0.2** [vallen] *crash* ♦ **5.1** smak niet zo! *don't make so much noise (when you're eating)* **6.2** tegen de grond ~ *c. to the ground;*
II ⟨ov.ww.⟩ **0.1** [smijten] *fling, hurl* ♦ **1.1** zijn tas in een hoek ~ *f. one's bag into a corner (with a thud).*
smakker 0.1 [iem. die smakt] *noisy eater* **0.2** [inf.; zoen] *smack(er).*
smal 0.1 *narrow* ♦ **1.1** ~le doorgang/opening *n. passage, small opening;* een ~ gezichtje *a n./pinched face;* de ~le weg ⟨fig.⟩ *the straight and n. (path)* **3.1** ~ler worden *narrow;* ⟨geleidelijk⟩ *taper (off).*
smaldeel 0.1 [afdeling v.e. vloot] *squadron* **0.2** [eskader] *squadron, flotilla* **0.3** [onderafdeling] *section.*
smalen 0.1 *scorn.*
smalend 0.1 *scornful* ♦ **1.1** een ~e glimlach *a mocking/sardonic smile;* een ~e opmerking maken over ⟨ook⟩ *jeer/scoff at* **3.1** ~ spreken over *speak scornfully of.*
smalfilm 0.1 [B]*cine/*[A]*movie film.*
smalletjes (alleen pred.) **0.1** *thin(nish)* ♦ **3.1** er ~ uitzien *look t.*
smaragd 0.1 *emerald* ⇒⟨kleur ook⟩ *emerald green.*
smaragden 0.1 *emerald* ⇒⟨kleur ook⟩ *emerald green.*
smart 0.1 [verdriet] *sorrow, grief* ⇒*pain* **0.2** [verlangen] *yearning* ⇒*longing* ♦ **1.1** de Man van Smarten *the Man of Sorrows* **6.1** met ~ vernemen *hear of sth. with regret* **6.2** met ~ op iets/iem. wachten *wait anxiously for sth./s.o.* ¶.1 (sprw.) gedeelde ~ is halve smart *a trouble/sorrow shared is a trouble/sorrow halved.*
smartelijk 0.1 [tragisch, bitter] *grievous* ⇒*painful* **0.2** [begerig] *anxious* ♦ **1.1** na een lang en ~ lijden *after long and g. suffering;* een ~ verlies *a g. loss* **3.2** ~ naar iets verlangen *yearn for sth.*
smartengeld 0.1 *damages* ⟨mv.⟩ ⇒*(financial/monetary) compensation* ♦ **3.1** ~ toekennen *award compensation/damages.*
smartlap 0.1 *tear-jerker.*
smash 0.1 *(overhead) smash* ♦ **3.1** een ~ geven *smash.*
smashen 0.1 *smash.*
smeden 0.1 [mbt. metalen] *forge* **0.2** [scheppen] *create* ⇒*coin* ⟨woorden⟩ **0.3** [beramen] *hatch, plan* ♦ **1.1** twee stukken ijzer aan elkaar ~ *weld two pieces of iron (together)* **1.2** verzen ~ *make up/invent verses* **1.3** een aanslag ~ *p. an attack;* een complot ~ *h. a plot* **6.1** uit één stuk gesmeed *forged in one piece.*
smederij 0.1 *forge.*
smeedijzer 0.1 *wrought iron.*
smeekbede 0.1 *plea (for)* ♦ ¶.1 aan iemands ~n gehoor geven *answer s.o.'s pleas.*
smeekschrift 0.1 *petition.*
smeer 0.1 [smeersel] *grease, oil* ⇒*polish* ⟨voor schoenen⟩ **0.2** [vuil, vlek] *smear.*

smeerbaar 0.1 *spreadable.*

smeerbeurt 0.1 *2000-mile service.*

smeerboel 0.1 *mess.*

smeergeld 0.1 *slush money.*

smeerkaas 0.1 *cheese spread.*

smeerkees 0.1 ⟨viezerik⟩ *slob.*

smeerlap 0.1 [viezerik] *slob* 0.2 [gemeen persoon] *skunk, bastard* 0.3 [vunzig/ontuchtig persoon] *pervert; dirty old man* ⟨oud⟩.

smeerlapperij 0.1 *dirt, filth* ⇒⟨gemene streken⟩ *dirty tricks.*

smeerleverworst 0.1 *liver paté/sausage.*

smeerolie 0.1 *lubricant.*

smeerpijp 0.1 *sewer, drain.*

smeerpoets 0.1 *slob.*

smeersel 0.1 ⟨zalf⟩ *ointment;* ⟨boterham⟩ *spread.*

smeervet 0.1 *(lubricating) grease.*

smeerworst 0.1 *pâté.*

smeerwortel ⟨plantk.⟩ 0.1 *comfrey.*

smegma 0.1 *smegma.*

smeken 0.1 *implore, beg* ◆ 1.1 met een ~de blik *with an imploring look* 6.1 iem. om hulp ~ *beg (for) s.o.'s help* ¶.1 ze smeekte hem niet te komen *she implored/begged him not to come.*

smelten 0.1 *melt* ⇒⟨metalen ook⟩ *melt down, fuse* ⟨bij hoge temperaturen⟩, *smelt* ⟨erts⟩ ◆ 1.1 de sneeuw smelt *the snow is melting/thawing* 3.1 iemands hart doen ~ *make s.o.'s heart m.* 6.1 het smelt **op** de tong *it melts in the mouth;* ⟨fig.⟩ ~ **van** de hitte *m. with the heat.*

smeltkroes 0.1 ⟨ook fig.⟩ *melting pot.*

smeltoven 0.1 *melting furnace, forge.*

smeltpunt 0.1 *melting point, point of fusion.*

smeltsneeuw 0.1 *melting snow.*

smelttemperatuur 0.1 *melting/fusing temperature.*

smeltwater 0.1 *meltwater.*

smeren I ⟨ov.ww.⟩ 0.1 [invetten] *grease* ⇒*oil, lubricate* ⟨met olie⟩ 0.2 [van boter/vet voorzien] *butter* 0.3 [uitstrijken] *smear* ◆ 1.2 brood ~ *b. bread, make sandwiches* 1.3 de boter er dun op ~ *spread the butter on thin;* crème op zijn huid ~ *rub cream on one's skin* 4.¶ smeer 'em *get out of here;* 'em ~ *clear off;* II ⟨onov.ww.⟩ 0.1 [zich laten uitsmeren] *spread.*

smerig 0.1 *dirty* ⇒⟨sterker⟩ *filthy* ◆ 1.1 het is een ~ gezicht *it is a sordid sight;* ~e handen *d./filthy hands;* ~e streek/truc a *d./shabby trick;* ~e taal uitslaan *talk (a lot of) dirt;* ~ weer *d./foul weather* 3.1 iem. ~ behandelen *treat s.o. shabbily.*

smerigheid 0.1 [hoedanigheid] *dirtiness, filthiness* 0.2 [iets vuils] *dirt, filth* 0.3 [gemene streek] *dirty/shabby trick.*

smering 0.1 *lubrication.*

smeris ⟨inf.⟩ 0.1 *cop.*

smet 0.1 [vlek, spat] *spot, stain* 0.2 [bezoedeling] *blemish* ◆ 3.2 dit werpt een ~ op zijn naam *this tarnishes his reputation.*

smetstof 0.1 *infectant.*

smetteloos 0.1 ⟨ook fig.⟩ *spotless, immaculate* ⇒⟨fig.⟩ *blameless* ◆ 2.1 ~ wit *immaculately white.*

smetvrees ⟨psych.⟩ 0.1 *hosophobia.*

smeuïg 0.1 [zacht, gebonden] *smooth* ⇒*creamy* 0.2 [smakelijk] *vivid* ◆ 1.2 ~e taal *v./colourful language.*

smeulen 0.1 ⟨ook fig.⟩ *smoulder* ◆ 1.1 de haat smeulde reeds lang in zijn hart *hatred had been smouldering in his heart for a long time;* er smeult verraad *there is treason brewing;* een ~d vuurtje *a smouldering fire.*

smid 0.1 *smith.*

smiecht 0.1 *skunk.*

smiespelen 0.1 *whisper.*

smiezen ⟨inf.⟩ ◆ 6.¶ iets/iem. **in** de ~ hebben *be on to sth./ s.o.;* iem. **in** de ~ hebben *have s.o. taped;* iem. **in** de ~ houden *keep tabs on s.o.*

smijten I ⟨onov., ov.ww.⟩ 0.1 [gooien] *throw, fling* ◆ 5.1 iem. de deur uit ~ *throw s.o. out* 6.1 met de deuren ~ *slam the doors;* ⟨fig.⟩ iem. iets **naar** het hoofd ~ *t. sth. in s.o.'s teeth;* II ⟨ov.ww.⟩ 0.1 [in een toestand brengen] *smash* ◆ 2.1 iets kapot ~ *s. sth. to bits.*

smikkelaar, -ster ⟨inf.⟩ 0.1 ±*gourmet.*

smikkelen ⟨inf.⟩ 0.1 *eat heartily, tuck in(to)* ◆ 3.1 zij zaten heerlijk te ~ *they were having a good feed.*

smoel ⟨vulg.⟩ I ⟨de⟩ 0.1 [mond] *trap* 0.2 [grimas] *face* ◆ 3.1 houd je ~! *shut your face/t.!* 3.2 ~en trekken *pull faces;* II ⟨het, de⟩ 0.1 [gezicht] *face* ⇒*mug* ◆ 2.1 een lief/mooi ~tje *a pretty f.* 3.1 dat ~ van jou staat me niet aan *I'm going to take that look off your face* ⟨voor je iem. in elkaar slaat⟩.

smoeltje ⟨med.; inf.⟩ 0.1 ⟨ongemarkeerd⟩ *(surgical) mask.*

smoelwerk ⟨inf.⟩ 0.1 [gezicht] *mug* 0.2 [grimas] *face.*

smoes 0.1 *excuse* ◆ 3.1 een ~je bedenken *think up a story/ an e.* 7.1 geen ~jes! *no nonsense!* ¶.1 ~jes! *rubbish!*

smoezelen 0.1 [zacht praten] *whisper* 0.2 [smoesjes vertellen] *tell a yarn.*

smoezelig 0.1 *grubby* ⇒*grimy.*

smoezen 0.1 [zacht praten] *whisper* 0.2 [praten] *jaw* ◆ 4.1 ze hebben altijd wat te ~ *they're always whispering about sth.(or other).*

smoking 0.1 *dinner jacket.*

smokkel 0.1 *smuggling.*

smokkelaar 0.1 *smuggler.*

smokkelarij 0.1 *smuggling.*

smokkelen I ⟨onov., ov.ww.⟩ 0.1 [smokkelhandel drijven] *smuggle* ◆ 6.1 iem. het land **in/uit** ~ *smuggle s.o. into/ out of the country;* II ⟨onov.ww.⟩ 0.1 [voorschrift/verbod heimelijk ontduiken] *dodge.*

smokkelhandel 0.1 *smuggling.*

smokkelwaar 0.1 *contraband.*

smokwerk 0.1 *smocking.*

smoor[1] ⟨de⟩ ◆ 3.¶ daar heb ik de ~ aan *I can't stand that;* er de ~ in hebben *be peeved.*

smoor[2] ⟨bn.⟩ 0.1 [verliefd] *smitten* 0.2 [stomdronken] *plastered* ◆ 6.1 ~ op iem. zijn *have a crush on s.o.*

smoorheet 0.1 *sweltering* ⇒*broiling hot* ◆ 3.1 het was ~ in de zaal *the room was stifling.*

smoorverliefd 0.1 *smitten (with s.o.)* ◆ 6.1 ~ zijn op ⟨ook⟩ *be head over heels in love with.*

smoren I ⟨onov.ww.⟩ 0.1 [stikken] *suffocate* 0.2 [blijven steken] *die away* ⇒*come to a dead end* 0.3 [gaar worden] *braise* ⇒⟨fig.⟩ *broil* ⟨in de zon⟩ ◆ 6.1 het is hier **om** te ~ *it's stifling/sweltering (hot) in here;* II ⟨ov.ww.⟩ 0.1 [doen stikken] *smother* ⇒*choke* 0.2 [gaar laten worden] *braise.*

smullen 0.1 [eten] *feast (on)* 0.2 [fig.] *lap up* ◆ 3.1 dat is/ wordt ~ *yum-yum* 6.1 om **van** te ~ *finger-lickin' good* 6.2 daar zullen de kranten **van** ~ *the newspapers will lap it up.*

smulpaap 0.1 ±*gourmet* ◆ 3.1 zij is een echte ~ *she loves her food.*

smulpartij 0.1 *banquet, feast.*

smurf 0.1 *smurf.*

smurrie 0.1 *gunge* ⇒⟨modder, slijk⟩ *sludge.*

snaaien 0.1 [wegpakken] *snitch* **0.2** [betrappen] *nab.*

snaak 0.1 *joker* ⇒⟨persoon in het alg.⟩ *fellow, guy* ◆ **2.1** een vreemde ~ *a queer customer.*

snaaks 0.1 ⟨scherts.⟩ *jocular;* ⟨grappig⟩ *funny;* ⟨schelmachtig⟩ *roguish.*

snaar 0.1 [mbt. muziekinstrumenten]⟨ook fig.⟩ *string;* ⟨ook fig.⟩ *chord;* ⟨van trommel⟩ *snare* **0.2** [mbt. een tennisracket] *string* **0.3** [koord, band, riem] *cord* ◆ **2.1** ⟨fig.⟩ een gevoelige ~ raken *touch a tender spot* **3.1** nieuwe snaren opzetten *restring* ⟨instrument, racket⟩; de snaren spannen *string* ⟨instrument, racket⟩; *snare* ⟨trommel⟩ **6.1** met vier/zes snaren *four-/six-stringed.*

snaarinstrument 0.1 *stringed instrument.*

snack 0.1 *snack.*

snackbar 0.1 *snack bar.*

snakken 0.1 [mond opendoen om te happen] *gasp, pant* **0.2** [smachten] *crave* ◆ **6.1 naar** adem ~ *g. for breath* **6.2** ~ **naar** een koud biertje *be dying for a cold beer;* ~ **naar** aandacht *be craving attention;* ~ **naar** eten *be famished.*

snappen I ⟨onov.ww.⟩ **0.1** [happen] *snap (at);* **II** ⟨ov.ww.⟩ **0.1** [inf.; begrijpen] *get* **0.2** [betrappen] *nab* ◆ **1.2** ze hebben de dader gesnapt *they nabbed the culprit* **4.1** snap je? *(you) see?;* ik snap 'm *I get it* **5.1** ik snap niet waar het om gaat *I don't see it;* ik snap niet hoe je zoiets kunt doen *how you can do such a thing is beyond me* **6.1** ik snap er niets **van** *I don't get it* **6.2** hij is **bij** het spieken gesnapt *he was caught copying* ¶**.1** ⟨scherts.⟩ gesnopen? *see?, got it?*

snarenspel 0.1 *string music.*

snars ◆ **7.**¶ geen - *not a bit;* hij trekt zich er geen ~ van aan *he doesn't give a tinker's damn;* je begrijpt er geen ~ van *you haven't got a clue.*

snater ⟨inf.⟩ **0.1** *trap* ◆ **3.1** hou je ~! *shut your t.!*

snateren 0.1 [mbt. vogels] *honk* **0.2** [mbt. personen] *cackle.*

snauw 0.1 *growl, snarl* ◆ **1.1** iem. ~ en en grauwen geven *snarl at s.o.*

snauwen 0.1 *snarl, growl, snap* ◆ ¶**.1** hou op, snauwde hij *stop it, he snapped.*

snauwerig 0.1 *snappish* ⇒⟨korzelig⟩ *gruff.*

snavel 0.1 [bek van vogels] *bill;* ⟨groot, krom⟩ *beak* ⇒⟨dierk.⟩ *rostrum* **0.2** [inf.; mond] *mouth* **0.3** [snuit] *snout* ◆ **3.2** hou je ~! *shut your m.!*

snedig 0.1 *witty* ⇒⟨bijdehand⟩ *smart* ◆ **1.1** een ~ antwoord *a smart retort.*

snee, snede 0.1 [insnijding]⟨ook med.⟩ *incision* **0.2** [afgesneden stuk] *slice* **0.3** [snijwond] *cut* ⇒⟨diepe wond⟩ *gash, rip* **0.4** [snijvlak] *edge* **0.5** [het snijden, keer] *cut* **0.6** [snijkant] *(cutting) edge* **0.7** [vulg.; schaamspleet] *slit, twat* ◆ **2.2** een dun ~ tje *a thin s.* **2.5** tabak v.d. fijne ~ *fine-cut tobacco* **6.4** een boek, verguld **op** ~ *a gilt-edged book.*

sneer 0.1 *gibe, taunt* ⇒⟨vaak mv.⟩ *jeer* ◆ **6.1** met een ~ aan mijn adres ging hij verder *after lashing out at me he continued.*

sneeuw 0.1 *snow* ◆ **1.1** een dik pak ~ *(a) thick (layer of) s.* **2.1** eeuwige ~ *perpetual s.;* natte ~ *sleet* **3.1** smeltende ~ ⟨op straat⟩ *slush;* vastzitten in/door de ~ *be snow-bound* **8.1** verdwijnen als ~ voor de zon *vanish into thin air.*

sneeuwachtig 0.1 [mbt. het weer] *snowy* **0.2** [als sneeuw] *snowy, snowlike.*

sneeuwbal 0.1 *snowball* ◆ **3.1** ~ len maken *roll snowballs* **6.1** elkaar met ~ len bekogelen *pelt snowballs at one another.*

sneeuwbaleffect 0.1 ⟨zie 3.1⟩ ◆ **3.1** een ~ hebben *snowball* ⟨ww.⟩.

sneeuwballen 0.1 *throw snowballs.*

sneeuwbank 0.1 *snowdrift* ⇒*bank of snow,* ⟨wolk⟩ *snow cloud.*

sneeuwblind 0.1 *snow-blind.*

sneeuwbril 0.1 *(pair of) (snow) goggles.*

sneeuwbui 0.1 *snow (shower).*

sneeuwen 0.1 *snow* ◆ **5.1** het sneeuwt hard/licht *it's snowing heavily/lightly;* het sneeuwde niet meer *it had stopped snowing.*

sneeuwgebied 0.1 *snow(y) area.*

sneeuwgrens 0.1 *snow line.*

sneeuwketting 0.1 *(snow) chain.*

sneeuwklokje 0.1 *snowdrop.*

sneeuwlawine 0.1 *avalanche.*

sneeuwlucht 0.1 *snowy sky.*

sneeuwman, -pop 0.1 *snowman* ◆ **2.1** de verschrikkelijke ~ *the Abominable Snowman.*

sneeuwmobiel 0.1 *snowmobile.*

sneeuwpret 0.1 *winter merriment* ⇒*fun and games in the snow.*

sneeuwruimen 0.1 *clear snow* ⇒*shovel (away) snow.*

sneeuwruimer 0.1 *snowplough.*

sneeuwschoen 0.1 *snowshoe.*

sneeuwschuiver 0.1 [grote schop] *snow push/shovel* **0.2** [auto] *snowplough.*

sneeuwstorm 0.1 *snowstorm.*

sneeuwval 0.1 [keer dat er sneeuw valt] *snowfall* **0.2** [lawine] *snowslide* ◆ **6.1** bij ~ *in the event of s.*

sneeuwvlok 0.1 *snowflake.*

sneeuwvrij 0.1 *clear of snow* ◆ **3.1** de wegen ~ maken *clear the roads of snow.*

sneeuwwit 0.1 *snow-white.*

Sneeuwwitje 0.1 *Snow White.*

snel I ⟨bn.⟩ **0.1** [in staat zich vlug voort te bewegen] *fast* ⇒ *rapid* **0.2** [lichtgevoelig] *high-speed, fast* **0.3** [kernfysica] *fast;* **II** ⟨bn., bw.⟩ **0.1** [vlug] *quick, swift;* ⟨ook bw.⟩ *fast* ⟨vaart⟩; *speedy* ⟨genezing, vooruitgang⟩ **0.2** [modern, in] *trendy* ◆ **1.1** een ~ besluit *a quick decision* **1.2** een ~ le jas *a t. coat* **3.1** ~ achteruitgaan *decline rapidly; fall rapidly* ⟨van barometer⟩; dat gaat ook ~! *that's quick/fast!;* hij is ~ geïrriteerd *he's a bit touchy;* da's ~ verdiend *that's easy money;* ~ van begrip zijn *be quick (on the uptake);* **III** ⟨bw.⟩ **0.1** [vlug voortbewegend] *rapidly, swiftly* ⇒ *quickly* **0.2** [binnenkort] *soon, shortly* ◆ **3.1** ~ fietsen *cycle r./quickly.*

snelbinder 0.1 *carrier straps* ⟨mv.⟩.

snelblusser 0.1 *quick-acting (fire) extinguisher.*

snelbuffet 0.1 *snack bar.*

snelbus 0.1 *express bus.*

sneldicht 0.1 *epigram.*

sneldichter 0.1 *epigrammatist* ⇒⟨onvoorbereid⟩ *versifier.*

sneldienst 0.1 *fast/express service.*

snelfilter 0.1 *coffee filter.*

snelfiltermaling 0.1 *extra-fine grind.*

snelheid 0.1 *speed* ⟨ook mbt. film⟩ ⇒⟨vaart ook⟩ *pace,* ⟨vaart ook⟩ *tempo,* ⟨licht, geluid ook⟩ *velocity* ◆ **2.1** bij hoge snelheden *at high speeds;* de maximum ~ *the speed limit* ⟨op weg⟩; *the maximum speed* ⟨van voertuig⟩; op volle ~ *(at) full speed* **3.1** ~ minderen *reduce speed, slow down.*

snelheidsbegrenzer 0.1 *speed limiter* ⇒*speed limiting device.*

snelheidsbeperking 0.1 *speed limit.*

snelheidscontrole 0.1 *speed(ing) check.*

snelheidsmaniak 0.1 *speed merchant.*

snelheidsmeter 0.1 *speedometer.*

snelkookpan 0.1 *pressure cooker.*

snelkookrijst 0.1 *minute rice.*

snellekweekreactor 0.1 *fast-breeder (reactor).*

snellen 0.1 [rennen] *rush* ⇒*hurry* 0.2 [zich snel begeven] *race* ⇒*hasten.*

snelrecht 0.1 *summary justice/proceedings.*

snelschrift 0.1 *stenography, shorthand.*

sneltekenaar 0.1 *quick-draw artist.*

sneltrein 0.1 *express (train)* ⇒*intercity (train).*

sneltreinvaart 0.1 *tearing rush/hurry* ◆ 6.1 hij kwam in een ~ de hoek om *he came tearing round the corner;* een wet in ~ door het parlement jagen *rush a bill through parliament.*

snelverkeer 0.1 *fast traffic.*

snelvuur 0.1 *quick/rapid fire.*

snelwandelen ⟨atletiek⟩ 0.1 *race walking* ◆ 7.1 het 50 km ~ *the 50 km walk.*

snelweg 0.1 (GB) *motorway;* ⟨USA⟩ *freeway* ◆ 2.¶ elektronische/digitale ~ *electronic/digital highway.*

snelwerkend 0.1 *fast-working* ◆ 1.1 een ~ vergif *a fast-acting poison.*

snerpen I ⟨onov.ww.⟩ 0.1 [striemen] *bite* ⇒*cut* 0.2 [mbt. woorden] *cut* 0.3 [mbt. gewaarwordingen] *smart* ⇒*ache* 0.4 [schril geluid voortbrengen] *squeal, shriek* ◆ 1.1 een ~de kou *cutting/piercing cold* 1.4 een ~de fluittoon *a shrill whistle;*
II ⟨ov.ww.⟩ 0.1 [op scherpe toon iets zeggen] *snap.*

snert 0.1 [erwtensoep] *pea soup* 0.2 [rotzooi] *trash* ⇒*rubbish,* ⟨in samenst.⟩ *lousy* ◆ 1.2 't is snertweer *it's rotten weather.*

snertkerel, -vent 0.1 *dreadful man.*

sneu 0.1 *unfortunate* ◆ 6.1 dat was ~ voor hem *that was hard on him;* ik vind het ~ voor je *I'm sorry for you.*

sneuvelen 0.1 [omkomen] *fall (in battle)* ⇒*be killed (in action)* 0.2 [kapotgaan] *break, get smashed* ◆ 1.1 ~ in de strijd *be killed in action* 1.2 daar sneuvelt weer een kopje *another cup bites the dust.*

snibbig 0.1 *snappish* ⇒*bitchy* ◆ 1.1 een ~ antwoord *a tart reply.*

sniffen 0.1 [hoorbaar door de neus ademhalen] *sniff(le)* 0.2 [zachtjes huilen] *snivel.*

snijbloem 0.1 *cut flower.*

snijboon 0.1 [groente] *ᴮFrench bean, ᴬstring bean* 0.2 [persoon] *ᴮodd fish, ᴬoddball* ◆ 2.2 een rare ~ *a queer customer.*

snijbrander 0.1 *oxyacetylene burner/torch* ⇒*cutting torch.*

snijden I ⟨onov., ov.ww.⟩ 0.1 [met een mes scheiden] *cut* ⇒⟨beeldhouwen; vlees voorsnijden⟩ *carve,* ⟨in plakken snijden⟩ *slice* (bv. ham, brood) 0.2 [iem. afzetten] *overcharge* ⇒⟨zwendelen⟩ *cheat* 0.3 [verkeer] *cut in (on s.o.)* 0.4 [kaartspel] *finesse* ◆ 1.1 een koperplaat ~ *engrave a copperplate* 1.2 iedere toerist wordt daar gesneden *all the tourists get overcharged/fleeced there;*
II ⟨onov.ww.⟩ 0.1 [mbt. snijwerktuigen] *cut* 0.2 [pijnlijk aandoen] *cut* 0.3 [een of meer sneden maken] *cut* ⇒⟨chirurg⟩ *make an/the incision* 0.4 [snijdbaar zijn] *cut* ◆ 5.4 vers brood snijdt moeilijk *fresh bread is hard to cut;*
III ⟨ov.ww.⟩ 0.1 [af-/uitsnijden] *cut* 0.2 [mbt. lijnen] *cross* ⇒*intersect* ◆ 1.1 uit hout een figuur ~ *carve a figure out of wood.*

snijdend 0.1 [scherp] *sharp* 0.2 [pijn veroorzakend] *cutting* ⇒*sharp* ⟨pijnen⟩ 0.3 [guur] *cutting* 0.4 [doordringend] *piercing* ⇒⟨schril⟩ *shrill* 0.5 [afgebeten] *cutting* ◆ 1.3 een

~e wind *a piercing/biting wind* 1.5 op ~e toon *in a c. tone of voice.*

snijkamer 0.1 *dissecting room.*

snijkant 0.1 *(cutting) edge.*

snijkoek 0.1 *gingerbread.*

snijlijn ⟨wisk.⟩ 0.1 [die een ander snijdt] *intersecting line* 0.2 [waarlangs twee vlakken elkaar snijden] *curve of intersection* 0.3 [volgens welke een zaak wordt doorgesneden] *cutting line;* ⟨van papier⟩ *dotted line.*

snijmachine 0.1 *cutter, cutting machine;* ⟨vlees⟩ *slicer* ⇒⟨groente, afvalpapier⟩ *shredder.*

snijplank 0.1 ⟨broodplank⟩ *breadboard;* ⟨van groente e.d.⟩ *chopping board;* ⟨vleesplank⟩ *carving board.*

snijpunt 0.1 *crossing;* ⟨wisk. ook⟩ *intersection.*

snijtafel 0.1 [med.] *dissecting table* 0.2 [mbt. stoffen] *cutting table.*

snijtand 0.1 *incisor.*

snijvlak 0.1 [v.e. snijdend deel] *blade* 0.2 [waarlangs wordt gesneden] *section.*

snijwond 0.1 *cut.*

snik¹ (de) 0.1 [hijgende ademtocht] *gasp* 0.2 [schokkende beweging bij het huilen] *sob* ◆ 2.1 de laatste ~ geven *breathe one's last;* tot aan zijn laatste ~ *to his dying day* 6.2 in ~ken uitbarsten *break out in sobs.*

snik² (bn.)⟨inf.⟩ ◆ ¶.¶ niet goed ~ *cracked, off one's rocker.*

snikheet 0.1 *sizzling/scorching (hot).*

snikken 0.1 [krampachtige bewegingen] *gasp* 0.2 [huilen] *sob* 0.3 [snikkend zeggen] *sob (out).*

snip 0.1 [vogel] *snipe* 0.2 [briefje van ƒ 100,-] ⟨one-hundred guilder note⟩.

snipper 0.1 [stukje] *snip, shred,* ⟨het afgeknipte⟩ *clipping* 0.2 [klein beetje] *shred, scrap* ◆ 6.1 in ~s scheuren *tear (in)to shreds.*

snipperdag 0.1 *day off.*

snipperen I ⟨ov.ww.⟩ 0.1 [tot snippers snijden]⟨versnipperen⟩ *shred;* ⟨fijn⟩ *cut up (fine);*
II ⟨onov.ww.⟩ 0.1 [snipperdag nemen] *take a day off.*

snipverkouden 0.1 *(all) stuffed up* ◆ 3.1 ~ zijn *have a bad cold.*

snit 0.1 *cut.*

snob 0.1 *snob.*

snobisme 0.1 *snobbery* ⇒*snobbishness.*

snobistisch 0.1 *snobbish.*

snoeien 0.1 [takken wegnemen]⟨mbt. takken⟩ *prune;* ⟨mbt. struiken⟩ *trim* 0.2 [inkorten] *cut back* ⇒*prune* ◆ 6.2 in een begroting ~ *prune a budget.*

snoeimes 0.1 [om te snoeien] *billhook* 0.2 [om bij/glad te snijden] *(double-handed) trimming/*⟨voor bomen⟩ *pruning knife.*

snoeischaar 0.1 *pruning shears.*

snoek 0.1 *pike* ◆ 3.1 een ~ vangen ⟨bij het roeien⟩ *catch a crab.*

snoekbaars 0.1 *pike perch.*

snoep 0.1 [snoepgoed] *ᴮsweets, ᴬcandy* 0.2 [het snoepen] *eating sweets.*

snoepen I ⟨onov., ov.ww.⟩ 0.1 [als lekkernij verorberen] *eat ᴮsweets/ᴬcandy;*
II ⟨onov.ww.⟩ 0.1 [heimelijk eten] *(have a) nibble* ◆ 6.1 wie heeft er van de pudding gesnoept? *who's been at the pudding?*

snoeper 0.1 [iem. die snoept] *s.o. with a sweet tooth* 0.2 [liefhebber van vrouwen] *womanizer* ◆ 2.2 een ouwe ~ *an old goat.*

snoeperig 0.1 *cute* ⇒*sweet.*

snoepgoed 0.1 *confectionery;* ⟨ʙᴇ ook⟩ *sweets;* ⟨ᴀᴇ ook⟩ *candy.*

snoepje 0.1 [stukje snoep] *ᴮsweet,* *ᴬcandy* **0.2** [kind] *sweety, sweetie (pie).*

snoepkraam 0.1 *ᴮsweets stall,* *ᴬcandy booth.*

snoepreisje 0.1 *(official) jaunt.*

snoepwinkel 0.1 *ᴮsweetshop,* *ᴬcandy store.*

snoer 0.1 [koord] *string, rope* **0.2** [hengelsport] *line* **0.3** [elektrische leiding] *ᴮflex, lead,* *ᴬcord* **0.4** [aaneengeregen voorwerpen] *strand* ◆ **1,4** een ~ parels *a s. of pearls* **6.1** kralen aan een ~ rijgen *string beads.*

snoeren 0.1 ⟨parels, kralen bv.⟩ *string;* ⟨rijgen⟩ *lace.*

snoes 0.1 *darling* ⇒*pet* ◆ **6.1** een ~ van een jurk *a darling dress.*

snoeshaan 0.1 *queer customer* ◆ **2.1** een vreemde ~ *a character, a funny old bird.*

snoet 0.1 [snuit] *snout* **0.2** [mond] *mouth* **0.3** [gezicht] *face* ⇒*mug* ◆ **2.3** een aardig ~je *a pretty little f.*

snoeven 0.1 *swagger* ⇒*brag* ◆ **6.1 op** zijn afkomst ~ *brag about one's birth.*

snoever 0.1 *braggart.*

snoezepoes 0.1 *sweetie, darling.*

snoezig 0.1 *cute* ⇒*sweet* ◆ **3.1** zij ziet er ~ uit *she looks c./ sweet.*

snol 0.1 *ᴮtart.*

snood 0.1 *base* ⇒*wicked* ◆ **1.1** snode plannen hebben *he scheming.*

snoodaard ⟨schr.; scherts.⟩ **0.1** *villain, rogue.*

snor 0.1 [mbt. personen] *moustache* **0.2** [mbt. dieren] *whiskers* ◆ **3.1** zijn ~ laten staan *grow a m.* **3.¶** ⟨inf.⟩ zijn ~ drukken *make o.s. scarce;* dat zit (wel) ~ *that's fine.*

snorfiets 0.1 *moped.*

snorhaar 0.1 [mbt. personen] *(hair of a) moustache* **0.2** [mbt. dieren] *whisker.*

snorkel 0.1 *snorkel.*

snorkelen 0.1 *snorkel.*

snorren 0.1 [een brommend geluid maken] *whirr* ⇒*buzz, hum* **0.2** [zich snel voortbewegen] *whizz* **0.3** [onderweg passagiers opnemen] *cruise* ⟨van taxi's⟩ ◆ **1.1** een ~de kat *a purring cat* **6.2** de pijl snorde door de lucht *the arrow whizzed through the air.*

snot 0.1 *(nasal) mucus/discharge* ⇒⟨sl.⟩ *snot.*

snotjongen, -aap 0.1 [groentje] *whippersnapper* **0.2** [kwajongen] *brat* ◆ **8.1** iem. als een ~ behandelen *treat s.o. like dirt.*

snotlap ⟨inf.⟩ **0.1** *nose rag.*

snotneus 0.1 [loopneus] *runny nose* **0.2** [klein kind] *(tiny) tot* ⇒*(little) kid* **0.3** [kwajongen] *brat.*

snottebel ⟨inf.⟩ **0.1** ⟨sl.⟩ *(glob of) snot.*

snotteren 0.1 [neus ophalen] *sniff(le)* **0.2** [huilen] *blubber.*

snotverkouden 0.1 *(all) stuffed up.*

snowboarden 0.1 *go snowboarding.*

snuf 0.1 *sniff.*

snuffelaar, -ster 0.1 [iem. die alles doorzoekt] *prier* ⟨m., v.⟩ ⇒⟨ihb. detective/spion⟩ *snoop* **0.2** [iem. die boeken doorzoekt] *browser.*

snuffelen 0.1 [mbt. dieren] *sniff (at)* **0.2** [mbt. personen] *nose (about)* ⇒*pry (into),* ⟨mbt. lectuur⟩ *browse* ◆ **1.1** de hond snuffelde overal *the dog was sniffing everywhere* **6.2** hij snuffelt altijd in de boeken *he always has his nose in a book;* in laden ~ *rummage in drawers.*

snuffelhond 0.1 *sniffer dog.*

snuffelpaal 0.1 *air pollution detector.*

snuffen 0.1 [neus ophalen] *sniff(le),* *snuffle* **0.2** [lucht opsnuiven] *sniff.*

snufferd ⟨inf.⟩ **0.1** [neus] *hooter* **0.2** [gezicht] *kisser* ◆ **6.2** ik gaf hem een klap op zijn ~ *I gave him one on the kisser.*

snufje 0.1 [nieuwigheid] *novelty* ⇒⟨technisch⟩ *newest device/gadget* **0.2** [kleine hoeveelheid] *dash* ◆ **1.2** een ~ zout *a pinch of salt* **2.1** het nieuwste ~ *the latest thing.*

snugger 0.1 *bright, clever* ◆ **3.1** hij is niet erg ~ ⟨euf.⟩ *he is not very quick/not exactly b.*

snuif 0.1 [tabak] *snuff* **0.2** [di ug] *sniff* ⇒*snort.*

snuifdoos 0.1 *snuffbox.*

snuifje 0.1 [hoeveelheid tabak] *(pinch of) snuff* **0.2** [klein beetje] *pinch.*

snuisterij 0.1 *bauble* ⇒*trinket.*

snuit 0.1 [mbt. dieren] *snout* **0.2** [mond]⟨sl.⟩ *trap* **0.3** [gezicht] *mug* ◆ **1.1** de ~ v.e. varken *a pig's s.* **2.3** een leuk ~je *a cute/sweet (little) face* **3.2** hou je ~! *shut your t.!*

snuiten 0.1 [slijm verwijderen] *blow (one's nose)* **0.2** [pit v.e. kaars knippen] *snuff.*

snuiter 0.1 ⟨inf.⟩ *customer* ◆ **2.1** een rare ~ ⟨inf.⟩ *a queer c./ strange guy.*

snulven I ⟨onov.ww.⟩ **0.1** [hoorbaar door de neus ademen] *sniff(le)* ⇒*snort* **0.2** [ruiken, snuffelen] *sniff (at)* ◆ **8.1** ~ als een paard *snort like a horse;*
II ⟨onov., ov.ww.⟩ **0.1** [stimulerend middel gebruiken] *sniff, snort* **0.2** [snuiftabak gebruiken] *take snuff* ◆ **1.1** cocaïne ~ *sniff cocaine.*

snuiver 0.1 [iem. die hoorbaar door de neus ademt] *snorter* **0.2** [iem. die een stimulerend middel gebruikt] *sniffer* **0.3** [iem. die snuiftabak gebruikt] *snuff-taker.*

snurken 0.1 [zagend keelgeluid maken] *snore.*

snurker 0.1 *snorer.*

soa ⟨afk.⟩ **0.1** [seksueel overdraagbare aandoeningen] *STD's* ⟨sexually transmitted diseases⟩.

sober 0.1 [bescheiden] *austere* ⇒*frugal* **0.2** [niet overvloedig] *plain, sober* **0.3** [armoedig] *austere* ◆ **1.1** in ~e bewoordingen *in plain words/language* **3.1** hij leeft zeer ~ *he lives very austerely/frugally.*

soberheid 0.1 [het sober zijn] *austerity* ⇒*frugality* **0.2** [krapheid] *plainness* **0.3** [nuchterheid] *austerity.*

sociaal I ⟨bn.⟩ **0.1** [maatschappelijk; geneigd tot groepsvorming] *social* ◆ **1.1** de gemeentelijke sociale diensten *the local s. services;* onderaan de sociale ladder *at the bottom of the s. scale;* iemands sociale positie *s.o.'s social position;* ~ werk doen *do s. work;* de mens is een ~ wezen *man is a s. animal;*
II ⟨bu., bw.⟩ **0.1** [gevoelig voor andermans nood] *social-(ly)-minded* ◆ **1.1** ~ denkend *humanitarian, socially aware;* dat is niet erg ~ gedacht *that's rather antisocial.*

sociaal-democraat 0.1 *social democrat.*

sociaal-democratisch 0.1 *social democratic.*

sociaal-economisch 0.1 *socio-economic.*

socialisatie 0.1 *socialization.*

socialisme 0.1 *socialism* ⇒⟨mbt. pol. partij in GB⟩ *Labour.*

socialist 0.1 *socialist.*

socialistisch 0.1 *socialist(ic).*

sociëteit 0.1 [gezelligheidsvereniging] *association* ⇒*club* **0.2** [gebouw] *association (building)* ⇒*club(house)* **0.3** [genootschap] *society* ◆ **1.1** lid van een ~ worden *become a member of/join an association.*

sociolinguïstiek ⟨taal.⟩ **0.1** *sociolinguistics.*

sociologie 0.1 *sociology.*

sociologisch 0.1 *sociological* ◆ **3.1** - gezien *from a s. viewpoint.*

socioloog 0.1 *sociologist.*

socratisch 0.1 *Socratic.*

soda 0.1 [natriumcarbonaat] *(washing) soda* **0.2** [sodawater] *soda (water)* ◆ **1.2** een whisky-soda *a whisky and soda.*

sodawater 0.1 [mineraalwater] *soda (water)* 0.2 [oplossing van natriumcarbonaat] *soda water.*
sodeflikker 0.1 ⟨vulg.⟩ *bugger.*
sodeju 0.1 *hell.*
sodemieter 0.1 [inf.; kerel] *bugger* 0.2 [vulg.; lichaam]⟨zie 6.2⟩ ◆ **2.1** die arme ~! *that poor (old) b.!* **6.2** iem. **op** z'n ~ geven *beat the shit out of s.o.* **6.¶ naar** de ~ gaan *get screwed up* **7.¶** dat gaat je geen ~ aan *that's none of your fucking business* **8.¶** als de ~! *like the (bloody) clappers!*
sodemieteren ⟨inf.⟩ **I** ⟨onov.ww.⟩ **0.1** [vallen] *fall* **0.2** [zeuren] *whine* ⇒*nag* ◆ **¶.¶** sodemieter op! *fuck off!;* **II** ⟨ov.ww.⟩ **0.1** [smijten] *chuck* ◆ **6.1** iets **naar** beneden ~ *c. sth. down(stairs);* iem. de deur **uit** ~ *chuck s.o. out.*
sodomie 0.1 *sodomy.*
soebatten ⟨inf.⟩ **0.1** *plead* ◆ **5.1** na lang ~ kreeg hij het eindelijk gedaan *after a lot of pleading he finally got it done.*
Soedan 0.1 *(the) Sudan.*
Soedanees¹ ⟨de (m.)⟩, **-nese** ⟨de (v.)⟩ **0.1** *Sudanese.*
Soedanees² ⟨bn.⟩ **0.1** *Sudanese.*
soelaas 0.1 *solace* ◆ **3.1** geen / weinig ~ bieden *give no/little comfort.*
soenniet 0.1 *Sunni.*
soep 0.1 [gerecht] *soup* ⇒⟨helder⟩ *consommé* **0.2** [rommel] *mess* ◆ **2.¶** dat is linke ~ *that's a risky/dicey business* **3.1** een ~ laten trekken *make a stock/broth* **6.¶ in** de ~ rijden *smash up;* je hebt het **in** de ~ laten lopen *you('ve) made a mess of it;* **in** de ~ lopen *come badly unstuck* **7.2** het is niet veel ~ *it's not up to much* **¶.1** ⟨sprw.⟩ de ~ wordt nooit zo heet gegeten als zij wordt opgediend *things are never as bad as they look.*
soepballetje 0.1 *meatball.*
soepbord 0.1 *soup bowl.*
soepel I ⟨bn.⟩ **0.1** [buigzaam] *supple* ⇒*pliable;* **II** ⟨bn., bw.⟩ **0.1** [plooibaar, meegaand]⟨plooibaar⟩ *supple, flexible;* ⟨meegaand⟩ *(com)pliant;* ⟨liberaal⟩ *lenient, easy* **0.2** [lenig] *supple* **0.3** [moeiteloos] *smooth* ◆ **1.1** een ~ bestuur *a flexible government;* een ~e regeling *a flexible arrangement* **1.2** ~e bewegingen *s./lithe movements* **2.1** hij is niet erg ~ *he isn't very flexible.*
soepelheid 0.1 *suppleness* ⇒*flexibility.*
soepgroente 0.1 *vegetables for the soup.*
soepjurk 0.1 *tent dress.*
soepkop 0.1 *soup cup.*
soeplepel 0.1 [opscheplepel] *soup ladle* **0.2** [eetlepel] *soupspoon.*
soepstengel 0.1 *breadstick.*
soepzootje 0.1 *mess* ◆ **3.1** het is me daar ook een ~ *what a m. it is there.*
soes 0.1 [gebak] *puff.*
soesa 0.1 *to-do* ⇒⟨inf.⟩ *bother* ◆ **1.1** een hoop ~ om niets *a lot of fuss about nothing* **7.1** maak geen ~ alsjeblieft *please don't put yourself out.*
soeverein¹ ⟨de⟩ **0.1** *sovereign.*
soeverein² ⟨bn., bw.⟩ **0.1** *sovereign* ◆ **1.1** ~ gezag *s. authority.*
soevereiniteit 0.1 *sovereignty.*
soezen 0.1 [dutten] *doze, drowse* **0.2** [mijmeren] *daydream.*
soezerig 0.1 *drowsy, dozy.*
sof 0.1 ⟨inf.⟩ *flop, washout* ◆ **3.1** de voorstelling werd een ~ *the performance was a f./w.*
sofa 0.1 *sofa* ⇒*couch.*
sofinummer 0.1 ⟨GB⟩ ±*National Insurance Number;* ⟨USA⟩ ±*Social Security Number.*
sofisme 0.1 *sophism.*

sofistisch 0.1 *sophistic.*
softballen 0.1 *play softball.*
softenon 0.1 *thalidomide.*
softenonbaby 0.1 *thalidomide baby.*
softijs 0.1 *soft ice-cream.*
softporno 0.1 *soft porn(ography).*
softwarebureau 0.1 *software firm/agency.*
softwarepakket ⟨comp.⟩ **0.1** *software package.*
soigneur ⟨sport⟩ **0.1** ⟨alg.⟩ *helper;* ⟨boksen⟩ ±*second.*
soiree 0.1 *soirée.*
soit 0.1 *very well, well and good.*
soja 0.1 [ketjap] *(sweet) soy (sauce)* **0.2** [plant] *soy(bean).*
sojaboon 0.1 *soya bean.*
sojaolie 0.1 *soya bean oil.*
sojasaus 0.1 *soy sauce.*
sojavlees 0.1 *soya meat.*
sok I ⟨de (m.)⟩ **0.1** [uiteinde v.e. buis] *socket;* **II** ⟨de⟩ **0.1** [kous] *sock* **0.2** [sukkel] *twerp, twirp* **0.3** [deel v.d. poot] *stocking* ◆ **3.1** ⟨fig.⟩ er de ~ken in zetten *spurt* **6.1** ⟨fig.⟩ hij haalde het **op** zijn ~ken *he did it effortlessly;* **op** zijn ~ken *in one's socks/stocking(ed) feet* **6.¶** iem. **van** de ~ken rijden *bowl/knock s.o. over;* **van** de ~ken gaan *pass out.*
sokkel 0.1 *pedestal.*
sokophouder 0.1 ᴮ*(sock) suspender,* ᴬ*garter.*
sol ⟨muz.⟩ **0.1** *so(h)* ⇒*sol, G.*
solarium 0.1 *solarium.*
soldaat 0.1 [rang] *(common) soldier* ⇒*private* **0.2** [elke militair] *soldier* ⇒⟨mv. ook⟩ *troops* **0.3** [mier] *soldier* ◆ **2.1** de gewone soldaten ⟨ook⟩ *the ranks* **2.2** de Onbekende Soldaat *the Unknown Soldier* **3.¶** ⟨fig.⟩ een fles ~ maken *kill a bottle.*
soldaatje 0.1 [speelgoedsoldaatje] *toy/tin soldier* **0.2** [geroosterd reepje brood] *crouton* ◆ **3.1** ~ spelen *play (at) soldiers.*
soldeer, soldeersel 0.1 *solder.*
soldeerbout 0.1 *soldering iron.*
soldeerpistool 0.1 *soldering gun.*
soldeertin 0.1 *(tinning) solder.*
solderen 0.1 *solder.*
soldij 0.1 *pay(ment).*
soleren 0.1 [als solist optreden] *perform a solo* **0.2** [solistisch te werk gaan] *act alone.*
solex 0.1 *Solex* ⇒*moped.*
solfège 0.1 *solfeggio, solfège.*
solfegiëren 0.1 *sing solfeggio.*
solidair 0.1 [door saamhorigheid verbonden] *solidary* ⇒*sympathetic* **0.2** [jur.] *joint, (joint and) several* ◆ **1.2** ~ aansprakelijk *jointly and severally liable* **3.1** zich ~ verklaren met iem. *declare one's sympathy for/one's solidarity with s.o.;* ~ zijn *show solidarity (with).*
solidariteit 0.1 [saamhorigheid] *solidarity* **0.2** [jur.] *joint/ (joint and) several liability* ◆ **6.1** uit ~ met *in s./sympathy with.*
solidariteitsheffing ⟨geldw.⟩ **0.1** *equalization/levelling* ᴬ*ling taxation.*
solidariteitsstaking 0.1 *sympathy strike.*
solide 0.1 [vast, stevig] *solid* ⇒*hard-wearing* ⟨schoenen enz.⟩ **0.2** [degelijk] *steady* **0.3** [te vertrouwen] *solid* ⇒ *sound,* ⟨geldw.⟩ *gilt-edged.*
soliditeit 0.1 [hechtheid] *solidity* **0.2** [degelijkheid] *steadiness* **0.3** [betrouwbaarheid] *soundness.*
solist 0.1 [musicus] *soloist* **0.2** [iem. die individueel optreedt] *solo performer.*
solistisch 0.1 *solo.*

739

solitair¹ ⟨de⟩ **0.1** [eenzaam levend dier] *rogue* **0.2** [eenling] *solitary.*
solitair² ⟨bn., bw.⟩ **0.1** *solitary.*
sollen I ⟨onov.ww.⟩ **0.1** [+ met; willekeurig omspringen] *bandy about* ⇒*trifle with* ◆ **3.1** hij laat niet met zich ~ *he won't be trifled with;*
II ⟨onov., ov.ww.⟩ **0.1** [heen en weer trekken] *drag/haul about.*
sollicitant 0.1 *applicant* ◆ **3.1** een ~ uitnodigen voor een gesprek *invite an a. for an interview.*
sollicitatie 0.1 *application* ◆ **2.1** open ~ *unsolicited a.* **3.1** ze heeft een aantal ~s lopen *she has a number of applications going;* ~s worden ingewacht door *applications are invited by.*
sollicitatiebezoek 0.1 *interview.*
sollicitatiebrief 0.1 *(letter of) application.*
sollicitatiecommissie 0.1 *selection committee.*
sollicitatieformulier 0.1 *application form.*
sollicitatiegesprek 0.1 *interview (for a position/job* ⟨enz.⟩ *).*
sollicitatieplicht 0.1 *obligation to apply for jobs* ⇒*job-search requirement.*
sollicitatieprocedure 0.1 *selection procedure.*
solliciteren 0.1 [naar een betrekking dingen] *apply (for)* **0.2** [op de hals halen] *ask (for)* ◆ **6.2** hij solliciteerde **naar** een pak slaag *he was asking for a good hiding.*
solo 0.1 ⟨zn. en bw.⟩ *solo.*
solocarrière 0.1 *solo career.*
soloconcert 0.1 *solo concert.*
solo-elpee 0.1 *solo LP/album.*
solo-instrument 0.1 *solo instrument.*
solo-optreden 0.1 *solo performance* ⇒*one-man/-woman performance.*
solotoer ⟨inf.⟩ ◆ **6.¶ op de** ~ gaan *go it alone.*
solozanger 0.1 [iem. die alleen zingt] *solo singer/vocalist* **0.2** [iem. die een solo zingt] *soloist.*
solutie 0.1 *(rubber) solution.*
solvabel ⟨hand.⟩ **0.1** *solvent.*
solvabiliteit 0.1 *solvency.*
som 0.1 *sum* ◆ **1.1** een ~ geld *a s. of money* **2.1** een aardig ~metje *a tidy little s.* **3.1** ~men maken *do sums.*
Somalië 0.1 *Somalia.*
Somaliër, -ische 0.1 *Somali.*
Somalisch 0.1 *Somali.*
somatisch 0.1 *somatic* ◆ **1.1** ~e klachten *s. complaints.*
somber 0.1 [donker] *gloomy* ⇒*dark* ⟨ook kleur⟩ **0.2** [zwaarmoedig] *dejected* ⇒*gloomy* ◆ **1.1** ~ weer *g. weather* **3.2** het ~ inzien *take a gloomy view (of things);* ~ kijken *look glum/downcast.*
somberheid 0.1 [duisternis] *gloom(iness)* ⇒*darkness* **0.2** [mbt. vooruitzichten] *gloominess.*
sombrero 0.1 *sombrero.*
somma 0.1 *sum* ◆ **6.1** de ~ van *f* 100,- *the s./total amount of 100 guilders.*
sommatie 0.1 *injunction, summons.*
sommeren 0.1 *summon* ◆ **1.1** de politie sommeerde de menigte uit elkaar te gaan *the police summoned the crowd to disperse* **6.1** ~ **tot** betaling *s. to pay.*
sommige 0.1 *some* ⇒*certain* ◆ **¶.1** ~n *some (people).*
soms 0.1 [weleens] *sometimes* **0.2** [in enkele gevallen] *sometimes* **0.3** [misschien] *perhaps* ⇒*by any chance* ◆ **3.3** heb je Jan ~ gezien? *have you seen John by any chance?;* hebt u ~ een sigaret voor me? *do you happen to have a cigarette?* **5.3** dat is toch mijn zaak, of niet ~? *that's my business, or am I mistaken?* **8.3** als je hem ~ ziet *... if you should happen to see him ...*

sonar 0.1 *sonar.*
sonate 0.1 *sonata.*
sonde 0.1 [peilstift; meetinstrument] *probe* **0.2** [buisje waarmee vocht wordt af/toegevoerd] *catheter.*
sondevoeding ⟨med.⟩ **0.1** *drip-feed.*
songfestival 0.1 *song contest* ◆ **¶.1** het Eurovisie ~ *The Eurovision Song Contest.*
songtekst 0.1 *lyric(s).*
sonnet 0.1 *sonnet.*
sonoor 0.1 *sonorous.*
soort I ⟨het, de⟩ **0.1** [categorie] *sort* ⇒*kind, type* **0.2** [kwaliteit] *sort* ⇒*kind, class* **0.3** [het min of meer zijn] *sort (of)* ⇒ *kind (of), type (of)* ◆ **1.3** als een ~ gijzelaars *like hostages, as it were;* je maakt er een ~ sport van! *you're making it into a kind of game!* **4.1** ik ken dat ~ *I know the type* **6.1** in zijn ~ *in its way, of its kind;* die is enig in zijn ~ *that's the only one of its kind, that's a unique specimen;* in alle ~en en maten *in all shapes and sizes* **7.2** eerste ~ aardbeien *best-/finest-quality strawberries;* tweede ~ *second grade* **¶.1** ⟨sprw.⟩ ~ zoekt soort *like will to like;*
II ⟨de⟩ **0.1** [biol.] *species* ◆ **2.1** de menselijke ~ *the human s.*
soortelijk 0.1 *specific* ◆ **1.1** ~ gewicht *s. gravity.*
soortement ⟨inf.⟩ **0.1** *a sort/kind of* ◆ **6.1** een ~ **van** schoenlepel *a sort/kind of shoehorn.*
soortgelijk 0.1 *similar* ⇒*of the same kind* ⟨alleen pred.⟩.
soortgenoot 0.1 *one of the same kind/sort.*
soortnaam 0.1 [biol.] *generic name* **0.2** [taal.] *common noun.*
soos 0.1 *club.*
sop 0.1 [zeepwater] *(soap)suds* **0.2** [zee] *deep* ◆ **2.2** het ruime ~ *the deep blue sea.¶* iem. in zijn eigen ~ gaar laten koken *let s.o. stew (in his own juice)* **¶.¶** het ~ is de kool niet waard *the game is not worth the candle.*
sopje 0.1 *(soap)suds* ◆ **3.1** het nog een ~ geven *give it another washing.*
soppen I ⟨onov., ov.ww.⟩ **0.1** [in vloeistof dopen] *dunk;*
II ⟨ov.ww.⟩ **0.1** [reinigen] *wash.*
sopraan 0.1 *soprano.*
sorbet 0.1 [waterijs] *sorbet* **0.2** [ijs met vruchten] *knickerbocker glory.*
sores 0.1 *troubles* ⇒*worries* ◆ **3.1** (een hoop) ~ hebben *have (lots of) t./worries.*
sorteerkamer 0.1 *sorting room.*
sorteermachine 0.1 *sorting machine.*
sorteren 0.1 *sort (out)* ◆ **1.1** brieven ~ *s. letters;* gesorteerde snoepjes *assorted sweets* **6.1 op** maat/kleur ~ *s. according to size/colour.*
sortering 0.1 [het sorteren, gesorteerd worden] *sorting* **0.2** [verzameling goederen] *selection, range* ⇒*assortment* ◆ **2.2** een ruime ~ stoffen *a wide s./r. of fabrics* **6.1** ~ **op** grootte *s./grading according to size.*
SOS 0.1 *S.O.S.* ◆ **3.1** een ~(-signaal) uitzenden *send/broadcast an S.O.S.*
soufflé 0.1 *soufflé.*
souffleren 0.1 ⟨ook dram.⟩ *prompt.*
souffleur, -fleuse ⟨dram.⟩ **0.1** *prompter* ◆ **6.1 op** de ~ spelen *rely on the p.*
soulmuziek 0.1 *soul music.*
soundmachine 0.1 *boom box.*
souper 0.1 *supper* ⇒*dinner* ◆ **3.1** een ~ geven *give a s.*
souperen 0.1 *have supper, sup.*
souplesse 0.1 *flexibility.*
sourdine ⟨muz.⟩ **0.1** *sourdine* ⇒*mute.*
sousafoon 0.1 *sousaphone.*

souschef 0.1 *deputy head/manager* 〈plaatsvervangend chef〉; 〈onderchef〉 *sub-department head.*
soutane 〈rel.〉 0.1 *soutane* ⇒*cassock.*
souteneur 0.1 *pimp.*
souterrain 0.1 *basement.*
souvenir 0.1 *souvenir* ♦ 3.1 dit ~ heb ik aan de oorlog overgehouden *this is a s./memento I've retained from the war.*
souvenirwinkel 0.1 *souvenir shop.*
sovjet 0.1 [raad] *soviet* 0.2 [mv., met hoofdl.; de Russen] *Soviets* ♦ 2.1 de opperste ~ *the Supreme Soviet.*
sovjetblok 0.1 *Soviet bloc.*
sovjetleider 0.1 *Soviet leader.*
sovjetrepubliek 0.1 *Soviet republic* ♦ 2.1 de Unie van Socialistische Sovjetrepublieken *the Union of Soviet Socialist Republics.*
sovjetstaat 0.1 *soviet state.*
Sovjet-Unie 0.1 *Soviet Union.*
sowieso 0.1 *in any case* ⇒*anyhow* ♦ ¶.1 het wordt ~ laat op dat feest *in any case that party will go on until late.*
spa 0.1 *mineral water* ♦ 3.1 mag ik een ~? *may I have a Perrier/a glass of mineral water?*
spaak[1] 〈de〉 0.1 *spoke* ♦ 3.1 〈fig.〉 een ~ in het wiel steken *throw a spanner in the works;* 〈bij iem.〉 *put a s. in s.o.'s wheel.*
spaak[2] 〈bw.〉 ♦ 3.¶ dat huwelijk is ~ gelopen *that marriage went wrong;* zo loopt de boel helemaal ~ *that's the way to make everything go wrong;* ~ lopen *go wrong.*
spaan 0.1 [spaander] *chip (of wood)* 0.2 [keukengereedschap] *skimmer* ♦ 7.1 er bleef geen ~ van heel 〈fig.〉 *there was nothing left of it;* 〈fig.〉 geen ~ heel laten v.e. boek *tear a book to pieces.*
spaander 0.1 *chip* ⇒*splinter* ♦ 3.1 er zullen ~s vallen 〈er gaan koppen rollen〉 *heads will roll;* 〈het zal er warm toegaan〉 *the sparks will fly;* de ~s vlogen eraf *the sparks were flying* ¶.1 〈sprw.〉 waar gehakt wordt, vallen ~s *you cannot make an omelette without breaking eggs.*
spaanplaat 0.1 *chipboard.*
Spaans[1] 〈het〉 0.1 *Spanish* ♦ 6.1 zeg het eens op z'n ~/in het ~ *say it in S.*
Spaans[2] 〈bn.〉 0.1 [uit Spanje] *Spanish* ♦ 1.1 〈cul.〉 ~ e saus *espagnole sauce* 7.1 een ~ e a *S. woman/Spaniard;* II 〈bw.〉 ♦ 2.¶ ik had het ~ benauwd *I was scared out of my wits* 3.¶ het ging er ~ (aan) toe *there were wild goings-on there.*
spaarbank 0.1 *savings bank* ♦ 6.1 geld op de ~ hebben *have money in a s. b./savings account;* geld op de ~ zetten *deposit money in the s. b./one's savings account;* geld van de ~ halen *withdraw money from the s. b./one's savings account.*
spaarbankboekje 0.1 *deposit book.*
spaarbekken 0.1 *reservoir.*
spaarbiljet, -bewijs 〈geldw.〉 0.1 *savings certificate.*
spaarcenten 0.1 *savings.*
spaardeposito 0.1 *savings (deposit).*
spaarder 0.1 *saver.*
spaardouchekop 0.1 *water-saving shower head.*
spaargeld 0.1 *savings.*
spaarhypotheek 0.1 *[B](type of) endowment mortgage.*
spaarkas 0.1 [vorm van sparen] *slate club* 0.2 [spaarbank] *savings bank.*
spaarlamp 0.1 *low-energy light bulb.*
spaaroverschot 〈ec.〉 0.1 *surplus in savings.*
spaarpot 0.1 [spaarbusje] *money box* ⇒*piggy bank* 0.2 [gespaard geld] *savings* ⇒*nest egg* ♦ 3.2 een ~je aanleggen *start saving for a rainy day;* zijn ~ aanspreken *draw on one's s.*

spaarrekening 0.1 *savings account* ♦ 3.1 een ~ openen *open a s. a.*
spaarrente 0.1 *interest on savings.*
spaartegoed 0.1 *savings balance.*
spaarvarken 0.1 *piggy bank.*
spaarzaam 0.1 [zuinig] *thrifty* ⇒*economical* 0.2 [schaars] *scanty* ⇒*sparse* ♦ 1.1 een ~ gebruik van iets maken *use sth. sparingly* 1.2 spaarzame verlichting *scanty lighting* 2.2 een ~ bevolkt gebied *a sparsely populated area* 3.1 hij is erg ~ met zijn lof *he's awfully sparing in his praise;* ~ leven *live economically/frugally;* ~ met iets omgaan *use sth. very sparingly;* ~ zijn met informatie *give scanty information;* ~ zijn met zijn woorden *not waste words* 3.2 de doodstraf wordt ~ toegepast *the death penalty is seldom imposed.*
spaarzaamheid 0.1 *thrift.*
spaarzegel 0.1 *trading stamp.*
spade 0.1 *spade* ♦ 2.1 twee ~ n diep *two spits deep* 7.1 de eerste ~ in de grond steken *break ground.*
spagaat 0.1 *splits* ♦ 3.1 een ~ maken *do the s.*
spaghetti 0.1 *spaghetti* ♦ 1.1 een sliert ~ *a strand of s.*
spalk 0.1 *splint.*
spalken 0.1 *put in splints* ♦ 1.1 een gebroken been ~ *put a broken leg in splints.*
span I 〈het〉 0.1 [mbt. trekdieren] *team* 0.2 [mbt. personen] *couple* ♦ 1.1 een ~ paarden *a t. of horses* 2.2 een aardig ~ *a nice c.;*
II 〈de〉 0.1 [tijdruimte] *span* ♦ 1.1 een ~ ne tijds, een korte ~ ne *a short/brief s. of time.*
spandoek 0.1 *banner* ♦ 3.1 een ~ met zich meedragen *carry a b.*
spaniël 0.1 *spaniel.*
Spanjaard 0.1 *Spaniard.*
Spanje 0.1 *Spain.*
spankracht 0.1 [kracht die door trekking/druk werkt] *tension* 0.2 [veerkracht] *elasticity* ♦ 1.2 de ~ v.d. spieren *muscle tone.*
spannen I 〈ov.ww.〉 0.1 [strak trekken] *stretch, tighten* 0.2 [uitrekken] *stretch* 0.3 [de volle kracht in werking stellen] *strain* 0.4 [door strak (uit)zetten vormen] *stretch* 0.5 [vastmaken] *harness* ♦ 1.1 een draad ~ *s./t. a string;* zijn spieren ~ *tense/flex one's muscles* 1.3 met gespannen aandacht iets volgen *follow sth. intently* 1.4 een tent ~ *tighten the ropes of a tent* 4.5 〈fig.〉 als hij er zich voor spant *if he puts his mind to it* 6.5 een paard **voor** een wagen ~ *h./hitch a horse to a cart;*
II 〈onov.ww.〉 0.1 [nauw sluiten] *be (too) tight* ⇒*fit tightly;*
III 〈onpers.ww.〉 0.1 [spannend zijn] *be tense* ♦ 4.1 het zal erom ~ of het lukt *that will be no easy task/matter;* het zal erom ~ wie er wint *it will be a close match/race* 5.1 het zal erom ~ *it is going to be close.*
spannend 0.1 *exciting* ⇒*thrilling* ♦ 1.1 een ~ ogenblik *a tense/an e. moment;* een ~ verhaal *a thrilling/an e. story;* een ~ e wedstrijd *a tense/an e. match.*
spanning 0.1 *tension* 〈ook elek.; nat.〉; 〈fig.ook〉 *suspense* ♦ 1.1 ~ en sensatie *excitement and s.;* de ~ v.e. snaar *a string's t.;* een ~ van 10.000 volt *a charge of 10,000 volts* 2.1 internationale ~ en *international t.* 3.1 de ~ is te snijden *the t. is so great that you could cut it with a knife;* er staat ~ op *it's live;* de ~ stijgt *the t. mounts;* de ~ verminderen *decrease the t.;* de ~ viel van haar af *that was a load off her shoulders* 5.1 ze zaten vol ~ te wachten *they were waiting anxiously* 6.1 **in** ~ iets afwachten *anxiously await sth.;* iem. **in** ~ houden *keep s.o. in s.;* **in** ~ zitten *be in s.;* **met** ~ naar iets uitkijken *await/look forward to sth. anxiously;* **onder** ~ staan *be live.*

spanningsmeter 0.1 ⟨elek.⟩ *voltmeter.*

spanningsregelaar ⟨tech.⟩ **0.1** *voltage regulator.*

spanningsveld ⟨vnl. fig.⟩ **0.1** *area/field of tension* ♦ **6.1** het ~ **tussen** Amerika en Rusland *the area of tension between America and Russia.*

spanningsverschil ⟨tech.⟩ **0.1** *difference in voltage* ⇒*potential difference.*

spanningzoeker ⟨tech.⟩ **0.1** *electrician's screw driver.*

spant 0.1 *rafter* ⇒*truss.*

spanwijdte 0.1 [mbt. een overspanning] *span* **0.2** [mbt. een vogel/vliegtuig] *wingspan* ⟨vliegtuig⟩; *wingspread* ⟨vogel⟩.

spar 0.1 *spruce* ♦ **2.1** grove ~ *Scots fir/pine.*

sparen I ⟨onov., ov.ww.⟩ **0.1** [bewaren] *save (up)* ♦ **5.1** automatisch ~ *save-as-you-earn* **6.1** ~ **voor** de oude dag *save for one's old age;* **voor** een nieuwe auto ~ *save up for a new car;*
II ⟨ov.ww.⟩ **0.1** [zuinig zijn met] *save* ⇒*spare* **0.2** [be-/uitsparen] *save* **0.3** [verzamelen] *collect* **0.4** [niet doden] *spare* ⇒*save* ♦ **1.1** de kritiek werd haar niet gespaard *she was not spared the criticism* **1.4** (het leven van) de terrorist ~ *spare the terrorist('s life)* **4.1** zich ~ *s. oneself.*

sparren ⟨sport⟩ **0.1** ⟨alg.⟩ *work out;* ⟨vechtsporten⟩ *spar.*

sparrenhout 0.1 *fir/spruce (wood).*

Spartaan 0.1 *Spartan.*

Spartaans 0.1 [als een Spartaan]⟨bn.⟩ *Spartan;* ⟨bw.⟩ *like a Spartan* **0.2** [streng]⟨bn.⟩ *Spartan;* ⟨bw.⟩ *strictly* ♦ **1.2** een ~ opvoeding *a S. upbringing.*

spartelen 0.1 [met armen en benen heen en weer slaan] *flounder* ⇒*thrash about* **0.2** [mbt. vissen] *flounder* ♦ **6.1** het kleine kind spartelde in het water *the little child thrashed about in the water;* op de grond liggen te ~ *thrash about on the ground.*

spasme 0.1 *spasm.*

spasticiteit 0.1 *spasticity.*

spastisch 0.1 *spastic* ♦ **1.1** ~e kinderen *s. children;* ~e verlamming *cerebral palsy* **3.1** je moet niet zo ~ doen! *stop acting like a spastic.*

spat 0.1 [spetter] *splash* **0.2** [vlek] *speck* ⇒*spot* ♦ **3.2** de ~ten zitten op het raam *the spots/specks are on the window* **6.1** ~ten op zijn kleren *splashes on one's clothes* **7.¶** ⟨inf.⟩ er is geen ~ van waar *there's not a speck of truth in it,* zij is geen ~ veranderd *she hasn't changed one bit;* geen ~ uitvoeren *not do a stroke of work.*

spatader 0.1 *varicose vein.*

spatbord 0.1 *mudguard.*

spatel 0.1 *spatula* ♦ **6.1** zalf opbrengen met een ~ *put salve on with a s.*

spatie 0.1 [tussenruimte tussen letters] *space* ⇒*spacing, interspace* **0.2** [druk.] *space bar* ♦ **6.1** iets typen **zonder/met** een ~ *type sth. without/with interspacing.*

spatiebalk 0.1 *space bar.*

spatlap 0.1 *mud flap.*

spatten I ⟨onov.ww.⟩ **0.1** [in kleine deeltjes wegspringen] *splash* ⇒*splatter* ♦ **1.1** vonken ~ in het rond *sparks flew all around* **6.1** er is verf op mijn kleren gespat *some paint has splashed on my clothes* **¶.1** uit elkaar ~ *burst;*
II ⟨onov., ov.ww.⟩ **0.1** [nat maken] *splash* **0.2** [kleine deeltjes laten wegspringen] *splatter* ♦ **2.1** iem. nat ~ *get s.o. wet* **6.1** zij spatte (mij) **met** water in mijn gezicht *she spattered water in my face* **6.2** inkt op iets ~ *spatter/s. ink on sth.*

specerij 0.1 *spice* ⇒*seasoning.*

specht 0.1 *woodpecker* ♦ **2.1** de grote/kleine bonte ~ *the great/lesser-spotted w.;* de groene/zwarte ~ *the green/black w.*

speciaal I ⟨bn.⟩ **0.1** [bijzonder] *special* ♦ **1.1** een ~ geval *a s. case;* in dit speciale geval *in this particular case* **4.1** zij heeft iets ~s *there's sth. different about her;*
II ⟨bw.⟩ **0.1** [met name] *especially* ⇒*particularly, specially* ♦ **3.1** ik doel ~ op hem *I mean him in particular;* ~ ge-maakt *specially made;* ik heb daar niet ~ op gelet *I didn't pay (any) particular attention to it.*

speciaalzaak 0.1 *specialist shop.*

special 0.1 *special (issue)* ♦ **6.1** een ~ over de Stones *a special on the Stones.*

specialisatie 0.1 [het zich specialiseren/gespecialiseerd zijn] *specialization* **0.2** [deel v.e. kennisgebied] *speciality.*

specialiseren ⟨wk.ww.; zich ~⟩ **0.1** *specialize* ♦ **6.1** zij heeft zich gespecialiseerd in internationaal recht *she has specialized in international law.*

specialisme 0.1 *specialism.*

specialist 0.1 *specialist* ♦ **3.1** een ~ raadplegen *consult a s.*

specialistenwerk 0.1 *a job/work for a specialist/an expert.*

specialistisch 0.1 *specialist(ic)* ⇒*recondite* ♦ **1.1** ~e kennis *specialist/recondite knowledge.*

specialiteit 0.1 *speciality* ♦ **1.1** zijn ~ is moderne letterkunde *his speciality is modern literature* **2.1** de culinaire ~en v.e. streek *the culinary specialities of a region.*

specie 0.1 *cement* ⇒*mortar.*

specificatie 0.1 *specification* ♦ **1.1** ~ v.e. nota vragen *request the s. of a bill.*

specificeren 0.1 *specify* ⇒*itemize* ♦ **1.1** een gespecificeerde opgave *an itemized statement* **5.1** een nader/niet nader gespecificeerde verklaring *a more detailed explanation, an explanation with no further detail.*

specifiek I ⟨bn., bw.⟩ **0.1** [typisch] *specific* **0.2** [stuk voor stuk behandelend] *specific* ⇒*explicit* ♦ **1.1** lachen is een ~ kenmerk v.d. mens *laughter is a specifically human characteristic;*
II ⟨bw.⟩ **0.1** [nadrukkelijk] *specifically* ⇒*explicitly.*

specimen 0.1 *specimen* ⇒*exemplar, example.*

spectaculair 0.1 *spectacular.*

spectrum 0.1 [ook fig.] *spectrum* ♦ **1.1** de kleuren v.h. ~ *the colours of the s.* **2.1** een breed ~ van mogelijkheden *a wide range of possibilities;* de plaats v.e. partij in het politieke ~ *a party's position in the political s.*

speculaas 0.1 ⟨type of spiced ⁿbiscuit/^cookie⟩ ♦ **2.1** gevulde ~ *±spiced cake filled with almond paste.*

speculaasje 0.1 *±spiced ⁿbiscuit/^cookie.*

speculaaspop 0.1 *±gingerbread man.*

speculant 0.1 *speculator* ♦ **2.1** kleine ~en *small-time speculators.*

speculatie 0.1 ⟨ook hand.⟩ *speculation* ♦ **6.1** op ~ kopen *buy on s.;* ~s over de reden van haar afwezigheid *speculation on the reason for her absence.*

speculatief 0.1 ⟨ook hand.⟩ *speculative* ♦ **1.1** de speculatieve fondsen *s. stocks/securities;* een zeer speculatieve verklaring *an extremely s. statement* **3.1** zijn geld ~ beleggen *invest one's money on speculation.*

speculeren 0.1 [+ op; gokken op] *speculate (on)* **0.2** [veronderstellen] *speculate* **0.3** [hand.] *speculate* ♦ **6.2** er is veel gespeculeerd over de oorzaken *there has been much speculation on the causes* **6.3** in kolen ~ *s. in coal.*

speculum 0.1 *speculum.*

speech 0.1 *speech* ♦ **3.1** een ~ afsteken *deliver a s.;* ⟨op bruiloft enz. ook⟩ *make a toast.*

speechen 0.1 *deliver/give/make a speech* ♦ **5.1** er werd veel gespeecht *many speeches were made.*

speedboot 0.1 *speedboat.*
speeksel 0.1 *saliva.*
speekselklier 0.1 *salivary gland.*
speelautomaat 0.1 *slot machine.*
speelbaar 0.1 *performable* ⇒⟨muz.⟩ *playable,* ⟨toneel⟩ *actable* ♦ **5.1** dit toneelstuk is goed ~ *this play acts well.*
speelbal 0.1 [bal om mee te spelen] *ball* **0.2** [weerloos slachtoffer] *plaything* ⇒*toy* **0.3** [biljart] *cue ball* ♦ **1.2** hij is de ~ v.d. fortuin *he's the p. of fortune.*
speeldoos 0.1 *music box.*
speelduur 0.1 *playing time.*
speelfilm 0.1 *(feature) film.*
speelgerechtigd 0.1 *entitled to play* ⟨pred.⟩.
speelgoed 0.1 [voorwerpen waarmee kinderen spelen] *toy(s)* **0.2** [fig.] *plaything(s)* ⇒*toy(s)* ♦ **1.1** een stuk ~ *a toy* **2.1** mechanisch / opwindbaar ~ *mechanical/wind-up toys.*
speelgoedafdeling 0.1 *toy department.*
speelgoedhandel 0.1 [speelgoedwinkel] *toy shop* **0.2** [handel in speelgoed] *toy trade.*
speelgoedtrein 0.1 *(toy) train.*
speelhal 0.1 *amusement arcade.*
speelhelft 0.1 [helft v.e. veld] *half* **0.2** [helft v.d. speelduur] *half* ♦ **2.1** de spelers op de andere ~ *the players in the other half (of the field).*
speelhol 0.1 *gambling/gaming den.*
speelhuis 0.1 *gambling/gaming house.*
speelkaart 0.1 *playing card.*
speelkamer 0.1 *playroom.*
speelkameraad, -makkertje 0.1 *playfellow, playmate.*
speelkwartier 0.1 ⟨voor jonge kinderen⟩ *playtime;* ⟨voor oudere leerlingen⟩ *break.*
speelplaats 0.1 *playground, play area* ♦ **6.1** op de ~ *in the playground.*
speelruimte 0.1 [ruimte tussen constructiedelen] *play* **0.2** [fig.] *play* ⇒*latitude* **0.3** [plaats om te spelen] *play area, room to play* ♦ **3.1** ~ hebben *have some play* **3.2** ~ geven *leave some elbow room.*
speels I ⟨bn.⟩ **0.1** [dartel] *playful* ⇒⟨vnl. dier⟩ *frisky* **0.2** [luchtig] *playful* **0.3** [grillig] *fanciful, whimsical* ♦ **1.3** ~e versieringen / lijnen *f. decorations/lines;*
II ⟨bw.⟩ **0.1** [als spel] *playfully* **0.2** [grillig] *fancifully, whimsically.*
speelschuld 0.1 *gambling debt.*
speeltafel 0.1 [tafel voor een kansspel] *gaming table* **0.2** [tafeltje voor kaartspel] *card table.*
speeltijd 0.1 [tijd voor spelen bestemd] *playtime* **0.2** [speelduur] *playing time* ♦ **2.2** officiële ~ *official p. t.*
speeltje ⟨inf.⟩ **0.1** *(little) toy.*
speeltuin 0.1 *playground.*
speelveld 0.1 *(sports/playing) field.*
speelverbod ⟨sport⟩ **0.1** *ban.*
speelvogel ⟨AZN⟩ **0.1** *playful child* ⇒*live wire.*
speelwijze 0.1 *(style of) play, way of playing.*
speen 0.1 [dop op een zuigfles] *ᴮ(rubber) teat,* ᴬ*nipple* **0.2** [tepel] *teat.*
speenkruid ⟨plantk.⟩ **0.1** *lesser celandine* ⇒*pilewort.*
speenvarken 0.1 *sucking pig.*
speer 0.1 *spear* ⇒⟨werpspeer⟩ *javelin* ♦ **6.1** met een ~ doorboren / steken *spear* **6.¶** als een ~ *like a rocket* ⟨snel⟩.
speerpunt 0.1 ⟨ook fig.⟩ *spearhead* ♦ **1.1** de ~en v.e. beleid *the spearheads of a policy;* de ~ van onze onderneming *the s. of our enterprise.*
speerpuntactie 0.1 *spearhead action;* ⟨korte staking⟩ *warning strike.*

speerwerpen 0.1 *throw(ing) the javelin* ♦ **7.1** het ~ winnen *win the javelin (event).*
speerwerper, -werpster 0.1 *javelin thrower.*
spek 0.1 [laag vast vet] *bacon;* ⟨mbt. mensen⟩ *fat* **0.2** → *spekkie* ♦ **1.¶** voor ~ en bonen meedoen / erbij zitten *be purely decorative, sit there for (the) show* **6.1** doorrijgen met ~ *lard;* bedekken met ~ *bard* **6.¶** dat is geen ~je voor je bekje *that is not for (the likes of) you;* dat is ~je voor zijn bekje *that's right up his street.*
spekglad 0.1 *(very/extremely) slippery.*
spekken 0.1 *lard* ♦ **6.1** ⟨fig.⟩ zijn verhaal met anekdotes ~ *spice one's story with anecdotes.*
spekkie 0.1 ±*marshmallow.*
speklap 0.1 *thick slice of fatty bacon.*
spekpannenkoek 0.1 *bacon pancake.*
spektakel 0.1 [schouwspel] *spectacle* ⇒*show* **0.2** [opschudding] *uproar* ⇒*fuss* **0.3** [lawaai] *racket* ♦ **2.3** een hels / oorverdovend ~ *a hellish/deafening noise* **3.1** het ~ is afgelopen *the show is over* **3.2** het was / gaf me een ~ *it was a tremendous fuss.*
spektakelstuk 0.1 *pageant (play)* ⇒*show(-piece).*
spekvet 0.1 *bacon fat.*
spekzool 0.1 *crepe sole.*
spel 0.1 [bezigheid ter ontspanning] *game* ⇒⟨kansspel⟩ *gambling* **0.2** [partij, wedstrijd] *game* ⇒*match* **0.3** [spelbenodigdheden] *game* **0.4** [wijze van bezig zijn] *play* **0.5** [toneelstuk] *play* **0.6** [wijze van acteren] *acting* ⇒*performance* **0.7** [wijze van bewegen, zich gedragen] *play* **0.8** [wijze van muziek maken] *playing* ⇒*performance* ♦ **1.3** een ~ kaarten *a pack/deck of cards* **2.2** ⟨kaartspel⟩ een goed / sterk ~ in handen hebben *have a good hand;* de Olympische Spelen *the Olympic Games* **2.4** goed ~ (te zien) geven *give a good performance;* grof ~ ⟨ook fig.⟩ *rough/unfair play;* ⟨geval⟩ *foul;* grof ~ spelen *play high;* hoog ~ spelen *play for high stakes, play high;* open ~ spelen *put one's cards on the table;* vals ~ *cheating;* vuil / onsportief ~ *foul p.* **2.7** vrij ~ hebben *have free p.* **3.2** doe je ook een ~letje mee? *do you want to join in / play?;* het ~ gewonnen geven *admit defeat;* het ~ in handen hebben ⟨ook fig.⟩ *hold all the cards;* het ~ heeft nu wel lang genoeg geduurd *this/the game has gone on long enough;* ⟨fig.⟩ het ~ is verloren *the g. is up;* ⟨fig.⟩ het ~ meespelen *play the g., play along (with s.o.);* ⟨fig.⟩ zijn ~ goed / knap spelen *play one's cards well* **5.1** dit gevecht is maar ~ *this fight is all an act* **6.¶** buiten ~ blijven *stay/keep out of it;* in het ~ zijn *be involved;* ⟨het onderwerp vormen⟩ *be in question/at stake;* er is een vergissing in het ~ *there is an error somewhere;* zijn leven / alles op het ~ zetten *risk/stake one's life/everything;* uw toekomst staat op het ~ *your future is at stake.*
spelbederf ⟨sport⟩ **0.1** ±*unsportsmanlike play/* ⟨van één speler⟩ *conduct.*
spelbepalend 0.1 *key* ♦ **1.1** een ~e middenvelder *a key midfield player.*
spelbreker, -breekster 0.1 ⟨ook fig.⟩ *spoilsport* ♦ **7.1** ik wil geen ~ zijn, maar ... *I don't mean to be a s. / don't want to spoil your fun, but ...* **8.1** het plotseling opkomende onweer trad als ~ op *the sudden thunderstorm ruined everything/ the game.*
speld 0.1 [als naaigerei] *pin* **0.2** [broche] *pin* **0.3** [haarspeld] *(hair)pin* ♦ **3.1** ⟨fig.⟩ men kon er een ~ horen vallen *you could have heard a p. drop* **6.1** ⟨fig.⟩ dat is zoeken naar een ~ in een hooiberg *that's like looking for a needle in a haystack* **7.1** ⟨fig.⟩ daar is geen ~ tussen te krijgen *there's no flaw in that argument;* ⟨er is geen woord tussen te krijgen⟩ *you can't get a word in edgeways;* ⟨fig.⟩ dat is een re-

743

denering waar geen ~ tussen te krijgen is *that is water-tight reasoning.*

spelden 0.1 *pin* ◆ **1.1** een zoom ~ *p. (up) a hem.*

speldenknop 0.1 *pin-head* ◆ **8.1** zo groot als een ~ *the size of a p.-h.*

speldenkussen 0.1 *pin-cushion.*

speldenprik 0.1 ⟨ook fig.⟩ *pin-prick* ◆ **3.1** iem.~ken geven *stick pins into s. o.; ~*ken uitdelen *needle (s. o.).*

speldje 0.1 [kleine speld] *pin* **0.2** [insigne] *pin* ⇒*badge* **0.3** [schildje met tekst/afbeelding] *button, badge.*

spelen I ⟨onov., ov.ww.⟩ **0.1** [zich (met een spel) vermaken] *play* **0.2** [toneelspelen] *act* ⇒*play* **0.3** [bespelen] *play* **0.4** [uitvoeren] *play* ⇒*perform* **0.5** [in beweging brengen, opwerpen] *play* ⟨bal, kaart⟩ **0.6** [van invloed zijn] *be of importance* ⇒*count* ◆ **1.6** dat speelt geen rol *that is of no importance* **5.1** al ~d leren *pick sth. up as you go along;* ⟨methode⟩ *learn through play;* ⟨fig.⟩ ga jij maar buiten ~ *go fly a kite;* vals ~ *cheat;* ⟨sport⟩ voor ~ *p. up front* **5.3** vals ~ *p. out of tune* **5.6** dat speelt niet meer *that is no longer an issue;* die kwestie speelt nog steeds *that is still an (important) issue* **6.1** ver **onder** zijn niveau ~ *p. well below one's level;*
II ⟨ov.ww.⟩ **0.1** [zich voordoen als; aanpakken] *play* ◆ **1.1** de mooie/dure meneer ~ *p. the fine gentleman* **5.1** we hadden het anders moeten ~ *we should have played/tackled it differently;*
III ⟨onov.ww.⟩ **0.1** [plaatsvinden] *be set (in)* ⇒*take place (in)* **0.2** [sollen] *play (with)* ⇒*trifle (with)* **0.3** [zich in wisselende vormen vertonen] *play* **0.4** [doelloos bezig zijn] *play (with)* ⇒*toy* **0.5** [speels omgaan met] *play (with)* ◆ **1.¶** er speelde een glimlach om haar mond *a smile played about her lips* **6.1** de film speelt in New York *the film is set in New York* **6.2** hij laat niet **met** zich ~ *he won't be trifled with;* **met** iemands gevoelens ~ *trifle with s. o.'s feelings* **6.3** het speelt me **door** de geest *it's running through my mind;* de wind speelde **met** haar haren *the wind played/was playing with her hair* **6.4** nerveus **met** een paperclip ~*fiddle/play nervously with a paperclip* **6.5 met** de gedachte spelen om ... *toy with the idea of (doing etc.) ...* **6.¶ op** iemands ijdelheid ~ *play on s. o.'s vanity.*

spelenderwijs 0.1 *without effort* ⇒*with (the greatest of) ease* ◆ **3.1** hij leert ~ *his lessons are mere child's play to him.*

speleoloog 0.1 *speleologist.*

speler, speelster 0.1 *player* ⇒⟨gokker ook⟩ *gambler* ◆ **2.1** ⟨dram.⟩ de gezamenlijke ~s *the cast/company.*

spelersgroep 0.1 *group of players* ⇒*players' group.*

spelevaren 0.1 *go boating* ◆ **6.1 aan** het ~ zijn *be out boating.*

spelfout 0.1 *spelling mistake/error.*

speling 0.1 [grillige beweging, uiting] *play* **0.2** [vrije beweging; speelruimte] *play* ⇒⟨van touw⟩ *slack* **0.3** [marge] *margin* ◆ **1.1** door een ~ v.h. lot *by some whim of fate;* een ~ v.d. natuur *a freak of nature* **1.3** een maand ~ voor onvoorziene gebeurtenissen *a m. of a month for contingencies.*

spelinzicht 0.1 *insight into the game* ◆ **3.1** veel ~ hebben *(be able to) read the game well;* geen ~ hebben *lack insight into the game.*

spelleider, -ster 0.1 *instructor* ⇒⟨mbt. tv-programma⟩ *emcee* ◆ **3.1** als ~ optreden in een programma *host a programme.*

spellen 0.1 [letters in volgorde opnoemen] *spell* **0.2** [aandachtig lezen] *peruse, study (closely)* ◆ **1.1** hoe spelt hij zijn naam? *how does he s. his name?* **1.2** de krant ~ *read*

spelden - spieden

the newspaper *word by word* **5.1** een woord verkeerd ~ *misspell a word* **¶.1** van achteren naar voren ~ *s. backward(s).*

spelletje 0.1 *game* ◆ **3.1** ergens een ~ van maken *take/treat sth. lightly;* een ~ spelen met iem. ⟨fig.⟩ *give s. o. the run-around.*

spelling 0.1 *spelling* ◆ **1.1** de ~ v.e. woord vragen *ask how to spell a word* **2.1** de moderne ~ *modern s.* **6.1** moeite hebben **met** ~ *have difficulty with s.*

spelmaker 0.1 *playmaker.*

spelonderbreking 0.1 *interruption of play* ◆ **6.1** er was een ~ **van** 5 minuten *play was interrupted for 5 minutes.*

spelonk 0.1 *cavern.*

spelopvatting 0.1 *concept of play.*

spelregel 0.1 [regels v.e. spel] *rule of play/the game* **0.2** [spellingregel] *spelling rule* ◆ **2.1** ⟨fig.⟩ de parlementaire ~s *the parliamentary rules of the game* **3.1** je moet je aan de ~s houden *you must stick to the rules;* de ~s overtreden *break the rules* **6.1 volgens** de ~s *in accordance with the rules* **¶.1** de ~s niet in acht nemen *ignore the rules.*

spelreglement 0.1 *rules of the game.*

spelshow 0.1 *game show.*

speltechnisch 0.1 *technical* ◆ **1.1** de ~e kant v.h. voetbal *the t. side of football.*

spelvaardigheid 0.1 *playing skill, expertise.*

spelverdeler, -deelster ⟨sport⟩ **0.1** *playmaker.*

spelverloop 0.1 *course of the game.*

spenderen 0.1 *spend (on)* ◆ **1.1** tijd ~ aan iets *s. time on sth.;* een vermogen ~ aan een bruiloft *s. a fortune on a wedding* **6.1** veel geld en moeite **aan** iets ~ *expend a lot of money and effort on sth.*

spenen 0.1 *wean (from)* ◆ **6.1 van** iets gespeend zijn/blijven *(have to) do without sth.;* hij is geheel **van** humor gespeend *he lacks all sense of humour.*

sperma 0.1 *sperm.*

spermabank 0.1 *sperm bank.*

spermadonor 0.1 *sperm donor.*

spermatozoön ⟨biol.⟩ **0.1** *sperm(atozoon).*

spertijd 0.1 *curfew.*

spervuur 0.1 *barrage* ◆ **1.1** een ~ van vragen *a b. of questions.*

sperwer 0.1 *sparrow hawk.*

sperzieboon 0.1 *green bean.*

spetter 0.1 [spat] *spatter* **0.2** [inf.; erg knappe man] *hunk.*

spetteren 0.1 [wegspringen] *sp(l)atter* ⇒*crackle* ⟨geluid⟩ **0.2** [spatten] *sp(l)atter.*

speurder 0.1 *detective* ⇒⟨scherts. ook⟩ *sleuth.*

speuren 0.1 [onderzoekend kijken] *investigate* ⇒*hunt* **0.2** [opsporingswerk doen] *investigate* ⇒*track* ◆ **6.1 naar** iets ~ *hunt/search for sth.*

speurhond 0.1 [hond] *tracker (dog)* ⇒*bloodhound* **0.2** [scherts.; detective] *bloodhound.*

speurneus 0.1 *sleuth.*

speurtocht 0.1 *search* ◆ **3.1** een ~ houden *organize a hunt/ s.*

speurwerk 0.1 [werk v.e. speurder] *investigation* ⇒*detective work* **0.2** [research] *research (work)* ◆ **2.2** fundamenteel ~ *fundamental r.*

spicht 0.1 *beanpole.*

spichtig 0.1 [lang en dun] *lanky* ⇒*spindly* **0.2** [smal en puntig] *spiky* ⇒*spidery* ⟨handschrift⟩ ◆ **1.1** een ~ gezicht *a pinched face;* een ~ meisje *a skinny girl.*

spie 0.1 [pen] *pin* **0.2** [wig] *wedge* **0.3** [inf.; geld] *dough* ◆ **3.3** ik heb geen ~ meer *I haven't got a bean.*

spieden 0.1 *spy* ◆ **3.1** ~d om zich heen kijken *look furtively around* **6.1 in** het rond ~ *peer around.*

spiegel 0.1 [weerkaatsend voorwerp/oppervlak; ook fig.] *mirror* **0.2** [med.; gehalte] *level* **0.3** [druk.] *type/text space/area* ◆ **2.1** vlakke/holle/bolle ~s *flat/concave/convex mirrors* **3.1** iem. een ~ voorhouden ⟨fig.⟩ *hold a m. up to s.o.'s face* **6.1** in de ~ kijken *look at o.s. (in the m.)* **6.¶** laat hij u **tot** ~ dienen *let him serve as an example to you* **8.1** de zee was als een ~ *the sea was like a m.*

spiegelbeeld 0.1 [teruggekaatst beeld] *reflection* **0.2** [omgekeerde afbeelding] *mirror image* ◆ **4.2** die twee figuren zijn elkaars ~ *those two figures are each other's m. i.* **6.2 in** ~ schrijven *write backwards.*

spiegelei 0.1 *egg sunny-side up* ◆ **7.1** twee ~eren *two eggs sunny-side up.*

spiegelen I ⟨onov.ww.⟩ **0.1** [reflecteren] *reflect* ⇒*mirror* **0.2** [lichtstralen in een richting werpen]*flash* ⇒*shine* ◆ **1.1** het ~d ijs *the glittering ice* **6.2** die jongen spiegelt **in** mijn gezicht *that boy is flashing (the light) in my face;* **II** ⟨wk.ww.; zich ~⟩ **0.1** [een voorbeeld nemen] *take example from* ◆ **6.1** zich ~ **aan** iem. *follow s.o.'s example.*

spiegelglad 0.1 *as smooth as glass* ⇒*icy* ⟨van wegen⟩, *slippery* ⟨van wegen⟩.

spiegelglas 0.1 [glas v.e. spiegel] *mirror (glass)* **0.2** [verfoelied glas] *mirror glass* **0.3** [gegoten glas] *plate glass.*

spiegeling 0.1 ⟨ook fig.⟩ *reflection.*

spiegelreflexcamera 0.1 *(single-lens) reflex camera* ⇒ *SLR.*

spiegelruit 0.1 *plate-glass window.*

spiegelschrift 0.1 *mirror writing* ◆ **3.1** ~ schrijven/lezen *write/read backwards* **6.1** dit is geschreven **in** ~ *this has been written backwards.*

spiegelwand 0.1 *wall of mirrors.*

spiegelzaal 0.1 *hall of mirrors.*

spiekbriefje 0.1 *crib sheet.*

spieken 0.1 *copy* ⇒*use a crib sheet* ◆ **5.1** even ~ *have a look at one's notes* **6.1** bij iem. ~ *copy from s.o.* **¶.1** zij heeft het hele proefwerk bij elkaar gespiekt *she copied the entire test.*

spier 0.1 *muscle* ◆ **2.1** stalen ~en *muscles of steel* **3.1** de ~en losmaken *loosen up the muscles, limber up, warm up;* hij vertrok geen ~ (van zijn gezicht) *he didn't bat an eyelid/move a m.*

spierbal ◆ **3.¶** zijn ~len gebruiken *use/flex one's muscle(s).*

spierbeweging 0.1 *muscular movement.*

spierbundel 0.1 *bundle of muscles.*

spierdystrofie 0.1 *muscular dystrophy.*

spiering 0.1 *smelt* ⇒*sparling.*

spierkracht 0.1 *muscle (power)* ⇒*muscular strength* ◆ **3.1** ~ ontwikkelen *develop muscular strength* **6.1** iem. **zonder** ~ *s.o. without muscle.*

spierkramp 0.1 *muscle spasm/cramp.*

spiernaakt 0.1 *stark naked* ◆ **3.1** hij was ~ ⟨ook⟩ *he was in his birthday suit.*

spierpijn 0.1 *sore/aching muscles, muscular pain.*

spierverlamming 0.1 *muscular paralysis.*

spierverrekking 0.1 *strained/*⟨inf.⟩ *pulled muscle.*

spierweefsel 0.1 *muscular tissue.*

spierwit 0.1 *(as) white as a sheet* ◆ **3.1** hij werd ~ van angst *he turned white (as a sheet).*

spies 0.1 [speer] *lance* **0.2** [pen met vlees] *skewer.*

spietsen 0.1 *spear* ⇒*skewer* ⟨vlees⟩.

spijbelaar, -ster 0.1 *truant.*

spijbelen 0.1 *play truant.*

spijker 0.1 *nail* ◆ **3.1** ⟨fig.⟩ een ~ in z'n kop hebben *have a hangover;* een ~ kromslaan/uittrekken *bend/pull out a n.;* de ~ op de kop slaan ⟨fig.⟩ *hit the n. on the head;* ⟨fig.⟩ ~s

met koppen slaan *get down to brass tacks, get down to business;* ⟨fig.⟩ ~s op laag water zoeken *split hairs* **6.1** iets **met** een ~ vastslaan *nail sth. down;* ⟨fig.⟩ dat is de ~ **op** z'n kop *on the button, right on.*

spijkerbak 0.1 *nail box.*

spijkerband 0.1 *spiked tyre.*

spijkerbroek 0.1 *(pair of) jeans* ◆ **3.1** ik heb een nieuwe ~ *I've got a new pair of j.;* waar is mijn ~? *where are my j.?*

spijkeren I ⟨ov.ww.⟩ **0.1** [bevestigen met spijkers] *nail* ◆ **1.1** hij spijkerde het deksel dicht *he nailed down the lid;* **II** ⟨onov.ww.⟩ **0.1** [spijkers indrijven] *hammer/drive in nails.*

spijkerhard 0.1 [zeer hard] *(as) hard as a rock* **0.2** [meedogenloos] *(as) hard/tough as nails* **0.3** [overtuigend] *incontrovertible* ⇒*hard* ⟨bv. bewijs, argument⟩ ◆ **1.1** ~ hout *rock-hard wood* **1.2** ~e mensen *hard(-boiled) people.*

spijkerjasje 0.1 *denim/jean(s) jacket.*

spijkerpak 0.1 *denim suit.*

spijkerschrift 0.1 *cuneiform (script).*

spijkerstof 0.1 *denim.*

spijl 0.1 *bar* ⟨van kooi, kinderbed enz.⟩ ⇒*rail(ing)* ⟨van hek⟩ ◆ **1.1** de ~en v.e. box *the bars of a playpen.*

spijs 0.1 [schr.; voedsel] *food* **0.2** [min of meer vloeibaar of kneedbaar mengsel]⟨cul.⟩ *paste; metal* ⟨klokken, letters⟩ ◆ **1.1** ~ en drank *f./meat and drink.*

spijskaart 0.1 *menu* ⇒*bill of fare.*

spijsolie 0.1 *cooking/salad oil.*

spijsvertering 0.1 *digestion* ◆ **2.1** een goede/slechte ~ hebben *have a good digestive system, suffer from indigestion.*

spijt 0.1 [berouw] *regret* **0.2** [verdriet] *regret* ⇒*sorrow* ◆ **3.1** daar zul je geen ~ van hebben *you won't regret that;* ~ van iets hebben als haren op zijn hoofd *regret sth. from the bottom of one's heart;* ergens ~ van hebben *be sorry about sth.;* geen ~ hebben *have no regrets;* daar zul je ~ van krijgen *you'll regret that;* ⟨inf.⟩ *you'll be sorry* **6.1 tot** mijn (grote) ~ *(much) to my r.*

spijtbetuiging 0.1 *expression of regret.*

spijten 0.1 *regret* ⇒*be sorry* ◆ **4.1** dat spijt me *I'm sorry;* het speet ons, dat je niet kon komen *we were sorry that you couldn't come;* het zal je ~ *you'll r. it/be sorry;* het spijt me dat ik u stoor *I'm sorry to disturb you;* het spijt me u te moeten zeggen …*I r. having to tell you …* **5.1** dat zou me erg ~ *I should r./be sorry for that.*

spijtig 0.1 *regrettable* ◆ **3.1** ik vind het erg ~ *I find it most r./unfortunate.*

spike 0.1 [mv.; schoen]⟨altijd mv.⟩ *spikes* **0.2** [spijkertje] *spike* ◆ **1.2** banden met ~s *spiked tyres* **3.1** ik kan mijn ~s niet vinden *I can't find my spikes.*

spikkel 0.1 *fleck* ⇒*speck* ◆ **2.1** wit met donkerbruine ~s *white speckled with brown.*

spiksplinternieuw 0.1 *spanking/brand new.*

spil 0.1 [as] *pivot* **0.2** [centrale persoon] *pivot* ⇒*key figure, playmaker* ⟨voetbal⟩ ◆ **1.2** mijn moeder was de ~ van ons gezin *my mother was the pivot of our family* **6.1 om** een ~ draaien *p., swivel.*

spilfunctie 0.1 *pivotal/key role.*

spilkoers ⟨geldw.⟩ **0.1** *central rate.*

spillebeen I ⟨het⟩ **0.1** [mager been] *spindle/spindly leg;* **II** ⟨de⟩ **0.1** [persoon] *spindlelegs.*

spilziek 0.1 *extravagant.*

spin I ⟨de⟩ **0.1** [geleedpotig dier] *spider* **0.2** [snelbinder] ⟨*n*⟩*spider* ⇒*octopus* ◆ **8.1** nijdig als een ~ *(as) mad as a wet hen;* **II** ⟨de (m.)⟩ **0.1** [tollende beweging, aswenteling] *spin* ◆ **7.1** een bal veel ~ geven *give a ball a lot of s.*

spinazie 0.1 *spinach* ◆ **6.1** ~ **uit** de diepvries *frozen s.* **¶.1** ~ à la crème *creamed s.*

spinet 0.1 *spinet.*

spinnen I ⟨onov., ov.ww.⟩ **0.1** [een draad/web vormen] *spin* ◆ **1.1** garen ~ *s. thread/yarn* **6.1** ⟨fig.⟩ een verhaal **over** iets ~ *s. a yarn about sth.;* **II** ⟨onov.ww.⟩ **0.1** [mbt. katten] *purr.*

spinnenweb 0.1 *cobweb* ⇒*spider('s) web* ◆ **6.1** ⟨fig.⟩ een ~ **van** straatjes en gangen *a web/maze of streets and passageways.*

spinnerij 0.1 [handeling] *spinning* **0.2** [fabriek] *spinning mill.*

spinnewiel 0.1 *spinning wheel.*

spinnijdig 0.1 *(as) cross as two sticks.*

spinrag 0.1 *cobweb* ⇒*spider('s) web* ◆ **8.1** zo fijn/zo dun/zo teer als ~ *as fine/thin/delicate as gossamer.*

spinsel 0.1 *spinning(s)* ⇒*spun yarn/thread, web* ⟨v.e. insect⟩, *cocoon* ⟨v.e. rups⟩.

spinster 0.1 *spinner.*

spint I ⟨het⟩ **0.1** [spinsel v.d. spintmijt] *web;* **II** ⟨de⟩ **0.1** [spintmijt] *red spider mite.*

spion, spionne 0.1 *spy.*

spionage 0.1 *espionage* ⇒*spying* ◆ **6.1 van** ~ verdacht zijn *be suspected of spying;* **wegens** ~ ter dood veroordelen *condemn to death for spying.*

spioneren 0.1 *spy* ◆ **6.1** ~ **voor** de vijand *s. for the enemy.*

spionnetje 0.1 ⟨spiegel⟩ *busybody;* ⟨kijkgaatje in deur⟩ *judas (hole).*

spiraal 0.1 [krullijn] *spiral* **0.2** [schroeflijn] *spiral* **0.3** [voorwerp] *spiral* ⇒*coil* **0.4** →**spiraalmatras** ◆ **3.2** een ~ beschrijven *spiral.*

spiraalbeweging 0.1 *spiral movement.*

spiraalmatras 0.1 *spring mattress* ⇒*springs.*

spiraaltje ⟨med.⟩ **0.1** *IUD* ⇒*coil.*

spiraalvormig 0.1 *spiral(-shaped)* ◆ **3.1** ~ gekruld *spiralled.*

spirea 0.1 *spiraea.*

spirit 0.1 *spirit* ⇒*guts, spunk* ◆ **3.1** die speler heeft ~ *that player has spirit/guts;* er zit geen ~ meer in die mensen *those people have no spirit anymore.*

spiritisme 0.1 *spiritualism.*

spiritualist 0.1 *spiritualist* ◆ **1.1** ~ medium *medium* **2.1** een ~e bijeenkomst *a s. gathering, a seance.*

spiritualiën 0.1 *spirits.*

spiritualiteit 0.1 *spirituality.*

spiritueel 0.1 *spiritual.*

spiritus 0.1 *methylated spirits; alcohol* ◆ **6.1** iets **in/op** ~ bewaren *preserve sth. in a.*

spiritusbrander 0.1 *(methylated) spirit burner.*

spit I ⟨het⟩ **0.1** [braadspit] *spit* ◆ **6.1 aan** het ~ gebraden *broiled on the s.;* kip **van** 't ~ *barbecued chicken;* **II** ⟨het, de⟩ **0.1** [med.] *lumbago* ◆ **3.1** ~ (in de rug) hebben *have l.*

spits¹ I ⟨de⟩ **0.1** [piek] *peak* ⇒*point* **0.2** [spitsuur] *rush hour* **0.3** [voorhoede] ⟨sport⟩ *forward line* ◆ **1.1** de ~ v.e. toren *the spire* **3.¶** de/het ~ afbijten *go first* **6.3 in** de ~ spelen *be in the forward line* **6.¶** iets **op** de ~ drijven *bring sth. to a head;* **II** ⟨de (m.)⟩ **0.1** [sport; speler] *striker.*

spits² ⟨bn., bw.⟩ 0.1 [puntig] *pointed* ⇒*sharp* **0.2** [vernuftig] *sharp* ⇒*acute* ◆ **1.1** een ~e gevel *a p. gable;* een ~ mondje trekken *purse one's lips;* een ~e snuit *a p. nose/snout;* een ~e toren *a spire* **1.2** een ~ antwoord *a clever answer* **3.1** ~ toelopen *taper (off), end in a point.*

Spitsbergen 0.1 *Spitzbergen.*

spitsboog ⟨bouwk.⟩ **0.1** *Gothic/pointed arch.*

spitsbus 0.1 *extra bus* ⇒*rush-hour service (bus).*

spitsen 0.1 [puntige stand/vorm geven] *prick* ⟨oren⟩ ⇒ *purse* ⟨mond⟩, *point* ⟨tenen⟩ **0.2** [puntig maken] *point* ⇒ *sharpen* ◆ **6.¶** gespitst zijn **op** *be keen on.*

spitsheid 0.1 *sharpness.*

spitskool 0.1 *oxheart/conical cabbage.*

spitsroede ◆ **3.¶** ~n lopen ⟨ook fig.⟩ *run the gauntlet.*

spitsuur 0.1 *rush hour* ⇒⟨elek.⟩ *peak* ◆ **3.1** om 6 uur is het ~ *6 o'clock is r. h.* **6.1 buiten** de spitsuren *outside rush hours;* **in** het ~ *during the r. h.*

spitsvondig 0.1 *clever* ◆ **3.1** ~ antwoorden *give a smart answer;* ~ redeneren *argue cleverly.*

spitsvondigheid 0.1 [het spitsvondig zijn] *cleverness* **0.2** [wat van spitsvondigheid getuigt] *clever remark* **0.3** [gezocht argument] *far-fetched/* ⟨onnodig ingewikkeld⟩ *contrived argument* ◆ **3.3** spitsvondigheden debiteren *(try to) be clever/smart.*

spitten 0.1 *dig* ◆ **1.1** land ~ *turn the soil over* **6.1** ⟨fig.⟩ in iemands verleden ~ *delve into s.o.'s past.*

spitzen ⟨dansk.⟩ **0.1** *point shoes, ballet shoes/slippers.*

spleet 0.1 *crack* ⇒⟨geol.⟩ *fissure* ◆ **5.1** de planken zaten vol spleten door het weer *the boards were all cracked by the weather.*

spleetoog 0.1 *slant-eye.*

splijtbaar 0.1 ⟨mbt. atoomsplitsing⟩ *fissionable* ◆ **1.1** ~ materiaal *f. material.*

splijten 0.1 *split* ◆ **3.1** dat hout laat zich gemakkelijk ~ *that wood is easy to s.* **6.1** iets in tweeën/in drieën ~ *s. sth. into two/three;* ~ **van** de hitte *s./crack (open) with the heat.*

splijting 0.1 *splitting* ⇒*fission* ⟨atoomkernen⟩ ◆ **1.1** de ~ van atoomkernen *nuclear fission*

splijtstof 0.1 *nuclear fuel* ⇒*fissionable material.*

splinter 0.1 *splinter* ◆ **6.1** iets **aan** ~s slaan *smash sth. to pieces/smithereens;* een ~ **in** de vinger krijgen *get a s. in one's finger.*

splinterbom 0.1 *fragmentation bomb.*

splinteren 0.1 [tot splinters breken] *splinter* ⇒*shatter* ⟨vooral glas⟩ **0.2** [splinters afgeven] *splinter.*

splinternieuw 0.1 *brand-new.*

splinterpartij ⟨pol.⟩ **0.1** *splinter group/party.*

split I ⟨het⟩ **0.1** *slit* ⇒⟨in kleding ook⟩ *placket* ⟨vnl. voor zakopening⟩, *vent* ⟨in jas⟩ ◆ **3.1** een ~ maken (in kleding) *make a s.* **6.1** een rok **met** een ~ *a skirt with a s.;* **II** ⟨de⟩ **0.1** [gymnastische stand] *(the) splits.*

spliterwt 0.1 *split pea.*

splitpen ⟨amb.⟩ **0.1** *split/cotter pin.*

splitrok 0.1 *slit skirt.*

splitsen I ⟨ov.ww.⟩ **0.1** [verdelen] *divide* ⇒*split* **0.2** [mbt. touwen, kabels] *splice* **0.3** [schei.] *separate, split up* ◆ **1.1** de moeilijkheden ~ *take the problems one (step) at a time* **1.3** een scheikundige stof ~ *split up a chemical substance;* **II** ⟨wk.ww.; zich ~⟩ **0.1** [uiteengaan, scheiden] *split (up)* ⇒ *divide* ◆ **1.1** daar splitst de weg zich *the road forks there.*

splitsing 0.1 [handeling] *splitting (up)* ⇒*division* **0.2** [mbt. weg, spoorweg e.d.] *fork* ⇒*branch(ing)* **0.3** [scheuring] *split(ting up)* ⇒*division* **0.4** [mbt. touwen, kabels] *splice* ◆ **1.3** de ~ v.e. kerkgenootschap *a schism in a church* **6.1** de ~ van **atomen** *the splitting of atoms* **6.2 bij** de ~ rechts/links afslaan *turn right/left at the f.*

spoed 0.1 *speed* ◆ **2.1** met bekwame ~ *with (all) due s.;* met gezwinde/grote ~ *posthaste* **3.1** op ~ aandringen *stress the urgency of a/the matter/* ⟨enz.⟩; ergens ~ achter zetten *speed sth. along* **5.1** er is ~ bij *it is urgent* **6.1 met** ~ *with haste, urgently;* iem. **tot** ~ manen/aanzetten *hurry s.o. up*

¶.1 ~! ⟨bv. op brieven⟩ *urgent;* ⟨sprw.⟩ haastige ~ is zelden goed *more haste, less speed.*
spoedbehandeling 0.1 ⟨med.⟩ *emergency treatment.*
spoedberaad 0.1 *emergency consultations* ◆ **3.1** ~ houden *hold e. c.*
spoedbestelling 0.1 *rush order; express/special delivery* ⟨van post⟩.
spoedcursus 0.1 *intensive/crash course.*
spoeddebat 0.1 *emergency debate.*
spoeden ⟨onov.ww., wk.ww.; zich ~⟩⟨schr.⟩ **0.1** *speed* ⇒ *hasten* ◆ **¶.1** het jaar spoedt ten einde *the year is drawing quickly to a close.*
spoedgeval 0.1 *emergency (case)* ⇒ *urgent matter.*
spoedig 0.1 [binnen korte tijd]⟨bn.⟩ *near;* ⟨bw.⟩ *shortly, soon* **0.2** [met snelle voortgang] *speedy* ⇒ *quick* ◆ **1.1** ~ e levering *prompt/swift delivery;* de ~ e nadering v.d. lente *the rapid approach of spring* **1.2** een ~ antwoord *a quick answer* **5.1** ~ daarop/daarna *shortly (there)after;* zo ~ mogelijk *as soon as possible* **6.1** antwoord **ten** ~ ste s.v.p. *please answer at your earliest convenience.*
spoedklus 0.1 *rush job.*
spoedopdracht 0.1 *urgent/*⟨inf.⟩ *rush order.*
spoedoperatie 0.1 *emergency operation.*
spoedopname 0.1 *emergency admission.*
spoedoverleg 0.1 *emergency/urgent talks.*
spoedzending 0.1 *urgent shipment* ⇒ ⟨pakket⟩ *express parcel.*
spoedzitting 0.1 *emergency/special meeting* ◆ **6.1** in ~ bijeenroepen *call a(n) emergency/special meeting.*
spoel 0.1 [klos voor garen] *"reel,* ᴬ*spool* ⇒ *bobbin* ⟨op naaimachine⟩ **0.2** [mbt. weven] *shuttle* **0.3** [mbt. film/geluidsbanden] *reel* **0.4** [elek.] *coil.*
spoelbak 0.1 ⟨vast aan muur⟩ *washbasin;* ⟨los⟩ *bowl, basin.*
spoelen I ⟨onov., ov.ww.⟩ **0.1** [reinigen] *rinse (out)* **0.2** [door middel v.e. stromende vloeistof verplaatsen] *rinse/wash (out (of))* **0.3** [op een spoel winden] *"reel,* ᴬ*spool* ◆ **1.1** flessen ~ *r. (out) bottles;* de mond ~ *r. one's mouth (out);* ga je mond maar ~ ⟨fig.⟩ *(go and) wash your mouth out with soap* **1.3** garen ~ *r./spool thread;*
II ⟨onov.ww.⟩ **0.1** [wegdrijven; vloeien] *wash* ◆ **6.1** naar zee/aan land ~ *w. out to sea/ashore;* de golven ~ **over** het dek *the waves w. over the deck.*
spoeling 0.1 *rinse* ⟨ook van mond, haar⟩ ⇒ *rinsing,* ⟨med.⟩ *douche* ◆ **3.1** een ~ *rinse (out);* ⟨med.⟩ *douche.*
spoelmachine 0.1 *rinsing machine* ⇒ *rinser.*
spoetnik 0.1 *sputnik.*
spoken I ⟨onov.ww.⟩ **0.1** [dolen als spook] *haunt* **0.2** [rondlopen] *prowl (round/about)* **0.3** [mbt. gedachten, gevoelens] *haunt* ◆ **6.2** nog laat **door** het huis ~ *p. about in the house late at night* **6.3** gedachten aan zelfmoord spookten **door** zijn hoofd *he was haunted by thoughts of suicide;*
II ⟨onpers.ww.⟩ **0.1** [door spoken bezocht worden] *be haunted* ◆ **5.1** ⟨fig.⟩ op zee kan het flink ~ *it can be terribly wild at sea.*
sponning 0.1 *groove* ◆ **1.1** de ~ v.e. schuifraam *the g. of a window.*
spons 0.1 *sponge* ◆ **3.1** naar sponzen duiken *dive for sponges;* een ~ uitknijpen *wring out/squeeze out a s.* **6.1** iets **met** een ~ uitvegen *sponge sth. (off).*
sponsachtig 0.1 *spongy* ⇒ *spongelike.*
sponsoren 0.1 *sponsor.*
sponsorloop 0.1 *charity walk.*
spontaan 0.1 *spontaneous* ⇒ ⟨mensen ook⟩ *naturel* ◆ **1.1** ~ gelach *s. laughter;* een ~ kind *a s. child* **3.1** ~ reageren *react impulsively.*

spontaniteit 0.1 *spontaneity.*
sponzig 0.1 *spongy.*
spook 0.1 [schim] *ghost* **0.2** [hersenschim] *phantom* ⇒ *delusion* **0.3** [dreiging] *spectre* ⇒ ⟨imaginair⟩ *bog(e)y* ◆ **1.3** het ~ v.d. werkloosheid *the s. of unemployment* **3.2** overal spoken zien *see ghosts everywhere.*
spookachtig 0.1 *ghostly* ◆ **1.1** een ~ e verschijning *a g. apparition.*
spookbeeld → **spook 0.3.**
spookhuis 0.1 *haunted house* ⟨ook op kermis⟩.
spookrijder 0.1 *ghostrider.*
spookschip 0.1 *phantom ship.*
spookstad 0.1 *ghost town.*
spookuur 0.1 *witching hour/time.*
spookverschijning 0.1 *spectre* ⇒ *ghost.*
spoor I ⟨de⟩ **0.1** [om een rijdier aan te drijven] *spur* ◆ **3.1** een paard de sporen geven *spur a horse;* ⟨fig.⟩ zijn sporen verdiend hebben *have won one's spurs;*
II ⟨het⟩ **0.1** [afdruk in de grond] *track* ⇒ *trail* **0.2** [geluidsspoor] *track* **0.3** [blijk van vroegere aanwezigheid] *trace* **0.4** [kleine hoeveelheid v.e. bestanddeel] *trace* **0.5** [gebaande weg] *track* ⇒ *trail* **0.6** [spoorrails] *track* **0.7** [bedrijf v.d. spoorwegen] *railway* **0.8** [trein] *rail* **0.9** [spoorbreedte] *gauge* ◆ **1.3** sporen van geweld(pleging) *marks of violence* **2.1** het ~ bijster/kwijt zijn ⟨fig.⟩ *not be able to follow any more;* op het goede ~ zijn *be on the right track/ trail;* een vers ~ *a new clue;* ⟨jacht⟩ *a fresh scent* **2.3** diepe/ zware sporen achterlaten *leave deep marks/scars/ wounds* **2.5** op een dood ~ komen/raken *get into a blind alley;* ⟨fig.⟩ iem. weer in het goede ~ brengen *put s.o. back on the right track* **2.6** op dood ~ *up a blind alley;* enkel/ dubbel ~ *single/double t.* **2.9** smal/normaal/breed ~ *narrow/standard/broad g.* **3.1** ⟨fig.⟩ de politie heeft een ~ gevonden *the police have found a clue;* sporen uitwissen *cover up one's tracks;* ⟨jacht⟩ het ~ vinden *pick up the scent/ trail;* een ~ volgen *follow a trail* **6.1** iem. op het ~ komen *track s.o. down, trace s.o.;* iets **op** het ~ zijn *be on to sth.;* iem. **op** het ~ zijn *be on s.o.'s track* **6.2** een band **met** vier sporen *a four-track tape* **6.5** ⟨fig.⟩ **van/uit** het ~ raken *get off the track* **6.7 aan/bij** het ~ zijn/werken *be with/work for the railways* **6.8** iets **per** ~ verzenden *send/ship sth. by r./train* **7.3** geen ~ van …*no t. of* …
spoorbaan 0.1 *railway.*
spoorboekje 0.1 *(train/railway) timetable.*
spoorboom 0.1 *level-crossing gate.*
spoorbrug 0.1 *railway bridge.*
spoordienst 0.1 *railway service.*
spoorkaartje 0.1 *railway/train ticket.*
spoorlijn 0.1 [spoorwegverbinding] *railway line* **0.2** [spoorweg] *railway* ◆ **3.2** een ~ aanleggen *build a r.*
spoorloos 0.1 *without a trace* ◆ **1.1** mijn bril is ~ *my glasses have vanished;* zijn spoorloze verdwijning *his total disappearance* **3.1** ~ verdwijnen *disappear without (a) trace.*
spoorslags 0.1 *at full speed/tilt* ◆ **3.1** er ~ vandoor gaan *rush/dash off.*
spoortrein 0.1 *(railway) train* ⇒ ⟨speelgoed ook⟩ *train set.*
spoortunnel 0.1 *railway tunnel.*
spoorwachter 0.1 *trackman.*
spoorweg 0.1 [weg van rails] *railway (line)* **0.2** [mv.; bedrijf] *railways* ◆ **1.1** een knooppunt van ~ en *a railway junction* **3.1** een ~ aanleggen *build a r.* **6.2** hij werkt **bij** de Spoorwegen *he works for the railways.*
spoorwegarbeider 0.1 *railway worker.*
spoorwegbeambte 0.1 *railway employee.*
spoorwegmaatschappij 0.1 *railway (company).*

spoorwegnet 0.1 *rail(way) network* ◆ **3.1** een ~ aanleggen *build a r. n.*

spoorwegovergang 0.1 *level crossing* ◆ **2.1** bewaakte ~ *guarded level crossing.*

spoorwegpersoneel 0.1 *railway personnel/employees.*

spoorwegpolitie 0.1 *railway police.*

spoorwegstation 0.1 *railway station.*

spoorzoeken 0.1 *tracking.*

sporadisch 0.1 *sporadic* ◆ **3.1** ~ voorkomen ⟨ook⟩ *be few and far between;* (in) ~ voorkomende gevallen *(in) a few scattered/isolated instances;* ik zie hem maar ~ *I only see him now and again.*

spore 0.1 *spore.*

sporen 0.1 [in een zelfde spoor lopen] *track* **0.2** [per spoor reizen] *go/travel by rail/train* ◆ **1.2** het is maar 20 minuten ~ *it's only 20 minutes by rail/train* **6.1** ⟨fig.⟩ het beleid spoort niet **met** de maatschappelijke ontwikkelingen *the policy doesn't mesh with social developments* **6.2** **naar** Amsterdam ~ *take the train to Amsterdam.*

sport 0.1 [lichamelijke bezigheid] *sport(s)* **0.2** [bepaalde sport] *sport* **0.3** [trede] *rung* ◆ **2.3** de hoogste ~ bereiken ⟨fig.⟩ *reach the highest r. (of the ladder);* op de onderste ~ beginnen ⟨fig.⟩ *start on the bottom r.* **3.1** veel/weinig aan ~ doen *go in for/not go in for sports* **3.2** een ~ beoefenen *play a sport;* een ~ van iets maken *go after sth.;* ⟨iron.⟩ *make a game out of sth.*

sportartikel 0.1 *sports equipment.*

sportarts 0.1 *sports doctor/physician.*

sportberichten 0.1 *sports news.*

sportbril 0.1 *protective glasses.*

sportbroek 0.1 *shorts.*

sportcentrum 0.1 *sports centre.*

sportclub 0.1 *sports club.*

sportdag 0.1 *sports day.*

sporten 0.1 ⟨zie 5.1⟩ ◆ **5.1** hij sport veel *he does a lot of sport.*

sporter, -ster 0.1 *sportsman* ⟨m.⟩ *sportswoman* ⟨v.⟩.

sportfanaat 0.1 *sports fanatic/freak.*

sportfiets 0.1 *sports/racing bicycle/*⟨inf.⟩ *bike.*

sporthal 0.1 *sports hall/centre.*

sportief 0.1 [mbt. sport] *sports* ⇒*sporty* **0.2** [van sport houdend] *sport(s)-loving* ⇒⟨soms pej.⟩ *sporty* **0.3** [eerlijk, fair] *sportsmanlike* ◆ **1.1** een ~ evenement *a sports event;* een ~ jasje *a casual/sporty jacket* **1.3** een ~ gebaar *a s./sporting gesture* **3.3** hou het ~ *keep it clean;* iets ~ opvatten *take sth. well;* ~ zijn *be s./a (good) sport (about sth.).*

sportiviteit 0.1 *sportsmanship.*

sportjournalist 0.1 *sports journalist/writer.*

sportkeuring 0.1 *physical (for participating in a sport).*

sportkleding 0.1 *sportswear.*

sportkrant 0.1 *sports (news)paper.*

sportliefhebber 0.1 *sports enthusiast/*⟨overdreven⟩ *fanatic.*

sportman 0.1 *sportsman.*

sportmodel 0.1 *sport(s) model.*

sportpagina 0.1 *sports page.*

sportpark 0.1 *sports park.*

sportpers 0.1 *sports press/media.*

sportprestatie 0.1 *sporting achievement.*

sportprogramma ⟨radio, tv⟩ **0.1** *sports programme.*

sportrubriek 0.1 *sports column/section.*

sportschoen 0.1 *sport(s) shoe.*

sporttenue 0.1 *sportswear.*

sportterrein 0.1 *sports/playing field.*

sportuitslagen 0.1 *sports results.*

---

sportveld 0.1 *sports/playing field.*

sportvereniging 0.1 *sports club.*

sportvliegtuig 0.1 *pleasure aircraft/plane.*

sportvrouw 0.1 *sportswoman.*

sportwagen 0.1 *sport(s) car.*

sportzaak 0.1 [winkel] *sports shop* **0.2** [mv.; sportaangelegenheden] *sports matters.*

spot 0.1 [het spotten] *mockery* **0.2** [reclamebeeld] *(advertising) spot* **0.3** [lamp] *spot(light)* ◆ **2.1** boosaardige/bijtende ~ *vicious/biting satire;* goedaardige/zachte ~ *good-natured scoffing* **3.1** de ~ drijven met *poke fun at, mock* **3.3** ergens een ~ je op zetten *spotlight sth.* **6.¶ voor** ~ zitten/lopen *be (made) a laughingstock.*

spotgoedkoop 0.1 *dirt-cheap* ◆ **1.1** een ~ ding *a bargain.*

spotkoopje 0.1 *bargain.*

spotlust 0.1 *fondness for/love of mockery* ◆ **3.1** de ~ op wekken *provoke ridicule.*

spotnaam 0.1 *nickname.*

spotprent 0.1 *(political) cartoon* ◆ **1.1** tekenaar van ~en *cartoonist.*

spotprijs 0.1 *bargain/giveaway price* ◆ **6.1** alles **voor** een ~ verkopen *sell everything at bargain/giveaway prices.*

spotten I ⟨onov.ww.⟩ **0.1** [zich met scherts uiten] *joke* ⇒*jest* **0.2** [belachelijk maken] *mock* **0.3** [zich niet storen aan] *defy* ◆ **1.2** een ~ de blik *a sardonic look;* een ~ de opmerking *a facetious remark, a jibe* **5.¶** daar moet je niet mee ~ *that is no laughing matter* **6.2** niet **met** zich laten ~ *not stand for any nonsense;* hij laat niet **met** zich ~ ⟨ook⟩ *he's not to be trifled with;* hij spot **met** alles en iedereen *he makes fun of everyone and everything* **6.3** ~ **met** zijn gezondheid *play dangerously with one's health* **¶.2** ja, spot er maar mee *go ahead and laugh;*

II ⟨ov.ww.⟩ **0.1** [ontdekken] *spot* ◆ **1.1** een goede zangeres ~ bij een talentenjacht *s. a good singer at a talent show.*

spotter, -ster 0.1 *mocker.*

spotternij 0.1 [handeling] *mocking* **0.2** [uitlating] *mockery.*

spotziek 0.1 *mocking.*

spotzucht 0.1 *love of/fondness for mocking.*

spouwmuur 0.1 *cavity/hollow wall.*

spraak 0.1 [vermogen om te spreken] *speech* **0.2** [wijze van spreken] *language* ◆ **2.1** van de schrik zijn ~ kwijt zijn *be scared speechless* **3.1** zijn ~ hervinden *find one's tongue (again);* zijn ~ verloren hebben *have lost one's tongue* **3.2** iem. aan zijn ~ herkennen *know/recognize s.o. by his l.*

spraakgebrek 0.1 *speech defect.*

spraakkunst 0.1 *grammar.*

spraakles 0.1 *speech training* ⇒⟨bij logopedist⟩ *speech therapy.*

spraakmakend 0.1 *talked-about* ⇒*discussed* ◆ **1.1** een v.d. meest ~ e tv-programma's *v.d.* jaren 80 *one of the most talked-about/discussed television programmes of the 80s.*

spraaktechnologie ⟨comp.⟩ **0.1** *speech-processing technology*

spraakvermogen 0.1 *power of speech.*

spraakverwarring 0.1 *babel, confusion of tongues* ◆ **2.1** een Babylonische ~ *a Babel-like confusion.*

spraakwater 0.1 *firewater* ◆ **3.1** ⟨fig.⟩ veel ~ hebben *be garrulous/talkative.*

spraakwaterval 0.1 *chatterbox.*

spraakzaam 0.1 *talkative* ◆ **5.1** hij is weinig/niet erg ~ van aard *he is not very t. (by nature);* zij is vandaag weinig/niet erg ~ *she isn't in a very t. mood today.*

sprake ◆ **5.¶** er is ~ van *there is (some) talk/rumour of;* er is geen ~ van *it/that is (absolutely) out of the question;* er is hier ~ van ... *it is a matter/question of ...* **6.¶** iets **ter** ~ brengen *bring sth. up;* **ter** ~ komen *come up* **7.¶** ⟨als antwoord op een verzoek⟩ geen ~ van! *certainly not!*

sprakeloos 0.1 *speechless* ◆ **3.1** iem.~ doen staan *leave s.o. speechless;* ze staat ~ *she is s.* **6.1** ~ **van** verbazing *s., dumbfounded;* ~ **van** woede *s. with rage.*

sprankelen 0.1 *sparkle* ◆ **1.1** ~de conversatie *bright/lively conversation;* ~d proza *sparkling/scintillating prose* **6.1** hij sprankelt **van** levenslust *he is bursting with life.*

sprankje 0.1 *spark* ◆ **1.1** er is nog een ~ hoop *there is still a s./glimmer of hope;* er is geen ~ hoop meer *there is not a glimmer of hope anymore/left.*

spreekbeurt 0.1 *speaking engagement* ⇒*lecture,* ⟨op school⟩ *talk* ◆ **3.1** zijn ~ afzeggen *cancel one's s. e.;* een ~ houden over *give a lecture on.*

spreekbuis 0.1 ⟨fig.⟩ *mouthpiece.*

spreekgestoelte 0.1 *platform* ⇒⟨in een kerk⟩ *pulpit* ◆ **3.1** het ~ bestijgen *mount the platform.*

spreekkamer 0.1 *consulting room* ⇒*surgery.*

spreekstalmeester 0.1 *ringmaster.*

spreektaal 0.1 *spoken language* ◆ **6.1 tot** de ~ behorend *colloquial.*

spreektijd 0.1 *(allotted) speaking time.*

spreekuur 0.1 *office hours* ⇒⟨BE; med.⟩ *surgery (hours)* ◆ **3.1** ~ houden *have o. h., have surgery* **6.1 op** het ~ komen *come during o. h./to surgery.*

spreekvaardigheid 0.1 *speaking ability, fluency.*

spreekverbod 0.1 *ban on public speaking* ◆ **3.1** ik heb een ~ *I have been forbidden to speak;* iem. een ~ opleggen *ban s.o. from speaking in public.*

spreekwoord 0.1 *proverb* ⇒*saying* ◆ **3.1** zoals het ~ zegt *as the saying goes.*

spreekwoordelijk 0.1 *proverbial* ◆ **3.1** zijn verstrooidheid is ~ ⟨ook⟩ *he is proverbially absent-minded;* ~ worden *pass into a proverb.*

spreeuw 0.1 *starling.*

sprei 0.1 *(bed)spread.*

spreiden 0.1 ⟨uitspreiden⟩ *spread (out)* **0.2** ⟨over een tijdsverloop/ruimte/personen verdelen⟩ *spread (out)* **0.3** ⟨uit elkaar plaatsen⟩ *spread (out)* ⇒*space* ◆ **1.2** het risico ~ *spread the risk;* de vakanties ~ *stagger holidays* **4.1** een blos spreidde zich over haar wangen *a blush spread over her cheeks.*

spreiding 0.1 ⟨het uitspreiden⟩ *spread(ing)* ⇒*dispersal* **0.2** ⟨verdeling over een tijdsverloop/ruimte/personen⟩ *spacing* ⇒⟨reikwijdte⟩ *spread,* ⟨adm., pol.⟩ *decentralization* ◆ **1.2** ~ v.d. industriële centra *industrial decentralization;* de ~ v.d. macht *the distribution of power;* ~ v.d. vakantie *staggering of holiday periods.*

spreken I ⟨onov.ww.⟩ **0.1** ⟨klanken voortbrengen⟩ *speak* ⇒*talk* **0.2** ⟨gedachten uiten⟩ *speak* **0.3** ⟨zich doen gelden⟩ *speak* ⟨van gevoel e.d.⟩ ⇒*show* **0.4** [+ van; getuigen] *be obvious/(self-)evident* **0.5** [+ uit; blijken] *reveal* ⇒*show* **0.6** [+ tot; treffen] *speak* ◆ **1.2** het gesproken woord *the spoken word* **1.7** de feiten ~ voor zich *the facts speak for themselves* **3.2** daar kom ik nog over te ~ *I'll come to that (point);* het ~ werd hem door geschreeuw belet *he was shouted down* **4.7** dat spreekt *that is clear/obvious* **5.2** ⟨fig.⟩ daar spreekt de wet niet van *the law does not provide for/cover that;* ⟨telefoon⟩ spreekt u mee! *speaking* **5.7** het spreekt vanzelf *it goes without saying* **6.2 in** het algemeen gesproken *generally speaking;* om **met** mevrouw C. te ~ ...⟨citaat⟩ *to quote Mrs C....;* ⟨parafraserend⟩ *as Mrs C. says ...;* ⟨telefoon⟩ spreek ik **met** Jan? *is this Jan?;* spreek er a.u.b. **met/tegen** niemand over!

---

please don't mention it to anyone; ~ **tot** *s. to, address;* **van** zichzelf doen ~ *make a name/bad name for o.s.;* om niet te ~ **van** ...*not to mention ...; dat is geen manier* **van** ~ *that's no way to talk;* 'zou je het aan gebrek aan tact kunnen wijten?' 'bij wijze **van** ~, ja' *'could you put it down to tactlessness?' 'in a manner of speaking, yes';* ~ **voor** iets *s. out/up for sth.* **6.5** er sprak argwaan **uit** zijn stem *his voice betrayed suspicion* **¶.2** ⟨sprw.⟩ ~ is zilver, zwijgen is goud *speech is silver, silence is golden;*

II ⟨ov.ww.⟩ **0.1** ⟨uitspreken⟩ *speak* ⇒*tell* **0.2** [praten met] *speak/talk to/with* **0.3** [zich (kunnen) uiten in] *speak* **0.4** [verklaren dat iemand zo is] *proclaim* ◆ **1.1** recht ~ *(pass) sentence* **1.3** een vreemde taal/Engels ~ *s. a foreign language/English* **3.2** ik ben voor niemand te ~ *I am not in for anyone* **5.2** ik spreek je nader *I'll speak to you about this later* **6.1** geen woord meer **met** elkaar ~ *not s. to one another/not be on speaking terms anymore* **6.2** iem. niet **te** ~ krijgen ⟨ook⟩ *not be able to get in touch with s.o.* **6.¶** slecht **te** ~ zijn *be in a bad mood;* niet **te** ~ zijn over iets *be unhappy about sth.*

sprekend I ⟨bn.⟩ **0.1** [geluid gevend] *speaking* ⇒*talking* **0.2** [sterk uitkomend] *strong* ⇒*striking* **0.3** [duidelijk] *strong* ⇒*clear* **0.4** [met veel uitdrukking] *expressive* ◆ **1.1** de ~e film *a talking film, a talkie;* een ~e papegaai *a talking parrot* **1.2** een ~e gelijkenis *a striking resemblance* **1.3** een ~ bewijs *clear proof;* ~e cijfers *telling figures;* die cijfers geven op ~e wijze aan *these figures indicate clearly* **1.4** ~e ogen *e. eyes;*

II ⟨bw.⟩ **0.1** [precies] *exactly* ◆ **3.1** zij lijkt ~ op haar moeder *she looks e./just like her mother;* dat portret lijkt ~ *that picture captures (her/him ⟨enz.⟩) perfectly.*

spreker, spreekster 0.1 *speaker.*

sprenkelen 0.1 *sprinkle* ◆ **6.1** water ~ **op** *s. water on(to).*

spreuk 0.1 [motto] *maxim* ⇒*saying,* ⟨ook rel.⟩ *proverb* **0.2** [bordje] *wall plate with a maxim* ◆ **2.1** oude ~ *old saying* **6.2** een ~ **aan** de muur *a maxim on the wall.*

spriet 0.1 [mbt. planten] *blade* **0.2** [lang meisje] *beanpole* **0.3** [hoofdhaar] *wisp* **0.4** →*sprietantenne.*

sprietantenne 0.1 ⟨telescoopantenne⟩ *telescopic aerial;* ⟨staafantenne⟩ *whip aerial.*

springbok 0.1 [dier] *springbok* **0.2** [gymnastiektoestel] *(vaulting) buck.*

springconcours 0.1 *jumping competition/match.*

springen 0.1 [zich in de lucht verheffen] *jump, leap, spring* ⇒⟨op handen steunend⟩ *vault* **0.2** [het lichaam ruksgewijze opheffen] *jump* **0.3** [mbt. zaken, zich met een ruk verplaatsen] *leap, jump* **0.4** [mbt. vloeistoffen] *spring* ⇒*gush,* ⟨eruit springen⟩ *burst* **0.5** [uiteengedreven worden, barsten]⟨ketel, kruitvat⟩ *burst, explode* ⇒⟨brug, rots, mijn⟩ *blast,* ⟨ballonnetje⟩ *pop* **0.6** [scheuren krijgen] *crack* **0.7** [uitsteken] *jut out* **0.8** [bankroet gaan] *break* ◆ **1.5** mijn band is gesprongen *my tyre has burst;* een snaar/het glas is gesprongen *a string has snapped, the glass has cracked* **3.2** ⟨fig.⟩ staan te ~ om weg te komen *be dying/itching to leave;* ⟨fig.⟩ zitten te ~ op zijn stoel *be raring to go;* ⟨fig.⟩ zitten te ~ om iets *be bursting/dying for sth.* **3.8** de bank laten ~ *b. the bank* **5.1** ⟨fig.⟩ eruit ~ *break even;* ⟨fig.⟩ je kunt hoog of laag ~, het moet toch gebeuren *whether you like it or not, it's got to happen;* hoog/ver/omlaag ~ *j. high/far/down* **5.7** ⟨fig.⟩ eruit ~ *stand out* **6.1** ⟨fig.⟩ ergens **bovenop** ~ ⟨fanatiek reageren⟩ *pounce on sth.;* **op** de fiets ~ *hop/j./l. on the bicycle;* **over** een sloot ~ *l. a ditch* **6.3** er is een knoop **van** mijn broek gesprongen *a button has come off my trousers* **6.5** ⟨fig.⟩ **op** ~ staan ⟨boos zijn⟩ *be about to explode;* ⟨grote haast hebben⟩ *be in a terrible rush;* ⟨nodig

749

naar de wc moeten⟩ *he bursting* **6.7** de achterkamer springt iets **naar** buiten/binnen *the backroom juts out/in-(wards) a little* **6.8** de zaak staat **op** ~ *the company's on the verge of bankruptcy* **6.¶ op** rood/groen ~ *change to red/green* ⟨verkeerslicht⟩ **7.1** mijn paard springt 1.80 m *my horse clears 1.80 m.*
springerig 0.1 *jumpy* ◆ **1.1** ~ haar *wiry hair* **3.1** zich ~ bewegen *jump.*
spring-in-'t-veld 0.1 *madcap* ⇒⟨meisje⟩ *filly.*
springlading 0.1 *explosive charge.*
springlevend 0.1 *alive (and kicking).*
springoefening 0.1 *jumping exercise.*
springpaard 0.1 [dier] *jumper* **0.2** [gymnastiektoestel] *vaulting horse.*
springplank 0.1 ⟨ook fig.⟩ *springboard.*
springschans ⟨sport⟩ **0.1** *ski jump.*
springscherm 0.1 *parachute.*
springstof 0.1 *explosive.*
springstok 0.1 *(vaulting) pole.*
springtij 0.1 *spring tide.*
springtouw 0.1 *skipping-rope* ◆ **3.1** het ~ draaien *turn the s.-r.*
springveer 0.1 [metalen veer] *spring* ⟨bv. in slot⟩ **0.2** [mbt. matrassen] *box spring* ◆ **6.2** een matras/stoelen met springveren *(a) sprung mattress/seats.*
springveren 0.1 *sprung* ◆ **1.1** een ~ matras *a s. mattress.*
springvloed 0.1 [springtij] *spring tide* **0.2** [vloedgolf] *spring flood (tide).*
springvorm 0.1 *springform.*
sprinkhaan 0.1 *grasshopper* ~⟨Afrika en Azië⟩ *locust* ◆ **2.1** ⟨fig.⟩ een magere ~ *a bag of bones* **8.1** zo mager als een ~ *(as) thin as a rake.*
sprint 0.1 *sprint* ◆ **1.1** de 100 meter ~ *the 100 metre s.* **2.1** een goede ~ in de benen hebben *be a good sprinter* **3.1** de ~ aantrekken *pace/set up the s.;* een ~ trekken *put on a finishing spurt.*
sprinten 0.1 *sprint.*
sprinter 0.1 *sprinter.*
sproeien 0.1 *spray, water* ⇒⟨sprenkelen⟩ *sprinkle,* ⟨irrigeren⟩ *irrigate* ◆ **1.1** de tuin ~ *w. the garden;* water ~ *spray water* **5.1** als het drong is, moet je goed ~ *when it's dry, give a good soaking.*
sproeier 0.1 [sproeitoestel] *sprinkler* ⇒*jet* ⟨carburator⟩, *spray nozzle* ⟨carburator⟩, ⟨mbt. landb.⟩ *irrigator* **0.2** [dop om vloeistof te verstuiven] *(spray) nozzle.*
sproeikop 0.1 *(spray) nozzle* ◆ **1.1** de ~ v.e. douche *the shower head.*
sproeiwagen 0.1 *watering cart.*
sproet 0.1 *freckle* ◆ **6.1** ~en in het gezicht hebben *have a freckled face.*
sproetig 0.1 *freckled.*
sprokkelen 0.1 *gather wood/kindling* ◆ **1.1** hout ~ *gather wood.*
sprokkelhout 0.1 *brush(wood)* ⇒*dead wood.*
sprong 0.1 [handeling; ruimte die men overspringt] *leap* → *jump, vault* ⟨met stok/handensteun⟩ **0.2** [verandering] *leap;* ⟨fig.⟩ *jump* ◆ **1.1** een ~ met aanloop/van de plaats *a running/standing jump* **2.1** de honden kwamen met grote ~en te heuvel af *the dogs bounded down the hill;* een grote/kleine ~ *a large/small jump/l.;* een klein ~etje *a skip/hop* **2.2** de Grote Sprong Voorwaarts *the Great Leap Forward* **3.1** dit nummer heeft een enorme ~ gemaakt op de hitparade *this number has leapt up the hit parade;* hij maakte een ~ in de lucht van blijdschap *he jumped for joy;* ⟨fig.⟩ de ~ wagen *take the plunge* **6.2** de prijzen gingen

met ~en omhoog *prices leapt/soared;* hij gaat **met** ~en vooruit *he's coming along by leaps and bounds.*
sprongbeen ⟨sport⟩ **0.1** *lead leg.*
sprongsgewijs 0.1 *abrupt, jerky, jumpy* ◆ **3.1** ~ omhoog gaan *go up by leaps.*
sprookje 0.1 *fairy tale* ◆ **1.1** de ~s van Grimm *Grimm's fairy tales* **3.¶** iem. ~s vertellen *lead s.o. up the garden path* **5.1** het ~ is voorbij *the dream is shattered* **8.1** een leven als een ~ *a fairy-tale existence.*
sprookjesachtig 0.1 ⟨alleen bn.⟩ *fairy-tale* ⇒⟨fig.⟩ *fairy-like* ◆ **1.1** ~e schoonheid *fairy-tale beauty* **2.1** de grachten waren ~ verlicht *the canals were romantically illuminated.*
sprookjesprins, -es 0.1 *fairy-tale prince/princess.*
sprookjeswereld 0.1 *fairyland* ⇒*wonderland,* ⟨droomwereld⟩ *dreamland.*
sprot 0.1 *sprat.*
spruit I ⟨de (m.)⟩⟨vaak scherts.⟩ **0.1** [kind] *sprig* ⇒*sprout, scion* ◆ **4.1** pa en ma en hun ~en *mum and dad and their offspring;*
II ⟨de⟩ **0.1** [tak met bladeren] *(off)shoot* ⇒*sprout* **0.2** [mv.; groente]⟨mv.⟩ *Brussels sprouts* ◆ **2.1** er komen nieuwe ~en aan die plant *there are new shoots on that plant* **3.1** ~ schieten *put out shoots.*
spruiten 0.1 [voortkomen] *spring/result from* **0.2** [afstammen] *spring/descend from* **0.3** [uitlopers krijgen] *sprout* ◆ **1.1** hieruit ~ allerlei moeilijkheden *this will give rise to all sorts of problems* **3.3** de planten beginnen te ~ *the plants are beginning to s.* **6.2** hij is gesproten uit een aanzienlijk geslacht *he is descended from illustrious stock.*
spruw ⟨med.⟩ **0.1** *thrush.*
spugen 0.1 [speeksel uitwerpen] *spit* **0.2** [braken] *throw up* ◆ **5.2** de boel onder ~ *be sick all over the place* **6.1** iem. in 't gezicht ~ *s. in s.o.'s face;* **in** zijn handen ~ *s. on one's hands;* **op** iets/iem. ~ ⟨fig.⟩ *despise sth./s.o.* **6.2** ⟨fig.⟩ dat is om **van** te ~ *it makes you want to throw up.*
spuien I ⟨onov., ov.ww.⟩ **0.1** [lozen] *drain (off)* ◆ **1.1** overtollig water ~ *sluice surplus water* **6.1** deze polder spuit **op** de ringvaart *this polder drains into the surrounding canal;* **II** ⟨ov.ww.⟩ **0.1** [fig.; uiten] *spout* ⇒*unload* ◆ **1.1** zijn kennis ~ *s. one's knowledge;* kritiek ~ *s. criticism.*
spuigat ◆ **3.¶** dat loopt de ~ en uit *that's going too far.*
spuit 0.1 [instrument] *sprayer, squirt* **0.2** [injectiespuit] *needle* **0.3** [injectie] *shot* ◆ **3.3** een ~ ⟨je⟩ geven *put to sleep* ⟨dieren⟩; *give an injection* ⟨mensen⟩ **6.1** de tuin sproeien **met** een ~ *water the garden with a hose;* verf opbrengen **met** een ~ *spray paint with a spray-gun* **7.¶** ~ elf geeft ⟨ook nog⟩ *modder look who's talking.*
spuitbus 0.1 *spray (can)* ◆ **6.1** deodorant **in** een ~ *deodorant in a s. c.*
spuiten I ⟨ov.ww.⟩ **0.1** [vloeistof naar buiten persen] *squirt, spurt* ⇒*erupt* ⟨geiser, vulkaan⟩ **0.2** [spuitend lakken] *spray(-paint)* ◆ **1.2** een auto ~ *spray-paint a car* **6.1** lak **op** iets ~ *spray lacquer on sth.;*
II ⟨onov., ov.ww.⟩ **0.1** [met een spuit toedienen] *spray* **0.2** [mbt. geneesmiddelen, drugs] *inject* ◆ **2.2** iem. plat ~ *knock s.o. out (with an injection)* **¶.2** hij spuit *he's a junkie.*
III ⟨onov.ww.⟩ **0.1** [naar buiten geperst worden] *squirt* ⇒*spurt,* ⟨gutsen⟩ *gush* ◆ **5.1** de olie spuit omhoog *the oil's spurting/gushing in the air.*
spuiter 0.1 *junkie.*
spuitfles 0.1 *siphon, syphon.*
spuitgast 0.1 *hoseman.*
spuitje 0.1 [instrument] *needle* **0.2** [injectie] *shot.*
spuitwater 0.1 *seltzer* ⇒*soda (water)* ◆ **6.1** limonade met ~ *lemonade with soda water.*

spul 0.1 [benodigdheden] *gear* ⇒*things*, ⟨kleren⟩ *gear*, ⟨kleren⟩ *togs*, ⟨persoonlijke spullen⟩ *belongings* **0.2** [waar, goed] *stuff*⇒*things* ◆ **1.**¶ ⟨pej.⟩ de baas van het ~ *the leader of the gang* **2.2** het hele ~ kan weg *the whole shooting-match can go;* koppig ~ *heady s.;* zij heeft mooie ~letjes *she's got nice things* **2.**¶ het hele ~ ging mee *the whole crowd went along;* het jonge ~ *the small fry* **3.1** zijn ~len bij elkaar pakken/opruimen *pack up/clear up one's things* ¶.¶ zijn ~len voor elkaar hebben *have everything sorted out.*

spurt 0.1 *spurt* ◆ **3.1** er de ~ in zetten *step on it.*

spurten 0.1 *spurt, sprint.*

sputteren 0.1 [druppels/speeksel uitwerpen] *sputter* **0.2** [knetterend spatten] *sputter, cough* ◆ **1.2** de kaars ging ~d uit *the candle sputtered out* **1.**¶ de motor sputterde alleen een beetje *the engine only sputtered a little* **3.1** het kind ligt te ~ *the baby's gurgling.*

sputum ⟨med.⟩ **0.1** *sputum* ⇒*expectorate.*

spuug 0.1 *spittle, spit* ◆ **1.1** een druppel ~ *a drop of spit(tle).*

spuugdoekje 0.1 *bib.*

spuuglok 0.1 ᴮ*kiss-curl,* ᴬ*spit curl.*

spuugzat ◆ **3.**¶ hij is het ~ *he's had it up to here;* iets ~ zijn *be sick and tired of sth.*

spuwen 0.1 [speeksel uitwerpen] *spit, spew* **0.2** [braken] *spew (up), throw up* ◆ **1.2** ⟨fig.⟩ een vulkaan spuwt lava *a volcano belches lava* **3.1** verboden te ~ *no spitting.*

squashbaan 0.1 *squash court.*

squashen 0.1 *play squash.*

squashhal 0.1 *squash court(s).*

Sri Lanka 0.1 *Sri Lanka.*

sst 0.1 *(s)sh* ⇒*hush* ◆ **3.1** ~ zeggen *(s)hush.*

s.s.t.t. ⟨afk.⟩ **0.1** [salvis titulis (zonder vermelding van titels)] ⟨*without titles*⟩.

staaf 0.1 [van metaal] *bar* **0.2** [van een andere stof] *rod* ◆ **1.1** een ~ zilver/goud *a silver/gold b.* **2.2** glazen ~jes *glass rods.*

staafmixer 0.1 *hand blender.*

staak 0.1 [persoon] *beanpole* **0.2** [paal tot steun] *stake* ⇒ *pole, stick, beanpole* ⟨bij bonen⟩.

staakt-het-vuren 0.1 *cease-fire* ◆ **3.1** een ~ afkondigen *declare a c.-f.*

staal 0.1 [in vloeibare toestand bereid ferrometaal] *steel* **0.2** ⟨fig.; kracht⟩ *steel* ⇒*iron* **0.3** [monster] *sample* **0.4** [proef, blijk] *sample* ◆ **1.4** een (mooi) ~tje van meesterschap *a masterly example* **3.2** er zit ~ in hem *he's made of s.* **3.4** ~tjes (van iets) kunnen vertellen *be able to tell stories (about sth.)* **6.1** met ~ bewapend/gepantserd *steel-clad/-plated* **6.3** op ~ bestellen *order from a s.* **8.1** zo hard als ~ *as hard as iron.*

staalblauw 0.1 *steel(y) blue.*

staalborstel 0.1 *wire brush.*

staalconcern 0.1 *steel company.*

staaldraad 0.1 *steel wire* ◆ **2.1** blank/hardgetrokken ~ *bare/harddrawn (steel) wire.*

staalfabriek 0.1 *steel mill/plant;* ⟨mv.; ww. ook enk.⟩ *steelworks.*

staalhard 0.1 *(as) hard as steel* ◆ **1.1** een ~e blik *a steely look.*

staalindustrie 0.1 *steel industry* ⇒*steel trade.*

staalpil 0.1 *iron pill.*

staalplaat 0.1 [plaat van staal, soort plaatijzer] *steel plate* **0.2** [gravure] *steel engraving* ◆ **2.1** vertinde ~ *tinplate.*

staalskelet ⟨bouwk.⟩ **0.1** *steel skeleton.*

staalwol 0.1 *steel wool.*

staan 0.1 [mbt. personen, dieren] *stand* **0.2** [op steunpunten rusten] *stand* **0.3** [in een toestand, hoedanigheid zijn] *stand* ⇒*be* **0.4** [passen, kleden] *stand* ⇒*be* **0.5** [opgetekend, gedrukt zijn] *say* ⇒*be written* **0.6** [weldra zullen] *be ready/about to* **0.7** [gericht zijn] *be* **0.8** [bij voortduring met iets bezig zijn] *stand* ⇒*be* **0.9** [geëist worden] *carry* **0.10** [stilstaan] *stand still* **0.11** [onaangeroerd zijn] *leave* ⇒*stand* **0.12** [functie, standplaats hebben] *be (employed)* **0.13** [eisen] *insist ((up)on)* ◆ **1.3** hoe staat de barometer? *what does the barometer say/read?;* hoe staat het pond? *how high is the pound?;* zó staat die zaak *that's how the matter stands;* hoe ~ de zaken? *how are things?* **1.5** geld op de bank hebben ~ *have money in the bank* **2.3** alleen ~ *be alone;* bekend ~ als *be known as* **3.1** ga er maar aan ~! *(you) just go ahead and try!;* ⟨dat is niet eenvoudig⟩ *that's no easy matter;* gaan ~ *stand up;* achter/naast elkaar gaan ~ ⟨ook⟩ *queue/line up;* ergens onverwacht voor komen te ~ *come up against sth. unexpectedly* **3.2** iets ~de houden *s. by sth.;* hiermee staat of valt de zaak *this will make or break the business* **3.5** er staat geschreven *it is written, it says in the Bible* **3.8** verlegen/raar ~ (te) kijken *feel embarrassed/strange;* ergens van ~ (te) kijken *be flabbergasted;* ze staat al een uur te wachten *she has been waiting (for) an hour;* koud ~ (te) worden *be getting cold* **3.10** blijven ~ *stand still* **3.11** laat maar ~ *just leave it (alone/there);* laat ~ dat ...*not to mention (that) ...;* hij kon nauwelijks spreken, laat ~ zingen *he could barely speak, let alone sing;* zijn eten laten ~ *leave one's food;* zijn baard laten ~ *grow a beard;* ⟨pregnant⟩ de alcohol laten ~ *not touch alcohol;* hij liet nog wat op zijn rekening ~ *he left some money in his account* **3.**¶ dat staat nog te bewijzen *that is yet to be proved;* er staat ons heel wat te doen *there is a whole lot (waiting) to be done;* dat komt ons duur te ~ ⟨ook fig.⟩ *that is going to cost us;* er staat hem wat te wachten *there is sth. in store for him* **4.3** hoe staat het ermee? *how's it going?, how are things?* **4.4** ⟨pregnant⟩ dat stáát niet *that looks absurd/ridiculous;* ⟨ongepast⟩ *that's not done* **4.11** er staat nog wat van gisteren *there is some left over from yesterday* **5.1** iem. terzijde ~ *help/support s.o.* **5.3** er goed bij ~ *be doing well;* er goed voor ~ *look good;* hiertegenover staat echter dat ...*on the other hand, however, ...;* zij ~ sterk *they are in a strong position;* zijn ogen ~ wazig *he has a hazy look in his eyes* **5.4** die kleur staat er niet bij *that colour clashes;* dat kapsel staat u goed *that hairstyle suits you;* die jas staat netjes *that jacket looks smart* **5.5** er staat niet bij wanneer *it doesn't say when* **5.13** Jan staat erop dat dit goed gebeurt *Jan insists that this be done properly* **6.1** achter iem. ~ *s./be behind s.o.;* ⟨fig. ook⟩ *back s.o. (up);* kom bij me ~! *come stand beside me;* ⟨fig.⟩ waar sta jij in deze zaak? *where do you stand in this?;* op zijn remmen ~ *slam on the brakes;* die gebeurtenis staat geheel op zichzelf *that is an isolated incident;* ⟨fig.⟩ voor zijn principes ~ *stick to one's principles;* ergens alleen voor ~ ⟨fig.⟩ *be all on one's own;* ⟨fig.⟩ voor een probleem ~ *be faced with/face a problem* **6.3** boven iem. ~ *be above s.o.;* buiten iets ~ *not be involved in sth.;* in zijn twee ~ *be in second (gear);* in de grondverf ~ *have an undercoat on;* ⟨muz.⟩ dit stuk staat in g kleine terts *this piece is in G minor;* in de schuld ~ *be in debt;* hoe staat het met de gezondheid? *how is your health?;* onder iem. ~ *be under s.o.;* de verwarming staat op 18° *the heating is at 18 degrees;* de snelheidsmeter stond op 80 *the speedometer showed 80;* ergens ambivalent tegenover ~ *be ambivalent about sth.;* ergens positief tegenover ~ *think sth. is a good thing;* 7 staat tot 14 als 8 staat tot 16 *7 is to 14 as 8 is to 16* **6.5** het staat niet in Van Dale/in de krant *it's not in Van Dale/the* *paper;* wat staat er **in** de krant over Thatcher? *what does it say in the paper about Thatcher?;* het staat **in** de wet *the law says so;* **in** de tekst staat daar niets over *the text doesn't say anything about it;* er stond een waarschuwing **op** *there was a warning on it;* wat staat er **op** het programma? *what's on the programme?;* i.e. staat **voor** id est *i.e.* stands for id est **6.6 op** trouwen ~ *be about to get married* **6.7** de zon staat 's middags **op** deze kamer *this room gets the midday sun* **6.9** er staat 10 jaar gevangenisstraf **op** *it carries a 10-year jail sentence;* er staat een hoge beloning **op** zijn hoofd *there's/he's got a high price on his head* **6.10** de vijand tot ~ brengen *stop the enemy* **6.12 voor** de klas ~ *teach* **6.13** hij staat **op** goede manieren *he insists upon good manners* **7.3** zij staat derde in het algemeen klassement *she is third in the overall ranking;* wie staat er nummer één? *who is number one?* **7.5** er staat nog 100 pond (schuld) *there is still £100 outstanding* **8.3** zoals de zaken nu ~ *as things now stand* **8.10** sta of ik schiet! *stop or I'll shoot.*

staand ♦ **3.¶** iem. ~ e houden *stop s.o.;* ~ e houden (dat) *maintain (that);* ⟨erbij blijven⟩ *stand by one's opinion/belief* ⟨enz.⟩ *that;* zich ~ e houden *keep going, carry on;* ⟨voet bij stuk houden⟩ *stand one's ground.*

staangeld 0.1 ⟨op markt, camping⟩ *ᴮstallage, ᴬ(camping/market/*⟨enz.⟩*) fee.*

staanplaats 0.1 [plaats waar men kan/moet staan]⟨mv.⟩ *standing room* ⇒⟨open tribune⟩ *terrace* **0.2** [standplaats] ⟨op markt⟩ *stand, stall(age);* ⟨van taxi's⟩ *(taxi) ᴮrank/ ᴬstand* ♦ **¶.1** ~ en: *f2,- standing 2 guilders.*

staar 0.1 *cataract* ⇒ *stare,* ⟨waas op 't oog⟩ *film* ♦ **2.1** grauwe ~ *cataract.*

staart 0.1 [mbt. dieren] *tail* ⇒⟨staart van pauw⟩ *train* **0.2** [bos neerhangend haar] *(pig)tail;* ⟨opgebonden haar⟩ *ponytail* **0.3** [achterste, onderste gedeelte] *tail (end)* **0.4** [fig.; nasleep] *train* ⇒ *aftermath, consequence* ♦ **1.3** de ~ v.e. optocht *the tail of a procession;* de ~ v.e. vlieger *the tail of a kite* **1.¶** een ~ je in een glas *a heeltap;* daar is kop noch ~ aan te vinden *there's neither head nor tail to it;* ⟨niets van te begrijpen⟩ *I can't make head or tail of it* **2.1** met een gecoupeerde ~ *docked* **5.1** met de ~ omhoog *with its tail up* **6.1** met de ~ kwispelen *wag its tail;* ⟨fig.; schorts.⟩ 'em **op** zijn ~ trappen *let it rip;* ⟨fig.⟩ met de ~ **tussen** de benen afdruipen *slink off with one's tail between one's legs* **6.2** het haar **in** een ~ / in ~ jes dragen *wear one's hair in pigtails* **6.¶** ⟨wisk.⟩ deling **met/zonder** ~ *long/short division* **¶.4** dat muisje/die zaak zal een ~ je hebben/krijgen *we haven't seen/heard the last of it.*

staartbalk 0.1 ⟨bouwk.⟩ *tail beam, tailpiece.*

staartbeen 0.1 *coccyx, tailbone* ⇒⟨van rund⟩ *aitchbone.*

staartdeling ⟨wisk.⟩ **0.1** *long division.*

staartklok 0.1 *grandfather clock* ♦ **2.1** een Friese ~ *a Frisian (grandfather) clock.*

staartstuk 0.1 [achterstuk] *tailpiece;* ⟨van vliegtuig⟩ *tail* **0.2** [stuk vlees] *aitchbone* ⇒ *rump.*

staat 0.1 [toestand] *state, condition* ⇒ *status* **0.2** [mogelijkheid, gelegenheid] *condition* **0.3** [rijk] *state* ⇒ *country, nation, power,* ⟨het staatslichaam⟩ *the body politic* **0.4** [bestuurscollege] *council, board* **0.5** [opgave, overzicht] *statement* ⇒ *record, report, survey* **0.6** [bk.; stadium] *state* **0.7** [stand] *status, position* ⇒ *rank, station* ♦ **1.1** de ~ van beleg afkondigen *proclaim martial law;* in ~ van beschuldiging stellen *indict;* ~ van oorlog *state of war;* ~ van verval *dilapidation* **1.3** de ~ der Nederlanden *the kingdom of the Netherlands* **1.4** ⟨gesch.⟩ de Staten van Holland *the States of Holland* **1.5** ~ van dienst *record of service* **1.¶**

staand - staatsexamen

Raad van State *Council of State,* ±*Privy Council* **2.1** burgerlijke ~ *marital status;* in gezegende ~ zijn *be in the family way;* in goede ~ verkeren *be in good condition;* de huwelijkse ~ *the married/wedded state;* ⟨kerkelijk⟩ *the estate of (holy) matrimony;* in kennelijke ~ verkeren/zijn *be befuddled (with drink), be under the influence* **2.3** het bos is eigendom v.d. ~ *the forest is owned by the state* **2.4** de Staten-Generaal *the States-General;* de Provinciale Staten *the Provincial Council* **2.7** de priesterlijke ~ *holy orders* **3.5** een ~ (van dienst) bijhouden *keep a record (of service);* een ~ van ontvangsten en uitgaven opmaken *make up a s. of income and expenditure* **3.¶** ~ maken op *rely/depend on;* op het weer is geen ~ te maken *there's no trusting the weather* **6.1** ⟨inf.; fig.⟩ in alle staten zijn *be beside o.s.;* in prima ~ van onderhoud *in an excellent state of repair;* niet tot werken in ~ wegens ziekte *incapable of working through illness* **6.2** (niet) **in** ~ zijn iem. te helpen *(not) be in a position to help s.o.;* **in** ~ zijn te betalen *be able to pay;* hij is niet **in** ~ iem. te bedriegen *he's incapable of cheating s.o.;* tot alles **in** ~ zijn *be capable of anything;* iem. **in** ~ stellen (om) te ... *enable s.o. to ...;* weer **in** ~ zijn te werken *be able to resume work.*

staathuishoudkunde 0.1 *economics, political economy.*

staatkundig I ⟨bn., bw.⟩ **0.1** [de staatkunde betreffend] *political* ♦ **1.1** ~ evenwicht *balance of power;* **II** ⟨bn.⟩ **0.1** [mbt. de staat, het staatsgebied] *national, political.*

staatkundige 0.1 *politician;* ⟨ervaren⟩ *statesman.*

staatloze 0.1 *displaced person.*

staatsaangelegenheid 0.1 *state matter* ⇒⟨mv.⟩ *affairs of state.*

staatsambt 0.1 *public/state/government office* ⇒ *office of state.*

staatsapparaat 0.1 *state machinery* ⇒ *civil/public service,* ⟨ʙᴇ ook⟩ *Whitehall.*

staatsarchief 0.1 *national archives* ⟨mv.⟩ ⇒ *hall of records.*

staatsbediende ⟨ᴀᴢɴ⟩ **0.1** *civil/public servant.*

staatsbegroting 0.1 *budget* ⇒ *state/national budget.*

staatsbelang 0.1 *state/national interest.*

staatsbestel 0.1 [bestuur v.e. staat] *government* ⇒⟨vnl. van dictaturen⟩ *regime* **0.2** [inrichting v.h. staatsbestuur] *polity* ⇒ *form of government, constitution.*

staatsbezoek 0.1 *state visit* ♦ **3.1** een ~ afleggen *go on a s. v.*

Staatsblad 0.1 *law gazette* ♦ **3.1** een wet in het ~ afkondigen *publish an act in the l. g.*

staatsbosbeheer 0.1 ⟨ɢʙ⟩ *Forestry Commission;* ⟨ᴜsᴀ⟩ *Forest Service.*

staatsburger 0.1 [iem. met burgerrechten in een staat] *citizen* **0.2** [inwoner v.e. staat] *citizen* ⇒⟨in een monarchie ook⟩ *subject* ♦ **2.2** Amerikaanse ~ s in Engeland *American nationals in England* **3.2** Brits ~ zijn *be a British c.*

staatscontrole 0.1 *state control.*

Staatscourant 0.1 *gazette* ⇒ *official newspaper.*

staatsdienst 0.1 *public service* ♦ **6.1** in ~ zijn *be in p. s.;* ⟨hoge functie⟩ *hold public office;* **in** ~ treden *enter p. s.*

staatsdrukkerij 0.1 *State/government printing office/house* ⇒ *ᴮ(Her Majesty's) Stationery Office, H.M.S.O.*

staatseigendom I ⟨de⟩ **0.1** [omstandigheid] *public ownership;* **II** ⟨het⟩ **0.1** [zaak] *public/state property, ᴬgovernment issue.*

staatsexamen 0.1 *state exam(ination);* ⟨mbt. universiteit⟩ *university entry examination* ♦ **3.1** ~ doen *sit for a s. e.;* ⟨mbt. universiteit⟩ *take/sit a u. e. e.*

staatsgeheim 0.1 [mbt. staatszaken] *official/state secret*
0.2 [belangrijk geheim] *official secret* ⇒*classified material.*

staatsgevaarlijk 0.1 *dangerous to the state* ⟨alleen pred.⟩
⇒*subversive,* ⟨bw.⟩ *subversively.*

staatsgreep 0.1 *coup (d'état)* ⇒*revolt.*

staatshoofd 0.1 *head of state.*

staatsie 0.1 *state* ⇒*ceremony* ◆ **6.1** met veel/grote ~ *with much/great ceremony.*

staatsiefoto 0.1 *official (group) photograph/portrait.*

staatsieportret 0.1 *official portrait.*

staatsinrichting 0.1 [vorm v.h. staatsbestuur] *polity* ⇒*form of government, constitution* **0.2** [schoolvak; les] *civics* ◆ **1.1** geschiedenis v.d. ~ *constitutional/political history.*

staatsinstelling 0.1 [door de overheid bestuurd] *public institution* **0.2** [behorend tot organisatie v.e. staat] *constitutional body.*

staatskas 0.1 *treasury;* ⟨vnl. BE⟩ *exchequer* ◆ **6.1** een bijdrage uit de ~ *a state subsidy.*

staatslening 0.1 *public/government/national loan.*

staatsloterij 0.1 *state/national lottery.*

staatsman 0.1 *statesman* ◆ **2.1** een groot/wijs ~ *an elder statesman.*

staatsobligatie 0.1 *government bond.*

staatsomroep 0.1 *state-owned broadcasting system.*

staatspensioen 0.1 *state pension.*

staatsprijs 0.1 *official/state/national prize.*

staatsrechtelijk 0.1 *constitutional.*

staatsschuld 0.1 *national/public debt.*

staatssecretaris 0.1 ⟨in Ned. en België⟩ *State Secretary* ⇒ ⟨GB⟩ *Minister of State,* ⟨USA⟩ *Assistant Secretary (of State).*

staatstoezicht 0.1 *state/government control* ◆ **6.1** onder ~ staan *be under state/government control/supervision;* onder ~ ⟨ook⟩ *state-controlled.*

staatsuitgaven 0.1 *public/state/national/government-(al) expenditure(s)* ⇒*public/government spending.*

staatsveiligheid 0.1 *state/national/public security.*

staatsvijand 0.1 *public enemy* ⇒*enemy of the state.*

staatsvorm 0.1 *form of government, constitution.*

staatswege ◆ **6.¶** van ~ *by authority of the state;* vervolging van ~ *public prosecution.*

staatszaak 0.1 *state affair/matter.*

stabiel 0.1 *stable* ⇒*firm* ⟨ook hand.⟩ ◆ **1.1** een ~e auto *a s. car;* ~e bevolking *a s. population;* een ~e constructie *a s. structure;* ⟨nat.⟩ ~ evenwicht *s. equilibrium;* ~ weer *settled weather* **3.1** ⟨scheep.⟩ ~ liggen *trim;* ~ maken/worden *stabilize.*

stabilisatie 0.1 *stabilization.*

stabilisatievlak ⟨verkeer⟩ **0.1** *stabilizer* ⇒⟨horizontaal⟩ *tailplane,* ⟨verticaal⟩ *fin,* ⟨onderzeeboot, horizontaal⟩ *hydroplane.*

stabilisator 0.1 [inrichting] *balancer* ⇒*stabilizer,* ⟨scheep. ook⟩ *gyrostabilizer* **0.2** [schei.] *stabilizer.*

stabiliseren 0.1 [stabiel maken] *stabilize* ⇒*steady,* ⟨verstevigen⟩ *firm (up),* ⟨ec.⟩ *freeze,* ⟨ec.⟩ *peg* **0.2** [laten voortduren] *consolidate* ◆ **1.1** de prijzen ~ *peg prices* **4.1** zich ~ *stabilize;* ⟨minder ups en downs vertonen ook⟩ *level (off).*

stabiliteit 0.1 [vastheid van evenwicht] *stability* ⇒⟨evenwicht⟩ *balance, steadiness* ⟨ook mbt. schip⟩, ⟨onveranderlijkheid⟩ *fixity.*

stacaravan 0.1 *caravan;* ⟨AE vnl.⟩ *mobile home.*

stad 0.1 [grote plaats] *town* ⇒⟨grote, dichtbevolkte stad⟩ *city,* ⟨stedelijke gemeente⟩ *borough* **0.2** [bevolking] *town* **0.3** [gemeentebestuur] *town/city council* ◆ **1.1** ⟨fig.⟩ ~ en

land aflopen/afreizen *search high and low, look everywhere (for)* **2.2** de hele ~ weet het *it's the talk of the t.* **5.1** de ~ in gaan *go (in)to t.* ⟨van inwoner⟩ /*the t.* ⟨van toerist⟩; de ~ uit zijn *be out of t.* ⟨van inwoner⟩ /*the t.* ⟨van reiziger, passagier⟩ **6.1** buiten de ~ *in the country.*

stadbewoner, -woonster 0.1 *city dweller, citizen.*

stadgenoot, -note 0.1 [medebewoner] *fellow townsman* ⟨m.⟩; *fellow townswoman* ⟨v.⟩ **0.2** [uit dezelfde stad afkomstig item.] *townsman* ⟨m.⟩; *townswoman* ⟨v.⟩.

stadhouder ⟨gesch.⟩ **0.1** [landvoogd]⟨alg.⟩ *viceregent, viceroy* ⇒⟨landvoogd⟩ *governor,* ⟨Ned.⟩ *stad(t)holder* **0.2** [hoofd v.h. uitvoerend gezag] *governor, viceroy.*

stadhuis 0.1 *town/*⟨AE ook⟩ *city hall.*

stadion 0.1 *stadium* ◆ **6.1** in het ~ *at the stadium, in the ground(s);* ⟨voetbal, met uitzondering van hele grote stadions⟩ *in the ground.*

stadium 0.1 *stage, phase* ⇒*stadium* ◆ **2.1** de voorbereidingen verkeren in een vergevorderd ~ *preparations are in an advanced stage* **6.1** in dit (late) ~ *at this (late) stage.*

stads 0.1 *town* ⟨attr.⟩; *city* ⟨attr.⟩.

stadsbeeld 0.1 *townscape.*

stadsbestuur 0.1 [het besturen] *city/town/urban government/administration* **0.2** [personen] *town/city council, municipality.*

stadsbus 0.1 ⟨in de stad⟩ *local bus;* ⟨bus die de hele stad bestrijkt⟩ *cross-town bus.*

stadsdeel 0.1 *quarter* ⇒*area, part of town,* ⟨wijk⟩ *district.*

stadsguerrilla 0.1 *urban guerilla.*

stadskantoor 0.1 *council offices.*

stadskern 0.1 *town/city centre.*

stadsmens 0.1 *city dweller, townsman.*

stadsmuur 0.1 *town/city wall.*

stadsplattegrond 0.1 *town/city plan/map* ⇒*street map/ plan (of a/the town/city).*

stadspoort 0.1 *town/city gate.*

stadspost 0.1 ±*local courier service* ⇒± [A]*UPS.*

stadsreiniging 0.1 [alles mbt. de reiniging v.d. stad] *city cleansing/sanitation* **0.2** [organisatie] *cleansing/sanitation department.*

stadsschouwburg 0.1 *municipal/city theatre.*

stadstaat 0.1 *city-state.*

stadsverkeer 0.1 *urban traffic.*

stadsvernieuwing 0.1 *urban renewal.*

stadswandeling 0.1 *town walk.*

stadswijk 0.1 *ward* ⇒*district, area.*

staf 0.1 [wandelstok] *staff* ⇒*(walking) stick* **0.2** [leiding] *staff* ⇒⟨wetenschappelijk personeel⟩ *faculty* **0.3** [toverstaf] *wand* **0.4** [mil.] *staff* ⇒*corps* ◆ **2.4** de generale ~ *the general s.* **3.¶** de ~ breken over iem./iets *condemn s.o./ sth.*

stafbespreking 0.1 *staff meeting.*

stafchef 0.1 *chief of staff.*

stafkaart 0.1 *topographic map,* [B]*ordnance survey map.*

staflid 0.1 *staff member, member of staff.*

stag ⟨scheep.⟩ **0.1** *stay* ◆ **6.1** over ~ gaan ⟨fig.⟩ *be roped in, fall (for).*

stage 0.1 *work placement;* ⟨school⟩ *teaching practice;* ⟨med.⟩ [B]*housemanship,* [A]*intern(e)ship* ◆ **3.1** ~ lopen *do a work placement/do teaching practice, be in training.*

stagebegeleiding 0.1 *supervision of practical training/of a trainee.*

stageperiode 0.1 *traineeship, period of practical training/work experience* ◆ **3.1** een ~ doorlopen *complete a traineeship.*

stageplaats 0.1 *trainee post.*

stagerapport 0.1 *report on a period of practical training.*
stagflatie 0.1 *stagflation.*
stagiair, -e 0.1 *student on work placement;* ⟨school⟩ *student teacher.*
stagnatie 0.1 *stagnation* ⇒*congestion* ◆ 1.1 ~ v.h. verkeer *traffic congestion.*
stagneren 0.1 *stagnate* ⇒*come to a standstill* ◆ 3.1 laten ~ *stagnate.*
stagzeil ⟨scheep.⟩ 0.1 *staysail.*
sta-in-de-weg 0.1 *obstacle* ⇒*embarrassment.*
stakelen ⟨scheep.⟩ 0.1 *flare, burn flares.*
staken I ⟨ov.ww.⟩ 0.1 [beëindigen] *cease* ⇒*stop, discontinue,* ⟨tijdelijk⟩ *suspend* ◆ 1.1 de aanvoer ~ *stop the supply;* de betalingen ~ *suspend payment;* zijn pogingen ~ *c. one's efforts;* de strijd ~ *break off the action;* de studie ~ *discontinue one's studies;* het verzet ~ *c. resistance;* het vuren ~ *c. fire;* de werkzaamheden ~ *c. work;*
II ⟨onov.ww.⟩ 0.1 [het werk neerleggen] *strike* ⇒*go on strike* 0.2 [mbt. een stemming] *tie* ◆ 3.1 blijven ~ *stay out on strike;* gaan ~ *go/come out on strike* 6.2 de stemmen ~ **over** het voorstel *the votes are equally divided on the motion.*
staker, staakster 0.1 *striker.*
staket 0.1 ⟨wwb.⟩ *paling.*
staking 0.1 [het neerleggen v.h. werk] *strike (action)* ⇒ *walkout* 0.2 [het ophouden met iets] *cessation* ⇒*suspension* ◆ 1.2 ~ van betaling *suspension of payment* 2.1 een algemene ~ *a general s.;* een wilde ~ *an unofficial s.* 3.1 een ~ afkondigen/beëindigen/breken *call/call off/break a s.* 6.1 in ~ zijn/gaan *be/come out on strike;* **tot** ~ oproepen *call out on strike.*
stakingsactie 0.1 *strike action.*
stakingsbreker 0.1 *strikebreaker* ⇒⟨bel.⟩ *scab.*
stakingskas 0.1 *strike fund.*
stakingsleider 0.1 *strike leader.*
stakingsoproep 0.1 *strike call, call to/for strike.*
stakingsrecht 0.1 *right to strike.*
stakingsverbod 0.1 *prohibition of strikes* ⇒*ban on strikes.*
stakingswet 0.1 *strike law.*
stakker 0.1 *wretch* ⇒*poor soul/creature/thing* ◆ 2.1 een arme ~ *a poor beggar.*
stal 0.1 [dierenverblijf] *stable* ⟨vnl. voor paarden⟩ ⇒*cowshed* ⟨voor koeien⟩, *sty* ⟨voor varkens⟩, *fold* ⟨voor schapen⟩ 0.2 [dieren] *stable* ⟨mbt. paarden⟩; *herd* ⟨mbt. koeien⟩; *pig stock* ⟨mbt. varkens⟩; *flock* ⟨mbt. schapen⟩ 0.3 [sport] *racing stable/team* ◆ 1.2 een -- paarden houden *keep a stable* 3.1 de ~ ruiken ⟨fig.⟩ *smell home;* de ~ uitmesten ⟨fig.⟩ *clear out the mess* 6.1 een dier **op** ~ zetten *stable an animal;* ⟨fig.⟩ iets **van** ~ halen *dig sth. out/up (again).*
stalactiet 0.1 *stalactite.*
stalagmiet 0.1 *stalagmite.*
stalen ⟨alleen attr.⟩ 0.1 [van staal gemaakt] *steel* 0.2 [als van staal] *steel* ⇒*steely* ◆ 1.1 een ouderwets ~ brilletje *a steel-rimmed pair of granny glasses;* ~ meubelen *metal furniture;* ~ schepen *steel-clad ships* 1.2 met een ~ gezicht *stony-faced;* iem. met ~ zenuwen *s.o. with nerves of steel.*
stalenboek 0.1 *pattern book.*
stalgeld 0.1 *storage charge(s)* ⟨voor fiets, auto, enz.⟩; *garage charge(s)* ⟨voor auto enz.⟩.
stalhouderij 0.1 *livery (stable).*
stalinisme 0.1 *stalinism.*
stalinist 0.1 *stalinist.*
stalknecht 0.1 *stableman* ⇒*stable hand, groom.*
stallen 0.1 [op stal zetten] *stable* ⇒*stall* 0.2 [mbt. voertuigen] *store* ⇒*put up/away, garage* ⟨motor voertuig⟩ ◆ 1.1 de koeien/de paarden ~ *house the cows, stable the horses.*

stalles 0.1 [B]*stalls,* [A]*parquet.*
stalletje 0.1 [kleine stal] *shed* 0.2 [tafel, kraampje] *stall* ⇒ *stand, booth* ◆ 6.2 met een ~ op de markt staan *have a market stall.*
stalling 0.1 [loods, garage] *garage* ⟨voor auto enz.⟩; *shelter* ⟨voor fiets enz.⟩ 0.2 [het onderbrengen van voertuigen] *garaging* ⟨van auto enz.⟩; *storage* ⟨van fiets⟩ 0.3 [stalgeld] *garage/storage charges* ◆ 2.1 een overdekte ~ bij het station *covered bicycle-racks at the station.*
stalmeester 0.1 *equerry.*
stam 0.1 [deel v.e. boom] *trunk* ⇒*stem, stock* 0.2 [geslacht] *stock* ⇒*clan* 0.3 [volksstam] *tribe* ⇒*race* 0.4 [taal.] *stem* ◆ 1.2 de laatste van zijn ~ zijn *be the last of one's race* 2.3 nomadische ~men *nomadic tribes.*
stamboek 0.1 [mbt. rasdieren] *pedigree* ⇒*studbook* ⟨vnl. voor paarden⟩, *herdbook* ⟨voor runderen/varkens/schapen⟩ 0.2 [mbt. personen] *genealogical register* 0.3 [mbt. een vereniging/inrichting] *register* ◆ 1.3 het ~ v.e. ziekenfonds *the health-insurance r.* 2.1 het Friese ~ *the Friesian pedigree/herdbook.*
stamboekvee 0.1 *pedigree(d) cattle.*
stamboom 0.1 [boom v.e. geslacht] *genealogical/family tree* 0.2 [tekening] *genealogy, pedigree* ◆ 3.2 een ~ van zijn familie opmaken *draw up a family tree.*
stamelaar 0.1 *stammerer* ⇒*stutterer.*
stamelen 0.1 *stammer* ⇒*stutter, sp(l)utter* ◆ 1.1 een verontschuldiging ~ *stammer an apology* 6.1 hij stamelde **van** woede *he spluttered with rage.*
stamgast 0.1 *regular (customer).*
stamhoofd 0.1 *chieftain* ⟨m.⟩, *chieftainess* ⟨v.⟩ ⇒*tribal chief, headman.*
stamhouder 0.1 *son and heir, family heir.*
staminee ⟨AZN⟩ 0.1 *pub.*
stamkroeg, -café 0.1 *favourite* [B]*pub/*[A]*bar;* ⟨AE; inf.⟩ *local;* ⟨AE; inf.⟩ *hangout.*
stammen 0.1 [voortspruiten] *descend (from)* ⇒*stem (from),* ⟨dateren⟩ *date (back to/from)* 0.2 [taal.] *derive (from)* ◆ 6.1 hij stamde **uit** een oud geslacht *he descended from an ancient race;* zijn familie stamt **uit** Zeeland *his family comes originally from Zeeland.*
stammenstrijd 0.1 [tussen stammen] *(inter)tribal dispute/war* 0.2 [tussen groepen] *infighting* ◆ 6.2 de ~ **tussen** twee kerkgenootschappen *interdenominational i.*
stamp 0.1 [het met kracht neerstoten v.d. voet] *stamp(ing)* 0.2 [AZN; trap] *kick* ◆ 6.2 een ~ **op** de grond geven *stamp on the ground.*
stampei 0.1 *hullabal(l)oo* ⇒*hubbub, uproar* ◆ 3.1 ~ maken (om/over iets) *raise hell/kick up a fuss (about/over sth.).*
stampen I ⟨onov.ww.⟩ 0.1 [de voet met kracht neerstoten] *stamp* 0.2 [mbt. machines] *thump* 0.3 [mbt. schepen] *pitch* ⇒*plunge* 0.4 [krachtig op iets stoten] *bump, knock* ◆ 6.1 met zijn voet ~ *s. one's foot;*
II ⟨ov.ww.⟩ 0.1 [door stoten kleiner maken/mengen] *pound* ⇒*crush, pulverize* 0.2 [door stoten aanstampen] *tamp* ⇒*pound* 0.3 [door stoten doppen] *thresh, thrash* ◆ 1.1 gestampte aardappelen *mashed potatoes;* gestampte muisjes *aniseed (sugar) crumble* 1.2 beton ~ *t. concrete* 1.3 rijst ~ *thresh rice* 6.¶ ⟨fig.⟩ (iem.) iets **in** zijn kop/hoofd ~ *bang sth. into s.o.'s head;* ⟨fig.⟩ een gebouw **uit** de grond ~ *knock up a building.*
stamper 0.1 [instrument] *stamp(er)* ⇒*pounder, masher* ⟨voor puree e.d.⟩, *triturator* ⟨voor poeders⟩ 0.2 [plantk.] *pistil* ◆ 2.2 enkelvoudige ~ *simple p.*
stamppot 0.1 ⟨±⟩ *stew, hotchpotch* ⇒⟨met kool⟩ *mashed potatoes and cabbage.*

stampvoeten 0.1 *stamp one's feet/foot* ⇒*paw (at)* ⟨v.e. dier (met hoef)⟩ ♦ **6.1** hij stampvoette **van** woede *he stamped his feet/foot with rage.*

stampvol 0.1 *packed* ⟨van ruimtes⟩*;full to the brim* ⟨van dozen, kisten e.d.⟩*;full up* ⟨met eten⟩.

stamrecht (jur.) **0.1** *standing right.*

stamtafel 0.1 *table (reserved) for regulars.*

stamtijd ⟨taal.⟩ **0.1** ⟨mv.⟩ *principal parts.*

stamvader 0.1 *ancestor* ⇒*forefather.*

stand 0.1 [mbt. personen] *posture* ⇒*bearing* **0.2** [wijze van staan/geplaatst zijn] *position* **0.3** [toestand, gesteldheid] *state* ⇒*condition* **0.4** [sport; score] *score* **0.5** [rang] *estate* ⇒*class, station, order* **0.6** [het zijn] *existence, being* **0.7** [plaats op een tentoonstelling] *stand* ♦ **1.2** de ~ van aandelen *the p. of shares;* de ~ v.d. barometer *the barometer reading;* de ~ v.d. dollar *the dollar rate;* de ~ v.h. hoofd *the p. of the head;* de ~ v.d. zon *the p. of the sun* **1.3** de ~ v.e. rekening *the balance/status of an account;* de ~ van zaken *the s. of affairs* **1.5** mensen van alle rang en ~ *people from all walks of life* **2.3** de burgerlijke ~ *the registry office* **2.5** de gegoede ~ *the well-to-do;* de hogere/lagere ~en *the upper/lower classes* **3.1** een ~ aannemen *assume a position* **3.4** de ~ is 2-1 *the s. is 2-1* **3.5** zijn ~ ophouden *keep up with the Joneses* **6.5** beneden zijn ~ trouwen *marry beneath one's station;* **boven** zijn ~ leven *live beyond one's means;* een heer **van** ~ *a man of rank* **6.6** iets **in** ~ houden *preserve sth.;* **in** ~ blijven *last;* **tot** ~ brengen *bring about, achieve;* **tot** ~ komen *come about/into being* **6.¶ op** ~ wonen *live in a sought-after area* **7.2** zet de oven op ~ vier *set the oven to mark four;* de vier ~en v.d. maan *the four phases of the moon.*

standaard¹ ⟨de⟩ **0.1** [stander] *stand* ⇒*standard* **0.2** [exemplaar van eenheid van maat/gewicht] *standard* ⇒*prototype* **0.3** [geldw.] *standard* **0.4** [maatstaf] *standard* ♦ **1.1** de ~ v.e. fiets *the stand of a bicycle* **2.3** dubbele ~ *double s.;* enkele ~ *single s.* **3.4** een bepaalde ~ bereiken *reach a certain s.* **8.4** als ~ aannemen *take as a s.*

standaard² ⟨bn., bw.⟩ **0.1** ⟨bn.⟩ *standard;* ⟨bw.⟩ *in a standard way/fashion* ♦ **3.1** dat wordt ~ bijgeleverd *that's a s. accessory.*

standaardafmeting, -formaat 0.1 *standard size.*

standaardafwijking ⟨statistiek⟩ **0.1** *standard deviation.*

standaardcontract 0.1 *standard contract.*

standaardformulier 0.1 *standard form.*

standaardgewicht 0.1 *standard weight.*

standaardisatie 0.1 *standardization.*

standaardiseren 0.1 *standardize* ♦ **1.1** het gestandaardiseerde type *the standard model.*

standaardmaat 0.1 *standard measure* ⟨om te meten⟩; ⟨grootte⟩ *standard (size).*

standaardprijs 0.1 *standard price.*

standaarduitrusting 0.1 *standard equipment/gear.*

standaarduitvoering 0.1 *standard type/model/design.*

standaardvoorbeeld 0.1 *classic example.*

standaardwaarde ⟨comp.⟩ **0.1** *default value.*

standaardwerk 0.1 *standard work/book.*

standbeeld 0.1 *statue* ♦ **8.1** hij staat daar als een ~ *he is standing there like a s.*

standenmaatschappij 0.1 *class(-ridden) society.*

standhouden 0.1 [overeind blijven] *hold out* ⇒*stand up* **0.2** [mbt. personen] *hold out/up* ⇒*hang/hold on* **0.3** [blijven bestaan] *persist* ♦ **1.1** de muur hield stand ondanks de beschietingen *the wall held out in spite of the shelling.*

standje 0.1 [houding] *position* ⇒*posture* **0.2** [berisping] *rebuke* ⇒*scolding, talking to, reprimand* **0.3** [opvliegend

persoon]⟨zie 2.3⟩ ♦ **2.3** een opgewonden ~ *a quick-tempered person* **3.2** een ~ geven *tell off;* een ~ krijgen *get told off.*

standplaats 0.1 *stand* ♦ **6.1** een ~ **op** de markt *a market s.;* ~ **voor** taxi's *ᴮtaxi rank/*ᴬ*stand.*

standpunt 0.1 [opvatting] *stand(point)* ⇒*point of view* **0.2** [plek waar men staat] *position* ⇒*viewpoint* ♦ **2.1** dat is een persoonlijk ~ *that is a personal view(point)* **2.2** een gunstig ~ *a favourable p.* **3.1** zijn ~ bepalen *determine one's position;* bij zijn ~ blijven *hold one's ground;* een bepaald ~ innemen *take a certain position;* van ~ veranderen *shift one's ground* **6.1** zich **op** het ~ stellen, dat ... *take the position/line that ...*

standsverschil 0.1 *class difference/distiction* ⇒*social difference.*

standvastig 0.1 [volhardend] *firm* ⇒*perseverant, persistent* **0.2** [constant] *constant* ♦ **3.1** ~ blijven *keep a f. front, remain f.*

standvastigheid 0.1 *firmness* ⇒*perseverance,* ⟨constantheid⟩ *constancy.*

standwerker 0.1 *hawker* ⇒*(market/street) vendor.*

stang 0.1 *stave, bar, rod* ⇒⟨van herenfiets⟩ *crossbar* ♦ **6.¶** ⟨fig.⟩ iem. **op** ~ jagen *needle s.o.*

stangen (inf.) **0.1** *needle, rile.*

stank 0.1 *stench* ⇒*bad/foul/nasty smell* ♦ **3.1** ~ verspreiden *give off a stench* **6.1** ~ **voor** dank krijgen *get small thanks (for one's pains).*

stankoverlast 0.1 *odour nuisance* ♦ **1.1** klacht wegens ~ *complaint about the stench/the noxious smell* **3.1** ~ veroorzaken *be the cause of a smell, bother people with the/a smell.*

stanleymes 0.1 *Stanley knife.*

stansen 0.1 *blank* ⇒*punch* ♦ **1.1** gaten ~ *punch holes.*

stante pede 0.1 *on the spot, this minute* ⇒*without delay, at once.*

stanza 0.1 *stanza.*

stap 0.1 [pas] *step* ⇒*footstep, pace, stride* **0.2** [fig.] *step, move* ⇒⟨stadium⟩ *grade* **0.3** [tred] *step, tread* ♦ **2.2** de grote ~ wagen *take the plunge;* het is een hele ~ *it's quite a s.;* een weloverwogen ~ *a well-considered move* **3.2** ~pen ondernemen tegen *take steps against* **5.1** een ~ achteruit *a s. back;* ⟨fig.⟩ *a backward step/move* **6.1** ⟨fig.⟩ een ~ **in** de goede richting doen *take a step in the right direction;* ~ **voor** ~ *step by step;* ⟨fig.⟩ ~(je) **voor** ~(je) *inch by inch, little by little* **6.¶ op** ~ gaan *set out/off;* hij is **op** ~ *he's out on the town* **7.1** ⟨fig.⟩ geen ~ meer kunnen verzetten *be worn out;* ergens geen ~ voor verzetten *not lift a finger for sth.;* ergens geen ~ mee vooruitkomen *not get anywhere with sth.* **7.2** de eerste ~ doen *take the first s., make the first move* **¶.1** een ~(je) terug doen ⟨fig.⟩ *take a step down (in pay);* financieel een ~je terug moeten doen *have to scale down financially.*

stapel¹ ⟨de⟩ **0.1** [opgetaste hoeveelheid] *pile, heap, stack* **0.2** [in samenst.; vee] *stock* **0.3** [stelling op een werf] *stocks* ♦ **1.1** een ~ rekeningen *a pile of bills* **1.2** pluimveestapel, runderstapel *poultry s., cattle s.* **6.3** een schip **op** ~ zetten/van ~ laten lopen *lay down/launch a ship;* ⟨fig.⟩ een werk **op** ~ zetten *launch a project;* te hard **van** ~ lopen *go too fast.*

stapel² ⟨bn.⟩ **0.1** *mad, crazy, raving* ♦ **3.1** ben je nou helemaal ~ geworden? *have you gone totally mad?* **6.1** ergens ~ **op** zijn *be crazy/nuts about sth.;* ~ zijn **op** iem. *be crazy about s.o.*

stapelbed 0.1 *bunk beds.*

stapelen 0.1 [ophopen] *pile/heap up, stack* **0.2** [scheep.;

stuwen] *stow* ◆ **6.1** ⟨fig.⟩ hij stapelde de ene dwaasheid **op** de andere *he piled one folly on another.*

stapelgeheugen 0.1 *(storage) stack.*

stapelgek 0.1 [knettergek] *crazy* ⇒*(as) mad as a hatter, ((stark) raving) mad* **0.2** [bezeten van liefde] *mad, crazy* ◆ **6.2** zij is ~ **op** hem *she's crazy about him.*

stapelgoed 0.1 *staple goods, staples.*

stapelwolk 0.1 *cumulus.*

staplaats (inf.) **0.1** *standing place.*

stappen 0.1 [lopen] *step, walk* **0.2** [enige stappen doen] *step (up/down)* **0.3** [mbt. paarden] *walk* ⇒⟨in telgang⟩ *pace* **0.4** [uitgaan] *go out/for a drink* ◆ **3.4** een avond gaan ~ *go out on the town* **5.2** eruit ~ ⟨opgeven⟩ *quit;* ⟨zelfmoord plegen⟩ *do o.s. in;* wij zullen er maar overheen ~ *we'll let it pass* **6.1** naar de rechter ~ *go to court* **6.2** uit de auto ~ *get out of the car.*

stapper 0.1 *pub-crawler* ⇒*boozer.*

stapsgewijs 0.1 *step by step* ⇒*gradually.*

stapvoets 0.1 *at walk, at a footpace* ⟨ook mbt. paarden⟩ ◆ **3.1** ~ rijden *drive slowly* **3.¶** ~ gaan ⟨van paard⟩ *walk.*

star 0.1 [onbeweeglijk] *frozen* ⇒*stiff, glassy* ⟨blik⟩ **0.2** [koppig, vasthoudend] *rigid* ⇒*inflexible, uncompromising* ◆ **1.2** ~re eigenzinnigheid *pigheadedness* **2.2** iets stijf en ~ volhouden *maintain sth. obstinately* **3.1** zij keek ~ voor zich uit *she stared fixedly ahead of her.*

staren 0.1 [wezenloos kijken] *stare* ⇒*gaze* **0.2** [turen] *peer* ◆ **1.1** een ~de blik *a stare* **2.2** ⟨fig.⟩ zich blind ~ op iets *be fixated on sth.* **6.1** in het vuur ~ *gaze into the fire.*

start 0.1 [sport] *start* **0.2** [punt van vertrek] *start* ⇒*starting point* **0.3** [het starten] *starting* ⇒*blast-off, take-off* ◆ **2.1** vliegende ~ *flying s.* **2.3** ⟨auto⟩ de koude ~ *the cold start* **6.1** bij de ~ *at the s.* **6.2** acht rijders verschenen **aan** de ~ *eight drivers appeared at the start;* **van** ~ gaan ⟨opstijgen ook⟩ *take off; go ahead;* ⟨van wal steken⟩ *proceed;* ⟨mil., sport⟩ *jump off* **6.3** bij de ~ *on take-off* ⟨vliegtuig⟩.

startbaan 0.1 *runway* ⇒*(air) strip* ⟨van klein vliegveld⟩.

startbewijs 0.1 *starting permit.*

startblok ⟨sport⟩ **0.1** *starting block* ◆ **6.1** in de ~ken staan ⟨fig.⟩ *be ready to go;* **uit** de ~ken zijn ⟨fig.⟩ *be on one's way;* slecht **uit** de ~ken komen ⟨fig.⟩ *get off to a bad start.*

starten I (ov.ww.) **0.1** [op gang brengen] *start* ⇒*begin* ◆ **1.1** een project ~ *begin a project;*
II (onov.ww.) **0.1** [vertrekken] *start* ⇒⟨vliegtuig ook⟩ *take off,* ⟨sport⟩ *be off* **0.2** [op gang kunnen komen] *start* ◆ **1.2** de motor wil niet ~ *the engine won't start;*
III ⟨onov., ov.ww.⟩ **0.1** [beginnen te ondernemen] *start* ⇒ *begin, open.*

starter 0.1 [persoon] *starter* **0.2** [mbt. een motor, gasontladingslamp] *starter.*

startgeld 0.1 *starting/entry fee* ⇒*appearance money.*

startkabel ⟨tech.⟩ **0.1** [superscript]*jump lead,* [superscript]*jumper cable.*

startkapitaal 0.1 *starting capital.*

startklaar 0.1 *ready to start/go* ⇒⟨vliegtuig⟩ *ready to take off/for take-off.*

startknop 0.1 *starter.*

startlijn, -streep 0.1 *mark, scratch, line.*

startmotor 0.1 *starter, starting motor* ⇒*booster.*

startnummer 0.1 *number.*

startplaats ⟨sport⟩ **0.1** *starting place, start;* ⟨autosport⟩ *starting grid;* ⟨atletiek⟩ *starting line, marks, blocks;* ⟨paardenrennen⟩ *starting post.*

startprobleem 0.1 [mbt. motoren] *trouble starting* **0.2** [mbt. mensen] *start-up problem* ◆ **3.1** mijn auto heeft startproblemen *I'm having trouble getting my car started* **3.2** Ik heb startproblemen *I'm having trouble getting started.*

---

startpunt 0.1 *starting point.*

startraket 0.1 *booster.*

startschot 0.1 *starting shot.*

startsein 0.1 *starting signal* ◆ **3.1** iem. het ~ geven *give s.o. the go-ahead.*

startverbod 0.1 *ban (from the race)* ◆ **3.1** een ~ krijgen *be banned (from the race).*

stateloos 0.1 *stateless.*

Staten 0.1 [gesch.] *the States (General)* **0.2** [Provinciale Staten] *(Dutch) Provincial Council.*

Statenbijbel, -vertaling 0.1 *(Dutch) Authorized Version.*

Staten-Generaal 0.1 *States General* ⇒*Dutch parliament.*

statica ⟨nat.⟩ **0.1** *statics.*

statie 0.1 *station (of the Cross)* ⟨vaak met hoofdletter⟩.

statief 0.1 ⟨driepoot⟩ *tripod;* ⟨alg.⟩ *stand* ◆ **2.1** eenbenig ~ *unipod;* verrijdbaar ~ *dolly.*

statiegeld 0.1 *deposit* ◆ **3.1** voor de krat wordt ~ berekend *there's a d. on the crate* **6.1** met ~ *returnable* **7.1** geen ~ *nonreturnable.*

statig 0.1 [deftig] *stately* ⇒*grand* **0.2** [plechtig] *solemn* **0.3** [indrukwekkend] *stately* ⇒*majestic, regal* ◆ **1.1** een ~e dame *a regal woman* **1.2** een ~e tred *a s. pace/gait* **1.3** een ~e boom *a majestic tree;* een ~ gebouw *a grand building.*

station 0.1 [plaats van aankomst en vertrek van treinen] *(railway) station* ⇒[superscript]*depot* **0.2** [radiozender] *station* ◆ **1.1** ~ van aankomst/vertrek *arrival/departure s.;* ~ Oldenzaal *Oldenzaal s.*

stationair 0.1 *stationary* ◆ **1.1** ~e bevolking *zero population growth* **3.1** een motor ~ laten draaien *let an engine idle.*

stationcar 0.1 [superscript]*estate (car),* [superscript]*station wagon.*

stationeren 0.1 [mbt. personen] *station* ⇒*post* **0.2** [mbt. zaken] *station* ⇒*berth* ⟨van schepen⟩ ◆ **1.2** kruisraketten ~ *s./deploy cruise missiles.*

stationschef 0.1 *stationmaster.*

stationsgebouw 0.1 *station (building)* ⇒*passenger building.*

stationshal 0.1 *station hall, (main) concourse.*

stationspersoneel 0.1 *station staff.*

stationsplein 0.1 *station square.*

stationsrestauratie 0.1 *station buffet.*

statisch 0.1 *static* ◆ **1.1** ~e elektriciteit *static (electricity).*

statistiek 0.1 *statistics* ◆ **1.1** Centraal Bureau voor de Statistiek *Central Statistical Office* **3.1** een ~ opmaken *draw up statistics* **6.1** ~en van **geboorten** *birth statistics;* ⟨scherts.⟩ **voor** de ~ *for the record.*

statistisch 0.1 *statistical.*

status 0.1 [standing] *(social) status* ⇒*standing* **0.2** [plaats, hoedanigheid] *(legal) status* ◆ **1.2** de ~ van politieke gevangenen *the (legal) s. of political prisoners.*

status-quo 0.1 *status quo.*

statussymbool 0.1 *status symbol.*

statuut 0.1 [geheel van voorschriften, wettelijke regelingen, ook in samenst.] *statute* ⇒⟨soms⟩ *charter* ⟨VN, Koninkrijk der Nederlanden⟩ **0.2** [mv.; grondregels] *by(e)laws* ◆ **1.1** ~ v.h. Koninkrijk *Charter for the Kingdom of the Netherlands;* vennootschapsstatuut *personal law/status of a company* **3.2** de statuten wijzigen *change the articles of association/by(e)laws* ⟨enz.⟩.

stavast ◆ **1.¶** een kerel van ~ *a hefty fellow.*

staven 0.1 [bekrachtigen, sterken] *confirm* **0.2** [bewijzen] *substantiate, prove* ◆ **6.1** iets **met** getuigen ~ *corroborate sth. by witnesses* **6.2** iets **met** bewijzen ~ *document sth.* **¶.1** in een voornemen gestaafd worden *be confirmed in an intention.*

stayer ⟨sport⟩ **0.1** [atleet, schaatser] *±long-distance runner/skater* **0.2** [wielrenner] *stayer* ⇒*motor-paced rider.*

steak 0.1 *steak.*

stedelijk 0.1 [van een/de stad] *municipal* ⇒*urban* **0.2** [van de steden] *urban* ◆ **1.1** het ~ bestuur *the municipal administration;* het ~ museum *the m. museum* **1.2** de ~e bevolking *the u. population.*

stedenbouw 0.1 [aanleg van steden] *urban development* ⇒ *town planning* **0.2** [planologie] *town (and country) planning.*

stedenbouwkundig 0.1 *urban development* ⇒*town (and country) planning* ◆ **1.1** in ~ opzicht *from an u. d. point of view.*

steeds I ⟨bw.⟩ **0.1** [altijd] *always* ⇒*constantly* **0.2** [bij voortduring] *increasingly* ⇒*more and more* **0.3** [+ nog] *still* ◆ **2.2** ~ gecompliceerder *more and more complicated, increasingly complicated;* ~ meer/groter *more and more/ bigger and bigger;* ~ slechter worden *go from bad to worse* **3.1** iem. ~ aankijken *keep looking at s.o.* **5.1** ~ weer *time after time, repeatedly* **5.2** hij begint ~ opnieuw *he keeps starting all over again* **5.3** het regent nog ~ *it is s. raining;* **II** ⟨bn., bw.⟩ **0.1** [zoals van/in de stad] *(big) city* ⇒*townish, towny.*

steeg 0.1 *lane, alley(way)* ◆ **2.1** een blinde ~ *a blind alley.*

steek 0.1 [stoot met een scherp voorwerp] *stab* ⇒*thrust* ⟨van zwaard enz.⟩, *prick* ⟨van naald⟩, ⟨wond⟩ *stab wound* **0.2** [prik v.e. insect] *sting* ⇒*bite* ⟨v.e. mug⟩ **0.3** [kort gevoel van pijn] *shooting/stabbing pain* ⇒⟨lichter⟩ *twinge* **0.4** [mbt. handwerken] *stitch* **0.5** [knoop] *knot* **0.6** [hoofddeksel] *cocked hat* **0.7** [po] *bedpan* ◆ **1.2** een ~ v.e. mug *a mosquito bite;* een ~ v.e. wesp *a wasp s.* **2.4** ⟨fig.⟩ aan hem is een ~je los *he has got a screw loose* **3.1** ⟨fig.⟩ iem. een ~ onder water geven *have a (sly) dig at s.o.;* iem. een ~ toebrengen *stab s.o.* **3.4** een ~ laten vallen ⟨lett.⟩ *drop a s.;* ⟨fig.⟩ *make a blunder* **6.3** een ~ in de borst *a twinge in the chest* **6.¶** iem. in de ~ laten *let s.o. down;* zijn geheugen liet hem in de ~ *his memory failed him* **7.¶** ik zie geen ~ *I can't see a thing;* zij heeft geen ~ uitgevoerd *she hasn't done a stroke of work.*

steekbeitel 0.1 *firmer/paring chisel;* ⟨guts⟩ *gouge.*

steekhoudend 0.1 *convincing* ⇒*valid* ◆ **1.1** ~e argumenten/bewijzen *c./conclusive arguments/evidence.*

steekpartij 0.1 *knifing.*

steekpenningen 0.1 *bribe(s)* ⇒⟨sl.⟩ *kickback(s).*

steekproef 0.1 [test] *random/spot check;* ⟨soc.⟩ *(random) sample survey* **0.2** [personen] *sample, sampling* ◆ **2.2** een aselecte ~ *a random sample* **3.1** steekproeven nemen *make random/spot checks;* ⟨soc.⟩ *carry out/take a (random) sample survey.*

steekproefsgewijs 0.1 *random;* ⟨alleen pred.⟩ *at random.*

steeksleutel 0.1 *(open-end/fork) spanner/wrench;* ⟨van sloten⟩ *picklock.*

steekspel 0.1 [puntige discussie] *sparring match* **0.2** [gesch.; toernooi] *joust* ◆ **2.1** politiek ~ *political fencing/sparring* **6.1** een ~ met woorden *a sharp verbal exchange.*

steekvlam 0.1 *(jet/tongue/burst of) flame, flash.*

steekwagen 0.1 *hand truck.*

steekwapen 0.1 *pointed weapon.*

steekwond 0.1 *stab wound.*

steekzak 0.1 *(slit) pocket.*

steel 0.1 [mbt. planten] *stalk, stem* **0.2** [handvat] *handle* ⇒ *stem* ⟨van wijnglas⟩ ◆ **1.1** het ~tje v.e. kers *a cherry stalk* **1.2** de ~ v.e. hamer *the h. of a hammer* **3.1** van de stelen ontdoen *remove the stems* **¶.¶** ⟨fig.⟩ ogen op ~tjes hebben *be stunned/stupefied.*

steelpan 0.1 *saucepan.*

steels 0.1 *furtive* ⇒*stealthy* ◆ **1.1** een ~e blik werpen *take a stealthy look (at);* met ~e tred *on tiptoe, stealthily.*

steen I ⟨het, de⟩ **0.1** [harde delfstof] *stone* ◆ **1.¶** ~ en been klagen *complain bitterly* **6.1** ik ben niet **van** ~ *I am not made of s.;* **II** ⟨de⟩ **0.1** [stuk steen] *stone,* ᴬ*rock* ⇒⟨groot⟩ ᴮ*rock,* ⟨klein⟩ *pebble* **0.2** [als bouwmateriaal] *stone* ⇒⟨baksteen⟩ *brick,* ⟨plavuisvormig⟩ *slab,* ⟨kinderhoofdje⟩ *cobble(-stone)* **0.3** [edelsteen] *gemstone* ⇒⟨vnl. bewerkt⟩ *gem,* ⟨in horloge⟩ *jewel* **0.4** [sport] *man* ⇒⟨bij damspel, schaakspel ook⟩ *piece,* ⟨bij dominospel⟩ *domino* ◆ **1.1** ⟨fig.⟩ een ~ des aanstoots *a stumbling block* **2.2** ⟨fig.⟩ de onderste ~ moet boven komen *we must get to the bottom of this* **2.3** bewerkte stenen *cut gemstones* **3.1** de eerste ~ (naar iem.) werpen *throw/cast the first stone (at s.o.)* **3.2** stenen bakken *fire bricks* ⟨in oven⟩ *bake bricks* ⟨in de zon⟩; ergens een ~tje toe bijdragen *do one's bit towards sth.; chip in with* ⟨bedrag⟩/*towards* ⟨doel⟩; de eerste ~ leggen *lay the first s.* **3.4** een ~ slaan *capture a piece; jump a piece* ⟨bij damspel⟩ **6.3** een ring **met** een ~ *a ring set with a stone* **7.2** geen ~ op de ander laten *not leave a stone standing* **8.1** als een ~ op de maag liggen *be indigestible.*

steenachtig 0.1 *stony, rocky; gritty* ⟨fruit⟩.

steenarend 0.1 *golden eagle.*

steenbeitel 0.1 *stone(mason's) chisel.*

steenbok 0.1 [geit] *ibex* ⇒*wild goat.*

Steenbok ⟨astrol., ster.⟩ **0.1** *Capricorn.*

steenbokskeerkring 0.1 *tropic of Capricorn.*

steenboor 0.1 [voor bodemonderzoek] *stone/rock drill/bit* **0.2** [om gaten in (kunst)steen te boren] *masonry drill/ bit.*

steendrukkunst 0.1 *lithography.*

steenfabriek 0.1 *brickyard.*

steengoed 0.1 *fantastic, great.*

steengroeve 0.1 *(stone) quarry.*

steenhard 0.1 [hard als steen] *as hard as stone, rock hard* **0.2** [fig.] *stony* ◆ **1.2** een ~ gemoed *a s. heart.*

steenhouwer 0.1 [iem. die steen loshakt] *stonecutter* ⇒ *quarryman* **0.2** [iem. die steen bewerkt] *(stone)mason.*

steenkleur 0.1 *stone(-colour).*

steenkolenengels 0.1 *broken English.*

steenkool 0.1 *(pit) coal* ◆ **2.1** magere ~ *lean c.;* vette ~ *soft c.*

steenkoud 0.1 [zeer koud] *freezing (cold)* **0.2** [gevoelloos] *stony* ⇒*ice-cold* ◆ **3.1** ik ben ~ *I am freezing.*

steenlaag 0.1 [ader van stenen] *layer/stratum of stones* **0.2** [laag metselstenen] *course of bricks.*

steenoven 0.1 *brick kiln.*

steenpuist 0.1 *boil* ⇒⟨med.⟩ *furuncle.*

steenrijk 0.1 *immensely rich* ⇒⟨sl.⟩ *stinking rich* ◆ **3.1** zijn oude heer is ~ *his old man is rolling in it.*

steenslag 0.1 [wwb.] *road-metal* ⇒*hard core,* ⟨bij herstelwerkzaamheden⟩ *chippings* **0.2** [puin] *rubble* ◆ **¶.1** pas op, ~! *caution, loose chippings.*

steentijd, -tijdperk 0.1 *Stone Age.*

steentje 0.1 [kleine steen] *small stone* ⇒⟨kiezelsteen⟩ *pebble* **0.2** [kleine edelsteen] *small (gem)stone* ◆ **3.1** ⟨fig.⟩ zijn/haar/een ~ bijdragen *do one's bit.*

steenuil 0.1 *little owl.*

steenweg ⟨AZN⟩ **0.1** *(paved) road.*

steenworp ◆ **6.¶** hij woont op een ~ afstand *he lives within a stone's throw.*

steeplechase 0.1 *steeplechase.*

steevast 0.1 *invariable* ⇒*regular* ◆ **3.1** die jongen komt ~ te laat *that boy is invariably late.*

757

steiger 0.1 [aanlegplaats] *landing (stage/place)* **0.2** [stelling] *scaffold(ing)* ◆ **3.2** een ~ oprichten *put up scaffolding* **6.2** in de ~s staan (lett.) *be in scaffolding* ⟨van gebouwen⟩; ⟨fig.⟩ *be under construction;* in de ~s zetten *scaffold;* de ~s om de toren *the scaffolding around the tower.*
steigeren 0.1 [mbt. paarden] *rear (up)* **0.2** [protesteren] *get up on ono's hind legs.*
steil 0.1 [sterk oplopend / afdalend] *steep* ⇒⟨zeer steil⟩ *precipitous* **0.2** [mbt. een beweging] *steep* **0.3** [star, bekrompen] *rigid* ◆ **1.1** een ~e afgrond *a sharp drop;* ~ haar *straight hair* **1.3** een ~ calvinist *a r./dour Calvinist* **3.1** ~er worden *steepen* **3.2** ~ dalen *fall away;* ⟨plotseling⟩ *plunge* ¶.2 ⟨fig.⟩ ergens ~ van achterover slaan ⟨inf.⟩ *be flabbergasted by sth.*
steilte 0.1 [mate van steil-zijn] *steepness* **0.2** [sterk oplopende helling] *steep, precipice.*
stek 0.1 [afgesneden takje] *cutting* ⇒*slip* **0.2** [jonge bewortelde boom] *sprig, spray* **0.3** [uitgekozen plekje] *niche* ⇒ *den* ◆ **2.3** dat is zijn liefste ~ *that is his favourite spot* **3.1** ~ken planten *plant out cuttings/slips* **3.3** hij heeft zijn ~(je) gevonden ⟨fig.⟩ *he has found his n./a n. for himself.*
stekeblind 0.1 *(as) blind as a bat.*
stekel 0.1 [mbt. planten] *prickle* ⇒*thorn, spine* ⟨van cactus enz.⟩ **0.2** [mbt. dieren] *spine* ⇒*prickle* ◆ **3.2** zij zette haar ~s op ⟨fig.⟩ *she bristled (at sth.), her hackles rose.*
stekelbaars 0.1 *stickleback.*
stekelhaar 0.1 *crew cut* ⇒*bristle* ⟨vnl. op gezicht⟩.
stekelig 0.1 [vol stekels] *prickly; spiny* **0.2** [als stekels] *prickly* ⇒*thorny, bristly* **0.3** ⟨fig.⟩ *sharp* ⇒*cutting* ◆ **1.2** een ~e baard *a bristly beard;* ~ haar *spiky hair, (a) crew cut* **3.2** ~ overeind staan *bristle (up)* **3.3** ~ doen *be cutting/sarcastic.*
stekelvarken 0.1 [knaagdier] *porcupine* **0.2** [egel] *hedgehog.*
steken I ⟨onov., ov.ww.⟩ **0.1** [verwonden] *stab* **0.2** [grieven] *sting* ⇒*cut* **0.3** [mbt. dieren / planten] *sting* ⇒*prick* ◆ **4.2** dat steekt (hom) *that sticks in one's/(his) throat;*
II ⟨ov.ww.⟩ **0.1** [in iets vastprikken] *stick* **0.2** [in een omhulsel bergen] *put, place* **0.3** [in een plaats / richting / toestand brengen] *put* **0.4** [op een plaats bevestigen] *put* ⇒ *stick* **0.5** [uitspitten] *dig* ⇒*cut* **0.6** [door te treffen in een toestand brengen] *stab* ◆ **1.2** ⟨fig.⟩ veel tijd in iets ~ *spend a lot of time on sth.* **1.5** asperges / turf ~ *cut asparagus/peat* **1.**¶ de loftrompet over iem. ~ *trumpet s.o.'s praise;* ⟨scheep.⟩ een rif ~ *take in a reef* **2.6** alle banden waren lek gestoken *all the tyres had been punctured* **5.6** iem. overhoop ~ *stab s.o. to death* **6.1** iem. een mes tussen de ribben ~ *put a knife between s.o.'s ribs* **6.2** steek dat bij je *put it in your pocket;* zijn geld in een zaak ~ *put one's money in an undertaking;* iem. in de nieuwe kleren ~ *set s.o. up in new clothes;* hij stak de handen in de zakken *he put/stuck his hands into his pockets* **6.3** zij stak haar arm door de zijne *she slipped her arm through his;* een hand in het water ~ *dip a hand into the water* ¶.3 iets in elkaar ~ *p. sth. together.*
III ⟨onov.ww.⟩ **0.1** [vastzitten] *stick* **0.2** [in iets / ergens zijn] *be* **0.3** [gevoel van pijn veroorzaken] *sting* **0.4** [stekende beweging maken] *thrust* ⇒*stab* ◆ **1.2** er steekt een schrijver in hem *he has the makings of a writer* **1.3** haar ogen ~ van de slaap *her eyes are hurting with sleep;* de zon steekt *the sun burns* **3.1** de woorden bleven me in de keel ~ *the words stuck in my throat;* ergens in blijven ~ *get stuck/bogged (down) in sth.;* plotseling blijven ~ *stop dead* **5.2** daar steekt iets achter *there is sth. behind it;* daar steekt meer achter *there is more to it than meets the eye* **6.2** de sleutel steekt in het slot *the key is in the lock.*

steiger - stellig

stekend 0.1 [scherp, pijnlijk] *stinging* ⇒*sharp* **0.2** [grievend] *stinging* ⇒*cutting* ◆ **1.1** een ~e pijn *a sharp pain* **1.2** ~e woorden *s./cutting words.*
stekken 0.1 *slip, pipe, strike* ◆ **1.1** planten ~ *strike cuttings of plants.*
stekker 0.1 *plug* ◆ **3.1** de ~ eruit halen *pull the p. out.*
stekkerdoos 0.1 *multiple socket.*
stekkie ⟨inf.⟩ **0.1** *hideaway.*
stel 0.1 [reeks, set] *set* **0.2** [tweetal personen] *couple* **0.3** [aantal] *couple* ⇒*lot* ◆ **1.1** een ~ kaarten *a pack of cards* **1.3** een leuk ~ kinderen *a nice c. of children* **1.**¶ op ~ en sprong *immediately, right away;* het hoeft niet op ~ en sprong *there's no rush* **2.2** een pas getrouwd ~ *newlyweds;* een verloofd ~ *an engaged c.* **2.3** een heel ~ *quite a few;* ⟨iron.⟩ dat is ook een mooi ~ bij elkaar *they are a fine lot* **7.1** ik neem drie ~ kleren mee *I'll take three sets of clothes with me.*
stelen 0.1 *steal* ◆ **3.1** dat / hij kan me gestolen worden *I'd be better off without that/him;* ⟨soms ook⟩ *good riddance* **5.1** dwangmatig ~ *be a kleptomaniac* **6.1** uit stelen gaan *go thieving;* uit een boek ~ *plagiarize (from) a book.*
stellage 0.1 [tijdelijk gebouwde verhoging] *stand* ⇒*stage, platform* **0.2** [opbergrek] *rack* ◆ **2.1** een planken ~ voor de muzikanten *a wooden stage for the musicians.*
stellen I ⟨ov.ww.⟩ **0.1** [in een toestand / positie (aan)brengen] *put* ⇒*set* **0.2** [plaatsen, neerzetten] *put* ⇒*place* **0.3** [in de gewenste stand brengen] *set* ⇒*adjust* **0.4** [doen, uiten] *put* **0.5** [voorschrijven] *dictate* **0.6** [vaststellen] *put* ⇒*set* **0.7** [veronderstellen] *suppose* **0.8** [beweren] *state* **0.9** [+ ww. begroten] *estimate at* **0.10** [klaarspelen, redden] *manage* ⇒*(make) do* **0.11** [in een toestand verkeren] *be (doing)* ◆ **1.3** een kijker ~ *adjust a pair of binoculars;* een machine ~ *adjust/regulate a machine;* ⟨fig.⟩ zijn vertrouwen ~ op / in iets / iem. *place one's trust in s.o./sth.* **1.7** stel het geval v.e. leraar die ~ *take the case of a teacher who ...* **2.1** iem. beschikbaar ~ *put sth. at s.o.'s disposal;* zich herkiesbaar ~ *be up for re-election;* iem. verantwoordelijk ~ (voor iets) *hold s.o. responsible (for sth.)* **2.11** het is er lelijk mee gesteld *it is in a bad way, the situation is bad* **4.10** we zullen het met minder moeten ~ *we'll have to make do with less* **5.1** laat mij dit even duidelijk ~ *let me get this straight* **5.2** terzijde ~ ⟨fig.⟩ *put aside;* de problemen waarvoor wij gesteld zijn *the problems facing us* **6.1** iem. op vrije voeten ~ *set s.o. free;* ten dienste ~ *p. at the service (of);* iem. voor een (voldongen) feit ~ *present s.o. with a fait accompli* **6.2** op de voorgrond ~ *bring to the fore;* iets tegenover iets anders ~ *contrast one thing with another;* ⟨fig.⟩ iets voor ogen ~ *visualize sth.;* je opmerkingen ~ me voor een probleem *your remarks present me with a problem* **6.10** veel te ~ hebben met iem. *iets have one's hands full with s.o./sth.;* het zonder / buiten iets / iem. moeten ~ *have to do without sth./s.o.* **6.11** hoe is het gesteld met zijn vrouw? *how is his wife (doing)?;* het is niet zo best met hem gesteld *he is not doing too well* **8.5** als rogel ~ *make it u rule* **8.7** (ge)stel(d), dat dit zo is *s. this were true;*
II ⟨onov., ov.ww.⟩ **0.1** [opstellen] *draw up* ◆ **1.1** een rekest ~ *draw up a petition* **5.1** de brief was slecht gesteld *the letter was badly worded.*
stelletje 0.1 [pej.; zootje] *bunch* **0.2** [paartje] *couple, pair* ◆ **1.1** wat een ~ idioten / stommelingen *what a b. of idiots* **3.2** die twee vormen een ~ *those two make a c.* ¶.1 een ~ ongeregeld *a disorderly b.*
stellig I ⟨bn., bw.⟩ **0.1** [werkelijk, wezenlijk] *positive* ⇒*distinct* **0.2** [beslist, zeker] *definite* ⇒*certain* ◆ **1.2** in de ~e overtuiging verkeren dat *be firmly of the opinion that;* op

~e toon *in a firm tone of voice;* het ~e voornemen hebben om *have the firm intention to* **3.2** ik geloof het ~ *I do not doubt it;* hij komt ~ *he is sure to come* **6.2** iets **ten** ~ste verzekeren *assure s.o. of sth. (most) emphatically;* ik raad je **ten** ~ste aan *I strongly advise you;* **ten** ~ste ontkennen *deny flatly;* **II** 〈bw.〉 **0.1** [zeer waarschijnlijk] *surely* ◆ **3.1** hij zou ~ te laat zijn gekomen *he would have s. been late.*

stelligheid 0.1 *positiveness, certainty* ◆ **1.1** de ~ van zijn toon *the p. of his tone* **6.1** dit bericht wordt **met** ~ tegengesproken *this report has met with a categoric denial.*

stelling 0.1 [het stellen v.e. vraag/probleem] *posing* **0.2** [wijze waarop iets/iem. is geplaatst] *position* **0.3** [terrein door een legermacht ingenomen] *position* **0.4** [steiger] *scaffold(ing)* **0.5** [staand rek] *rack* **0.6** [beginsel] *proposition* **0.7** [wisk.] *theorem* ⇒*proposition* **0.8** [mbt. een proefschrift] *thesis* ◆ **1.7** de ~ van Pythagoras *Pythagoras' t.* **2.6** een onhoudbare ~ *an untenable proposition* **3.3** de ~en betrekken *take up p.;* ~ nemen tegen 〈fig.〉 *make a stand against* **3.6** een ~ poneren *put forward a p.* **6.2** het geschut **in** ~ brengen *place the guns in p.*

stellingname 0.1 *position, stand.*

steloefening 0.1 *composition.*

stelpen 0.1 *staunch* ⇒*stem* ◆ **1.1** bloed ~ *stop blood;* een wond ~ *staunch the flow of blood from a wound.*

stelregel 0.1 *principle* ◆ **2.1** een goede ~ *a good rule to go by* **8.1** ik hanteer de ~ dat ... *I apply the p. that ...*

stelsel 0.1 *system* ◆ **1.1** een ~ van onderaardse gangen *a s. of underground passages;* ~ van maten en gewichten *s. of weights and measures* **2.1** een staatkundig/parlementair ~ *a political/parliamentary s.;* 〈wisk.〉 het tientallig ~ *the decimal s.* **3.1** een ~ opbouwen/bestrijden/omverwerpen *construct/combat/demolish a s.*

stelselmatig 0.1 [methodisch; volgens een vooropgezet patroon] *systematic* **0.2** [consequent] *consistent* ◆ **1.2** een ~ stilzwijgen *a c. silence* **3.1** iets ~ onderzoeken *investigate sth. systematically* **3.2** ~ kritiek leveren *be consistently critical.*

stelt 0.1 [loopstok] *stilt* **0.2** [inf.; been] *pin* ◆ **2.2** lange ~en hebben *have long legs* **6.1** op ~en lopen *walk on stilts* **6.**¶ het hele huis stond/was **op** ~en *the whole house was in an uproar;* de boel **op** ~en brengen/zetten *raise hell.*

steltlopen 0.1 *walk on stilts.*

steltloper, -loopster 0.1 *stilt-walker.*

steltwortel 〈plantk.〉 **0.1** *prop root, buttress root.*

stem 0.1 [vermogen geluid voort te brengen] *voice* **0.2** [voortgebracht geluid] *voice* **0.3** [zangpartij] *part, voice* **0.4** [kiesstem] *vote* **0.5** [stemrecht] *vote* ⇒〈zeggenschap〉 *voice* ◆ **1.2** 〈fig.〉 de ~ v.h. geweten *the dictates of one's conscience;* 〈fig.〉 de ~ v.d. natuur/het hart *the v. of nature/of one's heart;* 〈fig.〉 de ~ v.h. volk *the v. of the people* **1.4** beiden behaalden een gelijk aantal ~men *it was a tie between the two* **2.2** hij sprak met gebroken ~ *his v. broke as he spoke;* met gedempte ~ spreken *speak in an undertone;* een hoog ~metje *a high v.;* met luide ~ out loud* **2.4** met algemene ~men *by common consent;* een blanco ~ *an abstention;* 〈uitbrengen〉 *abstain;* de meeste ~men gelden *the majority rules;* schriftelijke ~ *absentee ballot;* zwevende ~men *the floating v.* **2.5** hij heeft maar een adviserende ~ *he only has an advisory function* **3.1** zijn ~ verliezen *lose one's v.* **3.2** er gaan ~men op dat ... *more and more people are saying that ..., there is a growing body of (public) opinion that ...;* zijn ~ doen/laten horen *make one's v. heard;* haar ~ sloeg over van woede *her v. broke with anger;* zijn ~ verdraaien *disguise one's v.;* zijn ~ verheffen tegen *raise*

one's v. (in protest) against, speak out against* **3.4** zijn partij heeft ~men gewonnen *his party has gained votes;* hij kreeg maar 100 ~men *he got only 100 votes;* de ~men staken *there is a tie;* de ~men tellen *count the votes;* zijn ~ uitbrengen *cast one's v., vote;* zijn ~ uitbrengen op iem. *vote for s.o.;* ~men werven *canvass;* de ~men zijn verdeeld *opinions vary* **3.5** ~ hebben in een vergadering 〈een stem mogen uitbrengen〉 *have a vote in a meeting;* 〈mogen spreken〉 *have a voice in the meeting;* een ~ in het kapittel hebben *have a say in the matter* **6.1** goed **bij** ~ zijn *be in good v.;* niet **bij** ~ zijn *be out of v.* **7.4** hij heeft de meeste ~men *he heads the poll;* hij heeft de minste ~men *he's at the bottom of the poll* **8.2** een ~ als een klok *a v. as clear as a bell* **¶.2** 〈fig.〉 een ~ van binnen *an inner v.*

stemadvies 0.1 〈*advice on how to vote*〉.

stemafdruk, -plaatje 〈taal.; comp.〉 **0.1** *voiceprint.*

stemband 0.1 *vocal cord.*

stembereik 0.1 *range (of the/his/a* 〈enz.〉 *voice).*

stembiljet 0.1 *ballot (paper)* ◆ **2.1** een ongeldig ~ *an invalid ballot paper* **3.1** een ~ invullen *fill in/mark one's ballot paper.*

stembuiging 0.1 *inflection.*

stembureau 0.1 [stemlokaal] *polling* [B]*station/*[A]*place* **0.2** [college van personen] *polling committee* ◆ **1.2** de voorzitter v.h. ~ *the presiding officer of the polling station;* 〈GB〉 *returning officer.*

stembus 0.1 [bus voor stembriefjes] *ballot box* **0.2** [stemming] *poll* ◆ **6.1** naar de ~ gaan *go to the polls* **6.2** 〈fig.〉 (als winnaar) **uit** de ~ komen *be at the top of the p.*

stemdistrict 0.1 *constituency* 〈2e kamer〉 ⇒*borough* 〈2e kamer, gemeenteraad〉, *ward* 〈gemeenteraad〉.

stemgedrag 0.1 *voting behaviour.*

stemgeluid 0.1 *voice.*

stemgerechtigd 0.1 *entitled to vote* ◆ **1.1** de ~e leeftijd hebben *be of voting age* **3.1** (niet) ~ zijn *(not) have the vote.*

stemgerechtigde 0.1 *voter* ⇒*voting member* 〈in vergadering〉.

stemhebbend 0.1 [taal.] *voiced* **0.2** →*stemgerechtigd* ◆ **1.1** ~e medeklinkers *v. consonants.*

stemhokje 0.1 *(voting) booth.*

stemlokaal 0.1 *polling* [B]*station/*[A]*place.*

stemloos 0.1 [taal.] *voiceless* ⇒*unvoiced* **0.2** [zonder stem] *voiceless* ⇒*mute* ◆ **1.1** stemloze medeklinkers *v./unvoiced consonants* **3.1** ~ uitspreken *pronounce without voice.*

stemmen I 〈onov., ov.ww.〉〈muz.〉 **0.1** [op de juiste toonhoogte(n) brengen] *tune* ⇒*tune up* 〈orkest〉 ◆ **6.1 op** toon ~ *tune to pitch;*
II 〈onov.ww.〉 **0.1** [kiezen] *vote* **0.2** [muz.; onderling gelijke klank hebben] *be in tune (with each other)* ◆ **2.1** blanco ~ *abstain (from voting)* **3.1** laten wij tot ~ overgaan *let's take a vote (on it)* **5.1** hoofdelijk (laten) ~ *poll;* stem (op) links! *v. for the left!;* er werd niet gestemd *no vote was taken;* schriftelijk (laten) ~ *ballot;* ik stem tegen/voor *I v. in favour/against* **6.1** er werd **over** het voorstel gestemd *a vote was taken on the motion;* ~ **ten** gunste van *voor een voorstel *v. for a proposal;*
III 〈ov.ww.〉 **0.1** [in een stemming brengen] *make (feel)* ◆ **2.1** iem. gunstig ~ *put s.o. in the right mood;* het stemt ons hoopvol *it is encouraging;* dat stemt mij treurig *that makes me (feel) sad* **6.1** dit bericht stemt mij **tot** tevredenheid *this is gratifying news;* dat stemt **tot** nadenken *this is food for thought.*

stemmenwinst 0.1 *increase in votes.*

759

stemmer 0.1 [muz.] *tuner* **0.2** [kiezer] *voter.*

stemmig 0.1 *sober* ⇒*subdued* ◆ **1.1** ~e muziek *solemn music;* een ~ muziekje *easy listening music* ⟨sfeervol⟩ **3.1** ~ gekleed gaan *be dressed soberly.*

stemming 0.1 [gemoedsgesteldheid] *mood* **0.2** [gezindheid] *feeling* **0.3** [het uitbrengen v.d. stem] *vote* **0.4** [het op de juiste toon brengen] *tuning* **0.5** [hand.] *tone* ⇒*tendency, sentiment* ◆ **1.5** ~en en koersen *tendencies and prices* **2.1** aan ~ onderhevig *moody;* in een slechte/goede ~ zijn *be in a bad/good m.;* een vrolijke ~ *high spirits* **2.2** er heerst een vijandige ~ *feelings are hostile* **2.3** een geheime ~ *a secret ballot;* een hoofdelijke ~ *a poll;* een schriftelijke ~ *a (vote by) ballot* **2.5** een flauwe/lusteloze/gedrukte ~ *sluggish trading;* een vaste ~ *steady trading;* een vriendelijke ~ *an upward trend* **3.1** de ~ erin brengen *get the m. going;* de ~ steeg ten koste v.h. peil *spirits rose as the tone declined* **3.2** ~ maken voor/tegen iets/iem. *rouse popular f. for/against sth./s.o.* **3.3** de ~ gaat tussen twee partijen *the vote lies between two parties;* een ~ houden *take a vote;* zich van ~ onthouden *abstain (from voting);* om een ~ vragen *call for a vote* **3.5** de ~ was verdeeld *trading was mixed* **6.1** voor iets **in** de ~ zijn *be in the m. for sth.;* ik ben niet **in** de ~ om te werken *I'm not in the m. for working* **6.3** iets **bij** ~ verwerpen/goedkeuren *vote sth. down/through;* **bij/door** ~ beslissen *decide by vote;* **in** ~ brengen *put to the vote;* **tot** ~ overgaan *take a vote* ¶ **.1** de ~ zit erin *there's a good mood.*

stemoefening 0.1 *voice training* ◆ **3.1** ~en doen *vocalise.*

stemomvang 0.1 *range.*

stemonthouding 0.1 *abstention.*

stempel I ⟨de⟩ **0.1** [werktuig waarmee men drukt/perst] *stamp* **0.2** [werktuig om een afdruk te maken] *seal* **0.3** [plantk.] *stigma* ◆ **2.**¶ iem. v.d. oude ~ *s.o. of the old school* **3.2** ⟨fig.⟩ zijn ~ op iem. drukken *leave one's mark on s.o.* **6.1** een ~ **om** gaten te maken *a punch;* **II** ⟨het, de⟩ **0.1** [afdruk] *stamp* ⇒*postmark* ⟨op post⟩ **0.2** [fig./kenmerk] *stamp* ⇒*(hall)mark* ◆ **3.1** voorzien van de ~ v.h. bedrijf *duly stamped by the company;* een ~ zetten *put on a stamp* **3.2** het rapport draagt duidelijk haar ~ *the report bears the stamp of her personality;* het ~ van echtheid dragen *bear the hallmark of authenticity;* dat drukt een ~ op je *that leaves its mark on you.*

stempelen I ⟨ov.ww.⟩ **0.1** [stempel drukken op] *stamp* ⇒*postmark* ⟨post⟩ **0.2** [fig.] *stamp* ⇒*mark* ◆ **1.1** de brief was in Antwerpen gestempeld *the letter was postmarked 'Antwerp'* **6.2** dat stempelt hem **tot** volwaardig burger *that stamps him as a fully-fledged citizen;* **II** ⟨onov.ww.⟩ ⟨gesch.⟩ **0.1** [werkloos zijn] *be on the dole.*

stempelinkt 0.1 *stamp-pad ink.*

stempelkaart ⟨gesch.⟩ **0.1** ⁿ*dole/*ᴬ*welfare card.*

stempelklok 0.1 *time clock.*

stempelkussen 0.1 *inkpad.*

stempijp ⟨muz.⟩ **0.1** *pitch pipe.*

stemplicht 0.1 *compulsory voting.*

stemrecht 0.1 *(right to) vote* ⇒*voting right,* ⟨pol. ook⟩ *franchise, suffrage* ◆ **2.1** het algemeen ~ *universal suffrage;* enkelvoudig ~ *single vote system;* ⟨inf.⟩ *one man, one vote;* meervoudig ~ *right of plural voting* **3.1** ~ geven/verlenen aan *give the vote to;* ~ hebben *have the vote;* het ~ ontnemen *disenfranchise;* zijn ~ uitoefenen *exercise one's voting right* **6.1** iem. **zonder** ~ *s.o. having no vote.*

stemverheffing 0.1 *raising of one's voice* ◆ **6.1** zij sprak **met** ~ *she raised her voice as she spoke;* hij sprak **zonder** ~ *he spoke without raising his voice.*

stemverklaring 0.1 *motivation of one's vote.*

stemvork 0.1 *tuning fork.*

stencil 0.1 [moedervel] *stencil* **0.2** [afdruk] *stencil, hand-out* ◆ **3.1** een ~ afdraaien *run off a s.* **3.2** ~s uitdelen *distribute hand-outs.*

stencilen 0.1 *duplicate* ⇒*stencil.*

stencilmachine 0.1 *duplicator.*

stenen 0.1 [gemaakt van steen]⟨van natuursteen⟩ *stone* ⇒ ⟨van baksteen⟩ *brick* **0.2** [als van steen] *stone* ⇒*stony* ◆ **1.1** een ~ huis *a s./brick house;* een ~ (tabaks)pijp *a clay pipe.*

stengel 0.1 [deel v.e. plant] *stalk* ⇒*stem* **0.2** [koekje] *stick* ◆ **2.1** kruipende ~s *decumbent stems* **2.2** zoute ~s ±*pretzel sticks* **6.2** ~s voor in de soep *breadsticks.*

stengelknoop ⟨plantk.⟩ **0.1** *joint* ⇒*node.*

stenigen 0.1 *stone.*

steniging 0.1 *stoning.*

stennis ⟨inf.⟩ **0.1** *commotion* ⇒*row* ◆ **3.1** ~ maken *kick up a row.*

steno 0.1 [stenografie] *stenography* **0.2** [stenogram] *stenographic report.*

stenograferen 0.1 *write/take down in shorthand* ◆ **1.1** een gestenografeerd verslag *a report written in shorthand.*

stenografie 0.1 *stenography* ⇒*shorthand.*

stenografisch 0.1 *stenographic* ⇒*shorthand* ◆ **1.1** een ~ verslag *a stenographic report* **3.1** een dictaat ~ opnemen *take dictation in shorthand.*

stenotypen 0.1 *type out shorthand.*

stenotypist 0.1 *shorthand typist.*

stentorstem 0.1 *stentorian voice.*

step 0.1 [autoped] *scooter* **0.2** [voetsteuntje] *footrest* **0.3** [danspas] *step* **0.4** [dans] *step-dance.*

stepdans 0.1 *step-dance.*

steppe 0.1 *steppe.*

steppehond 0.1 [hyenahond] *hyena dog* **0.2** [prairiehond] *prairie dog.*

steppen 0.1 [op een autoped rijden] *ride a scooter* **0.2** [danspassen uitvoeren] *step.*

ster 0.1 *star* ◆ **1.**¶ ⟨plantk.⟩ ster-van-Bethlehem *Star of Bethlehem* **2.1** ⟨fig.⟩ een rijzende ~ *an up-and-coming s.;* een vallende ~ *a shooting s.* **3.1** ⟨fig.⟩ zijn ~ rijst *his s. is rising;* ⟨scheep.⟩ een ~ schieten *take an observation;* ⟨fig.⟩ zijn ~ verbleekt *his s. has set* **6.1** het staat **in** de ~ren (geschreven) *it's (written) in the stars* **6.**¶ ⟨AZN⟩ **tegen** de ~ren op drinken *drink o.s. silly* **7.1** een restaurant met drie ~ren *a three-star restaurant.*

STER ⟨afk.⟩ **0.1** [Stichting Ether Reclame] ⟨*radio and television advertising authority*⟩.

sterallures 0.1 *starlike airs.*

sterappel 0.1 *star apple.*

stereo¹ ⟨de⟩ **0.1** [stereofonie] *stereo(phony)* **0.2** [stereo-installatie] *stereo.*

stereo² ⟨bn., bw.⟩ **0.1** *stereo.*

stereoapparatuur 0.1 *stereo equipment.*

stereofonisch 0.1 *stereophonic.*

stereofotografie 0.1 *stereo photography.*

stereo-installatie 0.1 *stereo (set).*

stereo-isomeer ⟨schei.⟩ **0.1** *stereoisomer.*

stereometrie 0.1 *stereometry.*

stereomeubel 0.1 *stereo unit/cabinet.*

stereo-opname 0.1 *stereo recording.*

stereoplaat 0.1 *stereo record.*

stereotiep 0.1 *stock* ⇒*stereotypic(al)* ◆ **1.1** een ~ (toegepast) beeld *a stereotype;* een boek met ~e figuren *a book with stock characters;* ~e opmerkingen *stock/standard comments;* een ~e uitdrukking *a cliché.*

stereotoren 0.1 *music centre.*

stereotype 0.1 *stereotype* ♦ **6.1 in** ~n indelen *stereotype.*

stereo-uitzending 0.1 *stereo broadcast.*

sterfbed 0.1 [doodsbed] *deathbed* **0.2** [omstandigheden, tijd, wijze] *dying hour* ♦ **2.2** een zacht ~ hebben *die peacefully* **6.1 op** zijn ~ zal hij er nog berouw over hebben *he'll regret it to his dying day.*

sterfdag 0.1 [dag van overlijden] *dying day* ⇒*day of death* **0.2** [gedenkdag] *anniversary of s.o.'s death* ♦ **1.1** de herdenking van zijn ~ *the commemoration of the day he died.*

sterfelijk 0.1 *mortal.*

sterfelijkheid 0.1 *mortality.*

sterfgeval 0.1 *death* ♦ **3.1** de ~len overtreffen de geboorten *the number of deaths exceeds the number of births* **6.1** gesloten **wegens** ~ *closed owing to bereavement.*

sterfhuis 0.1 *house of mourning.*

sterfhuisconstructie ⟨ec.⟩ **0.1** ⟨*judicial construct splitting up a concern into viable branches to be saved and nonviable branches to be allowed to fail*⟩.

sterfjaar 0.1 *year of s.o.'s death.*

sterfkamer 0.1 *death-room* ♦ **1.1** dit was Gladstones ~ *this is the room Gladstone died in.*

sterftecijfer 0.1 *mortality rate.*

steriel 0.1 [vrij van ziektekiemen] *sterile* **0.2** [onvruchtbaar] *sterile* ⇒*infertile*, ⟨plantk.⟩ *acarpous*, ⟨plantk.⟩ *fruitless* **0.3** [saai] *sterile* ⇒*unimaginative* ♦ **1.1** ~e instrumenten *s. instruments* **1.2** ⟨fig.⟩ een ~e geest *a s. mind* **1.3** een ~e kamer *a s. room*; een ~ persoon *an unimaginative person* **3.1** ~ maken *sterilize* **3.2** ~ maken *sterilize.*

sterilisatie 0.1 [onvruchtbaarmaking] *sterilization* **0.2** [het vrijmaken van ziektekiemen] *sterilization* ♦ **6.2** ~ **van** melk *s. of milk.*

sterilisator ⟨med.⟩ **0.1** *sterilizer* ⟨bij tandarts e.d.⟩.

steriliseren 0.1 [onvruchtbaar maken] *sterilize* ⇒⟨mbt. dieren⟩ *fix* **0.2** [desinfecteren] *sterilize* ♦ **3.1** zich laten ~ *have o.s. sterilized.*

steriliteit 0.1 [onvruchtbaarheid] *sterility* ⇒*infertility* **0.2** [het vrij zijn van ziektekiemen] *sterility.*

sterk I ⟨bn.⟩ **0.1** [krachtig; geconcentreerd; ook mbt. optische instrumenten] *strong* ⇒*powerful* **0.2** [moedig; veel kunnende weerstaan / verdragen] *strong* ⇒*tough* **0.3** [hevig] *strong* ⇒*sharp* **0.4** [omvangrijk, veelvuldig; talrijk] *strong* **0.5** [bekwaam] *strong* **0.6** [kras] *thick,* ᴬ*exaggerated* **0.7** [mbt. reuk / smaak / geluiden] *strong* **0.8** [met vaste waarde] *strong* ♦ **1.1** ⟨fig.⟩ hij is daar de ~e man *he's the s. man there*; een ~e motor / zender *a high-powered engine / transmitter*; ~e thee *s. tea* **1.2** een ~ gestel *a s. constitution*; ~e lijm *s. glue*; ik vind het geen ~ verhaal *I don't think much of the story* **1.3** een ~e stijging *a sharp rise*; een ~e wind *a s. wind* **1.4** het leger is 30.000 man ~ *the army is 30,000 s.* **1.5** zich van zijn ~ste kant laten zien *show one's best side*; een ~e speler *a s. player* **3.1** iets ~s drinken *drink sth. s.*; ⟨fig.⟩ zich ~ maken voor iem. *make out a case for s.o.*; ~er worden *gain strength* **3.6** dat is ~! *that's a bit t.*; dat lijkt me ~ *I doubt it* **3.¶** ik maak mij ~ dat hij er zal zijn *I am pretty sure that he won't be there* **6.1** ~ zijn **in** zijn armen *have s. arms* **6.5** ~ **in** aardrijkskunde *good at geography* **¶.1** ⟨sprw.⟩ wie niet ~ is, moet slim zijn *if the lion's skin cannot, the fox's shall* **¶.6** ~er nog *indeed, more than that*;

II ⟨bw.⟩ **0.1** [zeer] *strongly* ⇒*greatly, highly* **0.2** [op goede wijze] *well* ♦ **2.1** dat is ~ overdreven *that's highly exaggerated*; een ~ vergrote foto *a much enlarged photograph* **3.1** zich ~ tot iem. aangetrokken voelen *feel a strong attraction towards s.o.*; er ~ over denken om te gaan verhui-

zen *seriously consider moving*; ~ gekleurd *highly coloured*; ~ gekruid *highly seasoned*; iets ~ overdrijven *greatly exaggerate sth.*; ~ ruiken *smell s.*; ~ toenemen *increase sharply*; ~ twijfelen aan *doubt sth. very much*; ~ uiteenlopen / verschillen *diverge / differ greatly*; ~ verbeterd *much improved*; iets ~ verbeteren *make great improvement in sth.* **3.2** een ~ gelopen race *a well-run race*; ~ redeneren *reason w.* **3.¶** zij staat (nogal) ~ ⟨deugdelijke argumenten⟩ *she has a strong case*; ik zal het je nog ~er vertellen *I'll tell you one to top that.*

sterkedrank 0.1 *strong drink* ⇒⟨inf.⟩ *booze* ♦ **6.1** niet **tegen** ~ kunnen *not be able to hold one's drink.*

sterken 0.1 *strengthen* ♦ **1.1** het lichaam ~ *s. the body* **6.1** iem. ~ **in** zijn verlies *sustain s.o. in his loss*; iem. **in** iets ~ *steel s.o. in sth.*; **in** zijn mening gesterkt worden *be confirmed in one's views.*

sterkte 0.1 [vermogen om kracht te ontwikkelen] *strength* ⇒*power* **0.2** [kracht om smart / leed te dragen] *fortitude* ⇒ *courage* **0.3** [weerstandsvermogen] *strength* **0.4** [intensiteit] *strength* ⇒*intensity*, ⟨mbt. geluid ook⟩ *volume*, ⟨mbt. geluid ook⟩ *loudness* **0.5** [mate waarin iets kan werken] *strength* ⇒*potency* **0.6** [talrijkheid] *strength* ♦ **1.1** de ~ v.e. lamp / motor *the power of a lamp / motor*; de ~ v.e. paard / een man *the s. of a horse / man* **1.3** de ~ v.e. materiaal *the s. of a material* **1.4** de ~ v.e. geluid / v.h. licht *the intensity of a noise / the light* **1.5** de ~ v.e. geneesmiddel / van wijn *the s. of a medicine / of wine* **2.6** op volle / halve ~ *at full / half s.* **¶.2** ~ ⟨gewenst⟩! *all the best!*

sterkwater 0.1 *spirits* ♦ **6.1** iets **op** ~ zetten / bewaren *preserve sth. in s.*

sterreclame 0.1 *commercials, television and radio advertising.*

sterrenbeeld 0.1 *sign of the zodiac.*

sterrenhoop ⟨ster.⟩ **0.1** *star cluster* ⇒*nebula* ♦ **2.1** een bolvormige ~ *a spiral nebula.*

sterrenkijker 0.1 [scherts.; astronoom; astroloog] *stargazer* **0.2** [instrument] *telescope.*

sterrenkunde 0.1 *astronomy.*

sterrenkundige 0.1 *astronomer.*

sterretje 0.1 [vuurwerk] *sparkler* **0.2** [asterisk] *star* ⇒*asterisk* **0.3** [jonge filmster] *starlet* ♦ **3.¶** ~s zien *see stars.*

sterveling 0.1 *mortal* ♦ **7.1** er was geen ~ te bekennen *there wasn't a (living) soul in sight.*

sterven I ⟨onov.ww.⟩ **0.1** [doodgaan] ⟨ook fig.⟩ *die* ♦ **3.1** ~de zijn *be dying* **6.1** ~ **aan** een ziekte *die of an illness*; ~ **aan** zijn verwondingen *die from one's injuries*; **op** ~ liggen *be on one's deathbed*; **op** ~ na dood zijn *be as good as dead*; ⟨fig.⟩ ~ **van** kou *be freezing to death*; **voor** zijn tijd ~ *die before one's time* **¶.1** ⟨fig.⟩ sterf! *drop dead!*;
II ⟨ov.ww.⟩ **0.1** [op de genoemde wijze overlijden] *die*;
III ⟨onpers.ww.⟩ **0.1** [vol zijn met] *be swarming with* ♦ **6.1** het sterft hier **van** de vliegen / toeristen *this place is swarming with flies / tourists.*

stervend 0.1 *dying* ♦ **7.1** een ~e *a d. man / woman / person.*

stervensbegeleiding 0.1 *terminal care.*

stervensfase 0.1 *terminal phase.*

stervenskoud 0.1 *freezing cold.*

stervensproces 0.1 *process of dying.*

stervensuur 0.1 *dying hour* ⇒*hour of death* ♦ **6.1 in** het ~ zijn *be at one's dying hour.*

stervormig 0.1 *star-shaped* ♦ **1.1** een ~e barst in een spiegel *a s. -s. crack in the mirror.*

stervrucht 0.1 *star fruit.*

stethoscoop 0.1 *stethoscope.*

steun 0.1 [stut] *support* ⇒*prop* **0.2** [houvast] *support* ⇒*as-*

sistance **0.3** [materiële hulp] *support* ⇒*aid, assistance* **0.4** [inf.; WW] *welfare,* [B]*dole* ◆ **1.2** iemands ~ en toeverlaat zijn *be a prop and stay to s.o.* **2.2** dat zal een grote ~ voor ons zijn *that will be a great help to us;* morele ~ *moral s.;* het voorstel vond niet voldoende ~ *the suggestion didn't get enough s.* **2.3** met financiële ~ van het Rijk *with financial assistance from the government;* geldelijke ~ *financial support;* ⟨van bedrijf vnl.⟩ *sponsoring* **3.2** ~ hebben aan iets/iem. *receive s. from sth./s.o.;* zich van iemands ~ verzekeren *secure s.o.'s support;* ~ zoeken bij iets/iem. *turn to sth./s.o. for s.* **3.3** ~ verlenen *lend s.* **3.4** ~ trekken *be on the d.* **6.1** een ~tje **in** de rug ⟨fig.⟩ *a bit of encouragement/support, a helping hand;* iem. een ~tje **in** de rug geven ⟨fig.⟩ *encourage s.o., back s.o. up;* een ~ **voor** de voeten *a footing;* ⟨voetsteun⟩ *a footrest* **6.2** ze heeft veel/ weinig ~ **aan** haar zus *her sister has been a big/hasn't been much of a s. to her;* iem. **tot** ~ zijn *be of assistance to s.o.* **6.3** de ~ **aan** ontwikkelingslanden *the aid to developing countries* **6.4 bij** de ~ aankloppen *go on the d.;* **van** de ~ leven *live off the d.*

steunbalk ⟨bouwk.⟩ **0.1** *girder* ⇒⟨horizontaal⟩ *joist.*

steunbeer ⟨bouwk.⟩ **0.1** *buttress.*

steunbetuiging 0.1 *declaration of support.*

steuncomité 0.1 *support/*⟨hulp⟩ *aid/relief committee* ⇒ ⟨aanmoediging⟩ *incentive.*

steunen I ⟨ov.ww.⟩ **0.1** [stutten] *support* ⇒*prop (up)* **0.2** [fig.] *support* ⇒*back up* **0.3** [kreunen] *groan* ◆ **1.1** een muur ~ *s./prop up up a wall* **1.2** een goed doel ~ *s. a good cause;* een voorstel ~ *s./back a proposal* **3.2** zich gesteund weten door *feel supported by* **6.1** iem. ergens **in** ~ *back up s.o. in sth.* **8.3** zij steunde dat ze doodop was *she groaned that she was dead-beat;* **II** ⟨onov.ww.⟩ **0.1** [leunen] *lean (on), rest (on)* **0.2** [kreunen] *groan* ◆ **5.2** de patiënt steunde zachtjes *the patient groaned softly* **6.1** op een stok ~ *s. on a cane;* ⟨fig.⟩ de dictator steunt **op** het leger *the dictator depends on the army;* de regering steunt **op** een coalitie *the government relies on the coalition;* te veel **op** iem. ~ *rely too heavily on s.o.*

steunfonds 0.1 ⟨na een ramp⟩ *relief fund;* ⟨voor leden⟩ *benefit fund.*

steunfraude 0.1 *social security fraud.*

steunmaatregel 0.1 *support/*⟨hulp⟩ *aid/relief measure* ⇒ ⟨aanmoediging⟩ *incentive.*

steunmuur 0.1 *retaining wall.*

steunpilaar 0.1 [pilaar] *pillar* **0.2** [persoon] *pillar* ⇒*mainstay.*

steunplan, steunprogramma 0.1 *support plan/scheme* ⇒ ⟨voor hulp⟩ *relief/aid plan,* ⟨vnl. om iets te beginnen⟩ *incentive scheme.*

steunpunt 0.1 [punt waarop iets steunt] *(point of) support* **0.2** [fig.] *(main) point* **0.3** [mil.] *base* ◆ **1.2** een van de ~en van zijn betoog *one of the main points of his argument* **3.1** een ~ proberen te vinden ⟨ook fig.⟩ *try to find a foothold/*⟨voor de voeten⟩ *toehold* **6.3** de ~en **voor** de vloot *naval bases.*

steuntrekker, -ster 0.1 *person* [B]*on the dole/*[A]*on welfare.*

steunverlening 0.1 *(provision of) support/*⟨hulp⟩ *relief/ aid.*

steunzool 0.1 *arch support.*

steur ⟨dierk.⟩ **0.1** *sturgeon.*

steurgarnaal 0.1 *prawn.*

steven ⟨scheep.⟩ **0.1** [uiterste voor- of achtergedeelte]⟨voor⟩ *stem;* ⟨achter⟩ *stern* **0.2** [voorsteven] *stem* ⇒*prow* ◆ **3.2** de ~ wenden *put about;* de ~ wenden naar *head for.*

stevenen 0.1 [zich begeven naar] *head for* **0.2** [scheep.;

---

koers zetten naar] *steer* ⇒*set sail for* ◆ **6.1** ze stevende direct **naar** huis *she headed directly for home* **6.2** de vloot stevende **naar** de Oostzee *the fleet set sail for the Baltic.*

stevig I ⟨bn.⟩ **0.1** [mbt. eten] *substantial* ⇒*hearty* **0.2** [iron.; fors] *robust* ⇒*hefty,* ⟨fig.⟩ *stiff,* ⟨fig.⟩ *heavy* **0.3** [geducht] ⟨zie 1.3⟩ ◆ **1.1** ~e kost *s. food;* een ~ ontbijt *a big breakfast* **1.2** een ~e boete *a heavy/stiff fine;* een ~e eetlust *a hearty appetite;* hij drinkt een ~ glas wijn *he's fond of a glass of wine;* een ~e hoofdpijn *a splitting headache;* een ~e prijs *a stiff price;* een ~e vent *a stocky fellow* **1.3** een ~e eter *a hearty eater;* een ~e werker *a good worker;* **II** ⟨bn., bw.⟩ **0.1** [solide, degelijk] *solid* ⇒*strong, sturdy* **0.2** [krachtig] *tight* ⇒*firm* **0.3** [flink, behoorlijk] *substantial* ⇒ *considerable* ◆ **1.1** ~e borsten *firm breasts;* een ~e constructie *a sturdy/solid construction;* ~e schoenen *sturdy shoes* **1.2** een ~ pak slaag *a good hiding* **1.3** in een ~ tempo *at a brisk pace* **2.1** ~ dicht *shut fast* **3.1** ~ gebouwd *sturdily built;* ⟨vrouw ook⟩ *buxom;* ~ gebouwde huizen *houses of very solid construction;* die ladder staat niet ~ *that ladder is a bit wobbly;* een wond ~ verbinden *strap up a wound* **3.2** iem. ~ de hand drukken *wring s.o.'s hand;* hou me ~ vast *hold me t.;* hou je ~ vast *hang on t.* **3.3** hij is weer ~ aan het drinken *he's on another drinking-bout* ¶**.2** iem. ~ onder handen nemen *give s.o. a good talking to;* we moeten er ~ tegenaan gaan *we need to really buckle down to it* ¶.3 'm ~ om hebben *be sloshed.*

stevigheid 0.1 *sturdiness* ⇒*strength, solidity.*

steward, -ess 0.1 *steward* ⟨m.⟩; *stewardess, (air) hostess* ⟨v.⟩.

stichtelijk 0.1 [verheffend in godsdienstige/zedelijke zin] *edifying* **0.2** [vroom] *devotional* ⇒*pious* ◆ **1.1** ~e lectuur *e. reading* **1.2** een ~ leven leiden *lead a pious life;* ~e liederen *d. songs.*

stichten I ⟨ov.ww.⟩ **0.1** [oprichten] *found* ⇒*establish* **0.2** [teweegbrengen] *bring about* ⇒*cause* ◆ **1.1** een gezin ~ *start a family* **1.2** onheil ~ *stir up mischief;* **II** ⟨onov., ov.ww.⟩ **0.1** [in godsdienstig/zedelijk opzicht verheffen]⟨ov.ww.⟩ *edify* ⇒*uplift* ◆ **6.1 in** de kerk gesticht worden *be uplifted by the church.*

stichter, -es 0.1 [oprichter] *founder* ⟨m., v.⟩ **0.2** [iem. die iets teweegbrengt] *instigator* ⟨m., v.⟩ ◆ **1.1** de ~ v.h. Perzische rijk *the f. of the Persian Empire* **1.2** de ~ van zoveel kwaad *the i. of so much evil.*

stichting 0.1 [het oprichten] *foundation* ⇒*establishment* **0.2** [rechtspersoon] *corporation* ⇒⟨alg. ook⟩ *foundation* **0.3** [godsdienstige/zedelijke verheffing] *edification* ◆ **1.2** de Stichting van de Arbeid *the Joint Industrial Labour Council* **3.1** een ~ oprichten *set up a f.* **6.3** tot ~ **van** *for the benefit/e. of.*

stickie ⟨inf.⟩ **0.1** *joint* ⇒*stick.*

stiefbroer 0.1 *stepbrother.*

stiefdochter 0.1 *stepdaughter.*

stiefgezin 0.1 *step-family.*

stiefkind 0.1 [stiefdochter/zoon] *stepchild* **0.2** [fig.] *poor cousin/relation* ◆ **3.2** hij is een beetje het ~ *he's always treated like a poor relation.*

stiefmoeder 0.1 *stepmother.*

stiefvader 0.1 *stepfather.*

stiefzoon 0.1 *stepson.*

stiefzuster 0.1 *stepsister.*

stiekem 0.1 [geniepig]⟨bn.⟩ *sneaky;* ⟨bw.⟩ *in an underhand way, on the sly* **0.2** [heimelijk]⟨bn.⟩ *secret;* ⟨bw.⟩ *in secret* ◆ **1.1** ~e streken *sneaky tricks* **1.2** een ~e voldoening *a secret satisfaction* **3.1** ~ iets kopen *buy sth. on the sly* **3.2** iets ~ doen *do sth. on the sly;* ~ meerijden *steal a ride;* ~ weggaan *steal/sneak away.*

stiekemerd - stikken

stiekemerd 0.1 *sneak* ⇒*sly dog.*

stiekempjes ⟨inf.⟩ 0.1 *quietly* ♦ 3.1 ik zou maar ~ thuisblijven *I'd just keep my mouth shut and stay home.*

stier 0.1 [mannelijk rund] *bull* ♦ 8.1 loeien/snuiven als een ~ *bellow/snort like a b.* 8.¶ ⟨inf.⟩ balen als een ~ *be fed up to the back teeth.*

Stier ⟨astrol.⟩ 0.1 [teken, persoon] *Taurus.*

stierengevecht 0.1 *bullfight.*

stierennek 0.1 [gespierde nek] *bull-neck* 0.2 [nek v.e. stier] *bull's neck.*

stierenvechter 0.1 *bullfighter.*

stierlijk ⟨inf.⟩ ♦ 2.¶ zij is ~ vervelend *she's beastly annoying* 3.¶ ik verveel me ~ *I'm bored stiff/to tears* ¶.¶ ~ het land hebben *be fed up to the back teeth.*

stift 0.1 [dunne houten/metalen pen] *style, stylus* 0.2 [puntig voorwerp] *pin* 0.3 [mbt. een vulpotlood/ballpoint] *cartridge* 0.4 [viltstift] *felt-tip (pen).*

stiftbal 0.1 *chip.*

stifttand 0.1 *false tooth.*

stigma 0.1 [fig.; merkteken] *stigma* 0.2 [wondteken van Christus] *stigma* ⇒⟨vaak mv.⟩ *stigmata* ♦ 2.1 een strafblad is een maatschappelijk ~ *a criminal record is a social s.*

stigmatiseren 0.1 [fig.] *stigmatize* ⇒*brand* ♦ 8.1 de krakers werden gestigmatiseerd als misdadigers *the squatters were branded as criminals.*

stijf I ⟨bn.⟩ 0.1 [niet soepel] *stiff* ⇒*rigid* 0.2 [goed samenhangend] *stiff* ⇒*firm* 0.3 [bolstaand] *bulging* 0.4 [fig.; houterig] *stiff* ⇒*wooden* 0.5 [niet hartelijk] *stiff* ⇒*formal* 0.6 [strak] *taut, tight* ♦ 1.1 ~ linnen *starchy/s. linen;* ⟨fig.; AZN⟩ iem. met de stijve nek bezien *give s.o. the cold shoulder;* stijve spieren, een stijve rug *s. muscles, a sore back* 1.4 stijve bewegingen/manieren *s. movements/manners* 1.5 een stijve begroeting *a s. greeting;* een ~ knikje *a s. nod* 2.1 ~ en stram *s. and stark* 3.1 ⟨fig.⟩ iem. ~ schelden/vloeken *yell/swear s.o.'s ears off* 3.2 eiwit ~ kloppen *beat the egg whites until s.* 3.3 ⟨fig.⟩ zijn proefwerk staat ~ v.d. fouten *his test is riddled with mistakes;* hij staat ~ v.d. doping *he's been doped to the gills* 3.6 een touw ~ spannen/aantrekken *stretch/pull a rope taut* 6.1 ~ **van** de kou *numb with cold* 7.1 ⟨vulg.⟩ een stijve krijgen/hebben *get/have a hard-on;*
II ⟨bw.⟩ 0.1 [niet soepel] *stiffly* ⇒*rigidly* 0.2 [houterig] *stiffly* ⇒*woodenly* 0.3 [niet hartelijk] *stiffly* ⇒*formally* 0.4 [strak] *stiffly* ⇒*tautly* ♦ 3.1 ~ lopen *walk s.* 3.3 ~ groeten *greet s.* 3.4 zij hield het pak ~ vast *she held on to the package with all her might.*

stijfheid 0.1 *stiffness* ♦ 1.1 de opvallende ~ van zijn begroeting *the striking s. of his greeting;* de ~ v.d. pudding *the firmness of the pudding;* toenemende ~ v.d. rug *an increasing s. in the back.*

stijfhoofdig 0.1 *stiff-necked* ⇒*stubborn.*

stijfjes 0.1 *stiff* ⇒*formal* ♦ 3.1 ze groette ~ *she said hello stiffly;* is hij altijd zo ~? *is he always so stiff?*

stijfkop 0.1 *stubborn/obstinate/* ⟨inf.⟩ *pigheaded person.*

stijfsel 0.1 [voor de was] *starch;* [om te plakken] *paste* ♦ 3.1 de ~ laat los/plakt niet *the p. comes off/doesn't stick* 6.1 het linnengoed **door** het ~ halen *s. the linen.*

stijgbeugel 0.1 [voetbeugel] *stirrup* 0.2 [gehoorbeentje] *stirrup (bone)* ⇒*stapes* ♦ 6.1 een voet **in** de ~ hebben *have a foot in the* ⟨fig.⟩ *door/* ⟨lett.⟩ *s.;* iem. **in** de ~ helpen *give s.o. a leg up.*

stijgen 0.1 [zich naar een hoger gelegen punt bewegen; ook mbt. rangorde] *rise* ⇒*climb* ⟨vliegtuig⟩ 0.2 [omhooglopen; ook mbt. vloeistoffen] *rise* 0.3 [toenemen] *increase* ⇒*rise*

0.4 [opstappen] *mount* 0.5 [af/uitstappen] *step off, step out of* ♦ 1.2 het bergpad stijgt *the mountain path gets steeper and steeper;* een ~ de lijn *an upward trend;* zich in ~ de lijn bewegen *be on the upgrade;* het water/de rivier stijgt *the water/river is rising* 1.3 de prijzen/lonen ~ *prices/wages are rising;* met ~ de verbazing *with growing amazement* 3.3 zijn kansen doen ~ *multiply one's chances* 5.3 snel ~ de prijzen *sharply rising prices* 6.1 het vliegtuig steeg snel **naar** 2000 voet *the plane quickly climbed to 2000 feet* 6.5 **van** het paard ~ *dismount from a horse* 7.3 met het ~ der jaren *with increasing age.*

stijging 0.1 *rise* ⇒*increase* ♦ 2.1 ⟨mbt. prijs/waarde⟩ een plotselinge/krachtige ~ *a jump* 3.1 deze lijn geeft de ~ aan *this line indicates the r.* 6.1 een ~ **in** prijs *an increase in price.*

stijl 0.1 [overeind staande paal] *post* 0.2 [spijl] *baluster* 0.3 [schrijfwijze] *style* ⇒⟨taal. ook⟩ *register* 0.4 [vormgeving] *style* ⇒*tradition* 0.5 [handelwijze] *style* ♦ 1.5 zij heeft geen gevoel voor ~ *she hasn't got any class/s.* 2.3 een elegante ~ van schrijven/spreken *an elegant turn of phrase;* journalistieke/ambtelijke ~ ⟨pej.⟩ *journalese, officialese* 2.4 een kathedraal in de gotische ~ *a Gothic cathedral* 2.5 het onderwijs nieuwe ~ *the new s. of education;* iem. met een persoonlijke ~ *s.o. with a s. all his own* 3.5 ⟨pregn.⟩ ~ hebben *have s.* 6.4 in de ~ **van** *after the fashion of* 6.5 ⟨pregn.⟩ **met/in** ~ *with/in s.* 7.5 dat is geen ~ *that's no way to behave.*

stijlanalyse 0.1 *style analysis, analysis of style* ⇒⟨taal.⟩ *stylistic analysis.*

stijlbloempje 0.1 *stylistic howler* ⇒⟨ihb.⟩ *mixed metaphor.*

stijlbreuk ⟨lit., bk.⟩ 0.1 *(sudden) change of style.*

stijldans 0.1 *ballroom dance.*

stijldansen 0.1 *ballroom dancing.*

stijlfiguur 0.1 *figure of speech* ⇒*trope* ♦ 3.1 een ~ gebruiken *use a figure of speech.*

stijlfout 0.1 *fault in style.*

stijlloos 0.1 [zonder stijl] *tasteless* ⇒*lacking in style* 0.2 [zonder gevoel voor stijl, zonder manieren] *ill-mannered* ♦ 1.2 een stijlloze manier van doen *improper behaviour* 3.2 wat je gedaan hebt is ~ *what you've done is absolutely uncalled for.*

stijlniveau 0.1 *stylistic level, level of style;* ⟨taal.⟩ *register.*

stijloefening 0.1 [het zich bekwamen in de stijl] *style exercise* 0.2 [les, opgave] *composition (exercise).*

stijlvol 0.1 *stylish* ⇒*fashionable,* ⟨bw.⟩ *in style* ♦ 3.1 dat heeft zij heel ~ opgelost *she solved that one very neatly;* ~ ingericht *decorated in good taste.*

stijven I ⟨ov.ww.⟩ 0.1 [met stijfsel bewerken] *starch* ♦ 1.1 linnengoed ~ *s. linen;*
II ⟨ov.ww.⟩ 0.1 [versterken] *stiffen* ⇒*strengthen* ♦ 6.1 iem. **in** zijn overmoed/in het kwaad ~ *confirm s.o. in his recklessness/evil ways;* hij wordt daardoor slechts **in** zijn overtuiging gestijfd *it only goes to strengthen his conviction.*

stik 0.1 [uitroep van ergernis] *oh heck/damn* 0.2 [verwensing] *nuts (to you)* ⇒*get lost.*

stikdonker¹ ⟨het⟩ 0.1 *pitch-dark(ness)* ♦ 6.1 in het ~ *in pitch-darkness.*

stikdonker² ⟨bn.⟩ 0.1 *pitch-dark, pitch-black* ♦ 3.1 het is ~ ⟨ook⟩ *it's pitch-black.*

stikken I ⟨onov.ww.⟩ 0.1 [sterven door ademgebrek] *suffocate* ⇒*choke* 0.2 [benauwd worden] *suffocate* ⇒*be stifled* 0.3 [in overvloed hebben] *be bursting (with)* ⟨jaloezie, trots⟩ ⇒*be up to one's ears (in)* ⟨werk e.d.⟩ 0.4 [fig.; doodvallen] *drop dead* ♦ 3.4 iem. laten ~ *let s.o. down;* ⟨mbt.

echtgenoot ook⟩ *walk out on s.o.;* ⟨niet trouwen⟩ *jilt s.o.;* ⟨niet verschijnen⟩ *stand s.o. up* **6.1 in** iets ~ *choke on sth.;* ⟨fig.⟩ hij stikte bijna **in** zijn woorden *he almost choked on his words* **6.2** het is hier **om** te ~! *it's stifling in here;* ~ **van** de warmte *(be) swelter(ing);* ~ **van** het lachen *be in stitch-es;* ~ **van** woede *choke with anger* **6.3** ~ **in** het werk *be up to one's ears in work;* ~ **van** het geld *be loaded* ¶.**2** ik stik! *I'm choking!* ¶.**4** je kunt voor mijn part ~! *as far as I'm concerned, you can drop dead!;*
II ⟨onov., ov.ww.⟩ **0.1** [naaien zonder tussenruimte] *stitch* ◆ **6.1 met** de machine/met de hand ~ *s. by machine/hand;*
III ⟨onpers.ww.⟩⟨inf.⟩ **0.1** [overvloedig aanwezig zijn] *be full (of)* ⇒*swarm (with)* ◆ **6.1** het stikt hier **van** de restaurantjes *you can't move here for bistros;* deze vertaling stikt **van** de fouten *this translation is riddled with errors.*

stiksel 0.1 *stitching.*

stikstof 0.1 *nitrogen.*

stikstofhoudend 0.1 *nitrogenous* ⇒⟨pred. ook⟩ *containing nitrogen.*

stikwerk ⟨amb.⟩ **0.1** *stitching* ⇒*stitchery.*

stil I (bn.) **0.1** [zonder geluid] *quiet* ⇒*silent* **0.2** [niet bewegend] *still* ⇒*motionless* **0.3** [bedaard] *quiet* ⇒ *calm* **0.4** [verborgen, heimelijk] *secret* **0.5** [niet in woorden geuit] *silent* ⇒*secret* ◆ **1.1** ~le omgang *silent procession* **1.2** een ~le zee *a calm sea* **1.3** ⟨hand.⟩ een ~le handel *q./slack trade;* de ~le tijd *the slack/off season* **1.4** een ~le drinker *a s. drinker* **1.5** een ~ verlangen *a secret wish;* een ~ vermoeden *a secret suspicion* **1.**¶ Stille Nacht *Silent Night* **3.1** wees ~! *be q.!;* ~ worden *fall silent;* even ~ zijn *be q. for a moment* **3.3** het is ~ op straat/in huis ⟨ook⟩ *the streets are/the house is q.;* daarna werd het ~ rond X *silence then fell around X* **5.1** hij is er ~ van *it has reduced him to silence* ¶.**1** ~! *q.!;*
II ⟨bw.⟩ **0.1** [zonder (veel) geluid voort te brengen] *quietly* **0.2** [roerloos] *still* **0.3** [zonder ophef te maken] *quietly* ⇒ *calmly* **0.4** [heimelijk] *silently* ⇒*secretly* ◆ **3.1** ⟨AZN⟩ ~ spreken *speak softly* **3.2** ~ blijven zitten *sit s.* **3.3** ~ leven *live a q. life;* ~ gaan leven *go into retirement* **3.4** er ~ vandoor gaan *leave quietly.*

stilaan 0.1 *gradually* ◆ **3.1** we moeten ~ vertrekken *we'll have to be leaving soon.*

stileren 0.1 [uitbeelden in vereenvoudigde vorm] *stylize* **0.2** [in goede stijl uitdrukken] *stylize; compose* ◆ **1.1** gestileerde bloemen *stylized flowers* **5.2** goed ~ *have a good style.*

stiletto 0.1 *flick knife,* ^A*switchblade.*

stilhouden I (ov.ww.) **0.1** [stil laten zijn] *keep quiet* ⇒*hold still* **0.2** [geheim houden] *keep quiet* ⇒*hush up* ◆ **1.1** een kind ~ *keep a child quiet;* ze houdt haar mond niet stil! *she does keep on!* **1.2** zij hielden de zaak stil *they kept the thing hushed up* **4.1** hou je stil! *be quiet;*
II ⟨onov.ww.⟩ **0.1** [stoppen] *stop* ⇒*pull up* ◆ **1.1** de taxi hield stil voor de voordeur *the taxi pulled up at the front door.*

stilist 0.1 [schrijver] *stylist.*

stilistiek 0.1 *stylistics.*

stilistisch 0.1 ⟨ook lit.⟩ *stylistic* ◆ **1.1** de ~e grammatica *grammar of style;* een ~ hoogstandje *a s. masterpiece.*

stille 0.1 [zwijger] *quiet one* **0.2** [rechercheur] *plainclothes policeman.*

stilleggen 0.1 *stop* ⇒*shut/close down* ◆ **1.1** een bedrijf ~ *close down a business;* het verkeer ~ *stop the traffic;* het werk ~ *stop work.*

stillen 0.1 [doen ophouden] *satisfy* ⇒*alleviate, soothe*

⟨pijn⟩, *quench* ⟨dorst⟩ **0.2** [tot kalmte brengen] *still* ⇒*quiet, calm.*

stilletjes 0.1 [met weinig gerucht/beweging] *quietly* **0.2** [stiekem] *secretly* ⇒*on the sly* **0.3** [zonder zich ermee te bemoeien] *in peace* ◆ **3.1** ze begon ~ te huilen *she q. began to cry* **3.2** hij stak haar ~ wat geld toe *he slipped her some money on the sly* **3.3** laat haar maar ~ haar gang gaan *just let her do things her own way.*

stilleven 0.1 *still life.*

stilliggen 0.1 [rustig liggen] *lie still/quiet* **0.2** [blijven liggen, uit de vaart zijn] *rest, wait* ⇒*lie to,* ⟨aangemeerd⟩ *be moored, be at anchor,* ⟨in haven⟩ *be in port,* ⟨voor reparatie e.d.⟩ *lie up* **0.3** [niet functioneren] *lie/be idle* ◆ **1.3** het werk ligt stil *work is at a standstill.*

stilstaan 0.1 [staan zonder te bewegen] *stand still* **0.2** [stilhouden] *stand still* ⇒*pause, come to a standstill* **0.3** [zich niet ontwikkelen] *stand still* ⇒*stagnate* **0.4** [niet functioneren] *stand still* ⇒*stop, be at a standstill* ◆ **1.4** mijn horloge staat stil *my watch has stopped;* de telefoon staat niet stil *the telephone never stops ringing* **5.2** ⟨fig.⟩ daar sta je normaal niet bij stil ⟨ook⟩ *you tend to take it for granted;* ⟨fig.⟩ heb je er ooit bij stilgestaan dat ...*has it ever occurred to you that ...;* ik heb er geen moment bij stilgestaan *I didn't give it a moment's thought* **5.4** daar staat mijn verstand bij stil *it's beyond my comprehension* **6.2** ⟨fig.⟩ lang blijven ~ **bij** iets *deal with sth. at great length* **6.3 in** kennis blijven ~ *stagnate in one's knowledge.*

stilstaand 0.1 [zonder beweging zijnde] *stationary* **0.2** [in rust zijnde] *stagnant* ⇒*still* **0.3** [zich niet ontwikkelend] *stagnant* ◆ **1.1** vuren op ~e doelen *fire on s. targets* **1.2** ~e wateren *still waters.*

stilstand 0.1 [bewegingloze stand/staat] *standstill* **0.2** [stagnatie] *stagnation* ◆ **1.2** ~ is achteruitgang *s. means decline* **3.2** tot ~ brengen/komen *bring/come to a standstill.*

stilte 0.1 [geluidloosheid] *silence* ⇒*quiet* **0.2** [bewegingloosheid] *stillness* **0.3** [toestand waarin het niet waait] *calm* ⇒*lull* ⟨kortstondig⟩ **0.4** [rust] *quiet* ⇒*calm* **0.5** [heimelijkheid] *quiet* ⇒*privacy,* ⟨heimelijkheid⟩ *secrecy* ◆ **1.1** een minuut ~ *a minute's s.;* een ogenblik ~ in acht nemen *observe a moment's s.* **2.1** er heerste een diepe ~ *there was a profound s.;* er viel een pijnlijke ~ *an awkward s. fell* **2.5** hij is in alle ~ begraven *he was buried quietly* **3.1** de ~ bewaren *observe s.:* ~ eisen, ~ in de klas eisen *demand s., insist on s. in the class;* tot ~ manen *urge to be quiet; impose s. (on)* ⟨vergadering, rechtszaal⟩; de ~ verbreken *break the s.* **6.1 in** ~ lijden *suffer in s.* **6.3** ⟨fig.⟩ de ~ **voor** de storm *the c. before the storm* **6.5 in** ~ *quietly, in private;* ⟨stiekem ook⟩ *secretly* ¶.**1** ~! *silence!*

stilvallen 0.1 [tot rust/stilstand komen] *come to a stop/standstill/halt* **0.2** [niet meer spreken, geen geluid maken] *fall silent* ◆ **1.1** het openbaar vervoer is stilgevallen *public transport has come to a standstill.*

stilzetten 0.1 *(bring to a) stop.*

stilzitten 0.1 [zitten zonder te bewegen] *sit still* **0.2** [niet bedrijvig zijn] *sit/stand still* ◆ **3.1** zij kan geen ogenblik ~ *she can't sit still for a moment* **5.2** wij hebben ondertussen ook niet stilgezeten *in the meantime we haven't been sitting around doing nothing either.*

stilzwijgen¹ (het) **0.1** *silence* ◆ **3.1** het ~ bewaren/in acht nemen *keep/maintain s.;* iem. het ~ opleggen *swear s.o. to secrecy* (manen tot stilzwijgen); *silence s.o.* (ertoe dwingen); het ~ verbreken *break the s.* ¶.**1** er het ~ toe doen *remain silent.*

stilzwijgen² (onov.ww.) **0.1** [niet spreken] *be/keep silent* **0.2** [ophouden met spreken] *fall silent.*

stilzwijgend I ⟨bn., bw.⟩ **0.1** [zonder te spreken] *silent* ⇒ *tacit* **0.2** [niet uitgedrukt] *tacit* ⇒*understood* ◆ **3.1** ~ stemde hij daarmee in *he tacitly consented;* ergens ~ aan voorbijgaan *pass over sth. without comment* **3.2** ~ aannemen/veronderstellen dat ... *take (it) for granted that ...;* een contract ~ verlengen *automatically renew a contract;* er werd ~ aangenomen dat ... *it was understood that ...;* **II** ⟨bn.⟩ **0.1** [zwijgzaam] *silent* ⇒*taciturn, quiet.*

stimulans 0.1 [pepmiddel] *stimulant* **0.2** [fig.] *stimulus* ◆ **3.2** een ~ aan het bedrijfsleven geven *give business a boost.*

stimulator 0.1 *stimulator.*

stimuleren 0.1 *stimulate* ⇒*encourage, boost* ⟨handel⟩ ◆ **1.1** de eetlust ~ *s. the appetite;* ~ de middelen *stimulants;* de verkoop ~ *boost sales;* hij stimuleerde zijn zoon om in de politiek te gaan *he pushed his son to go into politics* **6.1** iem. in zijn werk ~ *encourage s.o. in his work.*

stimulus 0.1 *stimulus, incentive.*

stinkbom 0.1 *stink-bomb.*

stinkdier 0.1 *skunk.*

stinken 0.1 *stink* ⇒*smell* ◆ **1.1** het vlees stinkt *the meat smells bad;* ⟨fig.⟩ die zaak stinkt *there's something fishy about that* **5.**¶ ⟨inf.⟩ erin ~ ⟨betrapt worden⟩ *walk right into it;* ⟨erin trappen⟩ *fall for it* **6.1** naar jenever ~ *reek of gin;* ⟨AZN⟩ ~ **naar/van** het geld *be stinking/filthy rich;* **uit** de mond ~ *have bad breath.*

stinkend I ⟨bn.⟩ **0.1** [vies ruikend] *stinking* ⇒*smelly* ◆ **1.1** ~ e voeten *smelly feet;* **II** ⟨bn., bw.⟩ **0.1** [afschuwelijk] *terrible* ⇒*foul, insufferable* ◆ **2.1** zij is ~ brutaal *she's got a nerve;* ~ jaloers *insanely jealous.*

stinker(d) 0.1 *stinker* ◆ **2.1** ⟨inf.⟩ rijke ~ s *stinking capitalists.*

stinkkaas ⟨inf.⟩ **0.1** *smelly cheese.*

stip 0.1 [stippel] *dot* ⇒*speck* ⟨vlekje⟩ **0.2** [sport] *(penalty) spot/mark* ◆ **6.1** het vliegtuig was maar een ~ je aan de hemel *the plane was a mere speck in the sky;* een hit **met** ~ *a climber.*

stipendium 0.1 *scholarship* ⇒*grant.*

stippel 0.1 *dot.*

stippelen 0.1 *dot* ⇒*speckle* ◆ **1.1** gestippelde lijnen *dotted lines.*

stippellijn 0.1 *dotted line.*

stipt 0.1 *exact* ⇒*punctual* ⟨altijd op tijd⟩, *prompt* ⟨tijdig⟩, *strict* ⟨mbt. navolging van regels⟩ ◆ **1.1** hij is een ~ mens *he is a precise man* **3.1** ~ betalen *pay promptly/*⟨iedere maand⟩ *punctually;* ~ werken *be precise in one's work;* work to rule ⟨om te vertragen⟩ **6.1** ~ om drie uur *at three o'clock sharp* **¶.1** ~ op tijd *right on time.*

stiptheid 0.1 *accuracy* ⇒*punctuality* ⟨steeds op tijd zijn⟩, *promptness* ⟨tijdigheid⟩, *strictness* ⟨mbt. navolging van regels⟩.

stiptheidsactie 0.1 *work-to-rule* ⇒[B]*go-slow,* [A]*slow-down (strike)* ◆ **3.1** een ~ houden *work to rule.*

stipulatie 0.1 *stipulation.*

stipuleren 0.1 *stipulate.*

stoef ⟨AZN⟩ **0.1** *bragging* ⇒*boasting.*

stoefen ⟨AZN⟩ **0.1** *brag* ⇒*boast,* ⟨pralen⟩ *show off.*

stoeien 0.1 [ravotten] *play around* **0.2** [pregn.; vrijen] *have a romp/roll (in the hay)* ◆ **6.1** zij stoeiden **met** de kinderen *they were having a romp with the children;* ⟨fig.⟩ **met** het idee ~ *toy with the idea (of).*

stoeipartij 0.1 *romp.*

stoeipoes 0.1 *sex kitten.*

stoel 0.1 [zitmeubel] *chair* ⇒*seat* ⟨zitplaats⟩ **0.2** [zetel als

ambtsplaats] *chair* **0.3** [onderstel] *foot* **0.4** [plantk.] *stool* ◆ **2.1** de elektrische ~ *the electric c.;* een hoge ~ *a high-backed c.;* een luie/gemakkelijke ~ *an easy c.* **3.1** pak een ~ *take a seat* **6.1** een ~ met armleuningen *an armchair;* ⟨fig.⟩ iets niet **onder** ~ en of banken steken *make no secret of sth.;* ⟨fig.⟩ **op** andermans ~ gaan zitten ⟨zijn plaats innemen⟩ *step into s.o.'s shoes;* ⟨fig.⟩ van verbazing **van** zijn ~ vallen *fall off one's c. in surprise;* hij sprong op **van** zijn ~ *he jumped up from his c.;* **voor** ~ en banken praten *lecture to empty benches* ⟨zonder publiek⟩; *be a voice (crying) in the wilderness* ⟨niet gehoord worden⟩ **¶.1** ⟨fig.⟩ de poten onder iemands ~ wegzagen *take away the ground from under s.o.'s feet;* ⟨inf.⟩ *pull the rug out from under s.o.*

stoelen 0.1 *be based (on)* ⇒*rest (on)* ◆ **6.1** zo'n beschuldiging stoelt nergens **op** *such an accusation is without foundation.*

stoelendans 0.1 *musical chairs* ◆ **6.1** ⟨fig.⟩ een ~ **om** ministersposten *a scramble for cabinet positions.*

stoelgang 0.1 *(bowel) movement* ⇒*stool(s)* ◆ **2.1** dunne ~ *diarrhoea;* geregelde ~ hebben *have regular bowels.*

stoelleuning 0.1 ⟨armleuning⟩ *arm of a/the chair;* ⟨rugleuning⟩ *back of a/the chair.*

stoelpoot 0.1 *chairleg.*

stoeltjeslift 0.1 *chair lift.*

stoep 0.1 [voetpad] [B]*pavement* ⇒[A]*sidewalk* **0.2** [stenen opstap] *(door)step* ◆ **2.2** een hoge ~ *a flight of steps* **6.2** onverwachts **op** de ~ staan bij iem. *turn up on s.o.'s doorstep.*

stoeprand 0.1 [B]*kerb,* [A]*curb.*

stoeptegel 0.1 *paving stone.*

stoer I ⟨bn.⟩ **0.1** [krachtig van lichaamsbouw] *sturdy* ⇒*powerful(ly built);* **II** ⟨bn., bw.⟩ **0.1** [flink, onverzettelijk] *tough* ◆ **1.1** de ~ e jongen uithangen *act the t. guy;* ~ e taal *t./forceful language* **3.1** ⟨iron.⟩ ~ doen *act t.*

stoerheid 0.1 [mbt. lichaamsbouw] *sturdiness* **0.2** [flinkheid, onverzettelijkheid] *toughness.*

stoet 0.1 [processie] *procession* ⇒*parade* **0.2** [massa] *crowd* ◆ **3.1** langzaam bewoog de ~ zich voort *the procession moved on slowly.*

stoethaspel 0.1 [onhandig mens] *butterfingers* ⇒*bungler* **0.2** [snuiter] *fellow* ⇒*chap, guy* ◆ **2.2** een vreemde ~ *an odd fish.*

stof I ⟨het⟩ **0.1** [deeltjes in de lucht] *dust* **0.2** [stuivende vorm v.e. materie] *dust* **0.3** [droog zand] *dust* ◆ **1.1** wolken ~ *clouds of d.* **2.1** neerslag van radioactief ~ *radioactive fallout* **3.1** ~ afnemen *dust;* ⟨fig.⟩ veel ~ doen opwaaien *kick up/raise d.* **6.2** ⟨rel.⟩ **van** ~ zijt gij en **tot** ~ zult gij wederkeren *d. thou art, and unto d. shalt thou return* **6.3** voor iem. **door** het ~ gaan *kowtow to s.o.;* **in** het ~ bijten *bite the d.;* ⟨fig.⟩ het ~ kruipen *grovel;* iem. **in** het ~ doen bijten *make s.o. grovel, make s.o. eat dirt;* **II** ⟨de⟩ **0.1** [materie] *substance* ⇒*matter* ⟨niet-telbaar⟩ **0.2** [weefsel] *material* ⇒*cloth, fabric* **0.3** [materiaal, onderwerp] *(subject) matter* ⇒*material* ◆ **1.2** een lap ~ *a piece of m./cloth* **2.1** gevaarlijke ~ fen *hazardous materials, harmful substances;* organische/vergiftige/kneedbare ~ fen *organic/poisonous/malleable substances* **2.2** lichte/grove/katoenen ~ fen *light/coarse/cotton fabrics* **2.3** de verplichte ~ voor een examen *the compulsory subject matter for an examination* **6.3** ~ **tot** nadenken hebben *have food for thought;* er was genoeg ~ **tot** praten *there was enough to talk about;* lang/kort **van** ~ zijn *be long-winded* ⟨lang⟩/*be brief* ⟨kort⟩; ~ **voor** een roman *material for a novel.*

stofboel 0.1 *dusty place* ♦ **3.1** 't is hier een ~ *this place is thick with dust.*

stofbril 0.1 *(pair of) goggles* ⇒*protective glasses.*

stofdeeltje 0.1 [nat.] *particle (of matter)* **0.2** [vuiltje] *dust particle* ⇒*speck of dust* ⟨op kleding e.d.⟩.

stofdoek 0.1 *duster* ⇒*(dust)cloth.*

stoffeerder 0.1 *upholsterer* ⟨ihb. meubelen⟩; ±*(interior) decorator* ⟨woning/kamer e.d.⟩.

stoffelijk 0.1 [mbt. de materie] *material* ⇒*physical* ⟨wereld⟩ **0.2** [materieel] *material* ⇒*tangible* ⟨tastbaar⟩ ♦ **1.2** ⟨schr.⟩ een ~ blijk van waardering *tangible proof of one's appreciation;* ⟨AZN⟩ ~e schade *m. damage.*

stoffen¹ ⟨bn.⟩ **0.1** *cloth* ⇒*fabric* ♦ **1.1** autostoelen met ~ bekleding *car seats with c. upholstery;* ~ pantoffels *fabric slippers.*

stoffen² ⟨onov., ov.ww.⟩ **0.1** [stof afnemen] *dust* ♦ **6.1** de werkster is **aan** het ~ *the cleaning lady is dusting.*

stoffenwinkel 0.1 *fabric shop.*

stoffer 0.1 *brush* ♦ **1.1** ~ en blik *dustpan and b.*

stofferen 0.1 [bekleden] *upholster* **0.2** [van vloerbedekking/gordijnen voorzien] ±*decorate* ⇒*furnish with carpets and curtains, carpet* ⟨tapijt⟩ ♦ **1.1** een auto ~ *u. a car* **1.2** gestoffeerde kamers te huur *partly furnished rooms for rent.*

stoffering 0.1 [datgene waarmee men stoffeert] ⁸*soft furnishings,* ᴬ*fabrics, cloth* ⇒*upholstery* ⟨bekleding van stoelen⟩, *carpeting* ⟨vloerbedekking⟩, *curtains* ⟨gordijnen⟩ **0.2** [het stofferen] ±*(interior) decoration* ⇒*upholstery* ⟨bekleding van stoelen⟩, *carpeting* ⟨vloerbedekking⟩.

stoffig 0.1 *dusty* ⇒⟨saai⟩ *stuffy,* ⟨saai⟩ *musty* ♦ **1.1** ⟨fig.⟩ het is er een ~ e boel *this place is dead* **3.1** het is hier ~ *this place is d.*

stofgoud 0.1 *gold dust.*

stofjas 0.1 *dustcoat* ⇒*duster.*

stofje 0.1 *dust particle* ⇒*speck of dust.*

stofkap 0.1 *dust cap/cover.*

stoflaag 0.1 *layer of dust.*

stofmasker 0.1 *dust mask.*

stofnaam 0.1 [naam v.e. stof] *name of a substance/material* **0.2** [taal.] *material noun.*

stofnest 0.1 *dust trap.*

stofomslag 0.1 *(dust/book) jacket.*

stofvod ⟨AZN⟩ **0.1** *duster* ⇒*(dust)cloth.*

stofvrij 0.1 [zó dat er geen stof bij komt] *dust-proof* **0.2** [zonder stof (te veroorzaken)] *dust-free* ♦ **1.1** een ~ e ruimte *a dust-proof area* **1.2** ~ e kussens *d.-f. pillows.*

stofwerend 0.1 *dust-preventing* ♦ **1.1** ~ e middelen *anti-dust products.*

stofwisseling 0.1 *metabolism.*

stofwolk 0.1 *cloud of dust* ⟨klein⟩; *dust cloud* ⟨groot⟩ ♦ **3.1** ~ en opjagen *raise clouds of dust.*

stofzuigen 0.1 *vacuum* ⇒⟨BE ook⟩ *hoover* ♦ **1.1** het huis ~ *v. the house.*

stofzuiger 0.1 *vacuum (cleaner)* ⇒⟨BE ook⟩ *hoover.*

stoïcijn 0.1 *stoic.*

stoïcijns I ⟨bn., bw.⟩ **0.1** [onverstoorbaar] *stoical* ⇒*stoic* ♦ **3.1** zich ~ gedragen *behave stoically;* **II** ⟨bn.⟩ **0.1** [mbt. het stoïcisme] *Stoic.*

stok 0.1 [rolrond stuk hout, staaf] *stick* ⇒⟨wandelstok ook⟩ *cane* **0.2** [afgebroken tak] *stick* ⇒*branch* ♦ **3.1** ⟨fig.⟩ iem. een ~ tussen de benen gooien *put a spoke in s.o.'s wheel* **6.1** ⟨fig.⟩ het **aan** de ~ krijgen met iem. *get on the wrong side of s.o.;* ⟨fig.⟩ zij kregen het **aan** de ~ over de prijs *they fell out over the price;* ⟨fig.⟩ het **aan** de ~ hebben met iem. *be at loggerheads with s.o.;* ⟨fig.⟩ een ~ **achter** de deur *a*

big stick; hij is **met** geen ~ hierheen te krijgen *wild horses couldn't drag him here;* mij krijgen ze **met** geen ~ de deur uit *I wouldn't go outside for all the tea in China;* iem. **met** de ~ geven *give s.o. the stick.*

stokbrood 0.1 *baguette* ⇒*French bread.*

stokdood ⟨AZN⟩ **0.1** *stone-dead* ⇒*dead as a doornail.*

stokdoof 0.1 *stone-deaf* ⇒⟨scherts⟩ *(as) deaf as a post.*

stoken I ⟨ov.ww.⟩ **0.1** [laten branden] *stoke (up)* ⇒⟨vuur ook⟩ *feed,* ⟨aansteken⟩ *light,* ⟨aansteken⟩ *kindle* **0.2** [als brandstof gebruiken] *burn* **0.3** [aanwakkeren] *stir up* **0.4** [distilleren] *distil* ♦ **1.1** een op olie gestookte verwarmingsinstallatie *an oil-fired heating system;* het vuur ~ *s. up the fire* **1.2** olie ~ *b. oil* **1.3** ruzie ~ *stir up strife;* **II** ⟨onov.ww.⟩ **0.1** [een vuur branden] *heat* **0.2** [opruien] *make trouble* ♦ **3.2** die vrouw zit altijd te ~ *that woman is always stirring (things up)* **6.2** ⟨fig.⟩ ~ **in** een goed huwelijk *set two people at one another's throats.*

stoker 0.1 [iem. belast met stoken van vuren] *fireman* ⇒ *stoker* **0.2** [iem. die onrust stookt] *firebrand* ⇒*troublemaker* **0.3** [distilleerder] *distiller.*

stokerij 0.1 *distillery* ⇒⟨klein ook⟩ *still.*

stokje 0.1 *stick* ⇒*perch* ⟨voor vogel⟩ ♦ **3.1** ⟨fig.⟩ ergens een ~ voor steken *put a stop to sth.;* weglopen zonder opruimen? daar zal ik een ~ voor steken *running off without cleaning up? I'll see about that* **6.1** ⟨inf.; fig.⟩ **van** zijn ~ vallen/gaan *pass out, faint.*

stokken 0.1 *catch* ⇒*halt, stall* ⟨motor⟩ ♦ **1.1** de aanvoer van voedsel stokt *food supplies have broken down;* het gesprek stokte *the conversation flagged;* zijn stem stokte *his voice faltered.*

stokoud 0.1 *ancient* ⇒*(as) old as Methuselah* ♦ **1.1** een ~ man *an a. man.*

stokpaardje 0.1 *hobbyhorse* ♦ **3.1** zijn ~ berijden *ride one's h., go off on one's h.;* iedereen heeft wel zijn ~ *everyone has his fads and fancies.*

stokslag 0.1 *stroke with a stick* ♦ **3.1** ~ en geven *cane* **7.1** veroordeeld tot twintig ~ en *sentenced to twenty strokes of the cane.*

stokstijf 0.1 [zo stijf als een stok] *(as) stiff as a rod* ⇒⟨onbeweeglijk⟩ *stock-still* **0.2** [onverzettelijk] *stubborn* ⇒*pigheaded* ♦ **1.1** ~ in de houding blijven staan *stand stock-still at attention* **3.1** ~ blijven staan *stop dead (in one's tracks).*

stokvis 0.1 *stockfish* ♦ **3.1** ⟨fig.⟩ ~ eten *get a beating.*

stola 0.1 *stole.*

stollen 0.1 *solidify* ⟨kwik, lava enz.⟩ ⇒*coagulate, congeal* ⟨door o.a. kou⟩, *set* ⟨ei, gelei⟩, *clot* ⟨bloed⟩ ♦ **6.1** lava stolt **tot** steen *lava hardens into rock.*

stollingsgesteente ⟨geol.⟩ **0.1** *igneous rock.*

stolp 0.1 [glazen kap] *(bell-)glass* **0.2** [glazen stop] *stopper* ♦ **3.1** de ~ over de kaas zetten *put the (cheese-)cover over the cheese.*

stolsel 0.1 *coagulum* ⇒⟨bloed ook⟩ *clot.*

stom I ⟨bn.⟩ **0.1** [zonder spraakvermogen] *dumb* ⇒*mute* **0.2** [geen geluid gevend; onbeklemtoond] *silent* **0.3** [eentonig] *stupid* ⇒*boring* **0.4** [op toeval berustend] *accidental* ♦ **1.2** ⟨dram.⟩ een ~ me rol *a s. part;* **II** ⟨bn., bw.⟩ **0.1** [dom] *stupid* ⇒⟨inf.⟩ *dumb* ♦ **1.1** door je eigen ~ me schuld! *It's all your own s. fault!* ik voelde me zo ~ *I felt such a fool;* ze was zo ~ om toe te stemmen *she was s. enough to agree;* dat was zo ~ nog niet van haar (om dat te kopen) *she could have done worse (than buy that)* **4.1** iets ~ s doen *do sth. stupid* **6.1** (wat) ~ **van** hem! *how s. of him!;* **III** ⟨bw.⟩ **0.1** [in samenst.; in hoge mate] *awfully, terribly.*

stomdronken 0.1 *dead drunk* ◆ **1.1** in ~ toestand *in a drunken stupor.*

stomen I ⟨onov.ww.⟩ **0.1** [damp afgeven] *steam* **0.2** [varen] *steam* ⇒*sail* ◆ **1.1** het kokende water stoomt *the boiling water is steaming* **5.2** de schepen ~ de haven binnen *the ships are steaming into the harbour;* **II** ⟨ov.ww.⟩ **0.1** [gaar maken; bewerken met stoom] *steam* **0.2** [reinigen] *dry-clean* **0.3** [micro-organismen doden] *fumigate* ◆ **1.2** een pak laten ~ *have a suit cleaned* **2.1** een brief open ~ *s. open a letter* **5.1** een postzegel v.e. enveloppe af ~ *s. a stamp off an envelope.*

stomerij 0.1 *dry cleaner's.*

stomheid 0.1 [het niet kunnen spreken] *dumbness* ⇒*muteness,* ⟨van emotie⟩ *speechlessness* **0.2** [stomme streek; het stom zijn] *stupidity* ◆ **2.1** aangeboren ~ *congenital d.* **6.1** met ~ geslagen zijn *be dumbfounded.*

stomkop 0.1 *blockhead.*

stomme 0.1 *mute* ⇒*dumb person* ◆ **¶**.**1** de ~n *the dumb.*

stommelen 0.1 [stotende bewegingen maken] *clatter* ⇒ *bang* **0.2** [zich stommelend voortbewegen] *stumble* ◆ **6.2** naar boven ~ *s. up the stairs.*

stommeling I ⟨de (m.)⟩ **0.1** [domoor] *fool* ⇒*idiot;* **II** ⟨de (v.)⟩ **0.1** [met geluid gepaard gaande beweging] *stumbling.*

stommerik, stommerd 0.1 *fool* ⇒*dunce.*

stommetje ◆ **3.¶** ~ spelen *keep one's mouth shut.*

stommiteit, stommigheid 0.1 *stupidity* ◆ **3.1** ~ en begaan *make stupid mistakes;* hij had weer eens een ~ begaan *he had put his foot in it again.*

stomp¹ ⟨de⟩ **0.1** [kort geknot voorwerp] *stump* ⇒*stub* **0.2** [stoot] *thump* ⇒⟨met vuist⟩ *punch* ◆ **1.1** een ~ v.e. arm *the stump of an arm* **2.¶** ⟨mil.⟩ de oud/ouwe ~ ⟨vnl. BE⟩ *the old sweats* **3.2** iem. een ~ geven *punch s.o.*

stomp² ⟨bn.⟩ **0.1** [niet puntig] *blunt* **0.2** [bot] *blunt* ⇒*dull* ◆ **1.1** ⟨wisk.⟩ een ~ e hoek *an obtuse angle;* een ~ e neus *a snub nose;* een ~ potlood *a b. pencil;* een ~ e toren *a truncated tower* **1.2** ⟨plantk.⟩ een ~ blad *an obtuse leaf;* een ~ mes *a b. knife.*

stompen 0.1 *thump* ⇒⟨vuistslag geven⟩ *punch* ◆ **3.1** iem. ~ en slaan *beat s.o. up* **6.1** hij stompte ongeduldig op de tafel *he thumped on the table impatiently.*

stompje 0.1 *stump* ⇒*stub* ◆ **1.1** een ~ potlood *a stub of pencil.*

stompzinnig 0.1 *obtuse* ⇒*dense, stupid* ◆ **1.1** ~ werk *monotonous/stupid work* **3.1** ~ lachen *laugh stupidly.*

stompzinnigheid 0.1 *obtuseness* ⇒*denseness, stupidity.*

stomtoevallig 0.1 ⟨bn.⟩ *accidental;* ⟨bw.⟩ *by a (mere) fluke.*

stomverbaasd 0.1 *astonished* ⇒*amazed, flabbergasted* ◆ **3.1** ~ staan/zijn *be speechless with amazement, be dumbfounded.*

stomvervelend 0.1 *deadly dull* ⇒*boring,* ⟨lastig⟩ *really annoying* ◆ **1.1** een ~ e figuur ⟨saai⟩ *a crashing bore;* ⟨lastig⟩ *a real pain (in the neck);* ~ werk moeten doen *have to do deadly boring work* **3.1** vroeger was de Franse les altijd ~ *French lessons used to be a real bore.*

stomweg 0.1 *simply* ⇒*just* ◆ **3.1** je moet het ~ uit je hoofd leren *you'll just have to learn it by heart.*

stoned 0.1 *high* ⇒*stoned.*

stoof 0.1 [voetwarmer] *footstove* **0.2** [droogoven] *kiln* ⇒*oven* **0.3** ⟨AZN; kachel⟩ *stove.*

stooflap 0.1 *braising steak.*

stoofpan 0.1 *stew(ing)-pan.*

stoofpeer 0.1 *cooking pear.*

stoofpot 0.1 [stoofschotel] *stew* **0.2** [pot om in te stoven] *stew(ing)-pot* ⇒*casserole.*

stoofschotel 0.1 *stew* ⇒*casserole.*

stookkosten 0.1 *fuel/heating costs.*

stookolie 0.1 *fuel oil* ◆ **6.1** centrale verwarming op ~ *oil-fired central heating.*

stookplaat 0.1 *grate.*

stoom 0.1 *steam* ◆ **3.1** ~ afblazen ⟨ook fig.⟩ *let off s.;* ~ geven/maken *put on s.* **6.1** de machine werd door ~ aangedreven *the machine was steam-driven.*

stoombad 0.1 *steam bath* ⇒*Turkish bath.*

stoomboot 0.1 *steamboat* ⇒*steamer.*

stoomcursus 0.1 *crash course* ⇒*intensive course.*

stoomfluit 0.1 *steam whistle.*

stoomketel 0.1 *(steam) boiler.*

stoomklep 0.1 *steam valve.*

stoomlocomotief 0.1 *steam engine/locomotive.*

stoommachine 0.1 *steam engine.*

stoomwals 0.1 *steamroller.*

stoornis 0.1 [toestand/gebeurtenis die stoort] *disturbance* ⇒*interference* **0.2** [gebrek] *disturbance* ⇒*disorder* ◆ **3.1** ~ brengen/veroorzaken *cause/create a d.*

stoorzender 0.1 [radiozendstation] *jammer* ⇒*jamming station* **0.2** [fig.; persoon] *nuisance* ⇒*pest* ◆ **8.2** de waarde van kleine politieke partijen als ~ *the n. value of minor political parties.*

stoot I ⟨de (m.)⟩ **0.1** [krachtige duw] *thrust* ⇒⟨vuistslag⟩ *punch,* ⟨met dolk⟩ *stab,* ⟨wind⟩ *gust* **0.2** [krachtig geblazen geluid] *blast* **0.3** [menigte] *pack* ⇒*bunch,* ⟨van dingen⟩ *pile(s),* ⟨van dingen⟩ *load(s)* **0.4** [onderbreking van beweging] *jolt* ◆ **1.3** een ~ vrienden *loads of friends;* een ~ werk *piles of work* **2.1** ⟨biljarten⟩ een fraaie ~ *a good stroke/shot* **3.1** iem. een ~ geven ⟨duw⟩ *give s.o. a push;* ⟨vuistslag⟩ *give s.o. a punch;* ⟨met elleboog aanstoten⟩ *nudge s.o.;* ⟨fig.⟩ de ~ tot iets geven *set the ball rolling* **3.¶** ⟨AZN⟩ stoten doen/uithalen ⟨pej.⟩ *play dirty/nasty tricks;* ⟨AZN⟩ dat zijn stoten *that beats everything* **6.1** een ~ onder de gordel ⟨ook fig.⟩ *a blow below the belt;* een ~ onder de gordel geven ⟨fig.⟩ *hit/strike below the belt* **6.¶** op ~ zijn *be in good form;* **II** ⟨de (v.)⟩⟨vulg.⟩ **0.1** [knappe meid] *piece* ⇒*eyeful* ◆ **2.1** een blonde ~ *a blonde piece.*

stootband 0.1 *brush braid* ⇒*seam binding,* ⟨aan broekspijp⟩ *trouser protector.*

stootblok 0.1 *ᴮbuffer (stop),* ᴬ*bumper.*

stootje 0.1 *thrust* ⇒⟨duw⟩ *push,* ⟨met elleboog⟩ *nudge* ◆ **6.1** ⟨fig.⟩ wel tegen een ~ kunnen *stand rough handling/hard wear;* ⟨tegen kritiek kunnen⟩ *be thick-skinned.*

stootkracht 0.1 *impact* ⇒*thrust, momentum* ◆ **3.1** aan ~ winnen *gather momentum.*

stootkussen 0.1 [buffer] *buffer* ⇒*cushion, bumper* **0.2** [scheep.] *buffer* ⇒*fender.*

stootsgewijs 0.1 *jerky* ⇒*jerking* ◆ **3.1** zich ~ voortbewegen *jerk/jolt along.*

stoottroep 0.1 *shock/storm troop* ⇒*commando.*

stootvast 0.1 *chip-proof.*

stop¹ ⟨de⟩ **0.1** [voorwerp om een opening af te sluiten] *stopper* ⇒*plug* **0.2** [zekering] *fuse* **0.3** [plaats waar een weefsel gestopt is] *darn* ⇒*mend* **0.4** [pauze] *stop* ⇒*break* **0.5** [stopzetting] *stop* ◆ **2.2** een nieuwe ~ indraaien *replace a f.* **2.4** een sanitaire ~ maken *stop to go to the bathroom* **3.2** de ~ is doorgeslagen *the f. has blown;* ⟨fig.⟩ alle ~pen sloegen bij hem door *he blew a f.* **3.5** voor enkele studierichtingen is een ~ ingesteld *a limit has been placed on the number of students in various departments.*

stop² ⟨tw.⟩ **0.1** [niet verder!] *stop* ⇒⟨mil.⟩ *halt* **0.2** [genoeg] *stop (it)* ⇒⟨scheep.⟩ *avast.*

stopbord 0.1 *stop sign.*

stopcontact 0.1 *(plug-)socket* ⇒*power/electric point, outlet* ♦ **6.1** de stekker in het ~ steken *put the plug into the s.,* plug in **7.1** zijn er voldoende ~en? *are there sufficient sockets?*

stopfles 0.1 *jar* ⇒*stopper(ed) bottle.*

stopgaren 0.1 ⟨wol⟩ *mending wool* ⇒⟨katoen⟩ *mending/ darning cotton.*

stoplicht 0.1 [verkeerslicht] *traffic light(s)* ⇒⟨rood licht⟩ *stoplight* **0.2** [achterlicht] *brakelight* ♦ **3.1** het ~ staat op rood *the traffic light is red* **6.1 door** een ~ rijden *go through red.*

stopmiddel 0.1 *filling* ⇒⟨kit⟩ *lute.*

stopnaald 0.1 *darning needle.*

stoppel 0.1 [mbt. halmen] *stubble* **0.2** [baardhaar] *stubble* ⇒*bristle* ♦ **3.1** de ~s afbranden *burn off the s.*

stoppelbaard 0.1 *stubbly beard, stubble* ⇒⟨van man met zware baard, 's middags; inf.⟩ *five o'clock shadow.*

stoppelhaar 0.1 *bristle(s)* ♦ **2.1** een snor van harde stoppelharen *a bristly moustache.*

stoppelveld 0.1 *stubble field.*

stoppen I ⟨ov.ww.⟩ **0.1** [een ruimte opvullen] *fill (up)* ⇒⟨volstoppen/proppen⟩ *stuff* **0.2** [iets in een ruimte bergen] *put (in(to))* **0.3** [tot stilstand brengen] *stop* ♦ **1.1** een gat ~ *fill a hole;* een lek ~ *plug a leak* **1.3** de keeper kon de bal niet ~ *the goalkeeper couldn't save the ball;* het verkeer ~ *s. the traffic* **3.3** hij was niet te ~ *there was no stopping him* **5.1** wij stopten onze oren dicht *we stopped up our ears* **6.2** iets in zijn mond ~ *put sth. in(to) one's mouth;* iem. geld in de hand ~ *slip money into s.o.'s hand;* hij laat zich alles in (de) handen ~ *he'll take anything;* iem. in de gevangenis ~ *put s.o. in prison;* munten in de telefoon ~ *feed coins into the telephone;* een kind **onder** de wol ~ *tuck a child up in bed;*

II ⟨onov.ww.⟩ **0.1** [halt houden] *stop* **0.2** [eindigen] *stop (-ing)* ♦ **1.1** de auto stopte *the car stopped/pulled up* **1.2** stop dat gezwam *s. talking rubbish* **3.1** een auto doen ~ *s. a car;* verboden te ~ *no stopping;* wilt u daar ~? ⟨auto⟩ *please pull up over there* **5.2** stop ermee! *stop it!* **6.1** ~ **aan** de kant v.d. weg *s. at the side of the road* **6.2** ik stop met dit werk *I'm stopping doing this work;* het is tijd **om** te ~ *it's time to s.;* **zonder** te ~ *without stopping* ¶**.1** stop! *stop!;*

III ⟨onov., ov.ww.⟩ **0.1** [stoffen herstellen] *darn* ⇒*mend* **0.2** [mbt. ontlasting] *bind (the bowels)* ⇒⟨positief ook⟩ *stop diarrhoea,* ⟨negatief ook⟩ *cause constipation* ♦ **1.2** rijstewater stopt (de buikloop) *rice-water stops diarrhoea* **3.1** moeder zat (kousen) te ~ *mother was darning (stockings).*

stoppenkast 0.1 *fuse box.*

stopplaats 0.1 *stop* ⇒*stopping place.*

stopsein, stopsignaal 0.1 *stop sign* ⇒*stop signal,* ⟨rood licht⟩ *stoplight.*

stopstreep 0.1 *halt line* ♦ **6.1** oprijden tot de ~ *approach the h.l.*

stoptrein 0.1 *slow train.*

stopverbod 0.1 *stopping prohibition* ⇒⟨op bord⟩ *no stopping.*

stopverf 0.1 *putty.*

stopwoord(je) 0.1 *stopgap* ⇒*filler* ♦ **3.1** 'weet je' is zijn ~ *he says 'you know' every other word.*

stopzetten 0.1 *stop* ⇒*bring to a standstill/halt, discontinue* ⟨bootdienst, subsidie⟩, ⟨tijdelijk, werkzaamheden ook⟩ *suspend* ♦ **1.1** besprekingen ~ *break off talks;* een machine ~ *switch/turn off a machine;* de uitvoer ~ *stop exports;* het verkeer ~ *hold up traffic.*

storen 0.1 [afleiden] *disturb* ⇒⟨zich opdringen⟩ *intrude,* ⟨onderbreken⟩ *interrupt,* ⟨onov.ww. ook; zich ergens mee bemoeien; radio⟩ *interfere* **0.2** [geven om] *take notice (of)* ⇒*mind* ♦ **1.1** de lijn is gestoord *there is a breakdown on the line* **3.1** de Duitsers bleven de BBC ~ *the Germans kept jamming the BBC;* ~d werken *be a distraction, be distracting;* hier kunnen we niet gestoord worden *no one will d. us here* **4.1** stoort het u als ik rook? *do you mind if I smoke?;* stoor ik u? *am I in your way?;* ⟨bij binnenkomen⟩ *am I interrupting (you)/intruding?* **5.1** niet ~! *do not d.!* **5.2** zij stoorde er zich niet aan *she took no notice of it* **6.1** iem. in zijn werk ~ *disturb s.o. at his work;* iem. in zijn slaap ~ *disturb s.o. in his sleep* **6.2** zich **aan** niets of niemand ~ *be a law unto o.s.;* zonder zich te ~ **aan** *without regard for;* stoor u niet **aan** die praatjes *don't listen to that gossip;* hij stoorde zich niet **aan** de waarschuwing *he ignored the warning,* ga rustig tv kijken, stoor je niet **aan** mij *go ahead and watch TV, don't mind me.*

storend 0.1 *interfering* ⇒⟨ergerlijk⟩ *annoying* ♦ **5.1** er is hier veel verkeer, maar ik vind dat niet ~ *there's a great deal of traffic here, but it doesn't bother me.*

storing 0.1 [onderbreking, belemmering] *disturbance* ⇒ ⟨treinverkeer, telefoon⟩ *interruption,* ⟨defect⟩ *trouble,* ⟨uitvallen⟩ *failure,* ⟨uitvallen⟩ *breakdown* **0.2** [com.] *interference* ⇒*static* **0.3** [meteo.] *disturbance* ⇒⟨lage drukgebied⟩ *depression* ♦ **2.1** technische ~ *technical malfunction* **2.3** atmosferische ~ *atmospherics, static* **6.1** ~ **in** het lichtnet *an electricity failure, a blackout.*

storingsdienst 0.1 *fault-clearing service.*

storm 0.1 [hevige wind]⟨meteo., windkracht 7-10⟩ *gale;* ⟨meteo., windkracht 11; stormachtig weer⟩ *storm* **0.2** [heftige emotie] *storm* **0.3** [stormloop] *storm* ⇒*assault* ♦ **2.1** een vliegende ~ *a violent s./g.* **3.1** de ~ barstte/brak los *the s. broke/burst;* de ~ ging liggen *the s. calmed down/ died down* **3.2** een ~ ontketenen/verwekken/doen losbarsten *raise/stir up/create a s.* **3.3** ⟨fig.⟩ het loopt ~ *there is a real run on it* **5.1** wachten tot de ~ voorbij is *wait out the s.* **6.1** ⟨fig.⟩ een ~ **in** een glas water *a s. in a teacup* **6.2** een ~ **van** verontwaardiging/kritiek/protesten *a s. of indignation/criticism/protest.*

stormaanval ⟨mil.⟩ **0.1** *storm* ⇒*assault* ♦ **3.1** een ~ uitvoeren op een dorp *storm a village.*

stormachtig 0.1 [met storm] *stormy* ⇒*blustery* **0.2** [onstuimig] *stormy* ⇒⟨luidruchtig⟩ *tumultuous* ♦ **1.1** een ~e zee/ reis *a stormy sea/journey* **1.2** een ~ applaus *a storm of applause;* een ~e ontwikkeling *a boom* **3.1** het bleef ~ *the weather remained stormy* **3.2** het ging er ~ toe *harsh words were spoken;* iem. ~ toejuichen *cheer s.o. tumultuously.*

stormbaan 0.1 [mil.] *assault course* **0.2** [baan waarlangs een storm zich verplaatst] *path of a storm.*

stormen I ⟨onov.ww.⟩ **0.1** [onstuimig voorwaarts lopen] *storm* ⇒*rush* **0.2** [aanval doen] *storm* ⇒*attack* ♦ **6.1 naar** voren ~ *rush forward/ahead;* kwaad **naar** buiten ~ *s. out angrily;* **naar** beneden/boven ~ *tear up/down the stairs;*

II ⟨onpers.ww.⟩ **0.1** [hard waaien]⟨zie 3.1, 5.1⟩ ♦ **3.1** het gaat ~ *it's blowing up a gale/a storm* **5.1** het stormt verschrikkelijk *there is a terrible storm blowing.*

stormklok 0.1 *alarm bell* ⇒*tocsin* ♦ **3.1** de ~ luiden *ring the a.b.*

stormkracht 0.1 ⟨11 beaufort⟩ *storm force;* ⟨10 beaufort of minder⟩ *gale force* ♦ **3.1** de wind is tot ~ aangegroeid *the wind has reached storm/gale force.*

stormladder 0.1 [ladder gebruikt bij een bestorming] *scaling ladder* **0.2** [scheep.] *side-ladder* ⇒*rope-ladder.*

stormlamp - straalkachel

stormlamp, -lantaarn 0.1 *hurricane lamp* ⇒*hurricane lantern.*

stormlijn 0.1 *guy (rope).*

stormloop 0.1 [het stormlopen] *rush* ⇒*storm, assault* 0.2 [rush] *rush* ⇒*run* ◆ 6.2 een ~ **op** die ene winkel *a run on that one shop.*

stormlopen I ⟨onov.ww.⟩ 0.1 [aanvallen] *storm* ⇒*attack, assault* ◆ 6.1 op/tegen een vesting ~ *s. a fortress;* **II** ⟨onpers.ww.⟩ ◆ ¶.¶ het loopt storm *there's a run on it;* het liep er storm van de mensen die ... *there was a rush of people who ...;* het liep storm bij de opheffingsuitverkoop van die winkel *that shop did a roaring trade during its closing-down sale.*

stormram 0.1 *battering-ram.*

stormramp 0.1 *storm disaster.*

stormschade 0.1 *storm damage.*

stormvast 0.1 *storm-proof.*

stormvloed 0.1 *storm tide* ⇒*storm flood/surge.*

stormweer 0.1 *stormy weather* ◆ 6.1 in/bij ~ *in stormy weather.*

stormwind 0.1 *gale* ⇒*storm(y) wind* ◆ 3.1 er stond een aanlandige ~ *an onshore g. was blowing.*

stormzeil ⟨scheep.⟩ 0.1 *storm sail.*

stortbad 0.1 *shower* ◆ 2.1 ⟨fig.⟩ hij kreeg een geducht ~ *that really brought him down with a bump* 3.1 ~en nemen *shower, take showers.*

stortbak 0.1 [mbt. een wc] *cistern* ⇒*tank* 0.2 [bak waarin iets gestort wordt] *shoot* ⇒*chute.*

stortbui 0.1 *downpour* ⇒*cloudburst.*

storten I ⟨onov.ww.⟩ 0.1 [met geweld vallen] *fall* ⇒*crash* ◆ 6.1 in elkaar ~ *collapse, cave in* ⟨gebouw⟩; ⟨geestelijk⟩ *collapse, crack up;* de golven ~ **over** het schip *the waves sweep over the deck;* **II** ⟨ov.ww.⟩ 0.1 [met geweld laten vallen] *throw* ⇒*dump* ◆ 1.1 afval in zee ~ *dump waste in the sea;* zand ~ *dump sand;* **III** ⟨wk.ww.; zich ~⟩ 0.1 [zich werpen] *throw o.s.* 0.2 [+ op; met hartstocht aanpakken] *throw o.s. (into)* ⇒*dive/plunge (into)* 0.3 [+ op; aanvallen] *fall (on)* ⇒*rush (on)* ◆ 6.1 ⟨fig.⟩ zich **in** de politiek ~ *dive into politics;* zich **in** het verderf ~ *work one's own destruction* 6.2 zich **op** een probleem ~ *throw o.s. into a problem;* zich **op** een idee ~ *fasten upon an idea* 6.3 de hond stortte zich **op** de postbode *the dog hurled itself at the postman;* **IV** ⟨onov., ov.ww.⟩ 0.1 [overmaken] *pay* ⇒*deposit* ◆ 1.1 het gestorte bedrag is ... *the sum paid is ...* 6.1 geld ~ **bij** een bank *p. money into a bank,* deposit money with a bank; **in** een fonds ~ *transfer to a fund;* een tientje **op** een girorekening ~ *p. ten guilders into a giro account;* **op** eigen rekening ~ *deposit into one's own account* 7.1 het te veel gestorte wordt terugbetaald *the excess payment will be refunded.*

storting 0.1 [het afdragen van geld] *payment* ⇒*deposit* 0.2 [neerwerpen] *throwing* ⇒⟨geiten⟩ *pouring,* ⟨afval, puin, zand⟩ *dumping* 0.3 [neergeworpen hoeveelheid] *dump* ◆ 6.1 het bedrag is te voldoen **door** ~ of overschrijving *payments may be made by deposit or transfer;* een ~ **van** tien gulden *a ten-guilder deposit.*

stortingsbewijs 0.1 *voucher* ⇒*receipt.*

stortingsdatum 0.1 *date of payment.*

stortkoker 0.1 *(garbage) chute/shoot.*

stortluik 0.1 *hatch.*

stortplaats 0.1 *dump* ⇒*dumping ground/site.*

stortregen 0.1 *downpour.*

stortregenen 0.1 *pour (with rain/down)* ◆ 4.1 het stortregent *the rain is pouring down.*

stortvloed 0.1 ⟨ook fig.⟩ *torrent* ⇒*deluge, flood* ◆ 6.1 een ~ van tranen *a flood of tears.*

stoten I ⟨onov.ww.⟩ 0.1 [horten, haperen] *jolt* ⇒*jerk* 0.2 [aanstoot geven] *offend* 0.3 [botsen] *bump* ⇒*knock* ◆ 1.1 zijn zinnen ~ *his sentences are halting/awkward* 2.3 lek ~ *spring a leak* 6.3 het schip stootte **op** een klip *the ship struck a rock;* **op** een vreemd woord ~ *come across a foreign word;* **op** moeilijkheden ~ *run into difficulties;* **op** elkaar ~ *collide, run into each other;* **op/tegen** iets ~ *b. into sth.;* **tegen** elkaar ~ *b./knock against each other;* **II** ⟨ov.ww.⟩ 0.1 [door duwen op/v.e. plaats/in een toestand brengen] *thrust* ⇒*push* 0.2 [door botsen bezeren] *bump* ⇒*knock, hit* ◆ 5.1 niet ~! *handle with care!* 6.1 ⟨fig.⟩ iem. **uit** een ambt ~ *depose s.o. from office;* iem. **uit** de groep/de partij ~ *throw s.o. out of the group/party;* een vaas **van** de kast ~ *knock a vase off the sideboard* 6.2 pas op, stoot je **hoofd** niet *mind your head;* **III** ⟨onov., ov.ww.⟩ 0.1 [gewichtheffen] *press* 0.2 [biljart] *play/shoot (a ball)* 0.3 [steken] *thrust* ⇒⟨met hoorns⟩ *butt* ◆ 6.2 de bal **in** de zak ~ *pocket the ball;* **IV** ⟨wk.ww.; zich ~⟩ 0.1 [botsen] *bump (o.s.)* 0.2 [zich ergeren] *take offence* ◆ 6.1 we stootten ons **aan** de tafel *we bumped into the table* 6.2 wij ~ ons **aan** zijn gedrag *we take offence at his behaviour.*

stotend 0.1 [aanstoot gevend] *offensive* 0.2 [haperend] *jerky* ⇒*halting* ⟨spreken⟩, *stumbling* ⟨spreken⟩ ◆ 1.1 een ~e voordracht *an offensive/objectionable speech.*

stotteraar, -ster 0.1 *stutterer* ⇒*stammerer.*

stotteren 0.1 *stutter* ⇒*stammer* ◆ 1.1 hij stotterde nog een paar woorden en ging weg *he stammered a few words and left* 5.1 hij stottert soms een beetje *he stutters slightly* 6.1 zonder te ~ *without a stutter.*

stout 0.1 [ondeugend] *naughty* 0.2 [stoutmoedig] *bold* 0.3 [hoge vlucht nemend] *wild* ◆ 3.1 ~ zijn *misbehave.*

stouterd, stouterik 0.1 *imp* ⇒*naughty boy/girl/child.*

stoutheid 0.1 [ondeugendheid] *naughtiness* ⇒*misbehaviour* 0.2 [vrijpostigheid] *boldness* ⇒⟨vermetelheid⟩ *daring.*

stoutmoedig 0.1 *bold* ⇒⟨vermetel⟩ *daring,* ⟨vermetel⟩ *audacious,* ⟨vermetel⟩ *enterprising.*

stoutmoedigheid 0.1 *audacity* ⇒*boldness.*

stouwen 0.1 [stoppen, bergen] *stow* ⇒*cram* 0.2 [veel eten en drinken] *cram* ⇒*stuff* ◆ 3.2 hij kan wat naar binnen ~ *he can c. down a thing or two* 6.1 zij stouwde alles **in** haar tas *she crammed everything into her bag.*

stoven 0.1 *stew* ⇒*simmer* ◆ 1.1 gestoofde appeltjes/peertjes *stewed apples/pears;* de vissen ~ in de pan *the fish are simmering in the pan.*

straal¹ (de) 0.1 [smalle lichtbundel, ook fig.] *beam* ⇒*ray* 0.2 [stroom vloeistof/gas] *jet* ⇒⟨straaltje⟩ *trickle* 0.3 [wisk.] *radius* 0.4 [nat.] *beam* ⇒*ray* ◆ 1.2 een ~ water/stikstof *a jet of water/nitrogen* 2.1 invallende/terugkaatste stralen *entering/reflected rays* 2.4 kosmische/ultraviolette stralen *cosmic/ultraviolet rays* 6.2 het zweet liep **in** ~tjes van zijn gezicht *sweat trickled down his face* 6.3 binnen een ~ van 10 kilometer *within a r. of 10 km.*

straal² (bw.) 0.1 [volgens een rechte lijn] *straight, right* 0.2 [volkomen] *dead* ⇒*clean, right* ◆ 3.2 (ben 't) ~ vergeten *clean forgotten* 5.2 iem. ~ voorbijlopen *walk right past s.o.* 6.1 ~ **tegen** de wind **in** *in the teeth of the wind.*

straalaandrijving 0.1 *jet propulsion* ◆ 6.1 met ~ *jet-propelled.*

straalbezopen 0.1 *dead drunk.*

straaljager 0.1 *fighter jet.*

straalkachel 0.1 *electric heater.*

straalmotor 0.1 *jet engine.*

straalverbinding ⟨com.⟩ 0.1 *radio(-beam) link.*

straalvliegtuig 0.1 *jet* ◆ 2.1 twee-/driemotorig ~ *twin-engined/triple-engined jet.*

straalzender 0.1 *beam transmitter.*

straat 0.1 [verharde weg] *street* 0.2 [(de bewoners v.e.) rij huizen] *street* ⇒*block* 0.3 [zee-engte] *strait(s)* ◆ 1.1 de man v.d.~ *the man in the s.* 2.1 een doodlopende ~ ⟨ook fig.⟩ *dead end s.;* de volgende ~ rechts *the next turning to the right* 2.2 de hele ~ hing uit de ramen *the whole s. were leaning out of the windows;* ik woon in de volgende ~ *I live in the next s.* 3.1 een ~ aanleggen *construct a road;* de ~ opbreken *dig up the s.* 5.1 de ~ op gaan ⟨lett.⟩ *step into the s./road;* ⟨fig.⟩ *take to the streets* 6.1 even verderop **in** de ~ *up/down the s.;* die woorden leren ze **op** ~ *they pick up those words on the s.;* iem. **op** ~ zetten *turn s.o. (out) into the s.;* **op** ~ staan ⟨dakloos⟩ *be (out) on the street(s);* midden **op** ~ *in the middle of the s./roadway;* **op** ~ spelen *play in the street(s);* **op** ~ rondzwerven, langs de ~ lopen ⟨van kinderen⟩ ±*run wild;* zich **op** ~ wagen *venture out of doors;* binnen tien minuten stond hij weer **op** ~ *in ten minutes' time he was out again;* je kunt zo niet **over** ~ gaan *you can't go out(side) like that;* iem. **van** de ~ oprapen *pick s.o. up off the streets* 7.1 drie straten verderop *three streets away.*

straatarm 0.1 *penniless* ◆ 1.1 een ~ land *a poverty-stricken country.*

straatbeeld 0.1 *(street) scene.*

straatbende 0.1 *street gang.*

straatcollecte 0.1 *street collection.*

straatdief 0.1 *mugger* ⇒*street thief.*

straatgevecht 0.1 *street fight.*

straatgeweld 0.1 *street violence.*

straathandelaar 0.1 *street vendor* ⇒⟨drugs⟩ *pusher/dealer.*

straathoek 0.1 *street corner* ◆ 6.1 op alle ~en *at/on every s.c.*

straathoekwerk 0.1 ⟨social work concerned primarily with homeless young people⟩ ⇒⟨USA, Canada⟩ *streetwork*

straathond 0.1 [zwerfhond] *cur* ⇒*mutt* 0.2 [niet-rashond] *mongrel* ⇒*cur.*

straatje 0.1 [kleine straat] *alley* ⇒*lane* 0.2 [plaveisel naar een deur] *walk* ⇒*path* ◆ 3.1 een ~ omlopen *walk around the block;* voor die hond zou ik een ~ omlopen *I'd keep out of the way of that dog* 6.2 ⟨fig.⟩ dat was ~ paste precies **in** zijn ~ *that was right up his street.*

straatjongen 0.1 *street urchin.*

straatlantaarn 0.1 *street lamp.*

straatlengte ◆ 3.¶ met een ~ winnen *win by a mile.*

straatliedje 0.1 *popular ballad.*

straatmeubilair 0.1 ⟨scherts.⟩ *street furniture.*

straatmuzikant 0.1 *street musician.*

straatnaam 0.1 *street name.*

straatnaambordje 0.1 *street sign.*

straatorgel 0.1 *barrel organ.*

straatrover 0.1 *robber* ⇒*mugger.*

Straatsburg 0.1 *Strasbourg.*

straatsteen 0.1 ⟨baksteen⟩ *paving brick* ◆ 6.1 ⟨fig.⟩ een product **aan** de straatstenen niet kwijt kunnen *be stuck with a product.*

straatveger 0.1 *(road/street) sweeper.*

straatventer 0.1 *vendor.*

straatverbod 0.1 *(court) injunction (forbidding s.o. to appear in a certain area).*

straatverlichting 0.1 [het verlichten] *street lighting* 0.2 [lampen] *street lighting/lamps.*

straatvrees 0.1 *agoraphobia.*

straatvuil 0.1 *street refuse/^garbage.*

straatwaarde 0.1 *street value.*

straatweg 0.1 *main road* ⇒⟨vnl. BE⟩ *highroad.*

straatzanger, -es 0.1 *street singer.*

straf[1] ⟨de⟩ 0.1 *punishment* ⇒⟨vnl. strafmaatregel, boete⟩ *penalty* ◆ 2.1 ⟨mil.⟩ een disciplinaire ~ *a disciplinary punishment;* een zware/lichte ~ *a heavy/light punishment* 3.1 iem. zijn gerechte ~ doen ondergaan *bring s.o. to justice;* de ~ die gesteld is op deze overtreding *the penalty for this offence;* ~ krijgen *be punished;* ⟨iem.⟩ een ~ kwijtschelden *pardon (s.o.);* een ~ ondergaan *pay the penalty;* zijn ~ ontlopen *get off scot-free;* een ~ opleggen *inflict a punishment;* ~ uitdelen *discipline (the children/pupils);* een ~ van tien jaar uitzitten *serve a ten-year sentence* 6.1 op ~fe des doods *under penalty of death;* op ~fe v.e. (geld)boete *under penalty of a fine;* op ~fe van gevangenneming *on pain of detention;* **voor** ~ *for punishment.*

straf[2] ⟨bn., bw.⟩ 0.1 [streng] *stiff* ⇒*severe* 0.2 [geconcentreerd] *strong* ⇒*stiff* ⟨drank⟩ 0.3 [krachtig] *stiff* ◆ 1.1 een ~fe organisatie *a tight organization;* ~fe taal *hard words* 1.2 een ~fe borrel *a stiff drink* 1.3 een ~fe wind *a s. wind.*

strafbaar 0.1 [mbt. personen] *liable to punishment* ⇒*punishable* 0.2 [mbt. handelingen] *punishable* ⇒*penal* ◆ 1.2 een ~ feit *a(n) (penal) offence, a punishable/penal act* 3.2 dat is ~ *that's an offence;* iets ~ stellen *attach a penalty to sth., make sth. punishable* 4.2 niets ~s doen *do nothing (that is) punishable/against the law* 6.2 ~ **bij** de wet/volgens de huurwet *punishable by law/under the Rent Act.*

strafbal ⟨hockey⟩ 0.1 *penalty stroke.*

strafbank 0.1 [beklaagdenbank] *dock* 0.2 [sport] *penalty box/bench;* ⟨inf.⟩ *sin-bin* ◆ 6.1 op het ~je zitten *be in the d.*

strafbepaling 0.1 ⟨het bepalen⟩ *fixing/determining the punishment;* ⟨clausule⟩ *penalty clause.*

strafblad 0.1 *police record* ⇒*record of convictions/offences* ◆ 2.1 een blanco ~ hebben *have a clean record.*

strafcel 0.1 *(punishment) cell.*

strafcommissie 0.1 *disciplinary committee.*

strafcorner ⟨sport⟩ 0.1 *penalty corner.*

strafexpeditie ⟨mil.⟩ 0.1 *punitive expedition.*

straffeloos 0.1 *unpunished* ◆ 3.1 dat kan men niet~ doen *you can't do that and go u./and get off scot-free.*

straffen 0.1 *punish* ⇒*penalize* ◆ 5.1 disciplinair ~ *discipline, inflict disciplinary punishment (on)* ¶.1 ten onrechte ~ *punish unjustly, victimize.*

strafgevangenis 0.1 *prison (for convicted offenders)* ⇒ *convict prison.*

strafinrichting 0.1 *penitentiary* ⇒*prison.*

strafkamer 0.1 ±*criminal division (of a Court).*

strafkamp 0.1 *prison camp* ⇒*penal colony.*

strafkolonie 0.1 *penal settlement/colony.*

strafmaat 0.1 *sentence, penalty* ◆ 2.1 de laagste ~ *the minimum p./s.*

strafmaatregel 0.1 *punitive measure, sanction.*

strafminuut ⟨sport⟩ 0.1 *penalty minute.*

strafport 0.1 *surcharge* ◆ 3.1 hij moest 30 cent ~ betalen *he had to pay 30 cents s.*

strafproces 0.1 ⟨procedure⟩ *criminal proceedings/procedure* 0.2 [behandeling v.e. strafzaak] *criminal action/case/proceedings.*

strafpunt ⟨sport⟩ 0.1 *penalty point* ◆ 3.1 een ~ geven *award a p.p.* 6.1 zonder ~en/met drie ~en het parcours voltooien *complete the course without loss of marks/with three faults.*

strafrecht 0.1 *criminal law* ⇒*criminal justice* ◆ **1.1** wetboek van ~ *criminal/penal code, criminal laws.*

strafrechtelijk 0.1 *criminal* ◆ **3.1** iem.~ vervolgen *prosecute s.o.*

strafrechter 0.1 *criminal judge* ⇒⟨rechtbank⟩ *criminal Court.*

strafrechtspraak 0.1 *administration of criminal justice.*

strafregel 0.1 *line.*

strafregister 0.1 *criminal record* ⇒⟨BE ook; mil.⟩ *crime sheet* ◆ **2.1** een blanco ~ *a clean slate/record.*

strafschop 0.1 *penalty (kick), spot kick* ◆ **6.1** scoren uit een ~ *score from a penalty.*

strafschopgebied 0.1 *penalty area/box.*

straftijd 0.1 *term of imprisonment* ⇒*sentence* ◆ **3.1** zijn ~ uitzitten *serve one's term of imprisonment/sentence.*

strafvermindering 0.1 *reduction of (one's) sentence* ⇒ ⟨van doodstraf, levenslang⟩ *commutation of (one's) sentence* ◆ **6.1** ~ wegens goed gedrag *remission for good conduct.*

strafvervolging 0.1 *(criminal) prosecution* ⇒*criminal proceedings* ◆ **3.1** zich aan ~ blootstellen *render o.s. liable to be prosecuted;* tot ~ overgaan *prosecute, institute criminal proceedings.*

strafvordering 0.1 *criminal proceedings* ◆ **1.1** wetboek van ~ *Code of Criminal Procedure/Adjective Law.*

strafwerk 0.1 *lines* ⇒*(school) punishment* ◆ **3.1** ~ maken *do/write l.; do impositions/an imposition.*

strafwet 0.1 *penal statute;* ⟨wetboek van strafrecht⟩ *criminal laws, criminal/penal code.*

strafworp ⟨sport⟩ **0.1** *penalty throw;* ⟨basketbal⟩ *foul shot.*

strafzaak 0.1 *criminal case/trial.*

strak 0.1 [zonder bochten/plooien] *tight* ⇒*taut* ⟨touw, zeil⟩ **0.2** [onafgewend] *fixed* ⇒*set,* intent **0.3** [geen gevoelens uitdrukkend] *fixed* ⇒*set,* ⟨streng⟩ *stern,* ⟨gespannen⟩ *tense* **0.4** [onverzettelijk] *rigid* ◆ **1.3** ⟨fig.⟩ een ~ke bouwstijl *an austere style of architecture;* met een ~ gezicht *unsmiling, with a stony face;* een ~ke glimlach *a f./tense smile* **2.4** ~ gespannen aandacht *taut/fixed attention* **3.1** ⟨fig.⟩ iem.~ houden *keep s.o. on a tight rein;* de snaren ~ker spannen *tighten the strings;* ~ trekken *stretch, pull tight;* ~ker worden *tighten, be drawn tight* **3.2** iem.~ aankijken *fix (one's gaze on) s.o.;* ze hield haar blik ~ op het podium gericht *she kept her eyes f./nailed to the stage* **3.4** ~ aan iets vasthouden *stick to sth., keep rigidly to sth.*

strakblauw 0.1 *clear/sheer blue* ⇒*cloudless.*

strakheid 0.1 [stijfheid] *rigidity* ⇒*tautness* **0.2** [gelijkmatigheid] *evenness* ⇒⟨gladheid⟩ *smoothness* ◆ **1.1** ⟨fig.⟩ de ~ v.e. bouwstijl *the severity/austerity of an architectural style* **2.2** de glanzende ~ van metaal *the even sheen of metal.*

strakjes 0.1 [zo meteen] *in a moment* ⇒*soon* **0.2** [zoëven] *just now* ◆ **3.1** hij komt ~ *he'll be here in a moment/bit.*

straks 0.1 [korte tijd na nu] *later* ⇒*soon, next* **0.2** [korte tijd geleden] *just now* ◆ **3.1** ~ ga je me nog vertellen dat ... *next you'll be telling me that ...;* ~ winnen ze nog tegen Manchester *they'll be winning against Manchester next* **5.1** ~ meer hierover *I'll return to this l.* **5.2** wat je daar ~ zei *what you said just now;* zo ~ was hij nog hier *he was (still) here a moment ago* **6.1** tot ~ *so long, see you l./soon.*

stralen 0.1 [licht/warmte uitzenden] *radiate* ⇒*beam* **0.2** [uitdrukking van geluk vertonen] *shine* ⇒*beam, radiate* **0.3** [licht weerkaatsen] *shine* ⇒*radiate* **0.4** [zakken] *fail; come a cropper* ◆ **1.1** de zon straalde *the sun was radiant/beaming* **1.2** de koningin straalde *the Queen was radiant* **6.2** ~ van vreugde *radiate joy.*

stralenbundel 0.1 *pencil/beam of rays* ⇒⟨zon, licht⟩ *shaft (of rays).*

stralend 0.1 [stralen/licht of warmte uitzendend] *radiant* ⇒ *brilliant,* ⟨sterker⟩ *dazzling* **0.2** [uitdrukking van geluk vertonend] *radiant* ⇒*beaming* **0.3** [met veel zonneschijn] *glorious* ⇒*splendid* **0.4** [plantk.] *rayed* ⇒*ray* ◆ **2.1** ⟨fig.⟩ een ~ witte was *a dazzling white wash* **3.2** iem.~ aankijken ⟨ook⟩ *beam on s.o.;* er ~ uitzien *look glorious.*

stralenkrans 0.1 *halo* ⇒*aureole.*

straling 0.1 *radiation.*

stralingsdosis 0.1 *dose/amount of radiation.*

stralingsenergie 0.1 *radiant/radiation energy.*

stralingsgevaar 0.1 *radiation danger/risk/hazard.*

stralingslek 0.1 *radiation leak.*

stralingsmeter 0.1 *radiation meter.*

stralingswarmte 0.1 *radiant heat.*

stram 0.1 [stijf] *stiff* ⇒⟨strak⟩ *rigid* **0.2** [als teken van flinkheid] *straight-backed, tough* ◆ **3.1** ~(mer) worden/maken *stiffen (up).*

stramheid 0.1 [stijfheid] *stiffness* ⇒*rigidity* **0.2** [afgemetenheid in zijn bewegingen] *stiffness* ⇒*rigidity.*

stramien 0.1 [fig.; patroon] *pattern* ⇒*plan* **0.2** [weefsel] *(double-thread) canvas* ◆ **6.1** volgens een vast ~ ⟨ook⟩ *on/along established lines.*

strand 0.1 [strook zand langs de zee] *beach* ⇒*seaside* **0.2** [kustgebied] *beaches* ◆ **6.1** op het ~ werpen *cast/drive ashore;* op het ~ lopen *run aground/ashore* ⟨schip⟩.

stranden 0.1 [aanspoelen] *be cast/washed ashore* **0.2** [mislukken] *fail* **0.3** [de reis niet kunnen voortzetten] *be stranded* **0.4** [mbt. een schip] *run aground/ashore* ⇒*be stranded* ◆ **3.2** laten ~ *wreck;* een onderneming zien ~ ⟨ook; als toeschouwer⟩ *be in at the death;* ⟨als slachtoffer⟩ *be defeated in an undertaking* **3.4** laten ~ *cast/drive/run ashore/aground* **6.2** al mijn pogingen strandden op zijn onverzettelijkheid *all my attempts foundered on his obstinacy* ¶ **.3** ~ in het zicht v.d. haven *fail at the last hurdle.*

strandgezicht 0.1 *beach scene.*

strandhuisje 0.1 *beach cabin.*

strandjutten 0.1 *go beachcombing* ⇒⟨mbt. wrakken⟩ *go wrecking.*

strandjutter 0.1 *beachcomber* ⇒⟨mbt. wrakken⟩ *wrecker.*

strandloper 0.1 *sandpiper.*

strandstoel 0.1 *deck chair.*

strandtas 0.1 *beach bag.*

strandvoogd 0.1 *wreck master/commissioner.*

strandwandeling 0.1 *walk on/along the beach.*

strandweer 0.1 *nice/good weather for the beach.*

strateeg 0.1 *strategist.*

strategie 0.1 *strategy.*

strategisch 0.1 *strategic* ◆ **1.1** ~e maatregelen *s. measures, stratagems;* ⟨soc., ec.⟩ ~e planning *corporate planning* **2.1** een ~ belangrijke haven *a strategically important port.*

stratengids 0.1 *street/town map/plan* ⇒*A to Z* ⟨handelsnaam⟩.

stratenmaker 0.1 *paviour* ⇒*road worker,* ⟨voor reparatie wegdek⟩ *road mender.*

stratificatie 0.1 *stratification.*

stratosfeer 0.1 *stratosphere.*

streber 0.1 *careerist* ⇒*(social) climber* ◆ **3.1** hij is een ~ ⟨ook⟩ *he is always on the make, he's very pushy.*

streefdatum 0.1 *target date.*

streefgetal 0.1 *target number/figure.*

streek 0.1 [schadelijke daad] *trick* ⇒⟨van kind⟩ *prank,* ⟨dwaze⟩ *antic,* ⟨dwaze⟩ *caper* **0.2** [landstreek] *region* ⇒*ar-*

ea **0.3** [omgeving v.e. orgaan] *region* **0.4** [strijkende beweging/aanraking] *stroke* ⇒⟨van strijkstok⟩ *bow* ◆ **2.1** een stomme~ uithalen *do sth. silly* **2.4** zij heeft een fraaie ~ *her bowing is beautiful, she bows beautifully* **3.1** (gemene) streken uithalen *play (dirty/nasty) tricks (on);* vol streken zitten *be full of tricks* **6.2 in** deze ~ ⟨ook⟩ *in these parts/this part of the country* **6.4** iets **met** één ~ tekenen *draw sth. in one s./dash* **6.¶** ⟨fig.⟩ **van** ~ zijn ⟨niet in zijn normale doen⟩ *be out of sorts;* ⟨nerveus⟩ *be upset/in a dither;* ⟨van maag⟩ *be upset/out of order.*

streekblad 0.1 *local paper.*

streekbus 0.1 *regional/county/country bus.*

streekgebonden 0.1 *regional, local.*

streekgebruik 0.1 *regional/local custom.*

streekpost 0.1 *local mail.*

streekroman 0.1 *regional novel.*

streeksgewijs 0.1 *regional* →⟨bw. ook⟩ *by area* ◆ **3.1** ~ organiseren *organize on a r. basis.*

streektaal 0.1 *vernacular* ⇒⟨local⟩ *dialect.*

streekvervoer 0.1 *regional transport.*

streep 0.1 [getrokken lijn] *line* ⇒*score,* ⟨teken⟩ *mark(ing)* **0.2** [smalle strook] *stripe* ⇒*line,* ⟨breed⟩ *band,* ⟨breed⟩ *bar,* ⟨onregelmatig⟩ *streak* ⟨van licht/vuil⟩ **0.3** [onderscheidingsteken] *stripe* ⇒*chevron* ◆ **2.1** een schuine ~ tussen twee woorden *a slash between two words* **3.1** ⟨fig.⟩ een ~ door een plan halen *thwart a plan, knock a plan on the head;* ⟨fig.⟩ daar hebben we een ~ onder gezet *that's a closed book now* **3.3** zijn strepen halen *get one's stripes* **6.1** dat is een~ **door** de rekening ⟨fig.⟩ *that's upset the calculations* **6.2** de verf droogt **in** strepen op *the paint dries in streaks;* ⟨fig.⟩ iem. **over** de ~ trekken/halen *win s.o. over* **6.3 op** zijn strepen staan *get up on one's high horse.*

streepje 0.1 [kleine lijn] *thin/narrow line;* ⟨koppelteken⟩ *hyphen;* ⟨gedachtestreepje⟩ *dash;* ⟨schuin⟩ *slash* **0.2** [patroon] *stripe* ⇒⟨krijtstreepje⟩ *pin-stripe* ◆ **3.2** iedereen draagt weer een ~ *everybody is wearing stripes again* **5.1** ⟨fig.⟩ ~ voor hebben bij iem. *be in s.o.'s good books* **6.1** moet er een ~ **in** 'fish fork'? *is 'fish fork' hyphenated?*

streepjesbroek 0.1 *striped trousers.*

streepjescode 0.1 *bar code* ◆ **6.1** voorzien van/met een ~ *bar-coded.*

strekken I ⟨onov.ww.⟩ **0.1** [reiken] *extend* ⇒*stretch,* go **0.2** [toereikend zijn] *last* ⇒*go* **0.3** [dienen] *serve* ⇒*tend (to)* ◆ **1.1** mijn verplichtingen ~ niet verder *my obligations go no further* **1.2** zolang de voorraad strekt *while stocks last* **1.3** een daartoe ~ de motie werd door de oppositie ingediend *a motion to that effect was proposed by the opposition* **6.3** iem. **tot** voordeel ~ *be to the benefit of/beneficial to s.o.;* **II** ⟨ov.ww.⟩ **0.1** [in lengterichting brengen] *stretch* ⇒*unbend, extend, straighten* ◆ **1.1** even de benen ~ ⟨ook wandeling⟩ *stretch one's legs.*

strekkend →**meter.**

strekking 0.1 [tendens] *import* ⇒⟨kennelijke bedoeling/betekenis⟩ *tenor, purport,* ⟨bedoeling⟩ *purpose,* ⟨bedoeling⟩ *intent, effect* **0.2** [het strak trekken] *stretching* **0.3** [gestrekte houding] *straight back/bearing* ◆ **1.1** de ~ v.h. amendement *the tenor/purpose of the amendment;* de ~ v.e. redenering *the thrust of an argument;* de ~ v.h. verhaal *the drift of the story* **2.1** deze maatregel heeft een veel ruimere ~ ⟨ook⟩ *this measure is much wider in scope/has much wider implications* **6.1** of woorden **van** die/gelijke ~ *or words to that effect* **6.3** let **op** ~ v.d. rug tijdens het lopen *mind you straighten your back when walking.*

strekspier 0.1 *extensor muscle* ⇒*tensor.*

strelen 0.1 [aaien] *caress* ⇒*stroke, fondle* **0.2** [aangenaam aandoen] *gratify* ⇒*delight* ◆ **1.1** de borsten v.e. vrouw ~ *c./fondle a woman's breasts* **1.2** die muziek streelt het gehoor *that music delights the ear/is a pleasure to listen to;* iemands ijdelheid ~ *tickle/flatter s.o.'s vanity* **4.2** ik streelde mij met de gedachte u geholpen te hebben *I flattered myself that I had been of help to you.*

strelend 0.1 [liefkozend strijkend] *caressing* ⇒*fondling* **0.2** [aangenaam aandoend] *flattering* ⇒*gratifying* ◆ **1.2** ~e woorden *smooth words.*

streling 0.1 [aai] *caress* **0.2** [het gestreeld worden] *gratification* ◆ **1.1** de ~en van jouw kleine vingers ⟨ook⟩ *the fond touch of your small fingers.*

stremmen I ⟨onov., ov.ww.⟩ **0.1** [mbt. melk] *coagulate* ⇒ *curdle;* **II** ⟨ov.ww.⟩ **0.1** [in zijn loop belemmeren, tegenhouden] *block* ⇒*obstruct* ◆ **1.1** het verkeer/de doorgang ~ *obstruct the traffic/s.o.'s passage.*

stremming 0.1 [opstopping] *obstruction* **0.2** [mbt. melk] *coagulation* ⇒*curdling* ◆ **1.1** de ~ v.d. aanvoer *the hitch in supplies;* ~ v.h. verkeer *traffic jam.*

stremsel 0.1 *coagulant* ⇒⟨leb⟩ *rennet.*

streng¹ ⟨de⟩ **0.1** [bundel draden] *twist, twine* ⇒*skein, hank* **0.2** [mbt. een touw/DNA] *strand* **0.3** [rijgsel] *string* ⇒ *rope* ◆ **1.1** een ~ breiwol *a skein of knitting wool* **1.3** een ~ parels *a s. of pearls* **7.3** uit drie ~en gedraaid touw *three-ply rope.*

streng² ⟨bn., bw.⟩ **0.1** [mbt. het weer] *severe* ⇒*hard* **0.2** [strak, hard] *severe* ⇒*strict, stringent* ⟨bepaling, regel⟩, *rigid* ⟨bepaling, regel⟩, ⟨zeer⟩ *harsh* **0.3** [zorgvuldig, nauwgezet] *strict* ⇒*rigorous* ◆ **1.1** een ~e winter *a s./hard/vicious winter* **1.2** een ~ dieet *a strict diet;* ~e eisen *stern demands;* een ~e onderwijzer *a stern/strict teacher;* een ~e opvoeding *a rigorous/strict upbringing;* de ~e schoonheid van romaanse kerken *the austere/severe beauty of Norman churches;* een ~e vader *a strict father;* de voorschriften zijn ~er/minder ~ geworden *the regulations have been tightened/relaxed* **2.2** ~ orthodox *strictly orthodox* **3.1** het vriest ~ *there's a sharp frost* **3.2** ~ de orde handhaven *rigidly enforce the law, rule with a rod of iron;* dat is ten ~ste verboden *that is strictly forbidden/prohibited* **3.3** een gevangene ~ bewaken *keep a close watch on a prisoner;* ~ toezien op de naleving van iets *ensure that a regulation is complied with to the letter.*

strengheid 0.1 [mbt. het weer] *severity* ⇒*hardness* **0.2** [neiging om niet toe te geven] *severity* ⇒*hardness, sternness, strictness* **0.3** [nauwgezetheid] *strictness* ⇒*rigour* ◆ **1.2** een ~ v.d. romaanse bouwkunst *the austerity of Norman architecture.*

strepen 0.1 [met strepen bezetten] *line, streak* ⇒*stripe.*

streperig 0.1 *streaky* ⇒*stripy,* ⟨met vieze strepen⟩ *smeary* ◆ **2.1** een ~ geverfde muur *a wall with brush marks.*

stress 0.1 [psychische spanning] *stress* ⇒*strain* **0.2** [med.] *stress* ◆ **6.1** onder ~ werken *work under stress/pressure.*

stressbestendig 0.1 *immune to stress;* ⟨inf.⟩ *unflappable* ◆ **1.1** voor deze baan zijn ~e mensen nodig *you need cast-iron nerves for this job.*

stressen 0.1 *work under stress.*

stresssituatie 0.1 *stress situation.*

stressverschijnsel ⟨med.⟩ **0.1** *symptom of stress, stress symptom.*

stretch ⟨ook in samenst.⟩ **0.1** *stretchy/elastic material/fabric* ⇒⟨in samenst.⟩ *stretch, elastic* ◆ **1.1** een stretchbroek *(a pair of) stretch trousers.*

stretchen 0.1 *do stretching exercises.*

streven¹ ⟨het⟩ **0.1** [het ijverig bezig zijn] *striving (for)* ⇒*pur-*

suit (of), ⟨poging⟩ *endeavour* **0.2** [wat men zich ten doel stelt] *ambition* ⇒*aspiration, aim* ◆ **2.2** een nobel ~ *a noble ambition/aspiration* **3.2** het ~ is om volgend jaar te kunnen beginnen *the aim is to be able to start next year* **6.1** er bestaat een ~ **naar** *...attempts are being made to ...;* het ~ **naar** onafhankelijkheid *the pursuit of independence.*

streven² ⟨onov.ww.⟩ **0.1** *strive (for/after)* ⇒*aspire (after/to), aim (at)* ◆ **5.1** ernaar ~ beroemd te worden *aspire to/seek fame;* ernaar ~ de orde te handhaven *seek to maintain order;* je doel voorbij ~ *defeat your object* **6.1 naar** macht ~ *struggle/strive for power;* **naar** perfectie ~ *aim at perfection;* **naar** hereniging ~ *work towards/seek reunification.*

striem 0.1 [indruk] *slash* ⇒*score,* ⟨met litteken⟩ *weal,* ⟨met litteken⟩ *welt* **0.2** [slag] *slash* ⇒*lash.*

striemen 0.1 [striemen doen ontstaan] *slash* ⇒*score, welt, weal* **0.2** [pijn doen] *lash* ◆ **1.2** ~de woorden *cutting words* **6.1** ⟨fig.⟩ de regen striemde haar in het gezicht *the rain lashed her face.*

strijd 0.1 [gevecht] *fight* ⇒*struggle,* ⟨slag⟩ *combat,* ⟨slag⟩ *battle* **0.2** [onenigheid] *strife* ⇒*dispute, controversy* **0.3** [wedstrijd] *match* ⇒*contest, competition* **0.4** [tegenspraak] *controversy* ⇒*conflict* ◆ **2.1** gewapende ~ *armed conflict;* hevige/zware ~ *fierce battle/struggle/fighting, battle royal* **2.2** innerlijke ~ *inner struggle/conflict* **3.1** de ~ aanbinden met de vijand *engage the enemy (in battle);* de ~ aanbinden tegen *enter upon a struggle against, struggle/fight against;* ~ leveren *wage a f., put up a f./ struggle;* de ~ volhouden *keep up the f./struggle* **6.1** troepen in de ~ werpen *throw/fling troops into the fray;* in een ~ gewikkeld zijn *be involved in a f./battle;* de ~ **om** het bestaan *the struggle for life;* ~ **op** leven en dood *a f. to the bitter end;* **ten** ~e trekken (tegen) *go to/wage war against;* gereed **voor** de ~ *ready for action/the fray* **6.3** de ~ **om** de kwartfinales *the competition for the quarter finals* **6.4 in** ~ **met** het fatsoen *in defiance of/contrary to decency;* **in** ~ **met** het gezond verstand handelen *act contrary to common sense;* **in** ~ **met** de wet *against the law;* met elkaar **in** ~ zijn *conflict, be at variance;* ⟨belangen ook⟩ *be antagonistic;* ⟨beweringen ook⟩ *be contradictory;* het is **in** ~ **met** wat zij verleden week zei *it is inconsistent with/it conflicts with what she said last week.*

strijdbaar 0.1 [bereid om te strijden] *militant* ⇒*warlike* **0.2** [geschikt voor de strijd] *able-bodied* ⇒*fit (for service)* ◆ **1.1** een ~ volk *a warlike people;* een strijdbare vrouw *a m./ assertive woman* **1.2** alle strijdbare mannen *all able-bodied men.*

strijdbijl 0.1 *battle-axe;* ⟨van indianen⟩ *tomahawk* ◆ **3.1** ⟨fig.⟩ de ~ begraven *bury the hatchet.*

strijden 0.1 [vechten] *struggle* ⇒*fight, wage war (against/ (up)on),* ⟨slag leveren⟩ *battle* **0.2** [twisten] *dispute* ⇒*argue, cross swords* **0.3** [wedstrijd houden] *compete* ⇒*contend* ◆ **1.1** de ~de kerk *the Church militant;* de ~de partijen *the contesting parties* **6.1 voor** een ideaal ~ *fight for/champion an ideal* **6.2** ~ **over** de betekenis v.e. woord *argue about the meaning of a word* **6.3 om** de eerste plaats ~ *compete for first place.*

strijder, -ster 0.1 [iem. die strijdt] *fighter* ⇒⟨krijgsman⟩ *warrior, combatant* **0.2** [ijveraar] *fighter* ⇒⟨voor iets⟩ *champion (of)* ◆ **6.2** een ~ **voor** eer en deugd *a champion of honour and virtue.*

strijdgewoel 0.1 *turmoil/confusion of battle.*

strijdig 0.1 [niet overeenstemmend] *contrary (to)* ⇒*adverse (to), inconsistent (with)* **0.2** [tegenstrijdig] *conflicting* ⇒⟨onverenigbaar⟩ *incompatible (with)* ◆ **1.2** ~e be-

langen *c. interests* **6.1** dat is ~ **met** Gods wet *that contravenes God's law.*

strijdigheid 0.1 [het niet overeenstemmen] *conflict* ⇒*inconsistency* **0.2** [het tegenstrijdig zijn] *conflict* ⇒*incompatibility* ◆ **1.1** ~ van belangen *conflict of interests* **1.2** ⟨jur.⟩ ~ van vonnissen *c./divergence of judgments.*

strijdkrachten 0.1 *(armed) forces/services* ◆ **2.1** de geallieerde ~ *the Allied Forces* ¶**.1** de ~ te land, ter zee en in de lucht *the army, navy and air force.*

strijdkreet 0.1 *battle cry* ⇒*war cry,* ⟨fig.⟩ *slogan.*

strijdlied 0.1 *battle song* ⇒*war song.*

strijdlust 0.1 *belligerence* ⇒*pugnacity,* ⟨oorlogszuchtigheid⟩ *bellicosity,* ⟨vechtlust⟩ *fighting/warlike spirit* ◆ **3.1** zij verloor alle ~ *the fight went out of her.*

strijdlustig 0.1 *pugnacious* ⇒*combative,* ⟨oorlogszuchtig⟩ *bellicose,* ⟨oorlogszuchtig⟩ *belligerent,* ⟨voor een zaak⟩ *militant* ◆ **1.1** een ~ iem. ⟨ook⟩ *a fighter.*

strijdmacht 0.1 *force.*

strijdperk 0.1 [arena] *arena* ⟨ook fig.⟩ **0.2** [slagveld] *battleground;* ⟨in oorlogsbeschrijving/planning⟩ *theatre (of war)* ◆ **6.1** ⟨fig.⟩ met iem. **in** het ~ treden *enter the lists against s.o.*

strijdtoneel 0.1 *scene of battle/action* ⇒⟨in oorlogsbeschrijving/planning⟩ *theatre (of war).*

strijdvaardig 0.1 [strijdlustig] *combative* ⇒*pugnacious, belligerent* **0.2** [klaar voor de strijd] *operational* ⇒*ready for battle* ◆ **3.1** hij is altijd even ~ *he is always ready/game (for a fight/quarrel).*

strijkbout 0.1 *iron* ⇒*flat-iron.*

strijken I ⟨onov.ww.⟩ **0.1** [zich laten gladmaken] *iron* **0.2** [gaan langs/over] *brush* ⇒*sweep* ◆ **5.1** een koksmuts strijkt moeilijk *a chef's hat is hard to i.* **6.2** haar adem streek **langs** zijn gezicht *her breath brushed (against) his face* **6.¶ met** de eerste prijs gaan ~ *walk off with the first prize;* **met** de eer gaan ~ *carry off the palm/take the credit (for);*

II ⟨onov., ov.ww.⟩ **0.1** [met een strijkende beweging aanraken]⟨met hand⟩ *stroke* ⇒*brush* **0.2** [(textiel) gladmaken] *iron* ◆ **6.1** met de hand **langs** zijn kin ~ *s. one's chin;*

III ⟨ov.ww.⟩ **0.1** [met een strijkende beweging verplaatsen/veranderen] *smooth, spread* ⇒*brush* **0.2** [laten zakken] *lower* ⇒*strike* **0.3** [bespelen] *bow* ◆ **1.1** de haren uit het gezicht ~ *brush one's hair out of one's face;* kreukels uit het papier ~ *smooth (creases out of) the paper* **1.2** de mast/zeilen ~ *l./strike the mast/sails;* ⟨zeilen ook⟩ *strike sail.*

strijker, -ster 0.1 [musicus] *strings* ⟨mv.⟩ ⇒*violin/cello/* ⟨enz.⟩ *player* **0.2** [genezer] *layer-on of hands* ⇒*healer* ◆ **1.1** de ~s en de houtblazers *the s. and the woodwind.*

strijkijzer 0.1 *iron* ⇒*flat-iron.*

strijkinstrument 0.1 *stringed instrument* ◆ ¶**.1** de ~en ⟨in orkest⟩ *the strings.*

strijkje 0.1 *palm-court orchestra.*

strijkkwartet 0.1 *string quartet.*

strijkkwintet 0.1 *string quintet.*

strijkmuziek 0.1 *music for strings.*

strijkorkest 0.1 *string orchestra.*

strijkplank 0.1 *ironing board.*

strijkstok 0.1 [om een strijkinstrument te bespelen] *bow* ◆ **6.¶** er blijft veel **aan** de ~ hangen *the rake-off is considerable.*

strijkvrij 0.1 *non-iron.*

strik 0.1 [knoop met lussen] *bow* **0.2** [valstrik] *snare* ⇒*trap* **0.3** [lus met een schuifknoop] *slipknot* ⇒*noose* ◆ **3.1** een ~ in zijn veters maken *tie one's shoelaces in a b.*

strikdas 0.1 *bow tie.*

strikje 0.1 *bow tie.*

strikken I ⟨onov., ov.ww.⟩ 0.1 [tot een strik binden] *tie in a bow* ◆ 1.1 zijn das ~ *knot a tie;* een schoen ~ *tie a shoe;* II ⟨ov.ww.⟩ 0.1 [in een strik vangen] *snare* 0.2 [overhalen] *trap (into)* ◆ 1.1 een haas ~ *s. a hare* 6.2 iem.~ **voor** een karweitje *trap s.o. into doing a job.*

strikt 0.1 [strak, streng] *strict* ⇒*stringent* ⟨regel⟩, *rigorous* 0.2 [zorgvuldig] *strict* ⇒*precise* ◆ 1.1 in de ~e zin des woords *in the strict/narrow sense of the word* 2.1 ~ vertrouwelijk *strictly confidential* 3.1 ~ genomen *strictly speaking* ¶.1 alleen het ~ nodige doen *do only what is strictly necessary.*

strikvraag 0.1 *catch/trick question.*

stringent 0.1 *stringent* ⇒*tight* ◆ 1.1 ~e bepalingen *s./severe regulations.*

strip 0.1 [smalle strook] *strip* ⇒⟨van papier ook⟩ *slip, band* 0.2 [stripverhaal] *comic strip* ⇒*(strip) cartoon* 0.3 [verpakking] *strip, blister pack* 0.4 [mbt. een strippenkaart] *strip* ⇒*stub.*

stripboek 0.1 *comic (book).*

stripfiguur 0.1 *comic(-strip) character.*

stripheld 0.1 *comic(-strip) hero.*

strippen I ⟨onov.ww.⟩ 0.1 [striptease opvoeren] *strip;* II ⟨ov.ww.⟩ 0.1 [ontdoen van onbruikbare delen] *strip* ⇒ ⟨tabak ook⟩ *stem* ◆ 1.1 kabels ~ *strip cables.*

strippenkaart 0.1 ±*bus and tram card.*

stripper 0.1 *(male) stripper.*

stripteasedanseres 0.1 *striptease dancer/artist(e)* ⇒ *stripper.*

striptekenaar 0.1 *strip cartoonist.*

stripverhaal 0.1 *comic (strip).*

stro 0.1 *straw* ⟨ook mbt. peulgewassen⟩ ◆ 2.1 gehakt ~ *chopped s., chaff* 6.1 een dak met ~ dekken *thatch a roof.*

strobed 0.1 [slaapplaats] *straw mattress* 0.2 [tuinbouw] *mulch.*

strobloem 0.1 *strawflower* ⇒*everlasting (flower).*

stroboscoop 0.1 *stroboscope* ⇒⟨inf.⟩ *strobe.*

strobreed 0.1 *strawbreadth* ◆ 7.1 ⟨fig.⟩ iem. geen ~ in de weg leggen *not put the slightest obstacle in s.o.'s way;* ⟨fig.⟩ geen ~ wijken *not give/yield one inch.*

strodak 0.1 *thatched roof, thatch.*

stroef 0.1 [ruw] *rough, uneven* 0.2 [hortend, moeilijk bewegend; ook fig.] *stiff* ⇒*difficult, awkward,* ⟨hortend⟩ *jerky,* ⟨hortend⟩ *brusque,* ⟨bijna vast⟩ *tight* 0.3 [niet vlot, toeschietelijk] *stiff* ⇒*staid,* ⟨onbeholpen⟩ *awkward,* ⟨stug⟩ *stern,* ⟨moeilijk van aard⟩ *difficult (to get on with)* ⟨pred.⟩, ⟨gereserveerd⟩ *remote,* ⟨gereserveerd⟩ *reserved,* ⟨terughoudend; inf.⟩ *stand-offish* ◆ 1.2 een stroeve competitiestart *a difficult/sticky beginning of the competition;* een stroeve stijl *a stodgy/stiff style* 1.3 een ~ antwoord *a gruff answer;* een ~ gezicht *a stern/harsh face;* stroeve glimlach *a stiff smile* 3.2 dat leest vrij ~ *that reads rather awkwardly;* de onderhandelingen verlopen ~ *(the) negotiations are not proceeding smoothly.*

stroefheid 0.1 [ruwheid] *roughness, unevenness* 0.2 [het hortend lopen; ook fig.] *stiffness* ⇒*awkwardness, roughness,* ⟨het bijna vast zitten⟩ *tightness* 0.3 [mbt. omgang] *stiffness* ⇒*staidness,* ⟨onbeholpenheid⟩ *awkwardness,* ⟨stugheid⟩ *sternness,* ⟨gereserveerdheid⟩ *remoteness,* ⟨gereserveerdheid⟩ *reserve,* ⟨terughoudendheid; inf.⟩ *standoffishness.*

strofe 0.1 *stanza* ⇒*strophe* ◆ 2.1 een vierregelige ~ *a four-line stanza, a tetrastich/quatrain.*

strogeel 0.1 *straw (yellow)* ⇒*straw-coloured, flaxen.*

---

strohalm 0.1 *(stalk of) straw* ◆ 6.1 ⟨fig.⟩ zich **aan** een (laatste) ~ vastklampen *clutch at a straw/at straws.*

strohoed 0.1 *straw hat;* ⟨matelot⟩ *boater;* ⟨panama⟩ *panama hat.*

strokarton 0.1 *strawboard.*

stroken 0.1 *tally, agree* ◆ 6.1 dat strookt niet **met** mijn karakter *that is not in keeping with/does not square with my character;* dat strookt niet **met** mijn plannen *that does not fit my plans.*

strokenproef ⟨druk.⟩ 0.1 *galley (proof/sheet).*

strokleur 0.1 *strawcolour* ⇒*straw (yellow).*

stroman 0.1 *straw man, man of straw* ⇒*puppet, figurehead.*

stromat 0.1 [mat van stro] *straw carpet/mat* 0.2 [tuinbouw] *straw mat/cover.*

stromen 0.1 [met kracht vloeien; ook fig.] *stream* ⇒*pour, flow* 0.2 [zich in groten getale voortbewegen] *pour* ⇒*flock* ◆ 5.1 geld stroomde het land binnen *money came pouring/poured into the country;* brieven ~ het kantoor binnen *letters are pouring into the office;* een snel ~de rivier *a fast-flowing river* 6.1 de Amstel stroomt door Amsterdam *the Amstel flows through Amsterdam;* de woorden stroomden **van** haar lippen *words gushed from her lips* 6.2 het volk stroomde **naar** het station *people were flocking to the station;* de massa stroomde **uit** het theater **naar** buiten *the crowd poured out of the theatre.*

stroming 0.1 [stroom] *current* ⇒*flow* 0.2 [heersende denkwijze/werkwijze] *movement, trend* ⇒*tendency,* ⟨bk., lit., muz. ook⟩ *school* ◆ 2.2 literaire ~en *literary movements/schools;* de voornaamste - in de literatuur in de negentiende eeuw *the mainstream of/the most important m. in nineteenth-century literature.*

strompelen 0.1 *stumble* ⇒*totter, limp* ◆ 3.1 ~d over de finish komen *s. across the finishing-line* 5.1 zij strompelde naar binnen *she staggered/came staggering in.*

stronk 0.1 [stomp v.e. stam] *stump* ⇒*stub* 0.2 [deel v.e. koolplant] *stalk* ◆ 1.¶ een ~ andijvie *a head of endive.*

stront ⟨vulg.⟩ 0.1 [uitwerpselen] *shit* ⇒*dung, filth* 0.2 [ruzie] ⟨zie 3.2⟩ 0.3 [moeilijkheden] *shit* ⇒*trouble* ◆ 1.1 ⟨bcl.⟩ eigenwijs stuk ~ *opinionated little s.* 3.2 ~ krijgen/hebben (met iem.) *have a bust-up with s.o.* 6.1 ⟨fig.⟩ er is ~ **aan** de knikker ⟨er zijn moeilijkheden⟩ *the shit's hit the fan, we're in the shit;* ⟨fig.⟩ iem. **door** de ~ halen *fling/throw dirt at s.o., drag s.o. through the mud;* ⟨fig.⟩ ~ in de ogen hebben *not see what is under one's nose, wear blinkers* 6.3 in de ~ zitten *have landed/fallen in the s., be up s. creek (without a paddle).*

stronteigenwijs 0.1 *bloody-minded.*

strontium 0.1 *strontium.*

strontje 0.1 *sty(e).*

strontvervelend 0.1 *bloody boring* ◆ 3.1 ~ zijn ⟨ook⟩ *bore the pants off s.o.*

strooiauto 0.1 *gritting vehicle/truck.*

strooibiljet 0.1 *handbill* ⇒*pamphlet, leaflet.*

strooibus 0.1 *dredger* ⇒*shaker* ⟨ihb. voor zout/suiker⟩, ⟨busje⟩ *sifter, duster* ⟨poedersuiker⟩, *sprinkler* ⟨water⟩.

strooidop 0.1 *dredger/shaker lid.*

strooien[1] ⟨bn.⟩ 0.1 *straw* ◆ 1.1 een ~ dak *a thatched roof, a thatch.*

strooien[2] ⟨onov.ww., ov.ww.⟩ 0.1 *scatter; strew* ⟨bloemen⟩; *sow* ⟨zaad⟩; *sprinkle* ⟨zout, peterselie, suiker⟩; *dredge* ⟨suiker⟩ ◆ 1.1 mest ~ *spread dung;* zand/pekel ~ bij gladheid *grit icy roads* 6.1 ⟨fig.⟩ zij strooit **met** haar geld *she chucks her money about.*

strooigoed 0.1 *sweets/candy (scattered by St. Nicholas' helpers).*

strooizand 0.1 *(road) grit.*

strooizout 0.1 *salt (for icy roads).*

strook 0.1 [smal gedeelte] *strip* ⇒*band* ⟨stof⟩ **0.2** [reep papier] *strip* ⇒*slip,* ⟨etiket⟩ *label,* ⟨etiket⟩ *tag,* ⟨controlestrookje⟩ *stub,* ⟨controlestrookje⟩ *counterfoil* **0.3** [reep stof] *flounce, frill* ◆ **6.3** een bloes **met** stroken a *frilled/frilly blouse.*

stroom 0.1 [zich voortbewegende massa vloeistof] *stream* ⇒ *flow,* ⟨stroming⟩ *current,* ⟨grote hoeveelheid⟩ *flood* **0.2** [grote menigte/hoeveelheid] *stream* ⇒*flood* **0.3** [hoeveelheid elektriciteit, spanning] *(electric) power* ⇒*(electric) current,* ⟨inf.⟩ *juice* **0.4** [rivier] *river* ◆ **1.1** een ~ lava a *flow of lava;* een ~ van tranen a *flood of tears* **1.2** ⟨ec.⟩ een ~ goederen a *flow of goods;* er kwam een ~ van klachten binnen *complaints came pouring in;* een ~ van woorden a *spate of words;* ⟨scheldwoorden⟩ *torrents of abuse* **3.1** de zwemmer werd door de ~ meegesleurd *the swimmer was carried/swept away by the current/tide* **3.2** de ~ volgen, met de ~ meegaan ⟨ook fig.⟩ *go/swim with the s./tide* **3.3** de ~ is uitgevallen *there is a power failure/cut;* er staat ~ op die draad *that is a live wire* **6.1** de regen viel in stromen neer *rain came down in torrents/streams;* ⟨scheep.⟩ **op** ~ liggen *moored in midstream;* **tegen** de ~ oproeien ⟨ook fig.⟩ *row/go against the current* **6.2 tegen** de ~ ingaan ⟨ook fig.⟩ *go/swim against the s./tide* **6.3 zonder** ~ zitten *be without (electric) power.*

stroomafwaarts 0.1 *downstream* ⇒*downriver* ◆ **3.1** ~ liggen *be downstream/downriver.*

stroomcircuit 0.1 *electrical circuit.*

stroomdraad 0.1 *live wire* ⇒*contact/electric wire.*

stroomgebied 0.1 *(river/drainage/catchment) basin* ◆ **1.1** het ~ v.d. Rijn/Donau *the Rhine/Danube basin.*

stroomkosten 0.1 *electricity/power costs/charges* ⇒*cost of electricity/power.*

stroomkring 0.1 *circuit.*

stroomlijn 0.1 *streamline.*

stroomlijnen 0.1 *streamline* ◆ **7.1** het ~ ⟨ook⟩ *fairing.*

stroommeter 0.1 [elek.] *ammeter* ⇒*galvanometer* **0.2** [mbt. een stromend water] *current/flow meter.*

stroomnet 0.1 *mains* ⇒*electricity/power network, electricity supply system* ◆ **2.1** het landelijke ~ *the national grid.*

stroomonderbreker ⟨elek.⟩ **0.1** *circuit breaker.*

stroomonderbreking 0.1 *interruption in the supply* ⇒ *break in the current.*

stroomopwaarts 0.1 *upstream* ⇒*upriver* ◆ **1.1** in ~e richting *upstream, upriver, up the river* **3.1** ~ varen *sail up/ascend the river.*

stroomschema 0.1 *flow chart/sheet/diagram.*

stroomsnelheid 0.1 *rate of flow.*

stroomsterkte 0.1 [elek.] *current intensity* ⇒*(strength/intensity of) current, amperage* **0.2** [sterkte v.e. stroom] *force of a/the current.*

stroomstoot 0.1 *(current) surge* ⇒⟨puls⟩ *pulse, transient.*

stroomstoring 0.1 *electricity/power failure.*

stroomuitval 0.1 *power failure.*

stroomverbruik 0.1 *electricity/power consumption.*

stroomverdeler ⟨elek.⟩ **0.1** *(current) distributor.*

stroomversnelling 0.1 [versnelling v.d. stroom] *rapid* ⟨vnl. mv.⟩ **0.2** [fig.]⟨zie 6.2⟩ ◆ **6.2 in** een ~ geraken *gain momentum, develop/move rapidly* ⟨plannen⟩; *be accelerated* ⟨ontwikkeling⟩.

stroomvoorziening 0.1 *electricity/power supply.*

stroop 0.1 [kleverige vloeistof] *syrup* ⇒⟨suikerstroop⟩ *treacle* ◆ **3.1** ~ ⟨om iemands mond⟩ smeren ⟨fig.⟩ *butter s.o. up, softsoap s.o.*

stroopachtig 0.1 *syrupy* ⇒*treacly.*

strooplikken 0.1 *butter up* ⇒*softsoap.*

strooplikker, -ster 0.1 *toady* ⇒*bootlicker,* ⟨vulg.⟩ *ass-licker.*

strooptocht 0.1 *(predatory) raid/incursion* ⇒⟨gesch.⟩ *razzia* ◆ **6.1** ⟨fig.⟩ een ~ **door** het huis om iets lekkers te vinden *forage through the house to find some goodies.*

stroopwafel 0.1 *treacle waffle.*

strootje 0.1 [kleine strohalm] *straw* **0.2** [zelfgemaakte sigaret] *roll-your-own cigarette, roll-up* **0.3** [lichte sigaar] *light cigar* ◆ **3.1** ~ trekken *draw straws.*

strop 0.1 [lus van touw] *halter* ⇒*(hangman's) rope,* ⟨met schuifknoop⟩ *noose,* ⟨om wild te vangen⟩ *snare,* ⟨om wild te vangen⟩ *trap* **0.2** [pech] *bad/tough luck* ⇒⟨mbt. transactie⟩ *raw deal,* ⟨financieel⟩ *financial blow/setback,* ⟨financieel⟩ *loss* **0.3** [ketting om een voorwerp op te hijsen] *sling* ⇒⟨scheep.⟩ *hitch* ◆ **2.2** een flinke ~ a *heavy financial blow,* a *serious financial setback* **3.1** de ~ krijgen *get the rope, be hanged;* tot de ~ veroordeeld worden *be sent to the gallows* **3.2** ergens een ~ aan hebben *lose a lot of money on sth.* **6.1** zijn hoofd **in** de ~ steken ⟨ook fig.⟩ *put one's head in a noose* **6.2** ergens een ~ **van** 1000 gulden aan hebben *lose 1000 guilders on sth.*

stropdas 0.1 *tie* ◆ **6.1** *zonder ~ without a t.*

stropen I ⟨onov., ov.ww.⟩ **0.1** [stelen] *poach;* **II** ⟨ov.ww.⟩ **0.1** [opschuiven] *roll/tuck up* **0.2** [villen] *skin* ◆ **1.1** de mouwen naar boven ~ *roll back/up one's sleeves.*

stroper 0.1 *poacher.*

stroperig I ⟨bn.⟩ **0.1** [als/met stroop] *syrupy;* ⟨viskeus⟩ *viscous* ◆ **1.1** ~e vloeistoffen *syrupy/viscous liquids;* **II** ⟨bn., bw.⟩ **0.1** [slijmerig] *smooth(-talking);* ⟨pej.⟩ *greasy, oily;* ⟨BE ook⟩ *smarmy* ◆ **1.1** ~e woorden *honeyed words* **3.1** hij doet zo ~ ⟨inf.⟩ *he is such a smoothy.*

stroperigheid 0.1 *syrupiness;* ⟨viscositeit⟩ *viscosity.*

stroperij 0.1 [jacht zonder vergunning] *poaching* ◆ **3.1** op ~ betrapt worden *be caught p.*

stropop 0.1 *straw doll* ⇒⟨slappeling⟩ *weakling, milksop.*

stroppenpot 0.1 *contingency fund* ⇒*provision for bad debt.*

strot 0.1 [voorkant v.d. hals] *throat* ⇒⟨inf.; keel⟩ *gullet* **0.2** [strottenhoofd] *larynx* ◆ **3.1** iem. de ~ afsnijden *cut s.o.'s throat;* iem. de ~ dichtknijpen *choke/throttle s.o.;* ⟨inf.; fig.⟩ het komt me de/m'n ~ uit *I'm sick of it* **6.1** iem. **bij** de ~ grijpen/naar de ~ vliegen *seize s.o. by the t., fly at s.o.'s t.;* ⟨inf.⟩ ik krijg het niet **door** mijn ~ ⟨lett.⟩ *I couldn't eat it to save my life;* ⟨wil het niet zeggen⟩ *the words stick in my t.;* ⟨fig.⟩ iets **door** de ~ geduwd krijgen *have sth. pushed/rammed down one's t.*

strottenhoofd 0.1 *larynx* ⇒⟨inf.⟩ *voice box.*

strozak 0.1 *pallet* ⇒⟨matras⟩ *straw mattress.*

strozolder 0.1 *hay loft.*

strubbeling 0.1 [onenigheid] *squabble, wrangle* **0.2** [moeilijkheid] *trouble, difficulty* ◆ **2.1** politieke ~en *political clashes/frictions/bickering.*

structuralisme 0.1 *structuralism* ⇒⟨taal. ook⟩ *structural linguistics.*

structuralist, -e 0.1 *structuralist.*

structureel 0.1 [mbt. de structuur] *structural;* ⟨mbt. de bouw ook⟩ *constructional* ◆ **1.1** een ~ geheel a *structured whole;* structurele werkloosheid *s. unemployment* ¶ **.1** ~ is er nauwelijks verschil *structurally/from a structural point of view there is little difference.*

structureren 0.1 *structure* ⇒*structuralize* ◆ **1.1** een goed gestructureerd betoog a *well-structured argument.*

structurering 0.1 *structure* ⇒*structuralization, structuring.*

structuur 0.1 *structure* ⇒*texture,fabric* ◆ **1.1** de ~ v.d. bodem *the* s./*texture of the soil* **2.1** de maatschappelijke ~ *the social s.*/*fabric* **6.1** zonder ~ ⟨ook⟩ *structureless, formless.*

structuurbehang 0.1 ±*Anaglypta* ⇒*woodchip wallpaper.*

structuurformule ⟨schei.⟩ **0.1** *structural formula.*

structuurplan 0.1 [planologie] *master plan* ⇒⟨mbt. stad ook⟩ *city plan* **0.2** [ec.] *master plan.*

structuurpolitiek 0.1 *regional (economic) policy.*

structuurverandering 0.1 *structural change.*

structuurverf 0.1 *cement paint* ⇒⟨merk⟩ *Snowcem, Sandtex.*

struif 0.1 [inhoud v.e. ei] *(contents of an) egg* **0.2** [eiergebak] *omelet(te).*

struik 0.1 [heester] *bush, shrub* **0.2** [krop, stronk] *bunch; head* ⟨andijvie, bleekselderij⟩.

struikachtig 0.1 *bushy, shrubby.*

struikelblok 0.1 *stumbling block* ⇒*obstacle* ◆ ¶.1 ~ken uit de weg ruimen *remove obstacles.*

struikelen 0.1 [het evenwicht verliezen, vallen] *stumble (over)* ⇒*trip (over), be tripped up (by)* **0.2** [fig.; ten val komen] *stumble (over/against)* ⇒*founder (on), come a cropper* **0.3** [fig.; een misstap begaan] *stumble* ⇒*trip/slip up* ◆ **3.1** iem. doen ~ *trip s.o. up* **5.3** iedereen struikelt wel eens *nobody's perfect* **6.1 over** een steen ~ *s. on/over a stone;* ⟨fig.⟩ **over** zijn eigen woorden ~ *s. over one's words* **6.2** het kabinet is gestruikeld **over** een belastingwet *the cabinet foundered on tax legislation;* hij struikelde **over** geschiedenis *he slipped up on history* **6.¶** in Rome struikel je **over** de beeldhouwwerken *in Rome you're always bumping into/falling over sculptures.*

struikgewas 0.1 *bushes, shrubs* ⇒*brushwood.*

struikrover 0.1 *highwayman, footpad* ⇒⟨schr., dicht.⟩ *brigand.*

struinen 0.1 *forage/rummage (about/around)* ⇒⟨door bibliotheek⟩ *browse (around).*

struis 0.1 *robust* ⇒*sturdy* ◆ **1.1** een ~e vrouw u *r./beefy woman.*

struisvogel 0.1 *ostrich.*

struisvogelpolitiek 0.1 *ostrich policy/attitude* ◆ **3.1** een ~ volgen *refuse to face facts, bury one's head in the sand.*

struma ⟨med.⟩ **0.1** *struma* ⇒*goitre.*

strychnine 0.1 *strychnine.*

stucwerk 0.1 *stucco(work).*

stucwerker 0.1 *plasterer.*

studeerkamer 0.1 *study* ◆ **3.1** ⟨fig.⟩ een voorstel dat naar de ~ riekt *an armchair proposal.*

student, -e 0.1 [iem. die studeert] *student* ⇒⟨voor eerste graad⟩ *undergraduate,* ⟨inf.⟩ *undergrad,* ⟨na afstuderen⟩ *(post)graduate* **0.2** [studiehoofd] *bookworm;* ⟨pej.⟩ *egghead* ◆ **1.1** ~ Duits *student of German* **2.1** medisch ~ *medical student;* ⟨inf.⟩ *medic* **3.1** zich laten inschrijven als ~ *matriculate, enrol as a student.*

student-assistent, -e 0.1 ±*research/teaching assistant.*

studentenarts 0.1 *college/university doctor.*

studentenbeweging 0.1 *student movement.*

studentencorps 0.1 ±*student(s') union.*

studentendecaan 0.1 *(student) adviser, counsellor.*

studentenflat 0.1 *(block of) student flats,* ±*hall of residence, student apartments.*

studentenhaver 0.1 *assorted nuts and raisins.*

studentenhuis 0.1 *student(s') house/*⟨onder beheer van universiteit⟩ *hostel/hall (of residence).*

studentenhuisvesting 0.1 [het verschaffen van woonruimte] *student accommodation* **0.2** [instelling] *(university) accommodation office.*

studentenkaart 0.1 *student('s) ticket.*

studentenleider 0.1 *student leader.*

studentenstop 0.1 *(student) quota* ◆ **3.1** voor zes studierichtingen geldt een ~ *there are quotas in six subjects.*

studententijd 0.1 *college/student days.*

studentenuitwisseling 0.1 *student exchange.*

studentenvereniging 0.1 ±*student(s') union.*

studentenvertegenwoordiger, -ster 0.1 *student(s') representative.*

studentenvoorzieningen 0.1 *student(s') facilities.*

studentikoos 0.1 *typical of a student* ⇒*student-like, immature* ◆ **3.1** ~ doen *act/behave like a typical student.*

studeren I ⟨onov., ov.ww.⟩ **0.1** [een studie volgen] *study* ⇒⟨aan de universiteit⟩ *go to/be at university/college* **0.2** [zich in de muziek oefenen] *practise (music)* ◆ **1.1** als hoofdvak/bijvak ~ *major/minor in;* Marijke studeert Marijke *is at university/college;* medicijnen/oude talen ~ *read medicine/classics* **1.2** piano ~ *p. the piano* **3.1** natuurkunde gaan ~ *take up physics* **4.1** wat studeert zij? *what is she studying/reading?, what is her subject?* **5.1** hij studeert nog *he is still studying/at college;* verder ~ *continue one's studies* **6.1** voor ingenieur ~ *s. engineering/to be an engineer;*
II ⟨onov.ww.⟩ **0.1** [leren] *study* **0.2** [peinzen over] *think/pore over* ◆ **6.1** ~ voor een examen *s./revise for an exam;* ~ **voor** een universitaire graad *s. for/do a degree* **6.2 op** dit probleem moet ik eerst nog eens ~ *I still have to think hard about this problem.*

studie 0.1 [het bestuderen van iets] *study* **0.2** [beoefening v.e. vak aan een onderwijsinrichting] *study* ⟨vaak mv.⟩ **0.3** [geschrift] *study;* ⟨kort⟩ *essay* **0.4** [tekening, schilderij] *study* ⇒*sketch* ◆ **2.2** de medische ~ *medical studies* **3.1** een ~ van iets maken *make a s. of sth.;* zich toeleggen op de ~ *devote o.s. to s.* **6.1 aan** de ~ zijn *be studying;* **in** ~ zijn *be under consideration;* iets **in** ~ nemen *consider/study sth.;* **met** een ~ beginnen *take up a (course of) s.* **6.4** ~s **naar** het naaktmodel *nude studies.*

studiebegeleiding 0.1 *tutoring* ⇒*coaching.*

studiebeurs 0.1 *grant.*

studieboek 0.1 *textbook* ⇒*manual.*

studieduur 0.1 *course duration* ◆ **1.1** een ~ van 4 jaar *a 4-year programme of study.*

studiefinanciering 0.1 *student grant(s).*

studiegids 0.1 ⁿ*prospectus,* ᴬ*catalog.*

studiehoofd 0.1 [aanleg] *good head for study* **0.2** [persoon] *great student/scholar* ⇒*bookworm* ◆ **3.1** geen ~ hebben *have no head for study* **3.2** hij is geen ~ *he is not much of a scholar.*

studiejaar 0.1 [cursusjaar] *(school) year* ⇒⟨aan universiteit ook⟩ *university/academic year* **0.2** [jaar van iemands studie] *year* ◆ **6.3** wij zijn **van** hetzelfde ~ *we are of the same y.*

studiekosten 0.1 *cost(s) of studying* ⇒⟨aan universiteit ook⟩ *university/college expenses.*

studielening 0.1 *student/study loan.*

studiemateriaal 0.1 *matter/material for study* ⇒*study matter/material.*

studiepakket 0.1 *subject/study package.*

studieprogramma 0.1 *course/study programme* ⇒*syllabus.*

studiepunt 0.1 *credit.*

studiereis 0.1 *study tour/trip.*

studierichting 0.1 *subject* ⇒*course(s), discipline, branch of study/studies* ◆ **2.1** vrije ~ ± ⁿ*general degree course.*

studieschuld 0.1 *student loan.*

studietijd 0.1 *years/period of study* ⇒*college/student years/days*.

studietoelage 0.1 *scholarship, (study) grant* ⇒⟨aan een Schotse universiteit⟩ *bursary*.

studieverlof 0.1 *study leave* ⇒⟨voor lange periode⟩ *sabbatical (leave)*.

studievriend, -in 0.1 *university/college friend* ⇒*friend from university/college*.

studiezaal 0.1 *reading room*.

studio 0.1 *studio*.

studiogast 0.1 [studiopubliek] *guest in the studio* 0.2 [deelnemer aan programma] *studio guest*.

studiomuzikant 0.1 *studio/session musician, session player*.

studio-opname 0.1 *studio recording*.

stuf 0.1 [gom] *eraser* ⇒*rubber* 0.2 →*stuff*.

stuff 0.1 *dope, stuff;* ⟨hasj ook⟩ *pot;* ⟨marihuana ook⟩ *grass, weed* ♦ 3.1 ~ verkopen *peddle d./s.*

stuffen 0.1 *rub out, erase*.

stug I ⟨bn.⟩ 0.1 [weinig buigzaam] *stiff* ⇒*tough* 0.2 [mbt. personen] *surly, dour* ⇒⟨stijf⟩ *stiff* 0.3 [sterk] *tall* 0.4 [hand.] *slow* ♦ 1.1 ~ hout *stubborn wood;* ~ leer *s./hard/tough leather;* een ~ge vering ⟨in auto⟩ *a rigid suspension* 1.3 een ~ verhaal *a t. story* 3.3 dat lijkt me ~ *that seems pretty stiff/steep to me;* **II** ⟨bn., bw.⟩ 0.1 [stevig] *sturdy* ⇒*firm* ♦ 1.1 een ~ge roker *a heavy smoker* 3.1 ~ doorwerken *work/slog away;* ~ doorzetten *stay the course;* ze liep ~ door *she walked on briskly*.

stuifmeel ⟨plantk.⟩ 0.1 *pollen*.

stuifsneeuw 0.1 *powder/drifting snow* ⇒⟨vlaag⟩ *snow flurry*.

stuifzand 0.1 *drift(ing) sand* ⇒*shifting sands*.

stuifzwam 0.1 *puffball*.

stuip 0.1 [stuiptrekking] *convulsion* ⇒*spasm,* ⟨klein⟩ *twitch* 0.2 [aanval van spiersamentrekkingen] *fit* ⇒*convulsion, spasm* ⟨vnl. mv.⟩ ♦ 3.2 ⟨fig.⟩ iem. de ~ en op het lijf jagen *scare s.o. stiff, scare the (living) daylights out of s.o.;* de ~ en krijgen *have fits/convulsions;* ⟨fig.⟩ zich een ~ lachen *(nearly) die laughing*.

stuiptrekken 0.1 *convulse* ⇒*be/become convulsed* ♦ 3.1 de man stortte ~d neer *the man collapsed in convulsions*.

stuiptrekking 0.1 *convulsion* ⇒*spasm,* ⟨klein⟩ *twitch* ♦ 2.1 de laatste ~ en *the agony of death, the last death spasms;* ⟨fig.⟩ de laatste ~ en v.d. revolutie *the last convulsions of the revolution*.

stuit 0.1 *tailbone, coccyx* ⇒⟨van vogel⟩ *rump,* ⟨achterste⟩ *behind,* ⟨achterste⟩ *backside*.

stuitbeen ⟨med.⟩ 0.1 *tailbone, coccyx*.

stuiten I ⟨onov.ww.⟩ 0.1 [niet verder kunnen]⟨ook fig.⟩ *be stopped/held up/arrested* 0.2 [aantreffen] *encounter* ⇒ *happen/chance upon, stumble across* 0.3 [fig.; geconfronteerd worden] *meet with* ⇒*run up against* 0.4 [irriteren] *disgust* ⇒*offend* 0.5 [terugspringen] *bounce, bound* ♦ 1.5 de tennisballen ~ niet meer *the tennis balls have lost their bounce* 6.3 op een muur van onwil ~ *come up against a wall of resistance;* **II** ⟨ov.ww.⟩ 0.1 [tegenhouden]⟨ook fig.⟩ *stop* ⇒*stem,* ⟨bedwingen⟩ *check,* ⟨bedwingen⟩ *arrest* ♦ 3.1 de hardloper kon zijn vaart niet ~ *the runner could not check his speed* 6.1 iets in zijn ontwikkeling ~ *hold up/arrest sth.'s development;* een niet **te** ~ woordenvloed *an uncheckable/unstoppable flow of words;* zij is niet **te** ~ *there is no holding/stopping her*.

stuitend 0.1 *revolting, disgusting* ♦ 1.1 ~e woorden *d. lan-*

guage 3.1 ik vind dit ~ *that goes against the grain, I can't stomach this*.

stuiter 0.1 *big marble* ⇒*taw,* ⟨BE ook⟩ *bonce*.

stuiteren 0.1 ±*play at marbles*.

stuitligging ⟨med.⟩ 0.1 *breech presentation*.

stuiven I ⟨onov.ww.⟩ 0.1 [waaien] *blow* ⇒*fly about/up* 0.2 [met grote snelheid voortbewegen] *dash, rush, whiz* ♦ ¶.2 uit elkaar ~ *scatter, disperse;* **II** ⟨ov.ww.⟩ 0.1 [stof opjagen] *make dust* ♦ 5.1 stuif niet zo! *don't make/stop kicking up so much dust!;* **III** ⟨onpers.ww.⟩ 0.1 [in deeltjes opvliegen] *rise in clouds/* ⟨sneeuw⟩ *in a flurry* ♦ 5.1 het stuift hier verschrikkelijk *it is very dusty around here*.

stuiver 0.1 [muntstuk] *five-cent piece* 0.2 [geld] *penny* ♦ 2.2 daar is een aardige ~ mee te verdienen *that'll earn s.o. a pretty penny/a tidy sum* 7.2 geen ~ waard zijn *not worth a sou*.

stuiversroman 0.1 *penny dreadful,* [A]*dime novel* ⇒*romance*.

stuivertje-wisselen 0.1 *change/trade places*.

stuk¹ ⟨het⟩ 0.1 [deel] *piece* ⇒*part, fragment,* ⟨land⟩ *lot, length* ⟨stof, plank, koord⟩⟨ook→**stukje**⟩ 0.2 [(grote) hoeveelheid] *lot* 0.3 [één uit een verzameling] *piece* ⇒*item* 0.4 [poststuk] *(postal) article* ⇒*(postal) item* 0.5 [aantrekkelijk iem.]⟨vrouw⟩ *piece;* ⟨man⟩ *hunk* 0.6 [geschrift] *piece* ⇒*article* ⟨ook→**stukje**⟩ 0.7 [document] *document, paper* 0.8 [kunstwerk] *piece* ⇒*picture* 0.9 [toneelstuk] *piece* ⇒*play* 0.10 [muziekstuk] *piece (of music)* 0.11 [ingevoegd/opgelegd deel] *piece* ⇒*patch* 0.12 [pej.; mens] *piece* ⇒*swine* 0.13 [gestalte] *stature, build* 0.14 [schaaksport, damsport] *piece* ⇒⟨schaaksport ook⟩ *chessman,* ⟨damsport ook⟩ *draughtsman* 0.15 [effect] *security* 0.16 [kanon] *piece (of ordnance)* ⇒*gun* 0.17 [daad] *feat* ⇒ ⟨staaltje⟩ *piece* ♦ 1.1 ~ken en brokken *bits and pieces, odds and ends* 1.2 een ~ duidelijkheid *some clarity;* een goed ~ werk *a fine piece of work* 1.3 een ~ gereedschap *a p. of equipment, a tool;* een ~ speelgoed *a toy;* een groot ~ zeep *a large cake/tablet of soap* 1.12 een ~ verdriet *a misery; a miserable sod/swine;* ⟨inf.⟩ een misselijk ~ vreten *a real creep; a nasty bit/piece of works;* ⟨inf.⟩ een raar ~ vreten *a rum customer, a right one* 2.1 ⟨sport⟩ op het laatste rechte ~ *on the home stretch* 2.2 een ~ beter *much/a l. better;* ~ken beter *quite a l./far better;* mijn klas is een heel ~ voor *my class is well ahead* 2.4 aangetekend ~ *registered mail/letter/item* 2.5 een lekker ~ *a nice bit of skirt/stuff/crumpet* 2.6 ingezonden ~ken *letters to the editor* 2.17 een stout ~ je) *a bold f.* 3.1 iets in ~ken snijden *cut sth. up (into pieces);* een ~ met iem. meelopen *accompany s.o. part of the way;* ⟨fig.⟩ werken dat de ~ken er af vliegen *work with a vengeance/at full tilt* 3.2 zij is een ~ afgeslankt *she has lost quite a bit of weight* 3.7 ingekomen ~ken *letters received* 3.11 een ~ in een broek zetten *patch a pair of trousers/*[A]*pants* 3.15 ~ken met winst verkopen *sell securities at a profit* 3.16 de ~ken in stelling brengen *place the guns in position* 4.¶ op zijn ~ blijven staan *hold one's ground, stick to one's guns;* van zijn ~ raken *lose one's head, be put off one's balance;* iem. van zijn ~ brengen *unsettle/unnerve/disconcert s.o.* 5.2 dat zou ons een ~ verder brengen *that would help us a l.* 6.1 iets **aan** ~ken slaan/gooien *knock/smash sth. to pieces;* iets in ~ken scheuren *tear sth. to pieces;* het perceel werd in drie ~ken verdeeld *the parcel was divided into three lots;* een ~ **uit** een boek voorlezen *read a passage/section from a book* 6.2 iets/iem. **met** ~ken slaan *defeat s.o./sth. by a large margin;* **op** geen ~ken na *not by a long way/shot/* ⟨BE ook⟩

chalk, not nearly **6.3** sigaren van twee gulden **per** ~ *cigars of two guilders each/apiece/a p.;* **per** ~ verkopen *sell by the p./singly;* ~ **voor** ~ werden de onderdelen vervangen *the parts were replaced one by one;* het zijn ~ **voor** ~ deugnieten *they're rascals, every one of them* **6.7** iets **met** de ~ken kunnen bewijzen *have documents to prove sth.* **6.11** hij had ~ken **op** zijn ellebogen *he had elbow patches* **6.13** klein **van** ~ *small, of small stature, short* **6.¶** een ~ **in** de kraag hebben *be tight/plastered;* **op** het ~ van *...as far as ...is concerned* **7.1** ⟨fig.⟩ een man uit één ~ *a man of character/of honour, salt of the earth;* ⟨fig.⟩ aan één ~ doorpraten *talk for hours on end;* uit één ~ vervaardigd *made in/of one p.* **7.3** twintig ~s vee *twenty head of cattle;* vier ~s bagage *four pieces of luggage* **8.3** een ~ of tien appels *about ten/ten or so apples* **¶.15** ~ken aan toonder *bearer securities.*

stuk² ⟨bn.⟩ **0.1** [aan stukken] *apart, to pieces* **0.2** [defect] *out of order* ⟹*broken down,* ⟨inf.⟩ *bust* **0.3** [onder de indruk, ingenomen met] *impressed (by)* ◆ **3.1** een boek ~ lezen *read a book to pieces;* het kopje viel ~ *the cup fell to pieces/fell and broke* **3.2** de machine ging ~ *the machine broke down;* iets ~ maken *break/ruin sth.*

stukadoor 0.1 *plasterer.*

stukbijten 0.1 *bite to pieces* ◆ **1.1** zij beet haar lippen stuk *she bit her lips (until they bled);* een noot ~ *crack a nut with one's teeth.*

stukbreken 0.1 *break to pieces/bits.*

stuken, stukadoren 0.1 *plaster* ◆ **5.1** deze plafonds zijn mooi gestuukt *there is a fine piece of plastering on these ceilings.*

stukgaan 0.1 *break down* ⟹*fail,* ⟨in stukken⟩ *break to pieces.*

stukgoed 0.1 ⟨scheep.⟩ *general/mixed cargo;* ⟨via (spoor)weg⟩ *(load of) packed goods/parcels/packages;* ⟨textiel⟩ *piece goods.*

stukgooien 0.1 *smash (to pieces/up)* ⟹*dash/knock to pieces.*

stukje 0.1 [klein stuk] *small/little piece* ⟨inf.⟩ *bit* **0.2** [kort verhaal/opstel] *short piece* ◆ **3.1** een ~ mee-eten *have a bite to eat (at s.o.'s place)* **6.2** een ~ in de krant *a piece/bit in the paper* **¶.1** ~ bij beetje *bit by bit, inch by inch.*

stukjesschrijver 0.1 *columnist.*

stuklezen 0.1 *read to pieces/shreds* ◆ **1.1** een stukgelezen boek *a well-thumbed book.*

stukloon 0.1 *piece-wages* ⟹*incentive wages* ◆ **3.1** hij krijgt geen ~, maar uurloon *he's not on piecework, but on timework* **6.1 tegen** ~ werken *be paid by the piece, be on piecework.*

stuklopen I ⟨ov.ww.⟩ **0.1** [al lopend stukmaken] *wear out* ⟨schoenen⟩ ◆ **1.1** zijn voeten ~ *walk until one's feet are sore;*
II ⟨onov.ww.⟩ **0.1** [misgaan] *go wrong* ⟹*fail, break down* ◆ **1.1** dat huwelijk liep stuk *that marriage broke down;* een stukgelopen huwelijk *a broken/failed marriage.*

stukmaken 0.1 *break (to pieces)* ◆ **1.1** ⟨fig.⟩ een briefje van honderd gulden ~ *break a hundred(-guilder note).*

stukprijs 0.1 *unit price, price per unit.*

stuksgewijs 0.1 [bij stukken] *piecemeal* ⟹*gradual* **0.2** [stuk voor stuk] *one by one* ⟹*separately, by the piece.*

stukslaan 0.1 *smash (to pieces/up)* ⟹*break (to pieces).*

stuksmijten 0.1 *smash (to pieces/up)* ⟹*break (to pieces), dash/knock to pieces.*

stuktrappen 0.1 ⟨met schoppen⟩ *kick to pieces;* ⟨door erop te trappen⟩ *trample (to pieces/underfoot).*

stukvallen 0.1 *fall to pieces* ⟹*smash, break.*

stukwerk 0.1 *piecework* ◆ **3.1** ~ verrichten *be paid by the piece, be on p.*

stulp ⟨schr.; scherts.⟩ **0.1** [woning] *hut, hovel* **0.2** [stolp] *bell jar/glass.*

stumper 0.1 [stakker] *wretch* **0.2** [sukkel] *bungler* ⟹*duffer* ◆ **2.1** arme ~ *poor w./fellow;* ⟨vrouw, kind⟩ *poor thing* **3.2** in het rekenen is hij een ~ *he is hopeless at arithmetic.*

stunt 0.1 *stunt* ⟹*tour de force, feat.*

stuntel 0.1 *bungler, fumbler* ⟹⟨die alles laat vallen⟩ *butterfingers.*

stuntelen 0.1 *fumble, bungle.*

stuntelig 0.1 *clumsy* ⟹*bungling, fumbling, butterfingered.*

stunten 0.1 *stunt* ◆ **6.1 met** de prijzen ~ *sell at incredibly low prices.*

stuntman 0.1 *stunt man.*

stuntprijs 0.1 *incredibly/record low price* ⟹*price breakers.*

stuntvliegen 0.1 *stunt flying* ⟹*aerobatics.*

stuntvlieger 0.1 *stunt flyer.*

stuntwerk 0.1 *stuntwork.*

stupide 0.1 *stupid* ⟹*silly, foolish.*

stupiditeit 0.1 *stupidity* ⟹*silliness, foolishness.*

sturen I ⟨onov.ww.⟩ **0.1** [naar het roer/stuur luisteren] *steer* ◆ **5.1** mijn auto stuurt licht *my car is easy to handle;*
II ⟨ov.ww.⟩ **0.1** [zenden] *send* ⟹*forward* ⟨goederen⟩, ⟨verzenden⟩ *dispatch, address* **0.2** [bedienen] *operate;* ⟨elek.⟩ *control, actuate* ◆ **6.1** een speler **uit** het veld ~ *s./order a player off the field;* **van** school ~ *expel (from school).*
III ⟨onov., ov.ww.⟩ **0.1** [een richting laten volgen] *steer* ⟨ook van schip enz.⟩; ⟨auto ook⟩ *drive;* ⟨ov.ww. ook⟩ *guide* ⟨paard, pen, iemands hand⟩; ⟨alg.⟩ *direct* ◆ **1.1** Charles stuurde *Charles was at the wheel* **4.1** de kaart stuurt ons naar links *the map directs us to the left.*

sturing 0.1 [het sturen/gestuurd worden] *steering* **0.2** [besturing] ⟨tech.⟩ *control.*

stut 0.1 [steun, ook fig.] *prop, stay, support* ⟹⟨van drooglijn⟩ *clothes-prop* **0.2** ⟹**stutbalk.**

stutbalk 0.1 *shore, buttress, strut.*

stutten 0.1 [ook fig.] *prop (up), support* ⟹⟨schoren ook⟩ *strut, shore up, buttress* ◆ **1.1** een boom ~ *stake/support a tree;* een muur ~ *shore up a wall.*

stuur 0.1 *steering wheel* ⟹⟨auto⟩ *wheel,* ⟨scheep.⟩ *helm,* ⟨scheep., luchtv.⟩ *rudder,* ⟨luchtv.⟩ *controls* ⟨mv.⟩, ⟨fiets⟩ *handlebars* ⟨mv.⟩ ◆ **6.1 aan** het ~ zitten *be at/behind the wheel* **¶.1** de macht over het ~ verliezen *lose control (of one's car/bike).*

stuurbekrachtiging 0.1 *power steering* ⟹*servo-assisted steering.*

stuurboord 0.1 *starboard* ◆ **6.1 aan** ~ *on the s. side.*

stuurcabine 0.1 *cockpit.*

stuurgroep 0.1 *steering committee.*

stuurhuis 0.1 ⟨scheep.⟩ *pilothouse, wheelhouse;* ⟨kraan⟩ *driver's cabin/cage.*

stuurhut 0.1 ⟨scheep.⟩ *pilothouse, wheelhouse;* ⟨luchtv.⟩ *cockpit.*

stuurinrichting 0.1 *steerage, steering-gear/mechanism;* ⟨luchtv.⟩ *controls.*

stuurknuppel 0.1 *control stick/lever* ⟹*(joy) stick.*

stuurkolom 0.1 *steering column* ⟹*control column.*

stuurloos 0.1 *out of control* ⟹*rudderless, adrift* ⟨ook fig.⟩ ◆ **3.1** ~ ronddrijven *be afloat/adrift;* ~ worden/raken *get/go out of control.*

stuurman, vrouw 0.1 [iem. die een vaartuig bestuurt] *helmsman* ⟹*(roeiboot) cox(swain),* ⟨reddingsboot⟩ *coxswain* **0.2** [iem. die examen voor de vaart heeft afgelegd] *mate* **0.3** [scheepsofficier] *navigating officer* ♦ **6.1** ⟨roeisport⟩ vier **met** ~ *coxed four* **7.2** de eerste/tweede ~ *first/ second mate/officer* **¶.1** ⟨sprw.⟩ de beste stuurlui staan aan wal *the best horseman is always on his feet.*

stuurraket 0.1 *control rocket* ⇒*thruster, vernier rocket.*

stuurroer ⟨luchtv.⟩ **0.1** *rudder.*

stuurs 0.1 *surly* ⇒*sullen* ♦ **1.1** een ~ gezicht zetten *put on a surly/morose expression* **3.1** ~ kijken *scowl.*

stuurslot 0.1 *steering wheel lock* ♦ **6.1** op het ~ staan *have the steering wheel lock* ⟨enz.⟩ *on.*

stuurstang 0.1 *control stick/lever* ⇒*(joy) stick.*

stuurversnelling 0.1 *steering column gear change.*

stuurvrouw →**stuurman.**

stuurwiel 0.1 [scheep.] *wheel* ⇒⟨van groot schip⟩ *helm* **0.2** [mbt. auto] *(steering) wheel* **0.3** [mbt. vliegtuig] *control wheel.*

stuw 0.1 *dam* ⇒*barrage, flood-control dam,* ⟨lage dam in rivier⟩ *weir* ♦ **3.1** de ~en strijken *let down/lower the floodgates.*

stuwadoor 0.1 *stevedore.*

stuwdam 0.1 *dam* ⇒*barrage, flood-control dam,* ⟨lage dam in rivier⟩ *weir.*

stuwen 0.1 [voortduwen] *drive* ⇒*push, force, propel, impel* ⟨vnl. fig.⟩ **0.2** [stouwen] *stow* ⇒*pack, load,* ⟨scheep. ook⟩ *trim* ♦ **1.1** ⟨fig.⟩ hij is al jaren de ~de kracht in ons bedrijf *he has been the driving force in our firm for years* **5.2** de lading is verkeerd gestuwd *the cargo has been badly/ wrongly stowed/loaded* **6.1** de wind stuwt het water **naar** de dam *the wind drives the water to(wards) the dam.*

stuwing 0.1 →**stuwkracht 0.2** [het stouwen] *stowage* ⇒ ⟨resultaat⟩ *trim* **0.3** [belemmering v.d. afvloeiing v.e. vloeistof] *damming (up).*

stuwkracht 0.1 ⟨ook fig.⟩ *force, drive* ⇒⟨tech.⟩ *thrust,* ⟨met snelheid⟩ *momentum* ⟨ook fig.⟩, ⟨omhooggaand⟩ *lift,* ⟨fig.; persoon⟩ *driving force/power,* ⟨fig., kracht⟩ *impetus.*

stuwmeer 0.1 *(storage) reservoir* ⟨ook fig.⟩.

stuwraket 0.1 *booster rocket.*

stuwwal ⟨geol.⟩ **0.1** *lateral moraine.*

stylist 0.1 [vormgever] *stylist.*

sub 0.1 *under* ♦ **1.1** ~ artikel 2b *in section 2b* **¶.1** de in artikel 1, ~ a genoemde gevallen *the cases mentioned in article 1 subsection a.*

subcategorie 0.1 *subcategory.*

subcommissie 0.1 *subcommittee* ⇒*subcommission.*

subcultuur 0.1 *subculture* ⇒⟨mbt. muziek of experimentele kunst⟩ *(the) underground.*

subfaculteit 0.1 *subfaculty* ♦ **1.1** de ~ tandheelkunde *the s. of dentistry.*

subiet 0.1 *immediately* ⇒*at once, right/straight away.*

subject 0.1 *subject.*

subjectief 0.1 *subjective* ⇒*personal* ♦ **1.1** een uiterst subjectieve kwestie *an exceedingly personal matter.*

subjectiviteit 0.1 *subjectivity.*

subliem 0.1 [verheven, groots] *sublime* **0.2** [fantastisch] *fantastic, super.*

sublimatie 0.1 [nat., schei., meteo., psych.] *sublimation* **0.2** [veredelen] *sublimation* ⇒*glorification, elevation, refinement.*

sublimeren I ⟨ov.ww.⟩ **0.1** [veredelen] *sublime* ⇒*glorify,* ⟨psych.⟩ *sublimate;*
II ⟨onov.ww.⟩ **0.1** [nat., schei., meteo.] *sublime, sublimate.*

subsidie 0.1 *subsidy* ⇒⟨onderwijs, ontwikkelingshulp⟩ *(financial) aid, grant,* ⟨regelmatige toelage⟩ *allowance,* ⟨uitkering⟩ *benefit* ♦ **3.1** een ~ geven voor *grant a s. for;* ~s geven aan het bedrijfsleven ⟨ook⟩ *subsidize business/industry* **6.1** om *voor* ~ in aanmerking te komen *to be eligible/ qualify for subsidy/a grant;* **zonder** ~ v.d. staat *without state subsidy.*

subsidiebeleid 0.1 *policy on subsidies.*

subsidieregeling 0.1 *subsidy/grant scheme.*

subsidiëren 0.1 *subsidize* ⇒*grant (an amount), support, aid (with money),* ⟨permanent⟩ *endow* ♦ **1.1** een door het rijk gesubsidieerde onderwijsinstelling *a state subsidized/endowed/aided educational establishment.*

substantie 0.1 *substance* ⇒*material, matter.*

substantieel 0.1 [voedzaam] *substantial* ⇒*filling* **0.2** [van/ mbt. de substantie] *substantial* ⇒*real, actual* ♦ **3.¶** zijn conclusie wijkt niet ~ af v.d. mijne *his conclusion does not differ substantially/importantly from mine* **7.¶** hij had weinig ~s te melden *he had little of importance to tell.*

substantief ⟨taal.⟩ **0.1** *noun, substantive.*

substitueren 0.1 *substitute.*

substitutie 0.1 [vervanging] *substitution* ⟨ook wisk., schei.⟩ **0.2** [jur.; het overdragen v.e. last] *subrogation* ♦ **1.2** recht van ~ *right of s.*

substituut 0.1 *substitute.*

subtiel 0.1 [nauwelijks/moeilijk te onderscheiden] *subtle* ⇒ *fine* ⟨onderscheid, argument⟩ **0.2** [blijk gevend van fijn onderscheidingsvermogen] *subtle* ⇒*sophisticated,* ⟨verfijnd⟩ *delicate* ♦ **1.2** een ~ iem. *a sophisticate(d person);* een ~e waarnemer *a sophisticated/subtle observer* **3.2** iets ~ opmerken/brengen *observe/put sth. subtly/delicately* **5.1** (al) te ~ *oversubtle.*

subtiliteit 0.1 [verfijnd onderscheid] *subtlety* ⇒⟨van discussiepunt⟩ *nicety,* ⟨van discussie⟩ *sophistication* **0.2** [fijn onderscheidingsvermogen] *subtlety* ⇒*sophistication,* ⟨verfijnd⟩ *delicacy.*

subtopper ⟨sport⟩ **0.1** *sub-world-class player.*

subtotaal 0.1 *subtotal* ♦ **3.1** het ~ berekenen *subtotal.*

subtropen 0.1 *subtropics.*

subtropisch 0.1 *subtropical* ♦ **1.1** een ~ klimaat *a s. climate.*

subversief 0.1 *subversive* ♦ **1.1** subversieve elementen *s. elements.*

succes 0.1 [goede afloop, welslagen, bijval] *success* ⇒*luck* **0.2** [iets dat geslaagd is] *success* ♦ **2.1** een eenmalig ~ behalen *score a solitary s.;* een goedkoop ~ je boeken *score a cheap s.;* met toenemend ~ *increasingly successful;* veel ~ toegewenst! *good luck!* **2.2** de show was een daverend ~ *the show was a resounding s./a smash hit* **3.1** heb je ~ gehad? *did you succeed?;* ~ hebben bij de vrouwtjes *be successful with the ladies;* geen ~ hebben ⟨mbt. behandeling/ persoon⟩ *be unsuccessful;* ⟨mbt. grap/verhaal/toneelstuk⟩ *fall flat;* weinig ~ hebben/boeken *have little s.;* ~ verzekerd! *s. guaranteed!* **3.2** er een ~ van maken *make a go/s. of sth.;* ik vind dat gedicht niet zo'n ~ *I don't think much of that poem;* een groot ~ zijn *be a big s./*⟨inf.⟩ *hit* **6.1** ~ **met** je rijexamen! *good luck with your driving test!;* iets **met** ~ doen/voltooien *do/complete sth. successfully;* hij heeft van alles geprobeerd, maar **zonder** ~ *he has tried everything but to no avail/without s.*

succesnummer 0.1 *hit.*

successie 0.1 *succession* ♦ **6.¶** voor de vierde maal in ~ *for the fourth time in succession/a row.*

successieoorlog 0.1 *war of succession* ♦ **2.1** de Spaanse Successieoorlog *the War of the Spanish Succession.*

successierecht 0.1 *death duty* ♦ **¶.1** vrij van ~ *free from d. d.*

successievelijk 0.1 *successively* ♦ **¶.1** ik heb ze ~ de deur uitgewerkt *I turned them out one by one.*

succesvol 0.1 *successful.*
sucrose ⟨schei.⟩ **0.1** *sucrose.*
sudderen 0.1 *simmer* ⟨ook fig.⟩ ♦ **3.1** iets gaar laten ~ *simmer sth. until it is ready/cooked.*
sudderlap 0.1 *braising steak.*
sudderplaatje 0.1 *heat-diffuser* ⟹*flame-tamer.*
Sudeten 0.1 *Sudeten Mountains.*
suède 0.1 ⟨bn. en zn.⟩ *suede* ♦ **1.1** ~ schoenen *s. shoes.*
Suezkanaal 0.1 *Suez Canal.*
suf 0.1 [niet helder van geest] *drowsy* ⟹*dozy,* ⟨door drugsgebruik⟩ *dopey,* ⟨vnl. door ziekte⟩ *groggy* **0.2** [dom] *slow(-witted)* **0.3** [sufheid veroorzakend] *soporific* ♦ **1.1** met mijn ~fe kop *with my groggy head* **1.3** ~ werk *s. work* **3.1** ⟨fig.⟩ zich ~ werken *work o.s. silly.*
suffen 0.1 [niet helder van geest zijn] *drowse* ⟹*doze* **0.2** [gedachteloos zijn] *nod* ⟹*(day)dream* ♦ **3.2** zit niet te ~ *don't sit there daydreaming.*
sufferd 0.1 *dope* ⟹*fathead* ♦ **¶.1** ~! kijk toch uit *idiot/fathead! look where you're going.*
suffig 0.1 *sleepy* ♦ **3.1** ~ antwoorden *answer sleepily.*
sufheid 0.1 *drowsiness* ⟹*grogginess,* ⟨domheid⟩ *stupidity,* ⟨domheid⟩ *silliness.*
suggereren 0.1 [de suggestie doen] *suggest* **0.2** [do suggestie wekken] *suggest* ⟹⟨onuitgesproken⟩ *imply* ♦ **1.1** iem. iets ~ *suggest sth. to s.o.* **1.2** zijn houding suggereert schuld *his attitude suggests guilt.*
suggestie 0.1 [opgewekte voorstelling/denkbeeld] *suggestion* **0.2** [voorstel] *suggestion* ⟹*proposal* ♦ **3.1** dat is alleen maar ~ *that's mere s.;* de ~ wekken dat ... *suggest/ imply that ...* **3.2** een ~ doen *make a s./proposal.*
suggestief 0.1 *suggestive* ♦ **1.1** een suggestieve vraag *a leading question.*
suïcide 0.1 *suicide* ♦ **3.1** ~ plegen *commit s.* **6.1** een poging tot ~ *a s. attempt.*
suiker 0.1 [zoete stof] *sugar* **0.2** [suikerziekte] *diabetes* **0.3** [oplosbaar koolhydraat] *sugar* ♦ **2.1** bruine ~ *brown s.;* fijne ~ ⟨basterdsuiker⟩ *castor s.* **3.1** ~ doen in ⟨de koffie e.d.⟩ *put s. in;* geef mij de ~ even *pass me the s. please.*
suikerbiet 0.1 *sugar beet.*
suikerbrood 0.1 ±*cinnamon bread.*
suikeren 0.1 *sugar* ⟹*sweeten.*
suikerfabriek 0.1 *sugar refinery.*
suikergehalte 0.1 *sugar content/level.*
suikergoed 0.1 *confectionery* ⟹⟨inf.⟩ *sweets,* ⟨inf.⟩ ᴬ*candy.*
suikerhoudend 0.1 *saccharine* ⟹*sugary.*
suikerklontje 0.1 *lump of sugar, sugar cube.*
suikerkristal 0.1 *sugar crystal.*
suikerlepeltje 0.1 *sugar spoon.*
suikermeloen 0.1 *honeydew melon.*
suikeroom 0.1 *rich uncle.*
suikerpatiënt, -e 0.1 *diabetic.*
suikerplantage 0.1 *sugar plantation.*
suikerpot 0.1 *sugar bowl.*
suikerraffinaderij 0.1 *sugar refinery.*
suikerriet 0.1 *sugar cane.*
suikerspin 0.1 ᴮ*candy floss,* ᴬ*cotton candy.*
suikerstrooier 0.1 *sugar caster/sprinkler/*⟨voor poedersuiker⟩ *duster.*
suikerstroop 0.1 [suiker bevattende stroop] ᴮ*treacle,* ᴬ*molasses* **0.2** [stroop waaruit suiker gewonnen kan worden] *molasses.*
suikertante 0.1 *rich aunt.*
suikervrij 0.1 *sugarless* ⟹⟨voor diabetici⟩ *diabetic, low-sugar* ⟨dieet, voedsel⟩.
suikerwater 0.1 *sugar and water, sugared water.*

suikerzakje 0.1 *sugar bag.*
suikerziek 0.1 *diabetic.*
suikerziekte 0.1 *diabetes* ♦ **3.1** aan ~ lijden *have d., be a diabetic.*
suikerzoet 0.1 *sugary* ♦ **1.1** ⟨fig.⟩ op ~e toon iets vragen *ask sth. in a s. voice.*
suite 0.1 [kamer(s)] *suite (of rooms)* **0.2** [muziekstuk] *suite* ♦ **3.1** een ~ huren in een hotel *rent a s. in a hotel* **¶.1** kamers en ~ *rooms en s.*
suizen 0.1 [zacht ruisen] *rustle* ⟨bomen, papier⟩ ⟹*sing* ⟨water, oren⟩, *whisper* ⟨wind, bomen⟩ **0.2** [zich snel voortbewegen] *whizz* ⟹*whoosh* ⟨wind, water⟩, *zip* ⟨mensen, vervoermiddelen, kogels⟩ ♦ **1.1** mijn oren ~ *my ears are singing/ringing* **5.2** de auto suisde voorbij *the car whizzed/ zipped past* **7.1** het ~ v.d. wind *the sighing of the wind.*
suizing 0.1 *rustling* ⟨bomen, papier⟩; *singing* ⟨water⟩; *whispering, sighing* ⟨wind, bomen⟩; *swishing* ⟨stof⟩ ♦ **6.1** ~en in het oor hebben *have a ringing in one's ear.*
sujet 0.1 *character* ⟹*customer,* ⟨verachtelijk⟩ *skunk* ♦ **2.1** een onbetrouwbaar ~ *a shady customer/character.*
sukade 0.1 *candied peel.*
sukadelappen 0.1 *stewing steak.*
sukkel 0.1 [dom/onhandig persoon] *dope* ⟹*idiot, twerp* **0.2** [beklagenswaardig/hulpbehoevend persoon] *wretch.*
sukkelaar 0.1 *wretch* ⟹*poor soul/beggar.*
sukkeldrafje 0.1 *jog(trot)* ⟹*(dog)trot* ♦ **6.1** op een ~ lopen *jog(trot).*
sukkelen 0.1 [telkens weer/aanhoudend ziek(elijk) zijn] *be ailing/sickly* ⟹*suffer (from sth.)* **0.2** [moeilijkheden ondervinden] *struggle/wrestle with* **0.3** [sjokken] *trudge* ⟹*plod,* (half rennend) *trot* **0.4** [onbedoeld terechtkomen/raken] *fall* ♦ **3.1** ze begint te ~ ⟨bv. oude mensen⟩ *her health is beginning to fail;* (je kan beter naar de dokter gaan,) anders blijf je ~ *(you had better go to the doctor) otherwise it'll never get any better* **6.1** hij sukkelt *met* zijn gezondheid *he is in bad health* **6.2** waarom blijven ~ *met* een tweedehands auto als ... *why put up with a second-hand car if ...* **6.3** wij sukkelden *naar* huis *we trudged home* **6.4** in slaap ~ *doze/drop off.*
sukkelgangetje 0.1 *jog(trot)* ⟹⟨sloffend⟩ *shambling gait* ♦ **6.1** het gaat *met* een ~ *things are going at a snail's pace.*
sukkelig 0.1 [als een sukkel] *awkward* ⟹*clumsy* **0.2** [sukkelend] *sickly* ⟹*ailing* ♦ **2.2** zwak en ~ *weak and ailing.*
sul 0.1 [goeierd] *softy* ⟹*sucker* **0.2** ⟹**sukkel** ♦ **2.1** 't is een goeie ~ *he is a good-natured softy* **3.1** ze vond hem maar een ~letje *she found him a bit of a softy.*
sulfaat 0.1 ⟨schei.⟩ **0.1** *sulphate.*
sulfide ⟨schei.⟩ **0.1** *sulphide.*
sulfiet 0.1 *sulphite.*
sullig 0.1 [(te) goeiig] *soft* **0.2** [dom] *dopey* ⟹*silly.*
sultan 0.1 *sultan.*
summa 0.1 *summa* ⟹*highest* ♦ **6.1** ~ cum laude *s. cum laude;* ⟨ʙᴇ ook⟩ *first (class honours degree).*
summier 0.1 [kort samenvattend] *summary* ⟹*brief* **0.2** [gering] *summary* ⟹*scanty* ⟨kennis, feiten⟩ ♦ **1.1** een ~ overzicht *a summary (review/survey)* **2.2** een ~ bedrag *a trifling sum of money* **3.1** ⟨jur.⟩ de zaak wordt ~ behandeld *the case will be summarily dealt with.*
summum 0.1 *height* ⟹*peak* ⟨roem, ambitie, succes⟩, *top* ⟨roem, ambitie, succes⟩, *climax* ⟨gebeurtenis⟩ ♦ **1.1** het ~ van dwaasheid *the h. of folly* **3.1** dat is het ~ ⟨positief⟩ *that is the absolute tops;* ⟨negatief⟩ *that is the absolute limit.*
super¹ ⟨de⟩ **0.1** *super* ~⟨ʙᴇ ook⟩ *4 star (petrol).*
super² ⟨bn., bw.⟩ ⟨vaak in samenst.⟩ 0.1 *super* ⟹*great, first class* ♦ **2.1** superfijn *superfine* **3.1** het weer is ~! *the weather is great!* **¶.1** super-de-luxe *super-de-luxe.*

superbenzine 0.1 *#4 star petrol,* *^high octane gas(oline).*
superdividend ⟨hand.⟩ 0.1 *extra dividend.*
superego ⟨psych.⟩ 0.1 *superego.*
supergeleiding ⟨nat.⟩ 0.1 *superconductivity.*
superieur[1] ⟨de⟩ 0.1 *superior* ◆ 2.1 haar onmiddellijke ~ *her immediate s.*
superieur[2] ⟨bn., bw.⟩ 0.1 *superior* ◆ 1.1 zijn ~e houding *his s. attitude;* van ~e kwaliteit *of s. quality* 3.1 hij doet altijd zo ~ *he is always so high and mighty;* zich ~ voelen *feel s.* 6.1 ~ zijn **aan** de tegenstander *be s. to one's opponent.*
superieure 0.1 *(female) superior.*
superioriteit 0.1 *superiority.*
superioriteitsgevoel 0.1 *feeling of superiority* ◆ 2.1 mannelijk ~ *male chauvinism.*
superlatief 0.1 *superlative* ◆ 6.1 zich uitputten in superlatieven *be profuse in (one's) praise.*
supermacht 0.1 *superpower.*
supermarkt 0.1 *supermarket.*
supermens 0.1 *superman, superwoman.*
superoxide ⟨schei.⟩ 0.1 [peroxide] *peroxide* 0.2 [waterstof-(su)peroxide] *superoxide.*
supersonisch 0.1 *supersonic* ◆ 1.1 ~e knal *sonic boom.*
supertanker 0.1 *supertanker.*
supertrio ⟨Ned.⟩ 0.1 *'tiercé'.*
supervezel 0.1 *superfibre.*
supervisie 0.1 *supervision* ◆ 3.1 over iem./iets de ~ krijgen *get the s. of s.o./sth.* 6.1 onder ~ staan van *be under the s. of.*
supervisor 0.1 *supervisor.*
supplement 0.1 ⟨ook wisk.⟩ *supplement* ◆ 2.1 uitneembaar ~ ⟨ook⟩ *pullout* 6.1 een ~ **op** (de tiendelige reeks) *a s. to (the ten part series).*
suppletie 0.1 ⟨geldw.⟩ *supplement;* (in samenst.) *supplementary.*
suppoost 0.1 *attendant.*
supporter 0.1 *supporter* ◆ 6.1 hij is een trouw ~ **van** Fortuna *he is a regular Fortuna s.*
supportersbus 0.1 *supporters' special (bus/coach).*
supporterstrein 0.1 *supporters' special (train).*
supportersvak 0.1 *section of terrace reserved for supporters of a particular team.*
supra 0.1 *above* ◆ ¶.1 ut ~ *as a.*
suprematie 0.1 *supremacy* ◆ 3.1 Engeland bezat lange tijd de ~ ter zee *for a long time England had s. at sea.*
suprême 0.1 *supreme* ◆ ¶.1 dit is het moment ~ *this is the s. moment.*
surfen 0.1 ⟨in de branding⟩ *go/be surfing/surfboarding;* ⟨plankzeilen⟩ *windsurfing.*
surfer, -ster 0.1 ⟨in de branding⟩ *surfer;* ⟨plankzeiler⟩ *windsurfer.*
surfpak 0.1 *surfer's wetsuit.*
surfplank 0.1 *surfboard;* ⟨mbt. plankzeilen⟩ *sailboard* ◆ 6.1 van zijn ~ afspringen *bail out;* **van** zijn ~ vallen *wipe out.*
Surinaams[1] ⟨het⟩ 0.1 *Surinamese.*
Surinaams[2] ⟨bn.⟩ 0.1 *Surinamese* ⇒*Surinam* ⟨voor zn.⟩.
Suriname 0.1 *Surinam* ⇒⟨gesch.⟩ *Dutch Guiana.*
Surinamer, Surinaamse 0.1 *Surinamese.*
surplus 0.1 [geldw.] *surplus* (inkomsten, activa, effectenhandel) ⇒⟨beurs⟩ *margin* 0.2 [overschot] *surplus* ⇒*excess* 0.3 [bijzonder hoeveelheid] *surplus* ⇒*excess* ◆ 6.2 ~ **aan** kapitaal *reserve(s)* 6.3 een ~ **aan** aandacht *excessive attention.*
surprise 0.1 *surprise (gift).*
surrealisme 0.1 *surrealism.*

surrealistisch 0.1 *surrealist(ic).*
surrogaat 0.1 *surrogate* ⇒⟨mbt. koffie e.d.⟩ *ersatz* ◆ 3.1 dat is maar ~ *that is only a s.* 6.1 een ~ **voor** liefde *a substitute for love.*
surrogaatkoffie 0.1 *coffee substitute* ⇒*ersatz coffee.*
surseance 0.1 *moratorium* ⇒*suspension (of)* ◆ 1.1 ⟨jur.⟩ ~ van betaling aanvragen *apply for a m./suspension of payment.*
surveillance 0.1 *surveillance* ⇒*supervision* ⟨ook op examen⟩, *duty* ⟨op school, bij politie⟩ ◆ 6.1 onder ~ plaatsen *place under surveillance.*
surveillancewagen 0.1 *patrol car.*
surveillant 0.1 *supervisor, observer* ⇒*invigilator* ⟨op examen⟩, *teacher on duty* ⟨op school⟩.
surveilleren 0.1 *supervise* ⇒*invigilate* ⟨op examen⟩, *be on duty* ⟨leraar⟩, *(be on) patrol* ⟨politieagent met auto⟩ ◆ 6.1 ~ tijdens het speelkwartier *have playground duty.*
suspensie 0.1 [ophijsing] *suspension* ⇒*raising, supporting* 0.2 [schei.] *suspension* ⇒*colloid, colloidal solution* ◆ 6.1 **door** ~ v.h. hoofd de druk op de wervelkolom opheffen *reduce the pressure on the spinal column by supporting the head.*
sussen 0.1 *soothe* ⇒*pacify* ⟨persoon⟩, *ease* ⟨geweten⟩, *hush up* ⟨ruzie, politiek schandaal⟩ ◆ 1.1 een kind/twist ~ *pacify a child, hush up an argument;* een ~de toon *a soothing tone* 6.1 een kind **in** slaap ~ *lull a child to sleep.*
S-vormig 0.1 *S-shaped.*
swastika 0.1 *swastika.*
Swaziland 0.1 *Swaziland.*
sweater 0.1 *sweater, jersey.*
swingen 0.1 *swing* ◆ 1.1 ~de muziek draaien ze hier *the've got pretty cool music here* 3.1 gaan ~ in een disco *go to a disco.*
switch 0.1 [overgang] *switch* ⇒*change* 0.2 [geldw.] *switch* ⇒*swap.*
switchen 0.1 [sport] *switch* 0.2 [omschakelen] *switch* ⇒*change over* ◆ 6.2 hij switchte **naar** een andere studie *he changed over to another subject.*
syfilis 0.1 *syphilis.*
syllabe 0.1 *syllable* ◆ 7.1 er is geen ~ van waar *not a s./word of it is true;* daar snap ik geen ~ van *I can't make head or tail of it.*
syllabus 0.1 *syllabus;* ⟨bij college e.d.⟩ *workbook.*
syllogisme ⟨fil.⟩ 0.1 *syllogism.*
symbiose 0.1 *symbiosis.*
symboliek 0.1 [het zinnebeeldige] *symbolism* 0.2 [kennis/leer v.d. symbolen] *symbology.*
symbolisch 0.1 *symbolic(al)* ◆ 1.1 ~ bedrag *a nominal amount;* ~e logica *symbolic logic.*
symboliseren 0.1 *symbolize* ⇒*represent* ◆ 1.1 het lam symboliseert Christus *the lamb symbolizes Christ.*
symbolisme 0.1 ⟨lit., bk.⟩ *symbolism.*
symbool 0.1 ⟨ook schei., wisk.⟩ *symbol* ◆ 2.1 het levend ~ *the living s.*
symfonie 0.1 *symphony* ◆ 1.1 een ~ van kleuren *a s. of colours.*
symfonieorkest 0.1 *symphony orchestra.*
symfonisch 0.1 *symphonic* ◆ 1.1 ~ gedicht *s./tone poem;* ~e muziek *s. music.*
symmetrie 0.1 *symmetry.*
symmetrisch 0.1 *symmetrical.*
sympathie 0.1 [gevoel van genegenheid] *sympathy* ⇒*feeling* 0.2 [gevoel van instemming] *sympathy* ⇒*affinity* ◆ 1.1 ~ën en antipathieën *likes and dislikes* 2.2 iem. met communistische ~ën *s.o. with communist sympathies/*

leanings **3.1** zijn ~ betuigen *express one's s.* **6.1** ~ **voor** iem./iets tonen/opbrengen *show s. for s.o./sth.*

sympathiebetuiging 0.1 *expression of sympathy/support.*

sympathiek 0.1 [sympathie opwekkend] *sympathetic* ⇒ *lik(e)able* **0.2** [van sympathie blijk gevend] *sympathetic* ♦ **1.1** een ~ gezicht *a pleasant/likeable face* **3.1** ik vind hem erg ~ *I like him very much* **3.2** zij liet zich zeer ~ over het plan uit *she expressed herself warmly about the plan;* ~ staan tegenover iem./iets *be s. to(wards) s.o./sth.*

sympathisant 0.1 *sympathizer.*

sympathiseren 0.1 *sympathize (with)* ⇒ *be in sympathy (with)* ♦ **6.1** ~ **met** de vijand *s. with the enemy.*

symposium 0.1 *symposium.*

symptomatisch 0.1 *symptomatic* ♦ **3.1** een ziekte ~ beschrijven/behandelen *describe/treat a disease symptomatically* **6.1** kortademigheid is ~ **voor** bloedarmoede *shortness of breath is s. of anaemia.*

symptoom 0.1 *symptom* ⇒ *sign* ♦ **3.1** een ~ zijn van *be symptomatic/a symptom of.*

synagoge 0.1 *synagogue.*

synchronisatie 0.1 *synchronization.*

synchronisch 0.1 *synchronic* ♦ **1.1** de ~e taalwetenschap *s. linguistics.*

synchroniseren 0.1 *synchronize.*

synchroon 0.1 *synchronous* ⇒ *synchronic* ♦ **3.1** ~ verlopende verschijnselen/bewegingen *synchronic phenomena/movements* **5.1** niet ~ *asynchronous;* ⟨alleen pred.⟩ *out of synchronization.*

synclinale ⟨geol.⟩ **0.1** *syncline.*

syncope 0.1 [muz.] *syncopation.*

syncoperen 0.1 [muz.] *syncopate.*

syndicaal ⟨AZN⟩ **0.1** ⟨bn.⟩ *(trade) union;* ⟨bw.⟩ *by/with* ⟨enz.⟩ *a/the (trade) union.*

syndicaat 0.1 [kartel] *syndicate* **0.2** [vakvereniging] *trade union* ♦ **3.1** een ~ vormen ⟨ook⟩ *syndicate.*

syndicalisme 0.1 [politieke theorie] *syndicalism* **0.2** [sociale actie van vakverenigingen] *trade union action.*

syndicalist ⟨AZN⟩ **0.1** *(trade) unionist.*

syndroom 0.1 *syndrome.*

synode ⟨rel.⟩ **0.1** *synod* ♦ **2.1** de generale ~ *the General Synod.*

synoniem¹ ⟨het⟩ **0.1** *synonym.*

synoniem² ⟨bn.⟩⟨taal.⟩ **0.1** *synonymous (with).*

synopsis 0.1 *synopsis.*

synoptisch 0.1 *synoptic* ♦ **1.1** ~e meteorologie *s. meteorology.*

syntactisch 0.1 *syntactic(al)* ♦ **2.1** ~ gelijke zinsdelen *(syntactically) parallel phrases, syntactic parallels.*

syntaxis ⟨taal.⟩ **0.1** *syntax.*

synthese 0.1 [verbinding, eenwording] *synthesis* **0.2** [schei.] *synthesis* **0.3** [samenvatting] *summary* ♦ **3.1** een ~ bereiken *achieve a s.*

synthetisch 0.1 [op synthese berustend] *synthetic* **0.2** [kunstmatig] *synthetic* ⇒ *man-made* ♦ **1.1** ~e methode *s. method* **1.2** ~e stoffen *synthetics;* ⟨weefsel ook⟩ *s. fabrics* **¶.1** ~ te werk gaan *work synthetically.*

Syrië 0.1 *Syria.*

Syriër 0.1 *Syrian.*

Syrisch 0.1 ⟨zn. en bn.⟩ *Syrian.*

systeem 0.1 ⟨ook in samenst.⟩ *system* ⇒⟨methode ook⟩ *method* ♦ **1.1** buizensysteem *pip(e)age* **2.1** het kapitalistische ~ *the capitalist s.;* ⟨plantk.⟩ natuurlijk ~ *natural orders* **3.1** een ~ bouwen ⟨comp.⟩ *construct a s.;* daar zit geen ~ in *there is no s./method in it* **6.1 tegen** het ~ ageren *op-*

pose the s.; **volgens** een bepaald ~ te werk gaan *proceed according to a certain method* **7.1** ⟨voetbal⟩ spelen volgens het 4-3-3-systeem *play in the 4-3-3 line-up.*

systeemanalist, -e 0.1 *systems analyst.*

systeembeheer 0.1 *system management/*⟨vnl. Unix⟩ *administration.*

systeembeheerder 0.1 *system manager/*⟨vnl. Unix⟩ *administrator.*

systeembouw 0.1 *modular construction.*

systeemfout 0.1 *system error.*

systeemkaart 0.1 *card* ⇒ *flash card* ⟨bij lesgeven⟩.

systeemloos 0.1 *unsystematic* ⇒ *unmethodical* ♦ **¶.1** ~ te werk gaan *proceed unmethodically.*

systeemontwerp 0.1 *system design.*

systeemontwerper 0.1 *system designer.*

systeemprogrammatuur ⟨comp.⟩ **0.1** *system software.*

systeemtijd 0.1 *system time.*

systematicus 0.1 *systematist.*

systematiek 0.1 [leer omtrent een systeem] *systematics* ⇒ *taxonomy* **0.2** [het systematische] *system* ♦ **1.1** de ~ der planten *the taxonomy of plants* **6.2** zonder ~ *unstructured, unsystematic.*

systematisch 0.1 *systematic* ⇒⟨volgens bepaalde methode⟩ *methodical* ♦ **1.1** een ~ overzicht *a s. survey* **3.1** iem. ~ plagen *be continually teasing s.o.* **¶.1** ~ te werk gaan *proceed systematically/methodically.*

systematiseren 0.1 [in een systeem onderbrengen] *systematize* ⇒ *classify* **0.2** [tot een systeem maken] *systematize* ⇒ *methodize.*

systematisering 0.1 *systematization.*

systole 0.1 *systole.*

t

clear **3.2** een ~ beheersen *have a good command of a l.* **3.3**
lelijke / gore ~ uitslaan *use ugly/foul l.* **6.2** 〈fig.〉 **in** alle talen zwijgen *be as silent as the grave* **¶.2** zich een ~ eigen
maken *master a l.* **¶.3** wat is dat voor een ~? *what sort of l.
is that?*

taai¹→**taaitaai.**

taai² (bn., bw.) **0.1** [mbt. vaste stoffen / voorwerpen] *tough*
0.2 [dik vloeibaar] *viscous* **0.3** [fig.; met veel uithoudings-
vermogen] *tough* ⇒*hardy* **0.4** [vervelend] *tedious* ⇒*boring* ◆ **1.1** ~e takken *t. branches* **1.2** een ~e substantie *a v.
substance* **1.3** een ~e rakker zijn *be a t. customer;* ~e volharding *dogged persistence;* een ~ volk *a t./hardy people*
3.1 ~ (doen) worden *toughen* **3.3** houd je ~ *hang in there,
take care (of yourself);* 〈kop op〉 *chin up.*

taaiheid 0.1 [mbt. vaste stoffen / voorwerpen] *toughness*
0.2 [dikvloeibaar zijn] *viscosity* **0.3** [het hebben van uit-
houdingsvermogen] *toughness* ⇒*hardiness,* 〈volharding〉
stubbornness **0.4** [het vervelend zijn] *tediousness* ⇒*dullness* ◆ **1.1** de ~ v.e. verflaag *the tenacity of a coat of paint*
1.3 de ~ v.d. traditie *the hardiness of tradition.*

taaipop 0.1 *gingerbread man.*

taaitaai 0.1 *gingerbread.*

taak 0.1 [functie, opdracht] *task* ⇒*job, duty,* 〈verantwoorde-
lijkheid〉 *responsibility,* 〈opdracht〉 *assignment* **0.2**
[school.] *assignment* ◆ **2.1** de hun opgelegde ~ *their appointed t.;* ik heb de prettige / aangename ~ om *...it is my
agreeable duty to ...;* een zware ~ op zich nemen *undertake an arduous t.* **3.1** zijn ~ aanvangen, van zijn ~ ontheven zijn *assume one's duties, be relieved of one's duties;*
het is niet mijn ~ dat te doen *it is not my place to do that;*
het is uw ~ / de ~ v.d. regering *it is up to you/the government;* de officier belast met de ~ om *...the officer charged
with the duty of ...;* iem. een ~ opgeven / oppleggen *set s.o. a
t.;* een ~ verrichten *perform/discharge a t./duty, do a job;*
een belangrijke ~ vervullen bij (de verkiezingen) *have/
play an important part in (the elections);* ~ volbracht *mission accomplished;* het als zijn ~ zien *see it as one's t./
brief* **3.2** de leerling krijgt een ~ *the pupil will be given an
assignment* **6.1** zich **tot** ~ stellen iets te doen *make it one's
business to do sth.;* **tot** ~ hebben *have as one's duty;* **tot** ~
krijgen *be given the t. (of);* zich **van** zijn ~ kwijten *discharge one's duty;* niet **voor** zijn ~ berekend zijn *be unequal to one's t.*

taakafbakening 0.1 *job delineation/demarcation* ⇒〈tus-
sen twee personen〉 *division of responsibilities.*

taakomschrijving 0.1 *job description.*

taakuur 0.1 *non-teaching/free period.*

taakverdeling 0.1 *division of tasks/labour* ⇒*allocation/
assignment of tasks.*

taakverruiming 0.1 〈van commissie / instantie〉 *extension
of one's terms of reference.*

taakverschuiving 0.1 *job alteration* ◆ **6.1** een ~ naar *a
shifting of responsibilities to.*

taal 0.1 [spraak, schrift] *language* ⇒〈gesproken〉 *speech,*
〈vak op school〉 *language skills* **0.2** [taalsysteem] *language* **0.3** [iemands woorden] *language* **0.4** [communi-
catiesysteem] *language* ◆ **1.3** ~ noch teken geven *not give
a sign of life* **1.4** de ~ van het lichaam *body l.* **2.2** de klassieke / moderne talen *classical/modern languages;* vreemde talen *foreign languages* **2.3** dagelijkse / alledaagse ~
daily/everyday l./speech; dat is krasse ~ *that's strong l.;*
onverbloemde ~ spreken *not mince one's words, be blunt*
2.4 de cijfers spreken (een) duidelijke ~ *the figures are*

taalalarm 0.1 *deficient in language skills* ⇒*having a poor
command of the language* ◆ **1.1** kinderen uit ~e milieus
linguistically deprived children.

taalbarrière 0.1 *language barrier.*

taalbeheersing 0.1 [taalvaardigheid] *mastery/command
of a language* ⇒〈wet.〉 *(linguistic) competence* **0.2** [vakge-
bied] *applied linguistics.*

taalcursus 0.1 *language course.*

taaleigen 0.1 *idiom(s)* ⇒*idiomatic expressions* 〈mv.〉.

taalfamilie 0.1 *language family* ⇒*linguistic stock.*

taalfout 0.1 *language error* ⇒*grammatical mistake.*

taalgebied 0.1 [streek] *regions* 〈mv.〉 **0.2** [alles mbt. de taal]
field of language/linguistics ◆ **2.1** het Franse ~ *French-
speaking regions* **6.2** de nieuwe opvattingen op ~ *the new
ideas on language/in the field of language;* op ~ munt hij
niet uit *he is no great shakes when it comes to language.*

taalgebruik 0.1 *(linguistic) usage* ⇒*language* ◆ **2.1** correct
~ *correct usage;* in het gewone / dagelijkse ~ *in common/
everyday language;* hedendaags / modern ~ *modern usage;* schriftelijk / mondeling ~ *written/oral language;* verkeerd ~ *incorrect usage.*

taalgeleerde 0.1 *linguist* ⇒〈historisch, vergelijkend〉 *philologist.*

taalgemeenschap 0.1 *language community.*

taalgeschiedenis 0.1 *linguistic history.*

taalgevoel 0.1 *linguistic feeling/instinct* ⇒*feeling/flair
for language(s)* ◆ **2.1** een goed / een zuiver ~ hebben *have
a keen sense of language* **3.1** mijn ~ zegt mij dat deze zin
niet grammaticaal is *my instinct tells me that this sentence is ungrammatical.*

taalgids 0.1 *phrase book* ◆ **2.1** Duitse ~ *German p. b.*

taalgrens 0.1 *language boundary* ⇒*linguistic frontier.*

taalkunde 0.1 *linguistics* ◆ **1.1** Nederlandse taal- en letterkunde *Dutch language and literature.*

taalkundig 0.1 *linguistic* ◆ **3.1** ~ ontleden *parse.*

taalkundige 0.1 *linguist.*

taalkwestie 0.1 *language question/issue.*

taaloefening 0.1 [het zich oefenen] *language practice* **0.2**
[opgave] *language/grammatical exercise.*

taalonderwijs 0.1 *language teaching.*

taalpsychologie 0.1 *psycholinguistics.*

taalregel 0.1 *rule of grammar.*

taalschat 0.1 *vocabulary.*

taalsociologie 0.1 *sociolinguistics.*

taalstrijd 0.1 *linguistic conflict.*

taalstudie 0.1 *study of a/the language;* 〈van talen als vak〉
language study; 〈linguïstiek〉 *linguistics* ◆ **2.1** vergelijkende ~ *comparative linguistics.*

taalvaardigheid 0.1 *command of the language* ◆ **3.1** zijn
~ vergroten *improve one's command of the language.*

taalverrijking 0.1 *language enrichment.*

taalvervuiling 0.1 *deterioration/corruption of (the) language.*

taalverwerving 0.1 *language acquisition.*

taalwetenschap 0.1 *linguistics* ◆ **2.1** algemene / historische / vergelijkende ~ *general/historical/comparative l.;*
de Romaanse ~ *the study of the Romance languages.*

taalzuiveraar 0.1 *purist.*

taart 0.1 [(stuk) gebak] *cake* ⇒〈vruchten〉 *pie,* 〈BE; open
vruchtentaart〉 *tart* **0.2** [scheldnaam] *bag* ⇒*hag* ◆ **2.2** een

ouwe ~ *an old b./hag* **7.1** een ~je *a (piece of) cake;* ⟨vruchten⟩ *a tart/pie.*
taartbodem 0.1 ⟨*bottom layer of (sponge) cake*⟩ ⇒*pie shell.*
taart(en)deeg 0.1 ±*pie dough.*
taartpunt 0.1 *wedge/slice of cake.*
taartschep 0.1 *cake server.*
taartvorkje 0.1 *cake fork.*
taartvorm 0.1 *cake tin.*
tabak 0.1 *tobacco* ◆ **2.1** lichte/gesausde ~ *mild/flavoured t.* **3.¶** (inf.) er ~ van hebben *have had enough (of sth.)* **6.1** een veld **met** ~ *a field of t.*
tabaksartikel 0.1 *tobacco product.*
tabakscultuur 0.1 [het verbouwen] *tobacco growing/cultivation* **0.2** [plantage] *tobacco plantation/estate.*
tabaksdoos 0.1 *tobacco box.*
tabaksonderneming 0.1 *tobacco plantation/estate.*
tabakspijp 0.1 *(tobacco) pipe.*
tabaksplant 0.1 *tobacco plant.*
tabaksplantage 0.1 *tobacco plantation/estate.*
tabaksrook 0.1 *tobacco/cigar smoke.*
tabaksteelt 0.1 *tobacco growing/cultivation.*
tabaksvergunning 0.1 *licence to sell tobacco.*
tabel 0.1 *table* ◆ **2.1** wiskundige ~len *mathematical tables.*
tabernakel 0.1 *tabernacle.*
tablatuur ⟨muz.⟩ **0.1** *tablature.*
tableau 0.1 [schaal] *tray* **0.2** [tafereel] *tableau* ◆ **¶.2** ~ vivant *t. vivant* **¶.¶** ~ de la troupe *cast, list of performers/characters.*
tablet 0.1 *tablet* ⇒⟨chocolade ook⟩ *bar* ◆ **1.1** ~ten aspirine *aspirin tablets* **3.1** een ~je innemen tegen de hoofdpijn *take a pill for one's headache.*
tabletvorm 0.1 *tablet form.*
taboe¹ ⟨het, de⟩ **0.1** *taboo* ◆ **2.1** het laatste ~ *the final/ultimate t.* **3.1** er rust een ~ op *it is under (a) t.;* een ~ schenden/doorbreken *violate/break down a t.*
taboe² ⟨bn.⟩ **0.1** *taboo* ◆ **3.1** iets ~ verklaren *pronounce sth. t.* **5.1** streng ~ zijn *be strictly t.* **6.1** ~ **voor** *t. to.*
taboesfeer 0.1 *taboo* ◆ **3.1** iets uit de ~ halen *stop sth. being taboo.*
tachtig 0.1 *eighty* ◆ **1.1** mijn oma is ~ jaar oud *my grandmother is e. (years old);* de jaren ~ *the eighties;* hoofdstuk drie, paragraaf ~ *chapter three, section e.* **6.1 in** de ~ zijn *be in one's eighties;* mijn dochter is **van** ~ *my daughter was born in eighty.*
tachtiger 0.1 [iem. van tachtig jaar] *octogenarian* ⇒*eighty-year-old.*
Tachtiger ⟨lit.⟩ **0.1** *man/writer of the Eighties Movement* ⇒⟨mv.⟩ *Eighties movement.*
tachtigjarig 0.1 [tachtig jaar oud] *eighty-year-old* **0.2** [tachtig jaar durend] *eighty years'* ◆ **1.1** een ~e vrouw *an eighty-year-old woman* **1.2** de Tachtigjarige Oorlog *the Eighty Years' War* **7.1** een ~e *an eighty-year-old.*
tachtigste 0.1 ⟨bn. en rangtelw.⟩ *eightieth* ◆ **6.1** op zijn ~ ging hij nog elke dag zwemmen *at (the age of) eighty, he still went swimming every day* **7.1** een ~ ton *an e. of a ton.*
tachtigtal 0.1 *eighty* ◆ **1.1** een ~ mensen *some e. people.*
tackelen ⟨sport⟩ **0.1** *tackle.*
tact 0.1 *tact* ◆ **6.1** iets **met** ~ en beleid doen *do sth. with t. and discretion;* iets **met** ~ regelen *use t. in dealing with sth.*
tacticus 0.1 [tactvol iem.] *diplomat* **0.2** [iem. die de tactiek goed toepast] *tactician.*
tactiek 0.1 [ook sport] *tactics* ⟨mv.⟩ ◆ **1.1** de ~ v.d. verschroeide aarde *the scorched-earth policy* **2.1** dat is niet de juiste ~ om zoiets te regelen *that is not the way to go*

---

about such a thing **3.1** een verkeerde ~ toepassen *pursue/adopt unsuitable t.;* van ~ veranderen *change/alter one's t./strategy.*
tactisch 0.1 *tactical;* ⟨handig⟩ *tactful* ◆ **1.1** ~e atoomwapens *tactical atomic weapons;* een ~e eenheid *a tactical unit;* een ~e fout *tactical error;* een ~e zet *a tactical/cunning move* **3.1** iets ~ aanpakken *set about sth. tactically/shrewdly;* dat was niet erg ~ van je *that wasn't very tactful of you* **¶.1** ~ te werk gaan *proceed tactically/with tact.*
tactloos 0.1 *tactless* ◆ **1.1** een tactloze opmerking maken *make a t. remark* **3.1** ~ optreden *show no tact.*
tactloosheid 0.1 *tactlessness.*
tactvol 0.1 *tactful* ◆ **1.1** een ~ beleid *a judicious policy* **¶.1** ~ te werk gaan *proceed tactfully/with tact.*
Tadzjiek, -se 0.1 *Tadzhik.*
Tadzjieks 0.1 ⟨bn. en zn.⟩ *Tadzhiki.*
Tadzjikistan 0.1 *Tadzhikistan.*
tafel 0.1 *table* ◆ **1.1** ⟨jur.⟩ van ~ en bed scheiden *get a legal separation;* ⟨jur.⟩ gescheiden van ~ en bed *(legally) separated;* de ~s van vermenigvuldiging *the multiplication tables* **2.1** de hele ~ lag krom *the whole t. was roaring with laughter* **3.1** de ~ afruimen/dekken *clear/set the t.;* (in een restaurant) een ~ reserveren/bespreken *reserve a t.* **6.1 aan** ~ gaan *sit down to dinner;* **aan** ~ zijn/zitten *be at (the) t.;* **aan** ~! *dinner is ready!/served!;* men sprak er **aan** ~ over *it was discussed at (the) t./during dinner;* altijd lang **aan** ~ zitten *always sit long over dinner;* **om** de ~ gaan *sit down at the table (and start talking);* ⟨fig.⟩ iem. **onder** ~ drinken *drink s.o. under the t.;* ⟨fig.⟩ een bedrag **onder** ~ *a sum under the counter;* ⟨fig.⟩ iets **onder** de ~ schuiven/vegen *brush/wave sth. aside;* ⟨fig.⟩ iem. **onder** de ~ praten *outtalk s.o.;* het ontbijt staat **op** ~ *breakfast is on the t./ready;* ⟨fig.⟩ er lagen verschillende voorstellen **op** ~ *there were several proposals on the t./under discussion;* ik kan het geld niet zonder meer **op** ~ leggen *I can't cough up the money just now;* bij hen kwamen er alle dagen aardappelen **op** ~ *they had potatoes every day;* ⟨fig.⟩ een voorstel **ter** ~ brengen *bring a proposal up (for discussion);* ⟨fig.⟩ **ter** ~ komen *come up (for discussion);* ⟨fig.⟩ **ter** ~ liggen *be/lie on the t.;* **van** ~ gaan *leave the t.;* de ~ **van** zeven *the seven-times t.;* een ~ **voor** zes personen *a t. for six.*
tafelaansteker 0.1 *table lighter.*
tafelblad 0.1 *tabletop.*
tafeldame 0.1 *partner/neighbour (at dinner).*
tafeldekken 0.1 *laying/setting the table.*
tafelen 0.1 *dine, sit/be at (the) table* ◆ **5.1** wij ~ meestal lang *we usually linger at the dinner table/over our dinner.*
tafelgenoot 0.1 *table companion.*
tafelgerei 0.1 *tableware and cutlery.*
tafelgezelschap 0.1 *guests.*
tafelkleed, -laken 0.1 *tablecloth.*
tafelmanieren 0.1 *table manners.*
tafelmodel 0.1 *table-top model* ⇒⟨mbt. werktuig⟩ *bench model.*
tafelpoot 0.1 *table-leg.*
tafelrede 0.1 *after-dinner speech* ⇒*speech during dinner.*
tafeltennis 0.1 *table tennis.*
tafeltennissen 0.1 *play table tennis.*
tafeltennisser, -ster 0.1 *table-tennis player.*
tafeltennistafel ⟨sport⟩ **0.1** *table-tennis table.*
tafeltje-dek-je 0.1 ±*meals on wheels.*
tafelvoetbal 0.1 *table football.*
tafelwijn 0.1 *table wine.*

tafelzeil 0.1 *oilcloth.*
tafelzilver 0.1 *silver cutlery* ⇒*silverware.*
tafereel 0.1 [situatie, afbeelding] *tableau* ⇒*scene* 0.2 [wisk.] *plane of projection* ◆ 2.1 een idyllisch ~ *an idyllic scene.*
tagliatelle 0.1 *tagliatelle.*
taille 0.1 [middel] *waist* 0.2 [deel v.e. kledingstuk] *waist-(line)* 0.3 [omtrek] *waist (size)* ◆ 2.1 een dunne / fraaie ~ hebben *have a slender / lovely w.* 2.2 een jurk met een hoge ~ *a dress with a high waistline* 6.1 ze gespte een ceintuur om haar ~ *she buckled a belt around her w.* 6.2 te nauw in de ~ *too narrow at the waist.*
taillemaat →**taillewijdte.**
tailleren 0.1 *nip in at the waist* ◆ 1.1 een getailleerde bloes *a tailored blouse.*
taillewijdte 0.1 *waist size.*
Taiwan 0.1 *Taiwan.*
tak 0.1 *branch* ⇒⟨vertakking ook⟩ *fork,* ⟨onderdeel / afdeling ook⟩ *section* ◆ 1.1 een ~ van dienst *a (public) service department;* een ~ van sport / van wetenschap *a branch of sports / science;* ⟨wetenschap ook⟩ *a discipline* 2.1 de Amerikaanse ~ van ons bedrijf *the American b. / division of our company;* de arme ~ *the poor side / b. (of the family);* dorre ~ken *dead branches;* ⟨klein⟩ *dry twigs* 3.1 een weg die zich in twee ~ken splitst *a forked road;* de wandelende ~ *the [B]stick insect / [A]walking stick.*
takel 0.1 *tackle* ◆ 6.1 in een ~ / in de ~s hangen *be in the sling.*
takelblok 0.1 *(tackle) block.*
takelen 0.1 *hoist* ◆ 6.1 een auto uit de sloot ~ *hoist a car (up) out of the ditch.*
takelwagen 0.1 *[B]breakdown lorry,* *[A]tow truck.*
takenpakket 0.1 *job responsibilities* ⟨mv.⟩.
takkenbos 0.1 *bundle of sticks, faggot.*
taks I ⟨de⟩ 0.1 [vastgestelde hoeveelheid] *regular amount* 0.2 [AZN; heffing] *tax* ◆ 3.1 vijf pilsjes is mijn (vaste) ~ *five beers is my usual quantity / my limit* 6.1 aan zijn ~ zijn *have had enough;* ik ben boven mijn ~ *I've already had more than usual;*
II ⟨de (m.)⟩ 0.1 [dashond] *dachshund.*
tal 0.1 *numerous* ◆ 6.1 ~ van voorbeelden *n. examples.*
talen 0.1 *care (about / for)* ⇒*be interested* ◆ 6.1 hij taalde niet naar zijn familie *he showed no interest in his family;* ik taal er niet meer naar ⟨roken, drank enz.⟩ *I don't care for it any more.*
talenkennis 0.1 *knowledge / command of languages* ◆ 2.1 een grote ~ hebben *know a lot of languages* 3.1 ~ is niet vereist *knowledge of languages is not required.*
talenknobbel 0.1 *linguistic talent* ⇒*head / feel for languages* ◆ 3.1 zij heeft een ~ ⟨ook⟩ *she's a natural linguist.*
talenlaboratorium 0.1 *language lab(oratory).*
talenpracticum 0.1 *language lab(oratory).*
talent 0.1 [gave] *talent* ⇒*gift* ⟨ihb. kunstzinnig⟩, *ability* ⟨bv. voor studie / zaken⟩ 0.2 [persoon] *talent(ed person)* ◆ 2.1 gezegend zijn met een groot ~ *be blessed with great talent(s), be highly gifted;* verborgen ~en *hidden talents* 3.1 ze heeft (geen) ~ *she is (un)talented* 6.1 met (zijn) ~ woekeren *exploit one's talent(s) / abilities;* een man met vele ~en *a man of many talents;* ~ voor muziek hebben *have musical t.;* zonder ~ *untalented.*
talentenjacht 0.1 *talent scouting.*
talentvol 0.1 ⟨bn.⟩ *talented, gifted;* ⟨bw.⟩ *ably, with great talent.*
talenwonder 0.1 *linguistic genius.*
talgklier 0.1 *sebaceous gland.*

talisman 0.1 *talisman.*
talk 0.1 *talc* ◆ 2.1 gemalen ~ *talcum powder.*
talkachtig 0.1 [vet] *tallowy* 0.2 [mbt. mineraal] *talcous, talcose* ⇒⟨inf.⟩ *talc-like.*
talkpoeder 0.1 *talcum powder.*
talloos 0.1 *innumerable* ⇒*countless* ◆ 1.1 er zijn nog talloze dingen te doen *there are still a hundred and one things to take care of;* talloze keren *countless times* 6.1 wij zijn met tallozen *our numbers are legion* 7.1 ~ veel *innumerable, (in) countless numbers.*
talmen 0.1 *tarry* ◆ 6.1 ~ bij het nemen v.e. beslissing *t. over a decision;* ⟨uitstellen⟩ *put off / defer a decision;* ~ met iets *t. over sth.;* zonder ~ *without delay.*
talmoed 0.1 *Talmud.*
talmoedisch 0.1 *Talmudic* ◆ 1.1 naar ~ gebruik *according to T. usage.*
talmoedist 0.1 *Talmudist.*
talrijk I ⟨bn.⟩ 0.1 [veelvuldig] *numerous* ⇒*many* ◆ 1.1 een ~ huisgezin *a large / n. family;* met ~e illustraties *with n. / many illustrations* 3.1 ~ zijn de verhalen die ... *many's the tale which ...;* zeer / weinig ~ zijn *be plentiful / scarce;*
II ⟨bw.⟩ 0.1 [in groot aantal] *in large numbers* ◆ 3.1 ~ vertegenwoordigd *present in large numbers.*
talud 0.1 *incline, slope; bank* ⟨van weg / spoordijk⟩; ⟨natuurlijk⟩ *talus.*
tam I ⟨bn.⟩ 0.1 [mbt. dieren] *tame(d)* 0.2 [mak] *tame* ⇒*gentle* ◆ 1.1 ~me en wilde eenden *domestic and wild ducks;* een ~me vos *a tame fox* 1.2 een ~ paard *a gentle / t. horse* 3.1 ~ maken *domesticate* ⟨kleine dieren⟩; *tame* ⟨leeuwen e.d.⟩;
II ⟨bn., bw.⟩ 0.1 [niet krachtig] *tame* ⇒*dull* ◆ 1.1 het is hier maar een ~ gedoe *it's a dull scene here* 3.1 hij heeft nogal ~ gesproken *he spoke rather tamely.*
tamboer 0.1 *drummer.*
tamboerijn 0.1 *tambourine.*
tamelijk I ⟨bw.⟩ 0.1 *fairly, rather* ◆ 7.1 ~ veel bezoekers *r. / quite a lot of visitors;*
II ⟨bn.⟩ 0.1 [nogal groot] *fair-sized* ⇒*reasonable* ◆ 1.1 een ~ vermogen *a considerable fortune.*
tamheid 0.1 *tameness.*
Tamil 0.1 *Tamil.*
tampon 0.1 *tampon* ◆ 3.1 een ~ inbrengen *insert a t.*
tamtam 0.1 [trommel] *tom-tom* 0.2 [fig.; ophef] *fanfare* ◆ 3.2 ~ maken over een gebeurtenis *make a big thing / event out of sth.* 6.2 met veel ~ *with great f.*
tand 0.1 [deel van gebit] *tooth* 0.2 [in / afdruk v.e. tand] *tooth-mark* 0.3 [puntig deel van werktuigen] *tooth* ⇒⟨van vork / eg⟩ *prong,* ⟨aan wiel⟩ *cog* 0.4 [mbt. houtverbinding] ⟨inkeping⟩ *mortise;* ⟨uitsteeksel⟩ *tenon* ◆ 1.1 ⟨fig.⟩ de ~ des tijds *the ravages of time* 1.3 de ~en v.e. kam / hark / zaag *the teeth of a comb / rake / saw* 2.1 ⟨fig.⟩ met lange ~en eten *dawdle over / pick at one's food;* een losse ~ *a loose t.* 3.1 er breekt een ~ door *he / she is cutting a t. / teething;* zijn ~en op iets breken ⟨fig.⟩ *±waste one's energy on sth.;* een ~ krijgen *cut a t., teethe;* een ~ laten vullen / trekken *have a t. filled / pulled;* ⟨fig.⟩ zijn ~en laten zien ⟨dreigen⟩ *show / bare one's teeth;* ⟨niet zwijgen⟩ *put up a fight;* zijn ~en poetsen *brush one's teeth;* ~en wisselen *get one's big teeth;* zijn ~en in iets zetten ⟨fig.⟩ *get one's teeth into sth.;* ⟨lett.⟩ *bite into sth.* 3.2 de ~en staan in mijn hand *you can (still) see the teeth-marks in my hand* 6.1 ⟨fig.⟩ iem. aan de ~ voelen *grill s.o.;* een mooie mond met ~en *a fine set of teeth;* met de ~en knarsen *grind one's teeth;* ⟨fig.⟩ op zijn ~en bijten *grin and bear it, bite the bullet;* ⟨fig.⟩ tot de ~en gewapend zijn *be armed to the teeth;* tussen de ~en fluiten *whistle through one's teeth.*

tandarts 0.1 *dentist* ♦ 3.1 voor ~ studeren *study dentistry.*
tandartsassistente 0.1 *dentist's/dental assistant.*
tandcariës, -bederf 0.1 *dental caries, tooth decay.*
tandeloos 0.1 *toothless;* ⟨mbt. diersoort zonder tanden⟩ *edentate.*
tandem 0.1 *tandem* ♦ 3.1 een ~ vormen *work as a team/in tandem.*
tandenborstel 0.1 *toothbrush.*
tandengeknars 0.1 *gnashing/grinding of teeth.*
tandenknarsen 0.1 *gnash/grind one's teeth.*
tandenstoker 0.1 *toothpick.*
tandglazuur 0.1 *(dental) enamel.*
tandheelkunde 0.1 *dentistry.*
tandheelkundig 0.1 ⟨bn.⟩ *dental;* ⟨bw.⟩ *using/by means of dentistry* ♦ 1.1 ~e behandeling *dental treatment* 3.1 iem. ~ behandelen *give s.o. dental treatment.*
tandkas 0.1 *socket (of a/the tooth).*
tandpasta 0.1 *toothpaste.*
tandplak 0.1 *(dental) plaque.*
tandrad →tandwiel.
tandradbaan 0.1 *cog railway.*
tandregulatie ⟨med.⟩ 0.1 *orthodontics.*
tandsteen 0.1 *tartar* ♦ 3.1 van ~ ontdoen *remove the t.*
tandtechnicus, -ca 0.1 *dental technician.*
tandvlees 0.1 *gums* ⟨mv.⟩ ♦ 6.1 ⟨fig.⟩ hij loopt **op** zijn ~ *he's using up his last ounce of energy.*
tandwiel 0.1 *gearwheel* ⇒*cogwheel,* ⟨van fiets⟩ *chainwheel* ⟨voor⟩, *sprocket wheel* ⟨achter⟩.
tandwortel 0.1 *root (of a tooth).*
tanen 0.1 *wane* ⇒*fade* ♦ 1.1 ~de belangstelling *dwindling (public) interest;* haar roem taande *her glory faded.*
tang 0.1 [gereedschap] *tongs* ⇒⟨buigtang⟩ *(pair of) pliers,* ⟨kniptang⟩ *(pair of) nippers,* ⟨nijptang⟩ *(pair of) pincers,* ⟨med.⟩ *forceps* 0.2 [inf.; vrouw] *shrew, bitch* ♦ 2.2 oude ~ *old b./hag* 3.1 ik zou hem (nog) met geen ~ willen aanraken/aanpakken *I wouldn't touch him with a* [B]*bargepole/* [A]*ten-foot pole* 6.1 ⟨fig.⟩ iem. **in** de ~ nemen *yet/have s.o. by the short hairs;* het kind is **met** de ~ gehaald *the child had a forceps delivery* 8.1 ⟨fig.⟩ dat slaat als een ~ op een varken *that's neither here nor there.*
tangarine 0.1 *tangerine.*
tangaslipje 0.1 *tanga.*
tangbevalling, -verlossing 0.1 *forceps delivery.*
tangens ⟨wisk.⟩ 0.1 *tangent.*
tango 0.1 *tango.*
tanig 0.1 *tawny.*
tank 0.1 *tank* ♦ 2.1 een halfvolle ~ *a half-full/empty t.,* half a t.; een volle ~ benzine *a full/whole t. of* [B]*petrol/* [A]*gas* 3.1 de ~ volgooien *fill up (the t.).*
tankauto 0.1 *tank* [B]*lorry/* [A]*truck.*
tanken 0.1 ⟨onov.⟩ *fill up, refuel;* ⟨ov.⟩ *fill up with, take in/on* ♦ 1.1 ik heb 25 liter getankt *I put 25 litres in (the tank);* ik tank meestal super *I usually take* [B]*four star/* [A]*super.*
tankschip 0.1 *(oil) tanker, tankship.*
tankstation 0.1 *filling station.*
tankvuur 0.1 *tank fire.*
tankwagen 0.1 *tank* [B]*lorry/* [A]*truck;* ⟨spoorw.⟩ [B]*tank wagon/* [A]*car.*
tante 0.1 [(schoon)zuster van de ouder(s)] *aunt* 0.2 [als aanspreekvorm] *aunt(ie), aunty* 0.3 [scherts.] *woman* ⇒*female* ♦ 2.3 een dikke/stevige ~ *a sturdy female;* een lastige ~ geen gemakkelijke ~ *a fussy/difficult lady/w.;* een uitgekookte ~ *a sly one.*
tantième 0.1 *(cash) bonus* ⇒⟨aan commissarissen⟩ *director's fee.*

tandarts - tarwe

Tanzania 0.1 *Tanzania.*
tap 0.1 [afsluiter] *plug* ⇒⟨vnl. in fust⟩ *bung,* ⟨op fles⟩ *stopper,* ⟨in vat⟩ *tap* 0.2 [kraan waaruit vloeistof kan vloeien] *tap* ⇒ ⟨in vat⟩ *spigot* 0.3 [het laten uitvloeien] *tap(ping)* 0.4 [tap kast] *bar* ♦ 3.1 de ~ in het vat steken *plug (up) the barrel, bung the cask* 6.2 bier **uit** de ~ *beer on tap/* [B]*draught/* [A]*draft* 6.3 wijn **bij** de ~ verkopen *sell wine from the wood* 6.4 achter de ~ staan *serve at the bar.*
tapbier 0.1 [B]*draught/* [A]*draft beer.*
tapdans 0.1 *tap dance.*
tapdansen 0.1 *tap dance.*
tapdanser, -es 0.1 *tap dancer.*
tape 0.1 [plakband] *(adhesive) tape* 0.2 [magneetband] *(magnetic) tape* 0.3 [papieren strook bij een telegraaftoestel] *(ticker) tape.*
tapen 0.1 *tape.*
tapijt 0.1 *carpet* ⇒⟨klein⟩ *rug* ♦ 2.1 een geknoopt ~ *a hand-woven c./rug;* een hoogpolig/laagpolig ~ *a deep-/short-pile c./rug;* een vliegend ~ *a magic c.*
tapijttegel 0.1 *carpet tile/square.*
tapir 0.1 *tapir.*
tapkast →tap 0.4.
tapkraan 0.1 *tap.*
tappen I ⟨ov.ww.⟩ 0.1 [(gas/vloeistof) laten uitvloeien] *tap* ⇒ *draw (off)* 0.2 [vertellen] *crack* ♦ 1.1 bier/wijn ~ *t. beer/wine* 1.2 moppen ~ *crack/tell jokes* ¶.¶ getapt zijn *be popular;* II ⟨onov., ov.ww.⟩ 0.1 [uit de tap schenken]⟨onov.⟩ *serve at the bar;* ⟨ov.⟩ *serve* ♦ 5.1 hier wordt getapt *they sell beer here.*
tapperij 0.1 *pub(lic house).*
taps 0.1 ⟨bn.⟩ *tapering, conical;* ⟨bw.⟩ *conically.*
taptemelk 0.1 *skim(med)/separated milk.*
taptoe 0.1 *tattoo* ♦ 3.1 de ~ slaan/blazen *beat/sound the t.*
tapverbod 0.1 *ban on alcoholic beverages.*
tapvergunning 0.1 [B]*licence to sell spirits,* [A]*liquor license* ♦ 6.1 restaurant met ~ *licensed restaurant.*
tapwijn 0.1 *cask wine.*
tarbot 0.1 *turbot.*
tarief 0.1 [prijs(bepaling)] *tariff* ⇒*rate, (scale/table of) charge(s),* ⟨mbt. arts/notaris⟩ *(scale of) fee(s),* ⟨openbaar vervoer⟩ *fare* 0.2 [in-, uit- en doorvoerrechten] *tariff (rates)* ♦ 2.1 's nachts betaalt men dubbel ~ *at night one pays double the normal charge/rate;* het gewone ~ betalen *pay the standard charge/rate;* vast ~*fixed/flat rate/* ⟨vervoer⟩ *fare;* tegen verminderd ~ *at a reduced ./rate;* het volle ~ berekenen *charge the full rate* 2.2 beschermende tarieven *protective tariffs/duties* 6.1 een ~ **voor** iets vaststellen *draw up a list of charges for sth.*
tariefgroep 0.1 *tax group.*
tariefschijf 0.1 ±*tax bracket.*
tarievenoorlog ⟨hand.⟩ 0.1 *tariff war.*
tarok ⟨g.mv.⟩ 0.1 *tarot.*
tarra ⟨hand.⟩ 0.1 *tare(weight).*
tartaar 0.1 *steak tartare.*
Tartaar 0.1 *Tartar.*
tarten 0.1 [trotseren] *defy* ⇒*flout* ⟨rechtbank, bestuursmaatregel⟩ 0.2 [tergen] *provoke* 0.3 [uitdagen] *dare* ⇒ *challenge* 0.4 [overtreffen] *defy* ♦ 1.1 gevaren/de dood ~ *d. danger, brave death;* ⟨fig.⟩ het noodlot ~ *tempt fate* 1.2 tart je zus niet *stop provoking/tormenting your sister* 1.3 ik tart die kerel, dat te bewijzen *I d./challenge that guy to prove it* 1.4 een ellende die elke beschrijving tart *misery beyond/that defies all description.*
tarwe 0.1 [(korrels v.d.) plant] *wheat* 0.2 [brood] *wheat bread* ♦ 2.2 een heel ~ *one (loaf of) w. b.*

tarwebloem 0.1 *wheat flour.*
tarwebrood →**tarwe** 0.2.
tarwekiem 0.1 *wheat germ.*
tarwekorrel 0.1 *grain of wheat.*
tarwemeel 0.1 *wheatmeal.*
tarweoogst 0.1 [handeling] *wheat harvest* 0.2 [opbrengst] *wheat crop.*
tarwevlokken 0.1 *wheat flakes.*
tarwezemelen 0.1 *(wheat) bran.*
tas 0.1 [zak, kleine koffer] *bag* ⇒⟨school-⟩ *satchel,* ⟨akte-⟩ *(brief)case,* ⟨hand-⟩ *(hand)bag* 0.2 [AZN; kop] *cup* ◆ 2.1 een plastic ~ *a plastic bag.*
tasjesdief 0.1 *bag snatcher.*
Tasmanië 0.1 *Tasmania.*
tast 0.1 [het bevoelen] *touch* 0.2 [het zoekend bewegen v.d. hand] *groping* ⇒*feeling* ◆ 6.1 blinden herkennen iets **op** de ~ *blind people recognize things by t.* 6.2 hij greep op de ~ naar de lamp *he groped/felt for the lamp;* ⟨fig.⟩ **op** de ~ ⟨lukraak⟩ *at random;* ⟨zonder richtsnoer⟩ *blindly;* **op** de ~ lopen *feel/grope one's way;* iets **op** de ~ vinden *find sth. by touch;* ⟨toevallig⟩ *stumble upon sth.*
tastbaar 0.1 *tangible* ◆ 1.1 tastbare bewijzen *t./concrete proof;* ⟨fig.⟩ een tastbare duisternis *a palpable darkness;* de tastbare wereld *the t. world* 3.1 iets ~ maken voor iem. *explain sth. to s.o. in concrete terms.*
tasten 0.1 [de hand zoekend bewegen] *grope* 0.2 [reiken] *dip* ◆ 6.2 in zijn beurs ~ *d. into one's purse;* zij heeft diep **in** haar beurs getast ⟨mbt. gulheid⟩ *she has been very generous;* ⟨mbt. aankoop⟩ *she has paid a lot of money (for that).*
tastorgaan 0.1 *feeler, tentacle* ⇒⟨tastlichaampje, orgaantje⟩ *tactile corpuscle.*
tastzin 0.1 *(sense of) touch, tactile sense.*
tater ⟨inf.⟩ 0.1 [mond] *trap* ◆ 3.1 hou je ~! *shut your t.!;* zijn ~ staat nooit stil *his mouth never stops.*
tateren 0.1 [levendig klanken voortbrengen] *chatter* 0.2 [AZN; onaangenaam, hard] *jabber* 0.3 [AZN; veel praten] *chatter;* ⟨ratelen⟩ *rattle (on).*
tatoeage 0.1 *tattoo.*
tatoeëren 0.1 *tattoo* ◆ 3.1 zich laten ~ *have o.s. tattooed.*
taugé 0.1 *bean sprouts.*
tautologie 0.1 *tautology.*
taveerne 0.1 *inn,* ᴮ*pub(lic house).*
taxateur 0.1 *appraiser* ⇒⟨van belastingen/verzekeringen⟩ *assessor* ◆ 1.1 makelaar en ~ ᴮ*estate agent and surveyor* 2.1 beëdigd ~ *sworn/licensed assessor.*
taxatie 0.1 [schatting van waarde] *assessment, appraisal* 0.2 [raming, schatting] *estimation* ⇒⟨(kosten)raming⟩ *estimate* 0.3 [waardebepaling] *(e)valuation* ⇒*appraisal* ◆ 1.2 zijn ~ v.d. afstand bleek aardig te kloppen *his estimate of the distance turned out to be quite accurate* 3.1 een ~ laten uitvoeren *have an assessment carried out;* een ~ verrichten *make an assessment.*
taxatiekosten 0.1 *cost(s) of evaluation/assessment/appraisal;* ⟨honorarium van taxateur⟩ *valuer's/assessor's/appraiser's fee(s).*
taxatiewaarde 0.1 [mbt. waardebepaling] *assessed value/* ⟨belastingen ook⟩ *worth* 0.2 [mbt. inschatting] *estimated worth/* ⟨van bedrijf ook⟩ *value.*
taxeren 0.1 [waarde bepalen van] *evaluate* ⇒*value (at)* 0.2 [inschatten] *assess, estimate* ◆ 1.1 huizen ~ *value houses (at);* de schade ~ *assess the damage;* de getaxeerde waarde *the assessed/estimated value* 5.1 te hoog ~ *overrate* 5.2 iem. hoog ~ *rate s.o. highly;* iem. verkeerd ~ *misjudge s.o.* 6.2 feiten **op** hun juiste waarde ~ *weigh the true value of the facts.*

taxfree 0.1 *duty-free* ◆ 1.1 ~ artikelen *d.-f. goods.*
taxi 0.1 *taxi* ⇒⟨inf.⟩ *cab* ◆ 3.1 een ~ aanroepen *hail a t./cab;* een ~ bestellen *call a cab* 6.1 ze besloten **met** een/de ~ te gaan *they decided to go by t.*
taxibaan 0.1 [luchtv.] *taxiway.*
taxibedrijf 0.1 *taxi company.*
taxicentrale 0.1 *taxi office.*
taxichauffeur 0.1 *taxi driver.*
taxiën 0.1 *taxi* ◆ 6.1 over de startbaan ~ *t. along the runway.*
taximeter 0.1 *taximeter.*
taxirit 0.1 *taxi ride.*
taxistandplaats 0.1 *taxi* ᴮ*rank/*ᴬ*stand.*
taxus 0.1 *yew (tree).*
T-balk 0.1 *T-bar.*
tb(c) ⟨afk.⟩ 0.1 [tuberculose] *T.B.*
T-biljet 0.1 *tax reclaim form.*
tbr ⟨afk.⟩ 0.1 ⟨zie 3.1⟩ ◆ 3.1 ~ krijgen *be detained under a hospital order, be committed to a youth custody centre.*
tbs →**tbr.**
t.b.v. ⟨afk.⟩ 0.1 [ten behoeve van] ⟨*on behalf of*⟩ 0.2 [ten bate van] ⟨*in aid/in favour/for the benefit of*⟩.
te[1] ⟨bw.⟩ 0.1 *too;* ⟨enigszins/een beetje te (laat/kort enz.): onvertaald⟩ ◆ 2.1 dat is me ~ geleerd *that's beyond me;* ~ laat *t. late;* ⟨van trein enz.⟩ *late, overdue;* zoveel ~ meer *the/even more so, so much/all the more;* dat is hem ~ min *that's beneath him;* ~ veel mensen *t. many people* 3.1 dat is een beetje te *that's a bit much* 5.1 de vertaling was niet ~ moeilijk *the translation wasn't t. difficult* 6.1 een veel ~ mooi huis **om** te verkopen *a house much t. beautiful to sell* 7.1 een ~ moeilijke taak *t. difficult a task;* ~ veel om op te noemen *t. much/many to mention* ¶.1 ~ is nooit goed *you can have t. much of a good thing.*
te[2] ⟨vz.⟩ 0.1 [voor infinitief] *to* 0.2 [mbt. plaats] *in* ⟨stad e.d.⟩ 0.3 [mbt. tijd] *at* 0.4 [mbt. doel/bestemming] *to, for* ◆ 1.2 de dom ~ Keulen *the Cathedral in Cologne;* ~ paard zitten *be (seated) on horseback;* ~ Parijs aankomen *arrive in Paris* 1.3 ~ middernacht *at midnight* 1.4 ~ huur, ~ koop *to let, for sale* 1.¶ ~ voet *on foot* 3.1 dreigen ~ vertrekken *threaten to leave;* te was ~ drogen hangen *hang out the washing to dry;* zij ligt ~ slapen *she's sleeping/asleep* 5.1 een niet ~ missen kans *a chance not to be missed* 6.1 een dag **om** nooit ~ vergeten *a day never to be forgotten.*
teakhout 0.1 *teak.*
teakolie 0.1 ±*furniture polish.*
team 0.1 *team* ◆ 3.1 een ~ kiezen *pick a t.;* een ~ samenstellen *put together t.;* een ~ vormen *team up with s.o.;* samen een ~ vormen *team up together* 6.1 in een ~ werken *work in a t.* 7.1 hij speelt in het tweede ~ *he plays for the reserves/reserve t.*
teamgeest 0.1 *team spirit* ◆ 3.1 er heerste een uitstekende ~ *the t. s. was excellent.*
teamgenoot, -note 0.1 *teammate* ◆ 2.1 het zijn goede teamgenoten *they are good teamworkers.*
teamleider, -ster 0.1 *team leader.*
teamverband 0.1 *team* ◆ 6.1 in ~ werken *work in/as a t.*
techneut ⟨scherts.⟩ 0.1 ᴮ*boffin.*
technicus 0.1 [werktuigkundige] ⟨alg.⟩ *engineer;* ⟨specialist, academicus⟩ *technologist; technician* ⟨hoog gekwalificeerd⟩ 0.2 [iem. die reparaties verricht] *mechanic* ◆ 5.1 als niet-~ *as a non-technical person, being not very technical(ly-minded).*
techniek 0.1 [nodige bewerkingen/verrichtingen om iets tot stand te brengen] *technique* 0.2 [bewerkingen mbt. de industrie] *engineering, technology* 0.3 [vaardigheid] *tech-*

nique ⟨ook mbt. sport/kunst⟩ ⇒*skill* **0.4** [technische hulpmiddelen] *technics, technology* ♦ **1.3** de ~ v.e. pianist *the t. of a pianist* **2.2** geavanceerde ~en *advanced techniques, high-tech(nology)* **3.1** een ~ aanleren *learn a t./skill;* een ~ toepassen *apply a t.(to)* **3.3** over onvoldoende ~ beschikken *possess insufficient skills.*

technisch I ⟨bn.⟩ **0.1** [de techniek betreffend] *technical* ⇒ *technological, engineering* **0.2** [mbt. het werktuiglijk gedeelte] *technical* ♦ **1.1** ~ ambtenaar ±*technical engineer;* ⟨opzichter⟩ *technical supervisor;* een ~ bureau *an engineering firm;* een ~ detail *a technicality;* de ~e dienst *the technical department;* een Lagere/Middelbare Technische School "*a junior/senior secondary technical school;* een Hogere Technische School/Technische Universiteit *a college/university of technology;* een ~ snufje *a gadget;* een ~e term *a technical term;* ~e vakken *technical subjects* **1.2** ~e specialisten *t. specialists, technicians* **3.1** hij is niet erg ~ *he's not very technical(ly-minded);*
II ⟨bw.⟩ **0.1** [uit oogpunt van de techniek] *technically* ♦ **2.1** dat is ~ onmogelijk *that's t./physically impossible;* ~ volmaakt *t. perfect.*

technocraat 0.1 *technocrat.*
technocratie 0.1 *technocracy.*
technofoob 0.1 *technophobe.*
technokeuring 0.1 *inspection* ⇒⟨GB⟩ *AA report.*
technologie 0.1 *technology* ♦ **2.1** fysische/chemische ~ *physical/chemical engineering;* geavanceerde ~ *high-tech(nology).*
technologisch 0.1 *technological* ♦ **1.1** de ~e achterstand *the t. gap.*
technoloog 0.1 *technologist.*
teckel 0.1 *dachshund.*
tectyleren 0.1 *rustproof,* "*underseal,* ^*undercoat.*
teddybeer 0.1 *teddy bear.*
teder 0.1 *tender* ♦ **1.1** een ~e omarming *a t. embrace* **3.1** iem.~ aankijken *look at s.o. tenderly.*
tederheid 0.1 [zachtheid] *tenderness* **0.2** [hartelijke liefde] *lovingness* ♦ **2.2** de moederlijke ~ *motherly l.* **6.1** de natuur in al haar ~ *nature in all its t.*
TEE ⟨afk.⟩ **0.1** [Trans-Europe Express] ⟨*Trans-Europe Express*⟩.
teef 0.1 *bitch* ♦ **2.1** een loopse ~ *a b. in heat;* vuile ~ *(you) rotten b.*
teek 0.1 *tick.*
teelaarde 0.1 [teelgrond] *(leaf) mould* ⇒*soil* **0.2** [humus] *humus, leaf mould.*
teelbal 0.1 *testicle.*
teelt 0.1 [het kweken] *culture, cultivation, production* **0.2** [wat geteeld is] *culture* ⇒⟨landb. ook⟩ *crop, harvest* **0.3** [fokkerij] *breeding* **0.4** [visvangst] *culture* ♦ **1.1** de ~ van druiven *the cultivation of grapes* **2.2** eigen ~ *home grown* **6.3** een stier die goed **voor** de ~ is *a bull fit for b.*
teen 0.1 *toe* ⇒⟨knoflook⟩ *clove* ♦ **2.1** de grote/kleine ~ *the big/little t.;* lange tenen hebben ⟨fig.⟩ *be touchy/easily offended* **6.1 op** zijn tenen lopen ⟨fig.⟩ *push o.s. to the limit;* **op** z'n tenen gaan staan *stand on tiptoe;* iem. **op** de tenen trappen ⟨ook fig.⟩ *step on s.o.'s toes;* ⟨AZN; fig.⟩ **op** zijn tenen staan *do one's utmost;* gauw **op** zijn getrapt zijn ⟨fig.⟩ *be quick to take offence, be touchy;* **op** zijn tenen de kamer in/uit lopen *tiptoe into/out of the room;* van top **tot** ~ *from head to foot.*
teenslipper 0.1 *flip-flop.*
teer[1] ⟨het, de⟩ **0.1** *tar.*
teer[2] ⟨bn., bw.⟩ **0.1** [broos] *delicate* **0.2** [gevoelig] *delicate* ⟨onderwerp⟩; *tender* ⟨gevoelens⟩ ♦ **1.1** een ~ gestel *a d.*

---

constitution; een tere gezondheid/huid *a d. constitution/skin;* een ~ poppetje *a fragile* ⟨lett.⟩ *doll/*⟨fig.⟩ *girl* **1.2** een ~ onderwerp *a d. subject;* ⟨fig.⟩ een tere snaar aanroeren *touch upon a sore spot.*

teerarm 0.1 *low-tar.*
teergehalte 0.1 *tar content* ♦ **2.1** sigaretten met een laag/middelmatig/hoog ~ *low-/middle-/high-tar cigarettes.*
teerhartig 0.1 [weekhartig] *softhearted* **0.2** [zachtaardig] *tenderhearted* ♦ **1.2** een ~e moeder *a gentle mother.*
teerling 0.1 *die* ♦ **3.1** ⟨fig.⟩ de ~ is geworpen *the d. is cast.*
teevee 0.1 *TV* ⇒⟨BE ook⟩ *telly* ♦ **3.1** (naar de) ~ kijken *watch TV,* "*watch the telly.*
tegel 0.1 [op de vloer] *tile* ⇒⟨in stoep⟩ *paving stone* **0.2** [op de muur] *tile* **0.3** [stuk vloerbedekking] *carpet square/tile* ♦ **2.2** een schoorsteen met antieke ~tjes *a chimney with antique tiles* **3.1** ~s lichten *take up paving stones* **3.2** ~s zetten *tile* **3.3** ~s leggen *tile, lay tiles, pave* **6.2** een met ~s beklede badkamer *a tiled bathroom.*
tegelijk 0.1 [op hetzelfde ogenblik] *at the same time/moment* **0.2** [in dezelfde periode] *together* **0.3** [samen met iem./iets anders] *also, as well* ⇒*at the same time* **0.4** [tevens] *also, as well* ⇒*at the same time* ♦ **1.1** ik kan geen twee dingen ~ doen *I cannot do two things at the same time;* laat slechts één persoon ~ binnen *let in only one (person) at a time* **1.4** hij is president en partijleider ~ *he is both president and party leader* **2.1** ik kan niet op twee plaatsen ~ zijn *I cannot be in two places at once* **3.1** alles komt ~ *everything happens at once;* ⟨inf.⟩ *it's just one thing after another;* jullie moeten ~ trekken *you must pull together/at the same time* **3.2** zij hebben ~ gestudeerd *they were at university t.* **3.3** als de timmerman komt, kun je ~ die kast laten repareren *when the carpenter comes, you can get that cupboard repaired as well* **6.1** ~ **met** *at the same time as* **7.1** niet allemaal ~ ⟨iron.⟩ *one at a time please!;* met twee ~ *in pairs/twos, two by two* **8.4** hij is dokter en ~ apotheker *he is a doctor as well as a pharmacist.*
tegelijkertijd 0.1 [gelijktijdig] *at the same time/moment, simultaneously* **0.2** [tevens] *at the same time* ♦ **3.1** we kwamen ~ aan *we arrived at the same time.*
tegellijm 0.1 *tile cement.*
tegelpad 0.1 *tile/*⟨grote tegels⟩ *flagstone path.*
tegelvloer 0.1 *tiled floor.*
tegelwand 0.1 *tiled wall.*
tegelwerk 0.1 ⟨concr.⟩ *tiles* **0.2** [abstr.] *tiling.*
tegelzetter 0.1 *tiler.*
tegemoet 0.1 ⟨zie 3.1⟩ ♦ **3.1** ik ben hem een eind ~ gegaan *I went part of the way to meet him;* zijn ondergang ~ gaan *be heading for disaster;* een drukke tijd ~ gaan *be in for a busy time;* betere tijden ~ gaan *enter upon better times;* een tijd van grote onzekerheid ~ gaan *have a period of great insecurity ahead of one;* iem. ~ gaan/komen/lopen *(go to) meet s.o., go/come/walk towards s.o.;* ⟨fig.⟩ aan bezwaren ~ komen *give in to objections,* ⟨fig.⟩ aan iemands wensen ~ komen *meet s.o.'s wishes;* ⟨fig.⟩ iem. een eindje ~ komen *meet s.o. part of the way;* ⟨fig.⟩ iem. een heel eind ~ komen *meet s.o. (more than) half way;* ⟨fig.⟩ bereid zijn in de kosten ~ te komen *be prepared to bear part of the cost(s)/expense;* zijn kinderen kwamen hem al ~ *he was met by his children;* iets ~ zien *await/face sth., look forward to sth.;* ⟨fig.⟩ de toekomst met vertrouwen ~ zien *face the future with confidence;* ⟨fig.⟩ iets met bezorgdheid ~ zien *await sth. with apprehension/misgivings.*
tegemoetkomend 0.1 ⟨fig.; toeschietelijk⟩ *obliging* ⇒*accommodating* **0.2** [naar de spreker toe] *oncoming* ⇒*ap-*

proaching ◆ **1.2** ~ verkeer *o. traffic* **3.1** hij is niet erg ~ *he's not very forthcoming.*

tegemoetkoming 0.1 [concessie] *accommodation, concession* **0.2** [gedeeltelijke vergoeding] *subsidy* ⇒*contribution, compensation* ⟨in kosten⟩ ◆ **1.2** een ~ v.h. rijk *a government s.* **3.1** weinig ~ ondervinden *be treated with little a.* **6.2** een ~ **in** *a contribution towards/grant for.*

tegen¹ ⟨het⟩ **0.1** *con(tra), disadvantage* ◆ **1.1** alles heeft zijn voor en ~ *everything has its advantages and disadvantages;* de voors en ~s op een rij zetten / tegen elkaar afwegen *weigh the pros and cons* **5.1** de argumenten voor en ~ *the arguments for and against.*

tegen² ⟨bw.⟩ **0.1** [als uitdrukking v.e. vijandige verhouding of competitie] *against* **0.2** [als uitdrukking van afkeer]⟨zie 3.2⟩ ◆ **1.1** zijn stem ~ uitbrengen *vote against/no* **3.1** ergens iets (op) ~ hebben *mind sth., have something against sth.;* ⟨sterker⟩ *be opposed/object to sth.;* iem.~ krijgen / hebben *get/have s.o. against one;* iedereen was ~ *everybody was a. it;* ergens ~ zijn *be a./opposed to sth.* **3.2** (zich) iets ~ eten *eat sth. until it makes one sick* **3.**¶ zij heeft haar leeftijd ~ *her age is (working) against her* **5.1** hij was fel ~ *he was dead set a. it* ¶**.1** ik kan daar niets ~ in brengen *I can't say anything a. that.*

tegen³ ⟨vz.⟩ **0.1** [in omgekeerde richting] *against* **0.2** [gekeerd naar] *(up) to, against* **0.3** [jegens] *against* ⇒*to, with* **0.4** [als aanduiding van een vijandige verhouding of competitie] *against* **0.5** [in strijd met] *against* ⇒*counter to, in contravention of* ⟨de wet⟩ **0.6** [mbt. het einde van een beweging] *(up) against* **0.7** [kort vóór] *towards, by* ⇒ *come* **0.8** [in aanraking met] *(up) against* **0.9** [in ruil voor] *against, for, at, on* **0.10** [vergeleken met] *to, (as) against* ◆ **1.1** ~ de stroom in *a. the current* **1.5** dat is ~ de wet *that is illegal/a. the law* **1.7** het zal beschikbaar zijn ~ het midden v.h. jaar *it will be available come the mid-year;* ~ Pasen *towards Easter;* ~ elf uur / ~ elven *towards/by eleven (o'clock)* **1.8** ~ een auto leunen *lean a. a car;* ~ een muur opklimmen *climb a wall* **1.9** ~ elke prijs *whatever the cost;* een lening ~ 7.5 % rente *a loan at 7.5 % interest* **3.2** iets ~ iem. zeggen *say sth. to s.o.* **3.3** vriendelijk / lomp ~ iem. zijn *be friendly with/rude to s.o.* **3.4** daar heb ik niets op ~ *I don't mind that (at all), I have no objections (whatsoever);* de schijn ~ zich hebben *have appearances a. one;* daar kun je niets op ~ hebben *you cannot object to that;* hebt u er iets (op) ~? *do you have any objections?;* zij heeft iets ~ hem *she has a grudge a. him;* heeft hij iets ~ jou? *has he got anything a. you?;* daar is toch niets op ~? *nothing wrong with that, is there?;* hij kan nergens ~ *he can't stand/take much (of anything);* hij kan niet ~ vliegen *flying doesn't agree with him;* zo kan ik er weer even ~ *that'll keep me going for a while;* hij kan wel ~ een stootje *he can take a bit of a jolt;* een wrok ~ iem. koesteren *bear s.o. a grudge;* ergens niet ~ kunnen *not be able to stand/take sth.;* er is niets ~ te doen *it can't be helped;* zich ~ brand verzekeren *take out fire insurance;* zich ~ iets verzetten *oppose/resist sth.* **7.7** een man van ~ de zestig *a man of about sixty/going on for sixty* **7.10** ⟨bij weddenschap/ kansrekening⟩ tien ~ één *ten to one* ¶**.10** hij is daar wekenlang geweest ~ ik maar een paar dagen *he was there for weeks, as opposed to the couple of days I was there.*

tegenaan 0.1 *(up) against* ◆ **3.1** ⟨fig.⟩ er flink / stevig / hard ~ gaan *go hard at it;* ⟨fig.⟩ ergens (veel) geld ~ gooien *spend a lot of money on sth., put a lot of money into sth.;* ⟨fig.⟩ ergens ~ hikken *shrink from sth., not look forward to sth.;* ergens (toevallig) ~ lopen ⟨fig.⟩ *hit/chance upon sth., run into sth.* **5.1** het andere huis staat er vlak ~ *the other house is right (up) against it.*

tegenaanbod 0.1 *counteroffer* ◆ **3.1** een ~ doen *make a c.*

tegenaanval 0.1 *counterattack* ◆ **3.1** een ~ doen *counter, strike/hit back* **6.1** in de ~ gaan *counter(attack), strike/hit back.*

tegenactie 0.1 *countercampaign/demonstration/move* ⟨enz.⟩ ⇒*response.*

tegenargument 0.1 *counterargument.*

tegenbericht 0.1 *notice/message to the contrary* ◆ **6.1** **behoudens** ~ *if I/we do not hear anything to the contrary;* **zonder** ~ reken ik op uw komst *if I don't hear otherwise, I'll be expecting you.*

tegenbewijs 0.1 *proof/evidence to the contrary* ◆ **3.1** ~ leveren/toelaten *provide/accept proof to the contrary.*

tegenbezoek 0.1 *return visit* ◆ **3.1** een ~ afleggen bij iem. *return s.o.'s call/visit.*

tegenbod 0.1 *counteroffer.*

tegendeel 0.1 *opposite* ◆ **1.1** het bewijs van het ~ leveren *provide (conclusive) proof/evidence to the contrary;* een blijk van het ~ *evidence/proof to the contrary* **2.1** het ~ is waar *the o./reverse is true* **3.1** tenzij het ~ vermeld wordt *unless otherwise stated;* het ~ vrezen *fear on the contrary (that);* alles wijst op het ~ *the evidence is otherwise.*

tegendoelpunt 0.1 *goal against one('s team)* ◆ **3.1** twee ~ en krijgen *concede two goals;* een ~ maken *score in reply.*

tegendraads 0.1 [recalcitrant] *contrary* ◆ **3.1** ~ reageren *react in a c. way.*

tegeneffect 0.1 [uitwerking v.e. tegenkracht] *countereffect* **0.2** [baleffect] *backspin* ◆ **3.2** ~ geven *give a b., undercut.*

tegengaan 0.1 *combat, fight* ⇒*counter(act)* ◆ **1.1** bederf ~ *prevent decay;* misbruik ~ *prevent/discourage abuse;* verkeerde neigingen / gewoonten ~ *discourage bad tendencies/bad habits.*

tegengas ◆ **3.**¶ ~ geven *resist, put up a fight.*

tegengesteld 0.1 ⟨bn.⟩ *opposite;* ⟨bw.⟩ *in the opposite direction* ◆ **1.1** ~ e belangen hebben *have/represent o./incompatible interests;* in ~ e richting *in the opposite direction.*

tegengestelde 0.1 *opposite* ◆ **6.1** hij is het ~ **van** zijn broer *he and his brother are (complete) opposites.*

tegengif 0.1 *antidote* ⟨ook fig.⟩.

tegenhanger 0.1 *counterpart* ◆ **4.1** elkaars ~(s) zijn *be one another's counterparts.*

tegenhebben 0.1 *have (working) against one* ⇒*be opposed by* ◆ **1.1** een aantal leden v.d. commissie ~ *be opposed by some of the members of the committee;* hij heeft zijn uiterlijk tegen *his looks are (working) against him.*

tegenhouden 0.1 [beletten voort te gaan] *stop* **0.2** [verhinderen] *prevent* ⇒*stop* ◆ **1.2** een huwelijk ~ *p. a marriage;* wie kan die plannen ~? *who can stop those plans?* **3.1** ik laat me door niemand ~ *I won't be stopped by anyone* **3.2** dat kun je toch niet ~ *there's no stopping that.*

tegenin 0.1 *opposed to* ⇒*against* ◆ **3.1** ergens ~ gaan *oppose sth.*

tegenkandidaat 0.1 [kandidaat v.d. tegenpartij] *opponent* ⇒*rival (candidate)* **0.2** [tweede kandidaat] *alternative/ opposing candidate* ◆ **3.2** een ~ stellen *put forward an alternative/opposing candidate* **6.2 zonder** ~ gekozen worden *be elected* **6.**¶ een verkiezing **zonder** tegenkandidaten *an uncontested election.*

tegenkomen 0.1 [ontmoeten] *meet* **0.2** [aantreffen] *stumble/come across/upon;* ⟨van personen ook⟩ *run across* ◆ **1.1** iem. op straat ~ *run/bump into s.o. on the street* **1.2** een mens komt heel wat vreemde dingen tegen in zijn leven *a person sees a lot of strange things in (the course of)* *his life* **4.1** ⟨fig.⟩ zichzelf ~ *discover one's own limitations* **5.1** toevallig ~ ⟨van personen⟩ *bump/run into;* ⟨van zaken⟩ *chance/happen (up)on.*

tegenkracht 0.1 *counterforce* ⇒*opposing force,* ⟨vaak mv.⟩ *crosscurrent.*

tegenlicht 0.1 ⟨licht achter persoon, object⟩ *backlight(ing)* ♦ **6.1** een foto met ~ genomen *a photo with backlight(ing)/ taken against the light.*

tegenligger 0.1 ⟨auto⟩ *oncoming/approaching car* ⇒ ⟨schip⟩ *meeting vessel,* ⟨verkeer⟩ *oncoming traffic,* ⟨bij wegenwerken, op autoweg⟩ *(a) contraflow.*

tegenlopen 0.1 *go wrong/badly* ♦ **4.1** alles liep (mij) vandaag tegen *everything went all wrong (for me) today, it was one of those days;* het loopt allemaal een beetje tegen bij haar *things aren't going very well for her.*

tegenmaatregel 0.1 *countermeasure.*

tegennatuurlijk 0.1 *unnatural* ♦ **1.1** ~e neigingen *(sexually) deviant tendencies.*

tegenoffensief 0.1 *counteroffensive.*

tegenop 0.1 [mbt. voortbewegen] *up* **0.2** [mbt. kijken] *up* **0.3** [fig.]⟨zie 3.3⟩ ♦ **3.1** daar moeten we ~ *we've got to go up against it* **3.2** ⟨fig.⟩ er ~ zien om ... *not look forward to ...* **3.3** daar kan ik niet ~ *that's too much for me;* ik kan er niet meer ~ *I'm not up to it/I can't take it any more;* niemand kon tegen hem op *nobody was up to/could match him.*

tegenorder 0.1 *counterorder.*

tegenover 0.1 [aan de overzijde van] *across, facing, opposite* **0.2** [in tegenstelling met] *against* ⇒*as opposed to* **0.3** [vergeleken met] *against* ⇒*compared to/with* **0.4** [jegens] *towards* ⇒⟨in tegenwoordigheid van⟩ *before* ♦ **1.1** recht/ schuin/vlak ~ de kerk wonen *live directly/diagonally/ just across from the church;* de afbeelding ~ pagina drie *the picture f. page three* **1.3** het nieuwe schip heeft ruimte voor 1600 passagiers, ~ het oude 1100 *compared to the old ship's 1100 passengers, the new one can accommodate 1600* **3.1** ~ elkaar zitten *sit opposite/f. each other* **3.2** zij staan lijnrecht ~ elkaar (in hun mening) *they are diametrically opposed to each other (in their views);* daar staat ~ dat je ... *on the other hand you ...* **3.4** hoe sta je ~ die kwestie? *how do you feel about that matter?;* sympathiek/afwijzend ~ iets staan *sympathize with/frown (up) on sth.;* scherp/fel ~ elkaar staan *be sharply/fiercely opposed to each other* **3.¶** staat er nog iets ~? *what's in it (for me)?* **4.4** ~ mij is hij altijd beleefd *he's always polite to me* **5.1** de huizen hier ~ *the houses across from here/opposite* **¶.1** ⟨fig.⟩ je zult merken wie je ~ je hebt *you'll find out who you're up against.*

tegenovergelegen →**tegenoverstaand.**

tegenovergesteld 0.1 [tegenover iets geplaatst] *opposite* **0.2** [fig.] *opposite* ⇒⟨van uitwerking⟩ *reverse* ♦ **1.1** in/uit ~e richting *in/from the o. direction* **1.2** in het ~e geval *in the o. case* **5.2** lijnrecht ~ aan *diametrically opposed to* **7.2** dat is precies het ~e *that's exactly the o./reverse;* het ~e van iets doen *do the o. of sth.*

tegenoverstaand 0.1 *opposite* ♦ **1.1** de ~e huizen *the houses opposite/across.*

tegenoverstellen 0.1 *provide/offer (sth.) in exchange* ⟨beloning, vergoeding⟩; ⟨ter vergelijking⟩ *set (sth.) against* ♦ **1.1** ergens een financiële vergoeding ~ *offer compensation/*⟨beloning⟩ *a reward for sth.*

tegenpartij 0.1 *opposition* ⇒⟨vijand⟩ *(the) other side* **0.2** [geldw.] *counterparty* ♦ **1.1** ⟨jur.⟩ advocaat van de ~ *counsel for the other/opposite party;* een speler van de ~ *a player from the opposing team* **3.1** naar de ~ overlopen *defect.*

---

tegenpool 0.1 [tegengestelde pool] *antipole* **0.2** [fig.] *opposite* ♦ **4.2** ze zijn elkaars tegenpolen *they are each other's opposites.*

tegenprestatie 0.1 *sth. (done) in return/exchange* ♦ **3.1** een ~ leveren *do sth. in return* ¶**.1** bij wijze van ~ *in return/ exchange.*

tegenpruttelen 0.1 *mutter* ⇒*grumble (at/about).*

tegenslag 0.1 *setback* ⇒*reverse* ♦ **2.1** herhaalde ~en *repeated setbacks* **3.1** ~ hebben/ondervinden *meet with/ experience adversity* **6.1** met ~ te kampen hebben *suffer misfortune.*

tegenspartelen 0.1 [zich spartelend verzetten] *struggle (against)* ⇒*resist* **0.2** →**tegensputteren.**

tegenspel 0.1 *defence;* ⟨reactie op aanval⟩ *response* ♦ **3.1** ~ bieden *offer resistance;* ⟨fig.⟩ ~ geven/leveren *put up a fight, respond.*

tegenspeler, -speelster 0.1 [dram.] *co-star* **0.2** [sport] *opponent* ♦ **2.1** ⟨fig.⟩ Talleyrand was de grote ~ van Napoleon *Talleyrand was Napoleon's great adversary* **3.1** in dat stuk was zij de tegenspeelster van haar man *she played opposite her husband in that play.*

tegenspoed 0.1 *adversity* ⇒*misfortune* ♦ **3.1** veel ~ hebben/ondervinden *have/experience a lot of bad luck* **6.1** ~ in zaken *misfortune in business.*

tegenspraak 0.1 [protest] *objection, protest, argument* **0.2** [ontkenning] *denial* **0.3** [het tegenstrijdig zijn] *contradiction* ♦ **2.3** dat is in flagrante ~ met *that is in flagrant c. to/ with;* onderlinge ~ *internal contradiction(s)* **3.1** geen ~ duldend *admitting no contradiction, peremptory* **6.1** zonder ~ volgde hij het bevel op *he obeyed the order without any objections* **6.2** niet aan ~ onderhevig zijn *admit of no d./ argument;* zonder ~ *unchallenged* **6.3** een ~ in zichzelf *a contradiction in terms;* dat is in ~ met hetgeen hij eerder gezegd heeft *that's inconsistent with/contradictory to what he said before;* lijnrecht in ~ met *in direct conflict with, in flat contradiction to.*

tegenspreken 0.1 [zich met woorden verzetten tegen] *object, protest, argue (with)* ⇒⟨brutaal tegenspreken⟩ *answer/talk back* **0.2** [juistheid van iets ontkennen] *deny* ⇒*contradict,* ⟨weerleggen⟩ *refute* **0.3** [strijdig zijn] *contradict* ♦ **1.2** dat gerucht is door niemand tegengesproken *nobody disputed/refuted the rumour* **1.3** elkaar ~ de mededelingen *contradictory/conflicting statements* **3.2** ik moet u/je ~ *I must disagree with you, I beg to differ with you* **4.3** zichzelf ~ *contradict o.s.* ¶**.3** het een spreekt het ander tegen *the one is inconsistent with the other.*

tegensputteren 0.1 *grumble (at/about)* ⇒*protest* ♦ **6.1** na veel ~ heeft hij het toch maar gedaan *after a lot of arguing/argument he went ahead with it anyway* **6.¶** zonder/ na enig ~ *without/after some protest.*

tegenstaan ♦ **1.¶** dat eten staat hem tegen *he can't stomach that food;* zijn manieren staan me tegen *I can't stand his manners.*

tegenstand 0.1 [verzet] *opposition* ⇒⟨weerstand⟩ *resistance* **0.2** [tegengestelde kracht]⟨schei., elek.⟩ *resistance* ♦ **3.1** ~ bieden (aan) *offer resistance (to);* ~ ondervinden/ ontmoeten *meet with/encounter o.* **6.1** zonder ~ rukten ze de stad binnen *they entered the town unopposed.*

tegenstander, -standster 0.1 *opponent* ♦ **2.1** een geduchte ~ *a formidable adversary* **3.1** zich een ~ verklaren van *declare o.s. an o./enemy of* **6.1** ~ van iets zijn *be opposed to sth.;* de ~s van een plan *the opponents of a plan.*

tegenstelling 0.1 [antithese] *antithesis* **0.2** [contrast] *contrast* ♦ **2.2** een schrille/grove ~ *a glaring c.* **6.1** er bestonden grote ~en binnen de partij *there were considerable* *differences of opinion within the party* **6.2 in** ~ **met/tot** *in contrast with/to, contrary to.*

tegenstemmen 0.1 *vote against.*

tegenstemmer, -stemster 0.1 *opponent.*

tegenstreven 0.1 *resist* ◆ **6.1 zonder** ~ *unopposed, unhindered.*

tegenstrever, -streefster →**tegenstander, -standster.**

tegenstribbelen 0.1 [zich zeer licht verweren] *struggle (against)* ⇒*resist* **0.2** →**tegensputteren** ◆ **3.1** ~ helpt niet *it won't help to put up a struggle.*

tegenstrijdig 0.1 *contradictory, conflicting* ◆ **1.1** ~e belangen *conflicting interests;* ~e gevoelens *contradictory feelings* **3.1** ~ handelen *act inconsistently.*

tegenstrijdigheid 0.1 [eigenschap, feit] *contradiction* ⇒ ⟨schijnbare tegenstrijdigheid⟩ *paradox* **0.2** [iets tegenstrijdigs] *contradiction* ⇒*inconsistency* ◆ **3.2** het boek bevat verscheidene tegenstrijdigheden *there are several inconsistencies in the book.*

tegenvallen 0.1 [niet aan de verwachtingen beantwoorden] *disappoint* **0.2** [AZN; slecht uitvallen] *turn/work out badly* ◆ **1.1** de opbrengst valt (erg) tegen *the proceeds are (most) disappointing* **6.1** dat valt mij van je tegen *you d. me.*

tegenvaller 0.1 *disappointment* ◆ **2.1** een financiële ~ *a financial setback.*

tegenvoeter 0.1 *antipode* ⇒⟨fig. ook⟩ *opposite* ◆ **3.1** de ~ zijn van *be the a./opposite of* **6.1 bij** de ~s ⟨inf.⟩ *down under.*

tegenvoorbeeld 0.1 *counterexample.*

tegenvoorstel 0.1 *counterproposal* ◆ **3.1** een ~ indienen/doen *submit/make a c.*

tegenvraag 0.1 *counterquestion.*

tegenwerken 0.1 *work against (one/s.o.)* ⇒⟨ov.ww.⟩ *cross, oppose* ◆ **6.1** iem. **in** zijn plannen ~ *cross s.o. in his plans, thwart s.o.'s plans.*

tegenwerking 0.1 *opposition* ◆ **3.1** veel/weinig ~ ondervinden *meet with great/little o.*

tegenwerpen 0.1 *object.*

tegenwerping 0.1 *objection* ◆ **3.1** ~ en maken *raise objections;* zijn ~ en zijn aangenomen/verworpen *his objections have been sustained/rejected.*

tegenwicht 0.1 [gewicht om iets in evenwicht te houden] *counterbalance, counterweight* **0.2** [fig.] *counterbalance* ◆ **3.2** haar humor vormt een goed ~ tegen zijn zwaarmoedigheid *her sense of humour certainly compensates for/offsets his gloom.*

tegenwind 0.1 *head wind* ⇒⟨fig.⟩ *opposition* ◆ **3.1** wij hadden ~ *we had the wind against us;* ~ krijgen *encounter head winds.*

tegenwoordig I ⟨bn.⟩ **0.1** [aanwezig] *present* **0.2** [huidig] *present* ⇒*current* ◆ **1.2** de ~e directeur *the p. manager* **3.1** ik was daarbij ~ *I was there;* **II** ⟨bw.⟩ **0.1** [nu] *now(adays), these days, today* ⇒⟨momenteel⟩ *currently* ◆ **6.1** de jeugd **van** ~ *today's youth.*

tegenwoordigheid 0.1 *presence* ◆ **6.1 in** ~ **van** getuigen *in the p. of witnesses;* ~ **van** geest *p. of mind.*

tegenzang 0.1 ⟨rel.⟩ *antiphon* ⇒⟨lit.⟩ *antistrophe.*

tegenzet 0.1 ⟨ook fig.⟩ *countermove* ⇒*response* ◆ **3.1** een ~ doen *counter, respond.*

tegenzin 0.1 [afkeer] *dislike;* ⟨sterker⟩ *aversion;* ⟨ongeneigdheid⟩ *reluctance* ◆ **6.1** een ~ **in** iets hebben *have an aversion to sth., dislike sth.;* een ~ **in** iets krijgen *take a dislike to sth.;* hij doet alles **met** ~ *he does everything reluctantly;* hij hielp haar **met** ~ *he was very reluctant to help her.*

tegenzitten 0.1 *be/go against* ◆ **1.1** het weer zat lelijk tegen *the weather was against us* **¶.1** het zit hem altijd tegen *things never go his way.*

tegoed 0.1 *balance* ◆ **3.1** ik heb nog een ~ van ƒ100,- op mijn rekening *I have a b./credit of Dfl100 on my account* **6.1 op** iemands ~ bijschrijven *credit to s.o.'s account.*

tegoedbon 0.1 *credit note.*

Teheran 0.1 *Teh(e)ran.*

tehuis 0.1 [plaats waar men thuis is] *home* **0.2** [inrichting] *home* ⇒*hostel* ⟨voor daklozen⟩, *shelter* ⟨voor daklozen⟩, *asylum* ⟨voor zwakzinnigen⟩ ◆ **3.1** goed ~ gezocht voor jonge hond *wanted: good h. for young puppy* **6.2** ~ **voor** ouden van dagen *old people's home.*

teil 0.1 *(wash)tub;* ⟨afwasteil⟩ [B]*washing-up bowl,* [A]*washbowl.*

teint 0.1 *complexion.*

teisteren 0.1 [ernstig schaden] *ravage* ⇒⟨razen⟩ *sweep* **0.2** [kwellen] *afflict* ◆ **1.1** het geteisterde gebied *the stricken/distressed area;* door de oorlog/pest/storm geteisterd *war-stricken/plague-infested/storm-swept.*

tekeergaan 0.1 *rant (and rave), storm* ⇒⟨inf.⟩ *carry on (about sth.)* ◆ **1.1** hoor die hond eens ~ *just listen to that dog carrying on* **5.1** het gaat behoorlijk te keer *there's a lot of weather* **6.1** tegen iem. ~ *rant and rave/*⟨inf.⟩ *go on at s.o.* **8.1** hij ging tekeer als een wildeman *he carried on like a madman.*

teken 0.1 [symptoom] *sign* ⇒⟨aanwijzing ook⟩ *indication,* ⟨voorteken ook⟩ *omen,* ⟨mbt. ziekte; ook fig.⟩ *symptom,* ⟨blijk⟩ *token* **0.2** [aanduiding] *sign, symbol* ⟨ook wisk.⟩ ⇒ ⟨van tevoren vastgesteld⟩ *signal,* ⟨schrijfteken⟩ *character* **0.3** [symbool] *mark* **0.4** [sterrenbeeld] *sign* ◆ **1.1** een ~ des tijds *a sign of the times* **2.1** het is een veeg ~ *it promises no good* **3.1** er zijn ~en die wijzen op ...*there are signs/indications of* ...**3.2** een ~ geven om te beginnen/vertrekken *give a signal to start/leave* **6.1** ~en **van** ongeduld *signs of impatience;* een ~ leven *a sign of life* **6.2** een ~ **aan** de wand *an omen;* dat was voor mij een ~ **aan** de wand *then I saw the writing on the wall;* het is een ~ **aan** de wand *the writing is on the wall* **6.3** ten ~ **van** rouw *as a sign of mourning* **6.4** ⟨fig.⟩ het congres staat in het ~ van ...*the theme of the conference will be* ...; ⟨fig.⟩ onze tijd staat **in** het ~ **van** de computer *this is the age of the computer* **8.1** een ~ dat er regen komt *an indication/a sign of rain.*

tekenaar[1] ⟨de (m.)⟩, **-nares** ⟨de (v.)⟩ **0.1** *artist;* ⟨tech. meestal⟩ [B]*draughtsman/woman,* [A]*draftsman/woman* ◆ **2.1** artistieke ~ *artist, designer;* bouwkundig/werktuigkundig ~ *architectural/mechanical (engineering) d.;* technisch ~ *technical d.*

tekenaar[2] ⟨de (m.)⟩, **-ster** ⟨de (v.)⟩ **0.1** *signatory.*

tekenacademie 0.1 *academy/college/school of art.*

tekenblok 0.1 *drawing/sketch pad.*

tekenbord 0.1 *drawing board.*

tekendoos 0.1 *set/box of drawing instruments.*

tekendriehoek 0.1 ⟨vnl. BE⟩ *setsquare* ⇒[A]*triangle.*

tekenen I ⟨onov., ov.ww.⟩ **0.1** [een afbeelding maken] *draw* ⇒⟨fig.⟩ *portray,* ⟨afschilderen⟩ *depict* **0.2** [een handtekening zetten] *sign* ⇒⟨van militair⟩ *sign on/up* ◆ **1.1** figuurtjes ~ *doodle* **2.1** anatomisch/bouwkundig ~ *anatomical/architectural drawing;* technisch ~ *technical/mechanical drawing* **6.1** met potlood/houtskool/krijt ~ *draw in pencil/charcoal/crayon* **6.2 voor** ƒ50,- ~ *put one's name down for 50 guilders;* hij tekende voor twee doelpunten *he marked up two goals against his name;* hij tekende **voor** vier jaar *he signed on for four years;* ⟨fig.⟩ daar teken

ik **voor** *I won't say no to that;* ⟨fig.⟩ daar zou ik zo **voor** ~ *I'd leap/jump at the chance;*
II ⟨ov.ww.⟩ **0.1** [karakteriseren] *mark* ⇒*characterize* **0.2** [merken] *mark* ⇒⟨oormerken⟩ *earmark* ◆ **1.1** dat antwoord tekent de man *that reply is typical of the man* **6.2** hij werd **voor** het leven getekend *he was marked for life.*

tekenend 0.1 *characteristic (of)* ⇒*typical (of),* ⟨veelbetekenend⟩ *significant,* ⟨veelbetekenend⟩ *telling* ◆ **1.1** die feiten zijn ~ *those facts are telling.*

tekenfilm 0.1 *(animated) cartoon.*

tekengerei 0.1 *drawing materials/*⟨gereedschap⟩ *implements/*⟨tech. ook⟩ *instruments.*

tekening 0.1 [afbeelding] *drawing;* ⟨bouwk. ook⟩ *design,* *plan* **0.2** [het ondertekenen] *signature* **0.3** [patroon] *pattern* ⇒*marking* ⟨huid, bladeren⟩ **0.4** [beschrijving] *description* ◆ **1.1** een ~ op schaal *a scale drawing* **2.3** dit slangenvel heeft een prachtige ~ *this snakeskin has beautiful markings* **3.3** ⟨fig.⟩ er komt ~ in (de zaak) *there's a clear p. emerging (in this business)* **6.2** het ontvangstbewijs wordt **ter** ~ ingesloten *the receipt is enclosed for s.*

tekeninkt 0.1 *drawing-ink.*

tekenkamer 0.1 *drawing/technical office.*

tekenkrijt 0.1 *crayon* ⇒*drawing chalk.*

tekenkunst 0.1 ⟨het ontwerpen⟩ *draughtsmanship;* ⟨het tekenen⟩ *drawing.*

tekenleer ⟨taal.⟩ **0.1** *semiology* ⇒*sem(e)iotics.*

tekenleraar, -lerares 0.1 *art teacher.*

tekenles 0.1 *drawing-lesson* ◆ **3.1** ~ geven *give drawing-lessons* **6.1 op** ~ zitten *take lessons in drawing.*

tekenlokaal 0.1 *art room.*

tekenonderwijs 0.1 *art education.*

tekenschrift 0.1 [cahier] *drawing copy-book* **0.2** [schrift dat bestaat uit tekens] *notation* ⇒⟨alg.⟩ *writing system* ◆ **2.2** het Chinese ~ *Chinese characters.*

tekentafel 0.1 *drawing table/stand.*

tekenwerk 0.1 ⟨concr.⟩ *drawing(s);* ⟨abstr.⟩ *drawing;* ⟨toch. ook⟩ *draughtsmanship* ◆ **2.1** elektrotechnisch/⟨werktuig⟩bouwkundig ~ *electrical/structural drawing(s).*

tekort 0.1 [deficit] *deficit* ⇒*shortfall* **0.2** [hoeveelheid die ontbreekt] *shortage* ⇒*deficiency* ◆ **1.1** het ~ op de handelsbalans *the trade d.* **3.1** een ~ bijpassen/dekken *make up/cover a d.* **6.2** een ~ **aan** vitamines *a vitamin deficien cy;* we hebben een ~ **aan** personeel *we are short of staff;* dit land heeft een ~ **aan** delfstoffen *this country has a s. of mineral resources;* **in** een ~ voorzien *meet the deficiency.*

tekortkoming 0.1 *shortcoming* ⇒*failing.*

tekortschieten 0.1 *not come up to the mark* ⇒*have shortcomings* ◆ **6.1** ~ **in** zijn plichten *fail in one's duties;* ~ **jegens** iem. *fail in one's duty towards s.o.*

tekst 0.1 [bewoordingen v.e. geschrift] *text* ⇒⟨dram.; mv.⟩ *lines* **0.2** [bijbelpassage] *text* **0.3** [woorden v.e. muzikale compositie] *words* ⇒*lyrics* ⟨lied, schlager⟩ **0.4** [toelichting bij een afbeelding] *caption* **0.5** [onderwerp] *thread* ⇒*subject* ◆ **1.1** de ~ redevoering *the t. of a speech* **1.2** (fig.) en uitleg geven *give a detailed explanation* **6.5** bij de ~ blijven ⟨niet afdwalen⟩ *stick to one's point;* ⟨niet toegeven⟩ *stick to one's guns* **¶.1** zijn ~ kwijt zijn *have forgotten what one was going to say;* ⟨op het toneel⟩ *have forgotten one's lines.*

tekstballon 0.1 *balloon.*

tekstbegrip 0.1 *comprehension of a/the text.*

tekstbestand ⟨comp.⟩ **0.1** *text file.*

tekstboekje 0.1 *book (of words)* ⇒*libretto* ⟨opera/musical⟩, *acting copy* ⟨acteurs⟩.

tekstdichter 0.1 *lyricist.*

---

tekenend - telefoongids

tekstschrijver, -schrijfster 0.1 *scriptwriter* ⟨films⟩ ⇒ *copywriter* ⟨reclameteksten⟩, *songwriter* ⟨liedjes⟩, *lyricist* ⟨liedjes⟩, *librettist* ⟨opera's⟩, *speechwriter* ⟨toespraken⟩.

tekstverklaring 0.1 *close reading.*

tekstverwerker 0.1 *word processor.*

tekstverwerking 0.1 *word processing.*

tektonisch ⟨geol.⟩ **0.1** *tectonic.*

tel 0.1 [het tellen] *count* **0.2** [moment] *moment, second* **0.3** [aanzien] *account* ◆ **2.1** ik ben de ~ kwijt *I've lost c.* **3.¶** op zijn ~len passen *watch one's step, mind one's p's and q's* **6.2 in** één ~ had hij hem doorzien *he had him sized up in a second;* **in** twee ~len ben ik terug/klaar *I'll be back/ready in a jiffy* **6.3** weinig/niet veel **in**/⟨AZN⟩ **van** ~ zijn *not count for much.*

telbaar 0.1 *countable* ⇒⟨meetbaar; uit te drukken in getallen⟩ *quantifiable* ◆ **1.1** ~ naamwoord *c. noun.*

telebankieren ⟨comp.⟩ **0.1** *computerized banking.*

telecommunicatie 0.1 *telecommunication.*

telefax 0.1 [faxpost] *(tele)fax* **0.2** [faxtoestel] *(tele)fax (machine).*

telefonade ⟨scherts.⟩ **0.1** ⟨ongemarkeerd⟩ *interminable phone call.*

telefoneren I ⟨onov.ww.⟩ **0.1** [opbellen] *telephone* ⇒⟨inf.⟩ *phone, call* ◆ **3.1** hij zit te ~ *he's on the phone* **6.1** met iem. ~ *telephone s.o.;* ik heb er **met** hem over getelefoneerd *I've spoken to him about it on the phone;* **naar** iemands kantoor ~ *phone s.o.'s office;*
II ⟨ov.ww.⟩ **0.1** [door de telefoon zeggen] *telephone* ◆ **4.1** ik telefoneerde hem het nieuws *I telephoned the news to him.*

telefonie 0.1 *telephony* ◆ **2.1** draadloze ~ *wireless (t.).*

telefonisch 0.1 *telephonic* ⇒⟨bw. ook⟩ *by telephone, over the telephone* ◆ **1.1** ~ e antwoorddienst *(telephone) answering service;* ~ gesprek *(tele)phone call* **3.1** kan ik u ~ bereiken? *can I reach you by telephone?*

telefonist, -e 0.1 [employé die de telefoon aanneemt] *telephonist, (switchboard) operator* **0.2** [beambte die verbindingen tot stand brengt] *operator.*

telefoon 0.1 [toestel] *telephone* ⇒⟨inf.⟩ *phone* **0.2** [hoorn] *receiver* **0.3** [oproep] *(telephone) call* **0.4** [gesprek] *(tele)phone call* ◆ **2.1** draagbare/draadloze ~ *cellular (tele)phone, cellphone, mobile phone* **3.1** de ~ gaat *the phone is ringing;* hebben jullie ~? *are you on the (tele)phone?* **3.2** de ~ neerleggen *put down the r./*⟨inf.⟩ *phone;* de ~ opnemen/van de haak nemen *answer the phone, pick up the r.* **3.4** een ~tje plegen *make a call* **6.1** blijft u even **aan** de ~? *would you hold on for a moment please?;* zij bleef de hele middag **aan** de ~ hangen *she was on the phone all afternoon;* **per** ~ by t. **6.3** er is ~ **voor** u *there's a (phone) call for you.*

telefoonaansluiting 0.1 *(telephone) connection* ◆ **3.1** wij wachten op een ~ *we're waiting for a telephone.*

telefoonalfabet 0.1 *telephone alphabet.*

telefoonboek 0.1 *(telephone) directory* ⇒*phone book.*

telefoonbotje 0.1 *funny/*⟨crazy bone.

telefooncel 0.1 *(tele)phone booth* ⇒*pay phone.*

telefooncentrale 0.1 *(telephone) exchange* ⇒*switchboard* ⟨in bedrijf⟩.

telefoondienst 0.1 *telephone service.*

telefoongesprek 0.1 [gesprek] *telephone conversation* **0.2** [verbinding] *phone call* ◆ **3.1** een ~ voeren/hebben *have a telephone conversation* **3.2** een ~ aanvragen *place a (telephone) call* **6.2** een ~ **voor** rekening v.d. opgeroepene *a reversed-charge call.*

telefoongids 0.1 *(telephone) directory* ⇒*phone book.*

telefoonkaart 0.1 *phonecard.*
telefoonklapper 0.1 *phone index.*
telefoonlijn 0.1 *telephone line.*
telefoonnet 0.1 *telephone network/system.*
telefoonnummer 0.1 *(phone) number* ◆ 2.1 geheim ~ *unlisted number.*
telefoonrekening 0.1 *telephone bill.*
telefoonseks 0.1 *telephone sex.*
telefoontik 0.1 *(telephone) unit.*
telefoontoestel 0.1 *telephone.*
telefoto ⟨com.⟩ 0.1 *telephoto(graph).*
telefotografie 0.1 *telephotography.*
telegraaf 0.1 [toestel] *telegraph* 0.2 [dienst] *telegraph service* ◆ 6.1 per ~ *by t./wire.*
telegraferen 0.1 *telegraph* ◆ 6.1 hij telegrafeerde **naar** Parijs *he telegraphed/cabled Paris.*
telegrafie 0.1 [het overseinen met een telegraaf] *telegraphy* 0.2 [telegraafwezen] *telegraph service* ◆ 2.1 draadloze ~ *wireless t.*
telegrafisch 0.1 *telegraphic* ◆ 1.1 ~e overboeking *t./cable transfer;* ~e postwissel *Telegraph Money Order* 3.1 maak ~ wat geld aan me over *cable/wire me some money.*
telegrafist, -e 0.1 *telegrapher* ⇒*telegraph operator.*
telegram 0.1 *telegram* ◆ 3.1 iem. een ~ sturen *telegraph/cable s.o.* 6.1 per ~ *by t./cable.*
telegramstijl 0.1 *telegram style* ◆ 6.1 in ~ schrijven *write in t. s.*
telekaart →**telefoonkaart.**
telekanon 0.1 *super telelens.*
telekinese ⟨psych.⟩ 0.1 *telekinesis.*
telelens 0.1 *telephoto lens.*
telemarketeer 0.1 *telemarketer.*
telen 0.1 [kweken] *grow* ⇒*cultivate,* ⟨mbt. nieuwe rassen ook⟩ *breed* 0.2 [fokken] *breed.*
telepathie 0.1 *telepathy.*
telepathisch 0.1 *telepathic.*
telescoop 0.1 *telescope.*
teleshoppen 0.1 *teleshopping.*
teletekst ⟨com.⟩ 0.1 *teletext.*
teleurgang ⟨AZN⟩ 0.1 *decline* ⇒*fall.*
teleurstellen 0.1 [iem. onthouden, niet doen ondervinden wat hij verwachtte/wenste] *disappoint* ⇒⟨inf.⟩ *let down,* be disappointing 0.2 [niet vervullen] *disappoint* ⇒*frustrate* ◆ 1.1 het laatste boek van deze schrijver stelt teleur *the latest book by this author is disappointing* 1.2 een teleurgestelde liefde *an unrequited love* 3.1 wij moeten u ~ *we have to d. you;* zich teleurgesteld voelen *feel disappointed* 4.1 je stelt me teleur ⟨ook⟩ *I'm disappointed in you;* stel mij niet teleur *don't let me down* 6.1 teleurgesteld zijn over iets/iem. *be disappointed with sth./in s.o.*
teleurstellend 0.1 *disappointing.*
teleurstelling 0.1 *disappointment* ◆ 2.1 een bittere ~ *a bitter d.;* de avond werd een grote ~ *the evening was a big d.*
televergaderen 0.1 *teleconferencing.*
televisie 0.1 *television* ⇒⟨toestel ook⟩ *television set* ◆ 3.1 (naar de) ~ kijken *watch television* 6.1 op de ~ komen *be on television;* hij schrijft stukken voor de ~ *he writes for television.*
televisieactie 0.1 *telethon.*
televisieantenne 0.1 *television aerial.*
televisiebewerking 0.1 *television adaptation.*
televisiefilm 0.1 *TV film.*
televisiejournaal 0.1 *television news.*
televisiekijker 0.1 *(television) viewer.*
televisiemeubel 0.1 *entertainment unit* ⇒⟨eenvoudige

metalen constructie⟩ *television stand,* ⟨met wieltjes⟩ *television trolley,* ⟨met deurtjes ervoor⟩ *television cabinet.*
televisienet 0.1 *television network.*
televisieomroep 0.1 *television company.*
televisieopname 0.1 *television recording.*
televisieprogramma 0.1 *television programme.*
televisierechten 0.1 *TV rights.*
televisiescherm 0.1 *television screen.*
televisieserie 0.1 *television series.*
televisiespel 0.1 [toneelstuk] *television play* 0.2 [spelletje dat op de tv wordt uitgezonden] *television (quiz) game.*
televisiespot 0.1 *television commercial.*
televisiestudio 0.1 *television studio.*
televisietoestel 0.1 *television/TV set.*
televisie-uitzending 0.1 *television broadcast/programme/*⟨tech.⟩ *transmission* ◆ 1.1 ~ in kleur *colour television broadcast.*
televisiezender 0.1 [station] *television channel/*ᴬ*station* 0.2 [zendmast] *television transmitter/mast.*
telewerken 0.1 *teleworking.*
telewerker 0.1 *teleworker.*
telewinkelen ⟨comp.⟩ 0.1 *tele-shopping.*
telex 0.1 [dienst; bericht] *telex* 0.2 [apparaat] *telex machine* ◆ 6.1 per ~ *by t.*
telexbericht 0.1 *telex (message).*
telexen 0.1 *telex.*
telfout 0.1 *miscalculation* ⇒*calculating error.*
telg 0.1 *descendant* ⇒⟨ihb. mbt. het jongste kind⟩ *scion* ◆ 6.1 ~ uit een adellijk geslacht *scion of a noble family.*
telgang 0.1 *amble* ◆ 6.1 in ~ *at an a.*
telganger 0.1 *ambler.*
teling 0.1 [het voortbrengen]⟨mbt. dieren⟩ *breeding, rearing* 0.2 [het kweken] *growing* ⇒*cultivation,* ⟨mbt. nieuwe rassen ook⟩ *breeding.*
telkens 0.1 [iedere keer] *every time* ⇒*in each case* 0.2 [herhaaldelijk] *repeatedly* ◆ 3.2 ~ onderbroken worden *keep being interrupted* 5.1 ~ en ~ weer, ~ maar weer *again and again, time and (time) again* 8.1 ~ als/wanneer *whenever, every time (that).*
tellen I ⟨onov.ww.⟩ 0.1 [getallen in een volgorde opnoemen] *count* 0.2 [laten gelden; meetellen] *count* 0.3 [rekenen vanaf een tijdstip] *count* ⇒*take effect* 0.4 [van belang zijn] *count* ⇒*matter* ◆ 5.1 even ~ *...let me see ...;* opnieuw ~ *re-count;* ⟨bij verkiezingen⟩ *have a re-count* 5.2 die punten/jaren ~ dubbel *those points/years c. double* 5.4 mensenlevens ~ daar niet *there's no regard for human life there, human life is cheap there;* zwaar ~ bij iem. *carry great weight with s.o.* 6.1 niet **tot** tien kunnen ~ *not be very bright;* **tot** tien ~ *c. (up) to ten* 6.2 ⟨sport⟩ heer en vrouw ~ voor twintig (punten) *the king and queen c. for twenty (points)* 6.3 we beginnen te ~ **vanaf** 1 mei *starting from 1 May* 6.4 het enige dat telt **bij** hem *the only thing that matters to him* 6.¶ **op** zijn ~ passen *watch one's step, mind one's p's and q's;*
II ⟨ov.ww.⟩ 0.1 [het aantal bepalen] *count* 0.2 [aantreffen] *find* 0.3 [hebben] *number* ⇒*have,* ⟨bestaan uit⟩ *consist of,* ⟨bestaan uit⟩ *comprise* 0.4 [geven om] *attach (great) importance to* ◆ 1.3 het huis telde 20 kamers *the house had 20 rooms;* het bestuur telt drie leden *the board consists of three members* 5.1 wel/goed geteld zijn er dertig *there are thirty all told* 5.4 iets (te) licht/(te) zwaar ~ *take sth. (too) lightly/(too) seriously* 6.1 bij iets ~ *add to sth.* ¶.1 niet te ~! *hundreds/thousands (of them)!;*
III ⟨onov., ov.ww.⟩ 0.1 [rekenen tot] *count* ⇒*number.*
teller 0.1 [wisk.] *numerator* 0.2 [persoon] *counter* 0.3 [toe-

stel, tikker, ook in samenst.] *counter* ⇒*meter* ♦ **1.1** de ~ en de noemer *the n. and the denominator.*

telling 0.1 *count(ing)* ♦ **3.1** de ~ bijhouden *keep count/ score.*

teloorgaan ⟨schr.⟩ **0.1** *become lost.*

teloorgang ⟨schr.⟩ **0.1** *loss.*

telraam 0.1 *abacus.*

telwoord ⟨taal.⟩ **0.1** *numeral* ♦ **2.1** bepaalde ~ en ⟨hoofdtelwoorden⟩ *cardinals, cardinal numbers;* ⟨rangtelwoorden⟩ *ordinals, ordinal numbers;* onbepaalde ~ en *quantifiers;* ⟨zelfstandig⟩ *quantitative pronoun;* ⟨attr.⟩ *quantitative adjective.*

temeer 0.1 *all the more* ♦ **3.1** dat verheugt mij, ~ daar ... *that makes me happy, all the more since ...*

temen 0.1 *whine.*

temerig 0.1 *whining.*

temmen 0.1 [tam maken] *tame* ⇒*domesticate* **0.2** [africhten] *tame* ⇒*break* ⟨paarden⟩ **0.3** [fig.] *tame* ⇒*(bring under) control* ♦ **1.2** een paard ~ *break a horse* **1.3** zijn driften / hartstochten ~ *control one's urges/passions* **3.1** sommige vogels zijn gemakkelijk te ~ *some birds are easy to domesticate.*

temmer 0.1 *tamer.*

tempel 0.1 ⟨ook fig.⟩ *temple* ♦ **1.1** de ~ van Salomo *Solomon's t.* **6.1** een ~ **van** wetenschap *a shrine of learning.*

tempelier ♦ **8.**¶ hij drinkt als een ~ *he drinks like a fish.*

temperament 0.1 [overheersende gemoedsgesteldheid] *temperament* ⇒*disposition* **0.2** [vurigheid] *spirit* ♦ **2.1** het melancholisch / sanguinisch / cholerisch / flegmatisch ~ *melancholic/sanguine/choleric/phlegmatic t.* **6.2** een vrouw **met** veel ~ *a woman with plenty of s.*

temperamentvol 0.1 *(high-)spirited.*

temperaturen, tempen 0.1 *take s.o.'s temperature.*

temperatuur 0.1 *temperature* ♦ **1.1** schommelingen in de ~ *fluctuating t.* **3.1** de ~ aflezen *read the t.;* (de) ~ opnemen *take s.o.'s/sth.'s temperature;* de ~ stijgt/daalt/zakt *the t. is rising/falling/dropping* **6.1** water kookt **bij** een ~ van 100° C *water boils at a t. of 100° C.;* **op** ~ brengen *warm up;* ⟨fig.⟩ **op** ~ moeten komen *have to warm up.*

temperatuurdaling 0.1 *fall/decrease/*⟨inf.⟩ *drop in temperature.*

temperatuurschommeling 0.1 *fluctuation in temperature.*

temperatuurstijging 0.1 *rise/increase in temperature.*

temperatuurverschil 0.1 *difference in temperature.*

temperen 0.1 *temper* ⟨woede, hartstocht⟩ ⇒*mitigate, soften* ⟨geluid, kleuren⟩ ♦ **1.1** iemands enthousiasme ~ *damp s.o.'s enthusiasm;* het licht ~ *dim the light.*

tempex 0.1 *expanded polystyrene* ⇒*styrofoam.*

tempo 0.1 [relatieve snelheid] *tempo* ⇒*pace* **0.2** [muz.] *tempo* ⇒*time* **0.3** [vaart] *speed* ♦ **2.1** het jachtige ~ v.h. moderne leven *the feverish pace of modern life;* in snel ~ *at a great pace* **3.1** het ~ aangeven *set the pace;* het ~ opvoeren *increase the pace;* dat ~ kan men niet volhouden *you can't keep up that pace* **3.2** u moet het ~ wat langzamer spelen *you need to play it a little more slowly* **3.3** ~ maken *make good time.*

temporiseren I ⟨onov.ww.⟩ **0.1** [tijd winnen] *temporize* ⇒*play for time* **0.2** [sport] *use delaying tactics* ⇒*play for time;*
II ⟨ov.ww.⟩ **0.1** [aan een tijd binden] *make up a time schedule for.*

tempowisseling ⟨sport⟩ **0.1** *change of pace.*

tempus ⟨taal.⟩ **0.1** *tense.*

ten 0.1 *at/in/to/on (the)* ♦ **1.1** ~ huize van *at the house/ home of.*

tendens 0.1 [geneigdheid] *tendency* ⇒*trend* **0.2** [strekking] *tendency* ⇒*drift* ♦ **2.1** de algemene ~ om *the general tendency to* **6.1** ~ **naar** links ⟨ook⟩ *movement towards the left;* ⟨politiek⟩ *left-wing tendency.*

tendentieus 0.1 *tendentious* ⇒*biased* ♦ **1.1** tendentieuze berichtgeving *biased reporting.*

tenderen 0.1 *tend (towards/to)* ⇒*be inclined (to)* ♦ **6.1** dat verzoek tendeert **naar** een bevel *that sounds more like a command than a request.*

teneinde 0.1 *so that* ⇒*in order to* ♦ **6.1** ~ **te** *in order to, with the object/purpose of.*

tenen 0.1 *wicker* ♦ **1.1** een ~ mandje *a w. basket.*

teneur 0.1 *tenor* ⇒*drift* ♦ **1.1** de ~ v.e. betoog *the t./drift of an argument.*

tengel 0.1 [inf.; hand] *paw* **0.2** [houten lat] *lath* ♦ **6.1** overal zit hij **met** zijn ~s aan *he puts his paws on everything.*

tenger 0.1 [rank en smal] *slight* ⇒*delicate* **0.2** [teer, zwak] *fragile* ♦ **1.1** een ~e gestalte *a s./slender build* **1.2** een ~ kind *a f. child* **3.1** ~ gebouwd *slightly built.*

tengevolge ♦ **5.**¶ ~ daarvan *as a result* **6.**¶ ~ **van** de aanhoudende droogte blijven de druiven klein *the grapes will be small as a result of the continued dry spell.*

tenietdoen 0.1 *annul* ⇒*nullify, undo* ♦ **1.1** de voordelen ~ *undo the advantages.*

tenminste 0.1 *at least* ♦ **5.1** ik doe het liever niet, ~ niet dadelijk *I'd rather not, at least not right away* ¶**.1** dat is ~ iets *that is sth. at any rate.*

tennis 0.1 *tennis.*

tennisarm, -elleboog 0.1 *tennis elbow.*

tennisbaan 0.1 *tennis court* ♦ **2.1** verharde ~ *hard court.*

tennisbal 0.1 *tennis ball.*

tennishal 0.1 *indoor tennis court(s).*

tennispark 0.1 *(outdoor) tennis court.*

tennisracket 0.1 *tennis racket.*

tennissen 0.1 *play tennis* ♦ **6.1** zij is **aan** het ~ *she is playing tennis.*

tennisser, -ster 0.1 *tennis player.*

tennistoernooi 0.1 *tennis tournament.*

tenor 0.1 *tenor.*

tenslotte 0.1 [immers] *after all* **0.2** [uiteindelijk] →*slot* ♦ ¶**.1** ~ is zij nog maar een kind *after all she's only a child.*

tent 0.1 [verplaatsbaar verblijf] *tent* **0.2** [kraam] *tent* ⇒*stand* **0.3** [openbaar lokaal] *place* ⇒*joint* ♦ **2.3** een gezellige ~ *a friendly/fun p.* **3.1** ergens zijn ~ en opslaan *pitch one's t. somewhere;* ⟨ook fig.⟩ *camp somewhere;* een ~ opslaan / opzetten / afbreken *pitch/put up/take down a t.* **3.3** ze braken de ~ bijna af *you could hardly keep them in their seats* **6.1** iem. **uit** zijn ~ lokken ⟨fig.⟩ *draw s.o. out.*

tentakel 0.1 *tentacle.*

tentamen 0.1 *exam* ♦ **2.1** een mondeling ~ *an oral e.* **3.1** ~ doen *take an e.*

tentamineren 0.1 *give an exam.*

tentatief 0.1 *tentative.*

tentdoek 0.1 *canvas.*

tentenkamp 0.1 *(en)camp(ment)* ⇒*campsite.*

tentharing 0.1 *tent peg.*

tentoonspreiden 0.1 *display* ⇒⟨vnl. pej.⟩ *show (off)* ♦ **1.1** zijn kennis ~ ⟨pej.⟩ *show off one's knowledge.*

tentoonstellen 0.1 *exhibit* ⇒*display* ♦ **1.1** tentoongestelde voorwerpen *exhibits, articles on display* **3.1** tentoongesteld worden *be on exhibition/display.*

tentoonstelling 0.1 *exhibition* ⇒⟨inf.⟩ *show, display,* ⟨vnl. industrieel⟩ *fair.*

tentstok 0.1 *tent pole.*

tentzeil 0.1 *canvas.*

tenue 0.1 [uniform] *dress* ⇒*uniform* **0.2** [kostuum, kledij] *clothes* ⇒*costume* ♦ **2.1** in groot ~ *in full d.;* ⟨troepen bij parade/inspectie⟩ *in review order* **2.2** het zondags ~ *(one's) Sunday clothes/best.*

tenuitvoerlegging 0.1 *execution* ⇒*enforcement* ⟨van wetten⟩, *implementation* ⟨van plan/resolutie/verdrag⟩ ♦ **1.1** de ~ van rechterlijke beslissingen *the execution of court decisions.*

tenzij 0.1 *unless* ⇒*except(ing)* ♦ ¶**.1** ik ga mee ~ het regent *I'll join you u. it rains.*

tepel 0.1 *nipple* ⟨van mens⟩ ⇒*teat* ⟨van mens/dier⟩.

ter 0.1 *at/to/in/on (the)* ♦ **1.1** ~ aarde *on the earth.*

teraardebestelling ⟨schr.⟩ **0.1** *burial* ⇒*funeral.*

terdege 0.1 [naar behoren] *thoroughly* ⇒*properly* **0.2** [flink, grondig] *properly* ⇒*sorely* ♦ **3.2** zich ~ vergissen *be sorely mistaken;* iem.~ de waarheid zeggen *give s.o. a piece of one's mind* ¶**.1** ~ rekening houden met *give due consideration to.*

terecht I ⟨bw.⟩ **0.1** [op de juiste plaats] *in/at the right place* **0.2** [teruggevonden] *(found) back* **0.3** [met recht] *rightly* ♦ **3.2** haar horloge is ~ *her watch has been found;* haar broche is nog niet ~ *her brooch is still missing* **3.3** ~ beweert hij dat ... *he is right in arguing that* ... **5.3** hij denkt al dan niet ~, dat ... *he thinks, with or without good reason that* ... **6.1** ben ik hier ~ bij dr. A? *is this Dr. A's house?* **8.3** hij is voor zijn examen gezakt, en ~ *he failed his examination and r. so;*
II ⟨bn.⟩ **0.1** [juist] *correct* ⇒*appropriate* ♦ **1.1** uw ~e keuze *the right one for you;* een ~e opmerking *an appropriate remark.*

terechtbrengen 0.1 *bring back* ⇒*find, reclaim* ⟨zondaar⟩ ♦ **6.**¶ niet veel ~ van iets *not have much success with sth.;* als zanger bracht Harry er niets van terecht *Harry didn't get very far as a singer;* niets ~ van een klus *bungle a job, mess it up.*

terechtkomen 0.1 [belanden] *fall* ⇒*land, end up (in/on/at/* ⟨enz.⟩*)* **0.2** [goed worden] *turn out all right* ♦ **5.1** lelijk ~ *have/take a nasty fall* **5.2** er komt niets van terecht *nothing will come of it;* hij is ten slotte nog goed terechtgekomen *he finally found his niche/got his feet on the ground* **6.1** in het water ~ *land in the water;* hij zal nog in de gevangenis ~ *he will end up in jail;* in de sloot ~ *fall into/ land in the ditch;* in een storm ~ *run into a storm;* de brief kwam (weer) op mijn bureau terecht *the letter found its way (back) to my desk* **6.2** wat is er van hem terechtgekomen? *what has happened to him?*

terechtkunnen 0.1 [toegang hebben] *go into* ⇒*enter* **0.2** [geholpen kunnen worden] *(get) help (from)* ♦ **5.2** beter ~ *do better;* ⟨financieel⟩ *buy more cheaply;* daarmee kun je overal terecht *that will do/be acceptable everywhere* **6.2** bij hem kun je niet terecht *you won't get help from him;* iedereen kan altijd bij hem ~ *everyone can call on him any time;* voor huishoudelijke artikelen kun je in die winkel terecht *for household articles you can find what you need in that shop.*

terechtstaan 0.1 *stand trial* ⇒*be tried* ♦ **6.1** ~ voor moord *stand trial for murder;* ~ wegens diefstal *be tried for theft.*

terechtstellen 0.1 *execute* ⇒*put to death.*

terechtstelling 0.1 *execution.*

terechtwijzen 0.1 *reprimand* ⇒*reprove* ♦ **5.1** iem. scherp ~ ⟨ook⟩ *give s.o. a rap over the knuckles/a severe scolding.*

terechtwijzing 0.1 [het wijzen op fouten, vermaning] *reprimand* ⇒*scolding* **0.2** [verbeterende aanmerking] *admonition* ⇒*lecture.*

teren I ⟨onov.ww.⟩ **0.1** [leven van] *live (on/off)* ♦ **6.1** op kosten van anderen ~ *l. off/sponge on other people;* ⟨fig.⟩ op dat succes kan hij nog jaren ~ *he can l. on that success for years;*
II ⟨ov.ww.⟩ **0.1** [met teer bestrijken] *tar.*

tergen 0.1 *provoke (deliberately)* ⇒*badger, bait* ♦ **8.1** iem. zo ~ dat hij iets doet *p. s.o. into (doing) sth.*

tergend 0.1 *provocative* ⇒*taunting, exasperating* ♦ **5.1** ~ langzaam *exasperatingly slow.*

tering ⟨vero.⟩ **0.1** *consumption* ⇒*tuberculosis* ♦ **2.1** vliegende ~ *galloping c.* **3.1** ~ hebben ⟨ook⟩ *be consumptive;* krijg de ~! *go to hell, drop dead* **3.**¶ de ~ naar de nering zetten *cut one's coat according to one's cloth.*

teringlijder 0.1 [lijder aan tuberculose] *(a) consumptive (patient)* **0.2** [als scheldwoord] *(rotten) bastard.*

terloops 0.1 *casual* ⇒*passing* ♦ **1.1** een ~e opmerking *a c. remark* **3.1** een onderwerp ~ behandelen ⟨ook⟩ *deal briefly with a subject;* ~ opmerken dat ... ⟨ook⟩ *drop a remark that* ... ¶**.1** ~ ter sprake brengen *mention in passing.*

term 0.1 [benaming] *term* ⇒*expression* **0.2** [wisk.] *term* **0.3** [aanleiding] *grounds* ♦ **2.1** in algemene ~en spreken *speak in general terms;* in bedekte ~en iets meedelen *speak about sth. in guarded terms;* de geijkte ~ *the appropriate t., the stock phrase;* in juridische ~en *in legal terms/terminology* **2.3** er zijn ~en aanwezig om het verzoek in te willigen *there are grounds for granting the request* **6.1** in ~en van winst of verlies spreken *(speaking) in terms of profits and losses;* volgens de ~en der wet *according to (the) law.*

termiet 0.1 *termite* ⇒*white ant.*

termijn 0.1 [periode] *term* ⇒*period* **0.2** [vooraf vastgesteld tijdstip] *deadline* **0.3** [deel v.e. schuld] *instalment* ♦ **2.1** op korte/op lange ~ *in the short/long t., short-/long-term;* op kortst mogelijke ~ *as soon as possible;* ⟨schr. ook⟩ *a.s.a.p.;* geldig voor onbepaalde ~ *open-ended, valid for an unlimited period* **3.1** een ~ gaat in/verstrijkt *a term begins/expires* **3.2** een ~ vaststellen *set a d.* **6.1** lening op lange ~ *long-term loan* **6.2** olie op ~ kopen/verkopen *buy/ sell oil futures* **6.3** in/bij ~en te voldoen *payable in instalments* ¶**.3** een ~ achter zijn *be behind with one instalment.*

termijnbetaling 0.1 *instalment plan* ♦ **6.1** kopen op ~ *buy on the i. p.*

termijnhandel 0.1 *futures (dealings)* ♦ **6.1** ~ in olie/in graan *oil/grain futures.*

termijnmarkt ⟨geldw.⟩ **0.1** [plaats] *futures/forward market* ⇒*futures exchange* **0.2** [vraag en aanbod] *forward/ futures market* ♦ **1.2** de ~ voor goud *the forward market in gold, gold futures.*

termijnrekening ⟨hand.⟩ **0.1** *forward account (in connection with the forward exchange).*

termijntransactie 0.1 *forward transaction.*

terminaal 0.1 *terminal* ⇒*final* ♦ **1.1** terminale zorg *t. care, care of t. patients.*

terminal 0.1 [begin/eindpunt] *terminal* **0.2** [comp.] *terminal* ♦ **3.2** een schrijvende ~ *a printer-t.*

terminologie 0.1 [termen v.e. vak] *terminology* ⇒⟨vaak pej.⟩ *jargon* **0.2** [woordkeus] *terminology* ♦ **2.1** de technische ~ *technical t., (technical) jargon* **3.2** ik zou liever een andere ~ kiezen *I would rather use a different t.*

ternauwernood 0.1 *barely* ⇒*scarcely, hardly* ♦ **3.1** ~ ontkomen aan *b. escape;* hij ontkwam ~ *he had a narrow escape.*

terneergeslagen 0.1 *depressed* ⇒*dejected* ♦ **1.1** een ~ indruk maken ⟨ook⟩ *seem down (at the mouth)* **3.1** ~ raken ⟨ook⟩ *have one's spirits fall.*

terp 0.1 *terp* ⇒*mound.*

terpentijn 0.1 [terpentijnolie] *(spirit/oil of) turpentine* **0.2** [vloeibare hars] *turpentine.*

terpentine 0.1 *white spirit.*

terra 0.1 *terracotta.*

terracotta 0.1 ⟨bn. en zn.⟩ *terracotta.*

terrarium 0.1 *terrarium.*

terras 0.1 [mbt. een café] [B]*pavement/*[A]*sidewalk café* ⇒*outdoor café* **0.2** [horizontaal vlak als wandel/zitplaats] *terrace* ⇒*patio* **0.3** [plat dak] *terrace* ⇒*sun roof* ♦ **6.1** op een ~je zitten *sit in an outdoor café* **6.3** een slaapkamer **met** ~ a *(bed)room with a sun roof.*

terrein 0.1 [stuk grond] *ground(s)* ⇒*territory,* ⟨wet.⟩ *terrain* ⟨ook mil.⟩ **0.2** [fig.] *field* ⇒*ground* ♦ **1.1** het ~ v.e. onderneming *factory grounds;* ⟨fig.⟩ *the field of operation of a business* **2.1** de voetbalclub speelde op eigen ~ *the football team played on home turf;* eigen ~ / privé ~ *private property;* (sport) op neutraal ~ spelen *play on neutral ground;* een open ~ *open terrain;* verboden ~ ⟨ook fig.⟩ *forbidden territory, territory that is off-limits;* ⟨alleen concr.⟩ *private property;* op vlak ~ *on even/flat ground* **2.2** zich op bekend ~ bevinden *be on familiar ground;* iem. op eigen ~ verslaan/bevechten *beat/fight s.o. on his own territory;* een expert op financieel ~ *a financial expert;* zich op glibberig/gevaarlijk ~ begeven *be on slippery ground/on thin ice;* zich op een nieuw ~ begeven *enter a new f., break fresh ground;* dat is voor mij onbekend ~ *that is unknown ground/territory for me* **3.1** ~ moeten prijsgeven *be forced to give up territory;* het ~ verkennen ⟨lett.⟩ *explore/scout out the area;* ⟨fig.⟩ *scout (out) the territory;* - verliezen *lose ground;* ~ winnen ⟨fig.⟩ *gain ground* **6.2** die activiteiten vallen **buiten** ons ~ *those activities are beyond our scope;* de huisarts kwam **op** het ~ v.d. apotheker *the G.P. infringed upon the pharmacist's territory;* onderzoek doen **op** een bepaald ~ *do research in a particular area/f.*

terreinfiets 0.1 *all-terrain bike* ⇒*ATB.*

terreinknecht 0.1 *groundsman.*

terreinverkenning 0.1 [onderzoek naar de mogelijkheden] *exploration* ⇒*investigation* **0.2** [verkenning v.h. terrein] *exploration* ⇒⟨mil.⟩ *reconnoitring, scout(ing), reconnaissance* ⟨ook vanuit de lucht⟩.

terreinverlies 0.1 [het verliezen v.c. deel v.e. reeds beheerd terrein] *loss of ground* ⇒*territorial loss(es)* **0.2** [positieverzwakking] *loss of ground* ⇒*set-back.*

terreinwinst 0.1 *territorial gain* ⇒*ground gained* ♦ **3.1** ~ boeken *gain ground.*

terreur 0.1 *terror* ♦ **3.1** een ware ~ uitoefenen (over) *terrorize.*

terreuractie 0.1 *terrorist operation.*

terreurbestrijding 0.1 *control of terrorism* ⇒*anti-terrorist measures.*

terreurorganisatie 0.1 *terror(ist) organization.*

terriër 0.1 *terrier* ♦ **8.1** zich als een ~ in iets vastbijten *hang on to the bitter end, never say die.*

terrine 0.1 *tureen* ⇒*terrine.*

territoriaal 0.1 *territorial* ♦ **1.1** territoriale onschendbaarheid *sovereignty;* territoriale troepen *t. troops/army;* binnen/buiten de territoriale wateren *in/outside the t. waters.*

territorium 0.1 *territory.*

terroriseren 0.1 *terrorize.*

terrorisme 0.1 *terrorism* ♦ **2.1** het internationale ~ *international t.*

terrorist 0.1 *terrorist.*

terroristisch 0.1 *terrorist(ic);* ⟨bw. ook⟩ *like terrorists* ♦ **1.1** een ~e aanslag *a t. attack;* ~e groeperingen *t. groups.*

---

tersluiks 0.1 *stealthily* ⇒*furtively, covertly* ♦ **3.1** iem.~ aankijken *steal a glance at s.o.*

terstond 0.1 [aanstonds] *at once* ⇒*immediately* **0.2** [zo meteen] *directly* ⇒*presently* ♦ **3.2** ik zal u ~ helpen *I'll be with you in a minute* **5.1** ~ daarna *immediately afterwards.*

tertiair 0.1 *tertiary* ♦ **1.1** ~ onderwijs *higher education;* de ~e sector *the service sector;* ~e wegen *minor roads.*

Tertiair ⟨geol.⟩ **0.1** *the Tertiary (period).*

terts 0.1 [muz.; toon] *tierce* ⇒*third* **0.2** [muz.; interval] *tierce* ⇒*third* ♦ **2.2** grote ~ *major (third);* C grote ~ *C major;* kleine ~ *minor (third);* C kleine ~ *C minor.*

terug 0.1 [achteruit; naar het punt van vertrek; weerom] *back* **0.2** [geleden] *back* ⇒*ago* **0.3** [AZN; weer, opnieuw] *again* ⇒*anew* ♦ **1.1** hij wil zijn fiets ~ *he wants his bike b.;* de reis ~ *the trip b.* **1.2** enige jaren ~ *a few years b./ago* **3.1** ik ben zo ~ *I'll be b. in a minute;* heb je ~ van 25 gulden? *do you have change for 25 guilders?;* geld ~ moeten hebben ⟨wisselgeld⟩ *want the change;* ⟨terugbetaling⟩ *want a refund;* hij is weer bij zijn vrouw ~ *he is b. with his wife again;* ⟨fig.⟩ niet (meer) ~ kunnen *not be able to go b. on one's word;* wij moeten ~ *we have to go b.* **3.¶** daar heeft hij niet van ~ *that's too much for him* **4.1** ~ jij! *get b.* **5.1** heen en ~ *b. and forth* **6.1** ~ **naar** af *b. to square one;* ~ **uit** het buitenland *b. from abroad;* ~ **van** weg geweest *be b. again;* ⟨fig.⟩ *have made a come-back.*

terugbellen 0.1 *call back.*

terugbetalen 0.1 *pay back* ⇒*refund* ♦ **1.1** de toegangsprijs ~ *give s.o. a refund for the admission-ticket.*

terugbetaling 0.1 *repayment; reimbursement, refund(ing)* ⟨van gemaakte kosten enz.⟩ ♦ **6.1 tegen** ~ *subject to repayment/reimbursement/refund(ing).*

terugbezorgen 0.1 *return* ♦ **4.1** iem. iets ~ *return sth. to s.o.*

terugblik 0.1 *review* ⇒*retrospect(ive)* ♦ **6.1** een ~ **op** de laatste jaren *looking back on the last years.*

terugbrengen 0.1 [weer brengen naar het punt van vertrek/bij de eigenaar] *bring/take back* ⇒*return* **0.2** [weer in de oorspronkelijke toestand brengen] *restore* ⇒*bring back* **0.3** [in omvang verminderen] *reduce* ⇒*cut back* **0.4** [+ tot; herleiden] *reduce (to)* ⇒*trace (to)* ♦ **1.1** een geleend boek ~ *return a borrowed book;* oma zal de kinderen ~ *grandma will bring/take the children back* **1.3** de werkloosheid/inflatie ~ *r. unemployment/inflation* **6.2** iets in de oorspronkelijke staat ~ *r. sth. to its original state;* iem. **van** een voornemen ~ *change s.o.'s mind about sth.* **6.3 tot** de helft ~ *r. by half.*

terugdeinzen 0.1 *shrink* ⇒*recoil* ♦ **6.1** je moet niet ~ **voor** de gevolgen *you mustn't shy away from about the consequences;* **voor** niets ~ *hesitate at nothing; stop at nothing;* hij deinsde er niet **voor** terug geweld te gebruiken *he didn't s. from using force* **¶.1** vol afgrijzen ~ *recoil in horror.*

terugdenken I ⟨onov.ww.⟩ **0.1** [denken aan iets in het verleden] *think back to* ♦ **6.1** ~ **aan** zijn kinderjaren *think back to one's childhood;* het geluid deed hem ~ **aan** zijn kindertijd *the sound carried him back to his childhood;* met plezier **aan** iets ~ ⟨ook⟩ *remember sth. with pleasure;* **II** ⟨wk.ww.⟩ **0.1** [zich in gedachten verplaatsen] *think back* ⇒*go back in one's mind* ♦ **6.1** zich **in** vroegere jaren ~ *go back in one's mind to earlier years.*

terugdoen 0.1 [weer steken (in)] *put back* **0.2** [als antwoord/compensatie doen] *return* ⇒*do back* ♦ **1.2** doe hem de groeten terug *r. the compliments to him* **4.2** nu zij zo hulpvaardig is geweest, moeten wij iets ~ *since she has* *been so helpful we should do sth. in return;* hij doet niets terug als hij geslagen wordt *he doesn't do anything back when you hit him.*

terugdraaien 0.1 [achteruit draaien] *turn back* **0.2** [ongedaan maken] *reverse* ⇒*change, undo* ◆ **1.1** het voorwiel ~ *turn the front wheel backwards* **1.2** een maatregel ~ *r. a measure;* je kunt de zaak nu niet meer ~ *you can't r. the matter anymore.*

terugdringen 0.1 *push/drive back* ◆ **1.1** de inflatie/de werkloosheid ~ *drive back inflation/the unemployment figures.*

terugeisen 0.1 *reclaim* ⇒*demand/claim back.*

terugfluiten 0.1 [sport] *call back* ⟨ook fig.⟩ **0.2** [met een fluitje terugroepen] *whistle back* ◆ **1.1** de voltallige Tweede Kamer heeft de minister teruggefloten *the full House blew the whistle on the minister.*

teruggaan 0.1 [achteruit gaan; terugkeren] *go back* ⇒*return* **0.2** [ontstaan zijn uit] *go/date back (to)* ◆ **6.1** ⟨fig.⟩ ~ **in** de geschiedenis/tijd *go back in history/time;* ⟨fig.⟩ in gedachten ~ **naar** (de plek van) zijn jeugd *go back to (the spot of) one's youth;* **naar** huis ~ *go back home;* **naar** zijn plaats ~ *go back to one's seat* **6.2** dit boek gaat terug **op** een werk uit de Middeleeuwen *this book goes back to a Medieval work;* de boekdrukkunst gaat terug **tot** de 15e eeuw *printing dates back to the 15th century.*

teruggang 0.1 [achteruitgang] *decline* ⇒*decrease, drop* **0.2** [terugkeer] *return* ⇒*going back* ◆ **2.1** economische ~ *economic recession;* de grote ~ v.d. landbouwprijzen *the steep decline in farm prices.*

teruggave 0.1 *restoration* ⇒*return, refund, restitution* ◆ **1.1** ~ v.d. belasting *income tax refund* **6.1** een eis **tot** ~ *a demand of restitution;* de ~ **van** in beslag genomen goederen *the restitution of appropriated/seized goods.*

teruggetrokken 0.1 *retired* ⇒*withdrawn* ◆ **1.1** een ~ leerling *a withdrawn student;* een ~ leven leiden *lead a r./secluded life.*

teruggeven 0.1 [weer aan de eigenaar geven] *give back* ⇒ *return, restore* **0.2** [het teveel terugbetalen] *give (back)* ⇒ *refund, reimburse* **0.3** [als antwoord/reactie geven] *return* ◆ **1.1** ik zal je het gehele bedrag ~ *I'll pay you back the whole sum;* deze crème geeft uw huid haar natuurlijke zachtheid terug *this cream will restore your skin's natural softness* **1.2** kun je mij wat kleingeld ~? *could you give me some change?* **5.2** iem. te weinig ~ *shortchange s.o.* **6.2** hij kon niet ~ **van** vijftig gulden *he couldn't change a fifty guilder bill* **6.¶** en dan geven we u nu terug **aan** de studio in Hilversum *and now back to our studio in Hilversum.*

teruggrijpen 0.1 *go back (to)* ⇒*fall back (on)* ◆ **6.1** ~ **op** een vorig hoofdstuk *go back to an earlier chapter;* ~ **op** een oude(re) methode *fall back on an old(er) method.*

terughalen 0.1 [terug laten keren] *call/fetch back* **0.2** [terugtrekken] *pull back* ⇒*withdraw* **0.3** [ophalen] *recall* ◆ **5.2** zijn hand snel ~ *withdraw one's hand quickly.*

terughoudend 0.1 *reserved* ⇒*distant* ◆ **3.1** ~ zijn ⟨ook⟩ *be stiff/unresponsive* **6.1** zij was nogal ~ **over** de reden van haar vertrek *she was rather reticent about the reason of her departure;* nogal ~ zijn **tegenover** vreemden *be rather r. with strangers.*

terugkaatsen I ⟨onov., ov.ww.⟩ **0.1** [van richting (doen) veranderen] ⟨onov.ww.⟩ *be reflected;* ⟨ov.ww.⟩ *reflect* ⟨licht, geluid, warmte⟩ ⇒*reverberate* ⟨geluid, ook fig.⟩, *fling back* ⟨bal⟩, *rebound* ⟨bal⟩ ◆ **1.1** de slagen v.d. donder kaatsen in de bergen terug *the thunder (claps) reverberate in the mountains;*

II ⟨ov.ww.⟩ **0.1** [terugwerpen] *strike/hit back* ◆ **1.1** ⟨fig.⟩

een beschuldiging ~ naar iem. *fling an accusation back at s.o.*

terugkaatsing ⟨nat.⟩ **0.1** *reflection* ⟨licht, geluid, beeld, warmte⟩ ⇒*echo, reverberation* ⟨geluid⟩, *rebounding* ⟨bal⟩.

terugkeer 0.1 *return* ⇒*comeback, recurrence* ◆ **2.1** de geregelde ~ *regular recurrence* **6.1** ⟨ruim.⟩ bij de ~ in de dampkring *(up)on re-entering the atmosphere;* ~ **tot** de oude politiek *return to old policies.*

terugkeren 0.1 [teruggaan] *return* ⇒*come/go back* **0.2** [wederom aanwezig zijn] *return* ⇒*come back, recur* ◆ **1.2** dagelijks ~de irritaties *daily irritations;* de rust keerde terug *peace returned again* **2.2** jaarlijks/elk uur/maandelijks ~d *(recurring) yearly/hourly/monthly* **6.1** ~ **bij** de eigenaar *go back to its owner;* **naar** huis ~ *r. home.*

terugkijken 0.1 [kijken als reactie op iem. die kijkt] *look back* **0.2** [terugblikken] *look back (on/upon).*

terugkomen 0.1 [weerkeren; nog eens komen] *return* ⇒ *come back* **0.2** [weer komen bij het uitgangspunt] *return* ⇒*come back, recur* **0.3** [ook sport; weer een vroeger, beter peil bereiken] *come back* ⇒*make a come-back* ◆ **1.1** het bewustzijn komt terug *consciousness is returning* **3.1** u hoeft hier niet meer terug te komen *don't bother to come back;* ze kan elk moment ~ *she may be back (at) any moment* **6.1 in** allerijl ~ *hurry back;* ~ **van** kantoor *come home from the office* **6.2** weer ~ **bij** het begin *come full circle;* **op** zijn verklaring ~ *retract one's statement;* ~ **op** een onderwerp *come back to a subject;* daar kom ik nog **op** terug *I'll come back to that;* **op** een beslissing ~ *reconsider a decision;* steeds ~ **op** een bepaald onderwerp *keep harping on a (given) subject;* weer **op** een kwestie ~ *re-open a question;* zij kwam terug **op** haar ontslagaanvraag ⟨ook⟩ *she withdrew her resignation;* **op/van** een belofte ~ *go back on a promise;* ~ **van** een besluit *reverse/go back on a decision;* hij is er **van** teruggekomen *he changed his mind* **6.3** na een slecht seizoen is zij **met** een nieuw record/een nieuwe show teruggekomen *after a bad season she came back with a new record/with a new show.*

terugkomst 0.1 *return* ◆ **6.1** bij zijn ~ *on his r.*

terugkoppelen 0.1 *give feedback (information) (to)* ⇒*submit (to)* ◆ **6.1** iets ~ **naar** de achterban *give feedback to the rank and file.*

terugkrabbelen 0.1 *back out* ⇒*go back on* ⟨belofte⟩, *cop/opt out* ◆ **¶.1** op het laatste moment krabbelde hij terug *he opted out at the last moment.*

terugkrijgen 0.1 [opnieuw in zijn bezit krijgen] *get back* ⇒ *recover, regain* **0.2** [als antwoord/reactie krijgen] *get in return* **0.3** [terugontvangen wat te veel betaald is] *get back* ◆ **1.1** zijn gezondheid ~ *regain one's health;* zijn goederen ~ *get one's goods/things back;* zijn verstand ~ *come to one's senses* **1.2** een klap ~ *get a blow in return* **1.3** te weinig (wissel)geld ~ *be short-changed;* u krijgt nog één gulden terug *you get one more guilder back.*

terugleggen 0.1 [weer op de oorspronkelijke plaats leggen] *put back* **0.2** [sport] *pass back* ◆ **6.2** de bal ~ **op** de spits *pass the ball back to the striker.*

terugloop 0.1 *fall(ing-off)* ⇒*decrease.*

teruglopen 0.1 [achteruitlopen] *walk back* ⇒*flow back* ⟨vloeistoffen⟩ **0.2** [fig.; achteruitgaan] *drop* ⇒*fall, decline* **0.3** [naar het vertrekpunt lopen] *walk back* ⇒*back* ⟨wind⟩ ◆ **1.2** het aantal kerkgangers loopt terug *church attendance is dropping;* de dollar liep nog verder terug *the dollar suffered a further setback* **6.3** de wind liep weer terug **naar** het zuiden *the wind backed to the south;* **naar** huis ~ *walk back home.*

terugnemen 0.1 *take back* ⇒⟨intrekken ook⟩ *retract* ◆ **1.1**

⟨fig.⟩ gas ~ *ease up/off, take things easy;* zijn woorden ~ *take back one's words* **3.1** we moeten haar ~ *we have to take her back/*⟨mbt. ambt⟩ *reinstate her.*

terugploegen ⟨geldw.⟩ **0.1** *±reappropriate, ±rechannel.*

terugreis 0.1 *return trip* ◆ **3.1** de ~ aanvaarden *set out/off on the r. t.* **6.1** op de ~ zijn *be on one's way/trip home.*

terugrijden 0.1 *drive/*⟨fiets, paard⟩ *ride back.*

terugrit 0.1 *ride/drive back.*

teruggroepen 0.1 [door roepen terug laten komen] *call back* ⇒*recall, call off* ⟨honden⟩ **0.2** [als antwoord roepen] *call back/in return* ◆ **1.1** de acteurs werden tot driemaal toe teruggeroepen *the actors had three curtain calls;* een gezant ~ *recall an ambassador* **1.2** 'houd je mond', riep de agent terug *'shut up', the policeman shouted in return* **6.1** ⟨fig.⟩ iets in het geheugen ~ *recall sth.;* **naar** huis ~ *call home.*

terugschakelen 0.1 [terugkoppelen] *switch back* **0.2** [in een lagere versnelling rijden] *change/*⟨vnl. AE⟩ *shift down* ◆ **6.1** ~ **naar** de studio in Hilversum *switch back to the studio in Hilversum* **6.2** ~ **van** zijn tweede **naar** zijn eerste *change/shift down from second to first.*

terugschieten I ⟨onov.ww.⟩ **0.1** [zich snel achteruit/naar een vorige plaats bewegen] *shoot back* ◆ **1.1** de hendel schoot plotseling terug *the handle suddenly shot back;* **II** ⟨onov., ov.ww.⟩ **0.1** [schieten als antwoord] *shoot back.*

terugschrijven 0.1 *write back* ◆ **8.1** zij schreef terug dat ze kwam *she wrote back (saying/to say) that she was coming.*

terugschrikken 0.1 [van schrik terugdeinzen] *recoil* ⇒*shy* ⟨ook paard⟩ **0.2** [fig.; bang zijn] *recoil* ⇒*baulk* ◆ **6.2** ~ **van** de hoge bouwkosten *baulk at the high construction costs;* ~ **van/voor** iets *be afraid of sth.;* nergens **voor** ~ *be afraid of/stop at nothing.*

terugschroeven ⟨fig.⟩ **0.1** [tot een lager niveau terugbrengen] *scale/bring down* **0.2** [ongedaan maken] *reverse* ◆ **1.1** de salarissen zijn teruggeschroefd *salaries have been scaled down/brought down* **1.2** een besluit ~ *r. a decision.*

terugslaan I ⟨onov.ww.⟩ **0.1** [met slaan antwoorden] *hit back* **0.2** [fig.; verwijzen naar] *refer (to)* **0.3** [zich met kracht achteruit bewegen] *backfire* **0.4** [zich met kracht terugbewegen] *blow/move back* ⇒*flash back* ⟨vlam⟩ ◆ **1.3** de motor slaat terug *the engine backfires* **1.4** de rook slaat terug in de kamer *the smoke is driven back into the room;* **II** ⟨ov.ww.⟩ **0.1** [slaan naar het punt vanwaar iets/iem. gekomen is] *hit/strike back* ⇒⟨mil.⟩ *repel* **0.2** [omslaan, achteruit slaan] *turn back;* ⟨achteruit slaan⟩ *toss/throw back* ◆ **1.1** een bal ~ *strike/hit a ball back;* de vijand ~ *beat back/repel the enemy, hold off the enemy* **1.2** een teruggeslagen sluier *a turned-back veil.*

terugslag 0.1 [slag die iem. of iets achteruit drijft, meestal fig.] *recoil(ing)* ⇒*backfire* ⟨motor⟩, *backstroke* ⟨roeien⟩, ⟨mil.⟩ *counterblow* **0.2** [fig.; negatieve reactie] *reaction* ⇒ *backlash* **0.3** [biol.] *throw-back* ◆ **2.2** de economische ~ v.d. jaren dertig *the Depression (of the 1930s)* **3.1** het geweer had een ontzettende ~ *the gun had a terrible kick/recoil* **3.2** een ~ krijgen *be set back, experience a backlash;* ons bedrijf ondervindt daarvan de ~ *our firm has felt the repercussions* **6.1** de ~ **in** de huizenmarkt *the slump in the housing market* **6.2** een ~ hebben **op** *cause a r./a backlash, react on.*

terugslagklep ⟨tech.⟩ **0.1** *one-way valve.*

terugsluizen ⟨geldw.⟩ **0.1** *recycle* ⇒*pump back (in).*

terugspeelbal ⟨sport⟩ **0.1** *backward pass.*

terugspelen 0.1 [sport] *play back* **0.2** [geluids-/videoban-

---

den] *replay* **0.3** [fig.; retourneren] *return* ◆ **6.1** de bal ~ **op/naar** de keeper *play the ball back to the goalie* **6.3** een vraag **naar** de vragensteller ~ *answer the questioner with a question.*

terugspoelen 0.1 *rewind.*

terugspringen 0.1 [achteruitspringen] *spring/leap back-(wards)* **0.2** [achter een bepaalde lijn liggen] *recede* **0.3** [weer naar het vertrekpunt springen] *spring back* ◆ **1.2** een ~ de muur *a receding wall* **6.3** de bal sprong terug **van** de paal *the ball rebounded from the post.*

terugsturen 0.1 [wegsturen] *turn back/away* **0.2** [weer sturen naar dan waar hij van herkomst] *send back, return.*

terugtocht 0.1 [terugreis] *journey/trip back/home* **0.2** [gedwongen aftocht, ook fig.] *retreat* ◆ **3.1** de ~ aanvaarden *set off on the journey/trip home* **3.2** ⟨fig.⟩ iem. de ~ afsnijden *cut off s.o.'s (line of) r.;* de ~ blazen *beat a (hasty) r.*

terugtraprem 0.1 *back-pedal(ling) brake.*

terugtreden 0.1 [zich terugtrekken] *withdraw (from)* **0.2** [schr.; achteruit treden] *step back* ◆ **4.2** ontzet trad zij een stap terug *she stepped back/recoiled in horror* **¶.1** ten gunste van een opvolger ~ *w. in favour of a successor.*

terugtrekken I ⟨onov.ww.⟩ **0.1** [achterwaarts gaan] *withdraw* **0.2** [terugkrabbelen, inbinden] *back out (of)* ◆ **3.1** een paar tanks laten ~ *pull back some tanks* **4.5** het verslagen leger trok **naar** het zuiden terug *the defeated army withdrew/retreated to the south;* **II** ⟨ov.ww.⟩ **0.1** [achteruit verplaatsen] *withdraw* **0.2** [weer naar de plaats van herkomst trekken] *draw/pull back* **0.3** [intrekken] *withdraw* ◆ **1.1** zijn arm ~ *w./draw back one's arm;* troepen ~ *w./pull back troops* **1.3** ⟨fig.⟩ een belofte ~ *retract a promise;* ⟨sport⟩ de aanvoerder trok zijn team terug *the captain withdrew his team;* **III** ⟨wk.ww.; zich ~⟩ **0.1** [naar een rustige plaats gaan] *retire* **0.2** [niet meer deelnemen, terugtreden] *withdraw (from)* ◆ **6.1** zich **in** zijn slaapkamer ~ *r. to one's bedroom;* zich **in/op** zichzelf ~ *withdraw into o.s., turn inwards upon o.s.;* zich ~ **op** het platteland *retreat to the country* **6.2** zich **bij/voor** een examen/sollicitatie ~ *w. from an exam/application;* zich **uit** de zaken ~ *retire/w. from business* **8.2** zich als kandidaat ~ *w. as a candidate/from a candidacy.*

terugval 0.1 *reversion* ⇒*relapse,* ⟨hand.⟩ *spin* ⟨in prijs/waarde⟩ ◆ **6.1** de ~ **in** het oude patroon *the reversion/relapse into the old pattern.*

terugvallen 0.1 [opnieuw vervallen tot] *revert (to)* ⇒*lapse (into)* **0.2** [+ op; een beroep doen op] *fall back on* **0.3** [sport; achteruitgaan in prestatie] *give way* **0.4** [verminderen] *drop* ◆ **1.3** na een goede start viel de jonge deelnemer sterk terug *after a good start the young contestant lost much ground* **6.1** telkens in dezelfde gewoonte ~ *lapse into/r. to the same habit* **6.2** ~ **op** een uitkering *fall back on a social benefit;* hij kan bij dit werk ~ **op** zijn ruime ervaring *he brings his wide experience to the work.*

terugverdienen 0.1 *recover the costs on* ◆ **¶.1** dat verdien je al in twee maanden terug *you'll recover your costs in two months.*

terugverlangen I ⟨onov.ww.⟩ **0.1** [verlangen naar] *recall longingly* ◆ **6.1 naar** iets ~ *think back longingly to sth.;* **naar** huis ~ *long to go back home;* **II** ⟨ov.ww.⟩ **0.1** [terugvragen] *ask back.*

terugvinden 0.1 [weer vinden] *find again* ⇒*recover* **0.2** [aantreffen] *find/encounter again* **0.3** [herkennen] *recognize* ◆ **1.1** het spoor ~ *pick up the trail.*

terugvoeren 0.1 [naar een vroegere tijd verplaatsen] *take/carry back* **0.2** [weer voeren naar de plaats van herkomst] *lead back* 0.3 [als oorzaak iets anders aanwijzen] *trace back (to)* ◆ 6.1 dat voert ons terug **naar** de Middeleeuwen *that takes/carries us back to the Middle Ages* 6.3 deze ontwikkeling kun je ~ **op** het kabinetsbeleid *this development has its origins in government policy.*

terugvorderen 0.1 *re-claim* ◆ 1.1 geleverde koopwaar ~ *re-claim merchandise previously delivered;* een lening ~ *call (in) a loan.*

terugvragen 0.1 *ask back* ⇒⟨uitnodigen ook⟩ *return an invitation.*

terugwedstrijd ⟨AZN⟩ 0.1 *return match.*

terugweg 0.1 *way back* ◆ 2.1 een andere ~ nemen *take a different w. b.* 3.1 de ~ is afgesneden ⟨fig.⟩ *there is no turning back* 6.1 **op** de ~ gaan we bij oma langs *on the/our way back we shall drop in on grandma* ¶.1 de ~ viel hem langer dan de heenweg *the way back seemed longer to him than the journey outward.*

terugwerken 0.1 [invloed achterwaarts doen voelen] *be retroactive* 0.2 [effect hebben] *react (on)* ◆ 1.1 met ~ de kracht *retroactively;* met ~ de kracht in doen gaan *back-date;* de nieuwe overeenkomst zal met ~ de kracht gelden vanaf 1 januari *the new agreement will be retroactive as of 1 January* 6.2 de stijging v.d. olieprijs zal ~ **op** de inflatie *the rise in the price of oil will react on inflation.*

terugwerpen 0.1 [achteruit werpen] *throw back* 0.2 [weer werpen naar de plaats van herkomst] *throw back* ⇒ *return* ⟨bal⟩ ◆ 1.1 het front werd teruggeworpen *the front was thrown back* 6.2 ⟨fig.⟩ **op** zichzelf teruggeworpen worden *be thrown upon one's own resources.*

terugwinnen 0.1 [weer in bezit krijgen] *win back* ⇒ *regain* 0.2 [door een bewerking opnieuw winnen] *recover* ◆ 1.1 zijn geld weer ~ *win back/regain one's money;* zijn goede naam ~ *redeem one's reputation;* het verloren terrein weer ~ *recover lost ground* 6.2 **uit** afval kunnen we kostbare grondstoffen ~ *we can r. valuable materials from waste.*

terugzakken 0.1 [weer naar de oorspronkelijke plaats zakken] *sink back* 0.2 [achteruitgaan in prestatie] *fall back* ◆ 6.1 hij zakte terug **in** zijn stoel *he sank back into his chair;* ⟨sport; fig.⟩ zich laten ~ **in** het peloton *drop back into the pack* 6.2 Ajax is teruggezakt **naar** de derde plaats *Ajax has fallen back to third place.*

terugzeggen 0.1 *answer back.*

terugzenden 0.1 [wegzenden] *turn back/away* 0.2 [weer zenden naar de plaats van herkomst] *send back, return* ◆ 5.2 gelieve het bewijs franco terug te zenden *please send back/return the certificate* [B]*post-free* 6.1 **bij** de poort werden wij teruggezonden *we were turned back/away at the gate.*

terugzetten 0.1 [achteruit zetten] *put/set back* 0.2 [weer zetten op de plaats van herkomst] *put back* ⇒ *replace* 0.3 [degraderen] *move down* ⇒ *demote* ◆ 1.1 de wijzers ~ *put/move back the hands* 1.2 een boek ~ *put back/replace a book* 1.3 een leerling (een klas) ~ *move a pupil down (to a lower class)* 6.1 de teller ~ **op** nul *reset the counter (to zero)* 6.3 iem. **in** rang ~ *reduce s.o. (in rank),* demote s.o.; iem. **in** salaris ~ *dock s.o.'s salary.*

terugzien I ⟨onov.ww.⟩ 0.1 [terugblikken] *look back* ◆ 6.1 **op** zijn vroegere leven ~ *look back on/review one's life;* II ⟨ov.ww.⟩ 0.1 [weerzien] *see again* ◆ 1.1 van dat geld zal ik nooit een cent ~ *I shall never see a cent of that money again;* zijn geboorteplaats ~ *see one's birthplace again* 4.1 wij zullen elkaar nooit ~ *we shall never see each other again.*

terugzoeken 0.1 *look for/up again* ⇒ *seek again* ◆ 1.1 een plaats in een boek ~ *look up a passage in a book (again).*

terwijl 0.1 [gedurende de tijd dat] *while* 0.2 [ofschoon] *whereas* ⇒ *while* ◆ ¶.1 ~ hij omkeek, ontsnapte de dief *w. he looked round, the thief escaped* ¶.2 hij werkt over, ~ zijn vrouw vandaag jarig is *he is working overtime even though his wife has her birthday today; ...* ~ je donders goed weet dat het niet mag *... when you know darn(ed) well that it is forbidden/that you shouldn't.*

terzijde[1] ⟨het⟩ 0.1 ⟨ook dram.⟩ *aside.*

terzijde[2] ⟨bw.⟩ 0.1 [naar opzij] *aside* 0.2 [aan de zijkant] *to/at the side* ◆ 3.1 ~ geschoven worden ⟨fig.⟩ *go by the wayside, be pushed a.;* iets ~ laten *leave sth. a.;* ~ leggen *put/set a.;* ~ nemen *take s.o. aside;* iets ~ schuiven ⟨afwijzen⟩ *push/brush sth. aside;* ⟨trachten te vergeten⟩ *set sth. aside* ⟨bv. zorgen⟩; iem. ~ staan *stand by s.o.* 4.1 dit ~ *by the way* 6.2 iem. **van** ~ opnemen *look sideways at s.o.*

test 0.1 [toetsing] *test* ◆ 2.1 een mondelinge ~ *an oral t.;* een schriftelijke ~ *a written t.* 3.1 iem. een ~ afnemen *test s.o.* 6.1 een ~ **op** doping *a drug check.*

testament 0.1 [uiterste wil] *will* 0.2 [geschrift] *testament* 0.3 [gedeelte v.d. bijbel] *Testament* ◆ 2.1 openbaar ~ *notarial w.* 2.2 het politiek ~ van Richelieu *the political t. of Richelieu* 2.3 het Oude en Nieuwe Testament *the Old and New T.* 3.1 een ~ maken/herroepen *make/revoke a w.* 6.1 iets **bij** ~ vermaken *will/legate sth.;* iem. **in** zijn ~ zetten *remember s.o. in one's w.;* **zonder** ~ sterven *die intestate.*

testbeeld 0.1 *test card.*

testcase 0.1 *test case.*

testen 0.1 *test* ◆ 1.1 zijn vaardigheid in iets ~ *try one's hand at sth.* 6.1 **in** de praktijk ~ *field-test;* ⟨sport⟩ de wielrenners ~ **op** doping *dope-test the riders.*

testikel 0.1 *testicle.*

testimonium 0.1 [getuigschrift] *testimonial* 0.2 [getuigenis] *testimony.*

testosteron 0.1 *testosterone.*

testpiloot 0.1 *test pilot.*

testvlucht 0.1 *test flight.*

tetanus 0.1 *tetanus.*

tête-à-tête 0.1 *tête-à-tête.*

tetteren ⟨inf.⟩ 0.1 *trumpet, blare.*

teug 0.1 [B]*draught,* [A]*draft* ⇒ *pull* ◆ 2.1 met grote ~ en drinken *drink deep, gulp (down);* met kleine ~ jes drinken *sip;* hij ademde de frisse lucht met volle ~ en in *he took (in) deep breaths of the fresh air;* ⟨fig.⟩ met volle ~ en van iets genieten *enjoy sth. thoroughly/to the full* 6.1 hij dronk het glas **in** één ~ leeg *he emptied/drained the glass at a d.*

teugel 0.1 *rein* ⟨vaak mv.⟩ ◆ 2.1 ⟨fig.⟩ zijn hartstochten de vrije ~ geven *(free) r. to one's passions/feelings;* ⟨fig.⟩ iem. de vrije ~ laten *give free/full r. to s.o.;* een paard de vrije ~ geven/laten *give a horse the rein(s)/his head* 3.1 een paard de ~ aandoen *bridle a horse;* ⟨fig.⟩ de ~ kort houden *keep (s.o.) on a short/tight r.;* ⟨fig.⟩ iem. de ~ s uit handen nemen *take over the reins from s.o.;* ⟨fig.⟩ de ~ s in handen nemen *take (up) the reins, assume control;* ⟨fig.⟩ de ~ s) vieren *loosen/slacken the reins.*

teut[1] ⟨de⟩ ⟨bel.⟩ 0.1 *dawdler.*

teut[2] ⟨bn.⟩ ⟨inf.⟩ 0.1 *tight.*

teuten 0.1 *dilly-dally, dawdle.*

teveel 0.1 *surplus* ◆ 6.1 een ~ **aan** groente *a s. of vegetables.*

tevens 0.1 [daarbij] *also, besides* 0.2 [tegelijkertijd] *at the same time* 0.3 [samen] *as well as, likewise.*

tevergeefs[1] I ⟨bn.⟩ 0.1 [vergeefs] *in vain* ◆ 1.1 al haar inspanningen waren ~ *all her efforts were in vain;* II ⟨bw.⟩ 0.1 [zonder succes] *in vain* ⇒ *vainly* ◆ 3.1 ik heb ~ gezocht *I have searched in vain.*

tevergeefs² ⟨tw.⟩ **0.1** *in vain.*

tevoren 0.1 [vroeger] *before, previously* **0.2** [vooraf] *beforehand* ◆ **1.1** een jaar ~ *a year b./p.* **5.1** meer dan ooit ~ *more than ever b.* **6.2** van ~ *before(hand), in advance.*

tevreden 0.1 *satisfied* ⇒*contented* ◆ **2.1** ik ben dik ~ *I am highly pleased* **5.1** zij is snel *- she is easily s.* **6.1** met weinig ~ moeten zijn *have to make do with little;* ~ **met / over** zichzelf *self-satisfied.*

tevredenheid 0.1 *satisfaction* ◆ **6.1** werk **naar** ~ verrichten *work satisfactorily;* **tot** ~ **van** allen *to everyone's s.;* **tot** volle ~ **van** *to the complete s. of;* reden **tot** ~ geven *give (cause for) s.;* dat stemt **tot** ~ *that is satisfactory/gratifying.*

tevredenstellen 0.1 *satisfy* ◆ **4.1** zich met iets ~ *content o.s. with sth.*

tewaterlating 0.1 *launching.*

teweegbrengen 0.1 *bring about* ⇒*bring on* ⟨ziekte enz.⟩, *produce* ⟨verandering / onrust enz.⟩.

tewerkstellen 0.1 *employ* ⇒*set to work.*

tewerkstelling 0.1 *employment.*

textiel¹ I ⟨het, de⟩ **0.1** [stof] *textile* **0.2** [textielwaren] *textiles;*
II ⟨de⟩ **0.1** [industrie] *textile Industry.*

textiel² ⟨bn.⟩ **0.1** *textile* ◆ **1.1** docent ~ e werkvormen *teacher of textural arts.*

textielfabriek 0.1 *textile factory.*

textielindustrie, -nijverheid 0.1 *textile industry.*

textielproduct 0.1 *textile (product).*

tezamen 0.1 *together* ◆ **3.1** alles ~ genomen *all in all.*

TGV 0.1 *TGV* ⇒*high-speed train.*

TH ⟨afk.⟩ **0.1** [Technische Hogeschool] ⟨*university of technology*⟩.

Thailand 0.1 *Thailand.*

Thailander, -landse 0.1 *Thai.*

Thais 0.1 *Thai.*

thans ⟨schr.⟩ **0.1** [op dit ogenblik] *at present, now* **0.2** [tegenwoordig] *nowadays, at present.*

theater 0.1 [schouwburg] *theatre* **0.2** [artistieke productie] *dramatic/performing arts* ⇒*(the) stage* **0.3** [aanstellerij] *show* ⇒*theatrics* ◆ **3.3** hou op met dat ~! *stop putting it on like that!* **6.1** die film draait **in** verschillende ~ s *that film is running in several* ⁿ*cinemas/ˢmovie theaters.*

theaterbezoek 0.1 ⟨alg.⟩ *theatregoing* ⇒*theatre attendance,* ⟨één bezoek⟩ *visit to a / the theatre.*

theaterbureau 0.1 *theatrical agency.*

theaterstuk 0.1 *(stage) play.*

theatervoorstelling 0.1 *theatre performance.*

theatraal I ⟨bn., bw.⟩ **0.1** [overdreven] *theatrical* ◆ **1.1** ~ gedoe *theatric(al)s* **3.1** ~ optreden *act/behave in an exaggerated way;*
II ⟨bn.⟩ **0.1** [mbt. het toneel] *theatrical, dramatic.*

thee 0.1 *tea* ◆ **1.1** een kopje ~ *a cup of t.* **2.1** slappe ~ *weak t.* **3.1** ~ drinken *drink/have t.;* ik heb twee ~ besteld *I have ordered two teas/cups of t.,* ~ inschenken *pour out;* laat de ~ nog maar even trekken *just let the t. brew/steep a bit longer;* ~ zetten *make t.* **6.1** op de ~ komen *come to t.*

theeblad 0.1 [stukje blad waarvan thee gezet wordt] *tea-leaf* **0.2** [dienblad] *tea-tray.*

theedoek 0.1 *tea-towel.*

theedrinken 0.1 *have tea* ◆ **6.1** we hebben vaak **bij** hen theegedronken *we have often gone to / had tea with them.*

thee-ei 0.1 *tea ball.*

theeglas 0.1 *tea glass.*

theekop 0.1 *teacup.*

theekransje 0.1 *tea circle, tea-party.*

theelepeltje 0.1 *teaspoon* ⇒⟨hoeveelheid ook⟩ *teaspoonful* ◆ **1.1** een ~ zuiveringszout *a teaspoonful of bicarbonate (of soda)* **2.1** een afgestreken ~ *a level teaspoon.*

theeleut ⟨inf.⟩ **0.1** *tea-bibber.*

theelichtje 0.1 ⟨elektrisch⟩ *hot plate (for tea);* ⟨waxinelichtje⟩ *tea-warmer.*

Theems 0.1 *Thames.*

theemuts 0.1 *(tea-)cosy.*

theepauze 0.1 *tea-break.*

theepot 0.1 *teapot.*

theeservies 0.1 *tea service.*

theevisite 0.1 *tea(-party)* ◆ **6.1** op ~ gaan bij iem. *go/come to tea with s.o.*

theewater 0.1 *tea-water* ◆ **3.1** het ~ opzetten *put the kettle on (for tea)* **6.¶ boven** zijn ~ zijn *have had a drop too much.*

theezakje 0.1 *tea bag.*

theezeefje 0.1 *tea strainer.*

theïsme 0.1 *theism.*

thema I ⟨het⟩ **0.1** [onderwerp] *theme* ⇒*subject (matter)* **0.2** [grondgedachte, motief] *theme* ◆ **1.2** ⟨muz.⟩ herhaling v.h. ~ *recurrence of the t.* **2.2** dat zijn maar nieuwe variaties op een oud ~ ⟨fig.⟩ *these are only variations on a t./ an old t.* **3.1** een ~ aansnijden *broach the subject of …/ a subject* **6.2** ⟨lit.⟩ het ~ **van** de verloren zoon *the t. of the prodigal son;*
II ⟨het, de⟩ **0.1** [te vertalen tekst] *translation exercise* ◆ **3.1** ~ 's maken *do translation exercises.*

themanummer 0.1 *special (issue).*

themapark 0.1 *theme park.*

thematiek ⟨lit.⟩ **0.1** *theme(s)* ⇒*subject matter.*

thematisch 0.1 ⟨ook lit.⟩ *thematic* ◆ **1.1** een ~ e aanpak *a t. approach;* ~ e catalogus *subject catalogue* **3.1** ~ gerangschikt *arranged by topic / subject.*

theocratie 0.1 *theocracy.*

theologie 0.1 *theology* ⇒*divinity.*

theologisch 0.1 *theological* ◆ **1.1** de ~ e faculteit *the Theological/Theology/Divinity Department.*

theoloog, -loge 0.1 *theologian.*

theoreticus, -ca 0.1 [wetenschapper] *theoretician, theorist* **0.2** [iem. die geen rekening houdt met uitvoerbaarheid] *theorizer, theorist.*

theoretisch I ⟨bn.⟩ **0.1** [mbt. de theorie, grondregels] *theoretic(al)* **0.2** [berustend op een theorie] *theoretic(al)* ⇒ *speculative, hypothetical* **0.3** [zich niet in de praktijk voordoend] *theoretic(al)* ⇒*academic* ◆ **1.1** ~ e kennis *theoretical knowledge* **1.2** een ~ e verklaring voor iets geven *give a theoretical explanation for sth.;*
II ⟨bw.⟩ **0.1** [wat de theorie betreft, volgens de theorie] *theoretically, in theory* ◆ **2.1** dat is ~ verklaarbaar *that can be explained in theory* **3.1** een mening ~ funderen *base an opinion on theory.*

theorie 0.1 [grondregels, beginselen] *theory* ⇒*theoretics* **0.2** [systeem van denkbeelden; tgov. praktijk] *theory* ⇒*hypothesis* ◆ **1.2** ~ en praktijk *t. and practice* **2.2** fantastische ~ ën ontwikkelen *develop fantastic/wild theories* **3.1** zijn ~ halen *pass one's theory test* **3.2** een ~ opstellen / verdedigen *draw up/defend a theory* **6.2 in** ~ is dat mogelijk *theoretically (speaking) that's possible.*

theorievorming 0.1 *formulation/*⟨ontwikkeling⟩ *development of a theory / of theories.*

theosofie 0.1 *theosophy.*

therapeut, -e 0.1 *therapist.*

therapeutisch 0.1 *therapeutic(al).*

therapie 0.1 [geneeswijze] *therapy* ⇒*therapeutics* ⟨als discipline) **0.2** [psychotherapie] *(psycho)therapy* ◆ **6.2 in** ~ zijn *be having/undergoing t.*

thermiek ⟨meteo.⟩ **0.1** *thermal* ⇒*up-current.*

thermometer 0.1 *thermometer* ◆ **3.1** de ~ daalt/stijgt *the t. is falling/rising* **6.1 op** de ~ kijken *read the t.;* de ~ stond **op** twintig graden Celsius/Fahrenheit *the t. read/stood at twenty degrees centigrade/Fahrenheit.*

thermopane 0.1 *double-glazing.*

thermosfles 0.1 *thermos (flask).*

thermoskan 0.1 *thermos (jug)* ⇒⟨met pompje⟩ *air pot.*

thermostaat 0.1 *thermostat* ◆ **5.1** de ~ hoger zetten *turn up the t.*

thermostaatkraan 0.1 *thermostatically controlled tap/* ¹*faucet.*

these 0.1 *thesis.*

Thomas ◆ **2.**¶ een ongelovige ~ *a doubting Thomas.*

thora 0.1 *torah* ⟨ook T-⟩.

t.h.t. ⟨afk.⟩ **0.1** [ten minste houdbaar tot] ⟨*best by, use by*⟩.

thuis¹ ⟨het⟩ **0.1** *home* ⇒⟨fig.⟩ *hearth* ◆ **3.1** hij heeft geen ~ *he has no home* **4.1** mijn ~ *my home* **6.1** bericht **van** ~ krijgen *receive news from home* **7.1** het is bijna een tweede ~ *it's a home away from home.*

thuis² ⟨bw.⟩ **0.1** [naar huis] *home* **0.2** [in huis] *at home* ◆ **1.2** verzorging ~ *home nursing* **3.1** de artikelen worden kosteloos ~ bezorgd *the articles are delivered (h.) free* **3.2** vanmiddag ben ik ~ *I'll be at home this afternoon;* ik ben voor niemand ~ *I'm not at home/in to/for anyone;* doe maar of je ~ bent *make yourself at home;* ze doet ~ vertaalwerk *she takes in translations;* zich ergens ~ gaan voelen *settle down/in;* hij gaf niet ~ ⟨niet meewerken⟩ *he wouldn't play ball;* ⟨niet reageren⟩ *he appeared not to notice/not to hear (me), he didn't bite;* ⟨sport⟩ spelen we zondag ~? *are we playing at home this Sunday?;* niemand ~ treffen *find nobody at home;* iem. (bij zich) ~ uitnodigen *ask s.o. round/to one's house;* zich ergens ~ voelen *feel at home/ease somewhere;* hij was niet ~ *he wasn't in/at home, he was out;* hij woont nog ~ *he's still living at home* **5.1** ⟨fig.⟩ samen uit, samen ~ *we stick together, we're in this together;* wel ~! *safe journey!* **6.2 bij** ons ~ *at our place, in our home, back home;* **bij** jou ~ *(over) at your place;* ⟨fig.⟩ ergens **in** ~ raken *find one's feet, start to find/know one's way around in sth.;* ⟨fig.⟩ slecht ~ zijn **in** *not know much about;* ⟨fig.⟩ **in** iets (goed) ~ zijn *be well up in/on sth., be at home with/in/on sth.*

thuisbankieren 0.1 *home banking.*

thuisbasis 0.1 *home base.*

thuisbezorgen 0.1 *deliver (to the house/door).*

thuisblijven 0.1 *stay at home/in* ◆ **5.1** de kinderen kunnen nog niet alleen ~ *the children can't be left on their own yet.*

thuisbrengen 0.1 [naar/aan huis brengen] *bring/see home* ⇒⟨naar zijn eigen huis brengen⟩ *take home* **0.2** [weten te plaatsen] *place* ◆ **1.1** de man werd ziek thuisgebracht *the man was brought home sick;* een leuk salaris ~ *bring in a decent salary* **3.2** iets/iem. niet thuis kunnen brengen *not be able to p. sth./s.o.*

thuisclub 0.1 *home team.*

thuisfluiter 0.1 *home referee.*

thuisfront 0.1 *home front* ◆ **6.1** nieuws **van** het ~ *news from the h.f.*

thuishaven 0.1 *home port, port of register/registry;* ⟨fig.⟩ *home base, haven.*

thuishoren 0.1 [zijn plaats hebben] *belong* ⇒*go* **0.2** [afkomstig zijn van] *be/come from* ◆ **1.2** waar/in welke haven hoort dat schip thuis? *what is that ship's home/port/port*

of registry? **5.1** dat speelgoed hoort hier niet thuis *those toys don't b. here* **5.2** hoor je hier in de buurt thuis? *do you come from around here?* **6.1** dat hoort eigenlijk meer **bij** de taalkunde thuis *that is really the domain of linguistics;* woorden die niet ~ **in** het vocabulaire v.e. beschaafd iem. *words which don't b. in the vocabulary of a civilized person* ¶.1 waar hoort dat thuis? *where does that go?*

thuishouden 0.1 [in huis houden] *keep at home* **0.2** [bij zich houden] *keep/lay off* ◆ **1.1** een ziek kind een tijdje ~ *keep a sick child at home for a while* **1.2** hou je handen thuis! *keep/lay off me!, (keep your) hands off (me)!*

thuiskomen 0.1 *come home* ⇒*come/get back* ◆ **3.1** je moet ~ *you're wanted at home* **5.1** als ik te laat thuiskom, dan … *if I'm late, then …;* ik kom vanavond niet thuis *I won't be in tonight* **6.1** ik kom vaak **bij** hem thuis *I often go to his place/home.*

thuiskomst 0.1 *homecoming, return* ◆ **2.1** behouden ~ *safe r.*

thuisland 0.1 *homeland.*

thuismoeder 0.1 *baby minder.*

thuisonderwijs 0.1 *distance learning.*

thuisreis 0.1 *homeward journey, home passage/voyage/ way* ◆ **6.1** hij is op de ~ *he's bound for home;* **op** de ~ stopten ze alleen in L. *on the way home they only stopped in L.*

thuisverpleging 0.1 *home nursing, home care.*

thuiswedstrijd 0.1 *home game/match.*

thuiswerk 0.1 *outwork* ⇒⟨huisindustrie/nijverheid⟩ *cottage industry* ◆ **3.1** ~ doen *take in o.*

thuiswerker, -ster 0.1 *outworker.*

thuiszitten 0.1 *stay at home* ◆ **1.1** ~ de bejaarden *housebound old people, shut-ins.*

thuiszorg 0.1 *homecare.*

ti ⟨muz.⟩ **0.1** *te, ti.*

tiara 0.1 *tiara.*

Tibet 0.1 *Tibet.*

Tibetaan, -se 0.1 *Tibetan.*

tic 0.1 [zenuwtrekking] *tic* ⇒*jerk* **0.2** [eigenaardig aanwensel] *trick* ⇒*quirk* **0.3** [scheutje sterkedrank] *±shot* ◆ **1.3** een tonic met een ~ *a tonic with a s. (of gin), a gin and tonic* **3.2** zij heeft een ~ om alles te bewaren *she's got a quirk of hoarding things.*

tiebreak ⟨sport⟩ **0.1** *tie break(er).*

tien¹ ⟨de⟩ **0.1** [cijfer] *ten* **0.2** [tiental] *ten* ◆ **6.1** een ~ met een griffel (en een zoen van de juffrouw) *top of the class, A plus gold star;* een ~ **voor** Engels *an A+ for English;* zij kreeg een ~ **voor** haar examen ⟨ook⟩ *she aced her exam.*

tien² ⟨telw.⟩ **0.1** *ten;* ⟨data⟩ *tenth* ◆ **1.1** ~ fouten **in** ~ regels *ten mistakes in as many lines;* hoofdstuk ~ *chapter ten;* zij is ~ jaar *she is ten years old/of age;* ~ jaar *a decade;* een man of ~ *about ten people;* ~ minuten pauze nemen *take ten* **4.1** wij waren met ons ~ en *there were ten of us* **6.1** ~ tegen één dat … *ten to one that …;* hij ziet eruit of hij **tien** ~ kan tellen *he doesn't look very bright;* het is ~ **voor/ over** ~ *it's ten to/after (ten)* ⟨ook→**drie**⟩.

tiende¹ ⟨bn.⟩ **0.1** *tenth* ⇒*tithe, deci-* ◆ **7.1** een drie ~ baan *a job of three half-days per week;* een ~ gedeelte, een ~ *a tenth (part), a tithe.*

tiende² ⟨rangtelw.⟩ **0.1** *tenth* ◆ **7.1** Karel de ~ *Charles the Tenth, Charles X* ⟨ook→**derde**⟩.

tienduizend¹ ⟨het⟩ **0.1** *ten thousand* ◆ **7.1** enige ~ en *some tens of thousands.*

tienduizend² ⟨hoofdtelw.⟩ **0.1** *ten thousand.*

tiener 0.1 *teenager.*

tienerjaren 0.1 *teens.*

tienjarig 0.1 *decennial* ⇒*ten-year* ⟨alleen attr.⟩ ◆ **1.1** een ~

bestaan vieren/herdenken *celebrate/commemorate* a d./
tenth anniversary; op ~e leeftijd *at the age of ten.*

tienkamp 0.1 *decathlon.*

tiental 0.1 *ten;* (periode van tien jaar ook) *decade* ♦ **1.1**
pakweg een ~ dagen later *nine or ten days later, about ten
days later;* na enkele ~len jaren *after a few decades;* ~len
miljoenen guldens *several million guilders;* ik kan zo ~len
voorbeelden noemen *I can name dozens of examples off
the top of my head.*

tientallig 0.1 *decimal* ⇒⟨decimaal⟩ *denary* ♦ **1.1** ⟨wisk.⟩ het
~ stelsel *the ordinary/denary scale;* overgaan op het ~
stelsel *go decimal.*

tientje 0.1 *ten guilders* ⇒⟨briefje⟩ *ten guilder note.*

tienvoud 0.1 *tenfold.*

tierelantijn 0.1 *frill* ♦ **6.1** een jurk met ~en *a dress with
(all sorts of) frills.*

tieren 0.1 [schreeuwen] *yell* **0.2** [woedend tekeergaan]
rage **0.3** [welig groeien] *thrive* ⇒*flourish* ♦ **1.2** een ~de
menigte *a raging crowd* **3.2** schelden en ~ *rant and rave*
3.3 zij kan er niet ~ *she doesn't t. there* **5.3** welig ~ *flourish;* ⟨fig.⟩ *be abundant/*⟨pej.⟩ *rampant.*

tierig 0.1 [welig opkomend] *thriving* **0.2** [levendig] *lively* ♦
1.2 de kinderen zijn altijd even ~ *the children are as l. as
ever* **3.1** die planten groeien ~ *those plants thrive/are vigorous.*

tiet ⟨inf.⟩ **0.1** [vrouwenborst] *boob* ⇒*knocker, tit* **0.2** [kluit]
pile ♦ **1.2** een hele ~ geld *a great p. of money* **4.1** wat een
~en heeft die meid! *she's got a nice pair (of boobs/knock-
ers/tits)!* **8.¶** lopen als een ~ *run fast;* ⟨BE ook⟩ *run like the
clappers.*

tig ⟨inf.⟩ **0.1** *umpteen;* ⟨heel veel⟩ *zillions* ♦ **1.1** ik heb het al
~ keer gezegd *I've already said it u. times.*

tij 0.1 *tide* ♦ **2.1** afgaand ~ *outgoing/falling t.;* het ~ is gunstig *the wind is fair;* het is hoog/laag ~ *it's high/low t., the
t. is in/out;* opkomend ~ *incoming/rising t.* **3.1** ⟨scheep.⟩
het ~ doodzeilen/stoppen *stem/go against the t.;* het ~
keert ⟨ook fig.⟩ *the t. turns/is turning.*

tijd 0.1 [als ononderbroken eenheid; tijdsduur] *time* **0.2**
[tijdstip; juiste/geschikte moment] *time* **0.3** [tijdvak]
time(s) ⇒*period, age* **0.4** [seizoen] *season* ⇒*time* **0.5**
[taal.] *tense* ♦ **1.1** hij heeft er ~ en geld voor over *he's got
both the t. and the money for it;* in de helft van de ~ *in half
the t.;* in een jaar ~ *(with)in a year* **1.2** de ~ van aankomst
the t. of arrival **2.1** na bepaalde ~ *after some/a t., eventually;* geruime ~ *a considerable t., a good while;* de hele ~
all the t., the whole t.; een hele ~ geleden *quite a while ago;*
het is hoog ~ om te vertrekken *it's high t. we left;* en dat is
hoog ~ ook! *and about t. too!;* het is de hoogste ~! ⟨in
kroeg⟩ *time, (gentlemen,) please!;* een ~ lang *for a while/t.;*
ik heb haar lange ~ niet gezien *I haven't seen her for/in
ages/quite a while;* een lange/korte ~ duren *last a long/
short t.;* voor onbepaalde ~ *indefinitely, for an indefinite
period;* sedert onheuglijke ~en *since t. immemorial;* ⟨sport⟩
een scherpe ~ neerzetten *record/run a fast t.;* vrije ~
spare/free t., t. off, leisure (t.) **2.2** vorig jaar om dezelfde ~
(at) the same t. last year; de plaatselijke ~ *local t.;* de ~ is
rijp om ...*the t. is ripe to ...* **2.3** betere ~en gekend hebben
have known better times/seen better days; een dure ~ *a
time/period when the cost of living is high;* goede/slechte
~en *good/bad times;* de laatste ~ *lately, recently;* hij heeft
een moeilijke ~ gehad *he's been through/had a hard time;*
de goede oude ~ *the good old days;* dat is allemaal verleden ~ *that's all in the past/water under the bridge* **2.5** de
tegenwoordige/verleden ~ *the present/past t.;* ⟨fig.⟩ dat is
voltooid verleden ~ *that's over and done with, that's*

tienkamp - tijd

ancient history **3.1** waar blijft de ~? *where's the t. gone
(to)?;* iets een ~je doen ⟨ook⟩ *take a turn at sth.;* het zal
mijn ~ wel duren *I won't be around to see it;* het duurde
een ~je voor ze eraan gewend was *it was/took a while be-
fore/until she got used to it;* ik ben niet aan ~ gebonden
I'm not pressed for t.; ik geef je vijf seconden de ~ *I'm giving you five seconds;* je moet jezelf de ~ geven *take your t.;*
iem. de ~ geven/gunnen *give s.o. time;* zich de ~ niet gunnen (om) *not take the t. (to);* heb je even ~? *have you got a
moment/a sec?;* die ~ heb ik gehad *I'm past that now, I've
been through that;* geen/genoeg ~ hebben om ...*have no/
enough t. to ...;* ~ genoeg hebben *have plenty of/enough t.;*
de ~ hebben *have t.;* we hebben hem een ~ niet gezien *we
haven't seen him for a/some while/some t.;* we hebben de
~ aan onszelf *our t. is our own;* weinig ~ hebben *not have
got much t., be pressed for t.;* je hebt nog 14 dagen de ~
you've got 14 days left; ~ kosten *take t.;* als je geen ~ hebt,
maak je maar ~ *if you haven't got t., make t.;* de ~ nemen
voor iets *take one's t. about/over sth.;* ~ opnemen *record
the t.;* ~ rekken ⟨sport⟩ *use delaying tactics;* er is geen ~ te
verliezen *there's no t. to lose;* de ~ verstrijkt *t.
passes;* dat was me nog eens een ~! *what a t. that was!,
those were the days!;* ~ winnen *gain t.;* ⟨bij gevaar ook⟩
play for t.; mijn ~ zit erop *±I've done my stint* **3.2** heeft u
de ~? *have you got the t.?;* ⟨pregn.⟩ het is ~ *it's t.;* ⟨tijd om
te stoppen⟩ *t.'s up;* ⟨pregn.⟩ als het mijn ~ is *when my t.
comes;* 't is allang ~ geweest *it's long past/*⟨inf.⟩ *way past/
way over t.;* als de ~ daar is *when the t./day comes;* ⟨AZN⟩
zijn ~ uitdoen *serve one's t.;* zijn ~ uitzitten *serve/*⟨inf.⟩ *do
one's t.;* de ~ verdrijven/korten/doden *kill t.;* eindelijk! het
werd ~ *at last! it was about t. (too)!;* het wordt ~ dat ...*it is
(high) t. that ...;* ⟨pregn.⟩ het wordt mijn ~ *I must be off, it's
t. for me to go* **3.3** zijn ⟨beste⟩ ~ gehad hebben *be past
one's best/prime, have seen better days;* die ~ is geweest/
'voorbij' *those days are gone/past/over;* er is een ~ geweest dat ...*there was a time when ...;* niet met zijn ~ meegaan *be behind the times;* de ~en zijn veranderd *times
have changed* **4.1** in de baas zijn ~ *during/on the boss's t.*
5.1 uw ~ is om *your t. is up* **5.3** zijn ~ ⟨ver⟩ vooruit zijn *be
(far/well/*⟨inf.⟩ *way) ahead of one's time* **6.1** binnen afzienbare ~ *within the foreseeable future;* **binnen** niet al te
lange ~ *(with)in the not too distant future, before (too) long;*
binnen de kortst mogelijke ~ *in (next to) no t.;* het heeft **in**
~en niet zo geregend *it hasn't rained like this for ages;*
met ~ breidde de hongersnood zich uit *as t. went on the
famine spread;* dit zal **met** de ~ wel beter gaan *it'll probably get better in t.;* **met** zijn ~ geen raad weten *have t. on
one's hands;* **na** korte tijd lukte het ons om ...*we soon
managed to ...;* ⟨sport⟩ de 400 meter **op** ~ lopen *run a
timed 400 metres;* **sinds** enige ~ *for some t. (past);* een ~
van 11 seconden *a t. of 11 seconds;* het is maar **voor** korte
~ *it's only for a short while;* **voor** de ~ van *for a period of*
6.2 bij ~ en wijle *now and again/then;* morgen/gisteren
om deze ~ *(about/around) this t. tomorrow/yesterday;* ~
om te eten/te slapen *t. to eat/to go to bed;* **op** vaste ~en *at
set/fixed times;* ⟨AZN⟩ **op** ~ en stond *in due course;* net **op** ~
just in t.; **op** ~ in t. (om iets te doen/voorkomen); *on t.* ⟨vol-
gens een bep. tijdschema, afspraak e.d.⟩; de bussen lopen
precies **op** ~ *the buses run to/on t./schedule;* stipt **op** ~
punctual; ⟨inf.⟩ *on the dot;* ruim **op** ~ *with plenty of t. to
spare;* **op** ~ naar bed gaan *not go to bed late;* zij is **over** ~
she's late with her period, her period's late/overdue; **rond**
die ~ *around then/that time;* **sinds** korte ~ *recently, lately;*
te allen ~e *at all times;* **te** zijner ~ *in due course, when appropriate;* **tegen** die ~ *by that t., by then;* **ten** ~e van hun

huwelijk *at the t. of their marriage;* **ten** ~e van Hendrik VIII *in the days/t./age of Henry VIII;* **van** ~ **tot** ~ *from t. to t.;* **van** die ~ af *from that t. (on/onward(s), (ever), since (that t.);* een ~ **van** komen en een ~ **van** gaan ±*nothing lasts forever;* warm **voor** de ~ v.h. jaar *warm for the/this t. of year;* sterven **voor** zijn ~ *die before one's t./prematurely* **6.3 bij** ~en *at times/intervals;* (goed) **bij** de ~ zijn *be right up to date, be on the ball;* **in** ~en van oorlog *in times of war;* **in** deze/onze ~ *in these times, nowadays;* **in** deze ~ v.h. jaar *at this time of (the) year;* **in** vroeger ~ *in earlier times/the past;* **met** zijn ~ meegaan *keep up with/move with the times;* **uit** de ~ raken *go/get/become out of date; become outdated;* die muziek is **uit** de ~ *that music is out of date/old-fashioned;* dat was **voor** mijn ~ *that was before my time/day;* dat was **voor** die ~ heel ongebruikelijk *in/for those days it was most unusual;* **vóór** die ~ was het een klooster *it used to be/previously it was a monastery;* **vóór** de ~ v.d. auto *before the era of the car* **7.2** je moet de eerste ~ nog rustig aandoen *to begin with/at first you must take it easy;* in minder dan geen ~ *in (less than) no t.* ¶**.1** ⟨sprw.⟩ de ~ zal het leren *time will tell* ¶**.2** een ~je a *while;* veel ~ in beslag nemen *take up a lot of t.;* ~ te kort komen *run out/run short of t.;* ⟨sprw.⟩ komt ~, komt raad *time reveals all things.*

tijdbom 0.1 *time bomb.*

tijdelijk I ⟨bn.⟩ **0.1** [voorlopig]⟨van korte duur⟩ *temporary;* ⟨totdat er een definitieve regeling komt⟩ *provisional;* ⟨tussentijds⟩ *interim* **0.2** [aards] *temporal* ⇒*worldly* ◆ **1.1** een ~e aanstelling/benoeming *a t./p./*⁺*period appointment;* deze maatregel heeft een ~ karakter *this measure is a t./p. one;* ~ personeel *t. staff;* een ~e uitkering/verblijfplaats *a t./p. allowance/place of residence* **1.2** ~e goederen *t./worldly goods* **7.2** het ~e met het eeuwige verwisselen *depart this life, go to one's last journey;* **II** ⟨bw.⟩ **0.1** [voor enige tijd]⟨voor een korte duur⟩ *temporarily;* ⟨totdat er een definitieve regeling komt⟩ *provisionally;* ⟨tussentijds⟩ *on an interim basis* **0.2** [mbt. de tijd] *in (terms of) time* ◆ **3.1** ~ een ambt waarnemen/ergens wonen *hold a post/live somewhere t./p./for the time being.*

tijdens 0.1 *during* ◆ **1.1** ~ Napoleon *under Napoleon, in Napoleon's time;* ~ de oorlog/zijn leven *d./in the war/his lifetime.*

tijdgebonden ◆ **3.**¶ (zeer) ~ zijn *be (very much) a product/products of the/its/their age/time(s).*

tijdgebrek 0.1 *lack of time* ◆ **6.1** wegens ~ *due/owing to lack of time.*

tijdgeest 0.1 *spirit of the age/times.*

tijdgenoot 0.1 *contemporary.*

tijdig I ⟨bn.⟩ **0.1** [op het juiste moment komend] *timely* ◆ **1.1** ~e hulp is veel waard *t. help is of great value;* **II** ⟨bw.⟩ **0.1** [op tijd] *in time* ⟨om iets te doen/voorkomen⟩; *on time* ⟨volgens een bep. tijdschema⟩ ◆ **3.1** niet ~ betaalde rekeningen *bills in arrears/not paid on time;* ~ opstaan *get up in/on time.*

tijding 0.1 *news;* ⟨vero. of scherts.⟩ *tidings* ◆ **2.1** goede ~ brengen *bring good n., bring good/glad t.;* slechte ~(en) *bad n./t.*

tijdklok 0.1 *automatic/time switch* ⇒*timer.*

tijdlang 0.1 *while, spell* ◆ **7.1** een ~ hadden ze in onmin geleefd *for a w. they'd been at odds.*

tijdloos 0.1 *timeless* ⇒*ageless.*

tijdmechanisme 0.1 *timer* ⇒*timing device.*

tijdnood 0.1 *lack/shortage of time;* ⟨schaakspel, damspel⟩ *time trouble/pressure* ◆ **6.1** in ~ komen *become pressed for time, run out of time;* ⟨schaakspel, damspel ook⟩ *get into time trouble;* **in** ~ zitten *be pressed for time.*

tijdopnemer, -waarnemer, -waarneemster 0.1 *timekeeper* ⟨ook sport⟩.

tijdopneming, -waarneming 0.1 *timekeeping;* ⟨sport ook⟩ *timing, recording of times.*

tijdperk 0.1 *period;* ⟨gesch.⟩ *age, era* ◆ **1.1** het ~ v.d. computer *the age/era of the computer, the computer age/era* **2.1** het stenen ~ *the Stone Age.*

tijdplan →**tijdschema.**

tijdrekening 0.1 *chronology;* ⟨christelijk enz.⟩ *calendar* ◆ **2.1** de christelijke/joodse/mohammedaanse ~ *the Christian/Jewish/Mohammedan calendar.*

tijdrekken 0.1 *time wasting;* ⟨milder⟩ *playing for time.*

tijdrijden ⟨sport⟩ **0.1** *time trialling.*

tijdrijder, -ster ⟨sport⟩ **0.1** *timetriallist.*

tijdrit ⟨sport⟩ **0.1** *time trial.*

tijdrovend 0.1 *time-consuming* ◆ **3.1** dit is zeer ~ ⟨ook⟩ *this takes up a lot of time.*

tijdsbeeld 0.1 [factoren] *character of an/the age/era* **0.2** [beeld, schildering] *portrait of an/the era.*

tijdsbepaling 0.1 [bepaling v.d. juiste tijd] *determination/* ⟨berekening⟩ *computation of (the) time* **0.2** [bepaling die iets aan tijd bindt] *stipulation as to time;* ⟨tijdslimiet⟩ *time limit, deadline.*

tijdsbesparend 0.1 *time-saving.*

tijdsbestek 0.1 *(space/period of) time* ◆ **2.1** in een kort ~ *in a short (space/period of) time* **6.1** binnen een ~ van *within (the space/period of).*

tijdscharen ⟨comp.⟩ **0.1** *time-sharing.*

tijdschema 0.1 *schedule* ⇒*timetable* ◆ **6.1** we lopen achter/voor op het ~ *we're (running) behind s./ahead of s.;* **volgens** een strak ~ *according to a tight s.*

tijdschrift 0.1 *periodical;* ⟨vaktijdschrift⟩ *journal;* ⟨mode enz.⟩ *magazine* ◆ **6.1** ~en **voor** taalstudie/voor pedagogiek *linguistics/education journals.*

tijdsduur 0.1 *(length of) time.*

tijdseenheid 0.1 [eenheid waarmee men de tijd meet] *unit of time* **0.2** [dram.] *unity of time.*

tijdsein 0.1 *time signal* ◆ **6.1** na het ~ **van** elf uur *After the eleven o'clock t. s.*

tijdslimiet 0.1 *time limit* ⇒*deadline* ◆ **3.1** de ~ overschrijden *exceed/*⟨inf.⟩ *go over the t. l.;* een ~ stellen *set a t. l.*

tijdspanne ⟨schr.⟩ **0.1** *(time) span.*

tijdstip 0.1 *(point of/in) time* ⇒⟨ogenblik ook⟩ *moment* ◆ **1.1** het ~ van vertrek *the time/moment of departure* **2.1** een gunstig ~ kiezen *choose an opportune moment;* iets tot een later ~ uitstellen *postpone sth. (until later)* **6.1** op een onchristelijk ~ thuiskomen *come home at some ungodly hour;* op een bepaald ~ *at a certain point in time.*

tijdsverloop 0.1 *period/interval (of time)* ⇒*space of time* ◆ **6.1** na/binnen een ~ van drie maanden *after (a lapse/period/an interval of)/within (a period/space of) three months.*

tijdsverschil 0.1 *time difference* ⇒*difference in time.*

tijdvak 0.1 *period* ⇒⟨langer ook⟩ *age, era.*

tijdverdrijf 0.1 *pastime* ◆ **2.1** een onschuldig ~ *an innocent p.* **8.1** als ~ *as a means of passing the time, to pass the time.*

tijdverlies 0.1 *loss;* ⟨door nalatigheid⟩ *waste of time.*

tijdverschijnsel 0.1 *sign of the times.*

tijdverslindend 0.1 *(extremely) time-consuming.*

tijdverspilling 0.1 *waste of time.*

tijdwaarnemer →**tijdopnemer.**

tijdwinst 0.1 *gain(ing) off/in time* ◆ **3.1** enige ~ boeken *gain some time.*

tijger, -in 0.1 *tiger, tigress* ◆ **2.1** de gevlekte ~ *the leopard;* ⟨fig.⟩ een papieren ~ *a paper tiger.*

803

tijgerbalsem 0.1 *liniment.*

tijk 0.1 *tick(ing)* ⇒⟨van matras⟩ *mattress-cover,* ⟨van kussen⟩ *pillow-slip.*

tijm 0.1 *thyme.*

tik¹ ⟨de⟩ **0.1** *tap* ⇒⟨van hand⟩ *slap,* ⟨van klok⟩ *tick* ♦ **3.1** iem. ~ken geven *slap s.o.;* ~ken krijgen *get slapped;* ergens een ~ van meekrijgen ⟨ook pej.⟩ *get a touch of sth.* **6.1** iem. een ~ **om** de oren/op de vingers geven *give s.o. a cuff on the ear/a rap on the knuckles;* ⟨fig.⟩ een ~ **van** de molen hebben *be (slightly) cracked/touched* **6.¶** tonic **met** een ~ *tonic with sth. in it.*

tik² ⟨tw.⟩ **0.1** [geluid v.e. lichte slag] *tap* ⇒⟨van hand⟩ *slap* **0.2** [sport] *tag.*

tikfout 0.1 *typing error/mistake.*

tikje 0.1 [klopje] *touch* ⇒*clip* **0.2** [geringe hoeveelheid, mate] *touch* ⇒*shade* ♦ **2.2** een ~ geïrriteerd zijn *be just a little annoyed* **3.1** de bal een ~ geven *clip the ball* **3.2** hij heeft een tikje weg van ...*he's a bit like* ... **5.2** zich een ~ beter voelen *feel a shade better* **¶.1** ⟨kind.⟩ tikkie, jij bent 'm ⟨bij tikkertje spelen⟩ *tag, you're it!*

tikkeltje 0.1 *touch* ⇒*shade* ♦ **2.1** een ~ overdreven *a shade exaggerated.*

tikken I ⟨ov.ww.⟩ **0.1** [lichte klap geven] *tap* ♦ **1.1** eieren ~ *crack eggs;* de maat ~ *t. (out) the beat* **6.1** de as **van** een sigaar ~ *flick the ash from a cigar;* **II** ⟨onov., ov.ww.⟩ **0.1** [typen] *type* ♦ **1.1** een brief ~ *t. a letter;* **III** ⟨onov.ww.⟩ **0.1** [licht geluid geven] *tap* ⇒⟨mechanisch⟩ *tick* ♦ **1.1** de wekker tikte niet meer *the alarm-clock had stopped ticking* **6.1 tegen** het raam ~ *tap at/on the window.*

tikkertje 0.1 *tag* ♦ **3.1** ~ spelen *play t.*

til I ⟨de (m.)⟩ ♦ **6.¶** er zijn grote veranderingen **op** ~ *there are big changes on the way/coming;* **II** ⟨de⟩ **0.1** [duivenhok] *dovecot(e).*

tilde 0.1 *tilde.*

tillen I ⟨onov.ww.⟩ **0.1** [omhoogheffende beweging maken] *lift (a weight)* ♦ **5.1** ⟨fig.⟩ zwaar ~ aan *feel strongly about;* ⟨fig.⟩ ergens niet (zo) zwaar aan ~ *not feel strongly about;* **II** ⟨ov.ww.⟩ **0.1** [opheffen] *lift* ⇒*raise* **0.2** ⟨fig.; oplichten⟩ *cheat* ⇒*swindle* ♦ **6.1** iem. **in** de hoogte ~ *lift s.o. up (in the air)* **6.2** iem. **voor** 50 gulden ~ *take s.o. for 50 guilders.*

tilt ♦ **6.¶ op** ~ staan/springen/slaan ⟨lett.⟩ *tilt;* ⟨fig.⟩ *hit the roof, go up the wall.*

timbre ⟨muz.⟩ **0.1** *timbre.*

timen 0.1 *time* ♦ **5.1** de operatie was goed getimed *the operation was well-timed;* een slecht getimede actie *a badly-timed action.*

timide 0.1 *timid* ⇒*shy.*

timmeren I ⟨onov.ww.⟩ **0.1** [slaan] *hammer* ♦ **3.1** leren ~ *learn carpentry* **5.1** goed kunnen ~ *be good at carpentry;* erop los ~ *hit out (in all directions)* **¶.1** de hele boel in elkaar ~ *smash the whole place up;* **II** ⟨ov.ww.⟩ **0.1** [houten constructie bouwen] *build* ⇒*put together* ♦ **1.1** een boekenkast ~ *b. a bookcase.*

timmerman 0.1 *carpenter;* ⟨iem. die deuren, raamkozijnen enz. maakt; vnl. BE⟩ *joiner.*

timmerwerk 0.1 [resultaat] *piece of carpentry/woodwork* **0.2** [handeling] *carpentry, woodwork* ♦ **2.1** machinaal ~ *machine-produced woodwork.*

tin 0.1 [metaal] *tin* **0.2** [voorwerpen] *pewter, tinware* **0.3** [blikje]⟨BE⟩ *tin;* ⟨vnl. AE⟩ *can.*

tinctuur 0.1 *tincture* ⇒*elixer.*

tinerts 0.1 *tin ore.*

tingelen 0.1 *tinkle, jingle* ♦ **1.1** een vrolijk ~d klokkenspel

tijgerbalsem - tiranniek

cheerfully tinkling/jingling chimes **6.1 op** de piano ~ *tinkle away at the piano.*

tinkelen 0.1 [mbt. geluid] *tinkle, jingle* **0.2** [mbt. licht] *twinkle* ⇒*sparkle.*

tinnef 0.1 *(absolute) trash, rubbish, junk.*

tinnen 0.1 *tin* ⇒*pewter* ⟨tinhoudende legering⟩ ♦ **1.1** ~ kroezen, soldaatjes *pewter mugs, t. soldiers.*

tint 0.1 *tint* ⇒*hue* ♦ **2.1** ⟨fig.⟩ iets een feestelijk ~je geven *give sth. a festive touch;* een frisse/gelige ~ hebben *have a fresh/sallow complexion;* ⟨fig.⟩ een socialistisch ~je a *dash/tinge of socialism;* warme ~en *warm tones* **6.1** een schilderij **in** bruine en grijze ~en *a painting in various tones/shades of brown and grey;* grauwig **van** ~ ⟨mbt. gezicht⟩ *greyish.*

tintelen 0.1 [geprikkeld worden] *tingle* **0.2** [flonkeren] *twinkle* ⟨ook sterren⟩ ⇒*sparkle* ⟨ook wijn, ogen⟩ ♦ **1.1** een ~d gevoel *a tingling feeling;* mijn vingers ~ (van de kou) *my fingers are tingling (with cold)* **1.2** de sterren ~ aan de hemel *the stars t. in the sky.*

tinteling 0.1 [prikkeling] *tingle, tingling* **0.2** [fonkeling] *twinkle, twinkling* ⟨ook sterren⟩ ⇒*sparkle, sparkling* ⟨ook wijn, ogen⟩.

tinten 0.1 *tint* ⇒*tinge* ⟨ook fig.⟩ ♦ **5.1** het artikel is sterk communistisch getint *the article has a strong communist slant;* helder/donker getint glas *lightly-/darkly-tinted glass;* licht/warm getinte muren *light-/warm-toned walls.*

tip 0.1 [uiterste punt] *tip* ⇒⟨(zak)doek, sluier enz.⟩ *corner* **0.2** [fooi] *tip* **0.3** [inlichting] *tip* ⇒*lead, clue,* ⟨vnl. politie⟩ *tip-off* ♦ **1.1** een ~je v.d. sluier oplichten ⟨fig.⟩ *lift/raise (a corner of) the veil* **2.3** een valse ~ *a false tip-off* **3.3** iem. een ~ geven *tip s.o. off, give s.o. a tip-off;* een ~ krijgen *get a tip(-off), be tipped off.*

tipgeld 0.1 *tip-off money.*

tipgever, -geefster 0.1 ⟨mbt. politie⟩ *(police) informer* ⇒ ⟨mbt. gokkers/speculanten⟩ *tipster.*

tippel 0.1 *toddle* ⇒*walk* ♦ **2.1** dat is nog een hele ~ *that's still quite a walk.*

tippelaarster 0.1 *streetwalker, streetgirl.*

tippelen 0.1 [inf.; lopen] *toddle* ⇒*trot,* ⟨ongemarkeerd⟩ *walk* **0.2** [mbt. de prostitutie] *be on/walk the streets, solicit* **0.3** [+ op; weg zijn van] *be infatuated (with)* ⇒*take a fancy (to), be keen (on)* ♦ **5.1** ⟨inf.; fig.⟩ erin ~ *walk into it;* ⟨toebijten/happen ook⟩ *take the bait* **7.1** het ~ *streetwalking, soliciting.*

tippen I ⟨onov.ww.⟩ **0.1** [eventjes aanraken] *tip* ⇒*touch/finger lightly* ♦ **6.1 aan** een glas ~ *take a sip from a glass;* ⟨fig.⟩ **aan** iets/iem. niet kunnen ~ *have nothing on sth./s.o.;* **II** ⟨onov., ov.ww.⟩ **0.1** [een inlichting geven] *tip (s.o.) off* ⇒ ⟨aan politie ook⟩ *finger* **0.2** [als vermoedelijke winnaar aanwijzen] *tip (as).*

tiptoets 0.1 *touch control.*

tiptop 0.1 *tip-top* ⇒*top-notch* ♦ **1.1** ~ kwaliteit *t.-t./top-notch quality* **2.1** ~ gekleed zijn *be elaborately dressed;* ⟨inf.⟩ *be dressed up to the nines* **¶.1** ~ in orde *in t.-t. condition.*

tirade 0.1 *tirade* ♦ **3.1** een ~ afsteken over *rant on about* **6.1** een ~ **tegen** iem. *a t. against s.o.*

tiran 0.1 *tyrant* ⇒⟨voor familie, collega's, leerlingen enz. ook⟩ *bully.*

tirannie 0.1 *tyranny.*

tiranniek 0.1 *tyrannical* ⇒⟨voor familie, collega's, leerlingen enz. ook⟩ *bullying* ♦ **1.1** ~e maatregelen *t. measures* **3.1** ~ optreden *act like a tyrant.*

tiranniseren 0.1 *tyrannize (over)* ⇒⟨familie, collega's, leerlingen enz. ook⟩ *bully* ♦ **1.1** een volk ~ *t. a nation;* zijn vrouw~ *bully one's wife.*

Tiroler 0.1 *Tyrolean.*

tissue 0.1 [stuk papier] *paper handkerchief, tissue* **0.2** [materiaal] *tissue paper.*

titel 0.1 [opschrift v.e. boek/plaat] *title* ⇒⟨van hoofdstuk/artikel ook⟩ *heading* **0.2** [waardigheid, rang] *title* ⇒⟨universitaire graad⟩ *(university) degree,* ⟨aanspreekvorm ook⟩ *form of address* **0.3** [kwalificatie] *title* **0.4** [jur.; rechtsgrond] *title* ⇒*(in)vestitive fact/event* ♦ **1.4** ~ van eigendom *title* **2.1** onverkoopbare ~s *unsal(e)able titles* **2.2** een academische ~ *a (university) degree;* een geërfde ~ *an inherited t.;* ⟨jur.⟩ a *t. by succession* **2.3** een adellijke ~ a *t. of nobility;* op persoonlijke ~ *in a private/personal capacity* **3.2** een ~ behalen *get a degree;* ⟨sport⟩ *win* a *t.;* een ~ geven/verlenen/aannemen/voeren *give/bestow/accept/bear* a *t.* **3.3** ⟨sport⟩ de ~ veroveren/verdedigen *win/defend the t.* **6.1** zonder ~ ⟨ook⟩ *untitled* **6.2** personen met een ~ *titled persons* **6.3** onder de ~ van *under the t. of;* ⟨AZN⟩ **ten** ~ van *by way of.*

titelblad, -pagina 0.1 *title page* ⇒*title.*

titelhouder, -ster 0.1 *titleholder.*

titelprent 0.1 *frontispiece.*

titelrol 0.1 [dram., film; hoofdrol] *title role* ⇒*title name/part/character* **0.2** [film; lijst met namen] *credits* ⟨ww. mv.⟩ ⇒*credit titles.*

titelsong, -nummer 0.1 [mbt. een lp] *title track* **0.2** [mbt. een film] *title song.*

titelverdediger, -ster ⟨sport⟩ **0.1** *titleholder* ⇒*defender.*

titelwoord 0.1 *headword.*

titer ⟨schei.⟩ **0.1** *titre* ⇒*strength (of a solution).*

titreren ⟨schei.⟩ **0.1** *titrate.*

titulair 0.1 *titular* ⇒*nominal,* ⟨honorair⟩ *honorary* ♦ **1.1** een ~e rang verlenen *grant an honorary rank;* ⟨mil.⟩ *brevet.*

titularis 0.1 *holder (of the/an office)* ⇒*functionary.*

titulatuur 0.1 [betiteling] *(en)titling* **0.2** [titel] *title* ⇒*form of address* **0.3** [gezamenlijke titels] *(system of) titles/forms of address.*

tja 0.1 *well* ⇒*tch* ♦ **¶.1** ~, wat nu? *well, what now?*

tjaptjoi 0.1 *chop suey.*

tjee 0.1 *gosh* ⇒*wow.*

tjilpen 0.1 *chirp* ⟨vogels⟩ ⇒*peep, tweet* ⟨jonge vogels⟩.

tjirpen 0.1 *chirp, chirrup;* ⟨krekels ook⟩ *chirr.*

tjokvol 0.1 *chock-full* ♦ **3.1** de zaal was ~ *the hall was jam-packed/chock-a-block.*

tjonge 0.1 *dear me* ♦ **¶.1** ~~, wat is het heet! *dear me! it's hot!*

T-kruising 0.1 *T-junction.*

tl-buis 0.1 *strip light* ⇒*fluorescent/neon light/tube/lamp.*

tl-verlichting 0.1 *strip/fluorescent/neon light(ing).*

TNT ⟨afk.⟩ **0.1** [trinitrotoluol] *T.N.T.*

toast 0.1 [heildronk] *toast* **0.2** [geroosterd brood] *(piece/slice of) toast* ♦ **3.1** een ~ (op iem.) uitbrengen/instellen *propose a t. (to s.o.).*

toasten 0.1 *toast* ♦ **6.1** ~ op *t., drink (a t.) to.*

tobbe 0.1 *tub* ♦ **6.1** aan de ~ staan *do the wash(ing).*

tobben 0.1 [piekeren] *worry* ⇒*fret* **0.2** [sukkelen] *struggle* ♦ **3.2** het blijft ~ *it doesn't get any easier.*

tobber, -ster 0.1 [stakker] *wretch* **0.2** [piekeraar] *worrier* ⇒ ⟨inf.⟩ *worrywart* ♦ **2.1** een armzalige ~ *a poor soul/miserable wretch.*

toch 0.1 [desondanks] *nevertheless, still, yet, all the same* **0.2** [eigenlijk] *rather* ⇒*actually* **0.3** [inderdaad] *indeed* **0.4** [ter versterking v.e. uitspraak]⟨zie 3.4, 5.4⟩ **0.5** [uit-

drukking van schrik/verbazing/ongeduld]⟨zie 3.5, 4.5, 5.5, ¶.5⟩ **0.6** [nu eenmaal] *anyway, anyhow* **0.7** [om aan te geven dat men bevestiging verwacht]⟨zie 5.7, ¶.7⟩ **0.8** [immers] *after all, since* **0.9** [per slot van rekening] *after all, all the same* ♦ **3.1** ⟨na een verbod⟩ ik doe het (lekker) ~ *I'll do it anyway* **3.4** sta ~ stil *do stand still* **3.5** kom nou ~ *don't give me that* **4.5** waarom ~? *why on earth?* **5.4** we hebben het ~ al zo moeilijk *it's difficult enough for us as it is;* ik ben ~ zo geschrokken *I got such a terrible fright* **5.5** nee, dat kan ~ niet! ~ wel! *no, that's impossible! oh no it isn't!* **5.7** dat kunnen ze ~ niet menen? *surely they can't be serious?* **¶.1** maar ~ *(but) still, even so* **¶.5** waar was je ~? *where on earth have you been?;* wat heb je ~? *what's bothering you?;* ⟨sterker⟩ *what on earth is the matter?* **¶.6** het wordt ~ niks *it won't work anyway;* nu je hier ~ bent *while you're here, by the way* **¶.7** ja ~? *don't you think?, surely?;* dat is ~ belachelijk? *but that's ludicrous, isn't it?* **¶.9** ~ zijn ze niet stom *and yet they're not stupid.*

tocht 0.1 [zuiging v.d. lucht] *draught* ⇒⟨windje⟩ *breeze* **0.2** [reis] *journey* ⇒*trip* ♦ **2.2** zijn laatste ~ ⟨van dode⟩ *his final journey* **3.1** ~ voelen *feel a d.* **3.2** een ~ maken met de auto *go for a drive in the car* **6.1** op de ~ (komen te) staan ⟨fig.⟩ *be in the balance;* ⟨fig.⟩ een plan op de ~ zetten *jeopardize a plan* **6.2** Napoleons ~ naar Rusland *Napoleon's Russian campaign.*

tochtdeur 0.1 *swing/swinging door* ⇒*storm door.*

tochten I ⟨onov.ww.⟩ **0.1** [tocht doorlaten] *be draughty* ⇒ *let the draught/wind through* ♦ **1.1** het raam tocht *the window's draughty;* **II** ⟨onpers.ww.⟩ ♦ **4.¶** het tocht hier *there's a draught here;* ⟨je gulp staat open⟩ *your fly's undone.*

tochtgat 0.1 [gat waardoor het tocht] *blowhole* ⇒*vent* **0.2** [ruimte, plaats] *draughty place/spot* ♦ **2.2** dat plein is een verschrikkelijk ~ *there's always a hell of a breeze in that square.*

tochtig 0.1 [waarin het sterk tocht] *draughty* ⇒⟨winderig⟩ *breezy* **0.2** [tocht doorlatend] *draughty.*

tochtje 0.1 *trip* ⇒⟨ritje⟩ *ride, drive, spin* ♦ **3.1** een ~ maken met de auto *go for a spin in the car.*

tochtraam 0.1 *double window.*

tochtstrip, -band 0.1 *weather strip(ping).*

tochtvrij 0.1 *draught-free* ⟨ruimte⟩; *draught-proof* ⟨ramen enz.⟩ ♦ **3.1** ~ maken *draught-proof.*

toe¹ ⟨bw.⟩ **0.1** [gericht/in de richting naar] *to(wards)* **0.2** [mbt. een bijvoeging] *too, as well* **0.3** [mbt. een bedoeling/betrekking] *to, for* **0.4** [dicht] *shut, closed* ♦ **1.2** al kreeg ik geld ~ *(not) even if you paid me* **3.2** er het zwijgen ~ doen *keep silent;* dat doet er niet(s) ~ *that doesn't matter;* wilt u nog iets ~? *would you like anything else?* **3.3** aan iets ~ komen *get round to sth.* **3.¶** er slecht aan ~ zijn *be in a bad way* **6.1** ergens naar ~ willen ⟨fig.⟩ *be driving/getting at sth.;* waar moet dit naar ~? *where will this lead us?* **6.¶** aan ~ vervanging ~ zijn *be due for replacement;* we moeten weten waar we aan ~ zijn *we've got to know where we stand;* tot nu ~ *so far, up to now.*

toe² ⟨tw.⟩ **0.1** [vooruit] *come on* **0.2** [alstublieft] *please* ⇒*do* **0.3** [och kom] *come/go on* ⇒*come off it* **0.4** [kom kom] *there, there* ⇒*now, now* ♦ **5.¶** ~ maar ⟨doe het maar⟩ *go on/ahead;* ⟨zeg het maar⟩ *go ahead;* ⟨iron.; verbaasd⟩ *my goodness, good Lord* **9.3** ~ nou, wou je me dat wijsmaken? *come on, who do you think you're fooling?*

toebedelen 0.1 [na splitsing schenken] *apportion* ⇒*assign* **0.2** [toewijzen] *allot* ⇒*allocate, award* ⟨straf⟩, *mete out* ⟨straf⟩ ♦ **1.2** dat lot werd mij toebedeeld *that was my appointed lot.*

toebedenken →**toedenken.**

toebehoren[1] 〈het〉 **0.1** *accessories* ⇒*attachments* 〈bv. van stofzuiger〉, 〈tech.〉 *fittings* ◆ **6.1** compleet **met** alle ~ *complete with all fittings.*

toebehoren[2] 〈onov. ww.〉 **0.1** *belong to* ◆ **6.1** goederen die **aan** niemand ~ *unclaimed goods.*

toebereiden 0.1 〈ook mbt. spijzen, dranken〉 *prepare* ⇒ 〈inf.〉 *fix, dress* 〈salades〉.

toebereiding 0.1 *preparation* 〈ook voedsel〉.

toebereidselen 0.1 *preparations* ◆ **3.1** ~ maken om *make preparations for.*

toebrengen 0.1 *deal, inflict* ⇒*give* ◆ **1.1** een wond ~ *i. a wound on s.o.*

toedekken 0.1 *cover up* ⇒〈in bed stoppen〉 *tuck in/up,* 〈mbt. plant ook〉 *mat up* ◆ **5.1** iem. warm ~ *tuck s.o. in nice and warm.*

toedeloe 0.1 *toodle-oo.*

toedenken 0.1 [de bedoeling hebben te geven] *intend for* ⇒ *have in mind for* **0.2** [toewensen] *wish* **0.3** [iem. tot iets in staat achten] *credit (with), think (of)* ◆ **1.3** ik had jou meer begrip toegedacht *I would have credited you with more understanding.*

toedichten 0.1 *impute, foist* ⇒*ascribe* ◆ **1.1** iem. kwade bedoelingen ~ *attribute evil intentions to s.o.*

toedienen 0.1 [ter consumptie, ten gebruik geven] *administer* ⇒*apply* **0.2** [bezorgen] *administer* ⇒*deal/hand out* ◆ **1.1** medicijnen ~ *administer medicine.*

toediening 0.1 *serving-up* 〈voedsel〉; *administration/administering (to)* 〈geneesmiddel, straf〉.

toedoen[1] 〈het〉 **0.1** 〈bemiddeling〉 *agency;* 〈vnl. pej.〉 *doing* ◆ **6.1** dit is allemaal **door** jouw ~ gebeurd *this is all your d.; zonder ~* van *through no fault of.*

toedoen[2] 〈ov.ww.〉 **0.1** [erbij doen] *add* **0.2** [dichtdoen] *close, shut; draw* 〈gordijnen〉 ◆ ¶.**1** wat doet het er toe? *what does it matter?, what difference does it make?;* wat jij vindt, doet er niet toe *never mind what you think.*

toedracht 0.1 *facts* ⇒*circumstances* ◆ **2.1** de ware ~ v.d. zaak *the fact of the matter.*

toedragen 0.1 [koesteren jegens] *bear* ◆ **1.1** iem. geen kwaad hart ~ *bear s.o. no ill-will;* iem. een goed hart ~ *feel sympathetic towards s o.*

toedrukken 0.1 *close, shut* ◆ **1.1** iem. de ogen ~ 〈fig.〉 *shut s.o. 's eyes.*

toe-eigenen 〈wk.ww.; zich ~〉 **0.1** *appropriate* ⇒〈zich aanmatigen〉 *assume* ◆ **5.1** zich wederrechtelijk ~ *misappropriate.*

toe-eigening 0.1 *appropriation* ◆ **2.1** 〈jur.〉 wederrechtelijke ~ *misappropriation.*

toef 0.1 [bosje, pluk] *tuft* ⇒〈versiering〉 *sprig* **0.2** [hoeveelheid uit een spuit] *blob* ◆ **1.2** een ~ slagroom *a b. of cream.*

toegaan I 〈onpers.ww.〉 **0.1** [gebeuren] *happen* ⇒*go on* ◆ **4.1** het gaat er daar vreemd/ruig aan toe *there are strange/wild goings-on there;*

II 〈onov.ww.〉 **0.1** [gesloten worden] *shut, close* ◆ **1.1** de deur ging toe *the door shut/closed.*

toegang 0.1 [het betreden van iets] *entrance, entry* **0.2** [mogelijkheid, verlof] *access* ⇒〈toelating〉 *admittance,* 〈toegang(sgeld)〉 *admission,* 〈toegang(sgeld)〉 *entrance.* 〈toegang, opening〉 *door* **0.3** [toegangsweg] *entrance* ⇒ *approach,* 〈fig.; weg, middel〉 *avenue,* 〈fig.; weg, middel〉 *key,* 〈fig.; weg, middel〉 *passport* ◆ **1.2** bewijs van ~ *ticket (of admission)* **2.1** verboden ~ *no admittance;* vrije ~ *admission free* **3.2** 〈fig.〉 ~ hebben tot bepaalde documenten *have access to certain documents;* ~ krijgen/hebben tot een vergadering *be admitted to a meeting;* zich ~ verschaffen *gain access (to);* 〈met geweld〉 *force an entry.*

---

toegangsbewijs, -kaartje 0.1 *(admission) ticket* ⇒*pass.*

toegangshek 0.1 *entrance gate.*

toegangsprijs 0.1 *entrance fee* ⇒*price of admission.*

toegangsweg 0.1 [weg die toegang geeft] *access (road)* ⇒ *approach* **0.2** [route naar iets toe] *access* ⇒*entranceway* ◆ **3.1** alle ~en werden afgezet *all access roads were blocked (off).*

toegankelijk 0.1 [bereikbaar] *accessible* ⇒*approachable* **0.2** [ontvankelijk voor] *accessible* ⇒〈inf.〉 *approachable, open (to)* ◆ **3.1** een landgoed voor iedereen ~ maken *open an estate to the public* **5.1** moeilijk/gemakkelijk ~ *difficult/easy of access* **6.1** ~ **voor** het publiek *open to the public* **6.2** de directeur is ~ **voor** nieuwe ideeën *the director is open/amenable to new ideas.*

toegankelijkheid 0.1 [bereikbaarheid] *accessibility* ⇒*approachability* **0.2** [ontvankelijkheid voor] *accessibility* ⇒ *openness* ◆ **2.1** 〈comp.〉 directe ~ *direct access (facilities).*

toegedaan 0.1 [gunstig gezind] *dedicated, devoted* ⇒〈welwillend〉 *well-disposed* **0.2** [het genoemde aanhangend] *dedicated, devoted* ◆ **1.2** een mening ~ zijn *hold/take a view;* hij was de mening ~ dat *he was of the opinion that.*

toegeeflijk 0.1 *indulgent* ⇒*lenient,* 〈volgzaam, meegaand〉 *compliant,* 〈volgzaam, meegaand〉 *yielding* ◆ **5.1** al te ~ zijn *be overindulgent* **6.1** ~ zijn **tegenover** een kind *indulge a child.*

toegeeflijkheid 0.1 *indulgence; lenience* ◆ **3.1** ~ betrachten jegens iem. *make allowance(s) for s.o.*

toegenegen 0.1 *affectionate* ⇒*fond* ◆ **3.1** iem. ~ zijn *be fond of s.o.*

toegepast 0.1 〈ook wet.〉 *applied* ◆ **1.1** ~e taalwetenschap *a. linguistics.*

toegespitst 0.1 *tapering, tapered* ⇒*pointed.*

toegeven I 〈onov.ww.〉 **0.1** [tegemoetkomend zijn voor] 〈ov.ww.〉 *indulge, humour* ⇒〈al te veel toegeven〉 *pamper, spoil, allow (for), take into account* **0.2** [geen weerstand bieden aan] *yield* ⇒*give in,* 〈bezwijken〉 *give way* **0.3** [erkennen] *admit* ⇒*own* ◆ **3.3** hij wou maar niet ~ *he wouldn't own up* **4.1** over en weer wat ~ *give and take* **6.2** **aan** iemands grillen ~ *y. to s.o. 's whims;* **onder** druk ~ *submit under pressure;*

II 〈ov.ww.〉 **0.1** [als juist erkennen] *admit* ⇒*grant* **0.2** [extra geven] *throw in* ⇒*add* **0.3** [onderdoen voor] *yield* ◆ **1.1** zijn nederlaag ~ *a. defeat* **6.2 op** de koop ~ *include in the bargain* ¶**.1** toegegeven! *granted!, point taken!;* toegegeven, dat is waar *admittedly, that is true.*

toegevend 0.1 *indulgent* ⇒*lenient,* 〈meegaand〉 *yielding,* 〈meegaand〉 *easy(-going)* ◆ **5.1** je kunt ook al te ~ zijn *you can also be too lenient.*

toegevendheid 0.1 *indulgence* ⇒*lenience.*

toegeving 0.1 [het zich inschikkelijk betonen] *indulgence* ⇒ *allowance* **0.2** [concessie] *admission* ⇒*concession* ◆ **2.1** tot grotere ~ overhalen *persuade to greater concessions.*

toegevoegd 0.1 [bij iem. /iets gevoegd] 〈bijkomend〉 *attached (to), added (to), additional;* 〈aanvullend〉 *supplemental, supplementary* **0.2** [aangewezen] *assigned, allocated* ◆ **1.2** een ~ verdediger *±a legal-aid counsel.*

toegewijd 0.1 *devoted, dedicated* ◆ **1.1** een ~ medewerker *a dedicated partner.*

toegift 0.1 [extra nummer na een uitvoering] *encore* **0.2** [extraatje] *bonus* ◆ **3.1** een ~ geven *do an e.*

toegooien 0.1 [in iemands richting gooien] *throw at/to* ⇒ *fling/cast at/to* **0.2** [dichtgooien] *slam* ⇒*throw shut* ◆ **4.1** iem. iets ~ *throw s.o. sth.*

toehalen 0.1 *tighten* ⇒*draw closer/tighter* ◆ **6.1** de overwinning **naar** zich ~ *seize the victory.*

toehappen 0.1 [happend toebijten] *snap/bite at* **0.2** [fig.] *snap/jump at* ⇒*bite* ◆ **5.2** bij dat voorstel hapte zij gretig toe *she jumped at the proposal.*

toehoorder, -ster 0.1 [luisteraar] *listener* **0.2** [iem. die enkele lessen volgt] ⁴*auditor* ◆ **2.1** zeer geachte ~s *dear listeners* **8.2** een cursus als ~ bijwonen *sit in on a course.*

toejuichen 0.1 [juichend toeroepen] *cheer* ⇒⟨applaudisseren voor⟩ *clap,* ⟨applaudisseren voor⟩ *applaud* **0.2** [goedkeuren] *applaud* ⇒⟨verwelkomen⟩ *welcome* ◆ **1.2** een besluit ~ *welcome a decision* **5.2** een voorstel warm ~ *acclaim a motion warmly.*

toejuiching 0.1 [applaus] *applause* ⇒*cheers* **0.2** [instemming] *acclaim* ⇒*approval* ◆ **1.1** een storm van ~en *a storm of a./cheers.*

toekennen 0.1 [toeschrijven] *ascribe/attribute to* **0.2** [toewijzen] *award* ⇒*grant,* ⟨toebedelen⟩ *assign* ◆ **1.1** schadevergoeding ~ aan iem. *allow s.o. compensation;* een waarde van ƒ200.000 ~ aan een huis *attach a value of Dfl200,000 to a house* **6.2** macht ~ **aan** *assign authority to.*

toekenning 0.1 [toeschrijving] *attribution* **0.2** [toewijzing] *award* ⇒*grant,* ⟨toebedeling⟩ *assignment.*

toekeren 0.1 *turn to.*

toekijken 0.1 [naar iets kijken] *look on* ⇒*watch* **0.2** [niet meedoen] *sit by (and watch), sit out* ◆ **5.1** geamuseerd ~ *watch in amusement;* werkeloos ~ *stand around watching.*

toeknikken 0.1 *nod* ◆ **5.1** iem. bemoedigend ~ *give s.o. an encouraging nod.*

toekomen 0.1 [toebehoren]⟨behoren aan⟩ *belong to* ⇒⟨verschuldigd zijn⟩ *be due,* ⟨recht hebben op⟩ *be entitled to* **0.2** [iem./iets bereiken, naderen] *approach* ⇒*come up to* **0.3** [rondkomen] *get by* ⇒*make do (with)* **0.4** [toezenden] *send* ◆ **1.1** iem. de eer geven die hem toekomt *do s.o. justice* **3.4** iem. iets doen ~ *send s.o. sth.* **5.1** hij kreeg meer dan hem toekwam *he got more than his due/he deserved* **6.2** ⟨fig.⟩ daar ben ik nog niet **aan** toegekomen *I haven't got round to that yet* **6.3** met weinig ~ *manage on little.*

toekomend 0.1 ⟨taal.⟩*future* ◆ **1.1** de ~e tijd *the future (tense).*

toekomst 0.1 [tijd die komen moet]*future* **0.2** [gunstige vooruitzichten]*future* ⇒*perspective* ◆ **2.1** in de nabije/verre ~ *in the near/distant f.* **3.1** zich op de ~ richten *look to the f.;* een onzekere ~ tegemoet gaan *face an insecure f.;* de ~ voorspellen *tell fortunes* **3.2** dat bedrijf heeft geen ~ *there's no f. in that company* ¶.**1** onze ~ staat op het spel *our f. is in the balance/at stake.*

toekomstbeeld 0.1 *picture/idea of the future* ⇒*futuristic view* ◆ **2.1** een somber ~ hebben *have a gloomy picture of the future.*

toekomstig 0.1 [wat in de komende tijd zal optreden]*future* ⇒*coming,* ⟨in de dop⟩ *would-be,* ⟨nog niet bestaand⟩ *unborn* **0.2** [mbt. personen]*future* ⇒⟨verwacht⟩ *prospective,* ⟨aanstaand⟩ *intended* ◆ **1.1** voor ~ gebruik *for f. use* **1.2** zijn ~e echtgenote *his bride-to-be;* de ~e eigenaar *the prospective owner.*

toekomstmogelijkheden 0.1 *perspective* ⇒*prospects* ◆ **6.1** een baan met ~ *a job with (career) prospects.*

toekomstmuziek 0.1 ⟨zie 3.1⟩ ◆ **3.1** dat is nog ~ *that's still in the future.*

toekomstperspectief 0.1 *perspective* ◆ **2.1** een mooi/somber ~ *a good/gloomy p.*

toekomstverwachting 0.1 *expectation (for the future)* ⇒ ⟨voorspelling⟩ *projection.*

toelaatbaar 0.1 *permissible, permitted* ⇒⟨duldbaar⟩ *tolerable* ◆ **7.1** op de grens van het toelaatbare *sail close to the wind.*

toelaatbaarheid 0.1 *permissibility* ⇒⟨duldbaarheid⟩ *tolerability,* ⟨jur. ook⟩ *admissibility.*

toelachen 0.1 [lachend aankijken] *smile at* **0.2** [gunstig gestemd zijn] *smile (up)on* ◆ **1.2** het geluk lacht ons toe *fortune smiles on us.*

toelage 0.1 [gift in geld] *allowance* ⇒⟨(studie)beurs⟩ *grant,* ⟨subsidie⟩ *subsidy, maintenance* ⟨vnl. alimentatie⟩ **0.2** [toeslag] *allowance, bonus* ⇒⟨mil.; gezinstoelage⟩ *allotment* ◆ **2.2** maandelijks een vaste ~ ontvangen *receive a monthly b.* **3.1** een ~ verstrekken *issue a grant.*

toelaten 0.1 [tolereren] *permit* ⇒*allow* **0.2** [binnenlaten] *admit* ⇒*receive, let in* **0.3** [accepteren] *accept* ⇒*admit* ◆ **1.1** de scheidsrechter liet veel te veel toe *the referee was too tolerant;* als het weer het toelaat *weather permitting* **1.2** ⟨fig.⟩ er werden drie kandidaten toegelaten en twee afgewezen *three candidates were passed while two were failed* **5.1** een vergrijp oogluikend ~ *turn a blind eye on an offence* **6.2** iem. **bij** een zieke ~ *admit s.o. to a patient, let s.o. see a patient;* zij werd niet **in** Nederland toegelaten *she was refused entry to the Netherlands.* ⇒*leave.*

toelating 0.1 [het tolereren] *permission* ⇒*leave* **0.2** [het binnenlaten] *admittance* ⇒*entrance,* ⟨toegang(srecht)⟩ *access* **0.3** [het accepteren] *acceptance* ⇒*admission.*

toelatingsbeleid 0.1 *admittance/*⟨mbt. buitenlanders ook⟩ *immigration policy.*

toelatingsexamen 0.1 *entrance exam(ination)* ⇒⟨BE, voor het middelbaar onderwijs⟩ *eleven-plus* ◆ **3.1** een ~ afleggen *sit for an entrance exam(ination).*

toeleggen I ⟨ov.ww.⟩ **0.1** [erbovenop leggen] *add (to)* **0.2** [moeite laten] *be bent (on)* ⇒*set out (to)* ◆ **1.1** op iets geld moeten ~ *sacrifice on sth.;*
II ⟨wk.ww.; zich ~⟩ **0.1** [zich bezighouden met] *apply o.s. (to)* ⇒*set o.s. (to),* ⟨zich serieus toeleggen op⟩ *buckle down (to),* ⟨zich serieus toeleggen op⟩ *concentrate (on)* ◆ **6.1** zich ~ **op** de wiskunde *apply o.s. to mathematics.*

toeleveren 0.1 *supply* ⇒*deliver.*

toeleveringsbedrijf 0.1 *supplier, supply company.*

toelichten 0.1 [verklaren] *explain;* ⟨uitweiden over⟩ *amplify;* ⟨duidelijk maken⟩ *throw light on, clarify;* ⟨met voorbeeld duidelijk maken⟩ *exemplify, illustrate* ◆ **1.1** zijn standpunt ~ *explain one's point of view* **3.1** als ik dat even mag ~ *if I may go into that briefly* **5.1** iets nader ~ *amplify on sth.*

toelichting 0.1 [het toelichten]⟨verklaring⟩ *explanation;* ⟨verheldering⟩ *clarification;* ⟨met voorbeeld⟩ *illustration* **0.2** [geschrift] *commentary* ⇒⟨voorbeeld⟩ *illustration* ◆ **1.1** een memorie van ~ *an explanatory memorandum (of)* **2.1** voor nadere ~ zie onderaan *see below for details* **3.1** dat vereist enige ~ *that requires some explanation.*

toeloop 0.1 *(on)rush* ◆ **6.1** een grote ~ **naar** het paleis *a great surge of people towards the palace.*

toelopen 0.1 [ergens heen lopen] *walk up to* ⇒*come up to* **0.2** [samenkomen] *gather* **0.3** [uitlopen] *taper (off), come/run to a point* ◆ **3.1** hij kwam op haar ~ *he came (walking) up to her* **5.3** spits/scherp/smal ~ *come to a point* ⟨spits, scherp⟩; *taper* ⟨smal⟩.

toeluisteren 0.1 *listen (to)* ◆ **5.1** aandachtig ~ *listen carefully.*

toemeten 0.1 *measure (out)* ⇒⟨toebedelen⟩ *allot, assign* ◆ **1.1** ieder zijn taak ~ *allot/assign each person (to) his task;* ⟨ook fig.⟩ de ons toegemeten tijd *our allotted time, the time allotted to us.*

toen¹ ⟨bw.⟩ **0.1** [destijds] *then* ⇒*in those days, at the/that time* **0.2** [daarop] *then* ⇒*next* ◆ **3.1** ik ben blij dat het ~ gebeurde *I'm glad it happened when it did* **8.2** en ~? *(and)* *t. what?, what happened next?* **¶.1** er stond hier ~ een kerk *there was a church here (back) then.*

toen[2] ⟨vw.⟩ **0.1** [ten tijde dat] *when* **0.2** [op het moment dat] *when* ⇒*as* ◆ **¶.2** ~ hij binnenkwam *w. he came in.*

toenaam 0.1 *surname* ⇒⟨hijnaam⟩ *nickname.*

toenadering 0.1 ⟨vaak mv.⟩ *advance; approach, overture* ◆ **3.1** hij zocht ~ tot haar *he was making advances (to her);* ~ zoeken tot iem. *try to approach s.o.*

toenaderingspoging 0.1 *approach* ⇒*advance,* ⟨pol. ook⟩ *overtures* ◆ **3.1** ~en doen *make an approach.*

toename 0.1 *increase* ⇒*growth* ◆ **1.1** een ~ v.h. verbruik *an i. in consumption* **2.1** de ~ v.d. bevolking *the growth in population.*

toendra 0.1 *tundra.*

toenemen 0.1 [groter worden] *increase* ⇒*grow,* ⟨in omvang⟩ *expand* **0.2** [heviger worden] *increase* ⇒*rise* ◆ **1.1** in ~de mate *increasingly, to an increasing extent;* een ~ d verzet tegen loonmatiging *growing opposition to wage restraint* **6.1** ~ in gewicht *put on/gain weight;* ⟨zichtbaar⟩ *fill out;* in kracht ~ *grow/i. in strength.*

toenmaals 0.1 *then* ⇒*at the/that time.*

toenmalig 0.1 *then* ◆ **1.1** do ~ o koning *the king at the/that time.*

toentertijd 0.1 *then* ⇒*at the/that time.*

toepasbaar 0.1 *applicable* ⇒*suitable.*

toepasselijk 0.1 [passend] *appropriate* ⇒*suitable* **0.2** [van kracht] *applicable* ◆ **1.1** een erg ~ cadeautje *a very a. present* **1.2** dit wetsartikel is hier ~ *this section of the law is a./applies here.*

toepasselijkheid 0.1 *appropriateness* ⇒*suitability* ◆ **1.1** de ~ van dit gezegde *the aptness of this saying.*

toepassen 0.1 [gebruiken] *use, employ;* ⟨benutten⟩ *utilize* **0.2** [in praktijk brengen] *apply* ⇒*adopt,* ⟨uitvoeren⟩ *administer,* ⟨uitvoeren⟩ *implement,* ⟨wet ook⟩ *enforce* ◆ **1.2** een methode ~ *use a method* **5.2** een regel verkeerd ~ ⟨ook⟩ *misapply a rule* **6.2** in de praktijk ~ *use in (actual) practice.*

toepassing 0.1 [het gebruiken, wijze van gebruiken] *use, employment, utilization* **0.2** [het in praktijk brengen] *application* ⇒*administration, implementation* ◆ **2.2** ruime ~ vinden *be widely used* **6.1** niet van ~ (n.v.t.) *not applicable;* van ~ zijn op *apply to* **6.2** in ~ brengen *put into practice.*

toepassingsmogelijkheid 0.1 ⟨concr.⟩ *use* ◆ **2.1** nieuwe toepassingsmogelijkheden voor bestaande producten *new uses for existing products* **7.1** een materiaal met veel toepassingsmogelijkheden *a multi-purpose material.*

toer 0.1 [reis] *trip* ⇒⟨langere⟩ *tour,* ⟨met auto, (motor)fiets, paard⟩ *ride,* ⟨met auto ook⟩ *drive* **0.2** [draai] *revolution* **0.3** [daad die behendigheid vereist] *feat* **0.4** [lastig werk] *job* ⇒*business* **0.5** [winding] *turn* ⇒*winding, coil* ◆ **2.2** op volle ~en draaien ⟨ook fig.⟩ *go at full speed, be in top gear* **2.3** acrobatische ~en *acrobatic feats* **2.4** dat is een hele ~ *that is quite a j.* **2.¶** op de lollige ~ gaan *act the clown;* op de progressieve ~ gaan *turn progressive* **6.2** ⟨fig.⟩ hij is een beetje over zijn ~en *he's in a bit of a state* **7.2** een 33-toerenplaat *a 33 (record/disc), an LP (record).*

toerbeurt 0.1 *turn* ◆ **6.1** bij ~ *in rotation, by turns;* we doen dat bij ~ *we take turns at it.*

toereikend 0.1 *sufficient* ⇒⟨voldoende, net goed genoeg⟩ *adequate,* ⟨voldoende, (goed) genoeg⟩ *satisfactory* ◆ **1.1** de middelen zijn niet ~ *the means are inadequate.*

toerekening 0.1 ⟨ec.⟩ *assignment (to).*

toerekeningsvatbaar 0.1 *accountable* ⇒*responsible* ◆ **3.1** iem. ~ verklaren *declare s.o. to be fit to stand trial* **5.1** iem.

verminderd ~ verklaren *declare s.o. to be in a state of diminished responsibility.*

toerekeningsvatbaarheid 0.1 *accountability* ⇒*responsibility.*

toeren 0.1 [uit rijden gaan] *go for a ride/* ⟨auto ook⟩ *drive* ⇒ ⟨inf.⟩ *go for a spin* **0.2** [tochten maken] *go on a trip.*

toerental 0.1 *number of revolutions* ⇒⟨ihb. v.e. grammofoonplaat⟩ *revolutions per minute,* ⟨ihb. v.e. grammofoonplaat⟩ *r.p.m.* ◆ **2.1** een motor met een hoog/laag ~ *a high-/low-speed engine.*

toerenteller 0.1 *revolution counter.*

toerfiets 0.1 *touring/sports bicycle.*

toerfietser 0.1 *cyclist* ◆ **3.1** er komen hier veel ~s *we get a lot of people on cycling trips here.*

toerisme 0.1 *tourism.*

toerist, -e 0.1 *tourist.*

toeristenindustrie 0.1 *tourist industry* ⇒*tourism.*

toeristenklasse 0.1 *tourist/economy (class)* ◆ **6.1** in de ~ reizen *travel (in) tourist/economy (class).*

toeristenplaats 0.1 *tourist centre/* ⟨bad-/skiplaats, enz. ook⟩ *resort.*

toeristenseizoen 0.1 *tourist season.*

toeristenverkeer 0.1 *tourism.*

toeristisch 0.1 *tourist, commercial* ◆ **1.1** een ~e trekpleister *a t. attraction.*

toernooi 0.1 [sport] *tournament* **0.2** [gesch.; steekspel] *tournament* ⇒*joust* ◆ **3.1** aan een ~ meedoen *take part in a tournament.*

toeroepen 0.1 *call/* ⟨schr.⟩ *cry (out) to* ◆ **1.1** het terrorisme een halt ~ *call a halt to terrorism;* een ontwikkeling een halt ~ *bring a development to a stop/halt.*

toertocht 0.1 *non-competitive/pleasure ride/drive* ◆ **3.1** een ~ rijden *drive (a route) without competing.*

toerusten 0.1 *equip* ⇒⟨bevoorraden⟩ *furnish,* ⟨bevoorraden⟩ *stock* ◆ **1.1** een leger ~ *e. an army* **6.1** toegerust met *equipped/fitted out with.*

toerusting 0.1 *equipment* ⇒⟨inf.⟩ *gear.*

toeschietelijk 0.1 ⟨inschikkelijk⟩ *accommodating, obliging* ⟨ook pej. mbt. vrouwen⟩; ⟨meelevend⟩ *responsive* ◆ **3.1** hij is niet erg ~ *he's a bit reserved/standoffish.*

toeschietelijkheid 0.1 *accommodating/obliging nature.*

toeschieten I ⟨onov.ww.⟩ **0.1** [snel naderbij komen] *rush/dash forward* ◆ **6.1** de zuster schoot toe om te helpen *the nurse rushed forward to help;*
II ⟨ov.ww.⟩ **0.1** [in iemands richting schieten] *shoot/kick to* ◆ **1.1** iem. de bal ~ *shoot the ball to s.o.*

toeschijnen 0.1 *seem to* ⇒*appear to* ◆ **8.1** het schijnt me toe dat ... *it would seem/appear to me that ...*

toeschouwer 0.1 [iem. die naar iets kijkt] *spectator* ⇒⟨televisie⟩ *viewer,* ⟨mv. ook⟩ *audience* **0.2** [iem. die niet meedoet] *onlooker* ⇒*bystander* ◆ **1.1** aantal ~s ⟨toneel⟩ *size of the audience;* ⟨sport⟩ *size of the crowd, number of spectators* **3.1** veel ~s trekken *draw a large audience.*

toeschreeuwen 0.1 *shout/yell to/* ⟨dreigend of hard⟩ *at.*

toeschrijven 0.1 [wijten] *blame, attribute* ⇒*put down* **0.2** [toekennen] *attribute* ⇒*ascribe* ◆ **1.2** iem. bovennatuurlijke krachten ~ *attribute/ascribe supernatural powers to s.o.* **6.1** een ongeluk ~ aan het slechte weer *b. an accident on the weather;* hij schreef het toe aan haar onwetendheid *he put it down to her ignorance* **6.2** dit schilderij schrijft men toe aan Vermeer *this painting is attributed to Vermeer.*

toeslaan I ⟨onov.ww.⟩ **0.1** [raak slaan] *hit home* ⇒⟨hard toeslaan⟩ *pound* **0.2** [zijn kans benutten] *strike* **0.3** [met een slag dichtgaan] *slam (shut)* ◆ **1.2** inbreker slaat opnieuw toe! *burglar strikes again!;*

II ⟨ov.ww.⟩ **0.1** [met een slag sluiten] *slam (shut)* **0.2** [in iemands richting slaan] *hit to* ◆ **1.2** iem. de bal ~ *hit the ball to s.o.*

toeslag 0.1 [extra heffing] *surcharge* **0.2** [extra inkomen] *bonus* ◆ **1.1** ~ op verzekeringspremie *additional premium* **6.1** een D-trein met ~ *an express train with a s.* **6.2** een ~ voor vuil/gevaarlijk werk *a b. for dirty/hazardous work.*

toesnellen 0.1 *rush/run up/forward to/towards.*

toespelen 0.1 *pass (to)* ⟨ook fig.⟩ ⇒⟨onopvallend toespelen⟩ *slip (to)* ⟨ook fig.⟩ ◆ **1.1** iem. bepaalde gegevens ~ *pass certain information on to s.o.*

toespeling 0.1 *allusion* ⇒*reference,* ⟨bedekt⟩ *hint,* ⟨pej.⟩ *innuendo,* ⟨pej.⟩ *insinuation* ◆ **3.1** ~en maken *drop hints, make insinuations.*

toespitsen 0.1 [fig.] *aggravate* ⇒*intensify* **0.2** [specialiseren] *specialize (in)* ⇒*concentrate (on)* **0.3** [lett.] *sharpen* ⇒*make pointed/sharp* ◆ **1.1** politieke tegenstellingen ~ *accentuate/polarize political differences* **4.1** het conflict spitst zich toe *the conflict is coming to a head/becoming acute.*

toespraak 0.1 *speech* ⇒⟨officiële⟩ *address* ◆ **3.1** een ~ houden *make a s.*

toespreken 0.1 *speak to, address* ◆ **1.1** een menigte~ *a. a crowd.*

toestaan 0.1 [goedkeuren] *allow, permit* **0.2** [verlenen] *grant* ◆ **1.1** uitstel/een verzoek ~ *grant a respite/a request* **4.1** als u mij toestaat ... *if you don't mind ..., if you will p. me* ... **5.1** iets oogluikend ~ *close one's eyes to sth.*

toestand 0.1 [situatie] *state* ⇒*condition, situation* **0.2** [verwarde/onaangename situatie] *commotion* ⇒*fuss* ◆ **1.1** de ~ v.d. patiënt is kritiek *the patient's condition is critical;* de ~ van de wegen *the state of the roads* **2.1** de 19e-eeuwse ~en die hier nog heersen *the 19th-century conditions still prevailing here;* een benarde/hopeloze~ *a sorry/hopeless plight;* mijn financiële ~ *(the state of) my finances;* in goede/slechte ~ *(verkeren) (be) in good/poor condition* **3.1** haar ~ is achteruitgegaan *she's taken a turn for the worse;* de ~ overzien/bekijken *take stock of the situation* **4.2** wat een ~ *what a fuss* **6.1** de ~ in de wereld *the state of world affairs.*

toesteken I ⟨ov.ww.⟩ **0.1** [aanreiken] *extend* ⇒*put/hold out* ◆ **1.1** de helpende hand ~ *e. a helping hand;* **II** ⟨onov.ww.⟩ **0.1** [zo steken dat men treft] *stab, thrust.*

toestel 0.1 [apparaat, ook in samenst.] *apparatus* ⇒*appliance,* ⟨fototoestel⟩ *camera,* ⟨radio/tv⟩ *set,* ⟨handig⟩ *gadget* **0.2** [vliegtuig] *plane* ◆ **6.1** wilt u even aan het ~ blijven *will you hold the line?* **7.1** vraag om ~ 212 *ask for extension 212.*

toestelnummer 0.1 *extension (number).*

toestemmen 0.1 *agree/consent (to)* ⇒⟨vergunnen⟩ *permit* ◆ **6.1** ~ in een verzoek *agree to/grant a request* **8.1** erin ~ dat ... *agree that .../to (...ing).*

toestemming 0.1 *agreement, consent* ⇒*approval (of),* ⟨vergunning⟩ *permission* ◆ **2.1** schriftelijke ~ *permission in writing* **3.1** zijn ~ geven/verlenen/weigeren aan iem./tot iets *give/grant/refuse permission to s.o./sth.;* ⟨iemands⟩ ~ hebben om te ... *have (s.o.'s) permission to ...;* ~ krijgen ⟨om ...⟩ *obtain leave (to ...)* **6.1** met uw ~ *with your permission;* ~ tot landen/opstijgen *clearance for landing/take-off.*

toestoppen 0.1 [stilletjes geven] *slip* **0.2** [instoppen] *tuck in/up* ◆ **1.1** een kind een snoepje ~ *s. a child a sweet.*

toestormen 0.1 *come rushing (up/at/for)* ⇒*come dashing/tearing (towards/up)* ◆ **6.1** ~ op iets/iem. *run at sth./s.o.*

toestromen 0.1 *stream to(wards)* ⇒*flow/flock/crowd to-(wards)* ◆ **1.1** het publiek stroomde toe *the audience came flocking (in).*

toesturen 0.1 *send* ⇒*remit* ⟨geld⟩.

toet 0.1 ⟨inf.⟩ *face.*

toetakelen 0.1 [afranselen] *beat (up)* ⇒*knock about* **0.2** [op vreemde wijze kleden/versieren] *rig out, dress/get up* ◆ **4.2** zich vreselijk ~ *make o.s. look a fright* **5.1** hij is lelijk toegetakeld *he has been badly beaten (up).*

toetasten 0.1 *take, seize* ⇒⟨mbt. eten⟩ *help o.s.* ◆ **5.1** tast maar flink toe *help yourself.*

toeten 0.1 *toot, hoot, honk* ◆ **6.1** ⟨fig.⟩ van ~ noch blazen weten *not know the first thing about sth.*

toeter¹ ⟨de⟩ **0.1** [blaasinstrument] *blower* ⇒*tooter* **0.2** [claxon] *horn* ⇒⟨vnl. BE⟩ *hooter* **0.3** [inf.; mond] *trap.*

toeter² ⟨bn.⟩⟨inf.⟩ **0.1** *tight (as a drum)* ⇒*smashed.*

toeteren I ⟨onov.ww.⟩ **0.1** [claxonneren] *hoot, honk* **0.2** → *toeten;* **II** ⟨ov.ww.⟩ **0.1** [schetteren] *blast, bellow* ◆ **6.1** iem. iets in de oren ~ *bellow sth. in s.o.'s ear.*

toetje ⟨inf.⟩ **0.1** [mbt. eten] *dessert* **0.2** [gezichtje] *(pretty) little face* ◆ **8.1** als ~ is er fruit *there is fruit for dessert.*

toetreden 0.1 [zich te voet begeven naar] *walk/step up to* **0.2** [deelnemer worden] *join* ◆ **6.2** ~ tot een vereniging *j. a club;* ~ tot een verbond/verdrag *accede to a treaty.*

toetreding 0.1 *joining* ⇒*entry (into)* ◆ **1.1** de ~ van Engeland tot de EEG *England's entry into the E.E.C.* **6.1** ~ tot een verdrag *accession to a treaty.*

toets 0.1 [test] *test* ⇒*check* **0.2** [mbt. instrumenten] *key* ◆ **2.1** een schriftelijke ~ *a written t.* **3.1** de ~ der kritiek kunnen doorstaan *stand the t. of criticism* **3.2** een ~ aanslaan *strike a k.*

toetsbaar 0.1 *testable* ⇒⟨op nauwkeurigheid⟩ *verifiable.*

toetsen 0.1 [onderzoeken] *test* ⇒*check* **0.2** [polsen] *sound (out)* ◆ **6.1** aan de praktijk/ervaring ~ *t. by practical experience.*

toetsenbord 0.1 *keyboard* ⇒⟨machine ook⟩ *console.*

toetsenist 0.1 *keyboard player.*

toetsing 0.1 [controle] *test(ing)* ⇒*check(ing)* **0.2** [jur.] *(judicial) review/examination* ◆ **2.2** marginale ~ *limited judicial review* **6.1** de ~ v.h. verhaal aan de feiten *the verification of the story.*

toetssteen 0.1 [proefsteen mbt. metalen] *touchstone* **0.2** [fig.] *touchstone* ⇒*test* ◆ **1.2** tegenspoed is de ~ v.d. vriendschap *adversity is the test of friendship.*

toetstelefoon 0.1 *push-button phone* ⇒*touch-tone phone.*

toeval I ⟨het, de⟩ **0.1** [aanval van vallende ziekte] *fit, attack* ⇒*(epileptic) fit/seizure* ◆ **3.1** een ~ krijgen *have a f./an a.;* **II** ⟨het⟩ **0.1** [geheel van omstandigheden] *coincidence* ⇒*accident, chance* ◆ **2.1** een gelukkig ~ *a lucky coincidence;* door een ongelukkig ~ *by mischance;* stom ~ *by sheer accident, quite by accident;* ⟨stom geluk⟩ *(by) a (mere) fluke* **6.1** niets aan het ~ overlaten *leave nothing to chance;* op het ~ vertrouwen *trust to luck.*

toevallen 0.1 [te beurt vallen] *fall to* **0.2** [zich vallend sluiten] *fall shut.*

toevallig I ⟨bn.⟩ **0.1** [onvoorzien] *coincidental* ⇒*accidental* ◆ **1.1** een ~e ontmoeting *a chance meeting;* een ~e voorbijganger *a passer-by;* **II** ⟨bw.⟩ **0.1** [bij toeval] *by (any) chance* ⇒*by accident* **0.2** [naar het geval wil] *as it happens* ◆ **3.1** iem. ~ tegenkomen *happen to meet s.o.;* elkaar ~ treffen *meet by chance;* ~ vinden/aantreffen *come across, chance upon,* ¶.2 ~ heb ik daar geen zin in *I just don't happen to be in the mood.*

toevalligerwijs →**toevallig II.**
toevalligheid 0.1 [gebeurtenis, omstandigheid] *coincidence* ⇒*sth. accidental* **0.2** [eigenschap, feit] *fortuity.*
toevalstreffer 0.1 *chance hit, stroke of luck* ⇒*fluke.*
toeven ⟨schr.⟩ **0.1** *stay* ◆ **5.1** het is daar goed ~ *it is a nice place to s.*
toeverlaat 0.1 *support* ⇒*refuge* ◆ **1.1** hij was hun steun en ~ *he was their help and stay.*
toevertrouwen 0.1 [met vertrouwen geven] *entrust* **0.2** [in vertrouwen meedelen] *confide (to)* ◆ **4.1** dat is hem wel toevertrouwd *trust him for that, leave that to him* **6.2** iets **aan** het papier ~ *commit sth. to paper.*
toevloed 0.1 *flow* ⇒*influx, rush* ◆ **1.1** een ~ van nieuwsgierigen *a rush of curious onlookers.*
toevlucht 0.1 [persoon/zaak/plaats waar men bescherming zoekt] *refuge* ⇒*shelter* **0.2** [bescherming] *refuge* ⇒*resort* ◆ **2.1** dit middel was zijn laatste ~ *this (expedient) was his last resort* **3.**¶ zijn ~ nemen tot (geweld) *resort to (force).*
toevluchtsoord 0.1 *(port/house/haven of) refuge* ◆ **3.1** in ons land vonden de ballingen een ~ *the exiles found/took refuge in our country.*
toevoegen 0.1 [tot vermeerdering bijvoegen] *add* ⇒⟨toelichting e.d.⟩ *append* **0.2** [ten dienste stellen van] *appoint* ⇒*assign* **0.3** [onvriendelijke woorden zeggen] *throw/snap (at)* ◆ **1.1** suiker naar smaak ~ *add sugar to taste* **8.2** hij werd als raadsman toegevoegd *he was assigned as counsel.*
toevoeging 0.1 [het toevoegen] *addition, adding* **0.2** [toevoegsel] *addition* ⇒*additive* ⟨o.a. in voedsel⟩, *extension* ⟨bv. aan gebouw/constructie⟩, *rider* ⟨aan officieel stuk⟩ **0.3** [onvriendelijk woord] *comment, nasty remark* ◆ **6.2** brood **zonder** ~en *bread without additives.*
toevoer 0.1 *supply.*
toewaaien 0.1 *fan, blow (on)* ◆ **1.1** iem. wind/koelte ~ *fan s.o.*
toewenden 0.1 *turn (to/towards)* ◆ **1.1** hij wendde mij de rug toe ⟨ook fig.⟩ *he turned his back on me;* ⟨fig.⟩ *he gave me the cold shoulder.*
toewensen 0.1 *wish* ◆ **1.1** iem. veel geluk ~ *wish s.o. much happiness/all the best.*
toewerpen 0.1 [werpen binnen het bereik van] *throw (to)* ⇒*toss* **0.2** [doen toekomen] *throw into s.o.'s lap* ◆ **1.1** iem. een vernietigende blik ~ *cast/give s.o. a crushing look* **1.2** die buitenkans werd hem toevallig toegeworpen *that bit of good luck came his way/fell into his lap by (pure) chance.*
toewijden 0.1 *devote* ⇒⟨opdragen⟩ *dedicate* ◆ **6.1** zij was **aan** haar kinderen zeer toegewijd *she was very devoted to her children.*
toewijding 0.1 [het zich geheel geven] *devotion, dedication (to)* **0.2** [devotie] *devotion (to)* ◆ **6.1** met grote ~ iets doen *do sth. with great devotion.*
toewijzen 0.1 [hij rechterlijk vonnis/van overheidswege toekennen] *award* ⇒*grant* **0.2** [toekennen] *assign* ⇒*grant, award,* ⟨toedelen⟩ *allocate* ◆ **1.1** ⟨jur.⟩ de eis werd toegewezen *the claim was sustained* **1.2** een prijs ~ *award a prize* **6.1** het kind werd **aan** de vader toegewezen *the father was awarded/granted/given the custody of the child.*
toewijzing 0.1 [het toewijzen] *assignment* ⇒*allocation, allowance, award* **0.2** [wat toegewezen is] *assignment* ⇒*allocation.*
toezeggen 0.1 *promise* ◆ **1.1** hem was een woning toegezegd *he had been promised a house.*
toezegging 0.1 *promise* ◆ **3.1** ~en doen *make promises;* de ~ doen dat ... *promise that ...*

toevalligerwijs - tolueen

toezenden 0.1 *send (to)* ⇒*remit* ⟨geld⟩.
toezicht 0.1 *supervision* ◆ **1.1** ⟨jur.⟩ raad van ~ *supervisory board, board of s., trustees* **3.1** ~ uitoefenen/houden over/op *supervise, oversee* ⟨personeel⟩; *monitor; police* ⟨gebied/straat enz.⟩; *look after* **6.1** onder ~ staan van *be supervised by/under the s. of.*
toezichthouder, -houdster 0.1 *supervisor.*
toezien 0.1 [toekijken] *look on* ⇒*watch* **0.2** [oppassen] *see* ⇒*take care* ◆ **5.1** machteloos ~ *stand by helplessly* **8.2** hij moest er op ~ dat alles goed ging *he had to see to it that everything went all right.*
tof ⟨inf.⟩ **0.1** [betrouwbaar] *decent* ⇒*kosher, O.K., okay* **0.2** [fijn] *great* ◆ **1.1** een ~fe meid *a d./an O.K. girl* **1.2** een ~ feest *a g./smashing party.*
toffee 0.1 *toffee.*
tofoe ⟨cul.⟩ **0.1** *tofu.*
toga 0.1 [ambtsgewaad] *gown* ⇒*robe* **0.2** [soutane] *cassock* **0.3** [Rom. gesch.] *toga* ◆ **6.1** een dominee/advocaat **in** ~ *a robed clergyman/lawyer.*
Togo 0.1 *Togo.*
Togolees[1] ⟨de (m.)⟩, **Togolese** ⟨de (v.)⟩ **0.1** *Togolese.*
Togolees[2] ⟨bn⟩ **0.1** *Togolese.*
toilet 0.1 [wc] *toilet* **0.2** [kleding] *dress* ⇒*outfit* **0.3** [het zich kleden] *toilet* ◆ **2.1** een openbaar ~ *a public convenience,* [A]*a restroom* **3.3** ⟨zijn⟩ ~ maken *make one's t., dress* **6.1** **naar** het ~ gaan *go to the t.* **6.2 in** (groot) ~ *full-dress, in full dress/feather.*
toiletartikel 0.1 *toiletry* ⇒⟨mv. ook⟩ *toilet requisites/things.*
toiletbenodigdheden 0.1 *toilet articles* ⇒*toiletries.*
toiletborstel 0.1 *toilet brush.*
toiletjuffrouw 0.1 *lavatory attendant.*
toiletpapier 0.1 *toilet/lavatory paper/tissue.*
toiletreiniger 0.1 *toilet cleaner.*
toiletrol 0.1 *toilet paper.*
toilettafel 0.1 *dressing table.*
toilettas 0.1 *toilet bag.*
tokkelen 0.1 [mbt. de melodie] *strum* **0.2** [zenden] *radio* ◆ **6.1** op een gitaar ~ *s. a guitar.*
tokken 0.1 *cluck.*
toko 0.1 [winkel met Indonesische artikelen] *Indonesian shop* **0.2** [winkel waar van alles te koop is] *general shop/store* ◆ **3.2** een ~ houden *keep a general shop/store.*
tol 0.1 [speelgoed] *top* **0.2** [tolgeld] *toll* **0.3** [plaats] *toll bar/gate/house* ◆ **3.2** ergens ~ voor moeten betalen ⟨ook fig.⟩ *have to pay t. to sth.;* ⟨fig.⟩ de vooruitgang eist zijn ~ *progress takes its t.;* ~ heffen *levy/take (a) t. (on)* **8.1** mijn hoofd draait als een ~ *my head is spinning.*
tolbeambte 0.1 *toll collector.*
tolbrug 0.1 *toll bridge.*
tolerant 0.1 *tolerant.*
tolerantie 0.1 *tolerance* ◆ **2.1** repressieve ~ *repressive t.*
tolereren 0.1 *tolerate* ⇒*put up with* ⟨gedrag enz.⟩.
tolgeld 0.1 *toll, tollage.*
tolk 0.1 [vertaler] *interpreter* **0.2** [woordvoerder] *mouthpiece* ⇒*spokesman* ⟨m.⟩, *spokeswoman* ⟨v.⟩ ◆ **8.1** als ~ fungeren/optreden *act as i.*
tolken 0.1 *interpret* ◆ **6.1** uit het Italiaans ~ *i. from Italian.*
tollen 0.1 [met een tol spelen] *play with/spin a top* **0.2** [snel ronddraaien] *spin* ⇒*whirl* ◆ **3.2** doen ~ *whip, twirl* **6.2** ⟨fig.⟩ zij stond te ~ **van** de slaap *she was reeling with sleep.*
tolmuren 0.1 *tariff barriers.*
toltunnel 0.1 *toll tunnel.*
tolueen ⟨schei.⟩ **0.1** *toluene* ⇒*toluol.*

tolvrij 0.1 *toll-free, nontariff* ⇒*duty-free.*

tolweg 0.1 *toll road;* ⟨AE; snelweg⟩ *turnpike.*

tomaat 0.1 *tomato* ◆ **2.1** gevulde tomaten *stuffed tomatoes.*

tomatenketchup 0.1 *(tomato) ketchup.*

tomatenpuree 0.1 *tomato purée* ◆ **1.1** een blikje ~ *a tin of t. p.*

tomatensalade, tomatensla 0.1 *tomato salad.*

tomatensap 0.1 *tomato juice* ◆ **1.1** een flesje ~ *a bottle of t. j.*

tomatensoep 0.1 *tomato soup.*

tombe 0.1 *tomb* ⇒*shrine* ⟨v.e. heilige⟩.

tomeloos 0.1 *unbridled* ⇒*uncontrolled* ◆ **1.1** ~ geweld *unbridled/uncontrolled violence.*

tomen 0.1 [bedwingen] *bridle* ⇒*curb* **0.2** [optuigen] *bridle* ⇒*rein.*

tompoes 0.1 *vanilla slice.*

ton 0.1 [vat] *cask* ⇒*barrel* **0.2** [100.000 gulden] *a hundred thousand guilders* **0.3** [gewichtsmaat] *(metric) ton* **0.4** [inhoudsmaat] *(register) ton* ⟨100 kubieke meter⟩ **0.5** [boei] *(nun-)buoy* ◆ **8.1** zo rond als een ~ *like the side of a house.*

tonaal ⟨muz.⟩ **0.1** *tonal.*

tonaliteit ⟨muz.⟩ **0.1** *tonality.*

tondeuse 0.1 *(pair of) clippers* ⇒*trimmers,* ⟨voor schapen⟩ *shears* ◆ **7.1** twee ~s *two pairs of clippers.*

toneel 0.1 [podium] *stage* **0.2** [dram.; deel v.e. bedrijf] *scene* **0.3** [theater] *theatre* ⇒⟨literair genre⟩ *drama* **0.4** [tafereel] *scene, spectacle* **0.5** [plaats waar iets voorvalt] *scene* ⇒⟨film⟩ *set* **0.6** [aanstellerij] *play-acting* **0.7** [spel] *theatre* ◆ **2.4** er speelden zich afgrijselijke tonelen af *there were terrible scenes* **2.5** het politieke ~ *the political scene* **2.7** absurd(istisch) ~ *t. of the absurd* **6.1** achter het ~ *behind the scenes, backstage;* op het ~ verschijnen *enter/appear on the s.; enter the field* ⟨van tegenstander/concurrent⟩; iets **ten** tonele voeren *stage sth., put sth. on the scene;* van het ~ verdwijnen ⟨fig.⟩ *drop out of the picture, make one's exit.*

toneelbewerking 0.1 *stage adaptation.*

toneelgezelschap 0.1 *theatrical/theatre company* ⇒ *troupe* ⟨i.h.b. rondreizend⟩.

toneelkunst 0.1 [mbt. de samenstelling en opvoering] *stagecraft* **0.2** [toneelspeelkunst] *dramatic art.*

toneelmeester 0.1 *stage manager.*

toneelopvoering 0.1 *theatrical performance.*

toneelschool 0.1 *school of acting, school/academy of dramatic art.*

toneelschrijver 0.1 *playwright.*

toneelspel 0.1 [toneelstuk] *play* **0.2** [aanstellerij] *play-acting* ⇒*affectation* **0.3** [het toneelspelen] *acting.*

toneelspelen 0.1 [acteren] *act* ⇒*play* **0.2** [zich aanstellen] *play-act* ⇒*dramatize* ◆ **3.2** wat kun jij ~! *what a play-actor/dramatizer you are!*

toneelspeler 0.1 [acteur] *actor* ⇒*player* **0.2** [aansteller] *play-actor* ⇒*dramatizer.*

toneelstuk 0.1 *play* ◆ **3.1** een ~ opvoeren *perform a p.*

toneeluitvoering, toneelvoorstelling 0.1 *(dramatic/theatrical/stage) performance.*

toneelvereniging 0.1 *drama club/society.*

toneelzaal 0.1 *theatre* ⇒*auditorium.*

tonen I ⟨ov.ww.⟩ **0.1** [laten zien] *show* ⇒⟨tentoonstellen⟩ *display* **0.2** [aantonen] *show* ⇒*demonstrate* **0.3** [betonen] *show* ⇒*display* ◆ **1.1** zijn ware aard ~ *s. one's (true) colours;* zijn kaartje/paspoort ~ *s. one's ticket/passport* **1.3** zijn medeleven ~ *express one's sympathy;*
II ⟨onov.ww.⟩ **0.1** [een indruk geven] *look* ◆ **5.1** dat toont beter *that makes a better show/looks better;*

III ⟨wk.ww.; zich ~⟩ **0.1** [betonen] *show, prove* ◆ **1.1** zich een vriend ~ *prove o.s. (to be) a friend.*

toner ⟨druk.⟩ **0.1** *toner.*

tong 0.1 [orgaan; vlees] *tongue* **0.2** [persoon]⟨zie 2.2⟩ **0.3** [vis] *sole* **0.4** [wat op een tong lijkt] *tongue* ⟨van schoen/vlam/wissel/gesp⟩; *bolt* ⟨van slot⟩ ◆ **2.1** ⟨fig.⟩ met dubbele/dikke ~ spreken *speak thickly/with a thick t.;* een gespleten ~ *a forked t.;* ⟨fig.; schijnheilig⟩ *a double t.;* ⟨fig.⟩ een scherpe ~ hebben *have a sharp t., be sharp-tongued* **2.2** boze/kwade ~en beweren *it is rumoured that* **3.1** hij had zijn ~ wel kunnen afbijten *he could have bitten his tongue off/kicked himself;* heb je je ~ verloren/ingeslikt? *have you lost/swallowed your t.?, has the cat got your t.?;* zijn ~ hing hem op de schoenen *he was dog-tired/deadbeat/fagged out;* de ~en kwamen los/in beweging *the tongues were loosened, tongues were wagging;* de wijn maakte haar ~ los *the wine loosened her t.;* dat streelt de ~ *that is pleasing to the palate;* zijn ~ uitsteken tegen iem. *put out one's t. at s.o.* **6.1** ⟨fig.⟩ het ligt vóór **op** mijn ~ *it's on the tip of my t.;* ⟨fig.⟩ **over** de ~ gaan *be on many lips, be talked about;* rap **van** ~ zijn *have a glib/ready t.*

tongriem ◆ **6.¶** goed **van** de ~ gesneden zijn *have a ready tongue, have the gift of the gab.*

tongval 0.1 [accent] *accent* **0.2** [dialect] *dialect* ◆ **2.1** met een lichte/zware ~ *with a light/heavy a.*

tongzoen, -kus 0.1 *French kiss.*

tonicum 0.1 *tonic.*

tonijn 0.1 *tunny(fish),* ^A*tuna (fish).*

tonisch 0.1 *tonic* ◆ **1.1** ~e middelen *t. drugs/medicines, tonics.*

tonnage 0.1 *tonnage* ◆ **2.1** bruto/netto ~ *gross/net t.*

tonsil ⟨med.⟩ **0.1** *tonsil.*

tonsillectomie ⟨med.⟩ **0.1** *tonsillectomy.*

tonsillitis ⟨med.⟩ **0.1** *tonsillitis.*

tonsuur ⟨r.-k.⟩ **0.1** *tonsure.*

toog 0.1 [soutane] *cassock, soutane* **0.2** [tapkast] *bar* **0.3** [toonbank] *counter.*

tooi 0.1 *decoration(s), ornament(s)* ⇒*plumage* ⟨vogel⟩.

tooien 0.1 *adorn* ⇒*decorate, ornament* ⟨zaken⟩ ◆ **4.1** zich ~ met *adorn o.s. with* ⟨bloemen⟩; *attire o.s. in* ⟨kleren⟩.

toom 0.1 [teugel] *bridle* ⇒*reins* **0.2** [troep dieren]⟨zie 1.2⟩ ◆ **1.2** een ~ biggen *a litter of pig(let)s, a farrow;* een ~ kippen ⟨broedsel⟩ *a brood of chickens* **6.1** ⟨fig.⟩ **in** ~ houden *(keep in) check, keep under control.*

toon 0.1 [klank] *tone* **0.2** [muz.; fig.] *tone* ⇒*note* **0.3** [manier van spreken] *tone* ⇒*note* **0.4** [manier waarop men zich gedraagt] *tone* **0.5** [geluid van een stem, instrument] *tone (colour)* ⇒*timbre* **0.6** [kleurschakering] *tone* ⇒*shade* ◆ **2.2** een andere ~ aanslaan *sing a different/another tune, change one's tune;* een halve ~ *a semitone/half step* **2.3** op gedempte ~ spreken *speak in a low voice;* op hoge ~ iets eisen *demand sth. loftily/arrogantly;* ⟨fig.⟩ de juiste ~ aanslaan ⟨fig.⟩ *strike the right note;* op luide ~ *in a loud voice, in loud tones* **3.2** de ~ aangeven ⟨lett.⟩ *give the key;* ⟨fig.⟩ *lead/set the t.;* ⟨in mode⟩ *set the fashion;* een ~ aanslaan ⟨fig.⟩ *be high and mighty, adopt an arrogant t.;* een ~tje lager zingen ⟨fig.⟩ *change one's tune* **5.2** iem. een ~tje lager laten zingen *bring/take s.o. down a peg (or two), make s.o. sing another tune* **6.2** **uit** de ~ vallen *be bad style/incongruous;* ⟨mbt. persoon⟩ *be the odd man out* **6.¶** zijn kwaliteiten **ten** ~ spreiden *display one's good points.*

toonaangevend 0.1 *authoritative* ⇒*leading* ◆ **3.1** ~ zijn *set the tone.*

toonaard ◆ **2.¶** ⟨fig.⟩ in alle/in velerlei ~en *in a variety of ways, in every possible way.*

toonbaar 0.1 *presentable* ⇒*fit to be seen* ◆ **1.1** nu was het weer een ~ geheel *now the whole thing was p./fit to be seen again.*

toonbank 0.1 *counter* ⇒*showcase* ⟨glazen⟩ ◆ **6.1** (van) **onder** de ~ verkopen *sell under the c.;* ⟨fig.⟩ **over** de ~ vliegen *sell like hot cakes.*

toonbeeld 0.1 *model* ⇒*paragon, example* ◆ **6.1** een ~ **van** ijver *a m./paragon of diligence.*

toonder 0.1 *bearer* ◆ **6.1** een cheque **aan** ~ *a cheque (payable) to b.*

toonhoogte 0.1 *pitch* ◆ **2.1** de juiste ~ hebben *be at the right p.*

toonkunst 0.1 *music.*

toonladder ⟨muz.⟩ **0.1** *scale* ◆ **2.1** een grote ~ *a major s.* **3.1** ~s spelen *play/practise scales.*

toonsoort ⟨muz.⟩ **0.1** *key.*

toonzaal 0.1 *showroom.*

toorn 0.1 *wrath* ⇒*rage* ◆ **3.1** de ~ van iem. opwekken *incur/arouse/kindle s.o.'s wrath* **6.1** in ~ ontsteken *fly into a rage* ¶.**1** de ~ Gods *the w. of God.*

toorts 0.1 [fakkel] *torch* **0.2** [plant] *mullein.*

top 0.1 [bovenste gedeelte] *top* ⇒*tip,* ⟨van berg ook⟩ *peak,* ⟨wisk.; van piramide⟩ *apex, vertex* ⟨van driehoek⟩ **0.2** [hoogtepunt] *top* ⇒*peak, height* **0.3** [voorste uiteinde] *tip* ⇒*end* **0.4** [hoogste groep] *top* **0.5** [in samenst.] *top* **0.6** [conferentie] *summit* ◆ **6.1** ⟨fig.⟩ **aan/op** de ~ staan *be at the top;* de vlag **in** ~ hijsen *hoist the flag to the masthead;* **van** ~ tot teen *from head to foot* **6.2** de spanning steeg **ten** ~ *(the) tension mounted to/reached fever pitch* ¶.**5** de Amerikaanse top-honderd *the all-American t. one hundred* ⟨ook→**op-en-top**⟩.

topaas 0.1 *topaz.*

topatleet 0.1 *top-class athlete.*

topberaad →**topoverleg.**

topclub 0.1 *top club.*

topconditie 0.1 *(tip-)top condition/form.*

topconferentie 0.1 *summit (conference/meeting)* ⇒⟨gesprekken⟩ *summit/top-level talks* ◆ **1.1** deelnemer aan een ~ *delegate to a summit.*

topfiguur 0.1 *leading figure.*

topfunctie 0.1 *top/leading position.*

topfunctionaris →**topman.**

tophit 0.1 *smash/big hit* ◆ ¶.**1** ~ nummer één *top of the pops, number one smash hit.*

tophypotheek ⟨geldw.⟩ **0.1** *second mortgage.*

topisch 0.1 *topical* ◆ **1.1** ⟨med.⟩ ~e middelen *t. medication.*

topjaar 0.1 *great/peak year.*

topje 0.1 [kleine top] *tip* **0.2** [inf.; truitje] *top* ◆ **1.1** het ~ v.d. ijsberg *the tip of the iceberg* ⟨vnl. fig.⟩.

topklasse 0.1 *top class* ◆ **6.1** een hotel **van** ~ *a top-class hotel.*

topkwaliteit 0.1 *top/(the) highest quality* ◆ **1.1** een stem **van** ~ ⟨ook⟩ *a first-rate voice.*

topman 0.1 *top/senior man/executive* ⇒*top-ranking/ senior official* ◆ **1.1** ~ in het bedrijfsleven ⟨ook⟩ *captain of industry.*

topmodel 0.1 *top model.*

topografie 0.1 *topography.*

topografisch 0.1 *topographic(al)* ◆ **1.1** een ~e kaart *topographic(al)/base map, ±ordnance survey map.*

topos ⟨lit.⟩ **0.1** *topos.*

topoverleg 0.1 *top-level/*⟨pol. ook⟩ *summit talks.*

toppen 0.1 *top* ⇒*cut back* ⟨struiken ter bevordering v.d. groei⟩ ◆ **1.1** bomen ~ *poll(ard) trees.*

topper 0.1 [hoogtepunt] *top* **0.2** [lied, plaat, boek] *hit* ⇒

⟨sterker⟩ *smash (hit)* **0.3** [wedstrijd] *top(-class) match* **0.4** [topfiguur] *leading figure* **0.5** [vogel] *scaup (duck).*

toppositie 0.1 *top/leading position* ◆ **3.1** zij bekleedt een ~ *she has a top/leading position.*

topprestatie 0.1 *top/record performance* ⇒⟨mbt. machine/auto⟩ *peak performance* ◆ **3.1** een ~ leveren *turn in a top(-notch)/record performance.*

toppunt 0.1 [uiterste] *height* ⇒*top* **0.2** [bovenste punt] *top, highest point* ⇒⟨meetkunde⟩ *apex, vertex,* ⟨ster.⟩ *zenith,* ⟨berg ook⟩ *summit,* ⟨berg ook⟩ *peak* ◆ **1.1** het ~ van zijn carrière *the h./pinnacle of his career;* op het ~ van zijn kunnen *at the h. of his powers;* het ~ van perfectie *the h. of perfection* **3.1** dat is het ~! *that's the limit!, that beats everything!*

topscorer ⟨sport⟩ **0.1** *top scorer.*

topsnelheid 0.1 *top speed* ◆ **6.1** op ~ rijden *drive* ⟨auto⟩ */ ride* ⟨fiets⟩ *at t. s.*

topspeler, -speelster ⟨sport⟩ **0.1** *top(-class) player.*

topspin ⟨sport⟩ **0.1** *topspin* ◆ **3.1** ~ geven aan een bal *put t. on a ball, topspin a ball.*

topsport 0.1 *top-class sport.*

toptijd 0.1 *world-class time.*

topvorm 0.1 *top(-notch) form* ◆ **6.1** in ~ zijn *be in top form.*

topzeil ⟨scheep.⟩ **0.1** *topsail.*

topzwaar 0.1 *top-heavy.*

tor 0.1 *beetle* ◆ **2.1** gouden ~ *rose-chafer/-beetle.*

toreador 0.1 *toreador.*

toren 0.1 [hoog bouwwerk] *tower* ⇒⟨spitse kerktoren⟩ *steeple,* ⟨torenspits⟩ *spire* **0.2** [bouwsel van opeengestapelde zaken] *tower* **0.3** [schaakstuk] *rook* ⇒*castle* ◆ **2.1** ⟨fig.⟩ in een ivoren ~ zitten *live in an ivory t.;* de scheve ~ van Pisa *the Leaning Tower of Pisa* **6.1** ⟨fig.⟩ hoog **van** de ~ blazen *beat the drum;* ⟨snoeven⟩ *blow one's own trumpet; be demanding/exacting* ⟨veeleisend⟩.

torenflat 0.1 *high-rise* ⁿ*flat(s)/*ᴬ*apartment(s).*

torengebouw 0.1 *tower block.*

torenhoog 0.1 *towering* ⇒⟨hemelhoog⟩ *sky-high* ◆ **1.1** torenhoge golven *mountainous/t. waves* **3.1** ~ uitsteken boven ⟨ook fig.⟩ *tower above/over.*

torenklok 0.1 [luiklok] *(tower/church) bell* **0.2** [uurwerk] *tower clock.*

torero 0.1 *torero.*

tornado 0.1 *tornado* ◆ **8.1** als een ~ *like a t./whirlwind.*

tornen I ⟨onov.ww.⟩ **0.1** [losgaan van de naden] *come unstitched/undone* ◆ **6.**¶ er valt aan deze beslissing niet te ~ *there's no going back on this decision;* **II** ⟨ov.ww.⟩ **0.1** [losmaken] *unsew, unstitch, rip out.*

torpederen 0.1 ⟨ook fig.⟩ *torpedo.*

torpedo 0.1 *torpedo.*

torpedoboot 0.1 *torpedo-boat.*

torpedobootjager 0.1 *torpedo-boat destroyer.*

torsen 0.1 [met grote moeite dragen] *haul* **0.2** [gebukt gaan onder] *bear* **0.3** [torderen] *twist.*

torsie 0.1 *torsion* ⇒*torque* ⟨vooral metaal⟩.

torso, tors 0.1 *torso.*

tortelduif 0.1 *turtle dove.*

tortelen 0.1 *kiss and cuddle.*

tossen 0.1 *toss (up/for).*

tosti 0.1 *toasted ham and cheese sandwich.*

tostiapparaat, tosti-ijzer 0.1 *(sandwich) toaster.*

tot¹ ⟨vz.⟩ **0.1** [zover als] *(up) to* ⇒*as far as* **0.2** [mbt. een punt in de tijd] *to* ⇒*until* **0.3** [mbt. een maat/graad/hoeveelheid] *to* **0.4** [naar] *to* **0.5** [mbt. een bestemming/bedoeling] *to(wards)* ⇒*at* **0.6** [mbt. een toestand/vorm/functie] *to* **0.7** [tegen] *at* ◆ **1.1** de trein rijdt ~ Amsterdam *the train* *goes as far as Amsterdam* **1.2** van dag ~ dag *from day to day;* hij ging van uur ~ uur achteruit *he got worse by the hour;* ~.zaterdag! *see you on Saturday!* **1.3** ~ bladzijde drie *up to page three* **1.5** middelen ~ herstel *means towards recovery* **1.6** iets ~ gruis slaan *beat sth. to a pulp* **1.7** ~ elke prijs *at any price* **2.2** ~ de volgende keer *until/till (the) next time* **3.6** iem. ~ president kiezen *elect s.o. president* **4.1** ~ hoever/waar? *how far?* **4.2** ~ wanneer? *till when?* **5.1** het zit me ~ hier *I've had it up to here* **5.2** ~ nog/nu toe *so far* **5.3** dat is ~ daar aan toe *that's alright as far as it goes* **6.2** ~ diep in de nacht *(until) far into the night;* ~ op heden/vandaag *to the present day* **6.3** ~ op de cent *to the penny;* ~ op korte afstand *up to/within a short distance* ¶**.2** ~ en met 31 december *up to and including 31 December;* van 3 ~ 12 uur *from 3 to/till 12 o'clock;* van maandag ~ en met zaterdag *from Monday to Saturday;* ⟨AE ook⟩ *Monday through Saturday.*

tot² ⟨vw.⟩ **0.1** *until.*

totaal¹ ⟨het⟩ **0.1** *(sum) total* ♦ **2.1** algemeen ~, ~ generaal *grand t.* **6.1** in ~ *in all/t.*

totaal² ⟨bn., bw.⟩ **0.1** *total* ⇒*complete* ♦ **1.1** de totale lengte *the overall length;* een totale ommekeer/ommezwaai *an about-turn/about-face;* totale uitverkoop *clearance sale* **2.1** iets ~ anders *sth. completely different* **3.1** het is ƒ33,- ~ *it's 33 guilders in all;* iets ~ vergeten *forget sth. entirely, completely forget sth.* **5.1** ~ niet *absolutely not.*

totaalbedrag 0.1 *total (sum/amount).*

totaalbeeld 0.1 *overall picture.*

totaalweigeraar 0.1 *conscientious objector.*

totalisator 0.1 [machine die totalen berekent] *totalizer* ⇒ ⟨ihb. bij wedden⟩ *totalizator* **0.2** [systeem van wedden] *tote.*

totalitair 0.1 ⟨bn.⟩ *totalitarian;* ⟨bw.⟩ *in a totalitarian way* ♦ **1.1** de ~ e staat *the t. state.*

totalitarisme 0.1 *totalitarianism.*

totaliteit 0.1 *totality* ⇒⟨van gegevens e.d.⟩ *aggregate* ♦ **6.1** de kerk in zijn ~ *the church in its entirety/at large.*

total loss¹ ⟨de⟩ **0.1** ⟨verz.⟩ *total loss.*

total loss² ⟨bn.⟩ **0.1** ⟨zie 3.1⟩ ♦ **3.1** een auto ~ rijden *smash (up)/wreck a car.*

totdat 0.1 *until.*

totempaal 0.1 *totem pole.*

tot-en-met 0.1 *out-and-out* ♦ ¶**.1** hij is gierig ~ *he is out-and-out stingy.*

toto 0.1 ⟨paardenrennen⟩ *tote;* ⟨voetbal⟩ *(ⁿfootball) pools* ♦ **6.1** in de ~ geld winnen *win money on the pools.*

totstandkoming 0.1 *coming about (of)* ⇒*realization.*

touché 0.1 ⟨schermen⟩ *touch(é);* ⟨worstelen⟩ *fall.*

toucheren 0.1 [inwendig onderzoeken] *perform an internal examination, touch* **0.2** [in ontvangst nemen] *draw, receive* ♦ **1.2** een honorarium ~ *d. a salary.*

toupet 0.1 *toupee.*

tour 0.1 [kunstje] *trick* **0.2** [uitstapje] *outing* ⇒*trip* **0.3** [rondgang] *tour* ♦ **3.1** ⟨inf.⟩ een ~ bouwen *show off.*

tour de force 0.1 *tour de force, feat.*

touringcar 0.1 ⁿ*(motor) coach,* ᴬ*bus.*

tournee 0.1 [rondreis] *tour* **0.2** [rondje] *round* ♦ **6.1** op ~ zijn *be on t.*

touw 0.1 [stofnaam] *rope* ⟨dik⟩; *cord* ⟨koord⟩; *string* **0.2** [voorwerpsnaam] *rope* ⟨dik⟩; *(piece of) cord* ⟨koord⟩; *piece of string* **0.3** [weefgetouw] *loom* ♦ **3.2** ⟨scheep.⟩ de ~ en losgooien *cast off;* ⟨fig.⟩ ik kan er geen ~ aan vastknopen *I can't make head nor tail of it* **6.2** iets met een ~ (en) vastbinden/dichtbinden *tie sth. (up)* **6.**¶ in ~ zijn *be in harness, be hard at it/busy;* iets op ~ zetten *plan/start sth.; launch/mount sth.* ⟨campagne⟩.

touwklimmen ⟨sport⟩ **0.1** *rope-climbing.*

touwladder 0.1 *rope ladder.*

touwslager ⟨amb.⟩ **0.1** *rope-maker.*

touwtje 0.1 *(piece of) string* ⇒*string* ⟨van pop⟩ ♦ **3.1** de ~ s in handen hebben *be pulling the strings/running the show;* de ~ s in handen nemen *take charge/over.*

touwtjespringen 0.1 *skipping rope.*

touwtrekken 0.1 ⟨ook fig.⟩ *tug-of-war.*

touwwerk 0.1 [allerlei soorten touw] *rope(s)* **0.2** [alle nodige touwen] *ropes (and wires).*

tovenaar 0.1 [iem. die tovert] *magician, sorcerer, wizard* **0.2** [fig.] *wizard* ⇒*magician.*

tovenares 0.1 [vrouwelijke tovenaar] *magician, sorceress* **0.2** [heks] *witch.*

tovenarij →*toverij.*

toverachtig 0.1 [feeëriek] *enchanting* ⇒*magic(al)* **0.2** [ongelofelijk] *magical.*

toverdrank 0.1 *magic potion.*

toveren I ⟨onov.ww.⟩ **0.1** [vreemde werkingen tot stand weten te brengen]('echt' toveren) *work magic* ⇒⟨goochelen⟩ *do magic tricks* **0.2** [prachtige effecten weten te bereiken] *work magic* ♦ **3.1** ik kan niet ~, hoor! *I'm not a magician, you know!;*

II ⟨ov.ww.⟩ **0.1** [door goochelarij op een plaats/in een toestand brengen] *conjure (up)* ♦ ¶**.1** iets te voorschijn ~ *conjure up sth.*

toverfluit 0.1 *magic flute.*

toverheks, toverkol 0.1 [vrouwelijke tovenaar] *sorceress, magician* **0.2** [oud wijf] *witch.*

toverij, toverkunst 0.1 [het toveren] *magic, sorcery* **0.2** [toepassing] *piece of magic* ⇒*magic trick.*

toverkracht 0.1 [magisch vermogen] *magic (power)* **0.2** [betoverende werking, ook fig.] *magic.*

toverslag 0.1 **6.**¶ als bij ~ *like magic.*

toverspreuk 0.1 *(magic) spell, (magic) charm* ⇒*incantation.*

toverstokje, toverstaf 0.1 *magic wand.*

toxiciteit 0.1 *toxicity.*

toxicologie 0.1 *toxicology.*

toxisch 0.1 *toxic.*

traag 0.1 [langzaam mbt. het voortgaan/handelen] *slow* **0.2** [nat.] *inert* ♦ **6.1** ~ van begrip zijn *be slow(-witted)* **8.1** zo ~ als een slak *like a snail* ¶**.1** ~ op gang komen *get off to a slow start.*

traagheid 0.1 [langzaamheid in beweging/handeling] *slowness* **0.2** [het lang uitblijven] *delay(s)* ⇒*lateness* **0.3** [nat.] *inertia* ♦ **2.1** geestelijke ~ *mental inertia* **6.1** de ~ van gezag *s. (of mind);* de ~ van de ambtelijke molens *the slow-moving wheels of bureaucracy.*

traan I ⟨de⟩ **0.1** [oogvocht] *tear* ⇒⟨een enkele⟩ *teardrop* ♦ **3.1** iemands tranen drogen ⟨ook fig.⟩ *dry s.o. 's eyes/tears;* zich tranen lachen *laugh till one cries;* de tranen sprongen hem in de ogen *his eyes filled with tears;* een ~ wegpinken *wipe away a tear* **6.1** in tranen uitbarsten *burst into tears, burst out crying;* tranen met tuiten huilen *cry buckets, cry one's eyes out;* tot tranen geroerd *moved to tears* **7.1** geen ~ om iets laten *not shed a tear about sth.;*

II ⟨de (m.)⟩ **0.1** [olie] *whale oil* ⟨walvistraan⟩; *cod-liver oil.*

traangas 0.1 *tear gas.*

traanklier 0.1 *tear gland* ⇒⟨med.⟩ *lachrymal gland.*

traanoog 0.1 *watery/weeping eye.*

traanvocht 0.1 *tears* ⟨mv.⟩.

tracé 0.1 [afgebakende weg]⟨spoorw.⟩ *line;* ⟨wwb.⟩ *route* **0.2** [stuk grond waarop weg gelegd wordt] *alignment* ♦ **6.1** op het ~ Amsterdam-Haarlem *on the l. from Amsterdam to Haarlem.*

traceren 0.1 [wwb.] *trace/mark out* **0.2** [een schets maken] *trace (out)* ⇒*plot* **0.3** [nasporen] *trace.*

trachea 0.1 *trachea.*

trachten 0.1 *attempt* ⇒*try* ◆ **3.1** getracht zal worden de overlast zo veel mogelijk te beperken *every effort will be made to minimize the inconvenience.*

tractie 0.1 *traction.*

traditie 0.1 *tradition* ◆ **2.1** getrouw aan de ~ *true to t.* **3.1** een ~ in ere houden *uphold a t.* **6.1** volgens (de) ~ *by t.*

traditiegetrouw 0.1 *traditional* ⇒⟨pred.⟩ *true to tradition.*

traditionalist 0.1 *traditionalist.*

traditioneel 0.1 *traditional* ◆ **1.1** de traditionele dodenherdenking *the t. commemoration of the dead* **3.1** dat gebeurt ~ in september *that traditionally happens in September.*

tragedie 0.1 ⟨ook dram.⟩ *tragedy* ◆ **2.1** de Griekse ~ *Greek t.*

tragiek 0.1 *tragedy* ◆ **1.1** de ~ v.h. geval *the tragic side of the affair/case.*

tragikomedie 0.1 *tragicomedy.*

tragikomisch 0.1 *tragicomic.*

tragisch 0.1 *tragic* ◆ **3.1** ~ aflopen *end in tragedy* **7.1** het ~e is *the tragedy of it is ...*

trailer 0.1 [oplegger] *trailer* **0.2** [kampeerwagen] *ᴮcaravan,* ᴬ*trailer* **0.3** [film.] *trailer.*

trainen I ⟨onov.ww.⟩ **0.1** [sport] *train* ⇒*work out* ⟨voor conditie⟩ ◆ **3.1** (weer) gaan ~ *go into training (again);* **II** ⟨ov.ww.⟩ **0.1** [sport] *train* **0.2** [oefenen in een vaardigheid, ontwikkelen] *train* ◆ **1.1** een elftal ~ *t./coach a team* **1.2** zijn geheugen ~ *t. one's memory* **4.2** zich ~ in iets *t. for sth.*

trainer ⟨sport⟩ **0.1** *trainer* ⇒*coach.*

traineren I ⟨onov.ww.⟩ **0.1** [treuzelen] *stall* **0.2** [blijven slepen] *drag on;* **II** ⟨ov.ww.⟩ **0.1** [vertragen] *delay* ⇒*stall* ◆ **1.1** hij probeert de zaak alleen maar te ~ *he's just dragging his feet.*

training 0.1 [het trainen] *training* ⇒*practice* **0.2** [keer dat men traint] *workout* ◆ **2.2** een zware ~ *a heavy w.*

trainingspak 0.1 *tracksuit* ⇒*jogging suit.*

traiteur 0.1 *caterer.*

traject 0.1 [wegverbinding] *route* ⇒*stretch,* ⟨stuk spoorlijn⟩ *section,* ⟨te leggen afstand⟩ *distance* **0.2** [sport] *course* ⇒*route* ◆ **3.2** het hele ~ afleggen *stay the c.* **6.1** een ~ van vijf kilometer *a distance of five kilometres.*

traktaat 0.1 [verdrag] *treaty* **0.2** [verhandeling] *tract.*

traktatie 0.1 *treat* ◆ **6.1** dat is een ~ voor mij *that's a t. for me.*

trakteren 0.1 *treat* ◆ **6.1** ~ op gebakjes *treat s.o. to cake* ¶.1 ik trakteer *this is my treat.*

tralie 0.1 *bar* ◆ **3.1** de vensters zijn van ~s voorzien *the windows are barred* **6.1** achter de ~s zitten *be behind bars.*

traliehek 0.1 *railings* ⟨hekwerk⟩.

tralievenster 0.1 ⟨met tralies ervoor⟩ *barred window.*

traliewerk 0.1 *lattice(work)* ⇒⟨latwerk⟩ *trellis.*

tram 0.1 [openbaar vervoermiddel] *tram* **0.2** [tramlijn] *tram(line)* **0.3** [tramwagen] *tram* **0.4** [dienst, bedrijf] *tramway* ◆ **6.1** met de ~ gaan *take the/go by t.*

trambaan 0.1 *tram track.*

trambestuurder 0.1 *tram driver.*

tramconducteur, -trice 0.1 *conductor* ⟨m.⟩ */conductress* ⟨v.⟩.

tramhalte 0.1 *tramstop.*

tramhuisje 0.1 *tramshelter.*

tramkaartje 0.1 *tram ticket.*

tramlijn 0.1 [tramverbinding] *tramline* **0.2** [tramweg] *tramway, tram track.*

trammelant ⟨inf.⟩ **0.1** [moeilijkheden] *trouble* **0.2** [ruzie] *rumpus* ◆ **3.1** dat geeft alleen maar een hoop ~ *that will cause nothing but t.* **3.2** ~ maken/schoppen *kick up a r.*

trampoline 0.1 *trampoline.*

trampolinespringen 0.1 *trampolining.*

tramrail 0.1 *tramrail.*

trance 0.1 *trance* ◆ **6.1** iem. in ~ brengen *send s.o. into a t.*

tranen 0.1 *run* ⇒*water* ◆ **1.1** ~de ogen *running/watering eyes;* ⟨vaak tranend⟩ *watery/runny eyes.*

tranendal 0.1 *vale of tears* ◆ **2.1** het aardse ~ *this vale of tears.*

tranquillizer 0.1 *tranquillizer* ◆ **6.1** ⟨inf.⟩ onder de ~s zitten *be on tranquillizers.*

transactie 0.1 [handelsovereenkomst] *transaction* ⇒*deal* **0.2** [uitwisseling van zaken of rechten] *(out-of-court) settlement/compromise* ◆ **2.1** financiële ~s *financial transactions.*

transatlantisch 0.1 *transatlantic.*

transcendent 0.1 [bovenzinnelijk] *transcendent(al)* **0.2** [transcendentaal] *transcendental* ◆ **1.2** ~e meditatie *t. meditation.*

transcendentaal 0.1 *transcendental.*

transcendentie 0.1 [bovenzinnelijkheid] *transcendence.*

transcontinentaal 0.1 *transcontinental* ◆ **1.1** transcontinentale luchtverbindingen *t. air routes.*

transcriberen 0.1 ⟨+ in⟩ *transcribe (into).*

transcriptie 0.1 ⟨ook muz.⟩ *transcription.*

transfereren 0.1 ⟨sport, geldw.⟩ *transfer.*

transferlijst ⟨sport⟩ **0.1** *transfer list.*

transfersom ⟨sport⟩ **0.1** *transfer fee.*

transformatie 0.1 *transformation.*

transformator 0.1 *transformer.*

transformatorhuisje 0.1 *transformer kiosk.*

transformeren 0.1 [van gedaante doen veranderen] *transform in(to)* **0.2** [elek.] *transform.*

transfusie 0.1 *transfusion.*

transgressie 0.1 ⟨ook geol.⟩ *transgression* ◆ **2.1** mariene ~ *marine t.*

transistor 0.1 [elek.] *transistor* **0.2** [radio] *transistor (radio).*

transistorradio 0.1 *transistor (radio).*

transit 0.1 [doorvoer] *transit* **0.2** [tussenstop] *stopover.*

transitie 0.1 ⟨ook muz.⟩ *transition.*

transitief 0.1 [taal.] *transitive* ◆ **1.1** transitieve werkwoorden *t. verbs.*

transito 0.1 *transit.*

transitogoederen 0.1 *transit goods.*

transitohandel 0.1 *transit trade.*

transitohaven 0.1 *transit port* ⇒*port of transit.*

transmissie 0.1 *transmission.*

transmutatie 0.1 *transmutation.*

transparant¹ (het) **0.1** [voorwerp/scherm dat doorschijnt] *transparent screen* ⇒*transparency* **0.2** [afbeelding op doorschijnende ondergrond] *transparency* ⇒*overhead sheet.*

transparant² ⟨bn.⟩ **0.1** *transparent.*

transparantie 0.1 *transparency.*

transpiratie 0.1 *perspiration.*

transpiratiegeur 0.1 *body odour.*

transpireren 0.1 *perspire.*

transplantatie 0.1 ⟨niet-telbaar⟩ *transplantation;* ⟨ook telbaar⟩ *transplant.*

transplanteren 0.1 *transplant.*

transponeren 0.1 [ook muz.] *transpose.*

transport 0.1 [vervoer] *transport;* ⟨vnl. ᴬᴱ⟩ *transportation*

0.2 [boekhouden] *balance (brought) forward* **0.3** [jur.] *transfer* **0.4** [lading] *cargo, freight* **0.5** [kosten van ver- voer] *freight (charges)* **0.6** [plantk.] *transport, conduc- tion* ♦ **1.4** een ~ troepen *a convoy of troops* **6.1** op ~ stel- len *dispatch;* **tijdens** het ~ *in/during transit.*

transportarbeider 0.1 *transport worker.*

transportatie 0.1 [het transporteren] *transport* **0.2** [depor- tatie] *transportation* ⇒*deportation.*

transportband 0.1 *conveyer/or (belt).*

transportbedrijf 0.1 *transport company* ⇒*haulier,* ⟨weg- vervoer ook⟩ *haulage business.*

transporteren I ⟨ov.ww.⟩ **0.1** [vervoeren] *transport* **0.2** [overdragen] *convey* **0.3** [boekhouden] *carry forward/ over* ♦ **1.1** een zieke ~ *move a patient;* **II** ⟨onov., ov.ww.⟩ **0.1** [foto; doordraaien] *wind (the film) (on).*

transporteur 0.1 [ondernemer] *carrier* **0.2** [toestel voor verplaatsing] *transporter* **0.3** [graadboog] *protractor* **0.4** [onderdeel v.e. machine] *transmission.*

transportkosten 0.1 *transport/* ⟨vnl. AE⟩ *transportation costs/charges.*

transportonderneming →*transportbedrijf.*

transportschip 0.1 *transport (ship);* ⟨van troepen⟩ *troop- ship.*

transportvliegtuig 0.1 *transport aircraft;* ⟨mil. ook⟩ *troop carrier.*

transportwagen 0.1 *truck;* ⟨klein⟩ *van.*

transseksualiteit 0.1 *transsexualism.*

transseksueel 0.1 ⟨zn. en bn.⟩ *transsexual.*

transsubstantiatie ⟨rel.⟩ **0.1** *transubstantiation.*

transversaal 0.1 *transverse.*

trant 0.1 [manier] *style* ⇒*manner* **0.2** [soort] *kind* ♦ **6.1** in dezelfde ~ *(all) in the same key* **6.2** iets in die ~ *something of the k./sort.*

trap 0.1 [constructie van treden] *(flight of) stairs; (flight of) steps* ⟨steen⟩; ⟨keukentrap⟩ *stepladder* **0.2** [schop] *kick* **0.3** [het trappen op de fiets] *pedalling* **0.4** [graad, mate] *level* **0.5** [stadium] *stage* **0.6** [trede] *step* **0.7** [taal.] *de- gree* **0.8** [deel v.e. raket] *stage* ♦ **1.7** de ~pen van vergelij- king *the degrees of comparison* **2.1** een steile ~ *steep stairs* **2.2** ⟨sport⟩ vrije ~ *free k.* **2.7** overtreffende ~ *super- lative;* stellende ~ *positive;* vergrotende ~ *comparative* **3.1** de ~ afgaan *go down(stairs);* de ~ afhollen *charge down the stairs;* iem. de ~ afschoppen *kick s.o. downstairs;* ~ pen lo- pen *go up and down stairs;* de ~ opgaan *go upstairs* **3.2** iem. een ~ nageven ⟨fig.⟩ *hit s.o. when he's down* **6.1** bo- ven/onder/beneden **aan** de ~ *at the head/at the foot/ bottom of the stairs;* **van** de ~ vallen *fall down the stairs.*

trapeze 0.1 *trapeze.*

trapezewerker 0.1 *trapeze artist.*

trapezium 0.1 [vierhoek] *trapezium,* ^*trapezoid* **0.2** [hand- wortelbeentje] *trapezium (bone).*

trapezoïde 0.1 *trapezoid,* ^*trapezium.*

trapgat 0.1 *(stair)well.*

trapgevel 0.1 *(crow-)stepped gable* ♦ **6.1** een huis met een ~ *step-roofed/-gabled house.*

trapkast 0.1 *stair cupboard.*

trapleuning 0.1 *(stair) handrail* ⇒*ban(n)ister* ⟨met spij- len⟩.

traploos 0.1 *stepless* ♦ **2.1** het is ~ regelbaar *it can be ad- justed continuously.*

traploper 0.1 *stair carpet.*

trappelen 0.1 [de voeten oplichten en weer neerzetten] *stamp* **0.2** [de benen optrekken en weer uitstrekken] *kick* ♦ **1.1** ~ de paarden *stamping (and pawing) horses* **3.1** ⟨fig.⟩

ik sta niet te ~ om het te doen *I'm not so keen on doing it* **6.1** ~ **van** ongeduld *strain at the leash; be dying (to do sth./go somewhere/* ⟨enz.⟩ *).*

trappelzak 0.1 *infant's sleeping bag.*

trappen I ⟨onov.ww.⟩ **0.1** [de voet neerzetten] *step* **0.2** [de voet drukken] *step* ⇒*stamp* **0.3** [fietsen] *pedal* ♦ **5.1** ⟨fig.⟩ ergens in ~ *fall for sth., rise to the bait, buy sth.* **6.1** ⟨fig.⟩ daar trapt ie nooit **in** *he'll never buy that;* **II** ⟨onov., ov.ww.⟩ **0.1** [schoppen] *kick* ⇒⟨inf.⟩ *boot* ♦ **6.1** tegen een bal ~ *k. a ball;* ⟨fig.⟩ tegen alles ~ wat katholiek is *hit out at everything Catholic;* **III** ⟨ov.ww.⟩ **0.1** [door trappen op een plaats/in een toe- stand brengen] *kick* ♦ **1.¶** keet/lol/herrie ~ *horse about/ around* ⟨ongein⟩; *kick up a rumpus* **5.1** ⟨fig.⟩ eruit getrapt zijn *have got the boot/sack* ⟨ontslagen⟩; *have been kicked out* ⟨klas⟩.

trappenhuis 0.1 *(stair)well.*

trappenlopen 0.1 *going up and down (the) stairs.*

trapper 0.1 [pedaal] *pedal* **0.2** [inf.; schoen]⟨ongemar- keerd⟩ *shoe* **0.3** [pelsjager] *trapper* ♦ **6.1** op de ~s gaan staan *throw one's weight on the pedals.*

trappist 0.1 *Trappist.*

trappistenbier 0.1 *Trappist beer.*

trapportaal 0.1 *landing.*

trapsgewijs 0.1 *gradual* ⇒*step-by-step* ♦ **1.1** trapsgewijze plaatsing *phased placement/* ⟨van wapens⟩ *deployment* **3.1** ~ verminderen *step down, de-escalate.*

trapveldje 0.1 *grassplot* ⇒*empty lot.*

trauma 0.1 *trauma.*

traumaheli(kopter) 0.1 *emergency helicopter.*

traumateam 0.1 *medical emergency team.*

traumatisch 0.1 *traumatic* ♦ **1.1** ~ e neurose *t. neurosis.*

traumatiseren 0.1 *traumatize.*

traumatologie 0.1 *traumatology.*

traumatologisch ⟨med.⟩ **0.1** *traumatological.*

travellerscheque 0.1 *traveller's cheque.*

traverso ⟨muz.⟩ **0.1** *transverse flute.*

travestie 0.1 [verkleding] *transvestism* **0.2** [vervorming] *disguise* **0.3** [lachwekkende voorstelling van iets ernstigs] *travesty* ♦ **6.1** in ~ ⟨sl.⟩ *in drag* ⟨alleen v.e. man die vrou- wenkleren draagt⟩.

travestiet 0.1 *transvestite.*

trechter 0.1 [toestel om stoffen door een nauwe opening te gieten] *funnel;* ⟨voor afval⟩ *chute* **0.2** [trechtervormig voorwerp] *funnel;* ⟨door granaatinslag⟩ *crater, shell hole* ♦ **8.1** de handen als een ~ aan de mond zetten *cup the hands around one's mouth.*

trechtermond 0.1 [opening v.e. trechter] *mouth (of a fun- nel)* **0.2** [uitmonding v.e. rivier] *estuary.*

trechtervormig 0.1 *funnel-shaped.*

tred 0.1 *step* ⇒*pace* ♦ **2.1** ⟨fig.⟩ geen gelijke ~ houden met *lag/fall behind;* ⟨fig.⟩ gelijke ~ houden met *keep pace with;* met vaste ~ *at a good pace.*

trede, tree 0.1 [deel van trap] *step; rung* ⟨van ladder⟩ **0.2** [opstapje, treeplank] *step* ⇒*stride* **0.4** [hefboom] *treadle* ♦ **2.1** ⟨fig.⟩ de hoogste ~ op de maatschappelijke ladder *the top of the (social) ladder* **6.1** met twee, drie ~n tegelijk de trap opstormen *take the stairs two/three at a time.*

treden I ⟨onov.ww.⟩ **0.1** [gaan] *step* ♦ **5.1** iets tegemoet ~ *approach/meet sth.;* ⟨moedig ook⟩ *face up to sth.* **6.1** de ri- vier is **buiten** haar oevers getreden *the river has over- flowed (its banks);* **in** iemands voetstappen ~ *follow in s.o.'s footsteps;* **in** bijzonderheden ~ *go into detail(s);* **in** dienst ~ *take up one's duties;* **in** werking ~ *go into oper-*

ation; ⟨wet enz.⟩ *become effective;* **in** contact ~ met iem.
contact *s.o.;* **in** het huwelijk ~ (met) *get married (to s.o.);* **op**
de voorgrond ~ ⟨fig.⟩ *stand out;*
II ⟨ov.ww.⟩ **0.1** [overtreden] *trample/tread (on)* **0.2** [de
voet zetten op; bespringen] *tread* ♦ **6.1** iets met voeten ~
trample on/violate sth.
tredmolen 0.1 *treadmill* ♦ **6.1** in de ~ lopen ⟨fig.⟩ *be caught
in a rut.*
tree →**trede.**
treeplank 0.1 [opstapplank] *footboard* **0.2** [plank om iets in
beweging te brengen] *treadle.*
tref 0.1 *stroke/bit of luck.*
trefcentrum 0.1 *meeting place.*
treffen[1] ⟨het⟩ **0.1** [gevecht] *encounter* ⇒*clash* **0.2** [samen-
komst] *meeting* **0.3** [sport; wedstrijd] *encounter* ♦ **2.1**
een beslissend ~ *a showdown.*
treffen[2] **I** ⟨ov.ww.⟩ **0.1** [raken] *hit* **0.2** [ontmoeten, aantref-
fen] *meet* **0.3** [mbt. gevoelens] *touch, affect* **0.4** [betreffen,
aangaan] *concern, affect* **0.5** [met 'het'; boffen] *be lucky/
in luck* **0.6** [mbt. iets onaangenaams] *hit, strike* **0.7** [tot
stand brengen] *make* ♦ **1.1** het schot trof doel *the shot hit
its mark./*⟨v.e. bal ook⟩ *went home/*⟨fig.⟩ *struck home;* de
juiste toon ~ *hit the right note* ⟨ook fig.⟩; *strike the right
chord* **1.3** de muziek trof mij zeer *I was very moved by the
music* **1.4** mij treft geen blaam *I am not to blame* **1.6** de
zwaar getroffen gebieden *the hard hit areas* **1.7** maatregelen ~ *take measures;* ⟨wetten⟩ *legislate;* een vergelijk ~
reach an agreement; ⟨financieel⟩ *make a transaction;*
voorbereidingen ~ *make preparations* **4.5** je treft het
(goed) *you're lucky/in luck;* hij had het slechter kunnen ~
met zijn werk *he could have fared worse/been worse off
with his work* **5.2** niemand thuis ~ *find nobody (at) home*
5.6 de zwaar getroffen ouders *the distressed parents* **6.1**
getroffen **door** de bliksem *struck by lightning;* de kogel trof
haar **in** de borst *the bullet hit her in the chest* **6.6** getroffen worden **door** *meet with* ⟨ongelukken, rampen⟩; *be visited by* ⟨ziekten, epidemieën⟩; *be involved in* ⟨een faillisse-
ment⟩;
II ⟨onov.ww.⟩ **0.1** [(goed) uitkomen] *turn out (well)* ♦ **4.1**
dat treft (goed) *what luck!, how fortunate!*
treffend 0.1 [raak, frappant]⟨frappant⟩ *striking* ⇒⟨raak⟩
apt, ⟨raak⟩ *telling, well-chosen,* ⟨na zn. ook⟩ *to the point*
0.2 [ontroerend]⟨aandoenlijk⟩ *touching, moving;* ⟨aan-
grijpend⟩ *(soul-)stirring* ♦ **1.1** een ~e gelijkenis *a s. similarity.*
treffer 0.1 [raak schot] *hit* ⇒⟨doelpunt⟩ *goal* **0.2** [gelukkig
toeval] *stroke/bit of luck.*
trefkans 0.1 [kans om zijn doel te treffen] *chance of hitting
the target* **0.2** [kans om getroffen te worden] *chance of
being hit.*
trefpunt 0.1 [plaats van samenkomst] *meeting place* ⇒
crossroads ⟨van culturen⟩ **0.2** [punt dat getroffen wordt]
point of impact.
trefwoord 0.1 [lemma, ingang] *headword* ⇒⟨in register
ook⟩ *reference* **0.2** [karakteriserend woord] *catchword* ♦
6.1 iets **onder** een bepaald ~ opzoeken *look sth. up under
a particular headword/reference.*
trefwoordenregister 0.1 *subject index.*
trefzeker 0.1 [doelgericht] *accurate* **0.2** [het juiste woord
wetende te kiezen] *well-chosen/-spoken.*
trefzekerheid 0.1 [zekerheid dat het doel getroffen wordt]
accuracy **0.2** [vermogen het juiste te zeggen] *ability to
find the right words* ⇒*(verbal) accuracy.*
treilen 0.1 [vissen] *trawl.*
treiler 0.1 [sleepboot] *tug(boat)* **0.2** [trawler] *trawler.*

trein 0.1 *train* ♦ **2.1** extra ~en inzetten *put on extra trains;*
op een rijdende ~ springen ⟨fig.⟩ *jump on the bandwagon*
3.1 deze ~ gaat naar Polen ⟨ook⟩ *this t. is bound for Poland*
6.1 iem. **naar** de ~ brengen *take s.o. to the station;* de --
naar/uit Londen/de stad ⟨BE ook⟩ *the up/down train;* **per**
~ reizen *go by t.;* de ~ **van** elf uur *the eleven o'clock t.;* iem.
van de ~ halen *meet s.o. at the station* **8.1** dat loopt als een
~ *it's going like a bomb.*
treinabonnement 0.1 [1]*rail card* ⇒[2]*rail pass.*
treinbestuurder 0.1 *train driver.*
treinbotsing 0.1 *train crash.*
treinconducteur, -trice 0.1 [1]*guard,* [4]*conductor.*
treinen 0.1 *go/travel by train.*
treinkaartje 0.1 *train ticket.*
treinongeluk →**treinongeval.**
treinongeval 0.1 *train accident.*
treinpersoneel 0.1 *railway employees/workers.*
treinramp 0.1 *train disaster.*
treinreis 0.1 *train journey.*
treinreiziger 0.1 *train passenger.*
treinstaking 0.1 *rail strike.*
treinstel 0.1 *train*
treintaxi 0.1 *train taxi.*
treinverbinding 0.1 *train connection.*
treinverkeer 0.1 *train traffic.*
treiteraar, -ster 0.1 *tormentor.*
treiteren 0.1 *torment* ♦ **1.1** zijn kleine broertje ~ *t. one's little brother.*
treiterig, treiterachtig 0.1 *tormenting* ♦ **1.1** hij heeft een
~ lachje *he has a nasty way of laughing.*
treiterij 0.1 *tormenting.*
trek 0.1 [(een keer) trekken] *pull* **0.2** [haal met een pen]
stroke **0.3** [gelaatstrek] *feature* ⇒*line* **0.4** [vnl. trekje;
kenmerkende eigenschap] *(characteristic) feature* ⇒
trait **0.5** [luchtstroom] *draught* **0.6** [vaak trekje; één keer
zuigen] *puff* **0.7** [eetlust, begeerte]⟨vnl. eetlust⟩ *appetite*
0.8 [het begeerd worden] *popularity* **0.9** [massale reis/
verhuizing, ihb. van vogels] *migration* **0.10** [het trekken
als kracht] *traction* ♦ **2.2** ⟨fig.⟩ iets in grote ~ken vertellen
give a broad outline of sth. **2.4** dat is een akelig ~je van
haar *that is a nasty trait of hers;* een spottende/minach-
tende ~ om de mond *a mocking/contemptuous twist to
his/her mouth* **2.9** ⟨gesch.⟩ de Grote Trek *the Great Trek*
3.7 ik zou nu best ~ hebben in een borrel *I feel like a drink;*
er weinig ~ in hebben om dat te doen *not feel much like
(doing) that;* ~ hebben *feel/be hungry;* heeft u ~ in een
kopje koffie? *do you feel like/would you care for a cup of
coffee?* **3.¶** hij zal zijn ~ken thuiskrijgen *his chickens will
come home to roost* **6.6** een ~ **aan** een sigaar doen *take a
puff at a cigar* **6.8** in ~ zijn *be popular/in demand;* deze
kroeg is zeer **in** ~ bij studenten ⟨ook⟩ *this pub/bar is much
frequented by students* **6.9** de ~ **naar** de grote stad *the
drift to the city* **6.¶** hij is bang dat hij in deze baan niet genoeg **aan** zijn ~ken komt *he is frightened that in this job
he might not be able to show what he can do;* Princefans
komen vanavond goed **aan** hun ~ken *Prince fans are in
for a good time tonight;* ⟨fig.⟩ zorgen dat iem. **aan** zijn ~ken
komt *see s.o. right.*
trekdier 0.1 [dier dat iets moet trekken] *draught animal*
0.2 [dier dat naar andere streken trekt] *migratory animal* ♦ **2.1** voorste ~ *leader.*
trekhaak 0.1 *(draw-)hook* ⇒⟨aan auto enz.⟩ *tow bar.*
trekharmonica 0.1 *accordion* ⇒⟨kleiner, voor op de
schoot⟩ *concertina.*
trekkebekken 0.1 [een raar gezicht zetten] *pull a (funny)
face* **0.2** [mbt. duiven] *bill (and coo).*

trekken I ⟨onov.ww.⟩ **0.1** [kracht uitoefenen op iets] *pull* **0.2** [in een bepaalde richting gaan] *go, move;* ⟨reizen⟩ *travel; migrate* ⟨vogels, stammen, enz.⟩ **0.3** [spierbewegingen maken] *stretch* **0.4** [luchtstroom doorlaten] *draw* **0.5** [in een richting getrokken worden] *pull* **0.6** [lijken (op)] *be like* ♦ **3.**¶ thee laten ~ *brew tea* **5.1** (fig.) er hard aan ~ *put one's back into it* **5.4** de kachel trekt goed *the stove draws well* **5.5** krom ~ *p. crooked;* ⟨draaien⟩ *twist;* ⟨gebogen worden⟩ *warp* **6.1 aan** een sigaar ~ *puff at/draw a cigar* **6.2** in een huis ~ *move into a house;* over een rivier ~ *cross a river;* **ten** strijde/te velde ~ *go into battle* **6.3** met zijn been ~ *walk with a stiff leg* **6.5** de kinderen ~ nogal **naar** hun vader *the children take more to their father;* **II** ⟨onov., ov.ww.⟩ **0.1** [tussen iets anders uitnemen] *draw* ⇒⟨tandarts enz.⟩ *extract, pull (out)* **0.2** [aantrekken] *draw* **0.3** [als zijn deel ontvangen] *draw* ⇒*get* **0.4** [gewichtheffen] *snatch* ♦ **1.2** publiek/kopers ~ *d. an audience/customers;* volle zalen ~ *play to/d. full houses* **6.3 van** de steun ~ *d. unemployment benefit;* **III** ⟨ov.ww.⟩ **0.1** [in genoemde toestand/op genoemde plaats brengen] *pull* **0.2** [slepen] *pull* ⇒*draw, tow* **0.3** [naar zich toehalen, ook fig.] *draw* **0.4** [aftreksel maken van] *make* **0.5** [eruit halen, afleiden] *draw* ⇒⟨wisk.⟩ *extract* ⟨wortel⟩ **0.6** [doen ontstaan] *draw* **0.7** [uit een plaats vandaan halen] *get* **0.8** [door spierbewegingen doen ontstaan] *make* ⇒*pull* ♦ **1.1** men moest het antwoord uit hem ~ *the answer had to be dragged out of him* **1.3** de aandacht ~ *attract attention* **1.5** een conclusie ~ *d. a conclusion;* een horoscoop ~ *cast a horoscope;* lering ~ uit iets *learn (a lesson) from sth.;* ⟨wisk.⟩ de wortel uit een getal ~ *find/extract the (square/cube/*⟨enz.⟩*) root of a number* **1.6** we moeten ergens een grens ~ *we must d. the line somewhere;* ⟨fig.⟩ één lijn ~ *adopt one single view* **1.8** gezichten ~ *m./pull (silly) faces* **6.1** iem. **aan** zijn haar ~ *pull s.o.'s hair;* iem. **aan** zijn mouw ~ *p. (at) s.o.'s sleeve* **6.**¶ iets **in** het belachelijke ~ *ridicule sth.*

trekker 0.1 [persoon die iets trekt] *puller* **0.2** [iem. op trektocht] *hiker* **0.3** [in samenst.; iem. die een uitkering trekt] *person/s.o. drawing ...* **0.4** [iem. die een wissel afgeeft] *drawer* **0.5** [trekvogel] *migratory bird* **0.6** [ketting aan een stortbak] *chain* **0.7** [mbt. een vuurwapen] *trigger* **0.8** [mbt. een vrachtwagen] *truck* ⇒⟨BE ook⟩ *lorry* **0.9** [tractor] *tractor* **0.10** [trekpleister] *draw* ⇒*(tourist) attraction* ♦ **1.8** ~ met oplegger *truck and trailer* **3.7** de ~ overhalen *pull the t.*

trekkershut 0.1 *hiker's hut* ⇒*cabin.*

trekking 0.1 [het trekken/getrokken worden] *pulling* ⟨ook kies⟩ ⇒⟨van kies⟩ *extraction,* ⟨mbt. schoorsteen⟩ *draught,* ⟨wissels⟩ *drawing* **0.2** [uitloting] *draw* **0.3** [samentrekking van een spier] *cramp* ♦ **1.2** de ~ v.d. staatsloterij *the State Lottery d.*

trekkingslijst 0.1 *list of winning numbers.*

trekkracht 0.1 [vermogen om te trekken] *tractive/pulling power* **0.2** [kracht waarmee getrokken wordt] *traction* **0.3** [treksterkte] *tractive power/force* ⇒⟨v.e. magneet⟩ *attraction,* ⟨van metaal⟩ *tensile strength.*

trekpaard 0.1 *cart/draught horse.*

trekpleister 0.1 [attractie] *draw, attraction* **0.2** [blaartrekkende pleister] *blister(ing plaster)* ♦ **2.1** een toeristische ~ *a tourist attraction.*

trekschuit 0.1 *track boat* ⇒*tow(ing) barge.*

treksel 0.1 ⟨ihb. thee⟩ *brew;* ⟨kruiden, planten⟩ *decoction, infusion.*

trekspier ⟨med.⟩ **0.1** *contractor, constrictor.*

trekstoot ⟨biljart⟩ **0.1** *screw shot.*

trektocht 0.1 *hike, hiking tour* ⇒⟨op pony's⟩ *ponytrekking.*

trekvogel 0.1 *migratory bird; bird of passage* ⟨ook fig.⟩.

trekzalf 0.1 *salve.*

trema 0.1 *diaeresis* ♦ **6.1** Brontë wordt geschreven **met** een ~ op de e *Brontë is written with two dots over the e.*

tremolo 0.1 *tremolo.*

tremor ⟨med.⟩ **0.1** *tremor.*

trend 0.1 *trend.*

trendgevoelig 0.1 *subject to trends/(changing) fashion(s).*

trendsettend 0.1 *trendsetting.*

trendvolger, -volgster 0.1 [mbt. lonen] *s.o. whose salary is linked to civil service scales* ⟨m., v.⟩ **0.2** [mbt. model] *follower of fashion/trends.*

trepaan ⟨med.⟩ **0.1** *trepan* ⇒⟨verbeterde versie⟩ *trephine.*

tres 0.1 [boordsel] *braid(ing)* **0.2** [streng, lok haar] *tress;* ⟨vlecht ook⟩ *braid* ♦ **6.1** een uniformjas **met** ~sen *a uniform jacket with braiding.*

treurdicht 0.1 *elegy.*

treuren 0.1 [bedrukt zijn] *be sorrowful/mournful* **0.2** [vervuld zijn van droefheid] *sorrow, mourn, grieve* **0.3** [kwijnen] *droop, languish* ♦ **5.1** daarom niet getreurd *never mind that* **6.2** ~ **om** een verlies *mourn a loss.*

treurig 0.1 [droevig] *sad* ⇒*tragic, unhappy* **0.2** [erbarmelijk slecht] *pathetic* ⇒*miserable, deplorable* ♦ **1.1** een ~e afloop *a sad/unhappy end(ing);* een ~ gezicht *a sorry/gloomy sight;* ⟨gelaat⟩ a *s./dejected face* **3.2** het ziet er ~ voor ons uit *it looks gloomy for us.*

treurigheid 0.1 [droefheid] *sorrow, sadness* **0.2** [iets dat droevig is] *tragedy, misfortune.*

treurlied 0.1 *dirge, elegy.*

treurmuziek 0.1 *funeral music.*

treurspel 0.1 *tragedy.*

treurwilg 0.1 *weeping willow.*

treurzang 0.1 [treurlied] *elegy, dirge* **0.2** [relaas van droevige voorvallen] *tragedy.*

treuzelaar, treuzel 0.1 *dawdler;* ⟨inf.⟩ *slowcoach.*

treuzelachtig, treuzelig 0.1 *dawdling.*

treuzelen 0.1 *dawdle* ♦ **6.1** ~ **met** zijn werk *d. over one's work.*

tri ⟨afk.⟩ **0.1** [trichloorethyleen] ⟨*trichloroethylene*⟩.

triade 0.1 *triad* ⇒⟨rel. ook⟩ *trinity.*

triangel 0.1 *triangle.*

triatlon ⟨sport⟩ **0.1** *triathlon.*

tribunaal 0.1 *tribunal.*

tribune 0.1 [oplopende rijen zitplaatsen] *stand* ⟨vaak mv.⟩ ⇒ ⟨overdekt⟩ *grandstand* **0.2** [afgezonderde plaats voor het publiek] *gallery* **0.3** [het spreken in een openbare vergadering] *forum* **0.4** [spreekgestoelte] *platform, tribune* ♦ **2.2** de publieke/officiële ~ *the public/official g.;* ⟨GB; Lagerhuis⟩ *strangers' g.;* ⟨USA; Congres⟩ *visitor's g.*

tribuun ⟨Rom. gesch.⟩ **0.1** *tribune.*

tricot I ⟨het⟩ **0.1** [stof] *tricot;* **II** ⟨het, de⟩ **0.1** [kledingstuk] *leotard.*

trien 0.1 *cow.*

Trier 0.1 *Trier.*

triest 0.1 [treurig] *sad* **0.2** [droevig stemmend] *melancholy, depressing, dreary* ♦ **1.1** een ~e glimlach *a s./joyless smile* **5.2** het is diep ~ *it is terrible/*⟨schandalig⟩ *appalling/outrageous.*

triestheid 0.1 [droefheid] *melancholy, sadness* **0.2** [droefgeestigheid] *gloominess.*

triestig 0.1 →*triest* **0.1 0.2** →*triest* **0.2 0.3** [bedroevend] *sad, sorrowful, mournful* ♦ **1.2** het is ~ weer *it is dreary weather.*

triktrak 0.1 *backgammon.*
triktrakken 0.1 *play backgammon.*
triljard 0.1 ᴮ*a thousand quadrillions,* ᴬ*octillion.*
triljoen 0.1 ᴮ*trillion,* ᴬ*quintillion.*
trillen 0.1 [zich snel heen en weer bewegen] *vibrate* ⇒⟨huizon/enz. ook⟩ *tremble, shake* 0.2 [beven] *tremble* 0.3 [muz.] *vibrate* ⇒*trill* ♦ **1.2** met ~ de stem *in a trembling voice.*
triller 0.1 [voorwerp] *vibrator* 0.2 [muz.] *trill* ♦ **3.2** ~ s zingen *sing trills, trill.*
trillerig 0.1 *shaky.*
trilling 0.1 [het trillen] *vibration* 0.2 [heen- en weergaande beweging] *vibration* ⇒⟨nat.⟩ *cycle, tremor* ⟨aardbeving⟩ 0.3 [siddering, beving] *trembling* ⇒*shaking* ♦ **2.2** ⟨nat.⟩ periodieke/longitudinale/transversale ~ en *periodic/longitudinal/transverse vibrations;* ⟨nat.⟩ vrije/gedempte/gedwongen ~ en *free/damped/forced vibrations/resonance.*
trillingsgetal 0.1 *frequency.*
trilogie 0.1 *trilogy.*
trimbaan 0.1 *keep-fit trail.*
trimester 0.1 *trimester; term* ⟨school⟩ ♦ **5.1** midden in het ~ *(in) midterm.*
trimfiets 0.1 *sports/touring bike.*
trimmen I ⟨onov.ww.⟩ 0.1 [zich fit houden] *do keep-fit (exercises)* ⇒⟨buiten⟩ *jog,* ⟨binnen⟩ *work out;* II ⟨ov.ww.⟩ 0.1 [haar bijknippen] *trim* 0.2 [lading stuwen] *trim.*
trimmer 0.1 *jogger.*
trimoefening 0.1 *(keep-fit) exercise.*
trimpak 0.1 *tracksuit.*
trimschoen 0.1 *training/jogging shoe.*
trimtoestel 0.1 *exerciser.*
tringelen 0.1 *tinkle* ⇒*go ting-a-ling.*
trio 0.1 *trio;* ⟨mbt. paardenrennen⟩ *triple* ⇒⟨mbt. seks ook⟩ *sex à trois,* ⟨mbt. seks ook⟩ *trollism.*
triomf 0.1 *triumph* ♦ **3.1** ~ en vieren *score triumphs.*
triomfantelijk 0.1 *triumphant* ♦ **1.1** een ~ e blik in de ogen *a t. look in the eyes.*
triomfboog, triomfpoort 0.1 *triumphal arch.*
triomferen 0.1 *triumph* ♦ **1.1** de ~ de kerk *the Church triumphant.*
triomftocht 0.1 *triumphal procession.*
triomfwagen 0.1 *triumphal carriage/chariot.*
triool ⟨muz.⟩ 0.1 *triole* ⇒*triplet.*
trioseks 0.1 *trio sex* ⇒⟨inf.⟩ *trio.*
trip 0.1 [uitstapje] *trip* 0.2 [mbt. drugs] *(acid) trip.*
tripartiet 0.1 *tripartite* ♦ **1.1** ~ overleg *t. talks.*
tripleren I ⟨ov.ww.⟩ 0.1 [verdrievoudigen] *triple;* II ⟨onov.ww.⟩ 0.1 [biljart; verkeer] *overtake three abreast.*
triplex[1] ⟨het, de⟩ 0.1 *plywood.*
triplex[2] ⟨bn.⟩ 0.1 [van triplex] *plywood* 0.2 [drievoudig] *triplex* ⇒*threefold.*
triplexglas 0.1 *triplex (glass); safety glass.*
triplo ♦ **6.¶** in ~ *in triplicate.*
Tripoli 0.1 *Tripoli.*
trippelen 0.1 *trip* ⇒*patter.*
trippen 0.1 [trippelen] *trip* 0.2 [een trip maken, ook mbt. drugs] *trip (out)* ♦ **6.2** ⟨fig.⟩ hij tript **op** hardrockmuziek *he gets off on hard rock (music).*
triptiek 0.1 [schilderij] *triptych* 0.2 [document] *triptyque.*
triumviraat 0.1 *triumvirate.*
triviaal 0.1 [gewoon; zonder wezenlijke betekenis] *trivial* 0.2 [platvloers] *vulgar.*

trivialiteit 0.1 *triviality* ⇒⟨platvloersheid⟩ *vulgarity.*
trochee ⟨lit.⟩ 0.1 *trochee.*
troebel 0.1 [mbt. vloeistoffen] *turbid* ⇒*cloudy* 0.2 [duister] *turbid* ⇒*murky* ♦ **1.1** in ~ water vissen *fish in troubled waters.*
troebelheid 0.1 *turbity.*
troef 0.1 [kaarten waarmee andere genomen kunnen worden] *trumps* 0.2 [kaart v.d. kleur/soort die troef is] *trump (card)* ♦ **1.1** welke kleur is ~ ? *what suit is t.?* **2.2** een hoge ~ uitspelen ⟨ook fig.⟩ *play one's trump card;* zijn laatste ~ uitspelen ⟨ook fig.⟩ *play one's last trump* **3.1** harten ~ maken *make hearts t.* **3.2** veel troeven in handen hebben ⟨ook fig.⟩ *hold the trumps/winning cards.*
troel 0.1 [als liefkozingswoord] *sweetie* 0.2 [meid] *slut* ⇒*bitch.*
troela 0.1 ⟨troetelnaam⟩ *sweet thing;* ⟨pej.⟩ *cow* ♦ **2.1** malle ~ *silly (old) cow.*
troep 0.1 [groep] *troop* ⇒*pack* ⟨wolven⟩, *flock* ⟨schapen⟩, *herd* ⟨vee⟩ 0.2 [rommel] *mess* 0.3 [mil.] *troop* 0.4 [gezelschap artiesten] *company* 0.5 [verkenners in de padvinderij] *troop* ♦ **2.2** gooi de hele ~ maar weg *just get rid of the whole lot* **2.3** buitenlandse ~ en *foreign troops* **3.2** ~ maken *make a mess* **6.1** ⟨dierk.⟩ **in** ~ en leven *live in herds.*
troepenbeweging ⟨mil.⟩ 0.1 *troop movement* ⟨meestal mv.⟩.
troepenmacht 0.1 *(military) force.*
troepensterkte 0.1 *troop strength.*
troeteldier 0.1 *cuddly/soft toy.*
troetelen 0.1 [liefkozen] *pet* ⇒*cuddle* 0.2 [vertroetelen] *pet* ⇒*pamper.*
troetelkind 0.1 *(darling) pet* ⇒*spoiled child.*
troetelnaam 0.1 *pet name.*
troetelwoord 0.1 *pet word* ♦ **¶.1** ~ jes *sweet nothings.*
troeven ⟨kaartspel⟩ I ⟨onov.ww.⟩ 0.1 [een troefkaart spelen] *play trumps* ♦ **¶.1** heen en weer ~ *crossruff;* II ⟨onov.ww.⟩ 0.1 [met een troefkaart andere kaarten nemen] *(over)trump.*
trofee 0.1 *trophy.*
troffel 0.1 *trowel.*
trog 0.1 [ook geol. en meteo.] *trough.*
Trojaans ⟨gesch.⟩ 0.1 *Trojan* ♦ **1.1** de ~ e oorlog *the T. war.*
Troje 0.1 *Troy.*
trol 0.1 *troll.*
trolley 0.1 [wagentje; elektrische contactstang] *trolley* 0.2 [bus, tram] *trolley (bus/car)* 0.3 [kar met etenswaar] *(tea) trolley.*
trolleybus 0.1 *trolley bus.*
trom 0.1 *drum* ♦ **2.1** met stille ~ vertrekken *leave quietly.*
trombocyt ⟨biol.⟩ 0.1 *thrombocyte.*
trombone 0.1 *trombone.*
trombonist 0.1 *trombonist.*
trombose 0.1 *thrombosis.*
tromgeroffel 0.1 *drumroll.*
trommel 0.1 [slaginstrument] *drum* 0.2 [blikken doos] *box* 0.3 [cilinder] *drum* ⇒*barrel* 0.4 [holte in het oor] *drum of the ear* ⇒*tympanic cavity* ♦ **3.1** de ~ slaan *beat the d.*
trommelaar, -ster 0.1 *drummer.*
trommeldroger 0.1 *tumbler (drier).*
trommelen I ⟨onov.ww.⟩ 0.1 [op de trommel slaan] *drum* ⇒*beat/play the drum* 0.2 [tikken, slaan] *drum* ♦ **6.2 op** de tafel ~ *d. (on) the table;* II ⟨ov.ww.⟩ 0.1 [door trommelen oproepen] *drum (up)* 0.2 [ten gehore brengen] *play on a drum* ♦ **¶.1** ⟨fig.⟩ een groep mensen bij elkaar ~ *d. up a group of people.*
trommelrem 0.1 *drum brake.*

trommelvlies ⟨med.⟩ **0.1** *eardrum* ⇒*tympanum.*

trommelvliesontsteking 0.1 *tympanitis.*

trommelwasmachine 0.1 *tumbler washing machine.*

trompet 0.1 [blaasinstrument; orgelregister] *trumpet* **0.2** [spreekhoorn] *(speaking) trumpet* ⇒⟨elektronisch versterkt⟩ *megaphone* ◆ **3.1** ⟨mil.⟩ de ~ steken *blow the t.*

trompetbloem 0.1 [verz.n.] *trumpet flower* ⇒*bignonia* **0.2** [Campsis radicans] *trumpet creeper/vine.*

trompetgeschal 0.1 *sound/*⟨plechtig⟩ *flourish/*⟨pej.⟩ *blare of trumpets.*

trompetsignaal 0.1 *trumpet-call.*

trompetten, trompetteren 0.1 *trumpet* ◆ **1.1** ⟨fig.⟩ iemands lof ~ *t. (forth) s.o.'s praises.*

trompetteren →**trompetten.**

trompettist 0.1 *trumpet player.*

tronen I ⟨onov.ww.⟩ **0.1** [breeduit zitten; op een troon zetelen] *throne* ⇒*sit enthroned;* **II** ⟨ov.ww.⟩ **0.1** [door vleiende aandrang ergens toe/heen brengen] *lure.*

tronie ⟨pej.⟩ **0.1** *mug.*

troon 0.1 *throne* ◆ **3.1** de ~ beklimmen/bestijgen *mount/ ascend the t.* **6.1** iem. van de ~ stoten *dethrone s.o.*

troonopvolger, -volgster 0.1 [v.e. vorst] *heir* ⟨m.⟩ */ heiress* ⟨v.⟩ *to the throne* **0.2** [van andere leiders] *successor* ⟨m., v.⟩ ◆ **2.1** rechtmatige ~ *heir apparent (to the throne).*

troonopvolging 0.1 *succession (to the throne).*

troonrede 0.1 *speech from the throne* ⇒*King's/Queen's speech* ⟨bij nieuwe zitting v.d. wetgevende vergadering⟩.

troonsafstand 0.1 *abdication (of the throne).*

troonsbestijging 0.1 *accession (to the throne)* ◆ **1.1** verjaardag v.d. ~ *regnal day.*

troonswisseling 0.1 *succession.*

troonzaal 0.1 *throne room.*

troost 0.1 *comfort* ⇒*consolation* ◆ **1.1** een bakje ~ ⟨in Ned.⟩ *a cup of coffee;* ⟨in GB⟩ *a cuppa* **2.1** een schrale ~ *cold/ scant comfort/consolation* **3.1** ~ putten uit de gedachte *find comfort/solace in the idea, derive comfort from the idea;* ~ zoeken/vinden bij iem./in iets *seek/find comfort with s.o./in sth.;* ~ zoeken/vinden in de alcohol *seek/find solace in alcohol.*

troosteloos 0.1 [mistroostig] *disconsolate* ⟨vnl. van mensen⟩ ⇒*cheerless* **0.2** [ontroostbaar] *disconsolate* ⇒*inconsolable* ◆ **1.1** een troosteloze aanblik bieden *look a vision of dreariness, present a cheerless prospect;* een ~ landschap *a dreary/desolate part of the country.*

troosteloosheid 0.1 [verslagenheid] *disconsolateness* **0.2** [mistroostigheid] *desolation.*

troosten 0.1 [geestelijke steun geven] *comfort* ⇒*console* **0.2** [opbeuren] *comfort* ⇒*cheer up* ◆ **4.2** zich ~ met iets *take comfort in sth.* **5.1** zij was niet te ~ *she was beyond (all) consolation.*

troostprijs 0.1 *consolation prize.*

troostrijk 0.1 *comforting.*

tropen 0.1 *tropics.*

tropengordel 0.1 ⟨mv.⟩ *tropics.*

tropenhelm 0.1 *topee, topi.*

tropenpak 0.1 *lightweight suit.*

tropenuitrusting 0.1 *tropical gear/*⟨vnl. kleding⟩ *outfit.*

tropisch 0.1 *tropical* ◆ **2.1** ~ heet *torrid, stiflingly hot* **3.1** het is hier ~ *it's sweltering here.*

troposfeer 0.1 *troposphere.*

tros 0.1 [bloeiwijze] *raceme* **0.2** [vruchten] *cluster* ⇒*bunch* ⟨druiven, bananen⟩ **0.3** [touw, kabel] *hawser* **0.4** [gesch., mil.] *train* ◆ **3.3** ⟨scheep.⟩ de ~sen losgooien *cast off, unmoor* **6.2** in ~sen groeiende planten *gregarious plants.*

trots¹ ⟨de⟩ **0.1** [hoogmoed; fierheid] *pride* **0.2** [persoon/zaak waarop men trots is] *pride* ⇒*glory* ◆ **1.2** ze is de ~ van haar ouders *she is her parents' p. and joy.*

trots² ⟨bn., bw.⟩ **0.1** *proud* ◆ **8.1** zo ~ als een pauw/als een aap *as p. as a peacock/as Punch.*

trotseren 0.1 [het hoofd bieden] *defy* ⟨weer enz.⟩ ⇒*brave* **0.2** [bestand zijn tegen] *stand up (to)* ◆ **1.1** de blik(ken) ~ (van) *outface, outstare.*

trotsering 0.1 *defiance.*

trotskisme 0.1 *Trotskyism.*

trotskist 0.1 *Trotskyist* ⇒⟨ook pej.⟩ *Trotskyite.*

trottoir 0.1 *pavement,* ⁴*sidewalk.*

trottoirband 0.1 *kerb.*

troubadour 0.1 [ook gesch.] *troubadour.*

trouw¹ ⟨de⟩ **0.1** [het zich houden aan een verbintenis] *fidelity* ⇒*loyalty, faith(fulness), allegiance* ⟨aan land/partij⟩ **0.2** [volharding] *dedication* **0.3** [schr.; gegeven woord] *pledge* **0.4** [het overeenkomen met een voorbeeld/de waarheid] *fidelity* ⇒*likeness* ⟨mbt. iets visueels⟩ ◆ **2.1** te goeder ~ zijn *be bona fide/in good faith;* te kwader ~ *mala fide, in bad faith* **3.1** ~ zweren *swear (an oath of) allegiance.*

trouw² ⟨bn., bw.⟩ **0.1** [getrouw] *faithful* **0.2** [volhardend] *dedicated* **0.3** [nauwkeurig] *conscientious* ◆ **1.1** ~e onderdanen *loyal subjects* **3.1** elkaar ~ blijven *be/remain f./ true to each other* **3.3** de voorschriften ~ opvolgen *follow the regulations conscientiously/precisely* **6.2** ~ aan zijn beginselen blijven *stick to one's principles.*

trouwakte 0.1 *marriage certificate* ⇒⟨inf.⟩ *marriage lines.*

trouwbelofte 0.1 *promise of marriage* ⟨vooraf⟩; *marriage vows* ⟨in huwelijksceremonie⟩ ◆ **3.1** een ~ doen *give one's promise/marriage vows;* ⟨vero. en angl.⟩ *plight one's troth;* de ~ verbreken *break one's promise of marriage; break one's marriage vows* ⟨door overspel⟩.

trouwboeket 0.1 *bride's/bridal bouquet.*

trouwboekje 0.1 ±*marriage certificate.*

trouwdag 0.1 *wedding day.*

trouwdienst 0.1 *marriage service* ⇒*wedding ceremony.*

trouweloos 0.1 *perfidious* ⇒*disloyal* ◆ **1.1** een ~ karakter *a p. character.*

trouweloosheid 0.1 *faithlessness* ⇒*disloyalty,* ⟨echtbreuk⟩ *infidelity,* ⟨handeling⟩ *breach of faith.*

trouwen I ⟨onov.ww.⟩ **0.1** [huwen] *get married* ◆ **5.1** ⟨fig.⟩ ik ben er niet mee getrouwd *I'm not wedded/tied to it;* ⟨fig.⟩ zo zijn we niet getrouwd *that's not on* **6.1** ze trouwde met een arts *she married a doctor;* voor de wet ~ *get married in a registry office;* **II** ⟨ov.ww.⟩ **0.1** [ten huwelijk nemen; in de echt verbinden] *marry.*

trouwens 0.1 [overigens] *mind you* ⟨kan aan het begin of het eind v.d. zin gebruikt worden⟩ **0.2** [tussen haakjes] *by the way* ◆ **¶.1** dat verwondert mij niet ~ *that doesn't really surprise me, mind you;* ik vind haar ~ wel heel aardig *mind you, I do think she's very nice;* hij komt niet; ik ~ ook niet *he isn't coming; neither am I for that matter* **¶.2** hij moest ~ om zes uur thuis zijn *by the way, he had to be home at six (o'clock);* ~, was Jan er ook niet? *by the way, wasn't Jan there as well?*

trouwerij 0.1 [inf.; het trouwen] *wedding* **0.2** [trouwpartij] *wedding (party).*

trouwhartig 0.1 [trouw van aard] *faithful* **0.2** [eerlijk] *frank* ◆ **1.1** zijn ~e vriend *his f. friend.*

trouwjurk 0.1 *wedding dress.*

trouwpartij 0.1 [huwelijksfeest] *wedding (party)* **0.2** [plechtigheid] *wedding/marriage ceremony* **0.3** [trouwstoet] *wedding/bridal party.*

trouwplannen ◆ **3.**¶ ~ hebben *be going/planning to get married.*

trouwreportage 0.1 *wedding photos.*

trouwring 0.1 *wedding ring.*

trouwzaal 0.1 *wedding room.*

truc 0.1 *trick* ◆ **1.1** de ~s v.e. goochelaar *the tricks of a juggler;* een ~ met kaarten *a card t.* **2.1** een smerige ~ *a dirty t.*

trucage 0.1 [het toepassen van trucs] *trickery* **0.2** [kunstgreep] *trick.*

truck 0.1 [vrachtauto met draaibaar onderstel] *ᴮarticulated lorry,* ᴬ*trailer truck* **0.2** [open vrachtauto] *truck* **0.3** [heftruck] *fork-lift truck.*

trucker ⟨inf.⟩ **0.1** *truck driver.*

trucopname 0.1 *special effect* ⇒*piece of trick photography.*

truffel 0.1 *truffle.*

trui 0.1 [jumper] *jumper* ⇒⟨dik⟩ *sweater* **0.2** [sport; shirt] *jersey* ⇒*shirt* ◆ **2.2** de gele ~ *the yellow j.*

trukendoos 0.1 *box of tricks* ◆ **3.1** zijn ~ opentrekken *open up one's box of tricks.*

trust 0.1 [bedrijfsconcentratie] *trust* ⇒*cartel* **0.2** [vorm van beheer] *trust* ◆ **3.1** een ~ oprichten/vormen *set up/form a t.* **6.2** in/onder ~ *in t.*

trut 0.1 [als scheldwoord] *cow* **0.2** [onaantrekkelijk persoon] *frump* ◆ **2.1** stomme ~! *silly c.!* **2.2** een stijve ~ *an old f.*

truttebol 0.1 *silly (old) cow/bitch.*

truttig 0.1 [stijf] *frumpy, frumpish* **0.2** [treuzelig] *slow.*

truuk ›**truc.**

Truus 0.1 ⟨meisjesnaam⟩ *Gertie, Trudy.*

try-out 0.1 [repetitie met publiek erbij] *public rehearsal* **0.2** [uitprobeersel] *try out.*

tsaar 0.1 *tsar, czar.*

tsarevitsj 0.1 *tsarevi(t)ch, czarevi(t)ch.*

tsarina 0.1 *tsarina, czarina.*

T-shirt 0.1 [onderhemd] *T-/tee shirt* **0.2** [mouwloos T-shirt/topje] *tank top.*

Tsjaad 0.1 *Chad.*

Tsjech, -ische 0.1 *Czech.*

Tsjechië 0.1 *Czech Republic.*

Tsjechisch 0.1 *Czech.*

Tsjecho-Slowaaks 0.1 *Czechoslovakian.*

Tsjecho-Slowakije 0.1 *Czechoslovakia.*

TU ⟨afk.⟩ **0.1** [Technische Universiteit] ⟨*(Technological) University*⟩.

tuba 0.1 *tuba.*

tube 0.1 [buisje, kokertje] *tube.*

tuberculeus, tuberculoos 0.1 *tubercular* ◆ **1.1** tuberculeuze haarden *tubercular nidi/foci.*

tuberculose 0.1 *tuberculosis* ⇒*T.B.*

tucht 0.1 *discipline* ◆ **3.1** de ~ handhaven *maintain/keep d.*

tuchtcollege 0.1 *disciplinary tribunal.*

tuchteloos 0.1 [geen tucht kennende] *undisciplined* **0.2** [onzedelijk] *dissolute.*

tuchteloosheid 0.1 [gebrek aan tucht] *indiscipline* ⇒*unruliness* **0.2** [blijk van verzet] *insubordination.*

tuchthuis 0.1 →**tuchtschool 0.2** [gevangenis] ⟨gesch.⟩ *house of correction.*

tuchtmaatregel 0.1 *disciplinary measure.*

tuchtraad 0.1 *disciplinary committee.*

tuchtrecht 0.1 [regels betreffende de tucht] *disciplinary rules* **0.2** [recht tot uitoefening van tucht] *disciplinary powers.*

tuchtschool 0.1 *community home/school* ⇒ᴮ*Borstal (home/institution)* ◆ **6.1** iem. naar de ~ sturen *send s.o. to a c.h./(a) Borstal (home).*

tuffen 0.1 [tuffend geluid maken] *chug* **0.2** [in een auto rijden] *motor* ⇒*drive* **0.3** [kind.; spuwen] *spit.*

tufsteen 0.1 [steensoort] *tuff* **0.2** [stuk steen] *tuff stone.*

tui 0.1 *guy (rope)* ⇒*tether* ⟨dier aan paaltje⟩, *stay* ⟨scheepsmast⟩.

tuig 0.1 [nodige werktuigen/onderdelen] *gear* **0.2** [mbt. trekdieren] *harness* **0.3** [troep] *rubbish* **0.4** [slecht volk] *riffraff* **0.5** [scheep.] *rigging* **0.6** [vis.] *tackle* ◆ **1.4** ~ v.d. richel *scum of the earth* **2.4** langharig werkschuw ~ *long-haired workshy layabouts.*

tuigen 0.1 [paard] *harness* ⟨trekpaard⟩; *tackle (up)* ⟨rijpaard⟩; *bridle* ⟨alleen hoofdstel⟩ **0.2** [scheep.] *rig.*

tuigje 0.1 *safety harness.*

tuil 0.1 *bouquet* ⇒*bunch, posy* ⟨klein⟩, *nosegay* ⟨klein, om in hand te dragen⟩.

tuimelaar 0.1 [deel v.e. geweer] *tumbler* **0.2** [duif] *tumbler (pigeon)* **0.3** [zeeptuimelaar] *soap dispenser* **0.4** [speelgoed] *tumbler* ⇒*wobbly clown/man* **0.5** [dolfijn] *bottle nose (dolphin).*

tuimelbeker 0.1 *training cup.*

tuimelen 0.1 [vallen] *tumble* ⇒*topple* ⟨vooral bij topzwaar zijn⟩ **0.2** [zwenkende bewegingen maken] *tumble* ⟨dolfijn in water, vogels in lucht⟩ **0.3** [omklappen] *pivot.*

tuimeling 0.1 *tumble* ⇒*somersault* ⟨acrobatiek⟩ ◆ **3.1** een ~ maken *have a t.*

tuimelraam 0.1 *pivot(al) window.*

tuin 0.1 *garden* ◆ **1.1** ⟨fig.⟩ de ~ van Eden *the g. of Eden, Paradise* **6.**¶ iem. om de ~ leiden *lead s.o. up the garden path;* ⟨inf.⟩ *bamboozle s.o.*

tuinaanleg 0.1 *laying-out of a/the garden/of (the) gardens* ⇒⟨groots⟩ *landscaping.*

tuinaarde 0.1 *garden mould/soil.*

tuinarchitect 0.1 *landscape architect/gardener.*

tuinarchitectuur 0.1 *landscape architecture/gardening.*

tuinbank 0.1 *garden seat.*

tuinboon 0.1 *broad bean.*

tuinbouw 0.1 *horticulture* ⇒*market gardening* ⟨beroepshalve⟩.

tuinbouwbedrijf 0.1 [beroepshalve beoefende tuinbouw] *market gardening,* ᴬ*truck farming* **0.2** [onderneming] *market garden,* ᴬ*truck farm* ⟨sla, tomaten, bloemen⟩; *fruit farm* ⟨fruit⟩.

tuinbouwgebied 0.1 *market-gardening district.*

tuinbouwgrond 0.1 *horticultural land.*

tuinbouwkunde 0.1 *horticulture.*

tuinbouwkundige 0.1 *horticulturalist.*

tuinbouwproduct 0.1 *horticultural product* ⇒⟨mv. ook⟩ *(market) garden produce.*

tuinbouwschool 0.1 *horticultural school/*⟨hogere⟩ *college.*

tuinbroek 0.1 *dungarees* ⇒*overalls.*

tuincentrum 0.1 *garden centre.*

tuinder 0.1 *market gardener.*

tuinderij 0.1 [het tuinbouwbedrijf] *market gardening* ⟨sla, tomaten, bloemen⟩; *fruit farming* ⟨fruit⟩ **0.2** [onderneming v.e. tuinder] *market garden* ⟨sla, tomaten, bloemen⟩; *fruit farm* ⟨fruit⟩; *nursery* ⟨planten, struiken, bomen⟩.

tuindorp 0.1 *garden village.*

tuinen ⟨inf.⟩ ◆ **5.**¶ erin ~ *fall for sth.*

tuinfeest 0.1 *garden party.*

tuingereedschap 0.1 *garden(ing) tools.*

tuingewas 0.1 *garden plant(s).*

tuinhuis 0.1 *garden house.*
tuinier 0.1 *gardener.*
tuinieren 0.1 *garden.*
tuinkabouter 0.1 *garden gnome.*
tuinkers 0.1 *(garden) cress.*
tuinkruid 0.1 *garden herb.*
tuinman 0.1 *gardener.*
tuinmeubelen 0.1 *garden furniture.*
tuinschaar 0.1 *garden shears* ⇒*secateurs* ⟨voor dikke takken⟩.
tuinslang 0.1 *(garden) hose.*
tuinsproeier 0.1 *(garden/lawn) sprinkler.*
tuinstoel 0.1 *garden chair.*
tuit 0.1 [schenkpijp] *spout* 0.2 [spits toelopend einde] *nozzle* 0.3 [puntzak] *cornet.*
tuiten I ⟨ov.ww.⟩ 0.1 [tot een tuit maken] *purse* ◆ 1.1 de lippen ~ *purse one's lips;*
II ⟨onov.ww.⟩ 0.1 [suizen] *tingle* ⇒*ring, burn, sing* 0.2 [een tuit vormen] *protrude* ◆ 1.1 mijn oren ~ *my ears are ringing.*
tuitstuk 0.1 *nozzle.*
tuk¹ ⟨de⟩ ◆ 3.¶ ik had je lekker ~ gisteren, hè? *I really had you fooled yesterday, didn't I?;* ha, ha, heb ik je even lekker ~ *get out of that one;* iem.~ hebben *pull s.o.'s leg.*
tuk² ⟨bn.⟩ 0.1 *keen (on)* ◆ 5.1 daar ben ik ~ op *I'm k. on/mad about that.*
tukje 0.1 *nap* ◆ 3.1 een ~ doen *take a n.*
tukken 0.1 *nap* ⇒*doze.*
tulband 0.1 [hoofddeksel] *turban* 0.2 [soort gebak] ±*(turban-shaped) fruitcake.*
tule 0.1 *tulle.*
tulen 0.1 *tulle* ◆ 1.1 ~ gordijnen *t. (net) curtains.*
tulp 0.1 *tulip.*
tulpenbol 0.1 *tulip bulb.*
tumor 0.1 *tumour* ◆ 2.1 kwaadaardige/goedaardige ~ *malignant/benign t.*
tumtum 0.1 *dolly mixture.*
tumult 0.1 *tumult* ⇒*uproar.*
tumultueus 0.1 *tumultuous* ⇒*unruly* ⟨vergadering⟩.
tune 0.1 *(signature) tune.*
tunen 0.1 *tune.*
tuner-versterker 0.1 *tuner-amplifier.*
Tunesië 0.1 *Tunisia.*
Tunesiër, -ische 0.1 *Tunisian.*
Tunesisch 0.1 *Tunisian.*
tuniek 0.1 *tunic.*
tunnel 0.1 *tunnel.*
turbine 0.1 *turbine.*
turbo 0.1 [tech.; krachtversterker] *turbo((super)charger)* 0.2 [auto] *turbo(-car)* 0.3 [in samenst.; als aanduiding bij apparaten om extra kracht te suggereren]⟨zie 1.3⟩ ◆ 1.3 turbostofzuiger *high-powered vacuum cleaner.*
turbotaal 0.1 *trendy/modern language.*
turbulent 0.1 *turbulent* ⇒*jostling* ⟨mensen⟩, *bustling* ⟨mensen⟩, *tempestuous* ⟨mbt. leven, verloop van iets⟩ ◆ 1.1 het ~e stadsleven *the turmoil of city life.*
turbulentie 0.1 *turbulence/-cy.*
tureluurs 0.1 *mad* ⇒⟨inf.⟩ *w(h)acky,* ⟨inf.⟩ *crazy* ◆ 3.1 het is om ~ te worden *it's enough to drive anybody m./up the wall.*
turen 0.1 *peer* ⇒*gaze, stare* ◆ 6.1 in de verte ~ *gaze into the distance.*
turf 0.1 [veen als brandstof] *peat* 0.2 [stuk gedroogd veen] *(a lump of) peat* 0.3 [groep van vijf streepjes] *tally* 0.4 [dik boek] *tome* ◆ 2.1 as is verbrande ~ *if ifs and ans were*

pots and pans (there would be no use for tinkers) 3.1 ~ steken/trekken *cut/dig p.* 7.2 ⟨fig.⟩ drie turven hoog *knee-high (to a grasshopper).*
turfaarde 0.1 *peat soil/mould.*
turfmolm, turfstrooisel 0.1 *peat dust.*
turfsteken 0.1 *cut peat.*
Turijn 0.1 *Turin.*
Turk¹ ⟨de (m.)⟩, **Turkse** ⟨de (v.)⟩ 0.1 *Turk.*
Turk² ⟨de (m.)⟩ 0.1 *Turkish restaurant.*
Turkije 0.1 *Turkey.*
Turkmeen, -se 0.1 *Turkoman, Turkman.*
Turkmeens¹ ⟨het⟩ 0.1 *Turkmen, Turkoman.*
Turkmeens² ⟨bn.⟩ 0.1 *Turkoman, Turkman.*
Turkmenistan 0.1 *Turkmenistan.*
turkoois 0.1 *turquoise* ◆ 2.1 dierlijke of fossiele ~ *animal or fossilized t.*
Turks¹ ⟨het⟩ 0.1 *Turkish.*
Turks² ⟨bn.⟩ 0.1 *Turkish* ⇒⟨taal. ook⟩ *Turki(c)* ◆ 1.1 ~ bad *Turkish bath;* ~e trom *bass drum.*
turnen 0.1 *practise/perform gymnastics.*
turner 0.1 *gymnast.*
turquoise 0.1 *turquoise.*
turven 0.1 *tally.*
tussen¹ ⟨bw.⟩⟨altijd in combinatie met er/daar⟩ ◆ 5.¶ iem. er (mooi) ~ nemen *have s.o. on, take s.o. in, catch/get s.o.;* mag ik er even ~ komen? *can I butt in?;* als er niets ~ komt, dan ...*unless something unforeseen should occur;* ⟨inf.⟩ ervan ~ gaan *clear out.*
tussen² ⟨vz.⟩ 0.1 [mbt. een plaats of tijdstip] *between* 0.2 [te midden van] *among* ◆ 1.1 ~ de middag *at lunchtime* 1.2 het huis stond ~ de bomen in *the house stood among(st) the trees;* ~ vier muren *within four walls* 4.1 dat blijft ~ ons (tweeën) *that's b. you and me.*
tussenbeide 0.1 *between* ⇒*in* ⟨vaak in combinatie met ww.⟩ ◆ 3.1 ~ komen *interrupt, butt in* ⟨verbaal⟩; *step in/intervene* ⟨actie⟩; *intercede* ⟨bemiddelend⟩.
tussendek ⟨scheep.⟩ 0.1 *between-decks* ⇒*steerage* ⟨mbt. passagiersaccommodatie⟩.
tussendeur 0.1 *communicating/dividing door.*
tussendoor 0.1 [tussen twee zaken door] *through it/them;* ⟨twee dingen⟩ *between them* 0.2 [tussentijds] *between times* ◆ 3.2 een hapje ~ nemen *have a snack;* proberen ~ wat te slapen *try to snatch some sleep.*
tussendoortje 0.1 [hapje] *snack* 0.2 [vrijpartij] *quickie.*
tussengelegen 0.1 *intervening* ⟨gebied, tijd⟩; *intermediate* ⟨plaatsen, gebeurtenissen⟩.
tussengerecht 0.1 *entremets* ⇒*side-dish.*
tussenhandel 0.1 *distributive trade(s).*
tussenhandelaar 0.1 *middleman.*
tussenin 0.1 *in between* ⇒*between the two, in the middle* ◆ 5.1 je hebt goede en slechte leerlingen, hij zit er zo'n beetje ~ *there are good pupils and bad pupils, he's in between.*
tussenkomend 0.1 *intervening* ◆ 1.1 ⟨jur.⟩ ~e partij *intervener.*
tussenkomst 0.1 [inmenging] *intervention* ⇒*interference* ⟨ongewenst⟩ 0.2 [bemiddeling] *mediation* 0.3 [hand.] *intervention* ◆ 6.2 door ~ van *through.*
tussenlanding 0.1 *stop(over)* ◆ 6.1 een vlucht **zonder** ~ en a *non-stop flight.*
tussenliggend 0.1 *intervening* ⟨tijd, gebied⟩; *intermediate, in-between* ⟨plaatsen, gebeurtenissen⟩ ◆ 1.1 in de ~e maanden *in the intervening months.*
tussenmuur 0.1 [tussen vertrekken] *partition* 0.2 [tussen huizen] *dividing wall.*
tussenoplossing 0.1 *compromise* ◆ 3.1 een ~ vinden *find a c.*

tussenpaus 0.1 [paus] *interim pope* 0.2 [overgangsfiguur] *transitory figure.*

tussenperiode 0.1 *intervening period.*

tussenpersoon 0.1 *go-between* ⇒*intermediary, middleman* ⟨ook in handel⟩, *agent* ⟨zakelijk gebied⟩ ♦ 3.1 als ~ fungeren *act as an intermediary* 6.1 via een ~ *through an agent.*

tussenpoos ♦ 2.¶ met korte tussenpozen *in quick succession, at short intervals* 6.¶ **bij/met** tussenpozen *every so often, on and off, with breaks/interruptions;* **met** tussenpozen slapen *sleep in snatches;* **zonder** tussenpozen *without interruption/a break.*

tussenpositie 0.1 *middle position* ♦ 3.1 een ~ innemen *take up a middle(-of-the-road) position.*

tussenproduct ⟨ec.⟩ 0.1 *intermediary product.*

tussenregering 0.1 *interim government.*

tussenruimte 0.1 *space* ♦ 6.1 met gelijke ~s plaatsen *space evenly.*

tussenschot 0.1 *partition.*

tussenspel 0.1 [muz.] *intermezzo* 0.2 [dram.] *entr'acte* ⇒ ⟨ook fig.⟩ *interlude.*

tussensprint 0.1 *(short) dash/burst; surge* ⟨bij lange afstand⟩.

tussenstadium 0.1 *intermediate/*⟨inf.⟩ *in-between stage.*

tussenstand 0.1 ±*score (so far)* ⇒⟨ruststand⟩ *half-time score.*

tussenstop 0.1 *stop (over)* ⇒⟨vliegtuig ook⟩ *intermediate landing.*

tussenstuk 0.1 [verloopstuk] *joint* ⇒*connecting-piece* 0.2 [vulstuk] *filler.*

tussentijd 0.1 *interim* ♦ 6.1 in de ~ *in the meantime, meanwhile.*

tussentijds I ⟨bn.⟩ 0.1 [tussen twee tijdstippen] *interim* ♦ 1.1 ~e aflossing *accelerated repayment;* ~e verkiezingen *by(e)-elections;*
II ⟨bw.⟩ 0.1 [tussendoor] *between times* ♦ 3.1 ~ eet ik nooit *I never eat between meals.*

tussenuit 0.1 *out (from between two things)* ♦ 3.¶ er ~ knijpen *do a bunk, cut and run* 5.¶ je moet er eens ~ *you should get away from it all.*

tussenuur 0.1 [uur zonder bezigheid] *free hour* 0.2 [vrij lesuur] *free period.*

tussenvoegen 0.1 *insert.*

tussenvoegsel 0.1 [inlas] *insert(ion)* 0.2 [taal.] *infix.*

tussenvorm 0.1 *intermediate form.*

tussenwand 0.1 *partition.*

tussenweg 0.1 *middle course* ♦ ¶.1 een ~ is er niet *there is no middle course.*

tussenwerpsel ⟨taal.⟩ 0.1 *interjection.*

tussenwoning 0.1 *terraced house* ⟨oude stadswijken⟩; *town house* ⟨modern huis⟩.

tut →**trut.**

tuthola 0.1 *silly (old) cow/bitch.*

tutoyeren 0.1 *be on first-name terms* ⇒*call s.o. by his/her first name.*

tuttebel ⟨inf.⟩ 0.1 ⟨pietluttig⟩ *ditherer, fussy;* ⟨mbt. kleding/ uiterlijk⟩ *frump.*

tutu 0.1 *tutu.*

tv 0.1 *TV* ⇒*television* ♦ 3.1 ~ kijken *watch TV* 6.1 wat komt er vanavond **op** (de) ~? *what's on (TV) tonight?*

tv-serie 0.1 *TV series.*

twaalf¹ ⟨de⟩ 0.1 *twelve* ♦ 6.1 de grote wijzer staat al bijna **op** de ~ *the big hand is nearly on the t.*

twaalf² ⟨telw.⟩ 0.1 *twelve;* ⟨data⟩ *twelfth* ♦ 1.1 aflevering ~ *part twelve; episode twelve* ⟨van serie⟩; de ~ apostelen *the*

Twelve (Apostles); ~ dozijn *gross;* klokke ~, op slag van twaalven *on the stroke of twelve;* om ~ uur 's nachts *at midnight;* ~ uur 's middags *twelve o'clock noon* ⟨ook→ **drie**⟩.

twaalfde 0.1 ⟨bn. en rangtelw.⟩ *twelfth* ♦ 1.1 een - deel *a twelfth;* de - dezer *the t. of this month* ⟨ook→**derde**⟩.

twaalfjarig 0.1 [twaalf jaar oud] *twelve-year-old* 0.2 [twaalf jaar durend] *twelve-year* ♦ 1.1 een ~ kind *a twelve-year-old (child).*

twaalftal 0.1 *dozen* ⇒*twelve.*

twaalftallig 0.1 *duodecimal.*

twaalfuurtje 0.1 *midday snack* ⇒*lunch.*

twee¹ ⟨de⟩ 0.1 *two* ♦ 3.1 hij kreeg een ~ voor zijn repetitie ±*he got an F for his test; he scored t. out of ten for his test* ⟨in Ned. cijferstelsel⟩ 6.1 ~ **aan** ~ *in twos.*

twee² ⟨telw.⟩ 0.1 *two;* ⟨data⟩ *second* ♦ 1.1 bladzijde ~ *page t.;* dat kost ~ gulden *that costs t. guilders;* ~ keer per maand/ week *twice a month/a week;* een stuk of ~ *a couple of:* ⟨fig.⟩ dat is vers ~ *that's quite another matter;* ~ weken *fortnight, t. weeks* 2.1 ik heb ze alle ~ gezien *I've seen both of them/them both* 3.1 bier en bier is ~ *there's beer and beer* 5.1 dat is zo zeker als tweemaal ~ vier is *that's as sure as t. and t. are four/eggs is eggs* 6.1 iets in ~ën breken *break sth. in(to) t. (parts);* **in** ~ën delen *bisect* ⟨vooral wiskunde⟩; halve ⟨tienswaren, geld⟩ *divide in two;* zij kwamen **met** zijn ~ën *t. of them came;* zij waren **met** zijn ~ën *there were t. of them;* **van** ~ën één *(it's) one or the other;* hij eet en drinkt **voor** ~ *he eats and drinks (enough) for t.* ⟨ook→ **drie**⟩.

tweebaansweg 0.1 [met 2 rijstroken] *two-lane road* 0.2 [met gescheiden rijbanen] *dual carriageway,* ᴬ*divided highway.*

tweebenig 0.1 *two-legged.*

tweebladig 0.1 *two-leaved.*

tweecellig 0.1 *two-celled.*

tweecomponentenlijm 0.1 *epoxy.*

tweed 0.1 ⟨zn. en bn.⟩ *tweed.*

tweedaags 0.1 [twee dagen durend] *two-day* 0.2 [twee dagen oud] *two-day-old* 0.3 [om de twee dagen] *every two days* ⇒*every other/second day.*

tweede¹ I ⟨het⟩ 0.1 [half] *half* ♦ 7.1 anderhalf is gelijk aan drie ~n *one and a half is the same as three halves;*
II ⟨de⟩ 0.1 [tweede klas] *second year/form.*

tweede² ⟨rangtelw.⟩ 0.1 *second* ♦ 1.1 een ~ baan *a s. job* ⟨bijbaan⟩; de ~ Kamer *the (Dutch) Lower House/Chamber;* ~ keus *s. rate, seconds;* op de ~ plaats/als ~ eindigen *finish s.; be runner-up* ⟨in wedstrijd⟩; ⟨fig.⟩ *come off s. best;* de ~ stuurman *the s. mate* 3.1 of het ook leuk is, is een ~ *whether or not it's nice is quite another matter/another matter altogether* 6.1 ten ~ *in the s. place* ⟨ook→**derde**⟩.

tweedegraads 0.1 *second-degree* ♦ 1.1 tweedegraadsbevoegdheid *lower secondary school teaching qualification;* tweedegraadsverbranding *s.-d. burn.*

tweedehands 0.1 *second-hand* ♦ 1.1 ~ kleding *s.-h. clothes;* een winkel in ~ spullen *a s.-h. shop.*

tweedejaars¹ ⟨de⟩ 0.1 *second-year student.*

tweedejaars² ⟨bn.⟩ 0.1 *second-year.*

Tweede-Kamerlid 0.1 *member of the Lower House.*

tweedekansonderwijs 0.1 ±*adult education.*

tweedekker 0.1 *biplane.*

tweedelig 0.1 *two-piece* ♦ 1.1 een ~ badpak/pakje *a t.-p. (bathing-suit)/(suit);* een ~ woordenboek *a two-volume dictionary.*

tweedelijns 0.1 *second-line* ♦ 1.1 ~ gezondheidszorg *s.-l. medical care.*

tweedeling 0.1 *split* ⇒⟨schr.⟩ *dichotomy* ♦ **6.1** de ~ **tussen** oosterse en westerse culturen *the dichotomy between Eastern and Western cultures.*

tweederangs 0.1 *second-class* ⟨ook lett.⟩ ⇒*second-rate* ♦ **1.1** een ~ hotel *a second-class hotel* ⟨classificatie⟩; *a second-rate hotel* ⟨waardeoordeel⟩.

tweedeurs 0.1 *double-doored* ⟨waar ze samen functioneren⟩; *two-doored* ⟨twee aparte deuren⟩.

tweedracht 0.1 *discord* ♦ **3.1** ~ zaaien *sow d.*

tweedubbel 0.1 *double.*

tweeduizend 0.1 *two thousand* ♦ **1.1** periode van ~ jaar *bimillenium;* het jaar ~ *the year t. t.*

twee-eenheid 0.1 *twofoldness.*

twee-eiig 0.1 *bi(n)ovular* ♦ **1.1** ~e tweelingen *fraternal twins.*

tweeërlei, tweeërhande 0.1 *of two sorts/kinds* ♦ **1.1** niet voor ~ uitleg vatbaar zijn *allow/admit of only one interpretation* **3.1** de redenen zijn ~ *the reasons are twofold.*

tweegesprek, tweespraak 0.1 *dialogue* ⇒⟨lit.⟩ *colloquy,* ⟨lit.⟩ *duologue* ⟨ook toneel⟩.

tweegevecht 0.1 *man-to-man fight* ⇒*duel,* ⟨mil.⟩ *single combat.*

tweehandig 0.1 [met twee handen (geschiedenis)] *two-handed* **0.2** [zowel links- als rechtshandig] *ambidexterous.*

tweehoevig 0.1 *cloven-hoofed* ♦ **1.1** ~e zoogdieren *c.-h./ didactylous mammals.*

tweehonderd 0.1 *two hundred.*

tweehonderdste 0.1 *two-hundredth* ♦ **1.1** ~ verjaardag *t.- h. anniversary, bicentenary.*

tweehoofdig 0.1 *two-headed* ♦ **1.1** de ~e armspier *the biceps.*

tweehoog 0.1 *on the second/ᴬthird floor* ♦ **5.1** hij woont ~ achter *he has a room on the second floor in the back.*

tweejarig 0.1 [twee jaar oud] *two-year(-old)* **0.2** [twee jaar durend; om de twee jaar] *biennial* ⟨ook mbt. planten⟩ ♦ **1.2** ~e planten *biennials.*

tweekamerstelsel 0.1 *bicameral system.*

tweekamerwoning 0.1 *two-room flat.*

tweekamp 0.1 [reeks wedstrijden] *twosome* **0.2** →**tweegevecht.**

tweeklank ⟨taal.⟩ **0.1** *diphthong.*

tweekleurig 0.1 *two-colour/-tone.*

tweekoppig 0.1 [twee koppen hebbend] *two-headed* **0.2** [uit twee leden bestaand] *two-man, dual* ♦ **1.2** ~e bemanning *two-man crew* ⟨van vliegtuig⟩; ~e directie *dual/two-man management.*

tweekwartsmaat 0.1 *two-four time.*

tweeledig 0.1 [uit twee delen bestaand] *bipartite* ⇒*dual, double, twofold* **0.2** [dubbelzinnig] *ambiguous* ♦ **3.2** men kan dat ~ opvatten *that can be taken two ways, that is a.*

tweeling 0.1 [twee gelijk geboren kinderen] *twins* **0.2** [één kind v.e. tweeling] *twin* ♦ **2.1** eeneiige/twee-eiige ~en *identical/binovular t.;* Siamese ~ ⟨ook fig.⟩ *Siamese t.*

Tweeling ⟨astr., ster.⟩ **0.1** [persoon] *Gemini, Twins.*

tweelingbaan 0.1 *twin job.*

tweelingbroer 0.1 *twin brother.*

Tweelingen ⟨astr., ster.⟩ **0.1** [sterrenbeeld] *Gemini, Twins.*

tweelingzuster 0.1 *twin sister.*

tweemaal 0.1 *twice* ♦ **3.1** zich wel ~ bedenken *think t.*

tweemaandelijks 0.1 [om de twee maanden] *bimonthly* **0.2** [twee maanden durend] *two-month* ♦ **1.1** een ~ tijdschrift *a bimonthly.*

tweemotorig 0.1 *twin-engined* ♦ **1.1** een ~ straalvliegtuig *a twin jet.*

tweepartijenstelsel 0.1 *two-party system.*

tweepersoonsbed 0.1 *double bed.*

tweepersoonskamer 0.1 *double(-bedded) room* ⟨met één tweepersoons bed⟩; *twin-bedded room* ⟨met twee bedden⟩.

tweepits 0.1 *twin-burner* ♦ **1.1** een ~ gasstel *a t.-b. (gasstove).*

tweeregelig 0.1 *two-line* ♦ **1.1** ~ vers *couplet.*

tweerichtingsverkeer 0.1 *two-way traffic.*

tweeslachtig 0.1 [hermafrodiet] *hermaphrodite/-ditic(al)* **0.2** [dualistisch] *equivocal* ⇒*ambiguous, ambivalent* ⟨gevoelens, emoties⟩ **0.3** [op het land en in het water levend] *amphibian/-bious* ♦ **1.1** ~e dieren/bloemen *homogamous/hermaphroditic animals, homogamous/hermaphroditic/androgynous flowers.*

tweeslachtigheid 0.1 *equivocality/-cacy* ⇒*ambiguity, ambivalence.*

tweesnijdend 0.1 *double-edged* ♦ **1.1** een ~ zwaard *a d.-e. sword.*

tweespalt 0.1 *discord* ⇒*division.*

tweespraak →**tweegesprek.**

tweesprong 0.1 *fork* ⇒*crossroads, parting (of the ways)* ⟨ook fig.⟩ ♦ **6.1** ⟨fig.⟩ **op** de ~ van zijn leven(sweg) *at the crossroads in one's career/life.*

tweestemmig 0.1 *in two voices* ⇒*two part* ⟨muziekstuk⟩ ♦ **3.1** zij zongen ~ *they sang in two voices.*

tweestrijd 0.1 →**tweegevecht 0.2** [inwendige strijd] *internal conflict* ♦ **6.2** in ~ staan *be torn between (two things), be in two minds (about sth.).*

tweetal 0.1 *pair* ⇒*couple* ♦ **1.1** om een ~ redenen *for two raisons.*

tweetalig 0.1 *bilingual.*

tweetaligheid 0.1 *bilingualism.*

tweetallig 0.1 ⟨wisk.⟩ *binary.*

tweetjes ♦ **4.¶** wij ~ *we two* **6.¶** ze kwamen met zijn ~ *two of them came;* zij waren met hun ~ *there were two of them.*

tweetrapsraket ⟨ruim.⟩ **0.1** *two-stage rocket.*

tweeverdiener 0.1 *two-earner* ⇒⟨mv.⟩ *two-earner family.*

tweeverdienersgezin 0.1 *two-income family.*

tweevleugelig 0.1 *two-winged.*

tweevleugeligen 0.1 *diptera.*

tweevoetig 0.1 *two-footed* ♦ **1.1** ~e dieren *bipeds;* een ~ vers *a dimeter.*

tweevoud 0.1 [het dubbele] *double* ⇒*duplicate* **0.2** [door twee deelbaar getal] *binary* ⇒*double (of a number)* ♦ **6.1** in ~ *in duplicate.*

tweevoudig 0.1 *double* ⇒*twofold, dual* ♦ **1.1** een ~e uitleg *a dual interpretation.*

tweewaardig 0.1 ⟨schei.⟩ *bi/divalent.*

tweewieler 0.1 *two-wheeler* ⇒*bicycle* ⟨fiets⟩.

tweezijdig I ⟨bn.⟩ **0.1** [bilateraal] *two-sided* ⇒*bilateral* ⟨verdrag, symmetrisch⟩, *bipartite* ⟨overeenkomst⟩, *double-edged* ⟨zwaard, iets met positieve en negatieve kanten⟩ ♦ **1.1** ~e ontwapening *bilateral disarmament;* **II** ⟨bw.⟩ **0.1** [aan/naar twee zijden] *bilaterally* ♦ **2.1** ~ symmetrisch *zygomorphic.*

tweezitsbank 0.1 *two-person/-seater settee/sofa.*

twijfel 0.1 *doubt* ♦ **1.1** het voordeel v.d. ~ *the benefit of the d.* **3.1** ~ koesteren *entertain/have doubts;* het lijdt geen ~ *it is beyond d.* **6.1** boven (alle) ~ verheven zijn *be beyond all d.;* buiten/zonder enige ~ *without any d./a shadow of d.;* iets in ~ trekken *cast d. on sth., question sth.;* ⟨als bijwoordelijke bepaling⟩ **zonder** ~ *no d., doubtless, undoubtedly.*

twijfelaar 0.1 [iem. zonder vast beginsel] *sceptic* **0.2** [iem.

die in twijfel staat] *doubter* 0.3 [ledıkant] *three-quarter bed.*

twijfelachtig 0.1 [onzeker] *doubtful* 0.2 [dubieus] *dubious* 0.3 [zwak] *uncertain* ◆ 1.1 een ~ geval *a dubious case* 1.2 de ~ e eer hebben om ... *have the d. honour of (doing sth.).*

twijfelachtigheid 0.1 *doubtfulness.*

twijfelen 0.1 *doubt* ◆ 6.1 daar valt niet **aan** te ~ *that is beyond (all) doubt.*

twijfelgeval 0.1 *dubious/doubtful case.*

twijfeling 0.1 *hesitance/-cy.*

twijg 0.1 *twig.*

twinkelen 0.1 *twinkle.*

twinkeling 0.1 *twinkling.*

twintig 0.1 *twenty;* ⟨data⟩ *twentieth* ◆ 1.1 de jaren ~ *the Twenties, the 1920s* 6.1 zij was **in** de ~ *she was in her twenties;* er waren er **in** de ~ *there were twenty odd.*

twintiger 0.1 *person in his/her twenties* ◆ 2.1 hij is een goede ~ *he's well into his twenties.*

twintigste 0.1 ⟨bn. en rangtelw.⟩ *twentieth* ◆ 1.1 een shillIng was een ~ pond *an shilling was a t. of a pound* 7.1 het is vandaag de ~ *it's the t. today* ⟨ook→**derde**⟩.

twintigtal 0.1 [hoeveelheid van twintig] *score* 0.2 [ongeveer twintig] *about/roughly twenty* ◆ 1.2 een ~ mensen *some twenty people.*

twist 0.1 [onenigheid] *quarrel* 0.2 [dans] *twist* ◆ 3.1 een ~ bijleggen *settle a q./dispute.*

twisten 0.1 [redetwisten] *dispute* 0.2 [de twist dansen] *twist* 0.3 [onenigheid hebben] *quarrel* ◆ 1.3 de ~de partijen *the contending parties* 5.1 daarover wordt nog getwist *that is still a moot point/in dispute* 6.1 **over** deze vraag valt te ~ *this is a debatable/disputable/arguable question* 6.3 daar valt niet **over** te ~ *that is indisputable.*

twistgesprek 0.1 *argument.*

twistpunt 0.1 *moot point* ⇒*point of contention.*

twistvraag 0.1 *question at issue.*

twistziek 0.1 *quarrelsome.*

tyfoon 0.1 *typhoon.*

tyfus 0.1 *typhoid.*

type 0.1 [persoon] *type* ⇒⟨pej.⟩ *character,* ⟨pej.⟩ *customer* 0.2 [model] *type* 0.3 [grondvorm] *type* →*prototype* 0.4 [drukletter] *type* ⇒*prefiguration* ◆ 2.1 een onguur ~ *a shady customer;* een raar ~ *an odd character* 4.1 hij is mijn ~ niet *he's not my t.*

typediploma 0.1 *typing diploma* ◆ 3.1 zijn ~ halen *get one's t. d.*

typefout 0.1 *typing error* ⇒*typo.*

typekamer 0.1 *typing pool.*

typemachine 0.1 *typewriter.*

typen 0.1 *type* ◆ 1.1 een getypte brief *a typed/typewritten letter;* getypt schrift *typescript* 2.1 blind ~ *touch-type.*

typeren 0.1 *typify* ⇒*characterize* ◆ 4.1 dat typeert haar *that is typical of her.*

typerend 0.1 *typical (of).*

typering 0.1 [het typeren] *characterization* 0.2 [karakterschets] *profile* ⇒⟨lit.⟩ *cameo.*

typewerk 0.1 *typing.*

typisch 0.1 [kenmerkend] *typical* 0.2 [eigenaardig] *peculiar* ◆ 1.1 dat is ~ mijn vader *that's t. of my father, that's my father all over* 2.1 ~ Amerikaans *typically American* 7.1 het ~ e v.d. zaak *the curious part of the matter.*

typist, -e 0.1 *typist* ⟨m., v.⟩.

typologie 0.1 [karakterschildering] *typology, characterization* 0.2 [rel., biol.] *typology* ◆ 2.1 een rake ~ *a pointed c.* ⟨treffend⟩; *a true-to-life c.* ⟨levensecht⟩.

typologisch 0.1 *typological* ◆ 1.1 ⟨biol.⟩ ~e rangschikking *t. classification, typology.*

tyrannosaurus 0.1 *tyrannosaurus.*

u

u 0.1 *you* ◆ **3.1** als ik ~ was *if I were y.;* ~ tegen iem. zeggen *address s.o. politely;* ~ zegt/ zei?, zei U wat? *did I hear y. say anything?* **3.¶** ⟨fig.⟩ een machine waar je U tegen zegt *an impressive machine.*
überhaupt 0.1 *at all* ⇒⟨trouwens⟩ *anyway* ◆ **¶.1** waar heeft hij ~ een auto voor nodig? *what does he need a car for, anyway?*
ui 0.1 *onion* ◆ **1.1** een bos/ streng ~en *a bunch/ string of onions.*
uienschil 0.1 *onion skin.*
uiensoep 0.1 *onion soup.*
uier 0.1 *udder.*
uil 0.1 [nachtvogel] *owl* **0.2** [inf.; sukkel] *oaf, fool* **0.3** [nachtvlinder] *moth.*
uilachtig, uilig 0.1 ⟨dom⟩ *brainless* ◆ **3.1** ~ uit zijn ogen kijken *have a stupid look on one's face.*
uilenbal 0.1 [braakbal] *pellet* **0.2** [inf.; maf persoon] *ninny* ⇒*nitwit.*
uilenbril 0.1 *owlish glasses.*
uilskuiken 0.1 [jong v.e. uil] *owlet* **0.2** [inf.; domoor] *ninny* ⇒*nitwit.*
uiltje 0.1 [kleine uil] *owlet* **0.2** [nachtvlinder] *moth* ◆ **3.¶** een ~ knappen *take a nap.*
uit¹ I ⟨bw.⟩ **0.1** [mbt. een richting naar buiten] *out* **0.2** [mbt. een bestemming/ beweging]⟨zie 1.2, ¶.2⟩ **0.3** [mbt. het doorlopen v.e. tijdruimte] *out* **0.4** [+ er/ daar]⟨zie 5.4⟩ ◆ **1.1** hij liep de kamer ~ *he walked o. of the room* **1.2** moet je ook die kant ~? *are you going that way, too?* **1.3** dag in, dag ~ *day in, day o.* **3.1** ~ eten gaan *go o. for dinner;* Ajax speelt volgende week ~ *Ajax are playing away next week;* ~ werken gaan *go (out) to work* **5.4** ik ben er ~ ⟨ik heb het opgelost⟩ *I've solved that problem;* ⟨ik begrijp het helemaal⟩ *I'm in the picture now;* ik zou er graag eens ~ willen *I would like to get away for a while;* de aankoop heb je er na een jaar ~ *the purchase will save its cost in a year* **5.¶** ik kan er niet over ~ *I can't believe it/ get over it* **¶.2** voor zich ~ zitten kijken *sit staring into space;*
II ⟨bn.; niet attr.⟩ **0.1** [elders, niet thuis] *out* ⇒*away* **0.2** [afgelopen] *over* **0.3** [niet brandend] *(gone) out* **0.4** [bedacht op, zoekend naar] *out* ⇒*after* **0.5** [ouderwets] *out* **0.6** [verschenen, gepubliceerd] *out* **0.7** [in bloei] *out* ◆ **3.1** zij had haar schoenen ~ *she had her shoes off;* de bal is ~ *the ball is o.* **3.2** de school gaat ~ *school is o.; school is out* ⟨einde v.h. schooljaar⟩; het is ~ tussen hen *it is finished between them;* en nou is 't ~! *this has got to stop!* **3.3** de kachel is ~ *the stove is out;* de lamp is ~ *the light is out/off* **3.5** een vetkuif is ~ *greasy forelocks are o.* **3.¶** het boek is ~ *the book is out* ⟨uitgeleend, verschenen⟩; *the book is finished* ⟨uitgelezen⟩ **5.1** die vlek gaat er niet ~ *that stain won't come o.* **6.2** het is ~ *met* de pret *the game is o. now* **6.4** op iets ~ zijn *be o. for/after sth.;* hij is er alleen maar **op** ~ om te winnen *his sole aim is to win* **¶.1** ~, goed voor u! *get away from it all!* **¶.2** ik doe het niet, punt ~! *I won't do it, and that's final!*
uit² ⟨vz.⟩ 0.1 [niet in] *out (of)* ⇒*from* **0.2** [verwijderd van] *off* **0.3** [te buiten, te boven gaand] *out of* **0.4** [afkomstig van, door middel van] *(out) of* **0.5** [vanwege] *out of* ⇒*from* ◆ **1.1** ~ een fles schenken *pour from a bottle;* ~ het raam kij-

ken *look out of the window;* een speler ~ het veld sturen *order a player off (the field)* **1.2** 2 km ~ de kust *2 kilometres o. the coast* **1.3** ~ de mode *out of fashion* **1.4** iets ~ ervaring kennen *know sth. from experience;* ~ één stuk *(all) of a piece* **1.5** ~ bewondering *out of/in admiration;* ~ betrouwbare bron is vernomen *we have it on good authority;* zij trouwden ~ liefde *they married for love;* ~ veiligheidsoverwegingen *for safety('s sake);* ~ voorzorg *by way of precaution* **3.4** kiezen ~ drie mogelijkheden *choose from three possibilities* **4.1** ik kan de tweeling niet ~ elkaar houden *I can't tell which of the twins is which/ the twins apart;* ~ elkaar vallen *break to pieces* **4.2** ~ elkaar gaan *separate* ⟨ook mbt. relatie⟩; ⟨relatie ook⟩ *split up* **4.4** ~ zichzelf *of itself* ⟨ding⟩; *of one's own accord* ⟨persoon⟩ **7.4** één ~ de twintig/ duizend *one in twenty/ a thousand.*
uitademen 0.1 [ook fig.] *breathe out* ⇒*exhale* ◆ **1.1** het bos ademde een sfeer uit van rust *the forest breathed (out)/ exuded an atmosphere of peace.*
uitademing 0.1 *exhalation.*
uitbalanceren 0.1 *balance* ◆ **1.1** een uitgebalanceerd dieet *a balanced diet.*
uitbannen 0.1 [verbannen] *banish, exile* ⟨vnl. uit land⟩ ⇒ *ban, expel* ⟨uit school e.d.⟩ **0.2** [verdrijven] *drive out/ away, expel* ⇒*exorcize* ⟨boze geest⟩ ◆ **1.2** hun twijfels ~ *expel their doubts.*
uitbarsten 0.1 [plotseling fel uiten] *burst out* **0.2** [mbt. vulkaan] *erupt* ◆ **6.1** in woede ~ *explode with fury;* in lachen ~ *burst out laughing;* in tranen ~ *burst out crying.*
uitbarsting 0.1 [felle uiting] *outburst* **0.2** [het uitbarsten] *bursting out* ⇒*eruption* ⟨vulkaan⟩ **0.3** [keer] *outburst* ⇒ *eruption* ⟨vulkaan⟩ ◆ **1.3** een ~ van polio *an outbreak of polio* **3.2** tot een ~ komen *come to a head.*
uitbaten 0.1 [exploiteren] *run* ◆ **1.1** een zaak ~ *r. a business/ an establishment.*
uitbater, -baatster 0.1 *manager;* ⟨v. ook⟩ *manageress.*
uitbeelden 0.1 *portray, represent* ◆ **1.1** een verhaal ~ *act out a story* **6.1** een rol in een toneelstuk ~ *act a part in a play.*
uitbeelding 0.1 *portrayal* ⇒*representation,* ⟨vertolking⟩ *performance* **0.2** [vertolking in een rol] *performance.*
uitbenen 0.1 *bone* ◆ **1.1** hammen ~ *b. hams;* ⟨fig.⟩ een onderwerp ~ *labour a subject.*
uitbesteden 0.1 [elders in de kost doen] *board out* **0.2** [aan anderen overdoen] *farm out* ⇒*contract (out)* ◆ **1.1** de kinderen een week ~ *board the children out for a week.*
uitbetalen 0.1 *pay (out)* ⇒⟨cheque, wissel ook⟩ *cash* ◆ **1.1** loon ~ *p. (out) wages.*
uitbetaling 0.1 *payment* ◆ **¶.1** opdracht tot ~ *order to pay.*
uitbetalingsloket 0.1 *pay-counter.*
uitbijten I ⟨ov.ww.⟩ **0.1** [door een bijtende stof verwijderen] *eat away* ⇒*corrode (away)* **0.2** [met de tanden wegnemen uit] *bite (away);*
II ⟨onov., ov.ww.⟩ **0.1** [door een bijtende werking aantasten] *corrode (away)* ◆ **1.1** dat zuur bijt uit *that acid is corrosive.*
uitblazen I ⟨ov.ww.⟩ **0.1** [door blazen naar buiten brengen] *blow (out)* ⇒⟨uitademen⟩ *breathe out* **0.2** [doven] *blow out* **0.3** [ten einde blazen] *finish (blowing)* ◆ **1.1** de laatste adem ~ *breathe one's last;*
II ⟨onov.ww.⟩ **0.1** [op adem komen] *take a breather* ⇒ *catch one's breath* ◆ **5.1** ik moet even ~ *I've got to have a little rest.*
uitblijven 0.1 [wegblijven] *stay away* ⇒⟨van huis⟩ *stay out* **0.2** [niet gebeuren] *fail to occur/ appear/ materialize* **0.3** [uitgeschakeld blijven] *stay off* ◆ **1.2** het antwoord

825

bleef ult *the/an answer remained forthcoming;* de gevolgen bleven niet uit *the consequences (soon) made themselves felt;* protesten bleven uit *there were no protests, no protests were made* **4.2** dat kon niet ~ *that was bound to happen.*

uitblinken 0.1 *excel* ◆ **6.1 bij** een examen ~ *shine/e. at an exam;* ~ **in** *e. in.*

uitblinker, -blinkster 0.1 *brilliant person/student* ⟨enz.⟩ ◆ **7.1** in sport was hij geen ~ *he did not shine in sports.*

uitbloeien 0.1 *leave off flowering* ⇒*finish flowering* ◆ **1.1** de rozen zijn uitgebloeid *the roses have finished flowering.*

uitboeken 0.1 *book out* ⇒*check out* ⟨mbt. hotel⟩.

uitbotten 0.1 *bud* ⇒*sprout, shoot, come into bud.*

uitbouw 0.1 *extension* ⇒*addition,* ⟨fig.⟩ *development.*

uitbouwen 0.1 [naar buiten bouwen] *build out* ⇒⟨huis ook⟩ *add on to* **0.2** [verder ontwikkelen] *develop* ⇒*expand* ◆ **1.2** een redenering/stelling ~ *expand a theory/hypothesis.*

uitbraak 0.1 *break* ⇒*jailbreak.*

uitbraakpoging 0.1 *escape attempt* ⇒*attempted escape.*

uitbraken 0.1 *vomit* ⇒*throw/bring up.*

uitbranden I ⟨onov.ww.⟩ **0.1** [opbranden] *burn up* **0.2** [door vuur verwoest worden] *be burnt down/out* ⇒*be gutted;* **II** ⟨ov.ww.⟩ **0.1** [door vuur verwoesten] *burn down/out* **0.2** [met vuur of een gloeiend voorwerp verwijderen] *burn out/away* ⇒*cauterize* ⟨wond⟩.

uitbrander 0.1 *dressing-down* ⇒*scolding* ◆ **3.1** iem. een ~ geven *give s.o. a good d.-d./telling-off.*

uitbreiden I ⟨ov.ww.⟩ **0.1** [vergroten] *extend* ⇒*expand* **0.2** [uitstrekken] *spread* ◆ **1.1** ⟨taal.⟩ ~ de bijzin *non-restrictive/amplifying (relative) clause;* een campagne ~ *step up a campaign;* zijn kennis ~ *extend one's knowledge;* zijn werkzaamheden ~ *expand one's activities* **6.1** zijn collectie ~ **met** een nieuwe plaat *add a new record to one's collection;* het aantal bestuursleden ~ **tot** acht *increase the number of board members to eight;* **II** ⟨wk.ww.; zich ~⟩ **0.1** [groeien] *extend* ⇒*expand, spread* ⟨ziekte, gewoonte, brand enz.⟩; **III** ⟨onov.ww.⟩ **0.1** [vergroten] *expand, enlarge* ◆ **¶.1** wij breiden uit ⟨bv. mbt. een winkel⟩ *we are expanding.*

uitbreiding 0.1 [het (zich) uitbreiden] *extension* ⇒*expansion* **0.2** [gedeelte waarmee uitgebreid is] *extension* ⇒*addition,* ⟨stadswijk⟩ *development* ◆ **6.2** een welkome ~ **van** mijn bibliotheek *a welcome addition to my library;* ~ **van** de epidemie kon worden voorkomen *a further spread of the epidemic could be prevented.*

uitbreidingsplan 0.1 *development plan.*

uitbreken 0.1 *break out* ◆ **1.1** het angstzweet brak hem uit *he broke out in a cold sweat;* er is brand/een epidemie uitgebroken *a fire/epidemic has broken out;* een muur ~ *knock down (a part of) a wall* **6.1 bij** het ~ v.d. oorlog *at/on the outbreak of the war* **¶.1** breek er eens een dagje uit *take a day off.*

uitbreker, -breekster 0.1 *jailbreaker.*

uitbrengen 0.1 [van zich doen uitgaan] *bring out* ⇒*say* **0.2** [kenbaar maken] *make* ⇒*give* **0.3** [op de markt brengen] *bring out* ⇒⟨plaat, film ook⟩ *release,* ⟨publiceren⟩ *publish,* ⟨publiceren⟩ *issue* ◆ **1.1** een toast ~ op iem. *propose a toast to s.o.* **1.2** advies ~ aan de minister *advise the minister;* zijn stem ~ op een kandidaat *vote for a candidate, give one's vote to a candidate;* verslag ~ van een vergadering *give an account of a meeting* **1.3** een nieuw model ~ ⟨ook⟩ *put a new model on the market.*

uitbroeden 0.1 [laten uitkomen] *hatch (out)* **0.2** [fig.;

scherts.] *hatch (up)* ⇒*brew (up)* ◆ **1.1** eieren ~ *h. (out) eggs;* hij zit een idee uit te broeden *he's brooding over/about an idea* **1.2** boze plannen ~ *brew mischief, scheme, h. (up) evil plans.*

uitbrullen 0.1 *roar* ◆ **6.1** het ~ van de pijn *howl with pain.*

uitbuiten 0.1 *exploit* ⇒*use* ◆ **1.1** een gelegenheid ~ *make the most of an opportunity.*

uitbuiter 0.1 *exploiter.*

uitbuiting 0.1 *exploitation.*

uitbundig 0.1 *exuberant* ◆ **3.1** dat gaan we ~ vieren *we're going to whoop it up.*

uitbundigheid 0.1 *exuberance.*

uitchecken 0.1 *check out* ⟨mbt. hotel enz.⟩.

uitdagen 0.1 *challenge* ◆ **6.1** tot een duel ~ *c.s.o. to a duel.*

uitdagend 0.1 *defiant* ◆ **¶.1** ~ gekleed gaan *dress provocatively.*

uitdager, -daagster 0.1 *challenger.*

uitdaging 0.1 *challenge* ⇒*provocation* ◆ **3.1** een ~ aannemen *take up a c.*

uitdelen 0.1 *distribute* ⇒*hand out* ◆ **1.1** ⟨fig.⟩ handjes ~ *shake hands/everyone's hand;* klappen ~ *deal blows.*

uitdeling 0.1 *distribution* ⇒⟨hand⟩ *dividend.*

uitdenken 0.1 *invent* ⇒*devise, think up* ◆ **4.1** dit heeft Mark uitgedacht *this was an idea of Mark's* **5.1** een goed uitgedacht plan *a carefully thought-out plan.*

uitdeuken 0.1 *beat out (a dent/dents)* ◆ **1.1** een spatbord ~ *beat dents/a dent out of a mudguard.*

uitdienen 0.1 *serve out* ◆ **1.1** zijn tijd ~ *serve (out) one's time;* het zal mijn tijd wel ~ *it will last my time.*

uitdiepen 0.1 [dieper maken] *deepen* **0.2** [diepgaand onderzoeken] *explore/study in depth.*

uitdieping 0.1 [het dieper maken] *deepening* **0.2** [diepgaand onderzoek] *in-depth exploration/study* ◆ **1.2** ~ van personages *development of characters* ⟨bv. in een roman⟩.

uitdijen 0.1 *expand* ⇒*swell, grow.*

uitdoen 0.1 [uittrekken] *take off* ⇒*remove* **0.2** [doven] *turn off* ⇒*switch off,* ⟨licht ook⟩ *turn/put out* ◆ **1.1** zijn kleren ~ *take/pull off one's clothes.*

uitdokteren ⟨inf.⟩ **0.1** *work out* ⇒*figure out, puzzle out.*

uitdossen 0.1 *dress up* ⇒*deck out, rig out, tog up/out, doll up* ◆ **5.1** zich piekfijn ~ *put on one's (Sunday) best/one's best togs.*

uitdoven I ⟨ov.ww.⟩ **0.1** [doven] *extinguish* ⇒⟨vuur ook⟩ *put out, snuff out* ⟨kaars⟩, ⟨sigaret ook⟩ *stub out* **0.2** [tenietdoen] *extinguish* ⇒*quench, smother;* **II** ⟨onov.ww.⟩ **0.1** [zijn gloed verliezen] *go out* ⇒*die (out)* ◆ **1.1** een uitgedoofde vulkaan *an extinct volcano.*

uitdraai 0.1 *print-out.*

uitdraaien I ⟨onov.ww.⟩ **0.1** [fig.; ten einde draaien] *end* ⇒*turn out, come to* ◆ **5.1** het draaide erop uit dat ik moest rijden *it ended in my having to drive;* waar moet dat op ~? *where is this going to end?* **6.1** het zal wel weer **op** niets ~ *it will probably come to nothing;* **II** ⟨ov.ww.⟩ **0.1** [door draaien uithalen] *unscrew* **0.2** [uitdoen] *turn off* ⇒*switch off,* ⟨licht ook⟩ *turn/put out* **0.3** [comp.] *print out* ◆ **1.1** een schroef ~ *loosen a screw.*

uitdragen 0.1 [naar buiten dragen] *carry out* **0.2** [verbreiden] *propagate* ⇒*spread, disseminate.*

uitdragerij, uitdragerswinkel 0.1 *secondhand shop* ⇒*junk shop.*

uitdrijven 0.1 [verjagen] *drive out* ⇒*expel, cast out,* ⟨kwade geest ook⟩ *exorcise* **0.2** [mbt. (edel)metalen] *engrave* ⇒*emboss* ◆ **1.1** de duivel ~ uit/bij iem. *exorcize s.o., drive the devil out of s.o.*

uitdrijving 0.1 *expulsion* ⇒*exorcism* ⟨van boze geest⟩.

uitdrinken 0.1 [leegdrinken] *drain* ⇒*empty, drink/toss off (at a draught)* ⟨in één teug⟩ **0.2** [opdrinken] *finish (up)* ⇒ *drink up* ◆ **1.1** zijn glas ~ *d./empty one's glass.*

uitdrogen 0.1 [droog worden/maken] *dry out* ⇒*dry up* ⟨rivier, vijver⟩, ⟨stroom ook⟩ *run dry,* ⟨med.⟩ *dehydrate,* ⟨med.⟩ *become dehydrated.*

uitdroging ⟨med.⟩ **0.1** *dehydration.*

uitdruipen 0.1 *drain (dry)* ⇒*drip* ⟨paraplu⟩ ◆ **3.1** laten ~ *drip-dry.*

uitdrukkelijk 0.1 *express* ⇒*distinct* ◆ **1.1** een ~ bevel *an e. command, a direct order;* het was zijn ~e wens *it was his e. wish* **3.1** hij heeft ~ verklaard, dat ... *he stated explicitly/ expressly that ...;* iets ~ verbieden *expressly forbid sth.*

uitdrukken 0.1 [onder woorden brengen] *express* ⇒*put* **0.2** [uitknijpen] *squeeze (out)* ⇒*press out* **0.3** [doven] *snub out* ⇒*stub/put out* **0.4** [naar buiten drukken] *squeeze out* ⇒*press out* ◆ **1.1** angst ~ *suggest fear;* zijn gedachten ~ *e./convey/voice one's thoughts* **5.1** eenvoudig uitgedrukt/om het eenvoudig uit te drukken *in plain terms, to put it plainly/simply;* iets ongelukkig ~ *phrase/ put sth. clumsily;* dat is sterk uitgedrukt *that's putting it strongly* **6.¶** de waarde van iets **in** geld ~ *express the value of sth. in terms of money.*

uitdrukking 0.1 [gezegde] *expression* ⇒*idiom,* ⟨benaming⟩ *term* **0.2** [sprekende gelaatstrek] *expression* ⇒*look* **0.3** [uiting] *expression* ⇒*utterance* ◆ **2.1** een vaste/staande ~ *a fixed e., a set phrase* **2.2** een verwilderde ~ in zijn ogen *a wild/haggard look in his eyes* **3.3** ~ geven aan *give voice/ vent to, express, voice;* tot ~ komen in *find e. in, be expressed in* **6.3** tot ~ brengen *give e. to, express.*

uitdrukkingsloos 0.1 *expressionless* ⇒*impassive, without expression, vacant, blank.*

uitdrukkingsvaardigheid 0.1 *ability to express o.s.* ⇒*fluency.*

uitdrukkingsvermogen 0.1 *power of expression* ⇒*ability to express o.s.*

uitdrukkingswijze 0.1 *turn of phrase* ⇒*way of expressing o.s./putting sth.*

uitduiden 0.1 *indicate* ⇒*show,* ⟨overdreven⟩ *spell out* ◆ **1.1** iem. de weg ~ *tell/show s.o. the way.*

uitdunnen I ⟨ov.ww.⟩ **0.1** [landb.] *thin (out)* **0.2** [dunner maken] *thin (out)* ⇒*deplete;* **II** ⟨onov.ww.⟩ **0.1** [dunner worden] *thin (out)* ⇒*become/ get thin.*

uiteen 0.1 *apart.*

uiteenbarsten 0.1 *burst (apart)* ⇒*explode.*

uiteendrijven 0.1 *scatter* ⇒*disperse, break up* ◆ **1.1** de menigte ~ *s./disperse/break up the crowd;* hun meningsverschil dreef ze uiteen *their difference of opinion drove them apart.*

uiteengaan 0.1 *separate* ⇒*disperse, part (company), go separate ways, break up* ◆ **1.1** het hof ging om 6 uur uiteen *the court adjourned at 6 o'clock;* de vergadering ging uiteen *the meeting broke up.*

uiteenhouden 0.1 *keep apart/separately/*⟨fig. ook⟩ *distinct* ⇒⟨fig.⟩ *distinguish* ◆ **4.1** ik kan hen niet ~ *I can't tell them apart/distinguish (between) them.*

uiteenlopen 0.1 [niet in dezelfde richting lopen] *diverge* **0.2** [verschillen] *vary* ⇒*differ, diverge* ◆ **1.2** de meningen liepen zeer uiteen *opinions were sharply/much divided* **5.2** sterk ~ *v./differ widely.*

uiteenlopend 0.1 *various* ⇒*varied, divergent, different* ◆ **1.1** ~e belangen *a diversity of interests;* ~e berichten *varied/varying reports;* ~e meningen *differing opinions, a di-*

versity *of opinions;* storm uit ~e richtingen *variable high winds* **5.1** sterk ~e karakters *widely divergent characters.*

uiteenslaan 0.1 *scatter* ⇒*disperse, break up* ◆ **1.1** een oproer/leger ~ *break up a riot, disperse an army.*

uiteenspatten 0.1 *shatter* ⇒*burst/fly into pieces, blow to bits.*

uiteenvallen 0.1 *fall apart* ⇒*collapse, disintegrate, break up* ⟨gezin, vereniging⟩ ◆ **6.1** ⟨fig.⟩ de organisatie is uiteengevallen **in** drie groeperingen *the organization has broken up into three groups* **6.¶** affixen vallen **in** drie soorten uiteen *affixes fall into three groups.*

uiteenzetten 0.1 [van elkaar verwijderd zetten] *set/place/ put apart* ⇒*separate* **0.2** [verklaren] *explain* ⇒*set out/ forth* ◆ **1.2** zijn mening ~ *expound/set forth one's views;* een theorie ~ *expound a theory;* ik zal u de zaak ~ *I shall e. the matter to you.*

uiteenzetting 0.1 *explanation* ⇒*statement* ◆ **3.1** een ~ geven/houden over een kwestie *discuss/explain a matter.*

uiteinde 0.1 [uiterste punt] *extremity* ⇒*tip, (far) end* **0.2** [afloop] *end, close* ⇒⟨jaareinde⟩ *end of the year* ◆ **2.2** iem. een zalig ~ wensen *wish s.o. a happy New Year.*

uiteindelijk I ⟨bn., bw.⟩ **0.1** [aan het einde] *final, ultimate* ⇒ *last, eventual,* ⟨onomkeerbaar⟩ *definitive* ◆ **1.1** de ~e afnemer *the end/u. user;* de ~e beslissing *the f. decision;* mijn ~e doel *my u. goal/last aim;* **II** ⟨bw.⟩ **0.1** [ten slotte] *finally* ⇒*eventually, in the end, ultimately* ◆ **3.1** ~ belandde ik in Rome *(eventually,) I ended/landed up in Rome.*

uiten I ⟨ov.ww.⟩ **0.1** [doen horen] *utter* ⇒*speak, express* ⟨gevoelens⟩, *voice* ⟨mening, protest⟩ ◆ **1.1** een mening ~ *express/voice an opinion;* zijn verdriet niet kunnen ~ *be unable to express one's grief/to find words for one's grief;* **II** ⟨wk.ww.; zich ~⟩ **0.1** [zich uitlaten] *express o.s.* ⇒*talk* **0.2** [tot uitdrukking komen] *show/reveal/express itself* ⇒*become evident* ◆ **6.2** een ziekte uit zich **in** bepaalde symptomen *an illness shows/manifests itself in certain symptoms.*

uit-en-ter-na 0.1 [telkens] *endlessly* ⇒*forever* **0.2** [grondig] *down to the finest detail* ⇒*thoroughly.*

uitentreuren ⟨pej.⟩ **0.1** *over and over again* ⇒*eternally, forever.*

uiteraard 0.1 ⟨vanzelfsprekend⟩ *of course, obviously;* ⟨van nature⟩ *naturally.*

uiterlijk¹ ⟨het⟩ **0.1** [voorkomen] *appearance, looks; aspect* ⟨van zaken⟩ **0.2** [schijn] *(outward) appearance* ⇒*show* ◆ **3.1** hij heeft zijn ~ niet mee *his l. are against him* **6.1** mensen **op** hun ~ beoordelen *judge people by their l.* **6.2** dat is alleen maar **voor** het ~ *that's just for appearance' sake/ for show.*

uiterlijk² I ⟨bn.⟩ **0.1** [uitwendig] *outward, external* ⇒*exterior* ◆ **1.1** op de ~e schijn afgaan *judge by appearances;* **II** ⟨bw.⟩ **0.1** [naar buiten toe] *outwardly* ⇒*from the outside, externally, apparently* **0.2** [op zijn laatst] *at the (very) latest* ⇒*not later than* ◆ **2.1** ~ scheen hij kalm *he appeared undisturbed, o. he seemed calm enough* **6.2** ~ drie maanden **na** het sluiten v.d. boeken *at most three months/a maximum of three months after closing the accounts;* ~ **(op)** 1 november *not later than November 1;* **tot** ~ 10 juli *until July 10 at the latest.*

uiterlijkheid 0.1 [concr.] *outward appearance* ⇒⟨mv. ook⟩ *externals* **0.2** [abstr.] *externality* ◆ **3.1** aan uiterlijkheden hechten *set great store by outward appearances/externals.*

uitermate 0.1 *extremely* ⇒*greatly, extraordinarily* ◆ **2.1** ~ verheugd/bedroefd zijn *be overjoyed, be grief-stricken.*

uiterst I ⟨bn.⟩ **0.1** [het meest verwijderd] *far(thest)* ⇒*extreme, utmost* **0.2** [hoogst] *greatest* ⇒*utmost* **0.3** [laagst] *lowest* ⇒*(rock-)bottom* **0.4** [laatst] *final* ⇒*last* ◆ **1.1** het ~e puntje *the (extreme) tip, the far end* **1.2** zijn ~e best doen om te helpen *do one's level best to help, bend over backwards to help;* in het ~e geval *if the worst comes to the worst;* de ~e voorzichtigheid betrachten *exercise extreme caution/the greatest care* **1.3** dat is mijn ~e prijs *that is my final bid* **1.4** een ~e poging *a last-ditch effort* **2.1** (fig.) ~ rechts *(the) far right;*
II ⟨bw.⟩ **0.1** [in de hoogste mate] *extremely* ⇒*most, highly, exceedingly* ◆ **2.1** dit is ~ zeldzaam *this is extremely rare/highly exceptional.*

uiterste 0.1 [het hoogste in zijn soort, het meest uiteenliggende] *extreme* ⇒*utmost, limit* **0.2** [mbt. een rangorde/intensiteit] *utmost* ⇒*extreme, last* **0.3** [einde] *extremity* ⇒*end* ◆ **6.1 tot** ~n vervallen *go to extremes;* **van** het ene ~ in het andere (vervallen) *go from one e. to the other* **6.2** iem. **tot** het ~ brengen *drive s.o. to extremes;* bereid zijn **tot** het ~ te gaan *be prepared to go to any length;* **tot** het ~ gespannen *at full strain, at concert pitch.*

uiterwaard 0.1 *(river) foreland* ⇒*water meadow.*

uiteten 0.1 [ten einde eten] *finish (eating)* ◆ **4.1** ben je uitgegeten? *have you finished?*

uitfaden ⟨film.⟩ **0.1** *fade out.*

uitflappen 0.1 *blurt out* ⇒*(let) slip out, blab* ⟨geheim⟩ ◆ **4.1** er alles ~ *say anything that comes to mind.*

uitfloepen 0.1 *go out, fail* ⟨licht⟩; ⟨ergens uitkomen⟩ *pop out.*

uitfluiten 0.1 *hiss (at)* ⇒*give (s.o.) the bird* ◆ **3.1** uitgefloten worden *receive catcalls.*

uitfoeteren 0.1 *storm at, bawl out.*

uitgaan 0.1 [naar buiten gaan] *go out* ⇒*leave* **0.2** [van huis gaan om zich te vermaken] *go out* **0.3** [doven] *go out* **0.4** [verlaten worden] *be over/out* ⇒*break up* ⟨vergadering, school⟩, *go out* **0.5** [als uitgangspunt nemen] *start/depart (from)* ⇒*take for granted, assume* **0.6** [verspreid worden] *emanate* ⇒*radiate, go out* **0.7** [+ van; georganiseerd worden] *be organized/staged/produced by, originate (with/in)* ◆ **1.1** het huis/de deur ~ *leave/stir from the house;* de kamer ~ *leave the room* **1.2** een avondje ~ *have a night out* **1.4** de school/de bioscoop gaat uit *school/the film is over* **1.¶** die vlekken gaan er niet uit *these spots won't come out* **3.6** een brief (met richtlijnen e.d.) doen ~ naar de afdelingen *send out a letter (containing guidelines etc.) to the departments* **5.1** erop ~ om klanten te werven *set out to canvass customers* **5.5** men is ervan uitgegaan dat ... it *has been assumed/taken for granted that ...* **6.1** **op** ontdekking ~ *explore, set out on a voyage of discovery* **6.2 met** een meisje ~ *go out with a girl, take a girl out, date a girl* **6.5 van** een veronderstelling ~ *make an assumption* **6.6** onze gelukwensen gaan uit **naar** je broer *we extend our congratulations to your brother;* er gaat niets **van** hem uit *there's no push in him, he's so passive;* er gaat een ongemeen kracht **van** hem uit *he radiates an unusual power;* er gaat een geweldige invloed **van** haar uit *she emanates/exerts/wields an enormous influence* **6.7** deze concerten gaan uit **van** een vereniging *these concerts are organized/staged by a society;* het plan ging uit **van** de regering *the plan originated with the Government* **6.¶** onze gedachten gaan uit **naar** een Perzisch tapijt *we were thinking of a Persian rug;* **op** een jurk ~ *shop for a dress.*

uitgaand 0.1 [vertrekkend] *outgoing, outward* ⇒⟨schepen, verkeer ook⟩ *outbound, outward bound* **0.2** [voor zijn plezier weggaand] *pleasure-seeking* ◆ **1.1** ~e brieven/post *outgoing/outward letters/post* **1.2** het ~ publiek *the theatre-/cinema-going public, people having a night out.*

uitgaansavond 0.1 *(regular) night out.*

uitgaanscentrum 0.1 [(deel van een) stad] *entertainment centre/*⟨deel van stad⟩ *district* **0.2** ⟨complex⟩ *entertainment centre.*

uitgaansgelegenheid 0.1 *place of entertainment.*

uitgaansleven 0.1 *night life* ◆ **2.1** een bruisend ~ *a bustling n. l.*

uitgaansverbod 0.1 *curfew* ◆ **3.1** een ~ uitvaardigen *impose a c.*

uitgang 0.1 [opening] *exit* ⇒*gate* **0.2** [uitweg] *way out* ⇒ *(means of) exit, outlet, egress* **0.3** [taal.; einde] *ending* **0.4** [comp.] *exit* ◆ **2.2** ⟨med.⟩ een kunstmatige ~ *a stoma.*

uitgangspositie 0.1 *point of departure* ◆ **2.1** zich in een goede/slechte ~ bevinden (om ...) *be in a good/bad position (for sth.).*

uitgangspunt 0.1 [punt van uitgang] *point of departure, starting point* **0.2** [beginsel] *basic assumption* ⇒*starting point, point of departure.*

uitgangsvermogen ⟨audio⟩ **0.1** *output.*

uitgave 0.1 [uitgegeven geld] *outlay;* ⟨mv.⟩ *spending expenditure* ⇒*costs* **0.2** [het laten drukken van boeken] *publication* **0.3** [druk] *edition* ⇒*issue* ⟨ihb. van tijdschrift⟩ **0.4** [exemplaar] *copy* ⇒*book* **0.5** [publicatie] *publication, production* ◆ **1.1** de ~n voor defensie *defence expenditure* **2.4** (fig.) hij is een verkleinde ~ van zijn vader *he is a miniature of his father, he's a chip off the old block* **6.1 op** de ~n besnoeien *curtail one's spending, cut one's expenses (down)* **6.5** ⟨nieuwe⟩ ~n **op** het gebied v.d. letterkunde *(new) publications in the field of literature.*

＊uitgavepatroon *(Wdl: uitgavenpatroon)* **0.1** *pattern of spending.*

uitgeblust 0.1 *washed out* ◆ **1.1** een ~e indruk maken *look washed out.*

uitgebreid 0.1 [uitgestrekt] *extensive* ⇒*vast, spacious* **0.2** [veelomvattend] *extensive, comprehensive* ⇒*elaborate* **0.3** [uitvoerig] *extensive, elaborate* ⇒*detailed* ⟨onderzoek⟩ ◆ **1.2** een ~e kennis van iets hebben *have an extensive/a c. knowledge of sth.* **3.3** iets ~ behandelen *discuss sth. at length/in great detail;* ~ dineren *wine and dine, dine sumptuously;* een theorie ~ toelichten *enlarge/dilate (up)on/expound a theory* **¶.3** ~ aan bod komen *receive ample treatment.*

uitgebreidheid 0.1 [grootte] *extent* ⇒*size* **0.2** [oppervlakte] *area* ⇒*extent, expanse* **0.3** [grote omvang] *vastness* ⇒*extensiveness, spaciousness* **0.4** [uitvoerigheid] *elaborateness, extensiveness* ⇒*comprehensiveness.*

uitgehongerd 0.1 [door honger verteerd] *starved* ⇒*famished* **0.2** [zeer hongerig] *famished* ⇒*starving.*

uitgekiend 0.1 *sophisticated* ⇒*cunning,* ⟨vaak pej.⟩ *slick.*

uitgekookt 0.1 *sly, cunning* ⇒*shrewd, crafty.*

uitgelaten 0.1 *elated* ⇒*exuberant, exalted* ◆ **1.1** een ~stemming *an elated mood* **3.1** ~ zijn *feel on top of the world.*

uitgelatenheid 0.1 *elation, exuberance* ⇒*high spirits.*

uitgeleide 0.1 *send-off, escort* ◆ **3.1** iem. ~ doen *see s.o. off/out.*

uitgelezen 0.1 *exquisite* ⇒*superior* ⟨wijn⟩, *select* ⟨gezelschap⟩, *choice* ⟨bv. fruit⟩, *elite* ⟨troepen⟩.

uitgeluld ◆ **3.¶** ~ zijn ⟨uitgepraat⟩ *be through bullshitting;* ⟨geen weerwoord meer hebben⟩ *have nothing more to say.*

uitgemaakt 0.1 *established, settled* ⇒*foregone* ◆ **1.1** dit is een ~e zaak *that is a foregone conclusion.*

uitgemergeld 0.1 *emaciated* ⇒*gaunt, haggard.*

uitgeput 0.1 [doodop] *exhausted, worn out* ⇒*all in* **0.2** [leeg] *exhausted, empty* ⇒*flat* ⟨batterij⟩ **0.3** [op] *exhausted* ⇒*at an end* ◆ **1.3** onze voorraden zijn ~ *our supplies have run out/are exhausted* **6.1** ~ **van** pijn *e. with pain*.

uitgerekend 0.1 [juist] *precisely, of all (people/things), very* ◆ **4.1** ~ hem moest dat weer treffen! *it had to happen to him (again)!;* ~ jij! *you of all people!* **5.1** ~ vandaag *today of all days*.

uitgeslagen 0.1 *mouldy* ⟨met schimmel⟩; *sweating* ⟨met vocht⟩.

uitgeslapen 0.1 [pienter] *smart, clever* ⇒*shrewd* **0.2** [uitgerust] *wide awake, rested* ◆ **1.1** een ~ vent *an old hand, a sly dog*.

uitgesloten 0.1 [onmogelijk] *impossible* ⇒*out of the question* **0.2** [buiten een kring geplaatst] *barred, expelled* ⇒ *locked/left out, excepted* ◆ **3.1** iets ~ achten *consider sth. (to be) i.;* dat is ~! *that's out of the question; no way!;* het is niet ~ dat ... *there is a possibility that ...*

uitgesproken 0.1 *marked* ⇒*clear(-cut), definite, distinct, pronounced* ◆ **1.1** ze doet dat met de ~ bedoeling (om) te ... *she does so with the explicit aim of ...(-ing);* er een ~ mening op nahouden *hold strong views;* een ~ voorkeur *a m./ distinct preference* **2.1** hij is ~ lelijk *he is undeniably/ downright ugly*.

uitgestorven 0.1 [zonder leven] *deserted, desolate* **0.2** [niet meer bestaand] *extinct*.

uitgestreken 0.1 *straight* ⇒*deadpan* ◆ **1.1** met een ~ gezicht *with a deadpan expression, straightfaced; without turning a hair*.

uitgestrekt 0.1 *vast, extensive* ⇒*spacious*.

uitgestrektheid 0.1 [eigenschap een lengte/oppervlak te beslaan] *extent* ⇒*size, dimension(s)* **0.2** [oppervlak] *extent* ⇒*expanse, sweep* **0.3** [uitgebreidheid] *extensiveness* ⇒*vastness, expanse*.

uitgeteld 0.1 [uitgeput] *exhausted* ⇒*dead beat,* ⟨sport⟩ *(counted) out* **0.2** [mbt. de zwangerschap] ⟨zie 3.2⟩ ◆ **3.2** wanneer ben je ~? *when is your baby due?*

uitgeven 0.1 [besteden] *spend* ⇒*pay* **0.2** [in omloop brengen] *issue* ⇒*emit* **0.3** [in druk] *publish* ⇒*bring/put out, release, issue* ⟨brochures⟩ **0.4** [voor publicatie geschikt maken] *edit* **0.5** [laten doorgaan voor] *pass off (as)* ⇒*represent, set up (as/to be)* **0.6** [verstrekken] *hand/give out* ⇒*distribute, grant* ◆ **1.1** geld aan boeken/als water ~ *s. money on books/as if it grew on trees* **1.2** aandelen ~ *i. shares;* vals geld ~ *pass counterfeit money;* een lening ~ *float a loan;* een verklaring ~ *i. a statement* **1.3** een krant ~ *publish a newspaper* **1.4** een middeleeuwse tekst ~ *e. a medieval text* **1.6** grond ~ *sell off/grant land* **4.5** zich voor iem. anders ~ *impersonate s.o., pose as s.o. else*.

uitgever 0.1 [boekproducent] *publisher* **0.2** [uitgeverij] *publisher('s), publishing house/company* **0.3** [tekstverzorger] *editor*.

uitgeverij 0.1 [uitgeverszaak] *publishing house/company* ⇒*publisher('s)* **0.2** [het uitgeven van boeken] *publishing (trade)*.

uitgeversfonds 0.1 *list*.

uitgeversmaatschappij 0.1 *publishing-company/house/ firm* ⇒*publisher(s)*.

uitgewekene 0.1 *emigrant* ⇒⟨vluchteling⟩ *refugee*.

uitgewerkt 0.1 [geheel bewerkt] *elaborate* ⇒*detailed, (completely) worked-out* **0.2** [niet meer werkend] *spent; flat, dead* ⟨batterij, bier⟩; *extinct* ⟨vulkaan⟩ ◆ **1.1** een ~ plan *a detailed/an elaborate plan*.

uitgewoond 0.1 *run-down* ⇒*dilapidated, decrepit* ◆ **5.1** dat huis is helemaal ~ *that house is badly in need of repair/is a ruin*.

uitgezakt 0.1 *flopped out* ◆ **3.1** ~ in een luie stoel zitten *be (sitting) flopped/*⟨inf.⟩ *flaked out in an armchair*.

uitgezocht 0.1 *choice* ⇒*select, superior* ◆ **1.1** een ~ e gelegenheid *an excellent opportunity*.

uitgezonderd¹ ⟨vz.⟩ **0.1** *except for* ⇒*apart from, bar(ring), with the exception of* ◆ **4.1** niemand ~ *with no exceptions, bar none*.

uitgezonderd² ⟨vw.⟩ **0.1** *except(ing), apart from* ⇒*but, except for the fact that* ◆ **4.1** iedereen ging mee, ~ hij *everyone came (along), except for him, everybody but him came (along)*.

uitgieren 0.1 *scream/shriek (with)* ◆ **4.1** zij gierden het uit van pret *they screamed with laughter*.

uitgieten 0.1 *pour (out)* ⇒*empty (out), tip out*.

uitgifte 0.1 [verstrekking van goederen] *issue, distribution* **0.2** [het in omloop brengen] *issue* **0.3** [het in druk bekendmaken] *publication* ◆ **1.2** de koers van ~ *the i. price, the price of i.*

uitgiftekoers ⟨geldw.⟩ **0.1** *issue price*.

uitgillen 0.1 *scream/shriek (out)* ◆ **4.1** hij gilde het uit van de pijn *he screamed with pain*.

uitglijden 0.1 [van zijn plaats glijden] *slip (away)* ⇒*slide* **0.2** [glijdend vallen] *slip (and fall)* ⇒*lose one's footing* **0.3** [fig.] *blunder* ⇒*slip up* ◆ **1.1** de ladder gleed uit *the ladder slipped (away)* **6.2** ~ **over** een bananenschil *s. on a banana peel*.

uitglijder 0.1 *blunder* ⇒*slip(-up)*.

uitgommen 0.1 *erase, rub out*.

uitgooien 0.1 [uitwerpen] *throw out* ⇒*eject (from)* **0.2** [nonchalant uitdoen] *throw/fling off* **0.3** [al gooiend legen] *empty* ⇒*throw out* ◆ **1.1** een anker ~ *cast/drop anchor* **1.2** zijn schoenen ~ *kick off one's shoes*.

uitgraven 0.1 [naar boven halen] *dig up, excavate* ⇒*mine* ⟨erts⟩, *quarry* ⟨zand, steen, enz.⟩, *exhume* ⟨lijk⟩ **0.2** [gravend dieper maken] *dig out* ⇒*deepen* ◆ **1.2** een sloot ~ *deepen/dig out a ditch*.

uitgraving 0.1 [handeling] *digging out/up* ⇒*exhumation* ⟨van lijk⟩ **0.2** [plaats] *excavation site*.

uitgroeien 0.1 [ontwikkelen] *grow (into)* ⇒*develop (into)* **0.2** [groeiende boven iets komen] *outgrow* ◆ **6.1** het bedrijf is uitgegroeid **tot** het grootste van Europa *the company has grown into the largest in Europe* **6.2** ⟨fig.⟩ hij is **boven** zijn omgeving uitgegroeid *he has outgrown/risen above his surroundings* **¶.1** hij is nog lang niet uitgegroeid *he won't stop growing for a long time yet*.

uithaal 0.1 [het uitstrekken v.e. arm, been] *swipe* ⟨arm⟩; *swing* ⟨arm, been⟩; *kick* ⟨been⟩ **0.2** [schreeuw] *howl, bellow* **0.3** [praal, ophef] *display* ⇒*pomp,* ⟨op tafel⟩ *spread* **0.4** [sport; hard schot] *hard shot* ⇒*sizzler, scorcher* **0.5** [venijnige opmerking] *(side-)swipe (at)* ⇒*stab (at)*.

uithakken 0.1 [hakkend wegnemen] *chop/cut/hack away* **0.2** [door hakken vormen] *cut out*.

uithalen I ⟨ov.ww.⟩ **0.1** [uitnemen] *take/pull out, remove* ⇒ *unpick/undo* ⟨breiwerk⟩, *extract* ⟨bv. tand⟩ **0.2** [leeghalen] *empty* ⇒*clear/clean out, turn out, draw* ⟨gevogelte⟩ **0.3** [uitvoeren] *play* ⇒*do* **0.4** [baten] *be of use/useful* ⇒*help* ◆ **1.1** een steek ~ *unpick/take out a stitch* **1.2** een vogelnest ~ *take the eggs from a bird's nest* **1.3** een grap met iem. ~ *p. a joke on s.o.* **4.4** het haalt niets uit *it is no use/all in vain, it won't do any good/make any difference* **5.3** wat heb je nu weer uitgehaald! *what have you been up to now!;* **II** ⟨onov.ww.⟩ **0.1** [een arm/been uitstrekken] *(take a) swing* ⇒*swipe, lash/kick out* **0.2** [kritiek leveren] *lash out (at)* ⇒*take a swing/swipe (at)* **0.3** [zich flink inspannen] *give one's all* ⇒⟨bij feest⟩ *entertain lavishly, do (o.s.) out*.

s.o.) proud ◆ **5.3** PSV haalde weer eens ouderwets uit *PSV produced another cracking performance* **6.1** ~ **in** de richting van de bal *take a swing/swipe at the ball;* de kat haalde **naar** hem uit *the cat lashed out at him* **6.2 naar/tegen** iem. ~ *let fly/lash out at s.o.* **6.3** ~ **bij** een verjaardag *entertain lavishly/splash out on one's birthday.*

uithangbord 0.1 *sign(board)* ◆ **3.1** (fig.) die firmanaam is maar een ~ *that company name is just a front/cover;* (scherts.) mijn arm is geen ~ *I can't hold this forever.*

uithangen I (onov.ww.) **0.1** [naar buiten hangen] *hang out* **0.2** [zich bevinden] *be* ⇒*hang out* ◆ **1.1** de vlag hangt uit *the flag is hanging out/has been struck* **5.2** waar heb jij uitgehangen? *where have you been (hanging out)?, what have you been up to?;* **II** (ov.ww.) **0.1** [naar buiten hangen] *hang/put out* **0.2** [in zijn volle lengte ophangen] *hang out* **0.3** [zich voordoen als] *play* ⇒*act* ◆ **1.2** het wasgoed ~ om te drogen *hang the washing out to dry* **1.3** de beest ~ *paint the town red;* de idioot ~ *act/p. the fool;* de grote meneer ~ *play the big shot.*

uitheems 0.1 *exotic, foreign* ⇒(pej.) *outlandish* ◆ **3.1** ~ gekleed gaan *wear e. clothes, be exotically dressed.*

uithoek 0.1 *remote corner* ⇒*back of beyond, outpost* ◆ **2.1** tot in de verste ~en v.h. land *to the farthest corners of the country* **6.1 in** een ~ wonen *live in the back of beyond.*

uithollen 0.1 [hol maken] *scoop/hollow out* ⇒*erode (away)* **0.2** [fig.] *erode* ⇒*undermine, sap* ◆ **1.2** de democratie ~ *undermine/e. democracy.*

uitholling 0.1 [handeling] *excavation* ⇒*hollowing-out, erosion* **0.2** [resultaat] *hollow* ⇒*recess, depression* (in landschap), *(con)cavity* ◆ **1.1** de ~ v.d. democratie *the undermining/erosion of democracy* **5.2** ~ overdwars (verkeer) *ramp ahead.*

uithongeren 0.1 *starve (out)* ◆ **1.1** de vijand ~ *s. the enemy out/into submission.*

uithongering 0.1 *starvation* ⇒*starving (out).*

uithoren 0.1 [uitvragen] *interrogate* ⇒*question* **0.2** [ten einde horen] *hear out, listen to the end (of)* ⇒*bear with* (iem.), *let finish.*

uithouden 0.1 [verdragen] *stand, endure* ⇒*bear, tolerate* **0.2** [volhouden] *stick (it) out, hold out* ⇒*stand* **0.3** [uitgespreid houden] *hold/stretch out* ◆ **3.1** hij kon het niet langer ~ *he could not take/stand it any longer* **5.2** het ergens lang ~ *stay/stick it out somewhere for a long time.*

uithoudingsvermogen 0.1 *stamina* ⇒*endurance, staying power* ◆ **7.1** geen ~ hebben *lack stamina.*

uithouwen 0.1 [door houwen vormen] *carve/hew out* ⇒ *sculpt(ure)* **0.2** [houwend wegnemen] *hack/cut away/ out* ◆ **1.1** een weg ~ door een bos *hew (out)/clear a road through a forest.*

uithuilen 0.1 [huilen tot het over is] *cry to one's heart's content, have a good cry* ◆ **5.1** huil maar eens lekker uit *why don't you have a good cry?* ¶**.1** ~ en opnieuw beginnen *pick up the pieces and start all over again.*

uithuizig 0.1 *gadabout* ◆ **1.1** een ~ mens *a gadabout.*

uithuwelijken 0.1 *marry off* ⇒*give in marriage* ◆ **6.1** zijn dochter **aan** iem. ~ *give one's daughter to s.o. in marriage.*

uiting 0.1 *utterance* ⇒*expression, statement, word(s)* ◆ **3.1** ~ geven aan zijn gevoelens *express/vent/air one's feelings* **6.1 tot** ~ brengen *express;* **tot** ~ komen (in/door) *manifest/reveal itself in/by, take shape in;* een ~ **van** wantrouwen *a sign of distrust.*

uitje 0.1 [uitstapje] *outing* ⇒*(pleasure) trip, excursion* **0.2** [zilverui] *cocktail onion.*

uitjouwen, uitjoelen 0.1 *boo, hiss at* ⇒*hoot/jeer at* ◆ ¶**.1** hij werd uitgejouwd *they gave him the bird.*

uitkafferen (inf.) **0.1** *give (s.o.) a bawling* ⇒*bite (s.o.'s) head off.*

uitkakken (inf.) **I** (ov.ww.) **0.1** [uitschijten] *shit (out);* **II** (onov.ww.) ◆ **3.**¶ uitgekakt zijn (niets meer te vertellen hebben) *be washed/pooped out* (BE ook) *buggered/knackered.*

uitkammen 0.1 [doorzoeken] *comb (out)* ⇒*search,* (zeer grondig) *go through with a fine-tooth comb* **0.2** [kammend zuiveren] *comb (out)* **0.3** [met een kam uit iets wegnemen] *comb out.*

uitkauwen 0.1 *chew (up)* ◆ **1.1** een uitgekauwd stukje vlees *a chewed piece of meat;* (fig.) een uitgekauwd verhaaltje *a tame/feeble story.*

uitkeren 0.1 *pay (out)* ⇒*remit* (ihb. via post), (afdragen) *make over,* (winst, dividend ook) *distribute* ◆ **1.1** maandelijks wordt een vast bedrag uitgekeerd *a fixed amount will be paid (out)/remitted each month* **5.1** niet uitgekeerde winst *retained profits.*

uitkering 0.1 [het uitkeren] *payment* ⇒*remittance, distribution* (winsten, dividenden) **0.2** [uitgekeerd bedrag] *payment* ⇒*remittance,* (sociaal) *benefit, allowance, pension* ◆ **1.2** recht hebben op een ~ *be entitled to benefit;* een ~ van Sociale Zaken *social security benefit* **2.2** een aanvullende ~ *supplementary benefit;* een maandelijkse ~ *a monthly allowance* **6.1** ~ **bij** zwangerschap *maternity allowance* **6.2** dividenden en andere ~en **op** aandelen *dividends and other payments on shares;* **van** een ~ leven *live on social security; be on the dole;* in aanmerking komen **voor** een ~ *qualify for benefit* ¶**.2** werken met behoud van ~ *work without loss of (unemployment) benefit.*

uitkeringsfraude 0.1 *social security fraud.*

uitkeringsgelden 0.1 *funds (earmarked) for social benefit.*

uitkeringsgerechtigd 0.1 *entitled to benefit/an allowance/^welfare* ◆ **7.1** een ~e *s.o. (who is) entitled to benefit/an allowance/welfare.*

uitkeringstrekker 0.1 *person drawing benefit(s)/an allowance/on relief.*

uitkermen 0.1 *cry out/groan (with)* ◆ **4.1** zij kermde het uit (van pijn) *she cried out/groaned with pain.*

uitketteren (inf.) **0.1** *bawl out* ⇒*bite (s.o.'s) head off.*

uitkienen (inf.) **0.1** *figure/puzzle out.*

uitkiezen 0.1 *choose* ⇒*pick, select* ◆ **6.1** je hebt het maar **voor** het ~ *(you can) take your pick.*

uitkijk 0.1 [het uitkijken] *lookout, watch* **0.2** [uitzicht] *view* ⇒*outlook, prospect* (vnl. van hoger op) **0.3** [plaats vanwaar men uitkijkt] *lookout* ⇒*observation post* (voor de vijand), *crow's nest* (op schip) **0.4** [persoon] *watch(man)* ⇒*lookout* ◆ **6.1 op** de ~ staan *be on the watch/l.(for), keep watch (for).*

uitkijken 0.1 [oppassen] *watch/look out* ⇒*be careful* **0.2** [uitzicht hebben] *overlook, look out on/over* **0.3** [voortdurend kijken] *look out/watch (for)* ⇒*be on the lookout/ keep an eye out (for)* **0.4** [verlangend wachten] *look forward (to)* ⇒*watch out (for)* **0.5** [kijken tot men er genoeg van heeft] *tire (of sth.)* ◆ **6.1** ~ **met** oversteken *take care crossing the street* **6.2** dit raam kijkt uit **op** de zee *this window overlooks the sea* **6.3 naar** een andere baan ~ *watch/look out for a new job* **6.4 naar** de vakantie ~ *look forward to the holidays* **6.5** gauw uitgekeken zijn **op** iets *quickly tire/get tired of sth.* ¶**.1** kijk uit (met) wat je doet *watch/mind what you're doing* ¶**.3** kijk uit! *watch it!, look/ watch out!*

uitkijkpost 0.1 *lookout* (ook persoon) ⇒*observation post* (voor de vijand), *vantage point* (voor de vijand), *crow's nest* (op schip), *observatory* (voor sterren).

uitkijktoren 0.1 *watchtower* ⇒*observation tower* ⟨voor de vijand⟩, *observatory* ⟨sterren⟩.

uitklapbaar 0.1 *folding, collapsible* ⇒*convertible* ♦ **1.1** deze stoel is ~ tot een bed *this chair converts into a bed*.

uitklappen 0.1 *fold (out)*.

uitklaren 0.1 *clear (through customs)* ⇒*arrange customs clearance* ♦ **1.1** goederen ~ *clear goods (through customs)*.

uitklaring 0.1 [handeling] *clearance* **0.2** [akte] *clearance certificate/papers*.

uitkleden 0.1 [v.d. kleren ontdoen] *undress, strip (off), peel off* **0.2** [afzetten] *rob, plunder* ⇒*fleece* ♦ **1.1** ⟨fig.⟩ een bouwplan ~ *cut back on/make cuts in/trim down a plan (for building)* **4.1** zich ~ *undress, strip (off)* **6.2** iem. **tot op** het hemd ~ *fleece s.o., take s.o. to the cleaner's*.

uitkloppen 0.1 [ontdoen van stof] *beat/shake (out); knock out* **0.2** [uitdrijven] *knock/hammer/beat out* **0.3** [groter van oppervlakte maken] *beat/hammer out* ♦ **1.1** ⟨fig.⟩ iem.~ *fleece s.o.*; een kleed ~ *beat a carpet;* zijn pijp ~ *knock out one's pipe;* het stof ~ *beat/shake out the dust* **1.2** deuken ~ *beat out dents*.

uitknijpen 0.1 [uitpersen] *squeeze (out/dry)* **0.2** [laten uitvloeien] *squeeze out* ⇒⟨schr.⟩ *express* **0.3** [doven] *pinch out* ⇒*snuff* ⟨kaars⟩ ♦ **1.1** ⟨fig.⟩ iem. totaal ~ *squeeze s.o. dry, bleed s.o. (dry/white);* een puistje ~ *s. out a pimple*.

uitknippen 0.1 [met een schaar wegnemen] *cut/clip* **0.2** [knippend vormen] *cut/clip out* **0.3** [mbt. een schakelaar] *click/switch off* ♦ **1.2** prentjes ~ *cut out pictures*.

uitknobbelen ⟨inf.⟩ **0.1** *figure/puzzle out*.

uitkoken 0.1 [door koken reinigen] *boil* ⟨textiel⟩; *scald* ⟨ketel, instrumenten⟩ **0.2** [ontdoen van wat er in zit] *boil down* **0.3** [afzonderen] *boil down, extract by boiling*.

uitkomen 0.1 [terechtkomen, arriveren] *end up* ⇒*arrive at* **0.2** [toegang geven tot] *lead (to), give out (into/onto)* **0.3** [uitspruiten] *come out* ⇒*sprout* **0.4** [uit het ei komen] *hatch (out)* **0.5** [bekend worden] *be revealed/disclosed* ⇒*transpire, emerge* **0.6** [+ voor; bekennen] *admit* **0.7** [kloppen] *prove to be true/correct, come out/true* ⇒⟨berekening⟩ *come/work out, be right* **0.8** [sport] ⟨in wedstrijd⟩ *play;* ⟨kaartspel⟩ *lead* **0.9** [verschijnen] *appear* ⇒ *be published, come out* **0.10** [tot slot, resultaat hebben] *turn/work out;* ⟨schikken⟩ *suit, be convenient* **0.11** [rondkomen] *manage, (be able to) live* **0.12** [waarneembaar zijn] *show up, stand/come out* ⇒*be apparent* ♦ **1.4** een pas uitgekomen kuikentje *a newly-hatched chicken* **1.7** die som komt niet uit *that sum doesn't add up;* mijn voorspelling kwam uit *my prediction proved correct/came true* **3.8** wie moet er ~ *whose lead is it?* **3.9** een nieuw tijdschrift laten ~ *publish a new magazine* **3.10** bedrogen ~ *be deceived* **3.12** het beste in iem. doen ~ *bring out the best in s.o.;* sterk doen ~ *accentuate, emphasize, bring into sharp relief;* iets goed laten ~ *show sth. to advantage* **5.10** dat komt goed uit *that suits me/us fine, that's very convenient;* wanneer het hem zo uitkwam *in his own good time, whenever the mood seized him* **6.1 op** de hoofdweg ~ *join (onto) the main road* **6.2** die deur komt uit **op** de straat ~ *this door opens (out) onto the street* **6.6 voor** zijn mening durven ~ *stand up for one's opinion;* eerlijk ~ **voor** a. *openly, be honest about* **6.8** Ajax komt uit **met** drie buitenlandse spelers *Ajax are fielding three foreign players;* **met** klaveren/troef ~ *lead clubs/trumps;* ~ **voor** het nationale elftal *p. for one's country* **6.11 met** zijn salaris ~ *m. (to live) on one's salary* **6.12 tegen** de lichte achtergrond komen de kleuren goed uit *the colours show up/stand out well against the light background* ¶**.5** het kwam uit *it was revealed, it transpired*.

uitkomst 0.1 [einde] *outcome* ⇒⟨final/net⟩ *result* **0.2** [redding] *way out, solution* ⇒*relief* **0.3** [resultaat] ⟨final/net⟩ *result, outcome* ⇒*upshot,* ⟨van berekening ook⟩ *answer* ♦ **1.3** de ~en van een onderzoek *the results/o. of an investigation* **3.2** ~ brengen *relieve, bring help/relief;* zo'n magnetron is echt een ~ *this microwave is a perfect godsend*.

uitkopen 0.1 *buy out* ♦ **4.1** zich ~ *buy one's freedom*.

uitkotsen ⟨inf.⟩ **0.1** *throw up* ⇒*spew/puke up* ♦ **1.1** ⟨fig., stud.⟩ die vent wordt daar uitgekotst *they loath/can't stand that guy there*.

uitkraaien 0.1 *crow, caw (out)* ♦ **4.1** het kind kraaide het uit van plezier *the child crowed with delight*.

uitkrabben 0.1 *scratch out* ⇒⟨schoonmaken⟩ *scrape out*.

uitkramen 0.1 *talk* ♦ **1.1** onzin ~ *talk nonsense/⟨*sl.*⟩ (a load of) crap/⟨*BE; sl.⟩ *cobblers*.

uitkrassen 0.1 *erase, scratch out*.

uitkrijgen 0.1 [erin slagen uit te trekken] *get off/out of* **0.2** [ten einde lezen] *finish* ⇒*get to the end of* **0.3** [erin slagen op te lossen] *get right/out* ♦ **1.1** zijn laarzen niet ~ *not be able to get one's boots off;* een vent waar je geen woord uitkrijgt *a tight-lipped fellow*.

uitkrijsen 0.1 *squeal, scream, yell* ♦ **4.1** hij krijste het uit van de pijn *he screamed/squealed with pain*.

uitkristalliseren 0.1 *crystallize (out)* ♦ **3.1** ⟨fig.⟩ haar ideeën moeten nog ~ *her ideas still have to take (definite) shape*.

uitlaat 0.1 [mbt. gassen/vloeistoffen] *exhaust (pipe),* ᴬ*muffler* ⟨van auto⟩; *funnel,* ᴬ*smoke stack* ⟨van locomotief⟩ **0.2** [fig.] *outlet* ⇒*vent, release*.

uitlaatgassen 0.1 *exhaust fumes*.

uitlaatklep 0.1 [mbt. vloeistoffen/gassen] *outlet valve* ⟨vloeistof⟩; *exhaust/escape valve* ⟨gas⟩; *safety valve* ⟨veiligheid⟩ **0.2** [fig.] *outlet* ⇒*vent, safety valve* ♦ **3.2** zij is zijn enige ~ *she is the only one to whom he can vent his feelings;* de muziek vormt een ~ voor haar *music is a release for her*.

uitlaatpijp ⟨auto⟩ **0.1** *exhaust pipe*.

uitlachen 0.1 [bespotten] *laugh at* ⇒*deride, scoff (at), ridicule* ♦ **6.1** iem. **in** zijn gezicht ~ *laugh in s.o.'s face*.

uitladen 0.1 *unload* ⇒*discharge* ⟨schip⟩, *land* ⟨vanuit schip⟩.

uitlaten I ⟨ov.ww.⟩ **0.1** [naar buiten laten] *show/see out/to the door* ⇒*let out, discharge* ⟨ook gevangene⟩ **0.2** [niet aandoen] *leave off* ♦ **1.1** een bezoeker ~ *show a visitor to the door/out;* de hond ~ *take the dog out (for a walk);* **II** ⟨wk.ww.; zich ~⟩ **0.1** [zich uiten] *express (o.s.)* ⇒*give one's opinion (on/of), comment (on)* ♦ **6.1** zich gunstig/ongunstig over iets/iem. ~ *express a favourable/unfavourable opinion on sth./s.o., comment favourably/unfavourably on sth./s.o.;* zich niet **over** iets ~ *be reticent/non-committal about sth*.

uitlating 0.1 *comment* ⇒*utterance, statement*.

uitleenbibliotheek 0.1 *lending library*.

uitleentermijn 0.1 *lending period*.

uitleg 0.1 *explanation* ⇒*reading, account* ⟨van gedrag⟩, *exegesis* ⟨ihb. van bijbel⟩ ♦ **2.1** voor verkeerde ~ vatbaar *open to misinterpretation/misconstruction* **6.1** haar ~ **van** wat er gebeurd was *her account of what had happened*.

uitleggen 0.1 [uiteenzetten] *explain* ⇒*interpret, expound* ⟨theorie⟩ **0.2** [vergroten] *let out* ⟨kleding⟩; *extend, enlarge* ⟨stad, tuin⟩ **0.3** [uitspreiden] *spread (out), lay out* ♦ **1.1** dromen ~ *interpret dreams* **1.2** een broek/jas enz.~ *let out a pair of trousers/a coat, etc.* **5.1** verkeerd ~ *misinterpret, misconstrue*.

uitlekgewicht 0.1 *net weight.*

uitlekken 0.1 [bekend worden] *get out* ⇒*leak out, filter through* **0.2** [uitdruipen] *drain* ⇒*drip dry* ⟨wasgoed⟩ **0.3** [wegsijpelen] *leak (out)* ⇒⟨door poriën⟩ *ooze/filter out, percolate (through)* ◆ **1.1** het plan is uitgelekt *the plan has got/leaked out* **3.2** groente laten ~ *drain vegetables.*

uitlenen 0.1 *lend (out), loan.*

uitlepelen 0.1 *spoon/ladle out.*

uitleven ⟨wk.ww.; zich ~⟩ **0.1** *live it up* ⇒*let o.s. go.*

uitleveren 0.1 *extradite* ⟨naar ander land⟩ ⇒*hand over, deliver up* ◆ **6.1** iem. **aan** de politie ~ *hand s.o. over/turn s.o. in to the police.*

uitlevering 0.1 [het overgeven van personen] *extradition* **0.2** [het ter-beschikking-stellen v.d. rechthebbende(n)] *handing over* **0.3** [het overgeven van zaken] *surrender, handing over, delivery.*

uitleveringsverdrag 0.1 *extradition treaty.*

uitleveringsverzoek 0.1 *request for extradition.*

uitlezen 0.1 [geheel lezen] *read to the end* ⇒*read through, finish (reading)* **0.2** [comp.] *read out.*

uitlichten 0.1 [uit iets lichten] *lift out (from)* ⇒*take out (of), delete (from)* ⟨clausule uit contract⟩, ⟨apart zetten⟩ *single out* **0.2** [film., dram.] *spotlight* ◆ **6.1** ⟨fig.⟩ een passage ~ **uit** een brief *single out a passage from a letter.*

uitlijnen 0.1 ⟨mbt. auto's⟩ *align.*

uitlikken 0.1 [leegmaken] *lick clean/out* **0.2** [zuiveren] *lick clean.*

uitloggen 0.1 *log out.*

uitlokken 0.1 *provoke* ⇒*elicit, stimulate* ◆ **1.1** het ene woord lokte het andere uit *one word led to another;* een antwoord ~ *elicit an answer;* een besluit ~ *force a decision;* een discussie ~ *p. a discussion;* ⟨jur.⟩ een strafbaar feit ~ *abet a punishable offence;* kritiek ~ *invite/provoke criticism;* het plan lokte veel kritiek uit *the plan came in for a good deal of criticism;* ruzie ~ *pick a quarrel* **4.1** hij lokt het zelf uit *he is asking for it/trouble.*

uitlokking 0.1 *provocation* ⇒*inducement, invitation* ⟨kritiek⟩, *elicitation* ⟨antwoord⟩ ◆ **6.1** ⟨jur.⟩ ~ **tot** meineed *incitement to (commit) perjury, subornation.*

uitloop 0.1 [mogelijkheid tot meer] *extension* **0.2** [plaats om uit te lopen] ⟨tennis⟩ *runback* **0.3** [opening] *outlet, outflow* **0.4** [afstand, nodig om tot stilstand te komen] *braking distance* **0.5** [verz.] *run-off* ◆ **6.1** een ~ **tot** vier jaar *an ext. to four years.*

uitloopmogelijkheid 0.1 *maximum (salary).*

uitlopen I ⟨onov.ww.⟩ **0.1** [lopend uitgaan] *run out (of)* ⇒ *walk out (of), leave* **0.2** [geleidelijk snelheid verliezen] *slow down* ⇒*come to a halt* **0.3** [uitbotten] *sprout* ⇒ *shoot, come out* **0.4** [uitkomen op] *end in, lead to* ⇒*join* ⟨rivieren⟩ **0.5** [leiden tot] *result in* ⇒*end in* **0.6** [sport; een voorsprong nemen] *draw ahead (of)* **0.7** [meer tijd in beslag nemen] *overrun its/one's time* **0.8** [meer ruimte in beslag nemen] *spread (out)* ⇒*widen, flare* ⟨broekspijpen⟩ **0.9** [mbt. schoeisel] *be worn/broken in* **0.10** [door wrijving uitslijten] *wear out* **0.11** [met een doel ergens heengaan] *go/come out* ⇒*turn out* ⟨bevolking⟩, *put out (to sea)* ⟨schepen⟩ **0.12** [uitvloeien] *run* **0.13** [sport; door te lopen zich ontspannen] *run easy (to recover)* ◆ **1.1** de straat ~ *walk down the street* **1.6** hij is al 20 seconden uitgelopen *he's already in the lead by 20 seconds* **1.7** de receptie liep uit *the reception overran its time* **1.11** het hele dorp is uitgelopen *the whole village has turned out* **1.12** uitgelopen oogschaduw *smeared/smudged eye shadow;* de verf is uitgelopen *the paint has run (out)* **3.2** een auto laten ~ *let a car slow down, bring a car to a halt* **5.1** ⟨sport⟩ de keeper

liep te vroeg uit *the goalkeeper left his goal too early* **5.5** ik ben benieuwd waar dat op uit zal lopen *I'm curious to know where all this is going to end* **5.8** wijd ~ de broekspijpen *flares, bell-bottoms* **6.4** de rivieren die **in** de Rijn ~ *the rivers which join the Rhine;* dit straatje loopt **op** de markt uit *this alley leads (on) to the market place* **6.5** dat loopt **op** niets / een mislukking uit *that will come to nothing/end in failure;* die ruzie liep uit **op** een gevecht *the quarrel ended in a fight* ¶.1 dat loopt hier maar in en uit *you would think they lived here;* **II** ⟨ov.ww.⟩ **0.1** [ten einde lopen] *finish* **0.2** [groter maken] *walk/wear/break in* ◆ **1.2** schoenen ~ *walk/break in shoes.*

uitloper 0.1 [tak v.e. bergketen] ⟨vooral mv.⟩ *foothill* ⇒*spur* **0.2** [plantk.] *runner, stolon* ⟨nieuwe planten vormend⟩; *sucker* ⟨wortelscheut⟩; *(off)shoot* ⟨uitspruitsel⟩ ◆ **1.¶** de ~ v.e. depressie *the tail end of a depression.*

uitloten 0.1 [door loting uitsluiten] *eliminate by lottery* **0.2** [door loting trekken] *draw* ⇒*select* ◆ **1.2** de volgende nummers zijn uitgeloot *the following numbers have been drawn;* obligaties ~ *redeem bonds, d. bonds for redemption* **6.1** ze is uitgeloot **voor** medicijnen *because of the lottery system she failed to get a place in medical school.*

uitloven 0.1 *offer* ⇒*put up* ◆ **1.1** een beloning ~ *o. / put up a reward.*

uitluiden 0.1 [door klokgelui het einde aankondigen van] *ring out* **0.2** [het einde vieren van] *celebrate the end of* ◆ **1.1** ⟨fig.⟩ iem. ~ *give s.o. a send-off/farewell;* het oude jaar ~ *ring/see out the old year* **1.2** het schooljaar ~ met een sportdag *celebrate the end of term with a day of sports.*

uitmaken 0.1 [verbreken] *break off* ⟨relatie⟩ ⇒⟨beëindigen ook⟩ *finish, terminate* **0.2** [vormen] *constitute* ⇒*make up, comprise* ⟨omvatten⟩ **0.3** [van belang zijn] *matter* ⇒*be of importance* **0.4** [beslissen] *determine* ⇒*establish,* ⟨ontcijferen⟩ *make out,* ⟨ontcijferen⟩ *distinguish* **0.5** [+ voor; noemen] *call* ⇒*brand* **0.6** [blussen] *put out* ◆ **1.2** deel ~ van *be (a) part of;* een belangrijk deel v.d. kosten ~ *form/represent a large part of the cost* **1.4** dat is een uitgemaakte zaak *that is a foregone conclusion* **4.1** het ~ *break off the engagement;* ⟨mbt. paar⟩ break up **4.3** het maakt mij niet(s) uit *it is all the same to me, I don't care, wat maakt dat uit? what does that matter?, what difference does it make?;* weinig ~ *make little difference* **4.4** dat maakt hij toch niet uit *that's not for him to decide;* ik kan niet ~ wat daar staat *I cannot make out what it says;* dat maak ik zelf nog uit *I'll be the judge of that* **6.5** iem. **voor** dief ~ *call s.o. a thief;* iem. ~ **voor** al wat lelijk is *call s.o. all the names under the sun* ¶.4 dat moeten ze onder elkaar maar ~ *they'll have to sort that out among themselves.*

uitmelken 0.1 [melkend legen] *milk dry* ⇒*finish milking, strip* ⟨laatste restje uitknijpen⟩ **0.2** [fig.] *bleed dry/white* ⇒*strip bare* ◆ **1.2** iem. ~ *bleed s.o. dry/white, fleece s.o.;* een onderwerp ~ *flog a subject to death.*

uitmergelen 0.1 *emaciate* ⇒*starve, exhaust* ◆ **1.1** een uitgemergeld paard *a wasted/spent horse.*

uitmesten 0.1 [van mest reinigen] *clean out* ⇒*muck out* **0.2** [ontdoen van rommel] *clean/tidy up* ⇒*clean/turn out* ◆ **1.1** een stal ~ *muck out a stable* **1.2** een kast ~ *tidy up/ clear out a cupboard.*

uitmeten 0.1 [uitvoerig bespreken] *enlarge/expatiate (up)on* **0.2** [afmeten] *measure (out)* ◆ **3.¶** ze uitgemeten krijgen *get what's coming to one* **5.1** de voordelen van iets breed ~ *make much of/enlarge (up)on the advantages of sth.*

uitmikken ⟨inf.⟩ **0.1** [afpassen] *get (exactly) right* ⇒⟨mbt.

uitmonden - uitrichten

tijdstip⟩ *time*, ⟨mbt. plaats⟩ *aim* **0.2** [regelen] *contrive* ⇒ *see to it (that), fix* ♦ **5.2** het zó ~ dat *see to it that, fix it so that*.

uitmonden 0.1 [uitlopen in] *flow (out), discharge* ⇒*run into, empty* **0.2** [uitlopen op] *lead to* ⇒*end in* ♦ **6.2** het gesprek mondde uit **in** een enorme ruzie *the conversation ended in a fierce quarrel.*

uitmonsteren 0.1 [uitdossen] *dress/doll up; deck out* ⟨ook straat e.d.⟩ **0.2** [voorzien van garnering] *trim* ⇒*decorate* **0.3** [uitrusten met] *fit up (with), equip* ⇒*fit out, furnish, kip up/out.*

uitmonstering 0.1 [tooi] *dress* ⇒*attire, livery* **0.2** [kraag en opslagen op uniformen] *trimming* **0.3** [benodigde uitrusting] *equipment, outfit* ⇒*kit.*

uitmoorden 0.1 *massacre* ⇒*butcher* ♦ **1.1** een heel dorp ~ *m. an entire village.*

uitmunten 0.1 *stand out* ⇒*excel* ♦ **6.1** in iets ~ *excel/be an expert in sth.*

uitmuntend 0.1 *excellent* ⇒*first-rate.*

uitneembaar 0.1 [uitgenomen kunnende worden] *removable* ⇒*detachable* **0.2** [demontabel] *collapsible* ⇒*jointed, sectional* ⟨kast, bank⟩.

uitnemen 0.1 *remove* ⇒*take out.*

uitnemend →**uitmuntend.**

uitnemendheid 0.1 *excellence* ⇒*perfection.*

uitnodigen 0.1 [inviteren] *invite, ask* **0.2** [verleiden] *invite* ⇒*tempt, entice* ♦ **6.1** iem. op een feestje ~ *i./ask s.o. to a party;* zij nodigden ons uit bij hen **voor** de thee *they asked us round for tea/invited us to tea* **6.2** het fraaie wee nodigt uit **tot** wandelen *the nice weather makes a walk very attractive.*

uitnodiging 0.1 *invitation* ⇒*request* ⟨verzoek⟩ ♦ **3.1** een ~ aannemen/afslaan *accept/turn down an i.* **6.1** op ~ **van** at the i. of; een ~ **voor** de lunch *an i. to lunch.*

uitoefenen 0.1 [bedrijven] *practise* ⇒*pursue, be engaged in* **0.2** [laten gelden] *exert* ⇒*bring to bear* ⟨druk⟩, *exercise* ⟨gezag⟩, *wield* ⟨macht⟩, *enforce* ⟨rechten⟩, *assert* ⟨rechten⟩ ♦ **1.1** een ambt ~ *hold (down) an office;* bij het ~ van zijn beroep *in the exercise of his duty* **1.2** kritiek ~ op *criticize, censure.*

uitoefening 0.1 *exercise* ⟨controle, macht, recht⟩ ⇒⟨macht ook⟩ *exertion, practice* ⟨beroep, kunst⟩, *performance* ⟨plicht⟩, *discharge* ⟨plicht⟩, *conduct* ⟨zaken⟩ ♦ **1.1** de ~ van macht *the exercise/exertion of power* **6.1** in de ~ van zijn ambt *in the performance/discharge/exercise of his duties;* ongevallen **tijdens** de ~ v.h. beroep *accidents sustained in the course of one's work, occupational accidents.*

uitpakken I ⟨ov.ww.⟩ **0.1** [uit de verpakking nemen] *unwrap* ⇒*unpack* **0.2** [van zijn inhoud ontdoen] *unpack* ⇒ ⟨koffer ook⟩ *turn out;*
II ⟨onov.ww.⟩ **0.1** [aflopen] *finish* ⇒*end (up), turn out* **0.2** [royaal voor de dag komen] *entertain lavishly* ⇒*spare no expense* **0.3** [zijn gemoed luchten] *unload/unburden one's mind* ♦ **5.1** als dat maar goed uitpakt *let's hope it turns/works out all right* **6.2** flink ~ **voor** iemands verjaardag *spare no expense for s.o.'s birthday* **6.3** tegen iem. ~ *lash out/let fly at s.o.*

uitpersen 0.1 [door persen van vocht ontdoen] *squeeze* ⟨citroen⟩ ⇒*crush* ⟨druiven, olijven⟩, ⟨schr.⟩ *express* ⟨sap⟩ **0.2** [afpersen] *bleed (white/dry), strip (bare)* ⇒*fleece.*

uitpikken 0.1 [uitkiezen] *pick out* ⇒*select* **0.2** [pikkend wegnemen uit] *peck (off/away/up)* **0.3** [door pikken laten uitkomen] *peck out.*

uitplanten 0.1 *plant/prick/put out* ⇒*set/bed out* ⟨zaailingen⟩.

uitpluizen 0.1 [onderzoeken] *unravel* ⟨geheimen⟩ ⇒*sift (out/through)* ⟨feiten⟩, *thrash out* **0.2** [uit elkaar pluizen] *pick* ⟨wol⟩; *disentangle, unravel* ⟨verwarde draden⟩ ♦ **5.1** iets helemaal ~ *get to the bottom of sth.*

uitpoepen I ⟨ov.ww.⟩ **0.1** [uit de darm ontlasten] *excrete, discharge* ⇒⟨vulg.⟩ *shit out;*
II ⟨onov.ww.⟩⟨inf.⟩ ♦ **¶.¶** ⟨fig.⟩ uitgepoept zijn *have nothing more to say; be washed out.*

uitpompen 0.1 [legen] *pump out/dry* ⇒*empty* **0.2** [naar buiten brengen] *pump out.*

uitpraten I ⟨onov.ww.⟩ **0.1** [ten einde praten] *finish (talking)* ⇒*have one's say* ♦ **3.1** iem. laten ~ *let s.o. finish, hear s.o. out;* hij liet haar niet ~ *he cut her short/interrupted her;* daar raakt hij nooit over uitgepraat *he never tires of talking about it* **¶.1** uitgepraat zijn *have nothing more to say/discuss;*
II ⟨ov.ww.⟩ **0.1** [tot een oplossing brengen] *talk out/over* ⇒*have out* ♦ **4.1** we moeten het ~ *we'll have to talk this out/over* **6.1** het **met** iem. ~ *have it out with s.o.*

uitprinten 0.1 *print (out).*

uitproberen ⟨inf.⟩ **0.1** *try (out)* ⇒*test* ♦ **1.1** een nieuw product ~ *try (out)/test a new product.*

uitproesten 0.1 *burst out* ⇒*snort* ♦ **4.1** het ~ v.h. lachen *burst out laughing.*

uitpuffen ⟨inf.⟩ **0.1** *catch one's breath* ⇒*pant.*

uitpuilen 0.1 *bulge (out)* ⇒*protrude* ♦ **1.1** ~de ogen *bulging/protruding eyes;* zijn zakken puilden uit *his pockets were bulging.*

uitputten 0.1 [opmaken, legen] *exhaust* ⇒*deplete, finish (up)* **0.2** [afmatten] *exhaust* ⇒*wear out, work to the bone/ to death* **0.3** [puttend leegmaken] *drain* ♦ **1.1** de krachten zijn uitgeput *the forces are spent/exhausted* **3.1** een onderwerp ~d behandelen *give a subject an exhaustive treatment;* de voorraad raakt uitgeput *the supply is running out* **4.1** ⟨fig.⟩ zich ~ in verontschuldigingen *apologize profusely, eat humble pie.*

uitputting 0.1 [grote vermoeidheid] *exhaustion* ⇒*fatigue* **0.2** [het uitputten] *exhaustion* ⇒*depletion* ♦ **1.2** de ~ v.d. olievoorraden *the depletion of oil supplies.*

uitputtingsslag 0.1 [gevecht] *war of attrition* **0.2** [bezigheid] *marathon session.*

uitpuzzelen ⟨inf.⟩ **0.1** *puzzle/figure out.*

uitrangeren 0.1 [buiten het spoor brengen] *sidetrack* ⇒ *shunt* **0.2** [uitschakelen] *sidetrack* ⇒*shunt.*

uitrazen 0.1 *let/blow off steam* ⇒*spend one's/its fury, blow out* ⟨storm⟩ ♦ **3.1** de kinderen laten ~ *let the children have their fling.*

uitreiken 0.1 *distribute* ⇒*give out, present* ⟨prijs, medaille enz.⟩, *issue* ⟨document⟩ ♦ **1.1** diploma's ~ *grant diplomas;* iem. een onderscheiding ~ *confer a distinction on s.o.*

uitreiking 0.1 *distribution* ⇒*presentation* ⟨prijs, medaille enz.⟩ ♦ **6.1** de ~ **van** de diploma's *the presentation of the diplomas.*

uitreisvisum 0.1 *exit visa.*

uitrekenen 0.1 *calculate* ⇒*compute,* ⟨inf.⟩ *figure/work out* ♦ **1.1** een som ~ *work out a sum* **1.¶** zij is begin maart uitgerekend *the baby is due at the beginning of March.*

uitrekken I ⟨ov.ww.⟩ **0.1** [langer/breder maken] *stretch (out)* ⇒*elongate* ⟨langer⟩, *crane* ⟨nek⟩ ♦ **1.1** een elastiek ~ *s./strain a rubber band* **4.1** zich ~ *stretch o.s. (out);* zich eens lekker ~ *have a good stretch;*
II ⟨onov.ww.⟩ **0.1** [langer worden] *stretch* ♦ **1.1** de trui is in de was uitgerekt *the sweater has stretched in the wash.*

uitrichten 0.1 [doen] *do* ⇒*accomplish* **0.2** [in de lijn plaatsen] *align* ♦ **7.1** dat zal niet veel ~ *that won't help/accomplish much.*

uitrijden I ⟨onov.ww.⟩ **0.1** [ten einde rijden] *drive to the end* ⟨auto, bus enz.⟩; *ride to the end* ⟨fiets, paard⟩ **0.2** [rijden zonder inspanning] *freewheel* ♦ **1.1** u moet deze straat ~ *drive down/to the end of this street;* **II** ⟨ov.ww.⟩ **0.1** [ten einde rijden] *drive* ⟨auto⟩ *to the finish/end; ride* ⟨fiets, paard⟩ *to the finish/end* ⇒*finish the race* ♦ **1.¶** mest ~ *spread manure/fertilizer.*

uitrijstrook 0.1 *deceleration lane.*

uitrijzen 0.1 *rise/tower above* ⇒*transcend* ♦ **6.1** hoog~d **boven** zijn omgeving *towering above/over the surroundings;* ⟨fig.⟩ *rising high above/transcending one's environment.*

uitrit 0.1 *exit* ♦ **3.1** ~ vrijhouden *s.v.p. please keep (the) e. clear.*

uitroeien 0.1 [rooien] *uproot, root up* **0.2** [verdelgen] *exterminate* ⇒*wipe out, extirpate* ⟨volk, soort enz.⟩, *eradicate* ⟨zaken⟩, *stamp out* ⟨slechte gewoonte⟩ ♦ **1.1** ⟨fig.⟩ het kwaad ~ *root out/eradicate (all) evil* **1.2** de walvissen lopen gevaar uitgeroeid te worden *whales are in danger of being made/becoming extinct.*

uitroeiing 0.1 *extermination* ⇒⟨mbt. volk, soort enz. ook⟩ *annihilation, extinction,* ⟨mbt. zaken ook⟩ *eradication* ♦ **3.1** een met ~ bedreigde diersoort *a species threatened with extinction.*

uitroep 0.1 *exclamation* ⇒*cry* ♦ **2.1** verwonderde ~en *cries/exclamations of surprise.*

uitroepen 0.1 [roepend uiten] *exclaim* ⇒*shout, cry/call (out)* **0.2** [afkondigen] *call* ⇒*declare* **0.3** [proclameren] *proclaim* ♦ **1.2** een staking ~ *c. a strike* **1.3** de republiek ~ *p. the republic* **6.2** hij werd **tot** winnaar uitgeroepen *he was declared/voted the winner.*

uitroepteken 0.1 *exclamation mark.*

uitroken I ⟨onov.ww.⟩ **0.1** [ten einde roken] *finish/stop smoking* ♦ **1.1** zijn pijp ~ *finish (smoking) one's pipe;* **II** ⟨ov.ww.⟩ **0.1** [door roken verdrijven] *smoke out* **0.2** [zuiveren] *fumigate* ⇒*smoke out* ♦ **1.1** vossen ~ *smoke out foxes.*

uitrollen 0.1 [los-/openrollen] *unroll* **0.2** [door rollen uitspreiden] *roll out* ♦ **1.1** de tuinslang ~ *unreel the garden hose* **1.2** een kaart ~ *roll out a map.*

uitruimen 0.1 *clear out* ⇒*tidy/turn out* ♦ **1.1** een kast ~ *tidy/turn out a cupboard.*

uitrukken I ⟨ov.ww.⟩ **0.1** [trekkend verwijderen] *tear/pull out* ♦ **1.1** bomen/planten ~ *root up/uproot trees/plants;* **II** ⟨onov.ww.⟩ **0.1** [naar buiten rukken] *turn out* ♦ **1.1** de brandweer rukte uit *the fire brigade turned out* **3.1** de oproerpolitie laten ~ *order/call out the riot police.*

uitrusten I ⟨onov.ww.⟩ **0.1** [rusten tot men niet moe meer is] *rest* ♦ **5.1** even ~! *let's have/take a rest!, let's take a breather!;* **II** ⟨ov.ww.⟩ **0.1** [van het nodige voorzien] *equip* ⇒*fit out, kit out* ♦ **6.1** uitgerust **met** 16 kleppen *fitted with 16 valves* ⟨motor⟩; goed uitgerust **voor** de voettocht *well equipped for the hike.*

uitrusting 0.1 [outillage] *equipment* ⇒*kit, outfit, gear* **0.2** [het uitrusten] *resting* ♦ **2.1** zijn intellectuele ~ *his intellectual baggage* **3.1** ze waren voorzien van de modernste ~ *they were fitted out with the latest gear* **6.1** een ~ voor de tropen *a tropical outfit.*

uitschakelen 0.1 [door schakeling buiten werking stellen] *switch off* ⇒*disconnect* **0.2** [fig.] *eliminate* ⇒⟨sport ook⟩ *knock out,* ⟨uitsluiten⟩ *rule out* ♦ **1.1** de motor ~ *cut/stop the engine* **1.2** iedere mogelijkheid ~ *rule out every possibility* **6.2** door ziekte uitgeschakeld zijn *be out of circulation through ill health.*

uitschateren 0.1 *roar, scream* ♦ **4.1** het ~ v.h. lachen *r./s. with laughter.*

uitscheiden I ⟨ov.ww.⟩ **0.1** [afzonderen] *isolate* ⇒*segregate* ⟨vooral mbt. sociale groepen⟩ **0.2** [naar buiten afscheiden] *secrete* ⇒*excrete, eliminate* ⟨afvalstoffen⟩; **II** ⟨onov.ww.⟩⟨inf.⟩ **0.1** [+ met; ophouden] *stop (-ing)* ⇒ *leave off (-ing), cease (to, -ing)* ♦ **5.1** ik schei er mee uit *I've had enough/it* **¶.1** schei uit! *cut it out!;* ⟨sl.⟩ *knock it off!*

uitschelden 0.1 *abuse* ⇒*call names* ♦ **6.1** iem. ~ **voor** dief *call s.o. a thief.*

uitschenken 0.1 [leegschenken] *pour out* ⇒*empty out* **0.2** [schenkend laten uitvloeien] *pour out.*

uitscheren 0.1 *shave* ♦ **1.1** de nek ~ *s. the back of the neck.*

uitscheuren I ⟨ov.ww.⟩ **0.1** [scheurend wegnemen] *tear out;* **II** ⟨onov.ww.⟩ **0.1** [scheurend van elkaar gaan] *tear* ♦ **1.1** het knoopsgat is uitgescheurd *the buttonhole is torn.*

uitschieten I ⟨onov.ww.⟩ **0.1** [plotselinge beweging maken] *shoot/dart out* **0.2** [+ tegen; heftig uitvallen] *lash out (at)* **0.3** [mbt. de wind] *veer* **0.4** [uitlopen] *shoot* ⇒*sprout* **0.5** [uitsteken] *rise above, transcend* ♦ **1.1** het mes schoot uit *the knife slipped;* **II** ⟨ov.ww.⟩ **0.1** [door schieten wegnemen] *shoot out* ♦ **1.1** iem. een oog ~ *shoot s.o.'s eye out.*

uitschieter 0.1 *peak* ⇒*highlight,* ⟨sl.⟩ *sizzler* ♦ **2.1** een slecht seizoen met een enkele ~ *a bad season with a few peaks* **6.1** ~s **naar** boven en **naar** beneden *ups and downs.*

uitschijten ⟨vulg.⟩ **0.1** *shit, crap.*

uitschoppen 0.1 *kick out.*

uitschot 0.1 *offal* ⇒*refuse,* ⟨ook mbt. mensen⟩ *trash,* ⟨mbt. mensen⟩ *scum* ♦ **1.1** het ~ v.d. maatschappij *the dregs of society.*

uitschrapen 0.1 *scrape out.*

uitschreeuwen 0.1 *cry out* ⇒*shout/yell/bellow (out)* ♦ **4.1** het ~ van pijn *cry out/yell/bellow with pain.*

uitschrijven 0.1 [op schrift uitwerken] *write/copy out* **0.2** [uitvaardigen] *call* ⟨vergadering, verkiezing⟩; *issue, float* ⟨lening⟩; *hold, organize* ⟨wedstrijd⟩ **0.3** [schrappen uit een register] *deregister* ⇒*strike off, delete from* **0.4** [invullen, ondertekenen] *write out* ⟨cheque⟩ ⇒*make out* ⟨factuur enz.⟩ ♦ **1.1** aantekeningen ~ *write out notes* **1.4** een recept ~ *write out a prescription;* rekeningen ~ *make out accounts* **4.3** zich laten ~ uit Mook *have one's name removed from the municipal register at Mook* **8.3** iem. als lid ~ *strike s.o.'s name off the membership list.*

uitschudden 0.1 [door schudden afscheiden] *shake (out)* **0.2** [leegschudden] *shake (out)* **0.3** [inf.; plunderen] *fleece* ⇒*clean (out), take (s.o.) to the cleaner's.*

uitschuifbaar 0.1 *extending* ⇒⟨tech. ook⟩ *telescopic* ♦ **1.1** een uitschuifbare antenne *a telescopic aerial;* een uitschuifbare ladder *an e./extension ladder.*

uitschuiftafel 0.1 *pull-out/extension table.*

uitschuiven 0.1 [naar buiten schuiven] *slide/pull out* **0.2** [door uit elkaar te schuiven vergroten] *extend* ♦ **1.2** een tafel ~ *e./pull out a table.*

uitslaan I ⟨ov.ww.⟩ **0.1** [van zich af slaan] *spread* ⇒*strike out* **0.2** [door slaan uitdrijven] *drive/knock out* **0.3** [door slaan verwijderen] *beat/strike out* **0.4** [zuiveren] *shake/beat out* **0.5** [uitvouwen] *unfold* ⇒*open out* **0.6** [pletten] *hammer/beat (out)* **0.7** [uiten] *utter, talk* **0.8** [buiten het speelveld slaan] *strike/hit out* ♦ **1.3** het stof ~ *beat/shake out the dust* **1.4** een stofdoek ~ *shake out a duster* **1.7** onzin ~ *talk rot;* **II** ⟨onov.ww.⟩ **0.1** [naar buiten komen] *break/burst out* **0.2** [bedekt worden met aanslag] *grow/become mouldy*

⇒*sweat* ⟨muren⟩ ◆ **1.1** een ~de brand *a blaze/conflagra-tion* **5.2** dat boek is groen uitgeslagen *that book has turned green.*

uitslag 0.1 [wat uit een vast oppervlak te voorschijn komt] ⟨mbt. huid⟩ *rash;* ⟨schimmel⟩ *mildew;* ⟨vocht⟩ *damp* **0.2** [afloop] *result* ⇒*outcome* **0.3** [mbt. een wijzer] *deflection* ◆ **1.2** de ~ v.d. verkiezingen, v.h. examen *the r. of the elections/examination* **3.1** ~ hebben *have a r.;* daar krijg ik ~ van *that brings out/causes a rash.*

uitslapen 0.1 [lang doorslapen] *have a long lie-in* ⇒*sleep late* ◆ **5.1** goed uitgeslapen zijn ⟨fig.⟩ *be shrewd/wide awake, have a good head on one's shoulders* **6.1** tot 10 uur ~ *stay in bed until 10 o'clock.*

uitslijten I ⟨onov.ww.⟩ **0.1** [afslijten] *wear away/out;* **II** ⟨ov.ww.⟩ **0.1** [door slijten doen verdwijnen] *wear away/out/down.*

uitsloven ⟨wk.ww.; zich ~⟩ **0.1** *go out of one's way* ⇒*lean over backwards* ◆ **6.1** zich voor iem. ~ *work o.s. to death/to the bone for s.o.*

uitslover 0.1 [iem. die zich uitslooft] *eager beaver, show-off* **0.2** [strooplikker] *toady.*

uitsloverij 0.1 *showing-off* ⇒*over-zealousness.*

uitsluiten 0.1 [buitensluiten] *shut out* ⇒*lock out* **0.2** [onmogelijk maken] *exclude* ⇒*rule out, preclude* ⟨van tevoren⟩ **0.3** [uitzonderen] *exclude* ⇒*except (from)* ◆ **1.2** het één sluit het ander niet uit *the one does not e. the other;* die mogelijkheid kunnen we niet ~ *that is a possibility we can't rule out/ignore* **4.2** dat is uitgesloten *that is out of the question;* elkaar ~ *be mutually exclusive, be incompatible* **6.1** zij wordt van verdere deelname uitgesloten *she has been disqualified* ⟨sport⟩.

uitsluitend 0.1 [enkel en alleen] *only* ⇒*exclusively* ⟨alleen bw.⟩ **0.2** [bij uitsluiting] *exclusive* ◆ **1.1** ~ volwassenen *adults only* ¶**.1** ~ met het doel om *for the sole purpose of.*

uitsluiting 0.1 [het uitsluiten] *exclusion* ⇒*preclusion* ⟨van tevoren⟩, ⟨sport⟩ *disqualification, lock-out* ⟨werknemers⟩ **0.2** [uit-, afzondering] *exclusion* ⇒*exception* ◆ **6.2** bij ~ *exclusively;* met ~ van *exclusive of, to the exclusion of.*

uitsluitsel 0.1 *decisive/definite answer* ⇒*explanation* ◆ **3.1** daarover kan ik u nog geen ~ geven *as yet I cannot give you a definite answer.*

uitsmeren 0.1 *spread (out)* ◆ **6.1** ⟨fig.⟩ de kosten ~ over drie jaar *s. the costs over three years.*

uitsmijter 0.1 [persoon] *bouncer* **0.2** [gerecht] ⟨fried bacon and eggs served on slices of bread⟩ **0.3** [slotnummer] *final number of a show.*

uitsnijden 0.1 [door snijden wegnemen] *cut (out)* ⇒⟨med.⟩ *excise* **0.2** [een deel wegsnijden] *cut out/away* **0.3** [door snijden vormen] *cut (out)* ⇒*carve (out)* ⟨hout⟩ ◆ **5.3** een laag uitgesneden japon *a low-cut/-necked dress.*

uitsnijding 0.1 *cutout.*

uitspannen 0.1 [uit het gareel losmaken] *unharness* ⟨paarden⟩; *unyoke* ⟨ossen⟩ **0.2** [uitstrekken] *extend* ⇒*spread.*

uitspansel ⟨schr.⟩ **0.1** *firmament, welkin.*

uitsparen 0.1 [besparen] *save (on)* ⇒*economize (on)* **0.2** [openlaten] *leave blank/open* ◆ **1.1** dertig gulden ~ *s. thirty guilders* **1.2** openingen ~ *leave open spaces;* uitgespaarde plekken *blanks, blank spaces.*

uitsparing 0.1 [besparing] *saving* **0.2** [opengelaten ruimte] *cut-away;* [inkeping] *notch* ⇒⟨groter⟩ *recess.*

uitspatten 0.1 [spattend uiteen vliegen] *splash/burst out* **0.2** [losbandig zijn] *splurge* ⇒*live it up* **0.3** [naar buiten spatten] *spurt out.*

uitspatting 0.1 *splurge;* ⟨financieel⟩ *extravagance* ◆ **3.1** zich overgeven aan ~en *indulge in excesses, splurge.*

uitspelen 0.1 [ten einde spelen] *finish* ⇒*play out* **0.2** [in het spel werpen] *play* ⇒*lead* **0.3** [sport; passeren] *go round* **0.4** [sport; een uitwedstrijd spelen] *play away* ◆ **6.2** ⟨fig.⟩ iets ~ tegen iem. *use sth. against s.o.;* mensen tegen elkaar ~ p. *people off against one another.*

uitspellen 0.1 *spell out.*

uitspinnen 0.1 [uitvoerig behandelen] *spin out* ⇒*draw out* ◆ **1.1** een gebeurtenis ~ *draw/spin out an event.*

uitspitten 0.1 [spittend uithalen] *dig up* **0.2** [fig.] *sort out* ◆ **6.2** een zaak tot op de bodem ~ *get to the bottom of a case/an affair.*

uitsplitsen 0.1 [uit elkaar werken] *split (up)* **0.2** [in onderdelen uit elkaar halen] *itemize* ⇒*break down* ◆ **1.2** een totaalbedrag ~ per artikel *i. a total amount.*

uitsplitsing 0.1 [het uit elkaar werken] *splitting up* **0.2** [het in onderdelen uit elkaar halen] *itemization* ⇒*breakdown.*

uitspoelen 0.1 [reinigen] *rinse/wash (out)* ⇒⟨med.⟩ *irrigate* **0.2** [doorspoelen] *flush away* **0.3** [uithollen] *erode* ⇒ *wear/wash away* ◆ **1.1** een dweil ~ *r. (out) a floor-cloth* **1.2** uitgespoelde oevers *eroded banks.*

uitspoken ⟨inf.⟩ **0.1** *be/get up to* ◆ **6.1** wat ben je daar aan het ~? *and just what do you think you're up to?*

uitspraak 0.1 [wijze van uitspreken] *pronunciation* ⇒*accent* **0.2** [oordeel] *pronouncement* ⇒*judg(e)ment* **0.3** [uitlating] *pronouncement* ⇒*utterance* **0.4** [jur.] *judg(e)ment* ⇒*sentence, verdict* ⟨mbt. jury⟩ ◆ **1.1** de ~ v.h. Frans *the p. of French* **2.1** een vreemde ~ *a strange accent* **3.2** ergens geen ~ over kunnen doen *be unable to pronounce upon sth.* **3.4** ~ doen *pass j., pass/pronounce sentence.*

uitspreiden 0.1 [uit elkaar leggen] *spread (out)* **0.2** [uit elkaar strekken] *spread* ⇒*stretch (out)* **0.3** [over een oppervlakte verbreiden] *spread* ⇒*scatter* ◆ **1.1** een jas op de grond ~ *s. out a coat on the ground* **1.2** de benen ~ *spread one's legs* **6.3** mest over een akker ~ *spread fertilizer over a field.*

uitspreken I ⟨ov.ww.⟩ **0.1** [sprekend laten horen] *pronounce* ⇒*articulate* ⟨duidelijk uitspreken⟩, *enunciate* **0.2** [uiten] *say* ⇒*express, utter* **0.3** [bekendmaken] *declare* ⇒ *pronounce* **0.4** [uitpraten] *talk over* ⇒⟨inf.⟩ *have out* ◆ **1.1** hoe moet je dit woord ~? *how do you p. this word?* **1.2** een rede ~ *deliver/give a speech;* zijn veto over iets ~ *put a veto on sth., veto sth.;* zijn waardering ~ *express one's appreciation* **1.3** een vonnis ~ *pronounce judgement* **1.**¶ een uitgesproken voordeel *a distinct advantage;* **II** ⟨wk.ww.; zich ~⟩ **0.1** [zich verklaren] *speak out* ⇒*pronounce, give one's opinion* ◆ **5.1** zich openlijk ~ tegen/voor *declare o.s. openly against/in favour of;* **III** ⟨onov.ww.⟩ **0.1** [ten einde spreken] *finish (speaking)* ◆ **3.1** iem. laten ~ *let s.o. have his say, hear s.o. out.*

uitspringen 0.1 [vooruitsteken] *stick/jut out* ⇒*protrude* **0.2** [springend buiten iets raken] *jump/leap/bounce out* **0.3** [opvallen] *stand out* ◆ **1.1** dat huis springt een eindje uit *that house juts out a little* **5.2** ⟨fig.⟩ ergens mooi ~ *come off well, get a good deal.*

uitspruiten 0.1 *sprout (out)* ⇒*shoot* ◆ **1.1** de aardappels spruiten uit *the potatoes are sprouting.*

uitspugen, uitspuwen 0.1 *spit out.*

uitspuiten 0.1 *squirt (out); syringe* ⟨oren⟩.

uitstaan I ⟨onov.ww.⟩ **0.1** [uitsteken] *stand/stick/jut out* ⇒*protrude* **0.2** [uitgezet zijn] ⟨zie 1.2, 6.2⟩ **0.3** [te doen hebben] *be connected with* ◆ **1.2** thans staan aandelen uit *shares have been issued;* ik heb nog veel geld ~ *I have a lot of money out (at interest)* **6.2** geld staat uit tegen 10 % *money is put out at 10 %.* **6.3** wij hebben niets met elkaar uit te staan *we have nothing to do with each other;*

II ⟨ov.ww.⟩ **0.1** [verduren, verdragen] *stand* ⇒*endure, bear* ◆ **3.1** hitte/lawaai niet kunnen ~ *not be able to endure/stand/bear the heat/noise;* iem. niet kunnen ~ ⟨inf.⟩ *hate s.o.'s guts.*

uitstalkast 0.1 *show/display case.*

uitstallen 0.1 *display* ⇒*expose (for sale),* ⟨fig.⟩ *show off* ◆ **1.1** zijn geleerdheid ~ *show off one's learning.*

uitstalling 0.1 *display.*

uitstapje 0.1 [plezierreis] *trip* ⇒*outing, excursion* **0.2** [beschouwing] *excursion* ◆ **3.1** een ~ maken *take/make a t., go on an outing/excursion.*

uitstappen 0.1 [uitstijgen] *get off/down* ⇒*step/get out* **0.2** [inf.; overlijden] *peg out, pop off.*

uitsteeksel 0.1 *projection* ⇒*protuberance, protrusion* ◆ **1.1** ~s van de ruggengraat *spinal processes.*

uitstek ◆ **6.**¶ **bij** ~ *pre-eminently;* een voorbeeld **bij** ~ van *an outstanding example of;* in een stad als Maastricht voelt Phil zich **bij** ~ thuis *Phil feels particularly at home in a city like Maastricht.*

uitsteken I ⟨onov.ww.⟩ **0.1** [naar buiten steken] *stick/jut out* ⇒*project, protrude* **0.2** [reiken, komen] *stand out* ◆ **6.2** de toren steekt **boven** de huizen uit *the tower rises (high) above the houses/dominates the houses;* **boven** alle anderen ~ ⟨ook fig.⟩ *tower above all the others;*

II ⟨ov.ww.⟩ **0.1** [naar buiten steken] *hold/put out;* ⟨snel⟩ *shoot out* **0.2** [uitstrekken] *reach/stretch out* **0.3** [stekend verwijderen] *cut out* ◆ **1.1** zijn hand ~ *hold out/extend one's hand;* de vlag ~ *put out the flag* **1.2** zijn hand naar iem. ~ *extend one's hand to s.o.*

uitstekend 0.1 *excellent* ⇒*first-rate* ◆ **1.1** van ~e kwaliteit *of high quality* **3.1** ~ zwemmen/boksen *be an e. swimmer/boxer* ¶ **.1** -! *e.!, first-rate!*

uitstel 0.1 *delay* ⇒*postponement, deferment* ◆ **1.1** ~ van betaling *postponement/extension of payment;* ~ van militaire dienst *deferment;* dat is slechts ~ van executie *that is only a (temporary) reprieve* **3.1** deze zaak kan geen ~ lijden *this matter brooks no delay,* **6.1** zonder ~ *without delay.*

uitstellen 0.1 *put off* ⇒*postpone, defer* ◆ **6.1** **voor** onbepaalde tijd ~ *postpone indefinitely.*

uitsterven 0.1 *die (out)* ⇒⟨geslacht, diersoort enz. ook⟩ *become extinct* ◆ **1.1** uitgestorven dieren *extinct animals;* het dorp was uitgestorven *the village was deserted;* zij horen tot een ~d ras *such people are (becoming) scarce.*

uitstijgen 0.1 [schr.; uitstappen] *alight* **0.2** [overtreffen] *surpass* ⇒*rise above* ◆ **6.2** dat stijgt uit **boven** het gemiddelde *that surpasses/is a cut above the average.*

uitstippelen 0.1 *outline* ⇒*map/trace out, work out* ⟨plan, beleid⟩ ◆ **1.1** een route ~ *map out a route.*

uitstoot 0.1 [wat wordt uitgestoten] *discharge(s)* ⇒⟨tech. ook⟩ *emissions* **0.2** [aantal werknemers dat ontslagen wordt] *(number of) redundancies, \ A dismissals,* ⟨niet meer opgevulde vacatures⟩ *unfilled vacancies/posts.*

uitstorten 0.1 [stortend ledigen] *pour out/forth* ⇒*empty (out),* ⟨vloeistof ook⟩ *effuse* **0.2** [uiten] *pour out* ◆ **1.1** zaad ~ *ejaculate* **1.2** zijn woede ~ over iem. *vent one's rage upon s.o.*

uitstorting 0.1 [het (zich) uitstorten] *pouring out* ⇒*outpouring* ⟨fig.⟩, ⟨vloeistof ook⟩ *effusion, ejaculation* ⟨sperma⟩, *emission* ⟨sperma⟩ **0.2** [mbt. bloed] *contusion, effusion* ◆ **1.1** ⟨rel.⟩ de ~ v.d. Heilige Geest *the descent of the Holy Ghost.*

uitstoten 0.1 [verstoten] *expel* ⇒*cast out* **0.2** [hortend uiten] *emit* ⇒*utter, gasp (out)* **0.3** [door/met stoten verwijderen] *push/thrust/knock out* **0.4** [naar buiten stoten]

eject ⇒*emit* ⟨rook, gassen enz.⟩, ⟨uitbraken⟩ *disgorge, belch* ⟨rook, stoom⟩ ◆ **1.2** onverstaanbare klanken ~ *e./utter unintelligible sounds* **6.1** iem. ~ **uit** de groep *e./banish s.o. from the group.*

uitstralen I ⟨ov.ww.⟩ **0.1** [van zich laten uitgaan] *radiate* ⇒*give off* **0.2** [fig.] *radiate* ⇒*exude* ◆ **1.1** warmte ~ *r. warmth* **1.2** zelfvertrouwen ~ *r./exude/ooze self-confidence;*

II ⟨onov.ww.⟩ **0.1** [(als) stralen uitgaan van] *radiate* **0.2** [fig.] *radiate* ⇒*emanate.*

uitstraling 0.1 *radiation* ⇒*emission,* ⟨fig.⟩ *aura* ◆ **3.1** een enorme ~ hebben ±*possess charisma, have a certain magic.*

uitstrekken I ⟨ov.ww.⟩ **0.1** [zo ver mogelijk strekken] *stretch/reach (out)* ⇒*extend* **0.2** [doen reiken] *extend* ◆ **1.1** met uitgestrekte armen *with outstretched arms* **4.1** zich op de grond ~ *stretch out on the ground;*

II ⟨wk.ww.; zich ~⟩ **0.1** [de genoemde lengte/oppervlakte beslaan] *extend* ⇒*stretch (out)* **0.2** [gelden] *extend* ◆ **6.1** zich ~ **over** *e. over;* zich ~ **over** verscheidene jaren *range over/span several years* **6.2** deze bepaling strekt zich niet uit **tot** …*this stipulation does not e. to …*

uitstrijk, uitstrijkje ⟨med.⟩ **0.1** *(cervical) smear, swab* ◆ **3.1** een ~ maken *take/make a (cervical) smear.*

uitstrijken 0.1 [verspreiden over een oppervlak] *spread* ⇒*smear* **0.2** [spreiden over een termijn] *spread.*

uitstromen 0.1 [stromend naar buiten komen] *stream/pour out* **0.2** [uitmonden] *flow/discharge/empty into* ◆ **1.1** het publiek stroomde uit het voetbalstadion *the spectators came pouring/streaming out of the football stadium* **6.2** veel rivieren stromen **in** zee uit *many rivers flow/empty into the sea.*

uitstrooien 0.1 [strooiend verspreiden] *scatter* ⇒*spread* **0.2** [overal vertellen] *spread* ⇒*put about* ⟨gerucht⟩.

uitstulpen 0.1 *bulge (out).*

uitstulping 0.1 *bulge.*

uitsturen 0.1 *send out* ⇒⟨sport⟩ *send off (the field)* ◆ **6.1** iem. **op** iets ~ *send s.o. for sth.*

uittekenen 0.1 *draw* ⇒*trace out* ◆ **1.1** ik kan die plaats wel ~ *I know every detail of that place.*

uittellen 0.1 [uitbetalen] *pay (out)* **0.2** [boksen] *count out* ◆ **3.**¶ uitgeteld zijn ⟨niet meer meetellen⟩ *be completely finished/all washed up;* ⟨doodmoe⟩ *be (completely) fagged/washed out.*

uittesten 0.1 *test/try (out)* ⇒*put to the test.*

uittikken 0.1 *type out.*

uittillen 0.1 [uitlichten] *lift out* **0.2** [+ boven; tot een hoger niveau brengen] *raise (up/above).*

uittocht 0.1 *exodus* ⇒*trek* ◆ **2.1** het was een hele ~ *it was a complete e.;* de jaarlijkse ~ naar de kust *the yearly trek to the sea.*

uittorenen 0.1 *tower* ◆ **6.1** hoog **boven** iem. ~ *t. high above/over s.o.*

uittrap ⟨sport⟩ **0.1** *goal kick.*

uittrappen I ⟨ov.ww.⟩ **0.1** [uitdoen] *kick off* **0.2** [doven] *stamp/tread out* ◆ **1.2** vuur ~ *stamp out a fire;*

II ⟨onov., ov.ww.⟩⟨voetbal⟩ **0.1** [(de bal) door een uittrap in het spel brengen] *kick (the ball) into play, take a goal kick;*

III ⟨ov.ww.⟩⟨voetbal⟩ **0.1** [uit het speelveld trappen] *put out of play/into touch/over the line.*

uittreden 0.1 [mbt. functie] *resign (from)* ⇒⟨ook mbt. pensionering⟩ *retire* **0.2** [mbt. lidmaatschap] *resign (from)* ⇒*withdraw (from), secede (from)* ⟨een (politieke) unie⟩ ◆ **1.**¶ een uitgetreden priester *s.o. who has left/abandoned the* *priesthood, an ex-priest, a former priest* **2.1** vervroegd ~ *resign before one's term is up;* 〈met pensioen gaan〉 *retire early, take early retirement.*

uittreding 0.1 [mbt. functie] *resignation* ⇒〈ook mbt. pensionering〉 *retirement* **0.2** [mbt. lidmaatschap] *resignation* ⇒*withdrawal, secession* 〈een (politieke) unie〉.

uittredingsregeling 0.1 *procedures for* 〈vervroegde uittreding〉 *early retirement/*〈vrijwillig ontslag〉 *voluntary severance.*

uittrekbaar 0.1 *extendible, extensible* ♦ **1.1** een tafel met ~ blad *a pull-out/an extending table.*

uittrekken I 〈ov.ww.〉 **0.1** [uitdoen] *take off* ⇒〈(hand)schoenen/sokken ook〉 *pull off* **0.2** [door trekken verwijderen] *pull out* ⇒*remove,* 〈planten ook〉 *uproot,* 〈planten ook〉 *pull up* **0.3** [bestemmen] *put/set aside* ⇒*reserve, earmark* **0.4** [uittreksel maken] *(make an) excerpt (from)* ⇒*abstract* **0.5** [uithalen] *unpick* **0.6** [naar buiten trekken] *pull out* **0.7** [langer maken] *draw out* ♦ **1.1** zijn kleren ~ *t. o. one's clothes, take one's clothes off, undress* **1.2** onkruid ~ *pull up weeds, do the weeding* **1.3** een bedrag op de begroting ~ voor *allocate/earmark part of the budget for,* ^ap*propriate a sum for* **1.6** een lade ~ *p. o. a drawer* **6.3** een bedrag **voor** iets ~ *put/set aside a sum (of money) for sth.;* een halve dag ~ **voor** iets *allot half a day for sth.;* **II** 〈onov.ww.〉 **0.1** [naar buiten trekken] *go/march out* ⇒ *leave* ♦ **1.1** de stad ~ *march out of/leave (the) town* **5.1** erop ~ om *set out to.*

uittreksel 0.1 *excerpt, extract* ♦ **6.1** een ~ **uit** het bevolkingsregister ±*birth/death certificate, certificate of residence* 〈enz.〉.

uittypen 0.1 *type out.*

uitvaagsel 0.1 *dregs* ⇒〈mbt. mensen ook〉 *scum.*

uitvaardigen 0.1 *issue* ⇒*put out,* 〈wet, decreet ook〉 *make,* 〈wet, decreet ook〉 *promulgate,* 〈wet ook〉 *enact* ♦ **1.1** een bevel ~ *make/i./promulgate an order;* een wet ~ *make/ enact/promulgate a law.*

uitvaardiging 0.1 *issue* ⇒*issuance,* 〈wet, decreet ook〉 *promulgation,* 〈wet ook〉 *enactment.*

uitvaart 0.1 *funeral/burial (service)* ⇒*interment.*

uitvaartcentrum 0.1 *funeral parlour* ⇒*mortuary.*

uitvaartdienst 0.1 *funeral/burial service.*

uitvaartmis 0.1 *funeral mass* ⇒〈vnl. mbt. grote figuur〉 *requiem (mass).*

uitvaartstoet 0.1 *funeral procession* ⇒*cortège.*

uitvaartverzekering 0.1 *funeral insurance.*

uitval 0.1 [losbarsting in woorden] *outburst* ⇒*explosion* **0.2** [het uitvallen van haar] *(hair) loss* **0.3** [aanval op de belegeraars] *sortie* ⇒*sally* **0.4** [schermen] *lunge* ⇒*thrust* ♦ **3.4** een ~ doen naar *make a l./thrust at.*

uitvallen 0.1 [losbarsten in woorden] *burst out* ⇒*explode, blow up, let fly* **0.2** [losgaande vallen] *fall/drop/come out* **0.3** [wegvallen] *drop/fall out* ⇒〈verbinding〉 *break down,* 〈trein enz.〉 *be cancelled* **0.4** [het genoemde resultaat hebben] *turn/come/work out* **0.5** [de genoemde aard hebben] *turn out (to be)* **0.6** [een uitval doen] *make a sally/ sortie;* 〈schermen〉 *make a lunge/thrust* ♦ **1.2** zijn haren vallen uit 〈ook〉 *he's losing his hair* **1.3** de stroom is uitgevallen *there's a power failure, the power's failed* **1.4** we weten niet hoe de stemming zal ~ *we don't know how/ which way the vote will go* **2.5** hij is niet mak uitgevallen *he's no pushover* **6.3** er zijn drie man **bij** die race uitgevallen *three people have dropped out of the race* **6.4 in** iemands voordeel ~ *turn/work out in s.o. 's favour/to s.o. 's advantage.*

uitvaller, -ster 0.1 *person who drops out* ⇒〈inf.〉 *casualty,*

〈iem. die uitvalt voor begin v.d. wedstrijd〉 *non-starter* ♦ **7.1** er zijn vijf ~s *five have dropped out;* 〈beginnen niet eens〉 *there are five non-starters.*

uitvalsbasis 0.1 [mil.] *base of operation(s)* **0.2** [plaats van waaruit men activiteiten onderneemt] *operating base.*

uitvalsweg 0.1 *arterial road.*

uitvaren 0.1 [tieren] *let fly at, blow up at* **0.2** [naar zee varen] *sail* ⇒*put (out) to sea, leave (the) port.*

uitvechten 0.1 *fight/battle out* 〈ook fig.〉 ⇒〈met geweer ook〉 *shoot out* ♦ **6.1** iets **met** iem. ~ 〈fig.〉 *fight/battle/ have/thrash sth. out with s.o.*

uitvegen 0.1 [door vegen reinigen] *sweep/*〈wissen〉 *wipe out* ⇒〈door vegen wegmaken〉〈wissen〉 *wipe/*〈wrijven〉 *rub out* ⇒*erase* **0.3** [vegend verwijderen] *wipe/rub away/out* ♦ **1.2** een woord op het schoolbord ~ *wipe/rub out a word on the blackboard.*

uitverdedigen 〈sport〉 **0.1** *play it out.*

uitvergroten 0.1 *enlarge* ⇒*magnify,* 〈inf.〉 *blow up* ♦ **1.1** een detail ~ *blow up a detail.*

uitvergroting 0.1 *enlargement* ⇒〈inf.〉 *blow-up.*

uitverkiezen 0.1 *choose* ⇒*pick out, select,* 〈tot functie〉 *elect.*

uitverkiezing 0.1 *election* 〈tot functie〉 ⇒*choice, selection.*

uitverkocht 0.1 [niet meer verkrijgbaar] *sold out* ⇒〈bepaalde druk van boek enz. ook〉 *unavailable,* 〈bepaalde druk van boek enz. ook〉 *out of print* **0.2** [vol] *sold/booked out* ⇒*fully booked* **0.3** [alles verkocht hebbend] *sold out* ♦ **1.1** onze kousen zijn ~ 〈ook〉 *we are out/we have run out of stockings* **1.2** voor een ~e zaal spelen *play to a full house* **3.3** 〈fig.〉 hij is ~ *he's got nothing left;* 〈bezit niets meer, ook〉 *he's (been) cleaned out.*

uitverkoop 0.1 *(clearance/bargain) sale* ♦ **6.1** heb je dat **in** de ~ gekocht? *did you get that in the sale(s)?*

uitverkopen 0.1 *sell off, clear* ⇒〈hele voorraad〉 *sell out.*

uitverkoren 0.1 *chosen* ⇒〈schr.〉 *elect,* 〈geliefd〉 *favourite* ♦ **1.1** zijn ~ plekje *his favourite/particular spot;* Gods ~ volk *God's c. people/race, God's elect.*

uitverkorene 0.1 [iem. die uitverkoren is] *chosen one* **0.2** [geliefde] *favourite* ⇒*beloved* ♦ **3.2** hij is de ~ *he is the apple of his/her eye.*

uitvieren 0.1 *allow (sth.) to/let (sth.) run its course* ♦ **1.1** een ziekte goed ~ *nurse an illness thoroughly/well.*

uitvinden 0.1 [voor het eerst vinden] *invent* **0.2** [te weten komen] *find out* ⇒*discover.*

uitvinder 0.1 *inventor* ⇒〈fig., vaak scherts.〉 *father.*

uitvinding 0.1 *invention;* 〈ding〉 *gadget, contraption* ♦ **3.1** een ~ doen *invent sth.*

uitvissen 〈inf.〉 **0.1** *dig/fish/ferret out.*

uitvlakken 〈inf.〉 **0.1** *wipe/*〈met gom〉 *rub out* ♦ **5.1** 〈fig.〉 dat moet je niet ~ *that's not to be sneezed at.*

uitvliegen 0.1 *fly out/*〈weg〉 *away;* 〈van vogels〉 *fledge* ♦ **1.1** 〈fig.〉 de jeugd vliegt uit *the young ones leave the nest* **5.1** 〈fig.〉 eens ~ *stretch one's wings (once in a while).*

uitvloeien 0.1 [vloeiend zich verspreiden] *flow/spread out* ⇒〈veel〉 *run* **0.2** [langzaam stromen uit] *flow/seep out* ⇒ 〈schr.〉 *issue (forth)* ♦ **6.1** op ongegomd papier vloeit inkt uit *ink runs on unsized paper.*

uitvloeisel 0.1 *consequence* ⇒*result.*

uitvlooien 〈inf.〉 →*uitvissen.*

uitvlucht 0.1 [verzinsel] *excuse* ⇒*pretext* **0.2** [vlucht vanuit de basis] *outward flight* ♦ **3.1** ~en zoeken *make excuses;* 〈ook〉 *(try to) dodge/evade a/the question.*

uitvoegen 0.1 *change lanes;* 〈via uitvoegstrook〉 *exit.*

uitvoegstrook 0.1 *deceleration/slow lane.*

uitvoer 0.1 [export] *export* **0.2** [wat uitgevoerd wordt] *ex-*

ports **0.3** [uitvoering] *execution* **0.4** [comp.] *output* ◆ **1.1** de in- en ~ van goederen *the import and e. of goods* **2.2** de totale ~ *total exports* **6.3** een opdracht *ten* ~ brengen/leggen *carry out an instruction/order, perform a task;* een plan *ten* ~ brengen *carry out/implement a plan, put/carry a plan into effect.*

uitvoerartikel 0.1 *export product/article/commodity/* ⟨mv. ook⟩ *goods.*

uitvoerbaar 0.1 *feasible* ⇒*workable, practicable* ◆ **3.1** dit plan is niet ~ *this plan is not f./practicable.*

uitvoerbaarheid 0.1 *feasibility, workability, practicability.*

uitvoerbelasting 0.1 *export tax/duty.*

uitvoerbeperking 0.1 *restriction on export(s)* ⇒*export restriction.*

uitvoerder 0.1 ⟨toneel, muziek⟩ *performer;* ⟨van een bouwwerk⟩ *works foreman;* ⟨van testament/vonnis⟩ *executor.*

uitvoeren 0.1 [exporteren] *export* **0.2** [verrichten] *do* **0.3** [volbrengen] *perform* ⇒*carry out, implement* ⟨ook wet⟩ **0.4** [vertonen] *perform* ⇒⟨muziekstuk ook⟩ *execute* **0.5** [bewerken] *produce* ⇒*finish,* ⟨kunstwerk⟩ *execute* ◆ **1.3** een experiment ~ *carry out/*⟨inf.⟩ *do an experiment;* plannen ~ *carry out/execute plans, put plans into effect* **4.2** hij voert niets uit *he doesn't do a stroke (of work)/doesn't get anything done;* wat voer je daar uit? *what are you up to?* **5.5** het boekje is goed uitgevoerd *the booklet is nicely produced/well finished* **6.5** een sieraad **in** goud ~ *a piece of jewellery wrought in gold.*

uitvoerend 0.1 *executive* ⇒*performing* ⟨kunsten⟩ ◆ **1.1** de ~e macht *the executive;* ~ personeel *staff carrying out the work.*

uitvoerhaven 0.1 *port of export/shipment* ⇒*shipping port.*

uitvoerig 0.1 ⟨volledig⟩ *comprehensive, full;* ⟨gedetailleerd⟩ *elaborate, detailed;* ⟨overvloedig⟩ *ample, copious* ◆ **1.1** ~e inhoudsopgave *detailed table of contents* **3.1** iets ~ beschrijven/bespreken *describe/discuss sth. at (great/some) length.*

uitvoerigheid 0.1 ⟨volledigheid⟩ *comprehensiveness, thoroughness;* ⟨gedetailleerdheid⟩ *elaborateness, detail;* ⟨overvloed⟩ *copiousness.*

uitvoering 0.1 [voltrekking] *carrying out, performance* ⇒ *execution, realization,* ⟨ook wet⟩ *implementation,* ⟨wet ook⟩ *administration,* ⟨wet ook⟩ *enforcement* **0.2** [het spelen] *performance* ⇒⟨muziekstuk ook⟩ *execution* **0.3** [wijze van bewerking] *design, construction* ⟨v.e. machine⟩ ⇒ ⟨mbt. kwaliteit v.h. werk⟩ *workmanship,* ⟨afwerking⟩ *finish* ◆ **3.1** ~ geven aan een plan *carry out/implement a plan, put/carry a plan into effect* **6.1** werk **in** ~ *road works (ahead), men at work;* ⟨alg.⟩ *work in progress;* de ~ **van** een besluit *the implementation of a decision* **6.2** de ~ **van** het toneelstuk was schitterend *the play was brilliantly performed* **6.3** wij hebben dit model **in** twee ~en *we have two versions of this model.*

uitvoeroverschot 0.1 *export surplus.*

uitvoerrecht 0.1 *export duty.*

uitvoerverbod 0.1 *prohibition of/ban on export(s).*

uitvoervergunning 0.1 *export licence.*

uitvogelen ⟨inf.⟩ →**uitvissen.**

uitvouwen 0.1 *unfold* ⇒*fold/spread out.*

uitvragen 0.1 [uithoren] *question* ⇒⟨ondervragen⟩ *interrogate,* ⟨inf.⟩ *pump,* ⟨inf.⟩ *grill* ◆ **1.1** een krijgsgevangene ~ *interrogate a prisoner of war.*

uitvreten ⟨inf.⟩ **0.1** [uitspoken] *be up to* **0.2** [op iemands kosten leven] *sponge on* **0.3** [uithollen] *eat away at* **0.4**

[uitbijten] *corrode* ⇒*eat away (at)* ◆ **1.4** het roest vreet het staal uit *the rust is corroding the steel* ¶**.1** wat heeft hij nou weer uitgevreten? *what's he been up to now?*

uitvreter 0.1 *sponger* ⇒*parasite, scrounger.*

uitvullen 0.1 *right-justify.*

uitwaaien I ⟨onov.ww.⟩ **0.1** [gedoofd worden] *blow out* ⇒*be blown out* **0.2** [een frisse neus halen] *get a breath of (fresh) air* **0.3** [naar buiten gaan staan] *blow out/open* ◆ **1.3** de vlaggen waaien uit *the flags are fluttering in the wind;*
II ⟨ov.ww.⟩ **0.1** [doven] *blow out.*

uitwaaieren 0.1 *fan out* ⇒⟨jurk enz.⟩ *flare (out)* ◆ **1.1** een ~de rok *a skirt which flares (out).*

uitwas 0.1 [ongewenste ontwikkeling] *excrescence* ⇒*morbid growth, monstrous product,* ⟨mv.⟩ *excesses* **0.2** [uitgroeisel] *(rank) growth* ⇒*outgrowth.*

uitwasemen I ⟨onov.ww.⟩ **0.1** [als wasem naar buiten komen] *emanate* ⇒*evaporate* **0.2** [damp afgeven] ⟨waterdamp⟩ *steam;* ⟨andere damp⟩ *fume* ⇒⟨van huid⟩ *perspire,* ⟨plantk.⟩ *transpire;*
II ⟨ov.ww.⟩ **0.1** [als wasem verspreiden] *exhale.*

uitwaseming 0.1 [het uitwasemen] *emanation* ⇒*evaporation* **0.2** [wat uitgewasemd wordt] *emanation* ⇒*fumes* ⟨mv.⟩.

uitwassen 0.1 [reinigen] *wash (out); swab (out)* ⟨een wond⟩ **0.2** [doen verdwijnen] *wash out/away* ◆ **1.2** vlekken ~ *wash out/away stains.*

uitwateren 0.1 *drain, discharge its water* ◆ **6.1** rivieren die **in** de Oostzee ~ *rivers draining into the Baltic.*

uitwatering 0.1 [plaats waar een polder uitwatert] *outlet* **0.2** [het uitwateren] *discharge* ⇒*drainage.*

uitwedstrijd ⟨sport⟩ **0.1** *away match/game.*

uitweg 0.1 [uitkomst] *way out* ⇒⟨oplossing, ook⟩ *answer, solution* **0.2** [uitgang] *way out* ⇒*exit,* ⟨jur. ook⟩ *egress,* ⟨van gassen, water, gevoelens⟩ *outlet* ◆ **1.2** recht van ~ hebben *have the right of exit/*⟨jur. ook⟩ *egress* **3.1** hij zag geen andere ~ meer dan onder te duiken *he had no choice but to go into hiding* **6.2** een ~ **voor** opgekropte gevoelens *an outlet for/an opportunity to vent (one's) pent-up emotions.*

uitweiden 0.1 *dwell, enlarge, expand;* ⟨lang spreken⟩ *hold forth* ⇒⟨afdwalen⟩ *digress* ◆ **6.1 over** een onderwerp ~ *dwell/enlarge/elaborate on a subject.*

uitweiding 0.1 *elaboration* ⇒*digression.*

uitwendig 0.1 [uiterlijk, van buiten komend] *external* ⇒*outward, exterior,* ⟨bw. ook⟩ *outside* ◆ **1.1** een geneesmiddel voor ~ gebruik *a medicine for external use* **3.1** ~ bespeurt men geen verandering *there is no noticeable external/outward change.*

uitwerken I ⟨ov.ww.⟩ **0.1** [in bijzonderheden bewerken] *work out, elaborate* ⇒⟨opstellen⟩ *draw up* **0.2** [helemaal berekenen] *work out* ⇒*compute* **0.3** [bewerkstelligen] *bring about* ⇒*produce* **0.4** [figuren snijden in] *work (in relief)* ⇒⟨hout⟩ *carve* ◆ **1.1** zijn aantekeningen ~ *work up one's notes;* een idee ~ *develop an idea;* uitgewerkte plannen *detailed plans* **1.2** sommen ~ *work out sums;*
II ⟨onov.ww.⟩ **0.1** [zijn volle werking hebben] *wear off* ⇒ ⟨geen kracht meer hebben; meestal voltooide tijd⟩ *have spent one's force, have exhausted one's strength,* ⟨van hout⟩ *be seasoned,* ⟨van vulkaan⟩ *become extinct* **0.2** [uitgisten] *stop fermenting, be fermented* ◆ **1.1** de verdoving is uitgewerkt *(the effect of) the anaesthetic has worn off.*

uitwerking 0.1 [resultaat] *effect, result* ⇒*consequence* **0.2** [bewerking] *working out, elaboration* ⇒*execution, development* **0.3** [berekening] *working out* ⇒*computation* ◆

uitwerpen - uitzettingsbevel

3.1 de beoogde ~ hebben *have the desired/intended e., be effective* **7.1** de medicijnen hadden geen ~ *the medicines had no e./didn't work.*
uitwerpen 0.1 [naar buiten werpen] *throw out* ⇒⟨vnl. schr.⟩ *cast out* **0.2** [door werpen verwijderen] *throw out* ⇒*eject,* ⟨zijn eten⟩ *throw up,* ⟨fig. ook⟩ *spew (up)* **0.3** [uitstoten] *throw out;* ⟨schr.⟩ *eject, cast out* ⟨ook boze geesten⟩ ◆ **1.1** zijn hengel ergens ~ *cast one's line somewhere;* het vliegtuig wierp voedsel uit *the aeroplane dropped food.*
uitwerpselen 0.1 *excrement;* ⟨van dieren ook⟩ *droppings.*
uitwijken 0.1 [uit de weg gaan] *get out of the way (of);* ⟨plaats maken⟩ *make way (for)* ⇒*give way (to)* **0.2** [noodgedwongen verhuizen] *go into exile* ⇒*flee/leave one's country,* ⟨fig., + naar⟩ *push off (to), switch (to)* **0.3** [uit elkaar wijken]⟨twee lijnen⟩ *diverge;*⟨muur enz.⟩ *bulge* ◆ **5.1** rechts ~ *swerve to the right* **6.1** men liet het luchtverkeer **naar** Oostende ~ *air traffic was diverted to Ostend;* **voor** een auto ~ *get out of the way of a car* **6.2** ⟨fig.⟩ wegens ruimtegebrek zijn we uitgeweken **naar** de sporthal *we switched to the gymnasium for reasons of space.*
uitwijkhaven 0.1 [verbreding in een kanaal] *passing place* **0.2** [luchthaven] *alternative airport.*
uitwijkmogelijkheid 0.1 [mogelijkheid om uit te wijken naar elders] *alternative (arrangement)* ⇒⟨inf.⟩ *fall-back arrangement* **0.2** [mogelijkheid om een naderende gebeurtenis te voorkomen] *chance of escape, escape route, chance to get out of the way;* ⟨vergadering⟩ *alternative date.*
uitwijzen 0.1 [aantonen] *show* ⇒*reveal* **0.2** [uit het land zetten]⟨mbt. vreemdelingen⟩ *deport* ⇒*expel,* ⟨mbt. burgers v.h. land zelf; ook gesch.⟩ *banish,* ⟨mbt. burgers v.h. land zelf; ook gesch.⟩ *exile* **0.3** [beslissen] *decide* ◆ **1.1** de tijd zal het ~ *time will tell* **4.3** de rechter moet het maar ~ *the judge will have to decide (the case).*
uitwijzing 0.1 ⟨mbt. vreemdelingen⟩ *deportation* ⇒*expulsion,* ⟨mbt. burgers v.h. land zelf⟩ *banishment,* ⟨mbt. burgers v.h. land zelf⟩ *exile.*
uitwisbaar 0.1 *erasable.*
uitwisselbaar 0.1 *interchangeable* ⇒*exchangeable, replaceable.*
uitwisselen 0.1 *exchange* ⇒⟨inf.⟩ *swap,* ⟨vnl. mbt. ideeën enz.⟩ *interchange* ◆ **1.1** beleefdheden ~ *e. civilities;* ervaringen ~ *compare notes.*
uitwisseling 0.1 *exchange* ⇒⟨mbt. ideeën enz. ook⟩ *interchange,* ⟨inf.⟩ *swap.*
uitwisselingsprogramma 0.1 *exchange programme.*
uitwisselingsverdrag 0.1 *exchange treaty/agreement.*
uitwissen 0.1 [laten verdwijnen] *wipe out* ⇒*wipe away/off, erase,* ⟨vnl. fig.⟩ *efface* **0.2** [reinigen] *clean, cleanse* ◆ **1.1** een opname ~ *wipe/erase a recording;* sporen ~ *erase/cover up one's tracks.*
uitwoeden 0.1 *subside* ⇒*burn/blow o.s. out* ◆ **1.1** de storm was uitgewoed *the storm had subsided/had blown itself out.*
uitwonend 0.1 [niet thuis wonend] *(living) away from home* **0.2** [extern] *non-resident* ◆ **1.1** twee ~e dochters *two daughters living away from home* **1.2** een ~ assistent *a n.-r. assistant.*
uitworp 0.1 [sport] *throw(-out)* **0.2** [wat uitgestoten wordt] *emission* ⇒*release, discharge.*
uitwrijven 0.1 [reinigen] *rub* ⇒⟨schoenen enz.⟩ *polish (up)* **0.2** [uitspreiden] *spread* ⇒*rub over* ◆ **1.1** zijn ogen ~ *r. one's eyes.*
uitwringen 0.1 *wring out.*
uitwuiven 0.1 *see (s.o.) off* ⇒*wave (s.o.) goodbye.*

uitzaaien I ⟨ov.ww.⟩ **0.1** [zaaiend verspreiden] *sow* ⇒⟨fig. ook⟩ *disseminate;*
II ⟨wk.ww.; zich ~⟩ **0.1** [med.] *metastasize* ⇒⟨niet technisch⟩ *spread,* ⟨over het hele lichaam⟩ *become generalized* ◆ **1.1** de kanker had zich uitgezaaid *the cancer had spread/formed secondaries.*
uitzaaiing 0.1 [het uitzaaien] *sowing* ⇒⟨fig. ook⟩ *dissemination* **0.2** [med.; proces] *spread* ⇒*dissemination, formation of secondaries,* ⟨med. ook⟩ *metastasis* **0.3** [med.; resultaat] *secondary (tumour)* ⇒⟨med. ook⟩ *metastasis.*
uitzagen 0.1 [door zagen verwijderen/vormen] *saw out* ⇒ ⟨bevrijden⟩ *saw free.*
uitzakken 0.1 [buiten iets komen] *protrude* ⇒⟨med. ook⟩ *prolapse* **0.2** [uit het lood zakken] *bulge* ⇒*sag, subside* **0.3** [uit zijn vorm zakken] *sag* ⇒*give way* **0.4** [med.] *prolapse* ◆ **1.2** de muur is uitgezakt *the wall has subsided* **1.3** een uitgezakt lichaam *a sagging body.*
uitzakking 0.1 [med.; het uitzakken] *prolapse* **0.2** [plaats waar iets uitgezakt is] *bulge, hollow* ⇒*sag.*
uitzege ⟨sport⟩ **0.1** *away win/victory.*
uitzeilen 0.1 *sail (away/off)* ⇒*set sail, put out (to sea).*
uitzendavond 0.1 *regular evening.*
uitzendbureau 0.1 *(temporary) employment/*⟨BE; inf.⟩ *temp(ing) agency* ◆ **6.1** voor een ~ werken ⟨BE; inf.; ook⟩ *temp, do temping.*
uitzenden I ⟨onov., ov.ww.⟩ **0.1** [com.] *broadcast* ⇒*transmit* ◆ **1.1** golven ~ *transmit waves;* de tv zendt de wedstrijd uit ⟨ook⟩ *the match will be televised* **6.1** iets **over** de radio ~ *broadcast/transmit sth. by/over the radio;* ⟨boodschap enz. ook⟩ *radio sth.;*
II ⟨ov.ww.⟩ **0.1** [met een opdracht wegzenden] *send out* ⇒*dispatch,* ⟨naar het buitenland ook⟩ *post (abroad)* ◆ **6.1** iem. **om** boodschappen ~ *send s.o. on errands.*
uitzending 0.1 [com.; programma] *broadcast* ⇒*transmission* **0.2** [com.; het uitzenden] *broadcast(ing)* ⇒*transmission* **0.3** [het sturen met een opdracht] *dispatching* ⇒ *sending (out)* ◆ **2.1** een rechtstreekse ~ *a direct/live b.* **6.2** hij zit **in** de ~ *he's on the air.*
uitzendkracht 0.1 *temporary worker/employee;* ⟨BE; inf.⟩ *temp.*
uitzendverbod 0.1 *ban on broadcasting.*
uitzet 0.1 *outfit;* ⟨van bruid⟩ *trousseau;* ⟨voor baby⟩ *layette.*
uitzetten I ⟨ov.ww.⟩ **0.1** [buiten iets zetten] *throw/put out* ⇒*expel,* ⟨uit land⟩ *deport,* ⟨inf.⟩ *throw out* **0.2** [uitspreiden] *spread (out)* **0.3** [verspreid zetten] *set/spread (out)* **0.4** [op interest zetten] *place, put out* **0.5** [buiten werking stellen] *switch/turn off* **0.6** [uitmeten, aftekenen] *measure (out)* ⇒*plot, mark off/out* **0.7** [in omvang doen toenemen] *expand* ⇒*enlarge,* ⟨langer maken⟩ *extend* ◆ **1.1** ongewenste vreemdelingen ~ *deport/expel undesirable aliens* **1.2** de zeilen ~ *s. the sails* **1.3** planten ~ *put plants out, plant seedlings out;* schildwachten ~ *post sentries/guards* **1.4** geld ~ *put out money* **1.5** het gas ~ *switch/turn the gas off* **1.6** een koers ~ *plot/chart a course;*
II ⟨onov., wk.ww.; zich ~⟩ **0.1** [in volume toenemen] *expand* ⇒*swell,* ⟨wet.⟩ *dilate* ◆ **1.1** door warmte zetten de meeste stoffen uit *heat causes most materials to expand.*
uitzetting 0.1 [verwijdering] *ejection* ⇒*expulsion,* ⟨uit land ook⟩ *deportation,* ⟨uit huis⟩ *eviction* **0.2** [zwelling] *swelling; dilatation* ⟨van hart, maag⟩ **0.3** [vergroting] *expansion* ⟨in volume⟩; *extension* ⟨in lengte⟩ **0.4** [ontscheping] *casting away/ashore* ◆ **1.1** een bevel tot ~ *an eviction/expulsion order.*
uitzettingsbevel 0.1 *expulsion/*⟨uit land ook⟩ *deportation/* ⟨uit huis ook⟩ *eviction order.*

uitzettingscoëfficiënt 〈nat.〉 **0.1** *coefficient of expansion.*

uitzicht 0.1 [gelegenheid om naar buiten te zien] *view* ⇒ *prospect* **0.2** [datgene waar men op uitkijkt] *view* ⇒*panorama, prospect* **0.3** [vooruitzicht] *prospect* ⇒*outlook* ♦ **2.1** vrij ~ *unobstructed v.* **3.1** iem. het ~ belemmeren *block/obstruct s.o. 's view* **3.3** ~ geven op promotie *hold out prospects/a/the p. of promotion* **6.1** de keeper was in zijn ~ belemmerd *the goalkeeper was unsighted;* met ~ op *with a v. of, overlooking, looking (out) onto.*

uitzichtloos 0.1 *hopeless* ⇒*dead-end* ♦ **1.1** een uitzichtloze situatie *a h./desperate situation.*

uitzieken ♦ **3.¶** je moet goed ~ voordat je weer aan het werk gaat *you have to be sure you have fully recovered before you go back to work;* dat moet eerst ~ *that has to work itself out first/run its course first.*

uitzien 0.1 [+ naar; verlangend wachten] *look forward to* **0.2** [+ naar; proberen te krijgen] *be on the lookout for* ⇒ *look/watch for* **0.3** [tot uitzicht hebben] *face* ⇒*front, look out (up)on* ♦ **6.1** ~ naar de vakantie *be looking forward to the holidays* **6.2** naar een betrekking ~ *be looking for a position* **6.3** een kamer die op zee uitziet *a room with a view of the sea/facing the sea* 〈ook→**eruitzien**〉.

uitzingen 0.1 [volhouden] *hold out* ⇒*manage* **0.2** [ten einde zingen] *sing out/to the end* **0.3** [zingend uiten] *sing (out)* ♦ **4.1** ik kan het nog wel een paar dagen ~ *I can manage for a few more days.*

uitzinnig 0.1 *delirious* ⇒*wild, frantic* ♦ **1.1** een ~e menigte *a frenzied/hysterical crowd* **6.1** ~ van vreugde *mad/wild/ d. with joy;* ~ van verdriet *distraught with grief.*

uitzitten 0.1 *sit out (to the end)* ⇒*stay until the end of* ♦ **1.1** het oude jaar ~ *sit out/see out the old year;* zijn tijd ~ *sit out/wait out one's time;* 〈in gevangenis〉 *serve one's time.*

uitzoeken 0.1 [uitkiezen] *select* ⇒*choose, pick out* **0.2** [sorteren] *sort (out)* **0.3** [uitpuzzelen] *sort out* ⇒*figure out* ♦ **4.3** dat moeten zij zelf maar ~ *they have to sort/work that out for themselves;* ze zoeken het maar uit *that is their problem.*

uitzonderen 0.1 *except* ⇒*exclude* ♦ **4.1** niemand uitgezonderd *barring none.*

uitzondering 0.1 *exception* ♦ **3.1** de ~ die de regel bevestigt *the e. which proves the rule;* een ~ maken voor *make an e. for* **6.1** bij 〈hoge〉 ~ *(very) exceptionally, only (very) rarely, in exceptional cases;* een ~ op de regel *an e. to the rule;* met ~ van *with the e. of, excepting, save;* iedereen zonder ~ *everyone without e., bar(ring) none.*

uitzonderingsgeval 0.1 *exception(al case)* ⇒*isolated case.*

uitzonderingspositie 0.1 *exceptional/special/unique position* ♦ **6.1** zich in een ~ bevinden *be in/occupy an e. p., be an exception(al case).*

uitzonderlijk 0.1 *exceptional* ⇒*singular, unique* ♦ **1.1** ~e gevallen *e. cases;* een man met ~e talenten *a man of unique/singular talents* **2.1** ~ begaafd *exceptionally gifted.*

uitzuigen 0.1 [uithuiten] *squeeze/bleed dry* ⇒*exploit* **0.2** [ontdoen, zuigend legen] *suck out* ⇒*drain* 〈met medisch zuigapparaat〉 **0.3** [zuigend reinigen] *vacuum out* ♦ **1.1** het volk ~ *bleed the people dry, exploit the people* **1.2** een wond ~ *suck out a wound* **1.3** een kast ~ *vacuum out a cupboard.*

uitzuiger 0.1 *bloodsucker* ⇒*extortionist.*

uitzwaaien 0.1 *send off* ⇒*wave goodbye to, give a send-off to.*

uitzwenken 0.1 *swing/swerve out* ⇒*jackknife* 〈scharende oplegger〉.

uitzwermen 0.1 [in een zwerm uitvliegen] *swarm out/off* **0.2** [naar alle kanten uittrekken] *swarm (around/about)* ⇒*hive off* **0.3** [tirailleren] *fan out (in skirmishing order)* ♦ **1.1** de bijen zwermden uit *the bees swarmed out.*

uitzweten 0.1 [verdrijven] *sweat out* **0,2** [vocht afdrijven] *sweat* ⇒*perspire, secrete/lose sweat* ♦ **1.1** een verkoudheid ~ *sweat out a cold* **1.2** de mens zweet per dag ongeveer 600 g vocht uit *man secretes/loses about 600 grams of sweat a day.*

uk, ukkepuk 0.1 *toddler* ⇒*kiddy.*

ultiem 0.1 *ultimate* ⇒*last-minute, last-ditch* 〈poging〉 ♦ **1.1** ~e wapens *u. weapons.*

ultimatum 0.1 *ultimatum* ♦ **1.1** een ~ stellen *give (s.o.) an u.*

ultra 0.1 *extremist.*

ultracentrifuge 0.1 *ultracentrifuge.*

ultrakort 〈com.〉 **0.1** *ultrashort.*

ultramodern 0.1 *ultramodern.*

ultraviolet 0.1 *ultraviolet* ♦ **1.1** ~te stralen *u. rays.*

unaniem 0.1 *unanimous* ♦ **3.1** ~ aangenomen *adopted unanimously; carried unanimously* 〈een motie〉.

unanimiteit 0.1 *unanimity* ♦ **6,1** bij ~ *unanimously.*

unfair 0.1 *unfair* ⇒*unsportsmanlike.*

unicum 0.1 [iets unieks] *unique/singular event/thing* **0.2** [enig exemplaar] *single copy* ♦ **6.1** dit is een ~ in de geschiedenis *this is unique/unparalleled in history.*

unie 0.1 [vereniging, verbond] *union* ⇒*association* **0.2** [aaneensluiting van staten] *union* ♦ **2.2** Europese Unie *European Union;* personele ~ *personal u.*

uniek 0.1 [enig] *unique* **0.2** [heerlijk, kostelijk] *wonderful* ⇒ *marvellous* ♦ **1.1** een ~e gelegenheid 〈ook〉 *the chance of a lifetime* **3.2** ik vond het ~ *I thought it was w./marvellous/ delightful.*

uniform¹ 〈het〉 **0.1** *uniform* ♦ **3.1** een ~ dragen *wear a u.* **6.1** in ~ zijn *be in u.*

uniform² 〈bn., bw.〉 **0.1** *uniform* ♦ **1.1** een ~ tarief *a flat/single rate.*

uniformeren 0.1 *make uniform.*

uniformiteit 0.1 *uniformity* ♦ **1.1** ~ van papierformaat *uniform/standard paper size.*

uniseks 0.1 *unisex.*

unisono 〈muz.〉 **0.1** *in unison.*

unitariër 0.1 *unitarian.*

unitarisme 0.1 〈vaak met hoofdletter〉 *unitarianism.*

unitaristisch 0.1 〈vaak met hoofdletter〉 *unitarian.*

universalia 0.1 *universals.*

universalisme 0.1 [algemeenheid] *universality* **0.2** [rel.] *universalism.*

universaliteit 0.1 *universality.*

universeel 0.1 [alles omvattend] *universal* **0.2** [algemeen geldend/voorkomend] *universal* **0.3** [voor/in alle gevallen bruikbaar] *universal* ⇒*all-/general-purpose* **0.4** [elek.] *AC/DC* ♦ **1.1** ~ erfgenaam *u. legatee/successor* **1.2** de universele rechten v.d. mens *the u. rights of man.*

universitair 0.1 *university* ♦ **1.1** iem. met een ~e opleiding *s.o. with a u. education, a u./〈AE〉 college graduate.*

universiteit 0.1 *university* ♦ **2.1** de Open Universiteit *the Open University* **6.1** hoogleraar aan de ~ van/te Oxford *professor at Oxford University;* naar de ~ gaan *go to u./* 〈AE ook〉 *college.*

universiteitskliniek 0.1 *teaching hospital/clinic.*

universiteitsstad 0.1 *university/*〈AE ook〉 *college town.*

universum 0.1 *universe.*

UNO 0.1 *UN.*

updaten 0.1 *update.*

uranium 0.1 *uranium* ◆ 2.1 verrijkt ~ *enriched u.*
urbaan 0.1 [mbt. het stadsleven] *urban* 0.2 [wellevend] *urbane.*
urbanisatie 0.1 *urbanization.*
ure ⟨schr.⟩ 0.1 *hour* ◆ 6.1 te(r) elfder ~ *at the eleventh h.*
urenlang 0.1 *interminable* ⇒*endless* ◆ 3.1 er werd ~ vergaderd *the meeting went on for hours.*
urgent 0.1 *urgent.*
urgentie 0.1 *urgency.*
urgentielijst 0.1 *priority list.*
urgentieverklaring 0.1 *certificate of urgency/need.*
urine 0.1 *urine.*
urinebuis 0.1 *urethra.*
urineonderzoek 0.1 *urine analysis* ⇒⟨med. ook⟩ *urinalysis.*
urineren 0.1 *urinate.*
urinewegen 0.1 *urinary tract.*
urinoir 0.1 *urinal.*
urn 0.1 *urn.*
urologie 0.1 *urology.*
uroloog 0.1 *urologist.*
Uruguay 0.1 *Uruguay.*
usurperen 0.1 *usurp.*
ut ⟨muz.⟩ 0.1 *ut* ⇒*do(h).*
uterus 0.1 *uterus.*
utilitair 0.1 *utilitarian.*
Utopia 0.1 *Utopia.*
utopie 0.1 *utopia, utopian dream.*
utopisch 0.1 *utopian.*
utopisme 0.1 *utopianism.*
utopist 0.1 *utopian.*
uur 0.1 [tijdmaat] *hour* 0.2 [lesuur] *hour* ⇒*period,* ⟨vnl. BE⟩ *lesson* 0.3 [punt op een wijzerplaat] *o'clock* 0.4 [ogenblik] *hour* ⇒*moment* 0.5 [afstandsmaat] *hour* ◆ 1.4 het ~ des onheils nadert *the ill-fated h. is approaching/imminent;* het ~ v.d. waarheid is aangebroken *the moment of truth is upon us* 2.1 lange uren maken *put in/work long hours;* verloren ~(tje) *spare time/h.* 2.3 elk half ~ / om het half ~ gaat er een trein *a train leaves every half hour;* op het hele/het halve ~ *on the hour/the half hour* 2.4 zijn laatste ~ heeft geslagen *his final h. has come;* ⟨inf.⟩ *his number is up* 3.1 het duurde uren *it went on for/took hours;* ik heb een ~ gewandeld *I walked (for) an h.* 3.5 het is een ~ rijden *it is an hour's drive* 5.1 ruim een ~ *well over an h.* 6.1 over een ~ in an h.; f 25 **per** ~ verdienen *earn 25 guilders an h.;* 100 kilometer **per** ~ *100 kilometres per h.;* **per** ~ betaald worden *get paid by the h.* 6.3 hij kwam **tegen** drie ~ *he came around three o'clock* 6.5 een ~ **in** de wind stinken *stink to high heaven* 7.1 kun je hier binnen twee ~ zijn? *can you be here within two hours?* 7.3 omstreeks acht ~ *round about eight (o'clock);* om negen ~ precies *at nine o'clock sharp* 7.5 de stad lag op twee ~ afstand *the city was two hours away* 7.¶ een te elfder ure genomen beslissing *a last-minute decision, a decision taken at the eleventh hour* ¶.1 een ~ of twee *an h. or two* ¶.3 rond een ~ of twee *about two (o'clock).*
uurloner 0.1 *hourly-paid worker.*
uurloon 0.1 [beloning voor een uur arbeid] *hourly wage/pay* 0.2 [loon naar uren] *hourly rate* ◆ 6.2 zij werkt **op** ~ *she is paid by the hour.*
uurtarief 0.1 *hourly rate.*
uurtje 0.1 *hour* ◆ 2.1 ⟨fig.⟩ in de kleine ~s thuiskomen *come home in the small hours.*
uurwerk 0.1 [klok] *clock* ⇒*timepiece* 0.2 [binnenwerk v.e. klok] *clockwork.*

uurwijzer 0.1 *hour hand.*
uw 0.1 *your* ◆ 7.1 het ~e *yours.*
uwerzijds 0.1 *on your part.*
uzelf 0.1 *yourself/selves.*
uzi 0.1 *uzi.*

V

vaag 0.1 *vague* ⇒*faint, dim* ◆ **1.1** een ~ plan a *v./sketchy plan;* vage termen *v./loose terms;* ik heb zo'n ~ vermoeden dat ...*I have a hunch/a sneaking suspicion that ...* ¶**.1** ~ van plan zijn om ...*have a v./faint notion to ...*
vaagheid 0.1 *vagueness.*
vaagjes 0.1 [niet duidelijk] *vaguely* ⇒*faintly, dimly* **0.2** [zwak] *weakly* ⇒*faintly* ◆ **3.1** ~ antwoorden *answer in vague terms/v.*
vaaglijk →**vagelijk.**
vaak 0.1 *often* ⇒*frequently* ◆ **2.1** heel ~ *very o./frequently* **3.1** dat gebeurt niet ~ *that doesn't happen very o.;* je vergeet ~ ...⟨ook⟩ *you tend to forget ...* **4.1** hoe ~ heb ik het (je) niet gezegd? *how o./how many times have I told you?* **5.1** maar al te ~ *all too o.;* steeds vaker *more and more (frequently);* vaker wel dan niet *more o. than not.*
vaal 0.1 [mbt. de kleur] *faded* **0.2** [mbt. het licht] *pale* **0.3** [mbt. de gelaatskleur] *sallow* **0.4** [grijs, grauw] *greyish* ◆ **1.1** een vale spijkerbroek *a f. pair of blue jeans, f. jeans.*
vaalbleek 0.1 *sallow.*
vaalheid 0.1 *fadedness* ⇒*sallowness* ⟨gelaat⟩.
vaandel 0.1 [vlag] *banner* ⇒*flag* **0.2** [veldteken] *regimental colours* ⟨mv.⟩ */flag* ◆ **6.¶** iets in zijn ~ schrijven *embrace sth. as a principle;* iets hoog in het ~ hebben (staan) *feel very strongly about sth.*
vaandeldrager, -draagster 0.1 [mil.] *colour-/flag-bearer* **0.2** [mbt. muziekkorps] *banner-bearer.*
vaandelzwaaien →**vendelzwaaien.**
vaandrig 0.1 [mil.] *reserve officer candidate* **0.2** [padvinderij] *troop leader.*
vaantje 0.1 [klein vaandel] *small flag* ⇒*pennant* ⟨sportclub⟩ **0.2** [windwijzer] *(weather) vane.*
vaarbelasting 0.1 *tax on pleasure craft.*
vaarbewijs 0.1 *navigation licence.*
vaardiepte 0.1 *(navigable) depth.*
vaardig 0.1 [behendig] *skilful, skilled* ⇒*proficient (at/in)* **0.2** [vlug] *nimble* ⇒*quick* **0.3** [tot iets bereid] *ready (for)* ◆ **6.1** ~ zijn in iets *be a dab hand at sth.;* ~ met naald en draad *s./deft with needle and thread.*
vaardigheid 0.1 [behendigheid] *skill* ⇒*skilfulness,* ⟨ihb. mbt. vreemde talen⟩ *proficiency* **0.2** [vlugheid] *cleverness* ⇒*quickness* ◆ **2.1** sociale vaardigheden *social skills* **6.1** ~ in het schrijven *writing skill.*
vaardigheidsproef 0.1 *proficiency test.*
vaargeld 0.1 ⟨mv.⟩ *canal-dues.*
vaargeul 0.1 [vaarwater tussen twee zandbanken] *channel* ⇒*waterway* **0.2** [diepere gedeelte v.e. rivier/kanaal] *channel.*
vaarkaart 0.1 *boating permit.*
vaarroute 0.1 *course (of navigation).*
vaars 0.1 *heifer.*
vaarschema 0.1 *sailing schedule.*
vaarseizoen 0.1 *sailing season.*
vaarsnelheid 0.1 *speed.*
vaart 0.1 [snelheid] *speed* ⇒⟨ook fig.⟩ *pace,* ⟨tech.⟩ *momentum* **0.2** [het varen] *navigation* ⇒*trade* **0.3** [zeereis] *voyage* **0.4** [kanaal] *canal* ⇒*waterway* **0.5** [(vaar)route] *course* ◆ **2.1** hij had niet genoeg ~ *he ran out of steam;* in vliegende ~ *at breakneck s., headlong;* in volle ~ *(at) full s./*

vaag - vacature

tilt **2.2** de grote ~ *(the) sea-/ocean-going trade;* de kleine ~ *(the) home trade;* de ~ is weer open *n. is possible again;* de wilde ~ *tramp shipping* **2.3** een behouden ~ *a safe v.* **3.1** wat meer ~ geven *open the throttle a bit;* ⟨auto ook⟩ *put one's foot down;* weinig ~ hebben/zetten *travel slowly;* ⟨ook scheep.⟩ *make little headway;* de ~ erin houden *keep up the pace;* ~ krijgen *gather/pick up s.;* ⟨fig.⟩ het zal zo'n ~ niet lopen *it won't come to that/get that bad;* ~ minderen *reduce (one's) s., slow down;* ⟨fig.⟩ ergens ~ achter zetten *hurry/speed things up, get a move on;* er zit geen ~ in het verhaal *the story doesn't go anywhere* **6.1** iets **in** zijn ~ stuiten *arrest the development/growth of sth.* **6.2** een schip **uit** de ~ halen/nemen *take a ship out of service/* ⟨mil. ook⟩ *commission.*
vaartijd 0.1 *sailing time.*
vaartje →**aard.**
vaartuig 0.1 *vessel* ⇒*craft.*
vaartvermindering 0.1 *deceleration.*
vaarverbod 0.1 *closing/closure of a waterway* ⇒*injunction forbidding the use of a waterway.*
vaarwater 0.1 [water waarin men vaart] *water(s)* **0.2** [waterweg] *waterway* ◆ **2.1** (een) gevaarlijk ~ *hot water;* In rustig ~ *in smooth water(s)* **6.1** ⟨fig.⟩ in iemands ~ komen/zitten ⟨op zijn gebied komen⟩ *poach on s.o.'s territory;* ⟨hem dwars zitten⟩ *get under s.o.'s skin;* ⟨fig.⟩ elkaar **in** het ~ zitten *be in each other's hair.*
vaarwel¹ ⟨het⟩⟨schr.⟩ **0.1** *farewell* ◆ **2.1** iem. het laatste ~ toeroepen *bid s.o.f.*
vaarwel² ⟨tw.⟩ **0.1** *farewell* ◆ **3.1** iem. ~ zeggen *bid s.o. farewell, wish s.o. goodbye.*
vaarwelzeggen 0.1 [afscheid nemen van] *bid farewell* ⇒ *say goodbye to* **0.2** [verlaten] *take leave of* ⇒*give up* **0.3** [berusten in de afwezigheid] *say goodbye (to)* ⇒*kiss goodbye* ◆ **1.2** de studie ~ *give up/drop one's studies* **1.3** die fiets kun je wel ~ *you can kiss that bike goodbye.*
vaas 0.1 *vase.*
vaasvormig 0.1 *vase-shaped.*
vaat 0.1 [af te wassen vaatwerk] *washing-up* ⇒*dishes* **0.2** [het afwassen] *washing-up* ⇒*doing the dishes* ◆ **2.1** een grote ~ *a lot/pile of w.-u. (to be done)* **3.1** de ~ wassen/doen *do the dishes, wash up.*
vaatcel 0.1 *vascular cell.*
vaatchirurgie 0.1 *vascular surgery.*
vaatdoek 0.1 *dishcloth* ◆ **8.1** ⟨fig.⟩ hij is zo slap als een ~ *he is as weak as a pup.*
vaatje ~ **2.¶** ⟨fig.⟩ uit een ander ~ tappen *change tack.*
vaatkwast 0.1 ²*washing-up/*¹*dishwashing brush.*
vaatstelsel 0.1 *vascular system.*
vaatverkalking 0.1 *arteriosclerosis.*
vaatvernauwend 0.1 *vasoconstrictive* ◆ **1.1** een ~ middel a *vasoconstrictor.*
vaatvernauwing 0.1 *vasoconstriction.*
vaatverwijdend 0.1 *vasodilating, vasodilatory* ◆ **1.1** een ~ medicijn a *vasodilator.*
vaatverwijding 0.1 *vasodilation.*
vaatwand 0.1 *vascular wall.*
vaatwasmachine, -wasser 0.1 *dishwasher.*
vaatwerk 0.1 *dinnerware* ⇒*kitchenware* ◆ **2.1** zilveren ~ *silverware, silver plate.*
vaatziekte 0.1 *vascular disease.*
va-banque 0.1 *all or nothing* ◆ **3.¶** ~ spelen *go for broke.*
vacant 0.1 *vacant, free* ⇒*open* ◆ **1.1** een ~e betrekking a *vacancy, an opening.*
vacature 0.1 *vacancy* ⇒*opening* ◆ **3.1** voorzien in een ~ *fill a v.*

vacaturebank 0.1 *job vacancy department.*

vacaturestop 0.1 *halt on (advertising of) openings.*

vaccin 0.1 *vaccine.*

vaccinatie 0.1 *vaccination.*

vaccinatiebewijs 0.1 *vaccination certificate.*

vaccineren 0.1 *vaccinate.*

vacht 0.1 [wol op een schaap] *fleece* 0.2 [haarbedekking van andere dieren] *fur* ⇒*coat (of fur)* 0.3 [geprepareerde schapenhuid] *sheepskin* ⇒⟨op de vloer⟩ *sheepskin rug* 0.4 [pels] *fur* ⇒*pelt* 0.5 [laag die wollig aandoet] *(woolly) layer* ◆ 1.4 de ~ van een beer *a bearskin* 2.2 een glanzende ~ *a shiny coat* 6.3 een baby **op** een ~je *a baby on a sheepskin rug.*

vacuüm 0.1 *vacuum* ◆ 2.1 een politiek ~ *a political v.* 3.1 ~verpakt *v.-packed/-sealed.*

vacuümverpakking 0.1 *vacuum packaging/seal.*

vacuümverpakt 0.1 *vacuum-packed/-sealed.*

vadem 0.1 [lengtemaat van zes voet] ±*fathom* 0.2 [inhoudsmaat voor hout; 0.56 m³] ±*cord* (= 3.62 m³) 0.3 [stapel] ±*cord.*

vademecum 0.1 *handbook, manual* ⇒*basic guide.*

vader 0.1 *father* ◆ 1.1 ~tje en moedertje spelen *play house;* het Onze Vader *the Lord's Prayer;* ~tje Tijd *(Old) Father Time;* de Vader des Vaderlands *the f. of one's country* 2.1 de geestelijke ~ *the spiritual f., the inventor/architect/author;* daar helpt geen lieve ~ of moeder aan *(I'll have) no ifs or buts, it's got to be done;* natuurlijke/wettelijke ~ *natural/legal f.* 3.1 hij zou haar ~ wel kunnen zijn *he is old enough to be her f.* 6.1 van ~ **op** zoon *from f. to son* ¶.1 ⟨sprw.⟩ zo ~, zo zoon *like f., like son.*

vaderbeeld 0.1 *father image.*

vaderbinding ⟨psych.⟩ 0.1 *father fixation.*

vaderdag 0.1 *Father's day.*

vaderen[1] ⟨mv.⟩ 0.1 *(fore)fathers* ◆ 2.¶ de vroede ~ *the City/Town Fathers.*

vaderen[2] ⟨onov.ww.⟩ 0.1 *be a/act as a father to* ◆ 6.1 hij vaderde **over** zijn jongere broer *he was a father to his younger brother.*

vaderfiguur 0.1 *father figure.*

vaderhart 0.1 *father's heart.*

vaderland 0.1 *(native) country* ⇒⟨geestelijk⟩ *home* ◆ 1.1 voor vorst en ~ *for king and country* 3.1 voor het ~ sterven *die for one's country* 7.1 een tweede ~ *a second home.*

vaderlander 0.1 *patriot* ◆ 2.1 een goed ~ *a loyal p.*

vaderlands 0.1 [eigen aan het vaderland] *national* ⇒*native* 0.2 [nationaal] *national* 0.3 [vaderlandslievend] *patriotic* ◆ 1.1 de ~e geschiedenis *Dutch/English/American* ⟨enz.⟩ *history* 1.3 ~e liederen *national songs.*

vaderlandsliefde 0.1 *patriotism* ⇒*love of (one's) country.*

vaderlandslievend, -gezind 0.1 *patriotic.*

vaderlief 0.1 *dear father, father dear* ⇒⟨inf.⟩ *old man* ◆ 3.1 ~ zit weer te drinken *the old man is drinking again.*

vaderliefde 0.1 *fatherly love.*

vaderlijk 0.1 [van vader] *paternal* 0.2 [als (van) een vader, gezaghebbend] ⟨bn.⟩ *fatherly* ⇒⟨bw.⟩ *in a fatherly way,* ⟨bw.⟩ *like a father* ◆ 1.1 het ~ gezag *p. authority* 3.2 iem. ~ toespreken *speak to s.o. in a f. / avuncular manner.*

vaderloos 0.1 [zonder vader] *fatherless* 0.2 [onwettig] *illegitimate.*

vadermoord 0.1 *patricide.*

vaderrecht 0.1 [recht op de kinderen] *paternal right* 0.2 [patriarchaat] *patriarchy.*

vaderrechtelijk 0.1 *patriarchal.*

vaderschap 0.1 *paternity* ⇒*fatherhood* ◆ 1.1 vaststelling v.h. ~ *establishment of (s.o.'s) p.*

vaderschapsonderzoek 0.1 *paternity test.*

vaderschapsverlof 0.1 *paternity leave* ⇒⟨verlof wegens familieomstandigheden⟩ *compassionate leave.*

vaderskind 0.1 *daddy's boy/girl.*

vadersnaam 0.1 *father's name* ⇒*patronymic.*

vaderstad 0.1 *home town.*

vaderszijde, -kant 0.1 *father's/paternal side* ◆ 6.1 grootvader **van** ~ *paternal grandfather.*

vadoek 0.1 *dishcloth.*

vadsig 0.1 *flabby* ◆ 1.1 een ~e patser *a fat pimp with money to burn.*

vadsigheid 0.1 *flabbiness.*

vagebond 0.1 *vagabond* ⇒*tramp.*

vagelijk 0.1 *vaguely* ⇒*faintly.*

vagevuur 0.1 *purgatory.*

vagina 0.1 *vagina.*

vaginaal 0.1 *vaginal.*

vak 0.1 [begrensd vlak] *section* ⇒*square, space* ⟨parkeerplaats⟩, ⟨vakje⟩ *box* ⟨formulier, puzzel⟩ 0.2 [deel v.e. kast/doos] *compartment* ⇒⟨ihb. postvak⟩ *pigeonhole, shelf* ⟨winkel, bibliotheek⟩ 0.3 [beroep] ⟨lager⟩ *trade;* ⟨hoger⟩ *profession* 0.4 [tak van wetenschap/bedrijf] *subject* ⇒ ⟨vnl. mbt. hoger onderwijs⟩ *course* 0.5 [perk] *bed* 0.6 [afgeperkt deel] *section* ◆ 1.2 de ~ken v.e. aktetas *the compartments of a briefcase* 1.3 een man van het ~ zijn *be an expert/a specialist* 2.2 een kast met geheime ~ken *a cupboard with secret compartments* 2.3 hij beoefent dit ~ al 20 jaar *he has been in this business for 20 years* 2.4 exacte ~ken *science, (exact) sciences;* ⟨op school ook⟩ *science and maths* 3.2 de ~ken bijvullen *fill the shelves* 3.3 een ~ leren *learn a t.;* zijn ~ maken van *make a business/t. of;* een ~ uitoefenen *practise/be in a t./business;* zijn ~ verstaan *understand one's business* 4.3 ieder zijn ~ *every man to his t.* 6.2 post **in** iemands ~je stoppen *put mail in s.o.'s pigeonhole;* ⟨fig.⟩ altijd alles **in** ~jes willen stoppen *always want to put a label on things* 7.4 in acht ~ken eindexamen doen *take eight subjects in one's final exams.*

vakantie 0.1 ⟨vnl. BE⟩ *holiday(s)* ⇒⟨vnl. AE⟩ *vacation* ◆ 1.1 een week ~ *a week's holiday* 2.1 de grote ~ *the summer holidays;* prettige ~! *have a nice holiday!;* een geheel verzorgde ~ *a package tour* 3.1 ~ hebben/krijgen *have/get a holiday;* ~ nemen *take a holiday* 6.1 **met** ~ zijn/gaan *be/go on holiday.*

vakantieadres 0.1 *holiday address.*

vakantiebestemming 0.1 *holiday place/*⟨waar men heen reist ook⟩ *destination.*

vakantiedag 0.1 [dag van/tijdens de vakantie] *(day of one's) holiday* 0.2 [vrije dag] *holiday.*

vakantiedorp 0.1 *holiday village.*

vakantieganger 0.1 *holidaymaker.*

vakantiegeld 0.1 *holiday pay.*

vakantiehuis 0.1 *holiday cottage.*

vakantiehulp 0.1 *holiday help.*

vakantieoord 0.1 [plaats van vakantie] [B] *holiday spot/area* 0.2 [toeristenoord] *(holiday) resort/centre.*

vakantiepark 0.1 *holiday park.*

vakantiereis 0.1 *holiday trip.*

vakantiespreiding 0.1 *staggering of holidays.*

vakantietijd 0.1 *holiday period/season.*

vakantietoeslag →*vakantiegeld.*

vakantie-uittocht 0.1 *holiday rush.*

vakantiewerk 0.1 *holiday/summer job.*

vakarbeider 0.1 *skilled worker.*

vakbekwaam 0.1 *skilled.*

vakbekwaamheid 0.1 *(professional) skill* ⇒⟨handwerk⟩ *craftsmanship.*

vakbeurs 0.1 *trade fair.*

vakbeweging 0.1 [de vakorganisaties] *trade unions* **0.2** [streven om zich te organiseren] *trade union movement* ◆ **6.1** actief zijn in de ~ *be active in the trade union.*

vakblad 0.1 ⟨mbt. beroep/bedrijfstak⟩ *trade journal* ⇒ ⟨technisch⟩ *technical/*⟨natuurwetenschappelijk⟩ *scientific/*⟨academisch ook⟩ *professional journal.*

vakbond 0.1 *(trade) union* ◆ **1.1** acties v.d.~ *industrial action.*

vakbondsbestuur 0.1 *(trade) union executive.*

vakbondsbestuurder 0.1 *union leader.*

vakbondsleider 0.1 *(trade) union leader.*

vakbondslid 0.1 *(trade) union member.*

vakbondsvertegenwoordiger 0.1 *(trade) union representative* ⇒⟨in bedrijf door werknemers gekozen⟩ *shop steward.*

vakcentrale,-federatie 0.1 *trade union federation.*

vakdidactiek 0.1 *(History/English/*⟨enz.⟩ *) teaching methodology.*

vakdiploma 0.1 *(professional) diploma, certificate of proficiency.*

vakgebied 0.1 *field (of study)* ⇒*discipline* ◆ **3.1** dat behoort niet tot mijn ~ *that's outside my f.*

vakgenoot 0.1 *colleague* ⇒⟨mbt. vaklieden⟩ *fellow craftsman.*

vakgroep 0.1 *±department* ⇒*section, research group* ⟨voor onderzoek⟩ ◆ **1.1** de ~ Engelse letterkunde *the English literature d.*

vakidioot 0.1 *narrow-minded specialist* ⇒*history/chemistry* ⟨enz.⟩ *freak* ◆ **2.1** hij is een echte - *he's blinkered when it comes to his job.*

vakjargon 0.1 *(technical) jargon.*

vakkennis 0.1 *professional/expert knowledge/skill* ⇒ ⟨praktisch⟩ *know-how* ◆ **3.1** op dit gebied ontbreekt het ons aan ~ *we lack the necessary know-how in this field.*

vakkenpakket 0.1 ⟨chosen set of course options⟩.

vakkleding 0.1 *working clothes.*

vakkring ◆ **6.¶** in ~en *in professional circles;* ⟨mbt. bedrijfstak⟩ *in the trade.*

vakkundig 0.1 [mbt. personen] ⟨bn.⟩ *skilled* ⇒*competent,* ⟨bw.⟩ *competently,* ⟨bw.⟩ *with great skill* **0.2** [mbt. zaken] *professional* ⇒*competent* ◆ **1.2** ~ advies *expert advice* **3.1** het is ~ gerepareerd *it's been competently done.*

vakkundigheid 0.1 *(professional) skill/competence* ⇒ ⟨handwerk⟩ *craftsmanship,* ⟨handwerk⟩ *workmanship.*

vakliteratuur 0.1 *specialist/professional literature* ◆ **3.1** de ~ bijhouden *keep up with/read the specialist literature* **6.1** in de ~ ⟨ook⟩ *in the literature.*

vakman,-vrouw 0.1 *expert* ⇒*professional, specialist,* ⟨arbeider/ster⟩ *skilled worker,* ⟨arbeider/ster⟩ *craftsman* ⟨m.⟩, *craftswoman* ⟨v.⟩ ◆ **2.1** een echte ~ *a master craftsman;* wetenschappelijk geschoolde vakmensen *academically trained specialists.*

vakmanschap 0.1 *skill* ⇒⟨vaardigheid⟩ *craftsmanship,* ⟨mbt. hogere beroepen ook⟩ *professional skill,* ⟨mbt. hogere beroepen ook⟩ *expertise* ◆ **3.1** het ontbreekt hem aan ~ *he lacks s.*

vakonderwijs 0.1 *vocational education/training.*

vakopleiding 0.1 *vocational training* ⇒⟨hogere beroepen⟩ *professional training.*

vakorganisatie →*vakvereniging.*

vakpers 0.1 *trade press.*

vakschool 0.1 *vocational/trade school.*

vakstudie 0.1 *specialist study.*

vaktaal 0.1 *technical language/terminology* ⇒⟨vaak pej.⟩ *jargon.*

---

vaktechnisch 0.1 *technical* ◆ **1.1** een ~e scholing *a t. training.*

vakterm 0.1 *technical term.*

vakverbond →*vakcentrale.*

vakvereniging 0.1 →**vakbond 0.2** [van werkgevers] *employer's organization/association.*

vakvrouw →*vakman.*

vakwerk 0.1 *craftmanship, workmanship* ◆ **3.1** ~ afleveren *produce excellent work* **6.¶** een huis in ~ *a (half-)timbered house.*

val I ⟨de (m.)⟩ **0.1** [het door de lucht omlaag gaan] *fall* **0.2** [het onvrijwillig op de grond terechtkomen] *fall (off/from)* ⇒⟨misstap⟩ *trip* **0.3** [hoogte waaruit iets valt] *drop* **0.4** [ondergang] *(down)fall* ⇒*collapse* **0.5** [zondeval] *fall* **0.6** [wijze van neerhangen] *hang, drape* **0.7** [daling] *fall* ⇒*drop,* ⟨helling⟩ *slope* ◆ **1.7** de ~ v.d. dollar *the f./drop/* ⟨zware teruggang⟩ *slump of the dollar* **2.1** een vrije ~ maken ⟨ook⟩ *skydive* **2.2** hij maakte een lelijke ~ *he had a nasty f.* **3.2** de val van iem./iets breken *break s.o. 's fall/ the f. of sth.* **6.2** ten ~ komen *fall (down), have a f.;* iem. ten ~ brengen ⟨ook sport⟩ *bring s.o. down* **6.4** de regering ten ~ brengen *overthrow/bring down the government;* **II** ⟨de⟩ **0.1** [toestel om dieren te vangen] *trap* ⇒⟨strik⟩ *snare* **0.2** [fig., hinderlaag] *trap* ⇒⟨inf.⟩ *frame-up* ◆ **3.1** een ~ zetten/opzetten *set/lay a t./snare* **6.2** in de ~ lopen ⟨fig.⟩ *walk/fall into a t.;* ⟨erin lopen⟩ *rise to/swallow the bait;* iem. in de ~ lokken *trick/frame s.o.;* **III** ⟨het⟩⟨scheep.⟩ **0.1** [touw] *halyard.*

valbijl 0.1 *guillotine.*

valbrug 0.1 *drawbridge* ◆ **3.1** een ~ ophalen/neerlaten *pull up/let down a d.*

valdeur 0.1 [scharnierend luik] *trap(door)* **0.2** [sluisdeur] *lock gate.*

Valentijnsdag 0.1 *Valentine's Day.*

valeriaan 0.1 *valerian.*

valhelm 0.1 *(crash) helmet.*

valhoogte 0.1 [nat.] *drop* **0.2** [afstand] *(height of) drop.*

valide 0.1 *able-bodied* **0.2** [van kracht zijnde] *valid* ◆ **1.2** ~ argumenten *v. arguments* **2.1** minder ~ arbeidskrachten *(semi-)invalid workers.*

validiteit 0.1 [lichamelijke gesteldheid] *ability (to work)* ⇒ *fitness (for work)* **0.2** [geldigheid] *validity.*

valies 0.1 ⟨reistas⟩ *valise;* ⟨koffer⟩ *(suit)case.*

valium® 0.1 *Valium.*

valk 0.1 *falcon.*

valkenier,-ster 0.1 *falconer.*

valkenjacht 0.1 *falconry* ⇒*hawking* ◆ **6.1** op (de) ~ gaan *go hawking.*

valkuil 0.1 ⟨ook fig.⟩ *pitfall* ⇒*trap.*

vallei 0.1 *valley.*

vallen 0.1 [neervallen] *fall* ⇒*drop* **0.2** [omvallen] *fall (over)* ⇒⟨struikelen⟩ *trip (up),* ⟨struikelen⟩ *stumble* **0.3** [terechtkomen] *fall* **0.4** [plaatshebben op] *fall* **0.5** [los neerhangen] *fall* ⇒*hang* **0.6** [tot stand komen, ontstaan] ⟨zie 1.6, 3.6⟩ **0.7** [op een bepaalde manier zijn] ⟨zie 3.7⟩ **0.8** [in een situatie terechtgekomen zijn] *come, fall* **0.9** [sneuvelen] *fall (in battle)* **0.10** [van zijn macht/invloed beroofd worden] *fall* **0.11** [in een toestand/omstandigheid terechtkomen] *fall* **0.12** [gewaardeerd worden] ⟨zie 5.12⟩ **0.13** [verloren gaan] *drop* **0.14** [zich aangetrokken voelen tot] *go (for), take (to)* **0.15** [mbt. de wind] *drop* ◆ **1.1** er valt sneeuw/hagel *it's snowing/hailing* **1.6** het ~ v.d. avond *nightfall;* er vielen doden/gewonden *there were fatalities/casualties;* er valt een schot *a shot is fired/rings out;* er viel een stilte *there was a hush, silence fell* **1.10** het kabi-

net is gevallen *the cabinet has fallen* **3.2** iem. doen ~ *make
s.o. fall;* (doen struikelen) *trip s.o. up;* zij kwam lelijk te ~
she had/took a bad fall; zich laten ~ *allow o.s. to be
dropped, fall, drop;* met ~ en opstaan (fig.) *by trial and
error* **3.3** zijn blik laten ~ op *let one's eye fall on, cast a
glance at* **3.6** een woord laten ~ *drop a remark* **3.7** hier
valt niet mee/om te lachen *this is no laughing matter;* het
valt niet te ontkennen dat ...*there is no denying the fact
that ...;* met haar valt niet te praten *there is no talking to
her;* er valt wel iets voor te zeggen om ...*there is sth. to be
said for ...* **3.13** iets laten ~ van de prijs *knock sth. off the
price;* een eis laten ~ *drop a demand;* iem. laten ~ *drop/
ditch s.o.;* hij liet de aanklacht ~ *he dropped the charge*
5.12 dat valt goed/verkeerd (gewaardeerd worden) *that
goes down well/badly;* (uitvallen) *that turns out well/bad-
ly;* het viel hem zwaar *he found it hard going/difficult* **6.2**
hij viel languit **op** de grond *he fell headlong/sprawling to
the ground;* (fig.) **op/over** een woord ~ *take offence at/
quibble over a word;* **van** de trap ~ *fall/tumble down the
stairs* **6.4** Kerstmis valt **op** een woensdag *Christmas (Day)
falls on/is a Wednesday* **6.8** dat valt **buiten** zijn bevoegdheid *that is/falls outside his authority/jurisdiction;* dat
valt niet **onder** het contract *that does not come/fall under
the contract, that is not covered by the contract* **6.14** zij
valt **op** donkere mannen *she goes for dark men* **7.9** de ge-
vallenen *the fallen* **¶.1** uit elkaar/aan stukken ~ *fall apart/
to pieces* **¶.2** ik zou hem/haar niet kennen al zou ik over
hem/haar ~ *I wouldn't know him/her from Adam.*
valluik 0.1 *trapdoor.*
valnet 0.1 *safety net.*
valorisatie 0.1 [geldw.] *valorization.*
valpartij 0.1 *spill, fall.*
valreep 0.1 [afhangend touw] *rope ladder* ⇒*rope* (een effen
touw) **0.2** [scheepstrap] *gangway* **0.3** [loopplank] *gangplank* ◆ **6.¶ op** de ~ *right at the end, at the final/last moment;* een (glaasje) **op** de ~ *one for the road.*
vals I (bn., bw.) **0.1** [bedrieglijk] *false* ⇒(bn.) *fake* **0.2** [onge-
grond] *false* **0.3** [foutief] *false* ⇒*wrong* **0.4** [muz.](te laag)
flat; (te hoog) *sharp* ⇒*false, out of tune,* (alleen pred.) *off
key* **0.5** [gemeen] *mean* ⇒*vicious* ◆ **1.3** een ~ dier *a f.
trail* **1.5** een ~ beest *a vicious animal* **3.1** ~ spelen *cheat*
3.4 ~ spelen *play out of tune;* ~ zingen *sing out of tune/off
key* **3.5** iem.~ aankijken *give s.o. a mean/nasty look;*
II (bn.) **0.1** [vervalst] *forged* ⇒*fake, false, counterfeit* **0.2**
[kunst-, namaak-] *false, artificial* ⇒(attr.) *mock,* (attr.) *imitation* **0.3** [onecht] *false* ⇒*fake,* (inf.) *phoney,* (attr.) *pseu-
do-* **0.4** [onwaar] *false* ◆ **1.1** ~e dobbelstenen *loaded dice;*
een ~e Vermeer *a forged/fake Vermeer* **1.2** ~ haar *f. hair.*
valsaard (schr.) **0.1** *false friend* ⇒(verrader) *viper,* (bedrieger) *cheat.*
valscherm 0.1 *parachute.*
valschermspringer 0.1 *parachutist.*
valselijk 0.1 *falsely* ⇒*wrong(ful)ly* ◆ **3.1** iem.~ beschuldigen *accuse s.o. f./wrongly.*
valsemunter 0.1 *counterfeiter* ⇒*forger.*
valsemunterij 0.1 *counterfeiting, forgery.*
valserik 0.1 (bedrieger) *cheat, fraud;* (gemenerik) *mean
character;* (hypocriet) *phoney.*
valsheid 0.1 [het vervalst zijn] *spuriousness* **0.2** [het verval-
sen] *forgery* ⇒*fraud, counterfeiting* **0.3** [oneerlijkheid]
treacherousness ⇒*fraudulence* **0.4** [gemeenheid] *meanness* ⇒*viciousness* ◆ **6.1** overtuigd v.d.~ **van** het schilderij *convinced that the painting is a fake* **6.2** ~ **in** geschrifte
forgery.
valstrik 0.1 (ook fig.) *snare, trap* ◆ **6.1** iem. **in** een ~ lokken
lead/lure s.o. into a trap.

valuta 0.1 [geldig betaalmiddel, deviezen] *currency* **0.2**
[koers] *rate of exchange, exchange rate* ◆ **2.1** harde/
zachte ~ *hard/soft c.*
valutadag, -datum 0.1 *value date;* (mbt. lening) *due date.*
valutahandel 0.1 *(foreign) exchange dealings* (mv.).
valutakoers 0.1 *rate of exchange, exchange rate.*
valutamarkt 0.1 *(foreign) exchange/currency market.*
vamp 0.1 *femme fatale* ⇒(vnl. 1920-1930) *vamp.*
vampier 0.1 *vampire.*
van¹ (bw.) **0.1** [weg] *of, from* **0.2** [mbt. een beginpunt] *from*
0.3 [mbt. een oorzaak] *by, from* **0.4** [mbt. het voorwerp
v.e. gedachte/gevoel] *of, about* **0.5** [mbt. een al genoemde
zaak](zie 5.5) ◆ **5.1** je kunt er wel een paar ~ nemen *you
can have some/take a few (of those)* **5.3** onze tanden zijn
daar stomp ~ geworden *it has blunted our teeth* **5.4** hij
weet er alles ~ *he knows all about it* **5.5** daar komt niets ~!
forget it!
van² (vz.) **0.1** [mbt. plaats/oorsprong] *from* **0.2** [mbt. tijd;
vanaf, sinds] *from* **0.3** [mbt. (bezits)relatie; behorend bij/
aan; wat betreft, over] *of* **0.4** [gemaakt/bestaande uit]
(made/out) of **0.5** [mbt. veroorzaker/maker; door] *by* ⇒
of **0.6** [als deel van] *of* ◆ **1.1** hij is ~ Amsterdam *he's from
Amsterdam;* ~ dorp tot dorp *from one village to another*
1.2 ~ de vroege morgen tot de late avond *from (the) early
morning till late at night* **1.3** het beleg ~ Haarlem *the siege
of Haarlem;* het hoofd ~ de school *the head(master) of the
school;* de universiteit ~ Utrecht *the University of Utrecht,
Utrecht university;* de trein ~ 9.30 uur *the 9.30 train;* een
foto ~ mijn vader (eigendom) *a picture of my father's;*
(hem voorstellend) *a picture of my father* **1.4** een tafel ~
hout *a wooden table* **1.5** dat was niet slim ~ Jan *that was
not such a clever move of Jan's;* (inf.) *that was rather daft
of Jan;* het volgende nummer is ~ Van Morrison *the next
number is by Van Morrison;* een plaat ~ de Stones *a Stones
record, a record by the Stones* **1.¶** een beest ~ een vent *a
beast/bear of a man;* een dorp ~ nog geen drieduizend inwoners *a village of/with less than three thousand inhabitants;* ~ dat geld kon hij een auto kopen *he was able to
buy a car with that money;* sigaren ~ vijf gulden *five guilder cigars* **3.1** ~ een bord eten *eat off/from a plate* **3.3** ~
wie is dit boek? *het is* ~ mij *whose book is this? it's mine*
3.5 ~ wie is dit boek? *het is* ~ Orwell *who wrote this book?
it's by Orwell* **5.2** ~ tevoren *beforehand, in advance;* ~ toen
~ *from then on, from that day/time (on)* **5.¶** daar ~ niet ~
that's not the point; ik geloof ~ niet *I don't think so;* ik ver-
zeker u ~ wel *I assure you I do;* het lijkt ~ wel *it seems/
looks like it* **7.6** drie ~ de vier *three out of four* **¶.6** een jas
met ~ de koperen knopen *a coat with those brass buttons;*
hij keek me aan zo ~ 'moet dat nou?' *he looked at me as if
to say 'is that really necessary?'* **¶.¶** het was een feest ~ je
welste *it was quite a party.*
vanachter 0.1 *from behind.*
vanaf 0.1 [mbt. een plaats] *from* **0.2** [met ingang van] *from*
⇒*as* ᴮ*from/*ᴬ*of, beginning, since* (punt in het verleden) **0.3**
[mbt. een volgorde] *from* ⇒*over* ◆ **1.2** ~ de 16e eeuw *from
the 16th century onward(s)* **1.3** prijzen ~ ...*prices (range)
from ...* **5.2** ~ vandaag *as from/of today.*
vanavond 0.1 *tonight* ⇒*this evening.*
vanbinnen 0.1 *(on the) inside.*
vanboven 0.1 [aan de bovenkant] *on the top/upper surface, on top, above* **0.2** [van een hoger punt] *from above.*
vanbuiten 0.1 [van de buitenzijde af] *from the outside* **0.2**
[aan de buitenzijde] *on the outside* **0.3** [uit het hoofd] *by
heart* ◆ **3.3** iets ~ kennen/leren *know/learn sth. by heart.*
vandaag 0.1 *today* ◆ **1.1** ~ de dag *nowadays, these days,*

currently; tot op de dag van ~ *to this very day, to date* **1.¶** ~ of morgen *one of these days, soon* **3.1** ~ is het maandag *t. is Monday* **6.1** ~ **over** een week *in a week from now/t.;* dat is niet **van** ~ of gisteren *this hasn't just sprung up over night;* de krant **van** ~ *today's paper* **¶.1** liever~ dan morgen *as soon as possible, if not sooner.*

vandaal 0.1 *vandal.*

vandaan 0.1 [weg van] *away, from* **0.2** [uit] *out of* ⇒*from* **0.3** [mbt. de plaats van herkomst] *from* ⇒*out of* **0.4** [mbt. de plaats vanwaar een handeling uitgaat] *from* **0.5** [verwijderd] *from* ◆ **3.1** we moeten hier~! (inf. ook) *let's get out of here!* **3.3** waar heb je die oude klok ~? *where did you get/pick up that old clock?;* waar kom/ben jij ~? *where are you from?* **5.5** hij woont overal ver~ *he lives miles from anywhere.*

vandaar 0.1 [mbt. plaats] *from there* **0.2** [mbt. oorzaak] *therefore* ⇒*that's why* ◆ **9.2** o ~! *oh, (so) that explains it/ that's why!*

vandalisme 0.1 *vandalism.*

vandalistisch 0.1 ⟨bn.⟩ *vandalistic;* ⟨bw.⟩ *like vandals.*

vandoor 0.1 *off* ⇒*away* ◆ **5.1** ik moet er weer ~ *I have to be off. I must be going;* hij is er met het geld ~ *he has run off with the money;* er heimelijk ~ gaan *steal away, sneak off.*

vangarm 0.1 *tentacle* ⇒*arm.*

vangbal ⟨sport⟩ **0.1** *catch.*

vangen 0.1 [grijpen] *catch* ⇒⟨gevangennemen ook⟩ *capture,* ⟨in een val⟩ *(en)trap,* ⟨met een net⟩ *net,* ⟨vis ook⟩ *land* **0.2** [opvangen] *catch* **0.3** [mbt. zaken, bemachtigen] *get hold of* **0.4** [betekenis vatten] *capture* **0.5** [beetnemen] *catch (out), trap* **0.6** [inf.; verdienen] *make* ◆ **1.1** een dief~ *catch a thief* **1.2** iemands blik ~ *catch s.o.'s eye* **1.6** twintig piek per uur ~ *pick up/m.* [B]*five quid/*[A]*ten bucks an hour* **3.5** zij liet zich niet ~ *she wasn't to be caught out/trapped, she avoided falling into a trap* **6.4** twee begrippen **onder** één woord ~ *c. two senses in one word.*

vanger 0.1 [iem. die iets opvangt] *catcher* **0.2** [iem. die een dier vangt] *catcher.*

vanghek 0.1 *safety barrier* ⇒⟨mbt. autorennen ook⟩ *crash barrier.*

vangnet 0.1 [net om dieren te vangen] *(trap-)net* **0.2** [net om mensen op te vangen] *safety net.*

vangrail 0.1 *crash barrier.*

vangst 0.1 [het vangen] *catching* ⇒*capture* **0.2** [keer] *catch* ⇒*capture* **0.3** [opbrengst] *catch* ⇒⟨buit⟩ *haul* ◆ **2.2** de politie deed een goede ~ *the police made a good catch/haul.*

vangstbeperking 0.1 *(fishing) quota.*

vangstverbod 0.1 *ban on fishing* ⇒*fishing ban.*

vangverbod 0.1 *hunting/fishing/*⟨enz.⟩ *ban* ⇒⟨periode⟩ *close/*⟨vnl. AE⟩ *closed season.*

vangzeil 0.1 *jumping sheet/net.*

vanhier 0.1 *from here* ◆ **3.1** toen hij ~ vertrok *when he left here.*

vanille 0.1 *vanilla.*

vanilleijs 0.1 *vanilla ice cream.*

vanillesuiker 0.1 *vanilla sugar.*

vanillevla 0.1 ±*vanilla custard.*

vankrachtwording 0.1 *coming into effect/force* ⇒⟨tijdstip⟩ *effective date.*

vanmiddag 0.1 *this afternoon.*

vanmorgen, -ochtend 0.1 *this morning* ⇒⟨later in de dag gezegd; ook⟩ *in the morning* ◆ **5.1** ~ vroeg *early this morning, early in the morning.*

vannacht 0.1 ⟨deze of de komende nacht⟩ *tonight* ⇒⟨de afgelopen nacht⟩ *last night* ◆ **3.1** je kunt ~ blijven slapen, als je wil *you can stay the night, if you like;* hij kwam ~ om

twee uur thuis *he came home at two o'clock in the morning.*

vanouds 0.1 ⟨zie 2.1, 8.1⟩ ◆ **2.1** een ~ bestaande zaak *an old-established firm, a long-standing business* **8.1** het was weer als ~ *it was just like old times again.*

vanuit 0.1 [mbt. de plaats van herkomst/vanwaar een handeling uitgaat] *from* ⇒⟨door iets heen⟩ *out of* **0.2** [uitgaande van] *starting/going from* ◆ **1.1** ik keek ~ mijn raam naar beneden *I looked down from/out of my window.*

vanwaar 0.1 [mbt. de plaats van herkomst/vanwaar een handeling uitgaat] *from where* **0.2** [om welke reden] *why* ◆ **1.2** ~ die haast? *what's the hurry/rush?*

vanwege 0.1 [wegens] *because of* ⇒*owing/due to, on account of,* ⟨mbt. handeling/eigenschap⟩ *for* **0.2** [schr.; namens] *on behalf of* ◆ **1.1** iem. berispen ~ nalatigheid *reprimand s.o. for negligence.*

vanzelf 0.1 [uit zichzelf] *by/of o.s.* ⇒*of one's own accord* **0.2** [automatisch] *as a matter of course* ⇒⟨automatisch⟩ *automatically,* ⟨moeiteloos⟩ *straightforwardly* **0.3** [natuurlijk] *obviously* ⇒*naturally* ◆ **3.2** dat gaat ~ *there is nothing to it;* alles ging/liep als ~ *everything went smoothly;* dat spreekt ~ *that goes without saying.*

vanzelfsprekend 0.1 *obvious, natural* ⇒*self-evident,* ⟨bn.⟩ *matter-of-course,* ⟨bn.⟩ *self-explanatory,* ⟨bw.⟩ *of course* ◆ **3.1** als ~ aannemen *take sth. for granted.*

vanzelfsprekendheid 0.1 [iets dat vanzelf spreekt] *sth. that goes without saying* ⇒*sth. obvious/natural* **0.2** [vanzelfsprekende aard of wijze] *naturalness* ◆ **5.2** de ~ waarmee hij ons aanbod accepteerde *the casualness with which he accepted our offer.*

vaporisator 0.1 *atomizer.*

varen[1] ⟨plantk.⟩ **0.1** *fern.*

varen[2] **I** ⟨onov.ww.⟩ **0.1** [zich ergens heen begeven] *sail* **0.2** [zich door het water bewegen] *sail* **0.3** [als zeeman dienst doen] *sail* **0.4** [scheepvaart uitoefenen] *sail* ⇒⟨navigeren⟩ *navigate* **0.5** [met een luchtballon vliegen] *fly, sail* ◆ **1.1** ⟨fig.⟩ een veilige koers ~ *steer a safe course* **1.2** het schip vaart 10 knopen *the ship travels at 10 knots* **3.3** hij wil gaan ~ *he wants to go to sea/be a sailor* **3.¶** alle hoop laten ~ *abandon all hope* **5.¶** ergens wel bij ~ *do well out of sth.* **6.2** langs de kust ~ *s. down/up/along the coast* **6.4** het veer vaart **tussen** A en B *the ferry plies between A and B* **6.¶** wat is er in dat kind gevaren? *what has got into that child?;* **ten** hemel ~ *ascend to heaven* **6.¶** laat me maar eens horen hoe je gevaren bent *tell me how you got on;* **II** ⟨ov.ww.⟩ **0.1** [per schip vervoeren] *carry* ◆ **6.1** passagiers **over** een rivier ~ *c./ferry passengers across a river.*

varia 0.1 ⟨verz.n.; enk.⟩ *miscellany.*

variabel 0.1 *variable* ⇒*flexible* ◆ **1.1** ~e werktijden *flexible working hours.*

variabele 0.1 ⟨comp., wisk.⟩ *variable.*

variabiliteit 0.1 *variability.*

variant 0.1 [afwijkende vorm] *variant* ⇒*variation* **0.2** [gewijzigde lezing] *variant* **0.3** [damspel, schaakspel] *variant* **0.4** [veranderlijk iets] *variable* **0.5** [wisk.] *variate* ◆ **6.1** een ~ **op** *a variant of, a variation on.*

variatie 0.1 [het veranderen] *variation* ⇒*change,* ⟨afwijking⟩ *deviation* **0.2** [afwisseling] *variation* ⇒*change* **0.3** [verscheidenheid] *variety* ⇒⟨niet-telbaar⟩ *diversity* **0.4** [muz.] *variation* **0.5** [mbt. coïtus] ⟨positie⟩ *position* ◆ **6.2** **voor** de ~ *for a change.*

variëren I ⟨onov.ww.⟩ **0.1** [veranderen] *vary* ⇒*differ,* ⟨veranderen⟩ *alter,* ⟨veranderen⟩ *change* **0.2** [uiteenlopen] *vary* ⇒*differ,* ⟨uiteenlopen⟩ *diverge,* ⟨uiteenlopen⟩ *range* ◆ **1.1** sterk ~de prijzen *widely differing prices;*

II ⟨ov.ww.⟩ **0.1** [veranderen] *vary* ⇒⟨doen uiteenlopen⟩ *diversify, change.*

variété 0.1 ⟨voorstelling⟩ *variety show;* ⟨ouderwets; verz.n.⟩ *music hall,* ᴬ*vaudeville.*

variëteit 0.1 [verscheidenheid] *variety* ⇒*diversity* **0.2** [biol.] *variety.*

variététheater 0.1 *variety theatre.*

varken 0.1 [dier] *pig* ⇒⟨gecastreerd of zwaar mestvarken⟩ *hog* **0.2** [als scheldwoord] *swine* ⇒*pig, hog* **0.3** [spaarpot] *piggy bank* ♦ **3.1** ⟨fig.⟩ wij zullen dat ~(tje) wel wassen *we'll soon sort that one out, we'll deal with that (little) matter* **8.1** zo lui als een ~ *bone idle/lazy.*

varkenachtig 0.1 *pig-like* ⇒⟨pej.⟩ *piggy.*

varkensfokkerij 0.1 [het fokken] *pig breeding/raising* **0.2** [bedrijf] *pig farm.*

varkenshaar 0.1 *pig's/hog's bristles* ⟨mv.⟩.

varkenshaas 0.1 *pork tenderloin/steak.*

varkenshoeder 0.1 *swineherd.*

varkenshok, -kot 0.1 *pigsty.*

varkenskotelet 0.1 *pork chop.*

varkenslapje 0.1 *pork cutlet.*

varkensleer 0.1 *pigskin.*

varkenslever 0.1 *pork liver.*

varkensoogjes 0.1 *piggy eyes.*

varkenspest 0.1 *swine fever.*

varkenspoot 0.1 *(pig's) trotter.*

varkensrollade 0.1 *rolled pork.*

varkensstal 0.1 ⟨ook fig.⟩ *pigsty* ⇒⟨modern⟩ *pig house.*

varkensvlees 0.1 *pork.*

varkensvoer 0.1 [voer voor varkens] *pigfeed* ⇒⟨vloeibaar⟩ *(pig)swill* **0.2** [oneetbaar voedsel] ⟨slappe kost⟩ *slop(s).*

vaseline 0.1 *vaseline.*

vast I ⟨bn., bw.⟩ **0.1** [niet beweeglijk] *fixed* ⇒*immovable* **0.2** [niet van plaats/richting veranderend] *fixed* ⇒*stationary* **0.3** [niet gemakkelijk te onderbreken, niet vervloeiend] *firm* ⇒*definite* **0.4** [niet weifelend] *firm* ⇒*steady* **0.5** [onwankelbaar] *firm* **0.6** [onbetwijfelbaar] *fixed* **0.7** [onveranderlijk] *fixed* **0.8** [permanent] *permanent* ⇒*regular* ⟨werk⟩, *steady* ⟨vriend(in)⟩ **0.9** [compact] *solid* **0.10** [goed houdend] *firm* **0.11** [stevig] *firm* **0.12** [goed bevestigd] *tight* ⇒*firm* **0.13** [niet slap] *firm, solid* **0.14** [van kracht blijvend] *permanent* ⇒*standing* ♦ **1.1** ~e vloerbedekking *wall-to-wall carpet(ing)* **1.4** met ~e hand *with a steady/sure hand* **1.5** ~e overtuiging *f. conviction* **1.7** ~e datum *fixed date;* ~e inkomsten *a f./regular income;* ⟨hand.⟩ ~e kosten *f./standing charges;* ⟨mbt. bedrijf⟩ *overhead costs;* een ~e prijs *a f./set price;* ⟨vast tarief⟩ *a flat rate;* een ~e verbinding *a regular connection* **1.8** ~ adres/tehuis *fixed address/settled home;* een ~e betrekking *a p. position;* de ~e kern (v.h. personeel) *the p. staff* **1.9** ~ voedsel, ~e spijzen *s. food/fare* **1.10** een ~e greep *a f. grip* **1.11** ⟨fig.⟩ ~e vorm geven *shape* **1.14** een ~e afspraak *a standing arrangement/agreement;* een ~ gebruik *a (set) custom;* een ~e regel *a fixed/set rule* **3.2** ~ raken *get stuck/caught/jammed;* het schip raakte ~ in het ijs *the ship got stuck/caught in the ice* **3.3** ~ omlijnd *definite, clear-cut* **6.4** ~ in de leer *f. of faith* **6.10** ⟨hand.⟩ ~ in handen *sure bid* **8.1** dat staat zo ~ als een huis *it's as sure as death and taxes;* **II** ⟨bw.⟩ **0.1** [stellig] *certainly* ⇒*for certain/sure* **0.2** [alvast] *for the time being/the present* ♦ **3.1** hij is het ~ vergeten *he must have forgotten (it)* **3.2** begin maar ~ met eten *go ahead and eat/start eating;* ik ben maar ~ begonnen *I thought I might as well start* **5.1** ~ en zeker *definitely, certainly* ¶**1.1** jij dan er ~ van op de hoogte *you must have heard of it.*

vastbakken 0.1 [aanbakken] *stick (to)* **0.2** [fig.] *be stuck on* ♦ **6.2** vastgebakken zitten **aan** *be stuck/hooked on.*

vastberaden 0.1 *resolute, determined* ⇒*firm,* ⟨vastbesloten⟩ *resolved (on)* ♦ **1.1** een ~ houding aannemen *take a resolute/firm stand;* ⟨krachtig optreden⟩ *put one's foot down.*

vastberadenheid 0.1 *determination* ⇒*resolution.*

vastbesloten 0.1 *determined, resolved* ⇒*resolute.*

vastbijten ⟨wk.ww.; zich ~⟩ **0.1** [zich vasthechten] *fasten one's teeth in(to)* **0.2** [fig.] *cling to* ♦ **6.2** zich in een onderwerp ~ *get one's teeth into a subject.*

vastbinden 0.1 *tie (up/down), bind (up)* ⇒*fasten* ♦ **1.1** zijn armen werden vastgebonden *his arms were tied/bound (up).*

vastdraaien 0.1 [draaiend vastmaken] *tighten* **0.2** [dichtdraaien] *lock.*

vastdrukken 0.1 *press together/down (tightly).*

vasteland 0.1 [landmassa] *continent* **0.2** [de vaste wal] *mainland;* ⟨vasteland van Europa⟩ *Continent.*

vastelander 0.1 *mainlander* ⇒*continental* ⟨ihb. mbt. Europese vasteland⟩.

vasten¹ ⟨de⟩ **0.1** [kerkelijk gebod] *fast* **0.2** [periode] *Lent* **0.3** [het zich onthouden van voedsel] *fast(ing)* ♦ **2.2** de grote/de veertigdaagse ~ *Lent.*

vasten² ⟨onov.ww.⟩ **0.1** *fast.*

Vastenavond 0.1 *Shrove Tuesday.*

vastentijd 0.1 [rel.] *Lent* **0.2** [alg.] *fast* ⇒*time of fasting.*

vastgeroest 0.1 *stuck* ⟨ook→**vastroesten**⟩ ♦ **6.1** in zijn gewoonten ~ *set in his ways.*

vastgespen 0.1 *buckle (up)* ♦ **1.1** een autogordel ~ *fasten a seat belt;* ⟨inf.⟩ *buckle up.*

vastgoed 0.1 *real estate/property* ♦ **6.1** makelaars in ~ ᴮ*estate/*ᴬ*real estate agents.*

vastgrijpen 0.1 *grasp, clasp.*

vastgroeien 0.1 *grow together.*

vasthaken 0.1 *hitch/hook (together)* ⇒⟨per ongeluk⟩ *catch* ♦ **3.1** haar jurk bleef in de struiken ~ *her dress (got) caught in the bushes.*

vasthechten 0.1 *fasten on* ⇒*attach to* ♦ **4.1** zich aan iets/iem. ~ *cling to sth./s.o.*

vastheid 0.1 *firmness* ⇒⟨stabiliteit⟩ *fixity,* ⟨onveranderlijkheid⟩ *permanence,* ⟨compactheid⟩ *solidity,* ⟨vnl. van vloeistoffen⟩ *consistency* ♦ **1.1** ~ van karakter *strength of character.*

vasthouden I ⟨ov.ww.⟩ **0.1** [beethouden] *hold (fast)* ⇒⟨stevig vasthouden⟩ *grip,* ⟨in arrest houden⟩ *detain* **0.2** [sport] *hold(ing)* **0.3** [in zijn bezit houden] *retain* ⇒*keep* **0.4** [blijven aanhangen] *hold (on) to* ♦ **1.1** iemands hand ~ ⟨ook fig.⟩ *hold s.o.'s hand* **1.3** zijn aandelen ~ *hang on to one's shares* **4.1** ⟨fig.⟩ hou je vast! *brace yourself (for the shock)!, hold onto your hat/seat!* **5.1** ⟨fig.⟩ iem. goed/stevig ~ *latch onto s.o.;* **II** ⟨onov.ww.⟩ **0.1** [vast blijven zitten] *stick to* **0.2** [fig.] *hold (on) to* ♦ **6.2** aan een beginsel ~ *hold on to a principle.*

vasthoudend 0.1 *tenacious* ⇒⟨niet aflatend⟩ *persistent,* ⟨volhardend⟩ *persevering.*

vasthoudendheid 0.1 *tenacity* ⇒*persistence,* ⟨volhardendheid⟩ *perseverance.*

vastigheid 0.1 *certainty, security.*

vastketenen 0.1 *chain (up/to).*

vastkitten I ⟨ov.ww.⟩ **0.1** [met lijm vastmaken] *glue;* **II** ⟨onov.ww.⟩ **0.1** [door kleven vast gaan zitten] *stick.*

vastklampen ⟨wk.ww.; zich ~⟩ **0.1** ⟨met een klamp⟩ *clamp;* ⟨fig.⟩ *cling* ⇒*clutch.*

vastklemmen I ⟨ov.ww.⟩ **0.1** [vastzetten]⟨met klem⟩ *clip (on)* ⇒⟨vastklemmen/draaien⟩ *tighten,* ⟨vastklampen⟩ *clamp* ◆ **1.1** de deur zat vastgeklemd *the door was jammed;* **II** ⟨wk.ww.; zich ~⟩ **0.1** [zich krampachtig vasthouden] *cling (to)* ◆ **6.1** zij klemt zich wanhopig vast **aan** haar familie *she desperately clings to her family.*

vastkleven I ⟨ov.ww.⟩ **0.1** [klevend aaneenhechten] *glue* ⇒ *stick (on);* **II** ⟨onov.ww.⟩ **0.1** [plakken] *stick (to).*

vastknopen 0.1 [knopend vastmaken] *button (up)* **0.2** [met een knoop verbinden/een touw vastmaken] *knot* ⇒ *tie* **0.3** [fig.; verbinden] *tack, tag* ◆ **6.3** er een dagje **aan** ~ *stay on for another day.*

vastkoeken 0.1 *cake (onto).*

vastleggen 0.1 [vastmaken] *tie (up)* ⇒ *fasten,* ⟨van boot⟩ *moor,* ⟨van boot⟩ *cable* **0.2** [mbt. kapitaal] *tie up* **0.3** [registreren] *set down* ⇒ *record* **0.4** [door omschrijving bepalen] *lay down* ⇒ *establish,* ⟨van datum/tijd⟩ *appoint* ◆ **1.4** beginselen ~ *lay down principles* **5.3** iets schriftelijk ~ *put sth. down in writing, commit sth. to paper* **6.2** zich niet ~ **op** iets, zich nergens **op** ~ *refuse to commit o.s., leave one's options open;* ⟨zich vrijblijvend opstellen⟩ *be non-committal* **6.3 in** de grondwet vastgelegd *laid down in the constitution.*

vastliggen 0.1 [aan een touw gebonden zijn] *be tied up* ⇒ ⟨van schip⟩ *be moored up* **0.2** [zo liggen dat verplaatsing moeilijk is] *be tied down* **0.3** [vastgelegd zijn] *be tied up* ⇒ *be fixed* ◆ **6.3** die clausules liggen vast **in** het contract *those clauses have been laid down in the contract.*

vastlijmen 0.1 *glue/stick (together).*

vastlopen 0.1 [in zijn beweging gestuit worden] *(get) jam(med)* ⟨machine, motor⟩; *(get) jam(med), (get/be) snarl(ed) up* ⟨verkeer⟩; ⟨in de modder⟩ *get bogged down* **0.2** [fig.] *get stuck* ⇒ *be bogged down* ◆ **1.1** het schip is vastgelopen *the ship has run aground* **1.2** de onderhandelingen zijn vastgelopen *negotiations have reached a deadlock.*

vastmaken 0.1 *fasten* ⇒ *tie up* ⟨boot, veter, pakje⟩, *do/button up* ⟨jas⟩, ⟨stevig⟩ *secure* ◆ **1.1** ⟨scheep.⟩ de sleepboot maakte vast *the tugboat made fast;* een touw ~ (aan) *tie a rope (to).*

vastnaaien 0.1 *sew together/up.*

vastnagelen 0.1 [vastspijkeren] *nail (down)* ⇒ *rivet* **0.2** [vastzetten] *pin down* ◆ **6.1** hij stond **aan** de grond vastgenageld *he stood riveted to the ground.*

vastnieten 0.1 *staple (* ⟨aan elkaar⟩ *together).*

vastomlijnd 0.1 *clear-cut* ⇒ *well-defined* ◆ **1.1** een ~ plan *a c.-c. plan.*

vastpakken 0.1 *grip* ⇒ *grasp,* ⟨vastgrijpen⟩ *grab,* ⟨vastgrijpen⟩ *clasp.*

vastpinnen 0.1 *pin/peg down* ◆ **6.1** ⟨fig.⟩ iem. **op** een uitspraak ~ *pin s.o. down to a statement.*

vastplakken I ⟨ov.ww.⟩ **0.1** [met lijm vastmaken] *stick/glue together* ◆ **1.1** een postzegel ~ *glue a stamp on;* **II** ⟨onov.ww.⟩ **0.1** [vast blijven zitten] *be stuck/glued to.*

vastpraten 0.1 *corner* ◆ **4.1** hij praatte zich volledig vast *he talked himself into a corner.*

vastprikken 0.1 *pin (up)* ⇒⟨iets dat moeilijk te vangen is⟩ *pin down.*

vastroesten 0.1 *rust* ◆ **6.1** ⟨fig.⟩ **in** vooroordelen vastgeroest zijn *be rooted in prejudices.*

vastschroeven 0.1 [door rond te draaien, vastmaken] *screw (down/on)* **0.2** [met een schroef vastmaken] *screw (down/on/together).*

vastsjorren 0.1 *lash (up)* ⟨touw⟩ ⇒ *lash down* ⟨lading⟩.

vastspijkeren 0.1 *nail (down)* ⇒ *tack* ⟨met duimspijkertjes⟩, *fasten (down)* ⟨van vloerkleed bv.⟩.

vaststaan 0.1 [niet wankelen] *stand/be firm/steady* **0.2** [zeker zijn]⟨geheel zeker zijn⟩ *be certain;* ⟨nauwkeurig vaststaan⟩ *be specific* **0.3** [onveranderlijk zijn] *be fixed* ⇒ *be definite/set/settled* ◆ **1.3** zijn besluit staat vast *his mind is made up* **4.2** het staat nu vast, dat *it is now definite/certain that* **5.2** de datum stond nog niet vast *the date was still uncertain/not settled (upon) yet* ¶**.2** het stond al van tevoren vast *it was a foregone conclusion.*

vaststaand 0.1 [niet betwist wordend] *certain* ⇒ *final* ⟨beslissing⟩ **0.2** [definitief] *definite, fixed* ⇒⟨nauwkeurig vastgesteld⟩ *specific* ◆ **1.1** een ~ feit *an established/a recognized fact.*

vaststellen 0.1 [afspreken, bepalen] *fix, determine* ⇒ *settle, arrange,* ⟨van datum, tijd ook⟩ *appoint* **0.2** [voorschrijven, besluiten] *decide (on)* ⇒ *specify, lay down* ⟨wetten⟩, *decree* ⟨wetten⟩ **0.3** [constateren] *find, conclude* ⇒ *state, record* **0.4** [zich zekerheid verschaffen over] *determine* ⇒ *establish* ◆ **1.1** een datum ~ *f./settle (up)on a date;* een prijs ~ *f. a price, put/set a price on* **1.2** een norm ~ *set up a standard;* op vastgestelde tijden *at stated times/intervals* **1.4** de doodsoorzaak ~ *establish/d. the cause of death;* de schade ~ *assess the damage.*

vaststelling 0.1 [afspraak, bepaling] *arrangement, settlement* ⇒ *appointment* ⟨van afspraak⟩ **0.2** [bepaling, besluit] *decree, assessment* **0.3** [constatering] *conclusion.*

vastvriezen 0.1 *freeze (fast/in)* ⇒ ⟨ingevroren raken⟩ *get/become icebound.*

vastzetten 0.1 [vast doen staan] *fix, fasten* ⇒⟨goed vast doen staan⟩ *secure* **0.2** [geldw.] *tie/lock up* ⇒ *settle (on)* **0.3** [in de gevangenis zetten] *lock up* ⇒ *put in prison/behind bars* **0.4** [schaaksport, damsport] *block up (the position of)* **0.5** ⇒ *vastpraten* ◆ **1.2** geld op iem. ~ *settle money on s.o.* **4.1** ⟨fig.⟩ zich in het geheugen ~ *become planted/fixed in the memory.*

vastzitten 0.1 [niet verder kunnen] *be stuck* ⇒⟨van deur bv. ook⟩ *be jammed* **0.2** [vastgehecht zijn] *be stuck/fixed* **0.3** [in gevangenschap zitten] *be locked up* ⇒ *be behind bars* **0.4** [in moeilijkheden zitten] *be in a fix* ⟨financieel vastzitten⟩ *be on the rocks, hit rock-bottom* **0.5** [gebonden zijn aan] *be tied (down) (to)* ⇒ *be committed (to)* ◆ **1.1** het schip zit vast aan de grond *the ship is (fast) aground* **1.3** hij heeft een jaar vastgezeten *he's been inside for a year* **5.2** ⟨fig.⟩ daar zit heel wat aan vast *there's (a lot) more to it (than meets the eye)* **5.5** hij heeft het beloofd; nu zit hij eraan vast *he made that promise, he can't get out of it now* **6.1** ~ **in** de file *be stuck in a tailback* **6.2** er zit een groot risico **aan** vast *it involves (a) great risk.*

vat I ⟨de⟩ **0.1** [greep] *hold, grip* ⇒⟨handgreep⟩ *handle* ◆ **6.1** ⟨fig.⟩ geen ~ **op** iem. hebben *have no hold over s.o.;* ~ **op** iem. krijgen *get a hold over s.o.,* **II** ⟨het⟩ **0.1** [ton] *barrel* ⟨ook als maat, vnl. van aardolie⟩ ⇒ ⟨fust⟩ *cask,* ⟨van ijzer⟩ *drum* **0.2** [nat.] *vessel* **0.3** [stuk vaatwerk] *dish* **0.4** [biol.] *vessel* ◆ **1.1** een ~ petroleum *an oil drum* **6.1** bier **van** het ~ *draught beer* ¶**.1** ⟨sprw.⟩ wat in 't ~ zit, verzuurt niet *forbearance is no acquittance* ¶**.¶** een ~ vol tegenstrijdigheden *a bundle of contradictions.*

vatbaar 0.1 [gemakkelijk aangetast kunnende worden] *susceptible to* ⇒ *liable to* **0.2** [ontvankelijk] *amenable (to), open to; impressionable* ⟨van indrukken⟩ **0.3** [geschikt] *capable (of)* ◆ **6.1** hij is zeer ~ **voor** kou *he's very prone/liable to colds* **6.2** hij is niet **voor** rede ~ *he's impervious/not open to reason* **6.3** ~ **voor** verbetering *c. of improvement.*

vatbaarheid 0.1 *susceptibility* ⇒*liability, capacity.*
Vaticaan 0.1 *Vatican.*
Vaticaans 0.1 *Vatican* ◆ 1.1 het eerste ~ concilie *the first V. council.*
Vaticaanstad 0.1 *Vatican City.*
vatten 0.1 [aangetast worden] *catch* 0.2 [beetpakken] *grasp, catch (hold of)* 0.3 [begrijpen] *grasp* ⇒⟨inf.⟩ *get* 0.4 [omsluiten met] *set, mount* ◆ 1.1 kou ~ *c. cold* 4.3 vat je? *see?, (do you) get it?*
vaudeville 0.1 *vaudeville* ⇒*variety (show).*
vazal 0.1 *vassal.*
vazalstaat 0.1 *vassal state* ⇒*satellite state.*
v. Chr. ⟨afk.⟩ 0.1 [voor Christus] *B.C.*
vechten 0.1 [strijden] *fight* ⇒⟨bestrijden⟩ *combat* 0.2 [zich weren voor/tegen] *fight/battle (for/against)* 0.3 [wed-ijveren] *fight (for)* ⇒*struggle (against)* ◆ 3.1 hij moest ~ om er te komen *he had to f. his way up/to the top* 6.1 wij moesten ~ **om** in de trein te komen *we had to f. our way in-to the train* 6.2 **tegen** de slaap ~ *f. off sleep.*
vechter, -ster 0.1 [iem. die taai volhoudt] *fighter* ⟨m., v.⟩ ⇒ *survivor* ⟨m., v.⟩ 0.2 [iem. die vecht] *fighter, combatant* ⟨m., v.⟩.
vechtersbaas, vechtjas 0.1 *hooligan, hoodlum* ⇒⟨vech-tersbaasje⟩ *bantam.*
vechtfilm 0.1 *action film/ᴬmovie.*
vechtlust 0.1 *fight* ⇒*fighting spirit.*
vechtlustig 0.1 *combative* ⇒⟨pred.⟩ *keen on a fight/on fighting.*
vechtpartij 0.1 *fight, brawl* ⇒⟨vechtpartijtje⟩ *scuffle,* ⟨inf.; algemene vechtpartij⟩ *free-for-all.*
vechtsport 0.1 *combat sport.*
vector 0.1 *vector.*
vedel ⟨muz.⟩ 0.1 *viol.*
vedergewicht 0.1 *featherweight.*
vederlicht 0.1 *feathery* ⇒*(as) light as a feather* ⟨alleen pred.⟩ ◆ 1.1 haar ~e stap *her light-footed step.*
vedette 0.1 [ster] *star* 0.2 [prominente figuur] *celebrity.*
vee 0.1 *cattle* ◆ 1.1 een kudde ~ *a herd of c.;* een stuk ~ *a head of c.*
veearts 0.1 ᴮ*veterinary (surgeon),* ᴬ*veterinarian* ⇒⟨inf.⟩ *vet.*
veeartsenijkunde 0.1 *veterinary medicine.*
veeg¹ ⟨de⟩ 0.1 [het vegen] *wipe* ⇒⟨lik⟩ *lick* 0.2 [klap] *swipe* ⇒ *box* 0.3 [vlek, streep] *streak* ⇒⟨vlek⟩ *smudge* ◆ 2.3 er zit een zwarte ~ op je gezicht *there's a black smudge on your face* 6.¶ iem. een ~ **uit** de pan geven *lash out at s.o., have a swipe/dig at s.o.*
veeg² ⟨bn., bw.⟩ 0.1 [de dood nabij] *fatal, doomed* 0.2 [on-heilspellend] *ominous* ⇒*fateful* ◆ 1.1 het vege lijf redden *escape by the skin of one's teeth* 1.2 dit is een ~ teken *this is a fateful sign/bad omen.*
veehandel 0.1 *cattle trade.*
veehandelaar 0.1 *cattle dealer.*
veehouder, -fokker, -houdster 0.1 *cattle breeder* ⟨m., v.⟩ ⇒ᴮ*cattle farmer,* ᴬ*rancher.*
veehouderij, -fokkerij 0.1 [handeling] *cattle breeding/raising* 0.2 [bedrijf] ᴮ*cattle farm/ᴬranch.*
veekoek 0.1 ⟨vnl. ʙᴇ⟩ *cattle cake.*
veel¹ ⟨bw.⟩ 0.1 *much* ⇒*a lot* ◆ 2.1 hij was kwaad, maar zij was nog ~ kwader *he was angry, but she was even more so* 3.1 ze lijken ~ op elkaar *they are very m. alike* 5.1 dat is ~ en ~ beter *that's m. better by far.*
veel² ⟨onb.vnw.⟩ 0.1 *much, many* ⇒*a lot, lots* ◆ 1.1 ~ geluk! *good luck!* 3.1 het heeft er ~ van dat ... *it looks very much like ...;* ⟨inf.⟩ weet ik ~ *well I don't know/how should I*

know 5.1 dat was haar te ~ *that was more than she could take/too much for her;* ~ te ~ *far too much/many;* één keer te ~ *(just) once too often.*
veel³ ⟨hoofdtelw.⟩ 0.1 *many* ⇒*a lot/great deal* ◆ 3.1 het zijn er ~ *there's a lot of them.*
veelal 0.1 [gewoonlijk] *usually* ⇒*often* 0.2 [grotendeels] *mostly* ⇒*for the most part.*
veelbelovend 0.1 *promising* ◆ 3.1 ~ zijn *show great prom-ise.*
veelbesproken 0.1 *much-discussed, much talked-of* ◆ 1.1 een ~ kwestie *a vexed question.*
veelbetekenend 0.1 *meaning(ful)* ⇒*knowing* ◆ 1.1 een ~e blik *a m./knowing look.*
veelbewogen 0.1 *eventful* ◆ 1.1 ~ tijden *stirring/*⟨pej.⟩ *troubled times.*
veeleer ⟨schr.⟩ 0.1 *rather* ⇒⟨bij keuze uit twee kwaden ook⟩ *sooner,* ⟨met bn. ook⟩ *more* ◆ 2.1 hij was ~ kwaad dan bang *he was more angry than frightened.*
veeleisend 0.1 *demanding* ⇒⟨kieskeurig⟩ *particular (about),* ⟨inf.; pej.⟩ *fussy* ◆ 3.1 hij is ~ voor zijn personeel *he makes high demands on his employees.*
veelgevraagd 0.1 *much sought-after* ⇒⟨pred. ook⟩ *in great demand.*
veelgodendom, -goderij 0.1 *polytheism.*
veelheid 0.1 [groot aantal] *multitude* ⇒*abundance* 0.2 [het samengesteld zijn, samengesteld iets] *complexity, multi-plicity* ⇒⟨veelsoortigheid⟩ *diversity* ◆ 1.1 ~ van woorden *abundance of words.*
veelhoek 0.1 [ook wisk.] *polygon.*
veelhoekig 0.1 *polygonal.*
veeljarig 0.1 ⟨attr.⟩ *many years';* ⟨pred.⟩ *of many years.*
veelkleurig 0.1 *multicoloured* ⇒*colourful.*
veelkoppig 0.1 [met veel koppen] *many-headed* 0.2 [uit veel hoofden bestaand] *large* ◆ 1.2 een ~e menigte *a l. crowd.*
veelmannerij 0.1 *polyandry.*
veelmeer 0.1 *rather.*
veelomstreden 0.1 *much-disputed* ⇒*controversial* ◆ 1.1 een ~ kwestie ⟨ook⟩ *a vexed question.*
veelomvattend 0.1 *comprehensive* ⇒*extensive* ◆ 1.1 een ~e taak *a vast task.*
veelprater, -praatster 0.1 *great/nonstop talker;* ⟨pej.⟩ *chatterbox.*
veelsoortig 0.1 [veel soorten tellend] *multifarious* 0.2 [be-horend tot velerlei soorten] *multifarious* ⇒*varied, diverse* ◆ 1.2 ~e bezigheden hebben *be engaged in various activ-ities.*
veelstemmig 0.1 [muz.] *polyphonic, polyphonous* 0.2 [door veel stemmen geuit] *many-voiced.*
veeltalig 0.1 *multilingual* ⇒*polyglot.*
veelvermogend 0.1 *powerful* ⇒*influential.*
veelvormig 0.1 *varied in shape (and form)* ⇒*multiform,* ⟨wet.⟩ *polymorphous,* ⟨wet.⟩ *polymorphic.*
veelvormigheid 0.1 *variety of form(s)* ⇒*multiformity,* ⟨wet.⟩ *polymorphism.*
veelvoud 0.1 *multiple* ◆ 2.1 kleinste gemene ~ *lowest com-mon m.* 6.1 zijn salaris bedraagt een ~ **van** het hare *his salary is many times larger than hers.*
veelvoudig I ⟨bn.⟩ 0.1 [meervoudig] *multiple* 0.2 [veelvul-dig] *multiple* ⇒*repeated* 0.3 [gevarieerd] *varied* ◆ 1.2 ~ wereldkampioen *a world champion several times over;* **II** ⟨bw.⟩ 0.1 [zo dat een veelvoud ontstaat] *in abun-dance* ◆ 3.1 ~ vrucht dragen *bear fruit in abundance.*
veelvraat 0.1 [persoon] *glutton* 0.2 [dier] *glutton, wolver-ine.*

849

veelvuldig I ⟨bn., bw.⟩ **0.1** [talrijk] *frequent* ⇒*multiple* **0.2** [gevarieerd] *varied* ◆ **1.1** op ~ verzoek *at the request of many people;* **II** ⟨bw.⟩ **0.1** [dikwijls] *frequently, often* ◆ **3.1** ~ voorkomen ⟨ook; schr.⟩ *be prevalent.*

veelweter 0.1 [pej.] *know(-it)-all, pedant.*

veelwijverij 0.1 *polygamy.*

veelzeggend 0.1 *telling* ⇒*revealing* ◆ **1.1** ~e cijfers *t./revealing figures.*

veelzijdig 0.1 *many-sided* ⇒*versatile* ◆ **1.1** haar ~e belangstelling *her varied interests;* een ~e geest *a versatile mind.*

veelzijdigheid 0.1 *versatility.*

veem 0.1 [onderneming] *warehousing/storage company* **0.2** [gebouw] *warehouse.*

veemarkt 0.1 *cattle market.*

veen 0.1 [aard-, grondsoort] *peat* **0.2** [turfland]⟨laag⟩ *peat bog;* ⟨hoog⟩ *peat moor* ◆ **3.1** het ~ aansnijden *cut p.*

veenachtig 0.1 *boggy, peaty.*

veenbes 0.1 *cranberry.*

veengrond 0.1 [grond die uit veenaarde bestaat] *peat* ⇒ *peaty soil* **0.2** [stuk veenland] *peat bog/moor.*

veenkolonie 0.1 *(former) fen community* ⇒⟨mv.⟩ *peat district.*

veenlaag 0.1 *layer/*⟨geol. ook⟩ *stratum of peat.*

veepest 0.1 *cattle plague, rinderpest.*

veer I ⟨de⟩ **0.1** [mbt. vogels] *feather* **0.2** [schrijfgereedschap] *quill (pen)* **0.3** [draad van veerkrachtig materiaal] *spring* **0.4** [mv.; bed] *bed* ◆ **3.1** ⟨fig.⟩ een ~ moeten laten *have to settle for less than one bargained for* **6.1** ⟨fig.⟩ met andermans veren pronken *claim all the glory for o.s.;* ⟨fig.⟩ iem. een ~ op de hoed zetten *put a f. in s.o.'s cap* **6.4** vroeg uit de veren *up early* **8.1** zo licht als een ~tje *as light as a f.;* **II** ⟨het⟩ **0.1** [plaats waar overgezet wordt] *ferry* **0.2** [veerboot] *ferry(boat)* **0.3** [beurtvaart] *(regular) ferry (service).*

veerboot, -pont 0.1 *ferry(boat).*

veerdienst 0.1 *ferry (service/line).*

veergeld 0.1 *fare on a/the ferry.*

veerkracht 0.1 [nat.] *elasticity* ⇒⟨ook fig.⟩ *resilience.*

veerkrachtig 0.1 *elastic* ⇒*springy,* ⟨fig.⟩ *resilient* ◆ **1.1** met ~e tred *with a springy step.*

veerman 0.1 *ferryman.*

veertien¹ ⟨de⟩ **0.1** *fourteen.*

veertien² ⟨telw.⟩ **0.1** *fourteen;* ⟨data⟩ *fourteenth* ◆ **1.1** vandaag over ~ dagen *in two weeks, two weeks from today;* ~ dagen *fourteen days, two weeks;* ⟨vnl. BE⟩ *a fortnight* **3.1** het zijn er ~ *there are fourteen (of them)* ⟨ook→**drie**⟩.

veertiendaags 0.1 [om de veertien dagen terugkerend] *biweekly;* ⟨vnl. BE⟩ *fortnightly* **0.2** [veertien dagen durend] ⟨attr.⟩ *two-week, fourteen-day* **0.3** [veertien dagen oud] *two weeks/fourteen days/*⟨vnl. BE⟩ *a fortnight old* ◆ **1.1** een ~ tijdschrift *a b./f. (magazine).*

veertiende 0.1 ⟨zn. en rangtelw.⟩ *fourteenth* ◆ **1.1** de ~ eeuw *the f. century* **3.1** het is nu de ~ *it is the f. today* ⟨ook→**derde**⟩.

veertiende-eeuws 0.1 *fourteenth-century.*

veertig¹ ⟨de⟩ **0.1** *forty* ◆ **6.1** deel dat in ~en *divide that into f. parts.*

veertig² ⟨telw.⟩ **0.1** *forty* ◆ **1.1** in de jaren ~ *in the forties* **6.1** hij loopt tegen de ~ *he is pushing f.* ¶.1 ~ plus *more than 40 % fat.*

veertiger 0.1 *man of forty* ◆ **2.1** hij is een goede ~ *he is somewhere in his forties.*

veertigjarig 0.1 [veertig jaren durend] *forty years', for-*

tieth **0.2** [om de 40 jaar terugkerend] *recurring every forty years* **0.3** [veertig jaar oud] *forty-year-old* ◆ **1.1** ~e bruiloft *fortieth wedding anniversary.*

veertigplusser 0.1 *over-40* ◆ **1.1** de groep ~s *the over-40 set.*

veertigste 0.1 ⟨zn. en rangtelw.⟩ *fortieth* ◆ **1.1** zij stierf in haar ~ jaar *she died in her f. year* ⟨ook→**derde**⟩.

veertigurig 0.1 *forty-hour* ◆ **1.1** de ~e werkweek *the f.-h. week.*

veerverbinding 0.1 *ferry connection.*

veestal 0.1 *cowshed.*

veestapel 0.1 *(live)stock.*

veeteelt 0.1 *stock/cattle breeding.*

veevervoer, -transport 0.1 *transport of livestock/*⟨rundvee⟩ *cattle.*

veevoer 0.1 *feed.*

veewagen 0.1 ⟨spoorwegen⟩ *cattle truck;* ⟨wegverkeer⟩ *cattle lorry.*

vegen I ⟨onov., ov.ww.⟩ **0.1** [met een bezem schoonmaken of te werk gaan] *sweep* ⇒*brush* ◆ **1.1** de schoorsteen ~ s. *the chimney* **6.1** de kruimels van de tafel ~ *brush the crumbs off the table;* **II** ⟨onov.ww.⟩ **0.1** [strijken, glijden] *brush* ⇒*sweep* ◆ **6.1** met de hand over zijn mond ~ *b. one's hand across one's mouth;* **III** ⟨ov.ww.⟩ **0.1** [afvegen, schoonmaken] *wipe* **0.2** [mbt. mijnen] *sweep* ◆ **1.1** voeten ~ a.u.b. *w. your feet please* **6.1** de tranen uit de ogen ~ *w. the tears from one's eyes.*

veger 0.1 [borstel] *(sweeping) brush* **0.2** [persoon] *sweeper* ◆ **1.1** ~ en blik *dustpan and brush.*

vegetariër 0.1 *vegetarian.*

vegetarisch 0.1 *vegetarian* ◆ **3.1** ~ eten *have a v. meal;* ⟨als regel⟩ *be a vegetarian.*

vegetarisme 0.1 *vegetarianism.*

vegetatie 0.1 *vegetation.*

vegetatief 0.1 [de groei betreffend] *vegetative* **0.2** [ongeslachtelijk] *vegetative* **0.3** [plantaardig] *vegetal* ◆ **1.1** het vegetatieve zenuwstelsel *the autonomic nervous system* **1.2** ⟨biol.⟩ vegetatieve vermeerdering *v. reproduction.*

vegeteren 0.1 *vegetate* ⇒⟨fig. ook⟩ *be a vegetable* ◆ **6.1** op iem. ~ *sponge on s.o.*

vehikel 0.1 *vehicle* ◆ **2.1** een oud ~ *an old jalopy.*

veil ◆ **3.**¶ zijn leven voor het vaderland ~ hebben *be ready to sacrifice one's life for one's country.*

veildag 0.1 *auction-day.*

veilen 0.1 *sell by auction* ◆ **1.1** antiek/huizen ~ *auction antiques/houses.*

veilig 0.1 *safe* ⇒*secure,* ⟨mbt. signaal⟩ *(all-)clear* ◆ **1.1** ~ verkeer *±road safety* **3.1** iets ~ opbergen *put sth. in a safe place;* zijn toekomst ~ stellen *provide for the future;* de toekomst v.e. bedrijf ~ stellen *guarantee the future of a company;* ~ thuiskomen *return home safe(ly)* **5.1** ~ en wel *safe and sound* **6.1** het sein op ~ stellen *give the green light.*

veiligheid 0.1 [staat, toestand] *safety* ⇒*security* **0.2** [inrichting, voorwerp] *safety device/valve/lock* ⟨enz.⟩ ⇒⟨elek.⟩ *fuse* ⇒ de openbare ~ *public security* **6.1** iets in ~ brengen *bring sth. to (a place of) safety.*

veiligheidsagent 0.1 *security officer.*

veiligheidsbril 0.1 *safety/protective goggles.*

veiligheidsdienst 0.1 *security forces* ⟨leger, politie⟩ ⇒*intelligence (service/department)* ⟨nationale⟩ ◆ **2.1** binnenlandse ~ *(counter)intelligence.*

veiligheidsfunctionaris 0.1 *security officer.*

veiligheidsgordel, -riem 0.1 [beschermgordel] *safety belt* ⇒⟨autogordel ook⟩ *seat belt* **0.2** [zwemvest] *life belt.*

veiligheidsgrendel 0.1 *safety catch.*
veiligheidshalve 0.1 *for reasons of safety/security.*
veiligheidshelm 0.1 *safety helmet* ⇒⟨inf.⟩ *hard hat* ⟨op bouwterrein e.d.⟩.
veiligheidsmaatregel 0.1 *security measure* ⇒*safety measure* ⟨in bedrijf⟩.
veiligheidsoverweging 0.1 *security reason* ◆ **6.1** uit ~en *for reasons of security/safety.*
veiligheidspolitie 0.1 *security police.*
veiligheidsraad 0.1 [raad die toezicht houdt op de veiligheid] *security council/board.*
Veiligheidsraad 0.1 [van de VN] *Security Council.*
veiligheidsslot 0.1 *safety lock.*
veiligheidsspeld 0.1 *safety pin.*
veiligheidswet 0.1 *law on/concerning public security.*
veiling 0.1 [openbare verkoping] *auction* **0.2** [plaats, gebouw] *auction-mart* ⇒*auction room(s)* ◆ **2.1** publieke/openbare ~ *public a.* **6.1** iets **in** ~ brengen *put sth. up for a.*
veilingcatalogus 0.1 *auction catalogue.*
veilinggebouw 0.1 *auction rooms.*
veilinghuis 0.1 *auctioneering firm.*
veilingmeester 0.1 *auctioneer.*
veinzen I ⟨onov.ww.⟩ **0.1** [huichelen] *pretend* ⇒*feign;* **II** ⟨ov.ww.⟩ **0.1** [valselijk doen blijken] *feign* ⇒*simulate* **0.2** [het genoemde voorgeven] *feign* ⇒*fake* ◆ **3.2** ~ te slapen *pretend to be asleep.*
veinzer, -es 0.1 *sham;* ⟨huichelaar⟩ *hypocrite.*
veinzerij 0.1 *pretence* ⇒*sham.*
vel 0.1 [huid; huidschilfer; vlies; omhulsel] *skin* **0.2** [blad papier] *sheet* ◆ **1.2** een ~ tekenpapier *a s. of drawing paper* **2.1** ⟨fig.⟩ iem. het ~ over de oren halen *fleece s.o.;* ⟨inf.⟩ *bleed s.o. dry* **6.1** een ~ **op** de melk *a s. on the milk;* het is om **uit** je ~ te springen *it is enough to drive you up the wall* ¶**.1** ⟨fig.⟩ ~ over been zijn *be all skin and bone.*
veld 0.1 *field* ⟨ook fig.⟩ ⇒⟨open land⟩ *open country/fields,* ⟨sport ook⟩ *pitch,* ⟨schaakbord⟩ *square* ◆ **1.1** in geen ~en of wegen was er iem. te zien *there was no sign of anyone anywhere* **3.1** het ~ ruimen (voor) *abandon the f. (to);* ⟨voor iem. anders ook⟩ *step down/aside;* ⟨fig.⟩ ~ winnen *gain ground* **6.1** het leger te ~e *the army in the f.;* tegen iets te ~e trekken *be up in arms against sth.;* een speler **uit** het ~ sturen *send a player off (the f.)* **6.**¶ niet **uit** het ~ geslagen *undaunted.*
veldbed 0.1 [opvouwbaar bed] *camp bed* **0.2** [kermisbed] *shakedown, makeshift bed.*
veldbloem 0.1 *wild flower.*
veldboeket 0.1 *bouquet of wild flowers.*
veldfles 0.1 *water bottle.*
veldgewas 0.1 *(field) crop(s).*
veldheer 0.1 [legeraanvoerder] *general* **0.2** [strateeg] *strategist.*
veldhockey 0.1 *field hockey.*
veldhospitaal 0.1 *field hospital.*
veldkeuken 0.1 *field/mobile kitchen.*
veldkijker 0.1 *(pair of) field-glasses/binoculars.*
veldloop 0.1 *cross-country (race).*
veldmaarschalk 0.1 *field marshal* ⇒⟨BE; mil.⟩ *Field Marshal,* ⟨AE; mil.⟩ *General of the Army.*
veldmuis 0.1 *field vole* ⇒⟨alg.⟩ *field mouse* ◆ **2.1** grote ~ *wood mouse.*
veldprediker 0.1 *(army) chaplain.*
veldrijden 0.1 *cyclo-cross (race/racing).*
veldrijder, -ster 0.1 *cyclo-cross rider.*
veldsla 0.1 *lamb's lettuce* ◆ **2.1** gewone ~ *corn salad.*
veldslag 0.1 *(pitched) battle* ◆ **3.1** een ~ leveren/winnen *fight/win a battle.*

veldspeler 0.1 *fielder.*
veldsport 0.1 *outdoor sports.*
veldsterkte ⟨nat.⟩ **0.1** *field intensity* ⇒*field strength.*
veldtelefoon 0.1 *field telephone.*
veldtocht 0.1 ⟨mil.⟩ *campaign* ⇒⟨vaak overzees⟩ *expedition,* ⟨fig.⟩ *campaign (against), crusade (against).*
velduitrusting 0.1 [benodigdheden] *field equipment* **0.2** [tenue] *battle dress.*
veldwachter 0.1 [vero.; politieagent op het platteland] ±*country policeman/constable* **0.2** [boswachter] *forester.*
veldwerk 0.1 [praktijkwerk] *fieldwork* **0.2** [arbeid op de akker] *work in the field* ◆ **3.2** het ~ verrichten ⟨fig.⟩ *do the donkey work/spadework.*
veldwerker 0.1 *field worker.*
velen 0.1 [verdragen] *stand, bear* **0.2** [bestand zijn tegen] *stand, take* **0.3** [toelaten] *stand (-ing), bear (-ing/to)* **0.4** [houden van] *like* ◆ **1.2** een stootje kunnen ~ *be able to t. a (few) knock(s).*
velerhande 0.1 *all sorts of.*
velerlei 0.1 *many* ⇒*all kinds of* ◆ **1.1** op ~ gebied *in many fields/areas.*
velg 0.1 *rim.*
vellen 0.1 [omhakken] *cut down* ⇒*fell* **0.2** [neerslaan] *bring down* **0.3** [doden] *slay* **0.4** [uitspreken] *pass, pronounce* ◆ **1.1** bomen ~ *cut down trees* **1.4** ⟨fig.⟩ een oordeel over iets ~ *pass judg(e)ment on sth.*
velodroom 0.1 *velodrome.*
velours 0.1 ⟨zn. en bn.⟩ *velour(s)* ◆ ¶**.1** ~ d'Utrecht *Utrecht velvet.*
ven 0.1 [meertje] *mere* ⇒⟨klein⟩ *pool,* ⟨droog⟩ *hollow* **0.2** [door uitvening ontstane plas] *pool.*
vendelzwaaien 0.1 *flag-/banner-waving.*
vendetta 0.1 *vendetta.*
vendu 0.1 [openbare verkoping] *auction* **0.2** [veilinggebouw] *auctioneer's* ⇒*auction rooms* ◆ **3.1** (een) ~ houden *hold an a.*
venerisch 0.1 *venereal* ◆ **1.1** ~e ziekten *v. disease(s);* ⟨inf.⟩ *V.D.*
Venetiaans 0.1 *Venetian* ◆ **1.1** ~ glas *V. glass.*
Venetië 0.1 *Venice.*
Venezolaan, -se 0.1 *Venezuelan.*
Venezuela 0.1 *Venezuela.*
venijn 0.1 [gif] *poison* ⇒⟨ook fig.⟩ *venom* ◆ ¶**.1** ⟨sprw.⟩ het ~ zit in de staart *the sting is in the tail.*
venijnig 0.1 [lasterlijk, kwaadaardig] *vicious* ⇒*venomous* ⟨kritiek⟩, *spiteful* ⟨opmerking⟩, *malicious* ⟨roddel⟩ **0.2** [gemeen] *vicious* ◆ **1.1** ~e blikken *vicious looks* **2.2** het is ~ koud *it is bitterly cold.*
venijnigheid 0.1 [het venijnig zijn] *venomousness* ⇒⟨gemeenheid⟩ *nastiness, viciousness* **0.2** [wat venijnig is] *vicious/nasty things/remarks.*
venkel 0.1 [plant] *fennel* **0.2** [zaad] *fennel seed* ◆ **2.1** zoete ~ *sweet f.*
vennoot 0.1 *partner* ◆ **2.1** commanditair/slapende/stille ~ ᴮ*sleeping/*ᴬ*silent/limited/dormant p.*
vennootschap 0.1 [overeenkomst op burgerlijk gebied] *partnership* ⇒⟨jur.⟩ *firm,* ⟨AE ook⟩ *company* **0.2** [overeenkomst op handelsgebied] *trading partnership* ◆ **1.1** ~ onder een firma *firm, partnership(firm)* **1.2** inbreng/aandeel in een ~ *investment/share in a partnership/company* **2.2** besloten ~ ᴮ*private limited company;* naamloze ~ ᴮ*public limited company* **3.2** een ~ aangaan met iem. *go into partnership with s.o.*
vennootschapsbelasting 0.1 *corporation tax.*

venster 0.1 *window* ◆ 2.1 getraliede ~s *barred windows.*
vensterbank 0.1 *windowsill.*
vensterenveloppe 0.1 *window envelope.*
vensterglas 0.1 *window glass;* ⟨ruit ook⟩ *windowpane.*
vensterraam 0.1 *window frame.*
vensterruit 0.1 *windowpane.*
vent 0.1 [kerel] *fellow* ⇒*guy,* ⟨BE ook⟩ *bloke* 0.2 [Inf.; echtgenoot] *mun* 0.3 [jochie] *son(ny), lad(die)* ◆ 2.1 een leuke ~ ⟨aantrekkelijke⟩ *a dishy bloke/guy* 3.1 ⟨pregn.⟩ wees een ~! *show you're a man!* 7.1 je bent geen ~! *you're only half a man!*
venten 0.1 *hawk* ⇒*peddle.*
venter 0.1 *street-trader* ⇒*hawker, pedlar.*
ventiel 0.1 *valve* ⟨ook mbt. blaasinstrument⟩ ◆ 1.1 het ~ v.e. fietsband *the v. of a bicycle tyre.*
ventilatie 0.1 *ventilation.*
ventilator 0.1 *fan, ventilator.*
ventileren I ⟨onov.ww.⟩ 0.1 [de lucht verversen] *air;* II ⟨ov.ww.⟩ 0.1 [de lucht verversen in] *ventilate* ⇒*air* 0.2 [uiten] *ventilate* ⇒*air, give vent to* ⟨gevoelens⟩ ◆ 1.2 zijn mening ~ *air one's opinion.*
ventriculair 0.1 *ventricular.*
ventrikel 0.1 *ventricle.*
ventvergunning 0.1 *street-trader's licence.*
ventweg 0.1 *service road.*
Venus 0.1 *Venus* ⇒*Aphrodite* ◆ 3.¶ aan ~ offeren *worship/ be devoted to Eros.*
venusheuvel, -berg 0.1 *mons Veneris* ⇒*mount of Venus.*
ver I ⟨bw.⟩ 0.1 [mbt. ruimte/tijd]⟨vnl. in ontkennende en vragende zinnen⟩ *far;* ⟨in bevestigende zinnen⟩ *a long way* 0.2 [in hoge mate] *far, way;* ⟨na ww ⟩ *by far, by a long way* ◆ 1.1 hij sprong zeven meter ~ *he jumped a distance of seven metres* 3.1 ~ gevorderd zijn *be well advanced;* hij heeft het ~ geschopt *he's come a long way;* de vakantie is nog ~ *the holidays are still a long way off;* het zou te ~ voeren om ...*it would be going too f. to ...;* ~ vooruitzien *look well/way ahead* 5.1 hoe ~ is het nog? *how much further is it?;* hoe ~ ben je met je huiswerk? *how f. have you got with your homework?;* in hoe ~ *how f., to what extent;* dat gaat te ~! ⟨ook⟩ *that is the limit!,* je zoekt het te ~ *you're missing the point;* ~ weg *a long way away/off, f. away/off;* het is zo ~! *here we go, this is it;* maar zo ~ zijn we nog (lang) niet *but we haven't reached that stage yet;* ben je zo ~? *(are you) ready?* 5.2 ⟨fig.⟩ ~ heen zijn *be f. gone;* zijn tijd ~ vooruit zijn *be way ahead of one's time* 6.1 die dagen liggen ~ achter ons *those days are long past;* tot ~ in het binnenland *well inland, deep into the interior;* van ~ komen *come a long way/from distant parts.*
II ⟨bn.⟩ 0.1 [op grote afstand gelegen; ook in de tijd; niet spoedig vervulbaar]⟨vnl. attr.⟩ *distant;* ⟨vnl. pred.⟩ *far* ⇒ ⟨attr.⟩ *far-off/-away,* ⟨pred.⟩ *far off/away* 0.2 [zich uitstrekkend over grote afstand]⟨vnl. attr.⟩ *far* ⇒⟨pred.⟩ *a long way* 0.3 [komend van verre; niet nauw verwant] *distant* ◆ 1.1 ~re landen *d./far-off countries;* de ~re toekomst *the d. future;* in een ~ verleden *in some d./remote past;* een ~ vooruitzicht *a d./remote prospect* 1.2 een ~re reis *a long journey.*
veraangenamen 0.1 *sweeten* ⇒*make more pleasant.*
verabsoluteren 0.1 *make (sth.) absolute.*
veracht 0.1 *despised* ⇒*disdained.*
verachtelijk 0.1 [verachting tonend, vol verachting] *contemptuous* ⇒*scornful* 0.2 [laag] *despicable* ⇒*contemptible* ◆ 1.1 iem. ~e blikken toewerpen *cast c. glances at s.o.*
verachtelijkheid 0.1 *despicability.*
verachten 0.1 [minachten] *despise, scorn* 0.2 [trotseren] *scorn* ◆ 1.2 de dood ~ *s. death.*

verachting 0.1 *contempt* ⇒*scorn.*
verademing 0.1 *relief.*
veraf 0.1 *far away/off, a long way away/off.*
verafgelegen 0.1 ⟨attr.⟩ *far-away/-off;* ⟨pred.⟩ *far away/ off* ⇒*remote.*
verafgoden 0.1 *idolize.*
verafgoding 0.1 *idolization* ⇒*idolatry.*
verafschuwen 0.1 *loathe* ⇒*detest.*
veralgemenen, veralgemeniseren 0.1 [generaliseren] *generalize* 0.2 [tot de hoofdkenmerken terugbrengen] *consider/treat in a general way* ◆ 1.2 laten we deze zaak eens ~ *let's consider this in a general way.*
veralgemening 0.1 *generalization* ◆ 2.1 een sterke ~ *a broad g.*
veramerikaansen 0.1 *Americanize.*
veranda 0.1 *veranda.*
veranderen I ⟨ov.ww.⟩ 0.1 [wijzigen] *alter* ⇒*change* 0.2 [in het genoemde overbrengen] *change* ⇒*turn (into)* ◆ 1.1 een jurkje ~ *a. a dress;* dat verandert de zaak *that changes things* 6.1 daar is niets meer aan te ~ *nothing can be done about that;* dat verandert niets aan dat *that does not a. the situation one bit* 6.2 Jezus veranderde het water in wijn *Jesus turned water into wine;*
II ⟨onov.ww.⟩ 0.1 [anders worden] *change* 0.2 [wisselen (van)] *change* ⇒*switch* 0.3 [metamorfoseren] *turn* ⇒ *change* ◆ 1.1 de tijden ~ *times are changing* 6.2 van huisarts ~ *c. one's doctor;* van onderwerp ~ *c. the subject* 6.3 de prins veranderde in een kikker *the prince turned into a frog.*
verandering 0.1 [het veranderen] *change* 0.2 [afwisseling] *change* ⇒*variation* 0.3 [wijziging] *alteration* ◆ 1.2 ~ van omgeving *c. of scene(ry)* 3.3 een ~ aanbrengen (in) *make an a./change (to)* 6.2 voor de ~ *for a c.* ¶.2 ⟨sprw.⟩ ~ van spijs doet eten *variety is the spice of life.*
veranderlijk 0.1 [geneigd tot veranderen] *changeable, variable* ⟨weer ook⟩; *unsettled* ⇒⟨wispelturig⟩ *fickle* 0.2 [anders kunnende worden] *variable* ⇒*inconstant* ◆ 5.1 hij is erg ~ *he is very unreliable/fickle.*
veranderlijkheid 0.1 *changeability* ⇒*variability,* ⟨pej.⟩ *instability,* ⟨pej.⟩ *fickleness.*
verankeren 0.1 [stevig vastmaken] *anchor* ⟨ook tech.⟩ ⇒*secure, fix* 0.2 [vastleggen dmv. ankers] *anchor* 0.3 [fig.] *embed* ◆ 5.3 diep verankerd ⟨ook⟩ *firmly-fixed, deep-rooted* 6.3 dat ligt in ons bestaan verankerd *that is embedded in our existence.*
verantwoord 0.1 [veilig] *safe* ⇒⟨verstandig⟩ *sensible,* ⟨verstandig⟩ *wise* 0.2 [weloverwogen] *well-considered* ⇒ *sound* ◆ 1.2 ~e voeding *a well-balanced/sensible diet.*
verantwoordelijk 0.1 *responsible* ◆ 1.1 de ~e minister *the minister r.* 3.1 iem. voor iets ~ stellen *hold s.o. responsible for sth.*
verantwoordelijkheid 0.1 *responsibility* ◆ 3.1 de ~ voor iets op zich nemen *take/assume r. for sth.;* de ~ voor een aanslag opeisen *claim r. for an attack.*
verantwoordelijkheidsgevoel 0.1 *sense of responsibility* ◆ 1.1 gebrek aan ~ *irresponsibility.*
verantwoorden I ⟨ov.ww.⟩ 0.1 [rekenschap afleggen van] *justify, account for* ◆ 6.1 ik kan dit niet tegenover mijzelf ~ *I cannot square this with my own conscience;*
II ⟨wk.ww.; zich ~⟩ 0.1 [rekenschap afleggen] *justify* ⇒*answer (to s.o. for sth.)* ◆ 6.1 zich voor de rechter ~ *answer to the judge.*
verantwoording 0.1 [rekenschap] *account* 0.2 [verantwoordelijkheid] *responsibility* ◆ 3.1 ~ afleggen *give a.;* aan iem. ~ verschuldigd zijn *be accountable/answerable*

to s.o. **6.1** iem. **ter** ~ roepen *call s.o. to a.* **6.2 op** jouw ~ *you take the r.*

verarmen I ⟨onov.ww.⟩ **0.1** [arm(er) worden] *become impoverished* ⇒*be reduced to poverty* **0.2** [achteruitgaan in kwaliteit] *become impoverished* ⇒*deteriorate (in quality)* ◆ **5.1** zij zijn totaal verarmd *they have been reduced to absolute poverty;*
II ⟨ov.ww.⟩ **0.1** [arm(er) maken] *impoverish* ⇒*reduce to poverty* **0.2** [waarde/kracht verminderen van] *impoverish* ⟨ook mbt. grond⟩.

verarming 0.1 [het arm(er) worden] *impoverishment* **0.2** [achteruitgang in kwaliteit] *deterioration* ⇒*impoverishment* ⟨mbt. grond⟩.

verassen 0.1 [tot as doen overgaan] *incinerate* **0.2** [cremeren] *cremate.*

verbaal¹ ⟨het⟩ **0.1** [proces-verbaal] *booking* ⇒*ticket* ⟨bekeuring⟩ **0.2** [woordelijk verslag] *(verbatim) report* ◆ **3.1** een ~ opmaken tegen iem. *book s.o.*

verbaal² ⟨bn., bw.⟩ **0.1** *verbal* ◆ **1.1** ~ geweld *v. assault;* ~ verslag *v. report/account* **2.1** zij is ~ bijzonder begaafd *she is a very articulate speaker.*

verbaasd 0.1 *surprised* ⇒*astonished,* amazed ◆ **6.1** ~ **van** iets staan, ~ zijn **over** iets *be s./amazed at sth.*

verbaasdheid 0.1 *astonishment, amazement* ⇒*surprise.*

verbalisant 0.1 *officer taking s.o.'s name (and address)/giving s.o. a ticket.*

verbaliseren 0.1 *book* ⇒*take s.o.'s name (and address).*

verband 0.1 [mbt. verwonding e.d.] *bandage* **0.2** [samenhang, betrekking] *connection;* ⟨zinsverband⟩ *context* ⇒ *relation(ship)* **0.3** [verbintenis] *contract* ◆ **2.2** in landelijk/Europees ~ *on a national/European level;* onderling ~ *interrelationship, interconnection;* in ruimer ~ *in a wider context* **2.3** kort ~ *short-service c.* **3.1** een ~ aanleggen *put on a b.* **3.2** ~ houden met iets *be connected with sth., tie up with sth.;* dit houdt ~ met het feit dat *this has to do with the fact that* **6.2 in** ~ **met** *in connection with;* **in** (nauw) ~ staan met iets *be (closely) connected with;* iets **uit** zijn ~ rukken *take sth. out of context;* de woorden **uit** hun ~ rukken ⟨ook⟩ *tear/wrench the words from their context* **6.¶** ⟨jur.⟩ **onder** ~ stellen *put/place (sth.) under surety.*

verbandmateriaal 0.1 *dressing material* ⇒*bandages.*

verbandtrommel, -doos 0.1 *first-aid kit/box.*

verbannen 0.1 [in ballingschap zenden] *banish, exile* **0.2** [fig.] *banish* ⇒*relegate* ◆ **3.1** ~ zijn ⟨ook⟩ *be under a ban* **6.2** hij werd **naar** Siberië ~ ⟨ook⟩ *he was deported to Siberia.*

verbanning 0.1 *banishment, exile.*

verbanningsoord 0.1 *place of exile.*

verbasteren I ⟨onov.ww.⟩ **0.1** [vervormd worden] *be corrupted* **0.2** [ontaarden] *degenerate* ◆ **1.1** een verbasterd woord van Franse herkomst *a corrupted word of French origin;*
II ⟨ov.ww.⟩ **0.1** [vervormen] *corrupt.*

verbastering 0.1 [vervorming] *corruption* ⇒⟨ontaarding⟩ *degeneration,* ⟨onzuiver worden⟩ *adulteration,* ⟨onzuiver worden⟩ *bastardization* **0.2** [verbasterd woord] *corruption.*

verbatim 0.1 *verbatim.*

verbazen I ⟨ov.ww.⟩ **0.1** [verwonderen] *amaze, surprise* ⇒ *astonish* ◆ **4.1** dat verbaast me niets *that doesn't surprise me in the least;*
II ⟨wk.ww.; zich ~⟩ **0.1** [zich verwonderen] *be surprised/amazed (at).*

verbazend 0.1 [verbazingwekkend] *surprising, amazing* ⇒ *astonishing* **0.2** [enorm] *huge* ◆ **5.2** ~ veel geld *a h./an*

---

immense amount of money; er is ~ weinig verkeer *there is surprisingly little traffic.*

verbazing 0.1 *surprise, amazement* ⇒*astonishment* ◆ **3.1** wie schetst mijn ~ *imagine my s.;* dat wekte ~ *that came as a s.* **6.1 tot** mijn ~ hoorde ik ...*I was surprised to hear ...;* omvallen **van** ~ *be bowled over/completely taken aback* **¶.1** één en al ~ zijn *be lost in amazement.*

verbazingwekkend 0.1 *astonishing, amazing* ⇒*surprising,* ⟨sterker⟩ *astounding,* ⟨sterker⟩ *stunning.*

verbeelden I ⟨wk.ww.; zich ~⟩ **0.1** [zich inbeelden; zich voorstellen] *imagine* ⇒*fancy* ◆ **5.1** dat verbeeld je je maar *you are (just) imagining it/things* **¶.1** hij verbeeldt zich heel wat *he thinks a lot of himself;* verbeeld je maar niets! *don't go getting ideas (into your head)!;*
II ⟨ov.ww.⟩ **0.1** [uitbeelden] *represent* ⇒*be meant/supposed to be* ◆ **3.1** dat moet een badkamer ~! *that's supposed to be a bathroom!*

verbeelding 0.1 [fantasie; inbeelding] *imagination* **0.2** [verwaandheid] *conceit(edness)* ⇒*vanity* **0.3** [uitbeelding] *representation, image* ◆ **2.1** een levendige ~ *a lively i.* **3.1** zijn ~ laten werken *use one's i.;* dat spreekt tot de ~ *that appeals to one's i.* **3.2** ~ hebben *be conceited, think a lot of o.s.* **¶.1** daar is heel wat ~ voor nodig *that really stretches the imagination;* ⟨inf.⟩ *the mind boggles.*

verbeeldingskracht 0.1 *imagination* ⇒*power(s) of imagination.*

verbenen 0.1 *ossify* ⟨ook fig.⟩.

verbergen 0.1 *hide* ⇒*conceal* ◆ **3.1** zij hield iets voor hem verborgen *she was holding sth. back from him;* iets/niets te ~ hebben *have sth./nothing to h.*

verbeten 0.1 [ingehouden] *pent-up* **0.2** [fel] *grim* ⇒*dogged* ◆ **1.2** een ~ strijd *a g./dogged struggle;* een ~ trekje om de mond *a g. and determined expression about one's mouth.*

verbeteren I ⟨ov.ww.⟩ **0.1** [beter maken] *improve* **0.2** [herstellen] *correct* ⇒*rectify* ⟨fout⟩, ⟨verhelpen⟩ *remedy* **0.3** [corrigeren] *correct* ⇒*revise* ⟨uitgave⟩ **0.4** [overtreffen] *beat* ⇒*improve on* ◆ **1.1** zijn Engels ~ *i./brush up one's English;* de levensstandaard ~ *i./raise the standard of living* **1.4** een record ~ *break a record* **4.1** zich ~ *improve o.s.;* ⟨mbt. positie⟩ *better o.s.;* ⟨zedelijk⟩ *mend one's ways, turn over a new leaf;*
II ⟨onov.ww.⟩ **0.1** [beter worden] *improve* ⇒*get better* ◆ **1.1** verbeterde werkomstandigheden *improved working conditions.*

verbetering 0.1 [verhoging v.d. kwaliteit; vooruitgang] *improvement* **0.2** [correctie] *correction* ⇒⟨van fouten ook⟩ *rectification, marking* ⟨van huiswerk, examens⟩, ^Agrading ⟨van huiswerk, examens⟩ ◆ **3.1** het is een hele ~ vergeleken met/ten opzichte van ...*it's a great i. on ...* **3.2** ~en aanbrengen *make corrections* **6.1 voor** ~ vatbaar zijn *leave room for i.*

verbeurdverklaren 0.1 [in beslag nemen] *seize, confiscate* **0.2** [ontnemen] *confiscate* ⇒*expropriate.*

verbeurdverklaring 0.1 *seizure, confiscation* ◆ **1.1** ~ van goederen *seizure of goods;* distraint *on goods.*

verbeuren 0.1 *forfeit* ◆ **1.1** zijn borgtocht ~ *f. (one's) bail;* ⟨door aan de haal te gaan⟩ *jump bail.*

verbeuzelen 0.1 *fritter away* ⇒*waste* ◆ **1.1** zijn tijd ~ *fritter away one's time.*

verbieden 0.1 *forbid* ⇒*ban* ⟨film, boek⟩, *suppress* ⟨publicatie⟩ ◆ **1.1** de publicatie van iets ~ *ban/suppress publication of sth.;* verboden toegang *no admittance* **3.1** verboden in te rijden *no entry;* verboden te parkeren *no parking/waiting;* verboden te roken *no smoking* **6.1** verboden **voor** onbevoegden *no unauthorized entry;* ⟨op terrein⟩ *no trespassing* **¶.1** dat verbied ik je *I f. you to do that.*

verbijsterd 0.1 *bewildered, amazed* ⇒*baffled, dazed* ◆ **6.1** hij was totaal ~ **door** de schok *he was completely d. by the shock.*

verbijsteren 0.1 *bewilder, amaze* ⇒*dazzle, daze.*

verbijstering 0.1 *bewilderment, amazement.*

verbijten I ⟨ov.ww.⟩ **0.1** [met moeite inhouden] *suppress, hold back* ◆ **1.1** de pijn ~*fight off the pain;* **II** ⟨wk.ww.; zich ~⟩ **0.1** [zich met moeite inhouden] *be (almost) bursting* ⇒⟨op zijn lippen bijten⟩ *bite one's lips,* ⟨op zijn tanden bijten⟩ *clench one's teeth* ◆ **3.1** zij stond zich te ~ van woede *she was bursting with rage.*

verbijzonderen 0.1 *particularize* ⇒*differentiate.*

verbinden I ⟨ov.ww.⟩ **0.1** [samenvoegen] *join (together)* ⇒ *connect (to/with)* **0.2** [in samenhang brengen] *connect* ⇒ *link* **0.3** [omzwachtelen] *bandage* **0.4** [door een overeenkomst/band koppelen aan] *connect, attach* ⇒*join (up)* **0.5** [telefonisch aansluiten] *connect (with)* ⇒*put through (to)* ◆ **5.5** ik ben verkeerd verbonden *I have got a wrong number* **6.1** ~ **met** *join to, connect to/with, link (up) to/ with* **6.4 aan** een instelling verbonden zijn *be at an institution;* er zijn geen kosten **aan** verbonden *there are no expenses involved;* een man met een vrouw **in** de echt ~*join a man to a woman in marriage;* het verbindt u **tot** niets *it does not commit you to anything* **6.5** kunt u mij **met** de heer X.~? *could you put me through to Mr X?;* **II** ⟨wk.ww.; zich ~⟩ **0.1** [zich verplichten] *commit o.s. (to)* **0.2** [schei.] *combine (together)* ◆ **4.1** zich ~ om werk te doen *undertake/agree to do work* **6.1** zich voor twee jaar **aan** een baan ~ *tie o.s. to a job for two years.*

verbindend 0.1 [verplichtend] *binding* ⇒⟨jur. ook⟩ *mandatory* **0.2** [een binding vormend] *connecting* ⇒*linking* ◆ **1.2** ~e tekst ⟨tv, film⟩ *linking text, narrative* **6.1 voor** alle partijen ~ *b. on all parties.*

verbinding 0.1 [samenvoeging] *connection* ⇒*link,* ⟨het verbonden worden/zijn⟩ *attachment* **0.2** [relatie] *connection* **0.3** [mogelijkheid tot verkeer] *connection* **0.4** [schei.]⟨resultaat⟩ *compound,* ⟨proces⟩ *combination* **0.5** [taal.] *collocation* ⇒⟨samenstelling⟩ *compound* **0.6** [mbt. telefoon] *connection* ◆ **2.3** een directe ~ *a direct connection;* ⟨trein ook⟩ *a through train;* een plaats met goede · en ~ *a place with good communications* ⟨telegraaf, radio⟩ **2.5** vaste ~en *fixed collocations* **3.6** geen ~ kunnen krijgen *not be able to get through;* de ~ werd verbroken ⟨ook⟩ *we/they were cut off* **6.2** zich **in** ~ stellen met *get in touch/contact with* **6.3** de ~en **met** de stad zijn uitstekend ⟨het vervoer⟩ *connections with the city are excellent* **6.¶** ⟨hand.⟩ **zonder** ~ *without obligation, under no obligation* **¶.1** een ~ tot stand brengen *establish/make a c./link.*

verbindingsdeur 0.1 *connecting/communicating door.*

verbindingsdienst ⟨mil.⟩ **0.1** *signals unit.*

verbindingsofficier 0.1 *liaison officer.*

verbindingsstreepje 0.1 *hyphen.*

verbindingsstuk 0.1 *connector, joint.*

verbindingsteken, verbindingsstreepje 0.1 *hyphen.*

verbindingsweg 0.1 *connecting road* ⇒⟨mv.⟩ *communications* ◆ **6.1** een ~ **tussen** twee steden *a road linking/between two cities.*

verbintenis 0.1 [verplichting] *obligation* ⇒*bond* **0.2** [dienstcontract] *agreement, contract* **0.3** [persoonlijke band, verhouding] *association* ⇒⟨verhouding⟩ *relationship,* ⟨verbond⟩ *alliance* ◆ **3.1** een ~ nakomen/vervullen *honour/meet/fulfil an o.* **3.2** een ~ aangaan *enter into/ make an a./a contract.*

verbitterd 0.1 *bitter/embittered (at/by)* ◆ **1.¶** ~e gevechten *bitter/fierce fights* **6.1** ~ **over** iets zijn ⟨ook⟩ *bear a grudge about sth.*

---

verbijsterd - verbonden

verbittering 0.1 *bitterness.*

verbleken 0.1 [bleek/bleker worden] *(turn/go) pale* ⇒ *turn/go white* **0.2** [mbt. kleuren, vervagen] *fade* ⟨ook fig.⟩ ◆ **1.2** zijn ster verbleekt *his star is fading/falling* **6.1** hij verbleekte **van** schrik *he turned pale with fear, his face blanched with fear.*

verblijden I ⟨ov.ww.⟩ **0.1** [een genoegen doen] *gladden* ⇒ ⟨verheugen⟩ *delight,* ⟨verheugen⟩ *rejoice* ◆ **2.1** bijzonder verblijd zijn *be particularly pleased/very glad* **6.1** iem. met iets ~ *make s.o. happy with sth.;* **II** ⟨wk.ww.; zich ~⟩⟨schr.⟩ **0.1** [zich verheugen] *rejoice* ◆ **6.1** zich **over** iets ~ *r./be exhilarated at sth.*

verblijf 0.1 [het verblijven] *stay* **0.2** [onderkomen] *residence* ⇒⟨tijdelijk ook⟩ *accommodation* **0.3** [het wonen] *residence* ◆ **2.1** een langdurig ~ in de tropen *a long s. in the tropics* **6.2** de verblijven **voor** de bemanning/ het personeel *the crew's/servants' quarters.*

verblijfkosten 0.1 *accommodation expenses* ⇒*living expenses* ◆ **1.1** reis- en verblijfkosten worden geheel vergoed *travel and a. e. will be refunded in full.*

verblijfplaats 0.1 *(place of) residence* ⇒*address,* ⟨waar men zich bevindt⟩ *whereabouts,* ⟨waar men zich bevindt⟩ *quarters* ◆ **1.1** iem. zonder vaste woon- of ~ *s.o. with no permanent home or address.*

verblijfsduur 0.1 *length of stay.*

verblijfsvergunning 0.1 *residence permit.*

verblijven 0.1 [vertoeven] *stay* **0.2** [onderdak hebben, wonen] *live* ◆ **5.¶** inmiddels verblijf ik, hoogachtend ...*remaining yours faithfully ...* **6.1** hij verbleef enkele maanden in Japan *he stayed in Japan for several months* **6.2** **bij** familie ~ *l. with one's family.*

verblikken ◆ **3.¶** ~ noch verblozen *not turn a hair, not bat an eyelid* **6.¶** zonder te ~ ⟨of verblozen⟩ *without turning a hair/batting an eyelid.*

verblinden 0.1 ⟨ook fig.⟩ *dazzle* ⇒*blind* ◆ **1.1** een ~de schoonheid *a dazzling/stunning beauty* **5.1** niet ~de verlichting *non-glare lighting.*

verblinding 0.1 *blinding* ⇒⟨door fel licht ook⟩ *dazzle.*

verbloemen 0.1 [niet laten merken] *disguise* ⇒*camouflage* **0.2** [niet ronduit zeggen/noemen] *disguise* ⇒*cover up* ◆ **1.1** hij kon zijn afschuw niet ~ *he could not d. his horror* **1.2** iemands fouten ~ *gloss over/cover up s.o.'s mistakes.*

verbluffen 0.1 *stagger* ⇒*astonish, astound.*

verbluffend 0.1 *staggering* ⇒*astounding* ◆ **5.1** ~ snel handelen *act amazingly/incredibly quickly.*

verbluft 0.1 *staggered* ⇒*stunned* ◆ **3.1** ~ staan kijken *be dumbfounded.*

verbod 0.1 *ban* ⇒⟨schr.⟩ *prohibition,* ⟨jur.⟩ *injunction,* ⟨mbt. handel ook⟩ *embargo* ◆ **2.1** een officieel ~ *an official b.* **3.1** een ~ uitvaardigen *impose/declare a b.*

verboden 0.1 *forbidden, banned* ⇒⟨schr.⟩ *prohibited* ◆ **1.1** tot ~ gebied verklaard *area declare/put out of bounds;* ~ wapenbezit *illegal possession of arms.*

verbodsbepaling 0.1 *prohibition* ⇒*prohibitory clause.*

verbolgen 0.1 *enraged (by/at)* ⇒*incensed (by/at about).*

verbond 0.1 [verdrag] *treaty* ⇒*pact* **0.2** [vereniging] *union* **0.3** [vereniging van politieke machten] *alliance* ⇒*union, league* ◆ **3.1** een ~ sluiten/aangaan met *make/enter into a t./pact with* **3.3** een ~ sluiten/aangaan met *form/strike an a. with, ally o.s. to.*

verbonden 0.1 [verplicht] *committed* ⇒*bound* **0.2** [verenigd] *allied* ⇒*joined (together)* **0.3** [met verband omzwachteld] *bandaged* ⇒*dressed* **0.4** [gebonden] *joined (to), united (with)* ⇒*bound/wedded (to)* ⟨bv. aan beroep⟩ ◆ **1.2** de ~ mogendheden *the a. powers* **5.¶** ⟨com.⟩ verkeerd ~ *wrong number/connection* **6.4** zich **met** iem.~ voelen *feel a bond with s.o.*

verbondenheid 0.1 *solidarity (with)* ⇒*alliance (with)* ◆ **1.1** een gevoel van ~ *a feeling of s.*

verborgen 0.1 [verscholen] *hidden* ⇒*concealed* **0.2** [niet openlijk/algemeen bekend] *hidden* ⇒*secret* ◆ **1.1** een ~ camera *a concealed camera;* ~ werkloosheid *lurking unemployment* **7.1** in het ~(e) *in secret, secretly, covertly.*

verbouw 0.1 [het telen] *cultivation* **0.2** [het veranderen v.e. bouwwerk] *alteration* ⇒⟨renoveren⟩ *renovation* ◆ **6.1** de ~ **van** suikerriet *the c. of sugarcane.*

verbouwen 0.1 [kweken] *cultivate* ⇒*grow* **0.2** [anders bouwen] *alter* ⇒*renovate* ◆ **3.2** zijn huis laten ~ *have one's house renovated/converted.*

verbouwer 0.1 *cultivator* ⇒*grower.*

verbouwereerd 0.1 *bewildered.*

verbouwing 0.1 *alteration* ⇒*renovation* ◆ **3.1** de ~ heeft kapitalen gekost *the alterations/renovations have cost a fortune* **6.1** gesloten **wegens** ~ *closed for repairs/alterations.*

verbranden I ⟨ov.ww.⟩ **0.1** [door branden vernietigen] *burn (down)* ⇒*incinerate* **0.2** [verwonden] *burn* ⇒*scald* ⟨hete vloeistof⟩ **0.3** [mbt. huid] *burn* **0.4** [door bijtende stoffen bederven] *burn* ◆ **1.3** zijn gezicht is door de zon verbrand *his face has been burnt by the sun/is sunburnt;* **II** ⟨onov.ww.⟩ **0.1** [door vuur verteerd worden] *burn down/up* **0.2** [aanbranden] *burn* ⇒*scorch* ⟨oppervlakte⟩ **0.3** [mbt. de huid] *burn* ◆ **1.2** het vlees staat te ~ *the meat is burning* **5.1** hij is bij dat ongeluk levend verbrand *he was burnt alive in that accident.*

verbranding 0.1 [vernietiging door vuur] *burning* ⇒*incineration* **0.2** [verwonding, beschadiging] *burn* ⇒*scald* ⟨door vloeistof⟩ **0.3** [schei.] *combustion* ◆ **2.2** ze is met derdegraads ~en opgenomen in een ziekenhuis *she has been taken to hospital with third-degree burns.*

verbrandingsmotor 0.1 *(internal) combustion engine.*

verbrandingsoven 0.1 *incinerator* ⇒*combustion furnace.*

verbrandingsproduct 0.1 *combustion product.*

verbrassen 0.1 *squander, dissipate.*

verbreden I ⟨ov.ww.⟩ **0.1** [breder maken]⟨ook fig.⟩ *broaden* ⇒*widen* ◆ **1.1** die boeken hebben mijn visie verbreed *those books have broadened my view;* **II** ⟨wk.ww.;zich ~⟩ **0.1** [breder worden] *broaden (out)* ◆ **1.1** de weg verbreedt zich daar *the road broadens (out) there.*

verbreid 0.1 *widespread* ⇒*popular* ◆ **1.1** algemeen ~e denkbeelden *w./popular ideas.*

verbreiden I ⟨ov.ww.⟩ **0.1** [bekendmaken] *spread* ⇒*circulate* ◆ **1.1** een gerucht ~ *s./circulate a rumour;* **II** ⟨wk.ww.;zich ~⟩ **0.1** [bekend worden] *spread* ⇒*get (a)round/about* ⟨gerucht⟩ ◆ **4.1** het nieuwtje verbreidde zich razendsnel *the news spread like wildfire.*

verbreiding 0.1 [handeling] *spread(ing)* ⇒*propagation* **0.2** [toestand] *spread* ⇒*diffusion* ◆ **2.2** de algemene ~ van deze denkbeelden *the generalization of these ideas.*

verbreken 0.1 [stukbreken] *break (up)* **0.2** [afbreken] *break (off)* ⇒*sever* **0.3** [schenden] *break* ⇒*violate* ◆ **1.1** een zegel ~ *break a seal* **1.2** een relatie ~ *break off a relation.*

verbreking 0.1 *breaking* ⇒⟨wet.⟩ *rupture,* ⟨fig.⟩ *severance,* ⟨fig.⟩ *interruption.*

verbrijzelen 0.1 *shatter* ⇒*crush* ◆ **1.1** zijn been werd door de klap verbrijzeld *his leg was shattered/crushed by the blow.*

verbroederen I ⟨onov., ov.ww.⟩ **0.1** [verzoenen] *reconcile* ⇒

bring together ◆ **3.1** een gemeenschappelijk belang werkt ~d *a common interest can bring people closer/together;* **II** ⟨onov.ww.⟩ **0.1** [goede vrienden worden] *fraternize (with);* **III** ⟨wk.ww.;zich ~⟩ ◆ **4.¶** zich met elkaar ~ *fraternize.*

verbroedering 0.1 *fraternization.*

verbrokkelen 0.1 *crumble* ⟨ook fig.⟩ ◆ **1.1** ⟨fig.⟩ de aandacht ~ *disperse attention.*

verbruien 0.1 *bungle* ⇒⟨inf.⟩ *botch (up)* ◆ **4.1** hij heeft het bij mij verbruid *I wash my hands of him now.*

verbruik 0.1 *consumption* ◆ **1.1** het afnemend ~ van aardgas *the diminishing c. of natural gas.*

verbruiken 0.1 [opmaken, verteren] *consume* ⇒*use up* **0.2** [verspillen] *waste* ◆ **1.1** deze auto verbruikt te veel benzine *this car uses up too much fuel.*

verbruiker 0.1 *consumer* ⇒*user.*

verbruiksbelasting 0.1 *consumer tax.*

verbruiksgoederen 0.1 *consumable/non-durable goods/items* ⇒*consumables, non-durables.*

verbruikskrediet 0.1 *consumer credit.*

verbuigen 0.1 [ombuigen] *bend* ⇒⟨vervormen ook⟩ *twist* **0.2** [taal.] *inflect* ⇒*conjugate* ⟨werkwoord⟩, *decline* ⟨(voor)naamwoord⟩.

verbuiging 0.1 [taal.;declinatie] *declension* **0.2** [het buigen] *bending.*

verburgerlijken I ⟨onov.ww.⟩ **0.1** [burgerlijk worden] *become (a)/turn bourgeois* ⇒*become middle-class;* **II** ⟨ov.ww.⟩ **0.1** [burgerlijk maken] *make bourgeois/middle-class.*

verchromen 0.1 *chrome* ◆ **1.1** een stoel met verchroomde poten *a chair with chrome legs.*

vercommercialiseren ⟨pej.⟩ **I** ⟨onov.ww.⟩ **0.1** [commercieel worden] *become commercialized;* **II** ⟨ov.ww.⟩ **0.1** [commercieel maken] *commercialize.*

vercommercialisering ⟨pej.⟩ **0.1** *commercialization.*

verdacht I ⟨bn.⟩ **0.1** [onder verdenking staand] *suspected* **0.2** [verdenking wekkend] *suspicious* ⇒*questionable* **0.3** [voorbereid op] *prepared for* ◆ **1.2** een ~e plaats ⟨lit.⟩ *an apocryphal passage;* een ~ zaakje *a questionable/shady business* **3.1** iem. ~ maken *discredit/smear s.o.;* **II** ⟨bw.⟩ **0.1** [op verdenking wekkende wijze] *suspiciously* ◆ **3.1** dat lijkt ~ veel op ... *that looks s. like ...*

verdachte 0.1 *suspect.*

verdachtenbank 0.1 *dock* ⇒*witness* [B]*box/*[A]*stand.*

verdachtmaking 0.1 *imputation* ⇒⟨bedekte toespeling⟩ *insinuation, slur.*

verdagen 0.1 *adjourn* ◆ **1.1** een zitting ~ *a. a session.*

verdaging 0.1 *postponement* ⇒⟨mbt. iets wat al begonnen is⟩ *adjournment.*

verdampen 0.1 *evaporate* ⇒*vaporize.*

verdamping 0.1 *evaporation* ⇒*vaporization.*

verdedigbaar 0.1 [houdbaar] *defensible* ⇒*tenable* **0.2** [te rechtvaardigen] *defensible* ⇒*justifiable, valid* ◆ **1.1** een goed verdedigbare vesting *a well/highly d./tenable fortress* **1.2** een zeer verdedigbare opvatting *a very valid/justifiable point of view.*

verdedigen 0.1 [de aanval trachten af te weren] *defend* **0.2** [pleiten voor] *defend, support* **0.3** [de juistheid aantonen, rechtvaardigen] *defend* ⇒*maintain* ◆ **1.1** een ~de houding aannemen *be on the defensive* **1.2** zijn belangen ~ *stand up for/d. one's interests* **1.3** een proefschrift ~ *d. a thesis* **4.2** zich ~ *d./justify o.s.*

verdediger, -ster 0.1 [beschermer, voorstander] *defender* ⇒*advocate* **0.2** [advocaat] *counsel (for the defence)* ⇒*defender* **0.3** [sport] *defender* ⇒*back* ◆ **2.3** centrale ~ *central d.;* vrije ~ *libero.*

verdediging 0.1 [het verdedigen/pleiten, betoog] *defence* **0.2** [advocaat] *counsel (for the defence)* ⇒*defence* **0.3** [sport; achterhoede] *defence* ♦ **1.1** iets in staat van ~ brengen *put sth. in a state of d./on the defensive* **6.1** ⟨sport⟩ **in** de ~ gaan *go on the defensive;* iets **tot** iemands ~ aanvoeren *urge sth. in s.o.'s d./favour.*

verdedigingslinie 0.1 *line of defence.*

verdedigingsmiddel 0.1 *(means of) defence.*

verdedigingswapen 0.1 *defensive weapon* ♦ **8.1** laserstralen als ~ tegen raketten *laser beams as a defence against missiles.*

verdedigingswerken 0.1 *defences.*

verdeeld I ⟨bn.⟩ **0.1** [niet eensgezind] *divided* **0.2** [hand.] *mixed* ⇒*irregular* ♦ **1.1** hierover zijn de meningen ~ *opinions are d. on this (problem/issue/question);* **II** ⟨bw.⟩ **0.1** [verschillend] *differently* ♦ **2.1** het is ongelijk ~ in de wereld *inequality rules/governs the world.*

verdeeldheid 0.1 *discord* ⇒*dissension* ♦ **3.1** er heerst~ binnen de partij *the party is divided among/against itself;* ~ zaaien *spread discord.*

verdeeldoos 0.1 *junction box.*

verdeelkop →*verdeler.*

verdeelsleutel 0.1 *distribution/distributive code.*

verdekt 0.1 [verborgen] *concealed* ⇒ *hidden* **0.2** [onzichtbaar] *invisible* ⇒*hidden* ♦ **3.1** zich ~ opstellen *conceal o.s., take cover.*

verdelen I ⟨ov.ww.⟩ **0.1** [splitsen] *divide* ⟨ook fig.⟩ ⇒*split (up)* **0.2** [in delen afmeten] *divide (up)* **0.3** [uitdelen] *divide (up)* ⇒*distribute* **0.4** [evenwichtig spreiden] *spread* ♦ **1.3** de buit ~ *divide the loot (up)* **1.4** de taken ~ *allocate/ share (out) the tasks* **6.4** het werk **over** een paar jaar ~ *s. the work over a few years;* de kosten ~ **over** *distribute/s. the costs among* ¶**.1** verdeel en heers *d. and rule;* **II** ⟨wk.ww.; zich ~⟩ **0.1** [splitsen] *divide* ⇒*split (up)* ♦ **6.1** de rivier verdeelt zich hier **in** twee takken *the river divides/forks here.*

verdeler ⟨tech.⟩ **0.1** *distributor.*

verdelgen 0.1 *exterminate* ⇒*eradicate* ⟨ook fig.⟩ ♦ **1.1** ratten ~ *exterminate rats.*

verdelging 0.1 *extermination* ⇒*destruction.*

verdelgingsmiddel 0.1 ⟨tegen schadelijke dieren⟩ *pesticide;* ⟨tegen insecten⟩ *insecticide;* ⟨tegen onkruid⟩ *weedkiller, herbicide.*

verdeling 0.1 [opsplitsing] *division* **0.2** [uitdeling] *distribution* **0.3** [resultaat, mbt. een maat/schaal] *partition* ⇒*unit* ♦ **2.1** hoofdelijke ~ ±*apportionment.*

verdenken 0.1 *suspect (of)* ♦ **5.1** ik verdenk hem ervan dat hij het expres deed *I s. him of having done it on purpose;* zij wordt ervan verdacht, dat ... *she is under the suspicion of* ... **6.1** iem. **van** diefstal ~ *suspect s.o. of theft.*

verdenking 0.1 *suspicion* ♦ **3.1** de ~ op zich laden *incriminate o.s.* **6.1** iem. in hechtenis nemen **op** ~ **van** moord *arrest s.o. on s. of murder.*

verder I ⟨bn.⟩ **0.1** [wat rest(te) van] *(the) rest of* **0.2** [nader] *further* ⇒*subsequent* **0.3** [overig] *further* ⇒*(the) rest of* ♦ **1.3** de ~ details zal ik je besparen *I'll spare you the rest of the/the other details;* **II** ⟨bw.⟩ **0.1** [vergrotende trap van ver] *farther, further* **0.2** [vervolgens] *further* **0.3** [voorts] *further* ⇒*furthermore, in addition, moreover, besides* **0.4** [overigens] *for the rest* ⇒*apart from that* **0.5** [mbt. het voortzetten v.d. handeling] *further, farther* ♦ **1.1** twee regels ~ *two lines farther/(further) down* **3.2** hoe ging het ~? *how did it go on?* **3.3** ~ verklaarde zij ... *she went on/proceeded to say* ... **3.4** is er ~ nog iets? *anything else?* **3.5** we gaan ~ *let's*

go on/continue; ~ lezen/spelen *go on/continue reading/ playing, read/play on.*

verderf 0.1 *ruin* ⇒*destruction* ♦ **6.1** iem. **in** het ~ storten *ruin/bring r. upon/be the r. of s.o.*

verderfelijk 0.1 *pernicious* ♦ **1.1** ~e invloeden *baneful influences;* ~e lectuur *unwholesome reading (matter).*

verderop 0.1 *further/farther on(wards)/down/up* ♦ **1.1** zij woont vier huizen ~ *she lives four houses (further) down* **6.1** ~ **in** de straat *down/up the street.*

verderven 0.1 [totaal bederven] *deprave* ⇒*corrupt* **0.2** [te gronde richten] *ruin* ⇒*be the ruin of.*

verdicht 0.1 *fictitious* ♦ **1.1** een ~ verhaal *a f. story, fiction.*

verdichten I ⟨ov.ww.⟩ **0.1** [nat., schei.] *condense* ⇒*compress (into)* **0.2** [lit.] *invent* ⇒⟨leugens ook⟩ *fabricate;* **II** ⟨onov.ww., wk.ww.; zich ~⟩ **0.1** [nat., schei.] *condense* ⇒ *be condensed* ♦ **6.1** de dampen ~ zich **tot** fijne druppels *the vapours c. to tiny drops.*

verdichting 0.1 [nat., schei.] *condensation* **0.2** [fig.] *condensing* **0.3** [het bedenken] *inventing* **0.4** →**verdichtsel** ♦ **6.2** ~ **van** betekenis *narrowing-down of meaning.*

verdichtsel 0.1 *invention* ⇒⟨vaak pej.⟩ *fabrication,* ⟨vaak pej.⟩ *figment (of the imagination).*

verdiend I ⟨bn.⟩ **0.1** [terecht ontvangen] *deserved* ♦ **5.1** volkomen ~ *richly d.;* **II** ⟨bw.⟩ **0.1** [terecht] *deservedly* ♦ **1.1** de thuisclub won ~ *met 3-1 the home team won d. by 3 to 1.*

verdienen I ⟨ov.ww.⟩ **0.1** [in geld verwerven] *earn* ⇒*make, be paid* **0.2** [waard zijn] *deserve* ⇒*merit* ♦ **1.1** een goed salaris ~ *e. a good salary* **1.2** dat voorbeeld verdient geen navolging *that example ought not to be followed* **5.1** zuur verdiend *hard-earned/-won* **6.1** daar is niets **aan** te ~ *there is no money in that;* er iets **aan/mee** ~ *make sth. on it, gain sth. by it;* **II** ⟨onov.ww.⟩ **0.1** [salaris ontvangen] *earn* ⇒*make money* **0.2** [salaris opleveren] *pay* ♦ **5.1** zij verdient uitstekend *she is making a lot of money* **5.2** dat baantje verdient slecht *that job does not pay well.*

verdienste 0.1 [loon]⟨loon⟩ *wages, pay, earnings,* ⟨salaris⟩ *salary;* ⟨winst⟩ *profit, gain* **0.2** [verdienstelijkheid] *merit* ♦ **1.2** de ~ van dit boek *the m./virtue of this book* **6.1** zonder ~n zijn *be out of a job, earn no money* **6.2** een man **van** ~ *a man of (great) m.*

verdienstelijk 0.1 [erkentelijkheid verdienend] *deserving* ⇒*(praise)worthy* **0.2** [vrij goed] *reasonable* ⇒*fair* ♦ **1.2** een ~ schilder *a fairly good painter* **3.1** zich ~ maken *make o.s. useful.*

verdiepen I ⟨wk.ww.; zich ~⟩ **0.1** [zich overgeven aan] *go (deeply) into* ⇒*be absorbed/engrossed/wrapped up in* ♦ **6.1** ik zal mij niet **in** die materie ~ *I will not go (deeply) into that subject;* verdiept zijn **in** *be engrossed/absorbed in;* **II** ⟨ov.ww.⟩ **0.1** [dieper maken] *deepen* **0.2** [fig.] *deepen, broaden* ♦ **1.2** zijn kennis ~ *gain more in-depth knowledge.*

verdieping 0.1 [etage] *floor* ⇒*storey* **0.2** [het verdiepen] *deepening* **0.3** [het zich verdiepen] *going (deeply) into* **0.4** [perspectief naar achteren] *depth* ⇒*background* **0.5** [laag] *layer* ⇒*level* ♦ **6.1** een huis **met** drie/zes ~en *a three-/six-storeyed house;* **op** de eerste/tweede ~ *on the first/second f.,* ^**on** the second/third f.*

verdierlijken I ⟨ov.ww.⟩ **0.1** [tot dier maken] *brutalize* ⇒*animalize;* **II** ⟨onov.ww.⟩ **0.1** [tot dier worden] *get animalized/brutalized* ⇒*become a brute.*

verdikkeme 0.1 *blast!* ⇒*darn!*

verdikken I ⟨onov.ww., wk.ww.; zich ~⟩ **0.1** [dikker worden]

thicken ⇒*become thicker* ◆ **1.1** verdikte melk *condensed milk;*
II ⟨ov.ww.⟩ **0.1** [dikker maken] *thicken.*
verdikking 0.1 [plaats] *thickening* ⇒*bulge* **0.2** [het dikker worden] *thickening.*
verdisconteren 0.1 [incalculeren] *discount* ⇒*calculate* **0.2** [hand.] *discount, negotiate* ◆ **5.1** dat is erin verdisconteerd *that has already been calculated/taken into account.*
verdobbelen 0.1 [met dobbelen verliezen] *dice/gamble away* **0.2** [dobbelen om] *(throw) dice for* ◆ **1.2** we zullen de opbrengst ~ *we'll (throw) dice/toss for the proceeds.*
verdoemd 0.1 *damned* ◆ **7.1** de ~en the *d.*
verdoemen 0.1 [voor eeuwig veroordelen] *damn* ⇒*pronounce (s.o.'s) doom* **0.2** [vervloeken] *damn* ⇒*curse.*
verdoemenis 0.1 *damnation* ◆ **3.1** loop naar de ~ *go to blazes/hell.*
verdoen 0.1 [verspillen] *waste/fritter (away)* ⇒*squander* ◆ **1.1** ik zit hier mijn tijd te ~ *I am wasting my time here.*
verdoezelen I ⟨ov.ww.⟩ **0.1** [verbloemen] *blur* ⇒*disguise* ◆ **1.1** de ware toedracht ~ *gloss over/disguise the real facts;* **II** ⟨onov.ww.⟩ **0.1** [vervagen] *blur* ⇒*become blurred/vague* ◆ **1.1** de grenzen zijn verdoezeld *the boundaries have (become) blurred/indistinct.*
verdomboekje ⟨inf.⟩ ◆ **6.¶ in** het ~ staan (bij iem.) *be in s.o.'s black/bad books.*
verdomd¹ ⟨inf.⟩ **I** ⟨bn., bw.⟩ **0.1** [afschuwelijk] *(god)-damn(ed)* ◆ **1.1** die ~e sommen *those damn(ed)/*⟨BE ook⟩ *bloody sums* **2.1** dat is ~ handig *that is damn/awfully handy* **7.1** je hebt (wel) ~ veel lef *you do have a hell of a cheek;* **II** ⟨bw.⟩ **0.1** [als krachtige bevestiging] *(god)damn(ed)* ◆ **¶.¶** ~ als het niet waar is *I'll be damned/*⟨euf.⟩ *darned if it is not true.*
verdomd² ⟨tw.⟩⟨inf.⟩ **0.1** *damnation, damn* ⇒*(bloody) hell,* ⟨euf.⟩ *darn(ed), shit* ◆ **¶.1** ~ nog (a)an toe *blast!, damn/darn it!, shit!*
verdomhoekje ⟨inf.⟩ ◆ **6.¶ in** het ~ zitten (bij iem.) *be in s.o.'s black/bad books.*
verdomme ⟨inf.⟩ **0.1** [krachtterm] *damn(ed)* ⇒*goddamn(ed), dammit, hell, shit* **0.2** [versterking v.e. bewering] *damn/bloody well* ◆ **3.2** ik wil ~ dat je je mond houdt *for Christ's sake, shut up!; will you bloody well shut your mouth!*
verdommen ⟨inf.⟩ **0.1** [vertikken] *flatly refuse* ⇒*refuse point-blank* **0.2** [schelen] ⟨zie **¶.2**⟩ ◆ **4.1** dat verdom ik te enen male *I am damn well not going to do that, I am/I'll be damned if I do it* **¶.2** 't kan me niks ~ *I don't give a damn, I couldn't care less.*
verdommenis ⟨inf.⟩ **0.1** *damnation* ◆ **6.1** loop naar de ~ *go to hell/blazes, fuck off!;* iem./iets naar de ~ helpen *ruin s.o./sth.*
verdonkeremanen 0.1 *embezzle* ⟨geld⟩ ⇒*suppress, stifle.*
verdonkeren I ⟨onov.ww., ov.ww.⟩ **0.1** [donker(der) worden/maken] *darken* ⇒*cloud;* **II** ⟨wk.ww.; zich ~⟩ **0.1** [donker(der) worden/maken] *darken.*
verdoofd 0.1 *stunned, stupefied* ⇒*numb.*
verdord 0.1 *shriveled* ⇒⟨verwelkt⟩ *withered, parched* ⟨streek⟩, *arid* ⟨streek⟩, ⟨verschroeid⟩ *scorched* ◆ **1.1** ~e bladeren *withered leaves.*
verdorie ⟨inf.⟩ **0.1** *blast* ◆ **¶.1** dat is me ~ wat moois *bless my eyes, that doesn't look too good!*
verdorren 0.1 *shrivel (up)* ⇒*parch,* ⟨verschroeien⟩ *scorch,* ⟨verwelken⟩ *wither (up),* ⟨verwelken⟩ *wilt,* ⟨wet.⟩ *dehydrate* ◆ **1.1** deze rozen ~ ook vlug! *these roses do wilt fast!*
verdorven 0.1 *depraved* ⇒*perverted* ◆ **1.1** een ~ mens *a wicked person, a pervert.*

verdorvenheid 0.1 *depravation* ⇒*perversity.*
verdoven I ⟨ov.ww.⟩ **0.1** [bedwelmen] *stun, stupefy* ⇒*benumb* ⟨door kou; geest⟩ ◆ **1.1** ~de middelen ⟨genotmiddel⟩ *(narcotic) drugs, narcotic(s);* ⟨med.⟩ *anaesthetics, narcotic(s)* **5.1** de patiënt wordt plaatselijk verdoofd *the patient receives a local anaesthetic;* **II** ⟨onov.ww.⟩⟨fig.⟩ **0.1** [verflauwen] *fade* ⇒*die out.*
verdoving 0.1 [het verdoven] *anaesthesia* ⇒*anaesthetic* **0.2** [gevoelloosheid] *stupor* ⇒⟨door kou ook⟩ *numbness* **0.3** [narcotisch middel] *anaesthetic* ⇒*narcotic(s)* ◆ **1.2** een toestand van ~ *a stupor* **2.1** plaatselijke/algemene ~ *local/general anaesthesia/anaesthetic.*
verdovingsmiddel ⟨med.⟩ **0.1** *anaesthetic.*
verdraaglijk 0.1 *bearable* ⇒*tolerable.*
verdraagzaam 0.1 *tolerant* ◆ **6.1** ~ jegens elkaar zijn *be t. of each other.*
verdraagzaamheid 0.1 *tolerance.*
verdraaid¹ ⟨bn.⟩ **0.1** [vervelend] *darn(ed)* ⇒*doggone(d)* **0.2** [kapot gedraaid] *twisted* ⇒*wrenched* **0.3** [vals voorgesteld/toegepast] *distorted, twisted* ◆ **1.1** die ~e meiden *those blasted girls;* **II** ⟨bw.⟩ **0.1** [als krachtige bevestiging] *darn(ed)* ⇒*doggone(d)* ◆ **2.1** ~ aardig *darn nice.*
verdraaid² ⟨tw.⟩⟨inf.⟩ **0.1** *darn(ed), blast* ◆ **9.1** wel ~! *darned! I'll be damned!*
verdraaien I ⟨ov.ww.⟩ **0.1** [draaiend verplaatsen] *turn* **0.2** [stuk maken] *wrench* ⇒*twist* **0.3** [verkeerd voorstellen, weergeven] *distort* ⇒⟨woorden ook⟩ *twist* **0.4** [opzettelijk anders voordoen] *disguise* ◆ **1.2** zij verdraaide haar pols/knie *she twisted her wrist/knee* **1.3** de waarheid ~ *strain/d. the truth* **1.4** zijn stem ~ *d./mask one's voice;* **II** ⟨onov.ww.⟩ **0.1** [zich draaiend verplaatsen] *turn/move (round).*
verdraaiing 0.1 [het verdraaien] *turn(ing)/moving (round)* ⇒⟨om een as⟩ *rotation* **0.2** [verkeerde uitleg] *distortion* ⇒*twist* **0.3** [mbt. gewrichten] *twist* ⇒*wrench* ◆ **1.2** dat is een ~ v.d. feiten *that's a d. of the facts.*
verdrag 0.1 *treaty* ⇒*agreement,* ⟨tech.⟩ *compact* ◆ **1.1** het ~ van Rome *the Treaty of Rome* **3.1** een ~ sluiten *enter into/make a t.*
verdragen 0.1 [verduren] *bear* ⇒⟨bestand zijn tegen ook⟩ *endure, stand* **0.2** [velen, uithouden] *bear* ⇒*stand,* ⟨inf.⟩ *stand for,* ⟨inf.⟩ *put up with, take* **0.3** [gebruiken zonder er last van te hebben] *tolerate* ⇒*digest* **0.4** [versjouwen] *remove* ⇒*shift* ◆ **1.1** hij kan de gedachte niet ~, dat ... *he cannot bear/stand the idea that ...* **1.3** koolraap verdraag ik niet *kohlrabi does not agree with me* **6.2** zich ~ met *be compatible with* **7.2** ik kan veel ~, maar nu is 't genoeg *I can stand/take a lot, but enough is enough.*
verdragend 0.1 [met grote reikwijdte] *long-range* **0.2** [ver hoorbaar] *carrying* ⇒*penetrating* ◆ **1.2** een ~ geluid *a c./penetrating sound.*
verdragsorganisatie ◆ **2.¶** de Noord-Atlantische Verdragsorganisatie *the North Atlantic Treaty Organization.*
verdriet 0.1 *grief/*⟨veel⟩ *distress (at/over)* ⇒*sorrow (at), trouble* ◆ **3.1** iem. ~ doen/aandoen *distress s.o., give s.o. pain/sorrow;* ~ hebben *be in d., be distressed/troubled, grieve;* zijn ~ verdrinken *drown one's sorrows/g. in drink.*
verdrieten 0.1 [leed doen] *grieve* ⇒*sadden* **0.2** [vervelen] *vex* ⇒*annoy* ◆ **1.1** het verdriet me zeer, dat ... *it grieves/saddens me a lot that ...*
verdrietig 0.1 [verdriet hebbend] *sad* ⇒*grieved* **0.2** [van verdriet getuigend] *sad* ⇒*sorrowful* **0.3** [verdriet veroorzakend] *sad* ⇒*distressful, distressing, saddening* ◆ **1.3** een ~ bericht *a sad/distressing message* **3.1** ~ maken *sadden.*

verdrievoudigen 0.1 *triple, treble* ♦ **3.1** de winst is verdrievoudigd *(the) profit has tripled/trebled.*

verdrijven 0.1 [verjagen, doen verdwijnen] *drive/chase away* ⇒*dispel* **0.2** [doorbrengen] *w(h)ile/pass away* ♦ **1.1** de pijn ~ *dispel/chase away the pain* **1.2** de tijd ~ *w(h)ile away/pass/kill the time.*

verdringen I ⟨ov.ww.⟩ **0.1** [wegdringen] *push away/aside* **0.2** [de plaats innemen van] *oust* **0.3** [naar de achtergrond verdrijven] *shut out* ⇒⟨psych. ook⟩ *repress* ⟨onbewust⟩*, suppress* ⟨bewust⟩ ♦ **1.2** een concurrent ~ *o. a competitor* **1.3** zijn problemen ~ *repress/suppress one's problems;*
II ⟨wk.ww.; zich ~⟩ **0.1** [elkaar van de plaats dringen] *crowd (round)* ♦ **6.1** de menigte verdrong zich **voor** de etalage *people crowded round the shopwindow.*

verdringing 0.1 *displacement* ⇒*elimination,* ⟨psych.⟩ *repression.*

verdrinken I ⟨onov.ww.⟩ **0.1** [in het water omkomen] *drown* ⟨ook fig.⟩ ♦ **6.1** ~ **in** de feiten *drown in/be drowned in/be swamped by the facts;*
II ⟨ov.ww.⟩ **0.1** [door drinken doen verdwijnen] *drink away* ⟨geld, bezit⟩*; drown* ⟨zorgen, verdriet enz.⟩ **0.2** [in het water doen omkomen] *drown* ♦ **4.2** zich ~ *drown o.s.*

verdrinkingsdood 0.1 *death by drowning.*

verdrogen I ⟨onov.ww.⟩ **0.1** [uitdrogen] *dry out/up* ⇒*dehydrate* **0.2** [door droogte tenietgaan] *shrivel (up)* ⇒*wither (away/up)* ♦ **1.1** dat brood is helemaal verdroogd *that loaf (of bread) has completely dried out;*
II ⟨ov.ww.⟩ **0.1** [doen uitdrogen] *dry (up/out)* ⇒*wither, shrivel.*

verdrukken 0.1 *oppress* ⇒*repress.*

verdrukking 0.1 [onderdrukking] *oppression* ⇒*repression* **0.2** [knel] ⟨zie 6.2⟩ ♦ **6.2 in** de ~ raken/komen ⟨fig.⟩ *get into hot water/a scrape/(tight) corner.*

verdubbelen 0.1 *double* ♦ **1.1** met verdubbelde energie *with twice the energy;* zijn inspanningen ~ *redouble one's efforts.*

verduidelijken 0.1 *explain* ⇒*make (more) clear, clarify* ♦ **1.1** zijn mening ~ *clarify one's opinion, make one's opinion clear*

verduidelijking 0.1 [het verduidelijken] *explanation* **0.2** [opheldering] *clarification* ♦ **6.1 ter** ~ *by way of illustration.*

verduisteren I ⟨ov.ww.⟩ **0.1** [donker maken] *darken* ⇒*dim,* ⟨ster.⟩ *eclipse,* ⟨ster.⟩ *occult* **0.2** [achteroverdrukken] *embezzle* ♦ **1.1** de zon ~ *blot out the sun* **1.2** gelden ~ *e. money, misappropriate funds;*
II ⟨onov.ww.⟩ **0.1** [duister worden] *darken* ⇒*grow/get/become dark* ♦ **1.1** de zon verduistert ⟨ster.⟩ *the sun eclipses/has eclipsed;* ⟨door wolken⟩ *the sun is obscured/hidden;*
III ⟨onov., ov.ww.⟩ **0.1** [alle lichtopeningen afsluiten] *black out.*

verduistering 0.1 [het donker maken] *darkening* **0.2** [ster.] *eclipse* ⇒⟨vnl. van planeet, door maan⟩ *occultation* **0.3** [mbt. goed, geld] *embezzlement* ⇒*misappropriation of funds* **0.4** [mbt. lichtwering] *blackout* ♦ **3.4** ~ aanbrengen *black out.*

verduiveld¹ I ⟨bn.⟩ **0.1** [vervloekt] *devilish* ♦ **1.1** een ~ lawaai *one hell/devil of a noise;*
II ⟨bw.⟩ **0.1** [uitermate] *devilishly* ⇒*damn(ed), awfully.*

verduiveld² ⟨tw.⟩ 0.1 *the devil* ⇒*darn(ed), blast* ♦ **9.1** wel ~! dat is een tegenvaller *that's a/one hell of a disappointment.*

verduizendvoudigen I ⟨ov.ww.⟩ **0.1** [duizendmaal zo groot maken] *multiply by a/one thousand* **0.2** [veel groter maken] *magnify;*
II ⟨onov.ww.⟩ **0.1** [duizendmaal zo groot worden] *increase a thousandfold* **0.2** [veel groter worden] *mushroom* ⇒*balloon.*

verdunnen I ⟨ov.ww.⟩ **0.1** [concentratie verlagen] *thin* ⇒ ⟨schr.; tech.⟩ *attenuate,* ⟨vloeistof ook⟩ *dilute* **0.2** [omvang verminderen] *thin (out)* ♦ **1.1** melk met water ~ *dilute milk with water,* water down milk; verdunde oplossing *dilute solution, dilution;*
II ⟨onov.ww.⟩ **0.1** [mbt. gas] *rarefy* ⇒*thin* **0.2** [slijten] *wear thin* ⇒*get thinner.*

verdunning 0.1 [het verdunnen] *thinning* ⇒*dilution* **0.2** [graad] *dilution* **0.3** [verdunde vloeistof] *dilution* ⇒*solution* ♦ **6.2** een ~ **van** een op tien *a d. of one part to ten.*

verdunningsmiddel, verdunner 0.1 ⟨viscositeitsverlager⟩ *thinner;* ⟨concentratieverlager⟩ *diluent.*

verduren 0.1 *bear* ⇒⟨bestand zijn tegen ook⟩ *endure, suffer* ♦ **3.1** heel wat moeten ~ *have to put up with/suffer a great deal;* het zwaar te ~ hebben ⟨kritiek krijgen⟩ *be at/on the receiving end of severe complaints, take a beating/some hard knocks;* ⟨in moeilijkheden⟩ *have a hard/rough time of it;* ⟨ontberen⟩ *suffer heavily/great hardships.*

verduurzamen 0.1 *preserve* ⇒*cure* ♦ **1.1** verduurzaamde levensmiddelen *preserved foods/food products;* ⟨fruit⟩ *preserves.*

verdwaald 0.1 *lost* ⇒⟨van dieren ook⟩ *stray* ♦ **1.1** een ~e kogel *a stray bullet* **3.1** ~ raken *lose one's/the way.*

verdwaasd 0.1 *foolish* ⇒⟨verdoofd⟩ *groggy* ♦ **3.1** ~ voor zich uit staren *look dazed/stare vacantly into space.*

verdwalen 0.1 *lose one's/the way* ⇒*get lost,* ⟨ook fig.⟩ *go astray.*

verdwazen 0.1 *turn/become (more) foolish.*

verdwazing 0.1 *foolishness, stupidity.*

verdwijnen 0.1 *disappear* ⇒⟨vlug, geheimzinnig⟩ *vanish,* ⟨langzaam⟩ *fade away* ♦ **1.1** een verdwenen boek *a missing/lost book;* mijn kiespijn is verdwenen *my toothache has worn off/disappeared* **5.1** geleidelijk ~ *fade out/away, melt away;* spoorloos ~ *go/vanish without (leaving) a trace,* d. /vanish/melt into thin air; stilletjes ~ *sneak/steal away* ¶**1** verdwijn! *get out of my sight!, buzz off!, get lost!*

verdwijning 0.1 *disappearance* ⟨ook pol.⟩ ⇒*vanishing.*

veredelen 0.1 *ennoble, elevate* ⟨persoon, geest⟩ ⇒*refine, improve* **0.2** [ec.] *finish (off)* ⇒*process* ♦ **1.1** metalen ~ *refine metals.*

veredeling 0.1 *refinement* ⇒⟨tech. ook⟩ *improvement, upgrading.*

veredelingsbedrijf 0.1 [ec.] *(company/business in the) finishing industry/trade.*

veredelingsproduct ⟨ec.⟩ **0.1** *finished/processed product.*

vereelt 0.1 [tot eelt geworden] *callous* ⇒⟨fig.⟩ *hard(ened)* ♦ **1.1** een ~ gemoed *a c. heart, a heart of stone.*

vereelten I ⟨onov.ww.⟩ **0.1** [een eeltlaag krijgen] *become/grow callous* ⇒⟨fig.⟩ *harden;*
II ⟨ov.ww.⟩ **0.1** [eeltig maken] *make callous* ⇒⟨fig.⟩ *harden.*

vereenvoudigen 0.1 *simplify* ♦ **1.1** de vereenvoudigde spelling *simplified spelling.*

vereenvoudiging 0.1 *simplification* ⇒*reduction* ⟨breuk⟩.

vereenzamen 0.1 *grow/become lonely.*

vereenzaming 0.1 *(social) isolation* ⇒*(enforced) loneliness.*

vereenzelvigen 0.1 *identify* ♦ **4.1** zij vereenzelvigde zich met de filmster *she identified herself with the filmstar* **6.1** iem. /iets ~ **met** *identify s.o. /sth. with.*

vereenzelviging - verfrommelen

vereenzelviging 0.1 *identification.*

vereerder, -ster 0.1 *worshipper* ⇒*admirer* ◆ **2.1** een groot ~ van Goethe *a great admirer/w. of Goethe.*

vereeuwigen 0.1 [eeuwig doen zijn] *perpetuate* ⟨toestand⟩; *immortalize* ⟨persoon⟩ **0.2** [uitbeelden] *immortalize* ◆ **3.2** ⟨scherts.⟩ zich laten ~ *have o.s. immortalized.*

vereffenen 0.1 [voldoen] *settle, square* **0.2** [schikken, bijleggen] *settle* ⇒*smooth out* ⟨verschillen⟩ ◆ **3.2** iets/een rekening met iem. te ~ hebben *have to settle an account/ to get even/to square one's account with s.o.*

vereffening 0.1 *settlement; payment.*

vereisen 0.1 *require* ⇒*demand* ◆ **1.1** ervaring vereist *experience required;* de omstandigheden ~ dat ... *circumstances r./demand that ...;* de vereiste zorg aan iets besteden *give the necessary care/attention to sth.*

vereiste 0.1 *requirement, requisite* ◆ **3.1** aan de ~n voldoen *meet/fulfil the requirements* **7.1** dat is een eerste ~ *that is a prerequisite/*⟨inf.⟩ *must.*

veren¹ ⟨bn.⟩ **0.1** *feather* ◆ **1.1** een ~ pen *a quill (pen).*

veren² ⟨onov.ww.⟩ **0.1** [veerkrachtig zijn] *be springy* **0.2** [zich bewegen als door een veer] *spring* ◆ **5.1** het veert niet meer *it has lost its spring/bounce* **5.2** overeind ~ *s. to one's feet.*

verend 0.1 *springy* ⇒*elastic* ◆ **1.1** een ~ matras *a s./ bouncy mattress.*

verengelsen I ⟨ov.ww.⟩ **0.1** [Engels maken] *anglicize;* **II** ⟨onov.ww.⟩ **0.1** [Engels worden] *anglicize* ⇒*become anglicized/English* ◆ **1.1** zijn Nederlands is verengelst *his Dutch has anglicized.*

verenigbaar 0.1 *compatible (with)* ⇒⟨niet strijdig ook⟩ *consistent (with)* ◆ **6.1** dat is niet ~ met zijn principes ⟨ook⟩ *that is incompatible/contrary to his principles.*

verenigd 0.1 *united* ⇒*allied,* ⟨fig.; pol. ook⟩ *unified* ◆ **1.1** Verenigde Naties *United Nations.*

Verenigde Arabische Emiraten 0.1 *United Arab Emirates.*

Verenigde Staten (van Amerika) 0.1 *United States (of America).*

Verenigd Koninkrijk 0.1 *United Kingdom.*

verenigen I ⟨onov.ww.⟩ **0.1** [samenkomen] *unite* ⇒*combine;* **II** ⟨ov.ww.⟩ **0.1** [samenvoegen] *unite (with)* ⇒*combine, join (to/with)* **0.2** [in overeenstemming brengen] *reconcile* **0.3** [doen samenkomen] *unite* ⇒*combine, join* ◆ **4.1** de arbeiders hebben zich in een vakbond verenigd *the workers have united/have joined forces in a union;* zich ~ in een organisatie *form an organisation* **4.2** zich niet (kunnen) ~ met iets/iem. *dissociate o.s. from sth./s.o., not (be able to) agree with/to sth./s.o.* **5.2** deze uitspraken zijn niet te ~ *these statements are irreconcilable/contradict each other* **6.1** het nuttige met het aangename ~ *mix/combine business with pleasure.*

vereniging 0.1 [club] *club, association, society* ⇒⟨voor speciale vakbelangen ook⟩ *union* **0.2** [samenvoeging] *union* ⇒ *association, combination* **0.3** [samenkomst, samenwerking] *association* ◆ **1.3** het recht van ~ en vergadering *the right of a. and assembly* **3.1** een ~ oprichten *found an association.*

verenigingsgebouw 0.1 *club(house), club building* ⇒*association's/society's building.*

verenigingsleven 0.1 *club life* ⇒*social life.*

verenigingswerk 0.1 *club work/activities* ⇒*work for the association/society.*

vereren 0.1 [aanbidden] *worship* ⇒*adore* **0.2** [de eer aandoen van] *honour (with)* ⇒*favour (with)* ◆ **6.2** iem. met een bezoek ~ *do s.o. the honour of visiting him/her.*

verergeren I ⟨ov.ww.⟩ **0.1** [erger maken] *worsen, make worse* ⇒*aggravate* ◆ **1.1** dat verergert de toestand nog *that makes things even worse/more complicated;* **II** ⟨onov.ww.⟩ **0.1** [erger worden] *worsen, become/grow worse* ⇒*deteriorate* ◆ **1.1** de toestand verergert *the situation is deteriorating/growing worse.*

verergering 0.1 *worsening* ⇒*aggravation, deterioration.*

verering 0.1 [het vereren] *worship* ⇒*veneration* **0.2** [rel.] *devotion* ⇒*cult* ◆ **1.2** de ~ van Maria *the d. to Maria, the Maria cult.*

vererven I ⟨onov.ww.⟩ **0.1** [bij erfenis overgaan] *pass/devolve (to)* ⇒*be inherited (by);* **II** ⟨ov.ww.⟩ **0.1** [door erfenis verkrijgen] *inherit* ◆ **1.1** een recht ~ *i. a privilege.*

vererving 0.1 *inheritance.*

vereuropesen 0.1 *become Europeanized* ◆ **3.1** doen ~ *Europeanize.*

verevening 0.1 [het verevenen] *settlement, payment* **0.2** [in evenwicht brengen van inkomsten en uitgaven] *balancing, equalization.*

verf 0.1 *paint* ⇒⟨voor stoffen⟩ *dye* ◆ **3.1** dat mag wel een ~je hebben *this is badly in need of (a coat/lick of) p.;* pas op voor de ~! *(watch out -) fresh/wet p.!* **6.1** het huis zit nog goed in de ~ *the paintwork (on the house) is still good* **6.¶** niet uit de ~ komen *not live up to its promise, not come into its own.*

verfbad 0.1 *dye bath.*

verfdoos 0.1 *paint box, (box of) paints.*

verffabriek 0.1 *paint factory.*

verfijnen 0.1 *refine* ◆ **1.1** zijn techniek ~ *r./polish (up) one's technique.*

verfijning 0.1 *refinement* ⇒⟨abstr. ook⟩ *sophistication.*

verfilmen 0.1 *film* ⇒*turn/make into a film* ◆ **1.1** een roman ~ *f. a novel, adapt a novel for the screen.*

verfilming 0.1 [het verfilmen] *filming* **0.2** [verfilmde versie] *film/screen version.*

verfkrabber 0.1 *scraper.*

verfkwast 0.1 *paintbrush.*

verflaag 0.1 *coat/layer of paint* ◆ **2.1** bovenste ~ *topcoat* **3.1** een ~ opbrengen *put on a coat/layer of paint.*

verflauwen 0.1 [flauw(er) worden] *fade* ⟨kleuren, licht, geluid e.d.⟩ ⇒⟨licht ook⟩ *dim* **0.2** [verminderen] *fade* ⇒ *weaken, flag, slacken* ◆ **1.2** de markten ~ *the markets are growing dull/slackening.*

verfoeien 0.1 *loathe, detest, abhor* ◆ **1.1** een verfoeid systeem *an abhorrent/a detestable system.*

verfoeilijk 0.1 *odious, ugly* ⇒*detestable* ◆ **1.1** een ~e misdaad *a detestable/unspeakable crime.*

verfomfaaien 0.1 *crumple (up), rumple* ◆ **3.1** er verfomfaaid uitzien *look dishevelled/bedraggled.*

verfpot 0.1 *paint pot.*

verfraaien 0.1 *embellish (with)* ⟨ook fig.⟩ ◆ **1.1** zijn stijl ~ *e. one's style.*

verfraaiing 0.1 *embellishment.*

verfransen 0.1 *gallicize* ⇒*frenchify* ◆ **5.1** hij is helemaal verfranst *he has/is completely frenchified.*

verfrissen 0.1 *refresh* ⇒*freshen up* ◆ **4.1** zich ~ ⟨iets gebruiken⟩ *take some refreshment, refresh o.s.;* ⟨zich wassen/verkleden⟩ *freshen up, refresh (o.s.).*

verfrissend 0.1 *refreshing* ⇒*invigorating.*

verfrissing 0.1 *refreshment* ◆ **3.1** enige ~en gebruiken *take/have some refreshments.*

verfrol(ler) 0.1 *paint roller.*

verfrommelen 0.1 *crumple/rumple (up)* ◆ **1.1** een stuk papier ~ *crumple up a piece of paper.*

verfspuit 0.1 *paint spray(er), spray gun.*

verfstof 0.1 *paint* ⇒⟨voor materiaal/stoffen⟩ *dye (base),* ⟨grondstof⟩ *pigment.*

verfverdunner 0.1 *thinner.*

verfwinkel 0.1 *paint shop.*

vergaan 0.1 [voorbijgaan] *fare* **0.2** [ophouden] *perish* ⇒ *pass away* **0.3** [verteren] *perish, decay* ⇒*rot* **0.4** [ten onder gaan] *perish* ⇒⟨fig.⟩ *be consumed with,* ⟨scheep. ook⟩ *be wrecked/lost,* ⟨scheep. ook⟩ *founder* ♦ **1.1** vergane glorie *lost/faded glory* **1.2** de lust vergaat mij *I have lost all inclination for it* **1.3** dat hout is ~ *that wood has rotted/ mouldered* **6.4** ⟨fig.⟩ ik verga van de kou *I am freezing to death;* ~ van (de) honger/dorst ⟨lett.⟩ *p. with/die of hunger/thirst;* ⟨fig.⟩ *be starving to death/dying of thirst* **¶.1** hoe is het jou ~? *how have you fared/been?* **¶.2** horen en zien vergaat je erbij *the noise is enough to waken the dead.*

vergaand 0.1 *far-reaching* ⇒*drastic* ♦ **1.1** ~e bezuinigingen *drastic cuts.*

vergaarbak 0.1 [reservoir] *receptacle* ⇒*repository* **0.2** [fig.] *reservoir, repository* ♦ **6.2** een ~ van meningen *a reservoir of opinions.*

vergaderen 0.1 [in vergadering bijeenkomen] *meet* ⇒*assemble, sit* ⟨officieel orgaan⟩ *be in session* ⟨officieel orgaan⟩ ♦ **1.1** hij heeft al de hele ochtend vergaderd *he has been in conference all morning;* de raad vergaderde twee uur lang *the council sat for two hours.*

vergadering 0.1 *meeting* ⇒*assembly* ♦ **1.1** recht van ~ *right of assembly;* het verslag v.e. ~ *the minutes of a m.* **2.1** gewone/algemene ~ *general m./assembly;* Nationale ~ *National Assembly* **3.1** een ~ bijeenroepen/beleggen/uitschrijven/vaststellen *call/arrange/convene/book a m.;* een ~ bijwonen/houden/schorsen *attend/hold/adjourn a m.;* de ~ ging uiteen *the m. broke up;* de ~ sluiten/voor gesloten verklaren *close/conclude the m./proceedings;* een ~ voorzitten/leiden *chair a m., preside at/over a m.* **6.1 in** ~ bijeen zijn *be in session;* **op/tijdens** de ~ *at/during the m.*

vergaderzaal 0.1 *meeting hall* ⇒*assembly/conference room.*

vergallen 0.1 *spoil, mar* ♦ **1.1** iem. het leven ~ *spoil s.o.'s life, make life bitter for s.o.;* iemands plezier ~ *s./mar s.o.'s pleasure.*

vergalopperen ⟨wk.ww.; zich⟩⟨fig.⟩ **0.1** ⟨overijld handelen⟩ *overplay one's hand (in), overreach o.s. (in/with regard to);* ⟨blunder begaan⟩ *put one's foot in it/one's mouth.*

vergankelijk 0.1 *transitory, transient* ⇒*fleeting* ⟨leven, schoonheid, roem enz.⟩, *mortal* ⟨mens⟩ ♦ **3.1** roem is ~ *fame is transitory/short-lived/fleeting;* de mens is ~ *man is mortal.*

vergankelijkheid 0.1 *transitoriness* ⇒⟨sterfelijkheid⟩ *mortality.*

vergapen ⟨wk.ww.; zich -⟩ **0.1** *gaze/gape at* ♦ **6.1** zich ~ **aan** een motor *gape (in admiration) at a motorbike.*

vergaren 0.1 *gather* ♦ **1.1** gegevens ~ *g./collect/compile data;* rijkdom/een fortuin ~ *amass/accumulate wealth/a fortune;* wijsheid ~ *store up/g./amass wisdom.*

vergassen I ⟨onov.ww.⟩ **0.1** [tot gas worden] *gasify;* **II** ⟨ov.ww.⟩ **0.1** [met gas doden] *gas* **0.2** [in gas omzetten] *gasify* ♦ **1.2** kolen ~ *g./vaporize coal.*

vergassing 0.1 [mbt. stoffen] *gasification* **0.2** [mbt. mensen] *gassing.*

vergasten ⟨vaak iron.⟩ **0.1** *regale (with/on), treat (to)* ♦ **6.1** iem. op een fijn diner ~ *wine and dine s.o.*

vergeeflijk 0.1 *forgivable.*

vergeefs I ⟨bw.⟩ **0.1** [tevergeefs] *in vain* ♦ **3.1** ~ zoeken *look in vain;* **II** ⟨bn.⟩ **0.1** [vruchteloos] *vain* ⇒*futile,* ⟨pred. ook⟩ *in vain* ♦ **1.1** een ~e reis *a futile/useless journey.*

vergeetachtig 0.1 *forgetful.*

vergeetal 0.1 *forgetful person* ♦ **3.1** hij is zo'n ~ ⟨ook⟩ *he's got a memory like a sieve.*

vergeetboek ♦ **6.¶ in** het ~ raken *sink/fall into oblivion;* **in** het ~ geraakt zijn ⟨ook⟩ *be completely forgotten.*

vergeet-mij-niet 0.1 *forget-me-not.*

vergelden 0.1 *repay* ⇒⟨belonen⟩ *reward,* ⟨wraak nemen⟩ *take revenge on* ♦ **3.1** ik zal het moeten ~ ⟨boeten⟩ *I'll have to pay for this;* ⟨vergoeden⟩ *I'll have to reward this* **6.1** kwaad **met** kwaad ~ *pay back/repay evil with evil;* kwaad **met** goed ~ *return/render good for evil.*

vergelding 0.1 *repayment* ⇒⟨beloning⟩ *reward,* ⟨uit wraak⟩ *revenge,* ⟨oog om oog⟩ *retaliation* ♦ **6.1 ter** ~ werden krijgsgevangenen doodgeschoten *prisoners of war were shot in retaliation/reprisal.*

vergeldingsactie 0.1 *reprisal (attack/raid).*

vergeldingsmaatregel 0.1 *reprisal* ♦ **8.1** als ~ besloten zij …*in retaliation/as a reprisal they decided to …*

vergelen 0.1 *yellow* ⇒*go/turn yellow.*

vergelijk 0.1 [overeenkomst] *agreement* ⇒*settlement* **0.2** [jur.] *settlement* ⇒*compromise* ♦ **3.1** tot een ~ komen *come to terms (with), compromise, come to/reach an a.* **3.2** een ~ treffen/sluiten met zijn schuldeisers *reach a s. with one's creditors.*

vergelijkbaar 0.1 *comparable* ♦ **1.1** meelsoorten en vergelijkbare producten *types of flour and similar products* **3.1** ~ zijn met *be c. to.*

vergelijken 0.1 *compare;* ⟨nadruk op onderlinge verschillen⟩ *compare with sth.;* ⟨nadruk op overeenkomst⟩ *compare to sth.* ♦ **1.1** vergelijk artikel 12, tweede lid *see/cf. article 12, subsection two* **3.1** het laat zich ~ met *it may/can be compared to* **6.1** dit is niets vergeleken bij de hoofdstad *this is nothing compared to the capital;* een goed actuur zijn vergeleken **bij** anderen *a good actor as actors go/ compared with the rest;* een vertaling **met** het oorspronkelijk ~ *compare a translation with the original;* niet te ~ zijn **met** *be/bear no comparison with, not be comparable to;* vergeleken **met** vroeger is er veel veranderd *compared with the past a lot has changed.*

vergelijkend 0.1 *comparative* ♦ **1.1** ⟨taal.⟩ de ~e trap *the c. (degree).*

vergelijkenderwijs 0.1 *comparatively* ⇒*in/by comparison.*

vergelijking 0.1 [het vergelijken] *comparison* **0.2** [opsomming v.d. overeenkomsten en verschillen] *comparison* ⇒ ⟨overeenkomsten⟩ *analogy* **0.3** [lit.] *comparison* ⇒*simile* **0.4** [wisk.] *equation* **0.5** [schei.] *(chemical) equation* ♦ **1.1** ⟨taal.⟩ de trappen van ~ *the degrees of c.* **1.4** ~ v.d. eerste/tweede/derde graad *linear/quadratic/cubic e.* **2.1** een treffende ~ *a striking c.* **2.3** een homerische ~ *a Homeric simile* **3.1** de ~ doorstaan *stand/bear c.* **3.2** een ~ maken/trekken *make/draw a c., draw an analogy/a parallel* **6.1 bij** ~ blijkt het verschil niet groot te zijn *on c. there appears to be hardly any difference;* **in** ~ met *in/by c. with;* **ter** ~ *by way of c., for c.*

vergelijkingsmateriaal 0.1 *reference material, material for comparison* ♦ **8.1** met onbehandelde olie als ~ *with untreated oil as a reference.*

vergemakkelijken 0.1 *simplify* ⇒*facilitate* ♦ **1.1** dat dient om het leven te ~ *that serves to make life easier.*

vergemakkelijking 0.1 *simplification* ⇒*facilitation* ◆ 6.1 **ter** ~ *for simplicity's sake, to simplify matters/things.*

vergen 0.1 *demand* ⇒*require.* ⟨belasten⟩ *tax* ◆ 1.1 het uiterste ~ van *strain/tax/try s.o./sth. to the limit/utmost* 6.1 te veel **van** zijn krachten ~ *overtax o.s., overdo it/things;* veel **van** iemands geduld ~ *try s.o.'s patience;* ze kunnen niet **van** haar ~ dat zij dat doet *it's asking too much of her/ she can't be expected to do that.*

vergenoegd 0.1 *content* ⇒⟨voldaan⟩ *contented,* ⟨opgeruimd⟩ *pleased,* ⟨opgeruimd⟩ *cheerful* ◆ 3.1 ~ lachen *laugh happily;* er ~ uitzien *look content/cheerful/ pleased.*

vergenoegen 0.1 *content* ⇒*satisfy, please* ◆ 4.1 zich ~ met *content o.s. with sth.*

vergetelheid 0.1 *oblivion* ⇒⟨mbt. schrijvers e.d.⟩ *obscurity* ◆ 3.1 ~ zoeken in de alcohol *seek oblivion in alcohol* 6.1 **aan** de ~ prijsgeven *relegate to oblivion;* **aan** de ~ ontrukken *rescue/save from oblivion/obscurity;* **in** de ~ geraken *be forgotten, fall/sink into oblivion.*

vergeten[1] ⟨bn.⟩ 0.1 *forgotten* ⇒⟨geen aandacht krijgen⟩ *neglected* ◆ 1.1 ~ minderheid *neglected minority;* ~ schrijvers *f./obscure writers.*

vergeten[2] **I** ⟨ov.ww.⟩ 0.1 [niet meer kennen/weten] *forget* ⇒ *slip one's mind* 0.2 [verzuimen te doen/noemen] *forget* ⇒ *overlook* 0.3 [van zich afzetten] *forget* ⇒*put out of one's mind* 0.4 [laten liggen] *forget* ⇒*leave behind* ◆ 1.2 ze waren zijn naam op de lijst ~ *they had forgotten to put his name on the list* 1.3 zijn zorgen ~ *f. one's worries* 3.1 hoe kunnen we hen dit ooit doen ~? *how can we ever make up to them for this?;* alles is ~ en vergeven *everything is forgiven and forgotten, (there are) no hard feelings* 3.3 iem. kunnen ~ *get over s.o.* 4.2 o ja, vóór ik het vergeet ... *ah yes, before I f.* ... 4.3 ⟨fig.⟩ vergeet het maar! *f. it!, no way!, don't even think about it!* 5.1 glad ~ *clean forgot(ten);* niet ~ *don't f.;* dat is om nooit te ~! *that is unforgettable!* 5.2 niet te ~ *not forgetting/omitting;* ⟨bij lijst⟩ *last but not least;* men moet niet ~ dat *it mustn't be forgotten that, it should be remembered that* ¶.1 dat kun je wel ~ *you can kiss that goodbye!, you can put that right out of your head;* **II** ⟨wk.ww.; zich ~⟩ 0.1 [buiten zichzelf raken] *forget o.s.*

vergeven 0.1 [kwijtschelden] *forgive* ⇒⟨ook jur.⟩ *pardon,* ⟨door priester⟩ *absolve* 0.2 [vergiftigen] *poison* 0.3 [uitdelen] *give (away)* ◆ 1.3 er zijn nog twee banen te ~ *there are still two jobs open* 3.3 zij heeft zes vrijkaartjes te ~ *she has six free tickets to g. away* 4.1 ik kan mezelf nooit ~, dat ik ... *I can never f. myself for (...ing);* vergeef mij! *f./ pardon me* 4.2 zich ~ *poison o.s.* 6.2 ⟨fig.⟩ **van** iets ~ zijn *be infested with;* ⟨fig.⟩ het huis is ~ **van** de stank *the house is pervaded by the stench;* ~ **van** de luizen *lice-ridden, crawling with lice.*

vergevensgezind 0.1 *forgiving* ⇒*lenient.*

vergeving 0.1 [kwijtschelding] *forgiveness* ⇒⟨ook jur.⟩ *pardon,* ⟨door priester⟩ *absolution* 0.2 [het weggeven] *giving away* ◆ 1.1 de ~ v.d. zonden *the f. of sins* 3.1 iem. ~ schenken *grant s.o. forgiveness;* iem. om ~ vragen (voor iets) *ask s.o.'s forgiveness (for sth.).*

vergevorderd 0.1 *(far) advanced* ◆ 1.1 op ~ e leeftijd *at an a./a ripe old age;* het werk is in een ~ stadium *the work is in an a. phase.*

vergewissen ⟨wk.ww.; zich ~⟩ ◆ 6.¶ zich **van** iets ~ *make certain/persuade o.s. of sth.* 8.¶ zich ervan ~ dat *ascertain/make certain/make sure that, persuade o.s. that.*

vergezellen 0.1 [begeleiden] *accompany* ⇒⟨volgelingen⟩ *attend ((up)on)* 0.2 [gelijk optreden met] *accompany* ◆ 6.1 iem. **op** (de) reis ~ *accompany s.o. on a journey;* vergezeld

van zijn hond *accompanied by his dog;* vergezeld **van** documenten *accompanied by documents.*

vergezicht 0.1 [panorama] *(panoramic/wide) view* ⇒*vista* 0.2 [schilderij] *view* ⇒⟨land/sea/city ⟨enz.⟩) *scape* ◆ 6.1 een ~ **op** de rivier *a wide view of the river.*

vergezocht 0.1 *far-fetched.*

vergiet 0.1 *colander* ⇒⟨vloeistoffen⟩ *strainer* ◆ 8.1 zo lek als een ~ *leak like a sieve;* hij heeft een geheugen als een ~ *he's got a memory like a sieve.*

vergieten 0.1 *shed* ⇒*spill* ◆ 1.1 tranen ~ *shed/weep tears.*

vergif, vergift 0.1 [gif] *poison* ⇒⟨mbt. dieren⟩ *venom* 0.2 [fig.] *poison* ◆ 2.1 dodelijk ~ *lethal/deadly p.* 3.1 ⟨fig.⟩ op de afloop daarvan kun je ~ nemen *you can bet your life on that;* een snel/langzaam werkend ~ *a quick/slow p.*

vergiffenis →**vergeving** 0.1.

vergiftenleer 0.1 *toxicology.*

vergiftig 0.1 *poisonous* ⇒⟨mbt. dieren⟩ *venomous* ◆ 1.1 ~ e paddestoelen *p. mushrooms* 5.1 niet ~ *non-poisonous.*

vergiftigen 0.1 *poison* ◆ 1.1 voedsel/pijlen ~ *p. food/arrows.*

vergiftiging 0.1 *poisoning* ◆ 6.1 hij stierf **door** ~ *he died of p.* ¶.1 ~ en *cases of p.*

vergiftigingsverschijnsel 0.1 *symptom of poisoning.*

vergissen ⟨wk.ww.; zich ~⟩ 0.1 *be mistaken/wrong* ⇒ *make a mistake* ◆ 5.1 daarin vergist u zich *that's where you're wrong;* zich lelijk ~ *be greatly mistaken, make a grave error;* vergis je niet *make no mistake;* als ik mij niet vergis *if I'm not wrong/mistaken* 6.1 zich **in** de persoon ~ *mistake s.o.;* zich **in** iem. ~ *be mistaken/wrong about s.o.* 8.1 als hij dat denkt, vergist hij zich *if he thinks that he'll have to think again* ¶.1 ⟨sprw.⟩ ~ is menselijk *to err is human.*

vergissing 0.1 *mistake* ⇒*error* ◆ 3.1 een ~ maken/herstellen *make/rectify/correct a mistake/an error* 6.1 iets **per** ~ doen *do sth. by mistake/inadvertently.*

vergoddelijken 0.1 *deify.*

vergoddelijking 0.1 *deification.*

vergoeden 0.1 [terugbetalen] *make good* ⇒*compensate for, refund, reimburse, (re)pay* 0.2 [als compensatie dienen voor] *compensate* ⇒*make up (for)* 0.3 [als loon geven voor] *pay* ◆ 1.1 onkosten ~ *pay expenses;* iem. gemaakte onkosten ~ *refund/repay s.o.'s expenses, reimburse s.o. (for) expenses;* iem. de schade ~ *compensate/pay s.o. for the damage, reimburse s.o. for the damage* 1.3 iem. de gewerkte uren ~ *pay s.o. for the hours worked* 7.2 dat vergoedt veel *that makes up for a lot.*

vergoeding 0.1 [schadeloosstelling] *compensation* ⇒*reimbursement* 0.2 [bedrag] *allowance* ⇒*fee, expenses* ⟨voor gemaakte onkosten/bewezen diensten⟩ 0.3 [hand.] *bonus* ◆ 2.2 tegen een geringe ~ *for a small fee* 3.1 ~ eisen *claim damages;* een ~ vragen voor *charge for.*

vergoelijken 0.1 *gloss/smooth over* ⇒⟨inf.; ook pol.⟩ *whitewash* ◆ 1.1 zijn tekortkomingen ~ *gloss over one's shortcomings.*

vergokken 0.1 *gamble away.*

vergooien I ⟨ov.ww.⟩ 0.1 [verloren doen gaan] *throw away* ⇒*waste* ◆ 1.1 zijn leven ~ *throw/fritter away one's life;* **II** ⟨wk.ww.; zich ~⟩ 0.1 [verkeerd gooien] *throw a bad ball.*

vergrendelen 0.1 *bolt* ⇒*(double) lock.*

vergrijp 0.1 *offence* ◆ 2.1 een licht/gering ~ *a minor o., a misdemeanour.*

vergrijpen ⟨wk.ww.; zich ~⟩ 0.1 *assault* ⇒⟨schenden⟩ *violate* ◆ 6.1 zich **aan** iem. ~ *a. s.o.*

vergrijzen 0.1 *age* ⇒*get old* ◆ 1.1 Nederland vergrijst *the population of Holland is ageing.*

vergrijzing 0.1 *ageing* ◆ **2.1** de toenemende ~ v.d. bevolking *the proportional increase of the ageing population.*
vergroeien 0.1 [aan elkaar groeien] *grow together* **0.2** [krom groeien] *grow crooked* ⇒(mbt. mensen ook) *grow/ become deformed* **0.3** [verdwijnen] *disappear* ◆ **6.1** (fig.) met zijn omgeving vergroeid zijn *have become fused/one/ blended in with one's environment.*
vergroeiing 0.1 [het aan elkaar groeien] *growing together* ⇒*fusion,* (med.) *adhesion* **0.2** [het krom groeien] *crooked growth* **0.3** [kromgegroeide plaats] *deformity* ◆ **1.2** ~ van de ruggengraat *curvature of the spine.*
vergrootglas 0.1 *magnifying glass* ◆ **6.1** (fig.) iets met een ~ bekijken *go over sth. with a fine-tooth comb;* (inf.; pej.) *nitpick at sth.*
vergroten I (ov.ww.) **0.1** [vermeerderen] *increase* **0.2** [groter maken] *enlarge* **0.3** [overdrijven] *exaggerate* ◆ **1.1** de kansen/risico's ~ *i. the chances/risks* **1.2** de kamer ~ *extend/enlarge the room;*
II (onov., ov.ww.) **0.1** [groter weergeven] *magnify* ⇒*enlarge,* (zeer sterk vergroten van foto's; ook fig.) *blow up* ◆ **1.1** foto's ~ *enlarge/blow up photos;* deze microscoop vergroot driehonderd maal *this microscope has a magnification of three hundred.*
vergroting 0.1 [het vermeerderen/vermeerderd worden] *increase* **0.2** [het groter maken/worden; resultaat daarvan] *enlargement* ⇒(med.; mbt. bloedvat, pupil) *dilation* **0.3** [vergrote weergave] *magnification* **0.4** [vergroot weergegeven foto] *enlargement* ◆ **1.1** een ~ v.h. hart (med.) *cardiac hypertrophy, an enlarged heart;* ~ v.d. omzet *i. in the turnover.*
vergruizen I (onov.ww.) **0.1** [tot gruis worden] *pulverize* ⇒ *be crushed;*
II (ov.ww.) **0.1** [tot gruis maken] *pulverize* ⇒*crush* ◆ **1.1** stenen ~ *p./crush stones.*
verguizen 0.1 *abuse* ⇒*malign* ◆ **1.1** de schrijver werd unaniem verguisd *the writer was unanimously abused.*
verguld 0.1 [met (blad)goud bedekt] *gilded* ⇒*gilt, gold-plated* **0.2** [gevleid] *pleased, flattered* ⇒(sterker) *elated* ◆ **3.2** ze was er vreselijk mee ~ *she was absolutely delighted with it* ¶**.1** ~ op snee *gilt-edged.*
vergulden 0.1 [met bladgoud bedekken] *gild* ⇒*gold-plate* **0.2** [blij maken] *please* → *delight.*
verguldsel 0.1 *gilt* ⇒*gilding.*
vergunnen 0.1 *permit* ⇒*allow* ◆ ¶**.1** het was hem niet vergund de overwinning mee te maken *he didn't live to see the victory.*
vergunning 0.1 [toestemming] *permission* **0.2** [officiële machtiging] *permit* ⇒(mbt. drank, vuurwapens, vervoer) *licence* ◆ **2.2** een restaurant met volledige ~ *a fully licensed restaurant* **3.2** een ~ verlenen/intrekken *grant/ suspend a licence.*
vergunninghouder 0.1 *licensee* ⇒*licence-holder.*
verhaal 0.1 [mondeling verslag; schriftelijke vastlegging] *story* **0.2** [schadeloosstelling] *redress* ⇒*recoupment* ◆ **1.1** de kern v.h. ~ *the point of the s.* **2.1** om een lang ~ kort te maken *to cut a long s. short;* (iron.) een mooi ~! *a likely s.;* sterke verhalen *tall stories* **2.**¶ het is weer het bekende ~ *the same old story;* een lang ~ houden *give a long-winded account (of sth.)* **3.1** zijn ~ doen *tell/relate one's s.;* het ~ gaat dat ... *the s. goes ...;* een raar ~ ophangen *spin a yarn;* (opscheppen) *shoot a line;* ~tjes vertellen *tell tales* **3.2** ~ halen (op) *recover/recoup losses (from)* **6.1** kom op met je ~! *out with it* **6.**¶ iem. op ~ laten komen *let s.o. get one's breath back* ¶**.1** (fig.) daar is het ~ nog niet mee uit *that's not the end of the s.*

verhaalbaar 0.1 *recoverable.*
verhaaltechniek (lit.) **0.1** *narrative technique.*
verhaasten 0.1 *hasten* ⇒*speed up* ◆ **1.1** iemands dood ~ *hasten s.o.'s death.*
verhakstukken →**verhapstukken.**
verhalen I (onov.ww.) **0.1** [vertellen] *tell* ◆ **5.1** omstandig ~ hoe ... *tell in detail how ...;*
II (ov.ww.) **0.1** [zich schadeloosstellen] *recover* ⇒*recoup* **0.2** [verplaatsen] *shift* ◆ **6.1** de schade op iem. ~ *recover the damage from s.o.*
verhalend 0.1 *narrative* ◆ **1.1** ~e poëzie *n./epic poetry.*
verhandelbaar 0.1 [verkoopbaar] *marketable* **0.2** [overdraagbaar] *negotiable.*
verhandelen 0.1 [handel drijven in] *trade (in)* ⇒*sell* **0.2** [behandelen] *discuss* ◆ **1.1** er werden weinig aandelen verhandeld *few shares were traded, there was little business in shares.*
verhandeling 0.1 [het handel drijven] *trading (in)* ⇒*sale (of)* **0.2** [betoog)(bespreking] *discourse, lecture;* (schriftelijk) *treatise, essay* ◆ **3.2** een ~ houden over iets *give a lecture/talk on sth.*
verhangen I (ov.ww.) **0.1** [elders/anders (op)hangen] *rehang* ⇒*hang elsewhere/differently;*
II (wk.ww.; zich ~) **0.1** [zich ophangen] *hang o.s.*
verhapstukken (inf.) **0.1** *settle* ◆ **6.1** (fig.) ik heb met jou nog iets te ~ *I've got a bone to pick with you.*
verhard 0.1 [hard gemaakt] *hard* ⇒(mbt. grond) *paved* **0.2** [hard geworden] *hard* ⇒*callous* **0.3** [fig.] *hardened* ⇒*callous* ◆ **1.1** ~e wegen *Bmetalled/Apaved roads.*
verharden I (onov.ww.) **0.1** [hard worden] (ook fig.) *harden* ◆ **6.1** in het kwaad ~ *become hardened to evil;*
II (ov.ww.) **0.1** [hard maken] *harden* ⇒(mbt. grond) *metal, pave* **0.2** [fig.] *harden* ◆ **1.1** een tuinpad ~ *pave a garden path.*
verharding 0.1 [het hard maken] *hardening* ⇒(mbt. grond) *metalling, paving* **0.2** [waarmee verhard is] *hardener* ⇒ (mbt. grond) *metalling, paving* **0.3** [het hard worden] *hardening* **0.4** [verharde plaats] *callosity, callus* ◆ **1.3** (fig.) een ~ van standpunten *a h. in points of view.*
verharen 0.1 *moult* ⇒(pels, kleed) *shed (hair)* ◆ **6.1** de kat is **aan** het ~ *the cat is moulting.*
verhaspelen 0.1 *mangle* ⇒*fluff* (toneeltekst), (bewust) *garble* ◆ **1.1** een verhaspeld bericht/verslag *a garbled message/account.*
verheerlijken 0.1 [prijzen] *glorify* ⇒*praise,* (iets beter maken dan het is) *idolize,* (iets beter maken dan het is) *glamourize* **0.2** [verblijden] *delight* ◆ **1.1** het leven in de grote stad ~ *glamourize life in the city.*
verheerlijking 0.1 *glorification* ⇒(iets/iem. beter maken dan het/hij/zij is) *idolization,* (mbt. handelwijze) *glamorization* ◆ ¶**.1** de ~ op de berg (rel.) *the Transfiguration on the mountain.*
verheerlijkt 0.1 *rapturous* ⇒*enraptured.*
verheffen I (ov.ww.) **0.1** [opheffen] *raise* ⇒*lift* **0.2** [in een hogere rang/positie brengen] *raise* ⇒*elevate,* (mbt. smaak, moraliteit) *uplift,* (mbt. smaak, moraliteit) *lift up* **0.3** [doen toenemen](ook wisk.) *raise* ◆ **6.2** iets tot regel ~ *make sth. the rule;*
II (wk.ww.; zich ~) **0.1** [zich verheffen] *rise* **0.2** [trots zijn] *pride o.s. (on sth.)* ⇒*be proud of* ◆ **5.1** zich hoog ~ boven de stad *r./tower above the city.*
verheffend 0.1 *elevating* ⇒*uplifting, edifying* ◆ **5.1** een weinig ~ schouwspel *an unedifying spectacle.*
verheffing 0.1 [het verheffen, verheven worden] *raising;* (fig. ook) *elevation* **0.2** [hoogte] *rise* ⇒*elevation* **0.3** [ver-

betering] *uplifting* ⇒*edification* ◆ **6.1** ~ **tot** de adelstand *elevation to the nobility.*

verheimelijken 0.1 *conceal* ⇒*hide.*

verhelderen I ⟨onov.ww.⟩ **0.1** [opklaren] *clear (up)* ◆ **1.1** de lucht verhelderde *the sky cleared/brightened up;* **II** ⟨ov.ww.⟩ **0.1** [verduidelijken] *clarify* ◆ **1.1** een ~d antwoord *an illuminating answer* **3.1** zo'n gesprek werkt~d *a talk like that clarifies matters.*

verhelen 0.1 *conceal* ⇒*hide* ◆ **6.1** iets ~ **voor** iem. *c./hide sth. from s.o.*

verhelpen 0.1 *put right* ⇒*remedy* ◆ **5.1** niet te ~ *irremediable, beyond repair.*

verhemelte 0.1 [gehemelte] *palate* ⇒*roof of the mouth* **0.2** [overdekking] *canopy* ◆ **2.1** een gespleten ~ *a cleft p.*

verheugd 0.1 *glad* ⇒*pleased* ◆ **3.1** zich bijzonder ~ tonen (over iets) *take great pleasure in sth.*

verheugen I ⟨wk.ww.; zich ~⟩ **0.1** [blij zijn] *be glad* ⇒*be pleased/happy* ◆ **6.1** zich in een goede gezondheid (mogen) ~ *enjoy good health;* zich ~ **op** *look forward to;* **II** ⟨ov.ww.⟩ **0.1** [verblijden] *make glad/happy* ⇒*please* ◆ **4.1** het bericht verheugde ons zeer *the news made us very happy* ¶.**1** ⟨schr.⟩ het verheugt ons u te kunnen meedelen *we are pleased to be able to tell you.*

verheugend 0.1 *joyful* ⇒*gratifying* ◆ **1.1** ~ nieuws *good/j. news.*

verheven 0.1 [zich boven het gewone verheffend] *elevated* **0.2** [boven de omgeving uitstekend] *raised* ⇒⟨mbt. gebouwen⟩ *towering* **0.3** [fig.] *above/superior (to)* ◆ **1.1** een ~ stijl *a lofty/an elevated style* **6.3 boven** alle lof/verdenking ~ *beyond all praise/above suspicion.*

verhevenheid 0.1 [het verheven zijn] *elevation* ⇒*loftiness* **0.2** [hoge plaats] *elevation* ⇒*rise* ◆ **6.1** de ~ **boven** het alledaagse *the e. above the pedestrian.*

verhevigen 0.1 *intensify* ◆ **1.1** aanvallen ~ *i./escalate attacks;* de verhevigde concurrentie *the intensified competition.*

verheviging 0.1 *intensification.*

verhinderen 0.1 *prevent* ◆ **1.1** iemands plannen ~ *obstruct/foil s.o.'s plans* **8.1** dat zal mij niet ~ om tegen te stemmen *that won't prevent me from voting against it/him* ⟨enz.⟩ ¶.**1** verhinderd zijn *be unable to come/attend.*

verhindering 0.1 [het verhinderen] *prevention* **0.2** [het verhinderd zijn] *absence* ⇒*inability to come* ◆ **1.2** afwezig met/zonder bericht van ~ *absent with/without notice* **6.2 bij** ~ *in case of a.;* **bij** ~ v.d. voorzitter *in the a. of the chairman.*

verhip 0.1 ⟨verbazing⟩ *gosh, why, gracious;* ⟨ergernis⟩ *bother, blast, dam'.*

verhippen ⟨inf.⟩ **0.1** ⟨in verwensing⟩ *go to blazes/hell;* ⟨vergaan⟩ *perish* ◆ **6.1** we verhipten in dat zaaltje **van** de kou *we were perishing cold in that room.*

verhit 0.1 [heet geworden] *hot* ⇒⟨mbt. gezicht⟩ *flushed* **0.2** [fig.] *heated* ◆ **1.1** een ~ gezicht *a h./flushed face* **1.2** ~te discussies *h. discussions.*

verhitten 0.1 [heet maken] *heat* **0.2** [fig.] *inflame* ⇒*stir up* ◆ **1.2** dat verhitte de gemoederen *that made feelings run high.*

verhitting 0.1 *heating(-up).*

verhoeden 0.1 *prevent* ⇒⟨mbt. een wens⟩ *forbid* ◆ **8.1** God verhoede dat je ziek wordt *God forbid that you should be ill.*

verhogen 0.1 [hoger maken] *raise* **0.2** [vermeerderen] *increase* **0.3** [sterker doen uitkomen] *heighten* ◆ **1.1** een dijk ~ *r. a dike* **1.2** de prijzen ~ *raise/i. prices;* de productie ~ *i./step up production;* een groep met een verhoogd risico *a high-risk group.*

verhoging 0.1 [het hoger maken] *raising* **0.2** [verhoogde plaats] *elevation* ⇒*platform,* ⟨mbt. grond⟩ *rise* **0.3** [het vermeerderen] *increase* ⇒*rise* **0.4** [bedrag] *increase* ⇒*rise, increment* **0.5** [hogere lichaamstemperatuur] *temperature* ⇒*fever* ◆ **3.5** ik had wat ~ *I had a slight t.* **6.2** de spreker stond **op** een ~ *the speaker stood on a (raised) platform.*

verholen 0.1 [verborgen gehouden] *concealed* ⇒*hidden* **0.2** [steels] *secret* ⇒*stealthy* ◆ **1.2** ~ blikken *stealthy/furtive glances* **5.1** nauw ~ woede *ill-concealed anger.*

verhollandsen I ⟨onov.ww.⟩ **0.1** [Hollands worden] *become/turn Dutch* ⇒⟨pej. of scherts.⟩ *dutchify* ◆ **5.1** ze is helemaal verhollandst *she has become altogether dutchified;* **II** ⟨ov.ww.⟩ **0.1** [Hollands maken] *make Dutch* ⇒⟨pej. of scherts.⟩ *dutchify.*

verhonderdvoudigen I ⟨ov.ww.⟩ **0.1** [honderdmaal zo groot maken]⟨ook fig.⟩ *increase a hundredfold* ⇒*multiply by a hundred, make a hundred times greater/larger/bigger;* **II** ⟨onov.ww.⟩ **0.1** [honderdmaal zo groot worden]⟨ook fig.⟩ *increase a hundredfold* ⇒*become a hundred times greater/larger/bigger.*

verhongeren I ⟨onov.ww.⟩ **0.1** [door honger omkomen] *starve (to death)* ⇒*die of starvation* **0.2** [erge honger lijden] *starve* ⇒*go hungry;* **II** ⟨ov.ww.⟩ **0.1** [uithongeren] *starve (to death)* ◆ **5.1** de kinderen waren half verhongerd *the children were famished/half starved.*

verhoogd 0.1 [hoger geworden] *increased* ⇒*raised* ⟨belasting, zitplaats⟩, *elevated* ⟨spoorweg⟩ **0.2** [intenser] *heightened* ⇒*intensified* ◆ **1.1** ~e bloeddruk *high blood pressure;* ⟨abnormaal hoog⟩ *hypertension;* met ~e inzet *with an i. effort.*

verhoor 0.1 [jur.]⟨ondervraging⟩ *interrogation, examination; cross-examination* ⟨door tegenpartij⟩ **0.2** [scherpe ondervraging] *interrogation, cross-examination* ◆ **3.2** iem. een ~ afnemen *take a statement from s.o.* ⟨van verdachte/slachtoffer/getuige door politie⟩ **6.1** iem. **in** ~ nemen *interrogate/question s.o.*

verhoren 0.1 [ondervragen] *interrogate* ⇒*question, cross-examine* ⟨tegenpartij; zeer streng⟩, *hear* ⟨getuigen, partijen⟩ **0.2** [toestaan, vervullen] *hear* ⇒*answer, grant* ⟨wens⟩ ◆ **1.1** getuigen ~ *hear witnesses* **1.2** een gebed/bede ~ *answer/h. a prayer.*

verhouden ⟨wk.ww.; zich ~⟩ **0.1** *be as* ⇒*be in the proportion of* ◆ **6.1** 6o verhoudt zich **tot** 12 als 5 tot 1 *6o is to 12 as 5 to 1.*

verhouding 0.1 [betrekking van grootheden onderling; evenredigheid] *relation* ⇒*proportion* **0.2** [relatie] *relation(ship)* **0.3** [liefdesbetrekking] *(love) affair* **0.4** [mv.; afmetingen] *proportions* ◆ **2.2** een gespannen ~ *strained relations;* maatschappelijke/menselijke ~en *social/human relations* **6.1 in** ~ **tot** *in proportion to;* naar ~ is dat duur *that is comparatively expensive;* de ~ **tussen** lonen en prijzen *the r./ratio of wages to prices* **6.3** een ~ hebben **met** iem. *have an a. with s.o.* **6.4** gevoel **voor** ~en bezitten *have a sense of proportion.*

verhoudingsgewijs 0.1 *comparatively* ⇒*relatively,* ⟨volgens dezelfde verhouding⟩ *proportionately.*

verhuisbedrijf, verhuisonderneming 0.1 *removal/* ⟨inf.⟩ *moving firm/company.*

verhuiskaart, verhuisbericht 0.1 *change of address card.*

verhuiswagen 0.1 *moving van.*

verhuizen I ⟨onov.ww.⟩ **0.1** [van huis veranderen] *move (house)* **0.2** [verplaatst worden] *be moved* ◆ **6.1** (van)uit een dorp ~ **naar** de hoofdstad *m. from a village to the capital* **6.2** dit bureau moet ~ **naar** de kamer hiernaast *this desk has got to be moved to the next room;* **II** ⟨ov.ww.⟩ **0.1** [de inboedel overbrengen] *move* ◆ **1.1** ⟨inf.⟩ iem. ~ *move s.o.*

verhuizer 0.1 *mover.*

verhuizing 0.1 [het verhuizen, keer; algemene verplaatsing] *move* **0.2** [het overbrengen van iemands inboedel] *moving.*

verhullen ⟨schr.⟩ **0.1** *veil* ⇒*conceal (from)* ◆ **1.1** een verhuld dreigement *a veiled threat* **4.1** niets ~ de foto's *revealing photos;* ⟨bloot⟩ *explicit photos.*

verhuren I ⟨ov.ww.⟩ **0.1** [verpachten] ᴮ*let* ⟨huis⟩; ᴬ*rent* ⇒ *lease out* ⟨land / huis op contract⟩ ◆ **1.1** vakantiehuisjes ~ *let / rent holiday cottages;* **II** ⟨wk.ww.; zich ~⟩ **0.1** [in betrekking gaan] *hire o.s. out.*

verhuur 0.1 ᴮ*letting,* ᴬ*rental* ◆ **1.1** huur en ~ van bedrijfsruimte *leasing and letting of business sites.*

verhuurbedrijf 0.1 *leasing company;* ⟨vnl. ʙᴇ ook⟩ *hire company / firm;* ⟨vnl. ᴀᴇ ook⟩ *rental company / agency.*

verhuurder, -ster 0.1 ᴮ*landlord, landlady* ⟨land, huis e.d.⟩, ⟨op huurcontract⟩ *lessor.*

verhuurkantoor 0.1 ⟨voor personeel⟩ *employment agency,* ⟨voor huizen⟩ ᴮ*lettings office,* ᴬ*rental agency.*

verificatie 0.1 [onderzoek naar de echtheid / juistheid] *verification* ⇒⟨adm.⟩ *examination, audit* **0.2** [gerechtelijke deugdelijkverklaring] *proof* **0.3** [geding over de (on)echtheid van geschriften] *probate.*

verifieerbaar 0.1 *verifiable.*

verifiëren 0.1 [de echtheid / juistheid onderzoeken / vaststellen] *verify* ⇒⟨adm.⟩ *examine,* ⟨adm.⟩ *audit, prove* ⟨schuld, testament⟩ **0.2** [mbt. een afschrift] *certify, verify, authenticate* ◆ **1.1** verstrekte gegevens ~ *v. / check (up on) supplied information;* een testament ~ *prove/* ᴬ*probate a will.*

verijdelen 0.1 [tegenhouden] *frustrate, defeat* ⇒*foil* ⟨vaak passief⟩, *thwart* **0.2** [teniet doen, teleurstellen] *frustrate* ⇒ *shatter* ◆ **1.1** een aanslag ~ *foil an attempt on s.o.'s life* **1.2** verijdelde hoop *shattered / dashed hopes.*

vering 0.1 [samenstel dat dient voor het veren] *springs* ⇒ ⟨auto⟩ *suspension* **0.2** [het veren] *spring action* ◆ **2.1** een stugge / soepele ~ *a stiff / smooth suspension.*

verisme 0.1 *verism.*

verjaard 0.1 *prescribed* ⇒*statute-barred, lapsed* ⟨coupon⟩, *out of date* ⟨coupon⟩ ◆ **1.1** een ~ e vordering / schuld *a (statute- / time-)barred claim / debt.*

verjaardag 0.1 [mbt. persoon] *birthday* **0.2** [mbt. gebeurtenis] *anniversary* ◆ **3.1** vandaag is het mijn ~ *today is my b.*

verjaardagscadeau, -geschenk 0.1 *birthday present.*

verjaardagskaart 0.1 *birthday card.*

verjaardagskalender 0.1 *birthday calendar.*

verjaardagspartij, -feestje 0.1 *birthday party.*

verjagen 0.1 *drive / chase away* ⇒*dispel* ⟨angsten e.d.⟩ ◆ **1.1** sombere gedachten ~ *dispel gloomy thoughts.*

verjaren 0.1 [jur.] *become prescribed* ⇒*become (statute-)barred, become out-of-date* ⟨coupons⟩, *lapse* ⟨coupons⟩, *be precluded by the lapse of time* ⟨strafvordering⟩ ◆ **5.1** sommige misdrijven ~ niet *for some crimes no limitation applies.*

verjaring 0.1 [jur.] *prescription* ⟨van recht⟩; *limitation* ⟨van vordering⟩ ◆ **3.1** zich op ~ beroepen *plead the statute of l.*

verjaringstermijn 0.1 *(period / term of) limitation* ⟨van vordering⟩; *period of prescription* ⟨van recht⟩ ◆ **3.1** de ~ van oorlogsmisdaden verlengen *extend the period of limitation for war crimes.*

verjongen I ⟨ov.ww.⟩ **0.1** [jonger maken] *rejuvenate* ⟨vaak passief⟩ ⇒*make young* ◆ **1.1** een elftal ~ *build up a younger team;* **II** ⟨onov.ww.⟩ **0.1** [jonger worden] *rejuvenate* ⇒*become young again.*

verjonging 0.1 *rejuvenation* ⇒*regeneration* ⟨bos⟩ ◆ **1.1** de ~ v.h. eerste elftal *the rejuvenation of the first team/* ᴬ*A-team.*

verjongingskuur 0.1 *rejuvenation cure* ◆ **3.1** een ~ ondergaan hebben ⟨fig.⟩ *have undergone rejuvenation.*

verkalken 0.1 [kalkachtig worden] *calcify* ⇒*harden* ⟨bloedvaten⟩, *ossify* ⟨kraakbeen⟩ **0.2** [fig.] *ossify.*

verkalking 0.1 *calcification* ⇒*hardening* ⟨bloedvaten⟩, *ossification* ⟨kraakbeen; ook fig.⟩ ◆ **3.1** aan -- in de slagaderen lijden *suffer from hardening of the arteries.*

verkankeren 0.1 [door kanker uitteren] *be eaten away with cancer* **0.2** [fig.] *go to the dogs* ◆ **3.2** de hele maatschappij dreigt te ~ *society is going to the dogs.*

verkapt 0.1 *veiled* ⇒*disguised* ◆ **1.1** een ~ dreigement *a v. threat;* een ~ e waarschuwing *a v. warning.*

verkassen ⟨inf.⟩ **0.1** *relocate.*

verkavelen 0.1 [in percelen verdelen] *parcel out* ⇒*(sub)divide* **0.2** [in partijen verdelen] *divide into lots, allot, allocate.*

verkaveling 0.1 [het verkavelen] *allotment* ⇒*subdivision* **0.2** [het graven van sloten] *parcelling (out), parcellation* ⇒*land division.*

verkeer 0.1 [het gaan en komen over de openbare wegen] *traffic* **0.2** [voertuigen, personen] *traffic* **0.3** [omgang] *association* ⇒*(social / sexual) intercourse* **0.4** [het gaan en komen] *movement* **0.5** [verzending] *traffic* ⇒*(tele)communication(s)* ◆ **1.1** handel en ~ *trade / t. and commerce* **1.2** ⟨fig.⟩ een heer in het ~ *a gentleman driver* **1.3** in het maatschappelijk ~ *in society* **2.1** geen doorgaand ~ ⟨bord⟩ *no through road;* druk ~ *heavy t.;* het financiële ~ *financial transactions;* veilig ~ *road safety* **2.3** in het dagelijks ~ *in everyday life* **2.4** er bestaat vrij ~ tussen die twee landen *there is freedom of m. between the two countries* **2.¶** ⟨hand.⟩ de waarde in het economisch ~ *the economic value (of a product / transaction* ⟨enz.⟩*)* **¶.2** het overige ~ in gevaar brengen *be a danger to other road-users.*

verkeerd 0.1 [fout, onjuist] *wrong* **0.2** [omgekeerd] *wrong;* ⟨binnenste buiten⟩ *inside out* ◆ **1.1** een ~ antwoord geven *give a w. answer;* ⟨sport⟩ het ~ e been *the weak foot;* ⟨sport⟩ een verdediger op het ~ e been zetten *wrongfoot a defender;* een ~ beleid voeren *follow a bad policy;* een ~ e diagnose *a faulty diagnosis;* de ~ e dingen zeggen / doen *say / do the w. things, put one's foot in it, blunder;* het eten kwam in mijn ~ e keelgat *the food went down the w. way;* op een ~ spoor zitten ⟨fig.⟩ *be on the w. track* **3.1** iets ~ aanpakken / behandelen *go about sth. the w. way;* hij had het helemaal ~ begrepen *she had got it all w.;* hij doet alles ~ *he can't do a thing right;* pardon, u gaat ~ *pardon me, but you're going the wrong way / in the wrong direction;* het liep ~ met hem af *he came to grief / to a bad end;* het pakte ~ uit *it went all w.;* ~ parkeren *unauthorized parking;* iets ~ spellen / uitspreken / vertalen *misspell / mispronounce / mistranslate sth.;* zijn woorden werden ~ uitgelegd *his words were misconstrued;* ~ verbonden zijn *have dialled a w. number;* iets ~ verstaan / begrijpen *misunderstand sth.;* hij was in de oorlog ~ *he was on the w. side during the war;* we zitten ~ *we must be w.* **3.2** ⟨fig.⟩ zijn handen staan ~ *he's all thumbs* **3.¶** hij had iets ~ s gegeten *sth. he had eaten had upset him;* daar zie ik niets ~ s in *I can't see anything w. with that* **7.1** je hebt de ~ e voor *you've mistaken your*

man, you've come to the w. shop; dat is de ~e *that's the w.*
one ¶.1 (inf.) ~ bezig zijn *be on the w. track* ¶.2 ~ om *the
other way round;* ⟨onderste boven⟩ *upside down.*

verkeersader 0.1 *main road, arterial road, artery.*

verkeersagent, -e 0.1 *traffic policeman/policewoman.*

verkeersbord 0.1 *road/traffic sign.*

verkeerscentrale 0.1 *(road) traffic control centre.*

verkeerscontrole 0.1 *(road) traffic surveillance.*

verkeersdrempel 0.1 *speed ramp.*

verkeersdrukte 0.1 *(amount of) traffic* ◆ **2.1** er heerste
een enorme ~ *there was an enormous amount of traffic.*

verkeersinformatie 0.1 ⟨mbt. opstoppingen e.d.⟩ *traffic information; motoring information* ⟨mbt. interlokaal ver-
keer⟩ ⟹⟨op radio/tv⟩ *travel news.*

verkeersknelpunt 0.1 *busy junction* ⟹*bottleneck.*

verkeersknooppunt 0.1 *(traffic) junction/intersection;
(traffic) interchange* ⟨snelwegen enz.⟩.

verkeersleider 0.1 *air-traffic controller.*

verkeersleiding 0.1 [het regelen v.h. verkeer] *traffic control* **0.2** [orgaan] *traffic department* ⟹⟨luchtv.⟩ *air-traf-
fic/ground control.*

verkeersles 0.1 [B]*road safety lesson,* [A]*driver education
class.*

verkeerslicht 0.1 *traffic lights* ◆ **3.1** het ~ sprong op groen
the t. l. changed to green.

verkeersmisdrijf 0.1 *(road) traffic offence.*

verkeersongeval, -ongeluk 0.1 *road/traffic accident* ◆
6.1 een ~ met dodelijke afloop *a fatal traffic accident.*

verkeersopstopping 0.1 *traffic jam.*

verkeersovertreding 0.1 *traffic offence.*

verkeersplein 0.1 *roundabout,* [A]*rotary (intersection).*

verkeerspolitie 0.1 *traffic police.*

verkeersregel 0.1 *traffic rule.*

verkeersslachtoffer 0.1 *road casualty/victim* ◆ **1.1** het
aantal ~s is dit jaar groter ⟨ook⟩ *the traffic toll is higher
this year.*

verkeerstechnisch ◆ **1.**¶ ~e verbeteringen *improvements
in the traffic situation.*

verkeerstoren 0.1 *control tower.*

verkeerstunnel 0.1 *road tunnel* ⟹⟨onder andere weg enz.⟩
underpass.

verkeersveiligheid 0.1 *road/traffic safety.*

verkeersvliegtuig 0.1 *commercial aircraft/plane.*

verkeersvoorschriften 0.1 *traffic regulations.*

verkeersvrij ◆ **1.**¶ een ~e zone *a pedestrian zone.*

verkeersweg 0.1 *traffic route* ⟹⟨in stad ook⟩ *thoroughfare.*

verkeerszuil 0.1 [B]*bollard.*

verkennen 0.1 [op verkenning gaan] *explore* ⟹*scout (out),*
⟨mil.⟩ *reconnoitre* **0.2** [aanlopen na een zeereis] *put in* ◆
1.1 de boel ~ *e. the place; case the joint* ⟨dieven voor bero-
ving⟩; de markt ~ *feel out the market.*

verkenner 0.1 [iem. die op verkenning uitgaat] *scout* **0.2**
[vliegtuig] *air scout* **0.3** [padvinder] *(Boy) Scout;* ⟨USA; v.⟩
Girl Scout ⟹⟨GB v. ook⟩ *Girl Guide.*

verkenning 0.1 [het verkennen] *exploration* ⟹*scout(ing),*
⟨mil.⟩ *reconnaissance* **0.2** [scheep.] *sighting of land* ◆ **6.1**
op ~ uitgaan ⟨mil.⟩ *go out scouting; go out exploring*
⟨streek, stad⟩; *go and see how the land lies* ⟨ook fig.⟩.

verkenningstocht 0.1 *exploration* ⟹*reconnoitring expedition* ◆ **3.1** een ~ ondernemen *go on a reconnoitring/scout-
ing expedition.*

verkeren 0.1 [zich bevinden] *be* ⟹*find o.s.* **0.2** [zich bewegen (in)] *be (in)* ◆ **3.**¶ het kan ~ *it's all in the game* **6.2 in**
de hoogste kringen ~ *move in the best circles;* **in** het gezelschap ~ v.d. groten der aarde *rub shoulders with the
great.*

verkering 0.1 *courtship* ◆ **2.1** vaste ~ hebben *go steady* **3.1**
~ krijgen met iem. *start going out with s.o.*

verketteren 0.1 [heftig veroordelen] *execrate* ⟹*decry, denounce* **0.2** [tot ketter verklaren] *charge with heresy.*

verkiesbaar 0.1 *eligible (for election)* ◆ **1.1** op een verkies-
bare plaats staan ⟨GB⟩ ±*stand for a safe seat* **3.1** zich ~
stellen als president *run for president;* zich ~ stellen *stand
for office.*

verkieslijk 0.1 *preferable.*

verkiezen 0.1 [prefereren] *prefer (to)* **0.2** [liever willen]
choose **0.3** [door stemming] *elect* ◆ **6.1** iets **boven** alles ~
prefer sth. above all else; thee **boven** koffie/lopen **boven**
fietsen ~ *prefer tea to coffee/walking to cycling* **8.2** zoals
u verkiest *as you wish/please/c.*

verkiezing 0.1 [het door keuze aanwijzen of aangewezen
worden] *election* **0.2** [keuze, voorkeur] *choice* ◆ **2.1** algemene ~ en *general elections;* tussentijdse ~ en ±*by(e)-elec-
tions* ⟨om opengevallen plaats op te vullen⟩ **2.2** uit eigen ~
by one's own c. **3.1** ~en uitschrijven *call (for) an e.*

verkiezingsaffiche, -biljet 0.1 *election bill/poster.*

verkiezingsbijeenkomst 0.1 *election meeting.*

verkiezingscampagne 0.1 *election campaign* ◆ **6.1** op ~
gaan *electioneer.*

verkiezingsdag 0.1 *polling day* ⟹⟨USA: nationale verkie-
zingen⟩ *Election Day.*

verkiezingsdebat 0.1 *election debate.*

verkiezingsfraude 0.1 *electoral fraud.*

verkiezingslijst 0.1 *list of candidates.*

verkiezingsnederlaag 0.1 *election defeat.*

verkiezingsoverwinning 0.1 *election victory.*

verkiezingsprogramma 0.1 *(electoral) platform* ◆ **6.1** iets
als punt in het ~ opnemen *make sth. a plank in one's platform.*

verkiezingsstrijd 0.1 *electoral struggle* ◆ **3.1** zich in de ~
werpen *throw one's hat into the ring.*

verkiezingsuitslag 0.1 *election result* ◆ **3.1** de ~ bekendmaken ⟨ook⟩ *declare the poll.*

verkijken I ⟨wk.ww.; zich ~⟩ **0.1** [verkeerd kijken] *misjudge*
0.2 [zich vergissen] *make a mistake* ⟹*be mistaken* ◆ **6.1**
daar kun je je lelijk **op** ~ *that is easily underestimated* **6.2**
ik heb me **op** hem verkeken *I have been mistaken in him;*
II ⟨ov.ww.⟩ **0.1** [verloren, voorbij laten gaan] *give away* ⟹
let go by ◆ **1.1** die kans is verkeken *that chance has gone
by.*

verkikkerd ⟨inf.⟩ **0.1** *nuts (on/about)* ⟹*gone (on)* ◆ **6.1** ~
op iem. zijn ⟨ook⟩ *have a crush on s.o.*

verkillen I ⟨onov.ww.⟩ **0.1** [killer worden] *chill* ⟹*cool
(down)* **0.2** [mbt. gevoelens] *cool (off)* ⟹*become chilly* ◆
1.2 de gevoelens zijn wat verkild *feelings have become
somewhat chilly;*
II ⟨ov.ww.⟩ **0.1** [kil maken] *chill* ◆ **1.1** de ~de adem des
doods *Death's chilling breath.*

verklaarbaar 0.1 *explicable* ⟹*explainable,* ⟨begrijpelijk⟩
understandable ◆ **1.1** om verklaarbare redenen *for obvious reasons.*

verklaard 0.1 *avowed* ⟹*declared, admitted* ◆ **1.1** een ~
voorstander/tegenstander *a declared supporter/oppo-
nent.*

verklappen 0.1 *give away* ⟹*let out* ◆ **1.1** een geheim ~ *tell
a secret, let the cat out of the bag.*

verklaren I ⟨ov.ww.⟩ **0.1** [uitleggen] *explain* ⟹*elucidate* **0.2**
[plechtig uitspreken] *declare;* ⟨officieel⟩ *certify* ◆ **1.1** iemands gedrag ~ *account for s.'s conduct;* een tekst ~ *in-
terpret/elucidate a text* **1.2** ⟨iem.⟩ de oorlog ~ *d. war (on
s.o.)* **2.2** iem. krankzinnig ~ *certify s.o. insane;* iets nietig/

ongeldig ~ *d. sth. void/invalid;* een huis onbewoonbaar ~ *condemn a house* **3.1** zoiets kan ik niet ~ *it beats me, it's beyond me* **5.2** ⟨schr.⟩ hierbij verklaar ik dat ... *this is to certify that ...;* **II** ⟨wk.ww.; zich ~⟩ **0.1** [zijn mening te kennen geven] *declare (o.s.)* **0.2** [zijn bedoeling duidelijk maken] *explain o.s.* ◆ **5.2** verklaar je nader *explain yourself.*

verklarend 0.1 *explanatory* ◆ **1.1** ~e aantekeningen *e. notes, glosses;* een ~e woordenlijst *a glossary.*

verklaring 0.1 [uitleg] *explanation* **0.2** [aanzegging] *declaration* ⇒*pronouncement* **0.3** [mededeling] *statement* ⇒ ⟨vnl. onder ede⟩ *testimony* **0.4** [manifest] *certificate* ◆ **1.4** een ~ van goed gedrag *c. of moral conduct* **2.3** een beëdigde ~ *a sworn s.;* ⟨schr.⟩ *an affidavit* **3.1** dat behoeft geen nadere ~ *that needs no further e.;* kunt u daar een ~ voor geven? *can you account for that?/explain that?* **3.3** een ~ afleggen *make a s.* ¶**.1** ik ben u een ~ schuldig *I owe you an explanation.*

verkleden ⟨ov.ww., wk.ww.; zich ~⟩ **0.1** [omkleden] *change (one's clothes)* **0.2** [vermommen] *dress up* ◆ **4.1** ik ga me ~ *I'm going to c. (my clothes);* zich ~ voor het eten *dress for dinner.*

verkleinen 0.1 [kleiner maken] *reduce* ⇒*make smaller* **0.2** [verminderen] *reduce* ⇒*diminish, lessen* **0.3** [kleineren] *belittle* ⇒*disparage* ◆ **1.1** op verkleinde schaal *on a reduced scale.*

verkleining 0.1 [het verkleinen] *reduction* **0.2** [taal.] *diminutive-formation* **0.3** [minachting] *belittlement* ⇒*disparagement* **0.4** [verkleiningsfactor] *reduction factor.*

verkleinwoord ⟨taal.⟩ **0.1** *diminutive.*

verkletsen 0.1 *chatter away.*

verkleumd 0.1 *numb (with cold).*

verkleumen 0.1 *grow numb* ◆ **3.1** we staan / zitten hier te ~ *we are freezing in/out here.*

verkleuren 0.1 [de kleur verliezen] *discolour, lose colour* ⇒ ⟨verbleken⟩ *fade* **0.2** [van kleur veranderen] *colour* ⇒⟨bladeren ook⟩ *turn colour, tarnish* ⟨edelmetaal⟩ ◆ **4.1** het verkleurt niet *it will keep its colour.*

verkleuring 0.1 [verandering van kleur] *discolouration* **0.2** [verbleking] *fading.*

verklikken 0.1 *give away* ⇒*tattle,* ⟨inf.⟩ *squeal on* ⟨iem.⟩ ◆ **1.1** iets ~ *blab sth., spill the beans.*

verklikker 0.1 [persoon] ⟨kliksaan⟩ *telltale, tattler;* ⟨politiespion⟩ *informer,* *²grass;* ⟨verrader⟩ *squealer, stool(pigeon);* ⟨AE; sl.⟩ *fink* **0.2** [toestel] *telltale* ⇒*indicator, detector.*

verklungelen 0.1 *trifle away* ⇒*fritter away.*

verknallen 0.1 [bederven] *blow* **0.2** [aan vuurwerk verschieten] *let off* ◆ **5.1** ⟨iron.⟩ je hebt het mooi verknald *you blew it.*

verkneukelen ⟨wk.ww.; zich ~⟩ **0.1** [(voor)pret hebben] *gloat over* ⇒*chuckle* **0.2** [zich de handen wrijven] *rub one's hands (together)* ◆ **6.1** hij verkneukelde zich al **bij** de gedachte alleen *he chuckled (to himself) at the very thought.*

verknippen 0.1 [door knippen verdelen] *cut up* **0.2** [knippend bederven] *spoil in cutting.*

verknipt ⟨inf.⟩ **0.1** *hung up* ⇒*kooky, nutty* ◆ **1.1** een ~e figuur *a weirdo/nut(case).*

verknocht 0.1 [innig gehecht aan] *devoted (to)* ⇒*attached (to)* **0.2** [jur.] *related, connected* ◆ **6.1** zeer **aan** iets ~ zijn *be attached to sth.*

verknoeien 0.1 [verprutsen] *botch (up)* ⇒*spoil, mess up* **0.2** [verspillen] *waste away* ⇒*fritter away* ◆ **5.1** de boel lelijk ~ *make a fine mess of things.*

verkoelen I ⟨onov.ww.⟩ **0.1** [koeler worden] *cool (down/off)* **0.2** [fig.] *cool* ◆ **1.2** hun vriendschap is verkoeld *their friendship has cooled;* **II** ⟨ov.ww.⟩ **0.1** [koeler maken] *cool* ⇒*chill.*

verkoelend 0.1 *cooling* ⇒*refreshing* ◆ **1.1** ~e dranken / vruchten *refreshing drinks/fruits;* ⟨drankjes⟩ *coolers.*

verkoeling 0.1 [het verkoelen] *cooling* **0.2** [fig.] *cooling* ⇒ *coolness.*

verkoken I ⟨onov.ww.⟩ **0.1** [verdampen] *boil away* ⇒⟨inkoken⟩ *boil down* **0.2** [kapot koken] *overcook;* **II** ⟨ov.ww.⟩ **0.1** [indampen] *boil down* ◆ **6.1** een oplossing **tot** op de helft verkoken *boil a solution down to half the quantity.*

verkolen I ⟨onov.ww.⟩ **0.1** [tot kool worden] *carbonize* ⇒ ⟨door verbranding⟩ *char* ◆ **1.1** een verkoold lichaam *a charred body;* **II** ⟨ov.ww.⟩ **0.1** [tot houtskool maken] *char.*

verkommeren 0.1 *languish* ⇒*pine away* ◆ **1.1** een paar ~de struikjes *a few withering bushes.*

verkondigen 0.1 *proclaim* ⇒*put forward* ◆ **1.1** iemands lof ~ *sing s.o.'s praises;* onwaarheden ~ *peddle untruths.*

verkondiger, -ster 0.1 *proclaimer* ◆ **6.1** ~ van Gods Woord *preacher of the Word of God.*

verkondiging 0.1 *proclamation* ⇒⟨prediken⟩ *preaching.*

verkoop 0.1 [het verkopen] *sale(s)* **0.2** [transactie] *sale* ◆ **1.1** ~ bij opbod *(sale by) auction* **6.1** iets in de ~ brengen *put sth. up for sale/on the market.*

verkoopafdeling 0.1 *sales department.*

verkoopakte 0.1 *sales document* ⇒⟨jur.⟩ *deed of sale.*

verkoopapparaat 0.1 *sales organization.*

verkoopbaar 0.1 [geschikt om te verkopen] *sal(e)able* ⇒ *marketable* **0.2** [aanvaardbaar] *acceptable* ◆ **5.2** deze maatregel is niet ~ aan onze achterban *we can't sell this measure to our grass roots.*

verkoopbaarheid 0.1 *sal(e)ability* ⇒*marketability.*

verkoopcijfers 0.1 *sales figures.*

verkoopdatum 0.1 *date of sale* ◆ **2.1** uiterste ~ *sell-by date.*

verkoopleider 0.1 *sales manager.*

verkoopnet 0.1 *distribution network.*

verkoopovereenkomst 0.1 *sales agreement.*

verkooppraatje ⟨pej.⟩ **0.1** *sales pitch.*

verkooppunt 0.1 *(sales) outlet* ⇒*point of sale.*

verkoopresultaat 0.1 *sales figure/result* ⟨vaak mv.⟩.

verkoop(s)prijs 0.1 *selling price.*

verkooptechniek 0.1 *salesmanship.*

verkooptruc 0.1 *sales stunt.*

verkoopvoorwaarden 0.1 *terms and conditions of sale.*

verkoopwaarde 0.1 *selling/market value.*

verkopen I ⟨onov.ww.⟩ **0.1** [verkocht worden] *sell* ◆ **5.1** deze overhemden ~ uitstekend *these shirts are real sellers;* **II** ⟨ov.ww.⟩ **0.1** [tegen een prijs overdoen] *sell* **0.2** [toedienen] *give* **0.3** [ten beste geven] ⟨zie 1.3⟩ **0.4** [geloofwaardig maken] *sell* ⇒*peddle* ◆ **1.1** drugs ~ *peddle/push drugs* **1.2** iem. een dreun / opstopper ~ ⟨inf.⟩ *whack s.o.;* ⟨sl.⟩ *clobber s.o.* **1.3** praatjes ~ *have a big mouth* **3.¶** als dat doet, ben je verkocht *if you do that, you're done for* **5.1** nee ~ *give (s.o.) no for an answer* **6.1** met winst/verlies ~ *s. at a profit/loss* ¶**.1** éénmaal! andermaal! verkocht! *going! going! gone!*

verkoper, -koopster 0.1 *salesman/woman* ⇒⟨in winkel ook⟩ *shop assistant* ◆ **2.1** openbare ~ *auctioneer.*

verkoping 0.1 *(public) sale* ⇒*auction* ◆ **2.1** bij openbare ~ *by auction.*

verkort 0.1 [beknopt, beperkt] *shortened* ⇒*abridged, con-*

densed **0.2** [vereenvoudigd] *contracted* **0.3** [korter van duur gemaakt] *shortened* ⇒*reduced* ♦ **1.1** in ~e vorm *in s. / condensed form.*

verkorten I ⟨onov.ww.⟩ **0.1** [korter worden] *shorten* ⇒*become shorter* ♦ **1.1** de dagen ~ *the days are drawing in;* **II** ⟨ov.ww.⟩ **0.1** [korter maken] *shorten* ⇒*abridge, condense* **0.2** [korter van duur maken] *shorten* ⇒*reduce* ♦ **1.1** een boek ~ *condense / abridge a book.*

verkorting 0.1 [het verkorten] *shortening* ⇒*reducing, reduction* **0.2** [taal.] *contraction* **0.3** [kort begrip, overzicht] *summary* ⇒*abstract.*

verkortingsteken ⟨taal.⟩ **0.1** *apostrophe.*

verkouden ♦ **3.**¶ ~ worden *catch (a) cold;* ~ zijn *have a cold.*

verkoudheid 0.1 *(common) cold* ♦ **3.1** een ~ opdoen *catch (a) cold.*

verkrachten 0.1 [mbt. personen] *rape* ⇒*(sexually) assault* **0.2** [mbt. zaken] *violate.*

verkrachter 0.1 *rapist;* ⟨euf.; fig.⟩ *violator.*

verkrachting 0.1 [mbt. personen] *rape* ⇒⟨jur.⟩ *indecent assault* **0.2** [mbt. zaken] *violation* ⟨wet, regel, recht⟩ ⇒*rape* ⟨mbt. bos / gebied⟩, ⟨slechte vertolking⟩ *murder.*

verkrampen 0.1 *go tense, tense up.*

verkrampt 0.1 *contorted* ⇒⟨fig.⟩ *constrained* ♦ **1.1** een ~e houding *a contorted posture;* ⟨fig.⟩ *a constrained demeanour;* een ~e schrijfstijl *a cramped style of writing.*

verkreukelen, verkreuken I ⟨onov.ww.⟩ **0.1** [kreukels krijgen] *wrinkle* ♦ **1.1** een verkreukeld pak *a wrinkled suit;* **II** ⟨ov.ww.⟩ **0.1** [door kreuken bederven] *wrinkle / crumple (up)* ♦ **1.1** papier ~ *crumple up paper.*

verkrijgbaar 0.1 *available* ♦ **3.1** dit mantelpak is ~ in twee maten *this suit comes in two sizes* **5.1** niet meer ~ *out of stock, no longer a.* **6.1** het formulier is ~ **bij** de administratie *the form can be obtained from the administration;* **zonder** recept ~ *over-the-counter* ⟨alleen attr.⟩.

verkrijgen 0.1 [ontvangen] *receive* ⇒*get* **0.2** [kopen] *obtain* ⇒*acquire* **0.3** [bemachtigen] *obtain* ⇒*come by, secure* **0.4** [door een bewerking komen tot] *obtain* ⇒⟨uitkomst ook⟩ *arrive at* ♦ **1.3** een betere positie ~ *secure a better position* **5.3** moeilijk te ~ *hard to come by* ¶**.2** dit model is niet meer te ~ *this model is no longer available.*

verkromming 0.1 [plaats] *bend* ⇒*twist* **0.2** [het verkrommen] *bend* ⇒*twist(ing)* ♦ **1.1** ⟨med.⟩ ~ v.d. ruggengraat *curvature of the spine.*

verkroppen ♦ **3.**¶ iets niet kunnen ~ *be unable to take sth.*

verkrotten 0.1 *decay* ⇒*become run-down / slummy* ♦ **1.1** verkrotte huizen *slummy / dilapidated houses* **3.1** laten ~ *allow to become run-down.*

verkrotting 0.1 *dilapidation* ⇒*decay.*

verkruimelen I ⟨onov.ww.⟩ **0.1** [tot kruimels worden] *crumble;* **II** ⟨ov.ww.⟩ **0.1** [tot kruimels maken] *crumble* **0.2** [te klein verdelen] *fritter away* ♦ **1.2** zijn tijd ~ *fritter away one's time.*

verkwanselen 0.1 [versjacheren] *bargain / fritter away* **0.2** [aan beuzelarijen uitgeven] *squander* ⇒*waste, throw / fritter away.*

verkwikkelijk 0.1 *exhilarating* ⇒*stimulating* ♦ **1.1** dat is geen erg ~e aangelegenheid *that is a rather unsavoury business.*

verkwikken 0.1 *refresh* ⇒*stimulate.*

verkwikkend 0.1 *refreshing* ⇒*invigorating, stimulating.*

verkwikking 0.1 [het verkwikken] *refreshment* ⇒*freshening up* **0.2** [wat verkwikt] *refreshment* ⇒⟨fig.⟩ *comfort.*

verkwisten 0.1 *waste* ⇒⟨geld ook⟩ *squander, throw / fritter away.*

verkwistend 0.1 [spilziek] *prodigal* ⇒*spendthrift, extravagant* **0.2** [verspillend] *wasteful* ♦ **1.2** een ~ gebruik v.h. leidingwater *w. use of tap water.*

verkwister 0.1 *squanderer* ⇒*waster,* ⟨mbt. geld ook⟩ *spendthrift.*

verkwisting 0.1 *waste(fulness)* ⇒*squandering* ♦ **2.1** het is pure ~ *it's an utter waste.*

verlader 0.1 *shipper.*

verlagen 0.1 [lager maken] *lower* ⇒⟨verminderen ook⟩ *reduce* **0.2** [zedelijk laag doen staan] *lower* ⇒*cheapen, degrade* ♦ **1.1** een verlaagde taille *a low / dropped waistline;* het tarief / de salarissen ~ *l. / reduce the rate / salaries* **4.2** zich ~ tot *stoop to* **7.1** (met) 30 % ~ *l. / reduce by 30 %.*

verlaging 0.1 [het lager maken / worden] *lowering* ⇒⟨vermindering ook⟩ *reduction, cut(back)* **0.2** [ontering] *degradation* **0.3** [waardevermindering] *depreciation* ⟨vnl. geld⟩ ♦ **6.1** een ~ **van** de investeringen *a cutback / slump in investments.*

verlakken 0.1 [inf.; bedriegen] *hoodwink* ⇒*bamboozle* **0.2** [met lak overdekken] *lacquer* ⇒*varnish* ♦ **3.1** ik laat me niet ~ *I wasn't born yesterday.*

verlakkerij 0.1 *swindle* ♦ **2.1** dat is toch je reinste ~ ⟨nep⟩ *that's all a fake;* ⟨bedrog⟩ *it's a swindle / rip-off.*

verlammen I ⟨onov.ww.⟩ **0.1** [lam worden] *become paralysed / numb* ⇒*freeze* ⟨fig.⟩ **0.2** [veerkracht verliezen] *lose resilience* ♦ **1.1** hij is aan de rechterzijde verlamd *he is paralysed on the right side;* **II** ⟨ov.ww.⟩ **0.1** [lam maken] *paralyse* **0.2** [inf.; vertikken, weigeren] *flatly refuse* ♦ **1.1** de schrik verlamde mij *I was paralysed with fear.*

verlammend 0.1 *paralysing* ♦ **1.1** een ~e angst *a p. fear.*

verlamming 0.1 [lamheid] *paralysis* ⇒⟨med. ook⟩ *palsy* **0.2** [het verlammen] *paralysing* ♦ **2.1** geleidelijke ~ *creeping paralysis.*

verlangen[1] ⟨het⟩ **0.1** *longing* ⇒*desire,* ⟨sterk verlangen⟩ *craving* ♦ **3.1** aan iemands ~ voldoen *comply with s.o.'s wish* **6.1** ik brand **van** ~ om dat eens te zien *I am dying to see it.*

verlangen[2] **I** ⟨onov.ww.⟩ **0.1** [+ naar; vervuld zijn v.e. begeerte] *long (for)* ⇒*crave* ♦ **5.1** ik verlang ernaar je te zien *I l. to see you;* ⟨sterker⟩ *I'm dying to see you;* **II** ⟨ov.ww.⟩ **0.1** [begeren] *want* ⇒*wish for,* ⟨eisen⟩ *demand* ♦ **5.1** wat kun je nog meer ~ *what more can you ask for?* **6.1** dat kunt u niet **van** mij ~ *you can't expect me to do that.*

verlanglijst 0.1 *list of gifts wanted.*

verlaten[1] ⟨bn.⟩ **0.1** [waar niemand aanwezig is] *deserted* **0.2** [eenzaam, afgelegen] *desolate* ⇒*lonely* **0.3** [achtergelaten] *abandoned* ♦ **1.1** een ~ huis *an abandoned house.*

verlaten[2] **I** ⟨ov.ww.⟩ **0.1** [weggaan / vertrekken uit] *leave* **0.2** [in de steek laten] *abandon, leave* **0.3** [niet meer toepassen] *abandon* ♦ **1.1** de haven ~ *clear the harbour;* het land ~ *l. the country;* de school ~ *l. school* **1.2** vrouw en kinderen ~ *l. / abandon one's wife and children;* **II** ⟨ov.ww., wk.ww.; zich ~⟩ **0.1** [te laat komen] *be late / overdue* ♦ **1.1** de trein is verlaat *the train is late* **4.**¶ zich ~ op *rely on.*

verlatenheid 0.1 *desolation, abandonment* ♦ **1.1** een gevoel van ~ *a feeling of d. / a.*

verlating 0.1 *abandonment* ⇒*desertion* ♦ **2.1** kwaadwillige ~ *desertion / a. (with malicious intent).*

verleden[1] ⟨het⟩ **0.1** *past* ♦ **3.1** ⟨fig.⟩ het ~ begraven *bury the p., wipe the slate clean;* het ~ laten rusten *let bygones be bygones;* tot het ~ behoren *belong to the p., be a thing / things of the p.* **6.1** teruggaan **in** het ~ *go back in time;* het verre ~ *in the distant p.*

verleden[2] ⟨bn.⟩ **0.1** *past* ◆ **1.1** ⟨taal.⟩ het ~ deelwoord *the p./ perfect participle;* ⟨mbt. Engels ook⟩ *the ed-participle;* ⟨taal.⟩ de ~ tijd *the p. tense;* ⟨taal.⟩ voltooid ~ tijd *past perfect/pluperfect (tense),* ~ week *last week.*

verlegen 0.1 [schuchter] *shy* **0.2** [geen raad ergens mee wetend] *embarrassed (with),* *perplexed, at a loss* ⟨alleen pred.⟩ **0.3** [+ om] *in need of* ⇒*at a loss for, pressed for* ◆ **6.1** ~ zijn **tegenover** meisjes *be s. with girls* **6.3** ergens **om** ~ zijn/zitten *be pressed for sth.* ⟨bv. geld⟩; *be at a loss for sth.* ⟨bv. woorden⟩; nooit **om** een antwoord ~ zijn *be never at a loss for an answer;* ik zit niet **om** werk ~ *I have my work cut out as it is;* **om** een praatje ~ zijn *feel like talking;* **om** tijd/geld ~ zitten *be short of time/money.*

verlegenheid 0.1 [het verlegen zijn] *shyness* **0.2** [moeilijke omstandigheid] *embarrassment* ⇒*trouble* ◆ **6.2 in** ~ brengen *embarrass.*

verleggen 0.1 *move* ⇒*shift,* ⟨grenzen⟩ *push back* ◆ **1.1** ⟨fig.⟩ de aandacht ~ *shift the/one's attention.*

verleidelijk 0.1 *tempting* ⇒*inviting, seductive* ◆ **1.1** een ~ aanbod *a t. offer;* ~e ogen *seductive/inviting eyes.*

verleiden 0.1 [op de slechte weg leiden] *lead astray* **0.2** [verlokken] *tempt, invite* ⇒*entice* **0.3** [brengen tot ge slachtsgemeenschap] *seduce* ◆ **3.1** zich door mooie beloften laten ~ *(allow o.s. to) be led astray/seduced by fair promises* **5.2** iem. ertoe ~ om iets te doen *tempt s.o. into doing sth.*

verleider, -ster 0.1 *seducer* ⟨m., v.⟩ ⇒⟨m. ook⟩ *tempter.* ⟨v. ook⟩ *temptress* ◆ **2.1** ⟨reclame⟩ verborgen ~s *hidden persuaders.*

verleiding 0.1 *temptation* ⇒⟨het verleiden⟩ *seduction* ◆ **3.1** de ~ niet kunnen weerstaan *be unable to resist (the) t.* **6.1 in** de ~ komen (om) *feel/be tempted (to).*

verlekkerd 0.1 *keen (on)* ⇒*wild/crazy (about)* ◆ **3.1** ~ kijken naar iem. *leer at s.o.*

verlenen 0.1 [schenken] *grant* ⇒*confer* **0.2** [verschaffen] *lend* ⇒*give* ◆ **1.1** iem. onderdak ~ *take s.o. in; harbour s.o.* ⟨misdadiger⟩; voorrang ~ *give way/priority;* ⟨verkeer⟩ *give right of way,* ^Ayield **1.2** glans ~ aan iets *l. lustre to sth.*

verlengde 0.1 *extension* ◆ **6.1** de Bergsingel ligt **in** het ~ van de Noordsingel *the Bergsingel is a continuation of the Noordsingel;* ⟨fig.⟩ die opmerking ligt **in** het ~ van deze redenering *that remark follows naturally from this line of argument;* **in** elkaars ~ liggen *be in line.*

verlengen 0.1 [langer maken] *extend, lengthen* **0.2** [langer laten duren] *extend* ⇒*prolong* **0.3** [verder doen strekken] *pass on* ◆ **1.2** een (huur)contract ~ *renew a lease;* zijn verblijf ~ *prolong one's stay;* ⟨hand.⟩ een wissel ~ *e. a bill of exchange* **3.2** verlengd worden (wedstrijd) *^Bgo into extra/ injury time,* ^Ago (into) overtime.*

verlenging 0.1 [dat waarmee iets verlengd is] *extension* ⇒ ⟨sport⟩ *^Bextra/injury time,* ⟨sport⟩ *^Aovertime* **0.2** [het verlengen] *lengthening* ⇒*extension* ◆ **1.2** ~ v.e. traject *extension of a section/stretch/line.*

verlengsnoer 0.1 *extension cord.*

verlengstuk 0.1 *extension (piece)* ⇒*continuation* ◆ **3.1** ⟨fig.⟩ het ~ zijn van *be a continuation of.*

verleppen 0.1 *wither* ⇒*wilt.*

verlept 0.1 *withered* ⇒*wilted* ◆ **1.1** een ~e schoonheid *a withered/faded beauty.*

verleren 0.1 *forget (how to)* ⇒⟨opzettelijk⟩ *unlearn* ◆ **1.1** ik heb/ben het Frans geheel verleerd *I have completely forgotten my French;* je bent het schaken blijkbaar een beetje verleerd *your chess seems a bit rusty* **5.1** om het niet (helemaal) te ~ *just to keep one's hand in.*

verletten ◆ **3.**¶ ik heb niets te ~ *my time is my own, I am in no hurry.*

verleuteren 0.1 *waste (one's) time (talking).*

verlevendigen I ⟨ov.ww.⟩ **0.1** [levendig(er) maken] *revive* ⇒ *enliven* ⟨voordracht/lessen enz.⟩ ◆ **1.1** zijn redevoering ~ met enige sappige anekdotes *liven up one's speech with a few juicy anecdotes,*
II ⟨onov.ww.⟩ **0.1** [levendig(er) worden] *revive* ⇒*liven up* ◆ **1.1** de handel is verlevendigd *trade has picked up.*

verlicht I ⟨bn.⟩ **0.1** [v.e. last bevrijd] *relieved, lightened* **0.2** [niet duister] *lit (up), lighted* ⇒*illuminated* ◆ **1.1** met ~ gemoed *with (a) light heart* **5.2** helder ~ *well-lit, brightly lit;*
II ⟨bn., bw.⟩ **0.1** [het juiste inzicht hebbend] *enlightened* ◆ **1.1** ~e leiders *men of light and leading.*

verlichten 0.1 [van licht voorzien] *light* ⇒*illuminate* ⟨ihb. voor bep. gelegenheid/op bep. plaats⟩ **0.2** [vnl. fig.; minder zwaar maken] *relieve, lighten* **0.3** [inzicht brengen tot/ in] *enlighten* ◆ **1.2** dat verlicht de pijn *that relieves/eases the pain.*

verlichting 0.1 [licht] *light(ing)* **0.2** [gesch.] *Enlightenment, Age of Reason* **0.3** [opbeuring; opluchting] *relief* **0.4** [het van licht voorzien] *lighting* ⇒*illumination* ⟨ihb. voor bep. gelegenheid/op bep. plaats⟩ **0.5** [het minder zwaar maken] *lightening, mitigation* ◆ **1.5** ~ van straf *m of punishment.*

verliefd I ⟨bn.⟩ **0.1** [vervuld van liefdesgevoelens] *in love (with)* **0.2** [van verliefdheid blijkgevend] *amorous, loving* ◆ **5.1** zwaar ~ zijn *be madly/deeply in love* **6.1** niet meer ~ zijn **op** iem. *fall out of love with s.o.;*
II ⟨bw.⟩ **0.1** [op verliefde wijze] *amorously, lovingly* ◆ **3.1** iem. ~ aankijken *give s.o. a fond/loving look.*

verliefdheid 0.1 [het verliefd zijn] *being in love* **0.2** [geval, keer] *love.*

verlies 0.1 *loss* ◆ **3.1** een ~ aanzuiveren *make good/up a l.;* een ~ bestrijden uit reserves *defray a l. from reserves;* een ~ delgen *discharge/amortize a l.;* ~ lijden *suffer a l.;* ⟨financieel⟩ *make a l.;* het ~ voor zijn rekening nemen, het ~ dragen *bear/stand the l.* **6.1** met ~ verkopen *sell at a l.;* **met** ~ draaien *make a l./losses;* niet **tegen** (zijn) ~ kunnen *be a bad loser.*

verliesgevend, -lijdend 0.1 *loss-making* ◆ **1.1** een ~e bedrijfstak *a branch of industry that makes a loss.*

verliespost 0.1 *loss-making sector/product/division/activity.*

verliezen I ⟨ov.ww.⟩ **0.1** [kwijtraken] *lose* **0.2** [niet meer kunnen doen gelden] *lose, forfeit* **0.3** [ongebruikt laten voorbijgaan] *lose* ⇒*miss* ◆ **1.1** zijn kleur/bladeren ~ ⟨ook⟩ *decolourize, defoliate;* de macht ~ *fall from power;* terrein ~ *l. ground* **1.2** zijn aanspraken ~ *l./f. one's claims* **1.3** geen tijd ~ met *l./waste no time in;* er is geen tijd te ~ *there is no time to l./to be lost;*
II ⟨onov., ov.ww.⟩ **0.1** [de mindere blijken] *lose* ◆ **1.1** de ~de partij *the losing party/side;* ⟨in proces ook⟩ *the unsuccessful party,*
III ⟨wk.ww.; zich ~⟩ **0.1** [opgaan] *lose o.s. (in).*

verliezer 0.1 *loser* ◆ **2.1** een goede/slechte ~ *a good/bad l.*

verliggen 0.1 *shift (one's body)* ⇒*move* ◆ **3.1** de zieke ging ~ *the patient shifted/moved (over).*

verlinken ⟨inf.⟩ **0.1** *tell on;* ⟨BE; sl.⟩ *grass on;* ⟨AE; sl.⟩ *fink on* ◆ **1.1** de hele zaak ~ *give the game away.*

verloederen 0.1 *degenerate* ⇒⟨inf.⟩ *go to the dogs/to pot.*

verloedering 0.1 *corruption* ◆ **1.1** de ~ v.d. taal *the c. of the language.*

verlof 0.1 [toestemming] *leave* **0.2** [vergunning om niet te werken; verloftijd] *leave (of absence)* ⇒ ⟨mil. ook⟩ *furlough, sabbatical (leave)* ⟨van universitair do-*

cent⟩ ◆ **2.2** buitengewoon ~ *special leave* **3.1** ~ krijgen om
...*obtain permission to* ... **3.2** alle verloven zijn ingetrokken *(all) leave has been suspended* **6.2 met** ~ zijn *be on
leave;* ~ **wegens** familieomstandigheden *compassionate
leave* ¶**.1** ~ A *licence(d) for the sale of beer;* ~ B *licence(d)
for the sale of non-alcoholic beverages.*

verlofdag 0.1 *day off, day of leave.*

verlofpas 0.1 [mil.; bewijs van verlof] *furlough-pass* **0.2**
[stuk bij voorwaardelijke invrijheidstelling] *leave-pass.*

verlokkelijk 0.1 *tempting* ◆ **1.1** ~e aanbiedingen *t./entic-
ing offers.*

verlokken 0.1 *tempt* ⇒*entice* ◆ **3.1** zich laten ~ tot iets/
door iets *let o.s. be enticed into/by sth.*

verlokking 0.1 *temptation* ⇒*enticement.*

verloochenen 0.1 *renounce* ◆ **4.1** afkomst verloochent zich
niet *blood will show;* zichzelf ~ ⟨tegen zijn eigen gemoed
handelen⟩ *belie one's nature;* ⟨onzelfzuchtig handelen⟩ *deny o.s.*

verloochening 0.1 *denial* ⇒*renouncement.*

verloofd 0.1 *engaged (to).*

verloofde 0.1 *fiancé* ⟨m.⟩, *fiancée* ⟨v.⟩.

verloop 0.1 [het verstrijken] *course* ⇒*passage* **0.2** [ontwik-
keling, afloop] *course* ⇒*progress, development* **0.3** [mbt.
personeel, klantenkring] *turnover, wastage* **0.4** [het minder bezocht/beoefend worden] *decline* **0.5** [(be)loop]
course ⇒*path* **0.6** [geleidelijke versmalling] *taper(ing),
narrowing, reduction* **0.7** [verandering in de loop]
change (in/of direction) ◆ **1.2** voor een vlot ~ v.d.be-
sprekingen *for a smooth proceeding of the talks* **2.2** je
ziekte moet zijn normale ~ hebben *your illness must run
its c.* **2.3** natuurlijk ~ *natural w., attrition* **6.1 na** ~ van tijd
in time, after some time **6.3** er is veel ~ **bij** dat bedrijf *that
firm has a large t. (of labour/staff).*

verloopstekker 0.1 *adapter.*

verlopen¹ ⟨bn.⟩ **0.1** [verstreken; niet meer geldig] *expired*
0.2 [verliederlijkt] *shabby* ⇒*sleazy* ◆ **1.1** mijn rijbewijs is
~ *my driving licence has expired* **1.2** een ~ kerel *a shabby
fellow;* ⟨inf.⟩ *a down-and-out.*

verlopen² ⟨onov.ww.⟩ **0.1** [verstrijken] *(e)lapse* ⇒*go by,
pass* **0.2** [vervallen] *expire* **0.3** [zijn beloop nemen] *go
(off)* **0.4** [minder bezocht/beoefend worden] *drop/fall off*
⇒*go down(hill)* **0.5** [van profiel veranderen] *taper (off),
narrow* **0.6** [van loop/richting veranderen] *change
(course/direction)* ◆ **1.6** het tij verloopt *the tide is going
out;* ⟨ook fig.⟩ *the tide is turning;* ⟨fig.⟩ *things are changing
for the worse* **5.3** vlot ~ *go smoothly.*

verloren 0.1 *lost* ◆ **1.1** ~ moeite *wasted effort, a l. cause;* een
~ ogenblik *an odd moment;* voor een ~ zaak vechten *fight a
losing battle* **3.1** ~ in een hoekje zitten ⟨alleen zijn⟩ *sit for-
lorn(ly) in a corner.*

verloskamer 0.1 *delivery room.*

verloskunde 0.1 *obstetrics.*

verloskundig 0.1 *obstetric.*

verloskundige 0.1 ⟨vroedvrouw⟩ *midwife;* ⟨specialist⟩ *ob-
stetrician.*

verlossen 0.1 [bevrijden] *deliver/release (from)* ⇒*save
(from)* **0.2** [bij een bevalling helpen] *deliver (of)* ◆ **6.1** een
dier **uit** zijn lijden ~ *put an animal out of its misery.*

verlosser 0.1 *saviour, rescuer* ◆ ¶**.1** de Verlosser *our Saviour, the Redeemer.*

verlossing 0.1 [bevrijding] *deliverance, release* **0.2** [rel.]
redemption, salvation.

verlostang 0.1 *(obstetric) forceps.*

verloten 0.1 *raffle (off).*

verloting 0.1 *raffle, lottery.*

verloven I ⟨wk.ww.; zich ~⟩ **0.1** [zich door trouwbelofte ver-
binden] *get engaged (to);*
II ⟨onov.ww.⟩ **0.1** [zich met elkaar verloven] *get engaged*
◆ **3.1** zij gaan ~ *they are getting engaged.*

verloving 0.1 *engagement* ⇒⟨feest⟩ *engagement party* ◆
3.1 zijn ~ verbreken *break off one's/the engagement.*

verlovingsring 0.1 *engagement ring.*

verluchten 0.1 *illustrate.*

verluiden 0.1 *be reported* ◆ **3.1** ik heb horen ~, dat *I am
told that, I understand that* **6.1 naar** verluidt *according to
reports.*

verluieren 0.1 *idle away* ⇒⟨inf.⟩ *laze away* ◆ **1.1** ik zit hier
mijn tijd te ~ *I'm idling away my time here.*

verlummelen 0.1 *fritter away.*

verlustigen ⟨wk.ww.; zich ~⟩ **0.1** *exult/delight/revel (in)*
◆ **4.1** zich ~ in de aanblik van *feast one's eyes on.*

vermaak 0.1 [genoegen, plezier] *amusement, enjoyment* ⇒
pleasure **0.2** [handeling] *amusement* ⇒*entertainment* ◆
2.1 onschuldig ~ ⟨inf.⟩ *good clean fun* **2.2** een onschuldig ~
a harmless pleasure.

vermaard 0.1 *renowned/celebrated (for)* ⇒*famous (for)* ◆
6.1 een streek ~ **om** haar schoonheid *a district r. for its
beauty.*

vermaardheid 0.1 [hoedanigheid] *renown, fame* **0.2** [per-
soon] *celebrity.*

vermaatschappelijking 0.1 *socialization.*

vermageren I ⟨onov.ww.⟩ **0.1** [afslanken] *lose weight, be-
come/get thin(ner)* ⇒⟨als kuur⟩ *slim* ◆ **5.1** sterk verma-
gerd *emaciated, wasted;*
II ⟨ov.ww.⟩ **0.1** [mager maken] *emaciate, make lean* ⇒
waste.

vermageringskuur 0.1 *(slimming/*⟨AE ook⟩ *reducing) diet*
◆ **3.1** een ~ ondergaan *be/go on a (slimming/reducing)
diet.*

vermakelijk 0.1 *amusing, entertaining.*

vermakelijkheid 0.1 [hoedanigheid] *pleasure, amusing/
entertaining nature* **0.2** [wat vermaakt] *amusement, entertainment.*

vermakelijkheidsbelasting 0.1 *entertainment(s) tax.*

vermaken 0.1 [genoegen geven] *amuse, entertain* **0.2** [bij
testament toewijzen] *bequeath, will, make over* **0.3** [an-
ders maken] *alter* ◆ **1.3** een pak laten ~ *have a suit altered* **4.1** zich ~ *enjoy/amuse o.s., have fun;* zich buitengewoon ~ *have the time of one's life.*

vermaledijd 0.1 *(ac)cursed, damned.*

vermalen 0.1 *grind* ◆ **6.1** koren **tot** meel ~ *g. grain into
flour.*

vermanen 0.1 *admonish, caution* ⇒*warn* ◆ **3.1** iem.~d
toespreken *speak severely to s.o.*

vermaning 0.1 *admonition* ⇒*warning.*

vermannen ⟨wk.ww.; zich ~⟩ **0.1** *screw up one's courage,
take heart.*

vermeend 0.1 *supposed, alleged* ◆ **1.1** ~ recht *fancied
right.*

vermeerderen I ⟨ov.ww.⟩ **0.1** [vergroten] *increase* ⇒*enlarge;*
II ⟨onov.ww.⟩ **0.1** [groter worden] *increase* ⇒*grow* ◆ **1.1**
de vermeerderde vraag naar een artikel *(the) increased
demand for an article* **6.1** ~ **met** 25 % *i. by 25 per cent.*

vermeerdering 0.1 *increase (in).*

vermelden 0.1 [berichten] *mention* **0.2** [aangeven] *state,
give* ◆ **1.1** dat vermeldt de historie niet *history is silent on
that point.*

vermeldenswaard(ig) 0.1 *worth mentioning.*

vermelding 0.1 *mention* ⇒*statement* ◆ **2.1** eervolle ~ *hon-*

ourable m.; ⟨mil.⟩ *citation* **6.1 onder** ~ **van** *...giving/stating/mentioning...*

vermengen I ⟨ov.ww.⟩ **0.1** [samenmengen] *mix* ⇒*blend* ⟨thee, koffie, tabak⟩;
II ⟨wk.ww.; zich ~⟩ **0.1** [een mengsel vormen] *mix* ⇒*(inter)mingle* **0.2** [kruisen] *mix, interbreed.*

vermenging 0.1 [handeling, toestand] *mix(ture)* ⇒*mixing, blend(ing)* **0.2** [kruising] *cross-breeding, hybridization* **0.3** [jur.] *confusion, merger.*

vermenigvuldigen I ⟨ov.ww.⟩ **0.1** [tot een veelvoud maken] *duplicate* **0.2** [wisk.] *multiply* ◆ **1.1** een werk (door de drukpers) ~ *d. a work (by press)* **6.2** vermenigvuldig dat getal **met** 8 *m. that number by 8;*
II ⟨wk.ww.; zich ~⟩ **0.1** [talrijker worden] *multiply, increase* ⇒⟨snel⟩ *proliferate* **0.2** [zich voortplanten] *multiply* ⇒*reproduce* ◆ **4.2** gaat heen en vermenigvuldigt u *go forth and m.*

vermenigvuldiging 0.1 *multiplication* ⟨ook wisk.⟩ ⇒*increase* ◆ **1.1** tafel van ~ *m. table.*

vermenigvuldigingsteken 0.1 *multiplication sign.*

vermenselijken I ⟨ov.ww.⟩ **0.1** [menselijke vormen geven] *humanize;*
II ⟨onov.ww.⟩ **0.1** [menselijke vormen aannemen] *humanize, become human* **0.2** [menselijker worden] *humanize, become (more) human(e).*

vermetel 0.1 *daring, audacious* ⇒*bold,* ⟨overmoedig, roekeloos⟩ *reckless,* ⟨overmoedig, roekeloos⟩ *rash* ◆ **¶.1** ~ te werk gaan *proceed boldly/recklessly.*

vermetelheid 0.1 [stoutmoedigheid] *audacity, daring* ⇒ *boldness,* ⟨roekeloosheid⟩ *recklessness,* ⟨roekeloosheid⟩ *rashness* **0.2** [vermetele daad] *daring/bold deed.*

vermicelli 0.1 *vermicelli.*

vermijden 0.1 *avoid* ◆ **3.1** dat is moeilijk te ~ *that is hard to avoid;* ⟨dat gebeurt nu eenmaal⟩ *it is just one of those things* **5.1** angstvallig ~ *shun, fight shy of.*

vermijding 0.1 *avoidance* ⇒⟨vnl. pej.⟩ *evasion* ◆ **6.1 ter** ~ **van** *(in order) to avoid/evade.*

verminderd 0.1 *diminished* ⇒*reduced* ◆ **1.1** ⟨muz.⟩ ~e kwint *d. fifth* **2.1** ~ toerekeningsvatbaar *not fully accountable for one's actions.*

verminderen I ⟨ov.ww.⟩ **0.1** [kleiner maken] *decrease* ⇒*reduce* ◆ **1.1** de uitgaven ~ *cut (back on) expenses;*
II ⟨onov.ww.⟩ **0.1** [kleiner worden] *decrease.*

vermindering 0.1 *decrease* ⇒*reduction* ◆ **1.1** ~ van straf *reduction of (a) sentence.*

verminken 0.1 *mutilate.*

verminking 0.1 *mutilation* ◆ **3.1** hij heeft diverse ~en opgelopen *he has been badly mutilated.*

vermissen 0.1 *miss* ◆ **3.1** vermist worden *be missing;* er worden drie soldaten vermist *three soldiers are reported missing* **8.1** iem./iets als vermist opgeven *report s.o. missing/sth. lost.*

vermissing 0.1 *loss* ⇒*absence* ⟨ook persoon⟩ ◆ **4.1** zijn ~ bleek pas de volgende dag *his absence was not noticed until the following day.*

vermiste 0.1 *missing person.*

vermits 0.1 *since, as, because.*

vermoedelijk 0.1 *supposed* ◆ **1.1** de ~e dader *the suspect;* de ~e oorzaak *the probable cause;* de ~e vader *the putative father.*

vermoeden¹ (het) **0.1** [gissing] *conjecture* ⇒*surmise* **0.2** [gedachte] *suspicion* **0.3** [jur.] *presumption (of fact)* ◆ **2.2** een flauw ~ *an inkling/idea;* ik had er geen flauw ~ van *I didn't have the slightest/remotest s./the faintest idea* **3.2** ik had al zo'n ~, ik had er al een ~ van *I had my suspicions (all along), I thought/suspected as much.*

---

vermoeden² ⟨ov.ww.⟩ **0.1** [waarschijnlijk achten] *suspect* ⇒ *suppose* **0.2** [bedacht zijn op] *suspect* ◆ **1.2** kwaad ~ *have one's suspicions, be suspicious* **3.2** dit heb ik nooit kunnen ~ *this is the last thing I expected.*

vermoeid 0.1 *tired (with)* ⇒*weary (of)* ◆ **2.1** dodelijk ~ *dead tired, completely worn-out.*

vermoeidheid 0.1 [het moe zijn] *tiredness* ⇒⟨grote vermoeidheid⟩ *weariness, fatigue* **0.2** [matheid] *tiredness* ⇒ ⟨loomheid⟩ *listlessness* **0.3** [mbt. materialen] *fatigue* ◆ **1.1** ~ v.d. ogen *eyestrain.*

vermoeidheidsverschijnselen 0.1 *fatigue phenomena/symptoms.*

vermoeien 0.1 *tire (out)* ⇒⟨afmatten⟩ *weary, fatigue, wear out,* ⟨uitputten⟩ *exhaust* ◆ **4.1** vermoei u niet te veel *don't tire yourself out;* ⟨iron.⟩ *don't exhaust yourself, will you.*

vermoeiend 0.1 *tiring* ⇒⟨vervelend ook⟩ *wearisome,* ⟨vervelend ook⟩ *tiresome,* ⟨zeer vermoeiend⟩ *gruelling,* ⟨zeer vermoeiend⟩ *exhausting* ◆ **1.1** een ~e stijl *a wearisome style.*

vermoeienis 0.1 *fatigue.*

vermogen¹ ⟨het⟩ **0.1** [rijkdom, bezit] *fortune* ⇒⟨bezit⟩ *property,* ⟨geldw.⟩ *capital* **0.2** [capaciteit] *power, capacity* **0.3** [macht, kracht] *power* ⇒*ability* ◆ **2.1** eigen ~ *property of one's own;* ⟨v.e. echtgenote⟩ *separate property;* ⟨bij onderneming⟩ *equity capital, own funds;* vreemd ~ ⟨bij onderneming⟩ *loan capital* **2.3** naar mijn beste ~ *to the best of my ability;* de verstandelijke ~s *the intellectual powers* **3.1** ⟨progn.⟩ dat kost een ~ *that costs a f.* **6.3** doen wat in zijn ~ is *do all/everything in one's p./all one is able.*

vermogen² ⟨ov.ww.⟩⟨schr.⟩ **0.1** [de macht hebben tot] *be in a position to* ⇒*have power to* **0.2** [gedaan weten te krijgen] *have great influence* **0.3** [kunnen] *be able to* ◆ **4.1** God vermag alles *God is all-powerful/omnipotent;* de medische wetenschap vermag hier niets *medical science is powerless here.*

vermogend 0.1 *rich, wealthy* ◆ **1.1** ~e mensen *people of substance.*

vermogensaanwasdeling 0.1 *capital growth sharing.*

vermogensbeheer 0.1 *asset management.*

vermogensbelasting 0.1 *wealth tax* ⇒*capital levy,* ⟨ihb. op bezit van goederen⟩ *property tax(es).*

vermogensdelict 0.1 *offence/crime against property.*

vermolmd 0.1 *mouldered* ⇒*decayed, rotten.*

vermommen 0.1 [verkleden] *disguise* ⇒*dress up* **0.2** [fig.] *disguise* ⇒*conceal* ◆ **8.1** vermomd als *disguised as.*

vermomming 0.1 *disguise.*

vermoorden 0.1 ⟨ook fig.⟩ *murder* ⇒*assassinate* ⟨ihb. prominenten⟩ ◆ **4.1** ⟨scherts.⟩ als je dat doet, vermoord ik je *you do that and I'll m. you.*

vermorsen 0.1 *waste.*

vermorzelen 0.1 ⟨ook fig.⟩ *crush.*

vermout 0.1 *vermouth.*

vermurwen 0.1 [vertederen] *mollify* ⇒*melt/soften s.o.'s heart* **0.2** [week maken] *soften* ◆ **3.1** hij was niet te ~ *he was/remained adamant.*

vernachelen ⟨inf.⟩ **0.1** ⟨beetnemen⟩ *bamboozle, take in, take for a ride;* ⟨voor de gek houden⟩ *make a fool of;* ⟨bedriegen⟩ *swindle.*

vernauwen I ⟨ov.ww.⟩ **0.1** [nauwer maken] *narrow (down)* ⇒*constrict;*
II ⟨onov.ww.⟩ **0.1** [nauwer worden] *narrow* ⇒*contract.*

vernauwing 0.1 *narrowing* ⇒*constriction* ◆ **1.1** ~ v.d. bloedvaten *stricture/stenosis of the blood vessels.*

vernederen 0.1 ⟨nederig maken⟩ *humble, take down;* ⟨krenkend behandelen⟩ *humiliate* ◆ **3.1** vernederd worden ⟨ook⟩ *be brought down (a peg or two).*

vernederend 0.1 *humiliating* ⇒*degrading* ⟨straf enz.⟩ ◆ **1.1** ik vond de situatie nogal ~ *I found the position I was in rather degrading.*

vernedering 0.1 *humiliation* ◆ **3.1** een ~ ondergaan *suffer a h./an indignity.*

vernederlandsen I ⟨onov.ww.⟩ **0.1** [Nederlands worden] *become/turn Dutch* ⇒⟨pej. of scherts.⟩ *dutchify* ◆ **5.1** hij is ontzettend vernederlandst *he's become more Dutch than the Dutch;* **II** ⟨ov.ww.⟩ **0.1** [Nederlands maken] *make Dutch* ⇒⟨pej. of scherts.⟩ *dutchify.*

vernemen 0.1 [horen] *hear* **0.2** [te weten komen] *learn* ⇒*be told/informed (of)* ◆ **1.2** een bericht ~ *receive a report, be informed.*

verneuken ⟨vulg.⟩ **0.1** *screw, con* ⇒*shit on.*

verneukeratief ⟨inf.⟩ **0.1** *dirty* ⇒*rotten,* ⟨ongemarkeerd⟩ *dishonest* ◆ **1.1** verneukeratieve reclame *misleading advertisements.*

verneukerij ⟨inf.⟩ **0.1** *rip-off* ⇒*swindle,* ⟨sl.⟩ *con.*

vernielen 0.1 *destroy* ⇒*wreck* ◆ **1.1** de regen heeft de oogst vernield *the rain has ruined the harvest.*

vernieler, -ster 0.1 *destroyer* ⇒⟨opzettelijk⟩ *vandal.*

vernieling 0.1 [handeling] *destruction* ⇒*devastation* ◆ **3.1** ~en aanrichten *go on the rampage* **6.1** ⟨inf.⟩ zij ligt volkomen **in** de ~ *she's a complete wreck.*

vernielzucht 0.1 *destructiveness.*

vernielzuchtig, -ziek 0.1 *destructive.*

vernietigen 0.1 [verwoesten] *destroy* ⇒*ruin, wreck,* ⟨totaal wegvagen⟩ *annihilate,* ⟨totaal wegvagen⟩ *obliterate,* ⟨totaal wegvagen⟩ *wipe out* **0.2** [tenietdoen] *nullify, annul* ⇒*set aside* ⟨vonnis⟩, *quash* ⟨vonnis⟩, *rescind* ⟨contract, regeling⟩, *cancel* ⟨contract, regeling⟩ ◆ **1.1** ⟨fig.⟩ iemands verwachtingen ~ *dash s.o.'s expectations.*

vernietigend 0.1 *destructive* ⇒*devastating,* ⟨fig.⟩ *crushing,* ⟨fig.⟩ *damning* ◆ **1.1** ⟨fig.⟩ ~e blikken *withering/devastating looks;*⟨fig.⟩ een ~ oordeel *a scathing judgment.*

vernietiging 0.1 [het vernietigen] *destruction* ⇒⟨totaal wegvagen⟩ *annihilation,* ⟨totaal wegvagen⟩ *obliteration* **0.2** [tenietdoening] *nullification, annulment* ⇒*cancellation* ⟨contract, regeling⟩ ◆ **1.2** ~ v.h. vonnis *setting aside/ quashing of a judgment; reversal* ⟨in hoger beroep⟩ /*cassation* ⟨in hoogste instantie⟩ *of the judgment.*

vernietigingskamp 0.1 *extermination camp.*

vernietigingskracht 0.1 *destructive power.*

vernietigingswapen 0.1 *weapon of destruction.*

vernieuwen 0.1 [moderniseren] *renew* ⇒*modernize, renovate* ⟨gebouw⟩ **0.2** [vervangen] *renew* ⇒*restore* ◆ **1.2** ⟨fig.⟩ met vernieuwde kracht *with renewed vigour.*

vernieuwer 0.1 [iem. die vernieuwt] *renewer* ⇒⟨van gebouw enz.⟩ *renovator* **0.2** [iem. met nieuwe ideeën] *innovator.*

vernieuwing 0.1 [het moderniseren] *renewal* ⇒*modernization, renovation* ⟨gebouw⟩, *rebuilding, revamping* **0.2** [het vervangen] *renewal* ⇒*restoration* **0.3** [aangebrachte aanpassing] *modernization* ⇒*renovation, innovation* ⟨in werkwijze, organisatie e.d.⟩, *reform* ⟨onderwijs⟩ ◆ **2.1** sociale ~ *social renewal* **3.3** allerlei ~en aanbrengen *carry out all sorts of renovations* ⟨huis⟩; *bring in innovations* ⟨bv. in organisatievorm⟩.

vernieuwingsgezind 0.1 ⟨alleen pred.⟩ *open to change* ⇒ *innovative.*

vernikkelen I ⟨ov.ww.⟩ **0.1** [met nikkel overtrekken] *nickel(-plate)* **0.2** [inf.; bedriegen] *dupe* ⇒*take (s.o.) in, bamboozle* ◆ **1.1** vernikkelde munten *nickel-clad coins;* **II** ⟨onov.ww.⟩⟨inf.⟩ **0.1** [verkleumen] *perish (with cold)* ⇒ *freeze.*

vernis 0.1 [lak] *varnish* **0.2** [laagje lak] *(layer of) varnish* **0.3** [fig.] *veneer* ◆ **2.3** haar wellevendheid is slechts een dun ~(je) *hers is only a v. of good manners.*

vernissen 0.1 *varnish.*

vernoemen 0.1 *name/call after* ◆ **6.1** een kind naar iem. ~ *name a child after s.o.*

vernuft 0.1 *ingenuity* ◆ **2.1** het menselijk ~ *human i.*

vernuftig 0.1 *ingenious.*

veronaangenamen 0.1 *make (sth.) unpleasant.*

veronachtzamen 0.1 *neglect* ⇒⟨opzettelijk⟩ *disregard,* ⟨opzettelijk iets anders doen⟩ *slight, ignore* ⟨regels⟩ ◆ **5.1** iem. opzettelijk ~ *slight/cut s.o.*

veronderstellen 0.1 [vermoeden] *suppose* ⇒*assume* **0.2** [als uitgangspunt nemen] *suppose* ◆ **5.1** ik veronderstel van ja/wel *I s. so* **8.1** iets als bekend ~ *take sth. as read, assume that everybody knows sth.;* het wordt als vanzelfsprekend verondersteld dat ... *it is taken for granted that ...*

veronderstelling 0.1 [het vermoeden] *assumption* ⇒*supposition* ◆ **6.1 in** de ~ verkeren dat ... *be under the impression that ...;* iets doen **in** de ~ dat ... *do sth. on the a. that ...*

verongelijkt 0.1 *wronged* ⇒*aggrieved* ◆ **1.1** een ~ gezicht zetten *put on an aggrieved expression;* de ~e partij *the injured party* **3.1** zich ~ voelen *feel w.*

verongelukken 0.1 [mbt. personen] *have an accident* ⇒*be lost/killed* ⟨mensen bij vliegramp/ schipbreuk⟩ **0.2** [mbt. vervoermiddelen] *(have a) crash* ⇒*be wrecked/lost* ⟨schip⟩ ◆ **1.2** het vliegtuig verongelukte *the plane crashed.*

verontreinigen 0.1 *pollute* ⇒*contaminate* ⟨ihb. radioactiviteit⟩, *foul* ⟨ihb. hondenpoep⟩.

verontreiniger 0.1 *polluter* ⟨persoon⟩ ⇒*pollutant* ⟨stof⟩.

verontreiniging 0.1 [het verontreinigen] *pollution* ⇒*contamination* **0.2** [waarmee iets verontreinigd is] *pollutant* ⇒*contaminant* ◆ **1.1** de ~ v.h. milieu *environmental p.*

verontrust 0.1 *alarmed* ⇒*worried, concerned* ◆ **1.1** ~e leden/ouders *concerned members/parents.*

verontrusten 0.1 *alarm* ⇒*worry, disturb.*

verontrustend 0.1 *alarming* ⇒*worrying, disturbing* ◆ **4.1** dat is niets ~s *that's not at all a./disturbing.*

verontrusting 0.1 *alarm* ⇒*anxiety* ◆ **6.1 met** ~ de ontwikkelingen gadeslaan *observe developments with anxiety.*

verontschuldigen I ⟨ov.ww.⟩ **0.1** [van schuld vrijspreken] *excuse* ⇒*pardon* ◆ **1.1** iem. ~ *excuse s.o.;* **II** ⟨wk.ww.; zich ~⟩ **0.1** [excuses aanbieden] *apologize* ⇒ *excuse* ◆ **3.1** zich laten ~ ⟨formeel, bij vergadering⟩ *beg to be excused; send one's regrets/excuses/apologies* **4.1** zich vanwege ziekte ~ *excuse o.s. on account of illness.*

verontschuldiging 0.1 [het van schuld vrijspreken] *exoneration* ⇒*pardon* **0.2** [het aanbieden van excuses] *apology* **0.3** [rechtvaardiging] *excuse* ⇒*defence* **0.4** [excuus] *excuse* ⇒*apology* ◆ **3.3** hij voerde als ~ aan dat *he offered the e. that* **3.4** ~en aanbieden *apologize, offer one's apologies.*

verontwaardigd 0.1 *indignant (about/at)* ⇒*incensed/ outraged (about/at)* ◆ **3.1** men was bijzonder ~ over het gebeurde ⟨ook⟩ *feelings over the incident ran high.*

verontwaardiging 0.1 *indignation* ⇒*outrage* ◆ **2.1** tot grote ~ van *to the great i. of.*

veroordeelde 0.1 *condemned man/woman* ⇒*convict* ◆ **2.1** een voorwaardelijk ~ *a probationer.*

veroordelen 0.1 [oordeel uitspreken over] *condemn* ⇒⟨jur.⟩ *sentence,* ⟨schuldig bevinden⟩ *find guilty,* ⟨schuldig bevinden⟩ *convict* **0.2** [afkeuren] *condemn; denounce* ⟨iem., gedrag⟩ ◆ **2.1** voorwaardelijk veroordeeld worden *be given a suspended sentence* **6.1** ~ **tot** de betaling v.d. kosten *order (s.o.) to pay costs.*

veroordeling 0.1 [jur.] *conviction;* ⟨vonnis⟩ *sentence* **0.2** [afkeuring] *condemnation* ⇒⟨openlijk⟩ *denunciation* ◆ **2.1** voorwaardelijke ~ *suspended sentence.*

veroorloven 0.1 *permit* ⇒*allow, afford* ⟨mbt. aanschaf⟩ ◆ **4.1** voor zover het weer het veroorlooft *weather permitting;* zo'n dure auto kunnen wij ons niet ~ *we can't afford such an expensive car;* zich veel ~ *allow o.s. a lot of things* ⟨materieel, mbt. gedrag⟩; *take many liberties* ⟨mbt. gedrag⟩; zich vrijheden tegenover iem. ~ *take liberties with s.o.*

veroorzaken 0.1 *cause* ⇒*bring about* ◆ **1.1** schade ~ *c. damage.*

veroorzaker, -zaakster 0.1 *cause.*

verorberen 0.1 *consume;* ⟨inf.⟩ *polish off* ◆ **7.1** veel ~ *put away a lot of food.*

verordenen 0.1 [wettelijk bepalen] *decree* ⇒*ordain, prescribe* **0.2** [bij verordening vaststellen] *rule* **0.3** [bevelen] *order* ⇒*decree.*

verordening 0.1 *regulation(s)* ⇒*ordinance, statute,* ⟨van lage overheid⟩ *by(e)-law* ◆ **2.1** gemeentelijke ~en *by(e)-laws, local acts.*

verouderd 0.1 [in onbruik geraakt] *obsolete* ⇒*antiquated, archaic* **0.2** [niet modern] *old-fashioned* ⇒*(out)dated* **0.3** [oud geworden] *antiquated* ◆ **1.1** een ~ gebruik *an o./antiquated/out-of-date/a dated practice.*

verouderen I ⟨ov.ww.⟩ **0.1** [oud maken] *age* ◆ **5.1** kunstmatig verouderde meubels *distressed furniture;*
II ⟨onov.ww.⟩ **0.1** [buiten gebruik raken] *become obsolete* ⇒*become antiquated* **0.2** [niet meer aan de eisen v.d. tijd voldoen] *date* ⇒*go out of date* **0.3** [oud worden] *age* ◆ **5.3** vroegtijdig ~ *grow old before one's time.*

veroudering 0.1 [het ouder worden] *ageing* ⇒*getting old* **0.2** [het in onbruik/verouderd raken] *obsolescence* ⇒*getting/becoming out of date.*

veroveraar, -ster 0.1 [iem. die verovert] *conqueror* **0.2** [mbt. liefde] *seducer* ⟨m.⟩, *seductress* ⟨v⟩; ⟨inf.⟩ *chaser, womanizer* ◆ **1.1** ⟨gesch.⟩ Willem de Veroveraar *William the Conqueror.*

veroveren 0.1 [bemachtigen] *conquer* ⇒*capture, win* ⟨ook in geestelijk opzicht⟩ **0.2** [mbt. liefde] *capture* ⇒*make a conquest, win* ⟨s.o.'s heart⟩ ◆ **1.1** ⟨fig.⟩ met een product de markt ~ *sweep the market with a product;* ⟨fig.⟩ de eerste plaats ~ in de wedstrijd *take the lead.*

verovering 0.1 *conquest* ⇒*capture.*

verpachten 0.1 *lease (out)* ◆ **1.1** verpachte grond *land on lease.*

verpachter, -ster 0.1 *lessor* ⟨m., v.⟩ ⇒*landlord* ⟨m.⟩ */landlady* ⟨v.⟩.

verpakken 0.1 [emballeren] *pack (up)* ⇒*package,* ⟨fig.⟩ *cloak* ◆ **1.1** een cadeau in papier ~ *wrap a present in paper.*

verpakker 0.1 *packer* ⇒⟨kleine verpakkingen ook⟩ *packager.*

verpakking 0.1 [middel] *packing* ⇒*paper* **0.2** [wijze, handeling] *packing* ⇒*wrapping.*

verpakkingsmateriaal 0.1 *packing material.*

verpanden 0.1 *pawn* ⇒*pledge* ⟨ook fig.⟩, *mortgage* ⟨onroerend goed⟩ ◆ **1.1** een horloge ~ *pawn a watch.*

verpatsen ⟨inf.⟩ **0.1** *flog* ⇒*sell out* ⟨alles⟩.

verpauperen 0.1 *impoverish* ⇒*go down (in the world), be reduced to poverty* ◆ **1.1** een verpauperde stad *a run-down town.*

verpaupering 0.1 *deterioration* ⇒*impoverishment* ◆ **1.1** de algehele ~ v.d. binnensteden *the general d. of the inner cities.*

verpersoonlijking 0.1 *personification* ⇒*embodiment.*

verpesten 0.1 *poison* ⇒*contaminate, spoil* ◆ **1.1** de sfeer ~ *spoil the atmosphere.*

verpestend 0.1 *pestilent(ial)* ⇒*pernicious* ◆ **1.1** ⟨fig.⟩ een ~e invloed *a pernicious influence.*

verpieteren 0.1 [mbt. voedsel] *overcook* **0.2** [verkommeren] *wither* ⇒*waste away,* ⟨verslonzen⟩ *go to seed/downhill* ◆ **1.2** de plantjes ~ *the plants are withering/wilting.*

verplaatsbaar 0.1 *movable* ⇒⟨draagbaar⟩ *portable, mobile* ⟨grote machines⟩, *transportable* ⟨grote voorwerpen⟩ ◆ **1.1** een verplaatsbare barak *transportable barracks.*

verplaatsen I ⟨ov.ww.⟩ **0.1** [elders plaatsen] *move* ⇒*transfer* ⟨zaak, ambtenaar⟩, *shift* ⟨dingen, gewicht⟩, *transpose* ⟨letters, cijfers⟩ **0.2** [door zijn volume/beweging wegdrukken] *displace* ◆ **1.1** zijn activiteiten ~ *shift one's activities;*
II ⟨wk.ww.; zich ~⟩ **0.1** [zich voortbewegen] *move* ⇒*shift, change places* **0.2** [zich inleven] *project o.s.* ⇒*put o.s. in s.o. else's shoes* ◆ **6.2** zich in iemands positie ~ *put o.s. in s.o. else's position.*

verplaatsing 0.1 [het verplaatsen] *moving, movement* ⇒*transfer(ence), transposition* ⟨letters, cijfers⟩, *displacement* ⟨water⟩ **0.2** [plaatsverandering] *move* ⇒*relocation, transposition* ⟨letters, cijfers⟩.

verplanten 0.1 *transplant* ⟨ook fig.⟩.

verpleegdag 0.1 *patient-day* ⇒*day of hospitalization.*

verpleegde 0.1 *patient.*

verpleeghuis, -tehuis 0.1 *nursing home* ⇒*convalescent home.*

verpleeghulp I ⟨de (m.)⟩ **0.1** [persoon] *nurse's aide* ⇒*nursing auxiliary, medical orderly* ⟨meestal m.⟩;
II ⟨de⟩ **0.1** [hulp bij het verplegen] *nursing help/assistance.*

verpleegkosten 0.1 *nursing/hospital fees.*

verpleegkunde 0.1 *nursing.*

verpleegkundig 0.1 *nursing* ⇒*medical.*

verpleegkundige, verpleger, verpleegster 0.1 *nurse* ⟨m., v.⟩; ⟨m. ook⟩ *male nurse* ◆ **2.1** gediplomeerd ~ *trained/qualified nurse.*

verplegen 0.1 *nurse* ⇒*care for* ◆ **1.1** ~de en verzorgende beroepen *nursing and caring professions;* ~d personeel *nursing staff.*

verpleging 0.1 *nursing;* ⟨personeel⟩ *nursing staff;* ⟨beroep⟩ *nursing (profession)* ⇒*care* ◆ **6.1** zij gaat in de ~ *she's going into n.*

verplegingskosten ⇒**verpleegkosten.**

verpletteren 0.1 [te pletter slaan/drukken] *crush* ⇒*smash* ⟨ook sport⟩ **0.2** [fig.] *shatter* ◆ **1.2** dit bericht verpletterde haar *the news shattered her.*

verpletterend 0.1 *crushing* ⇒*overwhelming, shattering* ⟨bericht⟩ ◆ **1.1** een ~e nederlaag *a c. defeat.*

verplicht 0.1 [genoodzaakt] *compelled* ⇒*obliged* **0.2** [voorgeschreven] *compulsory* ⇒*obligatory* **0.3** [erkentelijk] *obliged* ⇒*indebted* ◆ **1.1** ~e militaire dienst *conscription,* ᴬ*draft* **1.2** ~e lectuur *required reading (matter)* **2.2** ~ verzekerd zijn *be compulsorily insured* **3.1** zich ~ voelen om *feel c. to* **3.2** iets ~ stellen *make sth. compulsory* **5.1** moreel ~ *morally obliged, obligated* **5.2** wettelijk ~ zijn *be a statutory requirement, be legally bound.*

verplichten 0.1 [noodzaken] *oblige* ⇒*compel* **0.2** [door dienst verbinden] *oblige* ◆ **4.1** de wet verplicht ons daartoe *the law obliges us to do that* **6.1** zich **tot** iets ~ *commit o.s. to doing sth.*

verplichting 0.1 [het verplichten/verplicht zijn; noodzaak] *obligation* ⇒*commitment, liability* ⟨ihb. wettelijk, financieel⟩ **0.2** [het gebonden zijn door ontvangen dienst] *obli-*

gation ⇒*indebtedness* ◆ **2.1** financiële ~en *financial liabilities/obligations;* sociale ~en *social duties;* een wettelijke ~ *a liability, a legal commitment* **3.1** ~en aangaan *enter into obligations/a contract;* zijn ~en nakomen *fulfil one's obligations;* iem. een ~ opleggen *put s.o. under an o.* **3.2** dat schept ~en *that creates obligations* **6.1 krachtens** wettelijke ~ *by virtue of statutory o.;* verhinderd zijn we-**gens** ~en elders *be unable to come due to a previous engagement* **6.2** ~en hebben **jegens** iem. *be indebted to s.o.*

verpoppen ⟨wk.ww.; zich ~⟩ **0.1** *pupate* ⇒*cocoon.*

verpoten 0.1 *transplant.*

verpotten 0.1 *repot.*

verpozen ⟨wk.ww.; zich ~⟩⟨schr.⟩ **0.1** *repose* ⇒*rest.*

verpraten I ⟨ov.ww.⟩ **0.1** [met praten doorbrengen] *waste (one's time) talking* ◆ **1.1** we hebben de hele middag verpraat *we wasted the whole afternoon talking/chatting;* **II** ⟨wk.ww.; zich ~⟩ **0.1** [zijn mond voorbijpraten] *shoot one's mouth off;* ⟨inf.⟩ *let the cat out of the bag.*

verprutsen 0.1 *bungle* ⇒⟨inf.⟩ *botch* ◆ **1.1** zijn tijd ~ *fritter away/waste one's time.*

verpulveren 0.1 *pulverize* ⇒⟨ov.ww. ook⟩ *crush* ⟨ook fig.⟩ ◆ **1.1** ⟨fig.⟩ het record ~ *smash the record.*

verraad 0.1 *treason* ⇒*treachery, betrayal* ◆ **3.1** ~ plegen *commit treason* ⟨tegen land⟩; *sell out* ⟨gebrek aan trouw⟩; *turn traitor;* ~ plegen jegens zijn bondgenoten *betray one's allies.*

verraden 0.1 [in handen v.d. vijand spelen] *betray* ⇒*commit treason, sell down the river* **0.2** [verklappen] *betray;* ⟨inf.⟩ *blow; give away* **0.3** [kenbaar maken] *betray* ⇒*give (o.s./the game) away* ◆ **1.1** de goede zaak ~ *sell the pass* **1.2** een geheim ~ *betray/let out a secret* **1.3** uw stem verraadt u *your voice gives you away* **4.2** niets ~, hoor! *don't breathe a word!* **6.1** iem. **aan** de politie ~ *squeak/rat on s.o.* **8.3** zijn achternaam verried dat hij uit Friesland kwam *his surname indicated that he came from Friesland.*

verrader, -raadster 0.1 *traitor; betrayer; squealer* ⟨aan politie⟩; *Judas.*

verraderlijk 0.1 *treacherous* ◆ **1.1** een ~e bocht *a t. bend;* ~ ijs *t. ice;* een ~ trekje om de mond *a t./telltale touch around the mouth.*

verrassen 0.1 *(take by) surprise* ◆ **1.1** de dood verraste hem tijdens zijn werk *death overtook him suddenly at work* **5.1** onaangenaam verrast zijn *be taken aback* **6.1 door** noodweer verrast *caught in a thunderstorm;* hij verraste het publiek **door** zijn overwinning *he sprang a surprise on everyone with his victory;* iem. **met** een geschenk ~ *surprise s.o. pleasantly with a present.*

verrassing 0.1 [wat onverwacht komt, surprise] *surprise;* ⟨onaangenaam⟩ *shock* **0.2** [verwondering] *surprise* ⇒*amazement* ◆ **2.1** onaangename ~ *shock, bombshell* **3.1** iem. een ~ bereiden *have a surprise in store for s.o.;* het was voor ons geen ~ *meer it didn't come as a surprise to us* **6.1 bij** ~ *by surprise* **6.2 tot** mijn ~ bemerkte ik ... *I was surprised to see that ...;* **tot** mijn grote ~ bemerkte ik ... *much to my s. I noticed ...*

verrassingsaanval 0.1 *surprise attack.*

verrast 0.1 *surprised;* ⟨verwonderd⟩ *amazed* ◆ **3.1** ~ keek hij op *he looked up in surprise.*

verre[1] →**ver.**

verre[2] ⟨bw.⟩ **0.1** [allesbehalve] *far (from)* **0.2** [verreweg] *by far* ⇒*far and away* ◆ **3.2** ~ de voorkeur verdienen boven ... *be far (and away) preferable to ...* **6.1** hij is ~ **van** knap *he's far from handsome;* ~ **van** dat! *far from it!*

verrechtsen ⟨pol.⟩ **0.1** *move/shift to the right.*

verregaand 0.1 *far-reaching; gross* ⟨onwetendheid, egoïsme⟩; ⟨pej.⟩ *outrageous; radical* ⟨ideeën, veranderingen⟩ ◆ **1.1** ~e bevoegdheden *f.-r./extensive powers;* ~e hervormingen *radical/f.-r. reforms;* ~e onbeschaamdheid *gross impertinence;* ~e overeenstemming *a large degree of agreement;* in ~e staat van ontbinding *in an advanced state of decomposition.*

verregenen 0.1 *spoil by rain* ⇒⟨uitgesteld/stopgezet wegens regen⟩ *rain off,* ⟨heel nat worden⟩ *bedraggle,* ⟨heel nat worden⟩ *drench* ◆ **1.1** een verregende zomer *a(n exceedingly) wet/rainy summer.*

verreikend 0.1 *far-reaching; sweeping* ⟨eisen, veranderingen⟩; *comprehensive* ⟨plan, hervormingen⟩; *(very) ambitious* ⟨doel, plan⟩ ◆ **1.1** een ~e invloed hebben ⟨ook⟩ *have a long arm.*

verrek ⟨inf.⟩ **0.1** *gosh* ⇒*(good) gracious, damn, by gum.*

verrekenbaar 0.1 [aftrekbaar] *deductible* **0.2** [terugvorderbaar] *refundable* ◆ **1.2** ~ voorschot *r. deposit.*

verrekenen I ⟨ov.ww.⟩ **0.1** [vereffenen] *settle; deduct, adjust;* ⟨crediteren⟩ *credit to an account;* ⟨debiteren⟩ *debit to an account;* ⟨uitbetalen⟩ *pay out* ◆ **6.1** voorheffingen worden verrekend **met** de belastingaanslag *previously paid tax will be deducted in the final assessment;* iets **met** iets ~ *balance sth. with sth.;* **II** ⟨wk.ww.; zich ~⟩ **0.1** [zich vertellen] *miscalculate* **0.2** [bedrogen uitkomen] *make a mistake/an error* ◆ **1.1** hij heeft zich vijf pond verrekend *he was out by five pounds (in his calculation).*

verrekening 0.1 [het verrekenen] *settlement;* ⟨creditering⟩ *crediting to an account;* ⟨debitering⟩ *debiting to an account* **0.2** [misrekening] *miscalculation.*

verrekijker 0.1 *telescope* ⟨één lens⟩; ⟨met twee lenzen⟩ *binoculars;* ⟨inf.⟩ *binocs, field glass(es).*

verrekken i ⟨ov.ww.⟩ **0.1** [ontwrichten] *strain* ⇒*pull* ⟨spier⟩, *twist, wrench,* ⟨verstuiken⟩ *sprain* ◆ **1.1** een pees ~ *stretch a tendon* **4.1** zich ~ *strain o.s.;* **II** ⟨onov.ww.⟩⟨inf.⟩ **0.1** [sterven] *die; kick the bucket* **0.2** [verdommen] *be damned* ◆ **3.1** ⟨fig.⟩ je kunt ~! *get lost!;* ⟨fig.⟩ laat hem ~! *let him stew in his own juice* **3.2** het kan me niets ~ *I don't give a damn;* ⟨fig.⟩ ik mag ~ als het niet waar is! *I'll be damned if it's not true* **4.2** ⟨fig.⟩ hij verrekte het om mij te helpen *he damn well refused to help me* **6.1** ~ **van** de honger *starve;* ~ **van** de pijn *be groaning with pain;* ~ **van** de kou *perish with cold.*

verrekt 0.1 [ontwricht] *strained* **0.2** [ellendig] *damned* ⇒⟨BE ook⟩ *bloody.*

verreweg 0.1 *(by) far; much, easily* ⟨+ overtreffende trap⟩ ◆ **3.1** dat is ~ het beste *that's easily/much the best;* hij is ~ de sterkste *he's by far/far and away the strongest;* hij is ~ de beste ⟨ook⟩ *he is head and shoulders above the rest* ¶.1 ~ het grootste deel *by far the biggest part.*

verrichten 0.1 *perform; conduct* ⟨onderzoek, zaken⟩; *carry out* ⟨onderzoek, zaken, reparatie⟩; *accomplish* ⟨grote hoeveelheid werk⟩ ◆ **1.1** wonderen ~ *work wonders, p. miracles.*

verrichting 0.1 [uitvoering] *performance* **0.2** [werkzaamheid] *action;* ⟨zakelijk⟩ *transaction; achievement* ⟨bij voltooiing⟩; ⟨alg.⟩ *activity* ◆ **2.2** ⟨fig.⟩ bijzondere ~en ⟨bij rijexamen⟩ *special manoeuvres;* de dagelijkse ~en *daily activities;* voor de meeste ~en berekent de bank geen kosten *the bank makes no charges for most services.*

verrijden 0.1 [rijdend verplaatsen] *move;* ⟨duwend⟩ *wheel; drive* ⟨besturen⟩ **0.2** [voor rijden uitgeven] *spend on travel(ling)* **0.3** [rijden om] *compete in/for* ◆ **1.2** wij hebben *f* 15,- verreden *we've spent 15 guilders on travelling* **1.3**

een kampioenschap ~ *organize/hold a championship* **3.3** een wedstrijd laten ~ *run off a race.*

verrijken 0.1 ***enrich*** ⟨ook van isotopen⟩ ⇒*increase* ⟨verzameling, kennis⟩, ⟨verzameling ook⟩ *enlarge* ◆ **1.1** zijn kennis ~ *improve one's knowledge* **4.1** zich ~ ten koste van een ander *get rich at the expense of s.o. else* **6.1** het mengsel **met** zuurstof ~ *add oxygen to the mixture.*

verrijking 0.1 ***enrichment*** ⇒*increase* ⟨verzameling, kennis⟩, ⟨verzameling ook⟩ *enlargement.*

verrijkingsfabriek 0.1 ***uranium enriching plant.***

verrijzen 0.1 [oprijzen] ***(a)rise*** ⇒*spring up* ⟨gebouw⟩, ⟨heel snel⟩ *shoot up* **0.2** [opstaan] ***be resurrected*** ⇒*arise (from the dead)* ◆ **3.1** doen ~ *build up* ⟨huis⟩; *raise* ⟨iem./iets van de grond⟩.

verrijzenis 0.1 ***resurrection;*** ⟨ook fig.⟩ ***resurgence.***

verroeren ⟨wk.ww.; zich ~⟩ **0.1** ***move*** ◆ **3.1** je kunt je hier nauwelijks ~ *you can hardly m. in here* **4.1** verroer je niet *don't m.*

verroest[1] ⟨bn.⟩ **0.1** ***rusty.***

verroest[2] ⟨tw.⟩⟨inf.⟩ **0.1** ***what the devil/hell*** ◆ ¶**.1** ~, wat doe jij hier? *what the devil/hell are you doing here?*

verroesten 0.1 ***rust*** ⇒*get rusty* ◆ **1.1** verroest ijzer *rusty iron;* het slot is verroest *the lock is rusty.*

verroken 0.1 ***spend on smoking/cigarettes.***

verrot 0.1 ***rotten*** ⟨ook fig.⟩ ⇒*bad* ⟨appel, tand⟩, *putrid/-refied* ⟨mbt. organische stoffen⟩, ⟨fig. ook⟩ *wretched* ◆ **1.1** die ~te radio *that r./confounded radio* **3.1** iem. ~ slaan *knock the (living) daylights out of s.o.* **5.1** door en door ~ *r. to the core.*

verrotten 0.1 ***rot*** ⇒*decay, decompose* ⟨organische stoffen⟩, *putrefy* ⟨organische stoffen⟩ ◆ **3.1** doen ~ *rot (down)* ⟨composthoop⟩; *decay* ⟨ihb. tanden⟩.

verrotting 0.1 ***rot(ting)*** ⇒*decay* ⟨ook tanden⟩, *putrefaction* ⟨organische stoffen⟩, *decomposition* ⟨lichaam⟩ ◆ **6.1** dit hout is **tegen** ~ bestand *this wood is treated for rot.*

verruilen 0.1 ***(ex)change*** ⇒⟨inf.⟩ *swap* ◆ **6.1 van** plaats ~ *change/swap places.*

verruimen 0.1 ***widen*** ⇒*broaden* ⟨ook fig.⟩, *liberalize* ⟨mening, maatregel⟩, *extend* ⟨macht, begrip⟩ ◆ **1.1** ⟨fig.⟩ zijn blik ~ *w./broaden one's outlook;* de geldmarkt ~ *expand the capital market;* ⟨fig.⟩ mogelijkheden ~ *create more possibilities;* ⟨fig.⟩ de werkgelegenheid ~ *increase employment.*

verruiming 0.1 ***widening*** ⇒*broadening* ⟨ook fig.⟩, *liberalization* ⟨mbt. mening/maatregel⟩, *extension* ⟨mbt. macht/begrip⟩ ◆ **1.1** ~ v.d. arbeidsmarkt *expansion of the labour market;* ~ v.d. inhoud v.e. begrip *broadening/extension of a concept.*

verrukkelijk 0.1 ***delightful*** ⇒*gorgeous, delicious* ⟨mbt. voedsel⟩, *delectable* ⟨mbt. voedsel⟩ ◆ **1.1** een ~ gezicht *a delightful/gorgeous sight;* deze ~e stilte *this blissful silence* **3.1** zij zingt ~ *she sings divinely.*

verrukking 0.1 ***delight*** ◆ **6.1 in** ~ *in ecstasy; elated.*

verrukt 0.1 ***delighted (with)*** ⇒*thrilled (with/at).*

verruwen I ⟨onov.ww.⟩ **0.1** [ruwer worden] ***coarsen*** ⇒*become vulgar* ⟨persoon, taal⟩, *become brutalized* ⟨op moreel gebied⟩;

II ⟨ov.ww.⟩ **0.1** [ruwer maken] ***coarsen*** ⇒*vulgarize* ⟨persoon, manieren⟩, *brutalize* ⟨op moreel gebied⟩.

verruwing 0.1 ***coarsening*** ⇒*vulgarization* ⟨persoon, manieren⟩, *brutalization* ⟨op moreel gebied⟩ ◆ **2.1** de algemene ~ v.d. omgangsvormen *the general c./vulgarization of manners.*

vers[1] ⟨het⟩ **0.1** [regel] ***verse*** **0.2** [couplet] ***verse*** ⇒*stanza,* ⟨twee regels⟩ *couplet* **0.3** [gedicht] ***verse*** ⇒*poem,* ⟨rijmpje⟩ *rhyme* ◆ **2.1** een vijfvoetig/blank ~ *a pentameter, blank v.* **6.1** een vertaling **in** verzen *a v. translation* **7.1** ⟨rel.⟩ Lucas 6, ~ 10 *St. Luke, chapter 6, v. 10* **7.2** ⟨fig.⟩ dat is ~ twee *that's quite a different matter/story.*

vers[2] ⟨bn., bw.⟩ **0.1** ***fresh*** ⇒*new* ◆ **1.1** ~ bloed *f./young/new blood;* ~e eieren *new-laid eggs;* ~e paarden *f. horses, remounts;* ~e sneeuw *f./new-fallen snow;* ~e sporen v.e. dier *f. tracks of an animal;* ~e vis *f. fish* **3.1** ~ blijven *keep f./good* **6.1** dat ligt nog ~ **in** het geheugen *that's still f. in my mind;* ~ **van** de pers *hot from the press;* ~ **van** school *new from school.*

versagen 0.1 [bang worden] ***flinch*** **0.2** [de moed verliezen] ***despond*** ⇒*despair* ◆ **5.1** hoewel de dood nabij scheen, versaagde hij niet *although death seemed near he did not f.*

verschaffen 0.1 ***provide (with)*** ⇒*supply (with)* ◆ **1.1** het leger verschafte hem een complete uitrusting *the army issued him with a complete kit* **4.1** wat verschaft hem het recht om ...? *what gives him the right to ...?;* wat verschaft mij het genoegen? *to what do I owe the honour/pleasure?;* zich zekerheid ~ omtrent *make sure of.*

verschalen 0.1 ***go/become stale*** ◆ **1.1** verschaald bier *stale/flat beer.*

verschalken 0.1 [nuttigen] ***polish off*** **0.2** [te slim af zijn] ***outwit*** ⇒*(out)fox* ◆ **1.2** de dood ~ *cheat death;* een visje ~ *catch a fish* **3.2** zich laten ~ *be outsmarted/outwitted.*

verschansen ⟨wk.ww.; zich ~⟩ **0.1** ***entrench o.s.*** ⇒*barricade o.s., take cover* ◆ **6.1** ⟨scherts.⟩ zich **achter** zijn bureau ~ *ensconce o.s. behind one's desk;* zich **in** zijn kamer ~ ⟨ook⟩ *barricade o.s. in one's room.*

verschansing 0.1 [schuilconstructie] ***entrenchment*** ⇒*fortification, barricade, parapet* ⟨tot borsthoogte⟩ **0.2** [reling] ***bulwarks*** ⇒*railing* ⟨open⟩ ◆ **6.2 over** de ~ hangen *hang over the railing.*

verscheiden[1] ⟨het⟩⟨schr.⟩ **0.1** ***demise*** ◆ **6.1 bij** zijn ~ *on his d.*

verscheiden[2] ⟨onov.ww.⟩⟨schr.⟩ **0.1** ***decease.***

verscheiden[3] ⟨hoofdtelw.⟩ **0.1** ***several*** ⇒*various* ◆ **1.1** ik heb hem ~e malen gesproken *I've spoken to him on various occasions;* ~e mensen hebben het gezien *s. people have seen it.*

verscheidenheid 0.1 [verschil] ***variety*** ⇒*diversity* **0.2** [verzameling van verschillende eenheden] ***variety*** ⇒*assortment, range* ◆ **2.2** een grote ~ aan gerechten *a wide v. of dishes;* een grote ~ aan ideeën *a multiplicity of ideas.*

verschepen 0.1 [overladen] ***reship*** **0.2** [met schepen verzenden] ***ship (off/out); transport*** ⟨gevangenen⟩.

verscheper 0.1 ***shipper.***

verscheping 0.1 [het overladen] ***reshipment*** **0.2** [het per schip verzenden] ***shipping; transportation*** ⟨mbt. gevangenen⟩.

verscherpen I ⟨ov.ww.⟩ **0.1** [strenger maken] ***tighten (up)*** **0.2** [verergeren] ***aggravate*** ◆ **1.1** het toezicht ~ *tighten up control;*

II ⟨onov.ww.⟩ **0.1** [ernstiger worden] ***intensify*** ⇒*worsen.*

verscherping 0.1 ***sharpening (up)*** ⟨ook fig.⟩ ⇒⟨fig. ook⟩ *intensification, escalation* ⟨mbt. conflict⟩, *tightening up* ⟨mbt. maatregelen⟩.

verscheurdheid 0.1 ***division; schism*** ⟨ihb. in kerk⟩ ◆ **2.1** innerlijke ~ *inner conflict.*

verscheuren 0.1 [in/aan stukken scheuren] ***tear (up); shred*** ⟨in kleine stukjes⟩; ***rip (up)*** ⟨met kracht⟩ **0.2** [met de tanden vaneenrijten] ***maul*** ⇒*tear in pieces/apart* **0.3** [tot verdeeldheid brengen] ***divide*** ⇒*tear (apart), disunite* ⟨partij, volk⟩ ◆ **1.1** ⟨fig.⟩ zijn hart wordt verscheurd door verdriet *his heart is being torn by sorrow;* een gil verscheurde de stilte *a scream rent the silence* **1.3** een verscheurd land *a strife-torn country;* een verscheurd mens *a(n inwardly) torn man;* twijfel verscheurde hem *he was torn (apart) by doubt(s).*

verschiet 0.1 [verte, horizon] *distance* **0.2** [toekomst] *prospect* ⇒*outlook, future* ♦ **6.1** in het ~ *in the d.* **6.2** dat ligt in het verre ~ *that's a distant p.;* er ligt voor haar iets **moois** in het ~ *there's sth. good in store for her.*

verschieten I ⟨ov.ww.⟩ **0.1** [schietend verbruiken] *shoot (off/away)* ⇒*use up* ⟨munitie⟩; **II** ⟨onov.ww.⟩ **0.1** [verbleken] *fade* **0.2** [mbt. mensen] *blanch* ⇒*go/turn pale* ♦ **5.1** niet ~ de stoffen *fast(-dyed) materials* **5.2** zij verschoot ervan *she went pale at the thought.*

verschijnen 0.1 [zich vertonen] *appear; surface, emerge* ⟨uit iets⟩ **0.2** [komen opdagen] *appear* ⇒*turn up* **0.3** [uitkomen] *appear* ⇒*come out, be published* ⟨boeken, tijdschriften enz.⟩ ♦ **4.1** er verscheen hem een engel *an angel appeared unto him* **5.1** zij verscheen niet *she failed to turn up* **5.3** te ~ boeken *forthcoming books* **6.1** voor 't eerst ~ *make one's first appearance.*

verschijning 0.1 [het verschijnen] *appearance; publication* ⟨mbt. boeken⟩ **0.2** [persoon] *figure* ⇒*presence* **0.3** [bovennatuurlijk verschijnsel] *apparition* ♦ **2.2** een indrukwekkende ~ *an imposing presence;* ze is een statige ~ *she's a stately appearance;* een sympathieke ~ *a sympathetic person* **3.3** ~ en hebben *see/be visited by ghosts.*

verschijningsvorm 0.1 *manifestation;* ⟨fil.⟩ *phenomenon;* ⟨taal.⟩ *representation.*

verschijnsel 0.1 *phenomenon* ⇒*symptom* ⟨van ziekte/problemen⟩, *sign* ♦ **1.1** ~ en van verrotting vertonen *show signs of decay* **2.1** een eigenaardig ~ *a strange p.* **3.1** het ~ doet zich voor, dat *...it sometimes happens that ...*

verschil 0.1 [onderscheid] *difference* ⇒*dissimilarity, distinction,* ⟨ongewenst⟩ *discrepancy* **0.2** [uitkomst v.e. aftrekking] *difference* ⇒*remainder* ♦ **1.1** ~ van mening a *difference of opinion* **2.1** een groot/hemelsbreed ~ maken *make all the difference;* een subtiel ~ *a fine distinction* **3.1** ~ maken tussen *draw a distinction between, differentiate between;* ⟨verschillend behandelen, bv. kinderen⟩ *discriminate between;* ~ maken *make a difference* **3.2** het ~ delen *split the d.* **6.1** met dit ~, dat *...with one difference, namely that ...;* het ~ met 2 jaar geleden *the difference from 2 years ago;* een ~ van dag en nacht *a world of difference.*

verschillen 0.1 *differ* ⇒*be different from, vary* ⟨ook mening⟩ ♦ **1.1** die prijzen ~ een gulden *those prices d. by a guilder;* hun reacties verschillen *their reactions varied* **5.1** hemelsbreed ~ *be poles apart* **6.1** dat verschilt nogal **met/van** de vorige uitkomst *that is rather different from the previous result;* **van** mening ~ (met iem.) *disagree (with s.o.).*

verschillend¹ ⟨bn., bw.⟩ **0.1** *different (from)* ⇒*various* ♦ **3.1** ergens ~ over denken *think differently about sth.;* daar kun je ~ over denken *it's a matter of opinion.*

verschillend² ⟨hoofdtelw.⟩ **0.1** *several* ⇒*various, different* ♦ **1.1** bij ~ e gelegenheden *on various occasions.*

verscholen 0.1 *hidden; secluded* ⟨attr.; plekje⟩ ♦ **2.1** de hut lag diep ~ in het bos *the hut was h. deep in the wood* **3.1** zich ~ houden *lie low;* het huis lag ~ achter de bomen *the house was tucked away behind the trees.*

verschonen 0.1 [van schoon goed voorzien] *change* **0.2** [ontzien] *spare* ♦ **1.1** de baby ~ *c. the baby's nappy;* de bedden ~ *put clean sheets on the beds* **3.2** ik wens van dit soort grappen verschoond te blijven *I wish to be spared this sort of jokes.* **4.1** zich ~ *put on clean clothes.*

verschoning 0.1 [het voorzien van schoon goed] *change* **0.2** [schoon ondergoed] *change of underclothes* **0.3** [het verontschuldigen] *excuse; extenuation* ⟨van overtreding⟩ ♦ **1.3** ⟨jur.⟩ ~ van getuigen/rechters *exemption of witnesses/judges.*

verschoppeling, -e 0.1 *outcast.*

verschralen I ⟨onov.ww.⟩ **0.1** [mbt. kwaliteit] *decrease* ⇒*become poorer/scantier* **0.2** [mbt. het weer] *become bleaker/colder* **0.3** [mbt. de huid] *become chapped;* **II** ⟨ov.ww.⟩ **0.1** [doen afnemen] *decrease* ⇒*make poorer/scantier* ⟨mbt. eten/geld⟩.

verschrikkelijk I ⟨bn., bw.⟩ **0.1** [schrikbarend] *terrible; devastating* ⟨ramp, nieuws⟩; *excruciating* ⟨pijn, lawaai⟩ ♦ **1.1** een ~ e hongersnood *a devastating famine;* een ~ e moord *a dreadful/horrible murder;* ~ e sneeuwman *abominable snowman, yeti* **5.1** hij is ~ slecht in wiskunde *he is t. at maths;* **II** ⟨bw.⟩ **0.1** [in hoge mate] *terribly* ⇒*awfully, terrifically* ⟨mbt. iets positiefs⟩ ♦ **2.1** een ~ mooi doelpunt *a terrific goal;* **III** ⟨bn.⟩ **0.1** [zeer hevig] *tremendous; horrendous* ♦ **1.1** een ~ kabaal *an infernal racket.*

verschrikken 0.1 *frighten* ⇒*startle* ♦ **3.1** zij werd verschrikt wakker *she woke with a start.*

verschrikking 0.1 [iets verschrikkelijks] *terror* ⇒*horror* ♦ **1.1** de ~ en v.d. oorlog *the horrors of war* **6.1** het examen was een ~ **voor** hem *the thought of the exam filled him with dread.*

verschroeien I ⟨ov.ww.⟩ **0.1** [door schroeien bederven] *scorch; singe* ⟨stof⟩; *char* ⟨papier, hout, botten⟩; *sear, blister* ⟨zon⟩ ♦ **1.1** de tactiek v.d. verschroeide aarde *scorched earth policy;* een ~ de hitte *a scorching heat;* **II** ⟨onov.ww.⟩ **0.1** [door schroeien bedorven raken] *be scorched* ♦ **1.1** de velden ~ *the fields were parched.*

verschrompelen 0.1 *shrivel (up)* ⇒*atrophy* ⟨orgaan⟩, *wilt* ⟨planten⟩ ♦ **1.1** een verschrompeld gezicht *a wizened face;* een verschrompeld oud vrouwtje *a shrivelled old woman.*

verschroten 0.1 *(turn into) scrap.*

verschuilen ⟨wk.ww.; zich ~⟩ **0.1** *hide (o.s.); lurk, skulk* ⟨met slechte bedoelingen⟩ ♦ **6.1** ⟨fig.⟩ zich **achter** zijn opdrachtgever ~ *h. behind one's principal/client;* zich **in** een hoek ~ *hide (o.s.) in a corner.*

verschuiven 0.1 [verplaatsen] *move* ⇒⟨inf.⟩ *shift,* ⟨opzij schuiven⟩ *shove aside/away* **0.2** [opschorten] *postpone; leave/carry over* ⟨zaken, deel v.d. agenda⟩.

verschuiving 0.1 [het verschoven worden] *shift* **0.2** [opschorting] *postponement* **0.3** [geol.; verplaatsing] *displacement* **4** [geol.; breukvlak] *fault* ♦ **1.1** een ~ in de aardkorst *a shift in the earth's crust* **2.1** er heeft een grote ~ plaatsgehad in de samenstelling v.h. parlement *there's been a big shift in the composition of parliament* **6.1** een ~ **naar** rechts *a swing to the right* **6.4** een ~ **op** twintig meter diepte *a f. at a depth of twenty metres.*

verschuldigd 0.1 [die/dat men schuldig is] *due* ⇒*indebted* ⟨ook mbt. hulp, diensten enz.⟩ **0.2** [waartoe men verplicht is] *due* ♦ **1.1** ik ben u veel dank verschuldigd voor uw hulp *I am greatly indebted to you for your help;* het ~ e geld *the money d.;* ~ e rente *interest d.;* bij vooruitbetaling ~ *payable in advance* **1.2** met ~ e eerbied *with d. respect;* rekenschap verschuldigd zijn aan *be accountable to* **3.1** iem. iets ~ zijn *be under an obligation/indebted to s.o., owe s.o. sth.* **6.2** dat is hij **aan** zijn naam ~ *he owes it to himself.*

versheid 0.1 *freshness.*

versie 0.1 *version.*

versierder, -ster 0.1 ⟨iem. die verfraait⟩ *decorator;* ⟨rege-

laar⟩ *organizer;* ⟨verleider⟩ **lady-killer;** ⟨verleidster⟩ *flirt*
◆ **2.1** daar komt de grote ~ *here comes Casanova.*
versieren 0.1 [opschikken, verfraaien] *decorate ⇒garnish*
⟨gerecht⟩ **0.2** [voor elkaar krijgen] *fix ⇒organize* **0.3** [op
slinkse wijze verkrijgen] *get hold of* **0.4** [verleiden] *pick
up;* ⟨BE: 't aanleggen met iem.⟩ *get off with;* ⟨avances ma-
ken⟩ *make a pass at* ◆ **1.1** de kerstboom ~ *trim the
Christmas tree;* straten ~ *decorate the streets* **3.4** zij probeert alle jongens te ~ *she chases everything in trousers*
4.2 dat versier ik even *I'll see to that.*
versiering 0.1 *decoration;* ⟨muz.⟩ *grace (note), ornament*
◆ **1.1** men is bezig met de ~ v.d. straat *people are busy
decorating the street* **6.1** een aria **zonder** ~en zingen *sing
an aria straight.*
versiersel 0.1 *decoration* ◆ **1.1** de ~en v.c. ridderorde *the
decorations of an order of knighthood.*
versiertoer ⟨inf.⟩ ◆ **6.1** ¶ **op** de ~ zijn/gaan *try to pick up s.o.*
versificeren 0.1 *versify.*
versimpelen I ⟨ov.ww.⟩ **0.1** [simpel maken] *(over)simplify*
◆ **1.1** problemen ~ *o. problems;*
II ⟨onov.ww.⟩ **0.1** [simpel worden] *become simple-mind-
ed ⇒*⟨inf.⟩ *go soft in the head.*
versjacheren 0.1 [verkwanselen] *squander* **0.2** [tot voorwerp van handel maken] *peddle.*
versjouwen 0.1 *drag away.*
verslaafd 0.1 *addicted (to) ⇒hooked (on),* ⟨sl.⟩ *strung out
(on)* ⟨ihb. mbt. verdovende middelen⟩ ◆ **3.1** hij is eraan ~
he can't leave it alone; ⟨mbt. verdovende middelen ook⟩
he's become dependent on it; ~ raken aan drugs *contract
the drug habit* **6.1** **aan** de drank/het spel ~ zijn *be a. to
drink/gambling;* zij is ~ **aan** haar werk *she's a workaholic.*
verslaafde 0.1 ⟨mbt. drank⟩ *alcoholic;* ⟨mbt. drugs⟩ *(drug)
addict;* ⟨mbt. heroïne⟩ *junkie* ◆ **6.1** een **aan** hasj/LSD ~
⟨sl.⟩ *a pot/an acid head.*
verslaafdheid 0.1 *addiction.*
verslaan 0.1 [overwinnen] *defeat ⇒beat* ⟨ihb. sport⟩, *conquer* ⟨land, volk⟩ **0.2** [verslag maken van] *write an account of;* ⟨ihb. mbt. journalisten⟩ *cover;* ⟨notuleren⟩ *take
the minutes* ◆ **1.1** ons elftal werd met 2 - 1 verslagen *our
team was beaten 2 (to) 1* **5.1** na het slechte nieuws waren
wij totaal verslagen *after hearing the bad news we were
absolutely crushed;* volkomen ~ *clobber, slaughter* **6.1** iem.
~ **met** schaken *defeat s.o. at chess.*
verslag 0.1 *report ⇒statement* ⟨mbt. financiën⟩, *commentary* ⟨op radio/tv⟩ ◆ **1.1** de ~en v.d. kamerzittingen *parliamentary protocols/reports;* ⟨GB⟩ *Hansard* **2.1** een direct ~
v.d. wedstrijd *a live commentary of the match;* een uitgebreid ~ *a complete run-down;* een woordelijk ~ *a verbatim
account* **3.1** het ~ opmaken *draw up a report;* ~ uitbrengen *report on, give an account of* **6.1** ~ **over** het jaar 1984
a report for the year 1984.
verslagen 0.1 [verwonnen] *defeated ⇒beaten* **0.2** [ter-
neergeslagen] *dismayed* ◆ **3.1** zij wisten zich ~ *they knew
they were beaten.*
verslagenheid 0.1 *dismay (at) ⇒consternation (at).*
verslaggever, -geefster 0.1 *reporter; commentator* ⟨op
radio/tv⟩; *correspondent* ⟨in andere plaats/ander land⟩.
verslaggeving 0.1 *(press) coverage* ◆ **2.1** betrouwbare ~
reliable reports.
verslaglegging 0.1 *report(ing).*
verslagperiode ⟨boekhouden⟩ **0.1** *period under review.*
verslapen I ⟨wk.ww.; zich ~⟩ **0.1** [te lang slapen] *oversleep*
◆ **1.1** hij had zich drie uur ~ *he overslept and was three
hours late;*
II ⟨ov.ww.⟩ **0.1** [met slapen doorbrengen] *sleep away/
through.*

verslappen 0.1 [slap worden] *relax* **0.2** [minder intensief
worden] *slacken ⇒;flag* ⟨aandacht, belangstelling⟩, *wane*
⟨aandacht, belangstelling⟩ ◆ **1.2** de handel verslapt *trade
is slackening;* de pols verslapt *the pulse is getting weaker*
6.2 wij mogen niet **in** onze pogingen ~ *we must not slack-
en in our efforts.*
verslapping 0.1 [het slap worden] *relaxation;* ⟨verzwak-
king⟩ *weakening* **0.2** [het minder intensief worden] *slackening;flagging, waning* ⟨van aandacht⟩.
verslavend 0.1 *addictive;* ⟨med.⟩ *habituating* ◆ **1.1** ~e geneesmiddelen *a./habituating drugs* **3.1** videospelletjes
werkten ~ op hem *he was a compulsive video-game player.*
verslaving 0.1 *addiction ⇒(drug-)dependence,* ⟨obsessie⟩
obsession.
verslechteren 0.1 *get worse ⇒worsen, deteriorate* ◆ **1.1**
ondanks haar zorgen verslechterde zijn gezondheidstoestand *despite her care his health declined;* de toestand
verslechtert zienderogen *the situation is perceptibly dete-
riorating.*
verslechtering 0.1 *worsening (of/in) ⇒deterioration (of/
in), change for the worse (in),* ⟨statistiek ook⟩ *downswing
(in).*
verslepen 0.1 *drag (off/away); tow (away)* ⟨met sleepboot/
takelwagen enz.⟩.
versleten 0.1 [afgesleten] *worn(-out) ⇒shabby, hackneyed*
⟨taalgebruik⟩, *timeworn* ⟨grap, uitdrukking⟩ **0.2** [afgeleefd]
worn-out; burnt-out ⟨mens, dier⟩ ◆ **1.1** ⟨fig.⟩ ~ uitdrukkingen *trite expressions* **1.2** een ~ paard *an old nag* **6.1** tot op
de draad ~ *threadbare.*
verslijten I ⟨ov.ww.⟩ **0.1** [doen slijten] *wear out* ⟨ook fig.⟩
0.2 [doorbrengen] *spend* **0.3** [+ voor; houden voor] *take
s.o. for* ◆ **1.1** ⟨scherts.⟩ hij had al drie echtgenotes versleten *he had already got through three wives* **5.1** iets vlug ~
go through sth. fast **6.3** hij werd **voor** gek versleten *they
took him for a fool;*
II ⟨onov.ww.⟩ **0.1** [slijten] *wear out/away.*
verslikken ⟨wk.ww.; zich ~⟩ **0.1** [verkeerd slikken] *choke*
0.2 [blijken onderschat te hebben] *underrate, underestimate* ◆ **4.1** pas op, hij verslikt zich *watch out, it's gone
down the wrong way* **6.1** ⟨fig.⟩ daar zullen we ons niet **aan**
~ *that's not going to give us much trouble;* zich **in** een
graat ~ *c. on a bone.*
verslinden 0.1 *devour ⇒eat up* ⟨winst, afstanden⟩, *eat*
⟨geld⟩, *swallow (up)* ⟨geld⟩ ◆ **1.1** die auto verslindt benzine
that car drinks petrol; een boek ~ *d. a book;* hij verslindt
boeken *he's a voracious reader.*
verslingerd 0.1 *mad (about) ⇒crazy (about),* ⟨verliefd ook⟩
soft/sweet (on) ◆ **6.1** zij is ~ **aan** slagroomgebakjes *she's
mad about cream cakes.*
verslingeren ⟨wk.ww.; zich ~⟩ **0.1** *throw o.s. away (on).*
versloffen 0.1 ⟨zie 3.1⟩ ◆ **3.1** zijn zaken laten ~ *let one's affairs get in a mess.*
verslonzen 0.1 *neglect* ◆ **1.1** zijn kleren (laten) ~ *be careless about one's clothes* **3.1** er verslonsd uitzien *look slovenly.*
versluieren 0.1 *veil;* ⟨fig.⟩ *obfuscate, disguise* ◆ **1.1** ~de
taal *veiled language.*
versmaat 0.1 *metre* ◆ **2.1** de jambische ~ *iambic m.*
versmaden 0.1 *scorn ⇒spurn* ◆ **1.1** een geschenk ~ *spurn a
gift;* iemands hulp ~ *spurn s.o.'s help* **5.1** dat is niet te ~
that's not to be sneezed at.
versmallen I ⟨ov.ww.⟩ **0.1** [smaller maken] *narrow ⇒make
narrow(er)* ◆ **1.1** een marge ~ *reduce a margin;*
II ⟨onov.ww., wk.ww.; zich ~⟩ **0.1** [smaller worden] *nar-*

row ⇒*become narrow(er)* ◆ **1.1** ginds versmalt de weg (zich) *the road gets narrow(er) there.*

versmalling 0.1 [handeling] *narrowing* **0.2** [plaats] *constriction.*

versmarkt 0.1 ±*fresh-food shop.*

versmelten I ⟨ov.ww.⟩ **0.1** [samensmelten] *melt together* ⇒ *amalgamate* ⟨bedrijven, instellingen⟩, *fuse* ⟨vnl. metalen⟩, *blend* ⟨kleuren⟩ **0.2** [onmerkbaar in elkaar doen overgaan] *blend* ⇒⟨kleuren ook⟩ *gradate* ◆ **1.2** kleuren/tonen ~ *b. colours/sounds* **6.1** goud met koper ~ *fuse gold and copper;* **II** ⟨onov.ww.⟩ **0.1** [in elkaar over-, opgaan] *blend* ⇒*merge* **0.2** [wegsmelten] *melt (away)* ◆ **1.1** eicel en zaadcel ~ *ovum and sperm fuse.*

versnapering 0.1 *snack* ⇒⟨lichte maaltijd⟩ *refreshment* ⟨vnl. mv.⟩.

versneld 0.1 *faster, quicker* ⇒*accelerated, stepped up* ⟨productie, handelingen⟩ ◆ **1.1** ⟨nat.⟩ een eenparig ~ e beweging *uniformly accelerated motion.*

versnellen ⟨onov., ov.ww., wk.ww.; zich ~⟩ **0.1** *quicken; accelerate* ⇒*speed up* ◆ **1.1** de atleet versnelde *the athlete quickened his pace;* de stroom v.h. water versnelt zich hier *the current accelerates here.*

versnelling 0.1 [het sneller maken/worden] *acceleration* ⇒ *increase (in)* ⟨tempo⟩ **0.2** [mechanisme] *gear* **0.3** [schakelinrichting] *gear* ⇒⟨bak⟩ *gearbox* ◆ **1.1** ⟨nat.⟩ de ~ v.d. zwaartekracht *the a. of gravity* **2.2** in de hoogste/laagste ~ rijden *drive in top/bottom (g.)* **2.3** een auto met automatische ~ *a car with automatic transmission* **6.2** in de eerste ~ zetten *put into first g.;* hier moet je **in** een lagere ~ terugschakelen *you have to change down here;* **in** een hogere ~ schakelen *change up; move into g.* ⟨ook fig.⟩; ik krijg hem niet **in** de ~ *I can't get her into g.* **6.3** een fiets met tien ~ en *a ten-speed bike.*

versnellingsbak 0.1 *gearbox* ◆ **¶.1** deze auto kan ook met een vijfversnellingsbak geleverd worden *this car also is available with a five-speed g.*

versnellingspook, -hendel 0.1 *gearlever/stick.*

versnijden 0.1 [in stukken snijden] *cut up* **0.2** [aanmengen] *adulterate* ⇒⟨verdunnen⟩ *water (down),* ⟨verdunnen⟩ *dilute,* ⟨versterken met alcohol⟩ *fortify* **0.3** [door verkeerd snijden bederven] *spoil/ruin (in) cutting* ◆ **1.2** wijn ~ *a. wine* **1.3** die jas is versneden *that coat has been ruined.*

versnipperen I ⟨ov.ww.⟩ **0.1** [in snippers snijden] *cut up (into pieces)* **0.2** [in te veel delen verdelen] *fragment; split up; fritter away* ⟨tijd, energie⟩ ◆ **1.2** zijn aandacht ~ *not concentrate (on one thing at a time);* het is gevaarlijk je tijd en krachten te zeer te ~ *it's dangerous to spread yourself too thin;* **II** ⟨onov.ww.⟩ **0.1** [in stukjes uiteenvallen] *split up* ⇒*disintegrate* ◆ **1.1** het rijk versnipperde *the empire disintegrated.*

versoberen I ⟨onov., ov.ww.⟩ **0.1** [soberder inrichten] *economize* ◆ **1.1** het huishouden ~ *cut down on the housekeeping* **3.1** zij moesten ~ *they had to e./tighten their belts;* **II** ⟨onov.ww.⟩ **0.1** [soberder worden] *sober down.*

versoepelen I ⟨ov.ww.⟩ **0.1** [soepeler maken] *relax;* ⟨wet/ ideeën ook⟩ *liberalize* ◆ **1.1** kredietbeperkingen ~ *ease credit restrictions;* de wetgeving ~ *relax the law(s);* **II** ⟨onov.ww.⟩ **0.1** [soepeler worden] *relax* ⇒*become more pliable.*

versomberen 0.1 *darken* ◆ **1.1** armoede versomberde haar bestaan *poverty cast a shadow over her life.*

verspelen 0.1 [door eigen schuld verliezen] *forfeit* ⇒⟨inf.⟩ *blow* ⟨geld, kans⟩ **0.2** [met spelen verliezen] *gamble away*

◆ **1.1** een kans ~ *throw away/blow a chance;* zijn rechten ~ *f. one's rights;* zijn reputatie ~ *lose one's reputation.*

versperren 0.1 *block* ⇒⟨opzettelijk⟩ *barricade,* ⟨afsluiten⟩ *close (off)* ◆ **1.1** de massa versperde de straten *the crowds jammed the streets;* iem. de weg ~ *bar s.o.'s way;* de weg ~ *block the road* **6.1** een kanaal **met** gezonken schepen ~ *close off a canal with sunken ships.*

versperring 0.1 [handeling, toestand] *blocking (up)* **0.2** [middel] *barrier* ⇒⟨barricade⟩ *barricade,* ⟨ter controle⟩ *roadblock.*

verspieden 0.1 *spy out.*

verspieder 0.1 *spy.*

verspijkeren 0.1 *do up* ⇒*redecorate, renovate.*

verspillen 0.1 *waste* ⇒⟨tijd ook⟩ *fritter away,* ⟨tijd ook⟩ *idle (away)* ◆ **3.1** verspild worden *go to waste, go down the drain* **6.1** goede raad is **aan** hem verspild *good advice is wasted on him.*

verspiller 0.1 *waster;* ⟨mbt. geld ook⟩ *spendthrift.*

verspilling 0.1 [het verspillen] *wasting* **0.2** [geval van verspillen] *waste* ◆ **1.1** ~ van energie *w. energy* **1.2** de ~ en v.h. hof onder Lodewijk XV *the extravagance of Louis XV's court;* ~ van mensenlevens *wastage of human life* **4.2** wat een ~! *what a w.!*

versplinteren 0.1 [tot splinters maken] *smash* ⇒⟨hout ook⟩ *splinter* **0.2** [fig.] ⟨ov.ww.⟩ *split (up);* ⟨onov.ww.⟩ *fall to pieces* ◆ **1.1** die plank is versplinterd *the plank has splintered.*

versplintering 0.1 *smashing;* ⟨ook fig.⟩ *fragmentation.*

verspreid 0.1 *scattered* ◆ **1.1** ~ e geschriften *stray notes;* enkele ~ staande hutten *a few s. cottages;* een over het hele land ~ e organisatie *a nationwide organization* **2.1** er worden ~ voorkomende buien verwacht *s. showers are expected* **3.1** haar speelgoed lag ~ over de vloer *the floor was strewn with her toys;* erg ~ liggen *be very far apart* **5.1** wijd ~ *widespread; widely/commonly held* ⟨opvatting⟩; ⟨uiteengedreven⟩ *flung far and wide.*

verspreiden ⟨ov.ww., wk.ww.; zich ~⟩ **0.1** [uitzenden; zich verbreiden] *spread* ⇒*disperse, distribute, circulate* ⟨geschriften, informatie⟩ **0.2** [uiteen (doen) gaan] *disperse* ◆ **1.1** het evangelie ~ *s. the gospel;* een kwalijke geur ~ *give off a ghastly smell;* licht ~ *shed light;* warmte ~ *give off heat* **1.2** de menigte verspreidde zich *the crowd dispersed* **6.1** een reclamefolder **op** ruime schaal ~ *distribute an advertizing brochure on a wide scale;* zich **over** de hele aarde ~ *s. all over the world.*

verspreider 0.1 *distributor.*

verspreiding 0.1 [het verspreiden/verspreid worden] *spread* **0.2** [manier waarop iets verspreid is] *distribution* ◆ **2.1** de vrije ~ van informatie *the free dissemination of information.*

verspreidingsgebied 0.1 *area/range of distribution.*

verspreken ⟨wk.ww.; zich ~⟩ **0.1** [klanken verwisselen] *make a mistake/slip (of the tongue)* **0.2** [zich iets laten ontvallen] *let one's tongue run away with one* ⇒⟨iets verklappen⟩ *let the cat out of the bag,* ⟨door praten in moeilijkheden komen; inf.⟩ *put one's foot in it.*

verspreking 0.1 [verwisseling van klanken] *slip (of the tongue)* **0.2** [geval dat men zich iets laat ontvallen] *slip* ⇒ *mistake.*

verspringen ⟨sport⟩ **0.1** *do the long jump* ◆ **1.1** zij sprong zes meter ver *she jumped six metres.*

verspringen 0.1 [springend van plaats veranderen] *jump* **0.2** [op een andere dag vallen] *change date* **0.3** [niet in één lijn liggen] *stagger* ◆ **1.1** na deze alinea moet je een regel ~ *you should leave a line after this paragraph* **1.2**

het paasfeest verspringt elk jaar *Easter varies each year* **1.3** ~de naden *staggered seams.*

verspringer, -ster ⟨sport⟩ **0.1** *(long) jumper, (^{A}broad-)- jumper.*

versregel 0.1 *line (of poetry).*

verst 0.1 *furthest;* ⟨alleen lett.⟩ *farthest* ◆ **1.1** de ~e kant v.h. huis *the far side of the house;* het ~e punt *the farthest point;* dat is in de ~e verte niet mijn bedoeling *that's the last thing I intended* **6.1 om** het ~ springen *see who can jump farthest.*

verstaan I ⟨ov.ww.⟩ **0.1** [horen] *(be able to) hear* **0.2** [begrijpen] *understand* **0.3** [als betekenis hechten aan] *understand, mean* **0.4** [goed kennen] *know* ◆ **1.1** helaas verstond ik zijn naam niet *unfortunately I didn't catch his name;* ik versta geen woord! *I can't hear a word that's being said* **1.4** zijn vak ~ *k. one's trade* **3.3** hoe moest hij dat ~*? how was he supposed to take that?* **4.1** hij kon zichzelf nauwelijks ~ *he could hardly hear himself speak* **4.2** jij blijft thuis, versta je? *you stay at home, u.?* **5.1** iem. goed / half ~ *understand s.o. well, half understand s.o.;* spreek wat harder, ik versta je niet *speak up, I can't hear you;* sorry, ik verstond je niet *sorry, I didn't catch what you said* **5.2** heb ik goed ~ dat ...*did I hear you right ...;* versta me goed *don't get me wrong;* wel te ~ *that is (to say)* **5.3** wat versta jij daaronder? *what do you u. by that?* **6.2 te** ~ geven *give (s.o.) to u. (that)* **6.3** wat verstaat men **onder** die uitdrukking? *what is meant by that expression?;* **onder** dit woord wordt ~ ...*this word is understood to mean ...;* **II** ⟨wk.ww.; zich ~⟩ **0.1** [in overleg treden] *consult* ⇒*come to an understanding* ◆ **6.1** zich **met** elkaar ~ ⟨het met elkaar eens worden⟩ *come to an understanding;* ⟨elkaar raadplegen⟩ *consult.*

verstaanbaar 0.1 [duidelijk] *audible* **0.2** [begrijpelijk] *understandable* ◆ **1.2** verstaanbare taal *plain language* **3.1** ~ spreken *speak audibly / clearly* **3.2** zich ~ maken ⟨in een vreemde taal⟩ *make o.s. understood;* ⟨bij veel lawaai⟩ *make o.s. heard.*

verstaanbaarheid 0.1 [duidelijkheid] *audibility* ⇒*clarity* **0.2** [begrijpelijkheid] *intelligibility* ⇒*clarity.*

verstaander 0.1 *listener* ◆ ¶**.1** ⟨sprw.⟩ een goed ~ heeft maar een half woord nodig *a word is enough to the wise;* ⟨sprw.⟩ een goed ~ heeft maar een half woord nodig *a nod is as good as a wink to a blind horse.*

verstand 0.1 [denkvermogen] *(power of) reason* ⇒⟨bevattingsvermogen⟩ *(powers of) comprehension,* ⟨hersenen⟩ *brain(s),* ⟨hersenen⟩ *wit(s)* **0.2** [vermogen om te oordelen] *(powers of) judgment* ◆ **2.1** gezond ~ *common sense;* een scherp ~ *a keen mind* **3.1** gebruik toch je ~! *use your head!,* have some sense!; een goed ~ hebben *have a good head on one's shoulders;* dieren hebben geen ~ *animals have no reason;* praten naar men ~ heeft *talk according to one's lights;* hij heeft zijn ~ verloren *he has taken leave of his senses;* het ~ ontwikkelen *develop the intellect;* hoe kan ik je dit aan je ~ peuteren! *how can I get this into your thick skull!;* zijn ~ verliezen *go out of one's mind* **3.2** ~ hebben van *know about, understand, be a good judge of;* ~ genoeg hebben om dat te laten *have enough sense not to do that* **5.1** zijn ~ erbij houden *keep a level head* **6.1** iem. iets aan het ~ brengen *drive sth. home to s.o.;* **bij** zijn (volle) ~ *in full possession of one's faculties;* hij is niet goed **bij** zijn ~ *he's out of his mind;* **met** ~ aan het werk gaan *go to work intelligently* **6.¶ met** dien ~e *on the understanding that, provided (that)* **7.2** daar heb ik geen ~ van *I don't know the first thing about that* ¶**.1** dat gaat mijn ~ te boven *that's beyond my comprehension.*

---

verstandelijk I ⟨bn.⟩ **0.1** [intellectueel] *intellectual* ◆ **1.1** ~e ontwikkeling / leeftijd *i. development, mental age;* ~e vermogens *intellect, i. powers;* **II** ⟨bw.⟩ **0.1** [met het verstand] *rationally* ◆ **3.1** iets ~ beredeneren *approach sth. r.*

verstandhouding 0.1 *understanding* ⇒⟨contacten, betrekkingen⟩ *relations* ◆ **1.1** een blik van ~ *a knowing glance* **2.1** een goede ~ bevorderen *promote good relations;* een goede ~ hebben met *be on good terms with, be on a good footing with;* wederzijdse ~ *mutual u.* **3.1** de ~ verbeteren *improve relations* **6.1 in** goede ~ leven *live / be in harmony.*

verstandig 0.1 *sensible* ◆ **3.1** iets ~ aanpakken *go about sth. in a sensible way;* doe je daar wel ~ aan? *is that wise (of you)?;* je zou er ~ aan doen om ...*you would be well-advised to ...;* hij is to ~ om ...*he has too much sense to ...;* ~ praten *talk sense;* zo ~ zijn nee te zeggen *have the sense to say no;* wel zo ~ zijn iets te laten *know better than to do sth.* **6.1** ~ **voor** zijn leeftijd *wise for one's age.*

verstandshuwelijk 0.1 *marriage of convenience.*

verstandskies 0.1 *wisdom tooth* ◆ **3.1** bij mij komt een ~ door *I'm cutting a w. t.*

verstandsmens 0.1 *rational person.*

verstandsverbijstering 0.1 *madness* ◆ **1.1** handelen in een vlaag van ~ *act in a fit of m. / insanity;* ⟨jur.⟩ *do sth. whilst of unsound mind.*

verstarren I ⟨ov ww.⟩ **0.1** [stijf maken] *stiffen* ◆ **3.1** ⟨fig.⟩ ~d werken op *paralyze;* **II** ⟨onov.ww⟩ **0.1** [star worden] *become rigid, freeze* ◆ **1.1** zijn blik verstarde *his eyes became glassy;* verstarde tradities *fossilized traditions.*

verstarring 0.1 *rigidity.*

verstedelijken 0.1 [mbt. plaatsen / gebieden] *urbanize;* ⟨mbt. personen ook⟩ *citify* ⟨vaak pej.⟩.

verstedelijking 0.1 [mbt. plaatsen / gebieden] *urbanization;* ⟨mbt. personen ook⟩ *citification* ⟨vaak pej.⟩.

versteend 0.1 [tot steen geworden] *petrified;* ⟨ook fig.⟩ *fossilized* **0.2** [verstijfd] *petrified;* ⟨van kou⟩ *stiff, numb* ◆ **1.1** ⟨fig.⟩ ~e begrippen *fossilized ideas;* ⟨fig.⟩ een ~ hart *a heart of stone;* ~ hout *p. wood* **6.2 van** schrik ~ *p. / rigid with fear.*

verstek 0.1 ⟨jur.⟩ *default (of appearance)* **0.2** [mbt. planken] *mitre (joint)* ◆ **3.1** ~ laten gaan ⟨jur.⟩ *(make / go by) default;* ⟨alg.⟩ *be absent, fail to appear* **6.1 bij** ~ veroordelen *sentence by d. / in absentia* **6.2** iets **met** ~ zagen *mitre sth.*

verstekbak, verstekblok ⟨amb.⟩ **0.1** *mitre box / block / board.*

verstekeling, -e 0.1 *stowaway.*

verstelbaar 0.1 *adjustable* ◆ **1.1** tafel met ~ blad *table with an a. top;* een verstelbare lamp *an a. lamp.*

versteld 0.1 *stunned* ◆ **3.1** iem. ~ doen staan *astonish s.o.;* ~ staan (van iets) *be dumbfounded.*

verstellen 0.1 [stand veranderen] *adjust* **0.2** [repareren] *mend* ⇒*repair.*

verstelwerk 0.1 *mending.*

verstenen 0.1 [tot steen worden / maken] *petrify* **0.2** [fig.] *harden* ⇒*turn to stone* ◆ **1.1** hij versteende van schrik *he froze with fear.*

verstening 0.1 *petrifaction;* ⟨ook fig.⟩ *fossilization.*

versterken 0.1 [krachtiger maken] *strengthen; intensify* ⟨licht, gevoelens⟩ **0.2** [tegen aanvallen bestand maken] *fortify* **0.3** [talrijker maken] *reinforce* ⇒*increase* ◆ **1.1** geluid ~ *amplify sound;* de indruk ~, dat *reinforce / s. the impression that;* de inwendige mens ~ *fortify the inner man.*

versterkend 0.1 *restorative, strengthening* ◆ **1.1** een ~ middel *a restorative/tonic;* ~ voedsel *nourishing food.*

versterker 0.1 [toestel] *amplifier.*

versterking 0.1 [het versterken] *strengthening, reinforcement; amplification* ⟨geluid⟩ **0.2** [middel dat versterkt] *re-inforcement* ⇒*restorative* **0.3** [aanvulling] *reinforcement* ◆ **2.2** tijdelijke ~en *temporary reinforcements* **3.3** het leger kreeg ~ *the army was reinforced.*

verstevigen I ⟨ov.ww.⟩ **0.1** [steviger maken] *strengthen, consolidate* ⇒⟨stutten⟩ *prop up,* ⟨stutten⟩ *brace* ◆ **1.1** een muur ~ *brace a wall;* zijn positie ~ *c. one's position;* de vriendschapsbanden ~ *s. the bonds of friendship;* **II** ⟨wk.ww.; zich ~⟩ **0.1** [steviger worden] *be strengthened/consolidated/fortified* ◆ **4.1** ons inzicht verstevigt zich *our insight is deepened.*

versteviging 0.1 [handeling] *strengthening, confirmation* **0.2** [middel] *fortification, consolidation* ◆ **6.1** ter ~ *for strength/confirmation.*

verstijven 0.1 *stiffen* ◆ **3.1** die opmerking deed haar ~ *that remark made her freeze (up)* **6.1** ~ **van** kou *grow numb with cold;* ~ **van** schrik *grow rigid with fear.*

verstikken 0.1 *smother, choke* ◆ **1.1** de vlammen ~ *s. the flames;* de weiden zijn verstikt door het onkruid *the pastures are choked with weeds.*

verstikkend 0.1 *suffocating;* ⟨med. ook⟩ *asphyxiating* ◆ **1.1** ~e greep ⟨ook⟩ *stranglehold;* ~e hitte *stifling heat.*

verstikking 0.1 *suffocation;* ⟨med. ook⟩ *asphyxiation.*

verstikkingsdood 0.1 *(death by) suffocation/*⟨med. ook⟩ *asphyxiation.*

verstoken¹ ⟨bn.⟩ **0.1** *deprived (of)* ◆ **6.1 van** alle hoop ~ *bereft off all hope;* **van** iets ~ zijn *be deprived of sth.*

verstoken² ⟨ov.ww.⟩ **0.1** [brandstof verbruiken] *burn (up)* **0.2** [aan brandstof uitgeven] *spend on heating* ◆ **4.2** wat verstook jij per maand? *what do you spend on heating a month?*

verstokt 0.1 *hardened, confirmed* ◆ **1.1** ~e alcoholisten *incurable alcoholics;* een ~e vrijgezel *a confirmed bachelor.*

verstomd ◆ **3.¶** ~ doen staan *strike dumb, astound;* ~ staan *be dumbfounded/flabbergasted;* ze stonden als ~ *they were speechless.*

verstommen 0.1 *become silent* ◆ **1.1** het lawaai verstomde *the noise died down* **5.1** plotseling verstomde hij *suddenly, he stopped.*

verstoord 0.1 *annoyed, upset.*

verstoorder, -ster 0.1 *disturber* ⇒*killjoy.*

verstoppen 0.1 *hide* ◆ **1.1** zijn geld ~ *h./stash away one's money* **4.1** zich achter de deur ~ *h. behind the door.*

verstoppertje 0.1 *hide-and-seek* ◆ **3.1** ~ spelen *play (at) hide-and-seek;* ⟨fig.⟩ geen ~ spelen *not beat about the bush.*

verstopping 0.1 [het verstopt zijn] *blockage* **0.2** [opstopping] *block* **0.3** [obstipatie] *constipation.*

verstopt 0.1 [dicht zittend] *blocked (up)* **0.2** [lijdend aan obstipatie] *constipated* ◆ **1.1** een ~ hoofd hebben *have a stuffy head;* mijn neus is ~ *my nose is all stuffed up;* het riool is ~ *the sewer is clogged* **3.1** ~ raken *clog up; stuff up* ⟨neus⟩.

verstoren 0.1 *disturb* ◆ **1.1** het evenwicht ~ *upset the balance;* niets kon hun geluk ~ *nothing could mar their happiness;* de stilte ~ *break the silence.*

verstoring 0.1 [het verstoren/verstoord worden] *disruption* **0.2** [stoornis] *disturbance* ◆ **1.1** de ~ van zijn innerlijk evenwicht *the d. of his inner balance;* ~ v.d. openbare orde *disorderly conduct.*

verstoteling, -e 0.1 *outcast.*

verstoten 0.1 *cast off/out* ◆ **1.1** een kind ~ *disown a child;* de vluchtelingen werden overal ~ *the refugees were turned away everywhere;* een vrouw ~ *repudiate a wife.*

verstotene 0.1 *outcast.*

verstouwen 0.1 [verwerken] *digest, take* ◆ **3.1** heel wat kunnen ~ ⟨veel kunnen eten⟩ *be able to put away a vast amount;* ⟨een groot incasseringsvermogen hebben⟩ *be able to take a lot.*

verstrakken 0.1 [strakker worden] *tighten; set* ⟨gezicht⟩ ◆ **1.1** zijn gezicht verstrakte *his face set.*

verstrekken 0.1 ⟨verschaffen⟩ *supply/provide with;* ⟨uitdelen⟩ *distribute, hand out* ◆ **1.1** gegevens ~ voor een statistiek *provide data for statistics;* de bank zal hem een lening ~ *the bank will grant him with a loan.*

verstrekkend 0.1 *far-reaching* ⟨gevolgen⟩; *sweeping* ⟨bevoegdheden⟩.

verstrekking 0.1 *supply, provision.*

verstrengelen 0.1 *entwine.*

verstrengeling 0.1 *entanglement, entwining* ◆ **1.1** ⟨fig.⟩ ~ van belangen *conflict of interests;* ⟨fig.⟩ een ~ v.d. motieven *a complex of motives.*

verstrijken 0.1 *go by;* ⟨voorbijgaan⟩ *elapse;* ⟨aflopen⟩ *expire* ◆ **1.1** er waren jaren verstreken *years had elapsed/gone by;* de maanden verstreken ongemerkt *the months stole on;* je tijd is verstreken *your time's up* **3.1** een termijn laten ~ *allow a term to expire* **6.1** de termijn verstrijkt **op** 1 juli *the term expires on the 1st of July.*

verstrikken 0.1 [in een strik vangen] *snare* **0.2** [doen vastlopen] *entangle* ◆ **3.2** in iets verstrikt raken *get entangled in sth.* **6.2** in zijn eigen woorden verstrikt raken *get caught in one's own words.*

verstrooid 0.1 [her en der verspreid] ⟨bn.⟩ *scattered, dispersed;* ⟨bw.⟩ *in a scattered/diffuse way* **0.2** [afwezig] ⟨bn.⟩ *absent-minded;* ⟨bw.⟩ *absent-mindedly.*

verstrooidheid 0.1 [afwezigheid van geest] *absent-mindedness* **0.2** [geval daarvan] *absent-minded mistake* ◆ **6.1 in/uit** ~ iets doen *do sth. from absent-mindedness.*

verstrooien 0.1 [afleiden] *entertain* **0.2** [uiteendrijven, verspreiden] *scatter, disperse.*

verstrooiing 0.1 [afleiding] *entertainment, diversion* **0.2** [verspreiding, uiteendrijving] *scattering, dispersion; dispersal* ⟨bv. zaden⟩ **0.3** [het verspreid zijn] *dispersion* ◆ **1.3** de ~ der joden *the Diaspora* **3.1** ~ zoeken *seek diversion.*

verstuiken 0.1 *sprain.*

verstuiking 0.1 *sprain.*

verstuiven I ⟨onov.ww.⟩ **0.1** [stuivend uiteengaan] *be blown off/away* ◆ **1.1** naakte duinen ~ *unplanted dunes erode by the wind;* **II** ⟨ov.ww.⟩ **0.1** [tot/als stof doen vervliegen] *atomize* ◆ **1.1** parfum ~ *spray/a. perfume.*

verstuiver 0.1 *spray* ⇒*atomizer.*

verstuiving 0.1 [het verstuiven] *dispersion, atomization* **0.2** [verstuivend terrein] *sand-drift.*

versturen 0.1 *send (off)* ◆ **6.1** iets **naar** iem. ~ *send s.o. sth.;* **per** post ~ *mail.*

versuffen I ⟨onov.ww.⟩ **0.1** [suf worden] *grow dull; be(come) dazed* ⟨door schok⟩ ◆ **3.1** versuft bleef hij na het ongeluk liggen *after the accident he lay dazed;* hij schijnt te ~ *his mind seems to be going;* **II** ⟨onov., ov.ww.⟩ **0.1** [suf maken] *(make) dull* ◆ **1.1** aanhoudende geestelijke arbeid versuft (een mens) *incessant intellectual toil dulls the mind.*

versuft 0.1 *dizzy; dazed, stunned* ⟨door schok⟩; *doting* ⟨door ouderdom⟩ ◆ **1.1** een ~e grijsaard *an old dotard* **3.1**

~ raken *be stunned/dazed;* ~ rondstaren *look around in a daze.*

versukkeling 0.1 *decline* ◆ **6.1** in de ~ raken *fall into a d.*

versus 0.1 *versus* ◆ **1.1** Amerika ~ Rusland *America v. Russia.*

versvoet 0.1 *(metrical) foot.*

versvorm 0.1 [dichtvorm] *verse (form)* **0.2** [vorm waarin verzen geschreven kunnen worden] *verse form/type.*

vertaalbureau 0.1 *translation agency.*

vertaalfout 0.1 *mistranslation.*

vertaaloefening 0.1 *translation exercise.*

vertaalwerk 0.1 *translation (job/work).*

vertaalwetenschap 0.1 *translation studies.*

vertakken ⟨wk.ww.; zich ~⟩ **0.1** [zich uitsplitsen] *branch (off).*

vertakking 0.1 [splitsing in takken] *branching (off)* **0.2** [onderafdeling] *ramification* ⇒*branch* ◆ **7.2** een organisatie met vele ~ en *an organisation with many branches.*

vertalen 0.1 [in een andere taal overbrengen] *translate; interpret* (ihb. door tolk); *transcribe* (in ander codesysteem) **0.2** [weergeven in een andere vorm] *translate, convert* ◆ **2.1** letterlijk ~ *translate literally* **5.1** vrij ~ *give a free translation* **6.1** uit het Engels **in** het Frans ~ *translate from English into French/into French from the English* **6.2** het geleerde ~ **naar** de eigen praktijksituatie *apply in practice what one has learned (in theory).*

vertaler, vertaalster 0.1 *translator* ◆ **2.1** beëdigd ~ *sworn t.*

vertaling 0.1 *translation* ⇒*transcription* (in ander codesysteem) ◆ **2.1** automatische ~ *machine translation* **3.1** een ~ maken *do a translation* **6.1** ~ **naar** de praktijk *practical application;* een ~ **uit** het Grieks *a translation from the Greek.*

verte 0.1 *distance* ◆ **2.1** ⟨fig.⟩ verre ~ n ⟨wijde horizon⟩ *wide vista(s);* ⟨ver verschiet⟩ *remote perspective;* ⟨fig.⟩ ik denk er in de verste ~ niet aan *I wouldn't dream of it;* in de verste ~ niet *not remotely* **6.1** ⟨fig.⟩ het lijkt er in de ~ op *there is a slight resemblance;* ⟨fig.⟩ **in** de ~ zijn zij familie *they are distantly related,* **uit** de ~ *from the d.*

vertederen 0.1 *soften* ⇒*move* ◆ **1.1** haar openheid vertederde mij *her frankness moved me;* een ~ d tafereel *a moving sight* **3.1** zij keek het kind vertederd aan *she gave the child a tender look.*

vertedering 0.1 [het vertederen, vertederd zijn] *endearment, softening* **0.2** [gemoedsstemming] *tenderness* ◆ **6.2** iem. **met** ~ aankijken *look at s.o. tenderly.*

verteerbaar 0.1 *digestible* ⇒⟨fig. ook⟩ *palatable, acceptable* ◆ **1.1** licht ~ voedsel *light food.*

vertegenwoordigen 0.1 *represent* ◆ **1.1** die verzameling vertegenwoordigt een aanzienlijke waarde *this collection represents a considerable sum* **5.1** ⟨fig.⟩ goed vertegenwoordigd zijn *be well represented.*

vertegenwoordiger, -ster 0.1 [afgevaardigde] *representative* **0.2** [agent] *(sales) representative* ◆ **6.2** een ~ **in** schoenen *a shoe salesman.*

vertegenwoordiging 0.1 [het vertegenwoordigen] *representation* **0.2** [personen] *delegation* ◆ **6.1** ~ **in** belastingzaken *r. on tax affairs.*

vertekend 0.1 *distorted.*

vertekenen 0.1 [vervormd weergeven, ook fig.] *distort* ◆ **1.1** deze lens vertekent (het beeld) sterk *this lens gives a high degree of distortion (to the image).*

vertekening 0.1 *distortion;* ⟨statistiek⟩ *bias.*

vertellen I ⟨onov. ov.ww.⟩ **0.1** [mondeling/in verhaaltrant meedelen] *tell* ◆ **1.1** een mop ~ *crack a joke* **3.1** dat kan ik

je wél ~ *I can t. you that!;* ik heb mij laten ~, dat *I've been told that;* (en dat) moet jij me ~! *look who's talking!;* moet je mij ~! *you're telling me!;* dat wordt verteld *so they say;* zal ik je eens wat ~? *you know what?;* ⟨dreigend⟩ *let me t. you sth.* **3.¶** niet veel te ~ hebben *not have a lot to say* **4.1** wat vertel je me nou? *you don't say!* **5.1** zij kan leuk ~ *she's a great storyteller;* je kunt me nog meer ~ ⟨fig.⟩ *t. me another (one);* iets verder ~ aan anderen *pass sth. on to others;* vertel het maar niet verder *let this stay between us* **¶.1** vertel op! *let's have it!;*

II ⟨wk.ww.; zich ~⟩ **0.1** [zich in het tellen vergissen] *miscount.*

verteller, -ster 0.1 *narrator.*

vertelling 0.1 *story* ⇒*tale, narration* ◆ **2.1** dichterlijke ~ *narrative poem.*

vertelsel 0.1 *story* ◆ **3.1** dat zijn allemaal ~ tjes ⟨fig.⟩ *those are all fairytales.*

verteren I ⟨ov.ww.⟩ **0.1** [als voedsel verwerken] *digest* **0.2** [uitgeven] *spend* **0.3** [doen vergaan, vernielen] *consume, eat away* **0.4** [met de geest verwerken] *digest* ⇒*accept* ◆ **1.3** door jaloezie verteerd worden *be eaten up with jealousy* **3.4** dat boek is niet te ~ *that book is too heavy (going)* **6.1** niet te ~ *indigestible* **6.4** zwaar te ~ kost *strong meat;*

II ⟨onov.ww.⟩ **0.1** [als voedsel verwerkt worden] *(be) digest(ed)* **0.2** [vergaan] *be consumed/eaten away* **0.3** [consumpties gebruiken] *spend money* ◆ **1.1** die graten ~ wel *those fishbones will digest* **1.2** dat laken verteert door het vocht *that sheet is mouldering away with the damp.*

vertering 0.1 [het verwerken] *digestion* ⟨ook met geest⟩ **0.2** [consumptie] *food, drink(s)* ⇒⟨bij uitbr.; uitgaven⟩ *expenses* **0.3** [het vergaan] *decomposition, corrosion.*

verticaal 0.1 *vertical* ◆ **1.1** een verticale beweging *a v./an up-and-down movement;* een verticale lijn *a v./plumb line;* in verticale stand *in (an) upright position* **3.1** ~ omhooggaan *go straight up;* take off vertically ⟨ihb. vliegtuig⟩.

vertienvoudigen 0.1 *multiply by ten.*

vertier 0.1 *amusement, diversion, entertainment* ◆ **3.1** hij moet wat ~ hebben *he needs some diversion* **7.1** er is hier veel ~ *there's a lot of entertainment here.*

vertikken 0.1 [weigeren te doen] *refuse (flatly)* **0.2** [niet functioneren] *refuse to work* ◆ **4.2** de motor vertikt het *the engine won't go* **8.1** ik vertik het om te doen *I won't join in (and that's final).*

vertillen ⟨wk.ww.; zich ~⟩ **0.1** *strain o.s. (in) lifting* ◆ **6.1** zich **aan** iets ~ ⟨fig.⟩ *bite off more than one can chew.*

vertimmeren 0.1 [verbouwen] *alter, renovate* **0.2** [aan verbouwingen besteden] *spend on renovations.*

vertoeven 0.1 *stay, be* ◆ **6.1** in het buitenland ~ *be (staying/travelling) abroad.*

vertolken 0.1 [tot uitdrukking brengen] *express, voice* **0.2** [uitbeelden] *play, interpret, perform; sing* ⟨rol in opera⟩ ◆ **1.1** hij vertolkte de gevoelens v.h. personeel *he voiced the feelings of the staff* **1.2** hij vertolkte de rol van Odysseus *he played the role of Ulysses;* een symfonie van Beethoven ~ *play a Beethoven symphony.*

vertolker, -ster 0.1 *interpreter, performer* ⟨kunst⟩; *exponent, mouthpiece* ⟨van ideeën/gevoelens⟩ ◆ **1.1** de ~ s v.h. levenslied *the performers of the popular ballad.*

vertolking 0.1 [interpretatie] *interpretation* **0.2** [weergave v.d. meningen] *voicing.*

vertonen I ⟨ov.ww.⟩ **0.1** [doen blijken/zien] *show* **0.2** [een voorstelling geven] *show, present* ◆ **1.1** geen gelijkenis ~ met *bear no resemblance to;* tekenen ~ van *s. signs of* **1.2** kunsten ~ *do tricks;*

II ⟨wk.ww.; zich ~⟩ **0.1** [zich laten zien] *show one's face,*

turn up ◆ 6.1 je kunt je zo niet ~ **in** het openbaar *you're not fit to be seen in public (like this)* **¶.1** ik durf me daar niet meer te ~ *I'm afraid to show my face there now.*

vertoning 0.1 [het vertonen/vertoond worden] *show(ing), presentation* **0.2** [wat vertoond wordt] *show, production* ◆ **2.2** het was een grappige ~ *it was a curious spectacle;* ⟨iron.⟩ een mooie ~! *a sight to behold!;* ⟨inf.⟩ *a nice how-do-you-do!*

vertoon 0.1 [het vertonen] *showing, producing* **0.2** [tentoonspreiding] *show* ◆ **2.2** louter ~ *mere s.;* uiterlijk ~ *show* **6.1 op** ~ **van** een identiteitsbewijs *on presentation of an ID;* betaalbaar **op** ~ *payable on demand.*

vertoornd 0.1 *irate* ⇒*enraged.*

vertoornen 0.1 *anger, incense, enrage.*

vertragen 0.1 [trager worden/maken] *slow down;* ⟨trein⟩ *be delayed* **0.2** [uitstellen] *delay* ◆ **1.1** een vertraagde filmopname *a slow-motion film scene;* de snelheid vertraagde *the pace slackened;* na de rust vertraagde de thuisclub het spel *in the second half the home team used delaying tactics* **1.2** het vertrek werd een dag vertraagd *the departure was delayed by a day* **6.1 in** zijn ijver ~ *lose one's enthusiasm.*

vertraging 0.1 [het vertragen] *slowing down* **0.2** [oponthoud] *delay* **0.3** [tech.] *speed reduction* ◆ **3.2** het vliegtuig had tien minuten ~ *the plane was ten minutes late;* ~ ondervinden *be delayed* **6.2** hun aanbod kwam **met** ~ *their offer was delayed.*

vertrappen 0.1 *tread on, trample underfoot* ⟨ook fig.⟩ ◆ **1.1** rechten ~ *tread on rights;* een overwonnen volk ~ *trample a conquered people underfoot.*

vertrek 0.1 [het vertrekken] *departure; sailing* ⟨boot⟩; ⟨verhuizing⟩ *moving, relocation* **0.2** [kamer] *room* ◆ **6.1 bij** zijn ~ *(up)on his d.;* **bij** ~ uit de gemeente *(up)on leaving the district* **¶.1** op het punt van ~ staan *be about to leave.*

vertrekdatum 0.1 *departure date* ⇒*date of departure.*

vertrekhal 0.1 *departure hall.*

vertrekken I ⟨onov.ww.⟩ **0.1** [afreizen] *leave* ◆ **3.¶** vertrokken zijn ⟨in slaap gevallen⟩ *be dead to the world* **5.1** wij ~ morgen *we leave tomorrow* **6.1** wij ~ morgen **naar** Londen *we're off to London tomorrow;* **II** ⟨ov.ww.⟩ **0.1** [andere stand doen aannemen] *pull* ⇒*distort* ◆ **1.1** het gezicht van pijn ~ *wince with pain;* de mond tot een grijns ~ *grimace;* zonder een spier te ~ *without twitching (a muscle).*

vertrekpunt 0.1 *start(ing point)* ⇒*point of departure* ⟨ook fig.⟩.

vertreksein 0.1 *departure signal* ⇒*green light.*

vertrektijd 0.1 *time of departure.*

vertroebelen I ⟨ov.ww.⟩ **0.1** [troebel maken] *cloud* ⇒*obscure* ⟨ook fig.⟩ ◆ **1.1** dat vertroebelt onze verhouding *that casts a cloud upon our relationship;* dat vertroebelt de zaak *that confuses/obscures the issue;* **II** ⟨onov.ww.⟩ **0.1** [troebel worden] *become/get clouded.*

vertroetelen 0.1 *pamper;* ⟨pej.⟩ *(molly)coddle.*

vertroosting 0.1 *comfort* ⇒*solace.*

vertrouwd 0.1 [met wie men intiem omgaat] *reliable* ⇒*trustworthy* **0.2** [op de hoogte] *familiar (with)* **0.3** [wat men gewend is] *familiar* **0.4** [veilig] *safe* ◆ **1.1** een ~ persoon *a trusted person* **3.2** zich ~ maken met die technieken *familiarize o.s. with those techniques;* ~ raken met *become f. with.*

vertrouwdheid 0.1 *familiarity.*

vertrouwelijk 0.1 [van vertrouwen blijk gevend] *intimate* **0.2** [wat niet bekend mag worden] *confidential* ◆ **1.1** een ~ gesprek *an i./a private conversation;* in ~e kring *confi-*

dentially **2.2** een ~e mededeling *a c. communication* **3.1** ~ met iem. omgaan *be close to s.o.;* ~ met elkaar praten *have a heart-to-heart talk.*

vertrouwelijkheid 0.1 *confidentiality.*

vertrouweling, -e 0.1 *confidant* ⟨m.⟩, *confidante* ⟨v.⟩.

vertrouwen¹ ⟨het⟩ **0.1** [geloof in iemands trouw en oprechtheid] *confidence* ⇒*trust* ◆ **2.1** op goed ~ *on trust* **3.1** iemands ~ genieten *enjoy s.o.'s confidence;* ik heb er weinig ~ in *I'm not very optimistic;* ~ hebben in de toekomst *have faith in the future;* de regering kreeg het ~ v.d. Kamer *the government got the support of the Chamber;* iem. zijn ~ schenken *put one's trust in s.o.;* ~ wekken *inspire c.* **5.1** vol ~ zijn *be confident* **6.1** iem. **in** ~ nemen *take s.o. into one's c.;* goed **van** ~ zijn *be (too) trusting.*

vertrouwen² ⟨onov., ov.ww.⟩ **0.1** *trust* ◆ **1.1** ik vertrouw het weer niet ⟨ook⟩ *I don't like the look of the weather* **3.1** hij is niet te ~ *he is not to be trusted* **5.1** ik vertrouw erop dat ...*I t. that* ... **6.1 op** zijn intuïtie ~ *t. one's intuition;* **op** God ~ *t. in God;* je kunt niet **op** die remmen ~ ⟨inf.⟩ *you can't bank on those brakes;* iem. **voor** geen cent ~ *not trust s.o. an inch.*

vertrouwensarts 0.1 *doctor at an advice centre.*

vertrouwenscrisis 0.1 *crisis of confidence.*

vertrouwenskwestie 0.1 [pol.] *motion of no confidence* **0.2** [zaak van vertrouwen] *matter of confidence* ◆ **3.1** de ~ stellen *ask for a vote of confidence.*

vertrouwenspositie 0.1 *position of trust/confidence* ◆ **6.1** dit bericht moet afkomstig zijn van iem. **in** een ~ *this news must come from s.o. on the inside.*

vertrouwensrelatie 0.1 *relationship based on (mutual) trust.*

vertrouwenwekkend 0.1 *inspiring confidence.*

vertwijfeld 0.1 *despairing* ◆ **3.1** ~ raken *(be driven to) despair;* iets ~ uitroepen *yell sth. in despair.*

vertwijfelen 0.1 *become/grow desperate.*

vertwijfeling 0.1 *despair* ⇒*desperation.*

veruit 0.1 *by far* ◆ **1.1** ~ de beste zijn *outrank s.o. by a long chalk.*

vervaard ◆ **6.¶ voor** geen kleintje ~ *not easily frightened.*

vervaardigen 0.1 *make* ◆ **6.1** met de hand vervaardigd *made by hand;* deze tafel is **van** hout vervaardigd *this table is made of wood.*

vervaardiging 0.1 *manufacture* ⇒*construction.*

vervaarlijk 0.1 *tremendous* ⇒*awful* ◆ **1.1** ~ geschreeuw *t./awful yelling* **2.1** ~ groot *tremendously large* **3.1** ~ tekeergaan *carry on frightfully;* er ~ uitzien *look huge/enormous.*

vervagen I ⟨onov.ww.⟩ **0.1** [vaag worden] *become faint/blurred;* ⟨licht ook⟩ *dim;* ⟨zwakker worden⟩ *fade (away)* ◆ **1.1** die indrukken ~ op den duur *those impressions will fade in time;* zijn schoolkennis is al lang vervaagd *what he learned in school has long grown dim;* **II** ⟨ov.ww.⟩ **0.1** [vaag maken] *blur* ⇒*dim* ◆ **1.1** de tijd heeft die herinneringen vervaagd *time has dimmed those memories.*

vervaging 0.1 ⟨onduidelijk worden⟩ *blurring;* ⟨zwakker worden⟩ *fading (away);* ⟨licht ook⟩ *dimming* ◆ **1.1** ~ v.h. normbesef *decay of moral principles.*

verval 0.1 [het vervallen/afnemen] *decline* **0.2** [verschil in hoogte v.d. waterspiegel] *fall* ◆ **1.1** het ~ v.d. handel *the d. in the trade;* ~ van krachten *decline in strength;* het ~ v.d. goede zeden *the deterioration of morals* **6.1 in** ~ raken ⟨bouwvallige staat⟩ *deteriorate;* ⟨aan invloed inboeten⟩ *decline.*

vervaldag, vervaldatum 0.1 ⟨alg.⟩ *expiry date;* ⟨geldw.,* verz.) *date of maturity* ◆ **6.1 op** de ~ *when due, upon maturity.*

vervallen[1] ⟨bn.⟩ **0.1** [niet onderhouden] *dilapidated* **0.2** [armoedig] *ravaged* ⇒*bedraggled* **0.3** [afgeschaft] *lapsed* **0.4** [verstreken] *expired* ⇒*due* **0.5** [afgezet] *deposed* ◆ **1.2** een ~ uiterlijk *a bedraggled exterior* **1.4** ~ octrooi *a. patent;* een ~ wissel *an e. draft* **3.5** een vorst ~ verklaren *v.d.* troon *depose a monarch.*

vervallen[2] ⟨onov.ww.⟩ **0.1** [bouwvallig worden] *fall into disrepair* **0.2** [afnemen] *decline* **0.3** [raken / komen tot] *lapse* **0.4** [niet meer gelden] *expire* **0.5** [invorderbaar worden] *mature* ⇒*fall due* **0.6** [van eigenaar verwisselen] *fall to* ◆ **1.4** 400 arbeidsplaatsen komen te ~ *400 jobs are to go / disappear;* die mogelijkheid vervalt *that possibility is no longer open;* enkele treinen kwamen te ~ *some trains were cancelled;* de vergadering vervalt *the meeting has been cancelled* **6.3 in** oude fouten ~ *fall back into old mistakes;* **tot** armoede ~ *be reduced to poverty.*

vervalsen 0.1 [met oneerlijke bedoelingen namaken] *forge* ⇒*counterfeit* **0.2** [met boze opzet veranderen; met vreemde bestanddelen vermengen] *tamper (with)* ◆ **1.1** een handtekening / schilderij / bankbiljetten ~ *f. a signature / painting / banknotes* **1.2** de boeken ~ *tamper with the books;* een cheque ~ *forge a cheque.*

vervalser 0.1 *forger* ⇒*counterfeiter.*

vervalsing 0.1 [handeling] *forgery* ⇒*counterfeiting* **0.2** [resultaat] *forgery* ⇒*counterfeit.*

vervangbaar 0.1 *replaceable* ◆ **1.1** zo'n kracht is moeilijk ~ *such an employee will be hard to replace.*

vervangen 0.1 [de plaats innemen van] *replace* ⇒*take the place of, substitute, stand in for* **0.2** [de plaats laten innemen van] *replace* ⇒*substitute* ◆ **1.1** hij vervangt zijn broer *he is replacing his brother* **6.1** niet **te** ~ *irreplaceable.*

vervanger, -ster 0.1 *replacement* ⇒*substitute,* ⟨dram.⟩ *understudy,* ⟨dram.⟩ *stand-in* ◆ **1.1** de ~ v.d. minister *the substitute minister.*

vervanging 0.1 *replacement* ⇒*substitution* ◆ **3.1** (een) ~ regelen voor iem. *arrange a r. for s.o.;* **ter** ~ **van** instead of, in (the) place of.

vervangingsinvestering ⟨ec.⟩ **0.1** *replacement investment, capital replacement.*

vervangingsreserve ⟨ec.⟩ **0.1** *capital replacement reserve;* ⟨GB; voor fiscus⟩ *capital allowance.*

vervatten 0.1 *contain* ⇒*incorporate* ◆ **5.1** hierin is alles vervat *everything is included in this* **6.1** het geschrift was in deze bewoordingen vervat *the document was couched in these terms.*

verve 0.1 *verve* ⇒*fervour* ◆ **6.1** iets **met** veel ~ vertellen *tell sth. with a great deal of v.*

verveeld 0.1 *blasé* ⇒*weary* ◆ **5.1** ~ toekijken *watch indifferently.*

verveelvoudigen 0.1 *multiply.*

vervelen I ⟨onov., ov.ww.⟩ **0.1** [verveling veroorzaken] *bore* ⇒*annoy* ◆ **5.1** iem. stierlijk ~ *bore s.o. stiff* **6.1 tot** ~s toe *ad nauseam, over and over (again);*
II ⟨wk.ww.; zich ~⟩ **0.1** [niet weten wat te doen] *be(come) bored* ◆ **5.1** ik verveel me dood *I am bored stiff.*

vervelend ⟨bn., bw.⟩ **0.1** [saai] *boring* **0.2** [onaangenaam; onhebbelijk] *annoying* ◆ **1.1** een ~ boek *a b. / dull book* **1.2** een ~ karwei *an onerous task, a chore;* wat een ~e vent *what a tiresome fellow* **3.2** doe / wees nu niet zo ~ *don't be such a nuisance* **4.2** wat ~! *what a nuisance!* **7.2** het ~e *v.d.* zaak is *the a. thing about the matter is;*
II ⟨bn.⟩ **0.1** [niet lekker] *uncomfortable* ◆ **3.1** zich ~ voelen *feel / be u.*

verveling 0.1 *boredom* ◆ **6.1** louter uit ~ *out of pure b.*

vervellen 0.1 *peel* ⇒*shed* ◆ **1.1** slangen ~ jaarlijks *snakes shed their skin every year.*

vervelling 0.1 [mbt. mens] *peeling* **0.2** [mbt. dieren] *sloughing (of one's skin).*

verveloos 0.1 ⟨zie 3.1⟩ ◆ **3.1** het ziet er ~ uit *(it looks as if) it could do with a fresh coat of paint.*

verven 0.1 [schilderen] *paint* **0.2** [met kleurstof bewerken] *dye* ◆ **1.2** geverfde lippen *painted / made-up lips.*

verversen 0.1 [weer vers maken] *refresh* **0.2** [door nieuwe vervangen] *change* ⇒*freshen.*

verversing 0.1 [het verversen] *replacement* **0.2** [waarmee men zich ververst] *refreshment.*

verviervoudigen 0.1 *quadruple* ⇒*multiply by four.*

vervijfvoudigen 0.1 *multiply by five.*

vervilten 0.1 *felt* ⇒*become matted* ◆ **6.1** wollen weefsels ~ **door** veel wassen *wool(len) fabric becomes matted after a lot of washing.*

vervlaamsen I ⟨onov.ww.⟩ **0.1** [Vlaams worden] *become Flemish;*
II ⟨ov.ww.⟩ **0.1** [Vlaams maken] *make Flemish.*

vervlakken 0.1 [vlak / effen maken] *(make) smooth / even* **0.2** [afstompen] *dull* ⇒*become dull / numb* **0.3** [verflauwen] *fade* ◆ **1.3** zijn enthousiasme vervlakte op den duur *his enthusiasm waned eventually.*

vervliegen 0.1 [snel verdwijnen] *fly* (ook→**vervlogen**) **0.2** [in damp opgaan] *evaporate* ◆ **1.2** alcohol vervliegt snel *alcohol evaporates quickly.*

vervloeien 0.1 [wegvloeien] *run* **0.2** [in vloeistof overgaan] *melt* ◆ **1.1** op ongelijmd papier vervloeit de inkt *ink runs on untreated paper.*

vervloeken 0.1 *curse* ◆ **1.1** hij zal die dag ~! *he shall rue the day!;* iem. ~ *curse s.o.*

vervloeking 0.1 [het vervloeken] *cursing* **0.2** [vloek] *curse* ◆ **2.1** ⟨r.-k.⟩ kerkelijke ~ *anathema* **3.2** een ~ uitspreken *curse, pronounce a c.*

vervloekt[1] I ⟨bn.⟩ **0.1** [ellendig] *cursed* ⇒⟨euf.⟩ *darn(ed),* ⟨euf.⟩ *infernal* ◆ **1.1** waar is die ~e vulpen? *where is that darn / c. fountain pen?;*
II ⟨bw.⟩ **0.1** [in hoge mate] *damn(ed)* ⇒⟨euf.⟩ *darn(ed)* ◆ **2.1** dat is ~ lastig *that is damned troublesome.*

vervloekt[2] ⟨tw.⟩ **0.1** *damn* ⇒⟨euf.⟩ *darn(ed)* ◆ **¶.1** ~ jij! *curses on you!*

vervlogen 0.1 *departed* ◆ **1.1** in lang ~ tijden *in days long gone / past.*

vervluchtigen 0.1 *evaporate* ◆ **5.1** etherische oliën ~ snel *volatile oils e. quickly.*

vervoegen I ⟨ov.ww.⟩ **0.1** [taal.] *inflect* ⇒*conjugate;*
II ⟨wk.ww.; zich ~⟩ **0.1** [zich begeven naar] *apply (at)* ⇒*report to* ◆ **6.1** u dient zich te ~ **bij** ... *application should be made at* ...

vervoeging ⟨taal.⟩ **0.1** *conjugation.*

vervoer 0.1 [transport] *transport* ⇒ (het vervoeren) *transportation* **0.2** [vervoermiddel] *transport,* [4]*transportation* ◆ **2.1** met het openbaar ~ *by public transport;* vrij ~ hebben *have free transport / passage / a free ticket* **6.1** het ~ **over** lange afstanden *long-distance / -haul transport;* **tijdens** het ~ beschadigde goederen *goods damaged in transit* **¶.1** ~ te water en te land *land and sea transport.*

vervoerbaar 0.1 *transportable.*

vervoerbedrijf 0.1 *transport company* ◆ **2.1** het gemeentelijk ~ *public / city t. c.*

vervoerder 0.1 *transporter* ⇒⟨jur.⟩ *carrier.*

vervoeren 0.1 *transport* ◆ **1.1** het schip kan 1200 passagiers ~ *the ship can t. / carry 1200 passengers.*

vervoering 0.1 *transport* ⇒*ecstasy* ◆ 6.1 **in** ~ raken *be entranced/ecstatic.*

vervoermiddel 0.1 *(means of) transport* ◆ 2.1 openbare ~en *public (service) vehicles.*

vervoersbedrijf 0.1 (goederen) *haulier, haulage firm;* (personen) *passenger transport company.*

vervoersonderneming 0.1 *transport/moving/shipping company.*

vervolg 0.1 [volgende tijd] *future* 0.2 [supplement] *continuation (of)* ⇒*sequel (to)* 0.3 [het vervolgen] *continuation* ◆ 6.1 **in/voor** het ~ *in the f.* 6.2 dit boek is een ~ **op** een eerder verschenen werk *this book is a sequel to an earlier work* 6.3 ~ **op** blz. 10 *continued on page 10.*

vervolgbaar 0.1 *suable* (civiele zaken); *indictable, prosecutable* (strafbare zaken).

vervolgcursus 0.1 *follow-up course.*

vervolgen 0.1 [verder volgen; voortzetten] *continue* 0.2 [achtervolgen] *pursue* ⇒*persecute* (ihb. vanwege opvattingen/ras) 0.3 [aanklagen] *sue* (civiele zaken); *prosecute* (strafzaken) ◆ 1.1 zijn weg ~ *c. on one's way* 5.3 iem. gerechtelijk ~ *take legal action against s.o.; bring charges against s.o.* (strafzaken) ¶.1 wordt vervolgd *to be continued.*

vervolgens 0.1 *then* ◆ ¶.1 ~ zei/vroeg hij (ook) *he went on to say/ask.*

vervolger, -ster 0.1 *pursuer* ⇒*persecutor* (vanwege opvattingen/ras), *prosecutor* (gerechtelijk).

vervolging 0.1 [het achtervolgen] *pursuit* 0.2 [het vervolgd worden] *persecution* 0.3 [rechtsvervolging] *legal action/ proceedings* ⇒*suit* (civiele zaken), *prosecution* (strafzaken), *charges* ◆ 3.3 in een zaak afzien van ~ *drop charges;* een ~ tegen iem. instellen *bring action/institute proceedings against s.o.;* tot ~ overgaan *(decide to) prosecute.*

vervolgingsbeleid 0.1 *prosecution policy.*

vervolgingswaanzin 0.1 *paranoia.*

vervolgonderwijs 0.1 *secondary education.*

vervolgopleiding 0.1 [B]*continuation course,* [A]*continuing education (course)* ⇒*advanced training.*

vervolgserie 0.1 *serial.*

vervolgverhaal 0.1 *serial (story).*

vervolledigen 0.1 *complete* ⇒*round out* ◆ 1.1 dat vervolledigt de overeenkomst *that completes the agreement.*

vervolmaken 0.1 *(make) perfect.*

vervolmaking 0.1 *perfection* ⇒*completion.*

vervormen I (onov.ww.) 0.1 [andere vorm aannemen] *transform* ⇒*change* 0.2 [afwijkend klinken] *be distorted* ◆ 1.2 het geluid vervormt *the sound is distorted;* II (ov.ww.) 0.1 [andere vorm geven] *transform;* (misvormen) *deform, disfigure, contort, warp* 0.2 [afwijkend doen klinken] *distort* ◆ 3.2 geluid vervormd weergeven *d. a sound.*

vervorming 0.1 [het vervormen/vervormd worden] *transformation;* (misvorming) *disfiguring, deforming, distortion* 0.2 [wat vervormd is] *transformation;* (misvorming) *disfigurement, deformation, distortion.*

vervreemden I (ov.ww.) 0.1 [vreemd/afkerig maken] *alienate* ⇒*estrange* ◆ 4.1 zich ~ van *alienate o.s. from;* II (onov.ww.) 0.1 [vreemd worden aan] *become estranged/alienated* ◆ 3.1 van zijn werk vervreemd raken *lose touch with one's work* 6.1 van elkaar ~ (ook) *drift apart.*

vervreemding 0.1 *alienation* ⇒*estrangement.*

vervroegen 0.1 [vroeger doen zijn] *advance* ⇒*(move) forward* ◆ 1.1 vervroegde uittreding *early retirement;* vervroegde verkiezingen *snap elections.*

vervrouwelijken I (onov.ww.) 0.1 [vrouwelijk(er) worden] *become (more) feminine/effeminate;* II (ov.ww.) 0.1 [vrouwelijk(er) maken] *feminize* ⇒*make effeminate.*

vervuild 0.1 [door vuil overwoekerd] *filthy* 0.2 [verontreinigd] *polluted* ⇒*contaminated* ◆ 1.2 ~e rivieren *p. rivers;* ~ water *contaminated water.*

vervuilen I (onov.ww.) 0.1 [door vuil overwoekerd worden] *become filthy/dirty* ⇒*become infected* (wond) ◆ 1.1 de Rijn vervuilt *the Rhine is becoming filthy;* II (ov.ww.) 0.1 [vervuiling veroorzaken] *pollute* ⇒*make filthy, contaminate* ◆ 1.1 ~de stoffen *contaminants, pollutants.*

vervuiler, -ster 0.1 *polluter* ⇒*contaminator* ◆ 3.1 de ~ betaalt *the p. pays.*

vervuiling 0.1 *pollution* ⇒*contamination, filthiness* (toestand) ◆ 1.1 de ~ v.h. milieu *environmental p.*

vervullen 0.1 [vol maken] *fill* 0.2 [voldoen aan] *fulfil* ⇒*perform* (taak), *discharge* (plicht) 0.3 [verwezenlijken] *fulfil* ⇒*realize* 0.4 [bekleden] *fill* ◆ 1.3 iemands wensen ~ *comply with s.o.'s wishes* 1.4 een betrekking ~ *f. a position* 6.1 dat vervult ons **met** zorg *that fills us with concern;* (fig.) van iets vervuld zijn *be full of sth.* 7.2 tijdens het ~ van zijn plicht *in the discharge of his duty.*

vervulling 0.1 *fulfilment* ⇒*discharge* (van plichten), *realization* (van dromen) ◆ 1.1 de ~ v.d. dienstplicht *the f. of one's compulsory military service* 6.1 een droom ging **in** ~ *a dream came true.*

verwaaid 0.1 *windblown* ◆ 3.1 er ~ uitzien *look w.*

verwaand 0.1 *conceited* ⇒*arrogant, stuck-up* ◆ 1.1 ~e kwast *conceited puppy;* een ~ nest *a stuck-up girl* 3.1 doe niet zo ~ (ook) *don't be so snooty.*

verwaandheid 0.1 *conceit(edness)* ⇒*arrogance* ◆ 6.1 naast zijn schoenen lopen van ~ *be too big for one's boots.*

verwaardigen 0.1 *condescend* ⇒*deign* ◆ 4.1 zich niet ~ iem. te antwoorden *not c./deign/stoop to answer s.o.* 6.1 iem. **met** geen blik ~ *not deign to look at s.o.*

verwaarloosbaar 0.1 *negligible.*

verwaarloosd 0.1 *neglected* ◆ 1.1 een ~ uiterlijk *a n./unkempt appearance.*

verwaarlozen 0.1 *neglect* ⇒(buiten beschouwing laten) *ignore* ◆ 1.1 zijn uiterlijk ~ *let one's appearance go;* zijn zaakjes ~ (ook) *let things slide* 6.1 zo'n bedrag is niet **te** ~ *such an amount is not to be sneezed at.*

verwaarlozing 0.1 *neglect* ⇒*negligence* (toestand) ◆ 6.1 **met** ~ van *to the neglect of.*

verwachten 0.1 [rekenen op] *expect* 0.2 [zwanger zijn] *expect* ⇒*be expecting* ◆ 1.1 men verwacht moeilijkheden met de bonden *trouble with the (trade) unions is foreseen/anticipated* 1.2 ze verwacht een baby *she is expecting (a baby)/is in the family way* 3.1 dat kun je van zo iemand ~ *that is to be expected from s.o. like that* 4.1 daar moet je ook niet alles van ~ *don't set your hopes too high* 5.1 lang verwacht *long-awaited;* op plaatsen waar je ze helemaal niet verwacht *in the most unlikely places;* dat had ik wel verwacht *that was just what I had expected* 6.1 verwacht **in** dit theater *coming/appearing soon in this theatre;* dat was **te** ~ *that was only to be expected;* gezien de **te** ~ belangstelling *given the anticipated interest;* dat had ik van haar niet verwacht (gunstig) *she has gone beyond my expectations;* (ongunstig) *I hadn't expected that from her* 7.1 ik verwacht er veel van *I have high hopes/expectations* 8.1 men verwacht dat hij morgen zal vertrekken *he is expected/supposed to leave tomorrow.*

verwachting 0.1 [het verwachten] *anticipation* 0.2 [dat wat men verwacht] *expectation* ⇒*outlook* ⟨van weer⟩ ◆ **2.1** in (blijde) ~ zijn *be expecting* **2.2** haar ~en waren te hoog gespannen *she had pitched her expectations too high;* de ~en waren hoog gespannen *expectations ran high;* hooggespannen ~en *high/sanguine hopes;* het overtrof haar stoutste ~en *it surpassed her wildest expectations* **3.2** niet aan de ~en beantwoorden *fall short of expectations;* ~en wekken *arouse (one's) hopes* **5.2** beneden de ~en blijven *fall short of expectations, disappoint* **6.1** in ~ zijn *be expecting/an expectant mother;* in de ~ dat *on the assumption that* **6.2** aan de ~ beantwoorden *come up to one's expectations.*

verwachtingspatroon 0.1 *expectations* ⟨mv.⟩.

verwachtingsvol 0.1 [attr.] *expectant;* ⟨pred.⟩ *full of expectation.*

verwant¹ ⟨de⟩ **0.1** *relative* ◆ **1.1** vrienden en ~en *friends and relatives* **2.1** de naaste ~en werden op de hoogte gesteld *the next of kin were informed.*

verwant² ⟨bn.⟩ **0.1** [geparenteerd] *related (to)* **0.2** [overeenkomend in karakter/opvattingen] *kindred* **0.3** [tot elkaar in nauwe betrekking staand] *related* ◆ **1.2** ~e geesten *k. spirits* **1.3** ~e talen *r./cognate languages* **3.2** daar voel ik me niet mee ~ *I feel no affinity for/with that.*

verwantschap 0.1 [het verwant zijn] *relation(ship)* **0.2** [overeenkomst] *relationship* ⇒*affinity, connection* ◆ **3.2** hun werk vertoonde een sterke ~ met dat van Hockney *their work demonstrated a strong affinity to/with that of Hockney.*

verward 0.1 [in de war, door elkaar] *confused* ⇒*(en)tangled* **0.2** [niet duidelijk] *confused* ⇒*muddled, incoherent* **0.3** [verlegen] *confused* ⇒*flustered* ◆ **1.2** een ~ verhaal *a c./muddled story* **3.2** ~ spreken *talk incoherently.*

verwardheid 0.1 [onordelijkheid] *confusion* ⇒*disorder* **0.2** [onduidelijkheid] *confusion* ⇒*muddle, incoherence* **0.3** [verlegenheid] *confusion* ⇒*embarrassment.*

verwarmen 0.1 *warm* ⇒*heat* ◆ **1.1** de kamer was niet verwarmd *the room was unheated;* een glas hete melk zal je wat ~ *a glass of hot milk will warm you up.*

verwarming 0.1 [het verwarmen/verwarmd worden] *heating* **0.2** [installatie] *heating (system)* ⇒*heater,* ⟨radiator⟩ *radiator* ◆ **2.2** centrale ~ aanleggen *put in central heating,* de ~ hoger/lager zetten *turn the heat up/down.*

verwarmingsbuis 0.1 *heating pipe.*

verwarmingsinstallatie 0.1 *heating system.*

verwarmingsketel 0.1 *(central heating) boiler.*

verwarren 0.1 [in de war brengen] *tangle (up)* ⇒*confuse* **0.2** [met elkaar verwarren] *confuse* ⇒*mistake* **0.3** [verlegen maken] *confuse* ⇒*fluster* ◆ **3.1** in iets verward raken *get tied up/entangled/snarled up in sth.;* ~d werken *lead to confusion* **6.2** u verwart hem met zijn broer *you mistake him for his brother;* niet te ~ met *not to be confused with.*

verwarring 0.1 [het verwarren] *entanglement* ⇒*confusion* **0.2** [het verward zijn] *confusion* ⇒*muddle* **0.3** [verlegenheid] *confusion* ⇒*embarrassment* ◆ **2.2** de ~ was compleet *it was total c.* **3.2** er ontstond enige ~ over zijn identiteit *some c. arose concerning as to his identity;* ~ stichten *cause c.* **3.3** iem. in ~ brengen *embarrass s.o.* **6.2** in ~ raken *become confused.*

verwateren I ⟨onov.ww.⟩ **0.1** [waterig worden] *become watery/diluted* **0.2** [slap worden] *become diluted/watered down* ⇒*peter out* ◆ **1.2** de vriendschap tussen ons verwatert *our friendship is disintegrating,* **II** ⟨ov.ww.⟩ **0.1** [waterig maken] *dilute* ⇒*make watery* **0.2** [slap maken] *dilute* ⇒*water down* ◆ **1.2** zijn stijl ~ *water down one's style.*

verwedden 0.1 [tot inzet v.e. weddenschap maken] *bet* **0.2** [door wedden verliezen] *gamble away* ◆ **4.1** ik wil er alles om ~ dat ... *I'll bet you anything that ...*

verweer 0.1 [tegenstand, verdediging] *defence* ⇒⟨jur. ook⟩ *plea* **0.2** [mbt. bacteriën] *resistance* ◆ **3.1** daarop had hij geen ~ *he had no d. for that* **8.1** iets als ~ aanvoeren *put sth. forward as a d.*

verweerd 0.1 *weather-beaten* ◆ **1.1** een ~ gezicht *a w.-b. face.*

verweerschrift 0.1 *(written) defence* ⇒⟨jur. ook⟩ *pleading,* ⟨lit.⟩ *apologia* ◆ **3.1** een ~ indienen *submit a w. d.*

verweking 0.1 *softening.*

verwekken 0.1 [doen ontstaan] *beget* ⇒*father* **0.2** [opwekken, veroorzaken] *create* ⇒*cause* ◆ **1.1** kinderen ~ *b./father children* **1.2** angst ~ *create fear;* opschudding ~ *cause a commotion* **6.1** een kind - **bij** een vrouw/iem. *b. a child by a woman.*

verwekker 0.1 [mbt. voortplanting] *begetter* ⇒*father* **0.2** [veroorzaker] *originator* ⇒*cause* ◆ **1.1** de ~ v.h. kind *the child's natural father* **1.2** de bacterie die de ~ is v.d. cholera *the bacteria that is the cause of cholera.*

verwelken 0.1 [verleppen] *wilt* ⇒*wither* **0.2** [fig.] *fade* ◆ **1.2** ~de schoonheid *fading beauty.*

verwelkomen 0.1 *welcome* ⇒*greet,* ⟨schr.⟩ *hail,* ⟨(be)groeten⟩ *salute* ◆ **5.1** iem. hartelijk ~ *give s.o. a hearty welcome;* officieel verwelkomd worden *be officially welcomed;* iem. uitbundig ~ *give s.o. an enthusiastic welcome.*

verwelkoming 0.1 *welcome* ⇒*greeting* ⟨ter begroeting⟩, *salute* ⟨ceremonieel⟩ ◆ **2.1** een hartelijke/koele ~ *a cordial/frosty w.* **6.1** iem. **ter** ~ de hand schudden *shake s.o.'s hand in w.*

verwend 0.1 *spoilt* ⇒*pampered, discriminating* ⟨smaak, klant⟩ ◆ **1.1** een ~ kind *a s. child;* het is een ~ nest *she's a s. brat;* een ~ publiek *a discriminating public/audience* **5.1** zelfs de meest ~e vakantiegangers/luisteraars *even the most s. travellers/listeners.*

verwennen 0.1 [door toegeeflijkheid bederven] *spoil* ⇒*overindulge* **0.2** [te goed doen] *spoil* ⇒*indulge* ◆ **1.2** zich zelf ~ *indulge/pamper o.s.* **5.2** ⟨fig.⟩ in dat opzicht zijn we niet verwend *in that regard we are not spoiled.*

verwennerij 0.1 *spoiling* ⇒*overindulgence, pampering.*

verwensen 0.1 *curse* ◆ **1.1** die verwenste kerel *that confounded fellow.*

verwensing 0.1 *curse* ◆ **3.1** een ~ uiten *(utter a) curse* ¶.1 iem. ~en naar het hoofd slingeren *hurl abuse at s.o.*

verwereldlijking 0.1 *secularization.*

verweren I ⟨onov.ww.⟩ **0.1** [door weersinvloeden veranderen] *weather* ⇒*erode* ⟨rotsen⟩, *become weather-beaten* ◆ **1.1** de rotsen ~ *the rocks/cliffs are eroding;* **II** ⟨wk.ww.;zich -⟩ **0.1** [zich verdedigen] *defend o.s.* ⇒⟨fysiek⟩ *put up a fight* ◆ **3.1** voor hij zich kon ~ *before he could defend himself* **5.1** zich dapper/hardnekkig ~ *defend o.s. courageously/stubbornly* **6.1** zich **tegen** een aantijging ~ *defend o.s. against an accusation.*

verwering 0.1 [geol.] *erosion* ⇒*disintegration* **0.2** [aantasting door weersinvloeden] *weathering.*

verwerkbaar 0.1 *processable* ◆ **1.1** door de computer verwerkbare gegevens *data that can be processed by (the) computer;* dit materiaal is gemakkelijk ~ *this material is easy to process.*

verwerkelijken I ⟨onov.ww.⟩ **0.1** [werkelijkheid worden] *realize* ⇒*materialize* ◆ **1.1** zijn dromen zijn niet verwerkelijkt *his dreams were not realized/did not come true;* **II** ⟨ov.ww.⟩ **0.1** [tot werkelijkheid maken] *realize* ◆ **1.1** een droom/wens ~ *make a dream/wish come true;* een plan/gedachte ~ *put a plan/an idea into action.*

verwerken 0.1 [werkend verbruiken] *process* ⇒*handle* **0.2** [maken tot] *process* ⇒*convert* **0.3** [bij het bewerken opnemen] *incorporate* **0.4** [psychisch verduwen] *deal with* **0.5** [aankunnen, opnemen] *absorb* ⇒*cope with* ♦ **1.1** zijn maag kon het niet ~ *his stomach couldn't digest it* **1.3** de nieuwste gegevens zijn erin verwerkt *the latest data are incorporated (in it);* gegevens statistisch ~ *i./handle data statistically* **1.4** ze heeft haar succes nog niet kunnen ~ *she can't come to grips with her success;* ze heeft haar verdriet nooit echt goed verwerkt *she has never really come to terms with her sorrow* **1.5** stadscentra kunnen zoveel verkeer niet ~ *city centres cannot absorb so much traffic* **3.4** tegenslag te ~ krijgen *have to deal with a setback* **3.5** een enorme toeloop te ~ krijgen *get a (sudden) rush of people* **6.2** huisvuil **tot** compost ~ *convert household waste into compost.*

verwerking 0.1 *processing* ⇒*handling, assimilation, incorporation* ♦ **6.1 bij** de ~ van deze gegevens *in p./handling these data;* informatie gereedmaken voor ~ **door** de computer *prepare information for p. (by the computer).*

verwerkingsbedrijf 0.1 *processing company/*⟨gebouw⟩ *plant.*

verwerkingseenheid ⟨comp.⟩ ♦ **2.**¶ de centrale ~ *the mainframe/processor.*

verwerkingstijd ⟨comp.⟩ **0.1** *processing time.*

verwerpelijk 0.1 *reprehensible* ⇒*objectionable* ♦ **1.1** een ~e gedachte *a distasteful thought;* ~ gedrag *r./objectionable conduct;* ik vind het een uiterst ~e zaak dat …*I think it is highly improper that* …

verwerpen 0.1 [van zich afwerpen] *reject* ⇒*dismiss, condemn* ⟨methode, opvattingen⟩ **0.2** [afwijzen] *reject* ⇒*turn down* **0.3** [afkeuren bij stemming] *reject; vote/ turn down* ♦ **1.1** een gedachte onmiddellijk weer ~ *immediately dismiss an idea again* **1.2** ⟨jur.⟩ een cassatieberoep ~ *turn down an appeal* **1.3** een voorstel ~ *r. a proposal.*

verwerping 0.1 *rejection* ♦ **1.1** de ~ v.e. wetsvoorstel *the r./ defeat of a bill.*

verwerven 0.1 *obtain* ⇒*acquire, achieve* ⟨roem⟩ ♦ **1.1** inkomen ~ uit arbeid *o./acquire money for work(ing);* kennis ~ *acquire knowledge;* de exclusieve rechten ~ voor de verkoop v.e. product *o./acquire (the) exclusive sales rights to a product* **4.1** zich iets ~ *o./acquire sth.*

verwerving 0.1 *acquisition.*

verwestersen I ⟨onov.ww.⟩ **0.1** [westers worden] *become westernized;* **II** ⟨ov.ww.⟩ **0.1** [westers maken] *westernize.*

verweven 0.1 ⟨ook fig.⟩ *(inter)weave* ♦ **5.1** hun belangen zijn nauw ~ *their interests are closely knit* **6.1** met iets ~ zijn *be tied up with sth.;* met elkaar ~ zijn *be interwoven.*

verwezen 0.1 *dazed* ♦ **3.1** ~ staan kijken *look on in a daze.*

verwezenlijken 0.1 *realize* ⇒*fulfil* ⟨hoop, wens⟩, *achieve* ⟨doel⟩, *implement* ⟨ideeën⟩ ♦ **1.1** zijn doel ~ *achieve one's goal;* plannen/voornemens ~ *r. one's plans/intentions* **3.1** dat is niet te ~ *that can't be done.*

verwezenlijking 0.1 *realization* ⇒*fulfilment.*

verwijden 0.1 *widen* ⇒*dilate* ⟨pupil, ader⟩ ♦ **1.1** de mouwen v.e. jas ~ *w. the sleeves of a jacket* **4.1** zich ~ (tot) *widen (into).*

verwijderd 0.1 *remote* ⇒*distant* ♦ **3.1** (steeds verder) van elkaar ~ raken *drift (further and further) apart* **6.1** een kilometer van het dorp ~ *a kilometre out of the village;* twee meter van elkaar ~ *two metres apart (from one another).*

verwijderen I ⟨ov.ww.⟩ **0.1** [verder plaatsen; wegnemen] *remove* ♦ **5.1** niet ~! *do not r.!;* een gezwel/blindedarm operatief ~ *surgically r. a tumour/an appendix* **6.1** iem. **met**

geweld ~ *remove s.o. forcibly;* iem. **uit** zijn huis ~ *evict s.o.;* vrienden **van** zich ~ *alienate friends (from o.s.);* iem. **van** het veld ~ *send s.o. off (the field);* **II** ⟨wk.ww.; zich ~⟩ **0.1** [weggaan] *go away* ⇒*leave, recede* ⟨geluid, kustlijn⟩ ♦ **1.1** de politie gelastte de demonstranten zich te ~ *the police ordered the demonstrators to leave;* zich ~ de voetstappen *receding footsteps* **6.1** zich **van** elkaar ~ *drift apart;* zich **van** iem./iets ~ *move away from s.o./sth.*

verwijdering 0.1 [handeling] *removal* **0.2** [toestand, ook fig.] *estrangement* ♦ **3.2** er ontstond een ~ tussen hen *they drifted apart* **6.1** ~ **van** school *expulsion from school.*

verwijding 0.1 [het wijder maken] *widening* ⇒⟨med.⟩ *dila-(ta)tion* ⟨pupil, bloedvat⟩ **0.2** [plaats] *widening.*

verwijfd 0.1 *effeminate* ⇒*sissy, prissy* ♦ **1.1** ~e kerels *e. fellows;* ⟨BE; sl.; pej.⟩ *poofs.*

verwijfdheid 0.1 *effeminacy* ⇒*effeminateness.*

verwijsbriefje 0.1 *(doctor's) referral (letter).*

verwijt 0.1 *reproach* ⇒*blame* ♦ **3.1** elkaar ~en maken *blame one another;* zichzelf een ~ maken over iets *blame o.s. for sth.;* iem. ~en maken *reproach s.o.;* ons treft geen ~ *we are not at fault/to blame* **8.1** dat is niet als ~ bedoeld *that isn't meant as a r.* ¶**.1** elkaar ~en naar het hoofd slingeren *hurl reproaches at one another.*

verwijten 0.1 *reproach* ⇒*blame* ♦ **1.1** iem. iets ~ *reproach s.o. with sth., blame s.o. for sth.* **3.1** dat wordt haar nog steeds verweten *she is still blamed for that* **6.1** ik heb mijzelf niets te ~ ⟨ook⟩ *my conscience is clear* **8.1** men verwijt hem dat …*it's held against him that* …

verwijtend 0.1 *reproachful* ♦ **1.1** iets op ~e toon zeggen *say sth. in a tone of reproach* **3.1** iem. ~ aankijken *look at s.o. reproachfully.*

verwijzen 0.1 *refer* ♦ **3.1** er wordt herhaaldelijk naar verwezen *repeated references are made to it* **6.1** voor een samenvatting zij verwezen **naar** het aanhangsel *for a summary the reader is referred to the appendix;* **naar** een andere rechter ~ *r. to another court;* een patiënt **naar** een specialist/het ziekenhuis ~ *r. a patient to a specialist/to hospital.*

verwijzing 0.1 [het verwijzen] *reference* ⇒⟨briefje voor specialist⟩ *referral* **0.2** [aanwijzing] *(cross-)reference* ♦ **6.1 onder** ~ **naar** *with reference to.*

verwikkelen 0.1 *involve* ⇒*implicate, mix up* ♦ **3.1** in iets verwikkeld raken *become involved in sth.* **6.1** iem. mede in een zaak ~ *implicate s.o. in a matter;* verwikkeld raken **in** een schandaal *become mixed up in a scandal.*

verwikkeling 0.1 [het verwikkelen/verwikkeld worden] *involvement* ⇒*implication, mix-up* **0.2** [moeilijkheid] *complication* **0.3** [lit.] *plot* ♦ **6.3** de ~ in een roman *the p. of a novel* **7.3** na vele ~en wordt de held gered *after many adventures the hero is saved.*

verwilderd 0.1 [wild geworden] *wild* ⇒*neglected* **0.2** [uit fatsoen gebracht] *wild* ⇒*unkempt, dishevelled* **0.3** [woest] *wild* ⇒*mad* ♦ **1.1** een ~e boomgaard *a neglected/an overgrown orchard* **3.3** er ~ uitzien *look w./haggard.*

verwilderen 0.1 [wild worden] *run wild* ⇒*become overgrown, overgrow, go wild* ⟨plant, dier⟩, *escape* ⟨plant⟩ **0.2** [losbandig worden] *run wild* ♦ **1.2** verwilderde zeden *corrupted/depraved morals, moral degradation.*

verwildering 0.1 [het verwilderen/verwilderd zijn]⟨zie 1.1⟩ **0.2** [verwilderd geheel] *wild mess* ⇒*wilderness* **0.3** [wild laten groeien] *running wild* ⇒*(state of) neglect* ♦ **1.1** de ~ v.d. straatjeugd *the increasing lawlessness of city teenagers.*

verwisselbaar 0.1 *exchangeable* ⇒*convertible* ♦ **5.1** onderling ~ *interchangeable.*

verwisselen 0.1 [ten opzichte van elkaar wisselen] *(ex)-change* ⇒⟨inf.⟩ *swap* **0.2** [verwarren] *mistake* ⇒*confuse* ◆ **6.1** het tijdelijke **met** het eeuwige ~ *go on one's last journey;* ⟨inf.⟩ *cash in one's chips;* ze had haar broek **voor** een rok verwisseld *she changed out of trousers into a skirt* **6.2** ik had u **met** uw broer verwisseld *I had mistaken you for your brother.*

verwisseling 0.1 [het verwisselen / verwisseld worden] *(ex)-change* ⇒*interchange,* ⟨inf.⟩ *swap* **0.2** [verandering, ruil] *(ex)change* ⇒*transposition, interchange.*

verwittigen 0.1 *inform* ⇒*advise, notify* ◆ **6.1** iem.~ **van** iets *i. / advise/ notify s.o. of sth.*

verwittiging 0.1 [het verwittigen] *notification* **0.2** [mededeling] *communication* ⇒*notice,* ⟨hand.⟩ *(letter of) advice.*

verwoed 0.1 [met woede] *furious* ⇒*enraged* **0.2** [hartstochtelijk] *passionate* ⇒*ardent, impassioned* ◆ **1.2** een ~ lezer *a voracious/ an avid reader;* ~e pogingen doen *make frantic efforts.*

verwoest 0.1 *destroyed* ⇒*devastated, ravaged* ◆ **1.1** ~e gebieden ⟨ook⟩ *blighted areas.*

verwoesten 0.1 *destroy* ⇒*devastate, lay waste* ◆ **1.1** zijn gezondheid ~ *ruin/destroy one's health.*

verwoestend 0.1 *devastating* ⇒*destructive.*

verwoesting 0.1 [handeling] *devastation;* ⟨mv. ook⟩ *ravages;* ⟨vernieling⟩ *destruction* **0.2** [resultaat] *devastation* ⇒ ⟨ontreddering⟩ *havoc* ◆ **3.2** ~en aanrichten bij / onder *devastate, cause havoc among;* ⟨fig.⟩ *play havoc with.*

verwonden 0.1 ⟨met opzet⟩ *wound;* ⟨zonder opzet⟩ *injure* ⇒ ⟨inf.⟩ *hurt.*

verwonderd 0.1 *surprised* ⇒⟨sterker⟩ *amazed, astonished.*

verwonderen I ⟨ov.ww.⟩ **0.1** [verbazen] *surprise* ⇒⟨sterker⟩ *amaze, astonish* ◆ **3.1** het zou mij niet(s) ~ als *I would not be all/in the least surprised if;* **II** ⟨wk.ww.; zich ~⟩ **0.1** [verbaasd zijn] *be surprised (at)* ⇒ ⟨sterker⟩ *be amazed/astonished (at).*

verwondering 0.1 *surprise* ⇒⟨sterker⟩ *amazement, astonishment* ◆ **3.1** het hoeft geen ~ te wekken dat ... *it comes as no s./it's no wonder that ...*

verwonderlijk 0.1 *surprising* ⇒⟨sterker⟩ *amazing, astonishing.*

verwonding 0.1 [handeling] *injury* ⇒⟨moedwillig⟩ *wounding* **0.2** [beschadigde plaats / toestand] *injury* ⇒*wound* ◆ **3.2** ~en oplopen *receive/sustain injuries, be/* ⟨inf.⟩ *get injured;* iem. een ~ toebrengen *inflict an i. on s.o., wound/ injure s.o.*

verwoorden 0.1 *put (in(to) words)* ⇒*express* ◆ **5.1** iets diplomatiek ~ ⟨ook⟩ *couch sth. in diplomatic terms;* iets treffend ~ *put sth. aptly.*

verworden 0.1 *degenerate, deteriorate* ⇒*decay.*

verwording 0.1 *degeneration, deterioration* ⇒*decay.*

verworvenheid 0.1 *attainment* ⇒*achievement,* ⟨aanwinst⟩ *acquisition* ◆ **6.1** de verworvenheden **van** de welvaartsstaat *the achievements of the welfare state.*

verwringen 0.1 *twist* ⟨ook fig.⟩ ⇒⟨vnl. fig.⟩ *distort, contort* ⟨lichaam⟩ ◆ **6.1** een **van** pijn verwrongen gezicht *a face contorted with pain.*

verwurging 0.1 [het verwurgen] *strangling, throttling;* ⟨med., jur. ook⟩ *strangulation* **0.2** [sport] *stranglehold* ◆ **1.1** dood door ~ *death due to strangulation.*

verzachten 0.1 ⟨minder hard maken⟩ *soften;* ⟨minder zwaar maken⟩ *ease;* ⟨minder moeilijk maken⟩ *alleviate, relieve;* ⟨minder krachtig maken⟩ *tone down;* ⟨schr.⟩ *attenuate;* ⟨minder driftig maken⟩ *mollify;* ⟨matigen⟩ *moderate, mitigate, extenuate* ◆ **1.1** pijn / iemands leed ~ *ease/relieve/alleviate pain/s.o.'s suffering.*

verzachtend 0.1 [verlichtend] *mitigating, extenuating* **0.2** [zachter makend] *soothing* ⇒*alleviating,* ⟨med. ook⟩ *palliative.* ⟨med. ook⟩ *emollient* ◆ **1.1** ~e omstandigheden *m. / e. circumstances.*

verzachting 0.1 [het verzachten] *softening* ⇒⟨med.⟩ *soothing, emollient* **0.2** [leniging] *mitigation* ⟨van schuld⟩ ⇒*extenuation.*

verzadigd 0.1 [genoeg gegeten hebbend] *satisfied* ⇒⟨inf.⟩ *full (up),* ⟨schr.⟩ *sated,* ⟨schr.⟩ *replete* **0.2** [alles opgenomen hebbend] *saturated* ◆ **1.2** een ~e arbeidsmarkt *a s. labour market.*

verzadigen 0.1 [naar begeerte voeden, ook fig.] *satisfy* ⇒ *fill,* ⟨schr.⟩ *sat(iat)e* **0.2** [nat., schei.] *saturate* ◆ **3.1** hij was niet te ~ *he was not to be satisfied/was insatiable.*

verzadiging 0.1 ⟨mbt. eten; ook fig.⟩ *satisfaction* ⇒⟨schr.⟩ *satiation,* ⟨nat., schei.⟩ *saturation.*

verzadigingspunt 0.1 *saturation point.*

verzakelijken 0.1 [worden tot iets zakelijks, zakelijk maken] *become / make (more) pragmatic/businesslike / professional.*

verzaken 0.1 [ontrouw worden aan] *renounce* ⟨geloof⟩; *go back on, reneg(u)e on* ⟨overeenkomst enz.⟩; ⟨verlaten⟩ *forsake, desert;* ⟨prijsgeven⟩ *abandon;* ⟨kaartspel⟩ *revoke* ◆ **1.1** zijn plicht ~ *neglect one's/fail in one's duty.*

verzakken 0.1 *subside* ⇒⟨bezinken⟩ *settle, sink, cave in* ⟨dak⟩, ⟨doorzakken⟩ *sag* ◆ **1.1** de grond verzakt *the ground has subsided/is subsiding.*

verzakking 0.1 [het ver-, doorzakken] *subsidence* ⇒⟨collapse,⟩ ⟨bezinking⟩ *settling, caving in* ⟨dak⟩, ⟨doorzakking⟩ *sagging* **0.2** [verzakte plaats] *subsidence;* ⟨holle plek⟩ *hollow, dip, hole; cave-in* ⟨dak⟩; ⟨doorzakking⟩ *sag* **0.3** [med.] *prolapse.*

verzaligd 0.1 *blissful(ly happy).*

verzamelaar, -ster 0.1 *collector.*

verzamelband 0.1 *binder.*

verzamel-cd 0.1 *compilation CD.*

verzamelelpee 0.1 *collection (album)* ⇒⟨ter kennismaking met label of artiest⟩ *sampler.*

verzamelen I ⟨ov.ww.⟩ **0.1** [bijeenbrengen] *collect* ⇒⟨samenbrengen, oogsten⟩ *gather,* ⟨samenstellen⟩ *compile,* ⟨opeenhopen⟩ *accumulate* **0.2** [uit liefhebberij bijeenbrengen] *collect* ⇒⟨sparen⟩ *save* ◆ **1.1** ⟨fig.⟩ krachten ~ *summon up (one's) strength;* de verzamelde werken van ... *the collected works of ...;*

II ⟨onov., ov.ww.⟩ **0.1** [bijeenbrengen / komen] *gather (together)* ⇒*assemble, meet* ⟨met opzet⟩, ⟨mil.⟩ *muster* ⟨voor inspectie⟩, *rally* ⟨ihb. na tijdelijke nederlaag⟩ ◆ **4.1** zich ~ *gather, assemble;* ⟨losser⟩ *congregate* **6.1** we verzamelden **op** het plein *we assembled/met in the square.*

verzameling 0.1 *collection* ⇒⟨samenkomst⟩ *gathering, assembly,* ⟨samenstelling⟩ *compilation,* ⟨opeenhoping⟩ *accumulation* **0.2** [wisk.] *set* ◆ **2.1** een bonte ~ aanhangers *a motley collection of followers, a motley crew* **3.1** een ~ aanleggen *build up/put together a collection.*

verzamelingenleer ⟨wisk.⟩ **0.1** *set theory.*

verzamelnaam 0.1 [taal.] *collective (noun)* **0.2** [naam waaronder gelijksoortige begrippen worden gevat] *collective/generic term/name* ⇒*umbrella term.*

verzamelobject 0.1 *collector's item.*

verzamelplaats 0.1 *meeting place/point* ⟨mensen⟩ ⇒*assembly point, point of assembly.*

verzamelpunt 0.1 *assembly point.*

verzamelwerk 0.1 *collection* ⇒*anthology.*

verzamelwoede 0.1 *passion/obsession/mania for collecting things.*

verzanden 0.1 [fig.] *get bogged down* **0.2** [lett.] *silt up*.
verzegelen 0.1 *seal* ⇒*put/set a seal on* ◆ **1.1** een woning ~ *s. a house, put a house under seal*.
verzegeling 0.1 [handeling] *sealing* **0.2** [zegel] *seal* ◆ **3.2** een ~ aanbrengen/verbreken *affix/break a s*.
verzeilen ◆ **3.¶** hoe kom jij hier verzeild? *what brings you here?, how did you end up here?;* in slecht gezelschap verzeild raken *fall into bad company;* in moeilijkheden verzeild raken *run into/hit trouble, run into difficulties*.
verzekeraar 0.1 *insurer* ⇒⟨bij levensverzekering ook⟩ *assurer,* ⟨vnl. mbt. zeeverzekering⟩ *underwriter*.
verzekerd 0.1 [zeker] *assured (of)* ⇒*confident (of)* **0.2** [verz.] *insured* ⇒⟨vnl. mbt. zeeverzekering⟩ *underwritten* ◆ **1.1** succes ~! *success guaranteed!* **1.2** het ~e bedrag *the sum i.* **3.1** u kunt ervan ~ zijn dat *you may rest a. that*.
verzekerde 0.1 *policyholder* ⇒⟨verz. ook⟩ *insured/assured party*.
verzekeren I ⟨ov.ww.⟩ **0.1** [zeker maken van] *ensure* ⇒*assure* ⟨personen⟩ **0.2** [bevestigen, garanderen] *guarantee, assure* **0.3** [assureren] *insure* ⇒⟨be ook; vnl. levensverzekering⟩ *assure,* ⟨vnl. zeeverzekering⟩ *underwrite* **0.4** [vastzetten] *secure* ⇒*fasten, fix* ◆ **4.3** zich ~ (tegen) *insure o.s. (against)* **6.1** iem. **van** iets ~ *assure s.o. of sth.;* **II** ⟨wk.ww.; zich ~⟩ **0.1** [voor zijn gebruik verwerven] *secure* ⇒*ensure, assure o.s. of, make sure/certain of* ◆ **6.1** zich **van** iemands medewerking ~ *secure s.o.'s cooperation;* zich **van** een goede plaats ~ *s. a good place (for o.s.)*.
verzekering 0.1 [bevestiging, garantie] *assurance* ⇒*guarantee,* ⟨het zeker maken⟩ *insurance* **0.2** [assurantie] *insurance* ⇒⟨be ook; vnl. levensverzekering⟩ *assurance,* ⟨vnl. zeeverzekering⟩ *underwriting,* ⟨polis⟩ *insurance (policy)* **0.3** [verzekeringsmaatschappij] *insurance/assurance company* **0.4** [hechtenis, beslag] ⟨hechtenis⟩ *custody, detention;* ⟨beslag⟩ *seizure, impoundment* ◆ **2.2** sociale ~ *national i., social security* **3.1** ik kan u de ~ geven, dat ... *I can give you an a. that ...* **3.2** een ~ aangaan/afsluiten *take out i./an i. policy;* ~ en bij een maatschappij hebben lopen *be insured by/with a company* **6.3** dat krijgt hij terug **van** de ~ *he'll get that back/recover that from the i.* **¶.2** een all-risk ~ *(full/fully) comprehensive i., a comprehensive i. policy*.
verzekeringsadviseur, -euse 0.1 *insurance adviser*.
verzekeringsagent 0.1 *insurance agent*.
verzekeringsbranche 0.1 *insurance business*.
verzekeringsinspecteur 0.1 *(claims) adjuster, insurance inspector*.
verzekeringsmaatschappij 0.1 *insurance/assurance company*.
verzekeringsplichtig 0.1 *liable for insurance, required to pay insurance/to be insured* ⟨pred. of na zn.⟩ ◆ **1.1** dat bedrijf is krachtens de ongevallenwet ~ *that company is required to pay insurance under the industrial accidents act*.
verzekeringspolis 0.1 *insurance policy*.
verzekeringspremie 0.1 *insurance premium*.
verzekeringsuitkering 0.1 *insurance benefit*.
verzekeringsvoorwaarden 0.1 *policy conditions*.
verzelfstandiging 0.1 [het verzelfstandigen] ⟨het zelfstandig maken⟩ *liberation, emancipation,* ⟨het zelfstandig worden⟩ *gaining (of) independence/self-sufficiency;* ⟨van overheidsbedrijf⟩ *privatization* **0.2** [rel.] *transsubstantiation* ◆ **2.1** de financiële ~ v.d. vrouw *the financial l./e. of women*.
verzendadres 0.1 *dispatch address* ⇒*address for delivery*.

verzenden 0.1 *send* ⇒*mail, dispatch, remit* ⟨geld⟩, ⟨goederen, al dan niet per schip⟩ *ship* ◆ **6.1 per** schip ~ *ship*.
verzender, -ster 0.1 [afzender] *sender* ⇒*shipper, consignor* **0.2** [expediteur] *sender* ⇒*shipper*.
verzendhuis 0.1 *mail-order company/firm*.
verzending 0.1 [het verzenden] *dispatch* ⇒*mailing, shipping, forwarding, remittance* ⟨geld⟩ **0.2** [wat verzonden wordt] *shipment* ⇒*consignment, remittance* ⟨geld⟩.
verzendklaar 0.1 *ready for shipping/mailing*.
verzendkosten 0.1 *shipping/mailing/postage costs* ◆ **5.1** *f* 54,- inclusief ~ *54 guilders, including shipping (costs)*.
verzengen 0.1 *scorch* ⇒*singe* ⟨vnl. haar⟩ ◆ **1.1** het haar ~ *singe one's hair;* een ~de hitte *a blistering heat*.
verzet 0.1 [weerstand, tegenstand] *resistance* ⇒*opposition* **0.2** [ontspanning] *diversion* **0.3** [verzetsbeweging] *resistance* ⇒*underground* **0.4** [fietsversnelling] *gear ratio* ◆ **3.1** ~ bieden/plegen *offer resistance, resist* **6.1** in ~ komen (tegen) *offer resistance (to), rebel (against);* ⟨fig.⟩ zijn gevoel komt daartegen **in** ~ *his feelings rebel against it*.
verzetje 0.1 *diversion* ⇒*distraction* ◆ **¶.1** hij heeft een ~ nodig *he needs a bit of variety/a break*.
verzetsbeweging 0.1 *resistance (movement)* ⇒*underground*.
verzetsgroep 0.1 *resistance group*.
verzetsleger 0.1 *resistance army*.
verzetsmonument 0.1 *monument/memorial to/honouring the resistance*.
verzetsstrijder, -ster, verzetsman, -vrouw 0.1 *resistance fighter* ⇒*member of the resistance/underground*.
verzetten I ⟨ov.ww.⟩ **0.1** [verplaatsen] *move (around)* ⇒ *shift* **0.2** [verdrijven] *put/set aside* ⇒*forget* **0.3** [ontspannen] *divert* ◆ **1.1** een vergadering ~ *put off/reschedule a meeting;* geen voet kunnen ~ *not be able to do a thing/to move an inch* **3.1** hij kan veel werk ~ *he's a devil for work;* **II** ⟨wk.ww.; zich ~⟩ **0.1** [tegenstand bieden] *resist* ⇒*offer resistance/opposition* ◆ **5.1** zich niet ~ *offer no resistance, not put up a fight*.
verzieken I ⟨onov.ww.⟩ **0.1** [ontaarden] *degenerate* ⇒*become corrupt;* **II** ⟨ov.ww.⟩ **0.1** [bederven] *spoil* ⇒*ruin* ◆ **1.1** een verziekte sfeer *a ruined atmosphere*.
verziend 0.1 *long-sighted*.
verziendheid 0.1 *long-sightedness*.
verzilten 0.1 [zout worden/maken] *become/make brackish* ◆ **1.1** verzilt grasland *brackish grassland, salt meadows;* de polder verzilt steeds meer *the polder is becoming more and more brackish/salty*.
verzilveren 0.1 [met zilver overtrekken] *(plate with) silver, silver-plate* **0.2** [innen] *cash* ⇒*convert into/redeem for cash* **0.3** [kapitaliseren] *cash (in)* ⇒*liquidify* ◆ **1.1** verzilverde lepels *plate spoons* **1.2** effecten ~ *cash (in)/sell stocks*.
verzinken I ⟨onov.ww.⟩ **0.1** [zinkend verdwijnen] *sink (down/away)* ⇒*submerge* **0.2** [mbt. een gemoedsgesteldheid] *sink* ◆ **6.2** in gedachten verzonken zijn *be sunk/plunged/lost/deep in thought;* **II** ⟨ov.ww.⟩ **0.1** [diep inslaan] *countersink* **0.2** [met een zinklaag bedekken] *zinc* ⇒*galvanize*.
verzinnen 0.1 [bedenken] *invent* ⇒*think/make up, devise* **0.2** [pej.] *think/make/dream/*⟨inf.⟩ *cook up* ◆ **1.2** een smoesje ~ *think/cook up an excuse* **6.1** ik zal er iets **op** ~ *I'll think/dream up sth*.
verzinsel 0.1 *fabrication* ⇒*concoction, invention, figment of one's imagination*.
verzitten I ⟨ov.ww.⟩ **0.1** [zittend doorbrengen] *spend sitting (down);*

II ⟨onov.ww.⟩ ◆ **3.¶** gaan ~ ⟨anders gaan zitten⟩ *change position, shift one's position;* ⟨elders gaan zitten⟩ *change seats.*

verzoek 0.1 [vraag om iets te doen] *request* ⇒*appeal, petition,* (jur. of vero.) *behest* **0.2** [verzoekschrift] *petition* → *appeal* **0.3** [dat wat verzocht wordt] *request* ◆ **2.1** dringend ~ *urgent r.*, *entreaty* **3.2** een ~ indienen *petition, appeal, make a p./an appeal* **6.1** aan een ~ voldoen *comply with a r.;* een ~ **om** gratie *an appeal for clemency/pardon;* op ~ van mijn broer *at my brother's r.*

verzoeken I ⟨onov., ov.ww.⟩ **0.1** [vragen] *request* ⇒*petition* ⟨per verzoekschrift⟩, *ask, beg,* ⟨schr.⟩ *entreat* ◆ **5.1** dringend ~ *urge (strongly)* **6.1** ik verzoek **om** stilte *silence please, may I have some silence;* **II** ⟨ov.ww.⟩ **0.1** [uitnodigen] *invite* **0.2** [beproeven] *tempt* ◆ **3.1** mag ik u ~? *would you mind? if you please.*

verzoeker, -ster 0.1 [iem. die iets verzoekt] *requestor* ⇒ ⟨aanvrager⟩ *applicant* **0.2** [inzender v.e. verzoekschrift] *petitioner.*

verzoeking 0.1 [verleiding] *temptation* **0.2** [geval van bekoring] *temptation* ⇒*seduction* ◆ **6.1** ⟨rel.⟩ leid ons niet **in** ~ *lead us not into t.;* ⟨rel.⟩ de ~en **in** de woestijn *the t./forty days in the wilderness.*

verzoeknummer, verzoekplaat 0.1 *request.*

verzoekplatenprogramma 0.1 *request show/programme.*

verzoekschrift 0.1 *petition* ⇒*appeal* ◆ **1.1** een ~ indienen *turn in/file a p./an appeal.*

verzoendag 0.1 *day of reconciliation* ◆ **2.1** Grote Verzoendag *Day of Atonement, Yom Kippur.*

verzoenen 0.1 [weer tot vrede brengen] *reconcile* ⇒*appease, placate* **0.2** [goedmaken] *reconcile* ⇒*atone, accommodate* ◆ **4.1** ⟨fig.⟩ ik kan mij er best mee ~ *I can live with it* **6.1** zich **met** iem.~ *become reconciled with s.o.*, *make it up with s.o.*, zich ~ **met** zijn lot *resign o.s. to one's fate.*

verzoenend 0.1 *conciliatory* ⇒*expiatory, placative* ◆ **3.1** ~ optreden *act as a mediator.*

verzoening 0.1 [het weer tot vrede brengen/gebracht worden] *reconciliation* ⇒*rapprochement* **0.2** [het goedmaken] *reconciliation* →*atonement, expiation* ◆ **¶.1** een - tot stand brengen *bring about a reconciliation.*

verzoeningspolitiek 0.1 *policy of conciliation* ⇒*conciliatory policy,* ⟨pej.⟩ *appeasement (policy).*

verzolen 0.1 [van nieuwe zolen voorzien] *(re)sole* **0.2** [mbt. autobanden] *retread.*

verzorgd 0.1 *well-cared-for* ⇒*well/carefully kept/tended* ◆ **1.1** een goed ~ gazon *a manicured lawn* **3.1** er ~ uitzien *be immaculately dressed/groomed* **5.1** slecht ~ *badly/ill-cared-for, badly/ill-kept.*

verzorgen 0.1 [zorgen voor] *look after* ⇒*(at)tend to, care for* **0.2** [in goede staat houden] *look after* ◆ **6.1 tot** in de puntjes verzorgd *taken care of down to the last detail.*

verzorger, -ster 0.1 *attendant* ⇒*caretaker* ◆ **1.1** ouders, voogden of ~s *parents or guardians.*

verzorging 0.1 *care* ⇒*maintenance, nursing* ◆ **2.1** medische ~ *medical c.*

verzorgingsflat 0.1 [B]*warden-assisted flat,* [A]*retirement home with nursing care.*

verzorgingsindustrie 0.1 *service industry.*

verzorgingsmaatschappij, verzorgingsstaat 0.1 *welfare state.*

verzorgingsplicht 0.1 *obligation to pay maintenance.*

verzorgingstehuis 0.1 *home* ⇒⟨bejaardentehuis⟩ *home for the elderly, old people's/*⟨inf.⟩ *folks' home, rest home.*

verzot 0.1 ⟨+op⟩ *crazy (about)* ⇒*mad (about), nuts (on/about/over), wild (about)* ◆ **6.1** haar tantes waren allemaal ~ **op** haar *all her aunts doted on her.*

verzuchten 0.1 *sigh (for).*

verzuchting 0.1 *sigh* →⟨klacht⟩ *lament(ation), complaint* ◆ **3.1** ~en slaken *heave sighs.*

verzuilen 0.1 ±*denominationalize* ⇒*segregate/compartmentalize along socio-political lines.*

verzuiling 0.1 ±*denominationalism* ⇒*sectarianism, compartmentalization (along socio-political lines)* ◆ **1.1** de ~ v.d. Nederlandse omroepwereld *the compartmentalization of the Dutch broadcasting world, 'pillarization'.*

verzuim 0.1 *omission* ⇒⟨nalatigheid⟩ *oversight, neglect, non-attendance* ⟨wegblijven⟩, *absence* ⟨wegblijven⟩, *absenteeism* ⟨mbt. personeel⟩ ◆ **3.1** een ~ herstellen/goed maken *rectify an omission* **6.1** ⟨jur.⟩ **in** ~ zijn *be in default;* ~ **wegens** ziekte *absence due to illness.*

verzuimen I ⟨ov.ww.⟩ **0.1** [nalaten] *omit* ⇒*neglect, fail* **0.2** [laten voorbijgaan] *miss* ⇒*let pass, pass up/over* ◆ **1.1** zijn plicht ~ *be neglectful of/neglect one's duty* **6.1** ~ **te** betalen *fail to pay, make default in payment;* **II** ⟨onov., ov.ww.⟩ **0.1** [niet komen waar men verwacht wordt] *be absent* ⇒*fail to attend* ◆ **1.1** een les ~ *cut/skip (a) class.*

verzuipen (inf.) **I** ⟨onov.ww.⟩ **0.1** [verdrinken] ⟨ongemarkeerd⟩ *drown* ⇒*be drowned* ◆ **1.1** eruitzien als een verzopen kat *look like a drowned rat, look bedraggled* **3.1** ⟨fig.⟩ het is zwemmen of ~ *it's sink or swim* **6.1** ⟨fig.⟩ ik verzuip **in** die kleren *I get lost in those clothes;* **II** ⟨ov.ww.⟩ **0.1** [verdrinken] ⟨ongemarkeerd⟩ *drown* **0.2** [in drank verteren] *booze away* ⇒*drink away* **0.3** [te veel van een vloeistof toevoeren] *flood* ⟨motor⟩ ◆ **4.2** zich ~ *drink o.s. to death.*

verzuren I ⟨onov.ww.⟩ **0.1** [zuur worden] *sour* ⇒*turn/go sour,* ⟨melk ook⟩ *go off, grow acid* ⟨bodem⟩, ⟨schei.⟩ *acidify* **0.2** [een zuurpruim worden] *sour* ⇒*become sour/bitter* ◆ **1.1** verzuurde grond *acid soil;* die wijn is verzuurd *that wine has gone to vinegar.*; **II** ⟨ov.ww.⟩ **0.1** [zuur maken] *sour* ⇒*turn/make sour,* ⟨melk ook⟩ *turn.*

verzuring 0.1 *acidification.*

verzwakken I ⟨ov.ww.⟩ **0.1** [zwak(ker) maken] *weaken* ⇒*enfeeble* ⟨persoon, economie⟩, ⟨aantasten⟩ *impair;* **II** ⟨onov.ww.⟩ **0.1** [zwak(ker) worden] *weaken* ⇒*grow weak.*

verzwakking 0.1 *weakening* ⇒*debilitation,* ⟨zwakker maken ook⟩ *impairment,* ⟨zwakker worden ook⟩ *failure.*

verzwaren 0.1 [zwaarder maken] *make heavier* **0.2** [fig.; versterken, vergroten] *make heavier* ⇒*increase,* ⟨sterker maken⟩ *strengthen,* ⟨sterker maken⟩ *reinforce* ◆ **1.2** de dijken ~ *strengthen the dykes;* exameneisen ~ *make an examination stiffer, raise the level of an exam;* iemands taak ~ *make s.o.'s task more arduous.*

verzwarend 0.1 *aggravating* ◆ **1.1** ~e omstandigheden *a. circumstances.*

verzwelgen 0.1 [opslorpen] *guzzle* ⇒⟨eten⟩ *gobble up, wolf down,* ⟨drinken⟩ *swill down* **0.2** [doen verdwijnen, opnemen] *devour* ⇒*swallow (up), engulf* ⟨door golven⟩ ◆ **1.2** de slang verzwelgt haar prooi in zijn geheel *the snake devours its prey whole.*

verzweren 0.1 *fester, go septic.*

verzwering 0.1 [het verzweren] *festering* ⇒*ulceration* **0.2** [plaats] *ulcer* ⇒*sore.*

verzwijgen 0.1 *keep silent about* ⇒⟨niet mededelen⟩ *withhold, suppress,* ⟨niet opgeven⟩ *conceal* ◆ **1.1** iets voor iem.

~ *keep/conceal sth. from s.o.;* verzwegen inkomsten *undeclared/undisclosed income;* de krant verzweeg enkele details *the newspaper suppressed a few details;* een schandaal ~ *hush up a scandal.*

verzwijging 0.1 [het verzwijgen] *concealment* ⇒*suppression.*

verzwikken 0.1 *sprain* ⇒*twist* ♦ **1.1** zijn enkel ~ *s. one's ankle.*

vesper 0.1 [gebed] *vespers* **0.2** [klok] *vesper(-bell)* ♦ **6.1** **naar** de ~ gaan *go to v.*

vest I ⟨het⟩ **0.1** [kledingstuk zonder mouwen] *waistcoat* ⇒ ⟨AE en handelsjargon⟩ *vest* **0.2** [gebreid jasje] *cardigan* ♦ **6.1** een pak **met** ~ *a three-piece suit;* **II** ⟨de⟩ **0.1** [gracht] *moat.*

veste, vest 0.1 [mv.; verdedigingswerken] *ramparts* **0.2** [versterkte plaats] *stronghold* ⇒*fortress.*

vestiaire 0.1 *cloakroom.*

vestibule 0.1 *hall(way)* ⇒*entrance hall, vestibule* ⟨in groot gebouw⟩, *booking hall* ⟨station⟩.

vestigen 0.1 [richten] *direct, focus* **0.2** [stichten] *establish* ⇒*set up, found* **0.3** [gaan wonen] *settle* **0.4** [ingang doen vinden] *establish* ⇒⟨naam, reputatie ook⟩ *make* ♦ **1.2** deze zaak is in 1860 gevestigd *this business was founded/established in 1860* **4.3** zich ergens ~ *establish o.s., s. somewhere, take up one's residence/abode somewhere* **6.1** aller ogen ~ zich **op** hem *all eyes are upon him;* ik heb mijn hoop **op** jou gevestigd *I'm putting (all) my hopes in you* **6.3** de maatschappij is **in** A. gevestigd *the company has its seat/*⟨jur.⟩ *is domiciled in A.* **8.3** zich ~ als aannemer *set up as/establish business as a contractor.*

vestiging 0.1 [het vestigen] *establishment* **0.2** [filiaal, bedrijf] *branch* ⇒*office,* ⟨verkooppunt⟩ *outlet* **0.3** [nederzetting] *settlement* ♦ **2.1** vrije ~ *freedom of r.* **6.2** onze ~ in Amsterdam *our Amsterdam office/branch.*

vestigingsplaats 0.1 ⟨bedrijf⟩ *place of business* ⇒*registered office, seat,* ⟨persoon⟩ *place of residence,* ⟨jur. ook⟩ *domicile.*

vestigingsvergunning 0.1 *licence/permit to establish a business* ⇒⟨woonvergunning⟩ *residence permit,* ⟨(tand)arts⟩ *licence to set up in practice.*

vesting 0.1 *fortress* ⇒*fort, stronghold* ♦ **3.1** een ~ bestormen *storm/rush a fortress.*

vestinggracht 0.1 *moat.*

vestingstad 0.1 *fortified city/town.*

vestingwerk 0.1 [werk tot versterking van een plaats] *fortification* **0.2** [mv.; militaire versterkingen] *fortifications.*

vestzak 0.1 *waistcoat pocket, watch pocket* ⇒⟨AE en handelsjargon⟩ *vest pocket* ♦ **1.1** ⟨fig.⟩ dat is vestzak-broekzak *that's just a shifting of funds.*

vet¹ ⟨het⟩ **0.1** *fat* ⇒⟨vloeibaar⟩ *oil,* ⟨smeer⟩ *grease,* ⟨druipvet⟩ *dripping,* ⟨reuzel⟩ *lard* ♦ **2.1** iem. in zijn eigen ~ gaar laten koken ⟨fig.⟩ *let s.o. stew (in his own juice)* **3.¶** iemand zijn ~ geven *give s.o. a piece of one's mind, settle s.o.'s hash* **6.1** iets **in** het ~ zetten *grease sth.*

vet² ⟨bn., bw.⟩ **0.1** [rijk aan vet, niet mager] *fat* ⇒⟨melk ook⟩ *rich, creamy* **0.2** [met veel vet bereid] *fatty* ⇒*greasy, rich* **0.3** [vruchtbaar] *fat* ⇒*rich* **0.4** [winstgevend] *fat* ⇒*plum-(my)* ⟨baantje⟩, *juicy* ⟨contract, overeenkomst⟩ **0.5** [met vet verontreinigd] *greasy* ⇒*oily* **0.6** [goed gevuld] *fat* **0.7** [dik door veel inkt] *bold* ♦ **1.3** een ~te grond *rich soil, f./rich land* **1.4** een ~te buit *rich spoils* **1.5** een ~te huid/~ haar *a g./an oily skin, g./oily hair;* ~te vingers op het papier *g. fingermarks on the paper* **1.7** ~te letters *b./heavy type* **1.¶** een ~te lach *a fruity laugh* **7.3** het ~te der aarde *the f. of the land.*

vetarm 0.1 *low-fat* ♦ **1.1** een ~ dieet *a l.-f. diet.*

vetbult 0.1 *hump* ⟨kameel enz.⟩ ♦ **6.1** ~jes **in** het gezicht *facial cysts.*

vete 0.1 *feud* ⇒*vendetta.*

veter 0.1 *lace* ⇒⟨van schoen⟩ *shoelace,* ⟨van laars⟩ *bootlace* ♦ **3.1** zijn ~s vastmaken/strikken *do up/tie one's shoelaces;* je ~ zit los! *your shoelace is undone!*

veteraan 0.1 [oud-soldaat] *veteran* **0.2** [iem. met lange ervaring] *veteran* ⇒*old soldier/hand/campaigner* **0.3** [sport] *veteran.*

veteranenziekte ⟨med.⟩ **0.1** *Legionnaire's disease.*

veterschoen 0.1 *lace-up (shoe).*

vetgedrukt 0.1 *in bold/heavy type* ⇒⟨druk. ook⟩ *(in) bold (face).*

vetgehalte 0.1 *fat content* ⇒*percentage of fat* ♦ **2.1** met een hoog/laag ~ *high-fat, low-fat.*

vetgezwel 0.1 *fatty tumour.*

vetkaars 0.1 *tallow candle* ⇒*(tallow) dip.*

vetklier 0.1 *sebaceous gland* ⇒⟨bij vogels⟩ *oil gland.*

vetkrijt 0.1 *pastel crayon.*

vetkuif I ⟨de⟩ **0.1** [haardracht] *greased quiff;* **II** ⟨de (m.)⟩ **0.1** [persoon] *greaser.*

vetkussen 0.1 *roll of fat;* ⟨scherts.⟩ *spare tyre* ⟨maag⟩.

vetmesten 0.1 *fatten (up)* ⇒*feed up* ⟨zieke, wees⟩ ♦ **1.1** een vetgemest kalf *a fatted calf.*

veto 0.1 *veto* ♦ **1.1** het recht van ~ hebben *have the right/power of v.* **3.1** zijn ~ over iets uitspreken *veto sth., exercise one's v. against sth.*

vetorecht 0.1 *veto* ⇒*power/right of veto.*

vetplant 0.1 *succulent.*

vetpot ♦ **3.¶** het is geen ~ ⟨fig.⟩ *they don't/you won't exactly make a fortune.*

vetpuistje 0.1 *blackhead.*

vetrijk 0.1 *rich in fat* ⇒⟨gerecht ook⟩ *rich, greasy, high-fat* ⟨dieet⟩.

vetrol 0.1 *roll of fat* ♦ **6.1** ~len **op** de heupen hebben *have rolls of fat around one's hips.*

vettig 0.1 [enigszins vet] *fatty* ⇒⟨vet bevattend⟩ *greasy* **0.2** [met vet bedekt] *greasy* ⇒⟨haar, huid ook⟩ *oily* ♦ **1.1** een ~e glans *an oily sheen.*

vettigheid 0.1 *fattiness* ⇒*greasiness* **0.2** [rijkdom/gehalte aan vet] *fat content* **0.3** [het vette] *fat* ⇒*fatty/greasy food(s)* ♦ **3.3** hij eet nooit ~ *he never eats fat/fatty foods/greasy foods.*

vetvlek 0.1 *grease stain* ⇒*greasy spot/mark* ♦ **5.1** vol ~ken *grease-stained.*

vetvrij 0.1 [tegen verontreiniging door vet bestand] *greaseproof* **0.2** [geen vet (meer) bevattend] *fat-free* ⇒*non-fat* ♦ **1.1** ~ papier *g. paper.*

vetweefsel 0.1 *fatty/* ⟨med., dierk. ook⟩ *adipose tissue.*

vetzak ⟨pej.⟩ **0.1** *Fatso* ⇒*fatty.*

vetzucht 0.1 *fatty degeneration* ⇒*(morbid) obesity.*

vetzuur ⟨schei.⟩ **0.1** *fatty acid* ♦ **2.1** (on)verzadigde vetzuren *(un)saturated fatty acids.*

veulen 0.1 *foal* ⇒⟨hengst, als het bij moeder vandaan is⟩ *colt,* ⟨idem, merrie⟩ *filly* ♦ **3.1** een ~ werpen *foal.*

vezel 0.1 *fibre* ⇒⟨van weefsel ook⟩ *thread, filament* ⟨vnl. in plant of dier⟩ ♦ **1.1** ~s v.d. spieren *muscle fibres* **2.1** ruwe/onverteerbare ~s *cellulose, indigestible fibre.*

vezelachtig 0.1 *fibrous* ⇒⟨med.⟩ *fibroid.*

vezelig 0.1 [uit vezels bestaande] *fibrous* ⇒*stringy* ⟨vlees⟩, ⟨med.⟩ *fibroid* ♦ **1.1** ~e structuur *fibrous structure.*

vezelplaat 0.1 *fibreboard.*

vezelrijk 0.1 *high-fibre.*

vezelstof 0.1 [biol.] *fibrous tissue* **0.2** [uit vezels vervaardigde stof] *fibre.*

889

vgl. ⟨afk.⟩ **0.1** [vergelijk] *cf.*

V-hals 0.1 *V-neck* ◆ **1.1** een trui met ~ *a V-neck(ed) pull-over.*

via 0.1 [over, langs] *via* ⇒*by way of, through* **0.2** [door bemiddeling van] *via* ⇒*through, by way of, by,* ⟨door middel van⟩ *by means of* ◆ **1.1** ⟨fig.⟩ de smetstof komt ~ de mond en de neus in het lichaam *the infection enters the body through the mouth and nose;* ~ de snelweg komen *take the motorway/ᴬexpressway* **1.2** verkrijgbaar ~ de boekhandel *available from your local bookseller;* ik hoorde ~ mijn zuster, dat ... *I heard from/through my sister that* ... ¶**.2** ~ ~ *indirectly, in a roundabout way, on/through the grapevine.*

viaduct 0.1 *viaduct* ⇒ᴰ*fly-over,* ᴮ*crossover,* ᴬ*overpass.*

vibrafoon 0.1 *vibraphone* ⇒⟨inf.⟩ *vibes.*

vibratie 0.1 [trilling] *vibration* ⇒⟨slingering ook⟩ *oscillation* **0.2** [wijze van masseren] *vibro-massage.*

vibrato 0.1 *vibrato.*

vibreren 0.1 *vibrate.*

vice-premier 0.1 *vice-premier.*

vice-president 0.1 *vice-president;* ⟨aan bedrijf ook⟩ *vice-/deputy-chairman.*

vice versa 0.1 *vice versa.*

vice-voorzitter 0.1 *vice-chairman, deputy chairman.*

vicieus →**cirkel.**

Victoriaans 0.1 *Victorian.*

video 0.1 *video (tape/recorder)* ◆ **6.1** iets op ~ zetten *record sth. on video.*

videoapparatuur 0.1 *video equipment.*

videobewaking 0.1 *closed circuit TV.*

videocamera 0.1 *video camera.*

videocassette 0.1 *video cassette.*

videocassetterecorder 0.1 *video cassette recorder, VCR.*

videoclip 0.1 *videoclip.*

videofilm 0.1 *video (film/recording)* ◆ **2.1** gewelddadige/pornografische ~ ⟨ook⟩ *video nasty* **3.1** ~s huren *hire/ᴬrent videos.*

videofoon 0.1 *video(tele)phone.*

videokunst 0.1 *video art.*

video-opname 0.1 *video recording.*

videopiraterij 0.1 *illegal copying of videofilms.*

videoplaat 0.1 *videodisc.*

videorecorder 0.1 *video (recorder), VCR* ⇒*video cassette recorder.*

videospel, videogame 0.1 *video game.*

videotheek 0.1 [voor verhuur van videobanden] *video shop* **0.2** [verzameling videobanden] *videotheque.*

viditel ⟨com.⟩ **0.1** *viewdata/videotex.*

vief 0.1 *lively* ⇒*energetic, spry* ⟨oudje⟩.

vier¹ ⟨de⟩ **0.1** *four* ◆ **3.1** hij kreeg een ~ voor wiskunde *he got an F for maths, he got four out of ten for maths.*

vier² ⟨telw.⟩ **0.1** *four;* ⟨data⟩ *fourth* ◆ **1.1** met ~ handen, voor ~ spelers *fourhanded, for four hands/players;* een gesprek onder ~ ogen *a private conversation, a tête-à-tête* **3.1** zo zeker als tweemaal twee ~ is *as sure as I'm standing here* **5.1** half ~ *half past three* **6.1** ze waren met z'n ~en *there were four of them;* ze kwamen met z'n ~en *four of them came* ⟨ook→**drie**⟩.

vierbaansweg 0.1 [snelweg] *four-lane motorway;* ⟨nietsnelweg⟩ ᴮ*dual carriageway* ⇒ᴬ*divided highway.*

vierde 0.1 ⟨bn. en rangtelw.⟩ *fourth* ◆ **1.1** een ~ deel *a f. (part);* de ~ klas *the f.* ᴰ*form/ᴬgrade* **6.1** ten ~ *fourthly, in the f. place* **7.1** het is vandaag de ~ *today is the f.;* drie ~ *three fourths/quarters* **8.1** als ~ eindigen *come in f.* ⟨ook→**derde**⟩.

vierdelig 0.1 *four-part; four-piece* ⟨suite, servies enz.⟩; ⟨werk ook⟩ *four-volume.*

vierdubbel 0.1 [viermaal] *four times* **0.2** [uit vier eenheden bestaand] *fourfold* ◆ **1.2** een ~e beveiliging *a f. safety device* **7.1** het ~e v.d. waarde *four times the value.*

vieren 0.1 [feestelijk gedenken] *celebrate* ⇒*observe* ⟨feestdag, zondag⟩, ⟨herdenken⟩ *commemorate* **0.2** [eer bewijzen aan] *celebrate* ⇒*honour* **0.3** [laten schieten] *pay out* ⇒*slacken* ◆ **1.2** een gevierd man *a celebrated/an acclaimed man* **1.3** een touw (laten) ~ *pay out a rope* **3.1** dat gaan we ~ *this calls for a celebration;* ⟨drinken⟩ *we'll drink to that.*

viergranenbrood 0.1 *multigrain bread.*

vierhandig 0.1 *fourhanded.*

vierhoek 0.1 [wisk.] *quadrilateral* **0.2** [plaats, vak, ruimte] *quadrangle, rectangle, square.*

vierhoekig 0.1 *quadrangular* ⇒*quadrilateral, square.*

vierhonderdjarig 0.1 *four-hundred-year-old* ⟨attr.⟩; *four hundred years old* ⟨na zn.⟩ ◆ **1.1** ~ bestaan *quatercentenary, four-hundredth anniversary.*

viering 0.1 *celebration* ⇒*observance* ⟨mbt. feestdag, zondag⟩, ⟨herdenking⟩ *commemoration,* ⟨rel.⟩ *service* ◆ **6.1** ter ~ van *in celebration of.*

vierjarig 0.1 *four-year-old;* ⟨vier jaren durend⟩ *four-year(s');* ⟨vierjaarlijks⟩ *four-yearly.*

vierkant¹ ⟨het⟩ **0.1** *square* ⇒⟨figuur, opstelling ook⟩ *quadrangle.*

vierkant² **I** ⟨bn.⟩ **0.1** [met de vorm van een gelijkzijdige rechthoek] *square* **0.2** [+ lengte-eenheid] *square* **0.3** [rechthoekig] *square* ⇒*rectangular* **0.4** [massief, fors] *square* ⇒*foursquare,* ⟨persoon ook⟩ *squarely-built,* ⟨persoon ook⟩ *stocky* **0.5** [kwadratisch] *square* ◆ **1.3** ~e haak *bracket* **6.1** de kamer meet drie meter in het ~ *the room is three metres s./three by three (metres);*
II ⟨bw.⟩ **0.1** [ronduit] *squarely* ⇒*outright, flatly* ⟨weigeren⟩ ◆ **3.1** iem. ~ de deur uit gooien *chuck s.o. out (bodily);* ⟨sl.⟩ *give s.o. the bum's rush;* zijn voorstel werd ~ geweigerd *his proposal met with a flat refusal* **6.1** zich ~ tegen iets verklaren *declare o.s. dead set against sth.*

vierkleurendruk 0.1 [handeling] *four-colour printing* **0.2** [resultaat] *four-colour print.*

vierkwartsmaat 0.1 *four four/quadruple time* ⇒*common time/measure.*

vierledig 0.1 *four-part; consisting of/in four parts* ⟨alléén pred.⟩ ◆ **1.1** een ~ doel *a fourfold aim.*

vierling 0.1 [alle vier de kinderen/jongen] *quadruplets* ⇒ ⟨inf.⟩ *quads* **0.2** [één kind/jong] *quadruplet* ⇒⟨inf.⟩ *quad* ◆ **3.1** ze kreeg een ~ *she had quadruplets/* ⟨inf.⟩ *quads.*

viermaal 0.1 *four times* ◆ **5.1** zijn inkomen is ~ zo groot geworden *his income has quadrupled.*

vierpotig 0.1 *four-legged;* ⟨dierk. ook⟩ *four-footed* ⇒ ⟨dierk.⟩ *quadrupedal,* ⟨zeldz.⟩ *tetrapod(ous)* ◆ **1.1** ~ dier ⟨ook⟩ *quadruped.*

vierregelig 0.1 *four-line.*

vierspan 0.1 [span van vier trekdieren] *four* ⇒*four-in-hand* ⟨mbt. paarden⟩ **0.2** [rijtuig, wagen] *four-in-hand* ⇒*coach-and-four.*

viersprong 0.1 *crossroads* ◆ **6.1** ⟨fig.⟩ op de ~ v.h. leven staan *be at the c., be at the parting of the ways.*

viertaktmotor 0.1 *four-stroke engine.*

viertal 0.1 *(set of) four* ⇒⟨mensen ook⟩ *foursome* ◆ **1.1** een ~ jaren ⟨some⟩ *four years, (about) four/four (or so) years* **2.1** het vrolijke ~ *the merry four(some).*

viertalig 0.1 *in four languages* ⟨ná zn.⟩ ⇒*quadrilingual.*

viervoeter 0.1 [viervoetig dier] *quadruped, four-footed animal* ⇒*tetrapod* **0.2** [rijdier] *mount* ⇒*horse.*

viervoetig 0.1 [mbt. dieren] *four-footed, quadruped* ⇒*tetrapod* **0.2** [mbt. gedicht] *tetrameter.*
viervoud 0.1 *quadruple* ◆ **3.1** van een getal het ~ nemen *multiply a number by four.*
viervoudig 0.1 *fourfold* ⇒*quadruple.*
vierwielaandrijving 0.1 *four-wheel drive.*
vierzijdig 0.1 *four-sided.*
vies I ⟨bn., bw.⟩ **0.1** [vuil] *dirty* ⇒*filthy* **0.2** [onsmakelijk] *nasty* ⇒*foul* **0.3** [weerzin oproepend / uitdrukkend] *nasty* ⇒*dirty* **0.4** [schunnig] *dirty* ⇒*smutty* **0.5** [mbt. het weer] *nasty* ⇒*foul* ◆ **1.2** een ~ drankje *a n. / vile mixture* **1.3** een ~ gezicht trekken / zetten *turn up one's nose, make a (wry) face;* een vieze lucht *a n. / foul smell;* er wordt een ~ spelletje gespeeld *there's dirty work afoot;* bij een ~ zaakje betrokken zijn *be involved in dirty / funny business* **3.3** ~ ruiken *smell, stink* **3.¶** ik ben er ~ van *it makes me sick, it disgusts me;* ergens niet ~ van zijn *not be averse to sth.;* **II** ⟨bw.⟩ ◆ **3.¶** die film viel ~ tegen *that film was a real letdown* **5.¶** er ~ bij zijn *be caught red-handed* / ⟨sl.⟩ *with one's pants down.*
viespeuk 0.1 *pig* ◆ **2.1** een oude ~ *a dirty old man.*
Vietnam 0.1 *Vietnam.*
Vietnamees¹ ⟨de (m.)⟩, **-ese** ⟨de (v.)⟩ **0.1** *Vietnamese.*
Vietnamees² ⟨bn.⟩ **0.1** *Vietnamese.*
vieux 0.1 *(Dutch) brandy.*
viezerik 0.1 *pig* ⇒*slob,* ⁸*dirty sod,* ⟨seksueel⟩ *pervert.*
viezig 0.1 *grubby* ⇒*grimy.*
viezigheid 0.1 [het vies zijn] *dirtiness* ⇒*filthiness* **0.2** [iets dat vies is] *dirt* ⇒*grime* **0.3** [iets dat schunnig is] *filth* ⇒ *smut* ◆ **6.2** trap niet in die ~ *don't step in that muck.*
vignet 0.1 [boekversiering] *vignette* **0.2** [versiering in borduurwerk] *device* **0.3** [handelsmerk] *device, logo* ⇒*emblem* **0.4** [op auto] *sticker.*
vijand 0.1 *enemy* ⇒⟨schr.⟩ *foe* ◆ **1.1** de ~ der mensen *the Evil One* **2.1** dat zou je je ergste ~ nog niet toewensen *you wouldn't wish that on your worst e.;* gezworen ~ en *sworn/ mortal enemies* **3.1** hebt uw ~ en lief *love thy e.* **6.1** naar de ~ overlopen *go over to the e. / other side;* iem. **tot** ~ maken *make an e. of s.o., antagonize s.o.*
vijandelijk 0.1 *enemy* ⇒*hostile* ◆ **1.1** op ~e bodem *on e./ hostile soil;* een ~e inval *an e. foray / raid.*
vijandelijkheid 0.1 *hostility* ⇒*act of war* ◆ **3.1** de vijandelijkheden staken *suspend hostilities.*
vijandig 0.1 [vijandschap toedragend] *hostile* ⇒*inimical* **0.2** [fig.] *hostile* ⇒*antagonistic, opposed* ◆ **1.1** een ~e daad *a h. act* **3.1** iem. ~ gezind zijn *be h. towards s.o., bear ill-will towards s.o.*
vijandigheid 0.1 *hostility* ⇒*animosity, enmity.*
vijandschap 0.1 *enmity* ⇒*hostility, animosity, antagonism* ◆ **6.1** in ~ leven *be at odds (with).*
vijf¹ ⟨de⟩ **0.1** *five* ◆ **1.1** een briefje van ~ *a five pound / guilder etc. note* **1.¶** na veel vijven en zessen *after a great deal of to-ings an fro-ings / humming and hawing.*
vijf² ⟨telw.⟩ **0.1** *five;* ⟨data⟩ *fifth* ◆ **1.1** om de ~ minuten *every five minutes* **3.1** ⟨inf.⟩ geef mij de ~ *put it there!, shake!* **6.1** verdeel dit **onder** u vijven *divide this between the five of you;* het is **over** vijven *it is past / gone five* **¶.1** een stuk of ~ *about five, five or so, five-odd* ⟨ook→**drie**⟩.
vijfdaags 0.1 *five-day-old;* ⟨vijf dagen durend⟩ *five-day* ◆ **1.1** de ~e werkweek *the five-day (working) week.*
vijfde 0.1 ⟨bn. en rangtelw.⟩ *fifth* ◆ **1.1** de ~ colonne *the f. column;* een ~ deel *one / a f. (part);* auto met ~ deur *hatchback* **6.1** ten ~ *fifthly, in the f. place* **8.1** als ~ eindigen *come in f.*
vijfentwintigje ⟨Ned.⟩ **0.1** *twenty-five-guilder note.*

vijfenzestigpluskaart 0.1 *senior citizen's / ⟨*BE* ook⟩ pensioner's ticket / ⟨*pas*⟩ pass.*
vijfenzestigplusser 0.1 *pensioner* ⇒*senior citizen.*
vijfhoek, vijfkant 0.1 *pentagon.*
vijfhonderdjarig 0.1 *five-hundred-year-old* ◆ **1.1** ~ bestaan *five-hundredth anniversary, quincentenary.*
vijfjarenplan 0.1 *Five-Year Plan.*
vijfjarig 0.1 *five-year-old;* ⟨vijf jaren durend⟩ *five year(s');* ⟨vijfjaarlijks⟩ *five-yearly.*
vijfje 0.1 *five pound / guilder etc. note* / ⟨*AE*⟩ *dollar bill.*
vijfkamp 0.1 *pentathlon.*
vijfling 0.1 [alle vijf de kinderen / jongen] *quintuplets, quins* **0.2** [één kind / jong] *quintuplet, quin* ◆ **3.1** zij kreeg een ~ *she had quintuplets / quins.*
vijfmaal 0.1 *five times.*
vijftal 0.1 *(set of) five* ◆ **1.1** een ~ jaren *(about) five / five (or so) years* **2.1** een vrolijk ~ *a merry fivesome.*
vijftien 0.1 *fifteen;* ⟨data⟩ *fifteenth* ◆ **1.1** rugnummer ~ *number fifteen* **¶.1** een man of ~ *about fifteen / fifteen or so people* ⟨ook→**drie**⟩.
vijftig 0.1 *fifty* ◆ **1.1** temperaturen van boven de ~ graden *temperatures in the fifties;* de jaren ~ *the fifties* **6.1** hij is **in** de ~ *he is in his fifties;* **tegen** de ~ lopen *be getting on for / pushing f.*
vijftiger 0.1 *s.o. in his fifties* ⇒⟨zeldz.⟩ *quinquagenarian / nary.*
vijftigje ⟨Ned.⟩ **0.1** *fifty-guilder note.*
vijg 0.1 [vrucht (boom)] *fig (tree)* **0.2** [paardenvijg] *(piece of) horse dung.*
vijgenblad 0.1 *fig leaf.*
vijgenboom 0.1 *fig (tree).*
vijl 0.1 *file.*
vijlen 0.1 *file* ◆ **6.1** aan iets ~ ⟨fig.⟩ *polish / perfect sth.*
vijlsel 0.1 *filings* ⟨mv.⟩.
vijver 0.1 *pond* ⇒⟨groot⟩ *lake.*
vijzel I ⟨de (m.)⟩ **0.1** [vat] *mortar;* **II** ⟨de (m.)⟩ **0.1** [krik] *jack (screw)* ⇒*screw jack* **0.2** [schroef van Archimedes] *Archimedes' screw.*
viking 0.1 *Viking.*
villa 0.1 *villa* ◆ **2.1** halve ~ *semi-detached house.*
villawijk, -park 0.1 *(exclusive) residential area.*
villen 0.1 [de huid afstropen] *skin* ⇒*flay* **0.2** [geld afpersen] *fleece* ◆ **3.1** ⟨fig.⟩ ik kon hem wel ~ *I could have killed / strangled him* **5.1** schreeuwen alsof men levend gevild wordt *scream blue murder.*
vilt 0.1 *felt.*
vilten 0.1 *felt.*
vilthoed 0.1 *felt hat* ◆ **2.1** slappe ~ *Homburg;* ⟨vnl. *BE*⟩ *trilby.*
viltig 0.1 *feltlike, felty.*
viltje 0.1 [klein stukje vilt] *piece of felt* **0.2** [bierviltje] *beer mat.*
viltstift, -pen 0.1 *felt-tip (pen).*
vim 0.1 *scouring powder.*
vin 0.1 [zwemorgaan] *fin;* ⟨van zeehond⟩ *flipper* **0.2** [uitsteeksel, onderdeel] *fin* ⇒⟨schoep⟩ *vane* **0.3** [puist] *pimple* **0.4** [blaasworm] *bladderworm* ◆ **3.1** ⟨fig.⟩ geen ~ verroeren *not stir a finger / muscle.*
vinden 0.1 [aantreffen, verkrijgen] *find* ⇒*discover, come across,* ⟨olie ook⟩ *strike* **0.2** [aantreffen, ontwaren] *find* ⇒ *discover* **0.3** [bedenken, uitdenken] *find* ⇒*think of* **0.4** [achten, oordelen] *think* ⇒*find* **0.5** [ondervinden, ten deel krijgen] *find* ⇒*take* **0.6** [komen tot gelijke gezindheid] ⟨zie 3.6, 4.6⟩ ◆ **1.3** ik kon er geen woorden voor ~ *words failed me* **1.5** gehoor ~ *f. a sympathetic ear / listener* **2.4** iets goed ~ *approve of sth.;* ik vind het vandaag koud *I t. it's / I find it*

cold today; ik zou het prettig ~ als *...I'd appreciate it if...*
3.1 zij heeft het helemaal gevonden *she has found her groove/niche;* dat boek is nergens te ~ *that book is nowhere to be found* **3.2** ergens te ~ zijn *be around somewhere;* ⟨fig.⟩ ergens voor te ~ zijn *be ready to do sth., be in/game for sth.* **3.6** het met iem. kunnen ~ *get on/along with s.o.;* zich ergens in kunnen ~ *agree with sth.* **4.4** hoe vind je dat? *what do you t. of that?, how does that strike you?*
4.6 zij hebben elkaar gevonden ⟨zijn het eens⟩ *they have come to terms (over it);* ⟨ze vormen een paar⟩ *they have found one another* **5.2** iem. / iets toevallig ~ *happen/chance upon s.o. / sth.* **5.3** dat is aardig gevonden *that's neat, how clever of you* **5.4** iem. aardig ~ *like s.o., take to s.o.;* doe maar wat je het beste vindt *do as you see fit/t. best, suit yourself;* zou je het erg ~ als ...? *would you mind if ...?;* ik vind het goed *that's fine by me, it suits me fine;* vind je (ook) niet? *don't you think?;* het welletjes ~ *call it a day* **6.4** daar vind ik niets **aan** *it doesn't do a thing for me* **¶.1** wat je vindt mag je houden *finders, keepers.*
vinder, vindster 0.1 *finder* ⇒*discoverer.*
vinding 0.1 [het vinden] *find(ing)* **0.2** [uitdenking, uitvinding] *invention* ⇒*discovery* ◆ **2.2** is dat iets van eigen ~? *is that your own i. / discovery?, did you think of that?* **3.2** een ~ doen *make a discovery.*
vindingrijk 0.1 *ingenious* ⇒*inventive, resourceful* ◆ **1.1** een ~e geest *a fertile/creative mind.*
vindingrijkheid 0.1 *ingenuity* ⇒*inventiveness, resourcefulness.*
vindplaats 0.1 *place/spot where sth. is found* ⇒*site, location* ◆ **1.1** ~en van bauxiet *bauxite deposits.*
vinger 0.1 [deel v.d. hand] *finger* **0.2** [deel v.e. handschoen] *finger* **0.3** [afdruk v.e. vinger] *fingermark* ⇒*(finger)print* **0.4** [maat] *finger* ⇒*half an inch* **0.5** [beeld v.d. werking van een hogere macht] *finger* ⇒*hand* ◆ **2.1** ⟨fig.⟩ groene ~s hebben *have a green thumb/*⟨BE ook⟩ *green fingers;* lange ~s hebben ⟨fig.⟩ *have sticky fingers;* ⟨fig.⟩ met een natte ~ *roughly, speculatively* ⟨bv. een aantal schatten⟩; zij is met een natte ~ te lijmen *she doesn't have to be asked twice* **2.3** er staan vuile ~s op *there are fingermarks on it* **2.¶** lange ~s *sponge fingers* **3.1** zijn ~s erbij aflikken ⟨fig.⟩ *lick one's fingers/lips;* ⟨inf.⟩ *drool at/over;* ⟨fig.⟩ als men hem een ~ geeft, neemt hij de hele hand *give him an inch and he'll take a mile;* hij heeft zich in de ~s gesneden ⟨fig.⟩ *he burned his fingers, he got (his fingers) burned;* de ~ opsteken *put up/raise one's hand* **6.1** ⟨fig.⟩ zij heeft er **aan** elke ~ één! *she's got one for every day of the week;* een ~ **aan** de pols houden ⟨fig.⟩ *have/keep a f. on the pulse;* ⟨fig.⟩ iets **door** de ~s zien *wink at/overlook sth., turn a blind eye to sth.;* ⟨fig.⟩ iets **in** de/zijn ~s hebben *be a natural at sth.;* een ~ **in** de pap hebben ⟨fig.⟩ *have a f. in the pie;* **met** de ~s knippen *snap one's fingers;* ⟨fig.⟩ hij hoeft maar **met** zijn ~s te knippen of ... *he only has to snap his fingers and ...;* iem. **met** de ~ dreigen *shake/wag one's f. at s.o.;* iem. **met** de ~(s) nawijzen ⟨fig.⟩ *point one's f. at s.o.;* hij had haar nog **met** geen ~ aangeraakt *he hadn't put/laid a f. on her;* ⟨fig.⟩ zij kan hem om haar ~ winden *she can twist/wind him around her little f.;* **op** de ~s van één hand te tellen zijn *be few and far between;* de ~ **op** de wond leggen ⟨fig.⟩ *put/lay one's f. on the problem/(sore) spot, touch the (sore) spot;* iem. **op** de ~s tikken ⟨fig.⟩ *rap s.o.'s knuckles;* iem. **op** zijn ~s kijken ⟨fig.⟩ *breathe down s.o.'s neck;* ⟨fig.⟩ dat had je **op** je ~s kunnen natellen *you could have known that, that was to be expected* **7.1** geen ~ voor iets of iem. uitsteken *not lift/raise a f. for sth. / s.o.*
vingerafdruk 0.1 *fingerprint* ◆ **3.1** ~ken nemen (van) *fingerprint s.o., take s.o.'s fingerprints.*

vingerbreed 0.1 *finger (breadth), digit* ◆ **7.1** ⟨fig.⟩ ik leg u geen ~ in de weg *I won't stand in your way/hold you back.*
vingerdoekje 0.1 *napkin* ⇒*serviette.*
vingeren ⟨inf.⟩ **0.1** *finger.*
vingerhoed 0.1 [vingerdopje] *thimble* **0.2** [kleine hoeveelheid] *thimble(ful).*
vingerhoedskruid 0.1 *foxglove.*
vingerkootje 0.1 *bone in one's finger* ⇒⟨med.⟩ *phalanx.*
vingeroefening 0.1 [ook fig.] *finger exercise.*
vingertop 0.1 *fingertip* ◆ **6.1** ⟨fig.⟩ iets in de ~pen hebben *have sth. at one's fingertips, be a natural at sth.;* ⟨fig.⟩ **tot in** zijn ~pen *(right down) to one's fingertips.*
vingervlug 0.1 [vlug met de vingers] *nimble-fingered, dexterous* ⇒*light-fingered.*
vingervlugheid 0.1 [bij het goochelen] *sleight-of-hand* ⇒*legerdemain* **0.2** [handvaardigheid] *dexterity.*
vingerwijzing 0.1 *hint, clue* ◆ **3.1** iem. een ~ geven *give s.o. a h.*
vingerzetting ⟨muz.⟩ **0.1** *fingering* ◆ **3.1** van ~ voorzien (zijn) *finger.*
vink 0.1 [zangvogel]⟨alg.⟩ *finch;* ⟨soortnaam⟩ *chaffinch* **0.2** [tekentje] *check (mark), tick* ◆ **2.¶** blinde ~en ±*beef/veal olives.*
vinkentouw ◆ **6.¶** ⟨fig.⟩ op het ~ zitten *lie in wait (for).*
vinnig 0.1 [venijnig] *sharp* ⇒*caustic* ◆ **1.1** een ~ antwoord *a s. / caustic answer;* een ~ debat *a heated debate.*
vinnigheid 0.1 *sharpness* ⇒⟨van persoon ook⟩ *tartness.*
vinoloog 0.1 *viticulturist* ⇒*viticulturer.*
vinyl 0.1 *vinyl.*
violet 0.1 *violet* ◆ **7.1** het ~ *violet.*
violist 0.1 *violinist* ◆ **2.1** eerste ~ ⟨concertmeester⟩ *first v.,* [B]*leader,* [A]*concert master;* ⟨lid v.d. groep eerste violen⟩ *first violin.*
viool 0.1 [strijkinstrument] *violin* ⇒⟨inf.⟩ *fiddle* **0.2** [violist] *violin* ◆ **3.1** de ~ bespelen, (op de) ~ spelen *play the v.;* ⟨inf.⟩ *fiddle* **7.1** eerste ~ *first v.;* hij speelt de eerste ~ ⟨fig.⟩ *he is/plays (the) first fiddle;* ⟨fig.⟩ tweede ~ spelen bij iem. *play/be second fiddle to s.o.*
vioolbouwer 0.1 *violin maker.*
vioolconcert 0.1 *violin concerto.*
vioolkist 0.1 *violin case.*
vioolmuziek 0.1 *violin music.*
vioolsleutel 0.1 [g-sleutel] *G/violin clef* **0.2** [schroef om de snaar te spannen] *tuning peg/pin.*
viooltje 0.1 *violet* ◆ **2.1** het driekleurig ~ *wild pansy;* Kaaps ~ *African v.*
virginaal ⟨muz.⟩ **0.1** *virginal* ⟨vaak mv.⟩ ◆ **6.1** op het ~ spelen *play the virginal(s).*
virgo ⟨med.⟩ **0.1** *virgin* ◆ **¶.1** ~ intacta *virgo intacta.*
viriel 0.1 *virile* ⇒*manly.*
viriliteit 0.1 *virility.*
virtueel 0.1 *virtual* ⇒⟨potentieel ook⟩ *potential* ◆ **1.1** ~ beeld *v. image;* virtuele werkelijkheid *v. reality.*
virtuoos[1] (de) **0.1** *virtuoso* ◆ **6.1** een ~ **in** het verzinnen van uitvluchten *a past master when it comes to/an expert in finding excuses.*
virtuoos[2] (bn., bw.) **0.1** *virtuoso* ◆ **3.1** ~ gespeeld *a v. performance.*
virtuositeit 0.1 *virtuosity.*
virulentie ⟨med.⟩ **0.1** *virulence.*
virus 0.1 *virus.*
virusinfectie ⟨med.⟩ **0.1** *virus/viral infection.*
virusscanner 0.1 *virus scanner.*
virusziekte 0.1 *viral disease.*
vis 0.1 [dier] *fish* **0.2** [als voedsel] *fish* ◆ **1.1** een mand ~ *a*

basket of f. **2.2** iem. uitmaken voor rotte ~ ⟨fig.⟩ *call s.o.*
every name in the book **3.1** ⟨fig.⟩ een ~je uitgooien *put out*
feelers; ⟨collectief⟩ er zit hier veel ~ *the fishing's good here*
3.2 ⟨fig.⟩ de ~ wordt duur betaald *you can't get sth. for*
nothing **8.1** zo gezond als een ~ *fit as a fiddle/healthy as*
an ox; zich voelen als een ~ op het droge *feel/be like a f.*
out of water.

Vis ⟨astrol.⟩ **0.1** *Pisces, Piscean.*

visafslag 0.1 [afslag van vis] *fish auction* **0.2** [dienst, plaats]
fish market.

visagist 0.1 *cosmetician* ⇒*beauty specialist, beautician.*

visakte 0.1 *fishing license.*

visarend 0.1 *osprey* ⇒*fish-hawk.*

visboer 0.1 *fishmonger.*

viscose 0.1 *viscose.*

viscositeit 0.1 *viscosity.*

viscouvert 0.1 *fish knife and fork.*

visetend 0.1 *fish-eating.*

viseter 0.1 *fish-eater.*

visfraude 0.1 *fishing fraud.*

visgraat 0.1 [been van vissen] *fish bone* **0.2** [visgraatdessin]
herringbone **0.3** [weefsel, kledingstuk] *herringbone
(cloth).*

visgrond 0.1 *fishing ground* ⇒*fishery.*

vishaak 0.1 *(fish)hook.*

vishal 0.1 [marktgebouw] *covered fish market* **0.2** [viswin-
kel] *fish shop* ⇒⟨BE ook⟩ *fishmonger's (shop).*

vishandel 0.1 *fish trade* ⇒⟨winkel⟩ *fish* [Bshop]/[Adealer], ⟨vnl.
BE⟩ *fishmonger's (shop).*

vishandelaar 0.1 [Bfishmonger], [Afish dealer] ⇒⟨groothan-
del⟩ *fish merchant.*

visie 0.1 [mening] *view* ⇒*outlook, point of view* **0.2** [wijze
van zien] *vision, perception* **0.3** [inzage] *inspection, examination* ◆ **2.1** een goede ~ op *a clear v./perception of*
6.1 een man met ~ *a man of vision;* mijn ~ op deze problematiek *my v. on this issue.*

visioen 0.1 *vision* ◆ **3.1** een ~ hebben *see/have a v.;* een ~
oproepen van gelijkheid *conjure up a v. of equality;* ~en
zien *see/have visions;* ⟨inf.⟩ *see things.*

visionair[1] ⟨de⟩ **0.1** *visionary.*

visionair[2] ⟨bn.⟩ **0.1** *visionary.*

visite 0.1 [bezoek] *visit* ⇒*call* ⟨kort⟩ **0.2** [personen op be-
zoek] *visitors* ⇒*guests* **0.3** [ambtelijk bezoek] *visit* ⇒*call*
◆ **3.2** hij heeft ~ *he has company/v./guests* **3.3** dokters
maken ~s *doctors go (on)/do/make their rounds/pay calls*
6.1 bij iem. op ~ gaan *pay s.o. a visit, call on/visit s.o.*

visitekaartje 0.1 [naamkaartje] *visiting card; (business)
card* ⟨van zakenman⟩ **0.2** [fig.] *frontpiece* ⇒*showpiece* ◆
3.1 zijn ~ achterlaten ⟨fig.⟩ *leave one's (visiting) card/
marks.*

visiteren 0.1 *examine* ⇒*search* ⟨ihb. aan den lijve⟩ ◆ **6.1**
iem. ~ op verdovende middelen *search s.o. for narcotics/
drugs.*

viskaart 0.1 *fishing licence* ⟨belasting⟩; *fishing permit*
⟨voor bepaald water⟩.

viskom 0.1 *fish bowl.*

viskuit 0.1 *roe.*

viskwekerij 0.1 *fish farm* ⇒*fishery.*

vismarkt 0.1 *fish market.*

vismeel 0.1 *fishmeal.*

vismes 0.1 *fileting knife.*

visnet 0.1 *fish/fishing net* ◆ **3.1** ~ten uitgooien *cast/put
out (fishing) nets.*

visrestaurant 0.1 *fish/seafood restaurant.*

visrijk 0.1 *rich in fish* ⇒*teeming with fish* ◆ **1.1** een ~e rivier *a river full of fish, a well-stocked river.*

visschotel 0.1 [gerecht] *fish dish* **0.2** [schotel voor vis] *fish
dish/platter.*

visseizoen 0.1 *fishing/*⟨sport ook⟩ *angling season.*

vissen 0.1 [vis vangen] *fish* ⇒⟨sport ook⟩ *angle* **0.2** [dreg-
gen] *drag* ⇒*dredge* **0.3** [uit een vloeistof halen] *fish* **0.4**
[trachten te weten te komen] *fish, angle* ◆ **1.3** parels ~
dive/f. for pearls **6.1** op haring ~ *f. for herring* **6.4** naar
een complimentje ~ *f./a. for compliments.*

Vissen ⟨astrol.⟩ **0.1** *Pisces.*

visser 0.1 *fisherman* ⇒⟨hengelaar ook⟩ *angler.*

visserij 0.1 *fishing* ⇒*fisheries, fishery.*

visserijband ⟨com.⟩ **0.1** *maritime band.*

vissersboot, -schip 0.1 *fishing boat.*

vissersdorp 0.1 *fishing village.*

visserslatijn 0.1 *fisherman's yarn(s)* ⇒*fishing stories.*

vissersvloot 0.1 *fishing fleet.*

vissnoer 0.1 *fishing line.*

vissoep 0.1 *fish soup.*

visstand 0.1 *fish stock.*

vissterfte 0.1 *death of fish* ⇒*fish mortality* ◆ **2.1** massale ~
massive fish mortality.

visstick 0.1 *fish finger.*

visteelt 0.1 *fish culture* ⇒⟨als bedrijf⟩ *fish farming* ◆ **2.1**
kunstmatige ~ *aquaculture, pisciculture.*

vistuig 0.1 *fishing tackle/gear.*

visualiseren 0.1 [zichtbaar maken] *display* ⇒*visualize* **0.2**
[zich een voorstelling vormen van] *visualize* ⇒*picture, en-
visage* ◆ **1.1** gegevens ~ in een grafiek *visualize data in a
diagram.*

visueel 0.1 *visual* ◆ **2.1** ~ gehandicapt *visually handicapped.*

visum 0.1 [mbt. reizen] *visa* ◆ **3.1** een ~ aanvragen *apply for
a v.*

visumplicht 0.1 *visa requirement* ◆ **6.1** voor ...bestaat ~...
requires a visa.

visvangst 0.1 [handeling] *fishing* ⇒*catching of fish* **0.2** [op-
brengst] *catch* ◆ **6.1** van de ~ leven *fish for one's living.*

visvergunning 0.1 *fishing licence/permit.*

visvijver 0.1 *fishpond.*

viswater 0.1 *fishing ground(s)/water(s).*

viswijf ◆ **8.¶** schreeuwen/schelden als een ~ *swear/
scream/yell like a fishwife.*

viswinkel 0.1 *fish* [Bshop]/[Adealer] ⇒⟨BE ook⟩ *fishmonger's
(shop)* ◆ **6.1** in de ~ *at the fish shop/fishmonger's.*

vitaal 0.1 *vital* ◆ **1.1** dit is van ~ belang *this is v., this is of v.
importance;* vitale (onder)delen *v. parts;* ⟨schr.; mbt. men-
sen⟩ *vitals* **6.1** hij is nog erg ~ voor zijn leeftijd *he's still
full of vitality, considering his age.*

vitaliteit 0.1 *vitality* ⇒*vigour* ◆ **3.1** ~ uitstralen *radiate vitality.*

vitamine 0.1 *vitamin* ◆ **6.1** rijk aan ~ *rich in vitamins, vita-
min-rich.*

vitrage 0.1 [stof] *net* **0.2** [gordijn] *net curtain.*

vitrine 0.1 [glazen kast] *(glass/display) case* ⇒*showcase*
0.2 [etalage] *shop window* ⇒*show window.*

vitriool 0.1 *vitriol.*

vitten 0.1 (+ op) *carp (at)* ⇒*find fault (with), cavil (at/
about).*

vitter 0.1 *faultfinder* ⇒*caviller,* ⟨inf.⟩ *nitpicker.*

vitterig 0.1 *faultfinding* ⇒*carping,* ⟨inf.⟩ *nitpicking.*

vivisectie 0.1 *vivisection* ◆ **1.1** voorstander/tegenstander
van ~ *vivisectionist/anti-vivisectionist.*

vizier I ⟨de⟩ ⟨gesch.⟩ **0.1** [grootwaardigheidsbekleder] *vizier,
vizir;*
  II ⟨het⟩ **0.1** [richttoestel op een schietwapen] *sight* **0.2** [op-

tisch richtmiddel] *viewfinder* **0.3** [klep, schuif v.e. helm]
visor ◆ **2.3** iem. met open ~ bestrijden *be open and above
board (in one's dealings)* **6.1** iem. in het ~ hebben *have
spotted/spot s.o., catch sight of s.o.*
vizierlijn 0.1 *line of sight.*
vla 0.1 [toetje] ±*custard* **0.2** [vlaai] ⁸*flan,* ᴬ*(open-faced) pie.*
vlaag 0.1 [windstoot] *gust* ⇒*squall* **0.2** [aanval] *fit* ⇒*flurry*
◆ **1.2** in een ~ van verstandsverbijstering *in a frenzy, in a
fit of insanity* **6.2 bij** vlagen *in fits and starts, in spurts/
bursts.*
vlaai 0.1 ⁸*flan,* ᴬ*(open-faced) pie.*
Vlaams 0.1 ⟨bn. en zn.⟩ *Flemish.*
Vlaamse 0.1 *Flemish girl/woman.*
Vlaamsgezinde 0.1 *pro-Fleming* ⇒*supporter of the Flemish movement.*
Vlaanderen 0.1 ⟨ihb. gesch.⟩ *Flanders* ⇒⟨mbt. Nederlandstalig België ook⟩ *Dutch-/Flemish-speaking Belgium.*
vlag 0.1 [doek] *flag* ⇒⟨van schip ook⟩ *colours,* ⟨vnl. scheep.;
mil.⟩ *ensign* **0.2** [dwarsstreepje] *hook;* ⟨muz. ook⟩ *flag* ◆
1.1 met ~ en wimpel slagen *pass with/come through with
flying colours* **2.1** de Britse ~ *the Union Jack;* ⟨fig.⟩ onder
valse ~ varen *sail under false colours;* ⟨fig. ook⟩ *wear false
colours* **3.1** die ~ dekt de lading niet ⟨fig.⟩ *appearances are
deceptive, he/she* ⟨enz.⟩ *is sailing under false colours* **6.1**
⟨fig.⟩ onder de ~ van *under the f./colours of* **8.1** dat staat
als een ~ op een modderschuit *it's quite out of place, that
looks quite ridiculous.*
vlaggen 0.1 [de vlag uitsteken] *put/hang out the flag(s)* **0.2**
[sport] *(raise the) flag* ◆ **6.2** ~ **voor** buitenspel *raise the
flag for offside.*
vlag(gen)doek 0.1 *bunting.*
vlaggenmast 0.1 *flagpole* ⇒*flagstaff.*
vlaggenschip 0.1 *flagship* ⇒⟨fig. ook⟩ *showpiece.*
vlaggenstok 0.1 [stok waaraan een vlag hangt] *flagpole* ⇒
flagstaff **0.2** [golf] *pin, flagstick.*
vlagvertoon 0.1 *showing (of) the flag.*
vlak¹ ⟨het⟩ **0.1** [platte kant] *surface* ⇒*face,* ⟨diamant⟩ *facet*
0.2 [niveau, gebied] *sphere* ⇒*area, field* **0.3** [wisk.] *plane*
◆ **1.1** het ~ v.d. hand *the flat of the/one's hand* **2.1** het
voorste/achterste ~ *the front/rear face* **2.2** dat ligt op een
ander ~ *that's another field/area;* op het menselijke ~ *in
the human s.* **2.3** ⟨fig.⟩ op een hellend ~ raken *get on (to) a
slippery slope.*
vlak² I ⟨bn.⟩ **0.1** [effen, glad] *flat, level* ⇒*even* **0.2** [ondiep]
flat ⇒*shallow* **0.3** [met weinig contrasten] *flat* ◆ **1.1** de
~ke bovenkant v.d. steen *the f./l. surface of the stone;* iem.
slaan met de ~ke hand *hit s.o. with the flat of one's hand*
3.1 iets ~ strijken *level off sth., level sth. out;*
II ⟨bw.⟩ **0.1** [zonder helling] *flat* **0.2** [recht] *right* ⇒*immediately, directly* **0.3** [zonder tussenruimte/tussenpoos]
close ◆ **5.3** ~ langszij *c./hard aboard* **6.2** iem. ~ in het gezicht slaan *hit s.o. right/straight/full in the face;* ~ tegenover elkaar *right/straight opposite each other;* ⟨mbt. personen ook; inf.⟩ *eyeball to eyeball* **6.3** ~ **achter** je *right/
just behind you;* ~ **bij** de school *c. by/to the school, right by
the school;* het is ~ **bij** *it's no distance at all/only a stone's
throw away;* het is hier ~ **in** de buurt *it's just round/
*ᴬ*around the corner;* ~ **om** de hoek *just around the corner;*
het ligt ~ **voor** je neus *it is staring you in the face, it's right
under your nose.*
vlakbij ⟨inf.⟩ **0.1** *nearby.*
vlakdruk ⟨druk.⟩ **0.1** *planography.*
vlakgom 0.1 *eraser* ⇒⟨ʙᴇ ook⟩ *rubber.*
vlakheid 0.1 *flatness* ⟨ook fig.⟩ ⇒⟨tech.⟩ *planeness, levelness.*

vlakmaken, vlakken 0.1 *flatten/level (out)* ⇒⟨zuiver vlak
maken⟩ *plane (down).*
vlakschuurmachine 0.1 *sander.*
vlakte 0.1 *plain* ◆ **2.1** een golvende ~ *a rolling p.* **6.1** ⟨fig.⟩
zich **op** de ~ houden *not commit o.s., leave/keep one's options open;* **tegen** de ~ gaan ⟨neergeslagen worden⟩ *be
knocked down/laid down;* ⟨flauwvallen⟩ *keel over.*
vlaktemaat 0.1 *surface measurement.*
vlakuit, -weg 0.1 *flatly* ⇒*roundly, outright, bluntly* ◆ **3.1**
iets ~ weigeren *refuse sth. f./outright.*
vlakverdeling 0.1 *division (of a surface).*
vlam 0.1 [verbrandingsverschijnsel] *flame* **0.2** [gloed, harts-
tocht] *flame* **0.3** [mv.; tekening in hout/marmer] *grain*
0.4 [inf.; geliefde] *flame* ◆ **3.1** de ~men bedwingen *bring
the fire under control;* de ~ sloeg in de pan ⟨fig.⟩ *the fat was
in the fire;* ~ vatten *catch alight, burst into flames* **6.1 in**
~men opgaan *go up in flames* **6.2** iemands hart **in** ~ zetten *set s.o.'s heart on fire.*
Vlaming 0.1 *Fleming* ◆ **3.1** het is een ~ ⟨ook⟩ *he's Flemish.*
vlamisme 0.1 *Flemish turn of phrase.*
vlammen 0.1 [vlammen vertonen] *flame, kindle* **0.2** [fig.]
flame ⇒*blaze* ◆ **1.1** nat hout vlamt niet *wet wood will not
catch (fire)* **6.2** zijn ogen vlamden **van** woede *his eyes
flamed/blazed with anger/rage.*
vlammend 0.1 [opvlammend, fonkelend] *flaming, blazing*
0.2 [vol vervoering] *fiery, burning* **0.3** [fig.; gloeiend,
brandend] *flaming, burning* ⇒*searing* ⟨pijn⟩ ◆ **1.2** een ~
protest *a burning protest.*
vlammenwerper 0.1 *flame-thrower.*
vlammenzee 0.1 *sea of flame(s).*
vlampunt 0.1 *flash(ing) point.*
vlamvatten 0.1 *catch fire* ⇒*catch alight, ignite.*
vlamverdeler 0.1 [element van een gasfornuis] *burner
(plate)* **0.2** [los plaatje] *flame-tamer.*
vlas 0.1 *flax.*
vlasblond 0.1 *flaxen, tow-coloured* ⇒*towheaded.*
vlashaar 0.1 [eerste baardhaar] *down* ⇒⟨scherts.⟩ *bum-fluff*
0.2 [lichtblond haar] *flaxen/tow-coloured hair.*
vlaskleur 0.1 *colour of flax.*
vlaskleurig 0.1 *flaxen* ⇒*tow-coloured.*
vlassen¹ ⟨bn.⟩ **0.1** *flaxen* ◆ **1.1** ~ garen *f. yarn/thread, linen
thread.*
vlassen² ⟨onov.ww.⟩ **0.1** (+ op) *be eager for* ⇒*have one's
eyes on.*
vlassig 0.1 *flaxen, flaxy* ⇒*downy* ⟨haartjes⟩.
vlecht 0.1 [gevlochten hoofdhaar] *braid, plait* ⇒*tress* **0.2**
[streng van gevlochten touw] *plait* ◆ **2.1** een valse ~ *a
switch, a tress of false hair.*
vlechten 0.1 *braid, plait* ⇒*twine, wreathe* ⟨tot een krans⟩ ◆
1.1 een band door het haar ~ *p./b. a band/ribbon through
the hair;* ⟨fig.⟩ zaken in elkaar ~ *interweave things, weave
things together.*
vlechtwerk 0.1 *plaiting* ⇒⟨mandwerk⟩ *wickerwork,* ⟨mand-
werk⟩ *basketwork, wattle* ⟨ihb. voor hek⟩.
vleermuis 0.1 *bat.*
vlees 0.1 [spierweefsel] *flesh;* ⟨voedsel⟩ *meat* **0.2** [lichaam]
flesh **0.3** [de mens] *flesh* **0.4** [mbt. vruchten/paddestoe-
len] *flesh, pulp* ◆ **1.1** dat is ~ noch vis *that is neither fish,
f., nor good red herring/neither one thing nor the other*
1.2 mijn eigen ~ en bloed *my own f. and blood* **2.1** ⟨fig.⟩ in
eigen ~ snijden *queer one's own pitch;* koud ~ *cold meat/
*ᴬ*cuts;* wild ~ *proud f.;* ⟨wet.⟩ *granulation tissue* **3.2** de ~
geworden afgunst *envy incarnate, the personification/
picture of envy* **6.1** goed **in** het ~ zijn/zitten ⟨scherts.⟩ *be
well-upholstered* ¶**.1** weten wat voor ~ men in de kuip
heeft *know s.o. for what he/she is;* ⟨inf.⟩ *be on to s.o.*

vleesboom 0.1 *myoma, fibroid.*
vleesetend 0.1 *carnivorous.*
vleeseter 0.1 [carnivoor] *meat-eater;* ⟨vnl. mbt. dieren⟩ *carnivore* 0.2 [iem. die (graag) vlees eet] *meat-eater.*
vleesfondue 0.1 *meat fondue* ⇒*fondue bourguignonne.*
vleesgeworden 0.1 *incarnate* ⟨na zn.⟩ ♦ **1.1** het ~ kwaad *the incarnation of evil.*
vleesindustrie 0.1 *meat industry.*
vleeskleurig 0.1 *flesh-coloured.*
vleesmes 0.1 *carving knife.*
vleesmolen 0.1 *mincer.*
vleesnat 0.1 *broth, stock* ⇒*bouillon.*
vleespen 0.1 [stalen prikker] *skewer, spit* 0.2 [pin in een rollade] *skewer.*
vleesschotel 0.1 [schotel] *meat dish* 0.2 [gerecht] *meat course/dish.*
vleesvervanger 0.1 *meat substitute.*
vleesverwerkend 0.1 *meat-packing* ♦ **1.1** ~e industrie *m.-p. industry.*
vleesvork 0.1 *carving fork.*
vleeswaren 0.1 *meat products, meats* ♦ **2.1** fijne ~ *(assorted) sliced cold meat; cold cuts.*
vleeswond 0.1 *flesh wound.*
vleeswording 0.1 *incarnation* ⇒*embodiment.*
vleet 0.1 *drift net, herring-net* ♦ **3.1** de ~ inhalen *draw in the h.-n.* **6.¶** hij heeft boeken **bij** de ~ *he has (got) heaps of books, he has books galore.*
vlegel 0.1 [lompe vent] *boor* ⇒*uncouth lout* 0.2 [kwajongen] *brat* ⟨jonger⟩ ⇒*lout.*
vlegelachtig 0.1 *loutish* ⇒*uncouth.*
vleien I ⟨onov., ov.ww.⟩ 0.1 [flemen] *flatter* ⇒⟨inf.⟩ *butter up, soft-soap,* ⟨overhalen⟩ *coax,* ⟨overhalen⟩ *wheedle* 0.2 [aangenaam aandoen] *flatter* 0.3 [aanhalig zijn] *be affectionate* ♦ **¶.2** ik voelde me gevleid door haar antwoord *I was/felt flattered by her answer;*
II ⟨wk.ww.; zich ~⟩ 0.1 [zichzelf hoop geven] *flatter o.s. (that)* ♦ **6.1** zich ~ **met** de hoop dat ...*flatter/indulge o.s. with the hope that ...*
vleiend 0.1 *flattering* ⇒*coaxing, wheedling* ♦ **6.1** ⟨euf.⟩ die uitlating is niet zeer ~ **voor** hem *the statement isn't very f. for him.*
vleier, -ster 0.1 *flatterer* ⇒*coaxer,* ⟨inf.⟩ *smoothie.*
vleierij 0.1 [het vleien, gevleid worden] *flattery* ⇒*cajoling,* ⟨inf.⟩ *buttering-up* 0.2 [compliment] *flattery* ⇒*blandishment* ♦ **6.1 met** ~ kom je nergens *f. will get you nowhere.*
vlek I ⟨het⟩ 0.1 [gehucht] *township* ⇒*townlet;*
II ⟨de⟩ 0.1 [vuile/anders gekleurde plek] *spot* ⇒*stain,* ⟨klein⟩ *speck* 0.2 [door slaan/ziekte/insectenbeten ontstane plek] *spot* ⇒*mark,* ⟨blauwe plek⟩ *bruise,* ⟨huidvlek⟩ *blemish, blotch* ⟨door ziekte, koorts⟩ 0.3 [fig.; smet] *blot* ⇒*blemish, stain* ♦ **2.¶** blinde ~ (in het oog) *blind spot (in the eye);* een blinde ~ voor iets hebben *have a blind spot for sth.* **3.1** die ~ gaat er in de was wel uit *that spot will wash out/will come out in the wash;* inkt maakt gemakkelijk ~ken *ink smudges easily* **6.2** ~ken **in** het gezicht *blotches on one's face.*
vlekkeloos 0.1 [volkomen zuiver] *spotless* ⇒*immaculate, perfect* ♦ **1.1** een vlekkeloze vertaling *a flawless/perfect translation* **3.1** iets ~ laten verlopen *grease the wheels.*
vlekken 0.1 *spot* ⇒*stain, blemish* ♦ **1.1** gemorst bier vlekt nauwelijks *beer hardly stains at all.*
vlekkenmiddel, -water 0.1 *spot/stain remover.*
vlekkentest ⟨psych.⟩ 0.1 *Rorschach/ink-blot test.*
vlekkerig 0.1 ⟨bn., bw.⟩ *stained* ⇒*splodgy, spotty* ♦ **1.1** die stof is erg ~ *that material stains/spots easily.*

vlerk I ⟨de (m.)⟩ 0.1 [kinkel] *lout* ⇒*uncouth person;*
II ⟨de⟩ 0.1 [vleugel] *wing* 0.2 [hand] *paw* ⇒*mitt* ♦ **6.¶** iem. **bij** zijn ~en pakken *collar s.o.*
vleselijk 0.1 [lichamelijk] *physical* 0.2 [zinnelijk] *carnal* ⇒*fleshly, animal* ♦ **1.1** ~e aanwezigheid *p. presence* **1.2** ~e lusten *c./animal lust/desires.*
vleug 0.1 *nap* ⟨van fluweel⟩.
vleugel 0.1 [vlerk] *wing* 0.2 [draagvlak v.e. vliegtuig, deel v.e. bouwwerk] *wing* 0.3 [zijlinie, zijdeel] *wing* ⇒*side, blade* ⟨ventilator⟩ 0.4 [piano] *grand piano* ♦ **1.1** onder moeders ~s *under Mother's wing* **2.3** de linker ~/de rechter ~ ⟨ook sport⟩ *the left/right w.* **3.1** de ~s uitslaan *spread/stretch one's wings* ⟨ook fig.⟩ **6.1** ⟨fig.⟩ iem. **onder** zijn ~s nemen *take s.o. under one's w.;* ⟨fig.⟩ **op** de ~s van de wind *carried away by the wind* **6.3** ⟨sport⟩ **over** de ~s spelen *play up and down the wings.*
vleugellam 0.1 *broken-winged* ⇒*with a broken wing* ♦ **3.1** iem. ~ maken *paralyze s.o., render s.o. powerless.*
vleugelmoer 0.1 *wing/butterfly nut* ⇒*thumb-nut.*
vleugelslag 0.1 *wingbeat.*
vleugelspeler ⟨sport⟩ 0.1 *(left/right) winger.*
vleugelspits 0.1 *winger.*
vleugelverdediger, -digster ⟨sport⟩ 0.1 *wing defender.*
vleugelwijdte 0.1 *wingspan* ⟨vliegtuig⟩; *wingspread* ⟨vogel, insect⟩.
vleugje 0.1 [lichte vlaag] *breath* ⇒*touch, dash* 0.2 [even merkbaar verschijnsel] *tinge* ⇒*flicker* ♦ **1.1** een ~ hoop *a spark of hope;* een ~ romantiek/ironie *a romantic/an ironic flavour;* er is geen ~ wind *there isn't a puff of wind.*
vlezig 0.1 *fleshy.*
vlieg 0.1 *fly* ♦ **3.1** ⟨fig.⟩ iem. een ~ afvangen *score off s.o.* **7.1** twee ~en in één klap (slaan) ⟨fig.⟩ *kill two birds with one stone* **¶.1** hij doet geen ~ kwaad *he wouldn't harm a f.*
vliegangst 0.1 *fear of flying.*
vliegbasis 0.1 *air base.*
vliegbiljet 0.1 *airline ticket.*
vliegbrevet 0.1 *pilot's/flying licence* ♦ **3.1** zijn ~ halen ⟨ook⟩ *qualify as a pilot, get one's wings.*
vliegdek 0.1 *flight deck.*
vliegdekschip 0.1 *(aircraft) carrier.*
vliegen I ⟨onov.ww.⟩ 0.1 [zich (in de lucht) voortbewegen, ook fig.] *fly* ⇒⟨wapperen ook⟩ *flap,* ⟨snel voorbijgaan, (zich) voortbewegen ook⟩ *race,* ⟨snel voorbijgaan, (zich) voortbewegen ook⟩ *shoot* ♦ **1.1** het bloed vloog haar naar het gezicht *the blood rushed to her face;* de dagen ~ (om) *the days fly/race by* **3.1** ⟨scheep.⟩ de schoot laten ~ *let the sheet fly;* hij ziet ze ~ *he's got bats in the belfry, he's off his rocker* **5.1** werken dat de stukken eraf ~ *work with a vengeance;* eruit ~ ⟨fig.⟩ *get sacked/the sack* **5.¶** erin ~ ⟨zich laten beetnemen⟩ *fall for sth.* **6.1 met** Pan Am ~ *fly Pan Am;* **uit** de rails ~ *jump the rails;*
II ⟨ov.ww.⟩ 0.1 [door de lucht vervoeren] *fly.*
vliegengaas 0.1 *screen(ing).*
vliegenier, -ster 0.1 *airman* ⇒*aviator.*
vliegenmepper 0.1 *(fly) swatter.*
vliegenstrip 0.1 *fly paper.*
vliegensvlug 0.1 ⟨bn.⟩ *lightning;* ⟨bw.⟩ *as quick as lightning, like (greased) lightning/a shot.*
vliegenvanger 0.1 *flycatcher.*
vlieger 0.1 [speelgoed] *kite* 0.2 [piloot] *flier, airman* ⇒*pilot* ♦ **3.1** ⟨fig.⟩ die ~ gaat niet op *that won't wash, that's (simply) not on;* een ~ oplaten *fly a k.;* ⟨fig.⟩ *put out a feeler.*
vliegeren 0.1 *fly kites/a kite.*
vlieggewicht 0.1 ⟨sport⟩ *flyweight.*
vlieghoogte 0.1 *altitude.*

vlieginstructeur 0.1 *flying instructor.*

vliegles 0.1 *flying lesson.*

vliegramp 0.1 *plane crash* ⇒*aviation disaster.*

vliegreis 0.1 *flight.*

vliegroute 0.1 *air(craft)/flying route* ⇒*flight path,* ⟨van trekvogels⟩ *flyway.*

vliegsnelheid 0.1 *flying speed;* ⟨tov. lucht⟩ *airspeed;* ⟨tov. grond⟩ *groundspeed.*

vliegsport 0.1 *aviation* ⇒*flying.*

vliegticket →**vliegbiljet.**

vliegtuig, -machine 0.1 [B]*aeroplane,* [A]*airplane* ⇒*aircraft,* ⟨inf.⟩ *plane* ♦ **3.1** ~jes vouwen *make paper aeroplanes/ airplanes* **6.1** met het ~ reizen *fly, go/travel by air/plane.*

vliegtuigbemanning 0.1 *aircrew, plane crew* ⇒*aircraft crew.*

vliegtuigbouw 0.1 *aircraft construction/-building.*

vliegtuigbouwkundig 0.1 *aviation* ⇒*aero-* ♦ **1.1** ~ ingenieur/ constructeur *aviation engineer/airplane designer/ builder.*

vliegtuigindustrie 0.1 *aircraft industry.*

vliegtuigkaper, -kaapster 0.1 *(aircraft) hijacker* ⇒*sky-jacker.*

vliegtuigkaping 0.1 *(aircraft) hijack(ing)* ⇒⟨inf.⟩ *skyjack-(ing).*

vliegtuigmodelbouw 0.1 *model aircraft building.*

vliegtuigongeluk 0.1 *plane crash, aircrash.*

vlieguur 0.1 *flying/flight hour.*

vliegvakantie 0.1 *holiday (going) by air.*

vliegveld 0.1 *airport* ⇒⟨kleiner⟩ *airfield.*

vliegverbinding 0.1 *flight/air connection.*

vliegverbod 0.1 *grounding* ⟨van piloot, vliegtuig⟩ ⇒*flight restriction, denied clearance* ⟨over een bep. gebied⟩.

vliegwerk →**kunstwerk.**

vlierbes 0.1 *elderberry.*

vliering 0.1 *attic* ⇒*loft.*

vlies 0.1 [dun laagje op een vloeistof] *film* ⇒*skin* ⟨op melk⟩ **0.2** [schapenvacht] *fleece* **0.3** [vel om vruchten, zaden] *skin* ♦ **2.2** ⟨myth.⟩ het Gulden Vlies *the Golden Fleece.*

vliesdun 0.1 *paper thin.*

vliet 0.1 [klein stromend water] *brook* ⇒*stream* **0.2** [ondiep water] *shoal.*

vlijen 0.1 [ordelijk neerleggen] *lay down* ⇒*arrange, (put in) order* **0.2** [zacht neerleggen] *nestle* ⇒*snuggle* ♦ **4.2** zich aan iemands voeten ~ *n. at s.o.'s feet.*

vlijmend 0.1 *stabbing* ⇒*piercing* ♦ **1.1** ~e woorden *piercing/burning words.*

vlijmscherp 0.1 ⟨ook fig.⟩ *razor-sharp* ⇒*biting, cutting* ♦ **1.1** ~e kritiek *biting/caustic criticism.*

vlijt 0.1 *diligence* ⇒*industry, application* ♦ **6.1** een tien voor ~ *A for effort.*

vlijtig 0.1 *diligent* ⇒*industrious, assiduous* ♦ **5.1** hij studeert altijd zeer ~ *he is a d. student, he works hard.*

vlinder 0.1 *butterfly* ♦ **6.1** ⟨fig.⟩ ~s in mijn buik *butterflies in my stomach.*

vlinderachtig 0.1 [als een vlinder] *butterfly-like* **0.2** [fig.] *flitting* ⇒*flighty,* ⟨lichtzinnig⟩ *fickle* ♦ **1.2** een ~ wezentje *a bright, flitting creature.*

vlinderdas 0.1 *bow tie.*

vlinderslag 0.1 *butterfly stroke.*

vlinderstrikje 0.1 *bow tie.*

Vlissingen 0.1 *Vlissingen* ⇒⟨vnl. gesch.⟩ *Flushing.*

vlo 0.1 *flea* ♦ **3.1** vlooien hebben *have fleas* **6.1** onder de vlooien zitten *be flea-ridden/-infested.*

vloed 0.1 [hoog getijde] *(high) tide* ⇒*flood (tide), rising tide* **0.2** [stroom] *stream* **0.3** [overstelpende massa] *flood* **0.4**

vlieginstructeur - vlokkig

[overstroming] *flood(ing)* **0.5** [med.] *flow* ⇒*discharge* ♦ **3.1** het is nu ~ *the tide is in;* de ~ keert *the tide is turning/ receding;* de ~ komt opzetten *the tide is coming in.*

vloedgolf 0.1 [golf v.d. vloed] *ground swell* **0.2** [door natuurramp veroorzaakte golf] *tidal wave* **0.3** [fig.] *tide.*

vloedlijn 0.1 *high-water line/mark* ⇒*tide line, tidemark.*

vloedstroom 0.1 *tidal flow* ⇒*flow of the tide* ♦ **2.1** er stond een sterke ~ *the tide ran strong.*

vloei 0.1 *tissue paper* ⇒⟨voor sigaretten⟩ *cigarette paper* ♦ **6.1** een pakje shag met ~ *(a packet of) rolling tobacco and cigarette papers.*

vloeibaar 0.1 *liquid* ⇒*fluid* ♦ **1.1** ~ voedsel *l. food* **3.1** gassen ~ maken *liquefy/liquify gases;* ~ worden *liquefy, liquify.*

vloeiblad 0.1 *blotter.*

vloeien 0.1 [(als vloeistof) stromen] *flow* ⇒*stream* **0.2** [uitstromen] *flow* ⇒⟨met kracht⟩ *gush* **0.3** [soepel lopen; goed vloeibaar zijn] *flow* **0.4** [mbt. papier] *blot* ⇒*smudge* **0.5** [vaginaal bloeden] *flow* ⇒⟨meer dan normaal⟩ *flood* ♦ **1.3** de inkt/de verf vloeit niet *the ink/paint does not f. well* **6.1** in de kas ~ *f. in* **6.3** in elkaar ~ *blend into each other/one another.*

vloeiend 0.1 [zich als vloeistof bewegend] *flowing* ⇒*liquid* **0.2** [gelijkmatig en harmonisch] *flowing, smooth, fluent* **0.3** [onvast] *shifting, fluctuating, floating* ♦ **1.1** ~e kleuren *blending colours* **1.2** een ~e lijn *a flowing line;* een ~e stijl/beweging *a smooth/flowing style/movement* **3.2** hij spreekt ~ Engels *he speaks English fluently.*

vloeiing 0.1 *flood* ⇒⟨heavy/profuse/abnormal⟩ *bleeding.*

vloeipapier 0.1 [om inktschrift te drogen] *blotting paper* **0.2** [dun papier] *tissue paper* ⇒⟨voor sigaretten⟩ *cigarette paper.*

vloeistof 0.1 *liquid* ⇒*fluid.*

vloek 0.1 ⟨ook fig.⟩ *curse* ♦ **3.1** ⟨fig.⟩ er ligt een ~ op dat huis *a c. rests on that house;* een ~ uitspreken ⟨over iem./iets⟩ *curse s.o./sth.* **6.1** ⟨fig.⟩ in een ~ en een zucht *overnight, in nothing flat.*

vloeken 0.1 [krachttermen gebruiken] *curse, swear* **0.2** [verwensen] *curse/swear (at)* **0.3** [contrasteren] *clash (with)* ♦ **5.1** hij vloekte zachtjes *he swore under his breath* **6.2** op iets ~ *curse s./s. at sth.*

vloer 0.1 [bodem v.e. vertrek] *floor* **0.2** [onderkant] *bottom* ♦ **2.1** planken ~ *planking, strip flooring;* stenen ~ *paving, tile f.* **3.1** ⟨fig.⟩ met iem. de ~ (aan)vegen /dweilen *mop/wipe the f. with s.o.;* een ~ leggen *construct a f.;* ⟨houten⟩ *plank;* ⟨met tegels⟩ *pave, flag* **6.1** ik dacht dat ik **door** de ~ ging ⟨van schrik, schaamte⟩ *I didn't know where to put myself;* veel mensen **over** de ~ hebben *have many visitors;* hij komt daar **over** de ~ *he is a regular visitor there;* ⟨fig.⟩ je kunt er **van** de ~ eten *it is all spick-and-span there.*

vloerbedekking 0.1 *floor covering* ♦ **2.1** vaste ~ *wall-to-wall carpet(ing).*

vloeren 0.1 *floor* ⇒*knock down/out.*

vloerkleed 0.1 *carpet* ⇒⟨klein⟩ *rug.*

vloermat 0.1 *floor mat.*

vloeroefening ⟨gymnastiek⟩ 0.1 *floor exercise.*

vloertegel 0.1 *(paving) tile/stone* ♦ **3.1** ~s leggen *pave, lay (paving) tiles.*

vloerverwarming 0.1 *underfloor heating.*

vlok 0.1 [plukje] *flock* ⇒⟨haar ook⟩ *tuft* **0.2** [sneeuwvlok] *(snow)flake* **0.3** [iets met de vorm v.e. vlok] *flake* ♦ **1.1** ~ken stof *whirls of dust* **6.1** het stof lag **in** ~ken onder het bed *the dust was thick under the bed* **6.3** ~ken **op** brood *bread with chocolate flakes.*

vlokkentest 0.1 *chorionic villi sampling.*

vlokkig 0.1 [met (dichte) vlokken bezet] *flocky* **0.2** [(als) uit vlokken bestaand] *flocky* ⟨weefsel, haar⟩; *flaky* ⟨zeep⟩ ⇒ ⟨luchtig⟩ *fluffy* ◆ **1.2** ~ schuim *flaky/fluffy* foam.

vlonder 0.1 [losse houten vloer] *(wooden) platform, planking* **0.2** [pallet] *pallet.*

vlooien 0.1 *flea.*

vlooienband 0.1 *flea collar.*

vlooienbeet 0.1 *fleabite.*

vlooienmarkt 0.1 *flea market.*

vlooienpoeder 0.1 *flea powder.*

vlooientheater 0.1 *flea circus.*

vloot 0.1 [bij elkaar horende schepen] *fleet* ⇒⟨van kleine schepen ook⟩ *flotilla* **0.2** [oorlogsmacht ter zee] *fleet* ⇒ *navy* **0.3** [de schepen v.e. natie, maatschappij] *fleet* ◆ **3.3** een ~ uitrusten/toerusten/bouwen *fit out a f.* **6.2** bij de ~ dienen *be in the navy.*

vlootbasis 0.1 *naval base.*

vlootcommandant 0.1 *commander-in-chief of the fleet.*

vlootoefening 0.1 *(fleet) manoeuvres.*

vlootschouw, -revue 0.1 *naval review* ⇒⟨parade ook⟩ *naval pageant.*

vlos, vloszij(de) 0.1 *floss (silk).*

vlot¹ ⟨het⟩ **0.1** *raft* ◆ **6.1** op een ~ de rivier oversteken *raft across the river.*

vlot² I ⟨bn., bw.⟩ **0.1** [gemakkelijk vloeiend] *facile* ⟨pen⟩; *fluent, smooth* ⟨stijl⟩ **0.2** [zonder oponthoud] *smooth* ⇒ *ready* ⟨antwoord⟩, *prompt* ⟨betaling⟩, *brisk* ⟨handel⟩ **0.3** [gemakkelijk in de omgang] *easy* ⇒⟨ongedwongen⟩ *easygoing,* ⟨sociabel⟩ *sociable* **0.4** [niet stijf] *easy* ⇒*comfortable* ◆ **1.1** een ~te pen *a facile/ready pen* **1.2** een ~ antwoord *a ready answer* **1.3** een ~ persoon *a jovial person;* ⟨sociabel⟩ *a good mixer* **3.1** dat boek laat zich ~ lezen *the book reads smoothly;* een les ~ opzeggen *reel off a lesson;* ~ spreken *speak fluently* **3.2** een zaak ~ afwikkelen *settle a matter promptly;* het gaat nog niet erg ~ *it is still somewhat difficult;* het ging heel ~ *it went off without a hitch;* ~ verkocht worden *sell well/*⟨inf.⟩ *like hot cakes;* ~ van begrip zijn *be quick-witted/sharp* **3.3** hij is wat ~ter geworden *he loosened up a little* **3.4** hij kleedt zich heel ~ *he is a sharp dresser;*

II ⟨bn.⟩ **0.1** [drijvend] *afloat* ◆ **3.1** een schip ~ brengen/trekken *get a vessel a.*

vlotheid 0.1 *smoothness* ⇒⟨in omgang⟩ *ability to mix, sociability,* ⟨vlugheid⟩ *briskness,* ⟨vlugheid⟩ *swiftness.*

vlothout 0.1 *raft(ed)/float(ed) timber.*

vlotjes 0.1 *smoothly* ⇒*easily,* ⟨vlug⟩ *promptly* ◆ **3.1** alles ~ laten verlopen *have things run s.*

vlotten 0.1 *go/proceed smoothly* ◆ **1.1** het gesprek vlotte niet erg *the conversation dragged;* de onderhandelingen ~ nogal *the negotiations are getting on rather well;* het werk vlotte goed *work was bowling along* **3.1** het werk wil niet ~ *we are not making progress/headway.*

vlotter 0.1 *float* ◆ **1.1** de ~ v.e. stoomketel *the f. of a steam boiler.*

vlucht 0.1 [het vluchten voor dreigend gevaar; het proberen te ontsnappen aan arrestatie; ook fig.] *flight* ⇒*escape* **0.2** [het vliegen; tocht met een vliegtuig] *flight* **0.3** [troep vogels] *flight, flock* ◆ **1.3** een ~ patrijzen *a flight/flock/*⟨kleiner⟩ *covey of partridges* **2.2** een hoge ~ nemen ⟨fig.⟩ *boom, expand enormously;* een korte ~ *a short f.;* ⟨inf.⟩ *a hop;* in volle ~ bijtanken *refuel in midair/in f.* **3.1** iem. de ~ beletten *prevent s.o. from escaping* **6.1** ⟨fig.⟩ de ~ in het verleden *the escape into the past;* **op** de ~ slaan *flee, run (for it);* iem. **op** de ~ jagen/drijven *put s.o. to f.;* voor de politie **op** de ~ zijn *be on the run from the police;* ⟨fig.⟩ een ~ **uit** de werkelijkheid *an escape from reality.*

vluchtcomputer 0.1 *flight computer.*

vluchteling 0.1 [iem. die vlucht] *fugitive* ⇒⟨pol., mbt. natuurramp⟩ *refugee* **0.2** [voortvluchtige] *fugitive* ⇒*runaway* ◆ **2.1** een politieke ~ *a political refugee.*

vluchtelingenhulp 0.1 *aid to refugees.*

vluchtelingenkamp 0.1 *refugee camp.*

vluchtelingenstatus 0.1 *refugee status* ◆ **3.1** iem. de ~ toekennen *grant s.o. refugee status;* de ~ verkrijgen *obtain r. s.*

vluchtelingenstroom 0.1 *stream of refugees.*

vluchten 0.1 [ontvluchten] *flee* ⇒*escape,* ⟨inf.⟩ *run away* **0.2** [een toevlucht zoeken] *flee* ⇒*take refuge* **0.3** [zich onttrekken aan onaangename dingen] *escape* ⇒*take refuge* ◆ **5.2** een bos in ~ *take to/take refuge in the woods* **6.1** uit het land ~ *f. (from) the country;* ~ **voor/naar** *f. from/to* **6.3** ~ in een boek *take refuge in a book;* ~ **voor** de werkelijkheid *e. from reality.*

vluchtgevaarlijk 0.1 ⟨zie 1.1⟩ ◆ **1.1** een ~e gevangene *a category-A prisoner.*

vluchthaven 0.1 [noodhaven] *port of refuge* **0.2** [fig.] *(port of) refuge* **0.3** [vluchtstrook] *hard shoulder.*

vluchtheuvel 0.1 *traffic island.*

vluchtig 0.1 [licht en vlug] ⟨kort⟩ *brief* ⇒⟨pej.⟩ *cursory,* ⟨vlug⟩ *quick,* ⟨vlug⟩ *fast,* ⟨terloops⟩ *casual* **0.2** [snel vervliegend] *volatile* ⟨alleen bn.⟩ **0.3** [snel voorbijgaand] *fleeting* ⇒ *passing* ◆ **1.1** een ~e indruk krijgen *receive a fleeting impression;* ~e kennismaking *casual acquaintance* **1.2** ~e olie *v. oil;* ~e stoffen ⟨ook⟩ *volatiles* **1.3** een ~ bezoekje *a flying/brief visit* **3.1** iets ~ doorlezen *glance (rapidly) over/through sth., skim through sth., scan sth.*

vluchtkapitaal 0.1 *flight capital.*

vluchtleider ⟨ruim.⟩ **0.1** *flight controller.*

vluchtleiding ⟨ruim.⟩ **0.1** *flight/mission control (team)* ⇒ *ground control.*

vluchtoord, -plaats 0.1 *(place of) refuge* ⇒⟨place of⟩ *shelter.*

vluchtpoging 0.1 *attempted escape* ⇒*escape bid.*

vluchtrecorder 0.1 *flight recorder* ⇒*black box.*

vluchtsimulator 0.1 *flight simulator.*

vluchtstrook 0.1 *ᴮhard shoulder, ᴬshoulder.*

vluchtweg 0.1 *escape route.*

vlug 0.1 [snel voortgaand] *fast* ⇒*quick* **0.2** [vrij snel] *quick* ⇒⟨vnl. van bewegingen⟩ *nimble, agile* **0.3** [spoedig] *quick* ⇒*fast, prompt* **0.4** [snel verlopend/op elkaar volgend] *quick* ⇒*rapid* **0.5** [snel reagerend] *quick* ⇒*sharp* ◆ **1.2** ~ge vingers *q./nimble fingers* **2.3** hij was ~ klaar *he was soon ready* **3.1** ~ lopen *run f.;* ~ter been zijn *be quick on one's feet* **3.3** iets ~ doornemen/bekijken *glance over/through sth.;* ~ iets eten *have a q. snack;* je moet er ~ bij zijn *you have to be q./fast (if you want it)* **3.5** hij behoort niet tot de ~sten *he's none too q.;* hij was er al ~ bij *he was q. at everything* **5.3** hé, niet zo ~ *wait a minute!* **6.2** hij is niet ~ **met** betalen *he's none too q. at paying bills* **6.5** ~ **in** rekenen *q. at sums* ¶**.1** iem. te ~ af zijn *be too quick for s.o.* ¶**.4** ~ in zijn werk gaan *happen quickly.*

vluggertje 0.1 *quickie* ◆ **3.1** een ~ maken *have a q.*

vlugschrift 0.1 *pamphlet* ⇒*leaflet.*

vlugzout 0.1 *sal volatile* ⇒⟨reukzout⟩ *smelling-salts* ⟨mv.⟩.

VN 0.1 [Verenigde Naties] *UN.*

VN-vredesmacht 0.1 *UN peace-keeping force.*

vocaal 0.1 *vocal* ◆ **1.1** zijn gebrekkige vocale middelen *his poor v. qualities/abilities;* vocale muziek *v. music.*

vocabulaire 0.1 *vocabulary* ◆ **6.1** dat woord komt in mijn ~ niet voor *that word isn't part of my v.*

vocalist, -e 0.1 *vocalist.*

vocatief ⟨taal.⟩ **0.1** *vocative (case)*.

vocht I ⟨het⟩ **0.1** [vloeistof] *liquid* ⇒⟨tech., med. ook⟩ *fluid* ◆ **3.1** ~ afscheiden *discharge/*⟨klier enz.⟩ *secrete fluid;* te veel ~ verliezen *lose too much l./fluid* **6.1** er komt nog ~ uit de wond *the wound is still oozing/*⟨med. ook⟩ *discharging;* **II** ⟨het, de⟩ **0.1** [vochtigheid] *moisture* ⇒*damp(ness)* ◆ **1.1** de hoeveelheid ~ in de lucht *the humidity in the air* **6.1** de muur is zwart **van** het ~ *the wall is black with m.*

vochtabsorberend 0.1 *absorbent* ◆ **1.1** ~ papier / vermogen *a. paper, absorptive capacity.*

vochtbestendig 0.1 *moistureproof.*

vochtig 0.1 *damp* ⇒*moist,* ⟨wet.⟩ *humid,* ⟨nat.⟩ *wet* ◆ **1.1** een ~ klimaat *a d./*⟨benauwd⟩ *humid climate;* de lucht is ~ *the air is d./*⟨benauwd⟩ *humid;* door zijn verhaal zat iedereen met ~ e ogen *his story brought tears to everyone's eyes;* ~ e warmte *humid heat* **3.1** iets ~ maken *moisten/dampen sth.;* zijn ogen werden ~ *his eyes became moist;* ~ worden *become d./moist.*

vochtigheid 0.1 [het vochtig zijn] *moistness* ⇒*dampness* **0.2** [gehalte aan vocht] *moisture* ⇒⟨lucht vnl.⟩ *humidity* **0.3** [vocht] *moisture* ⇒*damp(ness)* ◆ **2.2** relatieve ~ *relative humidity.*

vochtigheidsgraad 0.1 *humidity (level).*

vocht(igheids)meter 0.1 *hygrometer.*

vochtvrij 0.1 [beschermd tegen vocht] *moisture-free* **0.2** [bestand tegen vocht] *moistureproof* ◆ **3.1** ~ bewaren *keep free of moisture.*

vochtwerend 0.1 *moistureproof* ◆ **1.1** ⟨bouwk.⟩ ~ e laag *damp(proof) course.*

vod 0.1 [oude lap] *rag* **0.2** [prul] ⟨verz.n.⟩ *trash, rubbish, junk* ◆ **1.1** een ~ je papier *a scrap of paper* **3.1** ~ den rapen *collect rags* **6.1** een ~ **van** een handdoek *a ragged towel* **6.2** een ~ **van** een boek *some trashy book* **6.¶** iem. **achter** de ~ den zitten *keep s.o. (hard) at it, keep s.o. on his toes;* ⟨sneller werken⟩ *make s.o. get a move on;* iem. **bij** zijn ~ den pakken *catch hold of s.o.*

voddenboer, - man 0.1 *old-clothes-man* ⇒⟨vnl. BE⟩ *rag-and-bone man.*

voddig 0.1 *ragged* ◆ **1.1** ~ e kleren *r./tattered clothes.*

voeden I ⟨ov.ww.⟩ **0.1** [voedsel geven aan] *feed* **0.2** [zogen] *feed* ⇒*nurse* **0.3** [voorzien van wat voor de werking nodig is] *feed* ⇒⟨met brandstof ook⟩ *fuel* **0.4** [fig.] *nourish* ⇒*foster* ◆ **1.2** zij voedt haar kind zelf *she breast-feeds her baby* **1.3** een computer ~ *feed a computer* **4.1** die vogels ~ zich met insecten / met zaden *these birds f. on insects/seeds* **5.1** overmatig / onvoldoende ~ *overfeed, underfeed;* **II** ⟨onov.ww.⟩ **0.1** [voedzaam zijn] *be nourishing/nutritious.*

voeder 0.1 *fodder* ⇒*feed.*

voederen →*voeren.*

voedergewas 0.1 *feed/fodder crop.*

voeding 0.1 [het voeden / gevoed worden] *feeding* ⇒⟨wet, ook⟩ *nutrition* **0.2** [keer dat een baby gevoed wordt] *feed* **0.3** [voedsel] *food* ⇒⟨voor dieren⟩ *feed* **0.4** [tech.]⟨onderdeel v.e. machine⟩ *power supply;* ⟨draad, kabel⟩ *lead;* ⟨toevoer⟩ *feeding, input, supply* ◆ **2.1** kunstmatige ~ *artificial/forced f.* **2.3** eenzijdige ~ *an unbalanced diet;* gezonde / natuurlijke ~ *health/natural food;* slechte / verkeerde ~ *poor/incorrect diet;* ⟨med.⟩ *malnutrition* **3.2** de baby krijgt vijf ~ en per dag *the baby gets fed five times a day.*

voedingsadvies 0.1 *dietary advice.*

voedingsassistente 0.1 *nutritionist's assistant.*

voedingsbodem 0.1 ⟨fig.⟩ *breeding ground.*

voedingsindustrie 0.1 *food industry.*

---

voedingsleer 0.1 *dietetics, (science of) nutrition.*

voedingsmiddel 0.1 *food* ⇒⟨vaak mv.⟩ *foodstuff* ◆ **2.1** gezonde ~ en *healthy/wholesome foods.*

voedingspatroon 0.1 *eating/feeding/dietary pattern.*

voedingsstof 0.1 *nutrient* ⇒⟨ihb. voor planten⟩ *nutriment.*

voedingswaarde 0.1 *food/nutritional value* ◆ **6.1** met een hoge ~ *highly nutritious/*⟨wet.⟩ *nutritive;* **zonder** ~ *unnutritious.*

voedsel 0.1 *food* ◆ **2.1** ⟨fig.⟩ dat gaf zijn jaloezie nieuw ~ *that added fresh fuel to his jealousy;* plantaardig ~ *vegetable f.* **3.1** ~ tot zich nemen *take f./nourishment;* zij nemen voor drie dagen ~ mee *they take along f./provisions for three days;* de zieke kan geen ~ meer verdragen *the patient cannot take f. any longer.*

voedseldropping 0.1 *food drop.*

voedselhulp 0.1 *food aid.*

voedselpakket 0.1 [pakket voedingsmiddelen] *food parcel* **0.2** [assortiment aan voedingsmiddelen] *food range.*

voedselschaarste 0.1 *food shortage.*

voedseltekort 0.1 *food shortage* ⇒*shortage of food.*

voedseltransport 0.1 *food-aid transport.*

voedselvergiftiging 0.1 *food poisoning.*

voedselvlucht 0.1 *food-aid flight.*

voedselvoorziening 0.1 *food supply.*

voedster 0.1 *wet nurse* ⇒⟨ook fig.⟩ *foster mother.*

voedzaam 0.1 *nutritious, nourishing;* ⟨wet.⟩ *nutritive;* ⟨ook fig.⟩ *substantial.*

voeg 0.1 [naad, reet] *joint* ⇒⟨naad⟩ *seam* **0.2** [mbt. een constructie] *joint* ◆ **1.1** de ~ en v.e. muur dichtmaken / aanstrijken *point (the brickwork of) a wall* **3.1** uit zijn ~ en barsten *come apart at the seams* **6.2** het schip kraakt **in** zijn ~ en *the ship is creaking everywhere;* iets **uit** zijn ~ en rukken ⟨ook fig.⟩ *put sth. out of joint;* ⟨fig. ook⟩ *disrupt sth.*

voegen I ⟨ov.ww.⟩ **0.1** [verbinden] *join* **0.2** [verenigen met] *join (up)* **0.3** [toevoegen] *add* **0.4** [opvullen met specie] *point* ◆ **1.2** hierbij voeg ik een biljet van *f* 100,- *I enclose a 100 guilder note* **4.2** zich bij iem. ~ *join s.o.* **6.3** stukken **bij** een dossier ~ *a. documents to a file;* dit gegeven, gevoegd **bij** ... *this fact, combined with ...;* **II** ⟨wk.ww.; zich ~⟩ **0.1** [zich in vorm aanpassen] *adjust (o.s.)* **0.2** [zich schikken] *comply (with)* ⇒*conform (to)* **0.3** [AZN; zich passend gedragen] *behave (properly)* ◆ **6.2** zich **naar** iem. / iets ~ *comply with s.o.'s wishes/sth.;* **III** ⟨onov.ww.⟩ **0.1** [betamen] *become* **0.2** [gelegen komen] *suit* ⇒*be convenient for/to* ◆ **1.1** zo'n toon voegt u niet *that sort of tone does not b. you* **4.2** kom zodra het u voegt *come at your earliest convenience.*

voegwoord ⟨taal.⟩ **0.1** *conjunction* ◆ **1.1** ~ van tijd *temporal c.* **2.1** nevenschikkende en onderschikkende ~ en *coordinating and subordinating conjunctions, coordinators and subordinators.*

voelbaar 0.1 [voor het gevoel waarneembaar] *tangible* ⇒*perceptible* **0.2** [als pijn / druk waarneembaar] *noticeable* ⇒⟨schr.⟩ *perceptible* **0.3** [fig.] *palpable* ⇒⟨schr.⟩ *perceptible* ◆ **1.3** de gevolgen worden ~ *the consequences are making themselves felt* **2.1** het ijzer wordt ~ warmer *the iron is getting perceptibly hotter.*

voelen I ⟨ov.ww.⟩ **0.1** [met de tastzin gewaarworden] *feel* **0.2** [innerlijk gewaarworden; aanvoelen] *feel* ⇒*sense* **0.3** [tastend onderzoeken] *feel (for/after)* ◆ **1.1** leven ~ *f. the baby move* **3.2** zijn invloed doen ~ *make one's influence felt;* ik zal het hem eens goed laten ~ *I'll show him (what's what);* als je niet wil luisteren, moet je maar ~ *(you'd better) do it or else!* **3.3** laat mij eens ~ *let me (have a) feel* **4.1** dat voel ik! ⟨pijn⟩ *that hurts!* **4.2** voelt u wat ik bedoel? *do*

you see what I mean? **8.2** ~ dat er iets op komst is *sense that sth. is coming* ¶**.2** (inf.) voel je (hem)? *get it?;*
II (wk.ww.; zich ~) **0.1** [in een toestand verkeren] *feel* ◆ **4.1** zich goed/lekker ~ *f. good/well/on top of the world* **4.¶** hij voelt zich heel wat *he thinks the world of himself;* **III** (onov.ww.) **0.1** [de genoemde indruk maken] *feel* **0.2** [genegenheid kennen] *be fond (of)* ⇒*like* **0.3** [aantrekkelijk achten] *feel (like)* ⇒*like the idea (of)* ◆ **2.1** het voelt hard/ruw/zacht *it feels hard/rough/soft* **6.2** iets gaan ~ **voor** iem. *grow fond of s.o.* **6.3** veel **voor** de verpleging ~ *like the idea of nursing;* ik voel er niet veel **voor** *I don't much like the idea;* ik voel meer **voor** Spanje *I prefer the idea of Spain;* ik voel wel iets **voor** dat plan *I rather like that plan;* ik voel er niet veel **voor** (om) te komen *I don't feel like coming;* ik voel wel iets **voor** een hapje *I wouldn't mind a bite (to eat).*
voelhoorn 0.1 *feeler* ⇒(van insect/schaaldier ook) *antenna* ◆ **3.1** zijn voelhoorns uitsteken (fig.) *put out feelers, feel one's way.*
voeling 0.1 *touch* ⇒*contact* ◆ **3.1** ~ hebben met *be on the same wavelength as;* geen ~ (meer) hebben met *be out of t. with;* ~ houden met *maintain contact with, keep in t. with;* ~ krijgen met *get on(to) the same wavelength as.*
voer 0.1 [voedsel voor dieren] *feed* ⇒(ook fig.) *food* **0.2** [vis.] *bait* ◆ **3.1** ~ geven *feed* **6.1** (fig.) ~ **voor** de geest *food for thought;* ~ **voor** psychologen *food for a psychologist.*
voerbak 0.1 *(feeding-)trough* ⇒*manger.*
voeren I (onov./ov.ww.) **0.1** [leiden] *lead* ⇒*guide* ◆ **4.1** wat voert u hierheen? *what brings you here?* **5.1** dat zou (mij) te ver ~ *that would be getting too far off the subject* **6.1** de reis voert **naar** Rome *the trip goes to Rome;*
II (ov.ww.) **0.1** [vervoeren] *transport* **0.2** [verrichten, bezigen](zie 1.2) **0.3** [dragen, meevoeren](zie 1.3) **0.4** [hanteren] *handle* (bv. pen, penseel) **0.5** [van voering voorzien] *line* **0.6** [eten geven] *feed* **0.7** [inf.; op stang jagen] *bait* **0.8** [verkopen, handelen in] *carry, sell* ◆ **1.1** de rivier voert water naar de zee *the river carries water (down) to the sea* **1.2** een harde politiek ~ *pursue a tough policy;* een proces ~ *go to court (over)* **1.3** een valse naam ~ *use a false name* **1.6** eendjes (brood) ~ *f. (bread to) the ducks;* (met) graan/maïs ~ *corn-feed;* (met) gras ~ *grass-feed;* de kleine moet nog gevoerd worden *the baby still has to be fed* **1.8** een bepaald merk ~ *c./s. a particular brand* **2.6** iem. dronken ~ *get/make s.o. drunk.*
voering 0.1 *lining* ◆ **2.1** losse ~ *detachable l.*
voerman 0.1 *driver* ⇒(van boerenwagen ook) *wag(g)oner.*
voertaal 0.1 *language/medium of communication/*(onderwijs) *of instruction;* (op congres enz.) *official language* ◆ **1.1** de ~ is hier Nederlands *the official language here is Dutch.*
voertuig 0.1 (ook fig.) *vehicle* ◆ **1.1** de taal is het ~ der gedachten *language is the v. of thought.*
voet 0.1 [lichaamsdeel; deel v.e. kous] *foot* **0.2** [onderste gedeelte] *foot* ⇒*base* **0.3** [versvoet; lengtemaat] *foot* **0.4** [grondslag] *footing; terms* (mv.) **0.5** [afdrukmerk] *footprint* ◆ **1.2** de ~ v.e. glas *the stem/base of a glass;* de ~ v.e. zuil/lamp *the base of a column/lamp* **2.1** op blote ~en *barefoot;* (fig.) op staande ~ *at once, on the spot;* (mbt. verleden ook) *then and there;* (fig.) iem. op staande ~ ontslaan *dismiss s.o. on the spot;* (fig.) iem. op vrije ~en stellen *set s.o. free* **2.4** op bescheiden ~ leven *live modestly;* op gelijke ~ met elkaar omgaan *be on an equal f.;* op gespannen ~ staan met iem. *be at odds with s.o.;* zij staan op goede/vriendschappelijke ~ met elkaar *they are on good/friendly terms (with each other);* op grote ~ leven *live in (great) style;* op

te grote ~ leven *live beyond one's means;* op vertrouwelijke ~ staan met iem. *be on familiar terms with s.o.* **2.5** vuile ~en op een kleed maken *leave dirty footprints on a carpet* **2.¶** de belastingvrije ~ *tax-free foot* **3.1** (fig.) ergens (vaste) ~ krijgen *gain a (firm) foothold somewhere, obtain a firm footing;* de ~en vegen *wipe one's feet;* (fig.) iem. de ~ dwars zetten *put a spoke in s.o.'s wheel, thwart/frustrate s.o.* **6.1** **aan** iemands ~en liggen (ook fig.) *lie at s.o.'s feet;* ~ **aan** wal zetten *set f. ashore;* (fig.) dat heeft heel wat ~en **in** de aarde *that'll take some doing;* **onder** de ~ gelopen worden *be trampled (underfoot);* (fig.) *be overrun;* iem. **op** de ~ volgen *follow in s.o.'s footsteps;* (fig.) de gebeurtenissen/de ontwikkelingen **op** de ~ volgen (bijhouden) *keep (a close) track of events/developments;* **te** ~ gaan *walk, go on f.;* (bk.) een portret **ten** ~en uit *a full-length portrait;* (fig.) dat is hem **ten** ~en uit *that's (so) typical of him;* (fig.) zich **uit** de ~en maken *take to one's heels;* nog goed **uit** de ~en kunnen *still be steady on one's legs;* (fig.) met iets **uit** de ~en kunnen *be able to do sth. with sth.;* iem. iets **voor** de ~en gooien (fig.) *throw sth. in s.o.'s face;* **voor** de ~(en) weg *off-hand;* iem. **voor** de ~en lopen (fig.) *hamper s.o., get under s.o.'s feet;* ~(je) **voor** ~(je) *step by step* **6.4** de zaken **op** dezelfde ~ voortzetten *continue business (on the same f.) as before;* **op** ~ van oorlog leven *be on a war f.;* **op** ~ van gelijkheid *on equal terms* **7.1** de zieke kan geen ~ verzetten *the patient is too weak to move;* geen ~ buiten de deur zetten *not set f. outside the door;* ik zet daar geen ~ meer in huis *I won't ever set f. in that house again;* (fig.) geen ~ aan de grond krijgen *have no success, make no headway* ¶**.1** (fig.) ~ bij stuk houden *stick to one's guns.*
voetafdruk 0.1 *footprint.*
voetangel 0.1 ±*mantrap* ◆ **1.1** (fig.) een onderwerp vol ~s en klemmen *a subject full of pitfalls.*
voetbad 0.1 [het baden van de voeten; teiltje] *foot-bath* **0.2** [scherts.] *puddle* ◆ **3.1** een ~ nemen *take/have a f.-b.* **6.2** thee **met** een ~ *tea slopped into the saucer.*
voetbal 0.1 *football* ◆ **2.1** Amerikaans ~ *American f.;* betaald ~ *professional f.*
voetbalbond 0.1 *football association.*
voetbalclub 0.1 *football club.*
voetbalcompetitie 0.1 *football competition.*
voetbalelftal 0.1 *football team* ◆ **1.1** het ~ van Ajax *the Ajax team.*
voetbalfan 0.1 *football fan.*
voetbalknie 0.1 *cartilage trouble.*
voetballen 0.1 [het voetbalspel spelen] *play football* **0.2** [schoppen] *kick around* ◆ **3.1** ik kan niets van ~ *I'm no good at football* **6.2** met iets ~ *kick sth. around.*
voetballer, -ster 0.1 *football player.*
voetbalpasje 0.1 *football identity card.*
voetbalschoen 0.1 *football boot.*
voetbalsupporter 0.1 *football supporter.*
voetbaluitslagen 0.1 *football results.*
voetbalvandaal 0.1 [B]*football hooligan.*
voetbalvandalisme 0.1 *football hooliganism.*
voetbalveld 0.1 *football pitch.*
voetbalwedstrijd 0.1 *football match.*
voetbank 0.1 *footstool* ⇒*footrest.*
voetbed 0.1 *insole* ⇒*arch support.*
voetbeentje 0.1 (alg.) *bone in the/one's foot.*
voetbreed 0.1 *foot's breadth* ◆ **7.1** hij wijkt geen ~ *he won't budge an inch.*
voeteneind 0.1 *foot.*
voetenwerk (sport) **0.1** *footwork.*
voetfout (sport) **0.1** *foot fault.*

voetganger 0.1 *pedestrian* ♦ 2.1 roekeloze ~s worden met- een op de bon geslingerd *jaywalkers are fined on the spot.*

voetgangersbrug 0.1 *footbridge, pedestrian bridge* ⇒*sky walk* ⟨vaak overdekt⟩.

voetgangersgebied, -zone 0.1 *pedestrian precinct/area.*

voetgangerslicht 0.1 *(pedestrian-)crossing lights.*

voetgangersoversteekplaats 0.1 ᴮ*pedestrian/*ᴮ*zebra crossing,* ᴬ*crosswalk.*

voetgangerstunnel 0.1 ᴮ*subway,* ᴬ*(pedestrian) under- pass.*

voetje 0.1 *(little/small) foot* ♦ 2.¶ een wit ~ bij iem. hebben *be in s.o.'s good books;* bij iem. een wit ~ proberen te halen *halen butter s.o. up* 3.1 ⟨fig.⟩ iem. een ~ geven *give s.o. a leg up;* ~ vrijen *play footsie* 6.1 ~ **voor** ~ lopen/vooruitko- men *go very slowly/*⟨aarzelend⟩ *hesitantly, inch along;* ~ **voor** ~ *inch by inch.*

voetlicht 0.1 *footlights* ⟨mv.⟩ ⇒⟨dram.⟩ *floats* ⟨mv.⟩ ♦ 6.1 **voor** het ~ komen *appear in front of the footlights;* ⟨fig.⟩ *make a public appearance;* ⟨fig.⟩ iets **voor** het ~ brengen *bring sth. out into the open.*

voetmat 0.1 *doormat.*

voetnoot 0.1 [noot onder aan een bladzijde] *footnote* 0.2 [kanttekening] *note in the margin* ⇒⟨critical⟩ *remark/ comment* 0.3 [bijkomstigheid] *side-issue.*

voetpad 0.1 *footpath.*

voetpunt ⟨wisk.⟩ 0.1 *foot.*

voetreis 0.1 *walking-trip/-tour* ⇒*hike.*

voetrem 0.1 *footbrake.*

voetspoor 0.1 *footprint* ⇒⟨mv. ook⟩ *track, trail* ♦ 6.1 in zijn voetsporen treden ⟨fig.⟩ *follow in his footsteps;* ⟨fig.⟩ **in/op** het ~ van *in the wake of.*

voetstap 0.1 [stap] *(foot)step* 0.2 [spoor] *footprint* ⇒⟨mv. ook⟩ *track, trail* ♦ 3.1 ik hoor ~pen naderen *I can hear footsteps approaching* 6.1 **bij** elke ~ *at every step.*

voetstoots 0.1 [klakkeloos] *without further ado* 0.2 [zon- der nadere bepaling] *as it is/stands;* ⟨hand.⟩ *with all faults, at the buyer's risk* ♦ 3.1 ik kan dat niet ~ aanvaar- den *I can't accept it just like that* 3.2 iets ~ verkopen *take the first offer, sell sth. at the buyer's risk.*

voetstuk 0.1 *base* ⇒⟨hoog⟩ *pedestal* ♦ 6.1 ⟨fig.⟩ iem. **op** een ~ plaatsen *put/place s.o. on a pedestal;* ⟨fig.⟩ iem. **van** zijn ~ stoten *knock s.o. off his pedestal;* ⟨fig.⟩ **van** zijn ~ vallen *fall from one's pedestal.*

voettocht 0.1 *walking/hiking tour.*

voetval 0.1 *prostration* ⇒⟨knieval⟩ *genuflection.*

voetveeg ♦ 3.¶ ⟨fig.⟩ iemands ~ zijn *be s.o.'s doormat.*

voetverzorging 0.1 *foot-care* ⇒⟨med.⟩ *chiropody.*

voetvolk 0.1 [infanterie] *foot-soldiers* ⟨mv.⟩ ⇒*infantry* 0.2 [het gewone volk] *(the) rank and file.*

voetzoeker 0.1 *jumping jack* ⇒±*firecracker.*

voetzool 0.1 *sole (of the/one's foot).*

vogel 0.1 [dier] *bird* ⇒⟨schr.; biol., jagerstaal⟩ *fowl* 0.2 [per- soon] *customer* ⇒*character* ♦ 2.2 het is een rare/een gladde/een slimme - *he's an odd character/a slippery customer/a crafty customer;* het is een vroege ~ *he/she's an early bird* 3.1 de ~ is gevlogen ⟨fig.⟩ *the b. has flown (the coop)* 6.1 ~s **van** diverse pluimage ⟨fig.⟩ *a motley crew, a mixed bag* 8.1 zo vrij als een ~ *as free as a b.* ¶.1 ⟨sprw.⟩ beter één ~ in de hand dan tien in de lucht *a bird in the hand is worth two in the bush;* ⟨sprw.⟩ ieder ~tje zingt zo- als het gebekt is *a bird is known by its note and a man by his talk.*

vogelbekdier 0.1 *(duck-billed) platypus.*

vogelhandelaar 0.1 *bird-seller/-dealer.*

vogelhuis 0.1 *aviary;* ⟨in dierentuin ook⟩ *birdhouse;* ⟨vogel- kastje⟩ *bird-box;* ⟨voedertafel⟩ *birdtable.*

vogelkenner 0.1 *ornithologist* ⇒*bird-watcher.*

vogelkooi 0.1 *birdcage.*

vogelkunde 0.1 *ornithology.*

vogelnest 0.1 *bird's nest* ⟨ook als voedsel⟩ ♦ 3.1 ~en uithalen *go (bird-)nesting.*

vogelpik ⟨AZN⟩ 0.1 [dartsspel] *darts* 0.2 [dartsschijf] *dart- board.*

vogelpoep 0.1 *bird droppings.*

vogelsoort 0.1 *species of bird.*

vogeltrek 0.1 *bird migration.*

vogelverschrikker 0.1 *scarecrow* ♦ 8.1 je ziet eruit als een ~ *you look a sight/fright.*

vogelvlucht 0.1 [het vliegen van vogels] *bird-flight* 0.2 [vo- gelperspectief] *bird's-eye view* ♦ 6.2 ⟨fig.⟩ iets **in** ~ behan- delen *sketch sth. briefly;* iets **in** ~ tekenen *draw a bird's- eye view of sth.*

vogelvrij 0.1 *outlawed* ♦ 3.1 iem. ~ verklaren *outlaw s.o.*

vogelvrijverklaarde 0.1 *outlaw.*

vogelvrijverklaring 0.1 *outlawing.*

Vogezen 0.1 *Vosges.*

vogue ♦ ¶.¶ **en** ~ *in vogue.*

voile 0.1 ⟨sluier⟩ *veil;* ⟨stof⟩ *voile.*

vol 0.1 [geheel gevuld] *full (of)* ⇒*filled (with)* 0.2 [over de he- le oppervlakte bedekt] *full (of)* ⇒*covered (with/in)* 0.3 [gevuld] *full* 0.4 [waaraan niets ontbreekt] *complete* ⇒ *whole* 0.5 [geheel zijnde wat het zn. noemt] *full* 0.6 [mbt. geluiden] *full* ⇒*rich* 0.7 [mbt. kleuren] *deep* ⇒*intense* ♦ 1.1 ⟨fig.⟩ zij luisterde ~ aandacht naar zijn woorden ⟨ook⟩ *she hung on(to) his every word;* de verhandeling zat ~ fou- ten ⟨ook⟩ *the paper was riddled with errors;* een reis ~ ge- varen *a hazardous journey;* ⟨fig.⟩ hij zit ~ grappen *he's al- ways joking (around);* ~ nieuwe ideeën ⟨ook⟩ *teeming with new ideas;* een huis ~ mensen *a house full of people;* met een ~le mond/met de mond ~ praten *talk with one's mouth full;* ⟨fig.⟩ ~ ontzetting/afgrijzen *in dismay/in hor- ror;* een kamer ~ rook *a room thick with smoke;* de tram is ~ *the tram is full (up)* 1.2 een weide ~ bloeiende paarden- bloemen *a meadow full of/*⟨schr.⟩ *abloom with dandelions* 1.3 een ~ gezicht/een ~le boezem *a f./chubby face, a f. bosom* 1.4 een ~le dagtaak *a full day's work;* ⟨fig. ook⟩ *a full-time job;* het ~le gewicht hebben *contain the full/en- tire weight;* het ~le loon *full pay;* het kostte hem acht ~le maanden *it took him all of eight months;* met het ~ste recht/in het ~ste vertrouwen *quite rightly/in complete confidence;* een ~le week de tijd hebben *have a full/whole week* 1.5 zij is een ~le nicht van me *she's my first cousin* 3.1 de hele stad is er ~ van ⟨fig.⟩ *it's the talk of the town;* iets ~ maken/gieten/stoppen *fill sth. up;* het was er ~ *it was full/crowded (there)* 3.2 de tafel ligt ~ boeken *the ta- ble is covered with books;* een muur ~ plakken met posters *cover a wall with posters;* de kranten staan er ~ van *the papers are f. of it* 5.1 helemaal ~ *full up, packed* 6.1 ⟨fig.⟩ ~ **van** iets zijn *be full of sth.* 6.2 de tafel stond ~ **met** cadeaus *the table was loaded with presents* 6.4 **ten** ~le *fully, en- tirely* 6.¶ iem. niet voor ~ ~ aanzien *take s.o. seriously.*

volautomaat 0.1 *fully automatic (machine/car/*⟨enz.⟩ *).*

volautomatisch 0.1 *fully automatic* ♦ 1.1 een ~e wasma- chine *a f. a. washing machine.*

volbloed[1] ⟨de⟩ 0.1 *thoroughbred* ♦ 2.1 Arabische ~ *Arab (t.).*

volbloed[2] ⟨bn.; alleen attr.⟩ 0.1 [van onvermengd ras] *full- blood(ed);* ⟨dieren ook⟩ *pedigree, pure(-blood)* 0.2 [mbt. paarden] *thoroughbred* 0.3 [geheel de genoemde gezind- heid hebbend] *full-blooded* ⇒*dyed-in-the-wool* ♦ 1.1 ~ rundvee *pedigree cattle* 1.2 een ~ paard *a thoroughbred;*

⟨mv. ook⟩ *bloodstock* **1.3** een ~ liberaal/conservatief *a dyed-in-the-wool liberal/a true-blue conservative.*

volbrengen 0.1 [ten einde toe uitvoeren] *complete* ⇒*accomplish* **0.2** [ten uitvoer brengen] *perform* ⇒*carry out* ◆ **1.1** zijn (dag)taak ~ ⟨ook⟩ *do one's daily stint* **1.2** een opdracht ~ *p. a task.*

volbrenging 0.1 *accomplishment* ⇒*completion.*

volcontinu 0.1 *round-the-clock, day-and-night, non-stop.*

voldaan 0.1 [tevreden] *satisfied* ⇒*content(ed)* **0.2** [betaald] *paid* **0.3** [verzadigd] *satisfied* ◆ **1.1** een ~ gevoel *a sense of satisfaction* **6.1** ~ zijn **over** iets *be s./content with sth.* **6.2 voor** ~ tekenen *receipt, sign for receipt.*

voldoen I ⟨ov.ww.⟩ **0.1** [betalen] *pay* ⇒*settle* ◆ **1.1** een rekening/de kosten ~ *p. a bill/the costs;*
II ⟨onov.ww.⟩ **0.1** [+ aan; geheel beantwoorden] *satisfy, meet* ⟨voorwaarde, eis⟩; *fulfil* ⟨verwachtingen, verplichting⟩; *carry out, perform* ⟨plichten⟩; *comply with* ⟨wet, regels⟩ **0.2** [tevredenstellen] *satisfy* **0.3** [beantwoorden aan de verwachting, eis] *be satisfactory* **0.4** [betalen] *satisfy* ◆ **1.2** dat antwoord voldoet mij *I'm satisfied with that answer* **1.3** deze machine/methode voldoet niet *this machine/method is not satisfactory;* de nieuwe typist voldoet heel goed *the new typist is most satisfactory* **1.4** zijn schuldeisers ~ *s./pay one's creditors* **6.1 aan** de wet/een verzoek ~ *comply with the law/with a request;* **aan** de behoeften v.d. markt ~ *meet the needs of the market;* niet ~ **aan** ⟨ook⟩ *fall short of.*

voldoende¹ ⟨het, de⟩ **0.1** *pass (mark)* ⇒⟨net voldoende⟩ *b/beta minus* ◆ **6.1** een ~ halen **voor** wiskunde *pass (one's) maths.*

voldoende² I ⟨bw.⟩ **0.1** [genoeg] *sufficiently* ⇒*enough* ◆ **3.1** heb je je ~ voorbereid? *have you done enough preparation?;*
II ⟨bn.⟩ **0.1** [toereikend] *sufficient* ⇒*satisfactory,* ⟨genoeg⟩ *enough* ◆ **1.1** er was geen ~ meerderheid voor het voorstel *there was not a sufficient majority in favour of the proposal* **3.1** één blik op hem is ~ om …*one look at him is enough to …;* het is voor mij ~ ⟨bv. examen⟩ *I am satisfied;* ⟨inf.⟩ *that will do (me);* tien gulden is niet ~ *ten guilders is not enough/sufficient;* jouw examen was net ~ *you only just scraped through your exam* **5.1** het is niet ~ om van te leven *it is not enough to live on;* ruimschoots ~ *ample, more than enough.*

voldoende³ ⟨hoofdtelw.⟩ **0.1** *sufficient* ⇒*enough* ◆ **1.1** er zijn ~ deelnemers *there are enough participants* **3.1** dat is ~ *that's s./enough.*

voldoening 0.1 [tevredenheid] *satisfaction* **0.2** [het voldoen, betaling] *payment* ⇒⟨jur.; wegens schade⟩ *reparation* ◆ **3.1** het werk gaf/schonk hem geen ~ *the work gave him no s.;* dat stemt tot ~ *that's satisfying* **3.2** ~ vragen *demand satisfaction* **6.2** betaling **ter** ~ v.e. rekening *p./settlement of a bill.*

voldongen 0.1 (zie 1.1) ◆ **1.1** voor een ~ feit geplaatst worden *be presented with a fait accompli.*

voldragen 0.1 *full-term* ⇒⟨fig.⟩ *mature, well-considered* ⟨plan⟩ ◆ **1.1** een ~ kind *a full-term baby* **5.1** half ~ *carried halfway to term;* ⟨fig.⟩ *half-baked* ⟨plan⟩; het kind was niet ~ *the child was born prematurely.*

volgaarne ⟨schr.⟩ **0.1** *with great pleasure* ◆ **3.1** wij zullen uw advies ~ opvolgen *we shall gladly follow your advice.*

volgauto 0.1 [auto in een stoet] *car in a/the (funeral/wedding) procession* **0.2** [auto in een wedstrijd] *(official) following car.*

volgeboekt 0.1 *fully booked, booked up* ◆ **1.1** mijn agenda is ~ *I'm fully booked;* een ~ vliegtuig *a fully-booked plane.*

volgeling 0.1 *follower* ⇒⟨rel.; fil. ook⟩ *disciple* ◆ **1.1** ~en van Darwin *followers/disciples of Darwin, Darwinists.*

volgen I ⟨ov.ww.⟩ **0.1** [achternagaan; gaan langs; navolgen] *follow* **0.2** [geregeld bijwonen] *follow* ⟨bv. cursus⟩ ⇒*attend* ⟨college, cursus⟩ **0.3** [de voortgang, ontwikkeling bijhouden] *follow* ⇒*keep up with* **0.4** [handelen naar] *follow* ⇒*pursue* ⟨koers, beleid⟩ ◆ **1.1** een spoor/de weg ~ *f. a trail/track/the road* **1.3** die nieuwe tv-serie volg ik niet *I'm not following that new TV series* **1.4** zijn hart ~ *f. the dictates of one's heart* **3.1** iem. een nieuwe koers doen ~ *make s.o. change course;* wij laten de lijst met de namen hieronder ~ *the names are listed below* **3.3** ik kan je niet ~ *I don't f. you;* ik heb het niet meteen kunnen ~ ⟨ook⟩ *I didn't catch on immediately* **6.1 in** die opvatting kan ik u niet ~ *I cannot share that view;*
II ⟨onov.ww.⟩ **0.1** [later komen] *follow;* ⟨in reeks⟩ *be next* **0.2** [voortvloeien] *follow (on)* **0.3** [mbt. een rang] *come/rank after* ◆ **1.1** betaling volgt *payment follows;* nadere instructies ~ *further instructions will f.;* hier ~ de namen v.d. winnaars *the names of the winners are as follows* **3.2** zij liet er dadelijk op ~ dat …*she quickly added that …* **4.1** wie volgt? *who's next?* **6.1 op** elkaar ~ *f. one another* **6.2** dat volgt logisch **uit** het voorafgaande *that follows (on) logically from what has already been said/done* **6.3** als haven volgt Antwerpen **op** Rotterdam *(the port of) Antwerp comes after Rotterdam in size* **8.1** als volgt *as follows* **8.2** daaruit volgt dat …*it follows that …*

volgend 0.1 [na iets komend] *following* ⇒*next* **0.2** [verder] *following* ⇒*subsequent* ◆ **1.1** ~e aflevering *a later instalment;* de ~e keer *next time (round);* de twaalfde v.d. ~e maand *the twelfth of next month* **1.2** de dan ~e ontwikkeling *the subsequent development;* je moet een gulden bijbetalen voor elk ~ woord *you must pay one guilder for each additional word* **4.1** wat is het ~e? *what's next?* **5.1** de daarop ~e maat is te groot *the next size (up) is too big* **6.1** de week ~ **op** de zestiende *the week following the 16th* **7.1** het gaat om het ~e *things are as follows;* daar heb ik het ~e op gevonden *what I thought was the following* **8.1** artikel 58 en ~e *article 58 and the following/58 ff.*

volgens 0.1 *according to;* ⟨in overeenstemming met, ook⟩ *in accordance with* ◆ **1.1** ~ artikel zoveel *in accordance with article such-and-such;* ~ mijn horloge is het drie uur *by my watch it's three o'clock* **4.1** ~ hem *in his view/opinion;* ~ mij *I think, in my opinion.*

volgepakt 0.1 *packed.*

volger 0.1 *follower* ⇒⟨politieman⟩ *shadow.*

volgooien 0.1 [vullen] *fill (up/in)* **0.2** [geheel vullen] *fill (up)* ◆ **1.2** de tank ~ *fill (up) the tank, fill her up.*

volgorde 0.1 *order;* ⟨mbt. nummers vnl./ook⟩ *sequence* ◆ **2.1** in alfabetische ~ *in alphabetical o.;* in de juiste ~ leggen *put in the right o.;* in willekeurige ~ *at random* **6.1** de aanvragen worden **in** ~ van binnenkomst behandeld *applications are dealt with in the o. (in which) they come in;* **in/op** ~ *in o.;* niet **in/op** ~ *out of/not in o., mixed up.*

volgreeks 0.1 *series.*

volgroeid 0.1 *full(y)-grown* ⇒*mature* ◆ **1.1** ~e vruchten *ripe fruit* **5.1** niet ~ ⟨ook⟩ *undergrown.*

volgzaam 0.1 *docile.*

volgzaamheid 0.1 *obedience* ⇒*docility.*

volharden 0.1 *persevere* ⇒*persist* ◆ **6.1 in** zijn onschuld ~ *insist on one's innocence;* ~ **in/bij** wat men begonnen is *persevere with/in what one has started;* **in/bij** een weigering ~ *persist in a refusal.*

volhardend 0.1 *persevering* ⇒⟨koppig ook⟩ *persistent.*

volharding 0.1 *perseverance* ⇒*persistence.*

volhardingsvermogen 0.1 *perseverance* ⇒⟨koppigheid ook⟩ *persistence.*

volheid 0.1 [het vol zijn] *fullness* ⇒*abundance* **0.2** [vervulling] *completion* ⇒*fulfilment* ♦ **1.2** de ~ der tijden *the fullness of times* **6.1 uit** de ~ van zijn gemoed/zijn hart *from thc f. of one's/his heart.*

volhouden I ⟨ov.ww.⟩ **0.1** [doorgaan met] *carry on* ⇒*keep up* **0.2** [blijven beweren] *maintain* ⇒*insist* **0.3** [consequent voorstellen] *sustain* ♦ **1.2** die bewering is niet meer vol te houden *that claim is untenable;* zijn onschuld ~ *insist on one's innocence* **3.1** dit tempo is niet vol te houden *we can't keep this pace up* **5.1** zo kan ik het niet langer ~ *I can't go on like this* **5.2** iets hardnekkig ~ *stubbornly m. sth.* **8.2** ze hield vol dat ze van niets wist *she insisted that she knew nothing;* **II** ⟨onov.ww.⟩ **0.1** [doorgaan] *persevere* ⇒⟨inf.⟩ *keep on* ♦ **3.1** je moet ~ *you must persist/keep going;* we zijn ermee begonnen, nu moeten we ~ *now we've started we must see it through* **6.1** ~ **tot** het uiterste *keep right on to the (bitter) end* ¶**.1** ~! *keep it up!, keep going!*

volhouder, -houdster 0.1 *stayer.*

volière 0.1 *aviary;* ⟨in dierentuin ook⟩ *birdhouse.*

volk 0.1 [natie] *people* ⇒*nation,* race **0.2** [de onderdanen] ⟨verz.n.⟩ *people* ⇒*nation* **0.3** [lagere sociale klasse] ⟨verz.n.⟩ *people* ⇒*populace* **0.4** [menigte]⟨verz.n.⟩ *people* **0.5** [slag van mensen]⟨verz.n.⟩ *people* ⇒*folk* **0.6** [bezoek] ⟨verz.n.⟩ *people* ⇒*visitors* ♦ **2.1** een zeevarend/een handeldrijvend ~ *a seafaring/commercial p.* **2.5** het gewone ~ *the common p.;* het mindere ~ *the lower classes* **3.4** het circus trekt altijd veel ~ *the circus always draws a crowd* **3.6** er is ~ binnen *we've got p. visiting* **6.3** een man **uit** het ~ *a working(-class) man;* ⟨ook pej.⟩ *a lower-class man* ¶**.1** de Engelsen zijn een ~ op zich *the English are a race apart.*

Volkenbond ⟨gesch.⟩ **0.1** *League of Nations.*

volkenkunde 0.1 *cultural anthropology* ♦ **2.1** beschrijvende ~ *ethnography;* vergelijkende ~ *ethnology.*

volkenrecht 0.1 *international law* ♦ **3.1** het ~ schenden *violatc i. l.*

volkenrechtelijk I ⟨bn.⟩ **0.1** [mbt. het volkenrecht]⟨na zn.⟩ *of/in/under/according to international law* ♦ **1.1** van ~ standpunt bekeken *according to i. l.;* ~ verdrag/besluit *treaty/decision under i. l.;* **II** ⟨bw.⟩ **0.1** [mbt. het volkenrecht] *by/according to/under international law* ♦ **3.1** ~ bindend zijn *be binding under i. l.;* ~ regelen/besluiten *regulate/decide by i. l.*

volkerenmoord 0.1 *genocide.*

volkomen I ⟨bw.⟩ **0.1** [geheel] *completely* ⇒*absolutely* ♦ **2.1** dat is ~ juist/waar *that's perfectly true, you're quite right;* het is ~ zeker dat … *it's absolutely certain that …;* **II** ⟨bn.⟩ **0.1** [volledig] *complete* ⇒*total* **0.2** [volmaakt] *perfect* ♦ **1.1** u hebt ~ vrijheid *you have total freedom.*

volkomenheid 0.1 *perfection* ⇒*completeness.*

volkorenbrood 0.1 *#wholemeal bread,* ᴬ*whole-wheat bread* ♦ **7.1** één ~/twee volkorenbroden graag *one loaf/two loaves of wholemeal bread please.*

volks 0.1 *popular* ⇒*common* ♦ **1.1** een ~e vrouw *a common woman, a woman of the people;* ~ wijsheid *p. wisdom.*

volksbelang 0.1 *national/public interest* ♦ **6.1** een goede gezondheidszorg is van ~ *good health care is in the public interest.*

volksbevrijdingsfront 0.1 *Popular/People's Liberation Front.*

volksbeweging 0.1 *popular movement* ⇒⟨v.h. hele volk⟩ *national movement.*

volksbuurt 0.1 *working-class area/district.*

volksdans 0.1 *folk dance.*

volksdansen 0.1 *folk dancing.*

volksdeel 0.1 *part of the nation* ⇒*section of the community* ♦ **2.1** het katholieke ~ in Nederland *the Catholic community in the Netherlands.*

volksdemocratie 0.1 *people's democracy.*

volksfront 0.1 *popular front.*

volksgebruik 0.1 *popular/folk/national custom.*

volksgeloof 0.1 [bijgeloof] *popular belief/superstition* **0.2** [volksreligie]⟨v.h. gewone volk⟩ *popular/folk religion;* ⟨v.h. hele volk⟩ *national religion.*

volksgemeenschap 0.1 *national community.*

volksgezondheid 0.1 *public/national health* ♦ **1.1** de minister/het ministerie van Volksgezondheid *the minister/ministry of (public) health.*

volksheld 0.1 *popular hero* ⇒⟨v.h. land⟩ *national hero.*

volkshuisvesting 0.1 [het verschaffen van woningen aan het volk] *public housing* **0.2** [dienst] *(public) housing department.*

volkskind 0.1 *working-class child.*

volkslied 0.1 [nationaal lied] *national anthem* **0.2** [traditioneel lied] *folk song.*

volksmond ♦ **6.¶** in de ~ *in popular speech;* in de ~ heet dit *this is popularly called.*

volksoploop ♦ **3.¶** er was een ~ *a crowd had gathered.*

volksoproer, -opstand 0.1 *(popular) (up)rising/rebellion.*

volkspartij 0.1 *people's party.*

volksregering 0.1 *democracy* ⇒*government by the people.*

volksrepubliek 0.1 *people's republic* ♦ **1.1** de Volksrepubliek China *the People's Republic of China.*

volksstam 0.1 [primitief georganiseerde groep mensen] *tribe* ⇒⟨ras⟩ *race* **0.2** [menigte] *crowd, horde* ♦ **2.2** er zijn hele ~men die dat nooit leren *there are masses of people/whole hordes of people who will never learn that.*

volkstaal 0.1 [nationale taal]⟨alg.⟩ *national language* ⇒⟨tov. het Latijn⟩ *vernacular* **0.2** [informele taal] *vernacular, everyday language* ♦ **6.2** een woord uit de ~ *an (ordinary) everyday word.*

volkstelling 0.1 *census* ♦ **3.1** er werd een ~ gehouden *a c. was taken.*

volkstuin 0.1 *allotment (garden).*

volksuniversiteit 0.1 ±*adult education centre;* ⟨onderdeel van universiteit⟩ *university department of extramural studies;* ⟨'s avonds ook⟩ *night school* ♦ **1.1** cursussen v.d. ~ *adult education courses* **6.1** zij leert Frans **op** de ~ *she's doing an evening class in French.*

volksverhuizing 0.1 [het trekken naar een ander woongebied]⟨van één volk⟩ *migration of a nation;* ⟨tijdperk⟩ *migration of nations/peoples* **0.2** [grootscheepse verplaatsing van mensen] *(mass) migration* ♦ **2.1** de periode v.d. Germaanse ~en *the (period of the) migration of the Germanic peoples.*

volksverlakkerij 0.1 *deception (of the public).*

volksvermaak 0.1 *public/popular amusement/entertainment.*

volksvertegenwoordiger 0.1 *representative (of the people)* ⇒⟨alg., maar bv. niet in USA⟩ *member of parliament, M.P.,* ⟨USA ook⟩ *Congressman.*

volksvertegenwoordiging 0.1 [parlement] *house/chamber of representatives* ⇒⟨alg., maar bv. niet in USA⟩ *parliament* **0.2** [het vertegenwoordigen, vertegenwoordigd zijn] *representation of the people* ♦ **1.1** lid van de ~ *representative (of the people);* ⟨alg., maar bv. niet in USA⟩ *member of parliament, M.P.;* ⟨USA ook⟩ *Congressman.*

volksverzekering 0.1 *national/social insurance.*

volksvijand 0.1 *public enemy, enemy of the people* ◆ ¶.1 roken is ~ nummer één *smoking is public enemy number one.*

volkswijk →**volksbuurt.**

volkswijsheid 0.1 ⟨abstr.⟩ *conventional wisdom* ◆ ¶.1 een ~ *a piece of proverbial wisdom, a proverb.*

volkszanger 0.1 *popular singer* ⇒*singer of popular songs.*

volksziekte 0.1 *common disease* ⇒*epidemic disease* ◆ 3.1 aids dreigt een ~ te worden *AIDS is threatening to assume epidemic proportions.*

volledig 0.1 [compleet, volkomen] *full, complete* 0.2 [alle beschikbare tijd/ruimte vullend] *full* ⇒*full-time* ⟨mbt. tijd⟩ ◆ 1.1 ~e betaling *payment in full;* eigendom in ~ bezit *freehold estate/property;* ~e eigenaar *freeholder;* ~ succes *unqualified success* 1.2 ~e (dienst)betrekking *full-time job* 3.1 het schip is ~ uitgebrand *the ship was completely burnt out;* ik lees u de titel ~ voor *I'll read you the title in full.*

volledigheid 0.1 *completeness* ◆ 6.1 geen aanspraak (kunnen) maken op ~ *make no claim to be exhaustive.*

volledigheidshalve 0.1 *for the sake of completeness.*

volleerd 0.1 ⟨met alle diploma's⟩ *fully-qualified;* ⟨fig.⟩ *accomplished* ⇒⟨fig. ook⟩ *consummate* ◆ 1.1 een ~ bankwerker *a fully-qualified fitter;* een ~e schurk *an out-and-out villain;* ⟨misdadiger ook⟩ *a master crook* 6.1 ~ in *proficient/expert in.*

vollemaan 0.1 *full moon* ◆ 3.1 het is ~ *there is a f. m.;* morgen is het ~ *tomorrow is (the) f. m.* 6.1 bij ~ *when the moon is full, at f. m.*

volleren ⟨sport⟩ 0.1 *volley.*

volleybal 0.1 *volleyball.*

volleyballen 0.1 *play volleyball.*

vollopen 0.1 *fill up* ⇒*be filled* ◆ 1.1 het ruim liep vol *the hold was flooded;* het schip liep vol *the ship filled with water;* de zaal begon vol te lopen *the hall got crowded* 3.1 het bad laten ~ *run the bath;* zich laten ~ *get boozed up.*

volmaakt I ⟨bn.⟩ 0.1 [zonder gebrek] *perfect* ⇒*consummate* ◆ 1.1 hij is een ~ diplomaat *he is every inch a diplomat;* een ~ geluk genieten *be consummately happy;* **II** ⟨bw.⟩ 0.1 [ten volle] *perfectly* ⇒*completely* ◆ 2.1 ik ben ~ gezond/~ gelukkig *I am in perfect health/perfectly happy.*

volmaaktheid 0.1 *perfection* ⇒*completeness* ◆ 3.1 naar ~ streven *strive for p.*

volmacht 0.1 [machtiging] *power (of attorney), mandate, authority* 0.2 [schriftelijk bewijs] *warrant, authorization* ◆ 3.1 ~ geven/verstrekken/hebben *give/grant/have authority* 3.2 zijn ~ tonen *show one's w.* 6.1 bij ~ huwen *marry by proxy;* ⟨vnl. AZN⟩ bij ~ regeren *govern with unlimited power(s).*

volmachtbrief 0.1 *letter/power of attorney.*

volmondig 0.1 *whole-hearted* ⇒*frank* ◆ 1.1 een ~ ja *a straightforward/heartfelt 'yes'* 3.1 ~ iets bekennen/toegeven/verklaren *confess/admit sth. frankly, declare sth. whole-heartedly.*

volop 0.1 *in abundance, plenty, a lot of* ◆ 1.1 ~ ruimte *ample room;* ik had ~ werk *I had all the work I could handle;* het is ~ zomer *it is the height of summer* 3.1 er was ~ te eten *there was food in abundance.*

volpension 0.1 *full board.*

volproppen 0.1 *cram* ⇒⟨eten⟩ *stuff,* ⟨zaal enz.⟩ *pack,* ⟨zaal enz.⟩ *overcrowd* ◆ 1.1 volgepropte trams *overcrowded/* ⟨inf.⟩ *jam-packed trams* 4.1 zich ~ *stuff o.s.*

volschenken 0.1 *fill (up/to the brim).*

volschieten 0.1 *fill (up)* ◆ 1.1 mijn gemoed schoot vol *my heart was fit to burst.*

volslagen 0.1 *complete, utter* ⇒*total* ◆ 1.1 ~ anarchie *total anarchy;* een ~ onbekende *a total stranger;* ~ onzin *u. nonsense* 2.1 ~ belachelijk *utterly ridiculous;* hij is ~ gek *he is raving mad.*

volslank 0.1 *plump* ⇒⟨positief⟩ *well-rounded.*

volstaan 0.1 [voldoende zijn] *be enough/sufficient, do* ⇒ ⟨schr.⟩ *suffice* 0.2 [zich beperken tot] *confine/limit o.s. (to)* ◆ 4.1 dat volstaat *that will do* 6.2 je kunt met een enkel woord ~ ⟨schr.⟩ *a few words will do/suffice;* ⟨inf.⟩ *you only have to say a few words.*

volstoppen 0.1 *stuff (full)* ⇒*fill to the brim/top.*

volstrekt 0.1 *total, complete* ⇒*absolute* ◆ 2.1 het is ~ niet nodig *it is absolutely unnecessary* 5.1 ik wil het ~ niet hebben *I won't have it (by any means);* ik ben het ~ niet met hem eens *I disagree entirely with him.*

volt 0.1 *volt.*

voltage 0.1 *voltage.*

voltallig 0.1 *complete, full* ⇒*entire* ◆ 1.1 het ~e bestuur *the entire committee;* de ~e vergadering *the plenary assembly/meeting/session* 3.1 wij waren ~ *we were all there/present.*

volte 0.1 [volheid] *fullness* ⇒⟨gedrang⟩ *crush.*

voltijdbaan 0.1 *full-time job.*

voltijds 0.1 *full-time.*

voltmeter 0.1 *voltmeter.*

voltooid 0.1 *complete, finished* ⇒⟨taal.⟩ *perfect* ◆ 1.1 ⟨taal.⟩ een ~ deelwoord *a past/perfect participle* 2.1 ⟨taal.⟩ de ~ tegenwoordige/verleden tijd *the perfect/pluperfect.*

voltooien 0.1 *complete, finish.*

voltooiing 0.1 *completion* ◆ 3.1 dat werk nadert zijn ~ *that work is nearing c.*

voltreffer 0.1 *direct hit* ◆ 3.1 een ~ plaatsen ⟨ook⟩ *strike home.*

voltrekken I ⟨ov.ww.⟩ 0.1 [ten uitvoer brengen] *execute* ⟨vonnis, besluit⟩; *celebrate, perform* ⟨huwelijk⟩; *complete* ⟨overeenkomst⟩; **II** ⟨wk.ww.; zich ~⟩ 0.1 [zijn beloop nemen] *take place* ⇒ *occur* ◆ 1.1 die ontwikkeling/dat proces heeft zich ongemerkt voltrokken *that development/process has taken place unnoticed;* er zal zich een ramp ~ *a disaster will occur.*

voltrekking 0.1 *execution* ⟨van vonnis⟩; *celebration, performing* ⟨huwelijk⟩; *completion* ⟨overeenkomst⟩.

voluit 0.1 *in full* ⇒⟨ongeremd⟩ *at full speed/force/length* ◆ 3.1 zijn naam ~ zetten *write one's name in full.*

volume 0.1 [inhoud] *volume* ⇒*capacity* 0.2 [hoeveelheid] *volume* ⇒*quantity* 0.3 [sterkte] *volume* ⇒*loudness.*

volumeknop 0.1 *volume control/knob.*

volumineus 0.1 *voluminous.*

volvet 0.1 *full-cream.*

volwaardig 0.1 *full* ⇒*fully fledged, skilled* ⟨arbeidskracht⟩, *able(-bodied)* ⟨arbeidskracht⟩ ◆ 1.1 een ~e arbeidsplaats *a full-time job;* een ~ bestaan leiden *lead a fulfilling life;* een ~ lid *a full member.*

volwassen 0.1 ⟨bn.⟩ *adult, grown-up, mature* ⟨mensen⟩; *fully-developed, full-grown, ripe* ⟨dieren, planten⟩; ⟨bw.⟩ *in an adult/mature way* ◆ 1.1 ~ gedrag *mature/adult behaviour;* ~ personen *adults, grown-ups;* ik ben een ~ vrouw! *I'm a grown woman!* 3.1 zich ~ gedragen *behave like an adult;* toen zij/hij ~ werd ⟨ook⟩ *on reaching (wo)manhood;* ~ worden *grow to maturity, grow up.*

volwassene 0.1 *adult, grown-up* ◆ 1.1 onderwijs voor ~n *a. education* 6.1 alleen **voor** ~n *(for) adults only.*

volwassenenonderwijs, volwasseneneducatie 0.1 *adult education.*

volwassenheid 0.1 *adulthood, maturity.*

volzin 0.1 *sentence* ◆ 6.1 spreken **in** (prachtige) ~nen *use well-turned phrases/sentences.*

vondeling 0.1 *abandoned child* ⇒⟨vnl. lit.⟩ *foundling* ◆ 6.1 een kind **te** ~ leggen *abandon a child.*

vondst 0.1 [ontdekking, trouvaille] *invention, discovery* 0.2 [omstandigheid dat men iets vindt] *discovery, find(ing)* 0.3 [gevonden voorwerp] *treasure, find* ⇒*catch* ◆ 2.1 er staan in het boek wel enkele aardige ~en *the book contains some clever phrases/ideas;* een gelukkige ~ *a lucky strike,* a *windfall* 2.3 een enorme ~ verdovende middelen *an enormous drug catch* 3.2 een ~ doen *make a (real) find.*

vonk 0.1 [vuursprank] *spark* 0.2 [greintje] *spark, grain* ◆ 1.2 hij heeft geen ~je eergevoel *he hasn't a s. of honour* 2.1 elektrische ~en *electric sparks* 3.1 ⟨fig.⟩ een optreden waar de ~en van afspatten *a sparkling/an electrifying performance;* de ~ sloeg over ⟨fig.⟩ *the audience caught on.*

vonken 0.1 *spark(le)* ⇒*shoot sparks,* ⟨vnl. lit.⟩ *scintillate* ◆ 1.1 ⟨fig.⟩ ze keek me met ~de ogen aan *she looked at me with eyes flashing.*

vonnis 0.1 [rechterlijke uitspraak] *judgement* ⇒⟨in strafzaken⟩ *sentence,* ⟨in strafzaken⟩ *conviction,* ⟨schuldig of onschuldig⟩ *verdict* 0.2 [veroordelende uitspraak] *verdict* ⇒ *judgement* ◆ 3.1 een ~ vellen/wijzen/strijken/uitspreken (over) *pass/pronounce/give j. (on);* een ~ vernietigen *reverse a j./verdict;* een ~ voltrekken *carry out a sentence* 6.1 **bij** rechterlijk ~ *by a j./an order of the court.*

vonnissen 0.1 ⟨ov.ww.⟩ *(pass) sentence (on), convict;* ⟨on-ov.ww.⟩ *pass judgement/sentence* ◆ 3.1 gevonnist worden *be sentenced.*

voodoo 0.1 *voodoo.*

voogd, -es 0.1 [verzorger/-ster van minderjarigen] *guardian* 0.2 [bestuurder] *custodian, warden* ◆ 2.1 testamentaire ~ *testamentary g.;* toeziend ~ *co-guardian, joint g.* 6.1 ~ zijn **over** iem. *be s.o.'s g.*

voogdij 0.1 *guardianship* ⇒⟨fig.⟩ *tutelage* ◆ 3.1 de ~ aan iem. opdragen *appoint s.o. guardian* 6.1 **onder** ~ staan/plaatsen *be/place under g.;* **uit** de ~ ontzet worden *be deprived of g., lose g.*

voogdijkind 0.1 *child in ward* ⇒±*ward of court.*

voogdijraad 0.1 *Guardianship Board.*

voogdijschap 0.1 *guardianship* ⇒⟨fig.⟩ *tutelage.*

voor¹ I ⟨het⟩ 0.1 [wat ten gunste van iets pleit] *pros* ⟨mv.⟩ ◆ 1.1 het ~ en tegen v.e. voorstel *the p. and cons of a proposition;*

II ⟨de⟩ 0.1 [ploegsnede] *furrow* 0.2 [rimpel] *furrow, wrinkle* ◆ 3.1 voren trekken *make/plough furrows, wrinkle, furrow* 6.2 een gezicht **met** voren en rimpels *a wrinkled face.*

voor² ⟨bw.⟩ 0.1 [aan de voorzijde] *in (the) front* 0.2 [mbt. een volgorde; meer dan] *ahead* 0.3 [mbt. een gezindheid] *for, in favour* ◆ 1.1 een kind met een slab ~ *a child wearing a bib* 1.2 het is meneer ~ en meneer na *it's Sir this and Sir that;* vier punten ~ *four points ahead* 3.1 de auto staat ~ *the car is at the door* 3.2 zij zijn ons ~ geweest *they got (t)here before/ahead of us* 5.3 ik ben er niet ~ *I'm not in favour of that b.* 6.1 hij is ~ **in** de dertig *he is in his early thirties;* ~ **in** het boek *in/near the beginning of the book.*

voor³ ⟨vz.⟩ 0.1 [niet achter] *in front of* 0.2 [in tegenwoordigheid van] *before, for* 0.3 [vroeger dan] *before* ⇒*ahead of* 0.4 [gedurende] *for, during* 0.5 [ten aanzien van; om wille van; met betrekking tot] *for* 0.6 [mbt. een volg/rangorde] *before, for* ⇒*by* 0.7 [in de plaats van] *for* ⇒*instead of* 0.8

[ten voordele/behoeve van] *for* ⇒*in favour of* 0.9 [mbt. een gelijkstelling] *for* 0.10 [het genoemde in aanmerking genomen] *for* ◆ 1.1 ik heb nog een lange dag ~ mij *I have a long day ahead of me* 1.2 zich verbergen ~ een persoon *hide from a person;* ~ een voorbijganger de hoed afnemen *take off one's hat to a passer-by* 1.3 ~ zeven uur/zondag/Pasen *b. seven (o'clock)/Sunday/Easter* 1.5 zich ~ zo'n daad wachten/hoeden *be on one's guard f. such a deed;* zij is een goede moeder ~ haar kinderen *she is a good mother to her children* 1.7 er werd ~ f 100.000,- schade aangericht *Dfl 100.000.- worth of damage was done* 1.9 wat zijn het ~ mensen? *what sort of people are they?* 1.10 ~ een arbeiderswoning was het huis behoorlijk groot *the house was fairly big as labourer's cottages go* 3.1 de dagen die ~ ons liggen *the days (that lie) ahead of us* 3.5 iem. ~ zijn gedrag prijzen/straffen *praise/punish s.o. for his behaviour* 3.6 kapitein komt ~ majoor *a captain comes before a major* 3.7 ik zal ~ mijn zoon betalen *I'll pay f. my son;* wat krijgt hij ~ zijn moeite? *what does he get f. his trouble?* 3.8 ik ben ~ X *I'm (all) f./in favour of X;* het brood ~ zijn gezin verdienen *earn a living f. one's family* 4.5 dat is goed genoeg ~ hem *that is good enough f. him;* dat is not iets ~ hem ⟨passend⟩ *that is just the thing f. him;* ⟨te verwachten⟩ *that is just like him;* ik doe het ~ jou *I'm doing this f. you;* dat is niets ~ mij *that is not f. me* 4.7 de Directeur, ~ deze: J. Smit *the Director, per pro/p.p./pp J. Smit* 4.¶ ik ~ mij *I for my part* 5.1 vlak ~ Leiden gebeurde het *it happened just before Leiden* 5.4 ik zeg u ~ eens en altijd *I'll say this to you once and f. all* 5.5 waar doet hij het ~? *why does he do it?* ¶.3 tien ~ zeven *ten to seven* ¶.9 wat is dat ~ een ding? *what kind of thing is that?*

voor⁴ ⟨vw.⟩ 0.1 *before* ◆ ¶.1 ~ hij vertrok, was ik al weg *I was already gone b. he left;* ~ je het weet, heb je een verkoudheid te pakken *b. you know it, you've caught a cold;* ~ ik het vergeet *b. I forget.*

vooraan 0.1 *in (the) front* ◆ 3.1 ~ lopen *walk up front;* iets ~ zetten *put sth. (up) in front.*

vooraanmelding 0.1 ⟨bij hoger onderwijs⟩ *preliminary registration.*

vooraanstaand 0.1 *prominent* ⇒*leading* ◆ 1.1 een ~e figuur *a leading figure;* een ~ musicus *a p. musician;* een ~e plaats innemen *occupy a p. position.*

vooraanzicht 0.1 *front/frontal view.*

vooraf 0.1 *beforehand* ⇒*in advance* ◆ 1.1 een verklaring ~ *an explanation in advance* 3.1 je moet ~ goed bedenken wat je gaat doen *you need to think ahead about what you're going to do;* wilt u iets ~? ⟨aperitief⟩ *would you like a before-dinner drink/an aperitif;* ⟨voorgerecht⟩ *would you like an appetizer/a hors d'oeuvre;* dat had je ~ moeten zeggen *you should have said that b.*

voorafgaan 0.1 [voor iets anders komen] *precede* ⇒*go before/in front (of)* ◆ 1.1 de stoet werd voorafgegaan door drie herauten *the procession was headed by three heralds* 3.1 iets door een inleiding laten ~ *preface sth.* 6.1 de weken, ~de **aan** de gebeurtenis *the weeks preceding the event* 7.1 na het ~de *after the foregoing.*

voorafgaand 0.1 *preceding, foregoing* ◆ 1.1 ~e kennisgeving *previous/prior notice;* ~e toestemming *prior permission;* de ~e werkzaamheden/gesprekken *the p. activities/talks.*

voorafje 0.1 *appetizer, hors d'oeuvre.*

vooraftrek 0.1 *advance rebate.*

vooral 0.1 *especially* ⇒*particularly* ◆ 3.1 dat moet je ~ doen *do that/go ahead by all means;* ga ~ vroeg naar bed *be sure to go to bed early;* maak haar ~ niet wakker *don't*

wake her up *whatever you do* **5.1** vergeet het ~ niet *whatever you do, don't forget it* ¶**.1** ~ omdat *e. because.*

vooralsnog 0.1 *as yet, for the time being* ◆ ¶**.1** ~ is er geen haast bij *for the time being, there's no hurry.*

voorarrest 0.1 *remand, custody* ⇒*detention* ◆ **6.1** in ~ zitten *be on r. / in c.;* in ~ gehouden worden *be taken into c.*

vooravond 0.1 [avond vóór iets gewichtigs] *eve* **0.2** [eerste deel v.d. avond] *early evening* ◆ **6.1** (fig.) wij staan **aan** de ~ van grote gebeurtenissen *we are on the e. of great events* **6.2** hij kwam **in** de ~ *he came early in the evening.*

voorbaat ◆ **6.¶ bij** ~ dank *thank / thanking you in advance;* **bij** ~ kansloos zijn *not stand a chance from the very start;* al **bij** ~ verloren hebben *be fighting a losing battle;* al **bij** ~ gewonnen hebben *be sure to win hands down.*

voorbakken 0.1 *pre-fry* ◆ **1.1** voorgebakken friet *pre-fried chips / French fries.*

voorbank 0.1 *front seats.*

voorbarig 0.1 [te vroeg] *premature* **0.2** [onbezonnen] *rash, hasty* ◆ **3.1** ~ spreken / antwoorden *speak / answer too soon;* je was hiermee wel wat ~ *you were a little too hasty here.*

voorbeeld 0.1 [iets waarnaar men zich richt] *example* ⇒ *model* **0.2** [iets ter verduidelijking] *example* ⇒*instance* ◆ **2.1** een afschrikwekkend ~ *a warning;* een lichtend ~ *a shining e.* **3.1** het ~ geven voor anderen *set an e. to others;* aan iem. een ~ nemen *use s.o. as a model;* een ~ stellen *make an e. of s.o.;* iemands ~ volgen *follow s.o. 's lead / e.* **5.2** India is hiervan een ~ *India is a case in point* **6.1** schrijven / tekenen **naar** een ~ *write / draw according to a model;* **naar** het ~ van *after the e. of;* **ten** ~ gesteld worden *be held up as an e.;* **tot** ~ dienen *serve as an e. / a model for.*

voorbeeldig 0.1 *exemplary* ⇒*model* ◆ **1.1** een ~ echtgenoot *a model husband;* een ~ gedrag *e. conduct;* een ~ kind *an e. child* **3.1** dat is ~ geschreven *that is written in an e. way.*

voorbeen 0.1 *front leg* ◆ **1.1** het ~ v.e. paard *a horse's foreleg.*

voorbehoedmiddel 0.1 [anticonceptiemiddel] *contraceptive* **0.2** [voorbehoedend middel] *preven(ta)tive.*

voorbehoud 0.1 [beperking] *restriction* ⇒*reservation* **0.2** [voorwaarde] *condition* ⇒*reservation* ◆ **2.2** met het gebruikelijke ~ *with the usual reservation* **3.2** een ~ maken *make a reservation* **6.1** iets **onder** ~ beloven *make a conditional promise;* **zonder** ~ *without reservations.*

voorbehouden 0.1 *reserve* ◆ **1.1** hem was de eer ~ *the honour was all his;* hij behield zich (het recht) voor, daarop terug te komen *he reserved the right to come back to that.*

voorbereiden 0.1 [van tevoren klaarmaken] *prepare* ⇒*get ready* **0.2** [behoedzaam op de hoogte brengen] *prepare* ◆ **1.1** (sport) een doelpunt ~ *lay on / set up a goal* **4.1** zich ~ op een examen *p. for an exam* **5.1** ik was daarop voorbereid *I was prepared for it* **6.1 op** alles voorbereid zijn *be ready for anything;* de leerlingen ~ **voor** een examen *get the pupils ready for an exam* **6.2** iem. **op** de dood van zijn vader ~ *prepare s.o. for his father's death.*

voorbereidend 0.1 *preparatory* ◆ **1.1** ~e cursus *foundation course;* ~ wetenschappelijk onderwijs *pre-university education;* (jur.) ~ onderzoek *preliminary investigation;* ~e werkzaamheden *groundwork.*

voorbereiding 0.1 *preparation* ◆ **3.1** ~en treffen *make preparations* **6.1** een herziene uitgave is **in** ~ *a revised edition is in p.;* **ter** ~ (dienen) op / voor *in p. to / for.*

voorbereidselen 0.1 *preparations* ◆ **3.1** ~ treffen *make p.* **6.1** de ~ **voor / tot** een offensief *the p. for an offensive.*

voorbeschikken 0.1 *predestine, predetermine* ◆ **6.1** voor-beschikt **om** te … *predestined to* … ¶**.1** zo was het voorbeschikt *it was fated to happen this way.*

voorbeschikking 0.1 *predestination.*

voorbeschouwing 0.1 *preview.*

voorbespeeld 0.1 *pre-recorded* ◆ **1.1** een ~e cassette *a p.-r. cassette.*

voorbespreking 0.1 [gesprek] *preliminary talk* **0.2** [recensie] *preliminary / advance review.*

voorbestemmen 0.1 *predestine, predetermine* ◆ **6.1** voorbestemd zijn **om** te … *predestined / fated to* …

voorbeurs ⟨geldw.⟩ **0.1** *(stock-exchange) dealings before official hours.*

voorbewerking 0.1 *pretreatment* ⇒*preparatory treatment.*

voorbij¹ I ⟨bn.⟩ **0.1** [afgelopen] *past* ⇒⟨pred.⟩ *over* ◆ **1.1** die tijd is ~ *those days are gone;* ~e tijden *bygone times;* **II** ⟨bw.⟩ **0.1** [voor iets / iem. langs] *past, by* **0.2** [verder dan] *beyond, past* ◆ **1.2** hij is die leeftijd al lang ~ *he's way p. that age* **3.1** wacht tot de trein ~ is *wait until the train has passed;* het onweer trekt ~ *the thunderstorm is blowing over* **3.2** je bent er al ~ *you've already passed it.*

voorbij² ** ⟨vz.⟩ **0.1 [verder dan] *beyond, past* **0.2** [langs] *past* ◆ **1.1** we zijn al ~ Amsterdam *we've already passed Amsterdam;* even ~ het kruispunt *just b. / p. the intersection* **1.2** hij ging ~ het huis *he went p. the house.*

voorbijgaan 0.1 [passeren; verstrijken] *pass / go by* **0.2** [+ aan; niet opgemerkt worden door] *pass by* **0.3** [+ aan; geen aandacht besteden aan] *pass over* ◆ **1.1** iem. ~ *pass s.o. by;* de jaren gingen voorbij *the years passed by* **3.1** de gelegenheid (onbenut) laten ~ *miss the opportunity;* een kans voorbij laten gaan *pass up a chance* **6.1 met** ~ **van** *without regard to* **6.2** wat er gezegd wordt gaat volkomen **aan** hem voorbij *everything that's said passes him by completely* **6.3** stilzwijgend ~ **aan** *pass over in silence;* ~ **aan** details *pass over the details;* **aan** iem. ~ *pass s.o. over;* uw antwoord gaat voorbij **aan** mijn vraag *you haven't answered my question* **7.1** in het ~ *incidentally, by the way, in passing* **8.1** er gaat praktisch geen week voorbij of … *hardly a week goes by when / that …*

voorbijgaand 0.1 *transitory, passing* ◆ **1.1** van ~e aard *of a temporary nature* **5.1** snel ~ *fleeting, momentary.*

voorbijganger, -gangster 0.1 *passer-by.*

voorbijkomen 0.1 *come past / by, pass (by).*

voorbijkruipen 0.1 *drag.*

voorbijlopen 0.1 *pass (by)* ⇒*walk past* ◆ ¶**.1** iem. straal ~ *walk straight past s.o.*

voorbijrijden 0.1 *drive/* ⟨op fiets, paard⟩ *ride past.*

voorbijschieten 0.1 *whiz(z) by* ◆ **1.¶** zijn doel ~ *overshoot the mark.*

voorbijsnellen 0.1 *rush / shoot past* ◆ **1.1** de tijd snelt voorbij *time flies.*

voorbijsteken ⟨AZN⟩ →**inhalen II 0.1.**

voorbijstreven 0.1 *outstrip* ⇒*outrun, outdistance, surpass.*

voorbijtrekken 0.1 *pass* ◆ **1.1** het onweer trok voorbij *the thunderstorm blew over* **6.1** hij zag zijn leven **aan** zijn oog ~ *he saw his life p. before his eyes.*

voorbijvliegen 0.1 *fly (by)* ◆ **1.1** de weken vlogen voorbij *the weeks just flew (by).*

voorbinden 0.1 *tie / put on.*

voorbode 0.1 *forerunner, herald;* ⟨fig.; voorteken⟩ *omen* ◆ **1.1** de ~ van de crisis *the f. of the crisis;* de zwaluwen zijn de ~n van de lente *the swallows are the heralds of spring.*

voordat 0.1 [mbt. een nog niet bereikt tijdstip] *before* ⇒⟨met ontkenning e.d. in hoofdzin⟩ *until* **0.2** [alvorens] *before (that)* ◆ ¶**.1** ~ ik je brief kreeg, wist ik er niets van *I knew nothing about it until I got your letter.*

voordeel 0.1 [winst, baat] *advantage* ⇒*benefit* **0.2** [gunstige eigenschap/omstandigheid] *advantage* ⇒*plus-point* **0.3** [tennis] *advantage* ◆ **1.2** de voor- en nadelen *the advantages and disadvantages* **3.1** zijn ~ met iets doen, ~ trekken uit iets *take a. of sth.;* ~ hebben bij *profit/benefit from;* het heeft het · van dichtbij te zijn *it has the a. of being close* **3.2** een ~ behalen *gain an a.;* er zijn alleen maar voordelen aan verbonden *it can only be to your a.* **6.1** ⟨fig.⟩ hij is **in** zijn ~ veranderd *he's changed for the better;* ⟨sport⟩ 3-0 **in** het ~ van Nederland *3-0 for Holland/for the Dutch side/team;* de situatie was **in** zijn ~ *the situation was to his a.;* **ten** voordele **van** *for the benefit of, in favour of;* iem. het ~ van de **twijfel** gunnen *give s.o. the benefit of the doubt* **6.3** Wilander staat **op** ~ *advantage Wilander.*

voordeelaanbieding 0.1 *special offer.*

voordeelregel ⟨sport⟩ **0.1** *advantage rule* ◆ **3.1** de ~ toepassen *apply the advantage rule.*

voordek 0.1 *foredeck* ⇒*forward deck.*

voordelig 0.1 [rendabel] *profitable* ⇒*lucrative* **0.2** [zuinig, goedkoop] *economical* ⇒*inexpensive* **0.3** [gunstig] *advantageous* ⇒*favourable, beneficial* ◆ **1.1** een ~ saldo *a favourable (credit) balance;* op ~e voorwaarden *on favourable terms;* een ~e zaak *a profitable business* **3.1** ~ kopen *get a bargain* **3.2** ~er zijn *be cheaper* **3.3** er ~ uitzien *look one's best* **6.2** ~ **in** het gebruik *be e. in use, go a long way.*

voordeur 0.1 *front door.*

voordeurdelers 0.1 *people living under one roof.*

voordien 0.1 *before that, previously.*

voordoen I ⟨ov.ww.⟩ **0.1** [doen als voorbeeld] *show* ⇒*demonstrate* **0.2** [omdoen] *put on* ◆ **1.1** een oefening ~ *demonstrate an exercise;*
II ⟨wk.ww.; zich ~⟩ **0.1** [optreden] *arise* ⇒*occur, come/turn/crop up* **0.2** [het voorkomen aannemen van] *act, appear, pose* ◆ **1.1** het geval doet zich voor dat ...*it happens/occurs that ...;* er deed zich een moeilijkheid voor *a difficulty arose;* als die omstandigheden zich ~ *if those conditions occur* **2.2** zich flink voordoen *put on a bold front* **8.2** zich ~ als inspecteur *pose as an inspector.*

voordracht 0.1 [lezing] *lecture* **0.2** [opgevoerd/gereciteerd stuk] *recitation* **0.3** [wijze van declameren] *delivery* **0.4** [aanbevelingslijst] *list of recommendations/candidates* **0.5** [aanbevoling] *nomination, recommendation* ◆ **2.3** een duidelijke ~ hebben *have a clear d.* **3.1** een ~ houden over *read a paper on, give a l. on* **6.4** als nummer één **op** de ~ staan *be number one on the short list* **6.5 op** ~ **van** *on the r. of.*

voordrachtskunst 0.1 *declamation.*

voordrachtskunstenaar 0.1 *elocutionist.*

voordragen I ⟨onov., ov.ww.⟩ **0.1** [declameren] *recite* ⟨gedicht⟩ ◆ **1.1** iets ~ *put on a little show;*
II ⟨ov.ww.⟩ **0.1** [als kandidaat voorstellen] *nominate* ⇒*recommend* **0.2** [voorleggen, toelichten] *state* ◆ **1.1** een opvolger ~ *n./recommend a successor* **8.1** iem. ~ als presidentskandidaat *nominate s.o. for President.*

voordringen 0.1 *push forward/past/ahead* ⇒*jump the queue.*

vooreerst 0.1 *as yet, for the present/time being* ◆ **¶.1** daar kan ~ geen sprake van zijn *it's impossible for the time being.*

voorfilm 0.1 *short.*

voorfinancieren 0.1 *finance in advance, prefinance.*

voorgaan I [voor iem. gaan] *go ahead/before* ⇒*lead (the way)* **0.2** [prioriteit hebben] *take precedence* ⇒*come first* **0.3** [mbt. een uurwerk] *be fast* ◆ **1.1** dames gaan voor *ladies first* **3.1** iemand laten ~ *let s.o. go first* **3.2** het be-

langrijkste moet ~ *the most important has to come first* **6.1** ⟨fig.⟩ ~ **in** een ⟨kerk⟩dienst *conduct a service* **¶.1** gaat u voor! *after you!, lead the way.*

voorgaand 0.1 *preceding, former, last, previous* ◆ **6.1** op de ~e **bladzijde** *on the preceding page* **7.1** 't ~e *the foregoing, what precedes.*

voorganger 0.1 [degene die men opgevolgd heeft] *leader* **0.2** [degene die men navolgt] *predecessor* **0.3** [rel.] *pastor, minister* ◆ **8.3** als ~ optreden *take the pulpit.*

voorgebleekt 0.1 *pre-bleached.*

voorgekookt 0.1 *pre-cooked* ⇒*parboiled* ◆ **1.1** ~e aardappelen *p.-c. potatoes;* ~e rijst *parboiled rice* **3.1** ⟨fig.⟩ het was allemaal ~ *it was all pre-arranged.*

voorgeleiden 0.1 *bring in.*

voorgelijmd 0.1 *(pre-)gummed.*

voorgenomen 0.1 *intended* ⇒*proposed* ◆ **1.1** ons ~ huwelijk *our i. marriage;* de ~ maatregelen *the proposed measures.*

voorgerecht 0.1 *first course.*

voorgeschiedenis 0.1 [geschiedenis van het voorafgaande] ⟨mbt. zaken⟩ *previous history;* ⟨mbt. personen⟩ *ancestry, past history; case history* ⟨ook med.⟩ **0.2** [prehistorie] *prehistory.*

voorgeschreven 0.1 *prescribed* ⇒*required* ◆ **1.1** de ~ houding *the p. attitude;* de ~ maatregelen *the required measures.*

voorgeslacht 0.1 *ancestry.*

voorgevel 0.1 [mbt. een gebouw] *face* ⇒*façade* **0.2** [inf.; boezem] *boobs* ◆ **2.2** ze heeft een fraaie ~ ⟨ook⟩ *she has quite a bust line; she's quite bosomy.*

voorgeven 0.1 *pretend* ◆ **¶.1** hij gaf voor, ziek te zijn *he claimed to be ill.*

voorgevoel 0.1 *premonition* ⇒*foreboding* ⟨van iets slechts⟩ ◆ **2.1** een angstig ~ *an anxious foreboding;* ik heb een bang ~ *I have a scary feeling* **3.1** ergens een ~ van hebben *have a p. about sth.*

voorgewend 0.1 *affected* ⇒*sham, put-on.*

voorgoed 0.1 *for good* ⇒*once and for all* ◆ **3.1** zij gaat nu ~ weg *she's leaving now for good;* dat is nu ~ voorbij *that's over and done with now;* de tekst is nu ~ vastgesteld *the text has been established once and for all;* ~ verloren *beyond retrieval.*

voorgrond 0.1 *foreground* ◆ **6.1** ⟨fig.⟩ op de ~ treden, zich op de ~ plaatsen, *come into prominence, stand out, push o.s. forward;* ⟨fig.⟩ iets op de ~ plaatsen *place sth. in the forefront;* ⟨fig.⟩ hij dringt zich altijd **op** de ~ *he always pushes himself forward;* ⟨fig.⟩ op de ~ staan *be prominent.*

voorhamer 0.1 *sledge(-hammer).*

voorhand 0.1 *forehand* ◆ **6.¶** op ~ *beforehand, in advance.*

voorhanden 0.1 *on hand* ⇒*in stock* ◆ **3.1** er was nog wat geld ~ *we still had some money at our disposal* **5.1** niet meer ~ *sold out, unavailable.*

voorhebben 0.1 [voor het lijf hebben] *have on* ⇒*wear* **0.2** [tegenover zich hebben] *have in front of* **0.3** [als voordeel hebben] *have the/an advantage* **0.4** [van plan zijn] *mean, intend* **0.5** [mbt. spel] *have a head start of, have the advantage of* ◆ **1.1** een schort ~ *have on/wear an apron* **1.2** de verkeerde ~ *have got the wrong one (in mind)* **4.2** je vergeet wie je voorhebt *you're forgetting who I am* **4.4** wat heeft hij met hem voor? *what is he planning to do with him?* **5.4** het goed met iem. ~ *m. well by a person* **6.3** iets ~ **op** iem. *have the advantage over s.o.*

voorheen 0.1 *formerly, in the past.*

voorheffing 0.1 *advance tax payment* ◆ **6.1** een ~ **op** de inkomstenbelasting ⟨ook⟩ *a withholding tax on income.*

voorhistorisch 0.1 [mbt. de prehistorie] *prehistoric* **0.2** [zeer ouderwets] *prehistoric* ⇒*ancient* ◆ **1.1** het ~ onderzoek *p. research* **1.2** een ~ model *a p. model.*

voorhoede 0.1 [sport] *forward line* ⇒*forwards* **0.2** [mil.] *advance guard* **0.3** [fig.; meest actieve voorvechters] *vanguard, spear head.*

voorhoedespeler, -speelster 0.1 *forward.*

voorhoofd 0.1 *forehead* ◆ **2.1** een hoog/breed/gewelfd ~ *a high/broad/curved f.* **6.1** ⟨fig.⟩ dat staat **op** zijn ~ te lezen *it's written all over his face*; **tegen** zijn ~ tikken/op zijn ~ wijzen *tap/point to one's forehead.*

voorhoofdsholte 0.1 *sinus cavity.*

voorhoofdsholteontsteking 0.1 *sinusitis.*

voorhouden 0.1 [houden voor] *hold up/before* **0.2** [wijzen op] *represent* ⇒*confront* ◆ **1.1** een kind een koekje ~ *hold a cookie out to a child* **1.2** iem. zijn slechte gedrag ~ *confront s.o. with his bad conduct.*

voorhuid 0.1 *foreskin.*

voorhuis 0.1 *(entrance) hall.*

voorin 0.1 *in (the) front* ⟨in bus, trein⟩; *at the beginning* ⟨in boek⟩ ◆ **3.1** ~ zitten *sit in the front.*

vooringenomen 0.1 *biased* ⇒*prejudiced* ◆ **6.1** ~ zijn **tegen** iem. *be prejudiced against s.o.*

vooringenomenheid 0.1 *prejudice* ⇒*bias.*

voorjaar 0.1 *spring* ⇒*springtime* ◆ **3.1** het ~ in het hoofd hebben *be full of the joys of spring.*

voorjaarsmoeheid 0.1 *springtime fatigue.*

voorjaarsnota ⟨ec., pol.⟩ **0.1** *interim budget report.*

voorkamer 0.1 *front room.*

voorkant 0.1 *front* ◆ **1.1** de ~ v.e. auto *the f. of a car* **6.1** een jurk met een sluiting **aan** de ~ *a dress which fastens in the f.*

voorkauwen 0.1 [van tevoren kauwen] *pre-chew* **0.2** [uitvoerig voorzeggen] *repeat over and over* ◆ **1.2** men moet hem alle antwoorden ~ *the answers have to be explained to him over and over again*; voorgekauwde opinies *ready-made opinions.*

voorkennis 0.1 *foreknowledge* ⇒⟨mbt. misbruik⟩ *inside knowledge* ◆ **3.1** ~ hebben van *have prior knowledge of* **6.1** dat gebeurde **buiten** mijn ~ *that happened without my knowledge;* ⟨geldw.⟩ aandelen/effectenhandel **met** ~ *insider dealing/trading.*

voorkeur 0.1 *preference* ◆ **2.1** een uitgesproken ~ voor *a strong p. for* **3.1** mijn ~ gaat uit naar *I (would) prefer;* de ~ geven aan *give p. to;* de ~ geven aan kwantiteit boven kwaliteit *prefer quantity to quality;* ik heb geen ~ *I have no p.;* de ~ verdienen boven *be preferable to* **6.1 bij** ~ *preferably.*

voorkeursbehandeling 0.1 *preferential treatment.*

voorkeurspelling 0.1 *preferred spelling.*

voorkeursrecht 0.1 [recht van voorkeur] *priority rights* **0.2** [hand.] *preferential duty.*

voorkeurstem 0.1 *preference/preferential vote* ⇒±*write-in (vote).*

voorkeurzender 0.1 *pre-set station.*

voorkomen 0.1 *prevent* ◆ **1.1** om misverstanden te ~ *to p. (any) misunderstandings* **8.1** we moeten ~ dat hij hier weggaat *we must p. him from leaving* ¶.1 ⟨sprw.⟩ ~ is beter dan genezen *prevention is better than cure.*

voorkomen¹ (het) **0.1** [uiterlijk] *appearance* **0.2** [het aangetroffen worden] *occurrence, incidence* ◆ **2.1** nu krijgt de zaak een geheel ander ~ *things are now looking a lot different;* hij heeft een representatief ~ *he has a presentable a.* **2.2** het regelmatig ~ van ongeregeldheden *the recurrence of disturbances* **3.1** het ~ hebben van *bear the semblance of.*

voorkomen² ⟨onov.ww.⟩ **0.1** [vóór iem./iets anders komen] *get/draw ahead* **0.2** [gebeuren] *occur, happen* **0.3** [aangetroffen worden] *occur, be found* **0.4** [voor het gerecht verschijnen] *appear* **0.5** [toeschijnen] *seem, appear* **0.6** [voor het huis komen] *come round* ◆ **2.5** dat komt mij bekend voor *that rings a bell/sounds familiar* **3.4** hij moet ~ *he has to a. in court* **3.5** het is niet zo goed als hij laat ~ *it's not as good as he'd have you believe;* het laten ~ alsof … *make it appear as if …* **3.6** een auto voor laten komen *have a car come round* **4.5** het komt mij voor, dat …*it seems to me that …* **5.3** die planten komen overal voor *those plants grow/are found everywhere.*

voorkomend 0.1 *occurring* ◆ **5.1** algemeen ~ *common, widespread;* dagelijks ~e zaken *daily (recurrent) matters/things;* een veel ~ probleem *a common problem;* zelden ~ *unusual, rare.*

voorkomend 0.1 *obliging* ⇒*considerate, courteous* ◆ **3.1** ik werd ~ ontvangen *I was courteously received.*

voorkomendheid 0.1 *obligingness* ⇒*courtesy.*

voorkoming 0.1 *prevention* ◆ **6.1 ter** ~ van ongelukken *to prevent accidents.*

voorlaatst 0.1 *last but one* ◆ **1.1** het ~e huis *the last house but one.*

voorland 0.1 [bestemming] *future* **0.2** [buitendijks land] *foreshore, foreland* ◆ **3.1** dat is ook haar ~ *that's also in store for her.*

voorlangs 0.1 *along the front (of sth.)* ◆ **3.1** ⟨sport⟩ de bal ~ schieten *shoot across the goal(-mouth).*

voorlaten 0.1 *allow to go first, give precedence to.*

voorleggen 0.1 [voor iem. neerleggen] *lay/place/put in front of* **0.2** [uiteenzetten] *present* ◆ **1.2** iem. een plan ~ *present s.o. with a plan;* iem. een vraag ~ *put a question to s.o.* **6.1** een stuk **ter** tekening ~ *give s.o. a document to sign* **6.2** een zaak **aan** de rechter ~ *bring a case before the court.*

voorleiden 0.1 [ook jur.] *bring/take before.*

voorletter 0.1 *initial (letter)* ◆ **4.1** wat zijn uw ~s? *what are your initials?*

voorlezen 0.1 [hardop lezen] *read (aloud/out loud)* **0.2** [voorbidden] *lead in prayer* ◆ **1.1** de aanklacht ~ *r. the charge;* iem. een brief/de krant ~ *r. a letter/the newspaper to s.o.* **3.1** kinderen houden van ~ *children like to be read to* **6.1** ~ **uit** een boek *r. from a book.*

voorlezer 0.1 [iem. die voorleest] *reader* **0.2** [rel.] *(lay) reader.*

voorlezing 0.1 [het voorlezen] *reading aloud* **0.2** [voordracht] *lecture* ◆ **3.2** ~en houden *give lectures, lecture* **6.1 na** ~ van het vonnis *after (the) reading (of) the sentence.*

voorlichten 0.1 [onderrichten] *inform* **0.2** [seksuele voorlichting geven] *tell (s.o.) the facts of life* ◆ **3.1** zich goed laten ~ *seek good advice* **5.1** we zijn verkeerd voorgelicht *we were misinformed.*

voorlichter 0.1 *information/public relations official* ⇒ ⟨woordvoerder⟩ *spokesman/woman/person.*

voorlichting 0.1 *information* ◆ **1.1** de afdeling ~ ⟨v.e. bedrijf⟩ *public relations department;* ⟨v.d. overheid⟩ *Information Service* **2.1** seksuele ~ *sex education* **3.1** goede ~ geven *give good advice.*

voorlichtingsavond 0.1 *open information evening.*

voorlichtingscampagne 0.1 *information campaign.*

voorlichtingsdienst 0.1 *(public) information service.*

voorlichtingsfilm 0.1 *information film* ⇒⟨over bv. leger ook⟩ *publicity film,* ⟨seksuele voorlichting⟩ *sex education film.*

voorliefde 0.1 *predilection* ⇒*preference, fondness* ◆ **2.1** een sterke ~ hebben voor *have a great liking for* **3.1** een ~ krijgen voor *acquire a taste for* **6.1** ~ **voor** iets hebben *be partial to sth.*

voorliegen 0.1 *lie to.*

voorliggend 0.1 *at hand* ⇒*this.*

voorligger 0.1 *car/vehicle in front (of one)* ◆ **6.1** te dicht **op** een ~ zitten *tailgate (the car in front of one).*

voorlopen 0.1 [voorop lopen] *walk/go/run in front* **0.2** [te snel lopen] *be fast* ◆ **1.2** de klok loopt vijf minuten per dag voor *the clock gains five minutes a day.*

voorloper 0.1 *precursor* ⇒*forerunner* ◆ **1.1** de ~s van de romantiek *the precursors of romanticism.*

voorlopig I ⟨bn., bw.⟩ **0.1** [nog niet definitief] *temporary* ⇒ *provisional, interim* ◆ **1.1** een ~e aanstelling *a t. appointment;* de ~e conclusie luidt dat ...*it is tentatively concluded that ...;* een ~e oplossing *a makeshift solution;* de ~e regering *the provisional government;* ~ verslag *interim report* **3.1** de procedure is ~ goedgekeurd *the procedure has been approved on an interim basis;* **II** ⟨bw.⟩ **0.1** [voorshands] *for the time being* ◆ **3.1** hij zal het ~ accepteren *he will accept it provisionally;* ~ laten we dit probleem rusten *let's leave this problem for the time being* **5.1** ~ niet *not until further notice;* ~ kan ik nog niet komen *for some time I'll be unable to come* **6.1** ~ **voor** een maand *for a month to begin with.*

voormalig 0.1 *former* ◆ **1.1** de ~e bezitters *the f. owners;* in de ~e dierentuin ⟨ook⟩ *in what used to be the Zoo;* de - e president *the f./ex-president.*

voorman 0.1 [ploegbaas] *foreman* **0.2** [leider] *leader* ◆ **1.2** de ~nen v.d. beweging *the leaders of the movement.*

voormeld 0.1 *above-/afore-mentioned* ◆ **1.1** de ~e personen dienen zich te melden *the above-mentioned persons should present themselves* **8.1** als ~ *as mentioned above.*

voormiddag 0.1 [ochtend] *morning* **0.2** [begin v.d. middag] *early afternoon.*

voornaam 0.1 *first name* ◆ **6.1** iem. **bij** zijn ~ noemen *call s.o. by his first name.*

voornaam 0.1 [aanzienlijk] *distinguished* ⇒*prominent* **0.2** [belangrijk] *main* ⇒*important* ◆ **1.1** een ~ voorkomen *a dignified/d. appearance/bearing* **1.2** de ~ste dagbladen *the leading dailies;* de ~ste feiten *the m. facts;* een voorname plaats innemen *occupy a prominent place;* een voorname rol spelen *play an important role;* onze ~ste zorg *our m./primary concern* **7.2** het ~ste *the m. thing.*

voornaamwoord 0.1 *pronoun* ◆ **2.1** bepalend ~ *definite p.;* onbepaald ~ *indefinite p.*

voornacht 0.1 *first part of the night* ⇒*(early) evening.*

voornamelijk 0.1 *mainly, chiefly, principally.*

voornemen¹ ⟨het⟩ **0.1** *intention* ⇒⟨nieuwjaar ook⟩ *resolution* ◆ **2.1** zij is vol goede ~s *she is full of good intentions;* het vaste ~ iets te bereiken *the determination to achieve sth.;* met het vaste ~ om *determined to, with the firm i. to* **6.1** het lag in haar ~ om *she intended/planned to;* iem. **van** zijn ~ afbrengen *dissuade s.o. from his purpose.*

voornemen² ⟨wk.ww.; zich ~⟩ **0.1** *resolve* ◆ **5.1** hij had het zich vast/heilig voorgenomen *he had firmly resolved to do so/it* **¶.1** zich iets in stilte ~ *quietly r. to do sth.;* zij bereikte wat ze zich voorgenomen had *she achieved what she had set out/planned to do.*

voornemens 0.1 *intending* ◆ **3.1** ik ben niet ~ het haar te vertellen *I don't propose to tell her;* ~ zijn *intend, plan, propose.*

voornoemd 0.1 *above-mentioned* ◆ **1.1** ~e bezwaren *the a.-m. objections;* de minister ~ *the minister mentioned before/above.*

vooronder 0.1 *forecastle* ⇒*fo'c'sle.*

vooronderstellen 0.1 *(pre)suppose* ⇒*presume.*

vooronderstelling 0.1 *presupposition* ◆ **3.1** ik ga van de ~ uit, dat *I start from the assumption that* **6.1** bij ·· *presupposing (that).*

vooronderzoek 0.1 *preliminary investigation/inquiry/ examination* ◆ **2.1** ⟨jur.⟩ gerechtelijk ~ *hearing.*

voorontwerp 0.1 *rough draft* ⇒*preliminary sketch/design.*

vooroordeel 0.1 *prejudice* ◆ **3.1** een ~ hebben over *be prejudiced against;* een ~ koesteren *have a p./bias;* zijn vooroordelen opzij zetten *put aside one's prejudices* **6.1** vooroordelen over vreemdelingen *mistaken ideas about foreigners;* een ~ **tegen** links *a p./bias against the left;* **zonder** vooroordelen *unbiased, unprejudiced.*

vooroorlogs 0.1 *prewar.*

voorop 0.1 [aan de voorzijde op iets] *in front* **0.2** [aan het hoofd] *in front/the lead* ⇒*first* **0.3** [in de eerste plaats] *first* ◆ **1.2** ~ de tamboer-majoor *the drum major in front* **3.1** het nummer staat ~ het bankbiljet *the number is on the front of the bank note* **3.3** ~ staat, dat ...*the main thing/ the first matter of importance is that ...*

vooropgaan 0.1 *lead (the way)* ⇒*walk in front.*

vooropleiding 0.1 *(preliminary/preparatory) training* ◆ **2.1** een degelijke ~ *a thorough t.* **3.1** wat heeft u voor ~ gehad? *what sort of t. have you had?* **6.1** zonder ~ *without previous t.*

vooroplopen 0.1 [aan het hoofd lopen] *walk/run in front* **0.2** [het voorbeeld geven] *lead (the way)* ◆ **6.2** ~ **in** de modewereld *be a trendsetter in the fashion world.*

vooropstellen 0.1 [ervan uitgaan] *assume* **0.2** [als belangrijkste beschouwen] *put first (and foremost)* ◆ **1.2** de volksgezondheid ~ *put public health first (and foremost)* **3.1** laten we dit ~: ...*let's get one thing straight right away; ...* **8.1** ik stel voorop, dat hij altijd eerlijk is geweest *to begin with, I must state that he has always been honest;* vooropgesteld dat *assuming that.*

voorouders 0.1 *ancestors* ⇒*forefathers.*

voorover 0.1 *headfirst* ⇒*face down* ◆ **3.1** met het gezicht ~ liggen *lie face down(ward);* ~ tuimelen *tumble h./forward.*

vooroverleg 0.1 *preliminary/previous consultation* ⇒ *preliminary talks* ⟨mv.⟩.

voorpagina 0.1 *front page* ◆ **3.1** de ~'s halen *make the front pages.*

voorpaginanieuws 0.1 *front page news.*

voorpoot 0.1 [mbt. een dier] *foreleg* ⇒*forepaw* **0.2** [mbt. een meubel] *front leg.*

voorportaal 0.1 *vestibule* ⇒*porch* ◆ **1.1** ⟨fig.⟩ een ~ v.d. hel *the gate of hell.*

voorpost ⟨mil.⟩ **0.1** *outpost.*

voorpremière 0.1 *preview, advance performance/showing.*

voorpret 0.1 *anticipation.*

voorproefje 0.1 *(fore)taste* ◆ **3.1** een ~ krijgen/geven van *get/give a (fore)taste of* **6.1** een ~ van wat ons nog te wachten staat *a taste of what's in store for us.*

voorprogramma 0.1 ⟨theater⟩ *curtain-raiser* ⇒*supporting programme,* ⟨bioscoop⟩ *shorts* ◆ **6.1** een concert van Tom Waits met Ricky Lee Jones in het ~ *a Tom Waits concert with Ricky Lee Jones as supporting act.*

voorprogrammeren 0.1 ⟨comp.⟩ *preprogram* **0.2** [fig.] *(pre)program* ⇒**¶.2** voorgeprogrammeerd applaus *canned applause.*

voorraad 0.1 [voorhanden hoeveelheid voor verkoop] *stock* ⇒*supply* **0.2** [levensmiddelen, provisie] *supplies* ⇒

stock(s) **0.3** [hoeveelheid waarvan men gebruiken kan]
supply ◆ 1.1 de ~ goud *the gold reserve(s)* **2.1** een te grote
~ hebben *be overstocked* **2.3** militaire voorraden *military
stores* **3.1** een ~ aanhouden van …*keep … in stock, keep a
stock of …;* de ~ aanvullen *replenish the supply/stock;* ~
inslaan *lay in stock;* de ~ opnemen *take stock;* zo lang de ~
strekt *as long as/while supplies/stocks last* **3.2** een hele
~ blikjes aanleggen *store up a lot of [B]tins/[A]cans;* ~ inslaan
voor de winter *lay in supplies for the winter* **6.1** niet meer
in ~ zijn *not be in stock anymore;* de goederen **in** ~ *the
goods in stock/on hand;* **in** ~ nemen *stock;* **uit** ~ leverbaar
available from stock **6.2** we zijn **door** onze ~ heen *we
have gone through our supplies;* we hebben altijd een
hoop blikjes **in** ~ *we always keep a large store/supply of
[B]tins/[A]cans.*
voorraadkast 0.1 [B]*store cupboard,* [A]*supply closet.*
voorradig 0.1 *in stock/store* ⇒*on hand* **◆ 6.1 in** alle kleuren ~ *available in all colours.*
voorrang 0.1 [verkeer] *right of way, priority* **0.2** [prioriteit]
priority **◆ 3.1** ~ hebben op *have (the) right of way over;*
verkeer van rechts heeft ~ *traffic from the right has (the)
right of way/has p.;* ~ / geen ~ krijgen *be given/not be giv-
en p.;* geen ~ verlenen *fail to yield, fail to give ((the) right
of) way;* ~ verlenen aan verkeer van rechts *give way/yield
to the right* **3.2** ~ geven aan het werkgelegenheidsbeleid
give p. to the employment policy; (de) ~ hebben (boven)
have/take p. (over) **6.2 met** ~ behandelen *give preferential treatment.*
voorrangsweg 0.1 *major road.*
voorrecht 0.1 *privilege* **◆ 2.1** gezondheid is een groot ~
health is a great p./gift **3.1** ik had het ~ hem te verwelkomen *I had the honour/p. of welcoming him;* het ~ hebben/
genieten om …*be privileged to, have/enjoy the p. of …;* het
is mij een ~ u te mogen begroeten *it is a p./an honour for
me to welcome you.*
voorrekenen 0.1 *figure/work out.*
voorrijden 0.1 [voor de deur/ingang komen] *drive up to
the front/entrance/door* **0.2** [voorop rijden] *drive/ride
at the front* **◆ 1.1** de auto ~ *drive the car up front, pull up
to the front.*
voorrijkosten 0.1 *call-out charge.*
voorronde 0.1 *qualifying/preliminary round.*
voorruit 0.1 [B]*windscreen,* [A]*windshield.*
voorschieten 0.1 [betalen voor een ander] *advance* ⇒*lend*
0.2 [alvast verstrekken] *advance* **◆ 5.1** ik zal het even ~
I'll lend you the money **6.2** iem. een bedrag **op** zijn loon ~
give s.o. an advance on his salary.
voorschijn ◆ 6.¶ te ~ komen *appear; come out* ⟨sterren⟩; **te**
~ brengen *produce;* zijn zakdoek **te** ~ halen *take out one's
handkerchief;* de zon kwam achter een wolk **te** ~ *the sun
came/peeked out from behind a cloud;* **te** ~ roepen *call
up/forth.*
voorschoot 0.1 *apron.*
voorschot 0.1 *advance* ⇒*loan* **◆ 2.1** een renteloos ~ *an interest-free loan* **3.1** iem. een ~ geven *give s.o. an a./a loan;*
een ~ vragen *ask for an a./a loan* **6.1** ~ **in** geld *cash a.*
voorschotelen 0.1 *dish/serve up* **◆ 1.1** ⟨fig.⟩ onzin ~ *come
out with/dish up nonsense.*
voorschrift 0.1 [het voorschrijven] *prescription* ⇒*order* **0.2**
[wat voorgeschreven is] *regulation, rule* ⇒*prescription*
⟨v.e. dokter⟩ **◆ 2.2** een dwingend ~ *a strict order/regula-
tion* **3.2** aan de ~ en voldoen *satisfy/meet the requirements* **6.1 op** ~ v.d. dokter *on doctor's orders* **6.2 volgens**
~ *as prescribed/instructed/directed.*
voorschrijven 0.1 *prescribe* **◆ 1.1** rust ~ *p. rest;* de wettelijk

voorgeschreven termijn *the legally required period;* op de
voorgeschreven tijd *at the appointed time* **3.1** wij laten
ons niets ~ *we won't be told what to do* **8.1** als voorgeschreven in de wet/het contract *as laid down in the law/
contract.*
voorseizoen 0.1 *preseason.*
voorselectie 0.1 *preselection.*
voorshands 0.1 *for the time being/the present.*
voorslag ⟨muz.⟩ **0.1** *grace note.*
voorsorteren 0.1 [vooraf sorteren] *presort* **0.2** [verkeer]
get in lane **◆ 5.2** links/rechts ~ *get in the left-/right-
hand lane.*
voorspannen 0.1 [voor iets spannen] *hang in front (of)* ⇒
hitch (up) ⟨paard⟩ **0.2** [van tevoren spannen] *prestress* **◆
1.1** een doek ~ *hang a cloth in front (of sth.)* **1.2** voorge-
spannen beton *prestressed concrete.*
voorspel 0.1 [dram., muz.]⟨muz.⟩ *prelude;* ⟨dram.⟩ *prologue* **0.2** [het voorafgaande] *prelude, prologue (to)* **0.3**
[inleiding tot coïtus] *foreplay* **◆ 1.2** het ~ v.d. oorlog *the
prelude to the war.*
voorspelbaar 0.1 *predictable* **◆ 3.1** dat was ~ *that was to
be expected.*
voorspelbaarheid 0.1 *predictability.*
voorspelen 0.1 *play* **◆ 1.1** een muziekstuk ~ *p. a piece of
music;* een acteur een scene ~ *walk an actor through a
scene.*
voorspellen 0.1 [profeteren] *predict* **0.2** [zijn prognose geven over] *predict, forecast* **0.3** [beloven] *promise* **◆ 1.2**
iem. een gouden toekomst ~ *p. a rosy future for s.o.* **1.3** dat
voorspelt niet veel goeds *that doesn't bode well, that
looks/sounds bad;* goeds/kwaads ~ (voor) *bode well/ill
(for)* **4.2** ik heb het u wel voorspeld *I told you so.*
voorspelling 0.1 [profetie] *prophecy* **0.2** [prognose] *prediction* ⇒*forecast* **◆ 1.1** de gave der ~ hebben *have the gift of
p.* **2.1** een uitgekomen ~ *a p. fulfilled* **3.2** een ~ doen over
economische ontwikkelingen *produce an economic forecast, produce a forecast of economic developments* **¶.2** de
~ en voor morgen *the forecast for tomorrow.*
voorspiegelen 0.1 *delude (with visions/images of …)* **◆
1.1** hij spiegelde hem grote winsten voor *he conjured up
visions of great gain before him* **4.1** iem. iets ~ *hold out
false hopes to s.o.*
voorspoed 0.1 *prosperity* **◆ 1.1** in voor- en tegenspoed *for
better or (for) worse;* voor- en tegenspoed *ups and downs*
3.1 ~ genieten *enjoy p./good fortune, prosper;* iem. ~ toewensen *wish s.o. all the best.*
voorspoedig 0.1 *successful* ⇒*prosperous* **◆ 1.1** een ~ leven
a s./prosperous life **3.1** het gaat nog niet erg ~ *it's not exactly thriving (yet);* alles verliep ~ *it all went off well.*
voorspraak 0.1 [het voorspreken] *intercession* ⇒*mediation* **0.2** [persoon] *intercessor* ⇒*mediator* **◆ 6.1 op** zijn ~
at his i. **¶.1** dank zij uw ~ …*thanks to your i./mediation …*
voorsprong 0.1 *(head) start, lead* **◆ 2.1** hij won met grote ~
he won by a large margin; met een kleine ~ *with a small l./
slight edge;* de wet van de remmende ~ *the dialectics of
progress* **3.1** ⟨fig.⟩ dat geeft haar een ~ *that gives her an
advantage;* iem. een ~ geven *give s.o. a head start;* een ~
hebben/verkrijgen op iem. *have/get the jump on/l. on s.o.*
6.1 zijn ~ **op** de concurrentie vergroten/verkleinen *in-
crease/reduce one's l. over the competition.*
voorst 0.1 [zich vooraan bevindend] *first* ⇒*front* **0.2** [eerste]
first **◆ 1.1** op de ~ e bank zitten *be/sit in the front row* **1.2**
op de ~ e pagina *on the f./*⟨krant⟩ *front page.*
voorstaan 0.1 [voor iets staan] *stand/be in front* **0.2** [heu-
gen] *remember, recall* **0.3** [verdedigen] *support* ⇒*advo-*

cate ◆ **1.1** de auto staat voor *the car is (out) at the front* **1.3** de vrije handel ~ *s./advocate/believe in free trade* **3.¶** zich op zijn kennis laten ~ *pride o.s. on one's knowledge* **5.¶** er goed/slecht ~ ⟨mbt. zaken⟩ *look/not look promising;* ⟨mbt. personen⟩ *be doing well/be in a bad way.*

voorstad 0.1 *suburb.*

voorstadium 0.1 *preliminary/early/first stage(s).*

voorstander, -standster 0.1 *supporter* ⇒*advocate* ◆ **2.1** ik ben er een groot ~ van *I'm all for it* **6.1** ik ben geen ~ **van** de doodstraf *I do not believe in/I am against/I am not an advocate of capital punishment.*

voorstel 0.1 *proposal* ⇒*suggestion* ◆ **3.1** iem. een ~ doen *make s.o. a p./proposition* **6.1** op ~ van *at the suggestion of;* een ~ **tot** wetswijziging *a bill.*

voorstelbaar 0.1 *imaginable, conceivable.*

voorstellen I ⟨ov.ww.⟩ **0.1** [introduceren] *introduce* **0.2** [opperen] *propose* **0.3** [de rol spelen van] *represent* ⇒*play* **0.4** [een beeld geven van] *represent* ⇒*depict* ◆ **1.4** het schilderij stelt een huis voor *the painting depicts a house* **3.4** wat moet dat ~? *what does that/is that supposed to mean?* **4.¶** dat stelt niets voor *that doesn't amount to anything* **5.4** de feiten mooier ~ dan ze zijn *make things out to be/things seem better than they really are;* iets schematisch ~ *represent sth. in a diagram, make a diagram of sth.* **6.1** zich ~ **aan** *introduce o.s. to* **8.1** hij stelde zich voor als de nieuwe inspecteur *he introduced himself as the new inspector;*

II ⟨wk.ww.; zich ~⟩ **0.1** [zich een denkbeeld vormen van] *imagine* ⇒*conceive* **0.2** [van plan zijn] *propose* ◆ **1.1** ik kan mij zijn gezicht niet meer ~ *I can't recall his face* **3.2** ik stel mij voor u dat later uiteen te zetten *I intend/plan to explain that to you later* **4.1** daar stel ik me weinig van voor *I don't i./expect much will come of that* **5.1** dat kan ik me best ~ *I can i. (that)* **¶.1** stel je voor! *just imagine!*

voorstelling 0.1 [vertoning] *show(ing), performance* **0.2** [afbeelding] *representation* ⇒*depiction* **0.3** [denkbeeld] *impression* ⇒*idea* **0.4** [introductie] *introduction* ◆ **2.1** doorlopende ~ *non-stop/continuous p.* **2.2** een schematische ~ v.e. machine *a diagram of a machine* **2.3** verkeerde ~ en van iets hebben *have the wrong idea/impression of sth.;* dat is een verkeerde ~ van zaken *that is a misrepresentation* **3.2** ergens een ~ van maken *represent/depict sth.* **3.3** zich een ~ van iets maken *picture sth., form an idea of sth.*

voorstellingsvermogen 0.1 *(power(s) of) imagination.*

voorstemmen 0.1 *vote for.*

voorstemmer 0.1 *person (voting) in favour* ⇒⟨mv. ook⟩ *those (voting) in favour,* ⟨in parlement ook⟩ *(the) ayes.*

voorsteven 0.1 *stem.*

voorstopper ⟨voetbal⟩ **0.1** *centre back.*

voorstudie 0.1 [voorafgaande studie, inleidend geschrift] *preliminary study* **0.2** [bk.] *preliminary study/sketch.*

voorstuk 0.1 [voorste gedeelte] *front (part/end)* ⇒*forward part/end* **0.2** [toneelstuk] *curtain raiser.*

voort¹ ⟨bw.⟩ **0.1** *on(wards), forward* ◆ **3.1** ik kan niet ~ *I can't go on.*

voort² ⟨tw.⟩ **0.1** *on, forward* ◆ **1.1** ⟨inf.⟩ vort paard! *giddy-up.*

voortaan 0.1 *from now on* ⇒*henceforth.*

voortand 0.1 *front tooth.*

voortbestaan 0.1 *(continued) existence/life, survival.*

voortbewegen I ⟨ov.ww.⟩ **0.1** [doen voortgaan] *drive, move on/forward* ⇒*propel* ◆ **6.1** het karretje werd **door** stroom voortbewogen *the cart/little car was driven by electricity;*

II ⟨wk.ww.; zich ~⟩ **0.1** [voortgaan] *move on/forward* ◆ **5.1** de stoet bewoog zich langzaam voort *the procession moved on/forward slowly.*

voortbeweging 0.1 *locomotion* ◆ **1.1** wijzen van ~ *modes of progression.*

voortborduren 0.1 *embroider* ⇒*elaborate* ◆ **6.1** ⟨fig.⟩ op een thema ~ *elaborate/embroider on a theme.*

voortbouwen 0.1 [verder gaan met bouwen] *continue building* **0.2** [als grondslag gebruiken] *build* ◆ **6.2** ~ op iets *b. on sth.*

voortbrengen 0.1 [te voorschijn brengen] *produce* ⇒*create* **0.2** [opleveren] *produce* ⇒*bring forth* **0.3** [veroorzaken] *bring about* ⇒*generate* ◆ **1.1** kinderen ~ *p. children* **1.2** de 17e eeuw heeft vele grote mannen voortgebracht *the 17th century produced/brought forth many great men.*

voortbrengsel 0.1 *product.*

voortdrijven I ⟨ov.ww.⟩ **0.1** [wegdrijven] *drive on* ⇒*propel* **0.2** [opdrijven] *spur/urge on;*

II ⟨onov.ww.⟩ **0.1** [wegdrijven] *float/drift off/along.*

voortduren 0.1 *continue* ⇒*go/wear/drag on* ◆ **3.1** iets eindeloos laten ~ *let sth. drag on endlessly.*

voortdurend 0.1 ⟨aanhoudend⟩ *constant, continual, unremitting;* ⟨onafgebroken⟩ *continuous, permanent* ◆ **1.1** een ~e dreiging *a constant threat/menace* **3.1** haar naam duikt ~ op in de krant *her name keeps cropping up in the (news)papers;* de productie neemt ~ toe *production continues to increase/is increasing all the time/*⟨inf.⟩ *is on the up-and-up.*

voortduring 0.1 *continuation* ◆ **6.1 bij** ~ *continuously, uninterruptedly.*

voorteken 0.1 *omen* ⇒*sign* ◆ **2.1** een goed/slecht ~ *a good/bad o.;* een goed/slecht ~ zijn voor ⟨ook⟩ *bode well/ill for* **3.1** alle ~en wijzen er op dat ... *according to all indications ...*

voortent 0.1 *front bell (end), (front) extension;* ⟨voor cara van⟩ *awning.*

voortgaan 0.1 *continue* ⇒*go on/ahead/forward, proceed* ◆ **6.1 met** zijn werk ~ *c. with one's work;* **op** dezelfde voet ~ ⟨fig.⟩ *c. along the same lines.*

voortgang 0.1 [vooruitgang] *progress* **0.2** [het voorwaarts gaan] *progress* ⇒*going on* **0.3** [voortzetting, vervolg] *continuation* ⇒*advance(ment)* ◆ **3.1** ~ met iets maken *make headway/get on with sth.* **3.3** ~ hebben *proceed, go on/forward.*

voortgezet 0.1 *continued* ⇒*further* ◆ **1.1** ~ onderwijs *secondary education.*

voorthelpen 0.1 *help along/forward.*

voorthobbelen 0.1 [hobbelend verder gaan] *lurch/jolt along* **0.2** [op dezelfde manier doorgaan] *plod on.*

voortijd 0.1 *prehistoric times/era.*

voortijdig 0.1 *premature* ⇒*untimely* ◆ **3.1** zijn leven werd ~ afgebroken *his life was cut short/ended prematurely* **¶.1** ~ klaar zijn *be finished ahead of time/early.*

voortkomen 0.1 [+ uit; voortvloeien] *stem (from)* ⇒*flow (from)* **0.2** [+ uit; ontspruiten] *spring (from)* ⇒*arise (from)* **0.3** [+ uit; afkomstig zijn] *emanate (from)* ⇒*originate (from)* ◆ **5.1** de daaruit ~de misstanden *the resulting/consequent abuses* **6.1** de middenschool is voortgekomen **uit** ... *the comprehensive school evolved out of/developed from ...* **6.2 uit** hun huwelijk zijn vier kinderen voortgekomen *their marriage has produced four children.*

voortleven 0.1 *live on* ◆ **6.1** ~ **door/in** zijn werk *live on through/in his work;* ⟨fig.⟩ ~ **in** onze herinnering *live on in one's memory.*

voortmaken 0.1 *hurry up* ⇒*make haste* ◆ **6.1** maak wat voort **met** je werk *get on with your work/with it.*

voortouw ◆ **3.**¶ het ~ nemen *take the lead.*

voortoveren 0.1 *conjure up.*

voortplanten I ⟨wk.ww.; zich ~⟩ **0.1** [zich vermenigvuldigen] *reproduce, multiply* ⇒*breed* **0.2** [zich verbreiden] *propagate* ⇒*be transmitted* ◆ **6.2** geluid plant zich voort in golven *sound is transmitted/travels in waves;* **II** ⟨ov.ww.⟩ **0.1** [voorttelen] *propagate* **0.2** [fig.] *propagate* ⇒*spread, transmit.*

voortplanting 0.1 [vermenigvuldiging] *reproduction* ⇒ *multiplication, breeding* **0.2** [verbreiding] *propagation* ⇒ *transmission* ◆ **2.1** geslachtelijke ~ *sexual r.*

voortplantingsorgaan 0.1 *reproductive organ.*

voortreffelijk 0.1 *excellent* ⇒*superb* ◆ **1.1** een ~ maal *an e./a superb meal* **3.1** hij danst ~ *he dances superbly/exquisitely.*

voortrekken 0.1 *favour* ⇒*give preference to/preferential treatment to* ◆ **6.1** de een **boven** de ander ~ *f. one person above another.*

voortrekker 0.1 [baanbreker] *pioneer* **0.2** [padvinder] ᴮ*Venture Scout,* ᴬ*Explorer.*

voortrekkersrol 0.1 *role of pioneer* ◆ **3.1** een ~ vervullen *do pioneering work.*

voorts 0.1 *furthermore* ⇒*moreover, besides* ◆ ¶.1 ~ heb je ook nog ... *and then (again) there is/are ...*

voortschrijden 0.1 [schr.; verder lopen] *stride along/on* **0.2** [fig.] *make strides/progress* ◆ **7.2** met het ~ der jaren *with advancing years, as time goes on.*

voortslepen I ⟨ov.ww.⟩ **0.1** [verder slepen] *drag along* ◆ **4.1** zich ~ *toil/plod/trudge along/on;* **II** ⟨wk.ww.; zich ~⟩ **0.1** [voortduren] *drag on* ⇒*linger* ◆ **1.1** een zich ~de kwestie *a lingering question.*

voortspruiten 0.1 *come/spring/result (from)* ◆ **6.1** ~ uit een adellijk geslacht *come of a noble family/line.*

voortstuwen 0.1 *push/drive on/along.*

voortstuwing 0.1 *propulsion.*

voortsukkelen 0.1 [verder sukkelen] *plod/trudge/labour on/along* **0.2** [voortgaan met talmen] *dawdle/linger on.*

voortuin 0.1 *front garden/*ᴬ*yard.*

voortvarend 0.1 *energetic* ⇒*dynamic* ◆ **1.1** een zeer ~ iemand *s.o. with a lot of drive/go/zip.*

voortvarendheid 0.1 *energy* ⇒*drive.*

voortvloeien 0.1 [voortkomen, volgen] *result (from), arise (from/out of)* **0.2** [verder vloeien] *flow on* ◆ **1.1** de daaruit ~de bepalingen ⟨bv. v. e. wet⟩ *the resulting decisions, the decisions resulting/deriving from this* **6.1** logisch ~ uit *be a logical result/consequence of.*

voortvloeisel 0.1 *result, consequence* ⇒⟨logisch⟩ *corollary.*

voortvluchtig 0.1 ⟨alleen attr.⟩ *fugitive* ⇒⟨niet attr.⟩ *on the run* ◆ **7.1** de ~e *the fugitive.*

voortwoekeren 0.1 *spread (insidiously).*

voortzeggen 0.1 *repeat* ⇒*make known* ◆ **4.1** zeg het voort *spread the word (around), pass it on.*

voortzetten 0.1 *continue* ⇒*carry on/forward* ◆ **1.1** de kennismaking ~ *pursue the acquaintance;* voortgezette onderzoekingen *extended/continued/further research/investigation;* de reis ~ in een andere wagen *continue the trip/go on in another car;* iemands werk ~ *carry on s.o.'s work* **4.1** deze tendens zal zich ~ *this trend will continue/persist.*

voortzetting 0.1 [het voortzetten] *continuation* ⇒*resumption* ⟨na een onderbreking⟩ **0.2** [vervolg] *continuation* ◆ **3.2** de ~ vormen van *form/be the c. of, continue.*

vooruit¹ ⟨bw.⟩ **0.1** [verder] *ahead* ⇒*further* **0.2** [van tevoren] *before(hand)* ⇒*in advance* **0.3** [naar voren gericht] *forward* ⇒*out* ◆ **1.3** met het hoofd ~ *headfirst* **3.1** hij is ons een heel eind ~ *he is way a. of us;* ⟨fig.⟩ hiermee kan ik

weer een tijdje ~ *this will keep me going/will do (me) for a while* **3.2** dat had je ~ kunnen weten *you could have foreseen (that), you might have known/guessed (that);* zijn tijd ~ zijn *be ahead of one's time* **5.2** ver ~ *well in advance.*

vooruit² ⟨tw.⟩ **0.1** *get going* ⇒*let's go, come/go on* ~ ¶.1 ~! aan je werk *O.K./all right, time for work;* nou, ~ dan maar *all right then let's go/let's do it/(I'll) do it;* ⟨ga je gang⟩ *go ahead;* ~, zeg op *out with it.*

vooruitbetalen 0.1 *prepay, pay in advance.*

vooruitblik 0.1 *preview, look ahead* ◆ **6.1** een ~ op het volgende seizoen *a p. of/look ahead at the coming season.*

vooruitdenken 0.1 *think ahead.*

vooruitgaan 0.1 [vóór het genoemde gaan] *lead* ⇒*go (on) ahead* **0.2** [van tevoren gaan] *go on ahead* **0.3** [voorwaarts gaan] *progress, go forward* **0.4** [vorderingen maken, beter worden] *progress, improve* ◆ **1.2** het nieuws was hen reeds vooruitgegaan *the news had preceded them* **1.4** zijn gezondheid gaat vooruit *his health is improving* **5.4** er financieel op ~ *be better off/profit (financially)* **6.4** die buurt is er niet erg **op** vooruitgegaan *that neighbourhood has gone downhill;* we zijn er niet **op** vooruitgegaan *we're no better off for it, we haven't done very well out of it.*

vooruitgang 0.1 [vordering, verbetering] *progress* ⇒⟨verbetering ook⟩ *improvement* **0.2** [het voorwaarts gaan] *progress* ⇒*advance* ◆ **2.1** het is een hele ~ *it is a tremendous improvement* **3.1** ⟨geen⟩ ~ boeken met ...*make (no) headway with ...*

vooruitgang 0.1 *front exit/door.*

vooruithelpen 0.1 *help (on/forward).*

vooruitkijken 0.1 *look ahead.*

vooruitkomen 0.1 [vorderen] *get on/ahead/somewhere* ⇒ *make headway* **0.2** [vóór de anderen komen] *be/get ahead/in front (of)* **0.3** [naar voren komen] *come/move/ step forward* ◆ **5.1** moeizaam ~ *progress with difficulty;* niet ~ *get nowhere, make no headway, stand still.*

vooruitlopen 0.1 [vóór anderen lopen] *walk (on)/run (on) ahead/in front (of)* **0.2** [anticiperen] *anticipate* ⇒*be ahead (of)* **0.3** [eerder/sneller gaan] *go on ahead* ◆ **6.2** ~d **op** *in advance of;* **op** de gebeurtenissen ~ *a./be ahead of events.*

vooruitrijden 0.1 [vóór anderen rijden] *drive* ⟨met voertuig⟩ /*ride* ⟨te paard⟩ *(on) ahead* **0.2** [in de richting naar voren rijden] *drive/ride forward.*

vooruitspringen 0.1 [naar voren springen] *jump out, leap forward* **0.2** [naar voren steken] *stick/jut out.*

vooruitstrevend 0.1 *progressive.*

vooruitstrevendheid 0.1 *progressiveness.*

vooruitzicht 0.1 *prospect* ⇒*outlook* ◆ **2.1** goede ~en hebben *have good prospects/a future* **6.1** iem. iets **in** het ~ stellen *hold out the p. of sth. to s.o.;* iets **in** het ~ hebben *have the p. of sth., have one's eye on sth.;* de ~en **voor** donderdag en vrijdag zijn: mooi lenteweer *the outlook for Thursday and Friday is pleasant spring weather.*

vooruitzien I ⟨onov.ww.⟩ **0.1** [naar voren/het toekomstige kijken] *look ahead/forward* ◆ **3.1** regeren is ~ *foresight is the essence of government;* **II** ⟨ov.ww.⟩ **0.1** [voorzien] *foresee.*

vooruitziend 0.1 *far-sighted* ⇒⟨met visie⟩ *visionary.*

voorvader 0.1 *ancestor* ⇒*forefather.*

voorvaderlijk 0.1 *ancestral.*

voorval 0.1 *incident* ⇒*event.*

voorvallen 0.1 *occur* ⇒*happen.*

voorvechter 0.1 *champion* ⇒*advocate* ◆ **1.1** een ~ van de vrede *a c. of peace.*

voorverkiezing 0.1 *preliminary election* ⇒⟨AE; mbt. het presidentschap⟩ *primary (election)*.
voorverkoop 0.1 [van toegangskaartjes] *advance booking/ sale(s)* **0.2** [in warenhuizen] *advance sale(s)* ⇒*presale* ◆ **6.1** de kaarten in de ~ zijn goedkoper *the tickets are cheaper if you buy them in advance*.
voorverkopen 0.1 *sell in advance*.
voorverpakt 0.1 *prepacked* ⇒*prepackaged*.
voorversterker ⟨tech.⟩ **0.1** *preamplifier*.
voorverwarmen 0.1 *preheat*.
voorvoegsel 0.1 *prefix*.
voorvoelen 0.1 *sense (in advance/beforehand)* ⇒*anticipate*.
voorvork 0.1 *fork*.
voorwaar 0.1 *indeed* ⇒*truly* ◆ **¶.1** ~, ik zeg u *verily I say unto you*.
voorwaarde 0.1 [voorafgaande beperking/beding] *condition* ⇒*provision* **0.2** [factor die iets mogelijk maakt] *condition* **0.3** [hand.] *condition* ⇒⟨mv. ook⟩ *terms* ◆ **2.2** een noodzakelijke ~ voor, een allereerste ~ voor *a necessary c. for, a precondition/prerequisite for;* ontbindende ~ *resolutive c.* **3.1** aan de ~n voldoen *fulfil the conditions;* een ~ verbinden aan iets *attach a c. to sth.* **3.3** wat zijn uw ~n? *what are your terms?* **6.1** onder ~ dat ... *provided that .../ on c. that ...;* **onder** geen enkele ~ *on no account, under no circumstances;* **op** één ~ *with/on one c.* **8.1** iets als ~ stellen *state/stipulate sth. as a c.*
voorwaardelijk 0.1 *conditional* ⇒*provisional* ◆ **1.1** ~e invrijheidstelling *(release on) parole* **3.1** hij is ~ overgegaan *he has been put in the next class/^grade on probation;* ~ veroordelen *give a suspended sentence;* ⟨met proeftijd⟩ *put on probation*.
∗**voorwaardescheppend** *(Wdl: voorwaardenscheppend)* **0.1** *favourable* ◆ **1.1** een ~ beleid voeren *adopt a f. policy (towards ...)*.
voorwaarts¹ ⟨bn., bw.⟩ **0.1** *forward(s)* ⇒*onward(s)* ◆ **1.1** een stap ~ *a step forward(s)*.
voorwaarts² ⟨tw.⟩ **0.1** *forward* ◆ **9.1** ~ mars! *f. march!*
voorwas 0.1 *prewash*.
voorwasmiddel 0.1 *prewasher (and soaker)*.
voorwedstrijd 0.1 *preliminary competition/round/game* etc.
voorwenden 0.1 [doen alsof, veinzen] *pretend* ⇒*feign* **0.2** [als verontschuldiging/smoes gebruiken] *plead* ◆ **1.1** belangstelling ~ *feign interest;* ziekte ~ *p. to be/play sick, feign illness* **1.2** onwetendheid ~ *p. ignorance*.
voorwendsel 0.1 *pretext* ⇒*pretence* ◆ **2.1** onder valse ~s *under false pretences* **6.1** onder ~ van, met het ~ dat *under the pretext of, with the pretext that*.
voorwereldlijk 0.1 [antediluviaans] *prehistoric* **0.2** [zeer ouderwets] *ancient* ◆ **1.2** een ~ model *an ancient/a prehistoric design*.
voorwerk 0.1 [boek.] *preliminary matter/pages* **0.2** [voorbereidend werk] *preliminary work*.
voorwerp 0.1 *object* ⟨ook taal.⟩ ◆ **2.1** het lijdend ~ *the direct o.* **3.1** gevonden ~en *lost and found*.
voorwetenschap 0.1 *foreknowledge* ⇒⟨mbt. misbruik⟩ *inside knowledge*.
voorwiel 0.1 *front wheel*.
voorwielaandrijving 0.1 *front-wheel drive*.
voorwind 0.1 *tailwind*.
voorwoord 0.1 *foreword* ⇒*preface*.
voorzanger 0.1 [iem. die in het gezang voorgaat] *precentor* **0.2** [mbt. een joodse gemeente] *cantor*.
voorzeggen I ⟨onov., ov.ww.⟩ **0.1** [influisteren] *prompt* ◆

1.1 het antwoord ~ *whisper the answer* **¶.1** niet ~! *no prompting!;*
II ⟨ov.ww.⟩ **0.1** [tot voorbeeld zeggen] *say (aloud)*.
voorzeggen 0.1 *predict* ⇒*forecast*.
voorzegger, -ster 0.1 [iem. die voorzegt] *prompter* **0.2** [iem. die voorspelt] *predictor* ⇒*forecaster*.
voorzet ⟨vnl. voetbal, hockey⟩ **0.1** [slag, worp, trap] *cross, centre;* ⟨door het midden⟩ *ball into the area* **0.2** [eerste zet] *first move* ◆ **3.1** een goede ~ geven *cross the ball well, send in a good cross*.
voorzetlens 0.1 *close-up lens*.
voorzetraam 0.1 *double (window) frame*.
voorzetsel 0.1 *preposition*.
voorzetten I ⟨ov.ww.⟩ **0.1** [voor iets/iem. zetten] *put/place in front (of)* **0.2** [voor laten lopen] *put/set forward/*⟨klok ook⟩ *ahead* **0.3** [vooruitzetten] *put forward* **0.4** [vnl. voet bal, hockey; een voorzet geven]⟨vanaf de zijkant⟩ *cross;* ⟨door het midden⟩ *hit the ball into the area;*
II ⟨onov.ww.⟩ **0.1** *open* ⇒*make the first/opening move*.
voorzichtig 0.1 [behoedzaam] *careful* ⇒*cautious* **0.2** [met voorzichtigheid gebeurend] *cautious* ⇒⟨tactvol⟩ *discreet* ◆ **1.2** in - o bewoordingen opgesteld *carefully-worded* **2.1** ~! breekbaar! *fragile! handle with care!* **3.1** iem. het nieuws ~ vertellen *break the news gently to s.o.;* wees ~! *be careful!* **3.2** ~ naar iets informeren *make discreet inquiries (about sth.)* **9.1** ~ (hoor)! *careful!, watch out!* **¶.1** ~ te werk gaan *proceed with caution/cautiously*.
voorzichtigheid 0.1 *caution* ⇒*care* ◆ **3.1** ~ is geboden *prudence is called for/is in order* **¶.1** ⟨sprw.⟩ ~ is de moeder der wijsheid/van de porseleinkast *discretion is the better part of valour*.
voorzichtigheidshalve 0.1 *as a/by way of precaution* ⇒⟨inf.⟩ *to be on the safe side*.
voorzien¹ ⟨bn.⟩ **0.1** *provided* ◆ **3.1** wij zijn al ~ *we have been taken care of/seen to* **5.1** rijkelijk/ruim ~ zijn van *amply provided for/stocked with* **6.1** ~ van *fitted/furnished/ supplied/equipped/complete with*.
voorzien² ⟨ov.ww.⟩ **0.1** [van tevoren zien] *foresee* ⇒*anticipate* **0.2** [+ in; zorgen] *provide (for)* ⇒*see to* **0.3** [+ van; verschaffen] *provide (with)* ⇒*equip (with)* ◆ **3.¶** het op iemand ~ hebben *be after s.o.,* be aiming for s.o. **4.3** zich ~ van *p./supply o.s. with* **6.1** dat was **te** ~ *that was to be expected* **6.2** in een behoefte ~ *fill a need;* **in** zijn onderhoud kunnen ~ *be able to support o.s./p. for s.o.* **6.3** iem. van levensmiddelen ~ *provide s.o. with food;* het huis is ~ **van** centrale verwarming *the house is equipped with central heating*.
voorzienigheid 0.1 *providence* ◆ **1.1** Gods ~ *divine p.*
voorziening 0.1 [maatregel, zorg] *provision* ⇒*service* **0.2** [het voorzien, vnl. in samenst.] *provision* ⇒*furnishing* ◆ **2.1** sanitaire ~en *bathroom/sanitary facilities;* sociale ~en *social services* **3.1** ~en treffen *make arrangements* **6.2 ter** ~ in het levensonderhoud *to provide for one's up keep/sustenance*.
voorzijde 0.1 *front (side)* ◆ **6.1** aan de ~ van *at the front of, on the front side of*.
voorzingen 0.1 [als voorbeeld zingen] *sing* **0.2** [zingen voor] *sing (to)* **0.3** [voorgaan in het zingen]⟨onov.ww.⟩ *lead the singing;* ⟨ov.ww.⟩ *lead in song*.
voorzitten I ⟨onov., ov.ww.⟩ **0.1** [presideren] *chair* ◆ **1.1** hij was ~d burgemeester *he was presiding (as) mayor;* een vergadering ~ *c. a meeting;*
II ⟨onov.ww.⟩ **0.1** [vooraan zitten] *sit in front/at the front/*⟨inf.⟩ *up front*.
voorzitter, -ster 0.1 *chairman* ⟨m.⟩, *chairwoman* ⟨v.⟩ ⇒

chair, chairperson, ⟨House of Commons/Representatives⟩ **Speaker** ◆ **1.1** mijnheer/mevrouw de ~ *Mr Chairman, Madam Chairman/Chairwoman, Mr Speaker* **3.1** ~ zijn *be a/the chairman/chairwoman/chairperson, chair a/the meeting.*

voorzitterschap 0.1 *chair(wo)manship* ◆ **3.1** het ~ bekleden *fill the chairmanship* **6.1** onder zijn ~ *under/during his chairmanship.*

voorzittershamer 0.1 *chairman's/chairwoman's/chairperson's gavel/hammer.*

voorzorg 0.1 *precaution* ◆ **6.1** uit ~ iets doen *do sth. as a precaution(ary measure)/by way of precaution/*⟨inf.⟩ *to be on the safe side.*

voorzorgsmaatregel 0.1 *precaution(ary measure)* ⇒*safety measure* ◆ **3.1** ~ en nemen/treffen (tegen) *take precautionary measures/precautions (against).*

voos 0.1 [zonder stevig vlees] *dried-out* ~ *withered* **0.2** [zonder innerlijke kracht] *hollow* ⇒*unsound* ◆ **1.1** voze radijs *d.-o. radish* **1.2** een voze redenering *a h. argument.*

vorderen I ⟨onov.ww.⟩ **0.1** [verderkomen] *(make) progress* ⇒*move forward, make headway* ◆ **1.1** naarmate de dag vorderde *as the day progressed/wore on;* **II** ⟨ov.ww.⟩ **0.1** [eisen] *demand* ⇒*claim* **0.2** [opeisen] *requisition* ◆ **1.1** het te ~ bedrag is *...the amount due is ...;* geld ~ van iem. *d. money from s.o.*

vordering 0.1 [vooruitgang] *progress* ⇒*headway* **0.2** [eis] *demand* ⇒*claim,* ⟨boekhouden⟩ *account receivable,* ⟨mv.⟩ *receivables* **0.3** [het opeisen] *requisitioning* ◆ **1.2** ~ van boete *d. for a fine* **3.1** ~ en maken *(make) p., make headway* **3.2** een ~ indienen/aanmelden *file a claim;* een ~ innen *recover a claim;* een ~ instellen tegen iem. *put in/submit a claim against s.o.* **6.2** ~ op iem. *claim against s.o.* **6.3** ~ van goederen voor de staat *r. for the state.*

voren 0.1 [aan de voorkant]⟨zie 6.1⟩ **0.2** [eerder]⟨zie 6.2⟩ ◆ **6.1** kom wat **naar** ~ *come closer/up here a bit;* trek je stoel wat **naar** ~ *pull your chair a bit forward;* **naar** ~ komen ⟨lett.⟩ *come forward;* ⟨fig.⟩ *come up/to the fore;* **naar** ~ brengen ⟨lett.⟩ *bring/move forward;* ⟨fig.⟩ *bring/put forward, bring up/to the fore;* **van** ~ *from/on the front (side)* **6.2 van** ~ af aan *from the beginning/top;* ⟨opnieuw⟩ *all over again;* **van** ~ af aan beginnen *start afresh/all over again.*

vorig 0.1 [onmiddellijk voorafgaand] *last* ⇒*previous* **0.2** [vroeger] *earlier, former* ◆ **1.1** de ~ e avond *the night before, the previous night;* in het ~ e hoofdstuk *in the preceding/l. chapter;* de ~ e keer *(the) l. time;* ~ e week dinsdag *on (the) Tuesday of last week, Tuesday l.* **1.2** haar ~ e man *her f. husband.*

vork 0.1 *fork* ◆ **1.1** een ~ (met) rijst *a forkful of rice* ¶.**1** ⟨fig.⟩ weten hoe de ~ in de steel zit *know the ins and outs of the matter, know how the matter stands.*

vorkheftruck 0.1 *forklift (truck).*

vorkvormig 0.1 *forked, forklike.*

vorm 0.1 [uiterlijke gedaante] *form, shape* ⇒*outline* **0.2** [voorwerp waarmee men vormt] *mould, form* **0.3** [de juiste gestalte/samenstelling] *(right/correct/due/proper) form* ⇒*style,* ⟨fysiek⟩ *shape,* ⟨fysiek⟩ *build* **0.4** [omgangsvorm] *manner(s)* ⇒*convention* **0.5** [taal.] *form* ◆ **1.1** afpersing is een ~ van geweld *extortion is a f. of violence;* het heeft de ~ v.e. rechthoek *it has the s. of a rectangle* **2.1** discriminatie in zijn ergste ~ *discrimination at its worst/ of the worst kind* **2.2** ⟨fig.⟩ iets in een andere ~ gieten *reshape sth.* **2.4** goede ~ en *good manners, decency* **3.1** ⟨vaste⟩ ~ aannemen *take (definite) s., crystallize;* ~ geven aan een gedachte *express/shape a thought;* mijn ideeën be

ginnen ~ te krijgen *my ideas are beginning to take s.* **3.4** de ~ en in acht nemen *observe the conventions* **3.5** de bedrijvende/lijdende ~ v.e. werkwoord *the active/passive voice/f. of a verb* **6.1 naar** ~ en inhoud *in f. and content* **6.3 in** ~ zijn *be in (good) shape/condition* **6.4 voor** de ~ iem. vragen *ask s.o. for the sake of formality* **6.¶** zonder (enige) ~ van proces *without any (form of) trial/form of justice.*

vormelijk 0.1 [volgens de vorm] *formal, proper* ⇒*in due form* **0.2** [gehecht aan vormen] *formal, ceremonious* ⇒ *conventional* ◆ **1.1** ~ e kleding *f. dress* **3.2** hij is altijd zo ~ ⟨inf. ook⟩ *he is always so (prim and) proper.*

vormen 0.1 [een vorm geven] *shape, form* ⇒*mould* **0.2** [doen ontstaan] *form* ⇒*make/build (up)* **0.3** [de genoemde vorm vertonen] *make up, form* **0.4** [uitmaken] *make up, constitute* ⇒*be* **0.5** [opvoeden, ontwikkelen] *educate* ⇒ *train* ◆ **1.2** die delen ~ een geheel *those parts make up a whole;* zich een oordeel ~ *f. an opinion* **1.4** zij ~ een goed paar *they make a good couple;* een uitzondering ~ *be/constitute an exception* **1.5** iemands karakter ~ *mould s.o.'s character* **5.5** academisch gevormden *university graduates.*

vormend 0.1 *formative* ◆ **1.1** algemeen ~ onderwijs *general/non-vocational education.*

vormgever, -geefster 0.1 *designer* ⇒*stylist.*

vormgeving 0.1 *design(ing)* ⇒*style, styling* ◆ **2.1** een heel eigen ~ *a very personal/individual style;* industriële ~ *industrial design.*

vorming 0.1 [het ontstaan] *formation* **0.2** [geestelijke ontwikkeling] *education* ⇒*training* **0.3** [het vormen] *forming, formation.*

vormingscentrum 0.1 [B]*(socio-cultural) training/education centre,* [A]*sociological training/education center* ⇒ ⟨mbt. partiële leerplicht⟩ [B]*day release centre,* ±[A]*job corps center.*

vormingswerk 0.1 *work in* [B]*(socio-cultural)/*[A]*sociological training/education* ⇒⟨mbt. partiële leerplicht⟩ *work in* [B]*day-release courses/*[A]*job corps program.*

vormingswerker, -leider, -leidster 0.1 *worker in* [B]*socio-cultural training/*[A]*sociological training.*

vormleer ⟨vnl. taal.⟩ **0.1** *morphology.*

vormloos 0.1 [zonder vorm] *formless, shapeless* **0.2** [plomp] *shapeless, graceless.*

vormvast 0.1 *retaining its form/shape* ⇒*inflexible.*

vormverandering 0.1 *transformation, deformation.*

vorsen 0.1 *research, study* ◆ **1.1** met ~ de blik *with a searching/scrutinizing look.*

vorst 0.1 [het vriezen, vriezend weer] *frost* ⇒⟨periode van vorst⟩ *freeze* **0.2** [monarch] *sovereign, monarch* ◆ **1.1** vier graden ~ *four degrees below freezing* **2.1** strenge ~ *hard/sharp frost* **3.1** we krijgen ~ *there's (a) frost coming;* de ~ zit nog in de grond *the ground is still frosted over/ frostbound* **6.1** ~ **aan/in** de grond *ground frost;* **bij** ~ in *frosty weather, in case of frost* **8.2** iem. als een ~ onthalen *entertain s.o. like a prince.*

vorstelijk 0.1 *princely, royal, regal, lordly* ◆ **1.1** ~ e personen *royalty;* een ~ salaris *a p. salary* **3.1** iem. ~ belonen *reward s.o. generously;* iem. ~ onthalen *give s.o. a royal welcome, receive s.o. royally.*

vorstendom 0.1 *principality* ⇒*princedom.*

vorstenhuis 0.1 *dynasty, royal house.*

vorstin 0.1 [echtgenote v.e. vorst] *queen, princess, sovereign's/ruler's wife* **0.2** [vrouwelijke vorst] *sovereign, ruler, monarch, queen.*

vorstvrij 0.1 *frost-free* ⟨van ruimte/product⟩; *frostproof* ⟨van ruimte/materiaal⟩.

vort 0.1 ⟨vooruit⟩ *giddyap, giddyup;* ⟨weg⟩ *shoo, clear out.*

vos 0.1 [dier, sluw mens] *fox* **0.2** [bont] *fox (fur/stole)* **0.3** [paard] *sorrel, chestnut* ◆ **1.1** een troep ~sen *a pack of foxes* **2.1** een sluwe ~ *a crafty/sly (old) f./dog* ¶.1 ⟨sprw.⟩ een ~ verliest wel zijn haren, maar niet zijn streken *the leopard cannot change his spots.*

vossenbont 0.1 *fox (fur).*

vossenhol 0.1 *hole.*

vossenjacht 0.1 [groepsspel] *treasure hunt* **0.2** [jacht op een vos] *fox hunt, fox chase* ◆ **6.2** op ~ gaan/zijn *go fox-hunting, ride to/follow the hounds.*

vossenstaart 0.1 *foxtail* ⇒*brush.*

votum, vota 0.1 [gelofte] *vow* **0.2** [uitspraak] *vote* ◆ **1.2** ~ van vertrouwen/wantrouwen *v. of confidence/no-confidence.*

vouw 0.1 *crease, fold* ◆ **2.1** een scherpe ~ *a sharp c.* **6.1** een ~ **in** iets maken *fold sth., make a c. in sth.;* zo gaat je broek **uit** de ~ *that will take the c. out of your trousers.*

vouwbaar 0.1 *foldable.*

vouwbeen 0.1 *paper knife/cutter.*

vouwblad 0.1 *folder* ⇒*circular, pamphlet.*

vouwdak 0.1 *folding roof* ⇒*hood* ◆ **6.1** auto met ~ *convertible.*

vouwdeur 0.1 *folding/articulated door.*

vouwen I ⟨onov.ww.⟩ **0.1** [gevouwen worden] *fold, be folded;*

II ⟨ov.ww.⟩ **0.1** [vouwen leggen in, door vouwen vormen] *fold* ◆ **1.1** de handen ~ ⟨lett.⟩ *join (one's) hands;* ⟨fig.⟩ *f./join (one's) hands (in prayer)* **6.1** naar binnen ~ *f. in-(wards); turn in* ⟨zoom⟩.

vouwfiets 0.1 *folding/collapsible bike.*

vouwlijn 0.1 *folding line.*

vouwstoel 0.1 *folding/collapsible chair.*

vouwwagen 0.1 *folding trailer.*

vouwwand 0.1 *folding partition* ⇒*concertina doors.*

voyeur 0.1 *voyeur, peeping Tom.*

voyeurisme 0.1 *voyeurism.*

vraag 0.1 [handeling van vragen] *question* ⇒⟨verzoek⟩ *request* **0.2** [kooplust] *demand* ⇒*call* **0.3** [opgave] *question, problem, assignment* **0.4** [vraagstuk] *question* ⇒*issue, problem, topic* ◆ **1.2** ~ en aanbod *supply and d.* **2.1** ⟨taal.⟩ directe/indirecte ~ *direct/indirect q.;* een pijnlijke ~ stellen *ask a painful/an embarrassing q.* **2.4** dat blijft een open ~ *that remains a debatable q./point* **3.1** de ~ brandde mij op de lippen *the q. was on the tip of my tongue;* dat is ook een ~! *what kind of(a) q. is that!;* de ~ rijst/doet zich voor *the q. presents itself;* vragen stellen/beantwoorden *ask/answer questions* **3.2** niet aan de ~ kunnen voldoen *be unable to meet the d.* **3.4** dat is zeer de ~ *that is highly debatable/questionable;* het is nog de ~, of ... *it remains to be seen whether* ... **6.1** voor ~ en ~, voor mij een weet *that's for me to know and (for) you to find out* **6.2** er is veel ~ **naar** tulpen *there's great d./call for tulips.*

vraagbaak 0.1 [persoon] *oracle, walking encyclopedia* **0.2** [boekwerk] *handbook, encyclopedia.*

vraaggesprek 0.1 *interview.*

vraagprijs 0.1 *asking price.*

vraagstelling 0.1 ⟨formulering⟩ *phrasing/*⟨aan de orde stellen⟩ *presentation of a/the question.*

vraagstuk 0.1 [probleem] *problem* **0.2** [opgave] *problem* ⇒ *question, assignment* ◆ **2.1** sociale ~ken *social problems/issues* **2.2** algebraïsche ~ken *algebra(ic) problems.*

vraagtaal ⟨comp.⟩ **0.1** *query language.*

vraagteken 0.1 [leesteken] *question mark* **0.2** [onopgeloste vraag] *question mark, mystery* ◆ **2.2** de toekomst is een

---

groot ~ *the future is one big q. m.* **3.1** ⟨fig.⟩ een ~ plaatsen/zetten bij iets *cast (a) doubt on/have doubts about sth.*

vraaguitval ⟨ec.⟩ **0.1** *fall/collapse/drop in demand.*

vraagwoord 0.1 *interrogative word.*

vraagzin 0.1 *interrogative sentence.*

vraatzucht, -lust 0.1 *gluttony.*

vraatzuchtig 0.1 *gluttonous, greedy.*

vracht 0.1 [lading] *freight(age), cargo* ⇒⟨wagen, trein⟩ *load* **0.2** [last] *load, burden* ⇒*weight* **0.3** [hoeveelheid] *(cart)load, haul, shipment* **0.4** [groot aantal] *(cart)load, ton(s)* **0.5** [vervoerloon] ⟨vliegtuig, schip; ae ook land⟩ *freight-(age);* ⟨land⟩ *carriage, cartage;* ⟨trein ook⟩ *haulage* ◆ **2.2** daar heb je een hele/zware ~ aan *that's quite a l./weight* **3.1** ~ innemen *take in c./f.* **3.5** de ~en zijn gestegen *freight rates have gone up* **6.2** onder de ~ bezwijken *succumb under the b.*

vrachtauto →**vrachtwagen.**

vrachtboot →**vrachtschip.**

vrachtbrief 0.1 *waybill* ⇒⟨schip, trein, vliegtuig⟩ *consignment note,* ⟨bij bestelling⟩ *delivery/forwarding note.*

vrachtdienst 0.1 *freight/cargo service.*

vrachtgeld, -loon 0.1 *freightage* ⇒⟨schip, vliegtuig⟩ *freight (rate),* ⟨land⟩ *carriage (rate),* ⟨trein⟩ *haulage (rate).*

vrachtgoed 0.1 *freight(age), goods, cargo.*

vrachtprijs, -tarief 0.1 *freightage* ⇒⟨schip, vliegtuig⟩ *freight (rate),* ⟨land⟩ *carriage (rate),* ⟨trein⟩ *haulage (rate).*

vrachtrijder 0.1 *truck driver.*

vrachtruimte 0.1 *cargo/freight space/hold* ⇒⟨afmetingen⟩ *tonnage.*

vrachtschip 0.1 *freighter, cargo ship.*

vrachtverkeer 0.1 [vrachtvervoer] *cargo trade, cargo/goods transport(ation)* **0.2** [verkeer van vrachtauto's] *lorry/*Atruck traffic.*

vrachtvervoer 0.1 *goods carriage* ⇒*cargo transport(ation), freight traffic.*

vrachtvliegtuig 0.1 *cargo plane/aircraft.*

vrachtwagen 0.1 Blorry, Atruck* ⇒⟨klein⟩ *van.*

vrachtwagenchauffeur 0.1 Blorry driver, Atruck driver, Atrucker.*

vragen I ⟨onov., ov.ww.⟩ **0.1** [een vraag stellen] *ask (for)* **0.2** [verzoeken] *ask, demand* ⇒*request* **0.3** [ondervragen] *ask* →*interrogate* ◆ **1.1** een politieagent de weg ~ *a. a policeman for/to show one the way* **1.2** ⟨kaartspel⟩ er wordt harten gevraagd *hearts are being led/called;* de rekening ~ *a./call for the bill* **3.1** als ik ~ mag, bent u getrouwd? *may I a. whether you are married?;* zou ik u iets mogen ~? *would you mind if I asked you a question?;* ⟨inf.⟩ *can I a. you sth.?* **4.1** daar vraag je (me) wat *you've got me there;* nu vraag ik je! *I a. you!, really (now)!* **8.1** als je het mij vraagt *if you a. me/want my opinion* ¶.1 ~ hoe laat het is *a. (for) the time;*

II ⟨ov.ww.⟩ **0.1** [uitnodigen] *ask, invite* **0.2** [verlangen] *ask, request* **0.3** [nodig hebben, verlangen om te bezitten] *ask, demand* ◆ **1.2** hoeveel vraagt hij voor zijn huis? *how much does he want for his house?;* van iem. het onmogelijke ~ *demand/expect the impossible from s.o.;* gevraagd: typiste *wanted: typist* **1.3** veel aandacht ~ *d./a. a great deal of attention* **5.2** je vraagt te veel van jezelf *you're asking/demanding too much of yourself* **6.2** dat mag ik niet van u ~ *I couldn't a. that of you;*

III ⟨onov.ww.⟩ **0.1** [informeren] *ask (after/about), inquire (after/about)* **0.2** [het onvermijdelijk maken] *ask (for)* ⇒*call (for)* **0.3** [kaartspel; een bod doen] *bid, call* ◆ **5.2** erom ~ *a. for it* **6.1** naar iemands gezondheid ~ *i. after s.o.'s health;* daar wordt niet **naar** gevraagd *that's beside*

the point **6.2** dat is **om** moeilijkheden ~ *that's asking for trouble.*
vragenbus 0.1 [bus om vragen te deponeren] *question(s) box* **0.2** [rubriek] *questions and answers.*
vragend I ‹bn., bw.› **0.1** [verwondering uitdrukkend] *questioning* ◆ **3.1** iem.~ aanzien *give s.o. a q. look;* **II** ‹bn.› **0.1** [taal.] *interrogative* ◆ **1.1** een ~ voornaamwoord *an interrogative (pronoun).*
vragenlijst 0.1 *list of questions;* ‹formulier› *questionnaire, inquiry form.*
vragensteller 0.1 *questioner* ⇒*inquirer,* ‹interview› *interviewer.*
vragenuurtje 0.1 *question time.*
vrager, vraagster 0.1 *questioner, inquirer* ⇒‹interview› *interviewer.*
vrede 0.1 [toestand dat er niet gevochten wordt] *peace* **0.2** [toestand van rust] *peace, quiet(ude)* **0.3** [vredesverdrag] *peace (treaty)* ◆ **2.1** gewapende ~ *armed p.* **3.1** ~ sluiten met *conclude the p. with;* ~ stichten *make p.* **3.2** ~ met iets hebben *be resigned/reconciled to sth., accept sth., make one's p. with sth.* **6.2** zij ruste **in** ~ *may she rest in p.* **¶.2** ter wille van de (lieve) ~ / om des ~s wille *for the sake of p. (and quiet).*
vredelievend 0.1 *peaceful* ⇒*peace-loving* ◆ **1.1** een ~ vorst *a peace-loving ruler.*
vrederechter ‹Belg.› **0.1** *justice of the peace.*
vredesactivist, -e 0.1 *peace activist.*
vredesakkoord 0.1 *peace agreement/treaty.*
vredesbesprekingen 0.1 *peace talks/negotiations.*
vredesbeweging 0.1 *peace movement.*
vredesconferentie 0.1 *peace conference.*
vredesdemonstratie 0.1 *peace demonstration.*
vredesduif 0.1 *peace dove.*
vredeskamp 0.1 *peace camp.*
vredesluiting 0.1 *conclusion of (the) peace, pacification.*
vredesmacht 0.1 *peacekeeping force.*
vredesmars 0.1 *peace march.*
vredesnaam ◆ **6.¶** hoe is het **in** ~ mogelijk *how on earth is that possible/can that be, for goodness'/God's sake, how is that possible?*
vredesoffensief 0.1 *peace offensive/initiative.*
vredesonderhandelingen 0.1 *peace negotiations/talks.*
vredesoverleg 0.1 *peace talks.*
Vredespaleis 0.1 *Peace Palace.*
vredespijp 0.1 *peace pipe* ◆ **3.1** de ~ roken ‹fig.› *smoke the pipe of peace/peace pipe, keep the/make peace.*
vredespolitiek 0.1 *policy of peace, peace policy* ◆ **3.1** een ~ voeren *pursue a policy of peace.*
vredesprijs 0.1 *peace prize.*
vredestichter, -stichtster 0.1 *peacemaker* ⇒*pacifier.*
vredestijd 0.1 *peacetime.*
vredesverdrag 0.1 *peace treaty.*
vredig 0.1 *peaceful* ⇒*quiet, tranquil, restful, serene.*
vree →**vrede.**
vreedzaam 0.1 [zonder geweld] *peaceful* ⇒*non-violent* **0.2** [vredig, rustig] *peaceful* ⇒*quiet* **0.3** [vredelievend] *peaceful, peaceable* ⇒*peace-loving* ◆ **1.1** langs vreedzame weg *by p./non-violent means.*
vreemd I ‹bn.› **0.1** [uitheems] *foreign, exotic* **0.2** [van elders gekomen] *foreign* ⇒*strange, imported* **0.3** [niet bekend/vertrouwd] *strange* ⇒*unfamiliar* **0.4** [niet van eigen familie] *strange, outside, other* **0.5** [van andere/onbekende soort] *foreign* ◆ **1.1** ~ geld *f. currency;* ~e talen *f. languages* **1.3** in een ~ bed slapen *sleep in a s. bed* **3.2** zij is hier ~ *she is a stranger here* **3.3** alle grootspraak is haar ~

all boasting is foreign to her (nature); die stem is mij ~ *that voice is unfamiliar/unknown to me* **3.4** ~ gaan *have an (extramarital) affair* **¶.3** daar sta ik ~ tegenover *that's unfamiliar to me, I'm not used to that* **¶.4** dat heeft ze van niemand ~ *it's obvious who she got that from, it runs in the family;*
II ‹bn., bw.› **0.1** [ongewoon] *strange, odd* ⇒*unusual* **0.2** [verbaasd] *surprised* ◆ **1.1** een ~e gewoonte *an o./a s. habit* **3.1** ~ doen *behave in an unusual way, show/display o. behaviour* **4.1** hij heeft iets ~s *there's sth. o. about him;* wat ~! *how extraordinary/o./peculiar!* **5.1** ~ genoeg … *strangely enough/s. to say, …* **7.1** het ~e is, dat …*the o./s./funny thing is that …*
vreemde I ‹de› **0.1** [vreemdeling] *foreigner* ⇒*stranger,* ‹buitenaards ook› *alien* **0.2** [geen familielid] *stranger, outsider* ◆ **6.2** dat hebben ze **van** ~ *it's obvious who they got that from/where they learnt that;*
II ‹het› ◆ **6.¶ in** den ~ *abroad, in foreign parts.*
vreemdeling 0.1 *foreigner* ⇒*stranger,* ‹niet genaturaliseerd; buitenaards ook› *alien* ◆ **2.1** ongewenste ~en *undesirable aliens* **6.1** hij is een ~ **in** zijn eigen land *he is a stranger in his own country.*
vreemdelingendienst 0.1 *aliens (registration) office/bureau/department.*
vreemdelingenhaat 0.1 *xenophobia* ⇒*hatred of foreigners/strangers.*
vreemdelingenlegioen 0.1 *foreign legion.*
vreemdelingenpolitie 0.1 *aliens police* ⇒*aliens (registration) office/bureau/department.*
vreemdelingenrecht 0.1 *±immigration laws.*
vreemdelingenverkeer 0.1 *tourism, tourist traffic* ⇒‹als bedrijf ook› *tourist industry* ‹ook→**VVV-kantoor**›.
vreemdelingenwet 0.1 *Aliens Act.*
vreemdheid 0.1 *strangeness, oddity* ⇒*peculiarity.*
vreemdsoortig 0.1 *peculiar, strange, odd, exotic.*
vreemdtalig 0.1 *in a foreign language.*
vrees 0.1 *fear, fright* ◆ **1.1** de vreze des Heren *the fear of the Lord* **3.1** iem.~ aanjagen *frighten s.o.;* ‹sterker› *put the fear of God into s.o.;* ~ inboezemen *frighten;* ‹sterker› *terrify* **6.1 met** ~ en beven *in fear and trembling;* hij greep haar vast **uit** ~ dat hij zou vallen *he grabbed hold of her for fear he should fall;* het gevaar **zonder** ~ tegemoet zien *face the danger without fear/fearlessly.*
vreesachtig 0.1 *timid, fearful* ⇒‹pej.› *faint-hearted.*
vreeswekkend 0.1 *frightening* ⇒*frightful, terrifying.*
vreetpartij ‹inf.› **0.1** *blowout.*
vreetzak ‹inf.› **0.1** *glutton* ⇒*pig.*
vrek 0.1 *miser* ⇒*skin-flint, Scrooge.*
vrekkig, vrekachtig 0.1 *miserly, stingy.*
vrekkigheid 0.1 *stinginess* ⇒*close-/tight-fistedness, miserliness.*
vreselijk¹ I ‹bn., bw.› **0.1** [enorm] *terrible, awful* **0.2** [afschrikwekkend] *terrifying, horrible* ◆ **1.1** ~e honger hebben *have a ravenous appetite, be ravenous* **1.2** een ~e moord *a shocking/h. murder* **3.1** we hebben ~ gelachen *we nearly died laughing/split our sides laughing;* het stormt ~ *there's a t./frightful storm;*
II ‹bw.› **0.1** [in hoge mate] *terribly, awfully, frightfully* ◆ **2.1** ~ gezellig *awfully nice;* het is ~ slecht weer *the weather is shocking/terrible.*
vreselijk² ‹tw.› **0.1** *terrible, dreadful* ⇒*shocking, awful* ◆ **¶.1** ~, wat een troep! *d., this mess!*
vreten¹ ‹het› **0.1** [voer voor dieren] *fodder* ‹voor vee e.d.›; *food* ‹voor huisdieren/wilde dieren›; *forage* ‹voor paarden/koeien e.d.›; ‹van afval› *slops* **0.2** [vulg.; eten] *grub, stuff.*

vreten² I ⟨onov., ov.ww.⟩ **0.1** [vulg.; mbt. personen/eten] *feed* **0.2** [inf.; gulzig eten] *stuff/cram/gorge (o.s.)* **0.3** [mbt. dieren, eten] *feed* ⇒*eat* ◆ **3.1** dat is niet te ∼! *that's not fit for pigs!* ¶**.2** zich te barsten ∼ *stuff o.s. to the gullet/ sick;* **II** ⟨ov.ww.⟩ **0.1** [verslinden] *eat (up)* ⇒*devour* **0.2** [accep teren] *swallow* ⇒*stomach* ◆ **1.1** kilometers ∼ *burn up the road;* het publiek vréét die schandaalverhaaltjes *the public simply laps up these scandals;* dat toestel vréét stroom *this machine eats up electricity;* **III** ⟨onov.ww.⟩ **0.1** [knagen] *eat (away), gnaw (at), prey (on)* ◆ **6.1** het schuldbesef vrat **aan** haar *the sense of guilt gnawed at her (heart).*

vreter, vreetster 0.1 [inf.] *glutton* ⇒*pig.*

vreugde, vreugd 0.1 *joy, delight* ⇒*pleasure* ◆ **1.1** hij is de ∼ van zijn ouders *he is his parents' pride and j.* **2.1** gedeelde ∼ is dubbele ∼ *a pleasure shared is a pleasure multiplied* **3.1** aan iem./iets ∼ beleven *take pleasure in s.o., enjoy sth., delight in s.o./sth.* **6.1** met ∼/tot mijn ∼ hoor ik *I am pleased to hear;* dol **van** ∼ *wild/delirious/mad with j., on top of the world.*

vreugdebetoon 0.1 *rejoicing(s)* ⇒*jubilation.*

vreugdekreet 0.1 *cry/shout of joy*

vreugdeloos 0.1 *joyless, cheerless* ⇒*mirthless.*

vreugdetraan 0.1 *tear of joy.*

vreugdevol 0.1 *joyful, merry, gleeful.*

vreugdevuur 0.1 *bonfire.*

vreze ⟨schr.⟩ **0.1** *fear, dread* ◆ ¶**.1** de ∼ Gods *the f. of God.*

vrezen I ⟨ov.ww.⟩ **0.1** *fear, dread* ⇒*be afraid (of/that)* ◆ **1.1** ik vrees het ergste *I f. the worst;* God ∼ *f. God* **3.1** niets te ∼ hebben *have nothing to f./to be afraid of* **6.1** ik vrees **van** niet/wel *I'm afraid not/so* **8.1** ik vrees dat hij niet komt *I'm afraid he won't come/show up;* **II** ⟨onov.ww.⟩ **0.1** [rekening houden met een slechte af- loop] *fear (for), tremble (for)* ◆ **6.1** ik vrees **voor** mijn le- ven *I f. for my life.*

vriend 0.1 [makker] *friend* **0.2** [geliefde] *(boy)friend* **0.3** [bondgenoot] *friend, ally* **0.4** [liefhebber] *friend* ⇒*lover* **0.5** [aanspreekvorm] *my friend* ◆ **1.1** een ∼ des huizes *a f. of the family,* ∼en en vriendinnen! *friends!* **1.3** ∼ en vijand *f. and foe* **1.4** hij is een ∼ van opera *he is a f. of the opera/ an opera-lover* **2.1** dikke/grote ∼en zijn *be (very) close friends;* als goede ∼en scheiden *part as friends/on good terms;* even goede ∼en *no hard feelings, no offence;* goede ∼en worden met *make/become good friends with* **2.2** een vaste ∼ hebben *have a steady boyfriend, go steady* **3.2** ze heeft een ∼ (je) *she has a boyfriend* **6.**¶ iem. te ∼ houden *remain on good terms with s.o.* ¶**.1** van je ∼en moet je het maar hebben *with friends like that who needs enemies.*

vriendelijk I ⟨bn., bw.⟩ **0.1** [innemend, hartelijk] *friendly, kind* ⇒*amiable* **0.2** [aangenaam] *pleasant* ◆ **1.1** een ∼e glimlach *an amiable/a pleasant smile* **3.1** ∼ bedankt! ⟨ook iron.⟩ *thank you very much/kindly!;* ⟨iron.⟩ *thanks a lot!;* ∼ lachen *give a f. smile;* ⟨iron.⟩ mag ik u ∼ verzoeken dat voortaan te laten? *I'll thank you not to do that again* **6.1** ∼ zijn **tegen** de mensen *be f. with/k. to people;* **II** ⟨bn.⟩ **0.1** [gunstig gezind] *kind, friendly* **0.2** [hulpvaar- dig] *kind* ◆ **3.1** zou u zo ∼ willen zijn om ... *would you be k. enough/so k. as to ... .* **3.2** dat is erg ∼ van u *that's very/ most k. of you.*

vriendelijkheid 0.1 [innemendheid] *friendliness, kindness* ⇒*amiability* **0.2** [het aangenaam zijn] *pleasantness* **0.3** [gunstige gezindheid, hulpvaardigheid] *kindness.*

vriendendienst 0.1 *friendly/kind turn.*

vriendenkring 0.1 *circle of friends* ⇒⟨inf.⟩ *gang.*

vriendenprijsje 0.1 *give-away* ◆ **6.1 voor** een ∼ *for next to nothing.*

vriendin 0.1 [makker] *(girl/lady) friend* **0.2** [geliefde] *girl- (friend)* ◆ **2.1** zij zijn dikke ∼nen *they're the best of/ great/bosom friends* **2.2** een vaste ∼ hebben *have a steady g.(f.), go steady.*

vriendjespolitiek 0.1 *favouritism* ⇒*nepotism.*

vriendschap 0.1 [betrekking] *friendship* **0.2** [daad, uiting] *friendly/good turn/act* ◆ **3.1** ∼ sluiten *make/become friends, strike up a f.* **3.2** iem. ∼ bewijzen *extend one's friendship to s.o.* **6.1** uit ∼ iets doen *do sth. out of/for the sake of f.*

vriendschappelijk 0.1 ⟨bn.⟩ *friendly, amicable;* ⟨bw.⟩ *in a friendly way, amicably* ◆ **1.1** ⟨sport⟩ ∼e wedstrijd *friend- ly match* **3.1** iem.∼ behandelen *treat s.o. amicably;* ∼ met elkaar omgaan *be on friendly terms.*

vriendschapsband 0.1 *tie/bond of friendship.*

vriendschapsring 0.1 *friendship ring.*

vriendschapsverdrag 0.1 *treaty/pact of friendship.*

vriescel, -kamer 0.1 *cold-storage room/chamber* ⇒*freez- er, deep freeze.*

vrieskast 0.1 *(cabinet-type) freezer* ⇒*deep freeze.*

vrieskist 0.1 *(chest-type) freezer* ⇒*deep freeze.*

vrieskou 0.1 *frost, frosty cold/air/weather.*

vriespunt 0.1 *freezing (point)* ◆ **6.1** temperaturen **boven**/ **onder**/**rond** het ∼ *temperatures above/below/about f.*

vriesvak 0.1 *freezing compartment* ⇒*freezer.*

vriesweer 0.1 *frosty/freezing weather* ⇒⟨inf.; periode⟩ *freeze.*

vriezen 0.1 [meteo.] *freeze* ◆ **1.1** het vriest vijf graden *it's five (degrees) below freezing* **3.**¶ het kan ∼ en het kan dooi- en *he/she* ⟨enz.⟩ *won't commit himself/herself* ⟨enz.⟩ *ei- ther way* **8.1** het vriest dat het kraakt *there's a sharp frost/a nip in the air.*

vriezer 0.1 *freezer* ⇒*deep freeze.*

vrij¹ ⟨de⟩ **3.**¶ in z'n ∼ zetten *put into neutral* ⟨mbt. versnel- ling van auto⟩.

vrij² I ⟨bn., bw.⟩ **0.1** [onbeperkt, onbelemmerd] *free* ⇒*open, unrestricted* **0.2** ⟨gratis⟩ *free* ⇒*complimentary* ◆ **1.1** ∼e handel *f. trade;* ⟨sport⟩ ∼e oefeningen *f. exercises;* een eta- ge met ∼ opgang *a self-contained flat;* ⟨sport⟩ de ∼e slag ⟨zwemmen⟩ *free-style;* de wind heeft daar ∼ spel *the place is exposed to the wind;* een ∼ uitzicht hebben *have a clear/ an open view;* het ∼e veld *the open field;* de weg is ∼ *the road is clear* **3.1** zich ∼ kunnen bewegen *f. to do as one likes* **6.1** zij zijn ∼ in hun keuze *they have freedom of choice;* ∼ **naar** Shakespeare *adapted/freely rendered from Shakespeare* ¶**.2** een huis ∼ op naam kopen *pur- chase a house where the vendor pays the legal/transfer costs;* **II** ⟨bn.⟩ **0.1** [in vrijheid, onafhankelijk] *free* **0.2** [nog be- schikbaar] *free* ⇒*vacant* **0.3** [zonder taak] *free* **0.4** [open- hartig, vrijmoedig] *free* ⇒⟨los⟩ *easy,* ⟨ongeremd⟩ *uninhib- ited,* ⟨inf.; brutaal⟩ *fresh* ◆ **1.1** een ∼e jongen *the unat- tached young man/boy;* ⟨jonge ondernemer⟩ *young entre- preneur;* de ∼e sector *the f. sector;* weer op ∼e voeten zijn *be outside again* **1.2** die wc is ∼ *that lavatory/toilet is f./ vacant/unoccupied* **3.2** de handen ∼ hebben *have a f. hand/one's hands f.;* een stoel ∼ houden *reserve a seat* **3.4** ∼ met iem. omgaan *be o.s. with s.o.;* mag ik zo ∼ zijn? *may I be so bold?* **6.1** ∼ **van** zorgen *carefree, without a care in the world;* **III** ⟨bw.⟩ **0.1** [tamelijk] *quite* ⇒*fairly, rather,* ⟨inf.⟩ *pretty* ◆ **2.1** dit artikel is ∼ lang *this article is q./fairly/pretty long* **5.1** het komt ∼ vaak voor *it occurs q./fairly often, it's not uncommon.*

vrijaf 0.1 *off* ◆ **1.1** een halve dag ~ *a half-holiday, half a day off* **3.1** ~ geven/nemen *give/take a holiday/some time o.*

vrijage 0.1 *courtship* ⇒⟨vrijerij⟩ *love-making* ◆ **6.1** ⟨fig.⟩ een ~ **tussen** liberalen en socialisten *a flirtation between liberals and socialists.*

vrijblijvend 0.1 *without/free of obligations/engagement* ◆ **1.1** een ~ gesprek *an informal talk, a talk with no strings attached* **3.1** u kunt ~ een proefrit maken *you are free to test-drive it (without any obligations).*

vrijbrief 0.1 *permit, licence* ⟨ook fig.⟩ ◆ **6.1** dat geeft je nog geen ~ **voor** allerlei willekeur *that does not mean you're free to do as you like/feel.*

vrijbuiter 0.1 [zeerover] *freebooter* ⟨ook fig.⟩ **0.2** [fig.; pej.; iem. die zich moeilijk aan wetten onderwerpt] ⟨mbt. moraliteit⟩ *libertine, free spirit.*

vrijbuiterij 0.1 [gesch.; kaapvaart] *freebooting* **0.2** [het zoeken naar avontuur] *freebooting* ⇒*adventure-/thrill-seeking.*

vrijdag 0.1 *Friday* ◆ **2.1** Goede Vrijdag *Good F.* ⟨ook→ **maandag**⟩.

vrijdags I ⟨bn.⟩ **0.1** [van vrijdag] *Friday;* **II** ⟨bw.⟩ **0.1** [op vrijdag] *on Fridays.*

vrijdenker, -denkster 0.1 *freethinker.*

vrijdenkerij 0.1 *freethinking, free thought.*

vrijdragend ⟨bouwk.⟩ **0.1** *cantilever(ed)* ◆ **1.1** ~e balk/ligger *cantilever.*

vrije 0.1 [niet-slaaf] *freeman/woman.*

vrijelijk 0.1 *freely* ⇒*without restraint* ◆ **3.1** ~ over iets kunnen beschikken *have the free disposal of sth.*

vrijen 0.1 [minnekozen] *neck, pet* **0.2** [geslachtsgemeenschap hebben] *make love* ⇒*go to bed* **0.3** [verkering hebben] *have a boy/girlfriend, go steady (with s.o.)* ◆ **3.1** die twee zitten lekker te ~ *those two are having a nice cuddle* **6.3** zij vrijt **met** de buurjongen *she's going out/steady with the boy next door.*

vrijer 0.1 [geliefde] *boyfriend, lover* ⇒*sweetheart, (young) man* **0.2** [vrijgezel] *bachelor* **0.3** [iem. die vrijt] *lover* **0.4** [sinterklaaspop] *gingerbread man.*

vrijerij 0.1 *courting, courtship* ⇒*love-making.*

vrijetijdsbesteding 0.1 *leisure activities* ⇒*recreation.*

vrijetijdskleding 0.1 *leisure/casual clothes/clothing/* ⟨vnl. reclametaal⟩ *wear.*

vrijgeboren ⟨gesch.⟩ **0.1** *freeborn.*

vrijgeleide 0.1 [vrije doortocht/aftocht] *(letter of) safe-conduct, safeguard, pass(port), permit* **0.2** [gewapend geleide] *(protective) escort/convoy* ◆ **6.2** onder ~ varen *sail under e./in (a) c.*

vrijgeleidebrief 0.1 *letter of safe-conduct.*

vrijgeven I ⟨onov.ww.⟩ **0.1** [vrijaf geven] *give time/the day off, give a holiday/leave of absence;* **II** ⟨ov.ww.⟩ **0.1** [vrijlaten, het gebruik toestaan] *release* ◆ **1.1** de handel ~ *decontrol the trade* **6.1** iets **voor** publicatie ~ *r. sth. for publication.*

vrijgevig 0.1 *generous, magnanimous* ⇒*free/liberal with.*

vrijgevigheid 0.1 *generosity, magnanimity.*

vrijgevochten 0.1 [ongebonden] *free(-and-easy)* ⇒*easy-going, unconventional* **0.2** [pej.] *licentious, lawless* ⇒*undisciplined,* ⟨moreel⟩ *libertine* ◆ **1.2** een ~ boel *Liberty Hall, a go-as-you-please.*

vrijgezel 0.1 ⟨bn. en zn.⟩ *bachelor, single* ◆ **2.1** een verstokte ~ *a confirmed/an old b.*

vrijgezellenavond 0.1 [avond vóór iemands huwelijksfeest] ⟨mannen⟩ *stag night;* ⟨vrouwen⟩ *hen party* **0.2** [voor alleenstaanden georganiseerde avond] *singles night.*

vrijhandel 0.1 *free trade.*

vrijhandelsgebied, -zone 0.1 *free-trade zone/area.*

vrijhandelstelsel 0.1 *free-trade system, open-door policy.*

vrijhaven 0.1 *free port.*

vrijheid 0.1 [het vrij zijn] *freedom* ⇒*liberty* **0.2** [het niet vallen onder zekere regels] *freedom* ⇒*exemption* **0.3** [daad die van de gewone regel afwijkt] *liberty* ⇒*licence* ◆ **1.1** het is hier ~, blijheid *it's Liberty Hall here;* ~, gelijkheid en broederschap *liberty, equality, fraternity;* ~ van godsdienst/meningsuiting *f. of religion/speech* **2.1** geestelijke ~ *f. of thought;* persoonlijke ~ *personal f./liberty* **2.3** dichterlijke ~ *poetic licence* **3.1** kinderen veel ~ geven *give/allow children a lot of f.;* ik neem de ~, u te herinneren aan ... *I take the liberty of reminding you ...* **3.3** zich vrijheden veroorloven *take liberties (with), allow o.s./take the l. of (...ing)* **6.1** iem. **in** ~ stellen *set s.o. free/at liberty, free/release/* ⟨schr.⟩ *liberate s.o.*

vrijheidlievend 0.1 *freedom-loving.*

vrijheidsbeeld 0.1 *statue of liberty* ◆ **7.1** ⟨in New York⟩ het Vrijheidsbeeld *the Statue of Liberty.*

vrijheidsberoving 0.1 *deprivation of liberty/freedom.*

vrijheidsbeweging 0.1 *liberation/freedom movement.*

vrijheidsgezind 0.1 *libertarian.*

vrijheidsideaal 0.1 *ideal of freedom.*

vrijheidsoorlog 0.1 *war of liberation/independence.*

vrijheidsstraf 0.1 *imprisonment* ⇒*detention.*

vrijheidsstrijd 0.1 *struggle for freedom.*

vrijheidsstrijder 0.1 *freedom fighter.*

vrijhouden 0.1 [voor een ander betalen] *pay (for)* ⇒⟨inf.⟩ *stand (s.o. sth.)* **0.2** [openhouden] *keep (free)* ⇒*reserve,* ⟨mbt. dag, tijd, geld ook⟩ *set aside* **0.3** [scheep.] *keep ready* ⇒*keep handy/within reach* ⟨iets kleins⟩ ◆ **1.2** een plaats ~ *k. a place/seat (free), reserve/hold a place/seat;* de weg ~ *keep the road open/clear.*

vrijkaart 0.1 *free/complimentary ticket.*

vrijkomen 0.1 [ontslagen worden] *come/*⟨inf.⟩ *get out* ⇒*be set free/released* ⟨uit gevangenis⟩ **0.2** [van iets afkomen] *get off/away* **0.3** [loskomen] *be released* ⟨ook als resultaat van chemische reactie⟩ ⇒*be set free* **0.4** [beschikbaar komen] *be(come) free/*⟨ook mbt. mensen/geld⟩ *available* ⇒⟨mbt. mensen/geld ook⟩ *be released* ◆ **1.3** de bij die reactie ~de energie *the energy released in that reaction* **1.4** zodra er een plaats vrijkomt *as soon as there is a vacancy/place.*

vrijkont ◆ **2.**¶ hij/zij is een echte ~ *he/she does love a cuddle/to cuddle.*

vrijkopen 0.1 [iemands vrijheid kopen] *buy/purchase (s.o.'s) freedom* ⇒⟨gijzelaar enz. ook⟩ *ransom* **0.2** [door afkoop vrijmaken] *redeem* ⇒*buy/pay off* ◆ **7.2** het ~ v.e. rente *redemption of an annuity.*

vrijkous ⟨inf.⟩ **0.1** *smoocher.*

vrijlaten 0.1 [de vrijheid geven] *release* ⇒*set free/at liberty,* ⟨inf.⟩ *let go/*⟨gevangene⟩ *out,* ⟨mbt. slaven ook⟩ *liberate,* ⟨mbt. slaven ook⟩ *emancipate* **0.2** [niet binden] *leave free* ⇒*put no pressure on (s.o.)* **0.3** [openlaten] *leave free/vacant* ⇒*leave clear* ⟨mbt. open ruimte⟩ ◆ **1.3** deze ruimte ~ s.v.p. *please leave this space clear.*

vrijmaken 0.1 [bevrijden van een last, verplichting] *(make/set) free* ⇒*release, liberate* ⟨van heerschappij/slavernij⟩, *clear, deregulate* ⟨mbt. handel enz.⟩ **0.2** [reserveren] *reserve* ⇒*keep (free)* ◆ **1.1** ⟨hand.⟩ ingevoerde goederen ~ *clear imported goods;* de weg ~ voor *clear the way for* **1.2** tijd ~ *make time (for).*

vrijmarkt 0.1 *unregulated street market.*

vrijmetselaar 0.1 *freemason* ⟨vaak met hoofdletter⟩ ⇒*Mason.*

vrijmetselarij 0.1 *Freemasonry* ⇒*Masonry.*

vrijmoedig 0.1 *frank* ⇒*open(-hearted)* ◆ **1.1** een ~ antwoord *an outspoken/a confident answer* **3.1** ~ spreken *speak frankly/openly/honestly.*

vrijmoedigheid 0.1 *frankness* ⇒*open(-hearted)ness.*

vrijplaats 0.1 *refuge.*

vrijpleiten 0.1 *clear (of)* ⇒*exonerate (from),* ⟨ook rel.⟩ *absolve (from/of)* ◆ **6.1** hij is van hebzucht niet geheel vrij te pleiten *he cannot be quite/completely cleared of/absolved from/of the charge of greed.*

vrijpostig 0.1 *impertinent* ⇒*bold, forward.*

vrijpostigheid 0.1 [te grote vrijmoedigheid] *impertinence* ⇒*boldness, forwardness* **0.2** [uiting] *(piece of) impertinence* ⇒*liberty* ◆ **3.2** ik houd niet van die vrijpostigheden *I don't like such impertinence/liberties.*

vrijspraak 0.1 *acquittal.*

vrijspreken 0.1 *acquit (from)* ⇒*clear* ◆ **6.1** vrijgesproken worden van een beschuldiging *be cleared of/be acquitted on/of a charge.*

vrijstaan 0.1 [geoorloofd zijn] *be free (to)* ⇒*be allowed/permitted/at liberty (to)* **0.2** [losstaan] *stand apart (from)* ⇒*be detached* ⟨mbt. een huis⟩, *be/stand clear (of)* **0.3** [sport] *not be covered* ⇒*be unmarked* ◆ **4.1** het staat jullie vrij dit huis te bezichtigen *you are free/at liberty to view this house.*

vrijstaand 0.1 [losstaand] *apart* ⇒*free, detached* ⟨huis⟩ **0.2** [sport] *not covered* ⇒*unmarked* ◆ **1.1** een ~ huis *a detached house.*

vrijstaat 0.1 *free state.*

vrijstellen 0.1 *exempt* ⟨van belasting/dienst enz.⟩ ⇒*excuse* ⟨van lessen⟩, *free* ⟨van betaling, routine⟩, *release* ⟨v.e. plicht⟩ ◆ **¶.1** hij is vrijgesteld (van militaire dienst) *he is exempt/*⟨na al een tijdje gediend te hebben⟩ *has been released from military service.*

vrijstelling 0.1 *exemption* ⇒*release, freedom* ◆ **1.1** ~ van belasting krijgen *be exempted from taxation* **3.1** ~ verlenen van *exempt from* **6.1** een ~ hebben **voor** wiskunde *be exempted from the maths exam.*

vrijster 0.1 *spinster* ◆ **2.1** een oude ~ *an old s. /maid.*

vrijuit 0.1 *freely* ◆ **3.1** u kunt ~ spreken *you can speak f.* **3.¶** ~ gaan ⟨schuldeloos zijn⟩ *not be to blame;* ⟨ongestraft blijven⟩ *get off/go scot-free, go clear/free.*

vrijvechten 0.1 *fight for (and win) the freedom/liberty of* ⇒*liberate (by fighting).*

vrijverklaren 0.1 [onschuldig verklaren] *declare/proclaim (s.o.) innocent* **0.2** [onafhankelijk verklaren] *declare/proclaim (s.o./sth.) free.*

vrijwaren 0.1 *(safe)guard (against)* ⇒*protect (from/against)* ◆ **6.1** iem. ~ **tegen** wettelijke aansprakelijkheid *indemnify/protect s.o. against third-party liability;* gevrijwaard **tegen** *protected from/against, free from, immune to.*

vrijwaring 0.1 *protection (from/against)* ⇒*(safe)guarding (against).*

vrijwaringsbewijs 0.1 *certificate of indemnification.*

vrijwel 0.1 *nearly* ⇒*almost, practically* ◆ **2.1** dat is ~ hetzelfde *that's n./almost/practically the same* **4.1** ~ niets ⟨ook⟩ *hardly anything, next to nothing* **5.1** ~ tegelijk aankomen *arrive almost simultaneously/together* **¶.1** het komt ~ op hetzelfde neer *it comes (down) to/boils down to/amounts to the same thing.*

vrijwillig 0.1 *voluntary* ⇒⟨uit vrijwilligers bestaand, ook⟩ *volunteer,* ⟨bw. ook⟩ *of one's own free will/one's own volition* ◆ **3.1** ~ iets op zich nemen *volunteer to do sth., take on sth. voluntarily.*

vrijwilliger 0.1 *volunteer* ◆ **3.1** er hebben zich nog geen ~s gemeld *so far nobody has volunteered.*

vrijwilligerswerk 0.1 *voluntary/volunteer work.*

vrijzinnig 0.1 *liberal* ⇒*free-thinking* ◆ **3.1** - denken *liberal/free thinking* **7.1** de ~en *free-thinkers.*

vrijzinnigheid 0.1 *free-thinking/-thought* ⇒*liberalism.*

vrind 0.1 ⟨BE⟩ *chum, mate;* ⟨AE⟩ *pal, buddy.*

vroedvrouw 0.1 *midwife.*

vroeg 0.1 [aan het begin (v.d. dag), tijdig] *early* **0.2** [eerder dan verwacht] *early* ⇒⟨mbt. mensen ook⟩ *young,* ⟨ihb. mbt. geboorte en dood⟩ *premature,* ⟨alleen ná zn.⟩ *ahead of time* ◆ **1.1** de ~e Middeleeuwen *the e. middle ages;* deze prent behoort tot het ~ste werk van Seghers *this print is one of Seghers' earliest works* **2.1** van ~ tot laat *from dawn till dusk/dark* **2.2** een te ~ geboren kind *a premature baby;* ik ben vandaag ~ klaar *I'm/I'll be off/finished early today;* ~ of laat moet het toch gebeuren *sooner or later it has to happen* **3.1** je moet er ~ bij zijn *you've got to get in quickly;* dat moet je ~ leren *you have to learn that young;* hij toonde al ~ tekentalent *he showed artistic talent at an e. age* **5.1** volgende week is ~ genoeg *next week is soon enough;* niet ~er dan ... *not before ..., at the earliest;* het is nog ~ ⟨mbt. dag; scherts.⟩ *the day is still young;* ⟨mbt. avond⟩ *the night is still young;* 's morgens ~ e. *in the morning;* de mensen trouwen steeds ~er *people get married younger and younger;* je moet niet te ~ juichen *don't count your chickens (until/before they're hatched);* het is nog te ~ om er iets zinnigs over te zeggen *it's e. days yet/too soon yet/still premature to say anything useful about it.*

vroeger 0.1 [voorheen] *former* ⇒⟨bw.⟩ *before,* ⟨bw.⟩ *previously,* ⟨bw.⟩ *formerly* **0.2** [vorig] *previous* ⇒*former* ◆ **1.1** de heer B., ~ hoogleraar in de Engelse letterkunde *Mr B., former(ly) professor of English literature* **1.2** in zijn ~e functie *in his former/p. position;* zijn ~e verloofde *his former/ex-fiancée* **3.1** ~ heb ik ook wel gerookt *I used to smoke;* ~ stond hier een kerk *there used to be a church here* **6.1** van ~ vertellen *tell/talk about the (good) old days;* het Londen van ~ *London, as it used to be/once was* **8.1** het zal nooit meer zijn zoals het ~ was *things will never be what they used to be/the same again.*

vroegertje 0.1 *early start/finish/*⟨enz.⟩.

vroeggeboorte 0.1 *premature birth.*

vroegmis ⟨r.-k.⟩ 0.1 *early mass.*

vroegrijp 0.1 *precocious* ⇒*forward* ⟨kind, meisje⟩, *early-ripening* ⟨vrucht⟩ ◆ **1.1** ~e kinderen *p./forward children.*

vroegte ◆ **6.¶ in** alle ~ *at (the) crack of dawn, bright and early.*

vroegtijdig 0.1 [bijtijds] *early* **0.2** [eerder dan gewoonlijk] *early* ⇒*premature,* ⟨pej. ook⟩ *untimely.*

vrolijk 0.1 [blij, aangenaam stemmend] *cheerful* **0.2** [waarin/waarover men zich vermaakt] *cheerful* ⇒*merry* **0.3** [druk] *bustling* ⇒*lively* ◆ **1.1** ~ behang *cheerful/bright wallpaper;* het was er een ~e boel *they were a merry crowd;* een ~ mens *a c. person* **1.2** een ~ leventje leiden *lead a merry life* **1.3** een ~e straat *a bustling street* **3.1** ~ worden *get (a bit/rather) merry* **3.2** het ging er ~ toe *they were having a merry (old) time* **5.¶** ⟨inf.⟩ even ⟨zo⟩ ~ *cheerful(ly).*

vrolijkheid 0.1 [het vrolijk zijn] *cheerfulness* ⇒*gaiety* **0.2** [vermaak] *mirth* ⇒*merriment* ◆ **3.1** haar opmerking verwekte enige ~ *her remark caused some merriment/mirth.*

VROM ⟨afk.⟩ 0.1 [ministerie van Volkshuisvesting, Ruimtelijke Ordening en Milieubeheer] ⟨*Ministry for Housing, Regional Development and the Environment*⟩.

vroom 0.1 [godvruchtig] *pious* ⇒*devout* **0.2** [onvervulbaar] *pious* ◆ **1.2** vrome wensen *p. hopes.*
vroomheid 0.1 *piety* ⇒*devoutness.*
vrouw 0.1 [vrouwelijk persoon] *woman* **0.2** [echtgenote] *wife* ⇒⟨jur.; scherts.⟩ *spouse* **0.3** [speelkaart] *queen* **0.4** [bazin] *mistress* ⇒*lady* ◆ **1.1** ~en en kinderen eerst *women and children first* **1.2** man en ~ *husband/man and w.* **1.4** de ~ des huizes *lady/m. of the house* **2.1** een alleenstaande ~ *a single/an unattached w.* **3.1** achter de ~en aanzitten *chase (after) women, womanize;* de werkende ~ *working women;* ⟨vrouwen die voor een carrière kiezen ipv. een gezin⟩ *career women* **3.2** hoe gaat het met je ~? *how's your w.?* **6.2** een dochter van zijn eerste ~ *a daughter by his first w.* ¶.1 Onze-Lieve-Vrouw *Our Lady;* een ~ achter het stuur *a w. driver* ¶.¶ Vrouwe Fortuna *Lady Luck.*
vrouwelijk 0.1 [v.h. geslacht v.d. vrouwen] *female* ⟨ook plantk.⟩ ⇒⟨mbt. beroep ook⟩ *woman* **0.2** [eigen aan de vrouwen]⟨passend en kenmerkend⟩ *feminine* ⇒⟨passend bij⟩ *womanly* **0.3** [taal., ook mbt. rijm] *feminine* ◆ **1.1** een ~e arts *a woman/f. doctor;* de ~e hoofdrol *the leading lady/woman/f. role/part* **1.2** ~e charme *f./womanly charm;* de ~e intuïtie *f./woman's intuition* **1.3** v.h. ~ geslacht *of the f. gender* **4.1** iets ~s over zich hebben *have sth. feminine about one* **5.2** typisch ~ *that's typical of a woman* **7.2** het ~e in haar *the woman in her, her f. side.*
vrouwelijkheid 0.1 [het vrouwelijk zijn] *femininity* **0.2** [geslachtsdelen] *female parts.*
vrouwenafdeling 0.1 *women's/female department/section/branch* ⇒⟨zaal in ziekenhuis⟩ *women's/female ward.*
vrouwenarbeid 0.1 *female/women's labour.*
vrouwenarts 0.1 *gynaecologist.*
vrouwenbeweging 0.1 *feminist movement* ⇒*women's (rights) movement.*
vrouwenblad 0.1 *women's magazine/*⟨nieuwsblad⟩ *(news)paper.*
vrouwencafé 0.1 *women's pub/*ᴬ*bar.*
vrouwendag 0.1 *Women's Day.*
vrouwenemancipatie 0.1 *emancipation of women* ⇒⟨moderne beweging⟩ *women's lib(eration).*
vrouwenfilm 0.1 *women's film* ⇒*feminist film.*
vrouwengek 0.1 *ladies' man.*
vrouwengroep 0.1 [georganiseerde groepering] *women's/feminist group* **0.2** [groep met alleen vrouwen] *(all) female/women's group.*
vrouwenhaat 0.1 *hatred of women.*
vrouwenhandel 0.1 *trade/traffic in women* ⇒⟨blanke vrouwen⟩ *white slave trade.*
vrouwenhater 0.1 *woman-hater.*
vrouwenhuis 0.1 [ontmoetingsplaats] *meeting-place for women* ⇒*women's/feminist centre/club* **0.2** [woonhuis] *women's house* ⇒⟨(tijdelijke) verblijfplaats⟩ *home for women,* ⟨schuilplaats⟩ *women's shelter.*
vrouwenjager 0.1 *womanizer* ⇒*lady-killer.*
vrouwenkiesrecht ⟨gesch.⟩ **0.1** *women's/female suffrage.*
vrouwenkoor 0.1 *ladies'/female choir.*
vrouwenkwaal 0.1 *women's/female/gynaecological complaint/disease.*
vrouwenliteratuur 0.1 *women's literature.*
vrouwenlogica 0.1 *feminine/female/women's logic.*
vrouwenmishandeling 0.1 *battery/abuse of women.*
vrouwenpartij 0.1 *Women's party.*
vrouwenpraatgroep 0.1 *women's/ladies' circle.*
vrouwenrechten 0.1 *women's rights.*
vrouwenrol 0.1 [dram.] *female part* **0.2** [maatschappelijk gedrag] *women's part.*

vrouwenstrijd 0.1 *women's lib(eration).*
vrouwenstudies 0.1 *women's studies.*
vrouwentijdschrift 0.1 *women's/woman's magazine.*
vrouwenwereld 0.1 *woman's world.*
vrouwenwerk 0.1 *women's work* ⇒*jobs/work for women.*
vrouwenzadel 0.1 [mbt. fiets] *lady's saddle* **0.2** [mbt. paard] *side-saddle.*
vrouwenziekte 0.1 *women's/female/gynaecological disease/complaint.*
vrouwmens ⟨pej.⟩ **0.1** *woman* ⇒*female.*
vrouwonvriendelijk 0.1 *disadvantageous to women.*
vrouwspersoon 0.1 *female.*
vrouwtje 0.1 [vrouw] *woman* ⇒⟨mbt. echtgenote⟩ *wife(y)* **0.2** [bazin] *mistress* **0.3** [vrouwelijk dier] *female* ◆ **2.1** voor mijn liefste ~ *for my darling wife* **3.1** hij kijkt te veel naar de ~s *he's too keen on women/the ladies.*
vrouwvijandig 0.1 *antifemale, hostile to(wards) women.*
vrouwvolk 0.1 *women* ⇒⟨pej.⟩ *females.*
vrouwvriendelijk 0.1 *non-(male-)chauvinist.*
vrucht 0.1 [plantk., eetbaar veld-/tuingewas] *fruit* **0.2** [ongeboren jong/kind] *foetus* ⇒*embryo* **0.3** [fig.] *fruit(s)* ⇒ *reward(s)* ◆ **1.1** ~en op sap *f. in syrup* **2.1** ⟨fig.⟩ verboden ~en *forbidden f.* **2.2** een onvoldragen ~ *a f. that has not been carried to term* **2.3** zijn werk heeft weinig ~en afgeworpen ⟨ook⟩ *he has little to show for his work* **3.2** de ~ afdrijven *abort the f.* ⟨ook spontaan⟩ **3.3** ~en afwerpen *bear fruit;* geen ~en afwerpen *bear no fruit, prove useless/worthless;* veel ~en afwerpen *yield/pay rich rewards;* de ~en van iets plukken *reap the fruit(s)/rewards of sth.* **6.3** met ~ *fruitful(ly), successfully* ¶.1 (sprw.) aan de ~en kent men de boom *a tree is known by its fruit.*
vruchtafdrijving 0.1 *abortion.*
vruchtbaar 0.1 [veel vruchten voortbrengend] *fruitful* ⇒ *productive* **0.2** [in staat kinderen voort te brengen] *fertile* **0.3** [groeizaam] *fertile* ⇒*fruitful* **0.4** [fig.] *fruitful* ⇒*fertile* ◆ **1.2** de vruchtbare periode v.d. vrouw *a woman's f. period* **1.4** ⟨fig.⟩ een vruchtbare bodem vinden *find fertile soil/receptive ground;* een ~ gesprek *a fruitful/productive talk.*
vruchtbaarheid 0.1 *fertility* ⇒*fruitfulness.*
vruchtbaarheidsonderzoek 0.1 *fertility test.*
vruchtbeginsel 0.1 *ovary.*
vruchtdragend 0.1 [vruchten voortbrengend] *fruit-bearing* **0.2** [fig.] *fruitful.*
vruchteloos ⟨fig.⟩ **0.1** *fruitless* ⇒*futile* ◆ **1.1** in een vruchteloze discussie belanden *end up in a fruitless/futile discussion;* een vruchteloze poging wagen *make a futile/fruitless attempt.*
vruchtenpers 0.1 *fruit press.*
vruchtensap 0.1 *fruit juice.*
vruchtensuiker 0.1 *fructose.*
vruchtentaart 0.1 *fruit tart.*
vruchtgebruik ⟨jur.⟩ **0.1** *usufruct* ◆ **1.1** er is een recht van ~ gevestigd op de aandelen *a right of u./a usufructuary right has been attached to the shares* **6.1** iets in ~ afstaan aan iem. *grant s.o. the u. of sth., give sth. in u. to s.o.*
vruchtvlees 0.1 *flesh (of a/the fruit)* ⇒*(fruit) pulp.*
vruchtvlies 0.1 ⟨binnenste⟩ *amnion;* ⟨buitenste⟩ *chorion.*
vruchtwater 0.1 *amniotic fluid* ⇒⟨inf.⟩ *water(s).*
vruchtwaterpunctie, -onderzoek 0.1 *amniocentesis.*
vruchtwisseling 0.1 *crop rotation.*
V-snaar 0.1 *V-belt.*
V-teken 0.1 *V-sign.*
vuil¹ ⟨het⟩ **0.1** [afval, huisvuil] *refuse, rubbish;* ⟨ᴬᴱ vnl.⟩ *garbage* **0.2** [viezigheid] *dirt* ⇒*filth* ◆ **1.1** iem. behandelen als

een stuk ~ *treat s.o. like dirt* **2.1** grof ~ *(collection of) bulky refuse;* ergens voor oud ~ liggen (fig.) *lie in the gutter, be down and out* **3.1** ~ storten *tip/dump/shoot rubbish;* verboden ~ te storten *dumping prohibited, no tipping/dumping.*

vuil² 〈bn., bw.〉 **0.1** [vies, vulgair] *dirty* ~*filthy* **0.2** [laaghartig, oneerlijk, onaangenaam] *dirty* ⇒*foul* **0.3** [nijdig] *dirty* ⇒*nasty* **0.4** [vervuild] *dirty* ⇒*polluted* **0.5** [nog niet schoon] *foul* 〈proef, geschriften〉; *uncorrected* 〈werk, bedrag〉 **0.6** [bedorven] *rotten* ⇒*bad* **0.7** [vuil makend] *dirty* ⇒*messy* ◆ **1.1** de ~e kopjes *the d./used cups;* ~e taal *d./ foul/filthy language* **1.2** iem. een ~e streek leveren *pull a fast one/play a d./nasty trick on s.o.;* ~e viezerik/leugenaar *d./filthy swine/liar;* een ~e zaak/~ zaakje *a d. business* **1.4** een ~e rivier *a d./*〈vervuild〉 *polluted river* **1.6** een ~e maag hebben *feel queasy/sick* **3.3** iem. ~ aankijken *give s.o. a d./foul/filthy/nasty look* **3.5** het varken woog ~ 150 pond *the pig weighed 150 pounds with wastage/had a gross weight of 150 pounds* **6.5** 〈inf.〉 (van loon, salaris enz.) ~ in handen krijgen *be paid cash in hand (and no questions asked).*

vuilak 〈inf.〉 **0.1** [viezerik] *dirty/filthy person* ⇒〈jong〉 *grubby child* **0.2** [gemenerik] *pig* ⇒*filthy swine.*

vuilbekken 0.1 *have a foul mouth* ⇒*use obscene/dirty/ filthy language.*

vuiligheid 0.1 [wat vuil is] *dirt* ⇒*filth* **0.2** [gemene uiting] *obscenity* ⇒*rotten/nasty/dirty thing to say.*

vuilmaken 0.1 *make/get dirty* ~*dirty, soil.*

vuilnis 0.1 *refuse* ⇒*rubbish,* 〈AE vnl.〉 *garbage.*

vuilnisauto, -wagen 0.1 ᴮ*dustcart,* ᴬ*garbage/trash truck.*

vuilnisbak, -emmer, -vat 0.1 ᴮ*dustbin, rubbish bin,* ᴬ*garbage/trash can.*

vuilnisbakkenras 0.1 *mongrel.*

vuilnisbelt 0.1 *rubbish dump.*

vuilnishoop 0.1 ᴮ*rubbish dump,* ᴬ*garbage heap.*

vuilniskoker 0.1 *rubbish chute.*

vuilnisman 0.1 *binman;* 〈AE vnl.〉 *garbage collector.*

vuilnisophaal 0.1 *refuse/*〈AE vnl.〉 *garbage collection.*

vuilniszak 0.1 *rubbish/refuse bag.*

vuilophaaldienst 0.1 *refuse collection.*

vuilstortplaats 0.1 *rubbish dump.*

vuiltje 0.1 *smut* ⇒*speck of dirt/dust/grit* ◆ **6.1** een ~ in het oog hebben *have sth./a smut in one's eye* **6.¶** er is geen ~ **aan** de lucht 〈fig.〉 *everything is peachy keen.*

vuistgevecht 〈schr.〉 **0.1** *fisticuffs.*

vuistregel 0.1 *rule of thumb.*

vuistslag 0.1 *punch.*

vuistvechter 〈schr.〉 **0.1** *prize fighter* ⇒*boxer.*

vuldop 0.1 ᴮ*filler/*ᴬ*fill cap.*

Vulgaat 0.1 *Vulgate.*

vulgair 0.1 [ordinair] *vulgar* ⇒*common, rude* 〈taal, gedrag〉 **0.2** [v.h. volk] *common.*

vulgarisatie 0.1 [handeling] *popularization* **0.2** [geschrift] *simplified version.*

vulgariseren 0.1 *popularize.*

vulgarisme 0.1 *vulgarism* ⇒*vulgar expression.*

vulgariteit 0.1 *vulgarity.*

vulkaan 0.1 *volcano* ◆ **2.1** een werkzame/sluimerende/ uitgedoofde ~ *an active/a dormant/an extinct v.* **6.1** 〈fig.〉 wij slapen op een ~ *we're living on the edge of a v.*

vulkaanuitbarsting 0.1 *volcanic eruption.*

vulkanisch 0.1 [afkomstig uit/v.d. aard v.e. vulkaan] *volcanic* **0.2** 〈fig.; zeer heftig〉 *explosive* ⇒*fiery* ◆ **1.1** ~e stenen *v. rocks;* ~e verschijnselen *v. phenomena.*

vullen 0.1 [met iets vol maken] *fill (up)* ⇒〈met lucht〉 *inflate* **0.2** [de ruimte innemen van] *fill (up)* **0.3** [opvullen] *fill (up)* ⇒*stuff* 〈meubels, kussens e.d.〉, *pad* 〈kleding〉 **0.4** [plomberen] *fill* **0.5** [een rand maken om] *fill in/up* ◆ **1.2** het eten vult ontzettend *the meal is very filling;* de zaal begint zich te ~ *the room is beginning to f. up* **1.3** een gat ~ *f. a hole* **6.3** een kip **met** gehakt ~ *stuff a chicken with mince.*

vulling 0.1 [vulsel] *filling* ⇒*stuffing* 〈van meubels, kussens e.d.〉, 〈cul.〉 *stuffing* **0.2** [mbt. tanden/kiezen] *filling* **0.3** [verwisselbare patroon] *cartridge* ⇒*refill* **0.4** [het vullen] *filling.*

vullis 〈inf.〉 **0.1** *dirt* ⇒*filth.*

vulpasta 0.1 *filler (paste).*

vulpen 0.1 *fountain pen.*

vulpotlood 0.1 ᴮ*propelling pencil,* ᴬ*refillable lead pencil.*

vulsel 0.1 *filling* ⇒*filler,* 〈cul.〉 *stuffing, stuffing* 〈voor meubels, kussens e.d.〉.

vulva 0.1 *vulva.*

vunzig, vuns 0.1 [muf] *musty* **0.2** [smerig] *dirty* ⇒*filthy* **0.3** [onzedelijk] *obscene* ⇒*dirty* ◆ **1.3** ~e taal *o. language.*

vuren¹ 〈het〉 **0.1** [het schieten] *fire* ⇒*firing* **0.2** [vurenhout] *pine* ⇒*deal* ◆ **3.1** staakt het ~ *cease fire.*

vuren² 〈bn.〉 **0.1** *pine* ⇒*deal.*

vurenhout 0.1 *pine(wood)* ⇒*deal.*

vurenhouten 0.1 *pine* ⇒*deal.*

vurig 0.1 [gloeiend] *fiery* ⇒〈red-〉*hot* **0.2** [fonkelend] *fiery* **0.3** [hartstochtelijk] *fiery* ⇒*ardent, fervent, devout* 〈ihb. mbt. geloof〉, *burning* 〈verlangen〉, *passionate* 〈vrouw, minnaar〉 **0.4** [branderig] *inflamed* ◆ **1.1** ~e kolen *f. coals* **1.2** iem. ~e blikken toewerpen *throw f. looks at s.o.* **1.3** een ~ gebed *a fervent prayer;* ~e paarden *fiery/high-spirited horses;* een ~ voorstander van iets *a strong/fervent supporter of sth.;* daarmee was zijn ~ste wens vervuld *it fulfilled his most ardent wish* **3.3** ~ naar iets verlangen *long for sth., hanker after sth.*

vurigheid 0.1 [hartstochtelijkheid] *fieriness, ardour* ⇒*fervour, passion* **0.2** [branderigheid] *inflammation* **0.3** [brand in het koren] *blight.*

VUT 〈afk.〉 **0.1** [vervroegde uittreding] 〈early retirement〉 ◆ **3.1** met/in de ~ gaan *retire early, take early retirement.*

vut-gerechtigd 0.1 *entitled to early retirement.*

vut-regeling 0.1 ±*early retirement scheme.*

vutten 0.1 ±*retire early.*

vuur 0.1 [lichtend verschijnsel] *fire* **0.2** [(plaats van) brandende stoffen] *fire* **0.3** [het schieten met vuurwapens] *fire* **0.4** [enthousiasme] *fire* ⇒*ardour, fervour* **0.5** [schittering] *fire* ⇒*glow* **0.6** [bederf in hout] *(dry) rot* **0.7** [brand in het koren] *blight* ◆ **2.2** ik heb wel voor hetere vuren gestaan *I've been in tighter spots than this* **2.¶** Bengaals ~ *Bengal light* **3.1** 〈fig.〉 het ~ zit zijn sloffen lopen *walk/run one's legs off;* 〈fig.〉 zijn ogen schoten ~ *his eyes blazed* **3.2** een ~ aanleggen/oppoken *lay/poke a f.;* een ~ aansteken *light a f.;* 〈fig.〉 iem. het ~ na aan de schenen leggen *make it/*

things hot for s.o.; een ~ uitdoven *put out/extinguish a f.*
3.3 het ~ openen/staken *open/cease f.* **6.1** voor iem. **door**
het ~ gaan ⟨fig.⟩ *go through hell for s.o.;* het huis staat **in** ~
en vlam *the house is in flames;* ⟨fig.⟩ ik zou er mijn hand
voor **in** het ~ durven steken *I'd stake my life on it;* **in** ~ en
vlam zetten *set ablaze/on fire* ⟨ook fig.⟩; ⟨ook fig.⟩ **met** ~
spelen *play with f.;* een land **te** ~ en te zwaard verwoesten
destroy a country by f. and sword **6.2 bij/om** het ~ zitten
sit by/round the f.; ⟨fig.⟩ *have a place in the sun;* een pan
op het ~ zetten *put a pan on the stove* **6.3** de vijand **onder**
~ houden *keep the enemy under f.;* ⟨fig.⟩ iem. zwaar **onder**
~ nemen *blast s.o.;* **tussen** twee vuren zitten ⟨ook fig.⟩ *get
caught in the middle/in the firing line* **6.4 in** het ~ van zijn
betoog *in the heat of his argument;* iets **met** ~ verdedigen
defend sth. hotly.
vuurbaken 0.1 *beacon (fire).*
vuurbal 0.1 *fireball* ⇒*ball of fire.*
vuurbestendig 0.1 ⟨bn.⟩ *fireproof* ⇒*heat/fire-resistant.*
vuurdood 0.1 [dood in het vuur] *death by fire* **0.2** [dood op
de brandstapel] *(being burnt to) death at the stake.*
vuurdoop 0.1 *baptism of fire.*
vuurdoorn 0.1 *pyracantha.*
vuurgevaarlijk 0.1 *armed and dangerous* ⟨bv. misdadi-
ger⟩.
vuurgevecht 0.1 *gunfight* ⇒⟨mil.⟩ *exchange of fire.*
vuurgloed 0.1 *firelight* ⇒*glow of a fire, blaze* ⟨bij brand⟩.
vuurhaard 0.1 [stookplaats] *hearth, fireplace* ⟨thuis⟩ ⇒
⟨ind.⟩ *furnace* **0.2** [centrum v.e. brand] *seat of the fire.*
vuurkracht 0.1 *fire power.*
Vuurland 0.1 *Tierra del Fuego.*
vuurlinie 0.1 *firing line* ⇒*line of fire.*
vuurmaker 0.1 *firelighter.*
vuurmond 0.1 [deel v.e. stuk geschut] *muzzle* **0.2** [kanon]
cannon **0.3** [stookgat v.e. oven] *stokehole.*
vuurpeloton 0.1 *firing squad.*
vuurpijl 0.1 *rocket.*
vuurproef 0.1 [mil.] *exercise under fire (with live ammunition)* **0.2** [gesch.; fig.]⟨gesch.⟩ *trial by fire;* ⟨fig.⟩ *ordeal,
acid test* ◆ **3.2** ⟨fig.⟩ de ~ doorstaan/ondergaan ⟨door-
staan⟩ *stand the test;* ⟨ondergaan⟩ *undergo a severe ordeal.*
vuurregen 0.1 [regen van vuur] *golden rain* ⟨vuurwerk⟩ **0.2**
[kogelregen] *rain/volley of fire.*
vuurrood 0.1 *crimson* ⇒*scarlet* ◆ **3.1** ~ aanlopen *turn c./
scarlet.*
vuursignaal, -sein 0.1 *flare.*
vuurspuwend 0.1 *erupting* ⟨vulkaan⟩; *fire-breathing/
-spitting* ⟨draak⟩.
vuursteen(tje) 0.1 *flint.*
vuurstoot 0.1 *burst (of fire).*
vuurtje 0.1 [klein vuur] *(small) fire* **0.2** [om een pijp/si-
gaar/sigaret] aan te steken] *light* ◆ **3.2** iem. een ~ geven
give s.o. a l. **8.1** het nieuws ging als een lopend ~ door de
stad *the news spread through the town like wildfire.*
vuurtoren 0.1 *lighthouse.*
vuurvast 0.1 *fireproof* ⇒*flame-/heat-resistant* ◆ **1.1** een ~
schaaltje *an ovenproof/a heat-resistant dish.*
vuurvliegje 0.1 *firefly.*
vuurvreter 0.1 *fire-eater.*
vuurwapen 0.1 *firearm* ⇒*gun,* ⟨meestal mv.⟩ *arm.*
vuurwerk 0.1 [materiaal] *firework* **0.2** [gelegenheid] *(display of) fireworks* **0.3** [fig.] *shower.*
vuurwerkmaker 0.1 *firework manufacturer* ⇒*pyrotech-
nist.*
vuurzee 0.1 *blaze* ⇒*sea of fire, sheet of flame(s).*

vv ⟨afk.⟩ **0.1** [vice versa] *v.v.* **0.2** [vrij van] ⟨*free of/from*⟩.
V-vormig 0.1 ⟨bn.⟩ *V-shaped;* ⟨bw.⟩ *in the shape of a V.*
VVV-kantoor 0.1 *tourist (information) office.*
vwo ⟨afk.⟩ **0.1** [voorbereidend wetenschappelijk onderwijs]
⟨*pre-university education*⟩.

WA ⟨afk.⟩ **0.1** [wettelijke aansprakelijkheid] ⟨*third-party liability*⟩ ◆ **1.1** WA-verzekering *third-party insurance.*
waag 0.1 *weighhouse.*
waaghals 0.1 *daredevil.*
waaghalzerij 0.1 *daredevilry* ⇒*recklessness.*
waagschaal ◆ **6.¶** zijn leven in de ~ stellen *take one's life in one's (own) hands.*
waagstuk 0.1 *risky enterprise* ⇒*hazardous undertaking/ business.*
waaien I ⟨onov.ww.⟩ **0.1** [blazen] *blow* **0.2** [door de wind bewogen worden] *blow* ⇒*be blown* **0.3** [wapperen] *wave* ⇒ *fly* ◆ **1.1** er waait een storm *there's a storm blowing* **3.¶** laat maar ~ *let it go;* een laat-maar-waaienpolitiek *a laissez-faire policy* **6.2** er woei een vuiltje **in** mijn oog *a speck of dust blew into my eye;* de pannen ~ **van** het dak *the roof tiles are being blown off the roof;*
II ⟨onpers.ww.⟩ **0.1** [optreden v.h. verschijnsel wind] *blow* ⇒⟨hard⟩ *storm* ◆ **5.1** het waait hard *it's very windy.*
waaier 0.1 [schermpje om koelte toe te waaien] *fan* **0.2** [uiteenlopend geheel] *(whole) range* ⇒*spectrum* ◆ **6.2** een ~ **van** mogelijkheden *a whole range of possibilities.*
waaiervormig 0.1 ⟨bn.⟩ *fan-shaped;* ⟨bw.⟩ *in a fan-shaped way/formation, fan-wise* ◆ **1.1** ~ gewelf *fan vaulting.*
waak, wake 0.1 *watch* ⇒*wake* ⟨bij dode⟩.
waakhond 0.1 *watchdog* ◆ **2.1** ⟨fig.⟩ een financiële ~ *a financial w.*
waaks 0.1 *watchful* ◆ **1.1** de hond is erg ~ *the dog is very w./alert.*
waakvlam 0.1 *pilot light.*
waakzaam 0.1 *watchful* ◆ **1.1** een ~ oog op iets houden *keep a w./sharp eye on sth.* **3.1** ~ zijn *be w./observant.*
waakzaamheid 0.1 *watchfulness.*
Waal, Waalse 0.1 *Walloon.*
Waals 0.1 ⟨bn. en zn.⟩ *Walloon.*
waan 0.1 *delusion* ◆ **6.1** iem. in de ~ laten *not spoil s.o.'s illusions;* in de ~ verkeren dat ...*be under the d./illusion that ...;* iem. in de ~ brengen dat *lead/bring s.o. to suppose that;* in de ~ dat *under the misapprehension that;* iem. **uit** de ~ helpen *open s.o.'s eyes.*
waandenkbeeld, -idee 0.1 *delusion.*
waanvoorstelling 0.1 *delusion* ⇒*hallucination.*
waanzin 0.1 [krankzinnigheid] *madness* **0.2** [onzinnigheid] *nonsense* ◆ **2.2** dat is je reinste ~ *that is pure n./sheer madness.*
waanzinnig 0.1 *mad* ◆ **2.1** een ~ moeilijk boek *a fiendishly difficult book;* ~ populair zijn *be wildly popular;* ~ verliefd zijn op iem. *be madly in love with s.o.* **7.1** ~ veel geld *an incredible amount of money.*
waanzinnige 0.1 *madman* ⟨m.⟩, *madwoman* ⟨v.⟩ ⇒*maniac.*
waar¹ ⟨de⟩ **0.1** *goods* ⇒*ware(s)* ◆ **3.1** iem. ~ voor zijn geld geven *give value for money;* ~ voor zijn geld krijgen *get one's money's worth;* ⟨fig.⟩ *get a good run for one's money* **¶.1** zijn ~ aan de man brengen *sell one's g.;* ⟨sprw.⟩ alle ~ is naar zijn geld *best is cheapest.*
waar² I ⟨bn., bw.⟩ **0.1** [werkelijk zo zijnde] *true* ⇒*real, actual* **0.2** [echt] ~ ⟨attr.⟩ *actual, real* **0.3** [juist] *true* ⇒ *correct* **0.4** [terwijl] *whereas* ◆ **1.1** op ware grootte *life-size(d), in/to actual size;* de ware oorzaak *the real/actual*

cause; daar is geen woord van ~ *not a word/syllable of it is t.* **1.2** het ware geloof hebben *follow the t. religion;* een ~ genot *a regular/real treat;* een ~ paradijs *a real/veritable paradise* **1.3** in de ware zin v.h. woord *in the t. sense of the word* **3.1** het is maar al te ~ *it's only too t.;* 't is toch niet ~! *you don't say!, not really!;* dat is ~ gebeurd *it really/actually happened;* het is te mooi om ~ te zijn *it's too good to be t.;* als hij het zegt, zal het wel ~ zijn *if he says so it must be t.* **3.¶** dat is ~ ook *that reminds me, by the way* **4.1** er zit wel wat ~ s in wat hij zegt *there's some truth in what he says* **4.3** dat is je ware *it's the real thing* **5.1** echt ~? *is that really t.?, really?;* eerlijk ~! *honest!;* zo ~ (als) ik hier sta *as (sure as) I'm standing here* **5.¶** niet ~? *isn't that right/so?;* hij moest om acht uur thuis zijn, niet ~? *he had to be home at eight o'clock, didn't he?;* het moet gebeuren, niet ~? *it must be done, mustn't it?* **6.1** iets **voor** ~ houden *take sth. as t.* **7.1** het ware weet ik er niet van *I don't know the truth of it/the matter;* niets is minder ~ *nothing is further from the truth* **7.¶** hij is de ware (Jacob) *he's Mr Right* **¶.1** ~ of niet? *well?, isn't that t./right?;*
II ⟨bw.⟩ **0.1** [vragend] *where* ⟨plaats⟩; ⟨met voorzetsel ook⟩ *what* **0.2** [betrekkelijk] *where* ⟨alleen mbt. plaats⟩; *that, which* ⟨met voorzetsel⟩ **0.3** [onbepaald] ⟨overal waar, om het even waar⟩ *wherever;* ⟨overal⟩ *everywhere;* ⟨onverschillig waar⟩ *anywhere* ◆ **1.2** de boodschap ~ hij niet aan gedacht had *the message (that/which) he hadn't remembered;* het dorp ~ hij geboren is *the village where/in which he was born* **3.1** ~ woon je? *where do you live?* **5.3** meer welvaart dan ~ ook *more prosperity than anywhere else* **6.1** ~ gaat het nu eigenlijk om? *what is it really all about?*
waaraan 0.1 [vragend] *what ... to* ⟨enz.⟩ **0.2** [betrekkelijk] *what/which ... to/of* ⟨enz.⟩ **0.3** [onbepaald] *whatever ... to/of* ⟨enz.⟩ ◆ **3.1** ~ ligt dit? *what is the reason for it?* **3.2** zij zei niet ~ zij dacht *she didn't say what she was thinking of/about;* het huis ~ ik dacht *the house (which) I was thinking of* **3.3** ~ je ook denkt *whatever you're thinking of/ about* **¶.1** ~ heb ik dit te danken? *what do I owe this to?, to what do I owe this?*
waarachter 0.1 [betrekkelijk] *behind which* **0.2** [vragend] *behind what/which.*
waarachtig¹ I ⟨bn., bw.⟩ **0.1** [oprecht, eerlijk] *true* ⇒*real* ◆ **1.1** ~e liefde *t./genuine love.*
II ⟨bw.⟩ **0.1** [werkelijk] *truly* ⇒*really* **0.2** [nota bene] *actually* ⇒*really* ◆ **2.1** het is ~ waar *it's really true* **3.2** daar begint hij ~ al weer *well, I declare, there he goes again;* hij heeft het ~ nog gedaan ook *he a. went and did it* **¶.1** dat is ~ geen pretje *that's really no picnic* **¶.2** het heeft ~ lang genoeg geduurd *it's certainly been long enough.*
waarachtig² ⟨tw.⟩ ⟨iron.⟩ **0.1** *sure enough* ⇒*to be sure* ◆ **¶.1** en ~, daar begint hij te huilen *and sure enough he starts crying.*
waarbij 0.1 [betrekkelijk] *at/by/near* ⟨enz.⟩ *which* **0.2** [vragend] *at/by/near* ⟨enz.⟩ *what/which* ◆ **1.1** ons gesprek, ~ *our interview, in the course of which;* een ongeluk, ~ veel gewonden vielen *an accident in which many people were injured.*
waarborg 0.1 [zaak] *guarantee* ⇒⟨onderpand⟩ *security* **0.2** [persoon] *guarantor* ◆ **3.1** een ~ stellen *guarantee (sth.)* **6.1** een ~ **tegen** griep *a safeguard against flu;* een ~ **voor** de toekomst *a safeguard for the future.*
waarborgen 0.1 *guarantee* ◆ **1.1** iem. iets ~ *g. a person sth.* **6.1** ~ **tegen** *secure/g. against.*
waarborgsom 0.1 *deposit* ⇒⟨jur.⟩ *bail* ◆ **3.1** een ~ storten van ƒ500,- *pay a Dfl500 d.*

waard[1] (de) **0.1** *landlord* ◆ **6.1** ⟨fig.⟩ **buiten** de ~ rekenen *reckon without one's host* ¶.1 ⟨sprw.⟩ zoals de ~ is, vertrouwt hij zijn gasten *ill doers are ill deemers*.

waard[2] (bn.) **0.1** [de genoemde waarde hebbend] *worth* **0.2** [in waarde overeenkomend met] *worth* ⇒*worthy (of sth./ s.o.)* **0.3** [als aanspreekvorm; beste] *dear* ◆ **1.1** dit huis is ruim twee ton ~ *this house is w. 200,000 guilders* **1.2** dat is zijn geld niet ~ *that's not worth the money* **1.3** (mijn) ~ e heer *(my) d. sir* **3.2** je bent niet ~ dat wij jou helpen *you're not worthy of our help/support;* laten zien wat je ~ bent *show s.o. what you're made of;* hij is haar niet ~ *he's not worthy of her;* iets vertellen voor wat het ~ is *tell sth. for what it's worth;* dat is het vermelden ~ *that's worth mentioning;* niet veel ~ zijn (als hulp) in de huishouding *be not much good at housekeeping* **4.2** het is niets ~ *it is worthless/isn't worth a penny;* na een dag werken ben ik 's avonds niets (meer) ~ *after a day's work I'm good/fit for nothing;* het leven is zonder haar niets ~ *life without her is meaningless/useless;* en dat is ook (heel) wat ~ *and that's not to be underestimated/no small thing;* het zou haar heel wat ~ zijn om ...*she would give a great deal to ...* **4.3** mijn ~ e *my d./good fellow* **5.2** het geld wordt minder ~ *money is depreciating/decreasing in value* **7.2** veel ~ zijn *be worth a lot;* weinig ~ zijn *count/be good for little*.

waarde 0.1 [betekenis als bezit/ruilobject] *value* **0.2** [grote waarde] *value* **0.3** [betekenis] *value* **0.4** [zaak van waarde] *value* **0.5** [getal/bedrag dat een meter aanwijst] *value* ⇒*reading* (op een meter) ◆ **2.1** pakket met aangegeven ~ *parcel with declared v.;* effectieve/reële ~ *market/real v.;* nominale ~ *nominal v.;* van onschatbare ~ zijn *be of inestimable v./invaluable* **2.3** iets op zijn eigen ~ beoordelen *judge sth. on its own merit(s);* iem. niet op zijn juiste ~ schatten *underestimate s.o.* **2.5** de gemiddelde ~n v.d. zomertemperaturen *the average summer temperature;* maximale/hoogste ~ (ook) *maximum, high;* negatieve ~ *minus (number)* **2.¶** ⟨wisk.⟩ de absolute ~ v.e. getal *the numerical/absolute value of a number* **3.3** (zeer) veel ~ aan iets hechten *value sth. highly, set great store by/on sth., attach great v. to sth.;* weinig ~ aan iets hechten *set little store by/on sth., attach little v. to sth.;* het heeft zijn ~ bewezen *its v./merit has been proved* **6.1** iets **beneden** de ~ verkopen *sell sth. below the going rate;* **in** ~ stijgen *appreciate, increase in v.;* **in** ~ dalen *depreciate, decrease in v.;* **naar** ~ schatten *be able to appreciate sth.;* **ter** ~ **van** ...*at (the v. of), worth ...;* **tot** een ~ **van** *to the v. of;* munten **van** deze ~ worden niet meer uitgegeven *coins of this denomination are no longer issued;* **voor** de volle ~ verzekeren *insure for the full v.* **6.2** is er iets **van** ~ bij? *is anything valuable included?;* voorwerpen **van** ~ *objects of v., valuables* **6.3** iem. **in** zijn ~ laten *accept s.o. as he/she is;* iets **op** ~ schatten *rate sth. at its true v.;* men begint deze schrijver **op** zijn juiste ~ te schatten *this author has started to get the recognition he deserves;* **van** ~ zijn, ~ hebben *be valuable, be of v.* **¶.3** van nul en gener ~ zijn *be null and void*.

waardebon 0.1 *voucher* ⇒*coupon,* ⟨cadeaubon⟩ *gift voucher/coupon*.

waardeloos 0.1 *worthless* ◆ **1.1** een ~ boek ⟨inf.⟩ *a trashy book;* een ~ iemand *a nothing* **3.1** dat is ~ *that's useless/ hopeless;* het eten is daar ~ *the food is terrible/awful/disgusting there* **¶.1** ~! *hopeless!, useless!, awful!*

waardeoordeel 0.1 *value judg(e)ment*.

waardepapier 0.1 *security* ⇒⟨bankbiljet⟩ *bank note*.

waarderen 0.1 [op prijs stellen] *appreciate* ⇒*value* **0.2** [de waarde bepalen] *value* ⇒*estimate* ◆ **1.1** wij vragen uw gewaardeerde aandacht voor *we request your kind attention*

for; mijn gewaardeerde collega *my esteemed colleague;* ik waardeer uw mening, maar ...⟨ook⟩ *I respect your opinion, but ...;* uw zeer gewaardeerd oordeel *your highly esteemed judg(e)ment* **3.1** dat is zeer te ~ *that's highly commendable;* iem. leren ~ *learn/come to appreciate s.o.;* hij weet een goed glas wijn wel te ~ *he likes/appreciates a good glass of wine* **6.1** iets **in** iem. ~ *a./value sth. in s.o.* **8.2** iets als positief ~ *v./rate sth. positively* **¶.1** iets ten zeerste ~ *value/prize sth. highly*.

waarderend 0.1 *appreciative* ◆ **3.1** zich (zeer) ~ over iem. uitlaten *speak (very) appreciatively/highly of s.o.*

waardering 0.1 [het op prijs stellen] *appreciation* **0.2** [het gewaardeerd worden] *appreciation* ⇒*esteem* **0.3** [het bepalen van de waarde] *assessment* ⇒⟨mbt. schoolwerk/ examens⟩ [B]*marking,* [A]*grading,* ⟨mbt. geldswaarde⟩ *appraisal* **0.4** [de puntenwaarde] *rating* ⇒*score* ◆ **1.1** als blijk van ~ *as a token of one's a./esteem* **3.1** ~ voor iets hebben/tonen/kunnen opbrengen *appreciate sth., show/ express a. of sth.* **3.2** ~ ondervinden *meet with a., win the esteem/regard (of)* **3.4** dat levert de volgende ~ op *that results in the following score/r.* **6.1** met ~ over iets/iem. spreken *speak appreciatively/highly of sth./s.o.;* **met** alle ~ voor deze prestatie meen ik toch ...*while fully appreciating this result, I nevertheless think ...;* **uit** ~ **voor** *in a./ recognition of.*

waarderingscijfer 0.1 *rating* ◆ **1.1** ~s voor de stabiliteit/ prestaties *stability/merit ratings.*

waardevast 0.1 ⟨mbt. geldsoort⟩ *stable (in value);* ⟨mbt. rente-inkomsten/investeringen/uitkeringen⟩ *index-- linked, indexed.*

waardevermeerdering 0.1 *increase in value, appreciation* ◆ **1.1** ~ van geld *monetary revaluation* **6.1** belasting **op** (toevallige) ~ *unearned-increment tax.*

waardevermindering 0.1 *depreciation* ⇒*reduction in value, devaluation* ⟨van munteenheid⟩ ◆ **3.1** een aanzienlijke ~ ondergaan *depreciate, be subject to a considerable depreciation/devaluation* **6.1** premie **voor** ~ *depreciation premium.*

waardevol 0.1 *valuable* ⇒*useful* ◆ **1.1** ~le voorwerpen *valuables, objects of value.*

waardig 0.1 [achting verdienend] *dignified* ⇒*worthy* **0.2** [in overeenstemming met de betekenis/rang] *worthy* **0.3** [het genoemde verdienend] *worth* ⇒*worthy (of)* ◆ **1.1** zich een ~ tegenstander tonen *prove o.s. a worthy opponent* **1.2** een koning *w. of/fit for a king* **1.3** hij keurde haar geen antwoord ~ *he didn't deign to answer her;* een betere zaak ~ *worthy of a better cause* **3.1** zijn verlies ~ dragen *bear one's loss with dignity;* zich ~ gedragen *behave with dignity* **3.2** iem. ~ ontvangen *give s.o. a w. reception* **3.3** zich iets ~ tonen *prove o.s. (to be) worthy of sth.*

waardigheid 0.1 [hoedanigheid van waardig te zijn] *dignity* ⇒*worth* **0.2** [hoog ambt] *dignity* ⇒*honour* **0.3** [schei.] *valency, valence* ◆ **1.2** de tekenen van zijn ~ *his insignia/ regalia* **2.2** de bisschoppelijke ~ bekleden *hold the episcopacy* **3.1** het tastte zijn mannelijke ~ aan *it affected his d. as a man* **6.1** iets **beneden** zijn ~ achten *think sth. beneath one's d./beneath one;* iem. **in** zijn ~ herstellen *rehabilitate s.o. in public esteem* **¶.2** iem. van zijn ambten en waardigheden vervallen verklaren *relieve s.o. of his offices and honours/titles.*

waardigheidsbekleder 0.1 *dignitary.*

waardin 0.1 *landlady.*

waardoor 0.1 [vragend] *(as a result of) what* ⇒*how* **0.2** [betrekkelijk] *through/by which* ⇒⟨inf.⟩ *(which/that) ... through/by,* ⟨met zin als antecedent⟩ *(as a result of) which*

0.3 [onbepaald] *whatever* ◆ **3.1** ~ ben je van gedachten veranderd? *what made you change your mind?;* ik weet ~ het komt *I know how it happened/what caused it* **3.2** de buis ~ het gas stroomt *the tube through which the gas flows,* the tube the gas flows through; het begon te regenen, - de weg nog gladder werd *it started to rain, which made the road even more slippery* **3.3** ~ het ook komt *whatever the cause may be.*

waarheen 0.1 [vragend] *where* ⇒*where ... to* **0.2** [betrekkelijk] *where* ⇒*to which,* ⟨inf.⟩ *(which/that) ... to* **0.3** [onbepaald] *wherever* ◆ **3.1** ~ zullen wij gaan? *where shall we go?* **3.2** de plaats ~ ze me stuurden *the place to which they directed me,* the place *(that/which) they directed me to* **3.3** ~ u ook gaat *wherever you (may) go.*

waarheid 0.1 [het ware, echtheid] *truth* **0.2** [iets dat waar is] *truth* ⇒*fact* ◆ **2.1** de gehele ~ en niets dan de ~ zeggen *say the whole t. and nothing but the t.;* de harde ~ *the hard t.;* de naakte/nuchtere ~ *the bald/naked t.;* het is de zuivere ~ *it's the simple t.* **2.2** historische waarheden *historical facts/truths;* de onverbloemde ~ *the plain t./fact* **3.1** de ~ achterhalen *get at/find out the t.;* de ~ gebiedt (mij) te zeggen, dat *...in all honesty I am compelled to say that ...;* niet voor de ~ durven uitkomen *not dare to tell the t.;* iem. (flink/ongezouten) de ~ zeggen *tell s.o. a few home truths;* om (u) de ~ te zeggen *to be honest (with you), to tell (you) the t.* **6.1** ver **bezijden** de ~ zijn *be far removed from the t.;* **naar** ~ antwoorden *answer truthfully;* aldus **naar** ~ ingevuld *I hereby certify that the above information is correct to the best of my knowledge and belief* **8.2** een ~ als een koe *a truism* ¶**.1** de ~ te kort doen *not be quite truthful;* de ~ ligt in het midden *the t. is/lies (somewhere) in between;* in strijd met de ~ *contrary to the t.;* de ~ geweld aandoen *strain/stretch the t.*

waarheidlievend 0.1 *truth-loving* ⇒*truthful.*

waarheidsgetrouw 0.1 *truthful* ⇒*true* ◆ **1.1** een ~ beeld *a true/factual picture;* een ~ verslag *a truthful/faithful report/account.*

waarheidsserum 0.1 *truth drug/serum.*

waarin 0.1 [vragend] *where* ⇒*in what* **0.2** [betrekkelijk] *in which* ⇒*where,* ⟨inf.⟩ *(which/that) ... in* **0.3** [onbepaald] *wherever* ⇒*in whatever* ◆ **1.2** gevallen ~ dit van toepassing is *cases in which/cases where this is applicable;* de mate ~ dat het geval is *the degree to which that's true;* de tijd ~ wij leven *the age (that/which) we live in* **3.1** ~ schuilt de fout? *where's the mistake?* ¶**.3** ~ de fout ook ligt *wherever the mistake may be.*

waarlangs 0.1 [vragend] *past ... past/along* **0.2** [betrekkelijk] *past/along which;* ⟨inf.⟩ *(which/that) ... past/along* **0.3** [onbepaald] *past/along whatever* ◆ **1.2** de weg ~ hij gaat *the way/route he's going/taking.*

waarlijk 0.1 *truly* ◆ **2.1** ~ grote mensen *really great people* ¶**.1** zo ~ helpe mij God Almachtig *so help me God.*

waarmaken I ⟨ov.ww.⟩ **0.1** [bewijzen] *prove* **0.2** [realiseren] *fulfil* ◆ **1.2** een belofte ~ *f. a promise;* de gewekte verwachtingen (niet) ~ *(fail to) live up to expectations* **4.1** maak dat maar eens waar! *just p. it!;*
II ⟨wk.ww.; zich ~⟩ **0.1** [laten zien wat men kan] *prove o.s.* ◆ **6.1 in** die functie kan zij zich prima ~ *she has an excellent chance to prove herself in that job.*

waarmee 0.1 [vragend] *what ... with/by* **0.2** [betrekkelijk] *with/by which* ⇒⟨met zin als antecedent⟩ *which,* ⟨inf.⟩ *(which) ... with/by* **0.3** [onbepaald] *(with/by) whatever* ◆ **1.2** de boot ~ ik vertrek *the boat on which I leave,* the boat *I leave on;* het gemak ~ dat gaat *the ease with which it can be done* **3.1** ~ kan ik u van dienst zijn? *what can I do for*

you?; ~ sloeg hij je? *what did he hit you with?* **3.3** ~ hij ook dreigde, zij werd niet bang *whatever he threatened her with she didn't get scared.*

waarmerk 0.1 *stamp* ⇒⟨mbt. goud/zilver⟩ *hallmark.*

waarmerken 0.1 *stamp* ⇒*hallmark* ⟨goud/zilver⟩ ◆ **1.1** een gewaarmerkt afschrift *a certified/authenticated copy.*

waarna 0.1 *after which* ◆ **3.1** ~ als spreker optrad *...a. w.... spoke/took the floor.*

waarnaar 0.1 [vragend] *what ... at/of/for* ⟨enz.⟩ **0.2** [betrekkelijk]⟨plaats, richting⟩ *to which;* ⟨fig.⟩ *after/for/according to which;* ⟨inf.⟩ *(which/that) ... to/after/for* **0.3** [onbepaald] *whatever ... to/at/for; wherever* ◆ **1.2** dat is het doel ~ wij streven *that is the goal (which) we're aiming at/at which we're aiming;* het hoofdstuk ~ ze verwees *the chapter (that/which) she referred to* **3.1** ~ smaakt dat? *what does it taste of?*

waarnaast 0.1 [vragend] *what ... next to/beside* **0.2** [betrekkelijk] *(which/that) ... next to/beside* **0.3** [onbepaald] *whatever ... next to/beside* ◆ **3.3** ~ je het ook zet *whatever you put it next to.*

waarneembaar 0.1 *perceptible* ◆ **5.1** een nauwelijks ~ verschil *a scarcely p./observable difference;* niet ~ *imperceptible* **6.1** ~ *voor* het oog/het oor *visible/audible, p. to the eye/ear.*

waarnemen I ⟨onov., ov.ww.⟩ **0.1** [als vervanger dienst doen] *replace (temporarily)* ⇒*fill in, take over (temporarily), act* **0.2** [schr.; bekleden] *hold, occupy* ⟨functie⟩ ◆ **1.1** een les (voor iem.) ~ *take over a lesson (for s.o.;* de zaken voor iem. ~ *fill in for/replace s.o.* **1.2** het voorzitterschap ~ *act as chair(person)* ⟨m., v.⟩;
II ⟨ov.ww.⟩ **0.1** [observeren, constateren] *observe* ⇒*perceive* **0.2** [besteden, benutten] *use* ⇒*make use of* ◆ **1.2** de gelegenheid ~ *take/seize the opportunity.*

waarnemend 0.1 *temporary* ⇒*acting* ◆ **1.1** de ~e arts *the locum;* de ~ burgemeester/voorzitter *the acting mayor/chairman;* hij is ~ wethouder *he is interim alderman.*

waarnemer, -neemster 0.1 [iem. die observeert] *observer* **0.2** [iem. die tijdelijk een betrekking vervult] *(acting) representative, deputy, substitute;* ⟨voor arts/geestelijke⟩ *locum* ◆ **2.1** een goed ~ *a good o.*

waarneming 0.1 [het zintuiglijk waarnemen] *observation* ⇒*perception* **0.2** [wat men waarneemt] *observation* ⇒ ⟨wet.⟩ *observational data* ⟨mv.⟩ **0.3** [het vervangen] *substitution* ◆ **2.1** (buiten)zintuiglijke ~ *(extra)sensory perception* **3.2** ⟨wet.⟩ ~ en doen *make/carry out observations* **6.1** uit eigen ~ *from one's own observation(s).*

waarnemingsvermogen 0.1 *powers of observation* ⇒⟨zintuiglijk⟩ *powers of perception.*

waarom¹ ⟨het⟩ **0.1** *why.*

waarom² ⟨bw.⟩ **0.1** [vragend] *why* ⇒⟨inf.⟩ *what ... for* **0.2** [betrekkelijk] *why* ⇒⟨inf.⟩ *(which/that) ... for* **0.3** [onbepaald] *for whatever* ⇒⟨inf.⟩ *whatever ... for* ◆ **1.2** de reden ~ hij het deed *the reason (why/that) he did it* **3.1** ~ denk je dat? *why do you/what makes you think so?* **5.1** ~ toch? *but why, whatever for?* ¶**.1** ~ in vredesnaam? *why on earth/for goodness' sake?*

waaromheen 0.1 [vragend] *what ... (a)round* **0.2** [betrekkelijk] *(a)round which* ◆ **1.2** een huis ~ een tuin *a house with a garden around it/surrounded by a garden.*

waaronder 0.1 [vragend] *what ... under/among;* ⟨fig.⟩ *among what* **0.2** [betrekkelijk]⟨plaats⟩ *under which;* ⟨fig.⟩ *among which;* ⟨inf.⟩ *(which/that) ... under/among;* *including* **0.3** [onbepaald] *under whatever;* ⟨inf.⟩ *whatever ... under* ◆ **1.2** de boom ~ wij zaten *the tree under which we were sitting/(that/which) we were sitting un-*

der; hij had een schat van boeken, ~ de meest zeldzame *he had a wealth of books, including some very rare ones* **3.3** ~ hij ook keek, hij vond het niet *whatever he looked under, he couldn't find it.*

waarop 0.1 [vragend] *what ... on/for* ⟨enz.⟩ ⇒*where* **0.2** [betrekkelijk; op welke] *(which/that) ... on/in/by/to* **0.3** [betrekkelijk; na welke] *to which* **0.4** [onbepaald] *whatever ... on* ◆ **1.2** de dag ~ hij aankwam *the day (on which) he arrived;* de manier ~ beviel me niet *I didn't like the way (in which) it was done;* op het tijdstip ~ *at the time that* **3.3** ~ ik antwoordde dat *... to which I replied ...*

waarover 0.1 [vragend] *what ... over/about/across* **0.2** [betrekkelijk] *(which/that) ... over/about/across* **0.3** [onbepaald] *whatever ... about* ◆ **1.2** de zaak ~ ik gesproken heb *the matter I've spoken of/about,* the matter of/about which I've spoken **3.1** ~ gaat het? *what is it about?* **3.3** ~ de discussie dan ook gaat, ... *whatever the discussion is about, ...*

waarschijnlijk 0.1 [vermoedelijk, te verwachten] *probable* ⇒⟨bn. en bw.⟩ *likely* ◆ **1.1** de (meest) ~ e opvolger *the (most) likely successor* **3.1** het gaat ~ regenen *it's probably going to rain;* dat lijkt mij heel ~ *that seems quite likely to me* **5.1** ~ wel/niet *probably (not), I suppose so/not;* ze komen zeer ~ met de auto ⟨inf.⟩ *as like as not they'll come by car; they'll very likely come by car* **8.1** het is ~ dat *the chances are that;* het is niet (erg) ~ dat hij komt *he is not (very) likely to come* ¶**.1** meer dan ~ *more than likely.*

waarschijnlijkheid 0.1 *probability, likelihood* ⇒*odds* ◆ **2.1** ⟨wisk.⟩ de wiskundige ~ v.e. gebeurtenis *the mathematical p. of (occurrence of) an event* **6.1** met (een) aan zekerheid grenzende ~ zullen ze winnen *the odds/chances are very high that they will win;* **naar** alle ~ *in all p./l.*

waarschijnlijkheidsrekening 0.1 ⟨wisk.⟩ *calculus of probability* ⇒*theory of probabilities/chances.*

waarschuwen 0.1 [opmerkzaam maken] *warn* ⇒*alert* **0.2** [verwittigen] *warn* ⇒*notify* **0.3** [dreigend vermanen] *warn* ⇒*caution* ◆ **1.2** een dokter laten ~ *call a doctor;* de politie ~ *call/notify the police* **3.2** iem. ~ weg te blijven *w./tell s.o. to stay away* **3.3** iem. ~ iets niet te doen *warn s.o. not to do sth.* **4.1** ik heb je gewaarschuwd *I've given you fair warning, I told you so* **4.3** ik waarschuw je voor de laatste maal *I'm telling you for the last time* **5.3** iem. ernstig ~ *give s.o. a serious warning* **6.1** iem. **voor** een gevaar ~ *warn s.o. of/alert s.o. to a danger;* men heeft mij **voor** hem gewaarschuwd *I've been warned about him* ¶**.3** wees gewaarschuwd *you've been warned.*

waarschuwing 0.1 [handeling] *warning* **0.2** [vermaning] *warning* ⇒*caution* ⟨ook sport⟩, ⟨mbt. betaling⟩ *reminder,* ⟨opschrift⟩ *notice* ◆ **2.2** ⟨sport⟩ een officiële ~ krijgen *be booked/cautioned* **6.1** zonder ~ *vooraf without previous w.* ¶**.2** een ~ ter harte nemen *take a w. to heart;* Waarschuwing! Zeer brandbaar! *Caution! Highly flammable!*

waarschuwingsknipperlichten 0.1 *hazard (warning) light.*

waarschuwingsschot 0.1 *warning shot.*

waartegen 0.1 [vragend] *what ... against/to* ⟨enz.⟩ **0.2** [betrekkelijk] *against/to which;* ⟨inf.⟩ *(which/that) ... against/to* **0.3** [onbepaald] *whatever ... against/to* ◆ **1.2** een muur ~ een ladder staat *a wall against which a ladder is standing, a wall with a ladder against it;* een raad ~ niets in te brengen valt *a piece of advice to which no objections can be made* **3.1** ~ helpt dit middel? *what is this medicine for?*

waartoe 0.1 [vragend] *what ... for/to* ⟨enz.⟩; *why* **0.2** [betrekkelijk] *(which/that) ... for/to* **0.3** [onbepaald] *what-*

ever ... for/to ◆ **3.1** ~ dient het? ⟨lett.⟩ *what is it for?;* ⟨fig.⟩ *to what purpose?;* ~ zijn wij op aarde? *why are we here?* **3.2** men weet niet ~ de armoede iem. brengen kan *people don't know what poverty can reduce you to/to what poverty can reduce you* ¶**.2** laten zien ~ men in staat is *show what one is capable of.*

waartussen 0.1 [vragend] *what ... between/among/from* ⟨enz.⟩ **0.2** [betrekkelijk] *between/among/from which;* ⟨inf.⟩ *(which/that) ... between/among/from* **0.3** [onbepaald] *whatever ... between/among/from* ◆ **3.1** ~ moeten wij kiezen? *what are we (supposed) to choose between* ⟨uit twee⟩ */from* ⟨uit drie of meer⟩ *?*

waaruit 0.1 [vragend] *from what* **0.2** [betrekkelijk] *from which* ◆ **3.1** ~ bestaat het toestel? *what does the apparatus consist of?*

waarvan 0.1 [vragend] *what ... from/of* ⟨enz.⟩ **0.2** [betrekkelijk] *(which/that) ... from; of whom* ⟨met persoonlijk antecedent⟩; *whose* **0.3** [onbepaald] *whatever ... from* ◆ **1.2** 100 academici, ~ ongeveer de helft chemici *100 graduates, of whom about half are chemists;* een gelegenheid ~ ieder gebruik zal maken *an opportunity of which everybody will make use/(that) everybody will seize;* op grond ~ *on the basis of which;* medeklinkers ~ het eerste deel stemloos is ⟨ook⟩ *consonants whose first portions are voiceless;* dat is een onderwerp ~ hij veel verstand heeft *that is a subject he knows a lot about* **3.1** ~ maakt hij dat? *what does he make that of/from?; of/from what does he make that?*

waarvandaan 0.1 [vragend] *where ... from* **0.2** [betrekkelijk] *(which/that) ... from* **0.3** [onbepaald] *wherever ... from.*

waarvoor 0.1 [vragend; voor wat?] *what ... for/about* ⟨enz.⟩ **0.2** [inf.; vragend; waarom?] *what ... for* **0.3** [betrekkelijk] *(which/that) ... for* **0.4** [onbepaald] *whatever ... for* ◆ **3.1** ~ dient dat? *what's that for?* **3.2** ~ doe je dat? *what are you doing that for?* **3.3** een gevaar ~ ik u gewaarschuwd heb *a danger I warned you about;* iets ~ hij een vermogen over heeft *sth. for which he is prepared to spend a fortune/ (that) he is prepared to spend a fortune for.*

waarzeggen 0.1 *tell fortunes.*

waarzegger, -ster 0.1 *fortune-teller.*

waas 0.1 *haze* ⇒⟨fig.⟩ *air, aura, film* ◆ **1.1** ⟨fig.⟩ een ~ van geheimzinnigheid *a shroud of secrecy* **2.1** een lichte ~ *a faint shimmer* **6.1** ⟨fig.⟩ **in** een ~ van geheimzinnigheid gehuld *shrouded in mystery;* alles **in** een ~ zien *see everything through a h./mist;* het is of er een ~ **over** dat schilderij ligt *it's as though there's a film over that painting;* een ~ **voor** de ogen krijgen *get a mist/h. before one's eyes.*

wacht I ⟨de (m.)⟩ **0.1** [wachter] *watchman* ⇒⟨mil.⟩ *sentry, guard;*
II ⟨de⟩ **0.1** [het waken] *watch* ⇒⟨ihb. van dief⟩ *look-out* **0.2** [tijd] *watch* ⇒*duty* **0.3** [personen] ⟨ook scheep.⟩ *watch* ⇒ *guard* ◆ **1.1** ⟨mil.⟩ officier v.d. ~ *duty officer* **3.1** de ~ betrekken *mount guard;* ⟨de⟩ ~ houden *be on/stand guard* **3.3** de ~ aflossen ⟨ook fig.⟩ *change guard;* ~ en uitzetten *post guards/sentries* **3.**¶ iem. de ~ aanzeggen *give s.o. a warning/talking to* **6.1** ⟨nachtdienst in ziekenhuis⟩ **in** de ~ zijn/zitten *be on/have duty* **6.**¶ iets **in** de ~ slepen *carry off/pocket/bag sth.*

wachtcommandant 0.1 ⟨mil.⟩ *duty officer;* ⟨marine⟩ *officer of the watch;* ⟨politie⟩ *station sergeant.*

wachten I ⟨onov.ww.⟩ **0.1** [ergens blijven] *wait* ⇒*stay* **0.2** [afwachten] *wait* ⇒*await* **0.3** [niet afgehandeld worden; niet beginnen] *wait* **0.4** [in het vooruitzicht staan] *wait* ⇒ *await (s.o.), be in store for (s.o.)* ◆ **1.2** een rij ~ den *a*

*queue/*ᴬ*line* **1.4** de vinder wacht een beloning *the finder can expect a reward;* de dader wacht een straf *the culprit is due for punishment;* er wachtte hem een onaangename verrassing *there was an unpleasant surprise in store for him* **3.2** iem. laten ~ *keep s.o. waiting;* het antwoord liet niet lang op zich ~ *the answer was not long in coming* **3.4** er staan ons moeilijke tijden te ~ *difficult times lie ahead of us* **5.2** als je denkt dat ..., dan kun je lang ~ *if you think that ..., you can go on thinking* **5.3** je moet er niet te lang mee ~ *don't put it off too long;* wacht even *w. a minute/ moment;* dat kan wel ~ *that can w., it'll keep* **5.¶** wacht maar jij! *(just) you wait!* **6.1 op** de bus ~ *w. for the bus* **6.2** ~ **op** een goede gelegenheid *w. for a good opportunity;* waar wacht je nog op? *what are you waiting for?;* met smart **op** iets zitten ~ *await sth. anxiously;* (iron.) daar zit ik nou nét **op** te wachten *that's all I need;* hij liet lang **op** zich ~ *he kept us/me waiting a long time;* **op** zijn beurt ~ *await one's turn* **6.3** ze wachtten **met** het eten tot iedereen er was *they waited with dinner until everyone was there;* brieven die **op** een antwoord ~ *letters awaiting an answer;* wacht tot het laatste ogenblik *don't leave it till the last minute* **7.2** het ~ is op John *it's John we're waiting for* **¶.2** (telefoon) er zijn nog drie ~ den voor u *hold the line, there are three before you;* **II** (wk.ww.; zich ~) **0.1** [oppassen] *be on one's guard* ⇒ *look out for, beware of* ♦ **5.1** zich ervoor ~ te ... *take care not to ...* **6.1** wacht u **voor** de hond! *beware of the dog!;* wacht u **voor** zakkenrollers! *beware of pickpockets.*
wachter 0.1 *guard(sman)* ⇒ *watchman.*
wachtgeld 0.1 [uitkering aan een ambtenaar / uit het fonds v.e. bedrijfsvereniging] *reduced pay* **0.2** [voorlopige bezoldiging] *retainer, retaining fee* ♦ **6.1** iem. **op** ~ stellen *±put s.o. on r. p.;* **op** ~ komen *±be put on r. p.*
wachthokje 0.1 *shelter.*
wachthuisje 0.1 [abri] *(bus/tram) shelter* **0.2** [schildwachthuisje] *sentry box.*
wachtkamer 0.1 [kamer waar men kan wachten] (ook op station) *waiting room* **0.2** [kamer waar de wacht vertoeft] *guardroom* ♦ **6.¶** (luchtv.) in de ~ zitten *be in the stack.*
wachtlijst 0.1 *waiting list* ♦ **6.1** op een ~ staan *be on a w. l.;* een ~ **van** drie maanden *a three-month w. l.*
wachtlopen 0.1 *be on patrol/(guard) duty.*
wachtmeester 0.1 [mil.] *sergeant* **0.2** [rang bij de rijkspolitie] *(police) sergeant.*
wachtpost 0.1 [plaats] *watch/sentry/guard post* **0.2** [persoon] *sentry.*
wachtstreep 0.1 *line.*
wachttijd 0.1 *wait* ⇒ *waiting period, delay* (aan de grens).
wachttoren 0.1 *watchtower.*
wachtwoord 0.1 [herkenningswoord] *password* ⇒ (mil.) *countersign / -signal,* (fig.) *shibboleth* **0.2** [devies] *catchword* ⇒ *watchword,* (politiek) *slogan* **0.3** [dram.] *cue.*
wachtzuster 0.1 *night nurse.*
wad 0.1 [doorwaadbare plaats] *(mud) flat(s)* ⇒ *shallow(s), ford* (in een rivier) ♦ **7.¶** de Wadden *the (Dutch) Wadden.*
Waddeneiland 0.1 *(West) Frisian island.*
waden 0.1 *wade.*
wadjan 0.1 *wok.*
waf 0.1 *woof* ♦ **¶.1** ~! ~! *woof-woof, bow-wow.*
wafel 0.1 [soort koek] (zacht) *waffle* ⇒ (knapperig) *wafer* **0.2** [figuur, patroon] *diamond* **0.3** → **waffel.**
wafelijzer 0.1 *waffle/wafer iron.*
waffel (inf.) **0.1** *trap* ♦ **3.1** hou toch je ~ *shut your t. /gob.*
wagen¹ (de) **0.1** [voertuig] (boeren / circus / goederenwagen) *wa(g)gon;* (door hond / paard / hand getrokken) *cart* ⇒

(bestel / goederenwagen) *van,* (poppen / kinderwagen) *pram* **0.2** [auto] *car* **0.3** [mbt. een schrijfmachine] *carriage* ♦ **2.2** luxe ~ ᴮ*saloon,* ᴬ*sedan* **6.2 met** de ~ komen *come by c.*
wagen² I (ov.ww.) **0.1** [op het spel zetten] *risk* **0.2** [durven te ondernemen] *venture* ⇒ *dare* ♦ **1.2** een gokje ~ *v. a small bet;* zijn kans ~ *try one's luck;* een poging ~ *have a go/try at sth.* **5.1** het erop ~ *chance/r. it* **5.2** waag het eens! *just you dare!* **6.2** waag het niet **om** te lachen *don't you dare laugh* **6.¶ aan** elkaar gewaagd zijn *be well matched* **¶.1** (sprw.) wie niet waagt, die niet wint *nothing ventured, nothing gained;* **II** (wk.ww.; zich ~) ♦ **5.¶** daar waag ik me niet aan (mbt. voorspelling) *you won't catch me sticking out my neck;* (mbt. taak) *I think I'll steer clear of that one;* (dat doe ik niet) *you won't catch me doing that* **6.¶** zich **aan** iets ~ *venture to do sth.;* zich **aan** een voorspelling ~ *hazard a prophecy;* zich **op** het ijs ~ *venture onto the ice.*
wagenbegeleider 0.1 ±*public transport worker* ⇒ ±*ticket collector.*
wagenmenner 0.1 *wag(g)oner* ⇒ *driver,* (gesch.) *charioteer.*
wagenpark 0.1 *fleet (of cars/vans/taxis/buses).*
wagenspel (lit., gesch.) **0.1** *pageant-play.*
wagentje 0.1 [winkel / thee / bagagewagentje] ᴮ*trolley,* ᴬ*(push) cart* **0.2** [golfwagentje] ᴮ*caddy/*ᴬ*caddie cart.*
wagenwijd 0.1 *wide open.*
wagenziek 0.1 *carsick.*
waggelen 0.1 [zich wankelend voortbewegen] *totter* ⇒ *stagger,* (van eend, dikke mensen) *waddle,* (van klein kind) *toddle* **0.2** [wankelen] *wobble* ♦ **1.2** deze stoel waggelt *this chair wobbles* **6.1** de eend waggelde **naar** de overkant *the duck waddled to the other side.*
wagon 0.1 [spoorwagen] *(railway) carriage* (voor reizigers); (voor vracht, open) *wag(g)on;* (voor vracht, gesloten) *van* **0.2** [lading] *wag(g)onload.*
wagonlading 0.1 *wag(g)onload* ♦ **1.1** een ~ steenkolen *a w. of coal* **6.1 met** ~ en tegelijk *by the w.*
wak 0.1 *hole* ♦ **2.1** dichte ~ ken *spots with weak/thin ice;* een open ~ *an ice-hole* **6.1** hij zakte in een ~ en verdronk *he fell through the thin ice and drowned*
wake → **waak.**
waken 0.1 [opzettelijk wakker blijven] *watch* ⇒ *keep watch, stay awake* **0.2** [het oog houden op] *watch* ⇒ *guard* ♦ **3.1** tussen slapen en ~ *between sleep and waking* **5.2** ervoor ~ dat iets gebeurt *make sure sth. does not happen* **6.1 bij** een zieke ~ *sit up with an ill person;* **bij** een lijk ~ *keep watch over a corpse* **6.2 over** iemands eigendommen ~ *guard s.o.'s property;* ~ **tegen** misbruik *guard against misuse* **¶.1** om de beurt ~ *keep watch in turns.*
waker 0.1 *watchman* ⇒ *guard.*
wakker 0.1 [niet slapend] *awake* **0.2** [monter, kwiek] *alert* ♦ **3.1** (fig.) ze moeten eens flink ~ geschud worden *they need a thorough shake-up;* (fig.) daar lig ik niet van ~ *I'm not going to lose any sleep over it;* (fig.) iets bij iem. ~ maken *stir sth. up in s.o.;* waken s.o. to sth. (iets nieuws); ~ schrikken *wake up with a start;* iem. ~ schudden *shake s.o. awake;* iem. uit zijn droom ~ schudden (ook) *rouse s.o. from his dream;* ~ worden *wake up;* (fig.) sit up and take notice **5.1** hij is nog niet goed ~ *he's not quite a. yet;* klaar ~ *wide-awake.*
wal 0.1 [ophoping van grond] *wall* ⇒ (mbt. vesting, meestal mv.) *wall* **0.2** [kade] *quay(side)* ⇒ *waterside* **0.3** [het vaste land] *shore* **0.4** [verdikking] *bag* (onder ogen) ♦ **2.2** aan lager ~ geraken (lett.) *be borne down on*

the lee shore; ⟨fig.⟩ *come down in the world, go to seed;* aan lager ~ zijn/zitten *be down and out* **3.1** een ~ opwerpen ⟨lett.⟩ *throw up an e.;* ⟨fig.⟩ *put up a barrier* **6.2** het schip ligt **aan** de ~ *the ship is in the harbour/in dock;* **aan** de ~ *on shore;* **tussen** ~ en schip vallen *fall between two stools;* **van** ~ steken ⟨lett.⟩ *push off;* ⟨fig.⟩ *push off, go ahead, proceed;* iem. **van** de ~ in de sloot helpen *get s.o. out of the frying pan into the fire;* steek maar eens **van** ~! *fire away!, go ahead!* **6.3 aan** ~ gaan *go ashore;* **aan** ~ brengen *land, bring (sth./s.o.) ashore* **7.1** van twee ~letjes eten *have one's cake and eat it* **7.¶** de ~letjes *the red-light district* **¶.2** ⟨fig.⟩ dan moet de ~ het schip maar keren *things will run their course, but then there will be a price to pay.*

waldhoorn 0.1 *French horn.*

walen ⟨scheep.⟩ **0.1** *rotate.*

walgelijk 0.1 *disgusting* ⇒*revolting* ♦ **1.1** een ~e stank *a nauseating stench* **2.1** ~ eigenwijs *disgustingly conceited/pig-headed;* ~ rijk *stinking rich.*

walgen 0.1 [fysieke afkeer voelen] *be nauseated* **0.2** [fig.] *be disgusted* ⇒*be revolted* ♦ **3.1** de reuk van dat eten deed me ~ *the smell of that food nauseated me* **5.2** ik walg ervan *it turns my stomach* **6.2 van** iem. ~ *be disgusted by s.o.;* ik walg **van** die man *that man disgusts/sickens me.*

walging 0.1 *disgust* ⇒*revulsion, nausea* ♦ **5.1** zich vol ~ van iets afwenden *turn away from sth. in d./revulsion.*

walhalla 0.1 ⟨ook fig.⟩ *Valhalla.*

walkant 0.1 *quayside* ⇒*waterside.*

wallingant 0.1 ⟨*fighter for Walloon*⟩.

Wallonië 0.1 *the Walloon provinces in Belgium.*

walm 0.1 *(thick/dense) smoke.*

walmen 0.1 *smoke.*

walnoot 0.1 *walnut.*

walrus 0.1 *walrus.*

wals 0.1 [pletrol] *roller* **0.2** [toestel met pletrollen]⟨wegwals⟩ *steam/roadroller;* ⟨voor metalen, plastic, leer⟩ *(rolling) mill* **0.3** [dans] *waltz* ♦ **2.3** Engelse/Weense ~ *English/Viennese w.*

walsen I ⟨onov.ww.⟩ **0.1** [de wals dansen] *waltz* **0.2** [+ over; het onderspit doen delven] *steamroller* ♦ **6.2** ⟨sport⟩ over de tegenstander heen ~ *s. the opponent;*
II ⟨ov.ww.⟩ **0.1** [met een wals pletten] *roll, steamroller* ⟨een wegdek⟩; *roll* ⟨metaal, plastics, leer⟩ ♦ **1.1** metaal tot platen en profielen ~ *roll metal into sheets and sections.*

walserij 0.1 *rolling mill.*

walsstaal 0.1 *rolled steel.*

walvis 0.1 *whale* ♦ **2.1** Groenlandse ~ *Greenland (right) w., bowhead (w.);* witte ~ *white w., bel(o)uga.*

walvistraan 0.1 *whale/train oil.*

walvisvaarder, walvisjager 0.1 [schip] *whaler* ⇒*whaling vessel* **0.2** [persoon] *whaler* ⇒*whale fisher/hunter.*

walvisvaart 0.1 *whaling, whale fishing.*

walvisvangst 0.1 *whaling.*

wambuis 0.1 *jerkin* ⇒*doublet,* ⟨scheep.⟩ *monkey jacket,* ⟨scheep.⟩ *pea jacket.*

wan 0.1 *winnow.*

wanbegrip, wanbesef 0.1 *fallacy* ⇒*misconception, wrong/false idea* ♦ **3.1** getuigen van ~ *show a lack of understanding.*

wanbeheer 0.1 *mismanagement.*

wanbeleid 0.1 *mismanagement* ⇒*misgovernment* ♦ **3.1** een ~ voeren *mismanage the business, misgovern the nation.*

wanbetaler 0.1 *defaulter.*

wanbetaling 0.1 *default* ⇒*non-payment* ♦ **6.1** bij ~ *in d. of payment.*

wand 0.1 [muur] *wall* ⇒*face* ⟨van rots⟩, *side* ⟨van schip, doos, vat enz.⟩, ⟨tech.; buitenwand⟩ *skin* ⟨van oven, geleider, vliegtuig⟩ **0.2** [omsluiting] *wall* ⟨ook biol., med.⟩ **0.3** [scheep.; tussenschot] *bulkhead* ♦ **1.2** de ~ v.e. ader *the w. of an artery* **2.2** een buis met dikke ~en *a thick-walled tube.*

wandaad 0.1 *outrage* ⇒*misdeed.*

wandbekleding 0.1 *wall covering.*

wandcontactdoos 0.1 *(wall) socket.*

wandel 0.1 *walk* ♦ **2.1** dat is een hele ~ *that is quite a w.* **6.1** hij is **aan** de ~ *he is/has gone out for a w.*

wandelaar, -ster 0.1 *walker* ⇒*hiker* ⟨grote afstanden⟩.

wandelen 0.1 *walk* ⇒⟨lang, vnl. buiten⟩ *ramble,* ⟨trekken⟩ *hike* ♦ **1.1** een eindje ~ *go for/take a short walk* **3.1** met de kinderen gaan ~ *take the children for a walk* **5.1** wat heen en weer ~ *w. up and down.*

wandelend 0.1 *walking* ♦ **1.1** de Wandelende Jood *the Wandering Jew;* een ~e nier *a floating kidney;* een ~ woordenboek *a w. dictionary.*

wandelgang 0.1 *lobby* ⇒⟨fig. vaak mv.⟩ *corridor* ♦ **6.1** in de ~en v.d. Kamers *in the corridors of Parliament;* praatje in de ~en *corridor chat;* ik hoorde het **in** de ~en ⟨fig.⟩ *I just picked up some gossip.*

wandeling 0.1 [keer dat men wandelt] *walk* ⇒⟨uitstapje⟩ *ramble,* ⟨sport⟩ *hike* **0.2** [afstand] *walk* ♦ **2.2** dat is een flinke ~ *that's quite a w.* **3.1** een ~ maken *go for/take a w.* **6.¶ in** de ~ bekend als ... *popularly known as ...*

wandelkaart 0.1 [kaart met de wandelwegen] *walking map* ⇒⟨voor trekkers⟩ *hiking map* **0.2** [vergunning] *walking/hiking permit.*

wandelpad 0.1 *footpath.*

wandelpier 0.1 *promenade pier.*

wandelschoen 0.1 ⟨hoog of zwaar⟩ *walking/hiking boot;* ⟨lichte, gewone schoen⟩ *walking/hiking shoe.*

wandelsport 0.1 *hiking.*

wandelstok 0.1 *walking-stick.*

wandeltocht 0.1 *walking tour* ⇒*hike, ramble* ♦ **3.1** een ~ maken *go on a walk/hike.*

wandelwagen 0.1 ⟨BE⟩ *buggy, pushchair;* ᴬ*stroller.*

wandkast 0.1 *wall cabinet;* ⟨ingebouwd⟩ *built-in cupboard.*

wandkleed 0.1 *tapestry* ⇒*wall hanging(s).*

wandluis 0.1 *bedbug.*

wandmeubel 0.1 *wall unit.*

wandrek 0.1 ⟨mv.⟩ *wall bars.*

wandtapijt 0.1 *tapestry* ⇒*wall hanging(s).*

wandtegel 0.1 *wall tile.*

wanen 0.1 *imagine, think* ♦ **2.1** iem. dood ~ *t. that s.o. is dead* **4.1** wij waanden ons in het paradijs *we seemed to be in paradise;* zich gelukkig ~ *think o.s. happy.*

wang 0.1 *cheek* ♦ **2.1** blozende ~en *rosy cheeks;* bolle ~en *round/chubby cheeks;* ingevallen/behaarde ~en *sunken/hairy cheeks;* met rode ~en *red-cheeked* **3.1** iem. de andere ~ toekeren *turn the other c.* **6.1** iem. een kneepje **in** de ~ geven *pinch s.o.'s c.;* kuiltjes **in** de ~en *dimpled cheeks;* tranen liepen **over** haar ~en *tears were rolling down her cheeks.*

wangedrag 0.1 *misbehaviour;* ⟨formeel⟩ *misconduct.*

wangedrocht 0.1 *monster, monstrosity.*

wangzak 0.1 *pouch.*

wanhoop 0.1 [radeloosheid] *despair* ⇒*desperation* **0.2** [iets wanhopigs] *despair* ♦ **2.1** diepe ~ *black despair* **3.2** een ~ zijn voor iem. *be s.o.'s despair* **6.1** met ~ vervullen *dismay, fill (s.o.) with despair;* iem. **tot** ~ brengen *drive s.o. to distraction* **¶.1** de ~ nabij zijn *be on the verge of despair.*

wanhoopsdaad 0.1 *act of despair, desperate act.*
wanhoopskreet 0.1 *cry of despair.*
wanhopen 0.1 *despair* ◆ 3.1 zij begonnen te ~ *they started to get desperate, they began to d.* 6.1 ~ **aan** *d. of* ¶.1 er aan ~ iets te kunnen doen *d. of being able to do sth./ to help.*
wanhopig 0.1 *desperate* ⇒*despondent, despairing* ◆ 1.1 't is een ~e boel in dat gezin *it's a pretty hopeless mess in that family;* ~e gebaren *desperate/despairing gestures;* een laatste ~e poging *a last desperate attempt;* ~e pogingen *desperate/frantic efforts* 3.1 iem.~ maken *drive s.o. to despair;* zich ergens ~ aan vastklampen *hang on to sth. like grim death;* zij wachtten ~ op hulp *they were desperate for help;* ~ worden *get/become desperate;* ~ zijn *be in despair, be desperate/despondent/frantic;* ~ zoeken naar iets *look desperately for sth.*
wankel 0.1 〈ook fig.〉 *shaky* ⇒*unstable* ◆ 1.1 iets op een ~e basis bouwen *build sth. on an unstable basis;* ~ evenwicht *s. balance;* ~e schreden *tottering/faltering steps;* ~e stoelen *rickety chairs;* die tafel is nogal ~ *that table is unstable* 3.1 ~ op de benen staan *be unsteady on one's legs.*
wankelen 0.1 [onvast zijn; waggelen] *stagger* ⇒*wobble* 0.2 [weifelen] *waver (between)* ⇒*falter* ◆ 6.1 hij wankelt **naar** de deur *he staggers to the door* 6.2 mijn principes zijn **aan** het ~ gebracht *my principles have been shaken.*
wankeling 0.1 [keer dat men wankelt] *stagger* ⇒*sway* 0.2 [aarzeling] *waver.*
wankelmoedig 0.1 *unstable* ⇒*irresolute, wavering.*
wanklank 0.1 *dissonance, discord(ance)* 〈ook fig.〉 ⇒*cacophony, jarring/false note.*
wanneer[1] 〈bw.〉 0.1 *when* ◆ 3.1 ~ komt de trein? *when does the train arrive?* 5.1 ~ dan ook *whenever.*
wanneer[2] 〈vw.〉 0.1 [als] *when* 0.2 [indien] *if* 0.3 [telkens als] *whenever* ⇒*if* ◆ ¶.1 ~ de zon ondergaat, wordt het koel *when the sun sets, it gets cooler* ¶.2 hij zou beter opschieten, ~ hij meer zijn best deed *he would make more progress if he worked harder* ¶.3 (altijd) ~ ik oesters eet, word ik ziek *whenever I eat oysters, I get ill.*
wanorde 0.1 *disorder* ⇒*disarray* ◆ 2.1 de keuken was in de grootste ~ *the kitchen was in a pretty mess* 6.1 het leger vluchtte **in** ~ *the army fled in disarray;* zijn zaken **in** ~ achterlaten *leave one's affairs in a mess.*
wanordelijk 0.1 *disorderly* ◆ 1.1 ~ haar *d./tangled hair.*
wanordelijkheid 0.1 [chaos] *disorderliness* ⇒〈wanorde〉 *confusion, chaos* 0.2 [mv.; relletjes] *riots, disorders.*
wanprestatie 0.1 *failure* ⇒〈vnl. jur.〉 *default.*
wanproduct 0.1 *failure* ⇒*monstrosity.*
wanruimte 0.1 *dead space* ⇒〈scheep. ook〉 *dead freight.*
wansmaak 0.1 *bad taste.*
wanstaltig 0.1 *misshapen* ⇒*deformed.*
want[1] **I** 〈de〉 0.1 [handschoen] *mitt(en);*
II 〈het〉 0.1 [touwwerk] *rigging* 0.2 [vistuig] *(fishing) nets* ◆ 3.1 staand en lopend ~ *standing and running r.*
want[2] 〈vw.〉 0.1 *because* ⇒*as, for.*
wanten ◆ 6.¶ hij weet **van** ~ *he knows the ropes/ what's what.*
wantoestand 0.1 *abuse* ◆ ¶.1 ten hemel schreiende ~ *crying a.*
wantrouwen[1] 〈het〉 0.1 *distrust* ⇒*suspicion* ◆ 1.1 een motie van ~ *a motion of no-confidence;* een sfeer van ~ *an atmosphere of d.* 3.1 diep ~ koesteren jegens 〈iem.〉 *have a profound d. of (s.o.);* ~ wekken *arouse suspicion* 6.1 uit ~ *out of d.*
wantrouwen[2] 〈ov.ww.〉 0.1 *distrust* ⇒*mistrust.*
wantrouwend 0.1 *suspicious (of)* ⇒*distrustful* ◆ 3.1 iem.~ aanzien *look at s.o. with suspicion;* ~ tegenover iem. staan

---

look (up)on s.o. with distrust; we stonden ~ tegenover zijn aanbod *we were s. of his offer.*
wantrouwig 0.1 *suspicious* ◆ 3.1 iets ~ gadeslaan *look askance at sth.* ¶.1 ~ van aard *have a s. nature.*
wanverhouding 0.1 *disproportion* ⇒*imbalance, discrepancy* ◆ 6.1 er bestaat een ~ **tussen** het door hem verrichte werk en zijn salaris *there is a discrepancy between the work he does and his salary.*
WAO 0.1 [Wet op de Arbeidsongeschiktheidsverzekering] *Disability Insurance Act.*
WAO-uitkering 0.1 *disablement insurance benefit.*
wapen 0.1 [strijdwerktuig] *weapon* ⇒〈mv. vaak〉 *arms* 0.2 [herald.] *(coat of) arms* ◆ 2.1 blanke ~s *cold steel;* iem. met zijn eigen ~s bestrijden 〈fig.〉 *fight s.o. with his own weapons;* geleide ~s *guided missiles* 2.2 het Koninklijke Wapen *the Royal Arms;* het Nederlandse ~ *the Dutch coat of arms* 3.1 hij gaf zijn critici een ~ in handen *he gave a handle to his critics;* naar de ~s grijpen *take up arms;* de ~s neerleggen *lay down arms;* iem. de ~s uit handen slaan *disarm s.o.;* 〈fig. ook〉 *take the wind out of s.o.'s sails* 6.1 **met** de ~s in de hand *arms at the trail;* **onder** de ~en komen *go into/join the army;* **onder** de ~en zijn *bear arms, be in the army;* iem. **onder** de ~en roepen *call up/conscript s.o.;* **te** ~! *to arms!* 6.2 een leeuw **in** zijn ~ voeren *bear a lion in one's coat of arms.*
wapenbeheersing 0.1 *arms control.*
wapenbeperking 0.1 *arms limitation.*
wapenbezit 0.1 *possession of (fire)arms/weapons.*
wapenbroeder 0.1 *brother in arms* ⇒*comrade in arms.*
wapenembargo 0.1 *arms embargo.*
wapenen 0.1 [bewapenen] *arm* 0.2 [versterken] *arm* ⇒*armour* 〈glas〉, *reinforce* 〈beton〉 ◆ 4.1 zich ~ (met een pistool/stok) *arm o.s. (with a gun/stick)* 4.2 zich ~ tegen de kou *arm o.s. against the cold* 6.2 〈fig.〉 zijn hart **tegen** de verleiding ~ *arm one's heart against temptation.*
wapenfabriek 0.1 *arms factory* ⇒*munitions factory.*
wapenfeit 0.1 [oorlogsdaad] *feat of arms* ⇒*warlike deed* 0.2 [heldendaad, prestatie] *feat* ⇒*(heroic) deed.*
wapengekletter 0.1 *clang/clash of arms* ⇒〈als dreiging vnl.〉 *sabre rattling* ◆ 6.1 〈fig.〉 **met** ~ dreigen *rattle the sabre.*
wapengeweld 0.1 *force of arms* ◆ 6.1 **met** ~ *by force of arms.*
wapenhandel 0.1 *arms traffic/trade* ◆ 2.1 verboden ~ *illegal a. t., gunrunning.*
wapenindustrie 0.1 *arms industry* ⇒*weapons industry.*
wapenkunde 0.1 *heraldry.*
wapenmagazijn 0.1 *arsenal* ⇒*ordnance/arms depot.*
wapenrok 〈gesch.〉 0.1 *tunic* ⇒*coat of mail* ◆ 3.1 's konings ~ dragen *do military service.*
wapenrusting 0.1 *military equipment* ⇒*weaponry.*
wapenschild 0.1 *(e)scutcheon* ⇒*coat of arms.*
wapensmokkel 0.1 *arms smuggling.*
wapenstilstand 0.1 [staking v.d. vijandelijkheden] *armistice* ⇒〈vnl. tijdelijk〉 *suspension of arms/hostilities, cease-fire* 0.2 [fig.] *truce.*
wapenstok 0.1 ±*baton.*
wapentuig 0.1 *armaments* ⇒*weaponry.*
wapenvergunning 0.1 *firearms/gun licence.*
wapenwedloop 0.1 *arms race.*
wapperen 0.1 [heen en weer waaien]〈haar, vlag〉 *blow, fly, stream* ⇒〈van zeilen, vlag〉 *flap, flutter* 0.2 [mbt. autowielen] *shimmy* ◆ 3.1 laten ~ *fly, blow, stream, wave.*
war 0.1 *tangle* ⇒*muddle, confusion* ◆ 6.1 het garen is **in** de ~ *the string is in a knot/t.;* **in** de ~ zijn *be confused;* 〈euf.〉

hij is een beetje in de ~ *he is not all there;* iem. in de ~ brengen *confuse s.o.;* (in verlegenheid brengen ook) *embarrass s.o.;* plannen in de ~ sturen *upset/foul up s.o.'s plans;* de organisatie liep in de ~ *the organization went off the rails;* mijn spijsvertering is in de ~ *I've got indigestion/stomach trouble;* iemands haar in de ~ maken *tousle/ruffle s.o.'s hair;* iets grondig in de ~ sturen *play havoc among/with sth.;* het weer stuurde onze plannen helemaal in de ~ (ook) *the weather made nonsense of our plans;* alles in de ~ gooien *turn everything topsy-turvy;* iets uit de ~ halen *disentangle/untangle sth.*

waranda 0.1 *veranda(h).*

warboel 0.1 *muddle, mess; tangle* ⟨van draden/haar⟩ ◆ **2.1** alles was er één grote ~ *everything there was one big mess;* het tunnelverkeer is altijd één grote ~ *the tunnel traffic is always absolute chaos.*

warempel¹ ⟨bw.⟩⟨inf.⟩ **0.1** *truly* ⇒*really (and truly).*

warempel² ⟨tw.⟩⟨inf.⟩ **0.1** *truly, really.*

waren¹ ⟨mv.⟩ **0.1** *goods* ⇒*commodities.*

waren² ⟨onov.ww.⟩⟨schr.⟩ **0.1** *wander* ⇒⟨spoken⟩ *haunt* ◆ **6.1** vreemde gedachten waarden haar **door** het hoofd *strange ideas haunted her.*

warencirculatie ⟨ec.⟩ **0.1** *circulation of goods.*

warenhuis 0.1 *(department) store.*

warenonderzoek 0.1 *commodity study* ◆ **2.1** vergelijkend ~ ±*consumer research.*

warhoofd 0.1 *scatterbrain* ◆ **3.1** hij is een ~ *he's really muddleheaded.*

waring ⟨scheep.⟩ **0.1** *gangboard.*

warm I ⟨bn.⟩ **0.1** [met hoge temperatuur] *warm, hot* ◆ **1.1** ~e bronnen *h./thermal springs;* ~ water *h. water* **3.1** ~ eten *h. meal;* het ~ hebben *be w./h.;* ik kreeg het er ~ van ⟨fig.⟩ *it got me in a cold sweat;* ⟨lett.⟩ *it made me hot;* iets ~ maken *heat sth.;* (opwarmen) *heat up sth.;* niet ~ of koud van iets worden *blow neither h. nor cold, be quite indifferent to sth.;* het begon (lekker) ~ te worden in de kamer *the room was warming up* **3.¶** je bent ~! *you are (getting) warm/hot!;* iets ~ houden ⟨fig.⟩ *keep sth. to the fore, keep sth. alive;* ⟨lett.⟩ *keep sth. warm/hot* **4.1** iets ~s sth. *warm/hot (to eat/drink);* **II** ⟨bn., bw.⟩ **0.1** [de warmte vasthoudend] *warm* **0.2** [hartelijk, vurig] *warm* ⇒*warm-hearted, ardent* **0.3** [geestdriftig] *warmed up* ⇒*enthusiastic* **0.4** [aangenaam] *warm* ⇒*pleasant* ◆ **1.1** een ~e jas *a w. coat* **1.2** in ~e bewoordingen *warmly;* iem. zijn ~e dank betuigen *express one's heartfelt thanks to s.o.;* een ~ voorstander van iets zijn *be an ardent/a fervent supporter of sth.* **1.4** een ~e stem *a w./pleasant voice* **3.2** iem. iets ~ aanbevelen *recommend sth. warmly to s.o.* **3.3** ~ lopen voor iets *feel enthusiasm for sth.;* iem. voor iets ~ maken *rouse s.o.'s interest in sth.* **6.4** ~ van toon *in a w./pleasant tone.*

warmbloedig 0.1 [dierk.] *warm-blooded* **0.2** [vurig van temperament] *warm-blooded* ⇒*hot-blooded* ◆ **1.2** een ~ temperament hebben *be warm-/hot-blooded.*

warmdraaien 0.1 ⟨ook fig.⟩ *warm up.*

warmen 0.1 *warm (up)* ⇒*heat (up)* ◆ **1.1** zijn handen/voeten ~ *w. one's hands/feet* **4.1** zich ~ *warm o.s. (up), w. up.*

warming-up ⟨sport⟩ **0.1** *warm-up (exercise).*

warmlopen 0.1 [door wrijving gloeiend worden] *(over)heat* ⇒*become/get hot* **0.2** [veel voelen voor] *have warmed to, feel (great) enthusiasm for (s.o./sth.)* **0.3** [warmdraaien] *warm up* ⇒*become/get warm* **0.4** [sport] *warm up, limber up* ◆ **4.4** zich ~ *warm up* **6.2** hij loopt niet erg warm **voor** het plan *he has not really warmed to the plan.*

warmpjes 0.1 *warmly* ◆ **3.1** ⟨fig.⟩ er ~ bij zitten *be well off.*

warmte 0.1 [eigenschap/toestand van warm te zijn] *warmth, heat* **0.2** [hartelijkheid] *warmth* ⇒*warmheartedness* **0.3** [hartstochtelijkheid] *warmth* ⇒*fervour, passion* **0.4** [meteo., nat.] *heat* ◆ **1.1** de ~ v.d. zon *the w./h. of the sun* **2.4** soortelijke ~ *specific h.* **3.1** ~ (af)geven *give off/emit h.* **6.2** iem. met ~ toespreken *address s.o. warmly* **¶.4** goed/slecht tegen de ~ kunnen *take hot weather well/badly.*

warmtebestendig 0.1 *heat resistant.*

warmtebron 0.1 *source of heat.*

warmtegeleider 0.1 *heat/thermal conductor.*

warmtegevoelig 0.1 *heat sensitive.*

warmte-isolatie 0.1 *heat/thermal insulation.*

warmteleer 0.1 *thermodynamics.*

warmteontwikkeling 0.1 *development of heat.*

warmvoelend 0.1 *warm-hearted.*

warmwaterkraan 0.1 *hot(-water) tap/ᴬfaucet.*

warnet 0.1 [net dat verward is] *tangle* **0.2** [fig.] *crisscross* ⇒*maze* ◆ **1.2** een ~ van adertjes *a c./maze of small veins.*

warrelen 0.1 *whirl* ⇒*reel* ◆ **1.1** ~de sneeuwvlokken *whirling/swirling snow flakes.*

warreling 0.1 *whirl(ing)* ◆ **6.1** ⟨fig.⟩ in een ~ van gedachten *in a whirl of thoughts.*

warrig 0.1 *knotty, tangled* ⇒⟨fig.⟩ *confused, muddled* ◆ **1.1** een ~e massa draden *a whole tangle of threads;* een ~ mens *a scatterbrain.*

wars 0.1 *averse (to)* ◆ **6.1** ~ van vleierij zijn *be a. to flattery.*

Warschau 0.1 *Warsaw.*

Warschaupact 0.1 *Warsaw Pact.*

wartaal 0.1 *gibberish* ⇒*nonsense* ◆ **3.1** ~ spreken *wander, rave;* ⟨van zieke ook⟩ *be delirious;* (er) ~ uitslaan *talk double Dutch/g.*

warwinkel 0.1 *mess, muddle.*

was I ⟨de⟩ **0.1** [het wassen] *wash, washing* **0.2** [wasgoed] *wash, laundry* ⇒*linen* **0.3** [wasbeurt] *wash, washing, laundry* ◆ **2.2** de bonte ~ *the coloured w., the coloureds;* de fijne ~ *the fine/delicate fabrics;* de grote ~ *the main w.;* de schone ~ *clean linen;* de vuile ~ *the dirty linen;* de vuile ~ buiten hangen *wash one's dirty linen in public;* de witte ~ *the whites, the white clothes* **3.2** de ~ ophangen *hang out the w. (to dry)* **3.3** de ~ doen *do the wash/laundry* **6.3** dit goed verkleurt in de ~ *these materials/clothes (will) run in the wash;* iets in de ~ doen *put sth. in the wash* **7.3** zij heeft drie ~sen in de week *she has three loads of washing a week;* **II** ⟨het, de⟩ **0.1** [vettige stof] *wax* ◆ **2.1** slappe ~ *dubbin(g)* **2.¶** goed in zijn/de slappe ~ zitten *have plenty of dough* **6.1** meubels in de ~ zetten *wax furniture* **8.1** ⟨fig.⟩ als ~ (in iemands handen) zijn *be like putty (in s.o.'s hands).*

wasautomaat 0.1 *(automatic) washing machine.*

wasbaar 0.1 *washable.*

wasbak 0.1 *washbasin* ⇒*sink.*

wasbeer 0.1 *rac(c)oon.*

wasbenzine 0.1 *benzine.*

wasbeurt 0.1 *wash, washing.*

wasbord 0.1 *washboard.*

wasdag 0.1 *wash(ing)-day.*

wasdoek 0.1 *oilcloth.*

wasdom 0.1 *growth* ⇒*development* ◆ **2.1** zijn volle ~ bereiken *reach one's full g., reach maturity* **6.1** tot ~ komen *blossom, develop, grow in size.*

wasdroger 0.1 *(tumble) dryer.*

wasecht 0.1 *washable* ⇒*fast(-dyed)* ⟨kleuren⟩.

wasem 0.1 *steam, vapour.*

wasemen 0.1 *steam.*

wasgelegenheid 0.1 [ruimte om zich te wassen] *washing accommodation, bathroom facilities* **0.2** [ruimte om wasgoed te wassen] *laundry.*
wasgoed 0.1 *wash, laundry* ⇒*linen.*
washandje 0.1 *face cloth.*
washok 0.1 *washhouse.*
waskaars 0.1 *wax candle.*
wasknijper 0.1 *clothes-peg.*
waskom 0.1 *washbasin* ⇒*sink.*
waskuip 0.1 *washtub.*
waslijn 0.1 *clothesline.*
waslijst 0.1 ⟨fig.⟩ *shopping list, catalogue* ◆ **2.1** een hele ~ (met) klachten *a whole s. l. of complaints.*
wasmachine 0.1 *(automatic) washing machine* ◆ **6.1** dit kan men in de ~ wassen *this is machine-washable.*
wasmand 0.1 *(dirty) clothes basket.*
wasmiddel 0.1 *detergent* ◆ **2.1** fosfaatarm/fosfaatloos/biologisch afbreekbaar ~ *low-phosphate/non-phosphate/biodegradable d.;* vloeibaar ~ *liquid d./soap* **6.1** ~ **met/zonder** bleekmiddel *d. containing/without bleach.*
waspeen 0.1 *carrot* ⟨washed and broken into pieces before sale⟩.
waspoeder 0.1 *washing-powder, soap powder.*
wassen[1] ⟨bn.⟩ **0.1** *wax* ◆ **1.1** een ~ beeld *a w. figure.*
wassen[2] **I** ⟨ov.ww.⟩ ⟨waste, gewassen⟩ **0.1** [reinigen] *wash* ⇒ ⟨wassen en strijken ook⟩ *launder, clean* ⟨ramen⟩ **0.2** [de was doen] *wash, do the wash(ing)* ⇒⟨wassen en strijken ook⟩ *do the laundry* **0.3** [spoelen] *wash* ⇒*rinse, pan* ⟨(goud)erts⟩, *sift* ⟨(goud)erts⟩ **0.4** [bk.] *wash* ◆ **1.1** ⟨fig.⟩ waar kan ik hier mijn handen ~? *where can I w. my hands?;* een kind ~ *w. a child;* ⟨in bad ook⟩ *bath/*bathe a baby* **1.3** het grind ~ op zoek naar goud *pan the gravel in search of gold* **1.4** een gewassen tekening *a wash drawing* **4.1** zich ~ *w., have a wash;* ⟨in bad ook⟩ *have/take a bath;* ⟨vnl. dieren, met name kat⟩ *wash o.s.;* zich schoon ~ ⟨fig.⟩ *clear o.s.* **5.1** ⟨mbt. textiel⟩ niet ~ *do not w.* **6.2** zij is **aan** het ~ *she is washing/doing the laundry;* hij wast **voor** haar *he does her washing* **¶.1** iets op de hand ~ *w. sth. by hand;*
II ⟨onov.ww.⟩ ⟨wies, gewassen⟩ **0.1** [groeien] *grow* **0.2** [stijgen, groter worden] *rise* ◆ **1.2** bij - de maan *while the moon is/was* ⟨enz.⟩ *waxing;* het ~ de water *the rising water;*
III ⟨ov.ww.⟩ ⟨waste, gewast⟩ **0.1** [met was bestrijken] *wax.*
wassenbeeldenmuseum 0.1 *waxworks.*
wasserette 0.1 *launderette.*
wasserij 0.1 *laundry* ◆ **1.1** de man v.d. ~ *the laundryman.*
wastafel 0.1 [wasbak] *washbasin* **0.2** [meubel] *washstand* ◆ **2.1** een vaste ~ *a fitted w.*
wastobbe, -teil 0.1 ⟨vnl. voor wasgoed⟩ *washtub* ⇒⟨van zink, om zichzelf te wassen⟩ *tin bath.*
wasverzachter 0.1 *fabric softener.*
wasvoorschrift 0.1 *washing instructions.*
waswater 0.1 [water om te wassen] *wash(ing) water, water to wash (sth.) in* **0.2** [water waarin gewassen is] *wash(ing) water, dirty water* ⇒⟨vnl. tech.⟩ *washings.*
wat[1] ⟨bw.⟩ **0.1** [enigszins] *somewhat* ⇒*rather,* ⟨een beetje⟩ *a little/bit* **0.2** [in hoge mate] *very* ⇒*extremely* **0.3** [mbt. verbazing/verbijstering] *isn't it/that/he* ⟨enz.⟩ *..., aren't they/those* ⟨enz.⟩ *...* ⇒*how* **0.4** [waarom] *why* ◆ **2.1** hij is ~ traag *he is a little slow/on the slow side* **2.2** hij is er ~ blij mee/trots op *he is extremely pleased with/proud of it* **2.3** ~ duur!/laat!/mooi! *isn't it/aren't they* ⟨enz.⟩ *expensive/late/beautiful!;* ~ lief van je! *how nice of you!* **3.3** ⟨iron.⟩ ~ ben je weer vriendelijk *I see you're your usual friendly self again;* ~ is het koud! *isn't it cold!, what cold*

weather!; ~ ze niet verzinnen tegenwoordig *the things they come up with these days;* ~ wil je nog meer? *what more do you want?;* ~ zal hij blij zijn! *how happy/pleased he will be!;* ⟨iron.⟩ ~ zijn we weer leuk *(are we you) trying to be funny?* **3.4** ~ lacht hij toch? *what's he laughing for/at?* **¶.2** zo eerlijk als ~ *as honest as they come;* zo gemakkelijk als ~ *as easy as can be/* ⟨inf.⟩ *as falling off a log.*
wat[2] **I** ⟨betr.vnw.⟩ **0.1** [met woord(groep) als antecedent] *that;* ⟨na iets, dat(gene)⟩ *which* **0.2** [zonder antecedent] *what* **0.3** [met voorafgaande zin als antecedent] *which* ◆ **2.2** en ~ nog belangrijker is *and what's (even) more (important)* **3.1** geef hem ~ hij nodig heeft *give him what he needs* **3.2** ~ mij aangaat *as for me, as far as I am concerned;* ~ dit betreft *as far as this is concerned;* doe nou maar ~ ik zeg/~ je gezegd wordt *just do as I say/you're told;* je kunt doen en laten ~ je wilt *you can do what/as you please/like/want;* ik zal doen ~ ik kan *I'll do what(ever) I can;* je kunt zeggen ~ je wilt, maar verlegen is ze niet *(you can) say w. you like, (but) she certainly is not shy* **4.1** alles ~ je zegt, klopt *everything you say is true;* dat ~ *what* **¶.3** hij zei dat hij het niet gemerkt had, ~ natuurlijk niet waar was *he said he hadn't noticed, w. was not true obviously;* ze zag eruit als een verpleegster, ~ ze ook was *she looked like a nurse, w. in fact she was too;*
II ⟨vr.vnw.⟩ **0.1** [zelfst./bijvoeglijk gebruikt] *what* ⇒⟨bij beperkte keuze⟩ *which,* ⟨verbazing uitdrukkend⟩ *whatever* **0.2** [waarom] *why* ◆ **3.1** ~ bedoel je? *what(ever) do you mean?;* ⟨sterker of iron.⟩ *what(ever) are you talking about?;* ~ bedoel je daar nou mee? *just what do you mean by that?;* ⟨sterker⟩ *just what is that supposed to mean?;* wát ga je doen? *you are going to do what?;* ~ heb je 't liefste, koffie of thee? *which do you prefer, coffee or tea?;* ~ is er? *what's the matter?;* ~ krijgen we nou? *what's this supposed to mean?;* ⟨van politieagent⟩ *what's all this then?;* (en?) ~ mag het zijn? ⟨mbt. drankje⟩ *what would you like (to drink);* ⟨door winkelbediende gezegd⟩ *can I help you?;* ~ zeg je? *what did you say?;* ⟨inf.⟩ *sorry?, what?, come again;* ⟨beleefd⟩ *(I beg your) pardon?;* ~ zou dat? *what of it?* **5.1** ~ dan nog? *so what?, what of it?* **6.1** ~ is het voor iem.? *what is he/she like?;* ~ **voor** weer is het? *what's the weather like (outside)?;* ~ **voor** een naam is dat?! *what kind of name is that?!;*
III ⟨onb.vnw.⟩ **0.1** *something* ⇒⟨om het even wat⟩ *anything,* ⟨met 'ook'⟩ *whatever* ◆ **3.1** ze heeft wel ~ *she's got a certain s.;* daar vraag je me ~ *now you're asking;* wil je ~ drinken? *would you like s. to drink?;* misschien wordt het wel ~ tussen die twee *it may come to s. between those two;* ik zal je eens ~ zeggen *(just) listen (to me)!;* ⟨sterker, als uitdaging⟩ *just you listen to me!;* ik zie ~ *I (can) see s.;* zie jij ~? *do/can you see anything?;* dan zit ~ in *there's s. to/in it* **5.1** het is altijd ~ met hem *there's always s. up with him;* ~ er ook gebeurt, blijf kalm *whatever happens, stay calm;*
IV ⟨uitroepend vnw.⟩ **0.1** *what* ◆ **3.1** ~ kun jij mooi tekenen *how well you draw!;* ~ zeg jij liegen, zeg *w. a(n awful) liar you are!* **¶.1** ~ een mooie benen! *look at those legs!;* ~ een onzin *w. (absolute) nonsense.*
wat[3] ⟨hoofdtelw.⟩ **0.1** *some* ⇒*a bit (of), a little* (+enk.), *a few* (+mv.) ◆ **1.1** geef me ~ suiker/geld *give me s. sugar/money* **3.1** geef mij ook ~ *let me have s. too* **5.1** ~ meer *a bit/little more;* ~ minder *a bit/little less* **5.** heel ~ boeken *quite a few books;* ⟨inf.⟩ *a whole lot of books;* heel ~ verdienen *earn quite a bit;* dat scheelt heel ~ /nogal ~ *that makes quite (a bit of a) difference* **¶.1** een stuk of ~ *two or three;* een dag of ~ *a day or so/two.*
wat[4] ⟨tw.⟩ **0.1** *what* ◆ **¶.1** ~! komt hij niet? *w.! isn't he coming?*

water 0.1 [vloeistof] *water* **0.2** [regen] *water* ⇒*rain* **0.3** [vaarwater] *water* ⟨vnl. territoriale wateren; vnl. mv.⟩; ⟨waterweg⟩ *waterway* **0.4** [in alg. zin als element] *water* **0.5** [lichaamsvocht] *water* ⇒⟨urine⟩ *urine,* ⟨in het alg.⟩ *body-fluid* **0.6** [vloeistof die er als water uitziet] *water* **0.7** [mineraalwater] *water* ⇒*mineral water* **0.8** [doorzichtigheid] *water* ♦ **1.1** iem. op ~ en brood zetten *put s.o. on bread and w.;* ⟨fig.⟩ op ~ en brood zitten / leven *be / live on bread and w.;* ~ en vuur zijn ⟨fig.⟩ *always be at each other's throats;* dat kan al het ~ v.d. zee niet afwassen *nothing can get rid of the shame / guilt (of it)* ⟨enz.⟩; *all the w. of the sea couldn't wash that off / away* **1.5** ⟨fig.⟩ ~ en bloed zweten *sweat blood, be in a cold sweat* **2.1** met warm en koud stromend ~ *with hot and cold (running) w.;* zwaar ~ *heavy w.* **2.3** bevaarbare ~en *navigable waterways;* een smal / diep / ondiep ~ *a narrow / deep / shallow waterway;* de Zeeuwse ~en *the waters / estuaries of Zeeland* **2.4** het ~ is dicht *the w. is frozen over;* ⟨fig.⟩ hij heeft hoog ~, het is bij hem hoog ~ *his trousers are at half-mast;* bij hoog ~ *at high w. / tide;* bij laag ~ *at low w. / tide;* in open / in diep ~ zijn *be at sea;* ⟨ver van land⟩ *be on the high seas;* stil ~ *dead / slack w.;* stromend ~ *running w.* **2.6** iets op sterk ~ zetten ⟨ook fig.⟩ ⟨lett.⟩ *preserve sth. in formalin / alcohol;* ⟨fig.⟩ *keep sth. on ice* **2.8** ⟨pej.⟩ een oplichter van het zuiverste ~ *a crook of the first order;* diamant v.h. zuiverste ~ *diamond of the first / purest w.* **3.1** bang zijn zich aan (koud) ~ te branden *get cold feet;* ~ bij de wijn doen ⟨lett.⟩ *water the wine;* ⟨fig.⟩ *compromise, moderate one's demands;* ⟨fig.⟩ ~ naar de zee dragen *carry coals to Newcastle;* de bloemen ~ geven *water the flowers;* ⟨mbt. een schip⟩ ~ maken / innemen *make / take in w.* **3.2** er is veel ~ gevallen *it (has) rained a lot* **3.3** het ~ staat mij tot de lippen *I am up to my neck (in difficulties* ⟨enz.⟩ *)* **3.5** iemands ~ bekijken *check s.o.'s urine;* het ~ komt / loopt mij in de mond ⟨ook fig.⟩ *it makes my mouth water;* zijn ~ laten lopen *wet o.s. / one's pants* **6.1** ~ **uit** de bron / pomp / zee *well w., w. from the pump, seawater* **6.4 boven** ~ komen ⟨lett.⟩ *surface, come up for air;* ⟨ook fig.⟩ *(re)surface;* ⟨fig. ook⟩ *turn up (again);* iets **boven** ~ halen ⟨fig.⟩ *unearth / dig up sth.;* **in** het ~ springen ⟨als zelfmoord⟩ *drown o.s.;* ⟨fig.⟩ *take the plunge;* **in** het ~ vallen ⟨fig.⟩ *fall through;* ⟨inf.⟩ *be a washout;* **onder** ~ staan *be under w.;* ⟨boot, voetbalveld ook⟩ *be waterlogged;* een schip **te** ~ laten *launch a ship;* de rijkspolitie **te** ~ ±*river / harbour police;* ⟨kustwacht⟩ *coast guard* **6.5** ⟨fig.⟩ iets **aan** z'n ~ voelen *feel sth. in one's bones;* ~ **in** de knie hebben *have w. on the knee* **8.1** zo vlug als ~ ⟨beweeglijk⟩ *as quick as lightning;* ⟨bijdehand⟩ *quick on the uptake* ¶**.3** ⟨sprw.⟩ stille ~s hebben diepe gronden *still waters run deep.*

waterafstotend 0.1 *water-repellent* ⇒⟨waterdicht⟩ *waterproof* ♦ **1.1** een regenjas van ~e stof *a water-repellent / waterproof raincoat.*

waterafvoer 0.1 [handeling] *drainage (of water)* ⇒⟨rioolwaterverwerking⟩ *sewage disposal* **0.2** [middel] *water / waste outlet* ⇒⟨riool⟩ *sewer.*

waterbak 0.1 *(water)tank* ⇒⟨vnl. stortbak⟩ *cistern,* ⟨voor paarden enz.⟩ *watertrough.*

waterballet 0.1 [op het water uitgevoerd ballet] *water ballet* ⇒⟨figuurzwemmen⟩ *synchronized swimming* **0.2** [scherts.] *watery / wet affair.*

waterbassin 0.1 *(natural water) basin* ⇒*lake.*

waterbed 0.1 *water bed.*

waterbekken 0.1 *basin* ⇒*reservoir.*

waterbesparend 0.1 *water-saving.*

waterbestendig 0.1 *water-resistant* ⇒*waterproof.*

waterbouwkunde 0.1 [kennis, leer] *hydraulic engineering* **0.2** [uitvoering] *hydraulics* ♦ **1.1** weg- en ~ *civil engineering.*

waterbouwkundig 0.1 *hydraulic* ♦ **1.1** een ~ ingenieur *a h. engineer;* ~e werken *h. (engineering) works.*

waterbron 0.1 *spring.*

waterdamp 0.1 *(water) vapour* ⇒⟨inf.⟩ *steam.*

waterdicht 0.1 [ondoordringbaar voor water] *waterproof* ⟨kleding(stuk)⟩ ⇒*watertight* ⟨schoeisel / ruimte (in schip)⟩ **0.2** [ondubbelzinnig] *watertight* ♦ **1.1** een ~ horloge *a waterproof watch* **1.2** een ~ alibi *a w. alibi;* ~e garanties *w. guarantees* **3.1** ~ maken *(water)proof* ⟨jas, stoffen⟩; ⟨dichten, breeuwen⟩ *ca(u)lk; seal* ⟨bv. met verf / was⟩.

waterdier 0.1 *aquatic animal.*

waterdoorlatend 0.1 *porous.*

waterdruk 0.1 *water pressure* ⇒⟨als maat⟩ *water gauge.*

waterdruppel 0.1 *drop of water.*

wateren I ⟨onov.ww.⟩ **0.1** [urineren] *urinate;* **II** ⟨ov.ww.⟩ **0.1** [begieten] *water* **0.2** [bij het urineren lozen] *pass* ♦ **1.1** de tuin / bloemen ~ *w. the garden / flowers* **1.2** bloed ~ *p. blood.*

waterfiets 0.1 *pedal boat.*

waterfietsen 0.1 *cycle (along) on a pedal boat.*

watergekoeld 0.1 *water-cooled.*

waterglas 0.1 *tumbler* ⇒*drinking glass.*

watergod 0.1 *water god.*

watergodin 0.1 *water nymph.*

watergolf 0.1 [golf in het water] *wave* **0.2** [slag in het haar] *set.*

watergolven 0.1 *set* ♦ **3.1** zijn haar laten ~ *have one's hair set.*

watergruwel 0.1 *(water) gruel.*

waterhoofd 0.1 [med.] *hydrocephalus* ⇒⟨inf.⟩ *water on the brain, waterhead* **0.2** [pej.; groot hoofd] *big head.*

waterhoogte 0.1 [waterstand] *water level* **0.2** [waterdruk] *water gauge.*

waterhoos 0.1 *waterspout.*

waterig 0.1 [als water] *watery* ⇒*slushy* ⟨sneeuw⟩ **0.2** [krachteloos] *watery* ⇒⟨fig.⟩ *wishy-washy* ♦ **1.1** ~e soep *thin soup* **1.2** ~e ogen *watery eyes;* een ~ zonnetje *a watery sun.*

waterijs 0.1 *water ice.*

waterijsje 0.1 *ice lolly,* ᴬ*popsicle.*

waterjuffer 0.1 *dragonfly.*

waterkan 0.1 *(water) carafe* ⇒*water jug.*

waterkanon 0.1 *water cannon.*

waterkant 0.1 *waterside* ⇒*waterfront* ♦ **6.1 aan** de ~ *on the waterfront.*

waterkering 0.1 *dam* ⇒*dike,* ⟨laag⟩ *weir.*

waterkers 0.1 *(water)cress.*

waterketel 0.1 *kettle.*

waterkoeling 0.1 *water-cooling* ♦ **6.1** een motor **met** ~ *a water-cooled engine.*

waterkoker 0.1 *electric kettle.*

waterkraan 0.1 *(water)* ᴮ*tap / *ᴬ*faucet.*

waterkracht 0.1 *hydropower* ♦ **6.1** die centrale werkt **op** ~ *that power station is hydropowered.*

waterkrachtcentrale 0.1 *hydro-electric power station.*

waterkruik 0.1 *water jar* ⇒*pitcher.*

waterlanders 0.1 *waterworks* ♦ **3.1** daar komen de ~ al *now we get the w.*

waterleiding 0.1 [buisleiding] *water pipe / supply* **0.2** [stelsel van buizen] ⟨alg.⟩ *waterworks;* ⟨stelsel⟩ *water pipes* **0.3** [dienst] *Water Board / Company* ♦ **1.3** een monteur / controleur v.d. ~ *a fitter / inspector from the W.B.* **2.2** een

bevroren ~ *a frozen water pipe* **3.1** ~ aanleggen *put in a w.*
p. **3.2** de ~ afsluiten *turn off the water supply* **6.1** een huis
op de ~ aansluiten *to connect a house to the water main.*

waterleidingbedrijf 0.1 *waterworks.*
waterleidingnet 0.1 *water (supply) system.*
waterlelie 0.1 *water lily.*
waterlijn 0,1 *water line*₁ (toch.) *watermark* ♦ **6.1** boven/
onder de ~ *above/below the w. l.*
waterlozing 0.1 *drain(ing)* ⇒*drainage.*
Waterman ⟨astrol.⟩ **0.1** *Aquarius.*
watermeloen 0.1 *watermelon.*
watermerk 0.1 *watermark* ♦ **3.1** van een ~ voorzien *wa-*
termark.
watermolen 0.1 [door water aangedreven molen] *water*
mill **0.2** [molen voor het afvoeren van water] *drainage*
mill.
waternimf 0.1 [myth.] *(water) nymph* ⇒*naiad.*
waterontharder 0.1 *water softener.*
wateroppervlak 0.1 *water surface.*
wateroppervlakte 0.1 [bovenste vlakte v.h. water] *water*
surface **0.2** [uitgestrektheid v.h. water] *expanse of water.*
waterorgel 0.1 *water/hydraulic organ.*
waterpas¹ ⟨bn.⟩ **0.1** *ᴮspirit level, ᴬlevel.*
waterpas² ⟨bn.⟩ **0.1** *level* ♦ **3.1** die balk ligt ~ *the beam is l.;*
~ maken *level* **5.1** niet ~ *not l.*
waterpeil 0.1 [hoogte v.h. water] *water level* **0.2** [meetin-
strument] *water gauge/glass.*
waterpijp 0.1 [pijp waardoor water loopt] *water pipe* **0.2**
[toestel om tabak te roken] *water pipe* ⇒*hookah.*
waterpistool 0.1 *water pistol/gun.*
waterplaats 0.1 [urinoir] *urinal* **0.2** [scheep.] *watering*
place.
waterplant 0.1 *water plant.*
waterplas 0.1 *lake* ⇒⟨kleiner⟩ *pond.*
waterpoel 0.1 *pool.*
waterpokken ⟨med.⟩ **0.1** *chickenpox.*
waterpolitie 0.1 ⟨binnenwateren⟩ *river police;* ⟨havens⟩
harbour police.
waterpolo ⟨sport⟩ **0.1** *water polo.*
waterpomp 0.1 *water pump.*
waterpomptang 0.1 *adjustable-joint pliers;* ⟨groot⟩ *(ad-*
justable) pipe wrench.
waterpoort 0.1 [poort in een omwalling] *water gate* **0.2**
[scheep.] *freeing port.*
waterput 0.1 *well.*
waterrad 0.1 *water wheel.*
waterrat 0.1 [dier] *water rat/vole* **0.2** [persoon] *water rat*
⇒*fish.*
waterrecreatie 0.1 *water sports and other activities.*
waterreservoir 0.1 *(water) reservoir* ⇒⟨vergaarbak ook⟩
water tank, ⟨grotere vergaarbak⟩ *cistern.*
waterrijk 0.1 [rijk aan water] *watery* ⇒*full of water* **0.2**
[rijk aan rivieren] *abounding in water.*
waterschade 0.1 *water damage* ♦ **3.1** ~ oplopen *suffer w.*
d.
waterski 0.1 [ski voor het waterskiën] *water ski* **0.2** [draag-
vlak v.e. watervliegtuig] *pontoon, float.*
waterskiën ⟨sport⟩ **0.1** *water-ski* ♦ **3.1** hier kun je goed ~
this is a good place for water-skiing **6.1** hij doet **aan** ~ *he*
water-skis.
waterskiër 0.1 *water-skier.*
waterslang 0.1 [buis voor watertransport] *hose (pipe)* **0.2**
[giftige slang] *water snake.*
watersnood 0.1 *flood(ing).*
watersnoodramp 0.1 *flood (disaster).*

watersport 0.1 *water/aquatic sport.*
waterspuit 0.1 *hose (pipe).*
waterstaat →*minister.*
waterstand 0.1 *water level* ♦ **2.1** bij hoge/lage ~ *at high/*
low water **3.1** ⟨mbt. binnenvaart⟩ hier volgen de ~ en *here*
is the shipping forecast.
waterstof ⟨schei.⟩ **0.1** *hydrogen.*
waterstofbom 0.1 *hydrogen/fusion bomb* ⇒⟨verkorting⟩
H-bomb.
waterstofperoxide 0.1 *hydrogen peroxide.*
waterstraal 0.1 *jet of water* ⇒*spurt of water* ⟨krachtig en
kort⟩.
watertanden 0.1 [het water in de mond krijgen]⟨zie **3.1, 6.1**⟩
0.2 [sterk verlangen naar]⟨zie **3.2**⟩ ♦ **3.1** die vruchten
doen mij ~ *those fruits make my mouth water* **3.2** dit vooruitzicht deed hem ~ *this prospect made his mouth water*
6.1 om van te ~ *it makes one's mouth water.*
watertank 0.1 *water tank.*
watertaxi 0.1 *water taxi.*
watertoerisme 0.1 *pleasure sailing* ⇒*boating recreation.*
watertoevoer 0.1 *water supply.*
waterton 0.1 *water barrel.*
watertoren 0.1 *water tower.*
watertrapp(el)en 0.1 *tread water.*
wateruurwerk 0.1 *water clock/glass.*
waterval 0.1 *waterfall* ⇒*fall* ⟨vnl. mv.⟩ ♦ **1.1** de Niagara
~ len *Niagara Falls.*
waterverbruik 0.1 *water consumption.*
waterverf 0.1 *watercolour* ♦ **6.1** een tekening **in** ~ *a water-*
colour (drawing), an aquarelle.
waterverfschilderij 0.1 *painting in watercolour* ⇒*aqua-*
relle.
waterverontreiniging, -vervuiling 0.1 *water pollution.*
waterverzachter 0.1 *water softener.*
watervliegtuig 0.1 *seaplane, water plane.*
watervlug 0,1 *as quick as lightning.*
watervogel 0.1 *water bird* ⇒⟨vnl. om op te jagen⟩ *water-*
fowl.
watervoorziening 0.1 *water supply.*
watervrees 0.1 *hydrophobia* ♦ **3.1** ~ hebben *be hydro-*
phobic.
waterweg 0,1 *waterway* ♦ **2.1** de Nieuwe Waterweg *the*
New Waterway.
waterzak 0.1 *water bag* ⇒⟨leren⟩ *waterskin.*
waterzuivering 0.1 *water treatment* ♦ **1.1** afvalwaterzui-
vering *wastewater treatment;* rioolwaterzuivering *sewage*
treatment.
waterzuiveringsinstallatie 0.1 *water/*⟨afvalwater⟩ *waste-*
water/⟨rioolwater⟩ *sewage treatment plant.*
watje 0.1 [stukje/propje watten] *wad of ᴮcotton wool/ᴬab-*
sorbent cotton **0.2** [doetje] *wally* ♦ **6.1** ~ s in de oren
stoppen *put wads of cotton wool in one's ears.*
watt ⟨nat.⟩ **0.1** *watt.*
wattage 0.1 *wattage.*
watten¹ ⟨mv.⟩ **0.1** *cotton wadding* ⇒*ᴮcotton wool, ᴬabsorb-*
ent cotton ♦ **1.1** een prop/dot ~ *a plug/wad of cotton* **2.1**
bloedstelpende/antiseptische ~ *styptic/antiseptic cotton*
6.1 ⟨fig.⟩ iem. **in** de ~ leggen *pamper/mollycoddle s.o.*
watten² ⟨bn.⟩ **0.1** *(made of) ᴮcotton wool/ᴬabsorbent cot-*
ton.
wattenstaafje 0.1 *cotton ᴮbud/ᴬswab.*
watteren 0.1 *pad* ⇒*quilt.*
wattuur ⟨nat.⟩ **0.1** *watt-hour.*
wauwelen ⟨inf.⟩ **0.1** *chatter* ⇒*jabber* ⟨onzin⟩, *drone (on)*
⟨vervelend⟩ ♦ **¶.1** dat wauwelt maar door *he/she does/*
they do keep on (so).

waxinelichtje 0.1 *tea-warmer.*

wazig 0.1 [als met een waas bedekt] *hazy* ⇒*blurred* ⟨beeld⟩ 0.2 [suf] *muzzy* ⇒*drowsy* ◆ 1.2 met een ~e blik in de ogen *with a dazed look in the eyes* 3.1 alles ~ zien *see everything (as if) through a haze/in a blur* 3.2 hij keek ~ uit zijn ogen *he blinked up muzzily.*

wazigheid 0.1 *haze* ⇒*haziness.*

wc 0.1 [watercloset] *WC, toilet* 0.2 [closetpot] *toilet(bowl)* ◆ 3.1 kunt u me zeggen waar de ~'s zijn? *can you tell me where the toilets are?* 6.1 niet **naar** de~ kunnen *be constipated;* ik moet **naar** de ~ *I have to go to the t.* 6.2 een restje eten **door** de ~ spoelen *flush leftovers down the t.*

wc-borstel 0.1 *toilet brush.*

wc-bril 0.1 *toilet seat.*

wc-papier 0.1 *toilet paper.*

we 0.1 *we, us* ◆ 3.1 laten ~ gaan/ophouden *let's go/stop.*

web 0.1 *web* ◆ 1.1 een ~ van intriges *a w. of intrigues.*

wecken 0.1 *can, preserve.*

wedde 0.1 *pay.*

wedden 0.1 *bet (on)* ⇒⟨schr.⟩ *wager* ◆ 3.1 ik durf te ~/wil ~/wed dat je het niet weet *I bet you don't know it* 6.1 **om** geld ~ *b. (a certain amount of) money;* met iem. ~ **om** een tientje dat *bet s.o. ten guilders that;* **op** een paard ~ *b. on a horse;* **op** paarden ~ ⟨inf.⟩ *play the horses;* ik wed **van** wel/niet *I bet he will/won't/it is/isn't* ⟨enz.⟩ 8.1 ~ dat hij komt/dat hij het doet? *I bet he'll come/he'll do it.*

weddenschap 0.1 *bet* ⇒⟨schr.⟩ *wager* ◆ 3.1 een ~ afsluiten/aangaan *make/place a b.;* een ~ verliezen *lose a b.;* een ~ van iem. winnen *win a b. off s.o.* 6.1 geld winnen **met** een ~ *win money on a b.*

wederdienst 0.1 *service/favour in return* ◆ 3.1 iem. een ~ bewijzen *do s.o. a service in return* 6.1 gaarne **tot** ~ bereid zijn *be always ready to return a favour.*

wederdoper ⟨rel.⟩ 0.1 *anabaptist.*

wedergeboorte 0.1 *rebirth.*

wederhelft 0.1 *consort* ⇒⟨scherts.⟩ *better/other half.*

wederhoren 0.1 [nog eens horen] *hear again* 0.2 [de tegenpartij horen] *hear the other side* ◆ 3.2 men moet horen en ~ *one should listen to all sides* 6.1 **tot** ~ *talk to you again* ⟨bij het afbreken v.e. telefoongesprek⟩.

wederkerend ⟨taal.⟩ 0.1 *reflexive* ◆ 1.1 een ~ voornaamwoord/werkwoord *a r. pronoun/verb.*

wederkerig 0.1 *mutual, reciprocal* ◆ 1.1 een ~e overeenkomst *a r. agreement;* ⟨taal.⟩ het ~ voornaamwoord *the r. pronoun.*

wederkerigheid 0.1 *reciprocity* ◆ 1.1 op basis van ~ *on a reciprocal basis.*

wederom 0.1 *(once) again, once more.*

wederopbloei 0.1 *revival.*

wederopbouw 0.1 *reconstruction, rebuilding, redevelopment* ◆ 1.1 de ~ van Nederland na de oorlog *the post-war reconstruction of the Netherlands.*

wederopstanding ⟨schr.⟩ 0.1 *resurrection.*

wederrechtelijk 0.1 *unlawful, illegal* ⇒*wrongful* ◆ 1.1 ~e vrijheidsberoving *false imprisonment, u. detention* 3.1 zich ~ bevinden op *tresspass on;* zich iets ~ toe-eigenen *misappropriate sth.*

wedervaren ⟨schr.⟩ ◆ 3.¶ iem. recht doen ~ *do justice to s.o., give s.o. his due.*

wederverkoper 0.1 *retailer.*

wedervraag 0.1 *counter-question* ◆ 3.1 een ~ stellen *ask a question in return* 6.1 een vraag **met** een ~ beantwoorden *answer a question with another question.*

wederwaardigheden 0.1 *adventures* ⇒*vicissitudes* ◆ 3.1 vertel ons eens iets van uw ~ *tell us sth. about your a./experiences.*

wederzijds I ⟨bw.⟩ 0.1 [v.d. een tot de ander] *mutually* ◆ 2.1 een ~ bindende overeenkomst *a bilateral/reciprocal agreement* 3.1 elkaar ~ beïnvloeden *influence each other;* **II** ⟨bn.⟩ 0.1 [van beide zijden komend; mbt. ieder van beide] *mutual* ⇒*reciprocal* ◆ 1.1 ~e beïnvloeding *m. influence;* de liefde was ~ *their love was m.;* de ~e rechten *reciprocal rights* 3.1 met ~ goedvinden *by m. consent.*

wedijveren 0.1 [trachten te overtreffen] *vie/compete (with)* 0.2 [ijveren] *strive (for)* ◆ 6.1 met iem./iets (kunnen) ~ in schoonheid *(be able) to rival s.o./sth. in beauty;* niet **met** iem./iets kunnen ~ in kwaliteit *be unable to rival s.o./sth. in quality;* **met** elkaar ~ om iets *v./c. (with each other) for sth.* 6.2 Brabant wedijvert **voor** het behoud van natuurschoon *Brabant strives to conserve its beauty spots.*

wedloop 0.1 *race.*

wedren 0.1 *race* ◆ 6.1 een ~ met hindernissen *a (steeple)chase, a hurdle r.*

wedstrijd 0.1 *match* ⇒*competition, game* ◆ 2.1 een gewonnen ~ spelen *play a winning game;* het aantal gewonnen/verloren ~ *the number of games/matches won/lost;* een onbesliste ~ *a draw/tie;* een overgespeelde ~ *a replay;* een vastgestelde ~ *a fixture* 3.1 aan een ~ meedoen *enter a competition;* een ~ bijwonen *attend a m.;* een ~ fluiten *referee a m.;* met nog twee/drie ~en te spelen *with two/three games (still) to go;* een ~ uitschrijven/houden/afgelasten *organize/hold/cancel a m.;* de ~ werd gestaakt bij de stand 2-0 *the game was abandoned with the score at 2-0;* een ~ winnen/verliezen *win/lose a m./game;* alle ~en zijn afgelast *all matches have been postponed/cancelled/* ⟨vanwege de regen⟩ *rained out* 7.1 ⟨in serie van twee⟩ de eerste/tweede ~ *the first/second leg* ¶.1 de ~ in je zak hebben *have the game in one's pocket/in the bag.*

wedstrijdbeker 0.1 *(sports) cup.*

wedstrijdleider 0.1 *match/competition/tournament leader.*

wedstrijdleiding 0.1 [scheidsrechters] *referee(s), umpire(s)* 0.2 [organisatoren] *stewards.*

wedstrijdsport 0.1 *competitive sport(s).*

weduwe 0.1 *widow* ◆ 1.1 de ~ J. Meijer *Mrs J. Meijer* 2.1 groene ~ *housebound wife;* een onbestorven ~ *a grass w.;* golf/computer/* ⟨enz.⟩ *w.* ⟨als gevolg van genoemde bezigheid van echtgenoot⟩ 3.1 ~ worden *be widowed* 8.1 als ~ achterblijven *be left a w.*

∗**weduwenpensioen** *(Wdl: weduwepensioen)* 0.1 *widows' benefit/pension.*

weduwnaar 0.1 *widower* ◆ 2.1 een onbestorven ~ *a grass w.* 3.1 haar broer, die ~ was *her widowed brother;* ~ worden *be widowed.*

wee¹ I ⟨de⟩ 0.1 [barensiwee] *labour pain, contraction* ◆ 2.1 zware ~ën *strong contractions* 3.1 de ~ën zijn begonnen *labour has started;* **II** ⟨het⟩ 0.1 [smart] *woe.*

wee² ⟨bn.⟩ 0.1 [mbt. personen] *faint* ⇒*sick* 0.2 [mbt. zaken] *sickly* ◆ 2.2 een ~ë lucht/smaak *a s. smell/taste* 3.1 ~ zijn van de honger *be f. with hunger* 6.1 ~ **om** het hart worden *feel sick at heart.*

wee³ ⟨tw.⟩ 0.1 [droefheid, pijn, ontsteltenis] *ah, ay, woe* 0.2 [bedreiging] *woe* ◆ 4.2 ~ degene *w. betide the one (who)* 9.1 o ~! *o dear!, ah me!* 9.2 o ~ als je het nog eens doet *w. betide you if you do it again.*

weeffout 0.1 *flaw* ⇒*weaving fault.*

weefgetouw 0.1 *loom* ◆ 2.1 een mechanisch/automatisch ~ *a power/an automatic l.*

weefsel 0.1 [textiel] *fabric, textile* ⇒⟨wijze van weven⟩ *weave* 0.2 [ook in samenst.; biol.] *tissue, web* ⟨ook fig.⟩ ◆

933

1.2 de aanmaak / groei van ~ *the formation / growth of t.,* *histogenesis;* een ~ van leugen en bedrog *a t. / web of lies and deceit* **2.1** katoenen / linnen ~s *cotton / linen fabrics;* kunststof ~s *synthetic fabrics* **2.2** organisch ~ *organic t.*
weefster 0.1 *weaver.*
weegbrug 0.1 *weighbridge.*
weegs ♦ **4.¶** ieder ging zijn ~ *everyone went his own way.*
weegschaal 0.1 [weegtoestel] *(pair of) scales, balance* ♦ **7.1** twee weegschalen *two pairs of scales, two balances.*
Weegschaal ⟨astrol.⟩ **0.1** *Libra.*
week¹ ⟨de⟩ **0.1** [periode van zeven dagen] *week* **0.2** [het weken] *soak* ♦ **1.1** een ~ rust / vakantie *a w.'s rest / holiday / ᴬvacation* **2.1** volgende ~ *next w.;* volgende ~ dinsdag *next Tuesday;* vorige ~ nog *as recently as last w.* **3.1** een ~ weggaan *go away for a w.* **6.1 binnen** een ~ *within a w.;* ~ in, ~ uit *w. in, w. out;* **in / door** de ~ *on weekdays;* **om** de (andere) ~ *every (other) w.;* **over** een ~ *in a w. from now;* dinsdag **over** een ~ *Tuesday w., a w. from Tuesday;* 40 uur **per** ~ werken *work a 40-hour w.* **6.2** de was **in** de ~ zetten *put the laundry in (to) s.* **7.1** er gaat geen ~ voorbij zonder dat / of ... *not a w. goes by without / but ...;* morgen over twee weken *two weeks from tomorrow* **¶.1** vandaag een ~ geleden *a week ago today.*
week² ⟨bn.⟩ **0.1** [niet stevig] *soft* **0.2** [teerhartig] *weak* ⇒ *softhearted* **0.3** [zonder weerstandsvermogen] *weak* ♦ **1.1** ~ hout *s. wood* **1.3** een ~ gestel *a w. constitution* **3.1** iets ~ maken *soften sth.;* ~ worden *soften* **6.2** hij is ~ **van** hart ⟨teergevoelig⟩ *he has a tender heart;* ⟨laf⟩ *he is fainthearted.*
weekblad 0.1 *weekly* ⇒ *(news) magazine.*
weekdienst 0.1 [dienst die om de / elke week plaatsheeft] *weekly service* **0.2** [weekbeurt] *duty (for the week)* ♦ **3.2** ~ hebben *be on duty for the week* **6.1** een ~ **op** New York *a weekly service to New York.*
weekdier 0.1 *mollusc.*
weekend, -einde 0.1 *weekend* ♦ **2.1** lang ~ *long w.;* prettig ~! *have a nice w.* **3.1** het ~ overblijven *stay (over) the w.;* het ~ weggaan *go away for the w.;* hij werkte de ~en door *he worked during the weekends;* ⟨inf.⟩ *he worked weekends* **6.1** **in** het ~ *ᴮat / ᴬon the w.*
weekendarrangement 0.1 *special weekend package.*
weekenddienst 0.1 *weekend duty.*
weekendretour 0.1 *weekend return.*
weekgeld 0.1 [loon] *weekly wage* **0.2** [geld om te besteden] *(weekly) allowance.*
weekhartig 0.1 *tenderhearted, softhearted* ♦ **¶.1** ~ van aard *be t. / s. by nature.*
weekheid 0.1 [het week zijn] *weakness* ⇒ *softness* **0.2** [weekhartigheid] *softheartedness* **0.3** [gebrek aan wilskracht] *weakness.*
weeklacht 0.1 *lament(ation)* ⇒ *wail(ing).*
weeklagen 0.1 *lament* ⇒ *wail* ♦ **6.1** ~ **over** de dood van iem. *l. (over) / bewail s.o.'s death.*
weekloon 0.1 *weekly wage.*
weekmaker ⟨ind.⟩ **0.1** *softener.*
weekoverzicht 0.1 [mbt. het nieuws] *review of the week* **0.2** [mbt. transacties] *weekly survey.*
weelde 0.1 [luxe, rijkdom] *luxury* **0.2** [overvloed] *overabundance* ⇒ *wealth* **0.3** [geluk] *bliss* ⇒ *happiness* ♦ **2.1** wat een ongekende ~! *what l.!* **3.1** zich de ~ van een auto niet kunnen veroorloven *not be able to afford a car* **6.1 in** ~ baden *be rolling in wealth* **¶.3** zijn ~ niet op kunnen *be beside o.s. with happiness.*
weelderig 0.1 [overvloedig] *luxuriant* ⇒ *lush* ⟨vegetatie⟩, *sumptuous* ⟨maaltijd⟩, *opulent* ⟨maaltijd⟩ **0.2** [met / in luxe]

luxurious ⇒ *sumptuous* ⟨inrichting⟩, *opulent* ⟨inrichting⟩ ♦ **1.1** te ~e groei ⟨ook⟩ *rampant growth;* een ~e haardos *luxuriant hair;* ~e vormen / een ~ figuur hebben *have voluptuous forms / an ample figure* **1.2** een ~ leven leiden *lead a life of luxury* **3.2** een huis ~ inrichten *decorate a house sumptuously.*
weemoed 0.1 *melancholy* ⇒ *sadness,* ⟨naar verleden⟩ *nostalgia* ♦ **6.1 met** ~ aan iets (terug)denken *think back nostalgically about sth.*
weemoedig 0.1 *melancholic* ⇒ *melancholy, sad, wistful* ♦ **1.1** ~e woorden *melancholy words* **3.1** ~ staren naar iets *stare sadly at sth.*
Weens 0.1 *Viennese* ⇒ *Vienna* ⟨attr.⟩.
weer¹ I ⟨het⟩ **0.1** [gesteldheid v.d. atmosfeer] *weather* **0.2** [aantasting] *weathering* ♦ **1.1** in ~ en wind eropuit trekken *go out in all weathers;* tegen ~ en wind beschut *protected from the elements,* blootgesteld aan ~ en wind *exposed to every kind of w.* **2.1** ⟨fig.⟩ mooi ~ spelen (tegen iem.) *put on a show of friendliness;* ⟨fig.⟩ mooi ~ spelen met andermans geld *live in grand style at s.o. else's expense;* ⟨fig.⟩ zijn gezicht staat op slecht ~ *he's in a bad mood(, stay out of his way);* er wordt zonnig ~ verwacht *sun is expected* **3.1** het ~ is omgeslagen *the w. has turned;* het ~ wordt weer beter *it's clearing up again* **4.1** ik ga niet uit met dit / zulk ~ *I'm not going out in this / such w.* **6.2** het ~ zit **in** het tentdoek *the tent is weather-stained* **7.1** het is geen ~ *it's nasty w.* **8.1** ~ of geen ~ *whatever the w., come rain or shine;*
II ⟨de⟩ **0.1** [weerstand] *resistance* ♦ **6.1** zich tegen iets **te** ~ stellen *put up a fight against sth.* **6.¶** hij is altijd **in** de ~ *he is always on the move;* vroeg **in** de ~ zijn *be up and at it early.*
weer² 0.1 ⟨bw.⟩ [opnieuw] *again* **0.2** [terug] *back* ♦ **1.1** het is ~ lente *spring is back;* er is ~ water *the water is back on* **2.1** de kinderen zijn ~ bezig *the children are at it a.* **3.1** morgen komt er ~ een dag *tomorrow is another day;* het komt wel ~ goed *it will all turn out all right* **4.1** nu ik ~ *now it's my turn* **5.1** die tijd komt nooit ~ *those days are gone forever;* wat moest hij nu ~? *what did he want now?;* wat nu ~? *now what?;* dat hebben we dan ook ~ gehad *so much for that* **5.2** heen en ~ gaan / reizen *go / travel b. and forth;* heen en ~ lopen *pace up and down;* over en ~ *b. and forth* **¶** hoe heette hij ook ~? *what was his name again?;* zo moeilijk is het nou ook ~ niet *it's not all that hard.*
weerbaar 0.1 *able-bodied* ⇒ *fighting* ⟨man⟩ ♦ **1.1** weerbare mannen *a.-b. men* **3.1** hij is niet ~ genoeg *he lacks fighting spirit.*
weerballon 0.1 *sounding balloon.*
weerbarstig 0.1 *stubborn* ⇒ *unruly* ♦ **1.1** ~ haar *s. / unruly / unmanageable hair;* een ~ karakter *a s. character* **3.1** zich ~ gedragen *behave in a(n) unruly / wilful manner.*
weerbarstigheid 0.1 *stubbornness.*
weerbericht 0.1 *weather report / forecast* ♦ **3.1** heb je het ~ al gelezen? *have you read the w. r. / f. yet?*
weerbureau 0.1 *meteorological office* ⇒ ⟨inf.⟩ *met office.*
weercomputer 0.1 *meteorological computer.*
weerga 0.1 [gelijke] *equal* ⇒ *match, peer* **0.2** [als krachtterm] *devil* ♦ **3.1** hij vindt zijn ~ niet *he has no peer* **4.1** hij heeft zijn ~ niet *he is unequalled* **6.1** zonder ~ *unparalleled* **8.2** als de ~ *like a shot / (greased) lightning.*
weergalmen 0.1 *echo* ⇒ *resound* ♦ **6.1** het vreugdegejuich weergalmde **door** de straten *the shouts of joy resounded through the streets;* de straten weergalmden **van** het gejuich *the streets resounded with the cheers.*
weergaloos 0.1 *unequalled* ⇒ *unparalleled* ♦ **1.1** van een

weergaloze schoonheid / ~ mooi zijn *be of unparalleled beauty.*

weergave 0.1 [het weergeven] *reproduction* ⇒⟨van gebeurtenis⟩ *account,* ⟨van muziek / taal⟩ *rendering,* ⟨van muziek / taal⟩ *rendition,* ⟨van toneel / muziek⟩ *performance* **0.2** [kopie] *reproduction* ◆ **2.1** deze geluidsinstallatie geeft een zeer zuivere ~ van orkestmuziek *this sound system gives quite a true reproduction of orchestral music* **2.2** een getrouwe / juiste ~ v.d. originele tekst *a true / an accurate r. of the original text.*

weergeven 0.1 [gestalte geven] *reproduce* ⇒*render, represent, recite* ⟨gedicht⟩, *perform* ⟨muziek, toneelstuk⟩, *convey* ⟨betekenis, gevoel⟩ **0.2** [reproduceren] *reproduce* ⇒*repeat, report* **0.3** [weerspiegelen] *reflect* ◆ **1.1** de gevoelens van alle aanwezigen ~ *voice / reflect the feelings of all present* **1.2** dit onderzoek geeft de feiten juist weer *this study presents the facts accurately;* de inhoud van een boek ~ *sum up the contents of a book* **5.2** iemands woorden letterlijk ~ *repeat s.o. 's words literally* **5.3** ⟨fig.⟩ de koersen geven de stemming nauwkeurig weer *the market closely reflects the mood.*

weergod 0.1 *weather god* ◆ **3.1** de ~ en waren ons niet gunstig gezind *the weather gods were not well-inclined towards us.*

weerhaak 0.1 *barb* ⇒*beard* ◆ **6.1** een pijl met weerhaken *a bearded arrow.*

weerhaan 0.1 [windwijzer] *weathercock* ⇒*weather vane* **0.2** [persoon] *weathercock* ⇒*opportunist* ◆ **2.2** een politieke ~ *a political opportunist.*

weerhouden 0.1 *hold back* ⇒*restrain* ◆ **3.1** zich door niets laten ~ *not be held back by anything* **6.1** iem. ervan ~ om iets te doen *stop / keep s.o. from doing sth.*

weerkaart 0.1 *weather chart / map.*

weerkaatsen 0.1 *reflect* ⟨licht, beeld⟩; *reverberate, (re-)-echo* ⟨geluid⟩ ◆ **1.1** de muur weerkaatst het geluid *the wall reverberates the sound;* spiegels ~ het licht *mirrors reflect light* **6.1** het geluid weerkaatst tegen de muur *the sound reflects off / from the wall.*

weerklank 0.1 *echo* ⇒*response* ◆ **3.1** geen ~ vinden *meet with no response;* zijn woorden vonden ~ *his words struck a sympathetic note* **7.1** het stuk vond grote / weinig / geen ~ bij de critici *the play was very well / poorly / badly received by the critics.*

weerklinken 0.1 [luid klinken] *resound* ⇒*ring out* **0.2** [weergalm geven] *resound* ⇒*reverberate* ◆ **1.1** een schot weerklonk *a shot rang out* **6.2** de fabriek weerklonk van het geraas v.d. machines *the factory resounded with the din of the machines.*

weerkunde 0.1 *meteorology.*

weerkundig 0.1 *meteorological* ◆ **1.1** het ~ instituut *the weather / met(eorological) office;* onze ~ medewerker *our weather expert.*

weerlegbaar 0.1 *refutable* ◆ **1.1** zijn argumentatie is niet ~ *his argument is watertight / cannot be refuted;* een gemakkelijk weerlegbare bewering *an easily falsifiable claim.*

weerleggen 0.1 *refute* ◆ **1.1** een stelling / bewering ~ *r. / meet an argument / assertion.*

weerlicht I ⟨het, de⟩ **0.1** [bliksem] *(heat / sheet) lightning;* **II** ⟨de⟩ **0.1** [als krachtterm] *blazes* ◆ **6.1 om** de ~ niet! *not on your life* **8.1** als de ~ iets doen *do sth. like (greased) lightning;* en nu als de ~ naar bed *and now off to bed on the double.*

weerlichten 0.1 *lighten.*

weerloos 0.1 *defenceless* ◆ **1.1** een ~ slachtoffer *a d. victim* **3.1** ~ maken ⟨ook⟩ *disarm* **6.1** ~ **tegenover / jegens** *d. against.*

weerman 0.1 *weatherman.*

weerom 0.1 *back* ◆ **3.1** men zag hem nooit ~ *he was never seen again.*

weeromstuit ◆ **6.¶** ik moest van de ~ ook lachen *I couldn't keep from laughing;* **van** de ~ is hij toen maar met een ander meisje getrouwd *he married a different girl on the rebound.*

weeroverzicht 0.1 *weather survey* ◆ **¶.1** en nu het ~ *and now for a look at the weather.*

weerpraatje 0.1 *(the) weather in brief* ⇒*weather report.*

weersatelliet 0.1 *weather satellite.*

weerschijn 0.1 *reflection* ⇒*lustre,* ⟨ook van stoffen⟩ *sheen* ◆ **2.1** er ligt een blauwe ~ over *it has a blue sheen to it.*

weerschijnen 0.1 *reflect* ◆ **1.1** ~ de stoffen *shot(-silk) fabrics.*

weersgesteldheid 0.1 *weather situation* ◆ **6.1** bij elke ~ *in all weathers.*

weerskanten ◆ **6.¶ aan** ~ **van** de tafel / het raam *on both sides of the table / window;* **van** ~ concessies doen *make concessions on both sides;* **van / aan** ~ *from / on both sides.*

weerslag 0.1 *repercussion* ◆ **3.1** zijn ~ hebben op *have repercussions on.*

weersomstandigheden 0.1 *weather conditions.*

weersonde ⟨meteo.⟩ **0.1** *sounding balloon.*

weerspannig 0.1 *recalcitrant* ⇒*rebellious, unruly* ◆ **3.1** ~ zijn ⟨ook⟩ *act defiantly.*

weerspannigheid 0.1 *recalcitrance* ⇒*unruliness.*

weerspiegelen 0.1 *reflect* ◆ **1.1** deze roman weerspiegelt de toenmalige opvattingen *this novel reflects the ideas of those times* **4.1** het huis weerspiegelt zich in de vijver *the house is reflected / mirrored in the pond.*

weerspiegeling 0.1 *reflection* ◆ **2.1** een getrouwe ~ van iets *a true r. / mirror of sth.*

weerspreken 0.1 *contradict* ⇒*deny,* ⟨schr.⟩ *belie* ◆ **1.1** die berichten van gisteren zijn weersproken *yesterday's reports have been contradicted;* ⟨fig.⟩ de blik in zijn ogen weersprak zijn toon *the look in his eyes belied his tone.*

weerstaan 0.1 *resist* ⇒*stand up to* ◆ **3.1** iem. durven ~ *stand up to s.o.;* ze kan hem niet ~ *she can't r. him.*

weerstand 0.1 [van personen] *resistance* ⇒*opposition* **0.2** [van zaken; ook nat.] *resistance* **0.3** [schakelelement] *resistor* **0.4** [aversie] *aversion* **0.5** [weerstandsvermogen] *resistance* ◆ **2.2** soortelijke ~ *resistivity, specific r.* **3.1** ~ bieden / ondervinden / opheffen *offer / experience / give up r.;* ~ ontmoeten bij zijn plannen *encounter r. / opposition to one's plans* **6.4** ~ voelen / hebben **tegen** iets *feel / have an a. towards sth.* **6.5** ~ hebben **tegen** de griep *have r. to the flu.*

weerstandsvermogen 0.1 *resistance* ⇒*stamina* ◆ **3.1** veel / weinig ~ bezitten *have a great deal of / little r.*

weerstation 0.1 *weather station.*

weersverbetering 0.1 *improvement in the weather* ◆ **3.1** morgen treedt er een ~ op *the weather will improve tomorrow.*

weersverwachting 0.1 *weather forecast.*

weersvoorspelling 0.1 *weather forecast / prediction(s).*

weerszijden →weerskanten.

weertje 0.1 *weather* ⇒⟨inf. ook⟩ *day* ◆ **2.1** een mooi ~ om te gaan vissen *a nice day to go fishing* **4.1** wat een ~ *what beautiful w.*

weertype 0.1 *type of weather.*

weerwerk 0.1 *response* ⇒*reaction* ◆ **3.1** ~ geven / leveren *respond, react;* ~ op iets krijgen *meet with / receive a response to sth.*

weerwil ◆ **6.¶ in** ~ **van** *despite, in spite of; in defiance of* ⟨regels⟩.

weerwoord 0.1 *answer* ⇒*reply* ♦ 3.1 ~ geven *answer, reply, retort;* daarop had hij geen ~ *he had no a./reply to that.*

weerzien[1] ⟨het⟩ 0.1 *reunion* ⇒⟨na korte tijd⟩ *meeting* ♦ 6.1 **tot** ~s *goodbye, until the next time;* ik verheug mij op het ~ **van** mijn oude vrienden *I'm looking forward to seeing my old friends again.*

weerzien[2] ⟨ov.ww.⟩ 0.1 *meet/see again.*

weerzin 0.1 *disgust* ⇒*reluctance, aversion, distaste* ♦ 3.1 ~ voelen tegen iets *feel aversion to sth.* 6.1 iets **met** ~ doen *do sth. with great reluctance;* **met** ~ eten *eat with distaste.*

weerzinwekkend 0.1 *disgusting, revolting* ♦ 1.1 ~e taferelen *r. scenes;* ~e toestanden *d. conditions;* ~e wreedheden *r. atrocities* 3.1 zich ~ gedragen *behave revoltingly.*

wees 0.1 *orphan* ♦ 3.1 ~ worden *be orphaned.*

weesgegroetje 0.1 *Hail Mary* ♦ 3.1 tien ~s bidden *say ten Hail Marys.*

weeshuis 0.1 *orphanage* ♦ 2.1 het is genoeg voor een heel ~ *there is enough for a whole regiment.*

weesjongen 0.1 *orphan (boy).*

weeskind 0.1 *orphan (child).*

weesmeisje 0.1 *orphan (girl).*

weet 0.1 [het weten] *knowledge* 0.2 [iets dat men weet] *knowledge* ⇒*knack* ♦ 3.2 het is maar een ~ ⟨mbt. handigheidje⟩ *it's only a knack;* ⟨mbt. bruikbare informatie⟩ *it's useful to know;* ⟨mbt. geheim⟩ *I thought you might like to know* 6.1 iets **aan** de ~ komen *find out sth.;* iets (niet) doen **in** de ~ dat *(not) do sth. knowing that;* ergens geen ~ **van** hebben ⟨zich er niet van bewust zijn⟩ *have no k. of sth., be unaware of sth.* 6.2 dat is voor jou een vraag en **voor** mij een ~ *that is for me to know and for you to find out.*

weetal 0.1 *know-all* ⇒*wise guy.*

weetgierig 0.1 *inquisitive* ⇒*eager to learn* ⟨alleen pred.⟩ ♦ 1.1 ~ van aard zijn *have an inquiring mind.*

weetgierigheid 0.1 *inquisitiveness* ⇒*eagerness to learn.*

weetje 0.1 *fact* ⇒*detail* ♦ 1.1 allerlei ~s *all kinds of trivia* 3.1 ⟨fig.⟩ zijn ~ wel weten *know what's what.*

weetniet 0.1 *know-nothing* ⇒*ignoramus.*

weg[1] ⟨de⟩ 0.1 [gebaande strook grond] *road* ⇒*way, track* 0.2 [middel, manier] *way* ⇒*channel, means* 0.3 [afstand, traject] *road* ⇒*way, journey* 0.4 [doortocht] *way* ♦ 1.2 de ~ v.d. minste weerstand *the line of least resistance* 2.1 ⟨fig.⟩ naar de bekende ~ vragen *ask for the sake of asking;* de grote ~ *the main r., the motorway;* een kortere ~ nemen *take a short cut;* openbare ~ *public highway/r.;* op de rechte/goede/verkeerde ~ zijn *be on the right/wrong track* 2.2 dat is de kortste/zekerste ~ *that is the quickest/surest w.;* langs deze onsympathieke ~ *even though I don't like this means;* zich van slinkse ~en bedienen, slinkse ~en gaan *use devious ways and means* 2.3 iem. op zijn laatste ~ begeleiden *pay one's last respects to s.o.;* nog een lange ~ voor zich hebben/te gaan hebben *have a long way to go* 3.1 een ~ aanleggen *build a r.;* de ~ afsnijden voor (onderhandelingen) *shut the door on (negotiations);* de ~ effenen voor iem. *pave the way for s.o.,* zijn eigen ~ gaan *go one's own way;* een andere ~ inslaan *take a new/different route;* ⟨fig.⟩ *follow a new avenue;* ⟨fig.⟩ hij zal daar zijn ~ wel vinden *he will make his way there;* de ~ weten *know the way;* iem. de ~ wijzen *show s.o. the way* 3.2 nieuwe ~en openen voor de handel *open new channels for trade* 3.4 iem. de ~ afsnijden *cut s.o. off, block s.o.'s way;* zich een ~ banen *work/edge one's w. through;* ⟨met meer kracht⟩ *force/fight one's w. through;* ⟨in de wereld⟩ *carve one's (own) w. (in the world);* met zijn tijd/geld geen ~ weten *not know what to do with one's time/money* 6.1 aan de

~ naar Delft *on the r. to Delft;* flink **aan** de ~ timmeren *be busy creating a distinct profile for o.s.;* zich **op** ~ begeven *set/start out;* **op** ~ gaan *set off (on a trip), set out (for), go;* ⟨fig.⟩ iem. **op** ~ helpen *set s.o. up;* ⟨fig.⟩ hij is **op** ~ beroemd te worden *he's on his way to fame;* ⟨fig.⟩ dat ligt **op** uw ~ *it's your responsibility* 6.4 ⟨iem.⟩ **in** de ~ staan *stand in s.o.'s/the w.;* iem. iets **in** de ~ leggen *put sth. in s.o.'s way;* (voor) iem. **uit** de ~ gaan *keep/get out of s.o.'s way, avoid s.o.;* problemen **uit** de ~ ruimen *get rid of/eliminate problems;* iem. **uit** de ~ ruimen *eliminate s.o., get rid of s.o.;* een misverstand **uit** de ~ helpen *clear up a misunderstanding.*

weg[2] ⟨bw.⟩ 0.1 [afwezig; niet te vinden] *gone* 0.2 [verrukt] *crazy* 0.3 [verwijderd] *away* ♦ 1.3 een heel eind ~ *a long way a.* 3.1 de jongen is al ~ *the boy has already g. out;* hij is ~ ⟨bewusteloos⟩ *he's out/cold;* ⟨na verdoving⟩ *he's under;* ⟨verloren⟩ *he's lost/g.;* de sleutel/de pijn/haar geld is ~ *the key/pain/money is g.;* dat is nooit ~ *that is always* ⟨koop⟩ *useful/*⟨handeling⟩ *a help;* ~ wezen! ⟨plaats buiten⟩ *(let's) get away from here!;* ⟨plaats binnen⟩ *(let's) get out of here!;* vlug ~ zijn ⟨sport of fig.⟩ *be quick off the mark* 3.¶ ze heeft veel ~ van haar zus *she takes a lot after her sister;* het heeft er veel van ~ dat hij het met opzet deed *it looks very much as if he did it on purpose* 5.3 even ~ zijn ⟨in gedachten⟩ *be far a. for a moment;* ⟨in slaap⟩ *doze off for a moment* 6.1 ~ **met** ... *away/down with ...* 6.2 zij is helemaal ~ **van** hem *she is totally c. about him.*

wegbannen 0.1 *ban* ⇒*dispel* ♦ 1.1 alle vrees ~ *push all fear aside.*

wegbenen 0.1 *stalk off.*

wegbereider 0.1 *pioneer* ⇒*trailblazer.*

wegbergen 0.1 *stow/put away.*

wegblazen 0.1 *blow away/off* ♦ 1.1 de rook v.e. sigaar ~ *blow away cigar smoke;* het stof v.d. tafel ~ *blow the dust off the table.*

wegblijven 0.1 *stay away* ♦ 1.1 de koorts is weggebleven *the fever hasn't come back* 3.1 dat woord kan beter ~ *it's better to leave that word out* 6.1 ~ **van** *stay away from.*

wegbranden I ⟨ov.ww.⟩ 0.1 [uitbranden] *burn away* 0.2 [uitbijten] *burn off* ♦ ¶ 1 ⟨fig.⟩ ⟨ohorts.⟩ die man is niet weg te branden *there's no getting rid of that man;*
II ⟨onov.ww.⟩ 0.1 [door verbranding verloren gaan] *burn away/down* ♦ 1.1 het trappenhuis is weggebrand *the stairwell was burned away/down.*

wegbrengen 0.1 [elders heen brengen] *take (away)* ⇒*deliver* 0.2 [vergezellen] *see (off)* ♦ 1.1 wanneer breng je de auto weg? *when are you taking the car in?;* brieven/kranten/boodschappen ~ *deliver letters/(news)papers/groceries;* geld ~ ⟨naar de bank brengen⟩ *take money to the bank.*

wegcijferen 0.1 *ignore* ⇒*leave out (of account)* ♦ 4.1 zichzelf ~ *efface o.s.;* zichzelf ~d *self-effacing.*

wegdek 0.1 *road (surface)* ♦ 2.1 een slecht ~ *a bad surface/road* 3.1 het ~ vernieuwen *resurface a road.*

wegdenken 0.1 *think away* ♦ 6.1 de computer is niet meer **uit** onze maatschappij weg te denken *it's impossible to imagine life today without the computer.*

wegdoen 0.1 [van de hand doen] *dispose of* ⇒*part with, get rid of* 0.2 [opbergen] *put away* ♦ 1.1 boeken ~ *get rid of/dispose of books;* zijn winkel ~ *sell off one's shop;* we moeten het hele zaakje maar ~ ⟨ook⟩ *we'd better do away with the whole lot* 1.2 doe dat mes weg! *put that knife away!*

wegdragen 0.1 [dragend verwijderen] *carry away/off* 0.2 [verkrijgen] *carry off* ♦ 1.1 de man werd voor dood weggedragen *the man looked half dead when he was carried off/away* 1.2 kan het uw goedkeuring ~? *does this have your approval?*

wegdrijven I ⟨onov.ww.⟩ **0.1** [zich drijvend verwijderen] *float/drift away* ♦ **6.1** de boei dreef weg **naar** zee *the buoy drifted out to sea;* **II** ⟨ov.ww.⟩ **0.1** [verdrijven] *drive away* ♦ **1.1** de vijand ~ *drive the enemy away.*

wegdrinken 0.1 *drown* ♦ **1.1** zijn zorgen ~ *d. one's sorrows* ¶.¶ dat drinkt lekker weg *that went down easily!*

wegdrukken 0.1 *push aside/away.*

wegduiken 0.1 *duck (away)* ⇒⟨in water⟩ *dive away* ♦ **3.1** H. zat naast haar weggedoken *H. huddled beside her;* ergens weggedoken zitten *be hidden away somewhere.*

wegduwen 0.1 *push away/aside* ♦ **1.1** (fig.) nare gedachten ~ *push bad thoughts aside.*

wegebben 0.1 *ebb (away)* ⇒*drain away* ⟨van krachten⟩ ♦ **1.1** het geluid ebde weg *the noise faded (away).*

wegen I ⟨onov.ww.⟩ **0.1** [het genoemde gewicht hebben] *weigh* ♦ **1.1** zij weegt 72 kilo *she weighs 72 kilos* **3.1** ⟨fig.⟩ de belangen v.d. middenstand zwaarder laten ~ dan ...*put the interests of the middle class before ...;* ⟨fig.⟩ iets niet te zwaar laten ~ *not attach too much importance to sth.* **5.1** ⟨fig.⟩ zwaar bij iem. ~ *carry a lot of weight for s.o.;* zwaarder ~ dan ⟨ook fig.⟩ *outweigh;* ⟨fig.⟩ hun belangen ~ het zwaarst *their interests come first* **7.1** niet veel ~ *not w. much;* een paar kilo te veel ~ *be a couple of kilos overweight;* te veel/weinig ~ *be overweight/underweight;* een kilo of drie te weinig ~ *be about three kilos short* ¶.1 ⟨fig.⟩ gewogen en te licht bevonden *weighed and found wanting;* **II** ⟨ov.ww.⟩ **0.1** [het gewicht bepalen van] *weigh* **0.2** [fig.] *weigh* ♦ **4.1** zich laten ~ *have o.s./be weighed* **6.1** iets **op** de hand ~ *weigh sth. in one's hand.*

wegenaanleg, -bouw 0.1 *road building/construction.*

wegenbelasting 0.1 *road tax.*

wegenkaart 0.1 *road map.*

wegennet 0.1 *road network/system* ♦ **2.1** een uitgebreid ~ *an extensive road system.*

wegens 0.1 *because of* ⇒*on account of, due to* ♦ **1.1** te koop ~ huwelijk *for sale due to marriage* **3.1** terechtstaan ~ *be tried on a charge of.*

wegenwacht 0.1 ⟨GB⟩ *AA/RAC patrol;* ⟨USA⟩ *AAA road service.*

weggaan 0.1 [vertrekken] *go away* ⇒*leave* **0.2** [ontslag nemen] *leave* **0.3** [verdwijnen] *go away* **0.4** [verkocht worden] *sell* ♦ **1.1** die brieven zijn gisteren weggegaan *those letters went out yesterday* **1.2** de telefoniste gaat weg *the telephone operator is leaving* **1.3** de pijn gaat al weg *the pain is already going away* **5.1** plotseling ~ *leave abruptly* **6.1 bij** zijn vrouw ~ *leave one's wife;* ~ **zonder** te betalen *leave without paying* **6.2** ~ **bij** een firma *l. a company* **6.3** de vlek gaat snel weg **uit** de jurk *the stain is coming off/ will come off quickly from the dress* **6.4** ~ **tegen** een lage prijs *s. at a low price;* ~ **voor** een krats *s. for a mere song/ for peanuts* ¶.1 ga weg! *go away!, get lost!;* ⟨uiting van verbazing⟩ *you don't say, you're kidding.*

weggebruiker, -ster 0.1 *road user.*

weggedeelte 0.1 *section (of the road), stretch* ♦ **2.1** opvriezende ~n *icy patches (on the roads).*

weggedrag ⟨verkeer⟩ **0.1** [mbt. verkeersdeelnemers] *driving (manners/behaviour)* ⇒⟨alg.⟩ *standards of driving* **0.2** [mbt. auto] *handling* ⇒*performance.*

weggeven 0.1 [schenken] *give away* **0.2** [ten beste geven] *perform* ⇒*play, sing* ♦ **1.1** zijn laatste cent ~ *give away the shirt off one's back;* ⟨fig.⟩ een partij/de wedstrijd ~ *give away a game/the match* **1.2** een liedje ~ ⟨ook⟩ *do a song.*

weggevertje 0.1 *giveaway* ⇒⟨eenvoudige vraag⟩ *dead giveaway.*

wegglijden 0.1 *slip (away)* ♦ **1.1** de auto gleed weg in de modder *the car slipped in the mud.*

wegglippen 0.1 *sneak/slip away/out* ⇒*slide off.*

weggooien 0.1 [wegwerpen] *throw away/out* ⇒*discard* **0.2** [afwijzen] *discard* ⇒*dismiss* ♦ **1.1** geld (aan iets) ~ *throw away money on sth.;* dat is weggegooid geld *that is money down the drain* ¶.1 gooi dat maar weg *throw that away/out.*

weggooiverpakking 0.1 *disposable container/packet/ packaging/package.*

weghalen 0.1 [wegvoeren] *remove* ⇒*take away* **0.2** [stelen] *remove* ♦ **4.1** alstublieft, haal hem daar weg *please get him out of there* **6.2** alle huisraad werd **uit** het huis weggehaald *the house was stripped (bare).*

weghelft 0.1 *side of the road* ♦ **2.1** de auto kwam op de verkeerde ~ *the car got on the wrong side of the road.*

weghollen 0.1 *run away/off* ⇒*dash away/off.*

weghouden 0.1 [verstoppen] *hide* **0.2** [verwijderd houden] *hold off* ⇒*keep away* ♦ **6.2** ~ **van** *hold back/keep from.*

wegjagen 0.1 [verdrijven; afschrikken] *chase away* **0.2** [oneervol ontslaan] *send packing* ⇒*sack* ♦ **1.1** klanten ~ door de hoge prijzen *chase customers away with high prices* **1.2** een oneerlijke werknemer ~ *send a dishonest worker packing* **6.1** kinderen ~ **uit** de tuin *chase children out of the garden.*

wegkapen ⟨inf.⟩ **0.1** *pinch* ⇒*pilfer* ♦ **4.1** vlak voor iemands neus iets ~ *pilfer sth. right under s.o.'s nose.*

wegkijken I ⟨ov.ww.⟩ **0.1** [door kijken doen vertrekken] *frown away* ♦ **1.1** de vervelende jongen werd weggekeken *the annoying boy was given the cold stare until he left;* **II** ⟨onov.ww.⟩ **0.1** [de blik afwenden] *look away* ♦ **6.1** hij keek **van** haar weg *he looked away from her.*

wegknippen 0.1 *snip/cut away.*

wegkomen 0.1 *get away* ♦ **5.1** ⟨fig.⟩ goed ~ ⟨met voordeel van iets afkomen⟩ *make out/do well;* ⟨geen schade oplopen⟩ *come away unscathed;* ⟨sport⟩ de meeste favorieten zijn goed weggekomen bij de start *the favourites got (off to) a good start;* ⟨fig.⟩ slecht/goed ~ ⟨bij iets⟩ *come off badly/well (with sth.)* ¶.1 maak dat je wegkomt! *get out (of here)!;* ⟨inf.⟩ *beat it!, scram!;* ik maakte dat ik wegkwam *I got out of there.*

wegkruipen 0.1 *crawl/creep away* ♦ **1.1** de slak kroop weg *the snail crawled away* **6.1 achter** moeder/iets ~ *hide behind mother/sth.*

wegkwijnen 0.1 *pine away* ⇒*waste away* ♦ **6.1** ~ **van** verdriet *pine away from grief.*

weglachen 0.1 *laugh away/off* ♦ **1.1** klachten/bezwaren ~ *laugh off complaints/objections;* zijn tranen ~ *laugh away one's tears.*

weglaten 0.1 *leave out* ⇒*omit* ♦ **1.1** je naam en adres hebben we weggelaten *we have omitted your name and address;* een passage v.e. brief ~ *leave out a passage from a letter.*

wegleggen 0.1 [terzijde leggen] *put aside* **0.2** [opbergen] *put away* **0.3** [sparen] *lay/put/set aside* ⇒*save* **0.4** [voorbeschikken] *grant* ⇒*be one's share/lot* ♦ **6.3** geld ~ **voor** de vakantie *set aside money for one's* [B]*holiday/*[A]*vacation* **6.4** er was geen succes **voor** hem weggelegd *success was not granted to him.*

wegleiden 0.1 *lead away/off* ♦ **1.1** de arrestant werd weggeleid *the prisoner was led away.*

wegligging 0.1 *road-holding* ♦ **2.1** deze auto heeft een goede ~ *this car has good r.-h.*

weglokken 0.1 *lure/entice away* ♦ **6.1** klanten ~ **van** de concurrent *lure customers away from the competition.*

weglopen 0.1 [naar elders gaan] *walk away/off* **0.2** [heengaan en niet terugkomen, deserteren] *run away* ⇒*walk out, run off* ⟨met een andere man/vrouw⟩ **0.3** [wegvloeien] *run off/out* **0.4** [sport] *break/pull away (from)* **0.5** [+ met; veel ophebben met] *be taken with/by* ⇒*think much/ the world of* ♦ **1.2** een weggelopen kind *a runaway (child);* de weggelopen poes is terug *the lost cat has returned* **3.2** ⟨fig.⟩ weggelopen lijken (uit een boek/film/periode) *look like s.o. who/sth. that has walked right out (of a book/ film/period)* **3.3** een vloeistof laten ~ *drain a liquid* **5.1** hard ~ *run away/off;* dat loopt niet weg *that can wait* **6.1** ~ **voor** een hond *run away from a dog* **6.2** hij was niet eens verrast dat zijn vrouw **bij** hem was weggelopen *he wasn't even surprised that his wife had walked out on him* **6.3** er is wijn/olie **uit** het vat weggelopen *wine/oil has leaked out of the barrel* **6.5** niet ~ **met** *not think much of* ¶**.2** weggelopen: cyperse kat ⟨enz.⟩ *lost; tabby cat.*

wegmaaien 0.1 *mow* ♦ **6.1** ⟨fig.⟩ weggemaaid **door** machinegeweren *mowed down by machine guns.*

wegmaken 0.1 [kwijtmaken] *lose* **0.2** [laten verdwijnen] *take out* **0.3** [onder narcose brengen] *put to sleep* ♦ **1.2** vlekken ~ *remove stains* **1.3** een operatiepatiënt ~ *put a surgery patient to sleep* **4.1** die jongen maakt alles weg *that boy loses everything* **4.2** zich stilletjes ~ *make off stealthily.*

wegmarkering 0.1 *road marking.*

wegmasseren 0.1 [pijn, kramp] *rub away* ⇒*alleviate* ⟨pijn enz.⟩ *by massage* **0.2** [onenigheid, problematische zaken] *smooth out.*

wegmoffelen 0.1 *stash away* ⇒⟨verbloemen⟩ *smooth over* ♦ **1.1** een speelkaart ~ *stash a playing card away.*

wegnemen 0.1 [van zijn plaats nemen] *take away* **0.2** [zich toe-eigenen] *take (away)* **0.3** [doen verdwijnen] *remove* ⇒*take away, dispel* ⟨angst, argwaan⟩ ♦ **1.1** de baarmoeder ~ *remove the uterus* **1.3** iemands angst ~ *r./dispel s.o.'s fear(s);* de laatste twijfels ~ *r. the last doubts;* een verdenking ~ *dispel suspicion* **3.1** zijn amandelen laten ~ *have one's tonsils out* **5.¶** dat neemt niet weg, dat ik hem aardig vind *all the same I like him,* dat neemt niet weg, dat het geld verdwenen is *that doesn't alter the fact that the money has disappeared.*

wegomlegging 0.1 [B]*diversion,* [A]*detour.*

wegpakken 0.1 *snatch* ♦ **1.1** een tas ~ *s. a bag.*

wegparcours ⟨sport⟩ **0.1** *road racing circuit.*

wegpesten 0.1 *harass/pester (s.o.) until he/she leaves.*

wegpikken ⟨inf.⟩ **0.1** *make off with.*

wegpiraat 0.1 *road hog.*

wegpromoveren 0.1 *kick upstairs.*

wegraken 0.1 [buiten bewustzijn raken] *faint* ⇒*pass out* **0.2** [zoek raken] *get lost.*

wegredeneren 0.1 *reason/argue away* ♦ **1.1** zijn angst ~ *reason one's fears away;* dat argument valt niet weg te redeneren ⟨ook⟩ *there is no getting round that argument.*

wegrennen 0.1 *run off/away.*

wegrestaurant 0.1 *transport cafe* ⇒*wayside restaurant.*

wegrijden I ⟨onov.ww.⟩ **0.1** [naar elders rijden] *drive off/ away* ⇒⟨fiets, paard⟩ *ride off/away* ♦ **1.1** de auto reed met grote vaart weg *the car drove off at high speed;* **II** ⟨ov.ww.⟩ **0.1** [rijdend vervoeren] *carry off/away* ♦ **1.1** de gewonde werd per ambulance weggereden *the injured person was taken away by ambulance.*

wegroepen 0.1 *call off/away* ♦ **1.1** de dokter werd weggeroepen *the doctor was called away.*

wegscheren I ⟨ov.ww.⟩ **0.1** [door scheren verwijderen] *shave off* ♦ **1.1** zijn snorharen ~ *shave (the hairs of) one's moustache;*

II ⟨wk.ww.; zich ~⟩ **0.1** [ophoepelen] *make o.s. scarce* ♦ **4.1** scheer je weg! *clear out!, hop/beat it!*

wegschoppen 0.1 *kick away.*

wegschrijven 0.1 [schrijven ten nadele van (iem.)] *give s.o. a bad press* **0.2** [comp.] *write to disk/tape.*

wegschuilen 0.1 *(seek) shelter* ⇒⟨voor iem.⟩ *hide (from s.o.)* ♦ **6.1 achter** een boom ~ *(seek) s. behind a tree.*

wegschuiven 0.1 *push/shove away* ♦ **1.1** de grendel ~ ⟨open⟩ *unfasten/*⟨dicht⟩ *shoot the bolt.*

wegseizoen ⟨wielersport⟩ **0.1** *road racing season.*

wegslaan I ⟨ov.ww.⟩ **0.1** [door slaan verwijderen] *knock off/ away* ♦ **1.1** een bal ~ *hit a ball away* **3.1** weggeslagen worden ⟨door water/wind/golven, bij overstroming⟩ *be swept away* **6.1** zij is er niet (van) weg te slaan ⟨fig.⟩ *she can hardly be dragged away (from it);*

II ⟨onov.ww.⟩ **0.1** [van zijn plaats gerukt worden] *be swept/knocked away* ⇒⟨door water⟩ *be washed away* ♦ **1.1** bij die storm sloegen grote stukken land weg *in that storm large areas of land were washed away.*

wegslenteren 0.1 *saunter off.*

wegslepen 0.1 *tow away* ⟨auto, boot⟩ ⇒*drag away* ⟨iets zwaars⟩ ♦ **1.1** een auto laten ~ *have a car towed away.*

wegslikken 0.1 [doorslikken] *swallow (down)* **0.2** [emoties verwerken] *swallow* ♦ **4.2** ik moest even iets ~ *I had to s. hard.*

wegsluipen 0.1 *sneak away/off.*

wegsmelten 0.1 *melt away* ♦ **1.1** de sneeuw is weggesmolten *the snow has melted away.*

wegsmijten 0.1 *throw/*⟨inf.⟩ *toss away/*⟨naar buiten⟩ *out.*

wegsnellen 0.1 *hurry off.*

wegsnijden 0.1 *cut away/out/off* ⇒*excise* ♦ **1.1** een tumor ~ *cut out/excise a tumour.*

wegspoelen I ⟨ov.ww.⟩ **0.1** [op de stroom meevoeren] *wash away* ⇒*carry away,* ⟨in de wc⟩ *flush down* **0.2** [door spoelen verwijderen] *wash down* ♦ **1.1** de rivier heeft een stuk v.d. oever weggespoeld *the river has washed away part of the bank* **1.2** zijn eten/brood ~ *wash down one's food/ bread;*

II ⟨onov.ww.⟩ **0.1** [door het water meegevoerd worden] *be washed/carried/*⟨met grote kracht⟩ *swept away* ♦ **1.1** grote stukken land spoelden weg *large tracts of land were washed away.*

wegspringen 0.1 *leap/*⟨met een sprong⟩ *jump away* ⇒ ⟨plotseling, verschrikt⟩ *bolt,* ⟨wielersport⟩ *break away* ♦ **1.1** de herten sprongen weg *the deer bolted (away).*

wegstemmen 0.1 *vote out (of office)/down* ♦ **1.1** een kandidaat ~ *vote a candidate out;* een motie ~ *vote down a motion.*

wegsterven 0.1 *die away/down* ⇒*fade away* ♦ **1.1** ~ de klanken/muziek *fading notes/music.*

wegstoppen 0.1 [verstoppen] *hide away* ⇒*stash away* **0.2** [verdringen] *lock up* ⇒*suppress* ♦ **3.1** weggestopt zitten *be hidden/tucked away.*

wegstrepen 0.1 *cross off/out* ⇒*delete* ♦ **1.1** die getallen kun je tegen elkaar ~ *those figures cancel each other out.*

wegsturen 0.1 [wegzenden] *send away* **0.2** [verzenden] *mail* ⇒*dispatch, post off* **0.3** [ontslag geven] *send away* ⇒ *dismiss* **0.4** [sport; lanceren] *send away* ♦ **1.1** een bezoeker ~ *send away/*⟨niet toelaten⟩ *turn away a visitor* **1.2** een brief ~ *post off/mail a letter* **1.3** het kabinet ~ *dismiss the cabinet.*

wegtoveren 0.1 *spirit away, magic away.*

wegtrappen 0.1 *kick away* ♦ **1.1** de bal ~ *kick the ball away;* een hond ~ *kick a dog away.*

wegtrekken I ⟨onov.ww.⟩ **0.1** [weggaan] *draw off* ⇒*move*

away, withdraw **0.2** [wegvloeien] *drain away / out of / from* ♦ **1.1** mijn hoofdpijn trekt weg *my headache is disappearing;* de mist / rook trok weg *the fog / smoke cleared away* **6.2** het bloed trok **uit** haar gezicht weg *the blood drained (away) from her face;*
II ⟨ov.ww.⟩ **0.1** [naar elders brengen] *draw / pull away* **0.2** [naar zich toehalen] *withdraw* ♦ **1.2** zijn hand ~ *w. one's hand.*

wegvagen 0.1 [doen verdwijnen] *wipe out* ⇒*sweep away* **0.2** [fig.] *wipe out* ⇒*erase* ♦ **1.1** de cycloon vaagde alle huizen weg *the cyclone swept all the houses away* **1.2** al die droeve herinneringen waren plots weggevaagd *all those sad memories were suddenly erased.*

wegvak 0.1 *stretch (of road).*

wegvallen 0.1 [van zijn plaats raken] *be omitted / dropped* **0.2** [niet meer beschikbaar zijn] *be lost* ⇒⟨zich terugtrekken⟩ *withdraw,* ⟨ophouden te functioneren⟩ *cease* **0.3** [niet meer doorkomen] *fall away* ♦ **1.1** er is een regel / letter weggevallen *a line / letter has been left out* **1.2** de watertoevoer is weggevallen *the water supply has been cut off* **1.3** het geluid / deze zender valt telkens weg *the sound / this station keeps fading away.*

wegvegen 0.1 *wipe / sweep / brush away* ♦ **1.1** een tekening v.h. schoolbord ~ *wipe a drawing from the blackboard,* ^A*erase a drawing;* zijn tranen ~ *brush one's tears away.*

wegverkeer 0.1 *road traffic.*

wegversmalling 0.1 *narrowing of a / the road* ⇒⟨op verkeersbord⟩ *road narrows.*

wegversperring 0.1 *roadblock.*

wegvervoer 0.1 *road transport.*

wegvliegen 0.1 [vliegend zich verwijderen] *fly away / off / out* **0.2** [ijlings heengaan] *dart / tear off* **0.3** [snel uitgegeven worden] ⟨zie 1.3⟩ **0.4** [snel v.d. hand gaan] *sell like hot cakes* ♦ **1.1** de kanarievogel is weggevlogen *the canary has flown away* **1.3** zijn geld vliegt weg *his money burns a hole in his pocket.*

wegvoeren 0.1 *carry away / off* ♦ **5.1** de gewonde werd haastig weggevoerd ⟨ook⟩ *the injured person was sped off.*

wegwaaien I ⟨onov.ww.⟩ **0.1** [door de wind weggevoerd worden] *be blown away / off* ⇒*fly away / off;*
II ⟨ov.ww.⟩ **0.1** [weg- / meevoeren] *blow off / away.*

wegwedstrijd ⟨sport⟩ **0.1** *road race.*

wegwerken 0.1 [doen verdwijnen] *get rid of* ⇒⟨verorberen⟩ *polish off,* ⟨inf.⟩ *put away* ⟨eten, drank⟩, *smoothe away* ⟨oneffenheden⟩ **0.2** [dwingen heen te gaan] *dispose of, get rid of* ♦ **1.1** een paar oneffenheden / kleine foutjes ~ *smoothe away a few blemishes / minor errors;* een tekort ~ *eliminate a deficit* **1.2** een mededinger / minister ~ *dispose of a rival, send a minister packing* **6.1** iets op een foto ~ *block out sth. on a photo.*

wegwerker 0.1 *roadmender,* ^A*road worker* ⇒⟨spoor⟩ *platelayer,* ^A*trackman.*

wegwerpaansteker 0.1 *disposable lighter.*

wegwerpartikel 0.1 *disposable article* ⇒⟨mv. ook⟩ *disposables.*

wegwerpbeker 0.1 *disposable cup.*

wegwerpcultuur 0.1 *consumer society.*

wegwerpen 0.1 *throw away / out* ♦ **1.1** zijn wapens ~ *throw down one's arms.*

wegwerpfles 0.1 *non-returnable bottle.*

wegwerppluier 0.1 *disposable* ^B*nappy / * ^A*diaper.*

wegwerpmaatschappij 0.1 *consumer society.*

wegwerpnaald 0.1 *disposable needle.*

wegwerpverpakking 0.1 *disposable container / packet / packaging / package.*

wegwezen 0.1 *clear off / out* ⇒⟨inf.⟩ *push / buzz off,* ⟨sl.⟩ *scram* ♦ **¶.1** jongens, ~! *let's get (the hell) out of here!;* hé, jij daar, ~! *buzz off!, scram!*

wegwijs 0.1 *familiar* ⇒*informed* ♦ **3.1** iem. ~ maken in iets *familiarize s.o. with sth., show s.o. the ropes;* ~ zijn *be on f. ground.*

wegwijzer 0.1 [richtingbord] *signpost* **0.2** [handleiding] *handbook* ⇒*manual,* ⟨reisgids⟩ *guide(book).*

wegwuiven 0.1 *wave / brush aside* ♦ **1.1** bezwaren / klachten ~ *brush aside objections / complaints.*

wegzakken 0.1 [zakkend verdwijnen] *sink* **0.2** [mbt. geluiden] *fade (away)* **0.3** [indutten] *nod (off)* ♦ **5.1** mijn Latijn is volledig weggezakt *my Latin has completely gone* **6.1** ~ in de blubber *s. in the mire;* onder het ijs ~ *disappear under the ice.*

wegzenden 0.1 [ergens heen zenden] *send off / away* **0.2** [wegsturen, afwijzen] *dismiss* **0.3** [ontslaan] *dismiss* ⇒⟨uit ambt⟩ *remove.*

wegzetten 0.1 [terzijde zetten] *set / put aside* **0.2** [wegbergen] *put away / aside* ♦ **1.2** geld ~ *put money in a bank;* vlees voor de volgende dag ~ *put away meat for the following day* **3.1** ik kon mijn auto nergens ~ *I couldn't find a place to park.*

wegzinken 0.1 *sink* ⇒*go under, subside* ♦ **6.1** in een fauteuil ~ *sink into a chair;* onder het ijs / in een moeras ~ *sink under the ice / in a swamp.*

wei(de) 0.1 [stuk grasland] ⟨hooiland⟩ *meadow;* ⟨grasland⟩ *pasture, grasslands* **0.2** [speelweide] *playground* ⇒*playing field* **0.3** [overblijfsel van melk] *whey* ♦ **3.1** het vee de ~ insturen / in de ~ zetten *put the cattle out to grass.*

weidegrond 0.1 *pastureland, grassland, grazing land.*

weiden 0.1 *graze* ♦ **1.1** de koeien ~ in de weide *the cows are grazing in the field;* koeien ~ *g. cows, put cows out to pasture.*

weids 0.1 *grand* ♦ **1.1** ~e gebaren *pompous gestures;* een ~ uitzicht *a g. / panoramic view.*

weifelaar, -ster 0.1 *waverer* ⇒*shilly-shallyer.*

weifelachtig 0.1 *wavering* ⇒*hesitant* ♦ **1.1** een ~ antwoord *a hesitant answer* **3.1** ~ zijn *be unable to make up one's mind.*

weifelen 0.1 [dubben] *waver* ⇒*hesitate, be undecided* **0.2** [onzeker zijn] *fluctuate* ♦ **1.2** een ~de markt *a fluctuating market* **6.1 na** enig ~ *koos ik het laatste after some hesitation I opted for the latter;* nog ~ **over** de te volgen koers *be as yet undecided about the policy to be adopted.*

weifeling 0.1 *hesitation* ⇒⟨besluiteloosheid⟩ *indecision,* ⟨herhaald⟩ *shilly-shallying.*

weigeraar, -raarster 0.1 *refuser.*

weigerachtig 0.1 ⟨alg.; onwillig⟩ *unwilling, reluctant;* ⟨niet meewerkend⟩ *uncooperative;* ⟨in gebreke zijnde⟩ *defaulting* ⟨attr.⟩; *in default* ⟨pred.⟩ ♦ **1.1** een ~e houding *a reluctant attitude;* een ~e huurder *a defaulting tenant* **3.1** hij bleef ~ *he remained unwilling.*

weigeren I ⟨onov.ww.⟩ **0.1** [niet functioneren] *fail* ⟨remmen⟩; ⟨vastzitten⟩ *jam, be jammed* **0.2** [paardensport] *refuse* ⇒*ba(u)lk* ♦ **1.1** het geweer weigerde *the rifle misfired;* de motor weigert *the engine won't start;*
II ⟨ov.ww.⟩ **0.1** [niet willen doen] *refuse* ⇒*turn down* ⟨verzoek⟩ **0.2** [niet willen aannemen] *refuse* ⇒*reject, turn down* ⟨aanbod, kandidaat⟩ ♦ **1.1** dienst ~ *r. to do military service;* een visum ~ *withhold a visa* **1.2** mijn cheque werd geweigerd bij de kassa *they refused to accept my cheque at the cash desk;* goederen ~ *reject goods;* hulp ~ *refuse help;* ⟨hooghartig⟩ *spurn (an offer of) help;* je inzending is

geweigerd *your entry has been rejected;* voedsel ~ *refuse food* **3.1** blijven ~ om/te ..., hardnekkig ~ om/te ... *be adamant in one's refusal to ...;* ~ iets te doen *r. to do sth.* **4.1** iem. iets ~ *deny s.o. sth.* **5.1** iets botweg/ronduit ~ *refuse sth. point-blank/flatly;* ze kon het hem moeilijk ~ *she couldn't very well refuse him.*

weigering 0.1 [het weigeren] *refusal* ⇒〈afwijzing〉 *denial* **0.2** [bepaald geval van weigeren] *refusal* ⇒*failure* 〈machine〉, *misfire* 〈vuurwapen〉 **0.3** [paardensport] *refusal* ◆ **2.2** een botte ~ *a blunt r.* **3.2** ik accepteer geen ~ *I won't take no for an answer* **6.1** bij zijn ~ blijven *persist in one's r.*

weiland 0.1 *pasture (land)* ⇒*grazing (land), meadow* ◆ **6.1** de boerderij ligt midden in het ~ *the farm lies in the middle of a meadow* **8.1** geschikt als ~ *fit for grazing cattle.*

weinig[1] 〈onb.vnw.〉 **0.1** *little, not much/a lot* ◆ **1.1** ~ Engels kennen *not know much English;* ~ geld verdienen *not earn much (money);* ~ of/tot geen geld *l. or no money;* dat kost ~ moeite *it's not much trouble;* in ~ tijd *in a short time;* dat heeft ~ zin *there's not much point (in it)* **3.1** zij at ~ *she didn't eat much;* het heeft er nog ~ van 〈het lijkt er nog niet op〉 *it doesn't look like much yet;* 〈het is niet waarschijnlijk〉 *it doesn't look like it;* er ~ van weten *not know a lot about it;* je zegt zo ~ *you're not saying much* **5.1** hij verdient niet ~ *he earns quite a lot;* dat is al te ~/veel te ~ *that's insufficient/inadequate;* iem. te ~ teruggeven *shortchange s.o.;* twintig pond te ~ hebben *be twenty pounds short;* iem. te ~ betalen *underpay s.o.* **6.1** met ~ tevreden zijn 〈gauw tevreden〉 *be easy to please;* 〈zelden tevreden〉 *be hard to please* **7.1** het ~e dat ik bezit *the l. I possess.*

weinig[2] 〈bw.〉 **0.1** [mbt. een hoeveelheid/graad] *little* **0.2** [mbt. tijd] *hardly ever* ◆ **2.1** ~ bekende feiten *l. known facts* **3.1** ~ bemoedigend *not particularly encouraging;* er ~ om geven *care l. about it;* ~ overtuigend *rather unconvincing;* dat scheelt maar ~ *it's a close thing* **3.2** ergens ~ komen *hardly ever go somewhere;* ~ thuis zijn *not be in often* **5.1** ~ waarschijnlijk *hardly likely.*

weinig[3] 〈hoofdtelw.〉 **0.1** *few, not many* ◆ **1.1** slechts ~ huizen staan leeg *there are only a f. unoccupied houses;* er waren maar ~ mensen *there were only a f. people;* ~ of/tot geen mensen *f. if any people* **3.1** er maar ~ hebben *not have many* **5.1** het zijn er te ~ *there aren't enough.*

weit 0.1 [tarwe] *wheat* **0.2** [boekweit] *buckwheat.*

wekdienst 0.1 *wake-up service.*

wekelijks I 〈bn.〉 **0.1** [van een week; eens per week plaatshebbend/verschijnend] *weekly* ◆ **1.1** het ~e loon *the/ one's w. wages;* onze ~e vergadering *our w. meeting;* **II** 〈bw.〉 **0.1** [eens per week] *weekly, once a week, every week* **0.2** [per week] *a/per week* ◆ **3.1** ~ samenkomen *meet once a week* **3.2** hij verdient ~ 500 gulden *he earns 500 guilders a week.*

weken 0.1 *soak* ◆ **6.1** de erwten een nacht in water laten ~ *s. the peas in water overnight.*

wekenlang 0.1 〈bn.〉 *lasting/of several weeks;* 〈bw.〉 *for weeks (on end)* ◆ **1.1** na eens ~e ruzie *after weeks of quarrelling.*

wekken 0.1 [wakker maken] *wake (up)* ⇒*call* 〈op afspraak〉 **0.2** [opwekken] *(a)waken, (a)rouse* ⇒*stir, excite, create* 〈indruk〉 ◆ **1.2** iemands belangstelling ~ *arouse/excite s.o.'s interest* **6.1** iem. om zes uur ~ *wake s.o. up at six;* tot leven ~ *bring into being.*

wekker 0.1 *alarm (clock)* ◆ **3.1** de ~ op zes uur zetten *set the alarm for six (o'clock)* **5.1** door de ~ heen slapen *sleep through the alarm.*

wekkerradio 0.1 *radio alarm (clock)* ⇒*clock radio.*

wel[1] **I** 〈de〉 **0.1** [bron] *spring* ⇒*well;* **II** 〈het〉 **0.1** [het goede] *welfare, well-being* ◆ **1.1** zijn ~ en wee *his fortunes;* 's levens ~ en wee *the vicissitudes of life.*

wel[2] **I** 〈bw.〉 **0.1** [om een bevestiging uit te drukken]〈zie 3.1, 5.1, 6.1〉 **0.2** [om een ontkenning tegen te spreken]〈zie 2.2, 3.2, 4.2, 5.2, ¶.2〉 **0.3** [goed, juist] *well* **0.4** [nogal] *rather, quite* **0.5** [vermoedelijk] *probably* **0.6** [weliswaar]〈zie 2.6, 3.6, 4.6〉 **0.7** [om bereidwilligheid uit te drukken]〈zie 3.7, ¶.7〉 **0.8** [ter geruststelling]〈zie ¶.8〉 **0.9** [ter vermaning] 〈zie ¶.9〉 **0.10** [om aan te duiden dat er sprake is van een grote hoeveelheid]〈met enk.〉 *as much as;* 〈met mv.〉 *as many as;* 〈met bw. van frequentie〉 *as often as* **0.11** [minstens] *at least, just as* **0.12** [al]〈zie 3.12, ¶.12〉 **0.13** [om nieuwsgierigheid uit te drukken]〈zie ¶.13〉 **0.14** [ter nuancering] *rather* **0.15** [in verbinding met 'en', na een bn.; helemaal] *completely, all* **0.16** [na een zn.; om aan te geven dat de genoemde zaak of persoon ongewone kenmerken heeft] *quite (a)* ◆ **1.16** hij is me de bedrijfsleider ~ *he calls himself a manager?;* dat was me het dagje ~ *that was quite a day* **2.2** het is wél waar *but it is true* **2.4** het was ~ aardig *it was all right* **2.6** dat is ~ juist, maar ... *true enough, but ...* **3.1** ik heb je ~ gezien! *I saw you!;* heeft hij het ~ gedaan? *did he really do it?;* hij komt ~ *he will come (all right);* dat mag ~ *that's all right/allowed;* hij moet ~ *he's got to* **3.2** 'ik doe het niet', 'je doet het ~!' *'I won't do it', 'oh yes you will!'* **3.3** als ik het ~ heb *if I'm not mistaken;* als ik me ~ herinner *if I remember correctly* **3.4** 'hoe is het ermee?' 'het gaat ~' *'how are you?' 'all right';* ik mag haar ~ *I rather like her;* ik mag dat ~ *I quite like that* **3.6** Jaap heeft het ~ gezegd, maar ... *Jaap did say so, but ...* **3.7** hij wou ~ *he was all for it* **3.12** dat dacht ik ~ *I thought as much;* dat heb ik ~ gezegd *I told you so (didn't I?)* **3.14** och, ik mag hem ~ *oh, I think he's all right* **4.2** jij wil niet? ik ~! *you don't want to? well I do!* **4.6** dát ~ granted, agreed **5.1** kom jij ~ misschien ~! *will you come?, I might!* **5.2** wat deed hij dan ~? *what did he do, then?;* wat ~ en niet mag 〈ook〉 *do's and don'ts;* meer ~ dan niet *more often than not;* liever ~ dan niet *as soon as not* **5.3** en (dat) nog ~ op zondag *and on a Sunday, too!* **5.14** hij weet ~ de gelijk dat ... *he knows very well that ...;* je kent Piet toch ~? *you know Piet, don't you?;* je hebt het toch ~ vaker gedaan? *surely you've done that before* **5.¶** ~ eens *once in a while;* 〈in vragende zin〉 *ever;* dat heeft ~ eens voor it happens at times;* heb je ~ eens Japans gegeten? *have you ever eaten Japanese food?* **6.1** ik geloof van ~ *I think so;* hij zegt van ~! *he says yes, he has/will/can* (enz.) **8.¶** enkelen, en ~ de rijksten, ... *a few, (namely) the richest, ...;* het kan niet, en ~ omdat ... *it's not possible, (and that) because ...* **¶.2** niet(es)! wél(les) 〈BE〉 *'tisn't! 'tis!;* 〈AE〉 *it isn't, it is so/ too!;* 〈afhankelijk van ww. in voorafgaande zin〉 *didn't! did!;* als hij het niet weet, wie dan ~? *if he doesn't know, who does?* **¶.4** het kan er ~ mee door *it'll do* **¶.5** het zal ~ lukken *it'll work out (all right);* dat zal ~ niet *I suppose not;* je zult ~ denken *what will you think?;* we kunnen nu ~ zeggen dat hij de winnaar is *we can assume he's the winner;* hij zal het ~ niet geweest zijn *I don't think it was him;* dat kan ~ (zijn) *that may be (so);* hij zal nu ~ in bed liggen *he'll be in bed by now;* dat zal ~ *I suppose so;* 〈iron.〉 *a likely story!* **¶.7** laat maar, ik ga ~/ik doe het ~ *never mind, I'll go/I'll do it* **¶.8** maak je maar geen zorgen, hij redt zich ~ *don't worry, he'll manage;* het gaat ~ weer over *it'll pass* **¶.9** zo is het ~ genoeg *that's (about) enough;* 〈ook iron.〉 *that'll do (thank you);* weet je ~ wat dat kost! *do you know what it costs!;* wil je ~ eens luisteren! *will you just listen (to me)!* **¶.10** dat kost ~ 100 gulden *it'll cost as much as 100*

guilders; Piet is ~ 10 kilo afgevallen *Piet must have lost a good 10 kilos;* wat moet dat ~ niet kosten *I hate to think what that costs;* ~ twee keer per week *as often as twice a week* **¶.11** dat is ~ zo leuk *it's much nicer that way;* dat is ~ zo makkelijk *it would be a lot easier that way;* het lijkt me ~ zo verstandig *it seems sensible to me;* ~ een week later *a full week later* **¶.12** dat zeggen er ~ meer *they all say that* **¶.13** wat zullen de mensen er ~ van zeggen? *what'll people say?* **¶.15** we zijn gezond en ~ aangekomen *we arrived safe and sound;*
II ⟨bn.⟩ **0.1** [schr.; gezond] *well* ◆ **3.1** hij voelt zich niet ~ *he doesn't feel w.* **4.¶** alles ~ aan boord *all's well on board.*
wel³ ⟨tw.⟩ **0.1** [mbt. een vraag] *well* **0.2** [mbt. verwondering] *well, why* ◆ **4.1** ik kon mijn les niet leren, jij ~? *I couldn't do my lessons, could you?* **9.2** ~ allemachtig! *well I'll be blowed!* **¶.1** ~? wat zeg je daarvan? *well? what do you say to that?;* ~? hoe denk jij erover? *so/well? how about it?* **¶.2** ~, ~! *well, well!;* ⟨misprijzend ook⟩ *tut tut!;* ~, ~, wie hebben we daar! Jantje Smit! *(why) if it isn't John Smith!* **¶.¶** ~ nee! *of course not!;* ~ ja! *yes of course!;* ⟨iron.⟩ *come off it!*
welaan 0.1 *right!, very well!, well then.*
welbehagen 0.1 [goedvinden] *pleasure* ⇒*well-being* **0.2** [genoegen] *pleasure* ◆ **1.2** een gevoel van ~ *a sense of well-being* **3.2** ergens ~ in vinden *find p. in sth.*
welbekend 0.1 *well-known* ⇒*famous,* ⟨vertrouwd⟩ *familiar* ◆ **1.1** een ~ persoon *a celebrity;* ⟨vertrouwd gezicht⟩ *a familiar face.*
welbeschouwd 0.1 *all things considered, all in all.*
welbespraakt 0.1 *eloquent* ⇒⟨pej.⟩ *glib* ◆ **3.1** ~ zijn ⟨ook⟩ *have the gift of the gab, be fluent (in speech/a language).*
welbesteed 0.1 *well-spent.*
welbewust 0.1 *deliberate, well-considered* ◆ **1.1** een ~ e keuze *a w.-c. choice.*
weldaad 0.1 [goede daad] *benefaction* ⇒⟨liefdadigheid⟩ *charity,* ⟨mildheid⟩ *generosity* **0.2** [iets aangenaams/nuttigs] *blessing* ◆ **3.1** iem. weldaden bewijzen *confer benefactions/charity on s.o.* **3.2** zo'n warm bad is een ~ *such a hot bath is a b.*
weldadig 0.1 *mild* ⇒⟨heilzaam⟩ *salutary,* ⟨van persoon⟩ *benevolent* ◆ **1.1** een ~ gevoel *a feeling of well-being;* een ~ e invloed ergens op hebben *have a salutary influence on sth.*
weldadigheid 0.1 *mildness* ⇒*benevolence, salutary/pleasant effect.*
weldenkend 0.1 *right-minded, right-thinking* ◆ **1.1** elk ~ mens zal dit moeten beamen *every r.-m. person must agree to this.*
weldoen 0.1 *do good.*
weldoener, -ster 0.1 *benefactor, benefactress* ⇒⟨pej.⟩ *do-gooder.*
weldoordacht 0.1 *well-thought-out* ⇒*(well-)considered* ◆ **1.1** een ~ plan ⟨ook⟩ *a carefully considered plan.*
weldoortimmerd 0.1 *well-built/-made* ⇒*solid* ◆ **1.1** ⟨fig.⟩ een ~ betoog *solid reasoning.*
weldoorvoed 0.1 *well-fed.*
weldra ⟨schr.⟩ **0.1** ⟨ongemarkeerd⟩ *presently* ◆ **3.1** hij is ~ gereed *he'll be ready p.;* hij kreeg er ~ genoeg van *in a little while he got bored with it.*
weledel ⟨schr.⟩ **0.1** ⟨zie 1.1⟩ ◆ **1.1** ~e heer ⟨aanhef⟩ *Dear Sir, My dear Sir;* (aan) de ~e heer J. Smit *Mr J. Smit.*
weledelgeboren ⟨schr.⟩ **0.1** ⟨zie 1.1⟩ ◆ **1.1** de ~ heer J. Smit *Mr J. Smit;* ~ heer/mevrouw ⟨aanhef⟩ *Sir/Madam;* de ~ vrouwe J. Smit *Mrs/Miss/Ms J. Smit.*
weledelgeleerd ⟨schr.⟩ **0.1** ⟨zie 1.1⟩ ◆ **1.1** ~e mevrouw/heer ⟨aanhef⟩ *(Dear) Madam/Sir.*

weledelgestreng ⟨schr.⟩ **0.1** ⟨zie 1.1⟩ ◆ **1.1** de ~e heer ridder Smit ±*Sir Smit;* ~e heer/mevrouw ⟨aanhef; Mr.⟩ *Dear Sir/Madam; My dear Mr/Mrs ...* ⟨officier⟩ *Sir, Madam;* ⟨ridder⟩ *Sir;* ⟨consul, lid gemeenteraad enz.⟩ *Dear Sir/Madam;* de ~e heer/mevrouw mr. S. Smit *Mr/Mrs S. Smit.*
weledelzeergeleerd ⟨schr.⟩ **0.1** ⟨zie 1.1⟩ ◆ **1.1** ~e heer/mevrouw dr. K. Smit *Dr K. Smit;* ⟨theoloog ook⟩ *Rev. Dr. K. Smit;* ~e heer/mevrouw ⟨aanhef⟩ *Dear Sir/Madam, Dear/My dear Dr Smit;* ⟨theoloog ook⟩ *Reverend Doctor.*
weleer ⟨schr.⟩ **0.1** *olden days/times* ◆ **6.1** de tijden van ~ *the olden times;* de vrienden van ~ *the friends of yesteryear.*
welfboog ⟨bouwk.⟩ **0.1** *(vaulting) arch.*
welgebouwd 0.1 *well-made* ⇒*well-built* ◆ **1.1** een ~e knaap *a well-built lad.*
welgekozen 0.1 *well-chosen.*
welgelegen 0.1 *well-situated.*
welgemanierd 0.1 *well-mannered.*
welgemeend 0.1 *heartfelt* ⇒*cordial,* ⟨goedbedoeld⟩ *well-meaning,* ⟨goedbedoeld⟩ *well-meant* ◆ **1.1** iem. een ~e raad geven *give s.o. well-meaning advice.*
welgemoed 0.1 *in (good) spirits* ⇒*cheerful* ◆ **3.1** ondanks alle tegenslag ~ blijven *remain cheerful in the face of misfortune.*
welgeschapen 0.1 *shapely* ⇒*well-formed.*
welgesteld 0.1 *well-to-do* ⇒*well-off* ◆ **3.1** zij zijn zeer ~ *they are very well-off;* ~ zijn ⟨ook⟩ *live in comfortable circumstances* **7.1** de ~en *the well-to-do;* de minder/meer ~en onder ons *those among us who are less well-off/are better-off.*
welgeteld 0.1 *all-in-all* ⇒*all told* ◆ **7.1** er waren ~ twaalf leden aanwezig *all-in-all, twelve members were present.*
welgevallen¹ (het) **0.1** [goeddunken] *pleasure* ⇒*(at) will* **0.2** [genoegen] *pleasure* ⇒*favour* ◆ **6.1** naar ~ *at p./will;* ⟨naar eigen inzicht⟩ *at your/her* ⟨enz.⟩ *discretion* **6.2** iets met ~ gadeslaan *look with favour on sth.*
welgevallen² ⟨ww.⟩ ◆ **3.¶** zich iets laten ~ *put up with sth.;* zich alles maar laten ~ *take it all lying down.*
welgevormd 0.1 *shapely* ⇒*well-formed* ◆ **1.1** ~e borsten *s./well-formed breasts.*
welgezind 0.1 *well-disposed (towards).*
welhaast 0.1 *wellnigh* ⇒*all but, nearly, almost* ◆ **2.1** zo iets is ~ onbestaanbaar *such a thing is w./all but inconceivable.*
welig 0.1 *luxuriant* ⇒⟨overvloedig⟩ *abundant* ◆ **1.1** een ~e plantengroei *l. vegetation* **3.1** ⟨fig.⟩ ~ groeien *grow profusely;* ⟨woekeren⟩ *proliferate;* ⟨van iets ongewensts⟩ *be rampant, run riot.*
welingelicht 0.1 *well-informed* ◆ **1.1** van ~e zijde iets vernemen *hear from informed sources.*
weliswaar 0.1 *it's true* ⇒*to be sure* ◆ **2.1** een ~ verzorgde maar toch niet bevredigende opvoering *a careful performance indeed, yet an unsatisfactory one* **3.1** ik heb het ~ beloofd, maar ik kan het nu niet doen *I did promise (, it's true), but I cannot do it now.*
welja →*wel³* **¶.¶.**
welk I ⟨vr.vnw.⟩ **0.1** [zuiver vragend] *which, what* ⇒⟨zelfst.⟩ *which one* **0.2** [in uitroepende zinnen] *what* ◆ **1.1** ~e plaats is voor mij? *which seat is mine?;* om ~e reden?, met ~e bedoeling? *what for?* **1.2** ~e leugens speldt hij u op de mouw! *w. lies he tells you!* **6.1** ~e van die twee is van jou? *which of those two is yours?;* hij lust melk of vla, ik ben vergeten ~ *van de twee he likes either milk or custard, I've forgotten which (of the two);*
II ⟨betr.vnw.⟩⟨schr.⟩ **0.1** [zelfst.]⟨personen⟩ *who, whom;*

⟨zaken, dieren⟩ *which* 0.2 [bijvoeglijk] *which* ◆ 1.1 de man ~e u gezien hebt, is hier *the man (whom) you saw is here* 1.2 wij verkopen koffie en thee, ~e artikelen veel aftrek vinden *we sell coffee and tea, (articles) which are much in demand;* ... vanuit ~e overtuiging hij ertoe overging om ... ...*from which conviction he proceeded to* ... 7.2 ~e alle/ ~e alle tien beschadigd waren *all of which/all ten of which were damaged;*
III ⟨onb.vnw.⟩ **0.1** [vaak + (ook) (maar)]⟨heel algemeen⟩ *whatever, any (... what(so)ever);* ⟨iets uit een beperkt aantal⟩ *whichever, any* ◆ 1.1 ~e kleur je ook (maar) wilt/ om het even ~e kleur je wilt *take any colour whatsoever;* om ~e reden ook *for any reason whatsoever* 3.1 ~e van de twee je ook kiest *whichever of the two you choose;* je kunt kiezen ~e je maar wilt *you can choose whichever one you want* ¶.1 (geef me er maar een,) het geeft niet ~e *any/*⟨van 2⟩ *either will do.*

welkom¹ (het) **0.1** *welcome* ◆ 2.1 iem. een feestelijk/hartelijk ~ bereiden *give s.o. a festive/warm w.*
welkom² ⟨bn.⟩ **0.1** [gelegen komend] *welcome* 0.2 [aangenaam] *welcome* ◆ 1.2 een ~ advies ⟨ook⟩ *a word in time* 3.1 je bent altijd ~ *you're always w.;* iem. hartelijk ~ heten *give s.o. a hearty/cordial w.;* iem. het gevoel geven dat hij ~ is *make s.o. welcome;* ergens niet ~ zijn *be not w./unwelcome somewhere* 3.2 iets ~ heten *welcome sth.*
welkom³ ⟨tw.⟩ **0.1** *welcome* ◆ 5.1 ~ thuis *w. home* 6.1 ~ in dit land *w. to this country.*
welkomstwoord 0.1 *opening/welcoming speech* ◆ 6.1 met een enkel ~ *with a few words of welcome.*
wellen I ⟨onov., ov.ww.⟩ **0.1** [(doen) opzwellen in water] *steep* ⟨bv. rozijnen⟩;
II ⟨onov.ww.⟩ **0.1** [opborrelen] *well (up)* ⇒*spring (up) (from)* ◆ 6.1 het water welt hier *uit* de grond *water wells out of the ground here.*
welles 0.1 *yes* ⇒*it is/does* ⟨enz.⟩ ◆ 5.1 nietes! ~! *no! yes!; it isn't! it is!; it doesn't! it does; I won't! you will!* ⟨enz.⟩.
welletjes ⟨inf.⟩ **0.1** *quite enough* ◆ 3.1 't is zo ~ *that will do;* het ~ vinden ⟨het zat zijn⟩ *have had enough;* ⟨het voor gezien houden⟩ *call it a day.*
wellicht 0.1 *possibly* ⇒*perhaps.*
welluidend 0.1 *melodious* ◆ 1.1 een ~e stem *a m./*⟨sonoor⟩ *sonorous voice;* ~e verzen *m. verse.*
wellust 0.1 *voluptuousness* ⇒*sensuality,* ⟨pej.⟩ *lust,* ⟨pej.⟩ *lechery* ◆ 3.1 zich aan ~ overgeven *indulge in sensuality* 6.1 met ~ *full of lust, voluptuously;* met ~ naar iets/iem. kijken *gloat at sth./s.o.*
wellusteling 0.1 *lecher* ⇒*sensualist.*
wellustig 0.1 [zinnelijk] *sensual* ⇒*voluptuous,* ⟨pej.⟩ *lecherous* 0.2 [wellust opwekkend] *voluptuous* ⇒*sensual* 0.3 [van wellust getuigend] *voluptuous* ⇒*sensual, lascivious* ◆ 1.2 ~e dansen *v./sensual dances* 1.3 ~e blikken *lascivious glances* 3.3 ~ gluren naar *leer at.*
welnee →**wel³** ¶.¶.
welnemen ◆ 6.¶ met uw ~ *by your leave.*
welnu 0.1 *well then* ◆ ¶.1 ~, laat eens horen *well then, tell me/us (your story).*
welomschreven 0.1 *well-defined.*
welopgevoed 0.1 *well-bred* ◆ 1.1 ~e kinderen *well brought up children.*
weloverwogen 0.1 [weldoordacht] *(well-)considered* 0.2 [doelbewust] *deliberate* ◆ 1.1 een ~keuze/voorstel ⟨ook⟩ *a conscious choice, a studied proposal;* haar ~ mening *her considered opinion;* in ~ woorden *in measured words* 3.2 iets ~ doen *do sth. deliberately.*
welp I ⟨het, de⟩ **0.1** [dier] *cub;*
II ⟨de⟩ **0.1** [padvinder] *Cub Scout.*

Wels 0.1 *Welsh.*
welslagen 0.1 *success* ◆ 1.1 alles werkte mee aan het ~ v.h. feest *everything cooperated to make the party a s.*
welstand 0.1 [goede gezondheid] *good health* 0.2 [toestand van voorspoed/welgesteldheid] *well-being* ◆ 2.1 iem. in goede ~ aantreffen *find s.o. in good health;* in goede ~ verkeren *be in good health* 6.2 leven in ~ *live in comfort.*
welste ◆ ¶.¶ krijsen van je ~ *scream like anything;* een uitbrander van je ~ *a dressing-down with a vengeance;* een klap/slag van je ~ *a whacking hard knock;* een succes van je ~ *a howling success.*
weltergewicht 0.1 *welterweight.*
welterusten 0.1 *good night* ⇒*sleep well.*
welvaart 0.1 *prosperity* ◆ 3.1 ~ genieten *enjoy p., be prosperous;* er heerste toen ~ *it was a time of p.*
welvaartsmaatschappij 0.1 *affluent society.*
welvaartspeil 0.1 *level of prosperity* ⇒*standard of living.*
welvaartsstaat 0.1 *welfare state.*
welvarend 0.1 [voorspoedig, bloeiend] *thriving;* ⟨mbt. personen ook⟩ *well-to-do* 0.2 [gezond] *thriving, healthy* ◆ 1.1 een ~e firma *a t. firm* 3.2 er ~ uitzien *look h./well.*
welvarendheid 0.1 [voorspoed] *affluence, prosperity* 0.2 [goede gezondheid] *(good) health.*
welven ⟨wk.ww.; zich ~⟩ **0.1** *curve* ⇒*arch, vault.*
welverdiend 0.1 *well-deserved* ⟨lof⟩; *well-earned* ⟨salaris, rust⟩; *just.*
welving 0.1 *curve, curvature, vault(ing).*
welvoeglijk 0.1 *becoming* ⇒*proper* ◆ 3.1 zich ~ gedragen *observe the proprieties;* het is niet ~ (om) te ...*it is unbecoming to* ...
welvoorzien 0.1 *well-stocked* ⟨winkel⟩; *copious* ⟨maaltijd⟩; *well-loaded* ⟨tafel⟩ ◆ 1.1 een ~e dis *a copious meal.*
welwillend 0.1 *kind* ⇒*sympathetic, favourable* ⟨kijk⟩ ◆ 1.1 iemands ~e aandacht vragen voor iets *ask s.o.'s kind attention for sth.;* door ~e bemiddeling van *through the k. offices of;* een ~ gehoor bij iem. vinden *find a sympathetic ear with s.o.;* een ~ publiek *a sympathetic audience* 3.1 ~ staan tegenover iets *be favourably disposed towards sth.* 6.1 ~ jegens iem. zijn *be sympathetic towards s.o.* ¶.1 ~ ter beschikking gesteld door *by courtesy of.*
welwillendheid 0.1 [gezindheid] *benevolence* ⇒*kindness* 0.2 [daad] *kindness* ⇒*(act of) courtesy* ◆ ¶.1 dank zij de ~ van *by/through the courtesy of.*
welzijn 0.1 [welvaren] *welfare, well-being* 0.2 [goede gezondheid] *(good) health* ◆ 2.1 het algemeen ~ *the common good, the public interest;* het geestelijk ~ *(the) mental/spiritual welfare;* raad voor maatschappelijk ~ *±social welfare council;* het materieel ~ *(the) material comfort/ welfare.*
welzijnssector 0.1 *(field of) welfare* ◆ 6.1 werkzaam zijn in de ~ *have a job in welfare (work).*
welzijnswerk 0.1 *welfare/social work.*
welzijnswerker, -werkster 0.1 *welfare/social worker.*
welzijnszorg 0.1 *(public) welfare (work/service).*
wemelen 0.1 *teem (with)* ⇒*swarm (with)* ◆ 4.1 het wemelt ervan *the place is swarming with them* 6.1 zijn opstel wemelt *van* de fouten *his essay is full of mistakes.*
wendbaar 0.1 *manoeuvrable* ⟨auto, boot⟩; *nimble* ⟨dier⟩.
wendbaarheid 0.1 *manoeuvrability; nimbleness.*
wenden I ⟨ov.ww.⟩ **0.1** [draaien, keren] *turn (about)* ◆ 3.1 ⟨fig.⟩ hoe je het ook wendt of keert *whichever way you look at it;* ⟨fig.⟩ hoe men zich ook wendt of keert *no matter how one twists and turns;*
II ⟨onov.ww.⟩ ⟨scheep.⟩ **0.1** [een andere koers nemen] *put/ go about* ⇒⟨overstag gaan⟩ *tack,* ⟨gijpen⟩ *wear,* ⟨gijpen⟩ *veer;*

III ⟨wk.ww.; zich ~⟩ **0.1** [zich richten] *turn (to)* ⇒*apply (to)* ◆ **6.1** zich **tot** iem. ~ om raad/hulp *turn to s.o. for advice/ help;* zich **tot** iem. ~ met een verzoek *apply to s.o. with a request;* zich schriftelijk ~ **tot** *apply in writing to.*

wending 0.1 [het wenden] *turning* ⇒*putting about, tacking, wearing* **0.2** [keer dat men/iets (zich) wendt; verandering van richting] *turn* ◆ **2.2** het gesprek een andere ~ geven *change the subject;* zijn leven nam een andere ~ *his life changed course;* het verhaal een andere ~ geven *give the story a twist;* ⟨van omstandigheden/ont-wikkelingen e.d.⟩ een gelukkige/ongunstige/tragische ~ nemen *take a(n) favourable/unfavourable/tragic t.* **6.2** een ~ **ten** goede *a t. for the better.*

wenen ⟨schr.⟩ **0.1** *weep* ◆ **6.1** ~ **van** verdriet/blijdschap *w. with grief/joy.*

Wenen 0.1 *Vienna.*

wenk 0.1 [teken met de ogen/het hoofd/de handen] *sign* ⇒ *wink, nod* **0.2** [bedekte aanwijzing] *hint* ⇒*tip(-off)* ◆ **2.2** praktische ~en voor de huishouding *practical household tips;* een stille ~ *a quiet h.* **3.2** ik zal hem een ~ geven *I'll drop him a h.* **6.1** **op** een ~ v.d. leraar *at a signal/s. from the teacher;* iem. **op** zijn ~en bedienen, **op** iemands ~en vliegen *serve s.o. hand and foot.*

wenkbrauw 0.1 *(eye)brow* ◆ **2.1** zware ~en *bushy brows* **3.1** de ~en fronsen *frown;* de ~en optrekken *raise one's eyebrows.*

wenkbrauwpotlood 0.1 *eyebrow pencil.*

wenken 0.1 *beckon* ⇒*signal, motion* ◆ **1.1** een ober ~ *b. to a waiter* **6.1** iem. **naar** binnen/buiten ~ *nod/wave s.o. in/ out.*

wennen I ⟨ov.ww.⟩ **0.1** [gewoon maken] *accustom (to)* ⇒*get used (to);*
II ⟨onov.ww.⟩ **0.1** [gewoon raken] *get/become used (to)* ⇒ *get/become accustomed (to)* **0.2** [aarden] *adjust, settle in/down* ◆ **3.2** hij kan in die stad niet ~ *he is having trouble settling in that city* **4.1** dat zal wel ~ *you'll get used to it* **6.1** men kan overal **aan** ~, alles went *you get used to anything (in the end).*

wens 0.1 [begeerte] *wish, desire* **0.2** [wat men iem. toe-wenst] *wish* ⇒*greeting* ◆ **2.1** zijn laatste ~ *his dying w.;* zijn uitdrukkelijke ~ *his express w.* **2.2** de beste ~en voor het nieuwe jaar/voor een spoedig herstel *best wishes for the new year/for a speedy recovery* **3.1** je mag een ~ doen *you can make a w.;* mijn ~ is vervuld *my w. has come true;* de stille ~ koesteren om ...*have a secret d. to ...;* de ~ te kennen geven te ...*express the w./d. to ...;* een ~ verho-ren/vervullen *grant/fulfil a w.* **6.1** het gaat **naar** ~ *it's go-ing as we hoped it would;* is alles **naar** ~? *is everything to your liking?;* **tegen** de ~ van zijn moeder *against his moth-er's wish(es);* heb je nog ~en **voor** je verjaardag? *do you want anything in particular for your birthday?* **¶.1** (sprw.) de ~ is de vader van de gedachte *the wish is father to the thought.*

wensbeeld 0.1 *ideal* ⇒*fantasy.*

wensdroom 0.1 [droom waarin een wens tot uiting komt] *wish dream* **0.2** [droombeeld] *fantasy* ⇒*pipe dream.*

wenselijk 0.1 (te wensen) *desirable;* ⟨raadzaam⟩ *advisable* ◆ **3.1** een operatie leek ~ *surgery seemed to be indicated;* ik vind het ~ dat ...*I find it advisable to ...*

wensen 0.1 [verlangen] *wish, desire* **0.2** [dulden, willen]⟨zie 3.2⟩ **0.3** [verlangen te hebben] *want, desire* **0.4** [toewen-sen] *wish* ◆ **1.4** iem. goede morgen/een prettige vakantie ~ *wish s.o. good morning/a nice holiday* **3.1** het is te ~ dat ...*it would be desirable if ...;* dat laat aan duidelijkheid niets te ~ over *that is perfectly clear* **3.2** ik wens me niet

door jou te laten beledigen *I will not be insulted by you* **4.3** wenst u nog iets? *(will there be) anything else?;* wat wenst u? *what can I do for you?* **6.1** nog veel **te** ~ overlaten *leave a lot to be desired* **8.1** (doe) zoals u wenst *(do) as you w./ please* **¶.1** ik wens met rust gelaten te worden *I want to be left alone.*

wenskaart 0.1 *greetings card.*

wentelen 0.1 *turn* ⇒*rotate, revolve* ◆ **4.1** zich ~ in/door de modder *wallow in the mud* **6.1** de wielen ~ **om** hun as *the wheels revolve/rotate about their axes.*

wentelteefje 0.1 *±French toast.*

wenteltrap 0.1 *spiral staircase* ⇒*winding stairs/stair-case.*

wereld 0.1 [aardbol] *world* ⇒*earth* **0.2** [kosmos, orde] *world* **0.3** [samenleving] *world* **0.4** [milieu, sfeer] *world* ◆ **1.1** zij komen uit alle delen v.d. ~ *they come from all the corners of the w.;* aan het andere eind v.d. ~ *on the other side of the w.* **1.4** de ~ v.h. kind *the w. of the child;* de ~ v.d. kunstenaars *the artistic w.* **2.1** de Nieuwe ~ *the New World;* de Oude ~ *the Old World;* de wijde ~ *the (whole) wide w.* **2.3** de hele ~ weet het *the whole w. knows (it);* de vrije ~ *the Free World* **2.4** de wetenschappelijke ~ *the w. of science* **3.1** de (wijde) ~ intrekken *go out into the w.;* wat is de ~ toch klein! *isn't it a small w.!;* de ~ staat open voor ons *the (whole) w. is before us;* de ~ staat op zijn kop *it's a mad/topsy-turvy w.* **3.2** er ging een ~ voor hem open *a new w. opened up for him* **3.3** een bericht de ~ insturen *launch a story;* dat is de omgekeerde ~ *that's putting things on their heads* **6.1** hij leeft **in** een ~je op zich *he lives in a (little) w. of his own;* ⟨fig.⟩ iem. **naar** de andere ~ helpen/zenden *send s.o. to kingdom come;* alleen **op** de ~ staan *be alone in the w.;* een kind **ter** ~ brengen/helpen *bring a child into the w.;* de rijkste man **ter** ~ *the richest man in the w.;* voor niets **ter** ~ *not for all the w.;* een mis-verstand **uit** de ~ helpen *clear up a misunderstanding;* hij heeft heel wat **van** de ~ gezien ⟨ook fig.⟩ *he has seen a lot of the w.;* ⟨fig. ook⟩ *he has seen life/the w.* **6.2** daar ligt een ~ **van** verschil tussen *there's a w. of difference (between them/those);* dat is niet **van** deze ~ *that doesn't belong to this w.;* ⟨scherts.⟩ *that's out of this w.* **6.3** zo gaat dat **in** de ~ *that's the way of the w.;* vooruitkomen **in** de ~ *rise in the w., go places;* een man **van** de ~ *a man of the w.;* de ~ **van** toen/van nu *the w. then/at the moment;* iets **voor** de ~ verborgen houden *keep sth. (hidden) from the outside w.;* **voor** (het oog van) de ~ *in the eyes of the w.* **7.3** de derde ~ *the Third World;* de vierde ~ *the Fourth World.*

Wereldbank 0.1 *World Bank.*

wereldbeeld 0.1 *world view.*

wereldbeker ⟨sport⟩ **0.1** *World Cup* ◆ **6.1** **aan** de ~ deelne-men *take part in the W. C.*

wereldberoemd 0.1 *world-famous.*

wereldbeschouwing 0.1 *weltanschauung* ⇒*world view.*

wereldbevolking 0.1 *world population.*

wereldbol 0.1 *(terrestrial) globe.*

wereldburger, -es 0.1 [aardbewoner] *world citizen* **0.2** [kosmopoliet] *cosmopolitan.*

werelddeel 0.1 *continent* ◆ **2.1** het zwarte ~ *the Dark Con-tinent.*

werelddierendag 0.1 *World Animal Day.*

wereldeconomie 0.1 *world economy.*

wereldgeschiedenis 0.1 *world history.*

wereldhandel 0.1 *world trade* ⇒*international trade.*

wereldhandelscentrum 0.1 *world trade centre.*

wereldhaven 0.1 *international (sea)port.*

wereldhervormer 0.1 *world reformer.*

943

wereldje 0.1 [de werkelijkheid v.h. leven] *(little) world* **0.2** [levenskring] *world* ⇒*scene* ◆ **2.2** ze leeft in een klein ~ *she has narrow horizons* **3.1** het is me het/je ~ wel *it's a funny w.* **3.2** tot het ~ behoren *belong to the incrowd.*

wereldkaart 0.1 *map of the world.*

wereldkampioen ⟨sport⟩ **0.1** *world champion/*⟨bij teams⟩ *champions.*

wereldkampioenschap ⟨sport⟩ **0.1** *world/*⁴*world's championship* ⟨ook met hoofdletters⟩ ◆ **1.1** de ~pen voetbal *the World Cup* **3.1** strijden om het ~ *compete for the w. c.*

wereldklasse 0.1 ⟨ook sport⟩ *world class* ◆ **3.1** dat is (van) ~ *that's w. c.*

wereldkundig 0.1 *public* ⇒*known all over the world* ◆ **3.1** de zaak is ~ geworden *the matter has become p. property;* iets ~ maken *make sth. public;* ⟨sterker⟩ *tell the (whole) world sth.*

wereldleider 0.1 *world leader.*

wereldlijk 0.1 *worldly* ⇒*secular* ⟨ook niet-kloosterlijk⟩ ◆ **1.1** het ~ gezag *the secular authorities.*

wereldliteratuur 0.1 *world literature.*

wereldmuziek 0.1 *world music.*

wereldnaam 0.1 *world repute* ◆ **6.1** een geleerde van ~ ⟨ook⟩ *a scientist of world-wide reputation.*

Wereldnatuurfonds 0.1 *World Wildlife Fund.*

wereldnieuws 0.1 *world news.*

wereldomroep 0.1 *world service.*

wereldomvattend 0.1 *world-wide* ◆ **1.1** van ~e betekenis *of w.-w./universal significance.*

wereldontvanger 0.1 *world(-band) receiver* ⇒*short wave receiver,* ⟨niet draagbaar⟩ *communications receiver.*

wereldoorlog 0.1 *world war* ◆ **7.1** de Eerste Wereldoorlog *the first World War, World War I;* de Tweede Wereldoorlog *the second World War, World War II.*

wereldpremière 0.1 *world première.*

Wereldraad ◆ **1.¶** de ~ van Kerken *World Council of Churches.*

wereldranglijst 0.1 *world rankings* ◆ **3.1** de ~ aanvoeren *lead the world (in).*

wereldrecord 0.1 *world record.*

wereldrecordhouder, -ster 0.1 *world/*⟨AE ook⟩ *world's record holder.*

wereldreis 0.1 *journey around the world* ⇒*world tour* ◆ **3.1** een ~ maken ⟨ook⟩ *travel around the world.*

wereldreiziger 0.1 *globetrotter.*

wereldrijk 0.1 *empire.*

werelds 0.1 [aards] *worldly* ⇒*secular* **0.2** [mondain] *worldly* ⇒*worldly-wise, mondain(e)* ◆ **1.1** ~e goederen *w./secular goods* **1.2** een ~e vrouw *a mondaine.*

wereldschokkend 0.1 *earth-shaking* ◆ **3.1** dat vind ik niet zo ~ *that's not particularly world-shattering.*

wereldstad 0.1 *metropolis.*

wereldtaal 0.1 (bv. Eng.) *world language;* ⟨bv. Esperanto⟩ *universal language.*

wereldtentoonstelling 0.1 *world fair.*

wereldtijd 0.1 [internationale regeling] *international time zones* **0.2** [sport; zeer goede tijd] *world time.*

wereldtitel 0.1 *world title.*

wereldverbeteraar 0.1 *starry-eyed idealist.*

wereldvrede 0.1 *world peace* ◆ **¶.1** de ~ in gevaar brengen *endanger w. p.*

wereldvreemd 0.1 *unworldly; Utopian* ⟨denken, plan⟩; ⟨on-realistisch⟩ *other-worldly.*

wereldwijd 0.1 *world-wide.*

wereldwinkel 0.1 *third world (aid) shop.*

wereldwonder 0.1 *wonder of the world* ◆ **7.1** de zeven ~en *the seven Wonders of the World.*

wereldzee 0.1 *ocean* ◆ **3.1** heersen over de ~ën *rule the seas.*

weren I ⟨ov.ww.⟩ **0.1** [tegenhouden] *keep out/away;* ⟨buitensluiten⟩ *exclude;* ⟨onderdrukken⟩ *suppress, repress* ◆ **6.1** armzalige sloebers worden geweerd **uit** dat restaurant *paupers are barred from that restaurant;* **II** ⟨wk.ww.; zich ~⟩ **0.1** [zich verdedigen] *resist, combat* **0.2** [zijn best doen] *exert o.s.*

werf 0.1 [scheep.] *shipyard; dockyard* ⟨ook marinewerf⟩ **0.2** [plaats waar goederen opgestapeld liggen] *yard* **0.3** [erf] *yard* ◆ **6.1** een schip van de ~ laten lopen *launch a ship* **6.2** hout **aan** de ~ kopen *buy wood from the (timber) y.*

werk 0.1 [het werken; baan; taak; werkstuk] *work* ⇒*job, task* **0.2** [plaats] *work* **0.3** [daad] *work* ⇒*deed* **0.4** [mechanisme] *works* ⇒⟨piano⟩ *action* ◆ **1.1** de ~en van/het verzamelde ~ van Goethe *Goethe's (collected) works* **1.3** de ~en der barmhartigheid *the works of mercy* **2.1** het betere ~ *the right thing;* zijn ~ goed/slecht doen *make a good/bad job of one's w.;* het grote ~ *the big job;* geen half ~ doen *not stop at half measures, go the whole hog;* ze houden hier niet van half ~ *they don't do things by halves here;* dat is een heel ~ *it's quite a job;* los ~ hebben *have a casual job;* het is onbegonnen ~ *it's a hopeless task;* publieke ~en *public works;* uitstekend ~ leveren *do/*⟨mbt. machine ook⟩ *produce excellent w.;* het vuile ~ opknappen (voor iem.) *do the dirty w. (for s.o.)* **2.¶** ⟨dat is⟩ mooi ~ *nice (bit of) work* **3.1** aangenomen ~ *contract w.;* een nieuwe fabriek geeft ~ aan 250 mensen *a new factory provides jobs/w. for 250 people;* ⟨vast⟩ ~ hebben *have a regular job;* hot is zijn ~ *it's his business;* hij kan het ~ niet aan ⟨te zwaar⟩ *he isn't up to his w.;* ⟨te veel⟩ *he's up to the neck in w.;* veel ~ maken van de aankleding van zijn huis *take great pains over the furnishing of one's house;* iem. ~ opdragen *give s.o. a task;* ⟨op school⟩ ~ opgeven *give an assignment;* het ~ stakon *cease w.;* ⟨staken⟩ *strike;* ~ zoeken *look for w./employment* **3.¶** ~ van iem. maken *play up to s.o.;* ~ van iets maken *do something about sth.; take action;* ⟨sterker⟩ *put some work into sth.,* ⟨klacht indienen⟩ *complain about sth.;* ze wilden er geen ~ van maken *they didn't want to take the matter in hand* **5.1** ⟨fig.⟩ lang ~ hebben *be long (in doing sth.);* ⟨fig.⟩ heb je altijd zo lang ~ met het eten klaarmaken *do you always take so long preparing dinner/breakfast/*⟨enz.⟩ **6.1 aan** het ~ gaan *set to w.;* druk **aan** het ~ zijn ⟨ook⟩ *be up and about;* **aan** het ~ houden *keep going;* iedereen **aan** het ~! *everybody to their w.!;* iem. **aan** het ~ zetten *put s.o. to w.;* hard **aan** het ~ gaan *set to w. at full tilt;* ⟨fig.⟩ er is ~ **aan** de winkel *there's w. to be done, there's a lot to do/to be done;* er is weinig ~ **in** de bouw *w. is slack in the building trade;* hoe gaat dat **in** z'n ~? *how is it done?;* ~ **in** uitvoering *road works;* hoe is dat allemaal **in** zijn ~ gegaan *how did it all come about;* het ging allemaal zo razendsnel **in** zijn ~ *it was all such very quick w.;* **onder** het ~ mag er niet gerookt worden *smoking is forbidden at w./during working hours;* **te** ~ stellen *employ, set to w.;* heel behoedzaam **te** ~ gaan *go very carefully; impulsief* **te** ~ gaan, oneerlijk **te** ~ gaan *act on impulse, act unfairly;* ieder ging op zijn eigen manier **te** ~ *each took his/her own line;* **te** ~ gesteld worden ⟨onder dwang⟩ *do forced labour;* **zonder** ~ zitten *be out of w./unemployed* **6.2 naar** zijn ~ gaan *go to w.;* niet **op** zijn ~ komen *fail to turn up for w./duty* **6.¶** alles **in** het ~ stellen *make every effort to, strain every nerve (to), leave no stone unturned* **7.¶** dat is geen ~ *that's unfair.*

werkbaar 0.1 [bruikbaar] *workable* ⇒*feasible* **0.2** [waarin te werken is]⟨zie 1.2⟩ ◆ **1.1** een ~ compromis *a w./feasible compromise* **1.2** een werkbare atmosfeer *a good working atmosphere.*

werkbank 0.1 *bench* ⇒*(work-)bench* ⟨voor houtbewerken e.d.⟩.

werkbespreking 0.1 ±*discussion of progress.*

werkbezoek 0.1 *working visit.*

werkbij 0.1 *worker (bee).*

werkbriefje 0.1 [briefje met verrichte werkzaamheden] *work sheet* **0.2** [briefje met gegevens over onderhouds- en reparatiewerk] *maintenance sheet/record.*

werkcollege 0.1 *seminar, tutorial.*

werkdag 0.1 ⟨dag werk⟩ *working day* ⇒⟨geen feestdag ook⟩ *workday,* ⟨doordeweekse dag⟩ *weekday* ◆ **2.1** een achturige ~ *an eight-hour (working) day* **6.1** deze trein rijdt alleen **op** ~ en *this train runs on workdays only.*

werkdiner 0.1 *working dinner.*

werkdruk 0.1 *pressure of work.*

werkelijk I ⟨bn.⟩ **0.1** [wezenlijk bestaand] *real;* ⟨waar⟩ *true* **0.2** [actief] *active* ◆ **1.1** de ~ e reden *the r./true reason* **1.2** ⟨mil.⟩ in ~ e dienst *on a. service/duty;* **II** ⟨bw.⟩ **0.1** [waarlijk] *really* ◆ **2.1** is het ~ waar? *is it r. true?* **3.1** ik weet het ~ niet *I r. don't know.*

werkelijkheid 0.1 *reality* ◆ **2.1** de alledaagse ~ *everyday r.;* virtuele ~ *virtual r.* **3.1** de ~ verdoezelen *cover up the facts;* ⟨mooier maken ook⟩ *embroider (on) the truth;* de ~ uit het oog verliezen *lose sight of r.;* ~ worden ⟨dromen⟩ *come true;* ⟨plannen ook⟩ *be realized, materialize* **6.1** in ~ *actually* ¶**.1** dat is in strijd met de ~ *that conflicts with the facts;* de ~ onder ogen zien *face (up to) r.*

werkelijkheidszin 0.1 *realism* ⇒*sense of reality* ◆ **3.1** het getuigt van weinig ~ *it shows that he/she* ⟨enz.⟩ *is out of touch with reality.*

werkeloos 0.1 [niets doend] *idle* **0.2** →**werkloos.**

werken I ⟨onov.ww.⟩ **0.1** [werk doen] *work* ⇒⟨tech. ook⟩ *operate* **0.2** [een beroep uitoefenen; bezig zijn] *work* **0.3** [functioneren] *work* ⇒*function* **0.4** [uitwerking hebben] *work* ⇒*take effect* **0.5** [aan een beweging/vervorming onderhevig zijn] *warp* ⇒*settle* ⟨fundering enz.⟩ **0.6** [schoonmaken] *clean* ◆ **1.1** ⟨fig.⟩ de tijd werkt in ons voordeel *time is on our side* **1.2** minder/meer uren gaan ~ *w. shorter/longer hours* **1.3** hoe werkt dat ding? *how does that thing w.?;* de nieuwe regeling werkt (goed) *the new procedure is functioning (well)* **1.5** ⟨scheep.⟩ de lading werkt *the cargo is shifting* **3.1** iem. hard laten ~ *work s.o. hard* **3.4** de pillen begonnen te ~ *the pills began to take effect* **3.5** hout blijft altijd ~ *wood keeps warping* **4.4** dát werkt (heeft het gewenste resultaat) ⟨ook⟩ *that does the trick* **5.1** hard ~ *w. hard* **5.3** dit apparaat werkt heel eenvoudig *this apparatus is simple to operate;* de motor werkte niet *the engine didn't w.*/⟨viel uit⟩ *failed* **6.1 aan** iets ~ *w. at/on sth.;* er wordt **aan** gewerkt *s.o. is working on it;* hard **aan** iets ~ *w. hard at/on sth.;* ⟨inf.⟩ *bang away at sth.;* **met** een computer/machine ~ ⟨ook⟩ *operate a computer/machine;* ~ **op** het land *w. the soil/land;* **van** ~ ga je niet dood *hard work won't kill you;* ~ **voor** school/een examen *do one's schoolwork, study for an exam;* die man werkt **voor** drie *that man does the work of three (people)* **6.2 aan** zijn conditie ~ *improve one's condition;* hij werkt **met** twintig man personeel *he employs a staff of twenty* **6.4 in** iemands voordeel/nadeel ~ *w. to s.o.'s advantage/disadvantage* **6.6 uit** ~ gaan *go out cleaning* ¶**.3** zo werkt dat niet *that's not the way it works;*

II ⟨ov.ww.⟩ **0.1** [in een toestand brengen]⟨zie 4.1, 5.1, 6.1, ¶.1⟩ ◆ **4.1** zich eruit ~ *wriggle out of sth.;* ⟨ook fig.⟩; zich ka-

pot ~ *work one's fingers to the bone;* zich dood ~ *work o.s. to death;* zich omhoog ~ *work one's way up* **5.1** een ongewenst persoon eruit ~ *get rid of an unwanted person* **6.1** naar iets toe ~ *work up to (doing) sth.;* voedsel **naar** binnen ~ ⟨haastig, gretig⟩ *shovel down/*⟨met moeite⟩ *choke down one's food* ¶**.1** iem. tegen de grond ~ *lay s.o. low.*

werkend 0.1 [arbeidend] *working;* ⟨als werknemer ook⟩ *employed* **0.2** [bewegend] *working* ◆ **1.1** de ~ e leden v.e. vereniging *the active members of a club* **1.2** de ~ e delen v.e. machine *the w. parts of a machine* **5.2** snel ~ e vaccins *fast acting vaccines* ¶**.1** ~ en en niet- ~ en *employed and unemployed.*

werker 0.1 *worker* ◆ **2.1** een harde ~ *a hard w.;* een maatschappelijk ~ *a social w.*

werkervaring 0.1 *work experience.*

werkezel ⟨fig.⟩ **0.1** *drudge, plodder.*

werkgebied →**werkterrein 0.2.**

werkgeheugen ⟨comp.⟩ **0.1** *main memory.*

werkgelegenheid 0.1 *employment* ◆ **2.1** volledige ~ *full e.* **3.1** ~ scheppen *create jobs;* de ~ stimuleren *promote e.*

werkgelegenheidstekort 0.1 *shortage of vacancies.*

werkgemeenschap 0.1 [groep mensen die een bedrijf exploiteren] *cooperative* **0.2** [groep personen die een probleem bestuderen] *study group* ◆ **1.1** een woon- en ~ *commune (whose members work together).*

werkgever, -geefster 0.1 *employer* ◆ **1.1** ~ s en werknemers *employers and employees.*

werkgeversorganisatie 0.1 *employers' organization/federation* ⇒⟨in GB⟩ *Confederation of British Industry.*

werkgroep 0.1 *study group* ⇒⟨aan universiteit⟩ *seminar,* ⟨aan universiteit⟩ *tutorial,* ⟨onderzoekscommissie⟩ *working party.*

werking 0.1 [het functioneren] *working, action* ⇒*functioning* **0.2** [uitwerking] *effect(s)* **0.3** [beweging, vervorming] *warping* ⟨vnl. van hout⟩ ◆ **2.1** vulkanische ~ *volcanic activity/a.* **2.2** de heilzame ~ van iets *the beneficial effect(s) of sth.* **6.1 buiten** ~ *out of a., idle;* ⟨defect⟩ *out of order;* **buiten** ~ stellen *put out of a.;* ⟨tijdelijk, van wet⟩ *suspend;* ⟨fig.⟩ de wet treedt 1 januari **in** ~ *the law will come into force/effect on January 1st;* **in** ~ stellen *put into a.; put into operation* ⟨wet⟩; *instigate, initiate* ⟨onderzoek⟩; ⟨tech.⟩ *activate* **6.3** er zit ~ **in** het hout/die muur *the wood is warping, that wall is settling.*

werkingsduur 0.1 *period of operation, duration of effectiveness.*

werkje 0.1 [patroon] *pattern* **0.2** [klein boek] *(little) work* ⇒*booklet* ◆ **2.2** in een ander ~ van mijn hand *in another little work of mine* **3.1** er zit een ~ in de gordijnen *there's a p. in the curtains.*

werkkamer 0.1 *study.*

werkkamp 0.1 [werkweek] *project week* **0.2** [strafkamp] *(hard) labour camp* ◆ **6.1** op ~ gaan *go on project.*

werkkast 0.1 *broom cupboard.*

werkkleding 0.1 *workclothes, working clothes.*

werkklimaat →**werksfeer.**

werkkracht 0.1 [persoon] *worker, employee* **0.2** [kracht om te werken] *energy* ◆ **2.1** tijdelijke ~ *temporary w./e.*

werkkring 0.1 *post* ⇒*job,* ⟨werkomgeving⟩ *working environment,* ⟨de mensen⟩ *work associates* ◆ **2.1** ergens een prettige ~ vinden *find a nice job somewhere.*

werklast 0.1 *workload.*

werkloos 0.1 *unemployed* ⇒*out of work/a job* ⟨alleen pred.⟩, ⟨krantentaal ook⟩ *idle* ◆ **1.1** werkloze jongeren *u. youth* **3.1** ~ worden *become u., lose one's job;* ~ zijn *be out of work/u.*

werkloosheid 0.1 *unemployment* ♦ **2.1** verborgen ~ *hidden u.*

werkloosheidsbestrijding 0.1 ⟨abstr.⟩ *(the) fight against/* ⟨concr.⟩ *measures to reduce unemployment.*

werkloosheidscijfer 0.1 *unemployment figure.*

werkloosheidsuitkering 0.1 *unemployment* ᴮ*benefit/* ᴬ*compensation.*

werkloze 0.1 *unemployed person/*⟨mv. ook⟩ *people* ♦ **2.1** jeugdige~n *unemployed youth.*

werklust 0.1 *zest for work, willingness to work.*

werkmier 0.1 *worker (ant).*

werknemer, -neemster 0.1 *employee* ♦ **2.1** buitenlandse ~s *immigrant/foreign workers.*

werknemersorganisatie 0.1 *(trade(s)) union.*

werkonderbreking 0.1 *(work) stoppage* ⇒*walkout.*

werkoverleg →**werkbespreking.**

werkpaard 0.1 *workhorse* ⟨ook persoon⟩.

werkplaats 0.1 *workshop, workplace* ♦ **2.1** sociale ~en *sheltered workshops.*

werkplek 0.1 *place of/to work, workplace;* ⟨comp.⟩ *work station.*

werkrooster 0.1 *(work) timetable/schedule.*

werkruimte 0.1 ⟨concr.⟩ *workroom;* ⟨abstr.⟩ *working space* ♦ **1.1** woon- en ~ *living and working space.*

werkschuw 0.1 *workshy* ⇒*afraid of work* ⟨alleen pred.⟩.

werksfeer 0.1 *work climate.*

werksituatie 0.1 *work situation.*

werkstation ⟨comp.⟩. **0.1** *workstation.*

werkster 0.1 [zij die werkt] *(woman/female) worker* **0.2** [schoonmaakster] *cleaning lady/woman* **0.3** [werkbij/mier] *worker (bee/ant)* ♦ **2.1** een sociaal/maatschappelijk ~ *a (female) social worker.*

werkstudent, -e 0.1 *student working his/her way through college with a (part-time) job.*

werkstuk 0.1 [vervaardigd voorwerp] *piece of work* **0.2** [school.]⟨schriftelijk⟩ *paper;* ⟨project⟩ *project.*

werktafel 0.1 [bureau] *worktable, desk* **0.2** [werkbank] *workbench.*

werkterrein 0.1 [terrein waarop men werkt] *working space, work area* **0.2** [terrein waarop een werkzaamheid zich beweegt] *field of activity* ♦ **6.2** dat ligt **buiten** het ~ v.d. organisatie *that's outside the scope of the organization.*

werktijd 0.1 *working hours* ⇒⟨op kantoor⟩ *office hours* ♦ **1.1** verkorting v.d. ~en *reduction in w. h.* **2.1** ongeregelde ~en *irregular (working) hours;* variabele ~en *flexible/ staggered w. h.* **6.1** **na** ~ *after hours.*

werktuig 0.1 *instrument* ⟨ook fig.⟩; ⟨handwerktuig⟩ *tool* ⟨ook fig.⟩ ⇒*piece of equipment* ⟨ook tech.⟩, ⟨tech. ook⟩ *machine* ♦ **2.1** natuurkundige/chemische ~en *laboratory instruments* **3.1** ⟨fig.⟩ een ~ zijn in iemands hand *be a t. in s.o.'s hands.*

werktuigbouwkunde 0.1 *mechanical engineering.*

werktuigbouwkundig 0.1 *mechanical* ♦ **1.1** ~ ingenieur m. *engineer.*

werktuigkunde 0.1 *mechanics.*

werktuiglijk 0.1 *mechanical, automatic* ♦ **1.1** een ~e beweging *a m./an a. movement.*

werkuur 0.1 *working hour, hour of work.*

werkvakantie 0.1 *working holiday.*

werkverdeling 0.1 ⟨abstr.⟩ *division of labour;* ⟨concr.⟩ *distribution of work.*

werkvergunning 0.1 *work permit.*

werkverschaffing 0.1 *(unemployment) relief work(s)* ♦ **3.1** ⟨fig.⟩ dit is puur ~ *this is just work for the sake of it.*

werkvloer 0.1 *shop floor* ♦ **6.1** **op** de ~ leeft de gedachte dat *…shop-floor workers feel that …*

werkvorm 0.1 *art* ♦ **2.1** textiele ~en *textile art.*

werkvrouw 0.1 ⟨schoonmaakster⟩ *charlady, cleaning woman;* ⟨arbeidster⟩ *female worker;* ⟨schoonmaakster privé ook⟩ *daily help.*

werkweek 0.1 [mbt. de uren dat men werkt] *(working) week* **0.2** [mbt. school] *study/project week* ♦ **2.1** veertigurige ~ *forty-hour week* **6.2** **op/met** ~ zijn *have a study/ project week.*

werkwijze 0.1 *method (of working), procedure* ⟨van personen/commissies⟩; *(manufacturing) process* ⟨bij fabricage⟩; ⟨routine⟩ *routine* ⟨vaak inf.⟩ ♦ **2.1** dit is de normale ~ *this is the standard method, this is (the) standard (operating) procedure;* ⟨inf.⟩ *this is the right routine.*

werkwillige 0.1 *non-striker* ⇒⟨pej.⟩ *strikebreaker* ⟨vnl. van buiten het bedrijf gehaald⟩, ⟨sl.; bel.⟩ *scab,* ⟨sl.; bel.⟩ *black-leg.*

werkwoord 0.1 *verb* ♦ **2.1** onpersoonlijke/wederkerende ~en *impersonal/reflexive verbs;* onregelmatig ~ *irregular v.;* overgankelijke/onovergankelijke ~en *transitive/intransitive verbs;* sterke/zwakke ~en *strong/weak verbs* **3.1** een ~ vervoegen *conjugate a v.*

werkwoordelijk 0.1 *verbal* ♦ **1.1** een ~ gezegde *a v. predicate.*

werkzaam 0.1 [werkend] *working, active;* ⟨in dienst⟩ *employed, engaged* **0.2** [effectief, krachtig werkend] *active, effective* **0.3** [actief] *active, industrious* ♦ **1.2** ⟨tech.⟩ de werkzame druk/stroom *the e. pressure/current* **1.3** een ~ leven leiden *lead an a. life* **3.1** op verschillende gebieden ~ zijn *be active/*⟨vnl. met bedrijf/organisatie⟩ *operating in various fields* **6.1** hij is ~ **op** een notariskantoor/bij een uitgever *he works in a notary's office/at a publisher's* **8.3** hij blijft als adviseur ~ *he will continue to act as (an) adviser.*

werkzaamheden 0.1 *activities* ⇒⟨verplichtingen, taken⟩ *duties,* ⟨operaties, activiteiten⟩ *operations* ⟨vnl. mbt. bedrijf⟩, ⟨al verrichte taken⟩ *proceedings* ⟨vnl. van commissie/rechtbank/vergadering enz.⟩, ⟨zaken⟩ *business* ♦ **1.1** de ~ v.e. commissie *the duties/proceedings of a committee* **2.1** dagelijkse ~ *daily work/duties/a.;* drukke ~ ⟨ook⟩ *pressure of work* **6.1** ~ **aan** de metro *work on the underground.*

werkzoekende 0.1 *job-seeker, person in search of employment* ♦ **8.1** zich als ~ inschrijven *register for employment.*

werpen 0.1 [gooien]⟨alg.⟩ *throw* ⇒⟨krachtig⟩ *hurl, fling,* ⟨inf.⟩ *chuck,* ⟨honkbal⟩ *pitch,* ⟨cricket⟩ *bowl* **0.2** [baren] *have/get (one's) young/puppies/kittens/*⟨enz.⟩ ⇒ ⟨hond/kat ook⟩ *have a/one's litter* ♦ **1.1** ⟨scheep.⟩ het anker ~ *drop anchor;* bommen op de stad ~ *drop bombs on/ bomb a city* **1.2** onze hond heeft geworpen/heeft drie jongen geworpen *our dog has had pups/three pups* **4.1** zich op iets ~ ⟨lett.⟩ *throw o.s. on sth.;* ⟨fig.⟩ *throw o.s. into sth.* **6.1** **aan** land/op de kust geworpen worden *be cast ashore;* zich **ter** aarde ~ *throw o.s. to the ground.*

werper 0.1 [iem. die werpt] *thrower* **0.2** [sport] *pitcher.*

werphengel 0.1 *casting rod.*

werpheuvel, werpplaat ⟨sport⟩ **0.1** *(pitcher's) mound.*

werpnummer ⟨sport⟩ **0.1** *throwing event.*

wervel ⟨biol.⟩ **0.1** *vertebra* ♦ **6.1** tussen de ~s gelegen *intervertebral.*

wervelbad 0.1 *jacuzzi, (hot) whirlpool.*

wervelen 0.1 *swirl, whirl* ♦ **1.1** een ~de draaikolk *a swirling/rushing whirlpool.*

wervelend 0.1 *sparkling* ◆ **1.1** een ~e show *a s. show.*

wervelgewricht 0.1 *vertebral joint/articulation.*

werveling 0.1 [het wervelen] *whirling, swirling* ⇒〈meteo., nat.〉 *turbulence, eddying* 〈vnl. mbt. water/mist/sneeuw〉 **0.2** [wervelende beweging] *whirl, swirl* ⇒*eddy* 〈vnl. mbt. water/mist/sneeuw〉, 〈wet.〉 *vortex.*

wervelkolom 0.1 *vertebral/spinal column* ⇒〈ruggengraat〉 *spine, backbone.*

wervelstorm 0.1 *cyclone* ⇒*tornado, hurricane* 〈vnl. in (westelijk deel van) Atlantische Oceaan〉, *typhoon* 〈vnl. in Chinese Zee en Stille Oceaan〉.

wervelwind 0.1 *whirlwind* ⇒*tornado* ◆ **8.1** als een ~ *like a w.*

werven 0.1 [in het openbaar in dienst nemen] *recruit* **0.2** [overhalen zich aan te sluiten] *attract, bring in* ⇒〈pogen over te halen〉 *canvass, solicit,* 〈inschrijven〉 *enrol* ◆ **1.1** matrozen/soldaten ~ *enlist/r. seamen/soldiers* **1.2** klanten ~ *bring in customers;* stemmen ~ *canvass (for) votes;* 〈stemmen krijgen〉 *get votes;* 〈op verkiezingscampagne gaan〉 *electioneer.*

werving 0.1 [indienstneming] *recruitment* ⇒〈soldaten, matrozen ook〉 *enlistment,* 〈inschrijving〉 *enrolment* **0.2** [het overhalen] *canvassing* ⇒*soliciting* ◆ **1.1** ~ en selectie *r. and selection.*

wervingsactie 0.1 *recruitment drive.*

wervingskosten 0.1 *(personnel) recruitment costs.*

wesp 0.1 *wasp.*

wespennest 0.1 [nest van wespen] *wasps' nest* **0.2** [netelige zaak] *hornets' nest* ◆ **6.2** zich in een ~ steken *stir up a h. n.*

wespensteek 0.1 *wasp's sting.*

wespentaille 0.1 *wasp waist.*

west¹ 〈het, de〉 0.1 [het westen] *west* ◆ **6.1** om de ~ varen *sail around the w.*

west² 〈bn., bw.〉 0.1 [naar het westen] *west(erly), westward* ⇒〈bw. ook〉 *to the west* **0.2** [uit het westen] *west(erly)* ⇒ 〈bw. ook〉 *from the west* ◆ **3.2** de wind is ~ *the wind is from the west* **6.1** ~ ten noorden/ten zuiden *west by north/south.*

West 0.1 [deel v.d. wereld] *West.*

West-Duits 〈gesch.〉 0.1 *West German.*

West-Duitser, -se 〈gesch.〉 0.1 *West German.*

West-Duitsland 〈gesch.〉 0.1 *West Germany.*

westelijk 0.1 *west, westerly, western, westward* ◆ **1.1** het ~ halfrond *the western hemisphere;* de ~e Jordaanoever *the West Bank of the Jordan; the West Bank;* ~e winden *westerly winds* **3.1** ~ gelegen *westward* **6.1** ~ van *(to the) west of*

westen 0.1 [kompasstreek] *west* **0.2** [gebied] *west* 〈vaak W-〉 **0.3** [Europa en de VS] *West* ◆ **1.2** het ~ van Nederland *the west(ern part) of Holland* **2.2** het wilde Westen *the (Wild) West, the Frontier* **2.3** het vrije ~ *the Free World* **6.1** naar het ~ gaand/reizend *westbound, westward bound;* kamers **op** het ~ *rooms facing w.;* Wageningen ligt **ten** ~ van Arnhem *Wageningen is w. of Arnhem;* **uit** het ~ *west(erly), from the w.* ◆ **6.¶ buiten** ~ *raken pass out;* iem. **buiten** ~ slaan *knock s.o. out (cold);* **buiten** ~ zijn 〈bewusteloos〉 *be out (cold)* **7.2** het Westen *the West.*

westenwind 0.1 *west(erly) wind* ◆ **3.1** het is ~ *there is a westerly wind.*

westerlengte 0.1 *longitude west* ◆ **6.1** op 15° ~ *at 15° l. w.*

westerling 0.1 [mbt. cultuur] *Westerner* **0.2** [mbt. een land] *westerner.*

westers 0.1 [(als) in het westen]〈bn.〉 *western;* 〈bw.〉 *in a western fashion/manner/*〈enz.〉 **0.2** [(als) v.d. bewoners van Europa en de VS]〈bn.〉 *Western;* 〈bw.〉 *in a Western fashion/manner/*〈enz.〉 ◆ **1.1** de westerse Kerk *the Western Church* **1.2** de ~e beschaving *Western civilization* **3.2** ~ worden *become westernized.*

westerstorm 0.1 *westerly gale.*

West-Europa 0.1 *Western Europe.*

West-Europees 0.1 *West(ern) European.*

West-Indië 0.1 *(the) West Indies.*

westkust 0.1 *west coast.*

westwaarts 0.1 *westward(s), (to the) west* ◆ **3.1** ~ reizend *westbound, westward bound.*

westzijde 0.1 *west side.*

wet 0.1 [vastgestelde regel] *law;* 〈statuut〉 *statute* **0.2** [stelsel van rechtsregels, ook rel.] *law* **0.3** [gezaghebbende gewoonte] *law; rule* **0.4** [wet.; wetmatigheid] *law* ◆ **1.2** naar de letter/naar de geest v.d. ~ *according to the letter/spirit of the l.* **1.3** de ~ten v.d. jungle *the l. of the jungle;* een ~ van Meden en Perzen *a l. of the Medes and Persians, a hard and fast rule;* moeders wil is ~ *mother's word is l.* **1.4** de ~ van Archimedes *Archimedes' principle;* 〈ec.〉 ~ v.d. afnemende meeropbrengst *l. of diminishing returns* **2.1** zijn eigen ~ten stellen *be a l. unto o.s.;* een ongeschreven ~ *an unwritten rule* **2.2** volgens de Engelse ~ *under English l.;* geschreven ~ *statute l.;* de Mozaïsche ~ *Mosaic(al) l.* **2.3** een ijzeren ~ *an iron l.;* de joodse/mohammedaanse ~ *Jewish/Hebrew l., Islamic l.* **3.1** een ~ aannemen/goedkeuren *pass/enact a l.;* een ~ invoeren/afkondigen/uitvaardigen *enact/promulgate/constitute a l.;* de ~ naleven/schenden/overtreden/ontduiken *abide by/violate/break/circumvent the l.;* de ~ schrijft voor dat ...*the law prescribes that ...;* de ~ toepassen *enforce the l.;* het gerecht moet de ~ten uitvoeren *the court has to execute the laws;* een ontwerp dat ~ moet worden *a bill which has to become l.;* de ~ zegt dat ...*it is the l. that ...* **3.2** ~ is ~ *the l. is the l.* **3.3** iem. de ~ voorschrijven *lay down the l. to s.o.* **6.1 conform** de ~ *lawful, legal;* in overeenstemming **met** de ~ *in accordance with l.;* **volgens** de ~ is het een misdaad *it's a crime before the l.* **6.2** gehoorzaam **aan** de ~ *law-abiding;* **bij** de ~ bepaald *regulated by l.;* **boven** de ~ staan *be above the l.;* zich **buiten** de ~ stellen *place o.s. outside the l.;* **door** de ~ verboden *prohibited/forbidden by l.;* **ingevolge** de ~ *under l.;* in strijd **met/strijdig met** de ~ *unlawful, illegal, lawless, against the l.;* **naar** ~ en recht *according to l. and justice;* **voor** de ~ trouwen *marry at a registry office;* **voor** de ~ is iedereen gelijk *everybody is equal before the l.* **¶.2** 〈fig.〉 de ~ met voeten treden *ride roughshod over the l.*

wetboek 0.1 *code, statute book, lawbook* ◆ **1.1** Wetboek van Koophandel *commercial c.;* het ~ van Mohammed *the Law of Mohammed, the Koran;* het ~ van Mozes *the Law of Moses, the Torah;* Wetboek van Strafrecht *criminal/penal c.* **2.1** Burgerlijk Wetboek *civil c.*

weten¹ 〈het〉 0.1 *knowledge* ◆ **2.1** iets doen tegen beter ~ (in) *do sth. against one's better judgement* **6.1 buiten/zonder** mijn ~ *without my k.;* **naar/bij** mijn (beste) ~ *to (the best of) my k.*

weten² 〈ov.ww.〉 0.1 *know;* 〈erin slagen; altijd + te + werkwoord〉 *manage* ◆ **1.1** dat weet zelfs een kind! *even a fool knows that!* **3.1** zij die het kunnen ~ zeggen ...*the well-informed say ...;* ik had het kunnen ~ *I might have known;* ik zal het u laten ~ *I'll let you k.;* dan moet je het zelf maar ~ *suit yourself;* 〈inf.〉 *it's your (own) funeral;* zij weet met iedereen om te gaan *she has a way with everyone;* ~ te ontkomen *m. to escape;* zich ~ te redden *cope, manage;* hij wil (graag) ~, dat hij communist is *he makes no secret about* *being a communist;* niets van iem. willen ~ *not want to have anything to do with s.o.;* ik zou wel eens willen ~ waarom hij dat zei *I'd like to k. why he said that;* je zou eens moeten ~ ..., als je eens wist ... *if only you knew* **4.1** daar weet ik alles van *I k. all about it;* met haar weet je het nooit *you never k. with her;* ik weet het! *I've got it!;* het is maar dat u het weet *I thought you ought to k., just so you k.;* weet je het al, hij is failliet *have you heard the news, he's gone bankrupt;* ik ga hier weg; nu weet je het! *I'm leaving this place; so there!;* voor je het weet, ben je er *you're there before you k. it;* ze hebben het geweten *they found out (to their cost);* hij wou er niets van ~ *he wouldn't hear of it;* nu weet ik nóg niets! *I'm no wiser than I was (before)!;* ik weet wat ..., weet je wat ... *I k. what ..., you k. what ...;* hij weet (niet) wat hij wil *he doesn't k. his own mind;* ~ wat je doet *beware what you are about;* hij weet wel wat een goede fles wijn is! *he knows a good bottle of wine when he sees one!;* je weet wie het zegt *look who's talking;* wie weet *who knows;* je moet het zelf (maar) ~ *it's your decision* **5.1** hij weet niet beter of het hoort zo *he doesn't k. any better;* je zou beter moeten ~ *you should k. better (than that), you should have known better;* ik weet niet beter dan dat hij morgen komt *as far as I k. he's coming tomorrow;* hij weet ervan *he's aware of it;* ik weet het niet meer *I really can't remember;* ik zou het niet ~ *I wouldn't k.;* hij wist niet hoe gauw hij weg moest komen *he couldn't get away fast enough;* als dat geen zwendel is dan weet ik het niet (meer) *if that isn't a fraud I don't k. what is;* ik zou niet ~ waarom (niet) *I don't see why (not);* ik weet nog zo net niet of ik kom *I don't k. if I'll come;* hij heeft ik-weet-niet-hoeveel huizen *he owns I don't k. how many houses;* weet je wel, je weet wel *you k.;* zeker ~! *no buts about it!;* weet je het zeker? *are you (absolutely) sure?;* iets zeker ~ *be sure about sth.;* voor zover ik weet *as far as I k.* **5.¶** zij weet het altijd beter *she always has to know better;* je weet wel beter *you know better (than that);* ik vermoeid? dat weet ik nog zo (zeker) niet! *me tired? I don't know;* ik wist niet wat ik zag! *I couldn't believe my eyes!;* je weet ('t) maar nooit *you never know* **6.1** naar ik weet *to my knowledge;* ergens iets **op** ~ *have an answer to sth.;* **te** ~ namely; iets **te** ~ komen *find out sth.;* ik weet **van** niks *I k. nothing about it;* wat weet jij nu **van** tuinieren? *much you k. about gardening;* **van** geen wijken (willen) - *stick to one's guns;* **van** geen ophouden ~ *not k. when to stop;* kinderen ~ **van** geen vermoeidheid *children k. no fatigue;* **zonder** dat iem. het wist, had hij ... *unknown to anyone, he had ...* **8.1** als je dat maar weet! *keep it in mind!;* hij wil niet ~ dat hij ziek is *he won't admit to being ill;* niet dat ik weet *not that I k.* **¶.1** weet je nog? *(do you) remember?;* (inf.) weet ik veel! *search me!;* (sprw.) wat niet weet, dat niet deert *what the eye doesn't see the heart doesn't grieve over.*

wetenschap 0.1 [kennis, regels]〈niet-exacte wetenschap〉 *learning;* 〈exacte wetenschap〉 *science;* 〈geleerdheid〉 *scholarship;* 〈letteren, filosofie〉 *(the) humanities, (the) (liberal) arts;* 〈tak van wetenschap〉 *discipline, branch of* 〈soms exact〉 *knowledge/*〈meestal niet exact〉 *learning* **0.2** [beoefenaars] *science* **0.3** [kennis, de bekendheid met iets] *knowledge* ◆ **2.1** toegepaste/zuivere ~ *applied/pure science* **3.1** ~ beoefenen *practise science* **6.3 in** de ~ dat ... *in the k. that ...*

wetenschappelijk 0.1 〈niet exact〉 *scholarly;* 〈exact〉 *scientific* ◆ **1.1** het ~ onderwijs *university training/education;* voorbereidend ~ onderwijs *pre-university education;* zuiver ~ onderzoek doen *do pure research;* ~ personeel 〈universiteit〉 *faculty;* 〈in bedrijven〉 *professional/graduate*

staff; ~ rapport 〈ook〉 *observations, findings;* ~ tijdschrift *scholarly journal.*

wetenschapper 0.1 〈niet exact〉 *scholar;* 〈exact〉 *scientist;* 〈academicus〉 *academic.*

wetenschapsfilosofie 0.1 *philosophy of science.*

wetenschapsleer 0.1 *epistemology.*

wetenschapswinkel 0.1 *research exchange/information centre.*

wetenswaardig 0.1 *interesting* ⇒〈leerzaam〉 *informative* ◆ **7.1** er staat veel ~s in dat rapport *that report contains a wealth of information.*

wetenswaardigheid 0.1 *piece of information* ◆ **1.1** het boek bevat een massa wetenswaardigheden *the book is a mine of information.*

wetering 0.1 *watercourse.*

wetgevend 0.1 *legislative* ◆ **1.1** het ~ lichaam *the l. body;* de ~e macht *the legislature, l. power.*

wetgever 0.1 *legislator.*

wetgeving 0.1 *legislation* ◆ **3.1** ~ creëren/maken *legislate.*

wethouder 0.1 *alderman* ⇒〈city/town〉 *councillor* ◆ **1.1** de ~ van volkshuisvesting *the a. for housing.*

wetmatig 0.1 *systematic* ⇒*regular.*

wetmatigheid 0.1 [het wetmatig zijn] *order, regularity* **0.2** [verschijnsel] *law, pattern* ◆ **2.2** historische wetmatigheden *historical patterns.*

wetsartikel 0.1 *section of a/the law.*

wetsbepaling 0.1 *statutory/legal provision.*

wetsbesluit 0.1 *statutory order.*

wetsdienaar 〈AZN〉 **0.1** *police officer.*

wetsontwerp 0.1 *bill* ◆ **3.1** een ~ aannemen *pass/adopt a b.;* een ~ indienen bij het parlement *introduce a b. in Parliament;* een ~ intrekken *withdraw a b.;* een ~ verwerpen *reject a b.*

wetsovertreding 0.1 [het overtreden van de wet] *violation of a/the law* **0.2** [specifieke handeling] *(penal) offence* ◆ **3.2** een ~ begaan *break the law.*

wetswijziging 0.1 *amendment (of a/the law)* ◆ **3.1** een ~ invoeren *amend the law.*

wetswinkel 0.1 *law centre.*

wettelijk 0.1 *legal* ⇒〈wettelijk vastgelegd〉 *statutory* ◆ **1.1** ~e aansprakelijkheid *l. liability;* wettelijke-aansprakelijkheidsverzekering *third party insurance;* ~e belemmering *l. impediment;* ~e termijn *period allowed/required by law;* dat is een ~ voorschrift *that's a statutory regulation* **3.1** ~ bevoegd tot iets *legally entitled to (do) sth.;* ~ erkend *legal;* ~ handelen *act according to the law;* ~ toegestaan *legal;* ~ verplicht tot iets *legally liable to sth.;* dat is ~ voorgeschreven *that is laid down by law;* ~ voorgeschreven leeftijd *l./lawful age.*

wettelijkheid 0.1 *legality.*

wetteloos 0.1 *lawless.*

wetteloosheid 0.1 *lawlessness.*

wetten 0.1 *whet.*

wettig 0.1 *legal* ⇒〈erkend, rechtmatig〉 *legitimate,* 〈jur.; rechtsgeldig〉 *valid* ◆ **1.1** de ~e eigenaar *the rightful owner;* de ~e erfgenamen *the legal heirs;* met alle ~e middelen *by all lawful means;* een ~ vonnis *a legal sentence;* ~e woon/verblijfplaats 〈jur.〉 *domicile* **3.1** ~ getrouwd/gescheiden zijn *lawfully wedded/divorced;* ~ maken/verklaren *legalize.*

wettigen 0.1 [wettig maken] *legalize* **0.2** [rechtvaardigen] *warrant* ◆ **1.1** een akte ~ *l. an instrument* **1.2** dat is door het gebruik gewettigd *it is sanctioned by usage;* dat wettigt de veronderstelling dat ... *it justifies the presumption that ...*

WEU ⟨afk.⟩ **0.1** [West-Europese Unie] *WEU.*

weven 0.1 *weave* ⟨ook fig.⟩ ◆ **1.1** een legende om iem. heen ~ *w. a legend around s.o.* **5.1** fijn geweven stoffen *finely-woven fabrics.*

wever, weefster 0.1 *weaver.*

weverij 0.1 [het weven] *weaving* **0.2** [werkplaats, fabriek] *weaving mill.*

wezel 0.1 *weasel* ◆ **8.1** zo bang als een ~ *as timid as a hare.*

wezen[1] ⟨het⟩ **0.1** [schepsel] *being, creature* **0.2** [essentie] *being* ⇒*nature,* ⟨substantie⟩ *essence,* ⟨substantie⟩ *substance* **0.3** [in samenst.] *system* ◆ **1.3** krijgswezen *military s.* **2.1** geen levend ~ te bespeuren *not a living soul in sight;* levende ~s *living creatures;* de mens is een redelijk ~ *man is a rational animal* **2.2** haar hele ~ kwam ertegen in opstand *her whole soul rose against it* **6.2 in** ~ is zij een goed mens *she is a good person at heart;* **in** ~ is dat een vorm van belasting *it's really/*⟨bijna⟩ *virtually a kind of tax.*

wezen[2] ⟨onov.ww., kww.⟩⟨inf.⟩ **0.1** *be* ◆ **2.1** dat zal wel waar ~! *I bet!* **3.1** kan ~, maar ik mag hem niet *be that as it may, but I don't like him;* wij zijn daar ~ kijken *we've been there to have a look;* laten we wel ~ *(let's) be fair/ honest (now);* hij mag er ~ ⟨knap⟩ *he's not half bad;* ⟨groot⟩ *he's a giant of a man;* ⟨flink⟩ *he's a capable man;* een studie die er ~ mag *a creditable study* **5.1** weg ~! *off with you!*

wezenlijk I ⟨bn., bw.⟩ **0.1** [essentieel] *essential* **0.2** [werkelijk (bestaand)] *real* ◆ **1.1** van ~ belang *e., of vital importance;* een ~ verschil *a substantial difference* **1.2** ~e verbetering *positive change for the better;* **II** ⟨bw.⟩ **0.1** [inderdaad] *really.*

wezenloos 0.1 [suf] *vacant* **0.2** [niet werkelijk] *unsubstantial* ◆ **1.1** een wezenloze blik *an expressionless look* **3.1** ~ kijken *stare blankly;* ⟨inf.⟩ zich ~ schrijven *write o.s. silly;* ⟨inf.⟩ zich ~ schrikken *be scared out of one's wits.*

whisky 0.1 *whisky* ◆ **2.1** Amerikaanse/Schotse/Ierse ~ *bourbon, Scotch (w.), Irish (whiskey)* **5.1** ~ puur *a straight/ neat w.*

wichelaar, -ster 0.1 *diviner;* ⟨sterren⟩ *astrologer.*

wichelarij 0.1 [het voorspellen] *divination;* ⟨sterren⟩ *astrology* **0.2** [wat voorspeld is] *divination;* ⟨sterren⟩ *forecast.*

wichelroede 0.1 *divining/dowsing rod* ◆ **6.1** met de ~ lopen *work the twig, dowse.*

wichelroedeloper, -loopster 0.1 *dowser.*

wicht 0.1 [klein kind] *child* **0.2** [pej.; meisje] *girl* ◆ **2.1** een onnozel ~ *a silly c.* **3.2** wat verbeeldt dat ~ zich wel *what a stuck-up thing she is.*

wie I ⟨vr.vnw.⟩ **0.1** [vragend] *who;* ⟨wiens⟩ *whose;* ⟨bij keuze uit twee of meer⟩ *which* ◆ **1.1** ~ zijn boek is dit?, van ~ is dit boek? *whose book is this?* **3.1** ~ heb je gezien? *who have you seen?;* ~ kan ik zeggen dat er is? *who shall I say is calling?* **6.1** met ~ (spreek ik)? *who is this/that?;* ~ **van** jullie? *which of you?;* **II** ⟨betr.vnw.⟩ **0.1** [met antecedent] *who;* ⟨wiens⟩ *whose* **0.2** [zonder antecedent] *who* ◆ **1.1** de man ~ns dood door ieder betreurd wordt *the man whose death is generally mourned;* het meisje (aan) ~ ik het boek gaf *the girl to whom I gave the book* ¶**.2** ~ niet akkoord gaat ... *anyone/* ⟨schr.⟩ *he who disagrees ...;* **III** ⟨onb.vnw.⟩ **0.1** [welke persoon dan ook] *whoever* ◆ **5.1** ~ anders dan Jan? *who (else) but John?;* ~ dan ook *anybody, anyone, whoever* ¶**.1** ~ er ook komt, zeg maar dat ik niet thuis ben *whoever comes, tell them I'm out.*

wiebelen 0.1 [onvast staan] *wobble* **0.2** [schommelen, wippen] *rock* ◆ **3.2** ze zat te ~ op haar stoel *she was wiggling about on her chair.*

wiebelig 0.1 *shaky* ⇒*wobbly.*

wieden 0.1 *weed.*

wiedes ⟨inf.⟩ ◆ **5.¶** dat is nogal ~ *don't I know it, it stands to reason (doesn't it?).*

wiedeweerga ◆ **8.¶** als de ~ *like greased lightning;* ⟨bevel⟩ *on the double.*

wieg 0.1 ⟨ook fig.⟩ *cradle* ◆ **1.1** Griekenland, de ~ van kunst en wetenschap *Greece, the c. of art and science* **6.1** ⟨fig.⟩ iets in de ~ smoren *nip sth. in the bud;* ⟨fig.⟩ in de ~ gelegd zijn voor *be cut out for;* een baby **in** de ~ leggen *cradle a baby;* **van** de ~ tot het graf verzorgd *looked after from the c. to the grave.*

wiegelied 0.1 *lullaby* ⇒⟨muziekstuk⟩ *berceuse.*

wiegen 0.1 *rock (to and fro)* ◆ **3.1** doen ~ *sway, rock.*

wiegendood 0.1 *cot death* ⇒⟨med.⟩ *SIDS,* ⟨afk. van⟩ *sudden infant death syndrome.*

wiek 0.1 [molenwiek] *sail, vane* **0.2** [vleugel] *wing* ◆ **2.2** ⟨fig.⟩ op eigen ~en drijven *fend for o.s.* **6.2** ⟨fig.⟩ **in** zijn ~ geschoten zijn ⟨beledigd⟩ *be offended;* ⟨gekwetst⟩ *be dejected.*

wiekslag 0.1 *wing-beat/-stroke.*

wiel 0.1 [rad; ook mbt. voertuig] *wheel* **0.2** [kolk] *pool* ◆ **3.1** ⟨fig.⟩ het ~ weer uitvinden *re-invent the w.* **6.1 aan** een ~ draaien *turn a w.;* **door** de ~en zakken *sink to the ground;* iem. **in** de ~en rijden ⟨fig.⟩ *put a spoke in s.o.'s wheel, put/ throw a spanner in the wheels;* ⟨sport⟩ iem. **uit** de ~en rijden *drop s.o.* **7.1** het vijfde ~ aan de wagen zijn *be the odd man out.*

wieldop 0.1 *hubcap.*

wielerbaan 0.1 *bicycle/cycling track.*

wielerklassieker 0.1 *cycling classic.*

wielerronde 0.1 *cycle race.*

wielersport 0.1 *(bi)cycling.*

wielerwedstrijd 0.1 *(bi)cycle race.*

wielewaal 0.1 *golden oriole.*

wielklem 0.1 [parkeerklem; ook om auto vast te zetten tijdens vervoer] *wheel clamp* **0.2** [om een fiets te parkeren] *bicycle rack.*

wielophanging ⟨tech.⟩ **0.1** *(wheel) suspension.*

wielrennen 0.1 *(bi)cycle racing.*

wielrenner, -ster 0.1 *(racing) cyclist, bicyclist* ⇒*cycler.*

wielrennerij 0.1 *cycling.*

wielrijder, -ster ⟨schr.⟩ **0.1** ⟨ongemarkeerd⟩ *(bi)cyclist* ⇒ *cycler.*

wieltje 0.1 *(little) wheel;* ⟨zwenkwieltje⟩ *caster, castor* ◆ **6.1** dat loopt **op** ~s *that's running smoothly.*

wienerschnitzel 0.1 *Wiener schnitzel.*

wier 0.1 [algen] *alga* **0.2** [zeegras] *seaweed.*

wierook 0.1 *incense* ◆ **3.1** ~ branden *burn i.*

wierookvat 0.1 *censer, thurible.*

wiet 0.1 *weed, grass.*

wig 0.1 *wedge* ◆ **3.1** ⟨fig.⟩ een ~ drijven tussen *drive a w. between.*

wigwam 0.1 *wigwam.*

wij 0.1 *we* ◆ **1.1** ~, Beatrix, bij de gratie Gods ... *we, Beatrix, by the grace of God ...;* ~ mensen *we (as) human beings;* ~ Nederlanders *we Dutch* **5.1** (beter) dan ~ *(better) than we are* **7.1** ~ allen/allemaal *all of us, we all;* ~ tweeën/drieën *the two/three of us.*

wijd 0.1 [breed] *wide* **0.2** [ruim] *wide, loose* ⇒⟨fig.⟩ *roomy* **0.3** [groot van oppervlak] *wide, broad* **0.4** [sport] *wide* ◆ **1.1** een ~e blik *a broad view;* nergens in de ~e omgeving *nowhere in the area* **1.2** ~e kleren dragen *wear loose(-fitting)/*⟨vormloos⟩ *baggy clothes* **1.3** de ~e zee, een ~e vlakte *the open sea, a b. plain* **2.1** met ~ open ogen *w.-eyed;*

⟨fig.⟩ de ogen ~ open houden *keep one's eyes skinned* **3.1** met de (armen en) benen ~ liggen *lie spread-eagled;* de deur staat ~ open *the door is w.* open **3.2** ~er maken *let out, enlarge* ⟨kleren⟩ **5.3** ~ en zijd *far and w.;* ~ en zijd bekend *widely known* **7.4** ⟨honkbal⟩ twee slag, drie ~ *two strikes, three balls;* één ~ gooien ⟨honkbal⟩ *pitch/*⟨cricket⟩ *bowl a w. ball.*

wijdbal ⟨sport⟩ **0.1** *wide (ball);* ⟨AE; honkbal⟩ *ball.*

wijdbeens 0.1 *with legs wide apart* ◆ **3.1** ~ staan / liggen *stand straddle-legged, lie spread-eagled.*

wijden 0.1 [(in)zegenen] *consecrate* ⇒⟨een priester⟩ *ordain,* ⟨(aarts)bisschop ook⟩ *enthrone* **0.2** [in dienst stellen van] *devote* ◆ **1.1** gewijde muziek *sacred music;* een vorst ~ *c. a king* **4.1** zich aan God ~ *dedicate o.s. to God* **6.2** een programma ~ **aan** een onderwerp *d. a programme to a topic.*

wijdte 0.1 [afstand] *breadth* ⇒*distance* **0.2** [hoedanigheid; maat in diameter] *width* ◆ **1.2** de ~ v.d. doorvaart *the w. of the passage* **6.1** de ~ **tussen** de banken *the space between the benches.*

wijdverbreid 0.1 *widespread.*

wijdverspreid 0.1 *widespread* ⇒⟨pej. ook⟩ *rife, rampant* ◆ **1.1** de mening is ~ dat *... there is a w. opinion that ..., it is widely held that ...*

wijdvertakt 0.1 [biol.] *ramified* **0.2** [fig.] *many-branched* ◆ **1.1** ~e aderen/zenuwen *r. arteries/nerves* **1.2** een ~e organisatie *a m.-b. organization.*

wijf ⟨inf.⟩ **0.1** ⟨ongemarkeerd⟩ *woman;* ⟨kwaad⟩ *bitch;* ⟨BE; sl.⟩ *bit of skirt* ◆ **2.1** een lekker ~ *a bit of all right;* ⟨fig.; bel.⟩ hij is een oud ~ *he's an old woman;* een oud ~ *an old bag;* een stelletje oude wijven *a lot of old wives;* stom ~! *stupid cow!*

wijfje 0.1 [vrouwtje] *little woman;* ⟨echtgenote⟩ *wifey* **0.2** [vrouwelijk dier] *female.*

wijk 0.1 *district, area* ◆ **2.1** de arme ~en *the poor districts;* de Chinese ~ *Chinatown;* de deftige ~en *the fashionable areas;* zwarte ~en *black/coloured neighbourhoods;* ⟨Zuid-Afrika⟩ *(black) townships* **3.1** kelners hebben in dit restaurant ieder hun ~ *waiters in this restaurant each have their own section* **3.**¶ de ~ nemen *take refuge.*

wijkagent 0.1 *policeman on the beat;* ⟨BE; inf.⟩ *local bobby.*

wijkblad 0.1 *local (news)paper, community newssheet.*

wijkcentrum 0.1 *community centre;* ⟨in oudere gemeenten vaak⟩ *church/parish hall.*

wijken 0.1 [uit de weg gaan; ook fig.] *give in/way (to), yield (to)* **0.2** [vluchten, verdwijnen] *disappear, go* **0.3** [niet horizontaal/verticaal lopen] *recede* ◆ **1.3** ⟨amb.⟩ ~de lijnen *receding lines;* de muren ~ *the walls are out of true* **3.1** de vijand moest ~ *the enemy was forced to retreat* **6.1 voor** iem. ~ ⟨ook fig.⟩ *stand aside for s.o.;* ⟨fig.; inf.⟩ *kowtow to s.o.;* niet **voor** geweld willen ~ *not want to give in to violence;* ~ **voor** de overmacht *yield to superior numbers* **7.1** hij weet van geen ~ *he sticks to his guns.*

wijkplaats 0.1 *(place of) refuge* ◆ **3.1** ergens een ~ zoeken *seek refuge somewhere.*

wijkraad 0.1 *neighbourhood council.*

wijkverpleegkundige 0.1 *district nurse.*

wijlen 0.1 *late, deceased* ◆ **1.1** ~ de heer/mevrouw Smit *the l. Mr/Mrs Smit;* ~ mijn vader *my l. father* **3.1** ⟨scherts.⟩ hij is ~ ⟨inf.⟩ *he has snuffed it.*

wijn 0.1 [drank] *wine* **0.2** [glas wijn] *(glass of) wine* ◆ **2.1** klare ~ schenken *speak openly/in plain terms;* mousserende/niet-mousserende ~ *sparkling/non-sparkling w.;* oude ~ in nieuwe zakken *old w. in new bottles;* rode ~ *red (w.);* witte ~ *white (w.)* **7.2** twee ~, ober *waiter, two glasses of w., please* ¶**.1** ⟨sprw.⟩ goede ~ behoeft geen krans *good wine needs no bush.*

wijnazijn 0.1 *wine vinegar.*

wijnboer 0.1 *winegrower.*

wijnbouw 0.1 *winegrowing.*

wijnbouwer 0.1 *winegrower.*

wijndruif 0.1 *(wine)grape.*

wijnfeest 0.1 [feest na de oogst] *wine-festival* **0.2** [wijnparty] *wine-party.*

wijnfles 0.1 *winebottle.*

wijngaard 0.1 *vineyard.*

wijngaardslak 0.1 *escargot, Roman snail.*

wijnglas 0.1 *wineglass* ⇒⟨inhoud ook⟩ *wineglassful.*

wijnhandel 0.1 [handel in wijn] *wine-trade, wine-business* **0.2** [bedrijf] *wine shop* ◆ **6.1** hij zit in de ~ *he is in the w.-t.*

wijnhandelaar 0.1 *wine merchant.*

wijnjaar 0.1 *wine-year* ◆ **2.1** een goed/slecht ~ *a good/bad w.-y.*

wijnkaart 0.1 *wine list.*

wijnkelder 0.1 *(wine) cellar.*

wijnkenner 0.1 *connoisseur of wine.*

wijnkleur 0.1 *wine colour.*

wijnkoeler 0.1 *wine cooler.*

wijnkoper 0.1 *wine merchant.*

wijnland 0.1 *wine(-producing) country.*

wijnoogst 0.1 *vintage, grape harvest.*

wijnpers 0.1 *winepress.*

wijnplukker 0.1 *grape-picker/-gatherer.*

wijnproever 0.1 *wine-taster.*

wijnrank 0.1 *(branch of a/the) vine.*

wijnrek 0.1 *wine-rack.*

wijnrood 0.1 *wine-red/-coloured.*

wijnsoort 0.1 *type/kind of wine.*

wijnstok 0.1 *(grape)vine* ◆ **6.1** onder zijn ~ en vijgenboom zitten ⟨fig.⟩ *live off the fat of the land.*

wijnstreek 0.1 *wine(-growing) region.*

wijnteelt 0.1 *wine-growing.*

wijnvat 0.1 *wine cask* ◆ **3.1** een ~ aanslaan *tap a w. c.*

wijnvlek 0.1 [door wijn veroorzaakte vlek] *wine stain* **0.2** [med.] *birthmark* ⇒⟨med. ook⟩ *naevus.*

wijs[1] ⟨de⟩ **0.1** [manier] *way* ⇒*manner* **0.2** [melodie] *tune* **0.3** [taal.] *mood* ◆ **2.1** op duidelijke wijze te kennen geven *make it very clear* **2.3** ⟨van ww.⟩ de aantonende/aanvoegende/gebiedende ~ *the indicative/subjunctive/imperative (m.);* ⟨van ww.⟩ de onbepaalde ~ *the infinitive* **3.2** hij kan geen ~ houden *he sings/plays out of t.;* ~ houden *keep/sing/play in t.* **6.1 bij** wijze van spreken *so to speak, as it were;* **bij** wijze van uitzondering *as an exception;* het is maar **bij** wijze van spreken ⟨ook⟩ *it's only a figure of speech;* **op** de een of andere wijze *one w. or another;* **op** deze/die wijze ⟨ook⟩ *like this/that;* **op** generlei/geen enkele wijze *in no w.;* **op** dezelfde wijze ⟨ook⟩ *likewise;* **op** enigerlei wijze *in any w.;* **op** zijn eigen wijze ⟨ook⟩ *after his own fashion;* wijze **van** betaling *method of payment* **6.2** een lied zingen **op** de ~ v.d. Internationale *sing a song to the t. of the Internationale;* **van** de ~ raken ⟨fig.⟩ *get in a flurry;* iem. **van** de ~ brengen ⟨fig.⟩ *fluster s.o.;* hij was helemaal **van** de ~ *he was completely at sea;* hij liet zich niet **van** de ~ brengen *he kept a level head/*⟨inf.⟩ *his cool.*

wijs[2] ⟨bn., bw.⟩ **0.1** [verstandig, (veel) wetend] *wise* **0.2** [kind.; erg leuk, goed] *super* ◆ **1.1** een ~ besluit *a w. decision;* een ~ man *a w. man* **3.1** ben je niet (goed) ~? *are you mad/crazy?;* ben je wel ~? ⟨ook⟩ *are you in your right mind?;* hij is niet wijzer *he doesn't know any better;* iem. door schade en schande ~ laten worden *give s.o. enough rope to hang himself;* wees ~ *be smart;* ik werd er niet /

geen cent wijzer van *I came away none the wiser;* ik kan er niet ~ uit worden *I can't make head or tail of it;* je wordt niet ~ uit hem *you can't get anything out of him;* hij zal wel wijzer wezen *he knows better than that;* hij zal nooit wijzer worden *he'll never learn;* de ~te zijn *give in, accept things (as they are)* **3.2** door ervaring wijzer worden *learn from experience* **5.1** vroeg ~ *precocious* **6.1** het kind is ~ **voor** zijn leeftijd *the child is very knowing for its age.*

wijsbegeerte 0.1 *philosophy.*

wijselijk 0.1 *wisely* ◆ **3.1** hij hield ~ zijn mond *w., he kept silent.*

wijsgeer 0.1 *philosopher* ⇒⟨wijze man⟩ *sage.*

wijsgerig 0.1 [mbt./berustend op de wijsbegeerte] *philosophic(al)* **0.2** [als een wijsgeer] *wise* ⇒⟨berustend⟩ *philosophic(al).*

wijsheid 0.1 *wisdom;* ⟨wijze uitspraak⟩ *piece of wisdom* ◆ **3.1** ⟨iron.⟩ waar heb je die ~ vandaan? *my, aren't you clever?;* hij meent de ~ in pacht te hebben *he thinks he knows it all;* ⟨iron.⟩ wijsheden verkopen/debiteren *utter profundities.*

wijsje 0.1 *tune* ⇒⟨vnl. scherts.⟩ *ditty* ◆ **3.1** een ~ zingen *sing a song.*

wijsmaken 0.1 [laten geloven] *fool* ⇒⟨inf.⟩ *kid* **0.2** [duidelijk maken] *explain* ◆ **3.1** mij kun je niks ~! *you can't f. me!;* laat je niks ~! *don't buy that nonsense!* **4.1** je kunt haar alles ~ *she'll swallow anything;* hij maakte haar wijs dat hij gitarist is *he fooled her into believing he's a guitarist;* iem. iets ~ *deceive s.o. (into thinking sth.);* ⟨inf.⟩ *put one over on s.o.;* zichzelf iets ~ *delude/deceive/f./kid o.s.*

wijsneus 0.1 [iem. die meent alles te weten] *know(-it)-all* **0.2** [vroegrijp kind] *whippersnapper.*

wijsvinger 0.1 *forefinger.*

wijten 0.1 *blame (s.o. for sth./sth. on s.o.)* ◆ **6.1** het ongeluk was **aan** onvoorzichtigheid te ~ *the accident was due to carelessness;* je mislukking is te ~ **aan** verschillende factoren *your failure can be attributed to a number of factors;* dat heb je **aan** jezelf te ~ *you've only yourself to blame.*

wijting 0.1 *whiting.*

wijwater 0.1 ⟨rel.⟩ *holy water.*

wijze¹ →**wijs¹.**

wijze² ⟨de⟩ **0.1** *wise man/woman;* ⟨geleerde⟩ *learned man/woman* ◆ **6.1** de ~n **uit** het Oosten *the three wise men;* ⟨schr., niet rel.⟩ *the Magi.*

wijzen I ⟨onov.ww.⟩ **0.1** [hand uitstrekken; op een punt gericht zijn] *point* **0.2** [aanduiden] *indicate* ◆ **5.2** alles wijst erop dat ... *everything seems to i. that ...;* niets wijst erop dat ... *there is no indication that ...* **6.1** naar een punt ~ *p. to a spot;* ⟨fig.⟩ met de vinger **naar** iem. ~ *p. the finger at s.o.;* het kompas wijst **naar** het noorden *the compass points (to the) North;* ⟨fig.⟩ iem. ~ **op** iets/op het feit dat ... *p. out to s.o. that ...;* ⟨fig.⟩ er moet **op** worden gewezen dat ... *it should be pointed out that ...;* ⟨fig.⟩ iem. ~ **op** het gevaar *alert s.o. to the danger* **6.2** dat wijst **op** een nieraandoening *it is indicative of a kidney condition;* alles wijst **op** het tegendeel ⟨ook⟩ *the evidence is otherwise;* **II** ⟨ov.ww.⟩ **0.1** [tonen] *show, point out* **0.2** [duidelijk maken] *point out* **0.3** [vellen] *pronounce* ⟨vonnis⟩ ◆ **1.1** ⟨fig.⟩ de weg ~ *lead/s. the way;* **III** ⟨wk.ww.; zich ~⟩ **0.1** [blijken] *show* ◆ **5.1** dat wijst zich vanzelf *it's all self-evident.*

wijzer 0.1 [iets dat wijst] *indicator;* ⟨van klok, weegschaal e.d.⟩ *pointer;* ⟨van klok ook⟩ *hand;* ⟨van logaritme⟩ *characteristic* **0.2** [verstelbare lat] *bevel* ◆ **1.1** met de ~s v.d. klok mee *clockwise* **2.1** de grote/de kleine ~ *the minute/hour hand.*

wijzerplaat 0.1 *dial.*

wijzigen 0.1 *alter* ⇒*change* ◆ **1.1** in gewijzigde omstandigheden *in altered circumstances;* hij moest zijn plannen ~ *he had to a. his plans;* statuten/een wetsartikel ~ *amend statutes/an act* **4.1** zich ~ in *change into.*

wijziging 0.1 *alteration* ⇒*change, amendment* ⟨van wet⟩ ◆ **3.1** ~en aanbrengen in *make changes in;* een ~ ondergaan *undergo a change;* ~en voorbehouden *subject to alteration(s)/amendment(s).*

wikkel 0.1 *wrapper* ◆ **6.1** de ~ **om** een reep chocolade *the w.(a)round a bar of chocolate.*

wikkelen 0.1 [draaiend winden om] *wind;* ⟨inpakken⟩ *wrap (up), enfold* **0.2** [verwikkelen] *involve (in)* ◆ **4.1** zich in de dekens ~ *wrap o.s. (up) in blankets* **6.1** een krant **om** iets ~ *wrap a (news)paper (a)round sth.* **6.2** in een gesprek gewikkeld zijn *be wrapped up in a conversation;* **in** een proces gewikkeld *involved in a trial.*

wikkeling 0.1 *winding* ⟨ook slag waarmee men wikkelt⟩; ⟨het inpakken⟩ *wrapping, enfolding.*

wikkelrok 0.1 *wraparound skirt.*

wikken 0.1 *weigh* ◆ **3.1** zijn woorden ~ en wegen *w. one's words (carefully);* ⟨opletten⟩ *mind one's p's and q's;* na lang ~ en wegen *after much deliberation.*

wil 0.1 *will* ⇒⟨wens⟩ *wish,* ⟨jur.⟩ *intention* ◆ **1.1** tegen ~ en dank *willy-nilly* **2.1** met de beste ~ van de wereld kan ik niet komen *I couldn't come with the best will in the world;* het was haar eigen ~ *it was her own wish;* een/geen eigen ~ hebben *have a/no mind of one's own;* ⟨mensen⟩ van goede ~ *(people) of goodwill;* vol goede ~ *full of good will;* met een beetje goeie ~ gaat het best *with a little good will it'll all work out;* zijn laatste ~ *one's last will (and testament);* een sterke ~ hebben *be strong-willed;* iets uit (eigen) vrije ~ doen *do sth. of one's own free will;* de vrije ~ *free will* **3.1** iemands ~ doen *do s.o.'s will;* uw ~ geschiede *thy will be done;* zijn ~ is wet *his word is law;* zijn goede ~ tonen *show one's good will* **4.1** (voor) elk wat ~s *sth. for everybody* **6.1** **tegen** de ~ van iem. ingaan *go against s.o.'s wishes;* iets **tegen** zijn ~ doen *do sth. against one's will* ⟨gedwongen⟩ *under duress;* iem. ter ~le zijn *do s.o. a favour;* ter ~le van, om ~le van iets *for the sake of, because of;* ⟨met het oog op⟩ *with a view to* ¶ **.1** ⟨sprw.⟩ waar een ~ is, is een weg *where there's a will there's a way.*

wild¹ ⟨het⟩ **0.1** ⟨dieren⟩ *game* **0.2** ⟨wilde staat⟩ *wild(ness)* ◆ **1.1** ~, vis en gevogelte *fish, flesh and fowl* **2.1** op groot ~ jagen *hunt big g.;* klein ~ *small g.* **3.1** ~ eten *eat g.* **6.2** in het ~ rondlopen *run wild;* planten **in** het ~ *wild plants;* **in** het ~ leven/groeien *live/grow (in the) wild.*

wild² ⟨bn., bw.⟩ **0.1** ⟨ook fig.⟩ *wild* ◆ **1.1** een ~e achtervolging *a w. chase;* een ~e bos haar *a shock of hair;* ~e dieren *w. animals;* ~e ideeën aandragen *come up with hare-brained ideas;* een ~e vaart *at a furious rate;* ~e verhalen/geruchten verspreiden *spread w. stories/rumours;* ⟨med.⟩ ~ vlees *proud flesh* **2.1** ~ enthousiast zijn over iets *go overboard about sth.* **3.1** ~ om zich heenkijken *stare wildly (around);* zich ~ lachen *laugh o.s. silly;* zich ~ schrikken *be startled out of one's wits* **6.1** in het ~ (weg) *at random;* ~ **van** iets zijn *be w./crazy about sth.*

wildbraad 0.1 [gebraden vlees] *(roast) game* **0.2** [geschoten wild] *game.*

wilde 0.1 [lid v.e. primitief volk] *savage* **0.2** →**wildebras.**

wildebras 0.1 *(young) tearaway.*

wildernis 0.1 *wilderness* ◆ **2.1** die tuin wordt een echte ~ *that garden is becoming a real w.* **3.1** ⟨fig.⟩ iem. de ~ insturen *send s.o. into the w.*

wildgroei 0.1 [woekering] *morbid growth* **0.2** [fig.] *proliferation.*

wildpark 0.1 *wildlife/*⟨voor de jacht⟩ *game park/reserve.*

wildvreemd 0.1 *perfectly/utterly strange* ◆ **1.1** een ~ mens *a perfect stranger* **3.1** ik ben hier ~ *I'm a complete stranger here.*

wildwestfilm 0.1 *western.*

wilg 0.1 *willow (tree).*

wilgen 0.1 *willow.*

wilgenhout 0.1 *willow (wood).*

wilgenrijs 0.1 *willow twig/*⟨lang, buigzaam⟩ *switch* ⇒ ⟨voor vlechtwerk⟩ *osier (shoot).*

wilgenroosje 0.1 *(rosebay) willow-herb; fireweed.*

Wilhelmus 0.1 *Wilhelmus* ⇒*Dutch national anthem* ◆ **3.1** het ~ zingen *sing the (Dutch) national anthem.*

willekeur 0.1 [vrije verkiezing] *will* ⇒⟨vrijheid van handelen⟩ *discretion* 0.2 [onrechtvaardige, grillige handelwijze] *arbitrariness* ⇒*unfairness,* ⟨grillig⟩ *capriciousness,* ⟨grillig⟩ *caprice* ◆ **1.2** een daad van ~ *an arbitrary/wilful act* **6.1** u kunt het **naar** ~ veranderen *you can change it to suit yourself;* hij handelt **naar** ~ *he does as he pleases, he suits himself;* **naar** ~ *at w., at one's (own) discretion.*

willekeurig 0.1 [niet uitgekozen] *arbitrary* ⇒⟨toevallig, op goed geluk⟩ *random,* ⟨lukraak⟩ *indiscriminate, voluntary* ⟨spieren⟩ 0.2 [eigenmachtig] *arbitrary* ⇒*high-handed,* ⟨grillig⟩ *capricious* ◆ **1.1** een ~ aantal letters *any number of letters;* ⟨wisk.⟩ ~ e getallen *random numbers;* ik doe maar een - e greep *I just take a few random examples;* een ~ e selectie *a random sample/selection;* neem een ~ e steen *take any stone (you like)* **3.1** ~ gekozen *chosen at random/haphazardly* ¶.2 ~ te werk gaan *act/proceed arbitrarily/high-handedly.*

willen I ⟨onov., ov.ww.⟩ 0.1 [tot/als wil hebben, wensen] *want* ⇒*wish, desire* 0.2 [lukken] *will* 0.3 [beweren] *claim* ⇒*say,* ⟨mbt. gerucht⟩ *have* ◆ **1.1** het is (maar) een kwestie van ~ *it's (only) a matter of will;* ik wil wel een pilsje *I could do with/I wouldn't mind a beer;* wil je wat pinda's? *would you like some peanuts?;* het toeval/lot wilde dat …*as it happened …, fate decreed that …;* vader wil wel eens wat *dad wants a bit of fun now and then* **1.2** dat ding wil niet *the thing won't/refuses to go* **3.1** ik wil er best voor betalen *I don't mind paying for it;* hij wil je geen kwaad doen *he doesn't mean you any harm;* ik wil er graag heen gaan *I should really/very much like to go, I really/very much want to go;* waar wil zij al dat geld vandaan halen? *where is she planning to get all the money from?;* ik wil het niet hebben (verbod) *I won't have/allow it;* je hebt niks te ~ *beggars can't be choosers, you're in no position to make demands;* niet ~ luisteren *stop one's ears, refuse to listen;* ik wil niets meer met hem te maken hebben *I've done with him, I want nothing more to do with him;* het was erger dan ze wilde toegeven *it was worse than she cared to admit;* ik wil wel toegeven dat …*I'm willing to admit that …;* wou je me vertellen dat …? *do you mean to tell me/to say that …?;* wat wou je me vertellen? *what were you going to tell me?;* ik wou net vertrekken toen …*I was just about/going to leave when …;* zij ~ liever weggaan *they prefer to/would rather leave;* hij wil absoluut dokter worden *he is (dead) set on being a doctor;* dat had ik best eens ~ zien! *I wouldn't have minded seeing it!;* dat wil ik nog wel eens ~ zien! ⟨lett.⟩ *I'd like to see that!;* ⟨iron.⟩ *that'll be the day!;* iets niet ~ zien/horen/weten *shut one's eyes/ears/mind to sth., not want to know* **3.2** de motor wil niet starten *the engine won't start* **3.3** zij wil ons gezien hebben *she claims she has seen us/claims to have seen us;* zijn laatste roman is een manifest zijn tegen het feminisme *his latest novel is intended as an anti-feminist manifesto* **4.1** waar

---

wil hij heen? ⟨fig.⟩ *what's he driving at?;* ja, wat wil je? *what else can you expect?;* wat wil je nog meer? *what more do you want?;* wie wil er nog? *who would like some more?;* je hebt het zelf gewild *you've only yourself to blame. you asked for it* **5.1** hoe wilt u uw ei? ⟨ook⟩ *how do you like your egg?;* niks liever ~ *ask for nothing better* **5.2** dat wil er bij mij niet in *I don't accept/believe that* **5.¶** men wil er niet aan *people are not buying (it), nobody's interested* **6.1** ze heeft het gedaan **zonder** het zelf te ~ ⟨zonder opzet⟩ *she did it unintentionally* **8.1** als zij gewild had …*if she had chosen …;* wilt u dat ik het raam openzet? *shall I open the window (for you)?;* ik wou dat ik een fiets had *I wish I had a bike;* doe het zoals je wilt *do it (just) as/anyway you like;* ⟨net⟩ zoals je wilt *(just) as you please* **8.2** als het een beetje wil …*with (a bit of) luck …* ¶.1 of je wilt of niet *whether you want to or not;* we moesten wel glimlachen, of we wilden of niet *we could not help but smile/help smiling;* ik wil wel *I don't mind, I'm willing/game;* dat zou je wel ~! *wouldn't you just (like it)!;* ⟨sprw.⟩ wat gij niet wilt dat u geschiedt, doet dat ook een ander niet *do as you would be done by;*

II ⟨hww.; van modaliteit⟩ 0.1 [zullen] *shall, should, will* 0.2 [mbt. een gebod, verzoek] *will, would* 0.3 [mbt. een mogelijkheid, waarschijnlijkheid] ⟨zie 3.3⟩ ◆ **3.1** wil ik je eens wat zeggen? *let me tell you a thing or two* **3.2** wil je me de melk even (aan)geven? *could/would you pass me the milk please?;* wil je me even helpen? *would you mind helping me?;* wil jij je mond wel eens houden? *will/would you kindly shut up?;* zou je 's ~ opbellen? *would you mind ringing?;* zou u zo goed ~ zijn onmiddellijk te vertrekken? *would you be so kind as to leave immediately?* **3.3** honden ~ wel eens bijten *dogs are apt to bite;* het moet al erg meevallen, wil zij die baan krijgen *she'll be very lucky to get that job;* hij wil 's avonds nog wel eens thuis zijn *he's quite likely to be in of an evening.*

willens ◆ **5.¶** ~ en wetens *knowingly; wittingly.*

willig 0.1 [gehoorzaam] *willing, obedient* ⇒⟨meegaand⟩ *docile,* ⟨onderdanig⟩ *submissive* 0.2 [bereid] *willing* ⇒ ⟨graag bereid⟩ *eager* 0.3 [aftrek hebbend] *brisk* ⇒⟨mbt. beurs⟩ *bullish* ◆ **1.1** een ~ karakter *a docile character;* een ~ paard *a docile horse* **1.2** een ~ e merrie *a mare on/in heat* **1.3** de fondsen zijn ~ *funds are firm;* een ~ e markt ⟨mbt. beurs⟩ *a bull market.*

willoos 0.1 *spineless, weak-willed* ⇒⟨apathisch⟩ *languid* ◆ **1.1** hij was haar ~ werktuig *he was (like) putty/clay in her hands, he was her pawn* **3.1** ~ liet de jongen zich meevoeren *the boy went along without a struggle.*

wilsbeschikking 0.1 *will* ⇒*testament* ◆ **2.1** uiterste ~ *last will (and testament).*

wilskracht 0.1 *willpower* ⇒*will,* ⟨fig.⟩ *backbone* ◆ **2.1** een ijzeren ~ *an iron will* **6.1** met grote ~ ⟨ook⟩ *with great force/strength of will.*

wilskrachtig 0.1 ⟨bn.⟩ *strong-willed* ⇒⟨energiek⟩ *energetic, dynamic,* ⟨vastberaden⟩ *purposeful,* ⟨bw.⟩ *with a strong will,* ⟨bw.⟩ *energetically,* ⟨bw.⟩ *perseveringly* ◆ **1.1** een ~ e kin *a strong chin.*

wilsonbekwaam ⟨med.⟩ 0.1 *unable to give informed consent.*

wimpel 0.1 *pennant* ⇒*streamer.*

wimper 0.1 *(eye)lash,* ⟨med. ook⟩ *cilium.*

winbaar 0.1 *recoverable* ◆ **1.1** winbare aardolie *r. oil.*

wind 0.1 [luchtstroming] *wind* ⇒⟨bries⟩ *breeze,* ⟨harde wind⟩ *gale* 0.2 [scheet] *wind* ◆ **1.1** ⟨schr.⟩ ~ en weder dienende *weather permitting;* bestand zijn tegen weer en ~ *be wind and weatherproof;* geen zuchtje ~ *not a breath of w.,*

dead calm **2.1** een bijtende/veranderlijke ~ *a biting/gusty w.;* een felle~ *a fierce w.;* een frisse ~ ⟨lett.⟩ *a cool w.;* ⟨fig.⟩ *the w. of change;* een harde/krachtige ~ *a high/powerful w.;* zwakke/matige~ *light/moderate breeze* **3.1** de ~ draaide naar het oosten *the w. veered round to the east;* de ~ draait *the w. is changing/turning;* de ~ gaat liggen *the w. is dropping;* de ~ van voren krijgen ⟨fig.⟩ *get lectured at, have the book thrown at one;* de ~ kwam van zee *the w. was blowing onshore;* maak niet zo'n ~ met die deur *don't make such a draught with that door;* ⟨fig.⟩ veel~ maken *make a lot of fuss;* iem. de ~ uit de zeilen nemen ⟨fig.⟩ *steal a march on s.o., take the w. out of s.o.'s sails;* er staat niet veel~ *there's not much (of a) w.;* kijken uit welke hoek de ~ waait *see which way the w. blows, play it by ear;* de ~ zat in de goede hoek *the w. was from the right quarter* **3.2** ~en laten *break w.* **3.¶** de ~ er onder hebben *put the fear of God into people* **5.1**~achter/tegen *tail/head w.;* de ~ mee hebben *have the w. behind one;* ⟨fig.⟩ *have everything going for one;* met de ~ mee *with the w.;* ~ tegen hebben *walk/sail against the w., have a head w.;* ⟨fig.⟩ *sail against the w./current* **6.1** ⟨fig.⟩ een waarschuwing in de ~ slaan *disregard a warning;* in de ~ gaan ⟨mbt. beurs⟩ *sell short;* **met** alle ~en (mee)waaien/draaien *trim one's sails (according) to the w., swim with the tide;* **tegen** de ~ in *against the w., into the teeth of the w.;* ⟨fig.⟩ **uit** de ~ zetten/houden *shelter;* **van** de ~ kan je niet leven *you can't live on air/nothing;* ⟨fig.⟩ het gaat hem **voor** de ~ *he's doing well/flying high* **8.1** er als de ~ vandoor gaan *be off like a shot/(greased) lightning.*
windbuil **0.1** *windbag, gasbag.*
windbuks **0.1** *air rifle/gun.*
windei ♦ **3.¶** ⟨fig.⟩ dat zal hem geen~eren leggen *he'll do well out of it, it won't do him any harm.*
winden **0.1** *wind* ⇒*twist, entwine,* ⟨een sjaal⟩ *wrap* ♦ **6.1** een doekje **om** zijn vinger ~ *wind a rag/bandage (a)round one's finger;* garen **tot** een kluwen ~ *roll yarn into a ball.*
windenergie **0.1** *wind energy.*
winderig **0.1** [met veel wind] *windy* ⇒*blowy,* ⟨niet sterk⟩ *breezy,* ⟨sterk⟩ *stormy,* ⟨v.e. streek⟩ *windswept* **0.2** [winden latend] *windy* ⇒*flatulent* **0.3** [opgeblazen] *flatulent* ⇒ *pretentious* ♦ **1.3** een ~ meneertje *a windbag* **3.2** een beetje ~ zijn *have a bit of wind, suffer from wind.*
windgat **0.1** [wak] *(ice-)hole, air-hole* **0.2** [tochtgat] *windhole, vent-hole.*
windhaan **0.1** *weathercock.*
windhoek **0.1** [hoek vanwaar de wind komt] *quarter from which the wind blows* **0.2** [plaats waar het altijd waait] *windy spot.*
windhond **0.1** *greyhound* ⇒⟨kleine⟩ *whippet.*
windhoos **0.1** *whirlwind* ⇒*hurricane.*
windjack **0.1** *windcheater* ⇒*windjammer.*
windkant **0.1** *windy side* ⇒⟨vnl. scheep.⟩ *windward/ weather side.*
windkracht **0.1** [windsterkte] *wind-force* **0.2** [windenergie] *wind power* ⇒*wind energy* ♦ **7.1** wind met ~ 7 *force 7 wind(s).*
windmolen **0.1** [door de wind gedreven molen] *windmill* **0.2** [windturbine] *wind turbine* ♦ **6.1** tegen ~s vechten *tilt at/fight windmills.*
windmolenpark **0.1** *wind park/farm.*
windorgel **0.1** *aeolian harp* ⇒*wind harp.*
windrichting **0.1** *wind direction* ⇒⟨mv. ook⟩ *points of the compass.*
windroos **0.1** [kompasroos] *compass card/rose.*
windscherm **0.1** *windbreak;* ⟨op een voertuig⟩ *windscreen.*

windsterkte →**windkracht 0.1.**
windstil **0.1** [zonder wind] *calm* ⇒*windless, still* **0.2** [beschut] *sheltered (from the wind)* ♦ **3.1** het is ~ *there is no wind/not a breath of wind.*
windstilte **0.1** *calm* ⇒⟨tijdelijk⟩ *lull* ♦ **3.1** door (een) ~ overvallen worden *be becalmed.*
windstoot **0.1** *gust/blast (of wind)* ⇒⟨met regen⟩ *squall,* ⟨luchtv.⟩ *bump.*
windstreek **0.1** *quarter, point of the compass* ♦ **6.1** naar/ **uit** alle windstreken *to/from all corners/quarters of the world;* ⟨naar, ook⟩ *to the four winds/points of the compass* **7.1** de 32 windstreken op een kompas *the 32 points on/of the compass.*
windsurfen **0.1** *go windsurfing.*
windsurfer **0.1** *windsurfer.*
windtunnel **0.1** *wind tunnel.*
windvaan **0.1** [windwijzer] *(wind)vane* **0.2** [vlaggetje op een masttop] *pennant.*
windvang **0.1** *cowl* ⇒*draught-excluder.*
windvlaag **0.1** *gust (of wind)* ⇒⟨plotseling en hevig⟩ *blast,* ⟨met regen⟩ *squall.*
windwijzer **0.1** *(wind/weather) vane* ⇒*weathercock.*
windzak ⟨verkeer⟩ **0.1** *windsock, air sock.*
wingerd **0.1** *(grape)vine* ♦ **2.1** wilde ~ *virginia creeper.*
winkel **0.1** *shop, store* ♦ **1.1** een ~ in modeartikelen *a boutique, a fashion store* **3.1** de ~s aflopen voor een plaat *scour the shops for a record;* ~s kijken *go window-shopping;* op de ~ letten ⟨lett.⟩ *mind/tend the shop;* ⟨fig.⟩ *hold the fort;* een ~ openen/hebben *open up/keep a shop;* een rijdende ~ *a mobile shop;* ~tje spelen *play shops/shopkeeper;* zijn ~ wegdoen *sell up, shut up shop* **6.1** in een ~ staan *work in a shop.*
winkelbediende **0.1** *shop-/counter-assistant* ⇒*salesman, saleswoman.*
winkelcentrum **0.1** *shopping centre/*[B]*precinct.*
winkeldief, -dievegge **0.1** *shop-lifter.*
winkeldiefstal **0.1** *shoplifting.*
winkelen **0.1** [winkels bezoeken] *shop, go shopping* ⇒*do some/the shopping* **0.2** [etalages bekijken] *window-shop/ -gaze* ♦ **3.1** 's woensdags gaan ~ *do one's shopping on Wednesday(s)* **5.1** ⟨scherts.⟩ proletarisch ~ ⟨ongemarkeerd⟩ *shop-lift, help o.s.*
winkelgalerij **0.1** *(shopping-)arcade.*
winkelhaak **0.1** [scheur in een kledingstuk] *three-cornered/right-angled tear* **0.2** [gereedschap] *(carpenter's) square.*
winkelier, -ster **0.1** *shopkeeper* ⇒*retailer, tradesman* ⟨m.⟩, *tradeswoman* ⟨v.⟩ ♦ **2.1** kleine ~s *petty shopkeepers, small traders* **¶.1** de ~s *tradespeople.*
winkelinrichting **0.1** [het aankleden] *shop fitting* **0.2** [aankleding] *shop fittings* **0.3** [indeling] *shop layout.*
winkelketen **0.1** *chain of shops/stores* ⇒*store chain.*
winkelpersoneel **0.1** *shopworkers* ⇒*shop staff/personnel.*
winkelprijs **0.1** *shop price* ⇒*retail/over-the-counter price.*
winkelpromenade **0.1** *pedestrianized shopping* [B]*precinct/area.*
winkelpubliek **0.1** *shoppers* ⟨mv.⟩.
winkelsluiting **0.1** *closing time* ♦ **2.1** vervroegde ~ *early closing.*
winkelstraat **0.1** *shopping street.*
winkelwaarde **0.1** *shop/selling price.*
winkelwagen **0.1** [rijdende winkel] *mobile shop* **0.2** [boodschappenwagentje] *(shopping) trolley.*
winnaar, -nares **0.1** *winner* ⇒*victor,* ⟨mv.; van team ook⟩ *winning team* ♦ **1.1** de kant v.d. ~ kiezen ⟨ook⟩ *come down*

on the winning side **2.1** een gedoodverfde ~ *a hot favourite, a dead cert(ainty)* **3.1** iem. tot ~ uitroepen *declare/proclaim s.o. the w.*

winnen I ⟨onov., ov.ww.⟩ **0.1** [als overwinnaar te voorschijn komen (uit)] *win* **0.2** [vorderen, voorkomen] *win, gain* **0.3** [winst maken] *make a profit* ◆ **1.1** het ~ de doelpunt *the winning goal;* ik hoop dat mijn nummer deze keer wint *I hope my number will come up this time;* op het ~ de paard wedden *pick the winner;* de slag ~ *carry/save/w. the day;* de wedstrijd moeiteloos ~ *w. the match/competition/race hands down;* ⟨bij paardenrennen ook⟩ *run away with the race* **3.1** zich gewonnen geven *acknowledge defeat;* ⟨inf.⟩ *throw in the sponge;* je kan niet altijd ~ *you can't w. them all* **4.1** het ~ ⟨ook⟩ *be out on top;* zij wint het steeds in hun ruzies *she always gets the better of their fights* **5.3** er 20 gulden op ~ *make a profit of 20 guilders* **6.1** ~ bij het kaarten *w. at cards;* ~ met 7-2 *w. 7-2, w. by 7 goals/points to 2;* **met** twee lengten ~ *w. by two lengths;* een goede kans maken **om** te ~ *have a good chance of winning;* ~ **op** punten *w. on points;* (het) ~ **van** iem. *beat s.o., have the best of s.o.;* hij wint het **van** Sam *he has it over Sam* **6.2** aan invloed ~ *g. influence;* **aan** gewicht ~ *g. weight;* **in/aan** duidelijkheid ~ *g. in clearness;* hij had tien meter **op** zijn voorligger gewonnen *he had gained ten metres on the man/car/horse in front;*
II ⟨ov.ww.⟩ **0.1** [door inspanning verkrijgen] *win* ⇒ *gain,* ⟨erts⟩ *mine,* ⟨erts⟩ *extract* **0.2** [tot voordeel verkrijgen] *win, gain* ⇒ ⟨steun⟩ *enlist, secure* ◆ **1.1** kolen ~ *extract/mine coal;* land ~ *reclaim/recover land;* zand ~ *extract sand;* zout uit zeewater ~ *obtain salt from sea water* **1.2** nieuwe klanten trachten te ~ *try to attract new customers;* de liefde v.e. vrouw ~ *w. a woman's love/*⟨mbt. huwelijk⟩ *hand;* onze aandelen hebben vijf punten gewonnen *our shares have gained/put on five points;* stemmen ~ *pull votes* **5.2** hij heeft er niet veel bij gewonnen *he hasn't gained much by it* **6.1** metaal **uit** erts ~ *w. metal from ore* **6.2** drie zetels **op** de Conservatieven ~ *w. three seats from the Conservatives;* iem. **voor** zich ~ *win s.o. over;* iem. ~ **voor** een plan *win s.o. over to one's plan.*

winning 0.1 *winning* ⇒ *extraction,* ⟨herwinning⟩ *reclamation* ◆ **1.1** de ~ van aardgas *the extraction of natural gas.*

winst 0.1 [opbrengst boven de bestede kosten] *profit* ⇒ ⟨vaak mv., rendement⟩ *return,* ⟨van bedrijf, ook⟩ *earning(s),* ⟨mv.; speel/gokwinst⟩ *winning* **0.2** [voordeel] *gain* ⇒ *benefit, advantage* ◆ **2.1** bruto ~ *gross returns;* ingehouden ~ en *retained profits/earnings;* netto ~ *net/*⟨BE ook⟩ *nett returns/gain/p.;* zuivere ~ *clear p.* **3.1** ~ behalen/opleveren *gain/make/yield (a) p.;* het huis bracht ~ op *the house realized a p.;* ~ nemen ⟨beurs⟩ *take profits;* ~ slaan uit *make money out of, capitalize on;* tel uit je ~ *it can't go wrong, Bob's your uncle;* er zit ~ in *there's money in it* **6.1** **met** ~ verkopen *sell at a p.;* **met** de ~ gaan strijken *reap the p.;* **op** ~ uit zijn *be out to make a p.;* **op** ~ spelen *play to win;* **op** ~ staan *be winning;* ~ **uit** onderneming *operating profits, p. from ordinary activities* **6.2** een ~ van drie zetels in de Kamer behalen *gain three seats in Parliament.*

winstbejag 0.1 *pursuit of profit/gain* ⇒ *profit seeking* ◆ **6.1 uit** ~ iets doen *do sth. for money/profit.*

winstbewijs 0.1 [soort aandeel] *profit-sharing bond, participating bond* **0.2** [stuk dat recht geeft op een aandeel in de winst] *dividend warrant/coupon.*

winstdaling 0.1 *fall/decrease in profits.*
winstdeling 0.1 *profit sharing* ⇒ *participation.*
winstderving 0.1 *loss of profit/earnings.*
winstgevend 0.1 *profitable* ⇒ ⟨lucratief⟩ *lucrative,* ⟨belo-

nend⟩ *remunerative,* ⟨fig.⟩ *fruitful,* ⟨rendabel⟩ *economic* ◆ **1.1** ~ bedrijf *paying concern;* een ~ e betrekking *a remunerative job;* aan een ~ zaakje meedoen *cash in on a lucrative little dodge* **5.1** weinig/niet ~ *marginal, uneconomic, unprofitable.*

winstmarge 0.1 *profit margin, margin of profit.*
winstoogmerk 0.1 *profit motive* ⇒ *private advantage, profit seeking, pursuit of profit* ◆ **6.1** instelling **zonder** ~ *non-profit institution.*
winstpunt 0.1 *point (scored).*
winstrekening 0.1 *statement of profits* ⇒ *profit account.*
winstuitkering 0.1 ⟨abstr.⟩ *distribution of profits;* ⟨concr.⟩ *(payment of a/the) dividend.*
winter 0.1 *winter* ◆ **1.1** hartje ~ *the dead/depths of w.;* Koning Winter *Jack Frost* **3.1** we hebben nog niet veel ~ gehad *we haven't had much wintry weather/of a w. yet;* ⟨inf.⟩ pik in, 't is ~ *grab it while the going's good, snap it up while it's there* **6.1 van** de ~ *in the/this/(the) coming w.* **¶.1** 's ~ s *in (the) w./(the) wintertime;* de ~ staat voor de deur *the w. is upon us.*
winteravond 0.1 *winter evening.*
wintercollectie 0.1 *winter collection.*
winterdag 0.1 *winter('s) day* ◆ **6.1 bij/in** de ~ *in winter.*
winterdijk 0.1 *winter dike.*
winteren 0.1 *be wintry* ◆ **3.1** het begint al te ~ *it's already getting wintry, winter is coming.*
winterhanden 0.1 *chilblained hands.*
winterhard 0.1 *(winter-)hardy* ◆ **1.1** ~ e plant *hardy annual* **3.1** een plant ~ maken *harden off a plant (to cold).*
winterjas 0.1 *winter coat.*
winterkleren 0.1 *winter clothes.*
winterkoninkje 0.1 [vogeltje] *wren.*
winterkost 0.1 *winter fare.*
wintermaanden 0.1 *winter months.*
wintermode 0.1 *winter fashion.*
winterpeen 0.1 *winter carrot.*
winters 0.1 *wint(e)ry* ◆ **3.1** zich ~ aankleden *dress for winter.*
winterseizoen 0.1 *winter season.*
winterslaap 0.1 [slaap gedurende de winter] *hibernation, winter sleep* **0.2** [fig.] *dormancy* ⇒ *sleep* ◆ **3.1** een ~ houden *hibernate.*
winterspelen 0.1 *winter games/Olympics* ◆ **2.1** de Olympische Winterspelen *the Winter Olympics.*
wintersport 0.1 *winter sports* ◆ **6.1 met/op/naar** de ~ gaan *go skiing, go on a w. s. holiday.*
wintersportcentrum 0.1 *winter sports centre/resort, ski resort.*
wintersportvakantie 0.1 *winter sports holiday.*
winterstop ⟨sport⟩ **0.1** *winter break.*
wintertenen, wintervoeten 0.1 *chilblains.*
wintertijd 0.1 [periode] *wintertime* ⇒ *winter season* **0.2** [tijdrekening] *wintertime.*
winterweer 0.1 *winter/wintry weather.*
winterwortel 0.1 *carrot.*
wip I ⟨de (m.)⟩ **0.1** [keer dat men wipt] *skip; hop* **0.2** [ogenblik] *flash* ⇒ *jiffy* **0.3** [inf.; nummertje] ⟨sl.⟩ *lay, screw* ◆ **3.3** een ~ maken *have a s./shag* **6.1 met** een ~ was hij bij de deur *he was at the door in one bound* **6.2 in** een ~ ben je er *you're there in no time, it's no distance;*
II ⟨de⟩ **0.1** [wipplank] *seesaw* **0.2** [hefboom] ⟨van brug⟩ *bascule* ◆ **6.1** ⟨fig.⟩ die partij zit **op** de ~ *that party is holding the balance;* ⟨fig.⟩ **op** de ~ zitten *have one's job on the line.*
wipneus 0.1 ⟨korte neus⟩ *turned-up nose* ⇒ *retroussé nose.* ⟨korte dikke wipneus⟩ *snub nose.*

wippen ⟨onov.ww.⟩ **0.1** [zich met sprongetjes bewegen] *hop* ⇒*bound,* ⟨huppelen⟩ *skip* **0.2** [zich snel bewegen] *whip* ⇒*pop* **0.3** [inf.; neuken] *screw, bang* **0.4** [op een wip spelen] *play on a seesaw* ◆ **5.2** er even tussenuit ~ *nip/pop out for a while* **6.2** zij zat *met/op* haar stoel te ~ (van ongeduld) *she sat tilting/rocking (on) her chair (with impatience);* **over** een muurtje ~ *spring/hop over a wall;* **II** ⟨ov.ww.⟩ **0.1** [met een hefboom op-/uit iets lichten] *lever (up/off)* **0.2** [verwijderen] *topple* ⇒*overthrow, unseat* ◆ **1.1** die spijkertjes wip je er zo uit *you can easily whip out those nails* **1.2** iem.~ *t./unseat s.o.;* een kabinet ~ *overthrow/bring down a Cabinet* **6.1** iem. **uit** zijn baantje ~ *jockey/work s.o. out of his job.*

wipplank 0.1 *seesaw.*

WIR ⟨afk.⟩ **0.1** [Wet op de investeringsrekening] ⟨*Dutch legislation encouraging industrial investment*⟩ ◆ **1.1** WIR-premie *WIR premium, investment bonus.*

wirwar 0.1 *crisscross* ⇒*jumble, tangle, snarl* ⟨draden, struiken⟩, *maze* ⟨straten⟩ ◆ **1.1** ⟨fig.⟩ een ~ van indrukken/van gedachten *a jumble of impressions/thoughts;* een ~ van steegjes *a rabbit warren.*

wis 0.1 *certain, sure* ◆ **1.1** iem. van een ~se dood redden *save s.o. from c. death* **2.1** ~ en waarachtig *upon my word/soul.*

wisbaar 0.1 *erasable.*

wiskop ⟨tech.⟩ **0.1** *erase-/erasing head.*

wiskunde 0.1 *mathematics* ◆ **3.1** hij geeft ~ *he teaches m.*

wiskundeknobbel 0.1 *gift/head for mathematics* ◆ **3.1** ze heeft een ~ ⟨ook⟩ *she's a wizard at mathematics.*

wiskundig 0.1 *mathematic(al)* ◆ **1.1** ~ adviseur *actuary* **1.¶** ~e reserve *actuarial reserve* **3.1** dit is ~ bewezen *that is a mathematical certainty.*

wiskundige 0.1 *mathematician.*

wispelturig 0.1 [mbt. gemoedstoestand] *inconstant, fickle* ⇒*capricious* **0.2** [mbt. zaken] *unstable* ◆ **1.1** een ~e aard *a volatile/capricious nature;* een ~ persoon *a f. person;* ⟨vnl. vrouwen⟩ *a flighty/giddy woman.*

wissel I ⟨de⟩ **0.1** [geldw.] *bill (of exchange)* ⇒*B/E* **0.2** [verandering] *change* ⇒*switch* **0.3** [wisselspeler] *substitute;* ⟨inf.⟩ *sub* **0.4** [overdracht v.h. estafettestokje] *baton change, changeover, handover* ◆ **2.1** ⟨fig.⟩ op iemands energie een zware ~ trekken *draw heavily on s.o.'s energy* **3.1** een ~ weigeren *refuse a bill of exchange* **3.3** een ~ inzetten *put in a s.* **6.1** een ~ **op** 30 dagen/op zicht *a bill (of exchange) payable within 30 days/on demand;* een ~ **op** iem. trekken *draw (a bill) on s.o.;* ⟨fig.⟩ een ~ **op** de toekomst trekken *bank on the future;* **II** ⟨het, de⟩ **0.1** [spoorw.] *switch* ⇒*points* ◆ **3.1** een ~ overhalen/verzetten *turn/shift/reverse a s.*

wisselagent 0.1 [iem. die voor een ander geld wisselt] *exchange/note broker* **0.2** [AZN; makelaar in effecten] *stockbroker.*

wisselautomaat 0.1 *(automatic) money changer* ⇒*change machine.*

wisselbaden 0.1 *alternating hot and cold baths.*

wisselbeker 0.1 *challenge cup.*

wisselbrief 0.1 *bill (of exchange)* ⇒*B/E.*

wisseldieet 0.1 *bread diet.*

wisseldienst 0.1 *shift work.*

wisselen I ⟨onov., ov.ww.⟩ **0.1** [onderling (doen) veranderen] *change* ⇒*exchange* **0.2** [geldw.] *change* ⇒*give/make change* ◆ **1.1** de prijzen ~ nogal *the prices c./fluctuate somewhat;* ⟨fig.⟩ bij het ~ v.d. wacht *at the changing of the guard* **1.2** een gulden ~ *give change for a guilder* **3.2** kunt u ~? *can you change this?* **6.1** van plaats ~ *c. places* **6.2**

honderd gulden ~ **in** Franse franks *c. a hundred guilders into/for French Francs;* **II** ⟨onov.ww.⟩ **0.1** [afwisselen] *change* ⇒*vary* ◆ **1.1** het accent wisselt *the accent changes;* **III** ⟨ov.ww.⟩ **0.1** [uitwisselen] *exchange* ⇒*bandy* ⟨woorden, complimenten⟩ ◆ **1.1** een blik van verstandhouding ~ met *e. a look of mutual understanding with* **¶.1** van gedachten ~ over *e. views/ideas about.*

wisselend 0.1 *variable, varying* ⇒*changeable* ◆ **1.1** met ~ succes *with varying success* **2.1** ⟨meteo.⟩ ~ bewolkt met hier en daar een bui *intermittent cloud with occasional rain.*

wisselgeld 0.1 [geld dat men terug ontvangt] *change* **0.2** [klein geld] *(small/loose) change* **0.3** [concessie] ⟨zie 3.3⟩ ◆ **3.1** te weinig ~ terugkrijgen *be short-changed* **3.3** ~ moeten betalen *have to pay your dues, have to make concessions.*

wisselhandel 0.1 *exchange business, dealings in exchange* ⇒*billbroking.*

wisseling 0.1 [ruil] *change* ⇒*exchange* **0.2** [verandering] *change, changing* ⇒*turn(ing)* ◆ **1.1** de ~ der seizoenen *the c. of seasons;* de ~ v.d. wacht *the changing of the guard* **6.1** een ~ **in** het bestuur *a c. of management.*

wisselkantoor 0.1 *exchange office.*

wisselkoers 0.1 *exchange rate, rate of exchange.*

wissellijst 0.1 *(quick-change) picture frame.*

wisselslag ⟨sport⟩ **0.1** *(individual) medley.*

wisselspanning ⟨tech.⟩ **0.1** *alternating current* ⇒*AC-current.*

wisselspeler, -speelster ⟨sport⟩ **0.1** *substitute, reserve;* ⟨inf.⟩ *sub.*

wisselstroom 0.1 *alternating current, AC.*

wisselstroomdynamo 0.1 *alternator.*

wisseltrofee ⟨sport⟩ **0.1** *challenge trophy.*

wisseltruc 0.1 *fast-change trick/routine* ◆ **3.1** de ~ toepassen *pull the fast-change trick.*

wisselvallig 0.1 *changeable, unstable* ⇒*uncertain* ⟨bestaan⟩, *precarious* ⟨bestaan⟩ ◆ **1.1** ~ weer *unstable/unsettled weather.*

wisselwachter 0.1 *pointsman.*

wisselwerking 0.1 *interaction* ⇒*interplay* ◆ **6.1 in** ~ staan (met) *be correlated (with).*

wisselwoning 0.1 *temporary/emergency housing.*

wissen 0.1 [vegend verwijderen] *wipe* **0.2** [comp., video, audio] *erase* ◆ **6.1** ⟨fig.⟩ iets **uit** zijn geheugen ~ *erase sth. from one's mind/memory.*

wisser 0.1 *wiper.*

wissewasje 0.1 *trifle* ◆ **3.1** het is maar een ~ *it's a mere t.*

wit¹ ⟨het⟩ **0.1** [kleur] *white* **0.2** [witte kleren] *whites, white goods* **0.3** [iets dat wit is] *white* **0.4** [brood] *white (bread)* ◆ **1.3** het ~ v.e. ei *the w. of an egg* **2.1** gebroken ~ *off-w.;* zuiver ~ *pure/true/white-w.* **2.4** een half ~ *half a loaf of w. (b.)* **6.2** zij trouwde **in** het ~ *she was married in white* **6.3** ⟨schaakspel, damspel⟩ **met** ~ spelen *play (with) white.*

wit² ⟨bn.⟩ **0.1** [niet zwart] *white* **0.2** [mbt. de gelaatskleur] *white, pale* **0.3** [verkocht beneden de vastgestelde prijs] *cut-price* ⇒*noname/bargain brand* ◆ **1.1** ~ hout *whitewood;* ⟨vurenhout⟩ *w. fir;* ⟨med.⟩ ~te vloed (afscheiding) *vaginal discharge;* ⟨ziekte⟩ *vaginitis* **1.3** ~te benzine/sigaretten/grammofoonplaten *c.-p. petrol/cigarettes/illegal (record) cuttings;* een ~te pomp *independent petrol station* **1.¶** ⟨tech.⟩ ~te ruis *white noise;* ⟨myth.⟩ ~te heksen **3.1** ~ maken *whiten, blanch;* ⟨fig.⟩ zwart geld ~ maken/wassen *launder money;* de straat ziet ~ van de hagel *the street is w. with hail* **3.2** hij trok ~ weg *he* *went/turned deathly p.* **6.2** (nog) ~ **om** de neus zien *(still) look green about/the gills* **8.2** hij zag zo ~ als een doek/ als een lijk/als krijt *he looked/his face was (as) w. as chalk/a sheet/a ghost.*

witboek 0.1 *white book* ⇒*White/position paper.*

witgepleisterd 0.1 *plastered with white* ⟨alleen pred.⟩ ⇒ *whitewashed.*

witgoud 0.1 [platina] *platinum* 0.2 [legering van nikkel en goud] *white gold.*

witheet 0.1 [zeer heet] *white-hot* 0.2 [zeer verontwaardigd] ⟨fig.⟩ *boiling* ◆ **6.2** ~ **van** woede *b. (over) with anger.*

witje 0.1 *white* ⇒⟨ihb. koolwitje⟩ *cabbage butterfly/white.*

witjes 0.1 *pale* ⇒*white* ◆ **6.1** ~ **om** de neus zien *look white about/around the gills.*

witlof 0.1 *chicory.*

witregel 0.1 *extra space (between the lines).*

Wit-Rus, -sin 0.1 *Byelorussian* ⇒*White Russian.*

Wit-Rusland 0.1 *Byelorussia* ⇒*White Russia.*

Wit-Russisch 0.1 ⟨bn. en zn.⟩ *Byelorussian* ⇒*White Russian.*

witsel, witkalk 0.1 *whitewash.*

witteboordencriminaliteit 0.1 *white-collar crime.*

witteboordencultuur 0.1 *white-collar culture.*

wittebrood 0.1 *white bread* ◆ **¶.1** een ~ *a loaf of w. b.*

wittebroodsweken 0.1 *honeymoon* ◆ **2.1** ⟨fig.⟩ de ~ zijn voorbij *the h. is over.*

wittekool 0.1 *white cabbage.*

witten I ⟨onov., ov.ww.⟩ 0.1 [mbt. muren] *whitewash;* **II** ⟨ov.ww.⟩ 0.1 [mbt. zwart geld] *launder* ◆ **7.1** het ~ (van zwart geld) ⟨ook⟩ *money-washing.*

witvis 0.1 [blankschubbige vis] *whitefish* 0.2 [katvis] *catfish* 0.3 [zilverwitte goudvis] *silverfish.*

witwassen 0.1 *launder* ⟨zwart geld⟩.

wodka 0.1 *vodka.*

woede 0.1 [razernij] *rage* ⇒*fury, anger* 0.2 [manie] *mania* ⇒(in samenst.) *binge* ◆ **2.1** in blinde ~ *in a blind fury, in blind anger* **3.1** zijn ~ koelen (op) *vent one's r./fury (on)* **6.1** buiten zichzelf **van** ~ zijn *be beside o.s. with r./anger.*

woedeaanval 0.1 *tantrum* ⇒*fit (of anger)* ◆ **3.1** een ~ krijgen *throw a t./fit, fly into a temper/rage.*

woeden 0.1 *rage* ⇒*rave* ◆ **6.1** de brand woedt in het scheepsruim *the fire rages through the hold.*

woedend 0.1 [zeer boos] *furious* ⇒*infuriated* 0.2 [zeer onstuimig] *wild, violent* ◆ **1.1** in een ~ e bui *in a fit of rage* **3.1** zich ~ maken *work o.s. into a rage* **6.1** ~ **op** iem. zijn *be f./mad at/with s.o.*

woede-uitbarsting 0.1 *outburst of anger.*

woef 0.1 *bowwow, woof.*

woekeraar, -ster 0.1 *usurer* ⇒⟨zwarthandelaar⟩ *profiteer.*

woekeren 0.1 [woeker drijven] *practise usury* ⇒⟨mbt. zwarte handel⟩ *profiteer* 0.2 [het uiterste voordeel trekken van] *make the most (of)* 0.3 [voortdurend groeien ten koste van iets anders]⟨onkruid⟩ *be/grow rank/rampant* ◆ **6.2 met** de ruimte ~ *use/utilize every inch of space.*

woekergeld 0.1 *money got by usury* ⇒⟨mv. ook⟩ *ill-gotten gains.*

woekerhandel 0.1 *usury* ⇒⟨zwarte handel⟩ *profiteering.*

woekering 0.1 ⟨gezwel⟩ *uncontrolled growth* ⇒⟨planten⟩ *rampant growth, overgrowth.*

woekerprijs 0.1 *usurious/exorbitant price.*

woekerrente 0.1 *usurious/exorbitant interest (rate).*

woelen I ⟨onov.ww.⟩ 0.1 [zich onrustig bewegen] *toss about* 0.2 [zich druk door elkaar bewegen] *stir (about)* ⇒*churn* ◆ **2.1** zich bloot ~ *kick the covers off* **3.1** zij lag maar te ~ *she was tossing and turning;*

II ⟨onov., ov.ww.⟩ 0.1 [landb.; grond dooreen mengen] *turn up (the soil)* 0.2 [wroeten] *grub (up), root (out)* ◆ **1.2** de varkens ~ de wortels bloot *the pigs are grubbing up the roots.*

woelig 0.1 [onrustig] *restless* 0.2 [druk] *bustling* ◆ **1.1** ~e tijden *turbulent times.*

woelwater 0.1 *fidget* ◆ **2.1** het is zo'n kleine ~ *she's/he's such a restless/fidgety child.*

woensdag 0.1 *Wednesday* ◆ **¶.1** 's ~s *Wednesday;* ⟨iedere woensdag⟩ *on Wednesdays* ⟨ook→**maandag**⟩.

woensdags I ⟨bn.⟩ 0.1 [van woensdag] *Wednesday;* **II** ⟨bw.⟩ 0.1 [op woensdag] *on Wednesdays.*

woerd 0.1 *drake.*

woest 0.1 [wild] *savage* ⇒*wild* 0.2 [ruw] *rude, rough* 0.3 → **woedend** 0.1 0.4 [mbt. land]⟨braak⟩ *waste;* ⟨onbewoond⟩ *desolate; wild, savage* ⟨landschap⟩ ◆ **1.1** een ~ voorkomen hebben *have a s./fierce countenance.*

woesteling 0.1 *brute.*

woestenij 0.1 *wilderness* ⇒*waste(land).*

woestijn 0.1 *desert* ◆ **5.1** ⟨fig.⟩ iem. de ~ in sturen ⟨ihb. in de politiek⟩ *Bsend s.o. to Coventry* **6.1** ⟨fig.⟩ een roepende **in de** ~ *a voice (crying) in the wilderness.*

woestijnbewoner 0.1 *inhabitant of a/the desert* ⇒*desert-dweller.*

woestijnrat 0.1 *gerbil(le), jerbil.*

woestijnstaat 0.1 *desert state.*

wok 0.1 *wok.*

wol 0.1 *wool* ◆ **1.1** een knot/bol ~ *a ball of w./(woollen) yarn* **2.1** zuiver - *100 %/pure w.* **6.1** door de ~ ⟨fig.⟩ *experienced, shrewd, streetwise;* **door** de ~ govorfd zijn ⟨fig.⟩ *know all the tricks;* ⟨fig.⟩ **onder** de ~ gaan *turn in;* is deze sjaal **van** ~? *is this scarf w.?*

wolf 0.1 [dier] *wolf* 0.2 [ziekte] *caries* ◆ **2.1** Roodkapje en de boze ~ *Little Red Riding Hood and the big bad w.* **6.1** een ~ **in** schaapskleren *a w. in sheep's clothing.*

wolfraam ⟨schei.⟩ 0.1 *tungsten.*

wolfshond 0.1 [kruising tussen een hond en een wolf] *wolf dog* 0.2 [keeshond] *keeshond.*

wolfsklauw ⟨plantk.⟩ 0.1 *club moss.*

wolfsklem 0.1 *wolf trap.*

wolfsmelk ⟨plantk.⟩ 0.1 *spurge.*

wolfspoot ⟨plantk.⟩ 0.1 *gipsy wort.*

Wolga 0.1 *Volga.*

wolindustrie 0.1 *wool industry.*

wolk 0.1 *cloud* ◆ **1.1** een ~ van stof *a c. of dust* **2.1** ⟨fig.⟩ donkere ~en pakten zich samen boven zijn hoofd *dark/black clouds gathered over him* **6.1** ⟨fig.⟩ **in** de ~en zijn (over iets) *be elated by sth., walk on air;* een ~ **van** een baby *a bouncing baby.*

wolkbreuk 0.1 *cloudburst.*

wolkeloos 0.1 ⟨ook fig.⟩ *cloudless, unclouded* ◆ **1.1** een wolkeloze hemel *a clear sky.*

wolkendek 0.1 *blanket/layer of clouds* ⇒*cloud cover* ◆ **2.1** een dicht ~ *a thick layer/dense sheet of clouds.*

wolkenkrabber 0.1 *skyscraper.*

wolkenlucht, -hemel 0.1 *cloudy/overcast sky.*

wolkenveld 0.1 *mass of cloud(s).*

wolkje 0.1 *cloudlet* ⇒*little/small cloud,* ⟨rook ook⟩ *puff,* ⟨rook ook⟩ *plume, wisp* ◆ **1.1** een ~ melk in de thee *a dash/drop of milk in the tea* **6.1** er is geen ~ **aan** de lucht ⟨fig.⟩ *there isn't a cloud in the sky.*

wollen 0.1 *woollen, wool* ◆ **1.1** ~ stoffen *wool(len) fabrics, woollens.*

wolletje 0.1 [lap] *piece of wool(len) fabric* 0.2 [hemd] *vest* ⇒⟨BE⟩ *woolly.*

wollig 0.1 ⟨ook fig.⟩ *woolly* ◆ **1.1** ~ taalgebruik *w. language.*

wolmerk 0.1 *wool mark.*

wolvenjacht 0.1 *wolf hunt(ing).*

wolvet 0.1 *wool fat* ⇒⟨gezuiverd schapensmeer ook⟩ *(anhydrous) lanolin(e).*

wolvin 0.1 *she-wolf.*

wond 0.1 ⟨vnl. opzettelijk toegebracht; ook fig.⟩ *wound* ⇒ ⟨vnl. in ongeluk enz.⟩ *injury* ◆ **2.1** een gapende ~ *a gaping w., a gash;* een ondiepe ~ *a superficial w.; a cut/scratch;* ⟨fig.⟩ oude ~ en openrijten *open up old wounds/sores* **3.1** ⟨fig.⟩ zijn ~ en likken na een nederlaag *lick/nurse one's wounds after a defeat* **6.1** een ~ je **aan** zijn vinger *a cut/scratch on one's finger.*

wonder 0.1 [iets buitengewoons] *wonder* ⇒*miracle* **0.2** [mirakel] *miracle* **0.3** [wonderbaarlijke zaak/persoon] *wonder* ⇒*marvel* **0.4** [wereldwonder] *wonder* ◆ **1.3** de ~ en v.d. natuur *the wonders/marvels of nature* **3.1** zijn naam doet ~ en *his name opens doors/works magic;* tenzij er een ~ gebeurt *failing a miracle;* het is een ~ dat ... *it is a w. that* ... **6.¶** ~ **boven** ~ *by amazing good fortune/a miracle, miracle of miracles* **7.1** geen ~ *no/small w., not surprising* **¶.1** de ~ en zijn de wereld nog niet uit *wonders will never cease.*

wonderbaarlijk 0.1 *miraculous* ⇒⟨vreemd⟩ *strange, curious* ◆ **1.1** een ~ e redding *a m. rescue.*

wonderdoener 0.1 *miracle worker.*

wonderdokter 0.1 ⟨kwakzalver⟩ *quack;* ⟨lovend bedoeld⟩ *medical genius.*

wonderkind 0.1 *(child) prodigy.*

wonderkracht 0.1 [kracht om mirakelen te doen] *miraculous power(s)* **0.2** [buitengewone kracht] *miraculous/extraordinary strength.*

wonderlamp 0.1 *Aladdin's lamp.*

wonderland 0.1 *wonderland.*

wonderlijk 0.1 [wonderbaar] *miraculous* **0.2** [zonderling] *strange* ⇒*curious* ◆ **3.2** ik vind het nogal ~ *I find it rather s./odd.*

wondermiddel 0.1 ⟨vaak pej.⟩ *panacea;* ⟨geneesmiddel⟩ *miracle drug.*

wonderolie 0.1 *castor oil.*

wonderschoon 0.1 *wonderful, extraordinarily beautiful.*

wonderwel 0.1 *wonderfully well* ◆ **3.1** hij voelde zich er ~ thuis *he felt wonderfully at home.*

wondkoorts 0.1 *wound/surgical fever.*

wonen 0.1 *live* ◆ **5.1** groot/klein ~ *l. in a big/small house;* vrij ~ hebben *l. rent-free* **6.1** bij iem. ~ *stay/l. with s.o., make one's home with s.o.;* **op** zichzelf gaan ~ *set up house, go and l. on one's own.*

woning 0.1 [huis] *house* ⇒⟨thuis⟩ *home* **0.2** [hol] *habitat* ◆ **2.1** de ouderlijke ~ verlaten *leave the parental home/nest* **3.1** een ~ toegewezen krijgen *be allotted a house* **6.1** iem. **uit** zijn ~ zetten *evict s.o.*

woningblok 0.1 [aaneengebouwde huizen] *row of houses* **0.2** [huizen tussen twee zijstraten] *block of houses.*

woningbouw 0.1 *house-building/-construction* ◆ **2.1** sociale ~ [B]*council housing,* [A]*public housing.*

woningbouwvereniging 0.1 *housing association/corporation.*

woningbureau 0.1 *housing agent's/agency.*

woningdeler 0.1 *housemate.*

woninginbraak 0.1 *housebreaking.*

woninginrichting 0.1 [benodigdheden] *home furnishing(s)* **0.2** [het inrichten] *furnishing* ◆ **1.1** de afdeling ~ in een warenhuis *the furniture/home furnishing department in a department store.*

woningmarkt 0.1 *housing market.*

woningnood 0.1 *housing shortage.*

woningruil 0.1 [om aan een beter huis te komen] *housing exchange* **0.2** [voor de vakantie] *house swapping.*

woningtekort 0.1 *housing shortage.*

woningwet 0.1 *housing act/law.*

woningwetwoning 0.1 ±[B]*council house,* [A]*public housing unit.*

woningzoekende 0.1 *house hunter* ◆ **2.1** het aantal geregistreerde ~ n *the number of registered persons seeking housing.*

woonachtig 0.1 *living* ⇒*residing* ◆ **3.1** hij is ~ te Leiden *he is a resident of Leyden.*

woonblok 0.1 *block.*

woonboot 0.1 *houseboat.*

wooncomfort 0.1 *comfortable living* ⇒⟨mbt. moderne voorzieningenniveau⟩ *(modern) conveniences.*

wooneenheid 0.1 *housing unit.*

woonerf 0.1 *residential area (with restrictions to slow down traffic).*

woongebied 0.1 [mbt. mensen] *residential area* **0.2** [mbt. dieren] *habitat.*

woongedeelte 0.1 *living quarters.*

woongroep 0.1 *commune.*

woonhuis 0.1 *(private) house* ⇒⟨thuis⟩ *home.*

woonkamer 0.1 *living room.*

woonkazerne ⟨scherts.⟩ **0.1** *barracks* ⇒⟨beton⟩ *concrete block.*

woonkeuken 0.1 *open kitchen.*

woonlasten 0.1 *living expenses.*

woonomgeving 0.1 *environment.*

woonplaats 0.1 *(place of) residence, address* ⇒⟨biol.⟩ *habitat,* ⟨op formulieren⟩ *city,* ⟨op formulieren⟩ *town* ◆ **1.1** haar huidige woon- of verblijfplaats is onbekend *her present whereabouts are unknown* **2.1** zonder vaste ~ *without a fixed/permanent address/r.*

woonruimte 0.1 *(housing/living) accommodation(s)* ⇒ ⟨itt. werkruimte⟩ *living space.*

woonsituatie 0.1 *living situation.*

woonvergunning 0.1 *residence permit.*

woonwagen 0.1 [B]*caravan,* [A]*(house) trailer.*

woonwagenbewoner, -bewoonster 0.1 [B]*caravan dweller,* [A]*trailer park resident.*

woonwagenkamp 0.1 [B]*caravan camp,* [A]*trailer camp.*

woon-werkverkeer 0.1 *commuter traffic.*

woonwijk 0.1 *residential area;* ⟨BE; vnl. sociale woningbouw⟩ *housing estate;* ⟨wijk v.e. stad⟩ *district, quarter* ◆ **3.1** een ~ ontwerpen *design a housing estate/*[A]*housing development project.*

woord 0.1 *word* ◆ **1.1** in ~ en beeld *in pictures and text, with an illustrated description (of);* een ~ van dank *a w. of thanks;* op mijn ~ van eer *on my w. of honour* **2.1** met andere ~ en *in other words;* gevleugelde ~ en *winged/famous words;* geen goed ~ voor iets over hebben *not have a good w. to say about sth.;* zij heeft maar een half ~ nodig *she can take a hint;* ⟨fig.⟩ het hoge ~ moest eruit *the truth had to be told/come out, he* ⟨enz.⟩ *had to come out with it;* ⟨fig.⟩ het hoogste ~ voeren *do most of the talking;* hij moet altijd het laatste ~ hebben *he always has to have the last w.;* daarover is het laatste ~ nog niet gesproken ⟨daar horen we nog meer over⟩ *we haven't heard the last of that;* ⟨dat is nog niet beslist⟩ *I haven't had my final say in the matter;* het verlossende ~ spreken *save the situation (by saying sth.);* vieze ~ en *dirty words, four-letter words* **3.1** iem. aan zijn ~ houden *keep/hold s.o. to his w./promise;* het ~ doen *do the talking;* het ~ geven aan *hand/give the floor over to;* zijn ~ geven *give one's w.;* iem. de ~en uit de mond halen *take the words right out of s.o.'s mouth;* (pregn.) zij hebben ~en *they've had words;* zijn ~ houden *keep/be as good as one's w.;* (fig.) hij moest zijn ~en weer inslikken *he had to eat his words;* het ~ is aan u/u hebt het ~ *the floor is yours/you have the floor;* iem. de ~en in de mond leggen *put words into s.o.'s mouth;* het ~ nemen *get up to speak, take the floor;* (interrumperen) *cut in on;* het ~ tot iem. richten *address/speak to s.o.;* iemands ~en verdraaien *twist s.o.'s words;* het ~ voeren *speak, be/act as spokesperson/spokesman;* laten we er geen ~en meer aan vuilmaken *we'll say no more about it;* niet veel/geen ~en aan/over iets vuilmaken *not waste words/one's breath on sth.;* zijn ~en (op een goudschaaltje) wegen *weigh/choose one's words (carefully)* **6.1 aan** het ~ zijn *be speaking;* (in vergadering ook) *have the floor;* iem. **aan** het ~ laten *allow s.o. to/let s.o. finish (speaking/talking);* niet **in** ~en uit te drukken *beyond words, defying description;* **in** ~en geschrift *in speech and in writing/print;* **met** geen ~ over iets reppen *not say/breathe a w. about sth.;* **met/in** één ~ *in a w., in sum/short;* iets **onder** ~en brengen *put sth. into words;* ik geloof u **op** uw ~ *I take you at your w./your w. for it;* **op** zijn ~en letten *be careful about what one says;* iem. te ~ staan *speak to/see s.o.;* niet **uit** zijn ~en kunnen komen *not be able to express o.s., fumble for words;* iets ~ **voor** ~ navertellen *repeat sth. word for word/verbatim* **7.1** ergens geen ~en voor hebben *have no words for sth.;* dat is geen ~ te veel gezegd *that's putting it/things mildly,* er geen ~ tussen kunnen krijgen *not be able to get a w. in (edgeways);* geen ~en maar daden *it's time for action; it's time to quit talking and start doing sth.;* met twee ~en spreken *±be polite;* ze heeft het met zoveel ~en gezegd, maar ...*she didn't say it in so many words, but ...* **¶.1** ~en schieten te kort om ...*words are not adequate to ...,* (ook) *words fail me!*

woordblind 0.1 *dyslexic.*

woordblindheid 0.1 *dyslexia.*

woordbreuk 0.1 *breaking of one's word/promise.*

woordelijk 0.1 *word for word* ⇒*verbatim,* (letterlijk) *literal(ly)* ◆ **3.1** ik kon hem ~ verstaan *I could hear every word he said.*

woord(e)loos (schr.) **0.1** *speechless* ⇒*wordless.*

woordenboek 0.1 *dictionary* ◆ **3.1** een ~ naslaan/raadplegen *consult a d./refer to a d.*

woordenkennis 0.1 *knowledge of words;* (woordenschat) *vocabulary.*

woordenlijst 0.1 *list of words* ⇒*vocabulary* (vnl. in studieboeken) ◆ **2.1** verklarende ~ *glossary.*

woordenschat 0.1 [rijkdom aan woorden v.e. taal] *lexicon* **0.2** [woorden die een persoon kent] *vocabulary.*

woordenspel 0.1 [het spelen met woorden] *word play/game* **0.2** [woordspeling] *play on words* ⇒*pun.*

woordenstrijd, -twist 0.1 [ruzie] *verbal dispute* **0.2** [twist over woorden] *war/battle of words* ⇒ *quibble about/over words.*

woordenstroom 0.1 *stream/torrent of words.*

woordenvloed 0.1 *flood of words.*

woordenwisseling 0.1 [discussie] *exchange of words* ⇒ *discussion* **0.2** [twistgesprek] *argument* ◆ **2.2** heftige ~ *violent a.*

woordenzifterij 0.1 *quibbling (over words)* ⇒*hairsplitting.*

woordgebruik 0.1 *use of words.*

woordje 0.1 *word* ◆ **1.1** een paar ~s Frans spreken *have a*

smattering of French **2.1** een goed ~ doen voor iem. *put in a (good) w. for s.o.;* een hartig ~ met iem. spreken *give s.o. a (good) talking-to, give s.o. a piece of one's mind;* lieve ~s *endearments;* zoete ~s fluisteren *whisper sweet nothings (into s.o.'s ear)* **3.1** ook een ~ meespreken *say one's piece.*

woordkeus 0.1 *choice of words* ⇒*wording* ◆ **2.1** een ongelukkige ~ *an unfortunate choice of words.*

woordkunstenaar 0.1 *word painter* ⇒*artist with words.*

woordorde 0.1 *word order.*

woordsoort 0.1 *part of speech.*

woordspeling 0.1 *pun, play on words* ⇒(ihb. iets onbehoorlijks) *double entendre* ◆ **3.1** ~en maken *make puns.*

woordvoerder, -ster 0.1 [iem. die het woord voert] *speaker* **0.2** [iem. die namens anderen spreekt] *spokesman* (m.), *spokeswoman* (v.) ◆ **2.2** officiële ~ *official s.;* (voor de regering) *government s.*

woordvolgorde 0.1 *word order* ◆ **1.1** omkering v.d. ~ *inversion.*

worden I (kww.) **0.1** [in de genoemde toestand raken] *be, get* **0.2** [de genoemde hoedanigheid krijgen] *become* ◆ **1.2** timmerman/dokter ~ (ook) *train as/train to be a carpenter/doctor* **2.1** het wordt laat/kouder *it's getting late/colder* **4.2** dat wordt niets *it won't work, it'll come to nothing* **6.2** wat is er **van** hem geworden? *whatever became of him?* **7.1** hij wordt morgen vijftig *he'll be fifty tomorrow;* **II** (hww.) **0.1** [ter aanduiding v.d. lijdende vorm] *be* ◆ **3.1** er word godanst *there was dancing;* de bus wordt om zes uur gelicht *the post will be collected at six o'clock;* **III** (onov.ww.) **0.1** [gaan kosten] *will be, come/amount to* ◆ **7.1** dat wordt dan ƒ2,00 per vel *that will be Dfl2.00 per sheet.*

wording 0.1 *genesis, origin* ◆ **1.1** in staat van ~ verkeren *be in an embryonic stage/in gestation* **6.1** een stad in ~ *a town in the making, the g./birth of a town.*

wordingsgeschiedenis 0.1 *genesis* ⇒*(hi)story of the development (of).*

worm 0.1 *worm.*

wormig 0.1 *wormy, worm eaten.*

wormstekig 0.1 *worm-eaten, wormy.*

worp 0.1 [het werpen] *throw(ing)* **0.2** [keer dat iem. werpt] *throw* ⇒(sport ook) *shot* **0.3** [nest; keer dat een dier werpt] *litter* ◆ **1.3** een ~ jonge honden *a l. of puppies* **2.2** (sport) een vrije ~ nemen/toekennen *take/award a free t.*

worst 0.1 *sausage* ◆ **3.1** of je ~ lust! *wash your ears out!;* (inf.) dat zal mij ~ wezen *I couldn't care less.*

worstelaar 0.1 *wrestler.*

worstelen 0.1 [sport] *wrestle* **0.2** [zwaar strijden] *struggle, wrestle* ◆ **5.1** vrij ~ *(do) freestyle/all-in wrestling* **5.2** zich erdoor ~ s./fight one's way through **6.2** zich **door** een lijvig rapport heen ~ s./plough (one's way) through a bulky report.

worsteling 0.1 [handeling] *wrestling* ⇒*struggling* **0.2** [keer, gelegenheid] *struggle* ⇒*wrestle.*

worstelwedstrijd 0.1 *wrestling match.*

worstenbroodje 0.1 *±sausage roll.*

worstvingers 0.1 *sausage-like fingers* ⇒*fingers like sausages.*

worstvlees 0.1 *sausage meat.*

wortel 0.1 [deel v.e. plant] *root* **0.2** [landb.] *carrot* **0.3** [deel waarmee iets ingeplant is, bv. van tand/haar] *root* **0.4** [oorsprong] *root* **0.5** [wisk.] *root* **0.6** [taal.] *root* ⇒*radical* ◆ **1.4** hebzucht is de ~ van alle kwaad *greed is the r. of all evil* **2.2** geraspte ~s *grated carrot(s)* **2.5** tweedemachtswortel *square root* **3.1** ~ schieten (ook fig., iron.) *take r.* **6.1** iets **met** ~ en al uitroeien *totally eradicate sth.* **6.5** 3 is de ~ **van** 9 *3 is the square r. of 9.*

wortelen 0.1 [(als) met wortels vastzitten] *be rooted (in)* **0.2** [wortelschieten] *take root* ⇒⟨plantk. ook⟩ *root.*

wortelstok ⟨plantk.⟩ **0.1** *rootstock.*

wortelteken 0.1 *radical/root sign.*

worteltrekken 0.1 *extraction of the root(s).*

woud 0.1 *forest* ♦ **2.1** het Zwarte Woud *the Black Forest.*

woudeik 0.1 *(common) oak.*

woudloper 0.1 *trapper.*

woudreus 0.1 *giant tree.*

wout ⟨inf.⟩ **0.1** *fuzz, cop.*

wouw 0.1 *kite.*

wraak 0.1 *revenge* ⇒*vengeance* ♦ **2.1** de ~ is zoet *r. is sweet* **3.1** ~ nemen op iem. *take r. on s.o.;* op ~ zinnen *be intent on r.*

wraakactie 0.1 *act of revenge/vengeance/retaliation.*

wraakengel ⟨rel.⟩ **0.1** *avenging angel.*

wraakgierig 0.1 *(re)vengeful, vindictive.*

wraakgodin 0.1 *goddess of vengeance/retribution.*

wraaklust 0.1 *thirst/hunger for revenge.*

wraakneming 0.1 *(act of) revenge* ♦ **2.1** een ordinaire ~ *a crude act of revenge.*

wraakzucht 0.1 *(re)vengefulness, vindictiveness.*

wraakzuchtig 0.1 *(re)vengeful, vindictive.*

wrak¹ ⟨het⟩ **0.1** *wreck* ♦ **2.1** een rijdend ~ *a(n old) w. (of a car)* **3.1** zich een ~ voelen *feel (like) a w.*

wrak² ⟨bn., bw.⟩ **0.1** *rickety, ramshackle.*

wraken 0.1 [afkeuren] *object to, take exception to* **0.2** [niet toelaten] *challenge* ♦ **1.1** de gewraakte passage *the passage objected to* **1.2** een getuige/bewijsvoering ~ *c. a witness/evidence.*

wrakhout 0.1 *(pieces of) wreckage* ⇒⟨aangespoeld ook⟩ *driftwood.*

wrakstuk 0.1 *piece of wreckage* ⇒⟨mv. ook⟩ *wreckage,* ⟨aangespoeld ook⟩ *flotsam and jetsam.*

wrang 0.1 [zuur] *sour, acid* **0.2** [onaangenaam] *unpleasant, nasty* ⇒*wry* ⟨glimlach⟩, *sick* ⟨humor⟩ ♦ **1.2** een ~e bijsmaak *a n. (after)taste* ¶**.1** ~ van smaak *s./a. (to the taste).*

wrat 0.1 *wart.*

wreed 0.1 *cruel* ♦ **1.1** wrede straffen *c./harsh punishments;* een wrede tiran *a c. tyrant.*

wreedaard 0.1 *brute* ⇒*savage/cruel person.*

wreedaardig 0.1 *cruel.*

wreedheid 0.1 *cruelty* ♦ **3.1** wreedheden begaan *commit atrocities.*

wreef 0.1 *instep.*

wreken 0.1 ⟨wraakoefening zelf⟩ *revenge;* ⟨vergelding voor aangedaan kwaad enz.⟩ *avenge* ♦ **1.1** een moord ~ *a. a murder* **4.1** zich voor iets op iem. ~ *revenge o.s. on s.o. for sth.;* dat wreekt zich toch *you/he/she* ⟨enz.⟩ *will pay for it (in the end);* hij heeft zich gewroken *he has had his r.*

wreker, wreekster 0.1 *avenger, revenger.*

wrevel 0.1 [ontstemdheid] *resentment* ⇒⟨sterker⟩ *rancour* **0.2** [prikkelbaarheid] *peevishness* ⇒*testiness* ♦ **3.1** ~ wekken *cause resentment.*

wrevelig 0.1 [ontstemd] *resentful* ⇒*rancorous* **0.2** [prikkelbaar] *peevish* ⇒*testy* ♦ **3.1** dat maakte hem ~ ⟨ook⟩ *he resented that.*

wriemelen 0.1 [zich wringend bewegen] *wriggle* ⇒*squirm,* ⟨krioelen⟩ *swarm/crawl (with)* **0.2** [peuteren] *fiddle (with)* ♦ **6.2** hij zat maar aan zijn jas te ~ *he kept on fiddling with his coat.*

wrijfhout ⟨scheep.⟩ **0.1** *fender* ⇒⟨ter bescherming bij laden en lossen⟩ *skid.*

wrijfwas 0.1 *(bees) wax.*

wrijven I ⟨onov.ww.⟩ **0.1** [strijken] *rub* ♦ **6.1** (zich) in zijn handen ~ ⟨ook fig.⟩ *r. one's hands;*

II ⟨ov.ww.⟩ **0.1** [door wrijven verplaatsen/in een toestand brengen] *rub* **0.2** [poetsen] *polish* ♦ **1.1** neuzen tegen elkaar ~ *r. noses* **1.2** de meubels ~ *p. the furniture.*

wrijving 0.1 [het strijken] *rubbing* **0.2** [nat.] *friction* **0.3** [onenigheid] *friction* ♦ **3.3** ~ veroorzaken *cause f.*

wrikken 0.1 [rukken] *lever* ⇒*prize* **0.2** [een boot voortbewegen] *scull* ♦ **5.1** een vloerplank omhoog ~ *prize up a floorboard.*

wringen I ⟨onov., ov.ww.⟩ **0.1** [draaien] *wring* ♦ **1.1** wasgoed ~ *w. laundry* **4.1** zich in allerlei bochten ~ ⟨oncomfortabel⟩ *wriggle;* ⟨fig.⟩ *squirm* **6.1** zich in allerlei bochten ~ om iets te vermijden ⟨ook⟩ *try to worm one's way/wriggle out of sth.;*

II ⟨ov.ww.⟩ **0.1** [door draaien verplaatsen] *wring* ⇒*press* ⟨kaas⟩ **0.2** [door draaien in een toestand brengen] *wrench* ♦ **2.2** zich los ~ *twist o.s. free* **4.1** zich door de menigte ~ *push/worm one's way through the crowd* **6.1** zich ergens tussen ~ *squeeze in between;*

III ⟨onov.ww.⟩ **0.1** [knellen] *pinch.*

wringer 0.1 *wringer;* ⟨vnl. BE⟩ *mangle.*

wroeging 0.1 *remorse* ♦ **5.1** vol ~ zijn *be filled with r.*

wroeten I ⟨onov.ww.⟩ **0.1** [(zoekend) graven] *root* ⇒*rout* **0.2** [AZN; ploeteren] *slave (away)* ♦ **6.1** ⟨fig.⟩ in iemands verleden ~ *pry into s.o.'s past;*

II ⟨ov.ww.⟩ **0.1** [door wroeten doen ontstaan] *burrow* **0.2** [door wroeten in een toestand brengen] *root (up)* ♦ **5.2** de grond ondersteboven ~ *root up the earth.*

wrok 0.1 *resentment* ⇒*grudge,* ⟨sterker⟩ *rancour* ♦ **2.1** een persoonlijke ~ koesteren tegen iem. *bear s.o. ill-will* **3.1** ~ koesteren *bear a grudge* **7.1** geen ~ koesteren (jegens iem.) *bear no malice (against s.o.).*

wrokkig 0.1 *resentful* ⇒*rancorous.*

wrong 0.1 *roll* ⇒⟨krans⟩ *wreath,* ⟨van haar⟩ *chignon,* ⟨van haar⟩ *knot,* ⟨van haar⟩ *bun* ♦ **6.1** het haar in een ~ dragen *wear one's hair in a bun.*

wrongel 0.1 *curd(s).*

wuft 0.1 *frivolous* ⇒*flighty* ♦ **1.1** een ~ type *a frivolous type.*

wuiven 0.1 *wave* ♦ **1.1** het ~ de koren *the waving grain* **6.1** met de hoed ~ naar *w. one's hat to.*

wulk 0.1 *whelk.*

wulp 0.1 *curlew* ♦ **2.1** de gewone/grote ~ *the c.;* de kleine ~ *the whimbrel.*

wulps 0.1 *voluptuous* ♦ **1.1** iem. een ~e blik toewerpen *look at s.o. provocatively.*

wurgen 0.1 *strangle.*

wurggreep 0.1 *stranglehold* ♦ **6.1** iem. in de ~ houden ⟨sport; ook fig.⟩ *have a s. on s.o.*

wurgmoordenaar 0.1 *strangler.*

wurgpaal 0.1 *ga(r)rotte.*

wurgslang 0.1 *constrictor (snake).*

wurm I ⟨het⟩ **0.1** [klein kind] *mite, tyke* ♦ **3.1** het ~ kan nog niet praten *the (poor) m./t. can't talk yet;*

II ⟨de⟩ ⟨inf.⟩ **0.1** [worm] *worm.*

wurmen I ⟨ov.ww.⟩ **0.1** [met moeite verplaatsen] *squeeze* ⇒*worm* ♦ **5.1** zich eruit ~ *worm one's way/w(r)iggle out of it* **6.1** ergens een draad tussen ~ *work/insert a thread into sth.;*

II ⟨onov.ww.⟩ **0.1** [met moeite gedaan krijgen] *wriggle* ♦ **5.1** net zo lang ~ tot je bij de uitgang bent *w. one's way through (the crowd) to the exit.*

WVC ⟨afk.⟩ **0.1** [(ministerie van) Welzijn, Volksgezondheid en Cultuur] ⟨*(Ministry of) Welfare, Health and Cultural Affairs*⟩.

WW ⟨afk.⟩ **0.1** [Werkloosheidswet] ⟨*Unemployment Insurance Act*⟩ ◆ **6.1 in** de ~ lopen / zitten *be on unemployment (benefit)*/⟨inf.⟩ *the dole.*
WW-uitkering 0.1 *unemployment benefit(s).*
wybertje 0.1 *lozenge.*

xantippe 0.1 *Xanthippe.*
x-as ⟨wisk.⟩ **0.1** *x-axis.*
x-benen 0.1 *knock-knees* ◆ **3.1** ~ hebben *be knock-kneed, have k.-k.*
X-chromosoom 0.1 *X chromosome.*
xenofobie 0.1 *xenophobia.*
x-foto 0.1 *X-ray.*
x-stralen 0.1 *X-rays.*
xylofoon 0.1 *xylophone.*

y

z

yaleslot 0.1 *Yale lock.*
yang 0.1 *yang.*
y-as ⟨wisk.⟩ **0.1** *y-axis.*
Y-chromosoom 0.1 *Y chromosome.*
yen 0.1 *yen.*
yes ♦ ¶.¶ reken maar van ~! *you bet!*
yeti 0.1 *yeti.*
yin 0.1 *yin.*
yoga 0.1 *yoga.*
yoghurt 0.1 *yoghurt ♦* **2.1** Bulgaarse ~ *Bulgarian y.*
yogi 0.1 *yogi.*
yucca 0.1 *yucca.*

zaad 0.1 [kiem] *seed* **0.2** [verz.n.] *seed* **0.3** [sperma] *sperm* ⇒*semen* **0.4** [fig.] *seed ♦* **1.4** het ~ v.d. tweedracht *the seeds of discord* **2.2** ⟨fig.⟩ op zwart ~ zitten *be hard up.*
zaadbal 0.1 *testicle.*
zaadbuis →**zaadleider.**
zaadcel 0.1 ⟨plantk.⟩ *germ cell;* ⟨dier, mens⟩ *sperm cell.*
zaaddodend 0.1 *spermicidal ♦* **1.1** ~e pasta *s. jelly, spermicide.*
zaaddonor 0.1 *sperm donor.*
zaaddoos ⟨plantk.⟩ **0.1** *seedbox, capsule.*
zaadhandel 0.1 *seed trade/business.*
zaadkiem 0.1 *germ* ⇒⟨plantk.⟩ *germen.*
zaadleider 0.1 *vas deferens* ⇒*seminal duct.*
zaadlozing, -uitstorting 0.1 *seminal discharge* ⇒*ejaculation.*
zaadolie 0.1 *seed oil.*
zaag 0.1 *saw ♦* **2.1** zingende ~ *musical s.* **3.1** een ~ zetten *set a s.*
zaagmachine ⟨vaak in samenst.⟩ **0.1** *saw ♦* **1.1** cirkelzaagmachine *circular s.*
zaagmolen 0.1 *sawmill.*
zaagsel 0.1 *sawdust ♦ ¶.1* ⟨fig.⟩ ~ in zijn kop hebben *have nothing between the ears.*
zaagvis 0.1 *sawfish.*
zaagvormig 0.1 *serrated* ⇒⟨plantk.⟩ *serrate,* ⟨getand⟩ *sawtoothed.*
zaaibed 0.1 *seedbed.*
zaaien 0.1 [ook fig.] *sow* **0.2** [mbt. oesters] *seed ♦* **1.1** onrust ~ *create unrest;* tweedracht ~ *s./spread discord* **5.1** interessante banen zijn dun gezaaid *interesting jobs are few and far between.*
zaaier 0.1 *sower.*
zaaigoed 0.1 *sowing seed.*
zaaigraan 0.1 *seed^B-corn/^Agrain.*
zaailand 0.1 *sowing land.*
zaaimaand 0.1 *month for sowing.*
zaaimachine 0.1 *seeder.*
zaaitijd 0.1 *sowing season/time.*
zaaizaad 0.1 *seed for sowing.*
zaak 0.1 [ding] *thing* ⇒⟨voorwerp⟩ *object* **0.2** [aangelegenheid] *matter* ⇒*affair, business* **0.3** [transactie] *business* ⇒ *deal* **0.4** [bedrijf] *business* ⇒⟨winkel⟩ *shop* **0.5** [wat geschied is] *case* ⇒⟨inf., mv.⟩ *things* **0.6** [onderwerp] *point* ⇒ *issue* **0.7** [gerechtszaak] *case* ⇒*lawsuit* **0.8** [staatskwestie] *affair* **0.9** [belang dat men behartigt] *cause ♦* **1.2** de normale gang van zaken *the normal course of events* **1.4** op kosten v.d. ~ *on the house* **1.5** de stand van zaken *the state of affairs* **2.1** het is de gewoonste ~ ter wereld om ... *it is the most natural t. in the world to ...* **2.2** algemene zaken *general affairs;* zich met zijn eigen zaken bemoeien *mind one's own business;* gemene ~ maken met iem. *be in league/collusion with s.o.;* onverrichter zake terugkeren *return without having achieved one's aim;* ⟨met niets verkregen⟩ *come back empty-handed* **2.3** goede zaken doen (met iem.) *do good b./trade (with s.o.)* **2.6** dat is een uitgemaakte ~ *that is a foregone conclusion* **2.8** Binnenlandse Zaken *Domestic/Internal Affairs;* Buitenlandse Zaken *Foreign Affairs;* lopende zaken *current business, business*

in hand **2.9** het is voor de goede ~ *it is all in a good c.;* vechten voor een verloren/hopeloze ~ *fight for a lost c., fight a losing battle* **3.2** hoe staan de zaken? *how are things?;* iemands zaken waarnemen/behartigen *look after s.o.'s affairs* **3.3** or worden goede zaken gedaan in ... *trade is good in ...;* zaken zijn zaken *b. is b.* **3.4** een ~ openen/oprichten *start a b.;* ⟨mbt. een winkel⟩ *open a shop;* een ~ runnen/hebben *run a b.* **3.5** weten hoe de zaken ervoor staan *know how things stand/what the score is;* nu de zaken er zo voor staan *things being as they are, now things have come to this, such being the case* **3.6** de ~ is deze ... *the p. is* ... **3.7** Maria's ~ komt vanmiddag voor *Maria's c. comes up this afternoon* **3.¶** het is ~ om ... *the thing is to* ... **4.2** dat is jouw ~ *that is your concern* **6.2** een ~ van gewicht *a m. of (some) importance;* een ~ van ondergeschikt belang *a minor m./point* **6.3** in zaken gaan *go in to b.;* over zaken spreken *talk b.;* hij is hier **voor** zaken *he is here on b.* **6.4** ik ben de hele dag **op** de ~ *I am at work all day;* ⟨mbt. een winkel⟩ *I am at the shop all day;* een auto **van** de ~ *a company car* **6.5** wat is zijn rol **in** de ~? *where does he fit/come in?* **6.6 ter** zake doen ⟨belangrijk zijn⟩ *matter, be to the p.;* ⟨van invloed zijn⟩ *be significant;* ⟨betrekking hebben⟩ *be relevant;* **ter** zake komen *come to the p.;* dat doet hier niet(s) **ter** zake *that is irrelevant/beside the p.;* kennis **van** zaken hebben *know one's facts;* zeker zijn **van** zijn ~ *be sure of what one's doing* **7.¶** niet veel ~s zijn *be not up to much, be not a lot of good, be poor/indifferent, be a poor show/affair* **¶.2** de ~ in kwestie *the m. at hand* **¶.4** ⟨sprw.⟩ zaken gaan voor het meisje *business before pleasure* **¶.5** ⟨sprw.⟩ gedane zaken nemen geen keer *what's done is done* **¶.7** de ~ Menten *the Menten c.*

zaakgelastigde 0.1 *agent* ⇒⟨dipl.⟩ *chargé (d'affaires).*

zaakje 0.1 [handeltje] *little matter/business/affair/ thing;* ⟨transactie⟩ *small deal;* ⟨karwei⟩ *job* **0.2** [ding] *affair* **0.3** [euf.; vnl. geslachtsdelen] *works* ⇒ *business* ◆ **2.1** dat is een vies ~ *that is a nasty/dirty business* **3.1** zijn ~s geregeld hebben *have got things (well) organized;* ik vertrouw het ~ niet *I don't trust the set up* **3.¶** zijn ~ good/~s kennen *he knows his stuff/a thing or two.*

zaaknaam (taal.) **0.1** ⟨taal.⟩ *common noun.*

zaakregister 0.1 *subject index.*

zaakschade, zaakbeschadiging ⟨verz.⟩ **0.1** *material damage.*

zaakvoerder 0.1 *business manager.*

zaakwaarnemer 0.1 *acting manager.*

zaal 0.1 [groot vertrek] *room* ⇒⟨zeer groot⟩ *hall* **0.2** [sportzaal; ziekenhuiszaal] *hall* ⇒*ward* ⟨v.e. ziekenhuis⟩, *auditorium* ⟨v.e. schouwburg⟩ **0.3** [gebouw voor bijeenkomsten/ uitvoeringen] *hall* ⇒*house* **0.4** [publiek] *house* ◆ **2.3** een stampvolle ~ *a crowded/packed hall, a full house;* volle zalen trekken *draw/attract/bring in full houses/capacity crowds* **2.4** de ~ lag plat *it brought the h. down* **6.2** op ~ liggen *be in a ward.*

zaalhuur 0.1 ᴮ*hiring/*ᴬ*renting of a room/hall* ⟨voor een vergadering⟩.

zaalsport 0.1 *indoor sport.*

zaalvoetbal 0.1 *indoor football.*

zacht 0.1 [niet hard] *soft* **0.2** [niet ruw] *soft* ⇒⟨glad⟩ *smooth* **0.3** [mbt. het weer] *mild* **0.4** [mbt. handelingen] *gentle* **0.5** [zachtaardig] *gentle* **0.6** [niet grof] *kind* ⇒*gentle* **0.7** [niet luid] *quiet* ⇒*soft* **0.8** [mbt. lichtdrukken/kleuren] *soft* ⇒*subdued* **0.9** [voordelig] *modest* **0.10** [met laag kalkgehalte] *soft* ⟨water⟩ **0.11** [niet snel] *gentle* ⇒*slow* ◆ **1.1** ~e sector *social sector* **1.2** een ~e landing *a smooth landing* **1.3** een ~ klimaat *a m./temperate climate* **1.5** een

~ karakter *a g. character/disposition* **1.7** met~e stem *in a q./soft voice* **3.4** ~ koken *boil gently, simmer* **3.7** het geluid ~er zetten *turn down the volume* **3.11** ~er rijden *ease up, slow down* **6.2** deze zeep is ~ **voor** uw handen *this soap is gentle to your hands* **6.6** op zijn ~st gezegd *to put it mildly.*

zachtaardig 0.1 *good-natured* ⇒*gentle.*

zachtboard 0.1 *softboard.*

zachtheid 0.1 [hoedanigheid] *softness* ⇒*tenderness* **0.2** [behandeling] *gentleness* ⇒*kindness* ◆ **6.2** met ~ te werk gaan *go gently, be gentle.*

zachtjes 0.1 *softly* ⇒⟨stil⟩ *quietly,* ⟨bedaard⟩ *gently* ◆ **3.1** ~ doen *be quiet;* ~ rijden *drive slowly* **¶.1** ~ aan! *easy does it!, take it easy!;* ~! *hush!, quiet!*

zachtjesaan 0.1 *gradually* ◆ **3.1** we moeten zo ~ vertrekken *we must be going soon/by and by.*

zachtmoedig 0.1 *mild(-mannered)* ⇒⟨rel.⟩ *meek.*

zachtzinnig 0.1 [zacht van aard] *good-natured* ⇒*mild(- mannered)* **0.2** [niet ruw] *gentle, kind(ly)* ⇒⟨teder⟩ *tender* ◆ **5.2** allesbehalve ~ optreden *treat roughly/with violence, take off the kid gloves* **¶.2** ~ te werk gaan *go gently, be g.*

zadel 0.1 *saddle* ⇒⟨mbt. snaarinstrumenten⟩ *bridge* ◆ **6.1** vast **in** het ~ zitten ⟨ook fig.⟩ *sit firmly in the s.;* ⟨fig.⟩ *be firmly in charge;* iem. **in** het ~ helpen ⟨ook fig.⟩ *give s.o. a leg up, help s.o. up.*

zadeldak 0.1 *saddle roof, saddleback.*

zadeldek 0.1 *saddlecloth.*

zadelen 0.1 *saddle (up)* ◆ **1.1** een paard ~ *s. a horse.*

zadelmaker, -maakster 0.1 *saddler.*

zadelpijn 0.1 *saddle-soreness* ◆ **3.1** ~ hebben *be saddlesore.*

zadelriem 0.1 *girth.*

zadeltas 0.1 *saddlebag.*

zadelvast 0.1 *firm in the saddle* ◆ **3.1** niet ~ zijn *be not firm in the saddle;* ⟨fig.⟩ *be a waverer.*

zagen I ⟨onov., ov.ww.⟩ **0.1** [doorsnijden] *saw (up)* **0.2** [vormen] *saw* ⇒*cut* ◆ **1.1** een tak v.e. boom ~ *s. a branch off a tree* **1.2** planken/figuren ~ *s./cut into planks/shapes;* **II** ⟨onov.ww.⟩⟨inf.⟩ **0.1** [slecht viool spelen] *scrape, saw* **0.2** [zeuren, ronken]⟨zeuren⟩ *harp on, nag;* ⟨ronken⟩ *snore.*

zager 0.1 [iem. die zaagt]⟨hout zagen⟩ *sawyer;* ⟨zaniken⟩ *nag* **0.2** [iem. die op een viool krast] *scraper.*

zagerij 0.1 [plaats] *sawmill* **0.2** [het zagen] *sawing.*

Zaïre 0.1 *Zaïre.*

Zaïrees[1] ⟨de (m.)⟩, **-ese** ⟨de (v.)⟩ **0.1** *Zaïrese.*

Zaïrees[2] ⟨bn.⟩ **0.1** *Zaïrese.*

zak 0.1 [verpakkingsmiddel] *bag* ⇒⟨groot⟩ *sack* **0.2** [deel van kledingstuk] *pocket* **0.3** [bergplaats voor geld] *purse* **0.4** [balzak]⟨med.⟩ *scrotum;* ⟨inf.⟩ *balls* **0.5** [biljart] *pocket* **0.6** [waardeloos persoon] *jerk;* ⟨sterker; man⟩ *prick;* *asshole* **0.7** [zakvormig iets] *bag* ◆ **1.1** een ~ aardappels *a sack of potatoes;* een ~ patat *a b./*ᴮ*packet of* ᴮ*chips/* ᴬ*french fries* **2.3** ⟨fig.⟩ op andermans ~ lopen/teren *sponge/live off s.o. else;* uit eigen ~ betalen *pay out of one's own p.* **2.6** die vent is een ontiegelijke ~ *that guy is a real asshole/shithead* **3.1** ⟨fig.; inf.⟩ iem. de ~ geven *give s.o. the sack, sack s.o.;* ⟨fig.⟩ ~jes plakken *do time* **3.3** zijn ~ken vullen *line one's pockets* **6.2** ⟨fig.⟩ iem. in zijn ~ kunnen steken *be able to run circles around s.o.;* ⟨fig.⟩ die kun je **in** je ~ steken! *you can put that in your pipe and smoke it!;* geld **op** ~ hebben *have some money in one's pockets/ on one* **6.¶ in** ~ en as zitten *be in sackcloth and ashes.*

zakagenda 0.1 ᴮ*pocket diary,* ᴬ*(small) agenda.*

zakbijbel 0.1 *pocket Bible.*

zakboekje 0.1 [aantekenboekje] *(pocket) notebook* **0.2** [boekje met aantekeningen over de dienst] ±*service record (book).*

zakcentje 0.1 ⟨verz.n.⟩ *pocket money.*

zakdoek 0.1 *handkerchief* ◆ **2.1** papieren ~jes *paper handkerchiefs, tissues* **3.**¶ ~je leggen *I wrote a letter to my love.*

zakelijk 0.1 [mbt. een zaak/zaken]⟨bn.⟩ *business(like)* ⇒ *commercial* **0.2** [niet persoonlijk] *business(like)* ⇒*objective* **0.3** [bondig, nuchter] *compact, concise* **0.4** [praktisch] *practical, real(istic);* ⟨bn.⟩ *down-to-earth* **0.5** [ter zake zijnd] *businesslike* ⇒⟨bn.⟩ *matter-of-fact, to the point* ◆ **1.1** een ~e instelling hebben *have a businesslike approach, be commercially-minded;* ~ inzicht *commercial insight* **1.3** een ~e stijl van schrijven *a terse style of writing* **1.4** een ~e oplossing *a p./realistic solution* **3.2** ~ blijven *keep/stick to business, remain objective/professional.*

zakelijkheid 0.1 *professionalism* ⇒*businesslike attitude,* ⟨bondigheid⟩ *compactness,* ⟨bondigheid⟩ *conciseness* ◆ **2.1** de nieuwe ~ *the New Realism.*

zakenbespreking 0.1 *business meeting.*

zakenbrief 0.1 *business letter.*

zakencentrum 0.1 *business centre.*

zakeninstinct 0.1 *business/commercial instinct.*

zakenleven 0.1 *business (life), commerce* ◆ **3.1** het ~ bloeit *the business sector is booming.*

zakenman 0.1 *businessman* ◆ **2.1** een gewiekst ~ *a shrewd/an astute b.*

zakenreis 0.1 *business trip.*

zakenrelatie 0.1 [handelsbetrekking] *business relationship* **0.2** [persoon] *business relation.*

zakenvrouw 0.1 *businesswoman.*

zakenwereld 0.1 *business world.*

zakflacon 0.1 *pocket flask* ⇒⟨heupfles⟩ *hip flask.*

zakformaat 0.1 *pocket size* ◆ **6.1** een fototoestel in ~ *a pocket camera.*

zakgeld 0.1 *pocket/spending money* ⇒*allowance.*

zakkam 0.1 *pocket comb.*

zakken 0.1 [naar beneden gaan] *fall, drop* ⇒⟨zinken⟩ *sink* **0.2** [lager van niveau worden] *fall (off), drop* ⇒*come/go down,* ⟨verzakken⟩ *sink,* ⟨verzakken⟩ *subside* **0.3** [niet slagen] *fail* ⇒*ⁿgo down* ◆ **1.2** de hoofdpijn is gezakt *the headache has eased off/subsided;* de koers is gezakt tot *the rate has fallen to;* het water is gezakt *the water has gone down/subsided* **3.1** de rolgordijnen laten ~ *lower the blinds* **3.2** de prijs iets laten ~ *lower/drop the price a bit* **3.3** iem. laten ~ *fail s.o.* **6.1** door de vloer/het ijs ~ *fall through the floor/the ice* ¶**.1** in elkaar ~ *collapse.*

zakkenrollen 0.1 *pick pockets.*

zakkenroller 0.1 *pickpocket* ◆ ¶**.1** pas op voor ~s! *beware of pickpockets!*

zakkenvuller ⟨inf.⟩ **0.1** *profiteer.*

zakkenwasser ⟨inf.⟩ **0.1** *dope, moron.*

zakkerig ⟨inf.⟩ **0.1** *drippy, dopey.*

zakkig 0.1 [hangend als een zak] *baggy* **0.2** [zakkerig] *drippy, dopey.*

zaklamp, -lantaarn 0.1 *(pocket)ᴮtorch,* ᴬ*flashlight.*

zaklopen 0.1 *(run a) sack race.*

zakmes 0.1 *pocketknife.*

zakrekenmachientje 0.1 *pocket calculator.*

zaktelefoon 0.1 *mobile phone* ⇒*portable phone.*

zalf 0.1 [smeersel] *ointment, salve* **0.2** [welriekend smeersel] *balm* ◆ **6.1** met ~ insmeren *rub o./s. on.*

zalig 0.1 [zeer aangenaam] *gorgeous, glorious* ⇒*divine* **0.2** [zedelijk gelukkig] *blissful* ⇒⟨gelukkig⟩ *happy, contented* **0.3** [rel.]⟨bn.⟩ *blessed, blest* ◆ **1.1** ~e koekjes *heavenly/scrumptious* ᴮ*biscuits/*ᴬ*cookies;* ~ weer *gorgeous/glorious weather.*

zaliger 0.1 *late* ⇒*deceased* ◆ **1.1** mijn vader ~ *my l. father.*

zaligheid 0.1 [iets overheerlijks] *delight* **0.2** [staat van hoogste geluk/aangenaamheid] *bliss(fulness)* ⇒⟨geluk⟩ *happiness, contentment* **0.3** [rel.]⟨verlossing⟩ *salvation;* ⟨het zalig maken⟩ *beatitude* ◆ **2.1** er stonden allerlei zaligheden op tafel *there were all sorts of delights/goodies on the table* **2.3** de eeuwige ~ *eternal s.*

zaligmakend 0.1 ⟨attr.⟩ *(soul-)saving* ⇒*sanctifying, beatific.*

Zaligmaker 0.1 *Saviour.*

zaligverklaring ⟨r.-k.⟩ **0.1** *beatification.*

zalm 0.1 *salmon.*

zalmforel 0.1 *salmon trout.*

zalmkleur 0.1 *salmon (pink).*

zalmkleurig 0.1 *salmon-coloured, salmon (pink).*

zalmsalade 0.1 *salmon salad.*

zalven 0.1 [met zalf bestrijken] *put/rub ointment on* **0.2** [wijden] *anoint (with)* ◆ **6.2** iem. tot koning ~ *anoint s.o. king.*

zalvend 0.1 *unctuous, suave* ◆ **1.1** op ~e toon spreken *speak in an u./a s. voice/tone.*

zalving 0.1 [het zalven] *anointment (with)* ⇒*anointing (with)* **0.2** [geteem] *unction* ◆ **6.1** ⟨r.-k.⟩ de ~ **bij** het vormsel/het oliesel ⟨ook⟩ *unction.*

Zambia 0.1 *Zambia.*

Zambiaan, -se 0.1 *Zambian.*

zand 0.1 *sand* ◆ **2.1** als los ~ aan elkaar hangen *be disjointed/incoherent* **3.1** ⟨fig.⟩ iem. ~ in de ogen strooien *throw dust in/pull the wool over s.o.'s eyes* **5.1** ⟨fig.⟩ ~ erover *let's forget it, let bygones be bygones.*

zandachtig, zanderig 0.1 *sandy.*

zandauto 0.1 *sand* ᴮ*lorry/*ᴬ*truck.*

zandbak 0.1 *sandbox.*

zandbank 0.1 *sandbank* ◆ **6.1** vastlopen op een ~ *run aground on/get stuck on a s.*

zandgebak 0.1 *shortbread.*

zandgebied 0.1 *sandy area.*

zandgrond 0.1 [bodem] *sandy soil* **0.2** [streek] *sandy area* ◆ **6.1** ⟨fig.⟩ op een ~ bouwen *build on sand.*

zandhaas 0.1 *footslogger.*

zandheuvel 0.1 *sandhill.*

zandig 0.1 *sandy* ⇒⟨geol.⟩ *arenaceous* ◆ **1.1** ~e groenten *gritty vegetables.*

zandkasteel 0.1 *sandcastle.*

zandkleurig 0.1 *sandy(-coloured).*

zandkoekje 0.1 ±*shortbread* (ᴮ*biscuit/*ᴬ*cookie).*

zandkorrel 0.1 *grain of sand.*

zandlaag 0.1 *layer of sand, sandbed.*

zandloper 0.1 *hourglass* ⇒⟨mbt. eieren koken⟩ *egg-timer.*

zandpad 0.1 *sandy path.*

zandplaat 0.1 *sandbar.*

zandsteen 0.1 *sandstone* ◆ **2.1** (huis van) bruinrode ~(a) *red sandstone/*ᴬ*(a) brownstone (house).*

zandsteengroeve 0.1 *sandstone quarry.*

zandstenen 0.1 *sandstone.*

zandstorm 0.1 *sandstorm.*

zandstralen 0.1 *sandblast.*

zandstrand 0.1 *sandy beach.*

zandvlakte 0.1 *sand flat* ⇒*sand(y) plain.*

zandweg 0.1 *sand(y) track/road, dirt track.*

zandwoestijn 0.1 *sand(y) desert/waste.*

zandzak 0.1 *sandbag* ♦ **6.1 met** ~ken versterken/barricaderen/ophogen *sandbag.*

zang 0.1 [het zingen] *song, singing* ⇒*warbling* ⟨van vogels⟩ **0.2** [wat men zingt] *song* **0.3** [zangstuk] *song* → ⟨lit. ook⟩ *poem* ♦ **¶.1** ~: Mathilde Santing *vocals/vocalist: Mathilde Santing.*

zangboek 0.1 *songbook* ⇒⟨rel.⟩ *hymnal.*

zanger, -es 0.1 [iem. die zingt] *singer* ⇒⟨vnl. jazz en pop⟩ *vocalist* **0.2** [persoon mbt. zijn zang] *singer* **0.3** [dichter] *poet* ⇒⟨bard⟩ *bard.*

zangerig 0.1 *melodious* ⇒⟨mbt. intonatie⟩ *sing-song* ♦ **1.1** een ~e taal *a m. language.*

zangfestival 0.1 *song festival.*

zangkoor 0.1 [groep van zangers] *choir* **0.2** [plaats in kerk] *choir* →⟨mv.⟩ *choir stalls.*

zangkunst 0.1 *art of singing* ⇒*singing technique.*

zangleraar, -rares 0.1 *singing teacher.*

zangles 0.1 *singing lesson.*

zanglijster 0.1 *song thrush.*

zangpartij 0.1 *vocal/voice part* ⇒⟨mbt. een koor⟩ *choral purt.*

zangstem 0.1 [stem geschikt tot zingen] *singing voice* **0.2** → **zangpartij** ♦ **2.1** over een goede ~ beschikken *have got a good (s.) v.*

zangvereniging 0.1 *choir* ⇒*choral society.*

zangvogel 0.1 *songbird.*

zangwedstrijd 0.1 *song/singing contest.*

zangzaad 0.1 *mixed birdseed.*

zanik 0.1 *bore* ⇒⟨klager⟩ *moaner, whiner* ♦ **2.1** hij is een ouwe ~ *he is such a b./nag;* ⟨klager⟩ *he is an old grumbler.*

zaniken 0.1 *nag* ⇒⟨klagen⟩ *moan,* ⟨dreinen⟩ *whine* ♦ **3.1** zij bleef net zo lang ~ tot hij het haar gaf *she nagged him into giving it to her* **6.1 om** iets ~ *pester/badger for sth.* **¶.1** lig toch niet te ~ *stop nagging/whining, will you.*

zappen 0.1 *zap.*

zat I ⟨bn.⟩ **0.1** [dronken]⟨attr.⟩ *drunken;* ⟨alleen pred.⟩ *drunk* **0.2** [moe, beu] *fed up* **0.3** [verzadigd] *full (up)* ♦ **3.2** 't ~ zijn *be fed up (with it)* **¶.2** oud en der dagen ~ *old and weary of life;*
II ⟨bw.⟩ ⟨inf.⟩ **0.1** [in overvloed]⟨attr.⟩ *plenty;* ⟨na zn.⟩ *to spare* ♦ **1.1** zij hebben geld ~ *they have p./oodles of money;* tijd ~ *time to spare/p. of time.*

zaterdag 0.1 *Saturday* ⟨ook→**maandag**⟩.

zaterdagclub 0.1 *Saturday League club.*

zaterdagcompetitie 0.1 *Saturday League.*

zaterdags I ⟨bn.⟩ **0.1** [van zaterdag] *Saturday;*
II ⟨bw.⟩ **0.1** [op zaterdag] *on Saturdays.*

zatlap ⟨pej.⟩ **0.1** *boozer.*

zavel 0.1 *sandy clay* ⇒⟨leem⟩ *loam.*

ze I ⟨pers.vnw.⟩ **0.1** [subjectsvorm 3e pers. v. enk.] *she* **0.2** [inf.; objectsvorm 3e pers. v. enk.] *her* **0.3** [subjectsvorm 3e pers. mv.] *they* **0.4** [objectsvorm 3e pers. mv.] *them* **0.5** [als loos object]⟨zie 3.5⟩ ♦ **3.1** ~ komt zo *s. is just coming* **3.3** daar gaan ~ *there t. go* **3.4** roep ~ eens *just call t.* **3.5** ⟨inf.⟩ eet ~ ⟨aan tafel⟩ *enjoy;*
II ⟨onb.vnw.⟩ **0.1** [men] *they* ♦ **3.1** daar moesten ~ eens iets aan doen *t. ought to do sth. about that.*

zeboe 0.1 *zebu.*

zebra 0.1 [dier] *zebra* **0.2** →**zebrapad.**

zebrapad 0.1 *pedestrian crossing* ⇒⟨BE ook⟩ *zebra crossing.*

zede 0.1 [gebruik, gewoonte] *custom* ⇒⟨gebruik⟩ *usage* **0.2** [mv.; ethische norm] *morals* ⇒⟨manieren⟩ *manners* ♦ **1.1** ~n en gewoonten *customs and traditions* **2.2** in strijd met de goede ~n *contrary to good manners;* een meisje van lichte ~n *a girl of easy virtue.*

zedelijk 0.1 *moral* ♦ **1.1** het ~ verval *the decline/drop in m. standards/values.*

zedelijkheid 0.1 *morality* ♦ **2.1** openbare ~ ⟨mv.⟩ *public morals; common decency.*

zedeloos 0.1 *immoral* ♦ **3.1** ~ maken *corrupt.*

zedenbederf 0.1 *moral corruption/decay.*

zedendelict, -misdrijf 0.1 *indecency offence, indecent act* ⇒⟨van seksuele aard⟩ *sexual offence* ♦ **6.1 wegens** een ~ aangeklaagd worden *be charged with a sexual offence/* ⟨aanranding⟩ *indecent assault.*

zedenkundig 0.1 *moral, ethical.*

zedenleer 0.1 *moral philosophy, ethics* ⇒⟨stelsel⟩ *moral code.*

zedenles 0.1 *moral (lesson).*

zedenmeester 0.1 *moralist.*

zedenpolitie 0.1 *vice squad.*

zedenprediker 0.1 *moralist, moralizer.*

zedenpreek 0.1 *(moralizing) sermon* ♦ **3.1** een ~ houden tegen iem. *preach at/lecture s.o.*

zedenroman 0.1 *novel of manners.*

zedenschandaal 0.1 *sex scandal.*

zedenwet 0.1 *moral law.*

zedig 0.1 *modest* ⇒⟨ingetogen⟩ *demure* ♦ **3.1** ~ de ogen neerslaan *lower one's eyes modestly/demurely.*

zedigheid 0.1 *modesty* ⇒*demureness.*

zee 0.1 ⟨ook fig.⟩ *sea* ♦ **1.1** een ~ van licht *a flood of light;* een ~ van tijd *oceans/heaps of time* **2.1** in volle/open ~ *on the high/open sea(s)* **3.1** ~ kiezen *put (out) to s.* **6.1 aan** ~ *by the s., on the coast;* **in** ~ gaan ⟨fig.⟩ *take the plunge, embark (on sth.);* ⟨fig.⟩ met iem. **in** ~ gaan *take one's chance with s.o., throw in one's lot with s.o.;* **op** ~ *at s.;* **over** ~ *across/ over the s.* **7.¶** ⟨fig.⟩ geen ~ gaat hem te hoog *he is game for anything* **¶.1** ⟨fig.⟩ recht door ~ *straight forward.*

zeeanemoon 0.1 [bloemdier] *sea anemone* **0.2** [mv.; klasse] *sea anemones.*

zeeatlas 0.1 *nautical atlas.*

zeebaars 0.1 *bass.*

zeebanket 0.1 ⟨vnl. schelpdieren⟩ *seafood* ⇒⟨haring⟩ *herring.*

zeebenen 0.1 *sea legs* ♦ **3.1** ~ hebben *have got one's s. l.*

zeebeving 0.1 *seaquake.*

zeebodem 0.1 *ocean-floor* ⇒*seabed, bottom of the sea.*

zeebonk 0.1 *sea dog.*

zeecadet 0.1 *naval cadet* ⇒*midshipman.*

zeedier 0.1 *marine animal.*

zeedijk 0.1 *sea wall* ⇒[B]*dyke,* [A]*dike.*

zeeduivel 0.1 *angler(fish).*

zee-egel 0.1 *sea urchin.*

zee-engte 0.1 ⟨vnl. mv.⟩ *strait.*

zeef 0.1 *sieve* ⇒⟨vloeistoffen⟩ *strainer* ♦ **2.1** een geheugen als een ~ *a head/memory like a sieve* **8.1** zo lek als een ~ zijn *leak like a sieve.*

zeefdoek 0.1 *tammy (cloth), straining cloth.*

zeefdruk 0.1 [handeling] *silk-screen process/printing* **0.2** [resultaat] *silk-screen (print).*

zeegang 0.1 *swell* ⇒*sea(s)* ♦ **2.1** hoge ~ *heavy/rough swell/ seas;* korte ~ *light swell.*

zeegat 0.1 *tidal inlet/outlet* ⇒*passage/entrance to the sea* ♦ **3.1** het ~ uitgaan *go to sea.*

zeegevecht 0.1 *naval/sea battle.*

zeegewas 0.1 *marine plant.*

zeegezicht 0.1 [uitzicht op zee] *sea view* **0.2** [schilderstuk] *seascape.*

zeegod ⟨myth.⟩ **0.1** *sea god.*
zeegodin ⟨myth.⟩ **0.1** *sea goddess.*
zeegroen 0.1 ⟨zn. en bn.⟩ *sea green, aquamarine.*
zeehaven 0.1 [aan zee gelegen haven] *harbour, seaport* **0.2** [stad met scheepsverbinding met de zee] *inland port.*
zeeheld 0.1 *naval hero.*
zeehond 0.1 [dier] *seal* **0.2** [mv.; familie] *seals.*
zeehondencrèche 0.1 *seal sanctuary.*
zeehondenjacht 0.1 [het jagen] *seal hunting* **0.2** [een jacht] *seal hunt.*
zeehoofd 0.1 *pier* ⇒*jetty.*
zeekaart 0.1 *sea/nautical chart.*
zeekant 0.1 [streek bij de zee] *seacoast, seaside* **0.2** [richting naar de zee] *seaward side, seaward(s)* **0.3** [oever v.d. zee] *(sea) front* ⇒⟨oever⟩ *seashore* ◆ **6.3** aan de ~ *on the (sea) front/seashore.*
zeeklimaat 0.1 *maritime/oceanic climate.*
zeekoe 0.1 *sea cow* ◆ **2.1** Indische ~ *dugong.*
zeekust 0.1 *seacoast, seaside.*
zeekwal 0.1 *jellyfish.*
Zeeland 0.1 *Zeeland.*
zeeleeuw 0.1 [dier] *sea lion* **0.2** [mv.; familie] *sea lions.*
zeelieden 0.1 *seamen, sailors.*
zeelucht 0.1 *sea air.*
zeem 0.1 *shammy, chammy, chamois.*
zeemacht 0.1 [krijgsmacht ter zee] *navy* ⇒⟨mv.⟩ *naval forces* **0.2** [zeemogendheid] *naval/maritime power.*
zeeman 0.1 [matroos] *sailor* **0.2** [iem. vaardig in het besturen van een schip] *seaman.*
zeemansgraf 0.1 *watery grave.*
zeemansknoop 0.1 *sailor's knot.*
zeemansleven 0.1 *sailor's life.*
zeemeermin 0.1 *mermaid.*
zeemeeuw 0.1 *(sea) gull.*
zeemijl 0.1 *(international) nautical mile.*
zeemijn 0.1 *(sea) mine.*
zeemlap →**zeem.**
zeemleren ⟨alleen attr.⟩ **0.1** *chamois, chammy, shammy.*
zeemogendheid 0.1 *maritime/naval power.*
zeemonster 0.1 *sea monster.*
zeen 0.1 *sinew.*
zeenimf 0.1 *sea nymph.*
zeeofficier 0.1 *naval/navy officer.*
zeeolifant 0.1 *elephant seal, sea elephant.*
zeeoorlog 0.1 *naval war.*
zeep 0.1 [reinigingsmiddel] *soap* **0.2** [schuim] *(soap)suds* ◆ **1.1** een stukje ~ *a bar of s.;* water en ~ *s. and water* **2.1** groene/zachte ~ *soft* **s. 6.¶** om ~ brengen ⟨doden⟩ *kill;* ⟨sl.⟩ *do in;* ⟨verknoeien⟩ *botch, bungle.*
zeepaard(je) 0.1 *sea horse.*
zeepachtig 0.1 *soapy.*
zeepaling 0.1 *conger (eel).*
zeepbakje 0.1 *soap dish.*
zeepbel 0.1 [bel van zeepwater] *(soap) bubble* **0.2** [fig.] *bubble, froth* ◆ **8.1** uiteenspatten als een ~ *burst like a b.*
zeepdoos 0.1 *soapbox.*
zeepost 0.1 *overseas surface mail.*
zeeppoeder 0.1 *washing powder* ⇒*detergent.*
zeepsop 0.1 *(soap)suds* ◆ **3.1** het lijkt wel ~ *it tastes like dishwater.*
zeepvlokken 0.1 *soap flakes.*
zeepwater 0.1 *soapy water.*
zeer¹ ⟨het⟩ **0.1** [pijn] *pain, ache* **0.2** [pijnlijke plaats] *sore* ◆ **2.1** oud ~ *an old sore, old sores* **3.1** dat doet ~ *that hurts.*
zeer² I ⟨bn.⟩ **0.1** [pijnlijk] *sore, painful, aching* ◆ **1.1** een ~ hoofd *an a. head;*

II ⟨bw.⟩ **0.1** [in hoge mate] *very* ⇒*extremely, greatly* ◆ **3.1** het is ~ te betreuren *it is a great pity (that)* **¶.1** ~ tot mijn verbazing *(v.) much to my amazement.*
zeeramp 0.1 *shipping/maritime disaster.*
zeerecht 0.1 *maritime law.*
zeereis 0.1 *(sea) voyage* ⇒⟨overtocht⟩ *passage.*
zeergeleerd 0.1 *very learned.*
zeerob 0.1 [persoon] *sea dog* **0.2** [dier] *seal.*
zeeroof 0.1 *piracy.*
zeerover 0.1 [piraat] *pirate* **0.2** [schip] *pirate (ship).*
zeerst 0.1 *very* ⇒*extremely, greatly* ◆ **6.1** het spijt mij ten ~e *I am deeply/extremely sorry.*
zeescheepvaart 0.1 *ocean shipping.*
zeeschip 0.1 *sea-/ocean-going vessel.*
zeeschuimer →**zeerover 0.1.**
zeeslag 0.1 [zeegevecht] *sea/naval battle* **0.2** [spel] *battleships.*
zeeslak 0.1 *sea slug.*
zeesluis 0.1 *sea lock.*
zeespiegel 0.1 *sea level* ◆ **6.1** twee meter boven de ~ *two metres above s. l.*
zeester 0.1 *starfish.*
zeestraat 0.1 ⟨vaak mv.⟩ *strait* ⇒*sound.*
zeestrand 0.1 *(sea) beach.*
zeestroming 0.1 *(ocean) current* ◆ **2.1** warme ~ *warm c.*
zeeterm 0.1 *nautical term.*
Zeeuws 0.1 *Zeeland* ⟨attr.⟩.
Zeeuws-Vlaanderen 0.1 *Zeeland Flanders.*
zeevaarder 0.1 ⟨mbt. stuurmanskunst⟩ *navigator;* ⟨zeeman⟩ *sailor, seaman.*
zeevaart 0.1 [vaart op/over de zee] *seagoing;* ⟨als branche⟩ *shipping* **0.2** [kunst, uitoefening] *seamanship* ⇒*navigational skill(s).*
zeevaartkunde 0.1 *seamanship, (art of) navigation.*
zeevaartkundig ⟨scheep.⟩ **0.1** *nautical, navigational.*
zeevaartroute 0.1 *shipping/navigation route/lane.*
zeevaartschool 0.1 *nautical college.*
zeevarend 0.1 *maritime* ⇒*seagoing* ◆ **1.1** berichten aan ~en *messages for sailors/seamen.*
zeeverbinding 0.1 *sea link.*
zeevis 0.1 *marine/saltwater/sea fish* ◆ **2.1** verse ~ ⟨niet bevroren⟩ *wet sea fish.*
zeevisserij 0.1 *offshore fishing.*
zeevruchten 0.1 *shellfish* ⇒⟨cul.⟩ *fruits de mer.*
zeewaardig 0.1 [geschikt om op zee te varen] *seaworthy* **0.2** [bestand tegen zeevervoer] *seaproof* ◆ **1.1** een ~ jacht *a s. yacht.*
zeewaardigheid 0.1 *seaworthiness.*
zeewaarts 0.1 [aan de kant/in de richting v.d. zee] *on the seaward side* **0.2** [de zee in] *seaward(s)* ◆ **3.2** ~ drijven *drift s.*
zeewater 0.1 *seawater* ⇒*salt water.*
zeeweg 0.1 [weg over zee] *seaway* ⇒⟨vaste⟩ *sea lane, ocean/shipping lane* **0.2** [weg naar zee] *seaway.*
zeewering 0.1 *sea wall.*
zeewezen 0.1 *maritime affairs.*
zeewier 0.1 [in zee levend wier] *seaweed* **0.2** [zeegras] *eelgrass* ◆ **6.1** met ~ begroeid *overgrown/covered with s.*
zeewolf 0.1 *wolffish* ⇒*sea wolf.*
zeezeilen 0.1 *ocean-sailing.*
zeeziek 0.1 *seasick* ◆ **3.1** ~ zijn *be s.*
zeeziekte 0.1 *seasickness.*
zeezout 0.1 *sea salt.*
zeg ⟨inf.⟩ **0.1** ᴮ*I say,* ᴬ*say* ◆ **¶.1** ~, zag je hem? *(I) say, did you see him?;* hé ~, kom eens hier *hey, come (over) here;* kom nou ~ *come (on) now!, not really!*

965

zege 0.1 *victory, triumph* ⇒⟨vnl. sport⟩ *win* ◆ 3.1 de ~ was aan ...... *was/were victorious.*
zegeboog 0.1 *triumphal arch.*
zegekrans 0.1 *(laurel) wreath.*
zegel I ⟨de⟩ 0.1 [gegomd strookje papier] *stamp* ⇒⟨waardezegel ook⟩ *trading stamp;* **II** ⟨het⟩ 0.1 [zegelafdruk; ook mbt. roerende goederen] *seal* 0.2 [stempel] *seal, stamp* 0.3 [stempelmerk v.d. staat] *stamp* 0.4 [papier met het stempelmerk v.d. staat] *stamped paper* 0.5 [belasting] *stamp duty* ◆ 3.1 zijn ~ ergens op drukken, zijn ~ hechten aan iets ⟨fig.⟩ *set one's s. on sth., give one's blessing to sth.;* het ~ verbreken *break the s.* 6.5 vrij van ~ *exempt from/free of s. d.*
zegelafdruk 0.1 *(embossed) stamp* ⇒*impression,* ⟨zegel⟩ *seal* ◆ 6.1 met/voorzien v.e. ~ *stamped, embossed with a stamp.*
zegelbewaarder 0.1 *Keeper of the Seal.*
zegelboekje 0.1 *stamp book.*
zegelen 0.1 [een zegel aanbrengen] *put/set a seal on* ⇒ ⟨mbt. een postzegel⟩ *stamp* 0.2 [verzegelen] *(place under) seal* ⇒⟨dichtmaken⟩ *seal up.*
zegellak 0.1 *sealing wax.*
zegelring 0.1 *signet ring.*
zegen 0.1 [reeks woorden waarmee men Gods gunst vraagt] *blessing* ⇒⟨kerk ook⟩ *benediction* 0.2 [heil, voorspoed] *blessing* 0.3 [blijk van gunst] *blessing* 0.4 [iets heilzaams] *blessing* ⇒*boon* ◆ 1.3 kinderen zijn een ~ van God *children are a b./gift from God* 3.1 ⟨iron.⟩ mijn ~ heb je *you've got my blessing (for what it's worth)* 3.2 hierop rust geen ~ *it doesn't bring any luck* 6.4 dat is een ~ voor de mensheid *that is a blessing/boon to mankind.*
zegenen 0.1 *bless* ◆ 1.1 ⟨iron.⟩ God zegene de greep *here's hoping (for the best);* een kerk ~ *consecrate a church* ¶.1 ⟨iron.⟩ gezegend ben je! *a fine mess you're in!*
zegening 0.1 [het zegenen] *blessing* ⇒⟨kerk ook⟩ *benediction* 0.2 [weldaad, gunst] *blessing.*
zegenrijk 0.1 *salutary* ⇒*beneficial,* ⟨voorspoedig⟩ *auspicious* ◆ 1.1 een ~ jaar *an auspicious year.*
zegepalm 0.1 *palm of victory* ◆ 3.1 ⟨fig.⟩ de ~ behalen *win the honours.*
zegepraal 0.1 [intocht] *triumphal entry* 0.2 [overwinning] *victory, triumph.*
zegepralend 0.1 *triumphal* ⇒⟨zegevierend⟩ *triumphant.*
zegerijk 0.1 *victorious, triumphant* ◆ 1.1 een ~ leger *a v./t. army.*
zegeteken 0.1 *trophy.*
zegetocht 0.1 *triumphal/victory march* ◆ 1.1 de ~ v.d. computer *the triumphal progress of the computer.*
zegevieren 0.1 [overwinning behalen] *triumph* ⇒*be victorious* 0.2 [moeilijkheden te boven komen] *triumph* ⇒ *overcome* ◆ 1.1 het gezonde verstand zegevierde *common sense prevailed.*
zegevierend 0.1 [overwinnend] *victorious* ⇒*triumphant* 0.2 [triomfantelijk] *triumphant.*
zegge 0.1 *in words* ◆ 1.1 *f* 100,-, ~ honderd gulden *Dfl 100, in words, a hundred guilders* 9.¶ ~ en schrijve drie uur ⟨een korte tijd⟩ *no more than three hours;* ⟨een te lange tijd⟩ *all of three hours.*
zeggen[1] ⟨het⟩ 0.1 *what one says* ◆ 6.1 volgens zijn ~ *according to what he says.*
zeggen[2] ⟨ov.ww.⟩ 0.1 [vertellen] *say* ⇒*tell* 0.2 [uitspreken] *say* 0.3 [gebieden] *tell* 0.4 [vinden] *say* 0.5 [betekenen] *say* ⇒*mean* 0.6 [toezeggen] *say* 0.7 [bewijzen] *say* ⇒ *prove* 0.8 [aanmerken] *say* ⇒*tell (s.o.)* 0.9 [schriftelijk meedelen] *say* ⇒*state* 0.10 [aannemen] *say* ◆ 1.1 de

zege - zeikvent

waarheid ~ *tell the truth* 1.2 zoals de Amerikanen het zouden ~ *as the Americans would put it* 1.4 het zijne ~ *have one's say* 3.1 wat wil je daarmee ~? *what are you trying to s.?, what are you driving at?;* wat ik ~ wou *by the way* 3.2 onder ons gezegd en gezwegen *between ourselves* 3.3 je hebt het maar voor het ~ *it's up to you* 3.4 wat zou je ~ van een kopje thee? / 10 uur? *how about a cup of tea? / 10 o'clock?* 3.5 dat wil ~ ⟨uitleggend⟩ *that means, i.e.;* ⟨kwalificerend⟩ *that is (to s.)* 3.8 dat laat ik me niet ~ *I won't take that* 3.10 laten we ~, dat ... *let's s. that ...* 4.1 wat zeg je me nou? *what's that you are telling me?, what's this?;* wat zegt u? *(I beg your) pardon?, sorry?;* wie zal het ~? *who can s. /tell?;* ik kan goed timmeren, al zeg ik het zelf *I am good at carpentry, even though I s. so myself* 4.2 hoe zal ik het ~? *how shall I put it?;* nou je het zegt *now (that) you mention it* 4.4 wat zeg je me daarvan! *how about that!, well I never!;* dat is toch zo, zeg nou zelf *it is true, admit it* 4.5 het zegt me niets *it means nothing to me;* en dat wil wat ~ *and that is saying sth.* 4.7 dat zegt niets *that proves nothing* 5.1 daar is alles mee gezegd *that's all there is to it;* ⟨scherts.⟩ ik zeg maar niks *I'd better not s. anything at all;* zeg het maar, het maakt mij niets uit *you decide, it makes no difference to me;* ⟨in winkel⟩ zegt u het maar *yes, please?;* zeg maar wanneer je wilt komen *just s. when you want to come;* je had een voorstel? zeg het maar *you had a suggestion? let's hear it;* zeg dat wel *you can say that again* 5.2 aardig gezegd *nicely put;* zo gezegd, zo gedaan *no sooner said than done* 5.4 het zijne ervan ~ s. *one's piece* 6.1 bij zichzelf ~ *s. /think to o.s.;* dat kan niet van iedereen gezegd worden *that doesn't apply to everyone;* er is iets te ~ voor een bloedonderzoek *there is a case for a blood test* 6.2 zonder iets te ~ *without (saying) a word* 6.3 niets te ~ hebben ⟨fig.⟩ *have no authority, hold no sway, have no say;* het voor het ~ hebben *be in charge* 7.1 ze ~ zoveel *you shouldn't believe everything they/people say* 8.1 zeg maar dat hij moet gaan *tell him to go;* men zegt dat hij heel rijk is *he is said/reputed to be very rich* 9.2 zeg maar 'Tom' *call me 'Tom'* ¶.2 daar zeg je zoiets ⟨dat is waar ook⟩ *that reminds me,* ⟨goed idee⟩ *that's not a bad idea* ¶.4 wat leuk, zeg! *that's nice, isn't it!* ¶.¶ zeg, wat doe jij daar nou? *hey, what do you think you're doing?*
zeggenschap 0.1 *say* ⇒*voice* ◆ 3.1 mensen meer ~ geven *give people more s.* 6.1 ~ hebben in een aangelegenheid *have a s. /voice in a matter.*
zeggingskracht 0.1 *eloquence, expressiveness* ◆ 2.1 over een grote ~ beschikken *have great power of expression.*
zegje ◆ 3.¶ ieder wil zijn ~ doen *everyone wants to have their say.*
zegsman, -vrouw 0.1 *informant* ⇒*authority* ◆ 3.1 wie is uw ~? *who is your i.?*
zegswijze 0.1 *phrase, saying.*
zeik ⟨vulg.⟩ 0.1 *piss* ◆ 6.1 ⟨fig.⟩ iem. in de ~ zetten / nemen *take the p. out of s.o.*
zeiken ⟨vulg.⟩ 0.1 [zeuren] ⟨ongemarkeerd⟩ *go/harp/carry on* 0.2 [pissen] *piss* 0.3 [stortregenen] *piss down* 0.4 [klieren] ⟨ongemarkeerd⟩ *nag* ◆ 3.1 lig niet te ~ *stop carrying on* 3.3 toen we buiten kwamen begon het toch te ~ *when we got outside it started to piss down like anything.*
zeikerd ⟨vulg.⟩ 0.1 [zeur] *bugger* 0.2 [bangerik] ⟨inf.⟩ *yellowbelly* 0.3 [klier] *pain (in the arse).*
zeikerig 0.1 *fretful* ⇒*whiney.*
zeiknat ⟨vulg.⟩ 0.1 ⟨ongemarkeerd⟩ *bloody soaked.*
zeikstraal ⟨vulg.⟩ 0.1 →**zeikerd** 0.1 0.2 [bangerik] *yellowbelly.*
zeikvent, -wijf ⟨vulg.⟩ 0.1 *bugger.*

zeil 0.1 [doek(en) aan de mast] *sail* **0.2** [vloerbedekking] *floorcloth* **0.3** [doek voor andere doeleinden] *canvas* ⇒ *sailcloth*, ⟨dekzeil⟩ *tarpaulin* ◆ **1.3** de ~en v.e. windmolen *the sails of a windmill* **2.1** met opgestoken ~en ⟨lett.⟩ *with hoisted sails;* ⟨fig.⟩ *keyed/wound up;* met opgestoken/opgestreken ~en op iem. afkomen ⟨fig.⟩ *come marching up to s.o.;* met volle ~en *under full s.* **3.1** alle ~en bijzetten *employ full s.;* ⟨fig.⟩ *pull out all the stops;* de ~en hijsen/strijken *hoist/lower the sails;* ~ minderen *take in s.;* ⟨fig.⟩ *keep/show a low profile;* veel ~ voeren *carry a lot of s.* **6.1** **onder** ~ gaan *set s.;* ⟨fig.⟩ *doze off.*

zeilboot 0.1 *sailing boat;* ⟨kleine⟩ *sailing dinghy.*

zeildoek 0.1 *canvas* ⇒⟨geteerd⟩ *tarpaulin*, ⟨geteerd⟩ *weather cloth.*

zeilen 0.1 *sail* ⟨ook fig.⟩ ◆ **1.1** na drie dagen ~ *after three days' sailing* **3.1** gaan ~ *go sailing* **6.1** die dronkaard zeilt **over** straat *that drunk is lurching across the street.*

zeiler, -ster 0.1 *yachtsman/woman* ⇒*sailor* ◆ **2.1** een verwoed ~ *a keen sailor.*

zeiljacht 0.1 *yacht.*

zeilplank ⟨sport⟩ **0.1** *sailboard.*

zeilschip 0.1 *sailing ship.*

zeilsport 0.1 *sailing.*

zeilvliegen 0.1 *hang-gliding.*

zeilwedstrijd 0.1 *sailing race.*

zeis 0.1 *scythe* ◆ **6.1** de man met de ~ *the Grim Reaper.*

zeker¹ ⟨bn., bw.⟩ **0.1** [buiten gevaar] *safe* **0.2** [overtuigd, betrouwbaar, gerust] *sure, certain* **0.3** [waarschijnlijk]⟨bw.⟩ *probably* ◆ **2.2** hij is zo vreselijk ~ van alles *he is so terribly s. of everything* **2.3** hij heeft het vast en ~ niet verkocht *he certainly hasn't sold it* **3.1** ⟨op⟩ ~ spelen *play safe* **3.2** iets ~ weten *know sth. for s.;* ~ weten! *s. is/are/was/* ⟨enz.⟩ *!;* ~ willen zijn dat ... *want to make s. that ...;* om ~ te zijn *to be s.;* zijn leven niet ~ zijn *not be s. of one's life* **3.3** je wou haar ~ verrassen *I expect you wanted to surprise her* **5.2** vast en ~! *definitely* **6.2** je bent daar ~ van stralend weer *you're s. to have glorious weather there;* ergens ~ **van** zijn *be s. of sth.* **7.1** hij heeft het ~e voor het onzekere genomen *he did it to be on the safe side* **8.1** het is zo ~ als 2 + 2 vier is *it's as sure as night follows day* **¶.3** je hebt het ~ al af *you must have finished it by now;* je kunt ~ geen cricket spelen? *you don't know how to play cricket, do you?;* ik hoef ~ niet te zeggen dat *I scarcely need to say that.*

zeker² ⟨onb.vnw.⟩ **0.1** *certain* ◆ **1.1** op ~e dag *one day;* iets met ~e deftigheid doen *do sth. with a c. dignity;* een ~e meneer Pietersen *a (c.) Mr Pietersen;* in ~ opzicht *in a c. sense;* in ~e zin *in a sense.*

zeker³ ⟨tw.⟩ ◆ **5.¶** ~ niet *certainly not;* wel ~ *sure, certainly;* ⟨toestemming gevend⟩ *by all means;* zeer ~ *most certainly.*

zekerheid 0.1 [veiligheid] *safety* ⇒⟨bewaring⟩ *safe-keeping* **0.2** [stelligheid] *certainty* ⇒⟨overtuiging⟩ *confidence* ◆ **1.1** iem. een gevoel van ~ geven *give s.o. a sense of security* **2.¶** sociale ~ *social security* **3.2** ~ hebben ⟨ook⟩ *be certain/sure;* ~ krijgen over iets *make sure about sth.;* zich ~ verschaffen omtrent iets *make sure about sth.* **6.1** iets in ~ brengen *put sth. (somewhere) for safe-keeping;* **voor** alle ~ *for safety's sake, to make quite sure* **6.2** het is nu met ~ bekend *it is now known for certain.*

zekerheidshalve 0.1 ⟨mbt. veiligheid⟩ *for safety's sake;* ⟨mbt. stelligheid⟩ *(just) to be sure.*

zekering 0.1 *(safety) fuse* ◆ **3.1** de ~en zijn doorgeslagen *the fuses have blown;* ⟨razend zijn; inf.⟩ *has blown his top;* ⟨in geestelijke crisis raken; inf.⟩ *he/*⟨enz.⟩ *has flipped his lid.*

zekeringkast 0.1 *fuse box.*

zelden 0.1 *rarely, seldom* ◆ **3.1** het gebeurt ~ dat ...*it r. happens that ...;* ik heb ~ zo gelachen *what a laugh (I had)!* **5.1** hoogst ~ *very r.;* niet ~ *not infrequently;* ~ of nooit *r. if ever.*

zeldzaam 0.1 [schaars] *rare* **0.2** [vreemd] *strange* **0.3** [buitengewoon goed] *exceptional* ◆ **1.1** een meisje van zeldzame schoonheid *a girl of r. beauty* **1.2** een ~ verschijnsel *a s. phenomenon* **2.1** ~ mooi *uncommonly beautiful* **3.1** toeristen zijn daar heel ~ *tourists are few and far between there.*

zeldzaamheid 0.1 *rarity* ◆ **3.1** sneeuw is daar een ~ *snow is a rare occurrence there;* het is een ~ als ik hem zie *it is a rare thing for me to see him.*

zelf¹ ⟨het⟩ **0.1** *self* ◆ **2.1** mijn oude ~ *my old s.*

zelf² ⟨aanw.vnw.⟩ **0.1** [in eigen persoon] *my/your/him/her/itself, our/your/themselves, oneself* **0.2** [in tegenstelling met iets anders] *itself* ◆ **1.1** de meester ~ heeft het gezegd *the master himself said it* **1.2** ⟨fig.⟩ zij was de beleefdheid zelve *she was politeness i.;* het huis ~ is onbeschadigd *the house i. is undamaged* **3.1** ~ een zaak beginnen *start one's own business;* dat moet je ~ beoordelen *you must judge (that) for yourself;* ~ gebakken brood *home-made bread;* ~ gekozen ⟨na zn.⟩ *of one's (own) choice;* hij heeft ~ een auto *he has got a car of his own;* wilt u a.u.b. ~ komen? *will you please come in person?;* ik kook ~ *I do my own cooking;* zeg nou ~ *what do you think?;* al zeg ik het ~ *although I say it myself* **4.1** Jan en ik ~ *Jan and myself;* men zou het ~ moeten doen *one should do it o.s.*

zelfachting 0.1 *self-esteem.*

zelfanalyse 0.1 *self-analysis* ⇒⟨mbt. zijn geweten⟩ *soul-searching.*

zelfbediening 0.1 [selfservice] *self-service* **0.2** [pregn.; zelfbedieningswinkel] *self-service shop.*

zelfbedieningsrestaurant 0.1 *self-service restaurant.*

zelfbedieningswinkel 0.1 *self-service store.*

zelfbedrog 0.1 *self-deception* ◆ **6.1** geneigd **tot** ~ *self-deceiving.*

zelfbeeld ⟨psych.⟩ **0.1** *self-image.*

zelfbeheersing 0.1 *self-control* ◆ **3.1** zijn ~ bewaren *keep one's s.-c.;* ⟨inf.⟩ *keep one's cool;* zijn ~ hervinden *get a grip on o.s.;* zijn ~ verliezen *lose control of o.s.*

zelfbehoud 0.1 *self-preservation.*

zelfbeklag 0.1 *self-pity.*

zelfbeschikking 0.1 *self-determination.*

zelfbeschikkingsrecht 0.1 *right of self-determination.*

zelfbeschuldiging 0.1 *self-accusation.*

zelfbestuiving ⟨plantk.⟩ **0.1** *self-pollination.*

zelfbestuur 0.1 ⟨mbt. regering⟩ *self-government.*

zelfbevestiging 0.1 *self-assurance.*

zelfbevrediging 0.1 *masturbation.*

zelfbevruchting 0.1 *self-fertilization.*

zelfbewust 0.1 *self-confident/-assured.*

zelfbewustheid 0.1 *self-confidence/-assurance.*

zelfbewustzijn 0.1 *self-awareness.*

zelfcontrole 0.1 [zelfbeheersing] *self-control* **0.2** [toezicht op eigen prestaties] *self-discipline.*

zelfde 0.1 ⟨met onb. lidw.⟩ *similar;* ⟨met bep.lidw. en aanw. vnw.⟩ *very (same)* ◆ **1.1** in deze ~ kamer ⟨ter plaatse⟩ *in this very room;* ⟨precies⟩ dezelfde kamer *in the (very) same room.*

zelfdiscipline 0.1 *self-discipline* ◆ **6.1** iem. met ~ ⟨ook⟩ *a self-disciplined person.*

zelfdoding 0.1 *suicide.*

zelffinanciering ⟨geldw.⟩ **0.1** *self-financing.*

zelfgenoegzaam 0.1 [tevreden met zichzelf] *self-satisfied* **0.2** [zelfingenomen] *conceited.*

zelfgenoegzaamheid 0.1 [tevredenheid met zichzelf] *self-satisfaction* **0.2** [verwaandheid] *conceit(edness).*

zelfingenomen 0.1 *conceited.*

zelfingenomenheid 0.1 *conceit.*

zelfkant 0.1 [zijkant van een weefsel] *selvedge, selvage* **0.2** [grensgebied] *fringe(s)* ⇒⟨inf.⟩ *seamy side* ♦ **1.2** de ~ v.h. leven *live the seamy side of life;* aan de ~ v.d. maatschappij leven *live on the fringe(s) of society.*

zelfkastijding 0.1 *self-punishment/*⟨geestelijk ook⟩ *-castigation/*⟨lichamelijk ook⟩ *-chastisement.*

zelfkennis 0.1 *self-knowledge.*

zelfkritiek 0.1 *self-criticism* ♦ **5.1** vol ~ *(very) self-critical.*

zelfmedelijden 0.1 *self-pity.*

zelfmoord 0.1 *suicide* ♦ **3.1** ~ plegen *commit s.;* dat zou ~ zijn *that would be suicidal* **6.1** een poging tot ~ a *s. attempt;* ⟨jur. ook⟩ *(a case of) attempted s.*

zelfmoordcommando 0.1 *suicide squad.*

zelfmoordenaar, -nares 0.1 *suicide.*

zelfmoordneiging 0.1 *suicidal tendency.*

zelfmoordpoging 0.1 *suicide attempt;* ⟨jur. ook⟩ *(case of) attempted suicide* ♦ **3.1** een ~ doen, ondernemen *make a s. a.*

zelfmoordstrijder 0.1 ±*suicide bomber* ⇒⟨mv.⟩ *suicide commando.*

zelfonderzoek 0.1 *self-examination;* ⟨mbt. geweten⟩ *soul-searching.*

zelfontbranding 0.1 *self-ignition, spontaneous combustion.*

zelfontplooiing 0.1 *self-development* ⇒⟨zelfverwerkelijking⟩ *self-realization.*

zelfontspanner ⟨foto.⟩ **0.1** *self-timer.*

zelfontsteking 0.1 *autoignition.*

zelfopoffering 0.1 *self-sacrifice.*

zelfoverschatting 0.1 *overestimation of o.s.* ⇒⟨pej.⟩ *inflated ego* ♦ **3.1** aan ~ lijden *overestimate o.s., suffer from an inflated ego.*

zelfportret 0.1 *self-portrait.*

zelfregulerend 0.1 *self-regulating.*

zelfreinigend 0.1 [het vermogen bezittend zichzelf te reinigen] *self-cleaning* **0.2** [weinig schoonmaakwerk vergend] *easy-to-clean.*

zelfrespect 0.1 *self-respect* ♦ **3.1** ~ hebben *have s.-r.* **6.1** een mens met ~ a *self-respecting person.*

zelfrijzend 0.1 *self-raising* ♦ **1.1** ~ bakmeel *s.-r. flour.*

zelfs 0.1 *even* ♦ **2.1** het is fris, ja ~ koud *it is brisk, in fact cold* **5.1** ~ zijn vrienden ontzag hij niet *he did not e. spare his friends;* ~ nu nog *e. now* ¶**.1** ~ in dat geval *e. so.*

zelfspot 0.1 *self-mockery.*

zelfstandig 0.1 *independent* ⇒⟨zelfstandig werkend⟩ *self-employed* ♦ **1.1** ~ beroep *i. profession;* de onderneming verloor haar ~ bestaan *the business lost its separate identity;* ⟨taal.⟩ het ~ gebruik *(the) nominal use* **2.1** een kleine ~ a *self-employed person* **3.1** ~ denken *think for o.s.;* ~ (gaan) wonen *(go and) live on one's own.*

zelfstandigheid 0.1 *independence.*

zelfstellend 0.1 *self-adjusting.*

zelfstrijkend 0.1 *non-iron.*

zelfstudie 0.1 *private/home study.*

zelfsuggestie ⟨psych.⟩ **0.1** *autosuggestion.*

zelftankstation 0.1 *self-service petrol station.*

zelfverbranding 0.1 ⟨mbt. mens⟩ *burning o.s. (to death).*

zelfverdediging 0.1 *self-defence* ♦ **6.1** uit ~ handelen *act in s.-d.*

zelfverheerlijking 0.1 *self-glorification.*

zelfverheffing 0.1 *self-exaltation.*

zelfverloochening 0.1 *self-denial.*

zelfvernedering 0.1 *self-abasement.*

zelfvernietiging 0.1 *self-destruction.*

zelfvertrouwen 0.1 *(self-)confidence* ⇒⟨itt. vertrouwen op anderen⟩ *self-reliance* ♦ **2.1** overdreven ~ *over-confidence* **3.1** ~ hebben ⟨ook⟩ *be (self-)confident* **5.1** vol ~ *(self-)confident(ly).*

zelfverwijt 0.1 *self-reproach* ♦ **5.1** vol ~ *self-reproachful (ly).*

zelfverzekerd 0.1 *(self-)assured* ♦ **1.1** een ~e houding a *confident attitude* **3.1** ~ zijn ⟨ook⟩ *be sure of o.s.*

zelfvoldaan 0.1 *self-satisfied* ⟨persoon⟩.

zelfvoldoening 0.1 *(self-)satisfaction.*

zelfvoorzienend 0.1 *self-supporting.*

zelfwerkzaamheid 0.1 *self-activation;* ⟨mbt. leerlingen⟩ *self-motivation, independence.*

zelfzucht 0.1 *selfishness* ♦ **6.1** uit ~ ⟨ook⟩ *from self-interest.*

zelfzuchtig 0.1 *selfish* ♦ **1.1** ~e bedoelingen hebben *have personal reasons; ~ o* motieven *interested motives.*

zemelaar, -ster, zemel 0.1 *twaddler.*

zemelen¹ ⟨mv.⟩ **0.1** *bran* (geen mv.).

zemelen² ⟨onov.ww.⟩ 0.1 *twaddle.*

zemen¹ ⟨bn.⟩ **0.1** *chamois/shammy (leather).*

zemen² ⟨ov.ww.⟩ 0.1 *leather* ♦ **1.1** de ramen ~ *clean/shammy the windows.*

zenboeddhisme 0.1 *Zen (Buddhism).*

zendamateur ⟨com.⟩ **0.1** *(radio) ham* ⇒*amateur radio operator,* ⟨MC'er⟩ *CB-er.*

zendapparatuur 0.1 *transmitting equipment.*

zendbereik 0.1 *transmission range.*

zendeling 0.1 *missionary.*

zenden I ⟨onov.ww.⟩ **0.1** [com] *broadcast, transmit;* **II** ⟨ov.ww.⟩ **0.1** [sturen] *send* ♦ **6.1** iem. werd om de dokter gezonden *the doctor was sent for.*

zender 0.1 [zendstation] *broadcasting/transmitting station* **0.2** [persoon] *sender* **0.3** [voorwerp dat elektromagnetische golven uitzendt] *emitter, transmitter.*

zenderkleuring 0.1 *channel differentiation.*

zendgemachtigde 0.1 *broadcasting licence-holder.*

zendgolf 0.1 *carrier wave.*

zending 0.1 [het zenden] *sending* **0.2** [wat gezonden wordt] *supply* ⇒⟨per post verzonden⟩ *parcel,* ⟨per post verzonden⟩ *package* **0.3** [taak, missiewerk] *mission* ♦ **2.2** we wachten op een nieuwe ~ *we're waiting for a fresh s.*

zendingspost 0.1 *missionary post.*

zendingswerk 0.1 *missionary work.*

zendinstallatie 0.1 *transmitting station/equipment.*

zendmachtiging 0.1 *broadcasting licence.*

zendmast 0.1 *(radio/TV) mast;* ⟨heel hoog⟩ *radio/TV tower.*

zendontvangapparatuur 0.1 *two-way radio (apparatus)* ⇒⟨individueel⟩ *CB radio.*

zendontvanger 0.1 *transceiver.*

zendpiraat 0.1 *radio/TV pirate.*

zendpost 0.1 *broadcasting/transmitting post.*

zendschip 0.1 *radio/broadcasting ship.*

zendstation 0.1 ⟨radio/tv⟩ *broadcasting/transmitting station.*

zendtijd 0.1 *broadcast(ing) time.*

zendtoestel 0.1 *transmitting set.*

zendvergunning 0.1 ⟨radio/tv⟩ *broadcasting/transmitting licence.*

zenit 0.1 [ster.; ook fig.] *zenith.*

zenuw 0.1 [med.] *nerve* 0.2 [mv.; fysieke gesteldheid] *nerves* ♦ **1.2** hij is één bonk ~en *he's a bundle of n.* **2.1** sensibele ~ *sensory n.* **2.2** met gespannen ~en *nervously;* stalen ~en *n. of steel;* sterke ~en hebben *have strong n.* **3.2** zijn ~en begaven het *his n. snapped;* de ~en hebben *have the jitters;* krijg de ~en! *get stuffed!* **6.2 op** iemands ~en werken *get on s.o.'s n.;* hij kreeg het **op** z'n ~en *his n. went to bits;* ze was óp **van** de ~en *she was a nervous wreck* **6.¶ in** de ~en zitten *be in a fidget.*

zenuwaandoening 0.1 *nervous disorder.*

zenuwachtig 0.1 *nervous* ♦ **1.1** de ~e drukte van het Londense leven *the n. commotion of London life;* er heerste op de effectenbeurs een ~e stemming *the stock market was in a flurry* **3.1** je maakt me ~ ⟨ook⟩ *you're flustering me;* zich ~ maken over iets *get n. about sth.;* ~ zijn / doen ⟨ook⟩ *fidget;* ⟨druk doen⟩ *fuss* **6.1** ~ zijn **voor** het examen *be jittery before the exam.*

zenuwachtigheid 0.1 [nervositeit] *nervousness* 0.2 [opwinding, onrust] *agitation* ⇒⟨drukte⟩ *fuss,* ⟨drukte⟩ *flurry.*

zenuwarts 0.1 *neurologist.*

zenuwbehandeling 0.1 *root canal work.*

zenuwcel 0.1 *neuron.*

zenuwcentrum 0.1 *nerve centre* ⟨ook fig.⟩.

zenuwgas 0.1 *nerve gas.*

zenuwgestel 0.1 *nervous system.*

zenuwinrichting 0.1 *mental home.*

zenuwinzinking 0.1 *nervous breakdown.*

zenuwlijder 0.1 [patiënt] *neurotic.*

zenuwlijer 0.1 [onrustig iem.] *fidget* 0.2 [scheldwoord] *half-wit.*

zenuwontsteking 0.1 *neuritis.*

zenuwoorlog 0.1 *war of nerves.*

zenuwpatiënt 0.1 *mental patient.*

zenuwpees ⟨inf.⟩ 0.1 *fidget* ⇒*bundle of nerves.*

zenuwpijn 0.1 *neuralgia.*

zenuwslopend 0.1 *nerve-racking.*

zenuwstelsel 0.1 *nervous system.*

zenuwtablet 0.1 *tranquillizer.*

zenuwtoeval 0.1 *(fit of) nerves.*

zenuwtrek(king) 0.1 *tic* ♦ **6.1** een ~ **in** het ooglid *a twitch of the eyelid.*

zenuwverlamming 0.1 *neuroparalysis.*

zenuwziek 0.1 *neurotic.*

zenuwziekte 0.1 *neurosis.*

zeperig 0.1 *soapy.*

zeppelin 0.1 *Zeppelin.*

zerk 0.1 *tombstone.*

zes[1] (de) 0.1 *six* ♦ **1.1** ~ min *barely a s.* **2.1** dubbel ~ gooien ⟨fig.⟩ *strike lucky* **3.1** voor dat proefwerk kreeg hij een ~ *he got s. for that test* **6.1** ⟨fig.⟩ hij is **van** ~sen klaar ⟨van alle markten thuis⟩ *he knows how to go about things* ⟨overal antwoord op wetend⟩ *he is never at a loss.*

zes[2] (telw.) 0.1 *six;* ⟨data⟩ *sixth* ♦ **1.1** ~ gulden *six guilders;* hoofdstuk ~ *chapter six* **6.1** iets **in** ~sen delen *divide sth. into six (parts);* ze kwamen **met** zijn ~sen *six of them came;* wij zijn **met** z'n ~sen *there are six of us;* **met** ~ tegelijk *in sixes;* deel dit **onder** jullie ~sen *share this among the six of you* ⟨ook→**drie**⟩.

zesdaags 0.1 *six-day* ♦ **7.1** de ~e *the six-day (bicycle) race.*

zesde 0.1 (bn. en rangtelw.) *sixth* ♦ **6.1** ten ~ *sixthly* ⟨ook→ **derde**⟩.

zeshoek 0.1 *hexagon.*

zeshoekig 0.1 *hexagonal.*

zestal 0.1 *six.*

zestien 0.1 *sixteen;* ⟨data⟩ *sixteenth* ⟨ook→**drie**⟩.

zestiende 0.1 *sixteenth* ⟨ook→**derde**⟩.

zestienmetergebied 0.1 *eighteen-yard area.*

zestig 0.1 *sixty* ♦ **1.1** in de jaren ~ *in the sixties* **6.1 boven** de ~, de ~ gepasseerd *past s.;* diep **in** de ~ zijn *be well over s.;* voor **in** de ~ zijn *be just over s.;* zij is **rond** de ~ *she's around s.;* hij loopt **tegen** de ~ *he's close on/*⟨inf.⟩ *pushing s.* ⟨ook→**drie**⟩.

zestiger 0.1 *sixty-year-old* ♦ **2.1** hij is een goeie ~ *he is well past sixty.*

zestigplusser 0.1 *over-60* ⇒*senior citizen.*

zesvoud 0.1 [zesmaal iets genomen] *sextuple* 0.2 [getal deelbaar door zes] *multiple of six* ♦ **6.1 in** ~ kopiëren *make six copies.*

zet 0.1 [het zetten; daad] *move* 0.2 [duw] *push* ♦ **1.1** ~ en tegenzet *m. and countermove* **2.1** een gelukkige ~ *a lucky m.;* een gemene ~ *a dirty trick;* een meesterlijke ~ *a masterstroke* **3.1** een ~ doen *make a m.* **3.2** geef me eens een ~je *give me a boost, will you;* iem. een (flinke) ~ geven ⟨ook⟩ *prod/poke s.o.* **6.1** jij bent **aan** ~ *(it's) your m.* **¶.2** ⟨fig.⟩ ze heeft soms een ~je nodig *she needs a little pushing sometimes.*

zetbaas 0.1 *manager.*

zetel 0.1 *seat;* ⟨AZN; fauteuil⟩ *armchair* ♦ **1.1** de ~ v.d. regering *the s. of government* **3.1** iem. van zijn ~ beroven *unseat s.o.;* zijn ~ ter beschikking stellen *resign one's s.;* een ~ winnen *win a s.*

zetelen 0.1 *be established* ⇒*have one's seat* ♦ **6.1** onze regering zetelt in Den Haag *our government has its seat in The Hague;* het denkvermogen zetelt **in** de hersenen *the brain is the seat of intelligence;* de maatschappij zetelt **in** Antwerpen *the company is registered in Antwerp.*

zetelverdeling ⟨pol.⟩ 0.1 *distribution of seats.*

zetelverlies ⟨pol.⟩ 0.1 *loss of seats.*

zetelwinst 0.1 *gain in seats.*

zetfout 0.1 *misprint.*

zetklaar ⟨druk.⟩ 0.1 *ready for the compositor* ♦ **3.1** een tekst ~ maken *prepare a text for the compositor.*

zetmachine 0.1 *typesetting machine.*

zetmeel 0.1 *starch* ♦ **1.1** ~ van aardappelen *potato s.*

zetpil 0.1 *suppository.*

zetsel 0.1 ⟨druk.⟩ *type* ♦ **3.1** het ~ klaarmaken *set up t.*

zetten 0.1 [doen zitten] *seat* 0.2 [plaatsen] *set* ⇒*put,* ⟨een zet doen⟩ *move* 0.3 [bepalen] *set* 0.4 [aannemen] *make* ⇒*put on* 0.5 [bereiden] *make* ⟨koffie, thee⟩ 0.6 [met kracht beginnen] *set to* 0.7 [opwekken] *set* 0.8 [in de vereiste stand brengen] *put* ⇒*set* ⟨gebroken beenderen⟩ 0.9 [zijn vaste vorm krijgen] *set* 0.10 [druk.] *compose* 0.11 [arrangeren] *arrange* 0.12 [verwedden] *put* ♦ **1.2** enkele stappen ~ *take a few steps* **1.4** zij zette een verbaasd gezicht *her face registered surprise* **1.6** vaart ~ *steam ahead* **1.10** letters ~ *c./set type* **2.¶** zet de muziek harder / zachter *turn up/down the music* **3.¶** dat kan zij niet ~ *she can't stomach that* **4.2** zich aan tafel ~ *sit down at table* **5.2** eruit ~ *eject, evict, throw out;* opzij ~ *put/s. aside; lay away* ⟨goederen⟩; ⟨fig.⟩ *table, discard, scrap;* alle conventies opzij ~ *s. aside all conventions, be unconventional;* ⟨fig.⟩ dit even opzij gezet *leaving this aside* **5.¶** zich ergens toe ~ *put one's mind to sth.* **6.2** zet je auto **aan** de kant *pull up at the side;* iem. **achter** de tralies ~ *put s.o. behind bars;* een edelsteen **in** goud ~ *s. a jewel in gold;* het eten **op** tafel ~ *serve dinner;* ⟨comp.⟩ informatie **op** schijf ~ *enter data on a disk;* een schip **op** het land ~ *run a ship ashore;* ⟨fig.⟩ zich **over** iets heen ~ *get over sth.;* een ladder **tegen** de muur ~ *s. a ladder against a wall;* zet dat maar **uit** je hoofd! *get* *that out of your head;* iem. **uit** een vereniging ~ *drop s.o. from a club* **6.6** het **op** een lopen ~ *(make a) run for it;* het **op** een zuipen ~ *hit the bottle* **6.7** het nieuws zette hem **aan** het denken *the news made him think* **6.11** een pianosonate ~ **voor** orkest *a. a piano sonata for orchestra* **6.12** geld ~ **op** een renpaard *put money on a race;* ik zet er vijf pond **op** (dat) *I bet you five pounds (that)* **7.10** het ~ *typesetting, composing* **¶.2** in elkaar ~ ⟨machine⟩ *fit/put together, assemble sth.;* ⟨vlug of slordig⟩ *knock together;* ⟨plannetje⟩ *contrive, think up.*

zetter 0.1 [druk.] *compositor* **0.2** [iem. die edelstenen zet] *setter.*

zetterij 0.1 *composing room/shop.*

zetting 0.1 [(wijze van) het zetten] *setting* **0.2** [muz.] *arrangement* ◆ **6.1** de ~ v.e. briljant **in** zilver *the s. of a diamond in silver.*

zetwerk 0.1 *typesetting.*

zeug 0.1 *sow.*

zeulen 0.1 *lug, drag* ◆ **6.1** **met** de kinderen ~ *d. the children along;* ⟨fig.⟩ *have the children on one's hands.*

zeur 0.1 *bore, nag.*

zeurderig 0.1 *fretful, whiney.*

zeuren 0.1 [zaniken] *nag, harp;* ⟨dreinen, meieren⟩ *whine* **0.2** [eentonig geluid voortbrengen] *moan* ◆ **1.¶** een ~ de pijn *a nagging pain* **3.1** hij blijft ~ over het verleden *he drones on about the past* **5.1** ik zeurde net zo lang tot zij het goed vond *I nagged her into saying yes* **6.1** wil je niet zo **aan** mijn kop ~ *stop badgering me;* bij iem. **om** iets ~ *pester s.o. for sth.* **¶.1** iem. aan het hoofd ~ ⟨om/over⟩ *nag s.o. (to/about).*

zeurkous →**zeur.**

zeurpiet →**zeur.**

zeven¹ ⟨de⟩ **0.1** *seven* ◆ **6.1** een ~ **voor** Nederlands *(a) s. for Dutch.*

zeven² ⟨ov.ww.⟩ **0.1** *sieve* ⇒ *sift, strain* ⟨vloeistof⟩ ◆ **1.1** gezeefd vruchtensap *strained fruit juice* **6.1** poedersuiker **over** de taart ~ *sift icing sugar over the cake.*

zeven³ ⟨telw.⟩ **0.1** *seven;* ⟨data⟩ *seventh* ◆ **1.1** ⟨AZN⟩ op zijn ~ gemakken *at a snail's pace* **2.1** ⟨fig.⟩ zijn das hing op half ~ *his tie was all awry* **3.1** morgen wordt ze ~ *tomorrow she'll be seven* **6.1** iets **in** ~ en delen *divide sth. into seven (parts)* ⟨ook **>drie**⟩.

zevende 0.1 ⟨bn. en rangtelw.⟩ *seventh* ◆ **6.1** ten ~ *seventh-(ly)* **7.1** vandaag is het de ~ *today is the s.;* een ~ (deel v.e.) liter *a s. (part) of a litre* ⟨ook→**derde**⟩.

zevenhoek 0.1 *heptagon.*

zevenkamp 0.1 *heptathlon.*

zevenmaands 0.1 *of seven months* ◆ **1.1** een ~ kind *a seven-month baby.*

zevenmijlslaarzen 0.1 *seven-league boots* ◆ **6.1** ⟨fig.⟩ met ~ ⟨ook⟩ *with seven-league strides.*

zeventaI 0.1 *(some) seven* ◆ **7.1** waterpolo wordt gespeeld door twee ~len *waterpolo is played by two sevens.*

zeventien 0.1 *seventeen;* ⟨data⟩ *seventeenth* ◆ **3.1** Cato is gisteren ~ geworden *Cato was seventeen yesterday* ⟨ook→**drie**⟩.

zeventiende 0.1 ⟨bn. en rangtelw.⟩ *seventeenth* ◆ **7.1** morgen is het de ~ *tomorrow will be the s.* ⟨ook→**derde**⟩.

zeventig 0.1 *seventy* ◆ **1.1** pagina ~ *page s.* **6.1** ver/diep **in** de ~ zijn *be well over s.;* voor **in** de ~ zijn *be just over s.;* **naar** de ~ lopen *be going on s.* ⟨ook→**drie**⟩.

zeventiger 0.1 *seventy-year-old* ◆ **2.1** een goede ~ *s.o. well into his/her seventies.*

zeventigtal 0.1 *(some) seventy.*

zevenvoud 0.1 [zevenmaal iets genomen] *septuple* **0.2** [ge-

tal deelbaar door zeven] *multiple of seven* ◆ **6.1** kopiëren **in** ~ *make seven copies (of).*

zever 0.1 ⟨ook fig.⟩ *drivel.*

zeveraar, -ster 0.1 *driveller, drooler.*

zeveren 0.1 ⟨ook fig.⟩ *drivel.*

zich 0.1 [3e persoon]⟨bij wk.ww.⟩ *himself, herself, itself, oneself, themselves;* ⟨na vz.⟩ *him(self), her(self), it(self), one(self), them(selves)* **0.2** [2e persoon beleefdheidsvorm] *yourself, yourselves* ◆ **3.2** vergist u ~ niet? *aren't you mistaken?* **6.1** geld **bij** ~ hebben *have money on one;* iem. **bij** ~ hebben *have s.o. with one;* **op** ~ is dat niet af te keuren *in itself this should not be condemned;* **op** ~ vind ik dat geen punt *in theory that shouldn't be a problem.*

zicht 0.1 [gezichtsveld, uitzicht] *sight* ⇒ *view,* ⟨meteo.⟩ *visibility* **0.2** [inzicht] *insight* **0.3** [het bezien] *sight* ◆ **2.1** een uitstekend ~ op de renbaan *a grandstand view of the racecourse* **3.1** iem. het ~ belemmeren *block s.o.'s view* **3.2** ~ krijgen **op** iets *gain i. in* **6.1** land **in** ~ *land in s.;* in het ~ v.d. haven stranden ⟨fig.⟩ *be pipped at the post;* ⟨fig.⟩ ~ hebben **op** promotie *be (with)in s. of a promotion;* **uit** het ~ verdwijnen *disappear from view;* een ~ **van** 15 meter *15 metres' visibility* **6.3** ⟨hand.⟩ betaalbaar acht dagen **na** ~ *payable at eight days' s.;* een artikel **op** ~ hebben/zenden *have/send an article on approval.*

zichtbaar 0.1 *visible* ◆ **2.1** ~ opgelucht *visibly relieved* **3.1** ~ maken (in een diagram) *visualize, display; show (up), reveal* ⟨maatschappelijke structuren enz.⟩; ~ verouderen *age visibly;* ~ worden *become v./noticeable;* ⟨in zicht komen⟩ *come into sight; show (up)* **6.1** niet ~ **met** het blote oog *not v. to the naked eye.*

zichtbaarheid 0.1 [eigenschap van gezien te kunnen worden] *visibleness, visibility* **0.2** [waarneembaarheid] *obviousness* **0.3** [klaarblijkelijkheid] *clearness, manifestness.*

zichtwissel 0.1 *sight bill/draft.*

zichtzending 0.1 *consignment (sent) on approval.*

zichzelf 0.1 *himself, herself, itself, oneself, themselves, self* ◆ **3.1** niet ~ zijn *not be o.s.* **6.1** de tijd **aan** ~ hebben *have one's time to o.s.;* **buiten** ~ van woede *beside o.s. with rage;* **op** ~ staand *separate;* **op** ~ wonen *live on one's own;* **op** ~ is dat niets nieuws *in itself that's nothing new;* **op** ~ (genomen) *as it is;* **tot** ~ komen *come to o.s.;* **uit** ~ of *one's own accord;* zij heeft geld **van** ~ *she has money of her own;* **voor** ~ beginnen *start a business of one's own;* een coupé **voor** ~ alleen hebben *have a compartment all to o.s.;* geen moment **voor** ~ hebben *not have a minute to call one's own.*

ziedaar ⟨schr.⟩ **0.1** *behold* ◆ **1.1** ~ de gevolgen *b. the consequences.*

zieden 0.1 *boil* ◆ **2.1** ~d heet *piping/*⟨vocht ook⟩ *scalding hot* **6.1** ⟨fig.⟩ hij ziedde **van** woede *he was seething with rage.*

ziedend 0.1 [kolkend]⟨bn.⟩ *boiling, seething;* ⟨bw.⟩ *boiling, seethingly* **0.2** [enorm boos] *boiling, seething, fuming.*

ziehier 0.1 *look, see;* ⟨bij aanreiken⟩ *here you are* ◆ **¶.1** ~ wat er van de zaak is geworden *look what things have come to.*

ziek 0.1 [niet gezond] *ill* **0.2** [getuigend v.e. verdorven geest] *sick* ◆ **1.1** ~e aardappels *blighted potatoes* **1.2** een ~e grap *a sick joke* **2.1** ongeneeslijk ~ *incurably ill* **3.1** ⟨fig.⟩ zich ~ lachen *be in stitches;* zich ~ melden *report sick;* ⟨fig.⟩ ~ van iemands gezeur worden *get sick of s.o.'s moaning;* ~ worden *fall i./sick* **5.1** ernstig/gevaarlijk ~ *seriously/dangerously i.* **6.1** ~ **met** de griep *down with flu;* ~ **van** de koorts/zorgen *sick with fever/worry;* **van** garnalen (eten) word ik ~ *shrimps disagree with me.*

ziekbed 0.1 [bed] *sickbed* **0.2** [ziekte] *illness* ◆ **2.2** dat was een lang ~ *that was a long i.* **6.1 aan** iemands ~ staan *be at s.o.'s bedside.*

zieke 0.1 *patient* ⇒*sick person.*

ziekelijk I ⟨bn.⟩ **0.1** [telkens ziek] *sickly* ◆ **3.1** ~ zijn *be s.;* **II** ⟨bn., bw.⟩ **0.1** [onnatuurlijk] *morbid* ⇒*sick* ◆ **1.1** ~e neigingen *m. inclinations* **2.1** hij is ~ jaloers *he's morbidly jealous.*

zieken ⟨inf.⟩ **0.1** *be a pain in the neck/*⟨sl.⟩ *ass.*

ziekenauto 0.1 *ambulance.*

ziekenbezoek 0.1 *visit to a/the patient.*

ziekenboeg 0.1 *sickbay* ⇒⟨in bejaardenflat e.d.⟩ *infirmary.*

ziekenbroeder 0.1 *male nurse.*

ziekenfonds 0.1 ±*(Dutch) National Health Service* ◆ **6.1** ik zit verplicht/vrijwillig **in** het ~ *I'm compulsorily/voluntarily covered by the National Health Service.*

ziekenfondsbril 0.1 ⟨GB⟩ *National Health glasses.*

ziekenfondskaart 0.1 ±*medical insurance card.*

ziekenfondspakket 0.1 *services covered by medical insurance.*

ziekenfondspatiënt 0.1 ±[B]*National Health (Service) patient.*

ziekenfondspremie 0.1 ±*National Health (Service) contribution.*

ziekengeld 0.1 *sick pay.*

ziekenhuis 0.1 *hospital* ◆ **6.1 in** het ~ liggen *be in h.;* opnemen **in** het ~ *admit to h.*

ziekenhuisinfectie 0.1 *MRSA infection.*

ziekenhuisopname 0.1 *hospitalization.*

ziekenverpleger, -pleegster 0.1 *nurse.*

ziekenverpleging 0.1 *nursing (of the sick).*

ziekenverzorger, -zorgster 0.1 *(ward) orderly.*

ziekenzaal 0.1 *ward* ⇒⟨in school enz.⟩ *infirmary.*

ziekenzorg 0.1 *care of the sick.*

ziekmelding 0.1 *reporting ill/sick* ◆ **7.1** er zijn tien ~en *ten have reported ill.*

ziekte 0.1 [het ziek zijn] *illness* ⇒*sickness* **0.2** [vorm waarin het ziek zijn zich voordoet] *disease, illness* **0.3** [abnormale gesteldheid/neiging] *disease* ◆ **1.2** de ~ van Weil *Weil's d.* **2.2** Engelse ~ *rickets;* ⟨med.⟩ een ernstige ~ *a serious d./i.;* een slepende ~ *a chronic/lingering d.;* een slopende ~ *a wasting i.;* vallende ~ *epilepsy* **3.2** krijg de ~! *drop dead!;* een ~ oplopen *develop a d./an i.* **6.1** wegens ~ *owing to ill health* **8.2** hij vloekt/zuipt als de ~ *he swears/drinks like hell* **¶.2** ⟨fig.⟩ ergens de ~ over in hebben *be mad about sth.*

ziektebeeld 0.1 *syndrome.*

ziektecijfer 0.1 *disease/sickness rate.*

ziektehaard 0.1 *source of infection.*

ziektekiem 0.1 *germ (of a/the disease).*

ziektekosten 0.1 *medical expenses* ⇒⟨ec.⟩ *costs of public health.*

ziektekostenverzekeraar 0.1 *health insurer* ⇒*health insurance company.*

ziektekostenverzekering 0.1 *medical/health insurance.*

ziekteproces 0.1 ⟨abstr.⟩ *pathological process;* ⟨concr.⟩ *course of a/the disease.*

ziekteverlof 0.1 *sick leave.*

ziekteverloop 0.1 *course of a/the disease.*

ziekteverwekker 0.1 *pathogen(ic organism).*

ziekteverzekering 0.1 *medical/health insurance.*

ziekteverzuim 0.1 *absence through illness* ⇒⟨zonder goede reden⟩ *absenteeism.*

ziektewet 0.1 *(Dutch) Health Law* ⇒⟨GB⟩ *Sickness Act* ◆ **6.1** ⟨fig.⟩ **in** de ~ lopen [B]*be on sickness benefit/sick pay/* [A]*(out) on sick leave.*

ziel 0.1 [geest, persoon, bezieler] *soul* **0.2** [het inwendige] ⟨kanon⟩ *bore;* ⟨fles⟩ *kick;* ⟨touw⟩ *core;* ⟨veer⟩ *pith* ◆ **1.1** ⟨fig.⟩ zijn ~ en zaligheid voor iets over hebben *sell one's s. for sth.* **2.1** ⟨arme⟩ ~ *poor s./creature;* een goede ~ *a good s.* **2.¶** christene ~en! *goodness gracious!, crikey!,* [A]*jeepers!* **3.1** ⟨fig.⟩ zijn ~ ergens in leggen *put one's heart and s. into sth.;* ⟨fig.⟩ zijn ~ aan de duivel verkopen *sell one's s. (to the devil);* ~en/~tjes winnen *make converts* **6.1 met** zijn ~ onder de/zijn arm lopen *be at a loose end, mope about;* ⟨fig.⟩ iem. **op** zijn ~ trappen *cut s.o. to the quick;* **ter** ~e zijn *be dead and gone/*⟨zaak ook⟩ *defunct* **7.1** een kerkelijke gemeente van 6000 ~en *a parish of 6000 souls;* twee ~en, één gedachte *two minds with a single thought* **¶.1** God hebbe zijn ~ *God rest his s.;* ⟨sprw.⟩ hoe meer ~en, hoe meer vreugd *the more the merrier.*

zielenheil 0.1 *salvation (of the/one's soul).*

zielenroerselen 0.1 *inner/emotional/spiritual life* ◆ **¶.1** zijn ~ op papier zetten *commit one's soul to paper.*

zielenrust 0.1 [gemoedsrust] *peace of mind* **0.2** [eeuwige zaligheid] *repose (of the soul).*

zielenzorg 0.1 *spiritual care.*

★zielepiet *(Wdl: zielenpiet),* **-poot** ⟨inf.⟩ **0.1** *poor soul.*

zielig 0.1 [beklagenswaardig] *pitiful, pathetic* **0.2** [bekrompen] *petty* ◆ **1.1** een ~ beetje *a pittance;* een ~ hoopje mens *a pitiful scrap of humanity* **3.1** 't is ~ *it's pathetic/so sad;* ik vind hem echt ~ *I think he's really pathetic* **3.2** doe toch niet altijd zo ~! *stop being so mean* **4.1** wat ~! *how sad!*

zielknijper ⟨scherts.⟩ **0.1** *shrink.*

zielloos 0.1 *soulless* ⇒⟨levenloos⟩ *lifeless.*

zielsbedroefd 0.1 *broken-hearted, heart-broken.*

zielsblij 0.1 *overjoyed.*

zielsgelukkig 0.1 *ecstatic* ◆ **3.1** ~ zijn ⟨ook⟩ *be blissfully happy.*

zielstevreden 0.1 *deeply satisfied (with).*

zielsveel 0.1 *deeply, dearly* ◆ **3.1** ~ van iem. houden *love s.o. (with) heart and soul.*

zielsverwant¹ ⟨de⟩ **0.1** *kindred spirit.*

zielsverwant² ⟨bn.⟩ **0.1** *congenial.*

zieltogen 0.1 [op sterven liggen] *be dying* **0.2** [weinig meer waard zijn] *be moribund* ◆ **1.2** een ~de onderneming *a moribund business.*

zien I ⟨onov.ww.⟩ **0.1** [niet blind zijn] *see* **0.2** [kijken, er uitzien] *look* **0.3** [uitzicht geven] *look (out)* ◆ **5.1** scherp/scheel ~ *be sharp-eyed;* ⟨scheel⟩ *(have a) squint* **5.2** ⟨inf.⟩ zie ik zo bleek? *what/who do you take me for?;* hij ziet scheel van de hoofdpijn *he has a splitting headache* **6.3** dit venster ziet (uit) **op** de straat *this window looks (out) onto the street;* **II** ⟨ov.ww.⟩ **0.1** [waarnemen, opmerken, overwegen] *see* **0.2** [als mogelijkheid/uitkomst verwachten, kennen] *see* **0.3** [proberen] *see (to it)* ◆ **3.1** ⟨fig.⟩ drank kan ik niet meer ~ *I can't (so much as) look at another drink;* ⟨fig.⟩ iem. niet kunnen ~ *not be able to stand (the sight of) s.o.;* iets laten ~ *show sth.;* zich ergens laten ~ *show one's face somewhere;* het mag gezien worden *it will pass inspection;* dat moet ik nog ~ *I wonder about that;* het was niet te ~ *it didn't show* **3.2** ik zie het hem nog niet (zo snel) doen *I can't see him doing it;* ik wil het wel eens ~ *I'd like to s. that (happen(ing));* het niet meer ~ zitten *have had enough (of it); not be able to see one's way out (of a situation);* iets/iem. (niet) ~ zitten ⟨iets dat/iem. die men al gezien heeft⟩ *(not) like the look of sth./s.o.;* ⟨anders⟩ *(not) like the sound of sth./s.o.* **3.3** zie het maar klaar te spelen *s. that you manage (somehow)* **3.¶** het voor gezien houden *be through* *(with s.o./sth.)* **4.**¶ dat ~ we dán wel weer *we'll cross that bridge when we come to it;* het wel gezien hebben *have seen enough (of it)* **5.1** waar zie je dat aan? *how can you tell?;* je moet het zó ~ *look at it this way* **5.2** zo zie je maar weer *there you go again, that's how it is* **5.3** je moet maar ~ hoe je het doet *you'll just have to manage;* ⟨ook⟩ *I'll leave it to you* **6.1** ik zie **aan** je gezicht dat je liegt *I can tell by the look on your face that you are lying;* **bij** het ~ van … *on seeing …;* hij ziet niet **op** een tientje *ten guilders makes no difference to him;* **tot** ~ s *goodbye;* ⟨inf.⟩ *bye;* ik zie het al **voor** me *I can just s. it* ¶.**1** ik heb hem in geen eeuw gezien *I haven't seen him for ages;* ik zie, ik zie wat jij niet ziet *I spy (with my little eye);* zie je, ziet u? *you see?;* ⟨inf.⟩ *see?;* mij niet gezien *count me out!;* ik zie mij al *I can quite s. myself.*

ziende[1] ⟨de⟩ **0.1** *sighted/seeing person.*

ziende[2] ⟨bn.⟩ **0.1** *seeing* ♦ **2.1** ⟨fig.⟩ ~ blind zijn *walk around with one's eyes shut.*

zienderogen 0.1 *visibly.*

ziener, -es 0.1 *seer.*

zienswijze 0.1 *view* ♦ **3.1** zij deelde mijn ~ niet ⟨ook⟩ *she was of a different mind;* ⟨inf.⟩ *she didn't see it my way;* een ~ toegedaan zijn *hold/take a v.*

zier 0.1 *the least bit* ♦ **6.1** zonder een ~ tje gevoel *without the least bit of feeling* **7.1** het kan mij geen ~ schelen *I couldn't care less;* zich ergens geen ~ van aantrekken *not care a bit about sth.*

ziezo 0.1 *there (we/you are)* ♦ ¶.**1** ~! dat is af *there, that's that!*

zigeuner, -in 0.1 *gypsy, gipsy.*

zigeunerkamp 0.1 *gypsy camp.*

zigeunermuziek 0.1 *Gypsy music.*

zigeunerorkest 0.1 *gypsy orchestra.*

zigeunervolk 0.1 *gypsies* ⇒ *gypsy people.*

zigzag 0.1 *zigzag* ♦ **3.1** ~ lopen *(walk (in a)) z.*

zigzaggen 0.1 *zigzag.*

zij[1] **I** ⟨de (v.)⟩ **0.1** [vrouwtje] *she* ♦ **1.1** een hij en een ~ *a he and a s.;*
II ⟨de⟩ **0.1** [mbt. mensen] *side* **0.2** [zijden stof] *silk* ⟨ook→ **zijde,** voor voorbeelden in deze bet.⟩ ♦ **6.1** ~ **aan** ~ *s. by s.*

zij[2] ⟨pers.vnw.⟩ **0.1** [3e persoon enk.] *she;* ⟨mbt. zaak⟩ *it* **0.2** [3e persoon mv.] *they.*

zijaanzicht 0.1 *side-view.*

zijbeuk ⟨bouwk.⟩ **0.1** *(side) aisle.*

zijd → **wijd.**

zijde 0.1 [grenslijn/vlak, kant] *side* **0.2** [het boven- en ondervlak v.e. plat lichaam] *side* **0.3** [mbt. mensen/dieren] *side* ⟨ook fig.⟩ **0.4** [fig.; partij] *side* **0.5** [mbt. plaats/richting] *side* **0.6** [spinsel v.d. zijderups, gesponnen draden, weefsel] *silk* ♦ **2.1** de lange ~ v.e. rechthoek *the length of a rectangle* **2.4** van katholieke ~ *from (the) Catholics* **2.5** aan gene ~ *on the other side;* van officiële ~ *from an official source* **3.4** iemands ~ kiezen ⟨ook⟩ *side with s.o.* **6.3** aan de ~ van haar vriend *alongside her friend;* iem. **in** de zij stompen *punch s.o. in the s.;* **op** zijn andere ~ gaan liggen *turn over;* hij week niet **van** mijn ~ *he didn't leave my s.* **6.4 aan** beide ~ n is schuld *both sides are to blame;* **van** vaders ~ *from one's father's s.* **6.5 aan** deze ~ van het kanaal *(on) this s. of the channel;* iets **van** alle ~ n bekijken *look at sth. from all sides/angles;* ⟨fig.⟩ de zaak **van** alle ~ n bekijken *study all sides of the matter.*

zijdeachtig 0.1 *silky.*

zijdeglans 0.1 *silky gloss.*

zijdelings 0.1 *indirect* ♦ **1.1** een ~ e blik/mededeling *a sidelong glance; an i. remark;* een ~ e toespeling maken op iets

hint at sth. **3.1** ~ vernemen *hear sth. indirectly* ¶.**1** ~ op iets betrekking hebben *be only indirectly connected with sth.*

zijden 0.1 [van zijde] *silk* **0.2** [als van zijde] *silky* ♦ **1.1** ~ stoffen *s. fabrics* **1.2** ⟨fig., inf.⟩ een zije(n) sok *a milksop.*

zijderups 0.1 *silkworm.*

zijdeteelt 0.1 *silkworm-breeding.*

zijdeur 0.1 *side door* ♦ **6.1** door een ~ afgaan *leave by the back door.*

zijdevlinder 0.1 *silkworm moth.*

zijgang 0.1 *side-passage/-corridor.*

zij-ingang 0.1 *side entrance.*

zijkamer 0.1 *room at/to the side.*

zijkant 0.1 *side* ♦ **6.1 aan** de ~ *on the s.*

zijlijn 0.1 [lijn die zich afsplitst] *branch (line)* **0.2** [sport] *sideline* ⇒⟨mbt. voetbal, rugby e.d. ook⟩ *touchline* **0.3** → **zijlinie** ♦ **6.2** hij sloeg de bal **over** de ~ *he hit the ball over the touchline.*

zijlinie 0.1 *collateral line* ♦ **6.1** afstammeling **in** de ~ *collateral descendant;* (bloed)verwanten **in** de ~ *collaterals.*

zijloge 0.1 *side-box.*

zijmuur 0.1 *side wall.*

zijn[1] ⟨het⟩ **0.1** [het bestaan] *being* ⇒ *existence* **0.2** [de persoonlijkheid] *being* ⇒ *soul.*

zijn[2] **I** ⟨onov.ww.⟩ **0.1** [bestaan, zich bevinden, gebeuren] *be* **0.2** [behoren aan] *be* **0.3** [leven] *be, live, be alive* **0.4** [bezig zijn met] *be* **0.5** [bedragen] *be* ♦ **1.1** er ~ mensen die … *there are people who …* **1.3** er was eens een koning … *once (upon a time) there was a king …;* die man is er geweest *that man is done for;* vader is niet meer *father is no longer alive* **3.1** dat kan/mag wel (zo) ~ *be that as it may* **3.4** Piet is lopen/voetballen *Piet is (out) running/playing football* **4.1** zij het dat hij … *although he …;* wat is er? *what's the matter?;* ⟨wat wil je zeggen⟩ *what is it?;* wat zal het ~? *what'll it be?;* wat niet is, kan nog komen *Rome wasn't built in a day* **5.1** we ~ er *here we are;* hoe het ook zij *whatever the case may be, in any event;* hoe ver ben je? (in een boek) *how far have you got?* **6.**¶ wij zijn **met** de trein *we have come by train;* **van** wanneer is dat boek? *when was that book written?* **8.1** als het ware *as it were;* het is of ik hem meer gezien heb *I feel as if/*⟨inf.⟩ *like I've seen him before;*
II ⟨kww.⟩ **0.1** *be* ♦ **1.1** dat ~ mijn ouders *those are my parents* **2.1** daar is niets van waar *that's not at all true* **3.1** dat is te doen *that can be done;* dát is nog eens lopen *(now) that's what I call walking* **4.1** ben ik? *is it my turn?* **6.1** die beker is **van** tin *that cup is made of tin* **8.1** als ik jou was, zou ik … *if I were/*⟨inf.⟩ *was you, I would …;*
III ⟨hww.⟩ **0.1** [van vhulp] *have* **0.2** [van de lijdende vorm] *be* ♦ **3.1** er waren gunstige berichten binnengekomen *favourable reports had come in* **3.2** hij is geprezen *he has been commended.*

zijn[3] ⟨bez.vnw.⟩ **0.1** *his* ⇒ ⟨mbt. dieren/zaken⟩ *its,* ⟨mbt. onpersoonlijk onderwerp⟩ *one's* ♦ **1.1** ⟨inf.⟩ vader ~ hoed *father's hat;* dit is ~ huis *this is h. house* **7.1** de ~ en *h. family/* ⟨inf.⟩ *people;* ieder het ~ e geven *give every man his due* **7.**¶ hij heeft het ~ e gedaan *he has done his part;* hij wilde er het ~ e van weten *he wanted to know (just) what was what.*

zijnet ⟨sport⟩ **0.1** *side (of the) net.*

zijpad 0.1 [pad dat zich afsplitst] *side-path* **0.2** [in een gebouw] *side aisle.*

zijrivier 0.1 *tributary.*

zijspan 0.1 [wagentje] *sidecar* **0.2** [motor en zijspan] *motorcycle and sidecar.*

zijspiegel 0.1 *wing mirror.*

zijspoor 0.1 *siding* ◆ **6.1** een trein **op** een ~ brengen *switch a train into a s.;* (fig.) iem. **op** een ~ brengen / zetten *put s.o. on the sidelines.*

zijsprong 0.1 *jump / leap aside* ◆ **3.1** (fig.) een ~ maken naar iets *digress (onto sth.).*

zijstap 0.1 *side-step.*

zijstraat 0.1 *sidestreet* ◆ **3.1** (fig.) noem eens een ~ *take any (old) example* **6.1** een ~ **van** ... *a street off* ...

zijtak 0.1 [mbt. boom] *side branch* **0.2** [aftakking] *branch.*

zijvleugel 0.1 *wing.*

zijwaarts 0.1 (bn.) *sideward* ⇒*sideways,* (bw.) *sideways,* (bw.) *sidewards* ◆ **1.1** een ~ e beweging *a sideward / sideways movement;* (ontwijkend) *a swerve* **3.1** ~ gaan *go sideways.*

zijweg 0.1 *side-road* ◆ **3.1** (fig.) ~ en bewandelen (van de rechte weg afdwalen) *leave the straight and narrow;* (geheime middelen gebruiken) *do sth. in a devious way.*

zijwind 0.1 *sidewind* ⇒*crosswind* (ook luchtv.).

zilver 0.1 *silver* ◆ **1.1** het ~ van haar haren *the s. of her hair* **3.1** ~ behalen op de Olympische Spelen *win s. at the Olympic Games;* het ~ poetsen *polish the s.* ¶.**1** (sprw.) spreken is ~, zwijgen is goud *speech is silver, silence is golden.*

zilverdraad 0.1 [een (tot) draad getrokken zilver] *silver wire* **0.2** [een draad van dat garen, met zilver omwonden draad] *silver thread.*

zilveren 0.1 [van zilver; ook mbt. een 25-jarige periode] *silver* **0.2** [zilverkleurig] *silver(y)* **0.3** [helder klinkend] *silvery* ◆ **1.1** een ~ bruiloft *a s. wedding (anniversary);* ~ lepels / munten *s. spoons / coins;* de ~ standaard *the s. standard* **1.2** het ~ maanlicht *the s. moonlight* **1.3** met ~ stem (ook) *silver-voiced.*

zilvererts 0.1 *silver ore.*

zilvergehalte 0.1 *silver content* ◆ **6.1** onze gulden had een ~ **van** 95 % *our guilders contained 95 % silver.*

zilvergeld 0.1 *silver (coinage / money).*

zilvergoed 0.1 *silver (ware)* ⇒(tafelzilver ook) *silver plate, table silver.*

zilverkleur 0.1 *silver (colour).*

zilverkleurig 0.1 *silver(y)(-coloured).*

zilvermijn 0.1 *silver-mine.*

zilverpapier 0.1 *silver paper / foil.*

zilverpoets 0.1 *silver polish.*

zilversmid 0.1 *silversmith.*

zilverstuk 0.1 *silver coin / piece.*

zilveruitje 0.1 *pearl / cocktail onion.*

zilvervliesrijst 0.1 *unpolished rice.*

zilverwerk →*zilvergoed.*

Zimbabwe 0.1 *Zimbabwe.*

zin 0.1 [zintuig, gevoel] *sense* **0.2** [mv.; verstand] *senses* **0.3** [schr.; gemoedsgesteldheid] *mood* **0.4** [streven, wil, mening] *mind* **0.5** [lust, wens] *liking* **0.6** [betekenis] *sense* ⇒ *meaning* **0.7** [nut] *sense* ⇒*point* **0.8** [taal.] *sentence* ◆ **1.7** ik begrijp de ~ van uw daden niet *I don't see the point of your actions* **2.4** zijn eigen ~ doen *do as one pleases* **2.6** een woord in eigenlijke / figuurlijke ~ opvatten *take a word in its literal / figurative s.;* in de letterlijke ~ v.h. woord *in the literal s. of the word;* in de ruimste ~ v.h. woord *in the broadest s. of the word;* in zekere ~ klopt het wel *that's true in a way* **3.2** van zijn ~ nen beroofd zijn (bewusteloos) *be unconscious;* (gek) *be out of one's senses* **3.4** iemands ~ doen *do as s.o. wishes;* zijn (eigen) ~ doordrijven *get one's own way;* iem. zijn ~ geven *let s.o. have his way;* (om iets ergers te voorkomen) *humour s.o.;* zijn ~ nen op iets zetten *set one's heart on sth.* **6.2** bij ~ nen komen *come to;* (na

krankzinnigheid) *come to one's senses;* **buiten** ~ nen van woede *beside o.s. with rage* **6.4** kwaad / niet veel goeds **in** de ~ hebben *be up to no good;* **van** ~ s zijn om *mean / intend to* **6.5** ergens (geen) ~ **in** hebben *(not) feel like sth.;* ik heb ~ **in** soep *I feel like (having) soup;* het **naar** zijn / de ~ hebben *find sth. to one's l.;* het iem. **naar** de ~ maken *please s.o.;* ergens **naar** zijn ~ wonen / werken *be content (with) where one lives / works* **7.5** ~ of geen ~ *whether you like it or not* ¶.**2** zijn ~ nen bij elkaar houden *keep one's head* ¶.**5** hij doet (alles) waar hij ~ in heeft *he does (just) as he pleases.*

zindelijk I (bn.) **0.1** [zijn natuurlijke behoeften beheersend] (kind) *toilet-trained* ⇒(dier) *clean, house-trained;* **II** (bn.) **0.1** [proper] *neat* **0.2** [fig.] *clear* ◆ **6.1** ~ **op** zijn lichaam zijn *maintain (good) personal cleanliness.*

zinderen (schr.) **0.1** *shimmer* ◆ **1.1** een ~ de hitte *sweltering heat.*

zingen 0.1 *sing* ◆ **5.1** zuiver / vals ~ *s. in / out of tune.*

zingeving 0.1 *giving meaning (to)* ⇒*interpretation (of).*

zink 0.1 *zinc.*

zinken¹ (bn.) **0.1** *zinc.*

zinken² **(onov.ww.) **0.1 *sink* ◆ **5.1** (fig.) diep gezonken zijn *have fallen low* **6.1** bij iem. **in** het niets ~ *not begin to compare with s.o.;* een schip **tot** ~ brengen *s. / (zijn eigen schip, met opzet) *scuttle a ship.*

zinklood 0.1 [peillood] *sounding lead* ⇒(door vissers gebruikt) *plummet* **0.2** [hengelsport] *sinker.*

zinloos 0.1 [zonder betekenis] *meaningless* **0.2** [nutteloos] *useless* ⇒*futile* **0.3** [doelloos] *aimless* ◆ **1.1** een zinloze vraag (ook) *a futile question;* zinloze woorden *empty / m. words* **3.2** het is ~ om ... *there's no sense / point (in) ...(-ing)* **7.2** het zinloze van een onderneming *the futility of an undertaking.*

zinloosheid 0.1 [zonder betekenis] *meaninglessness* **0.2** [nutteloosheid] *uselessness* **0.3** [doelloosheid] *aimlessness.*

zinnebeeld 0.1 *symbol.*

zinnelijk 0.1 [de zinnen bevredigend] *sensual* ⇒(niet pej. ook) *sensuous* **0.2** [sensueel; niet geestelijk] *sensual* **0.3** [zintuiglijk] *sensual, sensory* ◆ **1.1** ~ genot *sensual / sensuous pleasure* **1.2** een ~ e mond *a s. / voluptuous mouth* **2.3** ~ waarneembaar *perceptible to the senses.*

zinnelijkheid 0.1 [sensualiteit] *sensuality* **0.2** [waarneembaarheid door de zinnen] *perceptibility to the senses.*

zinnen I (onov.ww.; sterk) **0.1** [peinzen over] *be intent / bent on;* **II** (onov.ww.; zwak) **0.1** [aanstaan] *like* ◆ **4.1** dat zinde hem wel *he really liked (the idea of) that.*

zinnenprikkelend 0.1 *titillating.*

zinnespel (lit.) **0.1** *morality (play).*

zinnig 0.1 *sensible* ◆ **1.1** geen ~ mens zal zo iets geloven *no-one in his right mind would believe such a thing* **4.1** het is moeilijk daar iets ~ s over te zeggen *it's hard to say anything meaningful about that.*

zins 0.1 *iets* **van** ~ zijn *intend / aim to do sth.*

zinsbegoocheling 0.1 *illusion.*

zinsbouw, -constructie 0.1 *sentence structure.*

zinsdeel 0.1 *part (of a / the sentence);* (vragend) *tag.*

zinsnede 0.1 *phrase* ⇒(taal. ook) *clause.*

zinspelen 0.1 *allude (to), hint (at)* ◆ **6.1** op iets ~ *h. at / a. to sth.*

zinsverband 0.1 [betrekking tussen zinnen] *relation(ship) between sentences* **0.2** [context] *context* ◆ **6.2** dit citaat is **uit** het ~ gerukt *this quotation has been torn from its c.*

zinsverbijstering 0.1 *insanity.*

zinsvervoering 0.1 *ecstasy, rapture.*

zinswending 0.1 *turn of phrase.*

zintuig 0.1 *sense* ◆ **7.1** hij heeft een zesde ~ *he has a sixth s.*

zintuiglijk 0.1 ⟨bn.⟩ *sensual, sensory;* ⟨bw.⟩ *by/through the senses* ◆ **1.1** ~e waarnemingen *sensory perceptions.*

zinvol 0.1 *significant* ⇒⟨redelijk⟩ *advisable,* ⟨inf.⟩ *a good idea* ◆ **3.1** het is ~ nu beslissingen te nemen *it is advisable to make decisions now.*

zionisme 0.1 *Zionism.*

zionist 0.1 *Zionist.*

zit 0.1 *sit* ◆ **2.1** deze stoel heeft een gemakkelijke ~ *this is a comfortable chair (to sit in);* dat was een hele ~ *that was a long s.*

zitbad 0.1 *hip bath.*

zitbank 0.1 ⟨canapé⟩ *sofa, settee;* ⟨meestal zonder armleuningen en rug⟩ *bench;* ⟨in een kerk⟩ *pew.*

zitelement 0.1 *seating unit.*

zithoek 0.1 *sitting area.*

zitje 0.1 [zitgelegenheid] *sit(-down)* ⇒⟨concr.⟩ *seat* 0.2 [tafeltje met stoelen] *table and chairs* ◆ **6.1** een ~ achter **op** een fiets *a seat on the back of a bicycle* **6.2** een terras ~s *a pavement café (with tables and chairs).*

zitkamer 0.1 *living room.*

zitkuil 0.1 *sunken sitting area.*

zitplaats 0.1 *seat* ◆ **3.1** zich van zijn ~ verheffen *rise from one's s.;* er zijn 300 ~en in deze zaal ⟨ook⟩ *this hall seats 300 people.*

zitten 0.1 [gezeten zijn] *sit* 0.2 [zich met een doel ergens bevinden] *sit* 0.3 [een functie bekleden] *be* 0.4 [geruime tijd ergens vertoeven; verblijven] *be* 0.5 [wonen] *live* 0.6 [zich bevinden in de genoemde toestand] *be* 0.7 [mbt. een volharden in, gelaten worden op een plaats, in een toestand] ⟨zie voorbeelden⟩ 0.8 [mbt. zaken, zich bevinden, bevestigd zijn] *be* 0.9 [mbt. kleding] *fit* 0.10 [gevuld, bedekt zijn met] *be* 0.11 [treffen] ⟨zie 4.11⟩ 0.12 [met onb. w.; bezig zijn met] *be (... -ing), sit (... -ing)* 0.13 [met 'op'; lid zijn van, beoefenen] ⟨zie 6.13⟩ 0.14 [gevangen gehouden worden] *do time* ◆ **1.8** ⟨sport⟩ de bal zit *it's a goal!, it's (gone) in!, it's in the back of the net!* **1.14** hij heeft een jaar gezeten *he's been in jail for one year;* ⟨uitgezeten⟩ *he's served one year* **3.1** blijf ~ *stay sitting (down), remain seated;* ga ~ ⟨bevel⟩ *sit down!;* ⟨uitnodiging⟩ *take a seat, be seated;* gaan ~ *s. down, take a seat;* ⟨fig.⟩ er eens voor gaan ~ ⟨ter hand nemen⟩ *get (right) down to sth./business;* ⟨omstandig gaan vertellen⟩ *launch into one's story;* ⟨fig.⟩ iem. niet stil laten ~ *keep s.o. on the trot* **3.7** ⟨fig.⟩ die weduwe bleef met twee kinderen ~ *that widow was left with two children (on her hands);* op school blijven ~ *stay down a class;* ⟨fig.⟩ met iets blijven ~ *be left/*⟨pej. ook⟩ *stuck with sth.;* er is iets tussen mijn tanden blijven ~ *sth. has (got) stuck between my teeth;* laat maar ~ ⟨geen dank⟩ *that's all right;* ⟨we beginnen er niet aan⟩ *(let's) forget it;* ⟨fig.⟩ hij heeft zijn vrouw laten ~ *he has left his wife (in the lurch);* ⟨fig.⟩ een meisje laten ~ *drop/*⟨niet voor het huwelijk⟩ *jilt a girl;* ⟨fig.⟩ hij liet het er niet bij ~ ⟨niet over zijn kant laten gaan⟩ *he didn't take it lying down;* ⟨erover blijven zeuren⟩ *he wouldn't leave it alone* **3.8** het blijft niet ~ *it won't stay put;* laat maar ~ *keep the change* **3.12** we ~ te eten *we are having dinner/lunch;* ze zit daar maar te piekeren *she just sits there brooding;* hij zit te springen om naar huis te gaan *he can't wait to go home;* in zijn eentje ~ zingen/drinken *sit singing to o.s., be a lone drinker* **3.¶** ⟨fig.⟩ iets niet op zich laten ~ *not put up with sth.* **4.8** dat zit *that will hold;* hoe zit dat in elkaar? *how does it (all) fit together?;* ⟨fig. ook⟩

---

zinsvervoering - zitten

how does that work?; ⟨fig.⟩ hem hebben ~ ⟨uit zijn humeur zijn⟩ *be in a bad mood;* ⟨dronken zijn⟩ *have had (a drop) too much* **4.11** die zit ⟨BE; sl.⟩ *that was right on target* **5.1** zit je goed/lekker? *are you comfortable?* **5.4** hij zit altijd thuis *he is always (sitting) at home;* waar zit hij toch? *where can he be?* **5.5** ergens heel aardig ~ *be comfortable somewhere* **5.6** hij zit er lelijk in *he is in a devil of a mess;* ⟨fig.⟩ ernaast ~ *be wrong/*⟨met rekensommetje, enz.⟩ *out/*⟨met gissing⟩ *off (target)* **5.7** daar ~ we dan! *now we're in a mess;* ⟨fig.⟩ en als dat gebeurt, dan zit je *and if that happens you'll be in trouble* **5.8** ⟨fig.⟩ daar zit nu juist de fout *that's where the mistake is;* ⟨fig.⟩ daar zit het 'm in *that makes all the difference;* ⟨daar gaat het juist om⟩ *that's the whole point;* ⟨fig.⟩ daar zit wat in *you (may) have sth. there;* ⟨fig.⟩ daar zit een heel verhaal aan vast *there's a whole story behind that;* ⟨fig.⟩ er zit iets achter ⟨ook⟩ *there's more to it (than meets the eye);* ⟨verborgen moeilijkheid⟩ *there must be a catch to it;* ⟨fig.⟩ het zit er (dik) in *there's a good chance (of that (happening));* ⟨fig.⟩ er zit niet veel bij die jongen *there's not much to him;* ⟨fig.⟩ er zat niets anders op dan toe te geven *there was nothing (else) for it but to give in;* ⟨fig.⟩ het zit er voor hem niet in *it's not on for him;* ⟨fig.⟩ er zit wel wat waars in *there's an element of truth in it;* ⟨fig.⟩ wat zit er anders op? *what else is there to do?;* ⟨fig.⟩ eruit halen wat erin zit *make the most (out) of sth.;* ⟨fig.⟩ dat zit wel goed/snor *that will be all right;* ⟨fig.⟩ dat zit hem hoog ⟨daar is hij boos over⟩ *it sticks in his throat;* het zit los/scheef *it is loose/crooked;* ⟨fig.⟩ het zit hem niet mee *he's out of luck;* ⟨fig.⟩ het weer zit ons mee *the weather's in our favour;* ⟨fig.⟩ alles zit hem mee/tegen *everything is going his way/against him;* zit het goed vast? *is it well secured?;* ⟨fig.⟩ waar zit het hem in? ⟨wat is de moeilijkheid⟩ *what's the problem?;* ⟨oorzaak⟩ *what caused/what's causing it?;* ⟨fig.⟩ 't zit zo *it's like this* **5.9** goed ~ *be a good fit;* ⟨fig.⟩ hoe zit dat? gaan we of blijven we thuis? *what about it now? are we going or are we staying at home?;* ⟨fig.⟩ dat zit je mij niet lekker *I don't fancy that idea* **5.10** vol stof ~ *be (all) dusty;* ergens vol mee ~ *be full of sth.* **5.¶** hij zit overal aan *he cannot leave anything alone;* achter de meisjes aan ~ *chase ((around) after) girls;* daar zit een vrouw achter *there is a woman involved;* de zomer zit er weer op *the summer's over again;* mijn taak zit er weer op *that's my job out of the way;* het zit erop *that's that (done)* **6.2 aan** het raam ~ *s. by the window;* **aan** de koffie ~ *be having coffee;* **bij** welke groep zit jij? *which group are you in?;* Jones zit **in** een vergadering *Jones is at a meeting* **6.3 in** het bestuur ~ *be/serve on the board;* **op** een kantoor ~ *be/work in an office* **6.6** nog **in** de kleine kinderen ~ *still have young children (on one's hands);* hij zit **in** de amusementswereld/olie-industrie *he is in entertainment/oil;* wij ~ nog midden in de examens *we are still in the middle of the exams;* **met** een gebroken been ~ *have a broken leg;* **op** zware lasten ~ *have heavy expenses;* **zonder** werk/benzine ~ *be out of work/petrol;* ⟨bijna⟩ **zonder** geld ~ *have run short of money* **6.7** ⟨fig.⟩ **met** iets ~ *be at a loss (what to do) about sth.;* **met** een probleem ~ *have a problem;* hoe zit het (dan) **met** ...? *what about ... (then)?* **6.8 in** sla zit vitamine C *lettuce contains vitamin C;* ⟨fig.⟩ er zit wel wat **in** die film *there's plenty of punch in that film;* er zit onweer **in** de lucht *a thunderstorm is brewing;* heb jij geld **in** zijn zaak ~? *have you got money in his business?;* er zit een vlek **op** je jurk *there is a stain on your dress;* ⟨fig.⟩ met een gebaar naar de keel⟩ het zit me **tot** hier *I'm fed up (to the back teeth) with it* **6.9** die roman/film zit uitstekend **in** elkaar *that novel/film is beautifully constructed;* ⟨fig.⟩ weet jij, hoe de zaak precies in elkaar zit? *do you know all the ins and outs of the matter?* **6.**10 **onder** de modder/luizen/schulden ~ *be covered with mud/lice, be (up to one's ears) in debt* **6.**13 Jack zit **op** volleybal en Susanne **op** ballet *Jack's doing volleyball and Susanne's got ballet;* **op** tekenles ~ *be taking drawing lessons* **6.**14 **op** water en brood ~ *be (kept) on bread and water;* **wegens** diefstal ~ *do time for theft* **6.**¶ **aan** iets ~ *touch sth.;* ⟨mbt. eten en drank; inf.⟩ *be at sth.;* wie heeft er **aan** mijn recorder gezeten? *who has been at/*⟨ernstiger⟩ *tampering with my cassette-player?;* ⟨fig.⟩ **achter** iem./iets aan ~ *pursue s.o./sth.;* ⟨proberen relatie aan te knopen⟩ *be after s.o.;* ⟨volgen⟩ *follow s.o.;* er zit een actrice in haar *she has the makings of an actress (in her);* ze zit goed **in** de kleren *she is well off for clothes;* deze auto zit al gauw **op** 120 km *this car does 120 km fairly easily* ¶**.**6 hij zit erover in dat hij zijn auto moet verkopen *he's upset about having to sell his car* ¶**.**12 ~ te ~ *hang/sit around;* het zit er aan te komen *it's on its way.*

zittenblijver, -blijfster 0.1 *repeater* ⇒*pupil who stays down a class.*

zittend 0.1 [gezeten] *sitting* ⇒*seated* **0.**2 [waarbij men veel zit] *sedentary* **0.**3 [in functie zijnd] *incumbent* ♦ **1.**1 in ~e houding *(in a) seated/sitting (position)* **1.**2 een ~ leven leiden *lead a s. life* **1.**3 de ~e bestuursleden *current members of the board.*

zitting 0.1 [deel v.e. stoel] *seat* **0.**2 [vergadering] *session* ⇒ *meeting* **0.**3 [zittingstijd] *session* ♦ **2.**1 een rieten ~ *a cane s.* **3.**2 ~ houden *be in s., meet;* de ~ openen/verdagen *open/adjourn the meeting* **3.**¶ ~ hebben in *be a member of;* ~ nemen in de raad *take a place on the board* ¶**.**2 ~ met/achter gesloten deuren *a meeting behind closed doors.*

zitvlak 0.1 [billen] *seat, bottom* **0.**2 [vlak waarop men zit] *seat.*

zitvlees ♦ **3.**¶ geen ~ hebben *not be able to sit still.*

Z-kaart ⟨AZN⟩ **0.**1 ±*bus and tram card.*

zo¹ ⟨bw.⟩ **0.**1 [overeenstemmend met een werkelijkheid] *so* ⇒ *like this/that* **0.**2 [overeenstemmend in maat, graad] *as, so* **0.**3 [op deze wijze] *so* ⇒*like this/that, this/that way* **0.**4 [aanstonds] *right away* **0.**5 [zeer] *so* ♦ **1.**1 zij heeft er toch ~ een hekel aan *she really hates that* **2.**1 ~ hoog *so/ this high* **2.**2 ze was zó blij dat ze …*she was so happy she …;* het is allemaal niet ~ eenvoudig *it's not as simple as it seems;* dit stuk is net ~ groot *this piece is just as big;* half ~ lang/groot *half as long/big;* hij is ~ oud/niet ~ oud als ik *he is as old/not so/as old as I am;* ze is toch ~ verlegen! *she is so shy;* hij was ~ verstandig om te zwijgen *he was sensible enough to keep quiet* **3.**1 ~ ben ik niet *I'm not like that;* het heeft ~ moeten zijn *that's the way it had to be;* dat is ~, ~ is het *that's so/right, so it is;* als dat ~ is …*if that's the case …;* het zij ~ *so be it;* ~ zijn er niet veel *there aren't many like that* **3.**3 zó doe je dat! *that's the way you do it!;* zij doet maar ~ *she's just pretending;* o, gaat dat ~ *so that's how it works;* wie huilt daar ~? *who's crying (like that)?;* zó is het! *that's the way it is!* **3.**4 ik ben ~ terug *I'll be back r. a.;* dat zie je ~ *you can see that straight away* **3.**5 ik hoop toch ~ dat ze komt *I do hope hope she comes;* die vrouw is zó *she's a great woman* **3.**¶ het was maar ~ ~ ~ *it was just so-so;* ~ wist hij o.m. te vertellen, dat …*he told us among other things that …;* ~ zijn *(that way (inclined)* **4.**1 ~ iets geks heb ik nog nooit gezien *I've never seen anything so crazy;* daar zeg je ~ iets *now you're talking, that's right;* ⟨nu schiet me iets te binnen⟩ *that reminds me* **5.**2 hij voelde zich niet ~ best *he didn't feel so well;* ~ goed als ik kon *as well as he could;* ~ maar *just like that;* ⟨zonder toestemming te vragen⟩ *without so much as a by-your-leave;*

~ nu en dan *every now and then;* ⟨fig.⟩ is het weer ~ ver? *(t)here we/he/she/*⟨enz.⟩ *go(es) again!* **5.**3 goed ~, Jan! *well done, John!* **5.**4 ~ juist *just now* **8.**1 zij gaan vaak naar clubs en ~ *they often go out to clubs and that sort of thing;* een jaar of ~ *a year or so* ¶**.**4 brood, ~ uit de oven *bread right from the oven.*

zo² ⟨vw.⟩ **0.**1 [gelijk, als] *as* **0.**2 [indien] *if* ♦ **3.**2 ~ hij het al wist, hij heeft niet gereageerd *if he did (in fact) know, he (certainly) didn't respond* **5.**2 ~ ja, waarom/~ nee, waarom niet *if so, why/if not, why not;* je zult je huiswerk maken, ~ niet, dan krijg je een aantekening *you should do your homework, otherwise you'll get a bad mark.*

zo³ ⟨tw.⟩ **0.**1 *well* ⇒*so* ♦ **9.**1 o ~! *so there* ¶**.**1 ~, dat is dat *w. (then), that's that;* mijn vrouw heeft zich een computer aangeschaft! ~! *my wife has bought herself a computer. really?*

zoal 0.1 ⟨zie **3.**1⟩ ♦ **3.**1 wat heeft hij ~ meegebracht? *what (kind of things) did he bring with him?*

zoals 0.1 [vergelijkend, met alleen naamwoorden] *like* **0.**2 [vergelijkend, met een zin] *as* **0.**3 [verklarend] *such as* ⇒ *like* ♦ **1.**3 voertuigen, ~ auto's, wagens, bakfietsen *vehicles such as cars, trucks, carrier cycles* **3.**2 ~ gezegd *as I/ we/they/*⟨enz.⟩ *('ve) already said;* ⟨schr.⟩ *as already stated;* ~ je wilt *as/whatever you like* **4.**1 mensen ~ wij *people like us;* ⟨sl.⟩ *the likes of us* **5.**1 ~ gewoonlijk *as usual* ¶**.**¶ het is verbazend ~ die jongen vooruitgegaan is *it's amazing how (much) that boy has progressed.*

zodanig¹ ⟨aanw.vnw.⟩ **0.**1 *such* ♦ **8.**1 het bedrijf als ~ *the business as s.*

zodanig² ⟨bw.⟩ **0.**1 *so (much)* ♦ **3.**1 hij heeft de elpee ~ beschadigd, dat die niet meer te beluisteren is *he damaged the LP so badly that it can't be played any more.*

zodat 0.1 *so (that)* ⇒*(so as) to* ♦ ¶**.**1 ik zal het eens tekenen, ~ je kunt zien wat ik bedoel *I'll draw it so (that) you can see what I mean.*

zode 0.1 *turf* ♦ **3.**1 ~n steken *cut t.;* ⟨fig.⟩ dat zet geen ~n aan de dijk *that's (of) no use, that won't get us anywhere* **6.**1 ⟨fig.⟩ **onder** de groene ~n liggen *be six feet under;* ⟨scherts.⟩ *be pushing up daisies.*

zodoende 0.1 *(in) this/that way* ⇒⟨daarom⟩ *that's why/ the reason* ♦ **3.**1 ik heb overal staan kijken, ~ ben ik te laat gekomen *I stopped to look at everything and that's why I'm late;* ~ bespaart men kolen *this way one saves coal.*

zodra 0.1 *as soon as* ♦ ¶**.**1 ~ ik geld heb, betaal ik u *I'll pay you as soon as I have some money;* ~ hij opdaagt ⟨ook⟩ *the moment he shows up.*

zoeaaf 0.1 [lid v.d. Vaticaanse ordedienst] *Swiss Guard* **0.**2 [vrijwilliger in het pauselijk leger] *(papal) Zouaves.*

zoek¹ ⟨zn.⟩ ♦ **6.**¶ **op** ~ gaan/zijn naar iets *look for sth.;* **op** ~ naar het geluk *in pursuit of happiness;* **op** ~ naar succes ⟨ook⟩ *after success;* de inbrekers snuffelden in het huis rond **op** ~ naar geld *the burglars prowled around the house for money.*

zoek² ⟨bn.⟩ ⟨alleen pred.⟩ **0.**1 [kwijt] *missing, gone* **0.**2 [afwezig] *missing* ♦ **3.**1 mijn hoed is ~ *my hat is g./m.;* ~ raken *get lost* **3.**2 het eind is ~ *then there is no way out.*

zoekactie 0.1 *search operation.*

zoeken 0.1 [trachten te vinden] *look for* ⇒*search for* **0.**2 [trachten te verkrijgen, uit zijn op] *look for* ⇒*search for,* ⟨inf.⟩ *be after* **0.**3 [iedere gelegenheid aangrijpen om op iem. te vitten] *be after* **0.**4 [proberen] *try* **0.**5 [uitlokken] *look for* ♦ **1.**1 ⟨fig.⟩ we moeten een uitweg ~ *we've got to find a way out;* zijn weg ~ *feel one's way* **1.**2 zijn geluk elders ~ *seek one's fortune elsewhere;* we moeten hulp ~ *we have to go for/get help;* ze ~ mensen die kunnen typen

⟨ook⟩ *they want people who can type;* iemands ondergang ~ *plot s.o.'s downfall;* de ruimte ~ ⟨de natuur in gaan⟩ *go in search of the wide open spaces;* ⟨op de vlucht gaan⟩ *take to one's heels* **3.1** ⟨fig.⟩ ze wist niet meer waar ze het ~ moest ⟨zag geen oplossing meer⟩ *she didn't know which way to turn;* ⟨wist zich geen raad van de pijn enz.; ook⟩ *she was at her wits' end* **3.3** hij loopt me de hele dag te ~ *he's (always) after me* **4.1** zoek je iets? ⟨ook⟩ *have you lost sth.?* **4.2** ⟨fig.⟩ je zoekt het te ver *you're missing the obvious;* ⟨fig.⟩ u hebt hier niets te ~ *you have no business (being) here* **4.3** die leraar zoekt mij *that teacher is out to get me* **5.2** ⟨fig.⟩ de reden is niet ver te ~ *the explanation is obvious;* ⟨fig.⟩ dat is ver gezocht *that's far-fetched* **6.2** ⟨fig.⟩ iets niet **achter** iem. ~ *not suspect s.o. of sth.;* ⟨fig.⟩ je moet **achter** mijn woorden niets ~ *take what I say at face value;* ⟨fig.⟩ zoiets had ik **achter** haar niet gezocht *I hadn't expected that of her;* hulp ~ **bij** iem. *turn to s.o. for help;* ⟨fig.⟩ de regering zoekt het in bezuinigingen *the government's solution is (to make) cutbacks* **¶.1** ⟨rel.⟩ zoekt en gij zult vinden *seek and ye shall find;* hij werd gezocht (wegens diefstal) *he is wanted (for theft)* **¶.2** jij bent de man die ik zoek *you're the man I'm looking for.*

zoeker 0.1 [persoon] *searcher* ⇒*seeker* ⟨naar wijsheid⟩ **0.2** [voorwerp] *viewfinder.*

zoeklicht 0.1 *searchlight* ⇒*spotlight* ♦ **3.1** ~en op iets richten *turn (the) spotlight(s) on sth.*

zoekmaken 0.1 [wegmaken] *mislay* ⇒*lose* **0.2** [nutteloos besteden] *waste (on)* ♦ **6.2** veel tijd **met** iets ~ *w. a lot of time on sth.*

zoekplaatje 0.1 [prentje] ±*(picture) puzzle* **0.2** [dia, foto] *obscure picture.*

zoektaal ⟨comp.⟩ **0.1** *query language.*

zoektocht 0.1 *search (for)* ⇒*quest (for).*

Zoeloe 0.1 *Zulu.*

zoemen 0.1 *buzz* ♦ **1.1** de bijen ~ *the bees are buzzing;* de koelkast zoemt *the refrigerator makes a humming noise* **6.1** zijn oren zoemden **van** het gedroun *his ears were ringing with the roar.*

zoemer 0.1 *buzzer* ♦ **3.1** de ~ ging *the b. went.*

zoemtoon 0.1 *buzz* ⇒⟨continu⟩ *hum,* ⟨telefoon enz.⟩ *tone,* ⟨telefoon enz.⟩ *signal.*

zoen 0.1 *kiss* ♦ **2.1** een dikke ~ *a big fat k.* **3.1** iem. een ~ geven *give s.o. a k.*

zoenen 0.1 *kiss* ♦ **1.1** iem. ~ *kiss s.o.* **6.1** ⟨fig.⟩ dat is om te ~ *that is (absolutely) delightful.*

zoenerig 0.1 *smoochy.*

zoenlippen ⟨inf.⟩ **0.1** *rubber lips.*

zoet¹ ⟨het⟩ **0.1** [iets zoets] *sweet (things)* **0.2** [het aangename] *sweetness* ♦ **1.2** 's levens ~ en zuur *life's (little) ups and downs* **3.1** niet van ~ houden *not care for sweet things/*⟨bonbons⟩ *sweets.*

zoet² 0.1 [mbt. de smaak en de andere zintuigen] *sweet* **0.2** [braaf] *sweet, good* ♦ **1.1** ~e herinneringen *s. memories* **3.1** ~ smaken *taste s.* **3.2** iem. ~ houden *keep s.o. happy/quiet;* iem. ~ houden met een verhaaltje/met beloften *palm s.o. off with a story/with promises;* de kinderen spelen ~ *the children are playing nicely* **5.1** lekker ~ *nice and s.*

zoetekauw 0.1 *sugar lover* ⇒*s.o. with a sweet tooth* ♦ **3.1** een ~ zijn *have a sweet tooth.*

zoethoudertje 0.1 *sop.*

zoethout 0.1 *liquorice.*

zoetig 0.1 *sweetish* ♦ **1.1** een ~e smaak/geur *a s. taste/ smell.*

zoetigheid 0.1 [snoep] *sweet(s)* **0.2** [het zoete] *sweetness* ♦ **3.1** van ~ houden *be fond of sweets.*

zoetje 0.1 [tabletje zoetstof] *sweetener* **0.2** [iets zoets] *sweet.*

zoetjesaan ⟨inf.⟩ **0.1** *gradually* ♦ **¶.1** zo ~ wordt het tijd *it's (getting to be) about time.*

zoetmiddel 0.1 *sweetener* ♦ **3.1** een ~ toevoegen *add a s.*

zoetsappig 0.1 [schijnbaar vriendelijk] *friendly-looking* **0.2** [zonder pit, kracht] *mealy-mouthed* ⇒*namby-pamby,* ⟨verhaal enz.⟩ *sugary* ♦ **1.1** een ~ gezicht trekken *smile hypocritically* **1.2** een ~e vent *a namby-pamby sort of chap.*

zoetstof →**zoetmiddel.**

zoetwaterplant 0.1 *freshwater plant.*

zoetwatervis 0.1 *freshwater fish.*

zoetzuur¹ ⟨het⟩ **0.1** *(sweet) pickles.*

zoetzuur² ⟨bn.⟩ **0.1** [mbt. smaak] *(slightly) sour/sharp* **0.2** [ingemaakt] *pickled* ⇒⟨saus⟩ *sweet-and-sour* ♦ **1.2** zoetzure komkommerschijven *p. (slices of) cucumber.*

zoeven 0.1 *zoom* ♦ **5.1** de auto's zoefden voorbij *the cars zoomed by.*

*zoëven ⟨Wdl: zo-even⟩ →**zojuist.**

zog 0.1 [moedermelk] *(mother's) milk* **0.2** [kielwater] *wake* ♦ **6.2** in iemands ~ varen ⟨fig.⟩ *follow in s.o.'s wake.*

zogen 0.1 *breastfeed* ♦ **1.1** zogende moeder *nursing mother.*

zogenaamd I ⟨bn.⟩ **0.1** [zogenoemd] *so-called;* **II** ⟨bn., bw.⟩ **0.1** [in schijn] *so-called* ⇒*alleged* ♦ **1.1** de zogenaamde heer Smith *the alleged Mr Smith* **2.1** ~ wetenschappelijk *pseudo-scientific* **3.1** ze was ~ verhinderd *sth. supposedly came up (to prevent her from coming).*

zogezegd 0.1 [om het zo uit te drukken] *as it were* **0.2** [vrijwel] *almost* ♦ **3.1** het is ~ een kwajongen *he's what you'd call a young brat.*

zoiets →**iets³ 5.2, zo¹ 4.1.**

zojuist 0.1 *just (now)* ♦ **3.1** dit boek is ~ verschenen *this book has just been published;* ~ was hij nog hier *he was here j.n.*

zolang¹ ⟨bw.⟩ **0.1** *meanwhile* ⇒⟨inf.⟩ *meantime* ♦ **3.1** ga jij maar ~ hiernaast *meanwhile, why don't you go next door?*

zolang² ⟨vw.⟩ **0.1** *as long as* ♦ **3.1** ⟨voor⟩ ~ het duurt ⟨iron.⟩ *as long as it lasts* **¶.1** ~ de voorraad strekt *for as long as supplies last.*

zolder 0.1 [verdieping onder het dak] *attic* **0.2** [plafond] *ceiling* **0.3** [verdieping v.e. pakhuis] *loft* ♦ **6.1** zet die oude rommel maar **op** ~ *put that junk in the a.;* iets **van** de ~ halen *get sth. down from the a.* **6.2** de lamp hangt **aan** de ~ *the lamp hangs from the c.*

zolderetage 0.1 *attic* ⇒⟨niet bewoonbaar ook⟩ *loft* ♦ **6.1** op een ~ wonen *live in an a. room/*⟨klein, armzalig⟩ *a garret.*

zoldergat 0.1 *attic opening/hatch(way).*

zolderkamer 0.1 *attic room.*

zolderluik 0.1 *attic/loft trapdoor.*

zolderraam 0.1 *attic window* ⇒⟨dakraam⟩ *skylight.*

zoldertrap 0.1 *attic stairs/ladder.*

zomaar 0.1 [zonder in-, aanleiding] *just (like that)* ⇒*without (any) warning* **0.2** [zonder belemmeringen] *just like that* ♦ **3.1** hij begon ~ te schieten *he started to shoot without (any) warning;* dat idee kwam ~ bij me op *that idea just popped into my head* **3.2** ~ wat vragen *ask sth. at random/*⟨inf.⟩ *off the top of one's head* **5.1** ~ ineens *suddenly.*

zombie 0.1 *zombie.*

zomen 0.1 *hem (up).*

zomer 0.1 [jaargetijde] *summer* **0.2** [zomers weer] *summer (weather)* ♦ **6.1** van de ~ *in the s.* **7.1** 's ~s *during the s.* **7.2** we hebben nog niet veel ~ gehad *we haven't had much summer yet.*

zomeravond 0.1 *summer('s) evening.*

zomercollectie 0.1 *summer collection.*

zomerdag 0.1 [dag van de zomer] *summer('s) day* 0.2 [aangenaam warme dag] *summer(y) day* ⟨ook meteo.⟩ ◆ **6.1 bij** ~ *on a s. d.*

zomerdijk 0.1 *summer dyke.*

zomeren 0.1 *be/get summery* ◆ **3.1** het begint te ~ *it's getting summery.*

zomerhuis 0.1 *summer house.*

zomerjurk 0.1 *summer dress.*

zomerkleren, -goed 0.1 *summer clothes.*

zomermaanden 0.1 *summer months.*

zomeropruiming ⟨hand.⟩ 0.1 *summer sale(s).*

zomers 0.1 *summery* ⟨ook meteo.⟩ ◆ **6.1 op** zijn ~ gekleed *dressed in summer(y) clothes.*

zomerseizoen 0.1 *summer season, summertime.*

zomerspelen 0.1 *summer games, Summer Olympics.*

zomersproeten 0.1 *freckles* ◆ **5.1** een gezicht vol ~ *a freckled face.*

zomertijd 0.1 [tijd dat het zomer is] *summer(time)* 0.2 [tijdregeling] *summer time* ◆ **3.2** de ~ gaat in *we're going on to s. t.*

zomervakantie 0.1 *summer holiday.*

zomerverblijf 0.1 *summer home.*

zomerweer 0.1 [weer gedurende de zomer] *summer weather* 0.2 [mooi weer] *summer(y) weather.*

zomin 0.1 *as little (as)* ◆ **8.1** net ~ als *no more than.*

zon 0.1 [(straling, warmte v.h.) hemellichaam] *sun* 0.2 [vreugde] *sunshine* 0.3 [als symbool van macht, roem] *star* ◆ **2.1** in de volle ~ *right (out) in the s.* **3.1** de ~ breekt door *the s. is breaking through;* ⟨de zaken gaan wat beter⟩ *things are looking up;* ⟨het humeur wordt beter⟩ *things are brightening up;* de ~ gaat op/gaat onder *the s. rises/sets;* voor niets gaat de ~ op *you can't expect sth. for nothing,* ±*there's no such thing as a free lunch;* ⟨scheep.⟩ de ~ meten/schieten *measure the position of the s.;* de ~ opzoeken *go looking for the s.;* de ~ staat hoog aan de hemel *the s. is high (in the sky);* ⟨fig.⟩ *the s. is shining (down) on us/them/ etc.* **3.2** ergens wat ~ brengen *bring some s. (into sth.)* **3.3** zijn ~ is ondergegaan *his s. has faded* **6.1** zich in de ~ koesteren *bask in the s.;* er is niets nieuws **onder** de ~ *there is nothing new under the s.;* **tegen** de ~ in/met de ~ tegen spelen *play with the s. in one's eyes.*

zo'n 0.1 [deze] *such (a)* 0.2 [+ dat; dusdanig] *such (a)* 0.3 [soortgelijk] *just like* 0.4 [als versterking] *such (a)* 0.5 [zo ongeveer] *about* 0.6 [willekeurig] *one of those* ◆ **1.1** in ~ geval zou ik niet gaan *I wouldn't go if that were the case* **1.2** op ~ manier, dat ... *in s. a way that ...* **1.3** hij heeft net ~ jas *he has a jacket just like that* **1.4** ik heb ~ slaap *I am so sleepy* **1.5** het duurt ~ drie weken *it lasts about three weeks* **1.6** ik wil ~ ijsje met nootjes erop *I'd like one of those ice creams with nuts on* **1.**¶ ~ beetje *more or less;* ik vind 't ~ meid *I think she's a terrific girl.*

zonaanbidder, -ster 0.1 *sun-worshipper* ⟨mv. ook rel.⟩.

zondaar, -dares 0.1 [rel.] *sinner* 0.2 [schuldige] *guilty one* ◆ **2.1** een boetvaardige ~ *a repentant s.*

zondag 0.1 [dag v.d. week] *Sunday* 0.2 [christelijke feestdag] *religious holiday* ◆ **3.1** (de) ~ vieren/houden *observe the Sabbath* **3.2** hemelvaartsdag is een ~ *Ascension Day is a r. h.* **6.1 op** zon- en feestdagen rijden er minder treinen *there are fewer trains on Sundays and holidays* **7.1** 's ~s *on Sundays* ⟨ook→**maandag**⟩.

zondagclub, -vereniging ⟨sport⟩ 0.1 *Sunday League club.*

zondagcompetitie ⟨sport⟩ 0.1 *Sunday League.*

zondags I ⟨bn.⟩ 0.1 [van zondag] *Sunday* ◆ **1.1** de ~-e kleren

S. clothes **6.1 op** zijn ~ gekleed ⟨inf.⟩ *dressed in one's (S.) best;*

II ⟨bw.⟩ 0.1 [op zondag] *on Sundays.*

zondagsdienst 0.1 [kerkdienst] *Sunday service* 0.2 [werk op zondag] *Sunday duty/*⟨ploegwerk⟩ *shift* ◆ **3.2** ~ hebben *be on duty on Sunday.*

zondagskind 0.1 *Sunday's child.*

zondagskrant 0.1 *Sunday (news)paper.*

zondagsrijder 0.1 *Sunday driver.*

zondagsrust 0.1 *Sunday('s) rest.*

zondagsschool ⟨prot.⟩ 0.1 *Sunday school.*

zonde 0.1 [overtreding van goddelijke, zedelijke wetten] *sin* 0.2 [jammer] *shame* ◆ **1.1** vergeving van ~n *forgiveness of sins* **3.1** een ~ begaan *commit a s.;* zijn ~n biechten *confess one's sins* **3.2** het is eeuwig ~ *it's a crying s.;* het zou ~ zijn om ...*it would be a s. to ...* **3.**¶ het is ~ dat ik het zeg, maar ...*I hate to have to say this, but ...* **6.1 in** ~(n) leven ⟨ook scherts.; ongehuwd samenwonen⟩ *live in s.* **6.2** (het is) ~ **van** het geld *(it's) a s. about the money;* ~ **van** de tijd *a pity about the time it took;* het zou ~ **van** de/je tijd zijn *it would be a waste of time.*

zondebok 0.1 *scapegoat* ⇒*whipping boy* ◆ **8.1** als ~ fungeren *be a s. (for).*

zonder 0.1 *without* ◆ **1.1** niets doen ~ een ander *never do anything alone;* thee ~ suiker *tea w. sugar;* ~ werk zijn ⟨ook⟩ *be out of work* **3.1** niet ~ (iets) kunnen *not be able to do w. (sth.);* ~ op het gevaar te letten, ...*heedless of the danger, ...;* ~ te willen ontkennen dat ...*while not denying that ...;* ~ (iets) zitten *be without (sth.)* **5.**¶ ~ meer ⟨zo maar⟩ *just like that;* ⟨beslist⟩ *of course;* ⟨meteen⟩ *without delay* **8.1** ~ dat het u iets kost *w. any cost to you.*

zonderling¹ ⟨de⟩ 0.1 *strange/odd character.*

zonderling² ⟨bn.⟩ 0.1 *peculiar* ⇒*odd* ◆ **1.1** een ~ mens ⟨ook⟩ *an eccentric person.*

zondeval 0.1 *fall* ◆ **1.1** de ~ van Adam *the Fall (of man).*

zondig 0.1 *sinful* ◆ **1.1** een ~ leven leiden *lead a s. life.*

zondigen 0.1 [zonde begaan] *sin* 0.2 [overtreding, misslag begaan] *offend* ◆ **5.1** zwaar ~ *commit a terrible sin* **6.2 tegen** een taalregel/de verkeersregels ~ *violate a rule of the language, break the traffic regulations.*

zondvloed 0.1 [rel.] *Flood* 0.2 [fig.] *deluge* ◆ **6.2** de oorlog bracht een ~ van leed en haat *the war brought on a d. of suffering and hate* ¶.1 ⟨fig.⟩ na ons de ~! *eat, drink and be merry, for tomorrow we die.*

zone 0.1 [streek] *zone* ⇒⟨vnl. mbt. gewassen⟩ *belt* 0.2 [aardgordel] *zone* ◆ **1.1** de ~ van de koffie *the coffee belt* **2.1** een neutrale ~ *a neutral z.* **2.2** de hete ~ *the torrid z.*

zoneclips 0.1 *solar eclipse.*

zonedekking ⟨sport⟩ 0.1 *area defence.*

zonegrens 0.1 *fare stage.*

zonet ⟨inf.⟩ 0.1 *just (now).*

zoneverdediging ⟨sport⟩ 0.1 *zonal defence.*

zonlicht 0.1 *sunlight* ◆ **6.1** iets **in** het ~ houden/bekijken *hold sth. up to/look at sth. in the sun(light).*

zonnebad 0.1 [het zich aan de zon blootstellen] *sunbath* 0.2 [plaats] *solarium.*

zonnebaden 0.1 *sunbathe.*

zonnebank 0.1 *sunbed* ⇒*solarium.*

zonnebloem 0.1 *sunflower.*

zonnebloemolie 0.1 *sunflower oil.*

zonnebloempit 0.1 *sunflower seed.*

zonnebrand 0.1 [het verbranden v.d. huid] *sunburn* 0.2 [zonnegloed] *sun's heat* 0.3 [beschermend middel] *sun(tan) lotion.*

zonnebrandolie 0.1 *sun(tan) oil.*

zonnebril 0.1 *sunglasses.*
zonnecel ⟨nat.⟩ 0.1 *solar cell.*
zonnecentrum 0.1 *solarium.*
zonne-energie 0.1 *solar energy.*
zonnegloren 0.1 *sun's rays* ◆ 6.1 bij het eerste ~ *at the break of day.*
zonnegod 0.1 *sun god.*
zonnehemel 0.1 *sunbed.*
zonnehoed 0.1 *sun hat.*
zonneklaar 0.1 *obvious* ⇒⟨pred.; na zn.⟩ *(as) clear as day* ◆ 3.1 ~ bewijzen *prove beyond a shadow of a doubt;* het is / het blijkt ~ *it is o.*
zonneklep 0.1 *(sun) visor.*
zonnekoning ⟨gesch.⟩ 0.1 *Sun King.*
zonnen 0.1 *sunbathe* ◆ 3.1 zij lagen de hele dag te ~ *they spent the whole day sunbathing.*
zonnepaneel 0.1 *solar panel.*
zonnescherm 0.1 [scherm voor een venster] *(sun)blind* 0.2 [parasol] *parasol.*
zonneschijn 0.1 *sunshine* ◆ 6.1 in de ~ lopen / zitten *walk / sit in the sun.*
zonnestand 0.1 *position of the sun.*
zonnesteek 0.1 *sunstroke* ◆ 3.1 een ~ krijgen *get s.*
zonnestelsel 0.1 *solar system.*
zonnestilstand, -wende 0.1 *solstice.*
zonnestraal 0.1 *ray of sun(shine)* ⇒⟨wet.⟩ *solar ray.*
zonnetje 0.1 [kleine zon] *little sun/*⟨fig.⟩ *sunshine* 0.2 [zonneschijn] *sun(shine)* ◆ 3.1 ⟨fig.⟩ ze is het ~ in huis *she is our/*⟨enz.⟩ *little sunshine* 6.2 in het ~ zitten *sit in the sun-(shine);* iem. in het ~ zetten ⟨iem. prijzen⟩ *make s.o. the centre of attention;* ⟨de spot drijven⟩ *poke fun at s.o.*
zonnewagen ⟨myth.⟩ 0.1 *chariot of the sun-god.*
zonnewijzer 0.1 *sundial.*
zonnig 0.1 *sunny* ◆ 1.1 een ~e kamer *a s. room;* een ~e toekomst *a bright future.*
zonovergoten 0.1 *sun-drenched.*
zonsondergang 0.1 *sunset* ◆ 6.1 tegen ~ *around s.*
zonsopgang 0.1 *sunrise* ◆ 6.1 bij ~ *at dawn / s.*
zonsverduistering 0.1 *eclipse of the sun* ◆ 2.1 totale / gedeeltelijke ~ *total / partial eclipse of the sun.*
zonvakantie 0.1 ᵇ*holiday/*ᴬ*vacation in the sun.*
zonwerend 0.1 *reflective* ⇒*heat-resistant.*
zonwering 0.1 *awning* ⇒⟨BE ook⟩ *sun blind,* ⟨jaloezie⟩ *(venetian) blind.*
zonzijde 0.1 [zijde vanwaar de zon komt, in de zon] *sun(ny) side* 0.2 [fig.] *sunny/bright side* ◆ 3.2 altijd de ~ zien *always see the bright side.*
zoogdier 0.1 [dier dat zijn jongen zoogt] *mammal* 0.2 [mv.; klasse] *mammalians* ⇒⟨wet.⟩ *Mammalia.*
zooi ⟨inf.⟩ 0.1 [grote hoeveelheid] *heap* ⇒*load* 0.2 [rommel] *mess* ◆ 1.1 een ~ kinderen *a troop/gang of children* 3.2 een ~ maken van iets *make a m. of sth.*
zool 0.1 [vlak v.d. voet / v.e. schoen, deel v.e. kous] *sole* 0.2 [inlegstuk] *insole* ◆ 2.1 nieuwe zolen op schoenen zetten *resole shoes* 2.2 losse / vilten zolen *extra/felt insoles* 3.1 ⟨fig.⟩ de zolen van zijn schoenen lopen *walk one's feet off;* ⟨fig.⟩ *try one's hardest.*
zoölogie 0.1 *zoology.*
zoölogisch 0.1 *zoological* ◆ 1.1 ~e tuin *z. gardens.*
zoom 0.1 [omgeslagen rand] *hem* 0.2 [buitenrand] *edge* ◆ 1.2 de ~ v.h. bos / v.e. akker *the e. of the woods/of a field* 2.1 ergens een brede ~ aanzetten / inzetten *put a large h. in sth.* 3.1 een ~ leggen *put in a h.* 6.2 aan de ~ v.e. stad *at the e. / outskirts of a city.*
zoomlens ⟨foto, film, tv⟩ 0.1 *zoom lens.*

zonnebril - zorgzaam

zoon 0.1 [kind v.h. mannelijk geslacht, vertegenwoordiger, afstammeling] *son* 0.2 [als aanspreekvorm] *son* ⇒⟨verkleinwoord⟩ *sonny* 0.3 [volgeling] *son* ⇒*follower* ◆ 1.1 de ~ van Mr. Boswell *Mr Boswell's s.* 2.1 hij is een echte ~ van zijn vader *he's a chip off the old block;* de jongste ~ *the youngest/*⟨van 2⟩ *younger s.;* de oudste ~ *the oldest/*⟨van 2⟩ *elder/*⟨van 3 of meer⟩ *eldest s.;* ⟨rel.⟩ de verloren ~ *the Prodigal Son.*
zoonlief ⟨meestal iron.⟩ 0.1 *junior* ⇒*my/*⟨enz.⟩ *dear son.*
zootje ⟨inf.⟩ 0.1 [grote hoeveelheid] *heap* ⇒*load* 0.2 [rommeltje] *mess* ◆ 1.1 een ~ appels / boeken / oud papier *a h. of apples/books/waste paper* 2.2 het hele ~ *the whole lot;* een ~ ongeregeld *a motley crew* 3.2 het is me daar een ~ *it's a real m.*
zorg 0.1 [zorgzaamheid] *care* ⇒*concern* 0.2 [(voorwerp van) ongerustheid] *concern* ⇒*worry* ◆ 2.1 een voorwerp van aanhoudende ~ zijn *be the subject of constant concern;* moederlijke ~ *motherly care* 2.2 dat is van later ~ *we'll worry about that later* 3.1 ~ besteden aan *care for;* ~ voor iets dragen *take care of sth.* 3.2 iem. veel ~en baren *be a source of great worry to s.o.;* geen ~en hebben *have no worries;* weinig ~en hebben *have few worries;* dat is een (hele) ~ minder *that's (quite) a relief;* zich ~en maken over / om *worry about* 6.1 iets met ~ behandelen *handle sth. carefully;* de ~ voor een gezin hebben *provide for a family* 6.2 in de ~(en) zitten *have a lot of worries;* wij zijn nog niet uit de ~en *our worries aren't over yet* ¶.2 onder ~en gebukt gaan *be burdened down with care;* ⟨inf., iron.⟩ 't zal mij geen ~ wezen, mij zon ~ *I couldn't care less.*
zorgelijk, zorglijk I ⟨bn.⟩ 0.1 [onrustbarend] *worrisome* ⇒*alarming* ◆ 1.1 de toestand is ~ *the situation is alarming* ¶.¶ ~ aangelegd zijn *be the worrying type;* II ⟨bn., bw.⟩ 0.1 [bezorgdheid uitdrukkend] *worried* ◆ 3.1 ~ kijken *look w.*
zorgeloos 0.1 *carefree* ◆ 1.1 een ~ bestaan *a c. existence.*
zorgeloosheid 0.1 [het zonder zorgen zijn] *freedom from care/worry* 0.2 [luchthartigheid] *carefreeness.*
zorgen 0.1 [arrangeren] *see to* ⇒ *take care of,* ⟨verschaffen⟩ *provide,* ⟨verschaffen⟩ *supply* 0.2 [verzorging geven] *care for* ⇒*look after, take care of* 0.3 [opletten] *see (to)* ⇒*take care (to)* ◆ 6.1 voor het eten ~ *see to the food;* daar moet jij voor ~ *that's your job;* voor grote opschudding ~ *cause a sensation* 6.2 voor zichzelf kunnen ~ *be able to take care of/fend for o.s.* 8.3 zorg dat je niet te laat komt *see that/make sure you're not late.*
zorgenkind 0.1 ⟨ook fig.⟩ *problem child.*
zorgsector 0.1 *social service sector.*
zorgverzekeraar 0.1 *health insurer* ⇒*health insurance company.*
zorgverzekering 0.1 *health insurance* ⇒*medical insurance.*
zorgvuldig I ⟨bn.⟩ 0.1 [mbt. personen] *meticulous;* II ⟨bn., bw.⟩ 0.1 [nauwkeurig] *careful* ⇒*meticulous, painstaking* ◆ 1.1 een ~ onderzoek *a c. / thorough examination* 3.1 ~ zijn woorden kiezen *choose one's words carefully;* iets ~ nagaan / onderzoeken *take great care in tracking down / examining sth.*
zorgvuldigheid 0.1 *care(fulness)* ⇒*precision* ◆ 2.1 de nodige ~ in acht nemen *exercise due caution;* met de uiterste ~ *with the utmost care/precision.*
zorgwekkend 0.1 *worrisome* ⇒*alarming* ◆ 1.1 het slachtoffer werd in ~e toestand in het ziekenhuis opgenomen *the victim was in critical condition when he reached the hospital.*
zorgzaam 0.1 *careful* ⇒*considerate, thoughtful* ◆ 1.1 een ~

huisvader *a caring father;* een zorgzame samenleving *a caring society.*

zot[1] ⟨de⟩ **0.1** *fool* ⇒*idiot.*

zot[2] ⟨bn., bw.⟩ **0.1** *crazy* ⇒*idiotic,* ⟨mal⟩ *silly* ◆ **3.1** doe niet zo ~ *don't act so silly/c.*

zottigheid 0.1 *foolishness* ⇒*madness.*

zout[1] ⟨het⟩ **0.1** [keukenzout] *(common) salt* **0.2** [schei.] *salt* ◆ **6.1** ⟨fig.⟩ het ~ **in** de pap niet verdienen *earn next to nothing,* earn *a (mere) pittance;* **op** alle slakken ~ leggen *split hairs.*

zout[2] ⟨bn.⟩ **0.1** [zeer zout smakend] *salty* ⇒*saline* ⟨vloeistof⟩ **0.2** [gezouten] *salted* ◆ **1.2** ~e haring *pickled/s. herring* **3.2** ⟨fig.⟩ zó ~ heb ik het nog nooit gegeten *I've never heard/seen anything quite like that.*

zoutarm 0.1 *low-salt.*

zouteloos ⟨fig.⟩ **0.1** *insipid* ⇒*flat, dull.*

zouten 0.1 *salt* ◆ **1.1** het vlees ~ *s. the meat.*

zoutgehalte 0.1 *salt content/level* ◆ **2.1** hoog/laag ~ *high/low salt content.*

zoutje 0.1 *salt(y)/*⟨BE ook⟩ *savoury biscuit* ⇒*cocktail biscuit.*

zoutloos 0.1 *salt-free* ◆ **1.1** een ~ dieet *a s.-f. diet.*

zoutstrooier, -vaatje 0.1 [g]*saltcellar,* [A]*saltshaker.*

zoutwatervis ⟨dierk.⟩ **0.1** *salt-water fish.*

zoutzak 0.1 *salt-bag* ◆ **8.1** hij zakte als een ~ in elkaar *he collapsed like a burst balloon.*

zoutzuur[1] ⟨het⟩ **0.1** *hydrochloric acid.*

zoutzuur[2] ⟨bn.⟩ **0.1** *hydrochloric.*

zoveel[1] ⟨onb.vnw.⟩ ◆ **¶.¶** ~ is zeker *that much is certain.*

zoveel[2] ⟨hoofdtelw.⟩ **0.1** [een onbepaald, bekend (geacht) getal, bedrag] *as much/many* **0.2** [wanneer het precieze getal/aantal er niet toe doet] *so/that much/many* ◆ **1.2** om de ~ dagen *every so many days;* de bus van tien uur ~ *the ten-something bus* **3.1** vandaag kun je drinken ~ je wilt *you can drink as much as you like today* **3.2** ~ geef ik er niet om *I don't care for it (all) that much/*⟨met nadruk op zo-, ook⟩ *as much as (all) that* **5.1** ~ mogelijk *as much/many as possible;* net ~ *just as much/many;* dat is tweemaal ~ *that's twice as much/many* **5.2** niet zóveel *not (as much as) that* **8.1** ~ als men wil ⟨ook⟩ *all one can/likes.*

zoveelste[1] ⟨bn.⟩ **0.1** *such-and-such* ◆ **1.1** hij krijgt het ~ deel *he'll get such-end-such an amount.*

zoveelste[2] ⟨rangtelw.⟩ **0.1** *such-and-such* ⇒⟨geïrriteerd⟩ *umpteenth* ◆ **1.1** dat is nu al voor de ~ keer *that's the umpteenth time now.*

zover[1] ⟨bw.⟩ **0.1** *so far* ⇒*this/that far, so/as far as this/that* ◆ **3.1** ben je ~? *(are you) ready?;* ~ zou ik niet willen gaan *I wouldn't go so/as far as that;* voor het ~ is *before we've reached that point;* het is ~ *the time has come, here we go!* **6.1** ⟨fig.⟩ in ~re *insofar, insomuch;* ⟨fig.⟩ de keuzemogelijkheid is in ~re beperkt dat ... *the options are limited to such an extent/to the extent that ...;* **voor** ~ mogelijk *as far as (is) possible.*

zover[2] ⟨vw.⟩ **0.1** *as far* ◆ **3.1** iem. ~ krijgen dat ... ⟨overreden⟩ *get s.o. to ..., coax s.o. into ...* **6.1** ⟨fig.⟩ **voor** ~ zij nog in leven zijn *(always) assuming they're still alive;* **voor** ~ ik weet niet *not to my knowledge, not that I know of.*

zowaar 0.1 *actually* ◆ **¶.¶** je hebt ~ gelijk *you're a. right, it turns out you're right.*

zowat 0.1 *almost* ◆ **4.1** ~ alles ⟨ook⟩ *(just) about everything;* ~ niets ⟨ook⟩ *next to nothing* **¶.1** ze zijn ~ even groot ⟨ook⟩ *they're pretty much the same height.*

zowel 0.1 *both, as well as* ◆ **8.1** ~ de mannen als de vrouwen *b. the men and the women.*

z.o.z. ⟨afk.⟩ **0.1** [zie ommezijde] *p.t.o.* ⟨please turn over⟩

zozeer 0.1 [in die, in gelijke mate] *so much (so)* **0.2** [in hoge mate] *so (very)* ◆ **5.1** dat ~ niet/niet ~ *not that so much, not so much that* **8.2** ~ dat *so much so that.*

zozo 0.1 *so-so* ◆ **3.1** het is maar ~ ⟨ook⟩ *it's all right as far as it goes.*

zucht I ⟨de⟩ **0.1** [begeerte] *desire* ⇒⟨verlangen⟩ *longing,* ⟨hunkering⟩ *craving* ◆ **6.1** ~ **naar** avontuur *love of/longing for adventure;*
II ⟨de (m.)⟩ **0.1** [diepe uitademing] *sigh* ◆ **2.1** een diepe ~ slaken *heave a deep s.*

zuchten 0.1 *sigh* ⇒⟨kermen⟩ *moan* ◆ **3.1** ~ en steunen *groan and moan* **6.1** ⟨fig.⟩ **onder** iets ~ *labour under/be weighed down by sth.*

zuchtje 0.1 *breath* ◆ **7.1** er is geen ~ wind te voelen *there's not a b. of air (stirring).*

zuid[1] ⟨de⟩ **0.1** *south.*

zuid[2] **I** ⟨bw.⟩ **0.1** [ten zuiden] *south;*
II ⟨bn.⟩ **0.1** [uit het zuiden] *south(ern)* ⇒⟨mbt. wind ook⟩ *southerly* ◆ **3.1** de wind is ~ *the wind is southerly/is from the south.*

Zuid-Afrika 0.1 *South Africa.*

Zuid-Afrikaan, -se 0.1 *South African (girl/woman).*

Zuid-Afrikaans[1] ⟨het⟩ **0.1** *Afrikaans.*

Zuid-Afrikaans[2] ⟨bn.⟩ **0.1** *South African.*

Zuid-Amerika 0.1 *South America.*

Zuid-Amerikaan, -se 0.1 *South American (girl/woman).*

Zuid-Amerikaans 0.1 *South American.*

zuidelijk I ⟨bn.⟩ **0.1** [in het zuiden, het zuiden eigen] *southern* **0.2** [uit het zuiden komend] *south(ern)* ⇒⟨wind ook⟩ *southerly* **0.3** [zuidwaarts] *southern* ⇒*southerly* ◆ **1.1** een ~ type *a s. type* **1.3** in ~e richting *in a southern/southerly direction;*
II ⟨bw.⟩ **0.1** [zuidwaarts] *(to the) south, southerly, southwards* ◆ **3.1** Rome ligt ~er dan Milaan *Rome is more southerly/is further south than Milan.*

zuiden 0.1 *south* ◆ **2.1** het zonnige ~ *the sunny s.* **6.1** een kamer **op** het ~ *a s.-facing room, a room facing s.;* **op** het ~ liggen *face s.;* **ten** ~ (van) *(to the) s. (of).*

zuidenwind 0.1 *south/southern/southerly wind.*

zuiderbreedte 0.1 *southern latitude* ◆ **6.1** op 4° ~ *at a latitude of 4° South.*

zuiderbuur 0.1 *southern neighbour* ⇒*neighbour to the south.*

zuiderkeerkring 0.1 *tropic of Capricorn.*

zuiderlicht 0.1 *southern lights* ⇒*aurora australis.*

Zuiderzee 0.1 *Zuyder Zee* ◆ **1.1** de droogmaking van de ~ *the draining/reclamation of the Z. Z.*

Zuid-Europa 0.1 *Southern Europe.*

Zuid-Europees 0.1 *Southern European.*

zuidgrens 0.1 *southern/south border.*

Zuid-Holland 0.1 *South Holland.*

Zuid-Hollands 0.1 *South Holland.*

Zuid-Korea 0.1 *South Korea.*

Zuid-Koreaans 0.1 *South Korean.*

zuidkust 0.1 *south(ern) coast.*

zuidoost I ⟨bw.⟩ **0.1** [naar het zuidoosten] *southeast(wards)* ⇒*to the southeast;*
II ⟨bn.⟩ **0.1** [uit het zuidoosten] *southeast(ern)* ⇒⟨wind ook⟩ *southeasterly* ◆ **3.1** de wind is ~ *the wind is southeasterly/is from the south-east.*

Zuidoost-Azië 0.1 *South-east Asia.*

zuidoostelijk I ⟨bw.⟩ **0.1** [naar het zuidoosten] *(to the) southeast, southeasterly;*
II ⟨bn.⟩ **0.1** [in het zuidoosten] *southeast(ern)* **0.2** [uit het zuidoosten] *southeast(ern)* ⇒⟨wind ook⟩ *southeasterly.*

979

zuidoosten 0.1 [kompasstreek] *southeast* 0.2 [streek] *South-east* ◆ 1.2 het ~ van Gelderland *South-East Gelderland*.
zuidooster 0.1 *southeaster*.
zuidpool 0.1 [zuideraspunt v.d. aarde, zuidelijke pool v.d. hemelbol] *South Pole* 0.2 [zuidpoolgebied] *Antarctic* ⇒ *South Pole* ◆ 2.¶ magnetische ~ *Magnetic South (Pole)*.
zuidpoolcirkel 0.1 *Antarctic Circle*.
zuidpoolgebied 0.1 *Antarctic* ⇒*South Pole*.
zuidvrucht 0.1 *subtropical fruit*.
zuidwaarts 0.1 ⟨bn.⟩ *southward(ly), southerly;* ⟨bw.⟩ *south(wards)* ◆ 1.1 in ~e richting *in a southerly/southward direction*.
zuidwest I ⟨bw.⟩ 0.1 [naar het zuidwesten] *southwest-(wards)* ⇒*to the southwest;*
II ⟨bn.⟩ 0.1 [uit het zuidwesten] *southwest(ern)* ⇒⟨wind ook⟩ *southwesterly* ◆ 3.1 de wind is ~ *the wind is southwesterly/from the southwest*.
zuidwestelijk I ⟨bw.⟩ 0.1 [naar het zuidwesten] *(to the) southwest, southwesterly, southwestwards;*
II ⟨bn.⟩ 0.1 [in het zuidwesten] *southwest(ern)* 0.2 [uit het zuidwesten] *southwest(ern)* ⇒⟨wind ook⟩ *southwesterly*.
zuidwesten 0.1 [kompasstreek] *southwest* 0.2 [streek] *South-west* ◆ 1.2 het ~ van Nederland *the Southwest(ern) Netherlands*.
zuidwester 0.1 [storm] *southwester, sou'wester* 0.2 [hoed] *sou'wester*.
zuigeling 0.1 *infant, baby*.
zuigelingenzorg 0.1 *infant welfare*.
zuigen I ⟨onov., ov.ww.⟩ 0.1 [naar een andere plaats halen] *suck* 0.2 [met de mond ergens uithalen] *suck* ⇒⟨van baby⟩ *nurse* 0.3 [stofzuigen] *vacuum* ⇒⟨inf.⟩ *hoover* ◆ 1.3 heb je de hal al gezogen? *have you vacuumed the hall already?*
3.2 de baby laten ~ *nurse the baby* 6.1 het water met een pomp **naar** boven ~ *draw the water with a pump;*
II ⟨onov.ww.⟩ 0.1 [sabbelen] *suck (on/away at)* 0.2 [plagen] *nag* ⇒*pester* ◆ 3.2 zitten te ~ *n. (at) s.o.* 6.1 **aan** een sigaret/een pijp ~ *puff away on a cigarette/on a pipe*, **op** een snoepje ~ *s. (on) a sweet;*
III ⟨ov.ww.⟩ 0.1 [in zich opnemen] *absorb* ◆ 1.1 de spons zuigt het water in zich op *the sponge absorbs the water*.
zuiger 0.1 [treiteraar] *nag* ⇒*pest* 0.2 [deel v.e. cilinder] *piston* ◆ 1.2 de ~s van een automotor *the pistons of a car engine;* de ~ v.e. pomp *the p. of a pump*.
zuigfles 0.1 *feeding bottle*.
zuigkracht 0.1 [vermogen om te zuigen] *suction (power/force)* 0.2 [aantrekkingskracht] *attraction*.
zuignap 0.1 [biol.] *sucker, sucking cup* 0.2 [tech.] *sucker* ⇒ *suction cup*.
zuigtablet 0.1 *lozenge*.
zuigzoen 0.1 *lovebite*.
zuil 0.1 [pilaar] *pillar* ⇒⟨kolom; ook vloeistof⟩ *column*, ⟨elek.⟩ *pile* 0.2 [groepering] *sociopolitical group/block* 0.3 [persoon, zaak waarop iets steunt] *pillar* ⇒*rock* ◆ 1.3 de ~en van de staatsmacht *foundations on which the power of the state is based* 2.1 Ionische/Dorische/Corinthische ~ *Ionic/Doric/Corinthian column* 6.2 de ~en **in** ons omroepbestel *the sociopolitical groups in our broadcasting system*.
zuilengalerij 0.1 *colonnade, arcade*.
zuinig 0.1 [spaarzaam] *economical* ⇒*frugal, thrifty,* ⟨karig⟩ *sparing* 0.2 [voordelig] *economical* ⇒⟨vaak in samenst.⟩ *efficient* 0.3 [teleurgesteld] *glum* ⇒*put out* ◆ 1.3 een ~ gezicht zetten *look g.* 3.1 ~ (moeten) zijn/leven *(need to) economize;* ⟨leven⟩ *live frugally* 3.2 een motor ~ afstellen *tune (up) an engine efficiently* 5.¶ hij kreeg op zijn falie en

zuidoosten - zulk

niet zo ~ ook *he didn't half get clobbered* 6.1 ~ **met** zijn woorden zijn *be sparing with one's words;* ~ **met** iets omgaan/zijn *make sth. last/go a long way;* ~ **op** iets zijn *be careful about sth.;* ~ **op** zichzelf zijn *go easy on o.s.* 6.2 ~ **in** het gebruik *economical*
zuinigheid 0.1 *economy* ⇒*frugality, thrift(iness)* ◆ 3.1 ~ betrachten *practise e.;* een verkeerde ~ betrachten *be penny-wise and pound-foolish*.
zuinigheidshalve 0.1 *for (reasons/the sake of) economy*.
zuinigjes 0.1 *economically* ⇒*sparingly* ◆ 3.1 dat doen we nog eens ~ over *we'll have to do this again another time;* ~ lachen *laugh without enthusiasm*.
zuipen I ⟨onov., ov.ww.⟩ 0.1 [drinken] *drink* ◆ 1.1 ⟨fig.⟩ die auto zuipt benzine *that car just eats up petrol;* ⟨fig.⟩ die auto zuipt olie *that car drinks gallons of oil;*
II ⟨onov.ww.⟩ 0.1 [zich te buiten gaan aan alcohol] *booze* ◆ 7.1 het op een ~ zetten *b. it up;*
III ⟨ov.ww.⟩ 0.1 [door drinken in een toestand brengen] *drink* ◆ 2.1 zich zat ~ *get sloshed/plastered*.
zuiplap ⟨inf.⟩ 0.1 *boozer* ⇒*drunk(ard)*.
zuippartij ⟨inf.⟩ 0.1 *drinking binge/bout/spree*.
zuipschuit ⟨inf.⟩ →*zuiplap*.
zuivel 0.1 *dairy (produce)* ⇒*dairy products*.
zuivelbedrijf 0.1 [melkveebedrijf] *dairy farm* 0.2 [geheel van bedrijven die zuivelproducten produceren en verwerken] *dairy industry*.
zuivelfabriek 0.1 *dairy factory*.
zuivelhandel 0.1 [handel in zuivelproducten] *dairy trade* 0.2 [winkel] *dairy*.
zuivelindustrie 0.1 *dairy industry* ⇒*dairy farming*.
zuivelproduct 0.1 *dairy product*.
zuiver I ⟨bn.⟩ 0.1 [puur] *pure* 0.2 [helder] *clear* ⇒*clean, pure* 0.3 [schoon] *clean* 0.4 [zedelijk rein] *pure* ⇒*clean* ◆ 1.1 van ~ leer *genuine leather* 1.2 ~ bloed ⟨fig.⟩ *full/pure blood;* ⟨lott.⟩ *clean blood;*
II ⟨bw.⟩ 0.1 [enkel en alleen] *purely;* ⟨bn.⟩ *sheer, utter* ◆ 5.1 ~ en alleen om *p. and simply;*
III ⟨bn., bw.⟩ 0.1 [correct] *correct, true* ⇒*accurate* ◆ 1.1 ~ Nederlands *good Dutch;* een ~ schot *an accurate shot* 3.1 ~ redeneren *argue soundly;* ~ zingen/spelen *sing/play in tune* 6.1 ~ **in** de leer *sound in the faith/doctrine*.
zuiveren 0.1 [schoonmaken] *clean, purify* ⇒⟨onzuiverheden⟩ *clear,* ⟨wond⟩ *cleanse* 0.2 [fig.] *purge* ⇒⟨saneren⟩ *clean up* 0.3 [v.e. smet bevrijden] *clear* 0.4 [raffineren] *refine* 0.5 [verbeteren] *purge* ⇒⟨schr.⟩ *expurgate* ◆ 1.1 het bloed ~ *p. the blood;* de lucht ~ ⟨ook fig.⟩ *clear the air;* water ~ *p. water;* een wond ~ *cleanse/*⟨ontsmetten⟩ *disinfect a wound* 1.4 petroleum ~ *r. petroleum* 1.5 de taal ~ *expurgate the language* 4.3 zich ~ van een verdenking *clear o.s. of a suspicion* 6.1 van ongedierte ~ *clear of vermin;* ⟨inf.⟩ decontaminate; ⟨inf.⟩ *debug;* ⟨beroken⟩ *fumigate;* ⟨ontluizen⟩ *delouse*.
zuiverheid 0.1 *purity* ⇒⟨correctheid⟩ *soundness,* ⟨nauwkeurigheid⟩ *accuracy* ◆ 1.1 de ~ van zijn bedoelingen *the integrity of his intentions;* de ~ van het product *the p. of the product*.
zuivering 0.1 [het zuiveren] *purification* 0.2 [fig.] *purge, purging* ⇒*clean-up* ◆ 1.1 de ~ van afvalwater *the p. of waste water* 1.2 de ~ in de pers *the purging of the press* 2.2 een politieke ~ *a political purge*.
zuiveringsinstallatie 0.1 *purification plant* ⇒⟨voor afvalwater⟩ *sewage treatment plant*.
zuiveringszout 0.1 *bicarbonate of soda*.
zulk¹ ⟨bw.⟩ 0.1 *such* ◆ 2.1 het zijn ~e lieve mensen *they're s. nice people;* het is ~ mooi weer *it's s. beautiful weather*.

zulk[2] ⟨aanw.vnw.⟩ **0.1** [zodanig] *such* **0.2** [(zo) groot] *this, that* ◆ **1.1** ~e woorden *(some) s. words* **1.2** muskieten vliegen er, ~e! *there are mosquitos there, this big!* **3.1** ~e zijn er ook *that kind also exists.*

zullen I ⟨onov.ww.⟩ **0.1** [moeten] *shall* ◆ **3.1** gij zult niet stelen *thou shalt not steal;*
II ⟨hww.⟩ **0.1** [ter vorming v.d. toekomende tijd]⟨1e persoon⟩ *shall;* ⟨2e en 3e persoon⟩ *will;* ⟨voorwaardelijk⟩ *should, would* **0.2** [van modaliteit] *will;* ⟨voorwaardelijk⟩ *would* ⇒*be going/about to* ◆ **3.1** hij was bang te ~ sterven *he was afraid he would die;* maar het zou nog erger worden *but worse was yet to come;* dat zul je nu altijd zien! *isn't that (just) typical!* **3.2** zou je denken? *do you think (so)?;* als ik het kon, zou ik het doen *I would (do it) if I could;* zou je niet eens naar bed gaan? *isn't it (about) time you went to bed?;* het zal je gebeuren! *imagine it was you!;* hij zou fraude gepleegd hebben *he is said to have committed fraud;* dat zal vorig jaar geweest zijn *that would be last year;* men zou menen (dat) *one would think (that);* het zal je eigen kind maar wezen! *imagine it was your own kid!;* wie zal het zeggen? *who's to say?, who can say?;* zou hij ziek zijn? *can he be ill/sick?* **4.1** wat zou dat? *so what?, what's that to you?;* zou je ze niet? *don't you just love 'em?* **5.2** dat zal wel ⟨iron.⟩ *I bet;* ⟨formeel⟩ *I dare say;* ⟨lett.⟩ *I suppose it will* ¶**.2** het zou wat *big deal, so what.*

zult 0.1 [B]*brawn,* [A]*headcheese* ◆ **2.1** zure ~ *b.*

zurig 0.1 *sourish.*

zuring 0.1 [gewas] *sorrel* ⇒*dock* **0.2** [groente] *garden sorrel* ◆ **2.1** gewone ~ *garden sorrel.*

zus[1] ⟨de⟩ **0.1** [zuster] *sister* **0.2** [inf.; aanspreekvorm] *sis, sister* **0.3** [inf.; meisje] *girl* ◆ **2.3** een stevige ~ *a strapping/big g.* **4.** ¶ je ~! *my foot!*

zus[2] ⟨bw.⟩ **0.1** *so* ◆ **5.1** mijnheer ~ of zo *Mr so-and-so/something-or-other;* nu eens ~, dan weer zo *first this way, then that.*

zuster 0.1 [zus] *sister* **0.2** [verpleegster] *nurse* **0.3** [non] *sister* ◆ **4.1** je ~! *not bloody likely!, not a snowball's chance in hell!* **6.3** bij de ~s op school zijn *go to a Catholic/parochial school.*

zusterhuis 0.1 *convent* ⇒⟨in ziekenhuis⟩ *nurses'* [B]*home/* [A]*dorm(itory).*

zusterliefde 0.1 *sisterly love.*

zusterlijk 0.1 ⟨bn.⟩ *sisterly;* ⟨bw.⟩ *in a sisterly way* ◆ **3.1** ~ delen zij samen *they share things together as sisters.*

zusterschap I ⟨het, de⟩ **0.1** [hoedanigheid, betrekking van zuster] *sisterhood* ⇒⟨hoedanigheid ook⟩ *sisterliness;*
II ⟨de⟩ **0.1** [congregatie] *sisterhood* ⇒*sorority.*

zuur[1] ⟨het⟩ **0.1** [wat zuur is] ±*pickles* ⇒*pickled vegetables/onions/*⟨enz.⟩ **0.2** [overmaat aan maagzuur] *heartburn* ⇒*acidity (of the stomach)* **0.3** [fig.] *sour* ⇒*bitter* **0.4** [schei.] *acid* ◆ **3.2** het ~ hebben *have h., suffer from acid stomach;* ⟨fig.⟩ ik krijg er het ~ van *it makes me sick* **6.1** augurken in het ~ *pickled gherkins.*

zuur[2] ⟨bn., bw.⟩ **0.1** [mbt. een smaakgewaarwording] *sour* **0.2** [niet prettig] *hard* ⟨ook bw.⟩ ⇒*difficult* **0.3** [niet vriendelijk] *sour* ⇒*cranky* **0.4** [schei.] *acid* ◆ **1.1** ~ brood *leavened/*⟨AE ook⟩ *sourdough bread;* de melk is ~ *the milk has gone* [B]*off/*[A]*bad/has turned s.* **1.3** een ~ gezicht zetten *make a wry face* **1.4** zure regen *a. rain* **3.1** ⟨fig.⟩ dat zal hem ~ opbreken *he'll regret it* **3.2** ~ verdiend geld *hard-earned money* **3.3** ~ kijken *look s.* **6.2** dat is ~ **voor** hem *that's h. on him.*

zuurdeeg, -desem 0.1 *leaven,* [A]*sourdough.*

zuurdesembrood 0.1 [broodsoort] *leavened/sourdough bread* **0.2** [broodproduct] *loaf of leavened/*[A]*sourdough bread.*

zuurgraad 0.1 *(degree of) acidity* ⇒*pH (value).*

zuurkool 0.1 *sauerkraut.*

zuurpruim 0.1 *sourpuss, crab (apple).*

zuurrest 0.1 [schei.] *acid radical* **0.2** [zuur bevattend overblijfsel] *acid(ic) remains* ⟨mv.⟩.

zuurstof 0.1 *oxygen* ◆ **3.1** ~ onttrekken aan *deoxydize, deoxidate; deoxygenate* ⟨water, bloed⟩ **6.1** met ~ verbinden *oxidize, oxygenize; oxygenate* ⟨bloed⟩.

zuurstofapparaat 0.1 *resuscitator.*

zuurstoffles 0.1 *oxygen cylinder.*

zuurstofgebrek 0.1 *lack of oxygen.*

zuurstofmasker 0.1 *oxygen mask.*

zuurstoftekort 0.1 *deficiency of oxygen.*

zuurstok 0.1 *stick of rock.*

zuurtje 0.1 *acid drop;* ⟨rond⟩ *sourball.*

zuurverdiend 0.1 *hard-earned.*

zuurzoet 0.1 [zuur en zoet] *sour-sweet* ⇒*sweet and sour* **0.2** [fig.] *wry* ⟨(glim)lach⟩ ⇒*bittersweet.*

Z-verpleging 0.1 *care of the mentally handicapped.*

zwaai 0.1 *swing* ⇒*sweep,* ⟨slingering⟩ *sway, wave* ⟨met arm⟩ ◆ **6.1 met** een ~ van zijn arm *with a wave/*⟨zwierig⟩ *sweep of his arm.*

zwaaideur 0.1 *swing door.*

zwaaien I ⟨onov., ov.ww.⟩ **0.1** [heen en weer bewegen] *swing, sway* ⇒⟨wuiven⟩ *wave, flourish* ⟨wapen, scepter⟩, *brandish* ⟨wapen, scepter⟩ ◆ **1.1** iem. gedag ~ *wave hello/goodbye to s.o.* **4.** ¶ er zal wat ~ *there'll be hell to pay* **6.1** met zijn armen ~ *wave one's arms;* **naar** iem. ~ *wave at s.o.;*
II ⟨onov.ww.⟩ **0.1** [heen en weer bewogen worden] *swing, sway (to and fro, backwards and forwards, from side to side).*

zwaailicht 0.1 *flashing light.*

zwaan 0.1 *swan.*

zwaar I ⟨bn., bw.⟩ **0.1** [veel wegend] *heavy* **0.2** [van grote omvang] *heavy* ⇒*bulky* **0.3** [stevig] *heavy* ⇒*strong* **0.4** [met grote uitwerking] *heavy* ⇒*rough, full-bodied* ⟨sigaren, wijn⟩, *strong* ⟨sigaren, wijn⟩ **0.5** [moeizaam] *difficult* ⇒*hard* **0.6** [psychische druk uitoefenend] *heavy* ⇒*severe, difficult* **0.7** [groot, aanzienlijk] *heavy* ⇒*serious* **0.8** [mbt. geluiden] *heavy* ⇒*deep* ⟨stem⟩ ◆ **1.1** ⟨fig.⟩ ~ verkeer *h. traffic* **1.3** ~ linnen/papier *h. quality linen/paper* **1.4** een zware bui/storm *a h. shower/storm;* ⟨storm ook⟩ *a rough gale;* ~ geschut *big/h. guns;* ~ vergif *strong poison;* zware wijn *full-bodied wine* **1.5** zware ademhaling *hard breathing, wheezing;* een zware bevalling *a d. delivery;* een zware dag *a hard day;* een ~ examen *a stiff/d. exam* **1.6** zware tijden *hard/difficult times* **1.7** een ~ ongeval *a bad/serious accident;* ~ verlies *a h. loss* **1.8** een zware stem *a deep voice* ¶ ⟨geldw.⟩ de zware fondsen *blue chips, blue-chip stocks* **3.1** ~ wegen *weigh/count heavily, lie heavy, be important;* ~der worden *put on/gain weight* **3.2** de bewolking wordt ~der *the clouds are getting bigger* **3.5** ⟨fig.⟩ hij heeft het ~ *he's having a hard time of it, he really has it rough;* de tocht viel hem ~ *the trip took it out of him* **3.6** iem. ~ straffen *punish s.o. severely* **3.7** ~ zondigen *sin grievously, offend deeply* **5.1** twee pond te ~ *two pounds overweight/too h.* **8.1** ⟨fig.⟩ mijn benen zijn zo ~ als lood *my legs are like lead;*
II ⟨bn.⟩ **0.1** [zoveel wegend als de bepaling uitdrukt] *heavy* ⇒*weighing* ⟨niet in zinnen met 'zijn'⟩ ◆ **3.1** dat is tien kilo ~ *that weighs ten kilos* ¶**.1** het is tweemaal zo ~ *it is twice as h., it weighs twice as much;*
III ⟨bw.⟩ **0.1** [in hoge mate] *heavily, heavy* ⇒*hard, seriously, badly* ◆ **2.1** ~ gewond *badly/seriously/severely*

wounded; ~ verkouden zijn *have a bad cold* **3.1** iem.~ belasten *put stress on s.o., burden s.o.;* ~ drukken op *weigh heavily (up)on;* ~ geüroffen zijn *be badly/hard hit;* iets ~ opnemen *take sth. hard* ¶**.1** het ~ te pakken hebben ⟨verliefd zijn⟩ *have it bad(ly);* ⟨ziek zijn ook⟩ *have a bad case.*

zwaarbeladen 0.1 *heavy/heavily laden.*
zwaarbeproefd 0.1 *grief-stricken.*
zwaarbewolkt 0.1 *overcast.*
zwaard 0.1 [steekwapen] *sword* **0.2** [scheep.] *lee board* ♦ **1.1** (fig.) het ~ der gerechtigheid *the s. of justice* **3.1** naar het ~ grijpen ⟨ook fig.⟩ *draw the s., take up arms;* het ~ in de schede steken ⟨ook fig.⟩ *put up/sheathe one's s.;* het ~ trekken *draw one's s.* **6.1** door het ~ sterven *die by the s.;* zich **op** zijn ~ storten *fall on one's s.*
zwaardvis ⟨dierk.⟩ **0.1** *swordfish.*
zwaargebouwd 0.1 *heavily built* ⇒⟨mensen en dieren ook⟩ *heavyset, large-boned, thickset.*
zwaargewapend 0.1 *heavily armed.*
zwaargewicht 0.1 *heavyweight.*
zwaargewond 0.1 *badly/seriously wounded/injured.*
zwaarlijvig 0.1 *corpulent* ⇒⟨ook fig.⟩ *stout.*
zwaarmoedig 0.1 *melancholy* ⇒*depressed,* ⟨bw.⟩ *in a melancholy way* ♦ **3.1** ~ kijken *look m./depressed.*
zwaarmoedigheid 0.1 [karaktereigenschap] *depressiveness* ⇒*melancholy* **0.2** [ziekelijke afwijking] *melancholia* ⇒*depression* ⟨tijdelijk⟩, *manic-depressive psychosis* ⟨ernstig⟩ **0.3** [tijdelijke stemming] *melancholy* ⇒*gloom, dejection* ⟨uitwendige oorzaak⟩.
zwaarte 0.1 [groot gewicht] *heaviness* ⇒*weight* **0.2** [afmeting, omvang] *weight* ⇒*size, strength* **0.3** [ernst] *weight* ⇒ *severity* **0.4** [gewicht] *weight* ♦ **1.2** de ~ v.d. bewapening *the extent of the military build-up* **1.3** de ~ v.d. kwestie *the severity/seriousness of the question* **6.2** balken **ter** ~ **van** 28 cm *beams 28 cm thick.*
zwaartekracht 0.1 *gravity* ⇒*gravitation* ♦ **1.1** de wetten v.d. ~ *the laws of gravitation.*
zwaartelijn ⟨wisk.⟩ **0.1** *median.*
zwaartepunt 0.1 [nat.] *centre of gravity* **0.2** [centrum] *centre* ⇒*central point* **0.3** [kern] *heart* ⇒*main point* ♦ **1.3** het ~ van zijn betoog ligt in … *the main point of his argument is that* …
zwaartillend 0.1 *pessimistic* ⇒*gloomy, melancholy.*
zwaarwegend ⟨fig.⟩ **0.1** *weighty* ⇒*important* ♦ **1.1** een ~ argument *a w./ponderous argument.*
zwaarwichtig ⟨fig.⟩ **0.1** *weighty* ⇒*important, ponderous* ♦ **3.1** ~ zitten redeneren *argue weightily/ponderously.*
zwabber 0.1 *mop.*
zwabberen 0.1 *mop.*
zwachtel 0.1 *bandage* ♦ **3.1** een ~ omleggen *bandage, put on a b.*
zwachtelen 0.1 *bandage* ⇒*swathe.*
zwager 0.1 *brother-in-law.*
zwak[1] (het) **0.1** [iemands zwakke punt] *weakness* ⇒ *Achilles' heel* **0.2** [voorliefde] *weakness* ⇒*soft spot* ♦ **3.2** nieuwe kleren kopen is haar ~ *she has a w. for new clothes* **6.2** een ~ **voor** iem. hebben *have a soft spot for s.o.*
zwak[2] I ⟨bn., bw.⟩ **0.1** [gering van kracht] *weak* ⇒*feeble* **0.2** [met weinig weerstand] *weak* ⇒⟨mbt. gezondheid⟩ *delicate* **0.3** [niet veel presterend] *weak* ⇒*poor, bad* **0.4** [met weinig zedelijke weerstand] *weak* ⇒*vulnerable* **0.5** [aanvechtbaar] *weak* ⇒*insubstantial, poor* ⟨bv. excuus⟩ **0.6** [nauwelijks waarneembaar] *weak* ⇒*faint* **0.7** [niet geconcentreerd] *weak* ⇒*diluted* **0.8** [gering] *slight* ⇒⟨mbt. kans, bewijs, hoop⟩ *slender* **0.9** [niet talrijk] *weak* **0.10** [geldw.]⟨mbt. valuta⟩ *soft;* ⟨mbt. markt⟩ *weak* ♦ **1.2** een

~ke gezondheid hebben *be in poor health* **1.3** een ~ geheugen *a bad memory;* ~ke ogen *w./poor eyes;* een ~ke stijl *a poor/bad style* **1.4** een ~ karakter *a w. character;* in een ~ ogenblik *in a w. moment* **1.6** een ~ke stem *a w. voice* **1.7** een ~ zuur *a w./diluted acid* **1.8** een · ke holling *a slight incline* **1.9** een ~ke bezetting ⟨mbt. werk; onderbezetting⟩ *understaffing* **1.10** ~ke debiteuren *bad debtors* **3.2** bijzonder ~ staan *not have a leg to stand on* **3.10** de markt sloot ~ *the market closed weakly* **6.1** de zieke is nog ~ **op** zijn benen *the patient is still shaky on his legs* **6.3** ~ zijn **in** iets *be bad/poor at sth., be w. in sth.;*
II ⟨bn.⟩ **0.1** [taal.] *weak* ♦ **1.1** ~ werkwoord *w./regular verb.*
zwakbegaafd 0.1 *retarded.*
zwakheid 0.1 [het zwak zijn] *weakness* ⇒*feebleness,* ⟨mbt. gezondheid⟩ *infirmity,* ⟨mbt. argument⟩ *tenuousness* **0.2** [gebrek, fout] *weakness* ⇒*failing* ♦ **2.2** de menselijke zwakheden *human weakness/failings.*
zwakjes I ⟨bn.⟩ **0.1** [nogal zwak] *(rather) weak* ♦ **3.1** in taal is hij ~ *he's rather weak at language;* na zijn ziekte is hij nog ~ *he's rather weak after his illness;*
II ⟨bw.⟩ **0.1** [zonder kracht] *weakly* ⇒*lamely* ♦ **3.1** hij glimlachte ~ *he smiled w./faintly.*
zwakkeling 0.1 *weakling.*
zwakstroom 0.1 *low-voltage current* ⇒*weak current.*
zwakte →*zwakheid* **0.1.**
zwaktebod 0.1 [kaartspel] *weak bid* **0.2** [fig.] *admission of weakness.*
zwakzinnig 0.1 *mentally handicapped.*
zwakzinnige 0.1 *mental defective* ⇒*feeble-minded person,* ⟨med.⟩ *mentally handicapped person.*
zwakzinnigenzorg 0.1 *care of the mentally handicapped.*
zwakzinnigheid 0.1 *mental defectiveness/deficiency.*
zwalken 0.1 *drift about* ♦ **6.1** op zee ~ *roam the seas.*
zwaluw 0.1 *swallow* ♦ ¶**.1** ⟨sprw.⟩ één · maakt nog geen zomer *one swallow does not make a summer.*
zwaluwstaart 0.1 [houtverbinding] *dovetail (joint).*
zwam 0.1 *fungus.*
zwammen ⟨inf.⟩ **0.1** *drivel* ⇒*jabber.*
zwanenhals 0.1 [hals v.e. zwaan] *swan('s) neck* **0.2** [omgebogen buis] *U-trap* ⇒*gooseneck.*
zwanenzang 0.1 *swan song* ♦ **3.1** zijn ~ houden *perform one's s. s.*
zwang ♦ **6.**¶ **in** ~ zijn *be in vogue/fashionable/in fashion;* **in** ~ komen *come into fashion/use;* **in** ~ brengen *bring into fashion/use;* niet meer **in** ~ zijn *be/go out (of fashion).*
zwanger 0.1 *pregnant* ⇒*expecting* ♦ **3.1** een vrouw ~ maken *get a woman p.;* ~ worden/raken *get p., conceive;* ~ zijn *be p./expecting* **5.1** hoog(st) ~ *very p.* **6.1** ⟨fig.⟩ donkere wolken, ~ **van** onheil *dark clouds full of/foreboding disaster.*
zwangerschap 0.1 *pregnancy* ⇒⟨drachtigheid; ook fig.⟩ *gestation* ♦ **3.1** een ~ onderbreken *terminate a p., carry out an abortion* **6.1** tijdens de ~ *during p.*
zwangerschapscontrole 0.1 *antenatal.*
zwangerschapsgymnastiek 0.1 *antenatal/*⟨vnl. AE⟩ *prenatal exercises.*
zwangerschapstest 0.1 *pregnancy test.*
zwangerschapsverlof 0.1 *pregnancy/maternity leave.*
zwart[1] (het) **0.1** *black* ♦ **3.1** (met) ~ spelen *play (with) b.* **6.1** **in** het ~ *in b./mourning;* ⟨fig.⟩ ~ **op** wit *in writing, in b. and white.*
zwart[2] ⟨bn., bw.⟩ **0.1** [mbt. de kleur; donker] *black* ⇒*dark* **0.2** [vuil] *black* ⇒*dirty* **0.3** [onwettig] *black* **0.4** [somber] *black* ⇒*gloomy* ♦ **1.1** ~e bessen *b. currants;* ⟨fig.⟩ een ~ e

bladzijde in de geschiedenis *a b. page in history;* een ~e lucht *a b./dark sky;* ⟨fig.⟩ ~e pest *bubonic plague;* het ~e ras *the Negroid race;* het werd me ~ voor de ogen *everything went b.* **1.3** ~e goederen *b. market goods* **1.4** alles door een ~e bril zien *look on the gloomy side (of things)* **3.1** het zag er ~ van de mensen *it was swarming with people;* de Zwarte Zee *the Black Sea;* ⟨fig.⟩ liegen dat men ~ ziet/wordt *lie in one's throat* **3.2** iem.~ maken *blacken s.o.'s reputation* **3.4** alles ~ inzien *take a b./gloomy view of things.*

zwartboek 0.1 *black book.*

zwarte 0.1 [neger(in)] *black* ⇒⟨pej.⟩ *negro* 0.2 [AZN; fascist] *blackshirt* ⇒*fascist.*

zwartekousenkerk 0.1 *rigidly orthodox Protestants* ⟨mv.⟩.

zwarten 0.1 *blacken.*

zwartepiet 0.1 *knave/jack of spades* ◆ **3.1** ⟨fig.⟩ iem. de ~ toespelen *pass the buck to s.o.* **6.1 met** de ~ blijven zitten *be left holding the baby.*

zwartgallig 0.1 *melancholic* ⇒*pessimistic(al), depressed.*

zwarthandelaar 0.1 *black marketeer* ⇒*profiteer.*

zwarthemden 0.1 *blackshirts* ⇒*fascists.*

zwartkijken 0.1 *ᴮevade paying the TV licence.*

zwartkijker 0.1 [pessimist] *pessimist* ⇒⟨inf.; tobber⟩ *worrywart* 0.2 [iem. die geen kijkgeld betaalt] *TV licence dodger.*

zwartmaken 0.1 ⟨zie 4.1⟩ ◆ **4.1** iem.~ *blacken s.o.'s good name/s.o.'s character, run s.o. down, malign s.o.*

zwartrijden 0.1 [geen wegenbelasting betalen] *evade paying ᴮroad/ᴬhighway tax* 0.2 [zonder plaatsbewijs meerijden] *dodge fare.*

zwartrijder 0.1 [mbt. tram/bus/trein] *fare dodger* 0.2 [iem. die geen wegenbelasting betaalt] *road tax dodger.*

zwartrok 0.1 ⟨geestelijke⟩ *blackcoat.*

zwartwerk 0.1 *moonlighting.*

zwartwerken 0.1 *moonlight* ⇒*work on the side.*

zwartwerker 0.1 *moonlighter.*

zwart-wit 0.1 ⟨ook foto.⟩ *black-and-white.*

zwavel 0.1 *sulphur* ◆ **3.1** iets met ~ verbinden/behandelen/bewerken *sulphurate, sulphurize.*

zwaveldioxide 0.1 *sulphur dioxide.*

zwaveluitstoot 0.1 *sulphur emission(s).*

zwavelzuur¹ ⟨het⟩ 0.1 *sulphuric acid* ◆ **2.1** geconcentreerd ~ *oil of vitriol, concentrated sulphuric acid.*

zwavelzuur² ⟨bn.⟩ 0.1 *sulphuric* ◆ **1.1** zwavelzure ammonia *sulphate of ammonia;* zwavelzure ammoniak *ammonium sulphate.*

Zweden 0.1 *Sweden.*

Zweed, -se 0.1 *Swede, Swedish girl/woman.*

Zweeds 0.1 *Swedish.*

zweefbrug 0.1 *suspension bridge.*

zweefduik 0.1 [sport] *ᴮswallow/ᴬswan dive* 0.2 [sprong waarbij men zich voorover laat vallen] *dive* ◆ **6.2 met** een ~ plukte de keeper de bal uit de hoek *the goalkeeper made a diving save in the corner.*

zweefmolen 0.1 *whirligig.*

zweefparachutisme 0.1 *paragliding.*

zweefparachutist 0.1 *paraglider.*

zweefvliegen 0.1 *glide.*

zweefvliegtuig 0.1 *glider.*

zweem 0.1 *trace* ⇒*hint* ◆ **6.1** geen ~ *van* verdenking *not a hint of suspicion;* geen ~ *van* spijt *not a suggestion of remorse;* een ~ *van* een glimlach *a ghost of a smile;* zonder een ~ *van* schuldgevoel *without a semblance of a guilty conscience;* zonder een ~ van twijfel *without a shadow of*

a doubt **7.1** er is geen ~ van te bespeuren *there's not a t. of it (to be found).*

zweep 0.1 *whip* ⇒*lash,* ⟨rijzweep⟩ *crop* ◆ **3.1** een paard de ~ geven *whip up a horse;* ⟨fig.⟩ de ~ krijgen *get a lashing/whipping* **5.1** de ~ erop/erover leggen ⟨fig.⟩ *lay on the lash* **6.1 met** de ~ klappen *crack the w.;* ⟨fig.⟩ **met** de ~ krijgen ⟨ook fig.⟩ *get a whipping;* **met** de ~ geven/slaan *lash, flog, whip.*

zweepslag 0.1 [slag met een zweep] *lash, whip(lash)* 0.2 [spierverrekking] *whiplash (injury)* ◆ **6.1** iem. **met** ~ en afranselen/straffen *lash/whip/flog s.o.*

zweer 0.1 *ulcer* ⇒⟨ettergezwel⟩ *abscess, boil* ◆ **2.1** een open ~ *a (running) ulcer* **3.1** de ~ is opengebarsten *the abscess has burst* **5.1** vol zweren *ulcerous; full of boils.*

zweet 0.1 *sweat* ◆ **1.1** in het ~ des aanschijns *by the s. of one's brow* **2.1** het koude/klamme ~ *cold s.* **3.1** het ~ breekt hem uit *he's in a (cold) s.;* ~ kosten *be hard work;* het ~ liep hem langs het gezicht *the s. was running off his face;* het ~ parelde op zijn voorhoofd *beads of s. covered his forehead;* zich het ~ van het voorhoofd wissen *mop one's brow* **6.1** zich in het ~ werken *work o.s. into a s.;* het ~ **in** de handen hebben staan *be in a cold s.;* (doen) baden **in** het ~ *swelter;* ~ **op** de kaas *s. on the cheese;* nat **van** het ~ *in a s., wet with s.*

zweetband 0.1 *sweatband.*

zweetdruppel 0.1 *drop/bead of sweat* ◆ **3.1** ~s stonden op zijn voorhoofd *beads of sweat stood out on his brow.*

zweethanden 0.1 *sweaty hands.*

zweetkamertje 0.1 *sweatbox.*

zweetklier 0.1 *sweat/perspiratory gland.*

zweetlucht 0.1 *body odour.*

zweetvoeten 0.1 *sweaty feet.*

zwelgen I ⟨onov.ww.⟩ 0.1 [volop hebben] *wallow* ⇒*revel* ◆ **6.1** ~ **in** weelde/genot *w. in luxury/pleasure;* II ⟨onov., ov.ww.⟩ 0.1 [gulzig eten, drinken] *guzzle* ⇒*gobble* ◆ **6.1** iets **naar** binnen ~ *gobble sth. up.*

zwelgpartij 0.1 *binge.*

zwellen 0.1 *swell* ◆ **1.1** de rivier zwelt *the river is swelling* **3.1** doen ~ *swell;* ⟨doen bollen⟩ *belly, billow;* ⟨doen opbollen⟩ *bulge* **6.1** ⟨fig.⟩ zijn borst/hij zwol **van** trots *his breast/he was swollen with pride.*

zwelling 0.1 *swell(ing).*

zwembaan 0.1 *swimming lane.*

zwembad 0.1 *(swimming) pool.*

zwemband 0.1 *water ring.*

zwembandje ⟨scherts.⟩ 0.1 *spare tyre* ⇒*lover grips.*

zwembroek 0.1 ⟨mv.⟩ *bathing/swimming trunks.*

zwemdiploma 0.1 *swimming certificate.*

zwemen 0.1 *incline/tend to* ◆ **6.1** die kleur zweemt **naar** het groene *there's a hint of green in that colour;* het zweemt **naar** het ongelofelijke *it borders on the incredible.*

zwemgordel 0.1 *life belt.*

zwemkleding 0.1 *swimming gear.*

zwemleraar, -lerares 0.1 *swimming instructor* ⟨m., v.⟩.

zwemles 0.1 *swimming lesson* ◆ **6.1 op** ~ zitten *take swimming lessons.*

zwemmen 0.1 *swim* ◆ **2.1** naakt ~ *nude swimming;* verboden te ~ *no swimming allowed* **3.1** gaan ~ *go for a swim;* (niet) kunnen ~ *(not) be able to s.* **6.1 onder** water ~ *s. under water;* **op** de rug/op de buik ~ *s. on one's back/front;* **over** het Kanaal ~ *s. the Channel.*

zwemmer 0.1 *swimmer.*

zwempak 0.1 *swimming suit, swimsuit.*

zwemparadijs 0.1 *±leisure pool.*

zwemslag 0.1 [één beweging] *stroke* 0.2 [manier van bewegen] *style of swimming.*

zwemsport 0.1 *swimming.*
zwemster I ⟨de (v.)⟩ **0.1** [meisje dat zwemt] *swimmer;*
II ⟨de (m.)⟩ **0.1** [ster op zwemgebied] *swimming champion.*
zwemtas 0.1 *swimming bag.*
zwemvest 0.1 *life jacket/vest.*
zwemvlies 0.1 [mbt. dieren] *web* **0.2** [mbt. mensen] *flipper*
◆ **6.1** met zwemvliezen *webbed;* ⟨tussen de tenen⟩ *webfooted.*
zwemwedstrijd 0.1 *swimming competition/contest.*
zwendel 0.1 *swindle, fraud.*
zwendelaar 0.1 *swindler* ⇒*fraud.*
zwendelarij 0.1 *swindle* ⇒*fraud.*
zwendelen 0.1 *swindle.*
zwengel 0.1 *handle* ⇒⟨draaikruk⟩ *crank.*
zwengelen 0.1 *swingle* ⇒⟨fig.⟩ *pump* ◆ **6.1** ⟨fig.⟩ hij stond maar **aan** haar arm te ~ *he stood there pumping her arm.*
zwenken I ⟨onov.ww.⟩ **0.1** [van richting veranderen]⟨ook fig.⟩ *swerve* ⇒⟨scheep.⟩ *sheer* ◆ **3.1** laten ~ ⟨plotseling⟩ *swerve, sheer off;* ⟨draaien⟩ *swing* **6.1** naar rechts ~ *swerve to the right;*
II ⟨ov.ww.⟩ **0.1** [van richting doen veranderen] *turn, swing* ⇒⟨plotseling⟩ *swerve,* ⟨doen draaien⟩ *wheel* ◆ **1.1** een paard ~ *turn a horse.*
zwenkwiel 0.1 *caster, castor* ⇒*roller.*
zwepen 0.1 *whip* ⇒*lash* ◆ **1.1** de wind zweept de golven *the wind is whipping (up)/lashing the waves.*
zweren I ⟨onov.ww.⟩ **0.1** [een eed afleggen] *swear* ⇒⟨gelofte afleggen⟩ *vow* **0.2** [hooglijk vereren] *swear* **0.3** [etter afscheiden]⟨van gezwel⟩ *ulcerate;* ⟨van wond/zwoor⟩ *fester* ◆ **1.3** ~d tandvlees *ulcerated gums;* de wond zweert *the wound is festering* **3.1** ik zou er niet op durven ~ *I wouldn't take an oath on it* **6.1** ~ **bij** hoog en (bij) laag/alles wat iem. heilig is *s. black is white* **6.2** die jongen zweert **bij** zijn onderwijzer *that boy swears by his teacher;*
II ⟨ov.ww.⟩ **0.1** [onder ede verklaren] *swear* ⇒*vow* ◆ **4.1** ik zweer het (je) *I swear (to you)* **8.1** men zou ~ dat hij het was *one could s. it was him.*
zwerfkat 0.1 *stray (cat).*
zwerfkei 0.1 *boulder.*
zwerfkind 0.1 *young vagrant* ⇒*vagrant child,* ⟨inf.⟩ *runaway.*
zwerftocht 0.1 *ramble* ⇒⟨grote wandeling⟩ *wandering* ◆ **3.1** een ~ door de stad maken *roam/wander through the city* **6.1 op** zijn ~en *in his wanderings/rambles.*
zwerfvogel 0.1 *nomadic bird.*
zwerfvuil, zwerfafval 0.1 *(street) litter.*
zwerm 0.1 *swarm* ⇒*flock,* ⟨troep⟩ *cluster* ◆ **1.1** een ~ bijen *a s. of bees;* een ~ mussen *a flock of sparrows;* een ~ sprinkhanen *a cloud of locusts.*
zwerven 0.1 [ronddolen] *wander* ⇒*roam, rove* **0.2** [landlopen] *tramp (about)* ⇒*knock about* **0.3** [rondslingeren] *lie about* ◆ **1.2** een ~·d leven leiden *drift, tramp about* **6.1 door** het land ~ *rove/roam all over the country;* **op** zee ~ *roam the seas;* kinderen **op** straat laten ~ *let children w./ roam on the streets* **6.3** er zwierven enige kledingstukken **over** de stoelen *a few clothes were scattered/lying about on the chairs.*
zwerver, zwerfster 0.1 [iem. die ronddoolt] *wanderer* ⇒ *roamer, drifter* **0.2** [landloper] *tramp* ⇒*vagabond* **0.3** [dier] *stray.*
zwerversbestaan 0.1 *nomadic existence, life of a vagabond/drifter/tramp.*
zweten 0.1 *sweat* ◆ **1.1** bloed ~ *s. blood* **3.1** doen/laten ~ *s.;* de kaas ligt te ~ *the cheese is sweating* **5.1** het eraf ~ ⟨ge-

wicht⟩ *s. it off/away;* ik zweet ervan *I'm all in a sweat* **6.1 op** iets ~ *s. over sth.*
zweterig 0.1 *sweaty.*
zwetsen 0.1 ⟨dom kletsen⟩ *blather;* ⟨opscheppen⟩ *boast, brag* ◆ **3.1** hij kan enorm ~ *he talks a lot of hot air.*
zwetser 0.1 *boaster, bragger.*
zweven 0.1 [in evenwicht zijn] *be suspended* **0.2** [zich drijvend voortbewegen] *float* ⇒⟨glijden, zweven⟩ *glide* **0.3** [heen en weer gaan] *hover* ◆ **3.2** doen ~ *f.;* ⟨mbt. spiritisme⟩ *levitate* **3.3** ⟨fig.⟩ de koers v.e. munt laten ~ *let the exchange rate float* **6.1** boven een afgrond ~ *hang over an abyss* **6.2** de adelaar zweeft **op** zijn vleugels *the eagle glides on its wings* **6.** ⟨fig.⟩ een glimlach zweefde **om** haar lippen *a smile hovered on her lips.*
zwevend 0.1 *floating* ◆ **1.1** een ~ plafond *a false ceiling;* ~e vloer *sprung floor.*
zweverig 0.1 [niet vast] *woolly* ⇒*free-floating* **0.2** [licht in het hoofd] *dizzy.*
zwezerik 0.1 *thymus (gland).*
zwichten 0.1 *yield* ⇒*submit,* ⟨toegeven⟩ *give in* ◆ **3.1** doen ~ *subdue* **6.1** ~ **voor** het geweld *give in to violence;* **voor** de verleiding/voor iemands argumenten ~ *y. to the temptation/s.o.'s arguments;* zij zwicht **voor** niemand *she bows to no one/doesn't give in to anyone.*
zwiepen I ⟨onov.ww.⟩ **0.1** [doorbuigen] *bend* **0.2** [krachtig slaan] *swish* ⇒*lash* ◆ **1.1** die springplank zwiept lekker *that springboard bounces really well* **3.2** hij liet het rietje ~ *he switched/swished the cane* **6.1** de takjes zwiepten **in** de wind *the twigs swayed in the wind* **6.2** de regen zwiepte **tegen** het raam *the rain lashed against the window;*
II ⟨ov.ww.⟩⟨inf.⟩ **0.1** [krachtig gooien] *sling, hurl.*
zwieper 0.1 *wallop* ◆ **3.1** hij gaf de bal een ~ *he walloped the ball* **3.** ⟨ een ~ maken ⟨(bijna) vallen⟩ *swerve.*
zwier 0.1 [draai, zwaai] *flourish* ⇒⟨ruk⟩ *lurch* **0.2** [gratie] *grace* **0.3** [wat gratie verleent] *elegance* ⇒*gracefulness* ◆ **6.2** zij doet alles **met** veel ~ ⟨fig.⟩ *she does everything dashingly/with great style* **6.** **aan** de ~ gaan/zijn *go on a spree.*
zwieren 0.1 [zich heen en weer bewegen] *sway* **0.2** [zich zwaaiend voortbewegen] *whirl* ⇒⟨zwaaien, strompelen⟩ *lurch,* ⟨wankelen⟩ *reel* ◆ **6.1 over** straat ~ *sweep across the street* **6.2** (bij het schaatsenrijden) **over** de baan ~ *glide.*
zwierig 0.1 [los en bevallig] *elegant* ⇒*graceful,* ⟨opzichtig⟩ *dashing, flamboyant* **0.2** [bloemrijk] *flamboyant* ◆ **1.1** met een ~ gebaar *with a flourish* **3.1** ~ gekleed gaan *cut a dash, dress stylishly* **3.2** een ~ stijl *a f. style.*
zwijgen¹ ⟨het⟩ **0.1** *silence* ◆ **3.1** er het ~ toe doen *let sth. pass;* iem. het ~ opleggen ⟨ook fig.⟩ *silence s.o.;* het ~ verbreken *break the s.*
zwijgen² ⟨onov.ww.⟩ **0.1** [niet spreken] *be silent* **0.2** [niet melding maken van] *not record/mention, keep silent about* **0.3** [geen geluid meer geven] *keep silent/still* ◆ **1.1** plots zweeg de spreker *suddenly the speaker fell silent* **1.3** de muziek zwijgt *the music has stopped* **3.1** hij bleef ~ *he remained silent;* iem. doen ~ *shut s.o. up;* ⟨sterker⟩ *silence s.o.;* ik kan niet langer ~ *I can't keep it to myself any longer;* ⟨fig.⟩ kunnen ~ *he able to keep a secret;* ⟨fig.⟩ niet weten te ~ *not know how to keep one's mouth shut, blab* **6.1** iem. **tot** ~ brengen ⟨fig.⟩ *reduce s.o. to silence;* de stem van zijn geweten **tot** ~ brengen *silence the voice of one's conscience* **6.2** de wet zwijgt **over** een dergelijk geval *the law does not record a similar case;* om maar te ~ **van/over** iets ~ *not to say nothing of, not to mention;* **van/over** iets ~ *not record/ mention sth., keep silent about sth.* **¶.1** zwijg! *hold your

tongue!, be quiet!; ⟨sprw.⟩ wie zwijgt, stemt toe *silence means consent.*

zwijgend 0.1 *silent* ◆ 3.1 ~ zijn toestemming verlenen *acquiesce.*

zwijger 0.1 *silent person* ◆ 1.1 ⟨gesch.⟩ Willem de Zwijger *William the Silent.*

zwijggeld 0.1 *hush money.*

zwijgplicht 0.1 *oath of secrecy* ◆ 3.1 iem.~ opleggen *enjoin s.o. to silence;* iem. van de ~ ontheffen *lift the oath of secrecy.*

zwijgzaam 0.1 ⟨niet spraakzaam⟩ *silent* ⇒⟨niet mededeelzaam⟩ *incommunicative, reticent* ◆ 6.1 de autoriteiten bleven ~ **omtrent/over** het incident *the authorities remained reticent concerning/about the incident.*

zwijm ◆ 6.¶ **in** ~ vallen *go off in a swoon;* **in** ~ liggen *be in a dead faint.*

zwijmelen 0.1 *swoon.*

zwijn 0.1 *swine* ◆ 2.1 een wild ~ *a wild boar.*

zwijnen ⟨inf.⟩ 0.1 ⟨ongemarkeerd⟩ *be lucky* ◆ ¶.1 hij zwijnde ⟨ook⟩ *he hit the jackpot.*

zwijnenboel 0.1 *pigsty.*

zwijnenstal 0.1 ⟨ook fig.⟩ *pigsty.*

zwijnerij 0.1 *smut, filth.*

zwik 0.1 [inf.] *lot* ◆ 2.1 de hele ~ *the whole l.*

zwikken I ⟨onov.ww.⟩ 0.1 [een verdraaiing krijgen] *sprain* ⇒*wrench* ◆ 1.1 mijn voet zwikte *I sprained/turned my foot;*
II ⟨ov.ww.⟩ 0.1 [knakken] *snap.*

Zwitser, -se 0.1 *Swiss.*

Zwitserland 0.1 *Switzerland.*

Zwitsers 0.1 *Swiss.*

zwoegen 0.1 [hijgen]⟨van boezem⟩ *heave;* ⟨van adem⟩ *pant* 0.2 [zwaar werk verrichten]⟨ploeteren⟩ *plod, drudge, slave (away);* ⟨zwaar werk doen⟩ *toil, labour* ◆ 1.1 haar ~de boezem *her heaving bosom* 5.2 ⟨tegen⟩ een berg op ~ *toil up a mountain* 6.2 **op** een puzzel ~ *grind away at a puzzle;* ~ **van** de vroege morgen **tot** de late avond *slave away from early morning till late at night.*

zwoeger 0.1 *drudge, plodder.*

zwoel 0.1 [drukkend warm] *sultry* ⇒⟨benauwd⟩ *muggy* 0.2 [sensueel] *sultry.*

zwoerd 0.1 *rind.*

Lijst van onregelmatige werkwoorden

R *duidt aan dat ook de regelmatige vorm gebruikt kan worden*

onbepaalde wijs	verleden tijd	verleden deelwoord
abide	abode (R)	abode (R)
arise	arose	arisen
awake	awoke (R)	awoken (R)
be	was/were	been
bear	bore	borne[1]
beat	beat	beaten
become	became	become
befall	befell	befallen
begin	began	begun
behold	beheld	beheld
bend	bent	bent[2]
beseech	beseeched	besought
bet	bet (R)	bet (R)
bid[3]	bade	bidden
bind	bound	bound[4]
bite	bit	bitten
bleed	bled	bled
blow	blew	blown
break	broke	broken[5]
breed	bred	bred
bring	brought	brought
broadcast	broadcast (R)	broadcast (R)
build	built	built
burn	burnt (R)	burnt (R)
burst	burst	burst
buy	bought	bought
can	could	–
cast	cast	cast
catch	caught	caught
choose	chose	chosen

1. In de betekenis 'dragen', maar *born* = 'geboren': *She was born in 1934*.
2. *Bend* = 'buigen', maar: *on his bended knees* = 'op zijn blote knieën'.
3. *Bid* is regelmatig in de betekenis 'bieden (op een veiling)'. Hier betekent het 'verzoeken, gebieden'.
4. Maar *bounden* in *It is my bounden duty* ('mijn dure plicht').
5. Maar *broke* = 'zonder geld', 'aan lager wal', bv. *I am broke*.

Lijst van onregelmatige werkwoorden

onbepaalde wijs	verleden tijd	verleden deelwoord
cleave	cleft (clove)	cleft (cloven)[6]
cling	clung	clung
come	came	come
cost[7]	cost	cost
creep	crept	crept
crow	crowed (crew)	crowed
cut	cut	cut
deal	dealt	dealt
dig	dug	dug
do	did	done
draw	drew	drawn
dream	dreamt (R)[8]	dreamt(R)
drink	drank	drunk[9]
drive	drove	driven
dwell	dwelt (R)	dwelt (R)
eat	ate	eaten
fall	fell	fallen
feed	fed	fed
feel	felt	felt
fight	fought	fought
find	found	found
flee[10]	fled	fled
fling	flung	flung
fly	flew	flown
forbear	forbore	forborne
forbid	forbade	forbidden
forecast	forecast (R)	forecast (R)
forego	forewent	foregone
forget	forgot	forgotten
forgive	forgave	forgiven
forsake	forsook	forsaken
freeze	froze	frozen

6. Gewoonlijk gebruikt men *cleft*, maar bv. *a cloven hoof*.
7. *Cost* is een regelmatig werkw. in de betekenis 'de kostprijs berekenen', 'kosten'.
8. In het AE gebruikt men meestal de regelmatige vorm van *dreamed*; dit geldt ook voor *leaned, leaped, learned, spelled* en *spoiled*.
9. Ook *drunk* = 'dronken': *He is drunk*, maar vóór een zn. *drunken: a drunken sailor,* 'een dronken zeeman'.
10. In plaats van *flee* gebruikt men thans overwegend *fly*, en dit in alle vormen, behalve de verleden tijd en het verleden deelwoord: *They are flying, they fled, they have fled.*

Lijst van onregelmatige werkwoorden

onbepaalde wijs	verleden tijd	verleden deelwoord	onbepaalde wijs	verleden tijd	verleden deelwoord
get	got	got/AE gotten[11]	read	read	read
give	gave	given	rend	rent	rent
go	went	gone	ride	rode	ridden
grind	ground	ground	ring	rang	rung
grow	grew	grown	rise	rose	risen
			run	ran	run
hang	hung[12]	hung[12]			
have	had	had	saw	sawed	sawn (R)
hear	heard	heard	say	said	said
hew	hewed	hewn (R)	see	saw	seen
hide	hid	hidden	seek	sought	sought
hit	hit	hit	sell	sold	sold
hold	held	held	send	sent	sent
hurt	hurt	hurt	set	set	set
			sew	sewed	sewn (R)
keep	kept	kept	shake	shook	shaken
kneel	knelt (R)	knelt (R)	shall	should	–
knit	knit (R)	knit (R)	shear	sheared	shorn (R)
know	knew	known	shed	shed	shed
			shine[15]	shone	shone
lay	laid	laid	shoe	shod	shod
lead	led	led	shoot	shot	shot
lean	leant (R)[8]	leant (R)[8]	show	showed	shown
leap	leapt (R)[8]	leapt (R)[8]	shrink	shrank	shrunk[16]
learn	learnt (R)[8]	learnt (R)[8]	shut	shut	shut
leave	left	left	sing	sang	sung
lend	lent	lent	sink	sank	sunk[17]
let	let	let	sit	sat	sat
lie[13]	lay	lain	slay	slew	slain
light	lit (R)	lit (R)	sleep	slept	slept
lose	lost	lost	slide	slid	slid
			sling	slung	slung
make	made	made	slink	slunk	slunk
may	might	–	slit	slit	slit
mean	meant	meant	smell	smelt (R)	smelt (R)
meet	met	met	smite	smote	smitten
mow	mowed	mown (R)[14]	sow	sowed	sown (R)
			speak	spoke	spoken
overcome	overcame	overcome	speed[18]	sped (R)	sped (R)
			spell	spelt (R)[8]	spelt (R)[8]
pay	paid	paid	spend	spent	spent
put	put	put	spill	R (spilt)	R (spilt)
			spin	spun	spun
quit	quit	quit	spit	spat	spat
			split	split	split

11. In het AE meestal *gotten* tegenover *got* in BE (maar in BE *illgotten gains* 'onrechtvaardig verkregen winsten').

12. Maar *hang* = 'ophangen' (als straf): *The murderer was hanged; they hanged him.*

13. In de betekenis 'liggen'; *lie* = 'liegen' is een regelmatig werkwoord.

14. Vóór een zelfstandig naamwoord steeds *mown: mown grass.*

15. In de betekenis 'schijnen'. Regelmatig in de betekenis 'poetsen': *I have shined my shoes.*

16. Vóór een zelfstandig naamwoord *shrunken: a shrunken face* 'een verschrompeld gelaat'.

17. Vóór een zelfstandig naamwoord: *a sunken ship.*

18. In overgankelijke betekenissen is *speed* altijd regelmatig: *They have speeded up production/the engine/the train service* enz.

onbepaalde wijs	*verleden tijd*	*verleden deelwoord*
spoil	spoilt (R)[8]	spoilt (R)[8]
spread	spread	spread
spring	sprang	sprung
stand	stood	stood
steal	stole	stolen
stick	stuck	stuck
sting	stung	stung
stink	stank/stunk	stunk
strew	strewed	strewn (R)
stride	strode	stridden
strike	struck	struck[19]
string	strung	strung
strive	strove	striven
swear	swore	sworn
sweat	sweat (R)	sweat (R)
sweep	swept	swept
swell	swelled	swollen (R)[20]
swim	swam	swum
swing	swung	swung
take	took	taken
teach	taught	taught
tear	tore	torn
tell	told	told
think	thought	thought
thrive	R (throve)	R (thriven)
throw	threw	thrown
thrust	thrust	thrust
tread	trod	trodden
understand	understood	understood
upset	upset	upset
wake	woke (R)	woke(n) (R)
wear	wore	worn
weave	wove	woven
wed	R (wed)	R (wed)
weep	wept	wept
wet	R (wet)	R (wet)
will	would	–
win	won	won
wind	wound	wound
withdraw	withdrew	withdrawn
withhold	withheld	withheld
withstand	withstood	withstood
wring	wrung	wrung
write	wrote	written

19. *Stricken* wordt in figuurlijke betekenissen gebruikt: *poverty-stricken* 'door armoede getroffen'.
20. *Swelled* heeft een figuurlijke betekenis: *a swelled head* 'een verwaande kop', maar *a swollen head* 'een gezwollen hoofd'.

Onregelmatige werkwoorden
Onregelmatige vormen van **be**, **do** en **have**

persoon	basisvorm	verkorte vorm	verkorte vraagvorm met ontkenning

vormen van **be**

tegenwoordige tijd

ik	I am	I'm	aren't I
jij / u	you are	you're	aren't you
hij / zij / het	he / she / it is	he's / she's / it's	isn't he /she / it
wij / zij	we / they are	we're / they're	aren't we / they

verleden tijd

ik	I was		wasn't I
jij / u	you were		weren't you
hij / zij / het	he / she / it was		wasn't he / she / it
wij / zij	we / they were		weren't we / they

Opmerkingen:
1. In niet-Standaardengels komt de ontkenningsvorm *ain't* voor bij alle personen, enkelvoud en meervoud, in de tegenwoordige tijd. Dus: I ain't, you ain't, he ain't, we ain't, they ain't.
2. De verkorte vorm *'s* kan óf *is* óf *has* betekenen.

vormen van **do**

tegenwoordige tijd

ik	I do		don't I
jij / u	you do		don't you
hij / zij / het	he / she / it does		doesn't he / she / it
wij / zij	we / they do		don't we / they

verleden tijd
Bij alle personen is de vorm *did*, dus: I did, you did enz.

vormen van **have**

tegenwoordige tijd

ik	I have	I've	haven't I
jij / u	you have	you've	haven't you
hij / zij / het	he / she / it has	he's / she's / it's	hasn't he / she / it
wij / zij	we / they have	we've / they've	haven't we / they

verleden tijd
Bij alle personen is de vorm *had*, dus: I had, you had enz.
De verkorte vorm is *'d*, dus: I'd, you'd, we'd enz.

Opmerkingen:
1. De verkorte vorm *'s* kan óf *has* óf *is* betekenen.
2. De verkorte vorm *'d* kan óf *had* óf *would* betekenen.

Symbolen

[…] tussen deze haken staat een korte aanduiding van de betekenissen van het trefwoord als dat trefwoord meer dan één betekenis heeft

(…) bij het overzicht van de vertaalmogelijkheden van een woord geven ronde haken bepaalde constructiemogelijkheden van een Engelse vertaling aan, in het bijzonder het vaste voorzetsel; in voorbeeldzinnen en hun vertalingen geven ronde haken een element aan dat ook weggelaten kan worden

⟨…⟩ commentaar staat tussen punthaken; er kan ook een in het Engels gestelde verklaring (i.p.v. een vertaling) tussen staan

/ 'of-teken': scheidt alternatieve delen van een uitdrukking, te onderscheiden van een komma, die volledige alternatieven scheidt

⇒ dubbelschachtige pijl: scheidt een hoofdvertaling van de bijbehorende varianten

→ verwijst naar een andere ingang van het woordenboek

* markeert een trefwoord waarvan de spelling afwijkt van die in de *Woordenlijst Nederlandse taal* (1995)

◆ 'dropje': staat tussen het overzicht van vertaalmogelijkheden en de voorbeelden

~ tilde: staat in de plaats van het trefwoord (in voorbeelden)

¶ 'vlag': wordt gebruikt om aan te geven (a) dat de betekenis van een uitdrukking niet uit die van de samenstellende delen is af te leiden of (b) dat het meest kenmerkende woord uit de context van een trefwoord niet kon worden bepaald. In geval (a) vervangt de vlag het tweede cijfer van de opzoekcode, in geval (b) vervangt hij het eerste cijfer

± geeft aan dat de overeenkomst tussen het Nederlands en het Engels niet volledig is

B geeft aan dat een woord, uitdrukking of constructie uitsluitend voorkomt in het Brits-Engels

A geeft aan dat een woord, uitdrukking of constructie uitsluitend voorkomt in het Amerikaans-Engels

a̲ onderstreepte klinkers in het trefwoord hebben de klemtoon: a̲chteruitgang, achteruitgang

® 'registered trademark' wil zeggen dat het woord in de geredigeerde betekenis is gedeponeerd als handelsmerk

Afkortingen

aanw.	aanwijzend
aardr.	aardrijkskunde
abstr.	abstract
adm.	administratie
AE	Amerikaans-Engels
afk.	afkorting
alg.	algemeen
Am.	Amerikaans
amb.	ambacht(elijk)
angl.	anglicaans(e Kerk)
arch.	archeologie
astrol.	astrologie
attr.	attributief
AZN	Algemeen Zuid-Nederlands
Barg.	Bargoens
BE	Brits-Engels
beh.	behalve
Belg.	(in) België, mbt. Belgische administratie
bep.	bepaald
bet.	betekenis(sen)
betr.	betrekkelijk
bez.	bezittelijk
bij uitbr.	bij uitbreiding
bijz.	bijzonder
bioch.	biochemie
biol.	biologie
bk.	beeldende kunst
bn.	bijvoeglijk naamwoord
boek.	boekwezen
bouwk.	bouwkunst
bv.	bijvoorbeeld
bw.	bijwoord
ca.	circa
coll.	collectief
com.	communicatie-(media)
comp.	computer
concr.	concreet
cul.	culinaria, mbt. eten en drinken
dansk.	danskunst
deelw.	deelwoord
dicht.	dichterlijk
dierk.	dierkunde
dipl.	diplomatie
dmv.	door middel van
dram.	dramaturgie
druk.	drukwezen, drukkunst